뉴
인터프리터®
스터디 바이블

성경전서 표준새번역 개정판

NIB®

뉴 인터프리터® 스터디 바이블

성경전서 표준새번역 개정판

ABINGDON PRESS
Nashville

THE NEW INTERPRETERS® STUDY BIBLE
THE HOLY BIBLE
OLD AND NEW TESTAMENTS
REVISED NEW KOREAN STANDARD VERSION

Library of Congress Cataloging-in-Publication Data

Bible. Korean. Revised New Korean Standard. 2008.
880-01 Nyu int'op'urit'o sut'odi Baibul : Songgyong chonso p'yojun sae ponyok kaejongp'an.
p. cm.
ISBN 978-0-687-49733-1 (casebound : alk. paper)
I. Title.
BS315.K8 2008
220.5'957--dc22

2008060021

1 2 3 4 5 6 7 8 9 10 – 08 09 10 11 12 13 14 15 16 17

This book is printed on acid-free paper.

MANUFACTURED IN THE UNITED STATES OF AMERICA

차례

성경 책명 가나다 순서

성경 책명 약자표

창 창세기	**출** 출애굽기	**레** 레위기	**민** 민수기
신 신명기	**수** 여호수아	**삿** 사사기	**룻** 룻기
삼상 사무엘기상	**삼하** 사무엘기하	**왕상** 열왕기상	**왕하** 열왕기하
대상 역대지상	**대하** 역대지하	**라** 에스라기	**느** 느헤미야기
더 에스더기	**욥** 욥기	**시** 시편	**잠** 잠언
전 전도서	**아** 아가서	**사** 이사야서	**램** 예레미야서
애 예레미야 애가	**겔** 에스겔서	**단** 다니엘서	**호** 호세아서
욜 요엘서	**암** 아모스	**옵** 오바댜서	**욘** 요나서
미 미가서	**나** 나훔서	**합** 하박국	**습** 스바냐
학 학개서	**슥** 스가랴서	**말** 말라기서	

마 마태복음	**막** 마가복음	**눅** 누가복음	**요** 요한복음
행 사도행전	**롬** 로마서	**고전** 고린도전서	**고후** 고린도후서
갈 갈라디아서	**엡** 에베소서	**빌** 빌립보서	**골** 골로새서
살전 데살로니가 전서	**살후** 데살로니가 후서	**딤전** 디모데전서	**딤후** 디도데후서
딛 디도서	**몬** 빌레몬서	**히** 히브리서	**약** 야고보서
벧전 베드로전서	**벧후** 베드로후서	**요일** 요한1서	**요이** 요한2서
요삼 요한3서	**유** 유다서	**계** 요한계시록	

저자와 번역자

곳트월드, 놀먼
명예 구약학 교수
유니온신학교
뉴욕, 뉴욕
예레미야 애가

그리저드, 캐롤
종교학 교수
파이크빌대학교
파이크빌, 켄터키
사무엘기상, 사무엘기하

그린, 조엘
신약학 교수
에스베리신학교
윌모어, 켄터키
누가복음서

나이트, 더글러스
구약학 교수
밴더빌트신학교
밴더빌트대학교
내쉬빌, 테네시
여호수아기

노엘, 아이린
마운트세인트스코라스티카
앳처슨, 캔사스
나훔

누스, 로버트
구약학 교수
로욜라뉴올리언스
뉴올리언스, 루이지애나
성경의 영감력

데비슨, 리사
구약학 교수
렉싱턴신학교
렉싱턴, 켄터키
욥기

도나휴, 존
신약학 교수
세인트메리신학교
볼티모어대학교
볼티모어, 메릴랜드
성경읽기와 이해를 돕기 위한 가이드

도즈만, 토마스
구약학 교수
유나이티드신학교
데이튼, 오하이오
출애굽기

리드, 바바라
신약학 교수
가톨릭신학교유니온
시카고, 일리노이
사도행전

마리오티니, 클로드
구약학 교수
노던침례교신학교
롬바드, 일리노이
열왕기상, 열왕기하

마이어스, 에릭
구약학 교수
듀크신학교
듀크대학교
더햄, 노스캐롤라이나
학개, 스가랴서

마테라, 프랭크
신약학 교수
아메리카가톨릭대학교
워싱턴, 디시
갈라디아서

마티스, 골든
성서신학 교수
신학 교수
콘코드대학
캐나다메노나이트대학교
위니펙, 캐나다
에스겔서

맥너트, 폴라
종교학 교수
카니시우스대학
버펄로, 뉴욕
사사기

맥나이트, 에드가
명예 종교학 교수
퍼만대학교
그린빌, 노스캐롤라이나
성경본문을 읽고 해석하는 다양한 방법

멀피, 로랜드
와이트프라이어스홀
워싱턴, 디시
아가서

바튼, 존
성서신학 교수
오리엘대학
옥스포드, 잉글랜드
아모스서

배슬러, 주엣
신약학 교수
퍼킨스신학교
서던메소디스트대학교
달라스, 텍사스
빌립보서

밴더캄, 제임스
구약학 교수
노트르담대학교
노트르담, 인디애나
고대 이스라엘의 문화와 종교

보링, 엠 유진
신약학 교수
브라이트신학교
텍사스 크리스챤대학교
훠트워스, 텍사스
요한계시록

불라드, 라저
명예 종교철학 교수
바튼대학
윌슨, 노스캐롤라이나
골로새서

샌더슨, 쥬디스
신학 교수
종교학 교수
신학교
시애틀대학교
시애틀, 워싱턴
미가서

설스턴, 바니
신약학 교수
피츠버그신학교
피츠버그, 펜실베이니아
에베소서

스론트바이트, 마크
구약학 교수
루터신학교
세인트폴, 미네소타
역대기상, 역대기하

스미스, 아브라함
신약학 교수
퍼킨스신학교
서던메소디스트대학교
달라스, 텍사스
디모데전서, 디모데후서,
디도서

스위니, 마빈
구약학 교수
클래어몬트신학교
클래어몬트, 캘리포니아
호세아, 하박국

시니어, 도날드
신약학 교수
가톨릭신학교유니온
시카고, 일리노이
베드로전서, 베드로후서,
유다서

쌤플러, 폴
신약학 교수
보스턴신학교
보스턴대학교 대학원
보스턴대학교
찰몬트, 마사추세츠
고린도전서

에드워드즈, 제임스
종교철학과 교수
위트워스대학
스포케인, 워싱턴
로마서

액커만, 수선
종교학 교수
다트머스대학
핸오버, 뉴헴프셔
이사야서

오데이, 게일
설교학 교수
신약학 교수
캔들러신학교
에모리대학교
애틀랜타, 조지아
요한복음

오브라이언, 줄리아
구약학 교수
랜캐스터신학교
랜캐스터, 펜실베이나
말라기

오시크, 캐롤린
신약학 교수
가톨릭신학교연합체
시카고, 일리노이
고린도후서

오카너, 캐스린
구약학 교수
콜럼비아신학교
디케이터, 조지아
예레미야서

올슨, 데니스
구약학 교수
프린스턴신학교
프린스턴, 뉴저지
민수기

이, 은니 피
구약학 교수
프린스턴신학교
프린스턴, 뉴저지
전도서

즈비, 에후드
종교학 교수
알버타대학교
알버타, 에드몬턴,
캐나다
스바냐서

카이저, 로버트
명예 설교학 교수
명예 신약학 교수
캔들러신학교
에모리대학교
애틀랜타, 조지아
요한1, 2, 3서

카터, 워런
신약학 교수
세인트폴신학교
캔사스, 미조리
마태복음서

칼런스, 레이몬드
신약학 교수
아메리카카톨릭대학교
워싱턴, 디시
데살로니가전서
데살로니가후서

캘러핸, 엘런
종교학 교수
맥캘레스터대학
세인트폴, 미네소타
빌레몬서

크레이그, 케네스
종교학 교수
리즈맥레이대학
밴너 엘크, 노스캐롤라이나
요나서

크레이번, 토니
구약학 교수
브라이트신학교
텍사스크리스챤대학교
퍼트워스, 텍사스
시편

크렌쇼, 제임스
구약학 교수
듀크신학교
더햄, 노스캐롤라이나
욥엘서

크로포드, 시드니
종교학 교수
네브라스카-링컨대학교
링컨, 네브라스카
에스더기

클라인, 랄프
구약학 교수
시카고루터신학교
시카고, 일리노이
에스라기, 느헤미야기

클레멘츠, 로날드
명예 구약학 교수
킹스대학
런던대학교
런던, 잉글랜드
신명기

톨버트, 메리
성서신학 교수
퍼시픽스쿨오프릴리존
버클리, 캘리포니아
마가복음서

파간, 사무엘
푸에르토리코에벤제리칼
신학교
산환, 푸에르토리코
오바다서

파머, 캐서린
구약학 교수
유나이티드신학교
데이튼, 오하이오
룻기

퍼킨스, 힘
신약학 교수
보스턴대학
체스터넛힐, 메사추세츠
야고보서

해그너, 도날드 에이
신약학 교수
훌러신학교
패사디나, 캘리포니아
야고보서

해럴슨, 월터
명예 구약학 교수
밴더빌트신학교
밴더빌트대학교
내쉬빌, 테네시
시편, 성경의 신빙성

헤이스, 존
구약학 교수
캔들러신학교
에모리대학교
애틀랜타, 조지아
레위기

트리블, 필러스
명예 종교문학 교수
유니온신학교
뉴욕, 뉴욕
웨이크포레스트대학교
웨이크포레스트,
사우스캐롤아이나
성경의 권위

헨즈, 마티아스
성서신학 교수
라이스대학교
휴스턴, 텍사스
다니엘서

휴와일러, 엘리자베스
구약학 교수
필라델피아루터란신학교
필라델피아, 펜실베이니아
잠언

히버트, 시어도어
구약학 교수
맥코믹신학교
시카고, 일리노이
창세기

번역자

강금희
평신도
성경의 신빙성
성경의 권위
성경의 영감력
성경읽기와 이해를 돕기 위한 가이드
성경본문을 읽고 해석하는
다양한 방법
고대 이스라엘의 문화와 종교

김계호
목사
에스겔서, 다니엘서,
호세아서, 요엘서, 아모스서,
오바댜서, 요나서, 미가서, 나훔서,
하박국서, 스바냐서 학개서 스가랴서
말라기서

김성남
목사
창세기, 출애굽기,
히브리서, 야고보서, 베드로전서,
베드로후서, 요한1서, 요한2서,
요한3서, 유다서, 요한계시록

류계환
목사
레위기, 민수기

엄모성
전도사
사무엘기상, 사무엘기하,
열왕기상, 열왕기하,
마가복음서

엄준노
목사
이사야서

오정선
목사
사도행전, 로마서

이성호
목사
신명기,
여호수아기, 사사기, 룻기

이효중
목사
잠언, 전도서, 아가,
누가복음, 요한복음,

장학순
목사
예레미아서,
예레미야 애가

전상의
목사
마태복음서

조상연
목사
역대기상, 역대기하,
에스라기, 느헤미야기,
에스더기

한진희
목사
욥기, 시편

홍혜성
목사
고린도전서, 고린도후서,
갈라디아서,에베소서,
빌립보서, 골로새서,
데살로니가전서, 데살로니가후서,
디모데전서, 디모세후서,
디도서,빌레몬서

인사말

원달준

삼 년 동안 준비하여 오던 한글판 뉴 인터프리터 스터디 바이블이 드디어 결실을 맺게 되어 하나님께 감사드린다. 성서신학 분야에서 세계적으로 이름이 알려져 있는 학자들이 심혈을 기울인 이 스터디 바이블을 성경전서 표준새번역 개정판을 토대로 하여 애빙돈 프레스에서 한인교회에서 사용할 수 있도록 번역하여 출간하게 된 것을 기쁘고 의미 있게 생각한다. 특별히 이 스터디 바이블이 나올 때까지 여러 면으로 협조하여 주신 많은 분들께 감사를 드린다. 이 스터디 바이블은 나름대로 몇 가지 특징들이 있다.

- 성경전서 표준새번역 개정판이 토대로 되어 있다.
- 히브리어 성경, 희랍어 성경, NRSV, 개역 개정판, 공동번역판이 잘 비교되어 있다.
- 창세기부터 요한계시록까시 한 사람이 성경의 주석 부분을 집필한 것이 아니라, 성서신학 전문분야에서 세계적으로 잘 알려져 있는 59명의 학자들이 동원되었다.
- 본문과 관련된 역사, 정치, 문화, 사회, 언어적인 배경과 의미에 많은 관심을 쏟았을 뿐만 아니라, 오늘날 우리에게 주는 의미에도 많은 노력을 기울였다.
- 각 책마다 그 책의 배경을 설명하는 서론이 있고, 신학적인 이슈나 전통적으로 해석상의 이유로 되어 있는 본문들은 추가 설명과 특별 주석들로 더 확대하여 설명했다.
- 성경공부에 필요한 8개의 지도가 있다.
- 성경을 읽을 때나 해석하는 데 필요한 가이드와 용어해설이 있다.
- 이 스터디 바이블은 성경을 조금이라도 공부한 사람들이 한 걸음 앞으로 나가는 데 도움이 되는 책이다.

성경을 번역하는 사람들은 최초 히브리어 구약 원본과 희랍어 신약 원본이 발견된 것이 없기 때문에 많은 사본들 중에서 가장 신빙성이 있다고 생각되는 사본들을 선택하여 번역을 하게 된다. 그들은 사본을 번역하는 과정에서 때로는 사본들간에 주목할 만한 차이가 있음을 발견하게 된다. 그 때마다 성경을 번역하는 사람들은 성경본문 밑에 각주를 달아 다르게 읽을 수 있는 가능성을 제안하기도 한다. 영어 새개역표준본(NRSV)도 마찬가지이고, 성경전서 표준새번역 개정판도 마찬가지라고 생각한다. 뉴 인터프리터 스터디 집필자들은 새개역표준본을 토대로 하고 있지만, 히브리어 성경과 희랍어 성경을 토대로 하여 집필을 하였다. 그런 후에 번역상에 어려움이 있는 본문들은 원어본문과 다른 영어번역본들을 많이 참조하였다.

그러나 한글판 스터디 바이블은 한 영어 성경과 다른 영어 성경을 비교하는 것이 별로 도움이 되지 않는다고 생각되어 성경전서 표준새번역과 개역개정판과 공동번역과 NRSV를 비교하였다. 이 네 번역본을 비교한 이유는 같은 문장들을 현저하게 다르게 표현한 특징들이 많이 있어서 서로 비교할 수 있는 번역본들이라고 생각이 들었기 때문이다. 그러한 의미에서 이 스터디 바이블은 히브리어 성경, 희랍어 성경, 새개역표준본(NRSV), 성경전서 표준새번역 개정판, 개역 개정판, 그리고 공동번역이 서로 잘 비교된 스터디 바이블이라고 말할 수 있다. 성경의 원어들을 사용할 때에, 지면이 허락하지 않았기 때문에 히브리어와 희랍어 원어를 그대로 표기하지 못하고 발음만 표기하게 된 것을 사과드린다.

다음 페이지에 나오는 월터 해럴슨의 "서론" 부분을 읽으면, 이 스터디 바이블을 사용하는 데 많은 도움이 될 것이다.

뉴 인터프리터 스터디 바이블이 성경과 친근해지려고 애쓰고, 하나님의 음성을 들으면서 하나님과 가까워지려는 사람들에게 큰 도움이 되기를 바란다.

2008년 11월
내쉬빌 테네시
애빙돈 프레스
한국어 자료 편집실

서론

월터 해럴슨

뉴 인터프리터 스터디 바이블(The New Interpreter's Study Bible)은 목회자들과 교회학교 교사들과 일반 대학이나 신학교에서 강의를 맡은 사람들은 물론이요, 성경공부반에서 공부하는 사람들과 일반 독자들이 사용할 수 있도록 만들어진 책이다. 이 책의 목적은 교파를 초월해서, 어느 교단에서이든지 설교하고 가르치는 데 몸을 담고 있는 사람들이 어렵지 않게 성서신학을 접할 수 있고, 신학을 접할 수 있도록 하는 데 있다. 뉴 인터프리터 스터디 바이블은 또한 성경을 이해하는 데 있어서 그리스도교 공동체가 유대교 공동체에 깊이 은혜를 입고 있음을 책 전체를 통해서 보여주는데, 그리스도교는 성경의 많은 부분을 유대교와 공유하는 바이다. 그러므로 유대교 독자들과 성경을 연구하는 사람들이 성경을 시대에 맞게 이해하고, 성경으로부터 가이드를 받기 위해 공부할 때, 이 책이 그들에게도 조명을 해줄 수 있기를 희망한다.

뉴 인터프리터 스터디 바이블에는 다른 스터디 바이블과 마찬가지로 여러 가지 특징들이 포함되어 있다. 용어를 설명해 주고, 관련된 본문과 개념에 참조가 될 수 있는 자료들을 제공하여 주고, 그리고 문서의 역사적 발전에 대한 분석들이 포함되어 있다. 이 책은 독자들에게 도움이 되는 지도와 용어해설, 각 책의 서론, 그리고 더 확대하여 해석할 필요가 있는 부분에는 추가 설명을 더하고 있다. 그뿐만 아니라, 뉴 인터프리터 스터디 바이블은 신학적인 해석에, 다시 말해서, 성경본문이 삶과 믿음에 끼치는 중요성에 많은 지면을 할애한다. 이 책은 고대 공동체의 삶과 믿음만이 아니라, 현대 그리스도교 공동체 및 교파를 초월한 다른 공동체들의 삶과 믿음도 포함하고 있다.

뉴 인터프리터 스터디 바이블은 각 지면의 위쪽에 표준새번역 개정판 성경본문을 싣고, 아래쪽에 본문에 대한 주석을 넣었다. 이 주석에는 간간이 특별 주석들이 삽입되어 있는데, 이 특별 주석은 성경해석의 역사에 있어 특별히 중요성을 지녀온 본문이나 착상들을 독자가 각별히 주목하도록 구성되었다. 이 특별 주석들의 일부는 어떤 본문들이나 착상들이 가지고 있는 실제적인 중요성을 강조한다. 예를 들어, 출애굽기 34:6-7에 대한 특별주석은, 이러한 본문이 성경의 다른 곳에도 여러 번 거듭되어 있음을 보여줌으로써, 독자로 하여금 이스라엘에 베푸시는 하나님의 자비와 긍휼에 대한 이러한 표현이 성경 안에 널리 깔려있음을 깨닫게 해준다. 뉴 인터프리터 스터디 바이블의 견해이긴 하지만, 다른 특별 주석들은 어떤 본문들을 읽고 해석하는 방법들이 오해와 오역을 초래하여 왔음을 독자들에게 환기시켜준다. 오해와 오역의 한 예로, 마태복음 27:25에 대한 주석은 예수님의 재판 당시 군중들이 예수님의 죽음에 대한 책임을 떠맡은 것으로 말하는데, 본 절에 대한 주석은 독자들로 하여금 이러한 특별 주석들은 문제시되는 중요한 본문들을 연구하고 해석하는 데 있어 독자들에게 아주 세심한 주의를 기울이도록 환기시키기 위한 것이다. 하지만, 이것들은 본문을 읽고 해석하는 데 있어서 반드시 따라야 하는 결정적인 방법들을 제시하려고 하지는 않는다.

본서 전체를 통해서 특정한 지점에 추가 설명들이 삽입되어 있는데, 이것들은 특별한 주의가 요구되는 본문들, 주제들, 그리고 착상들을 보다 광범위하게 다루기 위한 것들이다 (예를 들면, 중요한 본문인 출애굽기 34:6-7의 근처에 나오는 "이스라엘 하나님의 특징"과 여호수아기의 도입부 근처에 나오는 "거룩한 전쟁"이 그것들이다).

성경전서의 각 책에 대한 주석에 앞서, 그 책에 대한 서론과 개요가 나온다. 개요 다음에 주석이 뒤따라 나온다. 요한계시록에 대한 주석에 뒤이어, 성경해석에 필요한 몇 가지 가이드들이 나오는데, 이것들은 성경의 신빙성, 성경의 권위, 성경의 영감력, 성경읽기와 이해를 돕기 위한 가이드, 성경본문을 읽고 해석하는 다양한 방법, 그리고 고대 이스라엘의 문화와 종교이다.

본서를 사용하는 것에 대하여 다음과 같이 추천한다.

다른 어떤 것보다 먼저 독자들은 본서 자체에 친밀해지도록 권하고 싶다. 예를 들어, 이 책의 지면 배열, 본 서론에 제시된 바 이 책의 목적들, 그리고 이 책의 특별한 도움의 글들에 친밀해지라는 것이다. 일부 유명한 장소들이 위치한 곳들을 검토하는 방법을 습득하라. 그러고 나서 선호하는 일부 본문들을 뽑아서 그것들에 대한 주석을 읽고, 그 외의 본문들이나, 추가 해설들이나, 주석들에 언급된 것들을 검토하도록 하라.

특정한 책이나 본문을 연구할 때, 이 책에 대한 서론을 주의해서 읽어라. 각 서론의 끝 부분에 각 책에 대한 개요가 나오는데, 뒤따라 나오는 주석은 이 개요를 다루고 있음을 주목하라. 물론, 이 개요의 표제들이 주석 안에서 그대로 중복되는 것은 아니지만 말이다. 성경본문과 주석을 오가면서 자주 그것들을 참고하라. 때때로 주석이 표준새번역보다 더 적절하다고 생각되면 다른 번역을 제시하곤 한다.

주석 부분은 관련된 본문들을 언급한다. 관련된 본문들을 모두 검토할 필요는 없지만, 이런 본문들의 일부만이라도 참조할 것을 독자들에게 권유하는 바이다. 추가 설명들에 특별히 관심을 기울여라. 왜냐하면 이것들은 주석 자체가 제시할 수 있는 것보다 더 포괄적으로 어떤 주제를 개관할 수 있도록 구상되었기 때문이다.

주석에는 해석상의 차이점들이 있다는 사실에 유념하라. 저자들이 아주 상충되는 견해들을 보이지는 않겠지만, 독자는 그들 가운데서 어느 정도 견해의 차이를 기대해야 할 것이다. 저자들은 그들이 쓴 서론들과 주석들에서 학문적인 견해 차이들을 지적하려고 노력해왔다. 편집자는 주석을 쓴 저자들 가운데 나타나는 이런 차이점들을 매끄럽게 다듬으려고 시도하지 않았는데, 그렇게 매끄럽게 조화시키려는 의도는 현명한 일이 아니라고 보았기 때문이다.

해석을 위한 가이드를 거듭해서 읽도록 독자들에게 권유한다. 왜냐하면 이러한 가이드들은 여러 세기에 걸쳐 성경해석에 절대적인 중요성을 지녀왔던 주제들을 다루기 때문이다. 특정한 책에 나오는 본문들에 대한 연구를 재개할 때, 그 책에 대한 서론과 개요를 다시 읽는 것이 또한 현명한 일이라 본다.

뉴 인터프리터 스터디 바이블은 주로 성경본문에 집중하더라도 때때로 특정한 언어나, 주제나, 착상을 이해하는데 있어 도움을 얻고자 하는 독자들을 돕기 위해서 구상되었다. 예를 들어, 시편이나 복음서의 독자들은 주석들에 의존하지 않고 그저 성경을 읽고 또 읽기를 좋아할지 모른다. 그래서 뉴 인터프리터 스터디 바이블은 대부분의 그리스도교 교단들이 사용하는 성경본문 전체를 아름답게 인쇄하여 독자들에게 제공한다. 하지만, 대부분의 독자들은 때때로 생소한 용어나 참조의 의미를 검토할 필요가 있을 것이다. 그래서 성견본문 바로 밑에 주석들을 실었는데, 이렇게 하는 것이 독자들이 주석을 즉각적으로 참고할 수 있는 동시에 이 주석으로 인하여 산만해지는 것을 피하기 위함이다.

마지막으로, 독자들에게 성경 역사의 연대기들을 검토할 것을 권유한다. 성경본문의 여백에 특별한 연대들을 기록해서 때에 따라 이러한 것들을 기억하는 것이 아마도 유익하다는 것이 밝혀질 것이다.

월터 해럴슨
뉴 인터프리터 바이블
편집인

추가 설명 목록

추가 설명 가나다 순서

경전 순서

현대 그리스도인들은 신약성경의 경전 내용에 대하여 거의 의견을 일치하고 있기에, 다음에 나오는 도표는 다양한 구약 경전의 내용을 나열한 것이다.

모든 그리스도교 교회는 히브리성경의 경전 39권을 구약으로 받아들인다 (테이블 I). 로마 가톨릭교회와 정교회의 전통에서는 다른 책들을 구약에 더 첨가하고 있다. 성공회와 루터교회와 개신교회들은 이 첨가된 책들을 외경이라 칭한다.

도표 I: 유대교 경전

유대교 성경은 세 부분으로 나뉘어져 있다: 토라, 예언서, 성문서. 사무엘상하, 열왕기상하, 역대지상하, 에스라기, 느헤미야기, 그리고 열두 개의 소예언서는 한 두루마리 안에 각 책이 다 들어있기 때문에 한 책으로 여긴다.

토라	**예언서**	**성문서**
창세기	*전기예언서*	시편
출애굽기	여호수아기	잠언
레위기	사사기	욥기
민수기	사무엘상하	아가
신명기	열왕기상하	룻기
	후기예언서	전도서
	이사야서	예레미야 애가
	예레미야서	에스더기
	에스겔서	다니엘서
	소예언서	에스라기
	호세아서	느헤미야기
	요엘서	역대지상하
	아모스서	
	오바댜서	
	요나서	
	미가서	
	나훔서	
	하박국서	
	스바냐서	
	학개서	
	스가랴서	
	말라기서	

도표 II: 개신교 구약 경전

모든 개신교 교단들은 다음의 39권 책을 구약 경전으로 받아들인다. 모든 루터교회에는 공적인 경전이 없으나, 사실상 루터교회도 일반적으로 39권의 개신교 구약 경전을 사용하고 있다.

창세기
출애굽기
레위기
민수기
신명기
여호수아기
사사기
룻기
사무엘상
사무엘하
열왕기상
열왕기하
역대지상
역대지하
에스라기
느헤미야기
에스더기
욥기
시편
잠언
전도서
아가
이사야서
예레미야서
예레미야 애가
에스겔서
다니엘서
호세아서
요엘서
아모스서
오바댜서
요나서
미가서
나훔서
하박국서
스바냐서
학개서
스가랴서
말라기서

도표 III: 로마 가톨릭 구약 경전

로마 가톨릭교회 경전은 도표 II에 있는 39권의 책을 모두 포함하고 있을 뿐만 아니라, 11권의 책을 더 첨가하고 있다. 이 11권의 책이 로마 가톨릭 성경에는 다양하게 다르게 배열되어 있다. 다음에 나오는 배열 순서는 새예루살렘 성경과 새아메리칸 성경을 따른 것이다. 이탤릭 서체로 되어있는 책명은 개신교 구약 경전에서 찾아볼 수 없는 것이다.

창세기
출애굽기
레위기
민수기
신명기
여호수아기
사사기
룻기
사무엘상
사무엘하
열왕기상
열왕기하
역대지상
역대지하
에스라기
느헤미야기
토비트
유딧
에스더기 (여섯 속편)
막카비상
막카비하
욥기
시편
잠언
전도서
아가
지혜서
집혜서

이사야서
예레미야서
예레미야 애가
바룩서 (바룩 6 = 예레미야의 서신)
에스겔서
다니엘서 (*세 속편: 아자리아의 기도, 세 청년의 노래, 벨과 용*)
호세아서
요엘서
아모스서
오바댜서
요나서
미가서
나훔서
하박국서
스바냐서
학개서
스가랴서
말라기서

[로마 성경인 불가타역(혹은 라틴)은 에스더3서, 에스더4서, 므낫세의 기도를 부록란에 첨부하고 있다.]

도표 IV: 정교회 구약 경전

정교회 전통은 테이블 II에 있는 39권의 구약을 다 포함하고 있을 뿐만 아니라, 14권의 책을 더 첨가하고 있다. 희랍 정교회에서 전통적인 구약성경은 칠십인역(LXX)이다. 슬라브어로 된 칠십인역은 전통적으로 러시아 희랍정교회가 사용하는 구약성경이다. 이탤릭 서체로 되어있는 책명이 개신교 경전에 없는 책들이다.

창세기
출애굽기
레위기
민수기
신명기
여호수아기
사사기
룻기
1 왕국 (= 사무엘상)
2 왕국 (= 사무엘하)
3 왕국 (= 열왕기상)
4 왕국 (= 열왕기하)
역대지상
역대지하
에스더상(=*NRSV* 외경에는 에스더상,
= 슬라브어 성경에는 에스더하)
에스더하 (= 에스라기, 정교회 성경
에스더하는 또한 느헤미야기도 포함)
느헤미야기
토비트
유딧
에스더기 (여섯 속편)
막카비1서
막카비2서
막카비3서
시편 (시편 151편과 함께)
욥기
잠언
전도서
아가
지혜서
시락의 집혜서 (= 집회서)

호세아서
아모스서
미가서
요엘서
오바댜서
요나서
나훔서
하박국서
스바냐서
학개서
스가랴서
말라기서
이사야서
예레미야서
바룩서
예레미야 애가
예레미야의 서신
에스겔
다니엘 (세 속편: *아자리아의 기도, 세 청년의 기도, 벨과 용*

[희랍 정교회 성경은 부록에 막카비4서와 므낫세의 기도를 포함하고 있다. 슬라브어 성경은 에스더3서를 부록에 포함하고 있다.]

도표 V: 성공회 외경

성공회는 39권의 구약성경을 경전으로 받아들인다. 그뿐만 아니라 성공회는 헌법 제VI조, 종교강령, 공동예배서에 따라 외경을 "삶과 교훈에 표본으로서 읽을 수 있으나, 교리로 만들어서도 안 되고 적용해서도 안 되는 것"으로 받아들인다. 사실상 성공회는 시락 또는 지혜서만 성구집에 포함시키고 있으며, 유딧과 에스더2서는 짧은 부분만 두 절기에 사용하고 있다. 어떤 성공회 교인들은 외경을 경전의 가치가 있는 것으로 인정하지 않고 개신교 경전의 39권 책만 경전으로 받아들인다.

에서더3서
에스더4서
토비트
유딧
에스더 속편들
지혜서
시락서
바룩서
아자리아의 기도, 세 청년의 노래, 수산나, 그리고 벨과 용
므낫세의 기도
막카비상
막카비하

구약전서

표준새번역 개정판

창세기

인간들은 필연적으로 모든 것의 시작에 대하여 알고 싶어 하는 호기심이 있다. 오늘날과 마찬가시로 창세기는 옛날 사람들도 시작에 대하여 호기심이 있었다는 사실을 증명하여 주는 책이다. 창세기는 우주의 탄생과 지상에 사는 생명체의 기원에 대한 과학자의 매혹, 최초 인간들에 대한 인류학자의 호기심, 문명의 기원에 대한 역사가의 흥미, 최초 조상들에 대한 가족의 존엄성, 그리고 종교 전승들의 근본적인 사건들에 대한 신학자의 관심을 다 함께 보여준다. 창세기는 이런 모든 종류의 시작에 관한 이야기이다. 창세기는 유대교와 기독교의 기원들에 관한 최초의 기사이기 때문에, 창세기는 시작에 관한 사람들의 사고방식에 영향을 주어왔다.

유대교와 기독교 전승들이 보여주듯이 이 책의 이름은 책의 초점이 만물의 시작에 있음을 시사해 준다. 유대교 전승에서 보면, 관례적으로 성경에 처음 나오는 다섯 권의 책 이름을 처음 나오는 단어들을 따서 각각 이름들을 지었다. 이런 관습은 고대 근동의 관례에 기초한 것인데, 창세기에 나오는 첫 히브리 단어, 브르쉬트, "태초에"가 이 책의 이름이 되었다. 그러므로 우연의 일치로, 이 책의 히브리어 이름은 완벽하게 이 책의 내용을 요약해 준다. 기독교 전통에서 보면, 이 책의 이름은 칠십인역의 "기원"(Genesis)이라는 말로부터 유래하는데, 이 단어는 창 2:4a를 "이것은 하늘과 땅의 발생/집단의 기원에 관한 책이다"(저자의 번역)로 번역할 수 있는 희랍어 단어이다.

오늘날의 성경은 창세기가 단행본처럼 되어있지만, 창세기는 독자적인 책으로 쓰인 것이 아니었고, 또한 모든 내용이 갖추어진 완결된 단권의 책도 아니었다. 오히려, 이것은 이집트로부터의 탈출, 시내 산에서의 율법의 계시, 그리고 가나안으로 향하는 광야의 여정을 포함하는 보다 긴 통합된 이야기의 시작이었는데, 이러한 사건들은 창세기의 뒤를 이어 나오는 책들에서 이야기된다. 그러므로 창세기는 이 책이 일부를 이루고 있는 보다 긴 이야기로부터 분리되어 읽히거나 연구되지 말아야 한다. 창세기는, 사실상, 뒤이어 나오는 이야기와 여기에 언급되어 있는 종교적 경험들을 위한 기반을 이루고 있다.

비록 유대교와 그리스도교 전승들이 창세기는 한 저자에 의하여 쓰인 것처럼 당연하게 생각하지만, 대부분의 성서학자들은 이 책이 모세 이후에 살았던 여러 저자들에 의하여 쓰인 문서들을 포함하고 있는 것으로 본다. 창세기에는 그런 저자들에 대한 언급이 없을 뿐 아니라, 그들이 독단적으로 기록한 저술들에 대한 외적 증거도 존재하지 않는다. 그러나 이 책에 나타난 반복되는 기사들, 서로 다른 문체들, 그리고 다양한 관점들 때문에, 창세기는 서로 다른 저자들이나 전승들에서 유래된 문서들을 모아놓은 전집이라고 하는 보편적인 결론에 이르게 되었다. 이러한 결론은 본문에 대한 귀납적 연구에 기초하기 때문에, 여러 저자들이 관련되어 있으며, 그들이 어떤 사람들이며, 그들이 어느 시대에 살았으며, 혹은 그들 각자가 창세기의 어느 부분을 기록했는지에 관해서는 완전한 의견의 일치를 보지 못하여 왔다. 그것에 대한 논란은 어느 두 권의 창세기 주석들을 비교해 보아도, 과거에 그리해온 것만큼 오늘에도 활발하게 토론이 전개되고 있다.

하지만, 이러한 여러 견해들 중에서도 한 특정 견해가 지난 세기에 어느 다른 견해들보다도 더 많은 추종자들을 얻어왔는데, 이러한 견해를 문서가설이라고 부른다. 하물며 의견을 달리하는 학자들조차도 다른 대안들을 제시하기 위해서 반드시 언급하고 제거하기 위해 노력해야 하는 것이 바로 이 견해이다. 가장 기초적인 문서가설에 따르면, 창세기는 세 명의 저자 혹은 전승(문서들, 자료들)으로부터 유래된 설화들을 포함한다: (1) 야웨문서, (2) 엘로힘문서, 그리고 (3) 제사문서. 이와 같은 독특한 전승들은 오늘 우리가 가지고 있는 창세기에 나타나 있는 것처럼, 후기의 편집자 (교정자) 혹은 가장 후기의 문서인 제사문서 기자에 의하여 서로 얽혀지게 되었다.

야웨문서 기자와 엘로힘문서 기자는 초기 문서 기자들로 간주되는데, 이들은 자신들이 살았던 이스라엘 군주시대의 시각에서 이스라엘의 기원에 관한 보다 오랜 전승들을 기록하였다. 그들은 여러 문체나 관점에 의하여 서로 구별되지만, 그들에게 보이는 가장 뚜렷한 차이점은 "하나님"을 부르는데 그들이 사용한 용어들이다. 야웨문서는 "주님" 혹은 "주 하나님"(YHWH) 이라는 이스라엘 하나님의 개인적인 이름을 사용하기를 선호한다. "주님" 혹은 "주 하나님"을 뜻하는 YHWH는 아마도 야웨 (Yahweh) 라고 발음했을 것이다. 그리고 독일어 Jahweh의 첫 글자를 약어로 사용하여 "J"를 "야웨문서"로 부르기도 한다. 그래서 새번역개정의 독자와 NRSV 영어 성경 독자는 하나님의 이름이 "주님" (the LORD) 혹은 주 하나님(the LORD GOD) 으로 언급될 때마다 YHWH 라는 하나님의 개인적인 이름이 쓰인 것으로 간주하면 된다. 이와는 대조적으로 엘로힘문서는 보통명사 "하나님," 즉 엘로힘(Elohim)을 사용하기 때문에 이 기자에게 "엘로힘문서" (약어로 E) 라는 칭호가 붙여지게 되었다. 야웨문서와 엘로힘문서는 다같이 살아 움직이는 듯한 설화체를 사용한다. 마지막 기자인 제사문서(약어로 P)는 특별히 종교적 의식과 연대와 족보에 관한 것들을 상술하는 데 관심이 있다. 엘로힘문서(E)처럼, 제사문서(P)는 보통명사 "하나님"을 사용하지만, 제사문서는 보다 형식을 갖춘 반복적인 문체를 사용한다.

창세기를 읽을 때 두 가지 역사적 정황을 명심해야 한다. 하나는 기자들이 창세기를 기록한 시기이고, 다른 하나는 그들이 기록한 사건들의 시기이다. 후자, 즉 창세기 이야기들 안에 나타나는 사건들에 관해서 말하면, 이러한 사건들을 정확한 역사적 맥락에 두거나 그것들이 기록된 대로 일어났음을 입증할 수 있는 성경 밖의 증거는 없다. 종종 창 1:1-11에서 세상이 시작된 이야기들은 창 12—50장에 나오는 이스라엘 조상의 이야기들보다 명확하지 않고 "신화적"인 것으로 보이는 반면에, 후자는 보다 구체적이고 문화적인 기사를 포함하고 있어서 보다 "역사적"인 것으로 보이기도 한다. 하지만 창세기 기자들이 이런 차이점이 드러나도록 했는지는 확실하지 않다. 왜냐하면, 그들은 어떤 구체적인 내용들을 가지고 세상의 시작에 관하여 이야기하는데, 이것들은 창 12—50장에서 나오는 이스라엘 선조들이 누렸던 것과 동일한 문화에서 이야기하고 있기 때문이다.

비록 오늘날 고대 근동의 역사로 알려진 것으로부터 창세기에 나오는 실제 사건들을 입증하는 것은 어렵지만, 이런 이야기들은 선조들이 살았던 실제적인 이스라엘 세계의 실상들을 반영해 주고 있는 것들이다. 즉 창세기의 우주관, 문화적 가치, 사회구조와 관습, 내외의 정치적 관계, 그리고 종교적 제의와 신앙이 그것들이다. 창세기 기자들의 입장에서 보면, 창세기의 이야기들은 저자 자신들이 살았던 세계에 존재했던 이러한 실상들의 기원을 기술한 것이다. 야웨문서 기자와 엘로힘문서 기자의 세계는 이스라엘 군주시대인데 (기원전 1000-800년), 이 때 이스라엘은 지상에서, 그리고 고대 근동지역에서 그것이 차지하는 위치와 목적을 규명하려고 노력했다. 제사문서 기자의 세계는 비록 일부 사람들은 제사문서 기자를 초기 군주시대에 포함시키려 하지만, 포로와 회복의 시기인데, 이 때 이스라엘은 자체의 삶과 신앙을 회복하기를 추구했다 (기원전 587-500년). 이 기자들이 활동했던 시기를 정확하게 규명하는 것은 그리 중요하지 않다. 보다 중요한 것은 그들에게 친숙해진 후기의 실상들을 설명하기 위하여 그들이 이것들의 기원들에 관하여 어떤 방식으로 이야기하는지를 인식하는 것이다.

창세기에 나오는 것처럼, 시작에 관한 기사들의 목적은 분명히 기원에 관한 인간의 타고난 내적 호기심을 제기하는 데 있다. 그러나 기원에 관한 이야기는 그 배후에 역사적 호기심보다 무엇인가 훨씬 큰 것을 가지고 있다. 이러한 기사들은, 기원들을 기술함으로써, 사물들의 기초적인 본질이나 성격에 관한 의견을 피력한다. 하나님께서 최초의 식물들, 최초의 짐승들, 최초의 인간들, 이성간의 관계, 최초의 가족, 그리고 이스라엘의 최초 선조들과 이웃 민족들을 생겨나게 하신 방법을 기술함으로써, 이러한 기사들은 이러한 실상들의 내적 본질과 성격을 규명해 준다. 그래서 시작에 관한 기사들은 거기에 나오는 실상들을 설명할 뿐 아니라, 그것들이 생기게 된 것에 권위를 부여하고 그것을 합법적으로 인정한다. 사물들이 이와 같이 창조되었기 때문에, 사물들이 이와 같은 모습을 띠고 있다. 참으로, 유대교와 기독교 공동체의 일원들은 성경시대 이래 인간의 생명, 성, 가족의 역할과 가치, 그리고 사회 규범들에 관한 도덕적 주장을 내세우기 위하여 창세기에 나오는 창조 이야기들에 호소하여 왔다.

물론, 시작에 관한 이런 기사들은 또한 성경에서 하나님에 관한 최초의 진술들을 포함한다. 그것들은 하나님의 성격, 세상과 하나님과의 관계, 그리고 인류와 하나님과의 관계에 대해서 처음으로 정의를 내린다. 우리는 하나님과 자연세계의 상호관계에 관한 가장 분명하고 상세한 신학들을 성경의 이 부분에서 발견한다. 이 기사들에는 최초의 중요한 언약 설화들, 즉 모든 생명체와 맺은 언약들 (9장), 그리고 아브라함 및 그의 자손들과 맺은 언약들(15; 17장)이 깊이 간직되어 있다. 이것들은 성경 이야기 전체를 통해 하나님과 인간 사이의 관계에 대한 기초를 깔아놓는다. 그러므로 창세기는, 실제적으로, 유대교와 기독교 신학을 위한 역사적이자 개념적인 출발점, 즉 기반이다.

창세기의 개요는 다음과 같다. 성경본문에 따라 세밀히 조사할 필요가 있는 주석은 이 개요를 따를 것이며, 명확성을 기하기 위하여 더 보충하여 설명하게 될 것이다.

- Ⅰ. 원시 시대, 1:1—9:17
  - A. 창조, 1:1—3:24
    1. 창조와 안식일, 1:1—2:4a
    2. 에덴 동산에서 이루어진 창조, 2:4b—3:24
  - B. 원시 시기, 4:1—6:4
    1. 가인, 아벨, 그리고 가인의 자손들, 4:1-26
    2. 원시 세대들의 다른 족보, 5:1-32
    3. 원시 시기의 영웅들, 6:1-4
  - C. 대홍수, 6:5—9:17
    1. 홍수와 노아 가족의 생존, 6:5—8:19
    2. 새 시대를 위하여 설립된 새 질서, 8:20—9:17
- Ⅱ. 세계 문명의 시작과 이들 문명에서 차지하는 이스라엘의 위치, 9:18—50:26
  - A. 세계 문화의 기원, 9:18—11:32
    1. 가나안의 역할, 9:18-29
    2. 노아의 자손들과 세계 문화들, 10:1-32
    3. 문화와 언어들의 분산, 11:1-9
    4. 노아의 가족에 속한 이스라엘의 계보와 세계 문화에서 이스라엘이 차지하는 위치, 11:10-32
  - B. 아브라함의 가족: 사라와 이삭, 하갈과 이스마엘, 12:1—25:18
    1. 가나안에의 도착, 이집트에로의 여정, 그리고 하란에의 정착, 12:1—13:18
    2. 동방 국가들의 왕들과 살렘의 멜기세덱, 14:1-24
    3. 하나님과 맺은 아브라함의 언약에 관한 J 기사, 15:1-21
    4. 하갈과 이스마엘에 관한 J 기사, 16;1-16
    5. 하나님과 맺은 아브라함의 언약에 관한 P 기사, 17:1-27
    6. 사라와 이삭에 관한 기사, 18:1-15
    7. 소돔과 고모라, 18:16—19:38
    8. 아비멜렉과 브엘세바의 우물들, 20:1-18
    9. 사라와 이삭 기사의 재개, 21:1-7
    10. 하갈과 이스마엘에 관한 E 기사, 21:8-21
    11. 아비멜렉과 브엘세바 기사의 재개, 21:22-34
    12. 이삭의 결박, 22:1-24
    13. 사라의 매장, 23:1-20
    14. 이삭과 리브가의 약혼, 24:1-67
    15. 아브라함의 매장과 확대 가족, 25:1-18

C. 야곱의 가족: 레아, 라헬, 실바, 빌하, 그리고 그들의 자녀들, 25:19—36:43
1. 야곱과 에서의 출생, 25:19-34
2. 이삭, 아비멜렉, 그리고 브엘세바의 우물들, 26:1-35
3. 야곱과 에서에 대한 이삭의 축복, 27:1-46
4. 베델에서 꾼 야곱의 꿈과 가나안으로부터의 도주, 28:1-22
5. 라반의 집에서의 거주: 야곱의 결혼, 자녀들, 그리고 가축들, 29:1—31:55
6. 야곱이 하나님과 겨룬 씨름과 에서와의 재회, 32:1—33:20
7. 디나와 세겜 사람들, 34:1-31
8. 베델의 제단과 라헬 및 이삭의 매장, 35:1-29
9. 에서의 자손들, 36:1-43

D. 요셉 및 그의 가족이 이집트로 이주, 37:1—50:26
1. 요셉이 자신의 형들에 의하여 팔림, 37:1-36
2. 유다와 다말, 38:1-30
3. 요셉과 보디발의 아내, 39:1-23
4. 요셉: 꿈들을 해석하여 이집트의 총독 자리에 오름, 40:1—41:57
5. 요셉과 그의 형들이 이집트에서 재회하다, 42:1—45:15
6. 야곱의 가족이 이집트로 이주, 45:16—47:31
7. 에브라임과 므낫세를 향한 야곱의 축복, 48:1-22
8. 열두 아들을 위한 야곱의 축복, 49:1-28
9. 야곱의 죽음과 매장, 49:29—50:26

시어도어 히버트 (Theodore Hiebert)

천지창조

1 1 ㄱ)태초에 하나님이 천지를 창조하셨다.
2 땅이 혼돈하고 공허하며, 어둠이 깊음 위
에 있고, ㄴ)하나님의 영은 물 위에 움직이고 계셨다.
3 하나님이 말씀하시기를 "빛이 생겨라" 하
시니, 빛이 생겼다. 4 그 빛이 하나님 보시기에
좋았다. 하나님이 빛과 어둠을 나누셔서, 5 빛을
낮이라고 하시고, 어둠을 밤이라고 하셨다. 저녁
이 되고 아침이 되니, 하루가 지났다.

ㄱ) 또는 '태초에 하나님이 천지를 창조하실 때에' 또는 '하나님이 천지를 창조하기 시작하셨을 때에' ㄴ) 또는 '하나님의 바람' 또는 '강한 바람'

1:1—2:4a 창세기에는 두 개의 창조 기사가 있다. 처음에 나오는 창조 기사(1:1—2:4a)는 땅을 중심으로 해서 우주 전체를 웅대하게 다루고 있는 반면에, 두 번째 창조 기사는 보다 한정적이고 지역적인 장소를 배경으로 해서 전적으로 에덴 동산 (2:4b—3:24) 안에서 일어난 일들을 다루고 있다. 첫 번째 창조 기사에 따르면, 하나님은 엿샛날까지 세상을 창조하시고 이렛날에는 쉬셨는데, 이렇게 함으로써 안식일을 자연 질서의 일부로 규정하셨다. 하나님이 창조 사역을 하신 주간은 전반부와 후반부가 전적으로 대칭을 이룬다. 처음 삼일 동안에, 하나님은 땅의 세 영역을 설계하시는데, (1) 낮과 밤, (2) 하늘과 바다, 그리고 (3) 땅과 식물들이 그것들이다. 나중 삼일 동안에, 하나님은 이 세 가지 영역 안에 별들과 행성들, 새들과 바다 생물들, 그리고 인간들을 포함하여 땅 위에 동물들을 지으셨다. 하나님은 대부분의 경우 말씀으로 명하심("하나님께서 말씀하시기를")으로써 창조하시는 지고하고 권능이 있는 분으로 나타난다. 이 창조 기사는 하나님을 높이 찬양하고, 반복적인 (아마도 예배문 형태의) 문체와 특징적인 어휘(예를 들어, "생육하고 번성하라")를 쓰는 것으로 미루어보아, 이것은 제사문서 (P) 기자에 의하여 기록된 것으로 간주된다. 제사문서(P)는 세상을 조화가 있고, 질서가 있는 거룩한 영역으로 묘사하며, 이 질서 안에 만물이 뚜렷한 특성들이 있는 것으로 묘사한다.

추가 설명: 창조: 혼돈에 질서를 가져오다

성경의 첫 절을 서로 다르게 번역하는 이유는 창조에 대한 서로 다른 관점이 배후에 깔려있기 때문이다. "태초에 하나님이 천지를 창조하셨다" (새번역개정). "태초에 하나님이 천지를 창조하시니라" (개역개정). "한 처음에 하느님께서 하늘과 땅을 지어냈다" (공동번역) 라고 하는 전통적인 번역은 2절의 무형의 땅과 ("깊은") 물이 하나님의 첫 창조사역으로 지어진 것들임을 암시한다. 그래서 우리가 일반적으로 아는 바의 창조 교리가 보여주듯이, 창조는 "무로부터" (*ex nihilo*) 모든 것을 만들고 존재케 한 것으로 이해한다. 그런데, "하나님이 천지 창조를 시작하셨을 때" 라고 하는 보다 최근의 번역들은 2절을 종속절로 간주하여 형체 없는 땅과 물이 이미 존재했으며, 이것들로부터 하나님께서 세상을 지으신 것으로 묘사한다. 그러므로 창조는 형체가 없고 혼돈스런 것에 질서를 가져온 것으로써, 곧 혼돈하고 공허한 땅에 정연한 형태를 갖게 한 것으로 이해하기도 한다. 이런 다른 형태의 번역은 고대 근동 세계에서 볼 수 있는 창조 설화들(에누마 엘이쉬[Enuma Elish]를 보라: 창 2:4b; 5:1)과 창조를 질서정립 및 혼돈억제로 이해하는 성경적 견해에 대한 전통적인 개방성을 반영하는 것이다 (시 104:5-9). 이 번역은 대단히 많은 지지를 얻어 왔다. 그렇지만, 1절의 용어와 문법이 독특하고 구약성경의 어디에서도 정확하게 반복되지 않고 있기 때문에, 이렇게 서로 다른 번역들에 대한 학자들의 토론은 계속되고 있다. 히브리 문법의 일반 규정들에 따르면, 두 가지 번역 가운데 한 가지만을 택해야 하지만, 전통적인 자음 문서에 모음을 붙인 유대 서기관들은 이 두 가지 해석이 모두 가능함을 표방하기를 원했다고 많은 성경 번역자들은 결론을 내린다.

1:1-2 이 서문은 무형의 물질로 이루어진 넓은 공간을 묘사하는데, 이것으로부터 하나님께서 세상을 창조하신다 (5쪽 추가 설명: "창조: 혼돈에 질서를 가져오다"를 보라). **1:2** *깊음 (테홈).* 이것은 대단히 큰 지하 저수지인데 나중에 노아의 홍수에 관한 제사문서에서 보면 (7:11), 이 지하 저수지로부터 물이 솟구쳐 오른다. 바빌로니아의 창조설화인 *에누마 엘이쉬(Enuma Elish)*에서 보면, *티아마트,* 즉 *바다*로부터 세상이 창조되는데, *깊음*이라는 말이 언어상으로 이 용어와 관련된 것으로 미루어보아, 성경의 창세기는 주변 세계의 창조 이야기들과 같은 특징들을 공유하고 있음을 알 수 있다. 한글 성경에서 (하나님의) 영으로 번역된 *바람*은 히브

6 하나님이 말씀하시기를 "물 한가운데 창공이 생겨, 물과 물 사이가 갈라져라" 하셨다. 7 하나님이 이처럼 창공을 만드시고서, 물을 창공 아래에 있는 물과 창공 위에 있는 물로 나누시니, 그대로 되었다. 8 하나님이 창공을 하늘이라고 하셨다. 저녁이 되고 아침이 되니, 이튿날이 지났다.

9 하나님이 말씀하시기를 "하늘 아래에 있는 물은 한 곳으로 모이고, 뭍은 드러나거라" 하시니, 그대로 되었다. 10 하나님이 뭍을 땅이라고 하시고, 모인 물을 바다라고 하셨다. 하나님 보시기에 좋았다. 11 하나님이 말씀하시기를 "땅은 푸른 움을 돋아나게 하여라. 씨를 맺는 식물과 씨 있는 열매를 맺는 나무가 그 종류대로 땅 위에서 돋아나게 하여라" 하시니, 그대로 되었다. 12 땅은 푸른 움을 돋아나게 하고, 씨를 맺는 식물을 그 종류대로 나게 하고, 씨 있는 열매를 맺는 나무를 그 종류대로 돋아나게 하였다. 하나님 보시기에 좋았다. 13 저녁이 되고 아침이 되니, 사흗날이 지났다.

14 하나님이 말씀하시기를 "하늘 창공에 빛나는 것들이 생겨서, 낮과 밤을 가르고, 계절과 날과 해를 나타내는 표가 되어라. 15 또 하늘 창공에 있는 빛나는 것들은 땅을 환히 비추어라" 하시니, 그대로 되었다. 16 하나님이 두 큰 빛을 만드시고, 둘 가운데서 큰 빛으로는 낮을 다스리게 하시고, 작은 빛으로는 밤을 다스리게 하셨다. 또 별들도 만드셨다. 17 하나님이 빛나는 것들을 하늘 창공에 두시고 땅을 비추게 하시고, 18 낮과 밤을 다스리게 하시며, 빛과 어둠을 가르게 하셨다. 하나님 보시기에 좋았다. 19 저녁이 되고 아침이 되니, 나흗날이 지났다.

20 하나님이 말씀하시기를 "물은 생물을 번성하게 하고, 새들은 땅 위 하늘 창공으로 날아다녀라" 하셨다. 21 하나님이 커다란 바다 짐승들과 물에서 번성하는 움직이는 모든 생물을 그 종류대로 창조하시고, 날개 달린 모든 새를 그 종류대로 창조하셨다. 하나님 보시기에 좋았다. 22 하나님

리어 *루아흐*를 번역한 것인데, 이것의 기본적인 의미는 "공기"이다. 문맥에 따라서, 이것은 "바람"으로 번역되거나 "숨결"로 번역될 수도 있다. 여기서는 두 가지 의미가 모두 함축되어 있다. "영"이라고 하는 번역은 제사문서의 신학에는 존재하지 않는 영혼과 물질의 분리를 보여주는 후기 희랍적 사고에 기초한 것이다.

1:3-5 *첫째 날.* 첫째 날 *빛*이 창조되고 이 빛은 어둠으로부터 분리된다. 다른 날과 마찬가지로, 첫째 날은 *하나님이 말씀하시기를*… 라고 하는 하나님의 명령으로 시작된다. **1:4** 하나님은 자연을 창조하시는 각 단계에서 하나님이 보시기에 좋았다 라고 선포하신다 (좋았다는 말이 일곱 번 나온다; 특별히 31절을 보라). 이것은 성경 가운데서 자연 세계의 거룩성과 가치를 가장 분명하고 강력하게 확증하여 주는 것이다. 본 절에 나오는 *나누다* (분리하다, 떼어놓다) 라는 말은 본 기사에서 다섯 번 나온다. 이것은 제사문서가 창조의 엄밀한 순서와 특징들을 묘사하는 여러 가지 문장 구조들 가운데 하나이다. **1:5** *저녁이 되고 아침이 되니.* 하루를 결론 짓는 이 구절은 아마도 (저녁과 아침 사이의) 밤이 낮을 마감하며, 새 날은 사실 새 창조사역이 일어나는 여명에 시작된다는 착상을 반영하는 것 같다.

1:6-8 *둘째 날.* 둘째 날에는 하늘과 바다가 창조된다. 고대 이스라엘의 우주관에 따르면, *창공* ("궁창," 개역개정)은 물샐 틈이 없는 방벽인데, 이것은 하늘에 있는 큰 저수지를 떠받치고 있으며, 이 저수지를 지하의 큰 저수지와 분리시키고 있다. 제사문서의 홍수 이야기(7:11)에서 보면, "하늘의 문들"이 열릴 때, 물이 이 저수지로부터 비가 되어 내린다.

1:9-13 *셋째 날.* 셋째 날에는 물과 식물들이 다음과 같은 두 가지 창조사역을 통해서 생겨난다: 마른 땅이 지하 저수지에 있는 물로부터 분리되고 나서 (9-10절), 땅의 최초 생명체인 식물들이 여기서 발아한다 (11-13절). **1:11-12** 땅은 창조과정에서 푸른 움(채소)을 산출하는데, 이 푸른 움은 이스라엘의 농부들이 경작하는 두 종류의 식물로 나누어진다. 첫째로, 씨 맺는 푸른 움은 보다 정확히 말하면 "씨를 맺는 식물들"(*에세브;* 1:29; 2:5를 보라)인데, 이것은 이스라엘 농업의 토대를 이루며 우리가 씨앗들을 줄기로부터 육안으로 볼 수 있는 밀과 보리를 언급하는 것이다. 둘째로, *열매 맺는 나무들은* 나무 농작물들, 즉 주로 감람나무를 말하는데, 농부들은 이것들로 농작물 재배를 보충하며 그 씨앗들은 열매 안에 감추어져 있다 (*씨 있는 열매를 맺는 나무*). 이 두 종류의 식물은, 나중에 이 기사에서 보면, 사람들에게 음식물로 제공된다 (1:29). "그 종류대로" (after his kind) 라고 하는 전통적인 번역이 "온갖" 종류대로 (of every kind, 공동번역) 번역된 것보다 히브리 원전에 보다 더 가깝다. "그 종류대로" 라고 번역하는 것이 창조 때에 지어진 피조물들의 뚜렷한 종류들에 흥미를 보이는 제사문서의 관심을 보다 더 잘 반영해 준다.

1:14-19 *넷째 날.* 넷째 날에 하나님은 첫째 날에 창조된 낮과 밤의 영역들에 거하는 천체들과 낮과 밤을 통제하는 천체들로 채우신다. **1:14-15** 이 천체들에게는 두 가지 목적이 있다. 하나는 땅에 빛을 공급하고 (15절), 다른 하나는 *계절*을 포함하여 중요한 시기들을 가름으로써 시간을 정하는 것이다. 계절은 이스라엘의 거룩한 절기들, 즉 종교적인 축제일들을 위해 가장 일반적으로 사용되는 용어인데, 제사문서는 이러한 시기들에 대해 특별한 관심을 보여준다 (14절).

이 이것들에게 복을 베푸시면서 말씀하시기를 "생
육하고 번성하여 여러 바닷물에 충만하여라. 새들
도 땅 위에서 번성하여라" 하셨다. 23 저녁이 되
고 아침이 되니, 닷샛날이 지났다.
24 하나님이 말씀하시기를 "땅은 생물을 그
종류대로 내어라. 집짐승과 기어다니는 것과 들
짐승을 그 종류대로 내어라" 하시니, 그대로 되었
다. 25 하나님이 들짐승을 그 종류대로, 집짐승
도 그 종류대로, 들에 사는 모든 길짐승도 그 종
류대로 만드셨다. 하나님 보시기에 좋았다.
26 하나님이 말씀하시기를 "우리가 우리의
형상을 따라서, 우리의 모양대로 ㄱ)사람을 만들
자. 그리고 그가, 바다의 고기와 공중의 새와 땅
위에 사는 온갖 들짐승과 땅 위를 기어다니는 모
든 길짐승을 다스리게 하자" 하시고, 27 하나님
이 당신의 형상대로 ㄱ)사람을 창조하셨으니, 곧 하

ㄱ) 히, '아담'

특별 주석

큰 빛과 작은 빛이란 용어를 사용한 것은 제사문서가 "해"와 "달"이라고 하는 용어를 회피한 것으로 통상적으로 이해한다. 왜냐하면, 이런 용어들은 고대 근동의 신들의 이름들이며 제사문서는 한 하나님에 대한 이스라엘의 유일신앙을 강조하기를 원했기 때문이다. 그러나 그 외의 창조를 예찬하는 시들에서, "큰 빛들," "해"와 "달"은 아무런 구애를 받지 않고 함께 사용된다 (시 136:7-9). 더 나아가, 큰 빛과 작은 빛은 낮과 밤을 다스리는 역할을 부여받을 때 인격화되는데, 이와 동일한 책임이 고대 신앙에서 보면 이들에 필적하는 신들에게도 부과되었다. 이스라엘의 유일신과 하나님을 둘러싼 하늘의 존재들 사이의 관계는 성경에서 복잡하게 나타난다 (1:26에 관한 주석을 보라).

추가 설명: 하나님의 형상대로

창세기 1:26-27에서, 인간이 하나님의 형상대로 창조되었다고 하는 진술은 나중에 인간의 삶에 관한 견해에 막대한 영향을 미쳐 왔으며, 이것의 의미에 대한 여러 가지 해석이 제시되어 왔다. 이러한 해석들은 인간의 본질을 강조하거나 그 기능을 강조한다. 여기서 본질을 강조하는 해석은 하나님의 형상을 인간에게 주어진 어떤 자질이나 성격으로 간주하는 반면에, 기능을 강조하는 해석은 하나님의 형상을 그들에게 할당된 역할이나 책임으로 간주한다. 초기 기독교 사상은 전자를 강조해서, 하나님의 형상을 인간의 본질과, 특별히 인간 삶의 독특한 영적 성격과 관련시켰다. 예를 들어, 어거스틴은 하나님의 형상이 (두 번째 창조 기사에 기술되었듯이) 흙으로부터 창조된 인간의 몸(2:7)에 하나님께서 불어넣으신 합리적인 혼을 언급하는 것이라고 믿었다. 하지만, 혼과 몸, 혹은 영혼과 물질 사이의 이러한 분리는 후대 희랍 사상에서 발전한 것이며, 제사문서 기자나 다른 구약성경 기자들이 도입한 것은 아니다.

하나님의 형상을 인간의 본질에 대한 정의로 보는 매우 다른 연구가 억압받는 그룹들(여성, 소수민족 사람들, 경제적으로 하류층에 속하는 사람들)에 의하여 채택되어 왔다. 이러한 해석에 따르면, 하나님의 형상은 모든 인간의 존엄과 내적 가치를 언급하는 것이며, 모든 개인은 동일한 존엄성을 가지고 다루어져야 한다는 것을 가정한다. 초기 기독교 관점과는 달리, 인간의 본질을 이렇게 규정짓는 것은 단지 인간의 혼이 아니라, 총체적인 인간에 초점을 맞춘다. 비록 제사문서 기자가 동등권에 대한 현대적 개념을 공유하지는 않았겠지만, 이러한 해석의 배후에 깔린 논리는 현대 독자들에게 납득이 가는 것이다.

20세기 후반의 성서학계는 하나님의 형상을 어떤 기능으로 보는 해석을 강조한다, 이렇게 해서 그들은 하나님의 형상을 인간들이 가진 특별한 역할을 규정하는 것으로 간주한다. 예를 들어, 그들에게 이 형상은 창조된 영역에서 하나님을 상대하는 자, 하나님의 협력자, 혹은 하나님을 대변하는 인간 역할을 일컫는 것이다. 대변한다는 개념은 오늘날 성서학계에서 가장 널리 알려져 있는데, 고대 세계에서 "신의 형상"이라고 하는 표현이 어떻게 사용되었는지를 분석함으로써 끌어낸 것이다. 고대의 이집트와 메소포타미아 문서들에서, 이러한 표현은 통치 군주를 신의 위탁을 받아 통치하는 신들의 특별 대리자로 임명하는데 사용되었다. 이러한 표현을 채택함으로써, 제사문서는 인간에게 왕의 신분과 책임을 돌리어 왔다. 이 문맥에서 보면, 하나님의 형상은 세상에서 인

나님의 형상대로 사람을 창조하셨다. 하나님이 그
들을 남자와 여자로 창조하셨다. 28 하나님이
그들에게 복을 베푸셨다. 하나님이 그들에게 말
씀하시기를 "생육하고 번성하여 땅에 충만하여
라. 땅을 정복하여라. 바다의 고기와 공중의 새와
땅 위에서 살아 움직이는 모든 생물을 다스려라"
하셨다. 29 하나님이 말씀하시기를 "내가 온 땅
위에 있는 씨 맺는 모든 채소와 씨 있는 열매를 맺
는 모든 나무를 너희에게 준다. 이것들이 너희의
먹거리가 될 것이다. 30 또 땅의 모든 짐승과 공
중의 모든 새와 땅 위에 사는 모든 것, 곧 생명을
지닌 모든 것에게도 모든 푸른 풀을 먹거리로 준
다" 하시니, 그대로 되었다. 31 하나님이 손수
만드신 모든 것을 보시니, 보시기에 참 좋았다. 저
녁이 되고 아침이 되니, 엿샛날이 지났다.

2 1 하나님은 하늘과 땅과 그 가운데 있는 모든
것을 다 이루셨다. 2 하나님은 하시던 일을
ㄱ)엿샛날까지 다 마치시고, 이렛날에는 하시던 모든
일에서 손을 떼고 쉬셨다. 3 이렛날에 하나님이

ㄱ) 사마리아 오경과 칠십인역과 시리아어역을 따름. 히, '이렛날까지'

간이 차지하는 특출한 지위와 하나님의 대리자로서 창조 세계를 관리할 인간의 책임을 묘사한다. 그러므로 인간은 왕들과 제사장들이 그리했던 것처럼, 세상 가운데서 하나님의 임재를 대리하는 중보자들이다.

추가 설명: 지배인가 아니면 종속관계인가?

환경과 그것에 미치는 인간의 영향에 대한 증가하고 있는 관심 때문에, 창 1:26, 28에 나오는 *다스리다* (*루다*) 라고 하는 말에 비상한 관심을 불러일으켰다. 일부 학자들에 의하면, 이것은 목적을 이루기 위해서 자연을 개발하는 무제한적 힘과 허가증을 인간에게 부여하는 것으로 이해되었다. "다스리다" 라는 말은 성경의 다른 곳에서 종들을 부리는 주인들(레 25:43)과 신하들을 지배하는 왕들의 권위(시 72:8)를 나타내는데 사용된 것으로 예증되듯이, "통치한다"는 의미를 가진다. 그래서 이것은 잠정적으로 인간에게 동물 세계에 대한 강한 지배권을 부여한 것으로 생각하기도 한다. 그러나 그 말 자체는 이러한 힘의 사용을 뜻하지 않는다. 왜냐하면 이 말은 자비로운 통치를 뜻하거나 혹독한 통치를 뜻하는데 사용될 수 있기 때문이다. 인간이 창조된 세상에서 하나님의 대리자들로 간주되는 창 1장의 맥락에서 보면 (추가 설명: "하나님의 형상대로"를 보라), 다스리다는 말은 하나님께서 자연 세계, 곧 하나님께서 속속들이 선하게 창조하신 세계에서 행사하실 것과 동일한 종류의 통치로 이해되어야 한다.

두 번째 창조 기사는 자연 속에서 차지하는 인간의 위치를 전혀 다르게 묘사한다. 이 기사에서 최초 인간은 흙으로부터 창조되며 자연을 *경작하라*(*아바드*)는 명령을 받는다. 이 히브리 용어는 문자 그대로 "헌신하다" 라는 의미이다. 이것은 주인들에 대한 종들의 종속 상태 (창 12:6), 다른 집단에 대한 한 집단의 종속 상태 (출 5:9), 그리고 하나님에 대한 사람들의 종속 상태를 표현하는데 사용된다 (출 4:23). 인간은 땅을 돌보는 위치에 있는 것으로 간주되는데, 생명을 유지하고 생계를 꾸려나가기 위하여 이 땅에 의존하고 있다. 그러므로 이 기사에서 인간들은 자연을 통치하기보다는 그것에 의존하는 위치에 놓여있다. 자연계에서 차지하는 인간 역할에 대해서 이와 같이 서로 다른 이미지들이 존재하는 것은 다음과 같은 사실을 보여준다. 성경 전통들은 세계에서 차지하는 인간의 존재 위치와 이 세계에 대한 그들의 책임에 대하여 일련의 다양한 관점을 제시하고 있다.

1:20-23 *닷샛날.* 닷샛날에 하나님은 둘째 날에 창조된 하늘과 바다의 영역들 안에 서식하는 짐승들로 번성케 하신다. 이 두 영역은, 엿샛날에 번성케 된 땅과 함께, 짐승의 세계를 세 가지 범주, 즉 하늘과 물과 육지의 짐승들로 나눈다. 이런 범주들은 이스라엘 제사장들이 정결한 짐승들을 불결한 짐승들로부터 구별할 때에 사용되었다 (레 11:1-19). **1:20-21** *움직이는 모든 생물.* 이것은 바다와 강에 서식하는 모든 짐승에 대한 총체적인 표현이다 (레 11:10, 46). *커다란 바다 짐승들* (*타닌님*). 이 짐승들은 아마도 가장 강한 인상을 주는 바다의 피조물들을 언급하는 것 같다 ("고래" 라는 번역은 킹 제임스 영어 성경이 *티닌님*을 고래로 번역했기 때문에 사용된 용어이다; 공동번역은 "큰 물고기"로 했다). **1:22** 하나님은 짐승들에게 재생할 수 있는 능력

창조하시던 모든 일에서 손을 떼고 쉬셨으므로,
하나님은 그 날을 복되게 하시고 거룩하게 하셨다.
4 하늘과 땅을 창조하실 때의 일은 이러하였다.

에덴 동산

주 하나님이 땅과 하늘을 만드실 때에, 5 주
하나님이 땅 위에 비를 내리지 않으셨고, 땅을 갈
사람도 아직 없었으므로, 땅에는 나무가 없고, 들
에는 풀 한 포기도 아직 돋아나지 않았다. 6 땅
에서 물이 솟아서, 온 땅을 적셨다.

7 주 하나님이 ㄱ)땅의 흙으로 ㄴ)사람을 지으시
고, 그의 코에 생명의 기운을 불어넣으시니, 사람이
생명체가 되었다.

8 주 하나님이 동쪽에 있는 에덴에 동산을
일구시고, 지으신 사람을 거기에 두셨다. 9 주
하나님은 보기에 아름답고 먹기에 좋은 열매를 맺
는 온갖 나무를 땅에서 자라게 하시고, 동산 한가
운데는 생명나무와 선과 악을 알게 하는 나무를
자라게 하셨다.

10 강 하나가 에덴에서 흘러나와서 동산을
적시고, 에덴을 지나서는 네 줄기로 갈라져서 네
강을 이루었다. 11 첫째 강의 이름은 비손인데,
금이 나는 하윌라 온 땅을 돌아서 흘렀다. 12 그
땅에서 나는 금은 질이 좋았다. 브돌라라는 향료
와 홍옥수와 같은 보석도 거기에서 나왔다.
13 둘째 강의 이름은 기혼인데, 구스 온 땅을 돌
아서 흘렀다. 14 셋째 강의 이름은 티그리스인
데, 앗시리아의 동쪽으로 흘렀다. 넷째 강은 유프
라테스이다.

ㄱ) 히, '아다마' ㄴ) 히, '아담'

을 축복으로 주신다. 고대시대에서는 잉태가 지닌 신비의 본질이 신적 활동과 직접적으로 관련되어 있었다 (창 4:1; 16:2).

1:24-31 *여섯째 날.* 여섯째 날에 하나님께서는 셋째 날에 창조된 땅과 식물의 영역 안에서 인간들을 포함하여, 육지 짐승들이 번성하게 하신다. **1:24-25** 땅은 다시 창조에 참여하는데, 그것이 셋째 날에 식물들을 산출해 냈듯이 여섯째 날에는 짐승들을 산출해 낸다. 짐승들과 땅의 이러한 연관성은 두 번째 창조 이야기에서도 또한 전개된다 (2:19). *집짐승.* 이 단어는 실제적으로 모든 큰 짐승을 언급하는 것인데 (창 6:20; 레 11:1-8), 제사문서는 집짐승들을 기어다니는 것들, 즉, 보다 작은 생물들로부터 정규적으로 구분한다. *들짐승.* 이 단어는 문자 그대로 "살아있는 것"(28절을 보라)을 의미하며, 모든 살아 움직이는 것에 대한 총체적인 표현으로 본다.

1:26-31 비록 여섯째 날에 다른 짐승들도 창조되었지만, 이 여섯째 날 창조 기사에서 인간은 하나님의 최종적이요 절정적인 창조사역의 결과로 나타난다. 인간만이 하나님의 형상을 따라 지어졌으며 다른 동물들에 대하여 지배권을 부여받았다 (7쪽 추가 설명: "하나님의 형상대로"와 8쪽 "지배인가 아니면 종속관계인가?"를 보라)

1:26 *우리.* 이 일인칭복수형은 "주권자"의 복수형(왕의 "우리")이 다양하게 번역되어 온 것이며, 그리스도교 신학에서는 삼위일체로 해석해 왔다. 창세기의 다른 곳에서처럼 (예를 들어, 11:7), 여기서 하나님은 신성회의, 즉, 세상을 통치하고 인간과 교통하는 하나님을 돕는 것으로 믿어지는 천상의 존재들의 집회를 주재하고 계시다 (창 1:16; 16:7; 왕상 22:19-23; 욥 1:6-7; 렘 23:18, 22). "우리의 모양대로 사람을 만들자." 여기서 사람은 히브리어로 *아담*이다. 히브리어의 아담은 "사람, 인류 (인간)"이라고 하는 이중적인 의미를 가지고 있다. 여기서, 이것은 남자와 여자를 포함하여 (27절) 인류를 언급하고 있기에, 이 말은 분명히 총체적인 인간을 지칭하는 것으로 쓰였다. **1:29** 제사문서의 전통에 따르면, 인간은 노아의 홍수 이전에 채식을 하는 존재들이었다. 그들은 지중해 부근에서 나는 두 가지 전통적인 곡식들인 곡류와 과실을 음식물로 받았는데, 이것들은 셋째 날에 창조되었다 (11-12절).

2:1-4a 제사장적 창조 기사는 한 주의 이렛날을 신성한 안식일로 규정하는 데서 정점에 이른다. 이 날은 세상을 창조하신 하나님 자신의 행위를 본떠서 규정되었다 (출 20:8-11을 참조). **2:2** *쉬셨다.* 이것에 해당하는 히브리 단어는 *샤바트* 인데, "안식일"이라는 단어가 이 "쉬다"는 말의 어근에서 파생된 것이다. **2:4** *…의 일은 이러하였다.* 개역개정은 "이것이 천지가 창조될 때에 하늘과 땅의 내력이니" 라고 번역했고, 공동번역은 "하늘과 땅을 지어내신 순서는 위와 같았다" 라고 번역했다. 또 일부 성경들은 이 어구를 "세대는 이러하다" 혹은 "후손은 이러하다" 식으로 표현하는데, 이러한 표현은 제사문서가 창세기의 주요단락들의 뼈대를 구성할 때 사용하는 문체이다 (예를 들어, 5:1; 6:9; 10:1). 이렇게 함으로써 제사문서는 초기 역사와 후기의 보다 정확한 역사의 시기들을 구분한다. 여기서 이 문구는 제사문서의 창조 기사를 마감하고 에덴 동산과 가인과 그의 뒤를 잇는 후손들에 대한 야웨문서의 기사들을 도입한다 (2:4b—4:26).

2:4b—3:24 여기에 나오는 두 번째 창조 기사는 보다 광범위한 에덴 동산 이야기의 일부이다. 첫 번째 창조 기사에서 본 것처럼, 세상은 하나님의 의지와 계획에 따라서 창조된다. 하지만 여기서 창조의 현장은 한 동산에 국한되며, 창조과정에 수반되는 시간의 흐름에 대한 언급이 없다. 더구나, 창조의 순서가 첫 번

15 주 하나님이 사람을 데려다가 에덴 동산
에 두시고, 그 곳을 맡아서 돌보게 하셨다. 16 주
하나님이 사람에게 명하셨다. "동산에 있는 모든
나무의 열매는, 네가 먹고 싶은 대로 먹어라.
17 그러나 선과 악을 알게 하는 나무의 열매만은
먹어서는 안 된다. 그것을 먹는 날에는, 너는
반드시 죽는다."
18 주 하나님이 말씀하셨다. "남자가 혼자 있
는 것이 좋지 않으니, 그를 돕는 사람, 곧 그에게
알맞은 짝을 만들어 주겠다." 19 주 하나님이
들의 모든 짐승과 공중의 모든 새를 흙으로 빚어
서 만드시고, 그 사람에게로 이끌고 오셔서, 그 사
람이 그것들을 무엇이라고 하는지를 보셨다. 그
사람이 살아 있는 동물 하나하나를 이르는 것이
그대로 동물들의 이름이 되었다. 20 그 사람이
모든 집짐승과 공중의 새와 들의 모든 짐승에게
이름을 붙여 주었다. 그러나 그 ㄱ)남자를 돕는 사
람 곧 그의 짝이 없었다. 21 그래서 주 하나님이
그 남자를 깊이 잠들게 하셨다. 그가 잠든 사이에,
주 하나님이 그 남자의 갈빗대 하나를 뽑고, 그 자
리는 살로 메우셨다. 22 주 하나님이 남자에게
서 뽑아 낸 갈빗대로 여자를 만드시고, 여자를 남
자에게로 데리고 오셨다. 23 그 때에 그 남자가
말하였다.

ㄱ) 히, '아담'

째 창조 기사의 순서와 다르다. 무엇보다 앞서 인간이 가장 먼저 창조되었다. 하나님은 보다 친밀하고 인격적인 분으로 나타나는데, 그는 먼발치에서 명령하기보다는 몸소 현장에서 식물들을 심고 만물을 조성하신다. 첫 번째 창조 기사의 형식적이고 반복적인 문체 대신에, 이 창조 기사는 서로 교통하는 인물들과 독특한 어휘로 얽혀진 극적인 이야기로, 야웨 (YHWH) 라는 하나님의 이름이 여기서 사용된다 (예를 들어, 4b, 5, 7절; 보다 자세히 알려면, 서론을 보라). **2:4b-7** 하나님의 첫 번째 창조사역은 흙으로부터 사람을 짓는 것이다.

2:4b-5 이 기사를 시작하는데 사용된 종속절들은 흔히 시사되고 있는 것과는 달리, 무의 상태나 불모의 황무지를 기술하려는데 그 목적이 있는 것이 아니다. 오히려, 이 종속절들은 독자가 익히 알고 있는 일상적인 실재들, 즉 곡물들과 목축, 계절의 강우량, 그리고 경작이 없었던 창조 이전의 시기를 설명한다. **2:6** 땅에서 솟는 물("안개," 개역개정)은 고대 근동의 지질학적 특성인 샘을 의미한다. 빗물이 고이지 않은 샘(5절)은 창공 아래에 있는 크고 영구적인 저수지 (1:2, 6-7을 참조) 라고 하는 성서적 우주관의 개념에 상반되는 것이 아니었다. **2:7** 처음 창조된 인간을 표현하는데 사용된 단어는 *아담*인데, 이것은 제사문서 기자가 "인류" 혹은 "인간"을 총체적으로 일컫는데 사용된 용어이다 (1:26-27). 그러나 여기서 야웨문서는 이 용어를 보다

추가 설명: 창세기에 나타난 성 (Gender)

역사적으로, 에덴 동산의 기사는 세상에 들어온 죄의 기원에 대한 책임을 여성에게 물으며 남자들에 대한 여자들의 종속적인 관계를 합리화하는데 사용되어 왔다. 이러한 관점에 따르면, 하와는 금지된 나무의 과실을 따먹고 남자를 유혹해서 그도 그것을 먹게 함으로써 (3:6) 이 두 사람의 불순종을 자초했다. 하와가 아담에게 종속되는 것은 이런 죄로 인해서 그녀가 마땅히 받아야 할 형벌로 간주된다 (3:16). 이런 관점에 따르면, 그녀가 종속적인 위치에 놓이는 것은 남자가 먼저 창조되었으며 (2:7), 여자는 그로부터 지어졌고 그를 돕는 자로 만들어졌다(2:20-23)는 사실에 반영되어 있다.

창세기 2—3장을 이와 같이 전통적인 방식으로 여자에 대하여 부정적인 견해를 가지고 읽는 것을 현대 성서해석자들은 도전해 왔다. 그들은 다음과 같은 주장들의 일부를 들어 이의를 제기한다: 실제로, 여자는 이 창조 기사에서 부차적인 위치에 놓여있지 않다. 왜냐하면 처음으로 지어진 사람은 "인간"일 뿐이지 반드시 남자를 의미하는 것만은 아니기 때문이다. 이 이야기의 첫 부분에 사용된 *사람(아담)*이라고 하는 단어(예를 들어, 2:7-8, 15)는 일반적인 의미로 사용되어 "인류"로 번역되어서 첫 번째 사람은 성이 없는 (혹은 두 가지 성을 모두 가진) 인간으로 이해되어야 한다. "여자"(*잇샤*)와 "남자"(*이쉬*)는 동시에 창조되어서 두 번째 사람이 첫 번째 사람으로 창조되었을 때 (2:23) 동등한 지위를 가진다. 더 나아가, 여자와 남자는 둘 다 불순종하였으며, 여자는 보다 능동적이고 생각이 깊은 사람이어서 뱀이 제시하는 질문들과 현안들에 관심을 돌린다. 이와 대조적으로, 남자는 전적으로 수동적이며 생각이 모자란다 (3:1-6). 마지막으로, 여자들이 남자들에 종속적인 관계에 놓이는 것은 하나님께서 에덴 동산에서 창조하신 이상적인 세상에 적합하지 않은 것이다. 그것은 인간의 죄의 결과들 가운데 하나일 뿐이다 (3:16).

"이제야 나타났구나, 이 사람!
뼈도 나의 뼈, 살도 나의 살,
ㄱ)남자에게서 나왔으니
ㄴ)여자라고 부를 것이다."
24 그러므로 남자는 아버지와 어머니를 떠
나, 아내와 결합하여 한 몸을 이루는 것이다.
25 남자와 그 아내가 둘 다 벌거벗고 있었으나,
부끄러워하지 않았다.

사람의 불순종

3 1 뱀은, 주 하나님이 만드신 모든 들짐승 가
운데서 가장 간교하였다. 뱀이 여자에게 물었
다. "하나님이 정말로 너희에게, 동산 안에 있는
모든 나무의 열매를 먹지 말라고 말씀하셨느냐?"

ㄱ) 히, '이쉬' ㄴ) 히, '잇샤'

그러므로 창 2—3장은 실제적으로 인간사회에서 성의 동등성을 이상적인 것으로 제시한다.

하지만, 창세기와 구약성경 전체에 나타나는 이스라엘 사회는 남녀가 동등한 지위를 누리고 있음을 보여주지 않는다. 이스라엘 사회에는 상당히 강한 여성 인물들이 있기는 하지만, 근본적으로 흔들리지 않는 가부장적인 사회이다. 남자들이 ("아버지 집"이라 불리는) 이스라엘 가정의 가장(창 12:1)으로서, 이스라엘 사회의 지도자들(왕들, 삼하 7:11-14; 그리고 제사장들, 출 28:1)로서, 그리고 예언자들(창 20:7)로서 권위적인 위치들을 차지한다. 더 나아가, 이스라엘 사회는 남자들을 중심으로 구성되어 있다. 그것은 부계사회이다. 가족관계와 세습은 남성들만 간주되었으며, 족보들은 보통 여자들의 이름을 싣지 않는다 (창 5:3-32). 그것은 세습사회이다. 재산은 남성들을 통해서 소유되고 유산으로 물려진다 (창 27:1-4). 그리고 그것은 부부가 남편의 가족과 동거하는 사회이다. 가족이 남성의 가정에 거주한다 (창 24:5-9, 57-61). 동시에, 비록 제도적인 권위를 소유하고 있지는 않지만, 여자들은 흔히 강력하며 영향력이 있는 인물들인데, 창세기에 나오는 이야기들 중에 가정이라고 하는 정황에서 특별히 그러하다. 사라, 리브가, 레아, 라헬, 그리고 다말은 모두 이렇게 강한 여자들이다. 그들은 가부장적 구조를 자신들의 목표를 향하여 이끌고 종종 가부장적 권위를 뒤엎고 이러한 기사들에 나오는 사건들의 결과들에 대해 자신들의 남편들보다도 더 영향력을 발휘하는 데 앞장선다.

이스라엘 사회의 특징을 이루는 이러한 가부장적 형태들은 창 2—3장에도 존재하는 것으로 보인다. 최초로 창조된 사람인 *아담*은 전통적으로 이해되어 온 바와 같이, 사실 남성일 수도 있다. 왜냐하면 이 용어는 여자가 창조된 후에 특별히 남자를 지칭하는데 사용되기 때문이다 (2:23, 25; 3:8). 이야기 전체를 통해서, 하나님과 대화를 나누는 데서나 (2:16-17; 3:9-10) 이 이야기의 저자가 쓰는 문체로 보나 (3:22, 24) 남자가 부부를 대표한다. 그가 아내의 이름을 짓고 (2:23; 3:20), 그녀에 대한 권위를 가진다 (3:16). 이러한 권위는 창세기에 나오는 하나님과의 언약들과 약속들에서 당연한 것으로 받아들여진다. 성경에 나오는 가족을 보면, 여자는 전형적으로 아이들을 낳고 기르는 자로서의 역할을 맡은 반면에 (3:16, 20), 남자는 가족의 토지들을 경작하는 자로서의 역할을 떠맡는다 (2:6, 15; 3:17-19, 23).

그러므로 현대 독자들은 성경의 기사들에 반영된 대로 고대 사회의 가부장적 특색을 인식해야 할 것이다. 우리는 또한 여자들이 가부장적 권위를 전복시키기 위해 실행한 여러 가지 방법을 종종 어떤 면에서 선조의 역사와 하나님의 약속들의 결과를 결정지은 방법들을 인식해야 한다 (27장). 마지막으로, 오늘날의 독자들은 고대와 현대 사회 사이에 놓인 구조적인 차이들을 이해하고, 현대 윤리학을 위한 본보기로서 고대 사회의 규범들을 사용하려 하는 것에 주의해야 할 것이다.

좁은 의미로 "한 남자"를 일컫는 데 사용하였다 (10쪽 추가 설명: "창세기에 나타난 성"을 보라). 첫 인간을 창조하는데 쓰인 흙을 표현하는데 쓰인 단어는 *아다마* 인데, 야훼문서는 경작이 가능한 땅, 곧 이스라엘의 농부들이 경작하기에 충분히 비옥한 땅을 묘사하는 데도 이 단어를 사용했다. 그래서 인간들은 그들에게 생명의 양식을 공급하는 토양과 불가분리의 관계를 맺고 있다. *생명의 기운.* 이것은 숨을 쉬는 능력인데, 모든 동물이 이 능력을 함께 소유한다 (7:22). 이 생명의 기운은 하나님에 의하여 주어지며 매순간 하나님에 의하여 유지된다 (시 104:29-30).

2:8-17 첫 인간을 창조한 후, 이 이야기는 인간이

2 여자가 뱀에게 대답하였다. "우리는 동산 안에
있는 나무의 열매를 먹을 수 있다. 3 그러나
하나님은, 동산 한가운데 있는 나무의 열매는,
먹지도 말고 만지지도 말라고 하셨다. 어기면
우리가 죽는다고 하셨다." 4 뱀이 여자에게 말
하였다. "너희는 절대로 죽지 않는다. 5 하나님
은, 너희가 그 나무 열매를 먹으면, 너희의 눈이
밝아지고, 하나님처럼 되어서, 선과 악을 알게 된
다는 것을 아시고, 그렇게 말씀하신 것이다."
6 여자가 그 나무의 열매를 보니, 먹음직도 하고,
보암직도 하였다. 그뿐만 아니라, 사람을 슬기롭
게 할 만큼 탐스럽기도 한 나무였다. 여자가 그 열
매를 따서 먹고, 함께 있는 남편에게도 주니, 그
도 그것을 먹었다. 7 그러자 두 사람의 눈이 밝
아져서, 자기들이 벗은 몸인 것을 알고, 무화과나
무 잎으로 치마를 엮어서, 몸을 가렸다.

8 그 남자와 그 아내는, 날이 저물고 바람이
서늘할 때에, 주 하나님이 동산을 거니시는 소리
를 들었다. 남자와 그 아내는 주 하나님의 낯을 피
하여서, 동산 나무 사이에 숨었다. 9 주 하나님
이 그 남자를 부르시며 물으셨다. "네가 어디에 있
느냐?" 10 그가 대답하였다. "하나님께서 동산
을 거니시는 소리를, 제가 들었습니다. 저는 벗은
몸인 것이 두려워서 숨었습니다." 11 하나님이
물으셨다. "네가 벗은 몸이라고, 누가 일러주더
냐? 내가 너더러 먹지 말라고 한 그 나무의 열매를,
네가 먹었느냐?" 12 그 남자는 핑계를 대었다.
"하나님께서 저와 함께 살라고 짝지어 주신 여자,
그 여자가 그 나무의 열매를 저에게 주기에, 제가
그것을 먹었습니다." 13 주 하나님이 그 여자에
게 물으셨다. "너는 어쩌다가 이런 일을 저질렀느
냐?" 여자도 핑계를 대었다. "뱀이 저를 꾀어서
먹었습니다."

하나님이 심판을 선언하시다

14 주 하나님이 뱀에게 말씀하셨다.
"네가 이런 일을 저질렀으니,
모든 집짐승과 들짐승 가운데서
네가 저주를 받아,
사는 동안 평생토록
배로 기어다니고,
흙을 먹어야 할 것이다.
15 내가 너로 여자와 원수가 되게 하고,
너의 자손을 여자의 자손과
원수가 되게 하겠다.
여자의 자손은 너의 머리를 상하게 하고,
너는
여자의 자손의 발꿈치를
상하게 할 것이다."
16 여자에게는 이렇게 말씀하셨다.
"내가 너에게
임신하는 고통을 크게 더할 것이니,
너는 고통을 겪으며
자식을 낳을 것이다.
네가 남편을 지배하려고 해도
남편이 너를 다스릴 것이다."
17 남자에게는 이렇게 말씀하셨다. "네가 아내의

살고 있는 에덴 동산에 대하여 묘사한다. **2:8** *에덴.* 에덴은 "비옥"이라는 의미를 가진 히브리어 어근으로부터 파생된 것인데, 이 동산의 풍성한 식물을 가리킨다. 어떤 특정한 지역을 두고 에덴 동산을 쓰는 것인지 혹은 그러한 지역이 어디에 있었는지를 밝히는 것은 불가능하다. 에덴 동산의 위치에 대한 수많은 제안 중에는 메소포타미아 강 유역, 요단 강 유역의 오아시스, 그리고 예루살렘이 포함되어 있다. **2:9** 생명나무는 열매를 맺는데, 그 열매를 먹는 날에는 영원히 살게 된다 (3:22). 선과 악을 알게 하는 나무는 지식을 주는 열매를 맺는데 (3:5, 22), 이것이 어떤 종류의 지식인지에 대해서는 해석을 달리한다. 즉 이것이 성에 관한 지식 (2:25; 3:7)인지, 보편적인 지식인지, 도덕적 성숙인지, 혹은 인간의 자의식을 말하는 것인지에 대해서는 의견이 엇갈린다. **2:10-14** 에덴의 샘으로부터 흘러나오는 네 줄기의 강은 에덴 동산의 이렇다 할 위치를 알려 주기에는 서로가 너무 멀리 떨어져 있다. 더구나 *비손*이나, 이 강이 둘러서 흐르는 *하윌라*의 위치는 확인조차 할 수 없다. 그러나 *금과 브돌라*(향수를 만드는데 사용되는 향기로운 나무의 진)와 *홍옥수*가 언급된 것으로 보아, 이 곳은, 후에 하윌라에 거주하게 된 이스마엘의 자손에 대한 언급(25:18)이 말해 주듯이, 아라비아 반도에 있는 한 장소이었음을 시사한다. *기혼*은 예루살렘에 주요한 수자원을 공급하는 샘이지만, 이것이 (북서 아라비아나 에티오피아에 위치했던) *구스*와 관련이 있는지는 확실치 않다. *티그리스와 유프라테스.* 메소포타미아 유역의 주요 강들이다. **2:15** 이 창조기사에서 인간들에게 할당된 의무는 경작이었다(*갈다*, 2:5: 3:23; 8쪽 추가 설명: "지배인가 아니면 종속관계인가?"를 보라)고 하는 사실은 이 이야기가 농경사회의 정황에서, 곧 성경시대의 이스라엘로 대표되는 사회를 배경으로 하여 나온 것임을 시사한다.

2:18-25 에덴 동산의 기사는 다른 생명체들을 창조하는 것으로 결론을 맺는데, 이들은 최초의 인간과

말을 듣고서, 내가 너에게 먹지 말라고 한 그
나무의 열매를 먹었으니,
이제, 땅이 너 때문에 저주를 받을 것이다.
너는, 죽는 날까지 수고를 하여야만,
땅에서 나는 것을 먹을 수 있을 것이다.
18 땅은 너에게
가시덤불과 엉겅퀴를 낼 것이다.
너는 들에서 자라는
푸성귀를 먹을 것이다.
19 너는 흙에서 나왔으니,
흙으로 돌아갈 것이다.
그 때까지,
너는 얼굴에 땀을 흘려야
낟알을 먹을 수 있을 것이다.
너는 흙이니, 흙으로 돌아갈 것이다."
20 아담은 자기 아내의 이름을 ㄱ)하와라고 하
였다. 그가 생명이 있는 모든 것의 어머니이기 때
문이다. 21 주 하나님이 가죽옷을 만들어서, 아
담과 그의 아내에게 입혀 주셨다.

아담과 하와가 동산에서 쫓겨나다

22 주 하나님이 말씀하셨다. "보아라, 이 사
람이 우리 가운데 하나처럼, 선과 악을 알게 되었
다. 이제 그가 손을 내밀어서, 생명나무의 열매까
지 따서 먹고, 끝없이 살게 하여서는 안 된다."
23 그래서 주 하나님은 그를 에덴 동산에서 내쫓으
시고, 그가 흙에서 나왔으므로, 흙을 갈게 하셨다.
24 그를 쫓아내신 다음에, 에덴 동산의 동쪽에 ㄴ)
그룹들을 세우시고, 빙빙 도는 불칼을 두셔서, 생
명나무에 이르는 길을 지키게 하셨다.

ㄱ) '생명' ㄴ) 살아 있는 피조물, 날개와 얼굴을 가지고 있는 것으로 생각됨 (겔 1:5-12; 10:21)

친분을 갖고 어려운 일을 서로 돕도록 창조된 것들이다. **2:19** 짐승들은 첫 사람을 만드는 데 사용했던 경작이 가능한 같은 토양으로 창조된다 (7절). 이런 짐승들 가운데 많은 것들이 이스라엘 농경에 도움을 주지만, 어느 것도 가족을 시작하기에 알맞은 동반자가 되지는 못했다. **2:21-22** 통상 갈빗대로 번역되지만, 두 번째 인간을 만드는 데 사용되었던 몸의 일부가 무엇인지는 확실치 않다. 왜냐하면, 여기에 쓰인 히브리 용어는 어디에서도 사람의 몸을 지칭하는 데 사용되지 않기 때문이다. **2:23** 새로 창조된 인간을 여자로 구분하고 남자와 여자를 연결짓기 위해, 두 개의 새로운 히브리 용어가 이 기사에 도입된다. 그 중 하나는 *잇샤,* 즉 여자인데, 이것은 흔히 "아내"로 번역되기도 한다 (2:24; 3:8). 또 다른 하나는 *이쉬 ('ish),* 즉 남자인데, 이것은 오직 여기서만 이와 같이 사용되며 본 기사에서 단 한번만 "남편"을 가리키는 용어로 쓰였다 (3:6; 10쪽 추가 설명: "창세기에 나타난 성"을 보라). **2:24** *한 몸*은 혼인을 통한 육체적 연합과 동시에 다른 가족들에 속했던 사람들이 결혼함으로써 새로운 친족관계를 맺는 것을 의미한다.

3:1-7 에덴 동산의 나무들이 심겨질 때, 하나님은 선과 악을 알게 하는 나무의 과실을 먹지 못하게 하셨는데 (2:9, 16-17), 이제 이것이 에덴 동산 설화의 초점이 된다. **3:1** *뱀 (serpent).* 여기서 뱀으로 번역된 히브리 단어는 모든 "뱀" (snake) 종류를 뜻하는 일반적인 단어이다. 저주(14절)를 받기 전에 뱀이 가졌던 비상한 지식과 능통한 말솜씨는 뱀의 영원한 생명에 대한 보편적인 고대 근동의 신앙을 반영해 주는 것으로 보인다. 뱀은 해마다 껍질을 벗으며 신성시 여겨졌었다. **3:4** 뱀이 금지된 나무 열매를 먹으면 즉시 죽으리라는 하나님의 경고를 부인했으며 (2:17), 더구나 그것이 사실인 것처럼 보이는데 (3:22), 이 사실이 주석자들을 어리둥절하게 만들었다. 하나님의 경고는 단순히 사람들이 형벌을 받아 죽을 수밖에 없는 운명이 되거나 결국에 가서 죽게 될 것이라고 하는 것을 의미하지는 않았을 것이다. 그들은 처음부터 흙으로부터 죽을 운명을 가진 자들로 창조되었으며 (2:7; 3:19), 나중에 에덴 동산으로부터 쫓겨나고 생명나무의 열매에 손대지 못하게 되었을 때 (3:22), 영원한 생명을 얻지 못하게 되었다. 오히려, 하나님의 경고는 어떤 행위에 따르는 심각한 결과에 대한 상징적인 표현이거나 이것은 문자 그대로 위협일 수 있는데, 이것에 대해 하나님은 나중에 마음을 돌리신다 (하나님의 성격은 야웨문서에 반영되어 있다: 예를 들어, 6:6). **3:6** 여자는 뱀과의 논쟁에 능동적으로 참여한다. 한편으로, 이 사실은 그녀의 죄과를 강조하는데 사용되어온 반면, 다른 한편으로, 그녀의 영특함과 진취성을 강조하는데 사용되어 왔다 (10쪽 추가 설명: "창세기에 나타난 성"을 보라).

3:8-19 불순종을 들이대자 사람들은 책임을 받아들이는 대신에 책임을 전가하고, 하나님을 간접적으로 비난하기까지 한다: *하나님께서 저와 함께 살라고 짝지어 주신 여자* (12절). 뒤따라오는 형벌에서, 성경은 인간이 당하는 어려움을 불순종의 결과로 설명한다. **3:14-15** 뱀에 대한 저주는 인간들과 뱀들 사이에 독특한 원한관계를 도입한다. 인간은 뱀의 머리를 쳐서 그것을 죽일 것인 반면에, 뱀은 사람의 발꿈치를 물음으로써 인간을 공격할 것이다.

특별 주석

초기 유대교와 기독교 해석자들은 창 3:15가 사탄(뱀)에 대한 메시아의 다가오는 승리를 언급하는 것으로 이해하였다.

가인과 아벨

4 1 ㄱ)아담이 자기 아내 하와와 동침하니, 아
내가 임신하여, 가인을 낳았다. 하와가 말하
였다. "주님의 도우심으로, 내가 남자 아이를 ㄴ)얻
었다." 2 하와는 또 가인의 아우 아벨을 낳았다.
아벨은 양을 치는 목자가 되고, 가인은 밭을 가는
농부가 되었다. 3 세월이 지난 뒤에, 가인은 땅
에서 거둔 곡식을 주님께 제물로 바치고, 4 아벨은
양 떼 가운데서 맏배의 기름기를 바쳤다. 주님께서
아벨과 그가 바친 제물은 반기셨으나, 5 가인과
그가 바친 제물은 반기지 않으셨다. 그래서 가인
은 몹시 화가 나서, 얼굴빛이 달라졌다. 6 주님
께서 가인에게 말씀하셨다. "어찌하여 네가 화를
내느냐? 얼굴빛이 달라지는 까닭이 무엇이냐?
7 네가 올바른 일을 하였다면, 어찌하여 얼굴빛이
달라지느냐? 네가 올바르지 못한 일을 하였으니,
죄가 너의 문에 도사리고 앉아서, 너를 지배하려고
한다. 너는 그 죄를 잘 다스려야 한다."
8 가인이 아우 아벨에게 말하였다. "ㄷ)우리,
들로 나가자." 그들이 들에 있을 때에, 가인이
그의 아우 아벨을 쳐죽였다. 9 주님께서 가인에
게 물으셨다. "너의 아우 아벨이 어디에 있느냐?"
그가 대답하였다. "모릅니다. 제가 아우를 지키는
사람입니까?" 10 주님께서 말씀하셨다. "네가
무슨 일을 저질렀느냐? 너의 아우의 피가 땅에서
나에게 울부짖는다. 11 이제 네가 땅에서 저주
를 받을 것이다. 땅이 그 입을 벌려서, 너의 아우
의 피를 너의 손에서 받아 마셨다. 12 네가 밭을
갈아도, 땅이 이제는 너에게 효력을 더 나타내지
않을 것이다. 너는 이 땅 위에서 쉬지도 못하고,
떠돌아다니게 될 것이다." 13 가인이 주님께
말씀드렸다. "이 형벌은, 제가 짊어지기에 너무
무겁습니다. 14 오늘 이 땅에서 저를 쫓아내시니,
하나님을 뵙지도 못하고, 이 땅 위에서 쉬지도 못
하고, 떠돌아다니게 될 것입니다. 그렇게 되면,
저를 만나는 사람마다 저를 죽이려고 할 것입니
다." 15 주님께서 그에게 말씀하셨다. "ㄹ)그렇지
않다. 가인을 죽이는 자는 일곱 갑절로 벌을 받을
것이다." 주님께서는 가인에게 표를 찍어 주셔서,
어느 누가 그를 만나더라도, 그를 죽이지 못하게
하셨다. 16 가인은 주님 앞을 떠나서, 에덴의 동쪽
ㅁ)놋 땅에서 살았다.

가인의 자손

17 가인이 자기 아내와 동침하니, 아내가 임
신하여 에녹을 낳았다. 그 때에 가인은 도시를 세
우고, 그 도시를 자기 아들의 이름을 따서 에녹
이라고 하였다. 18 에녹은 이랏을 낳고, 이랏은
므후야엘을 낳고, 므후야엘은 므드사엘을 낳고,
므드사엘은 라멕을 낳았다. 19 라멕은 두 아내
와 함께 살았다. 한 아내의 이름은 아다이고, 또
한 아내의 이름은 씰라이다. 20 아다는 야발을
낳았는데, 그는 장막을 치고 살면서, 집짐승을
치는 사람의 조상이 되었다. 21 그의 아우의 이
름은 유발인데, 유발은 수금을 타고 통소를 부는
모든 사람의 조상이 되었다. 22 또한 씰라는 두

ㄱ) 또는 '그 남자가' ㄴ) 히브리어 동사 '얻다' (또는 '생산하다')의 발음이 가인이라는 말과 비슷함 ㄷ) 사마리아 오경과 칠십인역과 불가타와 시리아어역을 따름 ㄹ) 칠십인역과 불가타와 시리아어역을 따름. 히, '그러므로' ㅁ) '떠돌아 다님' (12, 14절을 볼 것)

3:16 여자가 받을 형벌은 아기를 잉태하고, 아기를 배고 아기를 낳는 데서 오는 고통과 위험을 당하는 것이다 (16:1; 30:1; 35:16-20). 공동번역이 "아기를 낳을 때 몹시 고생하리라"고 번역한 것이 새번역개정이나 개역개정에서 "임신하는 고통을 크게 더하리라는" 번역보다 히브리 원전에 더 가깝다. 여자에게 부과되는 또 다른 고난은 이스라엘의 가부장적 사회에서 남자에게 종속되는 것이다. **3:17-19** 남자가 받을 형벌은 *가시덤불과 엉겅퀴*로 저주를 받은 토양에서 곡물을 재배해 내는 시련과 수고이다. 인간이 지은 죄의 결과로써 빚어진 경작지(인간들을 짓는 데 사용된 토양, 2:7)에 대한 저주는 야웨문서 기자가 쓴 노아의 홍수 이전의 기사(4:11-12; 5:29; 8:21)에서 나오는 주요 주제이다. 인간이 흙으로부터 지어졌으므로 흙으로 돌아가는 것(19절)은 창조 당시에 확립된 인간의 모습이지, 불순종으로 인한 형벌의 일부는 아니다.

3:20-24 이 이야기는 아담과 하와가 에덴 동산으로부터 쫓겨나는 것으로 결론을 맺는데, 이것은 지식을 알게 하는 나무의 열매를 먹은 것에 대한 형벌이 아니라, 그들이 생명나무의 열매를 먹고 끝없이 살게 되는 것을 막기 위함이다 (22-23절). **3:24** 그룹. 혼성동물이며 아마도 독수리 날개를 달고 인간의 얼굴을 가진 사자로 하나님과 밀접한 관계를 맺고 있는 것 같다 (왕상 6:23-28; 시 18:10).

4:1-16 가인과 아벨의 이야기와 에덴 동산의 이야기 사이에는 많은 유사점이 있다: 하나님께서 명령하신다; 인간들이 불순종한다; 하나님께서 그들과 대결하신다; 그들이 항변하고 하나님께서 그들을 좇아냄으로써 처벌하신다. 야웨문서에서 홍수 이전의 원시시대는 홍수의 형벌과 첫 "의인"인 노아의 생존으로 끝나는 인간의 실패의 역사이다 (6:8; 7:1). 본 단락의 경우에서 보면, 인간의 실패가 가인이 자신의 아우 아벨을

발가인이라는 아이를 낳았다. 그는 구리나 쇠를 가지고, 온갖 기구를 만드는 사람이다. 두발가인에게는 나아마라고 하는 누이가 있었다.
23 라멕이 자기 아내들에게 말하였다.
"아다와 씰라는 내 말을 들어라.
라멕의 아내들은,
내가 말할 때에 귀를 기울여라.
나에게 상처를 입힌 남자를
내가 죽였다
나를 상하게 한 젊은 남자를
내가 죽였다.
24 가인을 해친 벌이 일곱 갑절이면,
라멕을 해치는 벌은
일흔일곱 갑절이다."

셋과 에노스

25 아담이 다시 자기 아내와 동침하였다. 마
침내, 그의 아내가 아들을 낳고 말하였다. "하나님이, 가인에게 죽은 아벨 대신에, 다른 씨를 나에게 허락하셨구나." 그의 아내는 아이의 이름을 ㄱ)셋이라고 하였다. 26 셋도 아들을 낳고, 아이
의 이름을 에노스라고 하였다. 그 때에 비로소, 사람들이 주님의 이름을 불러 예배하기 시작하였다.

아담의 자손

5 1 아담의 역사는 이러하다. 하나님이 사람을 창조하실 때에, 하나님의 형상대로 사람을 만드셨다. 2 하나님은 그들을 남자와 여자로 창조하셨다. 그들을 창조하시던 날에, 하나님은 그들에게 복을 주시고, 그들의 이름을 ㄴ) '사람'이라고 하셨다.
3 아담은 백서른 살에 자기의 형상 곧 자기의 모습을 닮은 아이를 낳고, 이름을 셋이라고 하

ㄱ) '허락하다' ㄴ) 히 '아담'

추가 설명: 창세기에 나타난 형제간의 경쟁의식

가인과 아벨 사이의 반목은 창세기 전체에 흐르고 있는 주제를 도입한 것인데, 그것은 형제간의 경쟁의식이다. 노아의 아들들 (9:20-27), 아저씨와 조카의 관계이지만 친족이라 불린 (13:8) 아브라함과 롯 (13:1-18), 그리고 이삭과 이스마엘 (21:8-21) 사이에서 우리는 그런 경쟁의식을 엿볼 수 있다. 그러나 이러한 경쟁은 야곱과 에서 (25—36장) 사이에서와 요셉과 그의 형제들 사이에서 가장 두드러지게 드러난다. 많은 경우에, 이러한 갈등은 작은 아들이 합법적인 상속자인 맏아들보다 더 사랑을 받을 때 생겨난다.

이러한 주제는 아주 통상적인 것인데, 이스라엘 족장의 이야기들은 결국 가족에 관한 이야기들이기 때문이다. 성경에 나오는 이스라엘처럼, 친족 사회에서, 가족은 사회의 기초 단위이며 보다 큰 각 사회조직(친족, 부족, 왕국)은 본질적으로 가정의 구조들을 모형으로 한다. 이런 사회에서 가족의 안정은 전체적인 사회 안정에 필수적인 것이며, 한 세대로부터 다음 세대로 권위를 물려주는 것은 지대한 관심거리이다. 이러한 상황을 고려해 보면, 사회 안정을 내적으로 가장 크게 위협하는 것은 가족 내에서의 권위를 쟁취코자 하는 형제간의 경쟁으로 초래되는 갈등이며, 가장 시급한 것은 가족을 붕괴시킬 수 있는 폭력 없이 이 갈등을 해결하는 것이다.

홍수 이전의 사건인 가인과 아벨의 이야기는 형제간의 갈등을 부정적으로 묘사하는 전형적인 본보기이다. 여기서 보면, 형제간의 갈등은 가인에 대한 하나님의 경고 (4:7)에도 불구하고 여전히 해결되지 않으며, 이 갈등은 한 형제가 다른 형제를 살해하는 결과에 이른다. 대조적으로, 홍수 이후에 나오는 형제간의 경쟁에 대한 이야기들은 피흘림 없이 모두 해결된다. 야곱과 에서와 요셉과 그의 형제들의 이야기들에서, 권위에 도전을 받은 형제들은 살인을 도모한다. 하지만, 각각의 갈등은 또 다른 범죄보다는 화해를 통해 해결된다. 가해를 당했으나 보다 강력한 형제가 가족의 재연합을 위해서 자신의 아픔을 뒤로 한다.

근본적인 인간 갈등과 그 해결에 기초를 둔 이러한 이야기들은 대단히 마음을 사로잡으며 본질적으로 흥미를 끈다. 그러나 이것들은 또한 가장 근본적인 사회적 갈등은 폭력을 통해서 해결되어서는 안 되며, 평화적 수단들을 통해서 풀려야 한다는 근본적인 메시지를 지니고 있다.

였다. 4 아담은 셋을 낳은 뒤에, 팔백 년을 살면
서 아들딸을 낳았다. 5 아담은 모두 구백삼십 년
을 살고 죽었다.
6 셋은 백다섯 살에 에노스를 낳았다. 7 셋
은 에노스를 낳은 뒤에, 팔백칠 년을 살면서 아들
딸을 낳았다. 8 셋은 모두 구백십이 년을 살고
죽었다.
9 에노스는 아흔 살에 게난을 낳았다. 10 에
노스는 게난을 낳은 뒤에, 팔백십오 년을 살면서
아들딸을 낳았다. 11 에노스는 모두 구백오 년
을 살고 죽었다.
12 게난은 일흔 살에 마할랄렐을 낳았다.
13 게난은 마할랄렐을 낳은 뒤에, 팔백사십 년을
살면서 아들딸을 낳았다. 14 게난은 모두 구백
십 년을 살고 죽었다.
15 마할랄렐은 예순다섯 살에 야렛을 낳았다.
16 마할랄렐은 야렛을 낳은 뒤에, 팔백삼십 년을
살면서 아들딸을 낳았다. 17 마할랄렐은 모두
팔백구십오 년을 살고 죽었다.
18 야렛은 백예순두 살에 에녹을 낳았다.
19 야렛은 에녹을 낳은 뒤에, 팔백 년을 살면서
아들딸을 낳았다. 20 야렛은 모두 구백육십이
년을 살고 죽었다.
21 에녹은 예순다섯 살에 므두셀라를 낳았다.
22 에녹은 므두셀라를 낳은 뒤에, 삼백 년 동안
하나님과 동행하면서 아들딸을 낳았다. 23 에녹은
모두 삼백육십오 년을 살았다. 24 에녹은 하나
님과 동행하다가 사라졌다. 하나님이 그를 데려
가신 것이다.
25 므두셀라는 백여든일곱 살에 라멕을 낳았
다. 26 므두셀라는 라멕을 낳은 뒤에, 칠백팔십이
년을 살면서 아들딸을 낳았다. 27 므두셀라는
모두 구백육십구 년을 살고 죽었다.
28 라멕은 백여든두 살에 아들을 낳았다.
29 그는 아들의 이름을 ㄱ)노아라고 짓고 말하였
다. "주님께서 저주하신 땅 때문에, 우리가 수고
하고 고통을 겪어야 하는데, 이 아들이 우리를 위
로할 것이다." 30 라멕은 노아를 낳은 뒤에, 오
백아흔다섯 살을 살면서 아들딸을 낳았다.
31 라멕은 모두 칠백칠십칠 년을 살고 죽었다.
32 노아는 오백 살이 지나서, 셈과 함과 야벳을
낳았다.

인류의 악행

6 1 사람들이 땅 위에 늘어나기 시작하더니,
그들에게서 딸들이 태어났다. 2 하나님의 아
들들이 사람의 딸들의 아름다움을 보고, 저마다
자기들의 마음에 드는 여자를 아내로 삼았다.
3 주님께서 말씀하셨다. "생명을 주는 나의 영이
사람 속에 영원히 머물지는 않을 것이다. 사람은 살
과 피를 지닌 육체요, 그들의 날은 백이십 년이다."

ㄱ) '위로'

살해함으로써 빚어지는 가족이나 친족체제들의 철저한 붕괴이다. 창세기에서 보면, 형제간의 반목은 홍수 이후 조상전래의 가족들을 각기 위협하지만, 이러한 반목은 피 흘리는 것 없이 모두 협상으로 해결된다. 15쪽 추가 설명: "창세기에 나타난 형제간의 경쟁의식"을 보라. 가인과 아벨은 종종 농경문화와 유목문화를 상징하는 인물들로 간주된다. 하지만, 이 이야기가 실제적으로 묘사하듯이, 이들을 이스라엘 가정의 농토에서 일하는 형제들로 보는 것이 보다 나을 것이다. **4:1** 가인이라는 이름은 동사 "생산했다"(*카나*, "창조하다," "출산하다")와 같이 발음하는데, 처음으로 사람의 몸에서 태어난 인간에게 알맞은 이름이다. **4:2** 가족의 장자이자 땅을 유산으로 물려받은 상속자 가인은 아버지가 그러했듯이 땅을 경작하게 된다. 동생인 아벨은 이스라엘의 가족들이 흔히 그러했듯이, 가족의 양들과 염소들을 양육하게 된다 (삼상 16:11). **4:4-5** 어째서 하나님이 가인의 제물보다 아벨의 것을 좋아하셨는지를 설명하고 있지 않기 때문에, 이에 대한 추측들이 끊임없이 일어나고 있다. 그러한 추측들의 예를 든다면, 아벨은 첫 소산과 그것의 살찐 부분을 마련해서 보다 좋은 제물을 드렸다; 이스라엘의 의례에서 동물로 드리는 예물이 식물로 드리는 예물보다 낫다; 하나님은 이스라엘 역사에 있어 차자를 선호하신다. 하나님께서 아벨의 제물을 선호하신 이유는 야웨문서에서 중요하지 않을 수도 있는데, 그는 하나님께서 선택하신 것에 대하여 설명하지 않고, 다만 이야기의 중심이 되고 있는 형제간의 갈등을 제기하는데 그것을 사용하고 있기 때문이다. **4:10-12** 아버지의 경우와 같이 (3:17), 가인의 죄는 경작지를 비옥하게 하지 못하는 결과를 초래한다. 가인의 경우에서 보면, 흙이 아벨의 피로 오염되며, 이 흙은 가인을 위하여 아무 것도 산출하지 못할 것이다. **4:13-14** 농부의 생계는 경작지에 달려있다. 가인은 특별히 그의 생계가 달려있는 경작지로부터 추방당하게 된다 (2절). 중동지역 농부의 입장에서 보면, 주변의 사막들은 하나님도 존재하지 않으시는 황폐하고 생기가 없는 곳들이다. **4:15** 가인에게 주어진 표 혹은 징표가 무엇인지는 이 이야기 속에서 설명되어 있지 않다. 몇 가지 가능한 설명을 든다면, 가인이 보호받을 것임을 확신토록 하나님께서 주신 징표, 가인과 그의 자손들이 지녔던 부족의 표, 그리고 추방당한 표이거나 제명당했다는 표로 보는

4 그 무렵에, 그 후에도 얼마 동안, 땅 위에 네피
림이라고 하는 거인족이 있었다. 그들은 하나님
의 아들들과 사람의 딸들 사이에서 태어난 자식들
이었다. 그들은 옛날에 있던 용사들로서 유명한
사람들이었다.
5 주님께서는, 사람의 죄악이 세상에 가득 차
고, 마음에 생각하는 모든 계획이 언제나 악한 것
뿐임을 보시고서, 6 땅 위에 사람 지으셨음을 후회
하시며 마음 아파 하셨다. 7 주님께서는 탄식하
셨다. "내가 창조한 것이지만, 사람을 이 땅 위에서
쓸어 버리겠다. 사람뿐 아니라, 짐승과 땅 위를
기어다니는 것과 공중의 새까지 그렇게 하겠다.
그것들을 만든 것이 후회되는구나." 8 그러나 노
아만은 주님께 은혜를 입었다.

노아

9 노아의 역사는 이러하다. 노아는 그 당대에
의롭고 흠이 없는 사람이었다. 노아는 하나님과
동행하는 사람이었다. 10 노아는 셈과 함과 야벳,
이렇게 세 아들을 두었다.
11 하나님이 보시니, 세상이 썩었고, 무법천
지가 되어 있었다. 12 하나님이 땅을 보시니, 썩
어 있었다. 살과 피를 지니고 땅 위에서 사는 모
든 사람들의 삶이 속속들이 썩어 있었다. 13 하
나님이 노아에게 말씀하셨다. "땅은 사람들 때문
에 무법천지가 되었고, 그 끝날이 이르렀으니, 내
가 반드시 사람과 땅을 함께 멸하겠다. 14 너는
잣나무로 방주 한 척을 만들어라. 방주 안에 방을
여러 칸 만들고, 역청을 안팎에 칠하여라. 15 그
방주는 이렇게 만들어라. 길이는 삼백 자, 너비는
쉰 자, 높이는 서른 자로 하고, 16 그 방주에는
ㄱ)지붕을 만들되, 한 자 치켜올려서 덮고, 방주의
옆쪽에는 출입문을 내고, 위층과 가운데층과 아
래층으로 나누어서 세 층으로 만들어라. 17 내가
이제 땅 위에 홍수를 일으켜서, 하늘 아래에서
살아 숨쉬는 살과 피를 지닌 모든 것을 쓸어 없앨
터이니, 땅에 있는 것들은 모두 죽을 것이다.
18 그러나 너하고는, 내가 직접 언약을 세우겠
다. 너는 아들들과 아내와 며느리들을 모두 데리
고 방주로 들어가거라. 19 살과 피를 지닌 모든
짐승도 수컷과 암컷으로 한 쌍씩 방주로 데리고
들어가서, 너와 함께 살아 남게 하여라. 20 새도
그 종류대로, 집짐승도 그 종류대로, 땅에 기어다

ㄱ) 또는 '창'

설명들이 있다. 어쨌든, 최초의 살인자는 사형에 처형당하지는 않는다. **4:16** 놋. 놋은 "방랑"을 의미한다 (동일한 용어가 12절에서 사용되었다). 그러므로 놋은 특정한 장소가 아니라 가인이 추방되어 가게 된 사막을 언급하는 것이다.

4:17-26 가인의 자손들에 대한 이 기사는 홍수 이전에 살았던 세대에 대한 야웨문서의 기록이다. 제사문서의 기록은 5장에 나온다. 야웨문서의 기사는 마지막 세대인 *라멕*의 가정에 특별히 주의를 기울이는데, 몇 가지 인간의 직업들, 여기에 나오는 짧은 시문, 그리고 홍수의 영웅 노아(5:28-29)가 이 가정으로부터 유래된다. **4:17** 17b절에 나오는 동사들의 주어들이 분명하지 않기 때문에, *가인*이나 혹 *에녹*이 그 도시의 창설자일 수 있다. 이 절은 도시에 대한 찬반의 입장을 표방한 것이라고 하는 주장들이 있어 오기는 했지만, 도시에 대한 찬반의 입장들이 여기에 표현되어 있는 것은 아니다. 이 절은 다만 첫 도시에 대하여 사실 그대로를 서술한 것뿐이다. **4:20** *야발.* 야발은 주로 가축업 활동을 하면서, 정착된 사회 변두리에서 일부 유목 문화를 누리는 최초의 전문 유목민으로 간주되는데, 오늘날 베두인 사람이 야발에게 기원을 둔 것처럼 보인다. **4:21** *유발.* 유발은 최초의 악사인데, 야웨문서에 나오는 것과 같은 전승들을 노래한 최초의 서사 시인으로 간주된다. 여기에 나오는 악기들은 이스라엘의 서사시들을 연주하는데 사용되었다 (출 15장; 삿 5장). **4:22** *두발가인.* 최초의 대장장이며, 이스라엘의 농업경제가 달려있는 기구들, 즉 씨를 뿌리고, 곡식을 거두고, 식품을 준비하는데 사용되는 기구들을 만든 대장장이였다. **4:23-24** 고전적인 히브리 시 형태로 지어진 라멕의 노래는 너무 짧고 불분명해서 그것의 의미와 목적을 결정하기가 어렵다. 이것은 삼손(삿 15:16)이나 다윗의 이야기(삼상 17:46)와 유사하게 전투에서 떨쳐진 자랑스러운 면모를 칭송하는 것일 수도 있는데, 라멕의 강건함과 영웅적인 성격을 강조하기 위해서 보존된 것으로 보인다. **4:25** *셋(Seth)*이라고 하는 이름은 "지명하다," "주다"에 해당하는 히브리어의 동사와 같이 발음한다. 야웨문서에서는 주로 모친들이 자식들의 이름들을 짓는다 (4:1; 29:31-35를 참조).

5:1-32 이 단락은 홍수 이전의 세대에 대한 제사문서의 기록이다. 제사문서는 족보에 대하여 특별한 관심을 갖는다. 이것은 보편적인 의미에서 보면, 사람의 주체성은 자신의 조상과 전승에 의하여 결정된다는 통념을 반영해 주는 것이고, 보다 구체적인 의미에서 보면, 이것은 이스라엘 제사장직을 계승할 자를 결정하는 타당한 혈통에 대한 제사장적 관심을 반영해 주는 것이다. 이미 제사문서의 창조 이야기(1:1—2:4a)에서 분명하게 보여준 것 같이, 이 제사문서의 족보에서도 하나님이 완벽하게 정돈된 세상을 계획하신 것으로 드러나

니는 온갖 길짐승도 그 종류대로, 모두 두 마리씩
너에게로 올 터이니, 살아 남게 하여라. 21 그리고
너는 먹을 수 있는 모든 먹거리를 가져다가 쌓아
두어라. 이것은, 너와 함께 있는 사람들과 짐승들
의 먹거리가 될 것이다." 22 노아는 하나님이 명
하신 대로 다 하였다. 꼭 그대로 하였다.

홍수

7 1 주님께서 노아에게 말씀하셨다. "내가 보니,
이 세상에 의로운 사람이라고는 너밖에 없구
나. 너는 식구들을 다 데리고, 방주로 들어가거라.
2 모든 정결한 짐승은 수컷과 암컷으로 일곱 쌍
씩, 그리고 부정한 짐승은 수컷과 암컷으로 ㄱ)두 쌍
씩, 네가 데리고 가거라. 3 그러나 공중의 새는
수컷과 암컷 일곱 쌍씩 데리고 가서, 그 씨가 온 땅
위에 살아 남게 하여라. 4 이제 이레가 지나면,
내가 사십 일 동안 밤낮으로 땅에 비를 내려서, 내
가 만든 생물을 땅 위에서 모두 없애 버릴 것이다."
5 노아는 주님께서 명하신 대로 다 하였다.

6 땅 위에서 홍수가 난 것은, 노아가 육백 살
되던 해이다. 7 노아는 홍수를 피하려고, 아들들
과 아내와 며느리들을 데리고, 함께 방주로 들어
갔다. 8 정결한 짐승과 부정한 짐승과, 새와 땅
위를 기어다니는 모든 것도, 9 하나님이 노아에
게 명하신 대로, 수컷과 암컷 둘씩 노아에게로 와
서, 방주로 들어갔다. 10 이레가 지나서, 홍수가
땅을 뒤덮었다.

11 노아가 육백 살 되는 해의 ㄴ)둘째 달, 그
달 열이렛날, 바로 그 날에 땅 속 깊은 곳에서 큰
샘들이 모두 터지고, 하늘에서는 홍수 문들이 열
려서, 12 사십 일 동안 밤낮으로 비가 땅 위로
쏟아졌다. 13 바로 그 날, 노아와, 노아의 세 아
들 셈과 함과 야벳과, 노아의 아내와, 세 며느리
가, 함께 방주로 들어갔다. 14 그들과 함께, 모
든 들짐승이 그 종류대로, 모든 집짐승이 그 종류
대로, 땅 위를 기어다니는 모든 길짐승이 그 종류
대로, 날개 달린 모든 날짐승이 그 종류대로, 방
주로 들어갔다. 15 살과 피를 지닌 살아 숨쉬는
모든 것들이 둘씩 노아에게 와서, 방주로 들어갔
다. 16 하나님이 노아에게 명하신 대로, 살과 피
를 지닌 살아 숨쉬는 모든 것들의 수컷과 암컷이
짝을 지어 방주 안으로 들어갔다. 마지막으로 노
아가 들어가니, 주님께서 몸소 문을 닫으셨다.

ㄱ) 사마리아 오경과 칠십인역과 시리아역과 불가타를 따름. 히, '한 쌍씩'
ㄴ) '시브월', 양력 사월 중순 이후

있다. 제사문서의 창조 이야기에서 분명하게 알 수 있
듯이 족보 이야기에서도 아브라함으로부터 노아에 이
르는 10세대는 노아로부터 아브라함에 이르는 10세대와
정확하게 균형을 유지하고 있다 (11:10-26). 제사문서는
그것보다 전 시대의 야웨문서가 쓴 홍수 이전의 족보에
나오는 일부 이름들을 포함한다 (예를 들어, 에녹, 라멕;
4:17-18). 하지만, 이 기록은 다음과 같이 독특한 면을
보여준다. 제사문사는 가인 대신에 셋을 통해 아담의
후손이 이어진 것으로 보고 (4:25-26을 참조), 다른 이
름들을 포함하고 있고, 야웨문서와 공유하고 있는 이름
들을 다르게 배열하고 있고, 그리고 제사문서는 일곱
세대 대신에 열 세대를 포함하고 있다.

5:1-5 *아담과 노아.* 첫 세대의 사람인 *아담*과 마
지막 세대의 *노아*에 대한 족보 기록에서 이 두 사람은
가장 중요한 인물인데, 이들이 각각 대표하는 첫 세대
와 마지막 세대에 대한 기록은 나머지 다른 세대들을
기술하는데 사용된 상투적 형식을 확장하여 이루어진
것들이다. **5:1-3** 여기서 아담에 관한 이야기를 도입
한 것은 이 족보를 제사문서의 창조 기사와 연결시키면
서, 인간 창조에 관한 이 기사의 기록들 (1:26-28) 중
에서 중요한 구절들을 취하여 반복하여 언급한다. 그리
고 "…의 역사[혹은 세대]는 이러하다" 라고 하는 형식
적인 문구를 사용함으로써 그렇게 반복한다. 제사문서
는 이런 문구를 사용해서 초기 역사와 보다 구체적인
역사의 시기들을 구분한다 (2:4b를 참조). 제사문서는
창조 기사에서처럼 아담이라는 용어를 "인류"를 의미
하는 용어로 사용한다 (1-2절). 하지만, 이 제사문서는
또 처음으로 그것을 고유명사 *아담*으로 사용한다 (1,
3-5절). **5:5** 여기에 나오는 홍수 이전의 인물들이 누린
놀랍도록 긴 수명은 홍수 이전의 사람들은 홍수 이후의
자손들이 누린 것보다 더 오래 살았다고 하는 고대 근
동의 신앙으로부터 연유한 것으로 보이는데, 이런 신앙
은 홍수 이전의 시대에 관한 메소포타미아 전승들에도
나타나 있다.

5:6-11 야웨문서의 족보에 의하면 (4:17-26),
*셋*과 *에노스*는 두 번째 혈통을 형성한다. 그들은 가인으
로부터 라멕과 노아에 이르는 최초 혈통의 일부(4:17-
18)가 아니다. 야웨문서가 가인을 통해서 혈통의 유래
를 찾은 것과는 달리, 제사문서의 족보는 셋을 통해서
아담의 혈통의 유래를 찾음으로써, 살인자 가인을 노아
와 인류의 조상들로부터 제거한다.

5:12-20 *게난, 마할랄렐,* 그리고 *야렛*은 야웨문서
의 족보에 나오는 *가인, 므후야엘,* 그리고 *이랏*(4:17-
18)과 이름이 유사하지만, 이들은 동일하지 않으며, 순서
도 같지가 않아서 그들의 관계를 결정한다는 것은 불가
능하다.

5:21-24 *하나님과 동행하다.* 이 구절은 또한 제
사문서가 노아(6:9)와 아브라함(17:1)과 같은 위대한

17 땅 위에서는 홍수가 사십 일 동안 계속
되었다. 물이 불어나서, 방주가 땅에서 높이 떠올
랐다. 18 물이 불어나서 땅에 크게 넘치니, 방주
가 물 위로 떠다녔다. 19 땅에 물이 크게 불어나
서, 온 하늘 아래에 있는 모든 높은 산들이 물에
잠겼다. 20 물은 그 높은 산들을 잠그고도, 열다
섯 자나 더 불어났다. 21 새와 집짐승과 들짐승
과 땅에서 기어다니는 모든 것과 사람까지, 살과
피를 지니고 땅 위에서 움직이는 모든 것들이 다
죽었다. 22 마른 땅 위에서 코로 숨을 쉬며 사는
것들이 모두 죽었다. 23 이렇게 주님께서는 땅
위에 사는 모든 생물을 없애 버리셨다. 사람을 비
롯하여 짐승까지, 길짐승과 공중의 새에 이르기
까지, 땅 위에서 모두 없애 버리셨다. 다만 노아와
방주에 들어간 사람들과 짐승들만이 살아 남았다.
24 물이 불어나서, 백오십 일 동안이나 땅을 뒤
덮었다.

홍수가 그치다

8 1 그 때에 하나님이, 노아와 방주에 함께 있
는 모든 들짐승과 집짐승을 돌아보실 생각을
하시고, 땅 위에 바람을 일으키시니, 물이 빠지기
시작하였다. 2 땅 속의 깊은 샘들과 하늘의 홍수
문들이 닫히고, 하늘에서 내리는 비도 그쳤다.
3 땅에서 물이 줄어들고 또 줄어들어서, 백오십
일이 지나니, 물이 많이 빠졌다. 4 [ㄱ]일곱째 달
열이렛날에, 방주가 아라랏 산에 머물러 쉬었다.
5 물은 열째 달이 될 때까지 줄곧 줄어들어서, 그
달 곧 [ㄴ]열째 달 초하루에는 산 봉우리들이 드러났다.
6 사십 일이 지나서, 노아는 자기가 만든 방
주의 창을 열고서, 7 까마귀 한 마리를 바깥으로
내보냈다. 그 까마귀는 땅에서 물이 마르기를 기
다리며, 이리저리 날아다니기만 하였다. 8 그는
또 비둘기 한 마리를 내보내서, 땅에서 물이 얼마나
빠졌는지를 알아보려고 하였다. 9 그러나 땅이
아직 모두 물 속에 잠겨 있으므로, 그 비둘기는 발
을 붙이고 쉴 만한 곳을 찾지 못하여, 그냥 방주
로 돌아와서, 노아에게 왔다. 노아는 손을 내밀어
그 비둘기를 받아서, 자기가 있는 방주 안으로 끌
어들였다. 10 노아는 이레를 더 기다리다가, 그
비둘기를 다시 방주에서 내보냈다. 11 그 비둘
기는 저녁때가 되어서 그에게로 되돌아 왔는데,
비둘기가 금방 딴 올리브 잎을 부리에 물고 있었
으므로, 노아는 땅 위에서 물이 빠진 것을 알았다.
12 노아는 다시 이레를 더 기다리다가, 그 비둘
기를 내보냈다. 그러나 이번에는 그 비둘기가 그
에게로 다시 돌아오지 않았다.
13 노아가 육백한 살 되는 해 [ㄷ]첫째 달, 곧
그 달 초하룻날, 땅 위에서 물이 다 말랐다. 노아
가 방주 뚜껑을 열고, 바깥을 내다보니, 땅바닥이
말라 있었다. 14 둘째 달, 곧 그 달 스무이렛날
에, 땅이 다 말랐다. 15 하나님이 노아에게 말씀
하셨다. 16 "너는 아내와 아들들과 며느리들을
데리고 방주에서 나가거라. 17 네가 데리고 있
는, 살과 피를 지닌 모든 생물들, 곧 새와 집짐승

ㄱ) '티스리월', 양력 구월 중순 이후 ㄴ) '테베스월', 양력 십이월 중순 이후 ㄷ) '아빕월', 양력 삼월 중순 이후

인물들을 묘사할 때 사용되는데, 이것은 "흠이 없다"는 관점을 내포한다.

5:25-32 *므두셀라.* 므두셀라의 예외적인 수명 때문에 그의 이름은 장수와 동의어가 되어왔는데, 그는 노아의 아버지인 *라멕*의 부친이다. **5:29** *노아*의 이름을 지어준 라멕의 작명법은 제사문서가 일반적으로 쓰는 형식과 다른데, 아마도 야웨문서의 자료들이 이 곳에 삽입된 것 같다. 본 절은 하나님의 이름을 소개하며 야웨문서 창조 기사(3:17-19; 4:10-12를 참조)에 기술된 땅에 대한 저주를 언급한다.

6:1-4 여기에 나오는 간결한 삽화는 뒤이어 나오는 홍수 기사에 대한 서문으로 통상적으로 읽혀 왔는데, 이것은 아주 무례한 사건, 즉 신적인 존재들과 인간들의 연합이라고 하는 사건을 기술함으로써 홍수(6:5)를 초래하게 된 인간의 사악함을 해명하는 것으로 본다. 그러나 이와 같은 방식으로 이 삽화를 읽는 것은 주로 이 삽화와 홍수 이야기를 병행시키는 데서 기인된 것이다. 이 삽화 자체는 그 사건들을 저주하지 않으며, 사실, 이러한 연합을 통해서 태어난 아이들을 명망 높은 고대 용사들로 기술한다. 그러므로 이 삽화는 단순히 홍수 이전 아득히 먼 옛날에 사람들이 누렸던 독특한 삶의 성격에 대한 야웨문서의 전승들을 나타내는 것으로 보아야 할 것이다. **6:3** 새번역개정은 히브리어 마소라사본에 있는 "심판하다"는 용어 대신에 칠십인역의 "머무르다" 라는 용어를 선택한다. (개역개정은 "함께 하다"로 번역했음.) 인간의 수명을 120년으로 한정한 것은 인류의 번창에 대한 앞의 언급(1절)과 더불어, 홍수는 인구과잉에 대한 하나님의 반응이었다고 하는 고대 근동지역의 전통을 반영하는 것일 수도 있다. **6:4** *네피림.* 이 곳을 제외하면 네피림에 대한 언급은 오직 이스라엘 백성의 가나안 접근에 관하여 기록한 야웨문서의 전승(민 13:33)에만 나오는데, 여기서 이들은 키가 장대 같이 큰 전사들로 기술되어 있다.

과 땅 위에서 기어다니는 모든 길짐승을 데리고
나가거라. 그래서 그것들이 땅에서 생육하고 땅
에서 번성하게 하여라." 18 노아는 아들들과 아
내와 며느리들을 데리고 나왔다. 19 모든 짐승,
모든 길짐승, 모든 새, 땅 위를 기어다니는 모든
것도, 그 종류대로 방주에서 바깥으로 나왔다.

추가 설명: 두 개의 홍수 설화

하나님의 이름, 사건들의 연대, 그리고 방주로 들여진 동물들과 같은 주제들에 관하여 홍수 이야기 안에서 차이점들이 나타난다. 그렇기 때문에, 이 홍수 이야기는 오늘날 두 개의 홍수 설화가 인위적으로 결합된 것으로 간주되는데, 하나는 야웨문서로부터 온 것이요, 또 다른 하나는 제사문서로부터 온 것이라고 하는 주장이다. 하나님이 항상 "주 하나님"(YHWH, 새번역개정; 개역개정은 여호와 하나님)이라는 이름으로 언급되는 야웨문서의 입장에서 보면, 홍수는 혹심한 강우에 의하여 갑자기 촉발되며 (7:4, 12; 8:2b), 이 홍수는 주야로 40일간 지속된다 (7:4, 12, 17; 8:6). 각각 7쌍의 정결한 동물들이 방주 안으로 들여지는데 (7:2-3), 이들은 식품과 희생제물로 쓰이기에 적합하기 때문이다. 홍수가 끝난 직후에 노아는 이 동물들을 취해 희생제물로 드린다 (8:20).

보통명사 "하나님"이 언제나 사용되는 제사문서의 관점에서 보면, 홍수는 창조 때에 확립된 질서가 와해됨으로써 초래된다 (7:11; 8:2a). 홍수는 한 해 동안 지속되는데, 제사문서 기자의 특징인 상세한 연대로 구분된다 (7:11, 24; 8:3b, 4-5, 13-14). 제사문서에 따르면, 홍수 이전에는 고기가 식품으로 쓰이지 않았으며 (9:3), 그리고 희생제물의 제도가 시내 산 언약의 시기(레 1—7장)까지 도입되지 않았다. 그렇기 때문에, 오직 (정결하고 부정한) 한 쌍의 동물들만이 각각 방주 안으로 들여졌다. 아래의 도표에서, 우리는 두 가지 요소를 확인할 수 있다:

야웨문서의 홍수 설화	제사문서의 홍수 설화
6:5-8	6:9-22
7:1-5	
	7:6
7:7	
	7:8-9
7:10	
	7:11
7:12	
	7:13-16a
7:16b-17	
	7:18-21
7:22-23	
	7:24
8:2b-3a	8:1-2a
8:6	8:3b-5
	8:7
8:8-12	
	8:13a
8:13b	
	8:14-19
8:20-22	
	9:1-17

노아가 제사를 드리다

20 노아는 주님 앞에 제단을 쌓고, 모든 정결
한 집짐승과 정결한 새들 가운데서 제물을 골라
서, 제단 위에 번제물로 바쳤다. 21 주님께서 그
향기를 맡으시고서, 마음 속으로 다짐하셨다. "다
시는 사람이 악하다고 하여서, 땅을 저주하지는
않겠다. 사람은 어릴 때부터 그 마음의 생각이 악
하기 마련이다. 다시는 이번에 한 것 같이, 모든
생물을 없애지는 않겠다.
22 땅이 있는 한,
뿌리는 때와 거두는 때,
추위와 더위,
여름과 겨울,
낮과 밤이 그치지 아니할 것이다."

하나님이 노아와 언약을 맺으시다

9 1 하나님이 노아와 그의 아들들에게 복을 주
시며 말씀하셨다. "생육하고 번성하여 땅에
충만하여라. 2 땅에 사는 모든 짐승과, 공중에
나는 모든 새와, 땅 위를 기어다니는 모든 것과,
바다에 사는 모든 물고기가, 너희를 두려워하며,
너희를 무서워할 것이다. 내가 이것들을 다 너희
손에 맡긴다. 3 살아 움직이는 모든 것이 너희의
먹거리가 될 것이다. 내가 전에 푸른 채소를 너희
에게 먹거리로 준 것 같이, 내가 이것들도 다 너
희에게 준다. 4 그러나 고기를 먹을 때에, 피가
있는 채로 먹지는 말아라. 피에는 생명이 있다.
5 생명이 있는 피를 흘리게 하는 자는, 내가 반드
시 보복하겠다. 그것이 짐승이면, 어떤 짐승이든
지, 그것에게도 보복하겠다. 사람이 같은 사람의
피를 흘리게 하면, 그에게도 보복하겠다.
6 사람은 하나님의 형상대로
지음을 받았으니,
누구든지 사람을 죽인 자는
죽임을 당할 것이다.
7 너희는 생육하고 번성하며
땅에 편만하여,
거기에서 번성하여라."
8 하나님이 노아와 그의 아들들에게 말씀하
셨다. 9 "이제 내가 너희와 너희 뒤에 오는 자손

6:5—8:19 홍수 이야기에서, 이스라엘은 고대 근동에 위치한 이웃들만이 아니라, 세계의 다른 문화들 가운데서 발견되는 홍수에 관한 전승을 공유한다. 고대 근동의 두 홍수 이야기, 즉 아트라하시스의 서사시(Epic of Atrahasis)와 길가메쉬의 서사시(Epic of Gilgamesh)에 나오는 우트나쉬피쉬팀(Utnashpishtim)의 이야기는 성경 기사와 매우 유사한 여러 특징들을 공유한다. 이런 전통적인 사회에서는 질서와 혼돈 사이의 균형은 깨지기 쉬운 것처럼 보였다. 그리고 기원들에 대한 이런 이야기들은 질서가 원시시대의 혼돈으로부터 창조된 것이라고 하는 창조 기사들만이 아니라, 재난에 관한 이야기들을 원시시대의 혼돈으로 재강조하는 것이다. 고대에서는 혼돈이 자주 물과 연관되어 있기 때문에, 대홍수는 혼돈의 맹공격을 묘사하는 주요 방식이었다. 야웨문서와 제사문서의 전승들이 서로 결합된 것 (20쪽 추가 설명: "두 개의 홍수 설화"를 보라)으로 보이는 성경의 이야기 속에서, 혼돈으로부터 질서를 가져온 이스라엘의 하나님은 이제 혼돈이 되돌아오는 것을 허용한다. 하지만, 이것은 변덕스런 행위가 아니라 인간의 범죄로 빚어진 하나님의 심판 행위로 이해된다.

6:5-8 홍수 이야기에 관한 야웨문서의 서문은 뒤따라 나오는 제사문서의 서문(6:9-22)과 마찬가지로, 인류의 많은 죄와 노아의 의로움을 대조시킨다. **6:5** 홍수 이야기에 대한 야웨문서의 결론(8:20-22)과 그의 초기 설화들(4:6-7)에서 볼 수 있듯이, 인간의 죄는 인간적이고 내면적인 언어로 기술되어 있다. **6:6** 하나님의 후회와 슬픔은 인간들과 많은 공통적인 속성을 소유하는 하나님의 성격에 대한 야웨문서의 관점을 구체적으로 보여준다. *마음 아파하셨다.* 이 말은 여자의 임신의 "고통" (3:16)과 농사일에 종사하는 남자의 "수고"(3:17)를 표현하기 위하여 야웨문서가 사용한 히브리 용어를 번역한 데서 파생된 것인데, 어느 경우에 있어서이든지 "괴로움"이 이 용어에 대한 적절한 번역일 것이다. **6:8** 은혜를 입었다. 이 표현은 한 개인이 다른 사람에게 베푸는 호의나 특별한 아량을 기술하기 위해서 야웨문서가 즐겨 쓰는 구절이다 (18:3; 19:19).

6:9-22 야웨문서와 마찬가지로 (6:5-8), 홍수 이야기에 대한 제사문서의 서문은 인류의 사악함과 노아의 의로움을 대조시키며, 또한 방주와 그것의 건축에 대한 기사를 추가한다. **6:9** *…의 역사는 이러하다.* 이 관용어는 초기 역사와 나중의 보다 구체적인 시기들을 구분하기 위해서 제사문서 기자가 도입한 것이다 (2:4a; 5:1). 제사문서는 노아의 의로움을 표현하기 위해서 쓰는 용어들을 에녹(5:24)과 아브람(17:1)에게도 적용한다. **6:11** 제사문서는 야웨문서(6:5)보다 일상적인 언어로 인간의 죄를 기술한다. **6:14-16** 방주를 짓는데 사용한 자재들이나 그것의 설계도도 완전히 이해할 수 없으며, 이것들이 고대 선박의 특징을 반영하는 것으로도 보이지 않는다. 방주의 목재와 그것을 덧입히는데 쓰인 역청(14절)을 표현하는데 사용된 용어들이 성경의 다른 어느 곳에서도 사용되지 않는다. 새번역개정은 이 목재가 "잣나무"였다고 번역하는데

에게 직접 언약을 세운다. 10 너희와 함께 있는
살아 숨쉬는 모든 생물, 곧 너와 함께 방주에서 나
온 새와 집짐승과 모든 들짐승에게도, 내가 언약
을 세운다. 11 내가 너희와 언약을 세울 것이니,
다시는 홍수를 일으켜서 살과 피가 있는 모든 것
들을 없애는 일이 없을 것이다. 땅을 파멸시키는
홍수가 다시는 일어나지 않을 것이다." 12 하나
님이 말씀하셨다. "내가, 너희 및 너희와 함께 있는
숨쉬는 모든 생물 사이에 대대로 세우는 언약의
표는, 13 바로 무지개이다. 내가 무지개를 구름
속에 둘 터이니, 이것이 나와 땅 사이에 세우는 언
약의 표가 될 것이다. 14 내가 구름을 일으켜서
땅을 덮을 때마다, 무지개가 구름 사이에서 나타
나면, 15 나는, 너희와 숨쉬는 모든 짐승 곧 살
과 피가 있는 모든 것과 더불어 세운 그 언약을 기
억하고, 다시는 홍수를 일으켜서 살과 피가 있는
모든 것을 물로 멸하지 않겠다. 16 무지개가 구
름 사이에서 나타날 때마다, 내가 그것을 보고, 나
하나님이, 살아 숨쉬는 모든 것들 곧 땅 위에 있
는 살과 피를 지닌 모든 것과 세운 영원한 언약을
기억하겠다." 17 하나님이 노아에게 말씀하셨
다. "이것이, 내가, 땅 위의 살과 피를 지닌 모든
것과 더불어 세운 언약의 표다."

노아와 그의 아들들

18 방주에서 나온 노아의 아들은 셈과 함과
야벳이다. 함은 가나안의 조상이 되었다. 19 이
세 사람이 노아의 아들인데, 이들에게서 인류가
나와서, 온 땅 위에 퍼져 나갔다.
20 노아는, 처음으로 밭을 가는 사람이 되어서,
포도나무를 심었다. 21 한 번은 노아가 포도주를
마시고 취하여, 자기 장막 안에서 아무것도 덮지
않고, 벌거벗은 채로 누워 있었다. 22 가나안의
조상 함이 그만 자기 아버지의 벌거벗은 몸을 보
았다. 그는 바깥으로 나가서, 두 형들에게 알렸다.
23 셈과 야벳은 겉옷을 가지고 가서, 둘이서 그
것을 어깨에 걸치고, 뒷걸음쳐 들어가서, 아버지
의 벌거벗은 몸을 덮어 드렸다. 그들은 아버지의
벌거벗은 몸을 보지 않으려고 얼굴을 돌렸다.
24 노아는 술에서 깨어난 뒤에, 작은 아들이 자
기에게 한 일을 알고서, 25 이렇게 말하였다.
"가나안은 저주를 받을 것이다.
가장 천한 종이 되어서,
저의 형제들을 섬길 것이다."
26 그는 또 말하였다.
"셈의 주 하나님은

(개역개정은 "고페르 나무;" 공동번역은 "전나무"), 아마도 이것이 다른 곳에서는 선박을 건조하는데 사용되었기 때문일 것이다 (겔 27:5). 방주의 규모는 길이가 450피트 (450자) 너비는 75피트(75자)요 높이는 45피트(45자)인 정방형을 이루고 있는 것으로 시사된다 (한 규빗[cubit]은 남자의 팔뚝과 같은 길이로 약 18인치 혹은 45-52cm에 해당한다). 이런 상자 형태의 설계는 고대 근동의 홍수 전승의 일부로 보이는데, 메소포타미아 홍수 이야기에 나오는 배는 각 면이 180피트(180자)인 완전한 입방체이다. **6:18** 언약에 대하여 언급하는 것은 9:1-17에 기술될 노아의 언약을 미리 보여주는 것이다. **6:19** 제사문서에 따르면, 수컷과 암컷으로 각 한 쌍의 짐승이 노아와 그의 가족을 따라 방주에 들어간다 (7:9, 15를 참조). **6:22** 여기에 노아의 순종이 요약되어 있는데, 이것은 그의 의로움을 강조하기 위함이다.

7:1-5 홍수에 대한 야웨문서의 서문이 여기서 계속된다 (6:5-8을 보라). **7:1** 야웨문서에서 노아는 최초로 의로운 사람인데, 그 이전의 어느 누구도 이런 성품을 지니지 못했으며, 나중에 가장 출중한 후손들인 아브람(15:6)과 그의 아들들(18:19)만이 이런 성품을 공유한다. **7:2** 야웨문서에 따르면, 일곱 쌍의 정결한 뭍짐승들과 새들이 방주 안에 들여졌으며, 모든 다른 짐승들은 오직 한 쌍씩만 그렇게 받아들여졌다. 정결한 짐승들은 식품과 희생제물로 적당하기 때문에, (6:19에 나오는 제사문서에서처럼) 한 쌍 이상의 짐승들이 필요하다. 홍수 이야기에 대한 야웨문서의 결론에서 보면, 실제로, 노아는 방주에서 나온 직후 정결한 뭍짐승들과 새들을 희생제물로 드린다 (8:20). 이스라엘 역사가 아주 뚜렷이 구분되는 시기들로 나누어진 것으로 간주하는 제사문서에 따르면, 고기를 먹는 일은 홍수 이전에는 없었으며 (9:2-3), 희생제물 제도와 음식물 금기가 시내 산 언약의 시기(레 1—7장; 11장)까지 소개되지 않았다. **7:4** 야웨문서의 설화에서, 홍수는 극심한 강우에 의하여 초래되며 (7:12; 8:2b) 주야로 40일간 지속된다 (7:12, 17; 8:6).

7:6-24 무섭게 비가 들이닥친 홍수 이야기와 후에 물이 빠져나가는 것에 대한 기사(8:1-19)는 서로 긴밀하게 얽혀진 야웨문서 및 제사문서의 전승들로 이루어져 있다 (추가 설명: "두 개의 홍수 설화" 20쪽 도표를 보라). **7:11** 제사문서의 시간적 순서에 따르면, 홍수는 노아가 600살이 되던 해의 두 번째 달 17일로부터 노아가 601살이 되던 해의 두 번째 달 27일까지 지속된다 (8:14). 곧 홍수는 12개월 10일 동안 계속된 것이다. 우리는 제사문서의 달력을 완전하게 이해할 수는 없지만, 홍수 기간은 한 해로 보인다. 고대사회에서 달의 단위는 통상 29일이나 30일이 한 달을 이루는 주기에 기초하였기 때문에, 12개월은 평균 354일이어서 태양과 계

찬양받으실 분이시다.
셈은 가나안을 종으로 부릴 것이다.
27 하나님이 ㄱ)야벳을 크게 일으키셔서,
셈의 장막에서 살게 하시고,
가나안은 종으로 삼아서,
셈을 섬기게 하실 것이다."
28 홍수가 있은 뒤에도, 노아는 삼백오십 년을
더 살았다. 29 노아는 모두 구백오십 년을 살고
죽었다.

노아의 자손 (대상 1:5–23)

10 1 다음은 노아의 아들들의 족보이다. 노
아의 아들은 셈과 함과 야벳이다. 홍수가
난 뒤에, 그들이 아들들을 낳았다.
2 야벳의 자손은 고멜과 마곡과 마대와 야완과
두발과 메섹과 디라스이다. 3 고멜의 자손은
아스그나스와 리밧과 도갈마이다. 4 야완의 자
손은 엘리사와 ㄴ)스페인과 ㄷ)키프로스와 ㄹ)로도스
이다. 5 이들에게서 바닷가 백성들이 지역과 언
어와 종족과 부족을 따라서 저마다 갈라져 나갔다.
6 함의 자손은 구스와 이집트와 리비아와 가
나안이다. 7 구스의 자손은 쓰바와 하윌라와 삽
다와 라아마와 삽드가이다. 라아마의 자손은 스
바와 드단이다. 8 구스는 또 니므롯을 낳았다.
니므롯은 세상에 처음 나타난 장사이다. 9 그는
주님께서 보시기에도 힘이 센 사냥꾼이었다. 그
래서 "주님께서 보시기에도 힘이 센 니므롯과 같
은 사냥꾼"이라는 속담까지 생겼다. 10 그가 다
스린 나라의 처음 중심지는, 시날 지방 안에 있는

ㄱ) '증가하다' 또는 '흥하게하다' ㄴ) 히, '다시스' ㄷ) 히, '깃딤'
ㄹ) 히, '도다님'

절의 주기에 기초한 365일의 양력보다는 11일이 적다. 제사문서 기자는 홍수를 창조 때에 도입된 질서의 파괴로 기술한다. 창조의 둘째 날(1:6-8)에 창공을 사이에 두고 분리되었던 땅 위의 물과 땅 아래의 물이 함께 거세게 흘러들어 물의 혼돈을 초래한다 (1:2).

8:1-19 홍수가 그친다. **8:1** 창조의 때에 하나님의 바람(하나님의 영)이 물 위에 운행했듯이 (1:2), 하나님의 바람이 수면 위에 불어서 세상은 홍수 후에 재창조된다. **8:3-4** 제사문서의 시간적 순서에서 보면, 홍수가 생긴 후 방주가 아라랏 산에 정박하기까지의 기간은 5개월이나 (두 번째 달 열일곱째 날부터 일곱 번째 달 열일곱째 날에 이르는, 한 달을 30일로 해서 산출한) 혹은 150일이다 (7:11에 관한 주석을 보라). 제사문서는 방주가 정박한 장소를 단일 산이 아니라 아라랏의 산지라고 밝힌다. 고대의 우라르트인 아라랏은 오늘날의 터키, 이란, 이라크, 그리고 아르메니아의 일부 지역들을 포괄하는 왕국이었다. **8:6** 야웨문서의 시간적 순서에 따르면, 홍수는 40일간 지속된다 (7:4, 12, 17). **8:13** 제사문서의 시간적 순서에서 보면, 노아는 새해의 초하룻날에 새로운 세상을 목격한다. 안식일이 창조의 때에 규정되었듯이, 홍수가 끝난 후 세상이 다시 창조될 때 새해의 초하룻날이 규정되었다. **8:14** 제사문서에 따르면, 홍수는 그것이 시작된 후 일 년이 지나 끝난다 (7:11에 대한 주석을 보라). **8:17** 창조의 때에, 하나님은 짐승들이 *생육하고 번성하도록* 의도하신다 (1:22).

8:20-22 홍수에 대한 야웨문서의 결론에 의하면, 하나님은 정규적인 농사철의 주기들을 크게 파멸시키는 일이 땅에서 다시는 없으리라고 약속하심으로써 질서를 다시 세우신다. **8:20** 홍수 후 인간의 첫 번째 활동은 이스라엘의 종교 의식들을 다시 설립하는 것이다: 노아는 제단을 쌓고 *번제물*을 드리는데, 이 제물은 감사나 탄원이나 속죄를 위한 희생제물로 쓰일 수 있었다. 제사문서에 따르면, 이스라엘의 종교 의식들은 시내 산 언약의 때까지 설립되지 않는다 (레 1—7장). **8:21** 노아의 희생제물에 답하여, 하나님은 인간의 죄에 대한 징벌로 땅을 저주한 사실을 후회하신다 (3:17-19; 4:11-13; 5:29). **8:22** 홍수 후 안정에 대한 하나님의 약속은 이스라엘의 농경 일정표에 있어 핵심적인 사건들을 밝힘으로써 확인된다. *뿌리는 때.* 가을에 보리와 밀을 뿌리는 시기이다. *거두는 때.* 봄철은 곡식을 수확하는 시기이다. *여름.* 여름철은 과일을 수확하는 시기이다. *겨울.* 겨울철은 올리브와 같은 가을철 과일들을 수확하는 시기이다. *추위와 더위.* 겨울의 우기와 여름의 한기를 언급하는 것인데, 지중해의 달력은 이런 시기를 통해서 구분된다.

9:1-17 홍수에 관한 제사문서의 결론에서 보면, 하나님은 하나님과 세상 사이에 언약을 세움으로써 질서를 재확립하시는데, 이 언약은 성경에 기록된 최초의 것이다.

특별 주석

제사문서에 따르면, 이 언약은 홍수 이후의 주요 시기들을 구획하는 세 가지 언약 가운데 그 첫 번째 것이다. 이러한 일련의 언약들은 아브라함의 언약(17:1-27)으로 계속되고 시내 산에서 맺은 이스라엘과의 언약(출 31:12-17)에서 그 절정에 이른다.

9:1-7 창조의 질서가 재확립되며, 홍수 후에 이 질서가 수정된다. **9:1** 창조 때에 주어진 번식을 확실하게 보증하는 축복(1:28)이 본문을 시작하는 절과 끝내는 절에서 반복되고 있으며, 이렇게 해서 새 시대에

바빌론과 에렉과 악갓과 갈레이다. 11 그는 그
지방을 떠나 앗시리아로 가서, 니느웨와 르호보딜
과 갈라를 세우고, 12 니느웨와 갈라 사이에는
레센을 세웠는데, 그것은 아주 큰 성이다. 13 이
집트는 리디아와 아남과 르합과 납두와 14 바드
루스와 가슬루와 크레타를 낳았다. 블레셋이 바로
크레타에게서 나왔다.

15 가나안은 맏아들 시돈을 낳고, 그 아래로,
헷과 16 여부스와 아모리와 기르가스와 17 히
위와 알가와 신과 18 아르왓과 스말과 하맛을 낳
았다. 그 뒤에 가나안 족은 사방으로 퍼져 나갔다.
19 가나안의 경계는 시돈에서 그랄을 지나서, 멀
리 가사에까지 이르렀고, 거기에서 소돔과 고모
라와 아드마와 스보임을 지나서, 라사에까지 이
르렀다. 20 이 사람들이 종족과 언어와 지역과
부족을 따라서 갈라져 나간 함의 자손이다.

21 야벳의 형인 셈에게서도 아들딸이 태어났
다. 셈은 에벨의 모든 자손의 조상이다. 22 셈의
자손은 엘람과 앗수르와 아르박삿과 룻과 아람
이다. 23 아람의 자손은 우스와 훌과 게델과 마
스이다. 24 아르박삿은 셀라를 낳고, 셀라는 에
벨을 낳았다. 25 에벨은 두 아들을 낳았는데, 한
아들의 이름은, 그의 시대에 세상이 나뉘었다고
해서 ㄱ)벨렉이라고 하였다. 벨렉의 아우 이름은 욕
단이다. 26 욕단은 알모닷과 셀렙과 하살마웻과
예라와 27 하도람과 우살과 디글라와 28 오발
과 아비마엘과 스바와 29 오빌과 하윌라와 요밥
을 낳았다. 이 사람들이 모두 욕단의 자손이다.
30 그들이 사는 곳은 메사에서 스발에 이르는 동
쪽 산간지방이다. 31 이 사람들이 종족과 언어와
지역과 부족을 따라서 갈라져 나간 셈의 자손이다.

32 이들이 각 종족의 족보를 따라 갈라져 나
간 노아의 자손 종족이다. 홍수가 난 뒤에, 이 사
람들에게서 여러 민족이 나와서, 세상으로 퍼져
나갔다.

바벨 탑

11 1 처음에 세상에는 언어가 하나뿐이어서,
모두가 같은 말을 썼다. 2 사람들이 동쪽
에서 이동하여 오다가, 시날 땅 한 들판에 이르러서,
거기에 자리를 잡았다. 3 그들은 서로 말하였다.

ㄱ) '나뉘다'

있을 풍요를 다시금 확고히 한다. **9:2-3** 창조시에 인간들과 짐승들 사이에 확립되었던 관계는 수정되어 확립된다. 창조시에 사람들에게 오직 식물들(문자 그대로는 "곡물")만이 음식물로 주어졌지만 (1:29), 홍수 후에 그들은 짐승들을 도살하여 음식물로 취하도록 허락받는다. **9:4-6** 두 가지 금지령이 인간들과 짐승들 사이의 새 질서를 지켜나가도록 도입된다: 사람들은 짐승의 피를 섭취할 수 없으며 인간의 피를 흘려서는 안 된다. 첫째로, 사람들이 고기를 그 안에 든 피와 함께 먹는 것이 허락되지 않는데, 이것은 피에는 생명이 들어있다는 (레 17:10-14; 신 12:23-25) 개념에 기초한 금기이다. 둘째로, 사람을 죽이는 행위는 인간의 피를 흘리고, 그렇게 하여 인간의 생명을 빼앗는 것으로 선포되는데, 이는 짐승들과는 달리, 인간들은 하나님의 형상대로 지어졌기 때문이다 (1:26-27).

9:8-17 홍수 이후에 도래하는 새 시대의 질서는 하나님께서 지상의 모든 생물들과 함께 세우신 *언약*에 의하여 보증된다. **9:9-11** 여기에 나오는 언약은 몇 가지 중요한 특징들이 있다. 이 언약은 하나님의 임의로 시작되고, 작성되고, 보증된다. 이 언약은 영원하다 (11-12, 16절). 이 언약은 지상에 있는 인류 전체 (노아와 그의 자손들) 및 생명이 있는 온갖 종류의 짐승들과 맺어진다. 그리고 이 언약의 목적은 파멸로부터 온갖 종류의 생명 있는 것들을 보호하는 데 있다. 그렇게 하여 하나님은 대폭적인 멸종의 위기로부터 땅에 사는 온갖 짐승들의 생명을 보존하기 위하여 그들과 신성한 관계를 맺으시는데, 오늘에 이르러 이런 언약의 관계는 자연적인 파국보다는 인간의 착취에 의하여 위험에 놓인다. *세우다.* 제사문서 기자가 "계약 체결"을 표현하기 위해 사용하는 동사이다. **9:12-13** 자연 세계에서 모든 살아있는 것들 사이에 세운 이런 언약의 표는 그 자체로는 하나의 자연 현상인 무지개이다. 무지개에 해당하는 히브리 단어는 단순히 "활"인데, 이 곳과 겔 1:28의 경우를 제외하면, 이것은 항상, 이스라엘의 하나님을 포함하여 (애 2:4; 합 3:9), 고대 근동의 무사들과 신들이 사용한 무기를 언급한다. 그러므로 전쟁과 사망의 신적 도구는, 아마도 홍수를 회상하여, 손을 떠나 구름에 걸쳐지고 언약에 드러난 대로 평화와 생명의 표가 된다.

9:18-27 야웨문서 홍수 이후 첫 번째 설화에는 두 가지 목표가 있다: 하나는 홍수 이전에 이스라엘의 조상이 누렸던 농업경제를 재확립하는 것이며, 다른 하나는 이 새 시대에 있어 가나안과 가나안 사람들의 위상을 설명하는 데 있다. 창세기에 뒤따라 나오는 여러 설화들에서처럼, 이 설화에서 보면 이스라엘 조상들에 관한 야웨문서의 이야기들은 이스라엘과 그 이웃들간의 관계와 더불어 이러한 기사들이 쓰인 왕정시대에 존재했던 이스라엘 자체 내의 지파들간에 있었던 관계의 본질을 설명하고 인정한다. 25쪽 추가 설명: "여러 민족 가운데 놓인 이스라엘"을 보라.

"자, 벽돌을 빚어서, 단단히 구워내자." 사람들은
돌 대신에 벽돌을 쓰고, 흙 대신에 역청을 썼다.
4 그들은 또 말하였다. "자, 도시를 세우고, 그 안
에 탑을 쌓고서, 탑 꼭대기가 하늘에 닿게 하여,
우리의 이름을 날리고, 온 땅 위에 흩어지지 않게
하자." 5 주님께서 사람들이 짓고 있는 도시와
탑을 보려고 내려오셨다. 6 주님께서 말씀하셨
다. "보아라, 만일 사람들이 같은 말을 쓰는 한 백
성으로서, 이렇게 이런 일을 하기 시작하였으니,
이제 그들은, 하고자 하는 것은 무엇이든지, 하지
못할 일이 없을 것이다. 7 자, 우리가 내려가서,
그들이 거기에서 하는 말을 뒤섞어서, 그들이 서
로 알아듣지 못하게 하자." 8 주님께서 거기에
서 그들을 온 땅으로 흩으셨다. 그래서 그들은 도
시 세우는 일을 그만두었다. 9 주님께서 거기에
서 온 세상의 말을 ㄱ)뒤섞으셨다고 하여, 사람들은
그 곳의 이름을 ㄴ)바벨이라고 한다. 주님께서 거기
서 사람들을 온 땅에 흩으셨다.

ㄱ) 히, '발랄 (뒤섞다)' ㄴ) '바빌론'을 가리킴. '뒤섞다' 라는 뜻을 지닌 발랄과 바빌론을 뜻하는 바벨의 발음이 비슷함

추가 설명: 여러 민족 가운데 놓인 이스라엘: 이스라엘의 정치 지도

창세기에 나오는 이야기들은 두 가지 차원에서 이해되어져야 한다. 하나는 가족적인 차원이고, 다른 하나는 민족적인 차원이다. 가족적인 차원에서 보면 이 이야기에 나오는 인물들은 전형적인 성경의 가족을 대표하는 인물들이고, 민족적 차원에서 보면 이 인물들은 그들의 자손들로 구성된 민족들을 대표한다. 그러므로 야곱(이스라엘)은 일개 조상을 대표하는 동시에 스스로를 그의 자손들로 간주하는 이스라엘의 전체 백성을 대표한다. 그리하여 창세기에 나오는 이야기들은 이 이야기들에 나오는 개인들 사이의 관계들뿐만 아니라, 그들로부터 나오게 된 민족들 사이의 관계를 기술한 것이다. 이런 점에서, 창세기는 일종의 정치적 지도를 포함하고 있다. 이러한 이야기들은 조상들에 관한 설화들을 통해서, 이 이야기들이 최종 형태를 갖추게 된 시대에 존재했던 민족간의 관계를 기술하고 설명하도록 의도되었는데, 이 시대는 이스라엘의 왕정시대, 곧 이스라엘이 여러 민족 가운데 한 민족으로 부상한 시대이다.

창세기에서 선조들의 이름들을 자체의 칭호들로 쓰는 주요 민족들은 가나안 족속 (9:20-27), 이스마엘 족속 (16:1-6; 21:8-21), 모압 족속과 암몬 족속 (19:30-38), 블레셋 족속 (21:22-34; 26:1-33), 에돔 족속 (25:19-34; 27:1-45; 32:1—33:17), 그리고 아람 족속이다 (29:1—31:55). 이러한 족속들은 이스라엘의 국경에 접하여 있었던 민족들이었으며, 이스라엘은 한 민족으로 존속하는 동안 대부분 이들과 접촉했다. 이스라엘과 이러한 민족들의 기원에 관한 설화들에서 보면, 창세기 기자들은 자신들의 시대에 존재하였던 민족관계의 가치관을 드러낸다.

이러한 창세기 설화들 가운데 등장하는 이스라엘 주변 민족들에 대한 관점은 분명하지 않다. 한편으로, 그들은 이스라엘 선조들의 가까운 친지들로 일컬어진다. 이스마엘 족속, 모압 족속, 암몬 족속, 에돔 족속, 그리고 아람 족속은 모두 아브라함이나 그의 아버지 데라의 자손들이다. 그러므로 이러한 주변 민족들은 외국이나 이국이 아니라, 이스라엘 자체의 주체성의 많은 부분을 공유하고 한 가족의 식구로서 존경과 특권을 누릴 권한이 있는 집단들로 간주된다. 하나님은 이스라엘의 이웃 민족들의 조상들에게 미래에 대한 약속들을 가지고 나타나시며 (16:7-11), 이스라엘의 이웃 민족들의 조상들은 분쟁들을 해결하는 데 솔선하여 나선다 (21:22; 26:26-29; 33:1-4).

다른 한편으로, 이러한 족속들을 이스라엘 자체의 가족들로 받아들이지만, 창세기는 종종 그들을 별로 달갑지 않은 존재들로 제시하곤 한다. 가나안 족속의 선조들은 미심쩍은 사건에 연루되어서 이스라엘 사람들을 섬기는 운명에 놓이게 되었다 (9:20-27). 이스마엘 족속은 사막으로 내몰리어 갈등이 끊이지 않는 생활을 누리게 되었다 (16:12). 모압 족속과 아모리 족속은 롯과 그의 딸들 사이의 근친상간에 그들의 모호한 기원을 두고 있다 (19:30-38). 에돔 족속은 이스라엘 자신의 형제인 에서의 자손들로, 에서는 생각이 미천하여 (25:29-34) 이스라엘을 섬기는 위치에 놓이게 되었다 (27:29). 이러한 개별적인 에피소드는 이스라엘 왕국이 처한 고대 정치적 상황에서 가장 바람직한 위치에 두기를 추구하는 것이다.

셈의 자손 (대상 1:24-27)

10 셈의 족보는 이러하다. 셈은, 홍수가 끝
난 지 이 년 뒤, 백 살이 되었을 때에 아르박삿을
낳았다. 11 셈은 아르박삿을 낳은 뒤에, 오백 년
을 더 살면서 아들딸을 낳았다.

12 ㄱ)아르박삿은 서른다섯 살에 셀라를 낳았
다. 13 아르박삿은 셀라를 낳은 뒤에, 사백삼 년
을 더 살면서 아들딸을 낳았다.

14 셀라는 서른 살에 에벨을 낳았다. 15 셀
라는 에벨을 낳은 뒤에, 사백삼 년을 더 살면서 아
들딸을 낳았다.

16 에벨은 서른네 살에 벨렉을 낳았다.
17 에벨은 벨렉을 낳은 뒤에, 사백삼십 년을 더 살
면서 아들딸을 낳았다.

18 벨렉은 서른 살에 르우를 낳았다. 19 벨
렉은 르우를 낳은 뒤에, 이백구 년을 더 살면서 아
들딸을 낳았다.

20 르우는 서른두 살에 스룩을 낳았다.
21 르우는 스룩을 낳은 뒤에, 이백칠 년을 더 살
면서 아들딸을 낳았다.

22 스룩은 서른 살에 나홀을 낳았다. 23 스
룩은 나홀을 낳은 뒤에, 이백 년을 더 살면서 아
들딸을 낳았다.

24 나홀은 스물아홉 살에 데라를 낳았다.
25 나홀은 데라를 낳은 뒤에, 백십구 년을 더 살
면서 아들딸을 낳았다.

26 데라는 일흔 살에 아브람과 나홀과 하란
을 낳았다.

데라의 자손

27 데라의 족보는 이러하다. 데라는 아브람
과 나홀과 하란을 낳았다. 하란은 롯을 낳았다.
28 그러나 하란은 그가 태어난 땅 바빌로니아의
우르에서 아버지보다 먼저 죽었다. 29 아브람과
나홀이 아내를 맞아들였다. 아브람의 아내의
이름은 사래이고, 나홀의 아내의 이름은 밀가이
다. 하란은 밀가와 이스가의 아버지이다. 30 사
래는 임신을 하지 못하여서, 자식이 없었다.

ㄱ) 12-13절이 칠십인역에는 '아르박삿은 서른다섯 살에 가이난을 낳고, 13. 가이난을 낳은 뒤에 아르박삿은 사백삼십 년을 더 살면서 아들딸을 낳고 죽었다. 가이난은 백서른 살에 셀라를 낳았다. 셀라를 낳은 뒤에 가이난은 삼백삼십 년을 더 살면서, 아들딸을 낳았다.' (눅 3:35; 36을 볼 것)

이스라엘과 이웃 민족들 사이의 민족관계들을 이렇게 불분명하게 표현하는 것은 이스라엘이 주변 민족들과 가졌던 결속뿐만 아니라 갈등을 동시에 기술하는데 효과적인 방법이라고 하겠다. 이러한 표현은 이스라엘이 이웃 민족들과 나누었던 동질성과 관심들을 확증하지만, 이것은 또한 불가피적으로 민족관계에서 대두하는 긴장과 갈등과 사리추구를 인식한다. 창세기에서 이스라엘 선조들과 주변 민족들의 선조들 사이에 긴장관계가 대두될 때, 이런 긴장은 싸움과 폭력보다는 필연적으로 화해나 공식적인 타결을 통해 해결된다. 블레셋 족속 (21:27; 26:31), 아모리 족속 (31:44), 그리고 에돔 족속 (33:1-4)의 경우가 그러하다. 이러한 이야기들의 저변에는 민족간의 갈등은 협상과 평화적인 해결책을 통해서 가장 잘 풀려나갈 수 있다고 하는 확신이 깔려있다.

9:20 *노아.* 노아는 노아 전에 살던 아담과 가인처럼, 지중해 지역의 농부였다. **9:21** 노아는 의로운 사람(7:1)이기에 여기서 비판을 받지 않는다. *취하여.* 이 동사는 단순히 "잔뜩 마시다" (43:34를 보라) 라는 의미이다. **9:22** *함이* 저지른 죄의 본질, 즉 결국 그것으로 인해 그의 아들 *가나안이* 저주받게 된 그 죄의 본질을 이해하려는 여러 가지의 시도들이 있어 왔지만, 그가 저지른 죄가 무엇인지는 분명하지 않다. 그것은 여기에 진술된 대로 양친이 알몸이 된 것을 본 무례를 범한 것 만큼이나 단순한 것일 수 있을 것이다. **9:25-27** 홍수 이전에 다만 땅에만 내려졌던 저주는 이제 야웨문서의 설화들에서 보면, 축복들과 함께 사람들과 그들의 자손들에게도 미친다. 노아의 저주와 축복은 가나안(그리고 그의 자손들인 가나안 족속)을 셈(그리고 이스라엘 족속의 기원이 된 그의 자손들; 11:10-30)의 종속적인 위치에 두는 데 있다.

특별 주석

함의 아들 가나안에게 내려진 저주는 (함의 자손들인) 아프리카 민족들의 노예화나, 인종차별이나, 혹은 어떤 형태로든 아프리카 후예들을 혹사하는 행위를 정당화하는 것으로 이따금 잘못 해석해 왔다. 이러한 해석은 분명히 잘못된 것이다. 이 이야기가 의도하는 것은 다만 셈의 자손들에게 그들의 이웃들인 가나안 족속보다 호의를 보이는 데 있다.

9:28-29 이 단락은 노아의 전승들에 대한 제사문서의 결론으로, 이것은 이 전승들을 5장에 나오는 제사문서의 족보와 연결시킨다 (5:32; 또한 6:9를 보라). **10:1-32** 제사문서의 첫 족보는 홍수 이전의 세대들(5:1-32)을 열거했는가 하면, 여기에 나오는 두 번

31 데라는, 아들 아브람과, 하란에게서 난 손
자 롯과, 아들 아브람의 아내인 며느리 사래를 데
리고, 가나안 땅으로 오려고 바빌로니아의 우르
를 떠나서, 하란에 이르렀다. 그는 거기에다가 자
리를 잡고 살았다. 32 데라는 이백오 년을 살다가
하란에서 죽었다.

하나님이 아브람을 부르시다

12 1 주님께서 아브람에게 말씀하셨다. "너
는, 살고 있는 땅과, 네가 난 곳과, 너의
아버지의 집을 떠나서, 내가 보여 주는 땅으로 가
거라. 2 내가 너로 큰 민족이 되게 하고, 너에게
복을 주어서, 네가 크게 이름을 떨치게 하겠다.
너는 복의 근원이 될 것이다. 3 너를 축복하는
사람에게는 내가 복을 베풀고, 너를 저주하는 사
람에게는 내가 저주를 내릴 것이다. 땅에 사는 모든
민족이 너로 말미암아 복을 받을 것이다."

4 아브람은 주님께서 말씀하신 대로 길을 떠
났다. 롯도 그와 함께 길을 떠났다. 아브람이 하
란을 떠날 때에, 나이는 일흔다섯이었다. 5 아브
람은 아내 사래와 조카 롯과 하란에서 모은 재산과
거기에서 얻은 사람들을 거느리고, 가나안 땅으로
가려고 길을 떠나서, 마침내 가나안 땅에 이르렀다.
6 아브람은 그 땅을 지나서, 세겜 땅 곧 모레의 상
수리나무가 있는 곳에 이르렀다. 그 때에 그 땅에
는 가나안 사람들이 살고 있었다. 7 주님께서 아
브람에게 나타나셔서 말씀하셨다. "내가 너의 자
손에게 이 땅을 주겠다." 아브람은 거기에서 자
기에게 나타나신 주님께 제단을 쌓아서 바쳤다.
8 아브람은 또 거기에서 떠나, 베델의 동쪽에 있
는 산간지방으로 옮겨 가서 장막을 쳤다. 서쪽은
베델이고 동쪽은 아이이다. 아브람은 거기에서도
제단을 쌓아서, 주님께 바치고, 주님의 이름을 부
르며 예배를 드렸다. 9 아브람은 또 길을 떠나,
줄곧 남쪽으로 가서, 네겝에 이르렀다.

이집트로 간 아브람

10 그 땅에 기근이 들었다. 그 기근이 너무
심해서, 아브람은 이집트에서 얼마 동안 몸붙여
서 살려고, 그리로 내려갔다. 11 이집트에 가까

째 족보는 홍수 이후의 세대들을 열거한다. 후자는 그 당시에 알려진 세상에 살고 있으며 노아의 세 아들, 곧 셈과 함과 야벳의 자손이다. 이것은 단일 선조를 기원으로 하는 하나의 혈통보다는, 개인들 (이들로부터 파생된 국가들) 사이의 관계를 드러내기 위하여 하나 이상의 혈통들을 추적하는 족보("가계도")이다. 그러므로 이 족보는 제사문서가 이해하고 있는 세상의 모습을 보여주는 것이다. 25쪽 추가 설명: "여러 민족 가운데 놓인 이스라엘"을 보라. 여기에 나오는 이름들 가운데 많은 것이 잘 알려진 반면, 일부 이름들은 더 이상 확인할 길이 없다. 정확하게 70개의 이름이 기록되어 있는데, 아마도 이 숫자는 인간 종족의 총체성을 강조하는 것 같다. **10:1** 이 족보는 제사문서가 특정한 역사적 시기들의 시작을 지적하는데 사용하는 다음의 *…의 족보이다* 라고 하는 상투적인 표현으로 시작한다 (2:1a; 5:1; 6:9를 참조하라). **10:2-5** *야벳의 자손들*. 이들은 이스라엘의 북쪽과 북서쪽에 위치한 민족들을 대표하는데, 이 지역은 오늘날 터키, 그리스, 그리고 키프로스의 국가들이 위치한 지역에 해당한다. 각 아들의 족보는 동일한 상용 문구로 짜여지는데, *…의 족보이다* 라고 시작해서 *종족과 언어와 지역과 부족을 따라서* 라는 문구로 결론을 맺는다 (5절에서는 이 문구가 조금 수정되었다). **10:2** *마곡*. 이 곳이 어디인지는 분명하지 않다. 이 곳은 아카디아의 마트 구구(mat Gugu), 곧 오늘날의 터키에 자리했던 고대 리디아의 통치자 "기게스(Gyges)의 땅"과 관련이 되어 왔었다. 또한 겔 38—39장을 보라. *야완* (또한 4절을 보라). 야완은 이오니아 족속, 즉 고대 근동의 (오늘날의 터키) 서해안 지역을 식민지화했던 그리스 사람들을 말한다. **10:3** *아스그나스*. 이들은 옛 스키타이 사람들(Schythians)을 말하는데, 이들은 흑해와 카스피해 사이에 거주했다. **10:4** *엘리사*. 엘리사는 키프로스의 섬이다. 히브리어 *깃딤*을 새번역개정에서는 *키프로스로* 번역했는데 (개역개정은 깃딤), 고대 키티온(오늘날의 라나카)이었다. 이 곳은 키프로스의 동남쪽 해안에 위치한 도시이다. 히브리어로 *로다님*을 새번역개정은 *로도스*로 번역했는데, 아마도 로도스의 섬에 거주했던 사람들을 언급하는 것일 것이다.

10:6-20 *함의 자손*. 성경시대의 이스라엘의 남쪽과 남서쪽에 위치한 민족들을 대표하는데, 이 지역은 대체로 오늘날 이집트, 사우디아라비아, 에티오피아, 수단, 그리고 리비아 지역이다. **10:6** *구스*. 구스는 오늘날의 수단이다. 히브리어로 *풋*을 새번역개정은 리비아로 번역했고, 개역개정은 "붓"으로 번역했다. **10:7** 구스의 후손들은 아라비아 반도에 거주한다. **10:8-12** 여기서 야웨문서의 족보 자료는 함에 대한 제사문서의 족보를 보완해 주는데, 문체의 변화(4:17-24를 참조)와 하나님의 이름을 주님으로 사용하는 것과 (9절), 그리고 이 자료를 포괄하고 있는 제사문서 자료와 상충되는 점들을 통해서 우리는 이러한 사실을 알 수 있다. 제사문서의 족보 전승(22절)에서 보면, 앗시리아(*앗수르*)는 셈에 그 뿌리를 두는데, 셈의 자손은 이스라엘의 동쪽 시리아와 메소포타미아에 위치한 나라들에 거주하며, 사실 이 지역에 *앗시리아*가 위치한다 (21-31절). 11절에

이 이르렀을 때에, 그는 아내 사래에게 말하였다.
"여보, 나는 당신이 얼마나 아리따운 여인인가를
잘 알고 있소. 12 이집트 사람들이 당신을 보고
서, 당신이 나의 아내라는 것을 알면, 나는 죽이
고 당신은 살릴 것이오. 13 그러니까 당신은 나
의 누이라고 하시오. 그렇게 하여야, 내가 당신 덕
분에 대접을 잘 받고, 또 당신 덕분에 이 목숨도
부지할 수 있을 거요." 14 아브람이 이집트에 이
르렀을 때에, 이집트 사람들은 아브람의 아내를
보고, 매우 아리따운 여인임을 알았다. 15 바로
의 대신들이 그 여인을 보고 나서, 바로 앞에서 그
여인을 칭찬하였다. 드디어 그 여인은 바로의 궁
전으로 불려 들어갔다. 16 바로가 그 여인을 보
고서, 아브람을 잘 대접하여 주었다. 아브람은 양
떼와 소 떼와 암나귀와 수나귀와 남녀 종과 낙타
까지 얻었다.

17 그러나 주님께서 아브람의 아내 사래의
일로 바로와 그 집안에 무서운 재앙을 내리셨으므
로, 18 바로가 아브람을 불러서 꾸짖었다. "어찌
하여 너는 나를 이렇게 대하느냐? 저 여인이 너의
아내라고, 왜 일찍 말하지 않았느냐? 19 어찌하
여 너는 저 여인이 네 누이라고 해서 나를 속이고,
내가 저 여인을 아내로 데려오게 하였느냐? 자,
네 아내가 여기 있다. 데리고 나가거라." 20 그
런 다음에 바로는 그의 신하들에게 명하여, 아브
람이 모든 재산을 거두어서 그 아내와 함께 나라
밖으로 나가게 하였다.

아브람과 롯이 따로 살림을 내다

13 1 아브람은 이집트를 떠나서, 네겝으로
올라갔다. 그는 아내를 데리고서, 모든

보면, *앗시리아*(앗수르)는, *니므롯*과 *구스*를 통해, *함*에 연결되어 있는데, 함의 자손들은 남쪽과 남서쪽에 위치한 나라들에 거주한다. 구스의 의미가 서로 다른 데서 상충되는 점이 나타나는 것으로 보인다: 제사문서 기자는 수단을 가리키기 위하여 그것을 사용하며, 야웨문서 기자는 그 곳을 메소포타미아의 카시트 족속(Kassites)이나 그 곳의 옛 도시인 키쉬와 관련시킨다. 비록 이스라엘의 전승들 가운데 나오는 전설적인 무사(미 5:6; 히 5:5를 참조)이긴 하지만, *니므롯*은 분명하게 어떤 역사적인 인물로 확인하기가 힘들다. **10:13-20** 이집트와 가나안의 자손의 목록은 앞의 절들(8-12절)에 있는 야웨문서의 족보를 계속 이어나간다. **10:13-14** 뒤에 나오는 족장 설화에서 (26장) 중요한 역할을 담당할 *블레셋*은 이집트와 관련되어 있으며, 크레타의 섬인 *카프토림* (새번역개정은 "크레다;" 개역개정은 "가슬루힘;" 공동번역은 "갑돌족")과 연관되어 있다. 이 곳에는 블레셋 족속의 역사적 흔적이 보존되어 있는데, 배타는 것을 업으로 생각하던 이 희랍 족속은 이집트를 침략하고 궁극적으로 가나안 남해안에 정착했는데, 이들이 창세기 설화들에서 가나안 지역에 모습을 드러낸다. **10:15-19** 가나안 족속에 대한 이 기록은 변화된 형태로 나중에 야웨문서의 설화에서 다시 나타나는데, 여기서 이들이 차지했던 땅이 이스라엘 자손에게 주어질 것으로 약속된다 (예를 들어, 창 15:18-21; 출 3:8). **10:19** 그들의 영토는 주로 메소포타미아 해역과 요르단 계곡에 위치한 낮은 지대의 땅들이었던 것으로 여겨진다. **10:20** 여기에 나오는 상투적 표현은 함의 족보에 대한 제사문서의 결론이다.

10:21-32 *셈의 자손.* 이들은 성경시대에 이스라엘의 동쪽에 위치한 민족들을 대표하는데, 이 곳은 대체적으로 오늘날 시리아, 이라크, 그리고 이란이 위치한 지역이다. 야웨문서 기자와 제사문서 기자가 가장 관심을 두는 족보와 지역이 바로 이 곳인데, 이들은 여기에 문명(11:1-9)과 이스라엘 족속 자체(11:10-32)의 기원들을 두고 있다. 함의 경우와 마찬가지로, 셈에 대한 제사문서 기자의 족보(22-23, 31절)는 야웨문서 기자의 전승들(21, 24-30절)에 의하여 보완된다. **10:21** "히브리"라는 용어는 *에벨*에서 파생되었다. **10:22-23** 셈의 자손 중에는 메소포타미아에 위치한 앗시리아 사람들(앗수르)과 아람 족속(*아람*)이 있는데, 이스라엘 조상은 이들과 밀접하게 관련되어 있다 (예를 들어, 24:1-10; 25:20; 28:1-5). **10:24-30** 이런 야웨문서 전승들은 다섯 세대에 걸쳐 셈의 혈통을 추적한다: *아르박삿, 셀라, 에벨, 욕단,* 그리고 욕단의 자손. 11:10-32에 나오는 제사문서가 기록한 셈의 족보에서 보면, 에벨의 다른 아들 *벨렉*의 계보를 통하여 이스라엘의 선조들이 대를 이어온 것으로 관련되어 있다. **10:31** 여기 나오는 상용 문구는 셈의 족보의 결론을 맺는다.

11:1-9 제사문서는 홍수 이후 노아의 아들들의 자손들(10:1-32)을 통해서 민족과 문화와 언어들이 퍼져나게 된 것으로 기록되어 있는가 하면, 야웨문서는 *바벨* 탑의 이야기로 인하여 민족과 문화와 언어가 퍼져나게 된 사건으로 기술해 나간다. 이 이야기는 종종 인간의 자만과 하나님이 내리시는 응징의 본보기로 해석되어왔다. 하지만, 오히려 이것은 다양성을 위한 신의 계획에 상반되는 동질성을 향한 인간의 욕망에 대한 기사인 것으로 보인다. **11:1** 인간 종족의 동질성에 관한 주제는 *하나* 라고 하는 단어로 강조된다. **11:2** *시날.* 시날은 메소포타미아 강의 유역에 있는데, 이 강의 유역에는 바빌론(*바벨* ["뒤섞다"] 라는 말에서 파생된 이름, 9절)이 위치했고, 나일 강의 유역과 더불어 고대 근동 문명의 발상지가 되었다. **11:4** *도시를 세우고 탑을* 쌓

소유를 가지고 이집트를 떠났다. 조카 롯도 그와
함께 갔다.
2 아브람은 집짐승과 은과 금이 많은 큰 부
자가 되었다. 3 그는 네겝에서는 얼마 살지 않고
그 곳을 떠나, 이곳 저곳으로 떠돌아 다니다가,
베델 부근에 이르렀다. 그 곳은 베델과 아이 사이
에 있는, 예전에 장막을 치고 살던 곳이다. 4 그
곳은 그가 처음으로 제단을 쌓은 곳이다. 거기
에서 아브람은 주님의 이름을 부르며, 예배를 드
렸다. 5 아브람과 함께 다니는 롯에게도, 양 떼와
소 떼와 장막이 따로 있었다. 6 그러나 그 땅은
그들이 함께 머물기에는 좁았다. 그들은 재산이
너무 많아서, 그 땅에서 함께 머물 수가 없었다.
7 아브람의 집짐승을 치는 목자들과 롯의 집짐승
을 치는 목자들 사이에, 다툼이 일어나곤 하였다.
그 때에 그 땅에는, 가나안 사람들과 브리스 사람
들도 살고 있었다.
8 아브람이 롯에게 말하였다. "너와 나 사이
에, 그리고 너의 목자들과 나의 목자들 사이에, 어
떠한 다툼도 있어서는 안 된다. 우리는 한 핏줄이
아니냐! 9 네가 보는 앞에 땅이 얼마든지 있으
니, 따로 떨어져 살자. 네가 왼쪽으로 가면 나는
오른쪽으로 가고, 네가 오른쪽으로 가면 나는 왼
쪽으로 가겠다." 10 롯이 멀리 바라보니, 요단
온 들판이, 소알에 이르기까지, 물이 넉넉한 것이
마치 주님의 동산과도 같고, 이집트 땅과도 같았다.
아직 주님께서 소돔과 고모라를 멸망시키시기 전
이었다. 11 롯은 요단의 온 들판을 가지기로 하
고, 동쪽으로 떠났다. 이렇게 해서 두 사람은 따
로 떨어져서 살게 되었다. 12 아브람은 가나안
땅에서 살고, 롯은 평지의 여러 성읍을 돌아다니
면서 살다가, 소돔 가까이에 이르러서 자리를 잡
았다. 13 소돔 사람들은 악하였으며, 주님을 거
슬러서, 온갖 죄를 짓고 있었다.

아브람이 헤브론으로 옮기다

14 롯이 아브람을 떠나간 뒤에, 주님께서 아
브람에게 말씀하셨다. "너 있는 곳에서 눈을 크게
뜨고, 북쪽과 남쪽, 동쪽과 서쪽을 보아라. 15 네
눈에 보이는 이 모든 땅을, 내가 너와 네 자손에게
아주 주겠다. 16 내가 너의 자손을 땅의 먼지처
럼 셀 수 없이 많아지게 하겠다. 누구든지 땅의 먼
지를 셀 수 있는 사람이 있다면, 너의 자손을 셀
수 있을 것이다. 17 내가 이 땅을 너에게 주니,
너는 가서, 길이로도 걸어 보고, 너비로도 걸어 보

겠다고 하는 동기는 *흩어짐에* 대한 인간의 저항인데, 흩어진다는 단어가 이 이야기에서 세 번이나 나온다(4, 8, 9절). 인간의 오만 때문에 하늘에 닿을 수 있는 것은 아니다. 탑을 쌓는 것이나, 이름을 날리는 것도 반드시 인간의 교만과 관련된 것은 아니다. *탑 꼭대기가 하늘에 닿게 하여.* 이 문구는 높은 탑을 기술하는 상용적인 표현이며, 이름(혹은 명성)을 날리는 것은 긍정적인 의미를 내포한 것일 수 있을 것이다 (12:2 참조). **11:6** 하나님은 인간 종족의 교만이 아니라, 동질성을 달갑게 여기지 않으셨다. 새번역개정은 인간의 교만이라고 하는 개념을 더 강조한 것 같다. "이제 그들은, 하고자 하는 것은 무엇이든지, 하지 못할 일이 없을 것이다." 6절은 또한 "이것이 그들이 시작한 일이니, 어떤 것도 그들을 제지해서 그들이 계획해 온 것을 이루는 일을 막을 수 없을 것이다" 라고 번역할 수 있다. **11:9** *바벨*(고대의 바빌론). 이 지명은 히브리어 동사 *바랄*, 즉 "혼돈"이라는 말로부터 파생된 것은 아니지만, 야웨문서 기자는 종종 유사하게 발음되는 단어들을 기초로 해서 지명들을 설명하곤 한다.

11:10-32 제사문서가 10장에서 부분적이고, 또한 노아의 아들들로부터 분가해서 고대 세계에 살았던 세 혈통의 흐름을 기록하는 족보와는 달리, 이 족보에서는 획일적인 단일 선조로부터 내려오는 단일 혈통의 흐름을 추적한다. 이것의 목적은 인류 역사 안에서 한 가족, 곧 *아브람* 가족의 실태를 기술하는 데 있다. 세상과 그 역사는 하나님에 의하여 완벽하게 질서를 이루고 있다는 제사문서의 관점은 노아와 아브라함 사이의 10세대 안에 반영되어 있는데, 이것은 아담으로부터 노아에 이르는 10세대(5:1-32)와 정확하게 균형을 이루고 있다. 이 두 족보의 실태는 거의 동일하다. 처음의 다섯 세대(10-17절)는 10:21-25의 셈의 족보에 나오는 그들과 병행하는 반면, 나머지 다섯 세대(18-26절)는 이 족보에만 나오는 자들이다. **11:11** 성경 전승들에서 보면, 메소포타미아 전승들에 있어서처럼, 홍수 이후 첫 번째 세대는 세월이 흐르면서 수명이 점차로 줄어들기는 하지만, 어느 정도 홍수 이전의 선조들과 마찬가지로 장보면, *앗시리아* (앗수르)는 *니므롯과 구스*를 통해 *함에* 연결되어 있는데, *함의* 자손은 남쪽과 남서쪽에 위치한 나라들에 거주한다. 구스의 의미가 서로 다른 데서 상충되는 점이 나타나는 것으로 보인다: 제사문서는 수단을 가리키기 위하여 그것을 사용하며, 야웨문서는 그 곳을 메소포타미아의 카시트 족속(Kassites)이나 그 곳의 옛 도시인 키쉬와 관련시킨다. 비록 이스라엘의 전승들 가운데 나오는 전설적인 장사(8절; 미 5:6; 히 5:5를 참조)이긴 하지만, *니므롯*은 분명하게 어떤 역사적인 인물로 확인되지는 않는다. **11:16** "히브리"는 *에벨*에서 유래된 단어이다. **11:26** 마지막 세대는 *아브람*과 그의 형제들인 *나홀과 하란으로 구성되어 있다.*

아라." 18 아브람은 장막을 거두어서, 헤브론의
마므레, 곧 상수리나무들이 있는 곳으로 가서, 거
기에서 살았다. 거기에서도 그는 주님께 제단을
쌓아서 바쳤다.

아브람이 롯을 구하다

14 1 시날 왕 아므라벨과, 엘라살 왕 아리
옥과, 엘람 왕 그돌라오멜과, 고임 왕 디
달의 시대에, 2 이 왕들이 소돔 왕 베라와, 고모
라 왕 비르사와, 아드마 왕 시납과, 스보임 왕 세
메벨과, 벨라 왕 곧 소알 왕과 싸웠다. 3 이 다
섯 왕은 군대를 이끌고, 싯딤 벌판 곧 지금의 '소
금 바다'에 모였다. 4 지난날에 이 왕들은 십이
년 동안이나 그돌라오멜을 섬기다가, 십삼 년째
되는 해에 반란을 일으켰던 것이다. 5 십사 년째
되는 해에는, 그돌라오멜이 자기와 동맹을 맺은
왕들을 데리고 일어나서, 아스드롯가르나임에서
는 르바 사람을 치고, 함에서는 수스 사람을 치고,
사웨 기랴다임에서는 엠 사람을 치고, 6 세일 산
간지방에서는 호리 사람을 쳐서, 광야 부근 엘바
란까지 이르렀다. 7 그리고는, 쳐들어온 왕들은
방향을 바꿔서, 엔미스밧 곧 가데스로 가서, 아말
렉 족의 온 들판과 하사손다말에 사는 아모리 족
까지 쳤다.

8 그래서 소돔 왕과 고모라 왕과 아드마 왕
과 스보임 왕과 벨라 왕 곧 소알 왕이 싯딤 벌판
으로 출전하여, 쳐들어온 왕들과 맞서서 싸웠다.
9 이 다섯 왕은, 엘람 왕 그돌라오멜과 고임 왕
디달과 시날 왕 아므라벨과 엘라살 왕 아리옥, 이
네 왕을 맞아서 싸웠다. 10 싯딤 벌판은 온통 역
청 수렁으로 가득 찼는데, 소돔 왕과 고모라 왕이
달아날 때에, 그들의 군인들 가운데서 일부는 그
런 수렁에 빠지고, 나머지는 산간지방으로 달아
났다. 11 그래서 쳐들어온 네 왕은 소돔과 고모
라에 있는 모든 재물과 먹거리를 빼앗았다.

12 아브람의 조카 롯도 소돔에 살고 있었는
데, 그들은 롯까지 사로잡아 가고, 그의 재산까지
빼앗았다.

13 거기에서 도망쳐 나온 사람 하나가 히브
리 사람 아브람에게 와서, 이 사실을 알렸다. 그
때에 아브람은 아모리 사람 마므레의 땅, 상수리
나무들이 있는 곳에서 살고 있었다. 마므레는
에스골과는 형제 사이이고, 아넬과도 형제 사이
이다. 이들은 아브람과 동맹을 맺은 사람들이다.
14 아브람은 자기 조카가 사로잡혀 갔다는 말을
듣고, 집에서 낳아 훈련시킨 사병 삼백열여덟
명을 데리고 단까지 쫓아갔다. 15 그 날 밤에 그
는 자기의 사병들을 몇 패로 나누어서 공격하게
하였다. 그는 적들을 쳐부수고, 다마스쿠스 북쪽
호바까지 뒤쫓았다. 16 그는 모든 재물을 되찾
고, 그의 조카 롯과 롯의 재산도 되찾았으며,
부녀자들과 다른 사람들까지 되찾았다.

멜기세덱이 아브람을 축복하다

17 아브람이 그돌라오멜과 그와 동맹을 맺은
왕들을 쳐부수고 돌아온 뒤에, 소돔 왕이 아브람
을 맞아서, 사웨 벌판 곧 왕의 벌판으로 나왔다.
18 그 때에 살렘 왕 멜기세덱은 빵과 포도주를
가지고 나왔다. 그는 가장 높으신 하나님의 제사
장이다. 19 그는 아브람에게 복을 빌어 주었다.
"천지의 주재,
ㄱ)가장 높으신 하나님,
아브람에게 복을 내려 주십시오.
20 아브람은 들으시오.
그대는, 원수들을 그대의 손에 넘겨 주신
ㄱ)가장 높으신 하나님을 찬양하시오."

ㄱ) 히, '엘 엘리욘'

나홀은 리브가의 조부인데, *아브람*의 아들 이삭은 리브가와 혼인한다 (22:20-24; 24:15). 나홀은 또한 레아와 라헬의 증조부로 이삭의 아들 야곱은 이 두 여인과 혼인한다 (28:1-2; 29:5-6). 아브람이 가나안으로 데려온 롯(11:27; 12:4-5)의 아버지 하란을 데라의 가족이 정착한 도시(11:31-32; 12:4)와 혼동하지 말아야 한다. **11:30** *사래가* 자식이 없다는 사실이 뒤이어 나오는 족장 설화들을 관통하여 흐르는 한 주제의 시작이 된다 (16:1; 25:21; 30:1). 상속을 받을 자손의 부재에 관한 이야기는 고대 근동의 문학에서 흔히 볼 수 있던 주제이다. 이스라엘의 족장 설화들에서 보면, 이것은 이스라엘의 선조들에게 주어진 자손들에 대한 약속들을 성취하는 데 있어 하나님의 역할을 강조하려는 것이다. **11:31** 제사문서와 야웨문서의 족보들(28절을 참조)은 모두 이스라엘 선조들의 기원을 메소포타미아 강의 유역(*갈대아 우르* 지역)에 두는데, 이 곳은 나일 강의 유역과 함께 고대 근동의 문명의 발상지였다. *하란*은 오늘날 시리아와 터키의 국경에 가까운 가나안의 북동쪽에 위치한 도시였다.

12:1-9 비록 앞에 나오는 족보에서 소개되기는 했지만 (11:26-32), 이 이야기는 아브람에 대한 설화의 시작이며, 그는 여러 면에서 이스라엘의 전형적인 선조이다.

아브람은 가지고 있는 모든 것에서 열의 하나를
멜기세덱에게 주었다. 21 소돔 왕이 아브람에게 말
하였다. "사람들은 나에게 돌려 주시고, 물건은 그대
가 가지시오." 22 아브람이 소돔 왕에게 말하였다.
"하늘과 땅을 지으신 가장 높으신 주 하나님께, 나의
손을 들어서 맹세합니다. 23 그대의 것은 실오라기
하나나 신발 끈 하나라도 가지지 않겠습니다. 그러
므로 그대는, 그대 덕분에 아브람이 부자가 되었다
고는 절대로 말할 수 없을 것입니다. 24 나는 아무
것도 가지지 않겠습니다. 다만 젊은이들이 먹은 것
과, 나와 함께 싸우러 나간 사람들 곧 아넬과 에스골
과 마므레에게로 돌아갈 몫만은 따로 내놓아서, 그
들이 저마다 제 몫을 가질 수 있게 하시기 바랍니다."

하나님이 아브람과 언약을 맺으시다

15 1 이런 일들이 일어난 뒤에, 주님께서 환
상 가운데 아브람에게 말씀하셨다. "아브
람아, 두려워하지 말아라. 나는 너의 방패다. 네
가 받을 보상이 매우 크다." 2 아브람이 여쭈었
다. "주 나의 하나님, 주님께서는 저에게 무엇을
주시렵니까? 저에게는 자식이 아직 없습니다. 저
의 재산을 상속받을 자식이라고는 다마스쿠스 녀
석 엘리에셀뿐입니다. 3 주님께서 저에게 자식
을 주지 않으셨으니, 이제, 저의 집에 있는 이 종
이 저의 상속자가 될 것입니다." 아브람이 이렇게
말씀드리니, 4 주님께서 그에게 말씀하셨다. "그

추가 설명: 족장들에게 주어진 약속들

족장들에게 주어진 하나님의 약속들은 이스라엘 선조들에 대한 이야기들과 관련짓고, 이러한 이야기들이 의도하는 목적을 제시한다. 처음으로 아브라함에게 주어진 약속들은 각각의 차세대에 이르러 처음에는 이삭에게 주어지고, 다음에는 야곱에게 갱신되어 주어진다. 야웨문서 설화에서, 하나님은 여러 번에 걸쳐 아브라함에게 약속하시고 (12:1-3, 7; 13:14-17; 15:1-21; 18:18; 22:15-19), 그 다음 이삭(26:3-4)과 야곱(28:13-16)에게 각각 이런 약속들을 반복하신다. 제사문서 전승에서 보면, 이러한 약속들은 아브라함과 맺은 하나님의 언약에 도입되고, 이 약속들은 연이어 이삭(28:3-4)과 야곱(35:11-12)과도 관련되어 있다.

하나님의 약속들이 가리키는 목표는 그 내용에 반영되어 있는데, 이 약속들의 주요 요소들은 조상들이 살게 될 가나안의 땅, 수많은 자손들, 그리고 너무도 풍부해서 다른 사람들까지도 그 영향을 받게 될 축복이다. 땅과 후손과 축복에 대한 이런 주요 약속들과 더불어 민족 형성(12:2; 18:18)과 강한 군사력(22:17)에 대한 약속들이 있다. 그래서 족장들에게 주어진 약속들은 그들의 자손들이 인구가 조밀한 민족을 건설하여 그것의 부와 복지가 이웃 민족들에게 이득이 될 때를 가리킨다.

뒤이어 나오는 성경 이야기에 따르면, 이러한 약속들은 이스라엘 백성이 실질적으로 중요하고 영향력 있는 고대 근동의 한 왕국이 되는 이스라엘의 군주국 하에서 성취된다 (여호수아; 사사기; 사무엘상하; 열왕기상을 보라). 독자가 반드시 염두에 두어야 하는 것은 이것이다: 창세기에 나오는 선조 이야기들은 이것들을 하나로 묶어주는 약속의 주제와 더불어, 실제적으로 후기 군주정치시기에 현재와 같은 형태를 갖추게 되었다는 것이다. 그러므로 이런 이야기들이 언급된 당시의 청중들은 족장들에 대한 약속들이 이미 성취된 것을 입증하는 공동체의 관점으로부터 이 이야기들을 들었다.

이것은 족장들에 대한 약속들을 이해하는 데 두 가지 중요한 암시를 제공한다. 첫째로, 이 이야기들은 미래를 가리키는 약속들로만이 아니라 이것들을 듣는 사람들의 현실들을 설명하는 설화들로 읽혀야 한다는 것이다. 군주정치 하에 있는 독자들에게, 이것들은 그들의 왕국, 그들의 땅, 그들의 인구, 그리고 한 국민으로서의 그들의 지위와 복지를 설명하는 이야기들이었다. 그것들은 이러한 축복들이 인간의 성취가 아니라 하나님께서 주신 선물들이라고 하는 메시지를 알려주었다. 그래서 이스라엘은 자체의 존재를 스스로가 이룬 성취가 아니라 하나님의 은총에 근거한 삶으로 이해하였다.

자체 안에서 족장들에 대한 약속들의 성취를 목격한 공동체의 관점으로부터 이 약속들을 읽는데 필요한 두 번째 암시는 이것이다: 이 약속들은 특정한 역사적 정황을 지적하는 것으로 읽혀져야 한다는 것이다. 현대 독자들이 이런 약속들의 역사적 정황으로부터 이 약속들을 뽑아내서 이것들을 근동의 현 정치적 정황에 관련시키려 한다면 각별한 주의가 필요하다. 성경 세계의 정치적 현실들이 진지하고 비판적인 숙고 없이 오늘날의 정치적 현실들에 결부될 수 없다.

아이는 너의 상속자가 아니다. 너의 몸에서 태어날
아들이 너의 상속자가 될 것이다." 5 주님께서
아브람을 데리고 바깥으로 나가서 말씀하셨다.
"하늘을 쳐다보아라. 네가 셀 수 있거든, 저 별들을
세어 보아라." 그리고는 주님께서 아브람에게 말씀
하셨다. "너의 자손이 저 별처럼 많아질 것이다."
6 아브람이 주님을 믿으니, 주님께서는 아브람의
그런 믿음을 의로 여기셨다.

7 하나님이 아브람에게 말씀하셨다. "나는
주다. 너에게 이 땅을 주어서 너의 소유가 되게 하
려고, 너를 ㄱ)바빌로니아의 우르에서 이끌어 내었
다." 8 아브람이 여쭈었다. "주 나의 하나님, 우
리가 그 땅을 차지하게 될 것을 제가 어떻게 알 수
있습니까?" 9 주님께서 말씀하셨다. "나에게 삼
년 된 암송아지 한 마리와 삼 년 된 암염소 한
마리와 삼 년 된 숫양 한 마리와 산비둘기 한
마리와 집비둘기 한 마리씩을 가지고 오너라."
10 아브람이 이 모든 희생제물을 주님께 가지고
가서, 몸통 가운데를 쪼개어, 서로 마주 보게 차려
놓았다. 그러나 비둘기는 반으로 쪼개지 않았다.
11 솔개들이 희생제물의 위에 내려왔으나, 아브
람이 쫓아 버렸다.

12 해가 질 무렵에, 아브람이 깊이 잠든 가운
데, 깊은 어둠과 공포가 그를 짓눌렀다. 13 주님
께서 아브람에게 말씀하셨다. "너는 똑똑히 알고
있거라. 너의 자손이 다른 나라에서 나그네살이를
하다가, 마침내 종이 되어서, 사백 년 동안 괴로움
을 받을 것이다. 14 그러나 너의 자손을 종살이하
게 한 그 나라를 내가 반드시 벌할 것이며, 그 다음
에 너의 자손이 재물을 많이 가지고 나올 것이다.
15 그러나 너는 오래오래 살다가, 고이 잠들어 묻
힐 것이다. 16 너의 자손은 사 대째가 되어서야
이 땅으로 돌아올 것이다. 아모리 사람들의 죄가 아
직 벌을 받을 만큼 이르지는 않았기 때문이다."

17 해가 지고, 어둠이 짙게 깔리니, 연기 나
는 화덕과 타오르는 횃불이 갑자기 나타나서, 쪼
개 놓은 희생제물 사이로 지나갔다. 18 바로 그
날, 주님께서 아브람과 언약을 세우시고 말씀하
셨다. "내가 이 땅을, 이집트 강에서 큰 강 유프라
테스에 이르기까지를 너의 자손에게 준다. 19 이
땅은 겐 사람과 그니스 사람과 갓몬 사람과 20 헷
사람과 브리스 사람과 르바 사람과 21 아모리 사
람과 가나안 사람과 기르가스 사람과 여부스 사람
의 땅을 다 포함한다."

ㄱ) 또는 '갈대아'

본 단락은 중추적인 이야기인데, 왜냐하면 아브람은 이 이야기 속에서 하란으로부터 가나안 땅에 거주하기 위하여 이주하기 때문이다. 이 땅은 그의 자손들인 이스라엘 족속의 고국이 될 곳이며, 뒤이어 나오는 족장 설화들의 초점이 되는 곳이다. 아브람이 새 땅으로 이주한 것은 초기 기독교인들에 의하여 위대한 믿음의 행위로 간주되었다 (히 11:8-10). 아브람에 관한 설화들은 주로 야웨문서가 쓴 것으로, 이 문서는 드문드문 제사문서 자료들에 의하여 보완된다. **12:1** 아브람이 뒤로하고 떠난 나라(*하란*; 11:31에 관한 특별 주석을 보라)와 친족은 족장 설화들에서 계속 두드러진 역할을 한다. 하란에 있는 아브람의 친척들은 이삭과 야곱으로 하여금 거기서 그들의 아내들을 얻도록 해주며, 또 에서의 분노를 피해온 야곱에게 거처를 제공한다 (24장; 28–31장). **12:2** 이 약속은 이스라엘의 선조들에게 주어진 일련의 약속들 가운데 첫 번째 것으로, 여기에 언급된 대로 국가 형성, 명성, 그리고 축복만이 아니라, 땅(7절)과 자손들(13:16)을 부여하겠다고 한다. 축복은 삶의 모든 차원에서의 복지를 의미한다. 곧 물질적, 사회적, 그리고 영적 복지가 그것이다. 이러한 약속들은 곧바로 설화 속으로 긴장감을 이끌어 들이는데, 사래와 아브람은 자식이 없기 때문이다 (11:30). 31쪽 추가 설명: "족장들에게 주어진 약속들"을 보라. **12:6** 아브람이 나중에 성경시대의 이스라엘의 본거지가 될 가나안 산지의 도시들을 하나씩 방문하는 것으로 되어있는데, 이 도시들은 북쪽의 세겜, 중앙부의 베델 (8절), 그리고 남쪽의 헤브론이다 (13:18). 이렇게 함으로써 본 절은 이스라엘의 이런 주요 도시들을 이스라엘의 초기 선조들과 연결시킨다. *모레의 상수리나무. 모레는* "가르침" 혹은 "교육함"을 의미하는 히브리 용어로, 상수리나무 (문자적으로, "교육하는 상수리")는 그 나무가 있는 곳에서 신의 신탁들이나 교훈들이 받아들여지는 것을 나타낸다.

특별 주석

땅에 사는 모든 민족이 너로 말미암아 복을 받을 것이다. "복을 받다"에 해당하는 히브리어 동사의 형태는 수동태나 재귀동사로 두 가지 해석이 똑같이 가능하다. 이 두 가지 해석 중 어느 것을 택하느냐 하는 것은 일반적으로 해석자의 신학적인 선호도에 달려있다. 그래서 새번역개정에서는 "복을 받을 것이다" 라고 번역했고, 개역개정은 "복을 얻을 것이라" 라고 했고, 공동번역은 "덕을 입을 것이다" 라고 번역했다. 수동태동사로 번역한 것은 하나님의 축복과 구원은 아브라함을 통해서 온 세상 사람들에게 주어진다는 의미를

하갈과 이스마엘

16 1 아브람의 아내 사래는 아이를 낳지 못
하였다. 그에게는 하갈이라고 하는 이집
트 사람 여종이 있었다. 2 사래가 아브람에게 말
하였다. "주님께서 나에게 아이를 가지지 못하게
하시니, 당신은 나의 여종과 동침하십시오. 하갈
의 몸을 빌려서, 집안의 대를 이어갈 수 있기를 바
랍니다." 아브람은 사래의 말을 따랐다. 3 아브
람의 아내 사래가 자기의 여종 이집트 사람 하갈을
데려다가 자기 남편 아브람에게 아내로 준 때는,
아브람이 가나안 땅에서 살아온 지 십 년이 지난
뒤이다. 4 아브람이 하갈과 동침하니, 하갈이
임신하였다. 하갈은 자기가 임신한 것을 알고서,
자기의 여주인을 깔보았다. 5 사래가 아브람에
게 말하였다. "내가 받는 이 고통은, 당신이 책임
을 지셔야 합니다. 나의 종을 당신 품에 안겨 주
었더니, 그 종이 자기가 임신한 것을 알고서, 나
를 멸시합니다. 주님께서 당신과 나 사이를 판단
하여 주시면 좋겠습니다." 6 아브람이 사래에게
말하였다. "여보, 당신의 종이니, 당신 마음대로
할 수 있지 않소? 당신이 좋을 대로 그에게 하기

추가 설명: 주변 환경에 적응하며 살아간 선조들

그들은 가나안 땅을 두루 돌아다녔고, 천막들을 쳤으며, 그리고 양과 염소와 가축과 당나귀와 낙타의 무리를 소유했기 때문에, 이스라엘의 선조들은 목자들, 즉 짐승들을 길러서 생계를 유지하는 유목민들로 간주되어 왔다. 그런 만큼 그들은 통상 그들이 더불어 살았던 가나안의 농부들과 비교되었다. 하지만, 조상들이 누렸던 경제의 모든 세부사항들을 고려해 보면, 그들은 전형적인 지중해 농부들이었던 것처럼 보인다. 그래서 그들의 경제는 이스라엘 자손의 경제를 반영하는데, 그들의 자손들은 선조들에 대한 이러한 이야기들을 보존하며 나누고 있다.

선조들은 가나안의 산간지역에서 으뜸가는 경작지를 부여받으며 (12:7), 그들은 그 곳에서 곡물을 재배한다 (26:12). 그들은 포도원과 논밭의 작물을 하나님의 축복으로 간주한다 (27:28). 그들은 가옥에서 생활하며 (27:15; 33:17), 전문화된 유목민들이 거칠고 메마른 땅에서 양과 염소를 기르는 사막의 변두리가 아니라, 산간지역의 토지를 낀 도심지에서 거주한다 (13:18). 선조들이 소유했던 짐승들, 양, 염소, 낙타, 그리고 소는 지중해의 농가에서 쉽게 발견되는 가축들이다. 소는 쟁기를 끌었고, 당나귀는 짐을 운반하였으며, 양과 염소는 젖과 모직물을 생산하였다. 그래서 이스라엘의 선조들은 그들의 자손들이 누렸던 것과 같은 생활방식을 영위했던 것으로 비쳐진다. 그들은 지중해 고원지역들의 특징이었던 혼합농업 경제에 종사했던 농부들로, 곡물과 과일을 경작하고, 가축을 길러 농경을 돕고 그 산물을 보충하였다.

창세기에 기록된 이스라엘 선조들의 종교적인 경험들은 그들이 농경사회에서 생활했음을 보여주며, 자연 풍경이 신성한 것으로 간주되었음을 시사해준다. 하나님은 특별한 장소에서 나타나시는데, 상수리나무 (12:6; 18:1), 산 (12:8), 그리고 물의 자원 (16:7, 14; 26:24-25; 32:22-23)이 그러한 것들이다. 이 장소와 신의 현현이 일어나는 다른 곳들에서, 조상들은 제단들을 쌓아 이러한 장소들을 거룩한 곳들로 지정하는데, 여기서 하나님은 그의 백성에게 자신을 나타내신다 (12:8; 13:18; 26:25; 그리고 28:10-20을 참조).

그래서 이스라엘 선조들의 종교는 그들이 일부로 이루고 있는 환경과 밀접하게 관련되었다. 그들이 속한 자연은 하나님의 계시를 나타내는 수단이 되었으며, 그 곳의 작물은 이스라엘에 대한 하나님의 축복으로 간주되었다. 학자들이 통상 자연을 이교 신들의 영역으로 보고 역사를 성경의 하나님의 영역으로 특징짓는 것은 창세기에 나오는 족장 설화들의 견지에서 비평적으로 고려되어야 한다. 이 설화들에 기록된 이스라엘 조상들의 종교적 경험은 그들을 부양하는 농촌의 정경과 끈끈하게 연관되었다.

바라오." 사래가 하갈을 학대하니, 하갈이 사래
앞에서 도망하였다.
7 주님의 천사가 사막에 있는 샘 곁에서 하
갈을 만났다. 그 샘은 수르로 가는 길 옆에 있다.
8 천사가 물었다. "사래의 종 하갈아, 네가 어디
서 와서, 어디로 가는 길이냐?" 하갈이 대답하였
다. "나의 여주인 사래에게서 도망하여 나오는 길
입니다." 9 주님의 천사가 그에게 말하였다. "너
의 여주인에게로 돌아가서, 그에게 복종하면서
살아라." 10 주님의 천사가 그에게 또 일렀다. "내
가 너에게 많은 자손을 주겠다. 자손이 셀 수도 없
을 만큼 불어나게 하겠다." 11 주님의 천사가 그
에게 또 일렀다. "너는 임신한 몸이다. 아들을 낳
게 될 터이니, 그의 이름을 ㄱ)이스마엘이라고 하여
라. 네가 고통 가운데서 부르짖는 소리를 주님께
서 들으셨기 때문이다. 12 너의 아들은 들나귀
처럼 될 것이다. 그는 모든 사람과 싸울 것이고,
모든 사람 또한 그와 싸울 것이다. 그는 자기의 모
든 친족과 대결하며 살아가게 될 것이다." 13 하
갈은 "내가 여기에서 나를 보시는 하나님을 뵙고
도, 이렇게 살아서, 겪은 일을 말할 수 있다니!" 하
면서, 자기에게 말씀하신 주님을 ㄴ)"보시는 하나
님"이라고 이름지어서 불렀다. 14 그래서 그 샘
이름도 ㄷ)브엘라해로이라고 지어서 부르게 되었다.
그 샘은 지금도 가데스와 베렛 사이에 그대로 있다.
15 하갈과 아브람 사이에서 아들이 태어나
니, 아브람은, 하갈이 낳은 그 아들의 이름을 이
스마엘이라고 지었다. 16 하갈과 아브람 사이에
이스마엘이 태어날 때에, 아브람의 나이는 여든
여섯이었다.

할례: 언약의 표

17 1 아브람의 나이 아흔아홉이 되었을 때
에, 주님께서 그에게 나타나셔서 말씀하
셨다. "나는 전능한 하나님이다. 나에게 순종하며,
흠 없이 살아라. 2 나와 너 사이에 내가 몸소 언
약을 세워서, 너를 크게 번성하게 하겠다." 3 아
브람이 얼굴을 땅에 대고 엎드려 있는데, 하나님이
그에게 말씀하셨다. 4 "나는 너와 언약을 세우
고 약속한다. 너는 여러 민족의 조상이 될 것이다.

ㄱ) '하나님께서 들으심' ㄴ) 히, '엘 로이' ㄷ) '나를 보시는 살아 계시는 분의 샘'

함축하는데, 기독교적 해석에 있어서는 이 번역이 선호되어 왔었다 (갈 3:8). *스스로를 축복할 것*이라는 재귀동사의 번역은 사람들이 자신들을 위한 축복을 간구할 때 아브라함이 받을 축복과 복지를 바람직한 기준으로 간주할 것임을 함축한다: 즉 "아브라함이 받은 것처럼 우리도 축복 받기를 기원한다"는 뜻이다.

특별 주석

족장설화들에서 보면, 자연의 여러 양상은 신성하며 하나님의 계시의 수단으로 간주된다 (예를 들어, 13:18; 18:1; 28:22). 최근의 신학은 자연과 인간의 역사 사이에, 곧 이교 신들이나 단순한 물질의 영역으로서의 자연과 영 및 하나님 실존의 영역으로서의 인간 역사 사이에 날카롭게 선을 긋는데, 이런 날카로운 이분화가 창세기 저자들의 관점의 일부를 이루지는 않았다. 33쪽 추가 설명: "주변 환경에 적응하며 살아간 선조들"을 보라.

12:7 아브람의 자손들을 향한 땅의 약속은 아브람 (예를 들어, 13:14-15), 이삭 (26:3), 그리고 야곱 (28:13)에게 반복해서 주어진다. 31쪽 추가 설명: "족장들에게 주어진 약속들"을 보라. 자신이 방문했던 세 도시, 즉 세겜 (6절), 베델 (8절), 그리고 헤브론 (13:18) 각 곳에서 아브라함은 *제단*을 쌓는다. 그래서 그는 이런 장소들에서 그의 자손인 이스라엘 사람들이 드리는 하나님에 대한 예배를 시작하고 타당하게 만든다. **12:8** 베델과 그 곳의 제단에 관하여, 6-7절에 관한 주석들을 보라. **12:9** *네겝*. 시나이 반도 북단의 산간지역 남쪽에 위치한 건조한 지역이다.

12:10-20 여기에 나오는 짧고 독특한 이야기는 고대 문학과 보편적인 인간 경험에 있어 몇 가지 기본적인 주제들을 반영하여 준다. 이러한 주제들 가운데 하나는 자신의 땅으로부터의 망명이다. 이것은 출애굽의 이야기(출 1—15장)에 나오는 성서문학에서 보다 상세하게 기술되어 있는데, 이 이야기는 출애굽 이야기의 축소판이라 할 수 있다. 출애굽 설화에서처럼, 아브람의 가족은 기근으로 인하여 이집트로 내몰리며, 그들의 삶은 위협을 받고, 하나님께서 그들을 구하시기 위하여 재앙을 일으키시며, 바로 왕은 많은 보물을 주어 그들을 내보낸다. 이 설화에 나오는 두 번째 주제는 영웅의 아름다운 아내를 납치함으로써 결혼관계가 위협을 받는 것이다. 이러한 주제는 고대 문학에 나오는 기본적인 주제이다. 세 개의 유사한 설화(12:10-20; 20:1-18; 26:1-11)에서 나타나는 이러한 납치에 관한 주제에서 보면, 족장의 아내가 그의 누이로 제시되고 이방 왕의 가정으로 끌려간다. 각각의 이런 이야기들에서 보면, 이스라엘의 선조들에게 주어진 축복과 많은 자손들과 땅에 대한 약속들이 족장의 아내의 납치로 인하여 위협에 처하지만, 이 약속들은 하나님의 개입으로 인하여 보호되고 유지된다. **12:10** *이집트*. 이집트는 고대 근동지역의 곡창

5 내가 너를 여러 민족의 아버지로 만들었으니,
이제부터는 너의 이름이 ᄀ)아브람이 아니라 ᄂ)아브
라함이다. 6 내가 너를 크게 번성하게 하겠다.
너에게서 여러 민족이 나오고, 너에게서 왕들도
나올 것이다. 7 내가 너와 세우는 언약은, 나와
너 사이에 맺는 것일 뿐 아니라, 너의 뒤에 오는
너의 자손과도 대대로 세우는 영원한 언약이다.
이 언약을 따라서, 나는, 너의 하나님이 될 뿐만
아니라, 뒤에 오는 너의 자손의 하나님도 될 것
이다. 8 네가 지금 나그네로 사는 이 가나안 땅
을, 너와 네 뒤에 오는 자손에게 영원한 소유로
모두 주고, 나는 그들의 하나님이 될 것이다."
9 하나님이 또 아브라함에게 말씀하셨다.
"너는 나와 세운 언약을 잘 지켜야 하고, 네 뒤에
오는 너의 자손도 대대로 이 언약을 잘 지켜야 한다.
10 너희 가운데서, 남자는 모두 할례를 받아야
한다. 이것은 너와 네 뒤에 오는 너의 자손과 세
우는 나의 언약, 곧 너희가 모두 지켜야 할 언약
이다. 11 너희는 포피를 베어서, 할례를 받게 하
여라. 이것이 나와 너희 사이에 세우는 언약의 표
이다. 12 대대로 너희 가운데서, 남자는 모두 난
지 여드레 만에 할례를 받아야 한다. 너희의 집에
서 태어난 종들과 너희가 외국인에게 돈을 주고서
사온 종도, 비록 너희의 자손은 아니라해도, 마찬
가지로 할례를 받아야 한다. 13 집에서 태어난
종과 외국인에게 돈을 주고서 사온 종도, 할례를
받아야 한다. 그렇게 하여야만, 나의 언약이 너희
몸에 영원한 언약으로 새겨질 것이다. 14 할례
를 받지 않은 남자 곧 포피를 베지 않은 남자는 나
의 언약을 깨뜨린 자이니, 그는 나의 백성에게서
끊어진다."
15 하나님이 아브라함에게 또 말씀하셨다.
"너의 아내 사래를 이제 사래라고 하지 말고, 사라
라고 하여라. 16 내가 그에게 복을 주어, 너에게

ㄱ) '존귀한 아버지' ㄴ) '많은 사람의 아버지'

지대였다. 그 곳의 관개농업은 나일 강의 안정적인 수자원에 의하여 유지되었고, 건조한 농지 때문에 강우량의 변화에 영향을 받았던 가나안보다는 그런 영향을 덜 받았다. **12:11-13** 아브람의 말은 여러 세기에 걸쳐서 성서해석자들을 난처하게 만들었는데, 그의 말은 두 가지 도덕적 딜레마를 제시한다. 그는 바로 왕에게 거짓말 할 것을 제안하고, 위험을 면하기 위하여 아내를 내버릴 준비가 되어 있다. 일부 해석자들은 단순히 아브람의 연약함을 인정하고, 사실 그가 다른 상황에 처했을 때 그리했던 것처럼, 하나님께 도움을 청하는 대신에 스스로 자신의 일을 처리한 데 대해 그를 질책하여 왔다 (12:4; 15:6; 22:7-8). 어떤 경우에 처해서든 그런 행위를 반드시 용납하는 것은 아니지만, 다른 어떤 해석자들은 그들에 대해서 보다 동정적이며, 두 부부의 행동에서 극도의 상황들에 처했을 때 생존의 계책을 찾는다. 아브람과 사래는 이집트에 *몸붙여* 사는데 (10절), 이 말에 해당하는 히브리 용어는 혈연관계와 재산이 없으며, 따라서 사회적으로 법적 지위를 누리지 못하고 몸붙여 사는 것(개역개정은 "거류하려고"로 번역했음)을 의미한다. 권리가 없으므로, 아브람과 사래는 해를 입기가 쉽다. 아브람은 죽임을 당할 수도 있으며 (12절), 사래는 과부로서 부끄러움과 학대의 수모를 당할 수도 있다. 그래서 그들의 행동은 온전한 지위와 권리와 힘이 없이 한 사회에서 살아가는 사람들의 생존을 위해 요구되는 일종의 방책으로 이해될 수 있을 것이다. **12:17** 그들을 보호하기 위한 하나님의 개입은 족장 설화들을 관통하여 흐르는 한 주제를 반영하여 준다. 하나님이 하시는 약속들은 인간사에 의하여 위협을 받지만 끝내 하나님의 은총에 의하여 보호되고 보존된다.

13:1-18 이 기사는 아브람을 따라서 가나안에 온 그의 조카 롯을 화제로 삼고 있는데 (11:27, 31; 12:4-5), 이렇게 하는 것은 가족들이 어떻게 해서 갈라지게 되고 또 서로 구별되는지를 기술하기 위함이다. 그런 만큼, 이 설화는 더 나아가 노아의 아들 셈의 혈통 (11:10-32)에서, 그리고, 보다 구체적으로, 셈의 자손인 데라, 즉 아브람의 아버지요 롯의 할아버지인 데라 (11:27-32)의 가족 안에서 일어난 일련의 사건을 기술한다. 아브람과 롯의 이별에 대한 이 이야기에서, 야웨 문서는 훗날에 아브람의 자손인 이스라엘 사람들과 롯의 자손들과 요단 강 동편에 있는 이스라엘의 이웃들인 모압 및 아모리 사람들 (19:30-38) 사이에서 일어났던 관계를 설명하고 정당화한다. 25쪽 추가 설명: "여러 민족 가운데 놓인 이스라엘"을 보라. **13:3-4** 이 이야기는 *베델*을 배경으로 한다. 베델은 아브람이 살았고 이집트로 가기 전에 제단을 쌓았던 (12:8-9) 중앙 산악 지역에 위치한 중요한 도시이다 (12:6에 관한 주석을 보라). **13:8-9** 이스라엘의 선조인 아브람은 특별히 좋게 기록되어 있다. 그는 자신의 목자들과 롯의 목자들 사이에 일어난 분쟁을 중재하는 평화주의자이며, 롯에게 자신보다 먼저 땅을 선택하게 해서 떠나도록 할 만큼 관대한 사람이다. **13:10** *요단 온 들판.* 이 곳은 요단 강과 띄엄띄엄 샘물로 적셔진 오아시스를 제외하면 건조한 지역이다. 하지만, 야웨 문서는 불의 소용돌이로 인하여 소돔과 고모라의 식물이 타 없어지기 (19:24-28) 전까지 이 곳이 에덴 동산 및 나일 강 유역과 같이 푸르렀던 풍요한 계곡이었던 곳으로 간주한다. **13:14-17** 아브람은 나중에 이스라엘 조국이 될 산간지역 가운데 위치한 베델에 머무르는데 (3-4절), 세겜에서 처음으로 이

아들을 낳아 주게 하겠다. 내가 너의 아내에게 복을
주어서, 여러 민족의 어머니가 되게 하고, 백성들
을 다스리는 왕들이 그에게서 나오게 하겠다."
17 아브라함은 얼굴을 땅에 대고 엎드려, 웃으면
서 혼잣말을 하였다. "나이 백 살 된 남자가 아들
을 낳는다고? 또 아흔 살이나 되는 사라가 아이를
낳을 수 있을까?" 18 아브라함은 하나님께 아뢰
었다. "이스마엘이나 하나님께서 주시는 복을 받
으면서 살기를 바랍니다." 19 하나님이 말씀하
셨다. "아니다. 너의 아내 사라가 너에게 아들을
낳아 줄 것이다. 아이를 낳거든, 이름을 ㄱ)이삭이라
고 하여라. 내가 그와 언약을 세울 것이니, 그 언
약은, 그의 뒤에 오는 자손에게도, 영원한 언약이
될 것이다. 20 내가 너의 말을 들었으니, 내가
반드시 이스마엘에게 복을 주어서, 그가 자식을
많이 낳게 하고, 그 자손이 크게 불어나게 할 것
이다. 그에게서 열두 명의 영도자가 나오게 하고,
그가 큰 나라를 이루게 하겠다. 21 그러나 나는
내년 이맘때에, 사라가 너에게 낳아 줄 아들 이삭과
언약을 세우겠다." 22 하나님은 아브라함에게 말
씀을 다 하시고, 그를 떠나서 올라가셨다.
23 바로 그 날에 아브라함은, 자기 아들 이스
마엘과, 집에서 태어난 모든 종과, 돈을 주고 사
온 모든 종 곧 자기 집안의 모든 남자와 함께, 하
나님이 말씀하신 대로, 포피를 베어서 할례를 받
았다. 24 아브라함이 포피를 베어서 할례를 받
은 것은, 그의 나이 아흔아홉 살 때이고, 25 그
의 아들 이스마엘이 포피를 베어서 할례를 받은
것은, 이스마엘의 나이 열세 살 때이다. 26 아브
라함과 그의 아들 이스마엘은 같은 날에 할례를
받았다. 27 집에서 태어난 종과, 외국인에게서
돈을 주고 사온 종과, 아브라함 집안의 모든 남자
가 아브라함과 함께 할례를 받았다.

아브라함이 아들을 약속받다

18 1 주님께서 마므레의 상수리나무 곁에
서 아브라함에게 나타나셨다. 한창 더운
대낮에, 아브라함은 자기의 장막 어귀에 앉아 있
었다. 2 아브라함이 고개를 들고 보니, 웬 사람
셋이 자기의 맞은쪽에 서 있었다. 그는 그들을 보
자, 장막 어귀에서 달려나가서, 그들을 맞이하며,
땅에 엎드려서 절을 하였다. 3 아브라함이 말하
였다. "손님들께서 저를 좋게 보시면, 이 종의 곁
을 그냥 지나가지 마시기 바랍니다. 4 물을 좀
가져 오라고 하셔서, 발을 씻으시고, 이 나무 아
래에서 쉬시기 바랍니다. 5 손님들께서 잡수실
것을, 제가 조금 가져 오겠습니다. 이렇게 이 종

ㄱ) '그가 웃다'

뤄진 땅에 관한 약속, 즉 북쪽과 남쪽, 동쪽과 서쪽의 모든 땅에 대한 약속이 여기서 갱신된다 (12:7). 더욱이, 자손들에 관한 약속은 15:5와 22:17에서 확대된다. 31쪽 추가 설명: "족장들에게 주어진 약속들"을 보라. **13:18** *헤브론, 마므레의 상수리나무들, 그리고 제단.* 이것들에 관해서는 12:6-7에 관한 주석을 보라.

14:1-24 민족간의 갈등에 대한 이 기사는 그 내용에 있어 너무나 색달라서 창세기의 야웨문서, 엘로힘문서, 그리고 제사문서와는 뚜렷이 다른 전승으로 간주되어 왔다. 창세기의 이야기들은 조상의 가족들이 영위했던 친근한 일상사들에 초점을 두는 반면, 이 이야기는 그 범위에 있어서 국제적이며, 대대적인 군사활동을 기술하며, 아브람을 의용군의 지휘관으로 기술하며, 그를 "히브리 사람"이라고 부르고 (이 곳이 성경에서 그가 이 칭호를 받은 유일한 곳이다), 창세기 기자들의 문체와는 뚜렷하게 다른 문체로 기록되어 있다. 이 이야기는 중요성을 지니어 왔는데, 그 이유는 무엇보다도 아브람이 전투에서 돌아왔을 때 그를 축복한 멜기세덱이 여기에 나오기 때문이다 (18-20절).

14:1-12 이 기사는 메소포타미아에서 가나안의 동편에 있는 네 왕의 연합군에 의하여 전개된 군사활동에 관한 묘사로 시작한다 (1절). 이 연합군은 요단 강 지역의 동쪽에 위치한 고원지대들에 거주하는 여섯 종족을 정복하고 (5-7절), 그 다음에 요단 강 지역에 위치한 다섯 왕의 동맹군을 공격하기 위해 눈을 돌린다 (2-4, 8-9절). 이 전투에서 소돔과 고모라는 약탈을 당하며, 그 곳에 정착해온 롯(13:11-12)은 포로로 잡힌다 (10-12절).

14:13-16 군대 지휘관으로 비쳐진 아브람의 모습은 예외적이며, 그를 단순히 한 가정의 가장으로 묘사하는 모든 다른 전승 속에 등장하는 그의 성격과는 일치하지 않는 것으로 보인다. 동시에, 롯의 보호자로서 그가 취하는 행동은 주변 설화들과 일치하는데, 이런 설화들에서 보면, 그는 롯에게 최고로 좋은 땅을 차지할 선택권을 주고 (13:8-9), 다음에 롯이 정착한 소돔의 파멸을 막기 위해 하나님과의 중재에 나선다 (18:16-33).

14:17-22 롯을 구하고 돌아왔을 때, 아브람은 *소돔의* 왕 베라(17절)와 *살렘*의 왕 *멜기세덱*(18절)의 영접을 받는다. 소돔의 왕은 아브람에게 아브람이 되찾은 물품들을 그의 전공에 대한 보상으로 제시하지만, 아브람은 그 제의를 거절한다 (21-24절). 하지만, 해석자들의 관심을 가장 많이 끌어온 것은 멜기세덱과 아브람의 만남이다. **14:18** *멜기세덱* 이 이름은 "나의 왕은 시드쿠

에게로 오셨으니, 좀 잡수시고, 기분이 상쾌해진
다음에 길을 떠나시기 바랍니다." 그들이 대답하
였다. "좋습니다. 정 그렇게 하라고 하시면, 사양
하지 않겠습니다." 6 아브라함이 장막 안으로 뛰
어 들어가서, 사라에게 말하였다. "빨리 고운 밀
가루 세 스아를 가지고 와서, 반죽을 하여 빵을 좀
구우시오." 7 아브라함이 집짐승 떼가 있는 데
로 달려가서, 기름진 좋은 송아지 한 마리를 끌어
다가, 하인에게 주니, 하인이 재빨리 그것을 잡아
서 요리하였다. 8 아브라함이 엉긴 젖과 우유와
하인이 만든 송아지 요리를 나그네들 앞에 차려
놓았다. 그들이 나무 아래에서 먹는 동안에, 아브
라함은 서서, 시중을 들었다.
9 그들이 아브라함에게 물었다. "댁의 부인
사라는 어디에 있습니까?" 아브라함이 대답하였
다. "장막 안에 있습니다." 10 그 때에 주님께서
말씀하셨다. "다음 해 이맘때에, 내가 반드시 너
를 다시 찾아오겠다. 그 때에 너의 아내 사라에게
아들이 있을 것이다." 사라는, 아브라함이 등지고
서 있는 장막 어귀에서 이 말을 들었다. 11 아브
라함과 사라는 이미 나이가 많은 노인들이고, 사
라는 월경마저 그쳐서, 아이를 낳을 나이가 지난
사람이다. 12 그러므로 사라는 "나는 기력이 다
쇠진하였고, 나의 남편도 늙었는데, 어찌 나에게
그런 즐거운 일이 있으랴!" 하고, 속으로 웃으면
서 중얼거렸다. 13 그 때에 주님께서 아브라함
에게 말씀하셨다. "어찌하여 사라가 웃으면서 '이
늙은 나이에 내가 어찌 아들을 낳으랴?' 하느냐?
14 나 주가 할 수 없는 일이 있느냐? 다음 해 이
맘때에, 내가 다시 너를 찾아오겠다. 그 때에 사
라에게 아들이 있을 것이다." 15 사라는 두려워
서 거짓말을 하였다. "저는 웃지 않았습니다." 그러
나 주님께서 말씀하셨다. "아니다. 너는 웃었다."

아브라함이 소돔을 위하여 빌다

16 그 사람들이 떠나려고 일어서서, 소돔이
내려다보이는 데로 갔다. 아브라함은 그들을 바
래다 주려고, 함께 얼마쯤 걸었다. 17 그 때에
주님께서 말씀하셨다. "내가 앞으로 하려고 하는
일을, 어찌 아브라함에게 숨기랴? 18 아브라함
은 반드시 크고 강한 나라를 이룰 것이며, 땅 위
에 있는 나라마다, 그로 말미암아 복을 받게 될 것
이다. 19 내가 아브라함을 선택한 것은, 그가 자
식들과 자손을 잘 가르쳐서, 나에게 순종하게 하
고, 옳고 바른 일을 하도록 가르치라는 뜻에서 한
것이다. 그의 자손이 아브라함에게 배운 대로 하
면, 나는 아브라함에게 약속한 대로 다 이루어 주
겠다." 20 주님께서 또 말씀하셨다. "소돔과 고
모라에서 들려 오는 저 울부짖는 소리가 너무 크다.
그 안에서 사람들이 엄청난 죄를 저지르고 있다.
21 이제 내가 내려가서, 거기에서 벌어지는 모든
악한 일이 정말 나에게까지 들려 온 울부짖음과
같은 것인지를 알아보겠다."

추가 설명: 가장 높으신 하나님과 멜기세덱

"가장 높으신 하나님"은 *엘 엘욘('el 'elyon)*을 번역한 것이다. 엘욘이란 용어는 "최고로 높은," "가장 높은"을 뜻하는 신의 명칭이나 호칭인 반면에, 엘 이란 용어는 다음과 같이 몇 가지 다른 의미를 가질 수 있다: (1) 엘 (EL), 가나안의 신들의 우두머리; (2) 하나님, 하나님의 존재에 사용된 보편적인 이름; (3) 이스라엘 자체의 신인 야웨(YHWH)에 대한 명칭. 비록 아브라함은 *엘 엘욘*을 명백히 이스라엘 자체의 신인 야웨(YHWH, 새번역개정, "주 하나님;" 공동번역은 "하나님 여호와," 22절)와 동일시하지만, 본문의 저자가 멜기세덱을 아브라함의 하나님의 제사장으로 간주했는지 혹은 고대 근동의 다른 신의 제사장으로 간주했는지는 확신하기가 어렵다. 아브람을 축복하는 멜기세덱의 정체가 전혀 확실하지 않기 때문에, 여러 해석자들은 이와 같은 만남에 여러 가지 의미들을 부여하여 왔다. 가장 고전적인 상황에서 보면, 멜기세덱과 아브람의 대면에 관한 기록은 아마도 이스라엘의 선조들을 다윗이 정복하여 이스라엘의 수도로 만든 예루살렘 (삼하 5:6-10) 및 예루살렘의 종교사와 관련짓기 위한 것이라고 본다. 유대적 해석에 비추어보면, 멜기세덱은 기억에 남길 만한 개인이거나 종교적인 제사장이거나 우주적 혹은 묵시적 인물이다. 기독교적 해석에 비추어보면, 그는 예수와 그의 제사장적 직분의 선구자로 고려된다 (히 6:19-20; 7:9-25).

22 그 사람들은 거기에서 떠나서 소돔으로
갔으나, ㄱ)아브라함은 주님 앞에 그대로 서 있었다.
23 아브라함이 주님께 가까이 가서 아뢰었다. "주
님께서 의인을 기어이 악인과 함께 쓸어 버리시렵
니까? 24 그 성 안에 의인이 쉰 명이 있으면, 어
떻게 하시겠습니까? 그래도 주님께서는 그 성을
기어이 쓸어 버리시렵니까? 의인 쉰 명을 보시고
서도, 그 성을 용서하지 않으시렵니까? 25 그처
럼 의인을 악인과 함께 죽게 하시는 것은, 주님께
서 하실 일이 아닙니다. 의인을 악인과 똑같이 보
시는 것도, 주님께서 하실 일이 아닌 줄 압니다.
세상을 심판하시는 분께서는 공정하게 판단하셔
야 하지 않겠습니까?" 26 주님께서 대답하셨다.
"소돔 성에서 내가 의인 쉰 명만을 찾을 수 있으면,
그들을 보아서라도 그 성 전체를 용서하겠다."
27 아브라함이 다시 아뢰었다. "티끌이나 재밖에
안 되는 주제에, 제가 주님께 감히 아룁니다.
28 의인이 쉰 명에서 다섯이 모자란다고 하면,
어떻게 하시겠습니까? 다섯이 모자란다고, 성 전
체를 다 멸하시겠습니까?" 주님께서 대답하셨다.
"내가 거기에서 마흔다섯 명만 찾아도, 그 성을
멸하지 않겠다." 29 아브라함이 다시 한 번 주님
께 아뢰었다. "거기에서 마흔 명만 찾으시면, 어
떻게 하시겠습니까?" 주님께서 대답하셨다. "그 마
흔 명을 보아서, 내가 그 성을 멸하지 않겠다."
30 아브라함이 또 아뢰었다. "주님! 노하지 마시
고, 제가 말씀드리는 것을 허락하여 주시기 바랍
니다. 거기에서 서른 명만 찾으시면, 어떻게 하시
겠습니까?" 주님께서 대답하셨다. "거기에서 서
른 명만 찾아도, 내가 그 성을 멸하지 않겠다."
31 아브라함이 다시 아뢰었다. "감히 주님께 아
룁니다. 거기에서 스무 명만 찾으시면, 어떻게 하
시겠습니까?" 주님께서 대답하셨다. "스무 명을 보
아서라도, 내가 그 성을 멸하지 않겠다." 32 아브
라함이 또 아뢰었다. "주님! 노하지 마시고, 제가
한 번만 더 말씀드리게 허락하여 주시기 바랍니
다. 거기에서 열 명만 찾으시면, 어떻게 하시겠습
니까?" 주님께서 대답하셨다. "열 명을 보아서라
도, 내가 그 성을 멸하지 않겠다." 33 주님께서
는 아브라함과 말씀을 마치신 뒤에 곧 가시고, 아
브라함도 자기가 사는 곳으로 돌아갔다.

소돔의 죄

19 1 저녁때에 두 천사가 소돔에 이르렀다.
롯이 소돔 성 어귀에 앉아 있다가, 그들
을 보고 일어나서 맞으며, 얼굴을 땅에 대고 엎드
려 청하였다. 2 "두 분께서는 가시는 길을 멈추
시고, 이 종의 집으로 오셔서, 발을 씻고, 하룻밤
머무르시길을 떠나시기 바랍니다." 그들이 대답
하였다. "아닙니다. 우리는 그냥 길에서 하룻밤을
묵을 생각입니다." 3 그러나 롯이 간절히 권하
므로, 마침내 그들이 롯을 따라서 집으로 들어갔
다. 롯이 그들에게, 누룩 넣지 않은 빵을 구워서
상을 차려 주니, 그들은 롯이 차려 준 것을 먹었
다. 4 그들이 잠자리에 들기 전에, 소돔 성 각 마
을에서, 젊은이 노인 할 것 없이 모든 남자가 몰
려와서, 그 집을 둘러쌌다. 5 그들은 롯에게 소
리쳤다. "오늘 밤에 당신의 집에 온 그 남자들이
어디에 있소? 그들을 우리에게로 데리고 나오시오.
우리가 그 남자들과 상관 좀 해야 하겠소." 6 롯
은 그 남자들을 만나려고 바깥으로 나가서는, 뒤로

ㄱ) 마소라 본문을 따름. 고대 히브리의 서기관 전통에서는 '주님께서 아브라함 앞에 그대로 서 계셨다'

(가나안의 신)이다" 라는 뜻을 가질 수도 있고, "정의(혹은 정통)의 왕," 다시 말해서 "의로운 (혹은 올바른, 적법의) 왕"을 의미할 수도 있다. *살렘*의 위치는 확실하지 않지만, 그 곳은 아마도 (시 76:2[히브리 원어성경, 76:3]에서 보듯이) 예루살렘을 언급하는 것일 것이다. 빵과 포도주는 돌아오는 군대의 기운을 북돋아 주기 위한 멜기세덱의 선물이다 (삼하 17:27-29를 보라). 멜기세덱은 *왕이자 제사장이었는데*, 일부 고대 근동사회에서 보면 한 개인이 이 두 직책을 모두 가졌지만 이스라엘에서는 이 직책들이 분리되어 수행되었다. 37쪽 추가 설명: "가장 높으신 하나님과 멜기세덱"을 보라.

15:1-21 창세기에는 아브람과 하나님 사이에 맺어진 언약에 관한 두 개의 기사가 보존되어 있다. 하나는 15장에 있는 야웨문서이고, 다른 하나는 17장에 있는 제사문서이다. 야웨문서의 언약 기사는 이스라엘 선조들에 대한 두 가지 중요한 약속에 초점을 두는데, 허다한 자손(1-6절)과 땅이 그것들이다 (7-21절; 31쪽 추가 설명: "족장들에게 주어진 약속들"을 보라).

15:1-6 자손에 대해 아브람에 주어진 약속은 세 부분으로 이루어져 있는데, 하나님의 약속 (1절); 아브람의 항변 (2-3절); 그리고 하나님의 재확신이다 (4-6절). **15:1** *방패.* 방패라는 하나님의 호칭은 또한, 언어학적 이유들 때문에, "은인," 곧 *보상*을 내리는 자로 번역될 수도 있다. **15:2** 자손들의 약속(13:16; 15:1)과 아브람 및 사라의 무자함 사이에 놓인 긴장감은 야웨문서 기자에 의하여 다시금 고조된다. 고대 근동의 관례에 따르면, 종은 무자한 부부의 상속인으로 입양되어서, 그들을 위한 아들의 의무를 떠맡는 대가로

문을 걸어 잠그고, 7 그들을 타일렀다. "여보게들,
제발 이러지 말게. 이건 악한 짓일세. 8 이것 보
게, 나에게 남자를 알지 못하는 두 딸이 있네. 그
아이들을 자네들에게 줄 터이니, 그 아이들을 자
네들 좋을 대로 하게. 그러나 이 남자들은 나의
집에 보호받으러 온 손님들이니까, 그들에게는
아무 일도 저지르지 말게." 9 그러자 소돔의 남
자들이 롯에게 비켜서라고 소리를 지르고 나서
"이 사람이, 자기도 나그네살이를 하는 주제에,
우리에게 재판관 행세를 하려고 하는구나. 어디,
그들보다 당신이 먼저 혼 좀 나 보시오" 하면서,
롯에게 달려들어 밀치고, 대문을 부수려고 하였다.
10 안에 있는 두 사람이, 손을 내밀어 롯을 안으로
끌어들인 다음에, 문을 닫아걸고, 11 그 집 대문
앞에 모여든 남자들을 젊은이 노인 할 것 없이 모
두 쳐서, 그들의 눈을 어둡게 하여, 대문을 찾지
못하게 하였다.

롯이 소돔을 떠나다

12 그 두 사람이 롯에게 말하였다. "식구들
이 여기에 더 있습니까? 사위들이나, 아들들이나,
딸들이나, 딸린 가족들이 이 성 안에 더 있습니까?
그들을 다 성 바깥으로 데리고 나가십시오. 13 우
리는 지금 이 곳을 멸하려고 합니다. 이 성 안에 있
는 사람들을 규탄하는 크나큰 울부짖음이 주님 앞
에 이르렀으므로, 주님께서 소돔을 멸하시려고
우리를 보내셨습니다." 14 롯이 나가서, 자기
딸들과 약혼한 사윗감들에게 이 사실을 알렸다.
롯이 그들에게 말하였다. "서두르게. 이 성을 빠
져 나가야 하네. 주님께서 이 성을 곧 멸하실 걸
세." 그러나 그의 사윗감들은 그가 농담을 한다고
생각하였다.

15 동틀 무렵에 천사들이 롯을 재촉하여 말하
였다. "서두르시오. 여기에 있는 부인과 두 딸을 데
리고, 여기를 떠나시오. 꾸물거리고 있다가는, 이
성이 벌을 받을 때에, 함께 죽고 말 것이오." 16 그
런데도 롯이 꾸물거리자, 그 두 사람은 롯과 그의 아
내와 두 딸의 손을 잡아끌어서, 성 바깥으로 안전하
게 대피시켰다. 주님께서 롯의 가족에게 자비를 베
푸신 것이다. 17 그 두 사람이 롯의 가족을 성 바
깥으로 이끌어내자마자, 그 가운데 한 사람이 롯의
가족에게 말하였다. "어서 피하여 목숨을 건지시오.
뒤를 돌아보거나, 들에 머무르거나 하지 말고, 저 산
으로 도피하시오. 그렇게 하지 않으면, 죽고 말 것
이오." 18 이 때에 롯이 그들에게 말하였다. "다른
길을 말씀해 주시기 바랍니다. 19 두 분께서는 이
종을 좋게 보시고, 저에게 크나큰 은혜를 베푸셔서,
저의 목숨을 구해 주셨습니다. 그러나 제가 저 산까
지 도피해 가다가는 이 재난을 피하지 못하고, 죽게
될까 두렵습니다. 20 보십시오, 저기 작은 성이 하
나 있습니다. 저 성이면 가까워서 피할 만합니다. 그
러니, 그리로 피하게 하여 주십시오. 아주 작은 성
이 아닙니까? 거기로 가면, 제 목숨이 안전할 것입
니다." 21 그 사람이 롯에게 말하였다. "좋소. 내
가 그 청을 들어주겠소. 저 성은 멸하지 않겠소.
22 당신네가 거기에 이르기까지는, 내가 아무 일도
하지 않을 터이니, 빨리 그리로 가시오." 롯이 그 성

그들의 유산을 물려받을 수 있었다. **15:6** 한글 성경들은 아브람이 하나님을 "믿는" 것으로 번역했는데, 이것은 하나님을 "신뢰"한다는 히브리어를 그렇게 번역한 것이다. 그리고 순종은 야웨문서가 아브람의 성격을 묘사하는 데 도입하는 중추적인 요소들이다 (18:19; 22:15-19; 26:4-5).

특별 주석

사도 바울은 후일에 본 절이 의미하는 것은 율법의 공로가 아니라 믿음이 구원의 궁극적인 기초라는 것이라고 해석함으로써, 하나님께서 당신의 나라에 이방 사람들을 포함시키는 것을 설명한다 (롬 4:3, 9, 22; 갈 3:6). 대조적으로, 야고보서는 본 절이 믿음은 반드시 공로를 수반해야 하는 것을 의미하는 것으로 해석한다.

15:7-21 땅의 약속은 언약 의식을 통해서 보증되는데, 자손들의 약속과 마찬가지로 세 부분으로 된 문학형식을 수반한다: 하나님의 약속 (7절); 아브람의 항변 (8절); 하나님의 재확신 (9-21절). **15:7** 바빌로니아의 우르(갈대아 우르)에 관해서는 11:31에 관한 주석을 보라. **15:9-10** 짐승들을 도살해서 쪼개는 것은 고대 근동에서 행해진 언약 의식을 반영한다. 이 언약에 따르면, 언약의 당사자들이 쪼개진 짐승들 사이를 통과해 걸었는데, 이렇게 함으로써 만약에 그들이 언약을 위반할 경우 이러한 짐승들의 운명을 스스로 떠맡을 것을 약조했다 (렘 34:18을 보라). **15:13-16** 조상들이 이집트로 이주할 것과 거기서 억압을 받게 될 것이 여기에 예언되어 있는데, 이것들에 대해서는 창세기의 마지막 부분과 출애굽기 처음 부분에 기술되어 있다. 이집트로부터의 탈출에 관한 성경의 연대는 서로 정확하게 일치하지 않는다: 야웨문서의 400년은 제사문서 기자의 430년(출 12:40)과 대조를 이룬다. **15:16** 죄는 불가피하게 징계될 것이라고 하는 신학은, 아담과 하와, 가인과 아벨, 홍수, 그리고 소돔과 고모라의 이야기들이 상세히 밝히듯이, 야웨문서의 주요 주제이다.

을 '작다'고 하였으므로, 사람들은 그 성의 이름을 ㄱ)소알이라고 하였다.

소돔과 고모라가 멸망하다

23 롯이 소알에 이르렀을 때에, 해가 떠올라 서 땅을 비췄다. 24 주님께서 하늘 곧 주님께서 계신 곳으로부터, 소돔과 고모라에 유황과 불을 소나기처럼 퍼 부으셨다. 25 주님께서는 그 두 성과, 성 안에 사는 모든 사람과, 넓은 들과, 땅에 심은 채소를 다 엎어 멸하셨다. 26 롯의 아내는 뒤를 돌아보았으므로, 소금 기둥이 되었다.

27 다음날 아침에 아브라함이 일찍 일어나서, 주님을 모시고 서 있던 그 곳에 이르러서, 28 소돔과 고모라와 넓은 들이 있는 땅을 내려다 보니, 거기에서 솟아오르는 연기가 마치 옹기 가마에서 나는 연기와 같았다.

29 하나님은, 들에 있는 성들을 멸하실 때에, 아브라함을 기억하셨다. 그래서 하나님은, 롯이 살던 그 성들을 재앙으로 뒤엎으실 때에, 롯을 그 재앙에서 건져 주신 것이다.

모압과 암몬의 기원

30 롯은 소알에 사는 것이 두려워서, 두 딸을 데리고 소알을 떠나, 산으로 들어가서, 숨어서 살았다. 롯은 두 딸들과 함께 같은 굴에서 살았다. 31 하루는 큰 딸이 작은 딸에게 말하였다. "우리 아버지는 늙으셨고, 아무리 보아도 이 땅에는 세상 풍속대로 우리가 결혼할 남자가 없다. 32 그러니 우리가 아버지께 술을 대접하여 취하시게 한 뒤에, 아버지 자리에 들어가서, 아버지에게서 씨를 받도록 하자." 33 그 날 밤에 두 딸은 아버지에게 술을 대접하여 취하게 한 뒤에, 큰 딸이 아버지 자리에 들어가서 누웠다. 그러나 아버지는, 큰 딸이 와서 누웠다가 일어난 것을 전혀 알아차리지 못하였다. 34 이튿날, 큰 딸이 작은 딸에게 말하였다. "어젯밤에는 내가 우리 아버지와 함께 누웠다. 오늘 밤에도 우리가 아버지께 술을 대접하여 취하시게 하자. 그리고 이번에는 네가 아버지 자리에 들어가서, 아버지에게서 씨를 받아라." 35 그래서 그 날 밤에도 두 딸은 아버지에게 술을 대접하여 취하게 하였고, 이번에는 작은 딸이 아버지 자리에 들어가 누웠다. 그러나 이번에도 그는, 작은 딸이 와서 누웠다가 일어난 것을 전혀 알아차리지 못하였다. 36 롯의 두 딸이 드디어 아버지의 아이를 가지게 되었다. 37 큰 딸은 아들을 낳고, 아기 이름을 ㄴ)모압이라고 하였으니, 그가 바로 오늘날 모압 사람의 조상이다. 38 작은 딸도 아들을 낳고, 아기 이름을 ㄷ)벤암미라고 하였으니, 그가 바로 오늘날 암몬 사람의 조상이다.

ㄱ) '작다' ㄴ) '아버지로부터' ㄷ) '내 백성의 아들'

여기서 이런 신학적 관점은 나중에 아브람의 자손인 이스라엘 백성이 가나안을 정복할 때, 어째서 가나안 토착민들(21절을 보라)이었던 아모리 사람들이 패하게 되는지를 설명하기 위해 사용된다. **15:17** *화덕.* 이것은 문자 그대로 무엇을 굽는데 사용되는 토기 화로이지만 (레 2:4), 하나님의 실재를 불에 비유하기 위하여 (사 31:9) 상징적으로 하나님에 대하여 사용될 수 있다. 여기서 불타는 화로와 *횃불*은 쪼개진 짐승들 사이를 하나님께서 통과하시는 것을 상징한다. 아브람이 잠든 동안에 (12절), 혼자 이렇게 하심으로써, 하나님은 아브람과 맺은 언약(9-10절)을 완수하는데 단독으로 책임을 떠맡으신다. **15:18** 이 의식에서, *땅의* 약속(12:7; 13:14-15)이 하나님이 아브람과 맺은 언약에서 중요한 요소가 된다. 31쪽 추가 설명: "족장들에게 주어진 약속들"을 보라. *이집트* 강은 나일 강을 뜻하기보다는 가사 지역 (Gaza) 남서쪽으로 45마일 (64km) 떨어진 와디 엘 아리쉬(Wadi el-Arish)를 언급하는 것이라 본다. 이러한 지역의 경계들은, 이상적이든 실제적이든 간에, 왕정 시기에 이스라엘이 주장한 지역의 경계들을 어림잡기 위하여 언급된 것이다 (왕상 4:21 [히브리 원어성경 5:1]; 사 27:12를 보라). **15:19-21** 가나안에 거주한 족속들에 관하여 야웨문서가 기록한 목록들은 이들이 거주한 기간과 이들의 정체에 있어서 차이를 보인다 (예를 들면, 창 12:6; 13:7; 출 3:8).

16:1-16 사래와 하갈의 설화는 수행하려는 몇 가지 역할이 있다. 첫째로, 조상들에 관한 많은 설화처럼, 이것은 이스라엘 사람들이 이웃들과 맺고 있는 관계의 기원과 본질을 설명하는데, 본 단락의 경우에 있어서는 이스마엘 사람들이 그 이웃들 가운데 하나이다 (9:18-27에 관한 주석들과 25쪽 추가 설명: "여러 민족 가운데 놓인 이스라엘"을 보라). 둘째로, 이것은 이제 막 갱신된 하나님의 약속(15:1-6)과 아브람 및 사래가 계속 아이를 낳지 못하는 것 (1절) 사이에서 일어나는 긴장을 고조시킴으로써 약속된 상속자의 주제를 발전시킨다. 마지막으로, 이것은 가부장적 가정에 속한 여인들이 맺은 인간관계의 모습을 자세하게 보여준다. 이 설화는 또한 성경사회에서 자행된 노예제도에 대하여 도덕적 문제를 제기한다 (1, 6, 9절에 관한 주석들을 보라).

16:1-6 사래와 하갈의 설화는 하갈이 임신한 것과 아브람의 가정에서 도망가는 것으로 시작한다. **16:1** 이집트 사람 *하갈처럼* 자신의 문화와 친족으로부터 떨어져 살았던 사람이 현재 자기가 몸담아 사는

아브라함과 아비멜렉

20 1 아브라함은 마므레에서 네겝 지역으
로 옮겨 가서, 가데스와 수르 사이에서
살았다. 아브라함은 그랄에 잠시 머문 적이 있는
데, 2 거기에서 아브라함이 자기 아내 사라를 사
람들에게 자기 누이라 소개하였으므로, 그랄 왕
아비멜렉이 사람을 보내서, 사라를 데려갔다.
3 그런데 그 날 밤에 하나님이 꿈에 아비멜렉에
게 나타나셔서 말씀하셨다. "네가 이 여자를 데려
왔으니, 너는 곧 죽는다. 이 여자는 남편이 있는
여자다." 4 아비멜렉은, 이직 그 여인에게 가까이
하지 않았으므로, 주님께 이렇게 아뢰었다. "주님,
주님께서 의로운 한 민족을 멸하시렵니까? 5 아
브라함이 저에게 이 여인은 자기 누이라고 하지 않
았습니까? 또 이 여인도 아브라함을 오라버니라
고 말하지 않았습니까? 저는 깨끗한 마음으로 떳
떳하게 이 일을 하였습니다." 6 하나님이 꿈에
또 그에게 말씀하셨다. "그렇다. 나는, 네가 깨끗
한 마음으로 이렇게 한 줄을 잘 안다. 그러므로 내
가 너를 지켜서, 네가 나에게 죄를 짓지 못하도록
한 것이다. 그 여인을 건드리지 못하게 한 이유도
바로 여기에 있다. 7 이제 그 여인을 남편에게로
돌려보내어라. 그의 남편은 예언자이므로, 너에
게 탈이 나지 않게 하여 달라고 기도할 것이고, 너
는 살 것이다. 그러나 그 여인을 돌려보내지 않으
면, 너와 너에게 속한 사람들이 틀림없이 다 죽을
줄 알아라."
8 다음날 아침에 아비멜렉은 일찍 일어나서,
신하들을 다 불렀다. 그들은 왕에게 일어난 일을
다 듣고서, 매우 두려워하였다. 9 아비멜렉은
아브라함을 불러들여서, 호통을 쳤다. "당신은
어찌하여 우리에게 이렇게 하였소? 내가 당신에
게 무슨 잘못을 저질렀기에, 나와 내 나라가 이 크
나큰 죄에 빠질 뻔하게 하였느냐 말이오? 당신은
나에게 해서는 안 될 일을 한 거요." 10 아비멜
렉이 또 아브라함에게 말하였다. "도대체 어째서
이런 일을 저지른단 말이오?" 11 아브라함이 대
답하였다. "이 곳에서는 사람들이 아무도 하나님
을 두려워하지 않으니까, 나의 아내를 빼앗으려
고 할 때에는, 사람들이 나를 죽일 것이라고 생각
하였습니다. 12 그러나 사실을 말씀드리면, 나
의 아내가 나의 누이라는 것이 틀린 말은 아닙니
다. 아내는 나와는 어머니는 다르지만 아버지는
같은 이복 누이이기 때문입니다. 13 하나님이
나를, 아버지 집에서 떠나서 여러 나라로 두루 다
니게 하실 때에, 내가 아내에게 부탁한 말이 있습
니다. '우리가 어느 곳으로 가든지, 사람들이 나를
두고서 묻거든, 그대는 나를 오라버니라고 하시
오. 이것이 그대가 나에게 베풀 수 있는 은혜요'

사람의 종이 됨으로써 생존을 보장받는 것은 고대 근동에서 흔히 있던 관습이었다 (47:1-6을 참조). **16:2** 고대 근동의 법전들은 아이를 갖지 못하는 아내가 남편에게 자신의 여종을 허락해서 그녀로 하여금 그에게 상속자를 낳도록 하는 유사한 상황들을 기술하고 있다. 이런 경우들에서 보면, 본처는 자신의 종에 대한 권리를 가질 수 있다 (30:1-13을 참조). **16:4** *깔보았다.* (개역개정 "멸시하다," 공동번역은 "업신여기다.") 이 단어는 또한 "온당하게 존경하지 않았다"로 번역될 수 있다. 사래는 아브람의 본처로서 하갈에 대한 권위를 유지했지만, 성경시대의 사회에서 임신은 너무도 높이 존중되고 불임은 너무나 수치스러워서, 하갈이 비록 첩이기는 하지만, 그녀는 합당치 않은 특권들을 취하였을지도 모른다. **16:5** 사래가 아브람을 힐난할 때, 그녀는 그가 가장으로서 하갈의 무례한 행위를 묵인한 책임이 있는 것으로 판단한 것처럼 보인다. **16:6** *학대하다.* 이 단어는 이스라엘 사람들에 대한 이집트 사람들의 "압제"를 표현하기 위해 사용되었던 것과 같은 동사를 번역한 것이다 (창 15:13; 출 1:11).

16:7-16 이 설화는 하나님이 하갈에게 나타나셔서 이스마엘의 출생과 그의 자손에 관하여 선포하시는 것으로 결론을 맺는다. **16:7** 하나님께서 남쪽의 사막(개역개정은 "광야," 공동번역은 "빈들")에 있는 샘 곁에서 하갈에게 이스마엘의 출생을 선포하신 것은 이스마엘의 자손과 이 자손이 이끄는 무역 대상들이 통과한

특별 주석

여기에 언급되었듯이 노예의 소유와 학대 행위는 성경시대와 현대의 가치관 사이에 종종 차이가 있음을 밝혀준다. 독자는 비판적인 숙고 없이 성경시대의 모든 관행들을 규범적인 것으로 받아들이는데 조심할 필요가 있다. 노예제도는 고대 근동과 성경시대의 사회에서 보편적이었으며 (창 12:16; 출 21:1-11), 하갈에 대한 사래의 학대는 자신의 안주인의 자리를 탈취한 종에 대한 적절한 징벌로 간주되었다. 이러한 관행들은 오늘날의 법 및 가치관과 직접적으로 마찰을 일으킨다. 하지만 그녀가 살던 사회상황(과 본문의 저자의 관점)에서 보면, 사래는, 당시에 용인되었던 가정의 규범들을 위반하고 그렇게 함으로써 그녀를 부당하게 무시한 책임을 여종과 남편에게 물음으로써, 본처로서 자신의 권리들을 보호하고 있었다. 10쪽 추가 설명: "창세기에 나타난 성"을 보라.

하고 말한 바 있습니다." 14 아비멜렉이 아브라
함에게 양 떼와 소 떼와 남종과 여종을 선물로 주
고, 아내 사라도 아브라함에게 돌려보냈다.
15 아비멜렉이 아브라함에게 말하였다. "나의 땅
이 당신 앞에 있으니, 원하는 곳이 어디이든지, 가
서, 거기에서 자리를 잡으시오." 16 그리고 사라
에게는 이렇게 말하였다. "나는 그대의 오라버니
에게 은 천 세겔을 주었소. 이것은, 그대와 함께
있는 여러 사람에게서 그대가 받은 부끄러움을 조
금이나마 덜어보려는 나의 성의의 표시요. 그대
가 결백하다는 것을, 모두가 알게 될 것이오."
17 아브라함이 하나님께 기도하니, 하나님이, 아
비멜렉과 그의 아내와 그의 여종들이 다시 아이를
가질 수 있도록 태를 열어 주셨다. 18 아비멜렉
이 아브라함의 아내 사라를 데려간 일로, 주님께
서는 전에 아비멜렉 집안의 모든 여자의 태를 닫
으셨었다.

이삭이 태어나다

21 1 주님께서는 말씀하신 대로 사라를 돌
보셨다. 사라에게 약속하신 것을 주님께
서 그대로 이루시니, 2 사라가 임신하였고, 하나
님이 아브라함에게 약속하신 바로 그 때가 되니,
사라와 늙은 아브라함 사이에서 아들이 태어났다.
3 아브라함은 사라가 낳아 준 아들에게 ㄱ)이삭이
라는 이름을 지어 주었다. 4 이삭이 태어난 지
여드레 만에, 아브라함은, 하나님이 분부하신 대로,
그 아기에게 할례를 베풀었다. 5 아브라함이 아들
이삭을 보았을 때에, 그의 나이는 백 살이었다.
6 사라가 혼자서 말하였다. "하나님이 나에게 웃
음을 주셨구나. 나와 같은 늙은이가 아들을 낳았
다고 하면, 듣는 사람마다 나처럼 웃지 않을 수 없
겠지." 7 그는 말을 계속하였다. "사라가 자식들
에게 젖을 물리게 될 것이라고, 누가 아브라함에게
말할 엄두를 내었으랴? 그러나 내가 지금, 늙은 아
브라함에게 아들을 낳아 주지 않았는가!"

하갈과 이스마엘이 쫓겨나다

8 아기가 자라서, 젖을 떼게 되었다. 이삭이
젖을 떼는 날에, 아브라함이 큰 잔치를 벌였다.
9 그런데 사라가 보니, 이집트 여인 하갈과 아브
라함 사이에서 태어난 아들이 이삭을 놀리고 있었
다. 10 사라가 아브라함에게 말하였다. "저 여종
과 그 아들을 내보내십시오. 저 여종의 아들은 나
의 아들 이삭과 유산을 나누어 가질 수 없습니다."
11 그러나 아브라함은, 그 아들도 자기 아들이므
로, 이 일로 마음이 몹시 괴로웠다. 12 하나님이
그에게 말씀하셨다. "그 아들과 그 어머니인 여종
의 일로 너무 걱정하지 말아라. 이삭에게서 태어

ㄱ) '그가 웃다'

사막과 관계가 있음을 입증해 주려는 것이다 (37:25, 28b; 39:1). **16:9** 6절에 관한 주석을 보라. **16:10-12** 여기서 하나님의 출현은 여러 가지 점에서 볼 때 주목할 만하다: 하나님께서 한 여인에게 직접 말씀하신다; 그 여인은 이스라엘 사람들의 여가장이 아니라 이스라엘 사람들과 어느 정도 갈등관계에 있는 이웃 민족에 속한 사람이다 (12절); 하나님은 그녀에게 한 아들과 수많은 자손을 약속하시는데 이것은 이스라엘 조상들에게 주어진 약속들을 반영한다 (10-11절). **16:11** *이스마엘.* 이스마엘이라는 이름은 "하나님께서 들으신다"는 뜻이며, 하나님께서 하갈의 고충을 인식하고 거기에 응답하여 오셨다는 것을 보여준다. **16:12** 이스마엘과 그의 자손을 이렇게 유목생활을 하고 다투기를 좋아하는 백성으로 그리는 것은 아마도 이스라엘의 정착된 농경사회로부터 유래된 것 같은데, 이런 농경사회의 사람들은 그들이 사는 사회의 테두리 밖에서 사막을 여행하는 사람들을 의혹을 가지고 바라보았다. 25쪽 추가 설명: "여러 민족 가운데 놓인 이스라엘"을 보라. **16:13-14** 하갈이 부른 하나님의 이름인 "엘 로이"(El-roi)는 뜻이 분명하지 않아서 번역마다 다르게 번역하고 있다. (새번역개정은 "보시는 하나님;" 개역개정은 "하나님을 뵈었는고 함이라;" 공동번역은 "하나님을 뵙다니!;" NRSV은 내가 정말 하나님을 뵙고 아직도 살아 있는가!) 하지만, 하갈이 부른 하나님의 이름 엘 로이(*보시는 하나님*)와 그녀가 남쪽의 사막에 있는 샘을 부른 *브엘라해로이*는 정확하게 확인될 수 없지만, 하나님께서 거기서 그녀에게 나타나신 것을 기념하는 것임은 분명하다. **16:15-16** 이것은 야웨문서의 설화를 보완하는 제사문서의 것으로, 제사문서는 이스마엘의 출생 시 아브람의 나이를 추가한다. 야웨문서의 설화에서는 여자들이 아들들의 이름들을 짓는 반면에 (11절; 4:1; 29:32-35를 참조), 제사문서는 이 기능이 남자들에게 있다고 생각한다. 그래서 여기서 아브람이 이 기능을 행사한다.

17:1-27 이것은 하나님께서 아브람과 맺은 언약에 관한 제사문서의 기록이다. 이 기록에 대한 야웨문서의 내용은 15장에 수록되어 있다. 아브람에 대한 자손들 (2, 6절) 및 땅(8절)의 약속은, 야웨문서의 언약 기사에서처럼, 제사문서의 언약 기사의 중요한 부분을 이루지만, 제사문서는 주로 할례 의식에 초점을 둔다. **17:1** *나*

나는 사람이 너의 씨가 될 것이니, 사라가 너에게
말한 대로 다 들어 주어라. 13 그러나 여종에게
서 난 아들도 너의 씨니, 그 아들은 그 아들대로,
내가 한 민족이 되게 하겠다." 14 다음날 아침에
일찍, 아브라함은 먹거리 얼마와 물 한 가죽부대
를 가져다가, 하갈에게 주었다. 그는 먹거리와 마
실 물을 하갈의 어깨에 메워 주고서, 그를 아이와
함께 내보냈다. 하갈은 길을 나서서, 브엘세바 빈
들에서 정처없이 헤매고 다녔다.

15 가죽부대에 담아 온 물이 다 떨어지니, 하
갈은 아이를 덤불 아래에 뉘어 놓고서 16 "아이
가 죽어 가는 꼴을 차마 볼 수가 없구나!" 하면서,
화살 한 바탕 거리만큼 떨어져서, 주저앉았다. 그
여인은 아이 쪽을 바라보고 앉아서, 소리를 내어
울었다. 17 하나님이 그 아이가 우는 소리를 들
으셨다. 하늘에서 하나님의 천사가 하갈을 부르
며 말하였다. "하갈아, 어찌 된 일이냐? 무서워하
지 말아라. 아이가 저기에 누워서 우는 저 소리를
하나님이 들으셨다. 18 아이를 안아 일으키고,
달래어라. 내가 저 아이에게서 큰 민족이 나오게
하겠다." 19 하나님이 하갈의 눈을 밝히시니, 하
갈이 샘을 발견하고, 가서, 가죽부대에 물을 담아
다가 아이에게 먹였다.

20 그 아이가 자라는 동안에, 하나님이 그 아
이와 늘 함께 계시면서 돌보셨다. 그는 광야에 살
면서, 활을 쏘는 사람이 되었다. 21 그가 바란
광야에서 살 때에, 그의 어머니가 그에게 이집트
땅에 사는 여인을 데려가서, 아내로 삼게 하였다.

추가 설명: 제사문서 기자의 역사관

제사문서 기자의 역사관에 따르면, 홍수 이후 각 주요 시기는 다음과 같은 언약으로 시작된다. 땅과 그 인류의 새 시대는 노아와 맺은 언약(9:1-17)으로 시작되고, 이스라엘 선조들의 시대는 (본 장에 나오는) 아브라함과 맺은 언약으로 시작되고, 제사장직이 수행되던 시대는 시내 산에서 이스라엘과 맺은 언약으로 (출 31:12-17) 각각 시작된다. 이스라엘 역사의 커다란 획들을 긋는 이러한 제사문서 언약들은 형태와 양식에 있어서 서로를 반영하여 보여준다. 노아와 맺은 언약과 마찬가지로, 아브람과 맺은 언약은 언약의 "표"(9:12; 17:11)를 수반하는 "영원한 언약"(9:16; 17:7, 13, 19)으로써 하나님에 의하여 "세워진다" (9:9; 17:7, 19). 노아와 맺은 언약의 표(무지개)가 우주적인 안정을 위한 하나님의 약속을 상징하듯이, 아브라함의 언약의 표(할례)는 특정한 가족과 그 자손의 축복과 번영에 대한 하나님의 약속을 상징한다.

는 *전능한 하나님이다.* 전통적으로 전능하신 하나님을 히브리어로 *엘 샤다이* 라고 하는데, 아마도 "산의 하나님"을 의미하기도 할 것이다. 이것은 고대 근동의 신들처럼 성경의 하나님이 때로 산과 관련이 되어있음을 반영해주는 것이다 (출 19:3; 시 48:1 [히브리원어 성경 48:2]). 제사문서는 고대에 신을 부르던 이런 칭호를 사용해서 아브라함의 언약 시기의 하나님을 부르는데, 제사문서의 사상에서 보면 하나님의 이름 "야웨" (YHWH, 새번역개정은 주 하나님)는 시내 산 언약(출 6:2-4; 31:12-13)으로 시작된 이 역사의 마지막 시기까지 이스라엘에게 계시되지 않았기 때문이다. 제사문서는 이스라엘의 최초 선조들을 결점이 없는 존재들로 간주한다: 아브람은 그 이전의 에녹(5:22)과 노아(6:9)처럼 흠이 없고 하나님과 동행한다. **17:5** *아브람.* 이 이름은 "아버지(하나님 혹은 아브람)께서 찬양을 받으신다"는 의미이다. *아브라함.* 언어학적으로 "아브람"의 다른 형태의 이름으로 동일한 의미를 가지고 있지만, 제사문서는 이 단어를 "여러 민족의 아버지"(개역개정은 "많은 무리의 아버지")를 의미하는 것으로 이해하는 것처럼 보인다. 왜냐하면 "아브라함"과 "큰 무리"에 해당하는 히브리 용어 사이에 발음상 어렴풋한 유사성이 있기 때문이다. 옛 시대와 오늘날 일부 공동체들에 있어서, 새 이름은 이 이름을 가진 자의 삶에 있어 새로운 국면을 의미한다. **17:9** 아브라함과 맺은 언약은 하나님에 의하여 기초되고 확립되지만 (7절), 이것은 언약의 효력을 보증하기 위해 아브라함으로부터 응답을 요구한다 (14절). **17:11** 할례는 아브라함의 자손들로 조직된 이스라엘 공동체의 한 사람이 되는데 필요한 독특한 표로 간주되지만, 이것은 사실 고대 근동에서 널리 행해진 의식이었다. 제사문서에서 이것은 하나님과 아브라함 및 그의 자손들 사이에 맺어진 언약의 가시적인 표이다. 이것은 제사문서 기자의 종교에 반영된 가부장적 성격을 보여주는 또 하나의 실례이다. 10쪽 추가 설명: "창세기에 나타난 성"을 보라. **17:12** 노예들에 대하여는 16:6에 관한 주석을 보라. **17:15-16** *사래.* 이 이름은 "공주"를 의미하는 사라의 다른 형태라 할 수 있다. "공주"를 의미하는 "사라" 라는 이름은 그녀가 왕들의 어머니가 되리라는 하나님의 약속과 관련되어 있다. **17:17-19** 제사문서 기자의 전통에서 보면, 아브라함은 그와 사라가 한 아들을 가질 것이라는 하나님의 약속을 비웃은 사람이다. 야웨문서의 전승에서 보면, 사라가 그것을 비웃은 사람이다 (18:12-15). *이삭.*

아브라함과 아비멜렉의 협약

22 그 무렵에 아비멜렉과 그의 군사령관 비
골이 아브라함에게 말하였다. "하나님은, 당신이
무슨 일을 하든지, 당신을 도우십니다. 23 이제
여기 하나님 앞에서, 당신이 나와 나의 아이들과
나의 자손을 속이지 않겠다고 맹세하십시오. 당
신이 나그네살이를 하는 우리 땅에서, 내가 당신
에게 한 것처럼, 당신도 나와 이 땅 사람들에게 친
절을 베풀어 주시기 바랍니다." 24 아브라함이
말하였다. "맹세합니다."

25 이렇게 말하고 나서, 아브라함은, 아비멜렉
의 종들이 우물을 빼앗은 것을 아비멜렉에게 항의
하였다. 26 그러나 아비멜렉은 이렇게 말하였다.
"누가 그런 일을 저질렀는지, 나는 모릅니다. 당신
도 그런 말을 여태까지 나에게 하지 않았습니다. 나
는 그 일을 겨우 오늘에 와서야 들었습니다." 27 아
브라함이 양과 소를 끌고 와서, 아비멜렉에게 주고,
두 사람이 서로 언약을 세웠다. 28 아브라함이 양
떼에서 새끼 암양 일곱 마리를 따로 떼어 놓으니,
29 아비멜렉이 아브라함에게 물었다. "새끼 암양
일곱 마리를 따로 떼어 놓은 까닭이 무엇입니까?"
30 아브라함이 대답하였다. "내가 이 우물을 파 놓
은 증거로, 이 새끼 암양 일곱 마리를 드리려고 합
니다." 31 이 두 사람이 여기에서 이렇게 맹세를
하였으므로, 그 곳을 ㄱ)브엘세바라고 한다. 32 아
브라함과 아비멜렉이 브엘세바에서 언약을 세운 다
음에, 아비멜렉과 그의 군사령관 비골은 블레셋 사
람의 땅으로 돌아갔다. 33 아브라함은 브엘세바에
에셀 나무를 심고, 거기에서, 영생하시는 주 하나님
의 이름을 부르며 예배를 드렸다. 34 아브라함은
오랫동안 블레셋 족속의 땅에 머물러 있었다.

이삭을 바치라고 명하시다

22 1 이런 일이 있은 지 얼마 뒤에, 하나님
이 아브라함을 시험해 보시려고, 그를 부
르셨다. "아브라함아!" 하고 부르시니, 아브라함은
"예, 여기에 있습니다" 하고 대답하였다. 2 하나
님이 말씀하셨다. "너의 아들, 네가 사랑하는 외아
들 이삭을 데리고 모리아 땅으로 가거라. 내가 너
에게 일러주는 산에서 그를 번제물로 바쳐라."
3 아브라함이 다음날 아침에 일찍이 일어나서,
나귀의 등에 안장을 얹었다. 그는 두 종과 아들
이삭에게도 길을 떠날 준비를 시켰다. 번제에 쓸
장작을 다 쪼개어 가지고서, 그는 하나님이 그에
게 말씀하신 그 곳으로 길을 떠났다. 4 사흘 만
에 아브라함은 고개를 들어서, 멀리 그 곳을 바라
볼 수 있었다. 5 그는 자기 종들에게 말하였다.
"내가 이 아이와 저리로 가서, 예배를 드리고 너
희에게로 함께 돌아올 터이니, 그 동안 너희는 나
귀와 함께 여기에서 기다리고 있거라." 6 아브
라함은 번제에 쓸 장작을 아들 이삭에게 지우고,
자신은 불과 칼을 챙긴 다음에, 두 사람은 함께 걸
었다. 7 이삭이 그의 아버지 아브라함에게 말하
였다. 그가 "아버지!" 하고 부르자, 아브라함이
"얘야, 왜 그러느냐?" 하고 대답하였다. 이삭이
물었다. "불과 장작은 여기에 있습니다마는, 번제
로 바칠 어린 양은 어디에 있습니까?" 8 아브라
함이 대답하였다. "얘야, 번제로 바칠 어린 양은
하나님이 손수 마련하여 주실 것이다." 두 사람이
함께 걸었다.

ㄱ) '맹세의 우물' 또는 '일곱 우물'

이 이름은 "그가 웃다" 라는 의미이다. **17:20** 야웨문서의 설화에서 보면, 하나님은 하갈과 그녀의 고충에 대한 동정심으로부터 이스마엘을 축복하시지만 (16:7-14), 제사문서는 하나님의 축복을 아브라함의 간청에 의거한 것으로 돌린다 (18절).

18:1-15 이 부분은 이삭의 출생을 알리는 야웨문서이며, 어떤 면에서 앞 장에 나오는 제사문서(17:15-22)와 병행한다. 두 출생고지 설화에서 보면, 아브라함과 사라의 나이가 들어감에 따라 상속자에 대한 하나님의 약속과 그 약속의 성취 간에 긴장이 고조된다. 아브라함과 사라는 아이를 갖기에는 너무 나이가 많았다. 이 설화는 아브라함이 세 방문자를 환대하는 장면(1-8절)과 방문자들이 사라의 잉태를 알리는 (9-15절) 두 장면으로 구성되어 있다. **18:1** 하나님께서 자연을 배경으로 한 특정한 장소들, 예를 들어, 아름다운 상수리나무(13:18; 12:6에 대한 주석과 33쪽 추가 설명: "주변 환경에 적응하며 살아간 선조들"을 보라)에 나타나는 것은 조상설화들에 보통 있는 일이다. **18:2** 이 설화 전체를 통해서, 방문자들의 성격들은 애매하다. 여기서 그들은 보통 인간으로 언급되지만 (16, 22절), 1절과 13절에서 보면, 그들 가운데 하나는 주 하나님, 즉 이스라엘의 하나님으로 보인다. 인간과 하나님 사이에 그어진 선이 이렇게 불분명한 것은 야웨문서의 특징이다 (32:22-32를 보라). **18:6-8** 아브라함은 서둘러 식사를 준비하고 다만 최상의 음식만을 내놓는 유능한 집주인으로 묘사되어 있다. 고기는 특별한 경우들을 위해서 보관되었다. *엉긴 젖.* 아마도 *레벤(leben)*을 언급하는 것 같은데, 레벤은 요구르트와 유사한 중동지방의 일상식품이다. **18:10** *이맘때.* 이 시간에 대한 히브리 문자의 의미는 "생명의 시간에"이며, 아마도

9 그들이, 하나님이 말씀하신 그 곳에 이르
러서, 아브라함은 거기에 제단을 쌓고, 제단 위에
장작을 벌려 놓았다. 그런 다음에 제 자식 이삭을
묶어서, 제단 장작 위에 올려놓았다. 10 그는 손
에 칼을 들고서, 아들을 잡으려고 하였다. 11 그
때에 주님의 천사가 하늘에서 "아브라함아, 아브
라함아!" 하고 그를 불렀다. 아브라함이 대답하였
다. "예, 여기 있습니다." 12 천사가 말하였다.
"그 아이에게 손을 대지 말아라! 그 아이에게 아
무 일도 하지 말아라! 네가 너의 아들, 너의 외아
들까지도 나에게 아끼지 아니하니, 네가 하나님
두려워하는 줄을 내가 이제 알았다." 13 아브라
함이 고개를 들고 살펴보니, 수풀 속에 숫양 한 마
리가 있는데, 그 뿔이 수풀에 걸려 있었다. 가서
그 숫양을 잡아다가, 아들 대신에 그것으로 번제
를 드렸다. 14 이런 일이 있었으므로, 아브라함
이 그 곳 이름을 ㄱ)여호와이레라고 하였다. 오늘날
까지도 사람들은 ㄴ)'주님의 산에서 준비될 것이다'
는 말을 한다.

15 주님의 천사가 하늘에서 두 번째로 아브
라함을 불러서, 16 말하였다. "주님의 말씀이다.
내가 친히 맹세한다. 네가 이렇게 너의 아들까지,
너의 외아들까지 아끼지 않았으니, 17 내가 반
드시 너에게 큰 복을 주며, 너의 자손이 크게 불
어나서, 하늘의 별처럼, 바닷가의 모래처럼 많아
지게 하겠다. 너의 자손은 원수의 성을 차지할 것
이다. 18 네가 나에게 복종하였으니, 세상 모든
민족이 네 자손의 덕을 입어서, 복을 받게 될 것
이다." 19 아브라함이 그의 종들에게로 돌아왔
다. 그들은 브엘세바 쪽으로 길을 떠났다. 아브라
함은 브엘세바에서 살았다.

나홀의 자손

20 이런 일이 있은 지 얼마 뒤에, 아브라함은
밀가가 자식들을 낳았다는 말을 들었다. 밀가와
아브라함의 동생 나홀 사이에서 아들들이 태어났
는데, 21 맏아들은 우스이고, 그 아래로 부스와
(아람의 아버지) 그므엘과 22 게셋과 하소와 빌
다스와 이들랍과 브두엘과 같은 동생들이 태어났
다. 23 브두엘은 리브가의 아버지이다. 이 여덟
형제는 아브라함의 동생 나홀과 그 아내 밀가 사
이에서 태어났다. 24 나홀의 첩 르우마도 데바
와 가함과 다하스와 마아가 등 네 형제를 낳았다.

아브라함이 사라의 장지를 사다

23 1 사라는 백 년 하고도 스물일곱 해를 더
살았다. 이것이 그가 누린 햇수이다. 2 그
는 가나안 땅 기럇아르바 곧 헤브론에서 눈을 감았
다. 아브라함이 가서, 사라를 생각하면서, 곡을 하
며 울었다. 3 아브라함은 죽은 아내 옆에서 물러
나와서, 헷 사람에게로 가서 말하였다. 4 "나는 여
러분 가운데서 나그네로, 떠돌이로 살고 있습니다.
죽은 나의 아내를 묻으려고 하는데, 무덤으로 쓸 땅
을 여러분들에게서 좀 살 수 있게 해주시기를 바랍
니다." 5 헷 족속 사람들이 아브라함에게 대답하
였다. 6 "어른께서는 우리가 하는 말을 들어 보시
기 바랍니다. 어른은, 하나님이 우리 가운데 세우
신 지도자이십니다. 우리의 묘지에서 가장 좋은 곳
을 골라서 고인을 모시기 바랍니다. 어른께서 고인

ㄱ) 히, '아도나이 이레 (주님께서 준비하심)' ㄴ) 또는 '주님께서 산에서 친히 보이신다'

출산 직전에 이른 임신 시기를 언급하는 것 같다 (왕하 4:16을 보라). **18:11** *월경.* 개역개정은 "여성의 생리," 공동번역은 "달거리," NRSV는 "여성의 방식"으로 월경의 주기를 번역했다. **18:12** 사라는 자신의 나이를 고려하여 이삭의 출생고지를 비웃는다; 제사문서 전승에서 보면, 비웃는 사람은 아브라함이다 (17:16-17). *즐거운 일은* "사치스러움," "기쁨"을 의미하는 히브리 용어를 번역한 것이지만, 이것은 또한 "출산력"(에덴이란 이름은 이 말의 어근으로부터 파생되었다)을 의미할 수도 있다. 그래서 사라는 "어찌 내가 출산을 하게 되랴?" 라고 질문할 수도 있을 것이다. **18:14** *나 주가 할 수 없는 일이 있느냐?* 이 질문에서 보면, 야웨문서의 신학이 분명히 드러난다. 조상설화들은 공동체 내에서 하나님의 약속들이 실현되는 것이 인간의 힘이나 재주의 결과가 아니라, 하나님의 능력과 계획의 결과라는 것을 보여주기 위하여 이야기된 것이다. 31쪽 추가 설명: "족장들에게 주어진 약속들"을 보라.

18:16—19:38 아브라함과 사라에게 한 상속자가 출생하는 드라마는 당분간 소돔과 고모라의 이야기로 인하여 중단되는데, 이 두 도시는 너무도 사악하여 다만 열 명의 의로운 사람도 없는 곳들로 간주된다 (18:32). 사실, 아담과 하와의 불복종보다는 이 사건이 구약성경에서 죄와 벌의 전형적인 사건으로 간주된다 (사 1:9-10; 렘 23:14; 암 4:11; 마 10:25; 롬 9:29). 하지만, 소돔과 고모라의 파괴는 도시를 반대하는 논쟁으로 간주해서는 안 된다. 왜냐하면 도시들은 조상설화들에 있어서 긍정적으로 기능을 하고 있기 때문이다 (12:6-7; 13:18). 이 이야기는 보다 큰 설화 내에서 몇 가지 역할을 담당하고 있다. 이것은 소돔과 고모라의 시민들에 대한 아브라함의 동정심을 보여줌으로써, 아

의 묘지로 쓰시겠다고 하면, 우리 가운데서 그것
이 자기의 묘 자리라고 해서 거절할 사람은 없습
니다." 7 아브라함이 일어나서, 그 땅 사람들, 곧
헷 사람들에게 큰 절을 하고, 8 그들에게 말하였
다. "여러분이, 내가 나의 아내를 이 곳에다 묻을
수 있게 해주시려면, 나의 청을 들어 주시고, 나
를 대신해서, 소할의 아들 에브론에게 말을 전해
주시기 바랍니다. 9 그가 자기의 밭머리에 가지
고 있는 막벨라 굴을 나에게 팔도록 주선하여 주
시기 바랍니다. 값은 넉넉하게 쳐서 드릴 터이니,
내가 그 굴을 사서, 여러분 앞에서 그것을 우리 묘
지로 삼도록 해주시기 바랍니다." 10 헷 사람 에
브론이 마침 헷 사람들 틈에 앉아 있다가, 이 말을
듣고, 성문 위에 마을 회관에 앉아 있는 모든 헷
사람들이 듣는 데서 아브라함에게 대답하였다.
11 "그러실 필요가 없습니다. 제가 드리는 말씀
을 들어 보시기 바랍니다. 제가 그 밭을 드리겠습
니다. 거기에 있는 굴도 드리겠습니다. 나의 백성이
보는 앞에서, 제가 그것을 드리겠습니다. 거기에
다가 돌아가신 부인을 안장하시기 바랍니다."
12 아브라함이 다시 한 번 그 땅 사람들에게 큰
절을 하고, 13 그들이 듣는 데서 에브론에게 말
하였다. "좋게 여기신다면, 나의 말을 들으시기
바랍니다. 그 밭값을 드리겠습니다. 저에게서 그
값을 받으셔야만, 내가 나의 아내를 거기에 묻을
수 있습니다." 14 에브론이 아브라함에게 대답
하였다. 15 "저의 말을 들어 보시기 바랍니다.
그 땅값을 친다면, 은 사백 세겔은 됩니다. 그러
나 어른과 저 사이에 무슨 거래를 하겠습니까? 거
기에다가 그냥 돌아가신 부인을 안장하시기 바랍
니다." 16 아브라함은 에브론의 말을 따라서, 헷
사람들이 듣는 데서, 에브론이 밝힌 밭값으로, 상
인들 사이에서 통용되는 무게로 은 사백 세겔을
달아서, 에브론에게 주었다.

17 그래서 마므레 근처 막벨라에 있는 에브
론의 밭, 곧 밭과 그 안에 있는 굴, 그리고 그 밭
경계 안에 있는 모든 나무가, 18 마을 법정에 있
는 모든 헷 사람이 보는 앞에서 아브라함의 것이
되었다. 19 그렇게 하고 나서, 비로소 아브라함
은 자기 아내 사라를 가나안 땅 마므레 근처 곧 헤
브론에 있는 막벨라 밭 굴에 안장하였다. 20 이
렇게 하여, 헷 사람들은 그 밭과 거기에 있는 굴
묘지를 아브라함의 소유로 넘겨 주었다.

이삭의 아내

24 1 아브라함은 이제 나이가 많은 노인이
되었다. 주님께서는, 아브라함이 하는 일
마다 복을 주셨다. 2 아브라함이 자기 집 모든
소유를 맡아 보는 늙은 종에게 말하였다. "너의 손
을 나의 다리 사이에 넣어라. 3 나는 네가, 하늘
의 하나님, 땅의 하나님이신 주님을 두고서 맹세
하기를 바란다. 너는 나의 아들의 아내가 될 여인
을, 내가 살고 있는 이 곳 가나안 사람의 딸들에
게서 찾지 말고, 4 나의 고향, 나의 친척이 사는
곳으로 가서, 거기에서 나의 아들 이삭의 아내 될
사람을 찾겠다고 나에게 맹세하여라." 5 그 종
이 아브라함에게 물었다. "며느님이 되실 여인이
저를 따라오지 않겠다고 거절하면, 어떻게 해야
합니까? 제가 주인 어른의 아드님을 데리고, 주인
께서 나오신 그 고향으로 가야 합니까?" 6 아브
라함이 그에게 말하였다. "절대로 나의 아들을 그
리로 데리고 가지 말아라. 7 주 하늘의 하나님이
나를 나의 아버지 집, 내가 태어난 땅에서 떠나게
하시고, 나에게 말씀하시며, 나에게 맹세하여 이
르시기를 '내가 이 땅을 너의 씨에게 주겠다' 하셨
다. 그러니 주님께서 천사를 너의 앞에 보내셔서,
거기에서 내 아들의 아내 될 사람을 데려올 수 있
도록 도와 주실 것이다. 8 그 여인이 너를 따라
오려고 하지 않으면, 너는 나에게 한 이 맹세에서
풀려난다. 다만 나의 아들을 그리로 데리고 가지
만은 말아라." 9 그래서 그 종은 손을 주인 아브
라함의 다리 사이에 넣고, 이 일을 두고 그에게 맹
세하였다.

10 그 종은 주인의 낙타 가운데서 열 마리를
풀어서, 주인이 준 온갖 좋은 선물을 낙타에 싣고

브라함 및 그의 자손의 축복과 주변 민족들의 축복 (18:17; 12:3에 대한 주석을 보라)이 서로 관련되어 있음을 밝힌다. 이것은 아브라함의 자손인 이스라엘 사람들과 그들의 이웃들이자 롯의 자손인 모압 사람들 및 암몬 사람들의 관계를 설명하고 확인해준다 (19:36-38; 또한 25쪽 추가 설명: "여러 민족 가운데 놓인 이스라엘"을 보라). 더 나아가, 이 이야기는 남부 요단 강 유역의 생명이 없는 사막의 풍경을 보여준다. 원초적으로 무성하고 풍부한 평원(13:10)으로 고려되었던 이 유역의 밑바닥은 하나님의 징벌의 결과로 아스팔트와 소금 침전물로 덮인 사막으로 변한다 (19:24-28).

18:16-33 소돔과 고모라의 이야기는 백성을 보호하기 위한 아브라함의 간청으로 시작한다. **18:16** 소돔과 고모라의 정확한 위치들(20절)은 분명하지 않지만, 이 곳은, 이 설화에 따르면, 사해의 남부 연안에 위치해 있다.

길을 떠나서, 아람나하라임을 거쳐서, 나홀이 사
는 성에 이르렀다. 11 그는 낙타를 성 바깥에 있
는 우물 곁에서 쉬게 하였다. 해가 뉘엿뉘엿 지고
있었다. 여인들이 물을 길으러 나오는 때였다.
12 그는 기도하였다. "주님, 나의 주인 아브라함
을 보살펴 주신 하나님, 오늘 일이 잘 되게 하여
주십시오. 나의 주인 아브라함에게 은총을 베풀
어 주십시오. 13 제가 여기 우물 곁에 서 있다가,
마을 사람의 딸들이 물을 길으러 나오면, 14 제가
그 가운데서 한 소녀에게 '물동이를 기울여서, 물
을 한 모금 마실 수 있게 하여 달라' 하겠습니다.
그 때에 그 소녀가 '드십시오. 낙타들에게도 제가
물을 주겠습니다' 하고 말하면, 그가 바로 주님께
서 주님의 종 이삭의 아내로 정하신 여인인 줄로
알겠습니다. 이것으로써 주님께서 저의 주인에게
은총을 베푸신 줄을 알겠습니다."
15 기도를 미처 마치기도 전에, 리브가가 물
동이를 어깨에 메고 나왔다. 그의 아버지는 브두
엘이고, 할머니는 밀가이다. 밀가는 아브라함의
동생 나홀의 아내로서, 아브라함에게는 제수뻘이
되는 사람이다. 16 그 소녀는 매우 아리땁고, 지
금까지 어떤 남자도 가까이하지 아니한 처녀였
다. 그 소녀가 우물로 내려가서, 물동이에 물을 채
워 가지고 올라올 때에, 17 그 종이 달려나가서,
그 소녀를 마주 보고 말하였다. "이 물동이에 든
물을 좀 마시게 해주시오." 18 그렇게 하니, 리
브가가 "할아버지, 드십시오" 하면서, 급히 물동
이를 내려, 손에 받쳐들고서, 그 노인에게 마시게
하였다. 19 소녀는 이렇게 물을 마시게 하고 나
서, "제가 물을 더 길어다가, 낙타들에게도, 실컷
마시게 하겠습니다" 하고 말하면서, 20 물동이
에 남은 물을 곧 구유에 붓고, 다시 우물로 달려
가서, 더 많은 물을 길어 왔다. 그 처녀는, 노인이
끌고 온 모든 낙타들에게 먹일 수 있을 만큼, 물
을 넉넉히 길어다 주었다. 21 그렇게 하는 동안
에 노인은, 이번 여행길에서 주님께서 모든 일을
과연 잘 되게 하여 주시는 것인지를 알려고, 그
소녀를 말없이 지켜보고 있었다.
22 낙타들이 물 마시기를 그치니, 노인은, 반
세겔 나가는 금 코걸이 하나와 십 세겔 나가는 금
팔찌 두 개를 소녀에게 주면서 23 물었다. "아가
씨는 뉘 댁 따님이시오? 아버지 집에, 우리가 하룻
밤 묵어갈 수 있는 방이 있겠소?" 24 소녀가 노
인에게 대답하였다. "저의 아버지는 함자가 브두
엘이고, 할머니는 함자가 밀가이고, 할아버지는
함자가 나홀입니다." 25 소녀는 말을 계속하였
다. "우리 집에는, 겨와 여물도 넉넉하고, 하룻밤
묵고 가실 수 있는 방도 있습니다." 26 일이 이쯤
되니, 아브라함의 종은 머리를 숙여서 주님께 경배
하고 27 "나의 주인 아브라함을 보살펴 주신 하
나님, 주님을 찬양합니다. 나의 주인에게 주님의
인자와 성실을 끊지 않으셨으며, 주님께서 저의 길
을 잘 인도하여 주셔서, 나의 주인의 동생 집에 무
사히 이르게 하셨습니다" 하고 찬양하였다.

특별 주석

고고학자들은 사해 근처에 있는 바브 에드-드라(Bab edh-Dra')에서 철기시대 주거지들의 유적들을 발굴해 왔다. 일부 학자들은 이러한 주거지들이 소돔과 고모라의 도시들이었다고 주장해 왔다. 하지만, 이러한 주장은 입증할 수 없는데, 악행들로 인하여 몰락한 도시들에 관한 전설들이 고대에 널리 퍼져 있었고, 이 시대와 얽혀있는 복잡한 연대적 불확실성이 존재하며, 이런 설화들은 추측컨대 이러한 사건들이 일어난 지 오랜 후에 씌어졌기 때문일 것이다.

18:20-21 *울부짖는 소리* (19:13을 보라). 이것은 다른 곳에서 불의와 억압의 희생자들의 울음(출 3:7; 사 5:7)을 언급하는 용어를 번역한 것인데, 이것은 야웨문서가 소돔과 고모라의 중대한 죄를 사회 경제적 불의의 죄로 간주한다는 것을 시사한다. **18:23-33** 아브라함과 하나님간의 대화는 야웨문서 신학의 몇 가지 특징들을 밝혀준다. 첫째로, 하나님은 심판의 하나님(25절)일뿐 아니라, 극소수 의로운 사람들을 위하여 부패한 공동체에 대하여 기꺼이 징벌을 거두시는 동정의 하나님으로 묘사된다 (32절). 둘째로, 아브라함의 축복과 국가들이 누릴 축복 사이의 관련성(12:3; 18:18)은 이런 도시들의 거주민들에 대한 그의 염려에 의하여 구현된다. 마지막으로, 하나님과 기꺼이 토론하려는 아브라함의 의지는 인간의 경험상 독단적이고 부당하게 보일 때 하나님께 도전을 거는 것이 성경에 나타난 종교에 타당하다고 하는 것을 밝히는데, 이것은 시편과 욥기에 나오는 탄식시들에도 반영되어 있다 (예를 들어, 시 10편; 22편).

19:1-29 소돔과 고모라의 파멸은 피할 수 없게 되었지만, 롯과 그의 가족은 하나님의 사자들에 의하여 구원을 받게 된다. **19:1** 아브라함을 방문했던 남자들은 이제 천사들(문자 그대로, "사자들")로 언급된다. 12, 15절을 참조하라. 또한 18:2에 관한 주석을 참조하라. 롯은 아브라함과 헤어진 후에 소돔에 정착하였다 (13:10-13). **19:2-3** 롯의 환대는 앞의 이야기에 나오는 아브라함의 환대(18:2-7)를 반영해 준다. **19:5-9** *상관 좀 해야 하겠소.* 이것은 성관계에 대한 은어적 표현(4:1)이기 때문에, 소돔의 남자들은 롯의 손님들과

28 소녀가 달려가서, 어머니 집 식구들에게
이 일을 알렸다. 29 리브가에게는 라반이라고
하는 오라버니가 있는데, 그가 우물가에 있는 그
노인에게 급히 달려왔다. 30 그는, 자기 동생이
코걸이와 팔찌를 하고 있는 것을 보고, 또 노인이
누이에게 한 말을 누이에게서 전해 듣고, 곧바로
달려나와서, 우물가에 낙타와 함께 있는 노인을
만났다. 31 라반이 그에게 말하였다. "어서 들어
가시지요. 할아버지는 주님께서 주시는 복을 받
으신 분이십니다. 어찌하여 여기 바깥에 서 계십
니까? 방이 준비되어 있고, 낙타를 둘 곳도 마련
되어 있습니다." 32 노인은 그 집으로 들어갔다.
라반은 낙타의 짐을 부리고, 낙타에게 겨와 여물
을 주고, 노인과 그의 동행자들에게 발 씻을 물을
주었다. 33 그런 다음에, 노인에게 밥상을 차려
드렸다. 그런데 노인이 말하였다. "제가 드려야
할 말씀을 드리기 전에는, 밥상을 받을 수 없습
니다." 라반이 대답하였다. "말씀하시지요."

34 노인이 말하였다. "저는 아브라함 어른의
종입니다. 35 주님께서 나의 주인에게 크게 복
을 주셔서, 주인은 큰 부자가 되셨습니다. 주님께
서는 우리 주인에게 양 떼와 소 떼, 은과 금, 남종
과 여종, 낙타와 나귀를 주셨습니다. 36 주인 마
님 사라는 노년에 이르러서, 주인 어른과의 사이
에서 아들을 낳으셨는데, 주인 어른께서는 모든
재산을 아드님께 주셨습니다. 37 주인 어른께서
저더러 말씀하시기를 '너는, 내 아들의 아내가 될
여인을, 내가 사는 가나안 땅에 있는 사람의 딸들
에게서 찾지 말고, 38 나의 아버지 집, 나의 친
족에게로 가서, 나의 며느리감을 찾아보겠다고
나에게 맹세하여라' 하셨습니다. 39 그래서 제
가 주인 어른에게 여쭙기를 '며느님이 될 규수가
저를 따라오지 않겠다고 하면, 어떻게 해야 합니
까?' 하였습니다. 40 주인 어른은 '내가 섬기는
주님께서 천사를 너와 함께 보내셔서, 너의 여행
길에서 모든 일이 다 잘 되게 해주실 것이며, 네
가 내 아들의 아내 될 처녀를, 나의 친족, 나의 아
버지 집에서 데리고 올 수 있게 도와 주실 것이다.
41 네가 나의 친족에게 갔을 때에, 그들이 딸을
주기를 거절하면, 나에게 한 이 맹세에서 너는 풀
려난다. 그렇다. 정말로 네가 나에게 한 이 맹세
에서 네가 풀려난다' 하고 말씀하셨습니다.

42 제가 오늘 우물에 이르렀을 때에, 저는 이
렇게 기도하였습니다. '주님, 나의 주인 아브라함
을 보살펴 주신 하나님, 주님께서 원하시면, 제가
오늘 여기에 와서, 하는 일이 잘 이루어지게 하여

동성애 관계를 시도하였음이 틀림없다. 이스라엘의 법은 남자들간의 성관계를 금지했지만 (레 18:22; 20:13), 본문의 기자는 소돔 사람들의 행위가 보여준 다른 양상들에 의하여 보다 소스라치게 놀란 것으로 보인다. 이 이야기는 그들이 손님들을 학대하고 고대에 있었던 필연적인 환대의 규범들(*이 남자들은 나의 집에 보호받으러 온 손님들이다*, 8절)을 무시하며 그들 가운데 있는 *나그네살이* 하는 사람을 학대(9절)한 데 대해서 특별히 비판적이다. 이러한 행위는 바로 이 도시들의 중차대한 죄로 간주되는 사회적 억압의 한 실태이다 (18:20-21에 관한 주석을 보라). 롯이 소돔 남자들에게 손님들을 대신해서 자신의 딸들을 제시한 것은 자신의 생명과 고대의 환대 규범들을 보전하려고 노력하는 한 사람의 필사적인 행위로 기술될 수 있다; 그러나 이것은 또한 고대사회에서 열등 시민으로서의 여자들의 위태로운 위치를 폭로한다. 10쪽 추가 설명: "창세기에 나타난 성"을 보라. **19:18-23** *소알.* 소알로 피신케 해달라고 하는 롯의 간청은 사해의 동남쪽에 있는 이 작은 오아시스 도읍이 건재할 수 있게 된 이유에 대한 설명으로 알려진다. 소알은 "작다"는 의미이며, 그러므로 20절에서 이 용어(*작은 성*)가 반복된다. **19:24** *유황.* 유황은 "아스팔트"로 번역되는 것이 더 정확한데, 이것의 침전물이 사해의 남부 연안에서 발견된다. **19:25** 소돔 및 고모라의 도시들과 더불어, *성 안에 사는* 모든 것이 파멸되었는데, 이것은 사해 주변이 사막의 모습을 띠게 된 연유를 설명해 준다. **19:26** 사해 주변의 소금 침전물들은 기둥의 형태를 가질 수 있는데, 이것은 롯의 아내를 연상케 하는 외관상 기념물을 제공한다.

19:30-38 요단 강의 동쪽에 위치한 *모압과 암몬*은 이스라엘에 가장 근접한 두 이웃인데, 이들의 기원이 소돔과 고모라의 이야기로 결론 맺는 이 짧은 설화에 기술되어 있다. 이스라엘의 다른 이웃들과 마찬가지로, 예를 들어, 이스마엘 사람들과 같이 (16:1-16), 이 두 민족의 기원과 성격은 애매한 용어들로 기술되어 있다. 한편으로, 모압과 암몬은 아브라함과 그의 자손의 가까운 친척들이다; 그들은 아브라함의 조카 롯의 자식들이다. 그래서 그들은 특별히 존중 받을 만하다. 다른 한편으로, 그들은 미덥지 않은 시작에 기원을 두고 있다. 롯과 그의 딸들이 저지른 근친상간의 연합이 그것이다. 이러한 설화들은 고대 이웃 민족들 사이에 있었던 결속과 갈등을 기술하는 효과적인 방법이었다. *바로 오늘날.* 이 구절은 이스라엘의 조상에 대한 이런 이야기들이 주로 그들의 자손을 겨냥하고 있음을 보여주는데, 이런 이야기들은 그들의 자손이 살던 당시의 세계에서 이들이 처해 있던 위치와 역할을 설명해 준다.

20:1-18 아브라함과 사라가 그랄에 머물렀던 때의 이야기는 창세기에 보존된 전승들 가운데 세 번째로 중요한 전승을 소개하는 것이다. 이 전승은 엘로힘문서

주십시오. 43 제가 여기 우물 곁에 서 있다가,
처녀가 물을 길으러 오면, 그에게 항아리에 든 물
을 좀 마시게 해 달라고 말하고, 44 그 처녀가
저에게 마시라고 하면서, 물을 더 길어다가 낙타
들에게도 마시게 하겠다고 말하면, 그가 바로 주
님께서 내 주인의 아들의 아내로 정하신 처녀로
알겠습니다' 하고 기도하였습니다.
45 그런데 제가 마음 속에 기도를 다 마치기
도 전에, 리브가가 물동이를 어깨에 메고 나왔습
니다. 그는 우물로 내려가서, 물을 긷고 있었습니
다. 그래서 제가 그에게 '마실 물을 좀 주시오' 하
였더니, 46 물동이를 어깨에서 곧바로 내려놓고
'드십시오. 낙타들에게도 제가 물을 주겠습니다'
하고 말하였습니다. 그래서 제가 물을 마셨습니다.
따님께서는 낙타에게도 물을 주었습니다. 47 제
가 따님에게 '뉘 댁 따님이시오?' 하고 물었더니,
따님께서는 '아버지는 함자가 브두엘이고, 할아
버지는 함자가 나홀이고, 할머니는 함자가 밀가
입니다' 하고 말하였습니다. 저는 따님의 코에는
코걸이를 걸어 주고, 팔에는 팔찌를 끼워 주었
습니다. 48 일이 이쯤 된 것을 보고, 저는 머리
를 숙여서 주님께 경배하고, 제 주인 아브라함을
보살펴 주신 주 하나님을 찬양하였습니다. 주님
은 저를 바른 길로 인도하셔서, 주인 동생의 딸을
주인 아들의 신부감으로 만날 수 있게 하여 주셨
습니다. 49 이제 어른들께서 저의 주인에게 인
자하심과 진실하심을 보여 주시려거든, 저에게
그렇게 하겠다고 말씀을 해주시고, 그렇게 하지
못하시겠거든, 못하겠다고 말씀을 해주시기 바랍
니다. 그렇게 하셔야, 저도 어떻게 결정을 내려야
할지를 생각해 볼 수 있을 것입니다."
50 라반과 브두엘이 대답하였다. "이 일은 주
님이 하시는 일입니다. 우리로서는 좋다거나 나
쁘다거나 말할 수가 없습니다. 51 여기에 리브
가가 있으니, 데리고 가서, 주님이 지시하신 대
로, 주인 아들의 아내로 삼으십시오."
52 아브라함의 종은 그들이 하는 말을 듣고
서, 땅에 엎드려 주님께 경배하고, 53 금은 패물
과 옷가지들을 꺼내서 리브가에게 주었다. 그는
또 값나가는 선물을 리브가의 오라버니와 어머니
에게도 주었다. 54 종과 그 일행은 비로소 먹고
마시고, 그 날 밤을 거기에서 묵었다. 다음날 아
침에 모두 일어났을 때에, 아브라함의 종이 말하
였다. "이제 주인에게로 돌아가겠습니다. 떠나게
해주십시오." 55 리브가의 오라버니와 어머니는
"저 애를 다만 며칠이라도, 적어도 열흘만이라도,
우리와 함께 더 있다가 떠나게 해주십시오" 하고
간청하였다. 56 그러나 아브라함의 종은 그들에
게 이렇게 대답하였다. "저를 더 붙잡지 말아 주
십시오. 주님께서 이미 저의 여행을 형통하게 하

(E)의 전승들이다. 야웨문서의 전승들처럼, 엘로힘문서의 전승들도, 여기에 나오는 것처럼, 이스라엘의 군주시대에 최종 형태를 갖추게 된 여러 조상설화를 가지고 있다. 제사문서와 같이, 엘로힘문서는 "야웨" (YHWH, 주님 혹은 하나님) 라고 하는 하나님의 이름이 출애굽 때에 이르러야 이스라엘에 소개되었다(출 3:13-15)고 믿는다. 그래서 그들은 보통명사 *하나님*(*엘로힘*, "엘로히스트" 라고 하는 이름은 바로 엘로힘에서 나왔다; 예를 들어, 3절과 6절을 보라)을 사용한다. 이 이야기에는 엘로힘문서에서 가장 두드러진 특징들이 여러 가지가 들어있다: 꿈에 하나님께서 나타나심 (3, 6절), 예언에 대한 관심 (7절), 하나님에 대한 두려움에 관한 특별한 관심 (11절), 그리고 도덕적 완전에 대한 특별한 관심 (4-6, 12절)이 그것들이다. 이것은 족장의 아내를 납치한 것에 대한 세 설화 가운데 하나인데, 다른 두 개는 야웨문서의 기사들이다 (12:10-20; 26:1-11). 이방 영토에 거주하는 조상의 부부는 생존 방안으로 아내를 남편의 누이라고 둘러대고, 그녀는 이방 왕의 가정에 끌려간다. 이스라엘 조상의 입장에서 그러한 행위를 유발했던 사회적 요인들과 이러한 행위가 빚은 도덕적 딜레마에 대한 설명을 얻으려면, 12:11-13에 관한 주석을 보라. **20:1** *그랄.* 이 도시는 헤브론의 산간지방 도시의 남서쪽에 위치한 남부 해안평야에 놓여있는데, 아브라함은 이 도시에 거주했었다 (13:18; 18:1). 이 이야기의 야웨문서의 입장에서 보면 (26:1-11), 그랄은 블레셋 영토에 놓여있다. **20:3** 엘로힘문서의 설화들에서 보면, 하나님은 야웨문서에서와는 달리, 직접적인 대화(예를 들어, 3:9; 18:22)가 아니라 꿈이나 메신저와 같은 매체들을 통하여 인간과 대화를 나누신다. **20:5-6** 이집트에 있었던 아브라함과 사라에 대한 야웨문서의 기사에서 보면, 바로가 사라를 그의 아내로 데려오는 반면에 (12:19), 엘로힘문서는 *아비멜렉이* 흠 없이 행동했으며 사라를 건드리지 않았다는 사실을 보여주는 데 관심을 쏟는다. **20:7** 예언은 본질적으로 이스라엘에 있어 군주정치와 관련된 직분이며, 이 직분을 맡은 자들은, 예를 들어, 아모스와 이사야와 같이, 정의를 부르짖고 그들의 백성의 행위에 기초해서 신의 징벌이나 구원을 예견했다. 아브라함을 예언자로 부름으로써, 엘로힘문서는 이 직분의 기원을 이스라엘의 아주 초기 조상들과 관련짓는다. 신적 존재와의 중재(7절, 17절)는 전통적 예언자들의 예언들이 가지고 있는 독특한 요소이다 (예를 들어, 암 7:2, 5). **20:11** 엘로힘문서에서, 하나님을 두

셨으니, 제가 여기에서 떠나서, 저의 주인에게로
갈 수 있게 해주시기 바랍니다." 57 그들이 말하
였다. "아이를 불러다가 물어 봅시다." 58 그들
이 리브가를 불러다 놓고서 물었다. "이 어른과 같
이 가겠느냐?" 리브가가 대답하였다. "예, 가겠습
니다." 59 그래서 그들은 누이 리브가와 그의 유
모를 아브라함의 종과 일행에게 딸려보내면서,
60 리브가에게 복을 빌어 주었다.

"우리의 누이야,
너는 천만 인의 어머니가 되어라.
너의 씨가
원수의 성을 차지할 것이다."

61 리브가와 몸종들은 준비를 마치고, 낙타
에 올라앉아서, 종의 뒤를 따라 나섰다. 그래서 아
브라함의 종은 리브가를 데리고서, 길을 떠날 수
있었다.

62 그 때에 이삭은 이미 브엘라해로이에서
떠나서, 남쪽 네겝 지역에 가서 살고 있었다.
63 어느 날 저녁에 이삭이 산책을 하려고 들로
나갔다가, 고개를 들고 보니, 낙타 행렬이 한 떼
오고 있었다. 64 리브가는 고개를 들어서 이삭
을 보고, 낙타에서 내려서 65 아브라함의 종에
게 물었다. "저 들판에서 우리를 맞으러 오는 저
남자가 누굽니까?" 그 종이 대답하였다. "나의
주인입니다." 그러자 리브가는 너울을 꺼내서,
얼굴을 가렸다. 66 그 종이 이제까지의 모든 일
을 이삭에게 다 말하였다. 67 이삭은 리브가를
어머니 사라의 장막으로 데리고 들어가서, 그를
아내로 맞아들였다. 이렇게 해서, 리브가는 이삭
의 아내가 되었으며, 이삭은 그를 사랑하였다. 이
삭은 어머니를 여의고 나서, 위로를 받았다.

아브라함의 다른 자손

25 1 아브라함이 다시 아내를 맞아들였는
데, 그의 이름은 그두라이다. 2 그와 아
브라함 사이에서 시므란과 욕산과 므단과 미디안
과 이스박과 수아가 태어났다. 3 욕산은 스바와
드단을 낳았다. 드단의 자손에게서 앗수르 사람
과 르두시 사람과 르움미 사람이 갈라져 나왔다.
4 미디안의 아들은 에바와 에벨과 하녹과 아비다
와 엘다아인데, 이들은 모두 그두라의 자손이다.
5 아브라함은 자기 재산을 모두 이삭에게 물려
주고, 6 첩들에게서 얻은 아들들에게도 한 몫씩
나누어 주었는데, 그가 죽기 전에 첩들에게서 얻
은 아들들을 동쪽 곧 동방 땅으로 보내어서, 자기
아들 이삭과 떨어져서 살게 하였다.

아브라함이 세상을 떠나다

7 아브라함이 누린 햇수는 모두 백일흔다섯
해이다. 8 아브라함은 자기가 받은 목숨대로 다
살고, 아주 늙은 나이에 기운이 다하여서, 숨을 거
두고 세상을 떠나, 조상들이 간 길로 갔다. 9 그의

려워한다는 구절은 하나님 앞에서 심오한 존경과 경외를 느끼는 것을 의미하는데, 이 구절은 진정한 믿음과 경건의 표시이다 (22:12; 28:17). **20:12** 야웨문서는 사라가 자신의 누이라고 한 아브라함의 주장에 중립적인 입장을 취하여 그를 드러나게 인정하거나 부인하지 않는 반면 (12:13), 엘로힘문서는 그가 진실을 말했다고 설명함으로써 사라가 자신의 이복누이라고 한 아브라함의 주장을 변호한다.

특별 주석

이복형제와 이복누이 사이의 결혼에 대하여 서로 다른 입장들을 이스라엘이 취해왔던 것으로 보인다. 이 곳과 암논 및 다말의 이야기(삼하 13:13)에서 보면, 그러한 결혼이 허용되는 것으로 보이는 반면에, 일부 법조문들(레 18:9, 11; 20:17; 신 27:22)은 이러한 행위를 법에 어긋나는 것으로 간주하는 것처럼 보이기도 한다.

20:16 이 설화는 마치 이것이 아비멜렉(5-6절)과 아브라함(11-12절)의 무죄를 증명하는 것처럼, *사라의* 무죄를 증명함으로써 결론을 맺는다. 제사문서처럼, 엘로힘문서는 이스라엘의 조상을 이상적인 도덕적 본보기로 간주한다.

21:1-7 이삭의 출생에 관한 기사는 아브라함에게 계속 반복하여 말하여준 약속들에 대한 절정에 이르는 것이다 (12:2; 13:16; 15:4-6; 17:15-19; 18:9-15). 이러한 약속들은 아브라함과 사라의 연로한 나이 (17:17; 18:11-12), 사라의 불임 (11:30; 16:1), 또한 이방 영토에서 사라가 당한 위험 (12:10-20; 20:1-18) 때문에 희망이 없어 보였던 약속들이었다. 이 기사는 모두 야웨문서(1-2a, 7절)와 제사문서 (2b-6절) 전승들로부터 나온 것이다. **21:1** 여기에 언급된 특별한 약속은 18:9-15에서 약속된 것이다. **21:3-4** 아브라함이 아이에게 이삭이라는 이름을 지어주는 것은 하나님께서 앞서 명하신 것들(17:12, 19)에 순종하는 것이다. **21:6** 사라의 웃음은 이삭이란 이름에 영향을 끼치는데, 이삭은 "그가 웃는다" 라는 의미이다. 여기서 이 웃음은, 앞서 있었던 경우(17:17; 18:12, 15)와는 달리, 불신이라기보다는 기쁨의 웃음으로 보인다.

21:8-21 이것은 아브라함과 하갈의 자손인 이스

아들 이삭과 이스마엘이 그를 막벨라 굴에 안장하
였다. 그 굴은 마므레 근처, 헷 사람 소할의 아들
에브론의 밭에 있다. 10 그 밭은 아브라함이 헷
사람에게서 산 것이다. 바로 그 곳에서 아브라함
은 그의 아내 사라와 합장되었다. 11 아브라함
이 죽은 뒤에, 하나님은 아브라함의 아들 이삭에
게 복을 주셨다. 그 때에 이삭은 브엘라해로이 근
처에서 살고 있었다.

이스마엘의 자손

12 사라의 여종인 이집트 사람 하갈과 아브
라함 사이에서 태어난 아들 이스마엘의 족보는 이
러하다. 13 이스마엘의 아들들의 이름을 태어난
순서를 따라서 적으면, 다음과 같다. 이스마엘의
맏아들은 느바욧이다. 그 아래는 게달과 앗브엘
과 밉삼과 14 미스마와 두마와 맛사와 15 하
닷과 데마와 여두르와 나비스와 게드마가 있다.
16 이 열둘은 이스마엘이 낳은 아들의 이름이면
서, 동시에 마을과 부락의 이름이며, 또한 이 사
람들이 세운 열두 지파의 통치자들의 이름이기도
하다. 17 이스마엘은 모두 백서른일곱 해를 누
린 뒤에, 기운이 다하여서 숨을 거두고, 세상을 떠
나 조상에게로 돌아갔다. 18 그의 자손은 모두
하윌라로부터 수르 지방에 이르는 그 일대에 흩어
져서 살았다. 수르는 이집트의 동북쪽 경계 부근
앗시리아로 가는 길에 있다.

에서와 야곱이 태어나다

19 다음은 아브라함의 아들 이삭의 족보이
다. 아브라함이 이삭을 낳았고, 20 이삭은 마흔
살 때에 리브가와 결혼하였다. 리브가는 밧단아
람의 아람 사람인 브두엘의 딸이며, 아람 사람인
라반의 누이이다. 21 이삭은 자기 아내가 임신
하지 못하므로, 아내가 아이를 가지게 해 달라고
주님께 기도하였다. 주님께서 이삭의 기도를 들
어 주시니, 그의 아내 리브가가 임신하게 되었다.
22 그런데 리브가는 쌍둥이를 배었는데, 그 둘이
태 안에서 서로 싸웠다. 그래서 리브가는 "이렇게
괴로워서야, 내가 어떻게 견디겠는가?" 하면서,
이 일을 알아보려고 주님께로 나아갔다. 23 주
님께서 그에게 대답하셨다.

"두 민족이 너의 태 안에 들어 있다.
너의 태 안에서
두 백성이 나뉠 것이다.
한 백성이 다른 백성보다
강할 것이다.
형이 동생을 섬길 것이다."

24 달이 차서, 몸을 풀 때가 되었다. 태 안에
는 쌍둥이가 들어 있었다. 25 먼저 나온 아이는
살결이 붉은데다가 온몸이 털투성이어서, 이름을
ㄱ)에서라고 하였다. 26 이어서 동생이 나오는데,
그의 손이 에서의 발뒤꿈치를 잡고 있어서, 이름
을 ㄴ)야곱이라고 하였다. 리브가가 이 쌍둥이를 낳
았을 때에, 이삭의 나이는 예순 살이었다.

ㄱ) '털' ㄴ) '발뒤꿈치를 잡다' 즉 '속이다'를 뜻하는 '야아케브'에서 온 말

마엘 사람들의 기원과 아브라함과 사라의 자손인 이스라엘 사람들과의 관계에 대한 두 번째 기사이다 (25쪽 추가 설명: "여러 민족 가운데 놓인 이스라엘"을 보라). 이 두 번째 기사는 엘로힘문서로부터 온 것인데, 이 기자는 전반적으로 "엘로힘"(하나님)이라는 이름을 사용한다. 이것은 "야웨" (YHWH, 주 하나님) 라고 하는 하나님의 이름을 사용하는 야웨문서의 기사(16:1-14)와 병행한다. 서로 차이가 있음에도 불구하고, 이 두 전승은 이스마엘과 이스마엘 사람들을 사막과 관련시키며 (16:7, 12; 21:20-21), 이런 백성의 존재를 하나님의 약속들(16:10-11; 21:13, 18)의 결과로 간주한다. 가족 설화로써, 이 이야기는 사라와 하갈과 아브라함 사이의 관계에 대해 또 다른 관점을 제공한다. **21:9** *이삭을 놀리고 있었다.* 개역개정, 공동번역, NRSV는 칠십인역 및 불가타 성경과 해석을 같이하면서 그녀의 아들 이삭과 놀고 있었다로 번역한다. 반면에, 히브리어 마소라사본은 단순히 "비웃다" 라고 말한다. 이것은 "이삭"("그가 웃는다")의 이름에 대한 또 하나의 언어의 기교적인 표현이다. 해석자들은 사라의 반응(10절)을 설명하기 위하여 이스마엘 쪽에서 행했을 것으로 보는 학대나 건방진 행위를 제시하여왔지만, 본문 자체는 그런 해석에 대하여 함구한다. 이스마엘의 비웃음은 아마도 가족 안에서 그가 이삭의 정체성이나 역할을 인계받은 것을 암시했을 것이다. **21:10** 사라는 아브라함의 장남(이지만 후처 소생)인 이스마엘을 비록 본처의 첫 아들이긴 하지만, 아브라함의 차남인 이삭의 지위에 대한 위협으로 간주한다. 사라의 요구에 대해 아브라함이 승낙한 것(11절)은 그녀가 염려하는 것의 타당성을 그가 인정했음을 시사한다. 사라가 하갈을 자신의 노예로 소유하고 취급하는 것에 관하여는 16:6에 관한 주석을 보라. **21:11-14** 야웨문서가 하갈의 고난에 (16:6) 대한 아브라함의 불간섭주의적 접근을 기술하는 것과 대조적으로, 엘로힘문서는 그의 도덕적 고결을 강조한다. 그는 하갈의 추방에 대하여 고민하며 (11절), 하나님에 의

에서가 맏아들의 권리를 팔다

27 두 아이가 자라, 에서는 날쌘 사냥꾼이 되
어서 들에서 살고, 야곱은 성격이 차분한 사람이
되어서, 주로 집에서 살았다. 28 이삭은 에서가
사냥해 온 고기에 맛을 들이더니 에서를 사랑하였
고, 리브가는 야곱을 사랑하였다.
29 한 번은, 야곱이 죽을 끓이고 있는데, 에
서가 허기진 채 들에서 돌아와서, 30 야곱에게
말하였다. "그 붉은 죽을 좀 빨리 먹자. 배가 고파
죽겠다." 에서가 '붉은' 죽을 먹고 싶어 하였다고
해서, 에서를 [ㄱ]에돔이라고도 한다. 31 야곱이
대답하였다. "형은 먼저, 형이 가진 맏아들의 권
리를 나에게 파시오." 32 에서가 말하였다. "이
것 봐라, 나는 지금 죽을 지경이다. 지금 나에게
맏아들의 권리가 뭐 그리 대단한 거냐?" 33 야
곱이 말하였다. "나에게 맹세부터 하시오." 그러
자 에서가 야곱에게 맏아들의 권리를 판다고 맹세
하였다. 34 야곱이 빵과 팥죽 얼마를 에서에게
주니, 에서가 먹고 마시고, 일어나서 나갔다. 에
서는 이와 같이 맏아들의 권리를 가볍게 여겼다.

이삭이 그랄에서 살다

26 1 일찍이 아브라함 때에 그 땅에 흉년이
든 적이 있는데, 이삭 때에도 그 땅에 흉
년이 들어서, 이삭이 그랄의 블레셋 왕 아비멜렉
에게로 갔다. 2 주님께서 이삭에게 나타나셔서,
말씀하셨다. "이집트로 가지 말아라. 내가 너에게
살라고 한 이 땅에서 살아라. 3 네가 이 땅에서
살아야, 내가 너를 보살피고, 너에게 복을 주겠다.
이 모든 땅을, 내가 너와 너의 자손에게 주겠다.
내가 너의 아버지 아브라함에게 맹세한 약속을 이
루어서, 4 너의 자손이 하늘의 별처럼 많아지게
하고, 그들에게 이 땅을 다 주겠다. 이 세상 모든
민족이 네 씨의 덕을 입어서, 복을 받게 하겠다.
5 이것은, 아브라함이 나의 말에 순종하고, 나의
명령과 나의 계명과 나의 율례와 나의 법도를 잘
지켰기 때문이다."
6 그래서 이삭은 그랄에 그대로 머물러 있
었다. 7 그 곳 사람들이 이삭의 아내를 보고서,
그에게 물었다. "그 여인이 누구요?" 이삭이 대답
하였다. "그는 나의 누이요." 이삭은 "그는 나의
아내요" 하고 말하기가 무서웠다. 이삭은, 리브가가
예쁜 여자이므로, 그 곳 사람들이 리브가를 빼앗
으려고 자기를 죽일지도 모른다고 생각하였기 때
문이다. 8 이삭이 그 곳에 자리를 잡고 산 지 꽤
오래 된 어느 날, 블레셋 왕 아비멜렉은, 이삭이
그 아내 리브가를 애무하는 것을 우연히 창으로
보게 되었다. 9 아비멜렉은 이삭을 불러들여서
나무랐다. "그는 틀림없이 당신의 아내인데, 어쩌
려고 당신은 그를 누이라고 말하였소?" 이삭이 대
답하였다. "저 여자 때문에 제가 혹시 목숨을 잃
을지도 모른다고 생각하였기 때문입니다." 10 아
비멜렉이 말하였다. "어쩌려고 당신이 우리에게
이렇게 하였소? 하마터면, 나의 백성 가운데서
누구인가가 당신의 아내를 건드릴 뻔하지 않았소?
괜히 당신 때문에 우리가 죄인이 될 뻔하였소."
11 아비멜렉은 모든 백성에게 경고를 내렸다.
"이 남자와 그 아내를 건드리는 사람은 사형을 받
을 것이다."

ㄱ) '붉은'

하여 그렇게 하도록 지시를 받았을 때(12-13절)에만 그것을 받아들이며, 그녀를 위해 음식물을 준비하여 제공한다 (14절). **21:17-18** 이스마엘 사람들의 존재와 위신은 이 설화에 의하여 하나님의 보호와 약속(13절; 16:10을 참조)의 결과로 설명된다. **21:20-21** 이스마엘은 남부 사막과 관련되는데, 그의 자손이 이끄는 대상들이 이 사막을 통과해 여행하였다 (37:25, 28b; 39:1).

21:22-34 이 설화는 우물과 더불어 이스라엘 도시 브엘세바가 생겨난 연유와 이 도시가 근접한 그랄의 도시와 맺고 있는 관계를 설명한다 (25쪽 추가 설명: "여러 민족 가운데 놓인 이스라엘: 이스라엘의 정치 지도"를 보라). 이 설화는 20장에 나오는 아브라함, 사라, 그리고 아비멜렉의 이야기의 연속인데, 이것은 아비멜렉과 아브라함을 그들 자신들과 더 나아가 그들의 자손들 사이에 맺어진 어떤 협약을 정직하게 중재한 자들로 제시한다. **21:26** 아비멜렉은 모든 잘못으로부터 무죄함을 입증한다 (20:4-6, 14-16을 참조). **21:31** *브엘.* 이것은 "우물"을 의미한다. *세바.* "일곱"과 "서약"을 의미한다. 그래서 "서약의 우물" 혹은 "일곱 우물"을 뜻하는 이 도시의 이름 *브엘세바*는 이 우물에 대한 아브라함의 권한에 관하여 아브라함과 아비멜렉 사이에 맺어진 협약과 동시에 이 협약을 인준하기 위하여 아브라함이 일곱 마리의 양을 내놓은 사실에 의거하여 설명될 수 있다 (28-30절). **21:33** 거룩한 장소의 표로써 나무에 관하여, 12:6-7; 13:18, 18:1에 대한 주석과 33쪽 추가 설명: "주변 환경에 적응하며 살아간 선조들"을 보라.

22:1-19 아브라함과 이삭의 이야기는 창세기에 나오는 모든 이야기 중에서 아마도 가장 감동을 주는 이야기인 동시에 가장 문제시되는 이야기이기도 할 것

12 이삭이 그 땅에서 농사를 지어서, 그 해에
백 배의 수확을 거두어들였다. 주님께서 그에게
복을 주셨기 때문이다. 13 그는 부자가 되었다.
재산이 점점 늘어서, 아주 부유하게 되었다.
14 그가 양 떼와 소 떼, 남종과 여종을 많이 거느
리게 되니, 블레셋 사람들이 그를 시기하기 시작
하였다. 15 그래서 그들은 이삭의 아버지 아브
라함 때에 아브라함의 종들이 판 모든 우물을 막
고, 흙으로 메워 버렸다. 16 아비멜렉이 이삭에
게 말하였다. "우리에게서 떠나가시오. 이제 당신
은 우리보다 훨씬 강하오."

17 이삭은 그 곳을 떠나서, 그랄 평원에다
가 장막을 치고서, 거기에 자리를 잡고 살았다.
18 이삭은 자기 아버지 아브라함 때에 팠던 우물
들을 다시 팠다. 이 우물들은, 아브라함이 죽자,
블레셋 사람들이 메워 버린 것들이다. 이삭은 그
우물들을 그의 아버지 아브라함이 부르던 이름 그
대로 불렀다. 19 이삭의 종들이 그랄 평원에서
우물을 파다가, 물이 솟아나는 샘줄기를 찾아
냈다. 20 샘이 터지는 바람에, 그랄 지방 목자들
이 그 샘줄기를 자기들의 것이라고 주장하면서,
이삭의 목자들과 다투었다. 우물을 두고서 다투
었다고 해서, 이삭은 이 우물을 ㄱ)에섹이라고 불
렀다. 21 이삭의 종들이 또 다른 우물을 팠는데,
그랄 지방 목자들이 또 시비를 걸었다. 그래서 이
삭은 그 우물 이름을 ㄴ)싯나라고 하였다. 22 이
삭이 거기에서 옮겨서 또 다른 우물을 팠는데, 그
때에는 아무도 시비를 걸지 않았다. 그래서 그는
"이제 주님께서 우리가 살 곳을 넓히셨으니, 여기
에서 우리가 번성하게 되었다" 하면서, 그 우물 이
름을 ㄷ)르호봇이라고 하였다.

23 이삭은 거기에서 브엘세바로 갔다. 24 그
날 밤에 주님께서 그에게 나타나셔서 말씀하셨
다. "나는 너의 아버지 아브라함을 보살펴 준 하
나님이다. 내가 너와 함께 있으니, 두려워하지 말
아라. 내가 나의 종 아브라함을 보아서, 너에게 복을
주고, 너의 자손의 수를 불어나게 하겠다." 25 이삭
이 그 곳에 제단을 쌓고, 주님의 이름을 부르며 예배
하였다. 그는 거기에 장막을 치고, 그의 종들은
거기에서도 우물을 팠다.

이삭과 아비멜렉의 협약

26 아비멜렉이 친구 아훗삿과 군사령관 비골
을 데리고, 그랄에서 이삭에게로 왔다. 27 이삭
이 그들에게 물었다. "당신들이 나를 미워하여 이
렇게 쫓아내고서, 무슨 일로 나에게 왔습니까?"
28 그들이 대답하였다. "우리는 주님께서 당신과
함께 계심을 똑똑히 보았습니다. 그래서 우리는,
우리와 당신 사이에 평화조약을 맺어야 하겠다고
생각합니다. 이제 우리와 당신 사이에 언약을 맺
읍시다. 29 우리가 당신을 건드리지 않고, 당신
을 잘 대하여, 당신을 평안히 가게 한 것처럼, 당
신도 우리를 해롭게 하지 마십시오. 당신은 분명

ㄱ) '다툼' ㄴ) '반대' ㄷ) '넓은 곳'

이다. 아브라함은 여기서 하나님을 향한 빼어난 순종의 모범으로 제시되지만, 하나님께 순종하기 위해서, 아브라함은 자신의 아들을 죽일 준비가 되어야 한다. 창세기 어디에서도 한 사건이 해석자를 그렇게 도덕적 모순에 봉착케 하는 것은 없다 (55쪽 추가 설명: "이삭을 희생제물로 드리는 이야기에 담긴 도덕적 딜레마"를 보라). 유대 전승에서 보면, 이 이야기는 이삭의 아케다 (Akedah of Issaic) 혹은 포박으로 알려져 있는데, 이 단어들은 히브리 성경의 여기서만 사용되는, "포박하다" (*아카드*, 9절)에 해당하는 동사로부터 파생되었다. 이 이야기는 엘로힘문서 전승으로부터 나왔는데, 다음과 같이 이 전승의 핵심적인 성격들 중 일부를 반영해준다: 하나님께서 이스라엘 조상을 시험하심 (1절), 하늘로부터 온 신의 사자들을 통해서 하나님께서 교통하심 (11절), 그리고 하나님에 대한 인간의 당연한 반응으로써 하나님에 대한 두려움을 가짐 (12절). **22:1** 아브라함을 향한 부르심과 이 부르심에 대한 그의 반응(*예, 여기 있습니다*)은 이 설화 가운데 중요한 세 곳에서 나타난다: (1) 여기처럼, 하나님께서 아브라함더러 이삭을 번제물로 바치라고 명령하실 때; (2) 이삭이 아브라함에게 번제로 바칠 짐승이 어디 있느냐고 질문할 때 (7절); 그리고 (3) 하나님의 사자가 아브라함더러 이삭을 번제물로 드리지 말라고 명령할 때(11-12절)이다. **22:2** *너의 아들, 네가 사랑하는 외아들 이삭.* 이 구절을 표현하는데 사용된 일련의 용어들은 시험의 대상과 이 시험이 얼마나 고통스러운 요구인가에 역점을 둔다. *모리아.* 이 산의 위치와 의미는 확실치 않다. *모리아* 라는 용어는 이 이야기에서 반복적으로 사용된, "보다"에 해당하는 동사(4, 8, 14절에 관한 주석을 보라)의 형태를 띠었으므로, 이 이름은 이 주제와 관련하여 이해될 수 있을 것이다. 역대기 기자(대하 3:1)와 후기 유대 전승은 모리아를 예루살렘에 있는 성전 산(Temple Mount)과 동일시한다. 번제물은 희생제물 전체가 제단에서 소각되는 제물이다. **22:6** 여기서 보면 이삭이 장작을 등에 지지만, 나중에는 이삭이 이 장작 위에 놓여진다 (9절). **22:8** *하나님이 손수 마련하여 주실 것이다.* 이 구절에 해당하는 히브리어는 문자 그대로 "하나님께서 그것에 대해 배려하실 것이다" 라고 번역되는데, 이와

히 주님께 복을 받은 사람입니다." 30 이삭은 그
들을 맞아서 잔치를 베풀고, 그들과 함께 먹고 마
셨다. 31 그들은 다음날 아침에 일찍 일어나서,
서로 맹세하였으며, 그런 다음에, 이삭이 그들을
보내니, 그들이 평안한 마음으로 돌아갔다. 32 그
날, 이삭의 종들이 와서, 그들이 판 우물에서 물이
터져나왔다고 보고하였다. 33 이삭이 그 우물을
[ㄱ]세바라고 부르니, 사람들은 오늘날까지 그 우물
이 있는 성읍을 [ㄴ]브엘세바라고 한다.'

에서의 이방인 아내들

34 에서는, 마흔 살이 되는 해에, 헷 사람 브
에리의 딸 유딧과, 헷 사람 엘론의 딸 바스맛을
아내로 맞았다. 35 이 두 여자가 나중에 이삭과
리브가의 근심거리가 된다.

이삭이 야곱을 축복하다

27 1 이삭이 늙어서, 눈이 어두워 잘 볼 수
없게 된 어느 날, 맏아들 에서를 불렀다.
"나의 아들아." 에서가 대답하였다. "예, 제가 여
기에 있습니다." 2 이삭이 말하였다. "얘야, 보
아라, 너의 아버지가 이제는 늙어서, 언제 죽을지
모르겠구나. 3 그러니 이제 너는 나를 생각해서,
사냥할 때에 쓰는 기구들 곧 화살통과 활을 메고
들로 나가서, 사냥을 해다가, 4 내가 좋아하는
별미를 만들어서, 나에게 가져 오너라. 내가 그것을
먹고, 죽기 전에 너에게 마음껏 축복하겠다."
5 이삭이 자기 아들 에서에게 이렇게 말하는
것을 리브가가 엿들었다. 에서가 무엇인가를 잡
아오려고 들로 사냥을 나가자, 6 리브가는 아들
야곱에게 말하였다. "얘야, 나 좀 보자. 너의 아버
지가 너의 형에게 하는 말을 내가 들었다. 7 사
냥을 해다가, 별미를 만들어서 아버지께 가져 오
라고 하시면서, 그것을 잡수시고, 돌아가시기 전에,
주님 앞에서 너의 형에게 축복하겠다고 하시
더라. 8 그러니 얘야, 너의 어머니가 하는 말을
잘 듣고, 시키는 대로 하여라. 9 염소가 있는 데로
가서, 어린 것으로 통통한 놈 두 마리만 나에게 끌
고 오너라. 너의 아버지가 어떤 것을 좋아하시는
지 내가 잘 아니까, 아버지가 잡수실 별미를 만
들어 줄 터이니, 10 너는 그것을 아버지께 가져
다 드려라. 그러면 아버지가 그것을 잡수시고서,
돌아가시기 전에 너에게 축복하여 주실 것이다."
11 야곱이 어머니 리브가에게 말하였다. "형 에
서는 털이 많은 사람이고, 나는 이렇게 피부가 매
끈한 사람인데, 12 아버지께서 만져 보시면 어
떻게 되겠습니까? 아버지를 속인 죄로, 축복은커
녕 오히려 저주를 받을 것이 아닙니까?" 13 어
머니가 아들에게 말하였다. "아들아, 저주는 이
어미가 받으마. 내가 시키는 대로 하여라. 가서,
두 마리를 끌고 오너라." 14 그가 가서, 두 마리를
붙잡아서 어머니에게 끌고 오니, 그의 어머니가
그것으로 아버지의 입맛에 맞게 별미를 만들었다.
15 그런 다음에 리브가는, 자기가 집에 잘 간직

ㄱ) '맹세' 또는 '일곱' ㄴ) '맹세의 우물' 또는 '일곱 우물'

동일한 표현이 14절 전반부에 나오는 장소를 호칭하는 데 사용된다. 이야기를 전개하는 자가 아브라함의 내적 생각들을 어디에도 기술하지 않기 때문에, 이러한 반응은 믿음의 표현이거나 어버이의 책임을 회피하는 행동으로 간주될 수 있을 것이다. *두 사람이 함께 걸었다.* 이 표현은 이삭이 자신의 아버지에게 던졌던 불안감이 도는 질문(6절)의 배경이 된다. **22:10** *잡으려고.* 이 동사는 통상 희생제물로 드릴 짐승들을 도살하는데 사용된다 (출 29:11). **22:14** *주님의 산에서 준비될 것이다.* 이것에 관해서는 22:8에 대한 주석을 보라. 이 구절은 "주님께서 산에서 친히 보이신다" 라고 번역할 수도 있다. 이것은 이와 동일한 동사 "보다"에 근거를 둔, 이 장소에 대한 다른 지명일지도 모른다. **22:15-19** 이것들은 이야기의 원본에 추가된 부분으로 보인다. 이것들은 허다한 자손들의 축복(13:16; 15:5를 참조)과 여러 민족들을 위한 축복(12:3; 18:18을 참조)이라는 야웨문서 전통의 특징을 이루는 주제들을 담고 있다. 두 약속은 모두 직접적으로 아브라함의 순종에 관련되어 있다 (18:18 19; 26:3-5를 참조).

22:20-24 아브라함의 형제인 *나홀의* 가족은 11:28-30에 나오는 족보를 보완하며, *브두엘과 리브가를* 언급함으로써, 24장에 나오는 이삭과 리브가의 결혼 기사를 위한 배경을 깔아놓는다.

23:1-20 이 이야기는 이스라엘 민족의 여자 족장으로서 사라에 대한 기억과 존경을 반영한다. 아브라함과의 언약(17:1-27)을 제외하고, 이것은 창세기에 나오는 이스라엘 선조들의 전승들 가운데서 유일하게 긴 제사문서 설화이다. 사라를 매장할 땅은 또한 아브라함 (25:7-10), 이삭, 르우벤, 야곱, 그리고 레아 (49:29-32)의 장지가 될 곳이었다. 이 땅을 구입하는 이야기를 통해서, 후에 이스라엘 사람들이 찾았던 조상의 장지의 고대성을 주장함과 동시에 이스라엘 사람들이 자신들의 여자 족장들과 남자 족장들을 똑같이 존경하였음을 주장한다. 막벨라 동굴의 정확한 위치는 확실하지

하여 둔 맏아들 에서의 옷 가운데 가장 좋은 것을
꺼내어, 작은 아들 야곱에게 입혔다. 16 리브가는
염소 새끼 가죽을 야곱의 매끈한 손과 목덜미에
둘러 주고 나서, 17 자기가 마련한 별미와 빵을
아들 야곱에게 들려 주었다.
18 야곱이 아버지에게 가서 "아버지!" 하고
불렀다. 그러자 이삭이 "나 여기 있다. 아들아, 너
는 누구냐?" 하고 물었다. 19 야곱이 아버지에
게 말하였다. "저는 아버지의 맏아들 에서입니다.
아버지께서 말씀하신 그대로 하였습니다. 이제
일어나 앉으셔서, 제가 사냥하여 온 고기를 잡수
시고, 저에게 마음껏 축복하여 주시기 바랍니다."
20 이삭이 아들에게 물었다. "얘야, 어떻게 그렇게
빨리 사냥거리를 찾았느냐?" 야곱이 대답하였다.
"아버지께서 섬기시는 주 하나님이, 일이 잘 되게
저를 도와 주셨습니다." 21 이삭이 야곱에게 말
하였다. "얘야, 내가 너를 좀 만져 볼 수 있게, 이
리 가까이 오너라. 네가 정말로 나의 아들 에서인
지, 좀 알아보아야겠다." 22 야곱이 아버지 이삭
에게 가까이 가니, 이삭이 아들을 만져 보고서 중
얼거렸다. "목소리는 야곱의 목소리인데, 손은 에
서의 손이로구나." 23 이삭은, 야곱의 두 손이
저의 형 에서의 손처럼 털이 나 있으므로, 그가 야
곱인 줄을 모르고, 그에게 축복하여 주기로 하였다.
24 이삭은 다짐하였다. "네가 정말로 나의 아들
에서냐?" 야곱이 대답하였다. "예, 그렇습니다."
25 이삭이 말하였다. "나의 아들아, 네가 사냥
하여 온 것을 나에게 가져 오너라. 내가 그것을
먹고서, 너에게 마음껏 복을 빌어 주겠다." 야곱
이 이삭에게 그 요리한 것을 가져다가 주니, 이삭
이 그것을 먹었다. 야곱이 또 포도주를 가져다가
따르니, 이삭이 그것을 마셨다. 26 그의 아버지
이삭이 그에게 말하였다. "나의 아들아, 이리 와
서, 나에게 입을 맞추어 다오." 27 야곱이 가까
이 가서, 그에게 입을 맞추었다. 이삭이 야곱의
옷에서 나는 냄새를 맡고서, 그에게 복을 빌어
주었다.

"나의 아들에게서 나는 냄새는
주님께 복받은 밭의 냄새로구나.
28 하나님은
하늘에서 이슬을 내려 주시고,
땅을 기름지게 하시고,
곡식과 새 포도주가
너에게 넉넉하게 하실 것이다.
29 여러 민족이 너를 섬기고,
백성들이 너에게

추가 설명: 이삭을 희생제물로 드리는 이야기에 담긴 도덕적 딜레마

이 이야기에 의해 제기된 도덕적 딜레마는 창 22:12-13에서 절정에 이른다. 여기서 하나님은 이삭 대신에 짐승을 희생제물로 드릴 것을 허락하지만, 동시에 자신의 아들을 기꺼이 바치려한 아브라함의 의지를 칭찬하신다. 이러한 딜레마에 관하여 해석자들 가운데 대두되는 주된 반응은 이 이야기를 인간 희생제물에 대한 논박으로 보아온 것이다. 이런 해석에 따르면, 이 이야기는 인간 희생제물에 대한 하나님의 요구를 결국 하나님은 인간 희생제물이 아니라 이를 대체할 짐승의 제물을 희망하신다는 것을 다만 보여주기 위한 것으로 기술한다. 이러한 해석은 구약성경에서 인간을 희생제물로 드리는 일을 빈번히 저주한다(예를 들어, 신 12:31; 렘 7:30-32)는 사실에 의하여 지지되는 것처럼 보인다. 하지만, 이런 해석에는 주요 난점이 있으며, 이런 해석이 예전과는 달리 폭넓게 받아들여지지 않는다. 그 이유는 이것이 본문의 초점, 곧 이삭을 죽이려는 의지에 드러난 아브라함의 절대적 순종을 훼손하기 때문이다. 이 이야기가 저주하는 일, 곧 인간 희생제물을 바치는 일을 하려는 아브라함을 어떻게 그 이야기가 그렇게 높이 칭송할 수 있는가? 그러므로 아브라함의 순종은 고대 근동의 경우에서와 분명 성경역사의 어떤 시점(출 22:29-30 [히브리 원어성경, 22:28-29]; 겔 20:25-26)에서처럼, 이 이야기는 인간 희생제물을 예배의 참된 행위로 받아들일 때에만 의미가 있다. 이러한 도덕적 난제를 풀려는 많은 시도들 가운데 두 가지 중요한 시도를 들어보면 이러하다. 이들 중 하나에 의하면, 하나님은 인간의 모든 도덕적 규범들 위에 계시며 자유롭게 신의 지혜에 따라 행동하신다: 하나님의 방식들은 인간의 방식들과 다르다. 또 다른 것에 의하면, 고대와 현대의 문화적 규범들(과 이것들이 수반하는 신학들) 사이에 놓인 엄청난 차이점들이 강조되어야 하고 당시의 반응에 결부되어 고려되어야 한다. 아브라함의 순종은 역사적 관점으로부터 이해되고 평가되어야 하지만, 인간 희생제물의 관행은, 대부분의 성경본문들에 드러난 것처럼, 참다운 예배와 도덕성에 거슬리는 것으로 인식되어야 한다.

무릎을 꿇을 것이다.
너는 너의 친척들을 다스리고,
너의 어머니의 자손들이
너에게 무릎을 꿇을 것이다.
너를 저주하는 사람마다
저주를 받고,
너를 축복하는 사람마다
복을 받을 것이다."

에서가 축복받기를 간청하다

30 이삭은 이렇게 야곱에게 축복하여 주었
다. 야곱이 아버지 앞에서 막 물러나오는데, 사냥
하러 나갔던 그의 형 에서가 돌아왔다. 31 에서
도 역시 별미를 만들어서, 그것을 들고 자기 아버
지 앞에 가서 말하였다. "아버지, 일어나셔서, 이
아들이 사냥하여 온 고기를 잡수시고, 저에게 마
음껏 축복하여 주시기 바랍니다." 32 그의 아버
지 이삭이 그에게 물었다. "너는 누구냐?" 에서가
대답하였다. "저는 아버지의 아들, 아버지의 맏아
들 에서입니다." 33 이삭이 크게 충격을 받고서,
부들부들 떨면서 말을 더듬거렸다. "그렇다면, 네
가 오기 전에 나에게 사냥한 고기를 가져 온 게 누
구란 말이냐? 네가 오기 전에, 내가 그것을 이미
다 먹고, 그에게 축복하였으니, 바로 그가 복을 받
을 것이다." 34 아버지의 말을 들은 에서는 소리
치며 울면서, 아버지에게 애원하였다. "저에게 축
복하여 주십시오. 아버지, 저에게도 똑같이 복을
빌어 주십시오." 35 그러나 이삭이 말하였다.
"너의 동생이 와서 나를 속이고, 네가 받을 복을
가로챘구나." 36 에서가 말하였다. "그 녀석의
이름이 왜 ㄱ)야곱인지, 이제야 알 것 같습니다. 그
녀석이 이번까지 두 번이나 저를 속였습니다. 지
난번에는 맏아들의 권리를 저에게서 빼앗았고,
이번에는 제가 받을 복까지 빼앗아갔습니다." 에
서가 아버지에게 물었다. "저에게 주실 복을 하나
도 남겨 두지 않으셨습니까?" 37 이삭이 에서에
게 대답하였다. "나는, 그가 너를 다스리도록 하
였고, 그의 모든 친척을 그에게 종으로 주었고, 곡
식과 새 포도주가 그에게서 떨어지지 않도록 하였
다. 그러니, 나의 아들아, 내가 너에게 무엇을 해
줄 수 있겠느냐?" 38 에서가 그의 아버지에게 말
하였다. "아버지, 아버지께서 비실 수 있는 복이
어디 그 하나뿐입니까? 저에게도 복을 빌어 주십
시오, 아버지!" 이 말을 하면서, 에서는 큰소리로
울었다.
39 그의 아버지 이삭이 그에게 대답하였다.
"네가 살 곳은
땅이 기름지지 않고,
하늘에서 이슬도
내리지 않는 곳이다.
40 너는 칼을 의지하고 살 것이며,
너의 아우를 섬길 것이다.
그러나 애써 힘을 기르면, 너는,
그가 네 목에 씌운 멍에를
부술 것이다."

41 에서는 아버지에게서 받을 축복을 야곱에
게 빼앗긴 것 때문에 야곱에게 원한이 깊어갔다.
그는 혼자서 '아버지를 곡할 날이 머지 않았으니,
그 때가 되면, 동생 야곱을 죽이겠다' 하고 마음을
먹었다. 42 리브가는 맏아들 에서가 하고 다니
는 말을 전해 듣고는, 작은 아들을 불러다 놓고서

ㄱ) '발뒤꿈치를 잡다' 즉 '속이다'

않지만, 사라와 이스라엘의 다른 선조들의 묘지는 오늘날 헤브론의 중심에 위치한 사원에 기념으로 남아 있다. **23:2** *헤브론.* 헤브론은 남부 산간지역의 주요 도시인데, *아브라함과 사라의* 거주지였다 (13:18; 18:1). 또한 헤브론은 다윗 왕국의 첫 번째 수도이기도 하였다 (삼하 5:1-5). **23:3** *헷 사람.* 헷 사람은 조상 설화에서 보면, 가나안의 토착 민족들 가운데 하나로 간주된다 (10:15; 15:20; 26:34). 이 족속과 성경시대에 아나톨리아(현대의 터키와 북부 시리아)에 위치했던 대(大)헷제국 사이에 어떤 관계가 있는지는 결정하기 어렵다. **23:4** 자신의 가족과 친지들의 영역 밖에서 사는 나그네로서, 아브라함은 땅의 소유권을 포함해서 시민권을 누리지 못했다. 가나안에서 나그네로 사는 조상들의 이미지는 제사문서 기자의 독자적인 것이다. 야웨문서는 조상들을 가나안 안에서는 정착민이며, 오직 가나안을 벗어나서만 나그네로 묘사한다 (12:10; 15:13; 26:3). **23:6** 관습적으로 가산으로 보존되고 유산으로 물려진 땅을 판매할 것을 제의하는 대신에, 헷 사람들은 아브라함에게 그들의 땅을 장지로 제공한다. **23:10** 고대 도시들의 성문 주변에서 발굴된 긴 의자들은 법적이요 경제적인 이런 거래들이 통상적으로 체결되었던 장소임을 보여준다. **23:12** 23:6에 관한 주석을 보라. **23:13-20** 공식 절차들을 통해서 사라의 장지를 위해 돈을 지불하고 땅을 양도받은 것은 이 장지가 조상들이 살았던 고대로부터 이스라엘의 소유 아래 있었다는 것을 지적해 주는 것이다.

24:1-67 장면은 사라로부터 리브가로 전환되는데, 사라는 이스라엘 민족의 위대한 첫 여족장이며, 그녀의 매장이 앞 장에서 기술된 바 있고 리브가는 다음 세대의 여족장이다. 리브가와 이삭의 결혼 준비를 다루는

말하였다. "너의 형 에서가 너를 죽여서, 한을 풀
려고 한다. 43 그러니 나의 아들아, 내가 시키는
대로 하여라. 이제 곧 하란에 계시는 라반 외삼촌
에게로 가거라. 44 네 형의 분노가 풀릴 때까지,
너는 얼마 동안 외삼촌 집에 머물러라. 45 네 형의
분노가 풀리고, 네가 형에게 한 일을 너의 형이
잊으면, 거기를 떠나서 돌아오라고 전갈을 보내
마. 내가 어찌 하루에 자식 둘을 다 잃겠느냐!"

이삭이 야곱을 라반에게 보내다

46 리브가가 이삭에게 말하였다. "나는, 헷
사람의 딸들 때문에, 사는 게 아주 넌더리가 납니
다. 야곱이 이 땅에 사는 사람들의 딸들 곧 헷 사
람의 딸들 가운데서 아내를 맞아들인다고 하면,
내가 살아 있다고는 하지만, 나에게 무슨 사는 재
미가 있겠습니까?"

28 1 이삭이 야곱을 불러서, 그에게 복을 빌
어 주고 당부하였다. "너는 가나안 사람
의 딸들 가운데서 아내를 맞이하지 말아라. 2 이
제 곧 밧단아람에 계시는 브두엘 외할아버지 댁
으로 가서, 거기에서 너의 외삼촌 라반의 딸들 가
운데서 네 아내가 될 사람을 찾아서 결혼하여라.
3 ㄱ)전능하신 하나님이 너에게 복을 주셔서, 너로
생육하고 번성하게 하시고, 마침내 네가 여러 민
족을 낳게 하실 것이다. 4 하나님이 아브라함에
게 허락하신 복을 너와 네 자손에게도 주셔서, 네
가 지금 나그네살이를 하고 있는 이 땅, 하나님이
아브라함에게 주신 이 땅을, 네가 유산으로 받을
수 있도록 해주시기를 바란다." 5 이렇게 복을
빌어 준 뒤에, 이삭은 야곱을 보냈다. 야곱은 밧
단아람으로 가서, 라반에게 이르렀다. 라반은 아
람 사람 브두엘의 아들이며, 야곱과 에서의 어머
니인 리브가의 오라버니이다.

에서가 다른 아내를 맞이하다

6 에서는, 이삭이 야곱에게 복을 빌어 주고,
그를 밧단아람으로 보내어, 거기에서 아내감을
찾게 하였다는 것을 알았다. 에서는, 이삭이 야곱
에게 복을 빌어 주면서, 가나안 사람의 딸들 가운
데서 아내감을 찾아서는 안 된다고 당부하였다는
것과, 7 야곱이 아버지와 어머니의 말에 순종하
여, 밧단아람으로 떠났다는 것을 알았다. 8 에서
는, 자기 아버지 이삭이 가나안 사람의 딸들을 싫
어한다는 것을 알고, 9 이미 결혼하여 아내들이
있는데도, 이스마엘에게 가서, 그의 딸 마할랏을
또다시 아내로 맞이하였다. 마할랏은 느바욧의
누이이며, 아브라함의 손녀이다.

야곱이 베델에서 꿈을 꾸다

10 야곱이 브엘세바를 떠나서, 하란으로 가
다가, 11 어떤 곳에 이르렀을 때에, 해가 저물었
으므로, 거기에서 하룻밤을 지내게 되었다. 그는
돌 하나를 주워서 베개로 삼고, 거기에 누워서 자
다가, 12 꿈을 꾸었다. 그가 보니, 땅에 ㄴ)층계
가 있고, 그 꼭대기가 하늘에 닿아 있고, 하나님의 천

ㄱ) 히, '엘 샤다이' ㄴ) '사닥다리'

기사에서, 이 이야기는, 성경시대의 이스라엘 사회와 같이, 전통 사회들 속에서 결혼을 규정하는 수많은 관습들을 반영한다. 야웨문서의 전승들에 속하는 이 설화의 목표는 리브가의 인성과 미모를 경외하며 (16-20, 24-25, 56-58절), 이삭과의 연합을 통해 아브라함에게 주어진 하나님의 약속들이 어떻게 지속되고 전개되는지(7, 27, 50-51, 60절)를 보여주는 데 있다.

24:1-9 아브라함은 그의 종더러 이삭을 위해 적절한 아내를 찾으라고 지시한다. **24:2** 아브라함의 종은 아마도 엘리에셀로, 그는 이삭이 태어나기 전에 아브라함이 자신의 상속자로 삼으려던 자였다 (15:2-3). 아브라함이 종에게 요구한 의식이 온전히 이해되는 것은 아니지만, 이 의식은 남자의 성기를 건드리는 행위임에 틀림없다. 이 행위는 여기서 *다리 사이* (창 46:26; 출 1:5) 라고 번역된 히브리 용어가 뜻하는 것들 중 하나인데, 죽고 사는 것과 관계되는 맹세의 효력을 상징하는 것이었다. **24:3** 성경시대의 이스라엘처럼, 왕정에 기초한 전통 사회는 대가족 바깥에서보다는 그 집단 안에서의 혼인을 강조한다. **24:4** 창세기에서 아브라함에 대한 가나안 땅의 약속에도 불구하고, 아브라함 자신의 조상의 고향은 북동쪽으로 고대 아람 왕국 (현대의 시리아; 7절, 10절, 11:31-32; 12:1을 참조) 내에 있었다고 하는 강한 전승이 보전되어 있다. **24:7** 아브라함이 언급하는 약속에 관해서는 12:7; 13:15; 15:18을 보라; 또한 31쪽 추가 설명: "족장들에게 주어진 약속들"을 보라.

24:10-33 결국 결혼으로 인도하는 우물가에서의 만남은, 성경에 있는 여러 비슷한 이야기들이 말하여 주듯이 (창 29:1-30; 출 2:11-22), 일종의 전통적인 설화 형태이다. 이와 같은 전통 사회에서 보면, 물을 긷는 것은 여자들의 일이었다. **24:10** 아브라함의 형제인 *나홀*의 가족들에 대해서는 11:27-32; 22:20-24

사들이 그 층계를 오르락내리락 하고 있었다. 13 주
님께서 그 층계 위에 서서 말씀하셨다. "나는 주, 너
의 할아버지 아브라함을 보살펴 준 하나님이요,
너의 아버지 이삭을 보살펴 준 하나님이다. 네가
지금 누워 있는 이 땅을, 내가 너와 너의 자손에
게 주겠다. 14 너의 자손이 땅의 티끌처럼 많아
질 것이며, 동서 남북 사방으로 퍼질 것이다. 이
땅 위의 모든 백성이 너와 너의 자손 덕에 복을 받
게 될 것이다. 15 내가 너와 함께 있어서, 네가
어디로 가든지 너를 지켜 주며, 내가 너를 다시
이 땅으로 데려 오겠다. 내가 너에게 약속한 것을
다 이루기까지, 내가 너를 떠나지 않겠다." 16 야
곱은 잠에서 깨어서, 혼자 생각하였다. '주님께서
분명히 이 곳에 계시는데도, 내가 미처 그것을 몰
랐구나.' 17 그는 두려워하면서 중얼거렸다. "이
얼마나 두려운 곳인가! 이 곳은 다름아닌 하나님
의 집이다. 여기가 바로 하늘로 들어가는 문이다."
18 야곱은 다음날 아침 일찍이 일어나서, 베
개 삼아 벤 그 돌을 가져다가 기둥으로 세우고, 그
위에 기름을 붓고, 19 그 곳 이름을 [ㄱ]베델이라
고 하였다. 그 성의 본래 이름은 루스였다. 20 야
곱은 이렇게 서원하였다. "하나님께서 저와 함께
계시고, 제가 가는 이 길에서 저를 지켜 주시고,
먹을 것과 입을 것을 주시고, 21 제가 안전하게
저의 아버지 집으로 돌아가게 해주시면, 주님이
저의 하나님이 되실 것이며, 22 제가 기둥으로
세운 이 돌이 하나님의 집이 될 것이며, 하나님께
서 저에게 주신 모든 것에서 열의 하나를 하나님
께 드리겠습니다."

야곱이 라반의 집에 도착하다

29 1 야곱이 줄곧 길을 걸어서, 드디어 동
방 사람들이 사는 땅에 이르렀다. 2 거
기 들에 우물이 있는데, 그 곁에 양 떼 세 무리가
엎드려 있는 것이 보였다. 그 곳은 목자들이 양 떼
에게 물을 먹이는 우물인데, 그 우물 아귀는 큰
돌로 늘 덮여 있어서, 3 양 떼가 다 모이면 목자

ㄱ) '하나님의 집'

에 관한 주석을 보라. *아람나하라임.* 24:4에 관한 주석을 보라. **24:12-14** 하나님을 향한 종의 기도는 그가 리브가를 선정한 것은 우연이나 자기 자신의 판단의 결과가 아니라 하나님의 계획의 일부였다(21, 27, 50-51절)는 것을 강조한다. **24:28** 리브가의 *어머니 집 식구*들은 리브가와 그녀의 오라버니 라반을 포함하여, 브두엘의 아내들 중 하나인 그녀의 모친과 이 모친에 달린 종들과 아이들을 포함한다.

24:34-61 리브가와 이삭이 결혼하는 것을 예비하는 일은 아브라함이 자신의 종에게 내리는 지시사항들과 우물가에서 일어난 사건들에 대한 긴 이야기의 줄거리로 시작한다 (34-49절). 이전의 사건들을 이렇게 자세하게 되풀이하는 것은 고대 근동의 서사시적 이야기들의 공통적인 특징이다. **24:50** 고대 근동과 성경 시대의 사회에서 여자들을 위한 결혼 준비는 그들에 대한 법적 책임을 가진 남자들에 의하여 처리되었다. 이러한 협상들에 내포된 리브가의 오라버니 *라반의* 두드러진 위치(29-33, 53, 55절)는 오라버니를 보호자로 지정하는 관습을 반영하는 것이거나, 아마도 이런 협상들을 처리하기에는 너무나 나이가 든 리브가의 아버지 *브두엘*을 대표해서 라반이 나서는 것을 보여주는 것일지도 모른다. **24:53** 아브라함의 종이 리브가의 오라버니와 어머니에게 준 선물들은 아마도 신부 값을 뜻하는 것인데, 이것은 딸을 잃은 가족에게 보상금을 주고 그녀의 오라버니가 아내를 얻도록 자금을 제공하는 통상적인 재물 교환이었다. **24:59** 리브가의 *유모*는 아마도 리브가가 어렸을 때 그녀를 키우고 나중에도 그녀의 하녀로 남게 된 여종일 것이다 (35:8을 보라). **24:60** 그녀의 오라버니와 어머니가 리브가에게 준 축복은 아브라함에게 주어진 축복을 반영한다 (22:17).

24:62-67 *리브가와 이삭의* 결혼으로 설화의 결론을 맺는다. **24:62** *브엘라해로이.* 이 곳은 하갈이 하나님과 만났던 장소이다 (16:14). **24:65** 너울을 쓰는 일이 창세기에 나오는 기혼 여성들이 행한 통상적인 관습으로 언급되지 않는다. 리브가의 *너울*은 다만 그녀가 장래 남편을 만날 때에만 사용되었는데, 혼인식 자체의 일부였는지도 모른다 (67절).

25:1-34 25장은 조상의 한 세대에서 다음 세대로 교체되는 것을 보여준다. 이것은 아브라함의 생애의 마지막 일화들을 포함하며 (1-11절), 그의 두 아들인 이스마엘(12-18절)과 이삭(19-34절)의 가족들을 소개한다. 아브라함의 이야기는 그의 세 번째 아내 그두라(1-6절)에게서 난 아이들에 대한 간단한 기사와 그의 죽음 및 안장에 대한 기술로 결론을 맺는다 (7-11절).

25:1-6 앞에서 나온 사라와 하갈과 그들의 자녀들에 대한 보다 상세한 기사들에다가, 야웨문서는 아브라함의 세 번째 아내 그두라와 그들의 자녀들에 대한 짤막한 이야기의 줄거리를 추가한다. **25:2-4** 그들의 자녀들 가운데 성경 전승에서 두각을 나타내는 유일한 인물은 미디안이다. 그의 자손들은 종종 상인들(37:28, 36)로 묘사되며, 그들로부터 모세의 아내인 십보라가 나왔다 (출 2:15-21). **25:5-6** 첩들이란 용어는 두 번째 아내들(창 30:1-8; 35:22; 왕상 11:3)을 지칭하는 것으로 보이며, 아마도 여기에서는 하갈과 그두라를 언급하는 것일 것이다. 아브라함의 가족에 관한 이 마지막 설화는 그의 아들들 가운데 이삭이 그의 유일한 합법적인 상속자라는 진술로 결론을 맺는다.

들이 우물 아귀에서 그 돌을 굴려내어 양 떼에게
물을 먹이고, 다 먹인 다음에 다시 돌을 굴려서 우
물 아귀를 덮고는 하였다.
4 야곱이 그 목자들에게 물었다. "여보십시오,
어디에서 오시는 길입니까?" 그들이 대답하였다.
"우리는 하란에서 오는 길입니다." 5 야곱이 그
들에게 또 물었다. "나홀이라는 분의 손자인 라반
이라는 분을 아십니까?" 그들이 대답하였다. "아,
예, 우리는 그를 잘 압니다." 6 야곱이 또 그들
에게 물었다. "그분이 평안하게 지내십니까?"
그들이 대답하였다. "잘 삽니다. 아, 마침, 저기
그의 딸 라헬이 양 떼를 몰고 옵니다." 7 야곱이
말하였다. "아직 해가 한창인데, 아직은 양 떼가
모일 때가 아닌 것 같은데, 양 떼에게 물을 먹이
고, 다시 풀을 뜯기러 나가야 하지 않습니까?"
8 그들이 대답하였다. "그렇지 않습니다. 양 떼가
다 모일 때까지 기다렸다가, 양 떼가 다 모이면,
우물 아귀의 돌을 굴려내고서, 양 떼에게 물을
먹입니다."
9 야곱이 목자들과 말하고 있는 사이에, 라
헬이 아버지의 양 떼를 이끌고 왔다. 라헬은 양 떼
를 치는 목동이다. 10 야곱이 외삼촌 라반의 딸
라헬과 그가 치는 외삼촌의 양 떼를 보고, 우물 아
귀에서 돌을 굴려내어, 외삼촌의 양 떼에게 물을
먹였다. 11 그러고 나서, 야곱은 라헬에게 입을
맞추고, 기쁜 나머지 큰소리로 울면서, 12 라헬
의 아버지가 자기의 외삼촌이라는 것과, 자기가 리
브가의 아들이라는 것을 라헬에게 말하였다. 라헬
이 달려가서, 아버지에게 이 사실을 말하였다.
13 라반은 누이의 아들 야곱이 왔다는 말을
듣고서, 그를 만나러 곧장 달려와, 그를 보자마자
껴안고서, 입을 맞추고, 자기 집으로 데리고 갔
다. 야곱은 지금까지 있었던 일들을 라반에게 다
말하였다. 14 말을 듣고 난 라반은 야곱에게 말
하였다. "너는 나와 한 피붙이이다."

야곱이 라반의 집안일을 하다

야곱이 한 달을 라반의 집에 머물러 있을 때
에, 15 라반이 그에게 말하였다. "네가 나의 조카
이긴 하다만, 나의 일을 거저 할 수는 없지 않느
냐? 너에게 어떻게 보수를 주면 좋을지, 너의
말을 좀 들어 보자."
16 라반에게는 두 딸이 있었다. 맏딸의 이름
은 레아이고, 둘째 딸의 이름은 라헬이다. 17 레
아는 눈매가 부드럽고, 라헬은 몸매가 아름답고
용모도 예뻤다. 18 야곱은 라헬을 더 사랑하였
다. 그래서 그는 "제가 칠 년 동안 외삼촌 일을 해
드릴 터이니, 그 때에 가서, 외삼촌의 작은 딸 라
헬과 결혼하게 해주십시오" 하고 말하였다. 19 그
러자 라반이 말하였다. "그 아이를 다른 사람과 짝
지어 주는 것보다, 너에게 짝지어 주는 것이 더 낫
겠다. 그러면 여기서 나와 함께 살자." 20 야곱
은 라헬을 아내로 맞으려고 칠 년 동안이나 일을

25:7-11 아브라함의 이야기는 아브라함의 죽음과 매장에 관한 이야기로 끝을 맺는데, 이것은 제사문서가 이삭(35:27-29)과 야곱(49:29-33)에 관하여 기록한 것과 유사하다. **25:7** 아브라함의 장수에 대해서는 5:5와 11:11에 관한 주석을 보라. **25:9-10** 창 23장을 보라. **25:11** *브엘라해로이*는 더 이상 확인될 수 없는 곳이지만, 이 곳은 산간지방의 남쪽에 위치한 네겝의 어디엔가 위치하고 있었다 (16:14; 24:62).

25:12-18 이스마엘에 대한 이 제사문서의 족보는 조상 역사의 주요 국면들을 표기하기 위하여 제사문서에 의하여 사용된 문체 (예를 들어, 2:4a; 5:1; 11:27), 곧 …*의 족보는 이러하다* 라는 말로 시작한다. 이스마엘과 그의 자손에 대한 묘사는 야웨문서(16:1-14)와 엘로힘문서 (21:8-21) 전승에 나오는 그들에 대한 묘사와 비교된다. 이스마엘 사람들은 남부 사막을 가로질러 여행하는 유목민들이다. 그들은 마을에서 야영하면서 살아가며, "족장"(이것은 새번역개정의 *통치자*에 해당하는 다른 번역이다)들을 우두머리로 하는 지파들에 따라서 조직되며, 이집트로부터 남쪽으로 아라비아와 앗시리아에 걸친 건조한 지대에 거주한다.

25:19-34 뒤이어 나오는 설화들은 이삭의 족보에 관한 것으로 간주되지만, 실제로, 이것들은 주로 그의 아들들인 야곱과 에서와 그들 사이에 있었던 경쟁의식에 관한 것이다. 이삭은 여러 면에서 과도기적인 인물인데, 그의 어린 시절에 관한 이야기들은 아브라함의 설화들(21—22장)에 포함되어 있고, 족장으로서의 그에 대한 이야기들은 야곱의 설화들(26장)에 포함되어 있다. 야곱과 에서에 관한 처음 두 이야기는 그들의 출생(19-26절)과 장자권 매각(27-34절)에 관한 기사인데, 이것들은 그들에 관한 전체 이야기들을 특징짓게 될 갈등의 색조를 배경에 깔아놓는다 (15쪽 추가 설명: "창세기에 나타난 형제간의 경쟁의식"을 보라). 이 형제들의 경쟁의식에 관한 이야기에서, 야웨문서는 후일에 그들의 자손인 이스라엘 사람들과 에돔 사람들 사이에 드러나는 긴장들의 뿌리와 원동력을 기술한다 (25쪽 추가 설명: "여러 민족 가운데 놓인 이스라엘"을 보라). **25:19-26** 야곱과 에서의 출생에 관한 이야기는 그들의 삶을 특징짓는 갈등을 도입해 주며 (22절, 26절), 이 이야기는 후에 그들 자손의 관계를 특징짓게 될 불화(23절)를 나타내는데 쓰이는 은유와 갈등을

하였지만, 라헬을 사랑하기 때문에, 칠 년이라는
세월을 마치 며칠같이 느꼈다.
21 칠 년이 지난 뒤에, 야곱이 라반에게 말하
였다. "약속한 기한이 다 되었습니다. 이제 장가
를 들게 해주십시오. 라헬과 결혼하겠습니다."
22 라반이 그 고장 사람들을 다 청해 놓고, 잔치
를 베풀었다. 23 밤이 되었을 때에, 라반은 큰
딸 레아를 데려다가 신방으로 들여보냈는데, 야
곱은 그것도 모르고, 레아와 동침하였다. 24 라
반은 여종 실바를 자기 딸 레아에게 몸종으로 주
었다. 25 아침이 되어서 야곱이 눈을 떠 보니,
레아가 아닌가! 야곱이 라반에게 말하였다. "외삼
촌께서 저에게 이러실 수가 있습니까? 제가 그 동
안 라헬에게 장가를 들려고 외삼촌 일을 해 드린
것이 아닙니까? 외삼촌께서 왜 저를 속이셨습니
까?" 26 라반이 대답하였다. "큰 딸을 두고서 작은
딸부터 시집보내는 것은, 이 고장의 법이 아닐세.
27 그러니 이 동안 초례 기간을 채우게. 그런 다
음에 작은 아이도 자네에게 주겠네. 그 대신에 자
네는 또 칠 년 동안 내가 맡기는 일을 해야 하네."
28 야곱은 그렇게 하였다. 그가 레아와 이레
동안 지내고 나니, 라반은 자기 딸 라헬을 그에게
아내로 주었다. 29 라반은 여종 빌하를 자기 딸
라헬에게 몸종으로 주었다. 30 야곱이 라헬과
동침하였다. 야곱은 레아보다, 라헬을 더 사랑
하였다. 그는 또다시 칠 년 동안 라반의 일을 하
였다.

야곱에게 아이들이 생기다

31 주님께서는, 레아가 남편의 사랑을 받지
못하는 것을 보시고, 레아의 태를 열어 주셨다.
라헬은 임신을 하지 못하였으나 32 레아는 마침
내 임신을 하여 아들을 낳았다. 그는 속으로 "주
님께서 나의 고통을 살피시고, 나에게 아들을 주
셨구나. 이제는 남편도 나를 사랑하겠지" 하면서,
아기 이름을 ㄱ)르우벤이라고 하였다. 33 그가 또
임신을 하여 아들을 낳았다. 그는 속으로 "주님께
서, 내가 남편의 사랑을 받지 못하여 하소연하는
소리를 ㄴ)들으시고, 이렇게 또 아들을 주셨구나"
하면서, 아이 이름을 시므온이라고 하였다.
34 그가 또 임신을 하여 아들을 낳았다. 그는 속
으로 "내가 아들을 셋이나 낳았으니, 이제는 남
편도 별 수 없이 나에게 ㄷ)단단히 매이겠지" 하면
서, 아이 이름을 레위라고 하였다. 35 그가 또

ㄱ) '그가 나의 비참한 처지를 보셨다' 또는 '보아라, 아들이다!'
ㄴ) 히, '샤마' ㄷ) 히, '라와'

동일시한다. **25:19** 이러한 설화들에 대한 도입부 (19-20절) 안에 있는 *다음은…이삭의 족보이다* 라고 하는 제사문서 문체는 이스라엘 역사의 새 시대(5:1; 6:9를 참조)의 조짐을 알려준다. **25:21** 아이를 갖지 못하는 리브가의 처지는 이스라엘의 여족장들의 패턴과 일치한다 (11:30에 관한 주석을 보라; 또한 30:1을 보라). **25:23** 이렇게 짧은 시적인 예언 안에, 다음과 같이 이 이야기들의 궁극적인 중요성이 놓여있다: 그들은 두 민족을 이룰 것이며, 한 민족이 다른 민족을 지배하게 될 것이다 (25쪽 추가 설명: "여러 민족 가운데 놓인 이스라엘"을 보라). **25:25** *털투성이 (세아르).* 이것에 해당하는 히브리 용어는 *에서* 라는 말과 음이 비슷하다. 비록 여기에는 서로의 관련성이 언급되지 않았지만, 다음에 나오는 이야기(30절)에서, 에서의 자손의 이름인 "에돔"은 "붉다"는 뜻이다. **25:26** *야곱 (yaaqob).* 이 이름은 뒤꿈치에 해당하는 명사로부터 파생된 동사로부터 나왔다: 이 말은 다른 세 곳에도 나오는데 (27:36; 렘 9:3; 호 12:4), 각각의 경우에 이 동사는 한 형제가 다른 형제의 특권들을 유린하는 행위를 기술한다.

25:27-34 에서가 장자로서 자신의 권리를 야곱에게 양도하는 기사는 이삭의 차남인 야곱이 어떻게 하나님의 축복과 약속을 얻는 자가 되었는지를 설명하는 보다 상세한 설화를 위한 서문이다 (27:1-40). 이 이야기에서 보면, 야곱은 재치가 있으며, 에서는 다소 충동적이고 앞뒤를 헤아리지 않는다. **25:30** *에돔.* 이 이름은 에서의 자손으로 이루어진 한 민족을 말하는 것인데, 에서가 먹은 야곱이 준비했던 붉은 죽에 기초해서 설명된다. **25:31-33** 장자는 자신의 아버지가 사망하는 경우 가족의 재산 중 상당 부분을 물려받을 수 있는 특권을 가지고 있었다 (창 43:33; 신 21:15-17). 비록 에서가 장자권을 야곱에게 양도했지만, 오직 아버지의 공식적인 승인만이 야곱을 법적으로 적절한 상속자로 확정할 것이다 (27:36).

26:1-33 이것은 이삭이 주인공으로 되어 있는 유일한 설화이며, 이 이야기는 하나님의 약속들이 아브라함의 세대로부터 이삭의 세대로 교체되는 것을 말해주기 때문에 중요하다 (2-5, 24절). 이 설화의 내용은 엘로힘문서 전승에 나오는 두 개의 주요 일화와 병행한다. 이 일화들은 아비멜렉이 아브라함의 아내를 유괴한 일(20:1-17)과 우물을 둘러싸고 아브라함과 아비멜렉 사이에 일어난 분쟁인데, 이 분쟁은 결국 브엘세바를 건설하는 결과를 낳았다 (21:22-31). 이와 동일한 사건들을 다루는 야웨문서 기사에서 보면, 아브라함보다는 이삭이 주인공이다.

26:1-11 이방 땅에서 여족장이 당하는 위험을 다루는 비슷한 기사들에 관하여 12:10-20(야웨문서)과 20:1-17(엘로힘문서)을 보라. 또한 12:10-20과

임신을 하여 아들을 낳았다. 그는 속으로 "이제야
말로 내가 주님을 ㄱ)찬양하겠다" 하면서, 아이 이
름을 유다라고 하였다. 레아의 출산이 그쳤다.
30 1 라헬은 자기와 야곱 사이에 아이가 없
으므로, 언니를 시새우며, 야곱에게 말하
였다. "나도 아이 좀 낳게 해주셔요. 그렇지 않으
면, 죽어 버리겠어요." 2 야곱이 라헬에게 화를
내면서 말하였다. "내가 하나님이라도 된단 말이
오? 당신이 임신할 수 없게 하신 분이 하나님이신
데, 나더러 어떻게 하라는 말이오?" 3 라헬이 말
하였다. "나에게 몸종 빌하가 있어요. 빌하와 동
침하셔요. 그가 아이를 낳아서 나에게 안겨 주면,
빌하의 몸을 빌려서 나도 당신의 집안을 이어나가
겠어요." 4 라헬이 자기의 몸종 빌하를 남편에
게 주어서 아내로 삼게 하니, 야곱이 빌하와 동침
하였다. 5 마침내 빌하가 임신을 하여, 야곱과
빌하 사이에 아들이 태어났다. 6 라헬은 "하나
님이 나의 호소를 들으시고, 나의 억울함을 풀어
주시려고, 나에게 아들을 주셨구나!" 하면서, 그
아이 이름을 ㄴ)단이라고 하였다. 7 라헬의 몸종
인 빌하가 또 임신을 하여 야곱과의 사이에서 두
번째로 아들을 낳았다. 8 라헬은 "내가 언니와
크게 ㄷ)겨루어서, 마침내 이겼다" 하면서, 그 아이
이름을 납달리라고 하였다.

9 레아는, 자기가 다시는 더 아기를 낳을 수
없다는 것을 알고서, 자기의 몸종 실바를 데려다
가 야곱에게 주어서, 아내로 삼게 하였다. 10 레
아의 몸종 실바와 야곱 사이에서, 아들이 태어났다.
11 레아는 "내가 복을 받았구나" 하면서, 그 아
이 이름을 ㄹ)갓이라고 하였다. 12 레아의 몸종 실
바와 야곱 사이에서 두 번째로 아들이 태어났다.
13 레아는 "행복하구나, 여인들이 나를 행복하다
고 말하리라" 하면서, 그 아이 이름을 ㅁ)아셀이라
고 하였다.

14 보리를 거두어들일 때에, 르우벤이 들에
나갔다가, 자귀나무를 발견하여, 어머니 레아에게
가져다 주니, 라헬이 레아에게 말하였다. "언니,
아들이 가져온 자귀나무를 조금만 나눠 줘요."
15 레아가 라헬에게 말하였다. "내 남편을 차지
한 것만으로는 부족하냐? 그래서 내 아들이 가져
온 자귀나무까지 가져 가려는 것이냐?" 라헬이 말
하였다. "좋아요. 그럼, 언니 아들이 가져온 자귀
나무를 나에게 주어요. 그 대신에 오늘 밤에는 그
이가 언니하고 함께 자도록 하지요." 16 그 날
저녁에 야곱이 들에서 돌아올 때에, 레아가 그를
맞으러 나가서 말하였다. "당신은 오늘 밤에는 나
의 방으로 드셔야 해요. 나의 아들이 가져온 자귀
나무를 라헬에게 주고, 그 대신에 당신이 나의 방
으로 드시게 하기로 했어요." 그 날 밤에 야곱은
레아와 함께 잤다. 17 하나님이 레아의 호소를
들어 주셔서, 레아가 임신을 하였고, 야곱과의 사
이에서 다섯 번째 아들을 낳았다. 18 레아는 "내
가 나의 몸종을 나의 남편에게 준 ㅂ)값을 하나님이
갚아 주셨구나" 하면서, 그 아이 이름을 잇사갈

ㄱ) 히, '오다' ㄴ) '그가 판단하였다' ㄷ) 히, '닙달' ㄹ) '행운'
ㅁ) '행복' ㅂ) 히, '사갈'

12:11-13에 관한 주석을 보라. **26:1** 야웨문서는 12:10에 언급된 흉년에 대해서 말한다. *그랄*은 남부 해안 평야에 위치하고 있으며, 이스라엘의 사사시대와 왕정시대(기원전 1200-587년경)에 블레셋 사람들이 이 곳에 거주했다. 이것은 이스라엘 선조들과 블레셋 사람들 사이에 체결된 협약을 묘사하기 때문에, 이 이야기가 최종 형태를 띠게 된 것은 블레셋 사람들이 가나안에서 정치적 공동체를 이루고 있던 시대보다 후일이었음이 틀림없다. **26:3-5** 이전에 아브라함에게 주어졌던 약속들(12:1-3; 13:14-17; 22:16-18)이 이제 그의 아들 이삭에게 주어진다 (24절). **26:8-10** 유사한 다른 기사들(12:15; 20:2)과는 달리, 여족장은 여기서 이방 왕의 왕실에 끌려가지 않은 것으로 보인다. *애무 (멧사헤크).* 애무로 번역된 히브리 용어는 "웃다"를 뜻하는 말의 동사형인데, 이 웃다는 말로부터 이삭이라는 이름이 파생되었다. 이삭이 취한 행동은 아마도 단순한 웃음 같은데, 아마도 그의 이름에 대한 언어유희인 것 같다.

26:12-33 이삭과 아비멜렉 사이에 체결된 조약은 그들의 자손들인 이스라엘 사람들과 블레셋 사람들 사이의 관계를 설명하고 그것의 정당성을 인정하는 것이다 (25쪽 추가 설명: "여러 민족 가운데 놓인 이스라엘"을 보라). 서둘러서 체결한 조약은 우물의 장악권에 관한 것인데, 이것은 여러 세기에 걸쳐 중동지방에서 일어난 영토분쟁의 주요 쟁점이었다. 이 이야기는 갈등을 확대시키기보다는 외교와 구속력이 있는 합의를 통해 분쟁을 해소하는 것을 승인하는 것이다. **26:12-14** *이삭*은 농경업과 목축을 겸하는 혼합농업을 실시했는데, 이것은 성경시대의 이스라엘의 전형적인 경제 형태였다 (33쪽 추가 설명: "주변 환경에 적응하며 살아간 선조들"을 보라). **26:15-22** 이런 *아브라함의 우물들이* 창세기의 앞부분에는 언급되어 있지 않다. 아브라함과 아비멜렉에 관한 엘로힘문서 기자의 이야기(21:25-31)에서 분쟁의 대상이 되는 우물은 이삭의 종들이 브엘세바에 판 우물(25, 32-33절)에 비교된다. **26:24-25** 하나님께서 족장에게 나타나시고, 약속하시고, 족장이 제단

이라고 하였다. 19 레아가 다시 임신을 하여서, 야곱과의 사이에 여섯 번째 아들이 태어났다. 20 레아는 "하나님이 나에게 이렇게 좋은 선물을 주셨구나. 내가 아들을 여섯이나 낳았으니, 이제부터는 나의 남편이 나에게 ㄱ)잘 해주겠지" 하면서, 그 아이 이름을 스불론이라고 하였다. 21 얼마 뒤에 레아가 딸을 낳고, 그 아이 이름을 디나라고 하였다.

22 하나님은 라헬도 기억하셨다. 하나님이 라헬의 호소를 들으시고, 그의 태를 열어 주셨다. 23 그가 임신을 하여서 아들을 낳으니, "하나님이 나의 부끄러움을 벗겨 주셨구나" 하고 생각하였다. 24 라헬은 그 아이의 이름을 지을 때에 "주님께서 나에게 또 다른 아들 하나를 더 주시면 좋겠다" 하는 뜻으로, 그 아이 이름을 ㄴ)요셉이라고 하였다.

야곱이 라반과 흥정하다

25 라헬이 요셉을 낳은 뒤에, 야곱이 라반에게 말하였다. "제가 고향 땅으로 돌아갈 수 있도록, 저를 보내 주십시오. 26 장인 어른의 일을 해 드리고 얻은 저의 처들과 자식들도, 제가 데리고 가게 허락하여 주십시오. 제가 장인 어른의 일을 얼마나 많이 해 드렸는가 하는 것은, 장인 어른께서 잘 아십니다." 27 라반이 그에게 말하였다. "자네가 나를 좋아하면, 여기에 머물러 있기를 바라네. 주님께서 자네를 보시고 나에게 복을 주신 것을, 내가 점을 쳐 보고서 알았네." 28 라반은 또 덧붙였다. "자네의 품삯은 자네가 정하게. 정하는 그대로 주겠네." 29 야곱이 그에게 말하였다. "제가 장인 어른의 일을 어떻게 해 드리고, 장인 어른의 가축 떼를 얼마나 잘 보살폈는지는, 장인 어른께서 잘 아십니다. 30 제가 여기에 오기 전에는 장인 어른의 소유가 얼마 되지 않았으나, 이제 떼가 크게 불어났습니다. 주님께서는, 제가 하는 수고를 보시고서, 장인 어른에게 복을 주셨습니다. 그러나 이제는, 제가 저의 살림을 챙겨야 할 때가 되었다고 봅니다." 31 라반이 물었다. "그러면 내가 자네에게 무엇을 주면 좋겠는가?" 야곱이 대답하였다. "무엇을 달라는 것이 아닙니다. 다만, 저에게 한 가지 일만 허락하여 주시면, 제가 장인 어른의 가축 떼를 계속 먹이고 돌보겠습니다. 32 오늘, 제가 장인 어른의 가축 떼 사이로 두루 다니면서, 모든 양 떼에서 얼룩진 것들과 점이 있는 것과 모든 검은 새끼 양을 가려내고, 염소 떼에서도 점이 있는 것들과 얼룩진 것들을 가려낼 터이니, 그것들을 저에게 삯으로 주십

ㄱ) 히, '자발' ㄴ) '더하다'

을 쌓고, 족장이 하나님의 이름을 부르는 주제들이 야웨문서의 설화들에 통상적으로 사용된다 (12:7-8; 13:18; 18:1, 10; 또한 33쪽 추가 설명: "주변 환경에 적응하며 살아간 선조들"을 보라). **26:30-31** 공동식사는 성경시대에 조약을 인준하는 과정에서 행하여진 관례적인 의식이었다 (31:44-46; 출 24:9-11). **26:32-33** 이스라엘의 도시 *브엘세바*를 건설하고 이름 짓는 것에 관한 또 하나의 설명인데, 다른 하나는 아브라함에 대한 엘로힘문서 전승들에서 발견된다 (21:25-31). 여기서 이삭은 주인공이며, 도시의 이름은 채택된 서약보다는 우물의 이름을 따서 지어진다. **26:34-35** *에서에* 대한 이 짧은 제사문서의 논평은 다음과 같이 전개될 드라마를 도입해 준다: 에서와 야곱 사이에 갈등이 생겨서 야곱이 자신의 삼촌인 라반의 가정으로 도주함 (27:46—28:5).

27:1-45 이 가정 드라마는 작은 아들 야곱이 어떻게 이삭의 첫 번째 상속자가 되었는지를 설명한다. 이렇게 함으로써, 이것은 하나님의 약속과 축복이 창세기에 나오는 세 번째 대족장에게로 전달되는 것을 이야기하고, 야곱의 자손들인 이스라엘 사람들이 에서의 자손들인 에돔 사람들보다 우월성을 차지하게 된 이유를 설명한다. 이야기의 모든 인물을 동정과 존경으로 다루기는 하지만, 이 이야기는 야곱이 속임수를 써서 축복을 가로챘기 때문에 성경시대 이래로 해석자들을 곤경에 처하게 만들었다.

27:1-26 *에서를* 축복하려는 이삭의 의도에도 불구하고, *야곱*을 위해서 축복을 가로채려는 계획이 전적으로 *리브가에* 의해서 착상되고 고안된다. 그녀는 일이 그르쳐질 경우에 그 결과를 떠맡을 각오까지 하고 있다 (12-13절). 이와 같이 이 이야기의 결과와 전체 조상역사의 결과가 여성이 축복을 받을 자를 스스로 결정할 수 없는 사회적 위치에 있던 리브가에 의하여 결정된다. 리브가가 이룬 성취를 가장 잘 이해하려면 권리와 힘을 구별해야 할 것이다. 여자들은 권위, 말하자면 재산을 소유하고 이 재산을 유산으로 받을 상속자를 선택하는 인가된 권리는 없었지만, 그래도 그들은 힘을 가지고 있었다. 즉 그들은 그들이 통제하지 않는 사회구조의 안팎에서 자신들의 목적들을 이루기 위하여 일할 수 있는 능력을 가지고 있다 (10쪽 추가 설명: "창세기에 나타난 성"을 보라). 리브가의 계획과 야곱의 계획 실천으로 제기된 도덕적 딜레마는 이 계획이 이삭을 속여야만 했다는 것이다. 일부 해석자들은 이러한 속임수를 단순히 힐난하면서, 설화 자체 내에서, 이삭과 에서의 번뇌 속에서, 그리고 자신의 행동으로 인한 야곱의

시오. 33 제가 정직하다는 것은, 훗날 장인 어른
께서 저에게 삯으로 주신 가축 떼를 확인하여 보
실 때에 증명될 것입니다. 제가 가진 것 가운데서,
얼룩지지 않은 양이나 점이 없는 양이 있든지, 검
은 색이 아닌 새끼 양이 있으면, 그것들은 모두 제
가 훔친 것이 될 것입니다." 34 라반이 말하였
다. "그러세. 자네가 말한 대로 하겠네." 35 그
러나 라반은 이렇게 말해 놓고서도, 바로 그 날로
숫염소 가운데서 줄무늬가 있는 것과 점이 있는
것을 가려내고, 또 모든 암염소 가운데서도 흰 바
탕에 얼룩이 진 것과 점이 있는 것과 모든 검은 새
끼 양을 가려내어, 자기의 아들들에게 주었다.
36 그런 다음에 라반은, 야곱이 있는 데서 사흘
길을 더 나가서, 자기와 야곱 사이의 거리를 그만큼
뜨게 하였다. 야곱은 라반의 나머지 양 떼를 쳤다.
37 야곱은, 미루나무와 감복숭아나무와 플라
타너스 나무에서 푸른 가지들을 꺾어서 껍질을 벗
긴 다음에, 벗긴 가지에 흰 무늬를 냈다. 38 야
곱은, 껍질을 벗긴 그 흰 무늬 가지들을 물 먹이
는 구유 안에 똑바로 세워 놓고, 양 떼가 와서 물
을 먹을 때에, 바로 눈 앞에 세워 놓은 그 가지들
을 볼 수 있게 하였다. 양들은 물을 먹으러 와서,
거기에서 교미를 하였다. 39 양들은, 껍질 벗긴
그 나뭇가지 앞에서 교미를 하고서, 줄무늬가 있
거나 얼룩이 지거나 점이 있는 양을 낳았다. 40 야
곱은 이런 새끼 양들을 따로 떼어 놓았다. 라반의
가축 떼 가운데서, 줄무늬가 있거나 검은 양들은
다 가려냈다. 야곱은 이렇게 자기 가축 떼를 따로
가려내서, 라반의 가축 떼와 섞이지 않게 하였다.
41 야곱은, 튼튼한 암컷들이 교미할 때에는, 물
먹이는 구유에 껍질 벗긴 가지들을 놓아서, 그 가
지 앞에서 교미하도록 하곤 하였다. 42 그러나
약한 것들이 교미할 때에는, 그 가지들을 거기에
놓지 않았다. 그래서 약한 것들은 라반에게로 가
게 하고, 튼튼한 것들은 야곱에게로 오게 하였다.
43 이렇게 하여, 야곱은 아주 큰 부자가 되었다.
야곱은 가축 떼뿐만 아니라, 남종과 여종, 낙타와
나귀도 많이 가지게 되었다.

야곱이 라반을 떠나다

31 1 라반의 아들들이 하는 말이 야곱에게
들렸다. "야곱은 우리 아버지의 재산을
다 빼앗고, 우리 아버지의 재산으로 저처럼 큰 부
자가 되었다." 2 야곱이 라반의 안색을 살펴보
니, 자기를 대하는 라반의 태도가 이전과 같지 않
았다. 3 주님께서 야곱에게 말씀하셨다. "너는
네 조상의 땅, 너의 친족에게로 돌아가거라. 내가
너와 함께 있겠다." 4 야곱이 라헬과 레아에게
심부름꾼을 보내어, 그들을 그의 가축 떼가 있는
들로 불러내서 5 일렀다. "장인 어른께서 나를
대하시는 것이 전과 같지 않소. 그러나 내 조상의

도주에서 그런 부정적인 입장을 지적하여 왔다. 이스라엘의 조상들은, 비록 하나님의 계획의 일부이기는 하지만, 완전하지 못했다. 다른 해석자들은 서둘러서 이 설화 속에 등장하는 리브가나 야곱을 비판하거나 그들에 대한 어떤 부정적인 판단을 내리지 않는다. 이 이야기의 저자는 분명히 저주를 하지 않는다. 그리고 리브가와 야곱의 행위들은 사회의 일부 사람들에게 다른 사람들보다 큰 특권을 허락하는, 사회적으로 인가된 구조들에 의하여 불이익을 당하는 사람들(이 이야기의 경우, 여자들과 둘째 아들들)의 당연한 대처 행위들로 받아들여질 수 있다. 이런 해석상의 딜레마와 도덕적 딜레마는 하나님께서 이전에 리브가에게 야곱이 에서보다 우위를 차지하리라고 예견하신 말씀(25:23)을 언급함으로써 해결될 성질의 것이 아니다. 이러한 예견은 리브가의 행동을 오직 하나님의 결정권에 놓인 것을 인간적으로 성취하려는 시도로 암암리에 책망하지 않는가? 혹은 그것은 리브가의 행동이 하나님의 계획과 일치함을 의미하지는 않는가? 본문 자체는 이러한 질문에 침묵을 지킨다.

27:27-40 이삭이 야곱(27-29절)과 에서(39-40절)에게 내리는 축복들은 똑같이 두 부분으로 나누어진다. 하나는 농사 면에서의 성공에 관한 것이고, 다른 하나는 정치적인 면에서의 성공에 관한 것이다. 시적인 형식으로 읊어진 두 축복은 아마도 전통적인 격언들에 기초된 것일 것이다. 이삭은 야곱에게 두 가지 면에서 무제한으로 성공하기를 축복하는데, 지중해 관개농업에 있어 전형적인 농업의 넉넉함(28절; 신 8:7-9를 참조)과 정치적 및 군사적 탁월성(29절)이 그것들이다. 에서의 경우는 첫 번째 축복, 즉 성공적인 농사에 관해서는 분명하지가 않다. 그 이유는 부분적으로 설화의 문맥—"내가 너에게 무엇을 해줄 수 있겠느냐?"—때문이고, 부분적으로는 여기에 사용된 히브리 전치사 *민(min)* 때문이다. 민은 "…에서 멀다" (away from) 라고 번역될 수도 있고, "…하는 곳" (of) 으로도 번역될 수 있다. 그래서 개역개정은 "땅의 기름짐에서 멀고" 라고 번역하였고 새번역개정은 "네가 살 곳은 땅이 기름지지 않고" 라고 번역한 것이다. 이삭은 에서에게 농사에서 성공하기를 바라지만, 정치적으로는 성공하기를 원치 않았을지도 모른다. 혹은 이삭은 아예 에서가 이 두 영역에 있어서 성공하기를 바라지 않았을지도 모른다. 정치적인 성공에 관하여 이삭의 언사는 분명하다. 에서의

하나님이 이제껏 나와 함께 계셨소. 6 당신들도
알다시피, 나는 있는 힘을 다해서, 장인 어른의 일
을 해 드렸소. 7 그러나 장인 어른께서는 나에게
주실 품삯을 열 번이나 바꿔치시면서, 지금까지
나를 속이셨소. 그런데 하나님은, 장인 어른이 나
를 해치지는 못하게 하셨소. 8 장인 어른께서 나
더러 '점 있는 것들이 자네 품삯이 될 걸세' 하면,
가축 떼가 모두 점 있는 새끼를 낳았고, '줄무늬
있는 것이 자네의 품삯이 될 걸세' 하면, 가축 떼
가 모두 줄무늬 있는 새끼를 낳았소. 9 하나님은
이렇게 장인 어른의 가축 떼를 빼앗아서, 나에게
주셨소. 10 가축 떼가 새끼를 밸 때에, 한 번은,
내가 이런 꿈을 꾸었소. 내가 눈을 크게 뜨고 보니,
암컷들과 교미하는 숫염소들도, 줄무늬 있는 것
이거나, 점이 있는 것이거나, 얼룩진 것들이었소.
11 그 꿈에서 하나님의 천사가 '야곱아!' 하고 부
르시기에 '여기 있습니다' 하고 대답을 하니, 12 그
천사의 말이, '암염소와 교미하는 숫염소가 모두
줄무늬 있는 것들이거나 점이 있는 것들이거나 얼
룩진 것들이니, 고개를 들고 똑바로 보아라. 라반
이 이제까지 너에게 어떻게 하였는지, 내가 다 보
았다. 13 나는 베델의 하나님이다. 네가 거기에
서 기둥에 기름을 붓고, 거기에서 나에게 맹세하
였다. 이제 너는 곧 이 땅을 떠나서, 네가 태어난
땅으로 돌아가거라' 하고 말씀하셨소."

14 라헬과 레아가 그에게 대답하였다. "이제
는 우리가 우리 아버지의 집에서 얻을 분깃이나
유산이 더 있다고는 생각하지 않습니다. 15 아
버지께서는 우리를 아주 딴 나라 사람으로 여기
십니다. 아버지께서는 우리를 파실 뿐만 아니라,
우리 몫으로 돌아올 것까지 다 가지셨습니다.
16 하나님이 우리 아버지에게서 빼앗으신 것은
다 우리와 우리 자식들의 것입니다. 그러니 하나
님이 당신에게 말씀하신 대로 다 하십시오."

17 야곱이 서둘러서 자식들과 아내들을 낙타
에 나누어 태우고, 18 그가 얻은 모든 짐승과 그
가 밧단아람에서 모은 모든 소유를 다 가지고서,
가나안 땅에 있는 자기 아버지 이삭에게로 돌아갈
채비를 하였다. 19 라헬은, 라반이 양털을 깎으
러 나간 틈을 타서, 친정집 수호신의 신상들인 드
라빔을 훔쳐 냈다. 20 그뿐만 아니라, 야곱은 도
망칠 낌새를 조금도 보이지 않은 채, 아람 사람
라반을 속이고 있다가, 21 모든 재산을 거두어
가지고 도망하였다. 그는 ㄱ)강을 건너서, 길르앗
산간지방 쪽으로 갔다.

라반이 야곱을 따라잡다

22 라반은, 야곱이 도망한 지 사흘 만에야 그
소식을 전해 들었다. 23 라반은 친족을 이끌고
이렛길을 쫓아가서, 길르앗 산간지방에서 야곱이
있는 곳에 이르렀다. 24 그 날 밤에 아람 사람
라반이 꿈을 꾸는데, 하나님이 나타나셔서 "좋은
말이든지 나쁜 말이든지, 야곱에게 아무 말도 하
지 않도록 조심하라" 하고 그에게 말씀하셨다.

25 라반이 야곱을 따라잡았을 때에, 야곱이
길르앗 산간지방에다 이미 장막을 쳐 놓았으므
로, 라반도 자기 친족과 함께 거기에 장막을 쳤다.
26 라반이 야곱에게 말하였다. "자네가 나를 속
이고, 나의 딸들을 전쟁 포로 잡아가듯 하니, 어찌

ㄱ) 유프라테스 강

자손은 그들이 정치적 독립을 얻을 때까지 야곱의 자손의 정치적 지배 아래 놓이게 될 것이다 (40절). 성경 역사가들에 따르면, 에돔은 여호람의 시대에 반란을 일으킬 때(왕하 8:16-22; 25쪽 추가 설명: "여러 민족 가운데 놓인 이스라엘"을 보라)까지 다윗의 시대부터 이스라엘의 지배 아래 있었다 (삼하 8:13-14).

27:41-45 이삭이 죽으면 *에서가* 야곱을 살해할 계획이라는 것을 *리브가가* 들었을 때, 그녀는 다시 조상의 역사에 결과를 초래하는 일에 개입하게 된다: 그녀는 야곱을 자신의 오라버니인 *라반에게* 보내는데, 라반은 *하란에* 있는 아브라함의 형제 나홀의 가족에 속해 있는 사람이다 (22:20-24). 하란은 아브라함 자신의 조상이 살았던 고향이다 (11:31-32; 12:1).

27:46—28:9 제사문서에 있는 이 단편 설화는 야곱이 가나안으로부터 하란으로 이주한 것을 언급한다. 두 가지 측면에서 이것은 그의 축복에 관한 이전의 이야기에 관련되어 있다: 이것은 제사문서의 언어로 기록된 야곱의 또 다른 축복(3-4절)을 포함한다. 이것은 또 그가 하란으로 가게 된 또 다른 이유를 설명하는데, 그것은 그의 부모가 그로 하여금 자신의 친족 내에서 결혼하기를 희망했다는 것이다 (27:46—28:2). **28:1-2** *이삭이* 선조들이 살아온 하란 땅에 있는 자기 친족으로부터 신부를 찾아 결혼하도록 요구받았듯이 (24:2-4), 이삭은 이제 자신의 첫 번째 상속자인 *야곱에게* 같은 것을 요구한다. 에서가 이 전통을 따르지 않았다고 하는 사실은 이삭과 리브가가 반대할 수밖에 없도록 만들었다는 것이다 (26:34-35; 27:46; 28:6-9). 자신의 친족 내에서 결혼을 하는 강한 풍속은 사회적 지위, 가족의 재산 소유권, 법적 지위, 그리고 인종적 동질성에 관련된 이유로 친족 구조에 기초하는 전통적인 사회에서는 일상적인 것이었다.

이럴 수가 있는가? 27 어찌하여 자네는 나를 속이고, 이렇게 몰래 도망쳐 나오는가? 어찌하여 나에게 아무 말도 하지 않았는가? 자네가 간다고 말하였으면, 북과 수금에 맞추어서 노래를 부르며, 자네를 기쁘게 떠나 보내지 않았겠는가? 28 자네는, 내가 나의 손자 손녀들에게 입을 맞출 기회도 주지 않고, 딸들과 석별의 정을 나눌 시간도 주지 않았네. 자네가 한 일이 어리석기 짝이 없네. 29 내가 마음만 먹으면, 자네를 얼마든지 해칠 수 있네. 그러나 어젯밤 꿈에 자네 조상의 하나님이 나타나셔서 나에게 경고하시기를 '좋은 말이든지 나쁜 말이든지, 야곱에게 아무 말도 하지 않도록 조심하여라' 하셨다네. 30 자네가 아버지의 집이 그리워서 돌아가는 것은 당연하지만, 어찌하여 나의 수호신상들을 훔쳤는가?" 31 야곱이 라반에게 대답하였다. "장인 어른께서 저의 처들을 강제로 빼앗으실까 보아 두려웠습니다. 32 그러나 장인 어른 댁 수호신상들을 훔친 사람이 있으면, 그를 죽이셔도 좋습니다. 장인 어른의 물건 가운데서 무엇이든 하나라도 저에게 있는지, 우리의 친족들이 보는 앞에서 찾아보시고, 있거든 가져가십시오." 야곱은, 라헬이 ㄱ)그 수호신상들을 훔쳤으리라고는, 전혀 생각하지 못하였다.

33 라반은 먼저 야곱의 장막을 뒤졌다. 다음에는 레아의 장막과 두 여종의 장막까지 뒤졌으나, 아무것도 찾아내지 못하였다. 레아의 장막에서 나온 라반은 라헬의 장막으로 들어갔다. 34 라헬은 그 수호신상들을 낙타 안장 밑에 감추고서, 그 위에 올라타 앉아 있었다. 라반은 장막 안을 샅샅이 뒤졌으나, 아무것도 찾아내지 못하였다. 35 라헬이 자기 아버지에게 말하였다. "아버지, 너무 노여워하지 마십시오. 지금 저는 월경중이므로, 내려서 아버지를 맞이할 수 없습니다." 라반은 두루 찾아보았으나, 끝내 그 수호신상들을 찾지 못하였다.

36 야곱은 화를 내며 라반에게 따졌다. 야곱이 라반에게 물었다. "저의 허물이 무엇입니까? 제가 무슨 죄를 지었다고, 불길처럼 달려들어서, 저를 따라오신 것입니까? 37 장인 어른께서 저의 물건을 다 뒤져 보셨는데, 장인 어른의 물건을 하나라도 찾으셨습니까? 장인 어른의 친족과 저의 친족이 보는 앞에서, 그것을 내놓아 보십시오. 그리고 장인 어른과 저 사이에 누구에게 잘못이 있는지, 이 사람들이 판단할 수 있게 해주십시오. 38 제가 무려 스무 해를 장인 어른과 함께 지냈습니다. 그 동안 장인 어른의 양 떼와 염소 떼가 한 번도 낙태한 일이 없고, 제가 장인 어른의 가축 떼에서 숫양 한 마리도 잡아다가 먹은 일이 없습니다. 39 들짐승에게 찢긴 놈은, 제가 장인 어른께 가져가지 않고, 제것으로 그것을 보충하여 드렸습니다. 낮에 도적을 맞든지 밤에 도적을 맞든지 하면, 장인 어른께서는 저더러 그것을 물어내라고 하셨습니다. 40 낮에는 더위에 시달리고, 밤에는 추위에 떨면서, 눈 붙일 겨를도 없이 지낸 것, 이것이 바로 저의 형편이었습니다. 41 저는 장인 어른의 집에서 스무 해를 한결같이 이렇

ㄱ) 히, '그것들을'

제사문서는 야곱이 하란으로 간 동기가 (이전의 이야기에 기술된) 에서의 분노보다는 결혼이었다는 것을 강조한다. **28:3-4** 야웨문서의 설화에서 이미 야곱에게 주어진 축복이 여기서 제사문서의 성격을 띤 축복에 의하여 보완되는데, 이것은 17장에 나오는 아브라함에 대한 제사문서의 축복에서 볼 수 있는 주제들과 언어에 주목을 끌게 한다. 이삭은 전능하신 하나님께(17:1) 야곱이 생육하고 *번성케* (1:28; 9:1; 17:2, 6) 하고, 그가 지금 나그네살이를 하고 있는 이 땅(17:8)을 주실 것을 간구한다.

28:10-22 베델에서 야곱이 하나님을 만난 사실은 야곱에 관한 설화에서 몇 가지 중요한 목적이 있다. 이 이야기에서 야곱은 하나님을 두 번 만난다. 한 번은 그가 가나안을 떠날 즈음이고, 다른 한번은 그가 돌아올 당시 얍복 강에서의 만남이다 (32:22-32). 이와 같이 두 번의 직접적인 대면은 야곱이 하란으로 간 사건의 뼈대를 형성하여 준다. 이렇게 두 번에 걸쳐 하나님을 대면한 사실은 그가 약속의 땅으로부터 나가고 들어오는 거룩한 관문들이라고 하겠는데, 그가 여행하는 동안에 하나님께서 그와 함께 하신 것을 의미하는 것이다 (15절). 야곱이 하나님을 대면한 것은 또한 조상설화에서 약속의 주제를 전개시키는 것이다. 이것은 그의 조상에게 주어진 약속들이 야곱의 약속이기도 하다는 것을 확증하는 것이다 (13절). 마지막으로, 야곱이 하나님을 대면한 것은 베델의 이름과 베델이라는 장소가 거룩하게 된 동기를 설명해 주는 것이다. 이 이야기는 엘로힘문서와 야웨문서의 전승들을 함께 결속시킨 것이다. **28:12** 꿈을 통하여 하나님께서 교통하시는 내용은 엘로힘문서에서 전형적으로 나타나는 사건이다 (20:3; 31:10-11, 24). *층계.* 전통적으로 층계를 사닥다리 (개역개정) 라고 번역해 왔지만, 새번역개정과 공동번역 같이 "층계" 라고 번역하는 것이 더 적절한 번역이다. 이 이야기가 지적하는 것처럼, 하나님께서 야곱에게 직접 나타나신 것은 베델에 있게 될 하나님의 집, 곧 성전의 초석이 되는 사건이다 (17, 22절). 그래서 야곱의 꿈은 베델의 성전 연단으로 오르는 층계의 이미지를 구체화하고 아름답게 꾸며준다. **28:13-16** 전형

게 살았습니다. 두 따님을 저의 처로 삼느라고, 십
년 하고도 사 년을 장인 어른의 일을 해 드렸고,
지난 여섯 해 동안은 장인 어른의 양 떼를 돌보았
습니다. 그러나 장인 어른께서는 저에게 주셔야
할 품삯을 열 번이나 바꿔치셨습니다. 42 내 조
상의 하나님, 곧 아브라함을 보살펴 주신 하나님
이시며, 이삭을 지켜 주신 '두려운 분'께서 저와
함께 계시지 않으셨으면, 장인 어른께서는 저를
틀림없이 빈 손으로 돌려보내셨을 것입니다.
그러나 하나님은, 제가 겪은 고난과 제가 한 수고
를 몸소 살피시고, 어젯밤에 장인 어른을 꾸짖으
셨습니다."

야곱과 라반의 협정

43 라반이 야곱에게 대답하였다. "이 여자들은
나의 딸이요, 이 아이들은 다 나의 손자 손녀요,
이 가축 떼도 다 내 것일세. 자네의 눈 앞에 있는
것이 모두 내 것이 아닌가? 그러나 여기 있는 나
의 딸들과 그들이 낳은 나의 손자 손녀를, 이제 내
가 어떻게 하겠는가? 44 이리 와서, 자네와 나
사이에 언약을 세우고, 그 언약이 우리 사이에 증
거가 되게 하세." 45 그래서 야곱이 돌을 가져
와서 그것으로 기둥을 세우고, 46 또 친족들에
게도 돌을 모으게 하니, 그들이 돌을 가져 와서 돌
무더기를 만들고, 그 돌무더기 옆에서 잔치를
벌이고, 함께 먹었다. 47 라반은 그 돌무더기를
[ㄱ]여갈사하두다라고 하고, 야곱은 그것을 갈르엣
이라 하였다. 48 라반이 말하였다. "이 돌무더기
가 오늘 자네와 나 사이에 맺은 언약의 증거일세."
[ㄱ]갈르엣이란 이름은 바로 여기에서 유래한 것이다.
49 이 돌무더기를 달리 [ㄴ]미스바라고도 하는데,
그것은 라반이 "우리가 서로 떨어져 있는 동안에,
주님께서 자네와 나를 감시하시기 바라네" 하고
말하였기 때문이다. 50 "자네가 나의 딸들을 박
대하거나, 나의 딸들을 두고서 달리 아내들을 얻
으면, 자네와 나 사이에는 아무도 없다고 하더라도,
하나님이 자네와 나 사이에 증인으로 계시다는
것을 명심하게."

51 라반은 야곱에게 또 다짐하였다. "이 돌
무더기를 보게. 그리고 내가 자네와 나 사이에다
세운 이 돌기둥을 보게. 52 이 돌무더기가 증거
가 되고, 이 돌기둥이 증거가 될 것이네. 내가 이
돌무더기를 넘어 자네 쪽으로 가서 자네를 치지
않을 것이니, 자네도 또한 이 돌무더기와 이 돌기
둥을 넘어 내가 있는 쪽으로 와서 나를 치지 말게.
53 아브라함의 하나님, 나홀의 하나님, 그들의
조상의 하나님이 우리 사이를 판가름하여 주시기
를 바라네." 그러자 야곱은 그의 아버지 이삭을 지
켜 주신 '두려운 분'의 이름으로 맹세하였다.
54 야곱은 거기 산에서 제사를 드리고, 친족들을
식탁에 초대하였다. 그들은 산에서 제사 음식을
함께 먹고, 거기에서 그 날 밤을 보냈다.

55 라반은 다음날 아침 일찍 일어나, 자기 손
자 손녀들과 딸들에게 입을 맞추고, 그들에게 축
복하고, 길을 떠나서 고향으로 돌아갔다.

야곱이 에서를 만날 준비를 하다

32 1 야곱이 길을 떠나서 가는데, 하나님의
천사들이 야곱 앞에 나타났다. 2 야곱이
그들을 알아보고 "이 곳은 하나님의 진이구나!" 하
면서, 그 곳 이름을 [ㄷ]마하나임이라고 하였다.

3 야곱이 에돔 벌 세일 땅에 사는 형 에서에게,
자기보다 먼저 심부름꾼들을 보내면서 4 지시하

ㄱ) '증거의 무더기'를 아람어로는 여갈사하두다라고 하고, 히브리어로는 갈르엣이라 함 ㄴ) '망루' ㄷ) '두 진지'

적인 야웨문서적 언어로, 앞서간 족장들에게 주어졌던 땅과 허다한 자손과 여러 백성이 받을 축복에 관한 약속들이 이제 야곱에게 인도된다 (12:1-3; 13:14-17; 26:3-5를 참조; 또한 31쪽 추가 설명: "족장들에게 주어진 약속들"을 보라). **28:17** *하나님의 집.* 이것은 베델에 있을 성전을 언급하는 것인데, 야곱의 비전이 이것의 초석이 되는 사건이다. **28:18** 고고학자들은 고대 이스라엘 성전들의 내실(sanctum)에서 예배를 드리는데 사용되었던 똑바로 서 있던 석판기둥들을 발굴하여 왔다. 이 기사에 나오는 *기둥*은 아마도 이러한 거룩한 물체를 언급하는 것 같다 (22절을 참조하라). **28:19** *베델.* 이 이름은 문자 그대로 하나님(*el*)의 집 (*Beth*)을 의미한다. 그래서 이 말의 기원은 하나님을 본 야곱의 비전과 야곱이 그 곳을 거룩한 장소라고 알게 된 것으로 거슬러 올라간다 (17, 22절).

29:1—31:55 여기에 나오는 세 장은 야곱이 자신의 삼촌 라반의 식구로 임시 기거하는 것에 관하여 기술한다. 여기에 그의 결혼, 자녀들의 출생, 재산의 축적, 그리고 그가 라반과 맺은 협약이 연대순으로 기록되어 있다. 그래서 이 장들은 야곱이 가나안을 떠나기 전에 (28:13-15) 하나님께서 주신 약속들, 즉 자손들과 축복의 약속들이 어떻게 그가 귀향하기도 전에 서서히 성취되고 있는지를 보여준다. 야곱이 하란에 머무른 기간은 그가 두 번에 걸쳐서 하나님과 대면한 사건들을

였다. "너희는 나의 형님 에서에게 가서, 이렇게 전하여라. '주인의 종 야곱이 이렇게 아룁니다. 저는 그 동안 라반에게 몸붙여 살며, 최근까지도 거기에 머물러 있었습니다. 5 저에게는 소와 나귀, 양 떼와 염소 떼, 남종과 여종이 있습니다. 형님께 이렇게 소식을 전하여 드립니다. 형님께서 저를 너그럽게 보아 주십시오.'"

6 심부름꾼들이 에서에게 갔다가, 야곱에게 돌아와서 말하였다. "주인 어른의 형님인 에서 어른께 다녀왔습니다. 그분은 지금 부하 사백 명을 거리고, 주인 어른을 치려고 이리로 오고 있습니다." 7 야곱은 너무나 두렵고 걱정이 되어서, 자기 일행과 양 떼와 소 떼와 낙타 떼를 두 패로 나누었다. 8 에서가 와서 한 패를 치면, 나머지 한 패라도 피하게 해야겠다는 속셈이었다.

9 야곱은 기도를 드렸다. "할아버지 아브라함을 보살펴 주신 하나님, 아버지 이삭을 보살펴 주신 하나님, 고향 친족에게로 돌아가면 은혜를 베푸시겠다고 저에게 약속하신 주님, 10 주님께서 주님의 종에게 베푸신 이 모든 은총과 온갖 진실을, 이 종은 감히 받을 자격이 없습니다. 제가 이 요단 강을 건널 때에, 가진 것이라고는 지팡이 하나뿐이었습니다만, 이제 저는 이처럼 두 무리나 이루었습니다. 11 부디, 제 형의 손에서, 에서의 손에서, 저를 건져 주십시오. 형이 와서 저를 치고, 아내들과 자식들까지 죽일까 두렵습니다. 12 주님께서 말씀하시기를 '내가 반드시 너에게 은혜를 베풀어서, 너의 씨가 바다의 모래처럼 셀 수도 없이 많아지게 하겠다' 하시지 않으셨습니까?"

13 그 날 밤에 야곱은 거기에서 묵었다. 야곱은 자기가 가진 것 가운데서, 자기의 형 에서에게 줄 선물을 따로 골라 냈다. 14 암염소 이백 마리와 숫염소 스무 마리, 암양 이백 마리와 숫양 스무 마리, 15 젖을 빨리는 낙타 서른 마리와 거기에 딸린 새끼들, 암소 마흔 마리와 황소 열 마리, 암나귀 스무 마리와 새끼 나귀 열 마리였다. 16 야곱은 이것들을 몇 떼로 나누고, 자기의 종들에게 맡겨서, 자기보다 앞서서 가게 하고, 떼와 떼 사이에 거리를 두게 하라고 일렀다. 17 야곱은 맨 앞에 선 종에게 지시하였다. "나의 형 에서가 너를 만나서, 네가 뉘 집 사람이며, 어디로 가는 길이며, 네가 끌고 가는 이 짐승들이 다 누구의 것이냐고 묻거든, 18 너는 그에게 '이것은 모두 주인의 종 야곱의 것인데, 야곱이 그 형님 에서께 드리는 선물입니다. 야곱은 우리 뒤에 옵니다' 하고 말하여라." 19 야곱은, 둘째 떼를 몰고 떠나는 종과, 셋째 떼를 몰고 떠나는 종과, 나머지 떼를 몰고 떠나는 종들에게도, 똑같은 말로 지시하였다. "너희는 에서 형님을 만나거든, 그에게 똑같이 말하여야 한다. 20 그리고 '주인의 종 야곱은 우리 뒤에 옵니다' 하고 말하는 것을 잊지 않도록 하여라." 야곱이 이렇게 지시한 데는, 자기가 미리 여러

뼈대로 하는데, 이 사건들 가운데 하나는 야곱이 베델에서 본 비전이요, 다른 하나는 그가 얍복 강에서 천사와 씨름한 것이다.

29:1-30 야곱의 결혼에 관한 기사는 전통적인 문학 장르에 따라 기록된 것인데, 결혼에 이르게 만든 우물가에서의 만남이 그것이다. 이와 동일한 장르가 야곱의 부모인 이삭과 리브가의 결혼을 이야기하는 데도 사용되었다 (24:1-67; 또한 출 2:11-22를 보라). 야곱이 결혼하는 이야기는 창세기에 나오는 세 번째로 중요한 선조의 가족을 소개해 주는데, 그들은 족장인 야곱과 여족장들인 레아, 라헬, 실바, 그리고 빌하이다. 앞서 야곱의 설화들에서 소개된 두 주제가 뚜렷하게 역할을 하는데, 그 하나는 이러한 결혼들을 통해서 성취되는 자손에 대한 약속이고, 다른 하나는 처음부터 끝까지 야곱의 일대기를 어둡게 한 기만적인 행위이다. **29:7-8** 야곱은 목자들이 자신들의 의무를 게을리 하고 있다고 생각하고, 목자들이 양들에게 풀을 먹이기 위해 초장에 나갔어야 하지 않느냐고 생각한다. 자신들을 변호하여, 그들은 우물을 덮고 있는 돌을 언급하는데, 이것이 야곱으로 하여금 라헬에게 친절을 보여줄 수 있는 기회가 된다 (10절). **29:9** 들판의 농작물을 가꾸는 것은 건장한 남자들이 떠맡은 우선적인 책임이었던 반면에, 양을 치는 일은 연로한 남자들과 아이들과 이따금 여자들에게 맡겨졌다. **29:14** *한 피붙이.* 이 용어는 친족 관계를 상징한다 (2:23-24; 37:27). (개역개정은 "혈육," 공동번역은 "골육.") **29:17** 레아의 눈매를 설명하기 위하여 사용된 히브리 접두어 *락코트*는 "우아하다" 혹은 "연약하다"는 의미가 있으며, 그래서 이것은 긍정적일 수도 있고 부정적일 수도 있다. **29:18** 관례적인 신부 값(24:53; 34:12)을 지불하는 대신에, 야곱은 칠 년 동안 라헬의 아버지를 위해 일할 것을 제의한다. **29:23-26** 레아의 정체는 처음에 너울에 가려졌을지 모르지만 (24:65), 밤중에 행한 그녀의 기만행위는 어리둥절하게 만드는 것이다. 아마 이 이야기를 전하는 사람은 야곱이 속임 당한 것을 알고 라반에게 항변한 것은 아침이었다는 사실을 말하려고 한 것 같다. 25절과 27:35에서 사용된 *속이다* 라는 말은 동일한 히브리 용어 *라마*에서 나왔지만, 야곱의 역할이 뒤바뀐다. 원래 속이는 자였던 야곱이 이제는 속임을 당하는 자가 되었다. 앞의 경우에는 아우가 형을 대체하였는가 하면, 이제는 언니가 그의 여동생을 대체한다. **29:27** 혼인식은 전통적으로 일주일간 지속되었다 (삿 14:8-17).

차례 보낸 선물들이 그 형 에서의 분노를 서서히
풀어 주고, 마침내 서로 만날 때에는, 형이 자기
를 반가이 맞아 주리라고 생각하였기 때문이다.
21 그래서 야곱은 선물을 실은 떼를 앞세워서 보
내고, 자기는 그 날 밤에 장막에서 묵었다.

야곱이 브니엘에서 씨름을 하다

22 그 밤에 야곱은 일어나서, 두 아내와 두
여종과 열한 아들을 데리고, 얍복 나루를 건넜다.
23 야곱은 이렇게 식구들을 인도하여 개울을 건
너 보내고, 자기에게 딸린 모든 소유도 건너 보내
고 난 다음에, 24 뒤에 홀로 남았는데, 어떤 이
가 나타나 야곱을 붙잡고 동이 틀 때까지 씨름을
하였다. 25 그는 도저히 야곱을 이길 수 없다는
것을 알고서, 야곱의 엉덩이뼈를 쳤다. 야곱은 그
와 씨름을 하다가 엉덩이뼈를 다쳤다. 26 그가,
날이 새려고 하니 놓아 달라고 하였지만, 야곱은
자기에게 축복해 주지 않으면 보내지 않겠다고 떼
를 썼다. 27 그가 야곱에게 물었다. "너의 이름
이 무엇이냐?" 야곱이 대답하였다. "야곱입니다."
28 [ㄱ]그 사람이 말하였다. "네가 하나님과도 겨루
어 이겼고, 사람과도 겨루어 이겼으니, 이제 네 이
름은 야곱이 아니라 [ㄴ]이스라엘이다. 29 야곱이
말하였다. "당신의 이름이 무엇인지 가르쳐 주십
시오." 그러나 그는 "어찌하여 나의 이름을 묻느
냐?" 하면서, 그 자리에서 야곱에게 축복하여 주
었다. 30 야곱은 "내가 하나님의 얼굴을 직접 뵙
고도, 목숨이 이렇게 붙어 있구나!" 하면서, 그 곳
이름을 [ㄷ]브니엘이라고 하였다. 31 그가 브니엘을
지날 때에, 해가 솟아올라서 그를 비추었다. 그는,
엉덩이뼈가 어긋났으므로, 절뚝거리며 걸었다.
32 밤에 나타난 그가 야곱의 엉덩이뼈의 힘줄을
쳤으므로, 이스라엘 사람들은 오늘날까지 짐승의
엉덩이뼈의 큰 힘줄을 먹지 않는다.

야곱이 에서를 만나다

33 1 야곱이 고개를 들어 보니, 에서가 장정
사백 명을 거느리고 오고 있었다. 야곱은,
아이들을 레아와 라헬과 두 여종에게 나누어서 맡
기고, 2 두 여종과 그들에게서 난 아이들은 앞에
세우고, 레아와 그에게서 난 아이들은 그 뒤에 세
우고, 라헬과 요셉은 맨 뒤에 세워서 따라오게 하
였다. 3 야곱은 맨 앞으로 나가서 형에게로 가까
이 가면서, 일곱 번이나 땅에 엎드려 절을 하였다.
4 그러자 에서가 달려와서, 그를 끌어안았
다. 에서는 두 팔을 벌려, 야곱의 목을 끌어안고
서, 입을 맞추고, 둘은 함께 울었다. 5 에서가 고

ㄱ) 히, '그가' ㄴ) '하나님과 겨루다' 또는 '하나님이 겨루시다'
ㄷ) '하나님의 얼굴'

29:31—30:24 창세기는 야곱의 자녀들과 그의 아내들인 레아, 라헬, 실바, 그리고 빌하에 대한 두 가지 상세한 기록이 있다. 하나는 여기에 나오는 자녀들의 출생에 관한 기사이고, 다른 하나는 49장에 나오는 그가 죽기 전에 그들에게 내리는 축복에 관한 기록이다. 본문이 명시하듯이, 그의 아들들은 이스라엘 지파들을 각각 대변한다. 첫 두 족장 세대에서는 형제자매들이 이스라엘 백성과 이웃 백성(이스마엘 사람들과 에돔 사람들)의 관계를 나타내는 것이었다면, 여기에 나오는 세대는 형제자매들이 이스라엘 지파들 자체 내에서 일어나는 관계를 나타낸다. 이 설화에서 보면, 주석이 지적하듯이, 그들의 이름들은 그들이 출생할 당시의 상황들과 관련되어 있다. **30:1-13** 라헬의 절박성은 아이를 잉태한 여자에게 높은 존경을 표하고, 아이를 잉태치 못하는 여자에게 수치심을 주는 관행에 있다 (삼상 1장). 자신의 여종을 통해서 아이를 얻는 관습은 사라와 하갈의 이야기에도 반영되어 있다 (16:2에 관한 주석을 보라). **30:14** *자귀나무* (mandrake, 합환채). 이것은 번식력을 증가시키는 식물로 믿어졌다. **30:21** *디나.* 디나는 34장에 나오는 주요 인물인데, 야곱의 딸로서는 유일하게 언급된 인물이다.

30:25—31:16 야곱의 가족에 관한 기사에 뒤이어, 이 설화는 그의 재산축적에 주목하는데, 통상적으로 족장시대에서는 이런 재산의 정도가 한 가정이 소유한 가축들과 종들의 수에 비추어 기술되었다 (12:16; 13:2; 30:43). 조상설화들을 통해서, 이러한 부와 이것이 가져다주는 복리는 이스라엘의 가정들에게 부여되는 하나님의 축복의 일부로 간주된다 (26:12-14). 사실상, 땅과 가족과 양식과 존경과 같이 건강하고 안정된 삶을 보장하는 것들을 소유하는 것이 복리로 간주되었다. **30:27** *점.* 점은 일종의 의식 절차를 밟아서 하나님의 의도들을 결정하는 것인데, 라반과 요셉이 점을 쳤을 때 이런 행위는 전적으로 허용되는 것으로 보인다 (44:5, 15). 하지만, 이것은 성경의 다른 곳에서는 저주를 받는 것으로 되어 있다 (신 18:10). 성경에서 보면, 시간과 장소에 따라서 어떤 종교적 행위들은 서로 다르게 평가되었다. **30:37-42** 야곱이 가축을 사육하는 훌륭한 방법은 마술적인 기술과 과학적인 기술을 조화시킨 것이다. 이것은 나뭇가지들의 얼룩무늬들이 수태 시에 이것을 본 짐승들의 새끼들에게 옮겨질 수 있다는 전통적인 관념을 접목시킨 것이다. 동시에 야곱의 전략은 보다 강한 짐승들을 번식시키는 것이 가축의 질을 향상

개를 들어, 여인들과 아이들을 보면서 물었다.
"네가 데리고 온 이 사람들은 누구냐?" 야곱이 대
답하였다. "이것들은 하나님이 형님의 못난 아우
에게 은혜로 주신 자식들입니다." 6 그러자 두
여종과 그들에게서 난 아이들이 앞으로 나와서,
엎드려 절을 하였다. 7 다음에는 레아와 그에게
서 난 아이들이 앞으로 나와서, 엎드려 절을 하였
다. 마지막으로 요셉과 라헬이 나와서, 그들도 엎
드려 절을 하였다. 8 에서가 물었다. "내가 오는
길에 만난 가축 떼는 모두 웬 것이냐?" 야곱이 대
답하였다. "형님께 은혜를 입고 싶어서, 가지고
온 것입니다." 9 에서가 말하였다. "아우야, 나
는 넉넉하다. 너의 것은 네가 가져라." 10 야곱
이 말하였다. "아닙니다, 형님, 형님께서 저를 좋
게 보시면, 제가 드리는 이 선물을 받아 주십시오.
형님께서 저를 이렇게 너그럽게 맞아 주시니, 형
님의 얼굴을 뵙는 것이 하나님의 얼굴을 뵙는 듯
합니다. 11 하나님이 저에게 은혜를 베푸시므
로, 제가 가진 것도 이렇게 넉넉하게 되었습니다.
그러니 제가 형님께 가지고 온 이 선물을 기꺼이
받아 주시기 바랍니다." 야곱이 간곡히 권하므로,
에서는 그 선물을 받았다.

12 에서가 말하였다. "자, 이제 갈 길을 서두
르자. 내가 앞장을 서마." 13 야곱이 그에게 말
하였다. "형님께서도 아시다시피, 아이들이 아직
어립니다. 또 저는 새끼 딸린 양 떼와 소 떼를 돌
봐야 합니다. 하루만이라도 지나치게 빨리 몰고
가면 다 죽습니다. 14 형님께서는 이 아우보다
앞서서 떠나십시오. 그렇게 하시면, 저는 앞에 가
는 이 가축 떼와 아이들을 이끌고, 그들의 걸음에
맞추어 천천히 세일로 가서, 형님께 나가겠습니다."

15 에서가 말하였다. "그렇다면, 내가 나의 부
하 몇을 너와 같이 가게 하겠다." 야곱이 말렸다.
"그러실 것까지는 없습니다. 형님께서 저를 너그럽
게 맞아 주신 것만으로도 만족합니다." 16 그 날
로 에서는 길을 떠나 세일로 돌아갔고, 17 야곱은
ㄱ)숙곳으로 갔다. 거기에서 야곱은 자기들이 살 집
과 짐승이 바람을 피할 우리를 지었다. 그래서 그
곳 이름이 숙곳이 되었다.

18 야곱이 밧단아람을 떠나, 가나안 땅의 세
겜 성에 무사히 이르러서, 그 성 앞에다가 장막을
쳤다. 19 야곱은, 장막을 친 그 밭을, 세겜의 아
버지인 하몰의 아들들에게서 은 백 냥을 주고 샀다.
20 야곱은 거기에서 제단을 쌓고, 그 이름을
ㄴ)엘엘로헤이스라엘이라고 하였다.

디나가 폭행을 당하다

34 1 레아와 야곱 사이에서 태어난 딸 디나
가 그 지방 여자들을 보러 나갔다. 2 히
위 사람 하몰에게는 세겜이라는 아들이 있는데,
세겜은 그 지역의 통치자였다. 세겜이 디나를 보

ㄱ) '초막' ㄴ) '하나님, 이스라엘의 하나님'

시키는 것이라는 사실을 인정하는 것이다. **31:4-16** *라헬과 레아*에게 야곱이 자신이 축적한 재산을 설명하는 기사는 엘로힘문서의 기사인데, 앞서 나온 야웨문서의 기사(30:31-43)와 미묘한 차이점들이 있다. 라반의 계략은 야곱이 소유한 짐승의 떼로부터 점이나 줄무늬가 있는 짐승들을 전부 가려내기보다는 그의 품삯을 지불하는 것을 *점 있는* 짐승들로부터 *줄무늬* 짐승들로 바꾸는 것이었다 (7-8절). 야곱의 행운은 그 자신의 전략(30:37-42)보다는 꿈에 나타난 하나님의 역사로 기술된다 (9-12절). **31:13** 28:18-22를 보라. **31:14-16** 신부값은 통상적으로 신부의 부친에게 지불되지만, 이 값의 일부는 (아마도 리브가의 경우처럼 [24:22, 53]) 간접적인 결혼 지참금으로 신부에게 주어질 수 있다. 라헬과 레아는 당연히 자신의 것들로 간주하는 신부 값의 일부를 착복하고 사용한 것에 대해서 아버지를 비난하고 있는 것이라 하겠다.

31:17-55 하란에 있는 자신의 삼촌 라반의 집에 야곱이 체류한 이야기는 그들과 그들의 상속자들 사이의 관계를 규명하는 조약으로 절정에 이른다 (25쪽 추가 설명: "여러 민족 가운데 놓인 이스라엘"을 보라). 그들의 협약에 관한 기사와 더불어, 이 이야기는 갈등과 폭력보다는 절충과 조약을 통해 상충되는 것들을 풀어나가는 것에 커다란 가치를 부여한다 (26, 31절). **31:19** *수호신의 신상들인 드라빔.* 이 신상의 본질이나 라헬이 이것들을 취한 이유 중 어느 것도 분명하지 않다. 그것들은 종교적인 정황들(삿 17:5)과 연관된 신적 존재들 (30, 32절)을 대표하며, 신의 의도들을 알아보기 위하여 점을 치는데 (슥 10:2)) 사용된 것으로 보인다. 여기에서는 그것들이 가치가 있는 것들로 간주되어 있지만, 그 밖의 다른 곳에서는 그것들이 저주받는다 (왕하 23:24; 30:27에 관한 주석을 보라). 누지(Nuzi, 현대의 이라크에 있음)의 고대 도시에서 발굴된 유물이 이런 것들을 가족의 재산과 연관시키기 때문에, 이런 우상들에 대한 라헬의 관심(33-35절)과 라반의 관심(30절)이 야곱이 취한 재산(31:9, 16)에 관련되어 있었던 것으로 보인다. **31:21** *길르앗.* 요단 강 계곡의 동부에 위치한 산악지대이다. **31:24** 꿈과 인간의 관심사를 통한 하나님과의 대화는 (31:11-13을 참조), 엘로힘문서 기자의 다른 설화들(예를 들어, 45:5-9; 50:2)에 있어서와 마찬가지로, 이 설화에 두드러지게 나타나는 주제이다

자, 데리고 가서 욕을 보였다. 3 그는 야곱의 딸
디나에게 마음을 빼앗겼다. 그는 디나를 사랑하
기 때문에 디나에게 사랑을 고백하였다. 4 세겜
은 자기 아버지 하몰에게 말하였다. "이 처녀를 아
내로 삼게 해주십시오."

5 야곱이 자기의 딸 디나의 몸을 세겜이 더럽
혔다는 말을 들을 때에, 그의 아들들은 가축 떼와
함께 들에 있었다. 야곱은 아들들이 돌아올 때까지
이 일을 입 밖에 내지 않았다. 6 세겜의 아버지
하몰이 청혼을 하려고, 야곱을 만나러 왔다. 7 와
서 보니, 야곱의 아들들이 이미 디나에게 일어난
일을 듣고, 들에서 돌아와 있었다. 세겜이 야곱의
딸을 욕보여서, 이스라엘 사람에게 부끄러운 일 곧
해서는 안 될 일을 하였으므로, 야곱의 아들들은
슬픔과 분노를 억누르지 못하고 있었다.

8 하몰이 그들에게 말하였다. "나의 아들 세
겜이 댁의 따님에게 반했습니다. 댁의 따님과 나
의 아들을 맺어 주시기 바랍니다. 9 우리 사이에
서로 통혼할 것을 제의합니다. 따님들을 우리 쪽
으로 시집보내어 주시고, 우리의 딸들도 며느리
로 데려가시기 바랍니다. 10 그리고 우리와 함
께 섞여서, 여기에서 같이 살기를 바랍니다. 땅이
여러분 앞에 있습니다. 이 땅에서 자리를 잡고, 여
기에서 장사도 하고, 여기에서 재산을 늘리십시
오." 11 세겜도 디나의 아버지와 오라버니들에
게 간청하였다. "저를 너그러이 보아 주시기 바랍
니다. 원하시는 것은 무엇이든지 드리겠습니다.
12 신부를 데려오는 데 치러야 할 값을 정해 주
시고, 제가 가져 와야 할 예물의 값도 정해 주시기
바랍니다. 아무리 많이 요구하셔도, 요구하시는 만
큼 제가 치르겠습니다. 다만 제가 바라는 것은, 디
나를 저의 아내로 주시기를 바라는 것뿐입니다."

13 야곱의 아들들은, 세겜이 그들의 누이 디
나를 욕보였으므로, 세겜과 그의 아버지 하몰에
게 짐짓 속임수를 썼다. 14 그들은 세겜과 하몰
에게 이렇게 말하였다. "우리는 그렇게 할 수 없
습니다. 할례를 받지 않은 남자에게 우리의 누이
를 줄 수 없습니다. 그렇게 하는 것은 우리에게 부
끄러운 일입니다. 15 조건이 하나 있습니다. 당
신들 쪽에서 남자들이 우리처럼 모두 할례를 받겠
다고 하면, 그 청혼을 받아들이겠습니다. 16 그
렇게 하면, 우리가 딸들을 당신들에게로 시집도
보내고, 당신네 딸들을 우리가 며느리로 삼으며,
당신들과 함께 여기에서 살고, 더불어 한 겨레가
되겠습니다. 17 그러나 당신들 쪽에서 할례 받
기를 거절하면, 우리는 우리의 누이를 데리고 여
기에서 떠나겠습니다."

18 하몰과 그의 아들 세겜은, 야곱의 아들들
이 내놓은 제안을 좋게 여겼다. 19 그래서 그 젊
은이는 시간을 지체하지 않고, 그들이 제안한 것
을 실천으로 옮겼다. 그만큼 그는 야곱의 딸을 좋
아하였다. 세겜은 자기 아버지의 집안에서 가장
존귀한 인물이었다. 20 하몰과 그의 아들 세겜
이 성문께로 가서, 그들의 성읍 사람들에게 말하
였다. 21 "이 사람들이 우리에게 우호적입니다.
그러니 그들이 우리 땅에서 살면서, 우리와 함께
물건을 서로 사고팔게 합시다. 이 땅은 그들을 받
아들일 수 있을 만큼 넓습니다. 우리가 그들의 딸
들과 결혼할 수 있게 하고, 그들은 우리의 딸들과
결혼할 수 있게 합시다. 22 그러나 이 사람들이
기꺼이 우리와 한 겨레가 되어서, 우리와 함께 사
는 데는, 조건이 하나 있습니다. 그들이 할례를 받

(29, 42절). **31:44-54** 라반과 야곱 사이의 협약은 당시 협약의식에 전형적이었던 여러 가지 의식들을 수반하는데, 돌기둥, 돌무더기, 의전적 식사, 맹세, 제사가 그것들이다. 돌기둥과 돌무더기는 야곱의 땅과 라반의 땅(51-52절)을 구분하는 경계선 표시를 위해 사용되도록 세워진다. 실제로, 돌무더기 혹은 돌 언덕은 히브리어 *갈르엣(Galeed)*과 동방 사람들(29:1)의 언어인 아람어 *여갈사하두다(Jegar-sahadutha)*에 있어서 공히 고유명사이다. 엘로힘문서와 야곱의 후손에게 있어서, 이 이야기는 영토의 이름("길르앗"은 "갈리드"와 유사한 소리가 난다), 그 곳에 위치한 경계표지, 그리고 이스라엘 사람들과 북동쪽에 위치한 이웃 민족들(25쪽 추가 설명: "여러 민족 가운데 놓인 이스라엘"을 보라) 사이의 평화스러운 공존을 설명하는 기능을 가진다.

32:1—33:20 야곱과 에서의 화해에 관한 기사는 27장에 나오는 그들의 갈등에 관한 기사와 대칭을 이룬다. 이러한 일화들은 다 같이 야곱이 하란에서 겪은 타향살이—비록 많은 축복을 받은 타향살이이기는 하지만—의 이야기를 위한 구조를 제공한다. 뒤에 나오는 요셉과 그의 형제들의 이야기(37—50장)와 마찬가지로, 이 기사는 폭력(4:1-16을 참조)보다는 화해를 형제간의 분쟁을 풀어나가는 적절한 해결책으로 인정한다 (15쪽 추가 설명: "창세기에 나오는 형제들간의 경쟁의식"을 보라). 그러므로 이 기사는 또한 야곱과 에서의 후손인 이스라엘 사람들과 에돔 사람들에게 전쟁이 아니라 외교의 필요성을 주장한다 (25쪽 추가 설명: "여러 민족 가운데 놓인 이스라엘"을 보라).

32:1-21 야곱이 에서와 상봉하기 위한 준비로 우선 평화스러운 예비교섭을 위하여 심부름꾼들을 보내

는 것처럼, 우리쪽 남자들이 모두 할례를 받아야 한다는 것입니다. 23 그렇게 하면, 그들의 양 떼와 재산과 집짐승이 모두 우리의 것이 되지 않겠습니까? 다만, 그들이 우리에게 요구하는 것은 그대로 합시다. 우리가 그렇게 할례를 받으면, 그들이 우리와 함께 살 것입니다." 24 그 성읍의 모든 장정이, 하몰과 그의 아들 세겜이 제안한 것을 좋게 여겼다. 그래서 그 장정들은 모두 할례를 받았다.

25 사흘 뒤에, 장정 모두가 아직 상처가 아물지 않아서 아파하고 있을 때에, 야곱의 아들들 곧 디나의 친오라버니들인 시므온과 레위가, 칼을 들고 성읍으로 쳐들어가서, 순식간에 남자들을 모조리 죽였다. 26 그들은 하몰과 그의 아들 세겜도 칼로 쳐서 죽이고, 세겜의 집에 있는 디나를 데려왔다. 27 야곱의 다른 아들들은, 죽은 시체에 달려들어서 털고, 그들의 누이가 욕을 본 그 성읍을 약탈하였다. 28 그들은, 양과 소와 나귀와 성 안에 있는 것과 성 바깥들에 있는 것과 29 모든 재산을 빼앗고, 어린 것들과 아낙네들을 사로잡고, 집 안에 있는 물건을 다 약탈하였다. 30 일이 이쯤 되니, 야곱이 시므온과 레위를 나무랐다. "너희는 나를 오히려 더 어렵게 만들었다. 이제 가나안 사람이나, 브리스 사람이나, 이 땅에 사는 모든 사람이, 나를 사귀지도 못할 추한 인간이라고 여길 게 아니냐? 우리는 수가 적은데, 그들이 합세해서, 나를 치고, 나를 죽이면, 나와 나의 집안이 다 몰살당할 수밖에 없지 않느냐?" 31 그들이 대답하였다. "그가 우리 누이를 창녀 다루듯이 하는 데도, 그대로 두라는 말입니까?"

하나님이 야곱에게 복을 주시다

35 1 하나님이 야곱에게 말씀하셨다. "어서 베델로 올라가, 거기에서 살아라. 네가 너의 형 에서 앞에서 피해 도망칠 때에, 너에게 나타난 그 하나님께 제단을 쌓아서 바쳐라." 2 야곱은, 자기의 가족과 자기가 거느리고 있는 모든 사람에게 명령하였다. "너희가 가지고 있는 이방 신상들을 다 버려라. 몸을 깨끗이 씻고, 옷을 갈아입어라. 3 이제 우리는 이 곳을 떠나서, 베델로 올라간다. 거기에다 나는, 내가 고생할 때에 나의 간구를 들어 주시고, 내가 가는 길 어디에서나 나와 함께 다니면서 보살펴 주신, 그 하나님께 제단을 쌓아서 바치고자 한다." 4 그들은, 자기들이 가지고 있는 모든 이방 신상과 귀에 걸고 있는 귀고리를 야곱에게 가져 왔다. 야곱은 그것들을 세겜 근처 상수리나무 밑에 묻었다.

5 그런 다음에 그들은 길을 떠났다. 하나님이 사방에 있는 모든 성읍 사람을 두려워 떨게 하셨으므로, 아무도 야곱의 아들들을 추격하지 못하였다. 6 야곱과, 그가 거느린 모든 사람이, 가나안 땅 루스 곧 베델에 이르렀다. 7 야곱이 거기에서 제단을 쌓은 뒤에, 그가 형을 피해서 떠날 때에, 베델에서 하나님이 나타나신 것을 생각하고, 그 곳 이름을 ㄱ)엘베델이라고 하였다.

8 리브가의 유모 드보라가 죽어서, 베델 아래쪽 상수리나무 밑에 묻히니, 사람들이 그 나무 이름을 ㄴ)알론바굿이라고 하였다.

ㄱ) '베델의 하나님' ㄴ) '통곡의 상수리나무'

고 (3-5절), 그 다음으로 형 에서의 환심을 사기 위하여 선물들을 따로 골랐다 (13-21절). 하나님께서 보호해 주시기를 바라는 그의 탄원(9-12절)에서 보면, 야곱은 그가 하란에서 성공한 것이 자신의 성취가 아니라, 하나님의 축복이었다는 것을 인정한다. **32:4** *주인과 종.* 이것은 존경을 표현하는 공식 용어들이다 (18절; 18:3을 참조). **32:7-8** 야곱은 자신과 에서와의 갈등에 대한 폭력적인 결말을 상상할 뿐이다 (11절을 보라). **32:9** 31:3을 보라. **32:12** 28:14를 보라: 22:17을 참조하라. **32:20** 야곱이 하나님의 얼굴(32:30)과 에서의 얼굴(33:10)을 볼 것을 기대하면서, 성서 기자가 쓴 20절을 문자 그대로 직역하면 얼굴을 네 번 사용한다. "내 얼굴을 내밀기 전에 선물을 보내어 그의 얼굴을 즐겁게 한 다음 그의 얼굴을 보리라; 아마도 그가 내 얼굴을 반가이 맞아주리라." **32:22-32** 밤중에 신비한 공격을 받아서 야곱이 씨름한 것은 창세기에서 가장 기억할 만한 이야기들 가운데 하나이다. 정체를 알 수 없고 모호한 요소들 때문에 이 이야기는 인간의 본성, 하나님의 임재, 그리고 씨름의 의미에 대하여 여러 가지로 해석되어 왔다. 이러한 해석들 가운데는 강의 악마와 싸우는 것으로, 적과 싸우는 것으로 (에서나 그의 수호 천사), 통과 입회식이나 의식으로, 미래의 책임들을 떠맡기에 적절한지를 보는 시험으로, 변화된 자아로 이끄는 내적 투쟁으로, 그리고 하나님과 직접적인 만남으로 보는 해석들이 포함되어 있다. 야곱이 천사와 씨름하는 이야기는 이 이야기가 일부로 되어 있는 큰 설화와의 관계 속에서 두 개의 중요한 연결점을 가지고 있다. (1) 이것은 그가 베델에서 하나님을 만난 사건(28:10-22)과 대칭을 이루는 것이다. 이와 같이 두 번에 걸쳐 하나님께서 나타나신 것은 야곱이 약속의 땅에서 탈출하고 다시 그 땅으로 귀향하는 것을 돕는 거룩한 출입구를 제공해 준다. (2) 그리고 이것은 야곱

9 야곱이 밧단아람에서 돌아온 뒤에, 하나님
이 그에게 다시 나타나셔서 복을 주셨다. 10 하
나님이 그에게 말씀하셨다. "너의 이름이 야곱이
었지만, 이제부터 너의 이름은 야곱이 아니라 이
스라엘이다." 하나님이 그의 이름을 이스라엘이
라고 하셨다. 11 하나님이 그에게 말씀하셨다.
"나는 ㄱ)전능한 하나님이다. 너는 생육하고 번성
할 것이다. 한 민족과 많은 갈래의 민족이 너에게
서 나오고, 너의 자손에게서 왕들이 나올 것이다.
12 내가 아브라함과 이삭에게 준 땅을 너에게 주
고, 그 땅을 내가 너의 자손에게도 주겠다." 13 그
런 다음에 하나님은 야곱과 말씀하시던 곳을 떠나
서 올라가셨다. 14 야곱은 하나님이 자기와 말
씀을 나누시던 곳에 기둥 곧 돌기둥을 세우고, 그
위에 부어 드리는 제물을 붓고, 그 위에 기름을 부
었다. 15 야곱은 하나님이 자기와 말씀을 나누
시던 곳의 이름을 베델이라고 하였다.

라헬이 죽다

16 그들이 베델을 떠나 에브랏에 아직 채 이르
기 전에, 라헬이 몸을 풀게 되었는데, 고통이 너무
심하였다. 17 아이를 낳느라고 산고에 시달리는데,
산파가 라헬에게 말하였다. "두려워하지 마셔요. 또
아들을 낳으셨어요." 18 그러나 산모는 숨을 거
두고 있었다. 산모는 마지막 숨을 거두면서, 자기가
낳은 아들의 이름을 ㄴ)베노니라고 하였다. 그러나 그
아이의 아버지는 아들의 이름을 ㄷ)베냐민이라고
하였다. 19 라헬이 죽으니, 사람들은 그를 에브랏
곧 베들레헴으로 가는 길 가에다가 묻었다. 20 야
곱이 라헬의 무덤 앞에 비석을 세웠는데, 오늘날까
지도 이 묘비가 라헬의 무덤을 가리키고 있다.

21 이스라엘이 다시 길을 떠나서, 에델 망대
건너편에 자리를 잡고 장막을 쳤다. 22 이스라
엘이 바로 그 지역에서 머물 때에, 르우벤이 아버
지의 첩 빌하를 범하였는데, 이스라엘에게 이 소
식이 들어갔다.

야곱의 아들들 (대상 2:1-2)

야곱의 아들은 열둘이다. 23 레아에게서 얻
은 아들은 야곱의 맏아들 르우벤과 시므온과 레위
와 유다와 잇사갈과 스불론이다. 24 라헬에게서
얻은 아들은, 요셉과 베냐민이다. 25 라헬의 몸
종 빌하에게서 얻은 아들은 단과 납달리이다.
26 레아의 몸종 실바에게서 얻은 아들은 갓과 아
셀이다. 이들은 모두 야곱이 밧단아람에서 얻은
아들들이다.

이삭이 죽다

27 야곱이 기럇아르바 근처 마므레로 가서,
자기 아버지 이삭에게 이르렀다. 기럇아르바는

ㄱ) 히, '엘 샤다이' ㄴ) '내 슬픔의 아들' ㄷ) '오른손의 아들' 또는 '남쪽의 아들'

과 에서의 상봉과 그들의 화해에 관한 기사의 일부로 야곱의 궁극적인 생존과 축복의 영속성을 예측한다. 이러한 모든 주제들과 동기들에 더하여, 이 이야기는 영원히 성경 역사를 규정한 새로운 사실을 도입한다. 그것은 이스라엘이라고 하는 새 이름인데, 야곱의 후손은 이 이름으로 알려지게 된다. **32:22** *얍복 나루* (강). 동부 고지대에서 요단 강으로 흐르는 강이다. 다른 곳에서 이 강은 이스라엘 영토의 국경을 가리키는 표지로 언급된다 (민 21:24; 신 3:16). 히브리어로 "씨름하다"를 *예아베크* 라고 하는데 "얍복"이라는 발음과 비슷한 소리가 난다. 또한 야곱의 이름과도 어느 정도 유사하기도 하다. 그렇기 때문에, 여기에 사용된 동음이의어는 이 강의 이름과 여기서 일어난 사건과 이 사건의 주인공을 서로 연관시켜 주고 있다. **32:24** 성경 저자는 야곱을 공격한 자를 한 남자로 언급하지만, 나중에 야곱이 하나님의 얼굴을 보았다(30절)고 언급하기 때문에, 해석자들은 이 인물의 정체에 관하여 어리둥절하여 왔다. 하지만 하나님에 대하여 이렇게 말하는 것은 하나님에게 여러 가지 인간적인 성격들이 있는 인격화된 존재로 묘사하는 야웨문서에서 전혀 생소한 것은 아니다 (예를 들어, 야웨문서들 중에는 세 사람이 아브라함을 방문한 기사가 있는데, 그중 하나는 하나님으로 밝혀진다, 18:1-2, 13). **32:25** 씨름 경합에서 승자가 누구인지에 대해서는 의혹이 남아있다. 공격자는 야곱을 넘어뜨리지 못하고 다만 그에게 상처를 입힌다. 공격자는 야곱을 축복할 권세를 가지고 있지만 야곱이 이겼다고 인정한다 (28-29절). **32:28** 성경 저자는 이스라엘이라는 이름이 "하나님께서 겨루시다" 라는 의미를 가지는 것으로 이해하며, 그래서 바로 전에 일어났던 하나님과 이삭의 만남으로부터 이 이름을 끌어낸다. **32:29** 야곱에게 내려진 축복은 그가 이미 27:26과 28:14에 언급된 축복을 받을 것임을 재확인한다. **32:30** 이 이야기의 한 기능은 브니엘/"부누엘"이라는 지명의 기원을 설명하는 것인데, 브니엘은 "하나님의 얼굴"이라는 의미가 있으며, 이 곳이 어디에 있었는지 확실하게 지적할 수 없다. **32:32** 상처를 입은 *엉덩이뼈의 힘줄.* 이것은

아브라함과 이삭이 살던 헤브론이다. 28 이삭의
나이는 백여든 살이었다. 29 이삭은 늙고, 나이
가 들어서, 목숨이 다하자, 죽어서 조상들 곁으로
갔다. 아들 에서와 야곱이 그를 안장하였다.

에서의 자손 (대상 1:34-37)

36 1 에서 곧 에돔의 족보는 다음과 같다.
2 에서는 가나안 여인 세 사람을 아내로
맞아들였다. 아다는 헷 사람 엘론의 딸이다. 오홀
리바마는 히위 사람 시브온의 ㄱ)딸 아나에게서 태
어났다. 3 바스맛은 이스마엘의 딸이며, 느바욧
의 누이이다. 4 아다는 엘리바스를 낳고, 바스맛
은 르우엘을 낳고, 5 오홀리바마는 여우스와 얄
람과 고라를 낳았다. 이들은 에서의 아들인데, 에
서가 가나안 땅에서 얻은 아들들이다.

6 에서는 아내들과 아들들과 딸들과 자기 집
의 모든 사람과 집짐승과 또 다른 모든 짐승과 가
나안 땅에서 얻은 모든 재산을 이끌고, 아우 야곱
과는 좀 떨어진 다른 곳으로 갔다. 7 두 사람은
재산이 너무 많아서, 함께 살 수 없었다. 그들은
특히 집짐승이 많아서, 거기에서 그대로 살 수 없
었다. 8 그래서 에서 곧 에돔은 세일 산에 자리
를 잡았다.

9 세일 산간지방에 사는 에돔 사람의 조상 에
서의 족보는 다음과 같다. 10 에서의 아들들의
이름은 다음과 같다. 에서의 아내 아다가 낳은
아들은 이름이 엘리바스이고, 에서의 아내 바스
맛이 낳은 아들은 르우엘이다. 11 엘리바스가 낳
은 아들은 데만과 오말과 스보와 가담과 그나스이
다. 12 에서의 아들 엘리바스와 그의 첩 딤나 사
이에서는 아들 아말렉이 태어났다. 이들은 에서
의 아내 아다가 낳은 자손이다. 13 르우엘이 낳
은 아들은, 나핫과 세라와 삼마와 밋사이다. 이들
은 에서의 아내 바스맛이 낳은 자손이다. 14 에
서의 아내 오홀리바마(시브온의 ㄱ)딸 아나의 소
생)가 낳은 아들은 여우스와 얄람과 고라이다.

15 에서에게서 나온 ㄴ)종족들은 다음과 같다.
에서의 맏아들 엘리바스를 조상으로 하는 종족들
은 데만과 오말과 스보와 그나스와 16 고라와 가
담과 아말렉이다. 이들은 에돔 땅에 있는 엘리바
스 종족들이다. 이들은 에서의 아내 아다가 낳은
자손이다. 17 에서의 아들 르우엘을 조상으로
하는 종족들은 나핫과 세라와 삼마와 밋사이다.
이들은 에돔 땅에 있는 르우엘 종족들이다. 이들은
에서의 아내 바스맛이 낳은 자손이다. 18 에서
의 아내 오홀리바마의 아들에게서 나온 종족들은
다음과 같다. 여우스와 얄람과 고라이다. 이들은
에서의 아내 오홀리바마(아나의 딸)가 낳은 아들
들에게서 나온 종족들이다. 19 이들은 에서 곧
에돔의 아들들이다. 이들이 족장들이 되었다.

세일의 자손 (대상 1:38-41)

20 에돔 땅의 원주민들도 종족별로 갈리는
데, 각 종족의 조상들을 거슬러 올라가면, 호리 사
람인 세일의 아들들에게로 가서 닿는다. 세일의
자손에게서 나온 종족들은 로단과 소발과 시브온
과 아나와 21 디손과 에셀과 디산이다. 이들은
에돔 땅에 있는 세일의 아들들로서, 호리 사람의
종족들이다. 22 로단에게서 나온 종족은 호리와
헤맘과 딤나(로단의 누이)이다. 23 소발에게서
나온 종족은 알완과 마나핫과 에발과 스보와 오남

ㄱ) 사마리아 오경과 칠십인역과 시리아어역에는 '아들'
ㄴ) 또는 '족장들' (15-43절에서도)

전통적으로 좌골신경으로 믿어지는데, 허벅지의 안쪽에 부착되어 있고 통상 레슬링 경기 중에 상처를 입는 좌골신경으로 보인다. 25절에 나오는 히브리 동사(다쳤다)가 실질적으로 엉덩이뼈의 탈구를 의미하는 것으로 보이지는 않는데, 엉덩이뼈의 탈구는 너무나 중해서 이렇게 상처 입은 자는 절뚝거리며 걸을 수조차 없기 때문이다. 이 힘줄에 대한 언급은 물론 통상적인 음식물 금기를 설명하기 위함이다.

33:1-20 야곱과 에서의 이야기는, 뒤에 나오는 요셉과 그의 형제들간의 이야기와 같이 (37—50장), 다투어 왔던 형제들간의 화해로 그 정점에 이른다. 그런 만큼, 이 이야기는 형제지간인 야곱과 에서로 대표되는 가족 내에서와, 그들의 자손인 이스라엘 사람들과 에돔 사람들로 대표되는 민족들 사이에서도, 폭력보다는 화해를 갈등의 적절한 해결책으로 인정한다 (15쪽 추가 설명: "창세기에 나타난 형제간의 경쟁의식"과 25쪽 추가 설명: "여러 민족 가운데 놓인 이스라엘"을 보라). 이 두 이야기는 다 같이 복수를 위한 타당한 이유가 있고, 또한 무력으로 보복할 수 있는 쪽(1, 4, 10절; 32:6-8, 11, 20을 참조)이 자신의 불만을 내려놓고 긴장을 완화하기 위하여 솔선한다. **33:2** 여기에 언급된 야곱 식구들의 배열은, 라헬과 그녀의 자녀들에 대한 야곱의 편애를 제외하면, 지위의 우열에 따른 것이다. 첫 번째 아내인 레아가 존경받는 위치를 차지해야 할 것이다. **33:8-11** 선물을 증정하는 것은 성경사회의 통상적인 의식이다. 11절에서 선물로 번역되는 히브리어 *베라카 (berakah)*, 이 이름은 문자 그대로 "축복"을 뜻하는데, 이것은 27:35-36에서 야곱이 에서로부터 훔친 축복을 언급하는데 사

이다. 24 시브온의 아들은 아야와 아나이다. 아
버지 시브온의 나귀를 칠 때에, 광야에서 온천을
발견한 사람이 바로 아나이다. 25 아나의 자손
은 디손과 오홀리바마(아나의 딸)이다. 26 디손
에게서 나온 종족은 헴단과 에스반과 이드란과 그
란이다. 27 에셀에게서 나온 종족은 빌한과 사
아완과 아간이다. 28 디산에게서 나온 종족은
우스와 아란이다. 29 호리 종족의 조상들은 로
단과 소발과 시브온과 아나와 30 디손과 에셀과
디산이다. 이들은 그 갈래를 따라 분류하면, 세일
땅에 사는 호리 종족의 조상들이다.

에돔의 왕들 (대상 1:43-54)

31 이스라엘에 왕이 아직 없을 때에, 다음과
같은 왕들이 차례로 에돔 땅을 다스렸다. 32 브
올의 아들 벨라가 에돔의 왕이 되었다. 그의 도성
의 이름은 딘하바이다. 33 벨라가 죽으니, 보스
라 사람 세라의 아들 요밥이 그의 뒤를 이어서 왕
이 되었다. 34 요밥이 죽으니, 데만 사람의 땅에
서 온 후삼이 그의 뒤를 이어서 왕이 되었다.
35 후삼이 죽으니, 브닷의 아들 곧 모압 벌판에
서 미디안 사람을 친 하닷이 그의 뒤를 이어서 왕
이 되었다. 그의 도성의 이름은 아윗이다. 36 하
닷이 죽으니, 마스레가 출신 삼라가 그의 뒤를 이
어서 왕이 되었다. 37 삼라가 죽으니, 유프라테
스 강 가에 살던 르호봇 사람 사울이 그의 뒤를 이
어서 왕이 되었다. 38 사울이 죽으니, 악볼의 아
들 바알하난이 그의 뒤를 이어서 왕이 되었다.
39 악볼의 아들 바알하난이 죽으니, 그의 뒤를
이어서 ㄱ)하닷이 왕이 되었다. 그의 도성의 이름은
바우이다. 그의 아내의 이름은 므헤다벨인데, 마
드렛의 딸이며, 메사합의 손녀이다.

40 에서에게서 나온 종족들을 가문과 거주지
에 따라서 나누면, 각각 다음과 같다. 그 이름은
딤나와 알와와 여뎃과 41 오홀리바마와 엘라와
비논과 42 그나스와 데만과 밉살과 43 막디엘
과 이람이다. 이들이 에돔의 종족들이다. 종족들
의 이름이 각 종족들이 살던 거주지의 이름이 되
었다. 에돔 사람의 조상은 에서이다.

요셉과 형제들

37 1 야곱은 자기 아버지가 몸붙여 살던 땅
곧 가나안 땅에서 살았다. 2 야곱의 역
사는 이러하다.

열일곱 살 된 소년 요셉이 아버지의 첩들인
빌하와 실바가 낳은 형들과 함께 양을 치는데,
요셉은 형들의 허물을 아버지에게 일러바치곤
하였다. 3 이스라엘은 늘그막에 요셉을 얻었으
므로, 다른 아들들보다 요셉을 더 사랑하여서,
그에게 ㄴ)화려한 옷을 지어서 입혔다. 4 형들은
아버지가 그를 자기들보다 더 사랑하는 것을 보고
서 요셉을 미워하며, 그에게 말 한 마디도 다정스
럽게 하는 법이 없었다.

5 한 번은 요셉이 꿈을 꾸고서 그것을 형들
에게 말한 일이 있는데, 그 일이 있은 뒤로부터 형
들은 그를 더욱더 미워하였다. 6 요셉이 형들에
게 말하였다. "내가 꾼 꿈 이야기를 한 번 들어 보
셔요. 7 우리가 밭에서 곡식단을 묶고 있었어요.
그런데 갑자기 내가 묶은 단이 우뚝 일어서고, 형
들의 단이 나의 단을 둘러서서 절을 하였어요."
8 형들이 그에게 말하였다. "네가 우리의 왕이라
도 될 성싶으냐? 정말로 네가 우리를 다스릴 참이
냐?" 형들은 그의 꿈과 그가 한 말 때문에 그를 더
욱더 미워하였다.

9 얼마 뒤에 그는 또 다른 꿈을 꾸고, 그것을
형들에게 말하였다. "들어 보셔요. 또 꿈을 꾸었
어요. 이번에는 해와 달과 별 열한 개가 나에게
절을 했어요." 10 그가 아버지와 형들에게 이렇
게 말할 때에, 그의 아버지가 그를 꾸짖었다. "네
가 꾼 그 꿈이 무엇이냐? 그래, 나하고 너의 어머
니하고 너의 형들이 함께 너에게로 가서, 땅에 엎
드려서, 너에게 절을 할 것이란 말이냐?" 11 그

ㄱ) 마소라 사본 가운데 일부와 사마리아 오경과 시리아어역(대상 1:50)을 따름. 대다수의 마소라 사본에는 '하달' ㄴ) 또는 '채색 옷'

용된 용어와 동일하다. 여기서 야곱이 사용한 용어는 이러한 선물들이 에서가 일찍이 당하였던 손실들에 대한 배상으로 배려된 것임을 뜻한다. 하나님의 얼굴을 본 것과 에서의 얼굴을 본 것을 병행시킨 것은 이 상봉 바로 직전에 하나님과 가졌던 만남(32:22-33)과 연결시킨다. **33:16-17** 야곱과 에서의 분리는 그들의 자손과 그들이 점유할 조국들의 분리를 설명해 준다. 세일은 에돔의 땅을 지칭하는 것인데, 사해의 동남부에 위치한다 (32:3; 민 24:18). 숙곳. 숙곳은 아마도 요단강 유역, 즉 이스라엘의 전통적인 국경에 위치한 얍복 나루의 어구에 있었던 것으로 보인다 (민 21:24; 신 3:16). **33:18-20** 약속의 땅을 향한 야곱의 귀로는 전에 아브라함의 여정과 병행을 이룬다 (12:1-7). 아브라함도 야곱도 *세겜에서* 처음 멈추고, 거기서 제단을 쌓는다. 엘로힘문서의 입장에서 본 야곱은 영웅이며, 그는 땅을 구입해서 얻는데, 이것은 엘로힘문서와 제사

의 형들은 그를 시기하였지만, 아버지는 그 말을 마음에 두었다.

요셉이 이집트로 팔려 가다

12 그의 형들은 아버지의 양 떼를 치려고, 세겜 근처로 갔다. 13 이스라엘이 요셉에게 말하였다. "네가 알고 있듯이, 너의 형들이 세겜 근처에서 양을 치지 않느냐? 내가 너를 너의 형들에게 좀 보내야겠다." 요셉이 대답하였다. "다녀오겠습니다." 14 이스라엘이 요셉에게 말하였다. "너의 형들이 잘 있는지, 양들도 잘 있는지를 가서 살펴보고, 나에게 와서 소식을 선해 다오." 그의 아버지는 헤브론 골짜기에서 그를 떠나보냈다.

요셉이 세겜에 도착하였다. 15 어떤 사람이 보니, 요셉이 들에서 헤매고 있었다. 그가 요셉에게 물었다. "누구를 찾느냐?" 16 요셉이 대답하였다. "형들을 찾습니다. 우리 형들이 어디에서 양을 치고 있는지, 나에게 일러 주시겠습니까?" 17 그 사람이 대답하였다. "너의 형들은 여기에서 떠났다. '도단으로 가자'고 하는 말을 내가 들었다." 그래서 요셉은 형들을 뒤따라 가서, 도단 근처에서 형들이 있는 곳을 알아냈다. 18 그런데 그의 형들은 멀리서 그를 알아보고서, 그를 죽여 버리려고, 그가 그들에게 가까이 오기 전에 음모를 꾸몄다. 19 그들은 서로 마주 보면서 말하였다. "야, 저기 꿈꾸는 녀석이 온다. 20 자, 저 녀석을 죽여서, 아무 구덩이에나 던져 넣고, 사나운 들짐승이 잡아먹었다고 하자. 그리고 그 녀석의 꿈이 어떻게 되나 보자." 21 르우벤이 이 말을 듣고서, 그들의 손에서 요셉을 건져 내려고, 그들에게 이렇게 말하였다. "목숨만은 해치지 말자. 22 피는 흘리지 말자. 여기 들판에 있는 구덩이에 그 아이를 던져 넣기만 하고, 그 아이에게 손을 대지는 말자." 르우벤은 요셉을 그들에게서 건져 내서 아버지에게 되돌려 보낼 생각으로 이렇게 말한 것이다. 23 요셉이 형들에게로 오자, 그들은 그의 옷 곧 그가 입은 화려한 옷을 벗기고, 24 그를 들어서 구덩이에 던졌다. 그 구덩이는 비어 있고, 그 안에는 물이 없었다.

25 그들이 앉아서 밥을 먹고 있는데, 고개를 들고 보니, 마침 이스마엘 상인 한 떼가 길르앗으로부터 오는 것이 눈에 띄었다. 낙타에다 향품과 유향과 몰약을 싣고, 이집트로 내려가는 길이었다. 26 유다가 형제들에게 말하였다. "우리가 동생을 죽이고 그 아이의 피를 덮는다고 해서, 우리가 얻는 것이 무엇이냐? 27 자, 우리는 그 아이에게 손을 대지는 말고, 차라리 그 아이를 이스마엘 사람들에게 팔아 넘기자. 아무래도 그 아이는 우리의 형제요, 우리의 피붙이이다." 형제들은 유다의 말을 따르기로 하였다.

28 그래서 미디안 상인들이 지나갈 때에, 형제들이 요셉을 구덩이에서 꺼내어, 이스마엘 사람들에게 은 스무 냥에 팔았다. 그들은 그를 이집트로 데리고 갔다. 29 르우벤이 구덩이로 돌아와 보니, 요셉이 거기에 없었다. 그는 슬픈 나머지 옷을 찢고서, 30 형제들에게 돌아와서 말하였다. "그 아이가 없어졌다! 나는 이제 어디로 가야 한단 말이냐?"

31 그들은 숫염소 한 마리를 죽이고, 요셉의 옷을 가지고 가서, 거기에 피를 묻혔다. 32 그들은 피묻은 그 화려한 옷을 아버지에게로 가지고 가서 말하였다. "우리가 이 옷을 주웠습니다. 이것이 아버지의 아들의 옷인지, 잘 살펴보시기 바랍니다." 33 그가 그 옷을 알아보고서 부르짖었다. "내 아들의 옷이다! 사나운 들짐승이 그 아이를 잡아 먹었구나. 요셉은 찢겨서 죽은 것이 틀림없다." 34 야곱은 슬픈 나머지 옷을 찢고, 베옷을 걸치고, 아들을 생각하면서, 여러 날을 울었다. 35 그의 아들딸들이 모두 나서서 그를 위로하였지만, 그는 위로받기를 마다하면서 탄식하였다. "아니다. 내가 울면서, 나의 아들이 있는 ㄱ)스올로 내려가겠다." 아버지는 잃은 자식을 생각하면서 울었다. 36 그리고 ㄴ)미디안 사람들은 이집트에서 요셉을 보디발이라는 사람에게 팔았다. 그는 바로의 신하로서, 경호대장으로 있는 사람이었다.

ㄱ) 또는 '무덤' 또는 '죽음' ㄴ) 사마리아 오경과 칠십인역과 불가타와 시리아어역을 따름. 히, '메단 사람들'

문서가 기술하는 전형적인 행위이지만 (23:1-20), 야웨 문서는 그렇지 않다 (12:6-7).

34:1-31 창세기에 나오는 여러 설화처럼, 창세기에 언급된 야곱의 유일한 딸인 디나(30:21)의 이야기에는 가정적인 차원과 지파적인 차원이 담겨있다. 가정적인 차원에서, 이 이야기는 세겜이 디나를 강간함으로써 빚어진 두 가족 사이의 갈등의 해소를 기술한다. 지파적인 차원에서, 이 이야기는 하몰의 아들 세겜으로 상징되는 세겜의 도시와 야곱의 아들들로 상징되는 이스라엘 사람들 사이의 관계를 다룬다 (25쪽 추가 설명: "여러 민족 가운데 놓인 이스라엘"을 보라). 이 두 다른 차원에서, 디나에 관한 강간 설화는 잘못된 일들이 어떻게 바르게 고쳐져야 하고, 불만이 어떻게 치유되어야 하는가 하는 질문을 놓고 고심한다. 디나의 강간과 그녀의 형제들의 복수에 의하여 제기된 도덕적 현안들에 관하여는 34:30-31에 관한 주석을 보라. **34:2** 성행위는

유다와 다말

38 1 그 무렵에 유다는 형제들에게서 떨어
져 나가, 히라라고 하는 아둘람 사람이
사는 곳으로 가서, 그와 함께 살았다. 2 유다는
거기에서 가나안 사람 수아라고 하는 사람의 딸을
만나서 결혼하고, 아내와 동침하였다. 3 그가 임
신하여 아들을 낳으니, 유다가 그 아들 이름을 에
르라고 하였다. 4 그가 또 임신하여 아들을 낳았
다. 이번에는 아이의 어머니가 그 아들 이름을 오
난이라고 하였다. 5 그가 또다시 아들을 낳고,
이름을 셀라라고 하였다. ㄱ)그가 셀라를 낳은 곳은
거십이다.
6 유다가 자기 맏아들 에르를 결혼시켰는데,
그 아내의 이름은 다말이다. 7 유다의 맏아들
에르가 주님께서 보시기에 악하므로, 주님께서
그를 죽게 하셨다. 8 유다가 오난에게 말하였다.
"너는 형수와 결혼해서, 시동생으로서의 책임을
다해라. 너는 네 형의 이름을 이을 아들을 낳아야
한다." 9 그러나 오난은 아들을 낳아도 그가 자
기 아들이 안 되는 것을 알고 있었으므로, 형수와
동침할 때마다, 형의 이름을 이을 아들을 낳지 않
으려고, 정액을 땅바닥에 쏟아 버리곤 하였다.
10 그가 이렇게 한 것이 주님께서 보시기에 악하
였다. 그래서 주님께서는 오난도 죽게 하셨다.
11 유다는 자기의 며느리 다말에게 말하였다. "나
의 아들 셀라가 다 클 때까지, 너는 네 친정 아버
지 집으로 돌아가서, 과부로 살고 있거라." 유다
는 셀라를 다말에게 주었다가는, 셀라도 제 형들
처럼 죽을지 모른다고 생각하였다.
12 그 뒤에 오랜 세월이 지나서, 수아의 딸
유다의 아내가 죽었다. 곡을 하는 기간이 끝났을
때에, 유다는 친구 아둘람 사람 히라와 함께 자기
양들의 털을 깎으러 딤나로 올라갔다. 13 다말
은 "너의 시아버지가 양털을 깎으러 딤나로 올라
간다" 하는 말을 전해 듣고서, 14 과부의 옷을
벗고, 너울을 써서 얼굴을 가리고, 딤나로 가는 길
에 있는 에나임 어귀에 앉았다. 그것은 막내 아들
셀라가 이미 다 컸는데도, 유다가 자기와 셀라를
짝지어 주지 않았기 때문이다.
15 길을 가던 유다가 그를 보았지만, 얼굴을
가리고 있었으므로, 유다는 그가 창녀인 줄 알았다.
16 그래서 유다는 그가 자기 며느리인 줄도 모르
고, 길가에 서 있는 그에게로 가서 말하였다. "너
에게 잠시 들렀다 가마. 자, 들어가자." 그 때에
그가 물었다. "저에게 들어오시는 값으로, 저에게
무엇을 주시겠습니까?" 17 유다가 말하였다.
"나의 가축 떼에서 새끼 염소 한 마리를 보내마."
그가 물었다. "그것을 보내실 때까지, 어떤 물건
이든지 담보물을 주시겠습니까?" 18 유다가 물
었다. "내가 너에게 어떤 담보물을 주랴?" 그가 대
답하였다. "가지고 계신 도장과 허리끈과 가지고
다니시는 지팡이면 됩니다." 그래서 유다는 그것
들을 그에게 맡기고서 그에게 들어갔는데, 다말이

ㄱ) 칠십인역은 유다의 아내를 가리키고, 마소라 본문은 유다를 가리킴

서로 합의한 것이 아니라, 디나의 의지에 어긋나는 것이었음이 분명하다. **34:4** *세겜은* 그의 아버지가 그와 디나 사이의 결혼을 주선해줄 것을 요청한다 (21:21; 24:1-4). **34:5** *더럽혔다.* 이 동사는 성에 관한 규범들을 무시함으로써, 여성을 학대하는 행위에 통상적으로 사용되는 용어이다 (레 18:20; 민 5:19). **34:7** *이스라엘 사람에게 부끄러운 일* (공동번역은 "이스라엘을 욕보인 일"). 이 구절은 저자가 "이스라엘"을 선조 개인의 이름(이스라엘이란 이름은 야곱으로부터 유래했다)이 아니라, 한 민족의 국호가 된 후기의 관점에서 글을 쓰고 있다는 것을 보여준다. **34:8-10** *하몰은* 아들의 결혼을 제의하면서 이전의 자유와 재산의 소유를 포함하여, 야곱의 가족이 *세겜과* 그 근교에서 참 시민권을 누리도록 배려해 주겠다고 한다. **34:12** 남자는 관습적으로 결혼하기 전에 신부 값을 지불한다 (24:53; 31:15). 사실, 이스라엘 율법에 따르면, 결혼 후에 치러진 신부 값은 혼전이요 약혼 이전의 여자와 성관계를 가진 남자가 치르는 적절한 보상이다 (신 22:28-29). **34:13** 야곱의 아들들이 행한 기만은 이것이 초래한 처절한 복수와 더불어 (25절) 그들의 누이가 당한 강간에 대한 적절한 반응으로 분명히 간주되었다 (31절; 또한 삼하 13장을 보라). **34:14-17** 할례는 이스라엘 공동체의 일원이 됨을 뜻하는 표시였으므로 (17:9-14), 세겜의 가족더러 이러한 의식을 채택하라는 형제들의 제의는 그들이 한 백성이 되자는 세겜의 제의를 받아들이는 것처럼 보인다. **34:23** 이야기를 하는 사람은 하몰이 야곱을 초대한 것에 대한 두 번째 동기, 즉 경제적인 동기를 제시하는데 그 동기는 야곱의 재산을 착복하려는 것이었다. 그 결과로, 레위와 시므온이 세겜의 재산을 약탈한 것(27-29절)은 야곱의 재산을 빼앗으려는 세겜 사람들의 기만적인 계략에 대한 방책이었다는 인상을 독자에게 준다.

특별 주석

세겜과 대항하여 악랄하게 보복하는 것에 관한 야곱과 그의 아들들인 시므온과 레위의 의견 차이는 성적으로 여자들을 폭행한 행위에 보복하는 것에 관한 고대 규범들에 의문을 제기한다.

유다의 아이를 임신하게 되었다. 19 다말은 집으로 돌아와서, 너울을 벗고, 도로 과부의 옷을 입었다.

20 한편 유다는 자기 친구 아둘람 사람 편에 새끼 염소 한 마리를 보내고, 그 여인에게서 담보물을 찾아오게 하였으나, 그 친구가 그 여인을 찾지 못하였다. 21 그 친구는 거기에 사는 사람들에게, 에나임으로 가는 길 가에 서 있던 창녀가 어디에 있느냐고 물었다. 그러나 그들의 말이, 거기에는 창녀는 없다고 하였다. 22 그는 유다에게 돌아가서 말하였다. "그 여인을 찾지 못하였네. 그보다도, 거기에 사는 사람들이 그러는데, 거기에는 창녀가 없다고 하네." 23 유다가 말하였다. "가질 테면 가지라지. 잘못하다가는 창피만 당하겠네. 어찌하였든지, 나는 새끼 염소 한 마리를 보냈는데, 다만 자네가 그 여인을 찾지 못한 것뿐일세."

24 석 달쯤 지난 다음에, 유다는 자기의 며느리 다말이 창녀짓을 하여 임신까지 했다는 소문을 들었다. 유다가 명하였다. "그를 끌어내서 화형에 처하여라!" 25 그는 끌려 나오면서, 시아버지에게 전갈을 보냈다. "저는 이 물건 임자의 아이를 배었습니다" 하고 말하였다. 다말은 또 말을 계속하였다. "잘 살펴보십시오. 이 도장과 이 허리끈과 이 지팡이가 누구의 것입니까!" 26 유다는 그 물건들을 알아보았다. "그 아이가 나보다 옳다! 나의 아들 셀라를 그 아이와 결혼시켰어야 했는데" 하고 말하였다. 유다는 그 뒤로 다시는 그를 가까이하지 않았다.

27 다말이 몸을 풀 때가 되었는데, 태 안에는 쌍둥이가 들어 있었다. 28 아기를 막 낳으려고 하는데, 한 아기가 손을 내밀었다. 산파가 진홍색 실을 가져다가, 그 아이의 손목에 감고서 말하였다. "이 아이가 먼저 나온 녀석이다." 29 그러나 그 아이는 손을 안으로 다시 끌어들였다. 그런 다음에 그의 아우가 먼저 나왔다. 산파가 "어찌하여 네가 터뜨리고 나오느냐!" 하고 말하였다. 그래서 이 아이 이름을 ㄱ)베레스라고 하고, 30 그의 형, 곧 진홍색 실로 손목이 묶인 아이가 뒤에 나오니, 아이 이름을 ㄴ)세라라고 하였다.

요셉과 보디발의 아내

39 1 요셉이 이집트로 끌려갔다. 요셉을 이집트로 끌고 내려간 이스마엘 사람들은, 바로의 신하인 경호대장 이집트 사람 보디발에게 요셉을 팔았다. 2 주님께서 요셉과 함께 계셔서, 앞길이 잘 열리도록 그를 돌보셨다. 요셉은 그 주인 이집트 사람의 집에서 살게 되었다. 3 그 주인은, 주님께서 요셉과 함께 계시며, 요셉이 하는 일마다 잘 되도록 주님께서 돌보신다는 것을 알았다. 4 주인은, 요셉이 눈에 들어서, 그를 심복으로 삼고, 집안 일과 재산을 모두 요셉에게 맡겨 관리하게 하였다. 5 그가 요셉에게 자기의 집안 일과 그 모든 재산을 맡겨서 관리하게 한 그 때부터, 주님께서 요셉을 보시고, 그 이집트 사람의 집에 복을 내리셨다. 주님께서 내리시는 복이, 주인의 집 안에 있는 것이든지, 밭에 있는 것이든지, 그 주인이 가진 모든 것에 미쳤다. 6 그래서 그 주인은, 자기가 가진 모든 것을 요셉에게 맡겨서 관

ㄱ) '터뜨림' ㄴ) '홍색' 또는 '밝음'

한편으로, 이스라엘 율법은 여러 종류의 성적 비행을 저지른 자에 대해 사형을 규정한다 (신 22:20-17). 예를 들어, 압살롬은 암논이 그의 배다른 누이인 다말을 강간했을 때 암논에게 사형의 징벌을 내린다 (삼하 13장). 다른 한편으로, 이스라엘 율법은 혼인하기 전이며 약혼하지 않은 여자와 강제로 성적 관계를 갖는 남자는 신부값을 지불하고 그녀와 결혼해야 한다 (신 22:28-29). 이 율법은 세겜이 해결책으로 제안한 것과 아주 유사한 해결방안이다 (11-12절). 이러한 해결방안들의 적절성을 다루는 문제는 이스라엘 율법을 창 34장에 제시된 혼합문화 상황에 어느 정도 적용할 수 있는가 하는 것이 불확실하기 때문에 더욱 복잡하게 된다. 어떻든 간에, 야곱의 보다 회유적인 해결방안이 이 설화에서 긍정적인 지지를 얻으며, 또한 창세기 전반에 걸쳐 긍정적인 지지를 얻는 것으로 보인다. 여기서 야곱은 가장이며, 그의 견해는 가장 높은 권위를 지니고 있다. 나중에 야곱은 그의 임종에서 시므온과 레위의 지나친 폭력 때문에 그의 재산을 물려받은 상속자들로서의 자격을 그들로부터 박탈한다 (49:5-7). 그러므로 이 이야기는 창세기의 다른 곳에 명시된 것처럼 (21:25-34; 33:1-11), 가족들간에, 그리고 지파들과 민족들간에 생기는 갈등은 폭력보다는 협상에 의하여 해결되어야 한다는 가치를 재천명한다. 물론, 이러한 분석이나 설화 자체도 이러한 행위의 중심에 놓여있는 여성인 다말의 관점을 고려하지 않았는데, 이것은 딸들과 누이들과 아내들의 복지는 그들의 법적 후견인들인 아버지들이나, 오라비들이나, 남편들에 의하여 결정되는 성경사회의 강한 가부장적 성격을 뚜렷하게 보여주는

리하게 하고, 자기의 먹거리를 빼고는 아무것도 간섭하지 않았다.

요셉은 용모가 준수하고 잘생긴 미남이었다.
7 일이 이렇게 된 지 얼마 지나지 않아서, 주인의 아내가 요셉에게 눈짓을 하며 "나하고 침실로 가요!" 하고 꾀었다. 8 그러나 요셉은 거절하면서, 주인의 아내에게 말하였다. "주인께서는, 모든 것을 나에게 맡겨 관리하게 하시고는, 집안 일에는 아무 간섭도 하지 않으십니다. 주인께서는, 가지신 모든 것을 나에게 맡기셨으므로, 9 이 집안에서는, 나의 위에는 아무도 없습니다. 나의 주인께서 나의 마음대로 하지 못하게 한 것은 한 가지뿐입니다. 그것은 마님입니다. 마님은 주인 어른의 부인이시기 때문입니다. 그런데 내가 어찌 이런 나쁜 일을 저질러서, 하나님을 거역하는 죄를 지을 수 있겠습니까?" 10 요셉이 이렇게 말하였는데도, 주인의 아내는 날마다 끈질기게 요셉에게 요구해 왔다. 요셉은, 그 여인과 함께 침실로 가지도 않았을 뿐만 아니라, 아예 그 여인과 함께 있지도 않았다.

11 하루는 요셉이 할 일이 있어서 집 안으로 들어갔는데, 그 집 종들이 집 안에 하나도 없었다.
12 여인이 요셉의 옷을 붙잡고 "나하고 침실로 가요!" 하고 졸랐다. 그러나 요셉은, 붙잡힌 자기의 옷을 그의 손에 버려 둔 채, 뿌리치고 집 바깥으로 뛰어나갔다. 13 여인은, 요셉이 그 옷을 자기의 손에 버려 둔 채 집 바깥으로 뛰어나가는 것을 보고, 14 집에서 일하는 종들을 불러다가 말하였다. "이것 좀 보아라. 주인이, 우리를 웃음거리로 만들려고 이 히브리 녀석을 데려다 놓았구나. 그가 나를 욕보이려고 달려들기에, 내가 고함을 질렀더니, 15 그는 내가 고함지르는 소리를 듣고, 제 옷을 여기에 내버리고, 바깥으로 뛰어나갔다." 16 이렇게 말하고, 그 여인은 그 옷을 곁에 놓고, 주인이 집으로 돌아오기를 기다렸다.
17 주인이 돌아오자, 그에게 이렇게 일러바쳤다. "당신이 데려다 놓은 저 히브리 사람이, 나를 농락하려고 나에게 달려들었어요. 18 내가 사람 살리라고 고함을 질렀더니, 옷을 내 앞에 버려두고, 바깥으로 뛰어나갔어요."

19 주인은 자기 아내에게서 "당신의 종이 나에게 이 같은 행패를 부렸어요" 하는 말을 듣고서, 화가 치밀어올랐다. 20 요셉의 주인은 요셉을 잡아서 감옥에 가두었다. 그 곳은 왕의 죄수들을 가두는 곳이었다. 요셉이 감옥에 갇혔으나, 21 주님께서 그와 함께 계시면서 돌보아 주시고, 그를 한결같이 사랑하셔서, 간수장의 눈에 들게 하셨다. 22 간수장은 감옥 안에 있는 죄수를 모두 요셉에게 맡기고, 감옥 안에서 일어나는 온갖 일을 요셉이 혼자 처리하게 하였다. 23 간수장은 요셉에게 모든 일을 맡기고, 아무것도 간섭하지 않았다. 그렇게 된 것은 주님께서 요셉과 함께 계시기 때문이며, 주님께서 요셉을 돌보셔서, 그가 하는 일은 무엇이나 다 잘 되게 해주셨기 때문이다.

요셉이 시종장의 꿈을 해몽하다

40 1 이런 일들이 있은 지 얼마 뒤에, 이집트 왕에게 술잔을 올리는 시종장과 빵을 구워 올리는 시종장이, 그들의 상전인 이집트 왕

것이다. 이 이야기는 디나의 강간에 대한 적절한 해결책으로 제시된 두 남성의 대책 사이에서 생기는 갈등을 묘사하긴 하지만, 한편 디나가 이 이야기의 주인공임에도 불구하고, 피해 당사자인 그녀의 반응은 전혀 개의치 않는다. 10쪽 추가 설명: "창세기에 나타난 성"을 보라).

35:1-29 35장은 야곱에 관한 설화를 끝맺는 부분이다. 야웨문서의 이 설화들은 주로 야곱과 베델과의 관계와 야곱과 그의 막내아들인 베냐민에 초점을 두고 있으며, 엘로힘문서(1-8, 14, 16-20절)와 제사문서(9-13, 15, 22b-29절) 전승들에 의하여 보완된다.

35:1-8 야웨문서는 베델에 있는 제단을 아브라함이 쌓은 것으로 간주하는 반면에 (12:8; 13:4), 엘로힘 전승들은 야곱이 최초로 그것을 쌓은 것으로 기술한다. **35:1** 28:16-17, 20-22를 보라. **35:2** 신상들을 소유하는 것은 보통 금지되었지만 (수 24:14, 23), 이런 것들은 앞서 뚜렷한 비판 없이 야곱의 일대기에 언급되어 있다 (31:19에 대한 주석을 보라). 아마도 엘로힘문서는 이런 신상들에 대한 거부반응을 이스라엘 종교사에 있어서 전환점으로 간주하는 것 같다 (수 24:2, 14를 참조). 의복을 세탁하는 것은 종교적 정화의 상징이다 (출 19:10, 14를 참조). **35:4** *세겜 근처 상수리나무 밑.* 이 주변을 신성한 곳으로 구분하고 있는데, 이 주변은 아브라함과도 관련되어 있다 (12:6-7; 수 24:26을 참조). *귀고리.* 이것이 어떤 의미를 함축하는지는 알려져 있지 않았지만, 몇 가지 다른 경우에서 보면, 이것은 신상들과 관련되어 있는 것 같다 (출 32:1-4; 삿 8:24-27). **35:8** 24:59를 보라.

35:9-15 이것은 야곱의 개명과 축복의 약속과 베델의 지명에 대한 제사문서 기자의 전승들이다. **35:10** 야웨문서는 야곱의 개명을 얍복 강에서 일어난 일화의 일부로 기술하는 반면에 (32:22-32), 제사문서는 그것을 *베델에서* 하나님이 야곱에게 나타나신 사건과 관련

에게 잘못을 저지른 일이 있었다. 2 바로가 그 두 시종장 곧 술잔을 올리는 시종장과 빵을 구워 올리는 시종장에게 노하여서, 3 그들을 경호대장의 집 안에 있는 감옥에 가두었는데, 그 곳은 요셉이 갇힌 감옥이었다. 4 경호대장이 요셉을 시켜서 그 시종장들의 시중을 들게 하였으므로, 요셉이 그들을 받들었다. 그들이 갇힌 지 얼마 뒤에, 5 감옥에 갇힌 두 사람 곧 이집트 왕에게 술잔을 올리는 시종장과 빵을 구워 올리는 시종장이, 같은 날 밤에 꿈을 꾸었는데, 꿈의 내용이 저마다 달랐다. 6 다음날 아침에 요셉이 그들에게 갔는데, 요셉은 그들에게 근심스런 빛이 있음을 보았다. 7 그래서 요셉은, 자기 주인의 집에 자기와 함께 갇혀 있는 바로의 두 시종장에게 물었다. "오늘은 안색이 좋아 보이지 않습니다. 왜 그러십니까?" 8 그들이 그에게 대답하였다. "우리가 꿈을 꾸었는데, 해몽할 사람이 없어서 그러네." 요셉이 그들에게 말하였다. "해몽은, 하나님이 하시는 것이 아닙니까? 나에게 말씀하여 보시기 바랍니다."

9 술잔을 올리는 시종장이, 자기가 꾼 꿈 이야기를 요셉에게 하였다. "내가 꿈에 보니, 나의 앞에 포도나무가 있고, 10 그 나무에는 가지가 셋이 있는데, 거기에서 싹이 나더니, 곧 꽃이 피고, 포도송이가 익었네. 11 바로의 잔이 나의 손에 들려 있기에, 내가 포도를 따다가, 바로의 잔에 그 즙을 짜서, 그 잔을 바로의 손에 올렸지." 12 요셉이 그에게 말하였다. "해몽은 이러합니다. 가지 셋은 사흘을 말합니다. 13 앞으로 사흘이 되면, 바로께서 시종장을 불러내서, 직책을 되돌려 주실 것입니다. 시종장께서는 전날 술잔을 받들어 올린 것처럼, 바로의 손에 술잔을 올리게 될 것입니다. 14 시종장께서 잘 되시는 날에, 나를 기억하여 주시고, 나를 따로 생각해 주시기 바랍니다. 그리고 바로에게 나의 사정을 말씀드려서, 나도 이 감옥에서 풀려나게 해주시기 바랍니다. 15 나는 히브리 사람이 사는 땅에서 강제로 끌려온 사람입니다. 그리고 여기에서도 내가 이런 구덩이 감옥에 들어올 만한 일은 하지 않았습니다."

16 빵을 구워 올리는 시종장도 그 해몽을 듣고 보니 좋아서, 요셉에게 말하였다. "나도 한 꿈을 꾸었는데, 나는 빵이 담긴 바구니 세 개를 머리에 이고 있었네. 17 제일 위에 있는 바구니에는, 바로에게 드릴 온갖 구운 빵이 있었는데, 새들이, 내가 이고 있는 바구니 안에서 그것들을 먹었네." 18 요셉이 말하였다. "해몽은 이러합니다. 바구니 셋은 사흘을 말합니다. 19 앞으로 사흘이 되면, 바로께서 시종장을 불러내서, 목을 베고 나무에 매다실 터인데, 새들이 시종장의 주검을 쪼아 먹을 것입니다."

20 그러한 지 사흘째 되는 날, 그 날은 바로의 생일인데, 왕은 신하들을 다 불러모으고 잔치를 베풀었다. 술잔을 올리는 시종장과 빵을 구워 올리는 시종장이, 신하들이 모인 자리에 불려 나갔다. 21 바로에게 술을 따라 올리는 시종장은 직책이 회복되어서, 잔에 술을 따라서 바로의 손에 올리게 되고, 22 빵을 구워 바치는 시종장은 매달려서 처형되니, 요셉이 그들에게 해몽하여 준 대로 되었다. 23 그러나 술잔을 올리는 시종장은 요셉을 기억하지 못하였다. 그는 요셉을 잊고 있었다.

시킨다. **35:11-12** 야곱에 대한 하나님의 약속은 제사문서의 언약 기사에 나오는 아브라함에 대한 하나님의 약속(17:1-8; 28:3-4를 참조)에서 발견되는 내용과 단어들 및 구절들 중 많은 것들을 공유한다.

35:16-29 베냐민의 출생에 관한 기사는 그의 조부의 죽음에 대한 기사와 병합되어 있다. **35:16-19** 야곱의 아들들 가운데, *베냐민만이* 그의 조상인 베냐민 족속이 정복한 가나안에서 태어났다. 베냐민이 출생한 마을인 에브랏은 여기서 예루살렘의 바로 남쪽에 위치한 베들레헴과 같은 장소로 간주된다 (48:7을 참조하라). **35:20** 이러한 비석은 베델에도 세워졌고 (28:18), 야곱과 라반 사이에 조약이 맺어졌던 장소에도 세워졌다 (31:51). 출산할 때 일어날 수 있는 여러 가지 합병증들을 다룰 현대 의술이 없었던 고대사회에서 출산은 항상 위험한 것이었다 (3:16). **35:22** 이 간결한 기사는 르우벤이 장남의 위치에 있음에도 불구하고, 그가 가족의 유산을 물려받는 자격을 상실한 이유를 설명해준다 (또한 49:3-4를 보라). **35:23-26** 야곱의 아들들에 대한 제사문서의 족보는 야곱의 아내들의 지위에 의거해서 순서에 따라 그들을 기록하는데, 그래서 야곱의 첫 아내인 *레아의* 아들들로부터 시작한다. **35:27-28** 이삭은 마므레에 묻히는데, 그의 모친인 사라(23:19)와 부친인 아브라함(25:9)도 이 곳에 묻혔다.

36:1-43 35장에 나온 야곱 설화들의 결론에 뒤따라서 야곱의 형인 에서의 족보에 대한 정보가 나온다. 이 정보는 에서의 가족에 대한 기사들 (1-5절), 에돔 에서의 정착 (6-8절), 그리고 그의 자손(9-19, 40-43절)에 대한 기사들로 나누어진다. 에서의 족보는 *호리* 사람인 *세일의* 족보(20-30절)와 에돔 왕들의 목록(31-39절)으로 보완된다.

36:1-5 에서의 가족에 관한 두 가지 다른 전승이 창세기에 보존되어 있는데, 여기 36장에 나오는 기록은 그의 세 아내가 *아다, 오홀리바마*, 그리고 *바스맛* 이라고 하는 한편, 그의 아내들에 대한 다른 전승은 그들의

요셉이 바로의 꿈을 해몽하다

41 1 그로부터 만 이 년이 지나서, 바로가
꿈을 꾸었다. 그가 나일 강 가에 서 있는데,
2 잘생기고, 살이 찐 암소 일곱 마리가 강에서
올라와서, 갈밭에서 풀을 뜯는다. 3 그 뒤를 이
어서, 흉측하고 야윈 다른 암소 일곱 마리가 강에서
올라와서, 먼저 올라온 소들과 함께 강가에 선다.
4 그 흉측하고 야윈 암소들이, 잘생기고 살이 찐
암소들을 잡아먹는다. 바로는 잠에서 깨어났다.
5 그가 다시 잠들어서, 또 꿈을 꾸었다. 이삭 일
곱 개가 보인다. 토실토실하고 잘 여문 이삭 일곱
개가 나오는데, 그것들은 모두 한 줄기에서 나와
서 자란 것들이다. 6 그 뒤를 이어서, 또 다른 이
삭 일곱 개가 피어 나오는데, 열풍이 불어서, 야
위고 마른 것들이다. 7 그 야윈 이삭이, 토실토
실하게 잘 여문 이삭 일곱 개를 삼킨다. 바로가 깨
어나 보니, 꿈이다. 8 아침에 그는 마음이 뒤숭
숭하여, 사람을 보내어서 이집트의 마술사와 현
인들을 모두 불러들이고, 그가 꾼 꿈 이야기를 그
들에게 하였다. 그러나 아무도 그에게 그 꿈을 해
몽하여 주는 사람이 없었다.

9 그 때에 술잔을 올리는 시종장이 바로에게
말하였다. "제가 꼭 했어야 할 일을 못한 것이
오늘에야 생각납니다. 10 임금님께서 종들에게
노하셔서, 저와 빵을 구워 올리는 시종장을 경호
대장 집 감옥에 가두신 일이 있습니다. 11 저희
들이 같은 날 밤에 각각 꿈을 꾸었는데, 두 꿈의
내용이 너무나 달랐습니다. 12 그 때에 그 곳에,
경호대장의 종인 히브리 소년이 저희와 함께 있었
습니다. 저희가 꾼 꿈 이야기를 그에게 해주었더
니, 그가 그 꿈을 풀었습니다. 저희 두 사람에게 제
각기 그 꿈을 해몽하여 주었던 것입니다. 13 그리
고 그가 해몽한 대로, 꼭 그대로 되어서, 저는 복직
되고, 그 사람은 처형되었습니다."

14 이 말을 듣고서, 바로가 사람을 보내어 요
셉을 불러오게 하였고, 사람들은 곧바로 그를 구
덩이에서 끌어냈다. 요셉이 수염을 깎고, 옷을 갈
아 입고, 바로 앞으로 나아가니, 15 바로가 요셉
에게 말하였다. "내가 꿈을 하나 꾸었는데, 그것
을 해몽할 수 있는 사람이 없다. 나는 네가 꿈 이
야기를 들으면 잘 푼다고 들었다. 그래서 너를 불
렀다." 16 요셉이 바로에게 대답하였다. "저에게
는 그런 능력이 없습니다. 임금님께서 기뻐하실
대답은, 하나님이 해주실 것입니다." 17 바로가
요셉에게 말하였다. "꿈에 내가 나일 강 가에 서
있는데, 18 살이 찌고 잘생긴 암소 일곱 마리가
강에서 올라와서, 갈밭에서 풀을 뜯었다. 19 그
것들의 뒤를 이어서, 약하고 아주 흉측하고 야윈
다른 암소 일곱 마리가 올라오는데, 이집트 온 땅
에서 내가 일찍이 본 일이 없는 흉측하기 짝이 없
는 그런 암소들이었다. 20 그 야위고 흉측한 암
소들은 먼저 올라온 기름진 암소 일곱 마리를 잡
아먹었다. 21 흉측한 암소들은 살이 찐 암소들
을 잡아먹었는데도, 여전히 굶은 암소처럼 흉측
하였다. 그리고는 내가 깨어났다. 22 ㄱ)내가 또
다시 꿈에 보니, 한 줄기에서 자란 이삭 일곱 개
가 있는데, 잘 여물고 실한 것들이었다. 23 그것
들의 뒤를 이어서, 다른 이삭 일곱 개가 피어 나
오는데, 열풍이 불어서, 시들고 야위고 마른 것들

ㄱ) 칠십인역과 시리아어역과 불가타에는 이 본문 앞에, '내가 또다시 잠이 들었는데'가 더 있음

이름들을 *유딧*, (양친이 다른) *바스맛*, *마할랏*으로 기록하고 있다 (26:34; 28:9). **36:6-8** 이 부분은 야곱과 에서가 서로 헤어지는 것에 대한 제사문서의 기록인데, 앞서 야웨문서도 이것에 관해 기술하였다 (33:15-17). 이것은 일찍이 아브라함과 롯의 분가를 연상시켜 준다 (13:6). **36:9-19** 에서의 자손들에 관한 기록은 에서의 씨족(clans)들에 관한 기록과 병행하는데 (9-14절), 이 씨족들의 이름들은 각각 에서의 자손의 이름을 딴 것들이다 (15-18절). 이들 중에, 에서의 아들의 두 번째 아내에게서 난 *아말렉* 만이 성경역사에서 중요한 민족을 이루는데, 이 민족은 이스라엘의 대적자로 등장한다 (출 17:8-16; 신 25:17-19). **36:20-30** *호리 사람*. 이 종족은 에서의 자손과 더불어 에돔 지역을 점유하고 있었던 것으로 간주되는 민족이다 (14:6; 신 2:12, 22를 참조). 그들 중에는 에서의 아내 오홀*리바마*가 있다 (25절; 2절을 참조). **36:31-39** 여기에 나오는 왕들에 대한 목록은, 성경에서 독특한 것인데, 통일된 에돔의 왕들을 언급하는 것으로 보이지 않는다. 왜냐하면, 왕위가 아버지로부터 아들로 계승되는 것이 아니라 소규모 지역들의 지도자들에게 계승되기 때문이다. 왕들이 이스라엘에 존재하기 전에 에돔에서 다스렸다는 전승(31절)은 에서가 야곱(이스라엘)의 형이었다고 하는 기억 (25:23)과 관련되어 있다.

37:1—50:26 창세기의 마지막 주요 부분은 야곱이 가장 아끼는 아들인 요셉의 이야기를 담고 있다 (33:2; 37:3-4). 이 이야기 이전에 나오는 야곱과 에서의 이야기와 같이, 요셉 설화는 형제간의 불화로 시작해서 화해로 끝난다 (15쪽 추가 설명: "창세기에 나오는 형제간의 경쟁의식"을 보라). 또한 야곱과 에서의 이야기처럼, 이 이야기에 나오는 주인공은 자신의 가족들

이었다. 24 그 야윈 이삭이 잘 여문 일곱 이삭을 삼켜 버렸다. 내가 이 꿈 이야기를 마술사와 현인들에게 들려 주었지만, 아무도 나에게 그 꿈을 해몽해 주지 못하였다."

25 요셉이 바로에게 말하였다. "임금님께서 두 번 꾸신 꿈의 내용은 다 같은 것입니다. 임금님께서 장차 하셔야 할 일을 하나님이 보여 주신 것입니다. 26 그 좋은 암소 일곱 마리는 일곱 해를 말하고, 잘 여문 이삭 일곱 개도 일곱 해를 말하는 것입니다. 두 꿈이 다 같은 내용입니다. 27 뒤따라 나온 야위고 흉측한 암소 일곱 마리나, 열풍에 말라 버린 쓸모 없는 이삭 일곱 개도, 역시 일곱 해를 말합니다. 이것들은 흉년 일곱 해를 말하는 것입니다. 28 이제, 제가 임금님께 말씀드린 바와 같이, 임금님께서 앞으로 하셔야 할 일을 하나님이 보여 주신 것입니다. 29 앞으로 올 일곱 해 동안에는, 온 이집트 땅에 큰 풍년이 들 것입니다. 30 그런데 곧 이어서, 일곱 해 동안 흉년이 들 것입니다. 그렇게 되면, 이집트 땅에 언제 풍년이 있었더냐는 듯이, 지나간 일을 다 잊어버리게 될 것입니다. 그리고 기근이 이 땅을 황폐하게 할 것입니다. 31 풍년이 든 다음에 오는 흉년은 너무나도 심하여서, 이집트 땅에서는 아무도 그 전에 풍년이 든 일을 기억하지 못할 것입니다. 32 임금님께서 같은 꿈을 두 번이나 거듭 꾸신 것은, 하나님이 이 일을 하시기로 이미 결정하시고, 그 일을 꼭 그대로 하시겠다는 것을 말씀해 주시는 것입니다. 33 이제 임금님께서는, 명철하고 슬기로운 사람을 책임자로 세우셔서, 이집트 땅을 다스리게 하시는 것이 좋을 듯합니다. 34 임금님께서는 전국에 관리들을 임명하셔서, 풍년이 계속되는 일곱 해 동안에, 이집트 땅에서 거둔 것의 오분의 일을 해마다 받아들이도록 하심이 좋을 듯합니다. 35 앞으로 올 풍년에, 그 관리들은 온갖 먹거리를 거두어들이고, 임금님의 권한 아래, 각 성읍에 곡식을 갈무리하도록 하십시오. 36 이 먹거리는, 이집트 땅에서 일곱 해 동안 이어갈 흉년에 대비해서, 그 때에 이 나라 사람들이 먹을 수 있도록 갈무리해 두셔야 합니다. 그렇게 하시면, 기근이 이 나라를 망하게 하지 못할 것입니다."

요셉이 이집트의 총리가 되다

37 바로와 모든 신하들은 이 제안을 좋게 여겼다. 38 바로가 신하들에게 말하였다. "하나님의 영이 함께 하는 사람을, 이 사람 말고, 어디에서 또 찾을 수 있겠느냐?" 39 바로가 요셉에게 말하였다. "하나님이 너에게 이 모든 것을 알리셨는데, 너처럼 명철하고 슬기로운 사람이 어디에 또 있겠느냐? 40 네가 나의 집을 다스리는 책임자가 되어라. 나의 모든 백성은 너의 명령을 따를 것이다. 내가 너보다 높다는 것은, 내가 이 자리에 앉아 있다는 것뿐이다." 41 바로가 또 요셉에게 말하였다. "내가 너를 온 이집트 땅의 총리로 세운다." 42 그렇게 말하면서, 바로는 손가락에 끼고 있는 옥새 반지를 빼서 요셉의 손가락

과 재회하기 전에 강제로 추방당한다. 야곱의 이야기와는 달리, 요셉의 이야기는 선조들에게 약속된 가나안 땅에서 끝나지 않는다. 이것은 가나안의 극심한 가뭄 때문에 야곱의 가족이 이집트에 재정착하게 된 것을 기술하며, 그래서 이스라엘 선조들의 역사에 있어서 다음 단계의 주요 일화로 전환되는 것을 보여주는데, 이 전환은 이집트 땅에서의 종살이와 이러한 삶으로부터의 구원에 대한 이야기이다 (출 1—15장).

37:1-36 요셉의 이야기는 그와 형제간의 갈등과 그를 상인들에게 팔아버림으로써 그를 제거키로 한 그들의 음모로 시작한다. 제사문서는 *야곱의 역사는 이러하다* (문자 그대로, "야곱의 세대들[자손들]은 이러하다")라는 문구를 사용하면서 이야기를 도입하는데 (1-2절), 이러한 문구는 조상 역사에 있어 새로운 시대들을 가리키기 위하여 사용된 것이다 (예를 들어, 2:4a; 5:1). 이 설화는 야웨문서 전승과 더불어 엘로힘문서 전승으로 구성되어 있다.

37:1-11 여기에 서로 얽혀진 전승들은 *요셉과* 그의 형제들 사이의 갈등에 대하여 세 가지로 설명한다: (1) 요셉이 아버지에게 고해바친 형제들에 관한 부정적인 언급 (2절, 제사문서); (2) 야곱이 요셉에게 특별한 옷을 입힘으로써 상징화된 요셉을 향한 야곱의 편애 (3-4절, 야웨문서); (3) 자신의 부친과 형제들보다 윗자리를 차지하게 됨을 보여준 요셉의 꿈들 (5-11절, 엘로힘문서). **37:3** 새번역개정이 사용한 "화려한 옷"과 개역개정이 사용한 "채색옷"은 칠십인역에 기초한 것이다. 여기서 옷을 수식하는 히브리 용어는 "손바닥"이나 "발바닥"을 의미하는 것으로 보인다. 그래서 공동번역은 "장신구를 단 옷"으로 번역했고, NRSV는 "소매가 달린 긴 옷"(또한 삼하 13:18-19를 보라)이라고 번역했다. **37:7-11** 요셉의 꿈들은 이 이야기의 후반부에서 그가 형제들보다 높은 권위를 얻게 될 것을 예견한다 (42:6).

37:12-30 요셉을 살해하기로 음모를 꾸민 후에, 형제들은 요셉을 죽임으로써 문제를 해결하려던 계획에서 물러나고 (4:4-7을 참조), 대신에 그를 지나가는 대상들에게 팔아넘긴다. **37:12** 이것의 지리적 위치는 모호한 데가 있다. 아마도 자료들이 서로 얽혀져 있

에 끼우고, 고운 모시 옷을 입히고, 금목걸이를 목에다 걸어 주었다. 43 그런 다음에, 또 자기의 병거에 버금가는 병거에 요셉을 태우니, 사람들이 ㄱ)"물러나거라!" 하고 외쳤다. 이렇게 해서, 바로는 요셉을 온 이집트 땅의 총리로 세웠다.

44 바로가 요셉에게 말하였다. "나는 바로다. 이집트 온 땅에서, 총리의 허락이 없이는, 어느 누구도 손 하나 발 하나도 움직이지 못한다." 45 바로는 요셉에게 사브낫바네아라는 이름을 지어 주고, 온의 제사장 보디베라의 딸 아스낫과 결혼을 시켰다. 요셉이 이집트 땅을 순찰하러 나섰다.

46 요셉이 이집트 왕 바로를 섬기기 시작할 때에, 그의 나이는 서른 살이었다. 요셉은 바로 앞에서 물러나와서, 이집트 온 땅을 두루 다니면서 살폈다. 47 풍년을 이룬 일곱 해 동안에, 땅에서 생산된 것은 대단히 많았다. 48 요셉은, 이집트 땅에서 일곱 해 동안 이어간 풍년으로 생산된 모든 먹거리를 거두어들여, 여러 성읍에 저장해 두었다. 각 성읍 근처 밭에서 나는 곡식은 각각 그 성읍에 쌓아 두었다. 49 요셉이 저장한 곡식의 양은 엄청나게 많아서, 마치 바다의 모래와 같았다. 그 양이 셀 수 없을 만큼 많아져서, 기록을 중단할 수밖에 없었다.

50 요셉과 온의 제사장 보디베라의 딸 아스낫 사이에서 두 아들이 태어난 것은 흉년이 들기 전이었다. 51 요셉은 "하나님이 나의 온갖 고난과 아버지 집 생각을 다 잊어버리게 하셨다" 하면서, 맏아들의 이름을 ㄴ)므낫세라고 지었다. 52 둘째는 "내가 고생하던 이 땅에서, 하나님이 자손을 번성하게 해주셨다" 하면서, 그 이름을 ㄷ)에브라임이라고 지었다.

53 이집트 땅에서 일곱 해 동안 이어가던 풍년이 지나니, 54 요셉이 말한 대로 일곱 해 동안의 흉년이 시작되었다. 온 세상에 기근이 들지 않은 나라가 없었으나, 이집트 온 땅에는 아직도 먹거리가 있었다. 55 그러나 마침내, 이집트 온 땅의 백성이 굶주림에 빠지자, 그들은 바로에게 먹을 것을 달라고 부르짖었다. 바로는 이집트의 모든 백성에게 "요셉에게로 가서, 그가 시키는 대로 하여라" 하였다. 56 온 땅에 기근이 들었으므로, 요셉은 모든 창고를 열어서, 이집트 사람들에게 곡식을 팔았다. 이집트 땅 모든 곳에 기근이 심하게 들었다. 57 기근이 온 세상을 뒤덮고 있었으므로, 다른 나라 사람들도 요셉에게서 곡식을 사려고 이집트로 왔다.

ㄱ) 또는 '무릎을 꿇어라!'. 마소라 본문의 아브레크는 '무릎 꿇다'를 뜻하는 히브리어와 발음이 비슷한 이집트어임 ㄴ) '잊게 하다' ㄷ) '갑절로 열매를 맺다'

기 때문에 일어난 결과일 것이다. *세겜과 도단* (17절)은 둘 다 북부 산악지역에 위치하고 있는 반면에, 그의 아버지가 요셉을 떠나보낸 *헤브론은* (14절) 세겜에서 50마일쯤 떨어진 남부 산악지역에 위치하고 있다. **37:21** 엘로힘문서 전승들에 따르면, 르우벤은 요셉을 살려둘 것을 호소하고, 나중에 그를 구해낼 생각으로, *구덩이에* 그를 던져 넣을 것을 제시한다 (22절). 그러나 그는 형제들이 요셉을 미디안 상인들에게 팔아버리기 전에 그를 구하는 일에 실패한다 (28a, 29-30, 36절). **37:26** 야웨문서 전승들에 따르면, *유다가* 요셉을 살려둘 것을 호소하며, 그를 이스마엘 상인들에게 팔아넘기기로 그의 형제들에게 제시한다 (27절).

37:31-35 요셉을 팔아버린 후에, 형제들은 그들의 아버지에게 염소의 피를 묻힌 요셉의 외투를 보여줌으로써, 요셉이 죽었다고 납득을 시키는데, 이 외투는 편애를 받은 그의 위치를 상징적으로 보여주는 것이었다. **37:34** 옷을 찢고 베옷을 걸치는 행위는 애도의 전통적인 표현들이다 (왕상 21:27). **37:25** 스올. 이곳은 죽은 자들의 영역으로, 고대 이스라엘에 있어 모든 인간이 죽은 후에 도달하게 되는 곳으로 간주된 어둡고 생명이 없는 장소이다 (시 88:3-7; 89:48).

38:1-30 일시적으로 다말의 이야기가 요셉의 설화들 사이에 끼어든다. 이 이야기는, 그녀 이전에 살았던 사람들처럼 (27장), 자신이 속한 사회의 가부장제도 안에서 이스라엘 역사의 방향을 바꾸는 역할을 하는 한 여족장에 관한 이야기이다. 다음에 나올 주석들이 밝혀주듯이, 시아버지와의 성관계가 보여주는 도덕성은 이스라엘 사회의 결혼 풍습과 경제체제 안에서만 평가될 수 있다. 이 이야기는 이것이 이스라엘의 왕인 다윗을 배출한 유다의 가족과 관련되어있기 때문에 보존되어 왔다 (룻 4:18-22; 마 1:1-6).

38:1-11 유다의 아들들의 출생과 그의 장손인 *에르와 다말과의* 혼인은 한 설화의 배경을 설정하여 주는 것이다. **38:8** 현대 독자에게는 낯설지만, *오난에게* 준 유다의 지시는 과부를 보호하고 가족들 안에서 안정을 촉구하기 위해서 고안된 이스라엘의 관습에 기초를 두고 있다. 혼인한 여자들은 자신들의 남편이나 남편의 사망시에는 아들들에게 의존해서 경제적인 보조를 받았기 때문에, 다말과 같이 남편이나 아들들이 없는 여인은 근본적으로 경제적인 보조를 받을 수 없었다. 자식이 없는 과부를 보호하기 위해 제정된 이스라엘의 법규에 따르면, 사망한 남편의 형제는 과부가 된 형수와 육체관계를 가져서 아이들을 갖도록 되어 있었는데, 이 아이들은 이 여인의 사망한 남편의 아이들로 간주되어 그들의 모친에게 경제적 지원을 하도록 되어 있다 (신 25:5-10). **38:9** 이 이야기에 나오는 오난처

요셉의 형들이 이집트로 가다

42 1 야곱은 이집트에 곡식이 있다는 말을
듣고서, 아들들에게 말하였다. "얘들아,
왜 서로 얼굴들만 쳐다보고 있느냐?" 2 야곱이
말을 이었다. "듣자 하니, 이집트에 곡식이 있다
고 하는구나. 그러니 그리로 가서, 곡식을 좀 사
오너라. 그래야 먹고 살지, 가만히 있다가는 굶어
죽겠다." 3 그래서 요셉의 형 열 명이 곡식을 사
려고 이집트로 갔다. 4 야곱은 요셉의 아우 베냐
민만은 형들에게 딸려 보내지 않았다. 베냐민을
같이 보냈다가, 무슨 변이라도 당할까 보아, 겁이
났기 때문이다. 5 가나안 땅에도 기근이 들었으
므로, 이스라엘의 아들들도 곡식을 사러 가는 사
람들 틈에 끼었다.
6 그 때에 요셉은 나라의 총리가 되어서, 세
상의 모든 백성에게 곡식을 파는 책임을 맡고 있
었다. 요셉의 형들은 거기에 이르러서, 얼굴을 땅
에 대고 엎드려, 요셉에게 절을 하였다. 7 요셉
은 그들을 보자마자, 곧바로 그들이 형들임을 알
았다. 그러나 짐짓 모르는 체하고, 그들에게 엄하
게 물었다. "당신들은 어디에서 왔소?" 그들이 대
답하였다. "먹거리를 사려고, 가나안 땅에서 왔습
니다." 8 요셉은 형들을 알아보았으나, 형들은
요셉을 알아보지 못하였다. 9 그 때에 요셉은 형
들을 두고 꾼 꿈을 기억하고, 그들에게 말하였다.
"당신들은 첩자들이오. 이 나라의 허술한 곳이
어디인지를 엿보러 온 것이 틀림없소!" 10 그들
이 대답하였다. "아닙니다. 총리 어른, 소인들은
그저 먹거리를 사러 왔을 뿐입니다. 11 우리는
한 아버지의 자식들입니다. 소인들은 순진한 백
성이며, 첩자가 아닙니다." 12 그가 말하였다.
"아니오! 당신들은 이 나라의 허술한 곳이 어디인
지를 엿보러 왔소." 13 그들이 대답하였다. "소
인들은 형제들입니다. 모두 열둘입니다. 가나안
땅에 사는 한 아버지의 아들들입니다. 막내는 소
인들의 아버지와 함께 있고, 또 하나는 잃었습니
다." 14 요셉이 그들에게 말하였다. "내 말이 틀
림없소. 당신들은 첩자들이오. 15 그러나 당신
들이 진실을 증명할 길은 있소. 바로께서 살아 계
심을 두고 맹세하오. 당신들이 막내 아우를 이리
로 데려오지 않으면, 당신들은 여기에서 한 발자
국도 벗어나지 못하오. 16 당신들 가운데서 한
사람을 보내어, 당신들 집에 남아 있는 아우를 이
리로 데려오게 하고, 나머지는 감옥에 가두어 두
겠소. 나는 이렇게 하여, 당신들이 한 말이 사실
인지를 시험해 보겠소. 바로께서 살아 계심을 두
고 맹세하오. 당신들이 그렇게 하지 못하면, 당신
들은 첩자라는 누명을 벗지 못할 것이오." 17 요
셉은 그들을 감옥에 사흘 동안 가두어 두었다.
18 사흘 만에 요셉이 그들에게 말하였다.
"나는 하나님을 두려워하오. 당신들은 이렇게 하
시오. 그래야 살 수 있소. 19 당신들이 정직한
사람이면, 당신들 형제 가운데서 한 사람만 여기
에 갇혀 있고, 나머지는 나가서, 곡식을 가지고 돌
아가서, 집안 식구들이 허기를 면하도록 하시오.

럼, 형제들은 자주 이러한 책임에 저항했는데 (신 25:7-10), 그 이유는 아마도 가족의 유산과 재산을 상속받는데 있어 형제의 아들들이 자신의 아들의 경쟁자가 될 것을 그들이 우려했기 때문이었을 것이다. **38:11** 다말은 결혼을 통해서 유다 가족의 사회 경제적 가족이 되었기 때문에, 유다가 다말을 친정아버지에게 돌려보내는 것은 그가 그녀에 대한 책임을 기만하는 것을 의미한다. 유다가 이것은 일시적인 해결책으로 제시하지만, 이 이야기의 화자는 그가 자신의 막내아들 *셀라*를 보호하기를 원했고 그녀를 다시 데려올 의향이 없었음을 시사한다 (14절을 참조).

38:12-23 *다말*은 그녀가 품은 계획이 유다를 속여서 그로 하여금 그가 이스라엘 법에 따라 솔선수범해서 수행했어야 할 책임을 완수토록 할 것이라고 생각한다. **38:14** 이것은 다말의 계획이 유다의 태만에 대한 반응으로 발전한 것임을 분명하게 보여준다. **38:17** 다말은 *담보물*은 장래에 확실하게 몸값을 받기 위한 것이라고 유다에게 말하지만, 이 담보물을 잡으려고 하는 그녀의 진짜 이유는 그녀가 잉태하게 되면 유다가 이 아이의 아버지라고 하는 것을 밝히기 위함이다 (22, 25절). 이 설화는 창녀를 찾아간 유다를 비난하지 않는다. **38:21-22** 21-22절에 나오는 *창녀*는 15절과 24절에 나오는 "창녀" 라는 일반적인 용어인 *조나* (zonah) 보다는 히브리어 *케데샤*, "거룩한 여인"이라는 용어를 해석한 것이다. (그래서 공동번역과 NRSV는 성전 창녀와 창녀라는 용어들을 사용한다.) 유다의 친구가 어째서 "창녀"가 아니라 "거룩한 여인"을 찾았는지는 분명하지 않다. 아마도 이것은 넌지시 빗대어 하는 표현일 것이다.

특별 주석

성전 매춘, 즉 수확증진을 위해 성전에서 예의적인 성관계를 맺는 일이 있었다는 주장이 성서학계에서 흔히 나돌고 있지만, 실제적으로 이러한 성행위가 고대 중동사회에 존재했었는지는 증명하기가 어렵다.

38:24-30 다말의 행위는 합법적인 것으로 인식

20 그러나 당신들은 반드시 막내 아우를 나에게로
데리고 와야 하오. 그래야만 당신들의 말이 사실
이라는 것을 증명할 수 있을 것이며, 당신들이 죽
음을 면할 것이오." 그들은 그렇게 하기로 하였다.
21 그들이 서로 말하였다. "그렇다! 아우의 일로
벌을 받는 것이 분명하다! 아우가 우리에게 살려
달라고 애원할 때에, 그가 그렇게 괴로워하는 것
을 보면서도, 우리가 아우의 애원을 들어 주지 않
은 것 때문에, 우리가 이제 이런 괴로움을 당하는
구나." 22 르우벤이 그들에게 대답하였다. "그
러기에 내가 그 아이에게 못할 짓을 하는 죄를
짓지 말자고 하지 않더냐? 그런데도 너희는 나의
말을 들은 체도 하지 않았다! 이제 우리가 그 아이
의 피값을 치르게 되었다." 23 그들은, 요셉이
통역을 세우고 말하였으므로, 자기들끼리 하는
말을 요셉이 알아듣는 줄은 전혀 알지 못하였다.
24 듣다 못한 요셉은, 그들 앞에서 잠시 물러가
서 울었다. 다시 돌아온 요셉은 그들과 말을 주고
받다가, 그들 가운데서 시므온을 끌어내어서,
그들이 보는 앞에서 끈으로 묶었다. 25 요셉은
사람들을 시켜서, 그들이 가지고 온 통에다가
곡식을 채우게 하고, 각 사람이 낸 돈은 그 사람
의 자루에 도로 넣게 하고, 또 길에서 먹을 것은
따로 주게 하였다. 요셉이 시킨 대로 다 되었다.

요셉의 형들이 가나안으로 돌아가다

26 그들은 곡식을 나귀에 싣고, 거기를 떠났다.
27 그들이 하룻밤 묵어갈 곳에 이르렀을 때에,
그들 가운데서 한 사람이 자기 나귀에게 먹이를
주려고 자루를 풀다가, 자루 아귀에 자기의 돈이
그대로 들어 있는 것을 보았다. 28 그는 이것을
자기 형제들에게 알렸다. "내가 낸 돈이 도로
돌아왔다. 나의 자루 속에 돈이 들어 있어!" 이
말을 들은 형제들은, 얼이 빠진 사람처럼 떨면서,
서로 쳐다보며 한탄하였다. "하나님이 어찌하여
우리에게 이런 일을 하셨는가!"

29 그들은 가나안 땅으로 아버지 야곱에게
돌아가서, 그 동안 겪은 일을 자세히 말씀드렸다.
30 "그 나라의 높으신 분이 우리를 보더니, 엄하
게 꾸짖고, 우리를 그 나라를 엿보러 간 첩자로 여
기는 것입니다. 31 그래서 우리는 그에게 '우리
는 정직한 사람입니다. 우리는 첩자가 아닙니다.
32 우리는 모두 한 아버지의 자식들로서 열두
형제입니다. 하나는 잃고, 또 막내는 가나안 땅에
우리 아버지와 함께 있습니다' 하고 말씀을 드렸
습니다. 33 그랬더니 그 나라의 높으신 분이 우
리에게 이르기를 '어디, 너희가 정말 정직한 사람
들인지, 내가 한 번 알아보겠다. 너희 형제 가운
데서 한 사람은 여기에 나와 함께 남아 있고, 나
머지는 너희 집안 식구들이 굶지 않도록, 곡식을
가지고 돌아가거라. 34 그리고 너희의 막내 아
우를 나에게로 데리고 오너라. 그래야만 너희가
첩자가 아니고 정직한 사람이라는 것을 내가 알
수 있겠다. 그런 다음에야, 내가 여기 잡아둔 너
희 형제를 풀어 주고, 너희가 이 나라에 드나들면
서 장사를 할 수 있게 하겠다' 하였습니다."

35 그들은 자루를 비우다가, 각 사람의 자루
에 각자가 치른 그 돈꾸러미가 그대로 들어 있는
것을 보았다. 그들과 그들의 아버지는 그 돈꾸러
미를 보고서, 모두들 겁이 났다. 36 아버지 야곱
이 아들들에게 말하였다. "너희가 나의 아이들을

되어 있으며, 그녀는 다윗 왕을 배출한 여족장으로 인정받는다. **38:24** *창녀짓.* 이것은 15절에서 사용된 "창녀" 라는 뜻을 가진 단어를 해석한 데서 파생된 것이다 (38:21-22에 관한 주석을 보라). 결혼관계를 벗어나서, 그리고 과부에 관한 이스라엘 법규(38:8에 관한 주석을 보라)의 범주를 벗어나서 성관계를 가진 자는 사형의 벌을 받았다 (신 22:22). **38:26** 유다는 자신의 가족인 다말에 대한 자신의 책임을 완수하지 못했다는 사실을 승인하며, 그녀의 행위는 당연한 권리를 주장하는 것임을 인정한다. **38:29** *베레스.* 이 이름은 "떨침" 혹은 "밀치고 나옴"이라는 뜻인데, 이 아이는 유다의 혈통을 이을 것이며, 이 혈통으로부터 이스라엘의 왕인 다윗이 나올 것이다 (룻 4:18-22; 마 1:1-6).

39:1-23 요셉과 보디발의 아내의 이야기에 담긴 주제는 문학세계에서 통속적으로 나타나는 주제이다. 이 이야기는 이집트의 "두 형제의 이야기"와 비슷한 점이 있다. 이 설화에서 보면 형의 아내가 시집의 남동생을 유혹하려 시도하며 그가 그녀의 유혹을 뿌리칠 때 그녀는 그가 강간하려고 들었다고 고발한다. 이러한 기사들은 보다 높은 지위에 있는 여성에 의한 권력의 남용과 보다 낮은 지위에 있는 남성이 지킨 정절의 중요성에 관한 것이다. 요셉의 이야기에 적용해 볼 때, 이런 통속적인 주제는 그의 인성과 그와 동행하시는 하나님의 임재를 강조한다. 이 이야기는, 또한 출애굽기에 기록되었듯이, 이스라엘 백성의 노예생활에 관한 설화들에 기술된 권력의 남용을 미리 보여준다. **39:1** *보디발.* 이 사람은 이집트 왕인 *바로의 경호대장이었다.* 그는 (문자 그대로) "도살자들"의 대장이었으며, 그러므로 그는 주방장, 사형집행장, 혹은 이 용어가 나중에 보다 일반적인 의미로 쓰이게 되었다면, 경호대장이었을

다 빼앗아 가는구나. 요셉을 잃었고, 시므온도 잃
었다. 그런데 이제 너희는 베냐민마저 빼앗아
가겠다는 거냐? 하나같이 다 나를 괴롭힐 뿐이로
구나!" 37 르우벤이 아버지에게 말하였다. "제가
베냐민을 다시 아버지께로 데리고 오지 못한다
면, 저의 두 아들을 죽이셔도 좋습니다. 막내를
저에게 맡겨 주십시오. 제가 반드시 아버지께로
다시 데리고 오겠습니다." 38 야곱이 말하였다.
"막내를 너희와 함께 그리로 보낼 수는 없다. 그
아이의 형은 죽고, 그 아이만 홀로 남았는데, 그
아이가 너희와 같이 갔다가, 또 무슨 변을 당하기
라도 하면 어찌 하겠느냐? 너희는, 백발이 성성한
이 늙은 아버지가 슬퍼하며 죽어서 스올로 내려
가는 꼴을 보겠다는 거냐?"

형들이 베냐민을 데리고 이집트로 가다

43 1 그 땅에 기근이 더욱 심해 갔다. 2 그
들이 이집트에서 가지고 온 곡식이 다 떨
어졌을 때에, 아버지가 아들들에게 말하였다. "다
시 가서, 먹거리를 조금 더 사오너라." 3 유다가
아버지에게 말하였다. "그 사람이 우리에게 엄하
게 경고하면서 '너희가 막내 아우를 데리고 오지
않으면, 다시는 나의 얼굴을 못 볼 것이다' 하고
말하였습니다. 4 우리가 막내를 데리고 함께 가
게 아버지께서 허락하여 주시면, 다시 가서 아버
지께서 잡수실 것을 사오겠습니다. 5 그러나 아
버지께서 막내를 보낼 수 없다고 하시면, 우리는
갈 수 없습니다. 그분이 우리에게 말하기를 '너희
가 막내 아우를 데리고 오지 않으면, 다시는 나의
얼굴을 못 볼 것이다' 하였기 때문입니다." 6 이
스라엘이 자식들을 탓하였다. "어찌하려고 너희
는, 아우가 있다는 말을 그 사람에게 해서, 나를
이렇게도 괴롭히느냐?" 7 그들이 대답하였다.
"그 사람은 우리와 우리 가족에 관하여서 낱낱이
캐물었습니다. '너희 아버지가 살아 계시냐?' 하
고 묻기도 하고, 또 '다른 형제가 더 있느냐?' 하
고 묻기도 하였습니다. 우리는 그저, 그가 묻는 대
로 대답하였을 뿐입니다. 그가 우리의 아우를 그
리로 데리고 오라고 말할 것이라고는 상상도 하지
못하였습니다." 8 유다가 아버지 이스라엘에게
말하였다. "제가 막내를 데리고 가게 해주십시오.
그러면 우리가 곧 떠나겠습니다. 그렇게 하여야,
우리도, 아버지도, 우리의 어린 것들도, 죽지 않
고 살 수 있을 것입니다. 9 제가 그 아이의 안전
을 책임지겠습니다. 아버지께서는, 그 아이에 대
해서는, 저에게 책임을 물어 주십시오. 제가 그 아
이를 아버지께로 다시 데리고 와서 아버지 앞에
세우지 못한다면, 그 죄를 제가 평생 달게 받겠습
니다. 10 우리가 이렇게 머뭇거리고 있지 않았
으면, 벌써 두 번도 더 다녀왔을 것입니다."
11 아버지 이스라엘이 아들들에게 말하였다.
"꼭 그렇게 해야만 한다면, 이렇게 하도록 하여라.
이 땅에서 나는 것 가운데 가장 좋은 토산물을 너
희 그릇에 담아 가지고 가서, 그 사람에게 선물로
드리도록 하여라. 유향과 꿀을 얼마쯤 담고, 향품
과 몰약과 유향나무 열매와 감복숭아를 담아라.
12 돈도 두 배를 가지고 가거라. 너희 자루 아귀

것이다 (NRSV은 호위병으로 번역했음). 요셉을 팔아 넘긴 상인들이 누구였는지는 야웨문서(*이스마엘 사람들*, 37:25, 27, 28b; 39:1)와 엘로힘문서 (미디안 사람들, 37:28a, 36) 사이에 차이를 보이고 있다. **39:2** 하나님이 요셉과 함께 계신다는 것이 두드러진 주제이다 (3, 21, 23절). **39:5** 이스라엘 조상들에 대한 하나님의 축복이 그들이 관련을 맺게 된 사람들에도 전달된다고 하는 주제는 야웨문서의 설화들에서 두드러지게 나타난다 (12:3; 30:27). **39:6** *요셉은 용모가 준수하고 잘생긴 미남이었다.* NRSV는 요셉의 준수한 용모에 대하여 창 29:17에서 언급된, "라헬은 몸매가 아름답고 용모도 예뻤다" (29:17) 라고 하는 그의 모친의 용모에 대해 기술한 것과 똑같이 묘사한다. **39:7-10** 종으로서의 요셉은 그의 여주인으로 인하여 어려운 처지에 놓이게 되지만, 주인을 향한 충성심과 하나님을 향하여 충성하는 마음으로 몸가짐을 취한다. **39:14-15** 목격자들이 없기 때문에, 육체적 만남에서 어떤 혐의를 잡는 일은 어렵다. 일종의 증거 가운데 하나는 여자가 소리를 질러 자신의 저항을 표현했느냐 하는 것인데 (신 22:23-27), 보디발의 아내는 이것을 주장하여 자신을 유리한 위치에 놓으려 한다. 물론, 그녀의 해명이 받아들여지는 중요한 이유는 그녀의 지위 (17절, 19절) 때문이다. **39:22-33** 이 경호대장의 집에서처럼, 감옥에서 요셉은 힘 있는 자리에 오르게 되는데 이것은 하나님께서 그와 함께 계시기 때문이다.

40:1—41:57 이 단락은 요셉이 이집트에서 출중한 위치에 오르게 되며, 이집트 왕 다음가는 권력을 얻는 것에 관한 이야기이다. 요셉은 자신의 정치적인 역량을 통해서가 아니라 꿈을 해석하는 그의 능력, 곧 하나님께서 그에게 주신 능력 때문에 그러한 위치에 오르게 된다 (40:8; 41:16, 38-39). 고대 근동세계에서 꿈은 인간과 소통하기 위하여 신이 사용하는 수단으로써 널리 간주되었는데, 이것을 통하여 신은 인간에게 지시사항들을 전달하고 다가올 사건들을 경고하여 알려주었다. 창세기의 저자들 중에서, 하나님께서 이스라엘 조상 및 그들의 이웃들과 대화하기 위하여 이런 의

에 담겨 돌아온 돈은 되돌려 주어야 한다. 아마도 그것은 실수였을 것이다. 13 너희 아우를 데리고, 어서 그 사람에게로 가거라 14 너희들이 그 사람 앞에 설 때에, ㄱ)전능하신 하나님이 그 사람을 감동시키셔서, 너희에게 자비를 베풀게 해주시기를 빌 뿐이다. 그가 거기에 남아 있는 아이와 베냐민도 너희와 함께 돌려 보내 준다면, 더 바랄 것이 없겠다. 자식들을 잃게 되면 잃는 것이지, 난들 어떻게 하겠느냐?"

15 사람들은 선물을 꾸리고, 돈도 갑절을 지니고, 베냐민을 데리고 급히 이집트로 가서, 요셉 앞에 섰다. 16 요셉은, 베냐민이 그들과 함께 온 것을 보고서, 자기 집 관리인에게 말하였다. "이 사람들을 집으로 데리고 가시오. 짐승을 잡고, 밥상도 준비하시오. 이 사람들은 나와 함께 점심을 먹을 것이오." 17 요셉이 말한 대로, 관리인이 그 사람들을 요셉의 집으로 안내하였다. 18 그 사람들은 요셉의 집으로 안내를 받아 들어가면서, 겁이 났다. 그들은 '지난 번에 여기에 왔을 적에, 우리가 낸 돈이, 알지도 못하는 사이에 우리의 자루 속에 담겨서 되돌아왔는데, 그 돈 때문에 우리가 이리로 끌려온다. 그 일로 그가 우리에게 달려들어서, 우리의 나귀를 빼앗고, 우리를 노예로 삼으려는 것이 틀림없다' 하고 걱정하였다. 19 그래서 그들은 요셉의 집 문 앞에 이르렀을 때에, 요셉의 집 관리인에게 가서 물었다. 20 "우리는 지난번에 여기에서 곡식을 사 간 일이 있습니다. 21 하룻밤 묵어갈 곳에 이르러서 자루를 풀다가, 우리가 치른 돈이, 액수 그대로, 우리 각자의 자루 아귀 안에 고스란히 들어 있는 것을 보았습니다. 그래서 우리가 그것을 다시 가지고 왔습니다. 22 또 우리는 곡식을 살 돈도 따로 더 가지고 왔습니다. 우리는, 누가 그 돈을 우리의 자루 속에 넣었는지 모릅니다." 23 그 관리인이 말하였다. "그 동안 별고 없으셨습니까? 걱정하지 마십시오. 댁들을 돌보시는 하나님, 댁들의 조상을 돌보신 그 하나님이 그 자루에 보물을 넣어 주신 것입니다. 나는 댁들이 낸 돈을 받았습니다." 이렇게 말하면서, 관리인은 시므온을 그들에게로 데리고 왔다. 24 관리인은 그 사람들을 요셉의 집 안으로 안내하고서, 발 씻을 물도 주고, 그들이 끌고 온 나귀에게도 먹이를 주었다. 25 그들은 거기에서 점심을 먹게 된다는 말을 들었으므로, 정오에 올 요셉을 기다리면서, 장만해 온 선물을 정돈하고 있었다.

26 요셉이 집으로 오니, 그들은 집 안으로 가지고 들어온 선물을 요셉 앞에 내놓고, 땅에 엎드려 절을 하였다. 27 요셉은 그들의 안부를 묻고 난 다음에 "전에 그대들이 나에게 말한 그 연세 많으신 아버지도 안녕하시오? 그분이 아직도 살아 계시오?" 하고 물었다. 28 그들은 "총리 어른의 종인 소인들의 아버지는 지금도 살아 있고, 평안합니다" 하고 대답하면서, 몸을 굽혀서 절을 하였다. 29 요셉이 둘러보다가, 자기의 친어머니의 아들, 친동생 베냐민을 보면서 "이 아이가 지난번에 그대들이 나에게 말한 바로 그 막내 아우요?" 하고 물었다. 그러면서 그는 "귀엽구나! 하나님이 너에게 복 주시기를 빈다" 하고 말하였다. 30 요셉은 자기 친동생을 보다가, 마구 치밀어오르는 형제의 정을 누르지 못하여, 급히 울 곳을 찾아 자기의 방으로 들어가서, 한참 동안 울고, 31 얼굴을

ㄱ) 히, '엘 샤다이'

사소통의 수단을 사용하시는 것으로 기술하는 사람은 특히 엘로힘문서 기자이다 (20:3, 6; 31:10-11, 24).

40:1-23 요셉이 해석한 처음 두 꿈은 바로의 *술잔을 올리는 시종장과 빵을 구워 올리는 시종장의* 꿈이었다. 창세기에서 꿈들은 둘이 한 쌍이 되어 나타나는데, 이 사실은 이 꿈들의 신빙성을 확증해 주는 것으로 이해된다 (41:32). 요셉이 술잔을 올리는 바로의 시종장과 맺은 인연으로 인하여 궁극적으로 요셉이 감옥에서 풀려나는 계기가 된다 (41:9-14). **40:1** 술잔을 올리는 시종장과 빵을 구워 올리는 시종장. 이것들은 왕궁에서 중요한 직책들인데, 이 직책들은 왕에게 음식물을 대는 일을 관장하였기 때문이다. 이 직책을 맡은 사람들은 전적으로 왕이 신임할 수 있는 사람들이어야 했는데, 음식물에 독을 넣는 것은 대적자들과 모반자들이 군주를 시해하는데 사용한 가장 일반적인 수단들 가운데 하나였기 때문이다. **40:8** 요셉은 꿈을 해석하는 능력을 자신의 힘보다는 하나님의 힘으로 돌린다. **40:13** *바로께서 시종장을 불러내서.* 이는 왕이 그의 면전에서 고개를 수그린 신하의 머리를 들어 올리는 것을 말한다. 이것은 왕이 신하의 존재를 승인하고 그의 관심사에 응답할 준비가 되어 있음을 시사한다. **40:15** 요셉이 자신의 땅에서 강제로 끌려왔다고 하는 언급은, 엘로힘문서 전승들에 따르면, 미디안 상인들이 요셉을 발견하고, 구덩이에서 그를 꺼내서 (37:28a; 28b는 야웨문서 기자에 속함) 이집트로 데려왔다(37:36)는 것을 시사하는 것으로 보이는데, 이것은 르우벤이 구덩이가 비어 있음을 발견하고 대경실색한 사실(37:29-30)과 맞아떨어진다.

41:1-36 감옥에서 신임을 받을 만한 꿈의 해석자로 자신을 입증함으로써 (40:1-23), 요셉은 이제 이집

씻고 도로 나와서, 그 정을 누르면서, 밥상을 차
리라고 명령하였다. 32 밥상을 차리는 사람들은
요셉에게 상을 따로 차려서 올리고, 그의 형제들
에게도 따로 차리고, 요셉의 집에서 먹고 사는
이집트 사람들에게도 따로 차렸다. 이집트 사람
들은, 히브리 사람들과 같은 상에서 먹으면 부정
을 탄다고 생각하기 때문에, 상을 같이 차리지 않
은 것이다. 33 요셉의 형제들은 안내를 받아가
며, 요셉 앞에 앉았는데, 앉고 보니, 맏아들로부
터 막내 아들에 이르기까지 나이 순서를 따라서
앉게 되었다. 그 사람들은 어리둥절하면서 서로
쳐다보았다. 34 각 사람이 먹을 것은, 요셉의 상
에서 날라다 주었는데, 베냐민에게는 다른 사람
보다 다섯 몫이나 더 주었다. 그들은 요셉과 함께
취하도록 마셨다.

잔이 없어지다

44 1 요셉이 집 관리인에게 명령하였다.
"저 사람들이 가지고 갈 수 있을 만큼 많
이, 자루에 곡식을 담으시오. 그들이 가지고 온 돈
도 각 사람의 자루 아귀에 넣으시오. 2 그리고
어린 아이의 자루에다가는, 곡식 값으로 가지고 온
돈과 내가 쓰는 은잔을 함께 넣으시오." 관리인은
요셉이 명령한 대로 하였다. 3 다음날 동이 틀 무
렵에, 그들은 나귀를 이끌고 길을 나섰다. 4 그
들이 아직 그 성읍에서 얼마 가지 않았을 때에, 요
셉이 자기 집 관리인에게 말하였다. "빨리 저 사
람들의 뒤를 쫓아가시오. 그들을 따라잡거든, 그들
에게 '너희는 왜 선을 악으로 갚느냐? 5 ㄱ)어찌하
려고 은잔을 훔쳐 가느냐? 그것은 우리 주인께서
마실 때에 쓰는 잔이요, 점을 치실 때에 쓰는 잔
인 줄 몰랐느냐? 너희가 이런 일을 저지르다니,
매우 고약하구나!' 하고 호통을 치시오."
6 관리인이 그들을 따라잡고서, 요셉이 시킨
말을 그들에게 그대로 하면서, 호통을 쳤다. 7 그
러자 그들이 그에게 말하였다. "어찌하여 그런 말
씀을 하십니까? 소인들 가운데는 그런 일을 저지
를 사람이 하나도 없습니다. 8 지난번 자루 아귀
에서 나온 돈을 되돌려 드리려고, 가나안 땅에서
여기까지 가지고 오지 않았습니까? 그런데 어떻게
우리가 그대의 상전 댁에 있는 은이나 금을 훔친
다는 말입니까? 9 소인들 가운데서 어느 누구에
게서라도 그것이 나오면, 그를 죽여도 좋습니다.
그리고 나머지 우리는 주인의 종이 되겠습니다."
10 그가 말하였다. "그렇다면 좋소. 당신들이 말
한 대로 합시다. 그러나 누구에게서든지 그것이
나오면, 그 사람만이 우리 주인의 종이 되고, 당
신들 나머지 사람들에게는 죄가 없소." 11 그들
은 얼른 각자의 자루를 땅에 내려놓고서 풀었다.

ㄱ) 칠십인역과 불가타를 따름

트 왕의 꿈들을 해석하는 것으로 유명해지며, 결과적으로 바로 다음가는 행정책임자의 지위에 오르게 된다 (41:37-57). **41:1** 이집트는 "나일 강의 선물"로 기술되어 왔다. 바로의 꿈과 관련되어 있는 이 나일 강은 이집트의 경제와 문화, 즉 이 나라가 생존하는 데 기반으로 되어 있는 강이다. 나일 강 유역은 이집트 영토의 5퍼센트에도 미치지 못하지만, 이 나라의 95퍼센트 이상의 인구가 거주하는 곳이다. **41:5** 동일한 주제를 가진 두 꿈은 특별히 신빙성이 있는 것으로 간주된다 (32절; 37:5-11을 참고). **41:8** *마술사.* 이 단어는 이집트의 용어로 보인다. 이러한 직책을 가진 자들은 바로의 궁전에서만 발견된다. 그들은 모세의 초자연적 묘기들의 일부를 복제하는 능력을 가졌지만, 모든 것을 다 해내지는 못한다 (출 7:11; 8:7, 18-19). **41:16** 꿈을 해석하는 요셉의 능력은 일관성 있게 하나님의 권능으로 돌려진다 (39절; 40:8을 참조). **41:17-24** 앞서 일어났던 사건들을 자세하게 되풀이하는 것은 고대 근동의 영웅 이야기들의 전형적인 특징이다 (24:34-49를 참조). **41:27** 이집트의 농업경제는 고대 근동에서 가장 안정적인 경제 가운데 하나로 여겨져 왔는데, 이것은 강우와 북동 아프리카 경계를 가로질러 흐르는 강들과 강우로 채워지는 나일 강의 규칙적인 물줄기의 덕택이다. 그러므로 기근은 이 지역에서는 놀라운 사건인데, 이런 기근은 강우량이 항상 일정하지 않은 가나안 (12:10; 26:1)에서보다는 이집트에서는 아주 흔치 않은 일이다. **41:32** 꿈을 한 번 꾸는 것은 의혹의 여지가 있지만, 같은 사건에 대하여 똑같은 꿈을 두 번 꾸는 것은 신빙성 있게 하나님과 교통하고 있음을 증명해 주는 것이다. **41:34** 요셉은 임박한 기근에 대처하도록 곡물을 비축하기 위하여 이스라엘 농업경제의 중앙통제체제를 채택할 것을 제시한다.

41:37-57 지혜와 예언적 안목 때문에, 요셉은 바로의 다른 모든 관리들을 앞질러 바로 다음가는 관직, 즉 이집트의 기록에서 총리(vizier)로 알려진 지위에 오르게 된다. 이 이야기를 이스라엘 역사에 기록된 대로 어떤 알려진 역사적 정황에서 이해하는 것을 어렵지만, 외국인이 이집트 행정부에서 고관직을 얻었다고 하는 것이 전적으로 공상적인 생각은 아니다. 이집트 문서들에 따르면, 주전 13세기와 14세기에 이집트인들이 아닌 일부 사람들이 관리의 역할을 담당했었다. **41:42** *옥새 반지.* 이것은 왕의 봉인을 의미했다. 이것은 요셉에게 왕을 대신해서 처신하고 문서들을 비준하는 권한을 부여

12 관리인이 맏아들의 자루부터 시작하여 막내 아들의 자루까지 뒤지니, 그 잔이 베냐민의 자루에서 나왔다. 13 이것을 보자, 그들은 슬픔이 북받쳐서 옷을 찢고 울면서, 저마다 나귀에 짐을 다시 싣고, 성으로 되돌아갔다.

14 유다와 그의 형제들이 요셉의 집에 이르니, 요셉이 아직 거기에 있었다. 그들이 요셉 앞에 나아가서, 땅에 엎드리자, 15 요셉이 호통을 쳤다. "당신들이 어찌하여 이런 일을 저질렀소? 나 같은 사람이 점을 쳐서 물건을 찾는 줄을, 당신들은 몰랐소?" 16 유다가 대답하였다. "우리가 주인 어른께 무슨 할 말이 있겠습니까? 무슨 변명을 할 수 있겠습니까? 어찌 우리의 죄없음을 밝힐 수 있겠습니까? 하나님이 소인들의 죄를 들추어내셨으니, 우리와 이 잔을 가지고 간 아이가 모두 주인 어른의 종이 되겠습니다." 17 요셉이 말하였다. "그렇게까지 할 것은 없소. 이 잔을 가지고 있다가 들킨 그 사람만 나의 종이 되고, 나머지는 평안히 당신들의 아버지께로 돌아가시오."

유다가 베냐민을 위하여 탄원하다

18 유다가 그에게 가까이 가서 간청하였다. "이 종이 주인 어른께 감히 한 말씀 드리는 것을 용서하여 주시기 바랍니다. 어른께서는 바로와 꼭 같은 분이시니, 이 종에게 너무 노여워하지 마시기 바랍니다. 19 이전에 어른께서는 종들에게, 아버지나 아우가 있느냐고 물으셨습니다. 20 그 때에 종들은, 늙은 아버지가 있고, 그가 늘그막에 얻은 아들 하나가 있는데, 그 아이와 한 어머니에게서 난 그의 친형은 죽고, 그 아이만 있기 때문에, 아버지가 그 아이를 무척이나 사랑한다고 말씀드렸습니다. 21 그 때에 어른께서는 종들에게 말씀하시기를, 어른께서 그 아이를 직접 만나 보시겠다고, 데리고 오라고 하셨습니다. 22 그래서 종들이 어른께, 그 아이는 제 아버지를 떠날 수 없으며, 그 아이가 아버지 곁을 떠나면, 아버지가 돌아가실 것이라고 말씀드렸습니다. 23 그러나 어른께서는 이 종들에게, 그 막내 아우를 데리고 오지 않으면 어른의 얼굴을 다시는 못 볼 것이라고 말씀하셨습니다. 24 그래서 종들은 어른의 종인 저의 아버지에게 가서, 어른께서 하신 말씀을 다 전하였습니다. 25 얼마 뒤에 종들의 아버지가 종들에게, 다시 가서 먹거리를 조금 사오라고 하였습니다만, 26 종들은, 막내 아우를 우리와 함께 보내시면 가겠지만, 그렇지 않으면 갈 수도 없고 그분 얼굴을 뵐 수도 없다고 말했습니다. 27 그러나 어른의 종인 소인의 아버지는 이 종들에게 '너희도 알지 않느냐? 이 아이의 어머니가 낳은 자식이 둘뿐인데, 28 한 아이는 나가더니, 돌아오지 않는다. 사나운 짐승에게 변을 당한 것이 틀림없다. 그 뒤로 나는 그 아이를 볼 수 없다. 29 그런데 너희가 이 아이마저 나에게서 데리고 갔다가, 이 아이마저 변을 당하기라도 하면, 어찌하겠느냐? 너희는, 백발이 성성한 이 늙은 아버지가, 슬퍼하며 죽어가는 꼴을 보겠다는 거냐?' 하고 걱정하였습니다. 30 아버지의 목숨과 이 아이의 목숨이 이렇게 얽혀 있습니다. 소인이 어른의 종, 저의 아버지에게 되돌아갈 때에, 우리가 이 아이를 데리고 가지 못하거나, 31 소인의 아버지가 이 아이가 없는 것을 알면, 소인의 아버지는 곧바로 숨이 넘어가고 말 것입니다. 일이 이렇게 되면, 어른의 종들은 결국, 백발이 성성한 아버지를 슬퍼하며 돌아가시도록 만든 꼴이 되고 맙니다. 32 어른의 종인 제가 소인의 아버지에게, 그 아이를 안전하게 다시 데리고 오겠다는 책임을 지고 나섰습니다. 만일 이 아이를 아버지에게 다시 데리고 돌아가지 못하면, 소인이 아버지 앞에서 평생 그 죄를 달게 받겠다고 다짐하고

했다. *모시 옷.* 이 옷은 이집트와 이스라엘에서 고관들이 입는 것이었다 (출 39:27-29). *금목걸이.* 이것은 왕이 특별히 총애하는 자에게 하사함으로써 부여한 영예의 상징이었다. **41:45** 요셉의 새 이름인 *사브넷바네아*는 그의 새로운 위치를 상징한다. 이것은 이집트 이름이며 "하나님께서 말씀하신다, 그가 사신다" 혹은 "생명의 보전자"를 의미하는데, 이것들은 둘 다 이 설화에 나오는 요셉의 활동을 반영해 주는 것이다. *아스낫*은 "(여신) 네이스(Neith)에 속한 여인"을 의미한다. 그녀는 온(카이로의 북쪽에 위치한 오늘날의 헬리오폴리스)에 거주하는 제사장의 딸로, 이 제사장은 강력한 정치적인 인물이다. 요셉은, 이제 고관이 되었으므로, 이집트 귀족의 여성과 혼인한다. **41:51-52** 이 이야기는 요셉의 아들들 가운데 두 아들의 이름을 그의 모호한 상황—즉 이집트에서는 축복받았으나 자신의 가족으로부터는 추방당한 처지와 관련시킨다. **41:57** 수천 년 동안 이집트는 지중해 세계의 곡창지대 역할을 해왔다.

42:1—45:15 요셉과 그의 형제들의 관계에 종지부를 찍었던 그들 사이의 갈등(37:1-36)은 이제 그들의 재회와 화해를 통해서 해소된다. 이제는 갈등관계에서 보다 강력한 쪽에 서 있는 요셉은 과거의 불의에 대하여 똑같이 보복하기보다는 관계를 회복하는 데 솔선하여 나선다. 창세기에 나오는 다른 어떤 설화들도 아마 이 설화에 등장하는 주인공들의 감정들을 그렇게 섬세하고 강력하게 표현하지 못할 것이다. 창세기에 나오는 다른 이야기들이 그렇듯이, 이 이야기도 두 차원에서

왔습니다. 33 그러니, 저 아이 대신에 소인을 주인 어른의 종으로 삼아 여기에 머물러 있게 해주시고, 저 아이는 그의 형들과 함께 돌려보내 주시기를 바랍니다. 34 저 아이 없이, 제가 어떻게 아버지의 얼굴을 뵙겠습니까? 그럴 수는 없습니다. 저의 아버지에게 닥칠 불행을, 제가 차마 볼 수 없습니다."

요셉이 형제들에게 자기를 밝히다

45 1 요셉은 북받치는 감정을 억누르지 못하고, 자기의 모든 시종들 앞에서 그만 모두들 물러가라고 소리쳤다. 주위 사람들을 물러나게 하고, 요셉은 드디어 자기가 누구인지를 형제들에게 밝히고 나서, 2 한참 동안 울었다. 그 울음 소리가 어찌나 크던지 밖으로 물러난 이집트 사람들에게도 들리고, 바로의 궁에도 들렸다. 3 "내가 요셉입니다! 아버지께서 아직 살아 계시다고요?" 요셉이 형제들에게 이렇게 말하였으나, 놀란 형제들은 어리둥절하여, 요셉 앞에서 입이 얼어붙고 말았다.

4 "이리 가까이 오십시오" 하고 요셉이 형제들에게 말하니, 그제야 그들이 요셉 앞으로 다가왔다. "내가, 형님들이 이집트로 팔아 넘긴 그 아우입니다. 5 그러나 이제는 걱정하지 마십시오. 자책하지도 마십시오. 형님들이 나를 이 곳에 팔아 넘기긴 하였습니다만, 그것은 하나님이, 형님들보다 앞서서 나를 여기에 보내셔서, 우리의 목숨을 살려 주시려고 그렇게 하신 것입니다. 6 이 땅에 흉년이 든 지 이태가 됩니다. 앞으로도 다섯 해 동안은 밭을 갈지도 못하고 거두지도 못합니다. 7 하나님이 나를 형님들보다 앞서서 보내신 것은, 하나님이 크나큰 구원을 베푸셔서 형님들의 목숨을 지켜 주시려는 것이고, 또 형님들의 지손을 이 세상에 살아 남게 하시려는 것입니다. 8 그러므로 실제로 나를 이리로 보낸 것은 형님들이 아니라 하나님이십니다. 하나님이 나를 이리로 보내셔서, 바로의 아버지가 되게 하시고, 바로의 온 집안의 최고의 어른이 되게 하시고, 이집트 온 땅의 통치자로 세우신 것입니다. 9 이제 곧 아버지께로 가셔서, 아버지의 아들 요셉이 하는 말이라고 하시고, 이렇게 말씀을 드려 주십시오. '하나님이 저를 이집트 온 나라의 주권자로 삼으셨습니다. 아버지께서는 지체하지 마시고, 저에게로 내려오

전개된다. 하나는 가족의 차원인데, 이 가족 내의 형제들간의 경쟁관계는 해소되고 사회적 안정은 갈등에 대하여 폭력적이기보다는 평화로운 반응을 취함으로써 유지된다 (15쪽 추가 설명: "창세기에 나오는 형제간의 경쟁의식"을 보라). 다른 하나는 이스라엘 민족의 차원인데, 각 형제는 이 민족의 열두 지파 가운데 한 지파를 대표하게 된다. 요셉의 감동적인 호소로 이루어진 이 재결합(44:18-34)은 다윗 왕조 내에서 열두 지파의 결속을 확증해 준다 (다윗은 유다 지파로부터 나왔다). 이 이야기는 곡물을 사기 위해서 두 번에 걸쳐 이집트로 여행을 떠난 사건들을 기술하는데, 한 번은 형제들이 베냐민이 없이 여행했고 (42:1-38), 다른 한 번은 베냐민을 데리고 여행했다 (43:1—44:34). 비록 이 두 사건은 교묘하게 얽혀져 있지만, 르우벤이 대변인으로 나오는 첫 번째 이야기는 주로 엘로힘문서로부터 나온 것이고, 유다가 대변인으로 나오는 두 번째 이야기는 야웨문서로부터 나온 것이다. 이 이야기는 형제들에 대한 요셉의 제의와 그들의 화해로 끝난다 (45:1-15).

42:1-38 곡물을 구입하기 위하여 이집트로 처음 내려갔을 때, 형제들은 호전적인 요셉을 대면하게 된다. 요셉은 그의 형제들이 첩자노릇을 한다고 비난하고 그들을 돌려보내 베냐민을 데리고 옴으로써 그들의 정직성을 증명하라고 한다. **42:4** *야곱은* 요셉의 아우인 *베냐민을* 집에 남아있도록 한다. 베냐민은 야곱이 총애하는 아내인 *라헬*(35:16-20)의 유일하게 남아있는 아들이다. **42:5** *가나안은* 이집트보다도 훨씬 더 기근에 처하기 쉬운데, 그것은 이 곳 밭농사는 전적으로 이 지역의 강우량에 의존해 있기 때문이다. **42:9** *요셉은* 어릴 때 그가 꾼 꿈들(37:5-11)이 성취되었다는 사실을 깨닫는다. 그의 형제들이 첩자들이라고 하는 요셉의 비난은 북동쪽 국경선의 방위에 관한 이집트의 끊임없는 염려를 반영해 주는 것이다. 이 국경선은 이집트와 고대 근동의 주요 군사적 맞수들 사이에 놓여있는 경계선이다. "이 나라의 허술한 곳"이라 하는 표현은 외국인들이 악용할 수 있는 법적으로 보호를 받는 정보를 뜻하는 것이다. **42:21** 형제들의 언급은 37:18-30에서 그들이 요셉을 학대한 기사에 대한 정보를 추가해 말하는 것인데, 이 기사에는 요셉의 간청에 대한 언급이 전혀 없다. **42:22** *르우벤은* 요셉을 보호하려고 한 자신의 노력을 언급한다 (37:19-22, 29-30). **42:24** 요셉의 은밀한 흐느낌은 설화 전체를 통해 흐르는 자신의 거세고 호전적인 외면과 그의 내면적인 애정들 사이의 긴장을 반영한다. *시므온은* 르우벤 다음으로 나이가 많았으므로 요셉이 시므온을 선정하였을지도 모르는데, 요셉은 그를 보호하려고 시도했다는 르우벤의 기사를 엿들음으로써 르우벤의 충심을 알았기 때문에 요셉이 시므온을 선택하였을지도 모른다. **42:38** 스올에 관해서는 37:3에 관한 주석을 보라.

43:1-34 곡물을 구입하기 위하여 온 그들의 두 번째 여행에서, 형제들은 즉시로 요셉의 집에서 열리는

시기 바랍니다. 10 아버지께서는 고센 지역에 사시면서, 저와 가까이 계실 수 있습니다. 아버지께서는 아버지의 여러 아들과 손자를 거느리시고, 양과 소와 모든 재산을 가지고 오시기 바랍니다. 11 흉년이 아직 다섯 해나 더 계속됩니다. 제가 여기에서 아버지를 모시겠습니다. 아버지와 아버지의 집안과 아버지께 딸린 모든 식구가 아쉬운 것이 없도록 해 드리겠습니다' 하고 여쭈십시오. 12 지금 형님들에게 말을 하고 있는 것이 이 요셉임을 형님들이 직접 보고 계시고, 나의 아우 베냐민도 자기의 눈으로 보고 있습니다. 13 형님들은, 내가 이집트에서 누리고 있는 이 영화와 형님들이 보신 모든 것을, 아버지께 다 말씀드리고, 빨리 모시고 내려오십시오." 14 요셉이 자기 아우 베냐민의 목을 얼싸안고 우니, 베냐민도 울면서 요셉의 목에 매달렸다. 15 요셉이 형들과도 하나하나 다 입을 맞추고, 부둥켜 안고 울었다. 그제야 요셉의 형들이 요셉과 말을 주고받았다.

16 요셉의 형제들이 왔다는 소문이 바로의 궁에 전해지자, 바로와 그의 신하들이 기뻐하였다. 17 바로가 요셉에게 말하였다. "그대의 형제들에게 나의 말을 전하시오. 짐승들의 등에 짐을 싣고 가나안 땅으로 돌아가서, 18 그대의 부친과 가족을 내가 있는 곳으로 모시고 오게 하시오. 이집트에서 가장 좋은 땅을 드릴 터이니, 그 기름진 땅에서 나는 것을 누리면서 살 수 있다고 이르시오. 19 그대는 또 이렇게 나의 말을 전하시오. 어린 것들과 부인들을 태우고 와야 하니, 수레도 이집트에서 여러 대를 가지고 올라가도록 하시오. 그대의 아버지도 모셔 오도록 하시오. 20 이집트 온 땅 가운데서도 가장 좋은 땅이 그들의 것이 될 터이니, 가지고 있는 물건들은 미련없이 버리고 오라고 하시오."

21 이스라엘의 아들들은, 바로가 하라는 대로 하였다. 요셉은, 바로가 명령한 대로, 그들에게 수레를 여러 대 내주고, 여행길에 먹을 것도 마련하여 주었다. 22 또 그들에게 새 옷을 한 벌씩 주고, 베냐민에게는 특히 은돈 삼백 세겔과 옷 다섯 벌을 주었다. 23 요셉은 아버지에게 드릴 또 다른 예물을 마련하였다. 이집트에서 나는 귀한 물건을 수나귀 열 마리에 나누어 싣고, 아버지가 이집트로 오는 길에 필요한 곡식과 빵과 다른 먹거리는 암나귀 열 마리에 나누어 실었다. 24 요셉은 자기 형제들을 돌려보냈다. 그들과 헤어지면서, 요셉은 "가시는 길에 서로들 탓하지 마십시오" 하고 형들에게 당부하였다.

25 그들은 이집트에서 나와 가나안 땅으로 들어가서, 아버지 야곱에게 이르렀다. 26 그들이 야곱에게 말하였다. "요셉이 지금까지 살아 있습니다. 이집트 온 나라를 다스리는 총리가 되었습니다." 이 말을 듣고서 야곱은 정신이 나간 듯 어리벙벙하여, 그 말을 곧이들을 수가 없었다. 27 그러나 요셉이 한 말을 아들들에게서 모두 전해 듣고, 또한 요셉이 자기를 데려오라고 보낸 그 수레들을 보고 나서야, 아버지 야곱은 비로소 제정신이 들었다. 28 "이제는 죽어도 한이 없다. 내 아들 요셉이 아직 살아 있다니! 암, 가고말고! 내가 죽기 전에 그 아이를 보아야지!" 하고 이스라엘은 중얼거렸다.

잔치에 초대된다. **43:3** 두 번째 여행에 관한 기사에서, *르우벤이* 아니라 *유다가* 형제들의 대변인 노릇을 한다. **43:7** 요셉과 형제들 사이의 대화에 관한 이 기사는 예전의 기사에 나오는 그것과 조금 다른데, 예전의 기사에서 보면, 형제들이 그들을 첩자들이라고 하는 요셉의 비난에 대처하기 위하여 자신들의 아버지와 형제에 대한 정보를 자진하여 내놓었다 (42:12-13). **43:9** 유다는 베냐민의 안전을 위하여 책임질 것을 약속하는데, 르우벤도 앞서 나오는 기사에서 동일한 약속을 했다 (42:37). **43:11** 여기서 선물은 정중한 복종을 표현하는 것이며, 요셉의 환심을 사기 위해 의도된 것이다. 똑같은 종류의 선물을 야곱이 에서에게 주었다 (33:10). 꿀은 가나안의 진미인 대추 시럽을 언급하는 것인지도 모른다. **43:23** 그들의 돈을 받았다고 하는 관리인의 주장은 그도 틀림없이 요셉의 계책에 가담한 자라는 것을 지적한다. **43:32** 요셉은 그의 귀족 신분 때문에 따로 식사를 한다. 서로 다른 식사 관습들 때문에, 이집트 사람들은 외국 손님들과 식사를 같이하지 않았다. **43:33** 형제들은 태어난 순서대로 자리를 배정받음에 어리둥절해 하는데, 이것이 요셉의 계책에 의하여 발전되는 긴장감을 더해준다.

44:1-34 형제들을 위한 잔치에 뒤이어, 요셉은 그들로부터 베냐민을 빼내어 이집트에 머물게 하려는 계책을 세운다. **44:4** 요셉은 형제들이 자신들의 식량을 가지고 멀리 가도록 내버려두지 않았다. **44:5** *점을 치실 때에 쓰는 잔.* 점(divination)은 종교의식 절차를 밟아서 하나님의 의도들을 결정하는 것이다 (30:27을 보라). **44:17** 요셉은 형제들로 하여금 자기가 처할 수 밖에 없었던 똑같은 환경에 처하도록 만든다. 한 때 자신들의 유익을 위하여 요셉과 인연을 끊었던 것처럼, 그들이 자신들을 구하기 위하여 *베냐민을* 포기할 것인가? 유다가 자신의 긴 연설을 통해서 분명히 밝힌 대로

야곱 가족이 이집트로 들어가다

46 1 이스라엘이 식구를 거느리고, 그의 모
든 재산을 챙겨서 길을 떠났다. 브엘세바
에 이르렀을 때에, 그는 아버지 이삭의 하나님께
희생제사를 드렸다. 2 밤에 하나님이 환상 가운
데서 "야곱아, 야곱아!" 하고 이스라엘을 부르셨
다. 야곱은 "제가 여기 있습니다!" 하고 대답하였
다. 3 하나님이 말씀하셨다. "나는 하나님, 곧 너
의 아버지의 하나님이다. 이집트로 내려가는 것
을 두려워하지 말아라. 내가 거기에서 너를 큰 민
족이 되게 하고, 4 나도 너와 함께 이집트로 내
려갔다가, 내가 반드시 너를 거기에서 데리고 나
오겠다. 요셉이 너의 눈을 직접 감길 것이다."
5 야곱 일행이 브엘세바를 떠날 차비를 하였
다. 이스라엘의 아들들은, 자기들의 아버지 야곱
과 아이들과 아내들을, 바로가 야곱을 태워 오라
고 보낸 수레에 태웠다. 6 야곱과 그의 모든 자
손은, 집짐승과 가나안에서 모은 재산을 챙겨서,
이집트를 바라보며 길을 떠났다. 7 이렇게 야곱
은 자기 자녀들과 손자들과 손녀들 곧 모든 자손
들을 다 거느리고 이집트로 갔다.
8 이집트로 내려간 이스라엘 사람들 곧 야곱
과 그의 자손들의 이름은 다음과 같다.
야곱의 맏아들 르우벤, 9 르우벤의 아들들
인 하녹과 발루와 헤스론과 갈미, 10 시므온의
아들들인 여무엘과 야민과 오핫과 야긴과 스할,
가나안 여인이 낳은 아들 사울, 11 레위의 아들
들인 게르손과 고핫과 므라리, 12 유다의 아들
들인 에르와 오난과 셀라와 베레스와 세라, (그런
데 에르와 오난은 가나안 땅에 있을 때에 이미 죽
었다.) 베레스의 아들들인 헤스론과 하물, 13 잇
사갈의 아들들인 돌라와 부와와 욥과 시므론,
14 스불론의 아들들인 세렛과 엘론과 얄르엘,
15 이들은 밧단아람에서 레아와 야곱 사이에서
태어난 자손이다. 이 밖에 딸 디나가 더 있다. 레
아가 낳은 아들딸이 모두 서른세 명이다.
16 갓의 아들들인 시뵨과 학기와 수니와 에
스본과 에리와 아로디와 아렐리, 17 아셀의 아
들들인 임나와 이스와와 이스위와 브리아와 그들
의 누이 세라, 브리아의 아들들인 헤벨과 말기엘,
18 이들은 실바와 야곱 사이에서 태어난 자손이
다. 실바는 라반이 자기 딸 레아를 출가시킬 때에
준 몸종이다. 그가 낳은 자손이 모두 열여섯 명이
다. 19 야곱의 아내 라헬이 낳은 아들들인 요셉
과 베냐민과 20 므낫세와 에브라임, (이 두 아들
은 이집트 땅에서 온의 제사장 보디베라의 딸 아
스낫과 요셉 사이에서 태어났다.) 21 베냐민의
아들들인 벨라와 베겔과 아스벨과 게라와 나아만
과 에히와 로스와 뭅빔과 훕빔과 아릇, 22 이들
은 라헬과 야곱 사이에서 태어난 자손인데, 열네
명이다. 23 단의 아들인 후심, 24 납달리의 아
들들인 야스엘과 구니와 예셀과 실렘, 25 이들
은 빌하와 야곱 사이에서 태어난 자손이다. 빌하
는 라반이 자기 딸 라헬을 출가시킬 때에 준 몸종
이다. 그가 낳은 자손은 모두 일곱 명이다. 26 야

(18-34절), 그들이 그렇게 하지 않기로 한 것이 유다로 하여금 그의 형제들이 이제 가족의 결속과 서로에 대한 그들의 책임을 인식하고 있다는 사실을 납득케 한다 (45:1). **44:18** 오래 전에 요셉의 생명을 구하려했던 (37:26-27) *유다*는 이제 베냐민의 생명을 구하려 한다. **44:22** 베냐민을 데려오라고 하는 요셉의 요구에 대한 형제들의 반응을 담은 이 기사는 첫 번째 여행 설화에 담긴 기사와 대조를 이루는데, 첫 번째 설화에서는 형제들이 아무 저항 없이 그의 요구에 동의하였다 (42:20). **44:28** 유다는 형제들이 오래 전에 자신들의 아버지를 속여서 그로 하여금 요셉이 들짐승들에게 죽임을 당했다는 것을 믿게 한 사건을 언급한다 (37:31-33). **44:32-34** 베냐민을 대신할 의지를 보임으로써, 유다는 요셉을 감동시켜 자신의 형제들과 화해하게 하였다 (45:1-15). 유다는 그러므로 형제들의 재결합을 위한 화해의 도구가 된다. 이 이야기는 형제들의 자손들, 곧 이스라엘의 열두 지파에게 전해졌는데, 이들에게 유다의 공적은 유다 자신의 후손들인 다윗 왕가의 지배 하에서 지파들 가운데 체결된 통일을 반영해준다.

45:1-15 요셉과 형제들간의 갈등은 사건에 대한 최후 결정권을 쥐고 있는 요셉이 과거의 불의에 대하여 보복하는 것이 아니라, 그를 학대했던 자들과 화해하고 그의 가족과 재결합함으로써 마침내 해소된다. 여기에 나오는 화해의 기사는 주로 엘로힘문서 전승들로부터 나왔다. **45:3** *아버지께서 아직 살아 계시다고요?* 라고 물은 요셉의 질문은 앞에 나오는 야웨문서의 설화에 대한 엘로힘문서의 전승들의 일부로만 말이 되는데, 야웨문서의 설화에서 이미 이와 똑같은 질문을 했고 응답을 받았다 (43:27-28). **45:5-8** 엘로힘문서의 역사의식에 따르면, *요셉과* 그의 형제들간에 일어난 모든 사건들은 실제로 보다 큰 하나님의 계획의 일부였다. 이 계획 가운데 하물며 형제들의 범죄 의도와 행위조차도 긍정적인 결과들을 위해 하나님에 의하여 사용될 수 있다 (50:19-20). **45:10** *고센.* 이집트 지명이라기보다는 히브리 지명인데, 나일 강에 위치한 이집트의 동북부에 대한 성경적 지명이다.

45:16—47:28 형제들과 화해한 후에, 요셉은 그들이 가나안의 기근을 피하도록 이집트에 거주할

곱과 함께 이집트로 들어간 사람들은, 며느리들
을 뺀 그 직계 자손들이 모두 예순여섯 명이다.
27 이집트에서 요셉이 낳은 아들 ㄱ)둘까지 합하
면, 야곱의 집안 식구는 모두 ㄴ)일흔 명이다.

야곱 일행이 이집트에 도착하다

28 이스라엘이 유다를 자기보다 앞세워서 요
셉에게로 보내어, 야곱 일행이 고센으로 간다는
것을 알리게 하였다. 일행이 고센 땅에 이르렀을
때에, 29 요셉이 자기 아버지 이스라엘을 맞으
려고, 병거를 갖추어서 고센으로 갔다. 요셉이 아
버지 이스라엘을 보고서, 목을 껴안고 한참 울다
가는, 다시 꼭 껴안았다. 30 이스라엘이 요셉에
게 말하였다. "나는 이제 죽어도 여한이 없다. 내
가 너의 얼굴을 보다니, 네가 여태까지 살아 있구
나!" 31 요셉이 자기의 형들과 아버지의 집안 식
구들에게 말하였다. "제가 이제 돌아가서, 바로께
이렇게 말씀드리겠습니다. '가나안 땅에 살던 저
의 형제들과 아버지의 집안이 저를 만나보려고 왔
습니다. 32 그들은 본래부터 목자이고, 집짐승
을 기르는 사람들인데, 그들이 가지고 있는 양과
소와 모든 재산을 챙겨서 이리로 왔습니다.' 이렇
게 말씀을 드려 둘 터이니, 33 바로께서 형님들
을 부르셔서 '그대들의 생업이 무엇이오?' 하고
물으시거든, 34 '종들은 어렸을 때부터 줄곧 집
짐승을 길러온 사람들입니다. 우리와 우리 조상
이 다 그러합니다' 하고 대답하셔야 합니다. 그래
야 형님들이 고센 땅에 정착하실 수 있습니다. 이
집트 사람은 목자라고 하면, 생각할 것도 없이 꺼
리기 때문에, 가까이 하지 않습니다."

47 1 요셉이 바로에게 가서 아뢰었다. "저
의 아버지와 형제들이 소 떼와 양 떼를 몰
고, 모든 재산을 챙겨가지고, 가나안 땅을 떠나
서, 지금은 고센 땅에 와 있습니다." 2 요셉은 형
들 가운데서 다섯 사람을 뽑아서 바로에게 소개하
였다. 3 바로가 그 형제들에게 물었다. "그대들
은 생업이 무엇이오?" 그들이 바로에게 대답하였
다. "임금님의 종들은 목자들입니다. 우리 조상들
도 마찬가지였습니다." 4 그들은 또 그에게 말
하였다. "소인들은 여기에 잠시 머무르려고 왔습
니다. 가나안 땅에는 기근이 심하여, 소 떼가 풀
을 뜯을 풀밭이 없습니다. 그러하오니, 소인들이
고센 땅에 머무를 수 있도록 허락하여 주시기를
바랍니다." 5 바로가 요셉에게 대답하였다. "그
대의 아버지와 형제들이 그대에게로 왔소. 6 이
집트 땅이 그대 앞에 있으니, 그대의 아버지와 형
제들이 이 땅에서 가장 좋은 곳에서 살도록 거주
지를 마련하시오. 그들이 고센 땅에서 살도록 주
선하시오. 형제들 가운데서, 특별한 능력이 있는
사람들을 그대가 알면, 그들이 나의 짐승을 맡아
돌보도록 하시오."

7 요셉은 자기 아버지 야곱을 모시고 와서,
바로를 만나게 하였다. 야곱이 바로를 축복하고 나
니, 8 바로가 야곱에게 말하였다. "어른께서는
연세가 어떻게 되시오?" 9 야곱이 바로에게 대

ㄱ) 칠십인역에는 '아홉 자녀' ㄴ) 칠십인역에는 '일흔다섯 명' (행 7:14에서도)

것을 권유한다 (45:1-11). 창세기의 다음 단락은 아버지를 데려오기 위한 형제들의 여행 (45:16—46:5), 이집트로 이사한 야곱 가족의 모든 식구들에 대한 제사문서의 목록 (46:6-27), 야곱과 요셉의 재회 (46:28—47:12), 그리고 기근 동안 적당한 식량을 확보키 위한 요셉의 정책들(47:13-28)을 설명함으로써, 야곱 가족의 이주를 설명한다. 이스라엘 조상이 이집트로 이렇게 이주한 것은 뒤이어 나오는 노예생활과 출애굽의 이야기를 위한 배경을 설정해 준다 (출 1—15장).

45:16—46:5 바로 왕이 허락한 요셉의 초대를 받아, 형제들은 야곱의 온 가족이 이집트에 와서 살 땅에 대한 약속과 식량을 가지고 가나안으로 돌아간다. **45:24** *탓하다.* 이 용어는 단순히 (번역 주석이 지적하는 것처럼) "동요되다" 라는 뜻을 가지는데, 아마도 요셉을 학대한 데 대해서 (서로를 비난하면서) 형제들이 서로 동요되는 것을 언급하는 것 같다. 그러나 이 용어는 또한 두려움으로부터 오는 동요를 언급할 수도 있는데, 이 두려움은 형제들이 이 설화 전체를 통해서 드러내온 감정이다 (42:28; 43:18). **46:1** *브엘세바.* 이것에 관해서는 21:25-31과 26:26-33을 보라. 이삭은 거기서 제단을 쌓았다 (26:25). **46:3-4** *야곱에* 대한 하나님의 약속들은 아브라함(12:2)과 이삭(26:24)에 대한 초기의 약속들 가운데 많은 주제들을 반복한다. 이것들은 야곱이 그의 생애 초기에 가나안 땅을 떠나 하란으로 가기 전에 하나님께서 그에게 주신 약속을 상기시켜준다 (28:13-15). 야곱을 다시 데려오겠다고 하는 약속은 가나안에 있는 그의 장지(50:12-14)와 이집트의 속박으로부터 약속의 땅으로 그의 후손들을 구출하여 내는 것을 시사한다 (15:13-16; 출 1—15장).

46:6-27 야곱이 이집트로 이주한 것에 관한 설화는 제사문서 족보의 인명기록에서 더 보충되는데, 이 기록은 그를 따라갔던 모든 식구들을 열거한다. 이 인명기록은 그의 아내들, 곧 *레아* (8-15절), *실바* (16-18절), *라헬*(19-22절)과 *빌하* (23-25절)에 딸린 자녀들

답하였다. "이 세상을 떠돌아다닌 햇수가 백 년 하
고도 삼십 년입니다. 저의 조상들이 세상을 떠돌
던 햇수에 비하면, 제가 누린 햇수는 얼마 되지 않
지만, 험악한 세월을 보냈습니다." 10 야곱이 다
시 바로에게 축복하고, 그 앞에서 물러났다.
11 요셉은 자기 아버지와 형제들을 이집트 땅에
서 살게 하고, 바로가 지시한 대로, 그 땅에서 가
장 좋은 곳인 라암세스 지역을 그들의 소유지로
주었다. 12 요셉은, 자기 아버지와 형제들과 아
버지의 온 집안에, 식구 수에 따라서 먹거리를 대어
주었다.

기근이 심해지다

13 기근이 더욱 심해지더니, 온 세상에 먹거
리가 떨어지고, 이집트 땅과 가나안 땅에서는 이
기근 때문에 사람들이 야위어 갔다. 14 사람들
이 요셉에게 와서, 곡식을 사느라고 돈을 치르니,
이집트 땅과 가나안 땅의 모든 돈이 요셉에게로
몰렸고, 요셉은 그 돈을 바로의 궁으로 가지고
갔다. 15 이집트 땅과 가나안 땅에서 돈마저
떨어지자, 이집트 사람들이 모두 요셉에게 와서
말하였다. "우리에게 먹거리를 주십시오. 돈이
떨어졌다고 하여, 어른께서 보시는 앞에서 죽을
수야 없지 않습니까?" 16 요셉이 말하였다. "그
러면, 당신들이 기르는 집짐승이라도 가지고
오시오. 돈이 떨어졌다니, 집짐승을 받고서 먹거
리를 팔겠소." 17 그래서 백성들은 자기들이
기르는 집짐승을 요셉에게로 끌고 왔다. 요셉은
그들이 끌고 온 말과 양 떼와 소 떼와 나귀를 받
고서 먹거리를 내주었다. 이렇게 하면서 요셉은,
한 해 동안 내내, 집짐승을 다 받고서 먹거리를
내주었다. 18 그 해가 다 가고, 이듬해가 되자,
백성들이 요셉에게로 와서 말하였다. "돈은 이미
다 떨어지고, 집짐승마저 다 어른의 것이 되었으
므로, 이제 어른께 드릴 수 있는 것으로 남은 것
이라고는, 우리의 몸뚱아리와 밭뙈기뿐입니다.
어른께 무엇을 더 숨기겠습니까? 19 어른께서
보시는 앞에서, 우리가 밭과 함께 망할 수야 없지
않습니까? 그러니, 우리의 몸과 우리의 밭을 받고
서 먹거리를 파십시오. 우리가 밭까지 바쳐서,
바로의 종이 되겠습니다. 우리에게 씨앗을 주십
시오. 그러면, 우리가 죽지 않고 살아날 것이며,
밭도 황폐하게 되지 않을 것입니다."

20 요셉은 이집트에 있는 밭을 모두 사서, 바
로의 것이 되게 하였다. 이집트 사람들은, 기근이
너무 심하므로, 견딜 수 없어서, 하나같이 그들이
가지고 있는 밭을 요셉에게 팔았다. 그래서 그 땅
은 바로의 것이 되었다. 21 요셉은 이집트 이
끝에서 저 끝까지를 여러 성읍으로 나누고, ㄱ)이집
트 전 지역에 사는 백성을 옮겨서 살게 하였다.
22 그러나 요셉은, 제사장들이 가꾸는 밭은 사들
이지 않았다. 제사장들은 바로에게서 정기적으로
녹을 받고 있고, 바로가 그들에게 주는 녹 가운데
는 먹거리가 넉넉하였으므로, 그들은 땅을 팔 필

ㄱ) 사마리아 오경과 칠십인역과 불가타에는 '요셉이 백성을 강제노동에 징용하였다'

로 구성되어 있다. 이것은 야곱의 가족에 대한 다른 제사문서 족보들(35:22-36; 출 6:14-25)과 대상 2—8장에 나오는 족보와 많은 부분을 공유하고 있다. 제사문서 족보들에 통상적으로 나타나듯이, 여자들은 거의 전적으로 누락되어 있고, 여기에 기록된 몇몇 여자들도 후손들의 숫자에는 계수되지 않았다. **46:12** 유다 가족에 관해서는 38:1-30을 보라. **46:15** *아들딸.* 이 구절은 아들딸이라고 쓰고 있음에도 불구하고, 디나는 계수되지 않았다. 서른세 명이라는 숫자는 다만 남자 후손만을 포함한 숫자이다. **46:18** *실바와 야곱 사이에서 태어난 자손.* 이것은 문자 그대로 "실바의 아들들"이다. 그러므로 세라는 열여섯이라는 숫자에 계수되어 있지 않다. **46:20** 요셉의 아들들에 관해서는 41:50-52를 보라. **46:26** 숫자 예순여섯(66)은 가나안에서 죽은 *에르와 오난* (12절) 및 이집트에서 태어난 므낫세와 에브라임(20절)을 제외하고, 앞에 열거된 모든 남자 후손을 포함한다. **46:27** 앞에 나오는 인명기록에 의거하여 식구의 수를 모두 *일흔 명*으로 도출할 수 있는 분명한 방법이 없다. 이것은 문자 그대로이기보다는 상징적인 숫자로, 총계를 의미하는 것으로 쓰였음에 틀림없다 (출 1:5; 신 10:22를 보라).

46:28—47:12 아버지와 재회한 후, 요셉은 야곱의 가족이 이집트에 정착하는 일을 관리한다. **46:28** 예전처럼, 유다는 형제들을 대표해서 행동한다 (43:3; 44:18). *고센.* 45:10를 보라. **46:32-34** 아브라함, 이삭, 그리고 야곱의 가족들은 창세기 전체를 통해 경작지에 작물을 재배하고 양과 염소를 기르는 전형적인 지중해 농부들로 제시되어 왔다 (예를 들어, 26:12-14; 또한 33쪽 추가 설명: "주변 환경에 적응하며 살아간 선조들"을 보라). 그들이 사실 온전히 가축들만 기르는 전문적인 유목민들이었다면, *요셉*은 이렇게 상세하게 지시하지 않았어도 되었을 것이다. 그가 이렇게 지시하는 이유는 그들이 이집트에서 거류민으로 (4절), 곧 땅의 소유권을 포함해서 자국민들의 권익을 누리지 못하는 방문자들로 간주될 것임을 인식하고 있기 때문이다. 가축들을 기르면서 (6절) 이집트 사람들을 위하여 일하는 거

요가 없었다. 23 요셉이 백성에게 말하였다. "이
제, 내가 당신들의 몸과 당신들의 밭을 사서, 바
로께 바쳤소. 여기에 씨앗이 있소. 당신들은 이것
을 밭에 뿌리시오. 24 곡식을 거둘 때에, 거둔
것에서 오분의 일을 바로께 바치고, 나머지 오분
의 사는 당신들이 가지시오. 거기에서 밭에 뿌릴
씨앗을 따로 떼어 놓으면, 그 남는 것이 당신들과
당신들의 집안과 당신들 자식들의 먹거리가 될 것
이오."
25 백성들이 말하였다. "어른께서 우리의 목
숨을 건져 주셨습니다. 어른께서 우리를 어여삐
보시면, 우리는 기꺼이 바로의 종이 되겠습니다."
26 요셉이 이렇게 이집트의 토지법 곧 밭에서
거둔 것의 오분의 일을 바로에게 바치는 법을 만
들었으며, 지금까지도 그 법은 유효하다. 다만,
제사장의 땅만은 바로의 것이 되지 않았다.

야곱의 마지막 요청

27 이스라엘 자손은 이집트의 고센 땅에 자
리를 잡았다. 거기에서 그들은 재산을 얻고, 생육
하며 번성하였다. 28 야곱이 이집트 땅에서 열
일곱 해를 살았으니, 그의 나이가 백마흔일곱 살
이었다.
29 이스라엘은 죽을 날을 앞두고, 그의 아들
요셉을 불러 놓고 일렀다. "네가 이 아버지에게 효
도를 할 생각이 있으면, 너의 손을 나의 다리 사
이에 넣고, 네가 인애와 성심으로 나의 뜻을 받들
겠다고 나에게 약속하여라. 나를 이집트에 묻지
말아라. 30 내가 눈을 감고, 조상들에게로 돌아
가면, 나를 이집트에서 옮겨서, 조상들께서 누우
신 그 곳에 나를 묻어다오." 요셉이 대답하였다.
"아버지 말씀대로 하겠습니다." 31 야곱이 다짐
하였다. "그러면 이제 나에게 맹세하여라." 요셉
이 아버지에게 맹세하니, 이스라엘이 침상 맡에
엎드려서, 하나님께 경배하였다.

야곱이 에브라임과 므낫세를 축복하다

48 1 이런 일이 있은 지 얼마 되지 않아서,
요셉은 아버지의 병환 소식을 들었다. 요
셉은 두 아들 므낫세와 에브라임을 데리고, 아버지
를 뵈러 갔다. 2 야곱 곧 이스라엘은 자기의 아
들 요셉이 왔다는 말을 듣고서, 기력을 다하여 침
상에서 일어나 앉았다. 3 야곱이 요셉에게 말하
였다. "ㄱ)전능하신 하나님이 가나안 땅 루스에서
나에게 나타나셔서, 거기에서 나에게 복을 허락하
시면서, 4 나에게 이르시기를 '내가 너에게 수많
은 자손을 주고, 그 수가 불어나게 하겠다. 내가 너
에게서 여러 백성이 나오게 하고, 이 땅을 너의 자
손에게 주어서, 영원한 소유가 되게 하겠다' 하셨
다. 5 내가 너를 보려고 여기 이집트로 오기 전
에 네가 이집트 땅에서 낳은 두 아이는, 내가 낳은
아들로 삼고 싶다. 르우벤과 시므온이 나의 아들이
듯이, 에브라임과 므낫세도 나의 아들이다. 6 이
두 아이 다음에 낳은 자식들은 너의 아들이다. 이
두 아이는 형들과 함께 유산을 상속받게 할 것이
다. 7 내가 밧단을 떠나서 고향으로 돌아올 때에,
슬프게도, 너의 어머니 라헬이 가나안 땅에 다 와
서, 조금만 더 가면 에브랏에 이를 것인데, 그만 길
에서 세상을 떠나고 말았다. 나는 너의 어머니를
에브랏 곧 베들레헴으로 가는 길 옆에 묻었다."

ㄱ) 히, '엘 샤다이'

류민의 신분으로 남아있게 될 때, 그들은 그들이 이집트 땅과 그 소출을 요구하는 것보다 덜 위협을 느끼게 될 것이다. **47:6** 야곱의 아들들은 자신의 땅을 벗어나서는, 마치 야곱이 하란에서 라반의 가축들을 돌보았듯이 (30:29-30), 주인들의 가축들을 돌봄으로써 생계를 유지한다. **47:7-10** 자신의 선조들을 통해 이스라엘의 이웃들에게 내려지는 하나님의 축복이 야웨문서 기자의 중심주제이다 (12:3; 30:27; 39:5). **47:11** *라암세스 지역.* 이 지역은 동북 나일 강 유역인 고센 땅에 대한 또 다른 지명이다. 바로 람세스 2세는 이 지역에 위치한 도시인 타니스(Tanis)를 기원전 13세기에 자신의 수도로 삼았다 (출 1:11; 12:37을 보라).

47:13-28 여러 해 동안 계속된 극심한 기근으로부터 살아남기 위하여, 요셉은 모든 국민을 위해 충분한 식량을 확보하기 위하여 이집트 경제를 중앙집권 체제로 만든다. 이 이야기는 슬기로운 행정가로서 요셉의 지혜를 강조하기 위하여 기록되었지만, 이것은 또한 이집트의 중앙집권화 된 정부와 경제체제를 훨씬 중앙집권화 되지 못한 이스라엘 지파 사회와 비교하는 데 사용될 수 있다. 하지만, 있는 그대로의 이 이야기는 이집트 역사에 있어서 어떤 특정 시기와 관련하여 읽혀질 수 없다. 그 왕이 이집트 땅을 전적으로 소유한 적도 없고 (20절), 여기에 기술된 대로 20%의 세금부과(24절)를 입증하는 이집트의 기록들도 없다. **47:21** 새번역개정처럼 그는 "지역에 사는 백성을 옮겨서 살게 하였다"라고 번역하는 것이 (개역개정도 새번역처럼 번역) 칠십인역에 기초하여 "백성은 다 그의 종이 되었다"라고 번역한 공동번역보다는 나을 것이다. 여기에 기술

8 이스라엘이 요셉의 아들들을 보면서 물었
다. "이 아이들이 누구냐?" 9 요셉이 자기 아버
지에게 대답하였다. "이 아이들은 여기에서 하나
님이 저에게 주신 자식들입니다." 이스라엘이 말
하였다. "아이들을 나에게로 가까이 데리고 오너
라. 내가 아이들에게 축복하겠다." 10 이스라엘
은 나이가 많았으므로, 눈이 어두워서 앞을 볼 수
없었다. 요셉이 두 아들을 아버지에게로 이끌고
가니, 야곱이 그들에게 입을 맞추고 끌어안았다.
11 이스라엘이 요셉에게 말하였다. "내가 너의
얼굴을 다시 볼 것이라고는 생각도 못하였는데,
이제 하나님은, 내가 너의 자식들까지 볼 수 있도
록 허락하셨구나." 12 요셉은 이스라엘의 무릎
사이에서 두 아이들을 물러나게 하고, 땅에 얼굴
을 대고 엎드려서 절을 하였다. 13 그런 다음에
요셉은 두 아이를 데려다가, 오른손으로 에브라
임을 이끌어서 이스라엘의 왼쪽에 서게 하고, 왼
손으로 므낫세를 이끌어서 이스라엘의 오른쪽에
서게 하였다. 14 그런데 이스라엘은, 에브라임
이 작은 아들인데도 그의 오른손을 에브라임의 머
리 위에 얹고, 므낫세는 맏아들인데도 그의 왼손
을 므낫세의 머리 위에 얹었다. 야곱이 그의 팔을
엇갈리게 내민 것이다.
15 야곱이 요셉을 축복하였다.

"나의 할아버지 아브라함과
아버지 이삭을 보살펴 주신 하나님,
내가 태어난 날로부터
오늘에 이르기까지
나의 목자가 되어주신 하나님,
16 온갖 어려움에서
나를 건져 주신 천사께서
이 아이들에게
복을 내려 주시기를 빕니다.
나의 이름과
할아버지의 이름 아브라함과
아버지의 이름 이삭이
이 아이들에게서 살아 있게
하여 주시기를 빕니다.
이 아이들의 자손이
이 땅에서
크게 불어나게
하여 주시기를 빕니다."

17 요셉은 아버지가 오른손을 에브라임의 머
리 위에 얹은 것을 보고서, 못마땅하게 여겼다. 요
셉은 아버지의 오른손을 에브라임의 머리에서 므
낫세의 머리로 옮기려고, 아버지의 오른손을 잡
고 말하였다. 18 "아닙니다, 아버지! 이 아이가
맏아들입니다. 아버지의 오른손을 큰 아이의 머
리에 얹으셔야 합니다." 19 그러나 그의 아버지
는 거절하면서 대답하였다. "나도 안다. 내 아들
아, 나도 안다. 므낫세가 한 겨레를 이루고 크게
되겠지만, 그 아우가 형보다 더 크게 되고, 아우
의 자손에게서 여러 겨레가 갈라져 나올 것이다."
20 그 날, 야곱은 이렇게 그들을 축복하였다.
"이스라엘 백성이 너희의 이름으로 축복할 것이
니 '하나님이 너를 에브라임과 같고 므낫세와 같

된 경제 중앙집권화와 소작농은 종종 도시화를 동반한다. **47:22** 성전에 속한 제사장들에게 왕이 토지를 하사하는 것은 고대 근동지역에서 흔히 있던 일이였다. **47:26** 성전과 제사장들에게 토지를 주는 행위는 흔히 있는 일이지만, 여기에 기술된 법규는 이집트의 기록에서 입증될 수는 없다. **47:27-28** 이집트로 야곱이 이주한 이야기는 제사문서적 요약으로 결론 맺는데, 이것은 제사문서의 전형적인 연대학적 정보들과 더불어 생육하고 번성한다고 하는 제사장적 주제(1:28; 9:1; 17:6)를 포함한다.

47:29—49:33 야곱의 일생에 관한 이야기는 그가 죽기 직전에 말한 일련의 훈시와 축복으로 끝을 맺는다. 이런 임종의 유언은 그의 장지에 대한 지시(47:29-31; 49:29-33), 요셉의 아들들에 대한 축복(48:1-22), 그리고 자신의 아들들에 대한 축복들(49:1-28)을 포함한다. **47:29-31** 자신의 장지에 대해서 *야곱이 요셉에게* 내린 지시들은 야곱이 죽은 후 즉시 이행되었다 (50:4-14). **47:29** *너의 손을 나의 다리 사이에 넣고.* 이에 관하여는 24:2에 대한 주석을 보라. **47:30** 야곱은 그가 외국인으로 거주하는 땅이 아니라 가족 소유의 장지인 자신의 땅에 묻히기를 바란다(47:4).

48:1-22 요셉은 자신의 아들들에게 최후의 유언(49장)을 남기기 전에, 손자 므낫세와 에브라임을 축복한다. 요셉의 아들들에 대한 이런 특별한 배려는 그들의 자손이, 야곱의 아들들과 더불어, 이스라엘의 지파들로 헤아려졌다(민 26장; 수 13—19장)고 하는 사실을 반영한다. **48:1** 므낫세와 에브라임의 출생은 41:50-52에 기록되어 있다. **48:3-4** 하나님께서 야곱에게 나타나신 이야기는 35:9-12에 기록되어 있다. *전능하신 하나님에* 대해서는 17:1 주석을 보라. **48:5-6** 요셉의 아들들이 자신의 아들들과 동등한 위치를 갖는다는 야곱의 주장은 이스라엘 백성의 지파들 중에서 차지하는 므낫세와 에브라임의 위치를 설명하고 합법화한다. 야곱은 르우벤과 시므온을 언급하는데 그들이 가장 나이든 아들들이기 때문이다. **48:7** 야곱은 특별히 라헬을 언급하는데 그녀는 요셉의 모친이기 때문이다(30:22-24). 그가 언급하는 사건들은 35:16-20에 기술

게 하시기를 빈다'고 할 것이다." 이렇게 야곱은
에브라임을 므낫세보다 앞세웠다. 21 이스라엘
이 요셉에게 말하였다. "나는 곧 죽는다. 그러나
하나님이 너희와 함께 계시고, 너희를 조상들의
땅으로 돌아가게 하실 것이다. 22 그리고 네 형
제들 위에 군림할 너에게는, 세겜을 더 준다. 세
겜은 내가 칼과 활로 아모리 사람의 손에서 빼앗
은 것이다."

야곱의 유언

49 1 야곱이 아들들을 불러 놓고서 일렀다.
"너희는 모여라. 너희가 뒷날에 겪을 일
을, 내가 너희에게 말하겠다.

2 야곱의 아들들아,
너희는 모여서 들어라.
너희의 아버지 이스라엘이 하는 말에
귀를 기울여라.

3 르우벤아, 너는 나의 맏아들이요,
나의 힘, 나의 정력의 첫 열매다.
그 영예가 드높고, 그 힘이 드세다.
4 그러나 거친 파도와 같으므로,
또 네가 아버지의 침상에 올라와서
네 아버지의 침상을 더럽혔으므로,
네가 으뜸이 되지는 못할 것이다.

5 시므온과 레위는 단짝 형제다.
그들이 휘두르는 칼은
난폭한 무기다.
6 나는 그들의 비밀 회담에
들어가지 않으며,
그들의 회의에
끼여들지 않을 것이다.
그들은 화가 난다고 사람을 죽이고,
장난삼아 소의 발목 힘줄을 끊었다.
7 그 노여움이 혹독하고,
그 분노가 맹렬하니,
저주를 받을 것이다.
그들을 야곱 자손 사이에
분산시키고,

되어 있다. **48:14** 야곱은 자신의 오른손(영예의 상징)을 요셉의 차남인 에브라임의 머리에 얹고 축복함으로써 므낫세와 에브라임의 위치를 뒤바꾼다. 이 일화는 그러므로 오래 전 어느 임종의 축복에서 야곱 자신이 자신의 형인 에서보다도 높여졌던 사건을 상기시켜 준다 (27:1-45).

특별 주석

후대의 청중들과 이스라엘의 족장들에 관한 역사에 대해서 그들이 아는 지식의 견지에서 보면, 야곱이 므낫세와 에브라임의 위치를 바꾼 것은 북쪽 지파들 가운데서 에브라임 지파의 위치나 힘이 그들보다 위에 떠오르고 있는 것을 설명하고 인증하는 것이다. 분할 군주시대에, "에브라임"이라고 하는 이름이 이스라엘의 북왕국 전체를 대표하는 것으로 사용되었다 (사 7:9; 렘 31:9; 호 11:8).

48:15-16 비록 저자는 요셉을 언급하지만, 야곱의 축복은 분명히 요셉의 "남자 아이들"에게로 향한다. *천사*들. 이 단어는 문자 그대로 히브리어로 "사자들"인데, 메시지를 전하고 인도와 보호를 제공함으로써 창세기 전체를 통해 신이 보낸 사신들의 역할을 담당한다 (16:7-12; 21:17-19; 22:11-12; 24:7). **48:20** 에브라임과 므낫세의 축복은 다른 모든 축복이 측정되는 기준이 될 것이다. **48:22** *세겜*. 여기에서 사용된 세겜이라는 단어는 세겜의 도시를 언급할 수도 있고, 산의 등성이(땅의 언저리)를 언급할 수도 있다. (한글성경들은 이 본문을 *세겜*으로 번역한다.)

49:1-28 야곱이 그의 아들들에게 말해 주는 마지막 고별사는 고대로부터 내려오던 시문에다가 야곱의 마지막 훈시와 축복이 삽입되어 있는 것이다. 히브리 본문의 많은 부분이 어렵고, 이미지들 가운데 많은 것들이 분명하지 않지만, 후기에 이스라엘 지파들의 실체가 어떠했으며, 그들이 어떤 관계를 맺고 있었는가 하는 것이 야곱의 아들들에 관한 이 간결한 진술들 속에 반영되어 있다. 창세기의 다른 곳에서와 마찬가지로, 여기서도 야곱의 아들들은 그들의 이름들을 딴 후기 이스라엘 지파들을 표현해 주는 것이다. 그러므로 여기에 기술된 아들들에 대한 성공의 여부는 사실 후기 지파들의 자손들이 보여주는 성공의 여부를 그대로 기록한 것이다. 유다는 형제들 가운데서 두드러진 역할을 부여받은 것으로 보아 (8절), 이 시문은 유다 지파로부터 나온 다윗 가문이 예루살렘에서 이스라엘을 다스리는 왕정을 확립하였던 군주시대를 반영하여 주는 것이다. 모세의 것으로 간주되는 이것과 비슷한 지파들에 대한 축복들을 열거한 내용을 신 33:1-29에서 찾아볼 수 있다. **49:3-4** 르우벤은 장자의 신분으로 당시 지파들 가운데 두드러진 지위를 누렸을 것으로 짐작이 가는데, 이것에 대한 증거가 성경에는 거의 보존되어 있지 않다. 그런가 하면, 르우벤의 비합법적인 성적 행위(35:22)가 이 지파의 초기 쇠퇴를 설명해 주고 있다 (신 33:6; 삿 5:15-

이스라엘 백성 사이에
흩어 버릴 것이다.

8 ㄱ)유다야,
너의 형제들이 너를 찬양할 것이다.
너는 원수의 멱살을 잡을 것이다.
너의 아버지의 아들들이
네 앞에 무릎을 꿇을 것이다.
9 유다야, 너는 사자 새끼 같을 것이다.
나의 아들아,
너는 움킨 것을 찢어 먹고,
굴로 되돌아갈 것이다.
엎드리고 웅크리는 모양이
수사자 같기도 하고,
암사자 같기도 하니,
누가 감히 범할 수 있으랴!
10 임금의 지휘봉이
유다를 떠나지 않고,
통치자의 지휘봉이
자손 만대에까지 이를 것이다.
ㄴ)권능으로 그 자리에 앉을 분이 오시면,
만민이 그에게 순종할 것이다.
11 그는 나귀를 포도나무에 매며,
그 암나귀 새끼를
가장 좋은 포도나무 가지에
맬 것이다.
그는 옷을 포도주에다 빨며,
그 겉옷은
포도의 붉은 즙으로 빨 것이다.
12 그의 눈은 포도주 빛보다 진하고,
그의 이는 우유 빛보다 흴 것이다.

13 스불론은 바닷가에 살며,
그 해변은
배가 정박하는 항구가 될 것이다.
그의 영토는
시돈에까지 이를 것이다.

14 잇사갈은 안장 사이에 웅크린,
뼈만 남은 나귀 같을 것이다.
15 살기에 편한 곳을 보거나,
안락한 땅을 만나면,
어깨를 들이밀어서 짐이나 지고,
압제를 받으며,
섬기는 노예가 될 것이다.

ㄱ) 유다라는 이름은 '찬양'에서 유래함 ㄴ) 또는 '실로가 오시기까지', '그가 실로에 오시기까지', '그가 통치 지팡이를 쥔 자에게 오기까지' (시리아어역)

16). **49:5-7** 르우벤과 마찬가지로, *시므온과 레위*는 한때 이스라엘에서 탁월한 지파들이었지만 나중에 두 지파 모두 자신들의 영토를 누리는 지위를 잃어버린 것으로 보인다 (7절b). 이렇게 된 이유는 여기서 보면 폭행을 일삼는 그들의 초기 행위(34:25-31)에 기인한 것으로 기술되고 있다. 시므온 지파는 유다 지파로 포섭된 것으로 보이는 반면 (수 19:1), 레위 지파는 다른 곳에서 보면 토지를 소유하지 않는 제사장 지파로 기술된다 (민 18:20-24; 신 33:8-11). 그러므로 레위가 땅을 소유하지 않게 된 것은 성경 안에서 서로 대조된 사건들로부터 기인된 것이다. 하나는 과도한 폭행으로 인한 것이요 (5-6절), 다른 하나는 제사장 사역을 위한 하나님의 선택이다 (민 18:20-24). **49:8-12** *유다가* 장자가 누릴 수 있는, 야곱의 직계 상속자의 지위에 오른 것은 유다 족속인 다윗이 이스라엘의 왕이 되었을 때 유다가 이스라엘 역사에서 두각을 나타내는 위치에 오른 것을 보여주는 것이다. 자신의 형들이 책망을 받은 것과는 대조적으로, 유다는 칭찬을 받는다. 그가 왕권의 상징(시 45:6 [히브리 원어성경 45:7])인 지휘봉(10절)을 가질 것이라고 하는 것은 그가 자신의 형제들을 다스릴 것(8절)을 상징한다. 풍부한 포도주로 표현되는 풍성함은 신적 총애를 지적하는 것이다.

특별 주석

창세기 49:10에 관한 일부 초기 유대교 및 기독교 해석들은 "실로가 오시기까지" 라는 구절에서 메시아적 언급을 찾을 수 있는 것으로 보았다.

49:13-15 *스불론과 잇사갈의* 상호 지위는 다르게 나타난다. 삿 5:14-15에서처럼, 여기서 스불론이 먼저인 것으로 보이지만, 창세기의 다른 곳에서 보면, 잇사갈이 연장자로서 먼저 기록되어 있다 (30:17-20; 35:23; 46:13-14). 여호수아에 나오는 지파의 토지분배에 따르면, 스불론은 내륙에 위치하게 되지만, 모세의 축복이 그러하듯이 (신 33:18-19), 야곱의 축복은 이스라엘의 북쪽에 위치한 지중해를 따라 스불론의 위치를 정한다. 잇사갈에 대한 묘사는, 뒤이어 나오는 것들이 그러하듯이, 짧고 미미하다. 마지막 행과 *나귀의* 이미지는 이 지파의 구성원들이 가나안 사람들을 위하여 일한 노동자였다는 것을 지시할지도 모르는데, 나귀는 짐을 나르는 짐승이다. **49:16-18** *단.* 이 이름은 "판단하다," "주창하다," "…을 위해 싸우다" 라는 의미를 가진 히브리 단어이다. 17절에 나오는 군사력의 이미지에 비추어 볼 때—말과 말에 탄 사람은 기병대이다—16절의 첫 행은 "단은 그의 백성을 위해 싸울 것이다" 라고 해석될 수 있을 것이다. 18절에서 보듯이, 짧은 기도문이 지파

16 단은
이스라엘의 한 지파 구실을
톡톡히 하여,
백성을 정의로 다스릴 것이다.
17 단은 길가에 숨은 뱀 같고,
오솔길에서 기다리는 독사 같아서,
말발굽을 물어,
말에 탄 사람을 뒤로
떨어뜨릴 것이다.

18 주님,
제가 주님의 구원을 기다립니다.

19 갓은 적군의 공격을 받을 것이다.
마침내 적군의 뒤통수를 칠 것이다.
20 아셀에게서는
먹거리가 넉넉히 나올 것이니
그가 임금의 수라상을 맡을 것이다.

21 납달리는 풀어 놓은 암사슴이어서,
그 재롱이 귀여울 것이다.

22 ㄱ)요셉은 들망아지,
샘 곁에 있는 들망아지,
언덕 위에 있는 들나귀다.
23 사수들이 잔인하게 활을 쏘며
달려들어도,
사수들이 적개심을 품고서
그를 과녁으로 삼아도,
24 요셉의 활은 그보다 튼튼하고,
그의 팔에는 힘이 넘친다.
야곱이 섬기는
'전능하신 분'의 능력이
그와 함께 하시고,
목자이신 이스라엘의 반석께서
그와 함께 계시고,
25 너의 조상의 하나님이
너를 도우시고,
ㄴ)전능하신 분께서
너에게 복을 베푸시기 때문이다.

ㄱ) 또는 '요셉은 열매가 많은 덩굴, 샘 곁에 있는 열매가 많은 덩굴, 그 가지가 담을 넘는다.' 히브리어 본문이 불확실함 ㄴ) 히, '샤다이'

들에 대한 기록에 삽입되어 있다. **49:19-21** *갓, 아셀, 납달리.* 이들에 대한 기록들은 그 내용을 충분히 설명하기에는 너무 짧다. 갓은 *공격하다* 라는 동음이의어에 대한 언어기법을 쓴 데서 생겨난 것인데, 그들이 가진 군사적인 힘을 칭송하는 것으로 보인다 (신 33:20: 역상 5:18). 갈릴리 서부의 비옥한 땅에 위치한 *아셀* (수 19:24-31)은 거기서 나는 풍성한 농산물(신 33:24를 보라)로 알려져 있다. 납달리에 비유된 *암사슴*은 여러 가지 함축적 의미들을 가지고 있다. 그 중에 하나는 전투에서 민첩하고 확고부동한 (시 18:33 [시 18:34]; 합 3:19) 것을 의미하는데, 본 단락에 나오는 표현들에 내포된 다른 군사적 이미지들(17, 19절)에 비추어, 여기에서도 그러한 의미로 쓰인 것으로 보인다 (삿 5:18을 참조). **49:22-26** 유다와 더불어 (8-12절), *요셉*은 이런 축복들을 받는 데 있어서 특별히 배려된다. 이것은 요셉의 지파들, 즉 에브라임과 므낫세가 북이스라엘에 있어 현저한 지파들이었다는 사실을 반영해 주는 것이다. 야곱의 축복은 풍성함 (22, 25-26절), 즉 에브라임과 므낫세 사람들이 거주한 북부 산악지대가 산출해 내는 풍부한 농작물과 이 두 지파의 군사적 힘(23-24절)에 초점을 둔다. **49:27** 베냐민은 호전적인 지파로 묘사되는데, 이것은 이스라엘의 초기 전투들에서 이 지파가 담당했던 역할(삿 5:14)과 이스라엘의 최초 왕이며 이 지파의 자손인 사울(삼상 9:1)에 대한 반영일 것이다.

49:29-33 이것은 장지에 관한 야곱의 지시에 관한 제사문서 전승인데, 47:29-31의 야웨문서 전승과 같은 것이다. 이것은 막벨라에 있는 밭을 구입하여 (23:1-18) 거기에 사라 (23:19-20)와 아브라함(25:9-10)과 이삭(35:27-29)을 매장한 일을 포함하여, 예전의 제사문서 기사들을 언급한다. *리브가와 레아의* 죽음과 매장은 일찍이 창세기에는 기록되지 않았다.

50:1-26 창세기는 야곱과 요셉이 사망하는 것으로 결론을 맺는다 (26절). 물론 이것은 요셉의 사망에 뒤이어 출애굽기 1장에서 일어나는 사건들로 중단되지 않는 한 설화 안에서 이루어지는 인위적인 결말이긴 하지만 말이다. 요셉의 사망은 요셉이나 그의 현명한 정책이나 그의 가족을 더 이상 알지 못하는 이집트의 바로의 등장을 위한 무대를 설정하여 준다 (출 1:8-14).

50:1-14 요셉이 사망하자, 아들들은 요셉이 그들에게 지시한 대로 (47:29-31; 49:29-33) 요셉을 가나안에 매장한다. **50:2** 방부제 향 재료를 넣는 것은 고대 이스라엘의 장례 관습들의 일부가 아니다. 이것은 야곱과 요셉(26절)에 관하여 오직 성경에서 여기서만 언급되는데, 아마도 이 설화는 이러한 관습이 일반적이었던 이집트를 배경으로 하기 때문일 것이다. **50:5** 요셉은 47:31에 기술된 야곱의 서약을 언급하지만, 자신의 무덤을 준비하는 데 관한 야곱의 언급은 어디에도 기록되어 있지 않았다. **50:10-11** 여기에 나오는 애통하며 호곡하는 장소인 *아닷 타작 마당에* 대해서는 알 길이 없다. *이레 동안 애곡하*는 것은 현대 유대 사람들의 관행의 일부로 남아있는 고대 이스라엘의 관습이었다 (삼상 31:13). **50:13** 이것은 야곱의 장지를 그의 선조들의

위로 하늘에서 내리는 복과,
아래로 깊은 샘에서
솟아오르는 복과,
젖가슴에서 흐르는 복과,
태에서 잉태되는 복을
베푸실 것이다.
26 너의 아버지가 받은 복은
태고적 산맥이 받은 복보다 더 크며,
영원한 언덕이 받은 풍성함보다도
더 크다.
이 모든 복이
요셉에게로 돌아가며,
형제들 가운데서
으뜸이 된 사람에게 돌아갈 것이다.

27 베냐민은 물어뜯는 이리다.
아침에는 빼앗은 것을 삼키고,
저녁에는 움킨 것을 나눌 것이다."

28 이들은 모두 이스라엘의 열두 지파이다.
이것은 그들의 아버지가 그들을 축복할 때에 한
말이다. 그는 아들 하나하나에게 알맞게 축복하
였다.

야곱이 죽다

29 야곱이 아들들에게 일렀다. "나는 곧 세
상을 떠나서, 나의 조상들에게로 돌아간다. 내가
죽거든, 나의 조상들과 함께 있게 헷 사람 에브론
의 밭에 있는 묘실에 묻어라. 30 그 묘실은 가나
안 땅 마므레 앞 막벨라 밭에 있다. 그 묘실은 아
브라함 어른께서 묘실로 쓰려고, 헷 사람 에브론
에게서 밭과 함께 사두신 것이다. 31 거기에는
아브라함과 그분의 아내 사라, 이 두 분이 묻혀 있
고, 이삭과 그분의 아내 리브가, 이 두 분도 거기
에 묻혀 있다. 나도 너희 어머니 레아를 거기에다
묻었다. 32 밭과 그 안에 있는 묘실은 헷 사람들
에게서 산 것이다." 33 야곱은 자기 아들들에게
이렇게 이르고 나서, 침상에 똑바로 누워 숨을
거두고, 조상에게로 돌아갔다.

50 1 요셉이 아버지의 얼굴에 엎드려서, 울
며 입을 맞추고, 2 시의들을 시켜서, 아
버지 이스라엘의 시신에 방부제 향 재료를 넣게
하였다. 시의들이 방부제 향 재료를 넣는데,
3 꼬박 사십 일이 걸렸다. 시신이 썩지 않도록 향
재료를 넣는 데는 이만큼 시간이 걸린다. 그리고
이집트 사람들이 그의 죽음을 애도하며, 칠십 일
을 곡하였다.

4 곡하는 기간이 지나니, 요셉이 바로의 궁
에 알렸다. "그대들이 나를 너그럽게 본다면, 나
를 대신하여 바로께 말씀을 전해 주시오. 5 우리
아버지가 운명하시면서 '내가 죽거든, 내가 가나
안 땅에다가 준비하여 둔 묘실이 있으니, 거기에
나를 묻어라' 하시고, 우리 아버지가 나에게 맹세
하라고 하셔서, 내가 그렇게 하겠다고 맹세하였
소. 내가 올라가서 아버지를 장사지내고 올 수 있
도록, 허락을 받아 주시오." 6 요셉이 이렇게 간
청하니, 고인이 맹세시킨 대로, 올라가서 선친을
장사지내도록 하라는 바로의 허락이 내렸다.
7 요셉이 자기 아버지를 묻으러 올라갈 때에,
바로의 모든 신하와, 그 궁에 있는 원로들과, 이
집트 온 나라에 있는 모든 원로와, 8 요셉의 온
집안과, 그 형제들과, 아버지의 집안 사람이, 그
들에게 딸린 어린 아이들과 양 떼와 소 떼는 고센

장지들과 연결시키는 제사문서의 기록이다 (49:29-33에 관한 주석을 보라).

50:15-26 야곱을 장사한 후에, 초점이 요셉으로 돌려지는데, 그는 형제들에게 자신의 충의를 재확신시키고, 손자들과 손녀들이 태어나는 것을 목격하며, 그리고 자신의 장지에 대하여 최후의 지시를 내린다. **50:15** 가장으로서의 야곱은 일생 동안 자신의 아들들을 하나로 통합하고 안정을 마련해 줄 수 있는 권위가 그에게 있었다. 그가 죽고 나서, 이러한 통합이 와해되어 없어지고, 각 아들이 자신의 가족들에게 권위를 행사하게 되었다. 야곱의 아들들은 이집트에서 요셉이 누리는 특출한 지위로 인하여 공격받기 쉬운 입장에 처해 있었다. **50:16** 앞서 창세기에 나오는 어떠한 설화도 야곱의 아들들이 요셉을 학대한 사실에 대하여 야곱이 알게 되었다고 기술하지 않지만, 기록되어 있지 않은 초기 사건들이 때때로 언급되기도 한다 (예를 들어, 49:31; 50:5). 야곱이 아들들에게 몸조심하라고 지시한 것이 형제들이 만들어내는 말은 아니다. **50:20** 요셉 설화에 나오는, 그리고 어느 정도 전체적으로 창세기에 나오는 한 주제는, 하물며 인간이 비도덕적이고 원칙을 벗어나는 방식으로 행동할 때조차도, 하나님께서 인간을 긍정적인 결말로 이끄실 수 있다고 하는 것이다 (45:5-9). 선조들과 이스라엘 자손의 복지는, 그러므로, 인간의 성취보다는 하나님의 축복에 달려있는 것으로 간주된다. **50:23** *마길*은 므낫세 지파 내에 있는 중요한 씨족인데, (아마도 므낫세를 대신하여) 삿 5:14에 단

땅에 남겨둔 채로 요셉과 함께 올라가고, 9 거기
에다 병거와 기병까지 요셉을 호위하며 올라가
니, 그 굉장한 상여 행렬이 볼 만하였다. 10 그
들은 요단 강 동쪽 아닷 타작 마당에 이르러서, 크
게 애통하며 호곡하였다. 요셉은 아버지를 생각
하며, 거기에서 이레 동안 애곡하였다. 11 그들
이 타작 마당에서 그렇게 애곡하는 것을 보고, 그
지방에 사는 가나안 사람들은 "이집트 사람들이
이렇게 크게 애곡하고 있구나" 하면서, 그 곳
이름을 ㄱ)아벨미스라임이라고 하였으니, 그 곳은
요단 강 동쪽이다.
12 야곱의 아들들은, 아버지가 명령한 대로
하였다. 13 아들들이 아버지의 시신을 가나안
땅으로 모셔다가, 마므레 앞 막벨라 밭에 있는 굴
에 장사하였다. 그 굴과 거기에 딸린 밭은 아브라
함이 묘 자리로 쓰려고 헷 사람 에브론에게서 사
둔 곳이다. 14 요셉은 아버지의 장례를 치르고 난
다음에, 그의 아버지를 장사지내려고 그와 함께
갔던 형제들과 다른 모든 사람들을 데리고, 이집
트로 돌아왔다.

요셉이 형들을 안심시키다

15 요셉의 형제들은 아버지를 여의고 나서,
요셉이 자기들을 미워하여, 그들에게서 당한 온갖
억울함을 앙갚음하면 어찌하나 하는 생각이 들어
서, 16 요셉에게 전갈을 보냈다. "아버지께서 돌
아가시기 전에 남기신 유언이 있습니다. 17 아우
님에게 전하라고 하시면서 '너의 형들이 너에게 몹
쓸 일을 저질렀지만, 이제 이 아버지는 네가 형들
의 허물과 죄를 용서하여 주기를 바란다' 하셨습니
다. 그러니 아우님은, 우리 아버지께서 섬기신 그
하나님의 종들인 우리가 지은 죄를 용서하여 주시
기 바랍니다." 요셉은 이 말을 전해 듣고서 울었
다. 18 곧 이어서 요셉의 형들이 직접 와서, 요셉
앞에 엎드려서 말하였다. "우리는 아우님의 종입
니다." 19 요셉이 그들에게 말하였다. "두려워하
지 마십시오. 내가 하나님을 대신하기라도 하겠습
니까? 20 형님들은 나를 해치려고 하였지만, 하
나님은 오히려 그것을 선하게 바꾸셔서, 오늘과 같
이 수많은 사람의 생명을 구원하셨습니다. 21 그러
니 형님들은 두려워하지 마십시오. 내가 형님들을
모시고, 형님들의 자식들을 돌보겠습니다." 이렇게
요셉은 그들을 간곡한 말로 위로하였다.

요셉이 죽다

22 요셉이 아버지의 집안과 함께 이집트에
머물렀다. 요셉은 백 년 하고도 십 년을 더 살면
서, 23 에브라임의 자손 삼 대를 보았고, 므낫세
의 아들 마길에게서 태어난 아이들까지도 요셉이
자기의 자식으로 길렀다.
24 요셉이 자기 친족들에게 말하였다. "나는
곧 죽는다. 그러나 하나님께서 반드시 너희를 돌보
시고, 너희를 이 땅에서 인도하여 내셔서, 아브라
함과 이삭과 야곱에게 맹세하신 땅에 이르게 하실
것이다." 25 요셉은 이스라엘 자손에게 맹세를
시키면서 일렀다. "하나님께서 반드시 너희를 돌
보실 날이 온다. 그 때에 너희는 나의 뼈를 이 곳
에서 옮겨서, 그리로 가지고 가야 한다."
26 요셉이 백열 살에 세상을 떠나니, 사람들
은 그의 시신에 방부제 향 재료를 넣은 다음에, 이
집트에서 그를 입관하였다.

ㄱ) '이집트 사람들의 애곡'

독으로 언급되어 있다. **50:24** 하나님께서 야곱의 자손을 가나안으로 돌려보내실 것이라는 요셉의 예견은 이러한 결과에 대한 초기의 진술들(15:13-15; 46:4)을 되풀이하여 말한다. **50:25** 요셉은, 자신의 아버지 야곱처럼, 가나안에 묻어달라고 요구한다 (출 13:19). 후기 전승은 요셉의 장지를 세겜으로 기록하고 있다 (33:18-19; 수 24:32).

출애굽기

출애굽기는 오경이라 일컫는 보다 긴 이야기 속에서 전개되는 하나의 일화이다. 출애굽기에 나오는 사건들은 창세기에서 하나님께서 선조들(아브라함과 사라, 이삭, 야곱, 그리고 요셉)에게 자손과 땅을 주시겠다고 약속하신 것들을 배경으로 한다 (예를 들어, 창 12:1-4; 13:14-17). 출애굽기는 이 선조들에게 주어진 하나님의 약속을 회상함으로써, 즉 야곱의 가족이 하나님의 약속들 중 하나였던 큰 민족으로 성장했고, 또 그 약속을 성취했다는 말로 시작한다 (1:7). 그러나 이스라엘의 인구는 가나안이 아니라 이집트 영토에서 엄청나게 불어나서 바로를 위협하게 되며, 결국은 바로가 그들을 억압할 뿐만 아니라, 심지어 계획적으로 대량 학살까지 감행하게 된다. 그 결과는 출애굽 초기의 정황에 처한 이스라엘에게는 역설적인 것이었다. 부분적으로 성취된 하나님의 약속이 축복이 아니라, 수난을 초래하게 된다.

이집트에서 당하는 이스라엘 백성의 고난과 이뤄지지 않은 땅과 연관된 약속이 이스라엘의 하나님에 대한 두 가지 중추적인 주제를 살펴보는데 필요한 배경을 제공하여 준다. 그 하나는 (1) 하나님의 힘의 특징이고, 또 다른 하나는 (2) 이 세상에 계신 하나님의 존재의 본질이다. 이 두 가지 주제는 출애굽기 전체를 통해서 서로 얽혀져 있다. 구조상으로 분명하게 드러나 있지는 않지만, 지리적인 배경에 근거하여 두 부분으로 나눠진 출애굽기의 구조를 참작하면, 이 주제들은 이야기의 각기 다른 역사적 단계에서 두드러지게 드러나 있다. 대부분의 경우, 하나님의 능력이라는 개념은 이집트 영토를 배경으로 하여 찾아낼 수 있다 (1:1– 15:21). 하나님의 존재라는 개념은 이스라엘이 하나님과 함께 이집트로부터 약속의 땅 가나안으로 향하는 광야의 여정에서 그 주제를 발전시킨다 (15:22—40:38).

출애굽기 1:1—15:21은 이스라엘의 운명을 두고 벌이는 하나님과 바로 사이의 갈등을, 즉 왕들과 신들 사이의 어마어마한 갈등을 이야기한다. 자연의 힘이 전쟁의 무기로 사용된다. 하나님은 바로에 대한 초기 공격에서 파충류 동물들, 곤충들, 그리고 우박과 어둠을 포함하여 기상의 현상들을 불러내신다 (7—10장). 이러한 자연의 힘들을 사용하여 이스라엘 사람들을 이집트 노예생활로부터 해방시킬 수 있도록 바로를 설득시키지 못했을 때, 의인화된 "파괴자"로 묘사된 죽음이 한밤중의 어둠을 타고 이집트 땅에 내려와서 이집트의 각 가정의 장자와 짐승들 중에서 처음 난 것들을 모두 살해한다 (11—12장). 하물며 죽음의 재앙마저도 바로로 하여금 계속해서 마찰을 빚고 대량 학살의 압제를 일삼는 일을 중지토록 단념시키지 못한다. 한밤중에 그는 마지막 순간에 군대를 소집해서 달아나는 이스라엘 백성을 홍해까지 추격하는데 (13장), 여기서 주 하나님은 바다를 무기로 사용해서, 새벽녘에 바로와 그의 군대를 모두 쳐부셨다 (14장). 15장에 나오는 노래들은 이 전쟁터를 되돌아보고, 하나님께서 자연의 모든 힘을 지배하는 힘을 가지고 계시고, 또 바로보다 더 강한 힘을 가지고 계신 용사로 찬양하면서 하나님의 능력을 증거한다.

출애굽기 15:22—40:38에서는 백성이 약속의 땅으로 발걸음을 옮기는 동안에 이 세상에서 이스라엘 백성과 계속 함께 하시는 하나님의 임재를 기술한다. 자연의 힘은 더 이상 주 하나님의 전쟁 무기가 아니다. 이제 하나님의 현존이 여러 가지 징조들을 통해서 이스라엘 백성에게 분명하게 나타난다. 하나님은 이스라엘 백성을 위하여 오염된 물을 맑게 하신다 (15:22-27); 바위로 흐르는 물의 기적(17:1-7)과 만나(16절)를 내려 이스라엘 백성을 굶주림에서 구하여 내신다. 예배와 행정에 대한 모세의 장인 이드로의 충고(18장)는 초기 광야의 여정으로부터 시내 산에서 계시된 율법과 성소로 변화되어 가는 모습을 보여준다. 출 19—24장은 이스라엘 백성에게 언약의 법을 계시하기 위해 시내 산에서 강림하시는 하나님을 기술한다. 천둥, 번개, 어둠, 그리고 불과 같은 자연의 힘은 하나님이 이스라엘 백성과 가깝게 계심을 상징하는 것이며, 하나님의 거룩성이 내재하고 있는 위험을 이스라엘에게 신호하는 것들이다. 안전한 예배 처소에 대한 요구는 성막의 청사진이 계시되는 결과를 가져온다 (25—31장). 성막의 건축으로 하나님께서 산으로부터 이스라엘 진영으로 내려오시는 것을 약속하신다. 그러나 이스라엘이 금송아지를 섬기게 되었을 때 (32장), 성막 건축이 중단된다. 그 결과, 이 이야기가 계속 이어나가기 위해서는 새롭게 이야기가 시작되어야 한다. 그래서 하나님은 이스라엘을 용서하시고 (34:1-10), 언약갱신을 위한 새 법들을 세우시고 (34:11-29), 성막의 건축을 위탁하신다 (35—40장). 출애굽은 새해 첫날 주 하나님께서 시내 산에서 내려와 완성된 성막에 들어가셔서 (40:1-2, 7) 불과 연기로 성소를 채우심으로써 (40:34-38) 끝난다.

출애굽기에서 중심인물로 등장하는 모세는 전쟁과 계시로 얽혀진 하나님의 위대하신 사건에 응수하는 사람이다. 그의 역할은 이집트를 탈출하는데 기여한 이스라엘의 구원자로부터 시내 산에서 율법이 계시되는 동안 하나님과 이스라엘을 중재하는 역할을 한다. 출 2—5장은 모세의 정체성 결핍 (그는 이집트인인 동시에 이스라엘인이다), 그의 선한 의도들 (그는 그의 백성 이스라엘을 돕기를 원한다), 그리고 그의 격렬한 성격(그는 한 이집트인을 죽인다)을 지적하면서 그를 소개한다. 광야에서 미디안 사람들과 가졌던 모세의 초기 경험은 이 책의 후반부에서 이스라엘 전체가 경험하게 될 사건을 예시해 준다. 그는 하나님의 산에서 하나님으로부터 부름을 받는다 (3—4장). 그는 이집트로 돌아와 하나님의 중재인이 되어 바로와 맞선다 (5—12장). 이 과정에서, 모세는 이스라엘의 해방자로 떠오르고, 이집트를 벗어나 행진하는 백성을 인도하여 홍해를 가로질러서 그들을 이끌기까지 한다 (14장). 모세의 중재자 역할은 율법이 계시되고 (19—24장), 성막이 건축(25—40장)되는 동안에 발전된다. 모세는 산의 정상에 거듭해서 오름으로써, 이스라엘을 정결케 하고, 백성에게 언약을 가르치고, 하나님의 율법을 기록하면서, 제사장과 예언자적 교사와 서기관의 직분들의 모델을 형성한다.

성서학자들은 이스라엘 사람들이 이집트에서 억압받은 시기를 람세스 2세(기원전 1290-1224년경)의 통치 기간으로 잡는다. 출애굽기의 종교적인 예배의식과 신학적인 성격 이외의 자료가 부족하기 때문에, 이 시기를 역사적으로 재구성하는 것은 어렵다. 이스라엘의 이름이 이집트 비문인 머넵타 스텔라(Merneptah Stela, 기원전 1230년경)에 기록되어 있는데, 여기서 보면 이스라엘 사람들은 가나안에 거주했던 한 무리로 되어 있다. 역사적 배경이 어떠하던 간에, 출애굽기는 시문 (예를 들어, 미리암의 노래, 15:21; 모세의 노래, 15:1-18), 하나님의 나타나심 (하나님께서 산에서 자신을 계시하셨듯이 땅에 하나님의 존재를 보여주심, 19:16-17; 하나님과의 식사, 24:10-11), 율법 (예를 들어, 20:1-17에 나오는 십계명과 21—23장에 나오는 언약의 책), 그리고 의전적 문서들(cultic texts, 예를 들어, 33:1-6에 나오는 회막과 25—31장에 나오는 성막)을 선집하여 만들어진 문헌이다. 이 책의 형성에 있어서 가장 현저한 발전은 이와 같이 서로 다른 문학 장르들이 서로 얽혀져서 민족의 기원과 이스라엘 역사에 하나님께서 개입하신 사건이 이야기되었을 때이다. 학자들은 전통적으로, 문체와 언어와 신학적 관점에 기초해서, 다음과 같이 출애굽기에 나오는 역사의 세 가지 자료 혹은 해석된 자료들을 밝혀왔다: (1) 야웨문서 (J), (2) 엘로힘문서 (E), 그리고 (3) 제사문서(P)의 역사서들(이러한 자료들에 대하여 더 살펴보려면, 창세기에 대한 서론을 보라)이 그것들이다. 엘로힘문서 (E) 자료의 증거는 제한되어 있다. 이런 사실로 인해서 학자들은 이 자료를 야웨문서 자료에 결부시키려는 충동을 받는데, 이렇게 결합된 자료는 야웨-엘로힘문서 (JE) 라고 하는 기호로 표기된다. 야웨-엘로힘문서의 역사는 빠르게는 군주시대(기원전 7세기)나 늦게는 포로기(기원전 6세기)에 기록되었을 수 있다. 제사문서 역사는 포로기(기원전 6세기)나 포로기 이후 (기원전 5세기) 시대에 기록되었는데, 이것은 군주시대로부터 전수된 율법을 함께 엮어 놓았다.

출애굽기의 내용은 다음과 같다. 성경본문에 따라 세밀히 조사할 필요가 있는 주석은 이 개요를 따를 것이며, 명확성을 기하기 위하여 더 보충하며 상세하게 설명될 것이다.

- I. 이집트에서 계시된 하나님의 힘, 1:1—15:21
  - A. 이집트의 압제, 1:1—2:25
  - B. 모세의 위임, 3:1—7:7
  - C. 하나님과 바로 사이의 갈등, 7:8—15:21
- II. 광야에서 하나님의 임재, 15:22—40:38
  - A. 광야 여정, 15:22—18:27
  - B. 시내 산에서 일어난 율법의 계시, 19:1—24:8
  - C. 하나님의 성소, 24:9—40:38

토마스 비 도즈만 (Thomas B. Dozeman)

이스라엘 사람이 학대를 받다

1 1 야곱과 함께 각각 자기 가족을 데리고 이
집트로 내려간 이스라엘의 아들들의 이름은,
2 르우벤과 시므온과 레위와 유다와 3 잇사갈과
스불론과 베냐민과 4 단과 납달리와 갓과 아셀
이다. 5 이미 이집트에 내려가 있는 요셉까지 합
하여, 야곱의 혈통에서 태어난 사람은 모두 ㄱ)일흔
명이다.

6 세월이 지나서, 요셉과 그의 모든 형제와
그 시대 사람들은 다 죽었다. 7 그러나 이스라
엘 자손은 자녀를 많이 낳고 번성하여, 그 수가
불어나고 세력도 커졌으며, 마침내 그 땅에 가득
퍼졌다.

8 요셉을 알지 못하는 새 왕이 일어나서 이
집트를 다스리게 되었다. 9 그 왕이 자기 백성에
게 말하였다. "이 백성 곧 이스라엘 자손이 우리
보다 수도 많고, 힘도 강하다. 10 그러니 이제 우
리는 그들에게 신중히 대처하여야 한다. 그렇게
하지 않으면 그들의 수가 더욱 불어날 것이고, 또
전쟁이라도 일어나는 날에는, 그들이 우리의 원수
들과 합세하여 우리를 치고, 이 땅에서 떠나갈 것
이다." 11 그래서 이집트 사람들은, 이스라엘 자
손을 부리는 공사 감독관을 두어서, 강제노동으로
그들을 억압하였다. 이스라엘 자손은, ㄴ)바로가
곡식을 저장하는 성읍 곧 비돔과 라암셋을 건설하
는 일에 끌려 나갔다. 12 그러나 그들은 억압을
받을수록 그 수가 더욱 불어나고, 자손이 번성하였
다. 그래서 이집트 사람들은 이스라엘 자손을 몹
시 싫어하였고, 13 그들을 더욱 혹독하게 부렸다.
14 이집트 사람들이, 흙을 이겨 벽돌을 만드는 일
이나 밭일과 같은 온갖 고된 일로 이스라엘 자손을
괴롭히므로, 그들의 일은 매우 힘들었다.

15 한편 이집트 왕은 십브라와 부아라고 하
는 히브리 산파들에게 이렇게 말하였다. 16 "너희
는 히브리 여인이 아이 낳는 것을 도와줄 때에, 잘

ㄱ) 사해 사본과 칠십인역에는 '일흔다섯 명' (행 7:14절에서도)
ㄴ) '파라오'로도 음역함

1:1—15:21 1—15장까지는 이스라엘을 억압으로부터 구원하여 주고, (이집트와 같은) 다른 나라들을 움직이고, 재앙들을 통하여 자연 자체에 영향을 주고, 빛과 어둠을 통제하고, 그리고 바닷물을 가르는 사건을 통하여 하나님의 힘을 살펴보는 장들이다. 이 주제는 다음의 세 단락에서 전개된다: (1) 무대를 설정하는 이집트의 압제 (1:1—2:25); (2) 이 이야기의 주인공인 모세의 소명 (3:1—7:7); (3) 이집트로부터 이스라엘 사람들을 구원에 이르게 한 사건들을 말해 주는 하나님과 바로와의 대결로 전개된다 (7:8—15:21).

1:1—2:25 1—2장은 창세기에 나오는 사건들을 기반으로 한다. 하나님께서 선조들에게 약속하신 것들, 즉 아브라함과 사라, 이삭, 야곱, 그리고 요셉에게 한 자손들과 땅에 대한 약속이 초기 사건들의 중심으로 되어 있다 (예를 들어, 창 12:1-4; 13:14-17). 1:1-7에 기록된 대로 이스라엘이 번성하게 된 것은 하나님의 약속이 부분적으로 성취된 것을 말한다. 하지만, 이스라엘을 위한 땅의 부재는 바로의 억압(1:8-21)으로 인하여 축복이 아니라 고난을 초래했는데, 이 이야기는 모세의 출생과 소년기를 이야기하기 전에 이러한 억압이 있었음을 보여준다 (1:22—2:22). 부분적으로 성취된 하나님의 약속(1:1-7)은 인간의 탄식(2:23-25)을 초래하게 되었고, 출애굽 전반부에 나오는 다음과 같은 중심적인 질문을 제기하게 되었다: 하나님은 바로의 억압으로부터 이스라엘을 구원하기에 충분히 강한 능력을 가지고 계신가?

1:1-7 이 단락은 창세기에 나오는 가족과 부족의 이야기에서 출애굽기에 나오는 이스라엘 민족사에로의 변천을 보여준다. **1:1-5** *이스라엘의 아들들의 이름.* 이 구절은 창 46:8-27에 나오는 구절들을 비슷하게 반복하고 있는데, 이 구절은 이집트로 이주해 간 야곱의 아들들을 기록한 인명록의 초본이다. 이 두 본문은 각각 야곱의 아들들의 수를 70명으로 헤아리고 있는데 (또한 신 10:22를 보라), 아마도 이것은 총체적인 숫자를 상징하는 것 같다 (또한 삿 8:30; 왕하 10:1을 보라). **1:6** *그 시대 사람들은 다 죽었다.* 이 표현은 대대로 내려오던 세대들이 문화와 민족적인 기억을 상실(삿 2:8-11을 보라)하여 단절되어 있는 상태를 강조하는 것이고, 이스라엘이 하나님을 잊었다는 것을 암시하는 것이다. 보다 명백하고 중대한 것은 새로 등극한 이집트 왕이 요셉을 잊어버렸다는 것이다. **1:7** 이집트에서 이스라엘 사람들의 현저한 수적 증가는 자손들에 대한 하나님의 약속을 상기시키며, 이스라엘의 국가 형성의 전조가 된다. *번성하여 그 수가 불어나고 세력도 커졌으며 마침내 그 땅에 가득 퍼졌다.* 이 구절은 모든 인류의 시작을 알리는 창 1:28에서 최초의 인류를 창조할 때 사용되었던 언어를 되풀이하는 것이다.

1:8-21 이스라엘의 수적 팽창에 대한 바로의 반응이 이 단락의 중심주제로 되어 있다. 두 이야기로 그가 몹시 두려워하는 것과 그가 취하는 행위가 어리석은 것임을 입증한다. **1:8-14** 바로는 이스라엘 사람들에게 강제노동을 부여함으로써 그들의 출생률을 줄이려고 시도한다. **1:8** 새로 등극한 바로가 요셉과 이스라엘 사람들을 잘 알지 못한다는 사실은 출애굽의 이야기를 전개시키는 데 절대적으로 중요하다. 과거의 바로들은 요셉이 분별력 있고, 현명하며, 하나님의 영이 함께

살펴서, 낳은 아기가 아들이거든 죽이고, 딸이거든
살려 두어라." 17 그러나 산파들은 하나님을 두
려워하였으므로, 이집트 왕이 그들에게 명령한
대로 하지 않고, 남자 아이들을 살려 두었다.
18 이집트 왕이 산파들을 불러들여, 그들을 꾸짖
었다. "어찌하여 일을 이렇게 하였느냐? 어찌하여
남자 아이들을 살려 두었느냐?" 19 산파들이 바로
에게 대답하였다. "히브리 여인들은 이집트 여인
들과 같지 않습니다. 그들은 기운이 좋아서, 산파가
그들에게 이르기도 전에 아기를 낳아 버립니다."
20 그래서 하나님이 산파들에게 은혜를 베풀어
주셨으며, 이스라엘 백성은 크게 불어났고, 매우
강해졌다. 21 하나님은 산파들이 하나님을 두려워
하는 것을 보시고, 그들의 집안을 번성하게 하셨다.
22 마침내 바로는 모든 백성에게 명령을 내렸다.
"갓 태어난 ㄱ)히브리 남자 아이는 모두 강물에
던지고, 여자 아이들만 살려 두어라."

모세의 탄생

2 1 레위 가문의 한 남자가 레위 가문의 한 여자
를 아내로 맞이하였다. 2 그 여자가 임신을 하
여 아들을 낳았는데, 그 아이가 하도 잘 생겨서,
남이 모르게 석 달 동안이나 길렀다. 3 그러나
더 이상 숨길 수가 없어서, 갈대 상자를 구하여다가
역청과 송진을 바르고, 아이를 거기에 담아 강가의
갈대 사이에 놓아 두었다. 4 그 아이의 누이가
멀찍이 서서, 아이가 어떻게 되는지를 지켜 보고
있었다.

5 마침 바로의 딸이 목욕을 하려고 강으로 내
려왔다. 시녀들이 강가를 거닐고 있을 때에, 공주
가 갈대 숲 속에 있는 상자를 보고, 시녀 한 명을
보내서 그것을 가져 오게 하였다. 6 열어 보니,
거기에 남자 아이가 울고 있었다. 공주가 그 아이를
불쌍히 여기면서 말하였다. "이 아이는 틀림없이
히브리 사람의 아이로구나." 7 그 때에 그 아이의
누이가 나서서 바로의 딸에게 말하였다. "제가
가서, 히브리 여인 가운데서 아기에게 젖을 먹일
유모를 데려다 드릴까요?" 8 바로의 딸이 대답
하였다. "그래, 어서 데려오너라." 그 소녀가 가서,
그 아이의 어머니를 불러 왔다. 9 바로의 딸이
그에게 말하였다. "이 아이를 데리고 가서, 나를
대신하여 젖을 먹여 다오. 그렇게 하면, 내가 너
에게 삯을 주겠다." 그래서 그 여인은 그 아이를
데리고 가서 젖을 먹였다. 10 그 아이가 다 자란
다음에, 그 여인이 그 아이를 바로의 딸에게 데려다
주니, 공주는 이 아이를 양자로 삼았다. 공주는
"내가 그를 물에서 ㄴ)건졌다" 하면서, 그의 이름을
ㄷ)모세라고 지었다.

ㄱ) 사마리아 오경과 칠십인역과 타르굼을 따름. 히, '모든 남자 아이'
ㄴ) 히, '마샤' ㄷ) 히, '모세'

하는 사람이라는 것을 알았으며 (창 41:37-40), 그와 그의 민족에게 친절을 베풀었다. 새로운 왕의 이러한 지식 부족이 이스라엘을 억압하는데 만반의 태세를 갖추게 만든다. **1:9-10** 자기를 파괴하는 첫 행위로, 새 바로 왕은 *신중히 대처하기*로 결정하는데, 신중히 대처한다는 용어는 부정적인 의미를 함축하는 "지혜"에 해당하는 한 형태이다 (예를 들어, 전 7:16, "너무 슬기롭게 살지도 말아라. 왜 스스로를 망치려 하는가?"). **1:11-12** 이스라엘 사람들이 노예가 됨으로써, 하나님께서 아브라함에게 하신 예언이 성취된다 (창 15:13). *비돔과 라암셋.* 이 곳은 델타 지역에 있는 도시들로, 바로 왕 세티 1세(기원전 1308-1290년)와 라암셋 2세(기원전 1290-1224년)를 포함하여, 열아홉 번째 왕조와 관련되어 있다. 얄궂게도, 억압이 오히려 이스라엘 사람들의 출생률을 증가시키는 결과를 초래해서 이집트 사람들은 이스라엘 사람들을 *몹시 싫어하게* 되었다. (개역개정은 "몹시 싫어하게" 되었다는 동사를 "근심하여"로 번역했고; 공동번역은 "두려워한 나머지" 라고 번역했고; NRSV는 "매우 두려워했다"고 번역했음.) 여기에 사용된 동사는 전쟁과 관련해서 생겨나는 두려움과 유사한 것이다 (민 22:2-3; 사 7:16). **1:13-14** 후기 저자의 관점에서 보면, 노예들을 혹독하게 다루는 것은 유대 율법을 위반하는 것이며 (레 25:43, 46, 53), 그러므로 이스라엘에 대한 억압은 처절한 것일 뿐만 아니라 법에 어긋나는 것이었다. **1:15-21** 바로는 이스라엘 백성의 인구를 조절하기 위하여 노역에서 대량 학살로 박해를 강화한다. **1:15-16** *십브라와 부아.* 히브리 산파인 이들은 새로 태어나는 모든 히브리 아들을 죽이도록 지시를 받는다. *히브리.* 히브리라는 용어는 이방 사람들이 이스라엘 백성을 언급할 때 그들의 노예상태를 지적하기 위해서 가장 빈번하게 사용하던 용어이다 (창 39:14, 17; 삼상 4:6, 9; 14:11, 21). 산파들이 히브리 사람들인지, 아니면 이집트 사람들인지는 본문에서 분명하게 밝혀져 있지 않다. 그들의 민족적 정체가 무엇이든지 간에, 두 여인은 바로 왕의 명령을 뒤엎어버리는데 영웅적인 역할을 한다. **1:17-19** 산파들의 이야기는 시민 불복종에 관한 이야기이며, *하나님에 대한 두려움*을 바로 왕의 전제적 명령에 대항시킨다. 그들은 두 가지 방법으로 바로 왕에 항거한다: (1) 그들은 거짓말을 한다; (2) 그들은 히브리 여인들이 *기운이 좋아서* 산파가 도착하기 전에 아이를 낳는다고 진술함으로써, 이스라엘

모세가 미디안으로 피하다

11 세월이 지나, 모세가 어른이 되었다. 어느 날 그는 왕궁 바깥으로 나가 동족에게로 갔다가, 그들이 고되게 노동하는 것을 보았다. 그 때에 그는 동족인 히브리 사람이 이집트 사람에게 매를 맞는 것을 보고, 12 좌우를 살펴서 사람이 없는 것을 확인하고, 그 이집트 사람을 쳐죽여서 모래 속에 묻어 버렸다. 13 이튿날 그가 다시 나가서 보니, 히브리 사람 둘이 서로 싸우고 있었다. 그래서 그는 잘못한 사람에게 말하였다. "당신은 왜 동족을 때리오?" 14 그러자 그 사람은 대들었다. "누가 당신을 우리의 지도자와 재판관으로 세웠단 말이오? 당신이 이집트 사람을 죽이더니, 이제는 나도 죽일 작정이오?" 모세는 일이 탄로난 것을 알고 두려워하였다. 15 바로가 이 일을 전하여 듣고, 모세를 죽이려고 찾았다. 모세는 바로를 피하여 미디안 땅으로 도망 쳐서, 거기에서 머물렀다.

어느 날 그가 우물가에 앉아 있을 때이다. 16 미디안 제사장에게 일곱 딸이 있었는데, 그 딸들이 그리로 와서 물을 길어 구유에 부으며, 아버지의 양 떼에게 물을 먹이려고 하였다. 17 그런데 목자들이 나타나서, 그들을 쫓아 버렸다. 그래서 모세가 일어나서, 그 딸들을 도와 양 떼에게 물을 먹였다. 18 그들이 아버지 르우엘에게 돌아갔을 때에, 아버지가 그들에게 물었다. "너희가 오늘은 어떻게 이렇게 일찍 돌아왔느냐?" 19 그들이 대답하였다. "어떤 이집트 사람이 목자들의 손에서 우리를 구하여 주고, 우리를 도와서 물까지 길어, 양 떼에게 먹였습니다." 20 아버지가 딸들에게 말하였다. "그 사람이 어디에 있느냐? 그런 사람을 그대로 두고 오다니, 어찌 그럴 수가 있느냐? 그를 불러다가 음식을 대접해라." 21 ㄱ)르우엘은, 모세가 기꺼이 자기와 함께 살겠다고 하므로, 자기 딸 십보라를 모세와 결혼하게 하였다. 22 십보라가 아들을 낳으니, 모세는 "내가 낯선 땅에서 ㄴ)나그네가 되었구나!" 하면서, 아들의 이름을 게르솜이라고 지었다.

23 세월이 많이 흘러서, 이집트의 왕이 죽었다. 이스라엘 자손이 고된 일 때문에 탄식하며 부르짖으니, 고된 일 때문에 부르짖는 소리가 하나님께 이르렀다. 24 하나님이 그들의 탄식하는 소리를 들으시고, 아브라함과 이삭과 야곱에게 세우신 언약을 기억하시고, 25 이스라엘 자손의 종살이를 보시고, 그들의 처지를 생각하셨다.

ㄱ) 모세의 장인은 민 10:29 및 삿 1:16과 4:11에서는 호밥이고; 출 2:21에서는 르우엘이고; 출 18장에서는 이드로이다
ㄴ) 히, '게르'

사람들의 수적 팽창에 대한 바로 왕의 공포심을 이용한다. **1:20-21** 히브리어로 "엘로힘"으로 호칭되는 하나님께서 처음으로 이야기에 등장해서 그들의 시민 불복종에 대하여 상급을 주신다.

1:22—2:22 이스라엘 백성의 번성과 바로 왕의 억압의 주제는 계속되지만, 이야기는 이제 모세의 출생(2:2)으로 시작해서 그의 아들 게르솜의 출생(2:22)으로 끝나는, 이스라엘의 단일 가족에 렌즈의 초점을 맞춘다.

1:22—2:10 모세의 출생 이야기는 고대 근동에서 널리 알려져 있던 *사르곤의* 전설과 유사한 점이 있는데, 그 전설에서도 한 영웅이 버려져서 물 위에 떠내려가다가 양자로 입양된다. **2:2** 레위 여인은 자신의 갓난아이가 *잘 생겼다는* 것을 안다. "잘 생겼다" 라는 것은 문자 그대로 "그가 우량하다"는 것을 의미한다. 이 구절은 건강한 상태를 언급하지만, 이것은 또한 창 1장을 상기시키는 것으로 보인다. 창 1장에서 보면, 일곱 번에 걸쳐 창조의 선함이 "하나님 보시기에 좋았더라" 라는 표현으로 확증된다. 모세는 최초의 창조처럼, "좋은 것"으로 되어 있다. **2:3** 역청과 송진으로 처리된 *갈대 상자*는 노아의 방주를 위해서 사용된 것과 동일한 히브리 단어 *테바트*에서 파생된 것인데 (창 6:14), 이것은 강물에서 아기가 당한 시련 속에 노아가 홍수를 통해 당한 시련의 뜻이 함축되어 있는 것이다. **2:4** *아이의 누이.* 누이의 이름이 여기서는 언급되어 있지 않았지만, 족보를 통해서 미리암으로 알려지게 된다 (민 26:59). **2:5-6** 바로 왕의 딸은 아기를 발견하고 그를 *불쌍히* 여기고 구해내기를 원한다. **2:7-9** 모세의 누이는 바로의 딸과 교섭하여 모세의 어머니가 아이 모세에게 젖을 먹여 기르도록 한다. 삯을 주겠다는 제의는 이 이야기에서 뜻밖으로 진전되는 것이다. 어머니가 살해되었어야 할 자신의 아들을 보살피는 것에 대한 삯을 받는다는 것은 아이러니컬한 것이다. 그러나 노동을 제공하고 임금을 받는 것은 또 다른 시민 불복종의 실례라고 하겠는데, 여기서 여인들은 바로 왕에게 저항하는 세력의 모델이 된다. **2:10** *모세.* 모세라는 이름은 이집트어로 "태어나다" 및 "아들"에 해당하는 단어에서 파생되었다. 그러므로 *공주는 이 아이를 양자로 삼았다. 공주는…그의 이름을 모세라고 지었다* 라고 하는 구절은 "아들"이라는 단어를 언어기법으로 사용한 것인데, 이것은 양자로 입양한 것을 암시한다. 모세라는 이름의 두 번째 어원은 "건지다" 라는 의미를 가진 히브리 동사 *마샤*를 써서 이 아이가 "강물로부터 구출"된 사실과 연결된다.

하나님이 모세를 부르시다

3 1 모세는 미디안 제사장인 ㄱ)그의 장인 이드로
의 양 떼를 치는 목자가 되었다. 그가 양 떼를
몰고 광야를 지나서 하나님의 산 호렙으로 갔을
때에, 2 거기에서 주님의 천사가 떨기 가운데서
이는 불꽃으로 그에게 나타났다. 그가 보니, 떨기에
불이 붙는데도, 그 떨기가 타서 없어지지 않았다.
3 모세는, 이 놀라운 광경을 좀 더 자세히 보고,
어째서 그 떨기가 불에 타지 않는지를 알아 보아야
하겠다고 생각하였다. 4 모세가 그것을 보려고
오는 것을 보시고, 하나님이 떨기 가운데서 "모세야,
모세야!" 하고 그를 부르셨다. 모세가 대답하였다.
"예, 제가 여기에 있습니다." 5 하나님이 말씀하
셨다. "이리로 가까이 오지 말아라. 네가 서 있는
곳은 거룩한 땅이니, 너는 신을 벗어라." 6 하나
님이 또 말씀하셨다. "나는 너의 조상의 하나님,
곧 아브라함의 하나님, 이삭의 하나님, 야곱의
하나님이다." 모세는 하나님을 뵙기가 두려워서,
얼굴을 가렸다.

7 주님께서 다시 말씀하셨다. "나는 이집트
에 있는 나의 백성이 고통받는 것을 똑똑히 보았
고, 또 억압 때문에 괴로워서 부르짖는 소리를 들
었다. 그러므로 나는 그들의 고난을 분명히 안다.
8 이제 내가 내려가서 이집트 사람의 손아귀에서
그들을 구하여, 이 땅으로부터 저 아름답고 넓은
땅, 젖과 꿀이 흐르는 땅, 곧 가나안 사람과 헷 사
람과 아모리 사람과 브리스 사람과 히위 사람과
여부스 사람이 사는 곳으로 데려 가려고 한다.
9 지금도 이스라엘 자손이 부르짖는 소리가 나에게
들린다. 이집트 사람들이 그들을 학대하는 것도
보인다. 10 이제 나는 너를 바로에게 보내어, 나의
백성 이스라엘 자손을 이집트에서 이끌어 내게
하겠다." 11 모세가 하나님께 아뢰었다. "제가
무엇이라고, 감히 바로에게 가서, 이스라엘 자손을
이집트에서 이끌어 내겠습니까?" 12 하나님이
대답하셨다. "내가 너와 함께 있겠다. 네가 이 백
성을 이집트에서 이끌어 낸 다음에, 너희가 이 산
위에서 하나님을 예배하게 될 때에, 그것이 바로
내가 너를 보냈다는 징표가 될 것이다."

13 모세가 하나님께 아뢰었다. "제가 이스라엘
자손에게 가서 '너희 조상의 하나님께서 나를 너희
에게 보내셨다' 하고 말하면, 그들이 저에게 '그의
이름이 무엇이냐?' 하고 물을 터인데, 제가 그들에
게 무엇이라고 대답해야 합니까?" 14 하나님이

ㄱ) 모세의 장인은 민 10:29 및 삿 1:16과 4:11에서는 호밥이고; 출 2:21에서는 르우엘이고; 출 18장에서는 이드로이다

2:11-15a 모세의 성인시절에 관한 첫 이야기는 실패한 지도력과 폭력에 관한 이야기이다. **2:11-12** 모세는 자신을 이스라엘 사람들과 동일시한다. 두 번에 걸쳐서 히브리 사람들이 모세 자신의 동족으로 묘사된다. 그는 이집트 사람이 히브리 노예를 매질하는 것(*나카*)을 보고 복수로 그 이집트인을 쳐죽인다 (*나카*). 나카, 즉 매질하는 것은 극악한 폭력을 뜻하는 동사로, 종종 치명적 타격을 가하는 것을 의미한다. **2:13-14a** 두 번째 일화에서, 모세는 두 히브리 사람들이 서로 싸우는 것을 목격하고 다시 과감하게 말을 한다. *당신은 왜 동족을 때리오?* 이 질문은 11-12절에서처럼 "살인"을 뜻하는 것과 동일한 히브리 단어를 사용한 것이다. 모세에 대한 이 히브리 사람의 반응에 강조점이 주어진다. 그는 모세의 권위에 대해 질문하고 그를 살인자로 간주한다. **2:14b-15a** 폭력은 폭력을 낳는다. 바로는 모세의 살인행위에 대한 소식을 듣고 그를 죽이려고 한다.

2:15b-21 모세는 미디안으로 도주하여 우물가에서 휴식을 취한다. **2:17** 목자들이 미디안 제사장의 일곱 딸을 쫓아버리고 (히브리어, *가라쉬*), 그들이 짐승들에게 물을 주는 일을 방해할 때, 모세는 또 다른 하나의 억압 행위를 목격하게 된다. 이번에 모세는 구출자로 행세하며, 여자들에게 물을 길어주는데, 이런 행위는 그의 이름으로부터 나온 한 파생어를 암시해 주는 것이다. 여기서 "물을 길어주는" 것에 해당하는 동사는 히브리어에서 모세라는 이름과 유사하다. **2:18-20** 미리암의 제사장 르우엘은 모세를 친절히 접대하는데, 르우엘이라는 이름은 "하나님의 친구"를 의미한다. 르우엘은 "목자"에 해당하는 히브리 단어와 유사하며, 17절에 나오는 목자들의 행위와 현저한 차이를 암시하고, 그런 차이점을 보여준다. 모세를 "살인자" 라고 불렀던 히브리 남자와는 대조적으로, 르우엘의 딸들은 모세의 행위를 구출 행위로 기술하고, 그를 히브리 사람이 아니라 이집트 사람으로 간주한다. 모세가 취한 구조 혹은 구출 행위는 폭력이 아니라 환영의 행위를 수반한다.

특별 주석

"르우엘"은 또한 출 3:1; 4:18; 18:1과 민 10:29에서 "이드로"로 불린다. 그는 민 10:29와 삿 4:11에서는 "호밥"으로 불린다. 성서학자들은 이것과 더불어 다른 미묘한 차이점들(예를 들어, 산들을 호칭하는 두 이름, 즉 출 10—20장; 신 33:2; 삿 5:5에 나오는 "호렙 산"과 "시내 산")을 사용해서 출애굽기와 오경의 다른 책들의 배후에 깔린 문서자료들(야웨-엘로힘문서, 제사문서)을 가려낸다.

모세에게 대답하셨다. "ㄱ)나는 곧 나다. 너는 이스라엘 자손에게 이르기를, '나'라고 하는 분이 너를 그들에게 보냈다고 하여라." 15 하나님이 다시 모세에게 말씀하셨다. "너는 이스라엘 자손에게 이르기를 'ㄴ)여호와, 너희 조상의 하나님, 곧 아브라함의 하나님, 이삭의 하나님, 야곱의 하나님이 나를 너희에게 보내셨다' 하여라. 이것이 영원한 나의 이름이며, 이것이 바로 너희가 대대로 기억할 나의 이름이다.

16 가서 이스라엘의 장로들을 모아 놓고, 그들에게 일러라. '주 너희 조상의 하나님 곧 아브라함과 이삭과 야곱의 하나님이 나에게 나타나셔서 말씀하셨다' 하고 말하면서 이렇게 전하여라. '내가 너희의 처지를 생각한다. 너희가 이집트에서 겪는 일을 똑똑히 보았으니, 17 이집트에서 고난 받는 너희를 내가 이끌어 내어, 가나안 사람과 헷 사람과 아모리 사람과 브리스 사람과 히위 사람과 여부스 사람이 사는 땅 곧 젖과 꿀이 흐르는 땅으로 올라가기로 작정하였다' 하여라. 18 그러면 그들이 너의 말을 들을 것이다. 또 너는 이스라엘의 장로들을 데리고 이집트의 임금에게 가서 '히브리 사람의 주 하나님이 우리에게 나타나셨으니, 이제 우리가 광야로 사흘길을 걸어가서, 주 우리의 하나님께 제사를 드려야 하니, 허락하여 주십시오' 하고 요구하여라. 19 그러나 내가 이집트의 왕을 ㄷ)강한 손으로 치지 않는 동안에는, 그가 너희를 내보내지 않을 것이라는 것을 나는 안다. 20 그러므로 나는 손수 온갖 이적으로 이집트를 치겠다. 그렇게 한 다음에야, 그가 너희를 내보낼 것이다. 21 나는 이집트 사람이 나의 백성에게 은혜를 베풀게 하여, 너희가 떠날 때에 빈 손으로 떠나지 않게 하겠다. 22 여인들은 각각, 이웃에 살거나 자기 집에 함께 사는 이집트 여인들에게서 은붙이와 금붙이와 의복을 달라고 하여, 그것으로 너희 아들딸들을 치장하여라. 너희는 이렇게 이집트 사람의 물건을 빼앗아 가지고 떠나갈 것이다."

ㄱ) 칠십인역에는 '나는 스스로 있는 자다' 히, '나는 되고자 하는 대로 될 나일 것이다' ㄴ) '여호와'라고 번역한 히브리어는, 14절의 '나는……이다(또는 있다)'와 발음이 비슷하고, 뜻에 있어서도 서로 관련이 있음. 6:3의 주를 볼 것 ㄷ) 히, '전능한 손이 강제로 시키지 않고서는'

2:21-22 이 이야기는 모세가 *십보라와* 결혼하고 그들의 아들 *게르솜이* 태어나는 것으로 결론을 맺는다. 게르솜이라는 이름은 두 가지로 해석될 수 있다는 점에서 모세의 이름과 같이 애매모호하다. *게르솜은* "쫓아버리다" 라는 뜻이 있는 *가라쉬* 라는 히브리 단어를 재치 있는 말로 바꾸어 표현한 것인데, 목자들이 르우엘의 딸들에게 했던 행위를 묘사하는데 쓰였던 것(17절)과 동일한 단어이다. 다른 한편으로 이 이름은 미디안에서 *나그네* 혹은 *게르*로 살았던 모세의 신세로부터 파생된 것일 수도 있다. **2:23-25** 첫 단락은 인간들이 탄식하며 부르짖는 것을 살피면서 끝난다. **2:23** 바로 왕은 죽지만, 이스라엘의 노예생활은 계속되어 이스라엘로 하여금 *탄식하며 부르짖게* 된다 (잠 29:2를 보라). 도움을 구할 때에는 하나님께 부르짖는 것이 보통인데 (삿 3:9, 15; 시 22:6), 23절의 부르짖음은 어느 누구에게도 향하지 않기 때문에, 이스라엘 백성이 하나님을 알지 못하는 것처럼 보인다. 이 백성은 단순히 탄식하여 부르짖는다. 하지만 도움을 바라는 그들의 부르짖음은 하나님께 상달된다. **2:24** 하나님의 움직이심에 대한 느닷없는 언급은 앞에 나오는 이야기에서 보여준 하나님의 부재와 대조를 이룬다. 하나님은 이스라엘 백성의 부르짖음을 듣고, 그들을 기억하고, 목격하고, 알아차리시는데, 이것은 하나님께서 조상들과 맺은 과거의 언약 때문이다 (창 17장).

3:1—7:7 주 하나님은 처음에 하나님의 산에서 모세로 하여금 광야에서 이스라엘의 지도자가 되도록 위임하셨다 (3:1—4:31). 본 단락의 중간 부분은 모세가 바로와 가진 첫 대결에서 실패한 것을 기술하는데, 이것은 이스라엘 사람들에 대한 억압을 가중시키는 결과를 초래했다 (5:1—6:1). 해방이 아니라 가중된 억압은 결과적으로 이집트에서 모세를 두 번째로 위임하게 된다 (6:2—7:7). 광야(3:1—4:30)와 이집트(6:2—7:7)에서 모세에게 주어진 하나님의 두 번째 위임은 모세가 이스라엘을 해방시키려다가 실패한 첫 번째 위임의 내용과 같은 것이다 (5:1—6:1). 두 번째 위임은 첫 번째와 내용이 비슷한데, 모세의 소명과 주 하나님(야웨)이라는 칭호에 대한 계시와 성공적 지도력을 위해서 모세가 갖춰야 할 능력과 도움에 대하여 논의한다.

3:1—4:31 광야에서 있었던 모세의 위임에는 다음과 같은 내용들이 포함되어 있다. 하나님의 산에서 모세가 들은 첫 소명 (3:1-12), 하나님의 이름의 계시 (3:12-22), 이스라엘 사람들에게 모세를 인증하기 위해 그에게 능력을 갖춰준 사실 (4:1-17), 그리고 모세와 아론의 이집트 여정이다 (4:18-31).

3:1-12 모세의 소명은 하나님이 사명을 주시고 (10절), 모세가 항변하고 (11절), 하나님이 확신시켜 주는 것이 포함되어 있다 (12절). 이것은 기드온 (삿 6:11-18), 이사야 (사 6:1-13), 예레미야(렘 1:4-10)와 같은 이상적인 인물들이 소명을 받는 것과 유사하다. **3:1** 산에서 하나님께서 계시되는 것은 구약성경에 흔히 있는 일이며, 종종 성전들과 관련되어 있다 (예를 들어, 민 10:33; 삿 5:4-5; 시 48편; 68:8-11; 또한 146쪽 추가 설명: "성전"을 보라). *하나님의 산 호렙은* 또한 신 4:10, 15; 5:2에서 보면, 하나님께서 인간들에게 모습

하나님이 모세에게 능력을 주시다

4 1 그러나 모세는 이렇게 말씀을 드렸다. "그
들이 저를 믿지 않고, 저의 말을 듣지 않고,
주님께서는 너에게 나타나지 않으셨다' 하면 어찌
합니까?" 2 주님께서 그에게 물으셨다. "네가
손에 가지고 있는 것이 무엇이냐?" 모세가 대답
하였다. "지팡이입니다." 3 주님께서 말씀하셨
다. "그것을 땅에 던져 보아라." 모세가 지팡이를
땅에 던지니, 그것이 뱀이 되었다. 모세가 그 앞
에서 피하니, 4 주님께서 모세에게 말씀하셨다.
"너의 손을 내밀어서 그 꼬리를 잡아라." 모세가
손을 내밀어서 꼬리를 잡으니, 그것이 그의 손에서
도로 지팡이가 되었다. 5 주님께서 말씀하셨다.
"네가 이렇게 해서 이적을 보여 주면, 주 너희
조상의 하나님, 곧 아브라함의 하나님, 이삭의
하나님, 야곱의 하나님이 너에게 나타난 것을 믿을
것이다."
6 주님께서 또 그에게 말씀하셨다. "너의 손
을 품에 넣어 보아라." 그래서 모세가 손을 품에
넣었다가 꺼내어서 보니, 그 손에 악성 피부병이
들어서, 마치 흰 눈이 덮인 것 같았다. 7 주님께서
"너의 손을 품에 다시 넣어 보아라" 하고 말씀
하셨다. 그가 손을 다시 품에 넣었다가 꺼내어서
보니, 손의 살이 본래대로 돌아와 있었다. 8 "그
들이 네가 하는 말도 믿지 않고, 첫 번째 이적의
ㄱ)표징도 받아들이지 않더라도, 두 번째 이적의
ㄴ)표징은 믿을 것이다. 9 그들이 이 두 이적도 믿지
않고, 너의 말도 믿지 않으면, 너는 나일 강에서
물을 퍼다가 마른 땅에 부어라. 그러면 나일 강에서
퍼온 물이, 마른 땅에서 피가 될 것이다."
10 모세가 주님께 아뢰었다. "주님, 죄송
합니다. 저는 본래 말재주가 없는 사람입니다.
전에도 그랬고, 주님께서 이 종에게 말씀을 하고
계시는 지금도 그러합니다. 저는 입이 둔하고 혀
가 무딘 사람입니다." 11 주님께서 그에게 말씀
하셨다. "누가 사람의 입을 지었느냐? 누가 말 못
하는 이를 만들고 듣지 못하는 이를 만들며, 누가
앞을 볼 수 있는 사람이 되게 하거나 앞 못 보는
사람이 되게 하느냐? 바로 나 주가 아니더냐?
12 그러니 가거라. 네가 말하는 것을 내가 돕겠다.
네가 할 말을 할 수 있도록, 내가 너에게 가르쳐 주
겠다." 13 모세가 머뭇거리며 "주님, 죄송합니
다. 제발 보낼 만한 사람을 보내시기 바랍니다" 하
고 말씀드리니, 14 주님께서 모세에게 크게 노
하시어 말씀하셨다. "레위 사람인 너의 형 아론
이 있지 않느냐? 나는 그가 말을 잘 하는 줄 안
다. 그가 지금 너를 만나러 온다. 그가 너를 보
면 참으로 기뻐할 것이다. 15 너는 그에게 말
하여 주어라. 네가 할 말을 그에게 일러주어라. 네

ㄱ) 히, '소리를 듣지 않는다' ㄴ) 히, '소리는'

을 드러내시는 산이다 (이것을 신의 현현이라고 불린다). **3:2** *주님의 천사.* 천사는 하나님(주님)을 대신하여 행동한다. 땅에서 주님의 천사는 이스라엘을 위해 거룩한 전쟁을 치른다 (출 23:20; 삿 2:1-17); 광야에서, 주님의 천사는 백성을 구원하고 (하갈, 창 16:7-17) 인도한다. *떨기*(히브리어, *세네*)는 이 계시의 산의 두 번째 이름인 "시내"와 발음이 유사하다. **3:3-6** 불은 인간들에게 나타나는 하나님의 계시가 지닌 현저한 특징이다 (19:18). 모세가 불 가운데서 하나님을 알아보지 못한 것은 그가 하나님을 알지 못한다는 증거이다. 하나님은 *조상의 하나님*으로 자신의 신분을 밝히시고, 선조의 이름들을, 즉 아브라함, 이삭, 그리고 야곱을 추가함으로써 이것을 분명히 한다. 하나님의 존재를 깨달은 모세는 불을 보기 두려워하는데, 이것은 하나님의 계시에 대한 합당한 반응이다 (창 16:13; 32:30; 왕상 19:13; 사 6:5). **3:7-9** 젖과 꿀은 이 땅의 풍부한 자원을 상징한다 (민 13:27). 여기에 상투적으로 열거된 민족들은 이 땅의 원주민들을 언급하는 것이다 (창 15:21; 민 13:29; 신 1:7). **3:10** 사명은 항상 직무 이행에 초점이 주어진다. **3:11** *제가 무엇이라고.* 모세가 제기하는 이의는 반은 히브리 사람이요, 반은 이집트 사람인 자신의 정체성 결핍에서 오는 것일지도 모른다. **3:12** 하나님께서 주시는 재확신, 즉 *내가 너와 함께 있겠다* 라고 하는 말씀은 위험부담의 분배를 뜻한다. 하지만, 이 재확신이 성공을 보증하지는 않는다. *징표*로서, 이것은 두 가지 측면에서 혼란을 가져온다. 전형적으로 위임을 받은 사람은 하나님의 위임을 확인하기 위해 하나님으로부터 징표를 요구한다 (삿 6:36-40). 여기서, 하나님께서 그 징표를 제시하신다. 두 번째 징표의 내용이 분명하지 않다. 그것은 불타는 떨기인가? 아니면 나중에 이스라엘 사람들이 시내 산에서 드릴 예배인가?

3:13-22 야웨라는 하나님의 이름에 대한 계시는 모세가 계속 이의를 제기하는데서 나타난다. **3:13** 모세의 첫 번째 이의 제기는 "제가 무엇이라고?" 라고 하는 자신의 정체성과 관련되어 있다면, 그의 두 번째 이의 제기는 하나님의 정체성과 관련되어 있다. 이스라엘 사람들이 *그의 이름이 무엇이냐?* 라고 질문할 것이다. 하나님의 이름을 소유하고 있는 이는 힘을 부여받는다 (창 32:22-32). **3:14-15** 계시된 하나님의 이름은 "존재하다" (*하와*) 라고 하는 히브리 동사의 초기 형태이며, 우리가 기대하는 것과는 달리, 명사 형태가 아니다.

가 말을 할 때에나 그가 말을 할 때에, 내가 너희를 둘 다 돕겠다. 너희가 하여야 할 말을 가르쳐 주겠다. 16 그가 너를 대신하여 백성에게 말을 할 것이다. 그는 너의 말을 대신 전달할 것이요, 너는 그에게 하나님 같이 될 것이다. 17 너는 이 지팡이를 손에 잡아라. 그리고 이것으로 이적을 행하여라."

모세가 이집트로 돌아가다

18 모세가 그의 장인 이드로에게 돌아가서 이렇게 말하였다. "저는 이제 떠나야겠습니다. 이집트에 있는 친족들에게로 돌아가서, 그들이 아직도 살아 있는지를 알아 보아야겠습니다." 이드로는 모세에게, 편안히 가라고 하면서 작별을 하였다. 19 주님께서 미디안에서 모세에게 말씀하셨다. "이집트로 돌아가거라. 너의 목숨을 노리던 사람들이 모두 죽었다." 20 그래서 모세는 아내와 아들들을 나귀 등에 태우고 이집트 땅으로 돌아갔다. 그 때에 모세는 손에 하나님의 지팡이를 들고 있었다.

21 주님께서 모세에게 말씀하셨다. "내가 너에게 이적을 행할 능력을 주었으니, 너는 이집트로 돌아가거든, 바로의 앞에서 그 모든 이적을 나타내 보여라. 그러나 나는 그가 고집을 부리게 하여 내 백성을 놓아 보내지 않게 하겠다. 22 너는 바로에게 말하여라. '나 주가 이렇게 말한다. 이스라엘은 나의 맏아들이다. 23 내가 너에게 나의 아들을 놓아 보내어 나를 예배하게 하라고 하였건만, 너는 그를 놓아 보내지 않았다. 그러므로 이제 내가 너의 맏아들을 죽게 하겠다.'"

24 모세가 길을 가다가 어떤 숙소에 머물러 있을 때에, 주님께서 찾아 오셔서 모세를 죽이려고 하셨다. 25 십보라가 부싯돌 칼을 가지고 제 아들의 포피를 잘라서 [ㄱ]모세의 [ㄴ]발에 대고, "당신은, 나에게 [ㄷ]피 남편입니다" 하고 말하였다. 26 그래서 주님께서 그를 놓아 주셨는데, 그 때에 십보라가 '피 남편'이라고 말한 것은 바로 이 할례 때문이다.

27 주님께서 아론에게, 광야로 가서 모세를 만나라고 말씀하시니, 그가 하나님의 산에 가서 모세를 만나서 입을 맞추어 문안하였다. 28 모세는, 주님께서 자기를 보내시면서 하신 모든 말씀과, 자기에게 명하신 이적들에 관한 모든 것을, 아론에게 말하여 주었다. 29 모세와 아론은 이집트로 가서, 이스라엘 자손의 모든 장로를 불러 모았다. 30 아론이 주님께서 모세에게 하신 모든 말씀을 그들에게 일러주고, 백성이 보는 앞에서 이적을 행하니, 31 백성이 그들을 믿었다. 그들은, 주님께서 이스라엘 자손을 굽어 살피시고 그들이 고통받는 것을 보셨다는 말을 듣고, 엎드려 주님께 경배하였다.

ㄱ) 히, '그의' ㄴ) '발'은 성기에 대한 완곡한 표현
ㄷ) 또는 '피를 흘려서 얻은 남편'

"나" 혹은 "나는 곧 나다" 라고 하는 표현은 하나님의 이름의 초점을 이스라엘을 위한 행동에 두는 것이지, 하나님의 독립적인 존재나 본질에 두지 않는 것이다. 새번역개정에서 "여호와"로 번역된 하나님의 이름인 야웨는 "나는 곧 나다" 동사의 3인칭 남성단수형이다. 이것은 "그는…이다" 혹은 "그는…일 것이다"로 번역될 수 있다. 야웨 이름을 부르는 것은 실제적으로 그가 어떠한 존재냐? 라는 질문을 제기하게 된다. 이러한 질문에 대한 해답을 얻자면, 독자는 출애굽기를 더 읽어 내려갈 필요가 있는데, 여기에 이스라엘에 대한 하나님의 장래 일들이 기록되어 있으며, 동사 형태의 하나님 이름의 내용을 제시한다: 야웨(하나님)는 구원자, 치유자, 언약 체결자 등일 것이다. 이 이름이 지닌 영구적인 특징은 이스라엘을 미래로 이끄시는 그들을 향한 하나님의 행위의 신실성을 나타낸다. 그러나 하나님 이름의 의미는 이 이름 자체에 대한 고찰을 통해서는 분별될 수 없다. **3:16-18** *이스라엘 장로들.* 이들은 모세가 광야에서 받은 첫 번째 사명위임에서 두드러진 역할을 하는데, 이 장로들은 이집트에서 있었던 모세의 두 번째 사명위임 (6:2—7:7) 때의 제사장들과 레위 사람들과 비교가 된다. 장로들에게 하나님의 일을 일러주라고 하는 명령은 4:29에서 성취된다. 또한 12:21; 18:12; 19:7; 24:1, 9, 14; 신 19:12; 21:2-3; 22:15; 31:9를 보라. **3:19-20** *하나님의 손.* 이 손은 하나님의 힘이라는 주제와 출애굽의 중추를 이루는 하나님과 바로 사이의 결투를 강조하는 것이다 (예를 들어, 신 5:15; 6:21; 7:8, 19). **3:21-22** 전쟁의 배경은 하나님께서 이스라엘 사람들이 이집트 사람들로부터 *은붙이와 금붙이와 의복을* 갈취해낼 것이라고 하나님께서 예견하실 때 더욱 강조된다. 11:2-3과 12:35-36을 보라. 이 주제는 또 한 번 언급되는데, 그것은 이스라엘이 이 은붙이와 금붙이로 우상을 만드는 데 사용할 때이다 (32:1-6).

4:1-17 하나님의 사명위임에 대하여 모세가 일련의 이의들을 제기하자 하나님은 모세에게 그가 사명을 수행하는데 필요한 대책으로 기적을 행할 수 있는 능력을 주시며 (1-9절), 그의 동료로 아론을 붙여주신다 (10-17절). 이스라엘 백성이 모세를 *믿는* 것이 본 장의

모세와 아론이 왕 앞에 서다

5 1 그 뒤에 모세와 아론이 바로에게 가서 말
하였다. "주 이스라엘의 하나님이 말씀하시기
를 '나의 백성을 보내라. 그들이 광야에서 나의 절
기를 지켜야 한다' 하셨습니다." 2 그러나 바로
는 이렇게 대답하였다. "그 주가 누구인데, 나더
러 그의 말을 듣고서, 이스라엘을 보내라는 것이
냐? 나는 주를 알지도 못하니, 이스라엘을 보내지
도 않겠다." 3 그들이 말하였다. "히브리 사람의
하나님이 우리에게 나타나셨습니다. 우리가 광야로
사흘길을 가서, 주 우리의 하나님께 제사를 드릴
수 있게 허락하여 주십시오. 그렇게 하지 않으면,
주님께서 무서운 질병이나 칼로 우리를 치실 것
입니다." 4 이집트의 왕은 그들에게 이렇게
대답하였다. "모세와 아론은 들어라. 너희는 어찌
하여 백성이 일을 하지 못하게 하느냐? 어서 물러
가서, 너희가 할 일이나 하여라." 5 바로가 말을
이었다. "그들이 이집트 땅의 백성보다도 더 불어
났다. 그런데도 너희는 그들이 하는 일을 중단
시키려 드는구나."
6 바로는 그 날로, 이스라엘 백성을 부리는 강
제노동 감독관들과 작업반장들에게 명령하였다.
7 "너희는 벽돌을 만드는 데 쓰는 짚을 더 이상
이전처럼 저 백성에게 대주지 말아라. 그들이 직접
가서 짚을 모아 오게 하여라. 8 그러나 벽돌
생산량은 이전과 같게 하여라. 만들어 내는 벽돌의
수가 줄어들어서는 안 된다. 그들이 게을러서,
그들의 하나님께 제사를 드리러 가게 해 달라고
하면서 떠든다. 9 그들에게는 더 힘겨운 일을
시키고, 그 일만 하게 하여서, 허튼 소리에 귀를
기울이지 못하게 하여라."
10 이스라엘 백성을 부리는 강제노동 감독관
들과 작업반장들이 나가서, 그들에게 이렇게
선포하였다. "바로께서 명령하시기를 '내가 너희
에게 더 이상 짚을 주지 않겠다. 11 너희는 가서,
너희가 쓸 짚을 직접 구해 와야 한다. 그렇다고 해
서 너희의 벽돌 생산량이 줄어들어서는 안 된다'
하셨다." 12 그래서 백성들은 온 이집트 땅에 흩
어져서, 짚 대신으로 쓸 곡초 그루터기를 모아 들
였다. 13 "너희는, 짚을 공급받을 때만큼 벽돌을
만들어 내야 한다." 감독관들은 이렇게 말하며 그

중심이다 (1, 5, 8-9, 31절; 또한 14:31: 19:9를 보라). 모세는 백성이 그를 신임할 것인지에 대하여 의심한다. 그러므로 하나님께서 주신 징표들은 그를 인증해 주는 것을 의미한다. 본 장은 이스라엘 백성이 모세를 신뢰하는 것으로 끝난다 (31절). **4:2-9** 하나님은 이스라엘 백성에게 모세를 인증하기 위하여 세 가지 징표를 주신다. (1) 하나님은 모세의 *지팡이에* 초자연적 능력을 주어, 이것이 *뱀으로* 둔갑하며 다시 지팡이로 돌아올 수 있게 하신다. 지팡이/뱀에 대한 하나님의 능력은 왕이 가지고 있는 힘을 상징하는 것일 수 있는데, 그 이유는 지팡이는 왕권을 지칭하며 뱀은 바로의 보호자이기 때문이다. (2) 모세의 손이 *악성 피부병을* 앓게 되다가 고침을 받는데, 아마도 이것은 죽음을 이기시는 하나님의 능력을 가리킬 것이다. (3) 모세는 나일 강의 물을 피로 바꾸는 능력을 부여받는데, 이것은 임박한 재앙들과 직접 연관되어 있다. **4:10** 모세의 마지막 이의 제기는 그가 대중 앞에서 말할 수 있는 말재주가 없다는 것이다. **4:11-12** 하나님은 자신의 창조적인 능력에 기초해서 답변하신다. 하나님은 말하는 능력과 다른 모든 인간의 감각들을 형성하신다. *네가 말하는 것을 내가 돕겠다* 라고 하나님께서 확신시켜 주시는 것은 3:14-15에 나오는 하나님 이름의 계시를 상기시켜 주는 것이다. 10-12절에 나오는 대화에 깔린 메시지는 모세라는 영웅의 경우에 있어서조차도 예언의 말씀은 하나님으로부터 기원되는 것이지 인간으로부터 나오는 것이 아니라고 하는 것이다. **4:13-17** *보낼 만한 사람을 보내시기 바랍니다.* 모세가 마지막으로 항변하자 하나님께서 아론을 사역에 동참시켜 주신다. 하나님은 모세의 입이기 때문에, 모세는 아론에게 하나님으로서의 역할을 하는 셈이다. 반면에, 아론은 모세의 대변인이 될 것이다.

4:18-31 하나님은 모세에게 사명을 주어 이집트 여정에 오르도록 재촉하신다. **4:18** 모세가 돌아가는 이유는 그의 친족들, 다시 말하면, 형제들의 안부를 점검하기 위한 것인데, 이 친족들은 아마도 히브리 사람들을 언급하는 것일 것이다. 그러므로 여기서 모세는 미디안 사람들과 이집트 사람들로부터 자신을 구분한다. **4:19-20** 모세에게 이집트로 돌아가라고 하는 하나님의 명령이 문맥상 맞지 않는 것 같이 보이지만, 이것은 이집트 왕의 죽음이 언급된 23a절과 연속성을 이룬다. **4:21-23** 모세에게 주어진 이전의 "징표들"이 이제 이적들로 기술되고 있는데, 이 단어는 모세와 마술사들의 지팡이들이 뱀으로 변하는 (7:3, 9) 처음 일화와 이집트의 장자들의 죽음(11:9-10)을 기술하는 일련의 재앙설화의 틀을 조성한다. 마음이 굳어진다고 하는 것은 하나님에 대한 저항을 의미하는 것으로, 이것은 바로가 이스라엘을 자유하게 하라는 하나님이나 모세의 요구를 듣지 않을 것이라고 하는 것을 가리킨다 (8:25-32에 관한 주석을 보라). 바로가 *고집을 부리게 하여* 라는 하나님의 예보는 아마도 이집트의 장자들의 죽음을 언급하는 것 같다. 왜냐하면 이스라엘이 하나님의 장자라고 하는 하나님의 주장이 이것에 뒤따라 나오기 때문이다. 장자로서 이스라엘의 위치는 하나님과 이스라엘 사이의 밀접한 관계와 모든 장자들에 대한 하나님의 권리주장을 의미하는 것이다 (13:1). **4:24-26** 하나님과

들을 몰아쳤다. 14 바로의 강제노동 감독관들은 자기들이 뽑아서 세운 이스라엘 자손의 작업반장들을 때리면서 "너희는 어찌하여, 어제도 오늘도, 벽돌 만드는 작업에서 너희가 맡은 일을 전처럼 다 하지 못하느냐?" 하고 다그쳤다.

15 이스라엘 자손의 작업반장들이 바로에게 가서 호소하였다. "어찌하여 저희 종들에게 이렇게 하십니까? 16 저희 종들은 짚도 공급받지 못한 채로 벽돌을 만들라고 강요받고 있습니다. 보십시오, 저희 종들이 이처럼 매를 맞았습니다. 잘못은 틀림없이 임금님의 백성에게 있습니다." 17 그러자 바로가 대답하였다. "이 게을러 터진 놈들아, 너희가 일하기가 싫으니까, 주께 제사를 드리러 가게 해 달라고 떠드는 것이 아니냐! 18 썩 물러가서 일이나 하여라. 너희에게 짚을 대주지 않겠다. 그러나 너희는 벽돌을, 맡은 수량대로 어김없이 만들어 내야 한다." 19 이스라엘 자손의 작업반장들은 매일 만들어야 하는 벽돌의 수를 줄일 수 없다는 말을 듣고서, 자기들이 곤경에 빠졌음을 알았다. 20 그들은 바로 앞에서 나오다가, 자기들을 만나려고 서 있는 모세와 아론과 마주쳤다. 21 그들은 이렇게 말하였다. "주님께서 당신들을 내려다 보시고 벌을 내리시면 좋겠소. 당신들 때문에 바로와 그의 신하들이 우리를 미워하고 있소. 당신들은 그들의 손에 우리를 죽일 수 있는 칼을 쥐어 준 셈이오."

모세가 주님께 호소하다

22 이 말을 듣고서, 모세는 주님께 돌아와서 호소하였다. "주님, 어찌하여 주님께서는 이 백성에게 이렇게 괴로움을 겪게 하십니까? 정말, 왜 저를 이 곳에 보내셨습니까? 23 제가 바로에게 가서 주님의 이름으로 말한 뒤로는, 그가 이 백성을 더욱 괴롭히고 있습니다. 그런데도 주님께서는 주님의 백성을 구하실 생각을 전혀 하지 않고 계십니다."

6 1 주님께서 모세에게 말씀하셨다. "이제 너는, 내가 바로에게 하는 일을 보게 될 것이다. 틀림없이 그는 강한 손에 밀려서, 그들을 내보내게 될 것이다. 강한 손에 밀려서야, 그들을 이 땅에서 내쫓다시피 할 것이다."

하나님이 모세를 부르시다

2 하나님이 모세에게 이렇게 말씀하셨다. "나는 '주'다. 3 나는 아브라함과 이삭과 야곱에게 ㄱ)'전능한 하나님'으로는 나타났으나, 그들에게 나의 이름을 ㄴ)'여호와'로는 알리지 않았다. 4 나는

ㄱ) 히, '엘 샤다이' ㄴ) 하나님의 이름을 표기한 히브리어 네 자음 글자를 유대교에서는 '아도나이 (주)' 또는 '엘로힘 (하나님)'으로 읽고, 같은 이름을 칠십인역과 신약에서는 '퀴리오스 (주)'로 부르고 있음. 16세기 이래 이 이름을 여호와로 부르기 시작하였으나 지금은 대다수의 번역이 오랜 전통을 따라 '주'로 부르고 있음

모세 가족 사이의 밀접한 관계가 이 이야기에서 피의 관계로 나타난다. **4:24** 밤중에 누가 하나님으로부터 습격을 받았는지 분명하지 않다. 모세의 아들 게르솜인가? 아니면 모세 자신인가? 어느 경우이든지, 이 습격은 아마도 장자에 대한 주님의 권리주장을 의미할 것이다. **4:25-26** *십보라는* 게르솜에게 할례를 행하고 피 묻은 포피로 하나님으로부터 오는 위험을 모면하게 된다. *발.* 이것은 성기를 넌지시 둘러말하는 표현이기도 하다. 십보라가 모세의 성기를 건드렸는지 혹은 상징적으로 하나님을 언급하고 있는지 알 수 없다. *당신은 나에게 피 남편입니다* 라고 하는 진술은 그녀가 취한 행위의 대상이 게르솜이 아님을 보여주는 것이다. 모세가 그녀의 행위의 대상이라면, 이 이야기는 장자들의 생명을 요구하는 하나님으로부터 그들을 구조하는 행위로써 할례를 이해하는 고대 사람들의 사고를 반영하는 것이며, 이 경우에 모세가 그 장자이다. 만일 하나님이 그녀의 행위의 대상이라면, 이 이야기는 하나님과 인간들 사이의 가족적 결속을 강조하는 것이 된다. 출애굽기의 문맥에서 보면, 이 이야기는 이집트 장자들의 죽음과 하나님의 죽음의 파괴자를 피하는 유월절 피의 능력을 예시하는 것이다. **4:27-31** 이 단락은 몇 가지 무엇을 할 것인지 미결사항으로 되어 있는 사건들을 한데 묶는다. *아론은* 광야에서 모세를 만나도록 지시받는다 (14절을 보라). 모세는 아론에게 그가 하나님과 만났음을 알린다 (15절). 아론은 모세에게 이스라엘 사람들에 대해서 말한다 (16절). 아론은 모세에게 주어진 이적들을 행한다 (여기서 모세가 이런 이적들을 행하도록 지시를 받았다; 17절을 참조). 그리고 마침내, 백성이 모세를 신뢰하게 된다 (1, 8-9절).

5:1—6:1 이 단락은 바로와의 첫 대결을 보여주는 것인데, 모세와 아론이 이스라엘을 자유하게 하는데 실패하고 (5:1-14), 이스라엘이 가중된 억압에 대하여 불만을 터뜨리고 (5:12-21), 모세가 하나님께 불평을 털어놓는 내용들을 포함한다 (5:22—6:1).

5:1-14 첫 대결에서 바로와 하나님이 맞붙는다. *주 이스라엘의 하나님이 말씀하시기를.* 이것은 예언자적 언어이며, 말하는 자가 이스라엘의 왕이나 백성에게 소식을 가져오는 예언자, 즉 하나님의 사자임을 나타낸다 (암 5:3-4를 보라). 예언자적 사자로서 모세를 이상적인 인물로 묘사하는 일은 출애굽 사건들 전체를 통해서 계속된다 (예를 들어, 7:17; 8:1; 9:4). **5:2** *나는 주를 알지도 못하니.* 이 바로의 건방진 반응은 자신이

또한, 그들이 한동안 나그네로 몸붙여 살던 가나안
땅을 그들에게 주기로 그들과 언약을 세웠는데,
5 이제 나는 이집트 사람이 종으로 부리는 이스
라엘 자손의 신음소리를 듣고, 내가 세운 언약을
생각한다. 6 그러므로 너는 이스라엘 자손에게
말하여라. '나는 주다. 나는 이집트 사람들이 너
희를 강제로 부리지 못하게 거기에서 너희를 이끌어
내고, 그 종살이에서 너희를 건지고, 나의 팔을
펴서 큰 심판을 내리면서, 너희를 구하여 내겠다.
7 그래서 너희를 나의 백성으로 삼고, 나는 너희의
하나님이 될 것이다. 그러면 너희는, 내가 주 곧
너희를 이집트 사람의 강제노동에서 이끌어 낸
너희의 하나님임을 알게 될 것이다. 8 내가,
아브라함과 이삭과 야곱에게 주기로 손을 들어 맹
세한 그 땅으로 너희를 데리고 가서, 그 땅을 너
희에게 주어, 너희의 소유가 되게 하겠다. 나는 주
다.'" 9 모세가 이스라엘 자손에게 이와 같이 전
하였으나, 그들은 무거운 노동에 지치고 기가 죽
어서, 모세의 말을 들으려고 하지 않았다.

10 주님께서 모세에게 이르셨다. 11 "너는
이집트의 왕 바로에게 가서, 이스라엘 자손을 그의
나라에서 내보내라고 하여라." 12 이에 모세가
주님께 아뢰었다. "이스라엘 자손도 저의 말을 듣지
않는데, 어찌 바로가 저의 말을 듣겠습니까? 저는
입이 둔하여 말을 할 줄 모릅니다."

13 주님께서는 모세와 아론에게 이스라엘 자
손을 이집트 땅에서 인도하여 내라고 명하셨는데,
이 사실을 이스라엘 자손에게도 알리고 이집트 왕
바로에게도 알리라고 모세와 아론에게 명하셨다.

모세와 아론의 족보

14 모세와 아론의 조상은 이러하다.

이스라엘의 맏아들 르우벤의 아들들은 하녹
과 발루와 헤스론과 갈미인데, 이들이 르우벤 가
문이다.

15 시므온의 아들들은 여무엘과 야민과 오핫
과 야긴과 소할과, 가나안 여자가 낳은 아들 사울인
데, 이들이 시므온 가문이다.

16 레위의 아들들의 이름은, 그 태어난 순서
대로, 게르손과 고핫과 므라리인데, 레위는 백삼
십칠 년을 살았다.

하나님보다 위라는 사실을 암시해 주는 것이다. **5:3** 모세와 아론은 하나님을 *히브리 사람의 하나님*이라고 불러 그를 노예들과 동일시하여 바로에게 응수한다 ("노예"로서의 "히브리" 사람에 관한 의미는 1:15-16에 관한 주석을 보라). **5:4-8** 바로는 이스라엘 백성의 인구팽창을 이집트를 위협하는 것으로 재천명하는데 (1:8-14를 보라), 이제는 이 위협이 심각해지고 있다. 이스라엘 사람들은 이제 *땅의 백성*보다 수가 더 많아지는데, 땅의 백성은 지주에 해당하는 전문어이며 여기서는 이집트 사람들을 일컫는 것이다. 바로는 이스라엘 백성으로 하여금 지푸라기를 구입해 벽돌을 만들되 노동 할당량은 줄이지 않도록 함으로써 그들에 대한 압제를 강화한다. **5:9** 가중된 노동은 모세와 아론의 메시지가 거짓이었다는 것을 증명하려는 의도가 있다. **5:10-14** 바로의 공식 선포는 *바로께서 명령하시기를*이라고 하는 예언자적 선언의 형식으로 선포된다. 이와 같은 언어 형식에 내포된 의미는 바로가 당시의 정세를, 우세에 있는 자신과 열세에 놓인 하나님 사이의 결투로 보지는 않는다 하더라도, 적어도 동등한 위치에 있는 자들 사이의 결투로 간주하고 있다는 것이다. 하나님은 바로를 아시지만, 바로는 하나님을 알지 못한다.

5:15-21 이 단락은 악화된 조건에 대하여 이스라엘 백성이 불평하는 것을 기술한다. **5:15-18** *이스라엘 자손의 작업반장들이 바로에게 가서 호소하였다* (*작업반장들이* 문자 그대로는 "서기관들인데," 개역개정은 "기록원들;" 공동번역은 "현장 감독들"). 이 표현은 2:23에 나오는 이스라엘의 첫 탄식을 상기시켜준다. 그러나 그들의 탄식은 이번에는 하나님이 아니라, 바로에게로 향하고 있다. 세 번에 걸쳐서 그들은 자신들을 바로의 종들로 묘사하고 (15-16절), 한 번은 바로의 *백성*으로 묘사하는데 (16절), 이것은 모세를 믿는 행위와 하나님께 예배드리는 행위를 갑자기 취소하는 것이다 (4:31). **5:19-21** 작업반장들은 모세와 아론의 행위를 심판할 것을 하나님께 호소하는데, 그들은 모세와 아론이 그들을 죽음의 위기에 몰아넣었다고 비난한다.

5:22—6:1 모세는 하나님께 돌아와서 자신의 불만을 털어놓는다. **5:22** 모세의 불만은 하나님이 하시는 일과 바로로부터 *괴로움을 겪게 한다* (히브리어, *라아*, "나쁘게 행동하다")는 말을 되풀이함으로써 하나님과 바로의 행위를 상호 연관시킨다. 하나님은 모세를 백성에게 보냄으로써 그들을 괴롭게 하였고, 바로로 하여금 가중된 노역을 통해 백성을 괴롭히게 하였다. 모세의 결론은 하나님이 그의 백성을 구하지 않았다는 것인데, 이것은 하나님의 약속을 부인하는 것이다 (3:8을 참조). **6:1** 하나님의 답변은 *강한* 손이라는 구절을 반복함으로써 또한 하나님과 바로의 행위를 연결시켜준다. 바로를 향한 하나님의 강한 손이 바로를 위협하여 *그 자신의 강한* 손으로 그의 땅으로부터 이스라엘을 내쫓도록 할 것이다. 바로나 이집트 사람들에 의한 "추방"(히브리어, *가라쉬*)의 행위로 인한 구원에 관하여, 11:1과 12:39를 보라. *가라쉬* 라는 단어는 또한 게르솜이라는 이름과 미디안에 있는 우물가에서 모세가 여인들을 구하도록 자극한 목자들의 행위를 상기시켜준다 (2:15b-17).

17 게르손의 아들들은 가문별로는 립니와 시
므이이다.
18 고핫의 아들들은 아므람과 이스할과 헤브
론과 웃시엘인데, 고핫은 백삼십삼 년을 살았다.
19 므라리의 아들들은 마흘리와 무시이다.
이들이 세대별로 본 레위 가문이다.
20 아므람은 자기의 고모 요게벳을 아내로 맞
아 아론과 모세를 낳았다. 아므람은 백삼십칠 년
을 살았다.
21 이스할의 아들들은 고라와 네벡과 시그리
이다.
22 웃시엘의 아들들은 미사엘과 엘사반과 시
드리이다.
23 아론은, 암미나답의 딸이요 나손의 누이
인 엘리세바와 결혼하여, 나답과 아비후와 엘르아
살과 이다말을 낳았다.
24 고라의 아들들은 앗실과 엘가나와 아비아
삽인데, 이들은 고라 가문이다.
25 아론의 아들 엘르아살은 부디엘의 한 딸
과 결혼하여, 비느하스를 낳았다. 이들이 다 가문
별로 본 레위 일가의 조상이다.
26 이스라엘 자손을 부대별로 편성하여 이집
트 땅에서 인도하여 내라는 주님의 분부를 받은
이들이, 바로 이들 아론과 모세이고, 27 이집트
의 왕 바로에게 가서 이스라엘 자손을 내보내 달
라고 말한 이들도, 바로 이들 모세와 아론이다.

모세와 아론에게 내린 주님의 명령

28 주님께서 이집트 땅에서 모세에게 말씀
하실 때이다. 29 주님께서 모세에게 이르시기를
"나는 주다. 너는 내가 너에게 하는 말을 모두 이
집트의 임금 바로에게 전하여라" 하셨다. 30 그
러나 모세는 주님께 이렇게 대답하였다. "보십시오,
저는 입이 둔하여 말을 할 줄 모릅니다. 바로가
어찌 저의 말을 듣겠습니까?"

7 1 주님께서 모세에게 말씀하셨다. "보아라,
나는, 네가 바로에게 하나님처럼 되게 하고, 너
의 형 아론이 너의 대언자가 되게 하겠다. 2 너는,
내가 너에게 명한 것을 너의 형 아론에게 말하여
주고, 아론은 그것을 바로에게 말하여, 이스라엘
자손을 그 땅에서 내보내 달라고 하여라. 3 그러나
나는, 바로가 고집을 부리게 하여 놓고서, 이집트
땅에서 표징과 이적을 많이 행하겠다. 4 바로가
너희의 말을 듣지 않을 때에, 나는 손을 들어 큰
재앙으로 이집트를 치고, 나의 군대요 나의 백성인
이스라엘 자손을 이집트 땅에서 인도하여 내겠다.
5 내가 손을 들어 이집트를 치고, 그들 가운데서
이스라엘 자손을 끌어 낼 때에, 이집트 사람들은
내가 주님임을 알게 될 것이다." 6 모세와 아론은
주님께서 자기들에게 명하신 대로 하였다. 7 그들
이 바로에게 말할 때에, 모세의 나이는 여든 살이
고, 아론의 나이는 여든세 살이었다.

6:2—7:7 이 단락에서는 하나님의 이름에 대하여 두 번째로 계시하고 (6:2-9), 모세의 족보와 더불어 그의 소명을 새롭게 하시고 (6:10-27), 이스라엘에 대한 모세의 지도력에 추가해서 명령한 것을 기록한다 (6:28—7:7).

6:2-9 야웨 (YHWH) 라는 하나님 이름의 계시는 3:13-22에 나오는 것을 반복하는 것인데, 이것은 두 저자가 이 구절들을 각각 기록했다는 것을 가리켜 주는 것이다. 6:2-9는 제사문서로부터 온 것이요, 3:13-22는 야웨문서나 야웨-엘로힘문서로부터 온 것이다 (서론을 보라). **6:2** *"나는 주다."* 이 진술이 세 번에 걸쳐 반복된다 (2, 6, 8절). 이것은 제의적인 형식의 문구이며, 하나님께서 자신을 창조주요 구원자로 소개하고 있음을 가리키는 것이다 (또한 사 41:4; 44:6을 보라). **6:3-4** 하나님께서 스스로 계시하신 이름은 창 17장에서 아브라함에게 계시된 바, *전능하신 하나님* (아마도 "산의 하나님" 혹은 "산의 봉우리"를 의미하는 *엘 샤다이*)으로부터 모세에게 나타나시고 여호와 (주) 라는 이름으로 나타난다. **6:5** 언약 의무에 대한 하나님의 회고는 2:23-25를 되풀이하며 창 17장을 상기시켜 준다. **6:6-8** 하나님은 다음과 같이 일곱 가지의 역사를 약속하시는데, 이 약속들은 약속된 땅을 소유하는 데서 절정에 이른다: (1) 이스라엘 사람들을 노역으로부터 자유하게 하는 것, (2) 그들을 노예생활에서 구출해내는 것, (3) 그들을 구속하는 것, (4) 이스라엘을 한 백성으로 택하는 것, (5) 그들의 하나님이 되는 것, (6) 이스라엘을 약속의 땅으로 인도하는 것, 그리고 (7) 그들에게 그 땅의 소유권을 주는 것. **6:9** 이스라엘은 현재의 경험에 기초해서 이 메시지를 거절한다 (4:31 참조).

6:10-27 모세는 두 번째로 사명을 위임받는다 (3:1-12를 참조). **6:10-13** 하나님께서 요구하시는 것은 이번에 바로가 무조건 이스라엘 백성을 그 땅으로부터 내보내야 한다는 것이다. 이것은 그들이 광야에서 예배를 드릴 수 있도록 3일간의 시간을 주라는 예전의 요구와 비교가 된다 (5:1). *저는 입이 둔하여* (문자 그대로, "저의 입술은 할례 받지 못하여…"). 모세는 말하는 것이 어렵다고 다시 한 번 언급함으로써 위임에 거절의 뜻을 표한다. 그의 거절은 13절에서 아론을 갑자기 개입시키는 결과를 초래한다. **6:14-25** 족보는 성경에 나오는 영웅들을 인증하는데 중요한 역할을 한다 (예를 들어, 마 1:1-17; 눅 3:23-38). 이 족보의 초점은 전체적으로 레위 사람들에게 두고 있으며, 특히

뱀으로 변한 아론의 지팡이

8 주님께서 모세와 아론에게 다음과 같이 말
씀하셨다. 9 "바로가 너희에게 이적을 보여 달
라고 요구하거든, 너는 아론에게 지팡이를 바로
앞에 던지라고 하여라. 그러면 지팡이가 뱀이 될
것이다." 10 모세와 아론은 바로에게 갔다. 그들은
주님께서 분부하신 대로 하였다. 아론이 바로와
그의 신하들 앞에 자기의 지팡이를 던지니, 그것
이 뱀이 되었다. 11 이에 바로도 현인들과 요술
가들을 불렀는데, 이집트의 마술사들도 자기들의
술법으로 그와 똑같이 하였다. 12 그들이 각자
자기의 지팡이를 던지니, 그것들이 모두 뱀이 되
었다. 그러나 아론의 지팡이가 그들의 지팡이를
삼켰다. 13 그러나 주님께서 말씀하신 대로, 바
로가 고집을 부리고, 그들의 말을 듣지 않았다.

첫째 재앙: 물이 피가 되다

14 주님께서 모세에게 말씀하셨다. "바로는
고집이 세서, 백성들을 내보내기를 거절하였다.
15 그러니 너는 아침에 바로에게로 가거라. 그가
물가로 갈 것이니, 강가에서 그를 기다리고 있다
가, 그를 만나거라. 너는 뱀으로 변했던 그 지팡
이를 손에 들고서, 16 그에게 이렇게 말하여라.
'히브리 사람의 하나님이신 주님께서 나를 임금님
께 보내어 이르시기를, 나의 백성을 보내어 그들
이 광야에서 나에게 예배하게 하라, 하셨는데도,
임금님은 아직까지 그 말씀을 듣지 않았습니다.
17 그래서 주님께서 말씀하시기를, 이제 주님께
서 친히 주님임을 임금님께 기어이 알리고야 말겠
다고 하셨습니다. 보십시오, 내가 쥐고 있는 이 지
팡이로 강물을 치면, 이 강물이 피로 변할 것입니다.
18 강에 있는 물고기는 죽고, 강물에서는 냄새가
나서, 이집트 사람이 그 강물을 마시지 못할 것입
니다.'"
19 주님께서 다시 모세에게 이르셨다. "너는
아론에게 이르기를, 지팡이를 잡고 이집트의 모든
물 곧 강과 운하와 늪과 그 밖에 물이 고인 모든 곳
에 손을 내밀라고 하여라. 그러면 그 모든 물이 피
가 될 것이며, 이집트 땅 모든 곳에 피가 괼 것이다.
나무 그릇이나 돌 그릇에까지도 피가 괼 것이다."

모세가 아니라 *아론*에게 초점을 두고 있다. 아론의 족보는 그의 증손인 *비느하스*에게까지 적어 내려가는데, 비느하스는 오경 이야기의 마지막 부분에서 중요한 역할을 떠맡는다 (민 25:6-18; 31:6). **6:26-27** 이 구절들은 아론과 함께 모세를 다시 소개함으로써 족보를 보다 큰 설화 가운데로 엮어 넣는다. 이름의 순서가 아론과 모세로 된 것은 아론을 이집트로부터 이스라엘을 구원하는 데 일역을 담당한 지도자로서 앞에 나오는 족보가 인증함을 다시금 강조한다.

6:28—7:7 모세는 하나님께서 주신 사명에 마지막으로 사의를 표명한다. 이것은 하나님으로 하여금 모세에게 추가적으로 필요한 대책을 주시는데, 이번에는 이스라엘 사람들이 아니라 바로와 이집트 사람들 앞에서 모세를 인증하겠다는 것이다. **6:28-30** 모세는 다시 입이 둔하다고 하면서 이의를 제기한다 (4:10-12; 6:12-13). **7:1-2** 하나님은 모세의 대변인으로 아론이 역할을 하게 될 것을 재천명함으로써 응답하신다 (4:14-16). **7:3-5** 하나님은 바로의 마음이 굳어질 것이라고 하는 예언을 반복하신다 (첫째 예언에 관하여 4:21-23을 보라). 바로의 굳어진 마음으로 인하여 출애굽에 대한 두 가지 새로운 해석이 소개된다. 첫째로, 출애굽은 심판의 행위, 곧 하나님의 힘을 입증하는 강력한 행위에 의하여 일어날 것이다 (3-4절; 또한 겔 14:21을 보라). 둘째로, 출애굽은 이집트 사람들을 이끌어 하나님을 알도록 할 것이다 (5절).

특별 주석

하나님을 아는 지식은 하나님과 바로 사이의 대결을 일관하여 흐르는 주제이다. 이 주제는 뒤이어 나오는 설화에서 기술되며 (예를 들어, 7:5, 17; 8:6, 18; 9:14; 10:2; 11:7), 홍해에서 주 하나님의 승리로 완성된다 (14:8, 18).

7:8—15:21 하나님과 바로 사이에 존재하는 갈등은 세 가지 부분으로 나누어진다. 하나님과 바로 사이에 재앙들로 표면화된 초기 대결 (7:8—10:20), 바로의 패배 (10:21—14:29), 그리고 바로에 대한 하나님의 승리를 축하하는 두 찬송(15:1-21)이 그것들이다.

7:8—10:20 재앙들은 다음과 같이 세 부분으로 구성되어 있다.

첫째 사이클	**둘째 사이클**	**셋째 사이클**
(7:8—8:15)	(8:16—9:7)	(9:8—10:20)
도입:	도입:	도입:
뱀으로 변한	이 소동/	피부병 전염/
지팡이/아론	아론	모세
피로 변한 물	파리 소동	우박
개구리 소동	짐승의 죽음	메뚜기 소동

뱀 (7:8-13), 이 (8:16-19), 그리고 피부병 전염 (9:8-12)과 관련된 재앙들은 각 단락에서 한 쌍씩 더 추가된 재앙들을 도입해 주는 역할을 한다. 각 도입부는 비슷한 형식으로 되어 있다. 하나님께서 모세와 아론에게 말씀해서 그들 중 하나가 자신의 지팡이로 기적적인

20 모세와 아론은 주님께서 명하신 대로 하
였다. 그가 바로와 그의 신하들 앞에서 지팡이를
들어 강물을 치니, 강의 모든 물이 피로 변하였다.
21 그러자 강에 있는 물고기가 죽고, 강물에서
악취가 나서, 이집트 사람들이 그 강물을 마실 수
없게 되었다. 이집트 땅의 모든 곳에 피가 괴었다.
22 그런데 이집트의 마술사들도 자기들의 술법
으로 그와 똑같이 하니, 주님께서 말씀하신 대로,
바로가 고집을 부리면서 그들의 말을 듣지 않았다.
23 이번에도 바로는 이 일에 아무 관심도 없다는
듯이 발길을 돌려서 궁궐로 들어갔다. 24 이렇
게 하여서 강물을 마실 수 없게 되니, 모든 이
집트 사람은 마실 물을 찾아서 강 주변에 우물을
팠다.
25 주님께서 강을 치신 지 이레가 지났다.

둘째 재앙: 개구리 소동

8 1 주님께서 모세에게 말씀하셨다. "너는 바
로에게로 가서 '나 주가 이렇게 말한다' 하고,
그에게 이르기를 '나의 백성을 보내라. 그들이
나를 예배할 수 있게 하여라. 2 네가 그들을 보
내지 않으면, 나는 개구리로 너의 온 땅을 벌하겠
다. 3 강에는 개구리들이 득실거리고, 위로 올라
와서, 너의 궁궐과 너의 침실에도 들어가고, 침대
로도 올라가고, 너의 신하와 백성의 집에도 들어
가고, 너의 화덕과 반죽하는 그릇에도 들어갈 것
이다. 4 또한 그 개구리들은 너와 너의 백성과 너
의 모든 신하의 몸에도 뛰어오를 것이다' 하여라."
5 주님께서 모세에게 말씀하셨다. "너는 아
론에게 이르기를, 지팡이를 들고 강과 운하와 늪
쪽으로 손을 내밀어서, 개구리들이 이집트 땅 위
로 올라오게 하라고 하여라." 6 아론이 이집트
의 물 위에다가 그의 팔을 내미니, 개구리들이 올
라와서 이집트 땅을 뒤덮었다. 7 그러나 술객들
도 자기들의 술법으로 그와 똑같이 하여, 개구리
들이 이집트 땅 위로 올라오게 하였다.
8 그 때에 바로는 모세와 아론을 불러들여 부
탁하였다. "너희는 주께 기도하여, 개구리들이 나
와 나의 백성에게서 물러가게 하여라. 그리면 내
가, 너희 백성이 주께 제사를 드릴 수 있도록, 너
희를 보내 주겠다." 9 모세가 바로에게 대답하
였다. "기꺼이 그렇게 하겠습니다. 그러면 제가
언제쯤 이 개구리들이 임금님과 임금님의 궁궐에
서 물러가서, 오로지 강에서만 살게 하여, 임금님
과 임금님의 신하들과 임금님의 백성이 이 재앙을
피할 수 있게 기도하면 좋겠습니까?" 10 바로가
대답하였다. "내일이다." 모세가 말하였다. "말씀
대로 하겠습니다. 그렇게 해서, 주 우리의 하나님
과 같은 분이 없다는 사실을 알게 하여 드리겠습
니다. 11 이제 개구리들이 임금님과 임금님의
궁궐과 신하들과 백성들에게서 물러가고, 오직
강에만 남아 있을 것입니다." 12 모세와 아론은
바로에게서 물러나왔다. 모세가, 주님께서 바로
에게 보내신 개구리를 없애 달라고 주님께 간구하
니, 13 주님께서 모세가 간구한 대로 들어 주셔
서, 집과 뜰과 밭에 있던 개구리들이 다 죽었다.

표적을 행하도록 명령하시는데, 그들이 행하는 이러한 표적은 처음에 이집트 마술사들도 비슷한 행동을 취하도록 부추긴다. 초기 재앙들은 물에서 (뱀이나 바다 괴물) 땅으로 (동쪽으로부터 이), 그리고 마지막으로 대기로 (화덕에 있는 그을음을 공중에 뿌림으로 생기는 피부병) 전개되어 나간다. 셋째 사이클의 첫 재앙(피부병 전염)에서 아론이 모세로 대체된 것은, 이 일화들이 이집트 장자들의 죽음과 홍해에서 바로가 당한 패배로 발전함에 따라, 그것의 강도가 증가하는 것을 의미한다. 또한 시 78편과 105편을 보라.

7:8—8:11 아론은 첫 번째 사이클에 있는 재앙들에서 주인공으로 등장한다. 그의 적수들은 이집트 마술사들인데 그들도 동일한 이적들을 행한다.

7:8-13 아론은 지팡이가 뱀이 되게 한다. **7:8-9** 하나님은 *모세와 아론에게* 바로 앞에서 *이적*을 행하도록 분부하신다 (여기서 사용되는 이적은 11:9-10에 나오는 히브리 단어 *모페트*와 동일한 단어이다). *뱀(탄닌)*에 해당하는 히브리 단어는 바다 괴물(커다란 바다 짐승, 창 1:21)이나 용(리워야단, 사 27:1)을 시사한다. 바다 괴물의 죽음은 창조에 대한 하나님의 구원과 힘의 표징이다 (126쪽에 추가 설명: "구원과 바다"를 보라). 바다 괴물의 소환은 어떤 음침한 조짐으로 이런 재앙들이 창조가 위기에 처했음을 보여주는 징조들임을 시사한다. **7:10** 아론은 바로와 그의 신하들 앞에서 이적을 행한다. **7:11-13** 이집트의 *현인들과 요술가들도* 은밀한 마술적 주문들을 통해서 지팡이가 *뱀들(타닌님)* 이 되게 한다. 비록 아론의 지팡이/뱀이 상대방의 그것들을 삼키지만, 주님께서 예상했던 대로 (4:21) *바로가 고집을 부리고* 모세와 아론의 말을 듣지 않는다.

특별 주석

바로의 마음이 굳어지도록 하는 이가 하나님 자신이라는 주장이 첫 번째 이야기에 나타나는 것보다는 덜 결정적이다. 그의 마음이 굳어지는 것은 하나님과 바로 사이의 결투 과정 가운데서 전개된다. 처음에는 바로가 이스라엘에 대한

14 사람들이 이것을 모아 무더기로 쌓아 놓으니,
그 악취가 온 땅에 가득하였다. 15 바로는 한숨
을 돌리게 되자, 주님께서 말씀하신 대로, 또 고
집을 부리고 그들의 말을 듣지 않았다.

셋째 재앙: 이 소동

16 주님께서 모세에게 말씀하셨다. "너는 아
론에게 일러, 지팡이를 내밀어 땅의 먼지를 치라
고 하여라. 그러면 이집트 온 땅에서 먼지가 이로
변할 것이다." 17 그들이 그대로 하였다. 아론이
지팡이를 잡고서 팔을 내밀어 땅의 먼지를 치니,
먼지가 이로 변하여, 사람과 짐승들에게 이가 생
겼다. 온 이집트 땅의 먼지가 모두 이로 변하였다.
18 마술사들도 이와 같이 하여, 자기들의 술법으
로 이가 생기게 하려고 하였으나, 그렇게 할 수가
없었다. 이가 사람과 짐승에게 계속하여 번져 나
갔다. 19 마술사들이 바로에게 그것은 신의 [ㄱ]권
능이 아니고서는 할 수 없는 일이라고 말하였다.
그러나 주님께서 말씀하신 대로, 바로는 여전히
고집을 부리고, 그들의 말을 듣지 않았다.

넷째 재앙: 파리 소동

20 주님께서 모세에게 말씀하셨다. "너는 아
침에 일찍이 일어나서, 바로 앞에 나서라. 그가
물가로 나갈 것이다. 그 때에 너는 그에게 이르기
를 '주님께서 이렇게 말씀하신다.' 하고 '나의 백
성을 보내라. 그들이 나에게 예배를 드리게 하여
라. 21 네가 나의 백성을 보내지 않으면, 나는,
너와 너의 신하들과 백성들과 너의 궁궐에 파리를
보내서, 이집트 사람의 집집마다 파리가 들끓게
하고, 땅도 파리가 뒤덮게 하겠다. 22 그러나 그
날에 나는, 나의 백성이 사는 고센 땅에는 재앙을
보내지 않아서, 그 곳에는 파리가 없게 하겠다. 내
가 이렇게 하는 까닭은, 나 주가 이 땅에 있음을
네가 알게 하려는 것이다. 23 내가 나의 백성과
너의 백성을 [ㄴ]구별할 것이니, 이런 이적이 내일
일어날 것이다' 하여라." 24 주님께서 말씀하신
대로 하시니, 파리가 무수히 바로의 궁궐과 그 신
하의 집과 이집트 온 땅에 날아 들었고, 그 땅이
파리 때문에 폐허가 되었다.

25 그러자 바로가 모세와 아론을 불러들여서
말하였다. "이제 너희는 가되, 이 땅 안에서 너희
하나님께 제사를 드려라." 26 모세가 말하였다.
"이집트 사람들은 우리가 주 우리의 하나님께 제
사드리는 것을 부정하게 여기므로 이 땅 안에서는
제사를 드릴 수 없습니다. 우리가, 이집트 사람들
이 보는 앞에서, 그들이 부정하게 여기는 것을 희
생제물로 바치면, 그들이 어찌 보고만 있겠습니
까? 우리를 돌로 치지 않겠습니까? 27 우리는,
하나님이 우리에게 말씀하신 대로, 광야로 사흘

ㄱ) 히, '손가락' ㄴ) 칠십인역과 불가타를 따름. 히, '속량할 것이니'

하나님의 요구에 저항하여 스스로 자신의 마음을 굳게 한다 (뱀, 7:13; 피, 7:22; 이, 8:16). 하지만, 결국에는, 하나님께서 바로를 압도하여, 그의 저항을 용인하고, 그 과정에서 그의 마음을 굳게 하는 행위자가 된다 (종기, 9:12; 우박과 불, 9:35; 메뚜기, 10:20; 암흑, 10:27; 종국적으로 이집트 장자의 죽음, 11:10). 이 동기의 전개는 하나님과 바로 사이의 상호작용을 강조한다.

7:14-24 첫째 재앙은 나일 강의 물을 피로 변화시키는 것이다. **7:14-19** 하나님은 두 가지 명령을 내리신다. 첫 번째 명령은 모세에게 지시된다 (14-18절). 그는 *나일 강의* 물을 *피로* 변화시키도록 지시받는다. 두 번째 명령은 아론에게 지시된다 (19절). 재앙의 범위가 나일 강의 범주를 넘어 이집트에 있는 물이 고인 모든 곳으로 확장되는데, *물이 고인 모든 곳은* 창조 이야기에 나오는 구절이다 (창 1:10). **7:23-24** 성서 기자는 바로와 그의 신하들 사이에 나타나는 미묘한 견해차를 소개한다. 바로는 이런 접견이 있은 후에 집으로 돌아가고, 그동안 이집트 백성은 남아서 음료수를 얻기 위해 우물들을 판다.

7:25—8:15 둘째 재앙은 이집트 땅을 침범한 개구리 재앙이다. **7:25—8:6** 하나님은 두 가지 명령을 내리신다: (1) 모세는 이스라엘 사람들을 놓아줄 것을 요구하도록 지시받는다 (7:25—8:4). 바로 왕의 불순종의 결과는 창조를 통해 물과 땅 사이에, 그리고 생물의 야생 영역과 개발된 영역 사이에 그어졌던 경계선들을 무너뜨리는 것이다. (2) 아론에게 지시된 두 번째 명령은 아무런 새로운 것을 추가하지 않는다. **8:8-15** 노예생활로부터 이스라엘 사람들을 풀어주겠다고 약속하면서 모세더러 하나님께 기도해서 재앙으로부터 벗어나게 해 달라는 바로의 청탁은 연속되는 재앙들에 나타나는 새로운 주제이다 (또한 8:28, 32; 9:27-28, 34-35; 10:16-17, 20, 24, 27). 주님께 *간구해서* 변화를 가져오는 모세의 능력은 중재하는 그의 능력을 강조한다. 바로는 이제 하나님을 인정하면서 모세가 중재에 나서도록 부탁한다 (5:2를 보라). 이스라엘 사람들을 풀어주지 않고 거짓말을 하는 바로의 행위는 악의를 품은 그의 성격의 특징을 보여주는데, 이러한 성격의 특징은 뒤이어 나오는 재앙들을 통하여 계속 나타난다. **8:15** *바로는…또 고집을 부리고.* 이것에 대해서는 7:11-15에 관한 특별 주석을 보라.

길을 나가서, 주 우리의 하나님께 제사를 드려야
합니다." 28 바로가 대답하였다. "그렇다면 나
는 너희를 내보내서, 너희가 광야에서 주 너희의
하나님께 제사를 드리게 하겠다. 그러나 너희는
너무 멀리는 나가지 말아라. 그리고 너희는 내가
하는 일도 잘 되도록 기도하여라." 29 모세가 말
하였다. "보십시오, 이제 제가 임금님 앞에서 물
러가서 주님께 기도하겠습니다. 내일이면 파리
떼가 바로 임금님과 신하들과 백성들에게서 떠나
갈 것입니다. 그러나 바로 임금님이 우리를 속이
고 백성을 보내지 않으셔서 우리가 주님께 제사를
드리지 못하는 일이 다시는 없게 하여 주시기 바
랍니다." 30 모세가 바로 앞에서 물러나와 주님
께 기도하니, 31 주님께서 모세의 기도를 들어
주셔서, 파리가 바로와 그의 신하들과 백성에게
서 모두 떠나서 한 마리도 남아 있지 않게 하셨다.
32 그러나 이번에도 바로는 고집을 부리고, 백성
을 보내지 않았다.

다섯째 재앙: 집짐승의 죽음

9 1 주님께서 모세에게 말씀하셨다. "너는 바
로에게로 가서 '히브리 사람의 주 하나님이
이렇게 말씀하신다' 하고 '나의 백성을 보내어라.
그들이 나에게 예배드리게 하여라. 2 네가 그들
을 보내기를 거절하고, 계속 그들을 붙잡아 둔다
면, 3 주의 손이, 들에 있는 너의 집짐승들 곧 말
과 나귀와 낙타와 소와 양 떼를 쳐서, 심히 무서
운 병이 들게 할 것이다. 4 그러나 주는 이스라
엘 사람의 집짐승과 이집트 사람의 집짐승을 구별
할 것이니, 이스라엘 자손의 것은 하나도 죽지 않
게 할 것이다' 하여라." 5 주님께서 때를 정하시
고서 "나 주가 내일 이 땅에서 이 일을 하겠다"
하고 말씀하셨다. 6 이튿날 주님께서 이 일을 하
시니, 이집트 사람의 집짐승은 모두 죽었는데, 이
스라엘 자손의 집짐승은 한 마리도 죽지 않았다.
7 바로는 사람을 보내서, 이스라엘 사람의 집짐
승이 한 마리도 죽지 않은 것을 확인하였다. 그러
나 바로는 여전히 고집을 부리고, 그 백성을 보내
지 않았다.

8:16—9:7 두 번째 사이클의 이야기가 전개된다. 아론은 도입 부분이 되는 이의 재앙에서 계속해서 주인공으로 나타나며, 그의 맞수들은 계속해서 이집트 마술사들이다. 그러나 첫 번째 사이클과는 달리, 마술사들은 아론의 이적들을 재현할 수 없다. 일단 이집트 마술사들에 대한 아론의 우월성이 표면화되자, 그와 마술사들은 모두 이 재앙 설화에서 활동적인 인물들로 등장하지 않는다. 대신에, 모세가 바로에 대항하는 하나님의 사자로서 초점이 모아진다.

8:16-19 셋째 재앙은 먼지를 쳐서 이로 변하게 하는 재앙이다. **8:16** 여기서 보면 재앙/이적에 진전이 있다. 첫 번째 사이클의 설화는 물에 초점을 두었다. 바다 괴물을 불러내고 (7:8-9에 대한 주석을 보라), 물을 피로 변화시키고 (7:14-24), 개구리들이 땅을 침범하는 것 등은 비록 이러한 재앙들이 땅에 사는 생명체에 영향을 주기는 하지만, 물에 근거를 둔 활동들이다 (8:1-15). 재앙의 두 번째 사이클은 직접적으로 땅과 그 곳에 거주하는 것들에 초점을 둔다. 도입부의 재앙에서 먼지가 이로 변화되는 것은 이런 초점상의 변화를 보여주는 것인데, 창조의 위기가 바다로부터 땅으로 진전하고 있음을 보여준다. **8:18-19** 물에서 자신들의 마술을 행할 수 있었던 바로의 마술사들은 이제 땅 위에서는 그것을 행할 수 없다. 그들은 아론의 이적들 가운데서 하나님의 권능을 인식하고 바로에게 그것을 알리지만 바로는 그들의 말을 듣지 않는다. *바로는 여전히 고집을 부리고.* 이에 대해서는 7:11-15에 관한 주석을 보라.

8:20-32 넷째 재앙은 파리 떼의 소동. **8:20-23** 하나님은 모세가 바로 왕에게 가서 이스라엘 사람들이 예배드릴 수 있도록 풀어줄 것을 요구하라고 명령하신다. 불순종은 날아 들은 *파리가 들끓는* 재앙을 초래한다. 이 재앙에 나타나는 새로운 요소는 이집트 사람들과 이스라엘 사람들 사이의 차이다. 파리들은 이스라엘 사람들이 거주하는 *고센에* 들어가지 못하도록 제한된다. 이 차이는 주 하나님께서 이 땅의 하나님이라고 하는 것을 바로에게 가르치기 위해서 의도된 것이다. **8:24** 주 하나님은 모세나 아론의 중재 없이 이적을 행하신다. **8:25-32** 일련의 동기들이 예전의 재앙들로부터 되풀이된다. 바로는 모세의 요구에 승복하고, 기도를 통해 재앙으로부터 벗어나게 해줄 것을 청탁한다. 모세는 그를 위해 성공적으로 중재하며, 이것이 바로로 하여금 자신의 청탁을 철회하도록 자극한다. 바로는 고집을 부리고 7:11-15에 관한 특별 주석을 보라.

9:1-7 다섯째 재앙은 이집트 집짐승들의 죽음이다. **9:1-5** 두 번째 사이클의 재앙들은 집짐승들에 대한 공격으로 결론을 맺는다. 이스라엘 사람들로 하여금 예배드릴 수 있도록 허용하는 일을 바로가 거절함으로 인하여 가축들에 대한 죽음의 위협이 뒤따른다. 앞에 나오는 재앙에서처럼, 이스라엘 가축들과 이집트 가축들 사이에 차이가 있다. 모든 이스라엘의 가축은 죽음을 면하게 될 것이다. **9:7** *바로는* 이스라엘 집짐승들의 상태를 조사하지만, 이집트의 집짐승들에 대해서는 그렇게 하지 않는다. 성서 기자는 이스라엘 가축들

여섯째 재앙: 피부병 전염

8 주님께서 모세와 아론에게 말씀하셨다.
"너희는 화덕에 있는 그을음을 두 손에 가득히 움
켜 쥐어라. 그리고 모세가 그것을 바로 앞에서 공
중에 뿌려라. 9 그것이 이집트 온 땅 위에서 먼
지가 되어, 사람과 집짐승에게 악성 종기를 일으
킬 것이다." 10 그래서 그들은 화덕의 그을음을
모아 가지고 가서, 바로 앞에 섰다. 모세가 그것
을 공중에 뿌리니, 그것이 사람과 짐승에게 붙어
서, 악성 종기를 일으켰다. 11 마술사들도 종기
때문에 모세 앞에 나서지 못하였다. 모든 이집트
사람과 마술사들에게 종기가 생긴 것이다. 12 그
러나 주님께서 바로가 여전히 고집을 부리게 하셨
으므로, 주님께서 모세에게 말씀하신 대로, 바로
가 그들의 말을 듣지 않았다.

일곱째 재앙: 우박

13 주님께서 모세에게 말씀하셨다. "너는 아
침에 일찍이 일어나서, 바로 앞에 나서서 이렇게
말하여라. '히브리 사람의 주 하나님이 이렇게 말
씀하신다. 나의 백성을 보내어라. 그들이 나에게
예배드리게 하여라. 14 이번에는 내가 나의 온
갖 재앙을 너와 너의 신하들과 백성에게 내려서,
온 세상에 나와 같은 신이 없다는 것을 너에게 알
리겠다. 15 내가 팔을 뻗어서 무서운 질병으로
너와 너의 백성을 쳤다면, 너는 이미 세상에서 사
라졌을 것이다. 16 너에게 나의 능력을 보여 주
어, 온 세상에 나의 이름을 널리 알리려고, 내가
너를 남겨 두었다. 17 그런데 너는 아직도 교만
한 마음을 버리지 못하고, 나의 백성을 내보내지
않는다. 18 그러므로 내일 이맘때에 내가 매우
큰 우박을 퍼부을 것이니, 그처럼 큰 우박은 이집
트에 나라가 생긴 때로부터 이제까지 한 번도 내
린 적이 없다. 19 그러니 이제 너는 사람을 보내
어, 너의 집짐승과 들에 있는 모든 것을 안전한 곳
으로 대피시켜라. 집 안으로 들어가지 않고 들에
남아 있는 사람이나 짐승은, 모두 쏟아지는 우박
에 맞아 죽을 것이다.'" 20 바로의 신하들 가운
데서 주님의 말씀을 두려워한 사람들은 자기의 종
들과 집짐승들을 집 안으로 피하게 하였다. 21 그
러나 주님의 말씀을 마음에 두지 않는 사람은 자기
의 종과 집짐승을 들에 그대로 내버려 두었다.

22 그 때에 주님께서 모세에게 말씀하셨다.
"네가 하늘로 팔을 내밀면, 우박이 온 이집트 땅
에, 그리고 이집트 땅에 있는 사람과 짐승과 들의
모든 풀 위에 쏟아질 것이다." 23 모세가 하늘로
그의 지팡이를 내미니, 주님께서 천둥소리를 나게
하시고 우박을 내리셨다. 벼락이 땅에 떨어졌다.
주님께서 이집트 땅 위에 우박을 퍼부으신 것이다.
24 우박이 쏟아져 내리면서, 번갯불도 함께 번쩍

의 건강을 강조하고 있다. 생명에 관련된 이러한 이적도 바로를 설득해서 그로 하여금 이스라엘 사람들이 예배드릴 수 있게끔 그들을 풀어주도록 하지는 못한다.

9:8—10:20 제일 마지막 재앙 설화가 전개되면서 초점이 대기권으로 이동한다. 아론과 마술사들 사이의 경쟁은 끝나고, 하물며 도입부의 재앙에 있어서조차도, 모세만이 하나님을 대변한다.

9:8-12 여섯째 재앙은 사람과 가축에게 생기는 피부병 종기이다. **9:8-9** 세 번째 사이클은 대기권에 근거를 둔 재앙을 소개하여 주는 것인데, 공중에 뿌려진 *그을음이 피부병을* 유발하는 것이다. 그리고 이 재앙은 보다 직접적으로 사람들을 겨냥한다. 비록 하나님께서 모세와 아론에게 말씀하시지만, 모세만이 재앙을 부르는 이적을 행하도록 명령을 받는다. **9:11-12** 재앙들의 강도가 증가함에 따라 마술사들의 역할은 축소된다. 첫 번째 사이클의 설화에서 그들은 아론이 했던 것과 마찬가지의 이적들을 행한다 (7:14-24, 특별히, 22절). 두 번째 사이클의 설화에서, 그들은 먼지를 이로 변화시키는 아론의 이적을 실행할 수 없었다 (8:16-19, 특별히, 18-20절). 세 번째 사이클의 설화에서, 그들은 너무나 심하게 피부병에 걸려서 모세 앞에 나타나지 조차 못한다.

9:13-35 일곱째 재앙은 하늘로부터 쏟아지는 벼락과 우박과 불이다. **9:13-21** 우박은, 우주의 질서가 더욱 더 파괴되는 것으로, 이집트 사람들이 주님과 맞설 수 없음을 그들에게 가르쳐줄 것이다. 이집트 사람들은 그들이 주님을 두려워하는가 혹은 두려워하지 않는가에 따라서 구분될 것이다 (20-21절). **9:22-26** 하나님이 보낸 우박은 *이집트* 땅 전역에서 사람들과 가축들과 식물들을 파괴하지만, *고센*에서는 그렇게 하지 않는다. **9:27-35** 바로의 죄의 고백은 재앙 설화에 있어서 새로운 주제이다. 그는 다시 한 번 모세가 그를 위해 기도를 통해 하나님과의 중재를 서 줄 것을 청탁한다 (7:8-15를 보라). 모세의 중재는 바로에게 온 *세상이 주님의 것임*을 가르치는 데 있다. 그러나 천둥소리와 우박이 그치자, 바로는 *다시 고집을 부린다* (7:11-13을 보라).

10:1-20 여덟째 재앙은 이집트 땅에 들끓는 메뚜기 떼 소동이다. **10:1-2** 메뚜기 떼 재앙은 하나님께서 모세에게 말씀하시는 것으로 시작한다. 하나님께서는 바로로 하여금 고집을 부리게 하신 후 온갖 재앙들을 내리시는데, 이것은 이스라엘 사람들에게 하나님은 하나님이시라고 하는 것을 가르치기 위함이다. **10:3-6** 메뚜

거렸다. 이와 같은 큰 우박은 이집트에 나라가 선
뒤로부터 이집트 온 땅에 한 번도 내린 적이 없다.
25 이집트 온 땅에서 우박이, 사람이나 짐승이나
할 것 없이, 들에 있는 모든 것을 쳤다. 우박이들
의 모든 풀을 치고, 들의 모든 나무를 부러뜨렸다.
26 그러나 이스라엘 자손이 사는 고센 땅에는 우
박이 내리지 않았다.
27 바로가 사람을 보내서, 모세와 아론을 불
러들였다. 그리고 그들에게 말하였다. "이번에는
내가 죄를 지었다. 주께서 옳으셨고, 나와 나의 백
성이 옳지 못하였다. 28 너는 주께 기도하여, 하
나님이 나게 하신 이 천둥소리와 하나님이 내리신
이 우박을 그치게 하여 다오. 내가 너희를 보내겠다.
너희는 더 이상 여기에 머물지 않아도 괜찮다."
29 모세가 그에게 말하였다. "내가 이 성을 나가
는 대로, 나의 손을 들어서 주님께 빌겠습니다. 그
러면 천둥소리가 그치고, 우박이 더 이상 내리지
않을 것입니다. 이것은 온 세상이 우리 주님의 것
임을 임금님께 가르치려는 것입니다. 30 그래
도 임금님과 임금님의 신하들이 주 하나님을 두
려워하지 않으리라는 것을 나는 알고 있습니다."
31 이 때에 이미, 보리는 이삭이 나오고, 삼은 꽃
이 피어 있었으므로, 삼과 보리가 모두 피해를 입었
다. 32 그러나 밀과 쌀보리는, 이삭이 팰 때가
아니었으므로, 피해를 입지 않았다. 33 모세는
바로 앞을 떠나서, 성 바깥으로 나갔다. 그가 주
님께 손을 들어 기도하니, 천둥소리와 우박이 그
치고, 땅에는 비가 더 내리지는 않았다. 34 그러
나 바로는, 비와 우박과 천둥소리가 그친 것을 보
고서도, 다시 죄를 지었다. 그와 그의 신하들이 또
고집을 부렸다. 35 주님께서 모세를 시켜 말씀
하신 대로, 바로는 고집을 부리며 이스라엘 자손
을 내보내지 않았다.

여덟째 재앙: 메뚜기 소동

10 1 주님께서 모세에게 말씀하셨다. "너는
바로에게 가거라. 그와 그 신하들이 고집
을 부리게 한 것은 나다. 이것은 내가, 그들이 보는
앞에서 나의 온갖 이적을 보여 주려고 그렇게 한
것이다. 2 그뿐만 아니라, 내가 이집트 사람들을
어떻게 벌하였는지를, 그리고 내가 그들에게 어떤
이적을 보여 주었는지를, 네가 너의 자손에게도
알리게 하려고, 또 내가 주님임을 너희에게 가르
치려고 그렇게 한 것이다."
3 모세와 아론이 바로에게 가서 말하였다.
"히브리 사람의 주 하나님이 말씀하셨습니다. '네
가 언제까지 내 앞에서 교만하게 굴려느냐? 나의
백성을 보내서, 나를 예배하게 하여라. 4 네가
나의 백성을 보내기를 거절하면, 나는 내일 너의
영토 안으로 메뚜기 떼가 들어가게 할 것이다.
5 그것들이 땅의 표면을 덮어서, 땅이 보이지 않게
될 것이며, 우박의 피해를 입지 않고 남아 있는
것들을 먹어 치우되, 들에서 자라는 나무들까지
모두 먹어 치울 것이다. 6 너의 궁궐과 너의
모든 신하의 집과 이집트의 모든 사람의 집이
메뚜기로 가득 찰 것이다. 이것은 너의 아버지와
너의 조상이 이 땅 위에 살기 시작한 때부터 오늘
까지, 너희가 전혀 못 본 일이다.'" 그리고 나서,
모세는 발길을 돌려 바로에게서 나왔다.
7 바로의 신하들이 바로에게 말하였다. "언
제까지 이 사람이, 우리를 망하게 하는 함정이 되어
야 합니까? 이 사람들을 내보내서 그들의 주 하나
님을 예배하게 하심이 좋을 듯합니다. 임금님께
서는 아직도 이집트가 망한 것을 모르고 계십니까?"
8 모세와 아론이 다시 바로에게 불려 갔다. 바로가
그들에게 말하였다. "너희는 가서 주 너희의 하나

기 떼 재앙은 개구리 재앙과 유사하다. 이 생물들은 각각 땅을 뒤덮고 이집트 사람들의 집에 들끓는다. 두 재앙 사이의 차이점은 개구리들은 물에서 나온 반면에 메뚜기들은 동풍에 실려서 나타난다. **10:7-11** 이집트 관리들이 바로를 설득해서 이스라엘 백성을 풀어주도록 하려는 시도는 이 재앙 이야기에서 나오는 새로운 주제이다. 하지만, 모세와 바로가 이야기하는 과정에서 이스라엘 아이들을 포함시키자 바로는 관리들의 충고를 무시한다. **10:12-15** 메뚜기 떼는 동풍과 함께 나타난다. 메뚜기 떼의 수가 너무나 많아서 그들은 땅을 새까맣게 덮었는데, 이것은 뒤따라 나오는 어둠의 재앙의 전조가 된다 (10:21-27). **10:16-20** 두 번째로, 바로는 그가 죄를 저질렀다는 것을 고백하고 (9:27), 그로부터 치명적인 메뚜기 떼를 거두어줄 중보기도를 요청한다. 바로에 대한 개별적인 초점은 이 재앙 설화에 나오는 새로운 주제이다. 서풍이 불어 메뚜기 떼를 홍해로 쓸어 넣는데, 이것은 바로 이 물에 바로와 그의 군대가 같은 물에 수장될 것을 미리 보여주는 것이다 (14:28). 그러나 이제 *주님께서 바로가 여전히 고집을 부리게 하셨으며*, 이렇게 하심으로써 그는 바로의 운명에 날인을 찍는다 (7:11-15에 관한 특별 주석을 보라).

10:21—14:29 바로의 패배에 관한 기사는 이스라엘의 구원에 관한 중요한 이야기들 가운데 많은 것들을 수록하고 있는데, 이것들 가운데는 이집트 사람들의

님께 예배하여라. 그런데 갈 사람은 누구 누구냐?"
9 모세가 대답하였다. "우리 모두가 주님의 절기를
지켜야 하므로, 어린 아이와 노인들을 비롯하여,
우리의 아들과 딸을 다 데리고 가야 하며, 우리의
양과 소도 몰고 가야 합니다." 10 바로가 그들에
게 호통쳤다. "그래, 어디 다 데리고 가 봐라!
너희와 함께 있는 너희의 주가 나를 감동시켜서
너희와 너희 아이들을 함께 보내게 할 것 같으냐?
어림도 없다! 너희가 지금 속으로 악한 음모를
꾸미고 있음이 분명하다! 11 그렇게는 안 된다!
가려면 너희 장정들이나 가서, 너희의 주에게
예배를 드려라. 너희가 처음부터 바란 것이 그것
이 아니더냐?" 이렇게 해서, 그들은 바로 앞에서
쫓겨났다.
12 주님께서 모세에게 말씀하셨다. "너의 팔
을 이집트 땅 위로 내밀어라. 그러면 메뚜기 떼가
이집트 땅으로 몰려와서, 우박의 피해를 입지 않
고 땅에 그대로 남아 있는 푸성귀를 모두 먹어 치
울 것이다." 13 모세가 지팡이를 이집트 땅 위로
내미니, 주님께서 그 날 온종일, 그리고 밤이
새도록, 그 땅에 동풍이 불게 하셨다. 그 동풍은
아침녘에 메뚜기 떼를 몰고 왔다. 14 메뚜기
떼가 이집트 온 땅 위로 몰려와서, 곳곳마다 내려
앉았다. 그렇게 많은 메뚜기 떼는 전에도 본 적이
없고, 앞으로도 결코 볼 수 없을 만한 것이었다.
15 그것들이 땅의 표면을 다 덮어서, 땅이 새까
맣게 되었다. 그것들이, 우박의 피해를 입지 않고
남아 있는 나무의 열매와 땅의 푸성귀를 모두 먹
어 치워서, 이집트 온 땅에 있는 들의 나무와 푸
른 푸성귀는 하나도 남지 않았다. 16 그러므로
바로가 모세와 아론을 급히 불러들여서 말하였
다. "내가 너희와 주 너희의 하나님께 죄를 지었
다. 17 부디 이번만은 나의 죄를 용서하고, 주
너희의 하나님께 기도하여 이 엄청난 재앙이 나에
게서 떠나게 하여라." 18 모세가 바로에게서 물
러나와 주님께 기도를 드리니, 19 주님께서 바
람을 가장 센 서풍으로 바꾸셔서, 메뚜기 떼를 ㄱ)홍
해에 몰아 넣으시고, 이집트 온 땅에 메뚜기 한 마
리도 남겨 두지 않으셨다. 20 그러나 주님께서
는 바로가 여전히 고집을 부리게 하셨으며, 바로는
여전히 이스라엘 자손을 내보내지 않았다.

ㄱ) 히, '얌 쑤프'

장자들의 죽음, 유월절 및 무교병 절기, 그리고 홍해에서 이집트 군대가 수장된 사건이 포함되어 있다. 유월절과 같은 중요한 사건들에 대해서는 야웨-엘로힘문서(12:21-27)와 제사문서(12:1-20, 43-49)가 특별한 해석을 붙인다 (서론을 보라). 바로가 패배당하는 재앙은 하나님과 바로가 대항하는 격전에서 네 번째이자 마지막 사이클 이야기이다. 어둠이 이집트 땅을 덮는 재앙(10:21-27)은 이집트 사람들의 장자들이 죽는 것(11:1—13:16)과 홍해에서 발생한 이집트 군대의 죽음을 소개해 준다 (13:17—14:31).

10:21-27 아홉째 재앙은 어두움이 땅을 덮는 것이다. **10:21** 이 재앙은 하늘로부터 내리는 것으로, 물(첫 번째 사이클의 설화, 7:8—8:15)로부터 시작해서 땅(두 번째 사이클의 설화, 8:16—9:7)과 대기권(세 번째 사이클의 설화, 9:8—10:20)에 이르는 재앙의 진전으로 끝을 맺는다. 어둠에는 세 가지 메시지가 있다. 첫째로, 어둠은 혼돈을 의미한다. 빛을 공급한 것이 창조의 첫 번째 역사였다. 그러므로 어둠은 창조의 역행을 가리키는 것이다. 둘째로, 어둠은 이집트 신 레(Re)의 패배를 뜻하는 것인데, 이 신은 태양을 대표한다. 그리고 셋째로, 어둠은 한밤중 이집트 사람들의 장자들의 죽음의 서막을 열어준다. **10:27-29** *주님께서 바로가 고집을 부리도록 하셨다* (7:11-15에 관한 특별 주석을 보라). 이것은 바로를 재촉해서 모세를 죽이겠다고 위협하도록 만들었는데, 이 위협은 모세가 이집트 사람을 살해했을 때 바로로부터 그가 받은 것과 같은 위협을 상기시켜 준다 (2:11-15a).

11:1—13:16 이집트의 장자들의 죽음(11:1-10; 12:29-36)은 유월절 절기의 제정(12:1-28, 43-51)과 이스라엘 사람들의 출애굽에 관한 기사(12:37-42)와 얽혀 있다. 이 단락은 무교병 절기에 대한 교훈들과 이스라엘 사람들의 장자들에 대한 주님의 요구(13:1-16)로 결론을 맺는다.

11:1-10 이집트 장자들의 죽음에 관한 선언은 하나님께서 모세에게 하신 초기 말씀에 나오는 주제들을 반복하여 말한다. **11:1** 구원은 바로가 이스라엘 백성을 이집트의 땅으로부터 몰아내는 사건을 포함할 것이다 (6:1을 보라). **11:2** 이스라엘 사람들은 전쟁 노획물로 이집트 사람들의 소유물들 가운데 많은 것들을 취하여 떠나게 될 것이다 (3:22를 보라). **11:3** 7:1을 보라. **11:4-8** 모세는 동물들을 포함하여 신분의 고하를 막론하고 이집트 사람들에게 속한 모든 처음 난 것들이 죽게 될 것이라고 선언한다. 이스라엘 백성과 이집트 사람들 사이의 차별은 이집트 사람들이 하나님을 반드시 알게 될 것이라는 것을 암시하는 전통적인 문구를 추가시킴으로써 한층 강해진다. 이집트 사람들은 하나님께서 이스라엘 백성과 그들 사이에 차별 두심을 깨닫게 될 것이다. **11:9-10** 하나님은 바로의 완고한 고집을 예상하시고 이집트 땅에서 기적들을 더하기 위하여 그의 마음을 굳게 하신다 (7:1-5를 보라).

아홉째 재앙: 어두움이 땅을 덮다

21 주님께서 모세에게 말씀하셨다. "너는 하
늘로 팔을 내밀어라. 그러면 손으로 더듬어야 다닐
만큼 짙은 어둠이 이집트 땅을 덮을 것이다."
22 모세가 하늘에다 그의 팔을 내미니, 이집트
온 땅에 사흘 동안 짙은 어둠이 내렸다. 23 사흘
동안 사람들은 서로 볼 수도 없었고, 제자리를
뜰 수도 없었다. 그러나 이스라엘 자손이 사는 곳
에는 어디에나 빛이 있었다. 24 바로가 모세를
불러들여서 말하였다. "너희는 가서 주께 예배하
여라. 그러나 너희의 양과 소는 남겨 두고, 너희의
아이들만 데리고 가야 한다." 25 모세가 대답하
였다. "임금님도 우리의 주 하나님께 바칠 희생제
물과 번제물을 우리에게 더 보태 주셔야 합니다.
26 우리는 우리의 집짐승을 한 마리도 남겨 두지
않고 다 몰고 가겠습니다. 우리는 그것들 가운데
서 주 우리의 하나님께 바칠 제물을 택할 것입
니다. 그러나 우리가 거기에 다다를 때까지는, 우
리가 어떤 것을 바쳐야 할지를 알 수 없습니다."
27 주님께서 바로가 고집을 부리도록 하셨으
므로, 바로는 여전히 그들을 내보내지 않았다.
28 바로가 모세에게 소리쳤다. "어서 내 앞에서
썩 물러가거라. 다시는 내 앞에 얼씬도 하지 말
아라. 네가 내 앞에 다시 나타나는 날에는 죽을 줄
알아라." 29 모세가 말하였다. "말씀 잘하셨
습니다. 나도 다시는 임금님 앞에 나타나지 않겠
습니다."

처음 난 것의 죽음

11 1 주님께서 모세에게 말씀하셨다. "내가
이제 바로에게와 이집트 땅 위에 한 가지
재앙을 더 내리겠다. 그렇게 한 다음에야 그가 너
희를 여기에서 내보낼 것이다. 그가 너희를 내보
낼 때에는, 여기에서 너희를 마구 쫓아낼 것이니,
2 이제 너는 백성에게 일러서, 남자는 이웃에 사는
남자에게, 여자는 이웃에 사는 여자에게 은붙이와
금붙이를 요구하게 하여라." 3 주님께서 이집트
사람들이 이스라엘 백성에게 호감을 가지게 하
시고, 또 이집트 땅에서 바로의 신하와 백성이 이
사람 모세를 아주 위대한 인물로 여기게 하셨다.
4 그래서 모세가 바로에게 말하였다. "주님께
서 말씀하셨습니다. '내가 한밤중에 이집트 사람
가운데로 지나갈 것이니, 5 이집트 땅에 있는 처음
난 것이 모두 죽을 것이다. 임금 자리에 앉은 바
로의 맏아들을 비롯하여, 맷돌질하는 몸종의 맏
아들과 모든 짐승의 맏배가 다 죽을 것이다.
6 이집트 온 땅에서, 이제까지도 없었고, 앞으로도
없을, 큰 곡성이 들릴 것이다. 7 그러나 이집트의
개마저 이스라엘 자손을 보고서는 짖지 않을 것
이다. 사람뿐 아니라 짐승을 보고서도 짖지 않을
것이다. 이는, 나 주가 이집트 사람과 이스라엘
사람을 구별하였다는 것을 너희에게 알리려는
것이다.' 8 이렇게 되면, 임금님의 모든 신하가
나에게 와서, 내 앞에 엎드려 '당신과 당신을 따르는
백성은 모두 나가 주시오' 하고 사정할 것입니다.

12:1-28 본 단락은 유월절과 무교병 절기에 관한 것을 지시하는 제사문서(12:1-20, 28)와 야웨-엘로힘문서(12:21-27)의 규정을 포함한다 (서론을 보라). 기원이 다르기는 하지만, 두 기사는 하나님께서 이스라엘과 교류하는 과정 중 서로 다른 시점에서 결합된 것이다. 제사문서 기사는 모세에 대한 하나님의 명령인 반면에, 야웨-엘로힘문서는 이스라엘 장로들에 대한 모세의 명령이다 (서론을 보라). **12:1-20** 유월절은 밤에 행해지는 절기이며, 장자들이 죽는 한밤중에 일어난 재앙으로부터 이스라엘 사람들이 보호받는 것을 기념하기 위하여 제정된 것이다. **12:1-2** 이 재앙이 일어나는 달은 니산달이다 (3-4월). 포로생활에서 돌아온 후, 니산달은 한 해의 시작이었다. **12:3-10** 이 구절들은 유월절의 시기를 기술하고 이 절기의 희생제물의 준비를 위한 지시를 내린다. 각 가족이나 가정은 니산달 10일에 흠 없는 일 년 된 양이나 염소를 마련한다. 그들은 이 가축을 니산달 14일 해 질 무렵에 도살하며, 머리, 다리, 그리고 내장과 함께 그것을 구워서 그 날 밤 누룩을 넣지 않은 빵과 쓴 나물을 곁들여 먹는다. 그리고 그들은 보호의 표징으로써 유월절 희생제물의 피를 문설주에 발라 스며들게 한다. **12:11-13** 이 단락은 희생제물을 먹는 방법을 기록하고 유월절 희생제물의 의미를 해석한다. 이스라엘 사람들은 여행자의 차림을 한다. 그들은 허리에 띠를 띠고, 신발을 신고, 손에 지팡이를 들고, 곧 떠날 준비를 하고서 서둘러서 먹어야 한다. 문설주의 피는 유월절 절기의 기원과 이름이, 죽음의 재앙이 이집트 사람들을 강타할 때, 주 하나님께서 이스라엘 사람들의 가정을 "넘어가신 것"에서 기원한 것을 설명하는 것이다. **12:14-20** 이 단락은 무교병의 절기와 이것이 유월절과 갖는 관계에 초점을 둔다. 이 절기는 원래 봄철 농경 축제로 유월절과 관련이 없었으며 아마도 보리 수확과 연관되어 있었을 것이다. 출애굽기에서 누룩을 넣지 않은 빵은 유월절 희생제물을 드린 직후에 이스라엘이 이집트로부터 떠난 것을 기념한다. 이것은 니산달 15일부터 21일까지 치러진 7일간의 축제이며, 첫날과 마지막 날인 일곱째 날에 함께 모인다. 이스라엘 사람들과 외국인들이 모두 이 절기를 준수할 것을 요청받는다. **12:21-28** 모세는 유월절과 무교병 절

이런 일이 있은 다음에야, 내가 여기서 떠나겠습
니다." 모세는 매우 화를 내면서, 바로 앞에서
나왔다. 9 주님께서 모세에게 말씀하셨다. "바
로가 너희의 말을 듣지 않을 것이다. 이것은 내가
아직도 더 많은 이적을 이집트 땅에서 나타내
보여야 하기 때문이다." 10 모세와 아론이 바로
앞에서 이 모든 이적을 행하였다. 그러나 주님께서
바로의 고집을 꺾지 않으셨으므로, 바로가 그 땅
에서 이스라엘 자손을 내보내지 않았다.

유월절

12 1 주님께서 이집트 땅에서 모세와 아론
에게 말씀하셨다. 2 "너희는 이 달을 한
해의 ㄱ)첫째 달로 삼아서, 한 해를 시작하는 달로 하
여라. 3 온 이스라엘 회중에게 알리어라. 이 달
열흘날 각 가문에 어린 양 한 마리씩 곧 한 가족
에 한 마리씩 어린 양을 마련하도록 하여라. 4 한
가족의 식구 수가 너무 적어서, 양 한 마리를 다
먹을 수 없으면, 한 사람이 먹을 분량을 계산하여,
가까운 이웃에서 그만큼 사람을 더 불러다가 함께
먹도록 하여라. 5 너희가 마련할 짐승은 흠이 없
는 일 년 된 수컷으로 하되, 양이나 염소 가운데서
골라라. 6 너희는 그것을 이 달 열나흗날까지 두
었다가, 해 질 무렵에 모든 이스라엘 회중이 모여
서 잡도록 하여라. 7 그리고 그 피는 받아다가,
잡은 양을 먹을 집의 좌우 문설주와 상인방에 발
라야 한다. 8 그 날 밤에 그 고기를 먹어야 하는
데, 고기는 불에 구워서, 누룩을 넣지 않은 빵과
쓴 나물을 곁들여 함께 먹어야 한다. 9 너희는
고기를 결코 날로 먹거나 물에 삶아서 먹어서는 안
된다. 머리와 다리와 내장 할 것 없이, 모두 불에
구워서 먹어야 한다. 10 그리고 너희는 그 어느
것도 다음날 아침까지 남겨 두어서는 안 된다. 아
침까지 남은 것이 있으면, 불에 태워 버려야 한다.
11 너희가 그것을 먹을 때에는 이렇게 하여라.
허리에 띠를 띠고, 발에 신을 신고, 손에 지팡이
를 들고, 서둘러서 먹어라. ㄴ)유월절은 주 앞에서
이렇게 지켜야 한다. 12 그 날 밤에 내가 이집트
땅을 지나가면서, 사람이든지 짐승이든지, 이집
트 땅에 있는 처음 난 것을 모두 치겠다. 그리고
이집트의 모든 신을 벌하겠다. 나는 주다. 13 문
틀에 피를 발랐으면, 그것은 너희가 살고 있는 집
의 표적이니, 내가 이집트 땅을 칠 때에, 문설주
에 피를 바른 집은, 그 피를 보고 내가 너희를 치
지 않고 ㄷ)넘어갈 터이니, 너희는 재앙을 피하여 살
아 남을 것이다. 14 이 날은 너희가 기념해야 할
날이니, 너희는 이 날을 주 앞에서 지키는 절기로
삼아서 영원한 규례로 대대로 지켜야 한다."

ㄱ) 아빕월, 양력 삼월 중순 이후 ㄴ) 히, '페싸흐 (넘다)'. 우리말 '유월'은 '넘어가다' 또는 '지나가다'는 뜻 (13, 27절의 주를 볼 것) ㄷ) 히 '파싸흐'

기에 관한 하나님의 지시사항들을 이스라엘 장로들에게 전한다. **12:21-22** 이 절들은 1-13절에 나오는 지시사항들 중 많은 것들을 되풀이하는데, 이스라엘 사람들은 아침이 될 때까지 집안에 머물러 있어야 한다는 금지규정을 덧붙여서, 밤중에 이스라엘 사람들이 이집트로부터 추방(29-36절을 보라)되는 이미지와 더불어 그들이 겪는 갈등을 재구성하여 보여준다. **12:23** 이집트 가정들에 대한 하나님의 공격은 *파괴자*로 의인화된다 (삼하 24:16-17). **12:24-27** 유월절 제전은 교리문답 형식으로 구성되어 있다. 다시 말해서, 이 제전은 무교병 절기와 장자들을 거룩하게 구별하여 하나님에게 바치는 의식(13:1-16)에서, 율법의 수여(신 6:20-25)에서, 그리고 요단 강을 건넌 후에 있게 되는 축제(수 4:21-24)에서 거듭 이야기되는 구원사에 속한 사건들에 관하여 어린아이들이 그들의 양친들에게 묻는 질문과 답변으로 구성되었다. **12:28** 유월절과 무교병 절기 준수에 관한 기사는 이스라엘이 순종하여 모세의 지시사항들을 따르는 것으로 결론을 맺는다.

12:29-36 이집트 장자들의 죽음은 11:1-10에서 나오는 주제들을 반복하는데, 후자는 모세에게 주어진 하나님의 경보이다. **12:29** 하나님은 한밤중에 이집트의 장자들을 공격하신다 (11:4). **12:30** 11:6을 보라. **12:31-33** 바로와 그의 신하들과 모든 이집트 사람은 이스라엘 사람에게 이집트 땅을 떠나라고 촉구한다 (11:8). **12:34** 이 이미지는 이스라엘 백성이 이집트를 떠날 즈음의 촉박함과 그들의 빵에 누룩이 부풀어 오르는 것을 기다릴 수 없을 정도의 상황을 강조하는데, 후자는 후에 무교병 절기로 제정된다 (12:14-20을 보라). **12:25-36** 마지막으로, 이스라엘은 이집트 사람들의 보석과 의복을 취함으로써 그들을 약탈한다 (3:22; 11:2-3을 보라).

12:37-39 **12:37** 이집트 장자들의 죽음과 유월절은 라암셋의 도시에서 일어난다. 처음으로 머무른 장소는 숙곳(민 33:6을 보라)인데, 이 곳은 숙곳의 절기를 상기시켜 준다. 이 절기에는 이스라엘 사람들이 특정기간 동안 초막에서 살도록 규정된다 (레 23:42-43; 신 16:13-17). 600,000에 달하는 남자들의 수는 이집트를 떠난 인구가 전체적으로 2백만 내지 3백만 명에 이르렀음을 나타내는 숫자이다. 이렇게 증가된 숫자의 해석상의 상징적 의미는 현대 해석자들을 곤경에 빠뜨리게

무교절

15 "너희는 이레 동안, 누룩을 넣지 않고 만든
빵을 먹어야 한다. 그 첫날에 너희는 집에서 누룩을
말끔히 치워라. 첫날부터 이렛날까지 누룩을 넣은
빵을 먹는 사람은 누구든지 이스라엘에서 끊어
진다. 16 너희는 첫날에 거룩한 모임을 열고,
이렛날에도 거룩한 모임을 열어라. 이 두 날에는,
너희 각자가 먹을 것을 장만하는 일이 아니면,
어떤 일도 해서는 안 된다. 17 너희는 무교절을
지켜야 한다. 바로 이 날에 내가 이집트 땅에서
너희 온 이스라엘 지파를 이끌어 냈기 때문이다.
너희는 이 날을 영원한 규례로 삼아서 대대로
지켜야 한다. 18 너희는 첫째 달 열나흗날 저녁
부터 그 달 스무하룻날 저녁까지 누룩을 넣지
않은 빵을 먹어야 한다. 19 이레 동안에는 너희
집 안에 누룩이 있어서는 안 된다. 누룩 든 빵을
먹는 사람은 누구든지, 외국인이든지 본국인이
든지, 이스라엘 회중에서 끊어진다. 20 누룩을
넣은 것은 아무것도 먹지 않아야 한다. 너희가
어디에서 살든지, 이 기간 동안에는 누룩을 넣지
않은 빵을 먹어야 한다."

첫 번째 유월절

21 모세가 이스라엘의 장로를 모두 불러서,
이렇게 말하였다. "여러분은 여러분의 가족들과
함께 먹을 양이나 염소를 준비하여, 유월절 제물로
잡으십시오. 22 우슬초 묶음을 구하여다가 그릇에
받아 놓은 피에 적셔서, 그 피를 상인방과 좌우
문설주에 뿌리십시오. 여러분은 아침까지 아무도
자기 집 문 밖으로 나가서는 안 됩니다. 23 주님
께서 이집트 사람들을 치려고 지나가시다가, 상인
방과 좌우 문설주에 바른 피를 보시고, 그 문 앞을
그냥 지나가실 것이며, 파괴자가 여러분의 집을
치러 들어가지 못하게 하실 것입니다. 24 여러분
은 이 일을 여러분과 여러분의 자손이 지킬 규례
로 삼아, 영원히 지키게 하십시오. 25 여러분은
주님께서 여러분에게 주시겠다고 약속하신 땅에
들어가거든, 이 예식을 지키십시오. 26 여러분의
아들딸이 여러분에게 '이 예식이 무엇을 뜻합니
까?' 하고 물을 것입니다. 27 그러면 여러분은
그들에게 '이것은 주님께 드리는 ㄱ)유월절 제사다.
주님께서 이집트 사람을 치실 때에, 이집트에
있던 이스라엘 자손의 집만은 그냥 지나가셔서,
우리의 집들을 구하여 주셨다' 하고 이르십시오."
백성은 이 말을 듣고서, 엎드려 주님께 경배를
드렸다.

28 이스라엘 자손은 돌아가서, 주님께서 모세
와 아론에게 명하신 대로 하였다.

열째 재앙: 처음 난 것들의 죽음

29 한밤중에 주님께서 이집트 땅에 있는 처
음 난 것들을 모두 치셨다. 임금 자리에 앉은 바
로의 맏아들을 비롯하여 감옥에 있는 포로의 맏아
들과 짐승의 맏배까지 모두 치시니, 30 바로와
그의 신하와 백성이 그 날 한밤중에 모두 깨어 일어
났다. 이집트에 큰 통곡소리가 났는데, 초상을 당하
지 않은 집이 한 집도 없었다. 31 바로는 밤중에

ㄱ) '유월절 (페싸흐)'과 '지나가다 (파싸흐)'가 같은 어원에서 나옴

한다. **12:38** *다른 여러 민족들.* 출애굽의 무리들 중에는 여러 다른 민족들이 포함되어 있었다. **12:39** 촉박한 탈출은 누룩을 넣지 않은 빵에 대한 언급으로 강조된다 (12:34를 보라). 서둘러서 떠난 이유는 이집트 사람들이 여호와께서 예견하신 대로 이집트로부터 이스라엘 사람들을 추격하였기 때문이다 (6:1; 11:1).

12:40-51 유월절에 관한 추가적인 규정들은 주로 참가자들에게 초점을 두는데, 이것은 아마도 이스라엘이 이집트로부터 떠날 때 그들을 따라온 여러 민족이 있었기 때문일 것이다 (12:38). **12:40-42** 이스라엘이 이집트에 머문 기간이 430년이라고 하는 것은 이스라엘 사람들이 400년 동안 노예로 지낼 것(창 15:13)이라고 하는, 아브라함에 대한 하나님의 경고를 상기시켜준다. (흥미 있게도, 첫 성전은 430년 동안 존속했다; 왕상 6:1을 보라.) 유월절은 또한 철야의 절기로 해석된다. **12:43-49** 유월절 참석에 관한 규정이 제시된다. 나그네들은 할례를 받으면 유월절에 참가하는 것이 허용된다 (4:24-26을 보라; 또한 창 17:9-14를 보라). **12:46** 희생제사 예식은 더 수정되어 동물의 뼈는 하나라도 꺾어서는 안 된다고 한다.

특별 주석
이 본문은 후에 요 19:36에서 예수께 적용된다.

12:50-51 *각 군대 단위로.* 이스라엘 사람들이 떠났다고 하는 것은 군사적인 이미지가 있는데, 이것은 바로 전에 성급하게 야밤중에 도주하는 것과는 대조를 이룬다 (12:33-34, 39).

13:1-16 초점이 무교병 절기(3-10절)에서 처음 난 자에 대한 하나님의 요구로 바뀐다 (11-16절). **13:1-2** 하나님은 모세에게 가축을 포함한 이스라엘의 모든 맏아들이 나의 것이라고 선언하신다. **13:3-10** 모세는 무교

모세와 아론을 불러들여서 말하였다. "너희와 너희 이스라엘 자손은 어서 일어나서, 내 백성에게서 떠나가거라. 그리고 너희의 요구대로, 너희는 가서 너희의 주를 섬겨라. 32 너희는 너희가 요구한 대로, 너희의 양과 소도 몰고 가거라. 그리고 내가 복을 받게 빌어라."

33 이집트 사람은 '우리 모두 다 죽게 되었다' 하면서, 이스라엘 백성에게 '어서 이 땅에서 떠나라'고 재촉하였다. 34 그래서 이스라엘 백성은, 아직 빵 반죽이 부풀지도 않았는데, 그 반죽을 그릇째 옷에 싸서, 어깨에 둘러메고 나섰다. 35 이스라엘 자손은 모세의 말대로 이집트 사람에게 은붙이와 금붙이와 의복을 요구하였고, 36 주님께서는 이스라엘 백성이 이집트 사람에게 환심을 사도록 하셨으므로, 이집트 사람들은 이스라엘 자손의 요구대로 다 내어 주었다. 이렇게 하여서, 그들은 이집트 사람들에게서 물건을 빼앗아 가지고 떠나갔다.

이스라엘의 이집트 탈출

37 마침내 이스라엘 자손이 라암셋을 떠나서 숙곳으로 갔는데, 딸린 아이들 외에, 장정만 해도 육십만 가량이 되었다. 38 그 밖에도 다른 여러 민족들이 많이 그들을 따라 나섰고, 양과 소 등 수많은 집짐승 떼가 그들을 따랐다. 39 그들은 이집트에서 가지고 나온 부풀지 않은 빵 반죽으로 누룩을 넣지 않은 빵을 구워야 하였다. 그들은 이집트에서 급히 쫓겨 나왔으므로, 먹거리를 장만할 겨를이 없었다.

40 이스라엘 자손이 ㄱ)이집트에서 산 기간은 사백삼십 년이었다. 41 마침내 사백삼십 년이 끝나는 바로 그 날, 주님의 모든 군대가 이집트 땅에서 나왔다. 42 그 날 밤에 주님께서 그들을 이집트 땅에서 이끌어 내시려고 밤을 새우면서 지켜 주셨으므로, 그 밤은 '주님의 밤'이 되었고, 이스라엘 자손이 대대로 밤새워 지켜야 하는 밤이 되었다.

유월절 규례

43 주님께서 모세와 아론에게 말씀하셨다. "유월절 규례는 이러하다. 이방 사람은 아무도 유월절 제물을 먹지 못한다. 44 그러나 돈으로 사들인 종으로서 할례를 받은 사람은 누구나 그것을 먹을 수 있다. 45 임시로 거주하는 타국인이나 고용된 타국인 품꾼은 그것을 먹을 수 없다. 46 어느 집이든지 고기는 한 집에서 먹어야 하며, 그 고기를 조금이라도 집 바깥으로 가지고 나가서는 안 된다. 뼈는 하나라도 꺾어서는 안 된다. 47 이스라엘 모든 회중이 다 함께 이 유월절을 지켜야 한다. 48 너희에게 몸붙여 사는 외국인이 주님의 유월절을 지키려고 하면, 너희는 그 모든 남자에게 할례를 받게 하여야 한다. 그런 다음에 그는 본국인과 같이 되어서 유월절에 참여할 수 있다. 할례를 받지 않은 사람은 아무도 제물을 먹어서는 안 된다. 49 본국인에게나 너희에게 몸붙여 사는 타국인에게나, 이 법은 동일하다."

50 이스라엘의 모든 자손은, 주님께서 모세와 아론에게 명하신 대로 하였다. 51 바로 이 날에 주님께서 이스라엘 자손을 각 군대 단위로 이집트 땅에서 이끌어 내셨다.

ㄱ) 사마리아 오경과 칠십인역에는 '이집트와 가나안'

병 절기 행사에 관하여 이스라엘 사람들에게 지시한다. **13:3** 무교병 절기를 준수하는 것은 이스라엘 사람들이 출애굽 한 것을 기념하는 것이며, 유월절을 지키는 것은 이스라엘 사람들이 맏아들의 죽음을 모면한 것을 기념하는 것이다. **13:4** "새 곡물"을 의미하는 아빕월은 구시대의 결산 달인데 나중에 니산월로 대체되었다 (12:2를 보라). **13:5-7** 무교병 절기는 이스라엘 사람들이 토착민들을 몰아내고 가나안 땅에 들어갈 때 준수되어야 한다 (3:7-9를 보라). **13:8-10** 무교병 절기에 대한 규례는 나이에 상관없이 가르칠 것을 규정한다 (12:24-27을 보라). 손과 이마에 붙인 표는 무교병 절기와 연관되어 있는 것이다. 비록 부적들을 몸에 지니는 것이 유사한 언어로 다른 본문들에 규정되어 있기는 하지만 (신 6:8을 보라), 이 진술은 아마도 은유적인 것일 것이다 (잠 7:1-3). **13:11-16** 모세는 이스라엘 사람들에게 첫 소산을 바치는 것에 관하여 교훈을 준다. **13:11-13** 하나님은 처음 난 모든 집짐승들의 수컷과 남자 아이들을 요구하신다. 이러한 하나님의 요구는 그들을 희생제물로 드리라는 것을 의미한다. 가축과 인간은 다 같이 속량받을 수 있다. 당나귀는 양으로 대치될 수 있다. 사람이 속량받는 것에 관해서는 상세하게 기록하지 않는다 (이삭이 숫양으로 대치되는 창 22장을 보라). **13:14-15** 첫 소산을 희생제물로 바치는 의식은 대를 이어 가르쳐질 교훈으로 규정된다 (12:24-27; 13:8-10). 첫 소생에 대한 주님의 요구는 이집트 장자들을 죽인 사건에 기원을 둔다. **13:16** 이 교훈은 또다시 표로 명시된다 (9절을 보라). 여기에 나오는 히브리어는 구체적으로 이마에 표를 붙여야 함을 지시한다.

13:17—14:31 홍해에서 이집트 군사의 죽음에

맏이 봉헌

13 1 주님께서 모세에게 말씀하셨다. 2 "이
스라엘 자손 가운데서 태를 제일 먼저
열고 나온 것 곧 처음 난 것은, 모두 거룩하게 구별
하여 나에게 바쳐라. 사람이든지 짐승이든지, 처음
난 것은 모두 나의 것이다."

무교절

3 모세가 백성에게 선포하였다. "당신들은
이집트에서 곧 당신들이 종살이하던 집에서 나온
이 날을 기억하십시오. 주님께서 강한 손으로 거기
에서 당신들을 이끌어 내신 날이니, 누룩을 넣은
빵을 먹어서는 안 됩니다. 4 첫째 달인 아빕월의
오늘 당신들이 이집트를 떠났습니다. 5 주님께서,
당신들의 조상에게 주신다고 맹세하신 젖과 꿀이
흐르는 땅 곧 가나안 사람과 헷 사람과 아모리
사람과 히위 사람과 여부스 사람의 땅에 이르게
하시거든, 당신들은 이 달에 다음과 같은 예식을
지키십시오. 6 당신들은 이레 동안 누룩을 넣지
않은 빵을 먹어야 하며, 이렛날에는 주님의 절기를
지키십시오. 7 이레 동안 당신들은 누룩을 넣지
않은 빵을 먹어야 하며, 당신들 영토 안에서 누룩을
넣은 빵이나 누룩이 보여서는 안 됩니다. 8 그 날
에 당신들은 당신들 아들딸들에게, '이 예식은, 내
가 이집트에서 나올 때에, 주님께서 나에게 해주
신 일을 기억하고 지키는 것이다' 하고 설명하여
주십시오. 9 이 예식으로, 당신들의 손에 감은
표나 이마 위에 붙인 표와 같이, 당신들이 주님의
법을 늘 되새길 수 있게 하십시오. 주님께서 강한
손으로 당신들을 이집트에서 구하여 내셨기 때문
입니다. 10 그러므로 당신들은 이 규례를 해마다
정해진 때에 지켜야 합니다."

맏이

11 "주님께서, 당신들과 당신들 조상에게 맹
세하신 대로, 당신들을 가나안 사람의 땅에 이르
게 하셔서 그 땅을 당신들에게 주시거든, 12 당
신들은 태를 처음 열고 나오는 모든 것을 주님께
바치십시오. 그리고 당신들이 기르는 짐승이 처음
낳는 수컷은 다 주님의 것입니다. 13 그러나
나귀의 맏배는 어린 양을 대신 바쳐서 대속하도록
하십시오. 그렇게 대속하지 않으려거든, 그 목을
꺾으십시오. 당신들 자식들 가운데서 맏아들은
모두 대속하여야 합니다. 14 뒷날 당신들 아들
딸이 당신들에게 묻기를, 무엇 때문에 이런 일을
하느냐고 하거든, 당신들은 아들딸에게 이렇게
일러주십시오. '주님께서 강한 손으로 이집트 곧
종살이하던 집에서 우리를 이끌어 내셨다.
15 그 때에 바로가 우리를 내보내지 않으려고
고집을 부렸으므로, 주님께서, 처음 난 것을, 사람
뿐만 아니라 이집트 땅에 있는 모든 처음 난 것을
죽이셨다. 그래서 나는 처음 태를 열고 나온 모든
수컷을 주님께 제물로 바쳐서, 아들 가운데에서
도 맏아들을 모두 대속하는 것이다. 16 이것을
각자의 손에 감은 표나 이마 위에 붙인 표처럼
여겨라. 이렇게 하는 것은, 주님께서 강한 손으로
우리를 이집트 땅에서 이끌어 내셨기 때문이다.'"

관한 이야기는, 밤중에 바로가 다가옴에 관하여 기술하기 전에 (14:5-14), 이스라엘이 이집트로부터 빠져나온 것에 관하여 추가적으로 상술함으로써 시작한다 (13:7—14:4). 이 일화는 하나님께서 새벽에 이집트 군사를 쳐부수신 것으로 절정에 이른다 (14:15-30).

13:17—14:4 이 단락에는 이스라엘 백성이 이집트로부터 탈출한 사건에 대한 서로 다른 것들이 병합되어 있다. **13:17-18** *블레셋 사람의 땅을 거쳐서 가는 길*은 아마도 지중해 해안선을 따라가는 도로일 것이다. 이러한 직선거리 대신에, 백성들은 *홍해로 가는 광야 길*로 간다. 이 길을 택하는 이유는 하나님께서 이스라엘 사람들이 아직 전쟁을 치를 준비가 되지 않았다고 생각하시기 때문이다. 이 단락은 이집트로부터 빠져나와 전쟁 준비가 되어 행군하는 이스라엘의 대조적인 모습으로 끝나는데, 이것은 이스라엘의 출애굽에 대한 제사문서(P)의 독특한 해석을 반영해 주는 것이다 (12:41; 14:8; 민 33:3; 서론을 보라). **13:19** *요셉의 유골*. 모세는 가나안에 묻히게 해달라는 요셉의 유언을 성사시켜 준다 (창 50:24-26). **13:20** 홍해의 광야 길은 이스라엘을 숙곳으로부터 광야 언저리에 위치하고 있는 에담으로 인도하는데, 야웨-엘로힘문서에 따르면, 이 곳에서 홍해의 대결이 벌어진다. **13:21-22** 이스라엘 사람들을 인도한 구름기둥은 회막과 관련되어 있다 (33:9, 10; 민 12:5).

14:1-2 하나님은 모세로 하여금 이스라엘 백성의 행군의 방향을 바꾸도록 지시하신다. 이러한 내용을 더함으로써, 제사문서는 홍해에서 벌어지는 결투의 장소를 에담으로부터 비하히롯으로 옮기는데, 이 곳은 분명 이집트 영토 안에 위치한다. **14:3-4** 방향 전환의 목적은 바로를 최후의 결전장으로 끌어들이기 위함이다. 주 하나님은 또다시 바로로 하여금 고집을 부리게 해서 (4:21-23), 그가 이스라엘 사람들을 추격하도록 하실 것이다. 하나님은 바로를 누르고 영광을 누리실 것이고 이집트 사람들은 하나님을 알게 될 것이다 (7:5를 보라).

구름기둥과 불기둥

17 바로는 마침내 이스라엘 백성을 내보냈다. 그러나 그들이 블레셋 사람의 땅을 거쳐서 가는 것이 가장 가까운데도, 하나님은 백성을 그 길로 인도하지 않으셨다. 그것은 하나님이, 이 백성이 전쟁을 하게 되면 마음을 바꾸어서 이집트로 되돌아가지나 않을까, 하고 염려하셨기 때문이다. 18 그래서 하나님은 이 백성을 ㄱ)홍해로 가는 광야 길로 돌아가게 하셨다. 이스라엘 자손은 대열을 지어 이집트 땅에서 올라왔다. 19 모세는 요셉의 유골을 가지고 나왔다. 요셉이 이스라엘 자손에게 엄숙히 맹세까지 하게 하며 "하나님이 틀림 없이 너희를 찾아오실 터이니, 그 때에 너희는 여기에서 나의 유골을 가지고 나가거라" 하고 말하였기 때문이다. 20 그들은 숙곳을 떠나 광야 끝에 있는 에담에 장막을 쳤다. 21 주님께서는, 그들이 밤낮으로 행군할 수 있도록, 낮에는 구름기둥으로 앞서 가시며 길을 인도하시고, 밤에는 불기둥으로 앞 길을 비추어 주셨다. 22 낮에는 구름기둥 밤에는 불기둥이 그 백성 앞을 떠나지 않았다.

홍해를 건너다

14 1 주님께서 모세에게 말씀하셨다. 2 "너는 이스라엘 자손에게 말하여, 오던 길로 되돌아가서, 믹돌과 바다 사이의 비하히롯 앞 곧 바알스본 맞은쪽 바닷가에 장막을 치라고 하여라. 3 그러면 바로는, 이스라엘 자손이 막막한 광야에 갇혀서 아직 이 땅을 헤매고 있을 것이라고 생각할 것이다. 4 내가 바로의 고집을 꺾지 않고 그대로 둘 터이니, 그가 너희를 뒤쫓아 올 것이다. 그러나 나는 바로와 그 군대를 물리침으로써 나의 영광을 드러낼 것이니, 이집트 사람들이 이것을 보고서, 내가 주님임을 알게 될 것이다." 이스라엘 자손은 모세가 시키는 대로 하였다.

5 이스라엘 백성이 도망쳤다는 소식이 이집

ㄱ) 히, '얌 쑤프'

추가 설명: 구원과 바다

이스라엘 백성의 운명을 두고서 하나님과 바로 사이에서 벌어지는 대결은 출애굽기에서 중심으로 되어 있는 구원의 이야기이다. 이 갈등의 규모는 자연의 힘의 역할로 그 규모가 강조된다. 피와 개구리와 암흑의 재앙들은 홍해에서 벌어지는 결전에서 절정에 이르는 서사극, 즉 관객의 이성에 호소하여 홍해의 결전에 대한 비판적 사고를 추구하는 서사극이다. 그러나 하나님과 바로 사이의 최후 전투는 이집트 군대에 대해서라기보다는 바다를 주관하시는 하나님의 힘에 초점을 둔다. 바다는 하나님의 입김으로 통제되는데, 이 입김은 바다를 두 갈래로 나누고, 하물며 바다를 마르게 해서 이스라엘 사람들이 안전하게 통과해서 뭍에 오르게 한다. 동시에, 하나님은 이집트 군대를 파멸하기 위하여 이러한 과정을 역전시키는 힘을 가지고 계시다.

고대 근동의 예전적 주제들이 바다를 통제하시는 주 하나님을 묘사하는데 영향을 주었는데, 여기서 바다는 창조 및 구원의 주님과의 전쟁에서 혼돈의 힘을 상징한다. 가나안에서 구원과 풍요의 신인 바알은 얌(Yam)과 나할 (Nahar), 즉 "바다와 강"의 신들을 대적하여 전쟁을 치른다. 바다의 신을 쳐부수는 것은 가나안 종교에 있어서 질서와 창조와 풍요의 승리를 뜻한다. 바빌론 신 마르둑은 *에누마 엘이쉬 (Enuma Elish)* 신화에 나오는 창조의 시초 행위로서 바다 괴물 티아마트(Tiamat, 바다)를 쳐부순다. 고대 이스라엘 기자들은 무질서한 바다에 대한 이러한 전승들을 알았으며, 그들은 이것들을 출애굽에 대한 그들 자신의 해석들에 결부시켰다. 사 51:9-10은 구원을 하나님께서 바다 괴물 라합을 쳐부수신 것으로 묘사한다. 시 74:12-15는 바다 괴물 리워야단을 짓부순 것을 축하하는데, 이것은 아마도 라합을 "바다에 사는 용들" 가운데 하나로 간주하는 것을 의미할 것이다. 출 14—15장에 나오는 기사는 또한 주 하나님께서 바다를 통제하신 사건에서 시사되듯이, 구원의 우주적인 사건으로 이야기된다. 무질서한 바다를 하나님께서 제어하는 것이 구원사의 이야기 전체에서 중심을 이룬다. 구원사의 일부를 이루는 광야 여정은 홍해를 마르게 하는 것(출 14—15장)으로 출발하여 주 하나님께서 요단 강을 마르게 하셔서 (수 4—5장) 이스라엘 사람들이 약속의 땅인 가나안에 들어가게 하신 것으로 끝난다.

트의 왕의 귀에 들어갔다. 그러자 바로와 그의 신
하들은 이 백성에 대한 생각을 바꾸었다. "우리에게
종살이하던 이스라엘 백성을 이렇게 풀어 주어 놓
아 보내다니, 어쩌자고 이렇게 하였는가?" 하고 후
회하였다. 6 바로는 병거를 갖추고, 그의 군대를
이끌고 나섰다. 7 그는 특수병거 육백 대로
편성된 정예부대와 장교들이 지휘하는 이집트
병거부대를 모두 이끌고 나섰다. 8 주님께서
이집트의 왕 바로의 마음을 고집스럽게 하시니,
바로가, 주님의 보호를 받으면서 ㄱ)당당하게 나가고
있는 이스라엘 자손을 뒤쫓았다. 9 마침내 바로의
모든 병거와 기미와 그의 기병과 보병으로 구성된
이집트 군대가 이스라엘 백성을 추격하여, 그들이
진을 치고 있는 비하히롯 근처 바알스본 맞은쪽
바닷가에 이르렀다.

10 바로가 다가오고 있었다. 이스라엘 자손
이 고개를 들고 보니, 이집트 사람들이 그들을 추
격하여 오고 있었다. 이스라엘 자손은 크게 두려
워하며, 주님께 부르짖었다. 11 그들은 모세를
원망하며 말하였다. "이집트에는 묘 자리가 없어서,
우리를 이 광야에다 끌어내어 죽이려는 것입니
까? 우리를 이집트에서 끌어내어, 여기서 이런 일을
당하게 하다니, 왜 우리를 이렇게 만드십니까?
12 이집트에 있을 때에, 우리가 이미 당신에게
말하지 않았습니까? 광야에 나가서 죽는 것보다
이집트 사람을 섬기는 것이 더 나으니, 우리가
이집트 사람을 섬기게 그대로 내버려 두라고 하지
않았습니까?" 13 모세가 백성에게 대답하였다.
"두려워하지 마십시오. 당신들은 가만히 서서,
주님께서 오늘 당신들을 어떻게 구원하시는지 지켜
보기만 하십시오. 당신들이 오늘 보는 이 이집트
사람을 다시는 볼 수 없을 것입니다. 14 주님께서
당신들을 구하여 주시려고 싸우실 것이니, 당신
들은 진정하십시오."

15 주님께서 모세에게 말씀하셨다. "너는 왜
부르짖느냐? 너는 이스라엘 자손에게 명하여,
앞으로 나아가게 하여라. 16 너는 지팡이를
들고 바다 위로 너의 팔을 내밀어, 바다가 갈라지
게 하여라. 그러면 이스라엘 자손이 바다 한가운
데로 마른 땅을 밟으며 지나갈 수 있을 것이다.
17 내가 이집트 사람의 마음을 고집스럽게 하겠다.
그들이 너희를 뒤쫓을 것이다. 그러나 나는 바로와
그의 모든 군대와 병거와 기병들을 전멸시켜서,
나의 영광을 드러내겠다. 18 내가 바로와 그의
병거와 기병들을 물리치고서 나의 영광을 드러낼
때에, 이집트 사람은 비로소 내가 주님임을 알게
될 것이다."

19 이스라엘 진 앞을 인도하는 하나님의 천사
가 진 뒤로 옮겨가자, 진 앞에 있던 구름기둥도 진
뒤로 옮겨가서, 20 이집트 진과 이스라엘 진
사이를 가로막고 섰다. 그 구름이 이집트 사람들이
있는 쪽은 어둡게 하고, 이스라엘 사람들이 있는
쪽은 환하게 밝혀 주었으므로, 밤새도록 양쪽이
서로 가까이 갈 수 없었다.

21 모세가 바다 위로 팔을 내밀었다. 주님께서
밤새도록 강한 동풍으로 바닷물을 뒤로 밀어 내시

ㄱ) 히, '높은 손으로'

14:5-14 이 단락은 이집트 군사의 접근과 이에 따른 이스라엘 백성의 두려움을 기술한 것이다. **14:5-9** 바로가 마음을 바꾼 것은 이스라엘 사람들을 쫓아 보낸 것을 언급하는 것이다 (12:30-32). 병거들을 거듭해서 언급하는 것은 이집트 군대의 군사력을 강조하려는 것이다. **14:10-14** 이스라엘 백성은 불평으로 대응한다. 그들의 불평은 광야 행군 전체를 통해서 반복해서 나타나는 상투적인 구절들로 되어있다. 그들은 광야에서 당하는 자유의 위기보다는 이집트에서 겪는 종살이를 선호한다 (15:22-26; 17:1-7; 민 11:1-3, 4-35; 14장; 20:2-13; 21:4-9를 보라). 모세는 주 하나님께서 이스라엘을 위하여 싸우실 것이기 때문에 *두려워하지 마십시오* 라고 전쟁에 대하여 말한다 (대하 20:17-20). 홍해에서의 대결은 바로와 주 하나님 사이의 대결이지 이스라엘 백성과의 대결이 아니기 때문이다.

14:15-30 이 단락에는 하나님께서 모세에게 지시하시는 것(15-18절)과 홍해에서 바로를 무찌르신 기사가 실려 있다 (19-30절). **14:15-18** 하나님은 모세로 하여금 바다가 갈라지게 하고, 이스라엘 백성이 그것을 통과하도록 인도하라고 지시하신다. 하나님은 또한 그 결과를 미리 알고 계신다. 바로가 고집을 부려서 (4:21-23을 보라) 이스라엘 사람들을 추격할 것이다. 그러나 하나님께서 그를 누르고 영광을 누리실 것이며, 이 과정을 통해 이집트 사람이 하나님을 알도록 할 것이다 (7:5). **14:19-20** 하나님은 두 가지 모습으로 나타나신다. 하나님의 천사는 이스라엘 사람들을 이집트 사람들로부터 구별하며 (3:1을 보라), 구름기둥이 이스라엘 진 앞으로부터 이스라엘 진 뒤로 옮겨간다 (13:21-22). **14:21-29** 이집트 사람들을 파멸시키는 것은 세 단계로 이루어지는데, 밤으로부터 새벽에 이르기까지 시간이 흐르면서 진척되어 간다. **14:21-23** 밤중에, 동풍이 바다를 마르게 한다. 동풍의 배경에 관하여는 126쪽 추가 설명: "구원과 바다"를 보라. 이스라엘 사람들은 바다 한가운데로 마른 땅을 밟으며 행군할 때, 이집트 군대가 그들의 뒤를 따른다. 마른 땅을 밟고서 바다를 통과하는 이스라엘 사람들의 행군은 광야 여정

니, 바다가 말라서 바닥이 드러났다. 바닷물이 갈
라지고, 22 이스라엘 자손은 바다 한가운데로
마른 땅을 밟으며 지나갔다. 물이 좌우에서 그들을
가리는 벽이 되었다. 23 뒤이어 이집트 사람들
이 쫓아왔다. 바로의 말과 병거와 기병이 모두
이스라엘 백성의 뒤를 쫓아 바다 한가운데로
들어왔다. 24 새벽녘이 되어, 주님께서 불기둥
과 구름기둥에서 이집트 진을 내려다 보시고, 이
집트 진을 혼란 속에 빠뜨리셨다. 25 주님께서
ㄱ)병거의 바퀴를 벗기셔서 전진하기 어렵게 만드
시니, 이집트 사람들은 '이스라엘 사람들을 쫓지
말고 되돌아가자. 그들의 주가 그들 편이 되어
우리 이집트 사람과 싸운다!' 하고 외쳤다.
26 주님께서 모세에게 이르셨다. "너는 바다
위로 너의 팔을 내밀어라. 그러면 바닷물이 이집트
사람과 그 병거와 기병 쪽으로 다시 흐를 것이다."
27 모세가 바다 위로 팔을 내미니, 새벽녘에
바닷물이 본래의 상태로 되돌아왔다. 이집트
사람들이 되돌아오는 물결에서 벗어나려고 하였
으나, 주님께서 이집트 사람들을 바다 한가운데
빠뜨리셨다. 28 이렇게 물이 다시 돌아와서
병거와 기병을 뒤덮어 버렸다. 그래서 이스라엘
백성의 뒤를 따라 바다로 들어간 바로의 모든
군대는 하나도 살아 남지 못하였다. 29 이스라엘
자손은 바다 한가운데로 마른 땅을 밟으며 지나
갔는데, 바닷물이 좌우에서 그들을 가리는 벽이
되어 주었던 것이다.
30 바로 그 날, 주님께서 이스라엘을 이집트
사람들의 손아귀에서 구원하셨고, 이스라엘은
바닷가에 널려 있는 이집트 사람들의 주검을 보게
되었다. 31 이스라엘은 이집트를 치신 주님의
크신 권능을 보고 주님을 두려워하고, 주님과
주님의 종 모세를 믿었다.

모세의 노래

15 1 그 때에 모세와 이스라엘 자손이
이 노래를 불러서 주님을 찬양하였다.

"내가 주님을 찬송하련다.
그지없이 높으신 분,
말과 기병을 바다에 처넣으셨다.

2 주님은 나의 힘,
나의 노래, 나의 구원,
주님이 나의 하나님이시니,
내가 그를 찬송하고,
주님이 내 아버지의 하나님이시니,
내가 그를 높이련다.
3 주님은 용사이시니,
그 이름 주님이시다.

4 바로의 병거와 그 군대를
바다에 던지시니,
빼어난 장교들이 홍해에 잠겼다.
5 깊은 물이 그들을 덮치니,
깊은 바다로 돌처럼 잠겼다.

6 주님, 오른손이 권능으로
영광을 드러내셨습니다.
주님, 주님의 오른손이
원수를 쳐부수셨습니다.
7 주님께서 큰 위엄으로
주님을 대적하는 사람들을
내던지셨습니다.
주님께서 분노를 일으키셔서,
그들을 검불처럼 살라 버리셨습니다.

ㄱ) 사마리아 오경과 칠십인역과 시리아어역에는 '병거의 바퀴를 움직이지 못하게 하셔서'

의 뼈대를 이루며, 요단 강에서 이스라엘이 약속의 땅에 들어갈 때 반복된다 (수 4:23). **14:24-25** 밤중에 하나님은 세 번에 걸쳐 내려다보시는데, 이 새벽에 마지막으로 내려다보시면서 이집트 군대를 공격하신다. 그들은 경악한다. 그들이 모는 병거의 바퀴들은 땅에 들러붙고, 그들은 하나님의 권능을 인식한다. 그러나 때는 이미 늦었다. **14:26-29** 새벽에 모세는 그의 지팡이를 물위에 뻗쳐서 바닷물이 다시 돌아오게 하고 도주하는 이집트 군대를 수장시킨다. **14:30-31** 이집트 군대의 파멸은 하나님의 구원의 사건이며, 이스라엘 사람들은 이것을 인정한다. "보다"(*라아*)와 "두려워하다"(*야레*)에 해당하는 히브리 단어들은 비슷한 발음을 내는데, 여기서 이런 동음이의어를 사용한 언어 기교를 사용한 것이다. 이스라엘 사람들은 해안에서 시체들을 보는데, 이것은 주 하나님을 두려워하게 만든다. 백성은 또한 주 하나님과 모세를 믿는다 (4:1, 5, 8-9, 31을 보라).

15:1-21 바로와 이집트 군대가 멸망당한 것이 두 편의 노래에서 찬양되는데, 하나는 모세의 노래이고 (1-18절), 다른 하나는 미리암의 노래이다 (21절).

15:1-18 모세의 노래는 신의 용사가 바다에서 승리를 얻는 가나안 신화에 나오는 주제들을 상기시켜 주며 (1-12절), 하나님의 산에 성전을 세우고 (17절), 하나님의 영원한 왕권을 공포한다 (18절). 이 모세의 노래를 어떻게 나누어야 하는지를 알기는 어렵다. 하지만 세 개

8 주님의 콧김으로 물이 쌓이고,
파도는 언덕처럼 일어서며,
깊은 물은
바다 한가운데서 엉깁니다.
9 원수는 말하기를
'내가 그들을 뒤쫓아 따라잡고,
약탈물을 나누며,
나의 욕망을 채우겠다.
내가 칼을 뽑아
그들을 멸망시키겠다' 합니다.
10 그러나 주님께서 바람을 일으키시니,
바다가 그들을 덮었고,
그들은 거센 물 속에
납덩이처럼 잠겨 버렸습니다.

11 주님, 신들 가운데서
주님과 같은 분이
어디에 있겠습니까?
주님과 같이 거룩하시며,
영광스러우시며,
찬양받을 만한 위엄이 있으시며,
놀라운 기적을 일으키시는,
그런 분이 어디에 있겠습니까?
12 주님께서 오른팔을 내어미시니,
땅이 대적을 삼켜 버렸습니다.

13 주님께서 한결같은 사랑으로,
손수 구원하신 이 백성을
이끌어 주시고,
주님의 힘으로
그들을 주님의 ㄱ)거룩한 처소로
인도하여 주십니다.
14 이 이야기를 듣고,
여러 민족이 두려워서 떱니다.
블레셋 주민이
겁에 질려 있습니다.
15 에돔의 지도자들이 놀라고,
모압의 권력자들도 무서워서 떨며,
가나안의 모든 주민도 낙담합니다.
16 그들이 모두 공포와 두려움에
사로잡혀 있습니다.
주님, 주님의 권능의 팔 때문에,
주님의 백성이 다 지나갈 때까지,
주님께서 속량하신 이 백성이
다 지나갈 때까지,
그들은 돌처럼 잠잠하였습니다.
17 주님께서 그들을 데려다가
주님의 소유인 주님의 산에
심으실 것입니다.
주님, 이 곳이 바로
주님께서 계시려고 만드신 곳입니다.
주님,
주님께서 손수 세우신 성소입니다.

18 주님께서
영원무궁토록 다스리실 것입니다."

ㄱ) 또는 '가나안 땅'

의 후렴(6, 11, 16절)이 결론과 더불어 세 개의 절을 제시해준다. **15:1-6** 모세의 노래 1절은 지상의 권세자들에 대한 하나님의 승리를 경축하기 전에 (4-5절), 하나님을 조상들의 하나님과 동일시하고 용사의 하나님과 동일시한다 (1-3절). 노래 1절 후렴에 나오는 하나님의 오른손은 바로와 그의 군대의 힘보다 강한 하나님의 힘을 강조하는 전쟁 이미지이다. **15:7-11** 모세의 노래 2절은 하나님의 우주적인 권능을 살펴보는 것인데, 이 권능은 바로를 이긴 승리에서 분명해졌다. 홍수와 깊은 물에 대한 언급은 고대 근동 신화에 나오는 신들의 대적자로서 바다의 힘을 회상시켜 주는 것이다. 여기서 언급된 바다는 종종 혼돈을 상징한다 (126쪽 추가 설명: "구원과 바다"를 보라). 바다를 이기는 하나님의 우주적 권세는 2절 후렴에 이르는데, 여기서 하나님은 모든 신보다 우월하신 존재로 선포된다. **15:12-16** 모세의 노래 3절은 이스라엘이 약속의 땅을 정복하는데 있어 그들을 인도하시는 하나님의 권세를 살펴보는 것이다. 토착 민족들은 바로와 그의 군대의 파멸 소식을 듣고 이스라엘을 두려워할 것이다. 이 후렴은 이 절이 미래에 관한 것이지 과거에 관한 것이 아님을 지적해 주고 있다. **15:17-18** 이 모세의 노래는 성전을 건축하는 이미지로 결론을 맺는다. *주님의 소유인 주님의 산.* 이것은 하나님 자신의 성전을 지적하는 것이다. 고대 근동에서 성전 봉헌은 신의 지배를 상징한다. 이 찬송의 끝에 나오는 이미지는 주님께서 영원토록 가나안을 지배하실 것임을 예견한다.

15:19-21 *미리암은* 두 번째 노래를 찬양한다. 여인들이 모두 그녀를 따라 나와 소구를 들고 춤을 춘다. 이러한 행동은 전쟁에서 거둔 승리를 가리킨다 (삼상 18:6-7). 미리암은 예언자이며 (민 12장), 아론의 누이이다 (민 26:29). 만일 미리암이 모세의 익명 누이(2:1-10)와 같은 사람이라면, 그녀는 출애굽 사건의 뼈대를 이룬다. 그녀는 모세를 강으로부터 건져내며, 홍해에서 이스라엘의 구원에 관하여 최종적으로 언급한다. 미리암의 노래는 찬송시의 형식을 따른다. 그것은 첫 행에서 하나님을 찬양하고, 둘째 행에서 찬양의 이유를 제시한다. 이

미리암의 노래

19 바로의 군마가 그의 병거와 기병과 함께
갈라진 바다로 들어갔을 때에, 주님께서 바닷물을
돌이키셔서 그들을 덮으셨다. 그러나 이스라엘
자손은 바다 한가운데로 마른 땅을 밟고 건넜다.
20 그 때에, 아론의 누이요 예언자인 미리암이
손에 소구를 드니, 여인들이 모두 그를 따라 나와,
소구를 들고 춤을 추었다. 21 미리암이 노래를
메겼다.

"주님을 찬송하여라.
그지없이 높으신 분,
말과 기병을
바다에 던져 넣으셨다."

단물로 변한 마라의 쓴 물

22 모세는 이스라엘을 홍해에서 인도하여 내
어, 수르 광야로 들어갔다. 그들은 사흘 동안 걸
어서 광야로 들어갔으나, 물을 찾지 못하였다.
23 마침내 그들이 ㄱ)마라에 이르렀는데, 그 곳의
물이 써서 마실 수 없었으므로, 그 곳의 이름을
마라라고 하였다. 24 이스라엘 백성은 모세에게
"우리가 무엇을 마신단 말입니까?" 하고 불평
하였다. 25 모세가 주님께 부르짖으니, 주님께서
그에게 나무 한 그루를 보여 주셨다. 그가 그 나
뭇가지를 꺾어서 물에 던지니, 그 물이 단물로
변하였다. 주님께서 그들에게 법도와 율례를 정하
여 주시고, 그들을 시험하신 곳이 바로 이 곳이다.
26 주님께서 말씀하셨다. "너희가, 주 너희 하나
님인 나의 말을 잘 듣고, 내가 보기에 옳은 일을
하며, 나의 명령에 순종하고, 나의 규례를 모두
지키면, 내가 이집트 사람에게 내린 어떤 질병도
너희에게는 내리지 않을 것이다. 나는 주 곧 너희를
치료하는 하나님이다."
27 그들이 엘림에 이르렀다. 거기에는 샘이
열두 곳이나 있고, 종려나무가 일흔 그루나 있었
다. 그들은 그 곳 물가에 진을 쳤다.

만나와 메추라기

16 1 이스라엘 자손의 온 회중이 엘림에서
떠나, 엘림과 시내 산 사이에 있는 신 광야
에 이르렀다. 이집트 땅에서 나온 뒤, ㄴ)둘째 달 보
름이 되던 날이다. 2 이스라엘 자손의 온 회중이
그 광야에서 모세와 아론을 원망하였다. 3 이스
라엘 자손이 그들에게 항의하였다. "차라리 우리
가 이집트 땅 거기 고기 가마 곁에 앉아 배불리 음
식을 먹던 그 때에, 누가 우리를 주님의 손에 넘겨
주어서 죽게 했더라면 더 좋을 뻔 하였습니다. 그
런데 당신들은 지금 우리를 이 광야로 끌고 나와
서, 이 모든 회중을 다 굶어 죽게 하고 있습니다."
4 주님께서 모세에게 말씀하셨다. "너희가
먹을 것을 하늘에서 비처럼 내려 줄 터이니, 백성이
날마다 나가서, 그날 그날 먹을 만큼 거두어들이게
하여라. 이렇게 하여, 그들이 나의 지시를 따르는
지, 따르지 않는지 시험하여 보겠다. 5 매주 엿샛

ㄱ) '쓰다' ㄴ) '시브월', 양력 사월 중순 이후

노래는 또한 모세의 노래에 커플릿(후렴과 후렴 사이에 대조를 이루는 것)의 시작을 이룬다 (15:1).

15:22—40:48 출 15장에 나오는 노래들은 언젠가 하나님께서 이스라엘을 가나안, 즉 하나님께서 통치하실 땅에 안착시키실 것이라는 고백으로 끝난다 (15:17-18). 이스라엘 백성이 하나님께서 통치하실 땅에서 살 것이라는 약속은 출애굽기의 후반부로 접어드는 전환을 보여주는데, 이 책의 후반부는 이스라엘 백성과 함께하시는 하나님의 임재에 초점을 둔다. 가나안의 약속은 출애굽기에서 결코 실현화되지 않지만, 광야 여정은 하나님께서 어떤 방식들로 이스라엘과 함께 하시는지를 탐구할 수 있게 하는 정황을 제공한다. 즉 하나님은 (1) 광야 여정에서 (15:22—18:27), (2) 시내 산에서 일어난 율법의 계시를 통해서 (19:1—24:8), 그리고 하나님의 성소에서 (24:9—40:38) 이스라엘 백성과 함께 하신다.

15:22—18:27 이 곳은 하나님이 바로를 물리치신 후 어떻게 이스라엘 백성을 사막으로 인도하셨는지를 기술한다. 질병 (15:22-27), 식량 (16:1-36), 물 (17:1-7), 하물며 아말렉에 의한 공격(17:8-14)까지도 하나님께서 이스라엘 백성이 광야를 행진하는 동안에 그들과 동행하시는 방법들을 보여주신다. **15:22-27** 홍해를 건넌 후 첫 이야기는 피조물의 상처를 치료하시는 하나님의 능력을 기술한다. **15:22-23** *수르.* "우물"을 의미한다. 이 곳의 위치는 알 수 없다. 이 이야기는 3일에 걸친 여정을 보여주는데, 모세에게 준 하나님의 명령을 상기시켜준다 (3:18). *마라.* 이 지명의 이름은 "쓰다"는 뜻이다. **15:24** *불평하였다.* "불평하다"에 해당하는 히브리 단어 룬은 이스라엘 사람들과 모세 사이에 생긴 마찰을 가리키는데, 이러한 마찰은 광야 여정 전체를 통해 계속해서 심화된다 (16:2; 17:3; 민 14:2; 16:11; 17:6, 20). **15:25-26** 이 구절들은 모세의 중재능력

날에는, 거두어들인 것으로 먹거리를 준비하다
보면, 날마다 거두던 것의 두 배가 될 것이다."
6 모세와 아론이 모든 이스라엘 자손에게 말
하였다. "저녁이 되면, 당신들은 이집트 땅에서
당신들을 이끌어 내신 분이 주님이시라는 것을
알게 될 것입니다. 7 당신들이 우리를 보고
원망한 것이 아니라, 주님을 원망하였습니다.
주님께서 당신들이 주님을 원망하는 소리를
들으셨습니다. 이제 아침이 되면, 당신들이
주님의 영광을 보게 될 것입니다. 우리가 무엇
이라고, 당신들이 우리를 보고 원망하십니까?"
8 또 모세가 말하였다. "주님께서 저녁에는 당신
들에게 먹을 고기를 주시고, 아침에는 배불리 먹을
빵을 주실 것입니다. 주님께서는, 당신들이 주님을
원망하는 소리를 들으셨습니다. 당신들이 하는
원망은 우리에게 하는 것이 아니라, 주님께 하는
것입니다."
9 모세가 아론에게 말하였다. "주님께서 이
스라엘 자손이 원망하는 소리를 들으셨으니, 이
스라엘 자손의 온 회중에게 주님 앞으로 가까이
나아오라고 일러주십시오." 10 아론이 이스라
엘 자손의 온 회중에게 말할 때에, 그들이 광야를
바라보니, 주님의 영광이 구름 속에 나타났다.
11 주님께서 모세에게 말씀하셨다. 12 "나는
이스라엘 자손이 원망하는 소리를 들었다. 너는
그들에게 '너희가 저녁이 되면 고기를 먹고, 아침
에는 빵을 배불리 먹을 것이다. 그렇게 될 때에 너
희는 나 주가 너희의 하나님임을 알게 될 것이다'
하고 말하여라."
13 그 날 저녁에 메추라기가 날아와서 진 친
곳을 뒤덮었고, 다음날 아침에는 진 친 곳 둘레에
안개가 자욱하였다. 14 안개가 걷히고 나니,
이럴 수가, 광야 지면에, 마치 땅 위의 서리처럼
보이는, 가는 싸라기 같은 것이 덮여 있는 것이 아
닌가! 15 이스라엘 자손이 그것을 보고, 그것이
무엇인지 몰라서, 서로 ㄱ)"이게 무엇이냐?" 하고
물었다. 모세가 그들에게 말하였다. "이것은 주님
께서 당신들에게 먹으라고 주신 양식입니다.
16 주님께서 당신들에게 명하시기를, 당신들은
각자 먹을 만큼씩만 거두라고 하셨습니다. 당신
들 각 사람은, 자기 장막 안에 있는 식구 수대로,
식구 한 명에 한 오멜씩 거두라고 하셨습니다."
17 이스라엘 자손이 그대로 하니, 많이 거두
는 사람도 있고, 적게 거두는 사람도 있었으나,
18 오멜로 되어 보면, 많이 거둔 사람도 남지
않고, 적게 거둔 사람도 모자라지 않았다. 그
들은 제각기 먹을 만큼씩 거두어들인 것이다.
19 모세가 그들에게 아무도 아침까지 그것을
남겨 두지 말라고 하였다. 20 그런데 어떤 사람
들은 모세의 말을 듣지 않고, 아침까지 그것을
남겨 두었다. 그랬더니, 남겨 둔 것에서는 벌레가
생기고 악취가 풍겼다. 모세가 그들에게 몹시
화를 내었다. 21 그래서 그들은 아침마다 자기
들이 먹을 만큼씩만 거두었다. 해가 뜨겁게 쪼이면,
그것은 다 녹아 버렸다.
22 매주 엿샛날에는, 각자가 먹거리를 두 배 곧

ㄱ) 히, '만 후 (이것이 무엇이냐?)'. 여기에서 '만나'라는 말이 나옴

을 강조한다 (8:12, 29; 9:28을 보라). 하나님은 모세에게 물을 정하게 할 나무를 보여주신다 (또한 엘리사가 왕하 2:19-22에서 물을 깨끗케 한 기사를 보라). 정수(淨水)의 기적은 재앙 이야기들의 반전으로, 피조물의 회복을 가리킨다. 이 기적은 시험을 수반하며 (또한 16:4에 나오는 만나의 시험과 십계명 20:20의 직접 계시의 시험을 보라) 치유자로서 하나님의 성격을 새롭게 계시한다. 이 시험은 조건부 율법으로 진술된다: 하나님에 대한 순종은 이스라엘로 하여금 이집트 사람들에게 내린 질병들을 벗어나도록 할 것이다 (신 28:27을 보라). 순종의 긍정적인 결과는 치유하시는 하나님으로서 여호와의 성격의 계시에 함축되어 있다 (호 7:1; 호 14:4를 보라). "나는 주 곧 너희를 치료하시는 하나님이다" (26절) 라고 하는 결론적인 진술은 하나님 이름의 계시를 상기시킨다 (3:13-15). **15:27** 신선하고 깨끗한 물을 공급하시는 주 하나님의 힘이 *엘림의* 오아시스에서 강조되는데, 이 곳에 있는 12개의 우물은 70그루 이상의 종려나무에게 자양분을 제공한다. **16:1-36** 하나님은 광야에서 만나로 이스라엘 백성을 먹이신다. **16:1** 만나의 기적은 엘림(15:27)과 시내 산 (19:1) 사이에 위치하고 있는 신 광야에서 일어난다. 그 날짜는 둘째 달 보름, 혹은 출애굽, 곧 유월절 첫째 달 14일 이후 한 달이 지난 날이다 (12:1, 40-41). **16:2-3** 이스라엘 백성들은 바로 왕이 홍해에 도착하였을 때, 그들이 계속 원망하던 주제들을 반복하여 보여준다 (14:11-12); 이집트에서 노예로 지냈던 생활이 자유를 위하여 광야에서 모험하는 것보다 낫다. **16:4-8** 하나님은 모세에게 먹을 것이 하늘로부터 비처럼 내리고, 이것이 이스라엘 백성에게 순종의 시험일 것임을 알려주신다 (15:25-36). 마치 재앙들이 바로 왕과 이스라엘 백성이 하나님을 알게 되는 표적들이었던 것처럼 (7:5를 보라), 하늘로부터 내리는 만나도 이스라엘 백성으로 하여금 하나님이 그들을 이집트로부터 불러내신 하나님이라는 것을 알도록 인도하는

한 사람에 두 오멜씩 거두었다. 회중의 모든 지도자가 모세에게 와서 그 일을 알리니, 23 모세가 그들에게 말하였다. "주님께서 하신 말씀입니다. 내일은 쉬는 날로서, 주님의 거룩한 안식일이니, 당신들이 구울 것은 굽고, 삶을 것은 삶으십시오. 그리고 그 나머지는 모두 당신들이 다음날 먹을 수 있도록 아침까지 간수하십시오." 24 그들은 모세가 명령한 대로 그것을 다음날 아침까지 간수하였지만, 그것에서는 악취가 나지 않고, 구더기도 생기지 않았다. 25 모세가 말하였다. "오늘은 이것을 먹도록 하십시오. 오늘은 주님의 안식일이니, 오늘만은 들에서 그것을 얻지 못할 것입니다. 26 당신들이 엿새 동안은 그것을 거둘 것이나, 이렛날은 안식일이니, 그 날에는 거두어들일 것이 없을 것입니다."

27 모세가 이렇게 말하였는데도, 백성 가운데서 어떤 사람은 이렛날에도 그것을 거두러 나갔다. 그러나 아무것도 얻지 못하였다. 28 그 때에 주님께서 모세에게 말씀하셨다. "너희가 언제까지 나의 명령과 나의 지시를 지키지 않으려느냐? 29 내가 너희에게 안식일을 주었으니, 엿샛날에는 내가 너희에게 양식 이틀치를 준다. 그러니 이렛날에는 아무도 집을 떠나 밖으로 나가서는 안 된다. 너희는 이것을 명심하여야 한다." 30 그리하여 백성이 이렛날에는 안식하였다.

31 이스라엘 사람은 그것을 ㄱ)만나라고 하였다. 그것은 고수 씨처럼 하얗고, 그 맛은 꿀 섞은 과자와 같다. 32 모세가 말하였다. "주님께서 명하신 말씀입니다. '너희는 이것을 한 오멜씩 가득 담아 간수하여, 내가 너희를 이집트 땅에서 인도하여 낼 때에, 광야에서 너희에게 주어 먹게 한 이 먹거리를 너희의 자손 대대로 볼 수 있게 하여라.'" 33 모세가 아론에게 말하였다. "항아리 하나를 가져 와서, 거기에 만나 한 오멜을 담아 가지고 주님 앞에 두어서, 대대로 간수하게 하여 주십시오." 34 그래서 아론은, 주님께서 모세에게 명하신 대로, 그것을 증거판 앞에 두고서, 늘 거기에 있게 하였다. 35 이스라엘 자손은 정착지에 이를 때까지 사십 년 동안 만나를 먹었다. 가나안 땅 접경에 이를 때까지 만나를 먹었다. 36 (한 오멜은 십분의 일 에바이다.)

ㄱ) 이 이름의 유래에 관해서는 15절의 주를 볼 것

데 있다. **16:9-12** *주님의 영광*. 시내 산(24:17)과 성막(40:35)에 나타나신 하나님의 임재를 의미한다. **16:13-15** *만나*. 이 단어는 히브리어의 동음이의어(同音異義語)를 사용한 언어적인 기교를 사용한 것이다. 이스라엘 사람들이 깨어나서 땅에 널린 이상한 물체를 보자, 그들은 *이게 (후) 무엇(만)*이냐? 라고 물었다. 그러나 히브리어 구절 만후(man hu)는 또한 "이것은 만나이다" 라고 번역할 수 있어서 질문에 대한 답변과 이 식물에 대한 이름을 줄 수 있다. **16:16-20** 모세는 매일 만나를 거두어들이는 데 필요한 지시를 내린다. 한 *오멜*. 약 1-2 리터이다. 백성은 하루 이상 만나를 저장하려고 시도함으로써 시험에 실패한다. **16:21-30** 엿샛날에 이스라엘 사람들은 안식일을 준수하기 위하여 2일분의 만나를 거두어들일 필요가 있었다. 이것 또한 시험이다. 백성은 안식일에 만나를 거두려고 함으로써 또다시 시험에 실패한다.

특별 주석

제사문서는 처음에 창조 이야기에서 안식일을 규정하고 (창 2:1-3) 여기 만나의 기적(16:22-33)과 십계명의 계시(20:8-11)에서 이것을 되풀이한다. 제사문서는 일곱 번에 걸친 연설(25:1; 30:11, 17, 22, 34; 31:1, 12)을 통해 성막의 계시를 밝히는데, 이렇게 함으로써 창세기 1장에 나오는 창조의 구조를 반영해 준다 (안식일이 창조로부터가 아니라 출애굽으로부터 발전하는 신 5:12-15를 보라).

17:1-7 하나님은 이스라엘 백성을 위해 바위에서 물을 공급해 주신다. **17:1** *르비딤*. 이 곳은 알려져 있지 않은 장소이다. 히브리 동사로서, 르비딤은 "새롭게 하다" 혹은 "지원하다" (욥 41:23) 라는 의미가 있다. 르비딤을 가리키는 두 이야기는 물로써 이스라엘 사람들을 새롭게 하시고 그들을 전쟁에서 지원하시는 하나님의 능력을 지적해 주는 것이다. **17:2-3** 물의 부족은 또 다른 불평의 원인이 된다 (14:11-12; 16:2-3을 보라). 하지만, 이러한 불만의 이야기에 사용되는 용어는 *리브* 라는 법적 소송의 장르이다. "대들다"(히브리어, *리브*)는 법적 소송에 사용하는 용어이다. 모세는 이스라엘이 대드는 것을 지금까지 이스라엘을 시험하였던 분(15:25-6; 16:4)이신 하나님을 향하여 소송을 걸거나 시험하는 것으로 해석한다. **17:5-6** 하나님은 모세에게 그의 지팡이로 (4:1-17을 보라) 장로들의 면전에서 *호렙* (신 4:10; 또한 출 3:1을 보라) 산에 있는 바위를 쳐서 이스라엘 사람들에게 물을 주도록 명령함으로써 그들의 시험에 대응하신다. **17:7** 하나님에 대한 이스라엘 백성의 시험은 *주님께서 우리 가운데 계시는가, 안 계시는가?* 라고 질문함으로써 하나님의 존재를 의심하는 형태로 되어 있다. 바위에서 흘러나오는 물은 그들의 질문에 대한 긍정적인 응답을 보여주는 것이다. **17:8-16** 이스라엘 백성은 아말렉 사람들을 물리친다. **17:8** *르비딤에* 관해서는 17:1에 관한 주석을 보라. 아말렉 사람들은 에서의 자손들이다 (창 36:12). 그들은 가데스 (창 14:7), 네겝(민 13:29)과

바위에서 물이 솟다 (민 20:1-13)

17 1 이스라엘 자손의 온 회중은 신 광야를
떠나서, 주님의 명령대로 진을 옮겨 가면
서 이동하였다. 그들은 르비딤에 진을 쳤는데, 거
기에는 백성이 마실 물이 없었다. 2 백성이 모세
에게 마실 물을 달라고 대들었다. 이에 모세가
"당신들은 어찌하여 나에게 대드십니까? 어찌하
여 주님을 시험하십니까?" 하고 책망하였다. 3 그
러나 거기에 있는 백성은 몹시 목이 말라서, 모세
를 원망하며, 모세가 왜 그들을 이집트에서 데려
왔느냐고, 그들과 그들의 자식들과 그들이 먹이는
집짐승들을 목말라 죽게 할 작정이냐고 하면서
대들었다.
4 모세가 주님께 부르짖었다. "이 백성을 제가
어떻게 해야 합니까? 그들은 지금이라도 곧 저를
돌로 쳐서 죽이려고 합니다." 5 주님께서 모세
에게 말씀하셨다. "너는 이스라엘 장로들을 데리고,
이 백성보다 앞서서 가거라. 그리고 나일 강을 친
그 지팡이를 손에 들고 가거라. 6 이제 내가
저기 호렙 산 바위 위에서 너의 앞에 서겠으니,
너는 그 바위를 쳐라. 그러면 거기에서 이 백성이
마실 물이 터져 나올 것이다." 모세가, 이스라엘
장로들이 보는 앞에서, 하나님이 시키신 대로 하
였다. 7 이스라엘 자손이 거기에서 주님께 대들
었다고 해서, 사람들은 그 곳의 이름을 ㄱ)므리바라
고도 하고, 또 거기에서 "주님께서 우리 가운데 계
시는가, 안 계시는가?" 하면서 주님을 시험하였
다고 해서, 그 곳의 이름을 ㄴ)맛사라고도 한다.

아말렉 사람들과 싸우다

8 그 때에 아말렉 사람들이 몰려와서, 르비
딤에 있는 이스라엘 사람을 공격하였다. 9 모세
가 여호수아에게 말하였다. "장정들을 뽑아서 아말
렉과 싸우러 나가시오. 내일 내가 하나님의 지팡이
를 손에 들고, 산꼭대기에 서 있겠소." 10 여호
수아는 모세가 그에게 말한 대로 아말렉과 싸우러
나가고, 모세와 아론과 훌은 언덕 위로 올라갔다.
11 모세가 그의 팔을 들면 이스라엘이 더욱 우세
하고, 그가 팔을 내리면 아말렉이 더욱 우세하였다.
12 모세가 피곤하여 팔을 들고 있을 수 없게
되니, 아론과 훌이 돌을 가져 와서 모세를 앉게
하고, 그들이 각각 그 양쪽에 서서 그의 팔을 붙
들어 올렸다. 해가 질 때까지 그가 팔을 내리지
않았다. 13 이렇게 해서, 여호수아는 아말렉과
그 백성을 칼로 무찔렀다.
14 그 때에 주님께서 모세에게 말씀하셨다.
"너는 오늘의 승리를 책에 기록하여 사람들이 잊
지 않도록 하고, 여호수아에게는, '내가 아말렉을
이 세상에서 완전히 없애서 아무도 아말렉을 기억
하지 못하게 하겠다'고 한 나의 결심을 일러주어
라." 15 모세는 거기에 제단을 쌓고 그 곳 이름
을 ㄷ)'여호와닛시'라 하고, 16 "ㄹ)주님의 깃발을
높이 들어라. 주님께서 대대로 아말렉과 싸우실
것이다" 하고 외쳤다.

ㄱ) '다툼' ㄴ) '시험함' ㄷ) 히, '아도나이 닛시 (주님은 나의 깃발)' ㄹ) 또는 '한 손이 주님의 보좌 위에 있으니' 또는 '주님의 보좌를 치려고 손이 들렸으니'. 히브리어 본문이 불확실함

이집트의 동부 지역(삼상 15:7)과 막연하게 관련되어 있다. **17:9-10** 여호수아가 처음으로 소개된다. 그는 거룩한 전쟁에서 이스라엘 백성을 인도하는 모세의 부관이다. 비록 거룩한 전쟁이 이야기의 중심주제를 이루고 있지만, 초점은 모세의 마술적인 지팡이, 즉 *하나님의 지팡이에* 맞추어져 있다. **17:11-13** 출. 24:14; 31:2에 관한 주석을 보라. **17:14-16** 하나님은 모세에게 아말렉 사람들이 멸망당하리라는 그의 명령을 기록해서 이것을 여호수아에게 알려주도록 명하신다. 모세는 제단을 쌓고 이 제단의 이름을 "여호와닛시" 라고 부른다. 이 히브리어 단어의 의미는 분명하지 않으며, 몇 가지 번역들이 가능하다. 새번역개정은 이 단어를 "주님의 깃발을 높이 들어라"; 개역개정은 "나의 기;" 공동번역은 "야훼께서 사령기를 드셨다;" NRSV는 "주님은 나의 깃발"이라고 번역하였다. 이러한 해석들은 *마술적인 지팡이*를 강조하려는 것이다. "주 하나님은 나의 보좌" 라고 해석하기도 하는데, 이러한 해석은 제단을 강조하는 것이다. 히브리 단어 *누스*는 "시험" (*나사*)이라는 단어를 상기시켜주는데, 이럴 경우에 "지팡이"나 *제단*은 이스라엘과 함께 하시는 하나님의 현존을 의미하는 것이다. **18:1-27** 이드로는 이틀 동안 모세에게 종교집단을 인도하기 위한 지도력(18:1-12)과 재판에 관해서 충고해 준다 (18:13-27). **18:1** 모세의 장인이며 미디안의 제사장인 *이드로*는 또한 구약에서 르우엘과 호밥으로 불리기도 한다 (2:18-20). **18:2-4** 모세의 두 아들의 이름은 그의 인생 경험을 반영해 준다. *게르솜*. 이 이름은 "내가 타국 땅에서 나그네가 되었구나" 라는 의미이며, 모세의 처지를 가리킨다 (2:2를 보라). *엘리에셀*. 이 이름은 "내 아버지의 하나님이 나를 도우셔서" 에 해당하는 히브리어이다. NRSV는 "나의 하나님, 도와주소서" 라고 번역했다. 저자와 편집자는 확장된 해석을 추가해서, 모세의 아버지의 하나님과 이집트로부터 모세의 구출을 언급한다. **18:5-9** 모세와 이드로는 광야에 있는 하나님의 산에서 다시 만난다 (3:1;

이드로가 모세를 방문하다

18 1 미디안의 제사장이며 ㄱ)모세의 장인인
이드로는, 하나님이 모세와 그의 백성 이
스라엘에게 하신 일, 곧 주님께서 어떻게 이스라
엘을 이집트에서 인도하여 내셨는가 하는 것을 들
었다. 2 모세의 장인 이드로는 친정에 돌아와 있
는 모세의 아내 십보라와 3 십보라의 두 아들을
데리고 나섰다. 한 아들의 이름은 게르솜인데, 이
이름은 "내가 타국 땅에서 ㄴ)나그네가 되었구나"
하면서 모세가 지은 것이고, 4 또 한 아들의 이
름은 ㄷ)엘리에셀인데, 이 이름은 그가 "내 아버지의
하나님이 나를 도우셔서, 바로의 칼에서 나를 건져
주셨다"고 하면서 지은 이름이다.
5 모세의 장인 이드로는 모세의 두 아들과 아
내를 데리고 모세가 진을 치고 있는 광야로 갔는
데, 그 곳은 바로 하나님의 산이 있는 곳이다.
6 그는 거기에서 모세에게 전갈을 보냈다. "자네의
장인인 나 이드로가 자네의 처와 두 아들을 데리
고 왔네." 7 모세가 그의 장인을 만나러 나와서,
그에게 절을 하고, 입을 맞추었다. 그들은 서로
안부를 묻고, 함께 장막으로 들어갔다.
8 모세는 장인에게, 주님께서 이스라엘을 도
우신 일, 곧 바로와 이집트 사람에게 하신 모든 일
과, 그들이 오는 도중에 겪은 모든 고난과, 주님
께서 어떻게 그들을 건져 주셨는가 하는 것을
자세히 말하였다. 9 그러자 이드로는, 주님께서
이스라엘을 이집트 사람의 손아귀에서 건져 주시
려고 베푸신 온갖 고마운 일을 전하여 듣고서,
기뻐하였다.
10 이드로가 말하였다. "주님께서 이집트 사
람의 손아귀와 바로의 손아귀에서 자네와 자네의
백성을 건져 주시고, 이 백성을 이집트 사람의 억
압으로부터 건져 주셨으니, 주님은 마땅히 찬양을
받으실 분일세. 11 이스라엘에게 그토록 교만히
행한 그들에게 벌을 내리시고 치신 것을 보니, 주
님이 그 어떤 신보다도 위대하시다는 것을 이제
나는 똑똑히 알겠네." 12 그리고 나서, 모세의
장인 이드로는 하나님께 번제물과 희생제물을 바
쳤다. 아론과 이스라엘 장로들이 모두 와서, 하나님
앞에서 모세의 장인과 함께 제사 음식을 먹었다.

재판관 임명 (신 1:9-18)

13 그 이튿날, 모세는 백성의 송사를 다루려
고 자리에 앉고, 백성은 아침부터 저녁까지 모세 곁
에 서 있었다. 14 모세의 장인은 모세가 백성을
다스리는 이 일을 모두 보고, 이렇게 말하였다.
"자네는 백성의 일을 어찌하여 이렇게 처리하는
가? 어찌하여 아침부터 저녁까지 백성을 모두 자네
곁에 세워 두고, 자네 혼자만 앉아서 일을 처리하
는가?" 15 모세가 그의 장인에게 대답하였다.
"백성은 하나님의 뜻을 알려고 저를 찾아옵니다.
16 그들은 무슨 일이든지 생기면 저에게로 옵니다.
그러면 저는 이웃간의 문제를 재판하여 주고, 하나
님의 규례와 율법을 알려 주어야 합니다."
17 모세의 장인이 그에게 말하였다. "자네가
하는 일이 그리 좋지는 않네. 18 이렇게 하다가는,
자네뿐만 아니라 자네와 함께 있는 이 백성도
아주 지치고 말 걸세. 이 일이 자네에게는 너무
힘겨운 일이어서, 자네 혼자서는 할 수 없네.
19 이제 내가 충고하는 말을 듣게. 하나님이 자
네와 함께 계시기를 바라네. 자네는 백성의 문제
를 하나님께 가지고 가서, 하나님 앞에서 백성의
일을 아뢰게. 20 그리고 자네는 그들에게 규례
와 율법을 가르쳐 주어서, 그들이 마땅히 가야 할
길과 그들이 마땅히 하여야 할 일을 알려 주게.
21 또 자네는 백성 가운데서 능력과 덕을 함께
갖춘 사람, 곧 하나님을 두려워하며 참되어서 거
짓이 없으며 부정직한 소득을 싫어하는 사람을 뽑
아서, 백성 위에 세우게. 그리고 그들을 천부장과

ㄱ) 2:21의 주를 볼 것 ㄴ) 히, '게르' ㄷ) '나의 하나님은 돕는 분이시다'

4:27; 24:13을 보라). 이 만남의 배경은 나중에 이 산에서 일어날 하나님의 계시를 예시해 주는 것이다 (출 19:40). **18:10-12** 이드로는 하나님을 찬양하고, 하나님을 안다고 고백하고, 하나님은 모든 다른 신보다 위대하시다는 사실을 깨닫는다 (15:11을 보라). 이 장면은 이드로가 모세, 아론, 그리고 장로들과 더불어 하나님의 산에서 희생제사를 주관하는 것으로 결론을 맺는다. 희생제사에 뒤이어 하나님과 함께 식사를 나누는 것이 따른다. 하나님의 산에서 하나님과 식사를 나누는 일은 성찬과 조화를 표현하는 신화적인 주제이다 (24:11; 사 25:6을 보라). **18:13** *그 이튿날.* 이것은 예배를 위한 제의적인 논의로부터 법적 권위에 대한 논의로 문학적인 전환을 보여주는 것이다. **18:14-16** 여기서 모세는 이스라엘 백성 가운데 일어나는 모든 개인적인 분쟁들을 혼자서 처리하면서, 그들을 하나님의 법으로 가르치는 것으로 묘사되고 있다. **18:16-23** 이드로는 다만 가장 어려운 소송 사건들만 다루고 재판관들을 세워서 나머지 소송 사건들을 다루도록 모세에게 충고한다.

백부장과 오십부장과 십부장으로 세워서, 22 그
들이 사건이 생길 때마다 백성을 재판하도록
하게. 큰 사건은 모두 자네에게 가져 오게 하고,
작은 사건은 모두 그들이 스스로 재판하도록
하게. 이렇게 그들이 자네와 짐을 나누어 지면,
자네의 일이 훨씬 가벼워질 걸세. 23 하나님이
명하신 대로, 자네가 이와 같이 하면, 자네도
일을 쉽게 처리할 수 있을 것이고, 백성도 모두
흐뭇하게 자기 집으로 돌아갈 걸세."

24 그래서 모세는 장인의 말을 듣고, 그가 말
한 대로 다 하였다. 25 모세는 온 이스라엘 사람
가운데서 유능한 사람들을 뽑고, 그들을 백성의
지도자로 삼아, 천부장과 백부장과 오십부장과
십부장으로 세웠다. 26 그들은 언제나 백성을
재판하였다. 어려운 사건은 모세에게 가져 오고,
작은 사건들은 모두 그들이 재판하였다. 27 얼마
있다가, 모세의 장인은 사위의 배웅을 받으며
살던 고장으로 돌아갔다.

이스라엘 사람들 시내 산에 이르다

19 1 이스라엘 자손이 이집트 땅에서 나온
뒤 ㄱ)셋째 달 초하룻날, 바로 그 날 그들은
시내 광야에 이르렀다. 2 그들은 르비딤을 떠나
서, 시내 광야에 이르러, 광야에다 장막을 쳤다. 이
스라엘이 그 곳 산 아래에 장막을 친 다음에, 3 모
세가 산으로 올라가 하나님께로 가니, 주님께서 산
에서 그를 불러서 말씀하셨다. "너는 야곱 가문에
게 이렇게 말하여라. 이스라엘 자손에게 이렇게 일
러주어라. 4 '너희는 내가 이집트 사람에게 한 일
을 보았고, 또 어미 독수리가 그 날개로 새끼를
업어 나르듯이, 내가 너희를 인도하여 나에게로
데려온 것도 보았다. 5 이제 너희가 정말로 나의
말을 듣고, 내가 세워 준 언약을 지키면, 너희는 모
든 민족 가운데서 나의 보물이 될 것이다. 온 세상
이 다 나의 것이다. 그러므로 너희는 내가 선택한
백성이 되고, 6 너희의 나라는 나를 섬기는 제사
장 나라가 되고, 너희는 거룩한 민족이 될 것이다.'
너는 이 말을 이스라엘 자손에게 일러주어라."

7 모세가 돌아와서 백성의 장로들을 불러모으
고, 주님께서 자기에게 하신 이 모든 말씀을 그들
에게 선포하였다. 8 모든 백성이 다 함께 "주님
께서 말씀하신 모든 것을 우리가 실천하겠습니다"
하고 응답하였다. 모세는, 백성이 한 말을 주님께
그대로 말씀드렸다.

9 주님께서 모세에게 말씀하셨다. "내가 짙
은 구름 속에서 너에게 나타날 것이니, 내가 이렇
게 하는 까닭은 내가 너와 말하는 것을 백성이 듣
고서, 그들이 영원히 너를 믿게 하려는 것이다."

모세가, 백성이 한 말을 주님께 다시 아뢰었
을 때에, 10 주님께서 모세에게 말씀하셨다. "너
는 백성에게로 가서, 오늘과 내일 이틀 동안 그들
을 성결하게 하여라. 그들이 옷을 빨아 입고서,
11 셋째 날을 맞이할 준비를 하게 하여라. 바로
이 셋째 날에, 나 주가, 온 백성이 보는 가운데서
시내 산에 내려가겠다. 12 그러므로 너는 산 주
위로 경계선을 정해 주어 백성이 접근하지 못하

ㄱ) 시반월, 양력 오월 중순 이후

하나님께서 명하신 대로 이드로는 자신의 충고를 *하나님의 명령으로* 확증을 삼는다. **18:24-27** 모세는 장인 이드로가 떠나기 전에 이드로의 충고를 실천에 옮긴다. 모세의 장인이 르우엘의 아들 호밥으로 호칭되는 다른 전승은 성막의 건축과 이스라엘 진영을 조직한 후에 이드로의 떠남을 자세하게 이야기한다 (민 10:29-32).

19:1—24:8 본 단락에서, 약속의 땅 가나안을 향한 이스라엘 백성의 여정은 시내 산에서 율법과 성막의 계시로 중단된다. 이스라엘 백성은 산 밑에 진을 치는 한편 (19:2), 하나님은 공공연히 산꼭대기로 내려오신다 (19:16-19). 광야 행군에서 이스라엘을 인도하는 대신에, 모세는 언약 중재자의 역할을 띠고 주님과 이스라엘 사이를 왕래한다. 그는 하나님의 율법을 받고 그것을 이스라엘 사람들에게 전하기 위하여 네 번에 걸쳐 이 산을 오르내린다 (19:1-8a; 19:8b-19; 19:20—20:20; 20:21—24:8). 산 위에서 그의 움직임은 이 단락의 구조를 제공하여 준다. **19:1-8a** 하나님은 모세가 처음 산 위에 오를 때 이스라엘 백성과 언약을 체결하실 것을 제안하신다. **19:1-2** 이스라엘 백성이 진을 친 시기는 출애굽 (12:1, 40-41) 이후 셋째 달이며, 만나의 기적 (16:1) 이후 약 한 달이 지난 때이다. **19:3-6** 모세는 하나님이 제안하시는 언약을 받기 위하여 산으로 올라간다. 이 제안은 모세를 중재자로 임명하는 것으로 시작한다 (3절). 하나님은 이스라엘 사람들을 일깨워 이집트로부터 그들이 구출된 것은 하나님 때문이며, 광야를 지나는 동안에 그가 그들을 돌보고 있음을 알아차리도록 한다 (4절). 그러고 나서 하나님은 이스라엘 사람들에게 언약을 제시하시며 (5절), 십계명(20:1-17)과 언약의 책을 포함하여 (21:1-23), 하나님의 산에서 계시될 율법에 포함된 의무들을 나타내신다. 하나님의 법에 그들이 순종하는 것에 대한 보답으로, 이스라엘 사람들은 하나님의 개인적인 혹은 귀중한 소유가 되며 (또한 신 7:6을 보라) 제사장적 나라가 될 것이다 (6절). **19:7-8a** 모세는 언약의 제안을 장로들에게 제시하고, 이스라엘 백

게 하고, 백성에게는 산에 오르지도 말고 가까이
오지도 말라고 경고하여라. 산에 들어서면, 누구
든지 죽음을 면하지 못할 것이다. 13 그러한 사
람은 아무도 손을 대지 말고, 반드시 돌로 치거나
활을 쏘아서 죽여야 한다. 짐승이든지 사람이든지,
아무도 살아 남지 못할 것이라고 일러라. 그러나
산양 뿔나팔 소리가 길게 울릴 때에는 백성이 산
으로 올라오게 하여라." 14 모세는 산에서 백성
에게로 내려갔다. 그는 백성을 성결하게 하고, 백
성은 자기들의 옷을 빨아 입었다. 15 그는 백성
에게 '셋째 날을 맞을 준비를 하고, 남자들은 여자를
가까이 하지 말라'고 당부하였다.

16 마침내 셋째 날 아침이 되었다. 번개가 치
고, 천둥소리가 나며, 짙은 구름이 산을 덮은 가
운데, 산양 뿔나팔 소리가 우렁차게 울려퍼지자,
진에 있는 모든 백성이 두려워서 떨었다. 17 모
세는 백성이 하나님을 만날 수 있도록 진으로부터
그들을 데리고 나와서, 산기슭에 세웠다. 18 그
때에 시내 산에는, 주님께서 불 가운데서 그 곳으로
내려오셨으므로 온통 연기가 자욱했는데, 마치
가마에서 나오는 것처럼 연기가 솟아오르고, 온
산이 크게 진동하였다. 19 나팔 소리가 점점 더
크게 울려퍼지는 가운데, 모세가 하나님께 말씀
을 아뢰니, 하나님이 음성으로 그에게 대답하셨
다. 20 주님께서 시내 산 곧 그 산 꼭대기로 내
려오셔서, 모세를 그 산 꼭대기로 부르시니, 모세
가 올라갔다. 21 주님께서 모세에게 말씀하셨
다. "너는 내려가서 백성에게, 나 주를 보려고 경
계선을 넘어 들어오다가 많은 사람이 죽는 일이
없도록 하라고, 단단히 일러 두어라. 22 나 주에
게 가까이 오는 제사장도 자신을 성결하게 하여야
한다. 그렇게 하지 않으면, 나 주가 그들도 쳐서
죽일 것이다."

23 모세가 주님께 대답하였다. "주님께서 우
리들에게, 산에 경계선을 정하여 그것을 거룩하게
구별하라고 경고하시는 명을 내리셨으므로,
이 백성은 시내 산으로 올라올 수 없습니다."
24 주님께서 그에게 말씀하셨다. "너는 어서 내

추가 설명: 언약

히브리 단어 *브리트*는 "언약"으로 번역된다. 이것은 아마도 *비리투*로부터 파생되었을 것인데, 후자는 "속박하다"는 의미가 있는 (동부 셈족어들 중 하나인) 아카디아 단어이다. 언약은 두 당사자들 사이의 협약인데, 이 협약에 함축된 의무와 이에 따른 관계를 포괄한다. 고대 근동에서, 언약은 조약이었다. 이러한 조약들은 균등한 힘을 가진 당사자들 (평등 조약) 사이에 맺을 수 있었고, 또한 불균등한 힘을 가진 당사자들 (종주권 조약) 사이에서도 맺을 수 있었다. 종주권 조약으로서의 언약이 구약 전체를 통해 나타나는 중심주제이며, 하나님께서 피조물과 맺는 관계와 이스라엘 백성과 맺는 관계가 이러한 언약에 기초해서 기술된다. 이 주제는 노아의 홍수 이후에 도입되는데, 이 때 하나님께서 피조물과 언약을 체결하시고 (창 9:8-17), 다시는 그것을 홍수로 파괴하지 않겠다고 약속하셨다. 하나님은 또한 아브라함과 언약을 체결하고 (창 15장; 17장), 그에게 후손을 주며 가나안 땅을 국토로 줄 것을 약속하신다. 출애굽은 언약에 따른 책임(출 2:23-25)에 하나님께서 신실하셨음을 밝히며 이스라엘 백성을 약속의 땅 가나안(창 15; 17)으로 가는 여정에 나서게 한다.

광야 여정은 언약관계에서 하나님의 책임이 아니라 이스라엘이 짊어진 책임을 찾는 것이다. 이러한 초점의 변화는 하나님께서 율법으로 이스라엘 백성을 시험하시는 초기의 광야 이야기에서 나타난다 (출 15:22-26). 십계명(출 20:1-17)과 언약의 책(출 20:22—23:19)의 형태로, 시내 산에서 계시된 하나님의 율법은 하나님에 대한 이스라엘 사람들의 언약상의 책임들을 규정한다. 언약책의 결론(출 23:20-33)은 이스라엘이 주 하나님께 끝까지 충성할 때 생기는 혜택들을 간추려 이야기한다. 보다 큰 구조를 이루는 출 19—24장은 시내 산에서 밝혀진 율법의 계시가 언약 의식으로 기도된 것임을 나타낸다. 이 단락은 하나님의 언약 제안으로 도입되어서 (출 19:3-8) 언약 의식으로 결론을 맺는다 (출 24:3-8).

시내 산에서 맺어진 언약은 구약 전체를 통해서 광범위하게 해석되어진다. 신명기는 언약에 대하여 가장 정교하게 설명한다 (예를 들어, 4:31; 5:3; 7:9; 9:9-15). 그러나 언약은 또한, 호세아(호 6:7; 8:1)와 예레미야(렘 2:22; 31:31-33)를 포함하여, 여러 예언자의 메시지의 중심을 이룬다.

려가서, 아론을 데리고 올라오너라. 그러나 제사
장들과 백성은 나에게 올라오려고 경계선을 넘어
서는 안 된다. 그들이 경계선을 넘으면, 나 주가
그들을 쳐서 죽일 것이다." 25 모세가 백성에게
내려가서 그대로 전하였다.

십계명 (신 5:1-21)

20 1 이 모든 말씀은 하나님이 하신 말씀이
다. 2 "나는 너희를 이집트 땅 종살이
하던 집에서 이끌어 낸 주 너희의 하나님이다.
3 너희는 ㄱ내 앞에서 다른 신들을 섬기지 못
한다.
4 너희는 너희가 섬기려고 위로 하늘에 있는
것이나, 아래로 땅에 있는 것이나, 땅 아래 물 속에
있는 어떤 것이든지, 그 모양을 본떠서 우상을
만들지 못한다. 5 너희는 그것들에게 절하거나,
그것들을 섬기지 못한다. 나, 주 너희의 하나님은
질투하는 하나님이다. 나를 미워하는 사람에게는,
그 죄값으로, 본인뿐만 아니라 삼사 대 자손에게
까지 벌을 내린다. 6 그러나 나를 사랑하고 나의
계명을 지키는 사람에게는, 수천 대 자손에 이르
기까지 한결같은 사랑을 베푼다.
7 너희는 주 너희 하나님의 이름을 함부로 부
르지 못한다. 주는 자기의 이름을 함부로 부르는
자를 죄 없다고 하지 않는다.
8 안식일을 기억하여 그 날을 거룩하게 지켜
라. 9 너희는 엿새 동안 모든 일을 힘써 하여라.
10 그러나 이렛날은 주 너희 하나님의 안식일
이니, 너희는 어떤 일도 해서는 안 된다. 너희나,
너희의 아들이나 딸이나, 너희의 남종이나 여종
만이 아니라, 너희 집짐승이나, 너희의 집에 머무
르는 나그네라도, 일을 해서는 안 된다. 11 내가
엿새 동안 하늘과 땅과 바다와 그 안에 있는 모든
것을 만들고 이렛날에는 쉬었기 때문이다. 그러
므로 나 주가 안식일을 복 주고, 그 날을 거룩하게
하였다.
12 너희 부모를 공경하여라. 그래야 너희는
주 너희 하나님이 너희에게 준 땅에서 오래도록
살 것이다.
13 살인하지 못한다.
14 간음하지 못한다.
15 도둑질하지 못한다.
16 너희 이웃에게 불리한 거짓 증언을 하지
못한다.
17 너희 이웃의 집을 탐내지 못한다. 너희 이웃
의 아내나 남종이나 여종이나 소나 나귀나 할 것 없
이, 너희 이웃의 소유는 어떤 것도 탐내지 못한다."

백성이 두려움에 사로잡히다 (신 5:22-33)

18 온 백성이 천둥소리와 번개와 나팔 소리
를 듣고 산의 연기를 보았다. 백성은 그것을 보고
두려워 떨며, 멀찍이 물러섰다. 19 그들은 모세에
게 말하였다. "어른께서 우리에게 말씀하십시오.
우리가 듣겠습니다. 하나님이 직접 우리에게 말
씀하시면, 우리는 죽습니다." 20 모세가 백성에
게 말하였다. "두려워하지 마십시오. 하나님이 당신

ㄱ) 또는 '나 밖에는'

성은 그 조건들을 받아들인다. 24:3-8에 나오는 언약 체결의 의식을 보라. **19:8b-19** 모세가 산꼭대기에 두 번째로 올라올 때, 하나님께서 그 곳에서 이스라엘 백성 앞에 나타날 것을 동의하신다. **19:8b** 모세가 하나님께 백성의 말을 보고하는 동안 장면이 바뀐다. 그는 이스라엘 백성과 함께 있는 것이 아니라, 다시 한 번 하나님의 면전에 있다. 이것은 다음에 나오는 몇몇 구절에서 신의 현현이나 하나님의 출현을 위한 무대를 설정하는 데 도움을 준다. **19:9** 하나님은 이러한 신의 출현이 이스라엘 백성으로 하여금 하나님의 음성을 듣고 모세를 두려워하게 할 것임을 예견하신다 (19:19를 보라).

19:10-13에 관한 특별 주석

하나님의 나타나심은 인간에게 위험한 것이어서 조심스러운 준비와 안전장치가 요구된다. 이것은 하나님이 거룩하시기 때문이다. 하나님이 거룩하시다 함은 두 가지 면에서 하나님이 인류와 분리된다는 것을 의미한다. 첫째로, 하나님의 거룩한 성품은 세속적인 피조물의 세계와 분리된다. 둘째로, 죄가 하나님과의 분리를 초래한다. 이것은 순수한 것과 불순한 것 사이의 분리이다. 이러한 이중적 분리의 결과는 거룩하고 순수하신 하나님께서 세속적일 뿐 아니라, 불순한 인간들에게 위험스럽게 나타나게 된 것이다. 하나님과 적절치 못한 접촉은 죽음의 위험을 수반한다. 적절한 준비에는 사람들의 의식적인 헌신과 정화, 옷을 빨기, 그리고 어떤 접촉을 피하기 위하여 산과 사람들 사이에 분명한 거리를 두는 것이 포함되어 있다. 하나님은 나팔 소리가 사람들이 산에 올라오는 것이 허용되는 순간을 알려주는 신호라고 말씀하신다.

들을 시험하시려고 나타나신 것이며, 당신들이
주님을 두려워하여 죄를 짓지 못하게 하시려고
나타나신 것입니다." 21 백성은 멀리 떨어져 서
있고, 모세는 하나님이 계시는 먹구름이 있는 곳
으로 가까이 갔다.

제단에 관한 법

22 주님께서 모세에게 말씀하셨다. "너는 이
스라엘 자손에게 이렇게 말하여라. '내가 하늘에
서부터 너희에게 말하는 것을 너희는 다 보았다.
23 너희는, 나 밖에 다른 신들을 섬기려고, 은이나
금으로 신들의 상을 만들지 못한다. 24 나에게
제물을 바치려거든, 너희는 흙으로 제단을 쌓고,
그 위에다 번제물과 화목제물로 너희의 양과 소를
바쳐라. 너희가 나의 이름을 기억하고 예배하도
록 내가 정하여 준 곳이면 어디든지, 내가 가서
너희에게 복을 주겠다. 25 너희가 나에게 제물
바칠 제단을 돌로 쌓고자 할 때에는 다듬은 돌을
써서는 안 된다. 너희가 돌에 정을 대면, 그 돌이
부정을 타게 된다. 26 너희는 제단에 층계를
놓아서는 안 된다. 그것을 밟고 올라설 때에,
너희의 알몸이 드러나서는 안 되기 때문이다.'"

종에 관한 법 (신 15:12-18)

21 1 "네가 백성 앞에서 공포하여야 할 법
규는 다음과 같다.
2 너희가 히브리 종을 사면, 그는 여섯 해 동
안 종살이를 해야 하고, 일곱 해가 되면, 아무런
몸값을 내지 않고서도 자유의 몸이 된다. 3 그가,
혼자 종이 되어 들어왔으면 혼자 나가고, 아내를
데리고 종으로 들어왔으면 아내를 데리고 나간다.
4 그러나 그의 주인이 그에게 아내를 주어서,
그 아내가 아들이나 딸을 낳았으면, 그 아내와
아이들은 주인의 것이므로, 그는 혼자 나간다.
5 그러나 그 종이 '나는 나의 주인과 나의 처자를
사랑하므로, 혼자 자유를 얻어 나가지 않겠다' 하고
선언하면, 6 주인은 그를 ㄱ)하나님 앞으로 데리고
가서, 그의 귀를 문이나 문설주에 대고 송곳으로
뚫는다. 그러면 그는 영원히 주인의 종이 된다.
7 남의 딸을 종으로 샀을 경우에는, 남종을 내
보내듯이 그렇게 내보내지는 못한다. 8 주인이
아내로 삼으려고 그 여자를 샀으나, 그 여자가 마음
에 들지 않으면, 그는 그 여자에게 몸값을 얹어서
그 여자의 아버지에게 되돌려 보내야 한다. 그가
그 여자를 속인 것이므로, 그 여자를 외국 사람에
게 팔아서는 안 된다. 9 그가 그 여종을 자기의
아들에게 주려고 샀으면, 그는 그 여자를 딸처럼
대접하여야 한다. 10 한 남자가 아내를 두고 또
다른 아내를 맞아들였을 때에, 그는 그의 첫 아내
에게 먹을 것과 입을 것을 줄여서 주거나 그 아내와
부부 관계를 끊어서는 안 된다. 11 그가 그의 첫
여자에게 이 세 가지 의무를 다 하지 않으려거든,
그 여자를 자유롭게 풀어 주고, 아무런 몸값도 받지
않아야 한다."

ㄱ) 또는 '재판장'

19:14-15 모세는 셋째 날에 있을 하나님의 현현을 위해 백성을 준비시키고, 개인들은 의식적으로 부정하게 하는 성관계를 금하는 규정을 더 추가한다 (삼상 21:4). **19:16-19** 하나님은 모세가 산 밑에서 이스라엘 백성과 함께 있을 때에 나타나신다 (17절). 하나님의 현현에는 다양한 이미지들이 있다. 이런 이미지들은 하나님의 출현을 말할 때 고대 근동의 종교에 있어 일반적으로 쓰이는 것들로, 폭풍의 이미지(천둥, 번개, 그리고 먹구름들, 16절)와 화산(18절; 하나님의 임재는 산을 커다란 화로로 변화시키고 연기를 뿜으며 산을 뒤흔든다)을 포함한다. 19절에서 나팔 소리는 모세와 하나님 사이의 대화를 신호하는 것인데, 하나님의 음성은 마치 천둥소리와 같다 (9절). 대화의 내용은 십중팔구 십계명의 말씀이다.

19:20—20:20 하나님은 모세가 하나님을 만나러 세 번째로 산에 올라갔을 때, 이스라엘 사람들에게 십계명을 선포하신다. **19:20-25** 이 단락은 하나님이 산에 나타나심으로 인하여 백성에게 미칠 수 있는 위험을 강조하기 위하여 신의 현현에 대한 기술을 중단한다. **19:21-22** 하나님의 거룩성을 보존하고 규정할 성전의 부재는 위험한 상황을 초래하게 된다 (10-13절을 보라). 하나님께서는 백성의 죽음을 염려하여 모세에게 백성으로 하여금 산에 올라오지 못하도록 경고하라고 지시하신다. 제사장들은 더욱 스스로를 성결케 해야 한다. **19:23** 모세는 이러한 보호책이 이미 준비되어 있음을 여호와께 상기시킨다. **19:24** 신성한 것과 세속적인 것이 혼합되는 것을 염려하여, 하나님은 이스라엘 사람들에게 모두 산에 오르라고 한 원래의 명령을 취소하는 결과를 초래하신다. **19:25** 모세가 산에서 내려와 백성에게 연설한 것에 대한 기술은 혼란을 준다. 19절에서 보면, 십계명은 이스라엘 사람들을 향한 직접적인 말씀으로 보인다. 하지만 25절은 여호와가 아니라 모세가 십계명의 말씀을 이스라엘 사람들에게 전하는 것으로 제시한다.

20:1-17 십계명. 신 5:6-21을 보라. 십계명의 특징은 무조건 지켜야 하는 법들, 혹은 필연적 법들로,

폭력에 관한 법

12 "사람을 때려서 죽인 자는 반드시 사형에 처하여야 한다. 13 그가 일부러 죽인 것이 아니라 실수로 죽였으면, 내가 너희에게 정하여 주는 곳으로 피신할 수 있다. 14 그러나 홧김에 일부러 이웃을 죽인 자는, 나의 제단으로 피하여 오더라도 끌어내서 죽여야 한다.

15 자기 부모를 때린 자는 반드시 사형에 처하여야 한다.

16 사람을 유괴한 자는, 그 사람을 팔았든지 자기가 데리고 있든지, 반드시 사형에 처하여야 한다.

17 자기 부모를 저주하는 자는 반드시 사형에 처하여야 한다.

18 사람이 서로 싸우다가, 어느 한 사람이 상대방을 돌이나 주먹으로 때려서, 그가 죽지는 않았으나 자리에 눕게 되었는데, 19 그가 일어나서 지팡이를 짚고서라도 길을 다닐 수 있게 되면, 때린 사람은 형벌을 받지는 않으나, 그 동안에 입은 손해를 갚아 주고, 다 나을 때까지 치료비를 대주어야 한다.

20 어떤 사람이 자기의 남종이나 여종을 몽둥이로 때렸는데, 그 종이 그 자리에서 죽으면, 그는 반드시 형벌을 받아야 한다. 21 그러나 그들이 하루나 이틀을 더 살면, 주인은 형벌을 받지 않는다. 종은 주인의 재산이기 때문이다.

22 사람이 서로 싸우다가, 임신한 여자를 다치게 하였는데, 낙태만 하고 달리 더 다친 데가 없으면, 가해자는 그 여자의 남편이 요구하는 대로 반드시 배상금을 내되, 배상금액은 재판관의 판결을 따른다. 23 그러나 그 여자가 다쳤으면, 가해자에게는, 목숨은 목숨으로, 24 눈은 눈으로, 이는 이로, 손은 손으로, 발은 발로, 25 화상은 화상으로, 상처는 상처로, 멍은 멍으로 갚아야 한다.

26 어떤 사람이 자기 남종의 눈이나 여종의 눈을 때려서 멀게 하면, 그 눈을 멀게 한 값으로, 그 종에게 자유를 주어서 내보내야 한다. 27 그가 자기 남종의 이나 여종의 이를 부러뜨리면, 그 이를 부러뜨린 값으로, 그 종에게 자유를 주어서 내보내야 한다."

소유자의 책임

28 "소가 어떤 남자나 여자를 받아서 죽이면, 그 소는 반드시 돌로 쳐서 죽여야 한다. 처형된 소는 먹어서는 안 된다. 이 경우에 소의 임자는 형벌을 받지 않는다. 29 그러나 그 소에게 받는 버릇이 있는데, 그 임자가 남에게 경고를 받고도 단속하지 않아서 어떤 남자나 여자를 죽게 하였으면, 그 소만 돌로 쳐서 죽일 것이 아니라, 그 임자도 함께 죽여야 한다. 30 그러나 피해자 가족이 원하면, 소 임자를 처형하는 대신에, 그에게

"너희는…하지 못한다"는 형식으로 쓰여졌다. 필연적 법들은 조건적 법 혹은 판례법과 대조를 이루는데, 후자는 "너희가 어떤 것을 하면, 처벌은…일 것이다" 라고 하는 형식으로 쓰여 있다.

특별 주석

히브리어는 출 34:28과 신 4:13에서 이 법규를 "열 마디 말씀으로" 기술한다. 히브리어에서 희랍어로 번역한 데카 로고이(deka logoi)가 "열 개의 계명"(십계명)이라는 명칭의 근원이 되었다.

20:1-2 *나는 주 너희의 하나님이다.* 하나님의 자기소개는 하나님의 거룩한 이름이 밝혀지는 것을 상기시켜 준다 (나는 나다 [I AM WHO I AM], 3:13-15). 출애굽에 대한 언급은 하나님의 이름에 내용을 추가한다. **20:3-11** 처음에 나오는 네 계명은 예배와 신앙생활에 초점을 두고 이스라엘과 하나님의 관계를 밝힌다. **20:3** 첫째 계명은 이스라엘이 오로지 주 하나님에게만 충성을 다할 것을 요구한다. 이 계명은 유일신론적인 계명이라기보다는 오히려 다른 신들의 존재를 가정하고 있다. 이 계명은 단일신론적인 것으로, 이스라엘 사람들이 오직 주 하나님께만 예배를 드리고 다른 신들에게는 그렇게 하지 않을 것을 요구한다. **20:4-6** 둘째 계명은 첫째 계명을 기반으로 한다. 하나님께 합당한 예배를 드리자면 손으로 만든 모든 신상을 버려야 한다. 하나님은 질투하시는 하나님이라고 하는 낯익은 이미지를 띠고 있다. 신상들을 숭배하는 것은 하나님께 대한 증오의 행위이며, 세대를 이어가는 집단 범죄를 초래하는 것이다. 그런가 하면, 신상들을 만들지 않고 하나님께 예배드리는 행위는 하나님과 계속 함께 하는 사랑의 언약 (*헤세드*) 관계를 초래하는 것이다 (출 34:6-7을 보라: 또한 160쪽 추가 설명: "이스라엘 하나님의 특징"을 보라). **20:7** 셋째 계명은 하나님의 이름을 그릇되게 사용하거나 쓸데없이 사용함으로써 그 이름을 남용하지 못하도록 경고한다. **20:8-11** 넷째 계명에서, 일곱째 날 혹은 안식일은 거룩하게 지켜져야 한다는 하나님의 명령에 따라 시간이 정해지고 거룩한 것으로 규정된다. 안식일을 거룩하게 지키라고 하는 명령은 이스라엘의 가정, 가축, 노예, 체류 외국인 모두에게 해당하는 것이다. 안식일을 준수해야 하는 이유는 안식일이 창조 역사 자체의 구조이기 때문이다 (11-12절; 또한 16:23-33; 창 2:1-3을 보라). 또한

배상금을 물릴 수 있다. 그 때에 그 배상금 액수
는 재판관이 정한다. 31 또 소가 나이 어린 소년
이나 소녀를 받아 죽게 하였을 경우에도, 그 소 임
자에게 같은 법을 적용한다. 32 소가 남종이나
여종을 받아 죽게 하였으면, 소 임자는 그 종의 주
인에게 은 삼십 세겔을 주고, 그 소는 돌로 쳐서
죽여야 한다.

33 어떤 사람이 구덩이를 열어 놓거나, 구덩
이를 파고 그것을 덮지 않아서, 소나 나귀가 거기에
빠졌을 경우에는, 34 그 구덩이의 임자는 짐승의
임자에게 그것을 돈으로 배상하여야 한다. 그러나
죽은 짐승은 구덩이 임자의 것이 된다.

35 어떤 사람의 소가 그 이웃의 소를 받아서 죽
게 하였을 경우에는, 살아 있는 소는 팔아서 그 돈
을 나누어 가지고, 죽은 소는 고기를 나누어 가진다.
36 그 소에게 받는 버릇이 있다는 것을 알면서도 그
임자가 단속하지 않았으면, 그는 반드시 살아 있는
소로 배상하고, 자기는 죽은 소를 가져야 한다."

배상에 관한 법

22 1 "어떤 사람이 소나 양을 도둑질하여 그
것을 잡거나 팔면, 그는 소 한 마리에는
소 다섯 마리로, 양 한 마리에는 양 네 마리로 갚아
야 한다.

2 밤에 도둑이 몰래 들어온 것을 알고서, 그를
때려서 죽였을 경우에는, 죽인 사람에게 살인죄가
없다. 3 그러나 해가 뜬 다음에 이런 일이 생기
면, 그에게 살인죄가 있다. (훔친 것은 반드시
물어 내야 한다. 그가 가진 것이 아무것도 없으면,
자기 몸을 종으로 팔아서라도, 훔친 것은 물어 내야
한다. 4 그가 도둑질한 짐승이 소든지 나귀든지
양이든지, 아직 산 채로 그의 손에 있으면, 그는
그것을 두 갑절로 물어주어야 한다.)

5 어떤 사람이 밭이나 포도원에서 집짐승을
풀어 놓아서 풀을 뜯게 하다가, 이 집짐승이 남의
밭의 농작물을 모두 뜯어먹었으면, 그는 자기
밭의 가장 좋은 소출과 자기 포도원의 가장 좋은
소출로 그것을 물어주어야 한다.

6 불이 나서 가시덤불로 옮겨붙어서, 남의
낟가리나 거두지 않은 곡식이나 밭을 태웠으면, 불
을 놓은 사람은 그것을 반드시 물어주어야 한다.

7 어떤 사람이 그 이웃에게 돈이나 물품을 보
관하여 달라고 맡겼는데, 그 맡은 집에 도둑이 들
었을 때에, 그 도둑이 잡히면, 도둑이 그것을 갑절
로 물어 내야 한다. 8 그러나 도둑이 잡히지
않으면, 그 집 주인이 ㄱ)하나님 앞으로 나가서, 그
이웃의 물건에 손을 댔는지 안 댔는지를 판결받
아야 한다.

9 소든지 나귀든지 양이든지 의복이든지, 그
밖의 어떤 분실물이든지, 그것을 서로 자기 것이
라고 주장하는 사건이 생기면, 양쪽 다 ㄱ)하나님
앞으로 나아가야 하며, 하나님께 유죄 판결을 받은
사람은 그 상대방에게 갑절로 물어주어야 한다.

10 어떤 사람이 그 이웃에게, 나귀든지 소든
지 양이든지, 그 밖의 어떤 집짐승이든지, 무엇이
든지 지켜 달라고 맡겼는데, 그것이 죽거나 다치
거나 아무도 모르게 없어졌으면, 11 그것을 맡은
사람이 이웃의 짐승을 가로채지 않았음을 주 앞에
서 맹세함으로써, 둘의 옳고 그름을 가려야 한다.
이 경우에 그 임자가 맹세를 받아들이면, 그는 물
어 내지 않아도 된다. 12 그러나 도둑맞은 것이
확실하면, 그는 그 임자에게 도둑맞은 것을 물어주
어야 한다. 13 그것이 맹수에게 찢겨서 죽었으면,
그 증거물을 가져다 주어야 하는데, 이 경우에 그
는 그 찢겨서 죽은 것을 물어주지 않아도 된다.

ㄱ) 또는 '재판장'

신 5:12-15에서 안식일이 창조가 아니라 이스라엘이 이집트 노예생활로부터 해방된 사건에 근거를 두고 있음을 참조하라. **20:12-17** 나머지 여섯 계명은 이스라엘 사람들이 사회생활을 하는 것과 관련된 것에 초점을 두는데, 이것들은 여호와에 대한 합당한 예배로부터 생겨나는 것들이다. **20:12** 다섯째 계명은 부모를 공경하라는 것이다. 이 계명은 자녀들을 향한 것일 수도 있고 (21:15, 17, 레 19:3) 성인들을 향한 것일 수 있는데, 후자의 경우 이들은 나이든 자들을 돌보도록 독려된다. **20:13** 여섯째 계명은 살인하지 말라는 명령이다 (21:12; 민 35:20-21을 보라). **20:14** 일곱째 계명은 간음하지 말도록 경고한다 (레 18:20; 20:10). **20:15** 여덟째 계명은 남의 것을 훔치는 행위를 금지한다. **20:16** 아홉째 계명은 거짓 증거를 경고하는데, 이것은 원래 법정에서의 증언을 언급하는 것이었지만 (신 19:15-19), 시간이 흐르면서 거짓말하는 행위까지 포함하게 된다 (레 19:16). **20:17** 열째 계명은 탐내지 못하게 하는 것인데, 탐욕은 히브리어 *하마드*에서 온 것으로 "몹시 갈망하다"는 뜻인데, 이것은 내적 욕망을 가리킨다. 그래서 마지막 계명은 행위에 초점을 두는 것이 아니라 태도에 초점을 맞추도록 내면화시키는 것이다.

20:18-20 이 단락은 19:16-19에 나오는 하나님께서 나타나는 것으로 결론을 맺는다. **20:18-19** 두려움 때문에 백성들은 모세를 중재자로 선정하기에 이른다 (19:9). **20:20** 모세는 즉각적으로 하나님의

14 어떤 사람이 그 이웃에게서 짐승을 빌려
왔는데, 그것이 다치거나 죽을 때에, 그 임자가 그
자리에 함께 있지 않았으면, 그는 반드시 물어주
어야 한다. 15 그러나 그 임자가 그 자리에 함께
있었으면, 그는 그 짐승을 물어주지 않아도 된다.
그 짐승이 세를 낸 것이면, 그 셋돈을 계산해서
주어야 한다."

도덕과 종교에 관한 법

16 "어떤 사람이 아직 약혼하지 않은 처녀를
꾀어서 건드리면, 그는 반드시 신부의 몸값을 내고,
그 여자를 아내로 맞아들여야 한다. 17 그 여자의
아버지가 자기 딸을 그에게 절대로 주지 않겠다고
하면, 그는 처녀를 신부로 데려올 때에 내는 값에
해당하는 금액을 치러야 한다.
18 마술을 부리는 여자는 살려 두어서는 안
된다.
19 짐승과 교접하는 자는 반드시 사형에 처하
여야 한다.
20 주 밖의 다른 신에게 제사를 드리는 자는
반드시 없애야 한다.
21 너희는 너희에게 몸붙여 사는 나그네를
학대하거나 억압해서는 안 된다. 너희도 이집트
땅에서 몸붙여 살던 나그네였다. 22 너희는 과
부나 고아를 괴롭히면 안 된다. 23 너희가 그들을
괴롭혀서, 그들이 나에게 부르짖으면, 나는 반드시
그들의 부르짖음을 들어주겠다. 24 나는 분노를
터뜨려서, 너희를 칼로 죽이겠다. 그렇게 되면,
너희 아내는 과부가 될 것이며, 너희 자식들은 고
아가 될 것이다.
25 너희가 너희 가운데서 가난하게 사는 나
의 백성에게 돈을 꾸어 주었으면, 너희는 그에게
빚쟁이처럼 재촉해서도 안 되고, 이자를 받아도
안 된다. 26 너희가 정녕 너희 이웃에게서 겉옷을
담보로 잡거든, 해가 지기 전에 그에게 돌려주어
야 한다. 27 그가 덮을 것이라고는 오직 그것뿐
이다. 몸을 가릴 것이라고는 그것밖에 없는데,
그가 무엇을 덮고 자겠느냐? 그가 나에게 부르짖
으면 사애로운 나는 들어주지 않을 수 없다.
28 너희는 ㄱ)하나님께 욕되는 말을 하거나,
너희 백성의 지도자를 저주하지 못한다.
29 너희는 곡식을 거두거나 포도주를 빚거나
올리브 기름을 짠 다음에는, 거기에서 얼마를 나에
게 제물로 바쳐야 한다.
너희는 맏아들들을 나에게 바쳐야 한다. 30 너
희 소나 양도 처음 난 것은 나에게 바쳐야 한다. 처
음 난 것들은, 이레 동안은 어미와 함께 있게 하고,
여드렛날에는 나에게 바쳐야 한다.
31 너희는 나를 섬기는 거룩한 백성이다. 그
러므로 너희는 들에서 맹수에게 찢겨서 죽은 짐승
의 고기를 먹어서는 안 된다. 그런 것은 개에게나
던져 주어라."

ㄱ) 또는 '재판장'

나타나심을 이스라엘 사람들에게 두려움을 주입시키기 위한 하나님의 시험으로 해석함으로써 중재자로서의 역할을 떠맡는다.

20:21—24:8 모세는 하나님의 산에 네 번째 올라갔을 때, 추가로 율법의 계시를 받는다. 언약의 책이 이 단락(21:1—23:19)에서 중심이 되어 있으며, 머리말(20:21-26)과 결론(23:20-33)이 있다. 이 단락은 모세가 산에서 내려와서, 새롭게 계시된 율법을 이스라엘에게 전하고, 백성을 언약 의식으로 인도할 때 끝난다(24:3-8).

20:21-26 모세는 백성이 먼발치에 서 있는 동안에 하나님께 접근한다. **20:22** 모세는 두 번째로 위임을 받는다 (19:3을 보라). 하나님은 이 현현이 오로지 귀로 들어서만 경험할 수 있는 것임을 강조하신다 (신 4:12, 15-18, 36). **20:23-26** 십계명에 나오는 주제들이 반복된다. 은과 금의 우상들은 금지된다. 주님을 위한 제단은 인위적으로 다듬어지지 말아야 하는데, 그 이유는 아마도 하나님의 이미지들을 만드는 위험을 피하기 위함이다. 알몸을 드러내지 말라는 명령은 가나안의 예배 관행들을 지적하는 것으로 보인다.

21:1—23:19 여기에 수록된 법규들은 언약의 책(24:7)으로 묘사되어 있다 (24:7). 이것은 대부분 결의론적 법이나 판례법의 형태를 가진 민사법(21:1—22:17)과 필연법의 형태를 가진 종교적, 제의적, 그리고 도덕적 교훈(22:18- 23:17)으로 구성되어 있다. 20:1-17에 관한 주석에서 이 두 형태의 법들에 대한 논의를 보라.

21:1-11 히브리 노예를 보호하는 법규들. **21:1** 이 절은 언약의 책 전체에 대한 서문이다. 법규는 "재판 판정문들"이다. **21:2-6** 히브리 남성들이 빚 때문에 노예가 되었으면 (21:1), 그들은 7년마다 자유의 몸이 된다 (신 15:12-15를 보라. 여기에 보면 주인은 식량을 공급하도록 요구를 받는다). 가족 전체가 노예로부터 자유를 얻는 것은 노예가 되기 전에 결혼을 했을 경우에만 한한다. *그의 귀를 문이나 문설주에 대고 송곳으로 뚫는다.* 이 구절은 종신 노예 신분을 지적하는 것이다. **21:7-11** 히브리 딸을 파는 것은 노예제도의 한 형태로 여기에는 가부장적 사회에 존재한 합의 결혼이 관련되어 있다. 아버지는 딸의 혼인에 대한 대가로 돈을 받곤 한다. 이 법은 가족의 일원으로서 딸의 권익을 보호하는데 그 의도가

정의와 복지에 관한 법

23 1 "너희는 근거없는 말을 해서는 안 된
다. 거짓 증언을 하여 죄인의 편을 들어
서는 안 된다. 2 다수의 사람들이 잘못을 저지를
때에도 그들을 따라가서는 안 되며, 다수의 사람
들이 정의를 굽게 하는 증언을 할 때에도 그들을
따라가서는 안 된다. 3 너희는 또한 가난한 사람
의 송사라고 해서 치우쳐서 두둔해서도 안 된다.
4 너희는 원수의 소나 나귀가 길을 잃고 헤매
는 것을 보거든, 반드시 그것을 임자에게 돌려주
어야 한다. 5 너희가 너희를 미워하는 사람의 나
귀가 짐에 눌려서 쓰러진 것을 보거든, 그것을 그
대로 내버려 두지 말고, 반드시 임자가 나귀를 일
으켜 세우는 것을 도와 주어야 한다.
6 너희는 가난한 사람의 송사라고 해서 그에
게 불리한 판결을 내려서는 안 된다. 7 거짓 고
발을 물리쳐라. 죄 없는 사람과 의로운 사람을 죽
여서는 안 된다. 나는 악인을 의롭다고 하지 않기 때
문이다. 8 너희는 뇌물을 받아서는 안 된다. 뇌
물은 사람의 눈을 멀게 하고, 의로운 사람의 말을
왜곡시킨다.
9 너희는 너희에게 몸붙여 사는 나그네를 억압
해서는 안 된다. 너희도 이집트 땅에서 나그네로 몸
붙여 살았으니, 나그네의 서러움을 잘 알 것이다."

안식년과 안식일에 관한 법

10 "너희는 여섯 해 동안은 밭에 씨를 뿌려
서, 그 소출을 거두어들이고, 11 일곱째 해에는
땅을 놀리고 묵혀서, 거기서 자라는 것은 무엇이나
가난한 사람들이 먹게 하고, 그렇게 하고도 남은
것은 들짐승이 먹게 해야 한다. 너희의 포도밭과
올리브 밭도 그렇게 해야 한다.
12 너희는 엿새 동안 일을 하고, 이렛날에는
쉬어야 한다. 그래야 너희의 소와 나귀도 쉴 수
있을 것이며, 너희 여종의 아들과 몸붙여 사는
나그네도 숨을 돌릴 수 있을 것이다. 13 너희는
내가 너희에게 말한 모든 것을 지켜야 한다. 그리고
너희는 다른 신들의 이름을 기억해서는 안 되며,
입 밖에 내서도 안 된다."

세 가지 큰 절기에 관한 법

(출 34:18-26; 신 16:1-17)

14 "너희는 한 해에 세 차례 나의 절기를 지
켜야 한다. 15 너희는 무교절을 지켜야 한다. 내가
너희에게 명한 대로, ㄱ)아빕월의 정해진 때에, 이레

ㄱ) 양력 삼월 중순 이후

있다: 그녀는 또다시 팔릴 수 없다. 만일 재처가 있으면, 본처는 계속해서 식량과 의류와 아내의 법적 지위를 보장받거나, 그렇지 않을 경우 그녀는 자유의 몸이 된다.

21:12-32 이것은 사람들에게 폭행하는 행위를 금지하는 법규들이다. **21:12-14** 계획적인 살인은 사형선고를 면치 못한다. 뜻하지 않게 살인을 범한 사람은 도피성으로 갈 수 있는데 (민 35:12; 신 19:1-13), 그는 여기서 가족의 죽음을 원수로 갚는 관습인 피의 보복으로부터 보호를 받는다 (민 35:22-28). 도피성은 종종 하나님의 제단과 관련된다 (왕하 2:28-34). **21:15-17** 자신의 부모를 치거나 저주한 것에 대한 징벌은 사형이었으며, 강제노예의 한 형태인 유괴도 마찬가지 징벌을 받았다. **21:18-27** 이 단락은 다른 사람들에 육체적으로 가한 피해에 대한 형벌은 간추려 말하는 것인데, 싸움을 한 경우를 포함한다 (18-19절). 또 이것은 노예를 죽게 하거나 (20-21절) 평생 불구로 만듦으로써 그에게 해를 입히고 (26-27절), 임신한 여자를 다치게 하여 유산에 이르게 하고 (22-25절), 가축을 학대할 경우(28-32절)를 포함한다. **21:23-25** 이 구절들은 동태(同態)복수법(*lex talionis,* 범행한 죄와 같은 피해를 벌하는 형법)을 진술하는데, 이 법은 피해를 입은 것보다도 더 큰 피해로 보복하지 못하도록 제한하기 위한 수단이다.

21:33—22:15 재산을 보호하는 법들. **21:33-36** 가축에게 뜻하지 않게 입힌 상해는 동해형법(同害刑法)의 원칙을 따른다. 손해를 입은 쪽은 손해를 당한 재산과 동일한 가치를 가진 것으로 보상받았다. **22:1-4** 도둑질을 한 경우에는 도살하거나 팔아버린 소에 대해서는 다섯 배로 갚아야 하고, 도살하거나 팔아버린 양에 대해서는 네 배로 갚아야 한다. 도둑질한 짐승들이 도둑의 소유로 살아있으면 두 배로 보상되어야 한다. 밤중에 도둑질하다가 잡힌 도둑을 죽이는 것은 살인죄에 해당되는 것이 아니며, 피의 보복(21:12-14를 보라)을 수반하지 않는다. 낮에 도둑을 죽이는 것은 살인죄이다. **22:5-6** 가축과 화재로 인해서 곡물에 피해를 입히는 경우에는 피해를 가한 쪽이 보상해야 한다. **22:7-15** 보관인의 책임들. **22:7-8** 다른 사람에게 맡긴 재산이 도난당한 경우 보관인의 무죄를 입증하기 위한 의례적인 절차가 필요하다. **22:9** 재산의 소유권을 쌍방이 주장할 경우 이 소유권은 성전에서 결정된다. **22:10-15** 이 단락은 다른 사람에게 맡겨진 가축이 죽거나, 상해를 입거나, 혹은 도난당한 경우 그 책임의 여부를 결정하는데 필요한 절차들을 요약한다.

22:16-17 약혼하지 않은 처녀를 꾀어서 건드린 것에 대한 책임을 묻는 법이다. 이 법은 재정, 즉 신부의 몸값에 초점을 두기 때문에, 이 법은 앞에 나온 재산법

동안 누룩을 넣지 않은 빵을 먹어야 한다. 너희가
그 때에 이집트에서 나왔기 때문이다.
너희는 빈 손으로 내 앞에 나와서는 안 된다.
16 너희는 너희가 애써서 밭에 씨를 뿌려서
거둔 곡식의 첫 열매로 맥추절을 지켜야 한다. 또
한 너희는 밭에서 애써 가꾼 것을 거두어들이는 한
해의 끝무렵에 수장절을 지켜야 한다. 17 너희
가운데 남자들은 모두 한 해에 세 번 주 하나님
앞에 나와야 한다.
18 너희는 나에게 바치는 희생제물의 피를 누
룩 넣은 빵과 함께 바쳐서는 안 된다. 그리고 절
기 때에 나에게 바친 기름을 다음날 아침까지 남
겨 두어서도 안 된다.
19 너희는 너희 땅에서 난 첫 열매 가운데서
제일 좋은 것을 주 너희 하나님의 집으로 가져와
야 한다.
너희는 새끼 염소를 그 어미의 젖으로 삶아서
는 안 된다."

약속과 지시

20 "이제 내가 너희 앞에 한 천사를 보내어
길에서 너희를 지켜 주며, 내가 예비하여 둔 곳으로
너희를 데려가겠다. 21 너희는 삼가 그 말에
순종하며, 그를 거역하지 말아라. 나의 이름이
그와 함께 있으므로, 그가 너희의 반역을 용서하지
않을 것이다.
22 너희가 그의 말에 절대 순종하여, 내가 명
하는 모든 것을 따르면, 내가 너희의 원수를 나의
원수로 여기고, 너희의 대적을 나의 대적으로
여기겠다.
23 나의 천사가 너희 앞에서 너희를 아모리
사람과 헷 사람과 브리스 사람과 가나안 사람과
히위 사람과 여부스 사람이 있는 곳으로 인도할
것이다. 내가 그들을 전멸시키겠다. 24 너희는
그들의 신들에게 엎드려서 절을 하여 섬기지 말
것이며, 그들의 종교적인 관습을 본받지 말아라.
신상들을 다 부수고, 그들이 신성하게 여기던 돌
기둥들을 깨뜨려 버려라. 25 너희는 주 너희
하나님 나만을 섬겨야 한다. 그러면 내가 너희에
게 복을 내려, 빵과 물을 주겠고, 너희 가운데서
질병을 없애겠다. 26 너희 땅에 낙태하거나 임
신하지 못하는 여자가 없을 것이며, 내가 너희를
너희 수명대로 다 살게 하겠다.
27 내가 나의 위엄을 너희보다 앞에 보내어,
너희가 만날 모든 백성을 혼란에 빠뜨리고, 너희
모든 원수가 돌아서서 달아나게 하겠다. 28 내
가 ㄱ)말벌을 너희보다 앞질러 보내어, 히위 사람과
가나안 사람과 헷 사람을 너희 앞에서 쫓아내겠다.
29 그러나 나는, 땅이 황폐하여지고 들짐승
이 많아질까 염려되므로, 한 해 안에 그들을 너희
앞에서 다 쫓아내지는 않겠다. 30 나는 너희가

ㄱ) 또는 '재앙' 또는 '전염병'

들과 같은 곳에 기록되어 있다. 처녀와 성관계를 맺을 경우 그는 그녀와 결혼하고 신부 값을 지불해야 한다. 아버지는 이 결혼을 거절할 권한을 가지며, 이럴 경우 처녀를 건드린 자는 두 배의 신부의 몸값을 지불해야 한다. 보다 상세한 내용들에 대해서, 신 22:13-30을 보라.

22:18-20 다음의 세 가지 경우는 사형을 초래한다: 마술을 부리는 여자 (신 18:9-14를 보라. 여기서 보면 이 법은 남성들과 여성들을 모두 포함한다), 짐승과 교접하는 자 (레 18:23; 20:15-16; 신 27:21을 보라), 그리고 배교 행위를 하는 경우들이다. 배교의 행위로 인한 죽음의 형은 *반드시 없애야 한다*는 구절로 규정되는데, 이것은 당사자가 죽임당하여 하나님께 드려지는 것을 가리킨다 (수 7장을 보라).

22:21-27 불리한 조건에 놓여있는 사람들을 보호하는 법규들. **22:21-24** 나그네와 과부와 고아를 학대하거나 억압하는 것은 하나님께서 위반자를 죽이는 결과를 초래하게 될 것이다. **22:25-27** 돈을 대부하여 줄 때 이자를 받는 것은 금지되어 있다 (레 25:35-38을 보라). 외투나 겉옷은 종종 대부금에 대한 저당물 역할을 했다 (암 2:8). 저당물은 오직 낮 시간에만 적용될 수 있었는데, 이것은 외투가 밤에는 잠자리의 역할을 했기 때문이다 (신 24:12-13을 보라).

22:28-31 하나님에 대한 이스라엘 백성의 의무를 규정하는 법규. **22:28** 이스라엘 백성은 하나님이나 그들의 통치자들을 저주하지 말아야 한다. **22:29-30** 하나님은 합당한 헌물을 요구하시는데, 여기에는 처음 난 집짐승들과 맏아들을 바치는 것이 포함되어 있다 (또한 13:1-2를 보라). 민 3:11-13과 8:15-19는 레위 사람들로 이스라엘의 모든 맏아들에 대한 하나님의 요구를 대체한다. **22:31** 이스라엘은 거룩한 백성으로 부름을 받는다 (19:6과 신 14:2를 보라. 여기서 이스라엘 백성이 거룩한 백성으로 선포된다). 거룩성은 선택적인 식사 규정을 요구한다 (레 11장을 보라). **23:1-9** 소송 절차와 정의를 보호하는 법규들. **23:1-3** 이러한 법규들은 거짓 증언을 하지 말 것을 재차 강조한다 (20:16). **23:4-5** 율법은 하물며 원수의 것일지라도 인도적으로 처리할 것을 요구한다. **23:6-9** 정의는 가난한 자들과 나그네들에게 불리한 판결을 내리지 말도록 요구한다. **23:10-19** 예배를 규정하는 법규들이다. **23:10-11** 가난한 자들에 대한 정의를 요구

번성하여 그 땅을 너희의 소유로 차지할 때까지,
그들을 너희 앞에서 조금씩 쫓아내겠다. 31 내가
너희 땅 경계를 홍해에서 블레셋 바다까지, 광야
에서 유프라테스 강까지로 정하고, 그 땅에 사는
사람들을 너희 손에 넘겨줄 터이니, 너희가 그들
을 쫓아내어라. 32 너희는 그들과 언약을 맺지
말아라. 그들의 신들과도 언약을 맺지 말아라.
33 너희는 그들을 너희 땅에서 살지 못하게 하여
라. 그렇게 하지 않으면, 그들이 너희를 유혹하여
나에게 죄를 짓게 할까 염려가 된다. 너희가 그
들의 신들을 섬기면, 그것이 너희를 잡는 덫이 될
것이다."

시내 산에서 언약을 맺다

24 1 주님께서 모세에게 말씀하셨다. "너는
아론과 나답과 아비후와 이스라엘의 장
로 일흔 명과 함께 나 주에게로 올라와, 멀찍이 엎
드려서 나를 경배하여라. 2 모세 너 혼자서만 나
주에게로 가까이 나아오고, 그들이 나에게 가까
이 와서는 안 된다. 백성은 너와 함께 올라오지 않
게 하여라."

3 모세가 내려와서 백성에게 주님의 말씀과
법규를 모두 전하니, 온 백성이 한 목소리로 주님
께서 명하신 모든 말씀을 지키겠다고 대답하였다.
4 모세는 주님의 모든 말씀을 기록하고, 아
침 일찍 일어나서, 산기슭에 제단을 쌓고, 이스라
엘의 열두 지파를 따라 기둥 열두 개를 세웠다.
5 그는 이스라엘 자손들 가운데서 젊은이들을
보내어, 수송아지들을 잡아 주님께 번제를 올리게
하고, 화목제물을 드리게 하였다. 6 모세는 그
피의 절반은 그릇에 담아 놓고, 나머지 절반은 제
단에 뿌렸다. 7 그리고 그가 '언약의 책'을 들고
백성에게 낭독하니, 그들은 "주님께서 명하신 모든
말씀을 받들어 지키겠다"고 말하였다. 8 모세는
피를 가져다가 백성에게 뿌리며 말하였다. "보십
시오, 이것은 주님께서 이 모든 말씀을 따라, 당
신들에게 세우신 언약의 피입니다."
9 모세는 아론과 나답과 아비후와 이스라엘
의 장로 일흔 명과 함께 올라갔다. 10 거기에서,
그들이 이스라엘의 하나님을 보니, 그 발 아래에는
청옥을 깔아 놓은 것 같으며, 그 맑기가 하늘과 꼭
같았다. 11 주님께서는 이스라엘의 지도자들을
손으로 치지 않으셨으므로, 그들이 하나님을
뵈며 먹고 마셨다.

하는 법규(6-9절)는 안식년 준수로 이어진다. 일곱째 해에는 땅을 경작하지 않고 놔두어서 가난한 자들이 자연적으로 자라는 곡물들이나 과실들을 수확하도록 하고 야생동물들이 풀을 뜯어먹을 수 있도록 한다. 이 법규는 신 15장과 레 25장에 확대되어 기록되어 있다. **23:12** 안식일은 집짐승들과 노예들에게 쉬는 날을 주도록 하는 인도적 이유들 때문에 지켜져야 한다 (20:8-11; 신 5:12-15). **23:13** 온전히 하나님께만 예배드려야 한다고 하면서 앞에 나온 법규들을 끝맺는다. **23:14-17** 이 절기들은 농경과 관련된 의례 일정을 요약하여 주는데, 매해 세 차례 순례절기를 지킬 것을 요구한다. 다른 의례 일정들은 34:18-26; 레 23:1-44; 민 28—29장; 그리고 신 16:1-17에 나온다. **23:14-15** 첫째 절기 무교절. 이것은 보리 수확 시기인 봄철에 지켰다. 나중에 나오는 의례 일정들(신 16:1-8)과는 달리 이 절기는 아직 유월절과 관련되어 있지 않다. 아빕월은 가나안 방식으로 달을 헤아린 것인데, 4월 말과 5월 초에 해당한다. **23:16** 둘째 절기 맥추절. 이 절기는 칠칠절 혹은 샤부옷(신 16:9)으로 알려져 있기도 한데 6월에 곡식을 추수한 것을 경축하는 절기이다. 희랍어로 이 절기는 오순절(Pentecost)로도 알려져 있다. 셋째 절기 수장절. 이 절기는 초막절 혹은 숙곳절로 알려져 있기도 하다 (신 16:13-16). 이 절기는 한 해의 끝 무렵에 준수되었는데, 9월에 포도와 올리브를 수확하는 시기에 해당한다. **23:17** 오직 남성들만 이 세 가지 순례 절기들을 준수한다. **23:18-19** 추가적인 규정들이 더하여진다. 피는 누룩과 함께 하나님께 바쳐서는 안 된다. 희생제물에서 나온 기름은 다음날 아침까지 남겨져서는 안 된다. 하나님은 첫 열매들 가운데서 최상의 것들을 요구하신다. 새끼 염소를 그 어미의 젖으로 삶지 말도록 하는 규정은 아마도 가나안의 풍요제를 따르지 못하도록 하는 것일 것이다.

23:20-33 하나님이 백성을 가나안 땅으로 인도하시겠다는 약속으로 언약의 책을 끝맺는다. **23:20-22** 여기서 모세에게 나타난 천사는 하나님이 모세를 부를 때 나타난 하나님의 천사이거나 (3:2), 홍해에서 이스라엘을 구원했던 하나님의 천사이거나 (14:19), 혹은 이스라엘 사람들이 모세의 음성을 반드시 들어야 하기 때문에 모세 자신일지도 모른다. **23:23-24** 하나님은 토착민들을 몰아내시겠다고 반복해서 약속하신다 (3:7-9). **23:25-26** 하나님에 대한 순종은 땅의 풍요로 나타난다 (신 28:1-14). **23:27-30** 이 단락에 나오는 언어는 거룩한 전쟁이다. **23:31** 약속된 땅의 경계선은 이상적으로 그어진 것이다. 유프라테스 강으로부터 지중해에 이르는 경계선은 앗시리아, 신바빌론, 그리고 페르시아 제국들의 강 유역 건너편에 해당한다. **23:32-33** 하나님은 양립할 수 없는 충성을 요구하신다.

24:1-8 모세는 언약의 책에 대한 계시가 다 끝난

시내 산에서 사십 일을 보내다

12 주님께서 모세에게 말씀하셨다. "너는 내
가 있는 산으로 올라와서, 여기에서 기다려라. 그
러면 내가 백성을 가르치려고 몸소 돌판에 기록한
율법과 계명을 너에게 주겠다." 13 모세가 일어
나서, 자기의 부관 여호수아와 함께 하나님의 산으
로 올라갔다. 14 올라가기에 앞서, 모세는 장로들
에게 일러 두었다. "우리가 여러분에게 돌아올 때
까지 여기에서 우리를 기다리고 있으십시오. 아론
과 훌이 여러분과 함께 있을 것이니, 문제가 있는
사람은 누구든지 그들에게로 가게 하십시오."

15 모세가 산에 오르니, 구름이 산을 덮었다.
16 주님의 영광이 시내 산 위에 머무르고, 엿새
동안 구름이 산을 뒤덮었다. 이렛날 주님께서
구름 가운데서 모세를 부르셨다. 17 이스라엘
자손의 눈에는 주님의 영광이 마치 산꼭대기에서
타오르는 불처럼 보였다. 18 모세는 구름 가운
데를 지나, 산 위로 올라가서, 밤낮 사십 일을 그
산에 머물렀다.

성소를 지을 예물

25 1 주님께서 모세에게 말씀하셨다. 2 "너
는 이스라엘 자손에게 말하여, 나에게 예
물을 바치게 하여라. 누가 바치든지, 마음에서 우
러 나와 나에게 바치는 예물이면 받아라. 3 그들
에게서 받을 예물은 이러하니, 곧 금과 은과 동과
4 청색 실과 자주색 실과 홍색 실과 가는 모시 실
과 염소 털과 5 붉게 물들인 숫양 가죽과 돌고래
가죽과 아카시아 나무와 6 등잔용 기름과 예식
용 기름에 넣는 향품과 분향할 향에 넣는 향품과
7 ㄱ)에봇과 가슴받이에 박을 홍옥수와 그 밖의 보
석들이다.

8 내가 그들 가운데 머물 수 있도록, 그들에게
내가 머물 성소를 지으라고 하여라. 9 내가 너에
게 보여 주는 모양과 똑같은 모양으로 성막과
거기에서 쓸 모든 기구를 만들어라."

ㄱ) 조끼 모양의 옷. 제사장이 하나님의 뜻을 여쭐 때 사용하는 우림과 둠밈을 넣음

후에 이스라엘 백성에게 돌아와서 종교의식에 따라 언약 승인식을 인도한다. **24:1-2** 이 구절들은 다음에 나오는 단락을 위한 교량 역할을 하는 것인데, 다음 단락은 성소의 건축에 초점을 둔다 (9-11절을 보라). **24:3** 언약의 기초로써 백성이 받아들인 하나님의 말씀은 아마도 십계명과 언약의 책인 것 같다. **24:4** 모세는 법규들을 기록하고 (34:27-28) 또한 거룩한 전쟁에 대한 예언들을 기록한다 (17:14). 그리고 광야의 여정에 관한 역사(민 33:2)와 노래 (신 31:9, 22) 하나를 기록한다. **24:5-8** 언약은 종교의식을 통해 승인된다. 12개의 돌기둥은 이스라엘의 12지파를 상징한다. 모세는 이스라엘 사람들에게 언약의 책을 읽고, 이들은 법을 그들 자신의 것으로 받아들인다.

24:9—40:38 이 단락에는 성막에 대한 계시가 있고 (25—31장), 성막을 건축하는 것에 대한 이야기들이 포함되어 있다(35—40장). 이러한 일화들은 하나님의 성소를 건축하는 것에 대한 자취를 찾아보는 것들이다. 첫째로, 모세가 성막을 위한 계획을 인수받기 위하여 산에 올라간다 (24:9—32:35). 둘째로, 모세는 이스라엘이 금송아지에게 예배를 드림으로써 언약을 파기한 후에 회막에서 그들을 위해 하나님께 중재자의 역할을 한다 (33:1-23). 셋째로, 모세가 마지막으로 산에 올라가서 성막의 건축을 지시하기 전에 새 율법을 받는다 (34:1—40:38).

24:9—32:35 하나님과 이스라엘 백성과의 언약(19:1—24:8)은 성막의 계시(25—31장)를 위한 무대를 설정해 준다. 그러나 성막의 건축은 이스라엘 사람들이 금송아지에게 예배하면서 중단하게 된다 (32장). 본 단원은 두 이야기의 줄거리를 동시에 제시하면서 앞에 나오는 장면들과는 달리한다. 출 24:9—31:19는 모세가 40일 동안 시내 산 정상에서 주 하나님을 만나 성막의 청사진을 받는 장면을 기술하는 부분이다. 출 32:1-14는 이와 같은 시기에 산 밑에서 이스라엘 사람들과 아론이 금송아지 상을 만드는 이야기를 기술한다. 두 이야기의 줄거리는 32:15-35에서 합쳐지는데, 여기서 모세는 시내 산 정상으로부터 내려와서 금송아지 상과 십계명 서판을 파괴한다. **24:9-18** 이 단락은 모세가 이스라엘 지도자들과 산을 오를 때 일어나는 추가적인 신의 현현(서론을 보라)을 기술한다. **24:9-11** *하나님, 모세, 아론, 나답, 아비후*, 그리고 *장로 일흔 명*이 산에서 나눈 식사는 24:1-2에 나오는 하나님의 명령을 이행한다. 또한 18:12를 보라. *청옥.* 이 보석은 고대 근동의 신전을 장식하는데 사용된 보석인 청금석을 말하는데, 이것은 하늘과 땅의 만남을 뜻하고 신전을 신성한 곳으로 만들었다. 모세(24:4)와 하나님이 공동으로 율법들을 기록한다 (또한 신 4:13; 5:22; 9:10; 10:2-4를 보라). 돌판 (또한 신 4:13을 보라). 제사문서에서는 돌판이 증거판(31:18)으로 기술된다. 모세는 장로들, 아론, 그리고 훌을 뒤에 남겨두고(18:12를 보라), *여호수아와* 함께 산정에 오른다. **24:15-18** *주님의 영광의* 계시가 본 단락의 중심을 이룬다. 신의 현현은 창 1장의 창조 이야기를 상기시켜준다. 구름이 6일 동안 산을 덮은 후 이렛날 주님께서 구름 가운데서 모세를 부르셨다. 또한 만나의 기적을 보라 (16:10). 이 만나의 기적은 하나님의 영광의 계시가 창 1장에 나오는 안식일의 구조를 상기시켜 주고 있다.

언약궤 모형 (출 37:1-9)

10 "아카시아 나무로, 길이가 두 자 반, 너비가
한 자 반, 높이가 한 자 반 나가는 궤를 만들어라.
11 순금으로 그 안팎을 입히고, 그 둘레에는
금테를 둘러라. 12 금고리 네 개를 만들어서 그
밑의 네 모퉁이에 달되, 한쪽에 고리 두 개, 다른
한쪽에 고리 두 개를 달아라. 13 그리고 아카시아
나무로 채를 만들어서 금을 입혀라. 14 그 채를
궤의 양쪽 고리에 끼워서 궤를 멜 수 있게 하고,
15 그 채들을 궤의 고리에 그대로 두고, 거기에
서 빼내지 말아라. 16 내가 너에게 줄 증거판을
그 궤 속에 넣어 두어라.
17 순금으로, 길이가 두 자 반, 너비가 한 자
반인 속죄판을 만들어라. 18 금을 두들겨서 그룹
두 개를 만들고, 그것들을 속죄판의 양쪽 끝에 각
각 자리잡게 하여라. 19 그룹 하나는 이쪽 끝에
또 다른 하나는 그 맞은쪽 끝에 자리잡게 하되, 속
죄판과 그 양끝에 있는 그룹이 한 덩이가 되도록
하여라. 20 그룹들은 날개를 위로 펴서 그 날개
로 속죄판을 덮게 하고, 그룹의 얼굴들은 속죄판
쪽으로 서로 마주보게 하여라. 21 너는 그 속죄
판을 궤 위에 얹고, 궤 안에는 내가 너에게 줄
증거판을 넣어 두어라. 22 내가 거기에서 너를
만나겠다. 내가 속죄판 위 곧 증거궤 위에 있는 두
그룹 사이에서, 이스라엘 자손에게 명할 모든
말을 너에게 일러주겠다."

25:1-9 하나님은 모세에게 성막을 짓는데 필요한 자재들을 알려주신다. **25:2** 이스라엘 사람들은 솔선해서 예물을 바치도록 권면을 받는다. "예물"에 해당하는 히브리 단어는 거룩하게 쓰이도록 헌납된 물품을 가리킨다. **25:7** *에봇.* 대제사장이 입는 제복이었다 (28:6-12를 보라). *가슴받이.* 에봇에 부착되었으며 열두 지파를 대표하는 보석들이 박혀있었고, 하나님으로부터 계시를 얻는데 사용되었다 (28:13-30). *홍옥수.* 이것은 에덴 동산과 관련된 하윌라의 신비로운 땅으로부터 유래된 것이다 (창 2:11). **25:8-9** 이러한 자재를 사용하는 목적은 하나님께서 이스라엘 사람들과 함께 거하시도록 지상의 성전, 곧 "성소"를 마련하기 위한 것이다. 성막은 하나님의 천국 성전을 본뜬 것이다. **25:10-22** 궤와 궤의 덮게는 지성소에 놓여 있다. **25:10-16** 만일 한 자(규빗)가 45cm(18인치)와 같다면, 궤의 크기는 대략 길이가 3.75자이고 높이와 넓이는 똑같이 2.25자이다. 궤는 나무로 만들어지고 순금으로 입혀졌다.

특별 주석

궤는 이스라엘과 함께 하시는 하나님의 임재를 나타내는 중추적인 상징이다. 이것은 두루 구약을 통해 여러 가지 다른 기능을 가지고 있다. 민 10:35-36에 나오는 시는 이것이 전쟁에서 사용되었음을 가리킨다 (또한 삼상 4장을 보라). 대상 28:2와 시 132:7은 궤를 예루살렘 성전에 있는 주님의 권좌의 발판으로 묘사한다. 제사문서 기자에 따르면, 궤의 목적은 하나님께서 쓰신 언약이나 "증거"를 포함하는 판본들을 보관하는데 있다.

25:17-22 궤의 덮개를 히브리어로 *카포레트* 라고 하는데, "뚜껑"을 의미한다. 속죄판은 속죄일(레 16장)에 카포레트가 하는 기능, 즉 덮는 기능에서 비롯된 것이다. 이 속죄일에 대제사장은 지성소에 계시는 하나님 앞에 나와서 백성들을 위한 속죄를 구하곤 하였다. 이것은 길이가 104cm(41인치)이고 넓이가 53cm(27인치)인 금으로 만들어졌다. 양쪽 끝에 날개를 단 그룹들이 놓였는데, 이들은 서로 마주보고 (에덴 동산을 지켰던 *그룹들이* 그리했던 것처럼 [창 3:24]) 거룩한 궤를 굽어보며 그것을 지켰다. 주 하나님은 이 그룹들 사이에서 당신의 말씀이 알려질 것임을 가리키신다 (민

추가 설명: 성전 (Temples)

하나님께서 성전에 머무신다고 하는 사실은 고대 이스라엘 신앙의 중심이다. 솔로몬이 예루살렘 성전 건축을 준공했을 때, 그는 하나님께 이렇게 말했다: "이제 주님께서 계시기를 바라서, 이 웅장한 집을 지었습니다. 이 집은 주님께서 영원히 계실 곳입니다" (왕상 8:13). 성막의 경우도 마찬가지이다: 이 곳은 하나님께서 지상에서 머무시는 장소이다. 주님은 모세에게 이렇게 말씀하셨다: "내가 그들 [이스라엘 백성] 가운데 머물 수 있도록, 그들에게 내가 머물 성소를 지으라고 하여라" (25:8). 성막의 청사진은 주 하나님의 천국 주거지의 형태를 본뜬 것이다. 성막의 건축은 하나님으로 하여금 지상에 내려가시게 한다; 그러므로, 이것은 하늘과 땅을 연결한다. 이것은 하늘과 땅이 만나는 창조의 주축이다 (*액시스 문디* [*axis mundi*]). 하나님과 하는 모든 교통은 성전에서 거행되는 예식을 통하여 전달된다.

하나님께 차리는 상 (출 37:10-16)

23 "아카시아 나무로, 길이가 두 자, 너비가 한 자, 높이가 한 자 반인 상을 만들어서, 24 순금으로 입히고, 둘레에는 금테를 둘러라. 25 그리고 손바닥 너비만한 턱을 만들어 상 둘레에 붙이고, 그 턱의 둘레에도 금테를 둘러라. 26 금고리 넷을 만들어서, 이 고리를 상다리가 붙어 있는 네 모퉁이에 각각 하나씩 붙여라. 27 그 고리들을 턱 곁에 달아서, 상을 운반하는 데 쓰는 채를 끼워 넣을 수 있게 하여라. 28 그 채는 아카시아 나무로 만들고, 거기에 금을 입혀서, 그것으로 상을 운반하게 하여라. 29 상에 올려 놓을 대접과 종지와 부어 드리는 제물을 담을 병과 잔을 만들어라. 이것들은 순금으로 만들어야 한다. 30 그 상은 언약궤 앞에 놓고, 상 위에는 나에게 바치는 거룩한 빵을 항상 놓아 두도록 하여라."

등잔대 모형 (출 37:17-24)

31 "순금을 두들겨서 등잔대를 만들어라. 등잔대의 밑받침과 줄기와 등잔과 꽃받침과 꽃을 하나로 이어놓아라. 32 등잔대의 줄기 양쪽에서 곁가지 여섯 개가 나오게 하였는데, 등잔대 한쪽에서 곁가지 세 개, 또 다른 한쪽에서도 곁가지 세 개를 나오게 하여라. 33 등잔대의 각 곁가지는 꽃받침과 꽃잎을 갖춘 감복숭아꽃 모양 잔 세 개를 연결하여 만들고, 그 맞은쪽 곁가지도 꽃받침과 꽃잎을 갖춘 감복숭아꽃 모양 잔 세 개를 연결하여 만들어라. 등잔대의 줄기에서 나온 곁가지 여섯 개를 모두 이와 같이 만들어라. 34 등잔대 줄기는 꽃받침과 꽃잎을 갖춘 감복숭아꽃 모양 잔 네 개를 쌓아 놓은 모양으로 만들어라. 35 그리고 등잔대의 맨 위에 있는 좌우 두 곁가지가 줄기에서 뻗어날 때에는, 밑에서 세 번째에 놓인 꽃받침에서 뻗어나게 하고, 그 아래에 있는 좌우 두 곁가지가 줄기에서 뻗어날 때에는, 밑에서 두 번째에 놓인 꽃받침에서 뻗어나게 하고, 그리고 맨 아래에 있는 좌우 두 곁가지가 줄기에서 뻗어날 때에는, 맨 아래에 놓인 꽃받침에서 뻗어나게 하여, 여섯 곁가지를 줄기와 연결시켜서 한 덩이를 만들어라. 이렇게 등잔대의 줄기에서 좌우로 곁가지가 나오게 하여라. 36 등잔대 줄기의 꽃받침에 연결된 곁가지들은 모두 순금을 두들겨 만들되, 전체를 하나로 이어놓아라. 37 등잔 일곱 개를 만들어서, 그것을 등잔대 위에 올려 놓아, 앞을 밝게 비추도록 하여라. 38 등잔불 집게와 불똥 그릇도 순금으로 만들어라. 39 등잔대와 이 모든 기구를 순금 한 달란트로 만들어라. 40 이 모든 것을, 내가 이 산에서 너에게 보여 준 모양 그대로 만들도록 하여라."

성막 (출 36:8-38)

26 1 "열 폭으로 성막을 만들어라. 그 천은, 가늘게 꼰 모시 실과 청색 실과 자주색 실과 홍색 실로, 그룹을 정교하게 수놓아 짠 것이라야 한다. 2 각 폭의 길이는 스물여덟 자로 하고, 너비는 넉 자로 하되, 폭마다 그 치수를 모두 같게 하여야 한다. 3 먼저 다섯 폭을 옆으로 나란히 이어 한 벌을 만들고, 또 다른 다섯 폭도 옆으로 나란히 이어 한 벌을 만들어야 한다. 4 그리고 나서, 나란히 이은 천의 한쪽 가장자리의 폭에 청색 실로 고를 만들고, 나란히 이은 다른 한쪽 가장자리의 폭에도 이와 같이 하여, 서로 맞물릴 수 있게 하여야 한다. 5 서로 맞물릴 두 벌 끝 폭 가장자리에 만들 고의 수는 각각 쉰 개이다. 그 고들을 서로 마주보게 하여라. 6 그리고 금으로 갈고리 쉰 개를 만들어야 한다. 이 갈고리로 두 벌 천을 서로 이어, 한 성막을 이루게 하여라.

7 성막 위에 덮을 천막은 염소 털로 짠 열한 폭 천으로 만들어야 한다. 8 각 폭의 길이는 서른 자로 하고, 너비는 넉 자로 하되, 열한 폭의 치수를 모두 같게 하여야 한다. 9 다섯 폭을 따로 잇고,

---

7:89를 보라). **25:23-30** 빵을 차리기 위한 제상은 지성소에 놓여있다. 이것은 또한 늘 차려놓는 상 (민 4:7), 빵을 늘 차려놓는 상 (왕상 7:48), 그리고 순금으로 된 상(레 24:6)으로 알려지기도 한다. 이것은 길이가 3자 (3피트) 넓이가 1.5자 (1.5피트), 그리고 높이가 2자 4.5cm(2피트 3인치)이었다. 궤와 마찬가지로, 이 상은 막대기를 삽입해서 이것을 운반할 수 있도록 해주는 금고리들이 있었다. 상을 차리는데 필요한 용구들에는 빵을 담는 쟁반이나 대접, 향유를 담는 종지나 국자, 주전자나 항아리, 그리고 제물을 담는 병이 포함되어 있었다. 임재하시는 하나님께 드리기 위하여 상 위에는 늘 차려놓는 빵이 있었다 (레 24:5-9). **25:31-40** 성소에 있는 두 번째 가구는 나무 모양을 띤 등잔대이다. 순금을 두들겨서 만든 등잔대의 밑받침과 줄기는 나무의 줄기를 상징한다. 줄기의 양쪽에는 세 개의 곁가지가 있어, (중간에 있는 등잔대를 포함하여) 전체적으로 일곱 개의 등잔이 놓일 수 있도록 했다. 각 곁가지의 끝 부분은 감복숭아꽃 모양을 한 꽃잎을 갖춘 잎눈으로 되어 있다. 일곱 가지 등잔대는 이집트의 등잔대들과 유사하다. 이 등잔대가 갖는 상징은 에덴 동산에 있었던 생명나무를

나머지 여섯 폭도 따로 이어야 한다. 그리고 여섯 번째 폭은 천막 앞쪽으로 반을 접어서 올려야 한다.
10 다섯 폭으로 이은 천의 가장자리에 고 쉰 개를 만들고, 여섯 폭을 이은 천의 가장자리에도 고 쉰 개를 만들어라.
11 또 놋쇠 갈고리 쉰 개를 만들고, 그 갈고리를 양쪽 고에 마주 걸어서, 한 천막을 만들어라.
12 그리고 여분으로 남아 있는 천막 반 폭은 성막 뒤로 늘어뜨려라.
13 천막 폭 너비에서 양쪽으로 한 자씩 남아 있는 것은, 성막 양 옆으로 늘어뜨려서 성막을 덮게 하여라.

14 천막 덮개를 두 개 더 만들어라. 하나는 붉게 물들인 숫양 가죽으로 만들고, 그 위에 덮을 또 다른 덮개는 돌고래 가죽으로 만들어라.

15 성막을 세울 널빤지는 아카시아 나무로 만들어라.
16 각 널빤지는, 길이를 열 자, 너비를 한 자 반으로 하고,
17 널빤지마다 거기에 촉꽂이 두 개를 만들어, 서로 잇대어 세워라. 너는 성막의 모든 널빤지를 이와 같이 만들어라.
18 성막의 남쪽 벽면에 세울 널빤지는 스무 개를 만들어라.
19 그 스무 개나 되는 널빤지 밑에 받칠 밑받침은 은으로 마흔 개를 만들어라. 널빤지마다 그 밑에 촉꽂이를 꽂을 밑받침을 두 개씩 만들어라.
20 그리고 그 반대쪽인 성막의 북쪽 벽면에 세울 널빤지는 스무 개를 만들어라.
21 밑받침 마흔 개를 은으로 만들되, 널빤지마다 그 밑에 받칠 밑받침을 두 개씩 만들어라.
22 성막 뒤쪽인 서쪽 벽면에 세울 널빤지는 여섯 개를 만들어라.
23 성막 뒤쪽의 두 모퉁이에 세울 널빤지는 두 개를 만들어라.
24 두 모퉁이에 세울 이 널빤지들은 밑에서부터 꼭대기까지 겹으로 세워서, 완전히 한 고리로 연결하여라. 그 두 모퉁이를 다 이와 같이 하여라.
25 그러면 그것은 여덟 개의 널빤지에, 널빤지마다 그 밑에 밑받침이 두 개씩이니, 은 밑받침은 모두 열여섯 개가 될 것이다.

26 아카시아 나무로 가로다지를 만들어라. 성막 한쪽 옆 벽의 널빤지에 다섯 개,
27 성막의 다른 한쪽 옆 벽의 널빤지에 다섯 개, 서쪽에 해당하는 성막 뒤 벽의 널빤지에 다섯 개를 만들어라.
28 널빤지들의 가운데에 끼울 중간 가로다지는 이쪽 끝에서 저쪽 끝까지 미치게 하여야 한다.
29 널빤지에는 금을 입히고, 가로다지를 꿸 고리를 금으로 만들어라. 또 가로다지에도 금을 입혀라.
30 성막은 내가 이 산에서 너에게 보여 준 규격대로 세워라.

31 청색 실과 자주색 실과 홍색 실과 가늘게 꼰 모시 실로 휘장을 짜고, 그 위에 그룹을 정교하게 수를 놓아라.
32 휘장을 아카시아 나무로 만든 네 기둥 위에 드리워야 하는데, 기둥마다 거기에 모두 금을 입히고, 금 갈고리를 달아야 하며, 이 기둥들을 은으로 만든 네 밑받침 위에 세워야 한다.
33 너는 그 휘장을 갈고리에 걸어서 늘어뜨리고, 그 휘장 뒤에 ㄱ)증거궤를 들여 놓아라. 그 휘장이 너희에게 성소와 지성소를 구별할 수 있게 할 것이다.
34 지성소에 있는 ㄱ)증거궤는 ㄴ)속죄판으로 덮어라.
35 휘장 앞으로는 북쪽에 상을 차려 놓고, 그 상의 맞은쪽인 성막의 남쪽에는 등잔대를 놓아라.

ㄱ) 또는 '법궤' ㄴ) 또는 '속죄소' 또는 '시은좌'

상기시켜준다 (창 2:9). 이 등잔대는 성막 예배소를 밝히는 불로 쓰였다 (민 8:1-3). 순금 *한 달란트* 등잔대는 대략 30 내지 32kg(66-70파운드)의 금으로 만들어져야 했다. 모양 그대로 성막과 마찬가지로 (25:9), 등잔대도 천국 등잔대의 형태를 본뜬 것이다.

26:1-37 성막의 건축. **26:1-14** 성막의 틀을 덮는 덮개들은 네 개의 폭으로 되어 있었다. 첫 번째 폭은 천에 그룹이 수놓아진 청색 실과 자주색 실과 홍색 실로 된 가늘게 꼰 모시 실로 만든 열 폭의 휘장으로 되어 있었다 (1-6절). 두 번째 폭은 염소 털로 만든 천이다 (7-13절). 세 번째와 네 번째 폭은 숫양 가죽과 좋은 돌고래 가죽으로 되어 있었다 (14절). **26:15-30** 성막의 나무 테두리는 대략 45 x 15 x 15자(45 x 15 x 15피트)이다. **26:31-35** 그룹의 모습은 청색 실과 자주색 실과 홍색 실과 가늘게 꼰 모시 실로 수놓아 짠 휘장이 성소로부터 지성소를 구별한다. **26:36-37** 청색 실과 자주색 실과 홍색 실과 가늘게 꼰 모시 실로 수놓아 짠 휘장은 성막 뜰로부터 성소를 구별한다. **27:1-19** 번제의 제단은 성막 뜰에서 중추적인 것이다. **27:1-8** 나무로 만들어지고 놋쇠가 입혀진 제단은 길이와 넓이가 각각 일곱 자 반(7.5피트)이고 높이는 네 자 반(4.5피트)이다. 각 모퉁이에는 놋쇠로 입혀진 돌출부 혹은 뿔이 있었다. 제단은 채를 만들어 옮겼다. **27:9-19** 성막의 뜰은 북쪽과 남쪽으로 150자(150피트)이고 동쪽과 서쪽은 75자(75피트)이었다. 세 개의 측면은 흰 모시 휘장으로 가려졌다. 동쪽, 혹은 출입구는 중간에 길이가 30자(30피트)에 달하는 막이 하나 있었다. **27:20-21** 이스라엘 백성은 성소에 있는 일곱 등잔대를 위한 기름을 가져오도록 명령을 듣는다. 이 등잔대는 저녁부터 아침까지 불이 켜져 있어야 한다. **28:1-43** 제사장의 예복에 관한 부분이다. **28:1-39** 제사장의 의복이 초점의 중심이다. 예복은 성스러운 것이기 때문에, 고도의 기술을 가진 이들이 예복을 지어야 한다. **28:6-14** 오직 대제사장만이 *에봇*을 입었다. 이것은 십중팔구 몸에 두르고

36 청색 실과 자주색 실과 홍색 실과 가늘게
꼰 모시 실로 수를 놓아, 장막 어귀를 가리는 막을
짜라. 37 아카시아 나무 기둥 다섯을 만들어서,
거기에 금을 입히고, 금 갈고리를 만들어 붙여서,
이 막을 치는 데 쓰도록 하여라. 그리고 밑받침
다섯은 놋쇠를 부어 만들어라."

제단 (출 38:1-7)

27 1 "아카시아 나무로 제단을 만들어라.
그 제단은 길이가 다섯 자요 너비가 다섯
자인 네모난 모양으로 만들고, 그 높이는 석 자로 하
여라. 2 제단의 네 모퉁이에 뿔을 하나씩 만들어
붙이되, 그 뿔과 제단을 하나로 이어놓고, 거기에
놋쇠를 입혀야 한다. 3 재를 담는 통과 부삽과
대야와 고기 갈고리와 불 옮기는 그릇을 만들어라.
이 모든 기구는 놋쇠로 만들어야 한다. 4 제단에
쓸 그물 모양의 석쇠는 놋쇠로 만들고, 그 놋 석
쇠의 네 모퉁이에 놋쇠 고리 넷을 만들어 붙여라.
5 그리고 그 놋 석쇠를 제단 가장자리 밑에 달아
서, 제단의 중간에까지 이르게 하여라. 6 제단을
옮기는 데 쓸 채를 만들되, 이것을 아카시아 나무로
만들고 거기에 놋쇠를 입혀라. 7 이 채들을 제단
양 옆의 고리에 끼워서, 그것을 운반할 수 있게
하여라. 8 제단은 널빤지로 속이 비게 만들되,
내가 이 산에서 너에게 보여 준 그대로 만들어야
한다."

성막 뜰 울타리 (출 38:9-20)

9 "성막 뜰을 두르는 울타리를 만들어라. 가는
실로 짠 모시 휘장으로 울타리를 두르도록 하여
라. 남쪽 휘장은 길이가 백 자가 되게 하여라.
10 휘장을 칠 기둥 스물과 그 밑받침 스물을 놋
쇠로 만들고, 그 기둥의 갈고리와 고리를 은으로
만들어라. 11 북쪽에도 마찬가지로, 그 길이가
백 자가 되는 휘장을 치고, 기둥 스물과 밑받침
스물을 놋쇠로 만들고, 그 기둥의 갈고리와 고리를
은으로 만들어라. 12 해 지는 쪽인 서쪽 울타리에
칠 휘장의 길이는 쉰 자로 하고, 기둥 열 개와 밑
받침 열 개를 만들어라. 13 해 뜨는 쪽인 동쪽
울타리도 그 길이를 쉰 자로 하여라. 14 동쪽의
정문 한쪽에 밑받침 셋을 놓고서, 그 위에 기둥
셋을 세운 다음에, 열다섯 자 되는 휘장을 쳐라.
15 다른 한쪽에도 밑받침 셋을 놓고서, 그 위에
기둥 셋을 세운 다음에, 열다섯 자 되는 휘장을
쳐라. 16 동쪽 울타리의 정문에 칠 막은, 청색
실과 자주색 실과 홍색 실과 가늘게 꼰 모시 실로
수를 놓아 짠 것으로, 그 길이가 스무 자가 되는
막을 만들어서 치되, 밑받침 넷을 놓고 그 위에
기둥 넷을 세운 다음에 그것을 쳐라.

17 울타리 사면의 기둥에는 모두 은고리와
은 갈고리를 달고, 그 밑받침은 놋쇠로 하여라.
18 울타리를 두른 뜰의 길이는 백 자, 너비는
쉰 자, 높이는 다섯 자로 하여라. 가는 실로 짠 모
시를 둘러 치되, 놋쇠로 된 밑받침을 받쳐야 한다.
19 성막에서 각종 제사에 쓰는 기구와 성막의 말
뚝과 울타리의 말뚝은 모두 놋쇠로 만들어야 한다."

등불 관리 (레 24:1-4)

20 "너는 이스라엘 자손에게 명하여, 올리브
를 찧어서 짜낸 깨끗한 기름을 가져다가 등불을
켜게 하되, 그 등불은 늘 켜 두어라. 21 아론과
그 아들들은 그것을 회막 안의 ㄱ)증거궤 앞에 쳐놓
은 휘장 밖에 켜 두어서, 저녁부터 아침까지 주 앞
에서 꺼지지 않도록 보살펴야 한다. 이것은 이스
라엘 자손이 대대로 길이 지켜야 할 규례이다.

ㄱ) 또는 '법궤'

멜빵이 달린 모시로 짠 앞치마였다. 이것은 두 개의 홍옥수(onyx stone)가 달리고, 그 위에는 열두 지파의 이름들이 새겨져 있었다. **28:15-30** 가슴받이는 에봇에 부착된 사각형 모시로 짠 가슴받이로 그 위에는 네 개의 줄들이 있고 각 줄에는, 이스라엘의 열두 지파에 일치하여, 보석이 세 개씩 박혀있었다. 또한 가슴받이 안에는 *우림과 둠밈이* 있었는데, 우림과 둠밈은 결정을 내리기 위하여 제비뽑기를 하려고 할 때에 사용된 성스러운 도구이었다. 판결 가슴받이는 신의 계시를 구하는 데 사용되었다 (또한 신 27:21; 삼상 14:37-41을 보라). **28:31-35** (아마도 아름다움과 출산의 상징인 [애 4:3]) 석류로 장식된 청색 겉옷은 에봇에 맞추어 입히는 것이었다. 금방울이 예복의 옷자락에 부착되어서 이스라엘 사람들은 대제사장이 성소에서 집전할 때 소리를 들을 수 있었다. **28:36-39** 대제사장이 쓰는 관은 왕의 위엄을 상징하는 것으로 보인다. *순금의 패는* 관에 부착된다. 이 패에는 *주님의 성직자* 라는 단어들이 새겨져 있다. 대제사장은 십중팔구 무릎까지 내려오는 줄무늬 속옷을 입고 허리띠를 띠었을 것이다. **28:40-43** 모든 제사장들도 또한, *줄무늬 속옷을* 입고, *허리띠를* 띠고, 관을 썼다.

29:1-46 레 8—9장을 보라. **29:1-3** 이 종목들

제사장의 예복 (출 39:1-7)

28 1 "너는 이스라엘 자손 가운데서 너의 형
아론과 그의 아들, 나답과 아비후와 엘르
아살과 이다말을 불러내서, 나를 섬기는 제사장
일을 맡겨라. 2 너는 너의 형 아론이 입을, 영화
롭고 아름답게 보이는 거룩한 예복을 만들어라.
3 내가 슬기로운 생각으로 가득 채워 준 모든 재주
있는 사람을 불러다가, 나를 섬길 아론이 제사장이
되어서 입을 예복을 만들라고 하여라. 4 그들이
만들어야 할 예복은 이러하니, 곧 가슴받이와
에봇과 겉옷과 줄무늬 속옷과 관과 띠이다. 이렇게
그들은 너의 형 아론과 그의 아들들에게 거룩한
예복을 만들어 주어서, 나를 섬기는 제사장 일을
맡게 하여야 한다. 5 에봇을 만드는 이들은 금
실과 청색 실과 자주색 실과 홍색 실과 가늘게 꼰
모시 실을 써서 에봇을 만들어야 한다.
6 그들은 금 실과 청색 실과 자주색 실과 홍
색 실과 가늘게 꼰 모시 실로 정교하게 감을 짜서
에봇을 만들어야 한다. 7 에봇의 양쪽에 각각 멜
빵을 만들어서 달아라. 에봇을 입을 때에 멜빵을
조여서 조정하게 된다. 8 에봇 위에 띨 허리띠는
에봇을 짤 때와 같은 방법으로, 금 실과 청색 실과
자주색 실과 홍색 실과 가늘게 꼰 모시 실로 짜서,
에봇에 한데 이어 붙여라. 9 너는 홍옥수 두 개를
구해다가, 그 위에 이스라엘의 아들들의 이름을
새겨라. 10 태어난 순서를 따라서 한 보석에 여섯
명의 이름을 새기고, 또 다른 보석에 나머지 여섯
명의 이름을 새겨라. 11 보석을 세공하는 사람
이 인장 반지를 새기듯이, 두 보석 위에 이스라엘
아들들의 이름을 새겨라. 그리고 그 보석들을 금
테에 물려라. 12 그 두 보석은 이스라엘 지파들
을 상징하는 기념 보석이니, 에봇의 양쪽 멜빵에
달아라. 아론이 이렇게 그들의 이름을 자기의 두
어깨에 짊어지고 다니면, 내가 나의 백성을 늘 기
억하겠다. 13 또 고리들을 금으로 만들어라.
14 노끈처럼 꼰 두 사슬도 순금으로 만들고, 그
꼰 사슬을 금고리에 달아라."

가슴받이 (출 39:8-21)

15 "너는 에봇을 짤 때와 같은 방법으로 금
실과 청색 실과 자주색 실과 홍색 실과 가늘게 꼰
모시 실로 정교하게 짜서 판결 가슴받이를 만들어
야 한다. 16 이것은 두 겹으로 겹쳐서 네모나게
만들되, 그 길이가 한 뼘, 너비가 한 뼘이 되게 하
여라. 17 그리고 거기에 네 줄 보석을 박아라. 첫
째 줄에는 홍보석과 황옥과 취옥을 박고, 18 둘
째 줄에는 녹주석과 청옥과 백수정을 박고, 19 셋
째 줄에는 풍신자석과 마노와 자수정을 박고, 20 넷
째 줄에는 녹주석과 얼룩 마노와 벽옥을 박되, 이
보석들을 모두 금테에 물려라. 21 이 보석들은 이
스라엘의 아들의 수대로 열둘이 되게 하고, 인장 반
지를 새기듯이 보석마다 각 사람의 이름을 새겨서,
이 보석들로 열두 지파를 나타내게 하여라.
22 가슴받이를 가슴에 매달 사슬은 순금으로
노끈처럼 꼬아서 만들어라. 23 그리고 가슴받이
에 걸 금고리 두 개를 만들어서, 고리 두 개를 가
슴받이의 양쪽 끝에 달아라. 24 금사슬 두 개를
꼬아서, 가슴받이 양쪽 끝에 있는 두 고리에 매어라.
25 그리고 꼰 사슬의 다른 두 끝을 에봇 앞쪽의
멜빵에 달린 두 금테에 매달아라. 26 금고리 두
개를 더 만들고, 그것을 가슴받이 아래의 양쪽 가
장자리 안쪽인 에봇과 겹치는 곳에 달아라.
27 그리고 다른 금고리 두 개를 더 만들어서, 에
봇의 양쪽 멜빵 앞자락 아래, 곧 정교하게 짠 에
봇 띠를 매는 곳 조금 위에 달아라. 28 청색 실로

은 제사장 위임식을 위하여 필요한 것들이다. **29:4** 모든 제사장은 위임식을 위한 과정 첫 단계에서 목욕을 했다. **29:5-9** 제사장들은 위임식 둘째 단계에서 예복을 갈아입어야 했다. 대제사장의 예복(5-7절)은 다른 제사장들의 그것(8-9절)과 구별된다. **29:10-34** 일련의 세 가지 예물이 드려짐으로써 위임식이 종결된다. 각각의 예물을 드리기 전에 제사장들은 그 집짐승에 손을 얹었는데, 이것은 예물에 바쳐질 집짐승과 자신들을 동일시하는 것을 상징하였다. **29:10-14** 수소는 죄를 씻을 목적으로 쓰이는 속죄제물이다 (레 4:1—5:13을 보라). **29:15-18** 숫양들 가운데 하나는 번제물이며, 이 숫양은 제단 위에서 통째로 태워져 바쳐지게 된다 (레 1:1-17을 보라). **29:19-34** 다른 숫양은 *위임식에 드릴 숫양으로* 지정된다 (31절). 이 예물은 화목제물 (레 3:1-17을 보라)과 닮은 데가 있는데, 공동 식사로 끝맺는다. **29:19-21** 위임식에 뿌려지는 숫양의 피는 제사장들의 예복을 포함하여, 제단과 제사장들에게 뿌려진다. **29:22-28** 예물 헌납은 들어올려 바치는 특별한 의식을 거친다. *주를 기쁘게 하는 향기*는 희생제물이 받아들여지기에 합당한 것임을 가리킨다 (창 8:21을 보라). **29:29-30** 대제사장직 예복을 전수하는데 필요한 지시가 위임식 의식에 삽입되어 있다. **29:31-34** 위임식 의식은 식사로 끝맺는데, 이 식사는 화목제를 드리는 경우에 통상적으로 행해지는 식사이다 (레 7:11-

꼰 끈으로 가슴받이 고리를 에봇 고리에 매되, 정교하게 짠 에봇 띠 조금 위에다 매어서, 가슴받이가 에봇에서 떨어지지 않도록 하여라.
29 아론이 성소로 들어갈 때에는, 이스라엘의 아들들의 이름이 새겨진 판결 가슴받이를 가슴에 달고 들어가게 하여, 이것을 보고 나 주가 언제나 이스라엘을 기억하게 하여라.
30 판결 가슴받이 안에 ㄱ)우림과 ㄴ)둠밈을 넣어서, 아론이 주 앞으로 들어올 때에, 그것을 가슴에 지니고 들어오게 하여라. 아론은 주 앞에서 이스라엘 자손의 시비를 가릴 때에, 언제나 그것을 가슴에 지녀야 한다."

제사장의 또다른 예복 (출 39:22-31)

31 "에봇에 딸린 겉옷을 만들되, 청색으로 만들어라.
32 그 겉옷 한가운데 머리를 넣을 구멍을 내고, 그 구멍의 둘레를 갑옷의 깃처럼 단단히 홀쳐서 찢어지지 않도록 하여라.
33 그리고 겉옷자락 둘레에는 청색 실과 자주색 실과 홍색 실로 석류 모양의 술을 만들어 달고, 석류 술 사이사이에 금방울을 만들어 달아라.
34 겉옷자락을 돌아 가며, 금방울 하나 석류 하나, 또 금방울 하나 석류 하나를 달아라.
35 그리하여 아론이 제사를 드릴 때에, 이것을 입게 하여라. 주의 앞 성소를 드나들 때에, 방울 소리가 나면, 그가 죽지 않을 것이다.
36 너는 순금으로 패를 만들어서, 그 위에, 인장 반지를 새기듯이 ㄷ)'주님의 성직자'라고 새겨라.
37 이것을 청색 실로 꼰 끈에 매어서 제사장이 쓰는 관에 달되, 그것이 관 앞쪽으로 오게 하여라.
38 이것을 아론의 이마에 달게 하여, 이스라엘 자손이 거룩한 예물을 드릴 때에, 그 거룩한 봉헌물을 잘못 드려서 지은 죄를 그가 담당하도록 하여라. 그는 그것을 늘 이마에 달고 있어야 한다. 그러면 그가 바치는 예물을, 나 주가 기꺼이 받아 줄 것이다.
39 너는 가는 모시 실로 줄무늬 속옷을 지어라. 가는 모시 실로 제사장이 쓰는 관을 만들고, 수를 놓아 예복의 허리띠를 만들어라.
40 아론의 아들들에게 입힐 속옷을 만들어라. 그들이 띨 허리띠도 만들고, 그들이 쓸 관도 만들어서, 그들이 영화롭고 아름답게 보이도록 하여라.
41 너의 형 아론과 그의 아들들에게 그것을 입히고, 그들에게 기름을 부어서 제사장으로 세우고, 그들을 거룩히 구별하여, 나를 섬기게 하여라.
42 그들에게 허리에서 넓적다리까지 덮이는 속바지를 모시 실로 만들어 입히고, 그들의 몸 아래를 가리게 하여라.
43 아론과 그의 아들들은 회막에 들어갈 때에나 성소에서 제사를 드리려고 제단으로 나아갈 때에, 그것을 입어서 몸 아래를 가려야 한다. 몸 아래를 노출하는 죄를 지으면 죽는다. 이것은 그와 그의 자손이 지켜야 할 영원한 규례이다."

제사장 위임식 준비 (레 8:1-36)

29 1 "나를 섬기는 제사장을 거룩히 구별하여 세우는 절차는 이러하다. 수송아지 한 마리와 숫양 두 마리를 흠 없는 것으로 골라라.
2 그리고 누룩을 넣지 않은 빵과 누룩 없이 기름만 섞어 만든 과자와, 누룩 없이 기름만 바른 속 빈 과자를, 고운 밀가루를 가지고 만들어라.
3 너는 그것을 모두 한 광주리에 넣어서, 수송아지와 두 마리의 숫양과 함께 광주리째 바쳐라.
4 너는 아론과 그의 아들들을 회막 어귀로 데리고 와서 목욕을 하게 하고
5 의복을 가져다가, 속옷과 에봇 밑에 입는 겉옷과 에봇과 가슴받이를 아론에게 입게 하고, 정교하게 짠 에봇 띠를 띠게 하여라.
6 너는 그의 머리에 관을 씌우고, 그 관 위에 성직패를 붙여라.
7 그리고 거룩하게

ㄱ) '빛' ㄴ) '완전함' ㄷ) 또는 '주님께 거룩'

36). **29:35-37** 제사장 위임식은 7일간 계속되었는데, 이 기간 동안 제사장은 목욕을 다시 하고, 예복을 입고, 매일 반복해서 예물을 드렸다. **29:38-42** 제사장 위임식에 관한 기사는 이 단락에서 중단되는데 여기에 정기적인 번제에 관한 지시들이 삽입되었기 때문이다. 정기 예물은 매일 두 번씩, 곧 아침과 저녁에 드려졌다 (민 28:3-8; 겔 46:13-15를 보라). 하나님은 정기적인 번제 의식을 통해서 회막의 문에서 이스라엘 사람들을 만날 것을 약속하신다. **29:43-46** 본 단락은 이스라엘 사람들을 만나겠다는 추가적인 하나님의 약속으로 결론 맺는다. *주의 영광이* 예배 의식을 신성하게 할 것이다 (16:10; 레 9:23-24를 보라). 주의 영광의 실재는 이스라엘 사람들을 인도해서 하나님을 이집트로부터 구해내신 해방자로 알도록 할 것이다. **30:1-10** 분향단은 성소 안에, 즉 지성소로 통하는 장막 바로 앞에 놓여 있다 (26:31-35). 분향단은 길이와 넓이가 각각 한 자(18인치 혹은 45cm)이다. 이것은 나무로 제조되고 금으로 입혀져 있으며, 이것에 뿔(혹은 모서리 돌출부)이 부착되어 있다. 아론은 매일 아침과 저녁으로 그 곳에 분향하도록 지시를 받는다. 해마다 한 번씩 속죄일에, 대제사장

구별하는 데 쓰는 기름을 가져다가, 그의 머리
위에 부어, 그를 거룩하게 구별하여라. 8 또 너는
그의 아들들을 데려다가 속옷을 입게 하고,
9 띠를 띠게 하고, 머리에 두건을 감게 하여서,
그들에게 제사장의 직분을 맡겨라. 그리하여
이것이 영원한 규례가 되게 하여라. 너는 이러한
방식으로 아론과 그의 아들들에게 일을 맡겨라.

10 수소를 회막 앞으로 끌어다가, 아론과
그의 아들들이 그 수소의 머리에 두 손을 얹게 한
다음에, 11 회막 어귀 주 앞에서 그 수소를 잡
아라. 12 그리고 그 수소의 피를 받아다가 너의
손가락으로 제단의 뿔에 바르고, 나머지 피는 모
두 제단 밑에 부어라. 13 내장을 덮은 모든 기름
기와 간에 붙은 기름 덩어리와 두 콩팥과 거기에
붙은 기름기를 떼어 내서 제단 위에서 살라 바쳐라.
14 수소의 고기와 가죽과 똥은 진 바깥에서 불에
태워라. 이것이 바로 속죄의 제사이다.

15 아론과 그의 아들들에게 숫양 한 마리를
끌어다 주고, 그 숫양의 머리 위에 그들의 손을
얹게 한 다음에, 16 그 숫양을 잡고, 피를 받아서,
제단 둘레에 뿌려라. 17 그 숫양의 각을 뜬 다음에,
내장과 다리는 씻어서 각을 뜬 고기와 머리 위에
얹어 놓아라. 18 이렇게 하여, 그 숫양 전체를
제단 위에서 통째로 살라 바쳐라. 이것이 바로 나
주에게 드리는 번제이며, 이것이 바로 향기로 나
주를 기쁘게 하는 살라 바치는 제물이다.

19 너는 다시 다른 숫양 한 마리를 끌어다
놓고, 아론과 그의 아들들이 그 숫양의 머리 위에
손을 얹게 한 다음에, 20 그 숫양을 잡고, 피를
받아서, 아론의 오른쪽 귓불과 그의 아들들의 오
른쪽 귓불에 바르고, 그 오른손 엄지와 오른발 엄
지에도 발라라. 그리고 남은 피를 제단 둘레에 뿌
려라. 21 너는 제단 위에 있는 피와 거룩하게 구
별하는 기름을 가져다가 아론과 그의 옷 위에 뿌
리고, 아론의 아들들과 그들의 옷 위에 뿌려라. 그
렇게 하면, 아론과 그의 옷과 그의 아들들과 그들
의 옷이 거룩하게 된다.

22 이 숫양에서 기름기와 기름진 꼬리와 내장
을 덮은 기름기와 간에 붙은 기름 덩어리와 두 콩
팥과 그것을 덮은 기름기를 떼어 내고, 오른쪽 넓
적다리를 잘라 내어라. 제사장을 위임하는 의식
에서 쓸 것이니, 23 너는, 주 앞에 있는 누룩을
넣지 않은 빵을 둔 광주리에서 빵 한 덩이와 기름
을 섞어서 만든 과자 한 개와 속 빈 과자 한 개를
가져다가, 24 그 전부를 아론의 손과 그의 아들
들의 손에 얹어 주어, 그것으로 주 앞에 흔들어 바
치는 제물로 드리게 하여라. 25 너는 그들의 손
에서 그것을 받아다가, 제단의 번제물 위에 놓고
불살라라. 이것이 바로 향기로 나 주를 기쁘게 하
는, 나 주에게 살라 바치는 제물이다.

26 아론의 제사장 위임식에 쓸 숫양에서 가슴
을 떼어, 나 주에게 흔들어 바치는 예식을 하고 나
서, 그것을 너의 몫으로 가져라.

27 너는 아론과 그의 아들들의 제사장 위임
식에 쓴 숫양 고기 가운데서 흔들어 바친 것과 들
어올려 바친 것 곧 흔들어 바친 가슴과 들어올려
바친 넓적다리를 거룩하게 구별하여 놓아라.
28 이것은 들어올려 바친 제물이므로, 아론과
그의 아들들이 이스라엘 자손에게서 받을 영원한
분깃이다. 이 제물은 이스라엘 자손이 그들의
화목제물로 나 주에게 들어올려 바친 제물이다.

29 아론의 거룩한 옷은 그의 자손들에게 물
려 주어서, 그들이 제사장 위임식 때에 그것을 입
고 기름부음을 받게 하여라. 30 아론의 아들 가
운데서, 그의 제사장직을 이어받고 회막에 들어
가서 성소에서 예배를 드릴 사람은, 이레 동안 이
옷을 입어야 한다.

31 너는 제사장 위임식 때에 드린 숫양의 살
코기를 가져다가, 거룩한 곳에서 삶아라. 32 아
론과 그의 아들들은 회막 어귀에서 바로 이 숫양
의 살코기와 광주리에 든 빵을 먹는다. 33 이것
은 그들을 거룩히 구별하여 제사장으로 세우고 속
죄의 제물로 바친 것이므로, 그들만이 먹을 수
있다. 이것은 거룩한 것이므로, 다른 사람은 먹
을 수 없다. 34 제사장 위임식의 살코기나 빵이
이튿날 아침까지 남아 있거든, 너는 그 남은 것을
불에 태워라. 그것은 거룩한 것이므로, 먹어서는
안 된다.

은 속죄 예식을 행한다 (레 16:16-19). **30:11-16** 모세는 성전세 징수를 위한 기초로써 이스라엘 백성의 인구를 조사하도록 지시를 받는데, 이 인구 조사는 민 1장에서 완료된다. 세금은 인구를 조사할 때에 백성에게 재앙이 미치지 않게 하기 위한 보호 수단이다. 다윗의 인구 조사가 재앙을 초래하는 삼하 24장을 참조하라. *반 세겔*은 무게의 단위이지 동전의 단위가 아니다. **30:17-21** 손발을 씻는 데 쓰이는 놋 물두멍은 회막과 뜰에 있는 제단 사이에 놓여 있었다. 제사장들은 제단에 예물을 드리기 전에, 그리고 성막에 들어오기 전에 손발을 씻어야 했는데, 그렇게 하지 않으면 죽임을 당할 수 있었다. **30:22-33** 모세는 성별하는 향유에 관한 규정을 듣는다. 이것은 제사장들과 더불어 회막에서 사용되는 기구들과 비품들을 기름부어 성별하는 데 사

35 너는 아론과 그의 아들들에게 내가 너에게 시킨 그대로 하여 주되, 제사장 위임식은 이레 동안 하여라. 36 너는 날마다 수송아지 한 마리씩을 바쳐서, 죄를 속하는 속죄제를 드려라. 너는 제단 위에 속죄제물을 드려서, 그 제단을 깨끗하게 하고, 그것에 기름을 부어서 거룩하게 하여라.

37 너는 이레 동안 제단 위에 속죄제물을 드려서, 제단을 거룩하게 하여라. 그렇게 하면 그 제단은 가장 거룩하게 되고, 그 제단에 닿는 것도 모두 거룩하게 될 것이다."

매일 드리는 번제 (민 28:1-8)

38 "네가 제단 위에 바쳐야 할 것은 이러하다. 일 년 된 어린 숫양 두 마리를 날마다 바쳐야 한다. 39 숫양 한 마리는 아침에 바치고, 다른 한 마리 숫양은 저녁에 바쳐라. 40 첫 번째 숫양을 바칠 때에는 고운 밀가루 십분의 일 에바와 찧어 짠 기름 사분의 일 힌을 섞어서 바치고, 포도주 사분의 일 힌을 부어 드리는 제물로 바쳐라. 41 너는 저녁에 두 번째 숫양을 바칠 때에도 아침에 한 것처럼, 같은 양의 곡식제물과 부어 드리는 제물을 바쳐라. 이것이 향기로 주를 기쁘게 하는 살라 바치는 제사이다. 42 이것은 너희가 대대로 계속해서 주 앞 회막 어귀에서 바칠 번제이며, 내가 거기에서 너희를 만날 것이고, 거기에서 너에게 말하겠다. 43 내가 거기에서 이스라엘 자손을 만날 것이다. 거기에서 나의 영광을 나타내어 그 곳이 거룩한 곳이 되게 하겠다. 44 내가 회막과 제단을 거룩하게 하고, 아론과 그의 아들들을 거룩하게 하여, 나를 섬기는 제사장으로 삼겠다. 45 내가 이스라엘 자손 가운데 머물면서 그들의 하나님이 되겠다. 46 그리고 그들은, 바로 내가, 그들 가운데 머물려고, 그들을 이집트 땅에서 이끌어 낸 그들의 주 하나님임을 알게 될 것이다. 나는 그들의 주 하나님이다."

분향단 (출 37:25-28)

30 1 "너는 분향단을 만들되, 아카시아 나무로 들어라. 2 길이가 한 자요, 너비가 한 자인 네모난 모양으로 만들고, 높이는 두 자로 하고, 그 뿔과 단은 하나로 이어놓아라. 3 그리고 너는 그 단의 윗면과 네 옆면과 뿔을 순금으로 입히고, 그 가장자리에 금테를 둘러라. 4 또 금고리 두 개를 만들어 그 금테 아래 양쪽 옆에 붙여서, 그것을 들고 다닐 채를 끼울 수 있게 하여라. 5 너는 아카시아 나무로 채를 만들고, 거기에 금을 입혀라. 6 너는 분향단을 증거궤 앞, 곧 증거판을 덮고 있는 속죄판 앞, 휘장 정면에 놓아 두어라. 거기 그 속죄판에서 내가 너를 만날 것이다. 7 아론은 그 분향단 위에다가 향기로운 향을 피워야 하는데, 매일 아침 그가 등을 손질할 때마다 향을 피워야 하고, 8 저녁때에 등불을 켤 때에도 향을 피워야 한다. 이것이 너희가 대대로 계속하여 주 앞에서 피워야 하는 향이다. 9 그 위에다가 다른 이상한 향을 피워서도 안 되고, 번제물이나 곡식제물을 올려서도 안 되고, 그 위에다가 부어 드리는 제물을 부어서도 안 된다. 10 아론은 분향단 뿔에 한 해에 한 번씩 속죄예식을 하여야 하고, 한 해에 한 번씩 속죄의 피를 발라서 분향단을 속죄하여야 한다. 너희는 대대로 이와 같이 하여라. 이것은 주에게 가장 거룩한 목숨 값의 속전으로 여기고, 너희 이스라엘 자손을 기억하여서 지켜 줄 것이다."

회막 세금

11 주님께서 모세에게 말씀하셨다. 12 "네가 이스라엘 자손의 수를 세어 인구를 조사할 때에, 그들은 각자 자기 목숨 값으로 속전을 주에게 바쳐야 한다. 그래야만 인구를 조사할 때에, 그들에게 재앙이 미치지 않을 것이다. 13 인구 조사를

용되었다. 기름을 붓는 수행은 기름부음을 받은 물건이나 사람을 거룩하게 한다. 즉, 이것은 그 사람이나 물건을 거룩한 데 쓰이도록 제한한다. **30:34-38** 모세는 거룩한 향유를 제조하는 방법을 얻는데, 이렇게 제조된 향유를 세속적인 용도로 쓰는 것은 금지되어 있다. **31:1-11** 성막과 그것의 비품들을 만드는 책임을 진 두 기술자 *브살렐과 오홀리압*은 하나님의 영으로 충만해진다. **31:12-18** 성막 건축을 위한 지시는 안식일을 준수하라는 명령으로 결론을 맺는데, 안식일 준수는 제사문서 기자의 중심주제이다. **31:18** *증거판 두 개.* 이것은 제사문서의 표현이다. 24:12(야웨-엘로힘 문서, JE)와 신 4:13; 5:22 (신명기문서, D; 창세기의 서론을 보라)에 나오는 *돌판에 기록한 율법과 계명*을 참조하라. **32:1-35 32:1-14** 두 이야기가 이 단락에 병행하여 나오는데, 하나는 이스라엘 사람들이 금송아지에게 예배드린 이야기이고 다른 하나는 모세가 그들을 구하기 위하여 중재자로 나서는 이야기이다. **32:1-6** 모세가 없는 동안에, 이스라엘 백성은 그들의 광야 여정에서 이스라엘을 이끄는 지도자로서 모세를 갈아치우고 금송아지를 만들어 세울 것을 요구한

받는 사람은 누구나 성소의 세겔로 반 세겔을 내야 한다. 한 세겔은 이십 게라이다. 이 반 세겔은 주에게 올리는 예물이다. 14 스무 살이 넘은 남자, 곧 인구 조사를 받는 사람은 누구나 다 주에게 이 예물을 바쳐야 한다. 15 너희가 목숨 값으로 속전을 주에게 올리는 예물은 반 세겔이다. 부자라고 해서 이보다 더 많이 내거나, 가난한 사람이라고 해서 이보다 덜 내는 일이 없도록 하여라. 16 너는 이스라엘 자손에게서 속전을 받아 회막 비용으로 쓸 수 있게 내주어라. 나 주는 이것을 너희 목숨 값의 속전으로 여기고, 너희 이스라엘 자손을 기억하여서 지켜 줄 것이다."

놋 물두멍

17 주님께서 모세에게 말씀하셨다. 18 "너는 물두멍과 그 받침을 놋쇠로 만들어서, 씻는 데 쓰게 하여라. 너는 그것을 회막과 제단 사이에 놓고, 거기에 물을 담아라. 19 아론과 그의 아들들이 그 물로 그들의 손과 발을 씻을 것이다. 20 그들이 회막에 들어갈 때에는, 물로 씻어야 죽지 않는다. 그들이 나 주에게 제물을 살라 바치려고 제단으로 가까이 갈 때에도, 그렇게 해야 한다. 21 이와 같이 그들은 그들의 손과 발을 씻어야 죽지 않는다. 이것은 그와 그의 자손이 대대로 지켜야 할 영원한 규례이다."

성별하는 향유

22 주님께서 모세에게 말씀하셨다. 23 "너는 제일 좋은 향품을 취하되, 순수한 몰약을 오백 세겔, 향기로운 육계를 그 절반인 이백오십 세겔, 향기로운 향초 줄기를 이백오십 세겔, 24 계피를 오백 세겔, 이렇게 성소 세겔로 취하고, 올리브 기름 한 힌을 취하여라. 25 너는 향을 제조하는 법을 따라 이 모든 것을 잘 섞어서, 성별하는 기름을 만들어라. 이것이 성별하는 기름이 될 것이다. 26 너는 이것을 회막과 증거궤에 바르고, 27 상과 그 모든 기구와 등잔대와 그 기구와 분향단과 28 번제단과 그 모든 기구와 물두멍과 그 받침에 발라서, 29 이 모든 것을 거룩하게 하여라. 그러면 그것들이 가장 거룩한 것이 되며, 거기에 닿는 모든 것이 거룩하게 될 것이다.

30 너는 아론과 그의 아들들에게 그 기름을 발라서, 그들을 거룩하게 구별하고, 나를 섬기는 제사장으로 세워라. 31 너는 이스라엘 자손에게 이렇게 일러주어라. 이것은 너희가 대대로 성별하는 데만 써야 하는 기름이다. 32 너희는 이것을 아무의 몸에나 부어서는 안 되며, 또 그것을 만드는 방법으로 그와 똑같은 것을 만들어서도 안 된다. 이것은 거룩한 것이니, 너희가 거룩하게 다루어야 한다. 33 그렇게 섞어 그와 똑같은 것을 만들거나, 그것을 다른 아무에게나 발라 주는 사람은, 누구든지 그 백성에게서 끊어질 것이다."

가루향

34 주님께서 모세에게 말씀하셨다. "너는 향품들 곧 소합향과 나감향과 풍자향을 구하여 그 향품들을 순수한 유향과 섞되, 저마다 같은 분량으로 하여라. 35 너는 향을 제조하는 법을 따라서 잘 섞은 다음에, 소금을 쳐서 깨끗하고 거룩하게 하여라. 36 너는 그 가운데서 일부를 곱게 빻아서, 내가 너와 만날 회막 안 증거궤 앞에 놓아라. 이것은 너희에게 가장 거룩한 것이다. 37 네가 만들 유향은 주의 것이며, 너에게는 거룩한 것이다. 너희가 사사로이 쓰려고 같은 방법으로 그것을 만들어서는 안 된다. 38 그 냄새를 즐기려고 이와 같은 것을 만드는 사람은 누구든지 그 백성에게서 끊어질 것이다.

다. 아론은 이스라엘 사람들이 바친 금고리들을 사용해서 금송아지를 만드는데, 이렇게 함으로써 그는 우상을 세우지 말라는 계명(20:4-6)을 어기게 된다. 어린 수소로서 송아지는 힘과 지도력과 출산력을 상징하였으며, 고대 근동에서는 신들을 대표하는 일반적인 상징이었다. *"이스라엘아! 이 신이 너희를 이집트 땅에서 이끌어 낸 너희의 신이다."* 북왕국의 첫 왕이었던 여로보암 I세는 단과 베델에 금송아지들을 세울 때 이런 말을 했다 (왕상 12:25-30). *일어나서* 흥청거리며 뛰놀았다. 여기서 사용된 히브리 동사는 성관계를 암시하는 것이다 (창 26:8; 39:14, 17). **32:7-14** 배경이 시내 산 정상으로 바뀌는데, 이 산정에서 하나님은 백성의 금송아지 숭배를 모세에게 알리신다. **32:7-10** 하나님은 이스라엘 백성이 모세에게 한 말들을 반복함으로써 그들이 정말로 고집이 센 백성임을 증거로 보이신다. 결과적으로, 하나님은 그 백성을 파멸하고 모세를 통하여 새 나라를 세우기를 원하신다. **32:11-14** 모세는 다음의 두 가지 주장을 내세워 주님께서 이스라엘 백성을 파멸하지 않도록 만류한다: (1) 이스라엘 사람들의 파멸이 이집트 사람들에게 가져올 영향과 (2) 선조들, 즉 아브라함, 이삭, 그리고 야곱과 맺은 주님의 언약을 들어 만류한다. 모세는 주님을 독려해서 *백성에게*

회막 기물을 만드는 기술자 (출 35:30-36:1)

31 1 주님께서 모세에게 말씀하셨다. 2 "보아라, 내가, 유다 지파 사람 훌의 손자요 우리의 아들인 브살렐을 지명하여 불러서, 3 그에게 하나님의 영을 채워 주어, 지혜와 총명과 지식과 온갖 기술을 갖추게 하겠다. 4 그가 여러 가지를 생각하여, 그 생각한 것을 금과 은과 놋으로 만들게 하고, 5 온갖 기술을 발휘하여, 보석을 깎아 내는 일과 나무를 조각하는 일을 하게 하겠다.
6 분명히 나는 단 지파 사람 아히사막의 아들 오홀리압이 브살렐과 함께 일하게 하겠다. 그리고 기술 있는 모든 사람에게 지혜를 더하여, 그들이 내가 너에게 명한 모든 것을 만들게 하겠다.
7 회막과 ㄱ)증거궤와 그 위에 덮을 ㄴ)속죄판과 회막에 딸린 모든 기구와 8 상과 거기에 딸린 기구와 순금 등잔대와 거기에 딸린 모든 기구와 분향단과
9 번제단과 거기에 딸린 모든 기구와 물두멍과 그 받침과 10 제사장 일을 할 때에 입는 잘 짠 옷 곧 제사장 아론의 거룩한 옷과 그 아들들의 옷과
11 성별하는 기름과 성소에서 쓸 향기로운 향을, 그들이 내가 너에게 명한 대로 만들 것이다."

안식일

12 주님께서 모세에게 말씀하셨다. 13 "너는 이스라엘 자손에게 일러라. 너희는 안식일을 지켜라. 이것이 너희 대대로 나와 너희 사이에 세워진 표징이 되어, 너희를 거룩하게 구별한 이가 나 주임을 알게 할 것이다. 14 안식일은 너희에게 거룩한 날이므로, 너희는 안식일을 지켜야 한다. 그 날을 더럽히는 사람은 반드시 죽여야 한다. 그 날에 일을 하는 사람은, 누구든지 자기의 겨레로부터 제거될 것이다. 15 엿새 동안은 일을 하고, 이렛날은 나 주에게 바친 거룩한 날이므로, 완전히 쉬어야 한다. 안식일에 일하는 사람은 반드시 죽여야 한다. 16 이스라엘 자손은 이 안식일을 영원한 언약으로 삼아, 그들 대대로 지켜야 한다.
17 이것은 나와 이스라엘 자손 사이에 세워진 영원한 표징이니, 이는, 나 주가 엿새 동안 하늘과 땅을 만들고 이렛날에는 쉬면서 숨을 돌렸기 때문이다."

증거판

18 주님께서 시내 산에서 모세에게 말씀을 마치시고, 하나님이 ㄷ)손수 돌판에 쓰신 증거판 두 개를 그에게 주셨다.

금송아지 (신 9:6-29)

32 1 백성은, 모세가 산에서 오랫동안 내려오지 않으니, 아론에게로 몰려가서 말하였다. "일어나서, 우리를 인도할 신을 만들어 주십시오. 우리를 이집트 땅에서 올라오게 한 모세라는 사람은 어떻게 되었는지 모르겠습니다." 2 아론이 그들에게 말하였다. "여러분의 아내와 아들 딸들이 귀에 달고 있는 금고리들을 빼서, 나에게 가져 오시오." 3 모든 백성이 저희 귀에 단 금고리들을 빼서, 아론에게 가져 왔다. 4 아론이 그들에게서 그것들을 받아 녹여서, 그 녹인 금을 거푸집에 부어 송아지 상을 만드니, 그들이 외쳤다. "이스라엘아! 이 신이 너희를 이집트 땅에서 이끌어 낸 너희의 신이다." 5 아론은 이것을 보고서 그 신상 앞에 제단을 쌓고 "내일 주님의 절기를 지킵시다" 하고 선포하였다.

ㄱ) 또는 '법궤' ㄴ) 또는 '속죄소' 또는 '시은좌' ㄷ) 히, '손가락'

---

*내리시겠다던 재앙*을 거두시게 하는 데 성공한다 (문자 그대로, "주님은 재앙을 후회하셨다"; 또한 렘 18:7-10; 26:3, 19; 욘 3:10을 보라). 또한 민 14:13-20을 보라. **32:15-35** 금송아지를 숭배한 이스라엘 사람들에 대한 처벌. **32:15-20** 모세는 *증거판* 둘을 들고 산을 내려온다 (24:12; 31:18을 보라). 산을 내려오는 동안에, 여호수아는 진에서 들리는 소음을 싸우는 소리로 착각한다 (24:13을 보라). 모세는 시로써 반응을 보이는데, 여기서 그는 이 소란이 흥청망청 떠드는 소리임을 올바로 이해한다. 진에 당도하자, 모세는 산정에서 표현된 하나님의 분노를 터뜨려 증거판들을 깨뜨린다. **32:21-29** 모세는 아론을 대질하여 그의 지도력 부족을 질책한다. 그러고 나서 모세는 하나님을 두려워하여 그 밖의 사람들에 대적하여 성전(거룩한 전쟁)을 치르는데 자신과 뜻을 같이할 모든 이스라엘 백성을 부른다. 레위 사람들은 이 부름에 응하여 3,000명을 살해한다. 가족들에 대한 그들의 행위는 주님의 종들로서 기름부음을 받은 자들임을 뜻한다 (또한 신 33:9를 보라).

특별 주석

여기에 나오는 몇 절은 소름이 끼치게 한다. 성서 기자는 하나님께 충성을 다하여 헌신하기 위해서는 자신의 가족까지도 희생해야 하며, 기

6 이튿날 그들은 일찍 일어나서, 번제를 올리
고, 화목제를 드렸다. 그런 다음에, 백성은 앉아서
먹고 마시다가, 일어나서 흥청거리며 뛰놀았다.
7 주님께서 모세에게 말씀하셨다. "어서 내려
가 보아라. 네가 이집트 땅에서 이끌어 낸 너의 백
성이 타락하였다. 8 그들은, 내가 그들에게 명한
길을 이렇게 빨리 벗어나서, 그들 스스로 수송아
지 모양을 만들어 놓고서 절하고, 제사를 드리며
'이스라엘아! 이 신이 너희를 이집트 땅에서 이끌
어 낸 너희의 신이다' 하고 외치고 있다." 9 주
님께서 다시 말씀하셨다. "나는 이 백성을 살펴
보았다. 이 얼마나 고집이 센 백성이냐? 10 이
제 너는 나를 말리지 말아라. 내가 노하였다. 내
가 그들을 쳐서 완전히 없애 버리겠다. 그러나 너
는, 내가 큰 민족으로 만들어 주겠다."
11 모세는 주 하나님께 애원하였다. "주님,
어찌하여 주님께서 큰 권능과 강한 손으로 이집트
땅에서 이끌어 내주신 주님의 백성에게 이와 같이
노하십니까? 12 어찌하여 이집트 사람이 '그들의
주가 자기 백성에게 재앙을 내리려고, 그들을
이끌어 내어, 산에서 죽게 하고, 땅 위에서 완전
히 없애 버렸구나' 하고 말하게 하려 하십니까?
제발, 진노를 거두시고, 뜻을 돌이키시어, 주님의
백성에게서 이 재앙을 거두어 주십시오. 13 주
님의 종 아브라함과 이삭과 이스라엘을 기억하여
주십시오. 주님께서 그들에게 맹세하시며 이르시
기를 '내가 너희의 자손을 하늘의 별처럼 많게
하고, 내가 약속한 이 모든 땅을 너희 자손에게
주어서, 영원한 유산으로 삼게 하겠다'고 하셨
습니다." 14 모세가 이렇게 간구하니, 주님께서는
뜻을 돌이키시고, 주님의 백성에게 내리시겠다던
재앙을 거두셨다.
15 모세는 돌아서서 증거판 둘을 손에 들고서
산에서 내려왔다. 이 두 판에는 글이 새겨 있는
데, 앞뒤에 다 새겨 있었다. 16 그 판은 하나님이
손수 만드신 것이며, 그 글자는 하나님이 손수
판에 새기신 글자이다. 17 여호수아가 백성이
떠드는 소리를 듣고서, 모세에게 말하였다.
"진에서 싸우는 소리가 들립니다." 18 모세가
대답하였다. "이것은 승전가도 아니고, 패전의 탄
식도 아니다. 내가 듣기에는 노래하는 소리다."
19 모세가 진에 가까이 와서 보니, 사람들이 수
송아지 주위를 돌면서 춤을 추고 있었다. 모세는
화가 나서, 그는 손에 들고 있는 돌 판 두 개를 산
아래로 내던져 깨뜨려 버렸다. 20 그는, 그들이
만든 수송아지를 가져다가 불에 태우고, 가루가
될 때까지 빻아서, 그것을 물에 타서, 이스라엘
자손에게 마시게 하였다.
21 모세가 아론에게 말하였다. "이 백성이 형
님에게 어떻게 하였기에, 형님은 그들이 이렇게
큰 죄를 짓도록 그냥 놓아 두셨습니까?" 22 아론
이 대답하였다. "아우님은 우리의 지도자입니다.
나에게 그렇게 화를 내지 마십시오. 이 백성이 악
하게 된 까닭을 아시지 않습니까? 23 그들이

자 자신의 관점을 긍정하지 않는다고 하더라도 기꺼이 죽을 의도가 있어야 한다는 점을 우리로 하여금 믿도록 하는지도 모른다. 우리는 출애굽기의 기자나 편집자가 아마도 포로기간 중이나 이후에 이 책을 썼다는 것을 상기해야만 한다 (서론을 보라). 성서 기자는 유다의 멸망과 우상을 숭배하는 외세(바벨론이나 페르시아)의 지배하에서 살아가는 삶에 응답하고 있다. 현대 서양 독자들은 자신들이 "실 이익," "국가 안보," 성, 육체미, 소비주의, 그리고 다른 파괴적이고 제멋대로 하는 문화 추세들의 우상들에게 예배드리는 강력한 문화의 일원이라고 하는 사실과 싸워야만 한다. 오직 이런 관점을 통해서만이 우리는 본문 자체와는 달리, 협소하며 폭력적인 자세를 보이지 않고 이 본문을 이해하고 사용할 수 있다.

32:30-35 모세는 아마도 산꼭대기에서 다시 한 번 하나님과 만나는 것 같다. 모세는 이스라엘 백성에게 그들을 위한 하나님의 용서를 구하려는 자신의 간절한 희망을 전한다. 이스라엘 사람들이 용서받지 못하면 하나님께서 쓰신 인명록에서 자신의 이름을 지워달라는 그의 진술은 공동 범죄에 대한 믿음을 표현한다 (신 1:37을 보라). 그러나 주님은 개인적인 책임 묻기를 선호함으로써 공동 범죄의 책임 묻기를 거절하신다. 결과적으로, 모세는 이스라엘 사람들을 위한 용서를 구하는데 실패한다. 이 단락은 주님께서 이스라엘 사람들에게 재앙을 내리시는 부정적인 어조로 결론을 맺는데, 이 재앙은 19-20절에 나오는 심판을 상기시켜 준다.

33:1-23 모세는 이 단락 전체에서 거듭 이스라엘 백성을 위하여 중재에 나선다. **33:1-3** 땅을 주시겠다는 하나님의 약속은 이스라엘 백성의 구원에 중심 주제로 남아있다 (3:8을 보라). 하나님은 또한 천사나 사자가 이스라엘 사람들을 약속의 땅으로 인도할 것이라는 약속을 되풀이하신다 (23:20-33). 그러나 하나님은 금송아지를 숭배한 이스라엘 사람들의 죄 때문에 그들과 동행하지 않으실 것이다. **33:4-6** 이스라엘 백성의 편에서 보면, 땅의 약속은 만일 하나님께서 함께 하지 않으시면 기쁨이 아니라 통곡을 초래한다. *장식품을 몸에 걸치지 않았다* 라는 구절은 금송아지에게 예배를 드린

나에게 '우리 앞에 서서, 우리를 인도하여 줄 신을 만들어 주시오. 우리를 이집트 땅에서 이끌어 낸 모세라는 사람이 어떻게 되었는지, 우리는 모르겠습니다' 하고 말하기에,
24 내가 그들에게, 금붙이를 가지고 있는 사람은 누구든지 그 금을 빼서 나에게 가져 오라고 하였습니다. 그들이 금붙이를 가져 왔기에, 내가 그것을 불에 넣었더니, 이 수송아지가 생겨난 것입니다."

25 모세는 백성이 제멋대로 날뛰는 것을 보았다. 아론이 그들을 제멋대로 날뛰게 하여, 적들의 조롱거리가 되게 한 것이다.
26 모세는 진 어귀에 서서 외쳤다. "누구든지 주님의 편에 설 사람은 나에게로 나아오십시오." 그러자 레위의 자손이 모두 그에게로 모였다.
27 그가 또 그들에게 말하였다. "이스라엘의 주 하나님이 이르시기를 '너희는 각기 허리에 칼을 차고, 진의 이 문에서 저 문을 오가며, 저마다 자기의 친족과 친구와 이웃을 닥치는 대로 찔러 죽여라' 하십니다."
28 레위 자손이 모세의 말대로 하니, 바로 그 날, 백성 가운데서 어림잡아 삼천 명쯤 죽었다.
29 모세가 말하였다. "오늘 당신들이 저마다 자녀와 형제자매를 희생시켜 당신들 자신을 주님께 드렸으니, 주님께서 당신들에게 복을 내리실 것입니다."

30 이튿날 모세는 백성에게 말하였다. "당신들은 크나큰 죄를 지었습니다. 그러나 이제 내가 주님께 올라가서, 당신들을 용서하여 달라고 빌겠습니다."
31 모세가 주님께로 돌아가서 아뢰었다. "슬픕니다. 이 백성이 금으로 신상을 만듦으로써 큰 죄를 지었습니다.
32 그러나 이제 주님께서 그들의 죄를 용서하여 주십시오. 그렇게 하지 않으시려면, 주님께서 기록하신 책에서 저의 이름을 지워 주십시오."
33 주님께서 모세에게 말씀하셨다. "누구든지 나에게 죄를 지으면, 나는 오직 그 사람만을 나의 책에서 지운다.
34 이제 너는 가서, 내가 너에게 말한 곳으로 백성을 인도하여라. 보아라, 나의 천사가 너를 인도할 것이다. 그러나 기억하여라. 때가 되면, 내가 그들에게 반드시 죄를 묻겠다."

35 그 뒤에 주님께서는 아론이 수송아지를 만든 일로 이 백성에게 재앙을 내리셨다.

시내 산을 떠나라고 명하시다

33 1 주님께서 모세에게 말씀하셨다. "너는 가서, 네가 이집트 땅에서 데리고 올라온 이 백성을 이끌고 여기를 떠나서, 내가 아브라함과 이삭과 야곱에게 맹세하고 그들의 자손에게 주겠다고 약속한, 그 땅으로 올라가거라.
2 내가 한 천사를 보낼 터이니, 그가 너를 인도할 것이다. 나는 가나안 사람과 아모리 사람과 헷 사람과 브리스 사람과 히위 사람과 여부스 사람을 쫓아내겠다.
3 너희는 이제 곧 젖과 꿀이 흐르는 땅으로 들어간다. 그러나 나는 너희와 함께 올라가지 않겠다. 너희는 고집이 센 백성이므로, 내가 너희와 함께 가다가는 너희를 없애 버릴지도 모르기 때문이다."

4 백성은 이렇듯 참담한 말씀을 전해 듣고 통곡하였다. 그리고 그들은 아무도 장식품을 몸에 걸치지 않았다.
5 주님께서 모세에게 말씀하셨

이스라엘 사람들의 죄를 상기시키는데, 이 금송아지는 그들의 금고리로 주조된 것이었다. 장식품을 달지 않는 것은 회개의 표시, 곧 우상을 숭배하지 않고 드리는 예배의 표시이다. 우상을 숭배하지 않고 예배하는 것에 관하여 신 4:9-14를 보라. 더욱이, 장식품을 걸치지 않는 것은 이스라엘이 이집트로부터 자유를 얻은 표적으로 이집트 사람들의 장식품을 약탈하였던 출애굽의 시기를 가리킨다 (12:35-36). 이렇게 출애굽을 암시함으로써, 기자는 금송아지를 숭배함으로써 이스라엘 사람들이 자기 스스로를 약탈하였음을 시사한다. **33:7-11** *회막.* 예기치 않게 회막이 이 단락에서 소개된다. 이것은 이스라엘의 진 외곽에 위치하였던 독특한 성소이다 (민 11:16-17, 24-40; 12:1-8; 신 31:14-15를 보라). 회막에서의 계시는 신탁(oracular)과 같다. 모세는 주님과 얼굴을 맞대고 직접 대화를 나누었다. 여호수아는 모세의 부관으로, 회막에서 사역하였다. 제사문서는 회막과 성막(출 25:31)을 합하여 아주 다른 성소를 그리고 있는데, 이 곳은 이스라엘 진의 외곽이 아니라 그것의 중심에 위치한다 (민 7–9장). **33:12-23** 모세는 세 개의 짧은 기도를 통해서 (12-14, 15-17, 18-23절) 하나님께서 동행하실 것과 그의 뜻을 알려주실 것을 간청한다. **33:12-14** *그러시다면* (*주님께서 저에게 계속 은총을 베푸신다면*). 모세는 노아와 유사한 데가 있다 (창 6:8). 모세는 하나님으로부터 총애를 받는 자신의 입장을 이용해서 이스라엘 사람들이 약속의 땅으로 가는 동안에 하나님께서 그들과 동행하여 주실 것을 간청한다 (1-4절을 보라). **33:15-17** 모세는 다시 하나님께서 이스라엘 백성과 동행해 주실 것을 간청한다. **33:18-23** 세 번째 기도에서, 모세는 하나님의 영광, 즉 구름 사이로 드러난 하나님의 참 본질 알기를 간청한다 (24:15-18을 보라). 하나님은, 모세에게 그의 선하심을 보이시고 당신의 이름, 즉 주 하나님(3:13-15)을 명시할 것임을 약속함으로써, 모세의 간청에 부분적으로 동의하신다. 주 하나님의 선하심은 십중팔구

다. "이스라엘 자손에게 전하여라. 너희는 고집이
센 백성이다. 내가 한 순간이라도 너희와 함께 올
라가다가는, 내가 너희를 아주 없애 버릴지도 모
른다. 그러니 이제 너희는 너희 몸에서 장식품을
떼어 버려라. 내가 너희에게 어떻게 해야 할지를
이제 결정하겠다." 6 이스라엘 자손은 호렙 산
을 떠난 뒤로는 장식품을 달지 않았다.

회막

7 이스라엘 백성이 진을 칠 때마다, 모세는
장막을 거두어 가지고 진 바깥으로 나가, 진에서
멀리 떨어진 곳에 그것을 치곤 하였다. 모세는 그
장막을, 주님과 만나는 곳이라고 하여, 회막이라고
하였다. 주님을 찾을 일이 생기면, 누구든지 진
밖에 있는 이 회막으로 갔다. 8 모세가 그리로
나아갈 때면, 백성은 모두 일어나서 저마다 자기
장막 어귀에 서서, 모세가 장막으로 들어갈 때까지
그 뒤를 지켜보았다. 9 모세가 장막에 들어서면,
구름기둥이 내려와서 장막 어귀에 서고, 주님께서
모세와 말씀하신다. 10 백성은 장막 어귀에 서
있는 구름기둥을 보면, 모두 일어섰다. 그리고는
저마다 자기 장막 어귀에서 엎드려 주님을 경배
하였다. 11 주님께서는, 마치 사람이 자기 친구
에게 말하듯이, 모세와 얼굴을 마주하고 말씀
하셨다. 모세가 진으로 돌아가도, 눈의 아들이며
모세의 젊은 부관인 여호수아는 장막을 떠나지
않았다.

백성과 함께 계시겠다고 약속하시다

12 모세가 주님께 아뢰었다. "보십시오, 주
님께서 저에게 이 백성을 저 땅으로 이끌고 올라
가라고 말씀하셨습니다. 그러나 주님께서 누구를
저와 함께 보내실지는 저에게 일러주지 않으셨습
니다. 주님께서는 저에게, 저를 이름으로 불러 주
실 만큼 저를 잘 아시며, 저에게 큰 은총을 베푸신
다고 말씀하셨습니다. 13 그러시다면, 제가 주
님을 섬기며, 계속하여 주님께 은총을 받을 수 있
도록, 부디 저에게 주님의 계획을 가르쳐 주십시오.
주님께서 이 백성을 주님의 백성으로 선택하셨음을
기억하시기 바랍니다." 14 주님께서 대답하셨
다. "내가 친히 너와 함께 가겠다. 그리하여 네가
안전하게 하겠다." 15 모세가 주님께 아뢰었다.
"주님께서 친히 우리와 함께 가지 않으시려면, 우
리를 이 곳에서 떠나 올려 보내지 마십시오. 16 주
님께서 우리와 함께 가지 않으시면, 주님께서 주
님의 백성이나 저를 좋아하신다는 것을 사람들이
어떻게 알 수 있겠습니까? 주님께서 우리와 함께
계시므로, 저 자신과 주님의 백성이 땅 위에 있는
모든 백성과 구별되는 것이 아닙니까?"
17 주님께서 모세에게 말씀하셨다. "내가 너
를 잘 알고, 또 너에게 은총을 베풀어서, 네가 요청
한 이 모든 것을 다 들어 주마." 18 그 때에 모
세가 "저에게 주님의 영광을 보여 주십시오" 하고
간청하였다. 19 주님께서 대답하셨다. "내가 나의
모든 영광을 네 앞으로 지나가게 하고, 나의 거룩

은총과 자비의 하나님의 속성을 언급하는데, 이것은 최초로 본 단락에서 소개된다 (34:6-7을 보라: 또한 160쪽 추가 설명: "이스라엘 하나님의 특징"을 보라). 하나님은 모세로 하여금 산에 올라와서, 하나님의 등을 볼 수 있는 한 동굴에 들어가도록 명령하신다 (왕상 19:9-18에서 예언자 엘리야가 겪은 것과 유사한 경험을 보라).

34:1—40:38 성공적으로 중재인의 역할을 마친 후, 모세는 시내 산에 돌아가 율법의 새 판본들을 받으며, 하나님은 이스라엘과의 언약을 갱신하신다. **34:1-9** 모세가 마지막으로 시내 산에 올랐을 때, 그에게 하나님의 본질적인 특징이 계시된다. **34:1-5** 주님은 모세로 하여금 새롭게 깎은 두 돌판을 가지고 혼자 산에 올라오도록 명령하신다 (24:12-14). 하나님은 구름에 싸여 산꼭대기에 내려오신다.

특별 주석

이것은 시내 산에서 일어난 네 번째 현현이자 마지막 하나님의 현현이다 (서론을 보라). 첫 번째 현현은 모세가 혼자 있을 때에 계시되었는데, 그 당시 그는 양떼를 치고 있었다 (3:1—4:23). 두 번째 현현은 언약을 맺기 위하여 이스라엘 백성들 모두에게 계시되었다 (19:16-19). 세 번째 현현도 또한 성전을 건축하기 위하여 이스라엘 사람들 모두에게 계시되었는데 (24:15-18), 이 사건은 하나님과의 식사(24:9-11)가 끝난 후에 일어났다. 네 번째 현현은 첫 번째 것을 상기시켜준다. 이것은 하나님을 보기를 원하는 모세의 간청(33:12-23)에 응답하여 모세에게 계시된 사건이다.

34:6-9 신의 현현의 내용은 또한 주님께서 모세에게 처음으로 나타나셨던 사건을 연상시켜준다 (3:13-15). 이 신의 현현의 사건들은 각각 하나님의 이름이 가진 의미를 찾아낸다. 초기 신의 현현에서, 하나님의 이름 주 하나님(야웨, YHWH)은 특정한 내용이 부족했으며 "그는…이다" 혹은 "그는…일 것이다"(3:13-

한 이름을 선포할 것이다. 나는 주다. 은혜를 베
풀고 싶은 사람에게 은혜를 베풀고, 불쌍히 여기고
싶은 사람을 불쌍히 여긴다." 20 주님께서 다시
말씀하셨다. "그러나 내가 너에게 나의 얼굴은 보
이지 않겠다. 나를 본 사람은 아무도 살 수 없기
때문이다." 21 주님께서 말씀을 계속하셨다. "너
는 나의 옆에 있는 한 곳, 그 바위 위에 서 있어라.
22 나의 영광이 지나갈 때에, 내가 너를 바위 틈
에 집어 넣고, 내가 다 지나갈 때까지 너를 나의
손바닥으로 가리워 주겠다. 23 그 뒤에 내가 나
의 손바닥을 거두리니, 네가 나의 등을 보게 될 것
이다. 그러나 나의 얼굴은 볼 수 없을 것이다."

두 번째 돌판 (신 10:1-5)

34 1 주님께서 모세에게 말씀하셨다. "너는
돌판 두 개를 처음 것과 같이 깎아라. 그
러면, 네가 깨뜨려 버린 처음 돌판 위에 쓴 그 말
을, 내가 새 돌판에 다시 새겨 주겠다. 2 너는 그
것을 내일 아침까지 준비해서, 아침에 일찍 시내
산으로 올라와서, 이 산 꼭대기에서 나를 기다리
고 서 있거라. 3 그러나 아무도 너와 함께 올라
와서는 안 된다. 이 산의 어디에도 사람이 보여서
는 안 된다. 산기슭에서 양과 소에게 풀을 뜯기고
있어도 안 된다." 4 모세는 주님께서 그에게 명
하신대로, 돌판 두 개를 처음 것과 같이 깎았다.
이튿날 아침에 일찍 일어나서, 그는 두 돌판을 손
에 들고 시내 산으로 올라갔다. 5 그 때에 주님
께서 구름에 싸여 내려오셔서, 그와 함께 거기에
서서, 거룩한 이름 '주'를 선포하셨다. 6 주님께
서 모세의 앞으로 지나가시면서 선포하셨다. "주,
나 주는 자비롭고 은혜로우며, 노하기를 더디하
고, 한결같은 사랑과 진실이 풍성한 하나님이다.
7 수천 대에 이르기까지, 한결같은 사랑을 베풀
며, 악과 허물과 죄를 용서하는 하나님이다. 그러
나 나는 죄를 벌하지 않은 채 그냥 넘기지는 아니
한다. 아버지가 죄를 지으면, 본인에게 뿐만 아니
라 삼사 대 자손에게까지 벌을 내린다." 8 모세
가 급히 땅에 엎드려서 경배하며 9 아뢰었다.
"주님, 주님께서 저에게 은총을 베푸시는 것이
사실이면, 주님께서는 우리와 함께 가 주시기 바
랍니다. 이 백성이 고집이 센 백성인 것은 사실이
나, 주님께서 우리의 악과 우리의 죄를 용서해 주
시고, 우리를 주님의 소유로 삼아 주시기를 바랍
니다."

15에 대한 주석을 보라)로 번역될 수 있었다. 출애굽기에 기재된 사건들은 이제 하나님의 이름에 내용을 추가해왔다. 하나님은 기적을 일으키는 자이며, 구원자이며, 목자이며, 전사이며, 언약 체결자 등이다. 그러나 하나님 이름의 중추적인 내용 안으로 파고들어온 것은 이제 모세에게 계시된 하나님의 속성들, 곧 자비, 은총, 그리고 성실한 언약 준수이다. 모세는 중재에 나섰지만, 그는 여태까지 주님께서 이스라엘 사람들을 용서토록 하는 일에 성공하지 못하였다 (32:30-35). 그러나 자비와 은총의 계시는 주님의 새로운 차원을 계시하는데, 그것은 용서하고 새로이 시작할 수 있으신 하나님의 차원이다. 하나님에 대한 이런 새 차원이 모세로 하여금 이스라엘 사람들을 위한 중재에 성공하도록 만든다.

특별 주석

주 하나님의 자비의 계시는 구약에서 중심 되는 주제이다. 다른 본문들은 이스라엘뿐만 아니라 (민 14:18; 느 9:17, 31; 시 103:8), 하물며 다른 나라들(욘 4:2)에도 미치는 주님의 용서의 능력과 범위를 탐구함으로써, 이 고백에 주석을 제공한다. 여호와께서 자신을 용서하는 하나님으로 드러낸 시내 산에서의 마지막 계시는 계속해서 유대교와 기독교 예배문(liturgy)에 호소력을 부여한다. 유대교 전통에서 보면, 절기에 맞춰 언약궤(현대 회당에서는 오경을 보관하는 곳)로부터 꺼내올 때, 하나님의 13속성들(Thirteen Attributes of God)로 알려진 이 신의 현현에 관한 것이 낭독된다. 기독교 전통에서는, 하나님의 자비가 죄의 고백이 있은 후 용서를 표명하기 위하여 선포된다.

34:10-28 하나님은 이스라엘 백성과 새 언약을 맺으신다. 이 단락은 약간의 변화가 있기는 하지만, 초기의 법조문을 되풀이하는 법적 및 종교적 문서를 포함한다. 십중팔구 이러한 법들은 원래 십계명과 언약의 책과 관계없이 독립되어 있었다. 그러나 현재의 문맥에서, 이것들은 하나님과 이스라엘 백성들 사이에 체결된 언약 갱신의 내용을 대표한다. **34:10** 하나님과 이스라엘 백성 사이의 새 언약은 세상에서, 예전에는 결코 경험된 바 없는 경이를 창조할 것이다. **34:11-17** 하나님과 이스라엘이 맺은 언약은 다른 나라들과 맺은 언약들을 배제한다. 하나님은 그 땅으로부터 토착 민족들을 몰아내겠다는 약속을 반복하신다 (3:8). 이스라엘 사람들에게 성실한 언약 준수를 요구하는 것은 십계명의 첫 번째와 두 번째 계명들, 곧 온전히 주님만을 섬기며 (20:3) 우상을 두지 말라(20:4-6)는 계명들을 상기시킨다. 언약 준수에 대한 요구는 또한 토착민들과 결혼을 배제하는 규정으로 확장된다 (민 25:1-5). (주물) 우상을 만들지 말라는 규정은 아마도 금송아지 상과 관련되어 있었을 것

추가 설명: 이스라엘 하나님의 특징

출애굽기 34:6-7은 오랜 역사를 가지고 있다. 이것과 가장 가까운 내용은 십계명에서 우상을 섬기지 말라는 명령에 대한 주석 형식의 구절에서 찾아볼 수 있다 (출 20:4-6; 신 5:8-10). 하지만, 십계명에서는 심판의 위협이 먼저 나오고 자비의 약속이 그 다음에 나온다. 출 34:6-7에서 보면, 다른 것들에 앞서 하나님의 사랑과 자비가 하나님의 특징을 언급하는 구절들에서 열거된다. 하나님의 자비는 수천 대 자손에 이르는 반면에 그의 심판은 삼사 대 자손에게 이른다. 하나님의 자비의 특징에 대하여 이렇게 열거된 기사는 이스라엘의 하나님은, 무엇보다도, 하물며 (그리고 아마도 특별히) 죄인들이라도 뉘우치기만 하면 참으로 그들에게 은혜와 사랑을 베푸시고, 용서와 자비를 베푸신다는 것을 강조하기 위하여 의도적으로 기록된 것이다. 출 34:6-7에 관하여 참조할 수 있는 다른 구절들 중에는 다음의 것들이 있다: 민 14:18; 느 9:17, 31; 시 103:8; 욘 4:2; 나 1:2-3.

민수기 본문은 이스라엘의 하나님을 정의하는 이런 묘사가 이스라엘과 관계를 맺으시는 하나님의 이야기를 전개하는데 어떻게 사용되었는지를 보여준다. 민 13—14장은 가나안 땅을 조사해 보도록 정탐꾼들을 보냈는데 이들 중 대부분이 다음과 같이 경종을 울리는 소식을 가지고 돌아온 것에 관하여 이야기한다: 도시들은 성벽으로 둘려있다; 거주민들 중에는 거인들이 있다; 이 땅은 정녕 점령될 수 없는 곳이다. 백성은 경악하여 소스라치며 탐정꾼 여호수아와 갈렙이 가져온 긍정적인 보고조차도 그들에게 확신을 줄 수 없다. 모세는 다시 한 번 이스라엘 백성을 위하여 하나님과의 중재에 나서서 (출 32장; 신 9장을 보라), 만약 믿음 없는 백성이 살육된다면, 다른 나라들이 하나님이 사실 이스라엘을 약속의 땅으로 성공적으로 인도할 수 없었다고 오해하게 될 것임을 하나님께 상기시켜야만 했다. 하지만, 보다 중요하게, 이 본문은 출 34:6-7에 나오는 것과 정확하게 같은 언어를 사용해서 하나님께서 믿음 없는 백성을 치시는 것을 반대하는 논쟁을 더욱 진척시킨다. 하나님은 이 백성을 용서하라는 청탁을 받는데 이렇게 하는 것이 정확하게 하나님의 특징과 조화되기 때문이다.

느헤미야 9:17, 31에서, 출 34:6-7에 나오는 언어가 에스라의 긴 기도에서 상기된다. 그는 과거에, 하물며 백성이 금송아지 우상으로 죄를 저질렀을 때조차도, 하나님께서 자비와 사랑을 보이셔서 이스라엘의 선조들을 저버리지 않으셨음을 하나님께 상기시킨다. 이제, 또다시, 백성이 이방 여인들과 혼인하고, 그리고 그렇지 않으면 하나님의 법을 저버릴 때조차도, 하나님께 용서를 호소하는 것이 합당하다. 왜냐하면, 하나님은 은혜롭고 자비로우셔서 기꺼이 용서하시는 분이시기 때문이다. 실제로, 에스라는 이스라엘과 관련을 맺으시는 하나님에 관한 이야기 전체가 은혜로우시며 자비를 보이시는 이러한 입장을 표명한다고 주장한다.

시편 103편은 죄인들에게 드러난 하나님의 자비를 전형적으로 보여주는 표본이다. 이 시편은 출 34:6-7에 처음 나오는 행들을 인용하며 (시 103:8), 이것의 기본 주제를 위하여 분명히 출애굽기 본문에 의존한다. 하나님께서는 우리가 저지르는 죄 하나하나를 저지른 그대로 징벌하지 않으신다는 것을 지적함으로써, 이 시편은 이 주제를 확장해 나간다. 하나님은 우리의 과오를 동쪽이 서쪽에서 먼 것처럼 멀리 우리의 과거를 제거하여 버리신다. 하나님은 우리가 한갓 티끌에 지나지 않는다는 것을 알고 계시지만 영원토록 자비로우시다.

요나서 4:2는 예언자 요나가 니느웨의 백성을 깨우쳐 회개하도록 하라는 하나님의 명령을 수행하기를 꺼려하는 이유를 설명하기 위해서 이 본문을 사용한다. 요나가 니느웨를 위한 자비의 사역을 회피하기 위하여 서쪽으로 도주하는 것은 다름 아니라, 출 34:6-7이 말하듯이, *하나님은 자비롭고 은혜로우며, 노하기를 더디 하고, 한결같은 사랑과 진실이 풍성한 하나님—악과 허물과 죄를 용서하는 하나님* 이라는 것을 요나가 알기 때문이다. 요나는 하나님께서 너그러움을 보이시는 것을 막으려 한다. 이 예언자는 니느웨에 두 번째 기회를 주는 것에 동조하지 않을 것이다. 하나님께서 그로 하여금 일하도록 지정하실 때까지는 말이다. 나 1:2-3에서 보면, 유사한 본문이 나오지만, 여기서는 질투하고 보복하는 하나님의 특징이 확실하게 드러난다. 예언자 나훔은 앗시리아의 손아귀에 있는 이스라엘의 고통에 복수하기 위하여 정의로우신 하나님을 부르지

다시 언약을 맺으시다
(출 23:14-19; 신 7:1-5; 16:1-7)

10 주님께서 말씀하셨다. "내가 이제 너희와
언약을 세운다. 내가 너희 모든 백성 앞에서, 이
세상 어느 민족들 가운데서도 이루어진 적이 없는
놀라운 일을 하여 보일 것이다. 너희 주변에 사는
모든 백성이, 나 주가 너희에게 하여 주는 그
일이 얼마나 두려운 일인지를 보게 될 것이다.
11 너희는 내가 오늘 너희에게 명하는 것을 삼가
지키도록 하여라. 내가 이제 너희 앞에서 아모리
사람과 가나안 사람과 헷 사람과 브리스 사람과
히위 사람과 여부스 사람을 쫓아내겠다. 12 너희
는 삼가, 너희가 들어가는 땅에 사는 사람들과 언
약을 세우지 않도록 하여라. 그들과 언약을 세우면,
그것이 너희에게 올무가 될 것이다. 13 그러니
너희는 그들의 제단을 허물고, 그들의 석상을
부수고, 그들의 아세라 목상을 찍어 버려라.

14 너희는 다른 신에게 절을 하여서는 안 된
다. 나 주는 '질투'라는 이름을 가진, 질투하는 하
나님이기 때문이다. 15 너희는 그 땅에 사는 사람
들과 언약을 세우지 말아라. 언약이라도 세웠다
가, 그들이 자기들의 신들을 음란하게 따르며, 그
신들에게 제사를 드리면서 너희를 초대하면, 너희
가 그 초대를 거절하지 못하고, 그리로 가서, 그
제물을 먹지 않겠느냐? 16 또 너희가 너희 아들
들을 그들의 딸들과 결혼시키면, 그들의 딸들은
저희 신들을 음란하게 따르면서, 너희의 아들들을
꾀어, 자기들처럼 음란하게 그 신들을 따르게
만들 것이다.

17 너희는 신상을 부어 만들지 못한다. 18 너
희는 무교절을 지켜야 한다. 내가 너희에게 명한 대
로, 아빕월의 정해진 때에, 이레 동안 누룩을 넣지
않은 빵을 먹어라. 이것은 너희가 아빕월에 이집트
에서 나왔기 때문이다.

19 태를 처음 열고 나온 것은 모두 나의 것이
다. 너희 집짐승 가운데 처음 난 수컷은, 소의 맏
배이든지 양의 맏배이든지, 모두 나의 것이다.
20 나귀의 맏배는 어린 양을 대신 바쳐서 대속
하게 해야 한다. 그렇게 대속하지 않으려거든, 그

않을 수 없다. 하나님은 화내기를 더디 하지만, 하나님은 (자비가 아니라) 능력이 대단히 크신 분이시다. 출 34:6-7의 이러한 풍자적 진술은 이스라엘 내에서 이 본문이 미친 영향을 웅변적으로 보여주는 증언이다: 복수심에 불타는 예언자는 자신의 의도를 밝히기 위해서 이 메시지를 뒤집어엎어야 한다.

이 본문을 가장 온전하게 사용한 곳은 외경 중에 하나인 에스더후서이다. 에스더후서 3—10장에서 예언자 에스라는 심판의 날에 있게 될 죄인들의 운명에 관하여 천사 우리엘과 대화를 나눈다. 반복해서, 에스라는 죄인들의 편에 선다. 그래서 그는 이 천사를 재촉해서 그에게, 마지막 심판의 날에 이스라엘 및 온 육신의 하나님께서 죄인들에게 은총과 용서를 드러낼 길을 발견하실 것임을 밝히도록 하는데, 죄인들이 지상에 사는 인구의 대부분을 구성하고 있다. 천사는 확고부동하게 죄인들은 회개하여 재기할 기회를 가졌었다고 주장한다. 만일 그들이 그렇게 하지 못한다면, 자신들의 멸망에 대하여 불평할 사람들은 자기 자신들일 뿐이다. 에스더후서 7:132-140에서, 에스라는 천사에게 출 34:6-7에 나오는 본문을 인용하여 보이면서, 시 103편의 언어의 도움을 빌어서 그것을 확장하고 하나님의 자비의 진상을 더욱 확고하게 하기 위하여 그것에 대한 주석을 붙인다.

참으로, 에스라는, 만일 하나님께서 죄인들의 운명으로부터 그들을 구할 길을 찾지 못하신다면, 심판의 날에 남겨질 사람들의 수가 뼈아프게도 적을 것이라고 주장한다. 에스더후서 8:19-36은 또한 아름다운 기도에서 이 본문을 사용한다. 예언자는 하나님께서 자비롭다고 불리는 것은 바로 하나님께서 이스라엘을 처리하시는 방식 때문이라는 것을 지적한다 (에스더후서 8:31). 하나님께서 자비의 특징을 밝히 드러내시는 때는 하나님이 보시기에 선한 일들을 해오지 못한 자들에게 자비를 보이실 때이다. 이러한 본문들은, 다른 본문들과 더불어 확대될 수 있었는데, 출 34:6-7에서 발견되는 신에 대한 묘사는 여러 시대에 걸친 아주 다양한 성경본문들 가운데서 이스라엘의 하나님이 가진 사랑과 은총의 특징을 확인하고 찬미하기 위하여 적용되어왔음을 분명히 한다. 이런 본문들은 진노를 내리는 엄격하고 율법적이고 용서를 모르는 자로 이스라엘의 하나님을 널리 잘못 전하는 것이 그릇된 일임을 밝힌다. 이렇게 볼 때, 구약의 하나님과 신약의 하나님의 차이점을 비교하는 자들은 언제나 과장하여 말한다.

목을 부러뜨려야 한다. 너희 아들들 가운데 맏아들도 모두 대속해야 한다. 그리고 아무도 내 앞에 빈 손으로 나와서는 안 된다.

21 너희는 엿새 동안 일을 하고, 이렛날에는 쉬어야 한다. 밭갈이 하는 철이나 거두어들이는 철에도 쉬어야 한다.

22 너희는 밀을 처음 거두어들일 때에는 칠칠절을 지키고, ㄱ)한 해가 끝날 때에는 수장절을 지켜야 한다.

23 너희 가운데 남자들은 모두 한 해에 세 번 이스라엘의 하나님 나 주 앞에 나와야 한다. 24 내가 뭇 민족을 너희 앞에서 쫓아내고, 너희의 영토를 넓혀 주겠다. 너희가 한 해에 세 번 주 너희의 하나님을 뵈려고 올라올 때에, 아무도 너희의 땅을 점령하려 하지 않을 것이다.

25 너희는 나에게 바치는 희생제물의 피를 누룩 넣은 빵과 함께 바치지 말아라. 유월절 제물은 이튿날 아침까지 남겨 두어서는 안 된다.

26 너희는 너희 땅에서 난 첫 열매 가운데서 제일 좋은 것을 주 너희의 하나님의 집으로 가져오너라.

너희는 새끼 염소를 그 어미의 젖으로 삶아서는 안 된다."

27 주님께서 모세에게 말씀하셨다. "너는 이 말을 기록하여라. 내가 이 말을 기초로 해서, 너와 이스라엘과 언약을 세웠기 때문이다." 28 모세는 거기서 주님과 함께 밤낮 사십 일을 지내면서, 빵도 먹지 않고, 물도 마시지 않고, 언약의 말씀 곧 십계명을 판에 기록하였다.

모세가 시내 산에서 내려오다

29 모세가 두 증거판을 손에 들고 시내 산에서 내려왔다. 그가 산에서 내려올 때에, 그의 얼굴에서는 빛이 났다. 주님과 함께 말씀을 나누었으므로 얼굴에서 그렇게 빛이 났으나, 모세 자신은 전혀 알지 못하였다. 30 아론과 이스라엘의 모든 자손이 모세를 보니, 모세 얼굴의 살결이 빛나고 있었다. 그래서 그들은 그에게로 가까이 가기를 두려워하였으나, 31 모세가 그들을 부르자, 아론과 회중의 지도자들이 모두 그에게로 가까이 갔다. 모세가 먼저 그들에게 말을 거니, 32 그 때에야 모든 이스라엘 자손이 그에게로 가까이 갔다. 모세는, 주님께서 시내 산에서 자기에게 말씀하신 모든 것을 그들에게 명하였다. 33 모세는, 그들에게 하던 말을 다 마치자, 자기의 얼굴을 수건으로 가렸다. 34 그러나 모세는, 주님 앞으로 들어가서 주님과 함께 말할 때에는 수건을 벗고, 나올 때까지는 쓰지 않았다. 나와서 주님께서 명하신 것을 이스라엘 자손에게 전할 때에는, 35 이스라엘 자손이 자기의 얼굴에서 빛이 나는 것을 보게 되므로, 모세는 주님과 함께 이야기하러 들어갈 때까지는 다시 자기의 얼굴을 수건으로 가렸다.

안식일 규례

35 1 모세는 이스라엘 자손의 온 회중을 모아 놓고 말하였다. "주님께서 당신들에게 실천하라고 명하신 말씀은 이러합니다. 2 엿새 동안은 일을 해야 합니다. 그러나 이렛날은 당신들에게 거룩한 날, 곧 주님께 바친 완전히 쉬는 안식일이므로, 그 날에 일을 하는 사람은 누구든지 사형에 처해야 합니다. 3 안식일에는 당신들이 사는 어디에서도 불을 피워서는 안 됩니다."

ㄱ) 또는 '가을에는'

이다. **34:18** 24:14-15를 보라. **34:19-20** 13:1-2를 보라. **34:21** 23:12를 보라. **34:22** 23:14-17을 보라. **34:25-26** 23:18-19를 보라. **34:27-28** 율법의 계시는 모세로 하여금 이 율법들을 기록하도록 하는 명령으로 결론 맺는다. 다른 문맥들에서 보면, 율법들을 기록한 자는 주님이다 (24:12; 31:18).

특별 주석

이 말을 기초로 해서 라는 구절은 문자 그대로 번역하면 "이런 말들이 입으로 전해진"이다. 유대 전통에서 보면, 모세가 기록해야 했던 하나님의 말씀은 모세에게 계시된 구전 오경으로 이해되는데, 이것이 문서로 쓰인 오경이 되었다. 구전으로 내려온 오경은 사회 변화의 시기들을 거치는 동안에 문서화된 오경에 새로운 해석의 여지를 남겼다.

34:29-35 모세는 시내 산에 여러 번 반복해서 오르내림으로 해서 모습이 변화된다.

특별 주석

히브리 단어 *카란 (qaran)*, 혹은 "빛나다"와 유사한 형태의 단어는 "뿔들"을 의미하는데, 이것은 라틴어역 불가타 성경을 통해 기독교 전통에 들어와 시내 산에서 모세에게 뿔들이 났음을 시사하게 되었다. 이러한 신앙은 미켈란젤로의 유명한 모세의 조각에도 반영된다.

성막 자재의 헌납 (출 25:1-9)

4 모세가 이스라엘 자손의 온 회중에게 말하
였다. "이것은 주님께서 내리신 명령입니다. 5 당
신들은 각자의 소유 가운데서 주님께 바칠 예물을
가져 오십시오. 바치고 싶은 사람은 누구나 주님
께 예물을 바치십시오. 곧 금과 은과 동과, 6 청색
실과 자주색 실과 홍색 실과 가는 모시 실과 염소
털과, 7 붉게 물들인 숫양 가죽과 돌고래 가죽과,
아카시아 나무와, 8 등잔용 기름과 예식용 기름에
넣는 향품과 분향할 향에 넣는 향품과, 9 에봇과
가슴받이에 박을 홍옥수와 그 밖의 보석들입니다."

회막 기구들 (출 39:32-43)

10 "당신들 가운데 기술 있는 사람은 모두
와서, 주님께서 명하신 모든 것을 만드십시오.
11 만들 것은, 성막과 그 덮개와 그 윗덮개와, 갈
고리와 널빤지와 가로다지와 기둥과 밑받침과,
12 증거궤와 그것에 딸린 채와 속죄판과 그것을
가릴 휘장과, 13 상과 상을 옮기는 데 쓸 채와
그 밖의 모든 기구와 상에 차려 놓을 빵과,
14 불을 켤 등잔대와 그 기구와 등잔과 등잔용
기름과, 15 분향단과 단을 옮기는 데 쓸 채와 예식
용 기름과 분향할 향과 성막 어귀의 휘장과,
16 번제단과 거기에 딸린 놋그물과 번제단을 옮
기는 데 쓸 채와 모든 기구와, 물두멍과 그 받침과,
17 뜰의 휘장과 그 기둥과 밑받침과 뜰의 정문
휘장과, 18 성막의 말뚝과 줄과, 울타리의 말뚝과
줄과, 19 성소에서 예식을 올릴 때에 입는 잘 짠
옷과, 곧 제사장 아론의 거룩한 옷과 그 아들들이
제사장 일을 할 때에 입는 옷입니다."

기쁜 마음으로 예물을 바치다

20 이스라엘 자손의 온 회중은 모세 앞에서 물
러나왔다. 21 마음이 감동되어 스스로 그렇게 하
기를 원하는 사람은 모두 나서서, 회막과 그 곳의 제
사에 필요한 모든 것과 거룩한 옷을 만들 수 있도
록, 갖가지 예물을 주님께 가져 왔다. 22 남녀
구별 없이 스스로 원하는 사람은 누구나 장식 핀
과 귀고리와 반지와 목걸이 등 온갖 금붙이를 가
져 왔으며, 그 모든 사람이 금붙이를 흔들어서 주
님께 바쳤다. 23 그리고 청색 실과 자주색 실과
홍색 실과 가는 모시 실과 염소 털과 붉게 물들인
숫양 가죽과 돌고래 가죽을 가진 사람들은 모두
그 물건들을 가져 왔다. 24 은과 동을 예물로 바칠
수 있는 사람들은 모두 주님께 그 물건들을 예물
로 가져 왔고, 제사 기구를 만드는 데 쓰는 아카
시아 나무를 가진 사람들은 모두 그 나무를 가져
왔다. 25 재주 있는 여자들은 모두 손수 실을 자
아서, 그 자은 청색 실과 자주색 실과 홍색 실과
가는 모시 실을 가져 왔다. 26 타고난 재주가 있
는 여자들은 모두 염소 털로 실을 자았다. 27 지
도자들은 에봇과 가슴받이에 박을 홍옥수를 비롯
한 그 밖의 보석들과 28 향품과 등잔용 기름과
예식용 기름과 분향할 향에 필요한 기름을 가져
왔다. 29 스스로 바치고 싶어 하는 모든 남녀 이스
라엘 자손이, 주님께서 모세를 시켜 명하신 모든
것을 만들려고, 기쁜 마음으로 물품을 가져다가
주님께 바쳤다.

회막 기술자 (출 31:1-11)

30 모세가 이스라엘 자손에게 말하였다. "주

초대교회 교인들은 예수님의 산상변화(마 17:1-8; 막 9:2-8; 눅 9:28-36)와 관련하여 이 구절을 해석하였던 반면에, 사도 바울은 독자적으로 이 사건을 고린도 교회에 대한 자신의 선교를 입증하는 것으로 해석하였다 (고후 3:7-18).

34:29-33 모세가 알지 못하는 사이에, 그의 얼굴의 피부가 빛을 낸다. 고대 근동에서, 신적인 존재들은 종종 광채를 띤 얼굴들을 가지고 있었던 것으로 여겨졌다. 모세의 빛나는 얼굴은 아론과 이스라엘 사람들을 두렵게 하는데, 아마도 그들은 그가 신이 되었다고 생각했기 때문이다. 모세는 백성에게 교훈을 주지 않을 때에는 자신의 빛나는 얼굴을 수건으로 가린다. **34:34-35** 이 단원은 계속적인 종교 의식을 지적함으로써 끝을 맺는다. 모세는 이스라엘 사람들에게 하나님의 명령을 전할 때에는 얼굴을 가리지 않았다. 다른 모든 경우에 있어서, 그는 얼굴을 가리곤 했다. 아마도, 모세의 얼굴을 가리는 것은 하나님의 사자인 그가 불경하게 되는 것을 예방하는 것이었다.

35:1—40:38 금송아지에게 예배한 죄를 범한 후 언약이 갱신되는데, 이 갱신된 언약은 25—31장에 처음으로 계시된 성막의 축조를 허용한다. **35:1** 약간 다르기는 하지만, 이 단락은 25—31장을 반복한다.

35:1-3 모세가 처음 하는 연설은 안식일에 쉬어야 하는 율법을 강조하는 것인데, 안식일은 계시의 중심이다 (25—31장).

35:4—36:7 이 단락은 25—31장에 나오는 명령들을 반복한다. 성막 공사에 관한 설화는 그것의 자재들(35:4-29//25:1-9)과 일련의 기능공들 (35:30—36:7//31:1-11)에 대한 기사로 시작한다. **36:8-38** 26:1-

님께서 유다 지파 사람, 훌의 손자이며 우리의 아들
인 브살렐을 지명하여 부르셔서, 31 그에게 하나
님의 영을 가득하게 하시고, 지혜와 총명과 지식
과 온갖 기술을 갖추게 하셨습니다. 32 그래서
그는 여러 가지를 생각해 내어, 그 생각해 낸
것을 금과 은과 놋으로 만들고, 33 온갖 기술을
발휘하여, 보석을 깎아 물리는 일과, 나무를 조각
하는 일을 하게 하셨습니다. 34 또한 주님께서는
그와 단 지파 사람 아히사막의 아들 오홀리압에
게는 남을 가르치는 능력도 주셨습니다.

35 주님께서는 그들에게 기술을 넘치도록 주
시어, 온갖 조각하는 일과 도안하는 일을 할 수
있게 하시고, 청색 실과 자주색 실과 홍색 실과
가는 모시 실로 수를 놓아 짜는 일과 같은 모든
일을 할 수 있게 하시고, 여러 가지를 고안하게
하셨습니다.

36 1 그러므로 브살렐과 오홀리압과 기술
있는 모든 사람, 곧 주님께서 지혜와 총
명을 주셔서 성소의 제사에 필요한 모든 것을 만
들 줄 아는 사람들은, 모든 것을 주님께서 명하신
그대로 만들어야 합니다."

자재 헌납

2 모세는, 브살렐과 오홀리압과, 주님께서
그 마음에 지혜를 더하여 주신 기술 있는 모든 사
람, 곧 타고난 재주가 있어서 기꺼이 그 일을 하
고자 하는 모든 사람을 불러모았다. 3 그들은 이
스라엘 자손이 성소의 제사에 필요한 것을 만드는
데 쓰라고 가져온 모든 예물을 모세에게서 받았
다. 그런 다음에도 사람들은 아침마다 계속 자원
하여 예물을 가져 왔다. 4 그래서 성소에서 일을
하는 기술 있는 모든 사람이, 하던 일을 멈추고 모
세에게로 와서, 5 이르기를 "백성들이, 주님께
서 명하신 일을 하는 데에 쓰고도 남을 만큼 많은 것
을 가져 오고 있습니다" 하였다. 6 그래서 모세
는 진중에 명령을 내려서 '남자든 여자든, 성소에
서 쓸 물품을 더는 헌납하지 말라'고 알리니, 백성
들이 더 이상 바치지 않았다. 7 그러나 물품은 그
모든 일을 하기에 넉넉할 뿐 아니라, 오히려 남을
만큼 있었다.

성막을 만들다 (출 26:1-37)

8 일을 하는 사람들 가운데, 기술이 있는
사람은 모두 열 폭 천으로 성막을 만들었다. 그 천은
가늘게 꼰 모시 실과 청색 실과 자주색 실과 홍색
실로, 그룹을 정교하게 수를 놓아서 짠 것이다.
9 폭의 길이는 스물여덟 자씩이요, 너비는 넉 자로,
폭마다 그 치수가 모두 같았다.

10 먼저 다섯 폭을 옆으로 나란히 이어 한 벌
을 만들고, 또 다른 다섯 폭도 옆으로 나란히 이
어서 한 벌을 만들었다. 11 그런 다음에, 나란히
이은 천의 한쪽 가장자리에 청색 실로 고를 만들
고, 나란히 이은 다른 한쪽 가장자리에도 이와 같
이 하여 서로 맞물릴 수 있게 하였다. 12 서로
맞물리는 두 벌 끝 폭 가장자리에 만들 고의 수는
쉰 개씩이다. 이 고들을 서로 맞닿게 하였다. 13 금
갈고리를 쉰 개 만들어서, 이 갈고리로 두 쪽의 천
을 서로 이어서 한 성막이 되게 하였다.

14 그들은 염소 털로 짠 천 열한 폭으로 성
막 위에 덮을 천막을 만들었다. 15 폭의 길이는
서른 자요, 너비는 넉 자로, 열한 폭의 치수를 모두
같게 하였다. 16 다섯 폭을 따로 잇고, 나머지
여섯 폭도 따로 이었다. 17 다섯 폭을 이은 천의
가장자리에 고 쉰 개를 만들고, 여섯 폭을 이은 천
의 가장자리에도 또 다른 고 쉰 개를 만들었다.
18 놋쇠 갈고리 쉰 개를 만들어서, 이 두 쪽을
마주 걸어서 한 천막이 되게 하였다.

19 이 밖에도 천막 덮개를 두 개 더 만들었
으니, 하나는 붉게 물들인 숫양 가죽으로 만들고,
그 위에 덮을 또 다른 덮개는 돌고래 가죽으로
만들었다.

20 그들은 성막을 세울 널빤지를 아카시아
나무로 만들었다. 21 널빤지는 길이를 열 자,
너비를 한 자 반으로 하고 22 널빤지에 두 촉꽂
이를 만들어 서로 잇대어 세웠다. 성막의 널빤지를
모두 이와 같이 만들었다. 23 성막의 남쪽 벽면에
세울 널빤지는 스무 개를 만들었다. 24 그 널빤지
스무 개 밑에 받칠 밑받침은 은으로 마흔 개를
만들었다. 널빤지마다 그 밑에 촉꽂이를 꽂을
밑받침을 두 개씩 만들었다. 25 그리고 그 반대
쪽인 성막의 북쪽 벽면에 세울 널빤지는 스무 개

37을 보라. **37:1-9** 25:10-22를 보라. **37:10-16** 25:23-30을 보라. **37:17-24** 25:31-40을 보라. **37:25-28** 30:1-10을 보라. **37:29** 30:22-38을 보라.

38:1-7 27:1-8을 보라. **38:8** 30:17-21을 보라. 여기서 말하는 놋쇠는 *회막 어귀에서 봉사하는 여인들이 바친 놋거울이다.* "봉사"라는 단어는 또한 레위 사람들에 대해서도 쓰이므로 (민 4:23), 이 여인들은 어떤 형태의 예배 사역에 종사했을 것으로 보인다 (또한 삼상 2:22를 보라). 예배 시에 그들이 가졌던 기능은 전통에서 상실되었다. **38:9-20** 27:9-19를 보라. **38:21-31** 성

를 만들었다. 26 밑받침 마흔 개를 은으로 만들
고, 각 널빤지마다 그 밑에 밑받침을 두 개씩 받
치게 하였다. 27 성막 뒤쪽인 서쪽 벽면에 세울
널빤지는 여섯 개를 만들었다. 28 성막 뒤쪽의
두 모퉁이에 세울 널빤지는 두 개를 만들었다.
29 두 모퉁이에 세울 이 널빤지들은, 밑에서 꼭
대기까지 겹으로 세워서 완전히 한 고리로 연결한
것인데, 두 모퉁이를 다 이와 같이 만들었다. 30 그
래서 그것은 여덟 널빤지에, 널빤지마다 그 밑에 밑
받침을 두 개씩 하여, 은 밑받침이 모두 열여섯 개
였다.

31 그들은 아카시아 나무로 가로다지를 만들
었는데, 성막 한쪽 옆 벽의 널빤지에 다섯 개,
32 성막의 다른 한쪽 옆 벽의 널빤지에 다섯 개,
서쪽에 해당되는 성막 뒤 벽의 널빤지에 다섯 개를
만들었다. 33 널빤지들의 가운데에 끼울 중간 가
로다지는 이쪽 끝에서 저쪽 끝까지 이르게 만들었
다. 34 널빤지에는 금을 입히고, 가로다지를 꿸
고리를 금으로 만들고, 가로다지에도 금을 입혔다.

35 청색 실과 자주색 실과 홍색 실과 가늘게
꼰 모시 실로 휘장을 짜고, 그 위에 그룹을 정교
하게 수놓았다. 36 이것을 칠 기둥 네 개를 아카
시아 나무로 만들었는데, 각 기둥에는 모두 금을
입히고 금 갈고리를 달았으며, 그 기둥에 받칠 은
받침 네 개도 부어 만들었다. 37 청색 실과 자주
색 실과 홍색 실과 가늘게 꼰 모시 실로 수를 놓
아, 장막 어귀를 가리는 막을 짰으며, 38 이 막
을 칠 기둥 다섯 개와 그것에 딸린 갈고리들을 만
들었고, 그 기둥 머리와 거기에 달 고리에 금을 입
히고, 그 밑받침 다섯 개를 놋으로 만들었다.

언약궤를 만들다 (출 25:10-22)

37 1. 브살렐은 아카시아 나무로, 길이가 두
자반, 너비가 한 자 반, 높이가 한 자 반
인 궤를 만들었다. 2 순금으로 그 안팎을 입히
고, 그 둘레에는 금테를 둘렀다. 3 금고리 네 개
를 만들어서, 그 밑 네 모퉁이에 달았는데, 한쪽
에 고리 두 개, 다른 한쪽에 고리 두 개를 달았다.
4 아카시아 나무로 채를 만들어서 금을 입히고,
5 이 채를 궤의 양쪽 고리에 끼워서 궤를 멜 수
있게 하였다.

6 그는 순금으로, 길이가 두 자 반이요 너비가
한 자 반인 속죄판을 만들었다. 7 그리고 금을 두
들겨서 두 그룹을 만들고, 그것들을 속죄판의 양
쪽 끝에 각각 자리잡게 하였다. 8 그룹 하나는
이쪽 끝에, 또 다른 하나는 맞은쪽 끝에 자리잡게
만들되, 속죄판과 그 양쪽 끝에 있는 그룹이 한 덩
이가 되도록 만들었다. 9 그룹들은 날개를 위로
펴서 그 날개로 속죄판을 덮게 하였고, 그룹의
얼굴들은 속죄판 쪽으로 서로 마주 보게 하였다.

상을 만들다 (출 25:23-30)

10 그는 아카시아 나무로, 길이가 두 자이고
너비가 한 자이고 높이가 한 자 반인 상을 만들어서,
11 순금으로 입히고, 둘레에는 금테를 둘렀다.
12 그리고 손바닥 너비만한 턱을 만들어 상 둘레
에 붙이고, 그 턱의 둘레에도 금테를 둘렀다.
13 금고리 넷을 부어 만들어서, 이 고리를 상 다
리가 붙어 있는 네 모퉁이에 하나씩 붙였다.
14 그 고리들을 턱 곁에 달아서, 상을 운반할 때에
쓰는 채를 끼워 넣을 수 있게 하였다. 15 그 채는
아카시아 나무로 만들고, 거기에 금을 입혀서 상을
운반할 수 있게 하였다. 16 상에 쓸 기구들, 곧
그 상에 올려 놓을 대접과 종지와 부어 드리는
제물을 담을 병과 잔을 순금으로 만들었다.

등잔대를 만들다 (출 25:31-40)

17 그는 순금을 두들겨서 등잔대를 만들었으
며, 등잔대의 밑받침과 줄기와 등잔과 꽃받침과
꽃을 하나로 잇게 하였다. 18 등잔대의 줄기 양
쪽에서 곁가지 여섯 개가 나오게 하였는데, 등잔
대 한쪽에서 곁가지 세 개, 또 다른 한쪽에서도 곁
가지 세 개가 나오게 하였다. 19 등잔대의 각 곁
가지는 꽃받침과 꽃잎을 갖춘 감복숭아꽃 모양의
잔 세 개를 연결하여 만들고, 그 맞은쪽 곁가지도
꽃받침과 꽃잎을 갖춘 감복숭아꽃 모양 잔 세 개
를 연결하여 만들었다. 등잔대의 줄기에서 나온
곁가지 여섯 개를 모두 이와 같이 하였다. 20 등
잔대 줄기는 꽃받침과 꽃잎을 갖춘 감복숭아꽃
모양 잔 네 개를 쌓아 놓은 모양으로 만들었다.
21 그리고 등잔대의 맨 위에 있는 좌우 두 곁가

막 공사에 사용된 자재들의 명세서이다. 이것이 25—31장에는 기록되어 있지 않다. **38:21-23** 아론의 넷째 아들인 *이다말*(6:23; 28:1)이 성막 공사를 담당하고 있다. **38:24-31** *달란트.* 이것은 구약에서 가장 큰 무게 단위였다. 성막 공사에 사용된 귀금속을 어림잡아 계산하면 다음과 같다: 금, 1,828-2,210파운드 (828-

지가 줄기에서 뻗어 나올 때에는 밑에서 세 번째 놓인 꽃받침에서 뻗어 나오게 하고, 그 아래에 있는 좌우 두 곁가지가 줄기에서 뻗어 나올 때에는 밑에서 두 번째 놓인 꽃받침에서 뻗어 나오게 하고, 그리고 맨 아래에 있는 좌우 두 곁가지가 줄기에서 뻗어 나올 때에는 맨 아래에 놓인 꽃받침에서 뻗어 나오게 하여, 곁가지 여섯 개가 줄기와 연결되어 한 덩이가 되게 하였다. 이렇게 등잔대의 줄기에서 좌우로 곁가지가 나오게 하였다.
22 등잔대 줄기의 꽃받침에 연결된 곁가지들은 모두 순금을 두들겨 만들어서, 전체를 하나로 잇게
하였다. 23 등잔 일곱 개와 등잔불 집게와 불똥
그릇을 순금으로 만들었는데, 24 등잔대와 이
모든 기구를 순금 한 달란트를 들여서 만들었다.

분향단을 만들다 (출 30:1-5)

25 그는 아카시아 나무로 분향단을 만들었는
데, 그 길이가 한 자요 너비가 한 자인 네모난 모
양으로서, 높이는 두 자로 하고, 그 뿔과 단은 하
나로 잇게 만들었다. 26 그리고 그 단의 윗면과
네 옆면과 뿔을 순금으로 입히고, 그 가장자리에
금테를 둘렀다. 27 금고리 둘을 만들어 그 금테
아래 양쪽 옆에 붙여서, 그것을 들고 다닐 채를
끼울 수 있게 하였다. 28 아카시아 나무로 채를
만들고, 거기에 금을 입혔다.

성별하는 기름과 향 (출 30:22-38)

29 그는, 향을 제조하는 법을 따라서, 성별
하는 기름과 향기롭고 순수한 향을 만들었다.

번제단을 만들다 (출 27:1-8)

38 1 그는 아카시아 나무로 번제단을 만들
었는데, 그 길이가 다섯 자요 너비가 다섯
자인 네모난 모양으로 만들었으며, 그 높이는 석
자로 하였다. 2 번제단의 네 모퉁이에 뿔을 하나
씩 만들어 붙이고, 그 뿔과 제단을 하나로 잇게 하
고, 거기에 놋쇠를 입혔다. 3 번제단의 모든 기
구, 곧 재를 담는 통과 부삽과 대야와 고기 갈고
리와 불 옮기는 그릇을 놋으로 만들었다. 4 제단
에 쓸 그물을 놋쇠로 만들고, 제단 가장자리 밑에
달아서, 제단의 중간에까지 이르게 하였다. 5 놋
그물의 네 모퉁이에, 채를 끼우는 데 쓸 고리 네
개를 부어 만들었다. 6 아카시아 나무로 채를 만
들고, 거기에 놋쇠를 입혔다. 7 이 채들을 번제
단 양 옆의 고리에 끼워서, 그것을 운반할 수 있
게 하고, 번제단은 널빤지로 속이 비게 만들었다.

놋 물두멍을 만들다 (출 30:18)

8 그는 물두멍과 그 받침을 놋쇠로 만들었는
데, 그것은 회막 어귀에서 봉사하는 여인들이
바친 놋거울로 만든 것이다.

성막 울타리를 만들다 (출 27:9-19)

9 그는 성막 뜰을 두르는 울타리를 만들었는
데, 가는 실로 짠 모시 휘장으로 울타리를 둘렀다.
그 남쪽 휘장은 백 자로 하였다. 10 휘장을 칠
기둥 스무 개와 그 밑받침 스무 개를 놋쇠로 만들
고, 그 기둥의 갈고리와 고리를 은으로 만들었다.
11 북쪽에도 마찬가지로, 백 자가 되는 휘장을
치고, 기둥 스무 개와 밑받침 스무 개를 놋쇠로 만
들고, 기둥의 갈고리와 고리를 은으로 만들었다.
12 해 지는 쪽인 서쪽 울타리는 쉰 자가 되는 휘
장으로 하고, 기둥 열 개와 밑받침 열 개를 만들
었다. 그 기둥의 갈고리와 고리를 은으로 만들었
다. 13 해 뜨는 쪽인 동쪽 울타리도 쉰 자로 하
였다.
14 동쪽의 정문 한쪽에 밑받침 셋을 놓고, 그
위에 기둥 셋을 세운 다음에, 열다섯 자가 되는 휘
장을 쳤다. 15 다른 한쪽에도 밑받침 셋을 놓고
서, 그 위에 기둥 셋을 세운 다음에, 열다섯 자가
되는 휘장을 쳤다. 동쪽 울타리에 있는 정문의 양
쪽을 이렇게 똑같이 만들었다. 16 울타리의 사
면을 두른 휘장은 모두 가늘게 꼰 모시 실로 짠 것
이다. 17 기둥 밑받침은 놋쇠로 만들었으나, 기
둥 갈고리와 고리는 은으로 만들고, 기둥머리 덮
개는 은으로 씌웠다. 울타리의 모든 기둥에는 은
고리를 달았다.

1001kg); 은, 6,286-7,601파운드 (2,848-3,443kg); 놋쇠나 구리, 4,425-5,350파운드 (2,005-2,0424kg). 이와 같이 큰 수량은 백성의 아낌없는 마음씨와 성막의 가치를 강조하는 것일지도 모른다.

39:1-31 28:1-43을 보라. **39:32-43** 성막이 완성된다. 이스라엘 사람들은 성막과 그것의 모든 기구들을 모세에게 가져오고, 모세는 이 백성을 축복한다. 이 축복은 하나님께서 창조 때에 하셨던 것과 같은 행위를

18 동쪽 울타리의 정문에 칠 막은, 청색 실과 자주색 실과 홍색 실과 가늘게 꼰 모시 실로 수를 놓아 짠 것으로, 그 길이는 스무 자이고, 너비 곧 높이는 뜰의 휘장과 마찬가지로 다섯 자이다.
19 그것을 칠 기둥 네 개와 그 밑받침 네 개를 놋쇠로 만들고, 그 갈고리를 은으로 만들고, 기둥머리 덮개와 고리를 은으로 만들었다. 20 성막의 말뚝과 울타리 사면에 박을 말뚝은 모두 놋쇠로 만들었다.

성막 공사 물자 명세

21 다음은 성막 곧 증거판을 간직한 성막 공사의 명세서로서, 제사장 아론의 아들 이다말이 모세의 명령을 받아, 레위 사람들을 시켜서 계산한 것이다. 22 유다 지파 사람 훌의 손자이며 우리의 아들인 브살렐은, 주님께서 모세에게 명하신 모든 것을 만들었다. 23 그를 도와서 함께 일한 단 지파 사람 아히사막의 아들 오홀리압은, 조각도 하고, 도안도 그렸으며, 청색 실과 자주색 실과 홍색 실과 가는 모시 실로 수를 놓는 일도 하였다.

24 성소 건축비로 든 금 곧 흔들어 바친 금은 모두 성소 세겔로 이십구 달란트 칠백삼십 세겔이다. 25 인구 조사의 대상이 된 회중이 바친 은은 성소의 세겔로 백 달란트 천칠백칠십오 세겔이다.
26 스무 살이 넘어서 인구 조사의 대상이 된 사람이 모두 육십만 삼천오백오십 명이므로, 한 사람당 성소 세겔로 반 세겔 곧 한 베가씩 낸 셈이다.
27 성소 밑받침과 휘장 밑받침을 부어 만드는 데은 백 달란트가 들었으니, 밑받침 백 개에 백 달란트 곧 밑받침 한 개에 한 달란트가 든 셈이다.
28 천칠백칠십오 세겔을 들여서, 기둥의 갈고리와 기둥 머리의 덮개와 기둥의 고리를 만들었다.
29 흔들어 바친 놋쇠는 칠십 달란트 이천사백 세겔인데, 30 이것으로 회막 어귀의 밑받침과 놋제단과 이에 딸린 놋그물과 기타 제단의 모든 기구를 만들고, 31 울타리 사면의 밑받침과 뜰 정문의 밑받침과 성막의 모든 말뚝과 뜰 사면의 모든 말뚝을 만들었다.

제사장의 예복을 만들다 (출 28:1-14)

39 1 그들은 청색 실과 자주색 실과 홍색 실로 성소에서 예배드릴 때에 입는 옷을 정교하게 짜서 만들었다. 그들은 이렇게, 주님께서 모세에게 명하신 대로, 아론이 입을 거룩한 옷을 만들었다.

2 금 실과 청색 실과 자주색 실과 홍색 실과 가늘게 꼰 모시 실로 에봇을 만들었다. 3 금을 얇게 두들겨 가지고 오려 내어서 실을 만들고, 청색 실과 자주색 실과 홍색 실과 가는 모시 실을 섞어 가며 정교하게 감을 짰다. 4 에봇의 양쪽에 멜빵을 만들어서, 에봇을 입을 때에 멜빵을 조여서 조정하게 하였다. 5 에봇 위에 띨 허리띠는 에봇을 짤 때와 같은 방법으로, 금 실과 청색 실과 자주색 실과 홍색 실과 가늘게 꼰 모시 실로 짜서, 에봇과 한데 이어 붙였다. 이것은 모두 주님께서 모세에게 명하신 대로 한 것이다.

6 홍옥수 두 개를 깎아서 금테에 물리고, 인장 반지를 새기듯이, 그 위에 이스라엘의 아들들의 이름을 새겨 넣었다. 7 그리고 이스라엘 지파들을 상징하는 이 기념 보석들을 에봇의 양쪽 멜빵 위에 달았다. 이는 주님께서 모세에게 명하신 대로 한 것이다.

가슴받이를 만들다 (출 28:15-30)

8 그들은 에봇을 만들 때와 마찬가지로 금 실과 청색 실과 자주색 실과 홍색 실과 가늘게 꼰 모시 실로 가슴받이를 정교하게 만들었다. 9 그것은 두 겹으로 겹쳐서 네모나게 만든 것으로, 길이가 한 뼘이요 너비가 한 뼘인 가슴받이이다. 10 거기에 보석을 네 줄 물렸다. 첫째 줄에는 홍보석과 황옥과 취옥을 박고, 11 둘째 줄에는 녹주석과 청옥과 백수정을 박고, 12 셋째 줄에는 풍신자석과 마노와 자수정을 박고, 13 넷째 줄에는 녹주석과 얼룩 마노와 벽옥을 박고, 이 보석들을 모두 금테에 물렸다. 14 이 보석들은 이스라엘의 아들들의 수대로 열둘이었는데, 인장 반지를 새기듯이, 보석마다 각 사람의 이름을 새겨서, 이 보

상기시킨다 (창 1:28). 또한 레 9:22와 민 6:24-26에 나오는 백성의 축복을 보라. **40:1-11** 하나님은 모세에게 성막에 기구들을 채우도록 명하신다. **40:12-15** 출 29장과 레 8—9장을 보라. **40:16-33** 모세와 백성은 성공적으로 성막을 세우는데, 이것은 이스라엘 역사에 있어 새로운 시작이다. **40:17** *제 이 년 첫째 달 초하루.* 이 날짜는 이집트로부터 탈출한 후 제 이 년의 새해 초하루인데 (40:1), 대략 이스라엘이 시내 산에 도착한 후 (19:1) 9개월이 되는 때이다. **40:34-38** 출애굽은 마지막 신의 현현으로 결론을 맺는데, 이번에 이 사건은 새

석들로 열두 지파를 나타내게 하였다. 15 가슴받이를 가슴에 매달 사슬은 순금으로 노끈처럼 꼬아서 만들었다. 16 금테 두 개와 금고리 두 개를 만들어서, 그 두 고리를 가슴받이의 양쪽 끝에 달았다. 17 금사슬 두 개를 꼬아서, 가슴받이 양쪽 끝에 있는 두 고리에 매었다. 18 그리고 꼰 사슬의 다른 두 끝을 에봇 앞쪽의 멜빵에 달린 두 금테에 매고, 19 또 금고리 두 개를 더 만들었으며, 그것을 가슴받이 아래의 양쪽 가장자리 안쪽인 에봇과 겹치는 곳에 달았다. 20 그리고 다른 금고리 두 개를 더 만들어서, 에봇의 양쪽 멜빵 앞자락 아래, 곧 정교하게 짠 에봇 띠를 매는 곳 조금 위에 달았다. 21 청색 실로 꼰 끈으로 가슴받이 고리를 에봇 고리에 매되, 정교하게 짠 에봇 띠 조금 위에다 매어서, 가슴받이가 에봇에서 떨어지지 않게 하였다. 이는 주님께서 모세에게 명하신 대로 한 것이다.

제사장의 또다른 예복을 만들다
(출 28:31-43)

22 그들은 에봇에 딸린 겉옷을 전부 청색으로 짜서 만들었다. 23 그 겉옷 한가운데에 구멍을 내고, 그 구멍의 둘레를 갑옷의 깃처럼 단단히 홀쳐서, 찢어지지 않게 하였다. 24 그들은 겉옷 자락 둘레에 청색 실과 자주색 실과 홍색 실과 가늘게 꼰 모시 실로 석류 모양 술을 만들어 달았다. 25 그리고 순금으로 방울을 만들어서, 그 방울을 겉옷 자락에 달린 석류 술 사이사이에 돌아가면서 달았다. 26 이렇게, 제사를 드릴 때에 입을 수 있게, 겉옷 자락을 돌아가며, 방울 하나 석류 하나, 또 방울 하나 석류 하나를 달았으니, 이는 주님께서 모세에게 명하신 대로 한 것이다.

27 그들은 또 아론과 그의 아들들이 입을 속옷을 가는 모시 실로 정교하게 짜서 만들었다. 28 고운 모시 두건과 고운 모시 관과 가늘게 꼰 모시 실로 짠 속바지를 만들었다. 29 가늘게 꼰 모시 실과 청색 실과 자주색 실과 홍색 실로 수를 놓아, 허리띠를 만들었다. 이 모든 것은 주님께서 모세에게 명하신 대로 한 것이다.

30 그들은 또 성직자의 관에 붙이는 거룩한 패를 순금으로 만들고, 그 위에, 인장 반지를 새기듯이 '주님의 성직자'라고 새겨 넣었다. 31 그것을 청색 실로 꼰 끈에 매어서 제사장이 쓰는 관에 달았다. 이것은 주님께서 모세에게 명하신 대로 한 것이다.

성막 완공 검사 (출 35:10-19)

32 이렇게 해서, 성막 곧 회막의 공사가 완성되었다. 이스라엘 자손은, 주님께서 모세에게 명하신 모든 것을 그대로 다 하였다. 33 그런 다음에, 그들은 성막을 모세에게 가져 왔으니, 이는 천막과 거기에 딸린 모든 기구, 곧 갈고리와 널빤지와 가로다지와 기둥과 밑받침과, 34 붉게 물들인 숫양 가죽 덮개와 돌고래 가죽 덮개와 칸막이 휘장과, 35 증거궤와 그것에 딸린 채와 속죄판과, 36 상과 그 밖의 모든 기구와 상에 차려 놓을 빵과, 37 순금 등잔대와 거기에 얹어 놓을 등잔들과 그 밖의 모든 기구와 등잔용 기름과, 38 금제단과 예식용 기름과 분향할 향과 장막 어귀의 휘장과, 39 놋제단과 거기에 딸린 놋그물과 놋제단을 옮기는 데 쓸 채와 모든 기구와 물두멍과 그 받침과, 40 뜰의 휘장과 그 기둥과 밑받침과 뜰의 정문 휘장과 그 줄과 말뚝과, 성막 곧 회막에서 예배를 드릴 때에 쓰는 모든 기구와, 41 성소에서 예식을 올릴 때에 입는 잘 짠 옷 곧 제사장 아론의 거룩한 옷과 그 아들들이 제사장 일을 할 때에 입는 옷 들이다. 42 이스라엘 자손은, 주님께서 모세에게 명하신 모든 것을 그대로 하여, 일을 완수하였다. 43 모세가 그 모든 일을 점검하여 보니, 그들이 주님께서 명하신 그대로 하였으므로, 그들에게 복을 빌어 주었다.

롭게 지은 성소에서 일어난다. **40:34-35** 하나님의 현현은 주님의 영광(24:15-18)과 구름을 포함한다. 하나님께서 나타나실 때의 광채 때문에 모세를 포함한 모든 백성은 성막 안에 들어가지 못한다. 후일에, 희생제의의 제정(레 1—7장)과 제사장의 안수(레 8—9장)는 제사를 맡은 지도자들과 모세가 성소에 들어가서 백성과 하나님 사이에 위치하여 중재를 하는 수단을 제공한다. **40:36-37** 13:21-22; 민 9:15-23을 보라.

회막 봉헌

40 1 주님께서 말씀하셨다. 2 "너는 첫째
달 초하루에 성막 곧 회막을 세워라. 3 그
리고 거기에 증거궤를 들여놓고, 휘장을 쳐서, 그
궤를 가려라. 4 또 너는 상을 가져다가 격식대로
차려 놓고, 등잔대를 가져다가 그 위에 등잔불을
올려놓아라. 5 또 금 분향단을 증거궤 앞에 놓
고, 성막 어귀에 휘장을 달아라.
6 번제단은 성막 곧 회막 어귀 앞에 가져다
놓아라. 7 회막과 제단 사이에는 물두멍을 놓고,
거기에 물을 채워라. 8 회막 주위로 울타리를 만
들고, 거기에 휘장을 치고, 동쪽 울타리에다 낸 정
문에는 막을 드리워라.
9 너는 예식용 기름을 가져다가, 성막과 거
기에 딸린 모든 것에 발라서, 성막과 그 모든 기
구를 거룩하게 구별하여라. 그러면 그것이 거룩
하게 될 것이다. 10 너는 번제단과 그 모든 기구
에 기름을 발라, 제단을 성별하여라. 그러면 제단
이 가장 거룩하게 될 것이다. 11 너는 물두멍과
그 밑받침에 기름을 발라, 그것들을 성별하여라.
12 너는 아론과 그의 아들들을 회막 어귀로
데려다가, 목욕을 하게 하여라. 13 그리고 너는
아론에게 거룩한 옷을 입게 하고, 그에게 기름을
붓고, 그를 거룩하게 구별하여, 제사장으로서 나를
섬기게 하여라. 14 그의 아들들을 데려다가, 그
들에게 속옷을 입혀라. 15 그리고 네가 그들의
아버지에게 기름을 부은 것과 같이, 그들에게 기
름을 부어라. 그러면 그들이 나를 섬기는 제사장
이 될 것이다. 그들은 기름부음을 받음으로써, 대
대로 영원히 제사장직을 맡게 된다."
16 모세는 주님께서 그에게 명하신 것을 모
두 그대로 하였다. 17 마침내 제 이 년 첫째 달
초하루에 성막을 세웠는데, 18 모세는 밑받침을
놓고, 널빤지를 맞추고, 가로다지를 꿰고, 기둥을
세워, 성막을 완성하였다. 19 또 성막 위에 막을
펴고, 그 위에 덮개를 덮었다. 이는 주님께서 모
세에게 명하신 대로 한 것이다. 20 그렇게 한 다
음에, 증거판을 가져다가 궤 안에 넣고, 그 궤에
채를 꿰고, 궤 위에 속죄판을 덮었다. 21 궤를
성막 안에 들여놓고, 휘장을 쳐서 증거궤를 막았다.
이는 주님께서 모세에게 명하신 대로 한 것이다.
22 회막 안, 성막의 북쪽 면, 휘장 바깥에 상을
들여놓았다. 23 상 위에는 주님께 바치는 빵을
차려 놓았다. 이것은 주님께서 모세에게 명하신
대로 한 것이다. 24 회막 안의 상 맞은쪽, 성막의
남쪽 면에 등잔대를 놓고, 25 주님 앞에 등잔을
올려놓았다. 이것은 주님께서 모세에게 명하신
대로 한 것이다. 26 금제단을 회막 안, 휘장 안에
들여놓고, 27 그 위에 향기로운 향을 피웠다. 이
것은 주님께서 모세에게 명하신 대로 한 것이다.
28 또 성막 어귀에 막을 달고, 29 성막 곧 회막
어귀에 번제단을 놓고, 그 위에 번제물과 곡식제
물을 바쳤다. 이것은 주님께서 모세에게 명하신
대로 한 것이다. 30 회막과 제단 사이에 물두멍
을 놓고, 거기에 씻을 물을 채웠다. 31 모세와
아론과 아론의 아들들이 그 물로 손과 발을 씻었
는데, 32 회막에 들어갈 때와 단에 가까이 갈 때
에 그렇게 씻었다. 이것은 주님께서 모세에게 명하
신 대로 한 것이다. 33 울타리를 만들어서 성막
과 제단을 둘러싸고, 동쪽 울타리에다가 낸 정문에
는 막을 달아 가렸다. 이렇게 모세는 모든 일을 다
마쳤다.

주님의 영광이 회막을 덮다 (민 9:15-23)

34 그 때에 구름이 회막을 덮고, 주님의 영
광이 성막에 가득 찼다. 35 모세는, 회막에 구
름이 머물고, 주님의 영광이 성막에 가득 찼으
므로, 거기에 들어갈 수 없었다. 36 이스라엘
자손은 구름이 성막에서 걷히면 진을 거두어 가지
고 떠났다. 37 그러나 구름이 걷히지 않으면, 걷
힐 때까지 떠나지 않았다. 38 그들이 길을 가는 동
안에, 낮에는 주님의 구름이 성막 위에 있고, 밤에
는 구름 가운데 불이 있어서, 이스라엘 온 자손의
눈 앞을 밝혀 주었다.

레위기

레위기는 율법(토라)이나 오경(Pentateuch)으로 불리는 구약성경의 첫 다섯 권 가운데 세 번째, 즉 오경의 중심에 자리하고 있는 책이며, 내용으로 보아서도 율법의 중심을 이루는 책이다. 따라서 레위기는 이스라엘 어린아이들에게 일반적인 유대교 신앙을 처음 가르치는 데 사용되었다.

책의 제목은 고대 희랍어 번역 *레위 지파 (레비티콘)* "제사장의 책무"에서 나왔다. 오래전 랍비들은 이 책을 *"제사장들의 안내서* 혹은 *교범"(토라트 코하님)* 이라고 불렀다. 또한 고대 이스라엘 제사장들이 모두 레위 지파였으니, 레위기라는 이름은 제목으로 적당하다 하겠다.

하지만 책의 제목에도 불구하고, 레위 사람에 대한 직접적인 언급은 단 한 차례만 (25:32-34) 등장하고, 전체 내용은 이스라엘 백성 전체를 거대한 가족공동체로 취급하며, 공동체를 위한 내용으로 기록되었다. 따라서 이 책은 이스라엘 백성의 생활풍습 전반을 주제로 삼고 있다: 제사, 정결한 것과 부정한 것, 음식에 대한 규례, 절기, 윤리, 성관계, 신성모독, 안식일, 희년, 순종에 대한 축복과 불순종에 대한 저주, 어떻게 평범한 사람이나 물건이 하나님께 성결하게 구별되어 드려지는 것 등에 관해 기록되어 있다.

레위기의 신학적 배경이나 문체적 특징은 창세기와 민수기, 신명기에 반영된 제사문서(Priestly, P)—통상적인 성서비평학에서 분류하는 제사문서(P)와 성결문서(Holiness, H)를 그 배경으로 하고 있다. 제사문서(P)는 레위기 1—16장의 주요 내용을 다루고, 성결문서(H)는 17—26장에서 피조물, 성결함의 보전과 생활, 거룩한 공간 등에 대해 설명함으로 사회적 관계의 공동체에서 어떻게 성결한 삶을 살 것인가를 주로 다루고 있다.

제사규례가 소개된 1—7장과 성결규례에 대한 내용의 17—26장을 통해 이 책은 복잡다단한 초기 이스라엘 공동체 역사의 기록, 성장, 발전의 모습을 보여준다. 곳곳에 등장하는 요약부분은 이 책의 연결성과 주제를 선명하게 보여주지만, 세 부분 (8:1—10:20; 16:1-34; 24:10-23) 정도의 기록은 본문의 전후와 조직적으로 연결되어 있다고 보기는 쉽지 않다. 마지막 부분 26장에 기록된 상과 벌에 대한 내용은 이 책의 결론으로 볼 수 있으며, 27장은 추가부록과 같은 역할을 하는 것 같다.

책의 전체 내용은 다른 오경과 마찬가지로 점진적으로 역사적인 발전과정에 따라 기록된 자료에 근거한 것으로 보인다. 하지만 레위기의 일관성과 통일성을 보장하기 위해 분명한 한 권의 책으로 편집되었다는 것도 확실하다. 하나님의 직접적인 명령이 36회 등장하는 레위기는 숫자 3과 12의 조합이며, 추가부록 부분은 36번의 숫자를 맞추기 위한 의도로 추가된 것처럼 보인다. 주님께서 말씀하셨다고 번역된 하나님의 직접명령 부분은 모세에게 31번, 모세와 아론(형제이며 제사장)에게 네 번, 아론에게 한 번 하나님께서 말씀하신 것이다. 또한 12문단의 중요한 요약 부분(7:37-38; 10:20; 11:46-47; 12:7b-8; 14:54-57; 15:32-33; 16:34b; 21:24; 23:44; 24:23b; 26:46; 27:34)은 책 전체의 주요 내용을 요약하고, 완전한 숫자 12와 이스라엘의 12지파를 보여준다. 또한 13:59와 14:32는 악성 피부병에 관한 진단과 치료에 대한 부분의 요약 부분이다.

또한 레위기에 나타난 제사문서의 일반적인 특징과 내용도 잘 살펴보아야 한다. 첫째 특징은 하나님이 직접 말씀하신 것을 기본으로 한다. 하지만 모세와 아론은 들은 내용을 회중 앞에서 다시 반복하지 않으므로, 우리는 다만 그들이 그렇게 했을 것이라고 알고 있을 뿐이다.

이 자료들은 문서상으로 하나님의 말씀이 직접적으로 확실하게 계시된 것이므로, 기록의 권위에 도전하는 것은 거의 불가능하다. 둘째 특징은 책의 대부분이 제사규례와 그에 따른 구체적인 실천지침이 담겨있다는 것이다. 레위기가 제시하는 세 가지 형태의 제사의식은 1) 반복할 수 없는 제사의식으로 제사장을 세우는 성별의식이나 종교적 의식, 2) 매일 드리는 제사 혹은 매년 절기의식으로 그 순서를 지켜, 반복하는 제사, 3) 무너진 질서를 바로 세우기 위한 일회적인 제사로 부정한 사람이나 물건에 대한 회복, 성전정화에 관한 내용 등이다. 제사 중에서 속죄일(the Day of Atonement 혹은 Purification, 16:1-34)의 경우는 두 번째와 세 번째 제사 기능이 결합되어 있는 경우다.

전체의 주제는 출애굽기(6:2-2; 25:8, 21-22; 29:42-46)에 등장한 성막을 통해 보여주는 하나님의 임재하심이 분명하다. 하나님께서 임재하시는 공간은 거룩한 곳으로 부정한 사람이나 부적절한 행동으로부터 분리되어야 하며, 하나님의 징계 (15:31) 혹은 유기에 대한 두려움이 담겨있기도 하다.

레위기의 관점은 거의 대칭적인 구조로 기록되어 있다: 정한 것/부정한 것, 일반적인 것/거룩한 것, 생명/죽음의 형식으로 반복된다. 제사문서의 신학은 사람과 사물을 세 가지 종류로 분류하는데 *정한 것*(정상 혹은 보통, 히브리어로, *타홀*), *부정한 것* (비정상, 히브리어, *타메*), *성결한 것*(히브리어, *카도쉬*)이다. 성결함의 영역은 하나님과 직접적으로 연관되며, 성막 안의 지성소와 같은 긴장감이 드러난다. 정상적인 보통의 사람과 사물도 성결해질 수 있는데, 성결하게 구별되기 위한 제사, 의식, 언약, 제물에 대한 규정이 있다. 부정한 것의 영역은 불규칙함, 혼돈, 그리고 죽음 등을 들 수 있다. 성결함과 부정한 것의 영역 안에서도 이분법적으로 단순하게 구별만 되는 것이 아니라 다양한 정도의 차이가 나타난다.

레위기의 개요는 다음과 같다. 성경본문에 따라 세밀히 조사할 가치가 있는 주석은 이 개요를 따를 것이며, 명확성을 기하기 위하여 더 보충하여 상세하게 설명될 것이다.

Ⅰ. 제사와 제물에 대한 규례, 1:1—7:38
- A. 서론, 1:1-2
- B. 자원해서 드리는 제사, 1:3—3:17
  - 1. 번제, 1:3-17
  - 2. 곡식제물(소제), 2:1-16
  - 3. 화목제사, 3:1-17
- C. 의무적으로 드리는 제사, 4:1—6:7
  - 1. 속죄제, 4:1—5:13
  - 2. 속건제, 5:14—6:7
- D. 제사장이 지켜야 할 제사규례, 6:8—7:21
  - 1. 번제, 6:8-13
  - 2. 곡식제물(소제), 6:14-18
  - 3. 제사장의 곡식제물, 6:19-23
  - 4. 속죄제, 6:24-30
  - 5. 속건제, 7:1-10
  - 6. 화목제, 7:11-21
- E. 이스라엘 백성을 위한 제사규례, 7:22-36
- F. 결론, 7:37-38

Ⅱ. 제사와 성소에 대한 규례, 8:1—10:20
- A. 제사장 위임식, 8:1-36
- B. 첫 제사, 9:1-24
- C. 나답과 아비후의 사건, 10:1-20

Ⅲ. 정한 것과 부정한 것, 11:1—15:33
- A. 음식에 대한 규례, 11:1-47
- B. 출산과 정결의식, 12:1-8
- C. 악성피부병(나병)과 치료, 13:1—14:57

D. 남녀의 정결문제, 15:1-33

Ⅳ. 속죄일 (히브리어 Yom Kippur The Day of Atonement), 16:1-34

Ⅴ. 성결에 대한 규례, 17:1—26:46

A. 희생제물 준비와 피, 17:1-16

B. 금지된 성관계, 18:1-30

C. 성결한 삶, 19:1-37

D. 사형에 해당하는 죄, 20:1-27

E. 제사장을 위한 규례, 21:1-24

F. 제사음식에 대한 규례, 22:1-33

G. 이스라엘이 지켜야 할 절기, 23:1-44

H. 성소의 등불과 상, 기타 법령, 24:1-23

I. 안식년과 희년, 25:1-55

J. 상과 벌, 26:1-46

Ⅵ. 거룩한 것에 대한 규례, 27:1-34

존 에이치 헤이스 (John H. Hayes)

번제

1 1 주님께서 모세를 ㄱ)회막으로 부르시고, 그에게 말씀하셨다. 2 "이스라엘 자손에게 말하여라. 너는 그들에게 다음과 같이 일러라.

너희 가운데서 짐승을 잡아서 나 주에게 제물을 바치는 사람은 누구든지 소나 양을 제물로 바쳐라.

3 바치는 제물이 소를 ㄴ)번제물로 바치는 것이면, 흠 없는 수컷을 골라서 회막 어귀에서 바치되, 나 주가 그것을 기꺼이 받게 하여라. 4 제물을 가져 온 사람은 번제물의 머리 위에 자기의 손을 얹어야 한다. 그래야만 그것을 속죄하는 제물로 받으실 것이다. 5 그런 다음에 제물을 가져 온 사람은 거기 주 앞에서 그 수송아지를 잡아야 하고, 아론의 혈통을 이어받은 제사장들은 그 피를 받아다가 회막 어귀에 있는 제단 둘레에 그 피를 뿌려야 한다. 6 제물을 가져 온 사람이 그 번제물의 가죽을 벗기고, 고기를 저며 놓으면, 7 아론의 혈통을 이어받은 제사장들이 제단 위에 불을 피우고, 그 불 위에 장작을 지피고, 8 아론의 혈통을 이어받은 제사장들이, 고기 저민 것과 그 머리와 기름기를 제단에서 불타는 장작 위에 벌여 놓아야 한다. 9 제물을 가져 온 사람이 내장과 다리를 물에 씻어 주면, 제사장은 그것을 모두 제단 위에다 놓고 불살라야 한다. 이것이 번제인데, 이는, 제물을 불에 태워서 그 향기로 나 주를 기쁘게 하는, 살라 바치는 제사이다.

10 바치는 제물이 가축 떼 곧 양이나 염소 가운데서 골라서 번제로 바치는 것이면, 흠 없는 수컷을 골라 제물로 바쳐야 한다. 11 제물을 가져 온 사람은 그 제물을 주 앞 곧 제단 북쪽에서 잡아야 하고, 아론의 혈통을 이어받은 제사장들은 제단 둘레에 그 피를 뿌려야 한다. 12 제물을 가져 온 사람이 고기를 저미고 그 머리와 기름기를 베어 놓으면, 제사장들 가운데서 한 사람이 그것들을 제단에서 불타는 장작 위에 벌여 놓아야 한다. 13 제물을 가져 온 사람이 내장과 다리를 물에 씻어 주면, 제사장은 그것을 받아다가 모두 제단 위에서 불살라야 한다. 이것이 번제인데, 이는, 제물을 불에 태워서 그 향기로 나 주를 기쁘게 하는, 살라 바치는 제사이다.

14 나 주에게 바치는 제물이 ㄷ)날짐승을 번제물로 바치는 것이면, 그는 산비둘기나 집비둘기 새끼 가운데서 골라 제물로 바쳐야 한다. 15 제사장은 그 날짐승을 받아서 제단으로 가져 가고, 그 목을 비틀어서 머리를 자르고, 그 머리는 제단에 불사르고, 피는 제단 곁으로 흘려야 한다. 16 제물을 가져 온 사람은 제물의 멱통과 그 안에 있는 오물을 떼어 내서, 제단 동쪽에 있는 잿더미에 버려야 한다. 17 그가 두 날개를 잡고, 그 새의 몸을 찢어서, 두 동강이 나지 않을 정도로 벌려 놓으면, 제사장은 그것을 가져다가, 제단에서 불타는 장작 위에 얹어서 불살라야 한다. 이것이 번제인데, 이는, 제물을 불에 태워서 그 향기로 나 주를 기쁘게 하는, 살라 바치는 제사이다."

ㄱ) 하나님이 백성을 만나시는 곳 (출 26장) ㄴ) 짐승을 제단 위에 놓고 불살라 바치는 제사 ㄷ) 짐승을 바칠 수 없는 사람은 대신 날짐승을 번제물로 바침

1:1—7:38 제사와 제물에 대한 규례를 다룬 부분은 크게 두 부분으로 나눌 수 있다. 1:3—6:7은 이스라엘 백성 전체에게 제시된 제사규례와 희생제물에 대한 일반적인 내용이며, 6:8—7:36은 제사장들(6:8—7:21)과 백성(7:22-36)에게 필요한 특별하게 지시하는 규례이다.

1:1-2 *주님께서.* 하나님은 모세를 만나는 장소인 *회막* (출 40:34-35를 보라)에서 지속적으로 *모세에게* 말씀하신다 (출 25:21-22를 보라). 레위기에 나타난 다른 계시의 장소는 시내 산이다 (7:37-38; 25:1; 26:46; 27:34). *제물.* 여기서 말하는 제물은 하나님께 드려지는 동물이나 다른 물건을 말한다. 모세는 먼저 희생제물을 드리는 구체적인 방법을 설명한다 (출 40:29를 참조하면, 모세는 이미 새로 지어진 회막에서 소와 양으로 희생제물을 드리고 있었다). 희생제물은 집에서 길러진 가축이며, 야생동물은 제외되었다. *예물을 바치는 사람.* "예물을 드리려거든" (개역개정); "예물을 바쳐야 할 경우" (공동번역). 새번역보다는 개역개정과 공동번역에서 자원성이 잘 나타나 있다. 1:3—3:17에 기록된 희생제물은 예배자가 자원해서 집에서 가져오는 것을 전제로 한다. **1:3-17** 번제(burnt offering)의 독특한 특색은 가죽(7:8을 보라)을 제외한 제물 전체를 제단 위에서 불에 태워 바치는 것이다. 세 종류의 제물이 경제적 가치의 순위에 따라 설명되어 있는데, 수송아지 (3-9절), 양이나 염소 (10-13절), 날짐승/새 (14-17절)의 순서다. 30-50마리 정도의 암컷을 위해 단지 한 마리의 종자용 수컷이 필요했던 현실에 비추어, 아마 농부들에게 꼭 필요하지 않았던 수컷이 제물로 바쳐졌을 것으로 추측할 수도 있다. 번제는 매우 오래된 제사방식이며, 구약 여러 부분에서 언급된다: 서원제(vows), 화목제사 (freewill offerings, 22:18-20), 정결의식 (12:6-8), 매일 드리는 제물(6:8-13; 민 28:1-8)과 절기 (민 28—29장) 등에 나타난다. **1:3** *흠 없는.* 이것은 정상적이고 건강한 동물을 뜻한다. *회막 어귀* (출 29:9-19를 보라). 제사를 준비하는 회막 출구 앞 공

곡식제물

2 1 "나 주에게 곡식제물을 바치는 사람은
누구든지 고운 밀가루를 제물로 바치는데,
거기에 기름을 붓고 향을 얹어서 바쳐야 한다.
2 그가 그 제물을 아론의 혈통을 이어받은 제사장
들에게 가져 오면, 제사장은 기름으로 반죽한 밀
가루에서는 가루 한 줌을 걷고, 향은 다 거두어서,
그 제물을 모두 바치는 정성의 표시로, 제단 위에
올려놓고 불살라야 한다. 이것이, 제물을 불에 태워
서 그 향기로 나 주를 기쁘게 하는, 살라 바치는
제사이다. 3 곡식제물 가운데서 살라 바치고 남
은 것은 아론과 그 아들들의 몫이다. 이것은 나 주
에게 살라 바치는 제물에서 온 것이므로, 가장 거
룩한 것이다.

4 네가 화덕에 구운 것으로 곡식제물을 바치
려거든, 고운 밀가루에 기름을 넣어서 반죽하여,
누룩을 넣지 않고 만든 둥근 과자나, 누룩을 넣지
않고 기름만 발라서 만든 얇고 넓적한 과자를
바쳐야 한다.

5 네가 바치는 곡식제물이 빵 굽는 판에다 구
운 것이면, 그것은 고운 밀가루에 기름을 넣어 반
죽하여 만든 것으로서, 누룩을 넣지 않은 것이어
야 한다. 6 너는 그것을 여러 조각으로 나누고,
그 위에 기름을 부어라. 이것이 곡식제물이다.

7 네가 바치는 곡식제물이 냄비에다 구운 과
자이면, 고운 밀가루에 기름을 넣어서 만든 것이
어야 한다.

8 이렇게 하여 곡식제물이 준비되면, 그것을
나 주에게 가지고 와서, 제사장에게 주어라. 제사
장이 그것을 받아 제단으로 가져 갈 것이다.
9 제사장은 그 곡식제물에서 정성의 표시로 조금
떼어서, 그것을 제단 위에 올려놓고 불살라야
한다. 이렇게 하여 그 제물을 모두 바쳤다는 표시로
삼는다. 이것이, 제물을 불에 태워서 그 향기로 나
주를 기쁘게 하는, 살라 바치는 제사이다. 10 곡식
제물 가운데서 살라 바치고 남은 것은 아론과 그
아들들의 몫이다. 이것은 나 주에게 살라 바치는
제물에서 온 것이므로, 가장 거룩한 것이다.

11 너희가 나 주에게 바치는 곡식제물은, 어
떤 것이든지, 누룩을 넣지 않은 것이어야 한다. 나
주에게 살라 바치는 제사에서, 어떤 누룩이나 꿀
을 불살라서는 안 되기 때문이다. 12 너희가 맨
먼저 거둔 곡식을 제물로 바칠 때에는 나 주에게
누룩과 꿀을 가져 와도 되지만, 나 주를 기쁘게 하
는 향기를 내려고 그것들을 제단 위에 올려놓아서
는 안 된다. 13 네가 바치는 모든 곡식제물에는
소금을 넣어야 한다. 네가 바치는 곡식제물에는
네 하나님과 언약을 세울 때에 넣는 그 소금을 빼
놓지 말아라. 네가 바치는 모든 제물에는 소금을
넣도록 하여라.

간을 말한다. **1:4** 번제물의 머리 위에 손을 얹는 것은 소유권을 보여주는 것이며, *대속/보상* 혹은 속죄(expiation)는 제물이 드려짐으로 제사 드리는 자의 용서함이 선언되는 것을 보여준다. **1:5** *주 앞에서.* 이 표현은 예배자가 회막 앞에서 번제물을 준비하는 것을 의미한다. *제단 주변에 피를 뿌리는 행동* (17:10-17 참고). 이것은 죽인 제물을 다른 용도로 사용하지 않는 것을 보여주는 행동이다. **1:6-9** 제물은 가죽을 벗기고, 씻어서, 잘라 번제단에 놓고 불사르게 된다. *불에 태우는 것.* 이것은 사람이 먹는 음식을 하나님께 드린 것으로 번역할 수도 있다 (민 28:2 참조). 태울 때 나는 향기는 하나님을 기쁘시게 하는 것으로 생각되었다 (창 8:20-21 참고). **1:14-17** 번제물로 드려진 *새는* 집에서 자란 산비둘기나 집비둘기로 제한되었다. *제물의 멱통과 그 안에 있는 오물.* 제사장은 모의주머니(멱통)와 내장, 그 안의 오물을 떼어내고 깨끗하게 하여 번제물로 준비했다.

2:1-16 2장은 번제에 대한 설명이 계속되는 1장과 3장 사이에 곡식제물(소제)에 대한 설명이 추가된 부분이다. 곡식베물은 번제를 드릴 수 없는 가난한 사람들을 위한 배려로 보인다. 곡식제물은 밀가루 (1-3절), 과자 (4절), 구운 빵 (5절), 기름에 구운 과자 (7절), 불에 볶은 것 (14절) 등의 형태로 드려졌다. **2:1** 고운 밀가루는 기름과 유향(아라비아지역의 한 나무에서 생산되는 최고급 향료)을 섞어 드려졌다. **2:2-3** 곡식제물을 드리고 남은 것은 제사장들이 먹었다. *가장 거룩한 것.* 이 표현은 모든 제물에 적용될 수 있지만, 여기서는 제사를 드리고 남은 제물은 회막 경계선 안에서 제사장들만이 먹을 수 있다는 의미로 사용된 것이다. **2:4-10** 과자나 빵과 같이 조리가 끝난 곡식제물에는 향료가 추가되지 않는다. **2:11-13** 곡식제물에 관해서 두 가지 주의해야 할 점이 기록되어 있다. 첫째는, 누룩이나 꿀(벌꿀이 아니라 포도나 대추에서 만들어진 젤리 종류)을 섞지 말라는 내용의 이유에 대한 구체적인 설명은 없다. 다만 누룩의 발효작용이나 꿀 성분의 부패, 부식작용에 대한 주의 때문일 수 있겠다. *하나님과 언약을 세울 때에 넣는 그 소금.* 둘째는, 모든 곡식제물에 소금을 넣어야 한다는 조항이다. 구약에 두 번 (민 18:19; 대하 13:5) 등장하는 이 표현은 다른 곳에서 등장하지 않으므로 구약 일반의 언약제정의식과는 거리가 있는 것 같다. 다만 소금의 부패방지 효과를 상징적으로 드러낸다고 생각할 수 있다. 언약의 히브리 단어 *브리트*는 의무의 뜻으로

14 네가 맨 먼저 거둔 것을 나 주에게 곡식
제물로 바칠 때에는, 햇곡식을 불에 볶거나 찧은
것으로 곡식제물을 바쳐야 한다. 15 그 위에 기름
과 향을 놓아라. 이것이 곡식제물이다. 16 제사장
은 제물을 모두 바치는 정성의 표시로, 곡식과 기
름에서 조금 갈라 내어, 향 전부와 함께 불살라야
한다. 이것이 나 주에게 살라 바치는 제사이다."

화목제사

3 1 "ㄱ)화목제사 제물을 바치는 사람이 소를
잡아서 바칠 때에는, 누구든지, 수컷이거나
암컷이거나, 흠이 없는 것을 골라서 주 앞에 바쳐
야 한다. 2 제물을 가져 온 사람은, 자기가 바칠
제물의 머리 위에 손을 얹은 다음에, 회막 어귀에
서 그 제물을 잡아야 한다. 그러면 아론의 혈통을
이어받은 제사장들이 그 피를 제단 둘레에 뿌릴
것이다. 3 제물을 가져 온 사람은 화목제물 가운
데서 내장 전체를 덮고 있는 기름기와, 내장 각 부
분에 붙어 있는 모든 기름기와, 4 두 콩팥과, 거
기에 덮여 있는 허리께의 기름기와, 콩팥을 떼어
낼 때에 함께 떼어 낸, 간을 덮고 있는 껍질을, 나
주에게 살라 바치는 제물로 가져 와야 한다.
5 그러면 아론의 아들들이 그것들을 제단에서
불타는 장작 위에 올려놓은 번제물 위에다 놓고
불사를 것이다. 이것이, 제물을 불에 태워서 그 향
기로 나 주를 기쁘게 하는, 살라 바치는 제사이다.
6 화목제물을 바치려는 사람이 제사에서 양
을 잡아 나 주에게 제물로 바치려면, 수컷이거나
암컷이거나, 흠이 없는 것을 골라서 바쳐야 한다.
7 그가 제물로 바칠 것이 양이면, 그는 그 양을
나 주에게 끌고 와서, 8 그 제물의 머리 위에 손을
얹은 다음에, 회막 앞에서 그 제물을 잡아야 한다.
그러면 아론의 아들들이 그 피를 제단 둘레에 뿌릴
것이다. 9 제물을 가져 온 사람은 화목제물 가운
데서 기름기, 곧 엉치뼈 가운데서 떼어 낸 꼬리 전
부와, 내장 전체를 덮고 있는 기름기와, 내장 각
부분에 붙어 있는 모든 기름기와, 10 두 콩팥과,
거기에 덮여 있는 허리께의 기름기와, 콩팥을
떼어 낼 때에 함께 떼어 낸, 간을 덮고 있는 껍질을,
나 주에게 살라 바치는 제물로 가져 와야 한다.
11 그러면 제사장이 그것들을 제단으로 가져 가서,
나 주에게 살라 바치는 음식제물로 바칠 것이다.
12 그가 제물로 바칠 것이 염소면, 그는 그
염소를 나 주에게 끌고 와서 13 그 제물의 머리
위에 손을 얹은 다음에, 회막 앞에서 그 제물을
잡아야 한다. 그러면 아론의 아들들이 그 피를
제단 둘레에 뿌릴 것이다. 14 제물을 가져 온 사
람은 제물 가운데서, 내장 전체를 덮고 있는 기름
기와, 내장 각 부분에 붙어 있는 모든 기름기와,
15 두 콩팥과, 거기에 덮여 있는 허리께의 기름
기와, 콩팥을 떼어 낼 때에 함께 떼어 낸, 간을
덮고 있는 껍질을, 나 주에게 살라 바치는 제물로
가져 와야 한다. 16 그러면 제사장이 그것들을
제단으로 가져 가서, 나 주에게 살라 바치는 음식
제물로 바칠 것이다. 이것이, 제물을 불에 태워서,
그 향기로 나 주를 기쁘게 하는, 살라 바치는
제사이다. 기름기는 다 나 주에게 바쳐야 한다.
17 이것은 너희가 어느 곳에서 살든지, 대대로
영원히 지켜야 할 규례이다. 너희는 어떤 기름기도,
어떤 피도 먹어서는 안 된다."

ㄱ) 제물로 바치는 짐승의 몸을 일부만 제단 위에서 불사르고, 나머지는 제사 드리는 사람들이 나누어 먹음

번역할 수도 있다. 곡식제물은 다른 번제물과 함께 매일 드려지기도 했다 (민 15:1-10; 28:3-8). 제단은 하나님께 속한 것으로 누룩이나 꿀이 첨가된 빵이나 과자도 제물로 드릴 수 있지만 모두 새로 추수한 햇곡식 중에서 최고 품질의 것으로 제한되며, 이 경우에도 제물이 제단에 직접 닿아서는 안 된다. **2:14-16** 이 부분은 23:10-11에 언급된 추수한 햇곡식에 대한 설명과 비슷하다. 23장에서는 막 거두어진 곡식이므로 정제되거나 걸러지지 않은 상태여서 볶거나 찧어 바친다는 설명이 없다.

3:1-17 *화목제사* (*sacrifice of well-being*, 제물로 바치는 짐승의 몸을 일부만 제단 위에서 불사르고, 나머지는 제사 드리는 사람들이 나누어 먹는 것). 이 제사는 "감사제" (개역개정) "친교제물"(공동번역)로 번역되기도 했다. 소, 양, 염소 등이 모두 제물로 드려질 수 있고, 수컷 동물만 드리는 제한도 없다. **3:1-5** 제물을 준비하는 방법은 번제와 동일하다. 하나님께 내장의 일부와 장기 주위의 기름기, 콩팥과 간을 제단 위에서 태워드렸다. 동물의 간장을 드린 이유는 고대에 유행하던 간과 관련 전염병을 방지하기 위한 것으로 추측하기도 한다. 화목제물에 대한 설명은 7:11-21, 28-36; 9:18-21; 19:6-8; 23:19 등에 계속된다. **3:6-11** 만약 양을 화목제물로 드릴 경우에는 모든 기름기와 꼬리 전부(9절)를 제단에서 태웠는데 꼬리부분 만해도 그 무게가 14kg (30파운드) 이상 되었을 것이다. **3:12-16a** 염소에 대한 설명 중에 암수 관련 규정이 없는 것으로 보아 아마 제한되지 않았을 것이다. **3:16b-17** 하나님께 드려지는 일반적인 제사규례로 추가된 것이며, 모든

속죄제를 드려야 할 경우

4 1 주님께서 모세에게 말씀하셨다. 2 "너는
이스라엘 자손에게 다음과 같이 일러라.

어떤 사람이 실수로 잘못을 저질러, 나 주가
하지 말라고 명한 것을 하나라도 어겼으면, 다음과
같이 하여야 한다.
3 특히, 기름부음을 받고 임명받은 제사장이
죄를 지어서, 그 벌이 백성에게 돌아가게 되었을
경우에, 그 제사장이 지은 죄를 용서받으려면,
소 떼 가운데서 흠 없는 수송아지 한 마리를 골라
속죄제물로 주에게 바쳐야 한다. 4 그는 그 수송
아지를 주 앞 곧 회막 어귀로 끌고 가서, 그 수송
아지의 머리 위에 손을 얹은 다음에, 주 앞에서 그
송아지를 잡아야 한다. 5 그리고 기름부음을 받고
임명받은 제사장이, 그 수송아지의 피를 얼마
받아서, 그것을 회막 안으로 가지고 들어가서,
6 제사장이 직접 손가락으로 피를 찍어, 주 앞 곧
성소에 친 ㄱ)휘장 앞에서 일곱 번 뿌려야 한다.
7 제사장은 또 그 피의 얼마를 회막 안, 주 앞에
있는 분향단 뿔에 돌아가면서 두루 바르고, 나머지
수송아지의 피는 모두 회막 어귀에 있는 번제단
밑바닥에 쏟아야 한다. 8 그런 다음에, 그는 속죄
제물로 바친 그 수송아지에서 기름기를 모두 떼어
내야 한다. 떼어 낼 기름기는 내장 전체를 덮고
있는 기름기와, 내장 각 부분에 붙어 있는 모든
기름기와, 9 두 콩팥과, 거기에 덮여 있는 허리
께의 기름기와, 콩팥을 떼어 낼 때에 함께 떼어
낸, 간을 덮고 있는 껍질이다. 10 마치 화목제물이
된 소에게서 기름기를 떼어 낼 때와 같이 그렇게
떼어 내어, 제사장이 직접 그것들을 번제단 위에
올려놓고 불살라야 한다. 11 수송아지의 가죽과
모든 살코기와 그 수송아지의 머리와 다리와 내장과
똥과 12 그 수송아지에게서 나온 것은 모두 진
바깥, 정결한 곳 곧 재 버리는 곳으로 가져 가서,
잿더미 위에 장작을 지피고, 그 위에 올려놓고
불살라야 한다. 그 수송아지는 재 버리는 곳에서
불살라야 한다.
13 이스라엘 온 회중이, 실수로, 함께 책임
을 져야 할 잘못을 저지르면, 그것은 비록 깨닫지
못하였을지라도 죄가 된다. 나 주가 하지 말라고
명한 모든 것을 하나라도 어겨서 벌을 받게 되면,
14 그들이 지은 죄를 그들 스스로가 깨닫는 대로,
곧바로 총회는 소 떼 가운데서 수송아지 한 마리를
골라 속죄제물로 바쳐야 한다. 수송아지를 회막
앞으로 끌어 오면, 15 회중을 대표하는 장로들은,
주 앞에서 그 수송아지의 머리 위에 손을 얹은
다음에, 주 앞에서 그 수송아지를 잡아야 한다.
16 그리고 기름부음을 받고 임명받은 제사장은,
그 수송아지의 피를 얼마 받아서, 회막 안으로
가지고 들어가서, 17 제사장이 직접 손가락으로
그 피를 찍어, 주 앞 곧 휘장 앞에서 일곱 번 뿌려야
한다. 18 그는 또 회막 안, 주 앞에 있는 제단
뿔에 그 피를 조금씩 바르고, 나머지 피는 모두
회막 어귀에 있는 번제단 밑바닥에 쏟아야 한다.
19 그런 다음에, 그는 그 수송아지에게서 기름기를
모두 떼어 내게 하여, 그것을 받아, 제단 위에 올려
놓고 불살라야 한다. 20 그는 이렇게 수송아지를
다루면 된다. 이 수송아지도 속죄제물로 바친 수송
아지를 다루듯이 다루면 된다. 제사장이 이렇게
회중의 죄를 속하여 주면, 그들은 용서를 받는다.
21 제사장은 그 수송아지를 진 바깥으로 옮겨,
앞에서 말한 수송아지를 불사를 때와 같이, 그렇게
그것을 불살라야 한다. 이것이 바로 회중의 죄를
속하는 속죄제사이다.

ㄱ) 지성소와 성소를 구분하려고 친 것 (출 26:31-33)

기름기를 바쳐야 하는 이유는 찾아 볼 수 없다. 다만 동물의 기름기가 제단에서 잘 탈 것이라는 것과 그것이 하나님을 위한 음식이라는 생각이 있었을 것으로 추정한다.

4:1—6:7 1—3장까지의 제사는 예배자가 하나님께 자원하여 드리는 제사의 내용이며, 4장 이하는 하나님께서 명령하신 의무적인 제사규례이다. 이러한 규례는 중대한 잘못이나 종교적 행위에 대한 실수, 부정하게 되었거나 이웃에 대한 잘못된 행동이 의도적인 경우, 회개하지 않은 죄 (민 15:30을 보라), 회막 안의 성물이나 지성소를 부정하게 한 행동(레 16장)에 용서를 구하기 위한 것이다. 의도적이지 않더라도 공동체가 함께 책임져야 할 죄는 지성소 외부를 부정하게 했다고 생각되었으며, 개인의 죄는 성소 안의 제단을 부정하게 한 것으로 간주되었다 (4:1-21). 이 규례에서 사용된 피는 거룩하게 구별된 지역을 더럽힌 죄악을 "깨끗하게 하는 역할"을 한다고 믿어졌다. **4:1-2** 속죄제는 고의적인 혹은 나쁜 의도로 하나님께서 금지한 행동을 한 것에 대한 제사가 아니라 무의식중에 부주의하게 저지른 잘못에 대한 용서를 구하는 제사이다 (민 15:22-31을 보라).

4:3—5:13 속죄제 (purgation sacrifice) 혹은 정결의식 (purification). 이 예식의 주된 목적은 실수로 거룩하게 구별된 회막과 제사도구(성물)를 부정하게 만든 것에 대한 용서를 구하는 것이다. **4:3-12** 기름부음받은 (대)제사장의 *죄가 백성들에게 돌아가게* 되는

22 최고 통치자가 실수로, 나 주 하나님이 하
지 말라고 명한 것을 하나라도 어겨서, 그 허물로
벌을 받게 되었을 때에는, 23 자기가 지은 죄를
깨닫는 대로 곧 흠 없는 숫염소 한 마리를 제물로
끌고 와서, 24 그 숫염소의 머리 위에 손을 얹은
다음에, 주 앞 번제물을 잡는 바로 그 곳에서 그
숫염소를 잡아야 한다. 이것이 속죄제물이다.
25 제사장은 그 속죄제물의 피를 얼마 받아다가,
손가락으로 찍어서 번제단의 뿔에 바르고, 나머지
피는 번제단 밑바닥에 쏟아야 한다. 26 그런 다
음에, 그는 화목제물의 기름기를 다루듯이, 숫염
소의 기름기를 제단 위에 올려놓고, 모두 불살라
야 한다. 이렇게 하여, 제사장이 그 통치자가 지은
죄를 속하여 주면, 그 통치자는 용서를 받는다.

27 일반 평민 가운데서 한 사람이 실수로, 나
주가 하지 말라고 명한 것 가운데서 하나를 어겨서,
그 허물로 벌을 받게 되면, 28 그는 자기가 지은
죄를 깨닫는 대로, 곧 자신이 지은 죄를 속하려고,
흠 없는 암염소 한 마리를 제물로 끌고 와서,
29 그 속죄제물의 머리 위에 손을 얹은 다음에,
번제물을 잡는 바로 그 곳에서 그 속죄제물을 잡
아야 한다. 30 그러면 제사장은 그 제물의 피를
얼마 받아다가, 손가락으로 찍어서 번제단의 뿔에
바르고, 나머지 피는 모두 제단 밑바닥에 쏟아야
한다. 31 제물을 가져 온 사람이, 화목제물의 기
름기를 떼어 내듯이, 기름기를 모두 떼어 내면, 제
사장은 그것을 받아 제단에 올려놓고, 나 주가 그
향기를 맡고 기뻐하도록 불살라야 한다. 이렇게
하여, 제사장이, 제물을 가져 온 사람의 죄를 속
하여 주면, 그는 용서를 받는다.

32 평민이 속죄제사 제물로 양을 가져 오려
면, 그는 흠 없는 암컷을 가져 와서, 33 그 속죄제
물의 머리 위에 손을 얹은 다음에, 번제물을 잡는
바로 그 곳에서 그 암양을 잡아서 속죄제물로 삼
아야 한다. 34 그러면 제사장은 그 속죄제물의
피를 얼마 받아다가, 손가락으로 찍어서 번제단의
뿔에 바르고, 나머지 피는 모두 제단 밑바닥에 쏟
아야 한다. 35 제물을 가져 온 사람이, 화목제사
의 제물에서 양의 기름기를 떼어 가져 오듯이, 기
름기를 모두 떼어 가져 오면, 제사장은 그 기름기를
받아서, 제단 위, 나 주에게 살라 바치는 제물 위에
올려놓고 불살라야 한다. 이렇게 하여, 제사장이
제물을 가져 온 사람의 죄를 속하여 주면, 그는
용서를 받는다.

5 1 누구든지 증인 선서를 하고 증인이 되어
서, 자기가 본 것이나 알고 있는 것을 사실
대로 증언하지 않으면 죄가 되고, 그는 거기에 대
하여 책임을 져야 한다.

2 누구든지 부정한 모든 것, 곧 부정한 들짐
승의 주검이나, 부정한 집짐승의 주검이나, 부정한
길짐승의 주검에 몸이 닿았을 경우에는 모르고
닿았다고 하더라도, 그는 부정을 탄 사람이므로,
깨닫는 대로 그 죄를 속하여야 한다.

3 그가 사람 몸에 있는 어떤 부정한 것, 곧 그
것이 무엇이든지, 그를 부정하게 할 수 있는 것에
몸이 닿을 경우에, 그런 줄을 모르고 닿았다고 하
더라도 그는 부정을 탄 사람이므로, 깨닫는 대로
그 죄를 속하여야 한다.

4 또 누구든지 생각없이 입을 놀려, 악한 일을
하겠다거나, 착한 일을 하겠다고 맹세할 때에,

것은 그의 행동이 공동체의 모든 이에게 피해를 주기 때문이다. 여기에는 가장 값비싼 수송아지가 필요하다. **4:5** 제물을 준비한 다음 제사장은 동물의 피를 가지고 회막 안으로 들어간다. **4:6-7a** 회막 안에 들어간 제사장은 성소 휘장 앞에서 제물의 피를 손가락으로 찍어 일곱 번 뿌리고, 회막 안 *분향단 뿔에* 피를 두루 바른다. 대제사장의 죄는 회막 안의 성물을 부정하게 했으므로 먼저 피로 깨끗하게 해야 한다. **4:8-12** 제물의 기름기와 내장은 번제단 위에서 불사르고, 나머지 부분은 회막 바깥에서 불사른다. 이러한 지시에는 두 가지 중요한 요인이 있다. 첫째, 드려진 제물의 몸통은 아직 정결해지지 못한 회막에서 준비되었으므로 이미 부정해져서 제단 위에서 드려질 수 없다. 둘째, 대제사장의 죄는 공동체가 함께 책임져야 하므로, 제사 드리고 남은 음식을 먹는 것과 같은 행동, 즉 어느 누구도 속죄제의 제물을 먹거나 그것으로부터 이익을 구할 수 없다.

4:13-21 온 회중이 저지른 잘못에 대한 속죄제의 규례도 3-12절에 기록된 내용과 동일하다. **4:20b** 규례의 마지막 부분에 제사장이 *회중의 죄를 속하여 주면 그들은 용서를 받는다*는 구절은 3-12절에 없는 부분으로, "죄의 용서가 선언되면, 용서함을 받는다"고 번역할 수도 있다. "속하여 주다"가 히브리어 동사로 *키퍼 (kipper)*인데 "보상해주다," "씻어버리다," "정결케하다," "용서의 효력을 발생시키다" 등 여러 가지 의미를 가지고 있다. 이 제사를 통해 부정한 것을 회복시켜 정결하게 함으로 하나님과의 바른 관계를 세우게 된다. 잘못된 행동을 한 개인이 깨끗하게 되는 것이 아니라 거룩하게 구별된 회막이 정결하게 됨으로, 그의 죄가 용서받으며, 이제 정상적인 질서가 회복된 것이다.

4:22-26 최고 지도자(통치자)가 실수로 하나님의 명령을 어겼을 때에는 염소를 한 마리 드리는 것으로 속죄제(정결의식)를 드린다 (23절). **4:25** 개인의 죄는 오직 제단 외부만 부정하게 했으므로 피를 번제단의

비록 그것이 생각없이 한 맹세일지라도, 그렇게 말한 사실을 잊고 있다가, 뒤늦게 알고서 자기의 죄를 깨달으면, 그 죄를 속하여야 한다.

5 사람이 위에서 말한 것들 가운데서 어느 하나에라도 잘못이 있으면, 그는 자기가 어떻게 죄를 지었는지를 고백하여야 하고, 6 자기가 저지른 죄에 대한 보상으로, 주에게 속건제물을 바쳐야 한다. 그는 양 떼 가운데서 암컷 한 마리나, 염소 떼 가운데서, 암컷 한 마리를 골라서, 속죄제물로 바쳐야 한다. 제사장이 속죄제물을 바쳐서 그의 죄를 속하여 주면, 그는 용서받는다.

7 그러나 그가 양 한 마리도 바칠 형편이 못될 때에는, 자기가 저지른 죄에 대한 보상으로, 산비둘기 두 마리나 집비둘기 새끼 두 마리를 나 주에게 바치는 제물로 가져다가, 하나는 속죄제물로 바치고 다른 하나는 번제물로 바쳐야 한다.
8 그가 그것을 제사장에게로 가져 가면, 제사장은 먼저 속죄제물로 가져 온 것을 받아서 속죄제물로 바친다. 그 때에 제사장은 그 제물의 목을 비틀어야 하는데, 목이 몸에서 떨어지지 않도록 하여야 한다.
9 제사장은 그 속죄제물에서 나온 피를 받아다가 얼마는 제단 둘레에 뿌리고, 나머지 피는 제단 밑바닥에 쏟는다. 이것이 속죄제사이다. 10 번제
물로 가져 온 제물은 규례를 따라, 제사장이 번제물로 바쳐야 한다. 이렇게 하여 제사장이 그의 죄를 속하여 주면, 그는 용서받는다.

11 그러나 그가 산비둘기 두 마리나 집비둘기 새끼 두 마리조차 바칠 형편이 못될 때에는, 자기가 저지른 죄에 대한 보상으로서, 주에게 바치는 속죄제물로 고운 밀가루 십분의 일 에바를 가져 와서, 제물로 바쳐야 한다. 이것은 속죄제물인 만큼, 밀가루에 기름을 섞거나 향을 얹어서는 안 된다.
12 그가 이렇게 준비해서, 제사장에게 가져 가면, 제사장은 그 제물에서 한 줌을 덜어 내어, 제물로 모두 바치는 정성의 표시로 제단 위, 주에게 살라 바치는 제물 위에 얹어 불살라야 한다. 이것이 속죄제
사이다. 13 해서는 안 되는 것 가운데서 어느 하나라도 어겨 잘못을 저질렀을 때에, 이렇게 하여 제사장이 그의 죄를 속하여 주면, 그는 용서를 받는다. 나머지 제물은 곡식제물에서처럼 제사장의 몫이 된다."

속건제에 관한 규례

14 주님께서 모세에게 말씀하셨다.

15 "누구든지 주에게 거룩한 제물을 바치는데, 어느 하나라도 성실하지 못하여, 실수로 죄를 저지르면, 그는, 주에게 바칠 속건제물로, 가축 떼에서 흠 없는 숫양 한 마리를 가져 와야 한다. 성소의 세겔 표준을 따르면, 속건제물의 값이 은 몇 세겔이 되는지는, 네가 정하여 주어라. 16 그
는 거룩한 제물을 소홀히 다루었으므로, 그것을 보상하여야 한다. 그러려면, 그는 자기가 바쳐야

뿔에 바르는 것으로 충분하다. **4:26** 지도자를 위한 속죄제는 내장과 기름기를 제단 위에서 불사르고, 집례한 제사장이 남은 부분을 받아먹을 수 있었을 것이다 (6:24-30을 보라).

4:27-31 *일반 평민 가운데.* 이 표현은 문자 그대로 "땅에 있는 사람 누구나"이다. 아마 땅을 소유하고 염소를 소유하고 있을 만한 경제력을 가진 이를 칭하는 것 같다. (속죄제가 필요한 경우를 다루고 있다.) **4:32-35** 일반 평민은 속죄제물로 암양을 가져올 수도 있다. 27-31절과 별도로 기록된 이유는 알 수 없다.

5:1-13 이것은 앞부분의 속죄제(혹은 정결의식)에 관한 추가 설명으로 네 가지 실수를 해설한다. 이 네 실수가 누구나 저지를 수 있는 일반적인 실수인지, 아니면 특별히 주의해야 할 것을 실수한 것인지 그 기록의 배경에 대해서는 알 수 없다. 소개된 사례들은 금지된 행동을 범한 경우는 아니며, 그 죄의 대속을 위해 하나님께 제물을 바치는 것(6절)으로 용서받게 된다. **5:1** 첫 번째는 공중을 위한 법정증언의 경우다. **5:2-3** 다음 두 경우는 죽음 짐승이나 사람(주검)을 접촉하여 부정하게 된 경우를 말한다. **5:5-6** 5절과 6절은 개인이 잘못을 저지를 때마다 바로잡아야 할 것을 구체적으로 설명한다. *자기가 어떻게 죄를 지었는지를 고백하여야* 한다고 말하지만 (5절), 누구에게 가서 고백해야 하는지를 말하지 않고 있다. 암염소나 양을 하나님께 드리는 것으로 죄의 용서함을 받는 것은 다른 속죄제와 같은 구조이다. **5:7-13** 가난한 이들은 다른 동물대신 비둘기나 곡식으로 *속죄제물을* 대신 할 수 있다 (7절). 비둘기는 다른 번제물과 같이 제단에 드려지고, 밀가루는 피가 없으므로 제단에 뿌려진다. 이런 제사를 드린 후에 제사장은 죽은 비둘기 한 마리를 사례로 받았을 것이다. **5:11-13** 밀가루 십분의 일 에바 (22리터 혹은 2쿼트 혹은 사분의 일 갤런) 정도로, 일부만 제단에 뿌려지고 나머지는 제사장에게 주어졌다.

5:14—6:7 *속건제 (guilt offering)* 혹은 면죄제. 이것은 보상이나 배상(reparation)의 의미를 지니고 있다. 지은 죄에 대한 보상 혹은 배상의 차원에서 드려지는 제사라는 뜻이다. 속건제의 범주는 7:1-10에서 다시 기술되는데, 주로 하나님의 거룩한 영역을 침해한 것에 대한 사죄의 의미일 것이다. **5:14-16** 실수로 지은 죄의 경우에도 반드시 제물을 드려야 하며, 속건제물로는 수양을 항상 사용해야 한다. *성소의 세겔 표준* (15절) 이라고 언급된 것을 보면 현물대신 은으로 지불하는

할 것에 오분의 일을 보태어, 그것을 제사장에게
로 가져 가야 한다. 제사장이 속건제물인 숫양에
해당하는 벌금을 받고서, 그의 죄를 속하여 주면,
그는 용서를 받는다.
17 나 주가 하지 말라고 명한 것 가운데서 어
떤 것을 하여 잘못을 저질렀으면, 비록 그가 그것
이 금지된 것인 줄을 몰랐다고 하더라도, 그에게
는 허물이 있다. 그는 자기가 저지른 악행의 결과
에 책임을 져야 한다. 18 그는 가축 떼에서 흠
없는 숫양 한 마리를 제사장에게 가져 가야 한다.
속건제물로 바치는 값은 네가 정하여 주어라. 그리
하여 그가 알지 못하고 실수로 저지른 잘못은, 제사
장이 그의 죄를 속하여 주면, 그는 용서를 받는다.
19 이것이 속건제사이다. 그는 주를 거역하였으니,
이 일에 책임을 져야 한다."

6 1 주님께서 모세에게 말씀하셨다.
2 "누구든지 나 주에게 성실하지 못하여 죄
를 지으면, 곧 이웃이 맡긴 물건이나 담보물을 속
이거나, 도둑질을 하거나, 이웃의 것을 강제로 빼
앗거나, 3 남이 잃어버린 물건을 줍고도 감추거
나, 거짓 증언을 하거나, 사람이 하면 죄가 되는
일들 가운데서 어느 하나라도 하면, 4 그래서 그
가 그런 죄를 짓고 유죄판결을 받으면, 그는, 자
기가 강도질을 하여 훔친 물건이든, 강제로 빼앗
아서 가진 물건이든, 맡고 있는 물건이든, 남이 잃
어버린 물건을 가지고 있는 것이든, 5 거짓으로
증언하면서까지 자기의 것이라고 우긴 물건이든,
모두 물어 내야 한다. 그는 이 모든 것을 모자람이
없이 다 갚아야 할 뿐 아니라, 물어 내는 물건값의
오분의 일에 해당하는 값을 보태어 본래의 임자에
게 갚되, 속건제물을 바치는 날로 갚아야 한다.
6 그는 주에게 바치는 속건제물을 제사장에게 가
져 가야 한다. 그것은 양 떼 가운데서 고른 흠 없
는 숫양 한 마리로서, 그 속건제물의 값은 네가
정하여 주어라. 7 제사장이 주 앞에서 그의 죄
를 속하여 주면, 그는 사람이 하면 죄가 되는 일
들 가운데서 어느 하나라도 하여 지은 그 죄를,
용서받게 된다."

번제를 드릴 때의 규례

8 주님께서 모세에게 말씀하셨다. 9 "너는
아론과 그의 아들들에게 다음과 같이 일러라.
번제를 드리는 규례는 다음과 같다. 번제물은
밤이 새도록 곧 아침이 될 때까지 제단의 석쇠 위에
있어야 하고, 제단 위의 불은 계속 타고 있어야
한다. 10 번제를 드리는 동안, 제사장은 모시 두
루마기를 입고, 속에는 맨살에 모시 고의를 입어야
한다. 제단 위에서 탄 번제물의 재는 쳐서 제단
옆에 모아 두었다가, 11 다시 진 바깥, 정결한
곳으로 옮겨야 하며, 그 때에 제사장은 제단 앞에서
입은 그 옷을 벗고 다른 옷으로 갈아입어야 한다.
12 제단 위의 불은 타고 있어야 하며, 꺼뜨려서는
안 된다. 제사장은 아침마다 제단 위에 장작을
지피고, 거기에 번제물을 벌여 놓고, 그 위에다 화

것이 허락되었으며, 하나님의 영역을 침범한 신성모독적 행동에 대한 헌금은 잘못한 행위에 대한 걸맞은 헌금이나 헌물, 그리고 추가로 오분의 일에 해당하는 벌과금, 속건제로 드려야 할 수양의 가치를 더해서 드려야 했다. **5:17-19** 고의가 아닌 실수도 신성모독의 행위였다면 반드시 속건제를 드려야 하며, 이것은 고대 근동문학에 자주 등장하는 소재이다. 하나님께 드려진 제물이나 회막의 성물을 잘못 건드렸다면 그것 자체를 배상하지 않더라도, 속건제물을 드려 고의적이지 않은 죄도 용서받아야 한다.

6:1-7 이 구절은 속건제물을 드려야 하는 네 가지 경우를 보여준다. 이런 행동은 타인의 소유에 대한 거짓 증언과 밀접하게 연결되어 있다. 대개의 경우 개인과 개인간의 사적인 문제로 보이지만, 거짓 증언을 하게 되면 하나님의 이름을 망령되게 사용하는 것이 됨으로 신성모독적인 행동이 되는 것이다. 당연히 피해자에게 완전히 보상하는 것과 오분의 일(?)의 추가배상금, 속건제물을 바쳐야 그 죄를 용서받게 된다. **6:4-7** 속건제를 드리기 전에 보상이 선행되어야 하며, 신학적으로 하나님과의 관계를 바로 세우기 위해서는 다른 사람과의 관계를 먼저 바로 한 후에 하나님께 나와야 한다는 의미다.

특별 주석

수세기를 지난 후 랍비들은 하나님과 사람 사이의 잘못된 행위는 속죄제로 해결되지만, 다른 사람과의 관계는 상대방을 먼저 달래는 행동이 우선되어야 한다고 가르쳤다 (*m. Yoma 8:9*).

6:4 *유죄판결을 받으면* (개역개정은 "이는 죄를 범하였고 죄가 있는 자니;" 공동번역은 이 부분이 전혀 다르게 번역되어 있음). 새번역개정은 죄의식을 느끼거나 후회한다는 의미를 포함하고 있다. 이러한 상황은 상처 입은 양심을 전제로 하며, 죄를 지은 사람이 그 사실을 깨닫고, 스스로 자신의 잘못을 고백하는 것을 말한다 (민 5:7 참고). **6:5** 보상은 모자람이 없이 다 갚아야 할뿐 아니라, 물어내는 *물건값의 오분의 일에 해당하는 값*을 포함하는데, 원 소유주가 "사용하지 못한

목제물의 기름기를 불살라야 한다. 13 제단 위의
불은 계속 타고 있어야 하며 꺼뜨려서는 안 된다."

곡식제물을 바칠 때의 규례

14 "곡식제물을 바치는 규례는 다음과 같다.
그 제물은 아론의 아들들이 주 앞 곧 제단 앞에
바쳐야 한다. 15 그리고 그들 가운데서 한 제사
장이 곡식제물에서 기름 섞인 고운 밀가루 한 줌과
곡식제물에 얹어 바친 향을 모두 거두어서, 곡식
제물을 모두 바치는 정성의 표시로 그것을 제단
위에서 불사르면, 그 향기가 주를 기쁘게 할 것이다.
16 나머지는 아론과 그의 아들들이 먹을 몫이다.
누룩을 넣지 않고 거룩한 곳에서 먹어야 한다. 곧
그들은 회막을 친 뜰 안에서 그것을 먹어야 한다.
17 절대로 누룩을 넣고 구워서는 안 된다. 그것은
내게 살라 바치는 제물 가운데서 내가 그들의
몫으로 준 것이다. 그것은 속죄제사나 속건제사의
경우와 마찬가지로, 가장 거룩한 것이다.
18 아론의 자손들 가운데서 남자는 모두 주에게
살라 바치는 이 제물에서 남은 것을 먹을 수 있다.
이것은 너희가 대대로 영원히 지켜야 할 규례이다.
이 제물을 만지는 사람은 누구든지 거룩하게 될
것이다."

19 주님께서 모세에게 말씀하셨다.

20 "아론과 그의 아들들을 기름부어 세우는
날에, 제각기 주에게 바쳐야 할 제물은 다음과 같다.
늘 바치는 곡식제물에서와 같이, 고운 밀가루 십
분의 일 에바를 가지고, 반은 아침에, 그리고 반은
저녁에 바친다. 21 그 제물은 기름에 반죽하여
빵 굽는 판에다 구워야 한다. 너희는 그것을 기름
으로 잘 반죽하여 가져 와야 하고, 너는 그것을 곡
식제물을 바칠 때와 같이 여러 조각으로 잘라, 그
향기로 주를 기쁘게 하는 제물로 바쳐야 한다.
22 아론의 아들들 가운데서 아론의 뒤를 이어 기
름부어 세움을 받은 제사장은, 영원히 이 규례를
따라 이렇게 주에게 제사를 드려야 한다. 주에게
바친 제물은 모두 불태워야 한다. 23 제사장이
바치는 곡식제물은 모두 불태워야 한다. 아무도
그것을 먹어서는 안 된다."

속죄제물을 바칠 때의 규례

24 주님께서 모세에게 말씀하셨다. 25 "너
는 아론과 그의 아들들에게 다음과 같이 일러라.

속죄제사를 드리는 규례는 다음과 같다. 속죄
제사에 바치는 제물은 번제물을 잡는 자리 곧 주
앞에서 잡아서 바쳐야 한다. 그것은 가장 거룩한 제
물이다. 26 제물을 가져 온 사람의 죄를 속하여
주려고 제사를 드리는 제사장이 그 제물을 먹는
다. 그는 그것을 회막을 친 뜰 안, 거룩한 곳에서
먹어야 한다. 27 그 고기에 닿는 것은 ㄱ)무엇이
든지 거룩하게 된다. 그 제물의 피가 튀어 옷에 묻
었을 때에는, 거기 거룩한 곳에서 그 옷을 빨아야
한다. 28 그 제물을 삶은 오지그릇은 깨뜨려야
한다. 그 제물을 놋그릇에 넣고 삶았다면, 그 놋
그릇은 문질러 닦고 물로 씻어야 한다. 29 제사

ㄱ) 또는 '누구든지'

것에 대한 보상"의 의미일 것이다. 이것은 피해자가 피해 입기 전 상황에 최대한 근접하도록 보상하려는 의도이다. 보상과 속건제를 드려 죄의 용서함이 선언되면 죄인의 사회적 신분은 완전히 회복된다. **6:6-7** 속건제를 드리는 과정 이외에도 피해자와 가해자의 화해과정에 제사장이 밀접하게 연관되어 있어, 죄의 용서를 선언하기 전 상호 화해과정을 도왔을 것이라는 것이 전통적 해석이다.

특별 주석

이스라엘 법 적용과정의 일반적 원칙을 여기서 살펴볼 수 있다. 첫째, 사건의 가해자보다는 피해자를 중심으로 판단한다. 둘째, 본문을 살펴보면 잘못된 행동에 대한 보복 대신 보상이 강조된다. 셋째, 잘못된 행동에 대한 자발적인 고백이 보상 이전에 요구되며, 우연한 행동이건 고의로 준비된 행동이건 상대에게 피해를 준 것에 대해서는 반드시 보상절차가 필요하다. 마지막으로, 속건제를 드리는 것은 1) 자신의 잘못을 인정하고 자신의 행동에 대해 책임지는 것을 보여주며, 2) 적절한 보상을 통해 피해자와 가해자 모두의 사회적 관계를 바로 회복하며, 3) 제물을 하나님께 드리므로 하나님과의 관계도 회복하는 것이다.

6:8—7:21 이 부분은 제사장이 지켜야 할 일반적인 제사 규례를 보여주는 것이다. 주님께서 모세에게 말씀하신 형식으로 씌어져 있지만 아론과 그의 아들을 위해 모세가 전달한 하나님의 명령이다 (6:8, 14, 25; 7:1, 11). **6:8-13** 아침마다 드리는 12절의 화목제물의 내용은 1:3-17을 보라. 또한 저녁(출 29:38-42; 민 28:3-8)에 드리는 제물은 밤새도록 제단에서 태워지며, 이 재는 아침에 제거된다 (10절). 불은 계속 타고 있어야 하며, 거기에 기름기를 불사른다 (12절). **6:10** *모시*

장으로 임명받은 사람은 모두 그 제물을 먹을 수 있다. 그것은 가장 거룩한 제물이다. 30 그러나 성소에서 사람을 속죄해 주려고 제물의 피를 회막 안으로 가져 왔을 때에는, 어떤 속죄제물도 먹어서는 안 된다. 그 제물은 불에 태워야 한다."

속건제물을 바칠 때의 규례

7 1 "속건제사를 드리는 규례는 다음과 같다. 속건제사에 바칠 제물은 가장 거룩한 것이다.
2 그 제물은 번제물을 잡는 바로 그 곳에서 잡아야 하고, 제사장은 그 피를 제단 둘레에 뿌려야 한다.
3 제물에 붙어 있는 기름기는 모두 바쳐야 한다. 기름진 꼬리와, 내장 전체를 덮고 있는 기름기와,
4 두 콩팥과, 거기에 덮여 있는 허리께의 기름기와, 콩팥을 떼어 낼 때에 함께 떼어 낸, 간을 덮고 있는 껍질을 모두 거두어서 바쳐야 한다. 5 제사장은 이것들을 제단 위에 올려놓고, 주에게 살라 바치는 제사로 바쳐야 한다. 이것이 속건제사이다.
6 제사장으로 임명받은 남자는 모두 그 제물을 먹을 수 있으나, 그것은 거룩한 곳에서만 먹어야 한다. 그 제물은 가장 거룩한 것이다. 7 속건제물도 속죄제물과 같아서, 같은 규정을 이 두 제물에 함께 적용한다. 그 제물은 죄를 속하여 주는 제사장의 몫이다."

번제와 곡식제에서 제사장이 받을 몫

8 "어떤 사람의 번제를 맡아서 드린 제사장은, 번제물에서 벗겨 낸 가죽을 자기 몫으로 차지한다. 9 화덕에서 구운 곡식제물이나, 솥이나 빵 굽는 판에서 만든 제물들은, 모두 그것을 제단에 바친 제사장의 몫이다. 10 곡식제물은 모두, 기름에 반죽한 것이나 반죽하지 않은 것이나를 가릴 것 없이, 아론의 모든 아들이 똑같이 나누어서 가져야 한다."

화목제

11 "나 주에게 화목제사의 제물을 바칠 때의 규례는 다음과 같다. 12 누구든지 감사의 뜻으로 화목제사를 드리려면, 누룩을 넣지 않고 기름으로 반죽하여 만든 과자와, 누룩을 넣지 않고 기름만 발라서 만든 과자와, 고운 밀가루를 기름으로 반죽하여 만든 과자를, 감사제사의 제물에다가 곁들여서 바쳐야 한다. 13 감사의 뜻으로 드리는 화목제사의 제물에는, 누룩을 넣어 만든 빵도 곁들여서 바쳐야 한다. 14 준비된 여러 가지 과자와 빵 가운데서 각각 한 개씩을, 주에게 높이 들어 올려 바쳐야 한다. 그렇게 바치고 나면, 그것들은 화목제사에서 피를 뿌린 제사장의 몫이 될 것이다. 15 화목제사에서 감사제물로 바친 고기는, 그것을 바친 그 날로 먹어야 하고, 조금이라도 다음날 아침까지 남겨 두어서는 안 된다.

16 그러나 그가 바치는 희생제물이 서약한 것을 지키려고 바치는 제물이거나, 그저 바치고 싶어서 스스로 바치는 제물이면, 그는 그 제물을 자기가 바친 그 날에 먹을 것이며, 먹고 남은 것이 있으면, 그 다음날까지 다 먹어야 한다. 17 그러나 사흘째 되는 날까지도 그 희생제물의 고기가 남았으면, 그것은 불살라야 한다. 18 그가 화목제물로 바친 희생제사의 고기 가운데서, 사흘째 되는 날까지 남은 것을 먹었으면, 나 주는 그것을 바친 사람을 기쁘게 생각하지 않을 것이며, 그가 드린 제사가 그에게 아무런 효험도 나타내지 못할 것이다.

고의 (내의). 이것은 성기 부분을 가리는 것이며, 제단 앞에 나갈 때 몸 전체를 적당하게 가리는 것을 말하는 완곡어법이다 (또한 출 28:29-43을 보라). 의복에 대한 구체적인 설명이 있는 것은 아마 일반인들이 입지 않는 다른 의복이기 때문일 것이다. **6:13** *제단 위의 불.* 이 제단의 불은 계속 타고 있어야 하며, 매일 드리는 번제물로 유지된다. NRSV는 "영원한 불"이라는 표현을 썼다. **6:14-18** 곡식제물은 2:1-16을 보라. 곡식은 일부만 제단에서 태워졌으며, 나머지는 회막에서 누룩 없이 빵을 만드는 재료로 사용되었고, 제사장들만 제단 주변에서 먹었을 것이다. **6:17b-18a** 제사장에게 주어지는 부분은 하나님께서 선택한 이들에게 주는 변하지 않는 약속이다. **6:18b** *거룩하게 될 것이다.* 드려진 제물은 거룩한 것이므로 이것을 만지는 사람도 거룩해 진다. 부정한 것을 만지면 부정해지는 것과 같은 이치로 거룩한 것을 만지면 사람도 거룩해 진다는 설명이다.

6:19-23 제사장이 드리는 곡식제물에 대한 내용은 1—5장에 없는 내용이다. 이 제물은 아마 매일 하나님께 드려진 소제일 것이며 대제사장에 의해 드려졌을 것이다 (22절; 민 4;16을 보라).

6:24-30 정결하게 만드는 속죄제에 관해서는 4:1—5:13을 참조하라. *가장 거룩한.* 이 제물은 제사장에게 두 가지 형태로 이해되었다. 첫 번째는 개인의 잘못에 관한 것이며 (4:22-35), 피는 제단 곁에 바르게 된다. 집례하는 제사장은 제물을 받아 (26절) 다른 제사장들과 회막 안에서 먹을 수 있다 (29절). 그 이유는 제

그뿐만 아니라, 그런 행위는 역겨운 것이어서, 날
지난 제물을 먹는 사람은 벌을 받게 된다.
19 어떤 것이든지, 불결한 것에 닿은 제물
고기는 먹지 못한다. 그것은 불에 태워야 한다.
깨끗하게 된 사람은 누구나 제물 고기를 먹을 수
있다. 20 그렇지만 주에게 화목제물로 바친 희
생제사의 고기를 불결한 상태에서 먹는 사람이
있으면, 그는 백성에게서 끊어지게 하여야 한다.
21 그리고 어떤 사람이 모든 불결한 것, 곧 불결
한 사람이나 불결한 짐승이나 어떤 불결한 물건
에 닿고 나서, 주에게 화목제사로 바친 제물의 고
기를 먹으면, 백성에게서 끊어지게 하여야 한다."

피와 기름기는 먹지 못한다

22 주님께서 모세에게 말씀하셨다. 23 "이
스라엘 자손에게 다음과 같이 일러라.
너희는 소든지, 양이든지, 염소의 기름기는
어떤 것이든지 먹어서는 안 된다. 24 저절로 죽
은 동물의 기름기나 짐승에게 찢겨 죽은 것의 기
름기는, 다른 목적으로는 사용할 수 있으나, 어떠
한 경우에도 너희가 먹어서는 안 된다. 25 나 주
에게 제물로 살라 바친 동물의 기름기를 먹는 사
람은 누구든지 백성에게서 끊어지게 하여야 한다.
26 그뿐만 아니라, 너희가 어느 곳에 살든지, 새의
피든지, 짐승의 피든지, 어떤 피든지 먹어서는 안
된다. 27 어떤 피든지 피를 먹는 사람이 있으면,
백성에게서 끊어지게 하여야 한다."

화목제에서 제사장이 받을 몫

28 주님께서 모세에게 말씀하셨다. 29 "이
스라엘 자손에게 다음과 같이 일러라.
나 주에게 화목제사의 제물을 바치려는 사람은
바칠 제물을 주에게로 가져 와야 한다. 그가 바칠
화목제물에서 30 나 주에게 살라 바칠 제물을
자기 손으로 직접 가져 와야 한다. 제물의 가슴에
붙은 기름기와 가슴 고기를 가져 와야 한다. 그
가슴 고기는 흔들어서, 주 앞에 흔들어 바치는 제
물로 바쳐야 한다. 31 기름기는 제사장이 제단
위에다 놓고 불사른다. 그리고 가슴 고기는 아론과
그의 아들들의 몫이 된다. 32 너희가 바치는 화목
제사의 제물 가운데서, 오른쪽 넓적다리를 높이
들어 올려 제사장의 몫으로 주어라. 33 아론의
아들들 가운데서 화목제사에서 피와 기름기를 바친
제사장은 그 제물의 오른쪽 넓적다리를 자기 몫
으로 차지한다. 34 화목제사의 제물 가운데서,
너희가 주에게 흔들어 바친 가슴 고기와 들어 올려
바친 넓적다리를 나 주가 이스라엘 자손에게서
받아서, 그것들을 제사장 아론과 그의 아들들에게
주었기 때문이다. 이것은 그들이 이스라엘 자손
에게서 영원히 받을 몫이다."

맺는 말 (1)

35 이것은 주님께 살라 바치는 제물 가운데
서, 아론과 그의 아들들이 주님의 제사장으로 임
명받은 날부터 받을 몫이다. 36 주님께서는, 그들

물로 드려진 고기가 부패하기 전에 먹어야 하는 것 때문일 것이며, 제물을 가지고 온 사람이 성전의 다른 제사장들에게 고기를 팔았을 수도 있다 (왕하 12:16을 보라). 제물은 *거룩한* 것이기에 제사장의 의복과 놋그릇에 묻은 피는 항상 깨끗하게 씻어야 하며, 피가 묻은 진흙으로 만들어진 오지그릇은 깨버려야 한다 (27-28절). 두 번째는 공동체의 죄를 용서받기 위해 제물의 피를 회막 안으로 가지고 들어가 제물 전체를 번제물로 드린다 (30절). **7:1-10** 속건제물에 대하여는 5:14—6:7에 관한 주석을 보라. 제물의 피를 제단 뿔에 바르는 것이나 수양의 머리 위에 손을 얹는 행동(1:4에 관한 주석을 보라)에 대한 설명은 없으나, 속건제물을 드리는 과정에서 수양의 소유자가 명확하기 때문에 설명하지 않았을 것이다. 제사가 끝나고 나면 제사장은 제물의 남은 부분을 받았으며, 그 일부는 다른 제사장에게 나누어 주거나 파는 것도 가능했을 것이다. 여기 본문에서는 수양대신 금전으로 대신할 수 있다는 설명은 없다 (5:15, 18; 6:6에 관한 주석을 보라). **7:7-10** 번제와 곡식제물에 대하여 추가로 설명한다. **7:7-9** 제사를 주관한 제사장은 속건제의 수양고기와 번제로 드린 소가죽, 조리된 곡식제물을 받게 된다 (8-9절).

7:11-21 화목제사. 이 제사에 대한 설명은 3:1-17에 관한 주석을 보라. 화목제를 드리는 세 경우가 설명되어 있다. 감사의 뜻으로 드리는 화목제는 병 고침이나 재물을 얻은 것에 대한 하나님의 은혜에 감사함으로 드리는 것 (11절), 하나님과의 약속(서원)을 지키는 의미로 드리는 화목제, 자원하는 마음으로 드리고 싶어서 스스로 바치는 제물 (16절) 등이다. 감사제물은 제사드린 당일 반드시 먹어야 한다고 제사 참여자, 가족, 친구들에게 확실하게 주지되었다 (15절). 빵과 과자, 누룩이 포함된 것까지 가져와 드린 사실과 제단에 드리는 것, 남은 것이 제사장에게 돌아가는 것, 제사를 드린 이도 먹을 수 있는 것으로 보아 화목제의 축제적 성격을 알 수 있다 (14절). 서원을 지키는 것과 자원하여 드리는 제물은 이틀 동안 먹을 수 있고 (16절), 삼일째가 되어도 여전히 남아있는 것이 있다면 그것은 불살라야 한다

이 기름부음을 받아 임명되는 날부터 이것을 그들에게 주도록, 이스라엘 자손에게 명하셨다. 이것은 그들이 대대로 영원히 지켜야 할 규례이다.

맺는 말 (2)

37 이것은 번제와 곡식제와 속죄제와 속건제와 위임제와 화목제의 제물에 관한 규례이다.
38 이 규례는, 이스라엘 자손에게 시내 광야에서 주님께 제사를 드리라고 명하시던 날에, 주님께서 시내 산에서 모세에게 명하신 것이다.

아론과 그의 아들들의 제사장 위임식

8 1 주님께서 모세에게 말씀하셨다. 2 "너는
아론과 그의 아들들을 함께 데리고 오너라.
또 그들에게 입힐 옷과, 거룩하게 하는 데 쓸 기름과, 속죄제물로 바칠 수소 한 마리와, 숫양 두 마리와, 누룩을 넣지 않은 빵 한 바구니를 가지고 오
너라. 3 또 모든 회중을 회막 어귀에 불러모아라."
4 모세는 주님께서 자기에게 명하신 대로 회중을
회막 어귀에 불러모으고 5 "주님께서 다음과 같이 하라고 명하셨다" 하고 말하였다.
6 모세는 아론과 그의 아들들을 데려다가 물로
씻게 하였다. 7 모세는 아론에게 속옷을 입혀 주고, 띠를 띠워 주고, 겉옷을 입혀 주고, 에봇을 걸쳐 주고, 그 에봇이 몸에 꼭 붙어 있도록 ㄱ)에봇 띠를 띠워 주었다. 8 모세는 또 아론에게 가슴받이를 달아
주고, 그 가슴받이 속에다가 ㄴ)우림과 둠밈을 넣어
주었다. 9 모세는 아론의 머리에 관을 씌우고, 관
앞쪽에 금으로 만든 판 곧 성직패를 달아 주었다. 이렇게 모세는 주님께서 명하신 대로 하였다.
10 이렇게 한 다음에, 모세는, 거룩하게 구
별하는 데 쓰는 기름을 가져다가, 성막과 그 안에 있는 모든 기구에 발라서, 그것들을 거룩하게 하
였다. 11 그는 또 그 기름의 얼마를 제단 위에
일곱 번 뿌리고, 제단과 제단의 모든 기구를 거룩하게 하였다. 물두멍과 그 밑받침에도 기름을 발라서, 거룩하게 하였다. 12 그리고 또 모세는, 거
룩하게 구별하는 기름 가운데서 얼마를 아론의 머리에 붓고, 그에게 발라서, 아론을 거룩하게 구별하
였다. 13 모세는 아론의 아들들을 데려다가, 그
들에게 속옷을 입혀 주고, 띠를 띠워 주고, 머리에 두건을 감아 주었다. 이렇게 모세는 주님께서 명하신 대로 하였다.
14 그런 다음에, 모세는 속죄제물로 바칠 수
소를 끌어 오게 하였다. 아론과 그의 아들들이 속죄제물로 바칠 수소의 머리 위에 손을 얹었다.
15 모세는 그 수소를 잡고, 그 피를 얼마 받아다가,
손가락으로 찍어서 제단의 뿔에 두루 돌아가며 발랐다. 그렇게 하여서, 모세는 제단을 깨끗하게 하였으며, 또 나머지 피는 제단의 밑바닥에 쏟아서 제단을 속하여 거룩하게 하였다. 16 모세는 또
내장 각 부분에 붙어 있는 모든 기름기와 간을 덮고 있는 껍질과 두 콩팥과 거기에 붙어 있는 기름기를 떼어 내어, 제단 위에서 불살랐다. 17 잡은 수소
에서, 나머지 곧 가죽과 살코기와 똥은 진 바깥으로 가져 가서 불에 태웠다. 이렇게 모세는 주님께서 명하신 대로 하였다.

ㄱ) 조끼 모양의 옷, 우림과 둠밈을 넣는 주머니가 달림
ㄴ) 이 둘은 제사장이 하나님의 뜻을 여쭐 때 사용한 것임. 사용 방법은 알려지지 않음

(16-17절). 정해진 날짜 이외에 음식을 먹는 행위는 제물을 드리지 않은 것으로 간주되어 제사 자체가 아무런 효험도 나타내지 못할 것이다 (18절). 이것은 아마 회막에 드나드는 사람들의 숫자를 조절하고, 그 곳에 너무 오랫동안 남아있지 못하게 하려는 의도가 아닌가 추측된다. **7:19-21** 회막에서 제물을 먹는 이들은 지정된 장소에서 정결함을 유지하고 있어야 하며, 어떤 부정한 것으로부터 구별되어 있어야 한다. 불결한 상태에서 제물을 먹은 사람은 *백성에게서 끊어지게 하여야 한다*는 뜻은 파문이나 공동체에서 떠나게 된다는 경고인데 이것이 실제로 이루어졌는지는 알 수 없다. 다만 하나님께서 세우신 규례를 철저히 준수하라는 경고로 보이며, 부정한 것을 만진 경우에 대한 처벌은 하나님께서 하시는 것으로 되어있다.

7:22-38 화목제물에 관한 특별 지시. **7:22-27** 피와 기름기를 먹지 말아야 한다는 설명이 22-36절까지 계속되며, 추가적 성격이 강하므로 후대에 첨가된 것이라고 보기도 한다. 이 규례는 기름기(23절, 3:16b-17 참고)와 피(26절, 17:10-16 참고)를 먹지 못하는 것으로 자연사하거나 다른 짐승에 의해 죽은 동물의 기름기를 먹을 수 없으며, 다른 용도로만 사용할 수 있다 (24절). **7:28-36** 화목제물의 일부는 제사장의 일상 생활을 위해 주어진 것으로 보인다. **7:30-31** 제단에 드려진 제물 중에 기름기는 하나님께 이미 드려졌으며, "주 앞에 흔들어 바치는 *가슴살*은 제사장에게 주어졌다. 이것은 하나님께서 구별하신 성결의 영역이 제사장에게까지 미친다는 것을 보여준다. **7:32-33** 오른쪽 *넓적다리*. 역시 제사장에게 주어졌는데 9:14-15; 민 18:11; 레 22장을 보라. 신 18:3에서 제물의 앞다리(어깨부위)와 턱과 위를 제사장에게 주는 명령은 아마도

18 그런 다음에, 모세는 번제물로 바칠 숫양을 끌어 오게 하였다. 아론과 그의 아들들이 숫양의 머리 위에 손을 얹었다. 19 모세는 그 숫양을 잡고, 그 피를 제단 둘레에 두루 뿌렸다. 20 그리고 숫양을 여러 조각으로 저민 다음에, 그 머리와 저민 고기와 기름기를 불살랐다. 21 또한 모세는, 내장과 다리를 물로 씻어서 숫양 전체를 번제물로 제단 위에다 놓고 불살라, 그 향기로 주님을 기쁘게 하는, 살라 바치는 제물로 삼았다. 이렇게 모세는 주님께서 명하신 대로 하였다.

22 그렇게 한 다음에, 모세는 위임식에 쓸 또 다른 숫양 한 마리를 끌어 오게 하였다. 아론과 그의 아들들이 그 숫양의 머리 위에 손을 얹었다. 23 모세는 그 제물을 잡고, 그 피를 얼마 받아서, 아론의 오른쪽 귓불과 오른쪽 엄지손가락과 오른쪽 엄지발가락에 발랐다. 24 모세는 또 아론의 아들들을 오게 하여, 그 피를 오른쪽 귓불 끝과 오른쪽 엄지손가락과 오른쪽 엄지발가락에 발랐다. 모세는 남은 피를 제단 둘레에 뿌린 다음에, 25 기름기와 기름진 꼬리와 내장 각 부분에 붙어 있는 모든 기름기와 간을 덮고 있는 껍질과 두 콩팥과 그것을 덮고 있는 기름기와 오른쪽 넓적다리를 잘라 냈다. 26 또 모세는 주님께 바친 바구니, 곧 누룩을 넣지 않고 만든 빵을 담은 바구니에서, 누룩을 넣지 않고 만든 과자 한 개와, 기름을 섞어 만든 과자 한 개와, 속이 빈 과자 한 개를 꺼내어서, 기름기와 오른쪽 넓적다리 위에 올려놓았다. 27 그는 이 모든 것을 아론과 그의 아들들의 손바닥 위에 얹어 놓고, 주님 앞에 흔들어 바치는 제물로 바쳤다. 28 그런 다음에, 모세는 그들의 손에서 그것들을 받아다가, 제단의 번제물 위에 놓고 위임식 제물로 불살라, 그 향기로 주님을 기쁘게 하는, 살라 바치는 제물로 삼았다. 29 모세는 가슴 고기를 들고 흔들어서, 주님 앞에서 흔들어 바치는 예식을 하였다. 그 가슴 고기는 위임식에서 잡은 숫양에서 모세의 몫으로 정하여 놓은 것이다. 이렇게 모세는 주님께서 명하신 대로 하였다.

30 또 모세는 거룩하게 구별하는 기름과 제단에 있는 피를 가져다가, 아론 곧 제사장 예복을 입은 아론에게 뿌렸다. 그는 또 아론의 아들들 곧 제사장 예복을 입은 그의 아들들에게도 뿌렸다. 이렇게 하여 모세는, 아론과 그의 옷 및 그의 아들들과 그들의 옷을 거룩하게 구별하였다.

31 모세는 아론과 아론의 아들들에게 일렀다. "회막 어귀에서 고기를 삶아서, 위임식 제물로 바친 바구니에 담긴 빵과 함께 거기에서 먹도록 하십시오. 주님께서 아론과 아론의 아들들이 그것을 먹어야 한다고 나에게 명하셨습니다. 32 먹다가 남은 고기와 빵은 불에 태워야 합니다. 33 위임식 절차가 끝나는 날까지 이레 동안은 회막 어귀 바깥으로 나가지 못합니다. 그대들의 제사장 위임식은 이레가 걸리기 때문입니다. 34 주님께서는 그대들의 죄를 속하는 예식을, 오늘 한 것처럼 이렇게 하라고 명하셨습니다. 35 그대들은 밤낮 이레를 회막 어귀에 머물러 있으면서, 주님께서 시키신 것을 하여야 합니다. 그렇게 하지 아니하다가는 죽을 것입니다. 이것은 내가 받은 명입니다." 36 그래서 아론과 그의 아들들은, 주님께서 모세를 시켜 명하신 것을 모두 그대로 하였다.

다른 제사에 대한 전통일 것이다. **7:36** 레위기에서 제사장에 대한 *기름부음이* 기록되지 않았다가 이 곳에서 처음 등장한다. **7:37-38** 제물에 대한 규례의 요약이며, *위임제* (offering of ordination 혹은 위임식)에 대해서는 아직 다루어지지 않았으나 8장을 참고하면 된다. 이것은 곡식제물(6:19-23)을 언급한 것으로 이해할 수 있다.

8:1—10:20 예배의 시작과 잘못된 예배의 문제는 출 20:26-30; 28—29장; 40:9-15와 연결되어 있다. 성막이 완성되고 봉헌함으로 상세한 제사규례가 발표되고, 아론과 그 아들들이 제사장으로 세워지고, 성막 안에서 드리는 예배가 공식적으로 시작된 것이다.

8:1-36 제사장 위임식. **8:2** 성직자의 옷은 출 39:1-31을 보라. *거룩하게 하는 데 쓸 기름.* 이것에 관해서는 출 30:22-31을 보라. 속죄제물로 바칠 *숫양 두 마리와, 누룩을 넣지 않은 빵 한 바구니에* 관해서는 출 29:1-3을 보라. **8:3** 모든 회중은 제사장의 사역 대상이며, 회막 어귀는 제사예식의 대부분이 이루어질 공간이다. **8:5** 강조되어야 할 부분은 주님의 말씀에 따라 모든 것이 이루어졌다는 것이다. 성결하게 구별된 사람과 거룩한 장소는 하나님의 말씀의 권위에 근거하는 것이다 (9, 13, 17, 21, 29, 36절을 보라). **8:6-9** *모세는* 모든 성직자를 초월하여 법을 해석하는 지도자이며, 제사를 주관할 성직자를 임명하는 지도자로 기록된다. **8:6** *물로 씻게.* 이 예식은 정결예식이며, *아론과 그 아들들을* 평범한 일반인의 위치에서 거룩한 제사장의 지위로 옮기는 의식을 말한다. **8:7-9** 이 곳에서는 대제사장으로 세워지는 아론의 의복에 대해서만 다루고 있다. 제사장의 복장은 출 28장을 보고, *머리에 관을 씌운* 것은 출 29:6을 보라. **8:10-13** 회막 안의 성물에 기름을 부어 거룩하게 하는 성별예식은 아론이 기름부음을 통해 거룩하게 구별되어진 것처럼, 평범한 것에서 거룩한 것으로 구별하기 위한 의식이다. **8:13** 모세는 아론의 아들들(나답, 아비후, 엘르아살, 이다말; 출 6:23

아론이 첫 제사를 드리다

9 1 여드레째 되는 날에, 모세는 아론과 그의
아들들과 이스라엘의 장로들을 불렀다.
2 모세가 아론에게 말하였다. "속죄제물로 바칠
송아지 한 마리와 번제물로 바칠 숫양 한 마리를,
흠 없는 것으로 주님 앞으로 가져 오십시오. 3 그
리고 이스라엘 자손에게 말하여, 속죄제물로 바칠
숫염소와 번제물로 바칠 일 년 된 송아지와 어린
양을, 각각 흠이 없는 것으로 한 마리씩 가져 오게
하고, 4 또 화목제물로 바칠 수소와 숫양을 주님
앞으로 끌어 오게 하고, 기름에 반죽하여 만든 곡
식제물을 가져 오게 하십시오. 그리고 주님께서 오
늘 그들에게 나타나실 것이라고 이르십시오."
5 이스라엘 자손은, 모세가 가져 오라고 명령
한 것들을 회막 앞으로 가져 왔다. 온 회중이 주님
앞에 가까이 와서 서니, 6 모세가 그들에게 말하
였다. "이것은 주님께서 당신들더러 하라고 명하
신 것입니다. 주님의 영광이 당신들에게 나타날
것입니다." 7 그런 다음에, 모세는 아론에게 일
렀다. "형님은 제단으로 가까이 가셔서, 형님과
백성의 죄를 속하도록, 속죄제물과 번제물을 바치
시기 바랍니다. 백성이 드리는 제물을 바쳐서, 그
들의 죄도 속하여 주시기 바랍니다. 이것은 주님
께서 명하신 것입니다."
8 이 때에 아론은 제단으로 나아가서 자기의
죄를 속하려고, 속죄제물로 바치는 송아지를
잡았다. 9 아론의 아들들이 피를 받아서 그에게
가져 오니, 그는 손가락으로 피를 찍어서 제단
뿔에 발랐고, 나머지 피는 제단 밑바닥에 쏟았다.
10 그러나 속죄제물에서 떼어 낸 기름기와 콩팥과
간을 덮고 있는 껍질은, 주님께서 모세에게 명하
신 대로, 아론이 제단 위에서 불살랐다. 11 살코
기와 가죽은 아론이 진 바깥으로 가져 가서 불에
태웠다.
12 다음에 아론은 번제물을 잡았다. 아론의
아들들이 피를 받아서 그에게 넘겨 주니, 아론이
그 피를 제단 둘레에 뿌렸다. 13 아론의 아들들이
번제물을 저며서 머리와 함께 아론에게 넘겨 주
었고, 아론은 그것들을 제단 위에서 불살랐다.
14 아론은 내장과 다리를 씻어서, 제단 위에서
번제물로 불살랐다.
15 다음에 아론은 백성을 위하여 희생제물을
바쳤다. 아론은 백성을 속하려고, 속죄제물로
바칠 숫염소를 끌어다가 잡아, 첫 번째 속죄제사
에서와 같이, 죄를 속하는 제물로 그것을 바쳤다.
16 그런 다음에, 아론은 번제물을 가져다가 규례
대로 바쳤다. 17 아론은 이어서 곡식제물을 바
쳤다. 한 줌 가득히 떠내어서, 그것을 아침 번제
물과 함께 제단 위에서 불살랐다.
18 아론은 백성을 위하여, 화목제사의 제물
인 수소와 숫양을 잡았다. 아론의 아들들이 피를
받아서 그에게 넘겨 주니, 아론은 그 피를 제단
둘레에 뿌렸다. 19 그들은, 수소에게서 떼어 낸

을 보라)에게 기름부어 세우지 않았지만, 제사장의 의복을 입혀주었다. 후대에 왕이 세워질 때 기름부음 받는 것 (예를 들어, 삼상 10:1; 16:13; 삼하 2:4) 역시 거룩하게 부르심을 받은 자들이 하나님께서 구별하신 성결의 영역에 참여하게 되는 것이다.

특별 주석

"메시아"(기름부음 받은 자)는 히브리어 단어로 *메시아*, 즉 피(blood)에서 나온 것이다.

8:14-17 아론과 그의 아들들을 위해 수소를 드린 속죄제가 4:3-12의 예식에 따라 진행되었다. *제단을 속하여 거룩하게 하였다.* 제단을 정결하게 하기 위해 수소의 피를 제단의 뿔에 바르고, 그 피를 바닥에 쏟아 제단을 성결하게 구별했다. **8:18-21** 번제로 드린 숫양의 향기는 하나님을 기쁘게 하는 것이다. **8:22-29** 위임식을 위해 드려진 두 번째 숫양은 화목제의 형식으로 드려졌다 (3:1-17을 보라). **8:23-24** 아론과 그의 아들들의 우두엽 (lobe of the right ear), 엄지손가락, 엄지발가락에 피를 바른 예식은 부정한 피부를 가진 사람의 정결함과 성결함의 회복을 보여주는 것이다 (14:14-19에 관한 주석을 보라). 피를 바른 신체부위는 신체의 끝부분으로 몸 전체를 상징하며, 피는 생명을 대표하여 (17:14를 보라) 모세가 피를 바른 의식을 통해 제사장들은 마침내 평범한 사람들의 경계를 넘어 하나님의 성결한 영역에 참여하게 되었다. 이 예식을 통해 일반사람으로서의 정체성은 사라지고, 그들의 생명은 거룩한 새생명을 가지게 된 것이다. **8:26-28** 모세가 제단에서 바친 여러 가지 제물은 아론과 그 아들들에게 주었다가 올려짐으로 제물을 드리는 주체를 분명하게 보여준다. **8:29** 모세는 이 본문에서 제사장으로 직접 세워지지 않았지만, 제사를 주관하였고 제물의 일부를 받았다 (7:32-33을 보라). **8:30** 성결하게 하는 기름과 피를 미래의 제사장들과 그들의 의복에 뿌리는 것은 구별된 제단과 회막에서 일할 이들과 거룩한 공간, 즉 거룩한 그들과 그들의 사역지가 하나가 되었음을 보여준다. **8:31-36** 성직자로 세워지는 위임식에 드려진 화목제물은 아론과 그 아들들이 먹었으며 (31-32절), 앞의 제사규례가 매일 반복되는 (출 29:35-37 참조) 위임식은 모두 일주일이 걸렸다 (33절). 7일 주야를 *회*

기름기와, 숫양에게서 떼어 낸 기름기와, 기름진
꼬리와, 내장을 덮고 있는 기름기와, 콩팥과 간을
덮고 있는 껍질을 떼내어, 20 그 기름기를 가슴
고기 위에 얹었다. 아론은 그 기름기를 제단 위에서
불살랐고, 21 가슴 고기와 오른쪽 다리 고기는
흔들어서, 주님 앞에서 흔들어 바치는 제물로
바쳤다. 이렇게 그는 모세가 명령한 대로 하였다.
22 그런 다음에, 아론은 백성을 보면서 양 팔
을 들어, 그들에게 복을 빌어 주었다. 이렇게 아
론은 속죄제와 번제와 화목제를 다 드리고 내려왔
다. 23 모세와 아론은 회막 안으로 들어갔다. 그
들이 바깥으로 나와서 백성에게 복을 빌어 주니,
주님의 영광이 모든 백성에게 나타났다. 24 그
때에 주님 앞에서부터 불이 나와, 제단 위의 번제
물과 기름기를 불살랐다. 모든 백성은 그 광경을
보고, 큰소리를 지르며 땅에 엎드렸다.

나답과 아비후가 벌을 받아 죽다

10 1 아론의 아들 가운데서, 나답과 아비후
가 제각기 자기의 향로를 가져다가, 거기
에 불을 담고 향을 피워서 주님께로 가져 갔다. 그
러나 그 불은 주님께서 그들에게 명하신 것과는
다른 금지된 불이다. 2 주님 앞에서 불이 나와서
그들을 삼키니, 그들은 주님 앞에서 죽고 말았다.
3 모세가 아론에게 말하였다. "주님께서 '내게
가까이 있는 이들에게 나의 거룩함을 보이겠고,
모든 백성에게 나의 위엄을 나타내리라' 하신
말씀은, 바로 이것을 두고 하신 말씀입니다."
아론은 아무 말도 못하였다.
4 모세는 미사엘과 엘사반을 불렀다. 그들은
아론의 삼촌 웃시엘의 아들들이다. 모세는 그들
에게 그들의 조카들의 시체를 성소에서 진 바깥
으로 옮기라고 하였다. 5 그들은 모세가 시킨
대로 가까이 가서, 조카들의 옷을 잡아 끌어 진
바깥으로 옮겼다.
6 모세는 아론과 그의 아들들 곧 엘르아살과
이다말에게 말하였다. "당신들은 머리를 풀거나
옷을 찢어 애도를 해서는 안 됩니다. 그렇게 하다
가는 당신들마저 죽을 것입니다. 주님의 진노가
모든 회중에게까지 미치지 않도록 하십시오. 다만
당신들의 동족 곧 온 이스라엘 집안만이, 주님의
진노로 타 죽은 이들을 생각하며 애도할 것입니다.
7 당신들은 회막 어귀 바깥으로 나가지 마십시오.
어기면, 당신들도 죽을 것입니다. 당신들은, 주님
께서 기름부어 거룩하게 구별하신 사람들입니다."
그들은 모세가 시킨 대로 하였다.

회막에 들어올 때에 지켜야 할 규례

8 주님께서 아론에게 말씀하셨다. 9 "너의
아들들이 너와 함께 회막으로 들어올 때에는 포도
주나 독주를 마시지 말아라. 어기면 죽는다. 이것은
너희가 대대로 영원히 지켜야 할 규례이다.
10 너희는 거룩한 것과 속된 것을 구별하여야
하고, 부정한 것과 정한 것을 구별하여야 한다.
11 또 너희는 나 주가 모세를 시켜 말한 모든
규례를 이스라엘 자손에게 가르쳐야 할 사람들
이다."

막 안에서 지내는 것은 과거의 일상적인 생활에서 미래의 성결한 삶에 대한 변화의 완충지점으로, 그 기간 동안 외부의 부정한 것들과 접촉해서는 안 된다.

9:1-24 아론의 첫 제사. 7일간의 위임식을 마치고 8일째 되는 날, 아론과 그 아들들은 제사장으로서 이스라엘 전체를 위한 첫 제사를 주관한다. 그러나 구체적인 내용은 여전히 모세에 의해 전달되었으며, 이 예식은 8일째 이루어졌다 (14:10; 창 17:12를 보라). 9장에 기록된 제사방식은 1—7장 사이에 기록된 제사규례와 완전히 일치하지 않는데, 제사장들을 위한 피와 백성의 속죄제물은 회막 안에서 사용되지 않고 (4:5-7, 16-19를 보라), 4:14에 규정된 속죄제물로 지정된 수소대신 염소가 사용되었다 (3, 15절). 이러한 차이는 편집과정에서 발생한 차이일 수 있는데, 아마 9장의 제사법이 1—7장 사이의 것보다 더 오래된 것일 수 있다. **9:25** *번제물을 태운 불.* 하나님의 임재와 복 주심의 증거로 새로운 종교의식과 제사장에 대한 하나님의 확증의 표현이다.

10:1-20 새로운 예식이 세워진 후 행해진 제사장들의 위법행위는 하나님께 드리는 온전한 제사를 위협하는 사건이었다. 이 일은 시내 산에서 십계명을 받으면서 일어난 회막 건축 계획 발표(출 25—31장)와 황금송아지 신상을 세운 일(출 32장)과 문학적, 신학적 의미에서 비교해 볼 수 있다. **10:1-2** 나답과 아비후는 아론의 첫째 아들과 둘째 아들이며 (출 6:23-24), 본문의 *금지된 불에* 대한 배경설명은 찾아 볼 수 없다. 개역개정은 "명령하시지 않은 다른 불;" 공동번역은 "야훼께서 지시하신 것과는 다른 불;" NRSV는 "성결하지 않은/부정한 불"이라고 번역했다. 히브리어에서 잘(zar)은 개인이나 사물이 있어서는 안 될 곳에서 발견되는 것을 의미한다 (출 29:33; 30:33; 사 1:7을 보라). 따라서 금지된 불의 뜻이 적절한 번역일 것이다. 이 두 아들은 금지된 불을 사용하다가 그 불로 벌을 받게 되었다. **10:3-4** 모세는 제사장들이 이미 알고 있는 말씀, 그러나 그 출처가 기록되지 않은 하나님의

제사장이 성소에서 먹을 제물

12 모세는, 아론 및 살아 남은 아론의 두 아들 엘르아살과 이다말에게 말하였다. "주님께 살라 바치는 제사를 드리고 남은 곡식제물은 형님과 형님의 아들들이 가지십시오. 누룩을 넣지 않고 만든 것은 제단 옆에서 먹도록 하십시오. 그것은 가장 거룩한 제물이므로, 13 거룩한 곳에서만 먹어야 합니다. 그것은 주님께 살라 바치는 제물 가운데서, 형님과 형님의 아들들이 받은 몫이기 때문입니다. 주님께서 나에게 그렇게 명하셨습니다. 14 그러나 흔들어 바치는 가슴 고기와 높이 들어 바치는 넓적다리 고기는, 정결한 곳이면 어느 곳에서든지, 형님과 형님의 아들들과 형님의 딸들도 함께 먹을 수 있습니다. 그것들은 이스라엘 자손이 바친 화목제사의 제물 가운데서, 형님과 형님의 아들들의 몫으로 주신 것이기 때문입니다. 15 기름기를 불에 살라 바치면서, 함께 높이 들어 바치는 넓적다리 고기와 흔들어 바치는 가슴 고기는, 주님 앞에서 흔들어서 바치고 나면, 주님께서 명하신 대로, 영원히 형님과 형님의 아들들이 차지할 몫이 됩니다."

16 모세는 백성이 속죄제물로 바친 숫염소를 애써서 찾아 보았다. 그러나 그것은 이미 타 버리고 없었다. 모세는 아론의 남은 두 아들, 엘르아살과 이다말에게 화를 내면서 다그쳤다. 17 "어찌하여 너희는 성소에서 먹어야 할 그 속죄제물을 먹지 않고 불살랐느냐? 속죄제물은 가장 거룩한 것이 아니냐? 너희가 주님 앞에서 회중의 죄를 속하여 주어서 그들이 용서받게 하려고, 이 제물을 너희에게 먹으라고 주신 것이 아니냐? 18 그것은 성소 안에까지 피를 가지고 들어가는 제물이 아니므로, 너희는 내가 명령한 대로, 그 제물을 성소 안에서 먹었어야만 했다." 19 이 말을 듣고, 아론이 모세에게 대답하였다. "보십시오, 오늘 내 아들들이 속죄를 받으려고 주님 앞에 속죄제물과 번제물을 바쳤습니다. 그런데 이런 참혹한 일이 오늘 나에게 닥쳤습니다. 그러니 내가 무슨 염치로, 오늘 그들이 바친 속죄제물을 먹는단 말이오? 내가, 그들이 제물로 바친 고기를 먹으면, 주님께서 정말 좋게 보아 주시리라고 생각합니까?" 20 이 말을 듣고 보니, 모세도 그렇겠다는 생각이 들었다.

말씀을 직접 인용하여 그들의 죽음과 잘못을 지적하고 있다. *내게 가까이 있는 이들에게* [제사장들] *나의 거룩함을 보이겠고, 모든 백성에게 나의 위엄을 나타내리라.* **10:4-6** *옷을 잡아 끌어… 옮겼다.* 가족들에 의해 시체가 옮겨지나 그에 의해 부정해지지 않도록 직접 시체를 접촉하지 않는다. **10:6-7** 이 사건은 이스라엘의 성전에서 사역하는 제사장들의 중요한 규례에 대해 보여준다. 첫째, 회막에서 사역 중인 제사장들은 전통적인 애도를 위해 머리를 풀거나 옷을 찢는 행동을 보여서는 안 된다 (21:1-6, 10-12를 보라). 이러한 행동은 성전에서 비정상적인 혹은 완전하지 않은 예배와 찬양을 드리는 것이 되기 때문이다. 둘째, 사역중인 제사장들은 죽음이 닥칠지라도 맡은 일을 떠날 수 없다 (7절). 이런 연유로 서기 70년, 로마 군대가 성전을 파괴하던 당시에도 제사장들은 조용히 자신의 책무를 수행하다가 죽었다. **10:8-11** 하나님께서 아론에게 직접 말씀하시는 레위기의 유일한 기록이다. 한 가지 하지 말아야 할 것과 두 가지 해야 할 일을 주셨다. **10:8** 회막에서 사역할 때 제사장은 포도주나 독주(보리로 만든 맥주 종류)를 마셔서는 안 된다. 술 취함의 가능성이 가져올 혼란함은 거룩하고 완전한 규칙과 원칙으로 운영되어야 할 하나님의 성전에서 용납되지 않는다. **10:10** 제사장들은 백성들을 위해 *거룩한 것과 속된 것을 구별하여야 하고, 부정한 것과 정한 것을 구별하여야 한다.* 이러한 구분은 사람들의 평상시의 활동 양태를 발전시키는 것이며, 온전한 창조질서의 유지를 도와준다. **10:11** 제사장들은 모세를 통해 전달된 하나님의 규례와 질서를 가르치고 지키는 사람들이다. (신 33:10을 보라. 이러한 책무는 레위 지파 전체에게 부여된 거룩한 사역이다.) **10:12-20** 잠시 중단되었던 (8-11절) 제사장의 직무에 대한 교훈이 계속된다. **10:12-15** 성결하다는 자체에도 그 정도의 차이가 있음을 알 수 있다. 화목제로 드려진 제물은 *거룩하게* 구별된 것이지만, *가장 거룩한* 것은 아니므로 성전이나 부정하지 않도록 구별된 장소에서 제사장과 그 가족들이 음식으로 먹을 수 있다. **10:16-20** 모세와 아론이 이스라엘 회중 공동체 전체를 위해 속죄제물 (9:3, 15를 보라)로 드린 염소 고기에 대해 논쟁한다. 모세는 제사장 신학의 기본구조에서 제물을 먹는 제사장의 행동까지 규례의 일부임을 지적하고 (6:26을 보라), 부정한 요소/죄의 문제를 포함한 희생제물을 제사장들이 먹어 없앰으로써 *회중*(17절)의 *죄를 속하여* 완전히 제거하는 과정에 필수불가결한 요소라고 주장한다. **10:19-20** 아론은 잘못된 제사로 드려진 제물을 먹게 될 경우 발행할 수 있는 문제를 두려워하며, 희생제물을 먹는 문제에 대한 조심성을 제기하고, 모세도 그 설명에 일부 동조하는 것처럼 보인다.

11:1—15:33 11장에서 15장에 있는 것들은 정한 것과 부정한 것들, 그리고 먹을 수 있는 것들과 먹지 못하는 것들(11:1-23; 46-47절을 보라)을 다룬다.

정한 동물과 부정한 동물

11 1 주님께서 모세와 아론에게 말씀하셨
다. 2 "너희는 이스라엘 자손에게 다음
과 같이 일러라.

땅에서 사는 모든 짐승 가운데서, 너희가 먹을
수 있는 동물은 다음과 같다. 3 짐승 가운데서 굽
이 갈라진 쪽발이면서 새김질도 하는 짐승은, 모
두 너희가 먹을 수 있다. 4 새김질을 하거나 굽
이 두 쪽으로 갈라졌더라도, 다음과 같은 것은 너
희가 먹지 못한다. 낙타는 새김질은 하지만, 굽이
갈라지지 않았으므로 너희에게는 부정한 것이다.
5 오소리도 새김질은 하지만, 굽이 갈라지지 않
았으므로 너희에게는 부정한 것이다. 6 토끼도
새김질은 하지만, 굽이 갈라지지 않았으므로 너희
에게는 부정한 것이다. 7 돼지는 굽이 두 쪽으로
갈라진 쪽발이기는 하지만, 새김질을 하지 않으므
로 너희에게는 부정한 것이다. 8 너희는 이런 짐
승의 고기는 먹지 말고, 그것들의 주검도 만지지
말아라. 이것들은 너희에게는 부정한 것이다.
9 물에서 사는 모든 것 가운데서 지느러미가
있고 비늘이 있는 물고기는, 바다에서 사는 것이
든지 강에서 사는 것이든지, 무엇이든지 너희가
먹을 수 있다. 10 그러나 물 속에서 우글거리는
고기 떼나 물 속에서 살고 있는 모든 동물 가운데서
지느러미가 없고 비늘이 없는 것은, 바다에서 살
든지 강에서 살든지, 모두 너희가 피해야 한다.
11 이런 것은 너희가 피해야 할 것이므로, 너희는
그 고기를 먹어서는 안 된다. 너희는 그것들의 주
검도 피해야만 한다. 12 물에서 사는 것 가운데
서 지느러미가 없고 비늘이 없는 것은, 모두 너희
가 피해야 한다.
13 새 가운데서 너희가 피해야 할 것은 다음과
같다. 곧 너희가 먹지 않고 피해야 할 것은, 독수리
와 수염수리와 물수리와 14 검은소리개와 각종 붉
은소리개와 15 각종 모든 까마귀와 16 타조와 올
빼미와 갈매기와 각종 매와 17 부엉이와 가마우지
와 따오기와 18 백조와 펠리컨과 흰물오리와
19 고니와 각종 푸른해오라기와 오디새와 박쥐이다.
20 네 발로 걷는 날개 달린 벌레는, 모두 너
희가 피해야 할 것이다. 21 그러나 네 발로 걷는
날개 달린 곤충 가운데서도, 발과 다리가 있어서,
땅 위에서 뛸 수 있는 것은, 모두 너희가 먹어도
된다. 22 너희가 먹을 수 있는 것은 여러 가지
메뚜기와 방아깨비와 누리와 귀뚜라미 같은 것
이다. 23 이 밖에 네 발로 걷는 날개 달린 벌레는,
모두 너희가 피해야 할 것이다.
24 이런 것들이 너희를 부정 타게 한다. 그
런 것들의 주검을 만지는 사람은 누구나 저녁때까
지 부정하다. 25 그 주검을 옮기는 사람은 누구
나 자기 옷을 빨아야 한다. 그는 저녁때까지 부정하
다. 26 굽이 있어도 갈라지지 않았거나 새김질
하지 않는 짐승은, 모두 너희에게는 부정한 것이
다. 그것들을 만지는 사람은 누구나 부정하게 된
다. 27 네 발로 걷는 모든 짐승 가운데서 발바
닥으로 다니는 것은, 모두 너희에게 부정한 것이
다. 그런 짐승의 주검을 만지는 사람은 누구나 저
녁때까지 부정하다. 28 그 주검을 옮기는 사람
은 누구나 자기 옷을 빨아야 한다. 그는 저녁때까
지 부정하다. 그런 것들이 너희를 부정 타게 한다.

그리고 부정하게 만드는 네 가지 형태를 다룬다: 죽은 것들 (11:24-45), 출산과 월경과 같이 피흘림과 연관 (12장), 악성 피부병 (한센병/나병이라고 번역되기도 했지만 확인할 수 없는 피부병일 것이다 13—14장), 남녀의 정결문제를 다룬다 (15장). 그 중에서 가장 심각하게 받아들여졌던 주검을 통해 사람이 부정하게 되는 문제에 대한 설명은 민 19장에서 반복된다. 10장과 16장 사이의 문체적 일관성을 단절하는 듯이 보이는 이 부분은 아마 10:16-20에서 논의한 부정한 것들에 대한 자세한 설명으로 기록된 것 같다. **11:2b-23** 이 내용은 신 14:3-21과 비슷한 방법으로 육지, 물, 공중의 자연 동물 중에서 사람을 부정하게 만들 수 있는 것들을 분류하고 있다. 그러나 본문은 식용으로 허락된 것과 금지된 것들의 구체적 이유를 설명하지 않는다. 학자들은 부정하다고 지적된 동물들이 병균을 옮기는 보건병리학적 이유와 이방인의 미신숭배에 사용되는 동물에 대한 금지를 밝힌 종교적 이유, 하나님이 주신 계명에 대해 깊이 묵상하게 하는 은유적 상징의 이유, 지느러미와 비늘을 지닌 생선 등 지배적 어류에 대한 적합성의 이유, 하나님께 드려질 구별된 음식들을 사람도 먹어야 한다는 신앙적 이유 등을 제시한다. 위의 이유들이 모든 경우를 일관되게 설명한다고 주장하기는 어렵지만 이 본문은 사람에게 생명의 보존과 유지를 위해 식생활을 구분하고 조직해야 할 확실한 이유가 있음을 보여준다. **11:2b-8** 네 발 가진 육지동물 중 굽이 갈라지고 새김질하는 반추동물(2-3절)은 대개 집에서 기를 수 있는 소, 양을 가리키고, 야생동물 중에서는 사슴과 영양(羚羊)이 대표적이다 (신 14:4-5를 보라). **11:4-7** 낙타, 오소리, 토끼, 돼지 종류는 먹지 못하도록 특별하게 언급한다. **11:8** *짐승의 고기.* 식용으로 금지된 동물들이 살아 있는 동안에는 부정함을 전염시키지 않는다. 예를 들어, 말의 경우는 식용이 금지되었을지라도 살아있는 경우에는 부정함을

29 땅에 기어 다니는 길짐승 가운데서 너희
에게 부정한 것은, 족제비와 쥐와 각종 큰도마뱀과
30 수종과 육지악어와 도마뱀과 모래도마뱀과
카멜레온이다.
31 모든 길짐승 가운데서 이런 것들은 너희에
게 부정한 것이다. 이것들이 죽었을 때에, 그것들
을 만지는 사람은 누구나 저녁때까지 부정하다.
32 이것들이 죽었을 때에, 나무로 만든 어떤 그
릇에나, 옷에나, 가죽에나, 자루에나, 여러 가지로
쓰이는 각종 그릇에나, 이런 것에 떨어져서 닿으면,
그 그릇들은 모두 부정을 탄다. 이렇게 부정을 탄
것은 물에 담가야 한다. 그것은 저녁때까지 부정
하다. 저녁이 지나고 나면, 그것은 정하게 된다.
33 그 죽은 것이 어떤 오지그릇에 빠지면, 그
그릇 안에 있는 것은 다 부정하게 된다. 너희는 그
그릇을 깨뜨려야 한다. 34 요리가 된 젖은 음식이
그 안에 있었다면, 그것도 모두 부정하게 된다.
어떤 그릇에 담겼든지, 물이나 다른 마실 것은
모두 부정을 탄다. 35 이런 것들의 주검이 어떤
물건에 떨어지면, 그 물건은 부정을 탄다. 가마든
지, 화로든지, 모두 깨뜨려야 한다. 그것들은
부정해서, 너희까지도 부정을 타게 할 것이다.
36 그렇지만 샘과 물웅덩이와 물이 고인 곳은,
정한 채로 남아 있다. 그러나 그것들의 주검을
만지면, 누구나 부정을 탄다. 37 뿌리려는 어떤
씨에 이런 것들의 주검이 떨어져도, 그 씨는 부정을
타지 않는다. 38 그러나 그 씨가 물에 젖어 있을
때에, 이런 것들의 주검이 그 씨에 떨어지면, 그
씨는 너희에게는 부정한 것이 된다.
39 너희가 먹을 수 있는 짐승이 죽었을 때에,
그 주검을 만진 사람은 저녁때까지 부정하다.
40 죽은 고기를 먹은 사람은 입고 있던 옷을 빨아
입어야 한다. 그의 부정한 상태는 저녁때까지
계속된다. 그 주검을 옮기는 사람도 옷을 빨아 입
어야 한다. 그 경우에도 그 부정한 상태는 저녁때
까지 계속된다.
41 땅에 기어 다니는 모든 길짐승은 꺼려야
한다. 그것들을 먹어서는 안 된다. 42 기어 다니
는 것, 곧 배로 기어 다니든지, 네 발로나 여러 발
로 땅을 기어 다니는 것은, 모두 너희가 먹지 못
한다. 그것은 피해야 할 것이기 때문이다.
43 너희는, 기어 다니는 어떤 길짐승에든 닿
아, 너희 자신을 꺼려야 할 사람이 되게 하여서는
안 된다. 너희는 그런 것으로 자신을 더럽혀 부정
을 타서는 안 된다. 그것들이 너희를 더럽히지 못
하도록 하여라. 44 나는 주 너희의 하나님이다.
그러므로 너희는 몸을 구별하여 바쳐서, 거룩한
사람이 되어야 한다. 내가 거룩하니, 너희도 거룩
하게 되어야 한다. 땅에 기어 다니는 어떤 길짐승
때문에, 너희가 자신을 부정하게 하여서는 안 된다.
45 나는 너희 하나님이 되려고, 너희를 이집트
땅에서 데리고 나온 주다. 내가 거룩하니, 너희도
거룩하게 되어야 한다.
46 위에서 말한 것은, 짐승과 새와 물 속에
서 우글거리는 모든 고기 떼와 땅에 기어 다니는
모든 것에 관한 규례다. 47 이것은 부정한 것과
정한 것을 구별하고, 먹을 수 있는 동물과 먹을 수
없는 동물을 구별하려고 만든 규례다."

산모를 깨끗하게 하는 예식

12 1 주님께서 모세에게 말씀하셨다.
2 "이스라엘 자손에게 일러라. 여자가
임신하여 아들을 낳으면, 그 여자는 이레 동안 부정

전염시키지 않는다. **11:9-12** 비록 아담이 물고기의 이름을 지었지만 (창 2:19-20을 보라), 비늘과 지느러미가 있는 물고기만 식용으로 허락되었다. 육지에 둘러싸인 이스라엘은 해산물에 대하여 잘 알지 못했을 것이고, 식용을 위한 주산물로 생각하지 않았을 것이다. 아마 지느러미와 비늘이 없는 어패(조개)류와 장어류는 쉽게 먹을 수 없었을 것이다. **11:13-23** 조류와 곤충류에 대한 기록이다. **11:13-19** 조류 중에서 먹어서는 안 되는 종류의 이름이 나열되어 식용이 허락된 것은 지극히 제한되었다. **11:20-23** 메뚜기, 방아깨비, 누리와 귀뚜라미와 같이 점프할 수 있는 곤충들은 먹을 수 있다. **11:24-40** 이 부분은 2b-23절과 41-45절 사이에 주검을 만지면 부정하게 된다는 내용으로 후대에 추가되었다고 보기도 하는 본문이다. **11:24-28** 부정한 동물의 시체를 만진 사람은 하루가 끝나는 저녁까지 부정하며, 그 옷을 반드시 세탁해야 한다. **11:29-31** 일반적으로 땅을 기어 다니는 짐승과 파충류는 살아있거나 죽었어도 만져서는 안 된다. **11:32-38** 죽은 것을 만지는 사람은 부정하게 된다. **11:39-40** 식용이 가능한 동물의 주검도 부정한 것이며, 먹거나 운반하는 사람의 옷은 반드시 세탁이 필요하다 (17:15-16; 출 22:31; 또한 신 14:21을 보라). **11:41-45** 본문은 1-23절에서 진행된 정한 것과 부정한 것에 대한 내용이 계속되는 것이다. **11:41-42** 땅에서 기어 다니는 모든 동물은 인간의 영역을 침범한 것으로 여겨져, 먹을 수도 없고 매우 *꺼려하*는 관계로 보인다. **11:43-45** 앞의 내용을 반복하는 이 구절은 부정한 동물을 먹어서는 안 되는 이유로 거룩한 하나님의 백성이 지녀야 할 성결한

하다. 마치 월경할 때와 같이 부정하다. 3 여드
레째 되는 날에는, 아이의 포피를 잘라 할례를 베풀
어야 한다. 4 그런 다음에도 산모는 피로 더럽게
된 몸이 깨끗하게 될 때까지, 산모는 삼십삼 일
동안, 집 안에 줄곧 머물러 있어야 한다. 몸이 정
결하게 되는 기간이 끝날 때까지, 산모는 거룩한
물건을 하나라도 만지거나 성소에 드나들거나 해
서는 안 된다.

5 딸을 낳으면, 그 여자는 두 주일 동안 월경
할 때와 같이 부정하다. 피로 더럽게 된 몸이 깨끗
하게 될 때까지, 산모는 육십육 일 동안을 집 안에
줄곧 머물러 있어야 한다. 6 아들을 낳았든지
딸을 낳았든지, 몸이 정결하여지는 기간이 끝나면,
산모는 번제로 바칠 일 년 된 어린 양 한 마리와,
속죄제로 바칠 집비둘기 새끼 한 마리나 산비둘기
한 마리를, 회막 어귀로 가져 가서 제사장에게 바
쳐야 한다. 7 제사장은 그것을 받아 주 앞에 바
쳐 그 여자를 속죄하여 주어서 깨끗하게 하여야
한다. 그러면 그 여자는 피로 더럽게 된 몸이 깨
끗하게 될 것이다. 이것이 바로, 아들을 낳았든지
딸을 낳았든지, 산모가 아이를 낳은 다음에 지켜
야 할 규례이다.

8 그 여자가 양 한 마리를 바칠 형편이 못 되
면, 산비둘기 두 마리나 집비둘기 새끼 두 마리를
가져다가, 한 마리는 번제물로, 한 마리는 속죄제물
로 바쳐도 된다. 그리하여 제사장이 그 산모의 죄
를 속하여 주면, 그 여자는 정결하게 될 것이다."

사람에게 생기는 악성 피부병

13 1 주님께서 모세와 아론에게 말씀하셨
다.

2 "누구든지 살갗에 부스럼이나 뾰루지나 얼
룩이 생겨서, 그 살갗이 악성 피부병에 감염된 것
같거든, 사람들은 그를 제사장 아론에게나 그의
아들 가운데 어느 제사장에게 데려가야 한다. 3 그
러면 제사장은 그의 살갗에 감염된 병을 살펴보아
야 한다. 감염된 그 자리에서 난 털이 하얗게 되
고 그 감염된 자리가 살갗보다 우묵하게 들어갔으
면, 그것은 악성 피부병에 감염된 것이니, 제사장
은 다 살펴본 뒤에, 그 환자에게 '부정하다'고 선
언하여야 한다. 4 그러나 그의 살갗에 생긴 얼룩
이 희기만 하고, 살갗보다 우묵하게 들어가지도 않
고, 그 곳의 털이 하얗게 되지도 않았으면, 제사
장은 그 환자를 이레 동안 격리시키기만 한다. 5 이
레가 되는 날에 제사장은 그 환부를 살펴보고, 자
기가 보기에 환부가 변하지 않고, 그 병이 그의 살
갗에 더 퍼지지 않았으면, 제사장은 그를 다시 이
레 동안 더 격리시킨다. 6 이레째 되는 날에 제
사장은 그를 다시 살펴보고, 그 병이 사라지고 그
의 살갗에 더 퍼지지 않았으면, 제사장은 그에게 '정
하다'고 선언하여야 한다. 그것은 단순한 뾰루지
일 뿐이므로, 옷을 빨아 입으면, 그는 깨끗하여질
것이다. 7 그러나 제사장에게 보여서 제사장으
로부터 '정하다'는 선언을 받은 뒤에라도, 그 뾰루

삶에 대한 강조라고 말한다. 성결한 삶에 대한 내용은 17—26장에서 자세히 설명되지만 여기에 그 일부 내용이 추가된 것으로 보여 혹시 후대에 편집된 것이 아닌가 추측하기도 한다.

12:1-8 출산과 정결의식. **12:1-5** 산모가 아들을 출산한 경우 7일, 딸의 경우 14일 동안 부정하다고 설명하는데, 이것은 여성의 월경기에 접촉한 다른 사람이나 성전의 거룩한 물건, 성관계를 맺은 이들 모두를 부정하게 한다는 규정(15:19-24 참고)과 연관되어 있다. NRSV는 2절에서 "예전적으로" (ceremonially) 라는 단어를 사용하는데 그 단어의 적합한 의미를 찾는 것이 쉽지 않고, 생략하여도 그 의미를 전달하는데 아무 어려움이 없다. (새번역개정과 개역개정과 공동번역에는 예전적이라는 단어가 번역에 포함되어 있지 않다.) 두 번째 단계인 33일과 66일 동안에도 산모는 *거룩한 물건*을 만져서는 안 되고, 성전에 갈 수도 없다. 이러한 규정의 배후에는 출산과정에서 출혈로 인하여 있을 수 있는 전염병의 감염과 출산과 연관되어 있는 위험성을 배려하는 데 있는 것 같다. 본문은 아들과 딸에 대한 출산과정이나 부정하다고 여겨지는 기간의 차이에 대해 설명하고 있지 않다. **12:3** 할례에 대한 규정은 창 17장을 참조하라 **12:6-8** 정해진 기간이 지나면 산모는 번제로 속죄제물을 드리고 공동체의 일원으로 복귀한다. 속죄제는 창 1:28에서 보이는 것처럼 임신과 출산과정을 죄악으로 규정하지 않으므로 적합한 단어선택이 아닐 수 있다. 출산과정의 출혈이 병을 옮길 수 있고, 성전의 거룩함을 훼손할 수 있다는 우려가 반영되었을 것이다. 8절은 빈곤한 가정에 대한 배려로 보인다.

13:1—14:57 악성 피부병(히브리어 *차라아트*)과 정결예식. **13:2-44** 제사장들은 악성 피부병의 가능성이 있는 이들을 여러 가지 방법으로 검진한다. 기존의 번역에서 한센병이나 나병으로 옮겨진 이 피부병의 정체는 불명확하다.

특별 주석

본문의 증거는 한센병의 질환적 특징과 많은 다른 점을 제시한다. 그 근거로는 1) 의류와 돌

지가 살갗에 퍼지면, 그는 다시 제사장에게 그것
을 보여야 한다. 8 제사장은 그것을 살펴보고, 그
뾰루지가 살갗에 퍼졌으면, 제사장은 그에게 '부정
하다'고 선언하여야 한다. 그것은 악성 피부병이다.
9 사람이 악성 피부병에 감염되면, 그를 제사
장에게 데리고 가야 하고, 10 제사장은 그를 살
펴 보아야 한다. 그의 살갗에 흰 부스럼이 생기고,
거기에 난 털이 하얗게 되고, 부스럼에 생살이 생
겼으면, 11 그의 살갗에 생긴 것은 이미 만성이
된 악성 피부병이다. 제사장은 그에게 '부정하다'
고 선언하여야 한다. 그가 이미 부정하게 되었으므
로, 제사장은 그를 격리시킬 필요가 없다. 12 그
리고 제사장이 보기에, 살갗에 생긴 악성 피부병
이 그 환자의 살갗을 모두 덮어서, 머리에서부터
발 끝까지 퍼졌으면, 13 제사장은 그를 다시 살
펴보아야 한다. 그 악성 피부병이 그의 몸 전체를
덮었으면, 제사장은 그 감염된 사람에게 '정하다'고
선언하여야 한다. 그의 살갗 전체가 다 하얗게 되었
으므로, 그는 정하다. 14 아무 날이든 그에게 생
살이 솟아오르면, 그는 부정하게 된다. 15 그러면
제사장은 그 생살을 살펴 확인한 뒤에, 그에게 '부
정하다'고 선언하여야 한다. 생살은 부정하다.
그것은 악성 피부병이기 때문이다. 16 그러나
그 생살이 다시 변하여 하얗게 되면, 그는 제사장
에게 가야 한다. 17 제사장이 그를 살펴보고,
그 감염된 곳이 하얗게 되었으면, 그 환자에게 '정
하다'고 선언하여야 한다. 그는 정한 사람이다.
18 살갗에 종기가 생겼다가 나은 뒤에, 19 종
기가 났던 바로 그 자리에 흰 부스럼이나 희고 붉
은 얼룩이 생기면, 그는 제사장에게로 가서, 몸을
보여야 한다. 20 제사장이 살펴보고, 그 자리가
살갗보다 우묵하게 들어갔고, 거기에 있던 털이 하
얗게 되었으면, 제사장은 그에게 '부정하다'고 선
언하여야 한다. 그것은 악성 피부병에 감염된 것이
다. 그것은 종기에서 생겨난 것이다. 21 그러나
제사장이 살펴보고, 거기에 있던 털이 하얗게 되지
도 않고, 그 자리가 살갗보다 우묵하게 들어가지도
않았으며, 오히려 그것이 사그라졌으면, 제사장은
그를 이레 동안 격리시켜야 한다. 22 그것이 살
갗에 퍼졌으면, 제사장은 그에게 '부정하다'고 선
언하여야 한다. 그것은 감염된 것이다. 23 그러
나 그 얼룩이 한 곳에 머물러 있고 퍼지지 않았으
면, 그것은 종기의 흉터일 뿐이다. 제사장은 그에
게 '정하다'고 선언하여야 한다.
24 살갗을 불에 데었는데, 덴 자리의 살에 희
고 붉은 얼룩이나 아주 흰 얼룩이 생기면, 25 제
사장은 그것을 살펴보아야 한다. 그 얼룩에 난 털
이 하얗게 되고 그 얼룩이 살갗보다 우묵하게 들
어갔으면, 그것은 악성 피부병이다. 그것은 덴 데서
생긴 것이다. 제사장은 그에게 '부정하다'고 선언
하여야 한다. 그것은 악성 피부병에 감염된 것이다.
26 그러나 제사장이 살펴보고, 그 얼룩에 난 털
이 하얗게 되지도 않고, 그 자리가 살갗보다 우묵
하게 들어가지도 않았으며, 오히려 그것이 사그
라졌으면, 제사장은 그를 이레 동안 격리시켜야
한다. 27 이레째 되는 날에 제사장이 그를 살펴
서, 얼룩이 살갗에 퍼졌으면, 그에게 '부정하다'고
선언하여야 한다. 그것은 악성 피부병에 감염된
것이다. 28 그러나 그 얼룩이 한 곳에 머물러 있고
살갗에 퍼지지 않고 사그라졌으면, 그것은 덴 데서
생긴 부스럼이다. 제사장은 그에게 '정하다'고 선
언하여야 한다. 그것은 다만 덴 자국일 따름이기
때문이다.
29 남자이든지 여자이든지, 머리나 턱에 헌데
가 생겼을 때에는, 30 제사장이 그 헌데를 살펴
보고, 그것이 살갗보다 우묵하게 들어가고, 거기에
난 털이 누렇게 변하여 가늘어졌으면, 제사장은
그에게 '부정하다'고 선언하여야 한다. 그것은 머
리나 턱에 생기는 악성 피부병인 백선이다.
31 제사장이 그 백선이 난 자리를 진찰하여 보아,
그 자리가 살갗보다 우묵하게 들어가지 않고, 또
그 자리에 검은 털이 없으면, 제사장은 백선이 난

등에도 곰팡이와 같은 형태로 나타나는 것; 2) 본문의 병증이 나병의 증상과 일치하지 않는 것; 3) 환자의 치유를 기대하고 이루어지는 것; 4) 서기 이전 팔레스타인 지역에 한센병의 존재 자체를 지원할 만한 고고학적인 근거가 없다. 이에 따라 건선, 마른버짐과 같은 다른 피부병을 제안하는 학자도 있으나, 정확한 번역을 위해 히브리어 발음 그대로 하는 방법도 다른 선택이 될 수 있다. 민 12:10-15에서 미리암에게 생긴 악성 피부병에 대해 10절은 눈(snow)과 같은 피부색 (히브리어 본문에 흰색 표현이 없다), 12절의 막 출산한 아이의 절반쯤 죽은 피부라는 설명을 통해서는 병의 원인을 짐작할 수 없지만, 이스라엘 사람들은 하나님께서 직접 만지시거나 치신 것으로 그 원인을 이해했다 (왕하 15:5를 보라). 여러 절차를 통해 환자가 이 병에 걸렸는지 걸리지 않았는지 심판하는 제사장의 역할은 의사나 치료자의 기능이 아니라 성결함을 확인하여 예배에 참여할 수 있는지 없는지를 결정하는 권위를 가진 것으로 볼 수 있다.

환자를 이레 동안 격리시켜야 한다. 32 그러다가 이레째 되는 날에 제사장이 그 병을 살펴보아, 백선이 퍼지지 않고, 그 자리에 누런 털도 생기지 않았으며, 백선이 난 자리가 살갗보다 더 우묵하게 들어가지도 않았으면, 33 제사장은 백선이 난 자리만 빼고 털을 민 다음에, 백선이 생긴 그 환자를 또다시 이레 동안 격리시켜야 한다. 34 이레째 되는 날에 제사장은 그 백선이 난 자리를 살펴보아, 백선이 살갗에 더 퍼지지 않고, 살갗보다 더 우묵하게 들어가지 않았으면, 제사장은 그에게 '정하다'고 선언하여야 한다. 그리고 환자는 입었던 옷을 빨아 입으면, 정하여진다. 35 그리나 그가 '정하다'는 선언을 받은 뒤에라도, 그 백선이 살갗에 퍼지면, 36 제사장은 그를 살펴보아야 한다. 그래서 백선이 살갗에 퍼졌으면, 제사장은 아픈 곳의 털이 누렇게 되었는지를 살펴볼 필요도 없이, 이미 그는 부정한 상태이다. 37 그러나 제사장이 보기에, 백선이 그치고 그 자리에서 검은 털이 자랐으면, 백선은 이미 나았으며, 그는 정하게 된 것이다. 제사장은 그에게 '정하다'고 선언하여야 한다.

38 남자이든지 여자이든지, 살갗에 희끗희끗한 얼룩이 생겼을 때에는, 39 제사장은 그것을 살펴보아야 한다. 살갗에 생긴 얼룩 색깔이 희끄무레하면, 그것은 살갗에 생긴 발진일 뿐이므로 그는 정하다.

40 누구든지 머리카락이 다 빠지면, 그는 대머리가 된다. 그러나 그는 정하다. 41 앞머리카락만 빠지면, 그는 이마 대머리가 된다. 그래도 그는 정하다. 42 그러나 대머리가 된 정수리나 이마에 희끗희끗하고 불그스레한 헌데가 생기면, 그것은 정수리 대머리나 이마 대머리에 생긴 악성 피부병이다. 43 제사장은 그를 살펴보아야 한다. 감염된 부스럼으로 정수리나 이마가 희끗희끗해지고 불그스레해져서, 마치 살갗에 생긴 악성 피부병과 같아 보이면, 44 그는 악성 피부병 환자이므로 부정하다. 제사장은 그에게 '부정하다'고 선언하여야 한다. 그는 악성 피부병이 머리에 생긴 환자이다.

45 악성 피부병에 걸린 사람은 입은 옷을 찢고 머리를 풀어야 한다. 또한 그는 자기 코밑 수염을 가리고 '부정하다, 부정하다' 하고 외쳐야 한다. 46 병에 걸려 있는 한, 부정한 상태에 머물러 있게 되므로, 그는 부정하다. 그는 진 바깥에서 혼자 따로 살아야 한다."

천이나 가죽 제품에 생기는 곰팡이

47 "곰팡이가 옷 곧 털옷이나 베옷에 묻었을 때에, 48 또는 베나 털로 짠 천의 날에나 씨에, 또는 가죽에나 어떤 가죽 제품에 묻었을 때에, 49 푸르스름하거나 불그스름한 자국이, 그 옷에나, 가죽에나, 천의 날에나 씨에나, 또는 어떤 가죽 제품에 생겼으면, 그것은 곰팡이가 퍼지고 있는 것이다. 그것을 제사장에게 보여야 한다. 50 제사장은 그 자국을 살펴보고, 곰팡이가 묻은 천이나 가죽을 이레 동안 따로 두었다가, 51 이레째 되는 날에 그 자국을 살펴보아야 한다. 그 자국이 옷에나, 천의 날에나 씨에, 또는 어떤 용도로 쓰이는 가죽 제품이든지 그 가죽에 퍼졌으면, 그것은 악성 곰팡이이다. 그것이 묻은 옷이나 천은 부정하다. 52 곰팡이가 묻은 것은 옷이든지, 털이나 베로 짠 천의 날이나 씨든지, 또는 어떤 가죽 제품이든지, 모두 불태워야 한다. 그것은 악성 곰팡이이므로, 불에 태워야 한다.

53 제사장이 살펴보아서, 그 옷에나, 천의 날에나 씨에, 또는 어떤 가죽 제품에 묻은 곰팡이가 퍼지지 않았으면, 54 제사장은 곰팡이가 묻은 그 옷을 빨도록 지시하여야 하고, 또다시 이레 동안 그것을 따로 두게 하여야 한다. 55 곰팡이가 묻은 옷을 빤 뒤에는, 제사장이 그것을 살펴보아야 한다. 곰팡이가 묻은 자리가 퍼지지 않았을지라도, 묻은 얼룩의 색깔이 그대로 남아 있으면, 그것은 부정하다. 묻은 얼룩이 천 안쪽에 생겼든지 천 바깥쪽에 생겼든지, 가릴 것 없이, 너희는 그것을 불에 태워야 한다. 56 그러나 천을 빤 다음에 제사장이 살펴보아서, 그 곰팡이가 사그라졌으면, 제사장은 옷에서든지 가죽에서든지, 또는 옷

13:45-46 *악성 피부병.* 이것이 확증된 사람은 사회로부터 격리되어 *진 바깥에서* 옷을 찢고 머리를 풀어야 했으며, 애곡하는 행동을 하며, 정상적인 삶을 영유할 수 없었다. 그리고 거리를 걷다가 사람들을 만나게 되면, 자신이 병에 걸렸다는 사실을 알려 병의 전염을 막기 위해 *부정하다, 부정하다* 하고 외쳤다. **13:47-59** 만약 몇 차례의 세탁 후에도 병이 계속되면 입었던 의복은 불에 태워져야 했던 기록을 보아 곰팡이류의 세균성 질환과의 연관성을 의심하기도 한다. 만약 세탁을 통해 병의 흔적이 사라지면 그 의복은 정상을 회복했다고 판단되었다. **14:1-57** 14장은 악성 피부병에 걸렸던 환자가 치유를 받게 되었을 경우 그가 고립되었던 지역으로부터 복귀하여 일상적인 공동체로 환원(2-32절)되는 과정과 이 병의 원인이 되었던 곰팡이가 제거된 주택을

감의 날에서든지 씨에서든지, 그 얼룩 자리를 도려내야 한다. 57 그렇게 하고 나서도, 옷에나, 천의 날에나 씨에, 또는 어떤 가죽 제품에 곰팡이가 다시 나타나면, 그것은 곰팡이가 퍼지고 있는 것이므로, 너희는 곰팡이가 묻은 것을 불에 태워야 한다. 58 그러나 한 번 빨아서, 옷에나 천의 날에나 씨에나 어떤 가죽 제품에 묻은 곰팡이가 없어졌으면, 한 번 더 빨면 정하게 된다.

59 위에서 말한 것은 악성 곰팡이가 털옷에나 베옷에, 또는 천의 날에나 씨에나, 또는 어떤 가죽 제품에 묻었을 때에, 정한지 부정한지를 결정하는 규례이다."

환자를 정하게 하는 예식

14 1 주님께서 모세에게 말씀하셨다.
2 "다음은 악성 피부병에 걸린 환자를 정하게 하는 날에 지켜야 할 규례이다. 사람들이 악성 피부병에 걸린 환자를 제사장에게로 데려가면,
3 제사장은 진 바깥으로 나가서, 그를 살펴보아야 한다. 그 환자의 악성 피부병이 나았으면,
4 제사장은 사람들을 시켜서, 그 환자를 정하게 하는 데 쓸, 살아 있는 정한 새 두 마리와 백향목 가지와 홍색 털실 한 뭉치와 우슬초 한 포기를 가져오게 한다. 5 그리고 제사장은 사람들을 시켜서, 그 두 마리 새 가운데서 한 마리를 잡아서, 생수가 담긴 오지그릇에 담게 한다. 6 그렇게 한 다음에, 제사장은 백향목 가지와 홍색 털실 한 뭉치와 우슬초 한 포기와 그리고 그 살아 있는 나머지 새를 가져다가, 생수가 섞인 죽은 새의 피에 찍어서,
7 악성 피부병에 걸렸다가 정하게 된 그 사람에게 일곱 번 뿌린다. 그런 다음에, 제사장은 그에게 '정하다'고 선언하고, 살아 있는 새는 들판으로 날려보낸다. 8 정하다는 선언을 받은 그 사람은 옷을 빨고, 털을 모두 밀고, 물로 목욕을 하면, 정하게 된다. 그리고 진으로 돌아온 뒤에, 그는 이레 동안 장막 바깥에서 살아야 한다. 9 이레째 되는 날에 그는 다시 털을 모두 밀어야 한다. 머리카락과 수염과 눈썹까지, 털을 다 밀어야 한다. 그런 다음에, 옷을 빨고 물로 목욕을 하면, 그는 정하게 된다.

10 여드레째 되는 날에, 그는 흠 없는 숫양 두 마리와, 흠 없는 일 년 된 어린 암양 한 마리와, 곡식제물로 바칠 기름 섞은 고운 밀가루 십분의 삼 에바와, 기름 한 록을 가져 와야 한다. 11 그를 정하게 할 제사장은, 정하게 되려는 그 사람을 그 제물들과 함께 회막 어귀, 주 앞에 세운다.
12 제사장은 숫양 한 마리를 끌어다가, 그것을 기름 한 ㄱ)록과 함께 속건제물로 바치는데, 그것은 주 앞에서 흔들어 바치는 제물이므로, 제사장은 그것들을 흔들어야 한다. 13 제사장이 그렇게 하고 나면, 정하게 되려는 그 사람이 속죄제물과 번제물을 잡는 바로 그 장소 곧 거룩한 곳에서, 나머지 숫양 한 마리를 잡는다. 속건제물은 속죄제물과 마찬가지로 제사장의 몫이 된다. 그것은 가장 거룩한 것이다. 14 제사장은 속건제물의 피를 받아다가 정하게 되려는 사람의 오른쪽 귓불과 오른손 엄지와 오른발 엄지에 발라야 한다.
15 그런 다음에, 제사장은 기름 한 록에서 얼마를 덜어, 왼손 바닥에 붓고, 16 오른쪽 손가락으로 왼손 바닥에 부은 기름을 찍어, 그 손가락에 묻은

ㄱ) 1록은 0.54리터 (약 두 홉 반)

어떻게 정결하다고 확인하는지 설명하고 있다 (33-53절). **14:2-32** 피부병이 나은 환자가 발견되면 제사장에게 알렸고, 제사장이 찾아가 검진했다. (히브리어 본문을 직역하면 정상이 된 환자를 제사장에게 데려간 것이 아니다. 그러나 많은 번역들은 환자를 제사장에게 데려간 것으로 번역했다.) 악성 피부병에 관한 절차는 먼저 환자의 건강회복 (2-8절), 7일 동안의 유예기간 후 몸을 씻음 (9절), 8일째 드리는 제사 (10-20절) 등 3단계로 진행된다. **14:2-8** 첫 번째 단계에서 완쾌된 환자는 백향목, 홍색 털실, 우슬초(출 12:22; 시 51:7을 보라)와 새 두 마리를 가지고 온다 (4절). 생수가 섞인 죽은 새의 피와 다른 재료들을 섞어 (5-6절) 그 사람에게 일곱 번 뿌림으로써 그가 *정하게* (히브리어, *타홀*) 되었음을 선언한다. 다른 한 마리 새는 예식을 통해 모든 부정한 것을 취하여 날려보낸다 (7절). 정하다는 선언을 받은 사람은 옷을 세탁하고, 털을 모두 밀고, 목욕을 하여 부정한 영역에서 정한 영역으로 넘어가는 과정을 준비한다 (8절). 그러나 이 사람은 아직도 "어느 쪽이라고 할 수 없는" 상태이고, 정상적인 세상, 정결한 공동체에 완전히 참여할 수 없어 동네 안으로 들어올 수는 없다. **14:9** 7일째 되는 날, 정결의식인 세탁, 면도, 목욕 등을 통해 정상적인 삶으로의 복귀를 준비한다. **14:10-20** 8일째 되는 날 제사를 통해 완쾌된 환자에게 사회적인 신분과 종교적 신분이 완전히 회복되었음을 선언한다. **14:12-13** 정결한 영역을 넘어선 그의 과거의 죄(병의 원인은 설명할 수 없지만 죄에 대한 하나님의 벌로 이해하는 이유)로 인해 양 한 마리를 속건제물로 드린다. **14:14-18a** 제물에서 나온 피와 기름(16절; 제사장을 세울 때 사용하는 기름과 다르다)을 정하게 되려는 사람에게 바른다 (8:22-25에 관한

기름을 주 앞에서 일곱 번 뿌린다. 17 그리고 제
사장은 손바닥에 남아 있는 기름을, 정하게 되려는
그 사람의 오른쪽 귓불과 오른손 엄지와 오른발
엄지에, 이미 발라 놓은 속건제물의 피 위에 덧바
른다. 18 그리고 나머지 기름, 곧 제사장의 손바
닥에 남아 있는 기름은, 정하게 되려는 사람의 머
리에 바른다. 그리고 나서, 제사장은, 주 앞에서
그 사람의 죄를 속하여 주어야 한다. 19 부정한
상태에서 이제 정하게 되려는 그 사람의 죄를 속
하여 주려고, 제사장은 속죄제물을 바친다. 그렇게
한 다음에, 정하게 되려는 그 사람이 번제물을 잡
으면, 20 제사장은 번제물과 곡식제물을 제단에
바친다. 이렇게 하여, 제사장이 그의 죄를 속하여
주면, 그는 정하게 된다.

21 그러나 가난해서 그렇게 많은 것을 바칠
수 없는 사람이, 자기의 죄를 속하려 할 때에는,
그는, 제사장이 흔들어 바칠 속건제물로는 숫양
한 마리를 가져 오고, 곡식제물로 바칠 기름으로
반죽한 고운 밀가루는 십분의 일 에바만 가져 오면
된다. 기름은 마찬가지로 한 록이다. 22 힘이 닿는
대로, 산비둘기 두 마리나 집비둘기 새끼 두 마리를
가져다가, 한 마리는 속죄제물로, 다른 한 마리는
번제물로 바치면 된다. 23 여드레째 되는 날에,
그는 정하게 되려고 바치는 이 모든 제물을 제사
장에게로, 곧 회막 어귀의 주 앞으로 가져 와야
한다. 24 그러면 제사장은 속건제물로 바칠 숫
양과 기름 한 록을 받아다가, 주에게 흔들어 바치는
제물로 그것들을 흔들 것이다. 25 그런 다음에,
제물을 바치는 사람이 속건제물인 양을 잡으면,
제사장은 속건제물의 피를 받아다가, 정하게 되
려는 사람의 오른쪽 귓불과 오른손 엄지와 오른발
엄지에 바른다. 26 또 제사장은 기름 얼마를
왼손 바닥에 붓고, 27 오른쪽 손가락으로 왼손
바닥에 부은 기름을 조금 찍어, 주 앞에서 일곱 번
뿌린다. 28 또 제사장은 손바닥에 남아 있는
기름을, 정하게 되려는 사람의 오른쪽 귓불과
오른손 엄지와 오른발 엄지 곧 속건제물의 피를
바른 바로 그 곳에 덧바른다. 29 제사장의 손바
닥에 남아 있는 기름은, 정하게 되려는 사람의 머
리에 바른다. 이렇게 하는 것은, 제사장이 주 앞
에서 그의 죄를 속하여 주려고 할 때에 하는 것이다.
30 제사장이 이렇게 하고 나면, 정하게 되려는
그 사람은, 자기의 힘이 닿는 대로 가져 온 산비
둘기나 집비둘기 새끼 가운데서, 31 힘이 닿는
대로, 한 마리는 속죄제물로, 다른 한 마리는 번
제물로, 곡식제물과 함께 바친다. 그러면 제사장은
정하게 되려는 그 사람의 죄를 주 앞에서 속한다.
32 이상은 악성 피부병에 걸린 사람이 정하게
되는 예식을 치르면서, 넉넉한 제물을 바칠 수
없을 때에 지킬 규례이다."

건물에 생기는 곰팡이

33 주님께서 모세와 아론에게 말씀하셨다.
34 "나 주가 너희에게 유산으로 준 가나안 땅
으로 너희가 들어가서 그 땅을 차지하였을 때에,
나 주가 내린 ㄱ)악성 곰팡이가 너희가 유산으로 받은
땅에 있는 어떤 집에 생기거든, 35 그 집 임자는
제사장에게로 가서, 집에 곰팡이가 보인다고 알
려야 한다. 36 그러면 제사장은 그 곰팡이를 살
피러 가기에 앞서, 그 집안 사람들에게 지시하여,
그 집을 비우게 하여야 한다. 그래야만 그 집 안에
있는 모든 물건이 부정하다는 선언을 받지 않을
것이다. 제사장은, 집을 비운 다음에, 집 안으로
들어가서 살펴보아야 한다. 37 제사장은, 곰팡
이가 퍼진 곳을 살펴보아서, 그 집 벽에 곰팡이가
퍼져 있고, 그 자리에 푸르스름하거나 불그스름
한 점이 생겼고, 그 퍼진 자리가 벽면보다 우묵하게
들어갔으면, 38 제사장은 그 집 문 바깥으로 나
가고, 그 집을 이레 동안 잠가 두게 하여야 한다.
39 이레째 되는 날에 제사장이 다시 가서 보고,
그 곰팡이가 그 집 벽에 퍼졌으면, 40 제사장은

ㄱ) '피부병'과 같은 뜻으로 사용됨

주석을 보라). 이것으로 환자는 다시 회복되며 정상적인 삶으로 복귀하게 된다. **14:18b-19a** 속죄제물은 정결하지 못하게 된 성전을 거룩하게 회복하기 위한 것이다. **14:19b-20** 번제와 곡식제물의 목적은 분명하게 들어나 있지 않다. 아마 자원하여 드리는 감사제물로 추측할 수 있을 것 같다. **14:21-32** 가난한 이들을 위한 예외조항이다. **14:33-53** 주택도 사람과 의복과 같이 악성 곰팡이(병의 종류로 생각했음)에 감염될 수 있다. 이 부분은 그에 대한 대처방안에 관한 것이다. **14:34** 악성 피부병은 하나님께로부터 나온 처벌이라고 이해되었다. **14:35-36** 집은 제사장이 부정한 집이라고 선포하기 전까지는 정결하게 여겨졌다. 그래서 제사장이 부정하다고 선포하기 전에 옮겨진 집의 물품은 정결하다고 여겨졌고, 제사장의 선포가 있은 후에는 부정한 것으로 여겨졌다. **14:37** 이 병은 곰팡이류의 세균성 질환으로 추정된다. **14:38-45** 곰팡이를

사람들에게 지시하여 곰팡이가 묻은 돌을 빼
내서, 마을 바깥의 부정한 곳에 버리도록 하여야
한다. 41 제사장은 또 사람을 시켜서, 그 집 벽을
돌아가며 긁어 내게 하고, 그 긁어 낸 흙도 다
마을 바깥의 부정한 곳에 버리도록 하여야 한다.
42 그러고 나면, 사람들은 다른 돌을 가져다가
그 빼내 버린 돌이 있던 자리에 채워 넣고, 다른
흙을 가져다가 그 집 벽에 발라야 한다.

43 돌들을 바꾸고, 벽을 긁어 내어 다시 바
른 다음에도, 곰팡이가 집 안에 다시 퍼졌으면,
44 제사장이 가서 보아야 한다. 곰팡이가 정말
집 안에 퍼졌으면, 그것은 건물에 생긴 곰팡이이다.
그 집은 이미 부정하게 되었다. 45 집 임자는 그
집을 헐고, 돌과 재목과 집 건물의 흙을 모두 다
마을 바깥의 부정한 곳에 내다 버려야 한다.
46 특히 그 집을 잠가 둔 동안 그 집에 들어간 사
람은 그 날 저녁때까지 부정하다. 47 그 집에서
누웠던 사람은 옷을 빨아서 입어야 하고, 그 집에서
음식을 먹었어도 옷을 빨아서 입어야 한다.

48 그러나 제사장이 가서 살펴보고, 벽을 다
시 바른 다음에 그 집에 곰팡이가 다시 퍼지지 않
았으면, 이미 곰팡이가 없어진 것이므로, 제사장
은 그 집을 '정하다'고 선언하여야 한다. 49 이
제 그 집을 정하게 하여야 하므로, 제사장은 새 두
마리와 함께 백향목 가지와 홍색 털실 한 뭉치와
우슬초 한 포기를 가져 오게 한다. 50 그 집 임
자가 그 두 마리 새 가운데서 한 마리를 잡아서,
생수가 담긴 오지그릇에 담으면, 51 제사장은
백향목 가지와 우슬초 한 포기와 홍색 털실 뭉치
를, 살아 있는 새와 함께 그 죽은 새의 피와 생수에
담갔다가, 그것으로 그 집에 일곱 번 뿌려야 한다.
52 이렇게 제사장은 새의 피와 생수와 살아 있는
새와 백향목 가지와 우슬초와 홍색 털실로 그 집
을 정하게 하여야 한다. 53 그런 다음에, 제사장
은 살아 있는 새를 마을 바깥의 들판으로 날려 보
낸다. 그렇게 하여, 제사장이 그 집의 죄를 속하
면, 그 집은 정하게 될 것이다.

54 위에서 말한 것은, 모든 악성 피부병과 백
선, 55 옷이나 건물에 생기는 곰팡이, 56 또는
부스럼이나 뾰루지나 어루러기에 관한 규례로서,
57 사람이나 물건이 언제 부정하게 되고 또 언제
정하게 되는지를 밝히는 것이다. 이상은 악성 피
부병에 관한 규례이다."

남자가 부정하게 되는 경우

15 1 주님께서 모세와 아론에게 말씀하셨다.
2 "너희는 이스라엘 자손에게 말하여라.
그들에게 이렇게 일러라.

어떤 남자가 성기에서 고름을 흘리면, 그는
이 고름 때문에 부정하다. 3 다음은 고름을 흘리
는 남자와 관련하여 부정하게 되는 경우들을 밝힌
규례이다. 그 남자의 몸에서 고름이 줄곧 흘러나
오든지, 그 남자의 몸에 고름이 고여 있든지 하면,
그는 그것 때문에 부정하다. 4 고름을 흘리는
남자가 눕는 자리는 모두 부정하다. 그가 앉는 자
리도 모두 부정하다. 5 그의 잠자리에 닿는 사람

제거하기 위한 노력이 실패하면, 이 집은 부정하다고 선언된 후 철거된다. **14:46-47** 부정한 집으로 선언된 집을 드나드는 사람은 부정하게 된다. 이것은 부정한 곳을 드나든 모든 사람이나 물건이 정결함의 상태를 잃게 되는 위협의 원리이다. **14:48-53** 깨끗하게 된 집은 완쾌된 환자의 첫 번째 단계 규례를 실천한다 (4-8절을 보라). **14:54-57** 이것은 14장을 요약한 부분이다. **15:1-33** 15장은 남여의 정상적인 배설행위나 병리적인 문제를 다룬다. 정상적인 배설행위로 인해 부정하게 되는 것은 목욕과 시간의 경과에 따라 해결되나, 비정상적이거나 병리적인 문제로 발생하는 것은 비정상적인 문제로 심각하게 다루어지며, 제사규례에 따라 희생제물을 드려야 한다. 신체에서 액체(피나 정자)가 나가는 문제는 전염병을 예방하는 문제 등과 직접적 연관이 있을 것이다. **15:2b-15** 요도염으로 인한 배설이나 요도가 막히는 문제가 생기면 심각한 문제가 생길 수 있다. 따라서 당사자가 자신의 손을 깨끗이 씻지 않은 상태라면, 직접 접촉을 한 사람이나, 장소나, 의복은 반드시 목욕, 세탁, 시간의 경과에 따른 정결함의 회복이 필요하다. **15:8** 침 뱉는 행위도 몸에서 액체가 나간 경우로 정결함을 파괴하는 오염의 원인이 되기도 한다. **15:13-15** 부정한 사람은 성전으로부터 나와 8일째 되는 날, 부정하게 된 것을 제거하고 제물을 준비해야 한다. 두 마리의 새를 바쳐야 하는데, 둘 중에서 한 마리는 *번제로* 드려지고, 남은 한 마리는 *속죄제물로* 제사장에게 주어진다. **15:16-18** 남성의 정자가 묻은 물건이나 의복, 동물과 사람은 부정하게 되어 세탁과 목욕을 통한 정결예식이 필요하다. 성관계에 의한 사정행위 역시 당사자를 부정하게 만들며, 정액이 묻은 사람이나 사물 역시 육체에서 액체가 배설된 것이며, 생명의 씨앗이 될 액체가 몸 밖으로 나간 것이어서 죽음을 보여주게 된 것이므로 정결함을 잃게 된다. **15:19-24** 7일 동안의 생리기간을 지내는 여성은 비정상적인 배설행위가 있었던 남성과 같이 정결함을 잃은 상태다. 하지만 다른 문화권에서처럼 여성은 강제로 공동체 밖으로 추방당하지 않고 정상적인 생활을 할 수 있다. 다만은 모두 그 옷을 빨고, 물로 목욕을 하여야 한다. 그래도 그는 저녁때까지 부정하다. 6 고름을 흘리는 남자가 앉았던 자리에 앉는 사람들도, 그 옷을 빨아야 하고, 물로 목욕을 하여야 한다. 그래도 그는 저녁때까지 부정하다. 7 고름을 흘리는 남자의 몸에 닿는 사람들도, 모두 그 옷을 빨고 물로 목욕을 하여야 한다. 그래도 그는 저녁때까지 부정하다. 8 고름을 흘리는 남자가 뱉은 침이 깨끗한 사람에게 튀면, 침 묻은 그 사람은 옷을 빨고 물로 목욕을 하여야 한다. 그래도 그는 저녁때까지 부정하다. 9 고름을 흘리는 남자가 타고 다니는 안장도 모두 부정하다. 10 그리고 그 고름을 흘리는 남자가 깔았던 어떤 것에 닿은 사람은 누구든지 저녁때까지 부정하다. 그런 물건을 옮기는 사람도 그 옷을 빨고 물로 목욕을 하여야 한다. 그래도 그는 저녁때까지 부정하다. 11 고름을 흘리는 남자가 그 손을 물로 씻지 않고 어느 누구를 만졌으면, 그에게 닿은 사람은 그 옷을 빨고 물로 목욕을 하여야 한다. 그래도 그는 저녁때까지 부정하다. 12 고름을 흘리는 남자가 만진 오지그릇은 깨뜨려 버려야 한다. 그가 만진 것이 나무그릇일 때에는 모두 물로 씻어야 한다.

13 고름을 흘리는 남자가 나아서 정하게 되려면, 이레 동안 기다렸다가 옷을 빨고, 흐르는 물에 목욕을 하여야 한다. 그런 다음에야 정하게 된다. 14 여드레째 되는 날에, 그는 산비둘기 두 마리나 집비둘기 새끼 두 마리를 가지고, 주 앞 곧 회막 어귀로 와서, 제사장에게 주어야 한다. 15 그러면 제사장은 그것들을 받아서, 하나는 속죄제로 드리고, 나머지 하나는 번제로 드린다. 제사장은 그렇게 함으로써, 그 남자가 고름을 흘려서 부정하게 된 것을 주 앞에서 속하여 준다.

16 남자가 정액을 흘리면, 자기 온 몸을 물로 씻어야 한다. 그래도 그 사람은 저녁때까지 부정하다. 17 정액이 묻은 옷이나 가죽은 모두 물로 빨아야 한다. 그는 저녁때까지 부정하다. 18 남자가 여자와 동침하였다가 정액을 쏟으면, 두 사람이 다 물로 목욕을 하여야 한다. 그래도 그들은 저녁때까지 부정하다."

여자가 부정하게 되는 경우

19 "여자가 몸에서 피를 흘릴 때에, 그것이 그 여자의 몸에서 흐르는 월경이면, 그 여자는 이레 동안 불결하다. 그 여자에게 닿는 남자는 모두 저녁때까지 부정하다. 20 그 여자가 불결한 기간에 눕는 자리는 모두 부정하다. 그 여자가 앉았던 모든 자리도 부정하다. 21 그 여자의 잠자리에 닿는 남자는, 모두 옷을 빨고 물로 목욕을 하여야 한다. 그 남자는 저녁때까지 부정하다. 22 그 여자가 앉았던 자리에 닿는 남자는, 누구나 옷을 빨고 물로 목욕을 하여야 한다. 그 남자는 저녁때까지 부정하다. 23 그 여자가 눕는 잠자리든 앉는 자리든, 어떤 남자가 그 자리에 닿으면, 그 남자는 저녁때까지 부정하다. 24 어떤 남자가 그 여자와 동침하면, 그 여자의 불결한 상태가 그 남자에게 옮아서 이레 동안 부정하고, 그 남자가 눕는 잠자리도 모두 부정하다.

25 어떤 여자가 자기 몸이 월경 기간이 아닌데도, 여러 날 동안 줄곧 피를 흘리거나, 월경 기간이 끝났는데도, 줄곧 피를 흘리면, 피가 흐르는 그 기간 동안 그 여자는 부정하다. 몸이 불결한 때와 같이, 이 기간에도 그 여자는 부정하다. 26 그 여자가 피를 흘리는 동안 눕는 잠자리는 모두, 월경 기간에 눕는 잠자리와 마찬가지로 부정하고, 그 여자가 앉는 자리도, 월경 기간에 앉는 자리가 부정하듯이, 모두 부정하다. 27 누구나 이런 것들에 닿으면 부정하다. 그는 옷을 빨고 물로 목욕을 하여야 한다. 그는 저녁때까지 부정하다. 28 그러나 흐르던 피가 멎고 나서도 정하게 되려

여성의 가족은 그녀가 앉거나 누웠던 곳과 접촉해서는 안 되며, 여인의 부정함이 옮겨질 수 있으므로 성관계는 금지된다. 정상적인 생리기간 후 정결하게 되는 과정에 대한 설명은 없다. 7일째 되는 날 목욕을 규정한 삼하 11:2-4; 또한 민 19:19를 보라. **15:25-31** 비정상적인 여성의 배설이나 7일 동안의 정상적인 생리기간을 넘어서는 출혈은 병리학적 문제로 간주되어, 남성의 비뇨기적 치료와 유사한 제사규례가 집행되어야 한다. **15:31** 정결함을 잃은 사람에 의해 성전이 오염되고 제사에 의한 회복이 없는 경우는 심각한 하나님의 진노가 임한다.

16:1-34 속죄일 (Yom Kippur: The Day of Atonement/Purification). 속죄일에 대한 기록인 16장은 11—15장의 회막과 사람들을 부정하게 하는 것에 대한 경고가 추가되며 중단되었던 제사에 대한 설명으로 지속되어, 10장 바로 뒤로 연결될 수도 있다. 16:3-28의 설명은 아비후와 나답의 죽음을 통해 경험한 비상시의 제사규례에 대해 기록한다. 그러나 제사규례 자체는 10장의 사건자체를 전제하지 않았다고 지적해도 별 문제는 없다. 다만 제사과정에서 일어날 수 있는 사건이나 사고에 대한 대응을 위한 설명이라고 말할 수 있다. 많은 학자들은 29-34절이 후대의 편집과정에

면, 그 여자는 이레 동안 기다려야 한다. 그런 다
음에야 정하게 된다. 29 여드레째 되는 날에, 그
여자는 산비둘기 두 마리나 집비둘기 새끼 두 마
리를 회막 어귀의 제사장에게로 가져 와야 한다.
30 그러면 제사장은 그것들을 받아서, 하나는 속
죄제로 드리고, 나머지 하나는 번제로 드린다.
제사장은 그렇게 함으로써, 그 여자가 피를 흘려
부정하게 된 것을 주 앞에서 속하여 준다.

31 너희는 이스라엘 자손이 부정을 타지 않
도록 하여라. 그들 가운데 있는 나의 성막을 부정
하게 하였다가는, 그것 때문에 그들은 죽음을 면
하지 못한다.

32 위에서 말한 것은, 남자가 성기에서 고름을
흘리거나 정액을 흘려서 부정하게 되었을 때에 지
킬 규례로서, 33 몸이 월경 상태에 있는 여자와,
부정한 것을 흘리는 남녀와, 그리고 월경 상태에
있는 여자와 동침한 남자가 지켜야 할 규례이다."

속죄일

16 1 아론의 두 아들이 주님 앞에 가까이 갔
다가 죽은 일이 있다. 그들이 그렇게 죽은
뒤에, 주님께서 모세에게 말씀하셨다. 2 다음은
그 때에 주님께서 모세에게 하신 말씀이다.

"너는 너의 형 아론에게 '죽지 않으려거든, 보
통 때에는 휘장 안쪽 ㄱ)거룩한 곳 곧 법궤를 덮은 덮
개 앞으로 나아가지 말라'고 일러라. 내가 구름에
휩싸여 있다가 그 덮개 위에서 나타나기 때문이다.

3 아론이 거룩한 곳으로 들어가려고 할 때에
는 다음과 같이 하여야 한다. 소 떼 가운데서 수송
아지 한 마리를 골라서 속죄제물로, 숫양 한 마리
를 번제물로 바쳐야 한다. 4 그는 모시로 만든
거룩한 속옷을 입고, 그 안에는 맨살에다 모시로
만든 홑옷을 입어야 한다. 모시로 만든 띠를 띠고
모시로 만든 관을 써야 한다. 이것들이 모여서 거
룩한 옷 한 벌이 된다. 그는 먼저 물로 몸을 씻고
나서, 그 다음에 이 옷들을 입어야 한다. 5 그런
다음에야, 그는 이스라엘 자손의 회중이 속죄제물
로 바치는 숫염소 두 마리와 번제물로 바치는 숫양
한 마리를 받을 수 있다.

6 아론은 자신을 속하는 속죄제물로 수소를 바
쳐, 자기와 자기 집안의 죄를 속하여야 한다. 7 또
한 그는 숫염소 두 마리를 끌어다가, 회막 어귀에,
주 앞에 세워 놓고, 8 그 숫염소 두 마리를 놓
고서 제비를 뽑아서, 주에게 바칠 염소와 ㄴ)아사셀
에게 바칠 염소를 결정하여야 한다. 9 아론은 주
의 몫으로 뽑힌 숫염소를 끌어다가 속죄제물로 바
치고, 10 ㄴ)아사셀의 몫으로 뽑힌 숫염소는 산 채
로 주 앞에 세워 두었다가, 속죄제물을 삼아, 빈
들에 있는 아사셀에게 보내야 한다.

11 아론이 자신을 속하는 속죄제물로 수소를
바쳐, 자기와 자기 집안의 죄를 속하는 예식은 다
음과 같다. 그는 먼저 수소를 잡아 자신을 속하는
속죄제물로 바쳐야 한다. 12 그리고 주 앞의 제
단에 피어 있는 숯을 향로에 가득히 담고, 또 곱
게 간 향기 좋은 향가루를 두 손으로 가득 떠서,
휘장 안으로 가지고 들어가서, 13 주 앞에서 향
가루를 숯불에 태우고, 그 향 타는 연기가 ㄷ)증거
궤 위의 ㄹ)덮개를 가리우게 하여야 한다. 그래야만
그가 죽지 않는다. 14 그런 다음에, 그는 수소의
피를 얼마 받아다가 손가락으로 찍어서, 덮개 너
머 곧 덮개 동쪽 부분에 한 번 뿌리고, 손가락으
로 피를 찍어서 덮개 앞에 일곱 번 뿌려야 한다.
15 이어서 아론은 백성이 속죄제물로 바친 숫염
소를 잡아, 그 피를 휘장 안으로 가지고 들어가서,
수소의 피를 뿌릴 때와 마찬가지로, 덮개 너머와
덮개 앞에 뿌려야 한다 16 이렇게 하여, 그는 성

ㄱ) 지성소를 가리킴 (출 26:31-35) ㄴ) 또는 '속죄의 염소를'. 아사셀은 들 귀신의 이름 (26절에서도) ㄷ) 또는 '법궤' ㄹ) 또는 '속죄소' 또는 '시은좌' (14-15절에서도)

서 성결문서의 영향으로 추가되었다고 보고 있다. 속죄일의 규례는 부정함과 의도적으로 지은 죄에 대한 회개와 용서가 전제되며, 지난 한 해 동안 용서받지 못한 죄에 대한 설명이다. **16:2b-28** *휘장 안쪽 거룩한 곳.* 이 곳은 법궤가 있는 지성소를 말한다. 이 구절은 대제사장이 일 년에 한 번 지성소에 들어갔을 것이라는 견해의 배경이 된다. **16:3-5** 지성소에 들어갈 때 대제사장의 의복은 일반적인 제사규례에 지정된 것과 다르다 (8:6-9를 보라). 그 옷 자체가 신앙공동체 전체를 대표하는 보통사람을 의미하는지 천사나 다른 하늘의 영역에 속한 사람임을 의미하는지는 분명하지 않다 (겔 9:2-3, 11; 10:2; 단 10:5를 보라). 몸을 깨끗하게 씻는 목욕은 사람과 하나님 사이의 경계선을 넘는데 중요한 정결의식의 하나이다. **16:6-10** 제물로 드려지는 동물은 하나님께 드려지는 것이다. 8절과 10절 아사셀에게 바칠 산 염소라는 구절에 대해 그 이름이 광야의 한 귀신과 연관되어 있다는 견해도 있으나, 본문과 전혀 연관이 없다.

특별 주석

다른 영어번역에서는 "속죄의 염소"—the scape-goat 라고 번역하기도 했다 (틴데일번역, 흠정역).

소를 성결하게 하여야 한다. 이스라엘 자손이 부
정을 탔고, 그들이 온갖 죄를 지었으므로, 성소마
저 부정을 탔기 때문이다. 그는 같은 방법으로 회
막도 성결하게 하여야 한다. 부정 탄 백성이 드나
들어서, 회막도 부정을 탔기 때문이다. 17 아론
이, 자기와 자기 집안과 이스라엘 온 회중의 죄를
속하려고, 성소 안으로 들어가서 예식을 올리는
동안에는, 아무도 회막 안에 있어서는 안 된다.
18 성소 안에서 치르는 예식이 끝나면, 아론은
주 앞에 있는 제단으로 나아가서, 그 제단을 성결
하게 하는 예식을 올리고, 잡은 수소의 피와 숫염
소의 피를 받아다가, 제단 뿔에 돌아가면서 발라야
한다. 19 그리고 그는 그 피를 자기 손가락으로
찍어 제단 위에 일곱 번 뿌려서, 부정하게 된 이
스라엘 자손 때문에 같이 부정하게 된 제단을 정
하게 하고, 거룩하게 하여야 한다. 20 이렇게 하
여, 아론은 성소와 회막과 제단을 성결하게 하는
예식을 마치게 된다. 다음에 아론은 살려 둔 숫염
소를 끌고 와서, 21 살아 있는 그 숫염소의 머리
위에 두 손을 얹고, 이스라엘 자손이 저지른 온갖
악행과 온갖 반역 행위와 온갖 죄를 다 자백하고
나서, 그 모든 죄를 그 숫염소의 머리에 씌운다.
그런 다음에, 기다리고 있는 사람의 손에 맡겨,
그 숫염소를 빈 들로 내보내야 한다. 22 그 숫
염소는 이스라엘 자손의 온갖 죄를 짊어지고 황
무지로 나간다. 이렇게 아론은 그 숫염소를 빈 들
로 내보낸다.

23 그런 다음에, 아론은 회막으로 들어간다.
그 때에, 그는 성소에 들어갈 때에 입은 모시 옷은
벗어서 거기 놓아 두고, 24 성소 안에서 물로 목
욕하고 난 다음에, 다시 그 옷을 입고 바깥으로 나
가서, 자기의 번제물과 백성의 번제물을 바쳐, 자
신과 백성의 죄를 속하여야 한다. 25 속죄제물로
바친 기름기는 제단 위에다 놓고 불살라야 한다.

26 ㄱ)염소를 아사셀에게로 보낸 그 사람도,
자기 옷을 빨고 물로 목욕을 하여야 한다. 그는
그렇게 한 다음에야, 진 안으로 들어올 수 있다.
27 속죄제물로 희생된 수소와 숫염소의 피를
가져다가, 성소에서 죄를 속하는 예식을 마친 다
음에는, 그것들을 진 바깥으로 끌어내고, 그 가죽과
살코기와 똥을 불에 태워야 한다. 28 이것들을
태운 사람도 자기 옷을 빨고 물로 목욕을 하여야
한다. 그는 그렇게 한 다음에야, 진 안으로 들어올
수 있다.

29 다음은 너희가 길이 지켜야 할 규례이다.
ㄴ)일곱째 달, 그 달 십일은 너희가 스스로 고행을
하는 날이니, 아무 일도 하여서는 안 된다. 이것은,
이스라엘 사람이거나 너희와 함께 사는 외국 사람
이거나, 다 지켜야 한다. 30 이 날은 너희의 죄를
속하는 날, 너희가 깨끗하게 되는 날이기 때문이다.
너희가 지은 온갖 죄가 주 앞에서 씻기는 날이다.
31 이 날은 너희가 엄격하게 지켜야 할 안식일
이다. 너희가 스스로 고행을 하는 날이다. 이것은
너희가 길이 지킬 규례이다.

ㄱ) 또는 '염소를 속죄 염소로 보낸 그 사람도'
ㄴ) 히, '티스리'월, 양력 구월 중순 이후

16:11-15 먼저 제사장 자신과 가족이 지은 죄의 용서함을 받기 위해 수소를 바치는데, 이 날은 향 타는 연기로 지성소가 가려지고, 제사장은 증거궤 (13절/법궤) 위와 앞에 피를 일곱 번 뿌린다. **16:15-19** 제사장은 속죄제를 드린 다음, 백성을 위한 속죄제를 숫염소 제물로 드린다. 이 구절은 제사장의 의도적인 죄와 고백하지 못한 실수로 인해 부정해진 지성소에 대한 정결함의 회복 이후에 백성의 부정함으로 성결함이 훼손된 회막(16절)도 다시 성결하게 회복되어야 함을 설명해준다. 제사장은 수소와 숫염소의 피를 제단 뿔에 바르고 뿌려 성결 예식을 마친다. **16:20-22** *살아 있는 그 숫염소의 머리 위에 두 손을 얹고.* 이렇게 죄를 고백하는 두 가지 행동은 사람들의 죄를 염소에게 옮기는 것으로 정해진 사람이 인적 없는 광야에 가서 염소를 떠나보냄으로 이전에 지은 죄가 모두 떠났음을 상징적으로 보여준다.

특별 주석

속죄일에 대한 랍비전통에 따르면 8절과 10절의 사람의 죄를 완전히 없애기 위해 사람이 접근할 수 없는 한 장소(절벽 아래)가 아사셀이라고 말한다.

16:23-28 제사는 대제사장이 (지)성소에서 나와 옷을 벗고 목욕을 하는 것으로 끝나는데, 이것은 구별된 장소로부터 다시 매일의 생활로 돌아가는 것을 의미한다. 제사장의 의복은 하나님과 사람들 사이에서 중간 역할을 하는 제사장의 역할을 보여주는 것이다. 숫염소를 광야로 내보낸 사람과 회중의 진영 밖에서 속죄제를 불에 태운 사람은 부정한 지역에 다녀왔으므로, 옷을 세탁하고 목욕을 한 뒤 다시 공동체 안으로 들어와야 한다. 그러나 이러한 제사를 집례한 제사장의 경우는 부정한 것과 구별되는 사람이므로 부정하게 되지 않았다고 믿었다. **16:29-34** 이 부분은 몇 가지 근거로 보아 후대에 편집해서 추가된 부분인 것 같다: 3인칭 서술에서 2인칭 명령형으로 전환, 개인적인 회개와 고행의 강조, 외국인(29절)에 대한 언급, 아론의 자손 제사

32 기름부음을 받고 임명받은 제사장, 곧 그의 아버지를 대신하여 제사장으로 거룩하게 구별된 제사장이 속죄예식을 맡는다. 그는 모시로 만든 거룩한 예복을 입는다. 33 그는 지성소를 성결하게 하여야 하며, 회막과 제단을 성결하게 하여야 하고, 제사장들과 회중 곧 모든 백성의 죄를 속하여야 한다. 34 위에서 말한 것은 너희가 이스라엘 자손의 모든 죄를 속하려 할 때에, 한 해에 한 번씩 길이 지켜야 할 규례다." 이렇게 모세는 주님께서 분부하신 대로 아론에게 일러주었다.

17 1 주님께서 모세에게 말씀하셨다. 2 "아론과 그의 아들들에게, 그리고 온 이스라엘 자손에게 일러라.

이것은 나 주가 명하는 것이다.

3 이스라엘 집안에 속한 사람은, 누구든지 소나 양이나 염소를 잡을 때에는, 진 안에서 잡든지 진 바깥에서 잡든지, 4 그것을 회막 어귀로 가져와서, 주의 성막 앞에서 주에게 제물로 바쳐야만 한다. 그렇게 하지 아니하면, 그 짐승을 잡은 사람은 실제로 피를 흘린 것이므로 죄를 면하지 못한다. 그런 사람은 백성 가운데서 끊어져야 한다. 5 그렇기 때문에, 이스라엘 자손은 들판에서 죽이려고 한 짐승을 주에게 가져 와야만 한다. 그들은 그 짐승을 회막 어귀의 제사장에게로 끌고 가서, 주에게 바치는 화목제물로 그 짐승을 죽여야 한다. 6 그러면 제사장은 그 피를 회막 어귀에서 주의 제단쪽으로 뿌린다. 기름기는 불살라서, 그 향기로 주를 기쁘게 하여야 한다. 7 백성은 더 이상, 그들이 잡은 짐승을 숫염소 ㄱ)귀신들에게 제물로 바치는 음행을 저질러서는 안 된다. 이것은 그들이 대대로 영원히 지켜야 할 규례이다.

8 너는 또 그들에게 다음과 같이 일러라. 이스라엘 집안에 속한 사람이나 그들과 함께 사는 외국 사람이, 번제물이나 어떤 희생제물을 잡고자 할 때에는, 9 그 짐승을 회막 어귀로 끌고 가서, 주에게 제물로 바쳐야만 한다. 그렇게 하지 않을 때에는, 그런 사람은 백성에게서 끊어진다."

피는 먹지 못한다

10 "이스라엘 집안에 속한 사람이나 또는 그들과 함께 사는 외국 사람이, 어떤 피든지 피를 먹으면, 나 주는 그 피를 먹은 사람을 그대로 두지 않겠다. 나는 그를 백성에게서 끊어 버리고야 말겠다. 11 생물의 생명이 바로 그 피 속에 있기 때문이다. 피는 너희 자신의 죄를 속하는 제물로 삼아 제단에 바치라고, 너희에게 준 것이다. 피가 바로 생명을 지니고 있기 때문에, 죄를 속하는 것이다. 12 그러므로 나 주가 이스라엘 자손에게 이미 말한 바와 같이, 너희 가운데 어느 누구도 피를 먹어서는 안 된다. 그뿐만 아니라, 너희와 함께 살고 있는 어떤 외국 사람도, 피를 먹어서는 안 된다. 13 이스라엘 집안에 속한 사람이나 그들과 함께 살고 있는 외국 사람이 사냥을 하여, 먹어도 좋은 어떤 짐승이나 새를 잡았을 때에는, 그 피를 땅에 쏟고 흙으로 덮어야 한다. 14 피는 곧 모든 생물의 생명이기 때문이다. 그렇기 때문에,

ㄱ) 또는 '우상들'

장에 대한 재언급, 그리고 지성소(33절)를 가리키는 새로운 단어를 사용하고 있다. 31절에서 *너희가 스스로 고행을 하는 날;* 개역개정은 "너희는 스스로 괴롭게 할지니" 라고 했고; 공동번역은 "단식을 해야 한다"로 번역했다. NRSV는 "너희를 부인하라"고 번역했는데 음식, 물, 목욕, 몸단장, 성관계 등의 일상적인 활동을 해서는 안 된다는 의미일 것이다. 외국인에 대한 언급은 이민 온 노동자와 소작인 농부 등을 지칭한다. 29절과 34절, 30절과 31절은 다시 반복되는 표현으로 사용되었다.

17:1—26:46 성결규례 (성결문서). 17장에서 26장까지의 기록은 앞의 제사문서(P)와 신학적, 문체적 특징을 공유하면서도 고유한 특징을 가지고 있다. 제사문서에서 성결의 문제는 회막과 성소, 제사장 등 구별된 장소와 사람에 대해 성결함의 문제가 다루어졌다면 (1—16장), 성결규례에서는 전체 공동체의 성결함에 관심을 두고 여러 상황에서 사람들이 어떻게 행동하고 실천해야 하는지에 대해 관심을 갖는다. 19:2의 "너희의 하나님인 나 주가 거룩하니, 너희도 거룩해야 한다"는 표현에서 거룩/성결/정결의 단어를 취한 것이 레위기 후반부의 핵심이 되는 내용이다. **17:1-16** 희생제물, 도축, 피에 대한 규례. 17장의 이 부분은 모든 집짐승의 도축은 회막 앞에서 행해져야 하며, 또 하나님께 제물로 드려져야 한다고 말한다. 피를 먹는 행동은 저주받게 되며, 공동체로부터 쫓겨나게 된다. 이 구절은 다른 구약의 본문과 일치하지 않는데 신 12:15, 21은 집에서 키운 짐승을 언제, 어디서나 잡아먹을 수 있다고 말한다. 이것은 아마 제사문서 (P) 배경에서 공중의 도축이 용인되는 것과 레 3:1-17; 7:11-21의 화목제에 대한 규례에서 이 문제가 전혀 언급되지 않는 것과 같은 흐름일 것이다. 이러한 갈등에 대해 학자들간에 여러 견해를 보이는데, 일단 다른 제사전통이 이러

나는 이스라엘 자손에게 '너희는 어떤 생물의 피도 먹지 말라'고 한 것이다. 피는 곧 그 생물의 생명이니, 누구든지 피를 먹으면, 나의 백성에게서 끊어진다.

15 저절로 죽었거나 야수에게 물려 찢겨 죽은 것을 먹은 사람은, 본토 사람이든지 외국 사람이든지, 자기 옷을 빨아야 하고 물로 목욕을 하여야 한다. 그 부정한 상태는 저녁때까지 계속되다가, 저녁이 지나면 깨끗해진다. 16 그러나 그가 옷을 빨지도 않고 목욕을 하지도 않으면, 그는 죄값을 치러야 한다."

성 관계에 관한 규례

18 1 주님께서 모세에게 말씀하셨다. 2 "너는 이스라엘 자손에게 말하여라. 그들에게 이렇게 일러라.

내가 주 너희의 하나님이다. 3 너희는 너희가 살던 이집트 땅의 풍속도 따르지 말고, 이제 내가 이끌고 갈 땅, 가나안의 풍속도 따르지 말아라. 너희는 그들의 규례를 따라 살지 말아라. 4 그리고 너희는 내가 명한 법도를 따르고, 내가 세운 규례를 따라 살아라. 내가 주 너희의 하나님이다.

5 그러므로 너희는 내가 세운 규례와 내가 명한 법도를 지켜라. 어떤 사람이든 이것을 지키기만 하면, 그것으로 그 사람이 살 수 있다. 나는 주다.

6 너희 가운데 어느 누구도 가까운 살붙이에게 접근하여 그 몸을 범하면 안 된다. 나는 주다.

7 너는 네 아버지의 몸이나 마찬가지인 네 어머니의 몸을 범하면 안 된다. 그는 네 어머니인 만큼, 너는 그의 몸을 범하면 안 된다.

8 너는 네 아버지가 데리고 사는 여자의 몸을 범하면 안 된다. 그 여자는 네 아버지의 몸이기 때문이다.

9 너는 네 누이의 몸을 범하면 안 된다. 네 아버지의 딸이든지 네 어머니의 딸이든지, 집에서 낳았든지 낳아서 데리고 왔든지, 그 여자의 몸을 범하면 안 된다.

10 너는 네 아들이 낳은 딸이나, 네 딸이 낳은 딸의 몸을 범하면 안 된다. 그들의 몸은 네 자신의 몸이나 마찬가지이기 때문이다.

11 너는 네 아버지가 데리고 사는 여자가 네 아버지와 관계하여 낳은 딸의 몸을 범하면 안 된다. 그 딸은 바로 네 누이이기 때문이다.

12 너는 네 아버지의 누이 곧 고모의 몸을 범하면 안 된다. 그 여자는 네 아버지의 가까운 살붙이이기 때문이다.

13 너는 네 어머니의 형제 곧 이모의 몸을 범하면 안 된다. 그 여자는 네 어머니의 가까운 살붙이이기 때문이다.

14 너는 네 아버지의 형제 곧 네 삼촌이 데리고 사는 여자에게 가까이하여 범하면 안 된다. 그 여자를 범하는 것은 곧 네 삼촌의 몸을 부끄럽게 하는 것이기 때문이다. 그 여자는 네 숙모이다.

15 너는 네 며느리의 몸을 범하면 안 된다. 그 여자는 네 아들의 아내이기 때문이다. 그러므로 너는 그 여자의 몸을 범하면 안 된다.

16 너는 네 형제의 아내 곧 형수나 제수의 몸을 범하면 안 된다. 그 여자는 네 형제의 몸이기 때문이다.

17 너는 한 여자를 데리고 살면서, 그 여자의 딸의 몸을 아울러 범하면 안 된다. 너는 또한 그 여자의 친손녀나 외손녀를 아울러 데려다가 그 몸을 범하면 안 된다. 그 여자의 딸이나 손녀들은 바로 그의 살붙이이기 때문이다. 그들을 범하는 일은 악한 일이다.

18 너는 네 아내가 살아 있는 동안에는, 네 아내의 형제를 첩으로 데려다가 그 몸을 범하면 안 된다.

한 언급을 통해 서로 직접적으로 대립하는 것이 아닌가 추측하기도 한다. **17:3-7** 회막을 떠나 짐승을 죽이는 것은 범죄행위(창 9:5-6을 보라)이며, *그런 사람은 백성 가운데서 끊어져야 한다.* 공동체에서 파문될 것에 대한 경고이다. **17:7-9** 회막 이외의 공간에서 도축하는 것을 금지한 것은 숫염소 귀신(우상, 16장에 있는 아사셀에 대한 주석을 보라; 대하 11:15; 사13:21)에게 번제물을 바치는 것과 같이 금지된 우상숭배를 막기 위한 것이다. **17:10-17** 피를 먹는 것이 금지된 이유는 피가 모든 생명의 근원이기 때문이다 (7:26-27을 보라). **17:11** *피는 너희 자신의 죄를 속하는 제물로 삼아 제단에 바치라.* 번제물의 피를 제단 뿔에 바르고 주위에 뿌리는 것은 그 사람의 생명을 구하기 위한 것이다. **17:13** 야생동물을 사냥한 경우 고기는 취할 수 있으나, 그 피는 쏟고 흙으로 덮어야 한다.

18:1-30 금지된 성관계에 대한 규례. 18—20장 사이의 윤리문제와 불복종에 대한 결과는 아마 별도로 정리된 기록이었을 것이다. 이러한 규례는 하나님에게 선택받은 백성의 성결한 삶이 이전 이집트의 삶과 구별되며, 새로운 삶의 터전이 될 가나안 사람들의 생활양식과도 다르다는 것을 강조하기 위해 기록되었을 것이다 (3-5절, 24-30절; 20:22-26). **18:2-5** 문체적인 표현을 보면 이집트와 가나안의 풍속은 받아들여서는 안 된다고 규정하지만 금지된 생활양식 모두가 이집

19 너는, 여자가 월경을 하고 있어서 몸이 불결한 기간에는, 여자에게 가까이하여 그 몸을 범하면 안 된다.

20 너는 이웃의 아내와 동침하여 정액을 쏟아서는 안 된다. 그 여자와 간통하면 네가 더럽게 되기 때문이다.

21 너는 네 자식들을 ㄱ)몰렉에게 희생제물로 바치면 안 된다. 그렇게 하는 것은 네 하나님의 이름을 더럽게 하는 일이다. 나는 주다.

22 너는 여자와 교합하듯 남자와 교합하면 안 된다. 그것은 망측한 짓이다.

23 너는 어떤 종류의 짐승과도 교접하면 안 된다. 그렇게 하는 것은 네 자신을 더럽게 하는 일이다. 여자들도 또한 어떤 짐승하고든 교접하면 안 된다. 그렇게 하는 것은 성을 문란하게 하는 행위이다.

24 위에서 말한 것 가운데 어느 하나라도 저지르면, 이것은 너희가 스스로를 더럽히는 일이니, 그런 일이 없도록 하여라. 내가 너희 앞에서 쫓아낼 민족들이, 바로 그런 짓들을 하다가 스스로 자신을 더럽혔다.
25 따라서 그들이 사는 땅까지 더럽게 되었다. 그러므로 나는 그 악한 땅을 벌하였고, 그 땅은 그 거주자들을 토해 내게 되었다.
26 너희는 모두 내가 세운 규례와 내가 명한 법도를 잘 지켜서, 온갖 역겨운 짓 가운데, 어느 하나라도 범하지 않도록 하여라. 본토 사람이나 너희와 함께 사는 외국 사람이나 다 마찬가지이다.
27 너희보다 앞서 그 땅에서 살던 사람들은, 이 역겨운 모든 짓을 하여, 그 땅을 더럽히고 말았다.
28 너희가 그 땅을 더럽히면, 마치, 너희보다 앞서 그 땅에 살던 민족을 그 땅이 토해 냈듯이, 너희를 토해 낼 것이다.
29 누구든지 위에서 말한 역겨운 짓 가운데 어느 하나라도 범하면, 백성은 그런 짓을 한 그 사람과는 관계를 끊어야 한다.

30 그러므로 너희는, 내가 지키라고 한 것을 꼭 지켜서, 너희보다 앞서 그 곳에 살던 사람들이 저지른 역겨운 풍습 가운데 어느 하나라도 따라 가는 일이 없도록 하여라. 그런 짓들을 하여, 너희가 스스로를 더럽히는 일이 없도록 하여라. 내가 주 너희의 하나님이다."

ㄱ) 암몬 사람들의 신 (왕상 11:7)

트와 가나안 사람들의 전형적인 문화였는지에 대해서는 확실하지 않다. **18:6-23** 이 부분은 근친상간, 월경기간 중의 성관계, 동성연애, 수간 (짐승과의 성관계) 등의 금지된 성행위에 대해 기록하고 있지만 결혼에 대한 문제를 직접 설명하고 있지 않다. 구약의 본문들은 결혼과 이혼에 대한 특징과 규정에 대해 직접적으로 언급하지 않고 있다. 다만 신 24:1-4는 이혼과 재혼이 가능하다는 사실을 간단하게 기록하고 있을 뿐이다. **18:6** 접근하여. 성관계를 위해 다가간다는 의미를 언어적인 기교로 표현한 것이다. *가까운 살붙이.* 자신의 어머니, 누이, 딸을 가리킨다. 본문은 하나님의 명령을 듣는 남성을 전제로 기록되었고, *나는 주다* 라고 기록된 부분은 하나님의 명령이므로 복종해야 한다는 뜻에서 쓰인 것이다. **18:7-16** *아버지의 몸.* "아버지의 알몸"을 뜻한다. 개역개정은 "아버지의 하체;" 공동번역은 "아비의 부끄러운 곳"이라고 했다. 이것은 아버지의 독점적인 소유권이 인정되는 몸이라는 의미로 반복되어 사용되는 것이다. 이스라엘 남성에게 금지된 성행위의 대상은 자신의 어머니 (7절); 아버지의 다른 아내 (이스라엘은 일부다처제 사회였다, 8절); 친부모 쪽이나 이복형제를 포함한 누이 (9절); 손녀 (10절); 이복누이 (11절); 고모와 이모 (12-13절); 숙모 (14절); 며느리 (15절); 형수나 제수 (16절) 등이다. **18:17-18** 손녀들과 아내의 누이와 성관계하는 것이 금지되어 있는 규정이다. 하지만 야곱이 레아와 라헬과 결혼한 것(창 29:15-30)처럼 이렇게 금지된 규례들이 항상 지켜지지 않았다는 사례도 찾아볼 수 있다. **18:19** 여성의 월경기간에는 성관계를 해서는 안 된다. 15:24에 관한 주석을 보라. **18:20** 간통에 대한 절대적인 금지를 설명하기 위해 이웃의 아내를 예로 들어 설명한다. **18:21** 아이를 희생제물로 드리는 문제는 20:2에 관한 주석을 보라. **18:22** 동성연애의 금지는 남성형으로 기록되어 있고, 구약성경에서는 여성간의 동성연애에 대한 금지가 문자적으로 기록되어 있지 않다. 그러나 *여자와 교합하*듯이라는 본문의 정확한 문자적 의미는 확인할 수 없다. 동성연애는 혼란함의 범주에 속하는 것으로 이해되었다 (창 1:27을 보라). **18:23** 남자와 여자의 짐승을 상대로 성욕을 만족시키는 행위. 이것은 창조질서를 어기는 것으로 보인다. (창 1장) **18:24-30** 본문은 가나안 사람들이 위와 같이 금지된 성행위를 했으므로 땅과 자신들을 더럽히고 땅에서 쫓겨난다는 사실을 지적하면서, 이스라엘 사람들에게 확실하게 경고하는 것이다. 만약 거룩한 땅에서 금지된 일을 행할 경우 하나님께 벌을 받고, 그 땅에서 쫓겨나게 되는 것을 명시하고 있다.

19:1-37 성결한 삶 (The life of holiness). 구약의 윤리적 가르침은 19장에서 절정을 이룬다. 부정적인 것과 긍정적인 것이 서로 대응하며, 십계명의 모든 내용이 여러 가지 형태로 서술되고 있다. 레위기에서 이미 언급된 규정의 조건들이 반복되기도 하지만 "성결한 삶"은 단순히 최고의 윤리적 경지에 도달하는 것이 아니라, *하나님의 형상*을 닮는 것임을 보여준다. 이 본문에

거룩한 백성이 되어라

19 1 주님께서 모세에게 말씀하셨다. 2 "이
스라엘 자손 온 회중에게 말하여라. 너는
그들에게 이렇게 일러라.

너희의 하나님인 나 주가 거룩하니, 너희도
거룩해야 한다.
3 너희는 저마다 어머니와 아버지를 공경하
여라. 너희는 또 내가 명한 여러 안식일을 다
지켜라. 내가 주 너희의 하나님이다.
4 너희는 우상들을 의지해서는 안 된다. 쇠
를 녹여 너희가 섬길 신상들을 만들어서도 안 된
다. 내가 주 너희의 하나님이다.
5 너희가 나 주에게 화목제로 희생제물을 가
져 올 때에는, 너희가 드리는 그 제사를 나 주가
즐거이 받게 드려라. 6 제물은 너희가 나 주에게
바친 그 날로 다 먹어야 하지만, 그 다음날까지는
두고 먹어도 된다. 그러나 사흘째 되는 날까지 남는
것은 불에 태워 버려야 한다. 7 사흘째 되는
날에 그 남은 제물을 먹으면, 그 행위 자체가 역
겨운 일이다. 제물의 효력이 없어지고 말 것이다.
8 날 지난 제물을 먹는 사람은 누구나 벌을 면하
지 못한다. 나 주에게 바친 거룩한 것을 그가 더
럽혔기 때문이다. 그런 사람은 자기 백성에게서
끊어질 것이다.
9 밭에서 난 곡식을 거두어들일 때에는, 밭
구석구석까지 다 거두어들여서는 안 된다. 거두
어들인 다음에, 떨어진 이삭을 주워서도 안 된다.
10 포도를 딸 때에도 모조리 따서는 안 된다.
포도밭에 떨어진 포도도 주워서는 안 된다. 가난한
사람들과 나그네 신세인 외국 사람들이 줍게, 그것
들을 남겨 두어야 한다. 내가 주 너희의 하나님이다.
11 도둑질하지 못한다. 사기하지 못한다.
서로 이웃을 속이지 못한다. 12 나의 이름으로
거짓 맹세를 하여 너희 하나님의 이름을 더럽혀
서는 안 된다. 나는 주다.
13 너는 이웃을 억누르거나 이웃의 것을 빼
앗아서는 안 된다. 네가 품꾼을 쓰면, 그가 받을
품값을 다음날 아침까지, 밤새 네가 가지고 있어서
는 안 된다.
14 듣지 못하는 사람을 저주해서는 안 된다.
눈이 먼 사람 앞에 걸려 넘어질 것을 놓아서는 안
된다. 너는 하나님 두려운 줄을 알아야 한다. 나
는 주다.
15 재판할 때에는 공정하지 못한 재판을 해서
는 안 된다. 가난한 사람이라고 하여 두둔하거나,
세력이 있는 사람이라고 하여 편들어서는 안 된다.
이웃을 재판할 때에는 오로지 공정하게 하여라.
16 이 사람 저 사람에게 남을 헐뜯는 말을 퍼뜨
리고 다녀서는 안 된다. 너는 또 네 이웃의 ㄱ)생명
을 위태롭게 하면서까지 이익을 보려 해서는 안
된다. 나는 주다.
17 너는 동족을 미워하는 마음을 품어서는
안 된다. 이웃이 잘못을 하면, 너는 반드시 그를
타일러야 한다. 그래야만 너는 그 잘못 때문에 질
책임을 벗을 수 있다. 18 한 백성끼리 앙심을 품
거나 원수 갚는 일이 없도록 하여라. 다만 너는 너
의 이웃을 네 몸처럼 사랑하여라. 나는 주다.
19 너희는 내가 세운 규례를 지켜라.
너는 가축 가운데서 서로 다른 종류끼리 교미

ㄱ) 히, '피'

서는 불분명한 원칙은 존재하지 않는다. **19:2** *이스라엘 자손 온 회중.* 이것은 제사장과 일반 평민 모두를 포함하는 명령인 것을 확실하게 보여주며, 성결규례의 핵심이 되는 *너희의 하나님인 나 주가 거룩하니, 너희도 거룩해야 한다* 라는 표현으로 이스라엘에게 준 명령은 하나님께서 주신 것이며, 하나님의 거룩하심에 대한 것임을 확인할 수 있다. **19:3** 십계명을 후에 나오는 구절부터 서술한 것처럼 보인다. **19:4** 출 20:4-6; 신 5:8-10을 보라. **19:5-8** 레 7:11-18을 보라. **19:9-10** 랍비문서의 기록에 따르면, 추수시기에 가난한 이들과 나그네 신세인 외국 사람들(resident alien)을 위해 남겨두어야 할 분량은 육십분의 일 정도이다. **19:11-12** 정직함에 대한 규정. 하나님의 이름으로 *거짓 맹세*하는 것은 그 이름을 더럽히는 것이다. 또한 잘못된 행동에 하나님의 이름을 액세서리처럼 사용하는 것은 명백히 잘못된 행동이다. 6:2-7에 관한 주석을 보라. **19:13-14** *빼앗는 것.* 도둑질의 의미와 함께 쓰였고, 강제로 "약탈"하는 행동을 의미한다. 일꾼의 품삯을 단 하루라도 미루면 안 된다는 명령은 힘없고 가난한 자를 보호하려는 것이다. 신 24:14-15를 보라. **19:15-16** 공정한 재판을 위해서는 가난하거나 세력이 있는 사람 누구의 편도 들어서는 안 된다고 지적한다. 비방 중상하는 행동도 하지 말아야 하며, 자신의 이익을 위해 타인을 위험하게 하는 행동도 하지 말아야 한다. **19:17-18** *미워하는 마음.* 본문에서 미워하는 마음은 감정 이상의 행동과 발전될 것으로 보인다. 마음으로 미워하는 것은 상대가 알 수 없지만, 나중에 행동으로 표출될 수 있다. 따라서 이웃의 잘못을 지적하는 것은 심리적 분노와 아픔을 드러내게 되고, 후에 잘못된 행동으로 인해 하나님의 처벌을 면할 수 없게 된다. *앙심을 품거나 원수 갚는 일이*

시켜서는 안 된다. 밭에다가 서로 다른 두 종류의 씨앗을 함께 뿌려서는 안 된다. 서로 다른 두 가지의 재료를 섞어 짠 옷감으로 만든 옷을 입어서는 안 된다.

20 한 남자가 여자와 동침하였는데, 만일 그 여자가 노예의 신분이고, 다른 남자에게 가기로 되어 있는 여자이고, 그 여자 노예를 데리고 갈 남자가 몸값을 치르지 않아서, 그 여자가 아직 자유의 몸이 되지 못한 상태면, 그 두 사람은 벌을 받기는 하지만, 사형은 당하지 않는다. 그 여자는 아직 노예의 신분을 벗지 못하였기 때문이다.
21 그 여자와 동침한 그 남자는 회막 어귀, 주 앞으로, 속건제물을 가져 와야 한다. 이 때의 속건제물은 숫양이어야 한다.
22 제사장이 그 숫양을 속건제물로 바쳐, 그 남자가 저지른 죄를 주 앞에서 속하여 주면, 그 남자는 자기가 지은 죄를 용서받게 된다.

23 너희가 그 땅으로 들어가 온갖 과일나무를 심었을 때에, 너희는 그 나무의 과일을 ㄱ)따서는 안 된다. 과일이 달리는 처음 세 해 동안은 그 과일을 ㄱ)따지 말아라. 너희는 그 과일을 먹어서는 안 된다.
24 넷째 해의 과일은 거룩하게 여겨, 그 달린 모든 과일을 주를 찬양하는 제물로 바쳐야 한다.
25 그러나 과일을 맺기 시작하여 다섯째 해가 되는 때부터는 너희가 그 과일을 먹어도 된다. 이렇게 하기만 하면, 너희는 더욱 많은 과일을 거두어들이게 될 것이다. 나는 주 너희의 하나님이다.

26 너희는 어떤 고기를 먹든지 피째로 먹어서는 안 된다.

너희는 점을 치거나, 마법을 쓰지 못한다.

27 ㄴ)관자놀이의 머리를 둥글게 깎거나, 구레나룻을 밀어서는 안 된다.

28 죽은 사람을 애도한다고 하여, ㄴ)너희 몸에 상처를 내거나 너희 몸에 문신을 새겨서는 안 된다. 나는 주다.

29 너는 네 딸을 ㄷ)창녀로 내놓아서, 그 몸을 더럽혀서는 안 된다. 딸을 창녀로 내놓으면, 이 땅은 온통 음란한 풍습에 젖고, 망측한 짓들이 온 땅에 가득하게 될 것이다.

30 너희는 내가 정하여 준 안식의 절기들을 지켜라.

나에게 예배하는 성소를 속되게 해서는 안 된다. 나는 주다.

31 너희는 혼백을 불러내는 여자에게 가거나 점쟁이를 찾아 다니거나 해서는 안 된다. 그들이 너희를 더럽히기 때문이다. 나는 주 너희의 하나님이다.

32 백발이 성성한 어른이 들어오면 일어서고, 나이 든 어른을 보면 그를 공경하여라. 너희의 하나님을 두려워하여라. 나는 주다.

33 외국 사람이 나그네가 되어 너희의 땅에서 너희와 함께 살 때에, 너희는 그를 억압해서는 안 된다.
34 너희와 함께 사는 그 외국인 나그네를 너희의 본토인처럼 여기고, 그를 너희의 몸과 같이 사랑하여라. 너희도 이집트 땅에 살 때에는, 외국인 나그네 신세였다. 내가 주 너희의 하나님이다.

ㄱ) 히, '할례받지 못한 것으로 여겨라' ㄴ) 가나안 사람들의 습관. 이방 종교의 의식 ㄷ) 이 여자들은 가나안 사람들이 풍요의 농경신을 섬기는 성소에서 일하였음

---

*없도록 하여라. 다만 너는 너의 이웃을 네 몸처럼 사랑하라*는 것이 거룩한 백성의 삶이다. **19:19** 다른 종류의 집짐승과 교배하는 것, 다른 씨앗종류를 함께 파종하는 것, 그리고 재료를 섞어 만든 옷감에 대한 규례는 질서와 경계를 지키라는 명령이다 (신 22:9-11을 보라). **19:20-22** 이 구절은 19장에 나타난 구체적인 사례에 대한 판례로 제시된 것이다. 비록 다른 남자에게 가기로 되어있는 여자라도 자유의 상태가 아닌, 즉 노예의 신분에서 성관계를 맺은 경우는 사형판결까지 가능성이 있는 간통죄로 간주되지 않았고 (20:10; 신 22:23-27을 보라), 남자는 그 행위를 용서받기 위해 속건제물(7:10을 보라)을 받쳐야 한다. 그러나 본문의 언급은 약혼/정혼과 같이 결혼약속이 공식화되면 공식적인 하나님의 구속력을 갖게 되고, 하나님께서 인도하시는 관계를 파괴하는 행동은 반드시 처벌의 대상이 된다는 것을 보여준다. **19:23-25** 첫 번째로 추수하는 과일은 하나님의 것이고, 그 다음부터 사람들이 먹을 수 있다. **19:26-28** 종교적 위법행위는 제물 (26절a), 상담 (26절b), 조문하는 행동(27-28절) 등과 연관되어 있다. **19:29** 구약에 돈으로 사고파는 성매매 행위가 완전히 금지되었다는 문자적 표현은 없지만, 아비가 딸을 창녀로 삼아 경제적 이익을 추구하지 말라는 명령이 있다. 이러한 행위는 땅을 부정하게 하며, 결국 30절에 기록된 안식일과 성소를 욕되게 할 것이라고 본문은 분명하게 경고하고 있다. **19:30** 안식일(19:3b를 보라)과 성소는 거룩하게 구별된 시간과 장소를 포괄적으로 드러낸다. **19:31** *혼백을 불러내는 여자에게 가거나 점쟁이를 찾아 다니거나.* 죽은 영혼과 대화하여 미래를 말한 무당이나 점치는 이들의 미신행위는 이스라엘과 그 주변 공동체에서 널리 행해지고 있었다 (사 8:19-20; 레 20:6, 20; 신 18:10-12를 보라). **19:32** 나이든 어른에 대한 존경심을 표현하라. **19:33-35** 성결규례에서 외

35 재판할 때에나, 길이나 무게나 양을 잴 때
에, 잘못을 저지르지 않도록 하여라. 36 너희는
바른 저울과 바른 추와 바른 에바와 바른 힌을 사
용하여라. 내가 바로 너희를 이집트 땅에서 이끌
어 낸 주 너희의 하나님이다.
37 너희는 내가 세운 위의 모든 규례와 내가
명한 모든 법도를 지켜 그대로 살아야 한다. 나는
주다."

사형에 해당되는 죄

20 1 주님께서 모세에게 말씀하셨다. 2 "너
는 이스라엘 자손에게 다음과 같이 일러라.

이스라엘 자손 가운데서 어떤 사람이든지, 또
는 이스라엘에서 나그네로 사는 외국 사람 가운데
서 어떤 사람이든지, 제 자식을 몰렉에게 제물로
준다면, 그를 반드시 사형에 처해야 한다. 그 지
방 사람이 그를 돌로 쳐죽여야 한다. 3 나도 바
로 그런 자에게 진노하여, 그를 자기 백성에게서
끊어지게 하겠다. 그가 자식을 몰렉에게 주어 나
의 성소를 더럽히고, 나의 거룩한 이름을 욕되게
하였기 때문이다. 4 그 지방 사람이, 자식을 몰
렉에게 준 자를 눈감아 주고, 그를 사형에 처하지
않으면, 5 내가 직접 그와 그의 가문에 진노를
부어서 그는 물론이고, 그를 따라 몰렉을 섬기며
음란한 짓을 한 자들을, 모조리 자기 백성에게서
끊어지게 하겠다.
6 어느 누가, 혼백을 불러내는 여자와 마법을
쓰는 사람에게 다니면서, 그들을 따라 음란한 짓을
하면, 나는 바로 그자에게 진노하여 그를 자기 백
성에게서 끊어지게 하겠다. 7 그러므로 너희는 몸
가짐을 깨끗하게 하고 거룩한 사람이 되어야 한다.
나는 주 너희의 하나님이기 때문이다. 8 내가 정
한 규례를 지켜 그대로 하여야 한다. 나는 너희를
거룩하게 한 주다.
9 아버지나 어머니를 저주하는 사람은 반드
시 사형에 처해야 한다. 그가 아버지와 어머니를
저주하였으니, 그는 자기 죄값으로 죽는 것이다.
10 남자가 다른 남자의 아내 곧 자기의 이웃
집 아내와 간통하면, 간음한 두 남녀는 함께 반드
시 사형에 처해야 한다. 11 제 아버지의 아내와
동침한 자는, 아버지의 몸을 부끄럽게 한 것이다.
그 두 사람은 반드시 사형에 처해야 한다. 그들은
자기 죄값으로 죽는 것이다. 12 시아버지가 며
느리와 동침하면 둘 다 반드시 사형에 처해야 한
다. 그들이 한 짓은 망측한 짓이다. 그들은 자기 죄
값으로 죽는 것이다. 13 남자가 같은 남자와 동
침하여, 여자에게 하듯 그 남자에게 하면, 그 두
사람은 망측한 짓을 한 것이므로 반드시 사형에
처해야 한다. 그들은 자기 죄값으로 죽는 것이다.
14 남자가 자기 아내와 함께 아내의 어머니까지
아울러 취하는 것은 악한 짓이다. 그 남자와 두 여
자를 모두 불에 태워 처형해야 한다. 그렇게 해야만,
너희 안에 역겨운 짓이 다시는 생기지 않을 것이다.
15 남자가 짐승과 교접하면, 그는 반드시 사형에
처해야 한다. 그리고 너희는 그 짐승도 죽여야 한다.
16 여자가 어떤 짐승에게 가까이하여 그것과 교
접하면, 너희는 그 여자와 그 짐승을 반드시 사형
에 처해야 한다. 그 여자와 그 짐승은 자기 죄값
으로 죽는 것이다.

국인 나그네에 대한 규정이 두드러진다. 이집트에서 외국인으로 고생하던 역사성을 잊지 말고, 속이거나 억압해서는 안 되며, 외국인을 자기 몸처럼 사랑하라는 명령이다. **19:35-36** 재판이나 사업, 어떤 일에서든지 정직함이 우선되어야 한다. 에바는 마른 곡식을 측정하는 단위로 21커트 (20리터) 정도이며, 힌은 액체의 부피를 측정하는 단위로 1.5갤런 (5.5리터) 정도이다.

20:1-27 불법행위에 대한 처벌조항. 18장에 기록된 여러 행위에 대한 처벌조항이 구체적으로 요약되어 있다. 자식을 번제물로 바치는 몰렉 제사 (2-5절), 무당 (6-8, 27절), 성관계 (10-21절) 등에 의해 성결규례를 어기는 행위에 관한 설명이다. **20:2b-5** 학자들은 몰렉의 정체와 자식을 제물로 주는 행위에 대해 이견을 가지고 있다. 히브리어 단어 *몰렉은 멜랙이* 변한 것이며, 모두 "왕"을 가리킨다. 몰렉은 이방신으로, 우상숭배 제사의 형태를 보여준다. 왕하 23:10과 렘 32:35를 보면, 예루살렘 근처 벤힌놈 (Ben-hinnom) 계곡에서 몰렉 제사가 행해졌음을 볼 수 있다. 그러나 아이들을 바치거나 불에 통과시키는 행위를 제외하고는 이방제사의 특징이나 규례에 대한 구체적인 정보를 알 수는 없다. 다만 이러한 우상숭배가 번제물(겔 20:25-26; 렘 32;35 비교)로 첫째 아이(출 22:29; 34:19)를 바치는 행위와 연결될 때 회막과 하나님의 거룩한 이름을 부정하게 하는 심각한 불법행위가 되는 것이다. **20:2b** 외국 사람을 포함하는 규정은 거룩한 땅에 사는 이들의 어떤 특정한 행동이 땅과 회막을 부정하게 한다고 이해하는 것에서 나온 것이다. *사형에 처해야 한다.* 히브리어 표현은 분명한 의무적 조항이지만 어떤 이들은 사형을 허용하는 조항이라고 이해하기도 한다. **20:6-8** 무당과 접촉하는 이들은 하나님이 직접 처벌하신다; 27절과 비교해 보라. **20:9-21** 9절과 뒤에 따르는 구절을 보면, 부모를 공경하지 않는 행위는 매우 심각한 문제다. *죄값*

17 남자가, 아버지의 딸이든 제 어머니의
딸이든, 누이를 데려다가 그 여자의 벗은 몸을 보고,
그 여자 또한 오라비의 벗은 몸을 보면, 이것은
부끄러운 짓이다. 둘 다 백성에게서 끊어지게 하
여야 한다. 그는 누이의 몸을 벗겼으니, 자기 죄를
자기가 짊어져야 한다. 18 남자가 월경을 하는
여자와 동침하여 그 여자의 몸을 범하면, 그는
그 여자의 피 나는 샘을 범한 것이고, 그 여자도
자기의 피 나는 샘을 열어 보인 것이므로, 둘 다
백성에게서 끊어지게 하여야 한다. 19 너는 또
네 이모들의 몸이나, 네 고모들의 몸을 범해서는
안 된다. 그렇게 하는 것은 곧 제 살붙이의 몸을
범하는 것이므로, 그 벌을 면할 길이 없다. 20 숙
모와 동침하면, 그는 제 숙부의 몸을 부끄럽게
하는 것이다. 그 둘은 벌을 받아, 자손을 보지 못
하고 죽을 것이다. 21 형수나 제수를 데리고 살
면, 이것 또한 역겨운 짓이다. 자기 형제의 몸을
부끄럽게 한 것이므로, 그들 역시 자손을 보지
못할 것이다.

22 그러므로 너희는, 내가 세운 모든 규례와
내가 명한 모든 법도를 지켜, 그대로 하여야 한다.
그래야만 내가 너희를 데리고 들어가서 살게 할
그 땅이, 너희를 토해 내지 않을 것이다. 23 너
희는, 내가 너희 앞에서 쫓아낼 민족의 풍속을 따
라서는 안 된다. 그들이 바로 그런 풍속을 따라 살
았기 때문에, 내가 그들을 싫어하였다. 24 내가
전에 너희에게 말하였다. 너희가, 그들이 살던
땅을 물려받게 될 것이다. 나는 그 땅을 너희가
가지도록 주겠다. 그 땅은 젖과 꿀이 흐르는 땅이
다. 나는 너희를 여러 백성 가운데서 골라 낸 주
너희의 하나님이다. 25 그러므로 너는 정한
짐승과 부정한 짐승을 구별하여야 한다. 부정한 새
와 정한 새를 구별하여야 한다. 내가 너희에게 부
정하다고 따로 구별한 그런 짐승이나 새나 땅에
기어 다니는 어떤 것으로도, 너희 자신을 부정
하게 해서는 안 된다. 26 나 주가 거룩하니,
너희도 나에게 거룩한 사람이 되어야 한다. 나는
너희를 뭇 백성 가운데서 골라서, 나의 백성이
되게 하였다.

27 혼백을 불러내는 사람이나 마법을 쓰는
사람은, 남자이든지 여자이든지, 모두 돌로 쳐서
반드시 사형시켜야 한다. 그들은 자기 죄값으로
죽는 것이다."

제사장이 지켜야 할 규례

21 1 주님께서 모세에게 말씀하셨다. "아론
의 혈통을 이어받은 제사장들에게 알려
라. 너는 그들에게 다음과 같이 일러라.

제사장은 누구든지, 백성의 주검을 만져 자신
의 몸을 더럽히는 일이 없도록 하여라. 2 가장
가까운 살붙이 곧 어머니나 아버지나 아들이나 딸
이나 형제의 주검은 괜찮다. 3 또한 시집가지 못

으로 죽는 것이다. 개역개정은 이것을 "그의 피가 자기에게로 돌아가리라"고 번역했고; 공동번역은 "피를 흘리고 죽어야 마땅하다"고 번역했다. NRSV는 "그들의 피가 그들에게" 라고 번역했는데, 이것은 사형을 집행하는 이들에게 사형수들의 죽음에 대한 책임이 전혀 없다는 것을 설명하기 위함이다. 10-21절에서 성관계로 인한 규례와 처벌은 사형 (10-16절), 파문 (17-19절), 불임(20-21절)의 순서로 기록되어 있다. **20:10-16** 간통은 고대 근동에서 "가장 심각한 죄"로 취급되었다 (18:20을 보라). 왜냐하면 이것은 도덕적 기준을 파괴하고, 사회의 기본이 되는 가정의 안정을 뒤흔들어 놓기 때문이었다. 당시의 주변 문화에서 남자와 간통한 여인에 대한 처벌은 여인의 남편이 벌주는 것을 제외하고는 심각한 처벌 대상은 아니었다. 잠 6:32-35로 보아 사형이 항상 집행되었던 것 같지는 않는다. 18장에서 언급된 금지된 성행위에서 사형처벌의 대상은 아버지의 아내 (11절), 며느리 (12절), 동성연애 (13절), 아내와 장모 (14절, 불에 태워 죽이게 됨, 창 38:24; 삿 14:15; 15:6을 보라), 수간 (15-16절) 등이다. **20:17-19** 누이, 이복누이 (17절), 월경기의 여인 (18절), 고모와 이모(19절)와의 성관계는 *백성에게서 끊어지게 하는* 처벌을 받았다. 아마 거반 죽게 되는 정도로 벌을 받는 것에 대한 표현일 것이다. 개역개정은 "민족이 보는 앞에서 끊어 질지니;" 공동번역은 "겨레가 보는 앞에서 죽여야 한다"고 강한 표현을 사용하고 있다. **20:20-21** 숙모 (20절), 제수나 형수(21절; 신 25:5를 참조하라)를 범한 경우에는 불임의 처벌을 하나님께서 주신다. 위의 경우들은 아마 과부가 되거나 이혼당한 여인에 대한 표현일 수 있다. **20:22-26** 또한 18:1-5를 보라. **20:24** 제사문서(P)에서는 여기서 유일하게 *젖과 꿀이 흐르는 땅*이란 표현을 사용했다. **20:25** 이스라엘은 정한 것과 부정한 것을 반드시 구별해야 했다. 11장을 보라. 이것은 마치 하나님께서 이스라엘과 다른 나라를 구별한 것과 같은 원리이다. **20:27** 무당이나 마술을 부리는 자(죽은 자의 혼령과 대화하는 자들)는 사람들에 의해 돌로 맞아 죽게 된다 (27절; 6-8절을 참조하라).

21:1-24 제사장들을 위한 규례. 18—20장이 거룩하게 부름받은 이스라엘 백성 모두를 위한 규정이라면, 21—22장은 그 중에서 다시 구별된 제사장들을 위한 규례들이다. 주검과 조문하는 문제 (1-6절), 결혼

하고 죽은 친누이의 주검도 괜찮다. 그 여자에게 남편이 없기 때문이다. 이들의 주검을 만져 몸을 더럽히는 것은 괜찮다. 4 그러나 제사장은 백성의 어른이므로, 스스로 더럽혀 욕되게 해서는 안 된다.

5 제사장은 머리털을 깎아 대머리같이 하거나, 구레나룻을 밀거나, 제 몸에 칼자국을 내서는 안 된다.

6 그들은 하나님께 거룩하게 구별된 사람들이니, 그들이 섬기는 하나님의 이름을 욕되게 해서는 안 된다. 그들은 주에게 제물을 살라 바치는 이들 곧 하나님께 음식을 바치는 이들이기 때문에, 그들은 거룩하여야 한다. 7 제사장은 창녀나, 이미 몸을 버린 여자와 결혼해서는 안 된다. 이혼한 여자와도 결혼하지 않아야 한다. 제사장은 하나님께 거룩하게 구별된 사람이기 때문이다. 8 너희는 제사장을 거룩하게 생각하여야 한다. 그는 너희가 섬기는 하나님께 음식제물을 바치는 사람이기 때문이다. 제사장은 너희에게도 거룩한 사람이다. 너희를 거룩하게 하는 나 주가 거룩하기 때문이다. 9 제사장의 딸이 창녀짓을 하여 제 몸을 더럽히면, 제 아버지를 더럽히는 것이나 마찬가지이므로, 그 여자는 불태워 죽여야 한다.

10 형제 제사장들 가운데서 으뜸되는 대제사장은, 임명될 때에 머리에 기름을 부었고, 또 예복을 입고 거룩하게 구별되었으므로, 머리를 풀거나 옷을 찢으며 애도해서는 안 된다. 11 그는 어떤 주검에도 가까이해서는 안 된다. 자기 아버지나 어머니가 죽었을 때에도, 그 주검에 가까이하여 몸을 더럽혀서는 안 된다. 12 대제사장은 절대로 성소에서 떠나서는 안 된다. 그가 섬기는 하나님의 성소를 더럽혀서는 안 된다. 그는 남달리, 하나님이 기름부어 거룩하게 구별하고, 대제사장으로 임명하였기 때문이다. 나는 주다. 13 대제사장은 처녀를 아내로 맞이하여야 한다. 14 과부나 이혼한 여자나 이미 몸을 버린 여자나 창녀와 결혼해서는 안 된다. 그는 다만 자기 백성 가운데서 처녀를 아내로 맞이하여야 한다. 15 그래야만, 그는 더러워지지 않은 자녀를 자기 백성 가운데 남기게 될 것이다. 그를 거룩하게 한 이는 주다."

16 주님께서 모세에게 말씀하셨다. 17 "너는 아론에게 이렇게 말하여라.

대대로, 너의 자손 가운데서 몸에 흠이 있는 사람은 하나님께 음식제물을 바치러 나올 수 없다. 18 몸에 흠이 있어서 하나님께 가까이 나아갈 수 없는 사람은, 눈이 먼 사람이나, 다리를 저는 사람이나, 얼굴이 일그러진 사람이나, 몸의 어느 부위가 제대로 생기지 않은 사람이나, 19 팔다리가 상하였거나 손발을 다쳐 장애인이 된 사람이나, 20 곱사등이나, 난쟁이나, 눈에 백태가 끼어 잘 보지 못하는 사람이나, 가려움증이 있는 환자나, 종기를 앓는 환자나, 고환이 상한 사람들이다. 21 제사장 아론의 자손 가운데서 이처럼 몸에 흠이 있는 사람은, 누구든지 주에게 가까이 나아와 살라 바치는 제사를 드릴 수 없다. 몸에 흠이 있는 사람은 하나님께 음식제물을 바치러 나올 수 없다. 22 그러나 그 사람도 하나님께 바친 음식 곧 가장 거룩한 제물과 거룩한 일반제물을 먹을 수는 있다. 23 다만 몸에 흠이 있으므로, 그는 휘장 안으로 들어가거나 제단에 가까이 나아와, 내가 거룩하게 한 물건들을 더럽히는 일만은 삼가야 한다. 그것들을 거룩하게 한 이가 바로 나 주이기 때문이다."

24 모세는 이 말을, 아론과 아론의 아들들과 온 이스라엘 자손에게 전하였다.

(7-9절), 대제사장 (10-16절), 몸에 흠이 있는 것에 대한 규정 (17-23절) 등이다. **21:1b-6** 성경은 묻혀야 할 시체를 만지는 것을 직접 금지하고 있지는 않으나, 시체는 사람을 부정하게 만드는 가장 심각한 원인이다 (민 19장을 보라). 시체는 거룩하지 못한 것의 최극단의 것이라고 믿은 이스라엘 사람들에게 회막에서의 장례식은 가장 두려운 예식이었을 것이다. 제사장들은 성결하게 구분된 사람들이므로 죽은 자의 시신을 만지는 것이 양해되지 않았다. **21:1b-4** 제사장은 자신의 가장 가까운 살붙이 곧 어머니, 아버지, 아들, 딸, 형제, 누이의 주검은 만질 수 있었어도, 그의 아내와 처가의 가족은 포함되지 않았다. **21:5-6** 상중에 애곡하는 행위 곧 상복이나 재를 주검 위에 붓는 것도 금지되었다 (19:2, 7-28을 보라). 제사장은 하나님께 제사 드리는 사람으로 반드시 성결함을 유지해야 한다. **21:7-9** 제사장은 창녀, 강간당한 여인 (더럽히는 것으로 여김), 이혼한 여인과 결혼하는 것이 금지되었다. 이 규정은 제사장의 명예를 지키는 것은 물론 제사장의 아내가 제사장 가문 밖의 자녀를 출산할 가능성을 막기 위한 것이다. 9절도 마찬가지 이유일 것이며, 후대에 추가된 것으로 보인다. **21:10-15** 대제사장에게 특별히 금지된 행동 규례. 대제사장은 옷을 찢으며 애도해서는 안 된다 (10절). 주검을 가까이 해서는 안 된다 (11절). 성소를 더럽혀서는 안 된다 (12절, 아마 회막 바깥에서 시신의 운구를 따르는 행위를 말하는 것 같다). 처녀와 결혼해야 한다 (12-15절). (아마 사춘기 이전) 처녀와의 결혼은

제사음식을 먹는 규례

22 1 주님께서 모세에게 말씀하셨다. 2 "너
는 아론과 그의 아들들에게 일러, 이스라
엘 자손이 나에게 바친 거룩한 제사음식을 함부로
다루지 못하게 하여라. 제사음식을 함부로 다루
는 것은 곧 나의 거룩한 이름을 욕되게 하는 것이
다. 나는 주다. 3 너는 그들에게 다음과 같이 일
러라.

너희는 자손 대대로, 어느 누구든 몸이 부정
할 때에는, 이스라엘 자손이 나 주에게 바친 거룩
한 제사음식에 가까이해서는 안 된다. 이것을 어기
는 사람은 다시는 내 앞에 서지 못할 것이다. 나
는 주다.
4 아론의 자손 가운데서 ㄱ)악성 피부병을 앓
는 환자나 성기에서 고름을 흘리는 환자는, 그 병
이 깨끗해질 때까지는 거룩한 제사음식을 먹지 못한
다. 누구든지 죽은 것을 만지거나 정액을 흘린 남
자와 몸이 닿거나 하여 부정하게 된 사람, 5 또
어떤 길짐승에든지 닿아서 부정하게 된 사람, 또는
어떤 부정이든지 부정을 탄 사람, 6 곧 이런 부
정한 것에 닿은 사람은 해가 질 때까지 부정하다.
해가 진 다음에라도, 물로 목욕을 하지 않으면, 그
는 그 거룩한 제사음식을 먹지 못한다. 7 해가 지
고 정결하게 된 뒤에는, 자기 몫으로 받은 그 거룩
한 제사음식을 먹을 수 있다. 8 저절로 죽었거나
짐승에게 물려 찢겨 죽은 것은 먹지 못한다. 그것을
먹었다가는, 그것 때문에 부정하게 된다. 나는 주다.
9 그러므로 아론과 그의 아들들은 내가 지키라고
한 것을 그대로 지켜야 한다. 이것을 가볍게 생각
하여 욕되게 하면, 그것은 곧 죄를 범하는 것이고,
그것 때문에 그들은 죽는다. 나는 제사장들을
거룩하게 하는 주다.
10 제사장이 아닌 여느 사람은 아무도 그
거룩한 제사음식을 먹지 못한다. 제사장이 데리고
있는 나그네나 그가 쓰는 품꾼도, 그 거룩한 제사
음식을 먹지 못한다. 11 그러나 제사장이 돈을
지불하고 자기 재산으로 사들인 종은, 그 음식을
먹을 수 있다. 제사장의 집에서 종의 자식으로
태어난 자들도, 자기 몫의 그 거룩한 제사음식을
먹을 수 있다. 12 제사장의 딸이라도 여느 남자
에게 시집갔다면, 그 딸은 제물로 바친 그 거룩한
제사음식을 먹을 수 없다. 13 그러나 제사장의
딸이 과부가 되었거나 이혼하여, 자식도 없이 다시
아버지 집으로 돌아와, 시집가기 전처럼 아버지
집에서 살 때에는, 아버지가 먹는 제사음식을 먹을
수 있다. 그러나 여느 사람은 아무도 거룩한 제사
음식을 먹지 못한다. 14 어떤 사람이 모르고 그
거룩한 제사음식을 먹으면, 그는 그 음식값의 오
분의 일에 해당하는 값을 그 위에 더 보태어, 제
사장에게 갚아야 한다. 15 제사장들은 이스라엘
자손이 바친 그 거룩한 제사음식 곧 그들이 주에게
바친 제물을 더럽혀서는 안 된다. 16 제사장은,
자기들이 먹을 제사음식을, 여느 사람들이 모
르고 먹다가 죄를 지어 벌을 받는 일이 없도록
조심하여야 한다. 나는 그 음식을 거룩하게 하는
주다."

ㄱ) 전통적으로 나병으로 알려져 왔으나, 히브리어로는 여러 가지 악성 피부병을 뜻함

제사장 가문의 순수성을 지키기 위한 목적이었을 것이다. 이스라엘 백성에게 이렇게 중요한 대제사장이지만 어떻게 대제사장이 선택되는지에 대한 구체적인 성서 기록은 없다. **21:16-23** 성소와 제사규례. 하나님의 거룩하심은 불완전함을 용납하지 않으므로, 제사장 가문의 아들 중에서도 불완전하거나 부정한 이들은 제단에서 제사장의 역할을 감당할 수 없었으나 제사음식은 먹을 수 있다.

22:1-33 제물과 제사장의 책임. 22장은 21장에 이어 일시적인 부정함 (2-9절), 제사음식을 먹을 수 있는 사람에 대한 제한 (10-16절), 하나님께 받쳐지는 제물에 대한 규례이다 (17-30절). **22:1-9** 일반인과 마찬가지로 제사장도 *악성 피부병* (*챠라라트*), 성병환자의 고름, 주검, 죽은 동물 (쥐와 같이 집단으로 이동하는 부유동물), 부정한 사람(4-5절)을 만지게 되면 부정하게 되고, *해가 지고* (시간의 경과, 7절), 목욕(6절)을 함으로 정결함을 회복하게 된다. 본문의 제사음식은 곡물류나 고기를 모두 포함하며, 이 제물들이 하나님께 드려짐으로 일상적인 것이 거룩한 것이 된다. 8절에서 제사장들이 짐승에게 물려 찢겨 죽은 것은 먹지 못한다는 규정을 보면 일반 평민들은 먹었을 것으로 추정할 수도 있다 (17:5 비교). **22:10-16** *여느 사람* (일반인). (히브리어, 잘이며, 문자 그대로의 의미는 "거룩하지 않은 사람," 10:1에 관한 주석을 보라)이다. 이들은 거룩한 제사음식을 먹을 수 없는 사람들이었다 (10절a). 10:14-15에서와 같이 화목제로 드려진 제물은 제사장 가족을 위한 음식으로 집으로 가지고 갈 수 있기 때문에 자세한 규정이 기록된 것이다. 일시적으로 제사장을 위해 일하는 품꾼(10절)은 그 음식을 먹을 수 없으나, 종과 종의 자녀들, 정결함을 유지하고 있는 가족은 음식을 먹을 수 있다 (11-13절). 이들은 제사장의 가족이기 때문이다. **22:14-16** 만약에 어떤 사람이 모르고 거

하나님이 받으시는 제물

17 주님께서 모세에게 말씀하셨다. 18 "너
는 아론과 그의 아들들과 온 이스라엘 자손에게
말하여라. 그들에게 다음과 같이 일러라.
이스라엘 집안에 속한 사람이나 이스라엘
사람과 함께 사는 외국인 나그네가, 제물을 바치
고자 할 때에는, 그것이, 서약한 것을 갚으려고
해서 바치는 것이거나, 자유로운 뜻에서 나 주에게
번제물로 바치려는 것이거나, 모두, 19 나 주가
즐거이 받도록, 소나 양이나 염소 가운데서 수컷
으로, 흠이 없는 것을 바쳐야 한다. 20 너희는
어떤 것이든지, 흠이 있는 것을 바쳐서는 안 된다.
그런 것을 바치면, 나 주가 너희를 반기지 않을
것이다.
21 누구든지 서약한 것을 갚으려 하거나,
자유로운 뜻으로 제물을 바치려고 하여, 소 떼나
양 떼에서 제물을 골라 나 주에게 화목제물을
바칠 때에는, 나 주가 즐거이 받도록, 흠이 없는
것으로 골라서 바쳐야 한다. 제물로 바칠 짐승에
어떤 흠도 있어서는 안 된다. 22 눈이 먼 것이나,
다리를 저는 것이나, 어떤 부위가 잘린 것이나,
고름을 흘리는 것이나, 옴이 난 것이나, 종기가 난
것을 나 주에게 바쳐서는 안 된다. 그런 것들을
제단 위에다 놓고 불살라, 나 주에게 바치는 제물로
삼아서는 안 된다. 23 자유로운 뜻에서 바치는
제물이면, 소나 양 가운데서 한쪽 다리는 길고
다른 한쪽은 짧은 것이라도 괜찮다. 그러나 서원한
것을 갚는 제사에서는, 나 주가 그런 것을 즐거이
받지 않는다. 24 짐승 가운데서 고환이 터졌
거나 으스러졌거나 빠지거나 잘린 것은 나 주에게
바칠 수 없다. 너희가 사는 땅에서는, 너희가 이
런 것들을 제물로 삼아서는 안 된다. 25 너희는
또한 외국인 자손에게서도 이런 불구나 병신이 된
짐승을 받아다가 너희가 섬기는 하나님에게 음식
으로 바쳐서는 안 된다. 이런 불구나 병신인 것을
제물로 바치면, 나 주가 너희를 반기지 않을 것
이다."
26 주님께서 모세에게 말씀하셨다. 27 "소
나 양이나 염소가 태어나면, 이레 동안은 그 어미 품
에 그대로 두어야 한다. 여드레째 되는 날부터는
그것을 제물로 삼아 나 주에게 살라 바칠 수 있다.
나 주도 그것을 즐거이 받을 것이다. 28 그 어미가
암소거나 암양이거나 간에, 너희는 그 어미와
새끼를 같은 날에 죽여서는 안 된다.
29 너희가 나 주에게 감사의 제물을 바칠 때
에, 너희가 바치는 그 제물을 나 주가 기쁨으로 받
게 바쳐야 한다. 30 제물로 바친 것은 그 날로 너
희가 다 먹고, 다음날 아침까지 남겨 두어서는 안
된다. 나는 주다.
31 너희는 내가 명한 것을 지켜, 그대로 하여
야 한다. 나는 주다. 32 내가 이스라엘 자손 가
운데서 나의 거룩함을 나타낼 것이니, 너희는 나
의 거룩한 이름을 욕되게 해서는 안 된다. 나는 너
희를 거룩하게 하는 주다. 33 나는 너희의 하나
님이 되려고, 너희를 이집트 땅에서 이끌어 내었
다. 나는 주다."

룩한 제사음식을 먹게 되면, 그는 음식값의 오분의 일(1/5)에 해당하는 값을 더 보태어 제사장에게 갚아야 한다 (7:1-10을 보라). **22:17-30** 지금까지 레위기에서 희생제물에 대한 유일한 규정은 "흠이 없는" 제물에 대한 규정뿐이었다. 이 부분은 흠이 없는 제물에 대한 특정한 제물들 중에서 주로 화목제물을 예로 들어 구체적으로 설명하는 것 같다. **22:17-20** 성결문서는 *서약한 것을 갚으려고 해서 바치*는 봉헌된 제물과 자원하여 드린 제물은 번제물(18-19절; 3:1-17을 보라)로 드려질 수 있다고 언급한다. 자원하여 드린 것은 기쁨과 축하의 표현으로 받쳐졌을 것이다. **22:21-25** 희생제물은 흠이 없고 온전해야 하므로 보지 못하거나, 병이 걸려 있거나, 상처가 있는 것(21-22절)은 금지되었다. 다리 길이가 길거나 짧은 동물은 서원제물로 드릴 수는 없지만, 자원제물로는 가능했다 (23절). 미리 하나님께 드리기로 약속한 서원제물은 충분한 준비기간이 있으므로 흠이 없고 완전한 것으로 준비해서 드려야 하지만, 자원제물은 감사하는 마음으로 현장에서 즉각적으로 드리게 되므로 당시에 사용이 가능한 제물 중에서 고르는 것의 차이가 이유일 것이다. **22:24-25** 생식장애가 있는 동물도 불완전한 것이므로 제사장은 바칠 수 없다 (21:20; 신 23:1을 보라). 비정상적인 동물들을 외국인 자손에게서 구입하여 집에서 사용하는 것은 가능하지만 하나님께 드리는 제물로는 사용할 수 없다. **22:26-30** 새로 태어난 동물은 7일 동안 어미와 함께 있다가 그 후에 제물로 드려질 수 있다 (27절). **22:28** 어미와 새끼를 함께 제물로 드릴 수 없다는 규정은 아마 동물에 대한 인도주의적 관점에서 야비한 행동을 금지하는 내용인 것 같다. **22:29-30** 감사하는 마음으로 드리는 화목제에 대한 설명은 시간에 대한 규정을 보여주는 것이다. **22:31-32** 결론 부분은 거룩함에 대한 명령을 반복함으로 이스라엘의 성결은 전적으로 하나님이 하시는 일이라고 강조한다.

23:1-44 거룩한 모임(특별행사)과 절기에 대한 규례. 이것은 구약에 나오는 여러 개의 절기 행사 목록 중에 하나이다. 이 절기에 대한 언급은 민 28—29장의

여러 절기

23 1 주님께서 모세에게 말씀하셨다. 2 "너
는 이스라엘 자손에게 말하여라. 그들에
게 다음과 같이 일러라.

너희가 거룩한 모임을 열어야 할 주의 절기들 곧 내가 정한 절기들은 다음과 같다."

안식일

3 "엿새 동안은 일을 하여라. 그러나 이렛날은 반드시 쉬어야 하는 안식일이다. 거룩한 모임을 열어야 하고, 어떤 일도 해서는 안 된다. 이 날은 너희가 살고 있는 모든 곳에서 지킬 주의 안식일이다."

유월절과 무교절

4 "정하여 놓은 때를 따라, 너희가 거룩한 모
임을 열고 주 앞에서 지켜야 할 절기들은 다음과
같다. 5 첫째 달 열나흗날 ㄱ)해 질 무렵에는 주의
유월절을 지켜야 하고, 6 같은 달 보름에는 주의
무교절을 지켜야 하는데, 이레 동안 누룩을 넣지
않은 빵을 먹어야 한다. 7 첫날에는 거룩한 모임을
열고, 생업을 돕는 일은 아무것도 해서는 안 된다.
8 그러나 주에게 살라 바치는 제사는 이레 동안
줄곧 드려야 한다. 이레째 되는 날에는 다시 거룩한
모임을 열고, 생업을 돕는 일은 아무것도 해서는
안 된다."

곡식단을 바치는 절기

9 주님께서 모세에게 말씀하셨다. 10 "너
는 이스라엘 자손에게 말하여라. 그들에게 다음
과 같이 일러라.

너희는, 주가 주는 그 땅으로 들어가, 곡식을
거둘 때에, 너희가 거둔 첫 곡식단을 제사장에게
가져 가야 한다. 11 그러면 제사장이 그 곡식단을
주 앞에서 흔들어서 바칠 것이며, 주가 너희를 반
길 것이다. 제사장은 그것을 안식일 다음날 흔들
어서 바쳐야 한다. 12 너희가 곡식단을 흔들어
서 바치는 날에, 너희는 일 년 된 흠 없는 어린 숫
양 한 마리를 주에게 번제물로 바쳐야 한다.
13 그것과 함께 바칠 곡식제물로는 기름에 반죽
한 고운 밀가루 십분의 이 에바를 바치면 된다. 그
것을 불에 태워 주에게 바치면, 그 향기가 주를 기
쁘게 할 것이다. 또 부어 드리는 제물로는 포도주
사분의 일 힌을 바치면 된다. 14 너희가 이렇게
너희의 하나님께 제물을 바칠 바로 그 날까지는,
빵도, 볶은 곡식도, 햇곡식도 먹지 못한다. 이것은
너희가 사는 모든 곳에서 너희가 대대로 길이
지켜야 할 규례이다."

두 번째 거둔 곡식을 바치는 절기

15 "너희가 안식일 다음날 곧 곡식단을 흔들
어서 바친 그 날로부터 일곱 주간을 꼭 차게 세고,
16 거기에다가 일곱 번째 안식일 다음날까지 더
하면 꼭 오십 일이 될 것이다. 그 때에 너희는 햇
곡식을 주에게 곡식제물로 바쳐야 한다. 17 너
희는 너희가 살고 있는 곳에서, 주에게 맏물로 흔
들어 바칠 햇곡식으로 만든 빵 두 개를 가져 와야
한다. 그 빵은 밀가루 십분의 이 에바를 가지고 만
들어야 하고, 고운 밀가루에 누룩을 넣어 반죽하여
구운 것이어야 한다. 18 이 빵과 함께, 너희는,
일 년 된 흠 없는 어린 양 일곱 마리와, 소 떼 가
운데서 수송아지 한 마리와, 숫양 두 마리를 끌어
다가, 주에게 번제물로 바쳐야 한다. 이 때에 곡
식제물과 부어 드리는 제물도 함께 바쳐야 한다.
이것이, 제물을 태워서 그 향기로 주를 기쁘게 하는,

ㄱ) 히, '두 저녁 사이에는'

제사문서에서 온 것이고, 출 23:10-17; 34:18-24; 신 16:1-15에도 절기 행사 목록이 있다. 레 23장은 성결문서에 기초한 절기에 대한 규례이다. 23장은 여러 곳에 수차례에 걸쳐 추가된 아주 복잡한 구조를 가지고 있다. 1-3절은 나중에 첨가된 구절이다 (4절의 서론을 보라). 또한 39-45절도 첨가된 부분이다 (37-38절의 결론 부분을 보라). 23장은 안식일 (3절), 유월절과 무교절 (4-8절), 첫 번째 추수 (보리, 9-14절), 두 번째 추수 (밀, 15-22절), 나팔절 (신년축하, 23-25절), 속죄일 (26-32절), 초막절(33-36절)과 초막절에 대한 추가 규례(39-43절)로 구성되어 있다. 위의 절기들과 축제는 고대 농경사회의 전통을 배경으로 하고 있으며, 23장의 내용은 성결문서의 입장에서 이스라엘 전체 평신도를 대상으로 하여 기록되었다. **23:2** *정한 절기들.* 개인이 성소에 가는 순례적 절기의 축제를 뜻하며, 음력을 사용하던 시절이었으므로 그 정확한 주기가 밝혀져야 했다. 그러므로 *모임*(혹은 성회)이라는 번역보다는 특별행사에 가까운 축제가 본문에 더 가까울 것이다. **23:3** 7일

살라 바치는 제사이다. 19 너희는 또 숫염소 한
마리는 속죄제물로 바치고, 일 년 된 어린 숫양 두
마리는 화목제물로 바쳐야 한다. 20 제사장은
그것들을 받아 첫 이삭으로 만들어 바치는 빵과
함께, 주 앞에서 그것들을 흔들어서, 두 마리 양과
함께 바쳐야 한다. 이것들은 주에게 바친 거룩한
제물로서 제사장의 몫이다. 21 바로 그 날에
너희는 모임을 열어야 한다. 그 모임은 너희에게
거룩한 것이므로, 그 날은 생업을 돕는 어떤 일도
하지 않아야 한다. 이것은 너희가 사는 모든 곳에서
대대로 길이 지켜야 할 규례이다.

22 너희가 밭에서 난 곡식을 거두어들일 때
에는, 밭 구석구석까지 다 거두어들이지 말고, 또
거두어들인 다음에, 떨어진 이삭을 줍지 말아라.
그 이삭은 가난한 사람들과 나그네 신세인 외국
사람들이 줍게 남겨 두어야 한다. 내가 주 너희의
하나님이다."

칠월 초하루 안식일

23 주님께서 모세에게 말씀하셨다. 24 "너
는 이스라엘 자손에게 다음과 같이 일러라. 일곱
째 달, 그 달 초하루를 너희는 쉬는 날로 삼아야
한다. 나팔을 불어 기념일임을 알리고, 거룩한 모
임을 열어야 한다. 25 이 날 너희는 생업을 돕는
일은 아무것도 하지 말고, 주에게 살라 바치는 제
물을 바쳐야 한다."

속죄일

26 주님께서 모세에게 말씀하셨다. 27 "일
곱째 달 열흘날은 ㄱ)속죄일이다. 너희는 이 날에,
거룩한 모임을 열고 고행하며, 주에게 살라 바치는
제물을 바쳐야 한다. 28 이 날은 속죄일 곧 주
너희의 하나님 앞에서 속죄예식을 올리는 날이므
로, 이 날 하루 동안은 어떤 일도 해서는 안 된다.
29 이 날에 고행하지 않는 사람은 누구든지 자기
백성에게서 끊어지게 하여야 한다. 30 누구든지
이 날에 어떤 일이라도 하면, 내가 그를 백성 가
운데서 끊어 버리겠다. 31 이 날 너희는 어떤 일
도 해서는 안 된다. 이것은 너희가 사는 모든 곳
에서, 너희가 대대로 영원히 지켜야 할 규례이다.
32 이 날은 너희가 반드시 쉬어야 할 안식일이며,
고행을 하여야 하는 날이다. 그 달 아흐렛날 저녁
부터 시작하여 그 다음날 저녁까지, 너희는 아무
일도 하지 말고 쉬어야 한다."

초막절

33 주님께서 모세에게 말씀하셨다. 34 "너
는 이스라엘 자손에게 다음과 같이 일러라.

일곱째 달의 보름날부터 이레 동안은 주에게
예배하는 ㄴ)초막절이다. 35 초막절 첫날에는 거룩
한 모임을 열고 생업을 돕는 일은 아무것도 해서
는 안 된다. 36 이레 동안 매일 너희는 주에게

ㄱ) 히, '욤 킵푸르' ㄴ) 또는 '장막절'

주기로 이미 지키고 있는 안식일은 다시 선언될 필요가 없다. 본문이 지적하는 일은 육체노동만이 아닌 모든 종류의 일들을 포함하는 것 같다. 어떤 일도 해서는 안 된다는 표현의 완전한 휴식은 안식일(출 16:23; 31:15; 35:2)과 속죄일(레 16:31; 23:32)에 대해서만 사용되었다. **23:5-8** 유월절과 무교절은 현재의 3-4월 중에 오는 니산월(당시 달력으로 첫 번째 달)의 정한 날짜에 지켜졌으며, 유월절은 춘분을 기점으로 첫 보름날이 된다. **23:9-14** 첫 번째 추수한 곡식단(밀 이전에 거두는 보리)은 다른 제물들과 함께 제단에 놓임으로써 하나님이 복 주셨음과 그 소유권을 분명하게 드러내고, 이후 거둘 곡식의 사용에 대한 하나님의 허락을 얻는 것이다 (14절). **23:11** *안식일 다음날.* 이 표현은 유대전통에서 다양한 논쟁을 불러일으켰다. 사두개파는 8일 동안의 절기에 속한 주일로, 사해사본 공동체는 절기 이후의 첫 번째 주일로, 바리새파는 유월절을 지나자마자 지키는 주일로 생각했다. **23:15-22** 밀을 추수하여 첫 곡식단을 드리는 절기는 출 23:16에서는 맥추절 다음의 수장절(NRSV, the Festival of Harvest)로 표시되었는데, 신 16:10은 칠칠절(NRSV, the Festival of Weeks)이라고 번역되었다. 보리의 추수는 추수기의 시작을 알리며, 밀의 추수는 추수기의 마지막을 보여준다. **23:16** 보리의 추수로부터 50일이 되어 지키는 이 절기는 그 이름을 따라 오순절(Pentecost)이라고도 불리게 되었다. **23:17** 곡식제물 중에 누룩이 들어간 빵을 사용한 것은 기쁨의 축제인 것을 보여주며, 이 절기는 후에 시내 산에서 계명을 받은 것을 기념하는 절기로도 생각하게 된다. **23:18-19** 이 구절의 제물 목록은 민 28:26-31과 약간의 차이가 있다. **23:22** 19:9-10에 관한 주석을 보라. **23:23-25** 일곱째 달 (현재의 9-10월정도) 초하루의 나팔절은 후에 로쉬 하샤나 (신년, Rosh Hashana) 라고 불리게 되었고, 신년을 맞이하는 신년축제를 위한 예배를 첫째 달 동안 여러 번 드렸다. *생업을 돕는 일을 아무 것도 하지 말고.* 이것은 직업과 관련된 일만 금지된 것으로 볼 수 있다 (25절 본문과 23:3에 관한 주석을 보라). **23:26-32** 성결

살라 바치는 제사를 드려야 한다. 여드레째 되는 날에는 다시 거룩한 모임을 열고 주에게 살라 바치는 제사를 드려야 한다. 이것은 가장 거룩한 모임이므로, 이 날에 너희는 생업을 돕는 일은 아무것도 해서는 안 된다.

37 이 절기들은 주가 명한 절기들이다. 이 절기들이 다가올 때마다 너희는 거룩한 모임을 열고, 번제물과 곡식제물과 각종 희생제물과 부어 드리는 제물을, 각각 그 해당되는 날에 주에게 살라 바치는 제사로 드려야 한다. 38 이것들은 모두, 주가 명한 안식일을 지키는 것 외에 지켜야 할 것들이다. 위의 여러 절기 때에 너희가 바치는 제물들은, 각종 제물과, 너희가 바치는 각종 맹세의 제물과, 너희가 자유로운 뜻에서 바치는 각종 제물 외에, 별도로 주에게 바치는 것이다.

39 밭에서 난 곡식을 다 거두고 난 다음, 너희는 일곱째 달 보름날부터 이레 동안 주에게 절기를 지켜야 한다. 첫날은 안식하는 날이다. 여드렛날도 안식하는 날이다. 40 첫날 너희는 좋은 나무에서 딴 열매를 가져 오고, 또 종려나무 가지와 무성한 나뭇가지와 갯버들을 꺾어 들고, 주 너희의 하나님 앞에서 이레 동안 절기를 즐겨라. 41 너희는 해마다 이렇게 이레 동안 주에게 절기를 지켜야 한다. 이것은 너희가 대대로 길이 지켜야 할 규례이다. 일곱째 달이 되면, 너희는 이 절기를 지켜야 한다. 42 이레 동안 너희는 초막에서 지내야 한다. 이 기간에 이스라엘의 본토 사람은 누구나 초막에서 지내야 한다. 43 이렇게 하여야 너희의 자손이, 내가 이스라엘 자손을 이집트 땅에서 인도하여 낼 때에, 그들을 초막에서 살게 한 것을 알게 될 것이다. 나는 주 너희의 하나님이다."

44 이렇게 모세는 주님께서 명하신 여러 절기를 이스라엘 자손에게 일러주었다.

성소 안에 켜 둘 등불

24 1 주님께서 모세에게 말씀하셨다. 2 "너는 이스라엘 자손에게 명하여, 올리브를 찧어서 짜낸 깨끗한 기름을 가져다가 등불을 켜게 하되, 그 등불을 늘 켜 두어라. 3 아론을 시켜 회막 안 ㄱ)증거궤 앞에 쳐 있는 휘장 바깥에 그 등불을 켜 두어, 저녁부터 아침까지 주 앞에 계속 켜 두게 하여라. 이것은 너희가 대대로 길이 지켜야 할 규례이다. 4 아론은 주 앞에서, 순금 등잔대 위에 그 등불을 늘 켜 두어야 한다."

상

5 "너는 고운 밀가루를 가져다가, 과자 한 개당 밀가루 십분의 이 ㄴ)에바를 들여, 과자 열두 개를 구워, 6 한 줄에 여섯 개씩 두 줄로, 주의 앞, 순금 상 위에 차려 놓아라. 7 그리고 각 줄에 하나씩 순전한 향을 얹어라. 이 향은 과자 전부를 바치는 정성의 표시로 주에게 살라 바치는 제물이 된다. 8 안식일이 올 때마다, 아론은 이스라엘 자손을 대신하여, 이 음식을 주 앞에 늘 차려 놓아야 한다. 이것은 영원한 언약이다. 9 이 제물은 아론과 그의 아들들의 몫이다. 이것은 주에게 살라 바치는 제물 가운데서도 가장 거룩한 것인 만큼, 그들은 이것을 거룩한 곳에서 먹어야 한다. 이것은 그들이 길이 지켜야 할 규례이다."

외국 사람에 대한 법

10 이스라엘 자손 가운데 한 아들이 있었는데, 그의 어머니는 이스라엘 사람이고, 아버지는

ㄱ) 또는 '법궤' ㄴ) 1에바는 약 4.5리터

문서에서 속죄일(16장을 보라)을 설명할 때는 개인의 참여와 고행(16:29를 보라)에 대하여 관심을 더 기울이는 것 같다. **23:32** *저녁부터 시작하여 그 다음날 저녁까지.* 시간규정으로 보아 개인의 고행은 24시간 단위로 제한되어 지킨 것으로 보인다. **23:33-36** 초막절 (출 23:16b, the Festival of Ingathering). 이 절기는 여름 건기의 마지막이며, 5월에 시작한 추수가 9월로 마감된 후 곡식을 보관, 저장하는 한해 농사의 마지막을 축하하는 절기이다. 신 16:14는 가족이 기쁨으로 참여하는 가족행사로 표현한다. **23:36** 구약의 다른 본문(34, 39-42절; 신 16:13)은 7일간의 축제기간을 말하는데 36절b는 8일째가 추가되어 있다. 아마 우기의 시작을 알리며, 비를 기원하는 내용으로 하루가 추가된 것이 아닌가 추측된다. **23:39-43** 오경의 다른 본문에서 설명되지 않는 초막을 세우고 그 안에서 7일간 지내는 축제에 대한 명령이 담겨있다. 43절은 이 절기가 이스라엘 역사를 바탕으로 하였다는 사실을 보여준다. 그러나 광야생활 중에 이들은 초막대신 장막에서 생활했을 것이다. 추수하고 남은 곡식단으로 지은 초막은 추수기에 일시적으로 사용되었으며 (사 1:8 참조), 축제시기(호 12:9)에 한해 사용되었을 것이다. 이 마지막 부분과 구체적 절기의 내용은 아마 이집트를 나오자마자 첫 번째 머물렀던 지역(출 12:37; 민 33:5)의 초막에서 유래한 것일 수도 있다.

24:1-23 24장은 여러 종류의 규례와 하나의 설화가 기록되어 있다. 성소 등불기름 (2-4절), 과자 혹은

이집트 사람이다. 이스라엘 여자에게서 난 그 아들
이, 한번은 진에서 어떤 이스라엘 남자와 싸웠
다. 11 이스라엘 여자에게서 난 아들이 주님의 이
름을 모독하면서 저주하는 말을 하였다. 그래서
사람들은 그를 끌고 모세에게로 왔다. 그의 어머
니 이름은 슬로밋인데, 단 지파에 속하는 디브리
라는 사람의 딸이다. 12 사람들은 그를 가두어
놓고, 주님의 뜻이 그들에게 밝혀질 때까지 기다
렸다. 13 주님께서 모세에게 말씀하셨다. 14 "나
주를 저주하는 말을 한 그를 너는 진 바깥으로 끌
어내라. 나에게 저주하는 말을 들은 사람들이 모
두 그자의 머리 위에 손을 얹은 다음에, 온 회중은
그를 돌로 쳐라. 15 그리고 너는 이스라엘 자손
에게, 하나님을 저주하는 사람은 누구든지 그 벌을
면하지 못한다고 일러라. 16 주의 이름을 모독
하는 사람은 반드시 사형에 처해야 한다. 온 회중이
그를 돌로 쳐죽여야 한다. 주의 이름을 모독하는 사
람은 이스라엘 사람은 말할 것도 없고 외국 사람
이라 하여도 절대로 살려 두어서는 안 된다."

같은 정도로 물어주어라

17 "남을 죽인 사람은 반드시 사형에 처해야
한다. 18 짐승을 죽인 사람은, 생명으로 생명을
갚아야 하므로, 살아 있는 것으로 물어주어야 한다.
19 자기 이웃에게 상처를 입혔으면, 피해자는 가
해자가 입힌 만큼 그 가해자에게 상처를 입혀라.
20 부러뜨린 것은 부러뜨린 것으로, 눈은 눈으로,
이는 이로 갚아라. 상처를 입힌 사람은 자기도 그
만큼 상처를 받아야 한다. 21 남의 짐승을 죽인
사람은 그것을 물어주어야 하고, 사람을 죽인 사
람은 반드시 사형에 처해야 한다. 22 이 법은
이스라엘 사람에게는 말할 것도 없고, 함께 사는
외국 사람에게도 같이 적용된다. 나는 주 너희의
하나님이다." 23 모세가 이렇게 이스라엘 자손
에게 말을 전하니, 사람들은 주님을 저주한 그를
진 바깥으로 끌어내서, 돌로 쳐죽였다. 이렇게 이
스라엘 자손은 주님께서 모세에게 명하신 그대로
하였다.

안식년

25 1 주님께서 시내 산에서 모세에게 말씀
하셨다. 2 "너는 이스라엘 자손에게 말
하여라. 그들에게 다음과 같이 일러라.

내가 너희에게 주기로 한 그 땅으로 너희가
들어가면, 나 주가 쉴 때에, 땅도 쉬게 하여야 한
다. 3 여섯 해 동안은 너희가 너희 밭에 씨를 뿌
려라. 여섯 해 동안은 너희가 포도원을 가꾸어 그
소출을 거두어라. 4 그러나 일곱째 해에는 나 주
가 쉬므로, 땅도 반드시 쉬게 하여야 한다. 그 해
에는, 밭에 씨를 뿌려도 안 되며, 포도원을 가꾸
어도 안 된다. 5 거둘 때에, 떨어져 저절로 자란
것들은 거두지 말아야 하며, 너희가 가꾸지 않은
포도나무에서 저절로 열린 포도도 따서는 안 된
다. 이것이 땅의 안식년이다. 6 땅을 이렇게 쉬
게 해야만, 땅도 너희에게 먹거리를 내어 줄 것이
다. 너뿐만 아니라, 남종과 여종과 품꾼과 너와 함
께 사는 나그네에게도, 먹거리를 줄 것이다. 7 또
한 너의 가축도, 너의 땅에서 사는 짐승까지도, 땅
에서 나는 모든 것을 먹이로 얻게 될 것이다."

빵으로 드린 곡식제물 (5-9절), 신성모독행위(10-16, 23절)와 기타 처벌규정 (17-22절). **24:2-4** 등잔대가 회막 안에 위치해 있으므로 깨끗하고 순전한 올리브 기름으로 밤새 불을 밝히는 일은 대제사장(아론)이 감당해야 하는 일이다. **24:5-9** 회막 밖에 있는 제단 위에 특별히 준비한 열두 개의 과자(개역개정은 "과자"를 "떡;" 공동번역은 "빵"으로 번역)를 여섯 개씩 두 줄로 쌓아 유향과 함께 바쳤다. 안식일이 올 때마다 대제사장이 이 과자를 드렸으며, 하나님에게 드려진 이 제물은 아론과 그의 아들들(일부 영어번역과 개역개정은 문맥상의 의미를 보아 자손이라고 했는데 아들이 옳은 번역이다)이 먹었을 것이다. **24:8** *영원한 언약.* 이 언약은 "절대로 단절되어서는 안 되는 의무"로 그 의미를 살려 번역할 수도 있다. **24:10-16, 23** 이 표현은 24장 전체의 주제와 직접적인 연관이 있어 보이지 않는다. 비슷한 종류의 이야기는 오경에 세 번 더 나오지만 (민 9:6-14; 15:32-36; 27:1-11), 전체 네 번의 이야기에서 모세가 어떻게 이런 사안을 처리해야 할지 확실치 않았던 것 같다. (1) 이집트와 이스라엘 출신 부모를 둔 사람이 하나님의 이름을 모독하는 경우 (10-11절), (2) 모세가 상담하지만 직접적인 판결을 유보하는 경우 (12절), (3) 시간이 흐른 후 하나님은 어떠한 처벌이 이루어져야 하는지 계시하시고, 신성모독의 죄를 범하는 이들은 진 밖으로 내어 보낸 다음 돌로 쳐죽여야 했다 (14절). (4) 이러한 판결은 실제로 이루어졌으며 (23절), 후에 유대인의 법률적 근거가 되었다 (15b-16절). **24:11** 신성모독죄는 하나님을 저주하는 말이다. 주님은 야웨로 기록되어있다. **24:14** 하나님을 저주하는 소리를 들은 사람도 진 바깥으로 나가 죄를 지은 사람의 머리에 손을 얹었다 (16:21을 보라). **24:15b-16** 신성

희년

8 "안식년을 일곱 번 세어라. 칠 년이 일곱 번이면, 안식년이 일곱 번 지나, 사십구 년이 끝난다. 9 일곱째 달 열흘날은 속죄일이니, 너희는 뿔나팔을 크게 불어라. 나팔을 불어, 너희가 사는 온 땅에 울려 퍼지게 하여라. 10 너희는 오십 년이 시작되는 이 해를 거룩한 해로 정하고, 전국의 모든 거민에게 자유를 선포하여라. 이 해는 너희가 희년으로 누릴 해이다. 이 해는 너희가 유산 곧 분배받은 땅으로 돌아가는 해이며, 저마다 가족에게로 돌아가는 해이다. 11 오십 년이 시작되는 해는, 너희가 희년으로 지켜야 하는 해이다. 희년에는 씨를 뿌리지 말고, 저절로 자란 것을 거두어서도 안 되며, 너희가 가꾸지 않은 포도나무에서 저절로 열린 포도도 따서는 안 된다. 12 그 해는 희년이다. 너희는 그 한 해를 거룩하게 보내야 한다. 너희는 밭에서 난 것을 먹게 될 것이다. 13 이렇게 희년이 되면, 너희는 저마다 유산 곧 분배받은 땅으로 돌아가야 한다."

부당한 이익을 삼갈 것

14 "너희가 저마다 제 이웃에게 무엇을 팔거나, 또는 이웃에게서 무엇을 살 때에는, 부당하게 이익을 남겨서는 안 된다. 15 네가 네 이웃에게서 밭을 사들일 때에는, 희년에서 몇 해가 지났는지를 계산하여야 한다. 파는 사람은, 앞으로 그 밭에서 몇 번이나 더 소출을 거둘 수 있는지, 그 햇수를 따져서 너에게 값을 매길 것이다. 16 소출을 거둘 햇수가 많으면, 너는 값을 더 치러야 한다. 희년까지 남은 햇수가 얼마 되지 않으면, 너는 값을 깎을 수 있다. 그가 너에게 실제로 파는 것은 거기에서 거둘 수 있는 수확의 횟수이기 때문이다. 17 너희는 서로 이웃에게서 부당하게 이익을 남기려고 해서는 안 된다. 너희는 하나님 두려운 줄을 알아야 한다. 나는 주 너희의 하나님이다. 18 그러므로 너희는 내가 세운 규례를 따라서 살고, 내가 명한 법도를 지켜서 그대로 하여야 한다. 그래야만 그 땅에서 너희가 안전하게 살 수 있을 것이다. 19 땅은 소출을 낼 것이고, 그것으로 너희가 넉넉히 먹을 수 있을 것이며, 거기에서 안전하게 살 수 있을 것이다.

20 '일곱째 해에는 씨를 뿌려도 안 되고, 소출을 거두어들여도 안 된다면, 그 해에 우리는 무엇을 먹을까?' 하고 너희는 물을 것이다. 21 그러나 여섯째 해에, 내가 너희에게 복을 베풀어, 세 해 동안 먹을 소출이 그 한 해에 나게 하겠다. 22 여덟째 해 곧 너희가 다시 씨를 뿌리는 그 해에, 너희는 묵은 곡식을 먹을 것이다. 아홉째 해가 되어서 햇곡식이 날 때까지, 너희는 묵은 곡식을 먹을 것이다.

23 땅을 아주 팔지는 못한다. 땅은 나의 것이다. 너희는 다만 나그네이며, 나에게 와서 사는 임시 거주자일 뿐이다.

24 너희는 유산으로 받은 땅 어디에서나, 땅 무르는 것을 허락하여야 한다. 25 네 친척 가운데 누가 가난하여, 그가 가진 유산으로 받은 땅의

모독에 관한 처벌은 두 가지로 나뉜다. 은밀한 중이나 개인을 향해 하나님을 저주한 자에게는 (하나님의) 직접적인 심판이 있으며 (출 22:28 참고), 공개적으로 하나님을 저주한 이는 외국인이건 이스라엘 사람이건 돌로 맞아 죽게 된다. **24:17-22** *동해(同害)복수법 (lex talionis).* 죄지은 사람이 행한 행동에 맞추어 동일한 방법과 강도로 처벌 받게 하는 내용으로 출 21:23-25; 신 19:21에 기록되어 있는 것보다 더 길게 서술되어 있다. 24장에서 살인한 사람은 사형에 처해지며 (17, 21절b, 창 9:6을 보라), 짐승을 죽인 경우는 반드시 같은 가치의 짐승으로 배상해야 하고 (18, 21절a), 상처를 입힌 사람은 같은 정도로 상처를 입게 된다. 우선 이 규정은 피해보상이나 피해복구를 위한 상호주의 원칙에 입각한 것이다. 그러나 살인과 일부 짐승으로 피해를 보상하는 경우를 제외하면 규정이 문자 그대로 적용되지 않았을 것으로 추정한다. 그 이유로는 (1) 세 번 모두 반복되는 구절이지만 법률적 사안을 배경으로 하여 기록되었으나, (2) 법률적 집행구조가 없으며, (3) 신 25:11-12는 구약성서에서 유일하게 신체의 일부를 절단하여 처벌하는 기록이고, (4) 손발을 불구로 만드는 처벌대신 물질적인 피해보상을 한 기록이 초기 랍비 전통에 있었다. **24:22** 이스라엘 백성과 같이 이스라엘에 거주하는 외국인에게 책임을 지우고, 의무감을 가지게 하는 원칙이 적용된다. **24:23** 신성모독에 관한 10-16절의 내용과 연결되기도 하지만 원래는 독립적인 기록이었을 것이다.

25:1-55 안식년과 희년에 대한 규정. 25장에서는 토지와 토지를 사용하는 것에 대한 사회경제적, 농경업과 신학의 문제를 다룬다. 주제는 세 가지로 요약되는데, 첫째로, 땅은 하나님께 속했으며, 이스라엘 백성은 나그네로 잠시 세 들어 사는 사람들이다. 둘째로, 땅은 영구적으로 매매의 대상이 될 수 없다. 셋째, 이스라엘 사람들은 하나님의 품꾼이다 (23, 55절). 이 장의 구성은 안식년 (2-7절), 희년 (8-23절), 경제적 극빈자, 가난, 종, 혹은 품꾼(24-55절)에 대한 내용으로 구성되어 있다. **25:1** 25장은 시내 산에서 있었던 하나님의

얼마를 팔면, 가까운 친척이 그 판 것을 무를 수 있게 하여야 한다. 26 그것을 무를 친척이 없으면, 형편이 좋아져서 판 것을 되돌려 살 힘이 생길 때까지 기다려야 한다. 27 판 땅을 되돌려 살 때에는, 그 땅을 산 사람이 그 땅을 이용한 햇수를 계산하여 거기에 해당하는 값을 빼고, 그 나머지를 산 사람에게 치르면 된다. 그렇게 하고 나면, 땅을 판 그 사람이 자기가 유산으로 받은 그 땅을 다시 차지한다. 28 그러나 그가 그 땅을 되돌려 살 힘이 없을 때에는, 그 땅은 산 사람이 희년이 될 때까지 소유한다. 희년이 되면, 땅은 본래의 임자에게 되돌아간다. 땅을 판 사람은, 그 때에 가서야 유산 곧 분배받은 그 땅을 다시 차지할 수 있다.

29 성곽 안에 있는 집을 팔았을 때에는, 한 해 안에는 언제든지 되돌려 살 수 있다. 집을 판 사람은 한 해 동안은 그것을 무를 수 있는 권리가 있다. 30 그러나 판 사람이 그것을 한 해 안에 되돌려 사지 못하면, 성곽 안에 있는 그 집은 아주 산 사람의 소유가 되어, 대대로 그 자손에게 넘어간다. 희년이 되어도, 본래의 집 임자에게 돌아가지 않는다. 31 그러나 성곽이 없는 마을에 지은 집은, 그것들을 토지와 같이 여겨, 판 사람이 언제든지 무를 수 있고, 되돌려 살 힘이 없을 때에는, 희년이 될 때까지 기다렸다가, 본래의 임자가 그것을 다시 차지한다.

32 그러나 레위 사람의 성읍 곧 그들이 유산으로 받은 성읍 안에 있는 집은 그렇지 않다. 레위 사람은 성읍 안에 있는 집을 팔았어도, 언제든지 그것을 다시 무를 수 있다. 33 그가 무르지 않으면, 성읍 안에 있는 그 팔린 집은, 희년이 되면, 본래의 임자에게 되돌아간다. 레위 사람의 성읍 안에 있는 집은, 이스라엘 자손이 레위 사람의 유산으로 준 것이기 때문이다. 34 레위 사람의 성읍에 딸린 땅도 또한, 영원히 레위 사람의 유산이기 때문에 팔 수 없다.

35 너희 동족 가운데, 아주 가난해서, 도저히 자기 힘만으로는 살아갈 수 없는 사람이 너희의 곁에 살면, 너희는 그를 돌보아 주어야 한다. 너희는 그를, 나그네나 임시 거주자처럼, 너희와 함께 살도록 하여야 한다. 36 그에게서는 이자를 받아도 안 되고, 어떤 이익을 남기려고 해서도 안 된다. 너희가 하나님 두려운 줄을 안다면, 너희의 동족을 너희의 곁에 데리고 함께 살아야 한다. 37 너희는 그런 사람에게, 이자를 받을 목적으로 돈을 꾸어 주거나, 이익을 볼 셈으로 먹거리를 꾸어 주어서는 안 된다. 38 나는 너희의 하나님이 되려고, 너희에게 가나안 땅을 주고, 너희를 이집트 땅에서 이끌어 낸 주 너희의 하나님이다.

39 너희 곁에 사는 동족 가운데서, 누군가가 가난하게 되어서 너희에게 종으로 팔려 왔어도, 너희는 그를 종 부리듯 해서는 안 된다. 40 너희는 그를, 품꾼이나 임시 거주자처럼, 너희의 곁에서 살도록 하여야 한다. 너희는 희년이 될 때까지만 그에게 일을 시키다가, 41 희년이 되면, 그가 자식들과 함께 너희를 떠나, 자기 가족이 있는 조상에게서 받은 유산의 땅으로 돌아가도록 하여야 한다. 42 그들은 내가 이집트 땅에서 이끌어 낸 나의 품꾼이므로, 너희가 그들을 종으로 팔 수 없다. 43 너희는 그를 고되게 부려서도 안 된다. 모름지기 너희는 하나님 두려운 줄을 알아야 한다.

계시를 보여주므로 (26:46; 27:34를 보라, 1:1 참조) 이 장이 별도로 존재했을 가능성도 있다. **25:2-8** 이 부분은 하나님을 위한 안식년에 대한 규정을 보여준다. 다른 오경에서는 안식년에 맞추어 종으로 묶여 있는 이들에 대한 자유가 선언되었고 (출 21:2-6; 신 15:12-18을 보라. 인도주의적 의도가 확연하다), 토지도 역시 매 7년마다 안식을 취해야 한다는 규정이다 (출 23:10-11). 성결문서는 매 7년마다 토지의 완전한 휴식이 동시에 이루어졌다고 말한다. 안식년에는 파종이나, 가지치기, 조직적인 추수와 어떤 형태로도 곡식을 거두는 것은 금지되어 있다 (4-5절). 땅의 주인이나 종, 품꾼, 집짐승이나 야생동물은 포도밭이나 다른 경작지에 자연적으로 자란 결실을 거두어 먹을 수도 있었다. 출 23:11은 안식년에 나오는 소출은 가난한 이들을 위한 것이라고 제한되었으나, 성결문서의 기록은 주인과 그 가족, 일꾼들의 권한까지 확대하여 해석하고 있다. 그 대신 성결문서는 가난한 자들을 위해 추수할 곡식의 일부를 남겨야 할 의무에 대해 지속적으로 강조하고 있다 (19:9-10; 23:22). **25:8-22** 성결문서는 안식년에 이어 땅과 주택의 소유권을 50년마다 돌아오는 희년에는 원래의 소유주에게 돌려주어야 한다고 기록한다. 또한 희년에는 빚으로 인한 종살이도 끝나게 된다. 이러한 규정은 성결문서의 신학적 경제논리의 배경을 잘 보여준다. **25:8-12** 일곱 번째 안식년(23:15-16 참조)을 지내고 시작되는 희년은 거룩하게 지켜졌다 (10절). **25:9** 일곱 번째 달 열 번째 날(16:29; 23:27 참고)은 속죄일(성결의 날)로 나팔을 불어 온 땅에 희년의 시작을 알렸다. 속죄일은 가을이었으므로 성결문서 기록 당시의 달력을 기준으로 하면 희년은 일곱 번째 안식년의 절반을 포함했던 것으로 볼 수 있다. **25:10** 종살이에서 풀려나는 자유의 선포는 이스라엘 백성 모두에게 적용되었으나, 외국인 거주자나 외국출신의 노예에게 적용

44 너희가 남종이나 여종을 두려면, 너희의
주변에 있는 여러 나라에서 남종이나 여종을 사들
일 수 있다. 45 너희는 또, 너희와 함께 사는 외
국인 거주자의 자손 가운데서나, 너희의 땅에서
태어나서 너희와 함께 사는 그들의 가족 가운데서
종을 사서, 너희의 소유로 삼을 수 있다. 46 너
희는 또 그 종들을 너희의 자손에게 영원한 유산
으로 물려줄 수도 있다. 바로 이들은 너희가 종으로
부려도 된다. 그러나 너희의 동포 이스라엘 자손
들끼리 서로 고되게 부려서는 안 된다.

47 너희와 함께 사는, 나그네 신세 된 외국
사람이나 임시 거주자 가운데는 부자로 사는 사람
이 있는데, 마침 그 이웃에 너희의 동족이 살고 있
다가 가난하게 되어서, 그 외국 사람에게나, 너희와
같이 사는 임시 거주자에게나, 그 가족 가운데 누구
에게, 종으로 팔렸다고 하자. 48 종으로 팔려 간
다음이라 하더라도, 그는 종으로 팔릴 때에 받은
값을 되돌려 주고 풀려 날 권리가 있다. 그의 친
척 가운데 누군가가 값을 대신 치르고 그를 데려
올 수 있으며, 49 삼촌이나 사촌이 그를 데리고
나올 수도 있고, 그의 가문에 속한 살붙이가 그를
데리고 나올 수도 있다. 그 사람이 넉넉하게 된 뒤
에, 스스로 그 값을 치르고 나올 수도 있다.
50 그 경우에 그는, 종으로 팔렸던 그 해로부터
희년이 될 해까지의 햇수를 자기를 산 사람과 함
께 계산하여, 그 햇수에 따라 돌려줄 값을 정하여
야 한다. 그 가운데서 그가 주인을 섬기며 일한 기
간은, 그가 이미 주인에게 일을 하여 준 기간이므
로, 값의 일부를 치른 것으로 계산하여야 한다.
51 아직 희년까지 남은 햇수가 많으면, 남은 햇수
만큼 많이 내고 나와야 한다. 그는 종으로 팔릴
때에 받은 몸값에서, 그 집에서 일한 햇수의 품
삯을 떼낸 나머지를 무르는 값으로 치르면 된다.
52 희년까지 남은 햇수가 얼마 되지 않으면, 그
햇수를 따져서 그만큼 적게 치르면 된다. 이 때에도
그는 일한 햇수와 남은 햇수를, 자기를 종으로 산
주인과 함께 계산하여, 무르는 값을 정하여야 한다.

53 주인은 그를 해마다 고용하는 것으로 하
고, 그를 품꾼으로 대접하여야 한다. 어떤 주인이
라도 그 종을 심하게 부려서는 안 된다. 54 위에서
말한 여러 방법 가운데 어느 하나로도 풀려 날 길이
없다 하더라도, 희년이 되면 그는 풀려 날 수 있다.
자기만이 아니라 자식들도 그와 함께 풀려 난다.
55 이스라엘 자손은 나에게 속한 나의 품꾼이기
때문이다. 그들은 내가 이집트 땅에서 이끌어 낸
나의 품꾼이다. 내가 주 너희의 하나님이다.

26 1 너희는 우상을 만들거나 조각한 신상을
세우거나 돌기둥을 세워서는 안 된다. 또
너희가 사는 땅에 조각한 석상을 세우고 그것들에
게 절해서는 안 된다. 나는 주 너희의 하나님이다.
2 너희는 내가 정하여 준 안식의 절기들을 지켜
야 한다. 너희는 나에게 예배하는 성소를 속되게
해서는 안 된다. 나는 주다."

되지는 않았다. 이스라엘 사람들은 자신의 가문으로 돌아가 가족이 팔았거나 빚으로 소유권을 넘긴 땅을 돌려받았다. 성결문서에 따르면, 돈 때문에 팔렸던 종의 자유선언을 50년 희년이 될 때까지 기다려야 한다고 기록했으나, 출 21:2-6과 신 13:12-18은 7년마다 빚으로 인한 종살이의 종결을 가르친다. 후자는 아마 땅을 소유하지 않은 이들이 자원하여 시작된 종살이는 매 7년마다 끝내야 하는 규정으로 보이며, 전자의 성결문서가 기록한 땅을 소유했다가 빈곤해져서 종살이를 시작한 경우는 희년의 규정을 따랐을 것으로 보인다. **25:11-12** 파종과 추수가 금지된 희년에도 자연적으로 자란 소출은 거둘 수 있었다. 어떤 신학자들은 토지의 원래 소유주를 회복하고 원래의 땅으로 돌아가는 희년의 명령은 유대 사람들이 바빌론에서 포로생활을 한 경험에서 강조되었을 것이라고 추측한다. 기원전 587년경 포로로 끌려간 이들은 기원전 538년 귀환했으며, 돌아온 이들은 잃었던 땅에 대한 소유권 회복을 주장했을 것이라고 보는 이 견해에 대다수의 학자들이 동의하는 것은 아니다. **25:13-17** 희년의 50년 주기에 행해지는 토지 소유권 회복은 특별한 부동산 거래와 법적 규정을 가지게 된다. 땅은 사고파는 대상이 아니라 실제로는 임대만 가능하며, 매매계약은 50년의 순환구조에서 몇 년이 남았는지를 계산하여 잔여횟수의 추수할 권리를 사는 것이다 (17절). **25:18-22** 하나님은 이스라엘이 희년의 약속을 지키면 풍년과 안전을 약속하셨다. 곡식의 부족현상을 걱정하는 이들에게 안식년 직전의 추수가 희년이 지난 9년째 추수기까지 풍족할 것이라고 가르쳤다. 희년이 실제로 지켜졌는지에 대한 역사적 증거가 없는 상황에서 본문은 희년을 지키지 않았을 경우에 따른 사법적 처벌에 대한 기록을 제기하지 않는다. 이 토론은 이스라엘 백성의 윤리적, 신학적 민감성에 대해 보여준다. 렘 34:6-16; 출 21:2; 신 15:12에서 7년이 되는 안식년마다 종들을 풀어주어야 한다는 규정이나 희년 규정 역시 지속적으로 실천되지는 않은 것 같다. **25:23-55** NRSV에서는 23-24절이 앞의 내용의 결론 부분으로 되어 있으나, 개역개정과 새번역개정에서는 뒤에 따라오는 본문의 서론으로 되어 있다. **25:23** 땅은 하나님의 소유이므로 영구적으로 팔

상과 벌

3 "너희가, 내가 세운 규례를 따르고, 내가 명
한 계명을 그대로 받들어 지키면, 4 나는 철 따
라 너희에게 비를 내리겠다. 땅은 소출을 내고, 들
의 나무들은 열매를 맺을 것이다. 5 너희는, 거
두어들인 곡식이 너무 많아서 포도를 딸 무렵에 가
서야 타작을 겨우 끝낼 것이며, 포도도 너무 많이
달려서 씨앗을 뿌릴 때가 되어야 포도 따는 일을
겨우 끝낼 것이다. 너희는 배불리 먹고, 너희 땅
에서 안전하게 살 것이다. 6 내가 땅을 평화롭게
하겠다. 너희는 두 다리를 쭉 뻗고 잘 것이며, 아
무도 너희를 위협하지 못할 것이다. 나는 그 땅에서
사나운 짐승들을 없애고, 칼이 너희의 땅에서 설
치지 못하게 하겠다. 7 너희의 원수들은 너희에
게 쫓기다가, 너희가 보는 앞에서 칼에 맞아 쓰러
지고 말 것이다. 8 그들 백 명이 너희 다섯 명에
게 쫓기고, 그들 만 명이 너희 백 명에게 쫓길 것
이다. 너희의 원수들이, 너희가 보는 앞에서 칼에
맞아 쓰러지고 말 것이다. 9 나는 너희를 보살
펴, 자손을 낳게 하고, 자손이 많게 하겠다. 너희
와 세운 언약을 나는 꼭 지킨다. 10 너희는, 지
난 해에 거두어들인 곡식을 미처 다 먹지도 못한
채, 햇곡식을 저장하려고, 해묵은 곡식을 바깥으
로 퍼내야만 할 것이다. 11 너희가 사는 곳에서
나도 같이 살겠다. 나는 너희를 싫어하지 않는다.
12 나는 너희 사이에서 거닐겠다. 나는 너희의
하나님이 되고, 너희는 나의 백성이 될 것이다.
13 내가 주 너희의 하나님이다. 나는 너희를 이집
트 땅에서 이끌어 내어, 그들의 노예가 되지 않도
록 하였다. 또, 나는 너희가 메고 있던 멍에의 가름
대를 부수어서, 너희가 얼굴을 들고 다니게 하였다.
14 그러나 너희가, 내가 하는 말을 듣지 않
고, 이 모든 명령을 지키지 않거나, 15 내가 정
하여 준 규례를 지키지 않고, 내가 세워 준 법도
를 싫어하여, 나의 모든 계명을 그대로 실천하지
않고, 내가 세운 언약을 어기면, 16 나는 너희에
게 다음과 같이 보복하겠다. 갑작스런 재앙 곧 폐

고 사는 것은 금지되었으며, 이스라엘 백성은 하나님의 권한아래 거주하는 나그네나 임시거주자로 땅을 경작하는 것이다. **25:24** 토지 거래는 원래 소유주의 다시 되살 권리를 인정한 상태에서 거래가 이루어져야 한다는 점이 긍정적으로 표시되어 있다. **25:25-55** 경제적인 어려움으로 인해 토지와 재산 소유권을 포기한 경우에 대한 구체적인 사례가 기록되어있다. **25:25-28** 가난하여 땅을 판매하는 경우, 언제라도 대금을 지불하고 원소유권을 회복할 수 있으며, 가까운 친/인척의 소유권(룻 4:1-6; 렘 32:6-15)으로 먼저 인정함으로, 소속된 지파의 소유권을 보호한다. 경제적인 능력을 회복한 원래 소유주가 토지를 다시 사는 경우에도 다음 희년까지의 추수할 횟수를 계산하여 대금을 지불한다. **25:29-34** 빈곤하여 집을 매매할 경우는 토지와 다른 조건이 붙어있다. 도시 성곽 안에 지어진 집은 매각 이후 원래 소유주가 일 년 안에 다시 구입할 수 있다. 그러나 일 년이 지난 다음에는 새로운 소유주의 재산권이 계속 보장된다 (29-20절). 하지만 성곽 밖에 지어진 집은 토지와 같이 원래 소유주의 소유권 회복이 언제라도 가능하며, 희년에는 반드시 되돌려 받는 규칙도 있다 (31절). 이러한 차이는 영세농민을 보호하려는 정책과 함께 도시민의 권리를 인정하는 규정이 함께 반영된 것이다. **25:32-34** 레위기에서 처음으로 레위 지파에 대한 규정이 기록된 부분 이다. **25:32** 레위 사람들(민 35:1-8; 수 22:1-42)이 거주하는 집도 다른 지파와 같이 회복 혹은 구제하는 규정이 있다. **25:33** 레위 지파 사람들간에도 서로 집을 사고 팔 수 있었지만, 희년에는 원래 소유주에게 돌려주어야 한다. **25:34** 레위 지파의 도시 주위에 딸린 빈 땅은 일반적인 용도로 벽을 세우고, 짐승을 위한 우리와 목초지로 사용할 수도 있다. **25:35-38** 만약 한 사람이 매우 가난하여 다른 유대 사람에게 의존하여 살아가게 된다면 최소한 나그네나 임시거주자에게 대하는 것처럼 해야 한다. (개역개정에서 "형제" 라고 번역된 것은 친형제가 아니라 동족을 의미하는 것이다.) **25:36-37** 가난한 동족을 통해 부당한 이익을 추구해서는 안 되며, 금전, 음식, 다른 필요한 것을 제공해도 결코 이자를 받을 수 없다 (출 22:25; 신 23:19; 겔 18:8; 시 15:5 참조). **25:39-46** 이스라엘 백성은 빚을 갚기 위하여 자신을 기한부 노동자로 팔아넘긴 이들을 노예처럼 대해서는 안 되며 (39절), 품꾼처럼 (40절) 대하되 너무 고되게 부려서도 안 된다 (43절). 희년에는 종들이 풀려나고 원래 소유했던 땅(41절)으로 돌아갈 수 있다. 왜냐하면 이스라엘 백성은 하나님께 속한 종이며 하나님께서 이들을 이집트의 노예생활에서 구원했기 때문이다 (출 4:22-23; 호 11:1 참조). **25:44-46** 이스라엘 백성은 외국출신 노예의 매매와 외국인을 종으로 삼는 것은 가능했다. 또한 종들은 영구적인 재산으로 취급되어 후손들에게 세습할 수도 있다. **25:47-55** 한 이스라엘 사람이 경제적인 어려움 때문에 외국인에게 종으로 팔려간다면 자신의 동족이나 친척이 값을 대신 치러 주고 자유롭게 될 수 있으며, 희년에도 자유롭게 풀려나야 한다. 그 경우에는 희년까지 남은 해를 기준으로 계산한다. 그러나 이 곳이나 다른 곳에서도 성결문서가 지적하는 외국인

병과 열병을 너희에게 보내서, 너희의 눈을 어둡
게 하고, 기운이 쏙 빠지게 하겠다. 너희가 씨를
뿌려도, 너희의 원수들이 와서 먹어 버릴 것이다.
17 내가 성난 얼굴로 너희를 쏘아보는 동안에,
너희는 원수들에게 얻어맞을 것이다. 너희를 미
워하는 그자들이 너희를 다스릴 것이다. 너희는
쫓는 사람이 없어도 도망다니는 신세가 될 것이다.
18 너희가 이 지경이 되어도 나의 말을 듣지 않
으면, 이번에는 너희가 지은 죄를 일곱 배로 벌하여,
19 너희가 자랑하는 그 힘을 꺾겠다. 너희의 하
늘을 쇠처럼, 너희의 땅을 놋쇠처럼 단단하게 만
들겠다. 20 그러면 너희가 아무리 힘을 써도, 너
희의 땅은 소출을 내지 못할 것이며, 땅에 심은 나
무도 열매를 맺지 못할 것이다.

21 너희가 나를 거역하여 나의 말에 순종하
지 않으면, 나도 너희에게 너희가 지은 죄보다 일
곱 배나 벌을 더 내리겠다. 22 들짐승을 보내서
너희에게 대들게 하겠다. 그 짐승들은 너희의 아
이들을 움켜가고, 너희의 가축 떼를 죽일 것이며,
너희의 수가 줄어서 너희가 다니는 길도 한산할
것이다. 23 일이 이 지경이 될 때까지도, 너희가
나에게로 마음을 돌이키지 않고, 여전히 나를
거역하면, 24 나도 너희를 거역할 수밖에 없다.
나 역시 너희가 지은 죄를 일곱 배로 보복하겠다.
25 내가 너희에게 전쟁을 보내어서, 너희가 언약을
어긴 것을 보복하겠다. 너희가 여러 성읍으로
피하면, 너희에게 재앙을 뒤따라 보내서라도,
너희를 원수의 손에 넘겨 주겠다. 26 내가 먹거
리를 끊어 버리면, 열 여인이 너희가 먹을 빵을 한
화덕에서 구울 것이며, 그 여인들은 빵을 저울에
달아 너희에게 줄 것이다. 그러면 너희는, 먹기는
먹어도 여전히 배가 고플 것이다.

27 이렇게까지 하여도, 너희가 나의 말을
듣지 않고, 여전히 나를 거역하면, 28 나는 더욱
노하여 너희를 거역할 것이며, 너희는 너희가
지은 죄보다 일곱 배나 더 벌을 받게 될 것이다.
29 그렇게 되면, 너희는 너희 아들의 살과 딸의
살이라도 먹을 것이다. 30 내가 높은 곳에 있는
너희의 산당들을 모조리 부수며, 분향단들을 다
헐고, 너희의 시체를 너희가 섬기는 그 우상들의
시체 위에다 쌓아 놓을 것이다. 나는 도저히 너희를
불쌍히 여길 수 없다. 31 너희가 살던 마을들을
폐허로 만들고, 너희가 드나들던 성소들을 황량
하게 만들 것이다. 너희가 바치는 향도 기쁘게
받지 않을 것이다. 32 나는 또 땅을 황폐하게 할
것이다. 거기에서 사는 너희의 원수들은, 거칠고
못쓰게 된 그 땅을 보고 놀랄 것이다. 33 나는
너희를 여러 민족 사이로 흩어 버리고, 칼을 뽑아
너희 뒤를 쫓게 할 것이다. 너희가 살던 땅은 버
려진 채, 거칠고 쓸모 없이 될 것이며, 너희가
살던 마을들은 폐허가 될 것이다. 34 그 때에야
비로소, 땅은 안식을 누릴 것이다. 땅이 그렇게

거주자에게 어떻게 이러한 법을 적용했는지는 알 수 없다. 아마 이스라엘의 법을 무시하는 그 외국인은 지역 공동체로부터 고립되었을 것이라고 추측해 볼 수 있다.

26:1-46 축복과 저주에 관한 것은 모든 고대 근동에서 사용하던 조약과 규례에 나타나 있다 (신 28장을 보라). 신앗시리아시대(기원전 900-600년경)의 문서는 순종해야 할 조약 혹은 계약의 당사자가 약속을 이행하지 않을 경우 저주받게 된다고 강조한다. 아마 이스라엘이 신앗시리아제국의 속국이 된 기원전 7세기경 조약을 배경으로 레위기의 편집시기를 추정한다면 하나님과 이스라엘 사이의 관계 역시 언약 혹은 조약의 비유로 사용된 것 같기도 하다. **26:1-2** 독특한 서문으로 시작하는 26장은 저주받을 수 있는 세 가지 주제를 다시 다루고 있다: 우상숭배 행위 금지, 안식일과 안식년의 준수 (희년은 이러한 안식년 규정에 포함되지 않았으며, 안식년으로 불리지도 않았다), 하나님의 임재하심과 회막에 대한 존중 등이다. **26:3-13** 하나님의 법과 계명을 따르고, 보전하며 지키는 이들에게 약속된 하늘의 복은 기름진 땅 (4-5, 10절을 보라), 땅에서의 안전 (6절), 원수를 대적하여 승리 (7-8절), 많은 자손의 축복 (9-10절) 등이다. **26:9** *너희와 세운 언약.* 이 구절은 "너희를 향한 나의 의무(혹은 책임)가 있다"는 의미로 다시 번역할 수 있다. **26:10-12** 이스라엘 백성 중에 하나님의 임재하심이 재차 확인되며, 어떤 이유로도 그들을 떠나지 않겠다는 약속이다 (18:1-5, 24-30 참고). **26:13** 이집트의 노예생활에서 구원한 하나님께서 "너희가 얼굴을 들고 다니게" 하겠다는 이 약속은 다시는 노예가 되지 않게 하겠다는 표현의 직접적인 설명과 강조점이 된다. **26:14-33** 이스라엘을 향한 저주에 대한 경고는 만약 그들이 불순종하는 경우 완전히 멸망하게 될 것이고, 상황이 더욱 악화되리라는 내용이다 (18, 21, 23, 27절을 보라). **26:30-33** 가장 심각한 저주에 대한 구절은 성전과 도시가 파괴되고, 땅이 황폐하게 되며, 이스라엘 백성이 원수들에 의해 포로로 끌려가게 되며, 신앙공동체는 흩어지게 된다는 것이다. **26:34-39** 저주의 실현은 이스라엘이 온전히 지키지 않는 안식년이 마침내 이루어져 땅은 온전히 쉬게 된다는 것(34-35절; 대하 36:21)과 반대로 이스라엘 백성은 포로로 끌려가 휴식이 없이 생존을 위해 두려움과 협박의 어려운 시기를 넘어서야 한다는 것이다 (36-39

폐허로 버려져 있는 동안, 곧 너희가 원수들의 나
라로 잡혀가 있는 동안에, 비로소 땅은 쉴 것이며,
제 몫의 안식을 누릴 것이다. 35 너희가 그 땅에
사는 동안에는, 안식년이 되어도 땅이 쉬지 못하
였지만, 폐허로 버려져 있는 동안에는, 땅이 쉴
것이다.

36 너희 가운데 살아 남은 사람들이 원수의
땅에 끌려가 사는 동안에, 내가 그들의 마음에
공포심을 일으켜, 바람에 나뭇잎 떨어지는 소리
만 나도, 칼을 피해 도망가듯, 기겁하고 달아나게
하겠다. 그들은, 아무도 뒤쫓지 않아도 달아나다
넘어질 것이다. 37 아무도 뒤쫓지 않아도, 칼날
을 피하여 도망가듯, 서로 엎치락뒤치락 비틀거
릴 것이다. 너희는 절대로 너희의 원수들과는 맞
설 수 없다. 38 마침내 너희는 망하여, 다른 민
족 사이에 흩어질 것이며, 원수들의 땅이 너희를
삼킬 것이다. 39 너희 가운데 살아 남아 원수의
땅으로 끌려간 사람들은, 그 지은 죄 때문에 힘이
약해질 것이다. 조상들이 지은 죄 때문에도, 그들
은 힘이 약해질 것이다. 40 그러나 그들이, 자기
들이 지은 죄와 조상들이 지은 죄, 곧 그들이 나
를 배신하고 나에게 반항한 허물을 고백하면, 또
그들이 나를 거슬렀으므로, 41 내가 그들을 거
스르지 않을 수 없었다는 것과, 그래서 내가 그들을
원수가 사는 땅으로 보냈다는 것을 깨닫고, 할례
받지 못한 그들의 마음이 겸손해져서, 자기들이
지은 죄로 벌을 기꺼이 받으면, 42 나는, 야곱과
맺은 언약과 이삭과 맺은 언약과 아브라함과 맺은
언약을 기억하고, 또 그 땅도 기억하겠다. 43 그
들에게 버림받은 그 땅은, 오히려 그들이 없는
동안 폐허로 있으면서, 안식을 누릴 것이다. 그 기
간에 그들은 내가 명한 법도를 거역한 죄값과 내
가 세운 규례를 지키지 않은 죄값을 치를 것이다.
44 비록 그들이 죄값을 치르고 있더라도, 그들이
원수의 땅에 잡혀가 있는 동안에, 나는 절대로 그
들을 버리지 않겠다. 미워하지도 않고 멸망시키
지도 않겠다. 그래서 그들과 세운 나의 언약을 깨뜨
리지 않겠다. 내가 주 그들의 하나님이기 때문이다.
45 그들을 돌보려고, 나는, 내가 이집트 땅에서
이끌어 낸 그 첫 세대와 맺은 언약을 기억할 것
이다. 나는 그들의 하나님이 되려고, 뭇 민족이
보는 앞에서 그들을 이끌어 내었다. 나는 주다."

46 이상은 주님께서 시내 산에서 모세를 시
켜, 주님과 이스라엘 자손 사이에 세우신 여러 가
지 규례와 법도와 율법이다.

서약예물의 값

27 1 주님께서 모세에게 말씀하셨다. 2 "너
는 이스라엘 자손에게 말하여라. 그들에
게 다음과 같이 일러라.

어느 누구든지, 주에게 사람을 드리기로 서약
하고, 그 사람에 해당되는 값을 돈으로 환산하여
드리기로 하였으면, 3 그 값은 다음과 같다.
스무 살로부터 예순 살까지의 남자의 값은, 성소
에서 사용되는 세겔로 쳐서 은 오십 세겔이고,
4 여자의 값은 삼십 세겔이다. 5 다섯 살에서부
터 스무 살까지는, 남자의 값은 이십 세겔이고, 여
자는 십 세겔이다. 6 난 지 한 달 된 아이에서부
터 다섯 살까지는, 남자의 값은 은 오 세겔이고,
여자의 값은 은 삼 세겔이다. 7 예순 살이 넘은
사람들은, 남자의 값은 십오 세겔이고, 여자의 값
은 십 세겔이다. 8 서약한 사람이 너무 가난해서,
정한 값을 내지 못할 경우에는, 바치기로 한 그
사람을 제사장에게로 데리고 가고, 제사장은 서
약한 사람이 감당할 수 있는 능력을 따라서, 그에게
값을 정하여 준다.

9 그가 서약한 것이, 주에게 제물로 바치는
짐승이면, 주에게 바친 짐승은 모두 거룩하게 된다.

절). **26:40-46** 이 장은 희망의 가능성을 가지고 마무리한다. **26:40-41** 만약 자신과 조상(39절b; 5:5-6; 6:5-6에 관한 주석을 보라)의 죄와 허물을 고백한다는 것은 자신의 잘못을 인정하고 하나님의 처벌을 겸손하게 받아들인다는 뜻이다. 즉 할례받지 못한 마음(신 10:16; 30:6; 렘 4:4 참고)을 겸손하게 하고, 자신의 책임을 완전하게 인정한다는 뜻이다. **26:42-45** 하나님께서는 백성들이 회개하고 반성하는 모습에 응답하실 것을 약속하신다. 하나님은 아브라함, 이삭, 야곱과 맺은 약속과 이집트를 탈출한 세대에게 약속하신 언약을 지키실 것이며, 약속하신 땅도 기억하실 것이다. 그뿐만 아니라, 하나님은 백성과 자연 식물도 멸하지 않으실 것이다. 왜내하면 하나님은 *그들의 하나님이 되려고, 뭇 민족이 보는 앞에서 그들을 이끌어 내었다. 나는 주."*이시기 때문이다. 인간과는 달리, 하나님은 어약을 지키신다. 본문은 약속한 땅으로 돌아가게 될 것이라는 약속도 하지 않고, 용서에 대한 언급도 하지 않는다 (제사문서의 신학에서는 죄를 용서받으려면 제사 절차를 거쳐야 하기 때문인데, 방랑생활에서는 제사 절차를 밟는다는 것이 불가능하기 때문문이다). **26:46** 이 구절이 성결

10 그는 그것을 다른 것과 바꾸지 못한다. 좋은
것을 나쁜 것으로 바꾸지도 못하고, 나쁜 것을
좋은 것으로 바꾸지도 못한다. 이미 바친 짐승을
다른 짐승과 바꾸면, 본래의 것과 바꾼 것이 둘 다
거룩하게 바친 것이 된다. 11 바칠 짐승이 부
정한 짐승 곧 주에게 제물로 바칠 수 없는 짐승일
경우에는, 그 짐승을 제사장에게로 끌고 가고,
12 제사장은 좋은지 나쁜지 그 질을 판정하여야
한다. 제사장이 값을 얼마 매기든지, 그가 매긴
것이 그대로 그 값이 된다. 13 소유자가 그 짐승을
무르고 싶으면, 그는 그 짐승값에 오분의 일을 더
보태서 내야 한다.

14 어떤 사람이 자기 집을 거룩하게 구별하
여 주에게 바칠 때에는, 제사장이 그 집을 보고, 많
든 적든 그 값을 제사장이 매긴다. 제사장이 값을 얼
마 매기든지, 그가 매긴 것이 그대로 그 값이 된
다. 15 자기 집을 바쳤다가, 그 사람이 집을 도
로 무르고자 하면, 그는 본래의 그 집값에 오분의
일을 더 얹어서 물어야 한다. 그렇게 하면, 그 집
은 다시 자기의 것이 된다.

16 어떤 사람이 유산으로 물려받은 밭에서
얼마를 거룩하게 구별하여 주에게 바치려고 하
면, 그 밭의 값은 그 밭에 뿌릴 씨앗의 분량에 따
라 매기게 된다. 예를 들면, 그 밭이 한 호멜의 보
리씨를 뿌릴 만한 밭이면, 그 값은 은 오십 세겔
이다. 17 그가 희년 때부터 그의 밭을 거룩하게
구별하여 바치고자 하면, 그 값은 위에서 말한 그
대로이다. 18 그러나 그가, 어느 때든지 희년이
지난 다음에, 자기의 밭을 바쳐 거룩하게 하고자
하면, 제사장은 다음 희년 때까지 남은 햇수를 계
산하고, 거기에 따라, 처음 정한 값보다는 적게 매
기게 된다. 19 밭을 바친 사람이 그것을 다시 무
르고자 할 때에는, 매긴 값의 오분의 일을 더 얹
어 물어야 하고, 그렇게 하면, 그 밭은 다시 그의
것이 된다. 20 그러나 바친 밭을 그가 다시 사들
이지 않아서, 그것을 다른 이에게 팔면, 그 밭은 다
시는 그 주인이 되살 수 없다. 21 희년이 되어 그
밭이 해약되더라도, 그것은 주에게 바친 밭처럼,
여전히 거룩한 것으로서 제사장의 소유가 된다.

22 어떤 사람이, 상속받은 유산의 일부가 아
니라, 자기가 산 밭을 거룩하게 구별하여 주에게
바치려면, 23 제사장이 희년까지 햇수를 계산하여
그 값을 매겨야 한다. 밭을 바칠 사람은, 바로 그
날, 매겨 있는 그 값을 주에게 거룩한 것으로 바
쳐야 한다. 24 희년이 되면 그 밭은, 그것을 판
사람 곧 유산으로 받은 그 땅의 본래 소유자에게
돌아간다.

25 이제까지 말한 모든 값은 이십 게라를 일
세겔로 계산하는, 성소에서 쓰는 세겔로 매겨야
한다."

짐승의 맏배

26 "짐승의 맏배는 새삼스레 거룩한 것으로
바칠 것이 없다. 맏배는 이미 나 주의 것이기 때
문이다. 소든지 양이든지 그것들은 다 나 주의 것

문서 전체(17—26장)의 결론으로 처음부터 사용되었는지, 25—26장의 마지막 부분으로 사용되었는지는 확실하지 않다 (25:1을 보라).

27:1-34 27장은 후에 추가된 부록처럼 보이며, 거룩하게 된 것을 바꿀 수 없다는 내용을 담고 있다. 이것은 아마 하나님께서 말씀으로 계시하신 횟수를 36으로 맞추기 위해 추가된 것 같다. 하나님께 제물로 드리는 것에 대한 성별을 중심으로 여러 가지 주제가 다루어지고 있으나, 전체적인 핵심은 하나님께 드려지는 제물을 성결하게 하는 문제이며: 서약한 사람 (2-8절), 서약된 짐승 (9-13절), 서약된 집 (14-15절), 첫 짐승 (26-27절), 무를 수 없는 제물 (28-29절), 십일조 (30-33절) 등이 언급된다. 성별의 과정을 거쳐 성결해진 제물이나 사람이 다시 평범한 일상으로 돌아오는 것도 다루고 있다. **27:2-8** 만약 사람이 위기나 긴급한 필요의 시기에 자기 자신이나 다른 사람을 하나님께 드리기로 서원하였다면 제사장은 그에 상응하는 화폐가치로써의 헌금을 결정해야 한다. 이러한 가치평가는 해당 연령의 노동능력에 따라 정해지는데 1개월에서 5세까지, 5세에서 20세, 20세에서 60세, 60세와 그 이상의 나이 기준으로 나누어지고, 일반적으로 남성이 여성보다 조금 더 높게 책정되어졌는데 이것은 노동 강도에 대한 차이가 반영된 것이다. 1세겔의 무게는 12.5그램 정도 (0.4온즈)이며, 앞의 나이 기준에 따른 남/여 한 사람에 대한 가치는 5/3, 20/10, 50/30, 15/10이다. 이러한 기준은 아마 당시 형성된 노예시장의 현실을 반영한 것일 것이다. **27:8** 만일 서원한 사람이 경제적으로 매우 가난하다면 제사장은 당사자의 경제적 능력에 따라 다시 조정할 수 있다. **27:9-13** 위기상황이나 특별한 경우에 가축을 하나님께 드리기로 서원하였다가 후에 마음을 바꾸어 다른 짐승을 드리려고 한다면 원래 서원한 희생제물과 새로운 희생제물 모두 하나님에게 바쳐야 한다. 당나귀나 말과 같이 희생제물로 적당하지 않은 동물의 경우에는 제사장이 판단하는 정당한 가치에 오분의 일을 추가하여 드려야 한다. **27:14-15** 만약 자기 집을 구별하여 하나님께 드리기로 서원했다가 다시 그 집의 소유권을 지키기로 한 경우에는 주택의 가치와 오분의 일을 추가하면 된다. **27:16-21** 유산으

이다. 27 그러나 그가 바치려는 것이 부정한 짐
승이면, 그는 매겨 있는 값에다 오분의 일을 더 얹
어 그것을 무를 수 있다. 그가 그것을 무르지 않
으면, 그것은 제사장이 매긴 값으로 팔아야 한다."

무를 수 없는 제물

28 "사람이 자기에게 있는 것 가운데서, 어
떤 것을 주에게 바쳐 그것이 가장 거룩한 것이 되
었을 때에는, 사람이든 짐승이든 또는 유산으로
물려받은 가문에 속한 밭이든, 그것들을 팔거나
무르거나 할 수 없다. 그것들은 이미 주에게 가장
거룩한 것으로 모두 바친 것이기 때문이다.
29 주에게 바친 사람도 다시 무를 수 없다. 그는
반드시 죽여야 한다."

주님께 바친 십분의 일

30 "땅의 십분의 일 곧 땅에서 난 것의 십분의
일은, 밭에서 난 곡식이든지, 나무에 달린 열매이
든지, 모두 주에게 속한 것으로서, 주에게 바쳐야
할 거룩한 것이다. 31 누가 그 십분의 일을 꼭
무르고자 하면, 그 무를 것의 값에다 오분의 일을
더 얹어야만 한다. 32 소 떼와 양 떼에서도, 각각
십분의 일을 나 주에게 거룩하게 바쳐야 한다. 목
자의 지팡이 밑으로 짐승을 지나가게 하여, 열 번째
것마다 바쳐야 한다. 33 나쁜 것들 가운데서 좋은
것을 골라 내거나 바꿔치기를 하거나 해서는 안
된다. 그가 꼭 바꾸어야만 하겠다는 생각으로 어
떤 것을 바꾸었다면, 처음 그 짐승과 바꾼 짐승이
둘 다 거룩하게 되어, 도저히 무를 수 없게 된다."
34 이것은 주님께서 시내 산에서 모세더러, 이스
라엘 자손에게 이르라고 내리신 명이다.

로 물려받은 일부의 땅도 거룩하게 구별하여 하나님께 바칠 수 있다. 그 땅의 가치는 그 밭에 뿌릴 씨앗의 분량에 따라 책정되었다. 밭을 바친 사람이 그것을 다시 무르고자 할 때에는 제사장이 매긴 값의 오분의 일을 더 얹어 사면되었다. 그 땅의 가치는 희년을 기준으로 하여 추수예상 가치를 추산하여 책정되었다. 한 호멜(122킬로그램 정도—당나귀 한 마리가 운반 가능한 분량)의 보리씨를 뿌릴 만한 경작면적의 가치가 은 오십 세겔 정도로 측정되었는데, 이것이 그것이다. 아마도 여기서 고려된 것은 땅에서 거둘 만한 곡식의 가치를 반영한 것 같다. 20-21절의 내용은 토지 소유주가 (아마도 1년 이내—25:30을 보라) 되사지 않았다면 토지는 제사장에게 속한 거룩한 재산이 되어 성소의 운영을 위해 그 소출을 사용하거나 대지 자체를 제사와 관련한 일에 사용했을 수 있는데, 민 18:20의 규정을 살펴보면, 제사장(레위 지파)은 토지를 소유하지 못했는데, 이것은 열두 지파의 토지 분배과정에서 연유한 것이다. **27:22-25** 토지 구매자가 서원하여 드린 땅은 희년이 돌아오면 원래 소유주에게 돌려주게 된다. **27:26-27** 사람이나 동물의 첫째는 태어나는 순서에 따라 (출 13:1-2; 12장; 34:19) 이미 하나님께 바쳐졌으므로 다시 서원하여 드릴 수 없다. 다만 정결하지 않은 짐승의 경우에는 그 가치와 오분의 일을 바치고 다시 찾아가거나, 제사장이 제시한 시장가격에 맞추어 팔아 헌금으로 받았을 것이다. **27:28-29** 하나님께서 사용하시도록 드려진 사람이나 제물은 절대 다시 팔거나 무를 수 없다. **27:28** 개인은 자신의 소유물 중에서 사람 (노예), 집짐승, 유산으로 물려받은 땅을 성소에 드려 가장 거룩한 것으로 구별할 수 있으며, 이러한 제물은 시장가치를 기준으로 매매할 수 없다. **27:29** 본문에서 하나님께 바쳐진 사람은 사법적인 판결(출 22:20; 신 13:12-19를 보라)을 거쳤거나 전쟁에서 사로잡힌 포로(민 21:1-3; 삼상 15:3, 33을 보라)에 해당하는 경우로 자유롭게 풀려날 가능성이 없는 이들을 가리키는 것 같다. **27:30-33** 십일조로 드려진 곡물을 다시 사기 위해서는 시장가치에 오분의 일(?)을 추가할 수 있으나, 십일조로 드리기 위해 선택되어진 소나 양은 희생제물로 드려져야 하기 때문에 다시 무를 수 없다. 32절은 27:10에 관한 주석을 보라. 이 본문은 십일조로 드려진 희생제물이 성소에서 제물로 드려지는 것으로 보이지만 민 18:21에서는 레위 사람들에게 주어지는 것으로, 신 14:22-29에서는 제물을 바친 사람도 성소에서 제사 드리고 남은 제물을 먹을 수 있는 것으로 설명되어진다. **27:34** 마지막 절은 27장의 독립적인 성격에 비춘 결어인지, 25—27장의 마지막 부분인지, 17—27장의 마무리인지 아니면 레위기 전체의 결론인지 확실하지 않다.

민수기

구약성경의 네 번째인 책 민수기의 제목은 이 책의 중심적인 구조를 이루는 1장과 26장에 기록된 두 번에 걸친 인구조사와 그에 따른 많은 이름과 숫자에서 연유된 것이다. 이 책은 하나님의 백성인 이스라엘 사람들의 경험 속에서 매우 중요한 세대교체의 모습을 보여준다. 1장의 인구조사 내용은 1—25장 사이의 도입부분이 된다. 1—10장까지의 서술은 이스라엘 백성의 순종과 광야를 거쳐 약속의 땅 가나안으로 향하는 여정을 담고 있다. 11—25장의 이야기는 이집트에서 탈출하여 시내 산 언약을 맺은 출애굽 1세대(광야세대/이전세대)의 불순종과 그에 관련한 사건들을 기록하고 있다. 이 세대는 그들의 불순종으로 인해 광야에서 40년 동안 방황하다가 결국 죽게 된다.

그럼에도 불구하고, 하나님은 지속적으로 이스라엘을 젖과 꿀이 흐르는 가나안으로 인도하여 정착할 수 있도록 인도하겠다는 그분의 다짐과 약속실현을 계속 확인한다 (창 12:1-3, 7; 15:18-21; 17:8; 28:13-15; 출 3;7-10; 6:2-8; 23;20-33; 33:1-3, 12-17; 34:11). 광야에서 죽게 된 이전세대의 자리를 대신할 새로운 세대는 하나님께서 인도하신 광야생활 가운데 태어나 약속의 땅 가나안으로 가는 여정을 지속한다. 26장에서 실시된 두 번째 인구조사는 새로운 세대에 대한 점검과 26—36장 민수기 후반부 이야기의 서론 격이 된다. 이 부분은 새로운 세대의 특징을 잘 보여주는데, 미래에 대한 뚜렷한 희망, 반항 대신 합의에 도달할 줄 아는 능력, 하나님의 약속에 대한 전적인 신뢰를 바탕으로 가나안의 경계에 선 새로운 세대의 믿음, 이 새로운 세대의 하나님 백성들이 하나님의 약속하신 선물을 받을 준비를 하는 것으로 민수기는 마무리된다.

많은 신학자들은 현재의 민수기가 기원전 587년 이후 바빌로니아에서 포로생활을 경험하고 기원전 539년에 포로생활에서 귀환하는 이스라엘의 새 세대가 유대 지방으로 돌아오면서 정리한 것으로 추정하고 합의하는 데 별다른 이견이 없다. 광야생활을 통해 역사의 저편으로 사라져 간 1세대가 겪은 어려운 환경에서 태어난 새로운 세대의 희망이 포로시대를 지내고 귀환하는 이들에게도 강한 메시지를 전달했을 것이다. 이전 세대의 죽음과 퇴장에 이어 새로운 세대의 탄생과 입장으로 대비되는 전환시대 역사의 패러다임은 유대전통과 기독교 신앙공동체의 흐름 속에서 여전히 살아있는 하나님의 사람들의 역사로 오늘까지 지속되고 있다.

독자들은 민수기에서 다음과 같이 중요한 본문과 이미지들을 발견하게 된다: 제사장의 축복기도 (6:22-27, "주님께서 당신들에게 복을 주시고, 당신들을 지켜주시며"), 하늘에서 내린 만나 (11장), 미리암에게 닥친 악성 피부병 (12장), 가데스 광야 바위에서 나온 물 (20장), 구리 뱀으로 백성을 구함 (21장), 발람과 말하는 나귀 (22장), 용감한 슬로보핫의 딸들 (27장). 그리고 전체 이야기의 중심에는 13—14장의 가나안 땅 탐지관련 기록이다. 이 부분은 하나님의 심판, 이전세대의 죽음, 하나님의 백성으로 새롭게 태어나는 새 세대의 소망이 확연하게 드러나는 부분이다.

민수기의 개요는 다음과 같다. 성경본문에 따라 세밀히 조사할 필요가 있는 주석은 이 개요를 따를 것이며, 명확성을 기하기 위하여 더 보충하여 상세하게 설명될 것이다.

I. 이전세대: 순종에서 불평, 반항, 죽음까지, 1:1—25:18
   A. 열두 지파의 첫 번째 인구조사: 출애굽 1세대, 1:1—4:45
   B. 광야생활을 위한 이스라엘의 순종과 준비, 5:1—10:36

C. 이전세대의 돌출적인 행동과 불평, 반항, 그리고 죽음, 11:1—20:29
D. 이전세대의 몰락 가운데서 생겨나는 희망, 21:1—25:18
II. 약속의 땅의 입구에 선 새로운 세대의 출현, 26:1—36:13
A. 열두 지파의 두 번째 인구조사: 새로운 세대, 26:1-65
B. 슬로보핫의 딸들과 가나안 땅, 27:1-11
C. 가나안 땅으로 들어가는 준비: 과거를 회고하고 미래를 준비, 27:12—35:34
D. (여성의 토지 소유문제) 다시 확인하는 슬로보핫의 딸들, 36:1-13

데니스 티 올슨 (Dennis T. Olson)

첫 번째 병적 조사

1 1 이스라엘 자손이 이집트 땅에서 나온 지
이 년이 되던 해 [ㄱ]둘째 달 초하루에, 주님께
서 시내 광야의 [ㄴ]회막에서 모세에게 말씀하셨다.
2 "[ㄷ]너희는 이스라엘 자손의 온 회중을 각 가문
별, 가족별로 인구를 조사하여라. 남자의 경우는
그 머리 수대로 하나하나 모두 올려 명단을 만들
어라. 3 너는 아론과 함께, 이스라엘 사람 가운
데서 스무 살이 넘어 군대에 입대할 수 있는 남자
들을, 모두 각 부대별로 세어라. 4 각 지파에서
한 사람씩, 곧 한 가족에서 지도자가 한 사람씩 나
오게 하여 너희를 돕게 하여라. 5 다음은 너희
곁에 서서 너희를 도울 사람들의 이름이다."

"르우벤 지파에서는 스데울의 아들 엘리술이요,
6 시므온 지파에서는 수리삿대의 아들 슬루미
엘이요,
7 유다 지파에서는 암미나답의 아들 나손이요,
8 잇사갈 지파에서는 수알의 아들 느다넬이요,
9 스불론 지파에서는 헬론의 아들 엘리압이요,
10 요셉의 아들들 가운데, 에브라임 지파에서
는 암미훗의 아들 엘리사마요, 므낫세 지파에서는
브다술의 아들 가말리엘이요,
11 베냐민 지파에서는 기드오니의 아들 아비
단이요,
12 단 지파에서는 암미삿대의 아들 아히에셀
이요,
13 아셀 지파에서는 오그란의 아들 바기엘이요,
14 갓 지파에서는 [ㄹ]르우엘의 아들 엘리아삽
이요,
15 납달리 지파에서는 에난의 아들 아히라이
다."

16 이들은 회중이 추대하여, 조상 때부터 내
려온 각 지파의 지도자가 된 사람들이다. 이 사람들
이 바로 이스라엘 군대 각 부대의 지휘관이다.
17 모세와 아론은 임명받은 이 사람들을 거
느리고 18 둘째 달 초하루에 전체 회중을 불러
모았다. 회중들은 모두 가문별, 가족별로 등록하
였다. 스무 살이 넘은 남자는, 모두 그 머리 수대
로 하나하나 명단에 올렸다. 19 이것은 주님께
서 모세에게 명하신 대로 한 것이다. 모세가 시내
광야에서 그들의 수를 세었다.
20 이스라엘의 맏아들 르우벤의 자손 가운데
서, 군대에 입대할 수 있는, 스무 살이 넘은 모든
남자를, 각각 가문별, 가족별로, 그 머리 수대로,
하나하나 명단에 올렸다. 21 르우벤 지파에서
등록된 사람의 수는 사만 육천오백 명이다.
22 시므온의 자손 가운데서, 군대에 입대할
수 있는, 스무 살이 넘은 모든 남자를, 각각 가문
별, 가족별로, 그 머리 수대로, 하나하나 명단에 올
렸다. 23 시므온 지파에서 등록된 사람의 수는
오만 구천삼백 명이다.
24 갓의 자손 가운데서, 군대에 입대할 수 있
는, 스무 살이 넘은 모든 남자를, 각각 가문별, 가
족별로 명단에 올렸다. 25 갓 지파에서 등록된
사람의 수는 사만 오천육백오십 명이다.
26 유다의 자손 가운데서, 군대에 입대할 수
있는, 스무 살이 넘은 모든 남자를, 각각 가문별,
가족별로 명단에 올렸다. 27 유다 지파에서 등
록된 사람의 수는 칠만 사천육백 명이다.
28 잇사갈의 자손 가운데서, 군대에 입대할
수 있는, 스무 살이 넘은 모든 남자를, 각각 가문
별, 가족별로 명단에 올렸다. 29 잇사갈 지파에
서 등록된 사람의 수는 오만 사천사백 명이다.

ㄱ) 시브월, 양력 사월 중순 이후 ㄴ) 하나님이 백성을 만나시는 곳
ㄷ) 모세와 아론 ㄹ) 히, '드우엘'. 2:14절을 따름

1:1-54 민수기는 이스라엘 백성이 이집트를 탈출한지 14개월 후, 시내 광야에 도착한 상태에서 기록하기 시작한다. 하나님은 모세에게 이스라엘의 열두 지파 (부족) 중에서 전투에 참여할 수 있는 20세 이상의 성인 남자를 조사하라고 명하셨다 (1:1-3). 각 지파별로 한 명씩 12명의 책임자가 지명되었고 (1:4-16), 인구조사 결과의 전체 성인 남자 숫자는 603,550명이었다 (1:17-46). 회막과 성소내 성물을 관리하는 제사장 지파로 구별된 레위 사람에 대한 인구조사는 별도로 행하여졌다 (1:47-54).

1:1-3 하나님은 약속의 땅 가나안을 정복하기 위한 준비작업으로 *모세에게* 모든 열두 지파에서 군대에 입대할 수 있는 전투병력을 조사하라고 명령하셨다. **1:1** 이스라엘 백성은 출 19:1-2 이후 시내 광야에 머물러 왔다. 회막은 이동식 제단으로 증거궤가 보관되어 있는 성막으로 알려져 있으며, 하나님께서 임재하고 계신 곳이다. 이 *회막*은 이스라엘 진영 한가운데 있었다. 회막은 모세가 하나님과 대화하는 공간으로, 기록상에는 단 한 번 진영 외부(출 33:7-11)에 위치한 적이 있었지만, 이제는 이스라엘 전체 진영의 한가운데 있다 (민 2:2).

1:4-16 열두 지파의 순서는 창 29:31—30:24와 35:16-18에 기록된 야곱의 열두 아들이 태어난 순서를 따른다. 민수기에 기록된 순서에는 약간의 차이가 있기도 하다 (1:20-43; 2:3-31; 7:12-83; 10:14-28; 13:4-15; 26:5-51).

30 스불론의 자손 가운데서, 군대에 입대할
수 있는, 스무 살이 넘은 모든 남자를, 각각 가문
별, 가족별로 명단에 올렸다. 31 스불론 지파에
서 등록된 사람의 수는 오만 칠천사백 명이다.
32 요셉의 아들 에브라임의 자손 가운데서,
군대에 입대할 수 있는, 스무 살이 넘은 모든 남
자를, 각각 가문별 가족별로 명단에 올렸다.
33 에브라임 지파에서 등록된 사람의 수는 사만
오백 명이다.
34 므낫세의 자손 가운데서, 군대에 입대할
수 있는, 스무 살이 넘은 모든 남자를, 각각 가문
별, 가족별로 명단에 올렸다. 35 므낫세 지파에서
등록된 사람의 수는 삼만 이천이백 명이다.
36 베냐민의 자손 가운데서, 군대에 입대할
수 있는, 스무 살이 넘은 모든 남자를, 각각 가문
별, 가족별로 명단에 올렸다. 37 베냐민 지파에서
등록된 사람의 수는 삼만 오천사백 명이다.
38 단의 자손 가운데서, 군대에 입대할 수 있
는, 스무 살이 넘은 모든 남자를, 각각 가문별, 가
족별로 명단에 올렸다. 39 단 지파에서 등록된
사람의 수는 육만 이천칠백 명이다.
40 아셀의 자손 가운데서, 군대에 입대할 수
있는, 스무 살이 넘은 모든 남자를, 각각 가문별,
가족별로 명단에 올렸다. 41 아셀 지파에서 등
록된 사람의 수는 사만 천오백 명이다.
42 납달리의 자손 가운데서, 군대에 입대할
수 있는, 스무 살이 넘은 모든 남자를, 각각 가문
별, 가족별로 명단에 올렸다. 43 납달리 지파에서
등록된 사람의 수는 오만 삼천사백 명이다.
44 이 사람들은, 모세와 아론이, 각 집안에
서 한 사람씩 뽑힌 이스라엘의 열두 지도자들과
함께 조사하여 등록시킨 사람들이다. 45 이스라
엘 군대에 입대할 수 있는, 스무 살이 넘은 모든
이스라엘 자손이, 각 집안별로 등록되었다. 46 등
록된 이들은 모두 육십만 삼천오백오십 명이다.
47 그러나 레위 사람은, 조상의 지파별로, 그들과
함께 등록되지 않았다.

레위 지파의 병역 면제

48 주님께서 모세에게 이렇게 분부하여 이르
셨다. 49 "레위 지파만은 인구조사에서 빼고 이
스라엘 징집자 명단에 올리지 말아라. 50 그 대신
너는 레위 사람을 시켜, ㄱ)증거궤가 보관된 성막을
보살피게 하여라. 모든 기구와 그 안에 있는 모든
비품을 그들이 관리할 것이다. 그들은 성막을 옮
기는 일과 그 안에 있는 모든 기구를 옮기는 일을
맡을 것이다. 그들은 성막을 돌보며, 성막 둘레에
진을 치고 살아야 한다. 51 성막을 옮길 때마다
레위 사람이 그것을 거두어야 하고, 성막을 칠 때
에는 레위 사람만이 그것을 세워야 한다. 다른 사
람들이 거기에 다가갔다가는 죽을 것이다.
52 이스라엘 자손은 각기 부대별로, 각기 자기
진 안의 부대기를 중심으로 장막을 쳐야 한다.
53 그러나 레위 사람은 ㄱ)증거궤가 보관된 성막
둘레에 진을 쳐서, 나의 진노가 이스라엘 자손의
회중에게 내리지 않게 해야 한다. 레위 사람은
ㄱ)증거궤가 보관된 성막을 보호할 임무를 맡는다."
54 이스라엘 자손은, 주님께서 모세에게 명하
신 모든 것을 다 그대로 하였다.

ㄱ) 또는 '법막' 또는 '증거막'

1:17-46 모세와 아론은 이스라엘의 열두 지파에 속해 있는 모든 성인 남자, 즉 전투병력에 대한 인구조사를 조직했다. **1:20** *르우벤* 지파의 이름이 제일 먼저 나온 것은 *야곱의* 장남이기 때문일 것이다 (창 29:32). 야곱은 또한 "이스라엘"(창 32:27-28)이라는 이름으로 알려졌다. **1:44-46** 기록된 603,550명의 성인 남성 전투병력을 통해 이스라엘 전체인구는 여성, 어린이, 전투에 참가할 수 없는 남성을 포함하면 약 2백만 명 정도로 추정할 수 있다.

특별 주석

일부 학자들은 2백만이라는 숫자가 거의 불가능한 숫자라고 주장한다. 출애굽기(1:1-5)에서 시작한 70명의 이름에서 기원하여, 불과 수백 년 만에 전체 인구 2백만으로 성장하는 것이 가능하겠는가? 그렇게 거대한 규모의 인구가 먹을 것도 없는 황량한 광야에서 어떻게 물과 음식을 지속적으로 공급받을 수 있었겠는가? 하지만 이스라엘 공동체의 역사를 통해 이러한 엄청난 규모의 인구는 하나님의 은혜로운 축복에 대한 증거이며, 조상들에게 약속한 수를 셀 수 없이 많은 후손에 대한 약속(창 15:5; 17:4-8; 22:17)의 실현과정으로 볼 수 있다. 이 숫자는 약속의 땅으로 근접해가는 이스라엘 백성들에게 서서히 자신감(민 13—14장에 드러난 이스라엘의 두려움을 보라)을 심어주고, 가나안 사람들과 전투를 준비하는 데 도움이 되었을 것이다.

1:47-54 제사장직을 수행하는 *레위 지파*는 병역 의무를 지지 않으므로 전체 군사력의 수치에서 제외되었다 (3—4장을 보라). *레위 지파*는 증거궤가 보관된 성막의 관리와 운영을 책임져야 했기 때문이다. **1:50** *성막.* 이동식 제단 혹은 성소이며 그 안에는 증거궤와 보좌가 있어, 하나님의 거룩한 임재하심이 항상 이스라엘

부대 편성 및 행군 순서

2 1 주님께서 모세와 아론에게 말씀하셨다.
2 "이스라엘 자손이 진을 칠 때에는, 회막을
중심으로 하여 그 둘레에 진을 치되, 각기 자기가
속한 부대기가 있는 곳에다 자기 가문의 깃발을
함께 세우고 진을 쳐야 한다.
3 동쪽, 곧 해 뜨는 쪽에 진을 칠 부대는 유다
진영의 깃발 아래에 소속된 부대들이다. 유다 자
손의 지휘관은 암미나답의 아들 나손이다. 4 그가
이끌 부대의 군인 수는 칠만 사천육백 명이다.
5 유다 자손의 한쪽 옆에는 잇사갈 지파가 진을
친다. 잇사갈 자손의 지휘관은 수알의 아들 느다넬
이다. 6 그가 이끌 부대의 군인 수는 오만 사천
사백 명이다. 7 유다 자손의 또 다른 한쪽 옆에는
스불론 지파가 진을 친다. 스불론 자손의 지휘관
은 헬론의 아들 엘리압이다. 8 그가 이끌 부대의
군인 수는 오만 칠천사백 명이다. 9 유다 진영에
소속된 각 부대의 군인 수는 모두 더하여 십팔만
육천사백 명이다. 행군할 때에는 유다 진영이 첫
번째로 출발한다.
10 남쪽에 진을 칠 부대는 르우벤 진영의 깃
발 아래 소속된 부대들이다. 르우벤 자손의 지휘
관은 스데울의 아들 엘리술이다. 11 그가 이끌
부대의 군인 수는 사만 육천오백 명이다.
12 르우벤 자손의 한쪽 옆에는 시므온 지파가
진을 친다. 시므온 자손의 지휘관은 수리삿대의
아들 슬루미엘이다. 13 그가 이끌 부대의 군인
수는 오만 구천삼백 명이다. 14 르우벤 자손의
또 다른 한쪽 옆에는 갓 지파가 진을 친다. 갓 자
손의 지휘관은 르우엘의 아들 엘리아삽이다.
15 그가 이끌 부대의 군인 수는 모두 더하여 사
만 오천육백오십 명이다. 16 르우벤 진영에 소
속된 각 부대의 군인 수는 모두 더하여 십오만 천
사백오십 명이다. 행군할 때에는 르우벤 진영이
두 번째로 출발한다.
17 다음에는 회막이 레위 사람의 진영과 함께
출발하여, 모든 군대의 가운데 서서 나아간다. 각
부대는 진을 칠 때와 같은 순서로 출발하되, 각기
자기의 부대기를 앞세우고 제자리를 지켜야 한다.
18 서쪽에 진을 칠 부대는 에브라임 진영의
깃발 아래 소속된 부대들이다. 에브라임 자손의
지휘관은 암미훗의 아들 엘리사마이다. 19 그가
이끌 부대의 군인 수는 사만 오백 명이다.
20 에브라임 자손의 한쪽 옆에는 므낫세 지파
가 진을 친다. 므낫세 자손의 지휘관은 브다술의 아
들 가말리엘이다. 21 그가 이끌 부대의 군인 수
는 삼만 이천이백 명이다. 22 에브라임 자손의
또 다른 한쪽 옆에는 베냐민 지파가 진을 친다. 베
냐민 자손의 지휘관은 기드오니의 아들 아비단이다.
23 그가 이끌 부대의 군인 수는 삼만 오천사백 명
이다. 24 에브라임 진영에 소속된 각 부대의 군인
수는 모두 더하여 십만 팔천백 명이다. 행군할 때
에는 에브라임 진영이 세 번째로 출발한다.
25 북쪽에 진을 칠 부대는 단 진영의 깃발 아
래 소속된 부대들이다. 단 자손의 지휘관은 암미삿
대의 아들 아히에셀이다. 26 그가 이끌 부대의
군인 수는 육만 이천칠백 명이다. 27 단 자손의
한쪽 옆에는 아셀 지파가 진을 친다. 아셀 자손의
지휘관은 오그란의 아들 바기엘이다. 28 그가 이
끌 부대의 군인 수는 사만 천오백 명이다.
29 단 자손의 또 다른 한쪽 옆에는 납달리 지
파가 진을 친다. 납달리 자손의 지휘관은 에난의
아들 아히라이다. 30 그가 이끌 부대의 군인 수는
오만 삼천사백 명이다. 31 단 진영에 소속된 각
부대의 군인 수는 모두 더하여 십오만 칠천육백
명이다. 행군할 때에는 단 진영이 그들의 부대기를
앞세우고 마지막으로 출발한다."

백성 가운데 있음을 보여주는 것이다 (출 25—27장; 30장; 35—40장). **1:51** *다른 사람들.* 오직 제사장 역할을 하는 레위 사람을 제외한 모든 이스라엘 사람과 외부인을 가리킨다. **1:53** 성막을 둘러싼 레위 지파의 장막은 이스라엘의 행렬 중심에 선다. 따라서 레위 지파의 장막은 하나님의 *진노가 이스라엘 자손의 회중에게 바로 내리지 않게* 하는 완충기능을 하게 된다. 허가되지 않은 행동이나 성막 안의 거룩한 물건을 함부로 만지는 행동은 죽음에 이르기도 한다 (레 10:1-3).

2:1-34 2장은 이스라엘 진영의 설계도를 보여주는 부분이다. 이스라엘 진영은 중심축을 기본으로 하여 두 개의 원형으로 되어 있었다. 열두 지파는 바깥쪽 원을 형성하고 있었으며, 동서남북 네 방향에서 세 지파씩 각각 자리를 잡고 있었고, 제사장 역할을 수행하는 레위 지파는 그 안쪽에서 원을 형성하며 성막을 둘러싸고 있었다. 진영 한가운데 있는 성막은 이동하며 제사를 드리는 공간으로, 하나님께서 이스라엘 백성 가운데 임재하고 계신다는 것을 보여주는 상징이다. **2:2** *부대기* (진영의 군기). 각 지파의 상징으로 사용된 *부대기*는 각 가문의 독특한 모습을 띤 깃발이다. 한글번역 *회막*은 영어 표현으로 만남의 장소 (tent of meeting) 라고 기록되기도 한다. 그 곳은 백성이 하나님을 만나는 이스라

32 다음은 이스라엘 자손 가운데서 집안별로
병적부에 오른 사람들의 숫자이다. 모든 진영 각
부대에 소속된 군인의 수는 모두 더하여 육십만
삼천오백오십 명이다. 33 그러나 이스라엘 자손
가운데서 레위 사람들은, 주님께서 모세에게 명
하신 대로, 병적부에 올리지 않았다.

34 이처럼 이스라엘 자손은, 주님께서 모세
에게 명하신 대로 다 하였다. 그리하여 그들은 각
기 가문별, 가족별로, 자기들의 깃발 아래에, 진
도 치고 행군도 하였다.

아론의 아들들

3 1 주님께서 시내 산에서 모세에게 말씀하시
던 때에, 아론과 모세에게 아들들이 있었
다. 2 아론의 아들들의 이름은, 맏아들은 나답이
요, 다음은 아비후와 엘르아살과 이다말이다.
3 그들은, 아론의 아들들로서 제사장의 임무를
맡도록, 기름부어 제사장으로 거룩하게 구별된
사람들이다. 4 나답과 아비후는, 시내 광야에서
주님께 금지된 불을 드리다가 주님 앞에서 죽었는
데, 아들이 없이 죽었기 때문에, 엘르아살과 이다
말만이 그들의 아버지 아론 앞에서 제사장 일을
맡아 하였다.

제사장을 돕는 레위 사람

5 주님께서 모세에게 말씀하셨다. 6 "너는
레위 지파를 불러내어, 그들을 제사장 아론 밑에
두고 그를 돕게 하여라. 7 레위 지파 사람은 성
막에서 봉사하는 사람들로서, 아론과 온 회중이
회막 앞에서 제사를 드릴 때에, 그 일을 돌볼 사람
들이다. 8 그들은 성막에서 봉사하는 사람들로서,
회막 안에 있는 모든 기구를 보살피고, 이스라엘
자손이 해야 할 일을 돌보아야 한다. 9 너는 레위
사람을 아론과 그 아들들에게 맡겨라. 그들은 이
스라엘 자손 가운데서 뽑혀, 아론에게 아주 맡겨진
사람들이다. 10 너는 아론과 그의 아들들을 제
사장으로 임명하여, 그 직무를 맡아 보게 하여라.
다른 사람이 성소에 가까이하였다가는 죽을 것
이다."

11 주님께서 모세에게 말씀하셨다. 12 "나
는 이스라엘 자손 가운데서 레위 사람을 택하여,
처음 태어나는 모든 맏아들, 곧 이스라엘 자손 가
운데서 태를 처음 열고 나오는 사람을 대신하게
하였다. 레위 사람은 나의 것이다. 13 처음 난
것은 모두 나의 것이기 때문이다. 내가 이집트 땅
에서 첫 번째로 난 모든 것을 칠 때에, 사람이든지
짐승이든지, 이스라엘에서 처음 난 것은 모두 거
룩하게 구별하여 나의 것으로 삼았다. 나는 주다."

레위 사람 인구조사

14 주님께서 시내 광야에서 모세에게 말씀하
셨다. 15 "너는 레위 자손을 가족별, 가문별로
등록시켜라. 그들 가운데서 태어난 지 한 달이
넘은 남자는 모두 등록시켜라." 16 모세는 주님의
명을 따라, 지시받은 대로 그들을 등록시켰다.
17 레위의 아들들의 이름은 게르손과 고핫과 므
라리이다. 18 게르손의 아들들의 이름은, 가문
별로는 립니와 시므이이다. 19 고핫의 아들들
은, 가문별로는 아므람과 이스할과 헤브론과 웃
시엘이다. 20 므라리의 아들들은, 가문별로는
마흘리와 무시이다.

엘 진영의 중심이며, 출 33:7-11에서는 진영의 중앙대
신 외부에 세워진 기록도 찾아볼 수 있다. **2:3** 열두 지
파가 움직일 때는 동쪽의 세 지파 유다, 잇사갈, 스불론
(3-9절)이 먼저 움직였다. 이러한 순서 역시 이스라엘
역사 속에서 중요한 역할을 감당해온 *유다 지파를* 드러
내는 것이다. 동편의 세 지파에 이어 남쪽(10-16절)의 세
지파, 중심부에 회막과 레위 지파 (17절), 서쪽의 세 지
파(18-24절)와 북쪽에 배치된 지파(25-31절)의 순서대
로 움직였다. **2:32** 이스라엘 전체의 군사력을 보여준
603,550명의 성인남자 규모는 굉장히 큰 것이다. 1:46에
관한 주석을 보라.

3:1-51 이스라엘의 지도자들이었던 모세와 아론
은 모두 레위 지파 출신이며, 그 아들들의 이름이 다시
기록되어 있다 (1-4절). 하나님은 모세에게 대제사장 아
론을 도울 레위 지파에 대해 말하고 (5-10절), 이스라엘
백성 가운데서 모든 장자를 대신하여 레위 지파가 하나
님께 받쳐졌다는 사실을 지적한다 (11-13절). 인구조사
를 통해 확인된 생후 한 달 이상의 레위 지파 남성은
22,000명이었으며 (14-39절), 열두 지파의 모든 첫째
아들의 숫자는 22,273명이었다 (40-43절). 따라서 이
스라엘 전체의 장자 숫자는 레위 지파보다 273명이 많
았으므로 그 아들들의 부모는 부족한 숫자를 채우기 위
하여 제사장들에게 5세겔씩 지불해야 했다 (44-51절).

3:1-4 *아론과 모세.* 아론과 모세의 이름이 다시
기록된 것은 그들이 형제이며, 레위 지파임을 다시 확
인해 주는 것이다 (출 6:23). **3:3** *아론의 아들들은 기
름부음 받은 제사장들이며,* 다른 레위 지파 남성들은
성막과 관련된 일을 돕게 된다는 사실(6절)로 기록되었을
것이다. **3:4** *나답과 아비후.* 이 사람들에 관하여는
레 10:1-7을 보라.

레위의 가족들을 가문별로 들어 보면 다음과 같다.

21 게르손에게서는 립니 자손 가족과 시므이 자손 가족이 나왔다. 이들이 게르손 자손의 가족들이다. 22 태어난 지 한 달이 넘은 남자를 등록시키니, 모두 칠천오백 명이었다. 23 게르손 자손의 가족들은 성막 뒤 서쪽에 진을 치게 되어 있었다. 24 게르손 자손 가문의 원로는 라엘의 아들 엘리아삽이다. 25 게르손 자손이 회막에서 맡은 일은, 성막과 장막과 그 덮개와 회막 어귀에 치는 휘장과 26 뜰의 휘장과 성막과 그 가운데 제단을 둘러싼 뜰의 어귀에 치는 휘장과 이 모든 것에 쓰는 여러 가지 줄들을 보살피는 것이다.

27 고핫에게서는 아므람 자손 가족과 이스할 자손 가족과 헤브론 자손 가족과 웃시엘 자손 가족이 나왔다. 이들이 고핫 자손의 가족들이다. 28 태어난 지 한 달이 넘은 남자의 수는 모두 팔천육백 명이다. 이들은 성소의 일을 맡았다. 29 고핫 자손의 가족들은 성막의 남쪽에 진을 치게 되어 있었다. 30 고핫 가문 가족의 원로는 웃시엘의 아들 엘리사반이다. 31 그들의 임무는 ㄱ)법궤와 상과 등잔대와 제단들과 제사드릴 때에 쓰는 거룩한 도구들과 휘장과, 이것들에 관련된 모든 예식을 보살피는 것이다. 32 레위 사람의 최고 원로는 제사장 아론의 아들 엘르아살이고, 그는 성소의 일을 맡은 이들을 감독하는 책임을 맡았다.

33 므라리에게서는 마흘리 자손 가족과 무시 자손 가족이 나왔다. 이들이 므라리의 가족들이다. 34 태어난 지 한 달이 넘은 남자를 등록시키니, 모두 육천이백 명이다. 35 므라리 자손 가문의 원로는 아비하일의 아들 수리엘이다. 그들은 성막 북쪽에 진을 치게 되어 있었다. 36 므라리 자손에게 부여된 임무는, 성막의 널빤지들과 가로다지들과 기둥들과 밑받침들과 거기에 딸린 모든 기구와, 이것들에 관련된 모든 예식을 보살피는 것이다. 37 이 밖에도, 뜰 둘레에 세우는 기둥들과 밑받침들과 말뚝들과 여러 가지 줄들을 보살피는 일이 있다.

38 모세와 아론과 아론의 아들들은 성막 앞, 곧 회막 정면, 해 뜨는 동쪽에 진을 치게 되어 있었다. 그들은 이스라엘 자손의 직무를 대신하여 성소에서 직무를 맡은 이들이다. 여느 사람이 가까이 갔다가는 죽었다. 39 등록된 모든 레위 사람, 곧 주님께서 분부하신 대로, 모세와 아론이 가족별로 등록시킨 사람들은, 태어난 지 한 달이 넘은 남자들인데, 모두 ㄴ)이만 이천 명이었다.

레위 사람이 맏아들 구실을 하다

40 주님께서 모세에게 말씀하셨다. "이스라엘 자손 가운데서, 태어난 지 한 달이 넘은 맏아들은 모두 등록시키고, 명단을 작성하여라. 41 나는 주다. 너는 이스라엘 자손의 모든 맏아들 대신 레위 사람을 구별하여 세우고, 또 이스라엘 자손의 모든 가축 맏배 대신 레위 사람의 가축 맏배를 구별하여 세워서, 나의 몫으로 삼아라." 42 모세는, 주님께서 자기에게 명하신 대로, 이스라엘 자손 가운데 있는 모든 맏아들을 다 등록시켰다. 43 태어난 지 한 달이 넘은 이들로서, 명단에 등록된 맏아들은 모두 이만 이천이백칠십삼 명이었다.

44 주님께서 모세에게 말씀하셨다. 45 "너는 이스라엘 자손의 모든 맏아들 대신 레위 사람을 구별하여 세우고, 이스라엘 자손의 가축 맏배 대신 레위 사람의 가축 맏배를 구별하여 세워라. 레위 사람은 나의 몫이다. 나는 주다. 46 이스라엘 자손의 맏아들은, 그 수효가 레위 사람보다 이백칠십삼 명이 더 많으므로, 나머지 사람은 그 수만큼 속전, 곧 물어 내는 값을 치러야 한다. 47 한 사람에 오 세겔씩 물도록 하여라. 세겔은 성소에서 따르는 방식대로 이십 게라를 한 세겔로 계산하여라. 48 그 돈은, 아론과 그 아들들에게 주어서, 나머지 사람을

ㄱ) 또는 '증거궤' ㄴ) 22, 28, 34절의 전체 숫자는 '이만 이천삼백 명'

3:5-10 레위 지파는 아론과 그의 자손인 대제사장을 돕는 이들이다. **3:8** 성막과 회막(만남의 장소)에 대하여는 1:50과 2:2에 관한 주석을 보라.

3:11-13 레위 지파는 성막에서 봉사하는 역할 이외에도, 이스라엘 전체의 장자들을 대신하여 하나님의 일을 하기 위해 드려졌다는 첫 열매로 드려진 제물이라는 것도 강조되었다. **3:13** 고대 이스라엘의 전통에서 첫 아들로 태어난 이들은 모두 하나님의 일을 위해 드려져야 했다 (출 13:2; 22:29-30; 34:19-20). 그러나 그런 장자들 역시 다른 사람으로 대체될 수 있었는데, 레위 지파의 한 사람 한 사람이 이스라엘 전체의 장자를 대신하는 역할을 맡아 하나님의 일을 평생토록 하게 된 것이다.

3:14-39 레위 지파 중에서도 세 가문에 대해 별도로 기록되었고, 이들은 이스라엘 진영 한가운데 성막 가까이에 배치되었다. 게르손 가문은 서쪽에 (23절), 고핫 가문은 남쪽에 (29절), 므라리 가문은 북쪽에 (35절) 자리를 잡았으며, 대제사장의 역할을 맡은 모세와 아론의 가족은 회막 정면 동쪽에서 전체 진영의 움직임을 지휘했다 (38절). **3:15** 앞서 1장에서 행해진 인구

물어내기 위하여 치른 속전으로 삼아라." 49 그
리하여 모세는 레위 사람을 대신 세워 속하고, 그
나머지 사람에게서 속전을 거두었다. 50 그가 이
스라엘 자손의 맏아들에게서 거둔 속전은 성소의
세겔로 천삼백육십오 세겔이었다. 51 주님께서
말씀하신 대로, 모세는 그 속전을 아론과 그의 아
들들에게 주었다. 모세는 이처럼 주님께서 명하
신 대로 하였다.

고핫 자손의 임무

4 1 주님께서 모세와 아론에게 말씀하셨다.
2 "레위 자손 가운데서 고핫 자손을 따로 구
별하여, 가문별, 가족별로 인구를 조사하여라.
3 서른 살에서 쉰 살까지 군대에 입대할 수 있는
이들로서, 회막 일을 맡을 수 있는 사람의 수를 조
사하여라. 4 고핫 자손은 회막 안에서 가장 거룩
한 물건을 보살피는 일을 맡아야 한다.
5 진을 이동할 때에는, 아론과 그의 아들들
이 안으로 들어가서, 칸막이 휘장을 걷어내려, 그
것으로 ㄱ)증거궤를 덮고, 6 그 위에다 돌고래 가
죽 덮개를 덮고, 또 그 위에다가는 순청색 보자기
를 덮은 다음에 채를 꿴다.
7 다음에는 늘 차려 놓는 상 위에다가 청색
보자기를 펴고, 그 위에다 대접들과 종지들과 부
어 드리는 제물을 담는 병과 잔들을 놓고, 늘 차
려 놓는 빵도 그 위에 놓는다. 8 이것들은 진홍
색 보자기로 덮고, 그 위에 다시 돌고래 가죽 덮
개를 덮은 다음에 채를 꿴다.
9 그런 다음에는 청색 보자기를 가져다가, 불
켜는 등잔대와 등잔과 부집게와 불똥접시와, 그것
들과 함께 쓰는 모든 기름그릇을 싸고, 10 그 등
잔대와 거기에 딸린 모든 기구를 다시 돌고래 가죽
덮개로 덮어서, 들것 위에 얹는다.
11 다음에는 금제단 위에 청색 보자기를 깔
고, 그 위에 돌고래 가죽 덮개를 덮은 다음에 채를
꿴다. 12 성소 예식에 쓰는 그 밖의 모든 기구는
청색 보자기로 싸고, 돌고래 가죽 덮개를 덮어 들
것에 얹는다. 13 제단의 경우는 거기에 담긴 재를
모두 쳐내고, 그 위에 자주색 보자기를 깔고,
14 거기에다 예식에 쓰는 모든 기구, 곧 불 옮기
는 그릇들과 고기를 집는 갈고리들과 부삽들과 쟁
반 등 제단에 사용하는 모든 기구를 얹고, 돌고래
가죽 덮개로 덮은 다음에 채를 꿴다.
15 진 이동을 앞두고, 이렇게 아론과 그의 아
들들이 ㄴ)거룩한 물건들과 그 물건에 딸린 모든 기
구를 다 싸 놓으면, 비로소 고핫 자손이 와서 그
것들을 둘러메고 간다. 이 때에 거룩한 물건들이
그들의 몸에 닿았다가는 죽는다. 이처럼 회막의
거룩한 물건들을 옮기는 일은 바로 고핫 자손이
맡는다.
16 불 켜는 기름과 분향에 쓰이는 향품과 늘
바치는 곡식제물과 성별하는 데 쓰는 기름을 비롯
하여, 온 성막과 그 안에 있는, 거룩하게 구별하여
쓰는 모든 것과, 거기에 딸린 기구들은, 제사장
아론의 아들 엘르아살이 맡는다."
17 주님께서 모세와 아론에게 말씀하셨다.
18 "너희는 고핫 가족들로 이루어진 갈래를 레위
사람 가운데서 끊어지지 않게 하여라. 19 가장
거룩한 물건에 가까이 갈 때에, 그들이 죽지 않고
살게 하려면, 아론과 그의 아들들이 함께 들어가서,
그들 각자에게 할 일과 그들이 옮길 짐을 하나하나
정해 주어야만 한다. 20 그래서 그들이 함부로
성소 안으로 들어갔다가, 순간적으로나마 ㄷ)거룩한
물건들을 보게 되어 죽는 일이 없게 하여야 한다."

게르손 자손의 임무

21 주님께서 모세에게 말씀하셨다. 22 "너
는 게르손 자손도 가족별, 가문별로 인구를 조사하
여라. 23 서른 살에서 쉰 살까지 군대에 입대할
수 있는 이들로서, 회막 일을 맡을 수 있는 사람을
모두 등록시켜라. 24 게르손 자손의 가족들이 맡
아서 해야 할 일과 메어야 할 짐은 다음과 같다.

ㄱ) 또는 '법궤' ㄴ) 또는 '성소와 성소에 딸린' ㄷ) 또는 '성소를'

조사는 20세 이상의 전투병력을 파악하기 위한 조사였다. 3장에서의 인구조사는 한 달 이상 된 모든 레위 지파 남성숫자를 헤아려 전체 이스라엘 장자를 위한 대속물로 드려지는 역할에 대한 설명을 위해 실시되었다 (40-43절을 참조). **3:32** 아론의 아들 *엘르아살* (다른 아들들에 관한 기록은 레 10:1-2를 보라)은 아론이 죽고 나서 대제사장의 역할을 수행하게 된다 (20:22-29). **3:38** *여느 사람* (outsider). 개역개정은 "외인"으로 번역했으나 이들은 레위 지파 이외, 즉 제사장 기능을 담당하지 않는 모든 이(이스라엘 백성을 포함한다)를 가리키는 것이다. **3:39** 여기서 22,000명이라는 숫자는 레위 지파 3대 가문의 인구조사 결과인 22절 7,500명, 28절 8,600명, 34절 6,200명을 더한 22,300명보다 조금 적은 숫자로 사사오입의 원리로 가까운 천 단위에 맞추어 적은 것으로 추정된다.

3:40-43 이스라엘 전체의 첫째 아들 숫자는

25 그들이 메어서 나를 짐은, 성막에 치는 여러
가지 천과, 회막과 그 덮개와, 그 위에 덮는 돌고래
가죽 덮개와, 회막 어귀에 치는 휘장과, 26 뜰의
휘장과, 성막과 제단을 둘러싼 뜰의 문 어귀에 치는
휘장과 거기에 딸린 줄과, 일하는 데 필요한 모든
장비와 거기에 딸린 모든 기구들이다. 그들은 바로
이런 일을 해야 한다. 27 게르손 자손이 해야
하는 모든 일, 곧 짐 나르는 일과 그 밖의 일은 모두
아론과 그의 아들들의 지시를 받아서 해야 한다.
그러므로 너희는 게르손 자손이 짊어지고 갈 모든
짐을 그들에게 일러주어야 한다. 28 이것들이
게르손 자손 가족이 회막에서 맡은 일이다. 그들은
제사장 아론의 아들 이다말의 감독 아래 이 임무를
수행하여야 한다."

므라리 자손의 임무

29 "너는 므라리 자손도 가문별, 가족별로 등
록시켜야 한다. 30 서른 살에서 쉰 살까지 군대
에 나갈 수 있는 이들로서, 회막 일을 맡을 수 있
는 사람을 모두 등록시켜라. 31 그들이 회막에
서 하여야 할 모든 일은 다음과 같은 것들을 맡아
서 옮기는 것이다. 그것들은 곧 성막 널빤지들과
가로다지들과 기둥들과 밑받침들과 32 뜰 둘레
에 세우는 기둥들과 밑받침들과 말뚝들과 줄들과
거기에 딸린 모든 기구와 그들이 일하는 데 필요
한 모든 것이다. 너희는 그들이 옮겨야 할 물품의
목록을 작성하여, 그들에게 맡겨야 한다. 33 이
일들은 므라리 자손 가족들이 해야 할 일이다. 그
들이 회막에서 맡은 여러 가지 일은 모두 제사장
아론의 아들 이다말의 감독을 받으며 해야 한다."

레위 사람 인구조사

34 모세와 아론과 회중의 원로들은 가문별,
가족별로 고핫 자손을 등록시켰다. 35 서른 살
에서 쉰 살까지 군대에 입대할 수 있는 이들로서,
회막 일을 맡을 수 있는 사람을 36 가족별로 등
록시키니, 이천칠백오십 명이었다. 37 이들이
바로 고핫 가족에서 등록된 모든 이들로서, 회막
에서 일할 사람이었다. 모세와 아론은, 주님께서
모세를 시켜 명하신 대로, 그들을 등록시켰다.

38 게르손 자손 가운데서 가족별, 가문별로
등록된 이들은, 39 서른 살에서 쉰 살까지 군대
에 입대할 수 있는 이들로서, 회막 일을 맡을 수
있는 사람이었다. 40 가족과 가문을 따라 등록
된 이들은 이천육백삼십 명이었다. 41 이들이
바로 게르손 자손 가족에서 등록된 모든 이들로
서, 회막에서 일할 사람이었다. 모세와 아론은,
주님께서 명하신 대로 그들을 등록시켰다.

42 므라리 자손 가족 가운데서 가족과 가문별
로 등록된 이들은, 43 서른 살에서 쉰 살까지 군
대에 입대할 수 있는 사람으로서, 회막 일을 맡을
수 있는 사람들이었다. 44 가족별로 등록된 이
들은 삼천이백 명이었다. 45 이들이 바로 므라리
자손 가족에서 등록된 사람들로서, 주님께서 모세
를 시켜 명하신 대로, 모세와 아론이 등록시킨 이
들이었다.

46 모세와 아론과 이스라엘 원로들은 모든 레
위 사람을 가문과 가족별로 등록시켰다. 47 그
들은 모두 서른 살에서 쉰 살까지 일을 감당할 수
있는 이들로서, 회막의 짐을 운반할 사람이었다.
48 등록된 사람은 모두 팔천오백팔십 명이었다.
49 주님께서 모세를 시켜 말씀하신 대로, 한 사람
한 사람에게 할 일과 운반할 짐을 맡겼다. 주님께서
모세에게 명하신 대로, 그들을 등록시킨 것이다.

부정한 사람의 처리

5 1 주님께서 모세에게 말씀하셨다. 2 "너는
이스라엘 자손에게, ㄱ)악성 피부병 환자와 고
름을 흘리는 사람과 주검에 닿아 부정을 탄 사람은
모두 진에서 내보내야 한다고 지시하여라. 3 남자
나 여자나 가릴 것 없이 똑같이 진 바깥으로 내보

ㄱ) 전통적으로 나병으로 알려져 왔으나 히브리어로는 여러 가지 악성 피부병을 뜻함

22,273명으로 39절에 기록된 22,000명보다는 273명이 많다. **3:44-51** 레위 지파에 속하지 않은 장자의 숫자 273명에 대한 문제를 해결하기 위해 오 세겔씩 속전(물어내는 값)을 지불해야 했다 (46-47절). 화폐의 가치로 금과 은은 무게를 위한 단위였고, *세겔과 게라* (47절)는 성소에서 계산하는 단위이며, 실질적인 화폐 기능을 감당했다.

4:1-49 레위 지파에 대한 두 번째 인구조사 대상은 30-50세 사이의 남자들로 회막 안에서 제사 드리는 기능을 실제로 도울 수 있는 숫자로 파악된 것이다. 하나님은 모세에게 회막 안에서 할 일 (4절), 증거궤 (또는 법궤 5절), 성막 (25절) 등에 관한 구체적인 역할을 지시하셨다. **4:5** *증거궤* (ark of the covenant, 법궤 또는 언약궤). 이 궤는 나무상자에 금으로 입혀진 상자로 제작되었으며, 십계명이 새겨진 두 개의 돌판을 보관한다. 이 증거궤는 이스라엘 진영 한가운데 하나님께서 앉

내어, 내가 머물고 있는 진을 더럽히지 않도록 하여라."
4 이스라엘 자손은, 그 말씀대로 그런 사람을 진 바깥으로 내보냈다. 이스라엘 자손은 주님께서 모세에게 말씀하신 대로 하였다.

잘못에 대한 보상

5 주님께서 모세에게 말씀하셨다. 6 "너는 이스라엘 자손에게 일러라. 남자나 여자를 가릴 것 없이, 남에게 어떤 잘못이든지 저질러서 그 일로 주를 배신하였을 때에, 그런 사람은 자기의 잘못을 깨닫는 대로, 7 자기가 저지른 잘못을 고백하고, 피해자에게 본래의 값에다가 오분의 일을 더 얹어서 갚아야 한다. 8 그 피해자에게 대신 보상을 받을 근친이 없으면, 그 배상액은 죄를 속량하려고 바치는 속죄양과 함께 주님께로 돌아가, 제사장의 몫이 된다. 9 또한 이스라엘 자손이 바치는 거룩한 제물 가운데서, 흔들어서 바치는 것도 모두 제사장의 몫이 된다. 10 각자가 가지고 온 거룩한 제물은 가져 온 그 사람의 것이다. 그러나 그가 일단 그것을 어떤 제사장에게 주었으면, 그것은 제사장의 것이다."

아내의 간통을 밝히는 절차

11 주님께서 모세에게 말씀하셨다. 12 "이스라엘 자손에게 말하여라. 네가 그들에게 전할 말은 이렇다.

어떤 남편이든지, 아내가 잘못을 저질러 남편을 배반하여, 13 남편 몰래 다른 남자와 동침하였는데, 아내가 그 사실을 숨기고 있고, 그 여인이 강요받음 없이 스스로 몸을 더럽혔는데도 증인마저 없고, 현장에서 붙들리지도 않았을 경우에, 14 남편이, 자기 아내가 몸을 더럽혔으므로 화가 나서 아내를 의심하게 되거나, 또는 아내가 전혀 몸을 더럽히지 않았는데도, 다만 남편이 의처증에 걸려 아내에게 미운 감정이 생기면, 15 그 남편은 아내를 제사장에게 데리고 가서 아내의 몫으로 보릿가루 십분의 일 에바를 제물로 바쳐야 한다. 그 제물에는 기름을 붓거나 향을 얹을 필요가 없다. 그것은 미움 때문에 바치는 곡식제물이며, 잘못을 상기하여 기억하게 하는 곡식제물이기 때문이다.

16 제사장은 그 여인을 앞으로 나오게 하여 주님 앞에 세운다. 17 제사장은 거룩한 물을 오지 그릇에 한 그릇 떠다가, 성막 바닥의 흙을 긁어서 그 물에 탄다. 18 제사장은 그 여인을 주 앞에 서게 한 다음, 그 여인의 머리채를 풀게 하고, 기억하게 하는 곡식제물, 곧 미움 때문에 바치는 곡식제물을 그 여인에게 주어서 들고 있게 하고, 제사장 자신은 쓴 물, 곧 저주를 내리는 물을 자기 손에 들고서, 19 그 여인에게 다음과 같이 말하

아 계시거나, 임재하시는 발등상으로 보였다 (출 25:10-22). **4:17-20** *고핫 가족들.* 고핫 가족들은 성막에서 가장 거룩한 물건을 담당하는 이들이다 (19절과 4절 비교). 이러한 특별한 책임에 대한 설명은 하나님이 임재하는 장소의 가장 거룩한 물건들을 함부로 만지게 되면 죽을 수도 있다는 경고와 함께 연결되어 있다. **4:25** 자세한 성막과 회막의 휘장, 덮개, 줄, 기구와 장비에 대한 구체적인 내용은 출 25–27장과 30장을 보라.

5:1-31 이스라엘 진영 한가운데 위치하고 있으며, 하나님의 거룩한 임재하심을 보여주는 성막(3절)은 제사장뿐만 아니라, 그 곳에서 일하는 평신도(레위 지파)들의 정결함도 요구한다. 여기서 나타나는 부정함의 문제는 세 가지 경우로 환자나 주검에 닿아 부정하게 되는 경우 (1-4절), 이웃에게 피해를 주는 행동 (5-10절), 간통과 관련한 문제 (11-31절) 등이다. 하나님은 모세를 통해 모든 이들에게 전체 이스라엘 백성이 *진을 더럽히지 않도록* (3절) 주의시키고, 어떻게 거룩함을 회복할 수 있는지 설명하셨다.

5:1-4 이스라엘 진영 안에서 부정해진 사람이 예전의 거룩함을 회복하기 위해서는 진영 바깥으로 일시적으로 물러나야 한다 (2절). 세 가지 사례를 들고 있는데, *악성 피부병*(영어번역과 개역개정과 공동번역은 나병 혹은 문둥병/한센병으로 되어있지만 "피부병을 앓고 있는 이들"로 번역하는 것이 더 좋은 번역일 것이다)이 걸린 사람을 접촉한 사람 (레 13장을 보라), *고름을 흘리는 사람* (레 15장), *주검에 닿은 사람* (레 21:1-12; 민 19:11-13)의 사례들이다.

5:5-10 이 구절에 대한 설명은 출 22:7-15와 레 6:1-7에 등장한 이웃에게 잘못한 행동을 한 경우에 대한 피해보상 문제를 다루고 있다. 8절에 나타난 피해자 대신 그 보상을 받을 가족이나 친인척이 없는 경우는 가해자는 제사장에게 피해액을 보상해야 한다. **5:8** *속죄양.* 속죄양은 이웃에게 잘못한 일이 있을 때, 구체적인 행위에 대한 죄사함을 원할 때 드려졌고 (레 6:6-7), 피해보상을 할 가족이 없을 경우에는 제사장에게 지불했다.

5:11-31 아내의 간통혐의를 의심하는 남편에게, 증거나 증인이 없는 경우 진행될 수 있는 사법절차이다. 물론 죄의 증거와 증인이 있는 경우, 간통한 여인은 사형에 처해진다는 기록이 있다 (레 20:10). 아내의 부정행위에 대해 의심하지만 실제 행위에 대한 증인이 없으면, 여인은 자신의 유/무죄를 입증할 수 있는 재판과정을 거쳐야 한다.

면서 맹세를 시킨다. '어떤 남자와도 동침한 일이
없고, 지금의 남편과 결혼한 이래 그를 배반하여
몸을 더럽힌 일이 없으면, 저주를 내리는 이 쓴 물이
네게 아무런 해가 되지 않을 것이다. 20 그러나
네가 남편과 함께 사는 동안 그를 배반하여 네 몸을
더럽혔으면, 곧 네 남편이 아닌 다른 남자와 동침한
일이 있으면, 21 (이 때에 제사장은 그 여인에
게, 저주를 받아도 좋다는 맹세를 하게 한다.) 주
님께서는 네 ㄱ)허벅지를 마르게 하고 네 배가 부어
오르게 하는 저주를 내려, 네 겨레 가운데서 너를
본보기로 삼으실 것이다. 22 저주를 불러일으키는
이 물이 네 몸 속으로 들어가서, 네 배를 부어
오르게 하고, 네 허벅지를 마르게 할 것이다.' 이
렇게 제사장이 맹세를 시키면, 그 여인은 '아멘,
아멘!' 하고 응답하여야 한다.

23 그러면 제사장은 위에서 한 저주의 말을
글로 써서, 그 쓴 물에 담가 씻는다. 24 (이 쓴
물은 저주를 불러일으키는 물로서, 제사장이 그
여인에게 마시게 하는 물이다. 저주를 불러일으
키는 그 물이 그 여인의 몸 속으로 들어가면, 그
여인은 쓰라린 고통을 겪게 된다.) 25 제사장은
그 여인의 손에서 미움 때문에 바치는 그 곡식제
물을 받아서, 주 앞에서 흔들고, 제단으로 가져간다.
26 제사장은 그 곡식제물에서 정성의 표시로 한
움큼만 집어 내어 제단에서 불사른다. 이 일이 끝
나면, 마지막으로 제사장은, 그 준비된 물을 여인
에게 주어 마시게 한다.

27 제사장이 여인에게 물을 주어 마시게 했
을 때에, 그 여인이 자기 남편을 배반하고 제 몸을
더럽힌 일이 있다면, 저주를 불러일으키는 그 물이
그 여인의 몸에 들어가면서, 여인은 쓰라린 고통과
함께 배가 부어 오르고, 허벅지가 마른다. 그러면 그
여인은 겨레 가운데서 저주받은 자가 된다. 28 그
러나 그 여인이 제 몸을 더럽힌 일이 없이 깨끗하
면, 아무런 해도 없고, 임신에도 지장이 없다.

29 이것은 여인이 남편을 두고도, 그를 배신
하여 제 몸을 더럽혀, 남편에게서 미움을 받을 때에
하는 의식이다. 30 때로는 남편이 공연히 의처
증이 생겨 자기 아내를 미워하는 경우에도, 여인은
주님 앞에 서야 하고, 제사장은 이 의식을 그 여
인에게 행하여야 한다. 31 남편이 아내에게 이
렇게 하여도 남편에게는 잘못이 없다. 그러나 아
내에게 죄가 있으면, 아내는 그 책임을 져야 한다."

나실 사람 규율

6 1 주님께서 모세에게 말씀하셨다. 2 "이스
라엘 자손에게 말하여라. 너는 그들에게 다음
과 같이 일러라.

남자나 여자가 ㄴ)나실 사람이 되어 나 주에게
헌신하기로 하고, 특별한 서약을 했을 때에는,
3 그는 포도주와 독한 술을 삼가야 한다. 포도주로
만든 시큼한 술이나 독한 술로 만든 시큼한 술을
마셔서는 안 된다. 포도즙도 마시지 못한다. 날
것이든 마른 것이든, 포도도 먹어서는 안 된다.
4 그는, 나실 사람으로 헌신하는 그 기간에는, 포
도나무에서 난 것은 어떤 것도, 씨나 껍질조차도
먹어서는 안 된다.

5 그는, 나실 사람으로 서원하고 헌신하는
그 모든 기간에는, 자기 머리를 삭도로 밀어서는
안 된다. 나 주에게 헌신하는 그 기간이 다 찰 때
까지는 거룩한 몸이므로, 머리털이 길게 자라도
록 그대로 두어야 한다.

6 그는, 나 주에게 헌신하기로 한 그 모든 기
간에는, 죽은 사람에게 가까이 가서도 안 된다.
7 아버지나 어머니나 형제나 누이가 죽었을 때에
라도, 그들의 주검에 가까이하여 몸을 더럽혀서는
안 된다. 하나님께 헌신하는 표를 그 머리에 지니
고 있기 때문이다. 8 나실 사람으로 헌신하는 그
모든 기간에는, 그는 나 주에게 거룩하게 구별된
사람이다.

9 누군가가 그 사람 앞에서 갑자기 죽어, 그
주검에 몸이 닿아, 헌신한 표로 기른 머리털을 더럽
혔을 때에는, 몸을 정결하게 하는 날, 그 머리털을
밀어야 한다. 곧 그는 이레 동안을 기다렸다가 머
리털과 수염을 밀어야 한다. 10 그리고 여드렛
날에는, 산비둘기 두 마리나 집비둘기 새끼 두 마

ㄱ) 성기를 말함 ㄴ) 주님께 자기를 봉헌하기로 서약하고 '구별'된 사람

특별 주석

이 구절은 현대의 독자들에게 이스라엘 공동체 안의 부부관계에 대한 상호관계와 공정성에 대해 질문하게 한다. 아내는 의심받는 것만으로도 굴욕적인 사법절차를 거쳐야 하나, 남편의 잘못을 의심하는 여인을 위한 남성에 대한 상대적 처벌은 제시되지 않는다. 아내에게는 호혜평등에 걸맞은 절차, 즉 남편의 부정행위에 대한 의심을 해소할 만한 법률적 절차가 제시되어 있지 않은 것이다.

리를 회막 어귀로 가져 와서, 제사장에게 주어야
한다. 11 그러면 제사장은 한 마리는 속죄제물로
삼고, 나머지 한 마리는 번제물로 삼아, 주검을
만진 그의 죄를 속해야 한다. 바로 그 날로 그는
다시 자기 머리털을 거룩하게 바쳐야 한다.
12 헌신하기로 작정한 기간 동안, 그는 나 주에
게 자신을 새롭게 헌신해야 하므로, 일 년 된 새
끼 숫양을 가져다가 속건제물로 바쳐야 한다.
나실 사람으로 한번 구별된 그의 몸이 이 일로 더
럽게 되었기 때문에, 새로 헌신하기로 한 경우에는,
그 이전까지의 기간은 무효가 된다.

13 헌신하기로 작정한 기간이 다 찼을 때에,
나실 사람이 지켜야 할 법은 이러하다. 그는 먼저
회막 어귀로 가서 14 나 주에게 제물을 바쳐야
한다. 일 년 된 흠 없는 새끼 숫양 한 마리는 번제
물로 바치고, 일 년 된 흠 없는 새끼 암양 한 마리
는 속죄제물로 바치고, 흠 없는 숫양 한 마리는 화
목제물로 바쳐야 한다. 15 이 밖에도 누룩을
넣지 않고 만든 빵, 곧 고운 밀가루에 기름을 섞어
만든 과자와, 역시 누룩을 넣지 않고 겉에 기름을
발라 만든 속 빈 과자들을 한 광주리 담아, 곡식
제물과 부어 드리는 제물과 함께 바쳐야 한다.

16 제사장은 이것들을 주 앞에 가져다 놓고, 속
죄제물과 번제물로 바친다. 17 또 숫양에다가 누
룩을 넣지 않은 빵 한 광주리를 곁들여 나 주에게 화
목제물로 바친다. 제사장은 또한, 그 나실 사람이 가
지고 온 곡식제물과 부어 드리는 제물도 함께 바친
다. 18 그렇게 한 다음, 나실 사람은 그가 바친 자
기 머리털을 회막 어귀에서 밀고, 바친 그 머리털은
화목제물 밑에서 타고 있는 불 위에 얹어 태운다.

19 나실 사람이 바친 그 머리털을 다 밀고 나
면, 제사장은, 삶은 숫양의 어깨 고기와 광주리에
서 꺼낸 누룩을 넣지 않고 만든 과자 한 개와, 누룩
을 넣지 않고 만든 속 빈 과자 한 개를 모두 그 나
실 사람의 두 손에 얹었다가, 20 그것들을 흔들어
서, 그것을 나 주에게 드리는 흔들어 바치는 제물
이 되게 하여야 한다. 그것들은, 흔들어 바친 가
슴 고기와 높이 들어올려 바친 넓적다리 고기와
함께, 제사장이 받을 거룩한 몫이다. 이런 절차가
다 끝나면, 그 나실 사람은 포도주를 마셔도 된다.

21 이것이 바로 나실 사람이 지켜야 할 법이
다. 그러나 만일 한 나실 사람이 나실 사람이 될 때
에, 나 주에게 제물을 바치기로 서약하였고, 더 나
아가 그가 바쳐야 하는 것 말고도 더 바치기로 서
약하였으면, 그는 나실 사람이 지켜야 할 이 법을
따라, 그가 서약한 것을 그대로 실천하여야 한다."

제사장의 축복 선언

22 주님께서 모세에게 말씀하셨다. 23 "너
는 아론과 그 아들들에게 말하여라. 그들이 이스라
엘 자손에게 복을 빌 때에는 다음과 같이 빌라고
하여라.

24 '주님께서 당신들에게 복을 주시고,
당신들을 지켜 주시며,
25 주님께서 당신들을
밝은 얼굴로 대하시고,
당신들에게 은혜를 베푸시며,
26 주님께서 당신들을 고이 보시어서,

이러한 배경은 고대 이스라엘 여성의 성행위가 혼인을 전제로 하고 있다는 것과 혼외 성관계는 여인이 속한 남편 혹은 아버지에게 중대한 피해를 입힌 것으로 이해되었기 때문이다 (신 22:13-29). 하지만 본문의 일방통행식 남녀관계와 다른 모습을 보여주는 성서적 부부관계의 사례도 많이 찾아 볼 수 있다 (창 1:27; 요 4:1-30; 8:1-11; 갈 3:28 등). **5:15** *에바.* 한 에바는 18리터 정도이며, 십분의 일 (1/10) 에바는 2리터가 조금 안 되는 분량이다. 곡식제물은 원래 올리브기름과 "향유"(frankincense)와 함께 드려졌는데 (레 2:1), 본문에서 다른 내용이 언급되지 않는 것으로 보아 일반적인 제물과의 차별성을 드러내고 있다. **5:17** 거룩한 물은 제사장이 정결의식에서 사용하는 것(출 30:17-21, 28-29)으로 성막 바닥의 흙과 섞여서 사용한다. 이 의식은 기원후 70년 이후 성전이 파괴된 후에는 사실상 행해질 수 없게 되었으며, 이로 인해 유대 사람들의 사고구조에서 이론적 실천의 불가능성을 이유로 사라지게 되었다. **5:18** *머리채를 푸는 것.* 슬픔을 표시하는 것이며 (레 10:6), 부정한 것을 깨끗하게 하는 의식(레 13:45)에서 생긴 것이다. **5:27** 만약 여인의 죄가 드러나면 배가 부어오르고, 저주받은 자가 된다.

6:1-27 나실인에 대한 규정. 6장의 내용은 정해진 기간 (1-21절) 동안 하나님께 헌신하기 위해 구별된 나실인에 대한 규정이다. 제사장은 이들에게 축복기도 (22-27절)를 해주었다.

6:1-21 하나님께서는 나실인(삿 13:2-24; 삼상 1:11)으로 헌신한 이들을 위한 규례를 보여주신다: 작정한 기간 동안 지켜야할 세 가지 규칙은 포도나 포도주를 먹거나 마시지 않는 것 (4절), 머리카락을 자르지 않는 것 (5절), 가족을 포함한 주검을 접촉하지 않는 것 (6-7절) 등이다.

6:22-27 히브리어 시적 표현으로 등장한 이 축복기도는 후에 아론과 제사장들이 이스라엘 백성 전체를 위해 기도할 때 사용된다.

당신들에게
평화를 주시기를 빕니다.'

27 그들이 나의 이름으로 이스라엘 자손에게 이렇게 축복하면, 내가 친히 이스라엘 자손에게 복을 주겠다."

지도자들이 바친 제물

7 1 모세는 성막을 세우고 나서, 성막에 기름을 부어 성막과 그 안에 있는 모든 기구를 거룩하게 하였다. 제단과 거기에 딸린 모든 기구에도 기름을 부어, 그것들을 거룩하게 하였다. 2 이스라엘 지도자들, 곧 각 가문의 우두머리들이 제물을 바쳤다. 그들은 지파의 지도자들로서 직접 나서서 인구조사를 한 사람들이었다. 3 그들이 주님 앞에 제물을 가져 왔는데, ㄱ)덮개가 있는 수레 여섯 대와 황소 열두 마리였다. 수레는 지도자 두 사람에 한 대씩이고, 황소는 각자 한 마리씩이었다. 그들이 제물을 성막 앞으로 가져 왔을 때에, 4 주님께서 모세에게 말씀하셨다. 5 "너는 그들에게 제물을 받아서 레위 사람에게 주고, 각자 자기 맡은 일에 따라 회막 일에 쓰도록 하여라."

6 그리하여 모세는 수레와 황소를 받아다가 레위 사람에게 주었다. 7 게르손 자손에게는 수레 두 대와 황소 네 마리를 주어서, 그들이 맡은 일을 하게 하였다. 8 므라리 자손에게는 수레 네 대와 황소 여덟 마리를 주고, 아론 제사장의 아들 이다말의 지휘를 받으면서, 맡은 일을 하게 하였다. 9 그러나 모세가 고핫 자손에게는, 그들이 맡은 거룩한 임무가 어깨로 메고 다니는 일이었으므로, 수레도 황소도 주지 않았다.

10 제단에 기름을 부어 거룩하게 하던 날, 지도자들은 제단 봉헌 제물을 가져 와서 제단 앞에 바쳤다. 11 주님께서 모세에게 말씀하셨다. "하루에 지도자 한 사람씩, 하루에 지도자 한 사람씩 제단 봉헌 제물을 가지고 오게 하여라."

12 첫째 날 제물을 바친 사람은, 유다 지파 소속 암미나답의 아들 나손이다. 13 그가 바친 제물은, 성소의 세겔로 백삼십 세겔 나가는 은쟁반 하나와, 칠십 세겔 나가는 은대접 하나이다. 그 두 그릇에는 기름으로 반죽한, 고운 밀가루 곡식제물을 가득 담았다. 14 십 세겔 나가는 금잔에는 향을 가득 담았다. 15 수송아지 한 마리와 숫양 한 마리와 일 년 된 새끼 숫양 한 마리는 번제물로 바치고, 16 숫염소 한 마리는 속죄제물로 바쳤다. 17 화목제물로는 황소 두 마리와 숫양 다섯 마리와 숫염소 다섯 마리와 일 년 된 새끼 숫양 다섯 마리를 바쳤다. 이것이 암미나답의 아들 나손이 바친 제물이다.

18 둘째 날에는 잇사갈의 지도자, 수알의 아들 느다넬이 제물을 바쳤다. 19 그가 바친 제물은, 성소의 세겔로 백삼십 세겔 나가는 은쟁반 하나와, 칠십 세겔 나가는 은대접 하나이다. 그 두 그릇에는 기름으로 반죽한, 고운 밀가루 곡식제물을 가득 담았다. 20 십 세겔 나가는 금잔에는 향을 가득 담았다. 21 수송아지 한 마리와 숫양 한 마리와 일 년 된 새끼 숫양 한 마리는 번제물로 바치고, 22 숫염소 한 마리는 속죄제물로 바쳤다. 23 화목제물로는 황소 두 마리와 숫양 다섯 마리와 숫염소 다섯 마리와 일 년 된 새끼 숫양 다섯 마리를 바쳤다. 이것이 수알의 아들 느다넬이 바친 제물이다.

24 셋째 날에는 스불론 자손의 지도자, 헬론의 아들 엘리압이 제물을 바쳤다. 25 그가 바친 제물은, 성소의 세겔로 백삼십 세겔 나가는 은쟁반 하나와, 칠십 세겔 나가는 은대접 하나이다. 그 두 그릇에는 기름으로 반죽한, 고운 밀가루 곡식제물을 가득 담았다. 26 십 세겔 나가는 금잔에는 향을 가득 담았다. 27 수송아지 한 마리와 숫양 한 마리와 일 년 된 새끼 숫양 한 마리는 번제물로 바치고, 28 숫염소 한 마리는 속죄제물로 바쳤다.

ㄱ) 또는 '짐수레'

특별 주석

이 축복기도는 유대교 전통과 기독교 전통에서 계속 사용되었으며, 고대 근동 예루살렘지역의 고고학적 유물에서도 발견된다. 이 내용은 기원전 600년경 은으로 제작된 원통에 새겨진 것이 발굴되었고, 이것은 가장 오래된 성경본문의 어떤 사본보다 앞선 것으로, 사해사본보다 무려 400년 이상 오래 된 것이다.

이 축복기도는 첫 소절의 일반적인 축복(24절)에서 두 번째 소절에 있는 하나님의 얼굴(25절)로 구체적으로 표현되면서, 하나님께서 얼굴을 들어 보시며 백성들을 축복하신다는 (26절) 실제적인 행동으로 한걸음 더 나아간다. 하나님의 축복하심은 평화 (샬롬) 라는 하나님의 선물로 정리되는데, 이것은 건강, 부, 안녕, 친구, 정의, 구원으로 확대해석해서 말할 수도 있다. (평화에 대한 구체적인 이해는 시편과 다른 본문에서 찾아 볼 수

29 화목제물로는 황소 두 마리와 숫양 다섯 마리와
숫염소 다섯 마리와 일 년 된 새끼 숫양 다섯 마
리를 바쳤다. 이것이 헬론의 아들 엘리압이 바친
제물이다.
30 넷째 날에는 르우벤 자손의 지도자, 스데
울의 아들 엘리술이 제물을 바쳤다. 31 그가 바친
제물은, 성소의 세겔로 백삼십 세겔 나가는 은쟁
반 하나와, 칠십 세겔 나가는 은대접 하나이다. 그
두 그릇에는 기름으로 반죽한, 고운 밀가루 곡식
제물이 가득 담겨 있었다. 32 십 세겔 나가는 금
잔에는 향을 가득 담았다. 33 수송아지 한 마리와
숫양 한 마리와 일 년 된 새끼 숫양 한 마리는 번
제물로 바치고, 34 숫염소 한 마리는 속죄제물로
바쳤다. 35 화목제물로는 황소 두 마리와 숫양
다섯 마리와 숫염소 다섯 마리와 일 년 된 새끼 숫
양 다섯 마리를 바쳤다. 이것이 스데울의 아들 엘
리술이 바친 제물이다.
36 다섯째 날에는 시므온 자손의 지도자,
수리삿대의 아들 슬루미엘이 제물을 바쳤다.
37 그가 바친 제물은, 성소의 세겔로 백삼십 세겔
나가는 은쟁반 하나와, 칠십 세겔 나가는 은대접
하나이다. 그 두 그릇에는 기름으로 반죽한, 고운
밀가루 곡식제물을 가득 담았다. 38 십 세겔 나
가는 금잔에는 향을 가득 담았다. 39 수송아지
한 마리와 숫양 한 마리와 일 년 된 새끼 숫양 한
마리는 번제물로 바치고, 40 숫염소 한 마리는
속죄제물로 바쳤다. 41 화목제물로는 황소 두
마리와 숫양 다섯 마리와 숫염소 다섯 마리와 일
년 된 새끼 숫양 다섯 마리를 바쳤다. 이것이 수
리삿대의 아들 슬루미엘이 바친 제물이다.
42 여섯째 날에는 갓 자손의 지도자, 르우엘
의 아들 엘리아삽이 제물을 바쳤다. 43 그가 바
친 제물은, 성소의 세겔로 백삼십 세겔 나가는 은
쟁반 하나와, 칠십 세겔 나가는 은대접 하나이다.
그 두 그릇에는 기름으로 반죽한, 고운 밀가루 곡
식제물을 가득 담았다. 44 십 세겔 나가는 금잔
에는 향을 가득 담았다. 45 수송아지 한 마리와
숫양 한 마리와 일 년 된 새끼 숫양 한 마리는 번제
물로 바치고, 46 숫염소 한 마리는 속죄제물로 바
쳤다. 47 화목제물로는 황소 두 마리와 숫양 다섯
마리와 숫염소 다섯 마리와 일 년 된 새끼 숫양 다
섯 마리를 바쳤다. 이것이 르우엘의 아들 엘리아
삽이 바친 제물이다.
48 일곱째 날에는 에브라임 자손의 지도자,
암미훗의 아들 엘리사마가 제물을 바쳤다.
49 그가 바친 제물은, 성소의 세겔로 백삼십 세겔
나가는 은쟁반 하나와, 칠십 세겔 나가는 은대접
하나이다. 그 두 그릇에는 기름으로 반죽한, 고운
밀가루 곡식제물을 가득 담았다. 50 십 세겔 나
가는 금잔에는 향을 가득 담았다. 51 수송아지
한 마리와 숫양 한 마리와 일 년 된 새끼 숫양 한
마리는 번제물로 바치고, 52 숫염소 한 마리는
속죄제물로 바쳤다. 53 화목제물로는 황소 두
마리와 숫양 다섯 마리와 숫염소 다섯 마리와 일
년 된 새끼 숫양 다섯 마리를 바쳤다. 이것이 암
미훗의 아들 엘리사마가 바친 제물이다.
54 여덟째 날에는 므낫세 자손의 지도자, 브
다술의 아들 가말리엘이 제물을 바쳤다. 55 그가
바친 제물은, 성소의 세겔로 백삼십 세겔 나가는
은쟁반 하나와, 칠십 세겔 나가는 은대접 하나이다.
그 두 그릇에는 기름으로 반죽한, 고운 밀가루 곡
식제물을 가득 담았다. 56 십 세겔 나가는 금잔
에는 향을 가득 담았다. 57 수송아지 한 마리와
숫양 한 마리와 일 년 된 새끼 숫양 한 마리는 번
제물로 바치고, 58 숫염소 한 마리는 속죄제물로
바쳤다. 59 그리고 화목제물로는 황소 두 마리
와 숫양 다섯 마리와 숫염소 다섯 마리와 일 년 된
새끼 숫양 다섯 마리를 바쳤다. 이것이 브다술의
아들 가말리엘이 바친 제물이다.
60 아홉째 날에는 베냐민 자손의 지도자, 기
드오니의 아들 아비단이 제물을 바쳤다. 61 그가
바친 제물은, 성소의 세겔로 백삼십 세겔 나가는
은쟁반 하나와, 칠십 세겔 나가는 은대접 하나이다.
그 두 그릇에는 기름으로 반죽한, 고운 밀가루 곡
식제물을 가득 담았다. 62 십 세겔 나가는 금잔
에는 향을 가득 담았다. 63 수송아지 한 마리와

있다:시 4:9; 37:11; 38:4; 72:3, 12-14; 85:10; 128:6; 잠 3:2; 렘 38:22를 보라.) **6:24** 하나님의 축복은 인간의 삶의 가능성과 풍성함에 대한 조건이라는 사실을 보여주며 (신 28:2-14), 이 축복은 하나님께서 모든 악으로부터 (시 121) 인간을 지키시고 보호하신다는 내용으로 연결된다. **6:25** 밝은 얼굴은 태양을 은유적으로 사용하는 것이며, 하나님의 얼굴에서 나는 광채가 빛으로 나타나 모든 창조물과 생명을 향해 따스함, 밝음, 생명의 근원인 에너지를 공급하는 것으로 연결된다 (시 67). 하나님의 밝은 얼굴은 그분의 은혜로운 사역, 죄인에 대한 용서와 사랑, 자비와 연관된다 (출 33:19; 시 103:2-3). **6:26** *당신들을 고이 보시어서.* 이것은 하나님께서 얼굴을 들어 보신다는 뜻이며, 개역개정에는 "향하여 드사" 라고 표현되어 있는데, 하나님의 은혜를 기대할 수 없는 상황에서 특정한 개인이나 공동체를 향해 내미시는 하나님의 화해의 손길을 구체적인 행동으

숫양 한 마리와 일 년 된 새끼 숫양 한 마리는 번제물로 바치고, 64 숫염소 한 마리는 속죄제물로 바쳤다. 65 화목제물로는 황소 두 마리와 숫양 다섯 마리와 숫염소 다섯 마리와 일 년 된 새끼 숫양 다섯 마리를 바쳤다. 이것이 기드오니의 아들 아비단이 바친 제물이다.

66 열째 날에는 단 자손의 지도자, 암미삿대의 아들 아히에셀이 제물을 바쳤다. 67 그가 바친 제물은, 성소의 세겔로 백삼십 세겔 나가는 은쟁반 하나와, 칠십 세겔 나가는 은대접 하나이다. 그 두 그릇에는 기름으로 반죽한, 고운 밀가루 곡식제물을 가득 담았다. 68 십 세겔 나가는 금잔에는 향을 가득 담았다. 69 수송아지 한 마리와 숫양 한 마리와 일 년 된 새끼 숫양 한 마리는 번제물로 바치고, 70 숫염소 한 마리는 속죄제물로 바쳤다. 71 화목제물로는 황소 두 마리와 숫양 다섯 마리와 숫염소 다섯 마리와 일 년 된 새끼 숫양 다섯 마리를 바쳤다. 이것이 암미삿대의 아들 아히에셀이 바친 제물이다.

72 열한째 날에는 아셀 자손의 지도자, 오그란의 아들 바기엘이 제물을 바쳤다. 73 그가 바친 제물은, 성소의 세겔로 백삼십 세겔 나가는 은쟁반 하나와, 칠십 세겔 나가는 은대접 하나이다. 그 두 그릇에는 기름으로 반죽한, 고운 밀가루 곡식제물을 가득 담았다. 74 십 세겔 나가는 금잔에는 향을 가득 담았다. 75 수송아지 한 마리와 숫양 한 마리와 일 년 된 새끼 숫양 한 마리는 번제물로 바치고, 76 숫염소 한 마리는 속죄제물로 바쳤다. 77 화목제물로는 황소 두 마리와 숫양 다섯 마리와 숫염소 다섯 마리와 일 년 된 새끼 숫양 다섯 마리를 바쳤다. 이것이 오그란의 아들 바기엘이 바친 제물이다.

78 열두째 날에는 납달리 자손의 지도자, 에난의 아들 아히라가 제물을 바쳤다. 79 그가 바친 제물은, 성소의 세겔로 백삼십 세겔 나가는 은쟁반 하나와, 칠십 세겔 나가는 은대접 하나이다. 그 두 그릇에는 기름으로 반죽한, 고운 밀가루 곡식제물을 가득 담았다. 80 십 세겔 나가는 금잔에는 향을 가득 담았다. 81 수송아지 한 마리와 숫양 한 마리와 일 년 된 새끼 숫양 한 마리는 번제물로 바치고, 82 숫염소 한 마리는 속죄제물로 바쳤다. 83 화목제물로는 황소 두 마리와 숫양 다섯 마리와 숫염소 다섯 마리와 일 년 된 새끼 숫양 다섯 마리를 바쳤다. 이것이 에난의 아들 아히라가 바친 제물이다.

84 제단에 기름을 부어서 제단을 거룩하게 하던 날, 이스라엘 지도자들이 바친 제단 봉헌 제물은 모두 은쟁반이 열둘, 은대접이 열둘, 금잔이 열둘이다. 85 은쟁반 하나의 무게가 백삼십 세겔이고, 은대접 하나의 무게가 칠십 세겔이므로, 그

로 보여주는 것이다 (창 32:20; 욥 42:8-9). **6:27** 하나님의 이름으로 이스라엘 자손을 축복하는 것은 이스라엘이 하나님의 택한 백성이라는 선택의 은혜와 하나님의 보호하심과 안전에 대한 확고한 약속을 보여주는 것이다.

7:1-89 7장은 10장까지의 내용을 위해 민수기가 시작되기 한 달 전에 이루어진 제사에 대한 시간적 순서를 회상하며 기록한 내용이다. *모세는 성막을 세우고 나서* (7:1). 여기서 성막을 세우는 날은 그 해 1월 1일이다 (출 40:17). 민수기는 2월 1일을 기점으로 시작한다 (1:1). 이 시간의 연속성은 10:11에서 다시 연결된다. 7장에 자세하게 서술된 성막과 제단의 봉헌예식은 이스라엘 열두 지파의 헌신을 보여준다. 열두 지파의 지도자들은 1:5-15에서 인구조사를 책임진 이들이다. 각 지파의 지도자들은 전날 다른 지파가 드린 것과 같은 내용물을 드리는 제사를 반복한다. **7:13** *성소의 세겔.* 은과 금의 무게를 다는 계량표준이다. **7:89** 성막과 제단이 봉헌됨으로 하나님께서 회막 안의 증거궤(법궤) 위에 항상 임재하시며, 모세를 통하여 백성에게 지속적으로 말씀하신다는 내용이 이 장의 결론이다.

8:1-26 성막의 봉헌직후 그 안의 일곱 등잔대(촛대)에 대한 규례(1-4절)와 레위 지파를 위한 정결의식, 성막에서 해야 할 일과 관련된 위임의식(5-26절)의 내용이 서술되어 있다.

8:1-4 하나님은 아론에게 성막의 일곱 등잔을 밝히라고 명령하셨다. 이 등잔대는 꽃잎모양 받침과 세 쌍의 줄기가 모두 금으로 제작되었으며 (출 25:31-40; 37:17-24), 이러한 등잔대 모양의 전통은 일부만 변형된 상태에서 솔로몬의 성전(왕상 7:49)과 제2성전(슥 4:1-6, 11-14)으로 계속되었다.

특별 주석

유대 사람들이 성전헌당기념일 축제로 지키는 하누카(Hanukkah: the Festival of Light)에서 사용하는 나무줄기 모양으로 갈라진 등잔대(메노라)는 매우 중요한 상징이 되었다. 12월 초/중순에 열리는 이 절기는 이방 사람들에 의해 파괴되었던 예루살렘 성전을 재건한 마카비 왕조의 정결의식과 봉헌식을 기념하는 것이다 (외경의 마카비하를 보라). 요한계시록은 이러한 나무줄기 모양으로 만들어진 촛대(등잔대)의 모습을 하늘나라의 성전(계 11:1-4)에 대한 비전으로 연결시켜 그 전통을 계승한다.

릇의 은은 성전 세겔로 모두 이천사백 세겔이다.
86 향을 가득 담은 금잔은 모두 열둘인데, 금잔
하나가 성소의 세겔로 십 세겔씩 나가는 것이므로,
금잔은 모두 백이십 세겔이다.
87 번제물로 바친 짐승은, 수송아지가 열두
마리, 숫양이 열두 마리, 일 년 된 숫양이 열두 마리
이다. 이 밖에도 곡식제물이 있다. 숫염소 열두 마
리는 속죄제물로 바친 것이다. 88 화목제물로
바친 짐승은 황소가 스물네 마리, 숫양이 예순 마리,
숫염소가 예순 마리, 일 년 된 숫양이 예순 마리
이다. 이것이 제단에 기름을 부어서 제단을 거룩
하게 한 다음에 바친 제단 봉헌 제물이다.
89 모세는, 주님께 말씀드릴 일이 있을 때마
다 회막으로 갔다. 그 때마다 모세는, ㄱ)증거궤와
ㄴ)속죄판 위에서, 곧 두 ㄷ)그룹 사이에서 자기에게
말씀하시는 그 목소리를 듣곤 하였다. 이렇게 주
님께서는 모세에게 말씀하셨다.

등잔을 차려 놓는 방식

8 1 주님께서 모세에게 말씀하셨다. 2 "아론에
게 말하여라. 너는 그에게, 등잔을 밝힐 때
에는, 등잔 일곱 개가 등잔대 앞 맞은쪽을 비추게
차려 놓으라고 일러라." 3 아론은 그대로 하여 주
님께서 모세에게 명하신 대로, 등잔이 등잔대 앞
맞은쪽을 비추게 차려 놓았다.
4 등잔대는 금을 두드려서 만들었다. 줄기뿐
만 아니라 꽃잎 모양 받침도, 모두 망치로 두드려
서 만들었다. 주님께서 모세에게 보여 주신 견본
대로 등잔대를 만들었다.

레위 사람 봉헌식

5 주님께서 모세에게 말씀하셨다. 6 "너는
이스라엘 자손 가운데서 레위 사람을 데려다가,
그들을 정결하게 하여라. 7 그들을 정결하게 할
때에는 이렇게 하여라. 속죄의 물을 그들에게 뿌린
다음에, 온몸의 털을 삭도로 다 밀고, 옷을 빨아
입게 하면, 그들은 정결하게 된다. 8 그들더러
수송아지 한 마리를 번제물로 가져 오게 하고,
곡식제물로는 기름에 반죽한 고운 밀가루를 가져
오게 하여라. 너는 다른 수송아지 한 마리를 가져다
속죄제물로 삼아라. 9 그리고 너는 레위 사람을
회막 앞에 세우고, 이스라엘 자손의 온 회중을 모
아라. 10 네가 레위 사람을 주 앞에 세우면, 이
스라엘 자손이 레위 사람에게 그들의 손을 얹을
것이다. 11 그러면 아론이 이스라엘 자손을 위
하여 레위 사람을 흔들어 바치는 제물로 주 앞에
바쳐야 한다. 이렇게 한 다음에야, 레위 사람이 주
를 섬기는 일을 맡아 할 수 있다. 12 너는, 레위
사람이 수송아지 머리 위에 손을 얹은 다음에,
한 마리는 속죄제물로, 한 마리는 번제물로 나 주
에게 바쳐서, 레위 사람의 죄를 속하도록 하여라.
13 너는 또 레위 사람을 아론과 그의 아들들 앞에
세우고, 나 주에게 흔들어 바치는 제물로 그들을
바쳐라.
14 이렇게 하여, 너는 이스라엘 자손 가운데
서 레위 사람을 따로 갈라 세워야 한다. 그러면 레
위 사람은 나의 것이 된다. 15 네가 이렇게 레위
사람을 정결하게 하고, 흔들어 바치는 제물로 그들
을 바친 다음에야, 그들은 맡은 일을 하러 회막에
나아갈 수 있다. 16 이스라엘 자손 가운데서, 레위
사람은 온전히 나에게 바쳐진 사람이다. 모태를
처음 열고 나온 모든 맏이 대신에, 이스라엘 자손
가운데서 그들을 나의 것으로 삼았다. 17 이스
라엘 자손 가운데서 모든 맏이는 나의 것이다.
사람뿐만 아니라 짐승도 마찬가지이다. 내가 이
집트 땅에서 모든 맏이를 쳐서 죽이던 날, 내가 그

ㄱ) 또는 '법궤' ㄴ) 또는 '속죄소' 또는 '시은좌' ㄷ) 날개를 가진 피조물, 하나님의 임재와 관련된 상징

8:5-26 레위 사람들은 의식에 따라 정결의식을 행하였으며 또한 두 가지 중요한 역할을 하면서 생을 바쳤다: (1) 대제사장인 아론과 아들들을 돕는 일, (2) 하나님께 속한 모든 이스라엘 장자를 대신하여 하나님의 일을 하는 역할(16-19절)로 생을 바쳤다. 8장은 모세가 진행하는 레위 지파의 정결의식과 위임식에 대한 부분(5-19절)과 성막에서 레위 사람들이 해야 할 일(20-22절), 그리고 25-50세 사이의 레위 사람들만이 성막에서 정해진 사역을 하는 것 (23-26절) 등을 기록하고 있다. **8:6** 레위 사람들은 성막 안의 가장 거룩한 성물을 다루게 됨으로 특별한 정결의식이 필요하였다. **8:10** 레위 지파의 위임의식에서 손을 얹어 안수하는 것은 성막에서 감당해야 할 특별한 사역에 대한 구별과 이스라엘의 장자를 대신하여 하나님께 속하여 일하게 된다는 책임의 변경이라는 이중적 의미를 동시에 가지고 있다 (또한 16-18절; 3:11-13을 보라). **8:11** *흔들어 바치는 제물*로 드려진 레위 사람들은 평범한 일반인의 신분에서 *주를 섬기는 일* (레 7:30)에 헌신하도록 구별된 거룩한 사람, 구별된 지파가 되었다. **8:12** 레위 사람들이 그들의 손을 수송아지의 머리 위에 얹는 것은 자신의 죄와 의도적이지 않았으나 부정하게 만든 본인의 실수를 모두 동물에게 전가하는 것이다. *속죄제물과*

들을 나의 몫으로 거룩하게 구별하였다. 18 나는,
이스라엘 자손 가운데서, 모든 맏이 대신에, 레위
사람을 나의 것으로 삼았다. 19 내게 바쳐진 그
레위 사람을, 이제 내가 이스라엘 자손 가운데서
구별하여, 이스라엘 자손을 대신하여 회막에서
맡은 일을 하게 하려고, 또 이스라엘 자손의 죄를
속하여 주어, 이스라엘 자손이 성소에 접근할 때
에라도 재앙을 받지 않게 하려고, 아론과 그의 자
손에게 레위 사람을 주었다."

20 모세와 아론과 이스라엘 자손 온 회중은,
주님께서 모세를 시켜 레위 사람에게 해주라고 지
시하신 대로, 레위 사람에게 다 해주었다. 이스라
엘 자손이 그들에게 그대로 해주었다. 21 레위
사람은 죄를 벗어 자신들을 정결하게 하고, 옷을
빨아 입었다. 아론은 그들을 주님 앞에 흔들어 바
치는 제물로 바쳤고, 그들의 죄를 속하여 그들을
정결하게 하였다. 22 그렇게 하고 나서, 비로소
레위 사람은, 아론과 그의 아들들이 보는 데에 나
서서, 그들이 맡은 회막 일을 할 수 있었다. 주님
께서 모세를 시켜, 레위 사람에게 해주라고 지시
하신 그대로, 그들에게 다 해주었다.

23 주님께서 모세에게 말씀하셨다. 24 "레
위 사람에게는 다음과 같은 법이 적용된다. 스물
다섯 살이 되는 남자는, 회막에 들어와서 맡은
일을 하기 시작한다. 25 쉰 살부터는 회막 일을
하지 않는다. 26 다만 그들은, 동료들이 회막에
서 맡은 직무를 수행할 때에 그들을 도울 수는 있
어도, 그들이 직접 그 일을 맡아서 하지는 못한다.
너는, 레위 사람이 이와 같이 직무를 수행하게
하여라."

두 번째 유월절 행사

9 1 이스라엘 자손이 이집트 땅에서 나온 이듬
해 ㄱ)첫째 달에, 주님께서 시내 광야에서 모세
에게 말씀하셨다. 2 "이스라엘 자손은 정해진 때
에 유월절을 지켜야 한다. 3 그 정해진 때 곧 이
달 십사일 해거름에, 모든 율례와 규례에 따라서
유월절을 지켜야 한다."

4 모세는 이스라엘 자손에게 유월절을 지키
라고 말하였다. 5 그래서 정월 곧 그 달 십사일
해거름에, 주님께서 시내 광야에서 모세를 시켜
명하신 대로, 모든 이스라엘 자손이 따랐다.

6 그런데 주검에 몸이 닿아 부정을 타서, 그
날 유월절을 지킬 희생제물을 바칠 수 없는 사람
이 생겼다. 그 날, 그들이 모세와 아론 앞으로 나
와서, 7 모세에게 물었다. "우리가 비록 주검 때
문에 부정을 타긴 했지만, 그렇다고 해도, 지정된
때에 이스라엘 자손이 주님께 제물을 바치는데,
우리만 못 바칠 까닭이 어디에 있습니까?" 8 모
세가 그들에게 대답하였다. "기다리시오. 주님께서
당신들에게 어떻게 지시를 내리실지, 들어 봐야
겠소."

9 주님께서 모세에게 말씀하셨다. 10 "너
는 이스라엘 자손에게 다음과 같이 일러라.

너희들이나 너희 자손들은, 주검을 만져 더럽
게 되었을 때나 먼 길을 떠나 있을 때나, 모두 주 앞
에 유월절을 지켜야 한다. 11 그러한 사람들은
다음 달 십사일 해거름에 유월절 예식을 행하면서,
누룩을 넣지 않고 만든 빵과 쓴 나물과 함께 유월절
양을 먹도록 하여라. 12 다음날 아침까지는 아무

ㄱ) 아빕월, 양력 삼월 중순 이후

*번제물*은 하나님 앞에서 드려지는 제물과 사람이 하나 됨으로 자신의 죄를 용서받는 의식이다 (레 1:3-9; 4:20-21). **8:19** 이스라엘 진영 한가운데서 하나님이 임재하시는 성소 주변을 둘러싼 레위 사람들은 하나님의 임재가 지닌 거룩함을 공동체로부터 보호하는 기능도 담당한다 (1:52-53; 3:38). 그들이 보호하는 완충지역은 이스라엘 백성이 재앙을 받지 않게 하려고 지키는 것이 하나의 예이다 (삼상 5—6장에서는 증거궤[법궤/언약궤]를 함부로 다루다가 벌을 받는 블레셋 사람들의 경우를 볼 수 있다).

9:1-23 정해진 규례대로 유월절(5절)을 순종하는 마음으로 지키는 이스라엘 백성의 모습이다. 모세는 부정해진 이스라엘 백성과 함께 살고 있는 외국인들의 유월절 참여에 관한 하나님의 지시를 듣게 된다 (1-14절). 그 후에는 하나님의 임재하심을 상징하는 구름과 불처럼 보이는 구름이 이스라엘 백성의 광야생활을 인도한다 (15-23절).

9:1-14 모세는 유월절을 지켜야 할 사람들 중에서 세 가지 경우에 대해 하나님께 여쭈어 본다: 예전상의 이유로 부정해진 사람, 여행 중에 있는 사람, 이스라엘 백성과 함께 살고 있는 외국인에 관한 내용이다. **9:1** 첫째 달에 대한 부연적인 설명은 7:1-89에 관한 주석을 보라. **9:2-3** 출 12:1-28을 보라. **9:6** 레 21:1-12를 보라. **9:14** 본문의 *함께 살고 있는 외국인*은 이스라엘 사람들과 함께 영구적으로 거주하는 사람들을 지칭한다 (출 12:43-49).

것도 남겨서는 안 되며, 희생제물의 뼈를 부러뜨
려서도 안 된다. 유월절의 모든 율례대로 그렇게,
그들은 유월절을 지켜야 한다. 13 그러나 정결한
사람이나 길을 떠나지 않은 사람이 유월절을 지
키지 않으면, 그 사람은 자기 백성에게서 끊어질
것이다. 나 주에게 바치는 제물을, 정해진 때에
가져 오지 않았기 때문이다. 그는 자기의 잘못에
대해 벌을 받아야만 한다.

14 너희들과 함께 살고 있는 외국인이 나 주
에게 유월절을 지키고자 할 때에도, 그는 유월절의
율례와 규례를 따라야 한다. 그 땅에 몸붙여 사는
외국인에게나 그 땅에서 난 본토인에게나 같은 율
례가 적용되어야 한다."

길을 안내한 구름 (출 40:34-38)

15 성막을 세우던 날, 구름이 성막, 곧 ㄱ)증
거궤가 보관된 성막을 덮었다. 저녁에는 성막 위
의 구름이 불처럼 보였으며, 아침까지 그렇게 계
속되었다. 16 그것은 늘 그러하였다. 구름이 성막
을 덮고 있었으며, 밤에는 그 구름이 불처럼 보였
다. 17 구름이 성막 위로 걷혀 올라갈 때면, 이스
라엘 자손은 그것을 보고 난 다음에 길을 떠났고, 구
름이 내려와 머물면, 이스라엘 자손은 바로 그 자
리에 진을 쳤다. 18 이스라엘 자손은 이렇게 주
님의 지시에 따라 길을 떠났고, 또한 주님의 지시에
따라 진을 쳤다. 구름이 성막 위에 머물러 있는 날
동안에는, 진에 머물렀다. 19 그 구름이 성막 위
에 여러 날 동안 오래 머물면, 이스라엘 자손은 주
님의 명을 지켜 길을 떠나지 않았다. 20 구름이
성막 위에 며칠만 머무를 때도 있었다. 그 때에는
그 때대로 주님의 지시에 따라서 진을 치고, 또 주
님의 지시에 따라 길을 떠나곤 하였다. 21 구름이
저녁부터 아침까지만 머물러 있을 때도 있었다.
그럴 때에는 아침이 되어 구름이 걷혀 올라가면,
그들은 길을 떠났다. 낮이든지 밤이든지 구름만
걷혀 올라가면, 그들은 길을 떠났다. 22 때로는
이틀이나 한 달이나 또는 몇 달씩 계속하여 구름이
성막 위에 머물러 있으면, 이스라엘 자손은 그 곳
에 진을 친 채 길을 떠나지 않았다. 그들은 구름
이 걷혀 올라가야만 길을 떠났다. 23 이렇게 그
들은 주님의 지시에 따라 진을 쳤고, 주님의 지시
에 따라 길을 떠났다. 그들은, 주님께서 모세를 시
켜 분부하신 대로, 주님의 명령을 지켰다.

나팔 신호

10 1 주님께서 모세에게 말씀하셨다. 2 "너
는 은나팔 두 개를 만들되 은을 두드려서
만들어라. 그것들은 네가 회중을 불러모을 때와 진

ㄱ) 또는 '법막' 또는 '증거막'

9:15-23 낮의 구름과 밤에 불처럼 보이는 구름은 이스라엘 백성을 인도하시는 하나님의 임재하심을 직접적으로 보여주는 증거이며, 하나님의 형상을 가리는 베일과 같은 기능을 한다 (출 13:21-22; 40:34-35). **9:15** *성막을 세우던 날은* 7:1과 9:1과 동일한 날이다. 7:1-89에 관한 주석을 보라. *증거궤가 보관된 성막.* 이 성막은 이스라엘 백성의 광야생활을 인도하시는 하나님의 임재를 보여준다 (1:1-3에 관한 주석을 보라).

10:1-36 은나팔은 공동체에 닥친 위험과 전쟁과 축제를 알리며, 이스라엘 백성의 가나안을 향한 여정(1-10절)의 진행을 권고하는 역할을 한다. 민 1—9장까지 준비과정을 통해 이스라엘은 시내광야에서 가나안을 향한 여정(11-36절)을 다시 시작한다.

10:1-10 *두 개의 은나팔.* 제사장들은 두 개의 은나팔을 불어 공동체를 모으거나 전투를 준비하고, 전체 진영의 움직임을 알렸다. 유대 역사학자 요세푸스는 트럼펫의 형태에 대해 고대 유대사회가 사용한 동전에 그려진 모양을 통해 12인치 길이의 가느다란 몸통과 넓은 입구를 가졌을 것이라고 기록했다.

10:11-36 이스라엘 백성은 마침내 약속의 땅 가나안을 향한 여정을 시작한다. **10:11** 여정을 시작한 날짜는 1:1에 서술된 인구조사로부터 19일 후, 시내 산에 도착한 날(출 19:1)로부터 11개월 후가 된다. **10:12** *시내 광야.* 이 광야는 시내 반도의 북부지역이다. *바란 광야.* 시내 반도의 북부지역이며 가나안 남쪽 경계로 진입하기 위해 반드시 건너가야 할 지역이다. 거기서 이스라엘 백성은 가나안 땅으로 정탐꾼을 보내게 된다 (13:1-3). **10:14-28** 가나안을 향해 나아가는 이스라엘 진영 열두 지파의 순서와 성막 및 거룩한 성물을 담당하는 레위 지파의 역할에 대하여는 2—3장에 관한 주석을 보라. **10:29-32** 모세의 장인 호밥 (29절; 삿 1:14; 4:11). 호밥이라는 이름 이외에 모세의 장인 이름은 출 2:18, 21에서는 르우엘로, 출 3장과 18장에서는 이드로로 기록되어 있다. 호밥은 미디안출신(삿 1:16 겐 자손)으로 광야를 따라 이동하며 살던 사람이며, 광야를 통과하는 이스라엘 백성의 길 안내에 많은 도움이 되었을 것이다. 이 부분은 이미 하나님의 구름과 불기둥으로 인도하심을 받는 이스라엘 백성에게 외부인의 지혜(미디안 부족출신 모세의 장인)가 함께 도움을 주고 있다는 점에서 주목해 볼 만한 부분이다. 출 18장은 광야여정을 위한 이드로의 조언이 기록되어 있고, 모세는

을 출발시킬 때에 필요한 것들이다. 3 두 개를
한꺼번에 길게 불면, 모든 회중이 회막 어귀에 모
여 너에게로 나올 것이다. 4 그러나 하나만 길게
불면, 지휘관들, 곧 이스라엘의 천부장들만이 너
에게로 나올 것이다. 5 그러나 나팔을 짧게 급히
불면, 동쪽에 진을 친 부대들이 진을 뜬다. 6 두
번째로 짧게 불면, 남쪽에 진을 친 부대들이 진을
뜬다. 진을 뜰 때에는 나팔을 이렇게 짧게 불어라.
7 총회를 소집할 때에는 나팔을 길게 불어야 한다.
짧게 불어서는 안 된다. 8 나팔은 아론의 혈통을
이어받은 제사장들만이 불 수 있다.

이것은 너희가 대대로 길이 지킬 율례이다.
9 너희의 땅에서 너희를 공격해 온 침략자들에
대항하여 전쟁에 나설 때에는, 나팔을 짧게 급히
불어라. 그러면 주 너희의 하나님이 너희를 기억
하고, 너희 원수들에게서 너희를 구해 줄 것이다.
10 너희들이 즐기는 경축일과 너희들이 정기적
으로 모이는 날과 매달 초하루에는, 너희가 번제
물과 화목제물을 바치며 나팔을 불어라. 그러면
너희 주 하나님이 너희를 기억할 것이다. 내가 주
너희의 하나님이다."

떠날 준비

11 제 이년 둘째 달, 그 달 이십일에 ㄱ)증거궤
가 보관된 그 성막에서 비로소 구름이 걷혔다.
12 이스라엘 자손은, 시내 광야를 떠나서 구름이
바란 광야에 머물 때까지, 여러 곳을 거쳐 행군을
계속하였다.

13 이것은 주님께서 모세를 시켜 지시하신
명령을 따라서 한 첫 번째 행군이었다. 14 맨 앞
에는 유다 자손이 진의 부대기를 앞세우고, 부대
별로 정렬하여 출발하였다. 유다 부대는 암미나
답의 아들 나손이 이끌었고, 15 뒤이어 따라나
선 잇사갈 자손 지파 부대는 수알의 아들 느다넬
이 이끌었고, 16 그 다음에 나선 스불론 자손 지
파 부대는 헬론의 아들 엘리압이 이끌었다.

17 뒤따라 성막 운반을 맡은 게르손 자손과
므라리 자손이 성막을 걷어 가지고 출발하였다.

18 다음으로는 르우벤 자손이 진의 부대기를
앞세우고, 부대별로 정렬하여 출발하였다. 르
우벤 부대는 스데울의 아들 엘리술이 이끌었고,
19 뒤이어 따라나선 시므온 자손 지파 부대는 수
리삿대의 아들 슬루미엘이 이끌었고, 20 그 다
음에 나선 갓 자손 지파 부대는 르우엘의 아들
엘리아삽이 이끌었다.

21 뒤따라 고핫 자손들이 성막 기구들을 메
고 출발하였다. 게르손 자손과 므라리 자손은 고핫
자손들이 도착하기 전에 성 막을 세워야만 했다.

22 그 다음으로는, 에브라임 자손이 진의 부
대기를 앞세우고, 부대별로 정렬하여 출발하였
다. 에브라임 부대는 암미훗의 아들 엘리사마가
이끌었고, 23 뒤이어 따라나선 므낫세 자손 지
파 부대는 브다술의 아들 가말리엘이 이끌었고,
24 그 다음에 나선 베냐민 자손 지파 부대는 기
드오니의 아들 아비단이 이끌었다.

25 맨 마지막으로는, 단 자손이 진의 부대기
를 앞세우고, 앞선 모든 부대의 후방 경계를 맡은
부대들이 부대별로 정렬하여 출발하였다. 단 부대
는 암미삿대의 아들 아히에셀이 이끌었고, 26 뒤
이어 따라나선 아셀 자손 지파 부대는 오그란의 아

ㄱ) 또는 '법막' 또는 '증거궤'

그에게 길 안내자가 되어줄 것을 요청하고 있다 (31절). 이와 동시에 본문 직전(9:15-23)에와 직후(10:33-34)에는 하나님의 구름을 따라 행진하는 이스라엘 백성의 모습이 기록되어 있다. **10:33** *언약궤* (법궤 혹은 증거궤). 언약궤에 대하여는 1:50에 관한 주석을 보라. **10:35-36** 이 두 절의 히브리 시구는 언약궤와 연관되어 이스라엘의 원수와의 거룩한 전쟁을 이끄시는 하나님의 임재하심을 간구하는 내용이다 (14:39-45; 삼상 4:1-9).

11:1-35 1—10장에 나타나는 이스라엘 백성은 하나님께서 명령하신 것을 조심해서 순종한 백성이었다. *이스라엘 자손은 주님께서 모세에게 말씀하신 대로 하였다* (민 5:4). 하지만 11장에서 특별한 경고나 다른 배경설명이 없는 상태에서 이스라엘 백성은 하나님과 모세에게 불평하며, 반항하기 시작한다. 그들의 불순종과 반항은 11장에서 25장까지 계속된다. 그들의 불만은 간단한 불평과 불을 놓아 "진 언저리를 살라 버리"신 벌로 시작하여 (11:1-3), 그 다음에는 만나 한 가지 음식만 먹게 된 상황에 대한 공동체 전체의 불평으로 확산된다. 이것은 모세로 하여금 자신의 지도력의 한계와 어려움을 토로하는 것으로 연결된다 (11:4-15). 하나님은 백성의 불만에 대해 엄청난 양의 메추라기 고기와 전염병으로 심판하셨으나, 모세의 어려움에 대해서는 70명의 장로를 세우는 긍정적인 응답을 주셨다 (11:16-35).

출애굽기에서 백성이 음식과 물에 대한 불만을 제기하자 하나님께서는 만나와 물을 주심(출 15:22—17:7)으로 문제를 적극적으로 해결해 주셨다. 그러나 먹는 음식이 한 가지 밖에 없다는 비논리적인 불평에 대해서는 벌을 받게 되는 결과를 볼 수 있다.

들 바기엘이 이끌었고, 27 그 다음에 나선 납달
리 자손 지파 부대는 에난의 아들 아히라가 이끌
었다.
28 이것은, 이스라엘 자손이 부대별로 정렬하
여 행군할 때의 행군 순서이다.
29 모세가 미디안 사람 르우엘의 아들 ㄱ)호밥
에게 청하였다. 그는 모세의 장인이었다. "우리는
이제 주님께서 우리에게 주시겠다고 약속하신 곳
으로 떠납니다. 장인께서도 우리와 같이 길을 떠나
주시기 바랍니다. 주님께서 이스라엘에게 잘 해
주시겠다고 약속하셨으니, 우리가 장인 어른을
잘 대접해 드리겠습니다.
30 호밥이 모세에게 말하였다. "나는 가지
못하네. 나는 내 고향 내 친척에게로 가야 하네."
31 모세가 다시 간청하였다. "제발 우리만 버려
두지 마십시오. 우리가 광야 어디에 진을 쳐야 할지,
장인 어른만큼 아는 사람이 없습니다. 그러니 장
인께서는 우리의 길 안내자가 되어 주셔야 합니다.
32 우리와 함께 가시기만 한다면, 주님께서 우리
에게 주시는 좋은 것은, 무엇이든지 장인 어른께
나누어 드리겠습니다."

행군 시작

33 그들은 주님의 산을 떠나 사흘 길을 갔다.
주님의 언약궤를 앞세우고 사흘 길을 가면서, 쉴
곳을 찾았다. 34 낮이 되어 그들이 진을 떠날
때면, 주님의 구름이 그들 위를 덮어 주었다.
35 궤가 떠날 때에 모세가 외쳤다. "주님, 일
어나십시오. 주님의 원수들을 흩으십시오. 주님을
미워하는 자들을 주님 앞에서 쫓으십시오."
36 궤가 쉴 때에도 모세가 외쳤다. "주님, 수
천만 이스라엘 사람에게로 돌아오십시오."

다베라

11 1 주님께서 들으시는 앞에서 백성들이
심하게 불평을 하였다. 주님께서 듣고 진
노하시어, 그들 가운데 불을 놓아 진 언저리를 살
라 버리셨다. 2 백성이 모세에게 부르짖었다. 모
세가 주님께 기도드리니 불이 꺼졌다. 3 그래서
사람들은 그 곳 이름을 ㄴ)다베라라고 불렀다. 주님
의 불이 그들 가운데서 타올랐기 때문이다.

모세가 장로 일흔 명을 뽑다

4 이스라엘 자손 가운데 섞여 살던 무리들이
먹을 것 때문에 탐욕을 품으니, 이스라엘 자손들도
또다시 울며 불평하였다. "누가 우리에게 고기를
먹여 줄까? 5 이집트에서 생선을 공짜로 먹던
것이 기억에 생생한데, 그 밖에도 오이와 수박과
부추와 파와 마늘이 눈에 선한데, 6 이제 우리
눈에 보이는 것이라고는 이 만나밖에 없으니,
입맛마저 떨어졌다."

ㄱ) 모세의 장인은 민 10:29 및 삿 1:16과 4:11에서는 호밥이고; 출 2:21에서는 르우엘이고; 출 18장에서는 이드로이다 ㄴ) '불사름'

11:1-3 이스라엘 사람들이 갑자기 불평하는 것에 대해 하나님께서 진노하신다. 모세의 중보가 그나마 하나님의 처벌을 제한하는 역할을 하게 된다. **11:1** 불은 종종 하나님의 진노와 심판과 연결되어 나타난다 (레 10:2).

11:4-15 백성들은 하나님이 공급하는 만나로 넉넉한 삶을 살았지만, 다양한 음식을 먹고 싶다며 불평했다. 모세는 지도자로 겪는 어려움으로 인해 정신이 혼란하여져서 하나님께 차라리 자신의 생명을 죽여 달라고 말한다. **11:4** *섞여 살던 무리들.* 개역개정은 "섞여 사는 다른 인종들;" 공동번역은 "섞여 살던 외국인들"로 번역했다. NRSV는 천민 혹은 하층계급을 사용하며, 이스라엘 백성과 함께 이집트를 떠난 사람들을 지칭한다 (출 12:38; 레 24:10). 이들의 불평불만은 온 이스라엘 백성에게로 확산되고, 온 가족(10절)에게로 확산되었다. **11:6-9** *만나.* 이 음식은 놀라울 정도로 맛이 좋은 것으로 이스라엘의 광야생활을 유지해준 하나님의 선물이었다 (출 16장; 수 5:10-12). **11:12** 모세의 표현은 하나님께서 어머니처럼 이들을 낳았으며, 어린아이처럼 양육하신다는 것을 보여준다.

특별 주석

하나님에 대해 어머니나 여성의 이미지를 드러내는 구약성경 본문은 흔치 않을지라도, 이러한 표현을 특별하다고 볼 수는 없다. 신 32:18; 사 42:14; 66:13을 보라.

11:16-30 하나님은 모세가 70명의 장로와 그의 지도력을 나누어 감당하게 하신다 (16-17, 24-30절). 또한 하나님은 만나에 대한 백성의 불평에 대해 한 달 이상 메추라기 고기만 먹어도 될 정도의 분량을 공급하여, 고기가 스스로 싫어서 견딜 수 없게 하셨다 (18-35절). **11:16-17** 다른 전통은 모세의 장인 이드로가 70인 장로를 세우는 지도력 분담을 제안했다고 말한다 (출 18:13-26).

7 만나의 모양은 [ㄱ]깟 씨와 같고, 그 빛깔은
브돌라와 같았다. 8 백성이 두루 다니면서 그것을
거두어다가, 맷돌에 갈거나 절구에 찧고, 냄비에
구워 과자를 만들었다. 그 맛은 기름에 반죽하여
만든 과자 맛과 같았다. 9 밤이 되어 진에 이슬이
내릴 때면, 만나도 그 위에 내리곤 하였다.
10 모세는, 백성이 각 가족별로, 제각기 자
기 장막 어귀에서 우는 소리를 들었다. 주님께서
이 일로 대단히 노하셨고, 모세는 그 앞에서 걱정
이 태산 같았다. 11 모세가 주님께 여쭈었다.
"어찌하여 주님께서는 주님의 종을 이렇게도 괴
롭게 하십니까? 어찌하여 저를 주님의 눈 밖에 벗
어나게 하시어, 이 모든 백성을 저에게 짊어지우
십니까? 12 이 모든 백성을 제가 배기라도 했습
니까? 제가 그들을 낳기라도 했습니까? 어찌하여
저더러, 주님께서 그들의 조상에게 맹세하신 땅으
로, 마치 유모가 젖먹이를 품듯이, 그들을 품에 품
고 가라고 하십니까? 13 백성은 저를 보고 울면
서 '우리가 먹을 수 있는 고기를 달라!' 하고 외치는
데, 이 모든 백성에게 줄 고기를, 제가 어디서 구
할 수 있습니까? 14 저 혼자서는 도저히 이 모든
백성을 짊어질 수 없습니다. 저에게는 너무 무겁
습니다. 15 주님께서 저에게 정말로 이렇게 하
셔야 하겠다면, 그리고 제가 주님의 눈 밖에 나지
않았다면, 제발 저를 죽이셔서, 제가 이 곤경을 당
하지 않게 해주십시오."
16 주님께서 모세에게 대답하셨다. "이스라
엘 장로들 가운데서, 네가 백성의 장로들 또는 그
지도자라고 알고 있는 사람들 일흔 명을 나에게로
불러 오너라. 너는 그들을 데리고 회막으로 와서
그들과 함께 서라. 17 내가 내려가 거기에서 너와
말하겠다. 그리고 너에게 내려 준 영을 그들에게도
나누어 주어서, 백성 돌보는 짐을, 그들이 너와
함께 지게 하겠다. 그러면 너 혼자서 애쓰지 않아도
될 것이다.
18 너는 또 백성에게 이렇게 말하여라.

내일을 맞이하여야 하니, 너희는 스스로를
거룩하게 하여라. 너희가 고기를 먹게 될 것이다.
'누가 우리에게 고기를 먹이려나? 이집트에서는
우리가 참 좋았었는데' 하고 울며 한 말이 나 주에
게 들렸다. 이제 나 주가 너희에게 고기를 줄 터
이니, 너희가 먹게 될 것이다. 19 하루만 먹고
그치지는 아니할 것이다. 이틀만도 아니고, 닷새
만도 아니고, 열흘만도 아니고, 스무 날 동안만도
아니다. 20 한 달 내내, 냄새만 맡아도 먹기 싫을
때까지, 줄곧 그것을 먹게 될 것이다. 너희가 너희
가운데 있는 나 주를 거절하고, 내 앞에서 울면서
'우리가 왜 이집트를 떠났던가?' 하고 후회하였기
때문이다."
21 모세가 되물었다. "저를 둘러싸고 있는
백성의 보행자가 육십만 명입니다. 그런데 주님

ㄱ) 식물의 일종

특별 주석

성경에 등장하는 예언자나 지도자들은 하나님의 *영*(*루아흐*)을 받는 경험을 하게 되며 (삿 3:10; 사 42:1), 이러한 능력은 다른 사람에게 옮겨지기도 한다 (24-25절; 왕하 2:9-10).

11:26 이 장면은 *회막이* 이스라엘의 진영 바깥에 있는 것처럼 서술되어 있는데 출 33:7-11에도 그렇게 되어있다. 하지만 민수기 전체는 일관되게 성막과 회막이 이스라엘 진영 한가운데 있다고 기록하고 있다 (2:2). **11:30** 출 16:13에서도 하나님이 메추라기 고기를 공급하신다. 그것은 하나님의 선의가 담긴 것이었는데, 이것은 하나님의 형벌에 속한 것이다. **11:31** 땅 위로 두 자쯤 쌓인 메추라기 고기는 사람의 허리정도 높이며, 진영을 완전히 둘러싼 것으로 보인다. **11:32** 호멜은 6부셀—210리터 정도이며, 열 호멜은 무려 2000 리터 (또는 1kg) 이상이다.

12:1-16 이스라엘의 불평불만이 *진 언저리에서 섞여 살던 사람들에게로* (이들은 천민 혹은 하층계급이었음, 11:1, 4) 그리고 모든 *백성과 가족에게로* 확산되었으며 (11:10), 마침내 공동체의 중심지도자인 미리암과 아론에게까지 이르렀다. 그들은 모세의 형이며 누이(26:59)로 함께 지도자 역할을 하던 이들이다 (출 26:59; 4:14-17; 15:19-21; 미 6:4). 그러므로 이 논쟁은 가족적, 정치적, 신학적 논쟁으로 혼란을 자아내고 있었다. 미리암과 아론은 먼저 모세의 이방 아내 문제와 하나님의 말씀을 독점적으로 대언하는 문제를 제기한다 (1-3절). 하나님께서 세 사람 앞에 나타나셔서 모세의 특별한 역할과 관계에 대해 다시 인정하고, 모세가 하나님 말씀의 대언자가 된다는 사실을 다시 확인한다 (4-9절). 결국 미리암은 악성 피부병이 걸리는 벌을 받게 되어, 이스라엘의 진영 외곽에서 일주일의 시간을 보내야 했다 (12:10-16).

12:1-3 미리암과 아론은 모세가 구스 여인을 아내로 맞은 것에 대해 비판한 후, 즉시 본심을 드러내어 하나님의 말씀을 대언하는 모세의 가장 중요한 지도력에 대해 도전한다. **12:1** 구스 사람은 일반적으로 에티오피아 사람을 가리키지만 아라비아 반도의 미디안지역

께서는 '그들에게 내가 고기를 주어, 한 달 내내 먹
게 하겠다' 하고 말씀하시나, 22 그들을 먹이려
고 양 떼와 소 떼를 잡은들, 그들이 만족해 하겠
습니까? 바다에 있는 고기를 모두 잡은들, 그들이
만족해 하겠습니까?"
23 주님께서 모세에게 대답하셨다. "나의 손
이 짧아지기라도 하였느냐? 이제 너는 내가 말한
것이 너에게 사실로 이루어지는지 그렇지 아니한
지를 볼 것이다."
24 모세가 나가서 주님께서 하신 말씀을 백
성에게 전달하였다. 그는 백성의 장로들 가운데
서 일흔 명을 불러모아, 그들을 장막에 둘러세웠
다. 25 그 때에 주님께서 구름에 휩싸여 내려오
셔서 모세와 더불어 말씀하시고, 모세에게 내린
영을 장로들 일흔 명에게 내리셨다. 그 영이 그들
위에 내려와 머물자, 그들이 예언하였다. 이것은
처음이자 마지막이다. 그들은 다시는 예언하지 않
았다.
26 그런데 두 남자가 진 안에 남아 있었다.
하나의 이름은 엘닷이고, 다른 하나의 이름은
메닷이었다. 그들은 명단에 올라 있던 이들이지
만, 장막으로 가지 않았다. 그런데 영이 그들
위로 내려와 머물자, 그들도 진에서 예언하였다.
27 한 소년이 모세에게 달려와서, 엘닷과 메닷이
진에서 예언하였다고 알렸다.
28 그러자 젊었을 때부터 모세를 곁에서 모
셔온 눈의 아들 여호수아가 나서서, 모세에게 말
하였다. "어른께서는 이 일을 말리셔야 합니다."
29 그러자 모세가 그에게 말하였다. "네가 나
를 두고 질투하느냐? 나는 오히려 주님께서 주님
의 백성 모두에게 그의 영을 주셔서, 그들 모두가
예언자가 되었으면 좋겠다." 30 모세와 이스라엘
장로들은 함께 진으로 돌아왔다.

주님께서 메추라기를 보내시다

31 주님께서 바람을 일으키셨다. 주님께서
ㄱ)바다 쪽에서 메추라기를 몰아, 진을 빙 둘러 이
쪽으로 하룻길 될 만한 지역에 떨어뜨리시어, 땅
위로 두 자쯤 쌓이게 하셨다. 32 백성들이 일어
나 바로 그 날 온종일, 그리고 밤새도록, 그리고
그 이튿날도 온종일 메추라기를 모았는데, 적게
모은 사람도 열 호멜은 모았다. 그들은 그것들을
진 주변에 널어 놓았다. 33 고기가 아직 그들의
이 사이에서 씹히기도 전에, 주님께서 백성에게
크게 진노하셨다. 주님께서는 백성을 극심한 재
앙으로 치셨다. 34 바로 그 곳을, 사람들은 ㄴ)기
브롯 핫다아와라 불렀다. 탐욕에 사로잡힌 백성을
거기에 묻었기 때문이다.
35 백성은 기브롯 핫다아와를 떠나, 하세롯
으로 행군하였다. 그들은 하세롯에서 멈추었다.

ㄱ) 아카바 만 쪽이라고 추측됨 ㄴ) '탐욕의 무덤'

사람을 가리킬 수도 있다. 합 3:7은 구스 사람을 미디안 사람과 병행하여 사용했으며, 모세의 아내 십보라도 미디안 여인이었다 (출 2:15-21).

12:4-9 하나님은 회막에서 모세와 아론과 미리암에게 나타나신다. 하나님께서는 다른 예언자를 통해 자신의 말씀을 전할 수 있겠지만 모세가 지니고 있는 특별하며 권위 있는 중개자로서의 역할을 다시 확인해 주신다. **12:4-5** *회막과 구름.* 이것에 대하여는 2:2와 9:15-23에 관한 주석을 보라. **12:6-8** 하나님은 예언자들에게 *환상과 꿈*으로 말씀하신다 (신 13:7; 삼상 9:9; 렘 23:28; 욜 2:28). 그러나 하나님께서는 모세와 직접적으로 얼굴을 마주 대하며 대화하시며 (출 33:12—34:9) 모세는 그분의 모습까지 볼 수 있었다. 이 구절은 출 33:23의 하나님의 등을 본다는 본문을 상기시키는 것 같은데 모세와 하나님 사이의 매우 친밀한 관계를 보여준다.

특별 주석

이 구절에 대한 해석상의 어려움은 왜 아론은 벌을 받지 않고, 미리암만 하나님으로부터 피부병의 벌을 받았는지에 대한 문제다. 어떤 학자들은 아론이 피부병에 걸렸을 경우 대제사장직을 수행하지 못하기 때문에 그가 벌을 받지는 않았을 것이라고 설명하기도 한다 (레 13장; 21:16-24).

12:14 자녀의 얼굴에 침을 뱉는 행동은 공개적인 망신행위다 (신 25:9; 사 50:6). **12:15** 미리암의 피부병은 7일 뒤에 완치되어 다시 정결하게 되었다. 이스라엘 모든 백성이 행군을 멈추고 미리암의 복귀를 기다리고 있던 것은 그녀가 지니고 있던 지도력의 권위를 보여준다.

13:1-33 하나님은 모세에게 열두 지파에서 한 명씩 12명의 정탐꾼을 선정하여, 가나안 지역을 정탐하도록 명하신다 (1-20절). 정탐을 마치고 돌아온 이들은 토지가 비옥하고 강력한 군사력과 튼튼한 성으로 무장된 가나안 지역에 대해 말한다 (21-29절). 갈렙은 이스라엘 백성에게 자신감을 가지고 가나안으로 들어가 땅을 차지하자고 격려하지만, 다른 정탐꾼들은 가나안 사람들의 체격조건과 위험성에 대해 과장하여 보고하며, 어떠한 전투도 피할 것을 주장한다 (30-35절).

13:1-20 *가나안* 남부 접경 지역에서 이스라엘

미리암이 벌을 받다

12 1 모세가 ㄱ)구스 여인을 데리고 왔는데,
미리암과 아론은 모세가 그 구스 여인을
아내로 맞았다고 해서 모세를 비방하였다.
2 "주님께서 모세와만 말씀하셨느냐? 우리와
도 말씀하시지 않았느냐!" 그들이 이렇게 말하는 것
을 주님께서 들으셨다. 3 모세로 말하자면, 땅 위
에 사는 모든 사람 가운데서 가장 겸손한 사람이다.
4 주님께서는 모세와 아론과 미리암을 당장
부르셨다. "너희 셋은 회막으로 나오너라." 세 사
람이 그리로 나갔다. 5 주님께서 구름기둥 가운
데로 내려오시어 장막 어귀에 서시고, 아론과 미
리암을 부르셨다. 그 두 사람이 나가 서자 6 말씀
하셨다.

"너희는 나의 말을 들어라.
ㄴ)너희 가운데 예언자가 있으면,
나 주가 환상으로 그에게 알리고,
그에게 꿈으로 말해 줄 것이다.
7 나의 종 모세는 다르다.
그는 나의 온 집을
충성스럽게 맡고 있다.
8 그와는 내가
얼굴을 마주 바라보고 말한다.
명백하게 말하고,
모호하게 말하지 않는다.
그는 나 주의 모습까지 볼 수 있다.
그런데 너희는 어찌하여
두려움도 없이,
나의 종 모세를 비방하느냐?"

9 주님께서 그들에게 진노하시고 떠나가셨다.
10 구름이 장막 위에서 걷히고 나니, 아, 미
리암이 악성 피부병에 걸려서, 눈처럼 하얗게 되어
있는 것이 아닌가! 아론이 미리암에게로 다가갔다.
살펴보니, 그 여인은 악성 피부병에 걸린 것이었다.
11 아론이 모세에게 말하였다. "참으로 애석합
니다. 우리들이 어리석었던 죄와, 우리가 저지른
죄를, 부디 우리에게 벌하지 마십시오. 12 미리
암을, 모태에서 나올 때에 살이 반이나 썩은 채
죽어 나온 아이처럼, 저렇게 두지는 마십시오."
13 모세가 주님께 부르짖어 아뢰었다. "하나
님, 비옵니다. 제발 미리암을 고쳐 주십시오."
14 주님께서 모세에게 말씀하셨다. "미리암의 얼굴
에 그의 아버지가 침을 뱉었어도, 그가 이레 동안은
부끄러워하지 않겠느냐? 그러니 그를 이레 동안
진 밖에 가두었다가, 그 뒤에 돌아오게 하여라."
15 그래서 미리암은 이레 동안 진 밖에 갇혀 있
었다. 백성은 미리암이 돌아올 때까지 행군을 하
지 않았다. 16 그가 돌아온 뒤에, 백성은 하세롯
에서 떠나, 바란 광야에 이르러 진을 쳤다.

가나안 땅 탐지 (신 1:19–33)

13 1 주님께서 모세에게 말씀하셨다. 2 "너
는 사람들을 보내어, 내가 이스라엘 자손
에게 준 가나안 땅을 탐지하게 하여라. 각 조상의
지파 가운데서 지도자를 한 사람씩 보내어라."
3 모세는 주님의 분부대로 바란 광야에서
그들을 보냈다. 그 사람들은 모두 이스라엘 자손
의 우두머리들이었다. 4 그들의 이름은 다음과
같다. 르우벤 지파에서는 삭굴의 아들 삼무아요,
5 시므온 지파에서는 호리의 아들 사밧이요,
6 유다 지파에서는 여분네의 아들 갈렙이요,

ㄱ) 미디안 (합 3:7) 또는 에티오피아 ㄴ) 고대역을 따름

백성은 12명의 정탐꾼을 보내어 가나안에 대한 자세한 정보를 수집한다. **13:6** 유다 지파의 *갈렙*은 두 명의 믿음 좋은 정탐꾼 중의 하나였다. 다른 성서전통은 갈렙이 원래 이스라엘 백성이 아니라 겐족이었다고 말하기도 한다 (32:12; 수 14:6, 14). 하지만 그가 후에 유다 지파로 입양되었거나 편입되었을 것으로 추정한다.

13:21-29 정탐꾼들은 가나안 땅과 가나안 사람들에 대해 정탐하고, 정탐을 한 결과에 대하여 보고하기를 땅은 비옥하지만 가나안 사람들은 강하고 매우 두려운 존재라고 지적한다. **13:20** 포도가 처음 익는 시기는 7-8월이다. **13:21** 가장 오래되고 기본이 된 정탐꾼의 보고는 남부 가나안 헤브론과 에스골 골짜기 인근에 대한 내용이다 (22-24절). 아마 후대 편집과정에서 가나안 전 지역을 포함시키기 위해 남부의 신 광야에서 북단의 르홉 지역(삼하 10:6)까지를 추가했을 것이라고 생각하기도 한다. **13:22** *아낙 자손*. 체격이 장대하며 (신 9:2), 이들의 남은 후손들이 팔레스타인 지역 가사, 가드, 아스돗, 가나안 서부 지역(수 11:21-22)에 살고 있었다. 후에 다윗은 가드지방 사람 골리앗을 죽였으며 (삼상 17장), 그의 부하들은 아낙 사람 네 명을 죽였다 (삼하 21:18-22). **13:26** *가데스 광야* 혹은 가데스 바란 (32:8). 이 곳은 사막 내 오아시스 지역으로 이스라엘 백성의 광야생활 중 대부분의 시간을 지낸 곳이다 (13—19장; 20:1, 22). **13:27** 가나안의 비옥한 토양에 대한 대표적 표현은 젖과 꿀이 흐르는 땅이다 (출 3:17; 수 5:6). **13:28** *아낙의 후손에* 대

7 잇사갈 지파에서는 요셉의 아들 이갈이요, 8 에
브라임 지파에서는 눈의 아들 호세아요, 9 베냐민
지파에서는 라부의 아들 발디요, 10 스불론 지파
에서는 소디의 아들 갓디엘이요, 11 요셉 지파 곧
므낫세 지파에서는 수시의 아들 갓디요, 12 단 지
파에서는 그말리의 아들 암미엘이요, 13 아셀 지
파에서는 미가엘의 아들 스둘이요, 14 납달리 지
파에서는 웝시의 아들 나비요, 15 갓 지파에서는
마기의 아들 그우엘이다. 16 모세가 땅을 탐지하
라고 보낸 사람들의 이름이 이와 같다. 모세는 눈
의 아들 ㄱ)호세아를 여호수아라고 불렀다.

17 모세는 가나안 땅을 탐지하라고 그들을
보내면서, 이렇게 일렀다. "너희는 저기 네겝 지
방에도 올라가 보고, 산간지방에도 올라가 보아
라. 18 그 땅이 어떠한지 탐지하여라. 그 땅에
사는 백성이 강한지 약한지, 적은지 많은지를 살
펴보아라. 19 그리고 그들이 사는 그 땅이 좋은
지 나쁜지, 그들이 사는 마을들은 장막촌인지 요
새화된 성읍인지, 20 토지는 어떠한지, 기름진
지 메마른지, 거기에 나무가 있는지 없는지를 살
펴보아라. 담대하게 행동하여라. 그리고 그 땅의 과
일을 가져 오너라." 때는 바야흐로 포도가 처음 익
을 무렵이었다.

21 그들은 올라가서 신 광야에서부터 하맛
어귀 르홉에 이르기까지, 그 땅을 탐지하였다.
22 그들은 또 네겝 지방으로 올라가, 헤브론에
이르렀다. 거기에는 아낙 자손인 아히만 부족과
세새 부족과 달매 부족이 있었다. 헤브론은 이집
트의 소안보다 일곱 해 먼저 세운 곳이다. 23 그
들은 에스골 골짜기에 이르러, 거기에서 포도 한
송이가 달린 가지를 꺾어서, 두 사람이 막대기에
꿰어 둘러메었다. 석류와 무화과도 땄다. 24 이스
라엘 자손이 거기에서 포도송이를 땄기 때문에,
사람들은 그 곳을 가리켜 ㄴ)에스골 골짜기라고
불렀다.

25 그들은 그 땅을 탐지하러 갔다가 사십 일
만에 돌아왔다. 26 그들은 곧바로 바란 광야 가
데스에 있는 모세와 아론과 이스라엘 자손의 온
회중에게로 갔다. 그들은 모세와 아론과 온 회중
에게 보고하면서, 그 땅에서 가져 온 과일을 보여
주었다. 27 그들은 모세에게 다음과 같이 설명
하였다. "우리에게 가라고 하신 그 땅에, 우리가
갔었습니다. 그 곳은 정말 젖과 꿀이 흐르는 곳입니
다. 이것이 바로 그 땅에서 난 과일입니다. 28 그
렇지만 그 땅에 살고 있는 백성은 강하고, 성읍들
은 견고한 요새처럼 되어 있고, 매우 큽니다. 또한
거기에서 우리는 아낙 자손도 보았습니다. 29 아
말렉 사람은 네겝 지방에 살고 있고, 헷 사람과 여
부스 사람과 아모리 사람은 산악지대에 살고 있습
니다. 가나안 사람은 바닷가와 요단 강 가에 살고
있습니다."

30 갈렙이 모세 앞에서 백성을 진정시키면서
격려하였다. "올라갑시다. 올라가서 그 땅을 점령합
시다. 우리는 반드시 그 땅을 점령할 수 있습니다."

31 그러나 그와 함께 올라갔다 온 사람들은
말하였다. "우리는 도저히 그 백성에게로 쳐올라
가지 못합니다. 그 백성은 우리보다 더 강합니다."

ㄱ) 호세아와 여호수아는 같은 이름의 두 형태로서 '주님께서 구원하시다' 라는 뜻. 여기에서 그리스어 이름 '예수'가 나옴 (마 1:21) ㄴ) '송이'

하여는 13:22에 관한 주석을 보라. **13:29** *아말렉 사람은* 이스라엘의 전통적인 대적(출 17:8-16; 삼상 15:1-9)으로 계속 등장하며, 다른 부족은 헷, 여부스, 아모리, 가나안 족속 등이다 (창 15:19-21; 신 7:1).

13:30-35 갈렙은 이스라엘 백성에게 가나안 땅을 쳐들어가 정복하자고 호소했지만, 다른 정탐꾼들은 그 땅과 거주민들로 인한 위험부담을 과장하여 말함으로 이스라엘 백성의 가나안 침입을 포기하도록 확신시켰다. **13:30** 초가 기록(14:24)에는 정탐꾼 중에서 갈렙만이 하나님의 인도하심을 믿는 정탐보고를 한 것으로 나타나있는데, 후에 여호수아가 두 번째 정탐꾼으로 추가된 것처럼 보인다 (13:8, 16; 14:6, 38). **13:32** 이스라엘 백성의 두려움을 과장해서 자극시키기 위해 다수의 정탐꾼들은 가나안 땅에 대한 위험정도를 과장하고 있다. 27절에서 사용한 '젖과 꿀이 흐르는 비옥한 땅'이라는 표현 대신 32절에서는 *사람들을 삼키는 땅*이라고 지적한다. **13:33** 정탐꾼들은 아낙자손의 거대한 체격에 대한 과장에서 신화적인 존재 반신반인(半神半人)의 네피림 자손을 보았다고 말한다. *네피림*(문자 그대로는 "타락한 사람들")은 창 6:1-4에 기록된 하늘의 천사와 땅의 여인이 혼인하여 출산한 거인족으로, 절반은 신적 존재이며, 나머지 절반은 사람이라고 한다.

14:1-45 14장은 민수기에서 1세대 광야세대가 죽고 (1—25장) 약속의 땅 근처에서 새로운 소망의 세대가 탄생하는 (26—36장) 중심 무대를 설정하고 있다. 가나안 땅에 진입하기를 거부하는 이스라엘 백성은 가나안 땅과 사람에 대한 두려움(1-4절)과 이집트로의 귀환을 원한다고 불평한다. 신실한 두 명의 정탐꾼 갈렙과 여호수아는 하나님을 신뢰하고 가나안으로의 진입을 주장하지만 사람들은 동의하지 않는다 (5-10a절). 백성의 불신에 대해 하나님께서 진노하심으로 모든 백성이 망하게 되는 상황에 처하게 되고, 모세는 이들의 죄악에 대한 용서를 구한다 (10b-19절). 모세의 중보에 따라

32 그러면서 그 탐지한 땅에 대하여 나쁜 소문을
퍼뜨렸다. 그들은 이스라엘 자손에게 그 땅에 대해
이렇게 말하였다. "우리가 탐지하려고 두루 다녀
본 그 땅은, 그 곳에 사는 사람들을 삼키는 땅이다.
또한 우리가 그 땅에서 본 백성은, 키가 장대 같은
사람들이다. 33 거기에서 우리는 또 네피림
자손을 보았다. 아낙 자손은 네피림의 한 분파다.
우리는 스스로가 보기에도 메뚜기 같았지만, 그
들의 눈에도 그렇게 보였을 것이다."

백성의 불평

14 1 온 회중이 소리 높여 아우성쳤다. 백성
이 밤새도록 통곡하였다. 2 온 이스라엘
자손이 모세와 아론을 원망하였다. 온 회중이
그들에게 말하였다. "차라리 우리가 이집트 땅에
서 죽었더라면 더 좋았을 것이다. 아니면 차라리
우리가 이 광야에서라도 죽었더라면 더 좋았을 것
이다. 3 그런데 주님은 왜 우리를 이 땅으로 끌
고 와서, 칼에 맞아 죽게 하는가? 왜 우리의 아내
들과 자식들을 사로잡히게 하는가? 차라리 이집
트로 돌아가는 것이 좋겠다!" 4 그들은 또 서로
말하였다. "우두머리를 세우자. 그리고 이집트로
돌아가자."

5 모세와 아론은 이스라엘 자손의 온 회중 앞
에서 얼굴을 땅에 대고 엎드렸다. 6 그러자 그
땅을 탐지하고 돌아온 이들 가운데서, 눈의 아들
여호수아와 여분네의 아들 갈렙이 슬픔에 겨워 자
신들의 옷을 찢으며, 7 이스라엘 자손 온 회중에게
말하였다. "우리가 탐지하려고 두루 다녀 본 그
땅은 매우 좋은 땅입니다. 8 주님께서 우리를 사랑
하신다면, 그 땅으로 우리를 인도하실 것입니다.
젖과 꿀이 흐르는 그 땅을 우리에게 주실 것입니다.
9 다만 여러분은 주님을 거역하지만 마십시오.
여러분은 그 땅 백성을 두려워하지 마십시오. 그
들은 우리의 밥입니다. 그들의 방어력은 사라졌
습니다. 주님께서 우리와 함께 계시니, 그들을 두려
워하지 마십시오." 10 그러나 온 회중은 그들을
돌로 쳐죽이려고 하였다. 그 때에 주님의 영광이
회막에서 온 이스라엘 자손에게 나타났다.

모세가 백성을 두고 기도하다

11 주님께서 모세에게 말씀하셨다. "언제까
지 이 백성이 나를 멸시할 것이라더냐? 내가 이
백성 가운데서 보인 온갖 표적들이 있는데, 언제
까지 나를 믿지 않겠다더냐? 12 내가 전염병으
로 이들을 쳐서 없애고, 너를 이들보다 더 크고 힘
센 나라가 되게 하겠다."

13 모세가 주님께 말씀드렸다. "이집트 사람
이 들으면 어떻게 합니까? 주님께서는 이미 주님
의 능력으로 이 백성을 이집트 사람 가운데서 이끌
어 내셨습니다. 14 이집트 사람이 이 땅에 사는
사람들에게 말하면, 어떻게 합니까? 이 땅에 사는
사람들은, 주 하나님이 이 백성 가운데 계시다는
것과, 주 하나님이 얼굴과 얼굴을 마주하여 보이
셨다는 것과, 주님의 구름이 그들 위에 머물고, 주
님께서 낮에는 구름기둥 가운데 계시고, 밤에는 불
기둥 가운데 계셔서, 그들 맨 앞에서 걸어가신다는
것을 이미 들었습니다. 15 그런데 이제 주님께
서 이 백성을 한 사람을 처리하듯 단번에 죽이시
면, 주님께서 하신 일을 들은 나라들은 16 '그들
의 주가 자기 백성에게 주기로 맹세한 땅으로 그들
을 데리고 갈 능력이 없어서, 그들을 광야에서 죽
였다' 하고 말할 것입니다. 17 그러니 이제 주님
께서는, 이미 말씀하신 대로, 주님의 권능을 나타
내 보이시기 바랍니다.
18 '나 주는 노하기를 더디하고,
사랑이 넘치어서
죄와 허물을 용서한다.
그러나 나는 죄를 벌하지 않은 채
그냥 넘기지는 아니한다.
나는, 아버지가 죄를 지으면
본인뿐만 아니라 자손 삼사 대까지

이들은 하나님의 용서하심을 약속받았으나, 출애굽 1세대(이전 세대)는 40년 동안의 광야생활 중에 모두 죽게 된다. 다만 광야에서 태어난 이스라엘의 새로운 세대와 갈렙과 여호수아가 약속의 땅을 얻게 된다 (20-35절). 하나님의 심판의 내용을 알게 된 백성은 갑자기 마음을 바꾸고 가나안 공격을 원한다. 그러나 하나님은 그들의 전쟁에 함께 하시지 않으므로 결국 전투에서 패배한다 (36-45절).

14:1-4 가나안 정탐꾼들이 위험하다고 부정적으로 보고한 것에 대한 백성의 반응은 이집트로 돌아가기를 원한다는 것이었다 (13장). **14:4** 이집트 귀환을 원했던 경우가 이번이 처음은 아니었지만 (11:5; 출 16:3을 보라), 이번에는 구체적인 계획과 새로운 지도자를 세워 노예로 있던 이집트로 돌아가려고 한다. 이것은 출 20:2가 기록한 하나님의 구원하심과 인도하심에 대한 부정, 즉 신성모독죄에 해당한다.

14:5-10a 신실한 정탐꾼 *갈렙과 여호수아는* 하나님께 순종하고 가나안 땅으로 가자고 다시 설득하지만,

벌을 내린다' 하고 말씀하셨으니,
19 이집트를 떠날 때부터 이제까지 주님께서 이
백성을 용서하신 것처럼, 이제 주님의 그 크신 사랑
으로 이 백성의 죄를 용서하여 주시기 바랍 니다."
20 주님께서 말씀하셨다. "너의 말대로 용서
하겠다. 21 그러나 내가 살아 있는 한, 그리고
나 주의 영광이 온 땅을 가득 채우고 있는 한,
22 나의 영광을 보고도, 내가 이집트와 광야에서
보여 준 이적을 보고도, 열 번이나 거듭 나를 시험
하고 내 말에 순종하지 않은 사람들은, 어느 누구도,
23 내가 그들의 조상들에게 주기로 맹세한 그 땅을
못 볼 것이다. 나를 멸시한 사람은, 어느 누구도
그 땅을 못 볼 것이다. 24 그러나 나의 종 갈렙은
그 마음이 남과 다르고, 또 전적으로 나를 따랐으
므로, 나는, 그가 다녀 온 그 땅으로 그를 데리고
가겠고, 그의 자손은 그 땅을 유산으로 받을 것이다.
25 아말렉 사람과 가나안 사람이 골짜기에 살고
있으니, 내일 너는 돌이켜 홍해로 가는 길을 따라서
광야 쪽으로 나아가거라."

주님께서 불평하는 백성을 벌하시다

26 주님께서 모세와 아론에게 말씀하셨다.
27 "나를 원망하는 이 악한 회중이 언제까지 그럴
것이냐? 나를 원망하는 이스라엘 자손의 원망을
내가 들었다. 28 너는 그들에게 이렇게 말하여라.
나 주의 말이다. 내가 나의 삶을 두고 맹세한
다. 너희가 나의 귀에 들리도록 말한 그대로, 내가
반드시 너희에게 하겠다. 29 너희 가운데 스무 살
이 넘은 사람으로, 인구조사를 받은 모든 사람들,
곧 나를 원망한 사람들은, 이 광야에서 시체가 되
어 뒹굴게 될 것이다. 30 나는 너희에게 땅을 주
어 살게 하겠다고, 손을 들어 맹세하였다. 그러나 이
제 너희는 그 땅으로 들어가지 못할 것이다. 다만
여분네의 아들 갈렙과 눈의 아들 여호수아만이 들
어갈 것이다. 31 너희가, 사로잡혀 갈 것이라고
걱정한 너희의 어린 것들은, 내가 이끌고 너희가
거절한 그 땅으로 들어가겠다. 그 땅이 그들의 고
향이 될 것이다. 32 그러나 너희는 이 광야에서
시체가 되어 뒹굴 것이다. 33 너희 자식들은 사십
년 동안 광야에서 ㄱ)양을 치면서, 너희의 시체가
썩어 없어질 때까지, 너희가 저지른 죄를 대신 짊
어질 것이다. 34 너희가 그 땅을 사십 일 동안
탐지하였으니, 그 날 수대로 하루를 일 년으로 쳐서,
너희는 사십 년 동안 너희의 죄의 짐을 져야 한다.
그제서야 너희는 내가 너희를 싫어하면 너희가 어
떻게 되는지를 알게 될 것이다. 35 나 주가 말
한다. 한데 어울려 나를 거역한, 이 악한 온 회중
에게, 내가 말한 대로 반드시 하고야 말겠다. 그
들은 이 광야에서 종말을 맞이할 것이다. 그들은
여기서 죽는다!"
36 모세가 그 땅을 탐지하라고 보냈던 사람들
은 돌아와서, 그 땅에 대하여 나쁜 소문을 퍼뜨리면
서, 온 회중을 선동하여, 모세를 원망하게 하였다.
37 그 땅에 대하여 나쁜 소문을 퍼뜨린 사람들은,
주님 앞에서 재앙을 받아 죽었다. 38 그 땅을 탐
지하러 갔던 사람들 가운데서, 다만 눈의 아들 여호
수아와 여분네의 아들 갈렙만이 살아 남았다.

첫 번째 점령 시도 (신 1:41-46)

39 모세가, 주님께서 하신 말씀을 온 이스라엘
자손에게 일러주니, 백성들은 매우 슬퍼하였다.
40 다음날, 그들은 일찍 일어나 산꼭대기로 올라
가면서 외쳤다. "주님께서 말씀하신 그 곳으로 올
라가자. 우리가 잘못했다." 41 그러나 모세는 말
렸다. "어쩌자고 주님께서 하신 말씀을 거역하려
는 것입니까? 이 일은 결코 성공하지 못합니다.
42 올라가지 마십시오. 주님께서 당신들 가운데
계시지 않습니다. 당신들은 적에게 패합니다.
43 아말렉 사람과 가나안 사람이 거기에서 당신

ㄱ) 또는 '방황하면서'

사람들은 오히려 그들을 돌로 *쳐 죽이려고* 한다. **14:5** *모세와 아론이* 얼굴을 땅에 댄 것은 하나님의 진노 앞에서 겸손한 모습을 나타내는 것이며, 하나님의 진노는 반역적인 말을 하는 백성에 대한 반응이다.

14:10b-19 *주님의 영광이* 이스라엘 자손에게 나타나고, 하나님은 화난 음성으로 이스라엘 백성에게 죽음의 전염병이 올 것과 그들의 조상과 맺은 하나님의 언약이 더 이상 유효하지 않다고 말씀하신다. 모세는 이스라엘을 위해 중보자가 되어 용서를 구하고, 하나님의 약속을 지켜달라고 애원한다. **14:10b** *회막.* 이것에 대해서는 1:1에 관한 주석을 보라. **14:12** 백성의 반항에 대한 비중은 하나님께서 그들을 쳐서 없애고 약속을 취소하시겠다는 것으로 보아 매우 심각한 문제였다는 것을 알 수 있다. 이 사건과 유사한 다른 경우는 출 32:10에서 황금송아지 우상을 만들었을 때를 제외하고는 거의 없다. **14:18** 하나님의 자비로운 성품에 대한 모세의 믿음과 호소는 시내 산에서 모세에게 나타나신 하나님의 성품을 인용한 것이다 (출 34:1-9).

들을 기다리고 있습니다. 당신들은 칼을 맞고 쓰러집니다. 당신들이 주님을 등지고 돌아섰으니, 주님께서 당신들과 함께 계시지 않습니다."

44 그들은 더 생각하지도 않고 산꼭대기로 올라갔다. 그러나 주님의 언약궤와 모세는 진 안에서 움직이지 않았다. 45 그 때에 바로 그 산간지방에 살던 아말렉 사람과 가나안 사람이 내려와서 그들을 무찌르고, 호르마까지 그들을 추격하였다.

희생제사

15 1 주님께서 모세에게 말씀하셨다. 2 "너는 이스라엘 자손에게 일러라. 그들에게 이렇게 말하여라.

이제 너희는 내가 너희에게 줄 땅, 곧 너희가 살 곳으로 들어갈 것이다. 3 그러면 너희는 소 떼나 양 떼 가운데서 제물을 골라, 나 주에게 불살라 바치는 제사, 곧 주를 기쁘게 하는 향기를 드리게 될 것이다. 서원한 것을 갚으려고 드리든, 자원해서 바치는 제물을 드리든, 너희가 지키는 여러 절기에 드리는 번제나 희생제를 드릴 것이다.

4 나 주에게 제물을 바칠 사람은 고운 가루 십분의 일 에바에 기름 사분의 일 힌을 반죽한 곡식제물을 함께 주에게 바쳐야 한다. 5 번제나 희생제에 드리는 제물이 어린 양 한 마리면, 부어 드리는 제물로는 사분의 일 힌의 포도주를 준비해야 한다.

6 제물이 숫양 한 마리면, 곡식제물로는 고운 가루 십분의 이 에바에 기름 삼분의 일 힌을 반죽한 것을 준비해야 하며, 7 부어 드리는 제물로는 삼분의 일 힌의 포도주를 준비해야 한다. 그것들을 제물 타는 향기로 주를 기쁘게 하는 제사로 드려라.

8 서원한 것을 갚으려고 하거나, 주에게 화목제사를 드리려고 하여, 번제물이나 희생제물로 수송아지를 준비할 때에는, 9 고운 가루 십분의 삼 에바에 기름 반 힌을 반죽한 곡식제물을 그 수송아지와 함께 가져 와야 하고, 10 부어 드리는 제물로는 포도주 반 힌을 가져 오면 된다. 이것이 불살라 바치는 제사, 곧 제물 타는 향기로 주를 기쁘게 하는 제사가 될 것이다.

11 수소 한 마리나, 숫양 한 마리나, 양 떼나 염소 떼 가운데서 작은 짐승 한 마리나, 이렇게 한 마리씩만 바칠 때에는, 위에 말한 것과 같이 해야 한다. 12 그러나 너희가 준비하는 것이 한 마리가 넘을 때에는, 그 수효에 따라서 함께 바치는 제물의 수도 많아질 것이다. 13 누구든지 본토에서 난 사람들이, 주를 기쁘게 하는 향기로 불살라 바치는 제물을 가져 올 때에는, 위에서 말한 대로 해야 한다.

14 너희 가운데 몸붙여 사는 외국인이나 대대로 너희 가운데 섞여 사는 사람들은, 주를 기쁘게 하는 향기로 불살라 바치는 제물을 바칠 때에는, 너희가 하는 것과 꼭같이 그렇게 하여야 한다. 15 회중에게는, 너희에게나 너희 가운데 살고 있는 외국인에게나, 같은 율례가 적용된다. 이것은 오고오는 세대에 언제나 지켜야 할 율례이다. 외국인들도 주 앞에서는 너희와 같을 것이다. 16 같은 법과 같은 규례가 너희에게와 너희 가운데 살고 있는 외국인들에게 함께 적용될 것이다."

17 주님께서 모세에게 말씀하셨다. 18 "너는 이스라엘 자손에게 말하여라. 그들에게 이렇게 일러라.

내가 너희를 데리고 갈 그 땅에 너희가 들어가면, 19 너희는 그 땅에서 난 양식을 먹게 될 터인데, 그 때에 너희는 나 주에게 헌납물을 바쳐야 한다. 20 너희가 처음 거두어들인 곡식으로 만든 과자를 헌납물로 바쳐라. 그것을 타작 마당에서 타작한 헌납물로 바쳐라. 21 너희가 처음 거두

14:20-35 여기서 나타난 하나님의 응답은 18절과 대조적인 하나님의 성품을 보여준다. 이스라엘을 은혜로 용서하시는 하나님(20절)과 새로운 세대를 약속의 땅 가나안으로 인도하시겠다는 약속이 전자이며, 후자는 반항하는 1세대의 악행에 대한 결과로 그들이 40년 동안 광야를 전전하다가 죽어가게 된다는 심판의 내용이다. **14:24** 다시 정탐꾼 중에서 갈렙만이 유일한 믿음을 지켰다는 언급이 나오고, 오직 갈렙만이 가나안으로 들어가게 될 것이라는 초기 전통의 잔영이다. 여호수아에 대한 기록은 2차적으로 후대 편집과정에서 추가되었을 것(30, 38절)으로 보기도 한다. 13:16, 30에 관한 주석을 보라. **14:29** 출애굽 1세대 이스라엘에 대한 *인구조사는* 1장에서 이루어진 것이다. **14:30** 갈렙과 여호수아에 대해서는 14:24에 관한 주석을 보라.

14:36-45 하나님께서 분노에 찬 반응을 보이자 잘못 인도된 이스라엘 백성이 즉각 마음을 바꾸어 가나안 정복을 시도하려고 한다. 그러나 하나님이 함께 하지 않으심으로 그들은 전투에서 완전히 패배당하게 된다. **14:44** *증거궤* (언약궤). 4:5와 10:35-36에 관한 주석을 보라. 증거궤의 부재는 하나님께서 이스라엘과 함께 하지 않으셨다는 증거이며, 가나안 원주민과의 전투에서 패배는 그 증거가 된다 (삼상 4—5장을

어들인 곡식에서 떼어 낸 헌납물을 너희 대대로 나
주에게 바쳐라.
22 너희가 실수하여, 나 주가 모세에게 말한
이 모든 명령을 실천하지 못하였을 때에, 23 곧
나 주가 모세를 시켜 너희에게 명한 모든 것을 나
주가 명한 그 날 이후부터, 너희 대대로 실천하지
못하였을 때에, 24 그것이 회중이 모르는 가운데
실수로 저지른 것이면, 온 회중은 수송아지 한
마리를 번제물, 곧 주를 기쁘게 하는 향기로 불살
라서 바치고, 거기에 딸린 곡식제물과 부어 드리는
제물도 규례대로 바쳐야 한다. 또 숫염소 한 마리를
속죄제물로 바쳐야 한다. 25 이렇게 제사장이
이스라엘 자손 온 회중의 죄를 속하여 주면, 그들은
속죄를 받게 된다. 그것은 실수로 저지른 것이기
때문이다. 그들은 자신들의 실수로 잘못을 저질
렀으니, 나 주에게 불살라 바치는 제물과 속죄제
물을 주 앞에 가져 와야 한다. 26 모든 백성이
실수로 잘못을 저지른 것이기 때문에, 이스라엘
자손 온 회중과 그들과 함께 살고 있는 외국인들이
함께 용서받게 될 것이다.
27 만일 한 개인이 실수로 잘못을 저질렀다
면, 그는 일 년 된 암염소 한 마리를 속죄제물로 가
져 와야 한다. 28 그러면 제사장은 주 앞에서 실
수로 죄를 지은 그 사람의 죄를 속해 주어야 한다.
제사장이 그의 죄를 속해 주면, 그는 속죄를 받게
될 것이다. 29 실수하여 죄를 지은 사람에게는,
그가 본토 출신 이스라엘 자손이든 그들 가운데서
살고 있는 외국인이든, 같은 법이 적용된다.
30 그러나 본토 사람이든 외국인이든, 일부러
죄를 지은 사람은 주를 모독한 것이므로, 그런 사
람은 그의 백성 가운데서 쫓아내야 한다. 31 나
주의 말을 경멸하고 그의 명령을 어겼으므로, 그런
사람은 반드시 쫓아내야 한다. 자기의 죄는 자기가
짊어져야 한다."

안식일에 일을 한 사람

32 이스라엘 자손이 광야에 있을 때였다. 한
사람이 안식일에 나무를 하다 들켰다. 33 나무
하는 이를 본 사람들은, 그를 모세와 아론과
온 회중에게로 데리고 갔다. 34 그에게 어떻게
하여야 한다는 명확한 설명이 없었기 때문에, 그
들은 그를 그냥 가두어 두었다. 35 그 때에 주님
께서 모세에게 말씀하셨다. "그 사람은 반드시 죽
여야 한다. 온 회중은 진 밖에서 그를 돌로 쳐야
한다." 36 그래서 온 회중은, 주님께서 모세에게
명하신 대로, 그를 진 밖으로 끌어내어, 돌로 쳐
죽였다.

옷자락에 다는 술

37 주님께서 모세에게 말씀하셨다. 38 "너
는 이스라엘 자손에게 말하여라. 그들에게 일러라.

너희는 대대손손 옷자락 끝에 술을 만들어야
하고, 그 옷자락 술에는 청색 끈을 달아야 한다.
39 너희는 이 술을 볼 수 있게 달도록 하여라.
그래야만 너희는 주의 모든 명령을 기억하고,
그것들을 실천할 것이다. 그래야만 너희는, 마음 내
키는 대로 따라가거나 너희 눈에 좋은 대로 따라
가지 아니할 것이고, 스스로 색욕에 빠지는 일이
없을 것이다. 40 그리고 너희가 나의 모든 명령
을 기억하고 실천할 것이며, 너희의 하나님 앞에
거룩하게 될 것이다. 41 나는 주 너희의 하나님
이다. 너희의 하나님이 되려고, 너희를 이집트
땅에서 이끌어 내었다. 내가 주 너희의 하나님
이다."

보라). **14:45** 호르마는 유대 사막 지방에 있는 브엘세바 동남 지역이다.

15:1-41 14장에서 파멸을 초래한 반항의 뒤를 이어 희생제사 규례가 기록되어 있는 것은 새로운 이스라엘의 세대가 가나안 땅에서 살게 될 것이라는 것을 암시하는 것이다. 2절 *이제 너희는 내가 너희에게 줄 땅, 곧 너희가 살 곳으로 들어갈 것이다* 라는 약속의 갱신은 번제나 희생제를 하나님께 드릴 때 곡식제물과 포도주를 추가하라는 내용으로 연결된다 (1-21절). 그 다음으로 계획적으로 행하지 않는 범죄행위에 대한 용서의 절차와 일부러 죄를 지은 사람은 주를 모독한 것이므로 백성 가운데서 쫓아내야 한다는 규정이 명백하게 대칭되어 보인다 (22-31절). 안식일에 나무를 하는 경우가 하나님의 계명에 대한 의도적인 불순종의 사례로 제시되어 엄중하게 다루어진다 (32-36절). 마침내 옷자락의 끝에 술과 청색 끈을 달아 하나님의 계명을 항상 기억하고 지킬 것을 명하신다 (37-41절). 여기 기록된 규례는 14장 이전에 이미 기록된 것이지만 이전세대의 의도적인 불순종에 대한 명백한 심판과 가나안에서의 새 삶을 준비해야 할 새로운 세대에게 하나님의 계획에 순종하며 나아갈 것을 분명하게 보여준다.

15:1-21 여기 제시된 구체적인 제사규례들은 가

고라와 다단과 아비람의 반역

16 1 이스할의 아들 고라가 반기를 들었다.
그는 고핫의 손자이며 레위의 증손이다.
엘리압의 아들인 다단과 아비람, 그리고 르우벤의
손자이며 벨렛의 아들인 온도 고라와 합세하였다.
2 그들이 모세를 거역하여 일어서니, 이스라엘
자손 가운데서 이백오십 명의 남자들이 합세하였
는데, 그들은 회중의 대표들로 총회에서 뽑힌 이
들이었으며, 잘 알려진 사람들이었다. 3 그들이
모세와 아론에게 대항하여 모여서 항의하였다.
"당신들은 분에 넘치는 일을 하고 있소. 온 회중
각자가 다 거룩하고, 그들 가운데 주님께서 계시
는데, 어찌하여 당신들은 주님의 회중 위에 군림
하려 하오?"
4 모세가 이 말을 듣고 땅에 엎드려 기도하
고 나서, 5 고라와 고라가 데리고 있는 모든 사
람에게 이렇게 말하였다. "내일 아침에 주님께서
는, 누가 하나님께 속한 사람이며, 누가 거룩하
며, 누가 그에게 가까이 나아갈 수 있는지를 알려
주실 것이오. 주님께서는 친히 택하신 그 사람만
을 주님께 가까이 나오게 하실 것이오. 6 이렇게
하시오. 당신들, 고라와 고라가 데리고 있는 모든
사람들은 향로를 가지고 나오시오. 7 내일 주님
앞에서 그 향로에 불을 담고, 거기다가 향을 피우
도록 하시오. 그 때에 주님께서 한 사람을 택하실
것이오. 그가 바로 거룩한 사람이오. 레위의 자손
이라고 하는 당신들이야말로 분에 넘치는 일을
하고 있소."
8 모세가 고라에게 말하였다. "당신들 레위
의 자손은 들으시오. 9 이스라엘의 하나님이 당
신들을 이스라엘 회중 가운데서 구별하셔서, 주
님께로 가까이 나오게 하셨소. 그리고 주님의 성
막 일을 하게 하셨소. 그뿐만 아니라, 당신들을 회
중 앞에 세워, 그들을 돌보게 하셨소. 그런데 이
것이 당신들에게 부족하단 말이오? 10 주님께
서는 당신의 모든 동료 레위의 자손을 당신과 함
께 주님께로 가까이 불러 내셨소. 그런데 이제 당
신들은 제사장직까지도 요구하고 있소. 11 그러
므로 당신과 당신의 사람들이 결속한 것은, 주님
을 거역하는 것이오. 아론이 어떤 사람인데, 감히
그를 거역하여 불평을 한단 말이오?"
12 모세는 또 사람을 시켜, 엘리압의 아들
다단과 아비람을 불렀다. 그러나 그들은 이렇게
말하였다. "우리는 가지 않겠소! 13 우리를 젖과
꿀이 흐르는 땅에서 이끌어 내어, 이 광야에서
죽이는 것으로도 부족하단 말이오? 이제 당신은
우리 위에 군주처럼 군림하기까지 할 셈이오?
14 더욱이 당신은 우리를, 젖과 꿀이 흐르는 땅
으로 인도하지도 못했소. 밭과 포도원도 우리에게
유산으로 주지 못하였소. 당신은 이 사람들의 눈을
ㄱ)뺄 작정이오? 우리는 못 가오."
15 모세는 몹시 화가 나서 주님께 아뢰었다.
"저 사람들이 바치는 제물은 바라보지도 마십시오.
저는 저 사람들에게서 나귀 한 마리도 빼앗은 일
이 없습니다. 저들 가운데 어느 한 사람에게도 잘
못한 일이 없습니다."

ㄱ) 히, '꿰뚫을'

나안 땅 정착을 전제로 제시된 것 같다. 레 1장과 3장의 희생제물에 대한 규례에 일부 추가된 부분이 등장하는 이유가 그 때문이다. **15:4** 일 에바. 1에바는 18리터 정도로 1힌은 1리터와 4리터 사이 정도의 단위로 추정한다. **15:17-21** 그 땅에서 난 양식으로 만든 과자는 NRSV에서 반죽(dough)으로 번역했다 (개역개정은 "가루 떡;" 공동번역은 "떡반죽"). 이것은 첫 번째 추수하는 과일과 곡식에 대한 레 23:9-14의 규례에 추가된 것이다.

15:22-31 이것은 레 4—5장의 의도적으로 행하지 않은 죄와 그에 따른 행동에 대한 기록이 반복된 것이며, 일부 추가된 내용을 반영하고 있다. 14장에서 보여준 이전세대의 반항은 하나님의 명령과 계명에 대한 의도적인 불순종의 경우인 것을 분명하게 보여준다. **15:30** 백성 가운데서 쫓아내야 한다는 심판은 사형 혹은 공동체에서 쫓겨나 완전히 단절되는 것을 의미한다.

15:32-36 *안식일에 나무를 하다 들킨* 경우에 대한 사법처리의 구체적인 사례를 보여주는 것은 하나님의 계명에 대한 의도적인 불순종의 경우, 그에 상응하는 처벌을 받아야 하는 것을 보여주는 것이다. 이 경우에 적용된 하나님의 명령은 안식일에 불을 피울 수 없다는 규정(출 35:2-3)인 것 같다. **15:32** 나무를 모으는 행동은 안식일에 불을 피우지 못하는 계명에 대한 의도적인 위법 행위로 판단되고, 불을 피운 것과 상응하는 처벌을 받게 되는 것으로 보인다.

15:37-41 옷자락 끝에 술을 만들어 *청색 끈*을 붙이는 것은 예배하는 사람들의 마음속에 하나님의 계명을 분명하게 기억하도록 하는 것이다. 이 규례는 고대 이스라엘과 현대 유대전통에 유대인 남성이 아침 기도할 때 걸치는 쇼올(tallit)을 걸치는 것으로 이어졌을 것이다.

16:1-50 구세대의 반역행위가 처음으로 레위 지파와 다른 지도자에게 확산되었다. 고라, 다단, 아비람은 제사장 지파인 다른 레위 사람들과 250여명의 지도자를 규합하여 모세와 아론의 절대적인 지도력에 대해 도전했다 (1-19절). 하나님은 모든 백성을 없애 버리겠다고 말씀하셨지만, 모세와 아론은 고라의 가족과 250여

16 모세가 고라에게 말하였다. "당신과 당신
의 모든 사람은 내일 주님 앞에 나오시오. 당신과
그들과 아론이 함께 설 것이오. 17 각자 자기의
향로를 들고, 그 안에 향을 담아가지고, 주님 앞으
로 나와야 하오. 각자가 향로를 가지고 오면, 향로
는 모두 이백오십 개가 될 것이오. 당신과 아론도
각자 향로를 가져 와야 하오." 18 그래서 각자
자기의 향로를 가지고 와서, 거기에 불을 피우고,
그 안에 향을 넣어서, 회막 어귀에 섰다. 모세와
아론도 함께 있었다. 19 고라는 온 회중을 모두
회막 어귀에 모아 두 사람과 대결하게 하였다.

갑자기 주님의 영광이 온 회중에게 나타났다.
20 주님께서 모세와 아론에게 다음과 같이 말씀
하셨다. 21 "너희는 이 회중에게서 따로 떨어
져라. 내가 그들을 순식간에 없애 버리겠다."
22 그러나 모세와 아론이 땅에 엎드려 부르짖었
다. "하나님, 모든 육체에 숨을 불어넣어 주시는
하나님, 죄는 한 사람이 지었는데, 어찌 온 회중
에게 진노하십니까?"

23 주님께서 모세에게 말씀하셨다. 24 "너
는 회중에게 고라와 다단과 아비람의 거처 가까이
에서 떠나라고 하여라."

25 모세가 일어나 다단과 아비람에게로 가
니, 이스라엘 장로들도 그를 따랐다. 26 그는 회
중에게 경고하였다. "당신들은 이 악한 사람들의
장막에서 물러서시오! 그들에게 딸린 어느 것 하나
도 건드리지 마시오. 건드렸다가는, 그들의 죄에
휘말려 함께 망할 것이오." 27 그러자 회중은 고라
와 다단과 아비람의 거처 주변에서 물러섰다.

다단과 아비람은 밖으로 나와서, 그들의 장막
어귀에 섰다. 그들의 아내와 아이들과 어린 것들도
함께 섰다. 28 그 때에 모세가 말하였다. "당신
들은 이제 곧 이 모든 일이 내 뜻대로 된 것이 아
니라, 이 모든 일을 하도록 주님께서 나를 보내셔서
된 일임을 알게 될 것이오. 29 이 사람들이 보통
사람이 죽는 것과 같이 죽는다면, 곧 모든 사람이
겪는 것과 같은 죽음으로 죽는다면, 주님께서
나를 보내신 것이 아니오. 30 그러나 주님께서,
당신들이 듣도 보도 못한 일을 일으켜서, 땅이 그
입을 벌려, 그들과 그들에게 딸린 모든 것을 삼켜,
그들이 산 채로 스올로 내려가게 되면, 그 때에 당
신들은 이 사람들이 주님을 업신여겨서 벌을 받았
다는 것을 알게 될 것이오."

31 그가 이 모든 말을 마치자마자, 그들이 딛
고 선 땅바닥이 갈라지고, 32 땅이 그 입을 벌
려, 그들과 그들의 집안과 고라를 따르던 모든 사
람과 그들의 모든 소유를 삼켜 버렸다. 33 그리
고 그들과 합세한 모든 사람도 산 채로 스올로 내
려갔고, 땅은 그들을 덮어 버렸다. 그들은 이렇게
회중 가운데서 사라졌다. 34 그들의 아우성 소
리에, 주변에 있던 모든 이스라엘 사람들은 "땅이
우리마저 삼키려 하는구나!" 하고 소리치며 달아
났다.

35 주님께로부터 불이 나와, 향을 바치던 이
백오십 명을 살라 버렸다.

향로

36 주님께서 모세에게 말씀하셨다. 37 "너
는 제사장 아론의 아들 엘르아살에게 일러서, 불
탄 자리에서 향로들을 모으게 하고, 타다 남은 불
은 다른 곳에 쏟게 하여라. 이 향로들은 아무나 만
져서는 안 된다. 38 그 향로를 가지고 있던 사람들
은 죄를 짓고 목숨을 잃었지만, 그 향로는 그들이

명의 지도자에 대한 심판만을 호소했다 (20-35절). 심판받은 레위 사람들이 사용했던 놋향로는 성막 안의 제단위를 씌우는 재료로 사용되어 후에 사람들이 기억하게 하며, 성막에서 향료를 드리는 역할은 대제사장직을 수행하는 아론의 자손에게 제한되었음을 보여준다 (36-40절). 또한 하나님의 진노로 죽은 사람들에 대한 모세와 아론의 책임을 묻는 회중에게 하나님은 염병을 보내어 심판하셨다. 아론이 속죄제를 드림으로 재앙은 그쳤지만 이미 14,700명이 사망했다 (41-50절).

특별 주석

모세와 아론에 대한 지도력과 권위에 대한 갈등은 제사장의 역할을 수행하는 사람에 대한 합법성과 권위의 문제가 고대 이스라엘 사회에 있었다는 것을 보여준다. 목회사역으로 부르심을 받은 사람들 중에 누가 안수를 받을 수 있느냐 하는 논쟁은 현대 교회에서도 지속되고 있다.

16:1-19 하나님에 대한 불만이 진의 바깥에서 일어났고 (11:1), 대제사장 아론과 그 아들들(3:1-10)을 돕는 제사장 지파 레위 사람들, 즉 성막의 중심부로까지 확산되었다. 모세는 본인들도 성막 제단에서 향료를 드리는 대제사장의 역할을 감당할 수 있다고 주장하는 레위 지파 사람들과 250명의 지도자들을 하나님 앞으로 불러 모았다. **16:1** 레위 지파 고라의 족보는 출 6:16-21에 나온다. 고라는 성막 성가대의 일원으로 여러 시편에 그의 이름이 등장한다 (시 42편; 44—49편; 84—85편; 87—88편; 대상 6:16-38 참조). 평신도

주 앞에 드렸던 것으로, 이미 거룩하게 된 것인 만
큼, 향로를 망치로 두들겨 펴서 제단에 씌우도록
하여라. 이스라엘 자손에게 이것이 경고가 될 것
이다."
39 제사장 엘르아살이, 불에 타 죽은 사람들
이 주님께 드렸던 그 놋향로들을 거두어다가, 망치
로 두들겨 펴서 제단 위에 씌웠다. 40 엘르아살
은, 주님께서 모세를 시켜 말씀하신 대로 다 하였
다. 그가 이렇게 한 것은, 아론 자손이 아닌 다른 사
람들은, 어느 누구도 절대로 주 앞에 가까이 가서
분향할 수 없다는 것과, 누구든지 그렇게 하였다가
는 고라와 그와 합세하였던 사람들처럼 된다는 것
을, 이스라엘 자손에게 상기시키려 한 것이다.

아론이 백성을 구하다

41 이튿날, 이스라엘 자손의 온 회중이 모세
와 아론에게 항거하면서 말하였다. "당신들이 주님
의 백성을 죽였소." 42 온 회중이 모세와 아론을
규탄할 때에, 모세와 아론이 회막 쪽을 바라보니,
회막에 갑자기 구름이 덮이고, 주님의 영광이
거기에 나타났다. 43 모세와 아론이 회막 앞
으로 가니, 44 주님께서 모세에게 말씀하셨다.
45 "너희 두 사람은 이 회중에게서 떠나라. 그들을
내가 순식간에 없애 버리겠다." 이 말을 듣고, 두
사람이 땅에 엎드렸다. 46 모세가 아론에게 말
하였다. "형님께서는, 향로에 제단 불을 담고, 그
위에 향을 피워, 빨리 회중에게로 가서, 그들을 위
하여 속죄의 예식을 베푸십시오. 주님께서 진노
하셔서, 재앙이 시작되었습니다." 47 아론이
모세의 말을 듣고, 향로를 가지고 회중에게로
달려갔다. 백성 사이에는 이미 염병이 번지고 있
었다. 아론이 백성에게 속죄의 예식을 베풀었다.
48 아론이 살아 있는 사람과 죽은 사람 사이에
서니, 재앙이 그쳤다. 49 이 염병으로 죽은 사람이
만 사천칠백 명이나 되었다. 이것은 고라의 일로
죽은 사람 수는 뺀 것이다. 50 재앙이 그치자,
아론은 회막 어귀에 있는 모세에게로 돌아왔다.

아론의 지팡이

17 1 주님께서 모세에게 말씀하셨다. 2 "너
는 이스라엘 자손에게 말하여 그들에게
서 지팡이를 모아라. 각 종족별로 지팡이 하나씩,
곧 각 종족마다 한 지도자에게서 하나씩, 지팡이
가 열두 개이다. 너는 각자의 이름을 그 지팡이 위
에 써라. 3 레위의 지팡이 위에는 아론의 이름을
써라. 각 종족별로 우두머리마다 지팡이가 하나씩
있어야 하기 때문이다. 4 너는 그것들을 회막
안, 내가 너희에게 나 자신을 알리는 곳인 그 ㄱ)증
거궤 앞에 두어라. 5 내가 택하는 바로 그 한 사
람의 지팡이에서는 움이 돋아날 것이다. 너희를
거역하여 불평하는 이스라엘 자손의 불만을 내가
없애고야 말겠다."
6 모세가 이스라엘 자손에게 말하니, 각 지
도자마다 지팡이 하나씩을 그에게 주었다. 각 종
족마다 한 지도자에 지팡이가 하나씩이므로, 지
팡이는 열두 개였다. 아론의 지팡이도 그 지팡이
들 가운데에 있었다. 7 모세는 그 지팡이들을 증
거의 장막 안, 주님 앞에 놓았다.
8 이튿날이 되어, 모세가 증거의 장막 안으
로 들어갔다. 레위 집안 아론의 지팡이에는 움이

ㄱ) 또는 '법궤'

지도자였던 *다단, 아비람,* 온은 제사장 지파 레위 사람이 아니라 르우벤 지파에 소속된 사람들이다. **16:6** *향로.* 이 향로는 놋대접 모양으로 생겨 안에 숯불로 향료를 태워 제사 중에 그 향기를 하나님께 드리는 데 사용되었다. **16:9** 레위 지파에게 맡겨진 책무는 대제사장 아론과 그 아들들이 제단에서 제사를 드릴 때 성막을 지키고, 그 성물을 옮기는 것 등의 역할이다. *성막*은 이스라엘 진영 한가운데서 하나님의 임재하심을 상징적으로 보여주는 곳이다 (3:1-17). **16:13** 반역에 참여한 이들은 비참한 노예생활을 하던 이집트를 가리켜 젖과 꿀이 흐르는 땅이었다고 주장한다. 이 표현은 약속의 땅 가나안에 한정되어 사용되고 있었다 (13:27).

16:20-35 하나님은 이스라엘 온 회중을 심판하려 하셨으나 모세와 아론은 반역에 직접 참여한 사람들만 심판할 것을 호소하였고, 하나님은 고라와 그를 따르던 사람들을 땅이 갈라져 삼키게 하고, 하늘의 불이 나와 나머지 250명을 살라버렸다. **16:30, 33** *스올.* 고대 이스라엘 사람들이 믿던 어둡고 음산한 지하공간으로 모든 죽은 이들이 가는 목적지이다. "죽음, 미래의 삶, 스올"에 대해서는 1011쪽 시편 90편에 관한 추가 설명: "죽음과 미래의 삶과 스올"을 참조하라.

16:36-40 반역에 참가했던 레위 사람들이 사용하던 놋대접 모양의 향로를 녹여 제단 위를 씌우도록 한 것은 아론과 제사장들만이 제단으로 나아와 향료를 태워 하나님께 드릴 수 있다는 사실을 다른 이들로 하여금 기억하도록 하기 위한 것이다. **16:37-39** *향로.* 이것에 대해서는 16:6에 관한 주석을 보라. **16:42** *회막.* 이것에 대해서는 1:1에 관한 주석을 보라. **16:45** 하나님은 모든 이스라엘 백성을 없애 버리겠다고 두 번째로 말씀하셨다 (21절을 보라). 그러나 모세와 아론은 이

돋았을 뿐 아니라, 싹이 나고, 꽃이 피고, 감복숭
아 열매까지 맺은 것이 아닌가! 9 모세는 모든
지팡이를, 주 앞에서 이스라엘 자손 모두에게로 가
지고 나왔다. 그들은 그것들을 보았다. 저마다 자
신의 지팡이를 집어들었다.

10 주님께서 모세에게 말씀하셨다. "아론의
지팡이는 증거궤 앞으로 도로 가져다 놓아, 반역
하는 사람들에게 표적이 되도록 잘 간직하여라.
너는 다시는 그들이 나를 거역하여 원망하지 못하게
하여라. 그래야만 그들이 죽지 아니할 것이다."
11 모세는 주님께서 명하신 대로 하였다.

12 이스라엘 자손이 모세에게 다음과 같이 말
하였다. "우리는 죽게 되었습니다. 망하게 되었습
니다. 다 망하게 되었습니다. 13 가까이 가는 사
람, 곧 주님의 성막에 가까이 가는 사람은 모두 죽
을 터이니, 우리가 이렇게 망하는 것으로 끝장이 나
야 합니까?"

제사장과 레위 사람의 의무

18 1 주님께서 아론에게 말씀하셨다. "성소
를 범한 죄에 대해서는, 너와 너의 아들
들과 너와 함께 있는 네 아버지 집 식구들이 책임을
진다. 그리고 제사장 직분을 범한 죄에 대해서는,
너와 너에게 딸린 아들들만이 책임을 진다. 2 너
는 레위 지파, 곧 네 아버지의 지파에 속한 친족들
을 데려다가, 네 가까이에 있게 하여, 너와 너에
게 딸린 아들들이 ㄱ)증거의 장막 앞에서 봉사할 때
에, 그들이 너를 돕게 하여라. 3 그들은 네가 시
키는 일만 해야 하며, 장막 일과 관련된 모든 일
을 맡아서 해야 한다. 그러나 그들은 성소의 여러 기
구나 제단에 가까이하여서는 안 된다. 그렇게 하
였다가는, 그들뿐만 아니라 너희마저 죽게 될 것
이다. 4 그들만이 너와 함께 할 것이고, 회막에서
시키는 일을 할 것이며, 장막에서 하는 모든 의식
을 도울 것이다. 다른 사람은 너희에게 접근할 수
없다. 5 성소 안에서 하는 일, 제단에서 하는 일
은 너희만이 할 수 있다. 그래야만 이스라엘 자손
에게, 다시는 진노가 내리지 아니할 것이다.

6 나는 이스라엘 자손 가운데서 너희의 친족
인 레위 사람을 너희에게 줄 선물로 선택하였다.
그들은 회막 일을 하도록 나 주에게 바쳐진 사람
들이다. 7 그러나 제단과 관련된 일이나 휘장 안
에서 일을 하는 제사장 직무는, 너와 너에게 딸린
아들들만이 할 수 있다. 너희의 제사장 직무는,
내가 너희만 봉사하라고 준 선물이다. 다른 사람
이 성소에 접근하면, 죽임을 당할 것이다."

제사장의 몫

8 주님께서 아론에게 말씀하셨다. "내가 제물
로 받은 것, 이스라엘 자손이 거룩히 구별하여 나
에게 바치는 것은, 모두 너에게 준다. 나는 그것들
을, 너와 너의 아들들의 몫으로, 언제나 지켜야 할
규례로 준다.

9 다음은 아주 거룩한 것으로서, 너의 것이
될 것이다. 그들이 바친 모든 제물, 곧 그들이 나
의 것이라고 하여 나에게 바친 모든 곡식제물과,
그들이 바친 온갖 속죄제물과, 그들이 바친 온갖
속건제물 가운데서, 불태워서 바치고 남은 것은 아
주 거룩한 것으로서, 너와 너의 자손이 받을 몫이
다. 10 너는 그것을 아주 거룩한 곳에서만 먹도
록 하여라. 그것은 남자들만 먹는다. 그것은 너에게
아주 거룩한 것이다.

11 다음은 너의 것이다. 즉 이스라엘 자손의
제물 가운데서, 들어 올려 바친 것과 그들이 흔들어
바친 것은 모두 너의 것이다. 그것들을 내가 너에게
딸린 아들딸들에게 영원한 분깃으로 주었으니,
너의 집에 있는 정결한 사람은 모두 그것을 먹을
수 있다. 12 가장 좋은 기름과 가장 좋은 포도주와
곡식과 그들이 나 주에게 바치는 첫 과일 모두를,

ㄱ) 또는 '법의'

스라엘을 위한 중보자가 되어 처벌의 범위를 제한하도록 호소했다 (또한 46-49절; 14:10-35를 보라).

17:1-12 아론의 지팡이에 움이 돋아나는 기적은 레위 지파와 아론이 이스라엘 백성 중에서 선택되어 제사장으로 안수받았음을 다시 한 번 분명하게 보여주는 상징이다. 이 지팡이는 증거궤 앞에 보관되어 사람들이 16장에 있었던 반역 사건을 기억하게 했다. **17:7** *증거의 장막.* 이것은 회막의 또 다른 표현이다 (1:1에 관한 주석을 보라). **17:8** *증거의 장막 안으로.* 언약 안에서로 간단하게 줄여 번역할 수 있다 (4:5에 관한 주석을 보라). **17:13** 성막에 대하여는 1:50에 관한 주석을 보라.

18:1-32 하나님은 모세와 아론에게 제사장들과 레위 지파의 직무와 책임에 대하여 설명하신다. 먼저 레위 지파의 역할을 확인하지만 성막 안 제단을 중심으로 행해지는 제사장들의 사역과 아론과 그 아들들의 사역을 돕는 제한적인 역할을 분명하게 한다 (1-7절). 첫 열매와 다른 희생제물이 아론과 제사장들에게 주어진다는 사실이 기

내가 너에게 준다. 13 그들의 땅에서 난 처음 익은
열매 가운데서, 그들이 나 주에게 가져 오는 것은
모두 너의 것이다. 너희 집에 있는 정결한 사람은
모두 그것을 먹을 수 있다. 14 이스라엘 안에서
나의 몫으로 바쳐진 것은 다 너의 것이다. 15 그
들이 나 주에게 바치면, 사람이거나 짐승이거나,
어떤 것이든지 살아 있는 것들의 태를 처음 열고
나온 것은, 모두 너의 것이다. 그러나 사람의 맏
이는 네가 속전을 받고 반드시 되돌려 주어야 한다.
부정한 짐승의 맏배도 속전을 받고 되돌려 주어야
한다. 16 나에게 바친 것이 속전을 받고 되돌려
줄 것이면, 난 지 한 달 만에 되돌려 주어야 한다.
속전은 한 세겔 당 스무 게라 나가는 성소의 세겔
에 따라서 네가 은 다섯 세겔로 정해 주어라.
17 그러나 암소의 맏배나, 양의 맏배나, 염소의
맏배는 속전을 받고 되돌려 주지 못한다. 그것들
은 거룩한 것이다. 너는, 그것들의 피는 제단 위에
뿌리고, 그것들의 기름기는 불태워 바치는 제물로
불살라서, 나 주를 기쁘게 하는 향기로 나 주에게
바쳐라. 18 그러나 흔들어 바친 가슴 고기와
오른쪽 넓적다리가 너의 것인 것처럼, 그것들의
고기도 너의 것이다. 19 이스라엘 자손이 들어
올려 나 주에게 바친 거룩한 제물은, 내가 너와 너
에게 딸린 아들딸들에게 영원한 분깃으로 모두
준다. 이것은 너와 너의 자손을 위하여 주 앞에서
대대로 지켜야 하는 소금 언약이다."
20 주님께서 아론에게 말씀하셨다. "너는 그들
의 땅에서는 아무런 유산도 없다. 그들과 더불어 함
께 나눌 몫이 너에게는 없다. 이스라엘 자손 가운데
서 네가 받은 몫, 네가 차지할 유산은 바로 나다."

레위 사람의 몫

21 "나는 레위 자손에게는 이스라엘 안에서
바치는 열의 하나를 모두 그들이 받을 유산으로
준다. 이것은 그들이 회막 일을 거드는 것에 대한
보수이다. 22 이제부터 이스라엘 자손은 회막에
접근하여서는 안 된다. 그렇게 하다가는 그 죄값을
지고 죽을 것이다. 23 회막 일은 레위 사람들이
한다. 이것을 어긴 죄값은 레위 사람이 진다. 이
것은 오고오는 세대에 언제나 지켜야 할 율례이다.
그들은 이스라엘 자손 사이에서 아무런 유산이
없다. 24 그 대신에 나는 그들에게, 이스라엘 자
손이 나에게 들어 올려 바치는 제물, 곧 열의 하
나를 그들의 유산으로 준다. 그러므로 나는, 그들은
이스라엘 자손 사이에서 아무런 유산도 없다고 그
들에게 말하였다."

레위 사람의 십일조

25 주님께서 모세에게 다음과 같이 말씀하
셨다. 26 "레위 사람에게 말하여라. 너는 그들에
게 일러라.

너희가 이스라엘 자손에게서, 내가 너희에게
유산으로 주는 열의 하나를 받을 때에, 너희는 열의
하나 받은 것에서 열째 몫을, 나 주에게 들어 올려
바치는 제물로 드려라. 27 나는 너희가 바치는
그 제물을, 너희가 타작 마당에서 떼어 낸 곡식처럼,
포도 짜는 틀에서 떠낸 포도주처럼 여길 것이다.
28 이렇게 너희는 이스라엘 자손에게서 받는 모든
것에서 열의 하나를 떼어, 나 주에게 들어 올려 바
치는 제물로 드리고, 나 주에게 드린 그 제물은 제
사장 아론의 몫으로 돌려라. 29 너희는 주의 몫
으로는 너희가 받는 모든 것 가운데서 가장 좋고
가장 거룩한 부분을, 들어 올려 바치는 제물로 모두
바쳐야 한다.
30 너는 또 그들에게 말하여라.
너희가 가장 좋은 부분을 들어 올려 바칠 때
에, 나는 그것을 레위 사람이 타작 마당이나 포도

록되었다 (8-20절). 백성이 성막에 가져와 바친 십일조는 레위 지파에 속한 것이며, 그들 역시 자신들이 받은 것의 십분의 일을 아론과 아들들에게 주었다 (21-32절).

18:1-7 고라와 레위 사람들의 반역이 기록된 16장에 비추어 보아, 하나님께서는 레위 지파가 대제사장 아론(3:5-10)을 돕는 중요한 역할을 하는 사람들이지만, 대제사장 밑에서 대제사장을 돕는 위치에 있다는 사실을 명확하게 하셨다. **18:2** *증거의 장막.* 회막의 또 다른 표현이다 (4절; 1:1에 관한 주석을 보라). **18:7** *휘장 안.* 이 공간은 (지)성소(the Holy of Holies), 성막의 가장 안쪽 증거궤가 있는 곳이다.

18:8-20 아론과 그의 아들들은 가나안에 정착한 이후에 어떤 땅도 유산으로 받지 못하게 되어 있기 때문에 그들은 성막에 제사 드리러 오는 이들의 제물로 생활을 꾸려 나가게 될 것이다. **18:9-13** 다양한 종류의 제물에 대한 기록이다. 레위기 2장, 4—7장, 23:9-14를 보라. **18:15-16** 모든 짐승이나 사람의 첫 열매는 하나님께 속한 것으로 반드시 드려져야 한다. 사람의 장자를 하나님께 드리는 대신 대속하기 위해서 레위 사람들이 드려졌으며, 다른 경우에는 대속제물을 드려야했다. 3:11-13, 40-51을 보라. 세겔과 게라는 금, 은 거래를 위한 표준계량 단위이다. **18:19** *소금 언약.*

짜는 틀에서 나온 것을 바치는 것처럼 여길 것이다. 31 그 나머지는 너희와 너희 집안 사람이 어디에서나 먹어라. 그것은 너희가 회막에서 하는 일에 대한 보수이기 때문이다. 32 가장 좋은 부분을 들어 올려 바침으로써, 너희는 이 일에 죄를 짓지 아니할 것이다. 너희는 이스라엘이 바친 거룩한 제물을 더럽히지 않도록 하여라. 그래야만 너희가 죽지 않는다."

붉은 암송아지의 재

19 1 주님께서 모세와 아론에게 말씀하셨다. 2 "다음은 나 주가 명하는 법의 율례다.

너는 이스라엘 자손에게 말하여, 흠 없는 온전한 붉은 암송아지, 곧 아직 멍에를 메어 본 일이 없는 것을, 너에게 끌고 오게 하여라. 3 너는 그것을 제사장 엘르아살에게 주어라. 그러면 그는 그것을 진 밖으로 끌고 가서, 자기가 보는 앞에서 잡게 할 것이다. 4 제사장 엘르아살은 그 피를 손가락에 찍고, 그 피를 회막 앞쪽으로 일곱 번 뿌려야 한다. 5 그 암송아지는 제사장이 보는 앞에서 불살라야 하며, 그 가죽과 고기와 피와 똥을 불살라야 한다. 6 제사장은 백향목과 우슬초와 홍색 털실을 가져 와서, 암송아지를 사르고 있는 그 불 가운데 그것들을 던져야 한다. 7 그런 다음에 제사장은 자기의 옷을 빨고, 물로 몸을 씻어야 한다. 그렇게 한 다음에야 그는 진 안으로 들어올 수 있다. 그 제사장의 부정한 상태는 저녁때까지 계속될 것이다. 8 그 암송아지를 불사른 사람도 물로 자기의 옷을 빨고, 물로 몸을 씻어야 한다. 그의 부정한 상태는 저녁때까지 계속될 것이다. 9 암송아지 재는 정결한 사람이 거두어서, 진 바깥 정결한 곳에 보관하여야 한다. 그것은, 이스라엘 자손 회중이 죄를 속하려 할 때에, 부정을 씻어내는 물에 타서 쓸 것이므로, 잘 보관하여야 한다. 10 암송아지 재를 거둔 사람도 자기의 옷을 빨아야 한다. 그의 부정한 상태는 저녁때까지 계속될 것이다.

이것은 이스라엘 자손 및 그들과 함께 사는 외국인들이 언제까지나 지켜야 할 율례이다."

주검에 닿은 경우

11 "어느 누구의 주검이든, 사람의 주검에 몸이 닿은 사람은 이레 동안 부정하다. 12 ㄱ)그는 사흘째 되는 날과 이레째 되는 날, 붉은 암송아지를 불사른 재를 탄 물로 스스로 정결하게 하여야 한다. 그러면 정하게 될 것이다. 그러나 그가 사흘째 되는 날과 이레째 되는 날에 자기의 몸을 정결하게 하지 않으면, 그냥 부정하다. 13 누구든지 주검, 곧 죽은 사람의 몸에 닿고도 스스로 정결하게 하지 않은 사람은, 주의 성막을 더럽히는 사람이다. 그 사람은 반드시 이스라엘에서 끊어져야 한다. 정결하게 하는 물을 그 몸에 뿌리지 아니하여 자신의 부정을 씻지 못하였으므로, 그의 부정이 여전히 그에게 남아 있기 때문이다.

14 다음은 장막에서 사람이 죽을 때에 지켜야 할 법이다. 그 장막 안으로 들어가는 사람이나 그 장막 안에 있는 사람은, 모두 이레 동안 부정하다. 15 어떤 그릇이든지, 그 위의 뚜껑을 열어 놓고 덮지 아니한 그릇들도 부정하게 된다. 16 들판에 있다가 칼에 맞아 죽은 사람이나, 그냥 죽은 사람이나, 그 죽은 사람의 뼈나, 아니면 그 무덤에라도 몸이 닿은 사람은, 누구나 이레 동안 부정하다. 17 그렇게 부정하게 되었을 때에는, 붉은 암송아지를 불사른 재를 그릇에 떠다가, 거기에 생수를 부어 죄를 씻는 물을 만든다. 18 그렇게 한 다음에, 정한 사람이 우슬초를 가져 와서, 그것으로 이 물을 찍어, 장막 위에와, 모든 기구 위에와, 거기에 있는 사람들 위에와, 뼈나 살해당한 자나

ㄱ) 히, '그가 사흘째 되는 날 스스로를 정결하게 하면, 이레째 되는 날 그는 정하게 될 것이다. 그러나 그가 사흘째 되는 날 스스로를 정결하게 하지 않으면, 이레째 되는 날 그는 정하게 되지 못할 것이다'

이 언약은 깨어질 수 없는 약속의 상징으로, 소금이 장기간 보존하는 기능을 가지고 있음을 보여준다. 소금은 성막에 드려지는 모든 제물과 함께 바쳐졌다 (레 2:13).

18:21-32 아론을 제외한 레위 지파는 가나안에 들어가 지정된 지역의 땅을 받게 되었지만, 경작 가능한 땅은 아니었다 (35:1-8). 따라서 그들 역시 백성이 성막으로 가지고 오는 십일조로 드려진 희생제물과 곡식에 생활을 의존해야 했다. **18:22-23** *회막과* 관련된 레위 사람들의 역할은 4:1-33을 보라.

19:1-22 이 장은 "붉은 암송아지"(1-10절)를 드리는 제사에서 재의 준비에 대한 내용을 다루고 있다. 이 재는 정결하게 하는 물과 섞어 주검을 만져 부정하게 된 사람들에게 뿌려지고, 그들은 정결함을 회복한다 (11-22절).

19:1-10 제사장은 붉은 암송아지를 잡아, 불사르는 것과 재를 모아 부정함을 씻어내는 물과 함께 사용할 준비의 전 과정을 살펴보며 관리한다. **19:3** *엘르아살.* 아론의 아들로 대제사장에게 가장 가까운 사람

죽은 자나 무덤에 몸이 닿은 사람 위에 뿌린다.
19 정한 사람이 사흘째 되는 날과 이레째 되는 날
에, 부정한 사람에게 이 잿물을 뿌려 준다. 그러
면 이레째 되는 날, 부정을 탄 그 사람은 정하게 된
다. 그는 옷을 빨고 물로 몸을 씻는다. 저녁때가
되면, 그는 정하게 된다. 20 그러나 부정을 탄
사람이, 그 부정을 씻어 내지 아니하면, 그 사람
은 총회에서 제명되어야 한다. 정결하게 하는 물
을 그의 위에 뿌리지 아니하여 그 더러움을 씻지 못
하면, 주의 성소를 더럽히는 것이기 때문이다.
21 이것은 그들이 언제까지나 지켜야 할 율
례이다. 정결하게 하는 물을 뿌린 사람도 자기의 옷
을 빨아야 한다. 정결하게 하는 물에 몸이 닿아도,
그는 저녁때까지 부정하다. 22 부정한 사람이
닿은 것은 무엇이든지 부정하며, 그것에 몸이 닿은
사람도 저녁때까지 부정하다."

가데스에서 생긴 일 (출 17:1–7)

20 1 첫째 달에, 이스라엘 자손 온 회중이
신 광야에 이르렀다. 백성은 가데스에 머
물렀다. 미리암이 거기서 죽어 그 곳에 묻혔다.
2 회중에게는 마실 물이 없었다. 백성은 모세
와 아론을 비방하려고 함께 모였다. 3 백성은 모
세와 다투면서 이렇게 말하였다. "우리의 동족이
주님 앞에서 죽어 넘어졌을 때에, 우리도 죽었더라
면 좋을 뻔하였소. 4 어쩌자고 당신들은 주님의
총회를 이 광야로 끌고 와서, 우리와 우리의 가축
을 여기에서 죽게 하는 거요? 5 어찌하여 당신들
은 우리를 이집트에서 끌어내어, 이 고약한 곳으로
데리고 왔소? 여기는 씨를 뿌릴 곳도 못 되오. 무
화과도 포도도 석류도 없고, 마실 물도 없소."
6 모세와 아론이 총회 앞을 떠나 회막 어귀
로 가서, 얼굴을 땅에 대고 엎드렸다. 주님의 영
광이 그들 위에 나타났다. 7 그 때에 주님께서
모세에게 말씀하셨다. 8 "너는 지팡이를 잡아라.
너와 너의 형 아론은 회중을 불러모아라. 그들이
보는 앞에서 저 바위에게 명령하여라. 그러면 그
바위가 그 속에 있는 물을 밖으로 흘릴 것이다. 너
는 바위에서 물을 내어, 회중과 그들의 가축 떼가 마
시게 하여라."
9 모세는, 주님께서 그에게 명하신 대로,
주님 앞에서 지팡이를 잡았다. 10 모세와 아론은
총회를 바위 앞에 불러모았다. 모세가 그들에게
말하였다. "반역자들은 들으시오. 우리가 이 바위
에서, 당신들이 마실 물을 나오게 하리오?"
11 모세는 팔을 높이 들고, 그의 지팡이로 바위를
두 번 쳤다. 그랬더니 많은 물이 솟아나왔고,
회중과 그들의 가축 떼가 마셨다.
12 주님께서 모세와 아론에게 말씀하셨다.
"너희는 이스라엘 자손이 보는 앞에서 나의 거룩
함을 나타낼 만큼 나를 신뢰하지 않았다. 그러므
로 너희는, 내가 이 총회에게 주기로 한 그 땅으
로 그들을 데리고 가지 못할 것이다."
13 여기에서 이스라엘 자손이 주님과 다투었
으므로, 이것이 바로 ㄱ)므리바 샘이다. 주님께서
그들 가운데서 거룩함을 나타내 보이셨다.

에돔이 이스라엘의 통과를 거절하다

14 모세는 가데스에서 에돔 왕에게 사신들을
보냈다. "임금님의 형제 이스라엘은 다음과 같이
요청하는 바입니다. 임금님께서는 우리가 겪은
온갖 고난에 대하여 알고 계실 줄 압니다. 15 일
찍이 우리의 조상이 이집트로 내려갔고, 우리는
오랫동안 이집트에서 살았습니다. 그런데 이집트
사람이 우리와 우리 조상들을 학대하였습니다.
16 그래서 우리가 주님께 부르짖었더니, 주님께
서는 우리의 부르짖음을 들으시고, 천사를 보내
셔서 우리를 이집트에서 이끌어 내셨습니다. 이제
우리는 임금님의 영토 경계에 있는 성읍, 가데스에

ㄱ) '다툼'

이다. **19:6** 암송아지의 붉은 색, *백향목* (히말라야 삼나무), *홍색 털실* (진홍색재료)은 모두 피(생명)를 상징하는 것으로, 사람을 정결하게 하는 것이다. *우슬초*(*hyssop*)는 향기가 좋은 식물로 정결의식과 연관되어 자주 등장한다.

19:11–22 제사장이 준비한 재는 죽은 사람의 몸에 닿아 부정하게 된 누구에게나 사용된다. 이들은 모두 사람들의 정결의식이 필요한 사람들이다. **19:13** *성막.* 이것에 대해서는 1:1에 관한 주석을 보라. **19:14–15** 주검에 몸이 닿아 생긴 부정함은 같은 방이나 장막, 공간에 잠시라도 함께 있는 사람이나 다른 물건(뚜껑이 열린 그릇)에 전파될 정도로 강력하다. **19:18** *우슬초.* 이것에 대해서는 19:6에 관한 주석을 보라.

20:1–29 미리암의 죽음과 장례 이후 백성은 다시 마실 물이 없는 문제에 대해 불평하고, 하나님은 바위에서 기적적으로 물을 공급하셨다. 하지만 왜 하나님께서 모세와 아론의 부적절한 행동을 지적하시며, 이스라엘 출애굽 1세대들과 함께 가나안으로 들어가는 것이 금지(1–13절)된 이유가 구체적으로 드러나지는 않았다. 에돔은 이스라엘이 자국의 영토를 통과하는 것을

와 있습니다. 17 바라옵기는, 우리가 임금님의
땅을 지나가도록 허락하여 주십시오. 밭이나 포도
원에는 들어가지 않겠습니다. 샘물도 마시지 않
겠습니다. 우리는 다만 ㄱ)'왕의 길'만 따라가겠습
니다. 임금님의 영토 경계를 다 지나갈 때까지,
오른쪽으로나 왼쪽으로 벗어나지 않겠습니다."
18 그러나 에돔 왕은 모세에게 다음과 같이
회답하였다. "당신은 절대로 나의 땅을 지나가지
못할 것이오. 지나가려고 꾀한다면, 우리는 칼을
들고 당신을 맞아 싸우러 나갈 것이오."
19 이스라엘 자손은 다시 그에게 부탁하였
다. "우리는 큰 길로만 지나가겠습니다. 그리고 우
리나 우리의 가축 떼가 임금님의 물을 마시면, 우
리가 그 값을 치를 것입니다. 우리는 다만 걸어서
지나가기만을 바랍니다. 그 밖에는 아무것도 바
라지 않습니다."
20 다시 그가 답변을 보내왔다. "당신은 지
나가지 못하오." 그런 다음에 에돔 왕은 많은 군
대를 무장시켜서, 그들을 맞아 싸우러 나왔다.
21 에돔 왕이 이스라엘을 그 영토 경계로 지나가지
못하게 하였기 때문에, 이스라엘은 그들에게서
돌아서야만 하였다.

아론의 죽음

22 이스라엘 온 회중이 가데스를 출발하여 호
르 산에 이르렀다. 23 에돔 땅 경계 부근의 호르
산에서, 주님께서 모세와 아론에게 말씀하셨다.
24 "이제 아론은 그의 조상 곁으로 간다. 므리바
샘에서 너희들이 나의 명령을 거역하여 나와 다투
었기 때문에, 아론은, 내가 이스라엘 자손에게 준
그 땅으로 들어가지 못한다. 25 너는 아론과 그의
아들 엘르아살을 데리고 호르 산으로 올라가서,
26 아론의 옷을 벗겨 그의 아들 엘르아살에게 입
혀라. 아론은 그의 조상 곁으로 간다. 그는 거기서
죽을 것이다."
27 그리하여 모세는 주님께서 명하신 대로
하였다. 그들은 온 회중이 보는 앞에서 호르 산으
로 올라갔다. 28 모세는 아론의 옷을 벗겨, 그것
을 그의 아들 엘르아살에게 입혔다. 아론은 그 산
꼭대기에서 죽었다. 모세와 엘르아살은 산에서
내려왔다. 29 아론이 세상을 뜬 것을 온 회중이
알았을 때에, 이스라엘 온 집은 아론을 애도하여 삼
십 일 동안 애곡하였다.

호르마를 점령하다

21 1 네겝 지방에 살고 있던 가나안 사람 아
랏 왕은, 이스라엘이 ㄴ)아다림 길로 오고
있다는 소식을 듣고 나와서, 이스라엘과 맞서 싸워,
그들 가운데서 얼마를 포로로 사로잡았다. 2 그
때에 이스라엘이 주님께 다음과 같은 말로 서약
하였다. "주님께서 이 백성을 우리 손에 붙이시
면, 우리는 그들의 성읍들을 전멸시키겠습니다."
3 주님께서 이스라엘의 간구를 들으시고, 그 가
나안 사람을 그들의 손에 붙이시니, 이스라엘이 그
들과 그들의 성읍들을 전멸시켰다. 그리하여 사람
들은 그 곳 이름을 ㄷ)호르마라고 부르게 되었다.

구리 뱀으로 백성을 구하다

4 그들은 에돔 땅을 돌아서 가려고, 호르 산
에서부터 홍해 길을 따라 나아갔다. 길을 걷는 동
안에 백성들은 마음이 몹시 조급하였다. 5 그래서
백성들은 하나님과 모세를 원망하였다. "어찌하여

ㄱ) '주요 도로'. 사해 동남쪽으로 나 있음. 아카바 만의 북단 엘랏으로부터 시리아에 이르기까지 북쪽으로 난 큰 길 ㄴ) '정탐' ㄷ) '완전히 멸함'

허락하지 않았다 (14-21절). 마지막으로, 호르 산에서 아론이 죽고, 그의 대제사장직은 그의 아들 엘르아살에게 옮겨졌다 (22-29절).

20:1-13 므리바 샘에서 기적적으로 물이 공급되는 기록은 출 17:1-7 에서 바위에서 물이 나온 것과 병행한다. 다만 13절에서 하나님은 모세와 아론에게 *나의 거룩함을 나타낼 만큼 나를 신뢰하지 않았다*고 직접 그들의 실수에 대해 말씀하신다. **20:1** 미리암은 모세와 아론의 누이이며 (26:59), 그들과 함께 이스라엘의 지도자였다 (미 6:4). **20:10** 이 구절에서 모세가 회중에게 전달하려는 내용이 무엇인가에 대해서는 여러 가지 해석이 가능하다. *우리가* 바위에서 물을 나오게 할 수 있겠느냐고 묻는 모세의 표현이 아론과 자신을 의미하는지, 아니면 자신과 하나님을 포함한 두 사람을 이야기하는지는 분명하지 않다. 만약 두 사람만을 가리킨다면 우리가 어떻게 이 바위에서 물을 나오게 할 수 있겠는가 하고 되묻는 도전이며, 하나님을 포함한 우리라면 하나님과 함께 한 우리가 이 바위에서 물을 나오게 할 수 있는가 하고 백성들에게 도전하는 것이다. 물론 두 개의 질문 모두 백성의 불신과 믿음 없는 답변을 전제로 한 것이다. **20:12** 어떤 이유이든지 모세와 아론은 출애굽 1세대와 함께 가나안에 들어가지 못하고 죽게 된다. 아론의 죽음은 22-29절에 기록되었고, 모세의 죽음은 신 34:1-8까지 유예되었다. **20:13** *므리바*. 이 말의 히브리 어원은 *리브(rib)*이며, 그 뜻은 "다툼"이다.

우리를 이집트에서 데리고 나왔습니까? 이 광야
에서 우리를 죽이려고 합니까? 먹을 것도 없습니다.
마실 것도 없습니다. 이 보잘것없는 음식은 이제
진저리가 납니다."
6 그러자 주님께서 백성들에게 불뱀을 보내
셨다. 그것들이 사람을 무니, 이스라엘 백성이 많이
죽었다. 7 백성이 모세에게 와서 간구하였다.
"주님과 어른을 원망함으로써 우리가 죄를 지었
습니다. 이 뱀이 우리에게서 물러가게 해 달라고
주님께 기도하여 주시기 바랍니다." 그리하여
모세가 백성들을 살려 달라고 기도하였다.
8 주님께서 모세에게 말씀하셨다. "너는 불뱀
을 만들어 기둥 위에 달아 놓아라. 물린 사람은 누
구든지 그것을 보면 살 것이다." 9 그리하여 모
세는 구리로 뱀을 만들어서 그것을 기둥 위에 달
아 놓았다. 뱀이 사람을 물었을 때에, 물린 사람
은 구리로 만든 그 뱀을 쳐다보면 살아났다.

호르 산에서 모압 골짜기까지

10 이스라엘 자손은 그 곳을 떠나서는 오봇
에 이르러 진을 쳤다. 11 오봇을 떠나서는 이예
아바림에 이르러 진을 쳤다. 그 곳은 모압 맞은편,
해 돋는 쪽 광야이다. 12 또 그 곳을 떠나서는
세렛 골짜기에 이르러 진을 쳤다. 13 또 그 곳을
떠나서는 아르논 강에 이르러 북쪽 강변을 따라
진을 쳤다. 그 곳은 아모리 사람의 경계로 이어지는
광야이다. 아르논 강은 모압과 아모리 사이에 있는
모압 경계이다. 14 그래서 ㄱ) '주님의 전쟁기'에도
다음과 같은 말이 있다.

"……수바 지역의 와헙 마을과
아르논 골짜기와
15 모든 골짜기의 비탈은
아르 고을로 뻗어 있고
모압의 경계에 닿아 있다."

16 그들은 그 곳을 떠나서 ㄴ)브엘에 이르렀다.
브엘은 주님께서 모세에게 "백성을 모아라. 내가
그들에게 물을 주마" 하고 말씀하신, 바로 그 샘이
있는 곳이다.
17 그 때에 이스라엘은 이런 노래를 불렀다.

"샘물아, 솟아나라.
모두들 샘물을 노래하여라.
18 지도자들이 파고,
백성의 원로들이
왕의 통치 지팡이들로
터뜨린 샘물이다."

그들은 그 광야를 떠나 맛다나에 이르렀다.
19 맛다나를 떠나서는 나할리엘에 이르고, 나할
리엘을 떠나서는 바못에 이르렀다. 20 바못을
떠나서는 비스가 산 꼭대기 부근, ㄷ)광야가 내려다
보이는 모압 고원지대의 한 골짜기에 이르렀다.

요단 동쪽을 점령하다 (신 2:26-3:11)

21 거기에서 이스라엘은 아모리 왕 시혼에게
사신들을 보내어 요청하였다. 22 "우리가 임금
님의 땅을 지나가도록 허락하여 주십시오. 밭이나
포도원에는 들어가지 않겠습니다. 샘물도 마시지
않겠습니다. 임금님의 영토 경계를 다 지나갈 때
까지 우리는 '왕의 길'만 따라가겠습니다."
23 그러나 시혼은 이스라엘이 자기 영토를
지나가는 것을 허락하지 않았다. 오히려 그는 이

ㄱ) 고대의 전쟁시를 모은 책. 지금은 분실되고 없음 ㄴ) '우물'
ㄷ) 히, '여시몬이'

20:14-21 에돔 왕은 그의 국경 안으로 통과를 부탁하는 모세의 청을 거절하여, 이스라엘은 그 땅을 돌아갈 수밖에 없다. **20:14** *에돔.* 에돔은 가나안 남동쪽에 위치하고 있다. 이스라엘을 상징하는 야곱과 에돔을 대표하는 에서에 대한 창 25—33장(특별히 25:22-28을 보라)에 비추어 모세는 *임금님의 형제 이스라엘*이라고 자신을 소개한다. **20:17** *왕의 길.* 아카바 만의 북단 엘랏으로부터 시리아에 이르는 가나안의 남북을 연결하는 주요 도로였다. 이 도로는 에돔, 모압, 암몬, 아람(시리아)을 모두 연결하는 길이다.

20:22-29 대제사장직이 아론에게서 그의 아들 엘르아살에게 넘겨진 후 아론은 죽는다. **20:26** 제사장이 입는 예복에 대해서는 출 28:1-43과 레 8:7-9에 기록되어 있다.

21:1-35 성공적인 전투에서의 승리와 지속적인 이스라엘의 반항이 함께 기록되어 있는 장이다. 하나님께서는 이스라엘이 아랏 왕과의 전투에서 이기도록 도우셨다 (1-3절). 그러나 이스라엘은 다시 하나님께 원망하므로 불뱀에 의한 심판이 있었다. 모세가 백성을 위해 기도하자, 하나님은 구리뱀 모양을 만들어 뱀에 물린 사람들이 그것을 보게 되면 생명을 구할 수 있게 되었다 (4-9절). 그리고 하나님은 이스라엘이 아모리 왕 시혼과 바산 왕 옥과의 전쟁에서 승리하도록 이끄셨다 (10-35절).

21:1-3 이스라엘의 *호르마* (지명, 완전히 멸함을 뜻함, 3절)에서의 순종과 군사적 승리는 같은 장소에서 있었던 불순종과 패배와 대비된다—14:39-45; 아말렉과 가나안 사람들에게 호르마까지 추격당한 이스라엘의 기록을 보라 (14:45).

스라엘을 맞아 싸우려고 군대를 모두 이끌고 광야
로 나왔다. 그는 야하스에 이르러 이스라엘을 맞아
싸웠다. 24 그러나 이스라엘이 도리어 그를 칼로
쳐죽이고 아르논에서부터 얍복에 이르기까지 그
땅을 차지하였다. 이스라엘이 거의 암몬 자손에게
까지 이르렀으나, 암몬 자손의 국경은 수비가 막강
하였다. 25 이스라엘은 아모리 사람의 성읍을 모
두 점령하고, 헤스본과 그 주변 모든 마을을 포함
한 아모리의 모든 성읍에 자리를 잡았다.

26 헤스본은 아모리 사람의 왕 시혼의 도성
이었다. 시혼은 모압의 이전 왕과 싸워, 아르논에
이르기까지, 그가 가지고 있던 땅을 모두 빼앗았
던 왕이다.
27 그래서 시인들은 이렇게 읊었다.

"헤스본으로 오너라.
시혼의 도성을 재건하여라.
그것을 굳게 세워라.
28 헤스본에서 불이 나오고,
시혼의 마을에서 불꽃이 나와서,
모압의 아르를 삼키고,
아르논 높은 산당들을 살랐다.
29 모압아,
너에게 화가 미쳤다.
그모스 신을 믿는 백성아,
너는 망하였다.
아모리 왕 시혼에게 꼼짝없이,
아들들이 쫓겨가고
딸들이 끌려갔다.
30 그러나 우리는 그들을 넘어뜨렸다.
헤스본에서 디본에 이르기까지,
메드바에서 가까운
노바에 이르기까지,
우리는 그들을 쳐부수었다."

31 이렇게 이스라엘은 아모리 사람의 땅에
자리를 잡았다. 32 모세는 야스엘로 사람을 보내
어 탐지하게 한 다음, 그 주변 촌락들을 점령하고
거기에 있던 아모리 사람들을 내쫓았다.
33 그 다음에 그들은 방향을 바꾸어서, 바산
길로 올라갔다. 그러자 바산 왕 옥이 자기의 군대를
모두 거느리고, 그들을 맞아 싸우려고 에드레이로
나왔다. 34 그 때에 주님께서 모세에게 말씀하
셨다. "그를 두려워하지 말아라. 내가 그와 그의
온 군대와 그의 땅을 너의 손에 넘겼으니, 전에 헤
스본에 사는 아모리 왕 시혼을 무찌른 것처럼 그를
무찔러라."
35 그리하여 그들은 그와 그의 아들들과 그
의 온 군대를, 생존자 하나도 남기지 않고, 다 때
려 눕혔다. 그리고 그들은 그 땅을 차지하였다.

모압의 왕이 발람을 불러오다

22 1 이스라엘 자손이 길을 떠나 모압 평지에
진을 쳤다. 그 곳은 요단 강 건너, 곧 여리
고 맞은편이다.
2 십볼의 아들 발락은 이스라엘이 아모리 사

21:4-9 부족한 음식과 물에 대한 불평은 *독이 있는 불뱀의* 재앙을 불러일으켰다. 그럼에도 불구하고 하나님은 모세를 통해 구리뱀 모양을 만들어 뱀에게 물린 이들을 구하고 치료하셨다. **21:9** *구리로 만든 뱀.* 이 뱀은 히브리어로 네하쉬 *네호쉐트*이며, 모세가 만들어 후대에 예루살렘 성전에서 사용되었던 구리뱀은 *네후쉬탄*이다. 히스기야 왕의 개혁시기에 이 구리뱀은 파괴되었는데, 그 이유는 사람들이 이것을 또 다른 우상으로 섬겼기 때문이다 (왕하 18:4).

특별 주석

요한복음 3:14-15에서 예수님은 모세가 구리뱀을 들어 백성의 생명을 구원한 것처럼 자신도 십자가에 들리어 사람을 구원할 것을 비유로 들어 설명하며 죽음에서의 부활을 말하신다. 고대 근동에서 뱀은 죽음, 위험, 토지의 비옥함, 번식력, 생명, 병 고침 등의 상징이었다.

21:10-35 백성들이 불평함에도 불구하고 하나님께서는 이스라엘 백성이 모압 북쪽에 있는 작은 두 나라의 임금을 물리치고 승리하도록 해주셨다. 이 두 임금 시혼과 옥은 이스라엘의 통과를 허락하지 않고 공격하다가 패배를 당하게 되었다. **21:14** 성경의 기록에서 오직 이 구절만이 *주님의 전쟁기* 라는 책에 대해 기록하고 있는데, 이스라엘이 경험한 전쟁의 승리와 관련한 고대의 전쟁 시를 모은 책이다. 비슷한 종류의 책으로 수 10:13과 삼하 1:18은 야살의 책에 대해 기록하고 있다. **21:22** *왕의 길.* 이것에 대해서는 20:17에 관한 주석을 보라. **21:29** *그모스.* 모압이 숭배하던 신의 이름이다.

22:1-40 22장은 이방 예언자 발람과 이스라엘의 하나님이 만난 사건에 대해 서술하고 있는데 하나님은 이스라엘에게 저주가 될 상황을 축복의 순간으로 반전시키신다. 발람에 대한 성경의 다른 기록은 신 23:3-6; 미 6:5; 민 31:8, 16을 참고하고 민 25장과 비교하라. 모압 왕 발락이 발람을 초청하여 이스라엘을 저주할 것을

람에게 한 모든 일을 보았다. 3 모압 사람들은
이스라엘 백성의 수가 대단히 많아서 몹시 무서워
하였다. 모압 사람들은 이스라엘 자손이 나타난
것 때문에 두려워하였다.
4 모압 사람들이 미디안 장로들에게 말하였
다. "이제 이 큰 무리들이 우리 주변에 있는 모든
것을 먹어치우고 있습니다. 마치 소가 들판의 풀
을 뜯어먹듯 합니다." 십볼의 아들 발락은 그 당
시 모압의 왕이었다. 5 그는 브올의 아들 발람을
불러오려고 사신들을 브돌로 보내어 말을 전하게
하였다. 그 때에 발람은 큰 강 가, 자기 백성의 자
손들이 사는 땅 브돌에 있었다. 발락이 한 말은 다
음과 같다.

"한 백성이 이집트에서 나와서, 온 땅을 덮고
있습니다. 드디어 바로 나의 맞은편에까지
와서 자리잡았습니다. 6 이제 오셔서, 나를
보아서 이 백성을 저주하여 주시기 바랍니다.
그들은 너무 강해서, 나로서는 도저히 감당할
수 없습니다. 그렇게만 해주신다면, 나는 그
들을 쳐부수어서 이 땅에서 쫓아낼 수 있을
것 입니다. 그대가 복을 비는 이는 복을 받고,
그대가 저주하는 이는 저주를 받는다는 것
을, 나는 알고 있습니다."

7 모압 장로들과 미디안 장로들은 길을 떠났
다. 그들은 복채를 가지고 갔다. 발람에게 이르렀
을 때에, 그들은 발락이 자기들에게 한 말을 전하
였다. 8 그러자 발람이 그들에게 말하였다. "오
늘 밤은 여기에서 지내십시오. 주님께서 나에게
하시는 그 말씀을 들어 본 다음에 알려 드리겠습
니다." 그리하여 모압 고관들은 발람과 함께 머
물렀다.

9 하나님이 발람에게 오셔서 물으셨다. "너
와 함께 있는 이 사람들이 누구냐?" 10 발람이 하
나님께 아뢰었다. "십볼의 아들 발락 곧 모압 왕
이 저에게 보낸 사신들입니다. 11 이집트에서
한 백성이 나왔는데, 그들이 온 땅을 덮었다고 합니
다. 저더러 와서 발락에게 유리하도록 그 백성을
저주하여 달라는 부탁을 하였습니다. 그렇게만
해준다면, 발락은 그 백성을 쳐부수어서, 그들을
쫓아낼 수 있겠다는 것입니다." 12 하나님이 발
람에게 말씀하셨다. "너는 그 사신들과 함께 가지
말아라. 이집트에서 나온 그 백성은 복을 받은 백
성이니 저주하지도 말아라." 13 다음날 아침에
발람이 일어나, 발락이 보낸 고관들에게 말하였
다. "당신들의 나라로 돌아가시기 바랍니다. 주님
께서는 내가 당신들과 함께 가는 것을 허락하지
않으십니다." 14 그리하여 모압 고관들은 일어
나 발락에게로 돌아가서 보고하였다. "발람이 우리
와 함께 오기를 거절하였습니다."
15 발락은 사람들을 더 보냈다. 수도 늘리고
처음 갔던 이들보다 직위도 높은 사람들이었다.
16 그들이 발람에게 가서 말하였다. "십볼의
아들 발락이 말합니다. '아무것도 거리끼지 말고
나에게로 오시기 바랍니다. 17 내가 그대에게
아주 후하게 보답하겠고, 또 그대가 나에게 말씀
하시는 것이면 무엇이든지 하겠습니다. 꼭 오셔서,
나에게 좋도록, 저 백성에게 저주를 빌어 주시기
바랍니다.'" 18 그러나 발람이 발락의 신하들에
게 이렇게 대답하였다. "발락이 비록 그의 궁궐에
가득한 금과 은을 나에게 준다 해도, 주 나의
하나님의 명을 어기고서는, 크든 작든, 아무 일도
할 수 없습니다. 19 그대들은 오늘 밤은 이 곳에
서 묵으십시오. 주님께서 나에게 무엇을 더 말씀
하실지 알아보겠습니다." 20 그 날 밤에 하나님

요청하자 하나님은 발람에게 가지 말라고 명령하셨다 (1-14절). 모압의 높은 신하들이 다시 찾아와서 함께 갈 것을 요청하자, 하나님은 앞의 명령과 달리 함께 가도록 명하셨다 (15-21절). 발람이 하나님의 명령을 따라 그의 나귀를 타고 왕을 만나러 가다가 칼을 든 하나님의 천사를 만나게 된다. 발람은 돌아갈 것을 생각했지만 하나님은 발락 왕을 만나기 위해 계속 가도록 하셨다 (22-41절).

22:1-14 *모압 왕 발락.* 발락은 이스라엘을 두려워한 나머지 이스라엘을 저주하기 위하여 예언자 발람을 고용한다. 하나님은 처음 발람에게 떠나지 말라고 말씀하셨다. **22:2** *이스라엘이 아모리 사람들에게 한 모든 일은* 21:21-35에 기록된 군사적 승리를 말한다. **22:5** 브돌은 메소포타미아 유브라테스 강 유역에 있는 도시이다. **22:8** 발람은 이방 예언자이었음에도 불구하고 이스라엘의 하나님에게 순종할 것을 다짐한다 (18, 20절을 보라).

22:15-21 발락 왕은 발람을 두 번째 청하였고, 하나님은 발람에게 가서 자신이 명하신 말씀만 전하라고 허락하신다.

22:22-41 발람과 그의 *나귀는 주님의 천사가 칼을 빼어 손에 든 천사*를 만나게 된다. 나귀는 천사를 보고 피하려 하지만, 발람은 자신이 보지 못하는 것이 무엇인지 몰랐다. 하나님은 마침내 발람의 눈을 열어 천사를 보게 하고, 발락 왕을 만나기 위한 길을 지속하라고 말씀하신다. **22:2** 하나님 혹은 하나님의 천사가 앞서

이 발람에게 오셔서 말씀하셨다. "이 사람들이
너를 부르러 왔으니, 너는 일어나 그들과 함께
가거라. 그러나 내가 너에게 하는 말만 하도록
하여라."

발람과 그의 나귀

21 발람은 아침에 일어나 자기 나귀에 안장
을 얹고, 모압 고관들을 따라서 길을 나섰다.
22 그러나 그가 길을 나서는 것 때문에 하나님이
크게 노하셨다. 주님의 천사가 그의 대적자가 되
어서, 길에 서서 가로막았다. 발람은 자기 나귀를
탄 채로 있었고, 그의 두 종이 그와 함께 있었다.
23 나귀는 주님의 천사가 칼을 빼어 손에 들고
길에 선 것을 보고, 길을 벗어나 밭으로 들어갔다.
발람은 나귀를 때려 다시 길로 들어서게 하였다.
24 그러자 주님의 천사가 이번에는 두 포도원 사
이의 좁은 길을 막아섰다. 길 이쪽에도 담이 있고,
길 저쪽에도 담이 있었다. 25 나귀는 주님의 천
사를 보자, 이쪽 벽으로 몸을 바짝 붙여, 발람의
발을 벽에 긁히게 하였다. 그러자 발람이 나귀를
한 대 더 때렸다. 26 그 때에 주님의 천사가 앞
으로 더 나아가, 오른쪽으로도 왼쪽으로도 피할
수 없는 좁은 곳에 섰다. 27 나귀는 주님의 천사
를 보고는, 발람을 태운 채로 주저앉았다. 발람은
화가 나서 지팡이로 나귀를 때렸다. 28 그 때에
주님께서 그 나귀의 입을 여시니, 그 나귀가 발람
에게 말하였다. "제가 주인 어른께 무슨 잘못을 하
였기에, 저를 이렇게 세 번씩이나 때리십니까?"
29 발람이 나귀에게 대답하였다. "너는 나를 놀
림감으로 여기느냐? 내가 칼을 가지고 있었더라면,
이 자리에서 너를 죽였을 것이다." 30 나귀가 발
람에게 말하였다. "저야말로 오늘까지 어른께서
늘 타시던 어른의 나귀가 아닙니까? 제가 언제 이
처럼 버릇없이 군 적이 있었습니까?" 발람이 대답
하였다. "없었다."
31 그 때에 주님께서 발람의 두 눈을 열어 주
셨다. 그제야 그는, 주님의 천사가 칼을 빼어 손에
들고 길에 선 것을 보았다. 발람은 머리를 숙이고
엎드렸다. 32 주님의 천사가 그에게 물었다. "너는
왜 너의 나귀를 이렇게 세 번씩이나 때리느냐?
네가 가서는 안 될 길이기에 너를 막으려고 이렇게
왔다. 33 나귀는 나를 보고, 나에게서 세 번이나
비켜섰다. 다행히 나귀가 비켜섰기에 망정이지,
그렇지 않았더라면 내가, 나귀는 살렸겠지만,
너는 분명히 죽였을 것이다." 34 발람이 주님의
천사에게 말하였다. "제가 잘못하였습니다. 천사
께서 저를 만나시려고 길에 서 계신 것을 몰랐습
니다. 제가 가는 것이 잘못이면, 저는 되돌아가겠
습니다." 35 주님의 천사가 발람에게 말하였다.
"저 사람들하고 같이 가거라. 그러나 너는 내가 말
해 주는 것만 말하여라." 그리하여 발람은 발락이
보낸 고관들과 함께 갔다.

발락이 발람을 환영하다

36 발락은 발람이 오고 있다는 소식을 듣고,
그를 맞이하러, 그의 영토가 끝나는 아르논 강 경
계에 있는 모압의 한 성읍까지 나아갔다. 37 발
락은 발람에게 말하였다. "내가 당신을 불러오려고
사신을 보내고 또 보내지 않았습니까? 어찌하여
곧바로 나에게 오지 않으셨습니까? 내가 당신을
존귀하게 대접할 능력이 없다고 생각하셨습니까?"
38 발람이 발락에게 대답하였다. "보십시오, 이
렇게 제가 임금님께 왔습니다. 그러나 제가 무슨
말을 할 수 있겠습니까? 하나님이 저의 입에 넣어
주시는 말씀, 그것이 무엇이든지, 저는 그것만을
말하겠습니다." 39 발람은 발락과 함께 갔다. 그
들은 후솟 마을까지 갔다. 40 발락은 소와 양을
잡아 제사를 드리고, 발람과 그를 데리고 온 고관
들에게 고기 얼마를 보내 주었다.

발람의 첫 번째 예언

41 다음날 아침이 되니, 발락은 발람을 데리
고 바알 산당으로 올라갔다. 거기에서 발람은 이
스라엘 백성이 친 진의 끝부분을 보았다.

23 1 발람이 발락에게 말하였다. "저에게
필요하니, 이 곳에다가 제단 일곱을 만들

하나님이 허락하신 일에 나타나는 경우는 야곱 (창 32:22-32), 모세 (출 4:24-26), 여호수아 (수 5:13-15) 등의 이야기에서 볼 수 있다. 하나님으로부터 부르심을 받은 이들 모두가 여전히 하나님의 심판과 변화되는 계획의 대상이 되는 가능성을 보여준다. **22:28** 말하는 나귀의 이야기는 짐승이 보는 천사를 보지 못하는 발람을 통해 우화적 요소를 가지고 있다. 이야기는 사람인 발람의 능력을 최소화하고 하나님의 주권적 지배를 확연하게 보여준다. **22:31** 나귀의 입을 열어 말하게 하는 능력(28절)은 발람의 닫힌 눈을 여는 것과 같이 하나님

어 주시기 바랍니다. 그리고 저에게 필요하니, 이
곳에다가 수송아지 일곱 마리와 숫양 일곱 마리를
준비하여 주시기 바랍니다." 2 그리하여 발락은,
발람이 말한 대로 하였다. 발락과 발람은 제단마
다 수송아지와 숫양을 한 마리씩 바쳤다. 3 발람
이 발락에게 말하였다. "임금님께서는 제물 곁에
서 계시기 바랍니다. 저는 가볼 데가 있습니다. 어
쩌면 주님께서 저를 만나러 오실지도 모르겠습니
다. 주님께서 저에게 밝히 나타내 주시는 것이면,
어떤 말씀이든지 제가 임금님께 말씀드리겠습니
다." 그러면서 발람은 오솔길을 걸어갔다.
4 하나님이 발람에게 나타나셨다. 발람이 하
나님께 아뢰었다. "일곱 제단을 제가 준비하였습
니다. 그리고 각 제단마다 수송아지와 숫양을 한
마리씩 바쳤습니다." 5 주님께서는 발람의 입에
말씀을 넣어 주시면서, 발락에게로 돌아가서 그
대로 말하라고 하셨다. 6 발람이 발락에게로 돌
아와서 보니, 발락이 번제물 곁에 그대로 서 있었다.
모압 고관들도 모두 그와 함께 있었다. 7 발람이
예언을 선포하였다.

"발락이 나를 ㄱ)시리아에서 데려왔다.
모압의 왕이 나를
동쪽 산골에서 데려왔다.
와서, 자기에게 유리하게
야곱을 저주하라 하고
와서 이스라엘을 규탄하라 하였지만,
8 하나님이 저주하지 않으시는데,
내가 어떻게 저주하며,
주님께서 꾸짖지 않으시는데,
내가 어떻게 꾸짖으랴!
9 바위 산꼭대기에서
나는 그들을 내려다본다.
언덕 위에서 나는 그들을 굽어본다.
홀로 사는 저 백성을 보아라.
그들 스스로도 자신들을
여느 민족들 가운데 하나라고
생각하지는 않는다.
10 티끌처럼 많은 야곱의 자손을
누가 셀 수 있겠느냐?
ㄴ)먼지처럼 많은 이스라엘의 자손을
누가 셀 수 있겠느냐?
나는 정직한 사람이 죽듯이
죽기를 바란다.
나의 마지막이
정직한 사람의 마지막과
같기를 바란다."

11 발락이 발람에게 말하였다. "지금 무엇을
하고 있는 거요? 대적들을 저주해 달라고 당신을 데
려왔습니다. 그런데 당신은 그들에게 복을 빌어 주
었습니다!" 12 발람이 대답하였다. "주님께서 나의
입에 넣어 주시는 말씀을 말하지 말란 말입니까?"

발람의 두 번째 예언

13 발락이 그에게 말하였다. "나와 함께 다
른 곳으로 가서 보시기 바랍니다. 거기에서는 그들
의 일부만 보일 것입니다. 그들이 전부 다 보이지
는 않을 것이니, 거기에서 나에게 유리하도록 그들
을 저주하여 주시기 바랍니다." 14 그리하여 발락
은 발람을 소빔 들판 비스가 산 꼭대기로 데리고 갔
다. 거기에다가 그는 일곱 제단을 만들고 각 제단
마다 수송아지와 숫양을 한 마리씩 바쳤다.
15 발람이 발락에게 말하였다. "임금님은 번
제물 곁에 그대로 서 계시기 바랍니다. 나는 지난
번처럼 주님을 만나 뵈어야 합니다."
16 주님께서는 발람을 만나셔서, 그의 입에
말씀을 넣어 주시면서 발락에게로 돌아가서 그대로
말하라고 하셨다. 17 발람이 발락에게로 와서
보니, 발락이 번제물 곁에 그대로 서 있었다. 모
압의 고관들도 그와 함께 있었다. 발락이 그에게
물었다. "주님께서 무슨 말씀을 하셨습니까?"

18 발람이 예언을 선포하였다.

"발락은 와서 들어라.
십볼의 아들은

ㄱ) 또는 '메소포타미아' ㄴ) 히, '이스라엘의 사분의 일'

만이 할 수 있는 일이다. 눈으로 "보았다"는 표현의 동사는 22—24장을 연결하는 중요한 단어다.
23:1-30 발람이 선포한 네 번의 예언 중에서 앞의 두 번이 23장에 담겨있다. 발람은 비록 발락 왕의 초청을 받아 이스라엘을 저주하도록 고용된 예언자였지만, 결국 이스라엘을 향해 두 번의 축복을 기원한다. **23:1-12** 발람의 축복에 관한 이야기에는 비슷한 요소들이 있는데, 발람과 발락이 산에 올라 일곱 제단을 쌓고 소와 양을 제물로 드린다. 발람은 하나님께 자신이 전할 말을 묻고, 이스라엘에 대한 복을 기원한다. 발락은 발람이 저주 대신 복을 기원하는 것에 대해 화를 낸다. **23:7** *아람* (현대 시리아)은 모압의 동북

나에게 귀를 기울여라.
19 하나님은 사람이 아니시다.
거짓말을 하지 아니하신다.
사람의 아들이 아니시니,
변덕을 부리지도 아니하신다.
어찌 말씀하신 대로
하지 아니하시랴?
어찌 약속하신 것을
이루지 아니하시랴?
20 나는 축복하라 하시는 명을 받았다.
주님께서 복을 베푸셨으니,
내가 그것을 바꿀 수 없다.
21 주님께서는 야곱에게서
아무런 죄도 찾지 못하셨다.
주님께서는 이스라엘에게서
어떤 잘못도 발견하지 못하셨다.
그들의 주 하나님이
그들과 함께 계신다.
주님을 임금으로 떠받드는 소리가
그들에게서 들린다.
22 하나님이 그들을
이집트에서 이끌어 내셨다.
그에게는 들소와 같은 힘이 있다.
23 야곱에 맞설 마술은 없다.
이스라엘에 맞설 술법도 없다.
이제는 사람들이
야곱과 이스라엘에게 물을 것이다.
'하나님이 하신 일이
어찌 그리 크냐?'고.
24 보아라,
그 백성이 암사자처럼 일어난다.
그들이 수사자처럼 우뚝 선다.
짐승을 잡아 먹지 아니하고는
짐승을 찔러
그 피를 마시지 아니하고는
눕지 아니할 것이다."

25 발락이 발람에게 말하였다. "그들에게 저
주도 빌지 말고, 그들에게 복도 빌지 마시오!"
26 발람이 발락에게 이렇게 대답하였다. "무엇이
든 주님께서 내게 말씀하신 것만을 말하겠다고,
내가 말씀드리지 않았습니까?"

발람의 세 번째 예언

27 발락이 발람에게 말하였다. "함께 가시기
바랍니다. 내가 당신을 다른 곳으로 데리고 가겠
습니다. 하나님 보시기에 올바른 일이면, 거기에서,
나에게 유리하도록 그들을 저주하여 주시기 바랍
니다." 28 발락은 발람을 ㄱ)광야가 내려다보이는
브올 산 꼭대기로 데리고 갔다. 29 발람이 발락
에게 말하였다. "저에게 필요하니, 이 곳에다가
제단 일곱을 만들어 주시기 바랍니다. 그리고 저
에게 필요하니, 이 곳에다가 수송아지 일곱 마리
와 숫양 일곱 마리를 준비하여 주시기 바랍니다."
30 그리하여 발락은, 발람이 말한 대로 하였다.
제단마다 수송아지와 숫양을 한 마리씩 바쳤다.

24 1 발람은 자기가 이스라엘에게 복을 빌어
주는 것이 주님의 눈에 좋게 보였다는 것
을 알고는, 매번 으레 하던 것처럼 마술을 쓰려 하
지 않고, 대신 광야 쪽으로 얼굴만 돌렸다. 2 발
람은 눈을 들어, 지파별로 진을 친 이스라엘을 바
라 보았다. 그 때에 그에게 하나님의 영이 내렸다.
3 그는 예언을 선포하였다.

"브올의 아들 발람의 말이다.
눈을 뜬 사람의 말이다.
4 하나님의 말씀을
듣는 사람의 말이다.
환상으로 ㄴ)전능자를 뵙고
넘어졌으나,

ㄱ) 히, '여시몬이' ㄴ) 히, '샤다이'

쪽에 경계하고 있다. **23:10** *티끌처럼 많은 야곱의 자손*은 하나님께서 이스라엘의 조상들에게 약속하신 먼지처럼 많아 셀 수 없을 것이라는 이스라엘의 후손에 대한 창세기 약속의 실현이다 (창 13:16; 28:14).

23:13-30 발람의 두 번째 예언 역시 이스라엘에 대한 복의 기원이어서 발락 왕은 매우 화가 났지만 다시 세 번째 예언 듣기를 원한다. **23:19** 하나님은 *거짓말을 아니하시고, 변덕을 부리지도 아니하신다*는 표현은 하나님은 그 마음을 바꾸지 않는다는 약속에 대한 근거로 자주 인용된다. 하지만 이스라엘이나 다른 백성을 향해 세우신 하나님의 심판 계획이 설득당하여 계획이 변경되기도 한다 (창 18:16-33; 출 32:1-14; 민 14:10-35). **23:24** 암사자와 수사자에 대한 이미지는 24:17에 관한 주석을 보라.

24:1-25 발람은 마지막 두 번의 예언을 통해 전능한 왕의 이스라엘에 대한 통치의 약속을 말한다 (15-25절). 23장의 예언은 당시 주위 환경과 기록자에게 밀접하게 연관되어 있으나, 24장의 마지막 두 예언은 발람의 주변 환경과 직접적인 연관은 없다. 이것을 근거로 앞의 예언과 별도로 후대 편집자가 후대의 시대적 배경에 맞추어 첨가했다고 보기도 한다.

오히려 두 눈을 밝히 뜬
사람의 말이다.
5 야곱아, 너의 장막이
어찌 그리도 좋으냐!
이스라엘아, 너의 사는 곳이
어찌 그리도 좋으냐!
6 계곡처럼 뻗었구나.
강가의 동산 같구나.
주님께서 심으신 침향목 같구나.
냇가의 백향목 같구나.
7 물통에서는 물이 넘치고,
뿌린 씨는 물을 흠뻑 먹을 것이다.
그들의 임금은 아각을 누르고,
그들의 나라는
널리 위세를 떨칠 것이다.
8 하나님이 그들을
이집트에서 이끌어 내셨다.
그에게는 들소와 같은 힘이 있다.
그는 나라들,
곧 대적들을 집어삼키고,
대적들의 뼈를 짓부수며,
활을 쏘아 대적들을 꿰뚫을 것이다.
9 엎드리고 웅크린 모양이
수사자 같기도 하고,
암사자 같기도 하니,
누가 감히 일으킬 수 있으랴!
너에게 복을 비는 이마다
복을 받을 것이요,
너를 저주하는 자마다
저주를 받을 것이다."

10 발락은 발람에게 크게 분노하여, 주먹을
불끈 쥐고 떨면서 말하였다. "내가 당신을 부른
것은 내 대적을 저주하여 달라고 부른 것이었소.
그러나 보시오! 당신은 오히려 이렇게 세 번씩이나
그들에게 복을 빌어 주었소. 11 이제 곧 당신이
떠나왔던 그 곳으로 빨리 가 버리시오. 나는 당신
에게 후하게 보답하겠다고 말하였소. 그러나 보
시오! 주님께서 당신이 후하게 보답받는 것을 막
으셨소." 12 발람이 발락에게 말하였다. "나에게
보내신 사신들에게도 내가 이미 말하지 않았습
니까? 13 발락 임금님께서 비록 그의 궁궐에
가득한 금과 은을 나에게 준다 해도, 좋은 일이든
나쁜 일이든 간에, 주님의 명을 어기고 나의 마음
대로 할 수 있는 일은 아무것도 없습니다. 나는
다만 주님께서 말씀하신 것만 말해야 합니다."

발람의 마지막 예언

14 "이제 나는 나의 백성에게로 갑니다. 그러
나 들어 보십시오. 앞으로 이 백성이 임금님의 백
성에게 어떻게 할 것인지, 내가 감히 말씀드리고
자 합니다." 15 발람이 예언을 선포하였다.

"브올의 아들 발람의 말이다.
눈을 뜬 사람의 말이다.
16 하나님 말씀을 듣는 사람의 말이다.
가장 높으신 분께서 주신 지식을
가진 사람의 말이다.
환상으로 전능자를 뵙고 넘어졌으나,
오히려 두 눈을
밝히 뜬 사람의 말이다.
17 나는 한 모습을 본다.
그러나 당장 나타날 모습은 아니다.
나는 그 모습을 환히 본다.
그러나 가까이에
있는 모습은 아니다.
한 별이 야곱에게서 나올 것이다.
한 통치 지팡이가

추가 설명: 발람과 전능자

여기서 발람과 *전능자* (히브리어로, *샤다이*) 예언에 대해 좀 더 살펴보자. 민 24:1-25에 기록된 발람의 예언은 기원전 8세기 요르단 지방 다른 이방 성전에서 발견된 석고판에 새겨진 디이르 알라 비문(Deir Alla inscription)과 놀라울 정도로 비슷하다. 그 비문 중의 하나는 발람이라는 예언자가 여러 신들 중에서 "샤다이" (히브리어) 신들로부터 받은 비전/환상을 기록한 것이 있다. *샤다이*의 뜻은 "전능자"(영어로, Almighty)이고, 이 단어는 발람의 예언이 기록된 성경본문과 이스라엘 백성이 부른 하나님의 이름과 일치한다. 민 24:4, 16에서 발람은 전능자를 만나 자신의 비전을 받게 된다 (또한 창 17:1과 출 6:3을 보라). 디이르 알라 비문에서 발람은 신들에게 가뭄이 오는 것을 막아달라고 요청한다. 이 비문과 비슷한 흐름에서 기록된 성서의 발람은 '계획된 저주의 번복'을 통해 복을 기원하는 내용이다.

이스라엘에서 일어설 것이다.
그가 모압의 이마를 칠 것이다.
ㄱ)셋 자손의 영토를 칠 것이다.
18 그는 에돔을 차지할 것이다.
대적 세일도 그의 차지가 될 것이다.
이렇게 이스라엘이 힘을 떨칠 것이다.
19 야곱에게서 통치자가 나와서,
그 성읍에 살아 남은 자들을
죽일 것이다."

20 또 그는 아말렉을 바라보면서 예언을 선포하였다.

"아말렉은
민족들 가운데서 으뜸이었으나,
마침내 그는 망할 것이다."

21 또 그는 겐 족속을 바라보면서, 예언을 선포하였다.

"네가 사는 곳은 든든하다.
너희 보금자리는 바위 위에 있다.
22 그러나 가인은 쇠약하여질 것이다.
앗시리아의 포로가 될 것이다."

23 또 그는 예언을 선포하였다.

"큰일이다.
하나님이 이 일을 하실 때에,
누가 살아 남을 수 있으랴?
24 함대들이 ㄴ)키프로스 쪽에서 온다.
그것들이 앗시리아를 괴롭히고,
에벨도 괴롭힐 것이다.
그러나 그것들마저도
망하고야 말 것이다."
25 발람은 급히 길을 떠나서, 그가 살던 곳으로 돌아갔다. 발락도 제가 갈 곳으로 갔다.

브올에서 생긴 일

25 1 이스라엘이 싯딤에 머무는 동안에,
백성들이 모압 사람의 딸들과 음행을 하기
시작하였다. 2 모압 사람의 딸들이 자기 신들에
게 바치는 제사에 이스라엘 백성을 초대하였고,
이스라엘 백성은 거기에 가서 먹고, 그 신들에게
머리를 숙였다. 3 그래서 이스라엘은 바알브올과
결합하였다. 주님께서는 이스라엘에게 크게 진노
하셨다.
4 주님께서 모세에게 말씀하셨다. "너는 백성
의 우두머리들을 모두 잡아다가, ㄷ)해가 환히 비치
는 대낮에, 주 앞에서 그것들의 목을 매달아라. 그
래야만 나 주의 진노가 이스라엘에서 떠날 것이
다." 5 모세는 이스라엘 재판관들에게 말하였다.
"당신들은 제각기 당신들의 남자들 가운데서 바
알브올과 결합한 자들을 죽이시오!"
6 이스라엘 자손이 회막 어귀에서 통곡하고
있을 때에, 이스라엘 자손 가운데서 한 남자가, 모
세와 이스라엘 자손 온 회중이 보는 앞에서 한 미
디안 여자를 데리고 집으로 들어갔다. 7 아론의
손자이자 엘르아살의 아들인 제사장 비느하스가
이것을 보고 회중 가운데서 나와, 창을 들고,
8 그 두 남녀를 따라 장막 안으로 들어가, 이스라
엘 남자와 미디안 여자의 배를 꿰뚫으니, 염병이
이스라엘 자손 사이에서 그쳤다. 9 그러나 그 염
병으로 이미 죽은 사람이 이만 사천 명이었다.

ㄱ) '소동하는' ㄴ) 히, '깃딤' ㄷ) 또는 '여러 사람 앞에'

24:1-14 발람의 세 번째 예언에는 이스라엘이 비옥한 땅과 군사력을 주변국가에 보여 줄 것이라는 약속이 담겨있다. **24:7** *아각.* 아마 사울 왕에 의해 패배한 아말렉 왕 아각을 가리키는 것 같다 (삼상 15장). **24:9** 사자가 *엎드리고 웅크린 모양은* 창 49:9-10에 기록된 야곱의 축복에 따른 유다 가문의 융성, 아마도 다윗 왕과 그 왕조(23:24)에 대한 이미지를 표현하는 것 같다.

24:15-25 발람 예언의 절정인 마지막 예언은 모압에 대한 저주와 이스라엘의 복 있는, 그리고 전능한 왕에 대한 약속이다. 발락 왕이 발람을 고용하여 듣기 원한 내용과는 정반대가 된다. **24:16** *가장 높으신 분* (히브리어, 엘온). 이것은 이스라엘이 하나님을 가리키는 표현으로 오래 전부터 사용한 것이며, 창 14:18-24와 신 32:8 등에 나타난다. *전능자* (히브리어, *샤다이*). 24:1-25에 관한 주석을 보라. **24:17** 별과 통치 지팡이(scepter)는 위대한 왕에 대한 약속으로 이스라엘 백성 가운데 나아와 승리를 이끄는 지도자의 이미지로 사용되었다 (사 9:1-7; 11:1-9). 이러한 예언에 대한 실현은 종종 다윗 왕이 모압과 에돔을 정복하는 것으로 이루어졌다고 이해되기도 했다 (삼하 8:2, 11-14).

특별 주석

민 24:17이 기록한 한 별이 야곱에게서 나올 것이다 라는 예언은 초기 유대전통과 기독교전통의 메시아사상과 연결되어 해석되기도 한다.

10 주님께서 모세에게 말씀하셨다. 11 "아론의 손자이자 엘르아살의 아들인 제사장 비느하스가 한 일을 보아서, 내가 더 이상 이스라엘 자손에게 화를 내지 않겠다. 그는, 이스라엘 자손이 나 밖의 다른 신을 섬기는 것을 결코 용납하지 않았다. 그러므로 나는, 이스라엘 자손을 홧김에 멸하는 일은 삼갔다. 12 그러므로 너는, 내가 비느하스와 평화의 언약을 맺으려 한다고 말하여라. 13 그와 그 뒤를 잇는 자손에게, 영원한 제사장 직분을 보장하는 언약을 세우겠다. 그는 나 밖의 다른 신을 섬기는 것을 용납하지 않았고, 그렇게 함으로써 이스라엘 자손의 죄를 속해 주었기 때문이다."

14 미디안 여자와 함께 죽은 그 이스라엘 남자는, 시므온 가문의 지도자인 살루의 아들 시므리이다. 15 그와 함께 죽은 미디안 여자는, 미디안에 있는 한 가문의 종파 우두머리인 수르의 딸 고스비이다.

16 주님께서 모세에게 다음과 같이 말씀하셨다. 17 "너희는 미디안 사람을 원수로 여겨, 그들을 쳐죽여라. 18 그들은 브올에서 생겼던 일과, 미디안의 한 우두머리의 딸, 곧 브올에서 생긴 일로 염병이 돌던 때에 처형당한 그들의 누이 고스비의 일로 너희를 속였고, 그렇게 너희를 속였을 때에, 이미 너희에게 고통을 주었기 때문이다."

두 번째 인구조사

26 1 염병이 지나간 뒤에, 주님께서 모세와 아론의 아들 제사장 엘르아살에게 말씀하셨다. 2 "이스라엘 자손의 온 회중의 머리 수를 세어라. 스무 살부터 그 위로, 이스라엘에서 군대에 나갈 수 있는 이들을 모두 조상의 가문별로 세어라." 3 모세와 제사장 엘르아살은 여리고 건너편 요단 강 가의 모압 평지에서 백성에게 이 사실을 알리고, 이렇게 지시하였다. 4 "주님께서 모세에게 명하신 대로, 스무 살부터 그 위로 남자의 수를 세시오."

이집트 땅에서 나온 이스라엘 자손은 다음과 같다.

5 이스라엘의 맏아들은 르우벤이다. 르우벤의 자손은, 하녹에게서 난 하녹 가족과, 발루에게서 난

24:18 *세일.* 세일은 에돔의 다른 이름이다 (창 32:3). **24:20** 아말렉과 그 사람들에 대해서는 13:29에 관한 주석을 보라. **24:21-22** 가인 족속은 미디안 족속으로 성경에 기록되기도 했다 (10:29-32에 관한 주석을 보라). 그들은 이스라엘 사람들에게 친근하게 표현되기도 하며 (출 2:11-22; 민 10:29-32), 위협적으로 등장하기도 한다 (민 25, 31장; 삿 6—8장). 히브리어 가인은 겐족의 이름과 매우 비슷하며, 창 4:1-17의 가인을 부족의 조상으로 보기도 한다. **24:24** *키프로스의* 히브리어 이름은 깃딤이며, 앗시리아는 *앗수르*이다. 하지만 본문의 에벨은 어느 나라를 지칭하는지 불분명하다 (창 10:21).

25:1-18 25장은 출애굽 1세대가 저지른 마지막 두 번의 반역행위에 대한 기록이다. 앞의 사건은 이스라엘 남자들이 모압 여자들과 음행하고, 모압의 신, 바알브올에게 우상숭배 하는 것이다 (1-5절). 그 뒤는 한 이스라엘 남성이 미디안 여인을 자신의 집으로 데리고 들어간 것으로 인해 온 회중에게 (전)염병이 돌게 된 사건이다. 아론의 손자인 비느하스가 그 남녀를 죽임으로 이미 24,000명이 죽은 재앙이 멈추게 되었다 (6-18절). 이렇게 반항적인 이스라엘 백성은 출애굽 1세대의 마지막 남은 세대로 광야에서 죽게 될 것으로 비난받았던 사람들일 것이다 (14:28-30). 다음 장에서 이루어질 두 번째 인구조사는 광야생활을 끝내고 약속의 땅 가나안으로 진입할 새로운 세대의 시작이 된다 (26:63-65).

25:1-5 이스라엘 남성들은 모압 여성들에게 빠져들어가 결국 이방신인 *바알브올*을 신으로 섬기기 시작한다. **25:1** *음행*이라는 히브리어 단어 *자나*는 성관계를 뜻하며, 이 동사는 금지된 이방신을 섬기는 행동을 표현하기도 했다 (출 34:12-16).

특별 주석

이스라엘 백성과 다른 부족과의 결혼은 매우 강하게 비난 받았는데, 이것은 우상숭배와 이방신을 섬기는 것으로 연결되기 때문이다 (신 7:1-5). 그러나 모세가 미디안 여인과 결혼한 기록(출 2:15-22)이나 모압 여인이었던 룻이 이스라엘의 명문가의 남편과 재혼하는 기록을 보면 이러한 혼인관계가 이스라엘 백성의 종교적 신념을 모두 무너뜨리는 것으로 보이지 않는 경우도 등장한다.

25:6-18 시므온 가문의 한 남자가 *미디안 여인*을 집으로 데리고 오는 것은 수만의 이스라엘 백성이 죽음에 이를 만큼 심각한 죄악이다. 이 재앙은 제사장 *비느하스가* 그 남녀를 죽임으로 그치게 된다. 비느하스의 결단 있는 행동에 하나님은 *영원한 제사장 직분*을 보장하는 언약을 세운다. 이 약속은 아론과 그의 아들들에게 행해진 하나님의 약속과 연결선상에 있는 것이다 (13절; 출 40:12-15 참고). **25:16-18** *주님은 모세에게 미디안 사람을 원수로 여기라고* 명령한다. 이유는 그들이 이스라엘 사람들에게 다른 신을 섬기는 우상숭배를 유혹하고 부추기기 때문이다.

발루 가족과, 6 헤스론에게서 난 헤스론 가족과,
갈미에게서 난 갈미 가족이다. 7 이들은 르우벤 가
족이며, 등록된 이들은 사만 삼천칠백삼십 명이다.

8 발루의 아들 가운데는 엘리압이 있었다.
9 엘리압의 아들은 느무엘과 다단과 아비람이다.
다단과 아비람은, 바로 모세와 아론에게 맞서 반
역한 자들로서, 고라의 무리가 주님께 대항하여
반역할 때에 그들 가운데 있던 자들이며, 회중에서
부름받은 자들이다. 10 땅이 그 입을 벌려, 고라와
함께 그들도 삼켰다. 그 무리가 죽을 때에, 불이
사람 이백오십 명을 살랐는데, 그들은 본보기가
되었다. 11 그렇지만 고라의 자손은 죽지 않았다.

12 시므온 자손은 가족별로, 느무엘에게서
난 느무엘 가족과, 야민에게서 난 야민 가족과, 야
긴에게서 난 야긴 가족과, 13 세라에게서 난 세
라 가족과, 사울에게서 난 사울 가족이다. 14 이
들은 시므온 가족이며, 등록된 이들은 이만 이천
이백 명이다.

15 갓 자손은 가족별로, 스본에게서 난 스본
가족과, 학기에게서 난 학기 가족과, 수니에게서
난 수니 가족과, 16 오스니에게서 난 오스니 가
족과, 에리에게서 난 에리 가족과, 17 아롯에게서
난 아롯 가족과, 아렐리에게서 난 아렐리 가족이다.
18 이들은 갓 자손의 가족이며, 등록된 이들은
사만 오백 명이다.

19 유다의 아들들은 에르와 오난이다. 에르
와 오난은 가나안 땅에서 죽었다.

20 유다 자손은 가족별로, 셀라에게서 난 셀
라 가족과, 베레스에게서 난 베레스 가족과, 세라
에게서 난 세라 가족이다. 21 베레스 자손은 헤스
론에게서 난 헤스론 가족과, 하물에게서 난 하물
가족이다. 22 이들은 유다 가족이며, 등록된 이들
은 칠만 육천오백 명이다.

23 잇사갈 자손은 가족별로, 돌라에게서 난
돌라 가족과, 부와에게서 난 부니 가족과, 24 야숩
에게서 난 야숩 가족과, 시므론에게서 난 시므론
가족이다. 25 이들은 잇사갈 가족이며, 등록된
이들은 육만 사천삼백 명이다.

26 스불론 자손은 가족별로, 세렛에게서 난
세렛 가족과, 엘론에게서 난 엘론 가족과, 얄르엘
에게서 난 얄르엘 가족이다. 27 이들은 스불론
가족이며, 등록된 이들은 육만 오백 명이다.

28 요셉 자손은, 가족별로는 므낫세와 에브라
임으로 나뉜다.

29 므낫세 자손은, 마길에게서 난 마길 가족
과, 마길의 아들인 길르앗에게서 난 길르앗 가족이
다. 30 길르앗 자손은, 이에셀에게서 난 이에
셀 가족과, 헬렉에게서 난 헬렉 가족과, 31 아스
리엘에게서 난 아스리엘 가족과, 세겜에게서 난
세겜 가족과, 32 스미다에게서 난 스미다 가
족과, 헤벨에게서 난 헤벨 가족이다. 33 헤벨의
아들 슬로브핫에게는 아들이 없다. 그에게는
오직 딸들만 있는데, 그 딸들의 이름은 말라와 노
아와 호글라와 밀가와 디르사이다. 34 이들은
므낫세 가족이며, 등록된 이들은 오만 이천칠백
명이다.

35 에브라임 자손은 가족별로, 수델라에게서
난 수델라 가족과, 베겔에게서 난 베겔 가족과, 다
한에게서 난 다한 가족이다. 36 수델라 자손은 에
란에게서 난 에란 가족이다. 37 이들은 에브라
임 자손 가족이다. 등록된 이들은 삼만 이천오백
명이다. 이것은 요셉 자손을 그 가족별로 나누어
본 것이다.

38 베냐민 자손은 가족별로, 벨라에게서 난
벨라 가족과, 아스벨에게서 난 아스벨 가족과, 아
히람에게서 난 아히람 가족과, 39 스부밤에게서
난 스부밤 가족과, 후밤에게서 난 후밤 가족이다.
40 벨라 자손은 아릇과 나아만이다. 아릇에게서
난 아릇 가족과, 나아만에게서 난 나아만 가족이다.
41 이들은 가족별로 본 베냐민 자손이며, 등록된
이들은 사만 오천육백 명이다.

42 다음은 단 자손을 가족별로 본 것이다. 수
함에게서 수함 가족이 났다. 이들은 가족별로 본
단 가족들이다. 43 이들은 모두 수함 가족이며,
등록된 이들은 육만 사천사백 명이다.

44 아셀 자손은 가족별로 보면, 임나에게서

26:1-65 두 번째 인구조사는 광야에서 태어나 약속의 땅 가나안으로 들어갈 이스라엘의 새로운 세대가 반역과 죽음으로 막을 내린 출애굽 1세대(이전 세대)를 마감하고 출발하는 새로운 여정의 출발점이다 (14:28-35; 26:63-65). 인구조사는 12지파로부터 시작하여 (1-56절), 성막에서 사역하는 대제사장을 도울 제사장 지파 레위 가문으로 연결된다 (57-65절).

26:1-56 두 번째 인구조사의 남성 숫자는 열두 지파에 속한 20세 이상이 된 성인의 숫자를 파악하여 가나안 땅을 인구비례에 맞추어 분배하기 위한 것이다 (52-56절; 수 13—19장을 참조하라). 이전 광야세대를 위해 행해진 첫 번째 인구조사 결과는 1:17-47에 기록되어있다. **26:5-7** 인구조사의 형식은 첫 번째의 것과 거의 비슷하지만 각 지파에게 새로운 가문의 이름이 추가되어 새로운 세대가 태어난 것(1:20-21 비교)을 분명하게 명시하고 있다. 각 지파의 이름은 창 46:8-27과

난 임나 가족과, 이스위에게서 난 이스위 가족과,
브리아에게서 난 브리아 가족이다. 45 브리아
자손은, 헤벨에게서 난 헤벨 가족과, 말기엘에게서
난 말기엘 가족이다. 46 아셀에게는 딸이 있었
는데, 그 이름은 세라이다. 47 이들은 아셀 가족
이며, 등록된 이들은 오만 삼천사백 명이다.
48 납달리 자손은 가족별로, 야스엘에게서
난 야스엘 가족과, 구니에게서 난 구니 가족과,
49 예셀에게서 난 예셀 가족과, 실렘에게서 난
실렘 가족이다. 50 이들은 가족별로 본 납달리
가족이며, 등록된 이들은 사만 오천사백 명이다.
51 이들과 같이 등록된 이스라엘 자손은, 모
두 육십만 천칠백삼십 명이었다.
52 주님께서 모세에게 말씀하셨다. 53 "땅
은 사람 수에 따라서, 그들의 유산으로 나누어 주
어야 한다. 54 사람이 많으면 유산을 많이 주어야
하고, 사람이 적으면 유산을 적게 주어야 한다. 유
산은 등록된 사람 수에 따라서, 각기 나누어 주어
야 한다. 55 유산으로 받는 땅은 오직 제비를 뽑
아 나누어야 하고, 그들은 그것을 조상 때부터 내
려오는 지파의 이름으로 물려받아야 한다. 56 각
유산은 제비를 뽑아 나누어야 한다. 사람 수가 많
은 지파들은 큰 땅을, 사람 수가 적은 지파들은 적
은 땅을 놓고 추첨하여야 한다."
57 가족별로 등록된 레위 사람은, 게르손에
게서 난 게르손 가족과, 고핫에게서 난 고핫 가족
과, 므라리에게서 난 므라리 가족이다. 58 다음
은 레위 가족인데, 립니 가족과 헤브론 가족과 마
흘리 가족과 무시 가족과 고라 가족이다. 고핫은
아므람을 낳았으며, 59 아므람의 아내의 이름은
요게벳인데, 그는 레위가 이집트에서 얻은 딸이
다. 요게벳은 아므람에게서 아론과 모세와 그 누
이 미리암을 낳았다. 60 아론에게서는 나답과
아비후와 엘르아살과 이다말이 태어났다. 61 그
러나 나답과 아비후는 금지된 불을 주 앞에 드리
다가 죽었다.
62 난 지 한 달 된 사람으로부터 그 위로 등
록된 모든 레위 남자는 이만 삼천 명이다. 이스라엘
자손 가운데서 그들에게만은 땅을 유산으로 주지
않았기 때문에, 그들은 다른 이스라엘 자손이 등
록된 명부에는 오르지 않았다.

63 이들은, 모세와 제사장 엘르아살이 여리
고 맞은편 요단 강 가 모압 평지에서 이스라엘 자
손의 인구를 조사할 때에, 그들이 등록시킨 이들
이다. 64 등록된 사람들 가운데는, 모세와 제사장
아론이 시내 광야에서 이스라엘 자손의 인구를 조
사할 때에 등록시켰던 사람은 한 명도 들어 있지
않았다. 65 주님께서, 그들이 광야에서 반드시
죽을 것이라고 말씀하셨기 때문이다. 여분네의 아
들 갈렙과 눈의 아들 여호수아를 제외하고는, 그들
가운데서 어느 한 사람도 살아 남지 못하였다.

슬로브핫의 딸들

27 1 슬로브핫의 딸들이 나아왔다. 슬로브
핫은 요셉의 아들인 므낫세의 가족으로
서, 헤벨의 아들이요, 길르앗의 손자요, 마길의
증손이요, 므낫세의 현손이다. 그의 딸들의 이름은
말라와 노아와 호글라와 밀가와 디르사이다. 2 그
들은 회막 어귀에서 모세와 제사장 엘르아살과 지
도자들과 온 회중 앞에 서서 호소하였다. 3 "우
리의 아버지는 광야에서 돌아가셨습니다. 그러나
주님을 거역하여 모였던 고라의 무리 속에 끼지는
않으셨습니다. 아버지께서는 다만 자신의 죄로 돌
아가셨습니다. 그런데 아버지께는 아들이 없습니
다. 4 그러나 아들이 없다는 이유로 아버지의 가
족 가운데서 아버지의 이름이 없어져야 한다니, 어
찌 이럴 수가 있습니까? 우리 아버지의 남자 친족
들이 유산을 물려받을 때에, 우리에게도 유산을 주
시기 바랍니다."
5 모세가 그들의 사정을 주님께 아뢰었다.
6 주님께서 모세에게 말씀하셨다. 7 "슬로브핫의
딸들이 한 말이 옳다. 그 아버지의 남자 친족들이
유산을 물려받을 때에, 너는 그들에게도 반드시
땅을 유산으로 주어라. 너는 그들의 아버지가 받
을 유산이 그 딸들에게 돌아가게 하여라. 8 너는
또 이스라엘 자손에게 이렇게 일러두어라. 어떤
사람이 아들이 없이 죽으면, 그 유산을 딸에게 상
속시켜라. 9 만일 딸이 없으면, 그 유산을 고인의
형제들에게 주어라. 10 그에게 형제마저도 없으
면, 그 유산을 아버지의 형제들에게 상속시켜라.
11 아버지의 형제들마저도 없으면, 그 유산을 그의

비슷하다. **26:12-14** 시므온 지파의 숫자가 첫 번째 인구조사의 59,300명에서 22,000명으로 가장 많은 감소를 보였다 (1:23을 참조하라). 이것은 25:14에 기록된 시므온 지파의 한 남성이 저지른 죄의 결과가 반영된 것으로 추측된다. 다른 지파의 숫자도 차이를 보이지만 이러한 급격한 변화는 보이지 않는다. **26:51** 열두 지파의 전체 인구는 601,730명으로 첫 인구조사의 603,550명보다 약간 줄었다 (1:46).

26:57-65 레위 지파를 위한 인구조사는 별도로 이루어졌는데, 그 이유는 그들이 가나안 땅을 분배받는

가문에서 그와 가장 가까운 친족에게 주어서, 그가 그것을 물려받게 하여라. 나 주가 모세에게 명한 것인 만큼, 여기에서 말한 것은 이스라엘 자손이 지켜야 할 율례이다."

모세의 후계자 여호수아 (신 31:1-8)

12 주님께서 모세에게 말씀하셨다. "너는 여기 아바림 산줄기를 타고 올라가서, 내가 이스라엘 자손에게 준 땅을 바라보아라. 13 그 땅을 본 다음에는, 너의 형 아론이 간 것같이, 너 또한 너의 ㄱ)조상에게로 돌아갈 것이다. 14 너희 둘이 신 광야에서 나의 명을 어겼기 때문에, 그 땅에는 들어가지 못한다. 온 회중이 므리바에서 나를 거역하여 반란을 일으켰을 때에, 너희들은 물을 터뜨려 회중이 보는 앞에서, 나의 거룩한 권능을 보였어야 만 하였는데, 너희는 그렇게 하지 않았다." 이것은 신 광야에 있는 가데스의 므리바에서 물이 터질 때의 일을 두고 말씀하신 것이다.

15 모세가 주님께 이렇게 아뢰었다. 16 "모든 사람에게 영을 주시는 주 하나님, 이 회중 위에 한 사람을 임명하여 주시기를 바랍니다. 17 그가 백성 앞에서 나가기도 하고, 백성 앞에서 들어오기도 할 것입니다. 백성을 데리고 나가기도 하고, 데리고 들어오기도 할 것입니다. 주님의 회중이 목자 없는 양 떼처럼 되지 않도록 하여 주십시오."

18 주님께서 모세에게 말씀하셨다. "너는 눈의 아들 여호수아를 데리고 오너라. 그는 영감을 받은 사람이다. 너는 그에게 손을 얹어라. 19 너는 그를 제사장 엘르아살과 온 회중 앞에 세우고, 그들이 보는 앞에서 그를 후계자로 임명하여라. 20 너는 그에게 네가 가지고 있는 권위를 물려주어서, 이스라엘 자손 온 회중이 그에게 복종하게 하여라. 21 그는, 상의할 일이 있을 때마다 제사장 엘르아살 앞에 가서 설 것이며, 여호수아를 대신하여, 엘르아살이 우림의 판결을 사용하여 나 주에게 여쭐 것이다. 그러면 여호수아와 그와 함께 있는 온 이스라엘 자손, 곧 온 총회는 그의 말에 따라서 나가기도 하고, 그의 말에 따라서 들어오기도 할 것이다."

22 모세는 주님께서 그에게 명하신 대로 하였다. 모세는 여호수아를 데려다가 제사장 엘르아살과 온 회중 앞에 세우고, 23 주님께서 말씀하신 대로 자기의 손을 여호수아에게 얹어서, 그를 후계자로 임명하였다.

제사 (출 29:38-46)

28 1 주님께서 모세에게 말씀하셨다. 2 "너는 이스라엘 자손에게 명령하여라. 너는 그들에게 말하여라.

정해진 절기에 따라서, 너희는, 내가 받을 제물, 내가 먹을 음식, 곧 나에게 불살라 바쳐서 나를 기쁘게 하는 향기의 희생제사를 어김없이 바치도록 하여라."

날마다 바치는 번제물

3 "너는 또 그들에게 말하여라.

너희가 나 주에게 바쳐야 할 불살라 바치는 제사는 다음과 같다.

일 년 된 흠 없는 어린 숫양을 날마다 두 마리씩, 날마다 바치는 번제로 바쳐라. 4 숫양 한 마리는 아침에 바치고, 다른 한 마리는 저녁에 바쳐라. 5 첫째 숫양을 바칠 때에 함께 바칠 곡식제물은, 찧어 짠 기름 사분의 일 힌을 섞어서 반죽한, 고운 밀가루 십분의 일 에바이다. 6 날마다 바치는 번제는 기쁘게 하는 향기, 곧 나 주에게 불살라 바치는 제물로 바치는 것이며, 이것은 시내 산에서 이미 정한 것이다. 7 이것과 함께 바칠 부어 드리는 제물은, 숫양 한 마리마다 사분의 일 힌으로 한다. 너는 거룩한 곳에서 독한 술을 나 주에게 부어 바쳐라. 8 저녁에 둘째 숫양을 바칠 때에도, 아침에 한 것처럼 그렇게 곡식제물과 부어 드리는 제물을 바쳐라. 이것은 향기로 주를 기쁘게 하는 살라 바치는 제사이다."

ㄱ) 히. '백성'

데 직접 참여하지 않았기 때문이다 (62절). **26:61** 레위기 10:1-2를 보라. **26:64-65** 두 번째 인구조사에는 믿음을 가진 정탐꾼이었던 갈렙과 여호수아를 제외한 이전세대의 어느 누구도 포함되지 않았다 (1:17-47). 이전세대의 모든 사람은 그들의 반역과 가나안 땅 정복에 대한 거부로 인해 광야에서 죽었다 (14:20-25, 28-38).

27:1-23 슬로브핫의 다섯 딸은 아버지에게 아들이 없어 가나안 땅을 유산으로 상속받지 못할 상황에 대해 호소하여 땅을 분배받게 된다 (1-11절). 이러한 예외규정은 지파간의 균등한 토지 분배를 위해 취해진 조치이다. 36:1-12에서는 예외규정에 대한 제한조건이 설명되고, 수 17:3-6에서는 이것이 실제로 집행된

안식일 제물

9 "안식일에도 일 년 된 흠 없는 어린 숫양 두 마리를, 기름으로 반죽한 고운 밀가루 십분의 이 에바의 곡식제물과, 거기에 맞는 부어 드리는 제물과 함께 바쳐라. 10 안식일에는, 날마다 바치는 번제와 부어 드리는 제물 외에, 안식일 번제를 따로 바쳐야 한다."

초하루 제물

11 "너희의 달력으로 매달 초하루마다, 너희는 나 주에게 번제를 바쳐라. 수송아지 두 마리와 숫양 한 마리와 일 년 된 어린 숫양 일곱 마리를 흠 없는 것들로 바쳐라. 12 수소 한 마리마다 그것과 함께 바칠 곡식제물은 기름에 반죽한 고운 밀가루 십분의 삼 에바씩이다. 숫양 한 마리와 함께 바칠 곡식제물은 기름에 반죽한 고운 밀가루 십분의 이 에바이다. 13 어린 숫양 한 마리마다 그것과 함께 바칠 곡식제물은 기름에 반죽한 고운 밀가루 십분의 일 에바씩이다. 이것이 번제, 곧 기쁘게 하는 향기로 나 주에게 불살라 바치는 제사이다. 14 이것과 함께 바칠 부어 드리는 제물은, 수소의 경우에는 한 마리에 반 힌씩이고, 숫양 한 마리에는 삼분의 일 힌씩이고, 어린 숫양의 경우에는 한 마리에 사분의 일 힌씩이다. 이것이 일 년 내내 매달 바쳐야 하는 초하루 번제이다. 15 날마다 바치는 번제와 거기에 딸린 부어 드리는 제물 외에도, 숫염소 한 마리를 속죄제물로 나 주에게 바쳐야 한다."

유월절 제사 (레 23:5-14)

16 "첫째 달, 그 달 열나흗날은 나 주의 유월절이다. 17 같은 달 보름부터는 절기가 시작되니, 이레 동안은 누룩을 넣지 않고 만든 빵을 먹어야 한다. 18 첫날에는 거룩한 모임을 열고, 생업을 돕는 일은 아무것도 하지 말아라. 19 너희는 살라 바치는 제사 곧 번제를 나 주에게 바쳐라. 수송아지 두 마리와 숫양 한 마리와 일 년 된 어린 숫양 일곱 마리를 흠 없는 것들로 골라서 바쳐라. 20 이와 함께 너희는 기름에 반죽한 고운 밀가루를 곡식제물로 바치되, 수소 한 마리마다 십분의 삼 에바씩을 바치고, 숫양 한 마리에는 십분의 이 에바를 바치고, 21 어린 숫양 일곱 마리의 경우에는 어린 숫양 한 마리마다 십분의 일 에바씩을 바쳐라. 22 또 숫염소 한 마리를 속죄제물로 바쳐, 너희의 죄를 속하여라. 23 이것들은 아침 번제, 곧 날마다 바치는 번제 외에 따로 바쳐야 하는 것들이다. 24 너희는 이레 동안 날마다 이렇게, 내가 받을 음식을, 나 주에게 불살라 바치는 제사, 곧 기쁘게 하는 향기로 바쳐라. 이것은, 날마다 바치는 번제와 거기에 딸린 부어 드리는 제물 외에 따로 바쳐야 한다. 25 이레째 되는 날에, 너희는 다시 거룩한 모임을 열고, 생업을 돕는 일은 아무것도 하지 말아라."

칠칠절 제사

26 "햇곡식의 날, 곧 새 곡식제물을 나 주에게 가져오는 ㄱ)칠칠절에는 거룩한 모임을 열고, 생업을 위한 일은 아무것도 하지 말아라. 27 너희는 나 주를 향기로 기쁘게 하는 번제로, 수송아지 두 마리와 숫양 한 마리와 일 년 된 어린 숫양 일곱 마리를 바쳐라. 28 이와 함께 너희는 기름에 반죽한 고운 밀가루를 곡식제물로 바치되, 수소 한 마리마다 십분의 삼 에바씩을 바치고, 숫양 한 마리에는 십분의 이 에바를 바치고, 29 어린 숫양 일곱 마

ㄱ) 유월절 이후 오십일 (레 23:15-16)

다. 또한 하나님은 모세의 지도력을 여호수아에게 이양할 것을 명령한다. 이것은 이스라엘이 가나안으로 진입하기 전, 그가 아론의 뒤를 이어 곧 죽기 때문이다 (12-23절).

27:1-11 하나님은 새로운 사법적인 결정을 통해 아들이 전혀 없던 집안의 딸들에게도 가문의 유산이 분배되도록 허락했다. **27:1** *슬로브핫은 므낫세 지파에* 속한 사람으로 자녀 중에 아들이 없었으며, 그 기록은 26:33에 인구조사에 언급되어 있다. **27:2** *회막에* 대해서는 1:1에 관한 주석을 보라. **27:3** 이 딸들은 *모세에게* 그들의 아버지가 *고라의* 반역(16장)에 연관되지 않았다는 것을 거듭 말한다. 위와 같은 반역행위에 참여한 가족은 가나안 땅의 분배에 참여할 권리를 박탈당한 것으로 추측하는 근거가 되기도 한다.

27:12-23 하나님은 모세에게 여호수아를 새 지도자로 세워 모세의 죽음 이후를 대비하게 하신다. **27:13** *아론의* 죽음에 관해서는 20:22-29를 보라. **27:14** *모세가* 새로운 세대와 함께 가나안 땅으로 들어가지 못하는 이유는 므리바에서 행한 실수라고 기록한다 (20:2-13; 또한 신 32:50-52를 보라). 또 다른 전통은 모세 자신의 죄 때문이 아니라 백성의 지속적인 죄로 인해 지도자인 모세도 가나안에 들어가지 못했다

리의 경우에는, 어린 숫양 한 마리마다 십분의 일
에바씩을 바쳐라. 30 또 숫염소 한 마리를 바쳐,
너희의 죄를 속하여라. 31 이러한 제물은 거기에
맞게, 부어 드리는 제물과 함께 흠 없는 것으로 바
치되, 날마다 바치는 번제와 거기에 딸린 곡식제물
외에 따로 바치는 것이다."

신년 제사 (레 23:23-25)

29 1 "ㄱ)일곱째 달, 그 달 초하루에는 거룩한
모임을 열고, 생업을 돕는 일은 아무것도
하지 말아라. 그 날은 나팔을 부는 날이다. 2 너
희는 나 주를 향기로 기쁘게 하는 번제로, 수송아
지 한 마리와 숫양 한 마리와 일 년 된 어린 숫양
일곱 마리를 흠 없는 것들로 바쳐라. 3 이와 함께
너희는 기름에 반죽한 고운 밀가루를 곡식제물로
바치되, 수소 한 마리에는 십분의 삼 에바를 바치
고, 숫양 한 마리에는 십분의 이 에바를 바치고,
4 어린 숫양 일곱 마리의 경우에는, 어린 숫양 한
마리마다 십분의 일 에바씩을 바쳐라. 5 또 숫염소
한 마리를 속죄제물로 바쳐, 너희의 죄를 속하여라.
6 이러한 제사는, 나 주에게 불살라 바치는 나를
기쁘게 하는 향기 제사로서, 새 달에 바치는 번제와
거기에 딸린 곡식제물과, 날마다 바치는 번제와
거기에 딸린 곡식제물과, 거기에 딸린 부어 드리는
제물 외에 따로 바치는 것이다."

속죄일 제사 (레 23:26-32)

7 "같은 달, 곧 일곱째 달 열흘날에도 너희는
거룩한 모임을 열고 고행하여라. 너희는 아무 일도
해서는 안 된다. 8 너희는 나 주를 향기로 기쁘게
하는 번제로, 수송아지 한 마리와 숫양 한 마리와
일 년 된 어린 숫양 일곱 마리를 골라서 바쳐라.
9 이와 함께 너희는 기름에 반죽한 고운 밀가루를
곡식제물로 바치되, 수소 한 마리에는 십분의 삼
에바를 바치고, 숫양 한 마리에는 십분의 이 에바를
바치고, 10 어린 숫양 일곱 마리의 경우에는, 어
린 숫양 한 마리마다 십분의 일 에바씩을 바쳐라.
11 또 숫염소 한 마리를 속죄제물로 바치는데,
이것은, 죄를 속하는 속죄제물과 날마다 바치는
번제와 거기에 딸린 곡식제물과 부어 드리는 제물
외에 따로 바치는 것이다."

장막절 제사 (레 23:33-44)

12 "일곱째 달 보름날에도 거룩한 모임을 열
고 생업을 돕는 일은 아무것도 하지 말아라. 이레
동안 주 앞에서 절기를 지켜라. 13 제물을 불에
태워, 나 주를 향기로 기쁘게 하는 번제를 바쳐라.
소 곧 수송아지 열세 마리와 숫양 두 마리와 일 년
된 어린 숫양 열네 마리를 바치되, 다 흠 없는 것
으로 바쳐야 한다. 14 이와 함께 기름에 반죽한
고운 밀가루를 곡식제물로 바치되, 열세 마리의 수
송아지에는 수송아지 한 마리마다 십분의 삼 에바
씩 바치고, 숫양 두 마리에는 숫양 한 마리마다 십
분의 이 에바씩 바치고, 15 열네 마리의 숫양에
는 숫양 한 마리마다 십분의 일 에바씩 바쳐라.
16 또 숫염소 한 마리를 속죄제물로 바쳐라. 이것
은, 날마다 바치는 번제와 거기에 딸린 곡식제물과
부어 드리는 제물 외에 따로 바치는 것이다.
17 둘째 날에는 소 곧 수송아지 열두 마리와
숫양 두 마리와 일 년 된 어린 숫양 열네 마리를
다 흠 없는 것으로 바쳐라. 18 수송아지와 숫양과
어린 숫양과 함께 바치는 곡식제물과 부어 드리는
제물은, 제각기 그 짐승 수효에 따라 규례대로 바
쳐야 한다. 19 또 숫염소 한 마리는 속죄제물로
바쳐라. 이것은, 날마다 바치는 번제와 거기에 딸린
곡식제물과 부어 드리는 제물 외에 따로 바치는
것이다.

ㄱ) '티스리'월, 양력 구월 중순 이후

고 설명한다 (신 1:37; 3:23-28). **27:18** *영감* (*spirit*)과 지도력에 대해서는 11:16-17에 관한 주석을 보라. 손을 얹어 안수하는 것은 모세에게서 여호수아에게로 지도력이 이양되는 예식의 모습을 보여준다. **27:21** *우림*은 *둠밈*과 함께 예언사역에 사용된 돌멩이 세트로 제사장이 하나님의 의지를 반영해 '예 혹은 아니오'를 알아보기 위해 사용하는 도구이다 (출 28:30; 삼상 14:41).

28:1-31 하나님은 모세에게 여러 절기에 맞추어 드려지는 제사와 제물에 대해 다시 말씀하신다. 이와 비슷한 목록이 레 23:1-44와 신 16:1-17에 등장한다. **28:5** 에바는 이분의 일 부셀, 18리터 정도이고, 힌은 1리터와 4리터 사이의 부피를 재는 단위이다. **28:9** 이 규정은 오경 중의 유일한 기록이며 안식일에 드리는 제물에 대한 규정이다. **28:16** *유월절*은 이스라엘이 이집트의 노예생활에서 해방된 것을 기념하는 봄철 축제절기이다 (출 12:1—13:10). **28:17** *누룩을 넣지 않고 만든 빵*은 반죽이 부풀어 오를 때까지 기다리지 않는 것으로 이집트의 노예생활에서 갑자기 탈출할 때를 기억하기 위한 음식이다 (출 12:33-34). **28:26** *칠칠절* (유월절 이후 오

20 셋째 날에는 수송아지 열한 마리와 숫양
두 마리와 일 년 된 어린 숫양 열네 마리를 흠
없는 것으로 바쳐라. 21 수송아지와 숫양과
어린 숫양과 함께 바치는, 곡식제물과 부어 드리는
제물은, 제각기 그 짐승 수효에 따라 규례대로
바쳐야 한다. 22 또 숫염소 한 마리를 속죄제물
로 바쳐라. 이것은, 날마다 바치는 번제와 거기에
딸린 곡식제물과 부어 드리는 제물 외에 따로
바치는 것이다.

23 넷째 날에는 수송아지 열 마리와 숫양 두
마리와 일 년 된 어린 숫양 열네 마리를 흠 없는
것으로 바쳐라. 24 수송아지와 숫양과 어린 숫
양과 함께 바치는 곡식제물과 부어 드리는 제물은,
제각기 그 짐승 수효에 따라 규례대로 바쳐야 한다.
25 또 숫염소 한 마리를 속죄제물로 바쳐라. 이
것은, 날마다 바치는 번제와 거기에 딸린 곡식제
물과 부어 드리는 제물 외에 따로 바치는 것이다.

26 다섯째 날에는 수송아지 아홉 마리와 숫
양 두 마리와 일 년 된 어린 숫양 열네 마리를 흠
없는 것으로 바쳐라. 27 수송아지와 숫양과 어린
숫양과 함께 바치는 곡식제물과 부어 드리는 제물
은, 제각기 그 짐승 수효에 따라 규례대로 바쳐야
한다. 28 또 숫염소 한 마리를 속죄제물로 바쳐라.
이것은, 날마다 바치는 번제와 거기에 딸린 곡식제
물과 부어 드리는 제물 외에 따로 바치는 것이다.

29 여섯째 날에는 수송아지 여덟 마리와 숫
양 두 마리와 일 년 된 어린 숫양 열네 마리를 흠
없는 것으로 바쳐라. 30 수송아지와 숫양과 어
린 숫양과 함께 바치는 곡식제물과 부어 드리는
제물은, 제각기 그 짐승 수효에 따라 규례대로 바
쳐야 한다. 31 또 숫염소 한 마리를 속죄제물로
바쳐라. 이것은, 날마다 바치는 번제와 거기에 딸
린 곡식제물과 부어 드리는 제물 외에 따로 바치
는 것이다.

32 일곱째 날에는 수송아지 일곱 마리와 숫양
두 마리와 일 년 된 어린 숫양 열네 마리를 흠 없는
것으로 바쳐라. 33 수송아지와 숫양과 어린 숫양
과 함께 바치는 곡식제물과 부어 드리는 제물은, 제
각기 그 짐승 수효에 따라 규례대로 바쳐야 한다.
34 또 숫염소 한 마리를 속죄제물로 바쳐라. 이것
은, 날마다 바치는 번제와 거기에 딸린 곡식제물과
부어 드리는 제물 외에 따로 바치는 것이다.

35 여덟째 날에는 거룩한 모임을 열고, 생업
을 돕는 일은 아무것도 하지 말아라. 36 제물을
불에 태워 주를 기쁘게 하는 향기 곧 번제로 바쳐
라. 수송아지 한 마리와 숫양 한 마리와 일 년 된
어린 숫양 일곱 마리를 모두 흠 없는 것으로 바쳐
야 한다. 37 수송아지와 숫양과 어린 숫양과 함
께 바치는 곡식제물과 부어 드리는 제물은, 제각기
그 짐승 수효에 따라 규례대로 바쳐야 한다.
38 또 숫염소 한 마리를 속죄제물로 바쳐라. 이것
은, 날마다 바치는 번제와 거기에 딸린 곡식제물과
부어 드리는 제물 외에 따로 바치는 것이다.

39 정한 절기가 오면, 위에서 말한 번제와 곡
식제물과 부어 드리는 제물과 화목제물을 바쳐라.
이것은, 너희가 자원제와 서원제 말고, 따로 나 주
에게 바쳐야 하는 것들이다."

40 이렇게 모세는, 주님께서 그에게 명하신
모든 것을 이스라엘 자손에게 말하였다.

주님께 서원한 것

30 1 모세는 이스라엘 자손 각 지파 우두머
리들에게 말하였다. "이것은 주님께서 명
하신 것입니다."

2 "남자가 나 주에게 서원하였거나 맹세하여
스스로를 자제하기로 서약하였으면, 그는 자기가
한 말을 어겨서는 안 된다. 그는 입으로 한 말을
다 지켜야 한다. 3 여자가 아직 어린 나이에, 아

십일이 되기 때문에 오순절이라고도 부름). 밀 추수의 시작을 축하하는 절기이다 (레 23:15-21; 행 2:1-4).

29:1-40 하나님은 계속해서 시기에 맞는 제사와 절기에 대한 규정을 말씀하신다. **29:1** *일곱 번째 달의 첫째 날은 새해 첫 날* (*로시 하샤나*)이다. 이 날은 양력 9월 중순, 가을이다. **29:7** *속죄일* (*욤키퍼*)은 일곱 번째 달의 10일 날이다 (레 23:26-32). **29:12** 장막절(숙곳)은 *일곱 번째 달의 15일, 보름날*이다 (레 23:33-36).

30:1-16 모세는 지도자들에게 주님께 한 남성의 모든 서원/서약/맹세는 결코 어겨서는 안 된다고 경고한다. 고대 이스라엘 공동체에서 여성은 항상 남편이나 아버지의 책임 아래 있었다. 따라서 이 장은 아내나 딸이 자유롭게 서원한 것은 남편이나 아버지의 책임 아래 있지만, 그것에 대해 책임을 져야 할 수도 있고, 책임지지 않을 수도 있다고 설명한다. **30:9** 과부나 이혼한 여인은 자신을 돌보아 주거나 책임질 남성이 없음으로 자신의 서원에 대해 스스로 책임져야 한다.

31:1-54 하나님께서는 모세에게 이스라엘 백성으로 하여금 우상을 숭배하도록 타락시켰을 뿐만 아니라, 속인 미디안을 쳐서 원수를 갚으라고 명령하신다 (25:1-18). 새로운 세대가 치룬 첫 번째 전투는 성공적으로 끝나고, 전리품이 분배되었다. **31:2** *미디안*과의

버지의 집에 있으면서 나 주에게 서원하였거나 스
스로를 자제하기로 서약하였을 경우에는, 4 그의
아버지가 자기 딸의 서원이나 딸이 스스로를 자제
하기로 서약한 것을 듣고도 딸에게 아무 말도 하지
않았으면, 그 모든 서원은 그대로 살아 있다.
그가 한 서원과 스스로를 자제하기로 한 서약은
모두 그대로 성립된다. 5 그러나 딸이 스스로를
자제하기로 한 모든 서약과 서원을 아버지가 듣고
서 그 날로 말렸으면, 그것은 성립되지 않는다.
아버지가 딸의 서원을 말렸기 때문에, 나 주는 그
딸에게 책임을 묻지 않는다.
6 그러나 여자가 결혼한 다음에 서원하였거
나, 급하게 입술을 놀려 스스로를 자제하기로 경솔
하게 선언하였을 때에는, 7 그의 남편이 그것을
듣고서 들은 그 날로 아내에게 아무 말도 하지 않
았으면, 그 서원은 그대로 살아 있다. 그가 한 서원
과 스스로를 자제하기로 한 그 서약이 그대로 성
립된다. 8 그러나 그의 남편이 그것을 들은 그 날
로 아내를 말렸으면, 그의 아내가 스스로 한 서원
과 자신을 자제하기로 입술로 경솔하게 선언한 것
은 무효가 된다. 나 주는 그 여자에게 책임을 묻
지 않는다. 9 과부나 이혼당한 여자가 서원한
것, 곧 자신을 자제하기로 한 모든 서약은 그대로
그 여자에게 적용된다. 10 남편의 집에서 같이
살면서 서원하거나, 자신을 자제하기로 맹세하고
서약하였을 때에는, 11 그의 남편이 그것을 듣
고도 그 아내에게 아무 말도 하지 않았고, 아내를
말리지 않았으면, 그 모든 서원은 그대로 살아 있
다. 그가 한 서원과 자신을 자제하기로 한 서약은
모두 그대로 성립된다. 12 그러나 그의 남편이
듣는 그 날로 그것들을 파기하면, 그 아내의 입술
에서 나온 서원과 서약은 아무것도 성립되지 않는
다. 그의 남편이 이렇게 파기하면, 나 주는 그 여자
에게 책임을 묻지 않는다. 13 그의 남편은, 그의
아내가 한 어떤 서원이나 자신을 부인하고 자제하
기로 한 어떤 서약의 맹세라도 성립시키거나 파기
할 수 있다. 14 그러나 만일 그의 남편이 아내의
서원에 대하여 하루가 지날 때까지 아무 말도 하지
않으면, 남편은 아내의 서원과 아내가 자신을 자
제하기로 한 서약을 확인하는 것이 된다. 그것들
은 그대로 효력을 지니게 된다. 들은 바로 그 날
에 남편이 아내에게 아무 말도 하지 않았기 때문
이다. 15 그러나 만일 남편이 그가 들은 날로부
터 얼마 지나서 그것들을 파기한다면, 아내의 죄는
남편이 떠맡게 된다."
16 이것들은 주님께서 모세에게 명하신 것으
로서, 남편과 아내 사이에, 아버지와 아버지 집에
살고 있는 어린 딸 사이에 지켜야 할 율례이다.

미디안에게 주님의 원수를 갚다

31 1 주님께서 모세에게 이렇게 말씀하셨
다. 2 "너는 미디안 사람에게 이스라엘
자손의 원수를 갚아라. 그렇게 하고 난 다음에, 너
는 [ㄱ]조상에게로 돌아갈 것이다."
3 모세가 백성에게 말하였다. "당신들 가운데
서 전쟁에 나갈 사람들을 무장시키시오. 미디안을
쳐서, 미디안에 대한 주님의 원수를 갚아야 하오.
4 이스라엘 모든 지파는 각 지파마다, 어느 지파도
예외 없이, 천 명씩을 전쟁에 내보내야 하오."
5 그리하여 이스라엘 모든 족속에서 각 지파
마다 천 명씩이 전쟁에 나가려고 무장을 하고 나
섰는데, 그 수는 만 이천 명이었다. 6 모세는, 각
지파에서 천 명씩 뽑혀온 이들을 전쟁에 내보내면
서, 제사장 엘르아살의 아들 비느하스에게 성소의
기구들과 신호용 나팔을 들려, 그들과 함께 전쟁에
나가게 하였다. 7 그들은, 주님께서 모세에게 명
하신 대로 미디안을 쳐서, 남자는 모조리 죽여 버
렸다. 8 그들은 군인들만 죽였을 뿐 아니라, 미
디안의 왕들도 죽였다. 에위와 레겜과 수르와 후
르와 레바 등 미디안의 다섯 왕을 죽였고, 브올의
아들 발람도 칼로 쳐죽였다.

ㄱ) 히, '백성'

전쟁을 마친 후 모세는 이스라엘 백성을 모두 *모이게* 한 후 자신이 조상들을 따라 죽게 된다고 말한다 (신 34:1-8). **31:6** *나팔.* 10:9에 관한 주석을 보라. 제사장과 *성소의 기구들이* 전장에 나간 것은 이 전쟁이 하나님의 거룩한 전쟁이며, 하나님께서 이스라엘의 대적을 이기기 위해 함께 하신다는 것을 보여준다. 미디안을 대상으로 한 전투에서 하나님의 역할이 뚜렷하게 확인되고, 전리품의 일부도 하나님께 제사로 드려지며, 제사장들에게도 주어졌다 (신 20:1-18). **31:8** 예언자 발람이 이 전투에서 죽게 되는데 그가 미디안 여인들을 부추겨 이스라엘 사람들을 부패시킨 것으로 알려졌다 (16절). 22—24장에서 발람이 하나님의 명령에 순종하여 이스라엘을 축복했던 긍정적인 모습과 대비된다. **31:19** 정결예식은 주검을 만져서 부정하게 된 사람들을 위한 것이다. 19:1-22에 관한 주석을 보라. **31:52** *세겔.* 은과 금의 가치를 측정하는 표준계량 단위이다.

32:1-42 르우벤과 갓 지파는 모세에게 약속의 땅 가나안으로 들어가는 대신 요단 강 동편, 모압 평원

9 이스라엘 자손은 미디안 여인들과 그 아이
들을 사로잡고 짐승과 가축 떼와 재산을 모두 약
탈한 다음에, 10 그들이 살던 성읍과 촌락들은
다 불질렀고, 11 사람과 짐승은 다 노략질하여
모두 전리품으로 삼았다. 12 그들은 포로와 노
략질한 전리품을 이끌고, 모세와 제사장 엘르아
살과 이스라엘 자손의 회중이 있는 여리고 근처
요단 강 가 모압 평야의 진으로 왔다.

군대가 이기고 돌아오다

13 모세와 제사장 엘르아살과 회중의 대표들
이 모두 그들을 맞으러 진 밖으로 나갔다. 14 그
러나 모세는 전선에서 막 돌아오는, 군지휘관인
천부장들과 백부장들을 보고 화를 내었다. 15 모
세가 그들을 꾸짖었다. "어쩌자고 여자들을 모두
살려 두었소? 16 이 여자들이야말로 브올에서
의 그 사건 때에, 발람의 말을 듣고 이스라엘 자손
을 꾀어, 주님을 배신하게 하고, 주님의 회중에 염
병이 일어나게 한, 바로 그 사람들이오. 17 그러
니 이제 아이들 가운데서 남자는 다 죽이시오. 남
자와 동침하여 사내를 안 일이 있는 여자도 다 죽
이시오. 18 여자들 가운데서 남자와 동침하지
않아 사내를 안 일이 없는 처녀는, 당신들이 차지
할 몫으로 살려 두시오. 19 그리고 당신들은 진
밖에서 이레 동안 머물러 있어야 하오. 사흘째 되는
날과 이레째 되는 날에는, 사람을 죽인 사람과 시
체에 닿은 사람과, 당신들만이 아니라 당신들이 사
로잡은 포로들도 모두, 부정탄 것을 벗는 예식을
올려야 하오. 20 그뿐만 아니라 모든 옷가지들,
모든 가죽제품들, 염소털로 짠 모든 것들, 나무로
만든 모든 것들도 부정탄 것을 벗겨야 하오."

21 제사장 엘르아살이 전쟁에 나갔다 돌아온
군인들에게 말하였다. "이것은 주님께서 모세에
게 명하신 법의 율례이오. 22 오직 금, 은, 구리,
쇠, 주석, 납 등 23 불에 타지 않는 것들은 모두
불에 넣었다가 꺼내면 깨끗하게 되지만, 정결하
게 하는 물로도 깨끗하게 해야 하오. 그러나 불에
타는 물건은, 모두 물에 담갔다가 꺼내기만 해도
되오. 24 당신들이 입고 있는 옷은 이레째 되는
날에 빨아서 깨끗하게 해야 하오. 그렇게 한 다음
에야 당신들은 진 안으로 들어올 수 있소."

전리품 분배

25 주님께서 모세에게 말씀하셨다. 26 "너
는 제사장 엘르아살과 회중의 집안 우두머리들과
함께 전리품의 수와 포로로 잡아온 사람과 짐승의
머리 수를 세어라. 27 너는 전리품으로 가져 온
것들을 반으로 나누어서, 반은 전쟁에 나갔다 온
군인들에게 주고, 반은 모든 회중에게 주어라.
28 전쟁에 나갔다 온 사람들에게서는 나 주에게
바칠 세금 몫을 떼어 내어라. 사람이든 소든 나귀든
양 떼든, 그 오백분의 일을, 29 그들에게 나누어
준 절반에서 떼어 내어, 나 주에게 바치는 제물로
제사장 엘르아살에게 주어라. 30 이스라엘 자손
에게 나누어 준 절반에서는, 사람이든지 소든지
나귀든지 양이든지, 그 어떤 가축이든지, 오십분의
일을 떼어 내어 주의 성막을 보살피는 레위 사람
에게 주어라."

31 모세와 제사장 엘르아살은 주님께서 모세
에게 명하신 대로 하였다.

32 군인들이 제각기 약탈하여 자기 것으로 삼
은 약탈물 말고도, 그들이 빼앗아 온 전리품은, 양
이 육십칠만 오천 마리, 33 소가 칠만 이천 마
리, 34 나귀가 육만 천 마리였으며, 35 처녀는
모두 삼만 이천 명이었는데, 그들은 남자와 동침
하지 않아 사내를 안 일이 없는 처녀들이었다.

36 이 가운데서 절반이 전쟁에 나갔던 군인들
의 몫으로 돌아갔다. 양은 삼십삼만 칠천오백 마리
가 그들의 몫이 되었다. 37 그 양 가운데서 육백
일흔다섯 마리는 주님께 드리는 세금으로 바쳤
다. 38 소는 삼만 육천 마리이고, 그 가운데서 주
님께 드린 세금은 일흔두 마리이다. 39 나귀는
삼만 오백 마리이고, 그 가운데서 주님께 드린 세
금은 예순한 마리이다. 40 사람은 만 육천 명이
고, 그 가운데서 서른두 명을 주님께 세금으로 드
렸다. 41 모세는 주님께 제물로 드린 세금을 제
사장 엘르아살에게 주었다. 이렇게 모세는 주님
께서 명하신 대로 하였다.

42 모세가 전쟁에 나갔던 군인들에게서 떼어
이스라엘 자손에게 나누어 준 몫, 43 곧 회중들이
얻은 절반은 다음과 같다. 양이 삼십삼만 칠천오
백 마리, 44 소가 삼만 육천 마리, 45 나귀는
삼만 오백 마리이고, 46 사람이 만 육천 명이다.

지대에 정착할 것을 허락해 달라고 요청한다. 모세는 그들의 요청이 변절이라고 판단하여 화를 낸다 (1-15절). 하지만 두 지파와 모세는 합의점을 찾아내어, 그들의 가족과 가축 떼는 요단강 동편에 정착하지만 가나안 정복을 위한 군사작전에는 전투요원으로 참여하기로 한다 (16-42절).

32:1-15 르우벤과 갓 지파는 많은 수의 가축을 소유하고 있어, 요단 강 동편의 기름진 초원지대에 정

47 모세는, 이스라엘 자손이 받은 절반에서 사람
과 짐승을 오십분의 일씩 떼어, 주님의 성막을 보
살피는 레위 사람에게 주었다. 이렇게 모세는 주
님께서 명하신 대로 하였다.
48 군지휘관들, 곧 천부장들과 백부장들이
모세에게 와서 49 보고하였다. "소관들이 이끄
는 부하들을 세어 보았는데, 우리 쪽에서는 한 사
람도 실종되지 않았기에, 50 주님께 예물을 가
져 왔습니다. 주님 앞에서 우리 자신이 죄를 벗고
자 하여, 금으로 만든 것들, 곧 발목걸이, 팔찌, 인
장, 가락지, 귀고리, 목걸이를, 우리가 저마다 얻
은 대로 이렇게 가져 왔습니다." 51 모세와 제사
장 엘르아살은 그들에게서 금으로 만든 온갖 세공
품을 다 받았다. 52 천부장들과 백부장들이 주
님께 예물로 드린 금은 모두 만 육천칠백오십 세
겔이나 되었다. 53 군인들은 저마다 사사로이
약탈한 전리품들도 가지고 있었다. 54 모세와
제사장 엘르아살은, 천부장들과 백부장들에게서
금을 받아서, 회막으로 가져 가서 주님 앞에 놓고,
이스라엘 자손을 위한 기념물로 삼았다.

요단 강 동쪽 지파들 (신 3:12-22)

32 1 르우벤 자손과 갓 자손에게는 가축 떼
가 셀 수 없을 만큼 많았다. 그들이 야스
엘 땅과 길르앗 땅을 둘러보니, 가축 떼를 놓아 먹
이기에는 아주 적절한 곳이었다. 2 그리하여 갓
자손과 르우벤 자손은 모세와 제사장 엘르아살과
회중 대표들을 찾아가 요청하였다. 3 "아다롯과
디본과 야스엘과 니므라와 헤스본과 엘르알레와
스밤과 느보와 브온은, 4 주님께서 이스라엘 모
든 자손 앞에서 정복하신 땅으로서, 가축 떼가 많
은 우리에게는 목축하기에 알맞은 곳입니다.
5 우리를 좋게 여기신다면, 이 땅을 우리에게 주
셔서 우리의 차지가 되게 하시고, 우리는 요단 강을
ㄱ)건너가지 않도록 하여 주시기를 바랍니다."
6 모세가 갓 자손과 르우벤 자손에게 말하였
다. "당신들의 동족 이스라엘은 전쟁하러 나가는
데, 당신들만은 여기에 머물러 살겠다는 말이오?
7 이스라엘 자손이 주님께서 주신 땅으로 가려고
하는데, 어찌하여 당신들은 동족의 사기를 꺾으
시오? 8 내가 가데스바네아에서 당신들의 아버
지들더러 그 땅을 살펴보고 오라고 하였을 때에,
당신들의 아버지들도 그렇게 하였소. 9 그들은
기껏 에스골 골짜기까지 올라가서 그 땅을 둘러보
고 와서는, 이스라엘 자손의 사기를 떨어뜨려, 주
님께서 주신 그 땅으로 들어갈 수 없게 하였소.
10 그리하여 그 날 주님께서 진노하셔서 이렇게
맹세하셨소. 11 '그들이 나를 철저히 따르지 아니
하니, 이집트에서 나온 이들 가운데서 지금 스무
살이 된 사람으로부터 시작하여 그 위로는, 어느
누구도, 내가 아브라함과 이삭과 야곱에게 주기로
맹세한 그 땅을 볼 수 없을 것이다. 12 다만 그
나스 사람 여분네의 아들 갈렙과 눈의 아들 여호
수아는, 나 주를 철저히 따랐으므로 예외이다.'
13 주님께서는 이렇게 이스라엘에게 진노하셔서,
주님께서 보시는 앞에서 못된 짓을 한 그 세대 전
체가 다 죽을 때까지, 사십 년 동안이나 그들을 광
야에서 떠돌게 하셨소. 14 그런데 이제 당신들
마저 당신들 아버지들을 따라서, 같은 무리의 죄
인들이 되어, 주님께서 이스라엘에게 더욱더 진
노하시게 하셨소. 15 당신들이 주님을 따르지
않고 돌아선다면, 주님께서는 다시 이 모든 백성을
광야에 버려 두실 것이오. 우리 백성 모두가 멸망
하면, 그것이 바로 당신들 때문인 줄 아시오!"
16 그러자 그들이 모세 앞으로 와서 말하였
다. "그러면 우리가 이렇게 하겠습니다. 먼저 여
기에다가 가축을 기를 우리를 만들고, 또 우리에게
딸린 어린 것들이 살 성을 쌓겠습니다. 17 이 땅
원주민들도 있고 하니, 우리에게 딸린 어린 것들
이 안전하게 머물 수 있도록 성을 단단하게 쌓은 다
음에, 모두가 무장을 하고, 이스라엘 자손의 선발

ㄱ) 서쪽으로 도강하는 것을 뜻함

착하기를 원했다. 이 지역은 아모리 왕 시혼과 바산 왕 옥에게서 전취한 것이다 (21:21-35). **32:1** *야스엘.* 이 땅은 시혼 왕과의 전투에서 획득한 땅(21:32)이며, 길르앗은 요단 강 동편의 비옥한 토지의 야산지대이다 (창 31:21). **32:8-13** 모세는 13—14장에 기록된 정탐꾼에 관한 이야기를 비유로 만약 르우벤과 갓 지파가 이스라엘 전체 진영에서 분리될 경우 어떤 일이 일어날 수 있는지 경고한다.

32:16-42 르우벤 지파와 갓 지파는 중재안을 제시한다. 그들의 가족과 가축은 요단 강 동편에 머무르게 하고, 군인으로 참가할 수 있는 성인 남성 모두는 가나안으로 함께 진입하여 열두 지파와 함께 전쟁에 참여할 것을 약속한다. 모세는 두 지파의 제안을 받아들이고, 그들의 가족과 가축이 요단 동편에 정착하도록 허락한다. **32:33** 본문에서 *므낫세의 반쪽 지파가* 갑자기 르우벤과 갓 지파와 함께 정착하도록 허락받는다. 므낫세 지파의 나머지 절반은 후에 가나안 지역에 정착하기도 한다 (수 13:8-32; 17:1-13).

대가 되어, 그들이 가야 할 곳까지 그들을 이끌고
가겠습니다. 18 이스라엘 자손 각자가 받을 몫의
토지 재산을 차지하기 전까지는, 우리가 집으로
돌아오지 않겠습니다. 19 또한 요단 강 동쪽, 해
뜨는 쪽에서 우리 몫의 토지를 재산으로 차지하였
으니, 요단 강 서쪽에서는 우리가 땅을 재산으로
나누어 받지 않겠습니다."
20 그러자 모세가 그들에게 대답하였다. "만
일 당신들이 말한 대로 한다면, 당신들이 전쟁에
나가려고 주님 앞에서 무장을 하고, 21 주님께
서 그의 대적을 그 앞에서 몰아 낼 때까지, 당신
들 모두가 무장한 채로 주님 앞에서 요단 강을 건
넌다면, 22 그 땅이 주님 앞에서 정복되는 날,
당신들은 돌아갈 수 있고, 주님과 이스라엘에 대
한 당신들의 의무에서 벗어날 수 있소. 그리고 지
금 이 땅은 주님 앞에서 당신들의 소유가 될 것이
오. 23 그러나 만일 당신들이 이렇게 하지 않으
면, 당신들은 주님께 죄를 짓는 것이오. 이러한 죄
를 짓고서는, 당신들이 절대로 그 죄에서 벗어나
지 못할 줄 아시오. 24 당신들에게 딸린 어린 것
들을 보호할 성을 쌓으시오. 가축을 가둘 우리도
만드시오. 그리고 당신들이 약속한 것을 그대로
실행하도록 하시오!"
25 갓 자손과 르우벤 자손이 모세에게 말하
였다. "어른의 종인 우리는, 어른께서 명령하신
대로 따르겠습니다. 26 우리에게 딸린 어린 것들,
우리에게 딸린 여인들, 우리가 가진 가축 떼와 모든
짐승은 여기 길르앗 여러 성읍에 남게 하겠습니다.
27 그러나 어른의 종인 우리는, 말씀하신 대로,
모두 각자 무장을 하고, 요단 강을 건너가 주님 앞
에서 싸우겠습니다."
28 모세는 제사장 엘르아살과 눈의 아들 여
호수아와 이스라엘 자손 각 지파의 가족 우두머리
들에게 명령을 내렸다. 29 모세는 그들에게 다음
과 같은 명령을 내렸다. "갓 자손과 르우벤 자손
이 모두 각자 무장을 하고, 당신들과 함께 주님
앞에서 싸우려고 요단 강을 건너면, 당신들 앞에
서 그 땅이 정복되는 날, 이 길르앗 땅을 그들의
소유로 주십시오. 30 그러나 그들이, 당신들과
함께 무장을 하고 요단 강을 건너지 않으면, 가나
안에서 당신들과 함께 재산을 받게 하십시오."
31 갓 자손과 르우벤 자손이 대답하였다.
"어른의 종인 우리는 주님께서 말씀하신 대로 하
겠습니다. 32 우리는 주님 앞에서 무장을 하고,
요단 강을 건너 가나안 땅으로 들어가겠습니다. 그
러나 우리는 요단 강 이쪽에서만 우리의 소유가 될
땅을 차지하겠습니다."
33 모세는, 갓 자손과 르우벤 자손과 요셉의
아들 므낫세의 반쪽 지파에게, 아모리의 시혼 왕
국과 바산의 옥 왕국을 주었다. 그것은 그 땅 전
체와 거기에 딸린 성읍들과 주변 영토를 포함한
것이다. 34 갓 자손이 건축한 성읍들은, 디본과
아다롯과 아로엘과 35 아다롯소반과 야스엘과
욕브하와 36 벳니므라와 벳하란 등인데, 요새화
된 성읍들이다. 가축을 기를 우리도 만들었다.
37 르우벤 자손이 건축한 성읍은, 헤스본과 엘르
알레와 기랴다임과 38 느보와 나중에 이름이 바뀐
바알므온과 십마 성읍 등이다. 그들은 성을 다 쌓은
다음에, 그들이 세운 성읍들에 새 이름을 붙였다.
39 므낫세의 아들 마길의 자손들은 길르앗으
로 갔다. 거기에 있던 아모리 사람을, 더러는 사로
잡고 더러는 내쫓았다. 40 그리하여 모세가 길르
앗을 므낫세의 아들 마길에게 주었으며, 그들은 거
기서 정착하였다. 41 므낫세의 아들 야일은 정착
할 곳을 차지하고서, 그 곳을 ㄱ)하봇야일이라고 불
렀다. 42 노바는 그낫과 그 주변의 주민들을 정복
하고, 자기 이름을 따서 그 곳을 노바라고 불렀다.

이집트에서 모압까지

33 1 이스라엘 자손이 모세와 아론의 지휘를
받아 부대를 편성하여, 이집트에서 나와
서 행군한 경로는 다음과 같다. 2 모세는 주님의
명에 따라, 머물렀다가 떠난 출발지를 기록하였
다. 머물렀다가 떠난 출발지는 다음과 같다.
3 이스라엘 자손이 라암셋을 떠난 것은 첫째
달 십오일, 곧 유월절 다음날이었다. 그들은 모든
이집트 사람이 훤히 보는 앞에서, 팔을 휘저으며

ㄱ) '야일의 촌락'

33:1-56 33장에는 이전세대가 이집트를 탈출하여 광야여정을 거쳐 가나안으로 들어갈 때까지 거쳐 온 지역들이 소개되어 있다. 많은 지명이 민 33장에만 기록되어 있고, 많은 도시의 실질적 위치는 알려져 있지 않다 (예를 들어, 13절, 19-29절). 그러나 그 중 상당한 숫자의 지명은 출애굽기와 민수기에 이미 기록된 바 있다. **33:3-5** 출 12:29-37을 보라. **33:6-15** 출 13:17—19:1을 보라. **33:16-49** 레 10:11—22:1을 보라. **33:38-39** 레 20:22-29를 보라. **33:55-56** 하나님은 모세에게 만약 이스라엘이 가나안 사람들을 그 땅에 남겨두면 괴롭힘을 당할 것이라고 경고한다. 삿 1:1—2:5와 2:11—3:6을 보면 일부 가나안 사람들은

당당하게 행군하여 나왔다. 4 그 때에 이집트 사람은 주님께서 쳐죽이신 자기들의 맏아들들의 장례를 치르고 있었다. 주님께서는 이집트 사람이 섬기는 신들에게도 큰 벌을 내리셨다.

5 이스라엘 자손은 라암셋을 떠나 숙곳에 이르러 진을 쳤다. 6 숙곳을 떠나서는 광야가 시작되는 에담에 이르러 진을 쳤다. 7 에담을 떠나서는 비하히롯으로 돌아갔다. 바알스본의 동쪽으로 가서 믹돌 부근에 이르러 진을 쳤다. 8 비하히롯을 떠나서는 ㄱ)바다 한가운데를 지나 광야로 빠졌다. 에담 광야에서는 사흘 길을 들어가서 마라에 이르러 진을 쳤다. 9 마라를 떠나서는 엘림으로 갔다. 거기에는 샘이 열두 곳이나 있고, 종려나무가 일흔 그루나 있어서, 거기에 진을 쳤다. 10 엘림을 떠나서는 홍해 부근에 이르러 진을 쳤다. 11 홍해 부근을 떠나서는 신 광야에 이르러 진을 쳤다. 12 신 광야를 떠나서는 돕가에 이르러 진을 쳤다. 13 돕가를 떠나서는 알루스에 이르러 진을 쳤다. 14 알루스를 떠나서는 르비딤에 이르러 진을 쳤다. 그러나 거기에는 백성이 마실 물이 없었다. 15 르비딤을 떠나서는 시내 광야에 이르러 진을 쳤다. 16 시내 광야를 떠나서는 기브롯핫다아와에 이르러 진을 쳤다. 17 기브롯핫다아와를 떠나서는 하세롯에 이르러 진을 쳤다. 18 하세롯을 떠나서는 릿마에 이르러 진을 쳤다. 19 릿마를 떠나서는 림몬베레스에 이르러 진을 쳤다. 20 림몬베레스를 떠나서는 립나에 이르러 진을 쳤다. 21 립나를 떠나서는 릿사에 이르러 진을 쳤다. 22 릿사를 떠나서는 그헬라다에 이르러 진을 쳤다. 23 그헬라다를 떠나서는 세벨 산에 이르러 진을 쳤다. 24 세벨 산을 떠나서는 하라다에 이르러 진을 쳤다. 25 하라다를 떠나서는 막헬롯에 이르러 진을 쳤다. 26 막헬롯을 떠나서는 다핫에 이르러 진을 쳤다. 27 다핫을 떠나서는 데라에 이르러 진을 쳤다. 28 데라를 떠나서는 밋가에 이르러 진을 쳤다. 29 밋가를 떠나서는 하스모나에 이르러 진을 쳤다. 30 하스모나를 떠나서는 모세롯에 이르러 진을 쳤다. 31 모세롯을 떠나서는 브네야아간에 이르러 진을 쳤다. 32 브네야아간을 떠나서는 홀하깃갓에 이르러 진을 쳤다. 33 홀하깃갓을 떠나서는 욧바다에 이르러 진을 쳤다. 34 욧바다를 떠나서는 아브로나에 이르러 진을 쳤다. 35 아브로나를 떠나서는 에시온게벨에 이르러 진을 쳤다. 36 에시온게벨을 떠나서는 신 광야의 가데스에 이르러 진을 쳤다. 37 가데스를 떠나서는 에돔 땅 국경 호르 산에 이르러 진을 쳤다.

38 제사장 아론이 주님의 명을 따라 호르 산으로 올라가 죽으니, 그 때는 이스라엘 자손이 이집트 땅에서 나온 지 사십 년 되던 해 다섯째 달, 그 달 초하루였다. 39 아론이 호르 산에서 죽을 때의 나이는 백이십삼 세이다.

40 가나안 사람으로서 가나안 땅 네겝 지방에서 살고 있던 아랏의 왕은 이스라엘 자손이 온다는 소문을 들었다.

41 이스라엘 자손은 호르 산을 떠나서는 살모나에 이르러 진을 쳤다. 42 살모나를 떠나서는 부논에 이르러 진을 쳤다. 43 부논을 떠나서는 오봇에 이르러 진을 쳤다. 44 오봇을 떠나서는 모압 국경지대의 이예아바림에 이르러 진을 쳤다. 45 그 폐허를 떠나서는 디본갓에 이르러 진을 쳤다. 46 디본갓을 떠나서는 알몬디블라다임에 이르러 진을 쳤다. 47 알몬디블라다임을 떠나서는 느보 앞 아바림 산에 이르러 진을 쳤다. 48 아바림 산을 떠나서는 여리고 부근 요단 강 가 모압 평야에 이르러 진을 쳤다. 49 요단 강 가를 따라서 모압 평야에 친 진은, 벳여시못에서부터 아벨싯딤에까지 이르렀다.

가나안 땅 분할 지시

50 여리고 건너편 요단 강 가 모압 평야에서 주님께서 모세에게 말씀하셨다. 51 "너는 이스라엘 자손에게 말하여라. 그들에게 다음과 같이 일러라.

너희가 요단 강을 건너 가나안 땅에 들어가거든, 52 너희는 직접 그 땅 주민을 다 쫓아내어라. 새겨 만든 우상과 부어 만든 우상을 다 깨뜨려 버리고, 산당들도 다 헐어 버려라. 53 내가 그 땅을 너희의 소유로 준 것이니, 너희는 그 땅을 차지하고 거기에서 정착하여라. 54 땅은 주사위를

ㄱ) '홍해'. 히, '얌 쑤프'

함께 있도록 허락되었다. 하지만 가나안 정복은 결코 완전하게 마무리 되지 않았으며, 이스라엘은 역사적으로 가나안 지역 사람과 종교로 인해 어려움을 항상 겪게 된다.

34:1-29 34장은 가나안의 경계를 확인하고, 지파를 대표할 사람들을 다시 지명하여, 후에 지파와 가문별로 어떻게 땅을 분배할 것인지를 준비한다 (수 13—19장; 겔 47:13-20). 가나안의 경계선은 13—14장

던져, 가족별로 나누어 가지도록 하여라. 큰 쪽에는 큰 땅덩어리를 유산으로 주고, 작은 쪽에는 작은 땅덩어리를 유산으로 주어라. 주사위를 던져 나오는 대로, 각자 자기 것으로 삼도록 하여라. 땅을 나눌 때에는 같은 조상을 둔 지파들끼리 나누어 가지도록 하여라. 55 너희가 그 땅의 주민을 다 쫓아내지 아니하고, 너희와 함께 있도록 허락하였다가는, 그들이 너희 눈에 가시가 되고, 옆구리를 찌르는 바늘이 되어서, 너희가 살아갈 그 땅에서 너희를 괴롭힐 것이다. 56 그뿐만 아니라, 나는 그들에게 하기로 계획한 것을 그대로 너희에게 하겠다."

가나안 땅의 경계

34 1 주님께서 모세에게 말씀하셨다. 2 "이스라엘 자손에게 명하여라. 그들에게 다음과 같이 말하여라.

너희는 이제 곧 가나안 땅에 들어가게 된다. 이 땅은 너희가 유산으로 받을 땅인데, 다음과 같이 사방 경계를 정한 가나안 땅 전체를 일컫는다. 3 너희 영토의 남쪽은 에돔의 경계선과 맞닿는 신 광야에서부터 시작된다. 그러므로 너희 영토의 남쪽 경계는 동쪽의 사해 끝에서부터 시작된다. 4 너희의 경계선은 아그랍빔 비탈 남쪽을 돌아, 신을 지나 가데스바네아 남쪽 끝까지 갔다가, 또 하살아달로 빠져 아스몬까지 이른다. 5 경계선은 더 연장되어, 아스몬에서부터 이집트 국경지대의 강을 따라, 지중해가 시작되는 곳까지 이른다.

6 서쪽 경계는 지중해와 그 해안선이다. 이것이 너희의 서쪽 경계가 될 것이다.

7 너희의 북쪽 경계는 다음과 같다. 지중해에서부터 호르 산까지 너희는 경계선을 그어라. 8 또 호르 산에서부터는 하맛 어귀로 경계선을 그어 스닷 끝까지 이르면, 9 경계선은 거기에서 다시 시브론을 거쳐서 하살에난 끝까지 이른다. 이것이 너희 영토의 북쪽 경계이다.

10 너희의 영토의 동쪽 경계를 하살에난에서부터 스밤까지 그어라. 11 경계선은 여기에서 더 연장되어, 스밤에서부터 아인 동쪽 리블라까지 내려갔다가, 동쪽의 긴네렛 바다 해변까지 더 내려간다. 12 거기에서 다시 경계는 요단으로 내려가, 사해 끝에서 멈춘다. 이것이 너희 땅의 사방 경계이다."

13 모세는 이스라엘 자손에게 명령하였다. "당신들 아홉 지파와 반쪽 지파는 주님께서 당신들에게 주도록 명하신 이 땅을 제비 뽑아 나누어 가지십시오. 14 르우벤 자손의 지파와 갓 자손의 지파와 므낫세 반쪽 지파는 조상 집안을 따라 유산을 받았습니다. 15 이 두 지파와 반쪽 지파는 자기들의 유산을 해 뜨는 쪽, 여리고 맞은편 요단 강 동쪽에서 이미 차지하였습니다."

각 지파의 유산 분할 책임자

16 주님께서 모세에게 말씀하셨다. 17 "너희에게 유산으로 땅을 나누어 줄 사람들의 이름은, 제사장 엘르아살과 눈의 아들 여호수아이다. 18 너희는 또 땅을 유산으로 나누어 줄 사람을 지파마다 한 사람씩 대표로 뽑아라." 19 다음은 그 사람들의 명단이다. 유다 지파에서는 여분네의 아들 갈렙이요, 20 시므온 지파에서는 암미훗의 아들 스므엘이요, 21 베냐민 지파에서는 기슬론의 아들 엘리닷이요, 22 단 자손 지파에서는 요글리의 아들 북기 족장이요, 23 요셉 자손 가운데 므낫세 자손의 지파에서는 에봇의 아들 한니엘 족장이요, 24 에브라임 자손의 지파에서는 십단의 아들 그므엘 족장이요, 25 스불론 자손의 지파에서는 바르낙의 아들 엘리사반 족장이요, 26 잇사갈 자손 지파에서는 앗산의 아들 발디엘 족장이요, 27 아셀 자손의 지파에서는 슬로미의 아들 아히훗 족장이요, 28 납달리 자손의 지파에서는 암미훗의 아들 브다헬 족장이다.

29 이들은 가나안 땅에서 이스라엘 자손에게 유산을 나누어 주도록 주님께 명령을 받은 이들이다.

에서 정탐꾼들이 방문한 지역과 거의 일치하는데 남쪽 경계는 신 광야(3절, 13:21)까지, 북쪽은 르홉—하맛 지역까지 (8절, 13:21), 동쪽은 요단 강 (12절), 서쪽은 지중해이다 (6, 12절, 13:29). 성경이 기록한 이스라엘의 경계선에서 서쪽 영토는 단 한 번도 지중해연안까지 확장된 적은 없었다. **34:13-15** 32:1-42를 보라. **34:17** *엘르아살.* 이 제사장에 대해서는 20:22-29를 보라. *여호수아.* 27:12-23을 보라. **34:19-29** 각 지파의 지도자로 뽑힌 사람들의 이름은 *갈렙* (13:6, 30; 14:30)을 제외하고 모두 처음 등장했다.

35:1-34 이스라엘 백성은 가나안 지역 48개 도시를 레위 지파를 위해 구별해서 주어야 한다. 왜냐하면 레위 지파는 일반적인 토지분배 과정에 참가하지 않았기 때문이다. 그 중 여섯 개 도시는 도피성으로 지정되

레위 사람에게 준 성읍

35 1 여리고 건너편 요단 강 가 모압 평야에
서,주님께서 모세에게 말씀하셨다. 2 "너
는 이스라엘 자손에게, 그들이 유산으로 받는 땅
에서 레위 사람이 살 성읍들을 떼어 주라고 명령
하여라. 레위 사람에게는 성읍과 함께 그 주변의
ㄱ)목초지도 함께 주어라. 3 그래야만 그들이 그
들의 재산인 가축 떼와 모든 짐승들을 그 목초지
에서 기르면서, 그 여러 성읍에서 살게 될 것이다.
4 너희가 레위 사람에게 줄 성읍 둘레의 목초지의
범위는 각 성에 다같이 성벽 둘레로부터 ㄴ)이천 자
까지의 지역이어야 한다. 5 성을 중심으로 하여,
성 밖 동쪽으로 이천 자, 남쪽으로 이천 자, 서쪽
으로 이천 자, 북쪽으로 이천 자씩을 재어라.
이것이 각 레위 사람의 성읍에 딸린 목초지이다.
6 너희가 레위 사람에게 줄 성읍들 가운데서
여섯은 도피성으로 만들어서, 사람을 죽인 자가
그리로 도피할 수 있게 하고, 이 밖에 별도로 레위
사람에게 마흔두 성읍을 주어라. 7 너희는 레위
사람에게 모두 마흔여덟 성읍과 거기에 딸린 목초
지를 주어야 한다. 8 이스라엘 자손이 가지고 있는
땅을 떼어서, 그것을 레위 사람에게 줄 때에는, 각
지파들이 받은 몫의 비율대로 떼어 내도록 하여라.
많이 가진 지파에서는 많은 성읍을 떼어 내고, 적게
가진 지파에서는 적게 떼어 내어라."

도피성 (신 19:1-13; 수 20:1-9)

9 주님께서 모세에게 말씀하셨다. 10 "너
는 이스라엘 자손에게 말하여라. 그들에게 다음
과 같이 일러라.

너희가 앞으로 곧 요단 강을 건너 가나안 땅
에 들어가게 되거든, 11 성읍들 가운데서 얼마
를 도피성으로 정하여, 실수로 사람을 죽게 한 자
가 그 곳으로 도피하게 하여라. 12 그 성읍들을
복수자를 피하는 도피처로 삼아서, 사람을 죽게
한 자가 회중 앞에서 재판을 받기 전에 죽는 일이
없도록 하여야 한다.
13 너희가 레위 사람에게 줄 성읍들 가운데
서, 이들 여섯 성읍을 너희의 도피성으로 삼아라.
14 그 가운데 세 성읍은 요단 강 동쪽에 두고, 나
머지 세 성읍은 가나안 땅에 두어 도피성이 되게
하여라. 15 이들 여섯 성읍은, 이스라엘 자손은
물론이려니와 외국인이나 너희와 함께 사는 본토
인이면 누구든지, 실수로 사람을 죽게 한 자가 도
피하는 곳이 될 것이다.
16 만일 쇠붙이 같은 것으로 사람을 쳐서 죽
게 하였으면, 그는 살인자이다. 그러한 살인자는
반드시 죽여야 한다. 17 사람을 죽일 만한 돌을
들고 있다가, 그것으로 사람을 쳐서 죽게 하였으면,
그는 살인자이다. 그러한 살인자는 반드시 죽여야
한다. 18 만일 사람을 죽일 만한 나무 연장을 들고
있다가, 그것으로 사람을 쳐서 죽게 하였으면, 그는
살인자이다. 그러한 살인자는 반드시 죽여야 한다.
19 이러한 경우에 그 살인자를 죽일 사람은 피해
자의 피를 보복할 친족이다. 그는 그 살인자를 만
나는 대로 죽일 수 있다.
20 미워하기 때문에 밀쳐서 죽게 하거나,
몰래 숨어 있다가 무엇을 던져서 죽게 하거나,
21 원한이 있어서 주먹으로 쳐서 사람을 죽게
하였으면, 그는 살인자이다. 그러한 살인자는 반
드시 죽여야 한다. 피를 보복할 친족은, 어디서
그를 만나든지 그를 죽일 수 있다.
22 그러나 아무런 원한도 없이 사람을 밀치
거나, 몰래 숨어 있다가 무엇을 던지거나 한 것이
아니고, 23 잘못 보고 굴린 돌이 사람에게 맞아
그를 죽게 하였으면, 그 가해자가 피해자의 원수가
아니고, 더욱이 그를 해칠 의사가 전혀 없었던 것

ㄱ) 또는 '들' ㄴ) 히, '천 자'

어 사고로 사람을 죽인 이들을 보호했다. 살인자들에 대한 구체적인 분류와 그것에 대한 대응방법이 또한 부연 설명되어 있다. **35:4** 여기서 사용된 "자"와 공동번역에서 사용된 "척"의 길이 단위는 개역개정에서 사용된 "규빗"이며, 자는 45-52cm 정도로, 팔꿈치에서 손가락 끝까지의 길이이다. **35:12** *복수자* (19, 21절). 살해 당한 희생자의 친족으로 피해자를 위해 살인자를 죽일 수 있도록 공동체로부터 허가 받은 사람이다 (신 19:1-13). **35:25** 레위 지파가 관리하는 여섯 개의 도피성은 의도적이지 않은 살인자를 보호하기 위한 지역으로 신적 권위로 도망자를 보호하는 은신처이자 예배처소이다.

특별 주석

이러한 전통은 역사적으로 지속되어 많은 종교단체들이 탈출한 노예, 난민, 억압받는 이들을 보호하기 위한 구별된 장소를 지켜왔다. 미국의 남북전쟁이전 탈출 노예보호 연결망 조직 (Underground Railroad), 제2차 세계대전 유대인 학살기간 동안 유대인에 대한 보호, 1980년대 정치적으로 핍박당하던 남미 반체제운동 참여자의 지원, 구동독지역 민주와 통일을 위한 그룹 등을 보호해 온 것은 최근까지 지속된 교회의 전통이다.

이므로, 24 회중은 이러한 규례에 따라서, 그 가
해자와 피를 보복할 친족 사이를 판단해야 한다.
25 회중은 그 살인 혐의를 받은 사람이 피를 보
복할 피해자의 친족에게서 보복을 당하지 않도록,
그 살인 혐의자를 그가 도피한 도피성으로 돌려보
내야 한다. 그리고 그는, 거룩한 기름을 부어 성
직에 임명된 대제사장이 죽을 때까지 거기에 머물
러야 한다. 26 도피성으로 피한 그 살인자가 도
피성의 경계 밖으로 나갔을 때에, 27 마침 피를
보복할 친척이 그를 알아보고 도피성의 경계 밖에
서 죽였으면, 그 친척에게는 아무런 살인죄도 적
용되지 않는다. 28 살인자는 반드시 대제사장이
죽을 때까지 도피성에 머물러 있어야 하고, 대제
사장이 죽은 다음에야 비로소 자기 소유지가 있는
땅으로 돌아갈 수 있다.

29 위에서 말한 율례는, 너희가 어디에 가서
살든지, 자자손손 모든 세대에 적용되는 율례
이다.

30 누구든지 사람을 죽인 사람은 살인자이므
로, 반드시 죽여야 한다. 그러나 거기에는 증인들
이 있어야 한다. 오직 한 증인의 증언만으로는 어
느 누구도 죽이지 못한다. 31 살인죄를 지었을
때에는, 살인범에게서 속전을 받고 목숨을 살려
주어서는 안 된다. 그는 반드시 죽여야 한다.
32 대제사장이 죽기 전에는, 도피성으로 피한 사
람에게 속전을 받고 그를 제 땅으로 돌려보내어
살게 해서는 안 된다. 33 너희가 사는 땅을 더럽
히지 말아라. 피가 땅에 떨어지면, 땅이 더러워
진다. 피가 떨어진 땅은 피를 흘리게 한 그 살해
자의 피가 아니고서는 깨끗하게 되지 않는다.
34 너희가 사는 땅, 곧 내가 머물러 있는 이 땅을
더럽히지 말아라. 나 주가 이스라엘 자손과 더불어
함께 머물고 있다."

결혼한 여자의 유산

36 1 요셉 자손 가문 가운데 므낫세의 손자
이자 마길의 아들인 길르앗 자손 가문이
있는데, 바로 길르앗 자손에 속한 각 가문의 우두
머리들이 나서서, 모세와 이스라엘 자손의 지도
자들인 각 가문의 우두머리 앞에 나와서 이렇게
말하였다. 2 "이 땅을 제비뽑아 이스라엘 자손
에게 분배하여 유산을 삼게 하라고 주님께서 어른
께 명하셨을 때에, 주님께서는 어른께 우리의 친
족 슬로브핫의 토지 유산을 그의 딸들에게 주라고
명하셨습니다. 3 그러나 그 딸들이 이스라엘 자
손의 다른 지파 남자들과 결혼할 때에는, 그 딸들
이 받은 유산은 우리 조상 대대로 물려 온 유산에
서 떨어져 나가, 그 딸들이 시집간 그 지파의 유
산이 될 것입니다. 그렇게 된다면 우리 지파의 몫
으로 분배된 유산의 일부를 우리는 잃고 맙니다.
4 이스라엘 자손이 누리는 ㄱ)희년이 되어도, 그
딸들이 물려받은 유산은 그 딸들의 시집 지파의
유산에 합쳐질 것이므로, 결국 우리는 조상 대대
로 물려받은 지파 유산에서 그만큼의 유산을 잃는
것입니다."

5 주님의 명을 받들어, 모세가 이스라엘 자
손에게 명령하였다. "요셉 자손 지파의 말이 옳
소. 6 주님께서는 슬로브핫 딸들의 경우를 두고
이렇게 명하셨소. 그 딸들은 자기들의 마음에 드
는 남자가 있으면 누구하고든지 결혼할 수는 있
소. 그러나 그들이 속한 조상 지파의 가족에게만
시집갈 수 있소. 7 이스라엘 자손의 지파 유산이
이 지파에서 저 지파로 옮겨지는 일이 없어야, 이
스라엘 자손이 제각기 자기 조상으로부터 물려받
은 지파의 유산을 그대로 간직할 수 있을 것이오.

ㄱ) 레 25:8-17을 볼 것

36:1-12 이 장은 슬로브핫의 딸(10-12절)들과 관련한 법리 해석상의 문제(27:1-11)에서 추가적인 문제를 다루고 있다. 그들이 아버지 몫으로 분배 받은 땅에 대한 소속 지파의 소유권을 보장하기 위해 토지를 분배 받은 딸들은 해당 지파 안에서만 결혼하는 것이 허락되었다. **36:4** *희년.* 50년마다 돌아오며, 토지의 전매, 임대에 대한 권리가 끝나고, 토지 소유권이 유산을 최초로 물려받은 원 소유주(지파)에게 돌아가는 것이다(레 25:8-55). 그러나 희년마다 실행되어야 할 이러한 토지귀속원칙도 다른 지파와의 혼인관계를 통해 변화된 토지의 소유권을 되돌리지 못한다.

8 이스라엘 자손의 지파 가운데서 유산을 받은
딸들은 누구나, 자기 조상 지파의 가족에게로 시
집가야 하오. 그래야만 이스라엘 자손이 지파마
다 조상으로부터 물려받은 유산을 간직할 수 있을
것이오. 9 지파의 유산이 한 지파에서 다른 지파
로 옮겨지는 일이 없어야, 이스라엘 자손 각 지파
가 제각기 물려받은 유산을 그대로 간직할 수
있을 것이오."

10 그리하여 슬로브핫의 딸들은 주님께서
모세에게 명하신 대로 하였다. 11 슬로브핫의
딸들, 곧 말라와 디르사와 호글라와 밀가와 노아
는 모두 자기 사촌 오라버니들과 결혼하였다.
12 그 딸들이 모두 요셉의 아들인 므낫세 자손 가
문과 결혼하였기 때문에, 그들이 받은 유산은 자기
조상의 가문과 지파에 그대로 남아 있었다.

13 이것은 주님께서 여리고 건너편 요단 강 가
모압 평지에서 모세를 시켜 이스라엘 자손에게
말씀하신 명령과 규례이다.

신명기

신명기는 신 17:18에 사용된 히브리어를 희랍어로 옮기는 과정에서 시내 산, 즉 신명기에서 호렙 산이라고 불리는 산에서 이스라엘 백성에게 주어진 "이 율법책" 혹은 "이 율법책의 복사본"이라는 말에서 유래된 이름이다. 이 이름은 신명기의 이름으로는 아주 적합하다고 말할 수 있다. 왜냐하면 이 책은 이스라엘의 조상에게 약속된 땅에 들어가기 직전 요단 강 동편에 도착했을 때에, 이스라엘 백성에게 선포된 일련의 율법이 주를 이루기 때문이다. 또한 신명기에는 율법과 함께 자신들의 기원과 중요성을 설명하는 설교 형식의 일련의 연설들이 있다.

신명기는 크게 다섯 부분으로 나뉘어져 있는데, 그 중심 부분은 12:1—26:15에 있는 예배와 율법을 지켜야 하는 것에 대한 목록, 그리고 가정생활에 관한 각종 규례와 법도들이다. 첫째 부분(1:1—4:43)은 서론으로서 모세가 이스라엘 백성이 광야에서 행진할 때의 경험들을 되새기면서 한 연설이다. 둘째 부분(4:44—11:32)은 이스라엘을 준비시켜 하나님의 언약법(4:44—5:5)을 받도록 하는 부분이며, 이 언약법은 십계명(5:6-21)으로 요약되어 있고, 또한 모세의 권위를 강화하고 있다 (5:22-33). 하나님을 사랑하는 일과, 이 계명들을 배우는 일과, 그것들을 후손에게 가르치는 일들(6:1-25)은 하나님과의 언약 관계에 있어서 이스라엘이 꼭 응답해야 되는 중요한 것으로 규정되었다. 하나님 편에서는 이러한 언약은 이스라엘의 조상이 한 어떤 특별한 일로 얻은 것이 아니라 은혜로 주어진 것이며, 하나님의 조건 없는 선택(7:1-26)의 결과로 본다. 그리고는 평안한 삶은 타협을 조장하는 유혹의 힘이 있다는 점(8:1-20)과 과거의 실패를 쉽게 잊지 말라는 경고가 따른다 (9:1-29). 언약궤 옆에 율법의 복사본을 간직함과 동시에 그것을 간수하는 일을 위해 레위 사람 제사장들의 의무를 정해야 하기 때문에 필요한 내용이 규정된다 (10:1-22). 그러한 단계들을 거친 후에 앞으로 하나님에 대한 믿음을 지키기로 굳게 다짐하는 일이 남아 있다 (11:1-32).

셋째 부분(12:1—26:15)은 율법들을 선포한다. 넷째 부분(26:16—30:20)은 축복과 저주의 형태로 짜여 있다. 이스라엘이 하나님과 맺은 언약의 법을 순종할 때와 불순종 할 때의 결과가 제시되고 있다. 신명기의 마지막 부분(31:1—34:12)은 후기 형태를 띠고 있는데, 모세의 죽음 후에 이스라엘이 해야 될 일들에 대한 자세한 규정이 담겨있다. 또한 두 편의 위대한 시가 포함되어 있는데, 모세의 노래(32:1-43)와 모세의 축복(33:2-29)이 그것들이다.

신명기의 저자가 누구인가 하는 문제는 크게 논란되어 왔다. 저자 문제는 신명기 자체에서 해결할 수 있을 것 같다. 신명기를 뒷받침하는 권위는 모세의 권위이지만, 우리가 가진 신명기는 모세가 원래 이스라엘 사람에게 선포한 말씀이 (1:1) 나중에 기록되어 전해진 것이다(31:9, 24). 이 기록의 작업을 감당하고 책임진 사람들은 1:16-18에 보면, 모세가 시작한 일을 계속 끝내기 위해서 위임받은 모든 지파에서 선택된 재판관들이라고 되어 있다. 그들의 일차적인 임무는 법의 집행이었고, 그들이 사법 행정을 위해 사용한 16:18—19:21에 있는 규정들이 신명기의 가장 오래된 부분들이라는 강력한 증거들이 있으며, 바로 그 부분이 진정한 의미에서 "율법책"이었다고 할 수 있다. 그러나 전체 민족의 신앙 교육이라고 하는 보다 넓은 의미의 신명기의 목적(특히 6:7에서 보여주는 것)은 이러한 율법책으로서의 성격을 훨씬 확대하고 있으며 예배에 관한 중요한 규정들도 역시 포함되어 있다. 그러므로 신명기의 저자들은 엄밀한 의미에서 제사장들이라기보다는 교사들, 공직자들이었다고 보아야 할 것이다.

신명기의 목적은 분명하다. 신명기는 이스라엘이 공동체로서 의지하고 살아가야 할 하나님의 법을 분명하게 설명하며, 그것을 통해 하나님과의 특별한 언약 관계가 이스라엘이 누리는 삶의 질을 통해 드러나야 한다는 것이다. 이 법은 먼저 십계명을 통해 간략하게 요약되어 있다(5:6-21). 그리고 율법책에 있는 일련의 율법들을 통해 보다 자세하게 규정되어 있다 (12:1—26:15). 십계명과 이하 율법책의 관계가 중요한 것만큼이나 "언약법전"이라고 보통 부르는 출 20:22—23:19에 있는 이전 율법들의 목록과의 긴밀한 관계도 중요하다.

신명기의 중심 주제들은 이스라엘 민족이 가진 독특한 지위와 그 성격에 맞추어져 있다. 하나의 민족으로서, 한 법 아래 살면서, 한 땅에 정착해 사는 것이 중요한 목표들이다. 그러나 이 세 가지 목표 근저에는 이스라엘을 특별한 민족으로 선택하시고, 그들과 언약을 맺으시고, 자신들의 삶을 규정하는 법을 모세를 통해서 계시하신 유일하신 하나님이 있다고 하는 선언이 있다. 이스라엘이 반드시 점령해야 하는 땅은 그 범위가 광범위하게 규정되어 있고, 그 아름다움과 풍부함 때문에 칭송되고 있으며, 언약으로 주어진 가장 위대한 선물로 설명되어 있다. 그러나 신명기 전체를 통해서 지속적으로 감지되는 위기의식이 있는데, 그것을 보면 하나님이 주신 법은 언제고 외면될 가능성이 있음을 분명하게 알 수 있다. 그런 일이 있게 되면 하나님은 이스라엘 백성을 재앙으로 심판하실 것이며, 또 그 땅에서 쫓아내실 것이고, 민족과의 단절을 초래하실 것이다. 이스라엘은 많은 지파들을 아우르는 본질적인 단일성에 대해 분명히 강조하고 있지만, 동시에 이러한 단일성은 여러 세대에 걸쳐서 지속될 것이라는 깊은 확신도 있다. 신명기를 읽는 각 독자들은 과거의 이스라엘 자손이 대대로 직면했던 것과 똑같은 선택—즉 하나님께 순종할 것인가 불순종할 것인가—에 직면하게 된다. 더군다나 새로운 유혹들이 미래의 국가에 도전할 것이며 시간이 지날수록 광야시절에 어렵게 배운 교훈들은 점차 잊힐 것이다. 그러므로 과거를 기억하는 것은 필수적인 일이며, 우상숭배의 달콤한 유혹은 반드시 물리쳐야 한다. 이렇게 해야만 이스라엘은 축복을 받을 것이며 다른 모든 민족 위에 우뚝 설 수 있다.

신명기의 내용은 다음과 같다. 성경본문에 따라 세밀히 조사할 가치가 있는 주석은 이 개요를 따를 것이며, 명확성을 기하기 위하여 더 보충하여 세밀하게 설명될 것이다.

Ⅰ. 서론: 1:1—4:3
- A. 모세가 이스라엘 백성에게 호렙 산을 떠날 것을 명하고 모든 지파 가운데서 자신을 도와줄 재판관들을 임명함, 1:1-18
- B. 이스라엘은 에돔과 모압 지역을 지나면서 불가피하게 전쟁을 해야 했고 이것으로부터 중요한 교훈을 배움, 1:19—3:29
- C. 이스라엘은 하나님에 관한 참된 지식을 영원히 기억할 것을 명령 받음, 4:1-43

Ⅱ. 하나님의 백성으로 살아감, 4:44—11:32
- A. 언약법의 서론, 4:44—5:5
- B. 십계명, 5:6-21
- C. 모세의 권위에 대한 진술, 5:22-33
- D. 하나님을 사랑하고 순종할 것을 교육함, 6:1-25
- E. 선민, 이스라엘, 7:1-26
- F. 고난에서 배운 것들, 8:1-20
- G. 새로운 세계의 도전, 9:1-29
- H. 법과 법의 수호자들, 10:1-22
- I. 하나님에 대한 신뢰를 지킬 것, 11:1-32

Ⅲ. 법령집, 12:1—26:15
- A. 처음 계명들을 지킬 것, 12:1—13:18
- B. 하나님의 이름의 거룩성을 지킬 것: 자연 세계에서, 14:1-21
- C. 하나님의 이름의 거룩성을 지킬 것: 일터와 사회 질서에서, 14:22—15:23
- D. 하나님의 이름의 거룩성을 지킬 것: 종교적인 절기에서, 16:1-17

E. 공직자들의 의무, 16:18—18:22
F. 생명과 죽음의 문제들, 19:1—22:12
G. 성 행위와 관련된 문제들, 22:13—23:18
H. 재산권의 존중, 24:6—25:19
I. 공정한 사회, 26:1-15

IV. 축복과 저주, 26:16—30:20
A. 법을 기억할 것을 명함, 26:16—27:10
B. 언약 아래 사는 삶의 축복과 저주, 27:11—29:1
C. 지난날을 돌아봄, 29:2-9
D. 개인의 책임과 공동체의 책임, 29:10-29
E. 율법의 정신과 문자, 30:1-20

V. 후기, 31:1—34:12
A. 모세 이후의 삶을 준비함, 31:1-29
B. 모세의 노래, 31:30—32:43
C. 언약의 결론, 32:44-47
D. 모세에게 하신 하나님의 말씀, 32:48-52
E. 모세의 축복, 33:1-29
F. 모세의 죽음, 34:1-12

로날드 이 클레멘츠 (Ronald E. Clements)

서론

1 1 이것은 모세가 ㄱ)요단 강 동쪽 광야에서
모든 이스라엘 사람에게 선포한 말씀이다.
그 때에 그들은 숩 가까이에 있는 요단 계곡에 있
었다. 한쪽에는 바란 마을이 있고, 다른 한쪽에는
도벨과 라반과 하세롯과 디사합의 여러 마을이 있
는데, 바로 그 사이에 이스라엘 사람들이 있었다.
2 (호렙에서 세일 산을 지나 가데스바네아까지는
열하루 길이다.) 3 이집트에서 나온 지 사십 년
째가 되는 해의 ㄴ)열한째 달 초하루에, 모세는 주
님께서 이스라엘 자손에게 말하라고 명하신 모든
것을 그들에게 말하였다. 4 이 때는 모세가 헤스
본에 사는 아모리 왕 시혼을 치고, 아스다롯과 에
드레이에 사는 바산 왕 옥을 무찌른 다음이었다.
5 모세는 요단 강 동쪽 모압 땅에서 이 율법을 설
명하기 시작하였다.

6 "우리가 호렙 산에 있을 때에, 주 우리의 하
나님이 우리에게 다음과 같이 말씀하셨습니다."
"너희는 이 산에서 오랫동안 머물렀으니,
7 이제 방향을 바꾸어 나아가, 아모리 사람의 산
지로 가거라. 그 인근 모든 지역, 곧 아라바와 산
지와 평지와 남부 지역과 해변으로 가거라. 또 가
나안 사람의 땅과 레바논과 저 멀리 있는 큰 강,
유프라테스 강까지 가거라. 8 내가 너희 앞에
보여 주는 이 땅은, 나 주가 너희에게 주겠다고,
너희 조상 아브라함과 이삭과 야곱에게 맹세한 땅
이니, 너희는 그리로 가서 그 땅을 차지하여라."

모세가 지도자를 임명하다 (출 18:13-17)

9 "그 때에 내가 당신들에게 말하였습니다.
'당신들을 지도할 책임을 나 혼자서 질 수 없습니다.

ㄱ) 히, '요단 강 저편' ㄴ) 세밧월, 양력 일월 중순 이후

1:1-18 모세가 이스라엘, 즉 히브리 노예들을 이집트에서 인도하여 낸 지도 40년이 흘렀다. 그럼에도 불구하고 이스라엘 민족은 아직도 자기들의 조상 아브라함에게 약속하였던 땅(창 15:1-21 참조)에 들어가지 못하고 광야에 있는 자신들의 모습을 보고 있다. 이렇게 늦어지게 된 것은 그 땅을 먼저 탐지하고 돌아와서 그 땅을 정복하려는 시도가 얼마나 위험한 일인지에 대해 경고를 한 정탐꾼들의 두려움과 불신앙의 보고를 들은 것에 기인되어 있다 (민 13:1—14:45를 참조). 이제 그 세대는 다 죽고 하나님께서 법을 계시하신 호렙 산 기슭을 떠날 때가 되었다 (1:6-8). 그 역사적인 약속이 이제 성취되려는 순간이다. 그러나 먼저 이 민족을 이끌어 갈 임무를 감당할 수 있는 보조자들을 임명하는 일이 필요하게 되었다. 이 일은 모세 한 사람에게만 맡겨둘 수는 없었다. 이것은 각 지파에서 지도자들을 임명함과 동시에 (1:9-15) 범죄가 일어났을 경우와 분쟁이 일어났을 경우에 문제를 해결할 법 집행에 책임을 질 재판관들을 임명함으로써 (1:16-18) 일단락되었다. 철저하게 공정성과 공평성을 지키는 것이 이들이 임무를 수행하는 데 필요한 자격이었다 (1:17). **1:1** *모든 이스라엘.* 이것은 신명기에서 아주 중요한 표현이며, 반복해서 사용되고 있다 (예를 들어, 5:1; 11:6 참조). 이것은 그 민족이 지파별, 지역별, 역사적인 배경의 차이로 인하여 분리되어 있었음에도 불구하고 단일한 공동체를 이루고 있다는 신념을 표현하는 것이다. 모든 사람이 같은 특권과 의무를 가지고 있으며, 모든 사람이 광야의 기간을 통해 국가 형성의 같은 경험에 참여한 것이다. *요단 강 동쪽.* 이 표현은 호렙 산에서부터 벳브올 지역의 도강 지점(3:29 참조)까지의 조상들이 걸어온 역사적인 여정을 요단 강 서편에 정착한 사람들의 관점에서 붙여진 것이다. 바란 지역은 호렙 산과 가데스 바네아(민 10:12; 12:26; 13:3, 26)의 오아시스 주변에 형성된 도시 사이에 있다. **1:2-5** *호렙.* 이 산은 신명기에서 일관되게 모세가 하나님으로부터 율법을 받은 성스러운 산의 이름으로 사용되고 있다. 이 장소는 다른 곳에서는 종종 "시내"로 불린다 (33:2 참조). "호렙"이 그 지역을 지칭하는 일반적인 이름이라면, "시내"는 가장 높은 봉우리를 나타내는 이름으로 보인다. 오래 전부터 그 산은 시내 반도에서 가장 높은 봉우리인 예벨 무사(Jebel Musa)를 말하는 것으로 여겨져 왔다. 기독교 초기에 성 캐서린 수도원이 그 곳에 건축되었다. 그러나 이 점에 대해 의문을 제기하는 사람들이 있어서 다른 지명이 거론되기도 하였다. *열하루 길*이라고 하는 여행 기간은 천천히 이동하는 대상들이나 후대의 순례자들에게 걸렸던 기간을 말하는 것일지도 모른다 (왕상 19:8에 나오는 엘리야의 방문 참조). 모세가 율법에 관해 모든 것을 말했다고 하는 사실은 신명기가 출 20:22—23:19에 이미 주어졌던 율법의 자세한 부연설명이라는 점을 보여준다. 기존 율법의 개정도 눈에 뜨이지만 신명기는 율법의 중요성을 강조하면서 율법을 존중하고 지킬 것을 요구함으로써 기존 율법을 지지하는 율법에 관한 권면과 권장을 많이 첨가하고 있다. **1:6-8** 하나님께서 직접 하신 말씀, *너희는 이 [호렙] 산에서 오랫동안 머물렀으니.* 이 구절은 그 땅을 점령하러 진격하려던 백성의 간담을 서늘케 하였던 이들에 대한 심판으로 주어진 40년이라는 기간을 반영하고 있다 (민 14:22-23, 32-33). *아모리* 사람. 이 호칭은 기원전 2천 년 전 메소포타미아 문서에 보면 시리아 지역의 초원지대에 살던 사람들을 "서쪽 사람들"이라고 묘사하기 위해 종종 사용된 것으로 나타난다. 그러므로 일반적으로 성경에서는 아모리

10 주 당신들의 하나님이 당신들을 불어나게 하
셔서, 오늘날 당신들이 하늘의 별처럼 많아졌기
때문입니다. 11 주 당신들의 조상의 하나님이
당신들을 천 배나 더 많아지게 하시고, 약속하신
대로 당신들에게 복을 주실 것입니다. 12 그러니
나 혼자서 어떻게 당신들의 문제와 당신들의 무
거운 짐과 당신들의 시비를 다 감당할 수 있겠습
니까? 13 당신들은 각 지파에서 지혜가 있고 분
별력이 있고 경험이 많은 사람들을 뽑으십시오.
그러면 내가 그들을 당신들의 지도자로 세우겠
습니다.'

14 그러자 당신들이 나에게 대답하기를 '말
씀하신 대로 하는 것이 좋겠습니다' 하였습니다.
15 그래서 나는 당신들 가운데서 뽑은, 지혜가
있고 경험이 많은 사람을 당신들 각 지파의 대표로
세워서, 그들을 각 지파의 천부장과 백부장과 오
십부장과 십부장으로 삼았고, 각 지파의 지도자
로 삼았습니다. 16 그 때에 내가 당신들 재판관
들에게 명령하였습니다. '당신들 동족 사이에 소
송이 있거든, 잘 듣고 공정하게 재판하시오. 동족
사이에서만이 아니라, 동족과 외국인 사이의 소
송에서도 그렇게 하시오. 17 재판은 하나님께
속한 것이니, 재판을 할 때에는 어느 한쪽 말만을
들으면 안 되오. 말할 기회는 세력이 있는 사람에
게나 없는 사람에게나 똑같이 주어야 하오. 어떤
사람 앞에서도 두려워하지 마시오. 그리고 당신
들이 판단하기 어려운 것이 있거든, 나에게로 가져
오시오. 내가 들어 보겠소.' 18 그 때에 나는,
당신들이 해야 할 일을 모두 가르쳐 주었습니다."

정찰대를 보내다 (민 13:1-33)

19 "우리는 주 우리의 하나님이 우리에게
명하신 대로 하였습니다. 호렙을 떠나, 우리가 본
그 크고 무서운 광야를 지나서, 아모리 사람의 산
지로 가는 길을 따라 가데스바네아까지 이르렀습
니다. 20 그 때에 내가 당신들에게 일렀습니다.
'이제 당신들은 주 우리의 하나님이 우리에게 주
시는 아모리 사람의 산지까지 왔습니다. 21 보
십시오, 주 당신들의 하나님이 주신 땅이 당신들 앞
에 있습니다. 주 당신들 조상의 하나님이 당신들
에게 말씀하신 대로, 올라가서 차지하십시오. 두
려워하지도 말고, 겁내지도 마십시오.'

22 그러나 당신들은 다 나에게 와서 이렇게
말하였습니다. '땅을 탐지할 사람들을 먼저 보내서,
우리가 올라갈 길과 우리가 쳐들어갈 성읍들이
어떠한지, 그 땅을 정찰하여 우리에게 보고하게
하자.' 23 내가 듣기에도 그 말은 옳은 말이어서,
나는 각 지파에서 한 사람씩 열두 사람을 뽑았
습니다. 24 뽑힌 사람들은 산지로 올라가서,
에스골 골짜기에 이르기까지, 그 땅을 두루 다니
면서 탐지하였습니다. 25 그들은 그 땅에서 난

라는 호칭이 시리아 팔레스타인지역에서 이스라엘 사람들 이전에 살던 이들을 지칭하는 표현이다. 점령되어야 할 지역의 경계가 멀리는 *큰 강, 유프라테스 강까지* (7절) 라는 것은 놀라운 일이다. 이것은 11:24와 수 1:4에서도 다시 언급된다. 이 영역이 얼마나 정확하게 다윗 왕 때의 국가 경계를 나타내는 것인가 하는 것은 본문을 떠나서 입증할 수 없다. **1:9-15** *당신들을 지도할 책임을 나 혼자서 질 수 없습니다.* 이 말에 대한 회고와 그 이후에 이 일과 관련되어 모세를 도울 지도자들을 임명한 일들은 출 18:13-23; 민 11:10-17, 24-30에 기록된 두 가지 사건에 관해서 신명기 나름대로 요약한 것이다. 이 두 본문에서 모세는 하나님에게 자신의 사명에 대한 정신적인 부담을 불평하였는데, 신명기에서는 하나님에 대한 비난이 전혀 없는 점에서 모세의 불평이 완화되어 있다. **1:16-18** *그 때에 내가 당신들 재판관들에게 명령하였습니다.* 모세의 이 이야기는 신명기가 율법 집행과 재판에 있어서 공정성을 확보하기 위한 일을 얼마나 중요하게 생각하고 있었는가를 반영하여 준다 (16:18-20 참조). 잘못은 처벌되어야 하고, 분쟁은 자격 있고 공인된 재판관들에 의해서 합당한 방법으로 해결되어야 한다. 이러한 재판관들이 재판할 수 있는 곳에서는 이들이 재판을 하고 제사장들에게 호소하는 것은 꼭 필요한 경우로 제한된다. 모세가 하던 일을 계속하는 것이 이러한 재판관들의 기능이고 신명기를 율법책의 형태로 기록한 사람들도 분명히 자신들을 이러한 전통에 서 있는 사람들로 본 것이 틀림없을 것이다. 율법이 통치하고 언약의 공동체에 속한 모든 구성원들을 정의로 다스리는 것이 하나님의 백성들의 생활에 특징이 될 것이다.

1:19-46 이스라엘 백성이 호렙 산에서 요단 강 경계까지 행진한 경로는 전에 설명된 중요한 사건들 가운데 하나님이 백성을 돌보신다는 것을 보여줄 수 있는 것으로 입증된 사건들을 기억하는 것으로 요약되어 있다. **1:19-21** 이 이야기는 그 땅을 정탐하러 간 사람들이 보고한 결과(민 13—14장)를 이야기하면서 시작한다. 그 당시 이스라엘 백성들이 믿음으로 응답하지 못한 실패로 인하여 그들은 38년 동안 거룩한 산 (2:14 참조) 근처에서 방황하는 재난을 초래하게 되었다. 이 지역은 *크고 무서운 광야*로 묘사되어 있고, 8:15에서는 한 걸음 더 나아가 불뱀과 전갈이 우글거리고 물이 없는

열매들을 따 가지고 내려와서 우리에게 보고하
기를, '주 우리의 하나님이 우리에게 주신 땅이
좋다'고 하였습니다.
26 그러나 당신들은 주 당신들의 하나님의
말씀을 거역하고, 올라가려고 하지 않았습니다.
27 당신들은 장막 안에서 원망하면서 말하였습
니다. '주님께서 우리를 미워하신다. 아모리 사람의
손에 우리를 내주어 전멸시키려고, 우리를 이집
트 땅에서 이처럼 이끌어 내셨다. 28 우리가 왜
그 곳으로 가야 한단 말이냐? 무모한 일이다. 그
땅을 탐지하고 돌아온 우리의 형제들은, 그 곳
사람들이 우리보다 힘이 훨씬 더 세고 키가 크며,
성읍은 하늘에 닿을 듯이 높은 성벽으로 둘러싸여
있다. 거기에는 아낙 자손들까지 산다고 하지
않았느냐?'
29 그 때에 내가 당신들에게 이렇게 말하였
습니다. '그들을 무서워하지도 말고 두려워하지
도 마시오. 30 당신들 앞에서 당신들을 인도하
여 주시는 주 당신들의 하나님은, 이집트에서 당
신들이 보는 앞에서 당신들을 대신하여 모든 일을
하신 것과 같이, 이제도 당신들을 대신하여 싸우실
것이오. 31 또한 당신들은, 주 당신들의 하나님이,
마치 아버지가 아들을 돌보는 것과 같이, 당신들이
이 곳에 이를 때까지 걸어온 그 모든 길에서 줄곧
당신들을 돌보아 주시는 것을, 광야에서 직접
보았소.' 32 그런데도 당신들은 아직도 주 당신
들의 하나님을 믿지 않습니다. 33 당신들이 진
칠 곳을 찾아 주시려고 당신들 앞에서 당신들을
인도하여 주셨는데도, 그리고 당신들이 갈 길을
보여 주시려고 밤에는 불기둥으로 낮에는 구름기
둥으로 인도하여 주셨는데도, 당신들은 아직도
주 당신들의 하나님을 믿지 않습니다."

주님께서 이스라엘을 벌하시다 (민 14:20-45)

34 "주님께서는 당신들의 말을 들으시고, 진
노하셔서 맹세하여 말씀하시기를 35 '이 악한 세
대의 사람들 가운데는, 내가 너희의 조상에게 주
기로 맹세한 좋은 땅을 볼 사람이 하나도 없을 것
이다. 36 다만 여분네의 아들 갈렙만이 그 땅을
볼 것이다. 그가 정성을 다 기울여 나 주를 따랐
으므로, 나는 그와 그 자손에게 그가 밟은 땅을 주
겠다' 하셨습니다. 37 주님께서는 당신들 때문에
나에게까지 진노하셔서 말씀하시기를 '너 모세도
그리로 들어가지 못한다. 38 그러나 너의 ㄱ)보좌관
눈의 아들 여호수아는 그리로 들어갈 것이다. 그는
이스라엘을 그 땅으로 인도하여 그 땅을 유산으로
차지하게 할 사람이니, 너는 그에게 용기를 불어
넣어 주어라' 하셨습니다.
39 주님께서는 또 우리에게 이르시기를 '적에
게 사로잡혀 갈 것이라고 너희가 말한 어린 아이
들, 곧 아직 선악을 구별하지 못하는 너희의 아들
딸 들은, 그리로 들어갈 것이다. 나는 그들에게 그
땅을 줄 것이며, 그들은 그것을 차지할 것이다.
40 너희는 발길을 돌려서, 홍해로 가는 길을 따라
광야로 가거라' 하셨습니다. 41 그러자 당신들이
나에게 말하기를 '우리가 우리 주님께 죄를 지었
으니, 주 우리의 하나님이 우리에게 명하신 대로
다 올라가 싸우자' 하였습니다. 그리고는 각자
자기의 무기를 들고, 경솔하게 그 산지로 올라갔
습니다.
42 그 때에 주님께서 나에게 말씀하시기를
'그들에게 전하여라. 너희는 올라가지도 말고 싸우

ㄱ) 히, '앞에 서 있는 사람'

지역으로 묘사되어 있다. **1:20** *아모리 사람의 산지.* 이 산지는 이스라엘 사람들이 피난처로 삼았던 시내 반도의 척박하고 황무한 사막 지역과 비교된다. *아모리 사람들에* 관해서는 7절과 28절에 관한 주석을 보라 (또한 7:1을 참조). **1:21** 땅에 관한 약속은 처음에 창 12:1-3; 15:1-21에서 아브라함에게 주어진 후 계속해서 다른 족장들, 즉 이삭(창 26:21-23)과 야곱(창 28:4)에게 반복되었다. 그 후손들이 이집트에서 노예로 보냈던 기간은 아브라함에게 보여주었던 그 땅에서 그들이 한 국가를 이루리라는 하나님의 계획을 중단시켰다. 이제, 이집트에서 빠져나온 지금이야말로, 그 계획이 다시 완성을 위해 재가동될 수 있게 되었다. **1:22-25** 그 땅을 탐지하기 위해서 보내졌던 이들이 가지고 온 보고의 내용은 민 13—14장에 더 자세히 나와 있다. 에스겔 골짜기는 헤브론 지역에 놓여 있는데, 그 지역이 특별히 거론된 것은 에스겔이라는 이름이 "(과실이나 꽃) 뭉치"를 뜻하기 때문에 그 지역에서 생산되는 탐스러운 포도송이들을 강조할 수 있기 때문이다. **1:26-28** 이미 그 곳에 거주하는 사람들이 크고 강하기 때문에 사람들이 그 땅에 들어가기를 꺼려했던 심정은 민 13:32-33에 더 자세하게 묘사되어 있다. 아낙 자손들의 커다란 신장은 민 13:33과 신 2:10-11, 21; 9:2에 다시 기록되어 있다. 그들은 특별히 헤브론 지역과 연관되어 있다 (수 14:15 참조). 그 땅의 성읍은 *하늘에 닿을 듯이 높은 성벽으로 둘러싸여 있다*는 표현은 성벽으로 성읍을 높이 쌓는 것이 정착된 농경사회에서 주된 방어 수단이었음을 반영하고 있는 것이다. 전쟁을 수행하는 데 있어서 신명기는 포위 공격에 대한 전술의 중요성을 잘 알고

지도 말아라. 내가 너희 가운데 있지 않으니, 너
희가 적에게 패할 것이다' 하셨습니다. 43 내가
이 말씀을 당신들에게 전하였지만 당신들은 듣지
않았고, 주님의 말씀을 거역하고서, 당신들 마음
대로 산지로 올라갔습니다. 44 그러자 그 산지에
살던 아모리 사람이 당신들을 보고, 벌떼 같이 쫓
아나와서, 세일에서 호르마까지 뒤쫓으면서 당신
들을 쳤습니다. 45 당신들이 돌아와 주님 앞에서
통곡을 했지만, 주님께서는 당신들의 소리를
듣지 않으시고, 귀도 기울이지 않으셨습니다."

이스라엘이 광야에서 보낸 해

46 "우리가 가데스에 머무르며 그렇게 많은
날을 보내고 난 뒤에, 1 우리는, 주님께서 명하신
2 대로 방향을 바꾸어서 홍해로 가는 길을
따라 광야에 들어섰으며, 여러 날 동안 세일
산 부근에서 떠돌았습니다.

2 그 때에 주님께서 나에게 말씀하시기를
3 '너는 이 백성을 데리고 오랫동안 이 산 부근에서
떠돌았으니, 이제는 방향을 바꾸어서 북쪽으로
가거라' 하셨습니다. 4 또 백성에게 지시하라고
하시면서 말씀하시기를 '너희가 세일에 사는 에서
의 자손 곧 너희 친족의 땅 경계를 지나갈 때에는,
그들이 너희를 두려워할 터이니, 매우 조심하여라.
5 그들의 땅은 한 치도 너희에게 주지 않았으니,
그들과 다투지 말아라. 세일 산은 내가 에서에게
유산으로 주었다. 6 먹거리가 필요하면 그들에게
돈을 주고 사서 먹어야 하고, 물이 필요하면 돈을
주고 사서 마셔야 한다' 하셨습니다.

7 주 당신들의 하나님이 당신들이 하는 모든
일에 복을 내려 주시고, 이 넓은 광야를 지나는 길
에서, 당신들을 보살펴 주셨으며, 지난 사십 년 동안
주 당신들의 하나님이 당신들과 함께 계셨으므로,
당신들에게는 부족한 것이 아무것도 없었습니다.
8 그래서 우리는 엘랏과 에시온게벨에서 시작되는
아라바 길을 따라 세일에 사는 우리의 친족인 에서
의 자손이 사는 곳을 비켜 지나왔습니다.

우리가 방향을 바꾸어 모압 광야에 이르는
길로 들어섰을 때에, 9 주님께서 나에게 말씀하
시기를 '모압을 괴롭히지도 말고, 싸움을 걸지도
말아라. 그 땅은 내가 너에게 유산으로 주기로 한
땅이 아니다. 아르 지역은 내가 이미 롯의 자손에
게 유산으로 주었기 때문이다. 10 (옛적에 그 곳
에는 에밈 사람이 살고 있었는데, 그들은 강하고
수도 많았으며, 아낙 족속처럼 키도 컸다. 11 그
들은 아낙 족속처럼 르바임으로 알려졌으나,
모압 사람들은 그들을 불러서 에밈이라 하였다.
12 세일 지방에도 호리 사람이 살고 있었으나,
에서의 자손이 그들을 쳐부수고 그 땅을 차지하였
다. 이것은 이스라엘 백성이 주님께서 유산으로
주신 땅을 차지한 것과 같은 것이다.) 13 이제
일어나서 세렛 개울을 건너거라!' 하셨습니다.

그래서 우리는 세렛 개울을 건넜습니다.
14 가데스바네아를 떠나서 세렛 개울을 건너기
까지, 삼십팔 년 세월이 지나는 동안에, 주님께서
이스라엘 백성에게 맹세하신 대로, 그 때의 모든
군인들이 진 가운데서 다 죽었습니다. 15 주님의
손이 그들을 내리쳐서, 진 가운데서 그들을 완전히
멸하셨기 때문입니다.

있었다 (20:19-20). 이스라엘이 정복해야 하는 땅에는 이미 종교적 관습이 있었고, 그것이 위험한 것이라고 하는 점이 신명기에서 계속 우려하는 핵심이 되어있다. *주님께서 우리를 미워하신다* (27절) 라고 하는 이해할 수 없는 불평은 신명기가 믿음의 심리 상태에 강하게 주목하는 이유인 동시에 *당신들은 아직도 주 당신들의 하나님을 믿지 않습니다* 라고 단정 짓게 만드는 (32절) 근거 없는 두려움에 주목하는 이유이다. 참된 믿음은 용기를 필요로 한다. **1:29-33** 신명기는 반복해서 전쟁을 하나님이 주관하시는 활동으로 해석한다. 그래서 전쟁의 승리는 오직 흔들리지 않는 신앙적인 순종을 통해서만 얻을 수 있다고 해석한다. **1:34-40** 민 14:1-25에서 백성은 하나님이 자기들을 멸망시키기로 작정하셨다고 불평을 하다가 모세가 그들을 위해 중보기도를 함으로써 해결되었다. **1:37** *주님께서는 당신들 때문에 나에게까지 진노하셔서.* 모세가 백성들의 불신앙 때문에 그 땅에 들어갈 수 없게 된 이유를 말하는 것에 대하여는 3:23-29를 보라 (또한 32:48-52를 참조). **1:41-46** 민 14:39-45를 보라. 패전에서 배워야 할 교훈들은 신명기가 모든 승리를 주관하시는 하나님께 합리적이고 마음을 다해 신뢰하는 신앙을 다시 확립하고자 하는 관심을 가지고 볼 때 중요한 문제였다. 따라서 그러한 패배를 기억하는 고통과 후회의 감정은 최근의 승리들을 기억하는 배경이 되고 있다 (45절). 그러한 과거의 승리에 대한 예들을 적어 두는 것은 적군의 영토를 지나가는 여정에 있어서 필요한 일이었다.

2:1-8 *세일에 사는 에서의 자손* (2:4). 에서의 자손이 점령하고 있는 지역을 지나는 길은 이스라엘 사람들이 남쪽에 사는 이웃 민족을 처음으로 대면하는 시점이었다. 에서의 자손은 에돔 왕국을 형성하였다. 그들이 이스라엘과 어떤 관계에 있었나 하는 것은 이스라엘이 그 땅을 갈등 없이 지날 수 있게 한 타협에서 짐작할 수 있다. 에서라는 이름이나, 에돔이라는 이름은 사실상 이스라엘의 조상인 야곱과 관계가 좋지 않았던 선조

16 백성 가운데서 군인들이 하나도 남김없이
다 죽은 뒤에, 17 주님께서 나에게 말씀하셨습니
다. 18 '오늘 너는 모압 땅의 경계인 아르를 지나,
19 암몬 자손이 사는 곳에 다다를 것이니, 너는 그
들을 괴롭히지도 말고, 싸우지도 말아라. 암몬 족
속의 땅은 내가 너에게 유산으로 주기로 한 땅이 아
니다. 그 곳은 내가 이미 롯의 자손에게 유산으로
주었기 때문이다. 20 (이 곳도 르바임 땅으로 알
려진 곳이다. 전에는 거기에 르바임이 살았는데,
암몬 사람은 그들을 불러서 삼숨밈이라고 하였다.
21 그 백성은 강하고 수도 많고 아낙 족속처럼 키
도 컸으나, 주님께서 그들을 암몬 사람들 앞에서 진
멸시키셨으므로, 암몬 사람이 그 곳을 차지하고,
그들 대신에 그 곳에 살았다. 22 이는 마치 주님
께서 세일에 사는 에서의 자손에게 하신 일과 같다.
주님께서 에서의 자손 앞에서 호리 사람을 멸망시
키시니, 그들이 그 땅을 차지하고, 오늘날까지 호
리 사람의 뒤를 이어서 거기에서 산다. 23 이것은
또, 크레테에서 온 크레테 사람이, 가사 지역에 살
던 아위 사람을 쳐부수고, 그들의 뒤를 이어서 그
곳에서 산 것과 마찬가지이다.) 24 너는 일어나서
떠나거라. 그리고 아르논 개울을 건너라. 보아라,
내가 아모리 사람 헤스본 왕 시혼과 그의 땅을 너
희의 손에 넘겼으니, 싸워서 차지하여라. 25 오늘
내가, 하늘 아래의 모든 백성이 너희를 무서워하고
두려워하게 할 것이니, 너의 소문을 듣는 사람마다
떨며, 너희 때문에 근심할 것이다.'"

이스라엘이 시혼을 치다 (민 21:21-30)

26 "그래서 나는 그데못 광야에서 헤스본 왕
시혼에게 사절을 보내어 좋은 말로 요청하였습
니다. 27 '임금님의 땅을 지나가게 하여 주십시
오. 오른쪽으로나 왼쪽으로 벗어나지 아니하고,
길로만 따라 가겠습니다. 28 우리가 먹을 것이 필
요하면, 임금님께서 우리에게 돈을 받고 파는 것만
을 먹고, 마실 것이 필요하면, 임금님께서 돈을 받
고 파는 것만을 마시겠습니다. 다만, 걸어서 지나
가게만 하여 주시기를 바랍니다. 29 세일 지역
에 사는 에서의 자손과 아르 지역에 사는 모압 사
람이 우리를 지나가게 하여 주었으니, 우리가 요단
강 건너, 우리의 하나님 주께서 우리에게 주시는
땅에 이르도록, 우리를 지나가게 하여 주시기를
바랍니다.' 30 그러나 헤스본 왕 시혼은 우리를
그 땅으로 지나가게 하지 않았습니다. 이것은, 주
당신들의 하나님이 오늘처럼 그를 당신들의 손에
넘겨 주시려고, 그의 마음을 완고하게 하시고 성질
을 거세게 하셨기 때문입니다.

31 주님께서 나에게 말씀하시기를 '보아라,
내가 시혼과 그의 땅을 너에게 주었으니, 너는 이
제부터 그 땅을 점령하여 유산으로 삼아라' 하셨
습니다. 32 시혼이 그의 군대를 이끌고 우리와
싸우려고 야하스로 나왔습니다. 33 그러나 주
우리 하나님이 그를 우리 손에 넘겨 주셨으므로,
우리는 그와 그의 아들들과 그의 온 군대를 쳐부술

가운데 한 사람이었던 에서의 이름과 같다 (창 33:1-7). 에돔 족속은 요단 계곡의 동쪽인 세일 지역에 자리 잡고 있었다 (2:12; 창 36:29). **2:5-6** 조심스러운 협상의 필요성과 모든 구입된 음식에 대한 지불의 필요성은 후대에 이스라엘과 에돔 사이에 있었던 조심스러운 관계를 반영하고 있다 (23:7-8 참조). **2:7** 에돔에게 지불하고자 하는 의향과 능력이 있다고 하는 것은 전혀 기대하지 않았던 일인데 비록 광야가 오랜 기간의 고통의 세월을 의미하는 것이었지만 그래도 하나님이 이스라엘을 이미 축복하신 결과로 보인다 (8:2-5 참조).

2:9-15 모압 사람들은 요단 동쪽, 아르논 강가에 자리 잡은 또 다른 이스라엘의 이웃이었다. 에돔의 경우와 마찬가지로 이스라엘은 모압 사람들과 평화로운 관계를 유지하고 싶어 했다. 9절에 묘사된 것처럼 비록 그 지역이 역사적으로 어디에 있는가 하는 것은 불분명하지만 아르 지역은 모압의 중심 되는 지역으로 보인다. 모압은 창 19:37-38을 보면 알겠지만, 롯의 자손으로서 그 기원이 근친상간의 관계에 있는 족속이었다. **2:10-11** 아낙 자손에 대해서는 1:28에 관한 주석을 보라. *에밈 사람.* 창 14:5를 보라. *르바임 사람.* 이들은 창 15:20과 수 17:15에 언급되어 있으나 그들이 누구인지는 분명하지 않다. 르바임이라는 호칭은 그 땅을 점령하기 이전에 살던 사람들 가운데 신비한 전설적인 집단을 지칭하는 일반적인 명칭이지만 아무런 결정적인 내용이 알려져 있지 않다. **2:13** 세렛 개울의 위치는 정확하게 알 수 없다. 아마도 오늘날의 와디 엘 헤사(Wadi el-Hesa), 즉 사해로 흘러들어가는 한 지류를 가리키는 것 같다. **2:14** 38년 동안의 여정에 대한 언급은 출애굽 후에 호렙 산까지의 처음 여정이 2년 걸렸다는 것을 암시한다. **2:15** 그 땅에 들어가려다가 직면한 어려움 때문에 하나님에 대해서 불평했던 사람들의 죽음은 사람들의 불행을 하나님의 심판으로 설명하는 신명기적 원리의 한 예를 보여준다.

2:16-25 요단 동편에 정착하고 있던 이스라엘의 또 다른 인접 민족인 암몬 족속의 지경을 통과하는 길은 에서의 후손과 모압 자손의 땅을 통과한 유형을 따르고 있다. 이스라엘이 그 땅에 대한 어떤 영토 주장도 할 수 없을 경우에는 갈등은 가능한 한 모든 경우에 피

수가 있었습니다. 34 그 때에 우리는 모든 성읍을
점령하고, 모든 성읍에서 남자 여자 어린아이 할
것 없이 한 사람도 남기지 않고 전멸시켰습니다.
35 오직 가축과 성읍에서 탈취한 물건만은 우리의
소유로 삼았습니다. 36 주 우리의 하나님은 우
리가 아르논 골짜기 끝에 있는 아로엘의 모든 성
읍과 아르논 골짜기 가운데 있는 성읍을 포함하여,
저 멀리 길르앗에 이르기까지 차지하게 하셨습
니다. 그래서 그 일대에서 우리가 빼앗지 못한
성읍이 하나도 없었습니다. 37 그러나 우리는,
암몬 자손의 땅과 얍복 강 가와 산지에 있는 성읍
들과 또 우리 주 하나님이 우리에게 가지 말라고
하신 곳은, 어느 곳에도 접근하지 않았습니다."

이스라엘이 바산 왕 옥을 쳐부수다

(민 21:31-35)

3 1 "그 다음에 우리는 방향을 바꾸어서
바산 길로 올라갔습니다. 그러나 바산 왕 옥
이 우리를 맞아 싸우려고, 자기의 군대를 모두 거
느리고 에드레이로 나왔습니다. 2 그 때에 주님
께서 나에게 말씀하시기를 '그를 두려워하지 말아
라. 내가 그와 그의 온 군대와 그의 땅을 너의 손에
넘겼으니, 전에 헤스본에 사는 아모리 왕 시혼을 무
찌른 것처럼 그를 무찔러라' 하셨습니다.

3 주 우리의 하나님은 바산 왕 옥과 그의 백
성을 모두 우리 손에 넘겨 주셨으므로, 우리는 그
들을 한 사람도 남김없이 쳐죽였습니다. 4 그 때에
우리는 그의 성읍을 하나도 남김없이 다 점령하였
는데, 바산 왕국의 옥이 다스린 아르곱 전 지역의
성읍은 예순 개나 되었습니다. 5 이 성읍은 모두
높은 성벽과 성문과 빗장으로 방비되어 있었습
니다. 그리고 그 밖에 성벽이 없는 마을들도 많았
습니다. 6 우리는 헤스본 왕 시혼에게 한 것처럼
그들을 전멸시키고, 모든 성읍에서 남자 여자 어
린 아이 할 것 없이 전멸시켰습니다. 7 그러나
성읍에서 노획한 모든 집짐승과 물건들은 우리의
전리품으로 삼았습니다.

8 그 때에 우리는, 요단 강 동쪽 아르논 개울
가에서 헤르몬 산까지의 땅을, 두 아모리 왕의 손
에서 빼앗았습니다. 9 (시돈 사람들은 헤르몬을
시룐이라 하였고, 아모리 사람들은 스닐이라고
하였다.) 10 우리가 빼앗은 땅은, 고원지대의 모든
성읍과, 온 길르앗과 바산의 온 땅, 곧 바산 왕 옥이
다스리는 성읍인 살르가와 에드레이까지입니다."

11 (르바임 족속 가운데서 살아 남은 사람은
오직 바산 왕 옥뿐이었다. 쇠로 만든 그의 ㄱ)침대는,
지금도 암몬 자손이 사는 랍바에 있다. 그것은,
ㄴ)보통 자로 재어서, 길이가 아홉 자요 너비가 넉
자나 된다.)

요단 강 동쪽에 자리잡은 지파들 (민 32:1-42)

12 "우리가 그 땅을 차지하였을 때에, 나는
르우벤 자손과 갓 자손에게 아르논 골짜기 곁에 있
는 아로엘에서부터 길르앗 산지의 반쪽과 거기에
있는 성읍들을 주었습니다. 13 므낫세 반쪽 지
파에게는, 길르앗의 남은 땅과 옥의 나라인 온
바산 지역을 주었습니다." (아르곱의 모든 지역
곧 바산을 옛적에는 르바임의 땅이라고 하였다.
14 므낫세의 아들 야일은 그술 족속과 마아갓 족속
경계까지 이르는 아르곱 땅을 모두 차지하였다.
그래서 오늘날까지 그의 이름을 따라, 이 바산 지
역을 ㄷ)하봇야일이라고 한다.)

ㄱ) 또는 '관' ㄴ) 히, '사람의 자로 재어서' ㄷ) '야일의 촌락'

해야 한다. **2:20** 르바임은 이미 2:11에서 아낙 자손과 연관되어 있고, 여기서는 또 다른 이름인 *삼숨밈*이 주어져 있다. 이것으로 보아 이스라엘 사람들은 자신들의 동쪽 변경에는 비교적 소수의 집단이기는 하지만 크고 강력한 부족들이 살고 있었던 것을 의식은 하고 있었지만, 그들에 관해서 정확한 것은 아는 바가 없었다는 것을 알 수 있다.

2:26-37 요단 동쪽의 도시들을 다스리던 두 왕이 패배당한 전투에 대한 언급은 이스라엘이 그 지역의 일부분에 대한 영토권을 주장하려는 의도가 있음을 보여준다. 이 전투들 가운데 처음 것은 헤스본 왕 시혼의 패전에 관한 것으로 그 지역의 경계는 아주 조심스럽게 규정되어 있다 (37절). 그 이전의 것보다 더 자세한 충돌 기록은 민 21:21-31에 보존되어 있다. 그 승리는 하나님의 인도하심을 믿을 때 어떤 것을 성취할 수 있는가 하는 것을 보여주는 대표적인 예가 된다 (신 31:4 참조). **2:34** 전쟁의 잔인한 결과가 하나님의 명령을 따른 것으로 제시되어 있지만, 그것은 시혼이 그 지역을 평화롭게 통과하기 위해 제시한 협상 조건을 받아들이기를 거부한 결과로 정당화되고 있다 (30절; 20:2-4, 14에 나와 있는 좀 더 다른 조건들도 보라).

3:1-11 민 21:33-35에는 바산 왕 옥이 언급되어 있음에도 불구하고 그 왕의 패배는 그 전의 설명에서는 보고되지 않았다. 바산 지역은 풍요로운 초원으로 유명하였다 (암 4:1; 미 7:14; 사 2:13 참조). 이스라엘은 이러한 탐나는 지역에 대한 영토권을 주장하는 이유가 있었다. **3:11** 옥의 침대 크기와 암몬 족속의 경계 안에서도 훨씬 더 남쪽인 랍바에 그 침대가 있었다고

15 "므낫세 지파의 한 가문인 마길에게는
길르앗을 주었습니다. 16 그리고 르우벤 자손과
갓 자손에게는, 길르앗에서 계곡 중앙을 경계로
한 아르논 계곡까지와 암몬 자손의 경계인 얍복
강까지를 주었습니다. 17 그들이 차지한 지역은
서쪽으로는 요단 강까지 이르고, 북쪽으로는
긴네렛 호수까지 이르고, 남쪽으로는 사해까지
이르고, 동쪽으로는 비스가 산 기슭까지 이릅
니다.
18 그 때에 내가 당신들에게 명령하였습니
다. '주 당신들의 하나님은 당신들에게 요단 강 동
쪽에 있는 이 땅을 주셔서 차지하게 하셨습니다.
그러므로 당신들은, 당신들의 동기인 이스라엘의
다른 지파들도 땅을 차지할 수 있도록 도와주어야
합니다. 당신들의 용사들은 무장을 하고 이스라
엘의 다른 지파들보다 앞서서 요단 강을 건너
가십시오. 19 다만 당신들의 아내와 어린 아이
들은 여기에 남아 있게 하십시오. 그리고 당신들
에게 집짐승이 많다는 것은 내가 알고 있으니,
그 집짐승도 당신들의 가족과 함께, 내가 당신들
에게 나누어 준 성읍에 머물러 있게 하십시오.
20 주님께서는 당신들과 마찬가지로 당신들의
동기들에게도 편히 쉴 곳을 주실 것이니, 그들이
주 당신들의 하나님이 요단 강 서쪽에 마련하여
주신 땅을 차지한 다음에라야, 당신들은 제각기
내가 당신들에게 준 이 땅으로 돌아올 수 있습
니다.'
21 그 때에 내가 여호수아에게 말하였습니
다. '너는, 주 ㄱ)우리의 하나님이 이 두 아모리 왕
에게 어떻게 하였는가를, 두 눈으로 똑똑히 보았
다. 주님께서는, 네가 지나가는 모든 나라에서도
이와 같이 하실 것이다. 22 그들을 두려워하지
말아라. 주 ㄱ)우리의 하나님이 너를 대신하여 싸우
실 것이다.'"

모세가 가나안 진입을 허락받지 못하다

23 "그 때에 내가 주님께 간구하였습니다.
24 '주 하나님, 주님께서는 주님의 크심과 권능
을 주님의 종에게 나타내 보이셨습니다. 하늘과
땅 사이에 어떤 신이 주님께서 권능으로 하신
것과 같은 일을 할 수 있겠습니까? 25 부디
저를 건너가게 하여 주십시오. 그래서 요단 저쪽
아름다운 땅과 아름다운 산과 레바논을 보게 하여
주십시오.'
26 그러나 주님께서는, 당신들 때문에 나에
게 진노하셔서, 나의 간구를 들어 주지 않으셨습니
다. 주님께서 나에게 말씀하셨습니다. '이것으로
네게 족하니, 이 일 때문에 더 이상 나에게 말하
지 말아라. 27 너는 이 요단 강을 건너가지 못할
것이니, 저 비스가 산 꼭대기에 올라가서, 너의 눈
을 들어, 동서남북 사방을 바라보아라. 28 너는
여호수아에게 너의 직분을 맡겨서, 그를 격려하고,
그에게 용기를 주어라. 그는 이 백성을 이끌고 건
너갈 사람이며, 네가 보는 땅을 그들에게 유산으로
나누어 줄 사람이다.'
29 그 때에 우리는 벳브올 맞은쪽 골짜기에
머물러 있었습니다."

ㄱ) 히, '당신들의 하나님'

하는 설명은 놀라운 일이다. *쇠로 만든 침대*라고 하는 것은 검고 단단한 현무암으로 만든 통침대로 이해하는 것이 좋을 것이다. 그 크기는 길이가 약 13피트 (13자), 넓이가 약 6피트 (6자) 된다.

3:12-17 요단 강 동편의 두 지파 반은 강의 물을 공급한다는 측면에서나 비옥한 땅을 통제한다는 면에서나 중요한 지역을 점령하고 있었다. 중요한 상인들 역시 그 지역을 통과하였다. 이스라엘 족속 가운데 이러한 지파에 속한 사람들은 전 이스라엘 백성을 위한 사명을 감당하였다. 이 사명은 비록 강이 자연적인 경계를 이루고 있어도 결코 잊어서는 안 되는 것이었다.

3:18-22 모든 지파가 민족 전체의 국가적인 의무를 충실히 나누어져야 한다는 것은 아주 중요한 원리로 자리매김하고 있다. 강을 중심으로 나누어진 지파들이 자신들의 전투 가능한 군인들을 국가적인 과제를 지원하기 위해서 보내겠다고 진지하게 헌신을 다짐하고 있다. 그 대신, 만약에 요단 강 동편의 지역에 정착한 지파들에게 어떤 위협이 가해질 경우에는 다른 모든 지파가 그들을 돕기 위해 소집될 수 있었다 (삼상 11:1-11 참조).

3:23-29 이스라엘 민족의 가장 뛰어난 지도자로서의 모세는 자기 참모인 여호수아와 함께 이스라엘을 약속의 땅 경계까지 인도해 왔다. 그가 또한 그 땅으로 들어가 백성을 최후의 승리로 이끌고자 하는 것이 그의 가장 절실한 기도였다. 그러나 이러한 특권은 그에게 주어지지 않았다. **3:26** 모세는 자신이 그 땅에 들어가는 것을 허락하지 않으신 하나님의 거절을 자기가 백성의 반역에 연루된 탓으로 설명하고 있다 (4:21 참조). 여기서 제기된 문제는 32:51에서 다시 또 제기되는데, 거기서는 아론과 모세 모두가 가데스의 므리바에서 하나님이 기적적인 방식으로 물을 공급하시던 때에 하나님에 대한 "믿음을 깨뜨린 것"으로 비난받고 있다. 이 사건은 민 20:1-13에서 다시 설명되고 있는데,

지켜야 할 하나님의 규례들

4 1 "이스라엘 자손 여러분, 지금 내가 당신들
에게 가르쳐 주는 규례와 법도를 귀담아 듣고,
그대로 지키십시오. 그러면 당신들이 살아서 주
당신들 조상의 하나님이 당신들에게 주시는 땅에
들어가서, 그 곳을 차지하게 될 것입니다. 2 내가
당신들에게 명령한 말에 한 마디도 더하거나 빼서
는 안 됩니다. 당신들은 내가 당신들에게 알려
준 주 당신들의 하나님의 명령을 지켜야 합니다.
3 주님께서 브올 산에서 하신 일을 당신들은 눈
으로 직접 보았습니다. 주 당신들의 하나님은, 브
올에서 바알 신을 따라간 모든 사람을 당신들 가
운데서 쓸어 버리셨습니다. 4 그러나 주 당신들
의 하나님을 충실하게 따른 당신들은 오늘까지 모
두 살아 있습니다.
5 보십시오, 내가, 주 나의 하나님이 나에게
명하신 대로, 당신들에게 규례와 법도를 가르쳐
주었습니다. 당신들이 들어가 차지할 땅에서 당신
들이 그대로 지키도록 하려고 그렇게 가르쳤습니다.
6 당신들은 이 규례와 법도를 지키십시오. 그러면
여러 민족이, 당신들이 지혜롭고 슬기롭다는 것을
알게 될 것입니다. 그들이 이 모든 규례에 관해서
듣고, 이스라엘은 정말 위대한 백성이요 지혜롭고
슬기로운 민족이라고 말할 것입니다.
7 주 우리의 하나님은 우리가 기도할 때마다
우리 가까이에 계시는 분이십니다. 이와 같은 하나
님을 모신 위대한 민족이 어디에 또 있겠습니까?
8 오늘 내가 당신들에게 주는 이 모든 율법과 같은
바른 규례와 법도를 가진 위대한 민족이 어디에
또 있겠습니까?
9 당신들은 오로지 삼가 조심하여, 당신들의
눈으로 본 것들을 잊지 않도록 정성을 기울여 지
키고, 평생 동안 당신들의 마음 속에서 사라지지
않도록 하십시오. 또한 그것을 당신들의 자손에게
길이 알리십시오. 10 당신들이 호렙 산에서 당
신들의 하나님이신 주님 앞에 섰던 날에, 주님께서
나에게 말씀하셨습니다. '이 백성을 나에게로 불
러 모아라. 내가 그들에게 나의 말을 들려주어서,
그들이 이 땅에서 사는 동안에 나를 경외하는 것을
배우고, 또 이것을 그들의 아들딸에게 가르치게
하려고 한다.'
11 그리하여 당신들이 산기슭에 가까이 와서
서자, 하늘 한가운데까지 높이 치솟는 불길이 그
산을 휩싸고, 어둠과 검은 구름이 산을 덮었습니다.
12 주님께서 불길 속에서 당신들에게 말씀하셨
으므로, 당신들은 말씀하시는 소리만 들었을 뿐,
아무 형상도 보지 못하였습니다. 당신들은 오직
소리를 들었을 뿐입니다. 13 그 때에 주님께서
당신들에게 지키라고 명하시면서, 그 언약을
선포하셨으니, 이것이 곧 그가 두 돌판에 손수
쓰신 ㄱ)십계명입니다. 14 그 때에 주님께서 나에
게 명하시기를, 너희가 건너가서 차지할 땅에서
너희가 지켜야 할 규례와 법도를 가르쳐 주라고
하셨습니다."

ㄱ) 히, '열 가지 말씀'

믿음을 깬 것은 모세가 하나님이 실제 기적을 행할 수 있는가 여부를 의문시한 탓으로 돌리고 있다 (민 20:10). **3:27** 32:49에서 모세가 산에 올라가 땅을 내려다 본 산은 모압에 있는 느보 산으로 알려져 있다 (민 27:12 참조). **3:29** 이 지역은 확실하게 지목할 수 없지만 수 13:20에서 비스가 산과 연결되어 있다. 4:3에서 브올 바알이 언급된 것으로 보아서는 그 곳에 바알 신당이 있었으며, 민 25:1-5에 언급된 행동이 일어났던 것을 알 수 있다.

4:1-8 규례와 법도(1절)에는 왕이 내리는 조서나 선례에 입각한 법적인 판결 등이 포함된다. 그것들은 4:44에 나오는 "율법" (히브리어, *토라*) 속에 포괄적으로 들어있다. 이 율법이라는 말이 신명기의 전체 내용을 설명하는 핵심적인 용어이다. 이것에 대해서는 4:44에 관한 주석을 보라. **4:2** 하나님의 율법의 포괄성은 기록되어 있는 본문을 새롭게 더 설명하는 것을 배제하지 않지만 (신명기는 이전의 율법들에 대한 부연설명을 하고 있다. 1:5를 보라), 본질적인 내용을 변경할 수는 없었다. 기록된 율법의 뜻을 더 분명히 하기 위해서 설명하거나 개정할 수 있지만, 하나님의 언약법으로서의 근본적인 진리는 변함없이 남아 있어야 한다. **4:3** *브올의 바알과* 관련된 죄악된 행동은 지방 성소에서의 바알 신 숭배를 통해 장려된 모압 여인들과의 성적인 관계를 포함하고 있다 (민 25:1-5). 우상숭배는 가족들간의 결합을 깰 뿐만 아니라, 그러한 행동은 이어지는 재앙과 악한 결과를 가져오는 것으로 여겨졌다 (민 25:16). 그러한 일들은 하나님의 율법을 무시하고 외면하는 경우에 당하는 위험인 것이다.

4:9-14 모세는 사람들이 십계명에 대해 새로운 관심을 표명하기를 원하였다. 왜냐하면 그들은 조만간 약속의 땅에서 새로운 위협에 직면하게 될 것이기 때문이었다. 그들은 유혹을 받을 만한 이상하고도 색다른 형태의 예배에 접하게 될 것이었다. 이것은 벳브올에서 이미 경험한 바 있는 것과 비슷한 새로운 위험을 제기하게 될 것이다. **4:10-12** 여기서 언급하는 내용은 출 19:16-25; 20:18-21에 묘사된 바와 같이 하나님이

우상숭배 금지 경고

15 "주님께서 호렙 산 불길 속에서 당신들에
게 말씀하시던 날, 당신들은 아무 형상도 보지 못
했다는 사실을 깊이 명심하십시오. 16 남자의
형상이든지, 여자의 형상이든지, 당신들 스스로가
어떤 형상이라도 본떠서, 새긴 우상을 만들지 않
도록 하십시오. 우상을 만드는 것은 스스로 부패
하는 것입니다. 17 땅 위에 있는 어떤 짐승의 형
상이나, 하늘에 날아다니는 어떤 새의 형상이나,
18 땅 위에 기어 다니는 어떤 동물의 형상이나,
땅 아래 물 속에 있는 어떤 물고기의 형상으로라도,
우상을 만들어서는 안 됩니다. 19 눈을 들어서
하늘에 있는 해와 달과 별들, 하늘의 모든 천체를
보고 미혹되어서, 절을 하며 그것들을 섬겨서는
안 됩니다. 하늘에 있는 해와 달과 별과 같은 천
체는 주 당신들의 하나님이 이 세상에 있는 다른
민족들이나 섬기라고 주신 것입니다. 20 그러나
당신들은, 주님께서 용광로와 같은 이집트에서
건져내셔서, 오늘 이렇게 자기의 소유로 삼으신
백성입니다.

21 주님께서는 당신들 때문에 나에게 분노
하셨습니다. 그래서 내가 요단 강을 건너가지 못
하게 하신 것이며, 주 당신들의 하나님이 당신들
에게 유산으로 주기로 하신 그 아름다운 땅에도
들어가지 못하게 하겠다고 맹세하신 것입니다.
22 나는 이 땅에서 죽을 것이므로 요단 강을
건너가지 못하겠지만, 당신들은 건너가서 그 좋은
땅을 차지할 것입니다. 23 당신들은, 주 당신들의
하나님이 당신들과 세우신 언약을 잊지 말고 지
켜야 합니다. 그리고 주 당신들의 하나님이 당신
들에게 금하신 대로, 어떤 형상의 우상도 만들어
서는 안 됩니다. 24 주 당신들의 하나님은 삼키는
불이시며, 질투하는 하나님이십니다.

25 당신들이 자식을 낳고, 또 그 자식이 자
식을 낳아, 그 땅에서 오래 산 뒤에, 어떤 형상의
우상이든, 우상을 만들어 섬기거나, 주 당신들의
하나님의 눈에 거슬리는 행동을 하면, 26 오늘
내가 하늘과 땅을 증인으로 세울 것이니, 당신들이
요단 강을 건너가 차지하는 땅에서 반드시 곧 멸
망할 것입니다. 그 땅에서 오래 살지 못하고, 반
드시 망할 것입니다. 27 주님께서는 당신들을
여러 민족 사이에 흩으실 것입니다. 주님께서 당신
들을 쫓아보내실 그 곳 백성 사이에서 살아 남을
사람이 많지 않을 것입니다. 28 당신들은 거기
에서, 사람이 나무와 돌로 만든 신, 즉 보지도 못
하고 듣지도 못하고 먹지도 못하고 냄새도 맡지
못하는 신을 섬기게 될 것입니다. 29 거기에서
당신들은 당신들의 하나님이신 주님을 찾을 것입
니다. 당신들이 하나님을 찾되 마음과 성품을 다
하여 하나님을 찾으면 만날 것입니다. 30 당신

호렙 (시내) 산에서 나타내신 내용이다. 어떤 형태의 눈에 보이는 하나님의 형상도 나타나지 않았다는 것은 당연하다. 왜냐하면 어떤 사람도 하나님의 형상을 보고 살아남을 수 없기 때문이다. 출 33:20 참조. 하나님의 임재하시는 소리는 마치 천둥과 나팔 소리처럼 들렸고 모세는 하나님의 말씀을 해석하였다. **4:13-14** 하나님을 아는 지식은 하나님의 명령과 이러한 명령에 담겨 있는 이웃과 하나님을 향한 의무와 책임을 담은 말씀 속에서 발견된다. 하나님의 임재에 대한 모든 다른 지식과 하나님의 거처는 어떤 것인가에 대한 지식은 인간이 어떻게 하나님과 관계를 맺어야 하는가 하는 것과 관련된 근본적인 지식과 비교할 때 별로 중요하지 않다.

4:15-20 둘째 계명(5:8-10)은 하나님과 같이 보이는 어떤 형상이나 신의 형상이라도 만들지 말라고 하는 것이다. 여기서 이렇게 제시하는 이유는 그러한 형상은 사람들을 잘못 인도할 수 있다는 것이다. 왜냐하면 아무도 하나님의 참된 형상을 알지 못하기 때문이다. 더군다나, 사람이 만든 그러한 조형물을 경배하는 것은 아무리 정교하고 창조의 일부를 아주 흡사하게 모방한 것이라고 해도 창조주에 대한 참된 예배가 아니라 피조물에 대한 잘못된 예배가 될 것이기 때문이다. **4:19** 태양과 달과 별, 그 중에서도 모든 자연 대상 중에서 가장 두드러진 태양을 숭배하는 것은 대부분의 고대 종교에서 널리 알려진 현상이다. 그것들은 그럼에도 단지 피조물일 뿐이다. **4:20** 이스라엘의 하나님에 대한 지식은 이집트의 바로를 섬기던 노예생활에서 구원받은 존재라고 하는 자신의 경험에 근거하고 있다. 그 사실을 잊거나, 그것을 다른 사람이 만든 대상으로 바꿔치는 것은 하나님의 능력이 억압에서 자유를 얻는데 가장 확실하게 드러났다고 하는 사실을 외면하는 것이 될 것이다.

4:21-24 모세가 하나님께서 주시는 약속의 땅에 들어가지 못하는 것에 대하여는 3:26에 관한 주석을 보라. 이스라엘 사람들이 약속의 땅에서 살게 될 때에 모세에게 허락되지 않은 그 모든 혜택을 그들이 누리게 될 것이다. 그 때에도 불평하는 것은 삼가야 한다. 이러한 불평은 하나님의 언약을 영원히 기억함으로써 극복할 수 있을 것이다. **4:24** 하나님은 이스라엘 사람들을 노예에서 건져주심으로써 그의 사랑과 힘을 보여주셨다. 이 사랑과 힘은 이스라엘 백성이 체험할 수 있었던 독특한 것들이었다. 미래에 이스라엘 사람들이 하나님의 사랑을 거부한다면 하나님은 화를 내실 것이다.

4:25-31 하나님의 진노하시는 윤곽이 아주 분명

들이 환난을 당하고, 마지막 날에 이 모든 일이 당신들에게 닥치면, 그 때에 가서야 비로소 당신들은 주 당신들의 하나님께로 돌아와, 그에게 귀를 기울일 것입니다. 31 주 당신들의 하나님은 자비로운 하나님이시니, 당신들을 버리시거나 멸하시지 않고, 또 당신들의 조상과 맺으신 언약을 잊지도 않으실 것입니다.

32 당신들이 태어나기 전에, 하나님이 이 땅 위에 사람을 창조하신 날부터 이제까지, 지나간 때를 깊이 생각하여 보십시오. 하늘 이 끝에서 저 끝에 이르기까지, 온 세계를 깊이 생각하여 보십시오. 그리고 이런 큰 일을 본 적이 있는지, 들은 적이 있는지 물어 보십시오. 33 당신들처럼, 불 가운데서 말씀하시는 하나님의 음성을 듣고도 살아 남은 백성이 있습니까? 34 주 당신들의 하나님이 이집트에서 당신들이 보는 앞에서 하신 것처럼, 온갖 시험과 표징과 기사와 전쟁과 강한 손과 펴신 팔과 큰 두려움으로 한 민족을 다른 민족의 억압에서 이끌어 내시려고 애쓰신, 그러한 신이 어디에 있습니까? 35 그러나 당신들에게 이것을 나타내셨으니, 그것은 주님이 곧 하나님이시고, 그분 밖에는 다른 신이 없음을 알게 하시려는 것입니다. 36 주님께서는 당신들을 단련하시려고, 당신들에게 하늘로부터 그의 음성을 들려주시고, 땅 위에서는 그의 큰 불을 보여 주셨습니다. 그래서 당신들은 불 가운데서 그의 말씀을 들었던 것입니다. 37 주님께서는 당신들의 조상을 사랑하셨으므로, 뒤에 그 자손을 택하셨고, 그 크신 힘으로 몸소 당신들을 이집트에서 이끌어 내셨습니다. 38 그리고 당신들보다 크고 강한 민족을 당신들의 앞에서 쫓아내시고, 당신들을 그 땅으로 이끌어 들이시고, 그 땅을 유산으로 주어서 오늘에 이르게 하신 것입니다. 39 오늘 당신들은 마음에 새겨 분명히 알아 둘 것이 있으니, 주님은 위로는 하늘에서도 아래로는 땅에서도 참 하나님이시며, 그 밖에 다른 신은 없다는 것입니다. 40 당신들은 오늘 내가 당신들에게 알려 주는 주님의 규례와 명령을 지키십시오. 그러면 당신들과 당신들의 자손이 잘 살게 되고, 주 당신들의 하나님이 당신들에게 영원히 주시는 땅에서 길이 살 것입니다."

요단 강 동쪽의 도피성

41 그 때에 모세는 ㄱ)요단 강 동쪽 해 뜨는 편에 세 성읍을 지정하였다. 42 그 곳은, 어떤 사람이든지 전에 미워한 일이 없는 이웃을 실수로 죽였을 경우에, 가해자가 이 성읍 가운데 하나로 피신하면 목숨을 건지게 되는 곳이다. 43 그 지정된 성읍들 가운데 하나는 르우벤 지파가 차지한 평원지대 광야에 있는 베셀이고, 또 하나는 갓 지파가 차지한 길르앗에 있는 라못이고, 나머지 하나는 므낫세 지파가 차지한 바산에 있는 골란이다.

ㄱ) 히, '요단 강 저편'

하고도 강력하게 조목조목 설명되고 있다. 하나님이 선물로 주셔서 받은 땅을 빼앗기게 될 것이고, 그들의 남은 자들은 이방 민족들 가운데서 살도록 포로로 끌려가게 되거나 아니면 피난민으로 사는데서 도망하게 될 것이다. **4:31** 하나님의 언약이 순종과 신뢰라고 하는 응답을 요청한다는 사실은 불순종하는 행동 때문에 이스라엘이 멸망할 수도 있다는 것을 의미한다. 그러나 하나님은 그러한 일이 일어나도록 허락하지 않으실 것이다. 왜냐하면 그렇게 되면 아브라함과 이삭과 야곱에게 하신 약속(4:37 참조)이 무효가 될 것이기 때문이다. 그렇게 되면 결국에는 이스라엘과 온 인류를 향한 하나님의 위대한 목적이 뒤집어질 것이다.

4:32-40 이스라엘은 지구상의 많은 민족들 가운데 단지 한 민족에 불과하였고, 이스라엘이 하나님을 경험한 것은 결국 다른 많은 민족과 맞서게 할 것이 분명하였다. 하나님은 누구신가 하는 이해와 모든 인류를 향한 하나님의 뜻에 관한 이스라엘만이 가진 특별한 이해는 이스라엘 민족이 다른 민족들보다 높여지고 다른 민족들을 하나님의 진리를 아는 데까지 인도할 때에만 달성될 수 있는 일이었다. **4:39** 하나님에 대해서 이스라엘이 알고 있는 것처럼 알고 있는 다른 나라들이 없다고 하는 사실은 하나님이 그들만의 창조자라는 뜻은 아니다. 이스라엘이 가진 하나님에 관한 특별한 지식이 어떻게 보존되고, 또 나중에 어떻게 전달되어야 하는 것에 대해서는 이 시점에서는 분명하지 않다. **4:40** 이스라엘은 노예였던 사람들이 하나의 민족으로 탄생되었다고 하는 그 기원에 있어서나, 자기들의 보여주는 삶의 질에 의해서만 하나님과의 특별한 언약관계를 드러나게 할 수 있다고 하는 점에 있어서나 아주 특별한 위치에 있었다. 이것은 모세가 이제 새롭게 선포하려고 하는 십계명에 드러나 있었다.

4:41-43 요단 동편의 배치에 관한 설명을 마무리 짓기 위해서는 심각한 사건들에 관한 법을 집행하는데 있어 중요한 역할을 감당하는 세 도시를 따로 떼어 놓은 것에 관한 기록에 주목해야 한다. 그 도시들을 따로 떼어 놓는 목적에 대해서는 19:1-15를 보라. 또한 이 성읍들의 이름을 *도피성* 이라고 부르고 있는 민 35:9-15와 수 20:1-9를 보라.

하나님의 율법을 소개하다

44 모세가 이스라엘 자손에게 선포한 율법은
다음과 같다. 45 이스라엘 자손이 이집트에서
나올 때에, 한 곳에 이르러서 모세가 그들에게 아
래와 같은 훈령과 규례와 법도를 선포하였는데,
46 그 곳은 요단 강 동쪽 벳브올 맞은쪽 골짜기로,
헤스본에 사는 아모리 왕 시혼의 땅이다. 시혼은
모세와 이스라엘 자손이 이집트에서 나올 때에
쳐서 멸한 왕이다. 47 이스라엘 백성은 시혼이
다스린 땅과 바산 왕 옥이 다스린 땅을 차지하였
는데, 이 두 왕은 해 뜨는 쪽인, 요단 강 동쪽에
살던 아모리 족의 왕이다. 48 이스라엘 백성이
차지한 지역은 아르논 강 어귀에 있는 아로엘에서
헤르몬이라고 하는 ㄱ)시리온 산까지와, 49 요단
강 동쪽에 있는 온 아라바 지역과, 비스가 산 밑에
있는 아라바 바다까지이다.

십계명 (출 20:1-17)

5 1 모세가 온 이스라엘을 불러모으고 그들
에게 말하였다. "이스라엘 자손 여러분, 내가
오늘 당신들에게 말하는 규례와 법도를 귀담아 듣
고, 그것을 익히고 지키십시오. 2 주 우리의 하나
님은 호렙 산에서 우리와 언약을 세우셨습니다.
3 주님께서 이 언약을 우리 조상과 세우신 것이
아니라, 오늘 여기 살아 있는 우리 모두와 세우신
것입니다. 4 주님께서는 그 산 불 가운데서, 당신
들과 함께 서로 얼굴을 마주 보고 말씀하셨습니다.
5 그 때에 당신들이 그 불을 무서워하여 산에 올
라가지 못하였으므로, 내가 주님과 당신들의 사
이에 서서, 주님의 ㄴ)말씀을 당신들에게 전하여
주었습니다. 주님께서 말씀하셨습니다.
6 '나는 너희를 이집트 땅, 종살이하던 집에서
이끌어 낸 주 너희의 하나님이다.
7 너희는 내 앞에서 다른 신들을 섬기지 못한다.
8 너희는 너희가 섬기려고 위로 하늘에 있는
것이나, 아래로 땅에 있는 것이나, 땅 아래 물 속에
있는 어떤 것이든지, 그 모양을 본떠서 우상을
만들지 못한다. 9 너희는 그것들에게 절하거나,
그것들을 섬기지 못한다. 나, 주 너희의 하나님은
질투하는 하나님이다. 나를 미워하는 사람에게는
그 죄값으로, 본인뿐만 아니라 삼사 대 자손에게
까지 벌을 내린다. 10 그러나 나를 사랑하고 나의
계명을 지키는 사람에게는 수천 대 자손에 이르기
까지 한결같은 사랑을 베푼다.
11 너희는 주 너의 하나님의 이름을 ㄷ)함부로
부르지 못한다. 주는 자기 이름을 함부로 일컫는
사람을 죄 없다고 하지 않는다.
12 너희는 안식일을 거룩하게 지켜라. 이것
은 주 너희의 하나님이 너희에게 명한 것이다.
13 너희는 엿새 동안 모든 일을 힘써 하여라.
14 그러나 이렛날은 주 너희 하나님의 안식일이니,
너희는 어떤 일도 해서는 안 된다. 너나, 너의 아들
이나 딸이나, 너희의 남종이나 여종뿐만 아니라,
너희의 소나 나귀나, 그 밖에 모든 집짐승이나, 너

ㄱ) 시리아어역과 신 3:9를 따름. 히, '시온' ㄴ) 마소라 본문에는 단수, 사해 사본과 사마리아 오경과 칠십인역과 시리아어역과 불가타와 타르굼에는 복수 ㄷ) 또는 '잘못 사용하지 말아라'

4:44—5:5 하나님과 이스라엘의 언약의 조항들을 "율법"(44절에 사용된 히브리어는 토라)라고 부르고, 그 내용에 *훈령과 규례와 법도*(45절)를 포함하고 있다고 적은 것은 바로 이러한 내용들을 기록하고 선언하는 것이 신명기의 가장 중요한 목적임을 보여주고 있다. 보다 좁은 의미로는, *토라는* "가르침, 지침" 등을 뜻하지만 오경(율법서)의 전체 내용을 뜻하는 것으로 사용되어 왔다. **5:1** *내가 오늘 당신들에게 말하는.* 이 표현은 원래 호렙 (시내) 산에서 계시된 내용을 다시 확인한다는 뜻이다. **5:3** 신명기는 세 개의 언약, 즉 족장들과 맺은 언약 (창 15:1-21), 호렙 산에서 맺은 언약 (신 2:2), 그리고 모압 평지에서 맺은 언약(신 29:1)을 조심스럽게 구분하고 있다. 그러나 이 세 언약은 완전히 다른 언약은 아니다. 그것들은 하나님이 이스라엘을 위해 가지고 계신 하나의 목적의 일부분을 구성하면서 서로 연결되어 있다. 아래 29:1에 관한 주석을 참조하라. **5:5** 출 20:18-21을 보라.

5:6-21 십계명. 5:6-21에 있는 십계명의 목록은 두 돌판에 새겨진 것으로 (5:22) 출 20:2-17에 이미 나와 있는 것을 약간 수정하여 반복한 것이다. 이러한 기록 행위는 십계명이 이스라엘 국가 운명의 기초로서 중요함을 보여주는 기능을 한다. 그러한 계명들이 재판관들이 판결을 내리는 데 사용하는 법이나, 아니면 신 12:1—26:19에 보다 자세하게 기록된 법들과 다른 종류의 법을 대표하는 것은 아니다. 십계명은 이러한 후대의 모든 법의 기반이 되는 기본적인 원칙들을 이루고 있다. 그렇기 때문에 십계명은 보편적으로 적용되는 것으로 여겨진다. *너희는 내 앞에서 다른 신들을 섬기지 못한다.* 이 계명은 "나 이외의 다른 신을" 혹은 "나를 섬기면서 더불어 다른 신을" 또는 "나와 같은 정도로 다른 신을" 또는 심지어는 "나보다 더 사랑하는 다른 신을" 섬기지 못한다는 뜻이다. 이 규정은 주 하나님만이 이스라엘의 하나님이라고 선언하는 6:4와의 관계에서 이해되어야 한다. **5:6-7** 십계명의 첫째 계명은 하나님이 이스라엘을 노예에서 이끌어 내어 주신 것을 확인해 주고, 모든 민족에게 전달될 하나님의 계시의 수단으

희의 집안에 머무르는 식객이라도, 일을 해서는 안 된다. 너희의 남종이나 여종도 너와 똑같이 쉬게 하여야 한다.
15 너희는 기억하여라. 너희가 이집트 땅에서 종살이를 하고 있을 때에, 주 너희의 하나님이 강한 손과 편 팔로 너희를 거기에서 이끌어 내었으므로, 주 너희의 하나님이 너에게 안식일을 지키라고 명한다.

16 너희 부모를 공경하여라. 주 너희 하나님이 명하신 것이다. 그래야 너희는, 주 너희의 하나님이 너희에게 준 땅에서 오래 살면서 복을 누린다.

17 살인하지 못한다.

18 간음하지 못한다.

19 도둑질하지 못한다.

20 이웃을 모함하는 거짓 증언을 하지 못한다.

21 이웃의 아내를 탐내지 못한다. 이웃의 집이나 밭이나, 남종이나 여종이나 소나 나귀나 할 것 없이, 너희 이웃의 소유는 어떤 것도 탐내지 못한다.'

22 주님께서는 이 말씀을 구름이 덮인 캄캄한 산 위 불 가운데서, 큰 목소리로 당신들 온 총회에 선포하시고, 이 말씀에 조금도 보탬이 없이, 그대로 두 돌판에 새겨서 나에게 주셨습니다."

백성이 두려워하다 (출 20:18-21)

23 "산이 불에 탈 때에, 캄캄한 어둠 속에서 들려 오는 음성을 당신들이 듣고, 당신들 지파의 모든 두령과 장로들이 나에게 다가와서,
24 이렇게 말하였습니다. '보십시오, 주 우리의 하나님은 그의 영광과 위엄을 우리에게 보여 주시고, 우리는 불 가운데서 들려 오는 하나님의 음성을 들었습니다. 그리고 하나님이 사람과 말씀하셨는데도 그 사람이 여전히 살아 있음을, 오늘 우리는 보았습니다.
25 그런데 지금은 이 큰 불길이 우리를 삼키려고 하고 있으니, 어찌하여 우리가 죽음의 위협을 받아야 합니까? 우리가 주 우리 하나님의 음성을 다시 듣는다면, 우리는 죽을 것입니다.
26 살아 계시는 하나님이 불 가운데서 하시는 말씀을 듣고도 우리처럼 산 사람이, 육체를 가진 사람 가운데 누가 있겠습니까?
27 그러니 직접 가까이 나아가셔서, 주 우리의 하나님이 말씀하시는 것을 모두 들으시고, 주 우리의 하나님이 하신 모든 말씀을 우리에게 다 전달하여 주시기를 바랍니다. 그러면 우리가 듣고 그대로 하겠습니다.'

28 당신들이 나에게 한 이 말을 주님께서 모두 들으셨습니다. 주님께서 나에게 이렇게 말씀

로 민족이 된 특별한 관계의 근거를 나타내 주는 것이다. 그러한 의미에서 이 계명은 모든 사람에게 적절한 계명이다. *너희는 내 앞에서 다른 신을 섬기지 못한다*는 계명은 "나 외에" 혹은 "나와 함께" 혹은 "나보다 더 좋아하는" 신을 섬길 수 없다는 것을 의미할 수도 있다. 이 계명은 6:4에서 이스라엘의 하나님은 오직 한 분이시라는 것과 관련하여 이해해야 한다. **5:8-10** 우상을 만드는 것은 주 하나님의 시각적인 이미지를 만들려는 시도를 말하는 것 같다. 왜냐하면 어떤 다른 신이라고 생각되는 것을 섬기는 행위는 이미 처음 계명에서 금지되어 있기 때문이다. **5:11** *하나님의 이름을 함부로 부르지 못한다.* 이 표현은 잘못된 일임을 알면서도 맹세하는 것과 하나님의 이름을 주술적인 주문이나 기원문에 사용하는 것과 하나님은 두려움이 생기게 할 정도로 거룩하신 분이라는 것을 생각하지 않고 그의 이름을 함부로 사용하는 것 등을 포함한다. **5:12-15** 안식일을 *지켜라*는 넷째 계명은 "안식일을 기억하여"라고 되어 있는 출 20:8-11과는 다르게 표현되어 있다. 이 두 구절은 안식일의 두 가지 의미를 잘 표현하고 있다: 하나님을 창조주로 기억하는 예배의 시간인 동시에, 쉬는 휴식의 시간이기도 하다는 것이다. 쉬는 시간에는 심지어 노예들도 쉬고, 계절에 꼭 해야 하는 일까지도 쉬어야 한다 (출 34:21 참조). **5:16** *너희 부모를 공경하여라.* 이 계명은 모든 사람이 질서와 조화를 누리기 위해서 각자가 집에서 존경하고 순종해야 한다는 생각을 반영해 준다. **5:17** *살인하지 못한다.* 이 계명은 구체적인 형법의 규정으로 다루어지는 의도적인 살인 이상의 넓은 범위의 내용을 포괄한다. 이 규정은 또한 "복수 살인"을 제한하지 않는다. 과실로 사람이 죽은 경우에도 피해자의 가족은 복수를 할 수 있다. 이 계명은 모든 형태의 불법적인 살인의 경우(출 22:2-3)를 금하는 것인 동시에 개개인의 생명을 귀하게 보는 전적인 생명 존중을 요구한다 (출 21:20-21 참조). **5:18** *간음하지 못한다.* 이 규정은 결혼한 여자에게 가장 직접 해당되는 규정이며, 각 가정에 태어난 아이들의 부계 혈통을 보호하기 위한 목적을 가지고 있는 규정이다. **5:19** *도둑질하지 못 한다.* 도둑질을 금하는 규정은 다른 사람의 재산을 오용하는 것까지 포함하는 포괄적인 내용을 담고 있다. 소유권이 분쟁 중인 경우나 입증이 어려운 경우 등 특수한 경우의 예까지도 포함하고 있다. 출 22:7-13을 보라. **5:20** *이웃을 모함하는 거짓 증언을 하지 못한다.* 이것은 사회정의를 통째로 위협하는 커다란 해악이다 (왕상 21:1-14를 보면 그러한 오용의 심각한 예를 볼 수 있다). 잘못된 예배를 드렸다는 비난도 거짓 증언인 경우에는 아주 위험한 해를 끼치기 때문에 충분한 증거를 제시해야 한다 (신 17:6을 보라). **5:21** *이웃의 아내를 탐내지 못한다.* 재산을 탐내는 것보다 이 계명을 앞에 둔 것은 한때 일부다처제를 용인했던 사회에서 한 가족의 온전함을 지키는 것이 얼마나 중요하게 생각되고 있는지를 보여주는 것이다. 탐내는 것은 잘못된

하셨습니다. '이 백성이 너에게 말하는 것을 내가
들으니, 그들의 말이 모두 옳다. 29 그들이 언제나
이런 마음을 품고 나를 두려워하며, 나의 모든 명
령을 지켜서, 그들만이 아니라 그 자손도 길이
길이 잘 살게 되기를 바란다. 30 가서 그들에게
저마다 자기의 장막으로 돌아가라고 말하여라.
31 그러나 너만은 여기에서 나와 함께 있다가,
내가 너에게 일러주는 이 모든 명령과 규례와
법도를 받아서 그들에게 가르쳐 주어라. 그들은
내가 그들에게 유산으로 주는 땅에서 그것을 그
대로 실행하여야 한다.'

32 그러므로 당신들은 주 당신들의 하나님이
당신들에게 명하신 모든 것을 성심껏 지켜야
하며, 오른쪽으로나 왼쪽으로나 벗어나지 말아야
합니다. 33 당신들은 주 당신들의 하나님이 명
하신 그 모든 길만을 따라가야 합니다. 그러면
당신들이 차지할 땅에서 풍성한 복을 얻고, 오래
오래 잘 살 것입니다."

큰 계명

6 1 "이것은 주 당신들의 하나님이 당신들
에게 가르치라고 나에게 명하신 명령과 규례
와 법도입니다. 당신들은 건너가서 차지할 땅에
서 이것을 지키십시오. 2 당신들이 주 당신들의
하나님을 경외하며, 내가 당신들에게 명한 모든
주님의 규례와 법도를 잘 지키면, 당신들과 당신
들 자손이 오래오래 잘 살 것입니다. 3 그러니
이스라엘 자손 여러분, 이 모든 말을 듣고 성심껏
지키면, 주 당신들 조상의 하나님이 당신들에게
약속하신 대로, 젖과 꿀이 흐르는 땅에서 당신들
이 잘 되고 크게 번성할 것입니다.

4 이스라엘은 들으십시오. ㄱ)주님은 우리의 하
나님이시요, 주님은 오직 한 분뿐이십니다. 5 당
신들은 마음을 다하고 뜻을 다하고 힘을 다하여,
주 당신들의 하나님을 사랑하십시오. 6 내가 오
늘 당신들에게 명하는 이 말씀을 마음에 새기고,
7 자녀에게 부지런히 가르치며, 집에 앉아 있을
때나 길을 갈 때나, 누워 있을 때나 일어나 있을
때나, 언제든지 가르치십시오. 8 또 당신들은 그
것을 손에 매어 표로 삼고, 이마에 붙여 기호로
삼으십시오. 9 집 문설주와 대문에도 써서 붙이
십시오."

불순종에 대한 경고

10 "주 당신들의 하나님이, 당신들의 조상 아
브라함과 이삭과 야곱에게 맹세하여 당신들에게
주기로 약속하신 그 땅에, 당신들을 이끌어들이실

ㄱ) 또는 '주 우리의 하나님, 주님은 한 분이시다.' 또는 '주 우리의 하나님은 한 주님이시다.' 또는 '주님은 우리의 하나님이시다. 오직 주님만이'

행동이 따라올 수 있는 잘못된 마음의 상태로 인식되고 있다. 골 3:5에서는 탐심을 우상숭배와 같이 보고 있다.

5:22-33 십계명이 어떻게 계시되었는가에 대해서는 출 19:7-25; 24:1-18에서 더 광범위하게 이야기된다. **5:22** *이 말씀에 조금도 보탬이 없이.* 이 표현의 중요성에 대해서는 4:13; 9:10; 10:12에 관한 주석을 보라. **5:24** 불 속에서 말씀하시는 하나님의 목소리에 대해서는 4:33을 보라. **5:25** 출 33:18-23을 보라. **5:27** 하나님의 대언자로서의 모세의 중요성에 대해서는 출 24:2를 보라. **5:28-33** 거룩한 산에서 하나님의 음성을 들은 사람들이 보여준 두려움과 경외심에 가득 찬 반응은 이스라엘의 장래의 모든 후손이 하나님의 계명에 대해서 보여야 할 존경과 경외심과 대등한 것이다. **5:29** 조건부의 경고형식인 *만약…하기만 한다면* 하는 식의 히브리어 표현은 (한글 번역에는 나타나지 않지만) 하나님의 명령이 쉽게 무시되고 그에 따른 불행한 재앙이 있을 수 있다는 것을 생각나게 해 주는 긴급성을 보여준다. **5:32-33** 후대의 자손들이 언약법을 알고 배우려고 한다면 아주 조심스럽게 지키고 준비하는 것이 필요하다. 이러한 필요성에 대한 인식과 어떻게 하면 율법을 등한시하는 것을 피할 수 있을까 하는 문제에 대한 지침이 6—9장에 나와 있다.

6:1-9 하나님이 호렙 산에서 계시하신 놀라운 성품과 언약법을 불순종할 경우에 따를 두려운 결과 때문에 하나님을 대할 때 두려움과 경외감을 가질 필요가 있다는 점은 대대로 이어져서 전달되어야 한다. 하나님을 두려워하는 것은 알지 못하는 존재에 대한 두려움이 아니다. 왜냐하면 하나님의 뜻과 목적에 관해서 알 필요가 있는 모든 것들은 충분히 계시되었기 때문이다. 29:29를 참조하라. **6:4** 하나님은 우리의 하나님이시요, *오직 한 분뿐이십니다* 라는 것은 하나님이 다른 성전들에서 많은 다른 형상으로 나타나는 것을 부정하는 것이다. 또한 한 분이신 주 하나님께서 많은 다른 신들의 이름으로 나타나시는 것으로 혼돈해서도 안 된다는 것을 확인해 주고 있다. 이 구절은 다르게 번역될 수 있는 가능성이 있기 때문에 한글 성경들은 다 다르게 번역하고 있다. 새번역개정은 "주님은 우리의 하나님이시오, 주님은 오직 한 분뿐이십니다;" 개역개정은 "우리 하나님 여호와는 오직 유일한 여호와이시니;" 공동번역은 "우리의 하나님은 야훼시다. 야훼 한 분뿐이시다." 라고 번역하였다. 이러한 확인은 4:39에서 분명하게 이야기하고 있듯이 다른 신들은 있을 수 없다는 완전한 부정과는 거리가 멀다.

것입니다. 거기에는 당신들이 세우지 않은 크고
아름다운 성읍들이 있고, 11 당신들이 채우지
않았지만 온갖 좋은 것으로 가득 찬 집이 있고,
당신들이 파지 않았지만 이미 파놓은 우물이 있고,
당신들이 심지 않았지만 이미 가꾸어 놓은 포도
원과 올리브 밭이 있으니, 당신들은 거기에서
마음껏 먹게 될 것입니다. 12 당신들이 그렇게
될 때에, 당신들은 이집트 땅 종살이하던 집에서
당신들을 이끌어 내신 주님을 잊지 않도록 주의하
십시오. 13 당신들은 주 당신들의 하나님을
경외하며, 그를 섬기며, 그의 이름으로만 맹세
하십시오. 14 당신들은, 당신들 가까이에 있는
백성이 섬기는 신들 가운데에, 그 어떤 신도 따라
가서는 안 됩니다. 15 당신들 가운데 계시는 주
당신들의 하나님은 질투하는 하나님이시니, 주
당신들의 하나님이 분노하시면, 당신들을 땅
위에서 멸하실 것입니다.

16 당신들이 맛사에서 시험한 것처럼, 주 당
신들의 하나님을 시험하면 안 됩니다. 17 주 당
신들의 하나님의 명령과 그가 명한 훈령과 규례를
철저히 지켜야 합니다. 18 당신들은 주님께서
보시는 앞에서 올바르고 선한 일을 하십시오. 그
러면 당신들이 잘 되고, 주님께서 당신들의 조상
에게 맹세하신 저 좋은 땅에 들어가서, 그 곳을 차
지하게 될 것이며, 19 주님께서 말씀하신 대로,
당신들 앞에서 당신들의 모든 원수를 쫓아낼 수
있을 것입니다.

20 나중에 당신들의 자녀가, 주 당신들의 하
나님이 당신들에게 명하신 훈령과 규례와 법도가
무엇이냐고 당신들에게 묻거든, 21 당신들은
자녀에게 이렇게 일러주십시오. '옛적에 우리는
이집트에서 바로의 노예로 있었으나, 주님께서
강한 손으로 우리를 이집트에서 이끌어 내셨다.
22 그 때에 주님께서는 우리가 보는 데서, 놀라
운 기적과 기이한 일로 이집트의 바로와 그의 온
집안을 치셨다. 23 주님께서는 우리를 거기에서
이끌어 내시고, 우리의 조상에게 맹세하신 대로,
이 땅으로 우리를 데려오시고, 이 땅을 우리에게
주셨다. 24 주님께서 우리에게 이 모든 규례를
명하여 지키게 하시고, 주 우리의 하나님을 경외
하게 하셨다. 우리가 그렇게만 하면, 오늘처럼 주
님께서 언제나 우리를 지키시고, 우리가 잘 살게
하여 주실 것이다. 25 우리가 주 우리의 하나님
앞에서, 그가 우리에게 명하신 대로 이 모든 명령을
충실하게 지키면, 그것이 우리의 의로움이 될
것이다.'"

특별 주석

서두의 구절이 *쉐마* (*들어라!* 하는 히브리어 명령형) 라고 알려진 이 본문은 수세기에 걸쳐 이스라엘 백성의 하나님에 대한 신앙고백의 역할을 감당해 왔다. 복음서에서는 이 고백이 "첫째" 계명으로 여겨지고 있다 (마 22:34-40; 막 12:28-34; 눅 10:25-28). 하나님을 향한 이스라엘의 사랑은 이스라엘을 선택하신 하나님의 사랑에 대한 응답이다 (신 7:7-11; 10:12-21).

6:5 하나님을 사랑하라고 하는 이스라엘에 대한 명령은 예배에 있어서 두려움과 경외심을 강조한 것에 대한 균형추로서 신명기의 가장 독특한 원리 중의 하나가 되어있다. **6:8-9** *손에 매어 표로 삼고.* 이 표현은 유대교의 전통에서는 문자적으로 받아들여져서 중요한 본문들(출 13:1-10, 11-16; 신 6:4-9, 11:13-21)을 적어서 조그만 상자(성구함)에 넣어서 본문에 명한 대로 손에 매달고 다닌다. 반면에 다른 사람들은 이 문장을 단지 하나님의 명령을 항상 기억하라고 하는 권면의 시각적인 표현으로 받아들인다.

6:10-15 이스라엘이 땅을 정복하고 난 후에, 최초로 닥칠 위험은 그들의 자만심과 이제는 더 이상 배고픔과 적의 위협으로부터 자신들을 보호하기 위해서 하나님이 필요하지 않다는 생각일 것이다. **6:11** 사람들이 직접 짓지 않은 좋은 집과, 넉넉한 물과, 풍부한 식량은 어려웠던 광야생활 때보다 더 하나님을 외면하게 만드는 큰 유혹이 될 수 있다. **6:12** *주님을 잊지 않도록 주의하십시오.* 이 말은 모든 예배의 내용과 목적을 이루는 동시에 (16:1, 3, 12 참조) 억압받는 사람들을 행한 긍휼한 태도를 권장하는 (15:7-11, 15 참조) 신명기의 중심주제이다. **6:15** 이웃 민족들의 종교생활을 모방할 위험성은 신명기의 중요한 주제이다. 이스라엘의 충성심이 약해질 때에 진노할 수 있는 하나님은 *질투하시는 하나님* (4:24 참조) 이라고 하는 선언은 언약 관계의 긴밀성을 반영하고 있다. 그러나 또한 이처럼 하나님답다기보다는 사람 같은 방식으로 반응하시는 하나님에 관한 묘사는 종교와 행동이 서로 긴밀하게 연결되어 있다고 하는 깊은 인식에 근거하고 있다. 왜냐하면 이스라엘 백성이 이웃 민족들을 모방한다고 하는 것은 광범위한 사회적인 악으로 연결될 수 있기 때문이다.

6:16-25 *하나님을 시험하면.* 이것은 하나님이 힘을 행사할 수 없다고 생각하는 불신앙을 보여주는 방식으로 행동하는 것을 말한다. (출 17:1-17에 기록된) 맛사에서의 사건은 하나님이 사람들의 필요를 해결해 주실 것을 믿지 못하는 사람들의 불신앙을 보여준 것이다. 또한 시 95:8-9; 사 7:12를 보라. **6:19** 언약의 약속을 이루시는 하나님의 능력을 가장 잘 보여주는 증거는 이스라엘이 적들에 대해 승리를 거두었다고 하는 사실에서 찾을 수 있을 것이다. 그러한 승리가 없는 경우는 이

주님께서 선택하신 백성 이스라엘

(출 34:11-16)

7 1 "주 당신들의 하나님이, 당신들이 들어가
차지할 땅으로 당신들을 이끌어 들이시고, 당
신들 앞에서 여러 민족 곧 당신들보다 강하고 수
가 많은 일곱 민족인 헷 족과 기르가스 족과 아모리
족과 가나안 족과 브리스 족과 히위 족과 여부스
족을 다 쫓아내실 것입니다. 2 주 당신들의 하나
님은 그들을 당신들의 손에 넘겨 주셔서, 당신들
이 그들을 치게 하실 것이니, 그 때에 당신들은 그
들을 전멸시켜야 합니다. 그들과 어떤 언약도 세
우지 말고, 그들을 불쌍히 여기지도 마십시오.
3 그들과 혼인관계를 맺어서도 안 됩니다. 당신
들 딸을 그들의 아들과 결혼시키지 말고, 당신들
아들을 그들의 딸과 결혼시키지도 마십시오. 4 그
렇게 했다가는 그들의 꾐에 빠져서, 당신들의 아들
이 주님을 떠나 그들의 신들을 섬기게 될 것이며,
그렇게 되면 주님께서 진노하셔서, 곧바로 당신들
을 멸하실 것입니다. 5 그러므로 당신들은 그들
에게 이렇게 하여야 합니다. 그들의 제단을 허물
고 석상을 부수고 ㄱ)아세라 ㄴ)목상을 찍고 우상들
을 불사르십시오. 6 당신들은 주 당신들의 하나
님의 거룩한 백성이요, 주 당신들의 하나님이 땅
위의 많은 백성 가운데서 선택하셔서, 자기의 보
배로 삼으신 백성이기 때문입니다.
7 주님께서 당신들을 사랑하시고 택하신 것
은, 당신들이 다른 민족들보다 수가 더 많아서가
아닙니다. 오히려 당신들은 모든 민족 가운데서
수가 가장 적은 민족입니다. 8 그런데도 주님께
서는 당신들을 사랑하시기 때문에, 당신들 조상
에게 맹세하신 그 약속을 지키시려고, 강한 손으로
당신들을 이집트 왕 바로의 손에서 건져내시고,
그 종살이하던 집에서 이끌어 내어 주신 것입니다.
9 그러므로 당신들은 주 당신들의 하나님이 참
하나님이시며 신실하신 하나님이심을 알아야 합
니다. 주님을 사랑하고 주님의 계명을 지키는 사
람에게는, 천 대에 이르기까지 그의 언약을 지키
시며, 또 한결같은 사랑을 베푸시는 신실하신 하
나님이심을 알아야 합니다. 10 그러나 주님을
미워하는 사람에게는 당장에 벌을 내려서 그를 멸
하십니다. 주님께서는 자기를 미워하는 사람에게는
징벌을 늦추지 아니하십니다. 11 그러므로 당신
들은 오늘 내가 당신들에게 내리는 명령과 규례와
법도를 잘 지켜야 합니다."

순종함으로 받는 복 (신 28:1-14)

12 "당신들이 이 법도를 듣고 잘 지키면, 주
당신들의 하나님도 당신들의 조상에게 맹세하여

ㄱ) 가나안 종교의 풍요의 여신, 바알은 그 상대역인 남신
ㄴ) 아세라 여신의 상징

스라엘의 불순종 때문일 것이다. **6:20** *훈령과 규례와 법도가 무엇이냐.* 이 질문은 언약 법규들이 왜 이스라엘 백성에게 중요하며, 그들이 그것을 조심스럽게 순종해야 하는지를 설명하기 위한 것이다. 법규들을 묘사하기 위한 어휘에 관해서는 4:45를 참조하라. **6:21-25** 21-25절에 요약되어 있는 대답은 하나님의 율법 아래 있는 삶이 자유와 특권의 삶이며, 하나님이 이집트에 있던 이스라엘 백성의 삶에 개입하지 않으셨다면 가능하지 않았었을 것이라고 하는 점에 대한 깊은 인식을 반영하고 있다. 질문과 대답의 형식은 오늘날 유대인들이 유월절을 기념하기 위해서 집안에서 사용하는 형식이다. **6:24** *우리가 잘 살게 하여 주실 것이다.* 이 구절은 하나님의 언약 하에 주시는 축복은 창조 질서, 즉 하나님이 정하신 생명의 법에 따라 사는 것이라는 인식을 나타내고 있다.

7:1-6 이 부분은 아주 어려운 부분이다. 이 부분은 *주 당신들의 하나님의 거룩한 백성*(6절; 출 19:5-6 참조)이라고 하는 주장에 대한 해석을 제시해 주고 있다. **7:1** 그 전에 이미 그 땅을 점령하고 있던 여섯 혹은 일곱 족속의 명단은 구약성경에서 여러 번 등장한다 (창 15:20; 출 3:8, 17; 13:5 등). 이들이 정확히 누구인가 하는 것은 항상 분명한 것은 아니고 *아모리 사람들* (= "서쪽 지방 사람들") 이라든지 *가나안 사람들* (= "사막의 대상들") 이라고 하는 광범위한 명칭들로 사용된다. 기원전 2세기에 그 땅은 작은 도시 국가들과 사막의 대상들과 농경민과 목축업을 하는 부족민들이 섞여 있었다. **7:2** *그 때에 당신들은 그들을 전멸시켜야 합니다.* 이 요구는 이 땅의 사람들의 종교활동이 초래할 유혹을 뿌리 뽑기 위해서 절대 타협하지 않는 확실한 자세를 가질 것을 표현하고 있다. 이 명령은 이스라엘이 그 땅에 정착한 실제 역사적인 과정과 부합하는 것은 아니지만 (22절에 관한 주석을 보라), 그럼에도 불구하고 이스라엘의 종교적인 관행을 통일하고 표준화하고자 하는 신명기의 열망의 부정적인 측면을 잘 드러내 주고 있다. 13:1-18도 보라. (여호수아에 관한 주석 369쪽 추가 설명: "거룩한 전쟁"을 보라.) **7:6** 6절은 출 19:6보다 훨씬 더 오래된 언어로 되어 있는데, 그 구절에는 하나님과의 독특한 관계 속에서 사는 삶의 모습이 사회적으로나 육신적으로 어떤 결과를 초래할 것인가를 설명하기 위해서 거룩이라는 개념을 사용하고 있다.

세우신 언약을 지키시고, 한결같은 사랑을 베푸실 것입니다. 13 또 당신들을 사랑하고 복을 주셔서 번성하게 하실 것입니다. 당신들에게 주시겠다고 당신들의 조상에게 맹세하신 땅에서, 당신들에게 복을 주셔서 자식을 많이 보게 하시고, 땅에 복을 주셔서 열매와 곡식과 새 술과 기름을 풍성하게 내게 하시고, 소와 양에게도 복을 주셔서 새끼를 많이 낳게 하여 주실 것입니다. 14 당신들은 그 어느 백성보다도 더 복을 받을 것이며, 당신들 가운데 아이를 낳지 못하는 남녀가 없고, 또 당신들 짐승 가운데도 새끼를 낳지 못하는 암수가 없을 것입니다. 15 주님께서 모든 질병을 당신들에게서 멀리 떠나게 하시며, 이미 이집트에서 당신들이 알고 있는 어떤 나쁜 질병에도 걸리지 않게 하여 주실 것입니다. 그러나 당신들을 미워하는 사람은 모두 그러한 질병에 걸리게 하실 것입니다. 16 당신들은 주 당신들의 하나님이 당신들에게 넘겨 준 모든 민족을 전멸시켜야 합니다. 그들에게 동정을 베풀어도 안 되고, 그들의 신을 섬겨서도 안 됩니다. 그것이 당신들에게 올가미가 될 것이기 때문입니다.

17 당신들이 혼자 생각에 '그 민족들이 우리보다 많은데, 어떻게 우리가 그들을 쫓아낼 수 있겠는가?' 하고 걱정할 수도 있을 것입니다. 18 그러나 그들을 두려워하지 말고, 주 당신들의 하나님이 바로와 모든 이집트 사람에게 하신 일을 잘 기억하십시오. 19 주 당신들의 하나님은, 당신들이 당신들의 눈으로 본 대로, 큰 재앙과 표징과 기적을 일으키시며, 강한 손과 편 팔로 당신들을 이끌어 내셨습니다. 주 당신들의 하나님은, 지금 당신들이 두려워하는 모든 민족에게도 그와 같이 하실 것입니다. 20 또한 주 당신들의 하나님은 ㄱ)말벌을 그들 가운데로 보내시어, 아직 살아남은 사람들과 당신들을 피하여 숨어 있는 사람들까지도 멸하실 것입니다. 21 당신들은 그들을 두려워하지 마십시오. 당신들 가운데 계신 주 당신들의 하나님은 진정으로 두렵고 위대한 하나님이십니다. 22 주 당신들의 하나님은 그 민족들을 당신들 앞에서 차츰차츰 쫓아내실 것입니다. 당신들은 그들을 단번에 다 없애지 마십시오. 그렇게 하였다가는 들짐승이 번성하여 당신들을 해칠지도 모릅니다.

23 주 당신들의 하나님은 그들을 당신들에게 넘겨 주어, 그들을 큰 혼란에 빠지게 하시고, 마침내 그들을 징벌하실 것입니다. 24 주님께서 그들의 왕들을 당신들의 손에 넘기실 것이니, 당신들은 그 이름을 하늘 아래에서 없애버려, 아무도 기억하지 못하게 할 것입니다. 당신들은 당신들과 맞설 사람이 하나도 없을 때까지 그들을 다 진멸시킬 것입니다. 25 당신들은 그들의 신상을 불살라버리고, 그 위에 입힌 금이나 은을 탐내지 말며 빼앗지도 마십시오. 그것 때문에 당신들이 올가미에 걸릴까 두렵습니다. 그런 행위는 주 당신들의 하나님이 미워하시는 것입니다. 26 당신들은 주님께서 미워하시는 것을 당신들의 집에 끌어들이지 마십시오. 그러다가는 당신들도 그것과 함께 망할 것입니다. 당신들은 철저히 그것을 미워하고 꺼려야 합니다. 그것은 모두 없애야 할 것이기 때문입니다."

ㄱ) 또는 '재앙' 또는 '전염병'

신명기는 "언약"이라는 단어를 더 선호하지만 또한 일종의 물리적인 힘, 삶의 질을 높이는 능력으로서 이전에 사용하던 거룩이라는 개념의 일부 특징도 여전히 사용하고 있다. **7:7-11** 신명기는 이스라엘이 많은 민족들 가운데서 오직 한 민족에 불과하다는 것을 이해하고 있으며, 여기서 모든 민족을 창조하신 하나님께서 왜 그 많은 민족 가운데 한 민족과 특별한 관계를 가지셨는가를 설명하고 있다. 이 설명은 신약성경에서 베드로가 표현했던 진리, "하나님께서는 사람을 외모로 가리지 아니하시는 분이시고, 하나님을 두려워하며, 의를 행하는 사람은 그가 어느 민족에 속하여 있든지, 다 받아 주신다"(행 10:34-35)를 깨닫는 데까지 가지는 못하고 있다. **7:8** 이 본문은 하나님의 특별한 사랑에 대한 이유를 제시하지 않고 있으며 확실히 신비의 요소를 설명하지 않고 남겨두려는 의도를 보여준다. 나중에 선지자들은 모든 나라가 축복을 받게 되는 하나님의 구원계획(사 45:22-23 참조) 속에서 각 민족이 자신의 역할을 발견하게 될 것이라는 인식을 하게 된다. **7:10** 하나님의 언약에 개개인이 순종할 책임을 지고 있다고 하는 생각은, 비록 이러한 생각을 뒷받침하는 것이 사랑의 약속이 아니라 심판의 위협이기는 하지만, 특히 주목할 만하다.

7:12-16 여기서 거룩이라고 하는 개념은 질병을 없애고 생산력을 높이는 등 삶의 질을 높이는 능력이라는 점이 강조되어 있다. 후대의 성경본문들, 특히 욥기 같은 것은 이러한 생각을 극단적으로 몰아가는 것이 위험하다는 것을 알고 교정할 필요가 있다는 것을 알게 되었다. "마술적인 능력"으로서의 거룩이라고 하는 개념에 대항해서, 신명기에서는 그것을 건강과 생명력에 직접 연관시키고 있다. **7:12** 신명기에서 질병과 하나님의 말씀에 대한 불순종을 연관시키는 것은 아주 교훈적이다. 그것은 고대부터 널리 받아들여지고 있는 견해를 반영하는 것이다. 그럼에도 불구하고 그런 결론이 너무 일방적이기 때문에 나중에 성경의 여러 곳에서는

이스라엘이 차지할 좋은 땅

8 1 "당신들은 오늘 내가 당신들에게 명하는
모든 명령을 잘 지키십시오. 그러면 당신들이
살아서 번성할 것이며, 주님께서 당 신들 조상에
게 약속하신 땅에 들어가서 그 땅을 차지할 것입
니다. 2 당신들이 광야를 지나온 사십 년 동안, 주
당신들의 하나님이 당신들을 어떻게 인도하셨는
지를 기억하십시오. 그렇게 오랫동안 당신들을
광야에 머물게 하신 것은, 당신들을 단련시키고
시험하셔서, 당신들이 하나님의 계명을 지키는지
안 지키는지, 당신들의 마음 속을 알아보려는 것
이었습니다. 3 주님께서 당신들을 낮추시고 굶
기시다가, 당신들도 알지 못하고 당신들의 조상
도 알지 못하는 만나를 먹이셨는데, 이것은, 사람
이 먹는 것으로만 사는 것이 아니라 주님의 입에
서 나오는 모든 말씀으로 산다는 것을, 당신들에
게 알려 주시려는 것이었습니다. 4 지난 사십 년
동안, 당신들의 몸에 걸친 옷이 해어진 일이 없고,
발이 부르튼 일도 없었습니다. 5 당신들은, 사람
이 자기 자녀를 훈련시키듯이, 주 당신들의 하나
님도 당신들을 훈련시키신다는 것을 마음 속에 새
겨 두십시오. 6 당신들은 주 당신들의 하나님의
명령을 잘 지키고, 그의 길을 따라가며, 그를 경
외하십시오. 7 주 당신들의 하나님이 당신들을
데리고 가시는 땅은 좋은 땅입니다. 골짜기와 산
에서 지하수가 흐르고 샘물이 나고 시냇물이 흐르
는 땅이며, 8 밀과 보리가 자라고 포도와 무화과
와 석류가 나는 땅이며, 올리브 기름과 꿀이 생산
되는 땅이며, 9 먹을 것이 모자라지 않고 아무것
도 부족함이 없는 땅이며, 돌에서는 쇠를 얻고 산
에서는 구리를 캐낼 수 있는 땅입니다. 10 주 당
신들의 하나님이 당신들에게 주신 옥토에서, 당
신들은 배불리 먹고 주님을 찬양할 것입니다."

주님을 잊지 말라는 경고

11 "오늘 내가 당신들에게 전하여 주는 주님
의 명령과 법도와 규례를 어기는 일이 없도록 하
고, 주 당신들의 하나님을 잊지 않도록 하십시오.
12 당신들이 배불리 먹으며, 좋은 집을 짓고 거
기에서 살지라도, 13 또 당신들의 소와 양이 번
성하고, 은과 금이 많아져서 당신들의 재산이 늘
어날지라도, 14 혹시라도 교만한 마음이 생겨서,
당신들을 이집트 땅 종살이하던 집에서 이끌어
내신 주 당신들의 하나님을 잊어버리는 일이 없도
록 하십시오. 15 주님께서는 넓고 황량한 광야
곧 불뱀과 전갈이 우글거리는 광야와 물이 없는

질병이 언제나 잘못된 행동의 결과라고만 볼 수 없다는 내용을 담을 수밖에 없었다 (예를 들어, 눅 13:1-5; 요 9:1-3 참조). **7:16** 7:2; 11:16-17을 보면, 이런 요구를 하는 것이 어떻게 정당화될 수 있는지를 알 수 있다.

7:17-26 신명기는 이스라엘을 둘러싼 거대한 민족들과 비교해 볼 때 자신의 군사력이 얼마나 미약한지를 잘 알고 있었다. 그래서 전쟁에서 성공하기 위해서는 하나님께 충성하고, 믿음을 가져야 하는 것이 가장 중요한 것임을 강조하고 있다—심지어는 싸우는 것이 겁이 나는 사람은 집으로 돌아가야 한다고까지 권고한다 (20:8-9 참조). **7:22** 이스라엘이 그 전에 살던 주민들을 진멸하지 않고 또 그들의 제사를 없애지도 않았다는 사실은 특별한 설명을 요구한다. 만약 이스라엘이 신명기가 요구한 그 법에 순종하였다면, 그 전의 종교적인 신당들은 벌써 없어졌을 것이고, 그들에게 전혀 유혹거리가 되지 않았었을 것이다. **7:25-26** 여기 규정된 법의 한 예로 수 7:1-26에 있는 아간의 탐심과 그에 따른 죽음에 관한 이야기를 보라. 금이나 은으로 입힌 우상들은 값나가는 것들이지만 그것들을 소유하다보면 그 소유자가 예배시간에 그것들을 사용하게 될 수가 있다. 또한 질병에 대한 두려움이 여기서 엄격한 규정을 요구하는 것과 어느 정도는 관련이 있을 것이다 (특히 20절 참조).

8:1-10 이스라엘이 들어가려고 하는 비옥한 땅은 이스라엘 백성이 40년을 지냈던 위험하고 가까이 하기 힘든 광야와 비교가 된다. **8:2** 하나님이 광야에서의 그 세월들을 *당신들의 마음 속을 알아보려고* 사용하셨다는 믿음은 신명기에 나타난 깊은 통찰 중의 하나이다. **8:3** 배고픔을 경험하면서 이스라엘은 모든 생명이 궁극적으로는 긍휼하신 하나님이 공급하시는 것에 의존한다고 하는 것을 배웠다. *주님의 입에서 나오는 모든 말씀.* 이 구절은 삶을 어떻게 살아야 하는지를 가르치는 언약법의 내용을 지칭하는 것이다. 마 4:4를 참조하라. **8:4** 가난과 어려움 속에서 사는 것을 배우는 것은 신명기의 영적인 가르침의 중요한 강조점 가운데 하나이다. 광야 세월 동안에 의복이 해어진 일도 없다고 하는 표현은 시적인 과장의 요소가 있지만 (29:5 참조), 이스라엘이 이제 막 들어가려고 하는 땅의 풍성함과 아름다움을 강조하고자 하는 열망에서 비롯된 것이다 (7절). **8:9** 쇠와 구리는 이스라엘의 땅에서는 가장 남쪽에서 채광되는 것들이다.

8:11-20 하나님을 기억하고 하나님이 계시해 주신 언약법을 잊어버리지 않는 것이 신명기가 생각하는 영적인 삶에서 가장 중심이 되는 것이다. 이러한 것들을 기억하기 위해서는 공적인 예배를 드리는 것뿐만 아니라 (16:3 참조), 매일 매일의 생활에서 습관적

사막에서 당신들을 인도하여 주시고, 차돌 바위
에서 샘물이 나게 하신 분이십니다. 16 광야에
서는 당신들의 조상도 알지 못하던 만나를 당신들
에게 먹이셨습니다. 이것이 다 당신들을 단련시
키고 시험하셔서, 나중에 당신들이 잘 되게 하시
려는 것이었습니다. 17 당신들이 마음 속으로
'이 재물은 내 능력과 내 손의 힘으로 모은 것이라'
고 생각할 것 같아서 걱정이 됩니다. 18 그러나
주 당신들의 하나님이, 당신들의 조상에게 맹세
하신 그 언약을 이루시려고 오늘 이렇게 재산을
모으도록 당신들에게 힘을 주셨음을, 당신들은
기억해야 합니다. 19 내가 오늘 당신들에게 다짐
합니다. 당신들이 주 당신들의 하나님을 참으로
잊어버리고, 다른 신들을 따라가서 그들을 섬기
며 절한다면, 당신들은 반드시 멸망할 것입니다.
20 당신들이 주 당신들의 하나님의 음성을 듣지
않으면, 주님께서는, 당신들 앞에서 멸망시킨 민
족들과 똑같이, 당신들도 망하게 하실 것입니다."

백성의 불순종

9 1 "이스라엘은 들으십시오. 오늘 당신들이
요단 강을 건너가서, 당신들보다 강대한 민족
들을 쫓아내고, 하늘에 닿을 듯이 높은 성벽으로
둘러싸인 큰 성읍들을 차지할 것입니다. 2 거기
에 있는 사람들, 힘이 세고 키가 큰 이 민족은, 당
신들이 아는 그 아낙 자손입니다. '누가 아낙 자손
과 맞설 수 있겠느냐?' 하는 말을 당신들은 들었
을 것입니다. 3 그러나 당신들이 아시는 대로, 오
늘 주 당신들의 하나님이 맹렬한 불이 되어 당신들
앞에서 건너가시며, 몸소 당신들 앞에서 그들을
멸하셔서, 그들이 당신들 앞에 무릎을 꿇게 하실
것입니다. 주님께서 당신들에게 말씀하신 대로,
그들을 빨리 몰아내고 멸망시키실 것입니다.

4 주 당신들의 하나님이 그들을 당신들 앞에서
내쫓으신 다음에, 행여 '내가 착하기 때문에 주님
께서 나를 이끌어들여 이 땅을 차지하게 하셨다'고
생각하지 마십시오. 주님께서 이 민족을 당신들
앞에서 내쫓은 것은, 그들이 악하기 때문입니다.
5 당신들이 마음이 착하고 바르기 때문에 당신들
이 들어가서 그들의 땅을 차지하도록 하신 것이
아니라, 여기에 있는 이 민족들이 악하기 때문에
주 당신들의 하나님이 그들을 당신들 앞에서 내쫓
으신 것입니다. 이렇게 하여, 주님께서는 당신들
의 조상 아브라함과 이삭과 야곱에게 맹세하신 그
말씀을 이루신 것입니다.

6 주 당신들의 하나님이 이 좋은 땅을 당신
들에게 주어 유산으로 차지하게 하신 것이, 당신
들이 착하기 때문이 아님을, 당신들은 알아야
합니다. 오히려 당신들은 고집이 센 백성입니다.
7 당신들은 광야에서 주 당신들의 하나님을 얼마
나 노엽게 하였던가를 잊지 말고 기억하십시오.
당신들은 이집트 땅에서 나오던 날부터 이 곳에
이르기까지 줄곧 주님을 거역하였습니다.

8 당신들은 이미 호렙 산에서 주님을 노엽게
하였으며, 그래서 주님께서는 진노하셔서, 당신
들을 멸하려고 하셨습니다. 9 그 때에 나는 돌판
곧 주님께서 당신들과 세우신 언약을 쓴 돌판을
받으려고 산에 올라가, 그 산에서 밤낮 사십 일을
살면서, 밥도 먹지 않고 물도 마시지 않았습니다.
10 그 때에 주 하나님이 돌판 둘을 나에게 주셨
는데, 그 돌판의 글은 하나님이 손수 쓰신 것입니다.
그 두 돌판에는 당신들 총회 날에 주님께서 그 산
꼭대기의 불길 속에서 당신들에게 하신 모든 말

으로 행하는 한 부분이 되어야 한다 (6:6-7). 이렇게 되어야 매일 매일의 생활에 대해 올바른 태도를 가지게 되고 또한 책임을 다할 수 있게 된다. **8:12-14** 풍성함을 즐기고 편안한 느낌을 가지는 것은 아직 경험하지 못한 위험들이다. **8:17** 자기만족은 하나님의 법을 무관심하게 만드는 근본 원인이 되는데, 이것은 열심히 일을 해야 풍성한 수확을 얻을 있다고 잘못 믿는데서 오는 결과이다. 사실 땅 그 자체와 땅이 가진 생산력은 전적으로 하나님이 값없이 주신 선물인 것이다. **8:19** 참된 하나님을 잊어버리면 바로 그 결과 그 땅에서 경배되고 있는 다른 우상들 가운데서 한 신을 섬기게 되어 있다. **8:20** 이스라엘도 자신들의 땅을 잃어버릴 수 있다고 하는 것은 실제적인 위협이었다. 28:20-46을 보라.

9:1-3 전쟁에서 이스라엘과 함께 하시며 인도하시는 데서 오는 승리의 확신을 강조하는 것은 (3절; 1:33; 31:3; 33:26 등을 참조) 하나님이 임재하시는 곳이 하늘이라는 신명기 신학과 상반되는 것이며, 성별된 성소에서 기도하는 가운데 하나님의 이름이 불리어질 것이라는 잘 알려진 신명기 신학과는 상반되는 것이다. 하나님은 지상의 모든 장소를 초월하고 계신 분이지만, 하나님은 그의 명령을 순종하고 따르는 사람들을 통해서 어떤 상황 속에서도 역사하실 수 있다. **9:2** *아낙 자손.* 2:28에 관한 주석을 보라.

9:4-14 경험에 의하면, 모든 것이 이스라엘 백성을 위해서 잘 진행되는 것만은 아니라는 것을 알 수 있다. 그리고 민족적인 불순종에서 오는 결과로 땅을 잃게 될 것이라는 경고는 실질적인 것이다. 이스라엘은 이미 하나님의 말씀을 받은 이후부터 반역하는 태도를 보

씀이 그대로 기록되어 있습니다. 11 밤낮 사십 일이 지난 다음에, 주님께서는 나에게 두 돌판 곧 언약의 돌판을 주셨습니다. 12 그리고 주님께서는 나에게 이르시기를 '일어나서 여기에서 빨리 내려가거라. 이집트에서 이끌어 낸 너의 백성이 타락하여, 내가 명한 길에서 이미 떠났으며, 자기들이 섬길 우상을 만들었다' 하셨습니다. 13 주님께서 또 나에게 말씀하시기를 '이 백성을 보니, 정말 고집이 센 백성이구나. 14 나를 말리지 말아라. 내가 그들을 멸하여, 하늘 아래에서 그들의 이름을 없애버리겠다. 그 대신에 내가 그들보다 강한 많은 민족을 너에게서 나오게 하겠다' 하셨습니다.

15 내가 발길을 돌려서 산에서 내려오는데, 산에는 불이 타고 있었고, 나는 두 손으로 두 언약 돌판을 들고 있었습니다. 16 그 때에 내가 보니, 당신들이 주 당신들의 하나님께 죄를 짓고, 당신들이 섬길 송아지 우상을 만들어서, 주님께서 당신들에게 명한 길에서 이미 떠나 있었습니다. 17 그래서 내가, 당신들이 보는 앞에서, 두 돌판을 두 손으로 번쩍 들어 내던져 깨뜨려 버렸습니다. 18 그리고 내가 전과 같이 밤낮 사십 일을 밥도 먹지 않고 물도 마시지 않고 주님 앞에 엎드려 있어야만 한 것은, 당신들이 주님 보시기에 나쁜 일을 저질러서 그를 노엽게 하는 온갖 죄를 지었기 때문입니다. 19 주님께서 당신들을 두고 크게 분노하셔서 당신들을 죽이려고 하셨으므로, 나는 두려웠습니다. 그러나 주님께서는 다시 한 번 나의 애원을 들어주셨습니다. 20 주님께서 아론에게도 몹시 분노하셔서 그를 죽이려고 하셨으므로, 그 때에도 나는 아론을 살려 달라고 기도하였습니다. 21 당신들이 지은 죄 곧 당신들이 만든 그 금송아지를 불에 넣어 녹여서 산산이 부수고, 먼지 같은 가루로 만들어서, 산에서 흘러 내려오는 개울물에 띄워 보냈습니다.

22 당신들은 다베라와 맛사와 기브롯핫다아와에서도 주님을 노엽게 하였습니다. 23 주님께서 당신들을 가데스바네아로 보내실 때에, 당신들에게 이르시기를 '올라가서 내가 너희에게 준 땅을 차지하여라' 하셨습니다. 그러나 당신들은 주 당신들의 하나님의 명령을 거역하고, 그를 믿지 않고 그의 말씀을 듣지 않았습니다. 24 내가 당신들을 알게 된 날부터 지금까지, 당신들은 주님을 거역하기만 하였습니다.

25 그 때에 주님께서 당신들을 멸하시겠다고 하셨으므로, 나는 주님 앞에 여전히 밤낮 사십 일을 엎드려 있으면서, 26 주님께 기도하여 아뢰었습니다. '주 나의 하나님, 주님께서 이 백성을 강한 손으로 이집트에서 인도하여 내시고, 주님의 그 크신 힘으로 속량하셨으니, 주님의 소유인 이 백성을 멸하지 말아 주십시오. 27 주님의 종 아브라함과 이삭과 야곱을 생각하셔서라도, 이 백성의 고집과 악과 죄를 보지 말아 주십시오. 28 그렇게 하지 않으시면, 주님께서 아직 우리를 이끌어 내지 않으셨을 때에 우리가 살던 그 땅의 백성이

여왔다 (8-14절). 금송아지 사건은 출 32:1-35에 나타난 사건을 다시 되새기고 있다. 이스라엘은 처음부터 반역적인 자신의 본 모습을 보여왔는데, 그랬기 때문에 미래에는 두 배로 조심해야 될 이유가 있는 것이다. 만약에 이스라엘이 40일 만에 하나님을 잊을 수 있었다면, 40년이 지난 후에는 얼마나 더 그렇게 될 가능성이 많은가를 생각해 보라! **9:14** 오직 모세만이 순종하는 모습을 보여왔기 때문에 하나님은 그를 통해서 새로운 민족을 창조하실 수 있었다.

9:15-21 모세가 금식하며 백성을 위해 기도한 것이 하나님의 진노로부터 이스라엘을 구하였다. 이것은 이스라엘이 직면하고 있는 유혹이 얼마나 강한 것이었나 하는 점과 동시에 모세에 대한 의존도가 얼마나 컸는가 하는 것을 보여주고 있다. **9:16** 송아지 우상은 그 당시에 풍요의 상징으로 황소가 얼마나 인기 있었는가를 보여준다. 이것은 여러 가지 금지된 성행위들과도 관련성이 있을 것으로 짐작되지만 동시에 정치적인 동기도 있었다는 것을 알 수 있는데 왜냐하면 황소—송아지의 상징이 베델과 단에 서 있었기 때문이다 (왕상 12:28-33). **9:19** 이스라엘이 모세의 중보기도에 의존하였다고 하는 것이 아주 중요하다. 그러나 중보기도의 한계에 대한 반론은 렘 15:1을 보라. **9:21** 왕하 23:15를 보면 황소—송아지의 형상이 서 있던 베델의 성소를 무너뜨린 기사가 나온다.

9:22-29 다베라(= "불붙는 진노")와 맛사(= "시험")와 기브롯핫다아와(= "탐욕" 즉 고기를 먹고자 하는 열망)에 관해서는 민 11:1-34를 보라. 이스라엘이 광야에서 겪었던 일들을 이야기하는 것은 얼마나 끈질기게 하나님을 반역하였는가를 보여주기 위한 것이다. 그 장소들의 위치는 분명하지 않다. **9:23** 신 1:19-33에 관한 주석을 참조하라. **9:26-29** 용서하시는 하나님이라고 하는 새로운 주제가 여기서 도입되는데, 만약에 하나님을 섬기던 백성이 패배하고 멸망당할 경우에 하나님으로서의 주님의 평판이 타격을 받게 된다고 하는 주장 속에 들어가 있다 (28절).

10:1-5 십계명이 새겨진 새로운 돌판을 만드는 것은 출 34:4, 28-29에 자세히 설명되어 있다. 그 두 돌판이 언약궤 안에 보관되었다고 하는 것과 그것이 언약

말하기를, 그들의 주가 자기 백성에게 주기로 약
속한 땅으로 그들을 데리고갈 능력이 없다 하거나,
그들의 주가 자기 백성을 미워하셔서 그들을 광야
에서 죽이려고 이끌어 내셨다 할까 두렵습니다.
29 이 백성은 주님께서 그 크신 힘과 펴신 팔로
인도하여 내신 주님의 소유요 주님의 백성입니다.'"

모세가 십계명을 다시 받다 (출 34:1-10)

10 1 "그 때에 주님께서 나에게 말씀하셨
습니다. '먼젓번과 같은 돌판 둘을 다듬어
서 산으로 가지고 올라와, 나에게로 오너라. 또 나
무궤도 하나 만들어라. 2 네가 깨뜨린 먼젓번 판
에 새긴 말을 내가 그 판에 다시 새길 터이니, 너
는 그것을 그 궤에 넣어 두어라.'
3 그래서 나는 아카시아 나무로 궤를 만들
고, 먼젓번 것과 같은 돌판 둘을 다듬어서, 손에
들고 산으로 올라갔습니다. 4 주님께서는, 총회
날에 산 위의 불 가운데서 당신들에게 선포하신
ㄱ)십계명을, 먼젓번과 같이 돌판에 새겨서 나에게
주셨습니다. 5 내가 발길을 돌려 그 산에서 내려
와, 주님께서 나에게 명하신 대로, 그 돌판을 내가
만든 궤 안에 넣었으며, 그 이후로 그 돌판은 지금
까지도 그 궤 안에 들어 있습니다."

6 (이스라엘 자손은 브에롯브네야아간을 떠
나서 모세라에 이르렀다. 거기에서 아론이 죽었
으므로 그를 그 곳에 장사하였고, 그의 아들 엘르
아살이 뒤를 이어서 제사장이 되었다. 7 또 그
곳을 떠나 굿고다에 이르렀다가, 다시 굿고다를
떠나서, 여러 개울이 흐르는 땅 욧바다에 이르렀다.
8 그 때에 주님께서 레위 지파를 지명하셔서
주님의 언약궤를 메게 하시고, 주님 앞에 서서
주님을 섬기며 주님의 이름으로 축복하는 일을
하게 하였으니, 이것이 오늘날까지 그대로 이어
온다. 9 그러므로 레위 사람에게는 그들의 동기
들처럼 차지할 몫이나 유산이 없다. 그러나 주
하나님이 말씀하신 대로, 주님께서 친히 그들의
유산이 되셨다.)

10 "내가 먼젓번과 같이 밤낮 사십 일을 산
에 머물러 있었더니, 주님께서 이번에도 나의 호소
를 들어주셔서, 주님께서 당신들을 멸망시키지 않
기로 하셨습니다. 11 주님께서 내게 이르시기를
'백성 앞에 서서 출발하여라. 내가 그들의 조상
에게 주기로 약속한 그 땅으로 그들을 데리고 들어
가서, 그 땅을 차지하여라' 하셨습니다."

ㄱ) 히, '열 가지 말씀'

궤의 주된 기능이라고 하는 것은 신명기의 독특한 가르침이다 (9:9-10 참조). 출 25:10-16에 있는 성막을 만드는 것과 관련된 설명은 언약궤를 그것보다는 더 공교한 물체로 제시하고 있다. 언약궤는 이스라엘 백성이 전쟁을 할 때, 하나님이 함께 하신다고 하는 상징으로서 중요하였다; 민 10:35-36을 참조하라. 그것은 전적으로 신명기의 강조점과 부합되는데, 신명기는 하나님은 하늘에 계시니까 언약궤의 실질적인 목적에 초점을 맞추기 위해서는 언약법이 중심에 와야 된다는 것이다.

10:6-9 광야에서의 여정에 대해서는 민 33:31-34를 보라. 아론이 호르 산에서 죽은 것은 민 20:22-29에 기록되어 있다. **10:8** 레위 지파. 레위 지파는 이스라엘의 모든 제사장이 속해 있으며, 언약궤의 담당자들이자 동시에 언약법의 수호자로 부름을 받았다. 31:9-13을 참조하라. 그들의 제사장으로서의 의무 이외에도 (18:1-8) 레위 사람들은 또한 예배드리는 법, 공적인 기도와 설교를 하는 법 등에 관해서 가르치는 일에 중요한 역할을 감당하였던 것으로 보인다. 그들의 삶은 사람들의 예물에 의존하였기 때문에, 신명기는 모든 백성이 헌물을 바치는 것을 중요한 종교적인 의무로 규정하고 있다. 14:28-29, 18:1-8 참조. 또한 신 33:8-11을 보라.

10:10-22 *밤낮 사십일.* 출 24:18; 34:28; 신 9:11을 참조하라. **10:16** 할례. 할례는 공동체의 일원이 되었음을 표시하기 위해서 원래 태어났을 때 행해지기도 했고, 또한 사춘기 때 행해지던 것이었다. 그런데 여기서 보듯이 점차 하나님에 대한 헌신을 표시하는 것이 되었고, 계명에 순종하는 개인적인 표시로 여겨지게 되었다. 렘 4:4; 6:10을 참조하라. 밖으로 드러난 표식과 내면의 헌신은 서로 맞물려 있는 것이다. **10:17** *사람을 차별하여 판단하시거나.* (개역개정은 "외모로 보지 아니하시며;" 공동번역은 "낯을 보아 주시는 일이 없는") 히브리어는 문자 그대로 "얼굴을 들지 않는다."—즉 어느 한 사람에게 호의를 베풀지 않는다는 뜻이다. 하나님의 철저한 공평과 정의는 이스라엘의 법률 행정의 핵심을 차지하고 있다 (16:18-20). 그것은 나중에 하나님이 이스라엘을 선택하신 것은 다른 민족들보다 더 뛰어나다는 것을 의미하는 것이 아니라 모든 민족이 동등하게 취급된다는 것을 보여주는 것이라고 하는 인식의 주요한 기초가 되었다 (행 10:34-35). **10:18-19** 사회적으로 가진 것이 없는 세 계층—고아와 과부와 이방인(보다 정확하게는 "그 공동체에 영구적으로 살고 있는 외국 출신 거주민들")—은 신명기에서는 특별한 관심의 대상이었다. 한 나라로서 이스라엘은 "형제들과 자

하나님이 요구하신 것

12 "이스라엘 자손 여러분, 지금 주 당신들의 하나님이 당신들에게 원하시는 것이 무엇인지 아십니까? 주 당신들의 하나님을 경외하며, 그의 모든 길을 따르며, 그를 사랑하며, 마음을 다하고 정성을 다하여 주 당신들의 하나님을 섬기며,
13 당신들이 행복하게 살도록 내가 오늘 당신들에게 명하는 ㄱ)주 당신들의 하나님의 명령과 규례를 지키는 일이 아니겠습니까? 14 그렇습니다. 하늘과 하늘 위의 하늘, 땅과 땅 위의 모든 것이 다 주 당신들의 하나님의 것입니다. 15 그런데 주님께서는 오직 당신들의 조상에게만 마음을 쏟아 사랑하셨으며, 많은 백성 가운데서도 그들의 자손인 당신들만을 오늘 이처럼 택하신 것입니다.
16 그러므로 당신들은 마음에 할례를 받고, 다시는 고집을 부리지 마십시오. 17 이 세상에는 신도 많고, 주도 많으나, 당신들의 주 하나님만이 참 하나님이시고, 참 주님이십니다. 그분만이 크신 권능의 하나님이시요, 두려우신 하나님이시며, 사람을 차별하여 판단하시거나, 뇌물을 받으시는 분이 아니시며, 18 고아와 과부를 공정하게 재판하시며, 나그네를 사랑하셔서 그에게 먹을 것과 입을 것을 주시는 분이십니다. 19 당신들이 나그네를 사랑해야 하는 것은, 당신들도 한때 이집트에서 나그네로 살았기 때문입니다. 20 주 당신들의 하나님을 경외하고, 그를 섬기며, 그에게만 충성을 다하고, 그의 이름으로만 맹세하십시오.
21 당신들이 찬양할 분은 당신들의 하나님뿐이니, 당신들이 본 대로, 그분은 당신들에게 크고 두려운 일들을 하여 주신 하나님이십니다. 22 당신들의 조상이 이집트로 내려갈 때에는 모두 일흔 명밖에 되지 않았지만, 주 당신들의 하나님은 이제 당신들을 하늘의 별과 같이 많게 하셨습니다."

주님의 위대하심

11 1 "그러므로 당신들은 주 당신들의 하나님을 사랑하며, 그의 직임과 법도와 규례와 명령을 항상 지키십시오. 2 주 하나님의 위엄과 강한 손과 편 팔을 기억해야 할 사람은, 당신들의 자녀가 아니라 바로 당신들입니다. 당신들의 자녀들은 주 당신들의 하나님이 하신 일과 내리신 명령을 보지도 못하고 듣지도 못하였습니다. 3 당신들이 또 기억해야 할 것은, 주님께서 이집트의 바로 왕과 그의 온 땅에 기적과 표징을 일으키신 것과,
4 주님께서, 당신들 뒤를 쫓아온 이집트의 군대와 군마와 병거를 ㄴ)홍해 바닷물로 휩쓸어, 오늘에 이르기까지 흔적도 없이 멸하신 일과, 5 또 당신들이 이 곳에 이르기까지 광야에서 당신들에게 하신 일과, 6 르우벤의 손자요 엘리압의 아들인 다단과 아비람에게 하신 일, 곧 땅이 입을 벌려 온 이스라엘 가운데서 그들과 그들의 집안과 장막과 제 발로 걸어다니는 모든 짐승을 함께 삼켜버리게 하신 일입니다. 7 당신들은 주님께서 하신 이 위대한 모든 일을 당신들 눈으로 보았습니다."

ㄱ) 사해 사본과 칠십인역과 시리아어역을 따름 ㄴ) 히, '얌 쑤프', 다음과 같은 지역을 암시하고 있음. (1) 수에즈 만과 지중해의 하구 사이에 있는 호수들과 늪지대 (2) 수에즈 만 (3) 아카바 만

매들"로서 (15:7을 보면 "동족"이라고 되어 있는데 문자적으로는 "형제" 라는 뜻이다.) 모든 사람이 평등한 정의를 누리고 같은 사회적인 지위를 나누며 (16:14; 24:19-20에 보이는 것처럼) 극심한 가난이나 멸시로부터 보호받는 공동체를 이루는 것이 이상이었다. **10:22** 야곱과 그 가족이 이집트로 간 것에 대해서는 창 46:1-7, 26-27을 보라.

11:1-12 모세는 앞으로 닥쳐올 위험에 대하여 경고하는 내용의 연설을 계속 하고 있다. 특별히 호렙 산 경험을 해보지 못한 새로운 세대가 있었기 때문이기도 하겠지만 (2절), 새로 태어난 사람들 가운데는 모세의 지도력을 경험하지 못한 사람들도 있었기 때문일 것이다. **11:2** 한 세대가 다음 세대를 향해 가진 책임을 강조하는 것은 신명기의 가르침의 아주 중요한 특징이다. 하나님의 구원 행위를 기억하는 것이 예배의 중요한 부분 중의 하나이기 때문에, 새로운 세대들은 그러한 것을 새롭게 배워야 한다 (19절). **11:4** 히브리 노예들을 추격하던 이집트 사람들의 죽음은 출 14:23-31에서 언급되고 있다. **11:6** 민 16:1-35를 참조하라. 신명기는 고라가 반란에서 한 역할에 대해 언급하지 않는다. **11:7** 현재 살아 있는 사람들 중에도 이집트에서의 탈출 사건과 호렙 산에서의 계시를 경험해 본 적이 없는 사람들이 벌써 많은 숫자를 차지하고 있기 때문에 이미 경험한 사람들은 모든 후대 사람들에게 그것들을 가르치고 주 하나님의 능력을 가르칠 책임이 있다. **11:10-12** 나일 삼각주의 평야는 인공적인 관개시설이 필요한 곳인데, 이스라엘이 차지할 땅의 기후와 여러 가지 자연 조건과 비교가 된다. 하나님이 섭리를 통해 돌보신다고 하는 것을 강조하는 것은 하나님의 명령에 불순종함으로 그 돌보심을 잃지 말라고 하는 계속적인 동기를 부여하기 위한 것이다.

11:13-25 이스라엘의 땅이 비옥하게 될 수 있는 가능성은 하나님께서 그의 섭리를 통해 그 땅을 잃지 않고 돌보아야 할 때 가능했다. **11:14-15** 일단 이스라엘이 그 땅을 차지하고 농경사회로 변하자 모든 것이 당연한 일로 되어버렸다. **11:16** *당신들은, 유혹*

약속의 땅

8 "그러니 당신들은 오늘 내가 당신들에게
내리는 모든 명령을 지키십시오. 그러면 당신들은
힘을 얻고, 당신들이 건너가 차지하려는 땅에 들어
가서, 그 땅을 실제로 차지할 것입니다. 9 또한
주님께서 당신들 조상과 그 자손에게 주시기로 약
속하신 땅 곧 젖과 꿀이 흐르는 땅에서 오래 살 것
입니다. 10 당신들이 들어가서 차지할 땅은 당
신들이 나온 이집트 땅과는 다릅니다. 이집트에
서는 채소밭에 물을 줄 때처럼, 씨를 뿌린 뒤에
발로 물을 댔지만, 11 당신들이 건너가서 차지
할 땅에는 산과 골짜기가 많아서, 하늘에서 내린
빗물로 밭에 물을 댑니다. 12 주 당신들의 하나
님이 몸소 돌보시는 땅이고, 주 당신들의 하나님의
눈길이 해마다 정초부터 섣달 그믐날까지 늘 보살
펴 주시는 땅입니다.

13 당신들이, 오늘 내가 당신들에게 명하는
ㄱ)그의 명령들을 착실히 듣고, 주 당신들의 하나님을
사랑하며, 온 마음과 정성을 다하여 주님을 섬기면,
14 ㄴ)주님께서 당신들 땅에 ㄷ)가을비와 봄비를 철
따라 내려 주셔서, 당신들이 곡식과 포도주와 기
름을 거두게 하실 것이며, 15 들에는 당신들의
가축이 먹을 풀을 자라게 하여 주실 것이며, 그리
하여 당신들은 배불리 먹고 살 것입니다. 16 당신
들은, 유혹을 받고 마음이 변하여, 다른 신들을 섬
기거나 그 신들 앞에 엎드려서 절을 하는 일이 없
도록 주의하십시오. 17 당신들이 다른 신들을
섬기면, 주님께서는 당신들에게 진노하셔서, 하
늘을 닫고 비를 내리지 않으실 것이며, 당신들은
밭에서 아무것도 거두지 못할 것입니다. 그렇게
되면 당신들은, 주님께서 주신 기름진 땅에서도
순식간에 망할 것입니다.

18 그러므로 당신들은, 내가 한 이 말을 마음
에 간직하고, 골수에 새겨두고, 또 그것을 손에 매
어 표로 삼고, 이마에 붙여 기호로 삼으십시오.
19 또 이 말을 당신들 자녀에게 가르치며, 당신
들이 집에 앉아 있을 때나 길을 갈 때나, 누워 있을
때나 일어나 있을 때나, 언제든지 가르치십시오.
20 당신들의 집 문설주와 대문에도 써서 붙이십
시오. 21 그러면 주님께서 당신들 조상에게 주
겠다고 맹세하신 땅에서, 당신들과 당신들 자손이
오래오래 살 것입니다. 당신들은 하늘과 땅이 없
어질 때까지 길이길이 삶을 누릴 것입니다.

22 당신들이, 내가 당신들에게 명한 이 모든
명령을 정성껏 지키며, 주 당신들의 하나님을 사랑
하고, 그의 모든 길을 따르며, 그에게 충성하면,
23 주님께서 이 모든 민족을 당신들 앞에서 다 쫓
아내실 것입니다. 그리고 당신들은 당신들보다
강대한 나라들을 차지할 것입니다. 24 당신들의

ㄱ) 칠십인역을 따름. 히, '나의' ㄴ) 사마리아 오경과 칠십인역과 불가타를 따름. 히, '내가' ㄷ) 히, '이른 비와 늦은 비'

을 받고 마음이 변하여. 이 경고는 아주 적절한 것이었다. 왜냐하면 전통적인 가나안의 신들은 땅의 신들로 여겨지고 있었기 때문이다 (바알이라고 하는 명칭은 "주인 혹은 주님"이라는 뜻이다). 그들에게 제사를 드리는 것은 필요한 종교세를 내는 것—신들에게 그들의 재산을 사용한 것에 대한 세금을 내는 것으로 여겨지고 있었다. **11:17** *하늘을 닫고.* 이 경고는 바알이 비를 주관하여 땅을 비옥하게 하고 생산력을 높인다는 믿음에 직접적으로 도전하는 것이었다. **11:21** *당신들은… 길이길이 삶을 누릴 것입니다.* 이것은 그 땅에서 오랫동안 삶을 누릴 것을 보여주기도 하지만 동시에 이스라엘이 한 민족으로서 포로로 쫓겨 갈 수도 있다는 경고도 담고 있다. **11:24** 이스라엘에게 약속된 그 땅의 경계는 상당히 넓은데 아마도 악의 없는 과장이 있는 것 같다. 심지어 다윗 왕도 그렇게 넓은 왕국을 통치하지는 못하였다. **11:26-32** 축복과 저주를 대조하는 것은 신명기가 가장 잘 사용하는 내용이다. 28:1-68; 30:1-20 참조. **11:29** 그리심 산과 *에발 산에* 세운 돌 비에 관하여는 27:1-26을 보라. **11:30** *모레 상수리나무* (= "선생님의 상수리나무")는 세겜 근처에 있었다. 창 12:6을 보라.

12:1-7 12장은 신명기에서 새로운 단락을 시작하는 부분이다. 이 곳에서는 26:19까지 규례와 법도를 담고 있다. 이 규례와 법도는 예배에 관한 규정들(12:1—13:18; 16:1-17; 26:1-19)과 실제 사법 절차에 관한 법들(특히 19:1—25:19)을 포함하고 있다. 이러한 법들은 십계명에 요약되어 있는 주제들을 자세하게 풀어낸 것들이거나, 중심되는 제목들을 더 자세하게 풀어낸 것들이다. 학자들은 율법과 재판 목록의 순서가 십계명의 순서를 비록 엄격하게 그대로 적용하지는 않아도 조심스럽게 따르고 있다는 것을 발견하였다. 12:1—26:19에 있는 율법이 십계명을 해석하고 그 상황을 자세하게 이해 하도록 도와주고 있다는 것이 중요한 특징이다. 십계명은 다른 종류의 법으로 이해되는 것이 아니라, 그 법들이 지키고자 하는 목표와 기본적인 문제들을 규정하는 기본 윤리 원칙들의 목록으로 성립된 것이라고 이해되어야 한다. 이 둘은 같이 가야 된다. 법은 이스라엘이 하나님과의 언약관계에 있는 공동체라고 하는 기본적인 전제를 가지고 있고, 법을 통해서 이스라엘 공동체가 모든 사람이 법의 보호를 받으며 모두의 번영과 행복을 추구하는 형제들과 자매들의 국가가 되어 가는 것이다.

발바닥이 닿는 곳은 어디든지 다 당신들의 소유가 될 것입니다. 남쪽의 광야에서부터 북쪽 레바논 산간지방까지, 동쪽의 큰 강인 유프라테스 강으로부터 서쪽의 지중해에 이르기까지, 모두 당신들의 영토가 될 것입니다. 25 주 당신들의 하나님은, 당신들에게 말씀하신 대로, 당신들이 가는 곳 어디에서나, 모두들 당신들을 두려워하게 하며 당신들이 무서워서 떨게 하실 터이니, 아무도 당신들 앞길을 가로막지 못할 것입니다.

26 보십시오, 내가 오늘 당신들 앞에 복과 저주를 내놓습니다. 27 오늘 내가 당신들에게 명하는 주 당신들의 하나님의 명령을 귀담아 듣는 사람은 복을 받을 것이며, 28 주 당신들의 하나님의 명령을 귀담아 듣지 않고, 오늘 내가 당신들에게 명한 그 길을 떠나, 당신들이 알지 못하는 다른 신들을 따르는 사람은 저주를 받을 것입니다.

29 주 당신들의 하나님이, 당신들이 들어가서 차지할 땅으로 당신들을 인도하여 들이실 때에, 당신들은 그리심 산에서는 축복을 선포하고, 에발 산에서는 저주를 선포하십시오. 30 이 두 산은 요단 강 서쪽에 있습니다. 모레 상수리나무 곁, 길갈 맞은쪽, 요단 강에서 서쪽으로 얼마만큼 들어간 곳에 있고, 요단 계곡 아라바에 살던 가나안 사람의 영토에 속합니다."

선택된 예배 처소

31 "당신들은 이제 요단 강을 건너가서, 주 당신들의 하나님이 당신들에게 주시는 땅을 차지하려고 합니다. 당신들이 그 땅을 차지하고 자리를 잡거든, 32 당신들은 오늘 내가 당신들에게 준 모든 규례와 법규를 성심껏 지키십시오.

12 1 당신들이 땅 위에서 사는 날 동안, 주 당신들 조상의 하나님이 당신들에게 차지하게 하신 땅에서, 당신들이 지켜야 할 규례와 법도는 다음과 같습니다.

2 당신들은 당신들이 쫓아낼 민족들이 뭇 신을 섬기는 곳은, 높은 산이든지 낮은 언덕이든지 무성한 나무 아래이든지, 어느 곳이든지 다 허물어야 합니다. 3 거기에 있는 제단을 허물고, 석상을 부수고, 아세라 목상을 불태우고, 신상들을 부수고, 그들의 이름을 그 곳에서 지워서 아무도 기억하지 못하게 하여야 합니다.

4 그러나 당신들은 주 당신들의 하나님을 섬길 때에 이방 민족들이 그들의 신들을 섬기는 방식으로 섬겨서는 안 됩니다. 5 당신들은, 주 당신들의 하나님이 자기의 이름을 두려고 거처로 삼으신, 당신들 모든 지파 가운데서 택하신 그 곳으로 찾아가서 예배를 드려야 합니다. 6 당신들은, 번제물과 화목제물과 십일조와 높이 들어 바치는 곡식제물과 서원제물과 자원제물과 소나 양의 처음 난 것을, 그 곳으로 가져다가 바쳐야 합니다. 7 당신들은 주 당신들의 하나님이 계시는 그 앞에서 먹도록 하십시오. 그리고 주 당신들의 하나님이 당신들이 수고한 일에 복을 주신 것을 생각하면서, 가족과 함께 즐거워하십시오.

8 오늘 여기에서는 우리가 저마다 자기의 소견대로 예배를 드리지만, 거기에 가서는 그렇게 하지 못합니다. 9 주 당신들의 하나님이 당신들에게 유산으로 주시는 땅에 아직 이르지 못하고, 그 곳에서 누릴 안식을 아직 얻지 못한 지금은, 당신들이 소견대로 합니다. 10 그러나 당신들이 요단 강을 건너가서, 주 당신들의 하나님이 당신들에게 유산으로 주시는 땅에 정착할 때에는, 또

12:1-4 첫째 계명은 이스라엘이 자기 선조들을 이집트의 종살이로부터 구원해 주신 하나님 이외에 다른 신들을 섬기지 말 것을 요구하고 있다. 예배에서의 중심이 하나여야 된다고 하는 생각 때문에 신명기는 제사를 위해 가져오는 희생제물이 드려지는 장소도 한 곳이어야 된다고 요구한다. **12:2** 그 전 주민들을 쫓아내는 것과 관련해서 신명기는 그 전의 종교 제단들과 기념비들도 모두 제거되어야 한다고 요구한다. 그것들은 이스라엘 백성이 첫째 계명을 지키지 못하도록 하는 계속적인 유혹이 될 것이라고 보는 것이다.

12:5-12 *주 당신들의 하나님이 자기의 이름을 두려고 거처로 삼으신… 그 곳.* 이 표현은 유일하게 인정된 성소를 묘사하는 것이며 신명기의 특이한 신학을 보여주는 것이다 (5절). 이러한 명칭은 출 20:24에 있는 제단에 관한 법을 더 자세하게 풀어쓴 것인데, 하나님의 유일하신 참된 거처는 하늘이라고 하는 사실에 더 무게를 두고 있다 (26:15 참조). 비록 한 성전이 제물과 희생제사와 기도를 위해 공인되고는 있지만 또한 하나님은 그의 백성이 진심으로 하나님을 찾는 곳이면 어디든지 함께 하신다는 약속도 있다 (렘 19:12-14 참조). 예루살렘 성전이 지어졌을 때, 이 성전은 분명히 한 성소로 지정되었다 (왕상 11:32 참조). 그럼에도 불구하고 신명기는 거룩한 언약궤의 존재가 하나님이 이 곳을 성전으로 정하셨음을 보여주는 것이고, 그렇기 때문에 언약궤가 성막에 있던 때부터 희생제사의 전통은 계속된다고 하는 주장을 제기한다. **12:6-7** 희생제사는 오직 한 곳, 즉 공인된 성전으로 가져와야 된다고 하는 것은 아주 중요하였다 (렘 41:5 참조). 그리고 그것이 희

주님께서 사방에 있는 모든 적들의 위협을 물리치시고, 당신들에게 안식을 주셔서, 당신들을 평안히 살게 하실 그 때에는, 11 당신들은, 내가 당신들에게 명한 모든 것 곧 번제물과 화목제물과 십일조와 높이 들어 바치는 곡식제물과 주님께 바치기로 서원한 모든 서원제물을 주 당신들의 하나님이 그의 이름을 두려고 선택하신 그 곳으로 가지고 가서 바쳐야 합니다. 12 거기에서 당신들은 주 당신들의 하나님을 앞에 모시고 즐거워하십시오. 당신들만이 아니라, 당신들의 자녀들, 남종과 여종, 당신들처럼 차지할 몫이나 유산도 없이 성 안에서 사는 레위 사람을 다 불러서 함께 즐거워하십시오.

13 당신들은 당신들이 택한 아무 곳에서나 번제를 드리는 일이 없도록 조심하십시오. 14 주님께서 당신들의 지파 가운데서 한 곳을 택하실 터이니, 그 곳으로 가서 번제를 드리고, 내가 당신들에게 명령한 다른 모든 것을 지키십시오.

15 당신들은, 주 하나님이 당신들에게 베풀어 주신 복을 따라서, 마음에 내키는 대로, 성 안 어디서든지 짐승을 잡아먹을 수 있습니다. 정한 사람이든지 부정을 탄 사람이든지, 모두 다 노루나 사슴 고기를 먹듯이, 잡은 짐승의 고기를 먹을 수 있습니다. 16 그러나 피는 먹지 못합니다. 물처럼 땅에 쏟아 버려야 합니다. 17 당신들이 십일조로 바친 곡식과 포도주와 기름과 소와 양의 처음 난 것과 서원하고 드린 갖가지 서원제물과 자원제물과 높이 들어 바치는 곡식제물은, 성 안에서는 먹을 수 없습니다. 18 그것은 주 당신들의 하나님이 택하신 곳으로 가지고 가서, 주 당신들의 하나님을 앞에 모시고 먹도록 하십시오. 당신들과 당신들의 자녀와 남종과 여종과 성 안에 사는 레위 사람과 함께 먹고, 주 당신들의 하나님 앞에서 높이 들어 바친 모든 것을 즐거워하십시오. 19 부디 당신들은 그 땅에 사는 동안에 레위 사람을 저버리지 않도록 하십시오.

20 주 당신들의 하나님이 당신들에게 약속하신 대로, 당신들의 땅의 경계를 넓혀 주신 뒤에, 당신들이 고기 생각이 나서 고기를 먹겠다고 하면, 당신들은 언제든지 마음껏 고기를 먹을 수 있습니다. 21 주 당신들의 하나님이 그의 이름을 두려고 택하신 곳이 당신들이 있는 곳에서 멀거든, 내가 당신들에게 명한 대로, 주님께서 당신들에게 주신 소나 양을 잡아서, 당신들의 마음에 내키는 대로 성 안에서 먹도록 하십시오. 22 정한 사람이든지 부정을 탄 사람이든지, 모두 다 노루나 사슴 고기를 먹듯이, 성 안에서 잡은 그 고기를 먹을 수 있습니다. 23 그러나 어떤 일이 있어도 피는 먹어서는 안 됩니다. 피는 생명이고, 생명을 고기와 함께 먹어서는 안 되기 때문입니다.

생제사의 관습이나 거기에 대한 해석 모두에 영향을 미치게 되었다. **12:8-12** 처음에 태어난 것과 다른 희생제물을 하나님께 드리는 것은 양떼나 가축 떼에서 얻어진 모든 것들이 하나님이 주신 선물이라고 하는 엄숙한 고백에서 행하여지는 것이다. 그리고 동시에 그것은 예배 자체가 좋은 식사를 나누는 즐거운 모임이 되는 것을 보장하고 있다. 여기서 신명기가 내린 결정은 신명기가 당시의 그 지방 풍습과 너무 많이 떨어진 비현실적인 것으로 많은 사람들이 반대하는 비현실적이고 더 엄격한 새로운 법들을 요구하고 있다는 점을 인정한 것으로 볼 수 있다. 십일조에 대해서는 14:22-29를 보라. **12:12** 노예까지 포함된 온 가족이 하나님 앞에서 잔치를 즐기는 것이 중요하다. 이스라엘은 신분의 차별이 없는 사회를 꿈꾸었기 때문에 그 모든 구성원은 하나님의 자녀가 되는 특권이 있었다.

12:13-19 일단 이스라엘이 그 땅에 정착하게 된 후에는, 그러나, 많은 사람들이 그들의 번제물을 한 정해진 성전으로 가지고 오기에는 너무 멀리들 떨어져 살 것이 분명하였다. 그렇기 때문에 오직 간혹 있는 순례의 경우만이 고기를 먹을 수 있는 기회가 될 것이었다. 그러나 언제든지 동물을 도축하는 것에 관한 규정들은 있어 왔다. 왜냐하면 사슴 사냥을 하여 잡은 사슴의 경우처럼 사냥꾼들을 위한 제단이 근처에 없는 경우들이 있기 때문이다. 신명기의 규정은 이런 경우에 항상 적용되어 왔던 그 동일한 법이 가정에서 식용으로 동물을 잡은 경우에도 적용되어야 한다는 것을 확인하고 있다. 어떤 제사장도 이 문제에 개입할 필요는 없다. **12:17** 십일조는 여전히 거룩한 것으로 여겨지고 있었고, 성전에서 봉사하는 이들을 위한 생계 수단을 제공하는데 사용되었다. 왜냐하면 그런 제사장들의 생활은 대부분 그러한 제물에 의존하고 있었기 때문이다 (18:3-5 참조). **12:19** 신명기는 제물을 가져오는 장소를 제한하는 것이 레위 지파들을 위한 생계를 지원하는 양에 위험성이 있음을 알고 있었다. 그래서 그러한 사람들이 간과되거나 무시되지 않도록 하기 위한 특별한 규정을 마련하고 있다 (18:6-8 참조).

12:20-28 가축을 도축하는 것에 관한 제한을 없애는 결정은 아주 중요한 변화를 보이는 것이다. 가축 도축을 제사장의 감독이 필요한 행동으로 여기는 것에 익숙했던 사람들에게는 이러한 새로운 규정들은 조심스러운 설명을 필요로 한다. 두 종류의 동물 도축에 관한 규정은 조심스럽게 골라서 단어를 사용하며 반복하고 있다. 조심을 해야 되는 이유는 두 경우의 규정들—즉 식용 도축의 자유와 전통적인 희생제사 규정의 보존—이

24 피는 먹지 못합니다. 물처럼 땅에 쏟아 버려야
합니다. 25 그것을 먹어서는 안 됩니다. 당신들
이 주님 보시기에 바른 일을 하여야, 당신들과 당
신들의 자손도 잘 될 것입니다. 26 그러나 당신
들이 바치고자 하는 거룩한 제물이나 서원제물만
은, 주님께서 택하신 그 곳으로 가지고 가야 합니다.
27 당신들이 번제를 드릴 때에는, 고기와 피를 주
당신들의 하나님의 제단에 드리십시오. 그리고 당
신들이 바친 제물의 피는 주 당신들의 하나님의 제
단 곁에 붓고, 고기는 당신들이 먹도록 하십시오.

28 내가 당신들에게 명하는 이 모든 말을 잘
들어서 지키고, 또 주 당신들의 하나님 앞에서 선
과 의를 행하면, 당신들뿐만 아니라 당신들의 자
손도 영원토록 복을 받을 것입니다."

우상숭배 경고

29 "주 당신들의 하나님은 당신들이 들어가
서 차지하려는 곳에 사는 민족들을 당신들 앞에서
없애버리실 것이며, 당신들은 그들이 살던 땅을
차지하고, 그 곳에서 살게 될 것입니다. 30 그들
이 당신들 앞에서 멸망한 뒤에, 당신들이 그들의 종
교적인 관습을 따르다가 올무에 걸리는 일이 없도
록 조심하십시오. '이 민족들이 자기들의 신들을
어떻게 섬겼을까? 나도 한 번 그렇게 해 보았으면
좋겠다' 하면서, 그들의 신들을 섬기는 일이 없도록
하십시오. 31 당신들은 주 당신들의 하나님을
섬길 때에 이방 민족들이 그들의 신들을 섬기는
방식으로 섬겨서는 안 됩니다. 주님께서는 그들이
신들을 섬길 때에 사용하는 모든 의식을 싫어하시
고 역겨워하십니다. 그들은 자기들의 아들이나
딸마저도 불에 살라 신에게 바칩니다.

32 당신들은 내가 당신들에게 명한 이 모든
것을 지키고, 거기에 한 마디도 더하거나 빼서는
안 됩니다.

13 1 당신들 가운데 예언자나 꿈으로 점치는
사람이 나타나서, 당신들에게 표징과
기적을 일으킬 수 있다고 말하고, 2 실제로 그
표징과 기적을 그가 말한 대로 일으키면서 말하
기를 '너희가 지금까지 알지 못하던 다른 신을
따라가, 그를 섬기자' 하더라도, 3 당신들은 그
예언자나 꿈으로 점치는 사람의 말을 듣지 마십
시오. 이것은 주 당신들의 하나님이, 당신들이 정말
마음을 다하고 정성을 다하여 주 당신들의 하나
님을 사랑하는지를 알고자 하셔서, 당신들을 시
험해 보시는 것입니다. 4 당신들은 주 당신들의
하나님만을 따르고 그분만을 경외하며, 그분의
명령을 잘 지키며, 그분의 말씀을 잘 들으십시오.
그분만을 섬기고, 그분에게만 충성을 다하십시오.
5 예언자나 꿈으로 점치는 자들은 당신들을 미혹
하는 자들입니다. 그들은, 이집트 땅에서 당신들
을 인도해 내시고 그 종살이하던 집에서 당신들을
속량하여 주신 주 당신들의 하나님을 배반하게
하며, 주 당신들의 하나님이 가라고 명하신 길
에서 당신들을 떠나게 하는 자들입니다. 그러므로
그런 자들은 죽여야 합니다. 그렇게 하여서 당신
들은 당신들 가운데서 그런 악을 뿌리째 뽑아버
려야 합니다.

서로 혼동되지 않아야 되고 또한 두 가지 경우가 다 없어져서는 안 되는 것들이기 때문이다. 중요한 문제는 주님이 인정하신 제단만이 희생제사를 위한 제물을 가져오는 곳이 되도록 하는 일이다. 이런 식으로 해야 그 곳에서 벌어지는 일들을 제대로 감독할 수 있을 것이다.

12:29-32 13:1-18에는 어떤 다른 사람들, 심지어는 가족이라도 첫째 계명을 무시하도록 부추기는 사람에 대한 엄격하고 극도로 가혹한 처벌이 규정되어 있다. 그 곳에서 배격된 관습들은 오래된 풍습이며 따라서 아무 해가 되지 않는 것으로 변명할 수도 있을 것이다. 신명기는 12:29-32에서 사실 그러한 풍습에 실질적으로 커다란 위험이 있으며, 이것은 옛날부터 아주 명백하였다고 하는 점을 상기시켜 준다. 유아를 제물로 드리는 풍습은 계속되었는데 이것이 출 22:29에 있는 법을 따르는 것이라고 잘못 믿었기 때문일 것이다 (출 34:20을 보라). 유아들을 불에 태워 바치는 일이 렘 7:31; 19:5; 32:35에 기록되어 있지만, 아하스 왕과 므낫세 왕을 비난하는 대목에서 나와 있다 (왕하 16:3; 21:6 참조). 이 풍습은 요시야 왕이 없앤 것으로 기록되어 있다 (왕하 23:10). 오래된 예배 형식을 계속하기를 원하는 모든 사람을 강력하게 처벌하라는 율법은 그렇게 함으로써 그것이 큰 악을 없애는 데 도움이 된다는 것을 보여줌으로써 보강되었다. **12:31** 이러한 불행한 아이들은 창녀들의 자녀들이었을 가능성이 있다.

13:1-5 예언과 꿈의 해석은 종교생활에 있어서 일상적으로 겪는 중요한 부분이지만, 때로는 점치는 것과 다를 바가 없이 여겨지기도 한다. 그래서 이러한 일을 하는 사람들이 다른 사람들을 이상한 신들이나 여신들을 섬기도록 유혹할 수 있는 위험성은 아주 심각한 것이었다. **13:5** 이런 방식으로 행동하는 사람들은 누구든지 사형으로 처벌되며 그럼으로써 출 22:18에 나오는 "마술을 부리는 여자"와 같은 차원에서 다루어지고 있다. 공식적인 죄목은 하나님을 *배반한* 것이다. *그렇게 하여서 당신들은 당신들 가운데서 그런 악을 뿌*

6 당신들의 동복 형제나 아들이나 딸이나 당
신들의 품에 안기는 아내나, 당신들이 목숨처럼 아
끼는 친구 가운데 누구든지, 당신들에게 은밀히 말
하기를 '우리와 우리 조상이 일찍이 알지 못하던
신들에게 가서, 그 신들을 섬기자' 하고 꾀거나,
7 '우리가 가서, 땅의 이 끝에서 저 끝까지, 사방
원근 각처에 있는 민족들의 신을 섬기자' 하더라도,
8 그 말에 귀를 기울이지도 말고, 듣지도 말고,
그런 사람을 불쌍하게 여기지도 말며, 가엾게 여기
지도 말고, 덮어서 숨겨 줄 생각도 하지 마십시오.
9 반드시 죽여야 합니다. 증인이 맨 먼저 돌로 치
고, 그 다음에 모든 백성이 뒤따라서 돌로 치게 하
십시오. 10 그는 당신들을 꾀어 이집트 땅 종살
이하던 집에서 건져내 주신 주 당신들의 하나님으
로부터 당신들을 떠나게 하려는 사람이니, 돌로
쳐서 죽여야 합니다. 11 그러면 온 이스라엘이
그 소식을 듣고 두려워하여, 이런 악한 일을 저지
르는 사람이 당신들 가운데서 생기지 않을 것
입니다.
12 주 당신들의 하나님이 당신들에게 살라고
주신 한 성읍에 대하여 당신들에게 소문이 들리기를
13 당신들 가운데서 ㄱ)불량한 사람들이 나타나서
그 성읍의 주민을 유혹하여 이르기를 '가서 다른
신들을 섬기자' 하면서 당신들이 알지 못하던
신을 섬기게 하여 주민들로 배교자가 되게 하면,
14 당신들은 그 일을 자세히 조사하고 잘 알아
보아서, 당신들 안에서 그런 역겨운 일이 있었다는
것이 사실로 드러나면, 15 당신들은 그 성읍에
사는 주민을 칼로 쳐서 모두 죽이고, 그 성읍과 그
안에 있는 모든 것과 집짐승도 칼로 쳐서 죽이십
시오. 16 전리품은 모두 거리에 모아 놓고, 온
성읍과 그 전리품을 함께 불살라서, 주 당신들의
하나님께 바치십시오. 그 성읍을 영원한 폐허로
남겨 두고, 다시는 거기에 성읍을 건축하지 마십
시오. 17 당신들은 이 없애버릴 물건에 손을 대지
마십시오. 그래야 주님께서 분노를 푸시고 당신
들을 불쌍하게 여기셔서, 당신들의 조상에게 맹
세한 대로 자비를 베푸시고, 당신들을 번성하게
하여 주실 것입니다. 18 당신들이 주 당신들의
하나님의 말씀을 듣고, 오늘 내가 당신들에게 명
하는 모든 명령을 지켜, 주 당신들의 하나님 앞에서
정직하게 살면, 주 하나님이 당신들에게 자비를
베푸시고, 당신들을 번성하게 하여 주실 것입니다."

금지된 애도 풍속

14 1 "당신들은 주 당신들의 하나님의 자녀
이니, 죽은 사람을 애도할 때에 몸에 상처
를 내거나 앞머리를 밀어서는 안 됩니다. 2 당신
들은 주 당신들의 하나님의 거룩한 백성입니다. 주
님께서 땅 위에 있는 많은 백성 가운데서 당신들을
선택하여, 자기의 귀중한 백성으로 삼으셨습니다."

ㄱ) 히, '브네 블리야알'

리째 뽑아 버려야 합니다. 이 말은 어떤 죄들은 공동체 안에서 급속히 퍼져나가서 다른 사람들의 목숨을 위험하게 만드는 전염병과 같은 것으로 여긴다는 뜻이다. 이 구절은 다른 법에도 사용된다. 17:12; 19:19; 21:21 참조.

13:6-11 우리 자신의 가족이라도 다른 사람들에게 하나님을 예배하는 일에서 떠나 다른 신들에게로 향하도록 설득하는 죄를 지을 수가 있다. 이러한 행동은 대부분 비밀리에 행해진다 (27:15 참조). 그것은 심각한 중죄로 다루어지고 그렇기 때문에 정에 끌리지 않을 필요가 있다. 그러한 행동이 배반으로 정죄된다는 것은 이 법 규정이 메소포타미아의 문서들에서 발견되는 정치적인 반역 행위를 다루는 엄격한 규정들을 여기에 있는 규정의 목적에 맞도록 변경하여 적용한 것일 수 있다는 것을 보여준다. 이방의 종교적인 영향력이 들어오는 것을 막기 위해서 신명기는 예방책으로 아주 가혹한 규정들을 채택하고 있다. **13:10** 그러한 비난을 하는 사람들은 처벌을 하는 일에도 앞장서야 한다. 만약에 그들의 비난이 잘못된 것이라면 그들도 책임을 감당해야 한다.

13:12-18 만약에 주민들 가운데 어떤 사람이 다른 사람들에게 이방 신을 섬기도록 설득한 일이 있다는 것이 증명되면 개인들에게 가해지는 사형의 처벌과 마찬가지로 마을 전체도 그렇게 취급하게 된다. **13:14** 그러한 배교의 소문만 가지고는 그 마을이 죄가 있다는 충분한 증거가 되지 않는다는 것이 중요하다. 신명기 법은 살인이나 강간의 경우에 그러한 악의적인 소문에 대한 조심스러운 안전장치를 가지고 있다. 배교의 죄목이 드러났을 때에도 증인의 신빙성에 관해서 그러한 신중한 접근이 필수적이다. 이것이 17:2-7에 나오는 첨가된 법령의 주제이다.

14:1-2 주된 내용은 이스라엘 백성이 *주 당신들의 하나님의 자녀이니* 라고 하는 것을 재확인하여 선언하는 것이다. 여기에 사용된 언어는 전통적인 언어이며 (32:5, 19; 사 1:2-4; 30:1 등을 참조) 주 하나님과 한 민족으로서 이스라엘 백성 사이에 맺어진 언약관계에 대한 언급을 상징적으로 표현한 것으로 이해하면 된다. 그러므로 이스라엘은 매일 매일 생활의 모든 면에서 하나님의 이름의 거룩함을 존중해야 하는 언약에 매여 있는 *거룩한* 백성이다. 이것은 "생명"과 "죽음" 사이의 분명한 구분을 유지하기를 요구하는 것이다. 왜냐하면

정한 짐승과 부정한 짐승 (레 11:1-47)

3 "당신들은 주님께서 부정하다고 하신 것은
어떤 것도 먹어서는 안 됩니다. 4 당신들이 먹을
수 있는 짐승은, 소와 양과 염소와 5 사슴과 노
루와 꽃사슴과 들염소와 산염소와 들양과 산양과
같이 6 굽이 두 쪽으로 갈라진 쪽발이면서, 새김
질도 하는 모든 짐승입니다. 이것들은 당신들이 먹
을 수 있습니다. 7 새김질을 하거나 굽이 두 쪽
으로 갈라졌더라도, 다음과 같은 것들은 당신들이
먹지 못합니다. 낙타와 토끼와 오소리와 같은 짐승
은, 새김질은 하지만 굽이 갈라지지 않았으므로 당
신들에게 부정한 것입니다. 8 돼지는 굽은 갈라
졌지만 새김질을 하지 않으므로 당신들에게 부정
한 것입니다. 당신들은 이런 짐승의 고기를 먹어서
는 안 되고, 그것들의 주검도 만져서는 안 됩니다.
9 물에서 사는 모든 것 가운데서 지느러미가
있고 비늘이 있는 물고기는, 무엇이든지 당신들이
먹을 수 있습니다. 10 그러나 지느러미가 없고
비늘이 없는 것은, 어떤 것이든지 당신들에게
부정한 것이니, 당신들이 먹어서는 안 됩니다.
11 깨끗한 새는 무엇이든지 당신들이 먹을
수 있습니다. 12 그러나 당신들이 먹지 못하는 새
가 있습니다. 그것은, 독수리와 수염수리와 물수리
와 13 매와 붉은소리개와 각종 소리개와 14 각
종 모든 까마귀와 15 타조와 올빼미와 갈매기와
각종 매와 16 부엉이와 따오기와 백조와 17 펠
리컨과 흰물오리와 가마우지와 18 고니와 각종
푸른 해오라기와 오디새와 박쥐입니다.
19 날기도 하고 기어 다니기도 하는 곤충은
당신들에게 부정한 것이니, 먹어서는 안 됩니다.
20 그러나 깨끗한 날벌레는 당신들이 먹을 수
있습니다.
21 당신들은 주 당신들의 하나님의 거룩한 백
성이므로, 저절로 죽은 것을 먹어서는 안 됩니다.
그런 것은 당신들이 사는 성에 있는 나그네에게 먹
으라고 주거나, 이방 사람에게 파십시오.
ㄱ)당신들은 새끼 염소를 제 어미의 젖에 삶지
마십시오."

십일조 규정

22 "당신들은 해마다 밭에서 거둔 소출의 십
일조를 드려야 합니다. 23 당신들은, 곡식과 포
도주와 기름의 십일조를, 처음 난 소와 양의 새끼와
함께, 주 당신들의 하나님이 자기의 이름을 두
려고 택하신 곳으로 가지고 가서, 주님 앞에서 먹
어야 합니다. 이렇게 함으로써 당신들은 주 당신
들의 하나님을 두려워하는 것을 배우게 됩니다.
24 그러나 주 당신들의 하나님이 그의 이름을 두
려고 택하신 곳이, 당신들이 있는 곳에서 너무 멀고,
가기가 어려워서, 그것을 가지고 갈 수 없거든,
25 당신들은 그것을 ㄴ)돈으로 바꿔서, 그 돈을 가
지고 주 당신들의 하나님이 택하신 곳으로 가서,
26 그 돈으로 마음에 드는 것을 사십시오. 소든지
양이든지 포도주든지 독한 술이든지, 어떤 것이
든지 먹고 싶은 것을 사서, 주 당신들의 하나님
앞에서 당신들과 당신들의 온 가족이 함께 먹으면

ㄱ) 가나안 토착민의 풍요제에서는 새끼 염소를 어미의 젖으로 삶는 의식이 있었음 ㄴ) 히, '은으로'

"죽음"의 영역은 이러한 거룩함의 정반대에 속하기 때문이다 (1절).

14:3-21 "부정한" 짐승들의 목록(3-8절)은 먹는 것이 허락된 조류와 어패류에 관한 규정들(9-10, 20)과 그렇지 못한 것들의 목록(12-19절)으로 이어진다. 5절에 나열된 그러한 것들 중에 어떤 생물들은 정확하게 무엇을 말하는지 분명하지가 않다. 어느 것이든지 먹도록 허락되지 않은 것은 "부정한 것"(3절)으로 선언된다. 여기에 사용된 용어는 문자 그대로는 "역겨운" 것이라는 뜻인데, 다른 곳에서는 하나님과 공동체가 받아들일 수 없는 어떤 행동들을 묘사하는 데 사용되고 있다. 그러한 부정함은 죽음과 관련되어 있음을 암시하고 있다. 왜냐하면 질병과 죽음은 악한 세력이 나타나는 것과 관련이 있는 것으로 여겨지기 때문이다. 죽음에 대해서는 죽음의 세력과 관련된 의식을 거행한다든지 (1절) 죽은 동물의 시체를 먹는다든지 하는 (21절) 죽음과 타협하는 어떤 행동도 허락되지 않는다 (사 28:15, 18). 그것을 이방 사람에게 주거나 외국인에게 파는 것을 허락하는 것은 이스라엘 백성의 사회적인 계층 구분에 있어서 달갑지 않은 면이 있음을 보여준다. 같은 절에 있는 금지된 이상한 관습의 금지도 역시 생명(젖)이 죽음(도축된 새끼 염소)과 섞이는 것을 허락하지 않으려고 하는 것을 보여준다.

14:22-27 밭에서 거둔 소출의 십분의 일을 드리는 것은 양떼나 가축의 처음 난 새끼를 드리는 것과 마찬가지로 농경생활의 중요한 일부분이었다 (23절). 그것들은 하나님이 주신 새로운 생명을 대표하는 것이며, 그렇기 때문에 하나님에 대한 감사를 표현하는 축하 음식이 제공되는 것이 마땅한 일이었다. **14:24-26** 중앙 성소에 관한 규정을 소개한 것은 처음 난 새끼와 십일조에 관한 한 새로운 어려움을 초래하는 일이었다. 왜냐하면 실질적으로 동물이나 밭의 소출을 먼 거리를 가지고 성전에 온다고 하는 것이 많은 사람들에게 있어서

서 즐거워하십시오. 27 그러나 성 안에서 당신
들과 함께 사는 레위 사람은, 유산도 없고 차지할
몫도 없는 사람들이니, 그들을 저버리지 않도록
하십시오.
28 당신들은 매 삼 년 끝에 그 해에 난 소출의
십일조를 다 모아서 성 안에 저장하여 두었다가,
29 당신들이 사는 성 안에, 유산도 없고 차지할
몫도 없는 레위 사람이나 떠돌이나 고아나 과부
들이 와서 배불리 먹게 하십시오. 그러면 주 당신
들의 하나님은 당신들이 경영하는 모든 일에 복을
내려 주실 것입니다."

빚을 면제해 주는 해 (레 25:1-7)

15 1 "매 칠 년 끝에는 빚을 면제하여 주십
시오. 2 면제 규례는 이러합니다. 누구
든지 이웃에게 돈을 꾸어 준 사람은 그 빚을 면제
하여 주십시오. ㄱ)주님께서 면제를 선포하였기 때
문에 이웃이나 동족에게 빚을 갚으라고 다그쳐서는
안 됩니다. 3 이방 사람에게 준 빚은 갚으라고
할 수 있으나, 당신들의 동족에게 준 빚은 면제해
주어야 합니다.
4 당신들 가운데 가난한 사람이 없게 하십시
오. 그러면 주 당신들의 하나님이 당신들에게 유산
으로 주어 차지하게 하시는 땅에서 당신들이 참으
로 복을 받을 것입니다. 5 주 당신들의 하나님의
말씀을 잘 듣고, 오늘 내가 당신들에게 명한 이 모
든 명령을 다 지키면, 6 주 당신들의 하나님이
당신들에게 말씀하신 대로 복을 내려 주실 것입니
다. 당신들이 많은 민족에게 돈을 꾸어 주기는 하겠
지만 꾸지는 않겠고, 또 당신들이 많은 민족을 다스
리기는 하겠지만 다스림을 받지는 않을 것입니다.
7 주 당신들의 하나님이 당신들에게 주시는
땅의 어느 한 성읍 가운데에 가난한 동족이 살고
있거든, 당신들은 그를 인색한 마음으로 대하지
마십시오. 그 가난한 동족에게 베풀지 않으려고
당신들의 손을 움켜 쥐지 마십시오. 8 반드시 당
신들의 손을 그에게 펴서, 그가 필요한 만큼 넉넉
하게 꾸어 주십시오. 9 당신들은 삼가서 마음에
악한 생각을 품지 마십시오. 빚을 면제하여 주는
해인 일곱째 해가 가까이 왔다고 해서, ㄴ)인색한
마음으로 가난한 동족을 냉대하며, 아무것도 꾸어
주지 않아서는 안 됩니다. 그가 당신들을 걸어 주
님께 호소하면, 당신들이 죄인이 될 것입니다.
10 당신들은 반드시 그에게 꾸어 주고, 줄 때에는
아깝다는 생각을 하지 마십시오. 그러면 주 당신
들의 하나님이 당신들이 하는 모든 일과 당신들이
손을 대는 모든 일에 복을 내려 주실 것입니다.
11 당신들은 반드시 손을 뻗어, 당신들의 땅에서
사는 가난하고 궁핍한 동족을 도와주십시오.
그렇다고 하여, 당신들이 사는 땅에서 가난한 사
람이 없어지지는 않겠지만, 이것은 내가 당신들
에게 내리는 명령입니다."

ㄱ) 또는 '주님의 면제년이 선포되었기 때문에'
ㄴ) 히, '궁핍한 형제에게 악한 눈을 들며'

비현실적인 일이었기 때문이다. 따라서 규정을 완화시켜서 그 예물의 가격에 해당하는 돈을 가져오면 축하잔치를 위한 음식을 거기에 맞게 구입하는데 사용하는 것이 허락되었다 (26절). 성전에서의 하나님의 *임재*를 이야기할 때는 원래는 하나님의 *이름*을 두신 곳이라는 표현을 주로 사용하였지만 (12:5, 7 참조) 여기서는 이름에 대한 언급은 없어도 하나님의 임재를 뜻하는 전통적인 언어는 계속 사용되고 있다.

처음 난 새끼와 십일조에 관한 규정은 신명기가 거룩함에 관하여 암시하고 있는 것을 드러내는 중요한 신명기의 특징이다. "거룩한 백성"으로서 이스라엘은 음식이든 무엇이 되었든지 간에 죽음이나 부정함에 관련된 것에 의해서 자신들이 오염되지 않도록 조심스럽게 살펴보아야 했다. 십일조는 하나님께 합당한 선물을 드림으로써 모든 수확과 동물들의 생축들이 거룩해지도록 담보하는 하나의 방법이었다. 여기서 신명기는 그러한 거룩함은 어떤 수확물이나 동물들의 자연적인 본성 때문에 얻어지는 것이 아니라 하나님에게 순종하고 감사를 표시함으로써 부여되는 것임을 보여준다.

14:28—15:6 레위 지파의 제사장들을 돌보기 위해서 매 3년 따로 떼어놓는 십일조에 관한 추가 규정을 소개한 것은 (14:28-29) 이스라엘이 하나님과의 관계에서 어떻게 그 거룩함을 지켜나갈 수 있을까를 보여주는 일련의 추가 규정들을 위한 징검다리 역할을 한다. 14:1-27이 부정한 것과 죽음으로부터 거리를 둘 것에 관해 다루고 있기는 하지만, 새로운 단락에서는 시간의 거룩함에 대해서 관심을 가지고 있다. 시간은 시간이 지남에 따라 땅의 풍성함과 양 떼의 풍성함이 늘어난다고 하는 의미에서 성장을 암시하고 있다. 세 그룹의 가난한 사람들과 궁핍한 사람들이 언급되고 있는데 (14:29) 이것은 무엇보다도 대다수 사람들이 누리는 풍요와 번영이 그만큼 축복받지 못한 사람들과 나누어질 수 있도록 하기 위한 것이다. **15:1-6** 가난한 사람들을 구제하기 위한 두 번째 조치가 소개되고 있는데, 그것은 채무가 6년의 기간이 지난 후에는 자동 소멸되도록 하기 위한 것이다 (9절). 이 규정은 돌아가면서 휴경지를 남겨두는 농사의 원리를 실업계에 적용하는 것이다. 하나님께서 사람들에게 복을 내려주시겠다는 약속이 가난을

종을 대우하는 법 (출 21:1-11)

12 "당신들 동족 히브리 사람이 남자든지 여자든지, 당신들에게 팔려 와서 여섯 해 동안 당신들을 섬겼거든, 일곱째 해에는 그에게 자유를 주어서 내보내십시오. 13 자유를 주어서 내보낼 때에, 빈 손으로 내보내서는 안 됩니다. 14 당신들은 주 당신들의 하나님으로부터 복을 받은 대로, 당신들의 양 떼와 타작 마당에서 거둔 것과 포도주 틀에서 짜낸 것을 그에게 넉넉하게 주어서 내보내야 합니다. 15 당신들이 이집트 땅에서 종살이한 것과 주 당신들의 하나님이 당신들을 거기에서 구속하여 주신 것을 생각하십시오. 그러므로 내가 오늘 이러한 것을 당신들에게 명하는 것입니다.

16 그러나 그 종이 당신들과 당신들의 가족을 사랑하고, 당신들과 함께 있는 것을 좋아하여 '나는 이 집을 떠나가지 않겠습니다' 하고 당신들에게 말하거든, 17 당신들은 그의 귀를 문에 대고 송곳으로 그 귓불을 뚫으십시오. 그러면 그는 영원히 당신들의 종이 될 것입니다.

여종도 그렇게 하십시오.

18 남녀 종에게 자유를 주어서 내보내는 것을 언짢게 생각하지 마십시오. 그들은 여섯 해 동안 품팔이꾼이 받을 품삯의 두 배는 될 만큼 당신들을 섬겼습니다. 그렇게 내보내야만 주 당신들의 하나님이 당신들이 하는 모든 일에 복을 내려 주실 것입니다."

처음 난 소와 양의 새끼

19 "당신들은 소나 양의 처음 난 수컷은 구별하여 주 당신들의 하나님께 바쳐야 합니다. 처음 난 황소는 부리지 말아야 하고, 처음 난 양은 털을 깎지 말아야 합니다. 20 해마다 당신들과 당신들의 가족은 주 당신들의 하나님 앞 곧 주님께서 택하신 곳에서 그것을 먹어야 합니다. 21 그 짐승에 흠이 있어서, 다리를 절거나, 눈을 못 보거나, 그 밖에 무슨 흠이 있으면, 그것은 주 당신들의 하나님께 잡아 바치지 못합니다. 22 그런 경우에는, 노루나 사슴을 잡아먹듯이, 정한 사람이든지 부정한 사람이든지 모두 성 안에서 그것들을 잡아 먹을 수 있습니다. 23 그러나 피는 먹지 말고, 물처럼 땅에 쏟아 버려야 합니다."

유월절 (출 12:1-20)

16 1 "당신들은 ㄱ)아빕월을 지켜 주 당신들의 하나님께 유월절 제사를 드려야 합니다. 이는 아빕월 어느 날 밤에, 주 당신들의 하나님이 당신들을 이집트에서 건져 내셨기 때문입니다. 2 당신들은 주님께서 자기의 이름을 두려고 택하신 그 곳에서 양과 소를 잡아, 주 당신들의 하나님께 유월절 제물로 바쳐야 합니다. 3 누룩을 넣은 빵을 이 제물과 함께 먹으면 안 됩니다. 이레 동안은 누룩을 넣지 않은 빵 곧 고난의 빵을 먹어야 합니다.

ㄱ) 유다인의 정월. 후에 닛산이라고 부름. 양력 삼월 중순 이후

없애줄 것이지만 (4절), 그럼에도 불구하고 공동체 안에는 가난한 사람들이 없어지지 않는다고 하는 현실로 인하여 긴장관계에 놓이게 된다 (10-11절). 이 문제에 대한 해답은 긍휼한 마음으로 나눔을 실천하는 데 있다. 공동체가 하나님의 한 가족으로 하나라고 하는 인식은 부와 재산이 나누어져야 한다는 것을 의미한다. 6년 끝에 채무를 탕감해 주는 것은 가난이 탈출이 불가능한 덫이 되지 않도록 하는 데 목적이 있다.

15:7-11 7년째 되는 해에 채무를 면제해주는 것에 관한 규정이 그렇게 인기가 없었고 무시되었던 사실은 신명기가 긍휼한 마음을 가질 것을 아주 간절하게 호소하는 데서 드러나고 있다. *마음에 악한 생각을 품지 마십시오* (9절); *줄 때에는 아깝다는 생각을 하지 마십시오* (10절); *가난하고 궁핍한 동족을 도와주십시오* (11절); *당신들이 이집트 땅에서 종살이 한 것을…생각하십시오* (15절). 그러한 권면들과 함께 신명기는 그것이 "형제들과 자매들의" 공동체로서 하나라는 의미라는 것을 보여주고 있다 (7절에 동족이라고 되어 있는 히브리어는 문자 그대로는 *형제* 라는 뜻이다 [개역개정은 문자 그대로 "형제" 라고 번역했음]).

15:12-18 고대 이스라엘에 있어서 노예가 되는 것은 주로 사람들이 채무를 지고 갚지 못하는 이유로 노예가 되는 경우가 많았다. 즉 자기 자식들이나 자신들을 6년 계약으로 팔았던 것이다 (암 2:6 참조). 그러나 풀려날 때가 되면 재산이나 부동산이 없는 사람들은 다시 정상적인 생활로 돌아갈 소망이 없었다. 그렇기 때문에 주인이었던 사람이 어느 정도 새롭게 시작할 수 있는 기반을 제공해 주는 것이 필요하였다 (14절). 이러한 도움이 없이는 노예들은 영구적으로 노예 상태에 있으면서 언젠가는 자유를 얻을 것이라는 희망을 가질 수 없었다. 일시적인 후퇴를 영구적인 굴욕이 되도록 허용함으로써 시간의 거룩함이 퇴색될 수 있었다. **15:16** 어떤 노예는 주인의 집에 그대로 남아 있기를 원하는 경우도 생기게 되었다. 그런 경우에는 그는 자유롭게 그런 결정을 할 수 있었고, 자기 귀를 뚫음으로써 이것의 영구적인 표시로 삼을 수 있었다 (17절). 여자 노예의 경우

이는 당신들이 이집트 땅에서 나올 때에 급히 나
왔으므로, 이집트 땅에서 나올 때의 일을 당신들
이 평생토록 기억하게 하려 함입니다. 4 이레 동
안은 당신들의 땅의 경계 안 어디에서도 누룩이
눈에 띄어서도 안 되고, 첫날 저녁에 잡은 제물 고
기를 다음날 아침까지 남겨 두어서도 안 됩니다.
5 유월절 제사는, 주 당신들의 하나님이 당
신들에게 주시는 성읍이라 해서, 아무데서나 다 드
릴 수 있는 것은 아닙니다. 6 유월절 제물로 드
릴 것은, 당신들의 주 하나님께서 자기의 이름을
두려고 택하신 곳에서만 잡을 수 있으며, 잡는 때
는 당신들이 이집트를 떠난 바로 그 시각 곧 초저
녁 해가 질 무렵입니다. 7 주 당신들의 하나님이
택하신 곳에서 고기를 구워서 먹고, 아침이 되면
당신들의 장막으로 돌아가십시오. 8 엿새 동안
은 누룩을 넣지 않은 빵을 먹고, 이렛날은 주 당신
들의 하나님 앞에서 성회로 모이십시오. 당신들은
어떤 일도 해서는 안 됩니다."

칠칠절 (출 34:22; 레 23:15-21)

9 "그로부터 일곱 이레를 세는데, 밭에 있는
곡식에 낫을 대는 첫날부터 시작하여 일곱 이레를
세십시오. 10 그리고 주 당신들의 하나님이 당
신들에게 주신 복을 따라, 마음에서 우러나오는
예물을 가지고 와서, 주 당신들의 하나님께 칠칠
절을 지키십시오. 11 당신들은 주 당신들의
하나님이 그의 이름을 두려고 택하신 그 곳에서,
당신들과 당신들의 아들과 딸과 남종과 여종과,
성 안에서 같이 사는 레위 사람과 떠돌이와 고아와
과부까지도 함께 주 당신들의 하나님 앞에서 즐거
워해야 합니다. 12 당신들은 이집트에서 종살이
하던 것을 기억하고, 이 모든 규례를 어김없이 잘
지키십시오."

초막절 (레 23:33-43)

13 "당신들은 타작 마당과 포도주 틀에서 소
출을 거두어들일 때에, 이레 동안 초막절을 지켜야
합니다. 14 당신들은 이 절기에 당신들과 당신
들의 아들과 딸과 남종과 여종과 성 안에서 같이
사는 레위 사람과 떠돌이와 고아와 과부까지도
함께 즐거워해야 합니다. 15 당신들은 주 당신
들의 하나님이 택하신 곳에서 이레 동안 초막절을
지켜야 합니다. 당신들은, 주 당신들의 하나님이
당신들의 모든 소출과 당신들이 손을 댄 모든 일에
복을 주셨기 때문에 즐거워하는 것입니다.
16 모든 남자는 한 해에 세 번, 무교절과 칠

에는 그가 노예로 남아있기를 선호할 가능성이 더 많았다. 왜냐하면 그의 남편이나 가족이 그를 자유하게 해줄 것이라는 보장이 없었기 때문이다. 신명기가 엄격한 법의 요구를 넘어서서 (18절) 긍휼을 가지고 행동할 것을 권하는 여러 조항들을 가지고 있는 것은 단순히 법을 지키는 것만으로는 부족하다고 하는 통찰력을 가지고 있었음을 반영하는 것이다. 공정한 사회는 의로움에 관하여 지속적인 교육을 요구하고 있다.

15:19-23 처음 난 새끼를 바치라고 하는 전통적인 요구는 이미 서술한 바 있다 (14:22-27 참조). 그러나 흠이 있는 것은 하나님께 바칠 수 없다. 그러므로 흠이 있는 동물들도 하나님 앞에 거룩한 것으로 여겨질 수 있는 대상에서는 제외된다.

16:1-8 이스라엘의 종교 절기들은 일 년 동안 농사짓는데 있어서, 세 번에 걸친 중요한 전환기와 맞물려 있다. 그 각각의 경우는 적합한 예배 행위를 요구한다 (출 23:14-19; 34:18-26). 이 세 절기는 하나님 앞에 땅의 소산을 감사하는 의미로 제물들을 가지고 오는 것과 관련되어 있다. 가장 신명기적인 특징이 드러나는 것은 유월절(1-2, 4-7절)과 누룩을 넣지 않은 빵을 먹는 봄의 칠일 축제기간을 연결시킨 것이다. 유월절은 양을 치는 사람들에게는 가장 적절한 것인 반면에 누룩을 넣지 않은 빵을 먹는 것은 곡식 농사를 짓는 것과 더 직접적인 관련이 있다. **16:1** *아빕월.* 이 달은 현대 달력으로는 3-4월에 해당된다. *유월절.* 이 명칭은 봄에 새로운 목초지로 이동할 동안에 천막에 사는 공동체의 가정들을 보호하는 것에서 유래되었다. 출 12:29-39는 보호의식으로서의 유월절의 역할을 히브리 노예들이 이집트에서 출애굽 할 때에 이집트의 장자들이 죽임을 당하는 재앙에서부터 보호받기 위해 천막에 표시를 한 것과 연결짓고 있다. **16:2** 유월절 식사를 중앙 성소에서 하는 것은 (2, 6-7절) 신명기의 독특한 특징이라고 할 수 있다. 왜냐하면 다른 곳에서는 그 절기의 특성상 가정집에서 절기를 지내는 것이 더 적합한 것으로 되어 있기 때문이다. **16:3** *누룩을 넣지 않은 빵은* 새로운 농사의 한 해 중 이제부터 곡식을 추수하는 시기로 넘어간다는 것을 표시하는 적합한 수단이 된다. 누룩을 넣어 부풀린 모든 반죽 덩어리를 다 먹거나 처분하고 나서 (4절) 새 반죽을 만드는 시기를 여는 것이다. 이스라엘의 종교 절기들에 관한 신명기의 해석에서는 언제든지 이집트에서 구원받았을 당시의 민족의 숨결을 형성한 사건들을 기억하는 것이 중요하다고 강조한다 (1, 3, 5절). 공동체에서는 그 기억의 시간을 자기 민족이 하나님의 은혜로운 간섭의 결과 존재할 수 있었음을 기억하고 교육하는 수단으로 삼고 있다.

16:9-12 중요한 절기들 가운데 두 번째 것은 봄

칠절과 초막절에, 주 당신들의 하나님이 택하신 곳으로 가서 주님을 뵈어야 합니다. 그러나 빈 손으로 주님을 뵈러 가서는 안 됩니다. 17 저마다 주 당신들의 하나님으로부터 받은 복에 따라서 그 힘대로 예물을 가지고 나아가야 합니다."

공정한 재판

18 "당신들은 주 당신들의 하나님이 각 지파에게 주시는 모든 성읍에 재판관과 지도자를 두어, 백성에게 공정한 재판을 하도록 하십시오. 19 당신들은 재판에서 공정성을 잃어서도 안 되고, 사람의 얼굴을 보아주어서도 안 되며, 재판관이 뇌물을 받아서도 안 됩니다. 뇌물은 지혜 있는 사람의 눈을 어둡게 하고, 죄 없는 사람을 죄인으로 만듭니다. 20 당신들은 오직 정의만을 따라야 합니다. 그래야만 당신들이 살고, 주 당신들의 하나님이 당신들에게 주시는 땅을 당신들이 차지할 것입니다.

21 당신들은, 당신들이 만든 주 당신들의 하나님의 제단 옆에, 어떤 나무로라도 아세라 목상을 만들어 세워서는 안 됩니다. 22 그리고 주 당신들의 하나님이 미워하시는 석상을 만들어 세워서도 안 됩니다.

17 1 당신들은 흠이 있거나 악질이 있는 소나 양을 주 당신들의 하나님께 제물로 바쳐서는 안 됩니다. 그런 것은 주 당신들의 하나님이 역겨워하시는 것입니다.

2 주 당신들의 하나님이 당신들에게 주시는 성읍 안에서나 당신들 가운데서, 남자이든 여자이든, 주 당신들의 하나님의 눈에 거슬리는 악한 일을 하여, 그의 언약을 깨뜨리고, 3 다른 신들을 찾아가서 섬기며, 내가 명하지 않은 해나 달이나 하늘의 모든 천체에 엎드려 절하는 사람이 생길 것입니다. 4 이런 일이 당신들에게 보고되어 당신들이 알게 되거든, 당신들은 이것을 잘 조사해 보아야 합니다. 그래서 이스라엘 안에서 이런 역겨운 일을 한 것이 사실로 드러나면, 5 당신들은, 남자이든 여자이든, 이런 악한 일을 한 사람을 당신들 성문 바깥으로 끌어내어 돌로 쳐서 죽여야 합니다. 6 그런데 사람을 죽일 때에는 한 사람의 증언만으로는 죽일 수 없으며, 두세 사람의 증언이 있어야 합니다. 7 죽일 때에는 증인이 맨 먼저 돌로 쳐야 하고, 그 다음에 모든 백성이 뒤따라서 돌로 쳐야 합니다. 그렇게 하여, 이런 악한 일을 당신들 가운데서 뿌리를 뽑아야 합니다.

8 당신들이 사는 성 안에서, ㄱ)피 흘리는 싸움이나, 서로 다투는 일이나, 폭행하는 일로 당신들

ㄱ) 또는 '살인 사건이나, 민사 사건이나, 구타 사건으로'

의 유월절이 지나고 7주 후에 있게 된다. 이 때는 곡식 추수가 끝난 것을 기념하면서 하나님 앞에 그에 합당한 예물을 드린다 (10절; 나중에는 "오순절")이라는 명칭을 붙이게 되었는데 (이것은 "오십"을 뜻하는 헬라어 [펜타]에서 유래된 것이다. 레 23:16을 참조 하라) 이것은 두 절기 사이가 50일이 되는 것을 의미한다. 더 자세한 내용은 레 23:15-21에 기록되어 있다. **16:10-11** 바쳐진 예물의 양은 자원해서 정하게 되어 있고 또 중요한 것은 모든 집안의 식구들, 노예나 공동체의 다른 가난한 구성원들을 포함해서 모든 사람이 축하 만찬을 나누기 위해서 초청되어야 한다는 점을 따로 강조하는 것이다. **16:12** 공동체의 한 구성원이 아무리 부유하더라도, 이집트에서 노예로 살았다고 하는 과거의 배경은 절대로 잊지 말아야 한다.

16:13-17 세 번째 오는 중요한 절기는 가을에 있는데, 올리브와 포도의 추수가 있고 난 다음이다. 이 절기는 "초막절"이다 (또는 히브리어 숙콧을 번역해서 "장막절"이라고도 함). 그렇게 이름을 지은 것은 그 축제 기간 동안에 야외에서 잠을 자기 위해 베어낸 작은 나뭇가지들을 가지고 엉성한 초막을 짓기 때문이다. 이러한 초막들은 거두어들인 수확물을 보호할 뿐만 아니라, 사회 구성원 모두가 함께 즐길 수 있는 공동체의 야영 기회를 제공한다. 그러한 초막들은 군인들이 전쟁에 나갈 때에 짓는 임시 거처와 같은 것이지 제대로 된 유목민들이 가지고 있음직한 동물 가죽으로 만들어진 오래 사용할 수 있는 장막은 아니다. 축제의 더 자세한 내용들과 절기의 보다 광범위한 설명은 레 23:3-43을 참조하라. 레위기에서는 이집트에서 도망한 조상들이 사용했던 임시 거처와 이것을 직접 연결시키고 있다 (레 23:43). **16:16-17** 이러한 세 절기는 시간의 경과에 따라 거룩함을 표시하는 몇 개의 따로 축하해야 할 사건들을 그 안에 포함시켜 놓은 것이다 (레 23:4-44 참조). 특별한 축제 기간을 따로 구별해 놓음으로써, 모든 시간이 공동체의 성장과 번영을 가져오는 하나님의 생명의 선물의 일부라고 선언되었다.

16:18-20 신명기는 이제 공동체의 삶의 질서와 수준을 지켜나갈 네 부류의 공적 지도자들을 소개한다. 전체 단락은 18:22까지 이어지고 *재판관들과 지도자*들 (16:18-17:13), *왕* (17:14-20), *레위 사람 제사장* (18:1-8), 그리고 *예언자* (18:9-22) 등이 어떻게 그들의 임무를 수행해야 하는가를 다루고 있다. 이러한 대표들 가운데 법을 집행하는 재판관들과 지도자들을 모세가 제일 먼저 직접 임명한 것으로 보아 신명기에서 그들을 가장 중요하게 생각하는 것이 분명하다 (1:9-18 참조

에게 판결하기 어려운 분쟁이 생기거든, 주 당신들의 하나님이 택하신 곳으로 그 사건을 가지고 올라가서, 9 제사장인 레위 사람과 그 때에 직무를 맡고 있는 재판관에게 가서 재판을 요청하면, 그들이 당신들에게 그것에 대한 판결을 내려 줄 것입니다. 10 당신들은 주님께서 택하신 곳에서 그들이 당신들에게 내려 준 판결에 복종해야 하고, 당신들에게 일러준 대로 지켜야 합니다. 11 그들이 당신들에게 내리는 지시와 판결은 그대로 받아들여서 지켜야 합니다. 그들이 당신들에게 내려 준 판결을 어겨서, 좌로나 우로나 벗어나면 안 됩니다. 12 주 당신들의 하나님을 섬기는 제사장이나 재판관의 말을 듣지 않고 거역하는 사람이 있으면, 죽여야 합니다. 그렇게 하여서 이스라엘에서 그런 악한 일은 뿌리를 뽑아야 합니다. 13 그러면 온 이스라엘 백성이 듣고 두려워하며, 다시는 아무도 재판 결과를 하찮게 여기지 않을 것입니다."

이스라엘의 왕도

14 "주 당신들의 하나님이 주시는 그 땅에 들어가서 그 땅을 차지하고 살 때에, 주위의 다른 모든 민족같이 당신들도 왕을 세우고 싶다는 생각이 들거든, 15 당신들은 반드시 주 당신들의 하나님이 택하신 사람을 당신들 위에 왕으로 세워야 합니다. 당신들은 겨레 가운데서 한 사람을 왕으로 세우고, 같은 겨레가 아닌 외국 사람을 당신들의 왕으로 세워서는 안 됩니다. 16 왕이라 해도 군마를 많이 가지려고 해서는 안 되며, 군마를 많이 얻으려고 그 백성을 이집트로 보내서도 안 됩니다. 이는 주님께서 다시는 당신들이 그 길로 되돌아가지 못한다고 말씀하셨기 때문입니다. 17 왕은 또 많은 아내를 둠으로써 그의 마음이 다른 데로 쏠리게 하는 일이 없어야 하며, 자기 것으로 은과 금을 너무 많이 모아서도 안 됩니다. 18 왕위에 오른 사람은 레위 사람 제사장 앞에 보관되어

하라). **16:19-20** 이러한 재판관들에게 가장 중요한 것은 공평한 마음으로 편견 없이 일을 하면서, 어떤 형태의 뇌물이나 타락도 배격하는 것이다. 그리고 어떤 특정 법률 사건을 다루는 데 있어서 가능한 모든 어려움을 충분히 이해할 수 있도록 배우는 것이다. 그러한 "재판관들과 치도자들"은 단지 판결을 선고하는 책임만 있는 것이 아니라 주요 사건들의 선례를 확립함으로써 정의의 원칙을 유지하는 것이 더욱 중요한 책임이다.

16:21—17:7 종교적인 배교 행위에 대하여 관심을 다시 거론하는 것은 엉뚱한 것처럼 보인다. 왜냐하면 이 문제들은 이미 13:1-18에서 다루어졌기 때문이다. 이 시점에서 배교 행위가 다시 거론되는 것은 그것들이 증거법과 관련된 중요한 문제를 제기하고 있기 때문이라고 설명할 수 있다. 무엇이 종교적인 배교 행위인가? 어떻게 무죄한 백성들, 심지어는 자기 가족들 가운데서도 악의적인 비난을 받는 사람들을 (13:6-8 참조) 보호할 수 있을까? 그러한 경우들에 있어서 재판관들의 지혜와 공평성이 쉽게 판명될 수 있을 것이다. 특히 만약에 그 비난이 12:31에서 기록된 것과 같은 아주 감정적인 비난을 담고 있는 경우라면 더욱 그럴 것이다. 주 하나님에 대한 불순종이 입증된 것으로 보이는 두 건의 아주 분명한 경우(16:21-22; 17:1)를 살펴본 후에 더 까다로운 경우들이 17:2-7에서 검토되고 있다. **17:6** 핵심은 두세 명의 증인으로부터 만족할 만한 증거가 필요하다고 하는 점이다. 이것은 살인이나 강간처럼 사형이 언도될 수 있는 비중이 비슷한 다른 범죄의 경우와 같다 (19:15-21 참조). 한 명이 고발한 경우에는 그 사람이 비난한 사람과 아무리 가까운 사이라고 해도 다른 증인이 없는 한 효력이 없다. 돌로 쳐서 죽이는 처형 방식은 모든 사람이 책임을 나누어지는 공동체의 처벌이다.

17:8-13 증인이 거의 없지만 결정을 내려야 되는 경우도 반드시 생기기 마련이다. 그러한 경우에는 살인, 상해, 그리고 재산권 분쟁 등이 있을 수 있다 (8절). **17:9** 이러한 경우를 위해서 상급 법정이 있게 된다. 중앙 성소에서 재판을 하며, 레위 지파의 제사장들이 수석 재판장을 모시고 재판을 맡게 된다. **17:11** 일단 다 모이게 되면 이 법정은 상급 법정이 되고, 그 선고는 최종적이고 강제적인 효력을 갖는다. 필요하다면 결정을 내리기 위해서 거룩한 제비뽑기를 할 수도 있다. **17:12** 이 법정에 의해서 내려진 최종 판결은 절대적인 것이었다. 최종 판결을 받아들이지 않는 사람들에게는 사형이 내려지는 것이 필요한 이유는 오래 지속되는 원한이나 개인적 혹은 공동체 간의 사적인 복수로 이끄는 분규나 장기적인 원한을 조장하는 분규를 막을 수 있기 때문이다.

17:14-20 왕을 세우는 것과 왕들이 삼가야 할 규정들을 지시해 주는 것은 신명기에서 특이한 것들이다. **17:14** *주위의 다른 모든 민족같이.* 이 표현은 사람들이 왕을 요구하는 주된 동기를 보여주고 있다. 그러나 그것은 사무엘이 보여주고 있듯이 별로 좋은 동기는 아니다 (삼상 8:4-18; 또한 삼상 12장을 보라). **17:15** *당신들 위에 왕으로 세워야 합니다.* 이 선언은 왕을 세우는 단계가 꼭 필요하다는 것보다는 백성의 요구에 양보한다는 것을 보여준다. 왜냐하면 모세 시대에 이스라엘은 왕 없이도 하나님을 섬겼기 때문이다. 외국 사람이 왕이 될 수 있다고 하는 가능성은 배제되고 있다. 왜냐하면 외국 사람에게는 주님을 하나님으로 섬겨야 될 의무가 없기 때문이다. **17:16** 이 언급은 솔로몬이 억압적인 통치로 (왕상 10:26-29 참조) 인하여 이스라엘을 둘로 나누어 놓은 예에서 (왕상 12:1-19)

있는 ㄱ)이 율법책을 두루마리에 옮겨 적어, 19 평
생 자기 옆에 두고 읽으면서, 자기를 택하신 주 하
나님 경외하기를 배우며, 이 율법의 모든 말씀과
규례를 성심껏 어김없이 지켜야 합니다. 20 마음
이 교만해져서 자기 겨레를 업신여기는 일도 없고,
그 계명을 떠나서 좌로나 우로나 치우치지도 않으
면, 그와 그의 자손이 오래도록 이스라엘의 왕위
에 앉게 될 것 입니다."

제사장과 레위 사람의 몫

18 1 "레위 사람 제사장과 모든 레위 지파
사람은 이스라엘 가운데서 몫이나 유산으
로 받은 땅이 없으므로, 주님께 불살라 바친 제물
과 주님께 바친 예물을 유산으로 받아, 먹고 살 것
입니다. 2 그들이 그 겨레 가운데서 차지할 유산
이 없다는 것은, 주님께서 그들에게 말씀하신 대
로, 주님께서 친히 그들의 유산이기 때문입니다.
3 백성이 소나 양을 제물로 바칠 때에, 제사
장이 그들에게서 받을 몫이 있는데, 앞다리와 턱과
위는 제사장에게 주어야 합니다. 4 또 처음 거둔
곡식과 포도주와 기름과 처음 깎은 양털도 제사장
에게 주어야 합니다. 5 이것은 주 당신들의 하나
님이 모든 지파 가운데서 그를 택하여 세우셔서,
그와 그의 자손이 대대로 주님의 이름으로 섬기는
일을 하게 하셨기 때문입니다.
6 레위 사람은 이스라엘의 온 땅 어느 성읍에
살든지, 그에게 간절한 소원이 있어서 살던 곳을 떠
난다 하더라도, 그가 주님께서 택하신 곳에 이르면,
그 곳이 어디든지, 7 하나님 앞에 서서 섬기는 다른
모든 레위 사람 형제와 다름없이, 주 하나님의 이름
으로 직무를 수행할 수 있습니다. 8 그는 조상에게
서 물려받은 것을 팔아서 얻는 수입이 있다고 하더라
도, 다른 제사장과 같이 몫을 나누어 받아야 합니다."

이교 풍속에 관한 경고

9 "당신들은 주 당신들의 하나님이 당신들
에게 주시는 땅에 들어가거든, 그 곳에 사는 민족
들이 하는 역겨운 일들을 본받지 마십시오. 10 당
신들 가운데서 자기 아들이나 딸을 ㄴ)불 가운데로
지나가게 하는 사람과 점쟁이와 복술가와 요술객
과 무당과 11 주문을 외우는 사람과 귀신을 불
러 물어 보는 사람과 박수와 혼백에게 물어 보는
사람이 있어서는 안 됩니다. 12 이런 일을 하는
사람은 모두 주님께서 미워하십니다. 주 당신들
의 하나님은 이런 역겨운 일 때문에 당신들 앞에
서 그들을 몰아내시는 것입니다. 13 당신들은
주 당신들의 하나님 앞에서 완전해야 합니다."

ㄱ) '이 율법책의 복사본'을 칠십인역이 그리스어로 '듀테로노미온'이라고 번역하였고, 여기에서 '신명기'라는 책 이름이 나옴 ㄴ) 또는 '불살라 제물로 바치는 사람과'

적용된다. **17:17** 다시 한 번 솔로몬의 예를 염두에 두고 있는 것이 분명하다 (왕상 11:1-18). **17:18** 모세의 율법에 충성하며 복종해야 하는 것에 대해서는 왕상 2:1-4 참조. **17:20** 왕이 공동체의 다른 구성원들보다 더 위대한 지위에 있지 않다고 하는 것은 전통적으로 왕이 하나님의 지위에 근접해 있다고 하는 생각과는 대조된다. 시 2:7; 45:6-9 참조. 왕권은 허용이 되지만, 이스라엘에게는 필수적인 것은 아니다.

18:1-8 레위 지파 제사장들은 11:8-9에서 율법의 돌판이 들어 있는 언약궤를 지키는 자들로 소개되어 있다. **18:1-2** 레위 사람들이 땅을 분배받지 못하는 것은 사람들이 바치는 예물에 전적으로 의존해서 생활하는 것을 의미한다. 그 결과 그들은 신명기에서는 애매한 위치에 있다. 그들이 하나님을 섬기는 면에서는 아주 높게 평가되지만, 생활 면에서는 공동체의 도움을 필요로 한다. 14:28-29에서는 레위 사람들을 위해서 매 3년에 한 번 특별 십일조를 해야 하는 것을 참조하라. 또한 민 18:21-32도 보라. **18:5** 민 3:1-39; 18:1-7에 보면, 모세의 형인 아론의 자손인 레위 사람들만이 모든 제사장의 의무를 감당하는 것으로 되어 있다. 일반 레위 사람들은 그보다는 낮은 임무들에 배정되기 때문에 (27:14-26) 사제직 가운데서도 직급이 낮은 것으로 된다. 이렇게 서로 다른 규정들은 이스라엘의 중앙 성소에서 섬기는 권리에 관하여 상당히 오랜 기간 동안 갈등이 있었음을 반영하는 것이다. **18:6-8** 여기에 제시된 규정은 요시야 왕의 개혁 기간 중에 지켜진 것은 아니다 (왕하 23:9). 이 점은 이스라엘의 제사장직에 관한 분쟁 기간이 어느 때까지였는지를 아는 데 도움이 된다.

18:9-14 출 22:18에 나오는 더 오래된 법은 점을 치거나 마술을 부려서 병을 불러들이거나 사람에게 해를 끼치는 여인에게 사형을 요구하고 있다. 이 부분에 나오는 법은 더 넓은 범위 내에서 금지된 행동들, 한편으로는 종교적이면서도, 다른 면에서는 마술적인 성격의 행동들을 포함함으로써 이 법을 더 가다듬고 있다. **18:10-11** 이러한 불법적인 행동들의 목록은 유아살해를 금지하는 경고로 분류할 수 있는 것들로서 이미 12:31에 언급된 것이다. 신비한 신탁을 발함으로써 운명을 이야기하는 것이나 동물의 내장을 보고 점을 치는 것이나, 주문을 외우는 것이나, 죽은 자의 영혼을 불러내어 물어보는 행동들 (삼상 28:3-25 참조) 모

예언자를 보낼 약속

14 "당신들이 쫓아낼 민족들은 점쟁이나 복
술가들의 이야기를 듣지만, 주 당신들의 하나님
은 당신들에게 그런 것을 용납하지 않으십니다.
15 주 당신들의 하나님은 당신들의 동족 가운데
서 나와 같은 예언자 한 사람을 일으켜 세워 주실
것이니, 당신들은 그의 말을 들어야 합니다.
16 이것은 당신들이 호렙 산에서 총회를 가
진 날에 주 당신들의 하나님께 청한 일입니다. 그 때
에 당신들이 말하기를 '주 우리 하나님의 소리를
다시는 듣지 않게 하여 주시며, 무서운 큰 불도
보지 않게 하여 주십시오. 우리가 죽을까 두렵습
니다' 하였습니다. 17 그 때에 주님께서 내게 말
씀하시기를 '그들이 한 말이 옳다. 18 나는 그들의
동족 가운데서 너와 같은 예언자 한 사람을 일으켜
세워, 나의 말을 그의 입에 담아 줄 것이다. 그는,
내가 명한 모든 것을 그들에게 다 일러줄 것이다.
19 그가 내 이름으로 말할 때에, 내 말을 듣지 않는
사람은, 내가 벌을 줄 것이다. 20 또 내가 말하
라고 하지 않은 것을, 제 마음대로 내 이름으로 말
하거나 다른 신들의 이름으로 말하는 예언자는,
죽임을 당할 것이다' 하셨습니다.
21 그런데 당신들이 마음 속으로, 그것이 주
님께서 하신 말씀인지 아닌지를 어떻게 알겠느냐
고 말하겠지만, 22 예언자가 주님의 이름으로 말
한 것이 그대로 이루어지지 않으면, 그 말은 주님
께서 하신 말씀이 아닙니다. 그러니 당신들은 제멋
대로 말하는 그런 예언자를 두려워하지 마십시오."

도피성 (민 35:9-28; 수 20:1-9)

19 1 "주 당신들의 하나님이, 당신들에게
주시기로 한 그 땅, 거기에 살고 있는 원
주민을 주 당신들의 하나님이 멸망시키시고, 당
신들이 그들을 쫓아내어, 그 성읍과 집에서 살게
될 때에, 2 당신들은 주 당신들의 하나님이 당신
들에게 차지하라고 주신 땅에서 성읍 셋을 따로
구별하여 놓아야 합니다. 3 주 당신들의 하나님
이 당신들에게 주신 땅을 세 영역으로 구분하여

두가 술사들이 개인들의 운명에 대해 알아볼 수 있다고 주장하는 방법들이다 (겔 13:17-23). 그렇게 함으로써 그들은 다른 사람들의 마음 속에 두려움을 일으키고, 다른 사람들로 하여금 한 분 주 하나님을 섬기게 하는 일에서 떠나게 하고 다른 사람들을 자기 마음대로 통제하려는 위험한 힘을 얻으려고 하는 것이다. 그런 사람들은 주님의 백성의 공동체로부터 추방되어야 한다. **18:13** 모든 영적인 삶은 하나님의 계시된 말씀의 빛에서 해석되고 이해되어야 한다. 이것에서 벗어난 것은 위험하고 잠재적으로 해가 되는 것이다. **18:14** 그러한 초자연적인 지식이나 능력을 얻기 위한 얼치기 마술들이 다른 민족들 사이에서 인기를 끌고 있는 것은 이방 사람들의 땅에서 살아가야 하는 이스라엘 민족에게는 심각한 유혹이 되었다.

18:15-22 마술이나 주술과는 대조적으로 예언은 개인들을 위한 희망과 인도하심의 메시지를 제공할 수 있었다. 특별히 어려운 시기에 그런 역할을 하면서 동시에 이스라엘 민족의 삶에서 예언자들이 중요한 역할을 감당했음을 보여주고 있다. **18:15** 선지자의 자격 중에서 가장 중요한 것은 남자나 여자가 *나와 같은가*, 즉 "모세와 같은가" 하는 것이다 (34:10 참조). 이 조건은 더 자세하게 설명되지는 않았지만 분명히 그러한 사람은 모세의 전통을 이어받아야 하고 모세가 기초를 놓은 핵심적인 진리에서 벗어난 가르침을 제시해서는 안 된다고 하는 것을 전제하는 것이다. **18:16** 하나님이 모든 개개인에게 개별적으로 말씀하시지 않기 때문에 특별히 자격 있는 개인들이 하나님과 백성들 사이에서 마치 모세가 그랬던 것처럼 중재 역할을 하는 것이 필요하였다 (4:9-14; 9:25; 출 19:21-25 참조). **18:18** 그러한 선지자의 자격 중 제일 중요한 것은 하나님의 부르심을 받는 것이다. 그럴 때에만 선지자는 하나님의 이름으로 사람들에게 말을 전할 수 있었다. **18:19** 참된 예언은 하나님의 한량없는 은혜의 선물이다. 그러나 어떤 사람들은 하나님이 허락하지 않았는데도 선지자로 말하려고 하는 문제가 반드시 생길 수 있다. **18:20** 다른 신의 이름으로 선지자 노릇을 하는 것은 뻔뻔한 일일 뿐만 아니라 잘못된 일이다 (13:1-5 참조). **18:22** 더욱 심각한 문제는 하나님의 이름으로 말한다고 고백하지만 단지 자기 자신의 의견을 말하는 사람들 때문에 생긴다 (렘 28-29 참조). 궁극적으로 참된 예언인지 아닌지 여부는 실제 삶과 역사 속에서 그 예언이 사실로 일어났는지를 볼 수밖에 없다. 그러나 그러한 기준은 제한된 의미에서만 의미가 있고 하나님이 과거에 이스라엘을 인도해 오신 방식에 대한 깊은 통찰과 함께 다루어져야 할 필요가 있다 (렘 28:8-9). 가장 완전하고 참된 예언의 검증은 그것이 모세가 계시한 하나님에 관한 이해와 영적으로 통하는 것인가 하는 것이다. (160쪽 추가 설명: "이스라엘 하나님의 특징"을 보라.)

19:1-10 다른 사람을 죽이는 것을 금하는 명령 (신 5:17)에서 가장 중대한 관심사는 그것이 고의적인 살인이었는가, 아니면 우발적인 살인이었는가를 구별하는 것이었다. 그 구별은 이미 출 21:12-14에서 분명하게 규정되어 있다. 그러나 중요한 특징은 그 살인이 의도적이었는지 아닌지를 구분하는 증거를 조심스럽게

길을 닦아, 모든 살인자가 그 곳으로 피신할 수 있게 하십시오.

4 살인자가 구별된 성읍으로 도피하여 살 수 있는 경우는 다음과 같습니다. 일찍이 미워한 일이 없는 이웃을 뜻하지 않게 죽였거나, 5 어떤 사람이 이웃과 함께 나무하러 숲 속으로 들어가서 나무를 찍다가 도끼가 자루에서 빠져 나가 친구를 쳐서 그가 죽었을 경우에, 죽인 그 사람이 그 구별된 세 성읍 가운데 한 곳으로 피신하면 살 수가 있습니다. 6 도피성은 평소에 이웃을 미워한 일이 없는 사람이 실수로 이웃을 죽게 하였을 때에 자기의 생명을 구할 수 있는 곳이므로, 그 곳까지의 거리가 너무 멀면 ㄱ)피살자의 친척이 복수심에 불타서 살인자를 따라가서 죽일 터이니, 거리가 너무 멀어서는 안 됩니다. 7 내가 세 성읍을 따로 떼어 놓으라고 당신들에게 명령한 이유가 바로 여기에 있습니다.

8 주 당신들의 하나님이, 당신들의 조상에게 맹세하신 대로, 당신들 땅의 경계를 넓혀 주시고 당신들의 조상에게 약속한 모든 땅을 당신들에게 주실 때에는, 9 또 내가 오늘 당신들에게 명하는 이 모든 명령을 당신들이 성심껏 지키고, 주 당신들의 하나님을 사랑하며, 그가 가르쳐 주신 길을 잘 따라갈 때에는, 이 세 성읍 말고 또 다른 세 성읍을 구별해야 합니다. 10 그리하여 주 당신들의 하나님이 당신들에게 유산으로 주신 땅에서는, 죄 없는 사람이 살인죄를 지고 죽는 일이 없도록 하여야 합니다. 그러면 살인죄 때문에 당신들이 책임을 지는 일은 없을 것입니다.

11 그러나 어떤 사람이 그의 이웃을 미워하여서 해치려고 숨었다가, 일어나 이웃을 덮쳐서 그 생명에 치명상을 입혀 죽게 하고, 이 여러 성읍 가운데 한 곳으로 피신하면, 12 그가 살던 성읍의 장로들이 사람을 보내어, 그를 거기에서 붙잡아다가 복수자의 손에 넘겨 주어 죽이게 하여야 합니다. 13 당신들은 그런 사람에게 동정을 베풀어서는 안 됩니다. 이스라엘 안에서, 죄 없는 사람이 죽임을 당하는 일이 없어야만, 당신들이 복을 받을 것입니다."

이웃의 경계를 침범하지 말 것

14 "당신들은, 주 하나님이 당신들에게 유산으로 주어 차지한 땅에서, 이미 조상이 그어 놓은 당신들 이웃의 경계선을 옮기지 마십시오."

ㄱ) 히, '고엘 핫담 (피의 보수자)'

가려내는 것과 관련된 것이다. 이 문제가 더욱 긴급했던 이유는 희생자의 가족들이 전통에 따라서 가족의 명예에 깊이 개입해서 그 법을 자신들의 손으로 집행하고자 하는, 즉 복수할 가능성이 있었기 때문이다. **19:2** *성읍 셋.* 희생자의 가족들이 복수하려는 것에서 보호하기 위하여 살인자가 도망갈 수 있는 성읍 셋을 따로 구별하여 놓아야 했는데, 4:41-43에 이미 그런 용도로 고안된 요단 강 동편의 세 성읍이다. **19:4-6** 그 세 성읍의 목적은 고의적인 살인을 한 사람을 보호하려는 것이 아니었고, 그 범죄 사건을 독자적으로 수사해서 그 위협을 받은 피의자가 정말 사형을 받기에 마땅한지 그 여부를 결정하려는 데 있었다. 그 법의 규정은 어떤 개인적인 복수가 일어나기 전에 공인된 책임자가 행동할 수 있는 시간과 기회를 주는 것을 보장해 준다. **19:8-10** 이 문제는 법률 집행에 있어서는 중심적인 것이다. 왜냐하면 그것은 범죄 사건을 다루는 법의 권위와 효용성을 다루고 있기 때문이다. 따라서 만약에 거리가 문제가 된다면 세 개의 다른 성읍이 처음 세 성읍에 더해서 추가되어야 한다. 민 35:6, 11; 수 20:2에서는 이러한 성읍들이 "도피성" 으로 지정되어 있다.

19:11-13 이러한 성읍들의 목적은 살인자에게 영구적인 피난처를 제공하는 데 있지 않고, 효과적인 법률 심리를 할 수 있는 시간을 주는 데 있다. 이러한 심리 결과 유죄가 확정된 경우에만 그 피의자가 본인의 마을 장로들의 손에 형 집행을 위해서 인도될 수 있다. 여기서 보면, 각 과정에 따라 매 단계마다 분명한 책임 소재가 있는 것이다. 이러한 각 단계들은 미해결된 살인 사건을 다루는 21:1-9에 있는 상황과도 적용된다. **19:12** *복수자.* 이는 그 희생자의 가족 중에서 "보호자" 혹은 "복수자"로 지정된 사람이다. 만약에 법정에서 유죄 판결이 확정되면 그 복수자는 사형 집행을 책임지게 된다.

19:14-21 고의적인 살인을 우발적인 죽음과 구분하는 것은 법을 지키는 책임 맡은 사람들이 다루어야 하는 문제들 가운데 가장 심각한 문제에 속한다. 상당 부분은 피의자를 고발하는 증거의 신빙성에 달려 있다. **19:14** 제정된 땅의 경계선을 옮기는 내용은 사실상 전혀 별개의 문제처럼 보인다. 그렇지만, 이것은 범죄가 저질러졌다는 것을 증명하기가 아주 어려운 것으로 소문이 난 경우라는 점에서 신빙성 있는 증거를 확보할 수 있는 방법을 분명하게 제기하고 있다는 관점에서 설명할 수 있다. 경계선 표시를 움직이는 것은 땅을 훔치는 결과를 낳기 때문에 분명히 잘못된 것이기는 하지만, 범죄의 증거를 충분히 확보하기가 어려운 문제이다. 이 규정을 이 시점에서 소개하는 이유는 조심스럽게 그리고 공정하게 증거를 조사할 필요성이 있음을 다짐하기 위한 것이다 (잠 22:28, 23:10; 욥 24:2 참조). **19:15** 여기서 이스라엘의 법의 근본 원칙이

증인에 대한 규정

15 "어떤 잘못이나 어떤 범죄라도, 한 사람의
증언만으로는 판정할 수 없습니다. ㄱ)두세 사람의
증언이 있어야만 그 일을 확정할 수 있습니다.
16 남에게 죄를 뒤집어 씌우려는 나쁜 증인이 나
타나면, 17 소송을 하는 양쪽은 주님 앞에 나아
와, 그 당시의 제사장들과 재판관 앞에 서서 재판
을 받아야 합니다. 18 재판관들은 자세히 조사
한 뒤에, 그 증인이 그 이웃에게 거짓 증언을 한
것이 판명되거든, 19 그 증인이 그 이웃을 해치
려고 마음 먹었던 대로 그 이웃에게 갚아 주어야
합니다. 그래서 당신들 가운데서 그런 악의 뿌리를
뽑아야 합니다. 20 그러면 남은 사람들이 이 말을
듣고 두려워하여서, 이런 악한 일을 하는 사람이
당신들 가운데서 다시는 생기지 않을 것입니다.
21 당신들은 이런 일에 동정을 베풀어서는 안 됩
니다. 목숨에는 목숨으로, 눈에는 눈으로, 이에는
이로, 손에는 손으로, 발에는 발로 갚으십시오."

전쟁에 관한 법

20 1 "당신들이 적군과 싸우려고 나가서, 당
신들보다 많은 적군이 말과 병거를 타고
오는 것을 보더라도, 그들을 두려워하지 마십시
오. 이집트 땅에서 당신들을 인도하여 주신 주 당
신들의 하나님이 당신들과 함께 계십니다. 2 당
신들이 싸움터에 나가기 전에 제사장을 불러서,
군인들에게 격려의 말을 하게 하여야 합니다. 3 제
사장은 군인들을 다음과 같이 격려하십시오.

'이스라엘아, 들어라. 오늘 너희가 너희의 대
적과 싸우러 나갈 때에, 마음에 겁내지 말며, 무
서워하지 말며, 당황하지 말며, 그들 앞에서 떨지
말아라. 4 주 너희의 하나님은 너희와 함께 싸움
터에 나가서, 너희의 대적을 치시고, 너희에게 승
리를 주시는 분이시다.'"

5 "그 다음에, 장교들은 군인들에게 다음과
같이 지시하십시오.

ㄱ) 히, '두 증인의 입이나 세 증인의 입이 있어야만

분명하게 제시된다. 중요한 범죄 행위에 대한 기소를 유지하기 위해서는 적어도 두세 명의 가능한 증인들이 있어야 한다는 것이다. **19:16-18** 적어도 두 명의 증인이 필요하다고 하는 것은 증거를 악의적으로 조작할 가능성을 제기한다 (5:20에 있는 아홉째 계명 참조). 때로는 엉뚱한 죄목을 뒤집어씌우거나 (나봇에게 누명을 씌운 이세벨의 경우에 대해서는 왕상 21:1-24 참조) 또는 전혀 본 적도 없는 두 번째 증인에게 증인으로 서달라고 압력을 가할 수가 있다. **19:19-20** 위증은 전체 사법 질서를 위협하는 것이다. 따라서 이런 일을 하는 사람에게는 강력한 처벌을 할 것이 요구된다. 다른 사람들에게도 경고가 될 수 있도록 일벌백계의 징계가 필요하다. **19:21** 다른 사람에게 해를 입힌 사람에게 강력한 어투로 대응하는 보복을 할 필요성을 적어 놓은 규정은 *렉스 탈리오니스* (lex talionis, "복수법") 라는 라틴어 이름을 가지게 되었는데, 그것은 정의를 회복하기 위한 중요한 원리로 받아들여진다. 이 원리는 구약성경에 두 번 더 나온다 (출 21:23-25; 레 24:18-20). 이 규정은 메소포타미아의 법률에서 광범위하게 발견되는 원리이며, 다른 사람의 신체를 분리하거나 절단하는 처벌까지 포함하는 형벌의 근거를 제공한다. 고대 이스라엘의 법률 속에 이런 법이 있기는 하였지만, 위증의 경우가 아닌 경우에 그러한 처벌이 채택되었는지는 분명하지 않다. 왜냐하면 살인이 문제되는 경우가 아닌 경우에는 물질적인 보상이 허용되었기 때문이다.

20:1-9 살인과 그 죽음에 대한 책임의 문제는 결국 이것과 관련된 전쟁과 보복 살인으로 이어지게 된다. 사람의 생명을 빼앗는 행위는 그 어느 것이라도 하나님께 해명하여야 할 문제이기 때문에 (창 9:6 참조) 전쟁이 일어날 때 누가 책임을 질 것인가 하는 문제와 밀접하게 관련되어 있다. 그렇기 때문에 많은 사람들은 신명기의 전쟁을 수행하는 것과 관련된 원칙을 "거룩한 전쟁"의 원칙이라고 표현한다. 그러나 이러한 이름은 오해를 불러일으키기 쉽다. 전쟁은 이스라엘의 민족적인 이익을 보호하기 위해서 치러지는 것이지 다른 사람들을 개종시키기 위해서 하는 것이 아니기 때문이다. 죄와 거룩함의 문제가 제기되는 것은 어떤 사람이든지 사람의 생명을 빼앗는 것은 하나님의 관심사이기 때문이다. **20:1** 너의 대적이라고 불릴 수 있는 사람들이 누구인가 하는 것은 이 법에서는 더 자세하게 규정되어 있지는 않지만 2:1—3:22에 기록된 전쟁에서 주어진 예들을 보면 분명히 알 수 있다. **20:3-4** 전쟁을 준비하는 데 있어서 믿음과 높은 사기가 얼마나 중요한가 하는 것은 3:18-22에 나와 있다. **20:5-7** *장교들.* 이들이 누구인지에 대해서는 더 자세히 나와 있지 않다. 그러나 그 사람들은 군대에 갈 나이가 된 사람들을 현역 복무에 배치시키는 목적으로 중앙 정부에서 지명한 지역 공직자들이라고 생각된다. 9절에 보면, 그 직책이 군인계급 중의 일부는 아닌 것을 알 수 있다. 여기에 기록된 주요 군대 면제 사유들은 이스라엘의 미래의 국력이 전쟁의 비극으로 미리 끊어지지 않도록 막고 동시에 새로운 가정들이 실제로 기능을 할 수 있도록 담보하는

'너희 가운데 집을 짓고 준공식을 하지 못한 사람이 있으면, 누구든지 집으로 돌아가거라. 그가 전사함으로써 다른 사람이 준공식을 하는 일이 없도록 하여라. 6 또 포도원을 만들어 놓고 아직 그 열매를 맛보지 못한 사람이 있으면, 그런 사람도 누구든지 집으로 돌아가거라. 그가 전사함으로써 다른 사람이 그 열매를 맛보는 일이 없도록 하여라. 7 또 너희 가운데 여자와 약혼하고 아직 결혼하지 못한 사람이 있으면, 그런 사람도 집으로 돌아가거라. 그가 전사함으로써 다른 사람이 그 여자와 결혼하는 일이 없도록 하여라.'

8 장교들은 군인들에게 또 이렇게 지시하십시오.

'전쟁이 두려워서 겁이 나면, 누구든지 집으로 돌아가거라. 그런 사람이 있으면 다른 형제의 사기만 떨어진다.'

9 장교들이 군인들에게 이런 지시를 다 끝마치면, 군인들 위에 지휘자를 임명하십시오.

10 당신들이 어떤 성읍에 가까이 가서 공격할 때에는, 먼저 그 성읍에 평화를 청하십시오. 11 만일 그 성읍 백성이 평화 제의를 받아들이고, 당신들에게 성문을 열거든, 그 성 안에 있는 백성을 당신들의 노비로 삼고, 당신들을 섬기게 하십시오. 12 그들이 당신들의 평화 제의를 거부하고 싸우러 나오거든, 당신들은 그 성읍을 포위하고 공격하십시오. 13 주 당신들의 하나님이 그 성읍을 당신들의 손에 넘겨 주셨으니, 거기에 있는 남자는 모두 칼로 쳐서 죽이십시오. 14 여자들과 아이들과 가축과 그 밖에 성 안에 있는 모든 것은 전리품으로 가져도 됩니다. 당신들이 당신들의 대적에게서 빼앗은 것은 주 당신들의 하나님이 당신들에게 주신 것이니, 당신들의 마음대로 먹고 쓸 수가 있습니다. 15 당신들의 주변 민족들의 성읍에 딸리지 아니한, 당신들로부터 먼 거리에 있는 성읍들에도 이렇게 하여야 합니다.

16 그러나 주 당신들의 하나님이 당신들에게 유산으로 주신 땅에 있는 성읍을 점령하였을 때에는, 숨쉬는 것은 하나도 살려 두면 안 됩니다. 17 곧 헷 사람과 아모리 사람과 가나안 사람과 브리스 사람과 히위 사람과 여부스 사람은 주 당신들의 하나님이 당신들에게 명하신 대로 전멸시켜야 합니다. 18 그렇지 않으면, 그들이 그들의 신을 섬기는 온갖 역겨운 일을 당신들에게 가르쳐서, 당신들이 주 당신들의 하나님께 죄를 짓게 할 것입니다.

19 당신들이 한 성읍을 점령하려고 둘러싸서 공격하는데 오랜 기간이 걸리더라도, 거기에 있는 과일나무를 도끼로 마구 찍어서는 안 됩니다. 과일은 따서 먹도록 하십시오. 그러나 나무를 찍어 버리지는 마십시오. 들에 있는 나무가 원수라도 된단 말입니까? 어찌 그 나무들을 포위하겠습니까? 20 다만, 먹을 열매를 맺지 못하는 나무는 당신들이 알고 있으니, 그런 나무는 찍어도 좋습니다. 당신들은 그런 나무를 찍어서, 당신들과 싸우는 성읍을 점령할 때까지, 성읍을 포위하는 데 필요한 장비를 만들어서 쓰도록 하십시오."

것들이다. **20:8** *전쟁이 두려워서 겁이 나면 누구든지* 군대에서 면제된다고 하는 포괄적인 규정을 더 둔 것은 군복무 의무를 회피하려고 하는 사람들을 부끄럽게 만들기 위한 목적이 있다.

20:10-18 전쟁은 잔인하고 파괴적인 행동이라는 사실이 전쟁에 관한 법률 조항들을 만드는 데 있어서도 인정된다. 전쟁의 파괴적인 면을 조금이라도 줄여보려고 항복 조건을 제시하는 것은 이미 2:1-8에서 에서의 자손들과의 공개적인 갈등을 피해보려고 하는 배려에서도 드러나고 있다. 그러한 조건을 거절하는 경우에는 이스라엘이 승리했을 때 더 가혹한 취급을 하도록 할 것이다. **20:11-14** 적군이 항복하였을 경우의 조건은 항상 일정하게 취급된 것은 아니다. 개별적인 경우에 따라 달랐을 것이다 (2:34-35; 수 8:26-27; 삿 1:27-36을 참조). **20:15-18** 먼 곳의 적들과 관련된 분쟁을 규율하는 규정들은 7:2, 20, 24에서 이스라엘 민족의 생존을 위협하는 종교적인 유혹들을 제공한다는 이유로 멸절할 것을 명한 가나안 땅의 원주민들에 관한 규정들과 일관성이 없다. 그러므로 하나님이 이스라엘에게 점령하라고 준 땅을 이미 점령하고 있는 그런 적들에 대해서 적용해야 되는 다른 대응방식을 확인하기 위해서는 새로운 규정들이 필요하다

20:19-20 인간의 생명을 빼앗는 일과 관련된 상황을 직접적으로 반영하는 규정들은 또한 그 땅과 땅에 관한 보호에 영향을 미치는 광범위한 결과까지도 지적해 준다. 그러므로 그러한 불법적인 살인 사건과 관련된 추가 법령들이 규정된다. 그 법들은 땅이 오염으로 황폐해 지는 것을 보호하기 위한 광범위한 관심을 반영한다. 전쟁의 직접적인 영향은 그 참가자들, 특히 전쟁에 패배한 자들에게 미친다. 그러나 또한 농경지에도 불가피하게 피해가 갈 수밖에 없다. 전쟁을 치르는 군대를 지원하기 위해 수확물을 탈취하는 일과 포위된 성읍에 물자 공급을 차단하는 일이 벌어지면 동시에 성벽이 있는 도시들을 공략하기 위한 공격용 진입로를 만들거나 방어용 진지를 구축하기 위해 나무를 베는 일이 있게 된다. 그 결과 군사 작전은 계속해서 그 지역 수확

범인을 알 수 없는 살인 사건

21 1 "주 당신들의 하나님이 당신들에게 주
셔서 차지하게 하시는 땅에서, 누구에게
살해되었는지 알 수 없는 사람의 주검이 들에서
발견될 때에는, 2 장로들과 재판관들이 현장에
나가서, 그 주검 주위에 있는 성읍들에 이르는 거
리를 재십시오. 3 그 주검에서 가장 가까운 성읍
이 있을 터이니, 그 성읍의 장로들은 아직 멍에를
메고 일한 적이 없는 암송아지 한 마리를 끌고 와서,
4 물이 늘 흐르는 골짜기, 갈지도 심지도 않은
골짜기로 그 암송아지를 끌고 내려가, 물가에서
암송아지의 목을 꺾어서 죽이십시오. 5 그 때에
레위 자손 제사장들도 그 곳으로 나와야 합니다.
그들은 주 당신들의 하나님이 선택하셔서, 주님을
섬기며 주님의 이름으로 축복하는 직책을 맡은 사
람으로서, 모든 소송과 분쟁을 판결할 것입니다.
6 이 때에 피살자의 주검이 발견된 곳에서 가장
가까운 성읍의 장로들은 물가에서, 목이 꺾인 암
송아지 위에 냇물로 손을 씻고, 7 아래와 같이
증언하십시오.

'우리는 이 사람을 죽이지 않았고, 이 사람이
살해되는 현장을 목격하지도 못하였습니다.
8 주님, 주님께서 속량하여 주신 주님의 백성
이스라엘의 죄를 사하여 주시고, 주님의 백성
이스라엘 사람에게 무죄한 사람을 죽인 살인죄를
지우지 말아 주십시오.'

이렇게 하면, 그들은 살인의 책임을 벗게 됩니
다. 9 이렇게 해서 당신들은 당신들에게 지워진 살
인의 책임을 벗으십시오. 이렇게 하는 것은 주님
께서 보시기에 옳은 일입니다."

여자 포로를 아내로 맞는 규정

10 "당신들이 적군과 싸울 때에, 주 당신들
의 하나님이 적군을 당신들의 손에 넘겨 주셔서
당신들이 그들을 사로잡았을 때에, 11 그 포로
들 가운데서 마음에 드는 아리따운 여자가 있으면
그를 아내로 삼아도 됩니다. 12 그 여자를 아내
로 삼을 남자는 그 여자를 자기 집으로 데리고 가
서, 그 머리를 밀고 손톱을 깎고, 13 잡혀 올 때
에 입었던 포로의 옷을 벗게 하여야 합니다. 그리
고 한 달 동안 집 안에 있으면서, 자기의 부모를
생각하면서 애곡하게 하여야 합니다. 그런 다음

량에 타격을 주고 수목 자원들을 점점 고갈시키는 등 지역의 가치 있는 자원들을 파괴한다. 실질적인 면에서 본다면, 환경에 대한 불필요한 파괴는 가능하면 피하는 것이 좋다. 왜냐하면 그 땅의 미래의 가치는 계속 그 땅이 비옥한 땅으로 남아 있느냐 여부에 달려 있기 때문이다. **20:20** 미래의 식량 공급을 보호할 필요성이 특히 중요하며 군사적인 작전은 필연적으로 그 후 몇 년 동안 기근을 동반하게 된다 (렘 12:10-13; 애 4:4-9; 겔 5:12 참조). 신명기는 어떻게 이스라엘의 비옥한 땅이 전쟁에서 패배한 후에 자행된 의도적인 무절제한 파괴의 결과로 망가지게 되었는지를 자세하게 보여주고 있다 (29:23 참조).

21:1-9 의도적인 살인과 우발적인 살인을 구별하는 법률은(19:1-21) 범죄 용의자가 체포되고 책임 있는 재판이 진행될 수 있다는 것을 전제로 한다. 그러나 시신이 발견되었을 경우에 언제나 그것을 전제할 수는 없고 고의적인 살인이라는 의심은 가지만 어떠한 범죄 용의자도 찾을 수 없는 경우가 생기기 마련이다. **21:1-2** 이 때 처음 해야 될 일은 그 시신이 발견된 곳에서 가장 가까운 마을의 장로들과 재판관들에게 그 일을 처리할 책임을 맡기는 것이다. **21:3-4** 아직 일한 적이 없는 암송아지를 고르는 것은 추적할 수 없는 범죄의 대속 제물로 효과가 있기 때문이다. 흐르는 물이 있는 골짜기의 경작했던 적이 없는 땅에서 그 암송아지의 목을 꺾어 죽이는 것은 상징적으로 그 물에 알 수 없는 살인자의 죄가 떠내려간다는 의미가 있다. **21:5-7** 이 절차에 레위 자손 제사장들이 등장해서 공개적으로 그 시체가 발견된 곳에서 가장 가까운 마을의 장로들이 이 죽음과 아무 관련이 없다고 선언하는 것은 두 가지 점에서 중요하다. 그것은 만약 할 수만 있었다면 법적인 절차를 취하였을 것이라고 하는 점을 인정함과 동시에 또한 무고한 사람의 피를 흘린 일은 그 땅을 더럽힌 불법적인 행동이라고 하는 것을 인정하는 것이다. 장로들의 선언과 거행된 의식을 통해서 피를 흘린 죄는 씻겨졌다. 이것은 흐르는 물에 장로들이 손을 씻는 행위로 상징된다 (6절). 예수님의 재판에 있어서 이러한 행위가 가지는 상징에 관해서는 마 7:24를 참조하라. **21:8** *사하여 주시고.* 이 말은 "씻어 주다" 혹은 "덮어주다" 라는 말로 번역하는 것이 좋을 것이다. 그 단어는 언약궤의 뚜껑인 "속죄소"(출 25:17)에 사용되는 단어와 관련이 있다. **21:9** 그 땅에서 죄를 없애는 것은 범인을 알 수 없는 범죄를 짊어진 암송아지의 죽음과 법의 권위는 가능한 모든 수단을 통해 지켜졌다고 하는 제사장들의 공개적인 선언을 통해서 해결되었다.

21:10-14 전쟁에서 여자들을 포로로 잡아오는 일은 공동체 안에서의 결혼의 지위에 관한 문제를 제기한다. 이 규정에서 가장 관심 갖는 일은 결혼한 여자가 비록 처음에 전쟁 포로로 잡혀온 사람이라고 해도 그 후

에라야 동침할 수 있습니다. 이렇게 하여 부부가
됩니다. 14 그 뒤에 그 여자가 더 이상 남편의 마
음에 들지 않으면 그 여자의 마음대로 가게 하여야
하며, 돈을 받고 팔아서는 안 됩니다. 남편이 그 여
자를 욕보였으므로, 종으로 팔아서는 안 됩니다."

맏아들의 상속권

15 "어떤 사람에게 두 아내가 있는데, 한 사
람은 사랑을 받고 다른 한 사람은 사랑을 받지 못
하다가, 사랑받는 아내와 사랑받지 못하는 아내가
다 같이 아들을 낳았는데, 맏아들이 사랑받지 못
하는 아내의 아들일 경우에, 16 남편이 자기의
재산을 아들에게 물려 주는 날에, 사랑받지 못
하는 아내에게서 난 맏아들을 제쳐놓고 사랑받는
아내의 아들에게 장자권을 줄 수는 없습니다.
17 반드시 사랑받지 못하는 아내의 아들을 맏아
들로 인정하고, 자기의 모든 재산에서 두 몫을 그
에게 주어야 합니다. 그 아들은 정력의 첫 열매이기
때문에, 맏아들의 권리가 그에게 있는 것입니다."

불효 자식에게 내리는 벌

18 "어떤 사람에게, 아버지의 말이나 어머니
의 말을 전혀 듣지 않고, 반항만 하며, 고집이 세
어서 아무리 타일러도 듣지 않는 아들이 있거든
19 그 부모는 그 아들을 붙잡아, 그 성읍의 장로
들이 있는 성문 위의 회관으로 데리고 가서,
20 그 성읍의 장로들에게 '우리의 아들이 반항만
하고, 고집이 세어서 우리의 말을 전혀 듣지 않습
니다. 방탕한 데다가 술만 마십니다' 하고 호소하
십시오. 21 그러면 그 성읍의 모든 사람이 그를
돌로 쳐서 죽일 것입니다. 이렇게 하여서 당신들
가운데서 악을 뿌리 뽑아야 합니다. 그래야만 온
이스라엘이 그 일을 듣고 두려워할 것입니다."

기타 규정

22 "죽을 죄를 지어서 처형된 사람의 주검은
나무에 매달아 두어야 합니다. 23 그러나 당신
들은 그 주검을 나무에 매달아 둔 채로 밤을 지내지
말고, 그 날로 묻으십시오. 나무에 달린 사람은 하
나님께 저주를 받은 사람이기 때문입니다. 당신
들은 주 당신들의 하나님이 당신들에게 유산으로
준 땅을 더럽혀서는 안 됩니다.

22 1 당신들은 길 잃은 이웃의 소나 양을 보
거든, 못 본 체하지 말고, 반드시 끌어다가
그 이웃에게 돌려주어야 합니다. 2 또 당신들은
그 이웃이 가까이에 있지 않거나, 누구인지 알지
못한다 해도, 그 짐승을 당신들의 집에 끌어다 두
었다가, 그 주인이 찾을 때에 돌려주어야 합니다.
3 나귀도 그렇게 하고, 옷도 그렇게 하십시오. 그
밖에도 이웃이 잃은 것이 무엇이든지, 당신들이
발견하거든 그렇게 하고, 못 본 체하지 마십시오.
4 이웃의 나귀나 소가 길에 쓰러져 있는 것을
보거든, 못 본 체하지 마십시오. 당신들은 반드시
그 이웃을 도와 그것을 일으켜 주어야 합니다.
5 여자는 남자의 옷을 입지 말고, 남자는 여자

에 노예로 팔리지 않도록 보장해 주는 것이다. 결혼한 여인으로서, 그리고 장차 이스라엘 백성의 어머니가 될 사람으로서, 그 여인은 이혼을 통하여 자유롭게 될 수 있지만, 노예로 다시 되돌릴 수는 없다.

21:15-17 결혼은 그 결혼에서 태어난 모든 자녀들의 신분에도 영향을 미친다. 처음 난 아들의 특별한 상속권에 관한 규정은 그 가정의 가장이 죽었을 때, 가정 경제가 타격을 입지 않도록 유지하기 위해 고안된 것이다. 일부다처제의 가정에서 첫 아들의 권리는 다른 사랑받는 여인의 자녀들에게 밀려날 수 없다. **21:17** 재산의 두 몫은 문자적으로 삼분의 이로 규정된다.

21:18-21 *반항만 하고 고집이 센 아들에* 대한 사형을 규정한 법률은 가정 내의 갈등에 대해서 놀라울 정도로 혹독한 것처럼 보인다. **21:19** 그 법의 주된 목적은 가장으로부터 개인적인 처벌을 할 책임을 박탈하고 그 책임을 대신에 마을의 장로들에게 지우려는 데 있다. 장로들은 그 주장을 검토하고 쌍방의 합의하에서만 그 가혹한 처벌이 집행될 수 있게 된다. 그 마을의 어른 남자들이 형을 집행하는데 그럼으로써 그들이 그 판결에 동의한다는 것을 보여준다. 이러한 방법으로 가정 내에서의 갈등은 세심하게 공개적인 정밀 조사의 과정을 거치게 되어 자의적인 부모의 폭력은 더욱 광범위한 여론의 부담을 안게 된다.

21:22-23 몇 가지의 중범죄들은 처벌의 중함이 공동체 내에서 일반적으로 범죄 예방 효과가 있는 것 때문에 중한 처벌이 필요하다는 선언이 따른다 (17:12-13; 19:19-20; 21:21을 참조). 이러한 경우들에 있어서는 그 범죄자의 시체가 일반인들에게 경고용으로 나무에 매달리게 된다. 이런 때에 그 시체는 사형이 집행된 당일 저녁이 되기 전에 끌어 내려서 묻어야 한다. 그렇지 않으면 죽음의 존재가 그 땅을 부정한 것으로 만들고 하나님의 저주 아래 있게 만들 것이다.

22:1-12 땅을 부정한 것으로부터 지키는 것과 관련해서 땅의 소유권과 이미 확립된 삶의 질서를 존중하는 문제가 제기된다. **22:1-2** 땅의 소유권을 가지고 있다고 해서 그 땅 위에서 발견되는 모든 것의

의 옷을 입지 마십시오. 주 당신들의 하나님은 이
렇게 하는 사람을 싫어하십니다.
6 당신들은 길을 가다가, 어떤 나무에서나
땅에서 어미 새가 새끼나 알을 품고 있는 것을 만
나거든, 새끼를 품은 어미를 잡지 마십시오. 7 어
미 새는 반드시 날려 보내야 합니다. 그 새끼는 잡
아도 됩니다. 그래야만 당신들이 복을 받고 오래
살 것입니다.
8 당신들은 집을 새로 지을 때에 지붕에 난
간을 만들어야 합니다. 그렇게 하면, 사람이 떨어
져도 그 살인죄를 당신들 집에 지우지 않을 것
입니다.
9 당신들은 포도나무 사이사이에 다른 씨를
뿌리지 마십시오. 그렇게 하면, 씨를 뿌려서 거둔
곡식도 포도도 성물이 되어 먹지 못합니다.
10 당신들은 소와 나귀에게 한 멍에를 메워
밭을 갈지 마십시오.
11 당신들은 양털과 무명실을 함께 섞어서
짠 옷을 입지 마십시오.
12 당신들은 당신들이 입은 겉옷 자락 네 귀
퉁이에 술을 달아야 합니다."

순결에 관한 법

13 "어떤 남자가 여자를 아내로 맞아 동침한
뒤에, 그 여자가 미워져서 14 '이 여자를 아내로
맞아 가까이 하여 보았더니, ㄱ)처녀가 아니었다'
하고 비방하며, 누명을 씌워 소문을 퍼뜨렸을 때에,
15 그 여자의 부모는, 그 여자가 처녀임을 증명
하는 증거물을 가지고 성문 위의 회관에 있는 그
성읍의 장로들에게 가십시오. 16 그 여자의 아
버지는 장로들에게 이렇게 말해야 합니다. '내 딸을
이 사람에게 아내로 주었더니, 그가 내 딸을 미워
하며, 17 내 딸이 처녀가 아니었다고 비방하였
습니다. 그러나 이것이 내 딸이 처녀임을 증명하는
표입니다.' 그리고 그 성읍의 장로들 앞에 그 자리
옷을 펴 보이십시오. 18 그러면 그 성읍의 장로
들은 그 남자를 붙잡아 때린 뒤에, 19 이스라엘
처녀에게 누명을 씌운 대가로, 그 남자에게서 벌
금으로 은 백 세겔을 받아서, 그 여자의 아버지에게
주십시오. 그 여자는 계속하여 그의 아내가 되고,
그는 평생 그 여자를 내보낼 수 없습니다.

ㄱ) 또는 '그가 처녀라는 표적을 보지 못하였다'

소유권을 자동적으로 부여해 주는 것은 아니다. 떠돌아다니는 동물이나 그 땅에서 발견된 유실물들은 자동으로 그 땅 주인의 것이 되지 않는다. 어떤 사람의 땅에서 그런 것을 발견한 경우라도 그것들의 원래 주인의 소유권이 없어지는 것이 아니다. 더군다나 발견한 사람의 책임은 주인이 나타날 때까지 그것들을 잘 관리하는 것이다. **22:3** 공동체 구성원의 의무는 다른 사람의 재산을 돌보는 데 있어서 무관심보다는 적극적인 도움을 요구한다. **22:4** 도와줄 의무가 있다는 이 같은 원리는 길을 잃은 동물이 공공의 장소에서 발견된 경우에도 동일하게 적용된다. **22:5** 자신의 성과 반대되는 성이 입어야 할 옷을 입는 일은 공동체의 생활에 있어서 근본적인 요인 중의 하나인 성별 구별의 경계를 넘는 위험한 일로 여겨진다. **22:6-7** 어미 새의 생명을 그 새끼와 함께 취하지 않음으로써 새들을 보호하라고 하는 것은 삶과 죽음의 경계를 존중하고 삶이 죽음보다 우선된다는 것을 확실히 하기 위한 것이다. 암탉의 생명을 보호함으로써 그 종류의 미래가 보장되도록 한 것은, 그래야 계속 새끼를 부화할 수 있기 때문이다 (14:21에 나오는 염소와 염소새끼에 관한 규정 참조). **22:8** 생명이 죽음보다 앞서는 것을 보장하기 위한 책임 가운데는 오락용이든 창고용이든 건물을 지을 때에 옥상에 튼튼한 난간을 만들어서 사고로 사람이 떨어지지 않도록 하는 것이 포함된다. **22:9** 레 19:19에는 두 종자를 섞어서 파종하지 말라고 하는 규정이 있는데 이 규정과 같은 맥락이다. 여기서 *포도나무*를 언급한 것은 다소 의외이다. 왜냐하면 어떤 밭에든지 두 종류의 종자를 섞어서 파종하지 말라고 하는 보다 포괄적인 규정은 하나님이 각 종류를 구별해서 창조하신 질서를 보존하고자 하는 관심(창 1:11-12)을 충분히 포괄하고 있기 때문이다. *성물이 되어 먹지 못합니다.* 이 표현은 문자 그대로 "거룩하게 될 것이다"인데, 그렇게 생산된 수확물들은 성전과 제사장들에게 주어야 한다는 뜻을 암시하고 있다. **22:10** 그 앞의 규정과의 연결은 주된 관심은 서로 종자가 다른 동물들 사이의 성적인 관계를 금지하는 것에 있음을 보여준다. 그러나 동시에 서로 힘이 상당히 다른 동물들이 같이 멍에를 메는 것에 대한 긍휼히 여기는 마음도 있었을 것이다. **22:11** 이 규정에 대한 어떤 분명한 이유는 없다. 다만 두 개의 서로 다른 재료를 섞는 것을 피하고, 그럼으로써 하나님이 창조하신 자연 질서의 특징이라고 느껴지는 경계를 넘지 않으려고 하는 바램이 있었다고 볼 수 있다. **22:12** 이러한 옷술의 목적은 설명되어 있지 않지만, 다른 규정(민 15:38-39)에 보면, 이스라엘 백성에게 하나님의 법에 대한 의무를 기억나게 하는 목적이 있음을 알 수 있다. 후대에는 유대교에서는 이 규정을 지키기 위해서 흰 양털로 만든 옷술을 여러 개의 매듭으로 묶어서 옷에 달도록 하였다.

22:13-21 생명과 죽음의 경계 다음으로는 성을 경계하는 것이 공동체생활의 구조와 조직에 가장 중요

20 그의 주장이 참되어서, 그 여자가 처녀임
이 증명되지 않거든, 21 그 여자를 그 아버지의
집 문 앞에 끌어내고, 그 성읍의 사람들은 그 여
자를 돌로 쳐서 죽이십시오. 그 여자가 자기 아버
지 집에 있을 때에 음행을 하여, 이스라엘 안에서
수치스러운 일을 하였기 때문입니다. 그러므로
당신들은 당신들 가운데서 이런 악의 뿌리를 뽑
아야 합니다.
22 어떤 남자가 남의 아내와 정을 통하다가
들켰을 때에는, 정을 통한 남자와 여자를 다 죽여서,
이스라엘에서 이런 악의 뿌리를 뽑아야 합니다.
23 한 남자와 약혼한 처녀를 다른 남자가 성
안에서 만나서 정을 통하였을 경우에, 24 두 사
람을 다 성문 밖으로 끌어다 놓고, 돌로 쳐서 죽
여야 합니다. 그 처녀는 성 안에 있으면서도 소리를
지르지 않았기 때문이요, 그 남자는 이웃의 아내를
범하였기 때문입니다. 그리하여 당신들은 당신들
가운데서 이런 악의 뿌리를 뽑아야 합니다.
25 어떤 남자와 약혼한 처녀를 다른 남자가
들에서 만나서 욕을 보였을 때에는, 욕을 보인 그
남자만 죽이십시오. 26 그 처녀에게는 아무 벌도
주지 마십시오. 그 여자에게는 죽일 만한 죄가
없습니다. 욕을 보인 남자의 경우는, 사람이 이웃을
해치려고 일어나 그 이웃을 살해한 것이나 마찬
가지입니다. 27 그 처녀는 들에서 그 남자를
만났으므로, 약혼한 그 처녀가 소리를 질러도 구
하여 줄 사람이 없었을 것입니다.
28 어떤 남자가 약혼하지 않은 처녀에게 욕
을 보이다가 두 사람이 다 붙잡혔을 때에는,
29 그 남자는 그 처녀의 아버지에게 은 오십 세
겔을 지불해야 합니다. 그리고 그 여자에게 욕을
보인 대가로 그 여자는 그의 아내가 되고, 그는 평
생 동안 그 여자와 이혼할 수 없습니다.
30 아무도 자기 아버지의 아내를 취하지 못
하며, 어느 누구도 ㄱ)아버지의 아내와 동침하지 못
합니다."

주님의 총회 회원이 될 수 없는 사람들

23 1 "고환이 터졌거나 음경이 잘린 사람
은, 주님의 총회 회원이 되지 못합니다.
2 사생아도 주님의 총회 회원이 되지 못하
고, 그 자손은 십 대에 이르기까지 주님의 총회 회
원이 되지 못합니다.

ㄱ) 히, '아버지의 옷자락을 벗기지 못한다'

했다. 그렇기 때문에 성의 구별이 존중되고 유지되는 것이 아주 중요했고 성관계는 정식으로 결혼한 후에만 성립되었다. 그렇게 함으로써만 공동체 전체가 보호되고 유지될 수 있었다. 결혼을 할 경우에는 보통 두 가문 사이에서 협상이 된 결과이며, 신부는 처녀라는 전제하에 신부 집에 합당한 대가를 치러야 했다. **22:15** *그 여자가 처녀임을 증명하는 증거물.* 이 증거물은 결혼 후 처음 성교할 때 나오는 핏자국을 말하는 것이다. 그리고 결혼 전에 그녀의 부모들이 가지고 있던 자리옷에 묻은 월경의 흔적을 지칭하기도 한다 (17절). **22:18-19** 일단 성읍의 장로들이 중요한 증거를 검토하고 난 후에는 신랑은 그녀가 처녀가 아니라고 하는 단순한 비난을 신부나 신부의 집안에게 제기할 수 없다. 만약에 처녀라는 충분한 증거가 장로들에게 제시되면, 그 신랑과 신부 사이에 더 이상 이혼은 가능하지 않게 된다. 다른 경우들에 있어서와 마찬가지로 가족들 안에서 혹은 가족들 사이에서 분쟁을 해결해야 할 경우에는 신명기 법에 의하면, 그 성읍의 장로들의 독립적인 판단에 호소하게 된다. **22:20-21** 그 여자가 처녀가 아님이 증명되면, 그에 따라 간음으로 처벌받게 되고, 그 여자를 결혼하도록 내어준 아버지는 신랑을 속이려고 했다는 비난도 받게 된다.

22:22-30 일곱째 계명은 간음 행위를 무조건 금지한다 (5:18). 그리고 그런 행위가 유죄로 판명될 경우에는 사형에 처한다 (22:22). 이것은 기본적으로 결혼에서 태어난 아이의 부계를 보호하기 위한 관심에서 비롯된 것이다. 그러나 이런 행위가 비밀리에 행해진 경우에는 입증하는 것이 어렵다는 사실이 충분히 인정된다 (잠 6:24-35). 이런 점이 왜 그 처벌이 그렇게 가혹하고 (*그리하여 당신들은 당신들 가운데서 이런 악의 뿌리를 뽑아야 합니다* 하는 표현에 주목하라) 또 그 처벌을 집행하기를 꺼려했는가 하는 이유를, 적어도 그 일부분을, 설명해 준다 (요 7:53-8:11 참조). **22:23-24** 20-21절에 있는 것과 같이 결혼할 당시에 처녀였음을 입증할 수 없었고, 따라서 그 이전에 이미 성적인 관계가 있던 것으로 의심받은 여인에 대한 형벌이 혹독하기 때문에 그 여인이 강간을 당했을 가능성을 고려하는 것이 필요하다. 사형이 선고되는 살인 사건의 경우와 마찬가지로 입증의 규정들은 아주 조심스러운 절차를 요구한다. 왜냐하면 그런 경우에는 독자적인 증인이 있을 가능성이 거의 없기 때문이다. 24절의 규정에서 보듯이 *결혼하기로 이미 약속한 경우* 라고 하는 여인의 신분은 그녀가 이미 결혼에 완전히 합의를 했고 양가에서 각각 필요한 합의를 마쳤음을 의미한다. 그녀는 이미 24절에서 *아내로* 불리고 있고 따라서 간통한 것으로 취급하게 된다. 상대 남자는 그렇기 때문에 남편이 될 사람의 권리를 침범한 것으로 처벌된다. **22:25-27** 만약에 그 범죄가 들판에서 벌어진 것이면, 그 여인이 성관계를 갖기로 동의를 한 것인지 아닌지 알기가 불가능할 것이다. 그렇기 때문에 그 여인이 무죄한 것으로 추정한다. 이 규정은

3 암몬 사람과 모압 사람은 주님의 총회 회원
이 되지 못합니다. 그 자손은 십 대가 아니라, 영원
히 주님의 총회 회원이 되지 못합니다. 4 그들은
당신들이 이집트에서 나올 때에, 먹을 것과 마실
것을 가지고 와서 당신들을 맞아들이기는커녕,
당신들을 저주하려고 브올의 아들 발람에게 뇌물을
주어 메소포타미아 지방의 브돌에서 그를 불러온
사람들입니다. 5 그러나 주 당신들의 하나님이
당신들을 사랑하시기 때문에, 주님께서 발람의
말을 듣지 않으시고, 오히려 그 저주를 복으로 바
꾸셨습니다. 6 당신들은 당신들의 평생에 그들이
조금이라도 번영하거나 성공할 틈을 주어서는 안
됩니다.

7 당신들은 에돔 사람을 미워해서는 안 됩니
다. 그들은 당신들의 친족입니다. 이집트 사람을
미워해서도 안 됩니다. 당신들이 그들의 땅에서
나그네로 살았기 때문입니다. 8 그들에게서
태어난 삼 대 자손들은 주님의 총회 회원이 될 수
있습니다."

진을 깨끗하게 하는 법

9 "당신들이 진을 치고 적과 맞서고 있는 동
안에는, 어떤 악한 일도 스스로 삼가야 합니다.
10 당신들 가운데 누가 밤에 몽설하여 부정을 탔을
때에, 그 사람은 진 밖으로 나가서 머물러 있어야
합니다. 11 해가 질 무렵에 목욕을 하고, 해가
진 다음에 진으로 들어올 수 있습니다.

12 당신들은 진 바깥의 한 곳에 변소를 만들
어 놓고, 그 곳에 갈 때에는, 13 당신들의 연장
가운데서 삽을 가지고 가야 합니다. 용변을 볼 때
에는 그것으로 땅을 파고, 돌아설 때에는 배설물을

살인 사건의 경우에 그랬던 것처럼 다른 중요한 범죄의 피해자를 보호하는 것과 같은 정도의 보호 규정을 적용해야 한다고 하는 생각을 반영하고 있다 (26절). 이 규정들에 있어서 일관되게 관심을 가지고 있는 점은 성에 관련된 모든 관계에 있어서 가능한 분명한 성의 구별을 유지하고자 하는 것이지만 (또한 27:20-23을 보라) 동시에 법정에서 만족할 만한 증거를 제시하지 못하는 경우에 생길 수 있는 어려움을 감안해서 법 적용을 제한하기도 한다. **22:28-29** 앞의 규정들은 이미 결혼한 여인 혹은 약혼한 여인이 강간을 당한 경우를 다루고 있다. 여기에 규정된 법들은 여자가 의도적으로 혹은 암묵적으로 성관계를 가지는데 동의한 것으로 추정되는 유혹받은 경우를 다루고 있다. 여자의 동의가 있었다고 해도 그러한 유혹이 있었다고 하는 것은 공동체에 있어서는 아주 중요한 문제이며, 이것은 여인의 아버지에게 필요한 액수의 지참금을 지불해야 할 것을 요구한다. 이미 벌어진 일로 인하여 여인의 아버지의 권리가 침해된 것으로 여겨지기 때문에 신부의 가격으로 기대되는 액수를 상실한 것에 대해 합당한 보상이 있어야 한다. 또한 법에서는 이 두 사람이 결혼할 것을 요구하고 있으며, 그 이후에 이혼이 허락되지 않는다고 규정한다. 출 22:16-17에서는 같은 경우에 여인의 아버지가 그 딸을 그 남자에게 주기로 동의하지 않을 수 있음을 규정하고 있는데, 그런 경우에도 보상금은 여전히 아버지에게 지불되어야 한다. 50세겔은 상당히 많은 액수인데 보통 신부의 지참금에 해당한다고 볼 수 있다. **22:30** *자기 아버지의 아내와* 결혼을 금지하는 규정은 그 여인이 실제로 자기의 계모였는데 과부가 된 경우를 생각할 수 있다. 아버지의 아내와 동침했다고 하는 표현(개역개정은 아버지의 하체를 드러내지 말지니라; 공동번역은 "아버지의 이불자락을 들치지 못한다")은 이미 다른 관계가 확립된 경우에 (예를 들어 아버지와 아들) 성적인 관계가 그 경계선을 바꿀 수 없다고 하는 관계의 특징을 인정하는 것이다.

23:1-8 신명기 법전에 제시된 규정들은 그것이 이스라엘의 공동체, 즉 하나님과의 언약관계에 있는 모든 사람에게 적용된다는 것을 전제로 한다. 그렇기 때문에 공동체의 경계가 어디에 있는지를 정하는 것이 중요하다. **23:1** 공동체에서 성기가 절단된 남자를 제외시키는 것부터 그 목록을 시작하는 것을 보면 하나님이 주신 생명을 낳을 수 있는 능력이라고 하는 표시로서 성적인 능력이 얼마나 중요한 것인가 하는 것이 강조되는 것 같다. 같은 원리로 가부장적인 남성 중심의 공동체의 구조가 확인된다. 왜냐하면 간음과 강간에 관한 이전 규정들에서 보았듯이 여자 구성원들은 아버지나 남편 등 남자의 권위 아래 자신을 두는 것이 전제되어 있기 때문이다. **23:2** *사생아.* 사생아는 정식 결혼이 아닌 관계에서 태어난 아이를 말할 뿐만 아니라, 22:30에 규정된 것처럼 공동체의 허용된 질서 이외의 모든 관계에서 태어난 아이를 다 지칭하는 것이다. *십 대에 이르기까지* (또한 3절을 보라) 라는 표현은 "영원히" 라는 뜻을 의미하는 정도의 긴 기간을 말한다. **23:3-4** 이스라엘 백성과 암몬 족속과 모압 족속 사이에 있는 해묵은 원한은 그들 사이의 갈등과 관련된 여러 역사적인 사건들에 반영되어 있다 (민 25:1-3; 삿 3:12-30; 10:6-18; 삼하 8:2). 2:1-25에 나와 있는 이야기에서 이스라엘이 모압과 암몬 족속의 영토를 통과할 때에 있었던 일은 갈등을 일으키지 않고자 하는 관심을 보여준다. 창 19:30-38은 두 민족의 기원이 근친상간의 관계로 소급되어 가는 것을 보여준다. **23:5** 모압의 선지자 발람이 이스라엘 백성을 저주하기 위해서 소환되었지만 그럴 수 없었던 과정을 보여주는 이야기는 민 22:1—

덮으십시오. 14 주 당신들의 하나님은 당신들을 구원하시고 당신들의 대적들을 당신들에게 넘겨 주시려고, 당신들의 진 안을 두루 다니시기 때문에, 당신들의 진은 깨끗하게 유지되어야 합니다. 주님께서 당신들 가운데로 다니시다가 더러운 것을 보시면 당신들에게서 떠나시고 말 것이니, 그런 일이 일어나지 않도록 당신들의 진을 성결하게 하십시오."

기타 규정

15 "어떤 종이 그의 주인을 피하여 당신들에게로 도망하여 오거든, 당신들은 그를 주인에게 돌려보내서는 안 됩니다.
16 성 안에서 그가 좋아하는 곳을 택하게 하여, 당신들과 함께 당신들 가운데서 살게 하여 주고, 그를 압제하지 않도록 하십시오.

17 이스라엘의 딸은 창녀가 될 수 없습니다. 또 이스라엘의 아들들도 ㄱ)남창이 될 수 없습니다.
18 창녀가 번 돈이나 ㄴ)남창이 번 돈은, 주 당신들의 하나님의 성전에 서원을 갚는 헌금으로 드릴 수 없습니다. 이 두 가지가 다 주 당신들의 하나님이 미워하시는 것입니다.

19 당신들은 동족에게 꾸어 주었거든 이자는 받지 마십시오. 돈이든지 곡식이든지, 이자가 나올 수 있는 어떤 것이라도 이자를 받아서는 안 됩니다.
20 외국 사람에게는 꾸어 주고서 이자를 받아도 좋습니다. 그러나 동족에게서는 이자를 받지 못합니다. 그래야만 당신들이 들어가 차지할 땅에서 당신들이 하는 모든 일에, 주 당신들의 하나님이 복을 주실 것입니다.

21 주 당신들의 하나님께 맹세하여서 서원한 것은 미루지 말고 지켜야 합니다. 주 당신들의 하나님은 반드시 그것을 당신들에게 요구하실 것입니다. 그러니 미루는 것은 당신들에게 죄가 됩니다.
22 맹세하지 않은 것은 당신들에게 죄가 되지 않습니다.
23 그러나 한 번 당신들의 입으로 맹세한 것은 반드시 지켜야 합니다. 당신들이 주 당신들의 하나님께 입으로 스스로 약속한 것은 서원한 대로 하여야 합니다.

24 당신들이 이웃 사람의 포도원에 들어가서 먹을 만큼 실컷 따먹는 것은 괜찮지만, 그릇에 담아가면 안 됩니다.
25 당신들이 이웃 사람의 곡식밭에 들어가 이삭을 손으로 잘라서 먹는 것은 괜찮지만, 이웃의 ㄷ)곡식에 낫을 대면 안 됩니다."

ㄱ) 가나안의 풍요 종교에는 신전 창녀와 신전 남창이 있어서 풍요의 신을 숭배하였음 ㄴ) 히, '개의 소득' ㄷ) 히, '곡식 밭에'

24:25에서도 찾아볼 수 있다. 여기서의 규정은 이러한 민족들 간의 갈등의 기록과 함께 해묵은 원한의 전통을 드러내고 있지만, 정확하게 갈등의 원인이 되는 역사적인 뿌리는 추적할 수 없다. **23:6** 이 두 민족의 번영을 위한 어떤 일도 금하는 규정은 비록 그들이 이스라엘의 인접 민족들임에도 불구하고 어떤 영구적인 평화 조약이나 군사 협정도 그들과 맺지 말라는 것을 의미한다. **23:7-8** 2:1-8을 보라. 이스라엘과 에돔 사이의 동족 (문자 그대로는 "형제") 관계는 에돔을 야곱의 형제인 에서와 동일시하는 데서 볼 수 있다 (창 25:23-28; 36:1-43). 공동체에 받아들여지기 위해서 *3대가* 지나야 충분한 구분이 된다고 하는 규정은 부모와 자식 간의 긴밀한 유대관계가 전제되는 사회의 기초 단위로서의 가정의 중요성을 보여주는 것이다.

23:9-25 개인의 행동이나 개인의 위생과 관련된 보다 광범위한 문제들도 역시 공동체로부터의 출교를 초래할 수 있다. **23:9** *어떤 악한 일* (17:1에서는 희생제물로 바쳐지기 위한 짐승에게서 발견된 흠을 지칭하는데 사용된 단어)이라고 하는 것은 단지 불쾌하거나 적합하지 않은 것 이상을 말한다. 그것은 해로운 것으로 판명될 수 있는 결함 또는 부정한 것이라는 느낌을 말한다. 이 규정은 군사 진영을 전제로 하고 있으며 이것은 또한 그 다음에 나오는 규정들에서도 마찬가지이다. **23:10-11** 레 15:16-17에서는 같은 법이 보다 광범위하게 적용되는 것에 주의하라. 그러한 사건들은 해롭게 입증될 수 있는 부정한 것의 표시이며 동시에 거룩함을 해치고 따라서 이스라엘의 군사적인 효율성에 해가 될 수 있다고 하는 전제가 깔려있다. **23:12** 이스라엘 진영에 하나님이 임재하셔야 전쟁에서 승리를 가져올 수 있다고 하는 것은 신명기의 분명한 가르침이다 (1:32, 42; 3:22; 7:21 등). **23:13** 삽. 이 단어는 천막 말뚝(삿 4:21-22)이나 지탱하는 말뚝(사 22:23)을 의미하기도 한다. **23:14** 군사 진영에서의 부정함은 하나님의 임재를 가능하게 하는 거룩함, 즉 전쟁에서의 승리를 가져오는 조건을 해치는 것이다. **23:15-16** 도망간 노예를 주인에게로 돌려주지 않는 것과 관련된 규정은 이방 사람을 억압하는 것을 금지하는 출 22:21의 폭넓은 규정과 관련되어 있다 (24:17 참조). 그것은 통상적인 고대 근동의 입법례에 반하는 것이다. **23:17** 고대에 널리 퍼진 창녀제도는 성전과 관련된 경우가 많았고 심지어는 어떤 종교에서는 종교 의식들과 관련되어 있었다 (왕상 14:24, 15:12, 22:46; 왕하 23:7). 호세아의 아내 고멜이 그러한 성전의 창녀였을 가능성을 제기하는 사람도 있다 (호 1:2-3 참조; 또한 4:14 참조). 그러한 모든 활동들은 신명기 법에서는 엄격히 금지하는 것이다. 그 규정은 그러한 창녀들이 존재한 것이 보통은 이방

이혼과 재혼

24 1 "남녀가 결혼을 하고 난 다음에, 남편이 아내에게서 수치스러운 일을 발견하여 아내와 같이 살 마음이 없을 때에는, 아내에게 이혼증서를 써주고, 그 여자를 자기 집에서 내보낼 수 있습니다.
2 그 여자가 그의 집을 떠나가서 다른 남자의 아내가 되었는데,
3 그 둘째 남편도 그 여자를 싫어하여 이혼증서를 써주고 그 여자를 자기 집에서 내보냈거나, 그 여자와 결혼한 둘째 남편이 죽었을 경우에는,
4 그 여자가 이미 몸을 더럽혔으므로, 그를 내보낸 첫 번째 남편은 그를 다시 아내로 맞아들일 수 없습니다. 이런 일은 주님 앞에서 역겨운 일입니다. 당신들은 주 당신들의 하나님이 당신들에게 유산으로 주신 땅을 죄로 물들게 해서는 안 됩니다."

기타 규정

5 "아내를 맞은 새신랑을 군대에 내보내서는 안 되고, 어떤 의무도 그에게 지워서는 안 됩니다. 그는 한 해 동안 자유롭게 집에 있으면서, 결혼한 아내를 기쁘게 해주어야 합니다.
6 맷돌은, 전부나 그 위짝 하나라도, 저당을 잡을 수 없습니다. 이것은 사람의 생명을 저당잡는 것과 마찬가지이기 때문입니다.
7 어떤 사람이 같은 겨레인 이스라엘 사람을 유괴하여 노예로 부리거나 판 것이 드러나거든, 그 유괴한 사람은 죽여야 합니다. 당신들은 당신들 가운데서 그러한 악의 뿌리를 뽑아야 합니다.
8 ㄱ)악성 피부병에 걸린 사람에 대하여는, 레위 사람 제사장들이 당신들에게 가르쳐 주는 대로, 모든 것을 철저히 지켜야 합니다. 내가 그들에게 명령한 대로 지키십시오.
9 당신들이 이집트에서 나오던 길에, 주 당신들의 하나님이 미리암에게 하신 일을 기억하십시오.
10 당신들은 이웃에게 무엇을 꾸어 줄 때에, 담보물을 잡으려고 그의 집에 들어가지 마십시오.
11 당신들은 바깥에 서 있고, 당신들에게서 꾸는 이웃이 담보물을 가지고 당신들에게로 나아오게 하십시오.
12 그 사람이 가난한 사람이면, 당신들은 그의 담보물을 당신들의 집에 잡아 둔 채 잠자리에 들면 안 됩니다.
13 해가 질 무렵에는 그 담보물을 반드시 그에게 되돌려주어야 합니다. 그래야만 그가 담보로 잡혔던 그 겉옷을 덮고

ㄱ) 전통적으로 나병으로 알려져 왔으나 히브리어로는 여러 가지 악성 피부병을 뜻함

인들에게서 시작된 것임을 암시한다. **23:18** 창녀의 화대로 성전에 헌금을 하는 문제에 대해서는 미 1:7을 보라. **23:19** 출 22:25-27을 보면 사실상 같은 법인데 다르게 표현되어 있다. 다만 신명기는 이 규정을 돈이 아닌 다른 물품에까지 적용을 확대하고 있다. 높은 이자율을 대부금에 부여하는 관습은 고대에 널리 퍼진 사회악이었는데 구약 성경의 다른 곳에서도 이것이 반영되어 있다. 15:7-11은 이웃에게 곤궁한 때에 돈을 꾸어주라고 권면하고 있는데 그러한 충고는 분명히 상업적인 대출을 장려하는 것이 아니다 (전 5:13-15). 그러한 대출과 금융 대부의 파괴적인 사회적 결과에 대해서는 잠 22:7을 보라. **23:20** 신명기는 출애굽기의 법을 확대해서 이방 사람에게는 이자를 물릴 수 있다는 양보 규정을 첨가하고 있다. 이것은 신명기가 이스라엘은 "형제자매들의 국가"로서 다른 나라들과 구분이 된다고 하는 분명한 의식을 가지고 있음을 보여준다. **23:21-23** 서원을 하는 것은 자원해서 하는 행동이며 종종 선물을 약속한다든지 기도 응답에 대한 반응으로 성전에 헌물을 바친다든지 하는 형태를 띠게 된다. 전 5:4-5에서도 하나님에게 자원해서 한 약속은 반드시 지켜져야 한다고 강조한다 (마 5:33의 주석을 보라). **23:24-25** 이웃의 포도밭에서 포도를 먹거나 곡식밭에 들어가 곡식을 먹도록 법적으로 허용하는 것은 그 공동체의 보다 소외된 계층들을 향한 관습적이면서도 긍휼히 여기는 태도로 널리 용인되었던 것 같다. 여기에 가해진 제한은 이익을 남기기 위한 목적으로 잘 사는 사람들이 부를 남용하는 것을 막고자 하는 것이다.

24:1-5 이혼의 가능성은 분명히 고대 이스라엘에서 널리 받아들여지고 있었던 것 같다. 그리고 1-4절에 있는 규정들은 그러한 행동들을 규정함과 동시에 그 규정들에 긍정적인 사회적인 인정을 부여하기 위한 것이다. **24:1** *수치스러운 일.* 이것이 무엇인지 분명하지 않지만 남편이 수치스러움의 여부를 결정하는 것은 확실하다. 어떤 제의적인 부정을 말하는 것이라는 표시는 어디에도 없다. 중심 되는 관심은 비록 일부다처제의 가정의 일부일지라도 결혼이 존중되어야 한다는 것이며 한 여인은 오직 한 남편과만 관계를 가지는 독점적인 관계임을 분명히 하고자하는 것이다. 이혼이 성립되기 위해서는 정해진 공식적인 절차가 필요하다. 여기에는 이혼 증서를 여인에게 전해주는 것이 포함되는데, 이것을 가지면 여인은 다른 남자와 결혼할 자유가 주어졌다 (2절). **24:3-4** 여자가 다시 이혼하게 되면 다시 자유롭게 결혼할 수 있지만, 원래의 남편과는 재결합을 못한다. 그러한 행동은 결혼을 부담 없고 대수롭지 않은 관계로 전락시킬 수 있게 된다. 렘 3:1 참조. 이 규정은 호 3:1-3에 나오는 무명의 여인이 과연 호 1:2-3

잠자리에 들 것이며, 당신들에게 복을 빌어 줄 것입니다. 이렇게 하는 것이 주 당신들의 하나님이 보시기에 옳은 일입니다.

14 같은 겨레 가운데서나 당신들 땅 성문 안에 사는 외국 사람 가운데서, 가난하여 품팔이하는 사람을 억울하게 해서는 안 됩니다.
15 그 날 품삯은 그 날로 주되, 해가 지기 전에 주어야 합니다. 그는 가난한 사람이기 때문에 그 날 품삯을 그 날 받아야 살아갈 수 있습니다. 그가 그 날 품삯을 못 받아, 당신들을 원망하면서 주님께 호소하면, 당신들에게 죄가 돌아갈 것입니다.

16 자식이 지은 죄 때문에 부모를 죽일 수 없고, 부모의 죄 때문에 자식을 죽일 수 없습니다. 사람은 저마다 자기가 지은 죄 때문에만 죽임을 당할 것입니다.

17 외국 사람과 고아의 소송을 맡아 억울하게 재판해서는 안 됩니다. 과부의 옷을 저당잡아서는 안 됩니다.
18 당신들은 이집트에서 종살이하던 것과 주 당신들의 하나님이 당신들을 거기에서 속량하여 주신 것을 기억하십시오. 내가 당신들에게 이런 명령을 하는 까닭도 바로 여기에 있습니다.

19 당신들이 밭에서 곡식을 거둘 때에, 곡식 한 묶음을 잊어버리고 왔거든, 그것을 가지러 되돌아가지 마십시오. 그것은 외국 사람과 고아와 과부에게 돌아갈 몫입니다. 그래야만 주 당신들의 하나님이 당신들이 하는 모든 일에 복을 내려 주실 것입니다.
20 당신들은 올리브 나무 열매를 딴 뒤에 그 가지를 다시 살피지 마십시오. 그 남은 것은 외국 사람과 고아와 과부의 것입니다.
21 당신들은 포도를 딸 때에도 따고 난 뒤에 남은 것을 다시 따지 마십시오. 그 남은 것은 외국 사람과 고아와 과부의 것입니다.
22 당신들은 이집트 땅에서 종살이하던 때를 기억하십시오. 내가 당신들에게 이런 명령을 하는 까닭도 바로 여기에 있습니다.

25 1 사람들 사이에 분쟁이 생겨서, 그들이 법정에 서게 되면, 재판장은 그들을 재판하여, 옳은 사람에게는 무죄를, 잘못한 사람에게는 유죄를 선고해야 합니다.
2 유죄를 선고받은 사람이 매를 맞을 사람이면, 재판관은 그를 자기 앞에 엎드리게 하고, 죄의 정도에 따라 매를 때리게 해야 합니다.
3 그러나 매를 마흔 대가 넘도록 때려서는 안 됩니다. 마흔이 넘도록 때려서, 당신들의 겨레가 당신들 앞에서 천히 여김을 받아서는 안 됩니다.

에 나오는 고멜, 즉 선지자의 아내였을까 하는 논의에 적용된다. **24:5** 20:5-7에 나오는 규정을 참조하라.

24:6-15 몇 가지 규정은 직접 하나님과의 언약관계에서 경험하는 삶의 질과 관련되어 있는 것이다. 이러한 단계들은 공동체의 삶이 기본적인 수준이나 "형제자매들의 공동체"에 맞는 삶의 질을 유지하도록 하는 것이 목적이다. 그러나 심지어는 건강에 관련된 것과 같은 심각한 문제들에 대해서도 법은 증거의 문제라든지 해당 공직자들 앞에서 사안을 설명하는 등의 실질적인 문제들에 있어서 효율성에 제한이 많다. 그런 경우에는 할 수 없이 개인들의 긍휼과 도덕적인 관심에 호소하는 길을 찾게 된다. **24:6** 밀가루를 만들기 위한 맷돌은 각 가정이 식사를 준비할 때 독립적인 삶을 유지하기 위해서 가져야 될 가장 필수적이고 기본적인 물품이다. 채무 담보로 맷돌을 저당 잡는 것을 금하는 규정은 가정의 독립성을 지켜 주기 위한 것이다. **24:7** 출 21:16에 나오는 아주 비슷한 규정은 모든 사람의 유괴에 대해 규정하고 있다. 여기서 다시 한 번 신명기는 이스라엘 사람의 특별한 지위에 대해 특히 민감하게 반응한다는 것을 볼 수 있다. 그러한 유괴는 널리 퍼진 강도짓의 한 형태였던 것으로 보인다. 많은 경우에 아이들이 그 희생자가 되었는데 노예를 사고팔기 위한 목적으로 유괴가 행해졌다. **24:8** 이 본문에서 악성 피부병으로 알려진 그 질병은 당시 고대 근동에서 유행했던 것 같지는 않다. 그래서 정확하게 어떤 형태의 피부병이 여기서 논의되고 있는 것인지는 불분명하다. 이런 병명에는 여러 형태의 감염이 포함될 수 있기 때문에 꼭 악성이어야 되는 것은 아니지만, 그래도 전염성이 있고 위험한 것으로 여겨지는 것이다. 이것을 진단하는 것은 레위 제사장들의 경험과 지식에 맡겨졌다. 이 법의 목적은 제사장들의 결정들을 존중해서 더 이상 전염이 퍼지는 것을 방지하기 위한 것이다. **24:9** 여기서 언급하는 것은 민수기 12:14-15에 있는 사건으로 모세의 누이인 미리암이 자기 동생에게 반역하였다가 피부병이 걸려서 이스라엘 진영에서 7일 동안 나가 있었던 일을 말하는 것이다. **24:10-13** 경제적인 어려움을 겪고 있는 사람들에게 돈을 꾸어주는 것은 15:7-11에서 권장하고 있는 일이다 (또한 잠 3:27-28 참조). 그러나 돈을 꾸어주는 일은 위험이 많고 더 큰 문제를 일으킬 수 있는 일인 것은 분명하다 (잠 6:1-5 참조). 여기의 법은 가난한 사람이 불필요하게 경멸당하지 않도록 가난의 희생자를 보호하기 위한 목적을 가지고 있다. **24:13** *이렇게 하는 것이 주 당신들의 하나님이 보시기에 옳은 일입니다.* 이 표현은 그런 상황에서 인정을 가지고 행동하는 것은 법적인 행동의 문제가 아니라 개인적인 양심의 문제라는 것을 인정하는 것이다. **24:14-15** 노예와 자유인 사이의 계층으로 하루 임금을 받고 일을 하는 고용 노동자들이 있었다. 그들에게 주어야 할 것은 바로 그날

4 곡식을 밟으면서 타작하는 소의 입에 망을 씌우지 마십시오."

죽은 형제에 대한 의무

5 "형제들이 함께 살다가, 그 가운데 한 사람이 아들이 없이 죽었을 때에, 그 죽은 사람의 아내는 딴 집안의 남자와 결혼하지 못합니다. 남편의 형제 한 사람이 그 여자에게 가서, 그 여자를 아내로 맞아, 그의 남편의 형제된 의무를 다해야 합니다.
6 그래서 그 여자가 낳은 첫 아들은 죽은 형제의 이름을 이어받게 하여, 이스라엘 가운데서 그 이름이 끊어지지 않게 해야 합니다. 7 그 남자가 자기 형제의 아내와 결혼하는 것을 기뻐하지 않을 경우에, 홀로 남은 그 형제의 아내는 성문 위의 회관에 있는 장로들에게 가서 '남편의 형제가 자기 형제의 이름을 이스라엘 가운데서 잇기를 바라지 않으며, 남편의 형제의 의무도 나에게 하지 않고 있습니다' 하고 호소해야 합니다. 8 그러면 그 성읍의 장로들이 그를 불러다가 권면하십시오. 그래도 듣지 않고, 그 여자와 결혼할 마음이 없다고 하면,
9 홀로 남은 그 형제의 아내가, 장로들이 보는 앞에서 그에게 나아가서, 그의 발에서 신을 벗기고, 그의 얼굴에 침을 뱉으면서 말하기를 '제 형제의 가문 세우기를 원하지 않는 사람은 이렇게 된다' 하십시오. 10 그 다음부터는 이스라엘 가운데서 그의 이름이 '신 벗긴 자의 집안'이라고 불릴 것입니다."

다른 법

11 "두 남자가 싸울 때에, 한쪽 남자의 아내가 얻어맞는 남편을 도울 생각으로 가까이 가서, 손을 내밀어 상대방의 음낭을 잡거든, 12 당신들은 그 여인의 손을 자르십시오. 조금도 동정심을 가지지 마십시오.

13 당신들은 주머니에 크고 작은 다른 저울추를 두 개 가지고 있어서는 안 됩니다. 14 당신들의 집에 크고 작은 다른 되가 두 개 있어서도 안 됩니다. 15 당신들은 바르고 확실한 저울추와 바르고 확실한 되를 사용하십시오. 그러면 주 당신들의 하나님이 주시는 땅에서 당신들이 오래 살

그날 지불되어야 하였다. 그리고 그 전의 경우에서처럼 그러한 행동은 15절의 경고에서 분명한 것처럼 개인적인 양심의 문제였다.

24:16-22 가족간의 연대의식은 고대 근동의 특징 가운데 아주 강한 것이었다. 그것은 종교적인 생각에도 반영되어 있다 (출 34:6-7). 하나님의 거룩하심이 가족의 불순종으로 훼손되는 경우에 모든 가족 구성원이 처벌받을 수 있었다 (수 7:24-26; 민 16:27, 31-32). 마찬가지로, 가족간의 연대에 관한 너무 지나친 헌신은 개인들의 권리와 특권을 훼손하거나, 가족관계에 있지 않은 사람들을 외면하는 것으로 이어질 수 있었다. 신명기가 사회적 소외 계층에 있는 사람들에 대한 관심을 가지는 것도 그런 이유이다. 오랫동안 곪아터진 가족간의 반목은 정의를 훼손하고 법이 개입할 수 있는 힘을 약화시킨다. 가족 안에서 개인들의 권리에 관한 이런 규정들은 그렇기 때문에 각 개인이 법 앞에서 온전히 개인적인 책임을 지게 하는 가장 중요한 이정표가 되었다. 특별히 이 규정은 다른 가족 구성원이 저지른 범죄의 결과로 아무 일도 하지 않은 가족이 예상치 않은 불공정한 일을 당하는 것을 막아준다. **24:17** *외국 사람과 고아…과부.* 이 세 부류의 사람들은 대부분의 고대 사회에서 소외된 계층을 대변하는 사람들이다. 신명기 법은 그 사람들에게 이스라엘의 국민으로서 온전한 법적 및 경제적인 보호를 주려는 데 관심이 있다. 외국 사람은 외국출신이면서 자기들의 필요를 채워줄 강력한 현지의 가족이 없는 사람들이었다. 고아들과 과부들은 재산을 소유하지 않았으면서 거의 파산 상태의 사람들이었다. 그들은 정의를 외면하고 그들의 궁핍한 형편을 이용해서 그들을 착취하는 다른 비열한 사람들의 희생제물이 되기 쉬운 사람들이었다. **24:18** 사회에서 가장 불리한 처지에 있는 사람들을 돕는 것은 가장 중요한 종교적인 의무였다. 남을 돕는 일은 이스라엘 자신이 이집트에서 탈출한 노예들의 공동체라고 하는 자신의 뿌리에서 근거하여 당연시되었다. 각 개인들은 자신들이 그와 같은 곤궁에 처하지 않은 것은 오직 하나님의 은혜라고 하는 것을 알아야만 했다. **24:19-22** 세 번에 걸쳐서 반복되는 가장 곤궁한 처지에 있는 사람들의 집단—외국사람, 고아, 과부(19, 20, 21절)에 대한 언급은 그들의 특별한 어려움과 그들에게 도움을 제공해야 될 필요성을 강조하는 것이다. 추수하고 남은 이삭들을 다른 사람들이 주워 갈 수 있도록 허락하는 긍휼한 마음과 자비한 마음은 가장 오래된 풍습이었던 것 같다. 이런 경우에 그 규정의 특별한 초점은 그러한 자비함으로부터 혜택을 입는 사람들이 그 공동체의 가장 힘없는 사람들이 되도록 확인하는 것이다 (룻 2:1-7 참조). 보통의 자선행위는 가장 곤궁한 사람에게 주어지곤 했다.

25:1-3 매질이 법적인 분쟁에서 재판의 결과로 어떤 사람에게 할당되는 형벌이 될 수 있다는 사실은 매질을 특정한 법(출 21:20)에서 형벌로 인정된 것들 가운데 포함되어 있고 또한 다른 곳(특히 잠 10:13; 19:25; 26:3; 사 50:6)에서도 언급되었다는 사실에서 알 수 있다. 여기서 기록된 특징 중에 가장 중요한 것은 처

것입니다. 16 틀리는 추와 되를 가지고 속임수를 쓰는 사람은, 누구든지 주 당신들의 하나님이 싫어하십니다."

아말렉 사람을 치라는 명령

17 "당신들이 이집트에서 나오던 길에, 아말렉 사람이 당신들에게 한 일을 기억하십시오. 18 그들은 당신들이 피곤하고 지쳤을 때에, 길에서 당신들을 만나, 당신들 뒤에 처진 사람들을 모조리 쳐죽였습니다. 그들은 하나님을 두려워할 줄 모르는 자들입니다. 19 주 당신들의 하나님이 유산으로 주셔서 당신들로 차지하게 하시는 땅에서, 주 당신들의 하나님이 당신들 사방의 적들을 물리치셔서 당신들로 안식을 누리게 하실 때에, 당신들은 하늘 아래에서 아말렉 사람을 흔적도 없이 없애버려야 합니다. 이것을 잊지 말아야 합니다."

햇곡식 예물

26 1 "주 당신들의 하나님이 당신들에게 유산으로 주시는 그 땅에 당신들이 들어가서 그것을 차지하고 살 때에, 2 당신들은 주 당신들의 하나님이 당신들에게 주시는 땅에서 거둔 모든 농산물의 첫 열매를 광주리에 담아서, 주 당신들의 하나님이 자기의 이름을 두려고 택하신 곳으로 가지고 가십시오. 3 거기에서 당신들은 직무를 맡고 있는 제사장에게 가서 '주님께서 우리 조상에게 주시겠다고 맹세하신 대로, 내가 이 땅에 들어오게 되었음을, 제사장께서 섬기시는 주 하나님께 오늘 아룁니다' 하고 보고를 하십시오.

4 제사장이 당신들의 손에서 그 광주리를 받아 주 당신들의 하나님의 제단 앞에 놓으면, 5 당신들은 주 당신들의 하나님 앞에서 다음과 같이 아뢰십시오.

벌은 판사 앞에서 집행되어야 하며, 그것은 40대 이상 넘어가면 되지 않는다는 점이다 (고후 11:24). 만약 그렇게 되면, 거기서 생긴 상처가 아주 심각해서 치명적인 결과를 초래할 수 있기 때문이다. *당신들의 겨레가 당신들 앞에서 천히 여김을 받아서는 안 됩니다.* 이 경고는 단순히 심리적인 경멸 이상의 것을 암시한다.

25:4-12 일하는 소의 입에 망을 씌우지 말라고 하는 법을 가축에 대한 인도적 차원의 법으로만 이해하려고 하면, 이 곳에 어울리지 않게 된다 (고전 9:9에서 바울은 이 규정을 상징적으로 해석해서 일하는 사람들이 보수를 받아 마땅하다고 본다.) 그러나 소가 성적 능력의 상징으로 사용되는 것을 생각하면, 여기서도 그 언급 속에 그러한 성적 능력이 암시되어 있다고 볼 수 있다. 후손을 생산할 수 있는 사람의 성적 능력은 보호되어야 하며 함부로 사용하다가 망가지거나 없어지게 하면 안되고 그것이 5-12절의 규정들에 기록된 법률들의 주제인 것이다. **25:5-6** 형이 죽으면 동생이 형수와 결혼하는 형사취수법은 라틴어로 *레비르* (*levir*, "친족법에 따라 남자 형제가 된 사람"을 뜻하는 말에서 유래되었다고 함)은 일부다처제의 사회적인 상황에 관련되어 있다. 동생이 가족 내에서 유산 분배를 받을 때 죽은 형의 부인과 결혼해서 자녀를 생산하는 것이 어느 정도 본인의 유산 분배에 영향을 미칠 가능성이 있는지는 정확히 알 수 없다. 그러한 결혼에서 생긴 자녀 중의 어떤 아들이든지 죽은 형의 이름을 상속할 수 있다고 하는 규정은 어려움을 초래할 수 있다. **25:7** 죽은 자의 형제가 그러한 의무를 수행하기를 원하지 않을 가능성도 명백하게 허용되고 있지만 그러한 경우에 장로들의 허락을 받고 거절하도록 하는 것이 아주 중요하였다. 그것은 그 부모의 가족들 가운데 집안 어른이 부과한 어떤 의무보다도 장로들의 결정이 우선하기 때문이다. **25:8-9** 꺼려하는 형제를 조사하는 것은 분명히 그를 공개적으로 망신주려고 하는 것이지만 이러한 불명예를 자기가 형수를 취해야 될 의무를 수행하지 않은 그 부분에만 제한시키는 것도 중요하다. 발에서 신을 벗기는 행동은 결혼의 의무를 수행하기를 거절한 것을 상징적으로 드러낸 행동이자 재산 소유권을 행사하지 않은 것을 상징하는 행위이다 (룻 4:7-8). **25:10** 시동생에게 거절로 말미암은 불명예스러운 평판을 계속 간직하게 하는 것은 남자다운 책임을 수행하기를 실패했다는 뜻을 담고 있다. **25:11** 여기서 전제되고 있는 내용은 말다툼을 하는 남자의 부인이 상대 남자에게 성적 기능 장애를 일으키려고 의도했거나 아니면 실제 그렇게 만들었다는 것이다. **25:12** 손을 절단하는 형벌은 비록 19:21의 "복수법"이 그러한 가능성을 암시하고는 있지만 성경의 규정에서는 아주 드문 일이다. 이것은 오히려 다른 고대 근동 법전에서 널리 찾아볼 수 있다. 다만 성경에서도 상해를 입힌 것에 대한 보상 형태는 죽이는 것을 제외하고는 많은 경우에 허용되어 있다 (출 21:22-27 참조).

25:13-16 상업거래에서 저울을 속이는 것은 고대에 널리 퍼진 문제였다 (시 12:2; 잠 20:10, 23; 암 8:5 참조). 그러한 저울을 찾아낸다는 것은 아주 어렵고 또 사기로 기소하는 것도 어려운 일이었을 것이다. 그렇기 때문에 여기서 어떤 고정된 형벌의 정도를 정하지 않은 것이 의미가 있다. 그 대신에 그러한 속임수는 하나님의 격렬한 진노를 불러일으킬 것이라는 강한 경고를 하고 있다.

25:17-19 도망치던 히브리 사람들과 아말렉 사

'내 조상은 떠돌아다니면서 사는 아람 사람으로서 몇 안 되는 사람을 거느리고 이집트로 내려가서, 거기에서 몸붙여 살면서, 거기에서 번성하여, 크고 강대한 민족이 되었습니다. 6 그러자 이집트 사람이 우리를 학대하며 괴롭게 하며, 우리에게 강제노동을 시켰습니다. 7 그래서 우리가 주 우리 조상의 하나님께 살려 달라고 부르짖었더니, 주님께서 우리의 울부짖음을 들으시고, 우리가 비참하게 사는 것과 고역에 시달리는 것과 억압에 짓눌려 있는 것을 보시고, 8 강한 손과 편 팔과 큰 위엄과 이적과 기사로, 우리를 이집트에서 인도하여 내셨습니다. 9 주님께서 우리를 이 곳으로 인도하셔서, 이 땅 곧 젖과 꿀이 흐르는 땅을 우리에게 주셨습니다. 10 주님, 주님께서 내게 주신 땅의 첫 열매를 내가 여기에 가져 왔습니다.'

그리고 당신들은 그것을 주 당신들의 하나님 앞에 놓고, 주 당신들의 하나님께 경배드리고, 11 레위 사람과, 당신들 가운데서 사는 외국 사람과 함께, 주 당신들의 하나님이 당신들과 당신들의 집안에 주신 온갖 좋은 것들을 누리십시오.

12 세 해마다 십일조를 드리는 해가 되면, 당신들은 당신들의 모든 소출에서 열의 하나를 따로 떼어서, 그것을 레위 사람과 외국 사람과 고아와 과부에게 나누어 주고, 그들이 당신들이 사는 성 안에서 마음껏 먹게 하십시오. 13 그렇게 할 때에 당신들은 하나님께 이렇게 아뢰십시오.

'우리는 주님께서 우리에게 명하신 대로, 우리 집에서 성물을 내어 레위 사람과 외국 사람과 고아와 과부에게 다 나누어 주어서, 주님의 명령을 잊지 않고 어김없이 다 실행하였습니다. 14 우리는 애곡하는 날에, 이 거룩한 열의 한 몫을 먹지 않았고, 부정한 몸으로 그것을 떼놓지도 않고, 죽은 자에게 그것을 제물로 바친 적도 없습니다. 우리는 주 우리의 하나님께 순종하여서, 십일조에 관하여 명령하신 것을 그대로 다 지켰습니다. 15 주님의 거룩한 처소 하늘에서 굽어 살피시고, 주님의 백성 이스라엘에게 복을 주시며, 주님께서 우리의 조상에게 약속하신 대로, 우리에게 주신 땅 곧 젖과 꿀이 흐르는 땅에 복을 내려 주십시오.'"

하나님의 백성

16 "오늘 주 당신들의 하나님이 이 규례와 법도를 지키라고 당신들에게 명령하시니, 당신들은 마음을 다하고 목숨을 다하여 이 모든 계명을 지키십시오. 17 오늘 당신들은 당신들의 주님을 하나님으로 모시고, 그의 길을 따르며, 그의 규례와 명령과 법도를 지키며, 그에게 순종하겠다고 약속하였습니다. 18 주님께서 당신들에게 약속하신 대로, 오늘 당신들을 주님의 소중한 백성으로 받아들이고, 그의 모든 명령을 다 지켜야 한다고 선언하셨습니다. 19 주님께서는, 그가 지으신 모든 백성보다 당신들을 더욱 높이셔서, 당신들이 칭찬을 받고 명예와 영광을 얻게 하시고, 또 말

람들 사이의 갈등은 여호수아의 지도 아래 아말렉 사람들을 격파하던 일을 언급하는 것이다 (출 17:8-16 참조). 아말렉 사람들에 대한 극단적인 증오에 대해서는 삼상 15:1-33을 보라. 여기서 경고를 포함시킨 이유는 분명하지 않다. 아마도 어떤 형태의 잘못은 결코 용납할 수 없는 것임을 다시 확인하기 위한 목적일 것이다 (16절 참조).

26:1-15 공식적인 법전은 여기서 끝이 나고 중앙 성소에 예물을 가져올 때 낭송하는 두 편의 고백문이 나온다. 그 둘 중의 처음 것이 5-10절에 나오는데 늦은 여름 추수가 끝난 후 첫 열매의 추수와 관련되어 있다. 두 번째 것은 13-15절에 나오는데 레위 사람들과 공동체의 가장 가난한 자들을 돕기 위한 매 3년마다 드리는 십일조의 헌물과 관련되어 있다 (14:18-19 참조). 이러한 문헌의 형식을 보면, 16:18—25:19의 내용을 중심으로 한 전체 법전이 이스라엘을 다스리는 성격의 규정과 예배의 내용을 규정하는 것들 사이에 놓여 있다. 하나님에 대한 헌신이 자신들을 "형제자매들의 공동체" (15:7-11 참조)로 여기는 사람들의 삶의 질을 결정하고 인도한다는 뜻이다. 법과 긍휼은 정의와 자비라고 하는 상반되는 표현들이 아니라 법은 하나님의 은혜 때문에 존재하게 된 사람들의 삶의 방식이 긍휼이 넘치도록 보호하고 지탱해 주는 수단인 것이다.

26:1-11 다음에 나오는 고백문의 중심되는 초점은 하나님의 은혜의 선물로 주어진 이스라엘의 땅이다. 이 땅을 소유하는 것은 하나님의 섭리로 이해되며, 그렇기 때문에 "비옥한 땅"으로서의 그 땅이 가지는 신비로운 가치는 비옥하다는 말이 내포하는 모든 위험한 의미에도 불구하고 이 고백의 배경이 되고 있다. 그렇기 때문에 이스라엘이 앞으로 그 땅에서 정착할 때를 미리 바라보는 것이 이 고백문의 핵심에 중심이 되고 있다. **26:2** 정해지지 않은 양의 예물을 드리는 것은 주로 감사를 표현하는 행동이며, 그럼으로써 예물을 드리는 것은 땅의 생명력의 일부를 다시 신에게 돌려드린다는 그 지역의 이전의 종교 전통에서 지배적이던 강조점을 배제하고 있다. **26:3** 오늘 *아뢰니다.* 신명기에서

씀하신 대로, 당신들을 주 당신들의 하나님의 거
룩한 백성이 되게 하실 것입니다."

돌에 새긴 율법

27 1 모세는 이스라엘 장로들과 함께, 백성
에게 명령하였다. "오늘 내가 당신들에게
하는 모든 명령을, 당신들은 지켜야 합니다.
2 당신들이 요단 강을 건너가서, 주 당신들의
하나님이 당신들에게 주시는 땅에 들어가는 날이
오거든, 큰 돌들을 세우고 석회를 바르십시오.
3 주 당신들 조상의 하나님이 말씀하신 대로, 주
당신들의 하나님이 당신들에게 주시는 땅 곧 젖과
꿀이 흐르는 땅에 들어가면, 이 모든 율법의 말씀
을 그 돌들 위에 기록하십시오. 4 당신들이 요단
강을 건너거든, 내가 오늘 당신들에게 명한 대로,
이 돌들을 에발 산에 세우고, 그 위에 석회를 바
르십시오. 5 또 거기에서 주 당신들의 하나님께
드리는 제단을 만들되, 쇠 연장으로 다듬지 않은
자연석으로 제단을 만드십시오. 6 당신들은
다듬지 않은 자연석으로 주 당신들의 하나님의 제
단을 만들고, 그 위에 번제물을 올려 주 당신들의
하나님께 드려야 합니다. 7 또 ㄱ)화목제를 드리
고 거기에서 먹으며, 주 당신들의 하나님 앞에서
즐거워하십시오. 8 당신들은 이 돌들 위에 이 모
든 율법의 말씀을 분명하게 기록하십시오."
9 모세와 레위 사람 제사장들이 온 이스라엘
백성에게 선포하였다. "이스라엘 자손 여러분, 우
리가 하는 말에 귀를 기울이십시오. 오늘 당신
들은 주 당신들의 하나님의 백성이 되었습니다.
10 그러므로 당신들은 주 당신들의 하나님께
순종하고, 오늘 우리가 당신들에게 명한 그의
명령과 규례를 지키십시오."

에발 산에서 선포한 저주

11 그 때에 모세가 백성에게 명령하였다.
12 "당신들이 요단 강을 건넌 뒤에, 백성에
게 축복을 선포하려고 그리심 산에 설 지파들은

ㄱ) 제물로 바치는 짐승의 몸을 일부만 제단 위에서 불사르고, 나머지는 제사드리는 사람들이 나누어 먹음

이 표현은 과거의 세대와 현재의 세대가 하나님과의 만남 속에서 영적으로 동시대를 산다고 하는 특징을 보여주는 것이다. 하나님에게 있어서는 모든 예배자가 이스라엘의 모든 세대를 한 백성이 되도록 묶어 주는 늘 새로운 "오늘"이라고 하는 시간을 마주 대하도록 되어 있다. **26:4** 수확물을 담은 바구니를 제단 앞에 두는 것은 그것이 하나님에게 드리는 선물임을 과시하는 것이다. 다만 그 내용물은 성전에서 섬기는 제사장들이 가져가게 되어 있다. **26:5** *떠돌아다니면서 사는 아람 사람.* 이 표현은 민족의 처음 조상인 야곱—이스라엘을 말하는 것으로 보인다. 그러나 이 표현은 어떤 특정한 사람을 지칭하지 않을 수도 있다. 왜냐하면 이것은 무엇보다도 사막에서 땅 없이 떠돌아다니는 유랑민의 모습을 보여주기 때문이다. (히브리 사람이라는 말은 문자 그대로 "가진 것이 없는, 죽어가는 사람"이라는 뜻이다.) 이스라엘 사람들 자신이 한때는 이집트에서 외국 사람이었다는 것은 다른 모든 소외된 공동체의 구성원들에게 도움과 자비를 베풀어야 할 법과 관습의 중심되는 이유가 된다 (15:15 참조). 이스라엘이 사람 숫자가 많아지는 것만으로 한 민족이 되었다는 것은 (1:10; 출 1:7 참조) 민족들이나 민족의식이 생기게 되는 복잡한 과정을 너무 단순하게 설명하는 것이다. 출 19:6은 이스라엘이 민족이 된 것을 시내 (호렙) 산에서 맺은 언약을 통해서 규정하고 있다. **26:6** 이스라엘 사람들이 억압당했던 경험은 외국인들을 쉽게 희생양으로 사용했다는 점을 들어 경고하는 데 도움이 된다. 이집트 사람들은 인권을 억압하는 대표적인 예로 여겨지는 것이지 이스라엘의 역사적인 경험에서 나온 특정 인종에 대한 배척은 아니다 (23:7-8 참조). **26:7** 하나님이 억압받는 사람들의 부르짖음에 응답하신다고 하는 것은 신명기의 가르침에서 중요한 내용이다 (15:9 참조). 이스라엘은 자신들이 받는 억압이 심해져 하나님께서 더 이상 자신들의 주르짖음을 들으시지 않는다고 생각하여 하나님을 배반하게 되면, 하나님은 진노하실 수도 있다는 것을 의미한다 (29:19-20 참조). **26:8** 하나님이 이스라엘을 이집트의 억압에서 구원하신 놀라운 행동과 힘의 사용은 그것이 하나님으로부터 나온 것이지 사람의 행동으로 이스라엘에게 자유를 준 것이 아니라는 점을 보여주는 증거였다. **26:9** 이 고백적인 내용은 역사를 되돌아보는 형식을 취함으로써 모세와 이스라엘 백성이 아직 들어가야 되지만 이미 정복한 것으로 자신 있게 기다리고 있는 그 땅에 이미 정착한 것으로 여기게 한다. **26:10** 그 땅의 소산이 하나님에게서 나온 것을 고백하는 것은 중요하지만, 그러나 그 사실을 확인하는 방식도 그 땅의 오래된 종교에서 수확물들을 그 땅의 풍요의 신의 선물로 축하하던 더 위험한 내용들을 배제하는 방식이어야 했다. **26:11** 공동체는 단지 하나님에게 무엇을 감사해야 하는가 하는 것을 기억할 뿐만 아니라, 또한 모든 사람이 수확물을 나눔으로써 공동체의 연대감을 새롭게 하여야 했다.

26:12-15 두 번째 고백문은 하나님이 땅을 선물로 주신 은혜를 베푼 것이 공동체에서 가장 궁핍한 구

시므온과 레위와 유다와 잇사갈과 요셉과 베냐민
지파입니다. 13 그리고 저주를 선포하려고 에발
산에 설 지파들은 르우벤과 갓과 아셀과 스불론과
단과 납달리 지파입니다. 14 그리고 레위 사람
들은 큰소리로 온 이스라엘 모든 백성에게 다음과
같이 외치십시오.
15 '대장장이를 시켜서, 주님께서 역겨워하
시는 우상을 새기거나 부어 만들어서, 그것을 은
밀한 곳에 숨겨 놓는 자는 저주를 받는다' 하면,
모든 백성은 '아멘' 하고 응답하십시오.
16 '아버지와 어머니를 업신여기는 자는 저주
를 받는다' 하면, 모든 백성은 '아멘' 하십시오.
17 '이웃의 땅 경계석을 옮기는 자는 저주를
받는다' 하면, 모든 백성은 '아멘' 하십시오.
18 '눈이 먼 사람에게 길을 잘못 인도하는 자는
저주를 받는다' 하면, 모든 백성은 '아멘' 하십시오.
19 '외국 사람과 고아와 과부의 재판을 공정하
게 하지 않는 자는 저주를 받는다' 하면, 모든 백
성은 '아멘' 하십시오.
20 '아버지의 아내와 동침하는 것은 그 아버
지의 침상을 모독하는 것이니, 그런 자는 저주를
받는다' 하면, 모든 백성은 '아멘' 하십시오.
21 '짐승과 교접하는 자는 저주를 받는다' 하
면, 모든 백성은 '아멘' 하십시오.
22 '자매, 곧 아버지의 딸이나 어머니의 딸
과 동침하는 자는 저주를 받는다' 하면, 모든 백성
은 '아멘' 하십시오.
23 '장모와 동침하는 자는 저주를 받는다' 하
면, 모든 백성은 '아멘' 하십시오.
24 '이웃을 암살하는 자는 저주를 받는다' 하
면, 모든 백성은 '아멘' 하십시오.
25 '뇌물을 받고 죄 없는 사람을 죽이는 자는
저주를 받는다' 하면, 모든 백성은 '아멘' 하십시오.
26 '이 율법 가운데 하나라도 실행하지 않는
자는 저주를 받는다' 하면, 모든 백성은 '아멘'
하십시오."

성원들에게 관심을 더 가질 것을 강조하는 방식으로 구성되어 있다. 매 3년마다 추가 십일조를 하게 된 규정은 (14:28-29) 쉽게 무시될 수 있었다. **26:12** 추가로 내는 십일조를 받아야 될 사람들이 누군가를 12절과 13절에 다시 확인하는 것을 보면 그 규정의 분명한 의도를 무시하는 방법 중의 하나가 그것이 원래 의도된 사람들보다 덜 궁핍한 사람들에게 나누어 주는 것이었음을 알 수 있다. **26:13** 하나님에 대한 고백은 궁핍한 사람들을 위해 실제로 헌물을 바칠 때에야 의미가 있는 것이 되었다. 이 사실은 하나님 앞에 명백하게 선언되는 것이 요구되었다. **26:14** 거룩한 서원과 헌물에 관한 법률은 거룩함과 관련된 다른 법규들과 중복되는 것에서 비롯된 수정과 예외 규정들로 변질될 수 있는 것으로 악명이 높다 (막 7:9-13 참조). 여기서 특별히 규정된 내용은 오랫동안 지켜온 전통인 "생명"과 "죽음"을 혼합하는 것을 피하라는 내용을 지지하고 있다. **26:15** 중앙 성소와 관련된 규정들 가운데 가장 중요한 것은 (12:1-28) 하나님의 "이름" 만이 거룩한 성소에 새겨질 수 있으며 하나님의 참된 거처는 하늘이라고 하는 이해에 근거하고 있다. 이것은 거룩함의 이해와 관련해서 상당히 깊은 의미, 즉 고백은 하나님의 *거룩한 처소*는 하늘임을 확실히 기억하면서 끝내는 것이 올바른 것이라는 의미를 함축하고 있다.

26:16—27:10 이 단락은 법률 부분을 마무리하는 부분과 27:11부터 시작되는 종결 부분의 준비 단락 사이의 전환부분으로 기능하고 있다. 그 중심되는 주제는 오늘이라고 하는 핵심 단어에 들어 있다. 이것은 "오늘"이라는 주제를 일곱 번 반복함으로써 강조되고 있다 (26:16, 17, 18; 27:1, 4, 9, 10). 매 세대가 하나님의 법의 말씀을 들을 때에 그 때마다 모든 세대가 새롭게 하나님과의 언약의 특권과 생명 속으로 들어가는 것이다. 율법이 낭독될 때에 각 공동체의 모든 구성원은 그 순간에 바로 하나님과 만나는 것이다.

26:16-19 오늘. 벳브올 맞은편에 진을 쳤던 이스라엘 사람들(3:29; 4:46)과 후대의 세대를 하나로 묶어 준다. **26:17** 5:2에 관한 주석을 보라. **26:18** 출 19:5-6; 신 7:6에 관한 주석을 보라. **26:19** *모든 백성보다 당신들을 더욱 높이셔서.* 이 약속은 출 19:5-6에 있는 그 이전의 표현이 지상에 있는 민족들 가운데서 이스라엘의 위치가 어떠해야 하는지를 더 충분히 설명한 것과는 강조점이 달라진 것을 보여준다.

27:1-10 이 법은 이스라엘이 땅을 소유하고 있고 그에 따른 권리도 누리고 있다는 것을 전제로 하고 있지만, 이것은 단순히 "그 땅의 법"이 아니다. 왜냐하면 하나님은 그 법을 이스라엘 백성이 그 땅에 들어가기 전, 광야에서 호렙 산 위에서 이스라엘 백성에게 계시하신 것이기 때문이다. **27:1** 언약법의 설명에 대해서는 4:45; 5:1; 6:1을 보라. **27:2-3** 법을 석회로 바른 큰 돌판들 위에 새기는 것에 관한 규정은 11:19-30에 나와 있는 에발 산과 그리심 산에서의 저주와 축복의 의식에 관한 공식 설명에서 더욱 자세하게 부연되고 있다. **27:4** 보통 히브리어 본문에서 *에발 산*으로 되어 있지만 사마리아 오경 사본에서는 이 대목을 사마리아 사람들이 성스럽게 여기는 산인 "그리심" 산으로 변경하였다. 어느 사본이 더 오래된 것인지는 알 수 없다. 왜냐하면 나중에 유대 사람과 사마리아 사람들 사이에 갈등이 있었는데 그것이 두 집단이 가진 본문에 영향을 미쳤기 때문이다. **27:5** 에발 산에 한 때는 주 하나님을

순종하여 받는 복 (레 26:3-13; 신 7:12-24)

28 1 "당신들이 주 당신들의 하나님의 말씀
을 귀담아 듣고, 내가 오늘 당신들에게
명한 그 모든 명령을 주의 깊게 지키면, 주 당신
들의 하나님이 당신들을 세상의 모든 민족 위에
뛰어 나게 하실 것입니다. 2 당신들이 주 당신들
의 하나님의 말씀에 순종하면, 이 모든 복이 당
신들에게 찾아와서 당신들을 따를 것입니다.
3 당신들은 성읍에서도 복을 받고, 들에서도
복을 받을 것입니다.
4 당신들의 태가 복을 받아 자식을 많이 낳
고, 땅이 복을 받아 열매를 풍성하게 내고, 집짐
승이 복을 받아 번식할 것이니, 소도 많아지고 양
도 새끼를 많이 낳을 것입니다.
5 당신들의 곡식 광주리도 반죽 그릇도 복을
받을 것입니다.
6 당신들은 들어와도 복을 받고, 나가도 복
을 받을 것입니다.
7 당신들에게 대항하는 적들이 일어나도, 주
님께서는 당신들이 보는 앞에서 그들을 치실 것이
니, 그들이 한 길로 쳐들어왔다가, 일곱 길로 뿔
뿔이 도망칠 것입니다.
8 주님께서 명하셔서, 당신들의 창고와 당신
들의 손으로 하는 모든 일에 복이 넘치게 하실 것
입니다. 그리하여 주 당신들의 하나님이 당신
들에게 주시는 땅에서 당신들에게 복을 주실 것
입니다.
9 당신들이 주 당신들의 하나님의 명령을 지
키고 그 길로만 걸으면, 주님께서는 당신들에게

위한 희생제사를 드리던 제단이 있었다고 하는 사실은 비록 신 12:1-7에서 한 곳 중앙 성소(예루살렘)에 있는 제단에서만 그러한 예물을 바쳐야 한다고 명백하게 규정하고는 있는 것과는 모순되기는 하지만, 아마도 여기에 언급이 있는 것을 보아 긍정적으로 받아들여야 할 것이다. 신명기는 에발 산에 있는 제단과, 법을 새긴 돌판을 세우는 일과, 요단을 건넌 역사적 사건을 기념하는 돌비를 세우는 일 등에 관해서 원래 분리된 전승들을 하나로 묶어서 단일한 이야기로 만들었다. **27:6** 다듬지 않은 자연석이 중요한 이유는 그것들이 하나님이 만드신 자연 상태를 보존해야 하기 때문이다. 사람의 손으로 다시 다듬는 것은 자신들이 거룩하다고 생각하는 모양을 만들어 낼 것이다. 모세와 함께 이집트에서 나온 사람들이 제외되는 상황은 민 13:1—14:45에 나오는 설명, 특히 14:29-33에 기록되어 있다. 그 광야 기간은 시험과 연단의 기간이었으며, 그 때 대다수 이스라엘 사람들은 불순종하였고 마음이 약했던 것이 증명되었다. 신명기와 그 법을 읽을 세대는 자기 조상을 멸망시킨 이러한 재앙에 대해 바로 알아야 할 것이다. **27:7** *화목제 (sacrifice of well-being).* (화목제로 바치는 짐승의 몸을 일부만 제단 위에서 불사르고, 나머지는 제사 드리는 사람들이 나누어 먹는 제사.) 화목제라는 단어는 번역하기가 어렵다. "화목제" 혹은 ("친교제")로 번역하는 이유는 히브리어 동사 어근 *쉰-라메드-멤*이 "온전함, 보상, 화목" 등의 의미를 가지고 있기 때문이다. "온전함을 회복하는 제사" 또는 "자원해서 드리는 제사" 등의 번역도 제안된 바 있다. **27:8** 전에 십계명이 두 개의 돌판에 새겨진 것에 대해서는 5:22에 기록되어 있다. 열두 개의 돌을 세워서 요단 강을 건넌 표시로 삼는 것은 수 4:1-9에 기록되어 있다. 에발 산에 율법이 새겨진 돌판과 제단을 세우는 것에 관한 명령을 집행한 것에 대해서는 수 8:30-35에 기록되어 있다. 신명기의 기록을 종합해 보면, 에발 산에 세운 제단에 관한 기억은 길갈 근처에서 요단을 건넌 것을 기념하는 돌을 세운 것과 십계명과 같은 율법이 새겨진 돌판이 있었다는 것이 함께 엮어진 것으로 보인다. 여기에 묘사된 것과 같은 공적인 기념비는 비록 언제나 율법의 목록이 새겨진 것은 아니지만 고대에 아주 중요한 것이었다. 율법이 새겨진 돌과 그러한 제단을 연결시킴으로써 혼돈이 야기된다. 신명기에서는 율법을 기념하는 돌비의 존재를 특별히 강조한 것이다. 왜냐하면 그것 없이는 예배가 의미 없게 될 것이기 때문이다. **27:9** 이스라엘을 참된 이스라엘, 즉 하나님의 백성의 공동체로 만들어 주는 것은 하나님의 법을 듣는 것뿐이라고 하는 점을 다시 분명히 하고 있다. **27:10** 듣는다는 말은 순종한다는 말이다. 왜냐하면 순종이 없이 법을 기억하기만 하면 법이 요구하는 것이 채워지지 않기 때문이다.

27:11-14 그리심 산과 에발 산, 이 두 산은 이스라엘 앞에 놓여 있는 축복과 저주의 두 길을 상징하기 위해서 선택된 곳이다 (11:29-30 참조). 여기서 그 곳들을 언급하는 것은 일련의 추가 법들을 소개하면서 그 법을 가진 결과가 이스라엘에게 어떤 의미가 있는가를 보다 충분하게 보여주는 광범위한 목록들과 시들을 첨가하기 위한 것이다. 여섯 지파를 축복의 산에, 그리고 다른 여섯 지파를 저주의 산에 배당한 것은 상징적으로 대표성을 지닌 그들을 통해 "모든 이스라엘" 사람들이 같은 선택에 직면하고 있다는 것을 확인하기 위한 분할이다. 민족의 한 부분의 운명이 다른 쪽보다 더 나아질 것이라고 하는 암시는 없다. 오히려 모든 이스라엘 민족 개개인에게 선택은 필연적인 것이며, 각자가 헌신해야 한다는 것이 강조된다. **27:14** 이스라엘 사람들이 크게 읽어야 하는 15-26절에 나와 있는 열두 가지 저주의 목록을 보면 분명히 어떤 정형화된 형태의 교독문이 있어서 공동체의 모든 사람이 저주받은 잘못된 행동을 읽을 때마다 엄숙한 맹세의 서약을 하면서 "아멘" 하고 응답하게 되어 있던 것 같다. 다른 식으로 행동

맹세하신 대로, 당신들을 자기의 거룩한 백성으로 삼으실 것입니다. 10 이 땅의 모든 백성이, 주님께서 당신들을 택하셔서 자기의 백성으로 삼으신 것을 보고, 당신들을 두려워할 것입니다. 11 주님께서는, 당신들에게 주시겠다고 당신들의 조상에게 약속하신 이 땅에서, 당신들 몸의 소생과 가축의 새끼와 땅의 소출이 풍성하도록 하여 주실 것입니다. 12 주님께서는, 그 풍성한 보물 창고 하늘을 여시고, 철을 따라서 당신들 밭에 비를 내려 주시고, 당신들이 하는 모든 일에 복을 주실 것입니다. 그러므로 당신들은 많은 민족에게 꾸어 주기는 하여도 꾸지는 않을 것입니다. 13 오늘 내가 당신들에게 명령하는 바, 당신들이 주 당신들의 하나님의 명령을 진심으로 지키면, 주님께서는 당신들을 머리가 되게 하고, 꼬리가 되게 하지 않으시며, 당신들을 오직 위에만 있게 하고, 아래에 있게 하지는 않으실 것입니다. 14 당신들은, 좌로든지 우로든지, 내가 오늘 당신들에게 명하는 이 모든 말씀을 벗어나지 말고, 다른 신들을 따라가서 섬기지 마십시오."

불순종하여 받는 저주

15 "그러나 당신들이 주 당신들의 하나님의 말씀을 듣지 않고, 또 내가 오늘 당신들에게 명한 모든 명령과 규례를 지키지 않으면, 다음과 같은 온갖 저주가 당신들에게 닥쳐올 것입니다.

16 당신들은 성읍에서도 저주를 받고, 들에서도 저주를 받을 것입니다.

17 당신들의 곡식 광주리도 반죽 그릇도 저주를 받을 것입니다.

18 당신들의 몸에서 태어난 자녀와 당신들 땅의 곡식과 소 새끼와 양 새끼도 저주를 받을 것입니다.

19 당신들은 들어와도 저주를 받고, 나가도 저주를 받을 것입니다.

20 당신들이 악한 일을 하고 ㄱ)주님을 잊게 될 때에, 주님께서는 당신들이 손을 대는 일마다 저주하고 혼돈시키고 책망하실 것이니, 당신들이 순식간에 망할 것입니다. 21 주님께서는, 당신들이

ㄱ) 히, '나를'

하는 것은 하나님 앞에 거짓말을 하는 것이 되어 자신을 스스로 저주하는 일이 될 것이다. 여기에 나열된 특정한 범죄들은 이스라엘에서 용납될 수 없는 행동들을 망라하고 있지만, 대부분 "비밀리에" 계속 행해진 행동들이기 때문에 증인을 찾기가 어려워서 범죄로 처벌할 수 있을 가능성이 없는 것들이다.

27:15-26 어떤 형태의 우상을 만드는 일은 조각한 것이거나 금속으로 주조한 것이거나 둘째 계명에 강력하게 금지되어 있다 (5:8-10). 그럼에도 15절에 저주가 추가된 이유는 그 일이 사적으로 또 비밀리에 행해지는 것이라는 일의 성격과 관련되어 있다. 작은 신상들, 특히 송아지와 여신상은 오늘날의 행운을 비는 장식품과 크게 다르지 않은 방식으로 사용되는 것들이었는데 고대에 아주 널리 퍼져 있었고 단순히 입법으로 통제하기는 불가능하였을 것이 분명하다. **27:16** 부모를 존경하는 것은 가족생활의 구조에서 근본적인 결속을 다지는 일이며, 가정의 안정을 위해서 상당한 정도의 경제적 및 사회적인 결과를 초래하는 것이다. 다섯째 계명은 부모를 공경할 것을 요구한다 (5:16). 그러나 그러한 공식적인 표현에도 불구하고, 부모를 말로 저주하고 불경스러운 표현을 쓰지 말라고 하는 금지 (출 21:15, 17; 레 20:9 참조)와 마찬가지로 이러한 계명은 집안에서 지켜야 하는 것이다. 그렇기 때문에 이것을 나중에 공식적으로 강화할 수 있는 사안으로 만들어 놓는 것이 중요하다. **27:17** 19:14의 법률을 참조하라. 여기에 저주를 포함시킨 것은 범법자를 유죄로 판결하기에 충분한 법정 증거를 확보하는 것이 어렵다는 것을 보여준다. **27:18** 눈이 먼 사람을 잘못 인도하는 것은 농담이라고 하기에는 잔인한 것이며, 레 19:14의 법에 의해 금지되어 있다. **27:19** 24:17에 나와 있는 것처럼 공동체의 연약한 구성원들이 공정한 재판을 받지 못하는 일이 없도록 하라는 권면을 보라. **27:20** 22:30에 나오는 것처럼 자기 아버지의 부인과 결혼하는 것을 금하는 법을 참조하라. 20절과 22-23절에 나와 있는 저주에서 금지된 성적 결합은 한 집안에 살고 있는 여자를 성적으로 억지로 관계를 가지려고 할 가능성이 있는 사람들을 염두에 두고 있는 것이다. 대가족 제도하에서는 과부들은 보통 자기의 죽은 남편들의 가족들과 보통은 함께 살게 되어 있었다. **27:21** 짐승과의 성적 결합은 일정한 고대 종교의 제의의 한 특징을 보여주는 것이었을 것이다. 그러나 그것은 하나님이 정해주신 생명의 질서를 훼손하는 것이었다. 그렇기 때문에 이방 종교의 목적을 따르지 않도록 금지하는 근거는 여기서 찾아야한다 (또한 출 22:19; 레 20:13-16을 보라). **27:22** 창 20:12를 보면, 이복동생과 결혼해도 가능하다는 암시를 받게 된다. 그리고 삼하 13:13에서도 그 가능성이 암시되어 있다. 그러나 레 18:9; 20:17에서는 법으로 금지되어 있다. **27:23** 장모와의 결혼금지 규정에 대해서는 레 18:17; 20:14를 보라. **27:24** 노예를 때려서 상처가 나게 한 경우는 출 21:20-21의 법에서 다루고 있다. 그리고 동료 이스라엘 사람에게 해를 입힌 경우는 출 21:18-19에서 다루고 있다. 요구할 수 있는 보상의 한계도 여기서 정하고 있다. 그러한 범죄를 *비밀리에* 저지른 사람에 대한 저주는 어떤 증인이

들어가 차지하려는 땅에서, 당신들의 몸이 전염
병에 걸리게 하셔서, 마침내 죽게 하실 것입니다.
22 주님께서는 폐병과 열병과 염증과 무더위와
한발과 열풍과 썩는 재앙을 내려서, 당신들이 망
할 때까지 치실 것입니다. 23 당신들 머리 위에
있는 하늘은 놋이 되어서 비를 내리지 못하고, 당
신들 아래에 있는 땅은 메말라서 쇠가 될 것입니다.
24 주님께서는 하늘로부터 당신들 땅으로 모래와
티끌을 비처럼 내려서, 마침내 당신들을 망하게
하실 것입니다

25 주님께서는 당신들을 맞아 싸우는 적에
게 당신들이 패하게 하실 것입니다. 당신들이 한
길로 치러 나갔다가, 그들 앞에서 일곱 길로 도망
하는 것을 보고, 땅 위에 있는 모든 나라가 놀라
서 떨 것입니다. 26 당신들의 주검이 공중의 온갖
새와 땅의 짐승들의 먹이가 될 것이나, 그것들을
쫓아줄 사람이 없을 것입니다. 27 주님께서 이집
트의 악성 종기와 치질과 옴과 습진을 내려 당신
들을 치실 것이니, 당신들이 고침을 받지 못할 것입
니다. 28 주님께서는 당신들을 미치게도 하시
고, 눈을 멀게도 하시고, 정신착란증을 일으키게
도 하실 것입니다. 29 당신들은, 마치 눈이 먼
사람이 어둠 속에서 더듬는 것처럼, 대낮에도 더
듬을 것입니다. 당신들의 앞길이 막혀서 사는 날
동안 압제를 받고 착취를 당하겠지만, 당신들을
구원해 줄 사람이 없을 것입니다.

30 당신들이 한 여자와 약혼해도 다른 남자
가 그 여자를 욕보이고, 집을 지어도 그 집에서 살
지 못하며, 포도원을 가꾸어도 그것을 따먹지 못
할 것입니다. 31 당신들의 소를 당신들이 눈 앞
에서 잡아도 당신들이 먹지 못할 것이요, 당신들
의 나귀가 당신들의 눈 앞에서 강탈을 당해도 도
로 찾지 못할 것입니다. 당신들의 양 떼를 당신들
의 원수에게 빼앗겨도 당신들을 도와줄 사람이 없
을 것입니다. 32 당신들은 자녀들을 다른 민족
에게 빼앗기고, 눈이 빠지도록 그들을 기다리다
지칠 것이며, 손에 힘이 하나도 없을 것입니다.
33 당신들의 땅에서 거둔 곡식과 당신들의 노력
으로 얻은 모든 것을, 당신들이 알지 못하는 백성이
다 먹을 것입니다. 당신들은 사는 날 동안 압제를
받으며, 짓밟히기만 할 것입니다. 34 당신들은 당
신들의 눈으로 보는 일 때문에 미치고 말 것입니다.
35 주님께서는 당신들의 무릎과 발에 당신들이 고
칠 수 없는 악성 종기가 나게 하셔서, 발바닥으로
부터 머리 꼭대기까지 번지게 하실 것입니다.

36 주님께서는, 당신들을 다른 민족에게 넘기
실 것이니, 당신들이 받들어 세운 왕과 함께, 당신
들도 모르고 당신들 조상도 알지 못하던 민족에게

없는 경우에는 사건을 법정에서 다룰 수 없다는 것을 전제로 한다. **27:25** 여기서의 저주는 살인을 저지른 사람이 자신에 대한 어떤 법적 행동이 취해지지 않을 것을 기대하는 그러한 계약 살인 형태의 경우를 암시하고 있다. **27:26** 이러한 마지막 저주의 일반적이고 포괄적인 성격을 보면 저주의 숫자를 12로 맞추기 위해서 포함시킨 것 같다. 그러한 숫자는 상징적인 중요성을 가지고 있어서 열두 지파의 숫자를 반영한다. 여기에 저주를 포함시킨 것은 법의 공식적인 집행이 종종 사회의 도덕적인 건강을 유지하는데 한계가 있다는 점에 주의를 환기시키는 것이다. 도덕은 법이 모든 개인의 마음과 가슴에서 지원을 받지 못하는 영역까지 다루어야 한다.

28:1-68 하나님의 언약에 의해 제시된 이스라엘을 위한 선택들. 율법책을 준 것에 이어서 나오는 계속되는 권면과 가르침은 1-46절에서 추가되는 경고와 47-57절에 나오는 축복과 저주 사이의 선택으로 이어지면서, 58-68절에서는 율법책의 목적을 보여준다. 이 장은 아주 길고 또한 이스라엘이 하나님의 법을 지키지 않으면 맞이하게 될 심각한 결과에 대해 경고해 주고 있다. 공식적인 표현을 보면, 그 당시의 국제 조약 문서에 사용된 언어와 놀랄 만한 유사성을 보여준다. 거기서도 계약 당사자가 되었다가 그 약속을 어긴 사람에 대한 두려운 협박이 상세히 적혀 있다. 첫째 단락의 처음 부분(1-14절)은 순종하는 이에게 주어질 번영과 안정에 대한 약속을 제시한다. 그 나머지 두 번째 부분(15-46절)은 가난과 불행, 그리고 하나님의 법을 지키지 못한 사람에게 닥칠 재앙에 대한 묘사를 담고 있다. 두 번째 단락(47-57절)은 불순종하는 이에게 임할 불행과 재앙을 더 추가하고 있는데, 그 표현 방식은 그러한 재앙들이 불가피할 것임을 암시하는 방식을 사용하고 있다. 특히 이 구절들은 그 언어를 이해할 수 없는, 그리고 그들의 행동은 아주 파괴적이고 탐욕스러운, 불특정한 이방인들에 의해 점령을 당할 것(49절)에 초점을 맞추고 있다. 심판의 목록을 보면, 그것들이 그러한 잔인한 독재자를 직접 겪은 경험에 기초한 것임을 알 수 있다. 세 번째 단락(56-68절)은 그렇게 많은 축복과 저주가 달린 그 법이 한 권의 책—신명기에 기록되어 있다는 더 중요한 초점을 이야기하고 있다. 전체적으로 보아서 이 세 단락은 하나님의 법에 충성해야 될 필요성, 불순종하는 민족에게 닥칠 재앙의 필연성, 그리고 하나님의 법을 이해하는 데 핵심이 되는 성문 법전의 중심적인 역할을 순서대로 보여주고 있다.

28:1-14 축복의 공식적인 선언은 고대 예배에서 흔히 보듯이 기도에 대한 응답으로 제사장이 선포하는 방식으로 선언되었다. 그러한 정해진 유형은 1-6절

로 끌어 가실 것이며, 당신들은 거기에서 나무와 돌
로 만든 다른 신들을 섬길 것입니다. 37 당신들
은, 주님께서 당신들을 끌어 가신 곳의 모든 백성
가운데서, 놀램과 속담과 조롱거리가 될 것입니다.
38 당신들이 밭에 많은 씨앗을 뿌려도, 메뚜
기가 먹어 버려서 거둘 것이 적을 것이며, 39 당신
들이 포도를 심고 가꾸어도, 벌레가 갉아먹어서
포도도 따지 못하고 포도주도 마시지 못할 것이며,
40 당신들의 온 나라에 올리브 나무가 있어도,
그 열매가 떨어져서 당신들은 그 기름을 몸에 바를
수 없을 것입니다. 41 당신들이 아들딸을 낳아도,
그들이 포로로 잡혀 가서 당신들의 자식이 되지
못할 것입니다. 42 당신들의 모든 나무와 땅의
곡식을 메뚜기가 먹을 것입니다.
43 당신들 가운데 사는 외국 사람은 당신들
보다 점점 높아지고, 당신들은 점점 낮아질 것입
니다. 44 당신들은 외국 사람에게 꾸기는 하여도,
꾸어 주지는 못할 것입니다. 그들은 머리가 되고,
당신들은 꼬리가 될 것입니다.
45 이 모든 저주가 당신들에게 내릴 것입니다.
그 저주가 당신들을 따르고 당신들에게 미쳐서
당신들이 망할 것입니다. 당신들이 주 당신들의
하나님의 말씀에 순종하지 않았고 당신들에게 명
하신 그 명령과 규례를 지키지 않은 까닭입니다.
46 이 모든 저주는 당신들과 당신들의 자손에게
영원토록 표징과 경고가 될 것입니다.
47 모든 것이 넉넉한데도 당신들이 기쁘고
즐거운 마음으로 주 당신들의 하나님을 섬기지 않
기 때문에, 48 당신들은 굶주리고 목 마르고 헐벗
고 모든 것이 부족하게 될 것이며, 그뿐만 아니라
주님께서 보내신 원수들을 당신들이 섬기게 될 것
입니다. 그들이 당신들의 목에 쇠멍에를 지울
것이며, 당신들은 마침내 죽고 말 것입니다.
49 주님께서 땅 끝 먼 곳에서 한 민족을 보내셔
서, 독수리처럼 당신들을 덮치게 하실 것입니다.
그들은 당신들이 모르는 말을 쓰는 민족입니다.
50 그들은 생김새가 흉악한 민족이며, 노인을 우
대하지도 않고, 어린 아이를 불쌍히 여기지도 않
습니다. 51 그들이 당신들의 집짐승 새끼와 당
신들 땅의 소출을 먹어 치울 것이니, 당신들은 마
침내 망하고 말 것입니다. 그들이 곡식과 포도주
와 기름과 소 새끼나 양 새끼 한 마리도 남기지 않
아서, 마침내 당신들은 멸망하고 말 것입니다.
52 그들은 당신들 온 땅에서 성읍마다 포위하고,
당신들이 굳게 믿고 있던 높고 튼튼한 성벽을 헐며,
주 당신들의 하나님이 당신들에게 주시는 땅의
모든 성읍에서 당신들을 에워쌀 것입니다.
53 당신들의 원수가 당신들을 에워싸서 당신
들에게 먹거리가 떨어지면, 당신들은 당신들의
뱃속에서 나온 자식 곧 주 당신들의 하나님이 당
신들에게 주신 당신들의 아들딸을 잡아서, 그 살을
먹을 것입니다. 54 당신들 가운데 아무리 온순
하고 고귀한 남자라 하여도, 굶게 되면 그 형제와
그 품의 아내와 남아 있는 자식까지 외면할 것이며,
55 자기가 먹는 자식의 살점을 어느 누구에게도
나누어 주지 않을 것입니다. 이것은 당신들의

에서도 확실하게 드러난다. **28:7-14** 축복의 공식적인 표현들은 이제 더 일반적으로 생명의 번영과 안정의 행복을 묘사하는 것으로 확대되고 있다. 초점은 그러한 행복이 하나님의 법에 순종하는데 있다는 것이다 (14절). **28:15-46** 이제 주제는 반대로 넘어가서 16-19절에 있는 것처럼 3-6절과 20-24절에 약속되어 있는 축복과 대조되는 공식적인 저주의 말들을 선포하고 있다. 자연적인 재난이나 질병이나 재앙들이 하나님이 보내신 심판이라고 하는 믿음은 신명기의 가르침에서 아주 두드러진 특징이다. **28:25-37** 불행이 적대적인 민족의 침입과 패배라는 용어로 묘사되고 있는 것을 보면 고대 이스라엘이 8세기 중엽에 경험했던 고난을 반영하는 것 같다. 심각한 경고는 적대적인 세력의 지배 하에서 고통과 모욕을 겪는 삶을 보여줌으로써 더욱 강력해진다. **28:45-46** 다시 한 번 초점은 이스라엘 민족이 불순종한 것 때문에 겪게 되는 자신의 불행에 책임이 있다고 하는 것이다.

28:47-57 외국 세력의 지배 하에서 계속 패배를 당하고 모욕을 당하는 삶의 상황은 분명히 앗시리아와 바벨론이 이스라엘을 정복하였던 기원전 8세기 중엽부터의 경험을 나타내는 것이다. 그러나 여기 나타난 내용들은 여러 외국 땅에서 오랫동안 포로로 살았던 일반적인 경험—유대 사람들의 삶의 전형적인 형태였던 운명을 보여주고 있다.

28:58-68 모세의 행동을 기대하면서 기록된 이 법에 대해서 언급하는 것은 의미심장하다. 이 법은 31:19에 다시 언급된다. 모세가 살아서 지도력을 발휘할 수 없을 때에 그 법전이 그 공백을 메울 수 있을 것이다. **28:60** 질병을 계속 언급하는 것은 이집트에서의 재앙에 대한 기억을 반영하는 것이다. 이집트는 그것으로 아주 악명이 높았다. 이집트로 돌아가는 것은, 게다가 자기 자신과 자녀들을 거기서 노예로 파는 것은, 하나님이 이스라엘의 조상을 그 나라에서 구원하신 구원역사를 무효로 만드는 것이다. 운명의 비극적인 바퀴가 다시 끝까지 되돌아 간 것은 이스라엘이 하나님의 법에 불순종하였기 때문인 것이다!

29:1—30:20 모세의 업적이 요약되고 모든 세대를 위한 그의 메시지가 고별설교 속에 들어 있다. 이것은 모든 성경의 설교 중에서 가장 위대한 설교 중의 하나로, 자기 민족에게 순종과 생명의 길을 선택하든가, 아

원수가 당신들의 모든 성읍을 에워싸서, 당신들
에게는 아무것도 남은 것이 없기 때문입니다.
56 당신들 가운데 아무리 온순하고 고귀한 부녀
자라도, 곧 평소에 호강하며 살아서 발에 흙을
묻히지 않던 여자라도, 굶게 되면 그 품의 남편과
자식을 외면할 것입니다. 57 당신들은 제 다리
사이에서 나온 어린 자식을 몰래 잡아먹을 것입
니다. 이것은, 당신들의 원수가 당신들의 성읍을
포위하고, 당신들을 허기지게 하고, 당신들에게
아무것도 먹을 것이 없게 하였기 때문입니다.

58 당신들이 이 책에 기록된 율법의 모든 말
씀을 성심껏 지키지 않고, 주 당신들의 하나님의 영
광스럽고 두려운 이름을 경외하지 않으면, 59 주
님께서 당신들과 당신들의 자손에게 큰 재앙을 내
리실 것입니다. 그 재난이 크고 그치지 않을 것이
며, 그 질병이 심하고 오래 계속될 것입니다.
60 주님께서는, 당신들이 그렇게 무서워하던 이
집트의 모든 질병을 가져다가, 당신들에게 달라붙
게 하실 것입니다. 61 또한 주님께서는, 이 율법
책에 기록도 되지 않은 온갖 질병과 재앙을, 당신
들이 망할 때까지 당신들에게 내리실 것입니다.
62 당신들이 하늘의 별같이 많아져도, 주 당신들
의 하나님의 말씀을 듣지 않으면, 마지막에는 몇
사람밖에 남지 않을 것입니다. 63 주님께서는 당
신들을 잘 되게 하여 주시고 기뻐하신 것처럼, 또
당신들이 번성하는 것을 보시고서 기뻐하신 것처
럼, 당신들이 멸망하는 것을 보시고서도 기뻐하실
것입니다. 그렇게 되면 당신들은, 당신들이 들어가
서 차지할 그 땅에서 뿌리가 뽑히고 말 것입니다.

64 주님께서는, 땅 이 끝에서 저 끝까지,
모든 민족 가운데 당신들을 흩으실 것이니, 당신
들은 그 곳에서 당신들과 당신들의 조상이 알지
못하던 나무와 돌로 된 우상을 섬길 것입니다.
65 당신들은 그 민족들 가운데서 쉴 틈을 찾지
못하고, 발을 쉴 만한 곳도 찾지 못할 것입니다.
오히려 주님께서는 당신들의 마음에 두려움을 주
시고, 눈을 침침하게 하며, 정신을 몽롱하게 하실
것입니다. 66 당신들은 언제나 생명의 위협을
느낄 것이며, 밤낮 두려워하여, 자신의 목숨을 건
질 수 있을지조차도 확신할 수 없을 것입니다.
67 당신들이 두려움과 공포에 사로잡혀서 당신
들의 눈으로 보는 것마다 무서워서, 아침에는 저
녁이 되었으면 좋겠다고 하고, 저녁에는 아침이
되었으면 좋겠다고 할 것입니다. 68 주님께서는
'다시는 그 길을 보지 않게 하겠다' 하고 약속하신
그 길로, 당신들을 배에 태워 이집트로 끌고 가실
것입니다. 거기에서는, 당신들이 당신들 몸뚱이를
원수들에게 남종이나 여종으로 팔려고 내놓아도,
사는 사람조차 없을 것입니다."

모압 땅에서 세우신 언약

29 1 이것은, 주님께서 호렙에서 이스라엘
자손과 세우신 언약에 덧붙여서, 모세에
게 명하여, 모압 땅에서 이스라엘 자손과 세우신
언약의 말씀이다.

니면 불순종과 죽음의 길을 선택하라고 도전하고 있다. 그 결론적인 권면은 아주 분명하다: *당신들과 당신들의 자손들이 살려거든, 생명을 택하십시오* (30:19). *당신들이 지켜 보는 가운데…* (29:2), *당신들의 눈으로 직접 보았습니다…* (29:3), *그러나 주님께서는…듣는 귀를 주지 않으셨습니다* (29:4) 하는 주장들은 이집트에서 도망쳐 나온 세대의 대부분의 사람들은 광야에서 40년을 지내는 동안에 (5절) 죽었다는 점을 간과하는 말이라고 볼 수도 있다. 그럼에도 불구하고 이스라엘 사람들은 자신들을 영적으로 하나라고 보기 때문에 모든 세대의 이스라엘 사람들이 (15절 참조) 하나님을 섬길 것이냐 아니면 불순종할 것이냐 하는 같은 선택에 직면해 있다고 생각한다.

29:1-29 모세의 고별설교의 첫 부분은 과거를 돌아보고, 과거에서 배울 수 있는 교훈들을 찾는 것으로 되어 있다. 그 고별설교는 신학적으로 아주 중요한 것인데, 그것은 이스라엘을 하나의 실체로 취급하고 있기 때문이다. 지금의 시점에서 보면, 그들은 아브라함, 이삭, 야곱 등의 조상에게 약속되었던 그 땅에서 쫓겨나 있었다. 하나님의 중심되는 물질적인 선물을 대표하는 땅이 상실되고 파괴되고 그 생산력은 망가져 있었다. 신명기의 전통을 따르는 신명기학파 저자들에 의하면, 이스라엘은 포로로 쫓겨난 것이었다—28:58-68에 아주 자세하게, 그리고 분명하게 그려져 있는 그림과 같이 말이다. 신명기학파 지도자들의 눈에는 땅이 없다는 사실이 또한 모세의 율법에 순종하는 것이 얼마나 중요한가를 보여주는 두려운 일이기도 했었다. 땅을 소유하지 않고 어떻게 이스라엘이 존재할 수 있을까? 이스라엘은 다시 한 번 요단 강을 건너서 그 땅을 다시 소유해야 한다. 모세가 한 고별설교의 형식 속에서 그 결론이 되는 권면은 분명하다. "당신들과 당신들의 자손들이 살려거든, 생명을 선택하십시오" (30:19). **29:1** 신명기는 하나님과 이스라엘 사이의 관계가 세 단계에 걸쳐서 계시된 하나의 언약에 근거한다고 본다. 민족의 조상들에게 맹세하고 서약하여 맺은 언약(창 15:1-20)이 호렙 산에서의 언약(신 5:1-3)으로 이끈 약속으로 해석되고, 오직 호렙 산 위에서만, 그것도 언약의 법들이 계시된 때에 (5:6-21) 언약이 성립되었다고 본다 (5:22-33).

2 모세가 온 이스라엘을 불러모으고 그들에
게 말하였다. "주님께서 이집트 땅에서 하신 일,
당신들이 지켜 보는 가운데 바로와 그 신하들 앞
과 그 온 땅에서 하신 모든 일을, 당신들은 똑똑
히 보았습니다. 3 당신들은 그 큰 시험과 굉장한
표징과 기적을 당신들의 눈으로 직접 보았습니
다. 4 그러나 바로 오늘까지, 주님께서는 당신들
에게 깨닫는 마음과 보는 눈과 듣는 귀를 주지 않
으셨습니다. 5 ('나는 사십 년 동안 광야에서 너
희를 인도하였다. 그래서 너희 몸에 걸친 옷이 해
어지지 않았고, 너희 발에 신은 신이 닳지 않았다.
6 너희는 빵도 먹지 못했고, 포도주나 독한 술도
마시지 못했다. 그러나 나는 너희에게 필요한 것
을 주어서, 내가 바로 주 너희의 하나님임을, 너
희에게 알리고자 하였다.') 7 이 곳에 이르렀을
때에, 헤스본 왕 시혼과 바산 왕 옥이 우리를 맞
아서 싸우러 나왔지만, 우리가 그들을 쳐부수었
습니다. 8 우리는 그들의 땅을 점령하고, 그 땅
을 르우벤과 갓과 므낫세 반쪽 지파에게 유산으로
주었습니다. 9 그러므로 당신들은 이 언약의 말
씀을 지키십시오. 그러면 당신들이 하는 일마다
성공할 것입니다.

10 오늘 당신들은, ㄱ)각 지파의 지도자들과
장로들과 관리들을 비롯하여, 온 이스라엘 사람,
11 곧 당신들의 어린 아이들과 아내들과 당신들의
진 가운데서 함께 사는 외국 사람과 당신들에게
장작을 패 주는 사람과, 나아가서는 물을 길어 오는
사람에 이르기까지, 주 당신들의 하나님 앞에 모두
모였습니다. 12 당신들은 오늘 여기에 서서, 주
당신들의 하나님이 당신들과 세우시는 그 언약에
참여하게 됩니다. 당신들은 그 언약에 들어 있는
의무를 지켜야 합니다. 13 주님께서 당신들에게
약속하시고, 당신들의 조상 아브라함과 이삭과
야곱에게 맹세하신 대로, 오늘 당신들을 자기의
백성으로 삼으시고, 주님께서 몸소 당신들의 하
나님이 되시려는 것입니다. 14 이 언약과 맹세는
주님께서 당신들하고만 세우는 것이 아닙니다.
15 이 언약은, 오늘 주 우리의 하나님 앞에 우리와
함께 서 있는 사람들만이 아니라, 오늘 여기 우리와
함께 있지 않은 자손과도 함께 세우는 것입니다.

16 (당신들은 우리가 이집트 땅에서 어떻게
살아왔는지, 또 여러 나라를 어떻게 지나왔는지를
기억하십시오. 17 당신들은 그들 가운데 있는
역겨운 것과, 나무와 돌과 은과 금으로 만든 우상을
보았습니다.) 18 당신들 가운데 남자나 여자나
가족이나 지파가, 주 우리 하나님으로부터 마음을
멀리하여, 다른 민족의 신들을 섬기려고 해서는
안 됩니다. 당신들 가운데 독초나 쓴 열매를 맺는
뿌리가 있어서는 안 됩니다. 19 그러한 사람은
이런 저주의 말을 들으면서도 속으로 자기를 달래
면서 '내 고집대로 하여도 만사가 형통할 것이다'
할 것입니다. (당신들이 그런 사람을 그대로 두면,
맹렬한 재난을 만나서 파멸되고 말 것입니다.)
20 주님께서는 그런 사람을 용서하지 않으십니다.
주님께서는 그런 사람에게 주님의 분노와 질투의

ㄱ) 칠십인역과 시리아어역을 따름. 히, '지도자들과 지파와 장로들과 관리들을'

모압 평야에서 맺은 언약(29:1)은 새로운 언약이 아니라 호렙 산에서 맺은 언약, 그 땅에 들어가기 전에 맺은 언약의 확인이자 갱신이라고 하는 것이다. **29:4** 이스라엘이 분명하게 보이는 것을 이해하지 못했다고 주장하는 의도적인 모순을 이해하기 위해서는 사 6:9-10을 보라. **29:5** 8:2-5에 대한 주석을 보라. **29:6** 포도재배가 야기하는 위험성에 대한 의미를 알기 위해서는 창 9:20-27; 렘 35:1-19를 보라. **29:7** 시혼과 옥에 대해서는 2:31-33을 보라. **29:8** 3:18-22; 4:41-43에 관한 주석을 보라. **29:9** 이스라엘과 하나님이 맺은 언약의 계시는 율법의 계시와 동의어로 사용된다. **29:10-15** 이스라엘의 모든 세대—과거, 현재, 미래—는 하나님이 모세를 통해 계시하시고 이스라엘과 맺은 계약에 들어온 것이다. 비록 이집트에서의 멸시를 겪은 세대 전체 중에서 대부분이 죽고 없어도 각 세대는 언약을 통하여 하나님이 주시는 구원의 자유를 새롭게 경험하는 것이다. 그러므로 모든 하나님의 공동체의 구성원들은 가장 작은 자와 천한 자까지도 (11절) 그 특권을 누릴 수 있는 것이다. **29:17** 이집트는 그 커다란 왕실의 기념비와 신상들의 모양으로 유명하다고 하는 것이 여기서는 허망하고 가치 없는 것들을 예배한 것을 드러내는 것으로 설명되고 있다. **29:18** *이미 그런 일이 있다면…* 이 표현은 한국어 번역에는 나와 있지 않지만 가장 의지가 굳은 독자라도 자기만족과 자기확신을 가지고 있었던 것을 꿰뚫고 도전하는 언어의 기교를 보여주는 표현이다. **29:19** *만사가 형통할 것이다.* 이 말이 가지는 힘의 대부분은 그것이 독자들의 마음 속에 숨어 있고 생각 속에 드러나지 않은 것을 지적하는 능력에서 비롯된다. 그런 생각을 한 것 자체가 그들이 제공하는 확신이 얼마나 헛된 것인가를 인정하는 것이다. 한국어 번역에는 나와 있지 않지만, *그렇게 하여 습한 것에나 마른 것에 공히 재앙을 가져올 것이다* 라는 표현은 아마도 전체를 나타내기 위한 표현으로써 모든 사람이 그 결과로 고통을 당하게 될 것이라는 뜻을 나타내는 것일 것이다. 고대 희랍어 역본에서는 그 단어를 "죄인이나 죄가 없는 사람이나" 라는 의미로 이해하였다.

불을 퍼부으실 뿐만 아니라, 이 책에 기록되어 있
는 모든 저주를 그에게 내리게 하실 것입니다. 그
리하여 주님께서는 마침내 그의 이름을 하늘 아래
에서 지워 버려서, 아무도 그를 기억하지 못하게
하실 것입니다. 21 주님께서는 그런 사람을 이스
라엘의 모든 지파 가운데서 구별하여, 이 율법책
의 언약에 나타나 있는 온갖 저주대로, 그들에게
재앙을 내리실 것입니다.

22 당신들의 뒤를 이어 태어나는 자손과 먼
나라에서 온 외국 사람들이, 주님께서 이 땅에 내
리신 재앙과 질병을 보고, 23 또 온 땅이 유황불에
타며, 소금이 되어 아무것도 뿌리지 못하고 나지도
않으며, 아무 풀도 자라지 않아서, 주님께서 맹렬
한 분노로 멸망시키신 소돔과 고모라와 아드마와
스보임과 같이 된 것을 보면서, 물을 것입니다.
24 모든 민족이 묻기를 '어찌하여 주님께서는 이 땅
에서 이런 참혹한 일을 하셨을까? 이토록 심한 분
노를 일으키신 것은 무엇 때문일까?' 할 것입니다.
25 그러면 사람들이 대답할 것입니다. '그들은,
주님께서 이집트 땅에서 그들의 조상을 인도하여
내실 때에, 주 조상의 하나님과 세운 언약을 버리고,
26 그들이 알지도 못하고 주님께서 허락하시지
도 아니한 신들을 따라가서, 섬기고 절하였다.
27 그래서 주님께서 이 땅을 보고 진노하셔서,
이 책에 기록된 모든 저주를 내리신 것이다.
28 주님께서 크게 분노하시고 진노하시고 격분
하셔서, 오늘과 같이 그들을 이 땅에서 송두리째
뽑아다가 다른 나라로 보내 버리신 것이다.'

29 이 세상에는 주 우리의 하나님이 숨기시
기 때문에 알 수 없는 일도 많습니다. 그것은 주
님의 것입니다. 그러나 하나님은 그의 뜻이 담긴
율법을 밝히 나타내 주셨으니, 이것은 우리의 것
입니다. 우리와 우리의 자손은 길이길이 이 율법
의 모든 말씀에 순종해야 합니다."

복 받는 길

30 1 "나는 당신들에게 당신들이 받을 수 있
는 모든 복과 저주를 다 말하였습니다.
이 모든 일이 다 이루어져서, 당신들이 주 당신들
의 하나님이 쫓아내신 모든 나라에 흩어져서 사는
동안에, 당신들의 마음에 이 일들이 생각나거든,
2 당신들과 당신들의 자손은 주 당신들의 하나님
께로 돌아와서, 마음을 다하고 정성을 다하여 오
늘 내가 당신들에게 명령한 주님의 모든 말씀을

다른 의미로 본다면 그것은 재앙이 닥치면 고칠 방법이 없다는 의미로 받아들일 수 있을 것이다. **29:20** 하나님의 심판에 관하여 그것이 최종적인 것이라는 언급은 중요하다. 왜냐하면 이스라엘이 축복과 저주 사이에서 선택할 것을 강조하는 것은 마지막 결과를 열어둔 것이기 때문이다 (30:19 참조). 지금의 형편에 보면 희망 없어 보이는 것이라도 희망이 있다고 하는 것은 자비하신 하나님의 성품에 근거한 것이다 (4:31 참조). 그러나 하나님의 자비하심은 하나님이 언약의 내용에 따라 신실하게 주신 경고까지도 무효화할 것이라고 짐작하는 것은 지나친 생각이다. **29:21** *주님께서는 그런 사람을 이스라엘의 모든 지파 가운데서 구별하여…그들에게 재앙을 내리실 것입니다.* 이 구절은 지난 과거를 돌아보는 자세로부터 현재의 실천을 고려하는 쪽으로 방향을 트는 전환점이 된다. 그 나라의 많은 사람들이 이미 신명기가 완성되던 때에는 끊어진 상태였다. 이러한 관점이 후대의 것이라고 하는 또 다른 증거는 "이 율법책" (29:27; 30:20; 31:9-13)이라고 하는 의미심장한 언급에서 발견할 수 있다. 이스라엘의 미래 세대의 요구는 단지 모세가 그들에게 주었던 그 책을 읽음으로써만 채워질 수 있다. 왜냐하면 그들은 더 이상 그들의 선조들이 했던 것처럼 그 말씀을 직접 들을 수 없었기 때문이다. **29:22** 그 땅의 무너진 상태에 대한 묘사는 이스라엘의 땅을 앗시리아와 바벨론의 군대가 황폐화시켰을 그 기간에 그 땅에 실제로 벌어졌던 상황을 드러내 놓고 보여주는 것이다. 후대의 세대들은 이스라엘이 하나님의 법을 무시하고 불순종한 무서운 결과를 감당해야 할 것이다. **29:23** 여기에 묘사된 참상은 이스라엘이 한 민족으로서 다시 회복되지 못하도록 하기 위해서 침략한 군대들이 저지른 의도적이면서 응징적으로 멸망시킨 상태를 보여주고 있다. 그 세부 묘사는 분명히 왜 전쟁에서의 패배가 몇 년 동안의 기근과 황폐를 수반하는지를 설명해 준다. 멸망당한 네 도시의 이야기는 창 10:19; 14:2, 8에서도 언급되고 있다. 소돔과 고모라가 멸망당한 이야기는 창 19:1-29에서 언급되어 있고 이 사건의 교훈적인 중요성은 암 4:11과 사 1:9; 13:19에 반영되어 있다. **29:24** 그러한 멸망은 이미 독자들에게는 현실화되어 버린 일이라는 것을 알 수 있다. 독자들은 그 때 이미 그러한 핵심 질문을 묻는 사람들의 의심을 함께 나누고 있었다. **29:25-27** 다른 신을 섬기기 위해 옆길로 들어선 것은 단지 재앙이 벌어진 과거의 원인일 뿐만 아니라 독자들이 현재 느끼는 심각한 유혹을 대변하는 것이기도 하다. **29:28** 그러한 하나님의 언약에 불순종한 데 대한 심판은 이스라엘이 그 땅에서 뿌리를 뽑히는 일일 것이다. 이것이 이스라엘의 "포로신학"의 기반이다. 중심 구절인 *오늘과 같이* 라는 말이 보여주듯이 이 설교의 배경은 하나의 독립국가로서의 이스라엘의 삶의 초기가 아니라, 그 종말을 미리 바라보는 쪽으로 옮아간 것을 알 수 있다. **29:29** 그 의미는 분명하다. 하나님에 관해서는 많은 진리가 알려지지 않

순종하십시오. 3 그러면 주 당신들의 하나님이 마음을 돌이키시고, 당신들을 불쌍히 여기셔서, 포로생활에서 돌아오게 하여 주실 것입니다. 그리고 주 당신들의 하나님이 당신들을, 그 여러 민족 가운데로 흩으신 데서부터 다시 모으실 것입니다. 4 쫓겨난 당신들이 하늘 끝에 가 있을지라도, 주 당신들의 하나님은, 거기에서도 당신들을 모아서 데려오실 것입니다. 5 주 당신들의 하나님이 당신들을 당신들의 조상이 차지했던 땅으로 돌아오게 하시어, 당신들이 그 땅을 다시 차지하게 하실 것이며, 당신들의 조상보다 더 잘 되고 더 번성하게 하여 주실 것입니다.

6 주 당신들의 하나님이 당신들의 마음과 당신들 자손의 마음에 할례를 베푸셔서 순종하는 마음을 주실 것입니다. 그리하여 당신들이 마음을 다하고 정성을 다하여 주 당신들의 하나님을 사랑하며 살 수 있게 하실 것입니다. 7 주 당신들의 하나님은 당신들의 원수와 당신들을 미워하고 괴롭히는 사람들에게 이 모든 저주를 내리실 것입니다. 8 그 때에 당신들은 돌아와서 주님의 말씀을 순종하며, 내가 오늘 당신들에게 명한 모든 명령을 지킬 것입니다. 9 그러면 주 당신들의 하나님은 당신들이 하는 모든 일에 복을 주시고, 당신들 몸의 소생과, 가축의 새끼와 땅의 소출을 풍성하게 하실 것입니다. 주님께서, 기쁜 마음으로 당신들의 조상이 잘 되게 하신 것처럼, 기쁜 마음으로 당신들도 잘 되게 하실 것입니다. 10 당신들이 주 하나님의 말씀을 잘 듣고, 이 율법책에 기록된 명령과 규례를 지키고, 마음을 다하고 정성을 다하여 주 당신들의 하나님께로 돌아오면, 그런 복을 받게 될 것입니다.

11 오늘 내가 당신들에게 내리는 이 명령은, 당신들이 실천하기 어려운 것도 아니고, 당신들의 능력이 미치지 못하는 것도 아닙니다. 12 이 명령은 하늘 위에 있는 것이 아니므로, 당신들은 '누가 하늘에 올라가서 그 명령을 받아다가, 우리가 그것을 듣고 지키도록 말하여 주랴?' 할 것도 아닙니다. 13 또한 이 명령은 바다 건너에 있는 것도 아니니 '누가 바다를 건너가서 명령을 받아다가, 우리가 그것을 듣고 지키도록 말하여 주랴?' 할 것도 아닙니다. 14 그 명령은 당신들에게 아주 가까운 곳에 있습니다. 당신들의 입에 있고 당신들의 마음에 있으니, 당신들이 그것을 실천할 수 있습니다.

왔고, 그것이 하나님이 하나님 되시는 신비의 특징이라고 하는 것이다. 그러나 알려진 진리도 많이 있다. 그리고 하나님이 언약법의 틀 안에서 알려 주신 진리도 있다. 실질적으로 같은 사실이 30:11-14에서도 약간 다른 형태로 확인되고 있다. 하나님의 방식을 반대하는 사람들은 인간의 이해를 초월해야 할 필요가 있다. 하나님은 하나님의 율법으로 세상이 어떻게 다스려지는지 인간이 이해할 수 있도록 충분히 계시해 주셨다는 상반된 주장을 하신다

30:1-20 과거를 돌아보는 것은 이스라엘이 현재 직면하고 있는 상황을 솔직하게 바라볼 수 있는 유익한 결론으로 이끌 수 있다. 설교는 이제 지금의 현재를 생각하는 데서 미래에 있을 가능성에 대해 묵상하는 쪽으로 방향을 틀고 있다. **30:1-5** 현재의 상황은 분명하다. 이스라엘의 땅은 황폐되어 있고 (29:22-23) 사람들은 뿌리가 뽑혀 다른 나라로 쫓겨 갔었다 (29:28). 거기서 그들은 무슨 일이 벌어졌는지, 현재를 평가해 보고, 그리고 가장 중요한 질문을 묻고 있다. 이스라엘에는 미래가 있을까? 그 질문에 대한 대답이 새로운 이스라엘이 존재하기 위해서는 반드시 선택해야 하는 단계들로 구성된 과정에 들어 있다. 그 단계들은 이렇다: 당신들(이스라엘)은 반드시 당신들의 하나님께로 돌아가야 한다 (2절); 그러면 주 당신들의 하나님이 포로생활에서 돌아오게 하여 주실 것이고 당신들에게 긍휼을 베푸실 것이다 (3절). 비록 당신들이 하늘 끝에 가서 유배생활을 할지라도 당신들의 하나님께서 당신들을 불러 모으실 것이다 (4절). 주 하나님은 당신들을 그 땅으로 인도하시고 당신들로 하여금 그 땅을 차지하게 하실 것이다 (5절). 이 과정은 그 단계들을 분명하게 설명하고 있고, 구약에서의 희망의 성격을 이해하는 데 아주 중요한 의미를 준다 (렘 29:11-14 참조). 이 과정을 이해해야 하나의 통일된 전체적인 작품으로 읽어야 되는 예언서들의 메시지가 왜 이스라엘이 그 땅에 처음 들어갈 때의 시점의 메시지에 초점을 맞추고 있는 신명기를 자세히 설명하는지를 알 수 있다. 처음 땅을 취하던 최초의 행동이 이제 다시 취해져야 되지만, 그것은 하나님의 언약법에 충실하라는 명령에 주의를 기울일 때만 성취될 수 있다는 것이다. 따라서 실질적인 "귀환"은 먼저 하나님께로 영적인 "귀환"이 있어야만 이루어질 것이라는 것이다 (2절). **30:6** 마음에 할례를 받으라는 은유는 10:16에서 이미 사용되었다. 마음에 할례를 받는 것은 또한 렘 4:4에서도 찾아볼 수 있다. 그것은 하나님의 언약에 헌신한다는 외적인 표시에 상응하는 내적인 갱신의 필요성을 표현하는 것이다 (또한 렘 31:31-34; 겔 11:19; 36:26-27 참조). 외적인 표시와 내적인 의도가 완전히 하나가 될 때에만 하나님의 뜻이 이루어진다. 이처럼 신명기의 가르침은 마음을 살펴서 목적의 신실함을 찾으라는 것을 강조하였기 때문에 성경적인 영성의 중심에 서게 된 것이다. **30:7** 만약 이스라엘이 순종한다면, 그들 앞에 놓인 저주는 적들에게

15 보십시오. 내가 오늘 생명과 번영, 죽음과
파멸을 당신들 앞에 내놓았습니다. 16 내가 오늘
당신들에게 명하는 대로, 당신들이 주 당신들의 하
나님을 사랑하고, 그의 길을 따라가며, 그의 명령
과 규례와 법도를 지키면, 당신들이 잘 되고 번성
할 것입니다. 또 당신들이 들어가서 차지할 땅에
서, 주 당신들의 하나님이 당신들에게 복을 주실
것입니다. 17 그러나 당신들이 마음을 돌려서 순
종하지 않고, 빗나가서 다른 신들에게 절을 하고
섬기면, 18 오늘 내가 당신들에게 경고한 대로,
당신들은 반드시 망하고 맙니다. 당신들이 요단 강
을 건너가서 차지할 그 땅에서도 오래 살지 못할
것입니다. 19 나는 오늘 하늘과 땅을 증인으로
세우고, 생명과 사망, 복과 저주를 당신들 앞에 내
놓았습니다. 당신들과 당신들의 자손이 살려거든,
생명을 택하십시오. 20 주 당신들의 하나님을 사
랑하십시오. 그의 말씀을 들으며 그를 따르십시
오. 그러면 당신들이 살 것입니다. 주님께서 당신
들의 조상 아브라함과 이삭과 야곱에게 주시겠다
고 맹세하신 그 땅에서 당신들이 잘 살 것입니다."

여호수아가 모세의 후계자가 되다

31 1 모세가 온 이스라엘 백성에게 계속하여
말하였다. 2 모세가 그들에게 말하였
다. "이제 내 나이 백스무 살입니다. 이제 더 이상
당신들 앞에 서서 당신들을 지도할 수 없습니다.
주님께서는, 내가 요단 강을 건너는 것을 허락하
지 않으셨습니다. 3 주 당신들의 하나님이 당신
들 앞에서 건너가셔서, 몸소 저 민족들을 당신들
앞에서 멸하시고, 당신들이 그 땅을 차지하게 하
실 것입니다. 주님께서 말씀하신 대로, 여호수아
가 지휘관이 되어 당신들 앞에서 건너갈 것입니
다. 4 이미 주님께서 아모리 왕 시혼과 옥과 그
들의 땅을 멸하신 것과 같이, 그들도 멸하실 것입
니다. 5 주님께서 그들을 당신들에게 넘겨 주실 것
입니다. 당신들은 내가 당신들에게 명한 대로 그
들에게 하여야 합니다. 6 마음을 강하게 하고 용
기를 내십시오. 그들 앞에서, 두려워하지도 말고
무서워하지도 마십시오. 주 당신들의 하나님이
당신들과 함께 가시면서, 당신들을 떠나지도 않
으시고 버리지도 않으실 것입니다."

만 임하게 될 것이다. **30:8-10** 율법에 순종하면 그 땅에서 물질적인 축복도 회복시켜 줄 것이다. 여기서 신명기가 책의 형태로 존재하고 있었다(10절)는 것을 인식하는 것이 중요하다. 그 기반을 형성하여준 모세의 연설들은 과거의 일이 되어 있었기 때문이다. **30:11-14** 누구도 하나님의 명령에 불순종한 핑계를 댈 때 율법을 몰랐다고 할 수 없다. 왜냐하면 율법은 모든 후대 이스라엘의 자손들이 읽고 연구할 수 있는 형태로 존재하고 있었기 때문이다. 하나님의 율법이 책의 형태로가 아니라 인간의 심장에 기록될 것임을 선포한 렘 31:33-34를 참조하라 (14절. 또한 롬 10:8을 보라). **30:15-16** 순종과 불순종 사이의 선택은 번영과 불행 사이의 선택이며 궁극적으로는 생명과 죽음 사이의 선택이다. **30:17** 가장 큰 시험은 계속해서 이스라엘의 하나님으로 주님을 섬길 것이냐—심지어 이방 땅에서 조차도—아니면 다른 신들을 섬기는 쪽으로 돌아설 것이냐, 특히 사람들이 다른 나라로 도망가서 살게 된 그 땅의 신들을 섬길 것이냐 하는 것이다. 이스라엘의 하나님이 과거에 그 민족을 보호하는데 실패하였다고 많은 사람들이 주장하기도 하였지만 또한 신들은 "그 땅의 신들"이라고 하는 일반적인 믿음이 포로로 잡혀간 유대인들에게 그들이 가서 사는 새 땅의 신들에게로 돌아서도록 유혹할 수 있었다. 신명기의 주장 중에서 가장 급박한 것은 이러한 주장이 모든 거짓말 중에서 가장 큰 거짓말임을 알리는 것이었다. **30:19** 이러한 내용의 도전적인 권면에 하늘과 땅을 증인으로 부르는 것은 공식적이고 법률적인 권위를 부여하려고 하는 것이다. 그러한 표현 방식은 엄격한 외교 의례를 가지고 있는 메소포타미아의 외교 언어의 영향을 받은 것을 보여준다. 신명기가 쓰인 당시에는 이스라엘이 이러한 문서에 친숙했던 것이 틀림없다. **30:20** 이스라엘의 미래에 관하여 결론적으로 안심시키는 말을 하는 것은 하나님의 계획이 성경적인 역사의 전 과정을 주관하고 계신다는 생각을 간결하게 요약해 준다.

31:1—34:12 신명기의 후반부 이야기는 신명기의 결론으로 이끄는 가장 중요한 여러 사건들과 관련되어 있다. 이러한 사건들에는 율법책을 읽고 보존하는 것에 관한 규정들과 모세의 후계자로 여호수아를 임명한 것, 그리고 지도자들이 그 땅에 발을 들여 놓지도 못하고 죽은 것에 관한 설명 등이 포함된다. 그러한 보고들 속에 또한 두 개의 긴 시편이 포함되었는데, 모세의 노래(31:30—32:44)와 모세의 축복(33:1-29)이 그것이다. 이 시편들은 모세가 자기 민족에게 끼친 문학적인 유산의 마지막 작품들이다. 이 시편 중의 처음 것은 31:16-22에서 등장하는데 문맥을 벗어나서 갑자기 여호수아를 임명하던 이야기 사이에 등장한다. 따라서 후반부 이야기의 최종 편집은 일관된 과정을 거친 것이 아니라는 것을 보여준다. 신명기를 마무리 짓는 작업과 오경을 완성시킨 작업은 서로 관련되어 있는 문헌들을 착수하는 과정에 각각 다른 단계가 있었음을 보여주는 것 같다.

31:1-8 고별설교를 한 후, 모세는 자기의 죽음에 관한 것과 후에 어떤 일이 벌어질 것인지에 대해 이

7 모세가 여호수아를 불러서, 온 이스라엘이
보는 앞에서 그에게 말하였다. "그대는 마음을 강
하게 하고 용기를 내시오. 그대는, 주님께서 그대의
조상에게 주시기로 맹세하신 땅으로 이 백성과
함께 가서, 그들이 그 땅을 유산으로 얻게 하시오.
8 주님께서 친히 그대 앞에서 가시며, 그대와 함께
계시며, 그대를 떠나지도 않으시고 버리지도 않으
실 것이니, 두려워하지도 말고 겁내지도 마시오."

일곱 해마다 회중에게 율법을 읽어 주라

9 모세가 이 율법을 기록하여, 주님의 언약궤
를 메는 레위 자손 제사장들과 이스라엘의 모든
장로에게 주었다. 10 모세가 그들에게 명령하였
다. "일곱 해가 끝날 때마다, 곧 빚을 면제해 주는
해의 초막절에, 11 온 이스라엘이 주 당신들의
하나님을 뵈려고 그분이 택하신 곳으로 나오면,
당신들은 이 율법을 온 이스라엘 백성 앞에서 읽
어서, 그들의 귀에 들려주십시오. 12 당신들은
이 백성의 남녀와 어린 아이만이 아니라 성 안에
서 당신들과 같이 사는 외국 사람도 불러모아서,
그들이 율법을 듣고 배워서, 주 당신들의 하나님을
경외하며, 이 율법의 모든 말씀을 지키도록 하십
시오. 13 당신들이 요단 강을 건너가서 차지하
는 땅에 살게 될 때에, 이 율법을 알지 못하는 당
신들의 자손도 듣고 배워서, 주 당신들의 하나님을
경외하게 하십시오."

주님께서 모세에게 하신 마지막 지시

14 주님께서 모세에게 말씀하셨다. "이제 네
가 죽을 날이 가까이 왔으니, 여호수아를 불러 함
께 회막으로 나아오너라. 내가 그에게 명을 내리겠
다." 그래서 모세와 여호수아가 회막으로 나아갔
다. 15 그 때에 주님께서 구름기둥 가운데서 장
막에 나타나시고, 구름기둥은 장막 어귀 위에 머
물러 있었다.
16 주님께서 모세에게 말씀하셨다. "너는 네
조상과 함께 잠들 것이다. 그러나 이 백성은, 들
어가서 살게 될 그 땅의 이방 신들과 더불어 음란한
짓을 할 것이다. 그들은 나를 버리고, 나와 세운
그 언약을 깨뜨릴 것이다. 17 그 날에 내가 그들
에게 격렬하게 진노하여, 그들을 버리고 내 얼굴
을 그들에게서 숨길 것이다. 그래서 그들은, 온갖

야기한다. **31:2** 모세의 나이에 대해서 34:7에 다시 반복되는데, *이제 더 이상 당신들 앞에 서서 당신들을 지도할 수 없습니다* 라는 표현은 문자 그대로 말하면 "나는 더 이상 나가거나 들어올 수 없다"는 뜻이다. 아마도 군사 작전에서 지휘관 역할을 할 수 없다는 뜻이거나, 아니면 "원하는 대로 다닐 수 없다"는 뜻을 나타내는 것 같다. 34:7에 나오는 조사는 *기력은 정정하였다는* 말은 모세의 근력에 관한 일반적인 평가 이상은 아닐 것이다. 모세가 그의 백성과 함께 그 땅에 들어갈 수 없으리라는 것은 이미 3:23-29에 알려진 바 있다. **31:3** 주 하나님의 임재가 이스라엘을 전투로 이끄신다는 것은 잘 알려진 대로 전쟁은 하나님의 명령에 의해서만 수행해야 되는 것이며 그 경우 성공과 승리는 전적으로 하나님의 선물로 주어지는 것으로 (4:34-38 참조) 이스라엘 백성은 이해하고 있었음을 보여준다. 모세의 후계자로 여호수아에게 넘어가는 과정은 후반기의 중요한 주제이며 지도력의 연속성을 강조하는 한편 두 사람 사이의 차이점을 강조하는 데도 주의를 끌고 있다. 모세는 율법을 주었고, 여호수아는 단지 그 법을 연구하고 집행할 뿐이다 (32:44-47; 수 1:8). 모세 이후의 삶은 아주 상당히 다른 모습을 보일 것이다. 왜냐하면 율법을 보존하고, 읽고, 해석하는 것이 주된 종교적인 의무가 될 것이기 때문이다. 이스라엘은 책의 민족이 될 것이다. **31:4** 29:7-8에 관한 주석을 보라. **31:5** 7:1-6에 관한 주석을 보라. **31:6** 수 1:7을 참조하라. **31:7** 31:23을 보면 거의 동일한 지명 공식이 나온다.

31:9-15 법을 문자로 적고 그 보존을 위한 규정을 만드는 것은 율법이 예배 중에 차지하는 중요성과 이스라엘 민족의 삶 속에서 차지하는 비중을 인정하는 것이다. **31:10-11** 법이 공개적으로 읽히는 경우는 단지 매 7년마다 한 번이라고 하는 것은 모든 가정이 법에 익숙해야 할 필요성에 관해서 권면하였던 것과 (6:7 참조) 비교하면 상당히 띄엄띄엄 읽는 것이 아닌가 생각된다. 우리는 공식적인 낭독은 율법의 중심되는 위치를 특별히 공적으로 인정하는 것을 말하는 것이라고 짐작한다. **31:12** 율법은 아이들을 포함한 민족의 모든 구성원에게 들려주어야 하고, 그렇게 함으로써 보다 전통적인 제사에서는 성인 남자만 중앙 성소에 참석하였던 것과 (16:16 참조) 대조를 이루게 된다. **31:14** 여호수아가 회막에 있었다는 것에 대해서는 출 33:11을 보라. 하나님이 여호수아를 지명한 것(14-15절; 23절)은 모세가 이미 선포한 그의 의도를 확인해 준다 (7-8절). **31:15** 구름기둥이 하나님이 회막에 임재하는 상징이라고 하는 점에 대해서는 출 33:9-10을 보라.

31:16-22 모세의 노래는 31:30—32:43에 나온다. 31장 후반부에 있는 서문은 여호수아가 후계자의 역할을 할 것과 율법을 보존하는 것을 확실히 하기 위해서 아주 조심을 해야 할 필요성이 있다는 것을 확인하는 내용과 분리되어 있다. 그 노래는 이스라엘이 모세가 죽고 나서 그 백성이 그렇게 보고 싶어 했던 그 땅에 들어가게 되면 경험하게 될 위험성과 유혹에 대해서 경고하고 있다. 그 노래는 또한 심리적인 현실주의의

재앙과 고통이 덮치는 날, 이렇게 말할 것이다. '우리 하나님이 우리 가운데 계시지 않기 때문에 이런 재앙이 덮치고 있다' 하고 탄식할 것이다. 18 그들이 돌아서서 다른 신을 섬기는 온갖 악한 짓을 할 것이니, 그 날에 내가 틀림없이 내 얼굴을 그들에게서 숨기겠다.

19 이제 이 노래를 적어서, 이스라엘 백성에게 가르쳐 부르게 하여라. 이 노래가 이스라엘 자손에게 내가 무엇을 가르쳤는지를 증언할 것이다. 20 내가 그들의 조상에게 맹세한, 젖과 꿀이 흐르는 땅에 그들을 인도하여 들인 뒤에, 그들이, 살이 찌도록 배불리 먹으면, 눈을 돌려 다른 신들을 섬기며 나를 업신여기고, 나와 세운 언약을 깨뜨릴 것이다. 21 그리하여 그들이 온갖 재앙과 환난을 당하게 될 것이다. 그러나 사람들이 이 노래를 부르는 한, 이 노래가 그들을 일깨워 주는 증언이 될 것이다. 비록 내가 아직 약속한 땅으로 그들을 인도하기 전이지만, 지금 그들이 품고 있는 생각이 무엇인지를 나는 알고 있다."

22 그 날에 모세는 이 노래를 적어 이스라엘 백성에게 가르쳐 주었다.

23 주님께서 눈의 아들 여호수아에게 말씀하셨다. "너는 이스라엘 자손을 인도하여 내가 그들에게 약속한 땅으로 들어갈 것이니, 마음을 강하게 먹고 용기를 내어라. 내가 너와 함께 있겠다."

24 모세는 이 율법의 말씀을 다 책에 기록한 뒤에, 25 주의 언약궤를 메는 레위 사람들에게 말하였다. 26 "이 율법책을 가져다가 주 당신들의 하나님의 언약궤 옆에 두어서, 당신들에게 증거가 되게 하시오. 27 내가 당신들의 반항심과 센 고집을 알고 있소. 지금 내가 살아 있어서 당신들과 함께 있는데도 당신들이 주님을 거역하거늘, 내가 죽은 다음에야 오죽하겠소! 28 각 지파의 장로들과 관리들을 모두 내 앞에 불러모으시오. 내가 이 말씀을 그들의 귀에 들려주고, 하늘과 땅을 증인으로 세우겠소. 29 나는 압니다. 내가 죽은 뒤에 당신들은 스스로 부패하여, 내가 지시하는 길에서 벗어날 것이오. 당신들이 주님

내용도 소개하고 있는데, 미래를 위해 규정한 내용들조차도 이스라엘이 확실하게 약속된 축복을 누리고 저주의 결과들 때문에 고통당하는 것을 피하도록 하기에는 부족하다는 것을 경고하고 있다. **31:16** 그러한 모든 경고에도 불구하고 이스라엘의 미래는 재앙으로 이끌릴 것이라고 하는 것은 그 노래의 전반에서 중심되는 주제이다. 여기서 제시된 이유는 이방의 신들을 섬기고자 하는 유혹은 저항할 수 없는 것으로 입증될 것이라고 하는 것이다. 몸을 파는 형태의 배교에 대한 저주는 주님을 섬기지 않고 떠난 것에 대한 일반적인 표현이었으며 그 당시에 종교적인 제의의 형태로 자주 볼 수 있었던 창녀들과의 만남과 관련이 있다 (출 34:15-16; 호 2:5; 4:15; 렘 3:1 참조). **31:17** 하나님의 진노의 날이 이스라엘에 임하리라는 경고는 유다 왕국이 바빌로니아가 그 땅을 침공해 들어올 때 그 앞에 무너지는 최후의 기간들을 말한다. 이러한 재앙에 대한 일반적인 반응은 하나님이 더 이상 이스라엘을 보호할 수 없다고 하는 주장이었다. 그러한 주장에 대한 반대의 주장을 담고 있는 모세의 노래는 하나님으로부터 돌아섬으로써 사람들이 하나님의 진노를 불러 일으켰고 자신들에게 재앙을 스스로 불러들였다는 것이다. **31:18** 하나님이 "내 얼굴을 그들에게서 숨기겠다" 라는 표현은 기도에 응답하시기를 거절하신다는 뜻으로, 시 13:1을 보라. **31:19** 그 노래는 이스라엘을 쳐서 증언할 것이다. 왜냐하면 모세는 우상숭배의 유혹을 미리 경고하였건만 그 경고에 대해 주의를 기울이지 않았기 때문이다. **31:20** 그 땅의 아름다움과 풍성함에 대한 묘사가 신명기의 중심 주제라는 것에 대해서는 6:3, 10-11; 8:1-10; 11:19 등을 보라. **31:21** 이스라엘이 다른 신들을 예배하자는 유혹에 저항할 수 없어서 재앙이 결국은 이스라엘에 떨어질 것이라고 하는 경고는 동시에 그러한 평가를 내린 모세가 잘못되었음을 증명하라고 이스라엘을 재촉하는 아이러니의 요소가 있다. 여기에는 또한 역사적 현실주의의 기조가 보인다. 왜냐하면 그 노래는 신명기의 후반부에 있는 다른 긴 시와 마찬가지로 그러한 불행이 이미 이스라엘을 덮었다는 사실을 충분히 고려하고 있기 때문이다. 또한 이스라엘이 하나님께서 심판 가운데 흩어 놓으신 "이방민족들의 땅"에서 돌아오게 될 때에는 새로운 시작을 기대할 수 있다는 희망의 메시지를 확립하고 있다.

31:23-29 7절과 14-15절을 보면, 여호수아가 모세를 대신해서 민족의 지도자로 서기 위해 준비하는 것을 볼 수 있다. 여기서는 모세가 그 일을 위해 여호수아를 택한 후에 (7절), 하나님 자신이 여호수아를 임명하신 것으로 되어 있다. **31:24** 모세는 이미 주었던 법 (1:5; 31:1 참조)을 이 연설에서 새롭게 하고 있다. 그것을 글로 기록하는 행위는 일단 후세대를 위한 규정을 만들어야 할 가장 급한 필요성이 해결된 이후에 (31:9) 독립적으로 있었던 일로 보인다. **31:25** 레위 사람들이 율법을 지키는 역할을 맡은 것에 대해서는 10:8과 33:8-11을 참조하라. **31:26** 신명기의 율법책을 십계명 돌판을 담아 두는 언약궤 (10:2, 5; 출 40:20; 왕상 8:9 참조) 옆에 두는 것은 그 두 율법의 목록이 서로 상호보완적임을 인정하는 것이다. **31:27** 이스라엘이 불순종의 경향을 보이고 있다는 것에 대한 추가적인 경고는 인간의 영적인 결심이 근본적인 결함을 가지고 있다

앞에서 악한 일을 하고, 당신들이 손대는 온갖 일로
주님을 노엽게 하다가, 마침내 훗날에 당신들이
재앙을 받게 될 것이오."

모세의 노래

30 모세가 이스라엘 총회에 모인 모든 사람
에게, 이 노래를 끝까지 들려주었다.

32 1 하늘아,
나의 말에 귀를 기울여라.
땅아,
나의 입에서 나오는 말을 들어라.
2 나의 교훈은 내리는 비요,
풀밭을 적시는 소나기다.
나의 말은 맺히는 이슬이요,
채소 위에 내리는 가랑비다.
3 내가 주님의 이름을 선포할 때에,
너희는
'우리의 하나님 위대하시다'
하고 응답하여라.
4 하나님은 반석,
하시는 일마다 완전하고,
그의 모든 길은 올곧다.
그는 거짓이 없고,
진실하신 하나님이시다.
의로우시고 곧기만 하시다.
5 그러나 너희가 하나님께 맞서
악한 짓을 하니,
수치스럽게도 너희는 이미
그의 자녀가 아니요,
비뚤어지고 뒤틀린 세대이다.
6 어리석은 백성아,
이 미련한 민족아,
너희는 어찌하여
주님께 이처럼 갚느냐?
그는 너희를 지으신
아버지가 아니시냐?
너희를 만드시고
일으키신 분이 아니시냐?

7 아득한 옛날을 회상하여 보아라.

는 것을 의식하고 있음을 보여준다. 하나님께 순종할 것을 추구하는 가운데서도 불순종의 욕구는 여전히 가까이 있을 수 있다. 롬 7:14-25 참조. **31:29** 27절에 관한 주석을 보라. *당신들이 손대는 온갖 일.* 이 표현은 둘째 계명을 어기고 우상의 형상을 만드는 것을 일컫는 것이다.

31:30—32:43 모세의 노래는 두 부분으로 분명하게 구분되어 있다. 처음 부분은 하나님이 이스라엘 백성에 대해서 제기하는 소송의 형태로 제시된다 (32:1-25). 그것은 이스라엘의 과거를 시초부터 검토하면서 그 민족이 커다란 불순종을 저질렀으며, 그 증거는 새롭고 알지 못하는 우상들을 반복해서 섬기는 것, 우상숭배, 그리고 그러한 행동에 의해서 하나님의 분노를 격발한 사실에서 드러난다고 고발하고 있다. 그 민족에게 선고가 내려지고 처벌이 선언되었다 (23-25절). 노래의 두 번째 부분은 처음 부분을 보충하고 있지만 아주 다른 스타일과 내용으로 되어 있다. 이스라엘의 심판이 세계적으로 미치는 결과에 관한 간략한 묵상이 있은 후에 (26-27절) 회고적인 독백이 보다 긴 지혜 담화의 형식으로 나오는데, 여기서는 미래에 대한 희망을 하나님의 성품과 우주의 통치자요 보호자로서의 하나님이 가지신 능력 안에서 찾고 있다 (39절). 그러므로 이스라엘이 불순종과 배교의 경향이 있음에도 불구하고 민족의 미래에 소망이 있는 것이다.

31:30—32:9 31:30에 있는 서론은 그 노래가 민족에 속한 모든 사람에게 해당되는 메시지를 담고 있음을 분명히 하고 있다. **32:1** 그 노래는 하늘과 땅에게 모세의 말들을 들을 것과 지금 이야기되고 있는 이스라엘에 대한 고발의 (사 1:2-8; 렘 2:5-37; 미 6:1-8 참조) 증인이 되어줄 것을 부탁하고 있다 (30:19 참조). **32:3** 공개적인 소송에서 맹세할 때 하듯이 모세는 주 하나님의 이름을 불러 자기의 증언을 뒷받침하고 있다. **32:4-6** 하나님은 신실하고 공평한 아버지처럼 자기 자녀들에게 대하셨지만, 그들은 처벌 받아 마땅한 반항적인 자녀들처럼 못되게 행동하였다 (21:18-21; 사 1:2-3 참조). **32:7-9** 이 노래는 모든 민족의 기원은 여러 하위 신들에게 각 민족들의 수호신의 역할을 나누어 주신 가장 높으신 하나님의 행동에서 비롯되었다는 고대의 전통을 끌어들이고 있다. 이러한 전통의 후대 전승을 보면, 하위 신들의 지위를 각 민족을 돌보는 수호천사로 떨어뜨리고 있다 (단 10:13; 12:1에 나오는 미가엘 천사의 역할 참조). 이스라엘의 하나님을 가장 높으신 분이라는 명칭으로 부르는 것은 보다 좁은 의미의 유일신관을 분명히 하기 위한 배려이며, 그 결과 고대 사본은 *신들의 수효대로* (8절) 라고 되어 있는데 사해 사본은 "하나님의 아들들의 수효대로" 라고 수정되었다 (새번역개정과 개역개정은 "이스라엘 자손들의 수효대로" 라고 번역했고 공동번역은 "신들의 수효만큼"으로 번역했음). "신들의 수효만큼"이 고대 원문을 따르고 있는 것이 분명하다 (시 96:4-5 참조).

32:10-25 이스라엘의 기원을 *짐승의 울음소리만 들려오는 광야* (10절)에서 찾는 것은 이집트에서 출애굽한 후 광야에서 방황하면서 보낸 40년의 세월에 대

조상 대대로 내려온 세대를
생각하여 보아라.
너희의 아버지에게 물어 보아라.
그가 일러줄 것이다.
어른들에게 물어 보아라.
그들이 너희에게 말해 줄 것이다.
8 가장 높으신 분께서
여러 나라에 땅을 나누어 주시고,
인류를 갈라놓으실 때에
ㄱ)이스라엘 자손의 수효대로
민족들의 경계를 갈라놓으셨다.
9 그러나 주님의 몫은 그의 백성이니,
야곱은 그가 차지하신 유산이다.

10 주님께서
광야에서 야곱을 찾으셨고,
짐승의 울음소리만 들려 오는
황야에서 그를 만나,
감싸 주고, 보호하고,
당신의 눈동자처럼 지켜 주셨다.
11 마치 독수리가
그 보금자리를 뒤흔들고
새끼들 위에서 퍼덕이며,
날개를 펴서 새끼들을 받아
그 날개 위에 업어 나르듯이,
12 주님께서만 홀로
그 백성을 인도하셨다.
다른 신은 옆에 있지도 않았다.

13 주님께서 그 백성에게
고원지대를 차지하게 하시며,
밭에서 나온 열매를 먹게 하시며,
바위에서 흘러내리는
꿀을 먹게 하시며,
단단한 바위에서 흘러내리는
기름을 먹게 하셨다.
14 소젖과 양젖과 어린 양의 기름과,
바산의 숫양과 염소 고기와,
잘 익은 밀과 붉은 빛깔 포도주를
마시게 하셨다.
15 ㄴ)이스라엘은 부자가 되더니,
반역자가 되었다.
먹거리가 넉넉해지고,
실컷 먹고 나더니,
자기들을 지으신
하나님을 저버리고,
자기들의 반석이신
구원자를 업신여겼다.
16 그들은 이방 신을 섬겨서
주님께서 질투하시게 하였으며,

ㄱ) 사해 사본과 칠십인역에는 '하나님의 아들들의 수효대로' ㄴ) 히, '여수룬 (의인 또는 정직한 사람)'

한 언급이 아니라, 남부 사막 지역에서 반유목민으로 시작된 국가의 기원에 대한 언급인 것이다 ("방황하는 아람 사람"이었다는 26:5 참조). **32:11-14** 마치 자연 세계에서 있는 일들을 보는 것 같은 묘사들은 이스라엘이 번영과 안정을 누리게 되었던 하나님의 돌보심이 섭리에 의한 것이었음을 확인하고 있다. **32:15** *여수룬.* 이것은 이스라엘을 부르는 데는 거의 사용되지 않는 단어지만 33:5, 26에서 반복되고 있다 (또 사 44:2 참조). 이 이름은 "똑바른, 잘 어울리는 (fit)"이라는 단어와 음이 비슷한 것에 착안하여 사용하는 이름이기 때문에 이스라엘의 탐욕으로 인하여 비만하게 된 상태(fat)와 시적인 대조를 이루기 위한 의도를 드러내는 것일 수도 있다. **32:16-17** 그 땅의 다른 신들을 묘사하는 명칭으로 *귀신들(demons)*이라는 표현을 사용하는 것도 시 106:37에서 보게 되는데, 거기서는 어린아이들을 제물로 바치는 것과 관련되어 사용된다 (12:3 참조). 광야에서의 삶의 혹독함과는 달리 평화롭고 풍부한 삶은 더 큰 유혹이 될 수 있다는 것은 8:12-19에서 자세하게 논의되고 있다. 신명기는 이스라엘이 그 땅에서 전에 살던 주민들에 의해 오랫동안 경배되었던 신들에게 더 큰 유혹을 느꼈다고 비난해 왔는데, *새롭게 나타난* 새로운 신들을 섬기고자 하는 유혹을 받을 것이라는 염려는 우리에게는 더 익숙한 이전의 비난과 대비된다.

특별 주석

몇몇 본문들은 이스라엘의 하나님을 어머니로 지칭하고 있다. 또한 사 42:14; 51:1; 63:15-16을 보라.

32:19-20 사 1:2를 보면, 이스라엘이 반항하는 아들처럼 행동하였다는 비난을 볼 수 있다. **32:21** *나 [하나님]의 질투에 불을 붙였다.* 이 표현은 문자 그대로는 강렬한 감정, 분노를 불러 일으켰다"는 뜻이다. 그러므로 이스라엘의 *질투심에 불을 붙이고* 벌을 내린다는 표현은 슬픔과 좌절의 상한 감정을 뜻하는 것이기 때문에 자기가 저지른 죄에 알맞은 벌이 될 것이다. *내 백성이 아닌 딴 백성이* 누구를 말하는지는 불분명하다. 외국 신들을 섬긴 죄에 대해서 이스라엘은 외국의 백성을 통해서 심판받을 것이다 (렘 5:15 참조). **32:22-24** 이스라엘의 심판이 가지게 될 모습은 여기서는 전통적인 위

역겨운 짓을 하여
주님께서 진노하시게 하였다.
17 너희는
하나님도 아닌 신들에게
제사를 드렸다.
너희가 알지도 못하는 신들,
새롭게 나타난 새 신들,
너희 조상이 섬기지 않던 신들이다.
18 너희는 너희를 낳은 바위를 버리고,
너희를 낳은 하나님을 잊었다.

19 주님께서는
이것을 보시고 격분하셔서,
당신의 자녀들과 인연을 끊으시고서,
20 이렇게 말씀하신다.
'그들에게 나의 얼굴을 숨기겠다.
그들이 마침내는 어떻게 되는지,
두고 보겠다.
그들은 타락한 세대,
진실이라고는
털끝만큼도 없는 자들이다.
21 우상을 섬겨서 나를 격분시켰고,
신이 아닌 것들을 신이라고 섬겨서
나의 질투에 불을 붙였다.
그러니 이제 나도,
내 백성이 아닌 딴 백성을
내 백성으로 삼아서,
그들의 질투심에 불을 붙이고,
어리석은 민족을
내 백성으로 만들어
그들을 격분시키겠다.
22 나의 분노에서 나오는 불꽃이
저 아래 스올까지 타들어 가며,
땅 위에 있는 모든 것들을
삼켜 버리고,
멧부리까지 살라 버릴 것이다.
23 내가 온갖 재앙을 그들에게 퍼붓고,
나의 화살을
모조리 그들에게 쏘겠다.
24 나는 그들을 굶겨서 죽이고,
불 같은 더위와 열병으로 죽이고,
짐승의 이빨에 찢겨서 먹히게 하고,
티끌 속을 기어 다니는 독사의 독을
그들에게 보내겠다.
25 바깥에서는 칼에 맞아 죽고,
방 안에서는 놀라서 죽으니,
총각과 처녀, 젖먹이와 노인,
모두가 다 같은 꼴을 당할 것이다.
26 본래는 내가 나의 백성을
다 흩어 버려서
아무도 그들을
기억할 수 없게 하려고 하였으나,

험과 파괴의 비유를 통해서 전달되고 있다. *불같은 더위와 열병.* 이에 대해서는 사 10:16 참조. **32:25** 전쟁에서의 패배와 그 잔인한 후유증에 대한 두려움을 묘사하기 위해서 여기서는 알기 쉬운 언어가 사용되고 있다 (겔 7:14-19; 9:6 참조).

32:26-33 26절에서부터 분위기와 메시지가 완전히 달라진다. 이스라엘의 배교를 회상하는 대목은 그 민족이 당한 심판에 대한 묘사에서 절정에 이른다. 그러므로 그 노래의 첫 부분은 그 심판의 필요성과 정당성을 보여주는 것으로 끝이 난다. **32:27** 이스라엘은 자신의 고통이 자기 자신의 반역의 결과라는 점을 이해하고 있었지만 다른 민족들은 그 상황을 다르게 해석할 수 있었다. 이스라엘을 정복한 민족들은 자기들의 군사력을 자랑하면서 자기들의 신을 자랑하느라고 모든 전쟁의 결과를 통제하시는 분은 이스라엘의 하나님이시라는 것을 보지 못하였다. 사 10:13-19를 참조하라. **32:28** *깨닫지도 못하는 백성.* 이 표현은 그들의 승리를 잘못 해석한 적군들을 지칭하는 말로 사용되어야 할 텐데, 여기서는 하나님이 모든 민족의 운명을 결정하시는 것과, 그렇기 때문에 이스라엘도 심판받아야 한다는 것을 보지 못하는 이스라엘을 지적하는 말로 쓰이고 있다. **32:29** *지혜라도 있었으면.* 이 말은 여기서부터 지혜전승의 권면의 형태로 바뀌는 것을 보여준다. **32:30** 모든 전쟁의 결과는 주 하나님이 정하시므로 우리가 알아야 될 것이 있다면 왜 그런 결정을 내리셨는가 하는 이유라고 하는 것이 논점이다. **32:31** 여기서 사용된 히브리어는 의미를 정하기 어려운 말이지만 21절과 관련 있는 것처럼 보인다. **32:32** *소돔과 고모라.* 이것과 관련된 격언의 중요성에 대해서는 29:23을 보라. 이 구절의 의미는 분명하지 않지만 포도나무가 그런 황량한 광야에서 자라야 한다는 것이 얼마나 모순되는가(!)를 보여주는 데 목적이 있는 것처럼 보인다. **32:33** 이스라엘의 적군들의 주장은 독사의 독과 같이 독성이 있는 것이다.

32:34-43 34절로 주요한 논쟁은 끝이 나고 그 결과 선언될 선고가 분명하게 밝혀질 필요가 있다. 하나님은 이스라엘의 멸망에 대하여 자신들을 자랑하던 사람들을 심판하실 때를 준비하고 계시다. 현재 하나님의 백성의 적인 사람들은 곧 하나님이 자신들의 적이 되심을 발견하게 될 것이다. **32:36** *심판하시고.* 이 히브리 단어는 문자 그대로는 "심판을 내리시고" 라는 뜻이지만, 여기서의 의미는 분명히 적들에 대항하여 이

27 그렇게까지는 하지 않았으니,
원수들이 자랑하는 것을
내가 차마 볼 수 없기 때문이다.
나 주가 내 백성을 징벌한 것인데도,
원수들은 마치
저희의 힘으로 내 백성을
패배시킨 것처럼
자랑할 터이니,
그 꼴이 보기가 싫어서
내가 내 백성을
전멸시키지는 않았다.'

28 이스라엘은 어리석은 백성,
깨닫지도 못하는 백성이다.
29 자기들이 왜 패배를 당하였는지를
깨달을 지혜라도
있었으면 좋으련만!
그들의 종말이 어떻게 될지,
깨닫기만이라도 했으면 좋으련만!
30 주님께서 자기의 백성을
포기하지 않으셨다면,
그들의 반석께서 당신의 백성을
원수에게 팔아 넘기지 않으셨다면,
어떻게 원수 한 사람이
이스라엘 사람 천 명을 물리치고,
둘이서 만 명을
도망치게 할 수 있었겠는가?
31 우리의 원수까지도
자기들의 반석이
우리의 반석보다 약함을 안다.
32 그들의 포도는
소돔의 포도나무에서 온 것이며,
고모라의 밭에서 온 것이다.
그들의 포도에는 독이 있어서,
송이마다 쓰디쓰다.
33 그들의 포도주는
뱀의 독으로 담근 독한 술이요,
독사의 독이 그득한 술이다.

34 '이 독한 포도주는 내가
쓸 데가 있어서 숨겨 놓았던 것,
나중에 쓰려고
곳간에 보관하여 둔 것이다.
35 원수 갚는 것은 내가 하는 일이니,
내가 갚는다.
원수들이 넘어질 때가 곧 온다.
재난의 날이 가깝고,
멸망의 때가 그들에게 곧 덮친다.'

36 그들이 기진맥진 하고,
갇힌 사람도 놓인 사람도
하나도 남지 않았을 때에,
주님께서는 당신의 백성을 심판하시고,
당신의 종들을 불쌍히 여기실 것이다.
37 그 때에 주 하나님이 말씀하신다.

'그들의 신들이 어디에 있느냐?
그들이 피난처로 삼던 그 반석은
어디에 있느냐?
38 그들이 제물로 바친
그 기름을 먹고,
부어 바친 포도주를 받아 마시던

스라엘을 위한 호의적인 선고를 내리실 것을 말한다. *갇힌 사람도 놓인 사람도.* 이 말의 의미는 분명하지 않지만 아마도 "가장 연약한 사람까지도" 라는 의미가 있을 것이다. (개역개정은 "판단하시고;" 공동번역은 "재판을 맡고" 라고 번역하였음) **32:37-38** 여기서 말하는 것은 분명 우상들을 섬기며 아무런 효과가 없는 것으로 입증될 수밖에 없는 무익한 희생제사를 드리는 이스라엘의 적들일 것이다. 그들의 신들은 필연적인 심판에서 그들을 구할 수 없을 것이다. **32:39** 여기서의 언어는 사 43:13; 45:6-7의 언어와 아주 유사하다. **32:40-42** 하나님이 이스라엘의 원수를 갚아 주시는 날은 분명히 올 것이다. 하나님은 공의의 하나님이시기 때문이다. *털이 긴 적군.* 이 묘사는 이상한 것처럼 보인다. 그래서 "적장"이라는 번역이 그 히브리어 명사를 번역하는 대안으로 제안되었다. 그러나 *털이 길다*는 뜻은 "전쟁에 바쳐진" 사람들을 의미할 수도 있다 (삿 5:2를 보라). **32:43** 그 노래는 하나님을 온 땅의 의로우신 재판관으로 찬양하는 것으로 끝이 난다.

32:44-52 모세의 노래는 시대를 초월하는 메시지를 담고 있다. 왜냐하면 그것은 하나님이 이스라엘을 우상숭배와 이방신들을 섬기는 것 때문에 심판하실 것이라는 것과 결국에 가서는 이 심판을 집행한 열방을 심판하신다는 언뜻 보기에는 모순되는 진리를 긍정하고 있기 때문이다. 두 가지 진리를 이해하는 열쇠는 언약법에 있다 (46절). **32:48** 모세의 죽음을 준비하는 것이 민수기 27:12-14에 이미 주어진 보고와 거의 같은 내용을 반복하고 있다. 위대한 지도자의 죽음에 관한 실제 설명은 원래는 민수기에 있었을 것이다. 신명기 34장까지 죽음에 대한 보고를 연기한 것은 신명기에서 말하고 있듯이 요단 강을 건너기 전에 율법 수여를 갱신하는 것과 관련한 설명을 위한 여지를 만들기 위한 것이다. 이런 방식으로 한 때는 독립된 책이었던

그 신들이 어디에 있느냐?
그들이 일어나 너희를 돕게 하고,
그들이 너희의
피난처가 되게 하여라.
39 그러나 이제는 알아라.
나, 오직 나만이 하나님이다.
나 밖에는 다른 신이 없다.
나는 죽게도 하고 살게도 한다.
나는 상하게도 하고 낫게도 한다.
아무도 내가 하는 일을 막지 못한다.
40 내가 하늘로 손을 들고,
내가 나의 영원한 삶을 두고
맹세한다.
41 나는 나의 칼을 날카롭게 갈아서,
내 손으로 재판을 주관하며,
내 원수들에게 보복할 것이다.
나를 미워하는 자들에게
보응하겠다.
42 피살자와 포로들의 피,
적장의 머리에서 나온 피,
내 화살이 이 피를 취하도록 마시고,
내 칼이 그 고기를 실컷 먹을 것이다.'

43 ㄱ)모든 나라들아,
주님의 백성과 함께 즐거워하여라.
주님께서
그 종들의 피를 흘린 자에게
원수를 갚으시고
당신의 대적들에게 복수하신다.
당신의 땅과 백성이 지은 죄를
속하여 주신다.

모세의 마지막 말

44 모세는 눈의 아들 여호수아와 함께 가서,
백성에게 이 노래를 모두 다 들려주었다. 45 모
세가 이 모든 말을 온 이스라엘 사람에게 한 뒤에,
46 그들에게 말하였다. "오늘 내가 당신들에게
증언한 모든 말을, 당신들은 마음에 간직해 두고,
자녀에게 가르쳐, 이 율법의 모든 말씀을 지키게
하십시오. 47 율법은 단지 빈 말이 아니라, 바로
당신들의 생명입니다. 이 말씀을 순종하십시오.
그래야만 당신들이 요단 강을 건너가 차지하는 땅
에서 오래오래 살 것입니다."
48 바로 같은 날, 주님께서 모세에게 말씀하
셨다. 49 "너는 여리고 맞은쪽 모압 땅에 있는
아바림 산줄기를 타고 느보 산 꼭대기에 올라가서,
내가 이스라엘 자손에게 소유로 준 가나안 땅을
바라보아라. 50 너의 형 아론이 호르 산에서
죽어 백성에게로 돌아간 것 같이, 너도, 네가 오
른 이 산에서 죽어서 조상에게로 돌아갈 것이다.
51 이는, 네가 신 광야에 있는 가데스의 므리바
샘에서 물이 터질 때에, 이스라엘 자손이 보는 데서
믿음 없는 행동을 하고, 이스라엘 자손에게 나의
거룩함을 나타내지 않았기 때문이다. 52 너는,
내가 이스라엘 자손에게 주는 저 땅을 눈으로 바
라보기만 하고, 그리로 들어가지는 못할 것이다."

ㄱ) 사해 사본과 칠십인역에는 '하늘아, 주님의 백성을 찬양하여라. 모든 신들아, 주님을 섬겨라! 주님께서 그 자녀의 피를 흘린 자에게 원수를 갚으시고, 당신의 대적들에게 복수하신다. 주님께서는 주님을 미워하는 자들에게 보복하시고, 그의 백성의 땅을 정결하게 하신다'

신명기가 오경(창세기-신명기)을 구성하는 다섯 권의 책의 마지막 책으로 편입된 것이다. **32:49** *느보* 산은 아바림 산맥에서 가장 높은 산으로 모압 지역에 있는 요단 동편에 위치한 산이다. 또한 민 33:47-48을 보라. 모세가 올라간 산은 3:27에서는 비스가 산이라고 불렸다. 몇 개의 작은 나라들이 그 땅을 점령하고 있었기 때문에 (7:1 참조) 정확하게 어떤 지역이 *가나안* 땅에 포함되어 있었는지 알기 어렵다. **32:50** *조상.* 이 조상을 더 정확하게 말하면 "아버지의 혈족"이다. 아론이 호르 산에서 죽은 것에 대해서는 민 20:22-29; 33:37-39를 보라. 아론의 죽음에 대한 또 다른 언급이 신 10:6에 나와 있는데, 거기서는 그 장소를 모세라라고 부른다. **32:51** 가데스의 므리바에서의 사건은 민 20:1-13에 보고되어 있다. 신 3:26에 의하면, 모세는 사람들의 죄 때문에 그 땅에 들어가는 길이 막혔다. 민 20:12-13은 모세가 반석에서 물을 내시는 하나님을 신뢰하지 못했다고 비난한다. 그 장소는 1:2에서 언급된 가데스 바네아 지역과 같은 지역이다.

33:1-29 모세의 고별 축복. 비슷한 본문이 민족의 조상인 야곱의 고별 축복인 창 49:1-28에서 발견된다. 죽음의 순간이 다가옴에 따라 아버지는 자기 자녀들에게 특별한 축복을 베풀 수 있는 자리에 있게 된다. 여기서 이스라엘 전체 민족은 모세의 영적인 자녀로 취급되고 있다. 그 민족은 각 지파별로 불려진다. 열두 지파의 매 지파가 개별적인 축복을 받으면서 그 지파의 장소와 개별적인 특성들에 대한 언급이 있게 된다. 축복은 1-5절과 26-29절에 나오는 것처럼 찬양으로 드리는 이스라엘의 주 하나님의 능력에 대한 감사를 포함하고 있다. 이것들은 한때는 독립된 찬양시로 존재했었을 것이다. 이러한 찬양시 속에 각 지파에 관한 말씀이

모세의 축복

33 1 하나님의 사람 모세는 죽기 전에, 이
스라엘 자손에게 다음과 같이 복을 빌어
주었다.

2 주님께서 시내 산에서 오시고,
세일 산에서 해처럼 떠오르시고,
바란 산에서부터
당신의 백성을 비추신다.
수많은 천사들이 그를 옹위하고,
오른손에는
활활 타는 불을 들고 계신다.
3 주님께서 ㄱ)뭇 백성을 사랑하시고,
그에게 속한 모든 성도를
보호하신다.
그러므로 우리가
주님의 발 아래에 무릎을 꿇고,
주님의 말씀에 귀를 기울인다.
4 우리는 모세가 전하여 준
율법을 지킨다.
이 율법은
야곱의 자손이 가진 소유 가운데서,
가장 으뜸가는 보물이다.
5 연합한 지파들이 모이고,
백성의 지도자들이 모인 가운데서,
주님께서 이스라엘의 왕이 되셨다.

6 ㄴ)"르우벤은 비록 그 수는 적으나,
살게 하여 주십시오,
절대로
망하지 않게 하여 주십시오."

7 그가 유다를 두고서
이렇게 말하였다.
"주님,
유다가 살려 달라고 부르짖을 때에
들어 주십시오.
유다 지파가 다른 지파들과
다시 하나가 되게 하여 주십시오.
ㄷ)주님,
유다를 대신하여 싸워 주십시오.
그들의 원수를 치시어
그들을 도와 주십시오."

ㄱ) 또는 '그의 백성' ㄴ) 모세가 르우벤 지파를 두고 하는 말 ㄷ) 히, '유다가 그 손으로 자기를 위하여 싸우게 하시고 주님께서 도우사 그로 그 대적을 치게 하시기를 원합니다'

삽입이 되고, 하나님의 축복이 각자에게 무엇을 의미하는 지에 대한 포괄적인 이해를 제시하고 있다.

33:1-25 *하나님의 사람* (1절). 모세에게 붙은 이 호칭은 선지자들에게 자주 적용되는 호칭이다 (왕상 17:18; 왕하 4:7, 9). **33:2** 오직 여기 신명기에서만 하나님의 계시가 있었던 산이 *시내 산*이라고 불리고 있다. 다른 곳에서는 호렙 산이다 (1:2 참조). *세일과 바란 산에* 대해서는 1:1-2를 보라. 이 지명들은 대체적으로 남쪽 방향을 가리키는데 하나님의 계시를 이 지역에서 불어오는 폭풍우와 관련을 짓고 있다. *떠오르시고…비추신다.* 이 표현은 하나님의 계시를 번개와 관련시키는 것이다. 하나님의 나타나심에 대한 비슷한 표현은 삿 5:4; 시 68:7-8; 합 3:3-4를 참조하라. *수많은 천사들.* 이것은 재구성된 본문의 번역이다. 아마도 그 의미는 하나님이 천군천사에게 둘러싸여 있다는 뜻이거나 (수 5:13-15; 시 68:17 참조), 아니면 하나님이 이스라엘을 전투를 위해 준비시키러 오신다는 뜻일 것이다. **33:4** 율법은 이스라엘이 반드시 지켜야 되는 가장 중요한 보물이다. **33:5** 개역개정과 공동번역과 NRSV에서는 *여수*룬에 대한 언급이 있는데 새번역개정에서는 여수룬에 대하여 언급하지 않는다 (32:15를 참조). 왕이라는 표현은 하나님을 이스라엘을 다스리는 *왕*으로 지칭한 것으로 보인다. 그러나 다윗 왕권이 유다 지파에서 일어난 것(창 49:10 참조)에 대한 어떤 언급도 없기 때문에 이 주제는 하나님이 전체 나라들을 다스린다고 하는 더 넓은 개념을 드러내기 위해서 유다 지파에서 옮겨진 것일 수 있다고 보인다. **33:6** *르우벤.* 르우벤은 야곱의 장자이다 (창 29:32; 49:3). 그러나 르우벤 지파는 번영했던 것 같지 않다. 그래서 그 지파의 생존을 위해서 여기서 기도하고 있다. **33:7** 유다 지파는 남쪽 지방에 정착하였고, 이런 이유 때문에 하나님이 *그를 그의 백성들에게 돌리실 때* 유다 지파가 다른 지파들과 하나가 되게 해달라고 간구한다. **33:8** *우림과 둠밈*은 거룩한 주사위로 레위 제사장들의 주머니에 보관하였다 (출 28:30; 레 8:8). 그것을 사용해서 어려운 법적인 분쟁들을 마무리 짓곤 했다. 17:8-13 참조. *맛사와 므리바에서의* 시험은 출 17:1-7에 자세히 설명되어 있다. 거기서는 이 사건을 이스라엘 전체에 적용하고 있다. **33:9** 레위 사람들의 타협할 줄 모르는 순종이 금송아지 사건에서 드러났다 (출 32:25-29). 부모를 모른다고 한다는 것은 하나님에 대한 섬김이 모든 가족 관계나 친족관계보다 앞선다는 것을 의미한다. 삼상 1:28 참조하라. **33:10** 언약궤의 수호자로 레위 사람들은 율법이 새겨진 두 돌판과 기록된 모세의 법에 대한 관리를 맡았다 (10:5, 8; 31:24-26). **33:11** 레위 사람들이 왜 특히 적들에게 위협을 당했을까 하는 것은

8 레위 지파를 두고서,
그는 이렇게 말하였다.
"레위에게
주님의 ㄱ)둠밈을 주십시오.
주님의 경건한 사람에게
ㄱ)우림을 주십시오.
주님께서 이미 그를
맛사에서 시험하시고,
므리바 물가에서
그와 다투셨습니다.
9 그는 자기의 부모를 보고서도
'그들을 모른다'고 하였고
형제자매를 외면하고,
자식마다 모르는 체하면서,
주님의 계명에 순종하였으며,
주님의 언약을
성실하게 지켰습니다.
10 그들은 주님의 백성 야곱에게
주님의 바른 길을 가르치며,
이스라엘에게
주님의 율법을 가르치며,
주님 앞에 향을 피워 올리고,
주님의 제단에 번제 드리는 일을
계속 하고 있습니다.
11 주님,
그들이 강해지도록
복을 베풀어 주시고,
그들이 하는 모든 일을
기쁘게 받아 주십시오.
그들과 맞서는 자들의 허리를
꺾으시고,
그들을 미워하는 자들을
다시는
일어나지 못하게 하여 주십시오."

12 베냐민 지파를 두고서,
그는 이렇게 말하였다.
"주님께서 사랑하시는 베냐민은
주님의 곁에서 안전하게 산다.

ㄱ) 제사장들이 하나님의 뜻을 여쭐 때 사용한 것임. 그 사용 방법은 알려져 있지 않음

설명되지 않는다. 그러나 이들을 위한 기도는 그들이 모든 이스라엘의 적들에 대항하는 전쟁에서 하나님의 임재의 상징인 언약궤를 보관하고 있었다는 것을 내포하고 있다 (민 10:33-36 참조). **33:12** 이 본문은 어렵지만 베냐민(그 이름의 뜻이 "남부 사람"이다)의 정착이 중앙 고원지대의 남부 경사지(= 어깨, 새번역개정은 등으로 되어있음)였음을 지칭한다. **33:13-17** 요셉은 종종 에브라임과 므낫세의 두 지파로 소개된다 (17절. 민 1:10; 26:28 참조). 그들은 중앙 고원의 비옥한 토지가 있는 중요한 부분을 점령하였다. 이것은 요셉 지파의 생활에서 풍요와 번영을 강조하는 것(14-16절)과 모든 지파 가운데서 큰 권위를 가지고 있던 것(17절)을 설명해 준다. **33:18-19** 이 부분은 스불론 지파와 잇사갈 지파 두 지파를 다루고 있다. 두 지파는 두로와 시돈이라고 하는 페니키아의 큰 항구 도시들 뒤쪽에 있는 북쪽 해변가의 변방에 자리를 잡았다. 그들은 페니키아의 해양 무역에 참여함으로써 *바닷가 모래 속에서도 감추어져 있는 보물을 취할 수 있었다.* **33:20-21** 갓 지파는 요단 강 동편에 정착해 있으면서 거기 정착한 지파들 가운데 가장 강력한 지파임이 입증되었다. 동쪽에 진출하였다는 것은 갓이 전쟁을 좋아하는 성품을 가지고 있고, 기습 공격을 감행하는 지파라는 평판을 얻었다는 의미를 가진다. 그렇기 때문에 *사자와* 비교되고 있다. **33:22** 단은 먼저 남서쪽에 정착하였지만 그리고는 훨씬 북쪽으로, 즉 메소포타미아와 이집트를 연결하는 대로변으로 이주해 갔다. 단은 *사자 새끼* 라는 별명을 얻었다. **33:23-24** 중앙 고원에 정착한 지파들과는 달리, *납달리와 아셀* 지파는 이스라엘 역사에서 아주 드물게 나온다. 여기서 그들의 지파의 몫이 풍성하다고 하는 언급이 나오는 것은 그들이 상대적으로 풍성한 삶을 누렸다는 것을 나타낸다. 아셀 지파는 기름과 광물질이 풍부한 것으로 유명하였다.

33:26-29 이 모세의 축복에 붙은 노래 구조의 결론 부분은 이스라엘의 보호자이신 하나님의 능력이라는 주제로 돌아온다. **33:27** 이 본문은 해석하기가 어려워서 여러 해석이 제안되었다. 일반적인 의미는 이스라엘에게 영토를 주실 때 하나님은 옛 종교를 새로운 것으로 바꾸어 주셨다는 뜻이다.

33:28-29 비옥한 땅이라는 주제와 전쟁에서의 승리라는 주제를 연결시킴으로써 하나님에 대한 찬양의 노래는 이스라엘이 한 민족으로서 성공할 수 있도록 하는 두 개의 선물을 세상에 알리고 있다.

34:1-12 마지막 장은 모세의 죽음에 대해 보고하면서 여호수아가 민족의 지도력을 승계한 것을 적고 있다. 모세의 위대함을 노래하는 마지막 조사는 그가 이스라엘을 한 국가로 존재하게 한 지도력을 발휘함에 있어서 독특한 존재였음을 인정하고 있다. **34:1** *비스가*(3:27)와 *느보* (32:49). 모세가 그 땅을 보기 위해서 산에 올랐다는 기사가 반복되었기 때문에 여기서는 그 두 산의 이름을 다 사용하고 있다. 그 땅을 보는 행동은 마치 그 땅의 주인이 자기 부동산을 둘러보듯이 (창 13:14-15 참조) 그 땅을 차지하는 것과 관련해서 보면

주님께서 베냐민을
온종일 지켜 주신다.
베냐민은 주님의 등에 업혀서 산다."

13 요셉 지파를 두고서,
그는 이렇게 말하였다.
"주님께서 그들의 땅에
복을 내리실 것이다.
위에서는
하늘의 보물 이슬이 내리고,
아래에서는
지하의 샘물이 솟아오른다.
14 햇빛을 받아 익은 온갖 곡식과,
달빛을 받아 자라나는 온갖 과실이,
그들의 땅에 풍성할 것이다.
15 태고적부터 있는 언덕은
아주 좋은 과일로 뒤덮일 것이다.
16 불타는 떨기나무 가운데서
말씀하시는 주님,
선하신 주님께서
그들의 땅에 복을 베푸시니,
그 땅이
온갖 좋은 산물로 가득할 것이다.
요셉이
그 형제 가운데 지도자였으니
이런 복을 요셉 지파가 받을 것이다.
17 그들은 ㄱ)첫 수송아지와 같은 힘으로,
황소의 뿔과 같은 위력으로,
그 뿔로 만방을 들이받아
땅 끝까지 휩쓸 것이니,
에브라임의 자손은 만만이요,
므낫세의 자손은 천천이다."

18 스불론 지파와 잇사갈 지파를 두고서,
그는 이렇게 말하였다.
"스불론은 해상무역을 하여 번성하고
잇사갈은 집에 재산을 쌓는다.
19 그들은 외국 사람을
그들의 산마을로 초청하여,
거기서 의의 제사를 드린다.
바다 속에서 얻는 것으로
부자가 되고,
바닷가 모래 속에서도
감추어져 있는 보물을 취한다."

20 갓 지파를 두고서,
그는 이렇게 말하였다.
"갓 지파의 땅을 넓혀 주신

ㄱ) 사해 사본과 칠십인역과 시리아어역과 불가타를 따름. 히, '그의 첫 수송아지'

법적으로 이미 그 땅을 차지한 것이나 마찬가지로 여긴다는 상징적인 의미가 있다. **34:2-3** 모세가 바라본 그 땅의 범위는 그 후에 이스라엘이 자기 영토의 범위를 주장하는 데 있어서 정치적으로 중요성을 갖는 것이 분명하다. 그러나 여기서 주장된 범위를 특정 시점에서의 이스라엘의 행정상의 경계 중 알려진 어떤 경계와 연관시키는 것은 불가능하다. 이스라엘의 주권이 미쳤던 가장 넓은 지경은 아마도 다윗 왕 통치 기간이었을 것이다 (삼하 8:1-15 참조). **34:4** 아브라함에게 주신 약속에 관해서는 창 12:4-9 참조. **34:5** *주님의 종.* 모세를 이 호칭으로 부르는 것은 하나님의 "종"이라는 개념이 하나님의 뜻을 지상에서 성취하기 위해 부름 받은 사람들에게 붙일 수 있는 가장 진실되고 가치 있는 호칭으로 자리잡는 데 있어서 중요한 발전을 이룬 것이다 (사 42:1; 43:10 참조). **34:6** 모세의 매장지의 위치가 알려져 있지 않기 때문에 어떤 정기적인 순례는 후대에 이루어질 수 없었다. 최대로 할 수 있는 일이란 선지자 엘리야가 했던 것처럼 (왕상 19:8-9) 호렙 산을 방문하는 일이다. 가장 위대한 지도자가 그 땅에 들어가지도 못하고 죽었다는 것은 그가 모든 이스라엘 사람들에게 존경을 받는 인물로 남아 있으면서 다윗처럼 딱 어느 한 지파 혹은 한 도시와 연관되지 않게 하는 것을 가능케 해주었다. **34:7** 아론이 123세에 죽었다는 것은 민 33:39를 참조하라. **34:8** 민 20:29를 보면 아론을 애곡하기 위해서 같은 기간 동안 운 것을 볼 수 있다. **34:9** 여호수아가 모세의 후계자가 되기에 필요한 자격은 민 27:18-23에 나와 있다. *지혜의 영이 넘쳤다.* 이 말은 그의 은사를 모세, 즉 *하나님의 사람* (33:1)의 은사와 대비하게 하는 역할을 한다. 여호수아는 그 민족에게 모세가 남겨준 법을 지키도록 집행하고 인도하는 역할을 할 것이었다 (수 1:7-8). **34:10** 선지자로서의 모세의 역할에 대해서는 18:15 참조. 하나님을 *얼굴과 얼굴을 마주 대고* 알았다. 이 표현은 그가 인간으로서는 더할 수 없이 하나님에 대한 충분한 지식을 알고 있었다는 뜻이다. 이것은 그를 다른 선지자들로부터 조차도 구분하게 만드는 것이다 (민 12:6-8 참조). 그는 하나님을 "정면으로 보지" 못하였다. 왜냐하면 어떤 인간도 그렇게 할 수 없기 때문이다 (출 33:11). **34:11-12** *권능과 놀라운* 일은 이집트 왕이 히브리 노예들을 내보낼 수밖에 없도록 강압적으로 역사하신 하나님의 징벌적인 행동들을 말한다 (4:34; 출 6:1; 7:3 참조).

하나님을 찬송하여라.
갓은 사자처럼 누웠다가,
사로잡은 먹이의
팔과 머리를 찢는다.
21 그들은 가장 좋은 땅을 차지하였다.
한 지도자의 몫이
그들에게 배정되었다.
이스라엘의 지도자들이
함께 모였을 때에,
그들은 주님의 공의를 지키고
율법에 복종하였다."

22 단 지파를 두고서,
그는 이렇게 말하였다.
"단은
바산에서 뛰어나오는
사자 새끼와 같다."

23 납달리 지파를 두고서,
그는 이렇게 말하였다.
"은혜를 풍성히 받은 납달리야,
주님께서 주시는 복을
가득 받은 납달리야!
너희는 ㄱ)서쪽과 남쪽을
차지하고 살아라."

24 아셀 지파를 두고서,
그는 이렇게 말하였다.
"아셀 지파는 다른 어느 지파보다
복을 더 많이 받은 지파다.
그들은 형제들에게서
귀여움을 받으며,
그들의 땅은
올리브 나무로 가득히 찬다.
25 쇠와 놋으로 만든 문빗장으로
너희의 성문을 채웠으니,
너희는 안전하게 산다."

26 "이스라엘 백성아,
너희의 하나님과 같은 신은
달리 없다.
하나님이 너희를 도우시려고,
하늘에서 구름을 타시고
위엄 있게 오신다.
27 옛부터 하나님은
너희의 피난처가 되시고,
그 영원한 팔로
너희를 떠받쳐 주신다.
너희가 진격할 때에
너희의 원수를 쫓아내시고,
진멸하라고 명령하신다.
28 곡식과 포도주가 가득한 이 땅에서,
하늘에서 내리는 이슬에
흠뻑 젖는 이 땅에서,
이스라엘이 평화를 누린다.
야곱의 자손이 안전하게 산다.
29 이스라엘아, 너희는 복을 받았다.
주님께 구원을 받은 백성 가운데서
어느 누가 또 너희와 같겠느냐?
그분은 너희의 방패이시요,
너희를 돕는 분이시며,
너희의 영광스런 칼이시다.
너희의 원수가 너희 앞에 와서
자비를 간구하나,
너희는 그들의 등을 짓밟는다."

모세의 죽음

34 1 모세가 모압 평원, 여리고 맞은쪽에 있
는 느보 산의 비스가 봉우리에 오르니,
주님께서는 그에게, 단까지 이르는 ㄴ)길르앗 지방
온 땅을 보여 주셨다. 2 또 온 납달리와 에브라
임과 므낫세의 땅과 서해까지 온 유다 땅과 3 네
겝과 종려나무의 성읍 여리고 골짜기에서 소알까
지 평지를 보여 주셨다. 4 그리고 주님께서 그에
게 말씀하셨다. "이것은 내가 아브라함과 이삭과
야곱에게 맹세하여 그들의 자손에게 주겠다고 약
속한 땅이다. 내가 너에게 이 땅을 보여 주기는 하
지만, 네가 그리로 들어가지는 못한다." 5 주님
의 종 모세는, 주님의 말씀대로 모압 땅에서 죽어
서, 6 모압 땅 벳브올 맞은쪽에 있는 골짜기에
묻혔는데, 오늘날까지 그 무덤이 어디에 있는지
를 아는 사람은 아무도 없다. 7 모세가 죽을 때

ㄱ) 갈릴리 바다의 서쪽과 남쪽 ㄴ) 요단 동편

에 나이가 백스무 살이었으나, 그의 눈은 빛을 잃
지 않았고, 기력은 정정하였다. 8 이스라엘 백성
은, 모압 평원에서 모세의 죽음을 애도하는 기간
이 끝날 때까지, 모세를 생각하며 삼십 일 동안 애
곡하였다.

9 모세가 눈의 아들 여호수아에게 안수하였
으므로, 여호수아에게 지혜의 영이 넘쳤다. 이스라
엘 자손은, 주님께서 모세에게 명하신 대로, 여호
수아의 말을 잘 듣고 그를 따랐다.

10 그 뒤에 이스라엘에는 모세와 같은 예언자
가 다시는 나지 않았다. 주님께서는 얼굴과 얼굴
을 마주 대고 모세와 말씀하셨다. 11 주님께서
는 그를 이집트의 바로와 그의 모든 신하와 그의
온 땅에 보내셔서, 놀라운 기적과 기이한 일을 하
게 하셨다. 12 온 이스라엘 백성이 보는 앞에서,
모세가 한 것처럼, 큰 권능을 보이면서 놀라운 일
을 한 사람은 다시 없다.

여호수아기

여호수아기는 구약 이야기의 흐름에서 하나의 전환점을 이루어준다. 땅 없이 방황하던 이들이 땅을 가진 이스라엘 백성으로 전환되는 이야기를 다시 쓰고 있다. 그 과정에서 이 책은 여호수아의 지도 아래 거의 아무런 방해도 받지 않고 넓은 땅을 정복하는 이야기를 포함하여 약속의 땅으로 영광스럽게 들어가는 것을 묘사하고 있다.

여호수아기 첫 장은 땅으로 들어가기 위하여 준비하는 것을 기록하고 있다. 첫 주요 부분인 2—12장까지는 땅을 침략하고 정복하는 것을 기록하고, 그리고 정복한 모든 영토를 간략하게 설명하고 있다. 두 번째 주요 부분인 13—21장까지는 나이 들은 여호수아가 땅 전체를 각 지파에게 나누어주는 이야기이다. 마지막 부분에는 백성의 헌신을 강화시키기 위한 사건들, 여호수아의 죽음과 요셉의 뼈를 옮겨 묻는 이야기들이 들어있다 (22—24장).

여호수아기의 문학적 특징은 각 부분들의 특징에 맞추어 나타난다. 2—12장까지 대부분은 군사 이야기로 되어있는데, 이 부분에서 여호수아는 분명한 영웅으로 나타난다. 그 외에는 소수의 개인들(특히 라합과 아간)만이 활약을 하며, 그들이 아니었다면 이름 없는 이들의 이야기가 될 뻔 했던 이야기에 다채로운 색깔을 더하여 준다. 적군의 왕들과 정복된 장소들의 이름들은 정복을 사회 정치적인 역사의 장에 정착시킨다. 13—21장은 영토와 마을들의 목록을 주로 담고 있으며, 전통적으로 전해오던 목록을 반영한 것으로 보인다. 이 목록들과 연관된 몇 가지 사건들은 (예를 들면, 14:6-15; 17:14-18; 18:2-10; 20:1-9) 단순한 지리적 장소들의 기록에 그칠 뻔 했던 이야기에 생기를 더해 준다.

여호수아기에는 또한 사건들을 해석하는 내용들이 들어 있다. 표면상으로는 이야기 속에 등장하는 인물들에 대한 설명 같지만, 결국 이스라엘 백성의 다음 세대들을 위한 해설이다. 중요한 시기마다 (예를 들어, 1:1-9; 3:7-10; 22:1-6; 23:1-16; 24:1-15, 19-20, 22-23), 하나님이나 여호수아가 백성에게 하나님께 신실할 것을 당부하고 있다. 백성은 하나님의 명령에 순종할 것을 맹세하고 (예를 들어, 1:16-18; 24:16-18, 21-22, 24), 그에 대한 보상으로 군사적 승리가 주어진다 (예를 들어, 7장을 보라). 더욱이 기적적인 사건들이 일어나 백성은 짐을 덜게 된다: 요단 강의 갈라짐 (3—4장); 여리고 성의 무너짐 (6장); 우박과 태양의 멈춤으로 전투가 지연되는 것 (10:11-13); 적군들의 마음을 강퍅하게 함 (11:20) 등이다. 이 결과 그 땅의 원주민들은 이스라엘과 그들의 하나님에 대한 공포에 떨게 된다 (예를 들어, 2:24; 4:24; 10:2).

원인론상(etiological)의 주석들 (어떤 것의 원인이 되는 출처에 대해 설명하는 주석들), 특히 "오늘날 까지" 보존되었다고 끝나는 주석들은 후세대의 견해를 표현해 주는 것들이다. 이 주석들은 다음의 여러 가지 에피소드에 항상 붙어 다닌다: 기념하기 위해 돌을 쌓는 것 (예를 들어, 4:9, 20-24; 7:26; 8:29); 후대 이스라엘의 삶 속에서 발견되는 몇몇 비이스라엘 사람들의 존재 혹은 활동 (예를 들어, 9:27; 13:13; 15:63; 16:10; 17:12); 몇 가지 사건들과 연루된 장소들의 이름들 (5:9; 7:26; 8:38); 그리고 하나님과 백성간에 계속되는 신실한 관계 (22:3; 23:8-9) 등이다. 사실상 모든 지파들의 전통적인 위치들과 레위 사람들에게 큰 영토 없이 작은 마을만 주어지는 것(13:3; 14:4; 18:7; 21장)은 여호수아가 백성에게 땅을 나누어준 결과로 된 것이라고 (후세대를 위하여) 설명하고 있다 (갈렙의 유산에 대하여는 14:13-14를 보라).

특정한 종교 의식과 행사들은 후세대 이스라엘 사람들이 따르도록 본보기로 적고 있다: 젊은이들을 교훈하기 (4:6-7, 21-24); 할례 행하기와 유월절 지키기 (5:2-12); 율법 읽기 (1:8; 8:30-35); 제단 세우기 (22장); 언약 갱신하기 (24:25-27). 편집자의 다른 주석들(예를 들어, 10:14)은 모세와 조상들에게 주어진 약속들이 지금 여호수아에게서 이루어지고 있다는 것을 강조한다 (예를 들어, 11:15, 20, 23; 21:43-45).

여호수아기에 있는 대부분의 내용들이 사건이 일어났던 그 시대보다 훨씬 나중에 씌어 졌을 가능성이 매우 높다. 땅에 정착했던 시절로부터 전해 내려온 전통들을 확실하게 확인하는 것은 매우 어렵다. 일반적으로 현재의 최종적 모습의 성경의 문서들은 후대 저자들과 편집인들이 그들의 청중들에게 바라는 적절한 종교적, 윤리적, 정치적 반응들을 얻어내기 위해 만든 어떤 흔적들을 갖고 있다. 어떤 해석자들은 그러한 편집상의 변화를 만들기에 가장 적절한 상황이 바빌로니아 포로기 바로 이전이라고 본다 (기원전 7세기 후반); 다른 해석자들은 포로기 중이라고 보며 (기원전 6세기 중엽); 또 다른 학자들은 매우 후대, 즉 페르시아 시대(기원전 5-4세기 사이)였을 것이라고 보고 있다.

학자들은 여호수아기(또한 신명기, 사사기, 사무엘상하, 그리고 열왕기상하 등까지도 포함하여)를 집필한 그룹을 신명기학파라고 부른다. 신명기서의 신학은 하나님의 은혜를 베푸신 역사를 강조하며, 백성이 그들에게 부여된 땅에서 계속 살기를 원한다면 엄격한 충성을 바쳐야 한다고 요구한다. 여호수아서는 이 축복이 처음으로 이루어지는 과정을 그리고 있다. 그 이후의 책들은 백성이 거듭하여 반항하여 마침내 그 결과로 바벨론 포로기로 가면서 땅과 주권을 상실하는 그 결과들을 보여주고 있다.

여호수아기의 개요는 다음과 같다. 성경본문에 따라 세밀히 조사할 가치가 있는 주석은 이 개요를 따를 것이며, 명확성을 기하기 위하여 더 보충하여 상세하게 설명될 것이다.

Ⅰ. 땅에 들어갈 준비를 하라는 명령들, 1:1-18

Ⅱ. 땅의 정복, 2:1—12:24

- A. 두 정탐꾼이 라합에 의해 보호받다, 2:1-24
- B. 언약궤의 도움으로 요단 강을 건너는 백성, 3:1—5:1
- C. 유월절을 지키는 이스라엘 백성,
  그리고 주님의 군대 지휘관이 나타남을 경험하는 여호수아, 5:2-15
- D. 기적적으로 무너진 여리고 성,
  여호수아의 라합 구출과 여리고 성의 재건을 시도하는 모든 자들에게 하는 저주, 6:1-27
- E. 전리품을 취하지 말라는 명령을 어긴 아간의 처형;
  아이 성을 이스라엘의 손에 넘겨준 명철한 전략, 7:1—8:35
- F. 기드온 사람들이 여호수아를 속여 평화조약을 맺다, 9:1—10:43
- G. 여호수아의 군대가 여러 왕들의 강력한 연합군을 물리치다, 11:1—12:24

Ⅲ. 각 지파에 땅을 분할함, 13:1—21:45

- A. 정복되지 않은 땅의 목록과 모세에 의한 요단 강 동쪽 땅의 분할, 13:1-33
- B. 특별 분할을 받는 갈렙, 14:1-15
- C. 남쪽과 중앙에 있는 땅의 대부분을 두 개의 지파와 반쪽 지파에 분할함, 15:1—17:18
- D. 여호수아가 땅을 제비를 뽑아 나머지 일곱 개의 지파에게 나누어주고
  자신도 일부를 받음, 18:1—19:51
- E. 여호수아가 여섯 개의 도피성과 마흔 여덟 개의 레위인의 성읍들을 지정함, 20:1—21:45

Ⅳ. 순종과 신실할 것을 당부함, 22:1—24:33

- A. 요단 서편에 있는 두 지파와 반쪽 지파들은 요단 서편에 크고 논란 많은 제단을 그들의 이스라엘 정체성에 대한 증인으로 세움, 22:1-34

B. 여호수아가 백성에게 하나님에 대한 그들의 의무를 상기시킴, 23:1-16
C. 세겜에서 여호수아가 백성의 언약갱신을 인도함, 24:1-28
D. 여호수아와 엘르아살이 죽어 묻혔고 요셉의 뼈가 다시 묻히다, 24:29-33

더글러스 에이 나이트 (Douglas A. Knight)

여호수아에게 가나안으로 가라고 하시다

1 1 주님의 종 모세가 죽은 뒤에, 주님께서,
모세를 보좌하던 눈의 아들 여호수아에게
말씀하셨다. 2 "나의 종 모세가 죽었으니, 이제
너는 이스라엘 자손 곧 모든 백성과 함께 일어나,
[ㄱ]요단 강을 건너서, 내가 그들에게 주는 땅으로
가거라. 3 내가 모세에게 말한 대로, 너희 발바
닥이 닿는 곳은 어디든지 내가 너희에게 주겠다.
4 [ㄴ]광야에서부터 [ㄷ]레바논까지, [ㄹ]큰 강인 유프
라테스 강에서부터 헷 사람의 땅을 지나 서쪽의
지중해까지, 모두 너희의 영토가 될 것이다.
5 네가 사는 날 동안 아무도 너의 앞길을 가로
막지 못할 것이다. 내가 모세와 함께 하였던 것과
같이 너와 함께 하며, 너를 떠나지 아니하며,
버리지 아니하겠다. 6 굳세고 용감하여라. 내가
이 백성의 조상에게 주기로 맹세한 땅을, 이 백성
에게 유산으로 물려줄 사람이 바로 너다. 7 오직
너는 크게 용기를 내어, 나의 종 모세가 너에게 지
시한 모든 율법을 다 지키고, 오른쪽으로나 왼쪽
으로 치우치지 않도록 하여라. 그러면 네가 어디를
가든지 성공할 것이다. 8 이 율법책의 말씀을 늘
읽고 밤낮으로 그것을 [ㅁ]공부하여, 이 율법책에 씌
어진 대로, 모든 것을 성심껏 실천하여라. 그리하면
네가 가는 길이 순조로울 것이며, 네가 성공할 것
이다. 9 내가 너에게 굳세고 용감하라고 명하지
않았느냐! 너는 두려워하거나 낙담하지 말아라.
네가 어디로 가든지, 너의 주, 나 하나님이 함께
있겠다."

여호수아가 백성에게 명령을 내리다

10 그리하여 여호수아는 백성의 지도자들
에게 명령을 내렸다. 11 "진을 두루 다니며 백성
들에게 알리시오. 양식을 예비하고, 지금부터 사흘
안에 우리가 이 요단 강을 건너, 주 우리 하나님이
우리에게 주셔서 우리가 소유하게 될 땅으로 들
어가, 그 땅을 차지할 것이라고 말하시오."
12 여호수아는 르우벤 지파와 갓 지파와 므
낫세 반쪽 지파에게 말하였다. 13 "주님의 종 모
세가 당신들에게 이르기를, 주 당신들의 하나님이
당신들에게 [ㅂ]요단 강 동쪽의 이 땅을, 당신들이
편히 쉴 곳으로 주실 것이라고 하였으니, 당신들은
이 말을 기억하십시오. 14 당신들의 아내들과
어린 아이들과 집짐승들은, 모세가 당신들에게
준 [ㅅ]요단 강 동쪽 땅에 머물러 있게 하십시오. 그
러나 당신들의 모든 용사들은 무장을 하고, 당신
들의 동족들보다 앞서 건너가서, 그들을 도와주
십시오. 15 주님께서 당신들과 마찬가지로 당신들
동기들에게도 편히 쉴 곳을 주실 때까지, 그리고

ㄱ) 요단 강 동쪽에서 서쪽으로 ㄴ) 남쪽 경계 ㄷ) 북쪽 경계 ㄹ) 동쪽 경계 ㅁ) 또는 '묵상하다', '사색하다', '낮은 소리로 읊조리다' ㅂ) 히, '이 땅을' ㅅ) 히, '요단 이편의'

1:1-18 여호수아기는 가나안 땅에 들어가기 전에 이스라엘 백성에게 주는 여러 가지 명령으로 시작한다. 그 내용은 본질상 군사적이기보다는 종교적인 색채가 강하다. 백성이 그 땅에 들어가 살기를 원한다면 그들의 하나님께 신실해야 한다는 지시를 받는다. 이것은 그 내용과 문체에 있어서 신명기학파의 영향을 받은 것이 분명하다 (서론을 보라). **1:1-9** 장소는 요단 강 동편이며, 시기는 분명하지 않다. 모세가 죽은 후 얼마 되지 않아서 일어난 것으로 보인다 (신 34장을 보라). **1:1** 눈의 아들 여호수아는 민 13:8과 대상 7:27에서 에브라임 사람으로 나타난다. 민 13:16에 의하면, 모세가 여호수아의 이름을 "호세아"(*호세아*, "구원")에서 "여호수아"("하나님께서 구원하신다")로 바꾼다. 다음의 여러 구절에서도 여호수아가 언급된다: 출 17:8-13; 24:13; 32:17-18; 33:11 (또한 행 7:44-45를 보라); 민 13—14장; 27:18-23; 신 3:28. **1:2** 하나님께서 약속의 땅으로 가라고 명령하시는 것을 수행할 만반의 태세가 되어 있다. **1:4** 여기에 나타난 지역의 범위는 엄청난 영토인데 (신 11:24를 보라), 대략 보아도 다윗이 시리아 사람들을 대패시킨 후(삼하 8장과 10장)에 얻은 지역과 후에 솔로몬이 그의 제국으로 제정한 지역(왕상 4:21, 24 [마소라 본문 5:1, 4])과 같은 정도의 영토를 포함하는 것이다. **1:5-6** 하나님의 분부와 약속은 예레미야의 부르심(렘 1:7-10, 17-19)과 비슷한 면을 보이며, 또한 신명기학파의 편집의 산물이기도 하다. **1:7-8** *율법*이라는 단어(*토라*)는 교훈을 의미한다. 토라는 단수명사이지만 집합명사로서 모든 오경의 율법을 말하고 있다. 율법책에 대해서는 신 31:24-26; 왕하 22장을 보라. *율법책의 말씀을 공부*(또는 묵상)하는 것에 대해서는 시 1:2를 보라. 또한 수 8:31, 34; 23:6; 그리고 24:26을 보라. **1:10-11** 여호수아가 백성에게 요단 강을 건너서 가나안 땅의 주민들을 공격할 준비를 하라고 명령한다. **1:11** 땅을 소유하여 취하는 것은 마치 하나님이 이미 그들에게 준 것처럼 (1:6과 오경에서 자주 그렇게 언급된다), 그렇게 당연한 것으로 이야기하고 있다. 사흘간의 기간이 끝나는 것은 3:2에 일어난다. **1:12-18** 르우벤 지파, 갓 지파, 또 므낫세 반쪽 지파들은 여호수아로부터 두 번째 명령을 받는다. 헌신에 대한 맹세로 끝나는 대화는 이 책의 첫 장과 마지막 장에서 특징 있게 나타난다. **1:12-15** 여호수아

그들도 주 당신들의 하나님이 마련해 주신 땅을 차지할 때까지 그들을 도우십시오. 그런 다음에 당신들은 당신들의 소유지 곧 주님의 종 모세가 당신들에게 준 요단 강 동쪽 해 돋는 땅으로 돌아가서, 그 곳을 차지하도록 하십시오."

16 그들이 여호수아에게 대답하였다. "지금 우리에게 명령하신 것은 무엇이든지 다 하고, 어디로 보내시든지 그리로 가겠습니다. 17 우리는 모두, 모세에게 복종하였던 것과 같이, 모세의 뒤를 이어 우리의 지도자가 되신 분께도 복종하겠습니다. 오직 주 하나님이 모세와 함께 계셨던 것과 같이, 여호수아 어른과도 함께 계시기만 바랍니다. 18 여호수아 어른의 명령을 거역하고, 지시하는 말에 복종하지 않는 사람은, 누구든지 모두 죽임을 당할 것입니다. 여호수아 어른께서는 오직 굳세고 용감하시기를 바랍니다."

는 모세의 결정(민 32장; 신 3:8-17)을 다시 기억하면서 이 세 지파는 이 지역에서 영원히 거주할 것이라고 신포한다. 그러나 그들 중 군대를 갈 만한 남자들은 요단 강 서쪽 땅을 정복하는데 도와야 한다. 이 지파들이 나타나는 다른 구절들은 다음과 같다: 4:12; 13:8-13, 15-32; 22:1-34를 보라. **1:16-18** 지파들은 모두 한 목소리로 여호수아의 명령에 불순종할 때, 죽음이라는 최고 형벌을 받겠다고 말함으로써 모세의 명령에 응답했던 것과 똑같이 응답하겠다고 대답한다. 백성이 여호수아에게 한 말 (*오직 굳세고 용감하시기를 바랍니다*)에 대해서는 하나님이 여호수아에게 한 말 1:7을 보라.

추가 설명: 이스라엘의 가나안 정복

가나안 땅에 이스라엘 백성이 정착하게 된 구체적 상황과 요인들에 대해서는 학자들 간에 불붙는 논쟁이 있어 왔다. 성경 이외에는 이 문제에 대해 말하는 문서가 전혀 없다. 따라서 20세기의 학자들은 여호수아의 정복설화를 뒷받침하기 위해 고고학에 기대를 걸었었다. 수많은 발굴지로부터 고대 이스라엘 백성이 가나안 성읍들, 특히 여리고, 아이, 베델, 라기스, 드빌, 하솔과 같은 성읍들을 파멸했다는 것을 증명하고자 했다. 그러나 고고학적 증거는 나타나지 않았다. 발견된 파괴된 지층은 주로 여호수아 이야기가 일어났던 때로부터 1세기 혹은 그 이상의 이전 시대로 올라가고, 기원전 13세기 말보다 10년이나 20년 전(주로 여호수아의 시대로 생각되는 때)으로 집중되어 있지 않다. 더욱이 혹시라도 어떤 곳에서 정복의 흔적이 발견되더라도, 그것이 이스라엘에 의해 된 것인지, 아니면 이집트나 헷 족속, 바다 백성이나 혹은 다른 성읍도시들과 같은 다른 군사들에 의해서 된 것인지 증명할 길이 없는 것이다.

그러나 고고학자들은 그 땅의 극적인 재정착이 청동시대 초기에 일어났다는 것을 확인해 주었다. 중앙 고지대 지역만 해도 기원전 1200년(청동시대 시작)경에 30개의 작은 마을들이 있었다는 증거가 있는데 기원전 1000년경에는 250개 이상의 마을의 흔적이 나타난다. 요단 동편을 포함한 땅의 다른 곳에서도 마을 수가 상당히 증가한 것으로 나타난다.

정착과정을 설명하기 위한 다음의 네 개의 가설이 있다.

1. 이스라엘 백성은 여호수아서에 기록된 대로 그 땅을 침입하여 신속한 정복을 이루었다. 그러나 이 전통적인 가설은 고고학적인 증거가 거의 없다.

2. 여러 그룹이 평화롭게 그 땅에 이주해 들어와서 그 곳에 정착하였으며, 점차로 이스라엘 백성으로 드러났다. 이 가설은 여호수아서에 기록된 대로 오랜 과정을 통해 그 땅의 통제력을 갖게 되었다는 것을 설명해주기는 하지만, 이주한 동기가 무엇인지, 혹은 여러 그룹들이 어떻게 한 백성으로 연합하게 되었는지에 대해서는 전혀 설명해주고 있지 않다.

3. 낮은 땅에 있던 성읍 국가들로부터 억압받던 농민들이 그들의 영주들에게 항거하여 언덕에 있는 넓고 개발되지 않았던 곳들로 도망가서 독재와 착취에 반대하는 다른 사람들과 함께 그들끼리 살아남다가 마침내 정치적이고 종교적 공동체로 합병하게 되었다. 비록 이 가설이 억압에 대한 반대라는 성경의 두드러진 주제를 설명해주기는 하지만, 가장 큰 문제는 명료한 증거가 없다는 것인데, 특히 고고학적 증거들은 이 기간 동안 성읍도시들을 대항한 거대한 농민항거가 있었음을 말해주고 있지 않다.

여호수아가 여리고에 정탐꾼을 보내다

2 1 눈의 아들 여호수아가 싯딤에서 정탐꾼
두 사람을 보내며 일렀다. "가서, 몰래 그
땅을 정탐하여라. 특히 여리고 성을 잘 살펴라."
그들은 그 곳을 떠나, 어느 창녀의 집에 들어가 거
기에서 묵었다. 그 집에는 이름이 라합이라고 하는
ㄱ)창녀가 살고 있었다. 2 그 때에 여리고 왕은
이런 보고를 받았다. "아룁니다. 이스라엘 자손
가운데서 몇 사람이 오늘 밤에 이 모든 땅을 정탐
하려고 이 곳으로 왔습니다." 3 여리고 왕이 라합
에게 전갈을 보냈다. "너에게 온 사람들 곧 네 집
에 온 사람들을 데려오너라. 그들은 이 온 땅을 정
탐하려고 왔다."
4 그러나 그 여인은 두 사람을 데려다가 숨겨
놓고, 이렇게 말하였다. "그 사람들이 저에게로 오
기는 했습니다만, 그들이 어디서 왔는지 저는 알지
못합니다. 5 그리고 그들은 날이 어두워 성문을 닫
을 때쯤 떠났는데, 그들이 어디로 갔는지 저는 알

ㄱ) 요세푸스, '여관 주인'

4. 많은 수의 원주민들, 그들 중 얼마간은 이전에 온전히 안주하지 않았던 사람들이었지만 그들의 숫자가 타지에서 이주해온 그룹들로 인해 증가되었다. 그들은 그 땅에 자급농업을 하는 농부들로 정착했다. 그들은 점차로 사회적 경제적 기초를 다졌고, 중심 지도력이 후에 정치적으로 변혁을 일으켜 군주제도로 바꿀 수 있게 되었다. 비록 이 자연적 발전론에 대한 성경본문 상의 분명한 증거는 부족하지만, 이것은 많은 물적 증거들과 맞아떨어진다. 또한 국가들이 어떻게 생겨나는가에 대한 현대인들의 이해와도 그 맥락을 같이 한다.

만일 정복 가설들이 고고학적인 뒷받침을 거의 못 받는다면, 여호수아서에서는 그것을 어떻게 설명하고 있는가? 의심할 것 없이 그것은 후대에 신학적 필요에 의해 작성한 것인데 패배와 포로기로 몰고 간 원인이 되었던 하나님께 대한 배반과 불순종으로 이어지는 그 후의 역사와 날카롭게 대조하기 위해 하나님과의 친밀한 관계 속에서 그 나라가 섰을 그 때의 영광스러운 시작을 마음 속에 되새기기 위해서 쓴 것이다. 이 영광스러운 시작에 반대되는 어떠한 증거들도 신명기학파들의 신학과는 아무런 관련이 없게 된다. 더욱이 신명기학파는 원주민들을 쫓아버리는 것이나, 군인이 아닌 주민들을 학살하는 것에 대한 윤리성에 대해서는 전혀 관심을 갖고 있지 않다. 그 대신 여호수아기는 포로기를 겪어야하는 세대들에게 주님에 대한 신실함만이 하나의 백성으로서 살아남을 수 있게 된다는 메시지를 주기 위해 쓴 것이다.

2:1-24 이 책의 첫 번째 주요 부분(2—12장)에서는 땅을 정복하는 것에 대하여 자세하게 기록하는데, 상황판단을 위해 정탐꾼들을 보낸 이야기로부터 시작한다. 갈렙, 여호수아, 그리고 열 명의 정탐꾼이 가서 정탐한 곳은 그 나라의 남쪽 지방에 집중되어 있었다 (민 13장). **2:1** 싯딤("아카시아 나무" 라는 뜻)의 위치는 알려져 있지 않지만, 아마도 요단 강 입구 북동쪽으로 8마일 정도 떨어진 곳일 것이다. 미 6:5("싯딤에서 길갈로")는 비유적 표현으로서 요단 강을 건넌 것과 여호수아의 지휘 아래 이루어진 땅의 정복까지도 의미한다. 왜 정탐꾼들이 기생 라합에게 다가갔는지, 그리고 어떠한 성적인 관계가 있었는지에 대해서는 설명이 없다. 몇 가지 성적인 관계에 대한 암시가 이야기 속에 들어있기는 하다 ("누웠다" = 묵었다, 새번역개정; 그녀에게 "들어가," 3-4절; 아마 홍색 줄도 이러한 의미를 포함할 것이다).

추가 설명: 라합에 대한 해석

해석학 역사에서 보면 라합은 매우 인상적인 인격의 소유자로 나타난다. 몇몇 오래된 유대교 문서들에서 그녀는 기생이라기보다는 여관방 주인으로 묘사되고 있고, 세계사에서 가장 아름다운 네 명의 여성들 중 하나로 여기면서, 그녀가 여호와 신앙으로 개종했다고 주장하고, 그녀를 여호수아의 부인이며, 선지자들의 조상으로 간주한다. 신약에서 라합은 예수님의 족보에 들어있고 (마 1:5), 믿음의 본보기(히 11:31)와 선한 행위의 본보기(약 2:25)로 추앙된다. 수 2장에서 라합은 결단력 있는 행동가로서 이스라엘의 정탐꾼들을 구하는 수단을 생각해 내었고, 그로 인해 그녀와 그녀의 가족을 구하게 된 장본인이다 (6:22-25).

지 못합니다. 빨리 사람을 풀어 그들을 뒤쫓게 하시
면, 따라잡을 수도 있을 것입니다." 6 그러나 그
때는, 그 여인이 그들을 지붕으로 데리고 올라가,
자기네 지붕 위에 널어 놓은 삼대 속에 숨겨 놓
은 뒤였다. 7 뒤쫓는 사람들이 요단 길을 따라
나루터까지 그들을 뒤쫓았고, 뒤쫓는 사람들이
나가자마자 성문이 닫혔다.
8 정탐꾼들이 잠들기 전에, 라합은 지붕 위에
있는 그들에게 올라가서 9 말하였다. "나는 주님
께서 이 땅을 당신들에게 주신 것을 압니다. 우리는
당신들 때문에 공포에 사로잡혀 있고, 이 땅의 주
민들은 모두 하나같이 당신들 때문에 간담이 서늘
했습니다. 10 당신들이 이집트에서 나올 때에,
주님께서 당신들 앞에서 어떻게 ㄱ)홍해의 물을 마
르게 하셨으며, 또 당신들이 요단 강 동쪽에 있는
아모리 사람의 두 왕 시혼과 옥을 어떻게 ㄴ)전멸시
켜서 희생제물로 바쳤는가 하는 소식을, 우리가
들었기 때문입니다. 11 우리는 그 말을 듣고 간
담이 서늘했고, 당신들 때문에 정신을 잃고 말았
습니다. 위로는 하늘에서 아래로는 땅 위에서,
과연 주 당신들의 하나님만이 참 하나님이십니다.
12 내가 당신들에게 은혜를 베풀었으니, 이제 당
신들도 내 아버지의 집안에 은혜를 베푸시겠다고
주님 앞에서 맹세를 하시고, 그것을 지키겠다는
확실한 징표를 나에게 주십시오. 13 그리고 나의
부모와 형제자매들과 그들에게 속한 모든 식구를
살려 주시고, 죽지 않도록 우리의 생명을 구하여
주십시오."
14 정탐꾼들이 그 여인에게 말하였다. "ㄷ)우
리가 목숨을 내놓고라도, 약속한 것은 지키겠소.
우리가 한 일을 어느 누구에게도 일러바치지 않는
다면, 주님께서 우리에게 이 땅을 주실 때에, 우
리는 친절과 성실을 다하여 그대를 대하겠소.
15 라합은 성벽 위에 있는 집에 살고 있었기
때문에, 창문으로 밧줄을 늘어뜨려 그들을 달아
내려 주었다. 16 그리고 여인은 그들에게 말하
였다. "뒤쫓는 사람들이 당신들과 마주치지 않도
록 산으로 가십시오. 거기에서 사흘 동안 숨어 있
다가, 뒤쫓는 사람들이 돌아간 다음에 당신들이
갈 길을 가십시오."
17 그 사람들이 그 여인에게 말하였다. "당
신이 우리와 맺은 이 맹세에 대하여 우리가 허물이
없게 하겠소. 18 이렇게 합시다. 여기 홍색 줄이
있으니, 우리가 이 땅으로 들어올 때에, 당신이

ㄱ) 히, '얌 쑤프' ㄴ) 히브리어 '헤렘'은 사람이나 물건을 완전히 파멸시켜 주님께 바치는 것을 뜻함 (6:17, 18, 21; 7:1, 11, 12, 13, 15; 8:26; 10:1, 28, 35, 37, 39, 40; 11:11, 12, 20, 21; 22:20). 가지면 안 되는 것, 손을 대었다가는 멸망받게끔 저주받은 것. '전멸시켜 주님께 제물로 바치다', '희생제물로 바치다', '전멸시켜서 바치는 희생제물', '전멸시켜서 주님께 바쳐야 할 물건' '전멸시켜야 할 물건' 등으로 번역함 ㄷ) 히, '우리의 생명은 너희의 생명'

2:2-7 여리고 왕이 대면했을 때 라합은 정탐꾼들에 대해 교묘하게 거짓말을 한다. 이 시대 집의 지붕은 전형적으로 편편하고 휴식의 장소로, 저장소로, 혹은 다른 목적들을 위해 사용될 수 있었다. **2:8-14** 라합의 차분한 진술(9-11절)은 신앙고백을 하는 것처럼 들린다. 이것 역시 신명기학파적인 문체와 신학을 반영한다(서론을 보라). 홍해(히브리어로 갈대바다)를 건넌 사건에 대한 언급은 요단 강을 건너는 사건을 미리 예시한다. 이것은 마치 공포에 질려 마음이 녹아나는 것이 정복에 대한 그 땅의 주민들의 반응을 예상케 하는 것과 같다. **2:12** *은혜를 베풀었으니.* 이것은 *헤세드*를 번역한 것인데, 이 단어는 흔히 하나님과 백성 사이에서 기대되는 충성심과 동정심을 묘사하는 것이다. 여기서는 인간들 사이에서 일어나는 헌신의 약속이다. 기념표시를 요청하는 것에 대해서 직접적인 대답을 받지 못한다. **2:14** 정탐꾼들은 라합에게 문자 그대로 맹세로서 응답한다. "여러분[복수]의 목숨 대신에 우리의 목숨을 내어놓을 것이요!" **2:15-21** 정탐꾼들과 라합 사이에 두 번째 대화가 오간 뒤에 그들은 길을 떠난다. **2:15** 성읍의 방벽에 대한 묘사에 의하면 성벽이 이중 장벽의 형태임을 말해준다: 두 개의 벽이 10피트(3m) 정도 떨어져 병렬로 세워졌고, 그 사이에 간간이 내부 벽이 세워져서 그 공간이 거주지나 저장소로 나누어진다. 포위상황 때에는 여분의 힘을 만들기 위해 깨어진 벽돌조각들로 이 공간을 채울 수 있게 되어 있다. 만일 라합의 집이 이러한 공간 안에 있었다면 성읍의 바깥벽에 직접 다가갈 수 있었을 것이다. **2:16-21** 라합과 정탐꾼들간의 대화는 이야기 진행상 흥미롭게 진행된다—마치 그녀의 집의 창문과 벽 바깥쪽의 바닥 사이에 그들이 매달려 있는 것과 같이 보인다. 이것은 예변법(prolepsis)이라고 부르는 특별한 설화기법으로써 줄거리 중 어떤 요소(창문으로 그 남자들을 내려 보내는 것, 15절)를 본문에서 실제로 일어나기 전에 앞서서 배치해 놓음으로써 미리 예상할 수 있게 하는 효과를 내고 있다. 정탐꾼들에게 산으로 도망가라고 한 것은 서쪽으로 도망가라는 말인데, 이것은 여리고 군대가 예상하는 것과는 정반대로 가도록 안내한 것이었다. 12절에서 요구한 징표는 이적을 보이라는 것이 아니라 홍색 실을 라합의 집에 매달라는 것이었다. 홍색은 이집트에서 이스라엘인들의 집에 발랐던 피의 표시를 생각나게 해준다 (출 12:7-13); 라합의 집은 "건너 지나갔다." **2:22-24** 라합이 사용했던 어구들을 이용하여 말하면서 (11절), 정탐꾼들은 여호수아에게 그 땅을 차지할 때가 되었다고 알린다.

우리를 달아 내렸던 그 창문에 이 홍색 줄을 매어
두시오. 그리고 당신의 아버지와 어머니와 오라
버니들과 아버지 집안의 모든 식구를 다 당신의
집에 모여 있게 하시오. 19 누구든지 당신의 집
대문에서 밖으로 나가서 죽으면, 그 죽음에 대한
책임은 죽은 사람 자신이 져야 하며, 우리는 책임
을 지지 않겠소. 그러나 우리가 당신과 함께 집 안
에 있는 사람에게 손을 대서 죽으면, 그 죽음에 대
한 책임은 우리가 질 것이오. 20 그러나 당신이,
우리가 한 일을 누설하면, 당신이 우리와 맺은 맹
세에 대하여 우리는 아무런 책임이 없소." 21 그
러자 라합은, 그들의 말대로 하겠다고 대답하고,
그들을 보냈다. 그들이 간 뒤에, 라합은 홍색 줄을
창에 매달았다.

22 그들은 그 곳을 떠나 산에 다다라서, 사흘
동안 거기에 머물러 있었다. 뒤쫓는 사람들은 모든
길을 수색하였으나, 정탐꾼들을 찾지 못하고 되
돌아갔다. 23 두 사람은 산에서 다시 내려와
ㄱ)강을 건넜고, 눈의 아들 여호수아에게 이르러서,
그들이 겪은 모든 일을 보고하였다. 24 그들이
여호수아에게 말하였다. "주님께서 그 땅을 모두
우리 손에 넘겨 주셨으므로 그 땅의 모든 주민이
우리를 무서워하고 있습니다."

이스라엘 백성이 요단 강을 건너다

3 1 여호수아는 아침 일찍 일어나, 모든 이스
라엘 자손과 함께 싯딤을 떠나 요단 강까지
왔다. 그들은 강을 건너기 전에 그 곳에 진을 쳤다.
2 사흘 뒤에 지휘관들이 진을 두루 다니며, 3 백
성에게 명령하였다. "당신들은, 레위 사람 제사장
들이 주 당신들 하나님의 언약궤를 들어서 메는
것을 보거든, 진을 철수하여 제사장들의 뒤를 따르
시오. 4 당신들이 이전에 가 보지 않았던 길을
가기 때문에, 제사장들이 당신들이 가는 길을 안
내할 것이오. 그러나 당신들과 언약궤 사이는,
이천 보쯤의 거리를 띄우고, 그 궤에 가까이 가지
마시오."

5 여호수아가 백성에게 말하였다. "당신들은
자신을 성결하게 하시오. 주님께서 내일 당신들
가운데서 놀라운 일을 이루실 것입니다." 6 여호
수아가 제사장들에게 언약궤를 메고 백성보다
앞서 건너가라고 명령하자, 그들은 언약궤를 메고
백성들 앞에서 나아갔다.

7 주님께서 여호수아에게 말씀하셨다. "바로

ㄱ) 요단 강 동쪽으로 돌아옴

추가 설명: 여호수아와 모세

여호수아의 인물됨은 출애굽과 사막행군의 위대한 지도자였던 모세를 모방한 것 같이 보인다. 책의 첫 절에서부터 여덟 번에 걸쳐 모세는 주의 종이라고 명명되었다. 마지막 장에서 여호수아도 똑같은 명칭을 받는다. 더 놀라운 것은 두 사람이 여러 가지 똑같은 행동을 했다는 것이다: 백성이 물을 건너게 인도함; 그들을 새 영토로 들어가서 지나가도록 인도함; 정탐꾼들을 보냄; 군사 작전을 펼침; 할례를 명함; 유월절을 지킴; 신을 벗으라는 명령을 받음; 율법을 전달하거나 (모세) 율법을 복사함 (여호수아); 영토를 지파들에게 분배해 주었음; 도피성을 지정함; 언약의 서약식을 집행하였음. 이러한 유사점들은 모세와 여호수아의 연속성을 강조해 준다. 후세대들은 이 연속성을 존중하였다.

3:1—5:1 정보를 다 수집한 뒤 백성은 요단 강을 건너야 하는 역사적인 순간에 이르렀다. 강을 건너는 이야기가 기적들과 권면들과 기억하기 위한 종교 의식 등과 복잡하게 얽혀 묘사되고 있다. 전체 이야기는 연설과 사건묘사와 해석 등으로 뒤섞여 있다. **3:1** 백성은 진지를 싯딤에서 요단 강가까지 멀지 않은 거리로 옮겼다. **3:2-6** 세 번에 걸친 훈령으로 사람들이 강 건너는 것을 준비시킨다. **3:2** *사흘.* 이것에 관해서는 1:11; 2:16, 22를 보라. **3:3-4** 하나님의 존재와 능력의 현현으로 간주되는 언약궤(삼상 4:1—7:2; 삼하 6:1-19를 보라)는 백성의 사막 대이동 때 백성을 앞서서 나아갔다 (민 10:33-36). 2천 규빗의 거리는 대략 3천 피트(900m)이다. **3:7-13** 신명기 학파의 특징이 또 다시 나타나는데 모세와 여호수아를 높이는 것, 지파 대표들과 제사장들의 중요성, 여러 원주민들을 몰아내는 것, 그리고 세부사항을 되풀이하는 것 등이다. 사건의 순서는 8절b, 11절, 13절에 나오는데 주석이 삽입되어 있다. **3:10** *가나안 사람.* 이들은 가나안의 원주민들이었다. *헷 사람.* 이들은 아나톨리아 [고대의 소아시아] 지역에서 온 사람들로서 남쪽에 정착했다. *히위 사람.* 이들은 *기브온* 사람들과 연관이 있어 보인다 (9:7). *브리스* (베라자, "[시골] 마을") 사람. 이들은 시골지역

오늘부터 내가 너를 모든 이스라엘 사람이 보는 앞에서 위대한 지도자로 세우고, 내가 모세와 함께 있던 것처럼 너와 함께 있다는 사실을 그들이 알게 하겠다.
8 이제 너는 언약궤를 멘 제사장들에게, 요단 강의 물 가에 이르거든 요단 강에 들어가서 서 있으라고 하여라."

9 여호수아가 이스라엘 자손에게 말하였다. "이 곳으로 와서, 주 당신들 하나님의 말씀을 들으십시오."
10 여호수아가 말을 계속하였다. "이제 이루어질 이 일을 보고, 당신들은, 살아 계신 하나님이 당신들 가운데 계셔서, 가나안 사람과 헷 사람과 히위 사람과 브리스 사람과 기르가스 사람과 아모리 사람과 여부스 사람을 당신들 앞에서 쫓아내신다는 것을 알게 될 것입니다.
11 온 땅의 주권자이신 주님의 언약궤가 당신들 앞에서 요단 강을 건널 것입니다.
12 이제 이스라엘의 각 지파마다 한 사람씩 열두 사람을 뽑으십시오.
13 온 땅의 주권자이신 주님의 궤를 멘 제사장들의 발바닥이 요단 강 물에 닿으면, 요단 강 물 곧 위에서부터 흘러 내리던 물줄기가 끊기고, 둑이 생기어 물이 고일 것입니다."

14 백성이 요단 강을 건너려고 자기들의 진을 떠날 때에, 언약궤를 멘 제사장들이 백성 앞에서 나아갔다.
15 그 궤를 멘 사람들이 요단 강까지 왔을 때에는, 마침 추수기간이어서 제방까지 물이 가득 차 올랐다. 그 궤를 멘 제사장들의 발이 요단 물 가에 닿았을 때에,
16 위에서부터 흐르던 물이 멈추었다. 그리고 멀리 사르단 근처의 아담 성읍에 둑이 생겨, 아라바의 바다 곧 사해로 흘러가는 물줄기가 완전히 끊겼다. 그래서 백성들은 여리고 맞은쪽으로 건너갈 수 있었다.
17 온 이스라엘 백성이 마른 땅을 밟고 건너서, 온 백성이 모두 요단 강을 건널 때까지, 주님의 언약궤를 멘 제사장들은 요단 강 가운데의 마른 땅 위에 튼튼하게 서 있었다.

기념비를 세우다

4 1 온 백성이 모두 요단 강을 건넜을 때에, 주님께서 여호수아에게 말씀하셨다.
2 "너는 백성 가운데서 각 지파마다 한 사람씩 열두 사람을 뽑아서 세워라.
3 그리고 그들에게, 제사장들의 발이 굳게 선 그 곳 요단 강 가운데서 돌 열두 개를 가져다가, 오늘 밤 그들이 머무를 곳에 두라고 하여라."

4 여호수아는 이스라엘 자손 가운데서 각 지파마다 한 사람씩 세운 그 열두 사람을 불러서,
5 그들에게 말하였다. "주 당신들 하나님의 언약궤 앞을 지나 요단 강 가운데까지 들어가서, 이스라엘 자손의 지파 수대로 돌 하나씩을 각자의 어깨에 메고 오십시오.
6 이것이 당신들에게 기념물이 될 것입니다. 훗날 당신들 자손이 그 돌들이 지닌 뜻이 무엇인지를 물을 때에,
7 주님의 언약궤 앞에서 요단 강 물이 끊기었다는 것과, 언약궤가 요단 강을 지날 때에 요단 강 물이 끊기었으므로 그 돌들이 이스라엘 자손에게 영원토록 기념물이 된다는 것을, 그들에게 말해 주십시오."

8 그래서 이스라엘 자손은 여호수아가 명령한

에서 살았을 것이다. *기르가스 사람.* 이들에 대해서는 알 수 없다. *아모리 사람.* 역시 요단의 서쪽과 동쪽 땅의 원주민으로 보인다. *여부스 사람.* 이들은 후에 예루살렘 성이 된 지역에서 살았었다. **3:12** 열두 사람을 뽑은 목적에 대하여는 4:2-8을 보라. **3:14-17** 요단 강을 건너는 이야기는 그것을 기억하기 위해 취한 여러 단계들(4장)에 비하면 짧다. **3:15** 고대 시대 요단 강의 크기는 아마도 100피트의 넓이와 3-10피트의 깊이였을 것이다. 홍수가 나면 그 넓이가 600피트까지 넓어지고 깊이는 150피트까지 깊어질 수 있었다. **3:16** 상류에서 흐르던 물이 멈추었고 (출 14:21-22를 보라), 하나의 *둑이* 생겼고 (*네드* 라고 하는 똑같은 단어가 출 15:8과 시 78:13에서 출애굽 사건을 기록할 때에 사용된다), 사해로 흐르는 하류 쪽의 물은 *끊겼다.* 홍해/갈대 바다의 갈라짐에서와 같이 혼돈을 정복한다는 신비한 내면적 저의가 본문에서 느껴진다. **3:17** 모세가 팔을 펴서 출애굽의 물을 가르고 다시 돌아오게 했던 것처럼, 여기서는 제사장들이 물을 계속 정지시키기 위해 언약궤를 메고 강의 중간에 서 있다.

4:1-9 요단 강을 건너는 것을 기념하기 위해 두 개의 돌기둥을 세웠다. **4:1-5** 첫째로 열두 사람이 요단 강 가운데서 각각 돌 하나씩을 가져다가 강의 서쪽 머무를 곳에 두었다. **4:6-7** 여호수아는 어른들에게 기적적으로 강을 건넌 사건을 자손에게 말해주라고 명령한다 (출 12:24-27 참조). **4:9** 두 번째로 돌을 세웠는데 이번에는 여호수아가 직접 열두 개의 돌을 세웠다. 본문의 주석은 여리고 근처의 요단 강 중앙에 세워져 있는 돌들에 대해 설명하면서 *오늘까지* 거기에 있다고 한다. 여기에 대해서는 4:20; 8:29; 10:27; 24:26을 보라. **4:10-18** 3:14-17에 있던 강을 건너는 이야기가 여기에서 다시 연결되어 시작된다. **4:10-11** 3:17과 4:1을 과장하면서 이 구절은 백성이 얼마나 빨리 강을 건넜는지를 묘사하기 위해 다시 강둑에 있었던 장면으로 돌아간다. 언약궤를 멘 제사장들은 행진의 맨 앞으로

대로 하였다. 그들은 주님께서 여호수아에게 말
씀하신 대로, 이스라엘 자손의 지파 수에 따라 요단
강 가운데서 돌 열두 개를 메고 나와서, 그것들을
그들이 머무르려는 곳까지 가져다가 그 곳에 내려
놓았다. 9 여호수아는 요단 강 가운데, 언약궤를
메었던 제사장들의 발이 머물렀던 곳에 ㄱ)다른 열두
개의 돌을 세웠다. (그 돌들이 오늘까지 거기에
있다.) 10 주님께서 여호수아를 시켜 백성에게
명령하신 일 곧 모세가 여호수아에게 지시한 일이
그대로 다 이루어지기까지, 궤를 멘 제사장들이
요단 강 가운데 서 있었다.

11 백성은 서둘러 강을 건넜다. 백성이 모두
건너기를 마치자, 주님의 궤와 그 궤를 멘 제사장
들이 백성이 보는 앞에서 건넜다. 12 르우벤 자
손과 갓 자손과 므낫세의 반쪽 지파는, 모세가 그
들에게 지시한 대로 이스라엘 자손보다 앞서서 무
장하고 건넜다. 13 약 사만 명이 되는 이들은 무
장을 하고, 주님 앞에서 전투를 벌이려고 여리고
평원으로 건너갔다. 14 그 날 주님께서, 온 이스
라엘 백성이 보는 앞에서 여호수아를 위대한 지도
자로 세우셨으므로, 그들은, 모세가 살아 있는 동안
모세를 두려워하였던 것처럼, 여호수아를 두려워
하였다.

15 주님께서 여호수아에게 말씀하셨다.
16 "증거궤를 메고 있는 제사장들에게 명령하여
요단 강에서 올라오게 하여라." 17 그래서 여호
수아가 제사장들에게 요단 강에서 올라오라고 명
령을 내렸다. 18 주님의 언약궤를 멘 제사장들이
요단 강 가운데서 올라와서 제사장들의 발바닥이
마른 땅을 밟는 순간, 요단 강 물이 다시 원래대로
흘러 전과 같이 강둑에 넘쳤다.

19 백성이 첫째 달 열흘에 요단 강을 건너 여
리고 동쪽 변두리 길갈에 진을 쳤다. 20 여호수
아는 요단 강에서 가져 온 돌 열두 개를 길갈에 세
우고 21 이스라엘 자손에게 이렇게 말하였다.
"당신들 자손이 훗날 그 아버지들에게 이 돌들의
뜻이 무엇인지를 묻거든, 22 당신들은 자손에게
이렇게 알려 주십시오. '이스라엘 백성이 이 요단
강을 마른 땅으로 건넜다. 23 우리가 홍해를 다
건널 때까지, 주 우리의 하나님이 우리 앞에서
그것을 마르게 하신 것과 같이, 우리가 요단 강을
다 건널 때까지, 주 우리의 하나님이 요단 강 물을
마르게 하셨다. 24 그렇게 하신 것은, 땅의 모든
백성이 주님의 능력이 얼마나 강하신가를 알도록
하고, 우리가 영원토록 주 우리의 하나님을 경외
하도록 하려는 것이다.'"

5 1 요단 강 서쪽에 있는 아모리 사람의 모든
왕과, 해변에 있는 가나안 사람의 모든 왕이,
주님께서 이스라엘 자손 앞에서 그들이 요단 강을
다 건널 때까지 그 강물을 말리셨다는 소식을 듣고
간담이 서늘했고, 이스라엘 자손 앞에서 아주 용
기를 잃고 말았다.

ㄱ) 칠십인역과 불가타역을 따름. 히, '열두 개의 돌'

다시 위치를 바꾼다. **4:12** 1:12-15와 22:1-34의 주석을 보라. **4:13** "천(1,000)"을 가리키는 히브리 단어는 비록 의문이 없는 것은 아니지만, 부대 단위 혹은 파견대를 의미하는 것으로 해석되어 왔다—따라서 여기서는 40파견대를 의미한다. 이러한 큰 숫자는 초기의 역사를 영광스러운 것으로 표현하려는 후세대의 작품이다. **4:14** 여호수아와 모세를 비교하는 요약된 진술은 3:7의 약속을 성취한다. **4:15-18** 여기서 또 다시 사건의 순서가 약간씩 뒤바뀌었다. 아니면 강을 다 건넜다는 앞의 암시(3:17; 4:1, 10-11)가 예변법(豫辨法)을 사용한 것이라고 이해해야 한다 (여기에 대해서는 2:16-21에 관한 주석을 보라). **4:16** 여호수아기 전체에서 *언약궤* (*브리트*) 라는 말을 사용하는데 단 한 번 16절에서 *증거궤* (*에두트*) 라는 단어를 사용한 것을 알 수 있다. **4:18** 제사장들의 발이 처음 강물을 닿는 순간 물이 갈라졌던 것처럼 (3:15-16), 그들의 발이 마른 땅을 처음 닿는 그 순간에 물이 다시 제자리로 돌아갔다. 정말로 기적적인 사건이다. **4:19-24** 요단 강 한복판에서 가져온 열두 개의 돌(4:8)은 요단 강 서편으로 4마일 떨어진 길갈에 기념비로 서 있다. **4:19** 한 해의 첫째 달인 니산월은 봄(3-4월)에 해당된다. **4:21-23** 4:6-7의 주석을 보라. 여기에서 홍해(히브리어로 "갈대바다")를 건넌 사건과 분명한 병행을 찾아볼 수 있다. **4:24** 기적적으로 강을 건넌 이야기에는 두 가지 목적이 있다. 세상 사람들에게 하나님의 능력을 보여주기 위해서이고, 이스라엘 백성으로 하여금 하나님에 대한 신실한 경외감을 유지하도록 설득하기 위해서이다. **5:1** 라합이 이미 지적했던 것처럼 (2:10-11), 기적적으로 강을 건너간 것은 경계심을 불러일으켰다.

5:2-15 여러 사건들이 단계적으로 확대하여 일어나는 중간에 여기서는 막간을 이용하여 두 사건에 초점을 맞춘다. 하나는 할례와 유월절이, 다른 하나는 하나님의 현현이다. 이것들은 앞으로 다가올 성전들을 위해 백성을 성결케 준비시키고 또한 후손에게 종교적 실천의 중요성을 심어주기 위한 것이다. **5:2-9** 할례 의식은 땅의 정복 전에 반드시 행하여야만 하는 의식이다. **5:2** 할례는 고대 이집트 문화뿐 아니라, 서부 셈족 문화에서도 널리 행해지던 의식이었다. 그러나

이스라엘이 길갈에서 할례를 받다

2 그 때에 주님께서 여호수아에게 말씀하셨다. "너는 돌칼을 만들어, 이스라엘 자손에게 다시 할례를 베풀어라." 3 그래서 여호수아는 돌칼을 만들어 ㄱ)기브앗 하아라롯 산에서 이스라엘 자손에게 할례를 베풀었다. 4 여호수아가 할례를 베푼 데는 이런 이유가 있었다. 이집트에서 나온 모든 백성 가운데서 남자 곧 전투할 수 있는 모든 군인은, 이집트를 떠난 다음에 광야를 지나는 동안에 다 죽었다. 5 그 때에 나온 백성은 모두 할례를 받았으나, 이집트에서 나온 다음에 광야를 지나는 동안에 태어난 사람은 아무도 할례를 받지 못하였다. 6 이스라엘 자손 가운데서 이집트를 떠날 때에 징집 연령에 해당하던 남자들은, 사십 년을 광야에서 헤매는 동안에 그 광야에서 다 죽고 말았다. 주님께서는, 우리에게 젖과 꿀이 흐르는 땅을 주시겠다고 우리의 조상에게 맹세하셨지만, 이집트를 떠난 조상이 주님의 말씀을 순종하지 않았기 때문에, 그들이 젖과 꿀이 흐르는 그 땅을 볼 수 없게 하겠다고 맹세하셨다. 7 그들을 대신하여 자손을 일으켜 주셔서, 여호수아가 그들에게 할례를 베풀었는데, 그것은, 광야를 지나는 동안에 그들에게 할례를 베풀지 않아서, 그들이 무할례자가 되었기 때문이다.

8 백성이 모두 할례를 받고 나서 다 낫기까지 진 안에 머물러 있었다. 9 주님께서 여호수아에게 말씀하셨다. "너희가 이집트에서 받은 수치를, 오늘 내가 ㄴ)없애 버렸다." 그리하여 그 곳 이름을 오늘까지 ㄷ)길갈이라고 한다.

10 이스라엘 자손은 길갈에 진을 치고, 그 달 열나흗날 저녁에 여리고 근방 평야에서 유월절을 지켰다. 11 유월절 다음날, 그들은 그 땅의 소출을 먹었다. 바로 그 날에, 그들은 누룩을 넣지 않은 빵과 볶은 곡식을 먹었다. 12 그 땅의 소출을 먹은 다음날부터 만나가 그쳐서, 이스라엘 자손은 더 이상 만나를 얻지 못하였다. 그들은 그 해에 가나안 땅에서 나는 것을 먹었다.

칼을 든 사람

13 여호수아가 여리고에 가까이 갔을 때에 눈을 들어서 보니, 어떤 사람이 손에 칼을 빼 들고 자기 앞에 서 있었다. 여호수아가 그에게 다가가서 물었다. "너는 우리 편이냐? 우리의 원수 편이냐?"

14 그가 대답하였다. "아니다. 나는 주님의 군사령관으로 여기에 왔다." 그러자 여호수아는 얼굴을 땅에 대고 절을 한 다음에 그에게 물었다. "사령관님께서 이 부하에게 무슨 말씀을 하시렵니까?"

15 주님의 군대 사령관이 여호수아에게 말하였다. "네가 서 있는 곳은 거룩한 곳이니, 너의 발에서 신을 벗어라." 여호수아가 그대로 하였다.

ㄱ) '할례 산' ㄴ) 히, '갈랄' ㄷ) 길갈은 '굴리다', '없애다'라는 뜻을 가진 갈랄과 발음이 비슷함

메소포타미아 사람들이나 블레셋 사람들 사이에서는 행해지지 않았다 (삿 14:3; 삼상 18:25-27). 출 4:25와 이 곳에서만 할례를 행할 때 사용하도록 지정된 부싯돌을 언급하고 있다. 24:29-30의 주석을 보라. **5:3** *기브앗 하아라롯.* 이는 "포피의 산"을 의미한다. **5:4-7** 신명기학파의 설명 어디에서도 왜 광야에서 할례를 행할 수 없었는지에 대한 이유를 찾아볼 수 없다. *두 번째* 할례를 행해야 하는 필요는 아마도 이집트식의 할례가 포피를 조금만 잘라내기 때문에 이스라엘식으로 그 나머지를 더 잘라내기 위해서였을 것이다. **5:6** 광야 1세대들이 가나안 땅에 들어가지 못하는 이유에 대해서는 민 14:20-24; 신 1:34-36을 보라. **5:9** *길갈.* 이 이름은 "굴리다" 혹은 "굴러가 버리다"를 의미하는 히브리어 단어인 *갈랄*과 연관되어 있다. 이것이 앞에서 전개된 이야기들과 구체적으로 어떤 연관이 있는지는 확실하지 않다. 다만 그것이 이집트에서 당한 치욕이 그들이 할례를 바로 행하지 않았거나 혹은 전혀 행하지 않았었기 때문이라는 것을 의미할 수는 있다. **5:10-12** 유월절을 지킨 것은 백성이 요단 강 서편 땅에 옮겨간 것을 축하하는 것이다. 이 설명은 앞의 할례에 대한 보고와 잘 연결된다. 출 12:44, 48-49에서 유월절과 할례에 대하여 분명하게 명령하는 것을 참조하라. **5:10** 그 달 열나흗날. 니산월 14일은 그해 봄날 첫 보름달이 뜨는 날로서 유월절을 위한 전통적인 날이다 (출 12:2, 6; 레 23:5; 겔 45:21을 또한 보라). **5:11-12** 만나의 공급이 끝난 것(출 16장을 보라)은 그 땅에서 음식을 생산하게 된 때와 맞아 떨어진다. **5:13-15** 하나님의 군대 사령관이 여호수아에게 나타난다. **5:13** 칼을 빼어 든 천사가 나타난 동기에 대해서는 민 22:23, 31; 대상 21:16을 보라. **5:14-15** 여호수아에게 내린 명령은 불타는 떨기나무에서 모세에게 내린 명령(출 3:5)과 병행을 이룬다.

6:1-27 여리고 성이 공격을 받고 정복당했다. 6장에는 몇 가지 일관성이 없는 것처럼 보이기도 하는데, 이 때문에 둘 혹은 그 이상의 문서들이 융합되어 만들어진 것으로 본다. 5절에는 백성이 뿔 나팔을 분 다음에 소리를 지르게 되어있으나, 20절에서는 뿔 나팔을 불기 전에 백성이 먼저 소리를 지른다; 뿔 나팔을 부는

여리고 성의 함락

6 1 여리고 성은 이스라엘 자손을 막으려고
굳게 닫혀 있었고, 출입하는 사람이 없었다.
2 주님께서 여호수아에게 말씀하셨다. "내가 여
리고와 그 왕과 용사들을 너의 손에 붙인다.
3 너희 가운데서 전투를 할 수 있는 모든 사람은,
엿새 동안 그 성 주위를 날마다 한 번씩 돌아라.
4 제사장 일곱 명을, 숫양 뿔 나팔 일곱 개를
들고 궤 앞에서 걷게 하여라. 이레째 되는 날에,
너희는 제사장들이 나팔을 부는 동안 성을 일곱
번 돌아라. 5 제사장들이 숫양 뿔 나팔을 한 번
길게 불면, 백성은 그 나팔 소리를 듣고 모두 큰
함성을 질러라. 그러면 성벽이 무너져 내릴 것이다.
그 때에 백성은 일제히 진격하여라."
6 눈의 아들 여호수아가 제사장들을 불러서
말하였다. "언약궤를 메고 서시오. 그리고 일곱
제사장은 제각기 일곱 숫양 뿔 나팔을 들고 주님의
궤 앞에 서시오." 7 또 그는 백성에게 말하였다.
"앞으로 나아가거라! 성을 돌아라! 무장한 선발대는
주님의 궤 앞에 서서 행군하여라!"
8 여호수아가 백성에게 명령한 대로, 제각기
숫양 뿔 나팔을 든 일곱 제사장은 주님 앞에서 행
군하며 나팔을 불었고, 주님의 언약궤는 그 뒤를
따랐다. 9 또한 무장한 선발대는 나팔을 부는 제사
장들보다 앞서서 나갔고, 후발대는 궤를 따라
갔다. 그 동안 제사장들은 계속하여 나팔을 불었다.
10 여호수아가 또 백성에게 명령하였다. "함성을
지르지 말아라. 너희 목소리가 들리지 않게 하여라.
한 마디도 입 밖에 내지 말고 있다가, 내가 너희
에게 '외쳐라' 하고 명령할 때에, 큰소리로 외쳐라."
11 이처럼 여호수아는 주님의 궤를 메고 성을 한
바퀴 돌게 한 다음에 진에 돌아와서, 그 밤을 진
에서 지내게 하였다.
12 다음날 아침에 여호수아가 일찍 일어났다.
제사장들도 다시 주님의 궤를 메었다. 13 제각기
숫양 뿔 나팔을 든 일곱 제사장은 주님의 궤 앞에
서서, 계속 행군하며 나팔을 불었고, 무장한 선발
대는 그들보다 앞서서 나아갔으며, 후발대는 주
님의 궤를 뒤따랐다. 그 동안 제사장들은 계속하여
나팔을 불었다. 14 이튿날도 그들은 그 성을 한
바퀴 돌고 진으로 돌아왔다. 그들은 엿새 동안 이
렇게 하였다.
15 드디어 이렛날이 되었다. 그들은 새벽 동이
트자 일찍 일어나서 전과 같이 성을 돌았는데, 이
날만은 일곱 번을 돌았다. 16 일곱 번째가 되어서,
제사장들이 나팔을 불 때에, 여호수아가 백성에게
이렇게 명령하였다. "큰소리로 외쳐라! 주님께서
너희에게 이 성을 주셨다. 17 이 성과 이 안에

그룹이 둘이나 나온다. 즉 8-9, 13, 16절에 보면, 일곱 제사장과 무장한 후발대이다; 16-19절에 보면, 여호수아가 마지막으로 뿔 나팔을 분 후에 따라야 할 자세한 지시를 내리는데, 20절b에서 백성은 뿔 나팔을 들은 즉시로 함성을 지른다; 22절에서 성벽 안에 있는 라합의 집은 아직 무사한 것으로 나오는데, 20절에서 그 성벽은 이미 무너진 것으로 되어 있다. (한글성경에서는 이러한 비일관성들이 잘 정리되어 번역되었다.) **6:1-5** 주님께서 전투계획을 내리고 있다. **6:2** 주께서 친히 승리를 선포하는 것은 성전의 전형적인 특징이다. **6:3** 희랍어 번역 칠십인역에 의하면 백성이 성읍을 둘러쌌지만, 마소라사본에서처럼 백성이 성읍 주위를 돌면서 행진하지 않았다. **6:4** 숫양의 뿔로 만들어진 뿔 나팔은 희년을 시작할 때 부는 쇼팔과 같은 나팔이다. 언약궤는 이 행진에서 나타났다가 13절 이후부터 사라진다. 일곱이란 숫자는 완전성을 의미한다. **6:5** 전쟁의 함성과 뿔 나팔 소리에 대해서는 삿 7:16-22; 삼상 4:5; 17:20을 보라. **6:6-14** 여호수아가 제사장들과 백성에게 주는 주의 명령을 연이어 전달하였으며, 그 명령들은 완수된다. **6:6-9** 행진 대열의 순서에 대한 관심은 4장에서 나온 관심과 비슷하다. **6:15-21** 이스라엘 백성은 절정에 다다른 일곱째 날에 여리고 성을 일곱 번 돌며 행진했고, 명령 받은 대로 소리를 질렀으며 그에 따라 성벽이 무너졌고 주민들은 전멸되었다. **6:16-19** 여호수아가 내리는 지시사항들은 신명기학파적인 기조를 담고 있는데 이야기의 속도를 약간 낮추어 준다. **6:17** *전멸시켜서…바쳐라.* 여기에 대해서는 "거룩한 전쟁"에 대한 부록을 보라. **6:20** 고고학자들은 이스라엘의 정복 당시라고 여겨지는 시기(기원전 약 1200년)에 해당되는 무너진 성벽이나 혹은 단순한 성읍의 흔적도 찾아내지 못했다. 이 이야기는 하나님의 능력을 인정하고, 백성이 그의 명령에 엄격하게 복종할 필요가 있음을 알리는 데 목적이 있다. **6:22-25** 이스라엘 백성은 여호수아의 명령(17-19절)에 따라 라합과 그녀의 가족을 구하고 전리품을 버린다. **6:22-23** 여호수아는 라합의 이름을 쓰지 않고 3인칭으로 지칭하고 있다. 두 정탐꾼은 그녀와 그녀의 가족친지들을 구원한다. 2:17-21을 참조하라. 그녀의 집이 어떻게 그 때까지 무너지지 않을 수 있었는지(2:15; 6:20 참조), 혹은 그 집을 표시해주는 홍색 실에 대한 언급은 있었는가(2:18, 21)에 대한 어떠한 설명도 없다. **6:24** *모든 것을 불로 태웠다* (*헤렘*). 이것에 대해서는 369쪽 추가 설명: "거룩한 전쟁"을 보라. 24절에서는 성읍의 전멸을 요구하고, 이스라엘 예배 때 쓰기 위한 보물들만 제외된다. *주님의 집*은 아마도 그 시대

있는 모든 것을 ᄀ)전멸시켜서, 그것을 주님께 제물로
바쳐라. 그러나 창녀 라합과 그 여인의 집에 있는
사람은 모두 살려 주어라. 그 여인은 우리가 보낸
정탐꾼들을 숨겨 주었다. 18 너희는, 전멸시켜서
바치는 희생제물에 손을 댔다가 스스로 파멸당하는
일이 없도록 주의하여라. 너희가 전멸시켜서 바
치는 그 제물을 가지면, 이스라엘 진은 너희 때문에
전멸할 것이다. 19 모든 은이나 금, 놋이나 철로
만든 그릇은, 다 주님께 바칠 것이므로 거룩하게
구별하여, 주님의 금고에 넣도록 하여라."
20 제사장들이 나팔을 불었다. 그 나팔 소리를
듣고서, 백성이 일제히 큰소리로 외치니, 성벽이
무너져 내렸다. 백성이 일제히 성으로 진격하여
그 성을 점령하였다. 21 성 안에 있는 사람을,
남자나 여자나 어른이나 아이를 가리지 않고 모두
전멸시켜서 희생제물로 바치고, 소나 양이나
나귀까지도 모조리 칼로 전멸시켜서 희생제물로
바쳤다.

ᄀ) 2:10 주를 볼 것

추가 설명: 거룩한 전쟁 (Holy War)

여호수아서는 영토 확장과 방어를 위한 전쟁이 아닌 정복을 위한 "거룩한 전쟁"의 한 형태가 이스라엘 왕의 지휘 아래 이루어지는 것을 보여주고 있다. 히브리어 단어인 *헤렘*은 흔히 "멸절을 위해 전력을 다하다" 혹은 "전적으로 파괴하다" 라는 의미인데 여호수아서에서 자주 볼 수 있다 (예를 들어, 6:17; 8:26). 이 용어는 전쟁은 하나님의 진두지휘하에 하는 것이고, 결과적으로 적들은 전멸당할 것이며, 적들의 성읍들을 불 질러 하나님께 바치는 것이라고 믿는 믿음을 표현하여 주는 단어이다 (신 20:1-20; 23:9-14 참조).

하나님은 "싸우는 신"으로서 군대의 맨 앞에 서서 전투에 참여하신다 (출 15:1-3 참조). 쌍방의 힘의 불균형—적은 숫자의 이스라엘 사람들이 거대한 적군과 대항하는 것—때문에 흔히 주님이 개입하시게 된다. 이스라엘 전사들은 마음을 딴 데로—즉 새로 지은 집이라든지, 결혼하기로 하고 최근에 약혼을 했다든지, 혹은 새로 샀거나 추수하지 않은 포도원이 있다든지 (신 20:5-7)—돌려서는 안 되고 목적을 위해 온전한 충성을 바쳐야한다. 그들은 예상치 못한 뛰어난 전략으로 적들을 참패시킨다. 승리한 후에 이스라엘 사람들은 전리품을 취할 수 없다. 여기에 불순종하면 다음 전투에서 패배한다 (수 7장을 보라). 그러나 여호수아가 지휘했던 모든 전쟁이 거룩한 전쟁은 아닌 것 같다. 왜냐하면 어떤 경우에는 병사들이 전리품을 취하도록 허락되었기 때문이다 (예를 들면, 8:2; 11:12-14; 22:8).

사해의 동쪽에서 발견된 기원전 9세기의 한 비문은 "모압 비석" 혹은 "메사 돌기둥"(왕하 3:4에서 모압 왕 메사의 이름을 따라서)이라고 명명되어 있는데, 거기에는 똑같은 거룩한 전쟁—그러나 이번에는 모압이 이스라엘에 대항하여 행하는 전쟁—을 묘사하는 *헤렘* 이라는 단어가 모압어로 쓰여 있다. 거룩한 전쟁이라는 개념이 그 지역에서 여러 민족들이 군사적 행동에 있어서 신의 도움을 바랄 때 널리 사용했을 가능성이 많다.

거룩한 전쟁에 대한 모든 개념 자체가 여호수아기를 읽는 많은 독자들을 깊은 고민에 빠지게 하며 심지어 혐오까지 느끼게 한다. 그러나 여호수아기의 저자는 모든 일들이 일어난 지 한참 후에 기록하고 있다; 그러한 전쟁들은 먼 과거에 일어난 것이었다. 저자는 이러한 먼 과거의 일들에 대해 신학적으로 상고하고 있으며, 그것들이 하나님의 주권을 확인해 주고 있다고 해석한다. 즉 이스라엘은 오직 하나님의 보호와 구원에만 의존하여 살았고 지금도 그렇다고 선포하며 이스라엘은 스스로를 우상숭배로 타락한 이웃들의 영향으로부터 보호해야 한다고 말하고 있다.

이 전쟁들은 과거에 일어났던 것으로써, 저자는 여호수아서를 읽는 사람들이 주의 이름으로 일어나 전쟁을 시작하도록 부추기는 것은 아니다. 그러므로 오늘날의 독자들과 해석자들인 우리도 여호수아서를 전쟁과 대량학살을 정당화시키기 위한 수단으로 사용해서는 안 된다. 또한 우리가 이 성경본문의 신학적 접근을 우호적으로 받아들인다 해도 우리는 하나님이 역사 속에서 무자비하게 폭력을 사용한다는 것에 대해 계속하여 문제점을 안고 바라보아야 한다.

22 여호수아는 그 땅을 정탐하러 갔던 두 사람에게 말하였다. "그 창녀의 집으로 들어가서, 너희가 맹세한 대로, 그 여인과 그에게 딸린 모든 사람을 그 곳에서 데리고 나오너라." 23 정탐하러 갔던 젊은이들이 가서, 라합과 그의 아버지와 어머니와 오라버니들과 그에게 딸린 모든 사람을 데리고 나왔다. 라합의 식구들을 모두 이끌어 내어, 이스라엘 진 밖으로 데려다 놓았다. 24 그리고 그들은 그 성읍과 그 안에 있는 모든 것을 불로 태웠다. 그러나 은이나 금이나 놋이나 철로 만든 그릇만은 주님의 집 금고에 들여 놓았다. 25 여호수아는 창녀 라합과 그의 아버지 집과 그에게 딸린 사람을 다 살려 주었다. 라합이 오늘날까지 이스라엘 백성 가운데 살고 있는데, 그것은 여호수아가 여리고를 정탐하도록 보낸 사람들을 그가 숨겨 주었기 때문이다.

26 그 때에 여호수아가 이렇게 맹세하였다. "이 여리고 성을 일으켜 다시 세우겠다고 하는 자는, 주님 앞에서 저주를 받을 것이다.

성벽 기초를 놓는 자는
맏아들을 잃을 것이요,
성문을 다는 자는
막내 아들을 잃을 것이다."

27 주님께서 여호수아와 함께 계셨으므로 그의 명성이 온 땅에 두루 퍼졌다.

아간의 죄

7 1 이스라엘 자손이, ㄱ)전멸시켜서 주님께 바쳐야 할 물건을 잘못 다루었다. 유다 지파에서, 세라의 증손이요 삽디의 손자요 갈미의 아들인 아간이, 전멸시켜서 주님께 바쳐야 할 물건을 가져 갔기 때문에, 주님께서 이스라엘 자손들에게 진노하셨다.

2 여호수아가 여리고에서 ㄴ)베델 동쪽 ㄷ)벳아웬 곁에 있는 ㄹ)아이 성으로 사람들을 보내면서, 그들에게 올라가서 그 땅을 정탐하라고 지시하니, 그 사람들이 올라가서 아이 성을 정탐하였다. 3 그들이 여호수아에게 돌아와서 이렇게 말하였다. "모든 백성을 다 올라가게 할 필요가 없을 것 같습니다. 이천 명이나 삼천 명만 올라가도 아이 성을 칠 수 있습니다. 모든 백성이 그 성을 치느라고 다 수고할 필요가 없을 것 같습니다. 성 안에 있는 사람들의 수가 얼마 되지 않습니다." 4 백성 가운데서 약 삼천 명이 그리로 올라갔다. 그러나 그들은 도리어 아이 성 사람에게 패하여 도망쳐 왔다. 5 아이 성 사람은 이스라엘 사람을 서른여섯 명쯤 죽이고, 성문 앞에서부터 스바림까지 추격하여 비탈길에서 그들을 쳤으므로, 백성의 간담이 서늘해졌다.

6 여호수아는 슬퍼하면서 옷을 찢고, 주님의 궤 앞에서 얼굴을 땅에 대고 엎드려서 저녁때까지

ㄱ) 2:10 주를 볼 것 ㄴ) '하나님의 집' ㄷ) '악한 자의 집', 히브리어 본문에서는 벳아웬(악한 자의 집)과 베델(하나님의 집)이 대조되어 나옴. 칠십인역에는 '베델 곁에 있는 아이 성으로' 임 ㄹ) '폐허'

에는 아직 없는 실로나 예루살렘에 있던 성전을 지칭하는 것일 것이다. **6:25** *오늘날까지* (혹은 "그 이후로 계속해서"). 이것은 원인론적 (혹은 해명적인) 설명의 전형을 보여준다. 이스라엘 내에 지금까지 무엇이 남아있다는 것인지는 분명치 않다. 아마도 그것이 여리고 근처에 살고 있는 비이스라엘 사람들의 작은 공동체를 의미할 수도 있다. *라합* (원문에는 "그녀")은 라합의 후손을 의미한다. **6:26-27** 이 결론은 여리고 성의 영원한 운명과 여호수아의 명성을 강조한다. **6:26** 여호수아는 성읍을 저주하지 않고 미래에 성읍을 다시 짓는 사람들을 저주한다. 이러한 경우는 구약에서 이 구절에서만 볼 수 있다. 이 저주는 왕상 16:34에서 이루어진다.

7:1—8:35 아이 성 공격은 일시적으로 실패하게 된다. **7:1-9** 아간의 죄와 즉각적인 결말에 대해 이야기한다. **7:1** 아간은 하나님께 *바쳐야 할* (*헤렘*) 전략물 일부를 자기를 위해 취했다. **7:2** 아이는 히브리어(*아이*)로 파멸을 의미한다. 여기서는 정관사와 같이 쓰여서 그 파멸(*하아이*)을 의미하는데, 아마도 7—8장의 이야기가 설명해 주고 있는 (8:29를 보라) 버려진 정착지를 지칭하고 있는 듯하다. 아이 성이 있었다고 생각되는 장소는 여리고와 베델 중간에 있다. **7:3-5** 정탐꾼들의 확신에 찬 보고는 나중에 당하는 패배를 더욱더 비참하게 만든다. **7:5** 이번에 녹아나는 것은 이스라엘 사람들의 마음(그들의 의지)이었지, 그들의 적대자들의 마음이 아니었다 (2:11; 5:1). **7:6-7** 여호수아와 장로들은 회개하는 마음으로 답한다. 하나님께 대한 그들의 불평은 광야 세대가 사막에서 고생하는 것보다는 이집트에서의 삶을 더 좋게 생각했던 것과 비슷하다 (예를 들어, 출 16:3; 민 11:4-6). **7:9** 인간이든지 신이든지 그들의 이름은 자신과 그의 명성을 대표해준다 (출 3:13-15; 겔 20장 참조). **7:10-15** 하나님은 여호수아의 중재하는 호소에 응답한다. **7:11** 책망은 이스라엘 백성 전체를 향한 것이지 아간에게만 향한 것이 아니다. **7:12** 하나님의 임재하심을 거두겠다고 위협하면서 (6:27 참조), 하나님은 *헤렘의* 원리를 이스라엘 백성에게 적용한다. **7:13** *성결하게 하여.* 이것은

있었다. 이스라엘의 장로들도 그를 따라 슬픔에
젖어, 머리에 먼지를 뒤집어썼다. 7 여호수아가
아뢰었다. "주 하나님, 우리 백성을 요단 강 서쪽
으로 잘 건너게 하시고는, 왜 우리를 아모리 사람의
손에 넘기어 멸망시키려 하십니까? 차라리 우리가
요단 강 동쪽에서 그대로 살았더라면 좋을 뻔하였
습니다. 8 주님, 이스라엘이 원수 앞에서 패하여
되돌아왔으니, 이제 제가 무슨 말을 할 수 있겠습
니까? 9 가나안 사람과 그 땅에 사는 모든 주민이
이 소식을 듣고 우리를 에워싸고, 이 땅에서 우리의
이름을 없애 버릴 터인데, 주님께서는 주님의 위
대한 명성을 어떻게 지키시겠습니까?"
10 주님께서 여호수아에게 말씀하셨다. "일
어나거라. 어찌하여 이렇게 엎드려 있느냐? 11 이
스라엘이 죄를 지었다. 나와 맺은 언약, 지키라고
명령한 그 언약을 그들이 어겼고, 전멸시켜서 나
주에게 바쳐야 할 물건을 도둑질하여 가져 갔으며,
또한 거짓말을 하면서 그 물건을 자기들의 재산
으로 만들었다. 12 그래서 이스라엘 자손은 원
수를 대적할 수 없었고, 원수 앞에서 패하여 물러
섰다. 그들이 자청하여 저주를 불러들여서, 그들
스스로가 전멸시켜야 할 물건이 되었기 때문이다.
너희들 가운데에서 전멸시켜 나 주에게 바쳐야 할
물건을 없애지 아니하면, 내가 다시는 너희와 함께
있지 않겠다. 13 일어나서 백성을 성결하게 하
여라. 너는 그들에게 말하여라. '너희는 스스로 성
결하게 하여, 내일을 맞이할 준비를 하여라. 주 이
스라엘의 하나님께서 이렇게 말씀하신다. 이스
라엘아, 너희 가운데 전멸시켜서 주님께 바쳐야
할 물건이 있다. 그것을 너희 가운데서 제거하기
전에는, 너희의 원수를 너희가 대적할 수 없다.
14 너희는 아침에 지파별로 나오너라. 주님께서
주사위로 뽑으신 지파는 가문별로 가까이 나오고,
주님께서 주사위로 뽑으신 가문은 집안별로 가까이
나오고, 또한 주님께서 주사위로 뽑으신 집안은
장정별로 가까이 나오너라. 15 전멸시켜서 주님께
바쳐야 할 물건을 가져 간 사람이 주사위로 뽑히면,
그에게 딸린 모든 것과 함께 그를 불에 태우겠다.
그가 주님의 언약을 어기고, 이스라엘에서 수치
스러운 일을 저질렀기 때문이다.'"
16 여호수아가 아침 일찍 일어나서 이스라엘
백성을 그 지파별로 나오게 하였더니, 유다 지파가
뽑혔다. 17 유다 지파를 가문별로 나오게 하였
더니 세라의 가문이 뽑혔고, 세라의 가문에서 장
정들을 나오게 하였더니 삽디가 뽑혔다. 18 삽
디의 집안의 장정들을 차례대로 나오게 하였더니
유다 지파에서 세라의 증손이요 삽디의 손자요 갈
미의 아들인 아간이 뽑혔다. 19 여호수아가 아
간에게 말하였다. "나의 아들아, 주 이스라엘의
ㄱ)하나님께 영광을 돌리고, ㄴ)그에게 사실대로 고
백하여라. 네가 무엇을 하였는지 숨기지 말고 나
에게 말하여라."
20 아간이 여호수아에게 대답하였다. "제가
진실로 주 이스라엘의 하나님께 죄를 지었습니다.
제가 저지른 일을 말씀드리겠습니다. 21 제가,
전리품 가운데에서, 시날에서 만든 아름다운 외투
한 벌과 은 이백 세겔과 오십 세겔이 나가는 금덩이
하나를 보고, 탐이 나서 가졌습니다. 보십시오,
그 물건들을 저의 장막 안 땅 속에 감추어 두었는데,
은을 맨 밑에 두었습니다."
22 여호수아가 사람들을 그리로 보냈다. 그

ㄱ) 진실을 말하게 하는 엄숙한 명령 ㄴ) 또는 '그를 찬양하여라'

준비와 정결함을 위한 제의적 의식을 의미한다. **7:14** 신성한 제비뽑기는 법적인 절차로 하나님이 죄 지은 쪽을 찾아내는 ("취하는") 방법으로 쓰인다. 이 구절 (17-18절; 13:15의 주석을 보라; 삼상 10:20-21을 보라)은 이스라엘의 사회적 구조를 큰 단위로부터 작은 단위로—지파, 가문, 집안—요약해주는데 각 단위는 남자가 우두머리로 되어있다. **7:16-26** 가려내는 절차는 아간을 뽑았으며, 아간은 죄를 고백했고, 그의 집안과 함께 처형당했다. **7:19** *나의 아들아.* 여호수아가 갖고 있는 큰 권위를 잘 말해 준다. **7:21** *시날.* 메소포타미아에 있는 지역이다 (창 10:10; 11:2를 보라). 금속의 정확한 양은 알기 어렵다. 아간이 전리품을 숨기려고 노력한 것은 그가 죄의식을 갖고 있었음을 잘 말해준다. **7:23** 물건들을 주님 앞에 놓는 것은 결과적으로 그것들을 최고의 심판자에게 내놓는 것뿐만 아니라 그 물건들의 정당한 주인 앞에 내놓는 것이다. **7:24** 아간의 죄에 전 이스라엘이 영향 받는 것처럼 (11절), 그의 모든 집안사람이 그의 행위에 영향을 받는다. **7:25** 더럽혀진 것을 공동체로부터 제거해버리기 위해 모든 이스라엘 사람들이 돌 처형에 참여한다. **7:26** *오늘까지.* 이 해명적 진술은 돌무더기를 또 다시 설명하고 있다 (4:9, 20; 8:29; 10:27; 24:26을 보라). *아골.* 이 말은 히브리어 단어로 "교란," 혹은 "곤란"을 의미하며 이 이야기에 잘 맞는다. **8:1-2** 아이 성을 정복하는 것이 새롭게 시작된다. **8:1** 앞에 나온 정복 이야기와는 다르게 여기서는 주님이 전투를 선언하고 승리의 확신으로 끝을 맺는다. **8:2** 아이 성 전투는 거룩한 전쟁으로 구분되지 않는다. 성전에서는 선택받은 그룹들만 전투에 참여하는데 여기서는 모든 백성이 참여하고 있으며 전리품을 취하는 것도 허락되어 있다 (27절을 보라). **8:3-4** 3만

들이 장막으로 달려가 보니, 물건이 그 장막 안에 감추어져 있고, 은이 그 밑에 있었다. 23 그들은 그것을 그 장막 가운데서 파내어, 여호수아와 모든 이스라엘 자손이 있는 데로 가져 와서, 주님 앞에 펼쳐 놓았다. 24 여호수아는, 세라의 아들 아간과 그 은과 외투와 금덩이와 그 아들들과 딸들과 소들과 나귀들과 양들과 장막과 그에게 딸린 모든 것을 이끌고 아골 골짜기로 갔으며, 온 이스라엘 백성도 그와 함께 갔다. 25 여호수아가 말하였다. "너는 어찌하여 우리를 괴롭게 하느냐? 오늘 주님께서 너를 괴롭히실 것이다." 그러자 온 이스라엘 백성이 그를 돌로 쳐서 죽이고, 남은 가족과 재산도 모두 돌로 치고 불살랐다. 26 그들은 그 위에 큰 돌무더기를 쌓았는데, 그것이 오늘까지 있다. 이렇게 하고 나서야 주님께서 맹렬한 진노를 거두셨다. 그래서 그 곳 이름을 오늘까지도 ㄱ)아골 골짜기라고 부른다.

아이 성의 붕괴

8 1 주님께서 여호수아에게 말씀하셨다. "두려워하지 말아라! 겁내지 말아라! 군인들을 다 동원하여 아이 성으로 쳐올라가거라. 보아라, 내가 아이의 왕과 백성과 성읍과 땅을 다 네 손에 넘겨 주었다. 2 너는 아이 성과 그 왕에게도 여리고와 그 왕에게 한 것처럼 하고, 오직 전리품과 가축은 너희가 가져라. 성 뒤쪽에 군인들을 매복시켜라."

3 여호수아가 군인들을 다 동원하여, 아이 성으로 쳐올라갔다. 여호수아는 용사 삼만 명을 뽑아 밤을 틈타 보내면서, 4 그들에게 명령을 내렸다. "너희들은 성 뒤로 가서, 성에서 너무 멀지 않은 곳에 매복하고, 모두들 공격할 준비를 갖추어라. 5 나와 함께 있는 모든 군인은 그 성으로 접근하겠다. 아이 성 사람들이 우리와 싸우려고 나오면, 우리는 지난번과 같이 뒤돌아서 도망칠 것이다. 6 그들은 우리를 뒤쫓고, 우리는 그들을 성 밖으로 이끌어 낼 것이다. 그들은 도망하는 우리를 보고서, 자기들끼리, 지난번과 같이 우리 앞에서 도망한다고 말할 것이다. 우리가 그들 앞에서 도망하거든, 7 너희는 매복하고 있던 곳에서 일어나서, 그 성을 점령하여라. 주 너희 하나님이 그 성을 너희의 손에 넘겨 주실 것이다. 8 성을 점령하거든, 주님께서 하신 말씀을 따라서 그 성을 불태워라. 내가 너희에게 내린 명령이니, 명심하여라." 9 여호수아가 그들을 보내니, 그들이 매복할 곳으로 가서, 아이 성 서쪽, 베델과 아이 성 사이에 자리를 잡았다. 여호수아는 그 날 밤에 군인들과 함께 잤다.

10 여호수아는 아침 일찍 일어나서 군인들을 점호하고, 이스라엘 장로들과 함께, 그들 앞에서 아이 성을 향하여 쳐올라갔다. 11 그와 함께 있던 군인들이 모두 쳐올라가서 성 앞에 다다랐다. 그들은 아이 성의 북쪽에 진을 쳤다. 그와 아이 성 사이에는 한 골짜기가 있었다. 12 그는 오천 명을 뽑아서 아이 성의 서쪽, 베델과 아이 성 사이에 매복시켰다. 13 이렇게 군인들은 모두 성 북쪽에 본진을 치고, 복병은 성의 서쪽에 배치하였다. 여호수아는 그 날 밤을 골짜기에서 보냈다. 14 아이 성의 왕이 여호수아의 군대를 보고, 그 성의 장정들과 함께서둘러 일찍 일어나서, 이스라엘과 맞서 싸우려고 모두 아라바 앞의 싸움터로 나아갔다. 그러나 그는 성 뒤에 그를 칠 복병이 있는 줄은 미처 알지 못하였다. 15 여호수아와 이스라엘 온 군대가 그들 앞에서 패하는 척하며 광야 길로

ㄱ) '고통'. 아골은 '괴롭히다'(25절)라고 번역된 '아갈'과 같은 어원임

명의 사람이 밤에 은밀히 성읍을 돌기에는 너무 많다. 12절에서 5천 명이라고 말한 것에 주목하라. 그러나 이 숫자 역시 비밀작전을 실행하기에는 너무 많다. 어떤 해석자들은 1천을 의미하는 히브리어를 "부대 단위" 혹은 그와 비슷한 것으로 번역한다—따라서 30개의 부대(12절에서는 5개의 부대)가 될 것이며 병사의 숫자가 훨씬 작아지게 된다. **8:5-8** 7:45에 나오는 비슷한 계획을 보라. **8:10-29** 전투계획이 실행에 옮겨진다. 책략에 넘어간 아이 성은 이스라엘 사람들에게 패배당한다. **8:11-14** 여기서 군대의 작전배치를 자세하게 말해준다. **8:12** 숫자에 대하여는 8:3-4에 관한 주석을 보라. **8:16-17** 작전이 예상대로 먹혀들어간다. **8:18-19** *단창.* 이 무기는 실제로 던질 목적으로 디자인해서 만든 투창과 같은 무기이다. 여기서 여호수아는 잠복군인들에게 신호를 보내기 위해 단창을 던진 것 같다. 여호수아가 전투가 끝날 때까지 단창을 높이 들었다는 설명은 모세가 그의 막대기를 여호수아가 진두지휘했던 전투 중에 높이 들고 있었다는 것을 생각나게 해준다 (출 17:8-13). **8:20-22** *힘.* 이 단어는 히브리어로 "손"을 의미하는 단어와 같은 단어이며, 기력을 상징하기도 한다. (한글 번역에는 "…할 수 없게 되었다" 라고만 되어 있다). 불타는 성을 바라본 아이 성 주민들은 사기가 온전히 저하됐다. 적의 전멸이라는 개념은 신명기학파의 전통적 관념이다 (10:28-40에 자주 나온다). **8:23** 29절을 보라. **8:24** 여리고 성 주민들처럼 모든 주민이 죽임을 당했으나, 여리고 전투 때와는

도망쳤다. 16 그러자 성 안에 있는 모든 백성
이 동원되어, 그들을 따라잡으려고 여호수아의
뒤를 쫓았다. 그들은 성으로부터 멀리 떨어졌다.
17 아이 성과 ㄱ)베델에는, 이스라엘 군대를 추격
하지 않고 남아 있는 사람이 하나도 없었다. 그들은
성문을 열어 둔 채 이스라엘 군대를 추격하였다.
18 주님께서 여호수아에게 말씀하셨다. "네
가 쥐고 있는 단창을 들어 아이 성 쪽을 가리켜라.
내가 그 성을 네 손에 넘겨 준다." 여호수아는
들고 있던 단창을 들어, 아이 성 쪽을 가리켰다.
19 그가 손을 쳐든 순간, 복병들이 잠복하고 있던
그 곳에서 재빨리 일어나서 돌진하여 들어가 성을
점령하고, 순식간에 그 성에 불을 놓았다. 20 아이
성 사람들이 뒤를 돌아보니, 연기가 그 성에서 하
늘로 치솟고 있었다. 그들은 어느 곳으로도 도망
할 수 없게 되었다. 광야로 도망하는 척하던 이
스라엘 군대는 뒤쫓던 사람들에게로 돌아섰다.
21 여호수아와 온 이스라엘 사람은, 복병이 그
성을 점령하고, 연기가 그 성에서 치솟는 것을 보
고는, 돌이켜서 아이 성의 사람들을 무찔렀다.
22 복병들도 아이 성의 사람들과 맞서려고 성 안
에서 나왔다. 이제 아이 성 사람들은 앞 뒤에 있
는 이스라엘 사람들의 가운데 놓이게 되었다. 이
스라엘 사람들은 그들을 쳐죽였으며, 그들 가운
데서 살아 남거나 도망한 사람이 없었다. 23 그
러나 이스라엘 사람들은 아이 성의 왕만은 사로
잡아 여호수아에게로 끌고 왔다.
24 이스라엘 사람은 광야 벌판에서 자기들을
뒤쫓던 모든 아이 성 주민을 다 죽였다. 그들이
모두 칼날에 쓰러지자, 온 이스라엘 군대는 아이
성으로 돌아와서, 성에 남은 사람을 칼로 죽였다.
25 그 날 아이 성 사람 남녀 만 이천 명을 모두
쓰러뜨렸다. 26 여호수아는, 아이 성의 모든 주
민을 ㄴ)전멸시켜서 희생제물로 바칠 때까지, 단창을
치켜든 그의 손을 내리지 않았다. 27 오직 가축과
그 성의 전리품은, 주님께서 여호수아에게 명하신
말씀대로 이스라엘이 차지하였다. 28 여호수아는
아이 성을 불질러서 황폐한 흙더미로 만들었는데,
오늘날까지 그대로 남아 있다. 29 여호수아는
아이 성의 왕을 저녁때까지 나무에 매달아 두었
다가, 해가 질 때에 사람들에게 명령을 내려,
나무에서 그의 주검을 끌어내려 성문 어귀에 내버
리게 하였다. 사람들이 주검 위에 큰 돌무더기를
쌓았는데, 그것이 오늘날까지 남아 있다.

에발 산에서 율법을 낭독하다

30 그 뒤에 여호수아는 에발 산 위에 주 이
스라엘의 하나님을 섬기려고 제단을 쌓았다.
31 그것은 주님의 종 모세가 이스라엘 자손에게
명령한 대로, 또 모세의 율법책에 기록된 대로, 쇠
연장으로 다듬지 아니한 자연석으로 쌓은 제단
이다. 그들은 그 위에서 번제와 화목제를 주님께
드렸다. 32 거기에서 여호수아는, 이스라엘 자
손이 보는 앞에서 모세가 쓴 모세의 율법을 그 돌에
새겼다. 33 온 이스라엘 백성은 장로들과 지도
자들과 재판장들과 이방 사람과 본토 사람과 함께
궤의 양쪽에 서서, 주님의 언약궤를 멘 레위 사람

ㄱ) 칠십인역에는 '베델'이 없음 ㄴ) 2:10 주를 볼 것

다르게 이번에는 생물들과 전리품들을 이스라엘 사람들이 취할 수 있었다. 신 20:10-18에 나오는 거룩한 전쟁의 규정들을 참조하라. **8:26** 8:18-19에 대한 주석을 보라. **8:27** 8:24에 관한 주석을 보라. **8:28** 히브리어 *텔* ("흙더미"; 아랍어로 *텔*)은 오늘날 고고학에서 뜻을 알기 어려운 용어로 흔히 간주하고 있는데, 이것은 여러 개의 성읍이 계속 층을 이루면서 지어져서 산더미같이 된 흙더미를 가리키는 말이다. 현재 발견한 흙더미는 일반적으로 아이 성과 연관되었다고 본다. 아이는 사실상 아랍어로 엣-텔이라고 한다. **8:29** 왕을 고문하고 교수형에 처하는 것은 정복한 성읍을 멸시하는 가장 극한 표시로 받아들여진다. 10:26-27을 보라. 또한 신 21:23을 보라. 돌무더기에 대하여는 4:9의 주석을 보라. **8:30-35** 이 짧은 단락은 앞의 전투나 이어지는 전투와 직접적인 연관이 없으나 23—24장에 나오는 여호수아의 고별설교와 계약갱신을 미리 예고하여 준다. 이것은 1:1-9에서 여호수아에게 준 분부의 몇 가지를 회상시켜준다. 모세를 다섯 번이나 매우 중요하게 언급하는데, 그 중 두 번은 *주님의 종*이라는 명칭으로 불린다. 이 구절은 모세가 신 27:1-8 (신 11:29를 또한 보라)에서 준 자세한 명령들이 이루어진다는 것을 말해주고 있다. **8:30** *에발 산.* 이 산은 아이 성으로 여겨지는 곳에서 20마일 정도 북쪽에 위치해 있다. **8:31** 주어진 명령에 대해서는 출 20:24-25를 보라. 불이 번제를 전부 삼켜버린다; 그러한 제물은 속죄를 구하고 신을 만족시키려는 수단으로 사용된다. 일반적으로 번영을 위한 제물(때로는 화목제물이라고 부른다)의 일부만을 태우고 나머지는 공동식사 혹은 하나님과의 언약식사 때에 함께 먹는다. **8:33-34** *그리심 산.* 이 산은 에발 산의 반대쪽에 위치하며 세겜 성(오늘날의 나블러스)이 그 중간에 놓여있다. 중앙에 있는 레위 제사장들과 언약궤를 백성들과 함께 짝이 되게 한 것은 축복과 저주로 대표되는 두 가지 길이 있음을 강조하기 위한 것이다; 신 27:9-26을 보라. *이방 사람* (20:9 참조)을

제사장을 바라보고 서 있었다. 백성의 절반은 그
리심 산을 등지고 서고, 절반은 에발 산을 등지고
섰는데, 이것은 전에 주님의 종 모세가 이스라엘
백성을 축복하려고 할 때에 명령한 것과 같았다.
34 그 뒤에 여호수아는 율법책에 기록된 축복과
저주의 말을 일일이 그대로 낭독하였다. 35 모
세가 명령한 것 가운데서, 이스라엘 온 회중과 여
자들과 아이들, 그리고 그들 가운데 같이 사는 이방
사람들 앞에서, 여호수아가 낭독하지 않은 말씀은
하나도 없었다.

기브온 사람들이 여호수아를 속이다

9 1 요단 강 서쪽의 야산과 평원지대와 지중해
연안에서 레바논에 이르는 곳에 사는 헷 사람과
아모리 사람과 가나안 사람과 브리스 사람과 히위
사람과 여부스 사람의 모든 왕이 이 소식을 듣고,
2 함께 모여서, 여호수아와 이스라엘에 맞서서
싸우기로 뜻을 모았다.

3 히위 사람인 기브온 주민들은, 여호수아라는
사람이 여리고 성과 아이 성에서 한 일을 듣고서,
4 여호수아를 속이기로 결정하였다. 그들은 낡은
부대와 해어지고 터져서 기운 가죽 포도주 부대를
나귀에 싣고서, 외모를 사절단처럼 꾸미고 길을
떠났다. 5 발에는 낡아서 기운 신을 신고, 몸에는
낡은 옷을 걸쳤으며, 마르고 곰팡이 난 빵을 준비
하였다. 6 그들은 길갈 진에 있는 여호수아에게
와서, 그와 이스라엘 사람들에게 말하였다. "우리는
먼 곳에서 왔습니다. 이제 우리와 조약을 맺어 주
십시오."

7 이스라엘 사람들이 이 히위 사람들에게 말
하였다. "당신들은 우리 근처에 사는 듯한데, 어
떻게 우리가 당신들과 조약을 맺을 수 있겠소?"

8 그들이 여호수아에게 말하였다. "우리를
종으로 삼아 주십시오."

여호수아가 그들에게 물었다. "당신들은 누
구이며, 어디에서 왔소?"

9 그들이 여호수아에게 대답하였다. "종들은
주 하나님의 명성을 듣고서, 아주 먼 곳에서 왔습
니다. 우리는 주님께서 이집트에서 하신 모든 일을
들었으며, 10 또 주님께서 요단 강 동쪽 아모리
사람의 두 왕 곧 헤스본 왕 시혼과 아스다롯에
있는 바산 왕 옥에게 하신 일을 모두 들었습니다.
11 그래서 우리 땅에 살고 있는 장로들과 모든 주
민이 우리를 이리로 보냈습니다. 우리 기브온 주
민은, 종이 될 각오가 되어 있다는 것을 말씀드리고,
우리와 평화조약을 맺어 달라고 하는 부탁을 하
려고, 길에서 먹을 양식을 준비해 가지고 이렇게

여기서 언급한 것은 아마도 후대에 비이스라엘출신 사람들이 이스라엘 공동체 내에 함께 살던 때를 거꾸로 반영하고 있는 듯하다.

9:1—10:43 남방의 왕들은 여호수아의 침략을 막기 위해 연합하는 한편, 기브온 사람들은 자기들만 살아남을 계책을 강구한다. **9:1-2** 여러 인종별 그룹에 대해서는 3:10에 관한 주석을 보라. **9:3-15** 기브온은 예루살렘으로부터 북쪽으로 약 6마일 위쪽에 위치한 현대의 엘—집이라는 곳에 위치했을 가능성이 있다. 그 당시(청동기 후기)에 이 지역에 성읍이 존재했다는 고고학적 증거는 발견된 바가 없다. 기브온 사람들은 그 지역 원주민들인 히위 사람들(7절을 보라)이었으며, 쫓겨난 것으로 되어있었던 사람들이었다 (출 23:23을 보라). **9:4-5** 기브온 사람들의 책략은 거의 희극적인 함정들을 갖고 있는데 그 중에는 그들이 마치 먼 거리를 여행한 것처럼 보이기 위해 상한 음식을 가지고 갔다는 것도 포함되어 있다. **9:6** *조약.* 이것은 히브리어로 *브리트*이며 다른 곳에서는 "언약"을 의미하는 용어로 사용되고 있다. **9:7-8** 이 이야기는 여호수아를 포함한 이스라엘 지도자들과 백성간에 긴장이 있음을 드러내고 있다. **9:9-10** 여행자들은 복종하는 듯한 태도로 나온다. *명성*에 대해서는 7:9에 관한 주석을 보라. 아모리 사람은 민 21:21-35를 보라. **9:11-13** 이 드라마는 여행자들이 여행을 위해 주의 깊게 준비해온 것들을 보고하는 것에서 그 정점에 이른다. **9:14-15** *넘겨받았다.* 이 동사의 주어를 마소라사본은 "그 사람들"로 봄으로써 이스라엘 백성 전체를 말할 수도 있고 혹은 지도자들만 지칭할 수도 있다. 칠십인역은 "지도자들"로만 본다 (15절과 18절을 보라). 이 동사는 단지 여호수아와 다른 사람들이 얼마간의 음식을 취했다는 것을 의미할 수도 있다; 그 음식들이 상했고 포도주가 다 떨어졌다면 먹을 수도 없었을 것이다. 주요 강조점은 하나님께 여쭈어보지 않았다는 것이다. **9:16-27** 그 속임수를 알아차린 이스라엘 백성은 그들의 지도자들을 꾸짖었고 그 지도자들은 기브온 사람들을 공격하지 않을 것이지만 앞으로 이스라엘 백성의 종들이 될 것임을 명령했다. **9:16** 사흘은 꼭 정해진 기간이 아님을 알 수 있다 (1:11; 2:16, 22; 3:2를 보라). **9:17** 여기서 거론된 모든 성읍들의 위치는 확실하지 않다. **9:18-20** 맹세한 언약은 비록 속임수로 만들어졌어도 되돌릴 수 없다; 창 27:35-37을 보라. **9:22-27** 다소 반복적인 이 단락에서 여호수아는 기브온 사람들을 저주하기까지 한다. **9:23** 그들은 이스라엘 사람들을 직접적으로 섬기지는 않을 것이다; 오히려 그들은 *우리 하나님의 집,* 즉 예루살렘 성전을 섬기게 될 것이다. **9:26** 이스라엘 사람들과 지도자들간에 더욱 심한 분열이 있음을 강조

왔습니다. 12 우리가 가져 온 이 빵을 보십시오,
우리가 이리로 오려고 길을 떠나던 날, 집에서 이
빵을 쌀 때만 하더라도 이 빵은 따뜻하였습니다.
그러나 보십시오, 지금은 말랐고, 곰팡이가 났
습니다. 13 우리가 포도주를 담은 이 가죽부대
도 본래는 새것이었습니다. 그런데 보십시오, 낡
아서 찢어졌습니다. 우리의 옷과 신도 먼 길을 오는
동안 이렇게 낡아서 해어졌습니다."
14 이스라엘 사람들은, 어떻게 해야 할지를
주님께 묻지도 않은 채, 그들이 가져 온 양식을
넘겨받았다. 15 여호수아는 그들과 화친하여,
그들을 살려 준다는 조약을 맺고, 회중의 지도자들
은 그 조약을 지키기로 엄숙히 맹세하였다.
16 이스라엘 사람들은, 그들과 조약을 맺은
지 사흘이 지난 뒤에, 자기들과 조약을 맺은 사람
들이 가까운 이웃이고, 자기들 가까이에서 사는
사람들임을 알게 되었다. 17 이스라엘 자손은
그리로 가서 보려고 길을 떠났는데, 겨우 사흘
만에 자기들과 조약을 맺은 사람들이 살고 있는
여러 성읍에 이르렀다. 그들이 살고 있는 성읍은
기브온과 그비라와 브에롯과 기럇여아림이었다.
18 그러나 이스라엘 자손은, 회중의 지도자들이
주 이스라엘의 하나님의 이름을 두고 조약을 지키
기로 그들에게 맹세하였기 때문에, 그들을 칠 수
없었다. 그래서 온 회중이 지도자들을 원망하였다.
19 그러나 모든 지도자들이 온 회중에게 말하였다.
"우리가 주 이스라엘 하나님의 이름을 두고 그들
에게 맹세하였으므로, 그들을 해칠 수 없습니다.
20 우리가 그들에게 할 일이라고는, 그들을 살려
두어서, 우리가 그들에게 맹세한 맹세 때문에 받게
될 진노가 우리에게 내리지 않게 하는 것뿐입니다.
21 그러나 비록 그들을 살려 둔다 하더라도,
우리 가운데서 나무 패는 자와 물 긷는 자로 살아
가도록 그들을 제한할 것입니다." 지도자들이
이렇게 제안한 것을 회중이 받아들였다.
22 여호수아가 그들을 불러다가 말하였다.
"당신들은 우리 가까이에 살면서, 어찌하여 아주
멀리서 왔다고 말하여 우리를 속였소? 23 당신
들이 이렇게 우리를 속였기 때문에, 당신들은
저주를 받아서, 영원히 종이 되어, 우리 하나님의
집에서 나무를 패고 물을 긷는 일을 하게 될 것
이오."
24 그들이 여호수아에게 대답하였다. "우리
가 그렇게 속일 수밖에 없었던 까닭은, 주 하나님
이 그의 종 모세에게 명하신 것이 참으로 사실
임을 우리가 알았기 때문입니다. 하나님이 이
땅을 다 이스라엘 사람에게 주라고 명하셨고,
이스라엘 사람이 보는 앞에서 이 땅에 사는 모든
사람을 다 죽이라고 명하셨다는 것을, 우리가 들
어서 알았습니다. 우리가 속임수를 쓸 수밖에 없
었던 것은, 우리가 이스라엘 사람 때문에 목숨을
잃을까 두려워하였기 때문입니다. 25 이제 우
리를 마음대로 하실 수 있으니, 처분만을 기다리
겠습니다." 26 여호수아는 그들을 보호하기로
결정을 내리고, 이스라엘 사람들이 그들을 죽이지
못하게 하였다. 27 바로 그 날로 여호수아는
그들을, 회중을 섬기고 주님의 제단을 돌보는
종으로 삼아, 나무를 패고 물을 긷는 일을 맡게
하였다. 그들은 오늘까지 주님께서 택하신 곳에서
그 일을 하고 있다.

해준다. **9:27** *오늘까지*. 이것은 원인론적 관용표현으로서 어떤 것의 기원을 설명해주는 문구이다. 아마도 이 이야기는 비이스라엘계 사람들이 성전 봉사자들로 이스라엘 가운데 살고 있는 이유를 설명하고 있는 듯하다.

10:1-5 다섯 왕의 연합은 남쪽의 주요 성읍 나라들을 묶어준다. 이스라엘의 침략을 막기 위해서라기보다는 평화조약을 맺은 기브온을 공격하기 위해서였다. 이 평화조약은 아마도 그 지역을 지나는 상업 통로를 위협하였던 것 같다. **10:1** 구약 전체에서 *예루살렘*을 처음으로 언급한 것은 바로 이 구절에서이다. *아도니세덱*. 이 뜻은 *나의 주는 의로우시다* 이다; 세덱은 신의 이름일 수도 있다. **10:2** 왕이 다스리는 성읍들의 목록은 12:9-24에 나와 있다. **10:5** 아모리 사람은 3:10에 관한 주석을 보라. **10:6-15** 이스라엘 백성이 연합군을 하나님의 개입으로 물리친다. **10:6** 9:15에서 맺은 조약은 단순히 여호수아와 기브온 사람들 사이에 맺은 불가침조약인 것으로 보였는데, 여기서 기브온 사람들은 마치 봉신조약에서 볼 수 있는 것과 같이 제3국의 위협에 대항하여 보호를 요청하고 있다. **10:9** 이 거리는 거의 20마일에 이르는데 평평하지 않고 경사진 지역이므로 실제로 걷는 거리는 매우 길다; 8:3-4를 참조하라. **10:10** 기브온 사람이 있는 곳으로부터 *벳호론*은 북서쪽으로 5마일 정도 떨어져 있고, *아세가*는 남서쪽으로 18마일정도, 그리고 *막게다*는 아마도 아세가로부터 3마일 정도 북동쪽으로 떨어져 있을 것이다. **10:11** 우박은 다른 곳에서 때로는 무기로 (출 9:13-35; 사 30:30); 혹은 처벌의 방법으로 (사 28:2; 학 2:17; 또한 계 8:7을 보라); 그리고 하나님의 능력의 표시로 (욥 38:22; 시 18:12, 148:8) 사용된다. **10:12-13** 이 유명한 사건에 대해서는 여러 가지 설명들이 제시되었다:

여호수아가 기브온을 건지다

10 1 예루살렘 왕 ㄱ)아도니세덱은, 여호수
아가 아이 성을 점령하면서, 여리고 성과
그 왕에게 한 것과 꼭 같이 아이 성과 그 왕을
ㄴ)전멸시켜서 희생제물로 바쳤다는 소식과, 또
기브온 주민이 이스라엘과 화친하고 그들과 함께
살고 있다는 소식을 듣고, 2 몹시 놀랐다. 기브
온으로 말하면 왕이 있는 도성처럼 큰 성읍이고,
아이 성보다도 더 큰 성인데다가, 기브온 주민은
모두 용맹한 전사들이었기 때문이다. 3 그래서
예루살렘 왕 아도니세덱은 헤브론 왕 호함과 야
르뭇 왕 비람과 라기스 왕 야비아와 에글론 왕
드빌에게 전갈을 보냈다. 4 "내게로 와서, 나를
도와주십시오. 우리가 함께 기브온을 칩시다.
기브온이 여호수아와 이스라엘 자손과 화친하였
다고 합니다." 5 그리하여 아모리 족속의 다섯
왕 곧 예루살렘 왕과 헤브론 왕과 야르뭇 왕과
라기스 왕과 에글론 왕이 연합하여, 그들의 모든
군대를 거느리고 올라와서, 기브온을 공격하려고
진을 쳤다.

6 기브온 사람들은 길갈 진에 있는 여호수아
에게 전갈을 보냈다. "이 종들을 버리지 마십시오.
속히 우리에게로 와서 우리를 구출하여 주십시오.
우리를 도와주십시오. 산간지방에 거주하는 아
모리 왕들이 연합군을 이끌고 우리를 공격하였
습니다."

7 여호수아는 정예부대를 포함한 전군을 이
끌고, 길갈에서 진군하여 올라갔다. 8 그 때에
주님께서 여호수아에게 말씀하셨다. "그들을 두
려워하지 말아라. 내가 그들을 너의 손에 넘겨 주
었다. 그들 가운데서 한 사람도 너를 당할 수 없을
것이다." 9 길갈에서 떠난 여호수아의 군대는,
밤새도록 진군하여 기습작전을 폈다. 10 주님께서
이스라엘 군대 앞에서 그들을 혼란에 빠지게 하시
니, 여호수아는 기브온에서 그들을 크게 무찔러
승리하였다. 그는 벳호론의 오르막길을 따라서
아세가와 막게다까지 추격하여 그들을 무찔렀다.
11 그들이 이스라엘 군대 앞에서 도망하여 벳호
론의 내리막길에 이르렀을 때에, 주님께서, 거기
에서부터 아세가에 이르기까지, 하늘에서 그들에게
큰 우박을 퍼부으셨으므로, 많은 사람이 죽었다.
우박으로 죽은 자가 이스라엘 자손의 칼에 찔려서
죽은 자보다 더 많았다.

12 주님께서 아모리 사람들을 이스라엘 자손
에게 넘겨 주신 날에, 여호수아가 주님께 아뢰었다.
이스라엘 백성이 보는 앞에서 그가 외쳤다.

"태양아,
기브온 위에 머물러라!
달아,
아얄론 골짜기에 머물러라!"

13 백성이 그 원수를 정복할 때까지 태양이 멈
추고, 달이 멈추어 섰다. ㄷ)'야살의 책'에 해가 중천
에 머물러 종일토록 지지 않았다고 한 말이, 바로

ㄱ) '의의 주' ㄴ) 2:10 주를 볼 것 ㄷ) '의로운 자의 책'. 영웅담을 수록한 책, 현존하지 않음. 삼하 1:18에도 인용되었음

자연적인 현상 (예를 들어, 일식); 군사적 계략 (이스라엘 사람들이 태양을 등지고 서서 적들의 눈을 잠정적으로 멀게 하였다); 종교적 이유 (태양과 달이 그 지역문화 속에서 신적인 존재들로 숭배되고 있으므로 하나님은 그들도 통제하고 있다는 것을 보여주는 것); 혹은 제의적 이유 (주문이나 징조를 구하는 행위). 이 시로 된 구절은 더 긴 시의 일부일 수도 있다. *아얄론 골짜기.* 기브온의 서쪽 편에 있다. *야살의 책* (야살의 의미는 "곧다," "공의롭다"이다). 이것은 알려져 있는 책이 아니다. 아마도 군사에 관한 이야기들을 모아놓은 책일 것이다 (삼하 1:18을 보라). **10:14** 비록 주님이 전투에 참여하셨지만, 본문은 여호수아가 기적을 시작했다는 것에 초점을 맞춘다 (12절). **10:16-27** 다섯 왕은 패배 후 처형당한다. 여호수아는 그들이 숨었던 장소를 감옥으로 만든다. **10:19-21** 이 구절과 10-11절과 15절이 서로 중복되는 것을 볼 때 두 개의 다른 전승이 있을 수도 있다고 볼 수 있다. 혹은 16-28절에 있는 전투는 15절에서 언급된 앞의 전투 무대를 확대하는 것일 수가 있다. **10:20** 흥미롭게도 본문은 적군이 전멸되었다고 진술하면서도 동시에 얼마간의 생존자들이 있었다고 보고한다. **10:21** 히브리어 관용구 "혈뜯다"의 문자적인 의미를 보면 "혀를 날카롭게 갈다"는 뜻이 있다. **10:24** 발을 다른 사람, 특히 왕의 목에 올려놓는다는 것은 그를 조롱하며 지배한다는 뜻이다; 시 110:1을 보라. **10:26-27** 여호수아는 먼저 왕들을 처형하고, 그 다음에 그들의 시신들을 나무에 매달아 온 세상이 보고 멸시하도록 하였다. 시신을 밤새 매달아놓지 않는 전통 (8:29를 보라) 때문에 얄궂게도 그들이 살기 위해 숨어있던 바로 그 곳에 묻히게 되었다. 동굴의 입구에 있던 돌들은 *오늘날까지* 그대로 남아있다고 하는 원인론적 관용문구를 쓰고 있다. **10:28-43** 이 본문은 짧고 관용구적인 형식을 빌어서 일곱 부대의 패배에 대해 보고한다. 모든 전투 장소들은 그 지방의 남쪽과 남서부 지역에 위치해있다. 이 목록에는 3절에서 언급되었던 예루살렘과 야르뭇 두 성읍도시가 생략되어 있고 막게다, 립나, 게셀, 그리고 드빌이 첨가되어 있다. 고고학적인

이것을 두고 한 말이다. 14 주님께서 사람의 목소리를 이 날처럼 이렇게 들어주신 일은, 전에도 없었고 뒤에도 없었다. 주님께서는 이처럼 이스라엘을 편들어 싸우셨다. 15 여호수아 및 그와 함께 한 모든 이스라엘 군대가 길갈에 있는 진으로 돌아왔다.

아모리의 다섯 왕을 사로잡다

16 아모리의 다섯 왕은 도망하여 막게다의 굴에 숨어 있었다. 17 누군가가 여호수아에게 그 다섯 왕이 막게다의 굴에 숨어 있다고 알려 왔다. 18 여호수아가 명령을 내렸다. "큰 돌을 굴려 그 굴 어귀를 막고, 그 곁에 사람을 두어서 지켜라. 19 너희는 지체 말고 적을 추격하여 그 후군을 치고, 그들이 성으로 들어가는 것을 막아라. 주 너희 하나님이 그들을 너희 손에 넘겨 주셨다."

20 여호수아와 이스라엘 자손이 그들을 아주 크게 무찔러 거의 전멸시켰다. 적 가운데서 살아남은 몇몇은 요새화된 자기들의 성으로 들어갔다. 21 여호수아의 모든 군대는 막게다 진에 있는 여호수아에게 무사히 돌아왔다.

그 땅에서는 어느 누구도 감히 혀를 놀려 이스라엘 자손을 헐뜯지 못하였다.

22 그 때에 여호수아가 명령을 내렸다. "굴 입구를 열어라. 저 다섯 왕을 굴에서 끌어내어, 내 앞으로 데려오너라." 23 그들은 명령대로 그 다섯 왕을 굴에서 끌어내어, 여호수아에게로 끌고 왔다. 그 다섯 왕은 예루살렘 왕과 헤브론 왕과 야르뭇 왕과 라기스 왕과 에글론 왕이다. 24 그들이 이 다섯 왕을 여호수아에게 끌고 오자, 여호수아가 모든 이스라엘 사람을 불러모으고, 그와 함께 전투에 나갔던 지휘관들에게 명령하였다. "가까이 와서, 너희 발로 이 왕들의 목을 밟아라." 그러자 그들은 가까이 나아가서, 발로 왕들의 목을 밟았다. 25 여호수아가 지휘관들에게 말하였다. "두려워하지 말고 놀라지 마시오. 굳세고 용감하시오. 주님께서 당신들이 대항하여 싸우는 모든 원수에게 다 이와 같이 하실 것이오." 26 그런 다음에 여호수아는 그들을 쳐죽여서 나무 다섯 그루에 매달아서, 저녁때까지 나무 위에 그대로 달아 두었다. 27 해가 질 무렵에 여호수아가 지시하니, 사람들은 나무에서 그들을 끌어내려 그들이 숨어 있던 그 굴에 던지고, 굴 어귀를 큰 돌로 막았다. 그 곳은 오늘날까지 그대로 있다.

28 그 날에 여호수아가 막게다 성읍을 점령하고, 칼로 성읍과 그 왕을 무찌르고, 그 성 안에 있는 모든 사람을 전멸시켜서 희생제물로 바쳤으며, 산 사람이라고는 하나도 남기지 않았다. 그는 여리고 성의 왕에게 한 것과 꼭 같이 막게다 성의 왕을 무찔렀다.

29 여호수아는 자기를 따르는 모든 이스라엘 사람과 더불어 막게다에서 립나로 건너가서, 립나와 싸웠다. 30 주님께서 립나도 그 왕과 함께 이스라엘의 손에 넘겨 주셨기 때문에, 여호수아가 칼로 그 성과 그 성 안에 있는 모든 사람을 무찔러서, 그 안에 산 사람이라고는 하나도 남기지 않았다. 여호수아는 여리고 성의 왕에게 한 것과 같이 립나의 왕도 무찔렀다.

31 또 여호수아는 자기를 따르는 모든 이스라엘 사람과 더불어 립나에서 라기스로 건너가서, 진을 치고 전투를 벌였다. 32 주님께서 라기스를

발굴에서는 아직까지 이 성읍들이 후기 청동기 후대 말에 멸망했다고 하는 증거를 찾지 못했다. 게셀에 대해서는 16:10과 왕상 9:16-17을 보라. 승리에 대한 긴 이야기는 주요 단어와 문구들을 반복하고 있으며, 신명기학파의 문체와 신학을 보여주고 있다. 일곱 개의 보고문이 모두 "치다" 라는 단어를 포함하며; 여섯 개(게셀은 제외)가 *칼로 성읍과…여리고 성의 왕에게 한 것과 꼭 같이* 라는 문구를 사용한다; 다섯 개(라기스와 에글론을 제외, 그러나 40절을 보라)의 보고문들은 그들이 *한 사람도 살려 두지 않고* 라는 말을 쓰고 있으며; 네 개(립나, 라기스, 게셀을 제외)의 보고는 성전을 의미하는 전문용어인 *헤렘*, "전멸시키다"(369쪽 추가 설명: "거룩한 전쟁"을 보라)를 포함한다. **10:40-43** 이 구절은 2—10장에서 보고한 남부지역에서의 전투 전체를 결론적으로 요약하고 있다. 여기서 산간지방은 북쪽의 브엘세바에서 므깃도 평원과 이스르엘 계곡을 포함하는 고지대를 의미한다. 평지와 경사지는 고지대의 서부와 동부이며 네겝은 남쪽의 반 건조 사막을 말한다. 신명기학파가 주장하는 바에 따르면 여호수아와 이스라엘 백성은 *살아서 숨 쉬는 것은 모두 전멸시켜서* 전 영토를 별 도전 없이 장악한 것으로 보인다. 삿 1:8-21은 이것과 매우 다른 이야기를 제시하는데, 이 지역의 가나안 사람들이 계속 존재했다는 것과 몇몇 정착지 주민들(예루살렘, 헤브론, 드빌, 가자)이 살아남아 있다는 것을 보여주고 있다. 여호수아기 10장은 다른 장에서와 같이 이스라엘 백성에게 주님이 선물로 땅을 주었다는 영광스런 이상을 주로 강조하고 있다. **10:41** *고센*은 나일 삼각 지대 내의 지방이 아니고 (창 45:10; 출 8:22를 보라), 아마도 드빌지역의 남쪽 산간지역에 위치해 있을 것이다. **10:43** 길갈로 돌아오는 것은 요단 강을 건넌 후 처음으로 주둔했던 지역으로 백성을 다시 돌아가게 하는 것이다; 4:19-24에 관한 주석을 보라.

이스라엘 사람의 손에 넘겨 주셨기 때문에, 그 이튿날 이스라엘은 그 성을 점령하였고, 립나에서 한 것과 꼭 같이, 칼로 성과 그 안에 있는 모든 사람을 무찔렀다. 33 그 때에 게셀 왕 호람이 라기스를 도우려고 올라왔다. 여호수아는 그 왕과 그 백성을, 살아 남은 사람이 한 사람도 없을 때까지 무찔렀다.

34 여호수아는 자기를 따르는 모든 이스라엘 사람과 더불어 라기스에서 에글론으로 건너가서, 진을 치고 전투를 벌였다. 35 그들은 그 날 그 성을 점령하고, 칼로 그 성과 그 안에 있는 모든 사람을 무찌르고, 라기스에서 한 것과 꼭 같이, 그들을 전멸시켜서 희생제물로 바쳤다.

36 여호수아는 자기를 따르는 모든 이스라엘 사람과 더불어 에글론에서 헤브론으로 쳐올라가서, 그들과 맞서서 전투를 벌였다. 37 그들이 그 성을 점령하고, 에글론에서와 꼭 같이, 그 왕과 온 성과 그 안에 사는 모든 사람을 한 사람도 살려 두지 않고 칼로 무찔렀다. 그들은 그 성과 그 성 안에 사는 모든 사람을 전멸시켜서 희생제물로 바쳤다.

38 여호수아는 자기를 따르는 모든 이스라엘 사람과 더불어 드빌로 돌아와서, 전투를 벌였다. 39 그는 그 성과 왕과 그의 모든 성읍들을 점령하고, 칼로 쳐서, 그 안에 사는 모든 사람을 전멸시켜서 희생제물로 바쳤으며, 한 사람도 살려 두지 않았다. 그는 헤브론과 립나와 그 왕에게 한 것과 꼭 같이 드빌과 그 왕을 무찔렀다.

40 이와 같이 여호수아는 온 땅 곧 산간지방과 네겝 지방과 평지와 경사지와 그들의 모든 왕을 무찔러 한 사람도 살려 두지 않았으며, 이스라엘의 주 하나님의 명을 따라, 살아서 숨쉬는 것은 모두 전멸시켜서 희생제물로 바쳤다. 41 또한 여호수아는 가데스바네아에서 가사까지, 그리고 온 고센 땅뿐만 아니라 기브온에 이르기까지 모두 무찔렀다. 42 주 이스라엘 하나님이 이스라엘의 편이 되어 싸우셨기 때문에, 여호수아는 단번에 이 모든 왕과 그 땅을 손에 넣었다. 43 여호수아는 자기를 따르는 모든 이스라엘 사람과 더불어 길갈에 있는 진으로 돌아왔다.

가나안 북방을 정복하다

11 1 하솔 왕 야빈이 이 소식을 듣고, 마돈 왕 요밥과 시므론의 왕과 악삽의 왕과,
2 북방 산간지방과 긴네롯 남쪽 아라바와 평지와 서쪽으로 도르의 높은 지역에 사는 왕들과, 3 동서쪽의 가나안 사람과 아모리 사람과 헷 사람과 브리스 사람과 산간지방의 여부스 사람과 미스바 땅의 헤르몬 산 밑에 사는 히위 사람의 왕들에게 전갈을 보냈다. 4 이 왕들이 자기들의 군대를 모두 출동시켰는데, 그 군인의 수효가 마치 바닷가의 모래와 같이 많고, 말과 병거도 셀 수 없이 많았다.
5 이 왕들이 모두 만날 장소를 정하고, 이스라엘과 싸우려고 나와서, 메롬 물 가에 함께 진을 쳤다.

6 그 때에 주님께서 여호수아에게 말씀하셨다. "그들 앞에서 두려워하지 말아라. 내일 이맘 때에 내가 그들을 이스라엘 앞에서 다 죽이겠다. 너는 그들의 말 뒷발의 힘줄을 끊고, 그들의 병거를 불태워라." 7 여호수아는 자기를 따르는 모든 군인과

11:1-15 군사행진은 북쪽으로 향하여 가는데 처음에는 방어적이었다가 후에는 공격적이 되어간다. 다섯 장(6—10장)에 걸쳐서 남쪽에서의 군사 활동을 보고하는 한편, 단 한 장에 그보다 더 넓고, 인구가 많고 점령하기 어려운 북쪽지역의 군사행동을 보고하기에 충분한 듯하다. 신명기학파는 10장과 11장을 병행하는 요소들로 구성한다. 한 성읍 국가의 왕이 몇 개의 왕국을 포함하는 연합군을 형성하는 데 앞장 선다; 주님이 여호수아에게 두려워하지 말라고 말하신다; 이스라엘군이 갑자기 공격하고 적을 물리친다; 그런 다음 이스라엘 사람들은 성읍들을 포위하고 파괴한다; 최종적으로 이스라엘이 그 지역을 전적으로 통제하게 되었다고 하는 말로 요약 정리한다. **11:1-5** 남쪽의 다섯 나라보다 더 많은 왕국들을 끌어들여 하솔 왕 야빈은 연합군을 조직한다 (삿 4장을 참조). **11:1-2** 두 왕국 하솔과 마돈은 갈릴리 바다(긴네롯)로부터 멀지 않다. 시므론, 악삽, 그리고 도르 이 세 왕국은 지중해 연안에 더 가깝다. 아라바 지역은 갈릴리 바다의 남쪽으로 형성되어 있는 단층계곡이다. **11:3** 여기에서 언급된 사람들에 대해서는 3:10의 주석을 보라. **11:4-5** 모래를 크기에 대한 은유로 사용하는 것에 대해서는 다음을 보라. 창 22:17; 32:12 (마소라 13); 41:49; 삿 7:12. *병거*는 주전 13세기경부터 전쟁에 사용되었던 가볍고, 빠르며, 잘 설계된 타는 것이지만, 그것은 상대적으로 평평하고 널리 트인 한정된 장소에서만 사용할 수 있었다. 초기 이스라엘 사람들과 같은 이주민이나 농촌지역에 살던 사람들이 아니라, 도시적이거나 국가적 수준에 있던 사람들만이 그러한 병거를 만들어낼 수 있는 기술이 있으며 상당수의 병거 부대를 유지할 수 있었다. *메롬*의 위치는 알려져 있지 않다. *물가*는 근처에 있는 샘물이나 와디(우기에만 물이 차는 시내)를 의미할 수가 있는데 후자는 병거를 타고 하는 전쟁을 위한 장소로는 적합하지 않다. **11:6-9** 주님의 격려하는 말과 승리에 대한 확신은 성전 설화의 전형적인 요소이다. 기습

더불어 갑작스럽게 메롬 물 가로 들이닥쳐서, 그들을 덮쳤다. 8 주님께서 그들을 이스라엘의 손에 넘겨 주셨기 때문에, 이스라엘은 그들을 무찌르고, 큰 시돈과 ㄱ)미스르봇마임과, 동쪽으로 미스바 골짜기까지 추격하고, 살아 남은 사람이 한 사람도 없을 때까지 그들을 쳐서 죽였다. 9 여호수아는 주님께서 자기에게 명하신 대로 하여, 그들의 말 뒷발의 힘줄을 끊고 그들의 병거를 불살랐다.

10 그 때에 여호수아는 돌아서서 하솔을 점령하고, 그 왕을 칼로 쳤다. 그 때만 하여도 하솔은, 이들 왕국들 가운데에서 가장 강한 나라였다.
11 그 하솔 성 안에 있는 모든 사람을, ㄴ)전멸시켜서 바치는 희생제물로 삼아 칼로 쳤고, 호흡이 있는 사람은 하나도 남겨 두지 않았으며, 그 성은 불질렀다.

12 여호수아는 이 모든 왕의 도성을 점령하고, 그 왕들을 모두 잡아 칼로 쳐서, 주님의 종 모세의 명령을 따라 그들을 전멸시켜서 희생제물로 바쳤다. 13 그러나 이스라엘 사람들은, 여호수아가 불태운 하솔을 제외하고는, 언덕 위에 세운 성들을 하나도 불태우지 않았다. 14 이 성들에서 탈취한 노략물과 가축은 이스라엘 자손이 모두 차지하였고, 사람들만 칼로 쳐서 모두 죽이고, 숨쉬는 사람은 한 사람도 남겨 두지 않았다. 15 모세는 주님께서 자기에게 명하신 대로 여호수아에게 명하였고, 여호수아는 그대로 실행하여, 주님께서 모세에게 명하신 것 가운데서 실행하지 않고 남겨 둔 것은 하나도 없었다.

여호수아가 정복한 지역

16 이렇게 여호수아는 이 모든 땅 곧 산간지방과 네겝 지방과 모든 고센 땅과 평지와 아라바와 이스라엘의 산간지방과 평지를 다 점령하였다.
17 그리고 세일로 올라가서, 할락 산에서부터 헤르몬 산 아래 레바논 계곡에 있는 바알갓까지, 모든 왕을 사로잡아서 쳐죽였다. 18 여호수아는 여러 날 동안 이 모든 왕과 싸웠다. 19 기브온 주민인 히위 사람 말고는 이스라엘 자손과 화친한 성읍 주민이 하나도 없었다. 나머지 성읍은 이스라엘이 싸워서 모두 점령하였다. 20 여호수아가 이들 원주민을 조금도 불쌍하게 여기지 않고 전멸시켜서 희생제물로 바친 까닭은, 주님께서 그 원주민들이 고집을 부리게 하시고, 이스라엘에 대항하여 싸우다가 망하도록 하셨기 때문이다. 그래서 여호수아는, 주님께서 모세에게 명령하신 대로, 그들을 전멸시킨 것이다.

ㄱ) '불타는 물'. 온천지대를 말함 ㄴ) 2:10 주를 볼 것

공격(8:19; 10:9를 보라)이야말로 수적으로 열세인 이스라엘 사람들이 이길 수 있는 유일한 전략으로 보인다. 그들은 *살아 남은 사람이 한 사람도 없을 때까지* (8절, 10장에서는 열 번이나 이 문구가 나온다) 적군을 추격하여 전멸시켰다. 힘줄을 끊는 것은 말을 절름발이로 만드는데 뒷다리의 무릎 힘줄을 절단하는 것이다. **11:10-15** 10:28-39에서 보고한 내용에 병행하는데 여호수아가 하솔과 다른 성읍들을 약탈한다. 전리품을 취하는 것은 성전과 다른 전투임을 보여 준다 (7장의 주석을 보라; 또한 신 20을 보라; 추가 설명: "거룩한 전쟁"을 보라). **11:13** *언덕* (히브리어로 *텔*). 이것에 대해서는 8:28에 관한 주석을 보라. **11:15** 신명기학파는 그 순종의 주제에 맞게 여기서와 9절, 그리고 23절에서 여호수아의 행동이 하나님과 모세의 명령을 완수하는 것임을 강조하고 있다.

11:16—12:24 북쪽의 정복을 짧게 보고한 후 본문은 재빠르게 군사적 성공담, 그리고 요단 강의 남쪽과 북쪽, 그리고 동서지역의 모든 원주민들과 왕들을 전멸시킨 것을 요약한다.

특별 주석

이스라엘이 하나님의 명령 아래 가나안 원주민들이 전멸당했다는 보고는 당연히 공포를 일으키는 이야기이다. 미원주민 독자들과 난민이 된 여러 민족들이 이 요약 보고를 읽고 어떠한 반응을 보일지, 그 본문이 일으킬 분노와 공포의 감정에 대해서 우리는 단지 상상할 수 있을 뿐이다. 하나님의 성품, 의도, 목적, 그리고 요구 등에 대해 성경의 다른 부분들에서는 도덕적으로 이것보다 더 건실하다고 단호하게 확언해야 할 필요가 있지 않을까? 이스라엘의 가나안 정착은 사실상 이 요약부분이 말하는 것처럼 피흘리는 정복이 아니었고, 오히려 땅을 이웃 백성과 나누고 때때로 여러 성읍 국가들과 연합군들과 격투하였다는 것—여호수아서와 사사기에서 인정하는 것처럼—을 보여주고 있음을 아는 것이 도움이 된다. 그러나 이스라엘의 하나님이 어떤 한 민족의 편을 들어 다른 민족을 버리라고 명령한다는 이데올로기는 여전히 존재한다. 이러한 이데올로기는 분명히 거부되어야 한다. 이스라엘에게 땅이 주어졌다. 그 땅은 아브라함, 이삭, 그리고 야곱이 했던 것과 같은 방식으로 공평하고 평화롭게 이웃 민족들과 함께 나누고 즐길 수 있어야 한다 (창 12—37장).

21 그 때에 여호수아가 가서, 산간지방과
헤브론과 드빌과 아납과 유다의 온 산간지방과
이스라엘의 온 산간지방에서 아낙 사람을 무찌르
고, 그 성읍들을 전멸시켜서 희생제물로 바쳤다.
22 이스라엘 자손의 땅에서는, 오직 가사와 가드와
아스돗을 제외하고는, 아낙 사람으로서 살아 남은
사람이 하나도 없었다.
23 여호수아는, 주님께서 모세에게 말씀
하신 대로, 모든 땅을 점령하고, 그것을 이스라엘
지파의 구분을 따라 유산으로 주었다.
그래서 그 땅에서는 전쟁이 그치고, 사람들은
평화를 누리게 되었다.

모세가 정복한 왕들

12 1 이스라엘 자손이 요단 강 동쪽 해 돋는
쪽 곧 아르논 골짜기에서부터 헤르몬 산
까지, 동쪽 온 아라바를 무찌르고 점령하였는데,
그 땅의 왕들은 다음과 같다. 2 하나는 헤스본에
사는 아모리 사람의 왕 시혼이다. 그는 아르논 골
짜기 끝에 있는 아로엘에서 골짜기 중간과 길르앗
의 반쪽과 더 나아가서 암몬 자손의 경계인 얍복
강까지를 다스렸다. 3 그는 또한 아라바 동쪽 방
면의 긴네롯 바다까지와 아라바의 바다, 곧 동쪽
방면의 사해, 벳여시못으로 통하는 길까지와 남
쪽으로는 비스가 산 기슭까지 다스렸다.

11:16-23 요약해서 말하는 형식으로 되어있는 이 본문은 남쪽에서부터 북쪽까지 정복한 영토를 묘사해 주고 있다. **11:16-17** 10:28-43을 보라. 브엘세바로부터 30마일 (100리 조금 넘음) 남쪽에 위치한 *할락 산*은 1,640피트의 높이로 위압적인 산이라고 볼 수 없다—그래서 동쪽으로 5,696피트 높이의 *세일 산*을 "향하여 올라가는" 산이라고 말한다. 요단의 갈라진 계곡의 동편은 대부분 산지이며, 세일 산은 전통적으로 에돔 사람들의 고향이다. *바알갓이* 위치한 곳은 불확실하다. 레바논은 그 지역에서 가장 높은 산인 9,232 피트 높이의 *헤르몬 산* 서쪽에 위치해있다. *오랫동안* (문자 그대로 "많은 날들"; 한글 번역에는 "여러 날 동안") 이라는 문구는 이 책에서 땅의 원주민들을 정복하는 엄청난 사건에 대한 첫 번째 암시이다. **11:19** *히위 사람들과 기드온 사람들.* 이들에 대해서는 9:3—10:15를 보라. **11:20** 마음으로 *고집을 부리게 하시고.* 개역개정에는 마음을 강퍅하게 하는 것으로 되어 있는데, 이것은 경직되고 완고한 자세를 말해준다. 이것은 적들의 의지에 달린 것이 아니라 주님께서 하신 것이다. 이 구절은 종교의 이름으로 전 주민을 계획적으로 무자비하게 몰살시킴으로써 도덕적으로 문제가 되고 있으며 ("전멸시키다"는 거룩한 전쟁을 지칭하는 *헤렘의* 경우에 쓰는 용어이다), 신명기학파가 하나님께 대한 순종을 강조하고 종교적으로나 인종적으로 곁길로 가는 것을 막기 위한 시도로 이해할 수 있다. 369쪽에 있는 "거룩한 전쟁"에 대한 추가 설명을 보라. **11:21-22** *아낙 사람.* 아낙 자손들(참조. 15:13-14, 여기서는 여호수아가 아니라 갈렙이 그들을 쫓아낸다)은 전설적인 거인들이다 (아낙의 히브리어 단어는 "[긴] 목" 혹은 "목걸이"를 의미 한다; 민 13:33과 신 9:2를 보라). *가사, 가드, 아스돗.* 이 장소들에 대해서는 13:3에 관한 주석을 보라. **11:23** 여러 지파들에게 기업을 나누어주는 주제는 13—21장에 걸쳐 다루고 있는데 여호수아서 전체에서는 여기에서 처음으로 나온다. 이 주제는 두 부분을 연결시켜 주고 있다. **12:1-6** 요단 강 동편에서의 성공담을 요약하고 있는데 남쪽에서 시작하여 북쪽으로 옮겨가고 있다. 또 다른 요약에 대해서는 또 다른 요약에 대해서는 신 3:8-17을 보라. **12:2-5** 민 21:21-35에서는 *왕 시혼*에 대한 전투가 *왕 옥*에 대항하는 전투와 연관되어 있다. *르바 족*은 전설적으로 흔히 거인들이라고 알려져 있다 (신 2:11, 20-21을 보라). *그술 사람과 마아가 사람*은 갈릴리 바다의 동쪽과 북쪽에서 산다 (또한 13:11, 13을 보라). **12:6** 요단 동편 땅의 분할에 대해서는 1:12-18; 13:8-33; 22:1-9에 대한 주석을 보라. **12:7-24** 이제 성공담의 요약은 이스라엘 영토의 중심부, 즉 요단 강 서편으로 옮겨간다. **12:7-8** *바알갓과 할락 산*에 대해서는 11:16-17에 관한 주석을 보라. 개역개정에서는 7절 하반부와 8절을 괄호로 사용하는데, 새번역개정과 공동번역에는 괄호가 없다. 히브리어 원문에는 괄호가 없다. (괄호 부분은 다음과 같다: "여호수아가 이스라엘의 지파들에게…남쪽에 있다"). **12:9-24** 요단 동쪽 지역에서는 단지 두 명의 정복된 왕의 이름만이 2-5절에 적혀 있다; 이 구절에는 서편 지역의 31명이 언급되어 있지 않다. 여기에 나와 있는 열여섯 개의 지역은 6—10장에 언급되어 있다. 다른 네 지역에서의 전투는 다른 곳에 기록되어 있다: 아랏과 호르마 (민 21:1-3); 베델 (삿 1:22-26); 그리고 다아낙 (삿 5:19). 아홉 개의 남은 성읍은 흩어져 있다: 남쪽의 게델과 아둘람; 중앙 산지의 답부아와 디르사; 해안을 따라서 혹은 약간 내륙 쪽으로 들어와서, 헤벨과 아벡; 갈멜 산으로부터 내륙 쪽으로 들어와, 므깃도와 욕느암; 그리고 훨씬 북쪽으로, 게데스. 18절에 있는 랏사론과 23절에 나오는 길갈의 고임은 복사본들 사이의 차이점 때문에 어느 장소에 있는지 알아내기 어려운 두 왕국이다. 이 성읍들에 대한 승리의 확신에도 불구하고 사사기 1장에 보면 다음의 성읍들은 여호수아가 죽을 때까지 정복되지 않았다: 예루살렘, 헤브론, 데빌, 호르마 (세바드), 베델, 다아낙, 도르, 그리고 게셀이다. 여호수아서에 요약되어 있는 신명기학파들의 목적은 하나님이 이스라엘 사람들이 계속 순종할 때 땅을 부여해 주시는

4 또 하나는 바산 왕인 옥이다. 그는 르바 족 가운데서 살아 남아, 아스다롯과 에드레이에서 살고 있었다. 5 그는 헤르몬 산과 살르가와 온 바산과 그술 사람과 마아가 사람과 길르앗의 반쪽과, 그리고 더 나아가서 헤스본 왕 시혼이 다스리는 땅의 경계선까지 다스렸다.

6 이 두 왕은 바로 주님의 종 모세와 이스라엘 자손이 무찌른 사람들이다. 주님의 종 모세가 그 땅을 르우벤 지파와 갓 지파와 므낫세 반쪽 지파에게 주어서 소유로 삼도록 하였다.

여호수아가 정복한 왕들

7 여호수아와 이스라엘 자손이 요단 강 동쪽에 있는 서쪽 레바논 골짜기의 바알갓에서부터 세일로 올라가는 곳인 할락 산까지, 그 땅의 왕을 모두 무찔렀다. 여호수아가 이스라엘의 지파들에게 그 지파의 구분을 따라 그 땅을 나누어 주어서 가지게 하였다. 8 그 땅은 산간지방과 평지와 아라바와 경사지와 광야로서, 헷 사람과 아모리 사람과 가나안 사람과 브리스 사람과 히위 사람과 여부스 사람이 사는 남쪽에 있다. 9 그들이 무찌른 왕들은 다음과 같다. 여리고 왕이 하나, 베델 근처의 아이 왕이 하나, 10 예루살렘 왕이 하나, 헤브론 왕이 하나, 11 야르뭇 왕이 하나, 라기스 왕이 하나, 12 에글론 왕이 하나, 게셀 왕이 하나, 13 드빌 왕이 하나, 게델 왕이 하나, 14 호르마 왕이 하나, 아랏 왕이 하나, 15 립나 왕이 하나, 아둘람 왕이 하나, 16 막게다 왕이 하나, 베델 왕이 하나, 17 답부아 왕이 하나, 헤벨 왕이 하나, 18 아벡 왕이 하나, 랏사론 왕이 하나, 19 마돈 왕이 하나, 하솔 왕이 하나, 20 시므론므론 왕이 하나, 악삽 왕이 하나, 21 다아낙 왕이 하나, 므깃도 왕이 하나, 22 게데스 왕이 하나, 갈멜의 욕느암 왕이 하나, 23 도르 언덕의 도르 왕이 하나, 길갈의 고임 왕이 하나, 24 디르사 왕이 하나이다. 이 왕들은 모두 서른한 명이다.

정복하지 못한 지역

13 1 여호수아가 늙고 나이가 많아졌다. 주님께서 그에게 말씀하셨다. "너는 늙었고 나이가 많은데, 정복하여야 할 땅은 아직도 많이 남아 있다. 2 남아 있는 땅은 이러하다. 블레셋 사람과 그술 사람의 모든 지역과, 3 이집트의 동쪽에 있는 시홀 시내로부터 북쪽 에그론 경계까지에 이르는 가나안 땅과, 가사와 아스돗과 아스글론과 가드와 에그론 등 블레셋의 다섯 왕의 땅과, 아위 사람의 땅과, 4 남쪽으로 가나안의 모든 땅과, 시돈의 므아라로부터 아모리 사람의 변경 아벡까지, 5 또 그발 사람의 땅과, 동쪽의 레바논 땅 전체와 헤르몬 산 남쪽 바알갓에서 하맛에

하나님의 영광스러운 축복을 강조하는 것이다. 이 요약에 이어 지파들간의 땅의 분할이 이어진다.

13:1—21:45 이 책의 두 번째 주요 부분인 13—21장은 땅의 분할 상황을 자세하게 설명한다. 우선 지파들간의 분할(13—19장)을 적고 그 다음에 다른 목적에 의한 분할(20—21장)에 대해 이야기한다. 첫 번째 주요 부분이 전체적으로 설화의 성격이 강한 반면에, 두 번째 부분에서는 목록을 주로 다루고 가끔씩 대화와 일화의 소개가 포함되어 있다. 학자들은 이 부분의 역사적 정확성에 대해 오랫동안 논쟁해 왔다: 그것이 고대 군주제도 이전에 지파 사이의 영토를 구분 짓는 경계선들에 대한 기록이었는지, 혹은 후대 특히 군주시대로부터 시작된 현실적 모습을 반영하는 것인지에 대한 논쟁이다. 이 두 이론의 합성이 아마도 그 대답이 될 수 있을 가능성이 많다. 남쪽의 지파간의 경계선 대부분이 자세히 기록되어 있는 것과는 대조적으로 몇몇 북쪽 지파들에 대해서는 자세히 기록되어 있지 않다. 이것은 후대 편집인이 남쪽 지파에 대해 편집하였으나 북쪽의 상황에 대해서는 많은 이해가 없었다는 것을 말해주고 있다. 지파들을 구분해주는 경계들은 솔로몬의 열두 행정 지역의 모습 (왕상 4:7-10) 뿐만 아니라 후기 포로시대에 해당하는 에스겔 48:1-29에 나와 있는 이상적 모습과도 상당히 다르다. 여호수아서에 기록된 땅의 분할 기록은 오랫동안 전수된 기록이 변화하는 현실과 후세대의 이상에 따라 편집된 것임을 보여준다.

13:1-33 분할은 하나님이 여호수아에게 주는 명령으로 시작된다. **13:1** 23:1에서와 같이 첫 문장은 여호수아의 나이 많음을 언급한다. 책의 첫 부분에서 땅 전체가 이스라엘의 통제 아래 들어왔음을 암시해 주었음에도 불구하고, 여기서 하나님의 말씀은 정복해야 할 땅은 아직도 많이 남아 있다고 말한다 (삿 1장을 보라). **13:2-3** 블레셋 사람은 남쪽 해안지역의 다섯 성읍("다섯 도시")을 점령하고 있다; 그들은 군주시대가 올 때까지 정복되지 않았다. 통치자는 히브리어로 *세렌*인데 구약성경에서는 오직 블레셋 지도자들에게만 적용한다. 이 단어는 아마도 "폭군"에 대한 희랍어와 같은 어원을 갖고 있는 것 같다. (개역개정은 "통치자들;" 공동번역은 "추장;" 새번역개정은 "왕"으로 되어 있음). 그술 사람은 필시 북쪽에 살고 있는 자들과는 다른 사람들일 것인데 (11절, 13절; 12:5 참조), *아빔* 사람과 같이 (신 2:23 참조), 남쪽지역에 있던 지파였을 것이다 (삼상 27:8을 보라). **13:4-7** 가나안 땅은 아마도

이르는 곳까지이다. 6 그리고 레바논에서부터
미스르봇마임에 이르는 산간지방에 사는 모든 사람
곧 시돈 사람을, 내가 이스라엘 자손 앞에서 모두
쫓아낼 터이니, 너는 오직 내가 너에게 지시한
대로, 그 땅을 이스라엘 자손에게 유산으로 나누어
주어라. 7 너는 이제 이 땅을 아홉 지파와 므낫
세의 반쪽 지파에게 유산으로 나누어 주어라."

요단 강 동쪽 지역의 분할

8 므낫세 반쪽 지파와 함께 르우벤 사람과 갓
사람은 모세가 요단 강 동쪽에서 그들에게 준 유
산을 이미 받았다. 주님의 종 모세가 그들에게 준
유산은 이러하다. 9 그들은 아르논 골짜기의 끝에
있는 아로엘에서부터, 그 골짜기 가운데에 있는
성읍과 메드바에서 디본까지에 이르는 모든 평원
지대와, 10 헤스본에서 다스린 아모리 사람의
왕 시혼의 모든 성읍 곧 암몬 자손의 경계까지와,
11 길르앗과 그술 사람과 마아갓 사람의 경계와,
헤르몬의 온 산간지방과 살르가까지에 이르는 바
산의 모든 지역, 12 곧 르바의 마지막 남은 족속
으로서, 아스다롯과 에드레이에서 다스린 바산
왕 옥의 온 나라를 차지하였다. 모세가 이미 그들을
정복하고 그들의 땅을 차지하였지만, 13 이스라엘
자손이 그술 사람과 마아갓 사람은 쫓아내지 않았
기 때문에, 그술과 마아갓 사람들이 오늘날까지
이스라엘 자손 가운데 섞여서 살고 있다.

14 모세는 레위 지파에게만 유산을 주지 않
았는데, 그것은 하나님께서 그에게 말씀하신 대로,
ㄱ)주 이스라엘의 하나님께 불살라서 드리는 제물이
그들의 유산이기 때문이다.

르우벤 지파의 땅

15 다음은 모세가 르우벤 자손 지파에게 각 가
문을 따라 나누어 준 땅이다. 16 그들의 지역은,
아르논 골짜기의 끝에 있는 아로엘에서부터, 그
골짜기 가운데에 있는 성읍과 메드바에 있는 모든
평원지대와, 17 헤스본과 그 평원지대에 있는
모든 성읍, 곧 디본과 ㄴ)바못바알과 ㄷ)벳바알므온과

ㄱ) 칠십인역에는 '주 이스라엘의 하나님께서 그들의 유산이시기 때문이다'
ㄴ) '바알의 산당' ㄷ) '바알 므온의 집'

북쪽지역의 해안과 성읍 국가들을 지칭하는 것일 것이다. 여기서 언급되어 있는 다른 주요 부분은 레바논 계곡을 동서로 가르는 넓은 땅이다. 여호수아는 땅 분배에 이 정복되지 않은 영토들을 포함시키라고 지시받는다. **13:8-13** 요단 강과 사해 서편의 땅을 아홉 지파와 반 지파에게 분배하고, 다른 두 지파와 반 지파에게는 그들의 몫으로 요단 동편의 땅을 분배한다, 즉 사해 옆 남쪽으로는 아로엘과 아르논으로부터 북쪽으로는 골란 고원의 바산까지 그 영토를 모세로부터 이미 받았다. 모세와 요단 동편 지파들에 대한 더 자세한 것은 1:12-18과 22:1-34에 관한 주석을 보라. **13:11-13** *그술 사람과 마아갓 사람.* 이들에 대해서는 12:1-5와 13:2-3에 관한 주석을 보라. **13:14** 레위 사람들이 그들 자신의 지파 영토를 받지 않았다는 것이 네 번씩이나 반복되어 나온다 (13:33; 14:3, 4; 18:7). 그 뒤에 여호수아와 엘르아살 제사장이 그들에게 일련의 성읍들을 주변의 목장과 함께 분할해 준다 (21장). *불살라서 드리는 제물*은 신 18:1에 의하면 레위인의 몫이 되는 제물이다; 칠십인역은 14절에서 이 용어를 생략하고 있으며 33절에서도 마찬가지이다. **13:15-23** *르우벤* 지파는 야곱의 아들 가운데 첫째로서 남쪽의 요단 건너편 땅을 받는다. **13:15** 13—19장에서 지파들에게 준 땅의 분할 기록은 각각 "그 가문을 따라" 라는 문구로 시작한다. (개역개정은 "가족을 따라" 라고 번역했고 공동번역은 "자손"이라고 번역했다. 히브리어 [*미쉬파하, mishpakhah*], 단수)로는 같은 단어가 둘을 다 의미하는데 지파와 가족 사이의 사회적 조직의 단계를 표시해 준다. 7:14의 주석을 보라. **13:17-20** 마을들의 보다 짧은 기록은 민 32:37-38에 있다. **13:21-22** 모세의 전투에 대해서는 민 31:1-12를 보라. 발람에 대해서는 민 22—24장과 31:8, 16을 보라. **13:24-28** 갓 지파는 요단 동편 중앙의 영토를 기업으로 받는다. 그 지역의 많은 부분이 길르앗으로 알려져 있다. 암몬 사람의 영토는 훨씬 동쪽에 있다. 이 도시들은 민 32:34-36에 기록되어 있음을 참조하라. **13:29-31** *므낫세의* 반쪽 지파의 유일한 영토 경계는 얍복 강 가까이 있는 *마하나임*이다. 17:1-13에 따르면, 그 나머지 반쪽 지파의 영토는 요단의 다른 편에 있다. **13:32-33** *이상이…유산으로 나누어 준 땅이다.* 이 문구는 이 부분의 시작과 결론을 알리는 관용적인 표현이다 (14:1; 19:51을 보라). 희생제물을 언급하는 13:14와는 다르게 레위 사람들의 몫은 주님이다. 즉 제의를 통해 하나님을 섬길 권리이다.

14:1-15 요단 강의 서편 땅을 분배하는 것을 소개하는 긴 부분에서 (14—19장), 여호수아는 그 임무를 엘르아살과 각 지파의 우두머리들과 나눈다 (민 34:16-29를 보라). **14:1** 엘르아살이 아론의 세 번째 아들이며 (출 6:23), 아론의 후계자 대제사장이라는 것 (민 20:25-28)은 여기서 처음으로 언급되며, 이 책에서 몇 번 더 언급된다. "가족들"을 의미하는 히브리어는 "지파"(13:15의 주석을 참조)를 의미하는 히브리어와 다르지만 그 단어는 보다 작은 단위, 즉 지역의 가문을

18 야하스와 그데못과 메바앗과 19 ㄱ)기랴다임
과 십마와 골짜기의 언덕에 있는 세렛사할과
20 벳브올과 비스가 기슭과 벳여시못과 21 평
지의 모든 성읍과 헤스본에서 다스리던 아모리 사
람의 왕 시혼이 다스리던 모든 왕국이다. 모세는
시혼에게 한 대로 에위와 레겜과 수르와 훌과 레
바를 모두 무찔렀다. 그들은 미디안의 우두머리
로서, 그 땅에 살면서 시혼의 밑에서 통치하던 자
들이다. 22 이스라엘 자손이 그들을 살육할 때에,
브올의 아들인 점쟁이 발람도 다른 여러 사람과
함께 칼에 맞아서 죽었다. 23 르우벤 자손의 서쪽
경계선은 요단 강이다. 르우벤 자손이 그 가문을
따라 유산으로 받은 성읍과 마을은 위와 같다.

갓 지파의 땅

24 다음은 모세가 갓 지파 곧 갓 자손에게 그
가문을 따라 나누어 준 땅이다. 25 그들이 차지
한 지역은 야스엘과 길르앗의 모든 성읍과 랍바
앞의 아로엘까지 이르는 암몬 자손의 땅 반쪽과
26 헤스본에서 라맛미스바와 브도님까지와 ㄴ)마
하나임에서 드빌 경계선까지인데, 27 요단 강
계곡에 있는 벳하람과 벳니므라와 숙곳과 사본 곧
헤스본 왕 시혼의 나라의 남은 땅도 그들의 것이
되었다. 갓 지파의 서쪽 경계는 요단 강인데, 북
쪽으로는 긴네렛 바다까지 이른다. 28 이것이
갓 자손이 그 가문을 따라 유산으로 받은 성읍과
마을들이다.

동쪽 므낫세 지파의 땅

29 모세가 므낫세의 반쪽 지파에게 몫으로
주어서, 므낫세 자손의 반쪽 지파가 가문을 따라
받은 땅은 다음과 같다. 30 그들이 차지한 지역은
마하나임에서부터 바산의 온 땅 곧 바산 왕 옥의
왕국 전체와, 바산에 있는 야일의 주거지 전체인
예순 성읍과, 31 길르앗의 반쪽과, 바산 왕 옥의
왕국에 있는 두 성읍인 아스다롯과 에드레이이다.
이 성읍들은 므낫세의 아들 마길의 자손 곧 마길
자손의 반쪽이 가문을 따라 받은 것이다.

32 이상이 모세가 여리고 동쪽 곧 요단 강 동
쪽의 모압 평지에서 두 지파와 반쪽 지파에게 유
산으로 나누어 준 땅이다. 33 그러나 레위 지파
에게는 모세가 유산을 주지 않았다. 하나님이 그
들에게 말씀하신 대로, 주 이스라엘의 하나님이
바로 그들의 유산이기 때문이다.

요단 강 서쪽 지역의 분할

14 1 이스라엘 자손이 가나안 땅에서 받은
유산을, 제사장 ㄷ)엘르아살과 눈의 아들
여호수아와 이스라엘 자손의 각 지파 우두머리들이
다음과 같이 분배하였다. 2 주님께서 모세에게
명령하신 대로, 그들은 제비를 뽑아서 아홉 지파
와 둘로 나뉜 한 지파의 반쪽에게 땅을 유산으로

ㄱ) '두 성읍' ㄴ) '두 진영' ㄷ) '하나님이 도우셨다'

나타낸다. **14:2** 여호수아나 다른 지도자들이 아니라 하나님이 지파들에게 땅을 어떻게 분배할지 결정한다. 신의 *제비*는 필시 제사장들이 뽑거나 던지는데 하나님의 뜻을 알려준다. 모세의 지시에 대해서는 민 26:55와 33:54를 보라. **14:3-5** 반복되어지는 것 같은 이 진술은 신명기학파가 땅은 하나님의 선물이라는 것을 강조하기 위해 노력하는 것을 보여준다. 레위 사람에 대해서는 13:14의 주석을 보라. **14:6-15** *갈렙*은 유다 지파 사람으로 여호수아에게 다가가 모세가 약속했던 땅을 요구한다 (민 13; 14:24, 30). *그니스 사람*들은 창 36:9-11에서는 에돔 사람들과 대상 4:13에서는 유다 지파와 관련을 맺고 있다. 갈렙의 나이를 수 14:7, 10에서 언급하면서 시간이 얼마나 지났는지 강조해주고 있다. **14:15** *기럇아르바*는 "네 도시"를 의미하는데 무엇이 "넷"이나 되는지는 확실하지 않다. 본문은 아르바가 아낙 사람의 영웅이라고 알려준다 (11:21-22에 관한 주석을 보라). 21:9-12에서는 헤브론 영역의 얼마가 레위 사람들에게 지정되었다고 말하는 것을 보라.

15:1—17:18 여호수아는 남쪽과 중앙의 대부분 땅을 두 지파와 반쪽 지파에게 분할한다. **15:1-63** 유다 지파가 신이 결정하는 제비에 의해 선택받은 첫 번째 영토를 받는다. 이것은 또한 가장 넓고 중요한 땅인데 (창 49:8-12 참조), 남쪽 고지대의 심장부를 차지하고 있으며 나중에 유다의 후손 다윗이 헤브론에서 통치한다. **15:1-12** 본문은 최대한도로 자세하게 유다의 경계를 상술하고 있다. 여러 가지 지형적 특징들—우물, 산, 경사지, 계곡, 수로, 마을 등—은 지형을 알려주는 표시를 제공해주고 있다. **15:6** *보한의* 돌은 무엇인지 알려져 있지 않다; 보한. 이것은 히브리어로 "엄지"를 의미하므로, 예를 들어, "엄지 바위" 같은 돌의 형상을 지칭할 수도 있다. **15:13-19** 유다의 영토는 또한 특별히 갈렙과 (14:6-15; 21:11-12), 이스라엘의 첫 번째 사사 (삿 3:7-11) *옷니엘*에게 지정한 땅도 포함하고 있다. 경계선들과 성읍들의 긴 목록 중간에 갈렙과 그의 딸 *악사*에 대한 짧은 이야기가 삽입되어 있다 (이것은 삿 1:12-15에서 반복된다). **15:20-63** 성읍들의

나누어 주었다. 3 모세가 이미 요단 강 동쪽에서,
두 지파와 둘로 나뉜 한 지파의 반쪽에게 땅을 유
산으로 주었으나, 레위 지파에게는 분깃을 주지
않았다. 4 요셉 지파는 므낫세와 에브라임 두 지
파로 갈리었다. 레위 지파에게는 거주할 여러 성
읍과, 그들의 가축과 가축을 기를 목장 외에는 분
깃을 주지 않았다. 5 이스라엘 자손은, 주님께서
모세에게 명하신 대로, 그 땅을 나누었다.

갈렙이 헤브론을 차지하다

6 유다 자손이 길갈에 있는 여호수아에게 다
가왔을 때에, 그니스 사람 여분네의 아들 갈렙이
여호수아에게 말하였다. "당신은 주님께서 나와
당신에 대하여 가데스바네아에서 하나님의 사람
모세에게 하신 말씀을 알고 계십니다. 7 내가 마흔
살이 되었을 때에, 주님의 종 모세가 가데스바네
아에서 나를 보내어, 그 땅을 정탐하게 하였습니다.
나는 돌아와서, 내가 확신하는 바를 그에게 보고
하였습니다. 8 나와 함께 올라갔던 나의 형제들
은 백성을 낙심시켰지만, 나는 주 나의 하나님을
충성스럽게 따랐습니다. 9 그래서 모세는 그 날
[ㄱ]'네가 주 나의 하나님께 충성하였으므로, 너의
발로 밟은 땅이 영원히 너와 네 자손의 유산이 될
것이다' 하고 맹세하였습니다. 10 이제 보십시오,
주님께서 모세에게 이 일을 말씀하신 때로부터 이
스라엘 백성이 광야에서 생활하며 마흔다섯 해를
지내는 동안, 주님께서는 약속하신 대로 나를 살아
남게 하셨습니다. 보십시오, 이제 나는 여든다섯
살이 되었습니다. 11 모세가 나를 정탐꾼으로
보낼 때와 같이, 나는 오늘도 여전히 건강하며, 그
때와 마찬가지로 지금도 힘이 넘쳐서, 전쟁하러
나가는 데나 출입하는 데에 아무런 불편이 없습
니다. 12 이제 주님께서 그 날 약속하신 이 산간
지방을 나에게 주십시오. 그 때에 당신이 들은 대로,
과연 거기에는 아낙 사람이 있고, 그 성읍은 크고
견고합니다. 그러나 주님께서 나와 함께 하시기
만 한다면, 주님께서 말씀하신 대로, 나는 그들을
쫓아낼 수 있습니다."

13 여호수아가 여분네의 아들 갈렙을 축복하
고, 헤브론을 유산으로 그에게 주었다. 14 그래서
헤브론은 그니스 사람 여분네의 아들 갈렙의 유산
이 되어 오늘날까지 이른다. 그것은 그가 주 이스
라엘의 하나님을 충성스럽게 따랐기 때문이다.
15 헤브론의 옛 이름은 기럇아르바였는데, 아르
바는 아낙 사람 가운데서 가장 위대한 인물이었다.

드디어 그 땅에 평화가 깃들었다.

유다 지파의 땅

15 1 유다 자손 지파에게 가문을 따라 제
비를 뽑아서 나누어 준 땅은 다음과 같다.
유다 지파가 차지한 땅은 남쪽으로는 에돔의 경계
선과 만나는 지역 곧 남쪽 맨 끝에 있는 신 광야
에까지 이른다. 2 남쪽의 가로 경계선은 사해의
남쪽 끝 곧 남쪽으로 난 하구에서부터 3 아그랍빔
비탈 남쪽을 지나 신에 이르고, 가데스바네아 남
쪽으로 내려가서 헤스론을 지나 앗달로 올라가 갈
가로 뻗어가다가, 4 거기에서 아스몬에 이르고,
이집트 국경지대의 강을 따라가다가 지중해에 이
르러서 그 경계가 끝난다. 이것이 유다의 남쪽 경
계선이다.

5 동쪽 경계선은 요단 강 하구, 사해 북단부터

ㄱ) 신 1:36

긴 목록은 열두 지역으로 구분되어 있다. *촌락과 주변 마을들*은 전형적으로 약 75-150명 정도의 주민들을 가진 요새화되지 않은 많은 마을로 둘러싸여 있는 보다 큰 촌락이나 도시와 같은 흔한 거주 지역을 말하는 것이다. 보다 큰 도시 (예를 들어, 에그론이나 아스돗) 주위에 작은 마을이나 촌락이 그 영향력 아래 모여 있었을 것이다; 이 마을들(45절에서 *변두리 촌락* 이라고 되어 있다)은 히브리어로 도시의 "딸들"(바놋)이라고 되어 있다. 저지대 혹은 세펠라(33절)는 남쪽 고지대의 서부에 바짝 붙어 있다.

16:1-10 요셉 자손의 경계를 묘사한 후, 에브라임 사람들이 그들의 몫을 받는다고 말한다. 요셉 자손이란 요셉의 두 아들인 에브라임과 므낫세의 자손들을 말한다 (창 48장을 보라). 그 둘에게 할당된 땅을 합하여도 유다의 땅보다 매우 작다. 열두 지파의 숫자는 야곱의 원래 열두 아들에서 레위 자손(민 1:20-54; 26:5-62)과 시므온 자손(신 33:6-25)을 제외한 후, 에브라임과 므낫세를 따로따로 세어서 된 것이다. **16:1-4** 남쪽 경계는 또한 베냐민 지파의 북쪽 경계의 일부가 되기도 한다 (18:12-13을 보라). **16:5-10** 에브라임 자손에게 할당된 땅은 지중해 서편 쪽으로 위치한 중앙 고지대의 핵심이 되는 땅이다. **16:9** 본문은 *답부아*를 제외하고는 므낫세 지파 영토 가운데 어느 마을이 에브라임에 속하는지 구체적으로 말하고 있지 않다 (17:8-9). **16:10** 게셀에 대하여는 삿 1:29와 수 10:28-43; 12:7-24에 대한 주석을 보라. 이 구절과 17:13에서 "강제 노동"에 대한 단어는 노동 부대나 강제 부역의 한 형태를 말한다. (개역개정은 "노역"으로 번역했고, 공동번역은 평범하게

남단까지이다. 북쪽 경계선은 요단 강이 끝나는
곳, 요단 강의 하구와 사해 바다가 만나는 곳에서
시작하여 6 벳호글라로 뻗고, 벳아라바의 북쪽을
지나, 르우벤의 아들 보한의 돌이 있는 곳에 이른다.
7 그리고 그 경계선은 다시 아골 골짜기에서
드빌을 지나 북쪽으로 올라가, 강의 남쪽에 있는
아둠밈 비탈 맞은쪽의 길갈에 이르고, 거기에서
다시 ㄱ)엔세메스 물을 지나서 엔 로겔에 이른다.
8 그 경계선은 다시 힌놈의 아들 골짜기로 올라
가서, 여부스 곧 예루살렘의 남쪽 비탈에 이르고,
또 힌놈의 골짜기 앞 서쪽 산꼭대기에 이르는데,
이 곳은 르바임 골짜기의 북쪽 끝이다. 9 그 경계
선은 다시 산꼭대기로부터 넵도아 샘물까지 이르러
에브론 산 성읍들에 미치고, 또 바알라 곧 기럇여
아림에 이른다. 10 그 경계선은 다시 바알라에서
서쪽으로 돌아서 세일 산에 이르고, 여아림 산 곧
그살론 북쪽 비탈에 미쳐, ㄴ)벳세메스로 내려 가서
딤나에 이르고, 11 그 경계선은 다시 에그론
북쪽 비탈로 나아가 식그론에 이르고, 바알라 산
을 지나 얍느엘에 미쳐, 그 끝이 바다에 이른다.
12 서쪽 경계선은 지중해와 그 연안이다.
이것이 유다 지파에 속한 여러 가문이 나누어
받은 땅의 사방 경계선이다.

갈렙이 헤브론과 드빌을 정복하다

(삿 1:11-15)

13 주님께서 여호수아에게 명하신 대로, 여호
수아가 여분네의 아들 갈렙에게 유다 자손의 분깃
가운데서, 아르바에 가지고 있던 성읍 헤브론을
주었는데, 아르바라는 사람은 아낙 사람의 조상
이다. 14 갈렙은 거기에서 아낙의 세 아들 곧 아
낙이 낳은 세새와 아히만과 달매를 쫓아내었다.
15 거기에서 그들은 드빌 주민을 치러 올라갔다.
드빌은 일찍이 기럇세벨이라고 불리던 곳이다.
16 그 때에 갈렙이, 기럇세벨을 쳐서 점령하는
사람은 그의 딸 악사와 결혼시키겠다고 말하였다.
17 갈렙의 형제 그나스의 아들인 옷니엘이 그 곳을
점령하였으므로, 갈렙은 그를 자기의 딸 악사와
결혼시켰다. 18 결혼을 하고 나서, ㄷ)악사는 자
기의 남편 옷니엘에게 아버지에게서 밭을 얻어내
라고 재촉하였다. 악사가 나귀에서 내리자, 갈렙
이 딸에게 물었다. "뭐 더 필요한 것이 있느냐?"
19 악사가 대답하였다. "저의 부탁을 하나 들어
주시기 바랍니다. 아버지께서 저에게 이 ㄹ)메마른
땅을 주셨으니, 샘 몇 개만이라도 주시기 바랍
니다." 그는 딸에게 윗샘과 아랫샘을 주었다.

유다의 성읍들

20 이 땅이 유다 자손의 지파에 속한 여러 가
문이 나누어 받은 유산이다. 21 유다 자손 지파가
차지한 성읍들 가운데서 에돔 경계선 가까이 가장
남쪽에 있는 성읍들은, 갑스엘과 에델과 야굴과
22 기나와 디모나와 아다다와 23 게데스와 하
솔과 잇난과 24 십과 델렘과 브알롯과 25 하
솔하닷다와 그리욧헤스론, 곧 하솔과 26 아맘과
세마와 몰라다와 27 하살갓다와 헤스몬과 벳벨
렛과 28 하살수알과 브엘세바와 비스요댜와
29 바알라와 이임과 에셈과 30 엘돌랏과 그실
과 호르마와 31 시글락과 맛만나와 산산나와
32 르바옷과 실힘과 아인과 림몬, 이렇게 모두
스물아홉 성읍과 그 주변 마을들이다.
33 유다 지파가 차지한 평지의 성읍들은, 에스
다올과 소라와 아스나와 34 사노아와 엔간님과
답부아와 에남과 35 야르뭇과 아둘람과 소고와
아세가와 36 사아라임과 아디다임과 그데라와
그데로다임, 이렇게 열네 성읍과 그 주변 마을들
이다. 37 스난과 하다사와 믹달갓과 38 딜르
안과 미스바와 욕드엘과 39 라기스와 보스갓과
에글론과 40 갑본과 라맘과 기들리스와 41 그
데롯과 벳다곤과 나아마와 막게다, 이렇게 열여섯
성읍과 그 주변 마을들도 있었다. 42 립나와 에
델과 아산과 43 입다와 아스나와 느십과 44 그
일라와 악십과 마레사, 이렇게 아홉 성읍과 그 주변
마을들도 있었다. 45 에그론과 그 변두리 촌락
과 주변 부락들, 46 에그론에서 바다까지, 아스

ㄱ) '태양의 샘' ㄴ) '태양의 집' ㄷ) 히브리어 본문과 칠십인역 사본 가운데 몇몇은 악사가 그의 남편 옷니엘을 시켜 갈렙에게서 밭을 얻어내라고 재촉한 것으로 되어 있으나, 칠십인역 사본 가운데 더러는 옷니엘이 그의 아내 악사를 시켜 장인 갈렙에게서 밭을 얻어내라고 재촉함 ㄹ) 히, '네겝 땅' 또는 '남방 땅'

"노동"으로 번역했음.) 이것은 가나안 사람들을 강제로 동원하여 흔히 길이나 궁전, 혹은 사원 등을 짓는 것과 같은 격한 임무를 맡긴 전통을 말하고 있다. 삼하 20:24와 왕상 5:13-14를 참조하라. 오늘*날까지* 라고 하는 원인론적 혹은 설명적인 문구가 있음을 주의하라.

17:1-13 므낫세 지파의 반이 요단 동편 땅을 이미 받은 한편 (13:8-13, 29-31에 관한 주석을 보라), 여호수아는 지금 요단 서편 땅을 공평하게 분할한다. **17:1-2** 아마도 여기서 첫아들이 다른 아들들보다 두 배나 더 물려받아야 한다고 하는 신 21:17의

돗에 인접한 모든 성읍과 주변 마을들도 있었다.
47 아스돗과 그 변두리 촌락과 주변 마을들도 있
었다. 또 이집트 국경지대의 강과 지중해와 그 해
안 일대에 있는 가사와 그 변두리 촌락과 주변 마
을들도 있었다. 48 유다 지파가 차지한 산간지
방의 성읍들은, 사밀과 얏딜과 소고와 49 단나와
기럇산나 곧 드빌과 50 아납과 에스드모와 아님과
51 고센과 홀론과 길로, 이렇게 열한 성읍과 그
주변 마을들이다. 52 이 밖에도 아랍과 두마와
에산과 53 야님과 벳답부아와 아베가와 54 훔
다와 기럇아르바 곧 헤브론과 시올, 이렇게 아홉
성읍과 그 주변 마을들이 있었다. 55 그리고 마
온과 갈멜과 십과 윳다와 56 이스르엘과 욕드암과
사노아와 57 가인과 기브아와 딤나, 이렇게 열
성읍과 그 주변 마을들이 있었다. 58 그리고 할
훌과 벳술과 그돌과 59 마아랏과 벳아놋과 엘드
곤, 이렇게 여섯 성읍과 그 주변 마을들도 있었다.
60 기럇바알 곧 기럇여아림과 랍바, 이 두 성읍
과 그 주변 마을들도 있었다. 61 유다 지파가 차
지한 사막지대의 성읍들은, 벳아라바와 밋딘과
스가가와 62 닙산과 소금 성읍과 엔게디, 이렇
게 여섯 성읍과 그 주변 마을들이다.

63 그러나 유다 자손이 예루살렘 성에 살던
여부스 사람을 쫓아내지 못하였으므로, 여부스
사람과 유다 자손이 오늘날까지 예루살렘 성에
함께 살고 있다.

에브라임과 서쪽 므낫세 반쪽 지파의 땅

16 1 요셉 자손이 제비를 뽑아 나누어 받은
땅의 남쪽 경계는, ㄱ)여리고의 요단 강에
서부터 여리고의 샘 동편에 이르고, 여리고에서
부터 베델 산간지방으로 올라가는 광야에 이른다.
2 그리고 ㄴ)베델에서부터 루스로 나아가서, 아렉
사람의 경계선을 지나 아다롯에 이른다. 3 서쪽
으로는 야블렛 사람의 경계선으로 내려가서, 아래
쪽 벳호론 경계선을 지나 게셀에 이르고, 그 끝은
지중해에 미친다. 4 요셉의 자손 곧 므낫세와
에브라임이 이 지역을 유산으로 받았다.

에브라임 지파의 땅

5 에브라임 자손에 속한 여러 가문이 받은
땅의 경계선은 다음과 같다. 그들이 받은 유산의
경계선은 동쪽으로 아다롯앗달에서 위쪽 벳호론에
이르고, 6 또 그 경계선은 서쪽으로 나아가 북쪽
믹므다에 이르고, 동쪽으로 돌아서 다아낫실로에
이르고, 그 곳을 지나 야노아 동쪽을 지난다.
7 야노아에서부터는 아다롯과 나아라로 내려가
다가, 여리고에 미쳐서는 요단 강으로 나아가고,
8 또 답부아에서부터 서쪽으로 가서, 가나 개울을
따라 바다에 이르러 그 끝이 된다. 이것이 에브라임
자손의 지파에 속한 여러 가문이 받은 유산이다.
9 므낫세 자손의 유산 가운데는 에브라임 자손 몫
으로 구별된 성읍들과 그 주변의 마을들도 있었다.
10 그러나 그들이 게셀에 사는 가나안 사람을 쫓
아내지 않았으므로, 가나안 사람들이 오늘날까지
에브라임 지파와 함께 살며 종노릇을 하고 있다.

서쪽 므낫세 반쪽 지파의 땅

17 1 요단 강 서쪽 땅 일부는 요셉의 맏아들
인 므낫세 지파가 제비를 뽑아서 나누어
가졌다. 길르앗의 아버지 마길은 므낫세의 맏아
들이며 전쟁 영웅이었으므로, 요단 강 동쪽에 있는
길르앗과 바산을 이미 자기의 몫으로 차지하였다.

ㄱ) 히, '여리고의 요단', 요단 강의 옛날 이름이었음 ㄴ) 칠십인역에는 '베델 곧 루스에서부터'

율법을 반영하는 듯하다. *마길*을 위한 땅은 요단 서편의 북쪽 땅과 또한 분명히 요단 동편의 땅(13:31을 보라)까지도 포함하고 있는데 반해, 그의 형제들은 나머지 땅을 나누어 갖게 된다 (그러나 민 26:29-34를 참조하라). **17:3-6** 민 26:33과 27:1-11에 의하면, *슬로브핫의* 딸들은 기업을 단지 아들들에게만 유업으로 주게 되어있던 전통을 바꾸도록 먼저 행동을 취한다. 여기서 그들은 모세가 그들에게 약속했던 땅을 받는다. 열 몫은 므낫세의 남자 자손들과 함께 다섯 딸을 계산하여 나온 숫자이다. **17:7-13** 므낫세 영토의 경계선에 관해서는 알려지지 않은 인물인 아셀에 대한 보고부터 시작한다. 이것은 확실히 아셀 지파에 관해 말하는 것은 아니다 (10절을 참조). **17:8-9** *답부아.* 이것에 대해서는 16:9에 관한 주석을 보라. **17:11** 므낫세의 여섯 성읍이 *잇사갈과 아셀의* 지역 안에 위치해 있는 것에 대해서는 아무런 설명도 주어져 있지 않다. 그러나 어떤 해석자들은 "안에" 라고 읽는 대신 "가까이" 라고 읽는다. 이 여섯 성읍은 가나안 족의 요새이며 도시 국가들로서 산간 통로와 이스르엘 골짜기를 따라 만들어진 무역로를 따라 위치해 있다. *나벳에* 대한 불분명한 설명은 그것이 "도르"와 "엔 도르"에 이어 (11:2; 12:23 참조), 세 번째 "도르" 라는 것을 의미할 수도 있다. **17:12-13** 사사기 1:27-28을 보라. 강제 노역에 대하여는 16:10에 관한 주석을 보라. **17:14-18** 요셉

2 요단 강 서쪽 땅은 므낫세의 남은 자손 가운데서
ㄱ)아비에셀과 헬렉과 아스리엘과 세겜과 헤벨과
스미다와 같은 이들의 가문이 차지하였다. 이들은
요셉의 아들 므낫세의 남자 자손으로서, 가문을
이룬 이들이다. 3 므낫세 자손 가운데 슬로브핫
이라는 사람이 있었다. 므낫세의 아들 마길은 길
르앗을 낳았고, 길르앗의 아들 헤벨은 슬로브핫을
낳았는데, 슬로브핫은 딸만 낳았으며, 아들이 없
었다. 그 딸들의 이름은 말라와 노아와 호글라와
밀가와 디르사이다. 4 그들이 제사장 엘르아살과
눈의 아들 여호수아와 지도자들 앞에 나아와서 말
하였다. "주님께서 모세에게, 우리 남자 친족이
유산을 받을 때에, 우리도 그 가운데 끼워 주라고
명령하셨습니다." 그래서 여호수아는 주님의 명
대로, 그들의 아버지의 남자 친족들이 유산을 받을
때에 그들을 그 가운데 끼워 주었다. 5 그래서
요단 강 동쪽의 길르앗과 바산 땅 밖에도, 므낫세
에게 열 몫이 더 돌아갔다. 6 므낫세 지파의 딸
들이 아들들 가운데 끼어 유산을 받았기 때문이다.
길르앗 땅은 므낫세의 남은 자손들의 몫이 되었다.
7 므낫세의 경계선은, 아셀에서부터 세겜의
동쪽에 있는 믹므닷에 이르고, 남쪽으로 가서 엔
답부아 주민이 살고 있는 땅에까지 미친다. 8 답
부아 주변의 땅은 므낫세의 소유이나, 경계선에
있는 답부아 성읍은 에브라임 자손의 소유이다.
9 또 그 경계선은 가나 개울로 내려간다. 그 개울
남쪽으로 성읍들이 있는데, 이것들은 므낫세의
지역 가운데 있지만, 에브라임에 딸린 것이다. 므
낫세의 경계선은 그 개울의 북쪽으로부터 시작하여
지중해에 이르러 끝난다. 10 그 남쪽은 에브라
임의 소유이고, 북쪽은 므낫세의 소유인데, 지중
해가 그들의 서쪽 경계이다. 그 땅이 북서쪽으로는
아셀에 맞닿고, 북동쪽으로는 잇사갈에 맞닿았다.
11 벳산과 그 변두리 마을, 이블르암과 그 변두리
마을, 해안에 있는 도르의 주민과 그 변두리 마을,
엔돌의 주민과 그 변두리 마을, 다아낙 주민과 그
변두리 마을, 므깃도의 주민과 그 변두리 마을은
(셋째는 나벳인데), 잇사갈과 아셀의 지역 안에 있
는 므낫세의 소유이다. 12 므낫세 자손이 이 성
읍들의 주민을 쫓아내지 못하였으므로, 가나안 사
람들은 그 땅에서 살기로 마음을 굳혔다. 13 이
스라엘 자손이 강성해진 다음에 가나안 사람에게
노동을 시켰으나, 그들을 다 쫓아내지는 않았다.

에브라임과 므낫세 지파가 땅을 더 요구함

14 요셉 자손 여호수아에게 말하였다. "주님
께서 지금까지 우리에게 복을 주셔서 우리가 큰

ㄱ) '나의 아버지는 도움이시다'

자손인 에브라임과 므낫세는 다음의 몇 가지 이유를 들어 그들의 기업이 충분치 않음을 항의하면서 여호수아에게 특별요청을 하고 있다: 기업의 크기, 하나님의 축복, 그리고 가나안 사람들이 주는 위협 등이다. 창세기 48:22를 보라. 14-15절과 16-18절에서 반복하는 것은 두 전승이 융합되었음을 암시해준다. 더욱이 여호수아가 이미 므낫세와 에브라임을 위해 각각 분할해 주었기 때문에 이 부분 전체가 잘못 끼어 든 것 같이 보인다. 17장 앞에 있었으면 더 잘 연결되었을 것이다. **17:15** 그 지방의 상당 부분들이 삼림 지역이었고 경작하기 위해서는 그 땅을 먼저 정리했어야 했다. **17:16** 병거들은 전적으로 철로 만든 것이 아니고 철로 옷을 입혀 만든 것이다; 11:4-5에 관한 주석들을 보라.

18:1—19:51 나머지 일곱 지파에게 남은 땅들을 나누어주기 전에 여호수아는 그들에게 먼저 조사해 보도록 한다. 이 일곱 지파는 다른 지파들보다 작고 북쪽에 위치해 있다는 의미에서 앞의 다섯 지파와 구분된다 (13—17장). **18:1-10** 이제 장소가 길갈이 아니라 중요한 회막이 놓인 실로로 옮겨졌다 (삼상 1:3; 3:21; 렘 7:12-14; 26:9를 보라). 광야 여정 기간 동안 제의 의식의 중심지로서 기능했던 회막이 여기와 19:51에서만 언급된다. 여기에서의 온전한 승리의 선언은 10:40-42와 11:16-20에 있는 진술과 일치한다. 그러나 13:2-6을 참조하라. **18:3** 땅을 차지하러 가기를 미룬다는 비방에 대해서는 앞에서 언급된 바가 없고 설명도 없다. **18:4-6** 앞의 다섯 지파에게 할당된 땅에 대해서는 그와 같은 조사가 이루어진 적이 없다 (13—17장). 레위 사람들에 대해서는 13:14의 주석을 보라. 갓, 르우벤, 므낫세 반 지파에 대해서는 1:12-18에 관한 주석들을 보라. **18:11-28** 남은 일곱 지파의 땅의 할당은 신속하게 진행된다. 처음 땅은 베냐민 지파에게 떨어졌다. 이 지역은 상대적으로 작지만 그럼에도 불구하고 중요한 것은 유다와 에브라임 중간에 위치해 있고 나중에 예루살렘 성이 되는 여부스 성읍을 포함하고 있기 때문이다. **18:12-13** 16:1-3에 나오는 에브라임 족속의 남쪽 경계를 참조하라. **18:15-19** 15:5b-9에 있는 유다 지파의 북쪽 경계를 참조하라. *보한의* 돌에 대해서는 15:6에 관한 주석을 보라. **18:21-28** 성읍들의 첫 그룹은 주로 동쪽에 있고, 두 번째는 서쪽에 있다. 비록 그들의 위치는 확실하지 않지만 베델과 마찬가지로 *오브니, 오브라,* 그리고 *그발암모니* 등은 에브라임의 지역 안에 있다. 사사기 1:21은 여부스 족속이 그들의 성읍에 그대로 남아있는 것으로 서술하고 있다.

19:1-9 *시므온* 지파의 상속 재산은 유다 지파

무리가 되었는데, 어른께서는 왜 우리에게, 한 번 만 제비를 뽑아서 한 몫만 유산으로 가지게 하십니까?"

15 여호수아가 그들에게 말하였다. "당신들이 큰 무리이어서 에브라임 산간지방이 당신들에게 작다면, 거기에서 브리스 사람과 르바임 사람의 땅인 삼림지대로 올라가서 그 곳을 개간하시오."

16 요셉 자손이 말하였다. "그 산간지방은 우리에게 넉넉하지 못하고, 그 골짜기 땅 곧 벳산과 그 변두리 마을과 이스르엘 골짜기에 사는 가나안 사람들에게는 다 철 병거가 있습니다."

17 여호수아가 다시 요셉 족속인 에브라임 지파와 서쪽 므낫세 지파에게 말하였다. "당신들은 큰 무리요, 큰 세력도 가졌으니, 한 몫만 가질 일이 아닙니다. 18 산간지방도 당신들의 것이 될 것이오. 산간지방이라 하더라도, 그 곳을 개간하여 이 끝에서 저 끝까지 차지하시오. 가나안 사람들이 철 병거를 가져서 강하다 하더라도, 당신들은 그들을 쫓아낼 수 있소."

나머지 땅 분할

18 1 이스라엘 자손이 그 땅을 정복한 뒤의 일이다. 이스라엘 자손 온 회중이 실로에 모여서, 거기에 회막을 세웠다. 2 그러나 이스라엘 자손 가운데 유산을 아직도 받지 못한 지파가 일곱이나 남아 있었다. 3 그래서 여호수아가 이스라엘 자손에게 이렇게 말하였다. "당신들은 어느 때까지 주 당신들 조상의 하나님이 당신들에게 주신 땅을 차지하러 가기를 미루겠소? 4 당신들은 각 지파에서 세 사람씩을 선출하시오. 내가 그들을 그리로 보내겠소. 그들이 가서 그 땅을 두루 다닌 뒤에, 자기 지파가 유산으로 받을 땅의 모양을 그려서 내게로 가져 오도록 하겠소. 5 그 땅은 일곱 몫으로 나눌 것이오. 유다는 남쪽의 자기 영토에 머물고, 요셉 족속은 북쪽의 자기 영토에 머물도록 하시오. 6 당신들은 그 땅을 일곱 몫으로 나누어서 지도를 그리고, 그것을 여기 나에게로 가져 오시오. 그러면 내가 여기 주 우리 하나님 앞에서 제비를 뽑아서, 당신들의 몫을 결정하겠소. 7 그러나 당신들 가운데서 레위 사람은 받을 몫이 없소. 주님의 제사장이라는 직분이 곧 그들의 유산이기 때문이오. 또한 갓과 르우벤과 므낫세 반쪽 지파는, 주님의 종 모세가 요단 강 건너 동쪽에서 그들에게 준 유산을 이미 받았소."

8 그 땅의 모양을 그리러 가는 사람들이 떠나려 할 때에, 여호수아가 그들에게 지시하였다. "가서 그 땅을 두루 다녀 보고, 그 지도를 그려서 내게로 돌아오시오. 내가 여기 실로에서 주님 앞에서 제비를 뽑아서 당신들의 몫을 결정하겠소." 9 그 사람들이 가서 그 땅을 두루 다니며 성읍의 명단을 작성하여, 책에 일곱 몫으로 그려서, 실로의 진에 있는 여호수아에게 돌아왔다. 10 실로에서 여호수아는 주님 앞에서 제비를 뽑고, 거기에서 그는 이스라엘 자손의 각 지파에게 그 땅을 나누어 주었다.

베냐민 지파의 땅

11 첫 번째로 베냐민 자손 지파의 각 가문의 몫을 결정할 제비를 뽑았다. 제비로 뽑은 땅의 경계선은 유다 자손과 요셉 자손의 중간이었다. 12 그들의 북쪽 경계선은 요단 강에서부터 여리고 북쪽 비탈로 올라가서, 서쪽 산간지방을 지나

영토의 남쪽에 위치되어 있다 (15:26-32를 참조). 경계선들이 없는 것으로 보아 아마도 그 지파가 목축을 하거나 반유목민들이었기 때문에 경계선에 대해 어느 정도 불분명한 태도가 있음을 보여준다 (창 49:5-7 참조). **19:10-16** 갈멜 산맥 동쪽에 위치하고 다른 네 지파에 둘러싸인 스불론 지파 땅은 그 경계가 성읍들에 의해 만들어진다. 성읍들의 총 수가 본문에 언급된 12보다 많은 것으로 보아 두 개의 목록이 여기에서 합성되어 있거나 후대에 편집자가 덧붙인 것일 수도 있다. **19:15** 삿 1:30에 따르면, *나할랄과 기드론*(아마도 여기서는 갓닷)은 정복되지 않고 남아있다. 스불론에 있는 *베들레헴* 성읍은 예루살렘 남쪽의 베들레헴과 혼동되어서는 안 된다. **19:17-23** 제비뽑기로 주어진 *잇사갈*의 영토 경계는 시므온 지파의 영토가 그랬듯이 (1-9절을 보라), 정확하지 않다. 본문은 전략상 중요한 이스르엘 골짜기에 위치한 영토 안에 있는 16개의 성읍을 명명하고 있다. 어떤 해석자들은 여기서 그 지파의 굴욕적인 역사를 나타내주고 있다고 본다 (창 49:14-15 참조). **19:24-31** *아셀*은 갈멜 산맥의 북쪽에 있는 비옥한 해안 지역을 차지한다. 두로와 시돈으로 이어짐으로써 이스라엘 영토의 이상적인 그림을 보여준다. 르홉에 대한 두 번의 언급 중 하나를 빼고 이 성읍들을 생략함으로써 숫자 22가 된다 (30절을 보라). 삿 1:31-32를 참조하라. **19:32-39** *납달리*를 위한 땅은 갈릴리의 고지대를 대부분 차지하고 있다. **19:34** 여기서 유다를 언급한 것은 매우 혼동된다. 왜냐하면 그 경계는 훨씬 남쪽의 사해 가까이에 위치해 있기 때문이다. **19:40-48** 마지막 제비뽑기로

벳아웬 광야에 이르고, 13 또 그 경계선은 거기
에서부터 루스로 나아가서, 루스 남쪽 비탈에 이르
는데, 루스는 베델이라고도 부른다. 그 경계선은
다시 아다롯앗달로 내려가서, 벳호론 남쪽 산간
지방으로 지난다. 14 그 경계선은 또 남쪽으로
벳호론 맞은쪽 산에서부터 서쪽을 따라 남쪽으로
돌아서, 유다 자손의 성읍인 기럇바알 곧 기럇여
아림에 이르러 끝난다. 이것이 서쪽 경계선이다.
15 남쪽 경계선은 기럇여아림 끝에서 서쪽으로
나아가서 넵도아 샘의 수원에 이르고, 16 르바임
골짜기 북쪽에 있는 힌놈의 아들 골짜기 맞은쪽
산기슭으로 내려가고, 다시 힌놈 골짜기로 내려
가서는, 여부스 남쪽 비탈을 지나서 엔로겔로 내려
간다. 17 그 경계선은 다시 북쪽으로 나아가
엔세메스에 이르고, 아둠밈 비탈 맞은편의 글릴
롯으로 나간 다음에, 르우벤의 아들 보한의 돌까
지 내려간다. 18 이어서 북쪽으로 아라바 맞은
쪽의 비탈까지 내려가, 아라바에 이른다. 19 다
시 북쪽으로 벳호글라 비탈을 지나, 요단 강 남쪽
끝 곧 요단 강 물을 끌어들이는 사해의 북쪽 어귀
가 그 경계선의 끝이다. 이것이 남쪽 경계선이다.
20 동쪽 경계선은 요단 강이다. 이것이 베냐민
자손이 그 가문을 따라 얻은 유산의 사방 경계선
이다.

21 베냐민 자손의 지파가 그들의 가문을
따라 차지한 성읍은, 여리고와 벳호글라와 에멕
그시스와 22 벳아라바와 스마라임과 베델과
23 아윔과 바라와 오브라와 24 그발암모니와
오브니와 게바, 이렇게 열두 성읍과 그 주변 마을들,
25 또 기브온과 라마와 브에롯과 26 미스바와
그비라와 모사와 27 레겜과 이르브엘과 다랄라와
28 셀라와 엘렙과 여부스 곧 예루살렘과 기부앗
과 기럇, 이렇게 열네 성읍과 그 주변 마을들이다.
이것이 베냐민 자손이 그 가문을 따라 얻은 유산
이다.

시므온 지파의 땅

19 1 두 번째로 시므온 곧 시므온 자손 지
파의 각 가문의 몫을 결정할 제비를 뽑
았다. 그들의 유산은 유다 자손의 몫 가운데서 차
지하였다. 2 다음은 그들이 차지한 유산이다. 브
엘세바 곧 세바와 몰라다와 3 하살수알과 발라
와 에셈과 4 엘돌랏과 브둘과 호르마와 5 시글
락과 벳말가봇과 하살수사와 6 벳르바옷과 사루
헨, 이렇게 열세 성읍과 그 주변 마을들, 7 또 아
인과 림몬과 에델과 아산, 이렇게 네 성읍과 그 주
변 마을들, 8 또 남쪽 라마 곧 바알랏브엘까지,
이 성읍들을 둘러 있는 모든 마을이 시므온 자손
의 지파가 그 가문을 따라 받은 유산이다. 9 시
므온 자손은 유다 자손의 몫 가운데서 그들의 유산
을 받았다. 유다 자손의 몫이 필요 이상으로 크기
때문에, 시므온 자손이 그들의 몫을 유다 지파의
유산 가운데서 받은 것이다.

스불론 지파의 땅

10 세 번째로 스불론 자손의 각 가문의 몫을
결정할 제비를 뽑았다. 그들이 받은 유산의 경계
선은 사릿까지 미치고, 11 거기서 서쪽으로 올
라가서 마랄라에 이르고, 답베셋을 만나서 욕느암
맞은쪽 개울에 미친다. 12 그 경계선이 사릿에
서부터는 동쪽으로 돌아서 해 뜨는 쪽으로 기슬롯
다볼의 경계선에 이르고, 다브랏까지 나아가서
야비아로 올라간다. 13 거기에서부터 동쪽으로
가드헤벨을 지나서 엣가신에 이르고, 림몬으로
나와서 네아 쪽으로 구부러진다. 14 거기에서
경계선은 북쪽으로 돌아서 한나돈까지 가고, 입
다엘 골짜기에 이르러서 그 끝이 된다. 15 또 갓
닷과 나할랄과 시므론과 이달라와 베들레헴, 이
렇게 열두 성읍과 그 주변 마을들이 여기에 포함

단 지파의 땅을 정한다. 유다와 에브라임 사이의 세펠라 북쪽에 위치해 있는 (15:20-63의 주석을 보라) 이 땅은 특징도 없고 비좁은데 단 지파 사람들이 정복할 수 없는 거주 지역을 포함하고 있다 (삿 1:34를 보라). 그 결과 그 지파는 결국에 가서는 더욱 북쪽으로 이주하여 정착한다 (삿 18장을 보라). **19:49-51** 이스라엘 사람들은 지파의 땅 분할이 다 끝난 후 여호수아에게 땅을 소유하도록 주었는데 그 땅은 *딤낫세라* 성읍으로 베델에서 북서쪽으로 약 10마일 정도 떨어진 산간 지방에 위치해 있다. 그는 나중에 그 곳에 장사되었다 (24:30). **19:51** 땅 분할에 대한 이 결론부분에서는 서론부분(14:1)에 나온 요소들과 또한 나머지 일곱 지파가 그들의 기업을 받는 (18:1) 실로의 회막 문에 대한 언급을 반복하고 있다.

20:1—21:45 여호수아는 도피성을 지정하고 레위 사람들의 성읍을 지정하는 마지막 임무를 수행한다. **20:1-9** 여섯 개의 성읍들은 고의로 저지르지 않은 살인이 일어난 후 복수를 방지하는 구실을 한다. **20:2** 모세는 처음 지시를 주님으로부터 받았다 (출 21:12-14; 민 35:9-15). **20:3-6** 신 19:1-13에서

된다. 16 이 성읍들과 그 주변 마을은, 스불론
자손이 그 가문을 따라 얻은 유산이다.

잇사갈 지파의 땅

17 네 번째로 잇사갈 곧 잇사갈 자손의 각
가문의 몫을 결정할 제비를 뽑았다. 18 그들이
받은 땅은 이스르엘과 그술롯과 수넴과 19 하
바라임과 시온과 아나하랏과 20 랍빗과 기시온
과 에베스와 21 레멧과 언간님과 엔핫다와 벳
바세스이다. 22 그 경계선은 다볼과 사하수마
와 벳세메스와 맞닿고, 그 경계선의 끝은 요단
강이다. 모두 열여섯 성읍과 그 주변 마을들
이다. 23 이것이 잇사갈 자손의 지파가 그 가
문을 따라 유산으로 받은 성읍들과 그 주변 마을
들이다.

아셀 지파의 땅

24 다섯 번째로 아셀 자손 지파의 각 가문의
몫을 결정할 제비를 뽑았다. 25 그들이 받은 땅
은 헬갓과 할리와 베덴과 악삽과 26 알람멜렉
과 아맛과 미살이며, 서쪽으로는 갈멜과 시홀림
낫과 만난다. 27 거기에서 해 뜨는 쪽으로 벳다
곤을 돌아서 북쪽으로 스불론과 입다엘 골짜기를
만나고, 벳에멕과 느이엘에 이르러서 왼쪽으로
가불을 지나며, 28 에브론과 르홉과 함몬과
가나를 거쳐 큰 시돈에까지 이른다. 29 또 그
경계선은 라마 쪽으로 돌아서 요새화된 성읍
두로에까지 이르고, 호사로 돌아서 악십 지방에
이르러, 지중해가 그 끝이 된다. 30 또 움마와
아벡과 르홉이라는 스물두 성읍과 그 주변 마을
들이다. 31 이것이 아셀 자손의 지파가 그 가
문을 따라 유산으로 받은 성읍과 그 주변 마을들
이다.

납달리 지파의 땅

32 여섯 번째로 납달리 자손 차례가 되어, 납
달리 자손의 각 가문의 몫을 결정할 제비를 뽑았다.
33 그 경계선은 헬렙과 사아난님의 상수리나무로
부터 아다미네겝과 얍느엘을 지나 락굼까지이며,
그 끝은 요단 강이다. 34 또 그 경계선은 서쪽으로
아스놋다볼을 돌아서 그 곳에서 훅곡에 이르고,
남쪽으로는 스불론을 만나고, 서쪽으로는 아셀을
만나며, 해 돋는 요단 강 쪽으로는 유다와 만난다.
35 요새화된 성읍들로는 싯딤과 세르와 함맛과
락갓과 긴네렛과 36 아다마와 라마와 하솔과
37 게데스와 에드레이와 엔하솔과 38 이론과
믹다렐과 호렘과 벳아낫과 벳세메스, 이렇게 모두
열아홉 성읍과 그 주변 마을들이다. 39 이것이
납달리 자손의 지파가 그 가문을 따라 유산으로
얻은 성읍과 그 주변 마을들이다.

단 지파의 땅

40 일곱 번째로 단 자손 지파의 각 가문의 몫
을 결정할 제비를 뽑았다. 41 그들이 받은 유산
의 경계선은 소라와 에스다올과 이르세메스와
42 사알랍빈과 아얄론과 이들라와 43 엘론과
딤나와 에그론과 44 엘드게와 깁브돈과 바알랏
과 45 여훗과 브네브락과 가드림몬과 46 메얄
곤과 락곤과 욥바 맞은쪽 지역이다. 47 그러나
단 자손은 그들의 땅을 잃었을 때에 레셈까지 올
라가서, 그 주민들과 싸워 칼로 쳐서 무찌르고, 그
곳을 점령하였다. 그들은 거기에 살면서, 그들의
조상 단의 이름을 따라 레셈을 단이라고 불렀다.
48 이것이 단 자손의 지파가 그 가문을 따라
유산으로 얻은 성읍과 그 주변 마을들이다.

율법의 조항들을 자세히 찾아볼 수 있다. 여기에서와 민 35장에서 "실수로 저지른 살인"을 말하는 히브리어 단어 *라차*는 다른 곳에서 "고의적 살인"을 의미하는 단어로 사용되었다 (예를 들어, 출 20:13). 여기서 *복수자*를 의미하는 히브리어 단어 *고엘*은 *피* 라는 단어와 함께 사용되었는데, 다른 곳에서는 이같은 단어가 "구원자"를 의미한다 (예를 들어, 레 25:25). **20:7-9** 여섯 개의 도피성은 요단 강 양쪽에 반반씩, 나라 전체에 골고루 배치되었다. 요단 강 동편에 있는 도피성들은 모세에 의해 이미 지정되었다 (신 4:41-43). **21:1-45** 땅 분할의 마지막 순서는 레위 사람들을 위한 성읍들을 지정하는 것이다 (16:1-10에 관한 주석을 보라; 또한 창 49:7; 민 18:23-24; 겔 44:28을 보라). **21:1-3** 땅을 할당하는 사람들은 14:1에 나오는 똑같은 사람들이다. 레위 사람들에게 지정된 48성읍에 대하여는 민 35:1-8을 보라. **21:4-7** 창 46:11에 나오는 세 아들의 순서와는 반대로, 여기서 모세와 아론의 할아버지 고핫 (출 6:16-20)은 가장 첫 자리에 나온다. **21:8-19** 고핫 자손들 가운데 아론의 직계 자손이 그들의 모든 성읍을 유다, 시므온, 그리고 베냐민 지파들로부터 받는다—특히 남왕국의 전체를 받게 되는데, 이것은 아론 자손들이 이스라엘의 제사장 계열에서 중심적인 위치를 차지했

땅 분할 완료

49 이스라엘 자손이 이렇게 그들의 경계선을 따라 땅 나누기를 마친 다음에, 그들은 눈의 아들 여호수아에게 자기들의 땅에서 얼마를 떼어 여호수아의 유산으로 주었다. 50 그들은 주님께서 말씀하신 대로, 여호수아가 요구한 에브라임 산간지방에 있는 성읍 딤낫세라를 그에게 주었다. 여호수아는 거기에 성읍을 세우고, 그 곳에서 살았다.

51 이것이 엘르아살 제사장과 눈의 아들 여호수아와 이스라엘 자손 지파의 족장들이 실로의 회막 문 곧 주님 앞에서 제비를 뽑아서 나눈 유산이다. 이와 같이 하여 땅 나누기를 모두 마쳤다.

도피성 제도

20 1 주님께서 여호수아에게 말씀하셨다. 2 "너는 이스라엘 자손에게 이렇게 일러라. '내가 모세를 시켜 너희에게 말한 도피성을 지정하여, 3 고의가 아니라 실수로 사람을 죽인 사람을 그 곳으로 피하게 하여라. 그 곳은 죽은 사람에 대한 복수를 하려는 사람을 피하는 곳이 될 것이다. 4 살인자는 이 성읍들 가운데 한 곳으로 가서, 그 성문 어귀에 서서, 그 성의 장로들에게 자신이 저지른 사고를 설명하여야 한다. 그러면 그들은 그를 성 안으로 받아들이고, 그가 있을 곳을 마련해 주어, 함께 살도록 해야 한다. 5 죽은 사람에 대한 복수를 하려는 사람이 뒤쫓아온다 할지라도, 그 사람의 손에 살인자를 넘겨 주어서는 안 된다. 그가 전부터 그의 이웃을 미워한 것이 아니고, 실수로 그를 죽였기 때문이다. 6 그 살인자는 그 성읍에 머물러 살다가, 회중 앞에 서서 재판을 받은 다음, 그 당시의 대제사장이 죽은 뒤에야 자기의 성읍 곧 자기가 도망 나왔던 성읍에 있는 자기의 집으로 돌아갈 수 있다.'"

7 그래서 그들은 요단 강 서쪽 지역에서는 납달리 산간지방에 있는 갈릴리의 게데스와 에브라임 산간지방의 세겜과 유다 산간지방의 기럇아르바 곧 헤브론을 도피성으로 구별하여 지정하였다. 8 또 여리고 동쪽, 요단 강 동쪽 지역에서는 르우벤 지파의 평지 광야에 있는 베셀과 갓 지파의 길르앗 라못과 므낫세 지파의 바산 골란을 도피성으로 구별하여 지정하였다. 9 이 성읍들이, 이스라엘의 모든 자손이나 그들 가운데 살고 있는 외국인 가운데서 누구든지 실수로 사람을 죽였을 때에, 그 곳으로 피하여 회중 앞에 설 때까지, 죽은 사람에 대한 복수를 하려는 사람의 손에 죽지 않도록 하려고, 구별하여 지정한 도피성이다.

레위 사람의 성읍

21 1 그 때에 레위 지파의 족장들이 제사장 엘르아살과 눈의 아들 여호수아와 이스라엘 자손의 다른 지파 족장들에게 나아왔다. 2 그 곳 가나안 땅 실로에서 레위 지파의 족장들이 그들에게 말하였다. "주님께서 모세를 시켜서, 우리가 거주할 성읍과 우리의 가축을 먹일 목장을 우리에게 주라고 명하셨습니다." 3 그래서 이스라엘 자손은 주님의 명을 따라, 그들의 유산 가운데서 다음의 성읍들과 목장을 레위 사람에게 주었다.

4 고핫 가문의 몫을 결정할 제비를 뽑았는데, 레위 사람 가운데 아론 제사장의 자손에게는 유다 지파와 시므온 지파와 베냐민 지파의 몫에서

음을 보여준다. **21:11** 기럇아르바에 대해서는 14:15에 대한 주석을 보라. **21:12** 갈렙. 14:6-15와 15:13-19에 관한 주석을 보라. **21:13** *헤브론*. 유다 지파, 시므온 지파, 그리고 베냐민 지파의 영토에 있는 도피성이다. **21:20-26** 아론 계열을 제외한 다른 고핫 자손들은 중앙 고지대, 해안 저지대, 그리고 북쪽 지역(다아낙)에 있는 성읍들을 차지한다. *세겜*. 이 성읍은 도피성으로 세워진 성읍이다. **21:24-25** 두 번째 언급되는 *가드림몬* 지역은 알려지지 않았는데, 아마도 므낫세 지파의 영토에 있을 것이다. **21:27-33** *게르손* 자손들에게 지정된 모든 성읍은 아주 북쪽에 놓여있다. 게르손의 후대 자손들은 북쪽의 단에 세워진 금지된 제사의식과 관련되어 있다 (삿 18:30). 그들의 성읍 중 갈릴리 바다 동쪽에 있는 골란과 갈릴리 산지에 있는 가데스는 두 개의 도피성이다. **21:34-40** 레위의 셋째 아들, 므라리의 후손들은 스불론과 갓과 르우벤 지파들로부터 성읍을 얻는다. 그들 지역의 두 도피성 가운데 하나는 이름을 밝히고 있는데 (길르앗의 *라못*), 다른 하나는 이름이 밝혀지지 않고 있다 (*베셀*; 20:8 참조). **21:41-45** 결론식으로 되어있는 이 구절은 48개의 레위 지파의 성읍이 모두 할당되었다는 말로 시작된다. **21:42** 다소 불필요하게 반복하고 있는 것으로 보이는 이 구절은 받은 명령이 모두 수행되었다는 것을 암시하고 있다. **21:43-45** 이 요약 단락은 13—21장에 걸친 땅 분할의 전체 부분을 결론짓고 있다. 신명기학파의 기조와 스타일을 유지하면서 이 본문은 조상에게 주신 주님의 후한 약속들이 이제 모두 이루어졌다고 강조한다: 즉 땅과 그들의 이웃들간의 평화의 선물에 대한 약속.

열세 성읍이 돌아갔다. 5 고핫의 남은 자손에게는
에브라임 지파 가문과 단 지파와 므낫세의 반쪽
지파의 몫에서 열 성읍이 돌아갔다.
6 게르손 자손에게는 잇사갈 지파 가문과 아셀
지파와 납달리 지파와 바산에 있는 므낫세의 반쪽
지파의 몫에서 열세 성읍이 돌아갔다.
7 므라리 자손에게는 그 가문을 따라 르우벤
지파와 갓 지파와 스불론 지파의 몫에서 열두 성
읍이 돌아갔다.
8 이스라엘 자손이 제비를 뽑아서, 주님께서
모세에게 명하신 대로, 레위 사람들에게 이러한
성읍들과 목장을 주었다.
9 유다 자손의 지파와 시므온 자손의 지파의
몫에서 다음과 같은 성읍이 아론의 자손에게 돌아
갔다. 10 레위 자손 가운데서도 고핫 가문에
속한 아론 자손이 첫 번째로 제비를 뽑았는데,
11 아낙의 아버지인 아르바가 가지고 있던 기럇
아르바 곧 유다 산간지방에 있는 헤브론과 그 주변
목장을 얻게 되었다. 12 그러나 성읍에 딸린 밭과
그 주변 마을은 여분네의 아들인 갈렙에게로 돌아
가서, 그의 차지가 되었다.
13 유다와 시므온 지파는 제사장 아론의
자손에게, 살인자가 피할 도피성인 헤브론과 거
기에 딸린 목장과, 립나와 거기에 딸린 목장과,
14 얏딜과 거기에 딸린 목장과, 에스드모아와
거기에 딸린 목장과, 15 홀론과 거기에 딸린 목
장과, 드빌과 거기에 딸린 목장과, 16 아인과
거기에 딸린 목장과, 윳다와 거기에 딸린 목장과,
벳세메스와 거기에 딸린 목장, 이렇게 아홉 성읍
을 주었다. 17 또 베냐민 지파에서는 기브온과
거기에 딸린 목장과, 게바와 거기에 딸린 목장과,
18 아나돗과 거기에 딸린 목장과, 알몬과 거기에
딸린 목장, 이렇게 네 성읍을 그들에게 주었다.
19 제사장 아론 자손에게는 모두 열세 성읍과
거기에 딸린 목장이 돌아갔다.

20 레위 사람들 가운데서 나머지 곧 고핫 자손
가문의 레위 사람은 에브라임 지파에게서 성읍을
몫으로 받았다. 21 에브라임 지파가 그들에게
준 성읍은, 살인자의 도피성인 에브라임 산간지
방의 세겜과 거기에 딸린 목장과, 게셀과 거기에
딸린 목장과, 22 깁사임과 거기에 딸린 목장과,
벳호론과 거기에 딸린 목장, 이렇게 네 성읍이다.
23 단 지파에서 준 것은, 엘드게와 거기에 딸린
목장과, 깁브돈과 거기에 딸린 목장과, 24 아얄
론과 거기에 딸린 목장과, 가드림몬과 거기에 딸린
목장, 이렇게 네 성읍이다. 25 므낫세 반쪽 지파
에서 준 것은, 다아낙과 거기에 딸린 목장과, 가
드림몬과 거기에 딸린 목장, 이렇게 두 성읍이다.
26 고핫 자손의 나머지 가문에게는, 모두 열 성
읍과 거기에 딸린 목장이 돌아갔다.
27 레위 지파 가문에 속한 게르손 자손에게
는, 동쪽 므낫세의 반쪽 지파에서 살인자의 도피성
인 바산의 골란과 거기에 딸린 목장과, 브에스드라
와 거기에 딸린 목장, 이렇게 두 성읍을 주었다.
28 잇사갈 지파에서는 기시온과 거기에 딸린 목장
과, 다브랏과 거기에 딸린 목장과, 29 야르뭇과
거기에 딸린 목장과, 언간님과 거기에 딸린 목장,
이렇게 네 성읍을 게르손 자손에게 주었다. 30 아
셀 지파에서는 미살과 거기에 딸린 목장과, 압돈과
거기에 딸린 목장과, 31 헬갓과 거기에 딸린 목
장과, 르홉과 거기에 딸린 목장, 이렇게 네 성읍을
게르손 자손에게 주었다. 32 납달리 지파에서는
살인자의 도피성인 갈릴리의 게데스와 거기에 딸
린 목장과, 함못돌과 거기에 딸린 목장과, 가르단
과 거기에 딸린 목장, 이렇게 세 성읍을 게르손 자
손에게 주었다. 33 이와 같이 게르손 사람은 그
가문을 따라 모두 열세 성읍과 그 목장을 얻었다.
34 레위 사람 가운데서 나머지 므라리 자손의
가문에게는, 스불론 지파에서 욕느암과 거기에
딸린 목장과, 가르다와 거기에 딸린 목장과,

이러한 철저한 확신은 나중에 포로기 시대로 이어지는 배교와 패배의 역사에 대해 이스라엘 사람들 자신 외에는 어떤 다른 것에도 책임을 돌릴 수 없다고 하는 후대의 신학적 논점을 지지해주려는 의도로 보인다.

22:1-34 22장은 땅에 정착한 사건(13—21장에 있는 대로)과 하나님께 신실하라고 사람들에게 주는 최종적 권고들(23-24장의 초점)이 시작되는 부분을 함께 이어주는 역할을 한다. 그 땅의 다른 곳에 제단을 쌓는 것에 대해 비판하는 것은 결국 이스라엘의 선택된 장소—즉 예루살렘—에서 드리는 여호와 예배만이 정당하다는 것을 확실히 하려는 신명기학파들의 노력을 보여주고 있다 (19절을 보라). **22:1-9** 1:12-18과 13:8-33에 관한 주석을 보라. 신명기적 언어와 주제들이 여기서도 확연하게 나타나는데, 특히 백성의 순종과 신실함을 촉구하는 구절들에서 그렇다. **22:2-3** 여호수아의 명령에 대해서는 1:14-15를 보라. **22:7** 17:1-13을 보라. **22:8** *당신들의 거처로 돌아가십시오.* 이것은 백성에게 그들의 집으로 돌아가라는 것을 의미한다 (삿 19:9; 삼하 20:1; 왕상 8:66; 12:16 참조). 이 지파들은 다른 지파들처럼 성전에서 진멸되지 않은 전리품들

35 딤나와 거기에 딸린 목장과, 나할랄과 거기에
딸린 목장, 이렇게 네 성읍을 주었다. 36 르우벤
지파에서는 베셀과 거기에 딸린 목장과, 야하스와
거기에 딸린 목장과, 37 그데못과 거기에 딸린
목장과, 므바앗과 거기에 딸린 목장, 이렇게 네 성
읍을 므라리 자손에게 주었다. 38 또한 갓 지파
에서는 살인자의 도피성인 길르앗 라못과 거기에
딸린 목장과, 마하나임과 거기에 딸린 목장과,
39 헤스본과 거기에 딸린 목장과, 야스엘과 거기에
딸린 목장, 이렇게 모두 네 성읍을 므라리 자손에
게 주었다. 40 이것이 레위 가문의 나머지 곧
므라리 자손이 그 가문을 따라 받은 성읍으로서,
모두 열두 성읍이 그들의 몫이 되었다.

41 이스라엘 자손이 차지한 유산의 땅 가운
데서, 레위 사람이 얻은 것은 모두 마흔여덟 개의
성읍과 거기에 딸린 목장이었다. 42 성읍마다
예외 없이 거기에 딸린 목장이 있었다.

이스라엘이 약속된 땅을 차지하다

43 이와 같이 주님께서 이스라엘 백성의 조
상에게 주시겠다고 맹세하신 모든 땅을 이스라엘
백성에게 주셨으므로, 그들은 그 땅을 차지하여 거
기에 자리 잡고 살았다. 44 주님께서는 그들의
조상에게 맹세하신 대로, 사방에 평화를 주셨다.
또한 주님께서는 그들의 모든 원수를 그들의 손에
넘기셨으므로, 그들의 원수 가운데서 어느 누구도
그들에게 대항하지 못하였다. 45 주님께서 이스
라엘 사람에게 약속하신 모든 선한 말씀이, 하나도
어긋남이 없이 그대로 다 이루어졌다.

여호수아가 동쪽 지파들을 돌려보내다

22 1 그 때에 여호수아가 르우벤 사람과 갓
사람과 므낫세의 반쪽 지파 사람들을 불러
놓고, 2 그들에게 일렀다. "당신들은 주님의 종
모세가 당신들에게 명령한 것을 모두 지켰고, 또
나에게 순종하여, 내가 명령한 모든 것을 다 지켰
습니다. 3 당신들은 오늘까지 이렇게 오랫동안
당신들의 겨레를 저버리지 않고, 주 당신들의
하나님이 명하신 것을 성심껏 다 지켰습니다.
4 이제는 주 당신들의 하나님이 약속하신 대로
당신들 겨레에게 안식을 주셨으니, 당신들은 이제
주님의 종 모세가 요단 강 동쪽에서 당신들에게
준, 당신들 소유의 땅 당신들의 거처로 돌아
가십시오. 5 당신들은 오직 주님의 종 모세가
당신들에게 명령한 계명과 율법을 열심히 좇아서
지키십시오. 주 당신들의 하나님을 사랑하고,
언제나 주님께서 지시하시는 길로 가며, 주님의
명령을 지키며, 주님을 가까이 하고, 당신들의 온
마음과 온 정성을 다하여 주님을 섬기십시오."
6 여호수아가 그들을 축복하여 보내니, 그들이
자기들의 장막으로 돌아갔다. 7 동쪽의 므낫세
반쪽 지파에게는 이미 모세가 요단 강 동쪽에서
바산에 있는 땅을 주었고, 그 나머지 서쪽의 므낫
세 반쪽 지파에게는, 여호수아가 다른 지파들에
게 준 것과 같이, 요단 강 서쪽에서 땅을 주었다.
여호수아는 그들을 그들의 거처로 보내며 축복하
였다. 8 "당신들은, 많은 재산과 아주 많은 가축
과 금과 은과 동과 철과 아주 많은 의복을 가지고,
당신들의 거처로 돌아가십시오. 당신들의 원수들

중 그들의 몫을 가질 수 있게 되었다. **22:10-12** 요단 동편 지파들은 그들의 땅으로 돌아가는 길에 거대한 (문자 그대로 읽으면, "모양이 훌륭한") 제단을 강 건너기 전에 요단 강 서쪽 둑에 세운다. **22:10** "지역." 이 단어에 해당하는 히브리어를 마소라사본에서는 *그릴롯* "동그라미들, 원들"이라는 단어로 쓰고 있다. 아마도 그릴롯이라는 지명일 것이다. 칠십인역에서는 "길갈"이라고 읽는데, 요단 강 언덕에서 서쪽으로 5마일 떨어진 지역 이름이다. (개역개정과 공동번역은 "그릴롯"이라는 지명을 언급하지 않고 그냥 요단 지역으로만 번역하였음.) **22:11** 여기와 다른 여러 본문에서 요단 강의 서쪽(*가나안* 땅 혹은 19절에서 주님의 땅)을 강의 동쪽으로부터 애써 구분하려는 모습을 찾아볼 수 있다. 여기서 이스라엘 사람들이라고 명명된 그룹은 서쪽의 지파들을 의미하고 있다. **22:12** 서쪽 이스라엘 사람들의 호전적 반응은 군사적 위협을 느꼈기 때문이었을 가능성이 많다. 그러나 곧바로 16-20절에서 동쪽 사람들의 행위를 신성모독 행위로 간주하고 있다. 이와 비슷한 이야기가 삿 12:1-6에 있다. **22:13-20** 대표자를 두 지파와 반쪽 지파에게 보내어 만일 요단 동쪽이 부정하다고 생각되거든 서쪽으로 재정착하라고 호소하게 하였다. **22:13** *비느하스*는 브올에서 행해지던 배교행위를 막았던 제사장이다. 그 결과 "영원한 제사장의 언약"을 받았다 (민 25:7-13). **22:14** 지도자들의 계급조직에 대해서는 7:14에 관한 주석들을 보라. **22:16** 히브리어 단어(*마알*)는 여기에서 "악한 일"이라고 번역되고, 22절과 31절에서는 "반역"이라고 번역되었다. 똑같은 단어가 7:1에서 아간의 죄를 가리키는 것으로 사용되었다. (개역개정은 같은 단어를 다 범죄하는 것으로 번역했고, 공동번역은 같은 단어를 배신하고 죄를 짓는 것으로 번역하였음.) **22:17** 브올에서의 사건(22:13의 주석을 보라)은 광야 유랑 당시에 특히 가증했던 죄와

에게서 빼앗은 전리품을 다른 지파들과 더불어서 나누어 가지십시오."

9 르우벤 자손과 갓 자손과 요단 강 동쪽에 정착한 므낫세의 반쪽 지파가 그들의 소유지로 돌아갔다. 그들은 가나안 땅의 실로에서 이스라엘 자손을 떠나서, 주님께서 모세에게 내리신 명대로, 그들이 얻어 소유하게 된 땅 곧 길르앗 땅으로 돌아갔다.

요단 강 가에 제단을 쌓다

10 그들이 가나안 땅의 요단 강 가까이에 있는 그릴롯에 이르렀다. 르우벤 자손과 갓 자손과 동쪽의 므낫세 반쪽 지파가 요단 강 서쪽 지역의 강가에 단을 쌓았는데, 그 단은 보기에 아주 큰 단이었다. 11 이스라엘 자손이 이 소식을 듣고 말하였다. "르우벤 자손과 갓 자손과 동쪽의 므낫세 반쪽 지파가 우리들이 있는 요단 강 서쪽 지역의 강 가까운 그릴롯에 단을 쌓았다." 12 이스라엘 자손이 이 말을 듣고, 온 회중이 동쪽 지파들에게 대항하여 싸우려고 실로에 모였다.

13 이스라엘 자손은, 엘르아살의 아들인 비느하스 제사장을, 길르앗 땅에 있는 르우벤 자손과 갓 자손과 동쪽의 므낫세 반쪽 지파에게 보냈다.
14 요단 강 서쪽에 자리 잡은 이스라엘 각 지파에서 한 사람씩 열 명의 대표가 비느하스와 함께 갔다. 그들은 각기 이스라엘의 천천만만 백성의 가문을 대표하는 사람들이었다. 15 그들이 길르앗 땅으로 가서 르우벤 자손과 갓 자손과 동쪽의 므낫세 반쪽 지파에게 말하였다. 16 "주님의 온 회중이 하는 말이오. 당신들이 어찌하여 이스라엘의 하나님께 이런 악한 일을 하였소? 어찌하여 당신들이 오늘날 주님을 떠나서, 제멋대로 단을 쌓아 주님을 거역하였소? 17 우리가 브올에서 지은 범죄 때문에 주님의 회중에 재앙이 내렸고, 우리는 아직도 그 죄를 다 씻지 못하고 있소. 그것으로도 부족하단 말이오? 18 당신들은 오늘에 와서 주님을 따르지 않고 등을 돌렸소. 오늘 당신들이 주님을 거역하였으니, 내일은 주님께서 온 이스라엘의 회중에게 진노하실 것이오.
19 만일 당신들의 소유지가 깨끗하지 못하거든, 주님의 성막이 있는 주님의 소유지로 건너와서, 우리의 소유를 나누어 가지시오. 주 우리 하나님의 단 외에 당신들이 함부로 단을 쌓음으로써, 주님을 거역하거나 우리를 거역하지 마시오.
20 세라의 아들 아간이, ㄱ)주님께 전멸시켜 바칠 물건에 대하여 큰 죄를 지어서, 이스라엘의 온 회중 위에 진노가 내리지 않았소? 그의 죄 때문에 죽은 사람이 어디 그 한 사람뿐이오?"

21 르우벤 자손과 갓 자손과 동쪽의 므낫세 반쪽 지파가 이스라엘의 천천만만 백성의 가문 대표들에게 대답하였다. 22 "ㄴ)주 하나님은 전능하십니다! 주 하나님은 전능하십니다! 우리가 왜 그렇게 하였는지, 주님은 아십니다. 같은 이스라엘

ㄱ) 2:10 주를 볼 것 ㄴ) 잘못한 일이 없음을 강조하여 맹세의 형식을 빌어 말할 때에, 하나님을 반복해서 부름

같은 것이다. **22:18** 한 그룹이나 개인의 반역 행위가 히브리 율법에 따르면 보다 큰 공동체 전체에 벌을 내리는 결과를 가져올 수 있다. **22:19** *주님의 소유지.* 22:11에 관한 주석들을 보라. 이스라엘 영토 밖의 땅이 부정할 수 있다는 생각은 여기에서의 맥락과 잘 맞는다. 신명기학파의 저작들이 염두에 둔 청중 가운데에는 포로기 세대가 있었으며, 그들도 부정한 땅에서 어떻게 살아야 하는지 생각하도록 하고 있다. 여기에서 언급되어 있지 않은 것은 요단 강 동편의 이 땅이 모세에 의해 이 두 지파와 반쪽 지파에게 할당되었을 때에는 그 땅이 부정하다는 암시가 전혀 없었다는 것이다. 또한 대표자도 이 지파들이 요단 서편에서 정착할 장소를 찾을 수 있다는 암시가 없었다. *성막.* 이 말(히브리어 *미쉬칸*; 문자 그대로 읽으면 "거하심"이다)이 여호수아서에서 유일하게 나오는 구절들은 여기와 29절에서이다; 하나님의 존재를 나타내는 것으로서 언약궤를 언급하는 것은 흔히 있는 일이다. **22:20** 아간에 대해서는 7장을 보라. **22:21-29** 동쪽 지파들은 제단을 쌓은 그들의 행위는 전적으로 오해였다고 주장한다. **22:22** *신들의 하나님*(히브리어로 *엘 엘로힘 야훼*)을 보다 더 잘 번역하려면 "하나님, 하나님, 여호와!" 라고 해야 한다. 즉 세 단어를 따로따로 번역하고 수사적 효과를 위해 반복해야 한다. 이 선언을 소리쳐 말하면서 동쪽 지파들은 그들의 신실한 의도를 맹세한다. **22:23** 이 제단이 다른 신들에게 제물을 바치는데 사용되었다는 분명한 언급은 없다. 서쪽 지파들에게 있어서 문제가 되는 것은 그 제단이 예루살렘이 아닌 다른 곳에 세워져 있다는 것으로 보인다. 신명기학파와 제사장 계열의 이데올로기 모두에 의하면 예루살렘이 유일하게 성스러운 장소여야 한다. **22:24-25** 동쪽 지파들은 대표자의 고발에 대해 하나의 시나리오를 제시한다. 후대에 서쪽 지파들은 그 시나리오에 의해 그 강을 경계선으로 하여 동쪽 지파들을 이스라엘 공동체로부터 제외하게 되었을 것이다. **22:26-27** 의도와는 모순되게도 동쪽 지파들이 후대에 그들의 하나님에 대한 충성을 상기시킬 수 있도록 했던 일이 자신들 당대에는 그러한 식으로 이해받지 못했다는 것이다. *증인*에 대하여는 22:34를 보라. **22:28** 오직 제단의 모형이나 모델(*복사본*)만이

겨레인 여러분도 알아 주시기를 바랍니다. 우리가 한 이 일이 주님을 반역하거나, 주님을 거역하는 일이었다면, 주님께서 우리를 이렇게 살려 두지 않으셨을 것입니다. 23 우리는 주님을 따르지 않고 등을 돌리려고 이 단을 쌓은 것이 아닙니다. 또 드리는 이 단을 번제와 곡식제사와 화목제사를 드리는 제단으로 사용하지는 않을 것입니다. 우리가 만일 이 단을 제단으로 쓸 목적으로 쌓았다면 주님께서 벌써 우리를 벌하셨을 것입니다. 24 그러나 사실은 그렇지 않습니다. 우리가 여기에 단을 쌓은 것은, 훗날 당신들의 자손이 우리의 자손에게 '너희가 주 이스라엘의 하나님과 무슨 상관이 있느냐? 25 너희 르우벤 자손과 갓 자손아! 주님께서 우리와 너희 사이에 요단 강을 경계선으로 삼으셨으니, 너희는 주님에게서 받을 몫이 없다' 하고 말하면서, 당신들의 자손이 우리의 자손을 막아서, 주님을 경외하지 못하게 할까 염려가 되어서, 26 우리가 이 단을 쌓은 것입니다. 이것은 번제물을 드리거나 다른 어떤 제물을 드리려고 쌓은 것이 아닙니다. 27 오히려 이 단은, 우리와 당신들 사이에, 그리고 우리의 자손 사이에, 우리의 믿음을 증명하려고 세운 것입니다. 우리도 번제물과 다른 제물과 화목제물을 가지고 주님을 진정으로 섬기는 사람들이라는 것을 증명하려는 것입니다. 그래서 먼 훗날에, 당신들의 자손이 우리의 자손에게 '너희는 주님에게서 받을 몫이 없다'고 말하지 못하게 하려는 것입니다. 28 우리가 말한 대로, 훗날 당신들의 자손이 우리에게나 우리 자손에게 그같이 말한다면 '보아라, 이것은 우리 조상이 만든 주님의 제단의 모형일 뿐이다. 이것은 우리가 여기에서 번제물을 드리거나, 다른 제물을 드리려고 만든 것이 아니다. 이것은 다만 우리와 당신들 사이의 관계를 증명하려는 것일 뿐이다' 하고 대답할 수 있을 것입니다. 29 우리는, 번제나 곡식제사를 아무데서나 함부로 드리는 일이나, 다른 제물을 바칠 불법적인 단을 만듦으로써 주님을 거역하거나 배반하는 일은, 결코 하지 않을 것입니다. 우리는 주 우리 하나님의 성막 앞에 있는 그 합법적인 단 외에는 어떤 제단도 쌓지 않을 것입니다."

건축될 수 있었고 실제로 희생제사를 위한 진짜 제단을 세울 수는 없었다. **22:30-34** 비느하스가 이끌었던 대표단은 설명에 만족하고 요단 동편으로 돌아가서 그들이 얻은 바를 보고한다. 이스라엘 백성은 여기서 또 한 번 요단의 서쪽에 거주하는 자들로서 규정되고 있다. **22:31** 이 진술의 논리는 분명하지 않다: 왜 배역하지 않은 것이 주님의 존재를 가리키고 있는가? 어떻게 한 그룹이 죄를 행치 않은 것으로 나머지 백성을 구원한다는 것인가? 표면적으로는 이 진술이 그들에 대한 신뢰를 고백하며 칭찬하는 것으로 보인다. **22:34** 제단은 그들의 하나님의 주님 되심에 대해 증거한다는 의미에서 증인이다 (27-28절을 보라). 그러나 "우리 모두에게" 라는 구절이 르우벤과 갓 지파를 말하는 것인지 아니면 요단 서편에 정착한 지파들을 의미하는지는 분명하지 않다.

23:1—24:33 마지막 두 장은 책의 적절한 결말을 묘사하고 있다. 두 장 모두 신명기학파의 특징들을 보여주고 있다—특히 23장은 약속, 완성, 순종, 충성, 그리고 언약을 어기는 것에 대한 책벌의 위협 등 1장에서 나온 것과 매우 흡사한 주제들에 대한 설교식 접근을 하고 있다. 24장은 보다 역사적인 접근과 고백적 구조를 보여주고 있다. 두 장이 함께 이 책의 핵심 주제인 땅의 정복과 정착에서 나타난 하나님의 은혜를 강조하고 있다. **23:1-16** 여호수아가 기적적으로 선물로 받은 땅을 생각하면서 권면의 말을 하고 있다. **23:1** 얼마간의 기간인지는 뚜렷하지 않다. 여호수아는 땅의 분할 초기에 이미 늙었다고 되어 있다 (13:1). 안식을 준다는 것은 이스라엘 백성이 그들의 적들을 전적으로 물리쳤다는 것을 의미하지는 않는다. 또한 4-5절은 앞으로도 전투가 계속될 것을 암시하고 있다. **23:2** 지도자들의 목록을 보면 권력 구조가 발전되었음을 볼 수 있다. **23:3-4** 주님이 이스라엘 백성을 위해 싸웠다고 말하면서 (거룩한 전쟁에서와 같이), 아직도 정복하지 못한 백성이 남아있다고 하는 주장에는 어느 정도 모순이 있다. 영토의 범위가 요단 강으로부터 지중해 바다까지 라고 하면서 요단 동편 땅을 빠뜨리고 있는데, 이것은 22장에서 은근히 보이는 영토와 관련된 문제를 상기시키고 있다. **23:6** *모세의 율법책*에 대해서는 1:7-8의 주석을 보라. **23:7** 그 땅에 남아있던 주민들과 결혼하는 것과 관계된 신성모독죄들을 열거하면서 신명기학파들은 포로기의 관점으로부터 보면서 이스라엘 백성이 결국 거부하지 못했던 바로 그 유혹을 설명하고 있다. **23:9-10** 여기에서의 주장 뒤에는 성전의 개념이 있다. **23:11** 신명기학파의 신학에서는 *사랑*이라는 말은 어떤 관계가 요구하는 모든 내용에 온전히 동의한다는 의미를 지닌 "순종하다"는 뜻으로 흔히 사용된다. **23:12-13** 불순종은 이스라엘 백성의 자체 파멸을 불러온다. 타민족과의 결혼을 금지하는 것이 라 9—10장과 느 13:23-27에서 강요된다. **23:14** *온 세상 사람이 가는 길로 갈 때.* 이것에 대해서는 다윗이 솔로몬에게 준 마지막 분부를 참조하라 (왕상 2:2). **23:15-16** 땅에 계속 남아 번창하는 데 필요한 조건들이 다시 반복되는데 이번에는 그것이 언약과 명확한 관계를 가진 것으로 되어 있다. 이것은 신명기학

30 제사장 비느하스와 회중의 대표자들 곧
그와 함께 간 이스라엘의 천천만만 백성의 가문
대표들이, 르우벤 자손과 갓 자손과 동쪽의 므낫세
자손의 그 말을 듣고 기뻐하였다. 31 제사장 엘
르아살의 아들인 비느하스가 르우벤 자손과 갓 자
손과 동쪽의 므낫세 자손에게 말하였다. "당신들이
이번 일로 주님께 반역한 것이 아니기 때문에, 우
리는 오늘 주님께서 우리 가운데 계심을 알았소.
이제 당신들은 이스라엘 자손을 주님의 손에서
건져 내었소."
32 제사장 엘르아살의 아들인 비느하스와 백
성의 대표들이 길르앗 땅에 있는 르우벤 자손과
갓 자손을 만나 본 다음에, 가나안 땅으로 돌아
와서, 이스라엘 자손에게 그대로 보고하였다.
33 이스라엘 자손은 그 보고를 듣고 기뻐하면서,
이스라엘 자손의 하나님을 찬송하였다. 그래서 '르
우벤 자손과 갓 자손이 거주하는 땅으로 쳐올라가
서 그들을 멸하자' 하는 말을 다시는 하지 않았다.
34 ㄱ)르우벤 자손과 갓 자손은 이 단을 일컬어
'주님께서 하나님이심을 우리 모두에게 증명함'
이라고 하였다.

여호수아의 고별사

23 1 주님께서 주변의 모든 원수를 멸하시어
이스라엘에게 안식을 주신 뒤에, 오랜 세
월이 흘러서 여호수아도 나이가 많이 들었고 늙었
다. 2 여호수아는 온 이스라엘 곧 장로들과 우두
머리들과 재판장들과 관리들을 불러서, 그들에게
말하였다. "나는 나이가 많이 들었고, 이렇게 늙었
습니다. 3 당신들은 주 당신들의 하나님이 당신
들의 편이 되시어 이 모든 이방 나라에게 어떻게
하셨는지, 그 모든 일을 잘 보셨습니다. 과연 주
당신들의 하나님은 당신들의 편이 되시어 싸우셨
습니다. 4 보십시오. 요단 강으로부터 해 지는
지중해까지, 아직 남아 있는 모든 나라와 이미 정
복한 모든 나라를, 나는 당신들의 각 지파에게 유산
으로 나누어 주었습니다. 5 주 당신들의 하나님이
친히 당신들 앞에서 그들까지 마저 쫓아내실 것입
니다. 주님께서 당신들이 보는 앞에서 그들을 몰아
내실 터인데, 그 때에 당신들은 주 하나님이 약속
하신 그 땅을 소유하게 될 것입니다. 6 그러므로
모세의 율법책에 기록된 모든 것을 아주 담대하게
지키고 행하십시오. 그것을 벗어나 좌로나 우로나
치우치지 마십시오. 7 당신들과 이웃한, 남아 있는
이 나라들과 사귀지 말며, 그 신들의 이름을 부르
거나 그 이름으로 맹세하지도 마십시오. 그것을
섬기거나 경배하지도 마십시오. 8 오직 당신들은
지금까지 해 온 대로, 주 당신들의 하나님만 가까이
하십시오. 9 주님께서 당신들 앞에서 크고 강한
나라들을 몰아내셨으므로, 지금까지 당신들을 당할
사람이 없었던 것입니다. 10 주 당신들의 하나
님이 약속하신 대로 당신들의 편을 들어서 몸소
싸우셨기 때문에, 당신들 가운데서 한 사람이 원
수 천 명을 추격할 수 있었던 것입니다. 11 그러
므로 삼가 조심하여 주 당신들의 하나님을 사랑하
십시오. 12 만일 당신들이 이것을 어기고, 당신
들 가운데 살아 남아 있는 이 이방 민족들을 가까
이하거나, 그들과 혼인관계를 맺으며 사귀면,
13 주 당신들의 하나님이 당신들 앞에서 다시는
이 민족들을 몰아내지 아니하실 것이라는 사실을
분명히 아십시오. 그게 올무와 덫이 되고, 잔등에
채찍이 되며, 눈에 가시가 되어, 끝내 당신들은 주
당신들의 하나님이 주신 이 좋은 땅에서 멸망하게
될 것입니다.
14 나는 이제 온 세상 사람이 가는 길로 갈
때가 되었습니다. 당신들은 주 하나님이 약속하신

ㄱ) 시리아어역에는 "르우벤 자손과 갓 자손은 '이 단이 주님께서 하나님이심을 우리 사이에서 증명한다'고 하면서 그 이름을 엣이라고 하였다"

파의 개념으로 여호수아서에 이러한 의미로는 세 번 더 언급되고 있다 (7:11, 15; 24:25). 다른 곳에서는 언약궤를 언급하든지 기브온 사람들과의 조약을 언급하고 있다.

24:1-33 여호수아는 백성이 잘 알아듣도록 시기적절한 도전을 던진다. 그들에게 하나님의 구원의 역사를 상기시키면서 이제는 그들이 종교적 충성을 결단할 시점에 이르렀다고 선언한다. 그는 연설에서 역사의 특징적인 사건들을 요약하고 있는데 이것은 정복 이야기의 결말에 잘 어울릴 뿐 아니라 백성이 앞으로 힘겨운 삶을 맞이하고 있는 시점에 적절하다고 볼 수 있다. 신명기학파들은 왕정제도가 끝나고 곧 이어지는 바벨론 포로기의 시각에서 쓰고 있으므로 이 연설을 바로 이 시점에 놓은 장본인들일 가능성이 높다. **24:1-13** 여호수아의 연설의 본문은 백성의 역사를 뒤돌아보고 있지만 시내 산에서의 율법전수 이야기를 빠뜨리고 있는 것이 눈에 띈다. 이 연설은 권고의 말과 여호수아가 하나님께 성실하겠다는 개인적 헌신의 말로 마친다. **24:1** *세겜.* 이 지역은 에브라임 지파의 산지에 위치해 있는데, 영토들과 도피 성읍들의 목록에서 거론된 것 이외에, 여호수아서에서는 여기서 처음으로 예배의 중심지로 떠오른다. **24:2-3** 아브라함은 그의 모든 가족들 가운데

모든 선한 말씀 가운데서 이루어지지 않은 것이
하나도 없음을, 당신들 모두의 마음과 모두의 양
심 속에 분명히 알고 있습니다. 그 가운데서 한 말
씀도 어김이 없이 다 이루어졌습니다. 15 주 하
나님이 약속하신 모든 선한 말씀을 여러분에게 그
대로 이루셨지만, 그 반대로 주님께서는 모든 해
로운 일도 여러분에게 미치게 하여, 주 하나님이
당신들에게 주신 이 좋은 땅에서 여러분을 없애
버리실 수도 있음을 명심하십시오.
16 그러므로 여러분이, 주 하나님이 여러분
에게 지키라고 명하신 언약을 어기고, 가서 다른
신을 섬기고 경배하면, 주님의 진노가 여러분에게
내려, 당신들은 그가 주신 좋은 땅에서 곧 망하게
될 것입니다."

여호수아가 세겜에 모인 백성에게 당부함

24 1 여호수아가 이스라엘의 모든 지파를
세겜에 모이게 하였다. 그가 이스라엘의
장로들과 그 우두머리들과 재판관들과 공직자
들을 불러내니, 그들이 하나님 앞에 나와서 섰다.
2 그 때에 여호수아가 온 백성에게 말하였다.
"주 이스라엘의 하나님이 이렇게 말씀하셨습니다.
'옛날에 아브라함과 나홀의 아비 데라를 비롯한
너희 조상은 유프라테스 강 건너에 살면서 다른
신들을 섬겼다. 3 그러나 내가 너희 조상 아브라
함을 강 건너에서 이끌어 내어, 그를 가나안 온
땅에 두루 다니게 하였으며, 자손을 많이 보게 하
였다. 내가 그에게 이삭을 주었고, 4 이삭에게는
야곱과 에서를 주었다. 그리고 에서에게는 세일

혼자서만 메소포타미아의 고향을 떠나라고 부름을 받는다 (창 22:20-24; 24:10, 15 참조). *강 건너*는 유프라테스 강의 동쪽 지역을 말한다. **24:4** 창 36:9에 의하면, 에서의 후손들은 세일 산지에 정착했다 (11:16-17에 관한 주석을 보라). **24:5-7** 재앙에 대해서는 출 7:14—12:32를 보라. 출애굽 이야기에 대해서는 출 12:33—14:31을 보라. 히브리어 본문에서는 "갈대바다"라고 되어있는 반면, 칠십인역에서는 "홍해"라고 되어있다. 어둠에 대한 암시는 출 14:20을 말하고 있는 것이다. **24:9-10** 발락과 발람에 대해서는 13:21-22의 주석을 보라. 여기에 나오는 주민들에 대해서는 3:10의 주석을 보라. **24:12** "말벌"이라는 단어(개역개정은 "왕벌")는 여기 외에 다른 두 곳, 즉 출 23:28과 신 7:20에서 볼 수 있다. 다른 성경에서는 이 단어가 모두 전염병으로 번역되어 있다. 몇몇 해석자들은 말벌을 이집트의 상징으로 간주하거나 곤충을 동원한 전쟁과 관련되었음을 가리킨다고 본다. **24:13** 땅의 풍성함은 이제 이스라엘 사람들에게도 주어졌는데 흔히 찾아볼 수 있는 주제이다 (예를 들어, 민 13:17—14:10; 신 8:7-10). **24:14-28** 여호수아와 백성 사이의 주고받는 대화는 주님만을 섬기고 다른 어떤 신들을 섬기지 않겠다는 상호 충성 서약으로 이어진다. **24:15** 여호수아는 재치 있게도 백성에게 주님을 섬기길 원치 않는다면 어떤 신들을 섬길 것인지 선택하라고 도전한다. 여호수아가 말하는 "집"은 그의 가족이나 가문, 혹은 에브라임 지파 전체나 요셉 지파 모두를 의미할 수도 있다 (16:1-10의 주석을 보라). **24:16-18** 22:29에서의 요단 동편 지파들 같이, 백성은 *주님을 저버리고 다른 신들을 섬*

추가 설명: 세겜과 언약

성경학자들은 여호수아 24장에 기록된 이스라엘의 언약 성사는 고대 근동 민족들간의 정치에서 그 전례를 찾아 볼 수 있다고 제안한다. 국가들은 흔히 동등한 두 나라간의 동등조약을 맺거나 강대국과 속국간의 봉신계약을 맺음으로써 그들의 관계를 형성한다. 이러한 조약들, 특히 주전 14세기와 13세기의 헷 사람들간의 조약에는 전형적으로 몇 가지 요소가 뒤따른다: 조약 당사자의 이름 밝히기; 이전에 쌍방이 어떠한 관계였는지 묘사; 동의안의 조건들; 조약문서의 보존에 대한 조항; 증인으로 세우는 신들의 목록; 조약조건의 준수를 확실하게 하기 위한 저주들과 축복들 등이다. 비록 주님만이 증인으로 나선 신으로 나타나고 있지만, 여호수아 24장에서는 위의 모든 요소들이 거의 나타난다.

구약의 언약 개념이 이 초기의 조약 형태로부터 직접 나왔을 것이라는 이론이 그럴듯해 보이지만 여기에 대한 명확한 증거는 없다. 이스라엘에 있어서 언약의 신학은 신명기학파 때까지 잘 성립되어 있지 않았다. 그렇다면 앗시리아의 땅 증여 조약은 기원전 8세기와 7세기 가까이에 만들어진 것이다. 여기에 따르면 힘이 더 강한 쪽에서 신뢰할 만한 자에게 땅을 수여하는 것이다. 이 조약은 주님이 이스라엘 백성의 충성을 조건으로 그들에게 준 선물로 보아야 한다.

산을 주어 차지하게 하였다. 야곱과 그의 아들들
이 이집트로 내려갔지만, 5 내가 모세와 아론을
보내서, 이집트에 재앙을 내려 그들을 치고, 너희를
그 곳에서 이끌어 내었다. 내가 그들에게 어떻게
하였는지는, 너희가 이미 잘 알고 있다. 6 이집트
에서 구출된 너희의 조상이 홍해에 다다랐을 때에,
이집트 사람들이 병거와 마병을 거느리고 홍해까
지 너희 조상을 추격하였다. 7 너희의 조상이 살려
달라고 나 주에게 부르짖을 때에, 내가 너희들과
이집트 사람들 사이에 흑암이 생기게 하고, 바닷
물을 이끌어 와서 그들을 덮었다. 너희는 내가 이
집트에서 한 일을 너희 눈으로 직접 보았다. 너희
가 광야에서 오랫동안 지낸 뒤에, 8 나는 너희를
요단 강 동쪽에 살고 있는 아모리 사람들의 땅으
로 들어가게 하였다. 그 때에 그들이 너희에게 대
항하여 싸웠으나, 내가 그들을 너희 손에 넘겨 주
었으므로, 너희가 그 땅을 차지하였다. 나는 그들
을 너희가 보는 앞에서 멸망시켰다. 9 그 때에
모압의 십볼의 아들 발락 왕이 일어나서, 이스라
엘에 대항하여 싸웠다. 발락은 사람을 보내어 브
올의 아들 발람을 불러다가, 너희를 저주하려 하
였다. 10 그러나 내가 발람의 말을 들어주지 않
았으므로, 발람이 오히려 너희를 축복하였고, 나는
너희를 발락의 손에서 구출해 주었다. 11 너희가
요단 강을 건너서 여리고에 이르렀을 때에, 여리고
사람과 아모리 사람과 브리스 사람과 가나안 사
람과 헷 사람과 기르가스 사람과 히위 사람과 여
부스 사람이 너희를 대항하여 싸웠으므로, 내가
그들을 너희 손에 넘겨 주었다. 12 내가 너희보다
앞서 말벌을 보내어, 아모리 사람의 두 왕을 너희
앞에서 쫓아냈다. 이 두 왕을 몰아낸 것은 너희의
칼이나 활이 아니다. 13 너희가 일구지 아니한
땅과 너희가 세우지 아니한 성읍을 내가 너희에게
주어서, 너희가 그 안에서 살고 있다. 너희는 너
희가 심지도 아니한 포도밭과 올리브 밭에서 열
매를 따먹고 있는 것이다.'

14 이렇게 말씀하셨으니, 당신들은 이제 주
님을 경외하면서, 그를 성실하고 진실하게 섬기
십시오. 그리고 여러분은 여러분의 조상이 강 저
쪽의 메소포타미아와 이집트에서 섬기던 신들을
버리고, 오직 주님만 섬기십시오. 15 주님을 섬
기고 싶지 않거든, 조상들이 강 저쪽의 메소포타
미아에서 섬기던 신들이든지, 아니면 당신들이
살고 있는 땅 아모리 사람들의 신들이든지, 당신
들이 어떤 신들을 섬길 것인지를 오늘 선택하십
시오. 나와 나의 집안은 주님을 섬길 것입니다."

16 백성들이 대답하였다. "주님을 저버리고
다른 신들을 섬기는 일은 우리가 절대로 하지
않겠습니다. 17 주 우리 하나님이 친히 우리와
우리 조상을 이집트 땅 종 되었던 집에서 이끌어
내시고, 우리가 보는 앞에서 그 큰 기적을 일으키
셨습니다. 또 우리가 이리로 오는 동안에 줄곧 우
리를 지켜 주셨고, 우리가 여러 민족들 사이를 뚫고
지나오는 동안에 줄곧 우리를 지켜 주셨습니다.

기는 일은 우리가 절대로 하지 않겠습니다 라는 문구로 소리치며 선언한다. 여호수아가 요약했던 것보다 훨씬 간략하게 백성은 그들의 성스러운 역사의 요점을 그려내고, 끝에 가서 *주님은 우리의 하나님이십니다* 라는 고백으로 말을 맺는다. **24:19-24** 충성의 무게를 강화하기 위해 여호수아는 수사적인 기법으로 하나님은 섬길 만한 능력이 백성에게 없다고 부정한다—특히 이것은 포로기의 시각에서 보는 신명기학파들의 독소적인 일침이다. **24:20** 하나님의 축복이 조건적으로 주어진다는 주장은 오경과 역사서에서 많이 찾아볼 수 있다 (예를 들면, 출 20:5-6; 신 4:25-31; 그리고 사사기에서는 여러 번 반복해서 나온다). **24:25** 언약에 대해서는 23:15-16의 주석들을 보라. **24:26-27** 이전에도 율법책이라든지 모세의 율법책(1:7-8에 관한 주석을 보라)이라고 언급되었었지만, 하나님의 율법책이라는 것과 여호수아가 기록했다는 것은 여기에서만 언급되고 있다. 여호수아가 돌판에 글을 썼을 가능성은 있다. 상수리나무는 창 12:6; 35:4; 신 11:30에서 세겜과 관련되어 있다. 돌을 세워 증거로 삼은 것은 요단(4:9)과 길갈(4:20-24)에서 세운 돌무더기를 생각나게 한다. 그리고 요단 강에 세운 제단도 상기시킨다 (22:26-28). **24:29-33** 책의 결론 부분은 죽음과 장사에 대한 기록으로 마친다. **24:29-30** 모세를 주의 종이라고 부르는 것은 책의 첫 구절로부터 여러 번 언급되었지만, 책의 결말에 와서 그와 똑같은 호칭이 여호수아에게 마침내 주어진다. 딤낫세라에 있는 여호수아의 유업에 대해서는 19:49-50을 보라. 이스라엘 사람들에게 할례를 행할 때 (5:2-9) 사용했던 돌칼이 여호수아와 함께 묻혔다는 것을 칠십인 역에서는 덧붙인다 (21:42에 대한 주석들을 보라). **24:32** 요셉의 뼈에 대해서는 창 50:25-26과 출 13:19를 보라. 야곱이 땅을 구입한 기록에 대해서는 창 33:18-20을 보라; 그것이 어느 정도의 돈이었는지는 알려져 있지 않다 (욥 42:11을 보라). **24:33** *엘르아살.* 그에 대해서는 14:1에 관한 주석을 보라. 에브라임에 있는 기브아의 위치는 알려져 있지 않다.

18 그리고 주님께서는 이 모든 민족을, 이 땅에
사는 아모리 사람까지도, 우리 앞에서 쫓아내셨습
니다. 그러므로 우리는 주님을 섬기겠습니다. 오직
그분만이 우리의 하나님이십니다."
19 그러나 여호수아는 백성들에게 이렇게 말
하였다. "당신들은 주님을 섬기지 못할 것입니다.
그분은 거룩하신 하나님이시며, 질투하시는 하나
님이시기 때문에, 당신들의 허물과 죄를 용서하
지 않을 것입니다. 20 만일 당신들이 주님을 저
버리고 이방 신들을 섬기면, 그는 당신들에게 대
항하여 돌아서서, 재앙을 내리시고, 당신들에게
좋게 대하신 뒤에라도 당신들을 멸망시키시고 말
것입니다."
21 그러자 백성들이 여호수아에게 말하였
다. "아닙니다. 우리는 주님만을 섬기겠습니다."
22 여호수아가 백성에게 말하였다. "당신들이 주
님을 택하고 그분만을 섬기겠다고 한 말에 대한
증인은 바로 여러분 자신들입니다." 그러자 그들은
말하였다. "우리가 증인입니다." 23 여호수아가
또 말하였다. "그러면 이제 당신들 가운데 있는 이
방 신들을 내버리고, 마음을 주 이스라엘의 하나
님께 바치십시오." 24 백성들이 여호수아에게
말하였다. "우리가 주 우리의 하나님을 섬기며,
그분의 말씀을 따르겠습니다."
25 그 날 여호수아가 세겜에서 백성들과 언
약을 세우고, 그들이 지킬 율례와 법도를 만들어
주었다. 26 여호수아가 이 모든 말씀을 하나님의
율법책에 기록하고, 큰 돌을 가져다가 주님의 성소
곁에 있는 상수리나무 아래에 두고, 27 모든 백
성에게 말하였다. "보십시오, 이 돌이 우리에게
증거가 될 것입니다. 주님께서 우리에게 하신 모든
말씀을 이 돌이 들었기 때문입니다. 여러분이 여
러분의 하나님을 모른다고 할 때에, 이 돌이 여러
분이 하나님을 배반하지 못하게 하는 증거가 될
것입니다." 28 여호수아는 백성들을 제각기 유
산으로 받은 땅으로 돌려보냈다.

여호수아와 엘르아살이 죽다

29 이 일을 마친 다음에, 주님의 종 눈의
아들 여호수아가 죽었다. 그의 나이는 백십 세였다.
30 사람들이 그를 그가 유산으로 받은 딤낫세라에
장사하였다. 그 곳은 가아스 산 북쪽 에브라임 산
간지방에 있다.
31 이스라엘은 여호수아의 생전에 줄곧 주님
을 섬겼고, 여호수아가 죽은 뒤에도 주님께서 이
스라엘에게 베푸신 모든 일을 아는 장로들이 살아
있는 날 동안에는 주님을 섬겼다.
32 이스라엘 자손은 이집트에서 가져 온 요
셉의 유해를 세겜에 묻었다. 그 곳은 야곱이 세겜
의 아버지 하몰의 자손에게 금 백 냥을 주고 산 땅
인데, 요셉 자손의 유산이 된 곳이다.
33 아론의 아들 엘르아살도 죽었다. 사람들은
그를, 그의 아들 비느하스가 유산으로 받은, 에브
라임의 산간지방인 기브아에 장사하였다.

사사기

사사기는 여호수아가 죽은 후에, 그리고 지파들이 단일 왕에 의하여 통합이 이루어지기 전, 지파시대에 관한 독립적인 이야기들을 모아 놓은 책이다. 이 책은 여호수아서를 이어가는 신명기 역사의 연속이다. 신명기적인 역사관은 구약성경의 여러 책들에서 분명히 드러나는데, 신명기, 여호수아, 사사기, 그리고 호세아와 예레미야 같은 예언서들이 포함된다. 사사기에서 신명기적인 편집이 가장 분명하게 드러나는 것은 이야기들 사이를 연결시키는 대목들에서 드러난다. 이런 대목들에서는 이스라엘이 처음 등장하여 소란스럽던 시기를 지나 변화하기까지 하나님이 이스라엘을 지켜주셨음을 강조한다. 이 책의 윤곽을 이루는 역사적인 틀은 이스라엘이 반복해서 배교 행위를 하고, 그 후에 이방의 억압자의 손에 넘어가고, 결국에는 이스라엘이 회개한 후에, 하나님께서 일으키신 "사사들"에 의해 구원되는 시기를 묘사하고 있다. 이야기들은 이러한 구원자들에게 초점을 맞추고 있다.

비록 독립된 이야기들이 이 책 전체보다 훨씬 더 오래되었을 가능성이 많지만, 사사기는 유다 왕국이 바비로니아에 함락된 후에 사사기로서의 최종 형태를 갖추게 된 것으로 보인다 (기원전 6세기경). 그 당시에는 유대 사람들의 종교 공동체가 독립국가로서 중단되어 있던 시기였다. 따라서 사사기는 이 이야기가 언급하고 있는 "시대"의 상황보다는 훨씬 후대의 사회적인 상황과 관심들을 반영하고 있다. 그러나 편집된 전승들 배후에는 진정한 역사적인 기억의 핵심이 있는 것으로 보여진다. 다만 그것을 구분해 내기가 어려울 뿐이다. 그렇기 때문에 이 이야기들이 사사들의 시기를 어느 정도 역사적으로 묘사하는가 하는 것은 논쟁의 여지가 있다.

전승들은 기원전 10세기의 국가 형태가 이루어지기 전에 지파 구조를 가지고 있었음을 시사하고 있다. 그러나 어느 곳에서도 우리는 지파들로 구성된 지파동맹이라고 하는 명제에 대한 분명한 설명을 찾을 수가 없다. 또한 지파간의 사회적, 경제적, 정치적 단계에서 서로 어떤 관련을 맺고 있었는가에 대한 설명도 없다. 예를 들어, 1장에서는 초기 이스라엘을 구성하는 지파들의 숫자로 12를 강조하고 있다. 그러나 5장에서는 오직 10지파만이 계산되고 있다. 다른 지파들은 이스라엘과 동맹을 맺은 것으로 소개되지만, 결코 지파 목록에 포함되지 않았다 (예를 들어, 갈렙 족속과 겐 족속이 그렇다). 각 지파들의 정확한 지리적인 경계도 구분되어 있지 않다. 그럼에도 불구하고 인류학적인 모델에 근거해서 우리는 어떤 "지파"는 아마도 혈연관계와 지역적인 집단의 혼합—즉 특정한 부족들과 혈통에 관련된 마을들과 부락들의 모임으로 형성된 것이 아닐까 하고 추측한다.

두 종류의 "사사들"이 사사기에 등장한다. 첫 번째 종류는 목록에 언급된 지도자들이다 (10:1-5; 12:7-15). 그들은 "모든 이스라엘"을 다스리는 직책을 가지고 있었다. 그들의 출생지와 매장지에 관한 정보가 주어지고, 그들의 가족과 재산 정도, 그리고 그들이 섬긴 기간 등이 알려져 있다. 그러나 그들이 이스라엘의 "사사로서 활동할 때" 실제 무엇을 했는지 또는 어떤 의무와 역할을 감당하였는지에 대해서는 아무 정보가 없다. 또한 그들이 어떻게 임명되었는지에 대해서도 모른다.

두 번째 종류의 "사사들"은 전승에서 중심이 되는 인물들이다. 이 사사들은 이스라엘 지파들 사이의 내부 갈등이거나 (예를 들어, 12:1-6) 아니면 외부 사람들, 가령 가나안 사람들, 미디안 사람들, 모압 사람들, 혹은 암몬 사람들 같은 외부 사람들과의 갈등 (4—5장을 참조) 상황을 해결하기 위해 등장한다. 이러한 지도자들은 특정 지파와 관련이 되어 있고 주로 군사적인 역할을 담당한다. 사사기의 서론에서만 (2:16-19) 그들은 "사사들"로 불린다. 다른 곳에서 그들은 이스라엘의 "사사가 되었다"고 말하지만 (가령 3:10; 15:20; 16:31) "사사" 라고 불리지는 않는다. 옷니엘(3:9)과 에훗(3:15)은 "구원자"라고 불린다. 드보라—"이스라엘의 사사가 되었다"는 말을 듣고 "예언자" 라는 호칭이 주어진 여자—가 유일하게 법을 집행한 지도자로 묘사되고 있다. 단 한 곳에서만, 즉 기드온(6—8장)의 경우에만 왕의 형식을 갖춘 영구적인 지도자가 되었다는 언급이 있지만, 그 개념은 오래 가지 못하였다.

비록 왕정시대가 되기까지는 "모든 이스라엘"을 다스리는 한 명의 안정된 지도자에 대한 긍정적인 증거는 없지만, 지파 수준의 대표 혹은 지파 차원에서 해결되지 못하는 상황을 대표할 수 있는 우두머리가 있었을 가능성이 있다. "사사들"은 이러한 종류의 지도력을 대변하는 것일 가능성이 있다. 현대의 지파 공동체에서처럼, 그러나 지파 차원에서의 결정을 내릴 때에는 특정 혈통과 연관된 "장로들"에게 책임이 있었을 것이다 (예를 들어, 8:14; 11:4-11).

부족 내에서의 개인적인 지도자들은 (성경의 전통에서 "장로들" 혹은 "두목들"이라고 불리는 사람들) 종종 전체 혈연 집단을 대표하는 대변인으로 활동했을 것이다. 예를 들어, 그들은 다른 부족과 연맹을 맺어 전쟁을 치루거나 같은 부족 안에서의 개별 가족들 사이의 갈등을 해결하는 것을 도왔을 것이다. 비록 우리는 그러한 지도자들이 어떻게 선출되었는지에 관해 아무 정보가 없지만, 그 부족 가운데서 뛰어난 가족의 집안 어른이 그런 역할을 위해서 선출되었을 가능성이 많다. 또한 여러 개인들 가운데서 그들 각자의 재능과 능력에 따라 여러 기능들이 안배되었을 가능성도 있다.

사사기의 내용은 다음과 같다. 성경본문에 따라 세밀히 조사할 가치가 있는 주석은 이 개요를 따를 것이며, 명확성을 기하기 위하여 더 보충하여 상세하게 설명될 것이다.

Ⅰ. 서론 1:1—2:5
  A. 남쪽의 군사 정복, 1:1-21
  B. 요셉 지파가 중앙 고원에서 이룬 일들, 1:22-29
  C. 갈릴리 지파들이 이룬 일들, 1:30-36
  D. 지파들이 하나님의 말씀에 불순종하였기 때문에 땅의 취득이 미완성으로 끝남, 2:1-5
Ⅱ. 두 번째의 신명기적인 서론으로 사사기의 기본 틀을 보여줌, 2:6—3:6
  A. 여호수아의 죽음, 2:6-10
  B. 사사기의 반복되는 유형의 요소들, 2:11-23
  C. 이스라엘이 시험 받게 될 민족들의 두 개의 목록, 3:1-6
Ⅲ. 데빌을 정복한 옷니엘에 관한 짧은 이야기, 3:7-11
Ⅳ. 모압 왕을 암살한 에훗의 이야기, 3:12-30
Ⅴ. 시스라가 인도한 가나안 군대를 물리친 드보라와 바락에 관한 두 이야기, 4:1—5:31
  A. 산문으로 된 설명, 4:1-24
  B. 드보라의 노래, 5:1-31
Ⅵ. 기드온이 므낫세 지파의 억압을 끝내기 위해 몇 산지의 지파들과 갈릴리 지파들을 동원함, 6:1—8:35
  A. 기드온의 소명, 6:1-40
  B. 기드온이 미디안 사람들을 패주시킴, 7:1—8:35
Ⅶ. 아비멜렉이 기드온에 의해 거절된 통치권을 부여잡음, 9:1-57
Ⅷ. 돌라와 야일이 이스라엘의 사사가 됨, 10:1-5
Ⅸ. 입다가 이스라엘을 구원함, 10:6—12:7
  A. 편집자의 구성 유형, 10:6-16
  B. 입다가 이스라엘의 지도자로 뽑힘, 10:17—11:11
  C. 암몬 왕과 협상하기 위한 두 번의 시도, 11:12-28

D. 입다의 서원과 암몬에 대한 승리, 11:29-40
E. 에브라임 지파와의 전쟁, 12:1-7
X. 세 명의 "소" 사사들, 12:8-15
XI. 삼손 이야기, 13:1—16:31
A. 출생, 13:1-25
B. 첫 사랑, 14:1-20
C. 삼손의 복수, 15:1-20
D. 삼손과 들릴라와 그의 마지막 블레셋에 대한 복수, 16:1-31
XII. 단 지파 제사장의 기원과 단 지파의 이동, 17:1—18:31
A. 단 지파 제사장의 기원, 17:1-13
B. 단 지파의 이동과 라이스 사람들의 살육, 18:1-31
XIII. 베냐민 지파의 기브아에서의 범죄와 그 결과, 19:1—21:25
A. 레위인과 그의 첩의 강간, 19:1-30
B. 베냐민 지파와의 전쟁, 20:1-48
C. 베냐민 지파에 사람이 다시 차게 하기 위한 두 가지 전략, 21:1-25

폴라 엠 맥너트 (Paula M. McNutt)

유다와 시므온 지파가 아도니베섹을 잡다

1 1 여호수아가 죽은 뒤에, 이스라엘 자손이
주님께 여쭈었다. "우리 가운데 어느 지파가
먼저 올라가서 가나안 사람과 싸워야 합니까?"
2 주님께서 대답하셨다. "유다 지파가 먼저 올라
가거라. 내가 그 땅을 유다 지파의 손에 넘겨 주
었다." 3 그 때에 유다 지파 사람들이 자기들의
동기인 시므온 지파 사람들에게 제안하였다. "우
리와 함께 우리 몫으로 정해진 땅으로 올라가서,
가나안 사람을 치자. 그러면 우리도 너희 몫으로
정해진 땅으로 함께 싸우러 올라가겠다." 그리하여
시므온 지파가 유다 지파와 함께 진군하였다.
4 유다 지파가 싸우러 올라갔을 때에, 주님께서
가나안 사람과 브리스 사람을 그들의 손에 넘겨
주셨으므로, 그들은 베섹에서 만 명이나 무찔렀다.
5 그 곳 베섹에서 그들은 아도니베섹을 만나서
그와 싸워, 가나안 사람과 브리스 사람을 무찔렀다.
6 그들은 도망치는 아도니베섹을 뒤쫓아가서 사로
잡아, 그의 엄지손가락과 엄지발가락을 잘라 버
렸다. 7 그러자 아도니베섹은 "내가 일흔 명이
나 되는 왕들의 엄지손가락과 엄지발가락을 잘라
내고, 나의 식탁 밑에서 부스러기를 주워서 먹게
하였더니, 하나님이, 내가 한 그대로 나에게 갚으
시는구나!" 하고 탄식하였다. 그는 예루살렘으로
끌려가서 거기에서 죽었다.

유다 지파가 예루살렘과 헤브론을 치다

8 유다 자손이 예루살렘을 치고 점령하여,
그 곳 주민을 칼로 죽이고, 그 성을 불태웠다.

1:1—2:5 이 서론은 아마도 고대 문서에서 유래된 것 같다. 서론은 한두 개의 지파가 협동으로 어떤 민족적인 지도자나 전체 지파들의 연합을 포괄하는 지도자가 없이 고원지대를 장악하려는 군사 및 정치적인 갈등을 묘사하고 있다. 수 1—12장에 나오는 단기 정복이라고 하는 이상화된 견해(이 경우에는 북부 지파들이 우월한 위치에 있게 됨)를 반박하면서, 삿 1장은 개별 지파들이 토착 주민들을 종속시키는 (멸절시키는 것이 아니고) 과정에서의 성공과 실패를 묘사하고 있다. 가장 뛰어난 지파는 남쪽 유다 지파이고, 북부에 있는 지파들이 자기들에게 배정된 땅을 정복하지 못한 것과는 달리 자신들에게 주어진 땅을 성공적으로 정복한 것으로 묘사되어 있다. 서론은 불순종한 사람들을 정죄하는 것으로 끝이 남으로써 배교와 심판, 회개와 구원의 전형적인 악순환을 시작하고 있다. 이 악순환은 사사기 전체를 거쳐서 반복되고 있다. 이스라엘이 그 땅을 정복하는 작업은 주님의 명령에 순종하는 일에 실패하였기 때문에 미완성이 되었다. 서론 이후에 나오는 사사들의 이야기는 이러한 실패의 결과와 거기에 대한 하나님의 응답을 묘사하고 있다.

1:1-21 가나안 원주민들이 기술적인 면에서 더 발달해 있었기 때문에, 군사적으로 남부지역을 완전하게 정복하는 것은 성공할 수 없었다 (수 15장). **1:1** *여호수아의 죽음.* 여호수아의 죽음에 관한 언급은 아마도 사사기 서두를 수 24:29와 연결하기 위해서 후대에 첨가한 것 같다. 여호수아는 삿 2:6-8에서 아직 살아 있다. 그들은 *주님께 여쭈었다고* 되어 있는데, 아마도 성스러운 주사위나 (우림과 둠밈, 출 28:30을 보라), 아니면 다른 신의 뜻을 분별하는 방법을 사용하였을 것이다. 우림과 둠밈은 제사장의 에봇 (의복, 8:27에 관한 주석을 보라) 속에 가지고 다니던 물건으로 어떤 형태를 지녔는지는 알려지지 않았다. 그러나 하나님의 뜻을 분별하기 위한 목적으로—즉 어떤 결정을 내리기 위해 하나님으로부터 계시를 얻기 위해서 어떤 식으로든 사용된 것 같다 (레 8:8; 민 27:21; 신 33:8; 삼상 14:41-42; 23:6-13을 보라). **1:3** *시므온 지파.* 이 지파는 창 34:25, 30-31에서 중북부 고원지대와 연결되어 있다. 그러나 나중에는 남쪽 *유다* 지파에 완전히 둘러싸인 곳에 자리 잡은 것으로 나타난다. **1:4** *브리스 사람* (창 13:7; 신 7:1을 보라). 이들에 관한 정확한 의미는 알 수 없다. "소작인들"이라는 단어와 관련이 있는 것으로 보인다. *1,000* (히브리어, *엘레프*). 이 천이라는 숫자는 말 그대로 숫자를 지칭하는 것보다는 한 마을 혹은 부족의 부대 단위를 지칭하는 단어일 것이다. 이 용어는 어떤 경우에는 히브리어 *미쉬파카* (이 단어는 보통 부족 혹은 혈연 단위의 고대 이스라엘의 사회 조직을 나타내는 것으로 알려진 단어이다. 9:1에 관한 주석을 보라)와 동의어로 사용되는데 주로 이 단어처럼 군사적인 맥락에서 사용된다. **1:5-7** 유다 지파의 아도니베섹에 대한 승리. **1:5** *아도니베섹.* 이 이름은 "베섹의 주인"이라는 뜻이다. 베섹이라는 지명에 대해서 두 가지 가능성이 있는데, 하나는 유다 지역 외곽의 히르베트 베즈카이거나, 아니면 세겜 북쪽의 히르베트 이브젝(Khirbet Ibzek)일 것이다 (삼상 11:8 참조). **1:7** 아도니베섹은 자기의 과거의 죄에 합당한 심판을 받았다 (출 21:23-25에 나오는 "눈에는 눈"이라는 개념을 참조). **1:8** 유다 지파는 *예루살렘* 성을 점령하고 멸망시켰다고 되어 있지만, 21절에서 *베냐민* 지파는 예루살렘의 여부스 족속을 몰아내지 못하였고, 그들은 계속해서 "오늘날까지" 그들 가운데 살고 있다고 적고 있다. 19:10-12에서 예루살렘은 아직도 그대로 서 있으며, 비이스라엘 계통인 여부스 족속이 점령하고 있는 것으로 되어있다. 또한 수 15:63을 보라. 거기서도 유다 자손이 여부스 사람을 쫓아내지 못한 것으로 되어있다. 사무엘하의 전승에 의하면, 예

9 그 다음에 유다 자손은 산간지방과 네겝 지방과
낮은 지대로 내려가서, 거기에 사는 가나안 사람과
싸웠다. 10 또 유다 자손은 헤브론에 사는 가나안
사람을 쳤다. 헤브론은 전에 기럇 아르바라고 불
리던 곳이다. 거기에서 그들은 세새와 아히만과
달매를 무찔렀다.

옷니엘이 드빌을 정복하다 (수 15:13-19)

11 거기에서 그들은 드빌 주민을 치러 갔다.
드빌은 일찍이 기럇세벨이라고 불리던 곳이다.
12 그 때에 갈렙이, 기럇세벨을 쳐서 점령하는
사람은, 그의 딸 악사와 결혼시키겠다고 말하였다.
13 갈렙의 아우 그나스의 아들인 옷니엘이 그 곳을
점령하였으므로, 갈렙은 그를 자기의 딸 악사와
결혼시켰다. 14 결혼을 하고 나서, ㄱ)악사는 자
기의 남편 옷니엘에게 아버지에게서 밭을 얻으라
고 재촉하였다. 악사가 나귀에서 내리자 갈렙이
딸에게 물었다. "뭐, 더 필요한 것이 있느냐?"
15 악사가 대답하였다. "제 부탁을 하나 들어주
시기 바랍니다. 아버지께서 저에게 이 메마른 땅을
주셨으니, 샘 몇 개만이라도 주시기 바랍니다."
갈렙은 딸에게 윗샘과 아랫샘을 주었다.

유다와 베냐민 지파의 승리

16 ㄴ)모세의 장인은 겐 자손인데, 그의 자손이
유다 자손과 함께 종려나무 성읍인 여리고로부터
아랏 ㄷ)남쪽에 있는 유다 광야로 옮겨와서, 유다
광야 ㄹ)백성 가운데 자리잡고 살았다. 17 유다 지
파 사람들이 그들의 동기인 시므온 지파 사람들과
함께, 스밧에 사는 가나안 족속에게 쳐들어가서,
그들을 무찌르고, 그 곳을 전멸시켰다. 그래서 그
성읍의 이름을 ㅁ)호르마라고 부른다. 18 또 유다
지파 사람들은, 가사와 그 지역 일대와, 아스글론과
그 지역 일대와, 에그론과 그 지역 일대를 ㅂ)점령
하였다.

ㄱ) 칠십인역 사본 가운데 더러는 옷니엘이 그의 아내 악사를 시켜 장인 갈렙에게서 밭을 얻어내라고 재촉함. 수 15:18 본문과 주를 볼 것 ㄴ) 칠십인역에는 '장인 호밥은'. 모세의 장인은 민 10:29 및 삿 4:11에서는 호밥이고, 출 2:21에서는 르우엘이고, 출 18장에서는 이드로이다 ㄷ) 히, '네겝' ㄹ) 칠십인역 사본 가운데 몇몇과 고대 라틴어역에는 '아말렉 백성 가운데' 임. 삼상 15:6을 볼 것 ㅁ) '전멸', '멸망' ㅂ) 칠십인역에는 '점령하지 못하였다'

루살렘은 다윗이 점령하기까지 여부스 사람들의 도성으로 남아있었다 (삼하 5:6-9). **1:9** *네겝.* 네겝지역은 유다 남부에 있는 사막지역이다. *낮은 지대.* 낮은 산악지대는 지중해 연안을 따라 해안 평야지대의 동쪽에 있다. **1:10** *헤브론* (수 10:36-37 참조). 이 지역은 나중에 다윗이 왕으로 선포된 지역이며 (삼하 2:1-4), 예루살렘 남쪽 20마일에 위치해 있다. *기럇* ("…의 성"이라는 뜻) *아르바.* 아르바는 아낙 자손의 전설적인 조상이다 (수 15:13-14). 아낙의 아들은 세새, 아히만, 달매인데 갈렙에게 패하였다 (1:20; 수 15:14). 헤브론의 역사를 보면 어떤 기간 동안 "도피성"으로 사용되었다 (수 20:7; 21:13을 보라).

1:11-15 *옷니엘.* 옷니엘은 *드빌*을 정복하고 *갈렙*의 딸 *악사*를 아내로 맞이하는 상을 얻게 되었다. 악사는 땅을 보상으로 받기를 원했고, 그녀의 요청은 받아들여졌다 (14-15절; 수 15:15-19 참조). 고대 이스라엘에서 땅을 차지하는 것은 중요한 문제였다 (레 25:23, 25-28; 삼상 8:14; 왕상 21장 참조). 그리고 소유권은 대부분 남자들이 가진 특권이었다 (민 27:1-11). 사사기는 여성에 대한 긍정적인 묘사로 시작하고 있지만 (예를 들어, 여기 나오는 악사와 4—5 장에 나오는 드보라와 야엘, 13:1-25에 나오는 삼손의 어머니) 여성들이 인간으로서 가치를 인정받는 것이나 그들의 인격을 묘사는 면에서 이야기가 진행되면서 나름대로 부정적인 쪽으로 묘사되고 있다 (예를 들어, 11:29-40에 나오는 입다의 딸, 14:1-20에 나오는 삼손의 익명의 아내와 16:4-22에 나오는 들릴라, 그리고 19:1-30에 나오는 레위 사람의 첩과 21:1-25에 나오는 야베스 길르앗과 실로의 여인들). 어떤 면에서 여인들이 나오는 이야기들은 이스라엘의 "영광"스러운 승리로부터 19—21장에 묘사되어 있는 사회 해체의 과정을 거치면서 21:25에 나오는 왕정을 합리화하는 결론으로 진행되어 가는 경로를 형성하고 있다. **1:11** *드빌.* 이 지역이 어디에 위치하고 있었는지는 분명하지 않다. 어떤 이들은 헤브론 남서쪽에 있는 오늘날의 텔 베이트 미르심(Tel Beit Mirsim)이라고 하기도 한다. 히브리어로 *기럇세벨*은 "책의 고장"이라는 뜻이다. 아마도 수 8:30-35에 나오는 에발 산에서의 언약식과 수 24장에 나오는 세겜에서의 언약식과 어떤 면에서든 연관된 전승임을 암시하고 있는 것으로 보인다. **1:12** *갈렙.* 갈렙은 히브리어로 "개" 라는 뜻이다. **1:13** 3:7-11에서 옷니엘은 신 1:13-18에 정의된 것과 같은 "구원자—사사"로서 최초이자 모범적인 사사로 나온다. **1:15** *갈렙*은 악사에게 광야(네겝)지역에 있는 물 없는 땅을 주었다. 악사는 갈렙에게 도전하면서 물이 있는 땅(즉 생명을 유지할 수 있는 땅)을 요구하였다. 갈렙은 그 요구를 듣고 악사에게 요구한 것보다 두 배로 주었다.

1:16-21 *모세의 장인은 겐 자손.* 히브리어 본문에는 호밥이라는 모세의 장인 이름이 나타나 있지 않기 때문에 새번역개정과 개역개정은 호밥이라는 이름이 이 부분에 나타나 있지 않지만, 공동변역과 NRSV에서는 칠십인역에 따라 모세의 장인을 호밥이라고 명시하고 있다. 모세의 장인의 이름과 누가 모세의 장인인가 하는 문제는 전승들마다 다르게 나타난다. 출 3:1에서는 이

하였다. 19 주님께서 유다 지파 사람들과 함께 계셨으므로, 그들은 산간지방을 차지할 수 있었다. 그러나 낮은 지대에 살고 있는 거민들은, 철 병거로 방비하고 있었기 때문에 쫓아내지 못하였다. 20 그들은, 모세가 명령한 대로, 헤브론을 갈렙에게 주었다. 갈렙은 거기서 아낙의 세 아들을 쫓아냈다. 그러나 21 베냐민 자손이 예루살렘에 사는 여부스 사람을 쫓아내지 못하였으므로, 여부스 사람이 오늘날까지 예루살렘에서 베냐민 자손과 함께 살고 있다.

에브라임과 므낫세 지파가 베델을 치다

22 요셉의 집안 역시 베델을 치러 올라갔다. 주님께서 그들과 함께 계셨다. 23 요셉 가문이 베델을 정찰하였는데, 그 성읍 이름이 전에는 루스였다. 24 정찰병들이 그 성읍에서 나오는 한 사람을 붙들고 말하였다. "성읍으로 들어가는 길이 어디인지 알려 주십시오. 은혜는 잊지 않겠습니다." 25 그 사람이 정찰병들에게 성읍으로 들어가는 길을 일러주니, 그들은 그리로 가서 그 성읍을 칼로 무찔렀다. 그러나 그 남자와 그의 가족은 모두 살려 보냈다. 26 그 사람이 헷 사람들의 땅으로 가서 한 성읍을 세우고, 그 이름을 루스라 하였는데, 오늘날까지도 그 이름으로 불린다.

쫓아내지 않은 가나안 사람들

27 므낫세 지파가 벳산과 그 주변 마을들과, 다아낙과 그 주변 마을들과, 돌과 그 주변 마을들과, 이블르암과 그 주변 마을들과, 므깃도와 그 주변 마을들에 사는 주민을 몰아내지 못하였으므로, 가나안 사람들은 그 땅에서 살기로 마음을 굳혔다. 28 그런데 이스라엘 백성은 강성해진 다음에도 가나안 사람을 모조리 몰아내지 않고, 그들을 부역꾼으로 삼았다.

29 에브라임 지파가 게셀에 사는 가나안 사람을 몰아내지 못하였으므로, 가나안 사람이 아직도 게셀에서 그들 가운데 섞여 살고 있다.

드로라고 불린다. 출 2:18에서는 르우엘이라고 불린다. 민 10:29와 삿 4:11에는 호밥이라고 불린다. 출애굽기의 이야기에서는 그가 겐 사람이라고 알려져 있지 않고 (여기서와 삿 4:11에서와는 반대) 미디안 사람이라고 알려져 있다 (6:2에 관한 주석 참조). 어쩌면 이 두 족속 사이의 정체가 아주 비슷했을 수도 있다. 겐 사람들은 성경본문에 보면 주님을 철저히 섬기는 사람들로 묘사되어 있다 (예를 들어, 삼상 15:6; 30:29). 그러나 이스라엘 민족에 완전히 동화되지는 않았었다. 그들은 아마 소수민족이었을 것이다. 유목민 혹은 반유목민으로서 어떤 면에서든지 금속 작업을 하는 사람들과 관련된 사회 계층이었을 것이다 (4:17에 관한 주석 참조). 겐 족속은 아마도 가인의 이름에서 비롯되었을 것이다 (창 4장. 두발가인은 최초로 금속을 다루는 사람이었다, 창 4:22). 어떤 주석자들은 겐 족속이 고대 근동에 여호와 신앙을 소개한 장본인들이라고 본다. *종려나무 성읍.* 이 성읍은 아마도 여리고인 것 같다 (3:13에서처럼). *아말렉 사람들.* 이들은 가데스 근처에서 온 사막 사람들을 말한다 (민 24:20; 신 25:17-19; 삼상 15:2-3; 대상 4:43). 아말렉 사람들은 에서의 후손들의 명단에 들어 있다 (창 36:12). 출애굽기 전승에 의하면, 그들은 광야 시절에 이스라엘의 적으로 알려져 있었다 (출 17:8-16). **1:17** *스밧.* 네겝지역에 있는 도시이다. *호르마.* 전멸을 뜻하는 이 단어는 한 도시와 그 안에 사는 모든 거민을 전멸시켜서 하나님께 드리는 일을 뜻하는 히브리어 *헤렘*에서 비롯된 것이다. **1:18** *가사와 아스글론과 에그론.* 블레셋 다섯 대도시들 가운데 세 도시이다. 사무엘 전승에 의하면, 다윗은 이 도시들을 정복하는 공을 세웠다. 칠십인역에는 유다 지파가 그들을 정복하지 못했다고 되어있다. **1:19** *주님께서 유다 지파 사람들과 함께 계셨으므로.* 유다 지파 사람들이 고원지대를 정복했을 때, 유다 지파 사람들은 가나안 땅의 사람들이 *철 병거* 라고 하는 보다 우세한 군사 무기를 가지고 있었기 때문에 그들을 다 쫓아낼 수 없었다 (또한 4:3, 13과 수 7:16, 18을 보라). 철 병거에 대한 이러한 언급은 비유적이고 상징적인 것으로서 한 민족의 힘을 드러내는 것이며, 여기서 묘사하고 있는 사건들보다는 좀 더 후대에서 볼 수 있는 것이다. 철 연장에 관한 지식이 발전되고 응용된 것은 왕국시대의 어느 때이다. 비록 철이 후대에 병거를 만드는데 사용되었다고 해도 그것은 오직 병거의 부속품들을 만들거나 철 바퀴를 만든 정도였을 것이다. 철 바퀴는 야금술 면에서나 군사적인 면에서 청동바퀴보다는 유리하였을 것이다. 병거들은 나무와 가죽으로 만들고 철로 된 부속품들을 사용하였다. **1:21** 1:8에 의하면, 유다는 예루살렘을 정복하고 멸망시켰다.

1:22-29 요셉 지파가 정복한 중앙 고원지대 (수 16—17장 참조). **1:22-26** 요셉의 집안이 베델(히브리어, "하나님의 집")을 정복한 과정은 여리고에서 일어난 라합의 이야기를 생각나게 한다 (수 2:1-24; 6:22-25). 여리고와는 달리 베델은 함락되지 않았다. 베델은 나중에 북왕국의 왕궁 성소의 하나가 되었다. *루스*는 히브리어로 "속임수" 라는 뜻이다. 정복이 가능했던 것은 *하나님께서 그들과 함께 하셨기 때문이다.* **1:25** *가족.* 가족은 히브리어로 *미슈파하*인데 9:1에 관한 주석을 보라. **1:27-28** 가나안의 도시들 중 *므낫세* 지파에 점령되지 않은 도시들. *벳산* (수 17:11도 보라). 이곳은 이스르엘과 요단 계곡 사이에 위치해 있다. 이곳은 후기

30 스불론 지파가 기드론의 주민과 나할롤의 주민을 몰아내지 못하였으므로, 가나안 사람들이 그들 가운데 살면서 부역꾼이 되었다.

31 아셀 지파는 악고의 주민과 시돈의 주민과 알랍과 악십과 헬바와 ㄱ)아벡과 르홉의 주민을 몰아내지 못하였다. 32 아셀 지파가 그 땅의 주민인 가나안 사람과 섞여 산 까닭은, 그들을 쫓아내지 못하였기 때문이다.

33 납달리 지파는 벳세메스 주민과 벳아낫 주민을 몰아내지 못하고, 그 땅의 주민인 가나안 사람과 섞여 살면서, 벳세메스와 벳아낫 주민을 부역꾼으로 삼았다.

34 아모리 사람은 단 지파 자손을 힘으로 산간지방에 몰아넣어, 낮은 지대로 내려오지 못하게 하였다. 35 그리고 아모리 사람은 헤레스 산과 아얄론과 사알빔에 살기로 마음을 굳혔으나, 요셉 가문이 강성하여지니, 그들은 요셉 가문의 부역꾼이 되었다.

36 ㄴ)아모리 사람의 경계선은 아그랍빔 비탈에 있는 바위에서부터 그 위쪽이다.

보김에 나타난 주님의 천사

2 1 주님의 천사가 길갈에서 보김으로 올라와서 이렇게 말하였다. "나는 너희를 이집트에서 이끌어 내었고, 또 너희 조상에게 맹세한 이 땅으로 너희를 들어오게 하였다. 내가 너희에게 말하기를 '나는 너희와 맺은 언약을 영원히 깨뜨리지 않을 것이니, 2 너희는 이 땅의 주민과 언약을 맺지 말고, 그들의 단을 헐어야 한다' 하였다. 그러나 너희는 나의 말에 순종하지 않았다. 너희가 어찌하여 이런 일을 하였느냐? 3 내가 다시 말하여 둔다. 나는 그들을 너희 앞에서 몰아내지 않겠다. 그들은 결국 너희를 ㄷ)찌르는 가시가 되고, 그들의 신들은 너희에게, 우상을 숭배할 수밖에 없도록 옭아매는 올무가 될 것이다." 4 주님의 천사가 온 이스라엘 자손에게 이 말을 하였을 때에, 백성들은 큰소리로 울었다. 5 그래서 그들이 그 장소의 이름을 ㄹ)보김이라 부르고, 거기에서 주님께 제사를 드렸다.

여호수아가 죽다

6 여호수아가 모인 백성을 흩어 보낸 뒤에, 이스라엘 자손은 각각 자기가 유산으로 받은 땅으로 가서, 그 땅을 차지하였다. 7 온 백성은 여호수아가 살아 있는 동안 주님을 잘 섬겼다. 그들은 여호수아가 죽은 뒤에도, 주님께서 이스라엘에게

ㄱ) 히, '아빅' ㄴ) 칠십인역과 고대 라틴어역과 아랍어역과 시리아어역과 헥사플라에는 '에돔 사람' ㄷ) 고대 라틴어역과 불가타와 칠십인역에는 '찌르는 가시' 또는 '적대자들'. 마소라 본문에는 '그들이 너희 편 안에 있고' ㄹ) '우는 사람들'

청동기시대와 초기 철기시대에 중요한 이집트의 요새가 있었다. *다아낙*은 이스르엘 평원 위에 위치하고 있다. 그 도시는 고대 *므깃도* 요새의 위성도시였을 것이다 (수 17:11-13; 대상 7:29도 보라). 이집트 자료에 의하면 므깃도는 청동기시대에 중요한 가나안 도시였다. 그 도시는 솔로몬이 성벽을 쌓은 도시 중의 하나로 열거 되고 있다 (왕상 4:12; 9:15). **1:29** *게셀.* 유대 고원지대의 기슭에 위치하고 있으면서 후기 청동기의 이집트와 메소포타미아에서 나온 문서들 속에 여러 번 언급되고 있다.

1:30-36 갈릴리 지파들의 정복 (수 18—19장 참조). **1:31** *아셀* 지파에게 정복당하지 않은 도시들. 고대의 *악십*(또한 수 19:29를 보라)은 북부 해안 평야에 위치한 항구 도시이다. **1:34-35** *단* 지파는 해안 평야와 유대 고원지대 사이의 산기슭을 정복하려고 노력하였다. 17—18장의 전승에 의하면, 그들은 나중에 북부에 다시 정착하였다.

2:1-5 지파들이 주님의 명령에 순종하지 않았기 때문에 땅을 점령하지 못하였다. 그 결과 가나안 사람들은 그들의 *대적들이* 될 것이고, 가나안의 신들은 그들을 유혹하게 될 것이다. **2:1** *주님의 천사.* 이 표현은 하나님이 나타나신 것을 말한다 (창 16:17 참조). 이 연설은 신명기적 문체로 되어 있다. 6:8-10에 나오는 무명의 선지자의 연설과 10:11-14에 있는 주님의 연설의 유사성을 비교하라. *길갈*은 여리고 근처의 어떤 곳에 위치한 곳으로 여호수아서에서는 출발점이 되는 장소이다 (특히 수 4:19-20; 5:9-10; 9:6 참조). *보김* ("우는 자들"). 이 보김이라는 단어는 구약성경의 다른 곳에서는 사용되지 않는다. 칠십인역에서는 보김이 "베델"이라고 되어있다. **2:4** 이스라엘 사람들은 울었다. 이들은 베냐민 지파를 위해서 부인이 될 사람들을 찾아야 하는 문제를 풀기 전에 베델에서 다시 한 번 울게 될 것이다 (21:2).

2:6—3:6 두 번째 신명기적인 서론이다. 이 구절들은 사사기의 기본적인 편집 개요를 보여주고 있다. 번영과 배교, 적들의 억압을 통한 심판과 회개, 그리고 하나님이 일으키신 "사사들"의 지도력 아래서 적들로부터의 구원이라고 하는 순환이 계속되고 있다. 한 사사가 죽으면 그들이 억누르고 있던 배교 행위가 다시 번성하고, 그러면 심판과 회개와 구원의 순환이 다시 새롭게 시작한다. 이러한 개요는 신명기 역사 전체에 걸쳐서 지배하는 기본적인 신학적인 관점과 동일하다. 즉 순종은 반드시 축복으로 이끌고, 불순종은 필연적으

베푸신 큰 일을 모두 눈으로 직접 본 장로들이 살
아 있는 동안에는 주님을 잘 섬겼다. 8 주님의
종인 눈의 아들 여호수아는 백열 살에 죽었다.
9 그리하여 그들은, 그가 유산으로 받은 땅의 경
계선 안 에브라임 산간지방인 가아스 산 북쪽
딤낫헤레스에 그를 묻었다. 10 그리고 그 세대
사람들도 모두 죽어 조상들에게로 돌아갔다. 그
들이 죽은 뒤에 새로운 세대가 일어났는데, 그들은
주님을 알지 못하고, 주님께서 이스라엘을 돌보신
일도 알지 못하였다.

이스라엘이 주님을 배반하다

11 이스라엘 자손이 바알 신들을 섬기어, 주님
께서 보시기에 악한 행동을 일삼았으며, 12 이
집트 땅에서 그들을 이끌어 내신 주 조상의 하나
님을 저버리고, 주위의 백성들이 섬기는 다른 신
들을 따르며 경배하여, 주님을 진노하시게 하였다.
13 그들은 이렇게 주님을 저버리고 바알과 아스
다롯을 섬겼다. 14 그러므로 주님께서 이스라엘
백성에게 크게 분노하셔서, 그들을 약탈자의 손에
넘겨 주셨으므로, 약탈자들이 그들을 약탈하였다.
또 주님께서는 그들을 주위의 원수들에게 팔아 넘
기셨으므로, 그들이 다시는 원수들을 당해 낼 수
없었다. 15 그들이 싸우러 나갈 때마다, 주님께서
그들에게 말씀하시고 맹세하신 대로, 주님께서
손으로 그들을 쳐서 재앙을 내리셨으므로, 그들은
무척 괴로웠다.

16 그 뒤에 주님께서는 사사들을 일으키셔서,
그들을 약탈자의 손에서 구하여 주셨다. 17 그
러나 그들은 사사들의 말도 듣지 않고, 오히려 음란
하게 다른 신들을 섬기며 경배하였다. 그들은 자
기 조상이 주님의 명령에 순종하며 걸어온 길에서
빠르게 떠나갔다. 그들은 조상처럼 살지 않았다.
18 그러나 주님께서는 그들을 돌보시려고 사사
를 세우실 때마다 그 사사와 함께 계셔서, 그 사
사가 살아 있는 동안에는 그들을 원수들의 손에서
구하여 주셨다. 주님께서, 원수들에게 억눌려 괴
로움을 당하는 그들의 신음소리를 들으시고, 그
들을 불쌍히 여기셨기 때문이다. 19 그러나 사
사가 죽으면 백성은 다시 돌아서서, 그들의 조상
보다 더 타락하여, 다른 신들을 따르고 섬기며, 그
들에게 경배하였다. 그들은 악한 행위와 완악한
행실을 버리지 않았다. 20 그러므로 주님께서
이스라엘 백성에게 크게 노하셔서, 이렇게 말씀
하셨다. "이 백성이, 내가 그들의 조상과 세운 언

로 심판으로 이끈다. 이러한 원리가 적합하지 않다고 하는 것은 구약성경의 다른 부분에서 강조되고 있다. 특히 욥기와 전도서와 같은 책들에 나타나는 지혜 전승에서 그렇다. 사사기의 어떤 이야기들도 이러한 유형에 꼭 잘 들어맞지는 않는다. 예를 들어, 에훗의 이야기 (3:15-20), 삼손의 이야기 (13—16장), 단 지파의 이야기 (17—18장), 그리고 베냐민 지파의 범죄 (19—21장) 등을 보라. **2:6-10** 여호수아의 죽음. 여호수아가 살아 있는 동안, 사람들은 주님께 충성된 백성으로 남아 있었다. 불성실은 그의 죽음 이후에 시작되었다 (1:1; 수 24:29-31 참조). **2:8** *주님의 종.* 이 호칭은 모세와 관련해서 사용되었고 (수 1:1), 그 다음에는 여호수아와 관련해서 사용되었는데, 여호수아는 후계자로 아무도 지명하지 않았다. 삼손은 주님의 종이라는 호칭을 15:18에서 자기에게 적용하였다. 이 시기의 다른 어떤 전승에서도 갈렙만이 "종"이라고 불릴 뿐이다 (민 14:24). 다른 전승에서는 이 호칭은 족장들, 왕들, 그리고 제사장들에게 적용되기도 했다. **2:9** *딤낫헤레스* (히브리어로 "태양의 지분"이라는 뜻). 이 곳은 세겜의 남서쪽으로 15마일 떨어진 곳이다. 수 19:50과 24:30에서는 글자의 순서를 바꾸어 "딤낫세라" ("남은 지분") 라는 이름을 만들어낸다. **2:10** *주님을 알지 못하였다.* 여호수아 이후의 세대가 주님과 바른 관계를 유지하는 일에 관심이 없었다는 뜻이다. **2:11-23** 이 구절들은 반복해서 일어나는 요소들을 자세하게 밝혀주고 있다 (2:6—3:6에 관한 주석을 보라). **2:11-13** *바알.* 이 신은 가나안에서 일반 대중에게 널리 보급된 폭풍우 신이었고, 또 전쟁을 위한 신적인 용사들이었다. 이 신은 땅의 비옥함과 관련이 있기 때문에 농사를 지어 먹고 살던 이스라엘 사람들에게 바알 숭배는 끊임없는 유혹이었다. *아스다롯은* 잘 알려진 풍요의 여신이었으며 바알의 배우자였다. *바알과 아스다롯은* 종종 전체 가나안 신전의 모든 신을 지칭하기 위해서 복수형으로 사용되었다 (또한 3:7; 10:6을 보라). 사사기의 편집자에 의하면, 이스라엘의 배교 행위는 직접 이러한 지역 신들을 섬기는 것과 관련되어 있는데, 모세는 거듭해서 이러한 일들을 신명기에서 경고하고 있다. **2:14** *주위의 원수들.* 불성실한 것에 대한 심판은 지파들 주변에 살고 있는 적들의 억압과 위협이라는 형태를 띠고 있다: 남부 고원지대의 사람들 (3:7-11); 요단 동쪽에서부터 온 모압의 침략자들 (3:12-30); 해안 평야지대의 블레셋 사람들 (3:31); 그리고 북부 가나안 연합군들 (4:1—5:31). 사사기의 후반부에서는 적들이 먼 곳에서도 오고 (6—8장의 미디안 사람들과 11장의 암몬 사람들) 이스라엘 자체 안에서도 일어난다 (9장의 아비멜렉과 19—21장의 베냐민 지파 사람들). **2:16-19** 사사들은 위기 상황에서 일어난 한 지파 혹은 여러 지파의 군사적인 지도자들로 묘사되며 그들의 군사적인 승리는 주님의 개입으로 고백된다. 군사적인 지도자들로서의 자신들의 임무를 완수하기 위해서 그들은 *주님의 영을* 받았다 (3:10에 관한

약을 어기고, 나에게 순종하지 않았다. 21 그러
므로 나도, 여호수아가 죽은 뒤에도 남아 있는 민
족들 가운데 어느 하나라도 더 이상 몰아내지
않겠다. 22 이렇게 하여서, 이스라엘 백성이 나
주가 가르쳐 준 길을 그들의 조상처럼 충실하게
걸어가는지 가지 않는지를 시험하여 보겠다."
23 그래서 주님께서는 다른 민족들을 얼른 몰아
내지 않고, 그 땅에 남아 있게 하셨으며, 여호수아
에게도 그들을 넘겨 주지 않으셨던 것이다.

그 땅에 남아 있는 민족들

3 1 가나안 전쟁을 전혀 겪어 본 일이 없는 모든
이스라엘 백성을 시험하시려고, 주님께서 그
땅에 남겨 두신 민족들이 있다. 2 전에 전쟁을
겪어 본 일이 없는 이스라엘 자손의 세대들에게,
전쟁이 무엇인지 가르쳐 알게 하여 주려고 그들을
남겨 두신 것이다. 3 그들은 바로 블레셋의 다섯
통치자와 가나안 사람 모두와 시돈 사람과 히위
사람이다. 히위 사람은 바알헤르몬 산으로부터
저 멀리 하맛 어귀에까지 이르는 레바논 산에 사는
사람들이다. 4 주님께서 이스라엘 자손을 시험
하셔서, 그들이 과연 주님께서 모세를 시켜 조상
들에게 내리신 명령에 순종하는지 순종하지 않는
지를 알아보시려고 이런 민족들을 남겨놓으신 것
이다. 5 그래서 이스라엘 자손은 가나안 사람과
헷 사람과 아모리 사람과 브리스 사람과 히위 사
람과 여부스 사람과 함께 섞여 살았다. 6 그리고
이스라엘 자손은 그 여러 민족의 딸을 데려다가
자기들의 아내로 삼았고, 또 자기들의 딸을 그들의
아들에게 주었으며, 그들의 신들을 섬겼다.

사사 옷니엘

7 이스라엘 자손이 주 하나님을 저버리고 바
알과 아세라를 섬겨, 주님께서 보시기에 악한 일을
저질렀다. 8 주님께서 이스라엘 백성에게 크게
분노하시고, 그들을 메소포타미아 왕 구산리사다
임의 손에 넘겨 주셨다. 이스라엘 자손이 구산리
사다임을 여덟 해 동안 섬겼다. 9 이스라엘 자손이
주님께 울부짖으니, 주님께서 그들을 구하여 주
시려고 이스라엘 자손 가운데서 한 구원자를 세우
셨는데, 그가 곧 갈렙의 아우 그나스의 아들인 옷
니엘이다. 10 주님의 영이 그에게 내리니, 옷니
엘은 이스라엘의 사사가 되어 전쟁터에 싸우러 나
갔다. 주님께서 메소포타미아 왕 구산리사다임을
옷니엘의 손에 넘겨 주셨으므로, 옷니엘은 구산
리사다임을 쳐서 이길 수 있었다. 11 그 땅은
그나스의 아들 옷니엘이 죽을 때까지 사십 년 동안
전쟁이 없이 평온하였다.

주석을 보라). 이 서론 (2:16-19) 이외에는 "재판관"(사사)이라고 하는 호칭은 단 한 번 나온다. 그러고 나서는 주님을 지칭한다 (11:27). "재판관들"의 책인 사사기의 다른 곳에서 이들은 "구원자들" (예를 들어, 3:9, 15) 혹은 "이스라엘의 사사가 된 자들"(3:10; 4:4; 10:3; 12:7, 9, 11, 13; 16:31)로 지칭된다. 이러한 구절들은 하나님이 이스라엘 민족에게 훈련과 구원을 통해서 공의와 긍휼을 베푸신 것을 보여준다. **2:20-23** 1-5절에서의 주제와 그 시대의 유형이 다시 서술된다. 주님은 여호수아 사후에 계속해서 그 땅에 살고 있는 비이스라엘 계통의 민족들을 이스라엘의 신실함을 시험하는 도구로 남겨두셨다. **3:1-6** 이스라엘이 그 가운데서 살면서 시험당할 민족들의 두 개의 목록 (3, 5절). 이 시험에 대한 설명은 이스라엘이 전쟁에서 필요한 경험을 하지 못했었다는 것이다. **3:3** *히위 사람.* 아마도 소아시아의 동남부에서 최근에 그 지역에 와서 정착한 다른 집단인 것 같다. **3:4** 그 전 단락의 마지막 부분(2:23)에 서술된 내용의 재확인. **3:5** 이 목록은 가까운 이웃 민족들과 (이스라엘의 후기 왕국의 관점에서 본 것임) 경쟁하는 지역 안에 살고 있는 민족들을 포함하고 있다. 신 7:1을 보면, 일곱 "민족들"을 언급하고 있음을 참조하라. *헷 사람들.* 아나톨리아 제국의 쇠퇴 후에 그 지역에 남아 있던 작은 왕국들의 후손이다. *아모리 사람들.* 메소포타이아 입장에서 보면 "서부 사람들"인데 종종 성경 전승에서는 가나안 사람들과 동의어로 사용된다. *브리스 사람들.* 1:4에 관한 주석을 참조하라. *히위 사람들.* 3:3에 관한 주석을 참조하라. *여부스 사람들.* "여부스"는 예루살렘이 이스라엘의 도성이 되기 전의 이름이다. **3:6** 비이스라엘 사람들과 타인종과의 결혼은 장려되지 않았고, 특히 포로 후기에는 억제되었다. 혈통의 순수성을 위협해서라기보다는 언약 관계의 충성도를 위협하기 때문이었다. 비이스라엘 계통의 사람들은 자기들 자신의 민족 신들을 섬기고 있었다.

3:7-11 드빌을 정복한 옷니엘 사사에 대한 간략한 이야기 (1:12-13) 속에는 신명기적인 사상을 보여주기 위해 사사기의 개요에 나오는 요소들을 다 포함하고 있다 (2:6—3:6에 관한 주석을 보라). 옷니엘 사사는 서론에서 강조된 지파인 유다 출신이다 (1:1–2:5). **3:7** *아세라.* 바알과 관련된 또 다른 여신의 이름 (2:11-13에 관한 주석을 보라). **3:8** *구산리사다임.* 이 이름에서 리사다임은 "이중으로 악함"이라는 뜻이고, 이것은 구약성경에서는 유일하게 나타나는 이름이다. *아람나하라임.* "두 개의 강" 아람이라는 뜻이다. (티그리스와 유프라테스 강 사이에 위치한) 메소포타미아 지역

사사 에훗

12 이스라엘 자손이 다시 주님께서 보시기에 악한 일을 저질렀다. 그들이 이렇게 주님께서 보시기에 악한 일을 저질렀기 때문에, 주님께서는 모압 왕 에글론을 강적이 되게 하여서 이스라엘을 대적하게 하셨다. 13 에글론은 암몬 자손과 아말렉 자손을 모아 이스라엘을 공격하고, 종려나무 성읍인 여리고를 점령하였다. 14 그래서 이스라엘 자손이 열여덟 해 동안이나 모압 왕 에글론을 섬겼다.

15 이스라엘 자손이 주님께 울부짖으니, 주님께서 그들에게 한 구원자를 세우셨는데, 그가 곧 베냐민 지파 게라의 아들인 왼손잡이 에훗이다. 이스라엘 자손은 에훗을 시켜, 모압 왕 에글론에게 조공을 보냈다. 16 그러자 에훗은 길이가 한 자쯤 되는 양쪽에 날이 선 칼을 만들어서 오른쪽 허벅지 옷 속에 차고, 17 모압 왕 에글론에게 가서 조공을 바쳤다. 에글론은 살이 많이 찐 사람이었다. 18 에훗은 조공을 바친 뒤에, 그 조공을 메고 온 사람들을 돌려보냈다. 19 그러나 에훗 자신은 길갈 근처 돌 우상들이 있는 곳에서 되돌아와, 에글론에게 "임금님, 제가 은밀히 드릴 말씀이 있습니다" 하고 아뢰었다. 왕이, 모시고 섰던 부하들에게 물러가라고 명령하자, 그들은 모두 물러갔다.

20 에훗이 왕에게 다가섰을 때에, 마침 왕은 시원한 그의 집 다락방에 홀로 앉아 있었다. 에훗이 "임금님께 전하여 드릴 하나님의 말씀이 있습니다" 하니, 왕은 자리에서 일어섰다. 21 그 때에 에훗은 왼손으로 오른쪽 허벅지에서 칼을 뽑아 왕의 배를 찔렀다. 22 칼자루까지도 칼날을 따라 들어가서 칼 끝이 등 뒤로 나왔다. 에훗이 그 칼을 빼내지 않았으므로, 기름기가 칼에 엉겨 붙었다. 23 에훗은 현관으로 나가, 뒤에서 다락방 문을 닫고 걸어 잠갔다. 24 에훗이 나간 뒤에, 그의 부하들이 와서 다락방 문이 잠겨 있는 것을 보고, 왕이 그 시원한 다락방에서 ㄱ)용변을 보고 있다고 생각하였다. 25 그러나 ㄴ)오랫동안 기다려도 왕이 끝내 다락방 문을 열지 않으므로, 열쇠를 가져다가 문을 열고 보니, 왕이 죽은 채로 바닥에 쓰러져 있었다.

26 그들이 기다리는 동안에 에훗은 몸을 피

ㄱ) 히, '발을 가리다' ㄴ) 히, '그들이 어찌할 바를 모르며 기다려도'

의 이름이다. 아마도 동부 시리아(아람)를 일컫는 말일 것이다. **3:10** *주님의 영.* 주님의 영은 영감과 권위를 주는 동시에 옷니엘에게 사사기에 나오는 다른 구원자들처럼 놀라운 일을 하게 하기 위해 능력을 주는 신적인 힘이다 (6:34; 11:29; 13:25; 14:6, 9; 15:14를 보라). 구약 전승의 다른 곳에서는 하나님의 영은 공교한 기술과 지혜를 주기도 하고 (출 31:3; 35:31) 이스라엘의 지도자들(민 11:17, 25-26, 29; 27:18)이나 왕들(삼상 10:10; 11:6; 16:13; 삼하 23:2)이나 선지자들(왕상 22:24; 대하 15:1; 20:14; 24:20; 사 61:1; 겔 11:5; 미 3:8)에게 지혜와 용기와 권위를 주기도 한다. 하나님의 영은 또한 이사야서에서는 구세주와 연관되어 있다 (사 11:2에서는 이상적인 다윗 계열의 왕과 연관되어 있고, 사 42:1에서는 "고난 받는 종"과 연관되어 있음). *사사가 되어.* 여기서 이 단어는 군사적인 지도력을 가진 것을 의미한다. **3:11** 편집자의 결론이 종종 사사기에 나타난다 (3:30; 5:31; 8:28을 보라). *40년*은 아마도 한 세대가 지나는 기간을 의미하는 것일 것이다.

3:12-30 *에훗.* 베냐민 지파출신의 영웅 에훗의 이야기는 전형적인 편집자의 틀 (12-15, 30절) 안에서 전개된다. 그러나 에훗은 결코 "주님의 영"이 있는 사람으로 묘사되지 않는다 (3:10 참조; 2:6—3:6의 주석을 보라). 에훗은 모압 왕 에글론을 속임수와 계략을 써서 암살하였다. 그렇게 해서 자기 민족을 억압에서 구원하게 되었다. **3:12** *에글론.* 하나님은 모압 민족의 왕 에글론(히브리어로 "새끼 황소" 라는 뜻)을 사용하여 이스라엘을 연단하는 도구로 사용하셨다 (2:14에 관한 주석을 참조). *모압.* 사해의 동쪽 지역에 있는 요단 동쪽의 작은 지방 민족이다. **3:13** *암몬과 아말렉*은 에글론을 지원하였다 (1:16 에 관한 주석을 참조). 종려나무 성읍은 아마도 여리고를 말할 것이다 (1:16에서와 같이). **3:15** *에훗.* 그는 왼손잡이 사나이로 기억되어 있다. 20:16을 보면, 700명의 베냐민 사람들이 역시 왼손잡이로 여겨지는데 활 쏘는 기술이 아주 좋은 것으로 유명하였다. **3:19** *길갈 근처 돌.* 돌들은 요단강을 건넌 것을 기념하기 위해서 세워진 돌들이었다 (수 4:20-24를 보라). 다른 사사들과는 대조적으로 에훗은 자기 혼자서 행동한 사람이었다. **3:21-22** 에훗이 *살이 많이 찐* 에글론을 암살한 것을 묘사하는 본문은 아주 희극적이다. **3:26-30** 에훗은 이제 *에브라임 산간지방에서* 동맹군들을 얻어 모압을 점령하고 요단 강 건너편을 장악하였다. **3:26** *스이라의* 정확한 위치는 불분명하다. **3:27** 양의 뿔로 만든 *소집 나팔*은 군사적인 기능과 제의적인 기능을 가지고 있었다 (민 10:9; 31:6; 수 6; 삼상 13:3 참조). **3:29** *만 명.* 이것은 "10개의 군대 조직"을 말하는 것일 가능성이 많다 (1:4에 관한 주석을 참조). **3:30** *80년*은 두 세대를 의미하는 것일 것이다. **3:31** *삼갈* 그에 대한 간략한 언급은 그가 드보라의 이야기에 따라 나오는 부분(5:6)에

하여, 돌 우상들이 있는 곳을 지나서 스이라로 도
망쳤다. 27 그가 그 곳에 이르러 에브라임 산간
지방에서 소집 나팔을 불자, 이스라엘 자손이 그를
따라 산간지방에서 쳐내려갔다. 에훗이 그들을
앞장섰다. 28 "나를 따라라! 주님께서 너희 원수
모압을 너희 손에 넘겨 주셨다." 그가 이렇게 외
치자, 그들이 에훗을 따라 내려가 모압으로 가는
요단 강 나루를 점령하고 한 사람도 건너가지 못
하게 하였다. 29 그 때에 그들이 쳐죽인 건장하고
용맹스러운 모압 군인의 수는 모두 만 명이나 되
었는데, 한 사람도 도망치지 못하였다. 30 그 날
모압은 굴복하여 이스라엘의 통치를 받게 되었고,
그 뒤로 그 땅에는 팔십 년 동안 전쟁이 없이 평
온하였다.

사사 삼갈

31 에훗 다음에는 아낫의 아들 삼갈이 사사
가 되었다. 그는 소를 모는 막대기만으로 블레셋
사람 육백 명을 쳐죽여 이스라엘을 구하였다.

사사 드보라

4 1 에훗이 죽은 뒤에, 이스라엘 자손은 다시
주님께서 보시는 앞에서 악한 일을 저질렀다.
2 그래서 주님께서는 하솔을 다스리는 가나안 왕
야빈의 손에 그들을 내주셨다. 그의 군지휘관은
이방인의 땅 하로셋에 사는 시스라였다. 3 야빈은
철 병거 구백 대를 가지고 있었으며, 이십 년 동안
이스라엘 자손을 심하게 억압하였다. 그래서 이
스라엘 자손은 주님께 울부짖었다.

4 그 때에 이스라엘의 사사는 랍비돗의 아내
인 예언자 드보라였다. 5 그가 에브라임 산간지
방인 라마와 베델 사이에 있는 '드보라의 종려나
무' 아래에 앉아 있으면, 이스라엘 자손은 그에게
나아와 재판을 받곤 하였다. 6 하루는 드보라가
사람을 보내어, 납달리의 게데스에서 아비노암의
아들 바락을 불러다가, 그에게 말하였다. "주 이
스라엘의 하나님이 분명히 이렇게 명하셨습니다.
'너는 납달리 지파와 스불론 지파에서 만 명을 이
끌고 다볼 산으로 가거라. 7 야빈의 군지휘관 시
스라와 그의 철 병거와 그의 많은 군대를 기손 강
가로 끌어들여 너의 손에 넘겨 주겠다.'" 8 바락이
드보라에게 대답하였다. "그대가 나와 함께 가면
나도 가겠지만, 그대가 나와 함께 가지 않으면 나도
가지 않겠소." 9 그러자 드보라는 "내가 반드시
장군님과 함께 가겠습니다. 그러나 주님께서 시
스라를 한 여자의 손에 내주실 것이니, 장군께서
는 이번에 가는 길에서는 영광을 얻지 못할 것입
니다" 하고 일어나, 바락과 함께 게데스로 갔다.
10 바락이 스불론과 납달리 지파를 게데스로 불
러모았다. 바락이 만 명의 군사를 이끌고 쳐올라
갔고, 드보라도 그와 함께 떠났다.

서 언급되었기 때문에 여기서 언급되었을 것이다. **4:1—5:31** *드보라*(1:11-15 참조)와 *바락*. 북쪽의 더 우세한 가나안 군사들과의 전투에 참여한 지파 동맹임. 이 이야기는 두 가지 형태의 전통적인 산문(4장)과 옛 형태의 운문(5장)으로 전해지고, 편집자의 첨가부분(4:1-3; 5:31b)이 두 부분을 연결한다. **4:1-24** 산문부분. **4:1-3** 편집자의 이전 사건들에 대한 언급은 삼갈을 포함하고 있지 않다 (3:31 참조). 이것은 에훗이 그보다 앞선 구원자라는 것을 암시한다. **4:2** *가나안 왕 야빈.* 왕들은 대부분 어떤 지형적인 지역보다는 도시국가와 관련되어 알려져 있다 (여기서와 마찬가지로). 야빈의 호칭은 수 11:1에서는 "하솔의 왕"이다 (시 88:11을 참조). *하솔.* 이 곳은 갈릴리 바다의 북쪽으로 9마일 떨어진 곳이며 대상 무역로와 가깝기 때문에 중요한 곳이다. *시스라.* 셈족 계통의 이름이 아니며, 아마도 초기 철기 시대에 이 지역에 이민해 들어온 해양민족들 중의 하나에 속하였을 것이다. *하세롯 하고임.* 이를 직역하면 "이방인들의 하세롯"일 것이다. **4:3** 이스라엘은 야빈에 의해서 아주 잔혹하게 핍박을 받았다. 그의 우월성은 *철 병거가 구백 대가 있었다*고 하는 것에서 상징적으로 드러난다 (1:19에 관한 주석을 참조). 많은 수의 병거는 가나안 사람들이 가하는 위협을 벗어나기가 어렵다는 것을 암시해 주는 것이다. **4:4-5** *드보라* 사사 (히브리어로 "벌"이라는 뜻)는 *라마와 베델 사이의* 자기 이름을 딴 종려나무 아래에 있는 한 장소에 자리잡은 *여선지자*로 소개되고 있다. 구약성경에서는 예언자로 알려진 몇 되지 않는 여자들 가운데 한 명이다 (출 15:20; 왕하 22:14-20; 느 6:14 참조). *랍비돗.* 이는 아마도 15:4에 있는 것처럼 "횃불"이라는 뜻일 것이다. *재판을 받곤 하였다.* 여기서 "재판을 하다" 라는 뜻은 사람들이 제기하는 질문들에 대해 신탁을 받아서 답을 주는 것을 말한다. **4:6-8** 드보라가 아니라 *바락* (히브리어로 "번개"라는 뜻)이 군사 지도자로서 역할을 하였다. 히 11:32에 나오는 그에 대한 칭찬을 눈여겨보라. **4:6** 하나님은 드보라를 통해서 바락에게 명하셨다. *게데스.* "거룩한 곳"이라는 뜻의 지명이며 갈릴리 남부에 있는 장소로 추정되는데 당시에 흔한 지명이었다. *다볼 산.* 이스르엘 골짜기의 북쪽 끝에 있는 외떨어져 있는 산이다. 납달리와 스불론 (갈릴리 지역에서 나온)은 이 이야기에 언급된 유일한 지파들이다 (5:14-18을

11 그런데 ㄱ)모세의 장인 호밥의 자손 가운데
헤벨이라고 하는 겐 사람이 동족을 떠나, 게데스
부근에 있는 사아난님 상수리나무 곁에 장막을
치고 살았다.
12 시스라는 아비노암의 아들 바락이 다볼
산으로 올라갔다는 소식을 전하여 듣고, 13 그의
전 병력 곧 구백 대의 철 병거와 그가 거느린 온
군대를 이방인의 땅 하로셋에서 기손 강 가로 불
러모았다. 14 드보라가 바락에게 말하였다. "자,
가십시오. 오늘이 바로 주님께서 시스라를 장군
님의 손에 넘겨 주신 날입니다. 주님께서 친히 그대
앞에 서서 싸우러 나가실 것입니다." 그래서 바락은
만 명의 병력을 이끌고, 다볼 산에서 쳐내려갔다.
15 주님께서 시스라와 그가 거느린 모든 철 병거와
온 군대를 바락 앞에서 칼날에 패하게 하시니, 시스
라가 병거에서 내려서 뛰어 도망쳤다. 16 바락은
그 병거들과 군대를 이방인의 땅 하로셋에까지 뒤
쫓았다. 시스라의 온 군대는 칼날에 쓰러져, 한 사
람도 남지 않았다.
17 그러나 시스라는 뛰어서, 겐 사람 헤벨의
아내 야엘의 장막으로 도망쳤다. 하솔 왕 야빈과
겐 사람 헤벨의 가문과는 서로 가깝게 지내는 사
이였기 때문이다. 18 야엘이 나아가 시스라를
맞으며 "들어오십시오. 높으신 어른! 안으로 들어
오십시오. 두려워하실 것 없습니다" 하고 말하였다.
시스라가 그의 장막으로 들어오자, 야엘이 그를
이불로 덮어 주었다. 19 "내가 목이 마르니, 물
좀 마시게 하여 주시오" 하고 시스라가 간절히 청
하자, 야엘이 우유가 든 가죽부대를 열어 마시게
하고는 다시 그를 덮어 주었다. 20 시스라가 그
에게 "장막 어귀에 서 있다가, 만약 누가 와서 여
기에 낯선 사람이 있느냐고 묻거든, 없다고 대답
하여 주시오" 하고 부탁하였다.
21 시스라는 지쳐서 깊이 잠이 들었다. 헤벨의
아내 야엘은 장막 말뚝을 가져와서, 망치를 손에
들고 가만히 그에게 다가가서, 말뚝을 그의 관자
놀이에 박았다. 그 말뚝이 관자놀이를 꿰뚫고 땅에
박히니 그가 죽었다. 22 바로 그 때에 바락이 시스
라를 뒤쫓고 있었다. 야엘이 나가서 그를 맞으며,
그에게 말하였다. "어서 들어가십시오. 장군께서

ㄱ) 1:16의 주를 볼 것

보면, 여섯 지파의 이름이 거론됨). *만 명.* 10개의 "부대 조직"일 것이다 (1:4에 관한 주석을 참조). **4:7** 전투 장소는 므깃도와 다아낙 사이에 있었는데 (1:27-28을 참조), 그 곳은 이스르엘 골짜기로 들어가는 통로 입구로서 *기손 강*을 형성하는 지류들이 있는 근처였다. 이것은 사사기에서 이스라엘 백성이 평원 지역을 점령한 사람들과 싸워서 승리한 처음 전쟁이다. **4:8** 바락은 드보라가 자기와 함께 하는 조건으로 그 전쟁을 이끌겠다고 동의하였다. 칠십인역에서는 "왜냐하면 나는 주님의 천사가 어느 날 내게 승리를 주실지 모르기 때문이다"라는 구절을 더하고 있다. **4:9** *한 여자의 손에.* 궁극적으로 그 영광은 바락에게 돌아가지 않고 그 이야기에 나오는 또 다른 여인, 야엘에게 돌아갈 것이다 (17-22절 참조). **4:10** *만 명.* 10개의 "부대 단위"일 것이다 (1:4에 관한 주석을 보라). **4:11** *겐* 사람들은 다른 전승에서는 남쪽지역과 관련되어 있는데, 여기서는 훨씬 북쪽에 진을 치고 있다 (1:16; 4:17의 주석 참조). *엘론—베자아나님* (히브리어로 사아난님의 상수리나무라는 뜻)은 거룩한 나무를 뜻하는 구절이다. **4:12-16** *바락은* 전쟁을 이끌었다. **4:13** *철 병거.* 1:19에 관한 주석을 보라. **4:14** *드보라의* 전투 참여는 단지 이 날은 *시스라에* 대한 주님의 승리의 날이라고 하는 선포한 것만이 언급되어 있다. **4:15** 승리의 설명은 홍해에서의 승리에 대한 설명과 놀라울 정도로 비슷하다 (출 14:24). *주님께서 어떻게 패하게 하셨는지에* 대한 설명은 없지만, 승리는 인간의 힘이 아니라 하나님의 능력의 결과인 것만은 확실하다. **4:17-22** 놀랍게도, 또 다른 여인, 야엘("야생염소" 혹은 "들염소"라는 뜻)이 이스라엘 여인이 아님에도 (겐 사람 헤벨의 아내) 최후의 일격을 가하였다 (1:11-15에 관한 주석 참조). 더욱 놀라운 것은 그녀가 시스라를 살해할 때에 전통적으로 내려온 손님 환대법까지도 살인의 기회로 이용했다고 하는 점이다. 이러한 손님 환대법이 얼마나 중요한 것인가는 19:16-26; 창 19:1-11을 참조하라. **4:17** *겐 사람.* 1:16과 4:11에 관한 주석을 보라. 기술공들과 대장장이들은 많은 전통적인 사회에서는 사회적으로 천대받는 계층이었다. 이러한 신분은 그들이 농업이나 목축과 같은 일차적인 경제 활동에 참여하지 못하였음을 의미한다. 이러한 천민들은 정치적으로나 군사적으로 어느 편도 들지 않는 경향이 있었다. 특별히 양쪽에 다 무기를 만들어 공급하고 어느 쪽으로부터도 위협을 받지 않았다. 겐 사람들이 떠돌아다니는 기술공이나 대장장이들과 같은 그런 위치에 있었다는 것이 여기서 암시되어 있다. *헤벨의 가문*(직역을 하면 "헤벨 집안의 아들들"이라는 뜻임. 9:1의 주석 참조)은 하솔 왕 야빈과 우호적인 관계를 맺고 있었고 이스라엘과도 동맹관계에 있었다. **4:21** *장막 말뚝…망치.* 유목 사회에서는 현대의 베두인 사람들처럼 여자들이 장막을 치는 일을 담당하고 있었다. 그래서 그들은 장막 말뚝과 망치를 사용하는 기술을 가지고 있었다. **5:1-31** "드보라의 노래"는 주님이 가나안의 시스라의 군대를 상대로 승리하신 것을 기념하고 있다. 이 노래는 구약성경에서 가장

찾고 계신 사람을 내가 보여 드리겠습니다." 바락이
그의 장막으로 들어가 보니, 시스라가 죽어 쓰러져
있고, 그의 관자놀이에는 말뚝이 박혀 있었다.
23 이렇게 하나님이 그 날에 이스라엘 자손
앞에서 가나안 왕 야빈을 굴복시키셨다. 24 이
스라엘 자손은 점점 더 강력하게 가나안 왕 야빈
을 억압하였고, 마침내 가나안 왕 야빈을 멸망시
켰다.

드보라와 바락의 노래

5 1 그 날 드보라와 아비노암의 아들 바락이
이런 노래를 불렀다.

2 이스라엘의 영도자들은
앞장서서 이끌고,
백성은 기꺼이 헌신하니,
ㄱ)주님을 찬양하여라.
3 너희 왕들아, 들어라.
너희 통치자들아, 귀를 기울여라.
나 곧 내가 주님을 노래하련다.
주 이스라엘의 하나님을 찬양하련다.

4 주님, 주님께서
세일에서 나오실 때에,
주님께서
에돔 땅에서 출동하실 때에,
땅은 흔들리고,
하늘은 물을 쏟아내고,
구름은 비를 쏟았습니다.
5 산들이 주님 앞에서 진동하였고,
저 시내 산마저,
주 이스라엘의 하나님 앞에서
진동하였습니다.

6 아낫의 아들 삼갈 때에도,
야엘 때에도,
큰길에는 발길이 끊어지고,
길손들은 뒷길로 다녔다.
7 나 드보라가 일어나기까지,
이스라엘의 어머니인 내가
일어나기까지,
이스라엘에서는 용사가 끊어졌다.
8 그들이 새 신들을 택하였을 때에,
성문에 전쟁이 들이닥쳤는데,
사만 명 이스라엘 군인 가운데
방패와 창을 가진 사람이 보였던가?
9 나의 마음이
이스라엘의 지휘관들에게 쏠렸다.
그들은 백성 가운데서
자원하여 나선 용사들이다.
너희는 주님을 찬양하여라.
10 흰 나귀를 타고 다니는 사람들아,
양탄자를 깔고 사는 사람들아,
길을 걸어가는 행인들아,
사람들에게 전하여라.
11 물 긷는 이들 사이에서 들리는 소리,
활 쏘는 사람들의 요란한 저 소리,

ㄱ) 또는 '백성 가운데서 기꺼이 헌신하는 너희는 주님을 찬양하여라'

오래된 본문 중의 하나인데 아마도 기원전 12세기에 지어진 것 같다. **5:1** 편집자의 주석으로 5:31에 있는 결론적인 주석과 같은 것이다. **5:2** *이스라엘의 영도자들은 앞장서서 이끌고.* (개역개정은 "이스라엘의 영솔자들이 영솔하였고;" 공동번역은 "이스라엘의 용사들은 머리를 풀고;" NSRV는 "묶은 것들은 길어지고" 라고 번역했다). 이 표현은 아마도 머리를 풀어 헤치는 행위가 포함된 전쟁 의식을 언급하는 것일 것이다. **5:3** *너희 왕들아, 들어라.* 이 표현은 전체 주제를 선포한다. 다른 왕들에게 이스라엘의 왕이신 하나님의 능력에 대해 증언하는 것이다. **5:4** 하나님을 전쟁의 용사로 보는 이미지이다. *에돔* (요단 동편의 남부 지방) 지역에 있는 *주님께서 세일에서 나오실 때에* 라는 표현은 하나님을 남부 지역의 한 산과 연관시키는 고대의 이해(신 33:2; 시 68:8; 합 3:3)를 보여준다. 폭풍은 주님의 임재의 표현으로 이해된다 (예를 들어, 출 19:16-19 참조). **5:6-7** 산악지대의 *농민*들은 무역을 하는 *대상*들을 약탈하여 이스라엘 사람들에게 *번영*을 가져왔다는 것을 암시하고 있다. 이스라엘의 어머니 라고 하는 호칭은 남자 선지자들에게 "아버지" 라고 하는 호칭을 주는 것과 마찬가지로 (왕하 2:12; 13:14) 드보라가 선지자 모임에서 지도자 역할을 하고 있음을 나타내는 것이다. **5:8** *그들이 새 신들을 택하였을 때에.* 이 표현은 아마도 보호 조약을 맺을 때 불러들였던 신들의 무능함을 언급하는 것일 것이다. 고대 근동에서는 보호 조약을 맺을 때 신들을 증인이나 보증인으로 부르는 것이 전형적이었다. *창과 방패*는 아마도 직업 군인들이 사용하던 무기들을 말하는 것일 것이다. 여기서 암시하고 있는 것은 적군의 군사적인 화력이 우월함에도 불구하고 이스라엘이 승리하였다는 것이다. *사만 명*은 아마도 40개의 "부대 단위"를 말하는 것일 것이다 (1:4의 주석 참조). **5:10** 주님께서 승리하신 것을 선포하라고 온 백성을 초청하고 있다. *타고 다니*는 족장들이나 *걸어 다니*는 일반 백성들 모두를 초청하고 있다. **5:11-13** 승리를 위한 축하의 초점은

거기서도
주님의 의로운 업적을
들어 말하여라.
이스라엘 용사들의
의로운 업적을 들어 말하여라.

그 때에 주님의 백성이
성읍으로 들어가려고
성문께로 내려갔다.
12 일어나라, 일어나라, 드보라야.
일어나라, 바락아.
포로들을 끌고 가거라,
아비노암의 아들아.
13 그 때에 살아 남은 이들이
ㄱ)백성의 지도자들과
더불어 내려왔고,
주님께서 나를 도우시려고
용사들 가운데 내려오셨다.
14 에브라임에게서는
ㄴ)아말렉에 뿌리를 내린
사람들이 내려오고,
베냐민의 뒤를 이어서는
너의 백성이 내려오고,
마길에서는 지휘관들이 내려오고
스불론에서는 지휘봉 잡은
이들이 내려왔다.
15 잇사갈의 지도자들이
드보라와 합세하고,
잇사갈과 바락도 이에 합세하여,
그의 뒤를 따라 골짜기로 달려갔다.
그러나 르우벤 지파 가운데서는
마음에 큰 반성이 있었다.
16 어찌하여 네가 양의 우리에 앉아,
양 떼를 부르는
피리 소리나 듣고 있는가?
르우벤 지파에서는
마음에 큰 반성을 하였다.
17 어찌하여 길르앗은
요단 강 건너에 자리잡고 있고,
어찌하여 단은
배 안에 머물러 있는가?
어찌하여 아셀은
바닷가에 앉아 있는가?
또 그 부둣가에서 편히 쉬고 있는가?
18 스불론은 죽음을 무릅쓰고
생명을 아끼지 않고 싸운 백성이요,
납달리도 들판 언덕 위에서
그렇게 싸운 백성이다.

19 여러 왕들이 와서 싸움을 돋우었다.
가나안 왕들이
므깃도의 물 가 다아낙에서
싸움을 돋우었으나,
그들은 탈취물이나 은을
가져 가지 못하였다.
20 별들이 하늘에서 시스라와 싸웠고,
그 다니는 길에서 그와 싸웠다.

ㄱ) 또는 '백성의 지도자들에게로 내려왔고, 주님의 백성이 용사들과 함께 나에게로 왔다' ㄴ) 칠십인역에는 '사람들이 계곡으로 내려왔고'

그러한 초청에 응답한 주민들의 반응을 묘사하면서 마을과 성의 우물로 옮겨지고 있는 것이 분명하다. 그리고는 *성문께로 내려갔다*는 것은 아마도 승전 축하 행진을 말하는 것일 것이다. **5:14-18** 전투에 임하라는 명령에 대한 지파들의 반응들. 여섯 지파 *에브라임, 베냐민, 마길* (므낫세 지파의 일부), *스불론, 잇사갈, 납달리*는 전투에 임하라는 명령에 응하였다. 다섯 지파들 *르우벤, 길르앗, 단, 아셀, 메로스* (23절. 메로스는 도시 혹은 가족 이름일 것이다)는 명령에 응답하지 않았다고 비판을 받았다. 단은 아셀과 북쪽에서 연결되어 있는 것으로 보인다. 그러나 *배에* 관한 언급은 그 지파가 처음에 남부 해안지역에 정착하려고 했던 것을 보여준다 (수 19:40-47). 유다, 시므온, 그리고 레위는 이 목록에 등장하지 않는다. **5:15** *그의 발꿈치에서.* 이 표현은 "그의 지휘 하에" 라는 뜻이다 (4:10에서는 "그의 뒤를 따라" 라고 번역되어 있음). **5:19-23** 전쟁과 이스라엘의 승리. 승리는 주님이 급류를 쏟아 부으심으로 시작된 것이 분명하다. 적군들은 그 홍수에 휩쓸려갔다. **5:19** 적들은 가나안 왕들의 연합군으로 알려졌다. 야빈은 언급되지 않고 있다 (4:2, 23 참조). *므깃도와 다아낙에* 관해서는 1:27-28에 있는 주석을 참조하라. **5:20** *별들이 싸웠고.* 별들은 비의 근원으로 이해되었음이 틀림없다. 기브온의 방어전에서 태양과 달의 역할 참조 (수 10:11-14). **5:21** *기손.* 4:7의 주석을 참조하라. **5:23** *메로스.* 5:14-18에 관한 주석을 참조하라. 주님의 천사는 전쟁 전에 자문을 구한 직업적인 예언자를 지칭하는 것이다 (2:1에 관한 주석을 보라). **5:24-27** *겐 사람.* 1:16에 관한 주석을 보라. 야엘은 겐 사람(즉 비이스라엘 사람)으로 여인이었는데, 시스라를 죽인 용기를 칭송하고 있다 (4:17-22 참조; 1:11-15에 관한 주석을 보라). **5:26** 4:21에 관한 주석을 보라. **5:27** *그의 발 앞에,* 혹은 "그녀의 지배하

21 기손 강물이 그들을 휩쓸어 갔고,
옛 강 기손의 물결이
그들을 휩쓸어 갔다.

나의 영혼아!
너는 힘차게 진군하여라.

22 그 때에 말발굽 소리가 요란하였다.
군마가 달리는 소리,
그 달리는
말발굽 소리가 요란하였다.

23 "메로스를 저주하여라."
주님의 천사가 말하였다.
"그 안에 사는 주민들을
저주하고 저주하여라!
그들은 주님을
도우러 나오지 않았다.
주님을 돕지 않았다.
적의 용사들과
싸우러 나오지 않았다."

24 겐 사람 헤벨의 아내 야엘은
어느 여인보다 더 복을 받을 것이다.
장막에 사는 어떤 여인보다도
더 복을 받을 것이다.
25 시스라가 물을 달라고 할 때에
야엘은 우유 곧 엉긴 우유를
귀한 그릇에 담아 주었다.
26 왼손에는 장막 말뚝을 쥐고,
오른손에는
대장장이의 망치를 쥐고,
시스라를 쳐서 머리를 깨부수고,
관자놀이를 꿰뚫어 버렸다.
27 시스라는 그의 발 앞에 고꾸라져서
쓰러진 채 누웠다.
그의 발 앞에 고꾸라지며 쓰러졌다.
고꾸라진 바로 그 자리에서
쓰러져서 죽고 말았다.

28 시스라의 어머니가
창문으로 내다보며,
ㄱ)창살 틈으로 내다보며
울부짖었다.
"그의 병거가
왜 이렇게 더디 오는가?
그의 병거가
왜 이처럼 늦게 오는가?"
29 그의 시녀들 가운데서
가장 지혜로운 시녀들이
대답하였겠고,
시스라의 어머니도 그 말을 따라
이렇게 혼잣말로 말하였을 것이다.
30 "그들이 어찌
약탈물을 얻지 못하였으랴?
그을 나누지 못하였으랴?
용사마다
한두 처녀를 차지하였을 것이다.
시스라가 약탈한 것은 채색한 옷감,
곧 수놓아 채색한 옷감이거나,
약탈한 사람의 목에 걸칠
수놓은 두 벌의 옷감일 것이다."

31 주님,
주님의 원수들은
이처럼 모두 망하고,
주님을 사랑하는 사람들은
힘차게 떠오르는 해처럼
되게 하여 주십시오.

그 뒤로 그 땅에는 사십 년 동안 전쟁이 없이 평온하였다.

ㄱ) 칠십인역과 타르굼에는 '창살 틈으로 내다 보았다'. 마소라 본문에는 '창살 틈으로 울부짖었다'

에" 관해서는 5:15에 관한 주석을 보라. **5:28-31** 마지막 장면은 시스라의 어머니와 *그녀의 가장 지혜로운 시녀들이* 시스라의 승리의 귀환을 기다리면서 감정의 동요를 겪는 모습을 묘사하고 있다. 그들은 귀환이 늦어지는 것을 걱정하면서도 그것이 많은 전리품을 가져오는 것이라는 의미로 기대하고 있다. **5:30** *용사마다 한 두 처녀.* 전리품의 일부로 기대되는 것은 가나안 전사들이 포로로 잡은 여인들을 성적으로 차지하는 것이다 (신 21:10-14 참조). **5:31** 5:1에 관한 주석을 보라. *40년*은 아마도 한 세대를 의미하는 것일 것이다.

6:1—8:35 기드온 사사(또한 7장에서는 여룹바벨로 알려짐)는 므낫세 지파의 사람으로 여러 중부 고원지역과 갈릴리 지역의 지파들을 동원하여 미디안, 아말렉, 그리고 이스라엘 민족의 생존에 필수적인 식량을 약탈해 가곤 하던 다른 동쪽 민족들에 의한 자기 민족의 억압을 종식시킨 인물이다. 기드온의 이야기는 주 하나님이 민족들의 운명을 책임지시며 그들의 행동과 의도에도 불구하고 주님의 뜻이 이루어지도록 보장하시는 분이라는 점을 보여준다. **6:1-40** 기드온의 소명. **6:1-10** 전형적으로 틀에 박힌 편집자의 이

사사 기드온

6 1 이스라엘 자손이 주님께서 보시는 앞에서 악한 일을 저질렀다. 그래서 주님께서는 일곱 해 동안 그들을 미디안의 손에 넘겨 주셨다.
2 미디안 사람의 세력이 이스라엘을 억누르니, 이스라엘 자손은 미디안 사람들 때문에 산에 있는 동굴과 요새에 도피처를 마련하였다. 3 이스라엘 자손이 씨앗을 심어 놓으면, 미디안 사람과 아말렉 사람과 동방 사람들이 쳐올라오는 것이었다.
4 그들은 이스라엘을 마주보고 진을 쳐놓고는, 가사에 이르기까지 온 땅의 소산물을 망쳐 놓았다. 그리고 이스라엘에 먹을 것을 하나도 남기지 않았으며, 양이나 소나 나귀까지도 남기지 않았다.
5 그들은 가축 떼를 몰고 장막을 가지고 메뚜기 떼처럼 쳐들어왔는데, 사람과 낙타가 이루 셀 수 없을 만큼 많았다. 그들이 들어와서 온 땅을 황폐하게 만들었다. 6 이스라엘이 미디안 때문에 전혀 기를 펴지 못하게 되자, 마침내 이스라엘 자손이 주님께 울부짖었다.

7 이스라엘 자손이 미디안 사람들 때문에 주님께 울부짖을 때에, 8 주님께서 이스라엘 자손에게 한 예언자를 보내어 말씀하셨다. "나 주 이스라엘의 하나님이 말한다. 바로 내가 너희를 이집트에서 나오게 하였고, 종살이하던 집에서 너희를 이끌어 내었다. 9 내가 너희를 이집트 사람과 또 너희를 억압하는 모든 원수의 손에서 구하여 내었다. 내가 그들을 너희가 보는 앞에서 쫓아내었고 그 땅을 너희에게 주었다. 10 그러면서 나는 너희에게 말하였다. '나는 주 너희의 하나님이다. 너희가 아모리 사람의 땅에서 살고 있으나, 아모리 사람의 신들은 섬기지 말아라.' 이렇게 말하였으나, 너희는 내 말을 듣지 않았다."

11 주님의 천사가 아비에셀 사람 요아스의 땅 오브라에 있는 상수리나무 아래에 와서 앉았다. 그 때에 요아스의 아들 기드온은, 미디안 사람들에게 들키지 않으려고, 포도주 틀에서 몰래 밀이삭을 타작하고 있었다. 12 주님의 천사가 그에게 나타나서 "힘센 장사야, 주님께서 너와 함께 계신다" 하고 말하였다. 13 그러자 기드온이 그에게 되물었다. "감히 여쭙습니다만, 주님께서 우리와 함께 계신다면, 어째서 우리가 이 모든 어려움을 겪습니까? 우리 조상이 우리에게, 주님께서 놀라운 기적을 일으키시어 우리 백성을 이집트에서 인도해 내셨다고 말하였는데, 그 모든 기적들이 다 어디에 있단 말입니까? 지금은 주님께서 우리를 버리시기까지 하셔서, 우리가 미디안 사람의 손아귀에 넘어가고 말았습니다." 14 그러자 주님

야기가 시작된다 (1-6절; 2:11-23에 관한 주석을 보라). **6:2-6** 이스라엘 농민들의 곤궁. 미디안 사람들은 작물이든 짐승이든 가리지 않고 그 땅의 소산물을 망쳐 놓았다. **6:2** *미디안 사람.* 아라비아 북서쪽에 위치해 있고, 아브라함의 자손들 가운데 들어 있다 (창 25:2-4; 대상 1:32-33). 출애굽과 직접 관련된 전승 (출 2:15—4:31; 18:1-27)과는 별개로, 미디안 사람들은 특히 전투에서 이스라엘의 적으로 묘사되어 있다 (예를 들어, 민 25—31장; 시 83:9; 사 10:26). 어떤 구절들에서는 그들은 겐 사람들(1:16에 관한 주석 참조)과 연관되어 있고, 겐 사람들과 마찬가지로 유목민 혹은 반유목민으로 보인다. **6:3** *아말렉 사람.* 이들에 대해서는 1:16에 관한 주석을 보라. **6:4** *가사.* 가사는 블레셋의 주요 다섯 도시 중의 하나로서 남부 해안 평야지역에 위치하고 있다 (1:18에 관한 주석을 보라). **6:5** *메뚜기 떼처럼.* 미디안 사람들은 너무 수효가 많아서 그들이 지나간 곳에는 메뚜기 떼가 지나간 것처럼 모든 것을 파괴하였다. 성경에서는 처음으로 집에서 길들인 *낙타가* 등장한다. 낙타들을 길들이는 일은 아마도 초기 철기시대 중의 어느 시기에 시작되었을 터인데, 그 덕에 이런 습격을 더 쉽게 감행할 수 있게 되었을 것이다. **6:7-10** *이번에는 이스라엘 사람들이 주님께 부르짖을 때.* 하나님은 구원자 대신에 무명의 선지자를 보내셨다. 그리고 2:1-5에서 주님의 사자가 한 것처럼 그들을 꾸짖으셨다. 2:3에 있는 것처럼 다른 신들이 "올무"가 될 것이라는 경고가 현실화되었다. **6:11-24** 옷니엘, 에훗, 드보라 사사들과는 대조적으로 하나님은 기드온에게 직접 말씀하셨다. 기드온은 하나님이 주신 말씀의 내용이나 주님이 주셨다고 하는 사실을 믿고 싶어 하지 않았다. 오브라에 제단을 세웠다는 이야기(11a, 18-24절)는 기드온이 군사 지도자로 임명되는 내용의 틀이 되고 있다 (11b-17절). **6:11** *주님의 천사에* 대해서는 2:1에 관한 주석을 보라. 또한 6:23을 보면, 기드온이 주님을 "대면하여" 보았다고 되어 있다. 오브라에 있는 상수리나무는 분명 이방 신전이었을 것이다. 오브라는 세겜 근처의 므낫세 지파의 영토 안에 있는 마을이다. 정확한 장소는 알려져 있지 않다. *요아스*는 직역하면 "주님이 주셨다"는 뜻이다. *아비에셀 사람.* 므낫세 지파의 한 가족 (수 17:2; 대상 7:18을 보라). *기드온* (히브리어로 "돌을 자르는 사람" 혹은 "부수는 사람"이라는 뜻)은 아마도 그가 한 행동을 보고 붙인 별명일 것이다. **6:12** *주님께서 너와 함께 계신다.* 너는 단수이므로 특별히 기드온을 지목하는 것이다. *힘센 장사* 라고 하는 호칭은 상대적으로 높은 지위에 있었음을 암시하지만 기드온

께서 그를 바라보시며 말씀하셨다. "너에게 있는
그 힘을 가지고 가서, 이스라엘을 미디안의 손에
서 구하여라. 내가 친히 너를 보낸다." 15 기드
온이 주님께 아뢰었다. "감히 여쭙습니다만, 내가
어떻게 이스라엘을 구할 수 있습니까? 보시는 바와
같이 나의 가문은 므낫세 지파 가운데서도 가장
약하고, 또 나는 아버지의 집에서도 가장 어린 사
람입니다." 16 그러나 주님께서는 "내가 반드시
너와 함께 있을 것이니, 네가 미디안 사람들을
마치 한 사람을 쳐부수듯 쳐부술 것이다" 하고 말씀
하셨다. 17 기드온이 또 주님께 아뢰었다. "참으로
나를 좋게 보아 주신다면, 지금 나에게 말씀하시는
분이 정말로 주님이시라는 증거를 보여 주십시오.
18 내가 예물을 꺼내와서 가져다 놓겠으니, 내가
돌아올 때까지 떠나지 마십시오." 그러자 주님께서
대답하셨다. "네가 돌아올 때까지, 내가 그대로
머물러 있겠다."

19 기드온은 즉시 가서, 염소 새끼 한 마리로
요리를 만들고, 밀가루 한 에바로 누룩을 넣지
않은 빵도 만들고, 고기는 바구니에 담고, 국물은
그릇에 담아, 상수리나무 아래로 가지고 가서 천
사에게 주었다. 20 하나님의 천사가 그에게 말
하였다. "그 고기와 누룩 넣지 않은 빵을 가져다
가 이 바위 위에 놓고, 국물을 그 위에 부어라."
기드온이 그대로 하였더니, 21 주님의 천사가
손에 든 지팡이 끝을 내밀어, 고기와 누룩 넣지
않은 빵에 댔다. 그러자 불이 바위에서 나와서, 고
기와 누룩 넣지 않은 빵을 살라 버렸다. 그런 다
음에 주님의 천사는 그 앞에서 사라져서 보이지
않았다. 22 기드온은 그가 주님의 천사라는 것을
알고, 떨면서 말하였다. "주 하나님, 내가 주님의
천사를 대면하여 뵈었습니다." 23 그러자 주님
께서 그에게 말씀하셨다. "안심하여라. 두려워하
지 말아라. 너는 죽지 않는다." 24 기드온은 거
기에서 주님께 제단을 쌓아 바치고는, 그 제단을
[ㄱ]'여호와 샬롬'이라고 불렀다. (그 제단은 오늘날
까지도 아비에셀 사람의 땅인 오브라에 서 있다.)

25 그 날 밤에 주님께서 기드온에게 말씀하
셨다. "네 아버지의 외양간에서 [ㄴ]어린 수소 한 마
리를 끌어오고, 또 일곱 해 된 수소도 한 마리를
끌어오고, 네 아버지의 바알 제단을 허물고, 그 곁
에 있는 아세라 상을 찍어라. 26 그런 다음에 이
산성 꼭대기에서 규례에 따라 주 너의 하나님께
제단을 쌓고, [ㄷ]그 둘째 수소를 잡고, 찍어 낸 아
세라 목상으로 불을 살라 번제를 드려라." 27 그리
하여 기드온은 종들 가운데서 열 명을 데리고, 주님
께서 말씀하신 대로 하였다. 그러나 그의 아버지
집안 사람들과 성읍 사람들을 두려워하여, 감히
그 일을 낮에 하지 못하고 밤에야 하였다.

28 다음날 아침 일찍 성읍 사람들이 일어나
보니, 바알 제단이 헐려 있고, 곁에 서 있던 아세라
상은 찍혀 있었으며, 새로 만든 제단 위에는 둘째

ㄱ) 히, '아도나이 샬롬 (주님은 평화)' ㄴ) 또는 '수소 곧 일곱 해 된 수소를'
ㄷ) 또는 '그 수소를'

이야기의 대부분에 나오는 기드온에 관한 묘사와는 잘 맞지 않는다. **6:13** *주님께서 우리와 함께 계신다면.* 기드온은 핵심을 놓치고 민족 전체가 당하는 곤경에 대해 질문하고 있다. **6:15** *가문은 엘레프* (*eleph*) 라는 단어에서 나온 말인데, 아마도 "부족"으로 보통 번역되는 *미슈파하*와 서로 바꾸어 쓸 수 있는 말이거나, 아니면 사회 조직에서 다른 단계를 나타내는 말일 것이다 (9:1에 관한 주석을 보라). *엘레프*는 또한 이 책의 많은 부분에서 "천"(1,000)으로 번역되고 있다 (1:4에 관한 주석을 보라). *아버지의 집.* 이것은 보통 대가족 혹은 핵가족을 지칭하는 것이다 (9:1에 관한 주석을 보라). 어떤 구절(예를 들어, 여기서와 8:35; 11:3)에서는 아버지의 집이 핵가족이나 대가족을 나타내는 것이 아니라, 혈통을 지칭하기도 한다. 그것은 또한 여기서는 군사 조직을 나타내는 것일 수도 있다 (삼상 9:21; 15:17 참조). **6:16-17** *내가 반드시 너와 함께 있을 것이니.* 이 말은 표적을 구하는 요청과 마찬가지로 출 3:12를 생각나게 한다. **6:20-23** 제물을 준비한 다음에 모세처럼 기드온은 주님을 대면하여 보았다. 기드온의 외침이 보여주듯이 그의 대면은 충격적인 경험이었지만 주님은 모세의 경우에서와 같이 (출 33:19) 그를 안심시키셨다. **6:24** 기드온은 그 일을 기념하기 위해 제단을 쌓았다. *평화* (히브리어로 *샬롬*)는 개인 및 공동체의 완전한 안녕을 의미한다. **6:25-32** 기드온은 바알에게 바쳐진 옛날 제단을 헐어버리고 세겜 지역을 지배하는 가문의 우두머리로서 여룹바알이라고 알려지게 되었다 (9:1-2). 자기 아버지의 제단과 거룩한 기둥을 헐어버린 것은 "여룹바알"(32절)이라는 이름이 어떻게 해서 생기게 되었는지를 설명해 준다. **6:25** *바알에* 관하여는 2:13에 관한 주석을 참조하라. *거룩한 기둥.* 가나안의 풍요의 여신인 아세라를 상징하는 구조물이었다. **6:27** *가족*(*family*)은 히브리어로 "아버지의 집"이다 (6:15와 9:1의 주석을 보라). **6:30-31** *요아스는 바알과 맺은 관계를 끊었다. 당신들이 바알의 편을 들어 싸우겠다는 것이오?* 이것에 대해서는 6:22에 관한 주석을 보라. **6:32** *여룹바알.* 히브리어로 "바알이 스스로 싸우게 하라"는 뜻이다. **6:33-40** 기드온은 미디안 사람들을 공격할 준비를 한다. **6:33** *미디안 사*

수소가 번제로 타오르고 있는 것이 아닌가!
29 "누가 이런 짓을 하였느냐?" 하고 그들은 서로
물어 보았다. 그들이 캐묻고 조사하다가, 요아스의
아들 기드온이 이 일을 저질렀다는 것을 알았다.
30 그래서 성읍 사람들은 요아스에게 말하였다.
"당신의 아들을 끌어내시오. 그는 죽어야 마땅하오.
그가 바알의 제단을 헐고, 그 곁에 서 있던 아세라
상을 찍어 버렸소."
31 요아스가 자기를 둘러선 모든 사람에게
이렇게 말하였다. "당신들이 바알의 편을 들어 싸
우겠다는 것이오? 당신들이 바알을 구할 수 있다는
말이오? 누구든지 그의 편을 들어 싸우는 사람은
내일 아침에 죽음을 면하지 못할 것이오. 만일 바
알이 신이라면, 자기의 제단을 헌 사람과 직접 싸
우도록 놓아 두시오." 32 그래서 그 날 사람들은
기드온을 ㄱ)여룹바알이라고 불렀다. 그가 바알의 제
단을 헐었으니, 바알이 직접 그와 싸우게 하라는 말
에서 그렇게 부른 것이다.
33 그 때에 미디안 사람과 아말렉 사람과 사막
부족이 모두 함께 모여 요단 강을 건너와서, 이스
르엘 평지에 진을 쳤다. 34 주님의 영이 기드온
을 사로잡으니, 기드온은 나팔을 불어 아비에셀
족을 모아 자기를 따르게 하고, 35 전령들을 온
므낫세 지파에 보내어 그들도 자기를 따르게 하였
으며, 아셀 지파와 스불론 지파와 납달리 지파에
도 전령들을 보내니, 그들도 그와 합세하려고
올라왔다.
36 기드온이 하나님께 아뢰었다. "참으로 주
님께서는 말씀하신 대로 나를 시켜서 이스라엘을
구하시려고 하십니까? 37 그러시다면, 내가 양털
한 뭉치를 타작마당에 놓아 두겠습니다. 이슬이
이 양털뭉치에만 내리고 다른 땅은 모두 말라 있
으면, 주님께서 말씀하신 대로, 저를 시켜서 이스
라엘을 구하시려는 것으로 알겠습니다." 38 그러
자 정말 그렇게 되었다. 기드온이 다음날 아침
일찍 일어나서 양털뭉치를 쥐어짜 보니 양털뭉치
에 내린 이슬이 쏟아져 그릇에 물이 가득 찼다.
39 기드온이 또 하나님께 여쭈었다. "주님, 저에게
노하지 마십시오. 제가 한 번 더 말씀드리고자 합
니다. 양털뭉치로 한 번만 더 시험하여 보게 하여
주십시오. 이번에는 양털은 마르고, 사방의 모든
땅에는 이슬이 내리게 하여 주십시오." 40 그 날
밤에 하나님은 그대로 하여 주셨다. 양털은 말라
있었고, 사방의 모든 땅만 이슬로 젖어 있었던
것이다.

기드온이 미디안을 쫓아내다

7 1 여룹바알이라고도 하는 기드온과 그가 거
느리는 모든 군대가 일찍 일어나, 하롯이라는
샘 곁에 진을 쳤는데, 미디안의 진은 거기에서 북쪽
골짜기에 있는 모레 언덕에 있었다. 2 주님께서
기드온에게 말씀하셨다. "네가 거느린 군대의 수가
너무 많다. 이대로는 내가 미디안 사람들을 네가
거느린 군대의 손에 넘겨 주지 않겠다. 이스라엘
백성이 나를 제쳐놓고서, 제가 힘이 세어서 이긴
줄 알고 스스로 자랑할까 염려된다. 3 그러니 너
는 이제라도 그들에게 말하여, 두려워서 떨리는
사람은 누구든지, 길르앗 산을 떠나서 돌아가게
하여라." 기드온이 두려워서 떠는 자를 돌아가게
하니, 그들 가운데서 이만 이천 명이 돌아가고 만
명이 남았다.
4 주님께서 또 기드온에게 말씀하셨다. "군

ㄱ) '바알이 싸우게 하여라'

람들. 이들에 대해서는 6:2에 관한 주석을 보라. *아말렉 사람들*. 이들에 대해서는 1:16에 관한 주석을 참조하라. **6:34** 다른 구원자들과 마찬가지로 *주님의 영*(3:10에 관한 주석 참조)이 기드온을 힘 있게 하여 궁극적인 승리는 주님의 것이 되게 하였다. *아비에셀* 족에 관해서는 6:11에 관한 주석을 보라. **6:35** 기드온은 자기 자신의 지파인 *므낫세* 출신의 용사들과 갈릴리 지역의 지파들인 *아셀, 스불론, 납달리* 지파 출신의 용사들과 연합하였다. **6:36-40** 기드온은 믿음이 없어서 하나님(이 구절에서는 "주님"이 아님)이 11-24절에서 말씀하신 것을 정말 원하신다고 하는 증거를 더 보여 달라고 요구하였다. 하나님은 그 요구를 들어 주셨다. **7:1—8:35** 기드온은 미디안 사람들을 참패시켰다. **7:1-23** 기드온의 승리. 이 부분에 있는 기드온의 이야기는 세 장면으로 되어있다: 1) 이스라엘 군대를 축소하는 장면 (1-8절); 2) 적군 보초병의 꿈 (9-15절); 3) 미디안 사람들이 격퇴당하고 후퇴하는 장면 (16-22절). **7:1** *여룹바알* (즉, 기드온). 6:11과 6:32에 관한 주석을 보라. *하롯이라는 샘*. 이는 길보아 산기슭 근처에 있다. 길보아는 이스르엘 계곡 남동쪽에 있다. *모레 산* (히브리어로 "스승의 언덕")은 이스르엘 계곡에 있는 예벨 에드 데히로 알려져 있다. 아마도 드보라의 종려나무(4:5)처럼 하나님의 계시를 받는 또 다른 장소였을 것이다. **7:2-8** 하나님은 기드온에게 자기 군대 숫자를 축소해서 미디안에 대한 승리가 확실하게 인간의 힘이 아닌 하나님의 능력이었음을 보여줄 것을 지시하신다. **7:3** *두려워서 떠는 자*. 군인의 의무에서 면제되는 사람들은 신 20:5-8에 열거되어 있

인이 아직도 많다. 그들을 물가로 데리고 내려가거라. 내가 너를 도와 거기에서 그들을 시험하여 보겠다. 내가 너에게 '이 사람이 너와 함께 나갈 사람'이라 일러주면, 너는 그 사람을 데리고 가거라. 내가 또 너에게 '이 사람은 너와 함께 나가지 못할 사람'이라 일러주면, 너는 그 사람은 데리고 가지 말아라." 5 기드온이 군대를 물가로 데리고 내려가니, 주님께서 기드온에게 이렇게 일러주셨다. "개가 핥는 것처럼 혀로 물을 핥는 사람과 무릎을 꿇고 물을 마시는 사람을 모두 구별하여 세워라." 6 손으로 물을 움켜 입에 대고 핥는 사람의 수가 삼백 명이었고, 그 밖의 백성들은 다 무릎을 꿇고 물을 마셨다. 7 주님께서 기드온에게 이르셨다. "물을 핥아먹은 삼백 명으로 너희를 구원하겠다. 미디안 사람들을 너의 손에 넘겨주겠다. 나머지 군인은 모두 온 곳으로 돌려보내라." 8 그래서 기드온은 물을 핥아먹은 삼백 명만 남겨 두고 나머지 이스라엘 군대는 각자의 집으로 돌려보냈다. 남은 삼백 명은 돌아가는 군인들에게서 식량과 나팔을 넘겨받았다. 미디안의 진은 그 아래 골짜기에 있었다.

9 그 날 밤 주님께서 기드온에게 말씀하셨다. "너는 일어나서 적진으로 쳐내려가거라. 내가 그들을 너의 손에 넘겨 주겠다. 10 네가 쳐내려가기가 두려우면, 너의 부하 부라와 함께 먼저 적진으로 내려가 보아라. 11 그리고 적들이 무슨 말을 하는지 들어보면, 네가 적진으로 쳐내려갈 용기를 얻을 것이다." 그는 자기의 부하 부라와 함께 적진의 끝으로 내려갔다. 12 미디안 사람과 아말렉 사람과 사막 부족들이 메뚜기 떼처럼 그 골짜기에 수없이 널려 있었으며, 그들의 낙타도 바닷가의 모래알처럼 헤아릴 수 없이 많았다.

13 기드온이 그 곳에 이르렀을 때에, 마침 한 병사가 자기가 꾼 꿈 이야기를 친구에게 하고 있었다. "내가 꿈을 꾸었는데, 보리빵 한 덩어리가 미디안 진으로 굴러 들어와 장막에 이르러서 그 장막을 쳐서 뒤엎으니, 그만 막이 쓰러지고 말았다네" 하고 말하니까, 14 꿈 이야기를 들은 그 친구가 말하였다. "그것은 다름이 아니라, 이스라엘 사람 요아스의 아들인 기드온의 칼이 틀림없네. 하나님이 미디안과 그 모든 진을 그의 손에 넘기신다는 것일세."

15 기드온은 그 꿈 이야기와 해몽하는 말을 듣고, 주님께 경배하였다. 그리고 그는 이스라엘 진으로 돌아와서 "일어나라! 주님께서 미디안의 진을 너희 손에 넘겨 주셨다!" 하고 외쳤다. 16 그는 삼백 명을 세 부대로 나누고, 각 사람에게 나팔과 빈 항아리를 손에 들려 주었다. 빈 항아리 속에는 횃불을 감추었다. 17 그리고 이렇게 지시하였다. "너희는 나를 보고 있다가, 내가 하는 대로 하여라. 내가 적진의 끝으로 가서 하는 대로 따라 하여라. 18 나와 우리 부대가 함께 나팔을 불면, 너희도 적진의 사방에서 나팔을 불면서 '주님 만세! 기드온 만세!' 하고 외쳐라."

다. *천(1,000)*은 아마도 지역 군대 부대 단위일 것이다 (1:4에 관한 주석을 보라. 또한 민 1:34-35; 26:34 참조). **7:4-7** 본문은 분명하지 않다. 기드온의 용사의 숫자는 더 축소되었다. 그러나 주님이 고르는 사람들이 더 긴장된 사람들인지 덜 조심스러운 용사들인지 하는 것은 분명하지 않다. 고르는 방법은 일종의 예언을 하는 것과 같아 보인다. **7:8** *식량과 나팔*은 16-17절을 기대하고 있다. 불붙은 횃불은 항아리 속에 숨겨져 있다. **7:9-15** 여기서는 적군의 꿈을 통해서 주님은 기드온을 위하여 또 다른 표징을 보여주셨다. 꿈은 하나님과 인간의 의사소통을 위한 수단으로 믿어지고 있었다. **7:10** *부하* (히브리어 *나아르*는 종종 "젊은 남자"로 번역됨). 이 부하는 기드온의 개인 부관이며 무기를 든 자였다 (9:54; 삼상 14:1, 6을 보라). **7:13-14** *보리빵*은 정착된 농부들을 상징하고, *장막*은 유목민인 미디안 사람들을 상징한다. **7:15-22** 의식을 거행하는 듯한 방식으로 (수 6장 참조) 기드온은 미디안 사람들이 놀랄 수밖에 없게 만들어서 도망치게 하였다. **7:15** 기드온은 주님께 *경배하였다*. 그가 땅에 엎드렸다. **7:16** *나팔과 빈 항아리와 횃불*. 이스라엘은 이러한 것들로 의식을 준비하였다. **7:22** 여기에 언급된 모든 장소들은 요단 동편에 있는 장소들이다. **7:23** 이 구절은 6:35를 생각나게 한다. 거기서 *므낫세가* 소환되고 *아셀, 스불론, 납달리가* 통보를 받았다. 스불론을 제외한 모든 지파가 이제 적을 쫓는데 동참하였다. **7:24-25** 에브라임 지파 사람들은 나중에 소환을 받았는데 미디안 지도자들을 처단하였다. **7:24** 12:1을 참조하라. 에브라임출신 군인들은 소환 받지 않고 도착하였다. **7:25** *오렙과 스엡*. 히브리어로는 "까마귀"와 "늑대" 라는 뜻이다. 시 83:9-12; 사 10:26을 보라. **8:1-4** 이 구절들은 같은 혈통의 집안들 사이에서도 경쟁이 있을 수 있음을 보여준다. 한 집단이 자신들의 명예를 지켜야 한다고 느낄 때나 가족으로서의 복수의 의무가 어설픈 연합보다 강력할 때에는 그런 일이 있을 수 있다. 그러나 공동의 "적"이

19 기드온과 그가 거느리는 군사 백 명이 적진의 끝에 다다른 것은, 미디안 군대의 보초가 교대를 막 끝낸 한밤중이었다. 그들은 나팔을 불며 손에 든 항아리를 깨뜨렸다. 20 세 부대가 모두 나팔을 불며 단지를 깨고, 왼손에는 횃불을 들고, 오른손에는 나팔을 들고 불면서 "주님의 칼이다! 기드온의 칼이다!" 하고 외쳤다. 21 그리고 그들이 저마다 제자리에 서서 적진을 포위하니, 적군은 모두 아우성치며 달아났다. 22 삼백 명이 나팔을 불 때에, 주님께서 모든 적들이 저희들끼리 칼로 치게 하셨다. 적군은 도망하여, 스레라의 벳싯다와 또 답밧에 가까운 아벨므홀라의 경계선까지 후퇴하였다.

23 납달리 지파와 아셀 지파와 온 므낫세 지파에서 모인 이스라엘 사람들이 미디안 군대를 추격하였다. 24 기드온은 에브라임 산간지방 전역에 전령들을 보내어서 말하였다. "너희는 내려와서 미디안을 쳐라. 그들을 앞질러서, 벳바라와 요단 강에 이르기까지의 나루들을 점령하여라." 그러자 에브라임 사람이 모두 모여서 벳바라와 요단 강에 이르기까지의 나루들을 점령하였다. 25 그들이 미디안의 두 우두머리 오렙과 스엡을 사로잡아, 오렙은 오렙 바위에서 죽이고, 스엡은 스엡 포도주 틀에서 죽이고, 계속 미디안을 추격하였다. 그들이 오렙과 스엡의 머리를 요단 강 동쪽 지역에 있는 기드온에게 가져 왔다.

기드온이 죽인 미디안 왕들

8 1 그 때에 에브라임 사람들이 기드온에게 말하였다. "장군께서는 미디안과 싸우러 나가실 때에 우리를 부르지 않으셨는데, 어떻게 우리에게 이렇게 하실 수 있습니까?" 그들이 기드온에게 거세게 항의하니, 2 그가 그들에게 말하였다. "이번에 내가 한 일이 당신들이 한 일에 비교나 되겠습니까? 에브라임이 떨어진 포도를 주운 것이 아비에셀이 추수한 것 전부보다 낫지 않습니까? 3 하나님이 미디안의 우두머리 오렙과 스엡을 당신들의 손에 넘겨 주셨습니다. 그러니 내가 한 일이 어찌 당신들이 한 일에 비교나 되겠습니까?" 기드온이 이 말을 하니, 그들의 노여움이 풀렸다.

4 기드온이 그가 거느리는 군사 삼백 명과 함께 요단 강을 건너, 지친 몸이지만 계속 적들을 추격하였다. 5 기드온은 숙곳에 이르렀을 때에 그 곳 사람들에게 사정하였다. "나를 따르는 군인들이 지쳤으니, 그들에게 빵 덩어리를 좀 주십시오. 나는 미디안의 두 왕 세바와 살문나를 추격하고 있습니다." 6 이 말을 들은 숙곳의 지도자들은 "우리를 보고 당신의 군대에게 빵을 주라니, 세바와 살문나가 당신의 손아귀에 들기라도 하였다는 말이오?" 하고 비아냥거렸다. 7 그러자 기드온이 대답하였다. "좋소! 주님께서 세바와 살문나를 나의 손에 넘겨 주신 뒤에, 내가 들가시와 찔레로 당신

있다는 것은 분열의 위협을 약화시키는 경향이 있다. 방어 목적을 위해서 협력하게 되는 것이다. 12:1-6과 19—21장 참조 (또한 11:1-3 참조). 고대 이스라엘과 같이 혈연에 근거한 공동체는 혈통이나 후계 집단에 따른 개인적인 관계에 의해서 개념을 설정하고 행동을 한다. 부계 혈통을 따라서 연결된 사람들은 자기들은 같은 혈통들 사이에 있는 또 다른 "형제들"과 대조되는 "형제들"이라고 생각하는 경향이 있다. 그러나 이 두 집단은 자기들을 공동체 안의 다른 혈통들과 상대하는 "형제들"이라고 생각하는 경향이 있다. 이러한 관계의 설정은 종종 명예와 수치라고 하는 개념과 연결되어 있다. 한 혈통의 각 구성원이 하는 행동들은 그 전체 혈통이나 공동체의 평판(명예 혹은 수치)에 영향을 미친다. **8:1** *에브라임 사람*들은 자기들이 처음에 소집할 때 빠졌다는 것 때문에 불평을 한다. **8:2-3** 기드온은 에브라임 사람들에게 그들이 *떨어진 포도를 주운 것*—그들이 성취한 업적들—이 자기가 한 일보다 더 중요한 것이라고 설득하여 그들을 진정시켰다. **8:4-35** 요단 강 동쪽에서의 전쟁. **8:4-21** 강조점은 기드온의 활약상으로 옮겨간다. 주님은 기드온에 의해서 언급되는 것(7절, 19절)을 제외하고는 직접 나타나지 않으신다. **8:4-10** 숙곳과 브누엘의 사람들은 기드온이 미디안 군대를 추격하는데 도와주기를 거절하였다. **8:4** *삼백 명*은 아마도 므낫세의 군대의 전체 병력을 의미할 것이다. **8:5** *숙곳* ("초막")은 아마도 세겜 동쪽에 있는 요단 동편에 위치한 텔 데이르 알라를 말하는 것일 것이다. 데이르 알라(Deir Alla)에 있는 성전은 기원전 12세기에 있었던 지진으로 주거지역이 다 무너진 후에도 계속 사용되고 있다. **8:6** 기드온의 위협에도 불구하고 사람들은 그의 능력을 신임하지 않았기 때문에 보급품(*빵 덩어리*)을 지원해달라는 그의 요구를 거절하였다. 손은 포로들의 손을 자르는 관습을 언급하는 것이다 (1:6-7). *세바*("희생자")와 *살문나*("거절된 보호")는 오렙과 스엡이 우두머리였던 것과는 달리 (3절) *왕들이었다* (5절). **8:8** *브누엘*. "하나님의 얼굴"이라는 뜻인데 (창 32:24-32; 호 12:4 참조) 아마도 숙곳 근처에 있는 툴룰 에드 다하브일 것이다. **8:10** *갈골*은 사해 동쪽의 와디 시르한에 위치하고 있다. *만 오천* 명. 아마도 15개의 "부대 단위"일 것이다 (1:4에 관한 주석을 보라). **8:12** 기드온은 미디안의 두 왕을 잡고 미디안

들의 살을 찌르고야 말겠소." 8 거기에서 기드온이 브누엘로 올라가, 그 곳 사람들에게도 같은 사정을 해보았지만, 브누엘 사람들의 대답도 숙곳 사람들의 대답과 같았다. 9 그래서 그는 브누엘 사람들에게도 "내가 안전하게 성한 몸으로 돌아오는 날, 이 망대를 헐어 버리고 말겠소" 하고 말하였다.

10 그 때에 세바와 살문나는 겨우 만 오천 명의 군대를 데리고, 갈골에 진을 치고 있었다. 이들은 모두 사막 부족의 군대 가운데서 살아 남은 자들인데, 이미 칼 쓰는 군인 십이만 명이 전사하였다. 11 기드온은, 장막에 사는 사람들이 다니는 길을 따라 동쪽으로 노바와 욕브하까지 올라가서, 방심하고 있던 적군을 기습하였다. 12 미디안의 두 왕 세바와 살문나가 또 도망치니, 기드온이 그들을 추격하여 세바와 살문나를 사로잡고, 온 군대를 전멸시켰다.

13 요아스의 아들 기드온이 헤레스 비탈길에서 전쟁을 마치고 오다가, 14 숙곳 사람 젊은이 한 명을 포로로 잡아서 캐물으니, 그 젊은이가 일흔일곱 명이나 되는 숙곳의 지도자들과 장로들의 명단을 적어 주었다. 15 기드온은 숙곳에 이르러 그 곳 사람들에게 말하였다. "여기 세바와 살문나가 있다. 너희는 나에게 '우리를 보고 당신의 지친 군대에게 빵을 주라니, 세바와 살문나가 당신의 손아귀에 들기라도 하였다는 말이오?' 하면서 나를 조롱하였다." 16 기드온은 그 성읍의 장로들을 체포한 다음에, 들가시와 찔레를 가져다가, 숙곳 사람들을 응징하였다. 17 그리고 그는 브누엘의 망대도 헐고, 그 성읍 사람들을 죽였다.

18 그런 다음에 그는 세바와 살문나에게 물었다. "너희가 다볼에서 죽인 사람들은 어떻게 생겼더냐?" 그들이 대답하였다. "그들은 당신처럼 하나하나가 왕자와 같았습니다." 19 기드온이 말하였다. "그들은 나의 어머니에게서 난 형제들이다. 주님의 살아 계심을 두고 맹세하지만, 너희가 그들을 살려 주기만 하였더라도 내가 너희를 죽이지는 않을 것이다." 20 기드온은 맏아들 예델에게, 어서 그들을 죽이라고 명하였다. 그러나 그는 아직 어리고 두려워서 칼을 뽑지 못하였다. 21 그러자 세바와 살문나가 기드온에게 말하였다. "사내 대장부답게 네가 직접 우리를 쳐라." 기드온이 일어나 세바와 살문나를 쳐서 죽이고, 그들이 타던 낙타의 목에서 초승달 모양의 장식을 떼어 가졌다.

22 그 뒤에 이스라엘 사람들이 기드온에게 말하였다. "장군께서 우리를 미디안의 손에서 구하여 주셨으니, 장군께서 우리를 다스리시고, 대를

군대는 정신을 차리지 못하였다. **8:13-21** 기드온은 자기 군대를 지원하기를 거절했던 사람들에게 복수를 하였다. **8:13-17** 기드온은 7절과 9절에서 했던 위협을 실천하였다.

특별 주석

"장로"라고 하는 히브리어는 나이가 많은 것을 뜻하는 것 이외에도 지역사회 내에서 정치와 종교적인 역할을 감당하는 특별한 사회 계층에 속한 신분을 나타낸다. 지역의 범위를 벗어나는 경우에는, 장로는 때때로 지파나 왕족의 지도자로 역할을 하기도 한다. 장로들은 지역 공동체 안에서와 공동체 밖의 사안에 대해서도 일상적인 지도력을 발휘하는데 필요한 성품을 가진 남자 어른들(대가족의 "아버지들" 혹은 자기 혈통 안에서 특히 영향력이 있는 남자들)이었다. 이 시대의 사법제도는 아마도 한 가족 혹은 마을의 "아버지들"이나 혹은 혈통의 장로들(즉 그 공동체의 "아버지들"의 집단)에 의해서 판결을 내리는 것으로 이루어졌을 것이다. 그러한 사법적인 역할 이외에도 장로들은 제의와 의식에 있어서는 현대의 혈통에 기반을 둔 집단들에서와 마찬가지로 각 공동체의 대표자들로서, 그리고 증인들로서 봉사를 하였을 것이다. 본질적으로 지역 장로들은 사회적 및 경제적인 연대감을 유지하는데 관심을 가지고 있었을 것이다.

8:18-19 기드온의 *형제*들은 다볼 산에서 미디안 사람들에게 전사를 당하였다는 것(4:6의 주석을 보라)이 6장의 이야기에는 기록되지 않았다. 그러한 살육은 피로 보복하는 관습을 보여주는 예이다. 비슷한 관행이 아직도 근동 지방의 혈통에 기반을 둔 사회에서 존재한다. 사람의 생명을 빼앗는 것은 가해자와 피해자의 가족 모두에게 상대적인 명예와 관련되어 있다. 살인은 살인자가 살리고 죽이는 권한을 피해자에게 행사할 수 있다는 것을 보여주는 일이며, 이것은 자기 가족이 피해자의 가족보다 더 높은 지위를 가지고 있다는 증거가 된다. 전통적인 반응은 피해자의 가까운 친척이 살인자나, 아니면 그와 가까운 친척을 죽여서 복수함으로 그 공동체 안에서 "체면을 살리는" 것이었다. 확실한 복수를 하지 못하면 사회적인 균형이 위협을 받게 되어 있다. 죽음에 대한 책임과 복수의 책임은 자기의 직계 가족을 넘어서는 혈연관계까지 확대될 수 있었다 (19:1—21:25에 관한 주석 참조). **8:21** *초승달 모양의 장식.* 이것은 아마도 호신용 부적이었을 것이다. **8:22-35** 기드온 이야기의 후기. **8:22-28** 기드온은 이스라엘 백성을 다스려달라는 요청을 거절했고, 왕조를 세워 달라는 제안도 거절하였다. 그리고 그는 하나님의 뜻을 묻기 위하여 공들여 잘 만든 전리품 가운데 일부를 달라고

이어 아들과 손자가 우리를 다스리게 하여 주십시오." 23 그러나 기드온은 그들에게 말하였다. "나는 여러분을 다스리지 않을 것입니다. 나의 아들도 여러분을 다스리지 않을 것입니다. 오직 주님께서 여러분을 다스리실 것입니다." 24 기드온은 말을 계속하였다. "여러분에게 한 가지 청이 있습니다. 각 사람이 얻은 전리품 가운데서 귀고리 하나씩을 나에게 주십시오." 미디안 군은 이스마엘 사람들이므로, 모두 금 귀고리를 달고 있었다. 25 그들은 "기꺼이 드리겠습니다" 하고 말하면서, 겉옷을 펴고, 저마다 전리품 가운데서 귀고리 하나씩을 거기에 던졌다. 26 그의 요청으로 들어온 금 귀고리의 무게가 금 천칠백 세겔이나 되었다. 그 밖에도 초승달 모양의 장식품과 패물들, 미디안 왕들이 입었던 자주색 옷과 낙타 목에 둘렀던 사슬이 있었다. 27 기드온은 이것들을 가지고 에봇 하나를 만들어, 자기가 사는 오브라 성읍에 두었다. 그러자 온 이스라엘이 그 곳에서 그것을 음란하게 섬겨서, 그것이 기드온과 그 집안에 올가미가 되었다.

28 이와 같이 하여 미디안은 이스라엘 사람에게 복종하게 되었고, 다시는 고개를 들지 못하였다. 기드온이 사는 사십 년 동안, 그 땅은 전쟁이 없이 평온하였다.

기드온이 죽다

29 요아스의 아들 여룹바알은 자기 집으로 돌아가서 살았다. 30 그런데 기드온은 아내가 많아, 친아들이 일흔 명이나 되었다. 31 또 세겜에 있는 첩과의 사이에서 아들이 하나 태어났는데, 그 아들에게는 아비멜렉이라는 이름을 지어 주었다. 32 요아스의 아들 기드온은 나이가 많을 때까지 잘 살다가, 죽어서 아비에셀 사람의 땅 오브라에 있는 그의 아버지 요아스의 무덤에 묻혔다. 33 기드온이 죽으니, 이스라엘 자손이 다시 바알들을 음란하게 섬기고, 바알브릿을 자기들의 신으로 삼았다. 34 이스라엘 자손은 주위의 모든 적으로부터 자기들을 건져 내신 주 하나님을 기억하지 않았다. 35 또 여룹바알이라고도 하는 기드온이 이스라엘에게 선을 베풀었지만, 아무도 그 가족에게 은혜를 갚지 않았다.

요청하였다. **8:22** *우리를 다스리시고.* 히브리어는 *마샬* 이다 ("왕이 되다"는 뜻의 *말락이* 아님). *대를 이어 아들과 손자가.* 이 뜻은 그 통치가 왕조가 될 것이라는 말이다. **8:23** 기드온의 거절은 왕국 이전에는 주님이 이스라엘의 통치자라고 하는 신앙이 있었음을 반영하고 있다 (삼상 8:6-7). **8:24-28** 기드온은 그 전리품으로 *에봇*을 만들었다. *에봇이* 무엇인가 하는 것은 불분명하다. 다만 의복에 접어 넣을 수 있는 일종의 형상이었던 것처럼 보인다. 그것 때문에 기드온 집안에 재앙이 임하였다. **8:24** 미디안 사람들(*적들*; 6:2의 주석을 보라)은 여기서 *이스마엘 사람*들로 확인되고 있다. 그들은 아브라함이 하갈을 통해 낳은 아들(이스마엘)이라는 점에서 이스라엘과 "관련이 있는" 사람들이었다 (창 16장). 미디안과 이스마엘 사람들 사이에 이와 유사한 혼동이 창 37:25-36에도 나타난다. **8:27** *에봇.* 출 28:6-14와 39:2-7을 보면, 에봇은 대제사장이 입는 의복이다. 그것은 "판결 가슴받이"가 있고 거기에는 하나님의 뜻을 묻는데 사용하는 도구들인 우림과 둠밈을 넣는 주머니가 있었다 (레 8:8과 민 27:21도 참조). 기드온의 에봇은 아마도 신탁을 얻는데 사용되었던 우상(17:4-5 참조)을 담고 있었던 것 같다 (삼상 23:9-12; 30:7-8 참조). *이스라엘이 그 곳에서 그것을 음란하게 섬겨서.* 이것은 신명기적인 전형적인 틀에 맞는 언어이다 (2:17을 보라). 올가미에 대해서는 2:3을 보라. 그 전의 사사들과는 대조적으로 기드온은 배교 행위가 다시 시작될 때에 아직도 살아 있었고 그는 그것에 대해서 비난을 받았다. **8:28** *평온에* 관한 관용적인 표현은 (3:11, 30; 5:31) 여기서 마지막으로 등장한다. **8:29-32** *70명의 아들들과 많은 아내들을* 가진 기드온의 정치적인 "가문"을 묘사하는 본문으로 다른 이야기로 넘어가는 교량역할을 하고 있다. **8:30** *친아들이 일흔 명이나 되었다.* 이 숫자는 정치적인 세력을 상징하는 것일 것이다 (9:2; 12:14; 왕하 10:1). **8:32** *오브라와 요아스*는 6:11을 보라. **8:33-35** 편집자가 세겜에서 아비멜렉의 통치에 관한 이야기를 시작하기 위해 붙인 서론이다. 아비멜렉의 이야기는 편집자의 전형적인 틀을 깨뜨린다 (2:11-13에 관한 주석을 참조하라). **8:33** *바알브릿.* "언약의 주" 혹은 "언약의 바알"이라는 뜻인데, 아마도 세겜 지역에서 종교의 오용을 보여주는 명칭일 것이다. 9:46을 보면, 세겜 지역에서는 신의 이름이 엘 브릿("언약의 신")이었다. 수 24:1-27에서는 세겜은 언약의식이 거행된 장소였다. **8:34** 미디안 사람들의 위협에서 벗어나자, 이스라엘은 다시 늘 하던 잘못으로 되돌아갔다. **8:35** *여룹바알의 가족에* 대해서는 6:15에 관한 주석을 참조하라.

9:1-57 아비멜렉은 여룹바알(기드온)의 상속권이 없는 자식이었는데, 기드온이 거절한 통치권을 잡았다. 아비멜렉은 이스라엘의 군대 지휘관이 되었고, 세겜 도시 민족의 왕이 되었다. 그리고 세겜을 멸망시킨 장본인이 되었다. 그의 권력은 허약하였고, 그리고 그는 반란군에 무너지고 말았다. 이 장은 이스라엘의 하나님에 관한 어떤 언급도 담고 있지 않다. **9:1-6** 아비멜

아비멜렉

9 1 여룹바알의 아들 아비멜렉이 세겜에 있는
외가의 친척을 찾아가서 그들과 외조부의 온
가족에게 말하였다. 2 "세겜 성읍의 모든 사람
들에게 물어 보아 주십시오. 여룹바알의 아들
일흔 명이 모두 다스리는 것 하고 한 사람이 다스
리는 것 하고 어느 것이 더 좋은지 물어 보아
주십시오. 그리고 내가 여러분들과 한 혈육이
라는 것을 상기시켜 주십시오." 3 그의 외가 친
척이 그의 부탁대로 세겜 성읍의 모든 사람에게
그가 한 말을 모두 전하니, 그들의 마음이 아비멜
렉에게 기울어져서 모두 "그는 우리의 혈육이다"
하고 말하게 되었다. 4 그들이 바알브릿 신전에
서 은 일흔 냥을 꺼내어 아비멜렉에게 주니, 아비
멜렉이 그것으로 건달과 불량배를 고용하여 자기
를 따르게 하였다. 5 그리고 그는 오브라에 있는
아버지의 집으로 가서, 자기 형제들 곧 여룹바알
의 아들 일흔 명을 한 바위 위에서 죽였다. 그
러나 여룹바알의 막내 아들 요담만은 숨어 있었
으므로, 살아 남았다. 6 세겜 성읍의 모든 사람
들과 밀로의 온 집안이 세겜에 있는 돌기둥 곁의
상수리나무 아래로 가서 아비멜렉을 왕으로 삼
았다.
7 사람들이 이 소식을 요담에게 전하니, 그
가 그리심 산 꼭대기에 올라가 서서, 큰소리로 그
들에게 외쳤다. "세겜 성읍 사람들은 내 말을 들
으십시오. 그래야 하나님이 여러분의 청을 들어
주실 것입니다.
8 하루는 나무들이 기름을 부어 자기들의 왕
을 세우려고 길을 나섰습니다. 그들은 올리브 나
무에게 가서 말하였습니다. '네가 우리의 왕이 되
어라.' 9 그러나 올리브 나무는 그들에게 대답하
였습니다. '내가 어찌 하나님과 사람을 영화롭게
하는, 이 풍성한 기름 내는 일을 그만두고 가서,
다른 나무들 위에서 날뛰겠느냐?' 10 그래서 나
무들은 무화과나무에게 말하였습니다. '네가 와
서 우리의 왕이 되어라.' 11 그러나 무화과나무
도 그들에게 대답하였습니다. '내가 어찌 달고 맛
있는 과일맺기를 그만두고 가서, 다른 나무들 위
에서 날뛰겠느냐?' 12 그래서 나무들은 포도나
무에게 말하였습니다. '네가 와서 우리의 왕이 되
어라.' 13 그러나 포도나무도 그들에게 대답하
였습니다. '내가 어찌 하나님과 사람을 즐겁게 하는

렉은 모든 경쟁 가능성이 있는 사람들을 죽이고 세겜의 왕권을 차지하였다. **9:1** *아비멜렉.* 이 이름은 "나의 아버지는 왕이다" 라는 뜻이다. *세겜.* 가장 중요한 도시였고, 중북부 고원지대에 있는 성소였고, 에발 산과 그리심 산 중간에 위치하고 있었다. *외가의 친척.* 문자 그대로 "어머니의 형제들"이다. *가족은* 히브리어 *미슈파하*를 번역한 말이고 *외조부의 온 가족* 이라는 말은 문자 그대로 "자기 어머니의 아버지의 집안"이다. *외가의 친척* (또한 창 24:38; 룻 1:8; 아 3:4; 8:2 참조). 여기서 이것은 가족이나 대가족보다는 혈통을 의미하는 것으로 보인다. 다른 본문들에서는 이러한 관점은 여인의 입장을 나타낸다. **9:2** *일흔 명.* 8:30에 관한 주석을 보라. *혈육.* 창 2:23을 참조하라. **9:3** *외가 친척.* 9:1에 관한 주석을 보라. **9:4** *바알브릿에* 관해서는 8:33에 관한 주석을 보라. **9:5** 아비멜렉은 *자기 형제들을 자기 아버지의 집에서* 죽였다. 아비멜렉은 자기 어머니의 혈족들의 지원을 받았지만 (1절) 자기 아버지의 가족들의 지원은 받지 못하였다. *막내아들 요담* 만은 숨어서 살아남을 수 있었다. **9:6** *밀로의 온 집안은* "흙무더기의 집"이라는 의미를 가지고 있다. 이 장소는 아마도 세겜의 성벽에 세워진 성전을 바치고 있는 흙무더기로 만든 둔덕 ("밀로") 때문에 붙여진 이름인 것 같다. 예루살렘도 역시 "흙무더기 언덕"을 가지고 있었다 (삼하 5:9; 왕상 9:15). *돌기둥 곁의 상수리나무.* 히브리어의 의미는 불분명하다. 창 35:4와 수 24:26 참조. **9:7-21** *그리심 산 꼭대기* (세겜의 남쪽에 위치함)에서 요담은 아비멜렉이 왕으로 자신을 세운 것을 저주하면서 왕의 제도를 반대하는 우화(8-15절)와 저주(16-20절)를 퍼부었다. **9:7-15** 요담은 왕의 제도를 풍자하였다 (왕하 14:9; 대하 25:18). *올리브 나무와 무화과나무와 포도나무는* 권력에 대해 아무런 욕심 없이 인류를 섬기고 있다. 다만 쓸모없는 *가시나무만* 권력을 탐하고 있다. **9:16-20** 요담은 신실한 믿음과 명예(16, 19절)에 근거하지 않고 도둑질과 살인에 근거한 그러한 왕국과 그것을 지원하는 이들을 저주하고 있다. **9:21** *브엘.* "우물"이라는 뜻을 가진 흔한 지명. **9:22-23** 하나님은 *아비멜렉과 세겜 성읍 사람들 사이에 미움이 생기게 하셨다* (23절). 그것이 아비멜렉의 몰락을 재촉하였다. 첫 번째로 *세겜 성읍 사람들이 아비멜렉을 배반하였다* (23절). 그들은 *아비멜렉을 괴롭히려고* 사람들을 매복시키고 강탈하였다 (25절). 그러자, 세겜 사람인 가알과 그의 친척들이 돌아와서 그 주민들에게 아비멜렉에게 반역하자고 선동하였다 (26-33절). **9:22** *아비멜렉은* 군대 사령관으로서 *이스라엘을 세 해 동안 다스렸다* (히브리어 동사는 "왕으로서 다스리다" 라는 뜻의 *멜 라메드 카프*가 아니라 *사라르* 라는 동사가 사용되었다). 이스라엘은 다른 곳에서는 아비멜렉과 오직 8:33-35; 9:55에서만 연결되어 있다. 아비멜렉의 통치는 사실상 지엽적이었고 *3년간* 지속되었을 뿐이다. **9:23** 하나님이 보

포도주 내는 일을 그만두고 가서, 다른 나무들 위
에서 날뛰겠느냐?' 14 그래서 모든 나무들은 가시
나무에게 말하였습니다. '네가 와서 우리의 왕이
되어라.' 15 그러자 가시나무가 나무들에게 말
하였습니다. '너희가 정말로 나에게 기름을 부어,
너희의 왕으로 삼으려느냐? 그렇다면, 와서 나의
그늘 아래로 피하여 숨어라. 그렇게 하지 않으면,
이 가시덤불에서 불이 뿜어 나와서 레바논의 백향
목을 살라 버릴 것이다.'

16 이제 여러분이 아비멜렉을 세워 왕으로
삼았으니, 이 일이 어찌 옳고 마땅하다고 할 수 있
겠습니까? 이 일이 어찌 여룹바알과 그 집안에게
고마움을 표시하는 일이라고 하겠으며, 그가 이룬
업적에 보답하는 것이라 하겠습니까? 17 나의
아버지가 여러분을 살리려고 싸웠으며, 생명을
잃을 위험을 무릅쓰고 여러분을 미디안 사람들의
손에서 구하여 내지 않았습니까? 18 그런데도
이제 여러분은 나의 아버지의 집을 대적하여 일어
나, 일흔 명이나 되는 그의 아들들을 한 바위 위
에서 죽이고, 우리 아버지의 여종의 아들 아비멜
렉을 여러분의 혈육이라고 하여서, 오늘 세겜 성읍
사람을 다스릴 왕으로 삼았습니다. 19 여러분이
오늘 여룹바알과 그 집안에게 한 일이 옳고 마땅
하다면, 여러분은 아비멜렉과 더불어 기쁨을 누
리고, 그도 여러분과 더불어 기쁨을 누리게 하십
시오. 20 그러나 그렇지 않다면, 아비멜렉에게
서 불이 뿜어 나와서 세겜 성읍 사람들과 밀로의
집안을 살라 버릴 것이며, 세겜 성읍 사람들과 밀
로의 집안에서도 불이 뿜어 나와서 아비멜렉을
살라 버릴 것입니다."

21 요담은 도망하여 브엘로 가서 피하였다.
그는 자기의 형 아비멜렉이 두려워서, 거기에 머
물러 살았다.

22 아비멜렉이 이스라엘을 세 해 동안 다스
렸다. 23 그 때에 하나님이 악령을 보내셔서, 아
비멜렉과 세겜 성읍 사람들 사이에 미움이 생기게
하시니, 세겜 성읍 사람들이 아비멜렉을 배반
하였다. 24 하나님은 아비멜렉이 여룹바알의
아들 일흔 명에게 저지른 포악한 죄과를 이렇게
갚으셨는데, 자기의 형제들을 죽인 피값을, 아비
멜렉에게, 그리고 형제들을 죽이도록 아비멜렉을
도운 세겜 성읍 사람들에게 갚으신 것이다.
25 세겜 성읍 사람들이 아비멜렉을 괴롭히려고
산꼭대기마다 사람을 매복시키고, 그 곳을 지나
가는 모든 사람을 강탈하게 하자, 이 소식이 아비
멜렉에게 들렸다.

26 에벳의 아들 가알이 자기 친족과 더불어
세겜으로 이사왔는데, 세겜 성읍 사람들에게 신

추가 설명: 고대 이스라엘의 사회 구조

사사기 9장은 고대 이스라엘의 사회 구조의 계층을 확인하는 데 사용되는 몇 가지 용어에 관한 정보를 제공해 준다. 그러나 다른 구절들과 비교해 보면, 언제나 각 용어의 의미를 구별하는 것이 쉬운 일이 아님을 알 수 있다. 사회 구조의 계층을 나타내는데 성경본문에서 가장 자주 사용되는 세 가지 히브리어 용어들을 보면 *베트 아브*(*bet'ab*, "아버지의 집")과 *미슈파하*와 *쉐베트* (또는 *마테*)이다. 이러한 용어들은 각각 그 용어가 사용되는 여러 문맥마다 의미하는 것이 다르다 (또한 6:15에 관한 주석을 보라). 그렇지만 각각 대체적으로 핵가족이나 대가족(*베트 아브*), 혹은 집안이나 혈통 (*미슈파하*), 아니면 지파(*쉐베트* 또는 *마테*)를 나타내는 것으로 이해된다. 종종 사용되는 또 다른 용어는 *엘레프*(예를 들어, 6:15; 또한 1:4에 관한 주석을 보라)이다. 이 용어는 어떤 경우에는 *미슈파하*와 같은 계층을 지칭하는가 하면 또 다른 경우에는 다른 계층을 지칭할 수도 있다. 이러한 용어들은 여러 의미를 가졌던 것으로 보인다. 예를 들어, *베트 아브*는 오래된 이야기들에 자주 등장하는데, 어떤 경우에는 *미슈파하*와 겹치는 의미를 가진다. 어떤 경우에는 그 용어는 핵가족이나 확대 가족을 의미하지만 다른 경우에는 "혈통"이나 "집안"을 의미하기도 한다. 이러한 용어들이 초기 사회 조직의 현실을 반영하는 것인지 아니면 후대에 왕조 시대나 포로 후기 시대의 기자들에 의해서 차용된 것인지 하는 문제는 논란의 여지가 있다. 그러나 인류학자들은 지파 구조는 지파 영역이 국가 제도로 흡수되고 난 이후에도 그대로 변하지 않고 남아 있는 경향이 있다는 것을 주목하고 있다. 그러므로 기본적인 초기 철기 시대의 지파 구조가 적어도 농촌 지역에서는 후기 철기 시대를 지날 때까지 지속되었을 가능성도 있다. 그러므로 어떤 사사기의 본문들은 초기 철기 시대의 상황을 어느 정도까지는 반영하고 있을 가능성도 있다.

망을 얻었다. 27 마침 추수 때가 되어, 세겜 성읍 사람들은 들로 나가 그들의 포도원에서 포도를 따다가, 포도주를 만들고 잔치를 베풀었다. 그들은 신전에 들어가 먹고 마시면서, 아비멜렉을 저주하였다. 28 에벳의 아들 가알이 말하였다. "우리 세겜 성읍 사람들이 어떤 사람들입니까? 왜 우리가 아비멜렉을 섬겨야 합니까? 도대체 아비멜렉이 누굽니까? 여룹바알의 아들입니다! 스불은 그가 임명한 자입니다. 그런데 왜 우리가 그를 섬겨야 합니까? 여룹바알과 그의 심복 스불은 세겜의 아버지 하몰을 섬기던 사람들입니다. 왜 우리가 아비멜렉을 섬겨야 합니까? 29 나에게 이 백성을 통솔할 권한을 준다면, 아비멜렉을 몰아내겠습니다. ㄱ)그리고 아비멜렉에게 군대를 동원하여 나오라고 해서 싸움을 걸겠습니다."

30 그 때에 그 성읍의 통치자인 스불이 에벳의 아들 가알의 말을 전하여 듣고, 화가 치밀어,
31 몰래 전령을 시켜, 아루마에 있는 아비멜렉에게 알렸다. "보십시오, 에벳의 아들 가알과 그의 친족이 세겜으로 이사오더니, 임금님을 대적하려고 온 성읍 사람들을 충동질하고 있습니다. 32 그러니 이제 임금님께서는 밤중에 부하들과 함께 들에 매복하셨다가, 33 아침 일찍 동틀녘에 일어나서 성읍을 기습하시는 것이 좋을 듯합니다. 가알이 그의 무리를 이끌고 나올 때를 기다렸다가, 그들을 습격하십시오."

34 아비멜렉과 그와 함께 한 모든 군대가 밤에 일어나, 세겜 옆에 네 무리로 나누어 매복하였다.
35 에벳의 아들 가알이 나와서 성문 어귀에 서니, 아비멜렉과 그의 군대가 매복한 곳에서 나왔다.
36 가알이 그 군대를 보고 스불에게 말하였다. "보시오! 사람들이 산꼭대기에서 아래로 내려오고 있소!" 그러자 스불이 그에게 대꾸하였다. "산 그림자가 사람들처럼 보이는 것이겠지요."
37 다시 가알이 말하였다. "보시오! 사람들이 높은 지대에서 내려오고, 또 한 떼는 므오느님 상수리나무쪽에서 내려오고 있소!" 38 그제야 스불이 그에게 말하였다. "'아비멜렉이 누구이기에 우리가 그를 섬기겠는가?' 하고 큰소리치던 그 용기는 지금 어디로 갔소? 저들이 바로 당신이 업신여기던 사람들 아니오? 어서 나가서 싸워 보시오!"
39 ㄴ)가알은 세겜 성읍 사람들을 거느리고 앞장서

ㄱ) 칠십인역에는 "그리고 나서 그는 아비멜렉에게 말하였다. '네 군대를 모두 동원하여 나오너라!'" ㄴ) 또는 '가알은 세겜 성읍 사람들이 보는 앞에서 앞장서 나가'

내신 *악령*은 보통은 사울의 우울증과 같이 (삼상 16:14) 다른 방법으로는 설명이 불가능한 것을 표현하려고 할 때 사용된다. **9:24** 하나님은 여룹바알의 아들들의 살인자들에게 복수를 하신다. 하나님의 목적은 범죄한 아비멜렉과 세겜 사람들 양쪽 모두를 심판하시는 것이다. **9:26-33** 가알은 세겜의 지도자들과 음모를 꾸민다. **9:26** *에벳의 아들 가알*은 히브리어로는 아마도 "흉측한 노예의 아들"이라는 뜻일 것이다. 자기 친족은 직역하면 그의 "형제들"이다. **9:28** 이 구절은 한 지방의 지도층을 구성할 수 있는 혈연관계의 좋은 예가 된다. 세겜 사람들은 그 전에 세겜에서 높은 위치를 차지하고 있었던 *세겜의 아버지 하몰*(창 33:19; 34:6 참조)의 *가족들을 섬겨야 하지 않겠느냐고* 설득당하고 있다. 새번역개정은 가알이 아비멜렉의 서자출신이라는 점과 혈통적으로 순수함이 없다는 점을 비웃는 내용의 연설을 하고 있다는 암시를 잘 전달하지 못하고 있다. **9:30** *스불.* 이 이름은 "높이 들린 자"라는 뜻이다. **9:31** 아비멜렉은 *아루마에* 살면서 스불이라는 부하를 통해서 세겜을 통치하였음이 틀림없다. **9:34-49** 아비멜렉은 세겜을 멸망시켰다. **9:34-41** 스불이 가알에게 위험을 경고하고 나서는 아비멜렉과 그의 군대가 기습 공격을 감행하여 가알과 그의 친척들을 세겜에서 쫓아내었다. **9:37** *타부르 에레츠* (높은 *지대*). "땅의 가장 높은 부분"이라는 뜻인데 성전이 있는 장소를 말한다. *므오느님 상수리나무*는 "예언자의 상수리나무"라는 뜻으로 아마도 6절에 나오는 돌기둥 곁의 상수리나무를 뜻하는 것일 것이다. **9:42-45** 아베멜렉은 세겜의 주민들을 공격하고 세겜을 멸망시켰다. 고고학 발굴을 통해서 세겜의 파괴 연도는 주전 12세기 초반에서 중반 사이임을 알 수 있다. **9:45** *거기에 소금을 뿌렸다.* 그는 세겜을 저주했다. 소금은 땅의 비옥함을 파괴하는 것이다. **9:46-49** 아비멜렉은 성전 망대에 불을 놓아 모든 사람을 죽였다 (49절). **9:46** *세겜 망대.* 이것은 아마도 *밀로의 집* (6절)과 *엘브릿의 성전* (8:33의 주석을 보라)의 다른 이름일 것이다. **9:48** 살몬. 이것은 "검은 것"이라는 뜻으로 언약의 저주와 연관되어 있던 에발 산(신 27:11-26; 수 8:30-35)을 말하는 것일 것이다. **9:50-57** 아비멜렉의 몰락. **9:50** *데베스가* 공격을 받은 이유를 말하고 있지 않다. **9:51** *견고한 망대*는 분명히 또 다른 성벽 모양의 성전이다. **9:53** 공교롭게도 한 무명의 여인이 아비멜렉의 두개골을 박살내서 그를 처치해버렸다 (삼하 11:21). 4:22와 5:26에 나오는 한 여인이 시스라를 죽인 것과 비교할 것. **9:54** *네 칼을 뽑아 나를 죽여라.* 삼상 31:4에 나오는 사울이 자기 병기든 자에게 내린 명령과 비교하라. **9:56-57** 편집자의 결론: 요담의 *저주* (20절)가 현실화 되었고 여룹바알의 아들들의 복수가 이루어졌다.

10:1-5 *돌라와 야일.* 이스라엘을 구원한

나가 아비멜렉과 싸웠다. 40 그러나 그는 아비
멜렉에게 쫓기어 그 앞에서 도망하였고, 많은
사상자가 성문 앞까지 널렸다. 41 아비멜렉은
아루마로 돌아가고, 스불은 가알과 그의 친족을
쫓아내어 세겜에서 살지 못하게 하였다.

42 그 다음날 아비멜렉은 세겜 사람들이 들로
나갔다는 소식을 들었다. 43 그는 자기 군대를
이끌고 나가서, 세 떼로 나누어 들에 매복하고
있다가, 그들이 성읍을 나서는 것을 보고 일제히
일어나 그들에게 달려들어 그들을 쳐죽였다.
44 아비멜렉과 그가 이끄는 한 떼는 앞으로 쳐
들어가 성문 어귀를 지키고, 다른 두 떼는 들에 있
는 모든 사람을 공격하여 그들을 쳐죽였다. 45 아
비멜렉은 그 날 종일 그 성읍 사람들과 싸워서 그
성읍을 점령하였다. 그는 그 성읍 안에 있는 백
성을 죽이고 나서, 성읍을 헐고, 거기에 소금을
뿌렸다.

46 세겜 망대에 있던 성읍 지도자들이 모두
이 소식을 듣고, 엘브릿 신전에 있는 지하 동굴로
피하였다. 47 아비멜렉은, 세겜 망대에 있던 사
람들이 모두 지하 동굴에 모여 있다는 소식을 들
었다. 48 아비멜렉은 군대를 모두 이끌고 살몬
산으로 올라갔다. 아비멜렉은 손에 도끼를 들고서,
나뭇가지들을 찍어 어깨에 메고, 그와 함께 있는
백성에게 지시하였다. "내가 하는 것을 보았으니,
너희도 빨리 그대로 하여라." 49 그래서 저마다
나뭇가지들을 찍어가지고 아비멜렉을 따라가서,
지하 동굴 앞에 나무를 쌓아 놓고, 그 지하 동굴
에 있는 사람들 쪽으로 불을 질렀다. 이렇게 해서
세겜 망대에 있던 성읍 사람들도 모두 죽었는데,
죽은 남녀가 천 명쯤 되었다.

50 그 뒤에 아비멜렉은 데베스로 갔다. 그는
데베스에 진을 치고, 그 곳을 점령하였다. 51 그
러나 그 성읍 안에는 견고한 망대가 하나 있어서,
남녀 할 것 없이 온 성읍 사람들이 그 곳으로
도망하여, 성문을 걸어 잠그고 망대 꼭대기로
올라갔다. 52 아비멜렉은 그 망대에 이르러
공격에 나섰고, 망대 문에 바짝 다가가서 불을
지르려고 하였다. 53 그러나 그 때에 한 여인이
맷돌 위짝을 아비멜렉의 머리에 내리던져, 그의
두개골을 부숴 버렸다. 54 아비멜렉은 자기의
무기를 들고 다니는 젊은 병사를 급히 불러, 그에게
지시하였다. "네 칼을 뽑아 나를 죽여라! 사람들
이 나를 두고, 여인이 그를 죽였다는 말을 할까 두
렵다." 그 젊은 병사가 아비멜렉을 찌르니, 그가
죽었다. 55 이스라엘 사람들은 아비멜렉이 죽은
것을 보고, 저마다 자기가 사는 곳으로 떠나갔다.

56 하나님은 아비멜렉에게 자기 형제 일흔
명을 죽여 자기 아버지에게 저지른 죄의 값을 이
렇게 갚으셨고, 57 또 세겜 사람들의 죄악도 그
들에게 모두 갚으셨다. 여룹바알의 아들 요담의
저주가 이렇게 그들에게 그대로 이루어졌다.

사사 돌라

10 1 아비멜렉 다음에는 잇사갈 지파 사람
도도의 손자이며 부아의 아들인 돌라가
일어나 이스라엘을 구원하였는데, 그는 에브라임
의 산간지방에 있는 사밀에 살고 있었다. 2 그는
이스라엘의 사사로 이십삼 년 동안 있다가, 죽어서
사밀에 묻혔다.

사람들 중의 몇몇은 특별한 활동과 관련되어 있지 않다 (소위 소사사라고 불리는 사람들. 3:31; 12:7-15를 보라). **10:1-2** 돌라. 아마도 히브리어로 "벌레"라는 뜻일 것이다. *사밀*은 사마리아를 가리키는 말일 가능성이 있다. **10:3-5** *야일* ("그는 깨인 사람이다"). 야일은 그의 아들들의 숫자로 짐작컨대 요단 강 중북부의 길르앗에서는 아주 강력한 지도자였던 것 같다. *서른 명의* 아들들은 혈통을 말하는 것일 것이다. 칠십인역 헬라어 성경에서는 야일이 32명의 아들이 있었다고 번역되어 있고, 대상 2:22에서는 야일은 23개의 성읍과 관련되어 있다. 다른 본문들에서는 "야일의 성읍"은 길르앗(왕상 4:13)이나 바산(수 13:30)과 관련되어 있다.

10:6—12:7 입다는 암몬 사람들로부터 이스라엘을 구원하였다. 비록 입다가 이스라엘을 구원하였지만, 자기의 서원과 그에 따른 승리 때문에 자기자신에게는 개인적인 비극을 초래했다. **10:6-16** 아비멜렉의 이야기 때문에 중단된 편집자의 틀이 다시 시작된다 (2:11-23에 관한 주석을 보라). 암몬 사람들은 (3:13에 관한 주석을 보라) 이스라엘을 억압하는 도구였다. **10:6** *바알과 아스다롯*. 2:11-13에 관한 주석을 보라. *아람*. 3:8에 관한 주석을 보라. *시돈*. 이스라엘의 북부 페니키아에 있는 해안 도시이다. *가나안*을 뜻하기 위해 사용된 것일 것이다. *모압에* 관해서는 3:12를 보라. *블레셋에* 관해서는 13:1을 보라. *암몬*. 3:13을 보라. **10:7** *블레셋과 암몬 사람들*. 요단 동부에서 나온 고고학적인 증거를 보면 이 두 민족 사이에는 어떤 연관이 있다. **10:8** *아모리 사람의 땅*. 이 지역은 싸움이 그치지 않는 지역이었다 (11:8-22; 신 2:24-37; 민 21:21-30을 참조). **10:10-16** 이스라엘 사람들은 다시 주 하나님께 구원해 달라고 부르짖었다.

사사 야일

3 그 뒤에 길르앗 사람 야일이 일어나서, 이
십이 년 동안 이스라엘의 사사로 있었다. 4 그에
게는 아들이 서른 명이 있었는데, 그들은 서른 마
리의 나귀를 타고 다녔고, 성읍도 길르앗 땅에 서른
개나 가지고 있었다. 그 성읍들은 오늘날까지도
ㄱ)하봇야일이라 불린다. 5 야일은 죽어서 가몬에
묻혔다.

사사 입다

6 이스리엘 자손이 다시 주님께서 보시는 앞
에서 악을 저질렀다. 그들은 바알 신들과 아스다
롯과 시리아의 신들과 시돈의 신들과 모압의 신
들과 암몬 사람의 신들과 블레셋 사람의 신들을
섬기고, 주님을 저버려, 더 이상 주님을 섬기지
않았다. 7 그러므로 주님께서 이스라엘 백성에게
진노하시어, 그들을 블레셋 사람과 암몬 사람의
손에 내어주시니, 8 그 해에 그들이 이스라엘 자
손을 억압하고 학대하니, 요단 강 동쪽 길르앗
지방 아모리 사람의 땅에 사는 온 이스라엘 자손
이 열여덟 해 동안이나 그렇게 억압을 당하였다.
9 암몬 자손이 또 유다와 베냐민과 에브라임 지
파를 치려고 요단 강을 건너왔으므로, 이스라엘
백성은 고통이 막심하였다.
10 그 때에야 비로소 이스라엘 자손이 주님께
부르짖었다. "우리가 우리 하나님을 저버리고 바
알을 섬기어, 주님께 죄를 지었습니다." 11 주님
께서 이스라엘 자손에게 말씀하셨다. "내가 너희를
이집트 사람과 아모리 사람과 암몬 사람과 블레셋
사람에게서 구원하지 아니하였느냐? 12 시돈 사
람과 아말렉 사람과 마온 사람이 너희를 압제할
때에도 너희가 나에게 부르짖었으므로, 내가
너희를 그들의 손아귀에서 구원하여 주었다.
13 그런데도 너희는 나를 저버리고 다른 신들을
섬겼다. 그러므로 내가 다시는 너희를 구원하여
주지 않을 것이니, 14 너희가 선택한 신들에게나
가서 부르짖어라. 너희가 괴로울 때에 그들에게
가서 구원하여 달라고 해라." 15 그러자 이스라엘
자손이 주님께 말씀드렸다. "우리가 죄를 지었습
니다. 주님의 뜻대로 다 하십시오. 그러나 오늘만은
우리를 구출하여 주십시오." 16 그리고 그들이
자기들 가운데 있는 이방 신들을 제거하고 주님을
섬기니, 주님께서 이스라엘이 겪는 고통을 보고
만 계실 수 없으셨다.
17 그 때에 암몬 자손이 집결하여 길르앗에
진을 치니, 이스라엘 자손도 모여서 미스바에 진을
쳤다. 18 그 때에 백성과 길르앗의 지도자들이
서로 이렇게 말하였다. "누가 먼저 나가서 암몬 자
손과 싸우겠느냐? 그 사람이 길르앗에 사는 모든
사람의 통치자가 될 것이다."

11

1 길르앗 사람 입다는 굉장한 용사였다.
그는 길르앗이 창녀에게서 낳은 아들이다.
2 길르앗의 본처도 여러 아들을 낳았는데, 그
들이 자라서 입다를 쫓아내며 그에게 말하였다.
"너는 우리의 어머니가 아닌 다른 여인의 아들이
므로, 우리 아버지의 유산을 이어받을 수 없다."
3 그래서 입다는 자기의 이복 형제들을 피하여
도망가서, 돕이라는 땅에서 살았는데, 건달패들
이 입다에게 모여들어 그를 따라다녔다.
4 얼마 뒤에 암몬 자손이 이스라엘을 쳐들어
왔다. 5 암몬 자손이 이스라엘을 쳐들어오자, 길

ㄱ) '야일의 촌락들'

그러나 그 전의 하나님의 응답과는 달리 *내가 다시는 너희를 구원하여 주지 않을 것이니* 라는 말이 직접 전달되었을 뿐만 아니라 (13절), *그들*(즉 다른 신들)*에게 가서 구원하여 달라고 해라* (14절) 하는 조롱의 말까지 듣게 된다. **10:15-16** 진정한 회개를 했다는 암시가 있고나서 하나님은 이스라엘의 고통에 대해 긍휼한 마음을 갖게 되었다. **10:17-18** 암몬 사람들이 이스라엘 사람들을 위협한다. **10:17** 암몬 사람들에 대해서는 3:13을 보라. *미스바.* 이것에 대해서는 11:11에 관한 주석을 보라. **10:18** *지도자*들은 새로운 군사 직책으로 *모든 사람의 통치자* 라는 호칭을 먼저 자원하는 사람에게 붙여줄 것을 제안하였다. **11:1-11** 비록 입다가 자기 가족들로부터 쫓겨났지만 (2-3절), 이스라엘 사람들은 그가 암몬의 억압으로부터 이스라엘을 구원할 군사적인 능력이 있다는 이유로 그를 선택하였다. 그는 자기 자신의 조건을 내걸고 그 직책을 받아들였다. **11:1-3** 입다의 배다른 형제들은 그가 다른 여자의 아들이었기 때문에 그를 상속받지 못하도록 쫓아냈다.

특별 주석

입다의 이야기는 혈연에 기반을 둔 공동체가 종종 분열로 치닫게 되는 갈등의 예를 보여준다. 그러한 공동체의 구성원들은 한 사람이 자기의 핵가족 및 대가족, 혈족 혹은 가문, 지파까지 책임을 져야 하는 것(물론 나중에 언급되는 공동체로 갈수록 책임이 희박해지기는 하지만)으로 믿고 있다 (8:18-19 참조). 그러나 이러한 믿음은

르앗의 장로들이 입다를 데려오려고 돕 땅에 가서
6 그에게 말하였다. "와서 우리의 지휘관이 되어
주시오. 그래야 우리가 암몬 자손을 칠 수 있겠
소." 7 그러나 입다는 길르앗의 장로들에게 말
하였다. "당신들이 나를 미워하여, 우리 아버지
집에서 나를 쫓아낼 때는 언제이고, 어려움을 당
하고 있다고 해서 나에게 올 때는 또 언제요?"
8 그러자 길르앗의 장로들이 입다에게 대답하였
다. "바로 그렇기 때문에 우리가 당신을 찾아온 것
이오. 우리와 함께 가서 암몬 자손과 싸운다면, 당
신은 모든 길르앗 사람의 통치자가 될 것이오."
9 입다가 길르앗 장로들에게 물었다. "당신들이
나를 데리고 가서 암몬 자손과 싸울 때에, 주님께
서 그들을 나에게 넘겨 주신다면, 과연 당신들은
나를 통치자로 받들겠소?" 10 그러자 길르앗의
장로들이 입다에게 다짐하였다. "주님께서 우리
사이의 증인이십니다. 당신이 말한 그대로 우리가
할 것입니다."
11 입다가 길르앗의 장로들을 따라가니, 백
성이 그를 자기들의 통치자와 지휘관으로 삼았다.
입다는 그가 나눈 모든 말을 미스바에서 주님께
말씀드렸다.
12 입다가 암몬 자손의 왕에게 사절을 보내
어 말을 전하였다. "우리 사이에 무엇이 잘못되었
기에, 나의 영토를 침범하십니까?" 13 암몬 자
손의 왕이 입다의 사절에게 말하였다. "이스라엘이

종종 각 단계마다 독립적으로 살기를 원하는 구성원들이나 가장 높은 위치를 차지하고 싶어 하는 구성원들의 욕망과 한 집단의 탁월함 때문에 "형제들"의 공동체들 사이에서 경쟁을 불러일으키게 된다. 각 공동체들은 (핵가족이나 대가족이나 혈족 혹은 가문이나 지파가 되었든지간에) 더 큰 구조 내에서 각자의 지위를 높이고자 하는 욕심이 있다. 그래서 핵가족이나 대가족은 가족 내에서 다른 "형제들"보다 높아지려고 하고 자기 스스로 한 혈족을 이루어 보려고 하며, 한 혈족은 다른 혈족들보다 높아져서 한 가문이 되고 싶어 하고, 가문들은 지파가 되고 싶어 한다 (8:1-9; 12:1-6에 관한 주석을 보라).

11:1 기드온 사사처럼 (6:11-12) *입다*도 굉장한 용사였다. 그러나 그에게는 고칠 수 없는 약점이 하나 있었다. 그는 *창녀의* 아들이었던 것이다. 아마도 어떤 종류의 "불결함"이 그의 혈연과 관련해서 있었던 것 같다 (다른 "아들들"에 관해서는 2절을 참조). *길르앗이* 아버지였다는 것은 아마도 입다의 실제 "아버지"라기보다는 그의 혈통을 말하는 것일 것이다. **11:2** 그의 혈통의 "순수한" 후손들, 아마도 형들이 (길르앗의 다른 *아들들에* 대해서는 11:7의 주석 참조), 입다를 *그의 아버지의 집에서* 쫓아냈다. 여기서는 혈통을 말하는 것이다 (6:15와 11:1 주석을 보라). **11:3** 돕. 아람 땅 (오늘날의 시리아임. 삼하 10:6-8을 보라)에 있는 마을. *건달패들에* 관해서는 9:4를 보라. 자기 자신이 건달이었기 때문에 입다는 다른 사회의 하층민들에게 인기가 있었다. **11:5** *입다를 데려오려는* 시도는 *길르앗의 장로들이* 먼저 이야기를 꺼냈다 (8:14에 관한 주석을 보라). **11:6** *지휘관* (히브리어로 *카친*)은 고위직 장교이다 (수 10:24 참조). **11:7** 여기서 *장로들은* 입다를 그의 *아버지의 집*(11:2 주석을 보라)에서 쫓아냈던 장본인들로 밝혀져 있다. **11:8** 입다를 설득하기 위해서 장로들은 그에게 *통치자* (히브리어로 *로쉬*, 개역개정은 "머리;" 공동번역은 "수령") 라고 하는 더 높은 지위를 제안하였다. **11:9-11** 입다는 장로들과 계약을 맺었다 (창 31:44-50). **11:9** 장로들보다 더 높은 권위를 가지신 *주님께서* 입다에게 암몬 사람들에 대항하여 승리를 얻게 하신다면 그는 그들의 *통치자가* 될 것을 받아들였다. **11:10** *주님께서* 입다와 장로들 사이에 맺은 계약에 대한 증인이 되실 것이다. **11:11** 입다는 *주님 앞에서* 자기들이 나눈 말을 함으로써 협상을 결론지었다. *미스바* ("관망대" 혹은 "파수대" 라는 뜻). 얍복강 근처의 요단 동편의 어느 지역에 있다 (창 31:49 참조). **11:12-28** 입다는 사신들을 통해서 암몬 왕과 두 번에 걸친 협상 시도를 하였지만 두 번 다 실패하였다. 사사기에서는 여기서만 분쟁을 해결하는 방법으로 외교적인 수단이 시도되었다. **11:12-13** 암몬 왕과의 첫 번째 협상 시도는 간략하면서도 직설적인 질문과 또한 짧고 직선적인 대답으로 끝이 났다. 아람 왕은 이스라엘과 영토를 가지고 다투었다. **11:14-28** 보다 자세한 두 번째 협상 시도에서 (14-27절) 입다는 자기주장의 근거로 역사적인 선례를 끄집어내었다 (이집트에서 가나안까지의 여정; 민 21장 참조). **11:15** *모압 땅* (3:12의 주석 참조)과 암몬 자손의 땅은 그 전에 모압이 점령했다가 여기서는 암몬 사람들이 권리 주장을 하고 있는 땅이다. **11:16** *가데스.* 가데스 바네아는 유다 남쪽 네겝에 위치하고 있다. **11:17** 민 20:14-21을 보라. *에돔*은 모압(3:12에 관한 주석을 보라)의 남쪽에 있는 요단 동편 지역이다. **11:19-23** 민 21:21-31을 보라. **11:19** *아모리 사람.* 3:5을 보라. *헤스본.* 텔 헤스본으로 요단 동편 고원지대의 중앙에 위치하고 있다. 고고학적 발굴에 의하면, 기원전 13-12세기에 그 자리에 어떤 성읍이 있던 흔적이 없다. **11:20** *야하스.* 아마도 키르베트 이스칸더로 텔 헤스본의 남쪽에 위치한 곳을 말하는 것 같다. **11:24** 입다의 사신은 사람들이 그들의 신이 준 땅에서 살 권리가 있다고 주장하였다. 그모스는 모압의 민족 신이지 암몬 사람들의 신이 아니었다. 암몬 사람들의 신은 밀곰 혹은 몰렉(왕상

이집트에서 올라올 때에 아르논 강에서부터 얍복
강과 요단 강에 이르는 나의 땅을 점령하였습니
다. 그러니 이제 말썽을 일으키지 말고 그 땅을 내
놓으시기 바랍니다."
14 입다는 다시 암몬 자손의 왕에게 사절을
보냈다. 15 사절이 그에게 말을 전하였다. "나
입다는 이렇게 답변합니다. 이스라엘이 모압 땅
이나 암몬 자손의 땅을 빼앗은 것이 아닙니다.
16 이스라엘이 이집트에서 나와, 광야를 지나고
ㄱ)홍해를 건너 가데스에 이르렀을 때에, 17 이스
라엘이 에돔 왕에게 사절을 보내어 에돔 왕의 영
토를 지나가게 허락하여 달라고 부탁을 한 일이
있었습니다. 그러나 에돔의 왕은 이 부탁을 들어
주지 않았습니다. 이스라엘은 모압 왕에게도 사
절을 보내었으나, 그도 우리의 요청을 들어주려고
하지 않았습니다. 그래서 이스라엘은 가데스에
머물러 있다가, 18 광야를 지나 에돔과 모압 땅을
돌아서 모압 땅 동쪽으로 가서, 아르논 강 건너에
진을 쳤으며, 모압 땅에는 들어가지 않았습니다.
아르논 강이 모압 땅의 국경이기 때문이었습니다.
19 이스라엘은 또 헤스본에서 통치하던 아모리
사람의 왕 시혼에게도 사절을 보내어, 우리가 갈
곳에 이르기까지 그의 영토를 지나가게 허락하여
달라고 간절히 부탁하였습니다. 20 그런데 시혼
은 이스라엘이 자기의 영토를 지나가는 것을 허락
하지 않을 뿐만 아니라, 오히려 그의 온 군대를 모
아 야하스에 진을 치고 이스라엘에게 싸움을 걸어
왔습니다. 21 그래서 이스라엘의 주 하나님이
시혼과 그의 온 군대를 이스라엘의 손에 넘겨 주
셨습니다. 이스라엘이 그들을 쳐서 이기고, 아모
리 사람의 모든 땅 곧 그들이 사는 그 영토를 차
지하게 되었는데, 22 이렇게 하여서 이스라엘은
아르논 강에서 얍복 강까지와 또 광야에서 요단
강까지 이르는 아모리 사람의 온 영토를 차지하였
습니다. 23 주 이스라엘의 하나님이 그의 백성
이스라엘 앞에서 이렇게 아모리 사람을 몰아내셨
습니다. 그런데 이제 와서 당신이 이 땅을 차지하
겠다는 것입니까? 24 당신은 당신이 섬기는 신
그모스가 당신의 몫으로 준 땅을 차지하지 않았습
니까? 우리는 주 우리 하나님이 우리 앞에서 원수
를 몰아내고 주신 모든 땅을 차지한 것입니다.
25 이제 당신이 모압 왕 십볼의 아들 발락보다도
뛰어나다고 생각합니까? 그가 감히 이스라엘과
다투거나 싸웠습니까? 26 이스라엘이 헤스본과
그 주변 마을들과, 아로엘과 그 주변 마을들과, 아
르논 강변의 모든 성읍에 삼백 년 동안이나 살았
는데, 왜 당신은 그 동안에 이 지역들을 되찾지 않
았습니까? 27 나로서는 당신에게 잘못한 것이
전혀 없는데도 당신이 나를 해치려고 쳐들어왔으
니, 심판자이신 주님께서 오늘 이스라엘 자손과
암몬 자손 사이를 판가름해 주실 것입니다."
28 그러나 암몬 자손의 왕은 입다가 자기에
게 전하여 준 말에 전혀 귀를 기울이지 않았다.
29 주님의 영이 입다에게 내렸다. 그는 길르
앗과 므낫세 지역을 돌아보고, 길르앗의 미스바로
돌아왔다가, 길르앗의 미스바에서 다시 암몬 자

ㄱ) 히, '얌 쑤프'

11:5, 7)이었다. **11:25** *모압 왕 십볼의 아들 발락.* 민 22—24장을 보라. **11:26** *아로엘.* 11:33에 관한 주석을 보라. *삼백 년*은 모세와 입다 사이에 흐른 시간으로 추정된다. **11:27** *심판자* 라고 하는 명사형(사사기에서는 여기서만 사용됨)과 *판가름해 준다고* 하는 동사형은 둘 다 히브리어 *쉬 페이 테 (shpt)* 라는 어근을 가지고 있다 (삼상 24:15 참조). **11:28** 암몬 사람의 왕은 입다의 주장을 외면하였다. **11:29-40** 이 이야기의 초점은 입다의 서원이다 (30-31절). 암몬에 대한 승리는 거의 부수적인 것이다. **11:29** *주님의 영* (3:10에 관한 주석을 보라) 그 자체가 승리를 보장해 주었어야 했다. 입다가 굳이 서원을 했어야 할 이유가 없었어야 했다는 말이다. **11:30-31** 입다는 하나님에게 승리에 대한 보답으로 희생제물을 드리겠노라고 약속하였다. 이 서원은 주 하나님의 영이 불러 일으켰었어야 하는 확신을 보여주기보다는, 하나님이 자기를 도와주실지 여부에 대해 확신이 없었다는 것을 암시한다. 희생제물의 성격은 분명하지 않았다. 히브리어 본문은 의도된 희생물(*혹은 사람*)의 성별이나 종류를 확정할 수 없다. 독자는 입다가 먼저 동물을 만날 것으로 기대하였다고 보여진다. 왜냐하면 동물들이 보통은 집의 뜰에 나와 있기 때문이다. **11:33** *아로엘, 민닛, 아벨그라밈.* 모두 요단 동편의 라바 서부 지역에 있다. **11:34-40** 입다는 자기의 서원을 성취했다. 사람을 제물로 드리는 것은 받아들일 수 없는 것으로 여겨졌다 (출 13:13; 레 18:21 참조). 그러나 성경에 보면, 그런 일이 일어나곤 하였다 (왕하 16:3; 21:6; 겔 20:25—26:31; 창 22장 참조). **11:34** *소구를 치고 춤추며.* 이 표현은 전통적으로 여인들이 전쟁에서 승리한 후에 행하는 공연으로 노래하며 (출 15:20-21) 승리한 용사들이 고향에 돌아오는 것을 환영하는 일이었다 (삼상 18:6-7). 드보라의 노래, 특히 5:28-30을 참조하라. 희생제물의 성격에 대해서 불분명하였던 것이 (30-31절을 보라) 여기서 해결된다. 입다의 딸, 그의 유일한 혈육이 자기의 불성실함으로 죽게 된 것이다 (창 22:2를 참조). 그 딸은 이야기 내내 이름이 밝혀지지 않는다 (1:11-15에 관한 주

손이 있는 쪽으로 나아갔다. 30 그 때에 입다가
주님께 서원하였다. "하나님이 암몬 자손을 내 손에
넘겨 주신다면, 31 내가 암몬 자손을 이기고 무
사히 돌아올 때에, 누구든지 내 집 문에서 먼저
나를 맞으러 나오는 그 사람은 주님의 것이 될 것
입니다. 내가 번제물로 그를 드리겠습니다."
32 그런 다음에 입다는 암몬 자손에게 건너가서,
그들과 싸웠다. 주님께서 그들을 입다의 손에 넘
겨 주시니, 33 그는 아로엘에서 민닛까지 스무
성읍을 쳐부수고, 아벨그라밈까지 크게 무찔렀
다. 그리하여 암몬 자손은 이스라엘 자손 앞에 항
복하고 말았다.

입다의 딸

34 입다가 미스바에 있는 자기 집으로 돌아
올 때에, 소구를 치고 춤추며 그를 맞으려고 나오
는 사람은 바로 그의 딸이었다. 그는 입다의 무남
독녀였다. 35 입다는 자기 딸을 보는 순간 옷을
찢으며 부르짖었다. "아이고, 이 자식아, 네가 이
아버지의 가슴을 후벼 파는구나. 나를 이렇게
괴롭히는 것이 하필이면 왜 너란 말이냐! 주님께
서원한 것이어서 돌이킬 수도 없으니, 어찌한단
말이냐!" 36 그러자 딸이 아버지에게 말하였다.
"아버지, 아버지께서 입으로 주님께 서원하셨으니,
서원하신 말씀대로 저에게 하십시오. 이미 주님께
서는 아버지의 원수인 암몬 자손에게 복수하여 주셨
습니다." 37 딸은 또 아버지에게 말하였다. "한
가지만 저에게 허락하여 주시기 바랍니다. 두 달만
저에게 말미를 주십시오. 처녀로 죽는 이 몸, 친구
들과 함께 산으로 가서 실컷 울도록 해주시기 바
랍니다." 38 입다는 딸더러 가라고 허락하고, 두
달 동안 말미를 주어 보냈다. 딸은 친구들과 더불
어 산으로 올라가서, 처녀로 죽는 것을 슬퍼하며
실컷 울었다. 39 두 달 만에 딸이 아버지에게로
돌아오자, 아버지는 주님께 서원한 것을 지켰고,
그 딸은 남자를 알지 못하는 처녀의 몸으로 죽었다.
이스라엘에서 한 관습이 생겼다. 40 이스라엘
여자들이 해마다 산으로 들어가서, 길르앗 사람
입다의 딸을 애도하여 나흘 동안 슬피 우는 것이다.

입다와 에브라임 지파

12 1 에브라임 지파 사람이 싸울 준비를 하고
요단 강을 건너 사본으로 와서, 입다에게
말하였다. "너는 왜 암몬 자손을 치러 건너갈 때에
우리를 불러 같이 가지 않았느냐? 우리가 너와 네
집을 같이 불태워 버리겠다." 2 그러자 입다가
그들에게 말하였다. "나와 나의 백성이 암몬 자손과
힘겹게 싸울 때에, 내가 너희를 불렀으나, 너희는

석을 보라). **11:35** *옷을 찢으며.* 이것은 슬픔의 표시이다. 입다는 자기자신을 위해서 울었지 자기 딸을 위해서 운 것은 아니다. 그 딸을 입다는 자기 문제의 원인이라고 보았다. **11:36** 일단 서원을 하면 돌이킬 수 없다 (민 30:3; 신 23:22-24). 입다의 딸은 용기있게 자기 아버지가 서원을 지켜야 하는 것을 인정하였다. **11:37** 입다의 딸은 아버지와 대화를 나누고 자기가 *처녀*로 죽는 것을 *울도록 해주시기 바랍니다* 라고 청하였다. 그녀는 자기 후손을 남기지 못하고 아이를 낳아보지 못한 채로 죽을 것이다. 그럼으로써 여인으로서 가장 중요한 일을 하지 못하는 것이다. 자기가 죽고 난 후에 자기를 이을 자녀가 없다는 것은 기억되지 못하는 사람들 가운데 들어갈 운명이라는 것을 의미한다. *친구들과 함께.* 그 딸은 자기의 비극을 함께 울어줄 다른 여인들에게 손을 내어 밀고 있다. **11:39-40** 그 서원이 어떻게 갚아졌는지 하는 더 자세한 내막은 기록되어 있지 않지만, 거기에 대해 침묵하는 것은 그 결과가 얼마나 참혹했는가 하는 것을 전해주는 것이다. 그 딸의 비극은 매년 기념제의 전례가 되었고, 그렇게 해서 그녀는 기억되지 못하는 사람들 가운데 속할 잠재적인 운명을 벗어날 수 있었다. 그 의식은 성경의 어떤 다른 이야기 속에서도 언급되고 있지 않다. 그와 비슷한 다른 의식들이 언급되는 경우에도 부정적으로 여겨지고 있다 (겔 8:14; 슥 12:11을 보라). 어떤 천사도 창 22:12의 이삭의 경우처럼 입다의 딸을 구하기 위해서 개입하지 않았다. **12:1-6** 에브라임 사람들과 입다의 전쟁의 속편이다. 그 이야기는 자손들간의 경쟁(8:1-9)에 관한 사사기의 또 다른 예를 보여준다. 입다는 다시 한 번 강한 용사로 등장한다. 여기에 그의 서원의 비극적인 결말에 대한 언급은 없다. 그는 또한 삼상 12:11과 히 11:32-34에서 칭찬을 받고 있다. **12:1** *에브라임* 지파는 길르앗에게 먼저 싸움을 걸어왔다. 자기들만 암몬 사람들과의 전쟁에서 소집되지 않았고 또한 빠졌다는 것이다. 그들의 불평의 근거는 명예와 관련이 있었을 것이다 (8:1-4 주석을 보라). **12:2** *내가 너희를 불렀으나.* 입다의 이야기는 이 주장에 대해 분명한 증거를 보여주지 않는다. **12:4** 갈등의 원인이 무엇이었는지는 분명하지 않다. **12:5** *도망치는 사람.* 아마도 4절의 전투에서 도망친 자들을 말하는 것일 것이다. **12:6** *쉬볼렛*을 발음해 보도록 사람들을 시험해 보는 것은 지역적인 발음의 차이에 근거한다. *사만 이천.* 42 "부대 단위"일 가능성이 많다 (1:4 참조). **12:7** *입다는 여섯 해 동안 이스라엘의 사사로 있었다.* 이 기록은 입다의 이야기가 끼어든 "소"사사의 목록에 입다를 포함시키게 한다 (10:1-5; 12:8-15).

나를 그들의 손에서 구하여 주려고 하지 않았다.
3 너희가 구하러 오지 않는 것을 보고, 내가 목숨을
걸고 암몬 자손에게 쳐들어가니, 주님께서는 그
들을 나의 손에 넘겨 주셨다. 그런데 어찌하여 오늘
너희가 이렇게 올라와서 나를 대항하여 싸우려고
하느냐?" 4 입다는 길르앗 사람들을 모두 불러
모아, 에브라임 지파 사람들과 싸워 무찔렀다.
(에브라임 사람들은 평소에 늘 길르앗 사람들을
보고 "너희 길르앗 사람은 본래 에브라임에서 도
망친 자들이요, 에브라임과 므낫세에 속한 자들
이다!" 하고 말하였다.) 5 길르앗 사람들은 에브
라임 사람을 앞질러서 요단 강 나루를 차지하였
다. 도망치는 에브라임 사람이 강을 건너가게 해
달라고 하면, 길르앗 사람들은 그에게 에브라임
사람이냐고 물었다. 그가 에브라임 사람이 아니
라고 하면, 6 그에게 쉬볼렛이라는 말을 발음하
게 하였다. 그러나 그가 그 말을 제대로 발음하지
못하고 시볼렛이라고 발음하면, 길르앗 사람들이
그를 붙들어 요단 강 나루터에서 죽였다. 이렇게
하여 그 때에 죽은 에브라임 사람의 수는 사만 이
천이나 되었다.
7 길르앗 사람 입다는 여섯 해 동안 이스라
엘의 사사로 있었다. 입다는 죽어서 길르앗에
있는 한 성읍에 묻혔다.

사사 입산

8 그 뒤에 베들레헴의 입산이 이스라엘의 사
사가 되었다. 9 그에게는 아들 서른 명과 딸 서른
명이 있었는데, 딸들은 다른 집안으로 출가시
키고, 며느리들도 다른 집안에서 서른 명을 데려
왔다. 그는 일곱 해 동안 이스라엘의 사사로 있었다.
10 입산은 죽어서 베들레헴에 묻혔다.

사사 엘론

11 그 뒤에 스불론 사람 엘론이 이스라엘의
사사가 되었다. 그는 십 년 동안 사사로 있으면서
이스라엘을 다스렸다. 12 스불론 사람 엘론은
죽어서 스불론 땅에 있는 아얄론에 묻혔다.

사사 압돈

13 그 뒤에 비라돈 사람 힐렐의 아들 압돈이
이스라엘의 사사가 되었다. 14 그에게는 마흔
명의 아들과 서른 명의 손자가 있었는데, 그들은
나귀 일흔 마리를 타고 다녔다. 그는 여덟 해 동
안 사사로 있으면서 이스라엘을 다스렸다. 15 비
라돈 사람 힐렐의 아들 압돈은 죽어서 아말렉

12:8-15 세 명의 "소"사사들에 관한 이야기들이다. **12:8** *입산.* "빠른"이라는 뜻이다. 8-15절에 언급된 사사들이 북쪽 출신들이기 때문에 *베들레헴이* 여기서 언급된 것은 아마도 스불론 지파와 아셀 지파의 경계 지역(수 19:15)인 남부 갈릴리에 있었기 때문일 것이다. **12:9** *아들 서른 명.* 혈통을 말하는 것 같은데 입산이 10:4에서 본 것처럼 강력한 지도자였다는 것을 암시한다. *다른 집안으로* 라는 말은 지파들 사이 혹은 혈통들 사이의 족외혼을 말한다. **12:11-12** *엘론.* 그 의미는 "상수리나무" 혹은 "테레빈 나무"라는 뜻인데 창 46:14와 민 26:26에서는 스불론의 "아들"로 나와 있다. 엘론의 이름은 그가 매장된 곳이라고 추정되는 마을, *아얄론의* 이름에서 비롯된 것이라고 여겨진다. **12:14** *마흔 명의 아들과 서른 명의 손자.* 8:30에 관한 주석 을 보라. **12:15** *에브라임의 땅 비라돈.* 아마도 오늘날의 파라타를 말하는 것이라고 본다. 세겜의 남서쪽 5마일에 있는 곳으로 므낫세 지파의 경계에 가깝다. *아말렉 사람에* 관해서는 1:16에 관한 주석을 보라.

13:1—16:31 삼손의 이야기는 민속설화 같기도 하고 또 사사기에서 파격적인 이야기이기도 하다. 삼손 이야기는 사사기 전체를 관통하고 있는 전형적인 유형에서 벗어난다 (2:6—3:6을 보라). 비록 삼손이 많은 블레셋 사람들을 죽였지만, 삼손은 이스라엘을 구원하지도 못했고, 다른 이스라엘 지파들을 구한 것도 아니다 (13:5에 기록된 내용에도 불구하고). 그렇다고 이스라엘의 모범적인 인물도 아니다. 그는 하나님께 한 서원들을 깨고, 비이스라엘 여인들과 결혼하였으며, 블레셋과의 갈등에 임해서도 다른 이스라엘 사람들과 연합한 적도 없다. 이 이야기의 강조점은 삼손이 여자들에게 빠졌다는 것과, 그것이 자기의 패망에 결정적인 요인이 되었다고 하는 것이다. 그러나 결국에는 그는 의도하지 않았지만 하나님의 도구가 되었다. **13:1-25** 삼손의 출생. 이 이야기는 이름도 나오지 않는 삼손의 어머니 (1:11-15에 관한 주석을 보라)와 그 어머니가 주님과 나눈 대화에 맞추어져 있다 **13:1** *블레셋 사람들.* 이들은 에게 해와 소아시아 지역 출신으로 기원전 12세기경에 팔레스타인의 남부 해안에 정착한 일군의 해양 민족을 일컫는다. 배교와 심판의 전형적인 유형(2:6—3:6의 주석을 보라)은 삼손 이야기의 서두에 편집자에 의해 기록되었지만 그러나 삼손 이야기 자체 속에는 전혀 영향을 미치지 않는다. **13:2** *소라.* 소라는 유다와 경계하고 있는 단 지파 근처의 언덕기슭에 있는 평야에 있다 (수 15:33; 19:41). 단 지파는 남부의 "지파" 혹은 "혈통"(히브리어로, *미슈파하;* 9:1에 관한 주석을 보라)으로 알려져 있다. *미슈파하가* (여기서 번역된 것처럼)

사람의 산간지방에 있는 에브라임의 땅 비라돈에
묻혔다.

삼손의 출생

13 1 이스라엘 자손이 다시, 주님께서 보시는
앞에서 악한 일을 저질렀다. 그래서 주님
께서는 그들을 사십 년 동안 블레셋 사람들의 손에
넘겨 주셨다.
2 그 때에 소라 땅에 단 지파의 가족 가운데
마노아라는 사람이 있었는데, 그의 아내는 임신
할 수 없어서 자식을 낳지 못하였다. 3 주님의
천사가 그 여인에게 나타나 말하였다. "보아라,
네가 지금까지는 임신할 수 없어서 아이를 낳지
못하였으나, 이제는 임신하여 아들을 낳게 될 것
이다. 4 그러므로 이제부터 조심하여, 포도주나
독한 술을 마시지 말아라. 부정한 것은 어떤 것도
먹어서는 안 된다. 5 네가 임신하여 아들을 낳을
것인데, 그 아이의 머리에 ㄱ)면도칼을 대어서는 안
된다. 그 아이는 모태에서부터 이미 하나님께 바
쳐진 나실 사람이기 때문이다. 바로 그가 블레셋
사람의 손에서 이스라엘을 구하는 일을 시작할
것이다."
6 여인은 곧바로 남편에게 가서 말하였다.
"하나님의 사람이 나에게 오셨는데, 그분의 모습
이 하나님의 천사의 모습과 같아서, 너무나 두려
웠습니다. 그래서 나는 그분이 어디서 오셨는지
감히 묻지도 못하였고, 또 그분도 나에게 자기 이
름을 일러주지 않았습니다. 7 그런데 그분이 내
게 말하기를, 내가 임신하여 아들을 낳을 것이니,
이제부터 포도주와 독한 술을 마시지 말고, 부정
한 것은 어떤 것도 먹어서는 안 된다고 말했습니
다. 그 아이는 모태에서부터 죽는 날까지 하나님
께 바쳐진 나실 사람으로 살아야 하기 때문이라고
했습니다."
8 이 말을 듣고 마노아가 주님께 기도드렸
다. "주님, 우리에게 보내셨던 하나님의 사람을
우리에게 다시 오게 하셔서, 태어날 아이에게 어

ㄱ) 삭도를

지파를 나타내는 것으로 사용되지도 않지만, 단이 그렇다고 지파를 형성한 혈통이나 지파로 이해되고 있지도 않다 (아니면 더 이상 지파가 아니게 되었을 것이다). 17—18장에서 단 지파는 남쪽에서 북쪽으로 이주해 간다. *마노아는* 히브리어로 "안식"이라는 뜻이다. 이 히브리어는 또한 "노아" 라는 이름의 어근이기도 하다. 마노아의 *아내,* 이 이야기의 주인공은 이름이 없다 (1:11-15에 관한 주석을 보라). **13:3** *주님의 천사.* 2:1에 관한 주석을 보라. **13:4-5** *나실 사람.* 나실 사람은 민 6:1-21에 나온 규정과 같은 율례에 따라 하나님께 자신을 드리기로 헌신한 사람을 말한다. 나실 사람은 다른 이야기들에서는 간소한 삶을 대변하는 사람으로 등장한다. 여기에 나오는 나실 사람의 규정(*포도주나 독한 술을 마시지 않고, 부정한* 음식을 먹지 않는다)은 임신을 앞둔 여인에게 일종의 조심해야 되는 규정으로 (7절에서와 같음) 채택할 수 있다. *구하는 일을 시작할 것이다.* 13:1—16:31에 관한 주석을 보라. 삼상 1:11에서는 한나가 자청해서 자기 아들을 나실 사람이 되게 하겠다고 서원한 것을 참조하라. **13:6** *하나님의 사람…하나님의 천사의 모습 같아서.* 6:11-24에서 반복하여 나타나듯이 마노아와 그의 아내는 그들이 하나님과 이야기하고 있는 것을 깨닫지 못하였다. **13:7** 13:4-5를 보라. **13:8-14** 마노아는 하나님의 사람에게 다시 한 번 나타날 것을 요청했으나 이미 자기 아내에게 이야기 된 것 이상 새로운 것을 알지는 못했다. **13:13-14** 13:4-5에 관한 주석을 보라. **13:15-23** 기드온이 *하나님의 천사에게* 비슷한 대접을 한 것을 보라 (6:19-21). 기드온처럼 (6:36-40) 마노아도 의심이 많았고 표징을 요구하였다. **13:18** *비밀* (개역개정은 기묘자). 이것은 정확하게 이해할 수 없다. 창 32:29에서 야곱도 비슷한 요청을 하였음을 참조하라. **13:19** *신기한 일.* 출 15:11을 참조하라. **13:20-22** *얼굴을 땅에 대고 엎드렸다…우리는 틀림없이 죽을 것이오.* 이 말은 하나님을 대면하여 보는 일이 본질적으로 위험한 일임을 암시한다. 6:22에 나오는 기드온의 탄식을 참조하라. **13:23** 마노아가 아니라 그의 이름 없는 아내가 잠재적인 위험에 직면해서 오히려 차분하다. **13:24** *삼손.* 이 이름은 히브리어 *쉐메쉬* ("태양")에서 비롯된 것이다. *그 아이는 주님께서 내리시는 복을 받으면서 잘 자랐다.* 삼상 2:26; 눅 2:52 참조. **13:25** *주님의 영에* 관한 언급은 (3:10에 관한 주석을 보라) 14장에 나오는 삼손의 육체적인 힘을 보여줄 것을 미리 예견하는 것이다. *마하네단은* "단 지파의 진영"이라는 뜻이다. *소라와 에스다올은* 예루살렘의 남서부에 있는 언덕기슭에 위치해 있는 곳들이다. **14:1-20** 삼손의 첫 번째 사랑. **14:1** *딤나.* "배당된 몫"이라는 뜻으로 벳세메스 ("태양의 집"이라는 히브리어) 북쪽에 있는 텔 엘바라쉬일 가능성이 많다. 칠십인역에서는 "그리고 그녀는 그의 눈에 꼭 드는 여자였다" 라는 구절이 첨가되어 있다. **14:3** 삼손의 부모는 블레셋 사람들이 할례 받지 못한 사람들이라는 이유로—즉 언약 공동체의 일부가 아니라는 이유로 (창 17:9-14 참조) 그 둘 사이를 반대하였다. **14:4** 편집자는 그가 이스라엘 여인이 아닌 여인과 결혼하는 것이 비록 이스라엘 사람들의 상식

떻게 하여야 할지를 우리에게 가르치게 하여 주십
시오." 9 주님께서 마노아의 기도를 들어주셔서,
주님의 천사가 다시 여인에게 왔다. 그 때에 그 여
인은 밭에 앉아 있었는데, 남편 마노아는 아내와
함께 있지 않았다. 10 그래서 그 여인은 급히 달
려가 남편에게 말하였다. "와 보세요. 저번에 나
에게 오셨던 그분이 지금 나타나셨어요." 11 마
노아는 일어나 곧 아내를 따라가서, 그 사람에게
이르렀다. 마노아가 그를 보고서, 저번에 자기의
처에게 말하던 그분이냐고 물었다. 그가 그렇다
고 대답하자, 12 마노아는 그에게, 지난번에 한
그 말이 이루어질 때에 그 아이가 지켜야 할 규칙은
무엇이며, 또 그 아이가 할 일은 무엇이냐고 물었다.
13 주님의 천사가 마노아에게 일러주었다. 주님의
천사가 마노아의 아내에게 일러준 모든 것을 그
아이가 지켜야 하고, 14 마노아의 아내는 포도
나무에서 나는 것은 어떤 것도 먹어서는 안 되고,
포도주와 독한 술을 마시지 않아야 하며, 부정한
것은 어떤 것도 먹어서는 안 되고, 주님의 천사가
마노아의 아내에게 명령한 모든 것을 마노아의 아
내가 지켜야 한다고 말해 주었다.

15 그러자 마노아가 주님의 천사에게, 새끼
염소를 한 마리 잡아 대접할 터이니, 잠시 기다려
달라고 하였다. 16 그러나 주님의 천사는 마노
아에게, 기다리라면 기다릴 수는 있으나 음식은
먹지 않겠다고 하면서, 마노아가 번제를 준비한
다면, 그것은 마땅히 주님께 드려야 할 것이라고
말하였다. 마노아는 그가 주님의 천사라는 것을
전혀 알지 못하였다. 17 그래서 마노아가 또 주
님의 천사에게, 이름만이라도 알려 주면, 말한 바가
이루어질 때에 그에게 그 영광을 돌리고 싶다고
하였다. 18 그러나 주님의 천사는 어찌하여 그
렇게 자기의 이름을 묻느냐고 나무라면서 자기의
이름은 비밀이라고 하였다.

19 마노아는 새끼 염소 한 마리와 곡식예물을
가져다가, 바위 위에서 주님께 드렸다. 주님께서
는 마노아와 그의 아내가 보고 있는 데서 신기한
일을 일으키셨다. 20 제단에서 불길이 하늘로
치솟자, 주님의 천사가 제단의 불길을 타고 하늘
로 올라갔다. 마노아와 그의 아내는 이것을 보고,
얼굴을 땅에 대고 엎드렸다. 21 주님의 천사가
마노아와 그의 아내에게 다시 나타나지 않자, 그
제야 마노아는 비로소 그가 주님의 천사인 줄 알
았다. 22 마노아는 아내에게 말하였다. "우리가
하나님을 보았으니, 우리는 틀림없이 죽을 것이오."
23 그러자 그의 아내가 그에게 말하였다. "만일
주님께서 우리를 죽이려 하셨다면 우리의 손에서
번제물과 곡식예물을 받지 않으셨을 것이며, 또
우리에게 이런 모든 일을 보이거나 이런 말씀을
하시지도 않으셨을 겁니다."

24 그 여인이 아들을 낳고서, 이름을 삼손이
라고 하였다. 그 아이는 주님께서 내리시는 복을
받으면서 잘 자랐다. 25 그가 소라와 에스다올
사이에 있는 마하네단에 있을 때에, 주님의 영이
처음으로 그에게 내렸다.

삼손과 딤나의 처녀

14 1 삼손이 딤나로 내려갔다가, 딤나에 있는
어떤 블레셋 처녀를 보았다. 2 그가 돌
아와서 자기 부모에게 말하였다. "내가 딤나에 내
려갔다가, 블레셋 처녀를 하나 보았습니다. 장가
들고 싶습니다. 주선해 주십시오." 3 그러자 그
의 아버지와 어머니가 그를 타일렀다. "네 친척이
나 네 백성의 딸들 가운데는 여자가 없느냐? 왜
너는 할례도 받지 않는 블레셋 사람을 아내로 맞
으려고 하느냐?" 그래도 삼손은 자기 아버지에게
말하였다. "꼭 그 여자를 색시로 데려와 주십시
오. 그 여자는 첫눈에 내 맘에 쏙 들었습니다."
4 그의 부모는, 주님께서 블레셋 사람을 치실 계

적인 기준에는 어긋나는 것이지만 하나님의 계획의 일부라는 것을 주장하고 있다. **14:6** *주님의 영*(3:10에 관한 주석을 참조)은 삼손에게 강력한 힘을 주어 그가 *손에 아무것도 가진 것 없이, 그 사자*를 찢어 죽일 수 있었다. **14:8-9** 꿀은 사람을 기분 좋게 하고 용기를 주는 힘이 있다 (삼상 14:24-30 참조). 이 구절이 14절의 수수께끼를 준비하고 있다. **14:10-20** 단 지파와 블레셋 사람들 사이의 갈등은 삼손의 수수께끼와 삼손의 손님들이 수수께끼를 풀기 위해 사용한 방법과 그의 아내(1:11-15 참조)의 배반으로 시작되었다. **14:10** *그의 아버지는 사돈 될 사람의 집으로 갔다.* 아마도 결혼 과정을 상의하기 위해서였을 것이다. 비록 신부가 남편의 가족과 혈통과 함께 살지 않고 자기 부모네 집에서 계속 사는 경우가 전형적인 경우는 아니라도 간혹 있었다고 하는 고대 근동 지역의 증거가 있다. *젊은이*는 아마도 군대 지휘관들을 구성하는 이들이었을 것이다. **14:12-14** 삼손은 사람들이 풀지 못할 것으로 생각하고 수수께끼를 제안하였다. 그 수수께끼는 사자의 시체에서 꿀이 나온 사건을 가리키는 것이었다 (8-9절). **14:15-18** 삼손에게서 비밀을 알아내기 위해서 여자가 (1:11-15에 관한 주석을 보라) 유혹하는 장면은 16:4-18에서도 다시 등장한다. **14:15** *아내.* 직

기를 삼으려고 이 일을 하시는 줄을 알지 못하였다. 그 때에 블레셋 사람이 이스라엘을 지배하고 있었다.

5 삼손이 부모와 함께 딤나로 내려가서, 딤나에 있는 어떤 포도원에 이르렀다. 그런데 갑자기 어린 사자 한 마리가 으르렁거리며 그에게 달려들었다. 6 그 때에 주님의 영이 삼손에게 세차게 내리덮쳤으므로 손에 아무것도 가진 것 없이, 그 사자를 염소 새끼 찢듯이 찢어 죽였다. 그러나 그는 이 일을 부모에게 말하지 않았다.

7 그는 그 여자에게로 내려가, 그와 이야기를 나누었다. 삼손은 그 여자를 무척 좋아하였다. 8 얼마 뒤에 삼손은 그 여자를 아내로 맞으러 그 곳으로 다시 가다가, 길을 벗어나 자기가 죽인 사자가 있는 데로 가 보았더니, 그 죽은 사자의 주검에 벌 떼가 있고 꿀이 고여 있었다. 9 그는 손으로 꿀을 좀 떠다가 걸어가면서 먹고, 부모에게도 가져다 주었으나, 그 꿀이 사자의 주검에서 떠온 것이라고는 말하지 않았다.

10 그의 아버지는 사돈 될 사람의 집으로 갔다. 삼손은, 신랑들이 장가갈 때 하는 풍습을 따라서, 거기에서 잔치를 베풀었다. 11 블레셋 사람들이 그를 보자, 젊은이 서른 명을 데려다가 그와 한 자리에 앉게 하였다. 12 그 때에 삼손이 그들에게 한 제안을 하였다. "내가 여러분에게 수수께끼를 하나 내려고 하는데, 잔치가 계속되는 이레 동안에 알아맞히어 보십시오. 여러분이 알아맞히면 내가 모시옷 서른 벌과 겉옷 서른 벌을 내놓고, 13 맞히지 못하면 여러분이 나에게 모시옷 서른 벌과 겉옷 서른 벌을 주도록 하는 것이 어떻겠습니까?" 그들이 말하였다. "좋습니다! 어디, 그 수수께끼를 한번 들어봅시다." 14 그래서 삼손이 그들에게 수수께끼를 내놓았다.

"먹는 자에게서 먹는 것이 나오고,
강한 자에게서 단 것이 나왔다."

그러나 그들은 사흘이 지나도록 수수께끼를 풀 수가 없었다.

15 ㄱ)이레째가 되던 날 그들은 삼손의 아내를 을러대었다. "신랑을 꾀어서, 그가 우리에게 낸 그 수수께끼의 해답을 알아내서 우리에게 알려주시오. 그렇지 않으면 새댁과 새댁의 친정 집을 불살라 버리겠소. 우리가 가진 것을 빼앗으려고 우리를 초대한 것은 아니지 않소?" 16 그래서 삼손의 아내는 삼손에게 울며 말하였다. "당신은 나를 미워할 뿐이지, 사랑하지는 않아요. 그러니까 당신이 나의 나라 사람들에게 수수께끼를 내놓고도, 나에게는 해답을 가르쳐 주지 않았지요." 삼손이 아내에게 말하였다. "이것 봐요. 내 부모에게도 알려드리지 않았는데, 어떻게 당신에게 말할 수 있겠소?" 17 그러나 그의 아내는 삼손에게 이레나 계속되는 잔치 기간에 계속 울면서 졸라댔다. 이레째 되던 날 삼손은 드디어 아내에게 수수께끼의 해답을 말해 버리고 말았다. 그러자 아내가 그 해답을 자기 동족 사람들에게 알려 주

ㄱ) 칠십인역과 시리아어역에는 '나흘째가 되던 날'

역하면 "여자"이다. 히브리어는 "아내"와 "여자" 사이에 구별이 없다. 그 결혼이 합법적인 것이라고 하는 점이 삼손이 그 여자를 버릴 때 법적으로 이혼하는 것을 보면 분명하다 (19-20절). **14:18** *태양*을 말할 때 아주 드물게 사용되는 단어(히브리어 *하르사*)가 여기에 사용되었다. 아마도 보다 보편적인 단어인 *쉐메쉬*가 삼손의 이름에 사용된 것과 혼동을 피하기 위해서일 것이다 (13:24의 주석 참조). **14:19** *아스글론*은 블레셋의 중요한 다섯 도시 가운데 하나로서 지중해 남부 연안에 위치한 도시이다. 삼손은 아스글론 사람들을 강탈해서 딤나 사람들에게 자기 빚을 갚았다. 여기서 "아버지의 집"은 분명히 핵가족을 지칭한다 (6:15; 9:1의 주석을 보라). **15:1-20** 삼손의 복수. **15:1-8** 삼손은 자기 아내가 다른 남자에게 주어진 것에 대해 화가 나서 블레셋 사람의 곡식밭을 *여우 삼백 마리* 꼬리에 불을 놓아 (4절) 망가뜨리고 그 때부터 복수의 악순환이 시작된다. **15:1** 새끼 염소 한 마리. 창 38:17을 보면, 염소 한 마리는 창녀가 흥정하는 몸값이다. **15:2** *나는 자네가 그 애를 몹시 미워한다고 생각하고.* 그 여인의 아버지는 자기 입장에서 법적인 이혼이 성립되어 있었다고 본 이유를 설명한다. 그 아버지가 이미 그 딸을 다른 남자에게 주었기 때문에 이제 그 딸이 삼손에게 돌아오는 것은 불가능하다 (신 24:1-4). **15:5** *곡식과 포도원과 올리브 농원.* 이것들은 그 지역의 주요 농산물들과 관련되어 있는 것들이다. 피해의 정도가 심한 것을 강조하면서 동시에 그것이 잠재적으로 비극적인 효과를 낼 것을 강조한 것이다. **15:8** *마구 무찌르고.* 히브리어로 이 표현은 *정강이와 넓적다리*라고 되어 있다. 이것은 완전히 파멸시킨 것을 나타낼 때 사용하는 표현이다. (그래서 개역개정은 "정강이와 넓적다리를 크게 쳐서" 라고 직역을 했고, 표준개정과 공동번역은 "마구 죽이는" 것으로 의역을 했다.) 에담은 "짐승을 잡아먹는 새들의 장소" 라는 뜻일 것이다. **15:9-20** 삼손은 유다 사람들의 손에 의해서 블레셋 사람들에게 넘겨졌다 (9-13절). 그는 동물의 턱뼈를 무기로 삼아 한 손으로 그들을 격퇴하였다 (14-17절). 그리고는 주님을 직접 대하였다 (18-20절). **15:9** *레히*는 "턱뼈"라는 뜻이다. **15:10** *유다 사람들.* 유다 지파가 장악한 지역

었다. 18 이레째 되던 날 해가 지기 전에 그 성읍
사람들이 삼손에게 말하였다.

"무엇이 꿀보다 더 달겠으며,
무엇이 사자보다 더 강하겠느냐?"

삼손이 그들에게 대답하였다.

"나의 암소로
밭을 갈지 않았더라면,
이 수수께끼의 해답을
어찌 찾았으랴."

19 그 때에 주님의 영이 삼손에게 세차게 내
리덮쳤다. 삼손이 아스글론으로 내려가서 그 곳
주민 서른 명을 죽이고, 그들에게서 노략한 옷을
가져다가, 수수께끼를 푼 사람들에게 주었다. 그
리고는 몹시 화가 나서, 자기 아버지의 집으로 돌
아가 버렸다. 20 그러자 삼손의 아내는 삼손의
들러리로 왔던 한 친구의 아내가 되었다.

15 1 이런 일이 있은 지 얼마 뒤에 밀 추수
때가 되었을 때에, 삼손은 새끼 염소 한
마리를 가지고 아내를 찾아가서, 장인에게 아내의
침실로 들어가게 해 달라고 부탁하였으나, 장인은
그가 아내 방에 들어가는 것을 허락하지 않았다.
2 그리고 장인은 다른 제안을 하였다. "나는 자
네가 그 애를 몹시 미워한다고 생각하고, 자네 친
구에게 아내로 주었다네. 사실은 동생이 언니
보다 더 예쁘니, 부디 그 애를 아내로 삼아 주게."
3 그러자 삼손이 그들에게 "이번만은 내가 블레
셋 사람들에게 어떤 손해를 끼친다 해도 나를 나
무라지 못할 것이오" 하고 말하면서, 4 나가서
여우 삼백 마리를 잡아, 꼬리에 꼬리를 서로 비끄
러매고는, 그 두 꼬리 사이에 가지고 간 홰를 하
나씩 매달았다. 5 그는 그 홰에 불을 붙여 블레셋
사람의 곡식 밭으로 여우를 내몰아서, 이미 베어
쌓아 놓은 곡식가리에 불을 놓았다. 불은 곡식가
리뿐 아니라 아직 베지 않은 곡식과 포도원과 올
리브 농원까지 다 태워 버렸다. 6 블레셋 사람들은
누가 그렇게 하였는지 알아 보았다. 마침내 사람
들은, 딤나 사람 곧 삼손의 장인이 삼손의 아내를
빼앗아 들러리 섰던 친구에게 아내로 주었기 때문
에, 삼손이 저지른 일임을 알게 되었다. 블레셋 사
람들이 딤나로 올라가서, 그 여자와 그 아버지를
불에 태워 죽였다.

7 그러자 삼손이 그들에게 말하였다. "너희가
이렇게 하였으니, 내가 너희에게 원수를 갚기 전
에는 가만히 있지 않겠다." 8 그는 블레셋 사람
들을 닥치는 대로 ㄱ)마구 무찌르고, 내려가서 에담
바위 동굴에서 쉬고 있었다.

삼손이 블레셋을 치다

9 블레셋 사람들이 쳐올라와서 유다 땅에 진을
치고는, 레히 지방을 짓밟았다. 10 유다 사람들이
그들에게 말하였다. "당신들은 무엇 때문에 우리
를 치러 올라왔소?" 그들이 대답하였다. "삼손을
잡으러 왔소. 삼손이 우리에게 한 대로, 우리도 그
에게 갚아 주겠소." 11 그래서 유다 사람 삼천
명이 에담 바위 동굴에 내려가서 삼손에게 말하
였다. "블레셋 사람들이 우리를 지배하고 있다는
것을 당신은 잘 알지 않소? 그런데 당신이 어찌하
여 우리에게 이런 일이 미치게 하오?" 삼손이 그
들에게 대답하였다. "그들이 나에게 한 대로 나도
그들에게 갚아 주었을 뿐이오." 12 그러자 그들이

ㄱ) 히, '정갱이 넓적다리를 치고'

에 숨어서 블레셋을 피하였던 삼손은 유다 사람들을 곤경에 빠뜨렸다. **15:11-13** 삼손은 "바위 동굴에서," 즉 블레셋 사람들의 복수와 자기들 틈에서 살아 보려고 한 사람을 기꺼이 넘겨주려고 하는 유다 사람들의 두려움 사이에서 붙잡혔다. **15:11** *삼천 명.* 아마도 세 "부대 단위"(1:4에 관한 주석을 보라)를 말하는 것일 것이다. *블레셋 사람들이 우리를 지배하고 있다.* 이 표현은 아마도 그들이 직접 통치한다는 뜻보다는 그들의 군사력이 더 강하다는 의미일 것이다. **15:14** *주님의 영이 그에게 세차게 내리니.* 이 표현은 14:6에 있는 것과 같다. 3:10에 관한 주석을 보라. **15:15** 턱뼈에 대해서는 15:9에 관한 주석을 보라. 천 명은 아마도 한 "부대 단위"(1:4에 관한 주석을 보라)를 나타내는 것일 것이다. **15:16** 이것은 이 시가 들어가 있는 이야기보다도 훨씬 오래된 시의 한 부분일 것이다. 그 시는 같은 히브리어 발음을 가진 두 단어 *나귀* (*하모르*)와 *무더기* (*하모라*)를 사용해서 내용을 해석하는데 도움을 주고 있다. **15:17** *라맛레히.* 이는 히브리어로 "턱뼈의 언덕"이다. 이 이야기는 레히 지역의 이름이 어떻게 생기게 되었는지를 설명하는 이야기이다. **15:18** 삼손은 주 하나님께 직접 말하면서 자기 생명을 살려 달라고 한다. *주님의 종.* 이에 관하여는 2:8에 관한 주석을 보라. *할례 받지 못한 자들.* 이에 관하여는 14:3에 관한 주석을 보라. 여기서는 이 용어는 모욕하는 의미를 담고 있다. **15:19** *한 우묵한 곳.* 바위샘으로 보인다. *엔학고레.* 이것은 "부르짖는 사람의 샘"이라는 뜻이다. 이것은 한 장소의 이름이 어떻게 생기게 되었는가를 설명하는 또 다른 이야기이다. **15:20** 비록 그가 실제 사사기의

삼손에게 말하였다. "우리는 당신을 묶어 블레셋
사람들에게 넘겨 주려고 왔소." 삼손이 그들에게
말하였다. "그렇다면 나를 죽이지 않겠다고 맹세
하시오." 13 그들은 삼손에게 다짐하였다. "결
코 죽이지 않겠소. 우리는 당신을 묶어서 그들에
게 넘겨만 주겠소. 결코 우리가 당신을 죽이지는
않겠소." 그리고 그들은 새 밧줄 두 개로 그를 묶
어서, 바위 동굴에서 데리고 나왔다.
14 삼손이 레히에 이르자, 블레셋 사람들이
마주 나오며, 그에게 소리를 질렀다. 그 때에 주
님의 영이 그에게 세차게 내리니, 그의 팔을 동여
매었던 밧줄이 불에 탄 삼 오라기같이 되어서, 팔
에서 맥없이 끊어져 나갔다. 15 마침 삼손은 싱
싱한 당나귀 턱뼈 하나가 있는 것을 보고, 그것을
손에 집어 들고, 블레셋 사람을 천 명이나 쳐죽이
고 나서, 16 이렇게 외쳤다.

ㄱ)나귀 턱뼈 하나로
ㄴ)주검을 ㄷ)무더기로 쌓았다.
나귀 턱뼈 하나로
천 명이나 쳐죽였다.

17 이렇게 외치고 나서, 삼손은 손에 든 턱뼈를
내던지고, 그 곳 이름을 ㄹ)라맛레히라고 불렀다.
18 삼손은 목이 너무 말라서 주님께 부르짖
었다. "주님께서 친히 이 크나큰 승리를 주님의
종의 손에 허락하셨습니다. 그런데 이제 제가 목
이 타서 저 할례받지 못한 자들의 손에 붙잡혀 죽
어야 하겠습니까?" 19 하나님이 레히에 있는 한
우묵한 곳을 터지게 하시니, 거기에서 물이 솟아
나왔다. 삼손이 그 물을 마시자, 제정신이 들어 기
운을 차렸다. 그래서 그 샘 이름을 ㅁ)엔학고레라고
하였는데, 오늘날까지도 레히에 있다.
20 삼손은 블레셋 사람들이 다스리던 시대에
이십 년 동안 이스라엘의 사사로 있었다.

삼손이 가사에 가다

16 1 삼손이 가사에 가서, 창녀를 하나 만
나 그의 집으로 들어갔다. 2 삼손이 거
기에 왔다는 말을 들은 가사 사람들은, 그 곳을 에
워싸고 밤새도록 성문에 숨어 그를 기다렸다. 동
이 틀 때를 기다렸다가 그를 죽이려고 생각한 그
들은 밤새 가만히 있었다. 3 그러나 삼손은 밤늦
도록 누워 있다가, 밤중에 일어나서 성 문짝을 양

ㄱ) 히, '하모르' ㄴ) 또는 '한 무더기, 두 무더기를 쌓았다' ㄷ) 히, '하모라'. 나귀를 가리키는 히브리어와 '무더기'를 가리키는 히브리어의 발음이 같음 ㄹ) '나귀 턱뼈 언덕' ㅁ) '부르짖는 사람의 샘'

다른 구원자들이 그랬던 것과 같은 의미에서 지도자로 역할을 한 적이 전혀 없을지라도 삼손이 사사였음을 인정하는 편집자의 논평이다. *20년*은 아마도 한 세대를 나타내는 대략의 숫자인 것 같다. 이 논평은 16:31에서 다시 반복된다. 그것은 삼손 이야기의 초본이 여기서 끝났음을 보여주는 것이다. **16:1-31** 삼손에 관한 이야기가 세 개나 더 있다. 여자에게 약한 점이 삼손을 배반당하고 죽게 만든다. **16:1-3** 삼손의 정욕과 놀라운 힘에 관한 또 다른 이야기. **16:1** *가사에* 관해서는 6:4에 관한 주석을 참조하라. **16:3** 블레셋을 힘이 없어 보이게 할 정도로 삼손의 힘이 과장되어 있다. *헤브론*은 가사에서 언덕 위쪽으로 40마일 떨어져 있다 (1:10 주석 참조). **16:4-22** 삼손과 들릴라의 이야기는 14장에 나오는 삼손의 첫 사랑의 이야기와 많은 점에서 닮았다. **16:4** *소렉 골짜기.* "포도원 골짜기"는 와디 엣싸라르인데 예루살렘에서는 남서쪽에 있다. *들릴라*라는 이름은 아마도 "희롱하다"는 뜻을 가진 아랍어와 관련된 듯하다. 이 이야기에서는 들릴라가 블레셋 여자인지 아니면 이스라엘 여자인지 분명하게 나타나 있지 않다 (1:11-15에 관한 주석을 보라). **16:5-17** 삼손은 자기의 큰 힘의 근원을 드러내는 덫에 걸렸다. 삼손이 처음에 한 설명들(거짓말들)은 언제나 분명하지 않다. **16:7** *마르지 않은 푸른 칡.* 아마도 마술사들이 쓰는 재료들일 것이다. **16:11** 새 밧줄. 15:13을 참조하라. **16:13-14** *천과 말뚝*은 베틀의 일부이고, 마술사들의 재료들을 언급하는 것이다. **16:15-17** 들릴라(1:11-15에 관한 주석을 보라)는 삼손이 자신을 믿지 못한다고 불평을 하자 마침내 삼손은 그녀에게 자기 힘의 근원에 대해 진실을 털어 놓는다. **16:15** *마음*은 감정의 중심일 뿐만 아니라 지성과 의지의 중심이기도 하다. **16:16** *끈질기게 졸라대니까.* 14:17을 보라. *마음이 괴로워서 죽을 지경이 되었다.* 같은 표현이 엘리야(왕상 19:4)와 요나(욘 4:8)가 하나님 때문에 마음이 괴로울 때도 사용되었다. **16:17** *나실 사람.* 나실 사람에 관해서는 13:4-5를 참조하라. 삼손의 이야기의 어디에도 삼손 자신이 나실 사람으로서의 서원을 진지하게 받아들였다는 흔적이 없다. 나실 사람이 머리를 자르는 것은 그 서원의 의무로부터 벗어났음을 상징적으로 말하여주는 것이다 (민 6:13-20). **16:20** *주님께서 이미 자기를 떠나신 것.* 삼손의 힘이 그에게서 빠져나간 것은 주님이 하신 일이다. **16:22** 삼손의 머리가 다시 자라기 시작하면서 그의 힘이 돌아오기 시작하였다. **16:23-31** 블레셋 사람에 대한 삼손의 마지막 복수 이야기. **16:23** *다곤.* 어떤 곳에서는 바알의 아버지로 알려져 있는 (2:11-13에 관한 주석 참조) 이 신은 풍요의 신으로서 특히 곡식과 관련이 있다. 블레

쪽 기둥과 빗장째 뽑았다. 그는 그것을 어깨에 메고 헤브론 맞은편 산꼭대기에 올라가, 거기에다 버렸다.

삼손과 들릴라

4 그 뒤에 삼손은 소렉 골짜기에 사는 어떤
여자를 사랑하게 되었는데, 그의 이름은 들릴라
였다. 5 블레셋 사람의 통치자들이 그 여자를 찾
아와서 말하였다. "당신은 그를 꾀어 그의 엄청난 힘이 어디에서 나오는지, 그리고 우리가 어떻게 하면 그를 잡아 묶어서 꼼짝 못 하게 할 수 있는지 알아내시오. 그러면 우리가 각각 당신에게 은 천백 세겔씩 주겠소."
6 그래서 들릴라가 삼손에게 물었다. "당신의 그 엄청난 힘은 어디서 나오지요? 어떻게 하면 당신을 묶어 꼼짝 못 하게 할 수 있는지 말해 주세요."
7 삼손이 그에게 말해 주었다. "마르지 않은 푸른 칡 일곱 매끼로 나를 묶으면, 내가 힘이 빠져서
여느 사람처럼 되지." 8 그리하여 블레셋 사람
의 통치자들이 마르지 않은 푸른 칡 일곱 매끼를 그 여자에게 가져다 주었고, 그 여자는 그것으로
삼손을 묶었다. 9 미리 옆 방에 사람들을 숨겨 놓고 있다가, 그에게 "삼손, 블레셋 사람들이 당신에게 들이닥쳤어요!" 하고 소리쳤다. 그러나 삼손은 그 밧줄을 불에 탄 삼 오라기를 끊듯이 끊어 버렸다. 그의 힘의 비밀은 여전히 알려지지 않았다.
그러자 10 들릴라가 삼손에게 말하였다. "이것 봐요. 당신은 나를 놀렸어요. 거짓말까지 했어요. 무엇으로 당신을 묶어야 꼼짝 못 하는지 말해 주
세요." 11 삼손이 그에게 말하였다. "한 번도 쓰지 않은 새 밧줄로 나를 꽁꽁 묶으면, 내가 힘이
빠져서 여느 사람처럼 되지." 12 들릴라는 새 밧
줄을 가져다가 그것으로 그를 묶었다. 미리 옆 방에 사람들을 숨겨 놓고 있다가, 그에게 "삼손, 블레셋 사람들이 당신에게 들이닥쳤어요!" 하고 소리쳤다. 그러나 삼손은 자기 팔을 묶은 새 밧줄을 실오라기 끊듯이 끊어 버렸다. 13 그러자 들릴
라가 삼손에게 말하였다. "당신은 여전히 나를 놀리고 있어요. 여태까지 당신은 나에게 거짓말만 했어요! 무엇으로 당신을 묶어야 꼼짝 못 하는지 말해 주세요." 삼손이 그에게 말하였다. ㄱ)"내 머리칼 일곱 가닥을 베틀 날실에 섞어서 짜면 되지."
14 그 여자는 그것을 말뚝에 꽉 잡아 매고, 그에게 "삼손, 블레셋 사람들이 당신에게 들이닥쳤어요!" 하고 소리쳤다. 그러자 삼손이 잠에서 깨어나 말뚝과 베틀과 천을 뽑아 올렸다.
15 들릴라가 그에게 또 말하였다. "당신은 마음을 내게 털어놓지도 않으면서, 어떻게 나를 사랑한다고 말할 수가 있어요? 이렇게 세 번씩이나 당신은 나를 놀렸고, 그 엄청난 힘이 어디서 나오는지 아직 나에게 말해 주지 않았어요." 16 들릴
라가 같은 말로 날마다 끈질기게 졸라대니까, 삼손은 마음이 괴로워서 죽을 지경이 되었다.
17 하는 수 없이 삼손은 그에게 속마음을 다 털어 놓으면서 말하였다. "나의 머리는 ㄴ)면도칼을 대어 본 적이 없는데, 이것은 내가 모태에서부터 하나님께 바쳐진 나실 사람이기 때문이오. 내 머리털을 깎으면, 나는 힘을 잃고 약해져서, 여느 사람처럼 될 것이오." 18 들릴라는 삼손이 자기에게 속마음을 다 털어놓은 것을 보고, 사람을 보내

ㄱ) 칠십인역에는 "'내 머리칼 일곱 가닥을 베틀 날실에 섞어 짜서 그것을 베틀 말뚝에 꽉 잡아매면 나는 힘이 빠져서 여느 사람처럼 되지' 그래서 그가 자고 있는 동안에 들릴라가 그의 머리칼 일곱 가닥을 베틀 날실에 섞어 짜고, 14. 그것을 베틀 말뚝에 꽉 잡아매었다. 그리고 삼손에게 '삼손, ……' 하고 소리쳤다. 그러자 삼손이 잠에서 깨어나 베틀 말뚝과 베틀과 머리칼이 섞여 짜여진 천을 함께 끌어 올렸다." ㄴ) 삭도를

셋 사람들이 받아들였던 것으로 보인다. 이 신에게 바쳐진 신전들이 가사와 아스돗에 있는 것으로 알려져 있다 (삼상 5:1-5를 보라). **16:26** 소년 (히브리어 *나아르*, "젊은 남자"). 7:10과 9:54를 참조. **16:28-30** 삼손의 마지막 말과 행동은 그에게 명예로운 죽음을 죽고 복수를 할 수 있게 하였다. **16:28** *주 하나님*. 6:22를 참조하라. **16:29** 팔레스타인에 있는 텔 카실 신전 발굴을 보면 본당은 두 개의 나무 기둥이 둥근 돌 기반 위에 놓여 있고 중앙 축에 위치해 있는 것을 보게 된다. **16:31** *그는…사사로 있었다*. 15:20에 관한 주석을 보라.

17:1—21:25 사사기의 마지막 장들은 이스라엘 지파들이 내부 분열로 인하여 망해가는 것을 서술하고 있다. 이러한 이야기들은 2:6—3:6에 있는 사사기의 전형적인 유형에 맞지 않는다. **17:1—18:31** 단 지파의 제사장의 기원과 단 지파가 이주하게 된 이야기. 이러한 이야기들은 북왕국의 성소들에 대한 비판이 담겨 있다. **17:1-5** 미가의 우상과 신당. **17:1** *에브라임 산간 지방*은 중북부의 고원지대이다. *미가*. 미가는 "주님과 같은 분은 누구인가?" 라는 뜻이다. 미가가 우상을 만들었다는 사실을 생각하면 이 이름에는 모순이 있다. **17:2** 은돈 *천백 냥*. 블레셋 방백들이 각각 삼손을 배반하게 하려고 들릴라에게 준 액수이다 (16:5). 이상하게도, 미가의 어머니는 미가가 자기 죄를 고백하자 저주를 축복으로 바꾸고 있다. **17:3-4** *은을 입힌 목상*. 어떤 종류의 형상이든지 금지되어 있었다는 것은 출 20:4-6; 신 5:8-10을 참조하라. 우상을 만드는

어 블레셋 사람의 통치자들에게 전하였다. "한 번
만 더 올라오십시오. 삼손이 나에게 속마음을 다
털어놓았습니다." 그러자 블레셋 사람의 통치자
들이 약속한 돈을 가지고 그 여자에게 올라왔다.
19 들릴라는 삼손을 자기 무릎에서 잠들게 한 뒤
에, 사람을 불러 일곱 가닥으로 땋은 그의 머리털
을 깎게 하였다. 그런 다음에 그를 괴롭혀 보았
으나, 그의 엄청난 힘은 이미 그에게서 사라졌다.
20 그 때에 들릴라가 "삼손! 블레셋 사람들이
들이닥쳤어요!" 하고 소리쳤다. 삼손은 잠에서
깨어나 "내가 이번에도 지난 번처럼 뛰쳐 나가서
힘을 떨쳐야지!" 하고 생각하였으나, 주님께서 이
미 자기를 떠나신 것을 미처 깨닫지 못하였다.
21 블레셋 사람들은 그를 사로잡아, 그의 두 눈
을 뽑고, 가사로 끌고 내려갔다. 그들은 삼손을 놋
사슬로 묶어, 감옥에서 연자맷돌을 돌리게 하였다.
22 그러나 깎였던 그의 머리털이 다시 자라기
시작하였다.

삼손이 죽다

23 블레셋 사람의 통치자들이 그들의 신 다
곤에게 큰 제사를 바치려고 함께 모여 즐거워하며
떠들었다.

"우리의 원수 삼손을
우리의 신이
우리의 손에 넘겨 주셨다!"

24 백성도 그를 보고 그들의 신을 찬양하며 소리
쳤다.

"우리 땅을 망쳐 놓은 원수,
우리 백성을 많이 죽인 원수를
우리의 신이
우리 손에 넘겨 주셨다."

25 그들은 마음이 흐뭇하여, 삼손을 그 곳으로
불러다가 자기들 앞에서 재주를 부리게 하라고 외
쳤다. 사람들이 삼손을 감옥에서 끌어내었고, 삼
손은 그들이 보는 앞에서 재주를 부리게 되었다.
그들은 삼손을 기둥 사이에 세워 두었다. 26 그러
자 삼손은 자기 손을 붙들어 주는 소년에게 "이 신
전을 버티고 있는 기둥을 만질 수 있는 곳에 나를
데려다 다오. 기둥에 좀 기대고 싶다" 하고 부탁
하였다. 27 그 때에 그 신전에는 남자와 여자로
가득 차 있었는데, 블레셋 사람의 통치자들도 모두
거기에 있었다. 옥상에도 삼천 명쯤 되는 남녀가
삼손이 재주 부리는 것을 구경하려고 모여 있었다.
28 그 때에 삼손이 주님께 부르짖으며 간구
하였다. "주 하나님, 나를 기억하여 주시기를 간
절히 바랍니다. 하나님, 이번 한 번만 힘을 주시
기를 간절히 바랍니다. 나의 두 눈을 뽑은 블레셋
사람들에게 단번에 원수를 갚게 하여 주십시오."
29 그런 다음에 삼손은 그 신전을 버티고 있는 가
운데의 두 기둥을, 하나는 왼손으로 또 하나는 오
른손으로 붙잡았다. 30 그리고 그가 "블레셋 사
람들과 함께 죽게 하여 주십시오!" 하고 외치며,
있는 힘을 다하여 기둥을 밀어내니, 그 신전이 무
너져 내려 통치자들과 모든 백성이 돌더미에 깔렸
다. 삼손이 죽으면서 죽인 사람이, 그가 살았을 때
에 죽인 사람보다도 더 많았다.
31 그의 형제들과 아버지의 집안 온 친족이
내려와서 그의 주검을 가지고 돌아가서, 소라와
에스다올 사이에 있는 그의 아버지 마노아의 무덤
에 묻었다. 그는 스무 해 동안 이스라엘의 사사로
있었다.

것은 예언자들에 의해서 규탄되었다. 출 32장과 왕상 12:25-33에 있는 금송아지를 참조하라. 미가의 어머니가 맹세한 금액과 (3절에서 보면 본문은 전액 즉 천백 냥을 뜻하는 것으로 보임) 실제 바친 금약 (4절의 이백 냥) 사이에는 차이가 있다. **17:5** *에봇*. 이에 대해서는 8:27에 관한 주석을 보라. *드라빔* (창 31:19 참조). 이것은 집안의 신들인데 인형 같은 모양을 가지고 있고 보통 점을 치는데 사용하였다. 여기서는 은을 입힌 목상 (3절)과 같은 것으로 보인다. **17:6** *그 때에는 이스라엘에 왕이 없었으므로*. 이 말은 편집자의 주석으로 이 때는 무질서한 시대였다는 뜻이다. 그렇게 해서 사무엘상하의 왕조의 성립을 위한 이야기들의 배경을 만들어 준다. 그 때에 이스라엘에 왕이 없었고 라는 표현은 18:1; 19:1; 21:25에서 다시 언급된다. **17:7-13** 유다 베들레헴 출신의 한 젊은 레위 사람이 미가에 의해서 개인 제사장으로 고용된다. **17:7** *유다 지파* (히브리어로 *미슈파하*). 여기서 "부족"이라는 말을 사용하지 않고 "지파"라는 말을 사용하는 것은 유다가 혈통이나 지파라는 뜻이거나, 아니면 여기서는 이 단어가 부족이라는 뜻으로 사용되는 것일 것이다 (9:1과 13:2에 관한 주석을 보라). 왕조 이전의 전승들에서는 어떤 이스라엘 남자든지 제사장의 역할을 감당할 수 있었다. 그러나 *레위 사람*들은 제사장으로서 지명된 지파의 구성원들이었고 영토를 가지지 못한 사람들이었다 (예를 들어, 신 18:1-8을 보라). 한참 후대에 가서야 "레위 사람들"이 예루살렘 성전에서 낮은 직급의 성직계급으로 지정되었다. 여기 나오는 *베들레헴* (12:8의 주석을 보라)은 유다의 영토 안에 있었는데 예루살렘의 남쪽으로 5마일 떨어져 있었다. **17:10** *어른*. 이 칭호는 18:4-6에 나와 있는 것처럼 점을 치는 역할을 감당하는 제사장이

미가 집의 제사장

17 1 에브라임 산간지방에 미가라는 사람이
있었다. 2 그가 어머니에게 말하였다.
"누군가가 은돈 천백 냥을 훔쳐 갔을 때에, 어머
니는 그 훔친 사람을 저주하셨습니다. 나도 이 귀로
직접 들었습니다. 보십시오, 그 은돈이 여기 있습
니다. 바로 내가 그것을 가져 갔습니다." 그러자
그의 어머니는 도리어 이렇게 말하였다. "얘야,
주님께서 너에게 복 주시기를 바란다." 3 그는
은돈 천백 냥을 어머니에게 내놓았다. 그러자 그
의 어머니가 말하였다. "나의 아들이 저주를 받지
않도록, 이 은돈을 주님께 거룩하게 구별하여 바
치겠다. 이 돈은 은을 입힌 목상을 만드는 데 쓰
도록 하겠다. 그러니 이 은돈을 너에게 다시 돌려
주마." 4 그러나 미가는 그 돈을 어머니에게 돌려
주었다. 그의 어머니가 은돈 이백 냥을 은장이에
게 주어, 조각한 목상에 은을 입힌 우상을 만들게
하였는데, 그것을 미가의 집에 놓아 두었다.
5 미가라는 이 사람은 개인 신당을 가지고 있
었다. 에봇과 드라빔 신상도 만들고, 자기 아들 가
운데서 하나를 제사장으로 삼았다. 6 그 때에는
이스라엘에 왕이 없었으므로, 사람들은 저마다
자기의 뜻에 맞는 대로 하였다.
7 유다 지파에 속한 유다 땅 베들레헴에 한
젊은이가 있었는데, 그는 레위 사람으로서 그 곳
에서 잠시 살고 있었다. 8 그 사람이 자기가 살
던 유다 땅 베들레헴을 떠나서 있을 곳을 찾다가,
에브라임 산간지방까지 와서, 미가의 집에 이르
렀다. 9 미가가 그에게 물었다. "젊은이는 어디서
오시는 길이오?" 그가 대답하였다. "나는 유다 땅
베들레헴에 사는 레위 사람인데, 있을 곳을 찾아
다니고 있습니다." 10 미가가 그에게 말하였다.
"우리 집에 살면서, 어른이 되어 주시고, 제사장이
되어 주십시오. 일 년에 은돈 열 냥을 드리고, 옷과
먹거리를 드리겠습니다." 이 말을 듣고 그 젊은
레위 사람은 안으로 들어갔다. 11 그 젊은 레위
사람은 미가와 함께 살기로 하고, 미가의 친아들
가운데 하나처럼 되었다. 12 미가가 그 레위 사
람을 거룩하게 구별하여 세우니, 그 젊은이는 미
가 집안의 제사장이 되어, 그의 집에서 살았다.
13 그래서 미가는, 자기가 이제 레위 사람을 제
사장으로 삼았으니, 주님께서 틀림없이 자기에게
복을 주실 것이라고 생각하였다.

미가와 단 지파

18 1 그 때에 이스라엘에 왕이 없었고, 단
지파는 이스라엘의 지파들 가운데서

라는 뜻이다. **17:13** *이제…생각하였다.* 미가는 레위 사람이 주님과의 중개인으로서 효과가 있을 것을 강하게 믿고 있었다. **18:1-31** 단 ("그가 심판하신다") 지파가 북쪽으로 이주하는 것(13:4)과 단 지파의 성소 설립. **18:1-10** 다섯 명의 단 지파 사람들이 영토를 탐색하러 갔다가 하나님의 계시를 받은 그들은 하나님의 도움을 확신케 하였다. 그 땅의 북쪽을 탐지한 것은 여리고의 정탐꾼 이야기를 닮았다 (수 2장). **18:1** *그 때에.* 17:6에 관한 주석을 보라. **18:2** *용감한 사람.* 우수한 용사들. 지파(히브리어 *미슈파하*)에 관하여는 9:1에 관한 주석을 보라. **18:5** 여기서 *하나님께 물어 보아서*라는 말은 신령한 사람(레위인)에게 물어 보아서 신의 뜻을 알아보자는 뜻이다. **18:6** 레위 사람의 대답은 그 사람들에게 그들이 성공적인 임무 수행을 할 것임을 확신시켜 주었다. **18:7** *라이스* ("사자"; 헤르몬 산기슭에 위치한 도시)의 주민들이 *안전하게 살고 있는 것*—즉 그들이 어떤 방어용 성벽이 필요 없고 *평안하게 살고 있는 것*은 그들에게 안정감이 있었기 때문이다 (그들은 페니키아의 해변을 따라 북쪽까지 *시돈 사람*들로부터 멀리 떨어져 있었고 오늘날 시리아 지역에 있는 아람 사람들에게도 괴롭힘을 당하지 않고 있었다). 고고학 발굴을 보면 초기 철기시대에 이 지역에는 성벽이 없었다. 방어벽도 없고 동맹군도 없는 라이스는 단 지파의 제물이 되기 쉬웠다. **18:9-10** 단 지파 사람들은 정탐꾼들로부터 자기들이 탐지한 그 땅을 차지할 것을 권유받았다. **18:11-26** 라이스로 가는 길에 단 지파 사람들은 미가의 제의용 물건들을 훔치고 레위 사람에게 자기들과 합류하도록 설득하였다. **18:11-13** *마하네단* ("단 지파의 진영") 이라는 지명이 있게 된 내력을 설명하는 이야기. **18:12** *기럇여아림* ("숲속 마을"). 예루살렘 북서쪽에 있으면서 단, 베냐민, 유다 지파의 경계를 이루는 마을이다. **18:14** 여기서 *드라빔과 우상*은 다른 물건들이다 (17:5에 관한 주석을 보라). **18:15** *안부를 물었다.* 그에게 인사를 하였다. **18:19** *어른과 제사장에* 관하여는 17:10에 관한 주석을 보라. 민 26:42에서는 단 *지파*는 한 혈통으로 이루어져 있는데 아마 한 마을과 그 옆 마을들이면 족하였을 것이다 (9:1에 관한 주석을 보라). **18:25** *성이 나서.* 직역하면 "영혼이 써서"이다. **18:27-31** 단 지파의 라이스 정복과 주민들의 살육과 나중에 북왕국의 주요 성소들 (왕상 12:25-33) 중의 하나인 제의 중심지의 설치. **18:28** *시돈에서 멀리 떨어져 있고, 또 어느 누구와도 접촉이 없었기 때문이다.* 18:7에 관한 주석을 보라. **18:30** *요나단과 모세.* 레위 지파의 제사장 집안을 밝히고 있다. 히브리

아직 그들이 유산으로 받을 땅을 얻지 못하였으
므로, 그들이 자리잡고 살 땅을 찾고 있었다.
2 그래서 단 지파 자손은 소라와 에스다올에 살고
있는 지파의 온 가문에서 용감한 사람 다섯 명을
뽑아서 땅 정찰 임무를 맡기고, 땅을 탐지하고
살피도록 보냈다. 그들은 에브라임 산간지방으로
들어섰다가, 미가의 집에 이르러 거기서 하룻밤을
묵었다. 3 미가의 집에 머무는 동안 그들은 그
젊은 레위 사람의 억양과 말씨를 알아 듣고, 그에
게 다가가서 물었다. "누가 당신을 이리로 데려왔
습니까? 당신은 여기에서 무슨 일을 하십니까?
무엇 때문에 여기에 있습니까?" 4 그러자 그는
그들에게 대답하였다. "미가가 나에게 조건을 제
시하고 나를 고용하여 자기의 제사장으로 삼았습
니다." 5 그들이 그에게 말하였다. "하나님께 물어
보아서, 우리가 가고 있는 이 길이 성공할 것인지,
우리에게 알려 주십시오." 6 그 제사장이 그들
에게 "평안히 가십시오. 주님께서 여러분이 가는
그 길을 인도하실 것입니다" 하고 일러주었다.

7 그래서 그 다섯 사람은 길을 떠나 라이스로
갔다. 그들은 그 곳 사람들이, 한가하고 평화롭게
사는 시돈 사람들처럼, 안전하게 살고 있는 것을
보았다. 그리고 그 땅에는 어느 누구도 권력을 쥐
고 그들을 해치는 자가 없었다. 그들은 시돈 사람
들과도 멀리 떨어져 있어서, 어느 누구와도 접촉이
없었다.

8 다섯 사람이 소라와 에스다올로 돌아와 그
들의 백성에게 이르렀다. 그들이 그 다섯 사람에
게 정찰한 내용을 물으니, 9 그들이 이렇게 대답
하였다. "어서 가서, 그들을 치도록 합시다. 우리가
본 그 땅은 정말 좋은 땅입니다. 우리가 이렇게 가
만히 있을 때가 아닙니다. 망설이지 말고 빨리 쳐
들어가서, 그 땅을 차지합시다. 10 우리가 거기에
가기만 하면, 넓은 땅에서 평안하게 살고 있는 백
성들을 보게 될 것입니다. 하나님이 그 땅을 우리
의 손에 넘겨 주셨습니다. 무엇 하나 부러울 것이
없고, 부족한 것이 없는 곳입니다."

11 단 지파 가족들 가운데서, 육백 명이 무
기를 들고, 소라와 에스다올에서 길을 떠났다.
12 그들은 유다 땅에 있는 기럇여아림에까지 가서
진을 쳤다. 그래서 그 곳 이름이 오늘날까지도 마
하네단이라 불리고 있는데, 그 곳은 바로 기럇여
아림 서쪽에 있다. 13 그들은 그 곳에서 에브라임
산간지방으로 올라가서 미가의 집에 이르렀다.

14 전에 라이스 땅을 탐지하러 갔던 그 다섯
사람이 같이 간 사람들에게 말하였다. "여기 여러
채의 집이 있는데, 이 가운데 어느 한 집에 은을
입힌 목상이 보관되어 있다는 것을, 당신들은 알고
있을 것이오. 목상뿐만 아니라 드라빔과 에봇도
있소. 우리가 해야 할 일이 무엇이겠소?" 15 그런
다음에 그 다섯 사람은 젊은 레위 사람이 사는 집
곧 미가의 집으로 들어가서, 그에게 안부를 물었다.
16 단 자손 육백 명이 무기를 들고 문 어귀를 지
키고 있었다. 17 그 땅을 탐지하러 갔던 다섯 사
람이 그리로 들어가서 은을 입힌 목상과 에봇과
드라빔과 부어 만든 우상을 챙기는 동안, 제사장
은 무기를 지닌 육백 명과 함께 문 어귀에 서 있
었다.

어는 "므낫세" 라고 읽는데 모세의 후손이 우상숭배에 관여했다는 인상을 주지 않으려고 한 것이 분명하다. *포로로 잡혀갈 때.* 이 말은 북왕국이 멸망하고 기원전 721년 이후에 단 지파들이 그 땅에서 포로로 잡혀간 것을 의미할 것이다. **18:31** 베델 북쪽으로 10마일 떨어진 곳에 위치한 실로를 여기서 언급함으로써 단 지파의 성소는 격하되고 있다. 실로는 왕국 시대 이전에는 신명기적인 편집자에 의해서 유일한 합법적인 성소로 인정된 곳이다.

19:1—21:25 기브아에서의 베냐민 지파의 범죄(19장)와 그로 시작된 내전과 베냐민 지파의 전멸(20장)과 그 재앙의 결과를 회복하려는 노력 (21장). 삿 19—21장은 피의 복수와 관련된 생각들을 보여주는 한 예를 담고 있다 (8:1-9와 8:18-19에 관한 주석을 보라). 한 지파(베냐민)의 구성원들이 다른 지파(유다)에 속한 첩을 강간하고 죽였고, 그 첩은 제3의 지파(레위)의 구성원과 결혼한 사람이었는데, 이 사람은 제4의 지파(에브라임)의 영토에서 살고 있었다. 레위인은 모든 지파에게 복수를 요청하는 사신을 보냈고 아마도 한 지파 이상의 개인들이 관련되어서 그랬을 것이다. 야베스길르앗에 있는 사람들을 제외하고는 모든 지파가 응답하였다. 그들은 이제 범죄를 저지른 사람들의 가까운 친족들에게만이 아니라 베냐민 지파 전체에게 범죄자들로 하여금 배상하도록 하라는 압력을 가했다. 한 가족의 문제는 전체 공동체에 영향을 미친다는 믿음—또는 한 공동체의 문제는 전체 민족에게 영향을 미친다는 믿음은 하나님은 소속 집단의 범죄 행동에 대해서 전체 집단의 책임을 물으신다는 생각에 기반을 두고 있다. **19:1-30** 레위인과 그 첩의 이야기는 배반과 강간, 고문과 이름 없는 여인(1:11-15에 관한 주석을 보라)의 시체를 토막 낸 이야기이다. 이 이야기는 남자들이 여자들에게 힘을 남용한 끔찍한 결과를 보여준다. 이 이야기에 나오는 사람들은 한결같이 이름이 없고, 오직 사회적인 역할로만 알려져 있다. 모든 남자들은

18 미가의 집에 들어간 다섯 사람이 은을 입힌 목상과 에봇과 드라빔과 부어 만든 신상을 가지고 나올 때에, 제사장이 그들에게 어떻게 된 일이냐고 물었다. 19 그들이 그에게 대답하였다. "조용히 하십시오. 아무 말 말고 우리를 따라 나서십시오. 우리의 어른과 제사장이 되어 주십시오. 이 집에서 한 가정의 제사장이 되는 것보다야 이스라엘의 한 지파와 한 가문의 제사장이 되는 것이 더 낫지 않겠습니까?" 20 제사장은 그 제안이 마음에 들어, 에봇과 드라빔과 은을 입힌 목상을 받아들고, 그 무리들 가운데로 들어갔다.

21 그들은 발길을 돌려 길을 떠났다. 어린 아이들과 가축과 값나가는 소유물을 앞세웠다. 22 그들이 미가의 집에서 떠나 멀리 갔을 때에, 미가와 이웃집 사람들이 함께 모여서, 단 지파 자손을 뒤쫓아왔다. 23 그들이 부르는 소리를 듣고, 단 지파 자손이 돌아서서 미가에게 물었다. "무슨 일이 있기에 이렇게들 모여서 오시오?" 24 미가가 말하였다. "뭐요? 내가 만든 신상과 제사장을 빼앗아 가면서 무슨 일이 있느냐고? 그게 말이나 되는 소리요? 나에게 남은 것이 무엇이오?" 25 그러자 단 지파 자손이 그에게 말하였다. "더 이상 아무 말도 하지 말고 가만히 있는 게 좋을거요. 이 사람들이 성이 나서 당신들을 치고, 당신과 당신의 가족의 생명을 빼앗을까 염려되오." 26 미가는 상대가 자기보다 더 강한 것을 알고 발길을 돌려 집으로 돌아갔고, 단 지파 자손도 가던 길을 갔다.

27 단 지파 자손은, 미가가 만든 신상과 함께 그에게 딸린 제사장을 데리고, 한가하고 평화롭게 사는 라이스 백성에게 가서, 그들을 칼로 쳐서 죽이고, 그들의 성을 불살라 버렸다. 28 그런데도 라이스를 구하여 주는 자가 아무도 없었던 것은, 그 성읍이 베드르홉 부근의 골짜기에 있어서, 시돈에서 멀리 떨어져 있고, 또 어느 누구와도 접촉이 없었기 때문이다. 단 지파 자손은 허물어진 성을 다시 쌓고, 그 곳에서 살았다. 29 그들은 이스라엘에게서 태어난 그들의 조상 단의 이름을 따라, 그 성을 단이라고 불렀다. 그 성의 본래 이름은 라이스이다. 30 단 지파 자손은 자기들이 섬길 신상을 세웠다. 그리고 모세의 손자이며 게르손의 아들인 요나단과 그의 자손이 단 지파의 제사장이 되어, 그 땅 사람들이 포로로 잡혀갈 때까지 그 일을 맡았다. 31 그들은, 하나님의 집이 실로에 있는 동안, 내내 미가가 만든 우상을 그대로 두고 섬겼다.

한 레위 사람과 그의 첩

19 1 이스라엘에 왕이 없던 때에, 한 레위 남자가 에브라임의 산골에 들어가서 살고 있었다. 그는 유다 땅의 베들레헴에서 한 여자를 첩으로 데려왔다. 2 그러나 무슨 일로 화가 난 그 여자는, 그를 떠나 유다 땅의 베들레헴에 있는 자기 친정 집으로 돌아가서, 넉 달 동안이나 머물러 있었다. 3 그래서 그 남편은 그 여자의 마음을 달래서 데려오려고, 자기의 종과 함께 나귀 두 마리를 끌어내어 길을 떠났다. 그 여자가 그를 자기 아버지의 집으로 데리고 들어가자, 그 젊은 여자의 아버지가 그를 보고 기쁘게 맞이하였다. 4 그의 장인 곧 그 젊은 여자의 아버지가 그를 붙들므로, 그는 사흘 동안 함께 지내며 먹고 마시면서, 거기에 머물러 있었다. 5 나흘째 되는 날, 그가 아침 일찍 깨어 떠나려고 일어서니, 그 젊은 여자의 아버지가 사위에게 말하였다. "빵을 좀 더 먹고서 속이 든든해지거든 떠나게." 6 그래서 그들 두 사람은 또 앉아서 함께 먹고 마셨다. 그 젊은 여자의 아버지가 사위에게 말하였다. "부디 오늘 하룻밤 더 여기서 묵으면서 기분좋게 쉬게." 7 그 사

어느 시점에서는 말을 하는 반면에, 여자들은 아무 말이 없다. **19:1** *이스라엘에 왕이 없던 때에.* 17:6에 관한 주석을 보라. 이 이야기는 이스라엘이 책임 있는 지도자가 없는 시절, 하나님이 거의 나타나지 않고 이스라엘 지파들 사이에는 무질서와 부도덕이 만연한 시절이다. *레위 사람에* 대해서는 17:7을 보라. *데려왔다.* 이것은 소유하였다는 것을 의미한다. *첩*은 둘째 부인의 위치에 있는 사람이다. 레위 사람은 다른 남자들보다 사회적으로 존중 받는 위치에 있고, *첩*은 다른 여자들보다 낮은 위치에 있다. *베들레헴.* 이것에 대해서는 17:7의 주석을 보라. **19:2** *무슨 일로 화가 난 그 여자는.* 새번역개정은 칠십인역과 라틴역 성경을 따르고 있다. 히브리어 본문은 "그의 첩은 창녀 노릇을 하였다"고 되어 있다. (개역개정은 "첩이 행음하고;" 공동번역은 그냥 "첩은 화나는 일이 있어서" 라고 번역했음.) 이스라엘의 법은 여자가 주도권을 행사하는 이혼을 허용하지 않는다. 그러므로 첩은 자기 맘대로 행동하고 집에서 걸어 나갔다는 것은 실질적으로 간통을 한 것이 된다. **19:3-10** 레위인은 그 첩을 데리고 오기 위해서 베들레헴으로 갔다. 두 사람의 화해가 아니라, 그 장인의 환대가 이 이야기의 초점이다. 그 여자는 관여하지 않는다. **19:3** *그 여자의 마음을 달래서.* 이 말을 직역하면 "그 여자의 마음에 대고 이야기해서"—아마도 그녀에게 자기와 돌아오자고 설득해서라는 뜻일 것이다 (창 34:3; 호 2:14

람은 일어나 가려고 하였으나, 그의 장인이 권하여
다시 거기에서 하룻밤을 묵었다. 8 닷새째 되는
날 아침에 그가 일찍 일어나 떠나려고 하니, 그 젊
은 여자의 아버지가 권하였다. "우선 속이 든든해
지도록 무얼 좀 먹고 쉬었다가, 한낮을 피하여
천천히 떠나게." 그들 둘은 또 음식을 먹었다.
9 그 사람이 일어나 자기의 첩과 종을 데리고 떠
나려고 하니, 그의 장인인 그 젊은 여자의 아버지가
그에게 권하였다. "자, 오늘은 이미 날이 저물어
가니, 하룻밤만 더 묵어 가게. 이제 날이 저물었
으니, 여기서 머물면서 기분좋게 쉬고, 내일 아침
일찍 일어나서 길을 떠나, 자네의 집으로 가게."
10 그러나 그 사람은 하룻밤을 더 묵을 생각이 없
어서, 일어나서 나귀 두 마리에 안장을 지우고, 첩
과 함께 길을 떠나, 여부스의 맞은쪽에 이르렀다.
(여부스는 곧 예루살렘이다.) 11 그들이 여부스
가까이에 이르렀을 때에, 벌써 하루 해가 저물고
있었다. 그의 종이 주인에게 말하였다. "이제 발
길을 돌려 여부스 사람의 성읍으로 들어가, 거기
에서 하룻밤 묵어서 가시지요."
12 그러나 그의 주인이 그에게 대답하였다.
"안 된다. 이스라엘 자손이 아닌 이 이방 사람의
성읍으로 들어갈 수는 없다. 기브아까지 가야
한다." 13 그는 종에게 또 말하였다. "기브아나
라마, 두 곳 가운데 어느 한 곳에 가서 묵도록 하자."
14 그래서 그들이 그 곳을 지나 계속 나아갈 때
에, 베냐민 지파의 땅인 기브아 가까이에서 해가
지고 말았다. 15 그들은 기브아에 들어가서 묵
으려고 그리로 발길을 돌렸다. 그들이 들어가 성
읍 광장에 앉았으나, 아무도 그들을 집으로 맞아
들여 묵게 하는 사람이 없었다.
16 마침 그 때에 해가 저물어 밭에서 일을 마
치고 돌아오는 한 노인이 있었다. 그는 본래 에브
라임 산간지방 사람인데, 그 때에 그는 기브아에서
살고 있었다. (기브아의 주민은 베냐민 자손이다.)
17 그 노인이 성읍 광장에 나그네들이 있는 것을

---

[16] 참조). 이 구절은 확신과 위로와 충성과 사랑을 암시한다. 이러한 의도는 실제 이야기 속에서는 실천되지 않았고, 22-26절에 나오는 레위 사람의 행동은 그와는 완전히 반대되는 것이다. **19:4-9** 그 장인은 자기 딸이 그 남편과 돌아가는 것을 보기를 기뻐했을 것이다. 그의 환대는 푸짐한 것이었다. 먹고 마시는 것에 관한 언급이 얼마나 많은지 주목하라 (4, 6, 8절). **19:9** *자네의 집으로 가게.* 이를 직역하면 "자네의 장막으로 가게"이다. 이러한 언급은 장인 집에서의 푸짐한 환대와 비교하는 것일 수도 있고, 두 남자 사이의 경쟁일 수도 있다. **19:10** *여부스.* 1:21에 관한 주석을 보라. 본문을 보면 그 *첩이* 왜 그 레위인과 함께 떠났는지, 아니면 그것이 그 첩의 선택이었는지를 알 수 없다. 그녀가 나귀 다음에 기록되어 있는 것을 보면 그녀의 상대적인 중요성에 대해서 무엇인가를 말해주는 것일지도 모른다 (3절을 보면 종이 나귀의 앞에 기록되어 있음을 비교하라). **19:11-15** 환대에 초점을 둔 두 장면 사이에 생긴 일. **19:12** *기브아는* 나중에 사울의 왕궁 거주지로 알려진 곳(예를 들면, 삼상 15:34)인데 예루살렘 북쪽으로 몇 마일 떨어져 있다. 이 마을은 기원전 12세기 초에 세워진 것이다. **19:13** *라마.* 예루살렘 북쪽으로 5마일 떨어진 에르 람(er-Ram)으로 알려져 있다. **19:16-21** 3-10절에서처럼 이 이야기 부분의 강조점은 환대에 있다. *집.* 이 단어는 여러 번 등장한다. 여기서도 역시 대화는 남자들 사이에서 있고 그 첩은 아무 목소리가 없다. 환대의 책임을 떠맡은 사람은 레위인과 마찬가지로 에브라임 산지 출신이었다 (16절). **19:19** *나의 처와 종.* 이를 직역하면 "당신의 여종"이다. 레위 사람은 자기 첩을 마치 초청하는 손님의 소유물인 것처럼 부르고 있다. **19:22-30** 자기자신을 기브아 남자들의 강간으로부터 보호하기 위하여 그 레위 사람은 그들에게 자기 첩을 제공하였다. 창 19:4-11에 있는 것처럼 환대법은 남자들만 보호하는 것처럼 보인다. 첩은 아무런 선택의 여지가 없었다. 기브아는 나중에 부끄러운 죄악의 장소로 알려지게 된다 (호 9:9; 10:9). **19:22** *그들이 한참 즐겁게 쉬고 있을 때에.* 블레셋 군중들이 삼손에게 자기들을 즐겁게 하라고 요구하던 16:25를 참조하라. *불량한 사내들.* 이를 직역하면 지하세계(삼하 22:5; 시 18:4의 "파멸, 죽음")의 악한 인물인 "벨리알의 아들들"에게 속한 사람들이다. *관계를 좀 해야겠소.* "알아야겠소." 그 여인을 제공함으로써 이 단어가 가지는 애매성은 없어졌다. **19:23-25** 남자 손님을 대신해서 여자를 제공하는 남자 주인들의 예들은 (창 19:8도 볼 것) 여자에 대한 성범죄는 다른 남자에 대한 성범죄보다 가벼운 범죄였음을 시사해 준다. 여기서 주인은 자기 자신의 *처녀인 내 딸과 그 사람의 첩을* 그 레위인 대신 주겠다고 한다. 두 그룹의 여자들이 다 처분될 수 있는 것으로 묘사되고 있고 그 주인은 그 여자들이 어떻게 사용되어야 한다는 제한을 두지도 않는다. 처녀 딸에 대해서는 어떤 일들이 있었는지에 대해서는 아무 언급이 없고 그냥 그 이야기에서 사라지고 만다. 그 레위인은 자기 첩을 가서 찾아오는 수고를 했음에도 불구하고 다시 다른 남자들에게 폭행을 당하도록 넘겨주는데 주저함이 없다. **19:25** 어떤 남자가 *그 첩을 잡아서 밖으로 내보내어 그 남자들에게 주었는지* 분명하지 않다. 아무도 그녀를 도우러 오지 않았다. **19:26** 이것은 이 이야기의 처음부터 시작해서 처음이자 유일하게 그 첩이 능동태동사의 주어가 된 경우이다. 물론 그녀는 더 이상 행동할 힘이 없다. **19:28** *일어나서 같이 가자.* 이것은 전체 이

알아보고, 그들에게, 어디로 가는 길인지, 어디서
왔는지를 물었다. 18 레위 사람이 그에게 대답
하였다. "우리는 유다 땅의 베들레헴에서 길을 떠
나, 내가 사는 에브라임 산골로 가는 길입니다. 나
는 유다 땅의 베들레헴에 갔다가 집으로 돌아가는
길인데, 이 곳에서는 아무도 나를 맞아들이는 사
람이 없습니다. 19 우리에게는 나귀에게 먹일
먹이도 있고, 또 나와 나의 처와 종이 함께 먹을
빵과 포도주도 있습니다. 부족한 것이라고는 아
무것도 없습니다." 20 노인이 말하였다. "잘 오
셨소. 우리 집으로 갑시다. 내가 잘 돌보아 드리
리다. 광장에서 밤을 새워서는 안 되지요." 21 노
인은 그들을 자기 집으로 데리고 들어가서 나귀에
게 먹이를 주었다. 그들은 발을 씻고 나서, 먹고
마셨다.

22 그들이 한참 즐겁게 쉬고 있을 때에, 그
성읍의 불량한 사내들이 몰려와서, 그 집을 둘러
싸고, 문을 두드리며, 집 주인인 노인에게 소리질
렀다. "노인의 집에 들어온 그 남자를 끌어내시
오. 우리가 그 사람하고 관계를 좀 해야겠소."

23 그러자 주인 노인이 밖으로 나가서 그들
에게 말하였다. "여보시오, 젊은이들, 제발 이러지
마시오. 이 사람은 우리 집에 온 손님이니, 그에
게 악한 일을 하지 마시오. 제발 이런 수치스러운
일을 하지 마시오. 24 여기 처녀인 내 딸과 그
사람의 첩을 내가 끌어내다 줄 터이니, 그들을 데
리고 가서 당신들 좋을 대로 하시오. 그러나 이 남
자에게만은 그런 수치스러운 일을 하지 마시오."
25 그러나 그 불량배들은 노인의 말을 들으려 하지
않았다. 그래서 그 레위 사람은 자기 첩을 밖으로
내보내어 그 남자들에게 주었다. 그러자 그 남자
들이 밤새도록 그 여자를 윤간하여 욕보인 뒤에,
새벽에 동이 틀 때에야 놓아 주었다.

26 동이 트자, 그 여자는, 자기 남편이 있는
그 노인의 집으로 돌아와, 문에 쓰러져서, 아침이
밝아올 때까지 거기에 있었다. 27 그 여자의 남
편이 아침에 일어나서, 그 집의 문을 열고 떠나려고
나와 보니, 자기 첩인 그 여자가 두 팔로 문지방을
잡고 문간에 쓰러져 있었다. 28 일어나서 같이
가자고 말하였으나, 아무 대답이 없었다. 그는 그
여자의 주검을 나귀에 싣고, 길을 떠나 자기 고장
으로 갔다. 29 집에 들어서자마자 칼을 가져다가,
첩의 주검을 열두 토막을 내고, 이스라엘 온 지역
으로 그것을 보냈다. 30 그것을 보는 사람들마다
이구 동성으로 말하였다. "이스라엘 자손이 이집
트에서 나온 날부터 오늘까지 이런 일은 일어난
적도 없고, 또 본 일도 없다. 이 일을 깊이 생각하여
보고 의논한 다음에, 의견을 말하기로 하자."

야기 속에서 그 레위 사람이 자기 첩에게 한 유일한 말이다. *아무 대답이 없었다.* 그 여인이 이 시점에서 이미 죽어 있었는지 알 수 없다. 그래서 칠십인역과 새번역과 개역개정은 이러한 애매함을 해소하기 위하여 "그 여자의 주검을" 혹은 "그녀가 죽었기 때문에" 라는 구절을 첨가하였다. 레위 사람이 슬퍼했다는 표시가 없다. (개역개정에서는 "그의 시체를 나귀에 싣고" 라고 되어 있는데 이것은 칠십인역을 따른 것이다.) **19:29** 그 레위 사람은 첩의 몸에 대해서 더 폭력적인 행동을 가하고 있다. 사울이 군사를 모집하기 위해서 소를 열두 토막으로 나누어 보낸 것(삼상 11:7)과 선지자 아히야가 왕국이 나누어질 것이라는 예언을 하기 위해 옷을 열두 조각으로 찢은 것(왕상 11:30-39)을 참조하라. **19:30** 왜 그 레위 사람이 복수를 원했는지는 분명하지 않다. 왜냐하면 그 이야기 속에서 그가 자기 첩이 강간당하기 전이나 후에도 강간을 반대했다는 어떤 표시도 없기 때문이다. **20:1-48** 베냐민 지파에 대항하는 전쟁. 지파들의 총회에서는 베냐민 지파가 그 레위 사람의 첩에 대해 지은 범죄를 규탄하고 그들을 처벌하기 위한 조치를 취하였다. 두 번에 걸쳐서 패배하고 나서, 지파 연합은 계략을 써서 승리할 수 있었다. 베냐민의 모든 마을은 파괴되었다. 그리고 오직 600명만 도피하였다. **20:1** *모든 이스라엘 자손.* 이 구절은 사사기 전체를 통해서 여기에서와 2:1-5에서만 사용되었다. *단에서부터 브엘세바에 이르기까지.* 이스라엘의 북쪽 끝에서부터 남쪽 끝까지. 길르앗은 요단 동쪽을 일컫는 말이다. 미스바("전망대" 혹은 "파수대")는 아마도 베냐민 지파의 미스바(수 18:26)일 것이다. 그렇다면 텔 엔나스베 마을을 말하는 것인데 예루살렘 북쪽 8마일 지점에 있다. **20:2** *사십만 명.* 아마도 400 "부대 단위"일 것이다 (1:4에 관한 주석을 참조). **20:5** 그 레위 사람은 자기가 자기 첩을 강간범들에게 내어준 자신의 죄를 그냥 지나치고 있다. **20:6** 그 레위 사람의 행동은 복수를 청하기에 합당한 것으로 여겨지고 있다. **20:10** *백 명마다 열 명을.* 싸움에 나갈 수 있는 남자들의 10퍼센트의 비율이다. **20:11** 사사기에서 그 전에는 8:27에 나오는 오브라에서의 경우를 제외하고는 그런 적이 없을 만큼 *모든 이스라엘 사람이* 하나같이 뭉쳤다. **20:12-17** 베냐민 사람들은 지파들의 총회의 권위에 굴복하기를 거부했다. **20:15-16** *이만 육천 명.* 아마도 26개의 "부대 단위"일 것이다. 다 합쳐서 *700명의 군인들인데* 모두 뛰어난 저격수들이다 (1:4; 20:10에 관한 주석을 보라). 왼손잡이에 대하여는 3:15에 관한 주석을 보라. **20:17** *사십만 명.* 아마

이스라엘이 전쟁준비를 하다

20 1 그리하여 북쪽의 단에서부터 남쪽의
브엘세바에 이르기까지, 또 동쪽의 길르앗
땅에서도, 모든 이스라엘 자손이 쏟아져 나와서,
온 회중이 한꺼번에 미스바에서 주님 앞에 모였다.
2 이 때에 온 백성 곧 이스라엘 온 지파의 지도자
들도 하나님의 백성의 총회에 참석하였다. 칼을
찬 보병도 사십만 명이나 모였다. 3 베냐민 자손
은 모든 이스라엘 자손이 미스바로 올라왔다는 소
식을 들었다.

그 때에 이스라엘 자손이 그 레위 사람에게
물었다. "이런 수치스러운 일이 어떻게 일어났는지
말하여 보시오." 4 그러자 죽은 여자의 남편인
그 레위 사람이 대답하였다. "나는 첩을 데리고 베
냐민 사람의 땅에 있는 기브아로 간 적이 있습니다.
하룻밤을 묵을 셈이었습니다. 5 그 날 밤에 기브아
사람들이 몰려와서, 나를 해치려고, 내가 묵고
있던 집을 둘러쌌습니다. 그들은 나를 죽이려 하
였으나, 나 대신에 내 첩을 폭행하여, 그가 죽었
습니다. 6 내가 나의 첩의 주검을 토막 내어 이
스라엘이 유산으로 받은 모든 지역으로 보낸 것
은, 그들이 이스라엘에서 이처럼 음란하고 수치
스러운 일을 하였기 때문입니다. 7 여러분은 모
두 이스라엘 자손이 아니십니까? 이제 여러분의
생각과 대책을 내놓으십시오!"

8 그러자 모든 사람이 한꺼번에 일어나서 외
쳤다. "우리 가운데서 한 사람도 자기 장막으로 가
서는 안 된다. 아무도 집으로 돌아가서는 안 된다.
9 이제 기브아 사람들에게 우리가 할 일은 이렇다.
제비를 뽑아 그들을 치자. 10 이스라엘의 모든
지파에서 백 명마다 열 명을, 천 명마다 백 명을,
만 명마다 천 명을 뽑아서, 그들에게 군인들이 먹을
양식을 마련하게 하고, 군인들은 베냐민 땅에 있
는 기브아로 가서, 기브아 사람이 이스라엘 안에
서 저지른 이 모든 수치스러운 일을 벌하게 하자."
11 그리하여 모든 이스라엘 사람이 하나같이 뭉
쳐서, 그 성읍을 치려고 모였다.

12 이스라엘의 지파들이 베냐민 온 지파에게
사람을 보내어, 이렇게 말을 전하였다. "당신들
가운데서 이런 악한 일이 일어나다니, 어찌 된 일
이오? 13 그러니 당신들은 이제 기브아에 있는
그 불량배들을 우리 손에 넘겨서, 우리가 그들을
죽여 이스라엘에서 이런 악한 일을 없애게 하시
오." 그러나 베냐민 자손은 그들의 친족인 이스라
엘 자손의 말을 들으려 하지 않았다. 14 오히려
베냐민 자손은 이스라엘 자손과 싸우러 나가려
고, 모든 성읍에서 기브아로 모여들었다. 15 그
날에 모여든 베냐민 자손은, 기브아의 주민들 가
운데서 뽑은 칠백 명 외에도, 각 성읍에서 나온,
칼을 쓸 줄 아는 사람 이만 육천 명이 합세하였다.
16 이 모든 사람 가운데서 뽑힌 칠백 명 왼손잡

도 400개의 "부대 단위"일 것이다 (1:4에 관한 주석을 보라). **20:18-28** 이스라엘 군대는 베냐민 지파에게 두 번 패하였다. **20:18** *베델.* "하나님의 집"은 베델이라는 마을이 아니라 미스바에 있는 성소를 말하는 것일지도 모른다 (23절 참조). *우리 가운데 어느 지파가 먼저…?* 이 질문은 1:1에서도 제기된 질문이다. 1:2에서처럼 *유다가* 선택되었다. **20:21** *쓰러뜨렸다.* 직역하면 "땅 위에서 멸절되었다." 같은 구절이 창 38:9에 나오는 오난의 행위를 묘사하는 데도 사용되었다. *이만 이천 명.* 아마도 22개의 "부대 단위"일 것이다 (1:4의 주석을 보라). **20:25** 또 다른 18개의 부대 단위를 격퇴하고 전체 합쳐서 40개의 부대를 두 번의 전투에서 격퇴한 것은 처절한 상황을 보여준다. 미디안에 대항한 기드온의 전투에서처럼 (7:2-8) 이스라엘의 군대 수는 열 명에 한 명이 죽은 정도로 줄어들었기 때문에 승리는 오직 주님의 공로로 돌릴 수밖에 없다. **20:26-28** *베델은* 주님께 여쭈어 보기에 알맞은 장소였다. 왜냐하면 *하나님의 언약궤가 거기에 있었기 때문이다.* 이 본문이 사사기에서 언약궤에 대한 유일한 언급이다. 언약궤는 *비느하스* 라고 불리는 또 다른 *아론계의* 제사장이 *섬기*고 있었다 (민 25:6-13을 보라). 비느하스라는 이름은 "검은 남자" 라는 뜻의 이집트어이다. 처음으로 주님이 이스라엘의 질문, *우리가 올라 가리이까?* 하는 물음에 긍정적인 응답을 주셨다: *내일은 틀림없이 내가 그들을 너희 손에 넘겨 주겠다.* **20:29-48** 베냐민 지파의 패배는 너무 처참해서 단지 적은 숫자만 살아남았다. 이스라엘의 승리에 관해서는 두 이야기가 있다. 하나는 29-36절에 있는 이야기이고, 또 다른 하나는 37-43절에 있는 이야기이다. 기습 공격이 주님의 전략이었던 아이 성의 점령(수 8장)에 관한 이야기와 비슷한 점들이 있다. **20:33** *바알다말.* 이 곳은 기브아에서 가까운 곳임에 틀림없다. 그러나 그 이외에는 알려진 것이 없다. **20:34** *만 명.* 아마도 10개의 "부대 단위" 일 것이다 (1:4에 관한 주석을 보라). **20:35** *이만 오천백 명.* 아마도 25개의 "부대 단위"인 100명일 것이다 (1:4에 관한 주석을 보라). **20:43** 대상 8:2에 보면, 노하는 베냐민의 "아들"이다. (한국어 성경들은 "노하"에서부터 기브아 맞은편까지라고 되어 있는 본문을 "쉬지 않고 동쪽으로" 기브아 맞은편까지라고 번역하였다.) **20:44** *만 팔천 명.* 아마도 18개의 "부대 단위"

이들은, 무릿매로 돌을 던져 머리카락도 빗나가
지 않고 맞히는 사람들이었다. 17 이스라엘 사
람들에게는, 베냐민 자손을 제외하고도, 칼을 쓸
줄 아는 사람이 사십만 명이나 있었는데, 그들은
모두 잘 싸우는 용사였다.

베냐민 지파와의 전쟁

18 이스라엘 자손이 일어나 베델로 올라가서,
하나님께 여쭈었다. "우리 가운데 어느 지파가 먼
저 올라가서 베냐민 자손과 싸워야 합니까?" 주님
께서 말씀하셨다. "유다 지파가 먼저 올라가거라."
19 다음날 아침에 이스라엘 자손이 출동하여,
기브아 맞은편에 진을 쳤다. 20 이스라엘 사람은
베냐민 자손과 싸우려고 나가서, 기브아를 마주
보고 전투태세를 갖추었다. 21 그러자 베냐민
자손이 기브아에서 나와, 그 날에 이스라엘 사람
이만 이천 명을 땅에 쓰러뜨렸다. 22-23 그래서
이스라엘 자손은 베델로 올라가서, 주님 앞에서
날이 저물도록 목놓아 울면서 여쭈었다. "우리가
다시 가서, 우리의 동기 베냐민 자손과 싸워도 되
겠습니까?" 그 때에 주님께서 "올라가서 싸워라!"
하고 말씀하셨다. 이스라엘 사람들은 스스로 용
기를 내어, 첫날 대열을 갖추었던 그 곳으로 가서,
다시 전투태세를 갖추었다.
24 그 이튿날에 이스라엘 자손이 베냐민 자
손을 치려고 가까이 나아갔다. 25 베냐민 자손은
이튿날에도 그들을 대항하려고 기브아에서 나와서,
이스라엘 자손 만 팔천 명을 땅에 쓰러뜨렸는데,
죽은 이들은 모두 칼을 쓸 줄 아는 사람들이었다.
26 그러자 온 이스라엘 자손은 베델로 올라가서,
주님 앞에서 목놓아 울었다. 그들은 거기에 앉아
서 날이 저물도록 금식하고, 주님께 화목제와 번
제를 드리고, 27 주님께 여쭈었다. (그 때는 하
나님의 언약궤가 베델에 있었고, 28 아론의 손
자이며 엘르아살의 아들인 비느하스가 제사장으로
있는 때였다.) "우리가 또다시 올라가서 우리의
동기 베냐민 자손과 싸워도 되겠습니까, 아니면
그만두어야 하겠습니까?" 주님께서 말씀하셨다.
"올라가거라. 내일은 틀림없이 내가 그들을 너희
손에 넘겨 주겠다."
29 이스라엘이 기브아 둘레에 군인들을 매복
시켰다. 30 사흘째 되는 날 이스라엘 자손은 베
냐민 자손을 치러 올라가서, 전과 마찬가지로 기
브아 쪽으로 전투태세를 갖추었다. 31 베냐민
자손도 그들을 대항하려고 나왔으나, 꾐에 빠져
성읍에서 멀리 떠나게 되었다. 베냐민 자손은, 한
쪽은 베델로 올라가는 길과 만나고 다른 한 쪽은
기브아로 가는 길과 만나는 큰 길과 들에서, 전과
같이 이스라엘 자손을 치기 시작하여, 그들을 서
른 명 가량 죽였다. 32 그러자 베냐민 자손은 이
스라엘 자손이 처음과 같이 자기들에게 지고 있다
고 생각하였다. 그러나 이스라엘 자손은 "우리가
도망치는 척하여 그들을 성읍에서 큰 길까지 꾀어
내자" 하고 말하였다. 33 그 때에 모든 이스라엘
주력부대는 자기들이 있던 자리에서 일어나 바알
다말에서 대열을 갖추었으며, 이스라엘의 매복부
대는 기브아 주변에 숨어 있다가 거기에서 쏟아져
나왔다. 34 온 이스라엘에서 뽑힌 만 명이 기브

일 것이다 (1:4에 관한 주석을 보라). **20:45** *오천 명과 이천 명.* 아마도 5개의 "부대 단위"와 2개의 "부대 단위"일 것이다 (1:4에 관한 주석을 보라). **20:46** *이만 오천 명.* 아마도 25개의 "부대 단위"일 것이다 (1:4에 관한 주석을 보라). **20:47-48** 육백 명의 베냐민 사람들이 도망가서 숨었고 남아 있는 베냐민 사람들과 그들의 도시들과 재산들은 모두 멸절되었다 (21:11에 관한 주석을 보라). **21:1-25** 베냐민 지파의 사람을 다시 늘리기 위한 두 가지 전략들. 야베스 길르앗 침략 (1-15절)과 실로에서 축제가 있는 동안에 여인들을 납치하는 일 (16-25절). 베냐민 지파를 다시 복원하기 위해서 여자들(1:11-15 주석 참조)이 600명의 남자 생존자들에게 필요하였다. 그들을 구하기 위해서 다른 지파들이 살인과 납치와 강간에 의존하였다. **21:1-15** 야베스 길르앗에 대한 복수. 자기들의 딸들을 베냐민 지파의 생존자들과의 결혼을 위해서 내어주지 않기로 서원한 후에 다른 지파들은 또한 전쟁 소집 명령에 응하지 않았던 자들을 멸절하기로 맹세하였다 (5절). 그래서 그들은 야베스 길르앗을 침공하고 그 주민들을 다 죽이고 400명의 젊은 처녀들만 살려두었다 (10-12절). 여기서 궁극적인 목적은 베냐민 지파와의 분쟁 해결이었다. 고대 이스라엘과 같은 혈연에 기반을 둔 사회에서의 갈등 해소의 목표는 기본적으로 서로 왕래하는 집단들 사이의 평화적인 관계를 유지 혹은 복원하는 것이었다. 만약에 그 집단들이 화해하기를 원하지 않으면 이것은 심각한 사회 및 정치적인 결과를 초래하게 될 것이다 (관계에서라는 말은 즉 상호 결혼, 무역, 전쟁에서의 공조를 말함). 이것은 전체 집단 차원에서 고려해야 할 일이었다. **21:1** 베냐민 지파와의 결혼 금지는 이전에는 언급되지 않았다. **21:2** 이스라엘 사람들은 2:4에서처럼 *울었다.* 그러나 지금은 *소리를 높여 크게 통곡하였다.* **21:3** *없어지고 말았습니다.* 이 말은 직역하면 "계산에서 빠졌습니다" 라는 말이다. 군 복무 대상에서 빠진 것과 관련된 용어이다. **21:5** 여기서 맹세는 1절의

아 정면에 이르자 전투는 치열해졌다. 그러나 베
냐민 자손은 자기들에게 재앙이 미친 것을 알지
못하였다. 35 주님께서 이스라엘 앞에서 베냐민을
치셨으므로, 그 날 이스라엘 자손이 칼을 쓸 줄 아
는 베냐민 사람 이만 오천백 명을 모두 쳐죽였다.
36 그제서야 베냐민 자손은 자기들이 패한 것을
알았다.

이스라엘이 승리한 방법

이스라엘의 주력부대가 자기들이 있던 자리를
베냐민에게 내주고 물러선 것은, 기브아 둘레에
매복시켜 둔 병력을 믿었기 때문이다. 37 매복
한 군인들이 급히 나와 기브아로 돌격하여 사방으
로 흩어져서, 칼날로 기브아의 성읍 주민을 다 쳐
죽였다. 38 이스라엘 주력부대와 매복부대 사이
에서는, 성읍에서 큰 연기가 구름기둥처럼 치솟는
것으로 신호를 삼자는 약속이 이미 되어 있었다.
39 이스라엘 사람들이 싸우다가 물러서자, 베냐
민 사람들은 이스라엘 사람들 서른 명 가량을
쳐죽이면서, 이스라엘 사람들이 지난번 싸움에서
처럼 자기들에게 꼼짝없이 진다고 생각하였다.
40 그러나 성읍에서 연기가 구름기둥처럼 치솟
아오를 때에 베냐민 사람들이 뒤돌아보니, 온 성
읍이 불바다가 되어 불길이 하늘로 치솟는 것이
아닌가! 41 이스라엘 사람들이 반격하니, 베냐
민 사람들은 패색이 짙은 것을 깨닫고, 몹시 겁에
질렸다. 42 그들은 이스라엘 사람들 앞에서 물
러나 광야길로 방향을 돌렸으나, 퇴로가 막혔다.
그들은 이스라엘 주력부대와 성읍을 치고 나온 부
대 사이에 끼여 협살당하고 말았다. 43 이스라
엘 사람들은 베냐민 사람들을 포위하고, 쉬지 않
고 동쪽으로 기브아 맞은쪽에 이르기까지 추격하
며 쳐부수었다. 44 그 때에 베냐민 사람들이 만
팔천 명이나 쓰러졌는데, 그들은 모두 용사였다.
45 베냐민의 나머지 패잔병은 방향을 바꾸어 광
야 쪽 림몬 바위 있는 데까지 도망쳤으나, 이스라
엘 사람들이 큰 길에서 오천 명을 이삭 줍듯이 모
조리 죽이고, 기돔에까지 쫓아가서 덮쳐 또 이천
명을 죽였다. 46 베냐민 사람들 가운데서 칼을
쓸 줄 아는 사람 이만 오천 명이 그 날 모두 쓰러
졌는데, 그들은 모두 용사들이었다.
47 그러나 육백 명은 방향을 돌려 광야 쪽 림
몬 바위까지 도망쳐서, 넉 달을 그 림몬 바위 있는
곳에서 숨어 살았다. 48 이스라엘 사람들은 다시
베냐민 자손에게로 돌아와서, 그 성읍에서 사람이
나 가축 할 것 없이 닥치는 대로 모두 칼로 쳐서 죽
였다. 그들은 그 일대의 성읍도 모두 불살랐다.

베냐민 사람들의 아내

21 1 이스라엘 사람들은 이미 미스바에서
"우리 가운데서는 아무도 딸을 베냐민 사
람과 결혼시키지 않도록 하자!" 하고 맹세한 일이
있었다. 2 이스라엘 백성은 베델에 이르러, 거기
에서 저녁이 되도록 하나님 앞에 앉아 소리를 높
여 크게 통곡하였다. 3 그들은 울부짖었다. "주
이스라엘의 하나님, 어찌하여 이런 일이 이스라
엘에서 일어났습니까? 오늘 한 지파가 끝내 이스
라엘에서 없어지고 말았습니다." 4 다음날 아침
이 되자, 백성은 일찍 일어나 거기에 한 제단을 쌓
고 번제와 화목제를 드렸다. 5 그런 다음에 이스
라엘 자손은 이스라엘 모든 지파 가운데서 어느
지파가 주님 앞에 모인 그 총회에 참석하지 않았
는지 알아보았다. 누구든지 미스바에 올라와서
주님 앞에 나아오지 않으면, 죽이기로 굳게 맹세
하였기 때문이다. 6 이스라엘 자손은 그들의 동
기 베냐민 자손에 대하여 측은한 마음이 생겨서
"오늘 이스라엘에서 지파 하나가 없어져 버렸다.
7 우리 스스로가 이미 우리 딸을 그들과는 결혼

맹세 때문에 생긴 문제를 해결해 준다. **21:6** *그들의 동기.* 직역하면 "그의 형제들"인데 아마도 혈통을 일컫는 말일 것이다. *없어져 버렸다.* 이 구절에 사용된 히브리어 어근은 사사기에서는 단지 한 곳에서만 더 사용되는데, "자르는 사람"이라는 뜻을 가진 기드온의 이름에서 사용되었다. **21:8** *야베스 길르앗.* 요단 동편 북쪽에 위치하고 있는데, 아마도 텔 아부 하라즈 아니면 텔 엘 메크베레일 것이다. **21:10** *만 이천 명.* 아마도 12개의 "부대 단위"일 것이다 (1:4에 관한 주석을 보라). **21:11** *너희가 할 일은, …죽이는 것이다.* 또는 진멸하는 것이다 (히브리어로 *헤렘*). 베냐민 지파에 대해서 진멸의 방식을 사용한 것을 보상하기 위해서 (20:48) 이스라엘 사람들은 이제 다른 집단을 멸절시키고 있다. **21:12** 오직 *처녀 사백 명만* 살려두고 베냐민 사람들에게 아내로 주었다 (14절). 이 여인들은 베냐민 사람들에게 넘겨졌는데, 이것은 마치 19:24-25에서 레위 사람이 자기 첩을 넘겨준 것과 같다. 한 여인의 강간은 이제 400명의 여인들의 (1:11-15에 관한 주석을 보라) 강간으로 확대되었다. 이스라엘 남자들이 일찍이 끔찍한 일(20:8에서 암시된 것)이라고 주장했던 것은 다시 자기들에 의해서 더욱 더 큰 규모로 재행된 것이다 (16-24절도 볼 것). *실로.* 실로는 아마도 베델 북쪽으로

시키지 않기로 주님께 맹세하였으니, 우리가 어떻게 해야 그 살아 남은 사람들에게 아내를 구해 줄 수 있겠는가?" 하고 걱정하였다.

8 그래서 그들은 이스라엘 지파 가운데 어느
지파가 미스바에 올라오지 않았는지, 주님 앞에 나아오지 않았는지를 알아보았다. 그러자 길르앗의 야베스에서는 한 사람도 진으로 오지도 않고, 이 총회에도 참석하지 않은 사실이 드러났다. 9 그
들이 백성을 일일이 살펴보니, 정말 길르앗의 야베스 주민은 한 사람도 없었다. 10 그래서 회중은
가장 용감한 군인 만 이천 명을 그리로 보내면서 명령하였다. "너희는 가서 길르앗의 야베스 주민을, 여자나 어린 아이 할 것 없이, 칼로 쳐서 죽여라.
11 너희가 할 일은, 남자를 모두 죽이고, 남자와 동침한 일이 있는 여자도 모조리 죽이는 것이다."
12 그들은 길르앗의 야베스 주민 가운데서 아직 남자와 한번도 동침하지 않은 처녀 사백 명을 찾아내어, 가나안 땅의 실로에 있는 진으로 데리고 왔다.

13 그리고 나서 온 회중은 림몬 바위에 숨어서
사는 베냐민 자손에게 사람을 보내어 그들과 화친을 선언한다는 말을 전하였다. 14 그 때에 베냐
민 자손이 돌아오니, 이스라엘 사람들은 길르앗의 야베스의 여자들 가운데서 살려둔 여자들을 그들과 결혼시켰다. 그러나 여자의 수가 모자랐다.

15 주님께서 이스라엘 지파들 가운데서 한
지파가 비어 틈이 생기게 하셨으므로, 이스라엘 백성은 베냐민 지파가 딱하다는 생각이 들었다.
16 그 때에 회중의 장로들이 걱정하였다. "베냐민 지파 가운데서 여자들이 다 죽었으니, 이제 우리가 어떻게 하여야 살아 남은 남자들에게 아내를 짝지어 줄 수 있겠습니까?" 17 그들이 또 말하
였다. "베냐민 지파에서 살아 남은 남자들에게도 유산이 있어야, 이스라엘 가운데서 한 지파가 없어지지 않을 것입니다. 18 그러나 이미 이스라
엘 자손이, 자기 딸을 베냐민 사람과 결혼시키는 사람은 누구든지 저주를 받을 것이라고 맹세하였으니, 우리는 아무도 우리의 딸들을 그들과 결혼시킬 수 없습니다." 19 그래서 그들은 한 묘안을
생각해 냈다. "그렇다! 실로에서 해마다 열리는 주님의 축제가 곧 다가온다." (실로는 베델 북쪽, 르보나 남쪽, 베델에서 세겜으로 올라가는 큰 길 동쪽에 있다.) 20 그리고 그들은 베냐민 자손에
게 이렇게 지시하였다. "당신들은 가서 포도원에 숨어서 21 살피다가, 실로의 처녀들이 춤을 추
러 나오면, 포도원에서 달려나와, 그 실로의 처녀들 가운데서 하나씩 붙들어 아내를 삼아, 베냐민 땅으로 돌아가시오. 22 그들의 아버지들이나 오
라버니들이 우리에게 와서 시비를 걸면, 우리가 그들에게 '전쟁에서 여자를 잡아다가 아내로 삼듯 여자들을 빼앗아 온 것이 아니니, 딸들을 그들의 아내로 삼도록 하여 주시오. 또 당신들이 딸들을 그들에게 준 것이 아니니, 당신들이 맹세한 것을 스스로 깨뜨린 것도 아니오' 하고 답변해 주겠소."
23 그래서 베냐민 자손은 그 지시대로 하였다. 그들은, 춤추는 여자들 가운데서 자신들의 수효만큼 여자들을 붙들어 아내로 삼고, 자기들이 유산으로 얻은 땅으로 돌아가서, 성읍들을 재건하고, 거기에서 살았다. 24 그 때에야 이스라엘 자손도
그 곳을 떠나, 각자 자기 지파와 자기 가족에게로 돌아갔다. 곧 각자가 그 곳에서 떠나 자기가 유산으로 얻은 땅으로 돌아간 것이다.

25 그 때에는 이스라엘에 왕이 없었으므로,
사람들은 저마다 자기의 뜻에 맞는 대로 하였다.

9마일 떨어진 세일런일 것이다. *가나안 땅*. 이 표현은 신기할 정도로 애매한 장소 지점이다. **21:14** 베냐민 사람들을 만족시키기 위해서 아직도 여자를 충분히 잡아오지 못했다고 하는 사실이 여자들을 더 구하기 위한 다음 계략의 기초가 된다 (16-24절). **21:16-24** 베냐민 지파의 인구를 늘리기 위한 두 번째 전략. 이스라엘 남자들은 매년 실로에 축제를 하러 온 여자들이 춤을 추러 오면 보호해주는 이들이 없는 상태에 있으므로 납치해도 좋다고 허락하였다. 그렇게 해서 19:24-25에 보고된 강간은 더욱 더 증폭되었다 (1:11-15와 21:12에 관한 주석을 참조하라). 이것이 그런 축제가 있다고 하는 사실에 대한 성경본문에 나오는 유일한 언급이다. **21:16** 장로들에 관하여는 8:14에 관한 주석을 보라. *회중에* 관하여 라는 본문은 포로 기간 중에 편집된 것으로 보인다. **21:19** 삼상 1:3, 21에 나오는 실로에서 열리는 연중 축제와 비교하라. **21:22** 이스라엘 사람들은 그 납치를 합리화하려고 한다. **21:25** 19—21장에 있는 사건들에 관한 최종 판결 (17:6에 관한 주석을 보라). 이 이야기들 속에서 (그 첩을 제외하고는) 증오스럽지 않은 개인들이나 집단이 없다. 편집자는 이러한 이야기들에 있는 사건들이 반영하고 있는 무정부 상태가 왕국의 출현을 정당화하는 것으로 증언하고 있다. 왕국은 그와는 반대로 질서와 정의를 이스라엘에 확립할 것이다. 그런데 초대 왕인 사울이 베냐민 지파 출신(삼상 9:1; 10:20-24)이라고 하는 것과 그가 기브아에 수도를 정한 것(예를 들면 삼상 15:34)과 그가 야베스 길르앗을 구원하였다고 하는 것(삼상 11:1-11)은 모순된 것으로 보인다.

룻기

룻기는 책의 제목임에도 불구하고 사사시대에 베들레헴에 살던 나오미 라는 한 여인에 대한 이야기를 하고 있다. 기근이 들어서 나오미와 그녀의 가족은 모압에 가서 살 길을 찾았고, 거기서 그녀의 두 아들이 모압 여인들과 결혼하였다. 나오미는 남편과 아들들이 죽자 궁핍해지고, 아주 괴로워하고, "텅 비어서" (1:20-21) 베들레헴으로 돌아오게 되었다. 그녀의 모압 며느리 룻만이 나오미를 따라오게 되었다. 눅 10:30-37에 나오는 선한 사마리아 사람처럼, 룻은 이스라엘 전통에서 보면 멸시당하고 배척당하던 인종출신으로서 아주 경탄할 만한 인물이다. 이 이야기는 룻의 특별한 신실함이 하나님이 사용하시는 도구가 된다는 것을 말하여준다. 유다의 메시아의 혈통이 되는 왕들의 조상인 다윗을 후손으로 두게 되는 오벳이라는 아이의 탄생을 통해서 하나님은 나오미를 "구하시는"데, 하나님은 이 신실함을 그 도구로 사용하신다.

기독교 성경과 히브리 성경은 룻기의 위치가 성경 내에서 각각 다른 곳에 있다. 기독교 성경은 칠십인역(히브리 성경의 초기 헬라어 역본)의 순서에 따라 룻기를 사사기와 사무엘 사이에 둔다. 그렇게 하여 룻기가 확장된 역사 설화의 일부로 보이게 되고 독자들로 하여금 "이스라엘에 왕이 없던 시대"(삿 21:25)에서부터 직접 모범적인 왕인 다윗의 시대로 인도하는 효과를 보게 한다 (룻 4:17-22). 히브리어 성경은 룻기를 성문서의 하나로 취급한다 (정경에서의 성문서는 지혜문학과 시편이 포함된 부분을 말한다). 룻기는 또한 "다섯 권의 두루마리," 즉 중요한 종교 절기 제의 때 낭독하기 위하여 따로 구분해 놓은 *므길롯*(*Megilloth*)이라고 불리는 두루마리 중의 하나이다. 이 위치에서 (포로 후기, 시문서, 지혜문학 등으로 둘러싸인 위치) 독자들은 룻기를 우화 비슷한 형태의 책으로 받아들이기가 쉽다. 룻기에 나오는 주요한 인물들이 가지는 경험과 태도는 포로에서 돌아와서 자기들의 삶을 기원전 5-6세기의 예루살렘의 폐허 속에서 재건하려고 애쓰는 유대 사람들의 것과 흡사하다. 다윗의 조상을 모압 여인에게로 거슬러 올라감으로써 이 이야기는 에스라와 느헤미야가 모든 이방 부인들을 회복된 이스라엘의 공동체에서 쫓아내려고 하는 노력(라 10:10-12; 느 13:1-3, 23-24)이 과연 지혜로운 것인가 하는 진지한 질문을 던지고 있다.

히브리어로는 "구원"이 룻기의 핵심 주제라는 것이 분명하다. "구원"(*가알*)이라는 단어와 구원자 (*고엘*) 라는 단어는 이 책의 85절에서 20번 사용되고 있다. 일상적인 의미에서 "구원"이라는 말은 사람이나 재산이나 명예가 가난이나 폭력이나 다른 이유로 상실되었던 가족에게 회복되는 과정을 일컫는다. "구원자"는 어떤 지정된 가족 내의 한 사람을 일컫는 말로 그는 (가난, 전쟁, 죽음 등으로) 가족의 통제를 잃었던 (또는 잃을 지경에 있는) 사람을 회복할 책임이 있는 사람을 말한다. 레 25:25-34, 47-55; 렘 32:6-15를 보라.

번역에 있어서 일관성이 없는 것 때문에 어떤 번역들은 이 이야기의 전반적인 계획 속에서 구원이라는 개념이 얼마나 중심되는지를 알아채기 힘들게 번역되어 있다. 히브리어에서는 같은 어근의 단어가 (1) 잃은 것(혹은 거의 잃을 지경에 있는 것)을 회복하는 행동과 (2) 그런 행동을 실천하기로 기대되는 가족 구성원을 묘사하는데 사용된다. 그러나 NRSV에서 행동을 나타내는 단어가 어떤 문맥에서는 "구원하다"(4:4, 6-7)로 번역되고, 또 다른 문맥에서는 "집안간으로서 맡는다"(3:13)로 번역되었다. 새번역개정에서는 두 곳 모두 "집안간으로서 맡는다"는 의미로 번역; 개역개정은 "기업 무를 자의 책임"으로 번역; 공동번역은 "그가 너를 맡을 것이다" 라고 번역하여 혼돈이 없음.) 영어 번역에서 이런 행동을 하기로 기대되는 가족 구성원을 뜻하는 단어는 때로는 "가까운 사이"(2:20) 라고 번역되고, 다른 곳에서는 "집안 어른"(3:9)이라고 번역되었다 (새번역개정에서는 둘 다 "맡아야 할 사람"이라는 설명을 붙여서 번역했고; 개역개정은 "기업을 무를 자;" 공동번역은 "떠맡아 줄 사람"으로 번역해서 이런 혼동이 없음). 비록 부정확한 것은 아니지만, 그런 번역은 "구원하다" 라는 단어의 반복적인 사용의 가능성을 흐리게 함으로써 그것이 상징적으로 또한 신학적으로 가지고 있는 의미를 흐리게 하고 있다.

표면적으로만 보면, 이 이야기는 "세상적인" 구원의 이야기로 재산이 원 소유주에게 회복된 이야기라든지, 아니면 가문의 혈통이 끊어진 것을 이어가는 이야기다. 그러나 이야기 하는 사람이 상징적인 이름들을 사용하고 중요한 구절들을 언어의 기교를 사용하여 의도적으로 반복함으로써 이 이야기가 단순한 역사적인 보고서가 아니라, 확장된 이야기라는 것을 보여준다. 이 책에 있는 마지막 장면(4:13-17)은 분명히 더 깊은 의미를 암시해 주고 있다. 나오미를 위한 회복을 상징하는 아이(오벳)의 탄생에서부터, 하나님의 모든 백성의 구원을 약속하는 혈통인 다윗의 출생까지 내려가는 것을 보면 그렇다.

비유와 같은 형식으로 된 이 이야기는 우리로 하여금 단지 우리가 룻과 같은 사람이 되어야 한다(ought to be)는 것만 보게 하는 것이 아니라, 우리가 나오미와 같은 사람들임(are)을 보게 해준다. 나오미는 이스라엘 사람들과 기독교 교회를 포함하는 하나님의 사람들의 경험과 태도를 가장 잘 반영하는 인물이다. 나오미는 구원이 필요한 사람이며, 궁극적으로는 그 이야기 속에서 구원을 받는다. 회복된 것은 바로 나오미의 삶이다 (4:15). 나오미의 고통, 허무, 절망 등의 감정들이 완전히 뒤바뀐 것이다. 구원은 나오미의 모범적인 행동 때문에 나오미에게 주어진 상이 아니기 때문에, 나오미는 복음을 듣는 독자들로 하여금 자신과 독자들이 하나가 되게 한다. 나오미처럼 우리도 자격 없이 사랑을 받았고 우리의 구원은 우리 자신이 아니라 다른 사람의 성실함 때문에 주어진 것이다.

이 책의 내용은 다음과 같다. 성경본문에 따라 세밀히 조사할 가치가 있는 주석은 이 개요를 따를 것이며, 명확성을 기하기 위하여 더 보충하여 상세하게 설명될 것이다.

Ⅰ. 베들레헴에서 모압으로 갔다가 귀향, 1:1-22
- A. 떠나감, 1:1-5
- B. 돌아옴, 1:6-22
  1. 나오미의 충고: "너의 어머니의 집으로 돌아가라," 1:6-14
  2. 룻의 응답: "나로 당신을 떠나가게 하지 마소서," 1:15-18
  3. 나오미의 불평: "나를 쓴맛이라고 불러다오," 1:19-22

Ⅱ. 가난에 찌든 외국인이 "유력한 부자"의 눈에 "호의적으로 보임," 2:1-23
- A. 룻은 "우연히" 적절한 장소에서 이삭을 줍게 됨, 2:1-7
- B. 보아스는 룻을 "눈여겨 봄," 2:8-16
- C. 나오미는 미래를 위한 소망을 봄, 2:17-23

Ⅲ. 나오미와 룻은 자신들의 미래를 보장하기 위한 조치를 취함, 3:1-18
- A. 나오미는 룻을 위한 "안정을 찾을" 계획을 세움, 3:1-5
- B. 룻은 나오미를 포함시키는 것으로 계획을 수정함, 3:6-10
- C. 보아스는 그 책임을 떠맡음, 3:11-18

Ⅳ. 한 사람의 구원에서 많은 사람의 구원으로, 4:1-22
- A. 보아스는 "그 문제를 매듭지음," 4:1-12
- B. 룻은 "구세주의 어머니들" 가운데 한 사람이 됨, 4:13-17
- C. 다윗의 혈통이 이어짐, 4:18-22

캐서린 아르 파머 (Kathleen R. Farmer)

엘리멜렉과 그 가족의 모압 이주

1 1 [ㄱ]사사 시대에 그 땅에 기근이 든 일이 있었
다. 그 때에 유다 베들레헴 태생의 한 남자가,
모압 지방으로 가서 임시로 살려고, 아내와 두
아들을 데리고 길을 떠났다. 2 그 남자의 이름은
[ㄴ]엘리멜렉이고, 아내의 이름은 [ㄷ]나오미이며, 두
아들의 이름은 [ㄹ]말론과 [ㅁ]기룐이다. 그들은 유다
베들레헴 태생으로서, 에브랏 가문 사람인데,
모압 지방으로 건너가 거기에서 살았다. 3 그러
다가 나오미의 남편 엘리멜렉이 죽고, 나오미와
두 아들만 남았다. 4 두 아들은 다 모압 여자를
아내로 맞이하였는데, [ㅂ]한 여자의 이름은 [ㅅ]룻이고,
또 한 여자의 이름은 [ㅇ]오르바였다. 그들은 거기서
십 년쯤 살았다. 5 그러다가 아들 말론과 기룐이
죽으니, 나오미는 남편에 이어 두 아들마저 잃고,
홀로 남았다.

룻이 베들레헴으로 오다

6 모압 지방에서 사는 동안에, 나오미는 주
님께서 백성을 돌보셔서 고향에 풍년이 들게 하셨
다는 말을 듣고, 두 며느리와 함께 모압 지방을 떠
날 채비를 차렸다. 7 나오미가 살던 곳을 떠날
때에, 두 며느리도 함께 떠났다. 그들은 유다 땅
으로 돌아가려고 길을 나섰다. 8 길을 가다가,
나오미가 두 며느리에게 말하였다. "너희는 제각기
친정으로 돌아가거라. 너희가, 죽은 너희의 남편
들과 나를 한결같이 사랑하여 주었으니, 주님께
서도 너희에게 그렇게 해주시기를 빈다. 9 너희가
각각 새 남편을 만나 행복한 가정을 이루도록, 주님
께서 돌보아 주시기를 바란다." 나오미가 작별하
려고 그들에게 입을 맞추니, 며느리들이 큰소리로
울면서 10 말하였다. "아닙니다. 우리도 어머님
과 함께 어머님의 겨레에게로 돌아가겠습니다."
11 그러나 나오미는 말렸다. "돌아가 다오, 내 딸
들아. 어찌하여 나와 함께 가려고 하느냐? [ㅈ]아직,
내 뱃속에 아들들이 들어 있어서, 그것들이 너희

ㄱ) 또는 '사사들이 활동하던 시대에', '사사들이 다스리던 시대에'. 사사 또는 재판관 : 왕 제도가 있기 전에 이스라엘을 다스리던 지도자들 ㄴ) '나의 하나님이 왕이시다' ㄷ) '기쁨' ㄹ) '질병' ㅁ) '황폐' ㅂ) 히, '한 여자의 이름은 오르바이고, 또 한 여자의 이름은 룻이었다'. 말론과 룻, 기룐과 오르바의 부부 관계의 혼란을 막으려고 기록. 순서를 바꿈 (4:10 룻은 말론의 아내임) ㅅ) '아름다움', '친구' ㅇ) '이마 갈기', '후방' ㅈ) 형이 자식을 두지 못하고 죽을 때에 동생이 형수와 결혼하여 형의 가문을 이어주는 법을 염두에 둔 것 (신 25:5-10)

1:1-22 1:1-2 이 이야기에 나오는 많은 이름들은 상징이 담긴 내용으로 사용되었다. *베들레헴.* 이 이름은 "빵집/음식집"이라는 뜻이다 (기근이 들었다고 하기에는 너무 모순된 장소). *엘리멜렉.* 이 이름은 "나의 하나님은 왕이시다" 라는 뜻인데, 사사기의 마지막 구절이 이스라엘에 왕이 없었다는 사실을 탄식하는 것과 맞지 않는 묘한 대조를 이룬다. *말론과 기룐.* 히브리어로 "병약한"이라는 형용사와 "멸망하는"이라는 단어와 발음이 비슷하다. 이름만으로도 그 아들들이 젊어서 죽을 것이라고 생각나게 하여준다. *나오미.* "달콤한" 혹은 "기쁨"이라는 뜻인데, 그녀가 삶에서 직면하고 있는 고통과는 완전히 반대되는 뜻으로 모순된다 (1:13, 20을 보라). **1:1** *모압.* 이 지역은 사해 동쪽에 있는데, 유다와 거의 마주보고 있는 지역이다. 이스라엘 청중들에게 모압은 어떤 말을 해도 부도덕한 지역이라는 감정을 일으켜 주는 지역이었다. 모압은 근친상간으로 시작된 민족이며 (창 19장), 이스라엘은 모압과 만날 때마다 부끄러운 일이나 (민 25장) 아니면 적대적인 일을 (민 22장, 삿 3장 등) 경험했기 때문에, 신 23:3은 모압 사람들을 추방하고, 그들의 후손은 10대까지 총회 회원이 되지 못하게 하였다. **1:6** *떠날 채비를 차렸다. 슈브* 라는 동사("돌다," "돌아가다," "뒤돌아가다," "돌아 서다," "다시 가져오다" 등으로 번역되고 있음)는 룻기에서만 15번 나온다—1장에서만 12번 나온다 (1:6, 7, 8, 10, 11, 12, 15a, 15b, 16, 21, 22a, 22b). 이 단어는 배교 행위(삿 2:19에서 사용된 것처럼 하나님으로부터 돌아선다고 할 때)를 뜻할 수도 있고, 회개(왕상 8:33에서 사용된 것처럼 하나님에게로 돌아온다고 할 때)를 뜻할 수도 있다. 그러므로 "돌다," "돌아오다," "되돌아가다" 등의 말들이 중립적인 뜻으로 (지리적으로) 쓰이는 것처럼 보일 때에도, 그것은 도덕적인 의미를 가지고 있는 것이다. **1:8-9** *친정.* 이 단어는 다른 곳에서는 오직 결혼을 중매하는 것과 관련된 문맥에서만 사용된다 (창 24:28; 아 3:4; 8:2). 즉 나오미가 며느리들에게 새 신랑을 찾아보라고 권유하는 것을 나타낸다. 그들의 세계에서 결혼은 여자들이 사회적이고 경제적인 안정을 확보하는 유일한 방법으로 받아들여졌다. 문자 그대로 *사랑하여 주었으니* 라는 표현은 *"헤세드를* 실천하였으니" 라는 말이다. *헤세드* 라고 하는 히브리어는 "친절"보다 더 신학적으로 중요성을 지니는 말이며, 자주 하나님의 무조건적인 은혜와 자비를 묘사하기 위해 사용되는 말이다. 그러나 (8절에서 암시하는 바와 같이) 사람들도 역시 그렇게 할 수 있고, 서로에게 헤세드를 보여줄 수 있다. *사랑하여 주는 일* (*헤세드*를 실천하는 일). 이것은 율법이 요구하는 것 이상으로, 그 사랑을 받는 사람이 기대하거나 자격이 있는 것 이상으로 사랑과 친절을 끝까지 베풀어 주는 것을 말한다. **1:11-13** 이러한 수사학적 효과를 노리는 질문들은 부정적인 대답이 나올 것을 예상하고 있다. 나오미는 자기 생각에는 두 며느리의 안정된 삶을 위해서

남편이라도 될 수 있다는 말이냐? 12 돌아가 다오,
내 딸들아. 제발 돌아가거라. 재혼을 하기에는,
내가 너무 늙었다. 설령, 나에게 어떤 희망이 있
다거나, 오늘 밤 내가 남편을 맞아들여 아들들을
낳게 된다거나 하더라도, 13 너희가, 그것들이
클 때까지 기다릴 셈이냐? 그 때까지 재혼도 하지
않고, 홀로들 지내겠다는 말이냐? 아서라, 내 딸
들아. 너희들 처지를 생각하니, 내 마음이 너무나
괴롭구나. 주님께서 손으로 나를 치신 것이 분명
하다."

14 그들은 다시 한 번 큰소리로 울었다. 마
침내 오르바는 시어머니에게 입맞추면서 작별 인
사를 드리고 떠났다. 그러나 룻은 오히려 시어머니
곁에 더 달라붙었다. 15 그러자 나오미가 다시
타일렀다. "보아라, 네 동서는 저의 겨레와 신에
게로 돌아갔다. 너도 네 동서의 뒤를 따라 돌아
가거라."

16 그러자 룻이 대답하였다.
"나더러, 어머님 곁을 떠나라거나,
어머님을 뒤따르지 말고
돌아가라고는
강요하지 마십시오.
어머님이 가시는 곳에 나도 가고,
어머님이 머무르시는 곳에
나도 머무르겠습니다.
어머님의 겨레가 내 겨레이고,
어머님의 하나님이 내 하나님입니다.
17 어머님이 숨을 거두시는 곳에서
나도 죽고,
그 곳에 나도 묻히겠습니다.
죽음이 어머님과 나를 떼어놓기 전에
내가 어머님을 떠난다면,
주님께서 나에게 벌을 내리시고
또 더 내리신다 하여도
달게 받겠습니다."

18 나오미는 룻이 자기와 함께 가기로 굳게
마음먹은 것을 보고, 더 이상 말리지 않았다.

19 그 두 사람은 길을 떠나서, 베들레헴에

꼭 필요하다고 생각하고 있는 (9절) 남편감을 자신이 *오르바와 룻에게* 제공해줄 수 없다는 것을 알고 있다. 오르바와 룻은 다시 결혼해서 자녀들을 가질 수 있다. 그러나 나오미는 자신에게 아무 희망이 없다고 느끼고 있다 (12절). **1:13** 나오미는 자신이 19-20절에서 다시 말하는 것처럼 너무나 괴로워한다. 그리고 하나님이 자신을 이런 상황에 두셨다고 주님을 원망한다. **1:14** 오르바는 나오미에게 순종하고 입맞추면서 작별인사를 하고 떠나지만, 룻은 그녀에게 *더 달라붙었다* (*다바크*, 창 2:24에 사용된 바로 그 단어임). **1:16-17** 룻은 법적으로 그녀의 죽은 남편의 어머니와 있어야 할 의무가 있거나, 관습적으로 그렇게 요구되는 위치에 있지 않았다. 그러므로 그녀가 나오미와 함께 삶을 나누겠다고 선언한 것은 *헤세드* (통상 혹은 기대되는 것을 넘어서는 사랑과 충성의 표시)의 행위로 보아야 한다. **1:17** *주님께서…달게 받겠습니다.* 이 말은 맹세할 때 사용하는 전형적인 표현이다 (삼상 3:17; 14:44를 보라). 이러한 말들은 한 여인이 다른 여인에게 한 말이므로 만약에 (결혼식 같은 곳에서) 남자와 여자 사이의 사랑의 맹세로 사용하고자 한다면 문맥에서 떼어서 사용되어야 할 것이다. **1:20** *이제는 나를 마라라고 부르십시오.* 나오미는 두 개의 히브리 이름의 발음을 가지고 아주 괴로워하는 심정을 표현하고 있다. *나오미*는 히브리어로 "기쁨, 기분 좋은" 혹은 "달콤한"이라는 뜻을 가진 말처럼 들리는 이름인데, 그녀의 현재 상황에는 맞지 않는다. 그래서 그녀의 현 상태에는 "괴로움"이라는 뜻을 가진

추가 설명: 샤다이/전능하신 분

1:20-21에서 나오미는 하나님에 대해서 두 개의 다른 이름을 사용하고 있다. 히브리어로 샤다이 ("전능하신 분"이라고 번역됨) 라고 하는 단어와 주님 (야훼 [YHWH], 전통적으로 "주 하나님"이라고 번역됨) 이라고 하는 히브리어 이름은 같은 하나님을 지칭하는 것이다. 출 6:3에 보면, 주님(YHWH)은 조상들에게 엘 *샤다이* (전통적으로 "전능하신 하나님"으로 번역됨) 라고 알려져 있었음을 뜻하는 것 같다. 아무도 *샤다이* 라고 하는 이름의 원래 어근이나 의미를 알지 못한다. "전능하신 분"이라는 것은 추측에 지나지 않는다. 그러나 "샤다이" 라는 말이 히브리어 *사데* ("들판"/"비옥한 땅") 혹은 *세데* ("…의 가슴") 그리고 쇼드 ("파괴")와 발음이 비슷하다는 것은 의심의 여지가 없다. 나오미가 베들레헴의 여자들에게 자신의 이전의 충만함이나 현재의 텅 빈 상태가 주님에게서 비롯된 것이라고 말할 때 그녀는 하나님의 이름을 사용해서 그들에게 이 히브리어 단어가 비옥함과 파괴 둘 다에 관계가 있는 것을 기억나게 하고 있다.

이르렀다. 그들이 베들레헴에 이르니, 온 마을이
떠들썩하였다. 아낙네들이 "이게 정말 나오미인
가?" 하고 말하였다. 20 나오미가 그들에게 대답
하였다. "나를 ㄱ)나오미라고 부르지들 마십시오.
ㄴ)전능하신 분께서 나를 몹시도 괴롭게 하셨으니,
이제는 나를 ㄷ)마라라고 부르십시오. 21 나는 가득
찬 채로 이 곳을 떠났습니다. 그러나 주님께서는
나를 텅 비어서 돌아오게 하셨습니다. 주님께서
나를 치시고, ㄴ)전능하신 분께서 나를 ㄹ)불행하게
하셨는데, 이제 나를 나오미라고 부를 까닭이
어디에 있겠습니까?" 22 이렇게 하여 나오미는
모압 여인인 며느리 룻과 함께 모압 지방에서
돌아왔다. 그들이 베들레헴에 이르렀을 때는 보
리를 거두기 시작할 무렵이었다.

룻이 보아스를 만나다

2 1 나오미에게는 남편 쪽으로 친족이 한 사람
있었다. 그는 엘리멜렉과 집안간으로서, 재력
이 있는 사람이었다. 그의 이름은 ㅁ)보아스이다.
2 어느 날 모압 여인 룻이 나오미에게 말하
였다. "밭에 나가 볼까 합니다. 혹시 나에게 잘 대
하여 주는 사람을 만나면, 그를 따라다니면서 떨
어진 이삭을 주울까 합니다." 나오미가 룻에게 대
답하였다. "그래, 나가 보아라." 3 그리하여 룻
은 밭으로 나가서, 곡식 거두는 일꾼들을 따라다
니며 이삭을 주웠다.
그가 간 곳은 우연히도, 엘리멜렉과 집안간인
보아스의 밭이었다. 4 그 때에 마침 보아스가 베
들레헴 성읍에서 왔다. 그는 "주님께서 자네들과
함께 하시기를 비네" 하면서, 곡식을 거두고 있는
일꾼들을 격려하였다. 그들도 보아스에게 "주님
께서 주인 어른께 복을 베푸시기 바랍니다" 하고
인사하였다. 5 보아스가 일꾼들을 감독하는 젊
은이에게 물었다. "저 젊은 여인은 뉘 집 아낙인
가?" 6 일꾼들을 감독하는 젊은이가 대답하였
다. "저 젊은 여인은 나오미와 함께 모압 지방에
서 돌아온 모압 사람입니다. 7 일꾼들의 뒤를 따
라다니면서, 곡식단 사이에서 떨어진 이삭을 줍
도록 허락해 달라고 하더니, 아침부터 와서 지금
까지 저렇게 서 있습니다. 아까 여기 밭집에서 잠
깐 쉬었을 뿐입니다." 8 보아스가 룻에게 말하
였다. "여보시오, 새댁, 내가 하는 말을 잘 들으시
오. 이삭을 주우려고 다른 밭으로 가지 마시오. 여
기를 떠나지 말고, 우리 밭에서 일하는 여자들을
바싹 따라다니도록 하시오. 9 우리 일꾼들이 곡
식을 거두는 밭에서 눈길을 돌리지 말고, 여자들
의 뒤를 따라다니면서 이삭을 줍도록 하시오. 젊
은 남자 일꾼들에게는 댁을 건드리지 말라고 단단
히 일러두겠소. 목이 마르거든 주저하지 말고 물
단지에 가서, 젊은 남자 일꾼들이 길어다가 둔 물
을 마시도록 하시오." 10 그러자 룻은 엎드려 이
마를 땅에 대고 절을 하면서, 보아스에게 말하였
다. "저는 한낱 이방 여자일 뿐인데, 어찌하여 저
같은 것을 이렇게까지 잘 보살피시고 생각하여 주
십니까?" 11 보아스가 룻에게 대답하였다. "남
편을 잃은 뒤에 댁이 시어머니에게 어떻게 하였는
지를, 자세히 들어서 다 알고 있소. 댁은 친정 아
버지와 어머니를 떠나고, 태어난 땅을 떠나서, 엊
그제까지만 해도 알지 못하던 다른 백성에게로 오
지 않았소? 12 댁이 한 일은 주님께서 갚아 주
실 것이오. 이제 댁이 주 이스라엘의 하나님의 날
개 밑으로 보호를 받으러 왔으니, 그분께서 댁에게

ㄱ) '기쁨' ㄴ) 히, '샤다이' ㄷ) '괴로움' ㄹ) 또는 '쳐서 시험하셨는데'
ㅁ) '빠름', '쾌속'

히브리어의 여성 형태인 *마라* 라고 친구들이 자기를 불러 주는 것이 더 정확할 것 같다는 것이다. **1:20-21** 예레미야 애가에 나오는 사람처럼 나오미는 자신의 가족을 잃은 것에 대해 하나님을 비난하고 있다. *전능하신 분은 샤다이 (Shaddai)* 라고 하는 히브리어 이름의 전통적인 해석이다 (452쪽 추가 설명: "샤다이/전능하신 분"을 참조). **1:22** *모압 여인.* 이 글에서는 룻이 이방 사람임을 계속 강조하고 있는데, 심지어는 그런 강조가 문맥상 필요 없어 보이는 곳에서조차 그렇게 하고 있다 (1:22; 2:2, 6, 21; 4:5, 10).

2:1-23 2:1 보아스 라는 이름은 힘과 믿음직스러움을 내포한다. "재력이 있는" (*하일*)이라고 번역된 단어는 "힘이 있는" 혹은 "상당히 존경받는"으로도 번역될 수 있다. **2:2** *떨어진 이삭을 주울까 합니다.* 이스라엘 지주들은 모든 밭의 귀퉁이에 있는 곡식과 추수하는 동안에 어쩌다가 땅에 떨어진 곡식 모두를 자기 스스로 경작할 땅이 없는 가난한 사람들과 이방인들이 먹도록 남겨 두어야 했다 (레 19:9-10, 23:22; 신 24:19). **2:4** 이러한 인사말을 주고받는 것은 보아스가 경건한 사람임을 보여주는 것이다. **2:8-11, 14-15** 보아스는 룻에게 특별한 특권을 주고 있을 뿐만 아니라 그녀를 가난한 이방 사람이 아니라, 마치 자기 가족 중의 총애하는 한 사람으로 대하는 것처럼 보인다. **2:12** 보아스는 룻이 나오미에게 충성한 것을 주님이 갚아주실 것이라고 경건하게 기원한다. 여기서 "날개"로 번역된 *카나프* 라고 하는 단어는 하나님의 보호하심을 뜻하는데 3:9에서는 보아스의 보호를 의미할 때 "품"으로 번역되었다. **2:13** 룻이 보아스에게 한 대답은 다소 냉

넉넉히 갚아 주실 것이오." 13 룻이 대답하였다. "어른께서 이토록 잘 보살펴 주시니, 몸둘 바를 모르겠습니다. 어른께서 거느리고 계신 여종들 축에도 끼지 못할 이 종을 이처럼 위로하여 주시니, 보잘것없는 이 몸이 큰 용기를 얻습니다."

14 먹을 때가 되어서, 보아스가 그에게 말하였다. "이리로 오시오. 음식을 듭시다. 빵 조각을 초에 찍어서 드시오." 룻이 일꾼들 옆에 앉으니, 보아스는 그 여인에게 볶은 곡식을 내주었다. 볶은 곡식은 룻이 배불리 먹고도 남았다. 15 룻이 이삭을 주우러 가려고 일어서자, 보아스가 젊은 남자 일꾼들에게 일렀다. "저 여인이 이삭을 주울 때에는 곡식단 사이에서도 줍도록 하게. 자네들은 저 여인을 괴롭히지 말게. 16 그를 나무라지 말고, 오히려 단에서 조금씩 이삭을 뽑아 흘려서, 그 여인이 줍도록 해주게."

17 룻은 저녁때까지 밭에서 이삭을 주웠다. 주운 이삭을 떠니, 보리가 한 에바쯤 되었다. 18 룻은 그것을 가지고 성읍으로 돌아갔다. 룻은 주워 온 곡식을 시어머니에게 내보였다. 배불리 먹고 남은 볶은 곡식도 꺼내서 드렸다. 19 시어머니가 그에게 물었다. "오늘 어디서 이삭을 주웠느냐? 어디서 일을 하였느냐? 너를 이처럼 생각하여 준 사람에게, 하나님이 복을 베푸시기를 바란다." 그러자 룻은 시어머니에게, 자기가 누구네 밭에서 일하였는지를 말하였다. "오늘 내가 가서 일한 밭의 주인 이름은 보아스라고 합니다." 20 나오미가 며느리에게 말하였다. "그는 틀림없이 주님께 복받을 사람이다. 그 사람은, 먼저 세상을 뜬 우리 식구들에게도 자비를 베풀더니, 살아 있는 우리에게도 한결같이 자비를 베푸는구나." 나오미가 그에게 말을 계속하였다. "그 사람은

추가 설명: 룻기 3장에 나오는 수사학적 기교들 (Puns and Innuendos)

룻기 3장에서 이야기하는 사람은 일련의 수사학적 단어의 기교들(puns)을 사용하면서 성적인 의미로 볼 수도 있고, 보통 의미로 볼 수도 있는 화법을 구사하고 있다. 히브리어 *샤카*, "눕다" 라는 단어는 3:4-14에만 여덟 번 사용된다. *샤카(눕다)*는 단순하게 "잠자다" 라는 뜻을 의미할 수도 있지만, 또한 자주 성경본문에서 성적인 관계를 갖는다는 의미로도 사용되기도 한다 (예를 들어, 창 19:33-35; 30:15-16; 38:26). 마찬가지로 *갈라* ("들치다") 라는 단어도 근친상간을 금지하는 본문에서 자주 찾아볼 수 있다 (레 18:6-19). *레갈림*("발치" 혹은 "하체")은 보통은 남성의 성기를 완곡해서 나타내는 표현법이다 (신 28:57; 사 7:20; 겔 16:25). 그리고 "타작마당"은 전통적으로 돈으로 성을 매매하는 것과 관련되어 있다 (호 9:1). *야다* 라고 하는 동사(3:3에서는 "눈치 채게 하다"로, 3:4에서는 "잘 보아두다"로, 3:11에서는 "알다"로, 3:14에서는 "알아보다"로 번역됨)도 역시 구약본문에서 성적인 관계를 가지는 것을 완곡해서 나타내는 것으로 사용되고 있다. 룻이 보아스에게 "어른의 품에 이 종을 안아 주십시오" (3:9) 라고 말할 때, 그녀는 신 27:20과 겔 16:8에 나오는 것과 같은 성적인 의미를 포함하는 구절을 사용하고 있는 것이다. 그러므로 성경 기자는 우리에게 그 밤과 아침에 무슨 일이 있었는지를 분명하게 말하고 있지 않지만, 이 장 전체에 걸쳐서 사용된 언어는 애매하면서도 동시에 충분히 상상력을 자극하고 있다.

비록 룻과 보아스 사이에 3:8-13에 보고된 대화 이외에 아무 일이 없었다고 해도, 룻의 행동(타작마당에 가서 자기 남편이 아닌 남자가 자고 있는 옆에 가서 눕는 것)은 그녀가 살던 시대의 기준에 의하면 소문이 파다하게 날 만한 일임에 틀림없다. 그녀의 행동은 성경에서 다윗의 혈통을 이어가는데 공헌한 여인들에 관한 성경 속의 이야기의 유형에 잘 들어맞는다 (4:11-12, 18-22에 관한 주석을 보라).

소적이다. 룻은 보아스에게 자신의 현재의 상황을 개선하는 하나님의 일꾼으로 보아스가 행동할 수 있음(또 그렇게 해야만 한다는 것)을 미묘한 방식으로 그에게 알려주고 있다. 보아스는 그 암시를 눈치 챈 것 같지는 않다. **2:20** *우리와 가까운 사이.* 이 단어는 고엘이다. 어근의 의미는 "구원하다" 혹은 "회복하다" 라는 뜻이다 (서론을 참조). **2:20-23** 보아스가 룻에게 단지 지나가는 관심 이상의 눈길을 주었음을 듣고 나오미는 자신의 근족과 며느리 사이의 가까운 관계가 자기 자신의 문제에 해결책이 될 수 있다고 하는 희망을 가지게 되었다.

우리와 가까운 사이다. 그는 집안간으로서 우리를 맡아야 할 사람이다." 21 모압 여인 룻이 말하였다. "그뿐이 아닙니다. 그가 데리고 있는 젊은 남자 일꾼들이 곡식 거두기를 다 끝낼 때까지, 그들을 바싹 따라다니라고 하였습니다." 22 나오미가 며느리 룻에게 일렀다. "얘야, 그가 데리고 있는 젊은 여자들과 함께 다니는 것이 좋겠구나. 젊은 남자 일꾼들에게 시달림을 받다가 다른 밭으로 가지 않아도 되니 말이다." 23 그리하여 룻은, 보리 거두기뿐만 아니라 밀 거두기가 끝날 때까지도, 보아스 집안의 젊은 여자들을 바싹 따라다니면서 이삭을 주웠다. 그러면서 룻은 시어머니를 모시고 살았다.

룻이 보아스와 가까워지다

3 1 시어머니 나오미가 룻에게 말하였다. "얘야, 네가 행복하게 살 만한 안락한 가정을, 내가 찾아보아야 하겠다. 2 생각하여 보렴. 우리의 친족 가운데에 보아스라는 사람이 있지 아니하냐? 네가 요즈음 그 집 여자들과 함께 일하고 있다. 잘 들어 보아라. 오늘 밤에 그가 타작 마당에서 보리를 까부를 것이다. 3 너는 목욕을 하고, 향수를 바르고, 고운 옷으로 몸을 단장하고서, 타작 마당으로 내려가거라. 그 사람이 먹고 마시기를 마칠 때까지, 너는 그가 눈치 채지 못하도록 조심하여야 한다. 4 그가 잠자리에 들 때에, 너는 그가 눕는 자리를 잘 보아 두었다가, 다가가서 그의 발치를 들치고 누워라. 그러면 그가 너의 할 일을 일러줄 것이다." 5 룻이 시어머니에게 대답하였다. "어머님께서 일러주신 대로 다 하겠습니다."

6 그는 타작 마당으로 내려가서, 시어머니가 시킨 대로 다 하였다. 7 보아스는 실컷 먹고 마시고 나서, 흡족한 마음으로 낟가리 곁으로 가서 누웠다. 룻이 살그머니 다가가서, 보아스의 발치를 들치고 누웠다. 8 한밤중이 되었을 때에, 보아스는 으시시 떨면서 돌아눕다가, 웬 여인이 자기 발치께에 누워 있는 것을 보고 깜짝 놀라면서 9 "누구요?" 하고 물었다. 룻이 대답하였다. "어른의 종 룻입니다. 어른의 품에 이 종을 안아 주십시오. 어른이야말로 집안 어른으로서 저를 맡아야 할 분이십니다." 10 보아스가 룻에게 말하였다. "이봐요, 룻, 그대는 주님께 복받을 여인이오. 가난하든 부유하든 젊은 남자를 따라감직한데, 그렇게 하지 않으니, 지금 그대가 보여 준 갸륵한 마음씨는, 이제까지 보여 준 것보다 더욱더 값진 것이오. 11 이제부터는 걱정하지 마시오, 룻. 그대가 바라는 것이라면 무엇이든지 다 들어주겠소. 그대가 정숙한 여인이라는 것은 온 마을 사람들이 다 알고 있소. 12 내가 집안간으로서 그대를 맡아야 할 책임이 있다는 것은 틀림없소. 하지만 그대를 맡아야 할 사람으로, 나보다 더 가까운 친족이 한 사람 있소. 13 오늘 밤은 여기서 지내고, 날이 밝거든 봅시다. 그가 집안간으로서 그대를 맡겠다면, 좋소. 그렇게 하도록 합시다. 그러나 그가 그렇게 하지 않겠다면, 그 때에는 내가 그대를 맡겠소. 이것은 내가, 살아 계신 주님을 두고 맹세하는 것이오. 아침까지 여기 누워 있으시오."

14 룻은 새벽녘까지 그의 발치에 누워 있다가, 서로 얼굴을 알아보기 어려운 이른 새벽에 일어났다. 이것은 보아스가, 그 여인이 타작 마당에

3:1-18 3:9 *어른의 품에 이 종을 안아 주십시오.* 여기 사용된 단어는 *카나프*이다. 여기서는 카나프가 "품"으로 번역이 되었지만, 2:12에서는 "날개"로 번역되었다. 룻이 보아스에게 *그의 날개 아래* 자신을 안아 달라고 보아스가 2:12에서 사용한 단어를 반복하면서 요청하였을 때, 룻은 보아스가 전에 빌어주었던 기원이 현실이 되게 하기 위해서 모종의 행동을 해야 할 것이 아니냐고 도전하는 것이다. **3:11** *그대가 바라는 것이라면 무엇이든지 다 들어주겠소.* 보아스는 룻과의 결혼을 준비하고자 진행하면서 자신이 9절에 나와 있는 룻의 요청을 청혼으로 이해하고 있음을 암시하고 있다. (겔 16:8을 보면, "날개를 펴서 덮다"는 이미지는 또한 "서원하다" 혹은 날개 혹은 외투가 그 위에 펼쳐지는 사람과 "언약관계에 들어가다" 라는 뜻과 밀접히 관련되어 있다.)

특별 주석

많은 독자들은 룻이 보아스에게 형사취수법(兄死取嫂法, the levirate marriage)에 의한 결혼 의무를 감당하라고 요청하는 것으로 생각한다. 그러나 형사취수법은 죽은 자의 형제가 자기의 과부가 된 형수에게 임신을 시켜서 죽은 자의 "이름"(그리고 그의 재산)이 "살아 있도록" 하는 법이다 (창 38장; 신 25:5-10을 보라). 그러나 적어도 우리가 알고 있는 형사취수법은 보아스가 룻에게 청혼할 의무를 지우지 않는다. 만약 보아스가 엘리멜렉의 형제들 가운데 한 사람이었다고 하면 보아스가 나오미와 결혼할 의무를 느꼈을 것이다. 그러나 나오미와 보아스 사이의 결혼은 죽은 자의 "이름"을 이스라엘에서 보존하지는 못할 것이다. 왜냐하면 나오미는 아이를 낳을 연령을 지났기 때문이다 (1:11). 때문에 룻이

와서 있었다는 것을 남들이 알아서는 안 된다고
말하였기 때문이다. 15 보아스가 말하였다. "걸
치고 있는 겉옷을 이리 가지고 와서, 펴서 꼭 잡
으시오." 보아스는, 룻이 겉옷을 펴서 잡고 있는
동안, 보리를 여섯 번 되어서 그에게 이워 주고는
ㄱ)성읍으로 들어갔다.

16 룻이 시어머니에게 돌아오니, 시어머니가
물었다. "얘야, 어찌 되었느냐?" 룻은 그 남자가
자기에게 한 일을 시어머니에게 낱낱이 말하고,
17 덧붙여서 말하였다. "여섯 번이나 되어서 준
이 보리는, 어머님께 빈 손으로 가서는 안 된다고
하면서, 바로 그가 손수 담아 준 것입니다."
18 그러자 시어머니가 일렀다. "얘야, 일이 어떻
게 될지 확실해질 때까지, 너는 가만히 기다리고
있거라. 아마 그 사람은 지금쯤 가만히 있지 않을
거다. 이 일을 마무리 짓는 데, 오늘을 넘기지는
않을 것이다."

룻이 보아스와 결혼하다

4 1 보아스가 성문 위 회관으로 올라가서 앉아
있는데, 그가 말하던, 집안간으로서의 책임을
져야 할 바로 그 사람이 마침 지나가고 있었다. 보
아스가 그에게 "여보시오, 이리로 좀 올라와서 앉
으시오" 하고 말하였다. 그러자 그가 올라와서 앉
았다. 2 보아스는 성읍 원로 열 사람을 청하여,
그 자리에 함께 앉도록 하였다. 그 사람들이 모두
자리에 와서 앉자 3 보아스가 집안간으로서 책
임을 져야 할 사람에게 말하였다. "모압 지방에서
돌아온 나오미가 우리의 친족 엘리멜렉이 가지고
있는 밭을 팔려고 내놓았소. 4 나는 이 사실을
분명히 알려 드리오. 여기 앉아 계시는 분들과 우
리 마을 어른들께서 보시는 앞에서, 나는 당신이
그 밭을 사라고 말씀드리오. 당신이 집안간으로

ㄱ) 대다수의 히브리어 사본들은 '(보아스가) 성읍으로 들어갔다'고 함. 그러나 다른 히브리어 사본들과 불가타와 시리아어역에는 '(룻이) 성읍으로 들어갔다'고 되어 있음

두 개의 별개의 요청을 한 것으로 보아야 이해가 된다: 한 요청은 그녀 자신의 안위를 위해서 결혼이라는 울타리를 요청한 것이고, 동시에 살아 있는 나오미와 죽은 엘리멜렉을 위해서 "구원"해 달라고 하는 별개의 요청을 한 것이다 (보아스는 구원자로 행동할 위치에 있는 사람이었다). 3:11에서 보아스는 룻의 청혼에 대해 응답하면서 3:12에서는 그녀에게 자신이 *고엘* (*구원자*)임을 상기시켜 준다. 보아스가 *지금 그대가 보여준 갸륵한 마음씨* (*헤세드*) 라고 부른 것은 룻이 나오미와 그녀의 "텅 빔"(즉 가족이 다 죽음)을 생각한 것을 지칭하고 있다. 룻은 자기와 결혼할 어떤 젊은 남자들 가운데 한 사람을 만나서 자기 자신의 상황을 바꾸어 나갈 수 있었다. 그러나 엘리멜렉의 근족 중의 한 사람(근족이면서 구원할 사람)에게 결혼함으로써 엘리멜렉의 책임을 승계할 남자 상속자에 대한 나오미의 필요를 고려하였던 것이다.

3:9-13 "구원"이라는 의미를 가진 단어의 어근은 9-13절 사이에서 6번 사용된다 (1번은 9절에서, 2번은 12절에서, 3번은 13절에서). 그럼으로써 이 한밤중의 장면을 다 차지하고 있다. 새번역개정에서 *가알은* "집안간으로서 맡다" 라고 번역되어 있고 *고엘* 이라는 명사형은 "집안간"으로 번역되어 있다. **3:11** *정숙한. 하일*이라는 같은 단어가 2:1에서 보아스를 묘사하기 위해 사용되었을 때에는 "재력이 있는"이라고 번역되었다. 이 단어의 기본적인 의미는 "힘이 있는" 혹은 "강력한"이다.

4:1-22 4:1-2 보아스가 집안간으로서 책임을 져야 할 바로 그 사람을 만나고 10명의 *장로들이* 그와 함께 성문에서 앉았을 때, 그는 사실상 법정을 열었던 것이다. **4:3** 나오미는 자기의 죽은 남편으로부터 땅 한 필지를 상속받았었던 것 같다. 경작할 수 있는 땅이 엘리멜렉과 그 가족이 모압에 머무는 10여 년 동안 사용도 하지 않고 권리 주장도 없이 남겨져 있었을 가능성이 거의 없다는 것을 생각해 보면, 여기서 그 땅을 사거나 "도로 찾는다"는 것은 아마도 그 땅을 나오미가 없는 사이에 사용하고 있던 (왕하 8:1-6에 있는 것처럼) 사람으로부터 되찾는 것을 의미할 것이다. **4:4** 10명의 장로들 앞에서 (그리고 같이 있는 다른 마을 사람들 앞에서) 공개적으로 질문을 받고는 집안간으로서의 책임을 져야 할 바로 그 사람은 자신이 그 땅을 기꺼이 되찾겠다고 말하였다. **4:5** 원래의 본문에 있는 자음에 따르면 (*코프, 눈, 아인, 테이트, 아인*), 보아스는 "네가 그 땅을 사는 날에…나는 그 죽은 사람의 아내를 산다"고 말한 것이다. 그러나 NRSV는 1인칭 단수 동사의 형태("내가 산다")를 2인칭 단수 (*카니타*, "네가 산다" 혹은 "네가 살 것이다"라는 뜻) 형태로 수정한 필사자의 수정을 받아들여서 번역을 하였다. 우리에게 알려진 어떤 법도 가장 가까운 집안사람이 룻과 결혼해야 될 것을 요구하고 있지 않다 (3:8-9를 보라). 그러나 만약 원래의 본문을 그대로 둔다면, 보아스는 가장 가까운 집안사람에게 자기(보아스)는 자원해서 형사취수법의 책임을 다하겠다고 말하고 있는 것으로 보인다. 보아스는 자기 자신의 아이를 엘리멜렉의 재산을 상속할 사람으로 여기는 것을 허락할 것이라는 뜻이다. 만약에 그 가장 가까운 집안사람이 엘리멜렉의 재산을 "회복"하더라도,

서의 책임을 지겠다면, 그렇게 하시오. 그러나 집
안간으로서의 책임을 지지 않겠다면, 그렇게 하
지 않겠다고 분명히 말하여 주시오. 당신이 집안
간으로서의 책임이 있는 첫째 사람이오. 나는 그
다음이오." 그러자 그가 대답하였다. "내가 집안
간으로서의 책임을 지겠소." 5 보아스가 다시 말
하였다. "그렇다면, ㄱ)나오미의 손에서 그 밭을 사
는 날로, 고인의 아내인 모압 여인 룻도 아내로 맞
아들여야 하오. 그렇게 하여야만, 그가 물려받은
그 유산이 고인의 이름으로 남게 될 것이오." 6 그
러자 집안간으로서의 책임이 있는 그 사람이 말하
였다. "그런 조건이라면 나는 집안간으로서의 책임
을 질 수 없소. 잘못하다가는 내 재산만 축나겠소.
나는 그 책임을 질 수 없으니, 당신이 내가 져야
할 집안간으로서의 책임을 지시오."
7 옛적에 이스라엘에는, 유산매매나 물물교
환과 같은 일을 법적으로 분명히 할 때에는, 한쪽
사람이 다른 한쪽 사람에게 자기의 신을 벗어서
주는 관습이 있었다. 이스라엘에서는 이렇게 함으
로써 일이 확정된다는 증거를 삼았다. 8 집안간
으로서의 책임이 있는 그 사람이 보아스에게 "당
신이 사시오" 하면서, 자기의 신을 벗어 주었다.
9 그러자 보아스가 원로들과 온 마을 사람들에게
선언하였다. "여러분은 오늘 이 일의 증인입니다.
나는 엘리멜렉이 가지고 있던 모든 것과, 기룐과
말론이 가지고 있던 모든 것을 나오미의 손에서
사겠습니다. 10 나는 말론의 아내인 모압 여인
룻도 아내로 맞아들여서, 그 유산이 고인의 이름
으로 남아 있도록 하겠습니다. 그렇게 하여, 고인
의 이름이 그의 고향 마을에서도 끊어지지 않고,
친족들 사이에서도 끊어지지 않도록 하겠습니다.
여러분은 오늘 이 일의 증인입니다." 11 그러자
성문 위 회관에 모인 온 마을 사람들과 원로들이
대답하였다. "우리가 증인입니다. 주님께서, 그대의
집안으로 들어가는 그 여인을, 이스라엘 집안을
일으킨 두 여인 곧 라헬과 레아처럼 되게 해주
시기를 빕니다. 에브랏 가문에서 그대가 번성하고,
또한 베들레헴에서 이름을 떨치기를 빕니다.
12 주님께서 그 젊은 부인을 통하여 그대에게
자손을 주셔서, 그대의 집안이 다말과 유다 사이
에서 태어난 아들 베레스의 집안처럼 되게 하시
기를 빕니다."
13 보아스는 룻을 아내로 맞이하였다. 그 여
인이 자기 아내가 되자, 그는 그 여인과 동침하였다.
주님께서 그 여인을 보살피시니, 그가 임신하여
아들을 낳았다. 14 그러자 이웃 여인들이 나오
미에게 말하였다. "주님께 찬양을 드립니다. 주님
께서는 오늘 이 집에 자손을 주셔서, 대가 끊어지지
않게 하셨습니다. 그의 이름이 이스라엘에서 늘
기리어지기를 바랍니다. 15 시어머니를 사랑하는

ㄱ) 고대 라틴어역과 불가타와 시리아어역을 따름. 히, '나오미와 고인의 아내인 모압 여인 룻의 손에서 그 밭을 사는 날에, 고인의 이름으로 그 유산이 이어지도록 하시오'

일단 아이가 태어나면 그는 그 재산을 다시 그 아이에게 되돌려 주어야 할 것이다. **4:7-8** 신발을 벗는 것은 자기가 엘리멜렉이 모압으로 갈 때 남겨 두었던 재산을 주장하거나 되찾을 권리를 기꺼이 포기한다는 것을 뜻한다. 성경 기자가 *옛적에 이스라엘에는…관습이 있었다* 라고 적고 있는 것은 그 이야기가 그 관습이 이미 사라지고 없는 후대에 살고 있는 사람들에게 전해지고 있다는 것을 보여준다. **4:11-12** 이러한 법적인 계약에 대한 증인으로 사람들은 룻이 자녀를 많이 낳을 것을 함께 축원해주고 있다. *레아*는 유다의 어머니이며 (창 29:35) 베들레헴의 사람들은 자기들의 조상을 베레스를 지나 유다에까지 거슬러 올라간다. 베레스는 다말이 자기 시아버지를 속이고 자기와 성관계를 가지도록해서 얻은 쌍둥이의 한 명이다 (창 38:1-30). 다말의 이야기는 룻의 이야기와 여러 점에서 닮았다. 그러므로 18-22절에 있는 족보는 남자 조상을 거슬러 올라가지만 베들레헴 사람들은 우리에게 가계의 혈통이 끊어지지 않도록 연속성을 보장한 사람들은 여자 조상이었음을 상기시켜 주고 있다. **4:13** *주님께서 그 여인을 보살피시니 그가 임신하여.* 비록 결혼의 절정은 인간의 활동이지만, 아이를 배는 것은 하나님의 선물이라고 고백된다 (창 21:1-2; 25:21; 29:31-32; 30:22-23). **4:14-17** 보아스와 룻이 오벳을 나오미의 *아들*이라고 부르는 것을 허락했기 때문에 나오미는 이제 한 때는 엘리멜렉에게 속했던 재산으로부터 이익을 얻고 상속을 할 수 있는 "회복자"(가까운 집안사람)가 생긴 것이다 (4:10을 보라). 그러나 베들레헴의 여인들은 단지 가족간에 재산을 유지하는 것 이상의 구원이 있음을 보았다. 그들은 하나님이 잉태케 하신 그 아이가 나오미의 삶을 뒤집어서 한때는 그녀를 고통스럽게 했던 텅 빈 삶을 충만케 할 것이라고 이야기한다. **4:18-22** 족보가 앞으로는 다윗의 출생을 생각하고 뒤로는 베레스까지 거슬러 가는 것으로 보아 오벳의 부모들의 어느 누구도 흠이 없는 혈통을 가지지 않은 것을 알 수 있다. 룻의 조상은 롯과 그의 딸 중 한 사람 사이에서 낳은 근친상간적인 결합으로 거슬러 갈 수 있고 (창 19장) 보아스는 유다와 그의 가나안 며느리 사이의 부정한 결합의 후손이다 (창 38장). 그리고 다윗은 모압 여인에게서 오직 4대밖에 내려오지 않은 후손이다. 신약성경에서는 마태복음에 나오는 예수님의 족보는 또한 다윗의 남부끄러운 조상인 라합(수

며느리, 아들 일곱보다도 더 나은 며느리가 아기를
낳아 주었으니, 그 아기가 그대에게 생기를 되찾아
줄 것이며, 늘그막에 그대를 돌보아 줄 것입니다."
16 나오미가 그 아기를 받아 자기 품에 안고 어
머니 노릇을 하였다. 17 이웃 여인들이 그 아기
에게 이름을 지어 주면서 "나오미가 아들을 보았
다!" 하고 환호하였다. 그들은 그 아기의 이름을
오벳이라고 하였다. 그가 바로 이새의 아버지요,
다윗의 할아버지이다.

18 다음은 베레스의 계보이다. 베레스는 헤
스론을 낳고, 19 헤스론은 람을 낳고, 람은 암미
나답을 낳고, 20 암미나답은 나손을 낳고, 나손은
살몬을 낳고, 21 살몬은 보아스를 낳고, 보아스는
오벳을 낳고, 22 오벳은 이새를 낳고, 이새는
다윗을 낳았다.

2:1-21; 6:22-25에 나오는 기생)을 보아스의 어머니로 명단에 추가하고 있다. "주님을 섬기려고 하는 이방 사람들"로서 (사 56:6), 룻과 다말과 라합은 메시아가 나신 왕들의 혈통의 어머니들로 "영원한 명성"(사 56:5)을 부여받았다. 여기서의 요점은 다윗의 혈통을 부끄럽게 하려는 것이 아니라, 어떤 인간의 행동이나 자격 이전에 주어지는 하나님의 은혜를 강조하려는 것이다. 하나님은 인간의 판단 기준으로 볼 때는 세상에서 하나님의 목적을 성취하기에 자격이 없는 것처럼 보이는 사람들을 선택하신다.

사무엘기상

사무엘상과 사무엘하는 원래 한 권의 책이었고, 유대교 정경에서는 한 권의 책으로 되어 있다. 사무엘서가 상하로 구분되게 된 것은 모음 없이 자음으로만 기록된 하나의 히브리어 두루마리 성경이 기원전 2세기경 희랍어로 번역되면서 두 개의 두루마리를 필요로 하게 되면서 나누어지게 되었다. 아래의 주석은 전체 사무엘서의 일관성 있는 특성, 주제, 그리고 신학을 인정할 뿐만 아니라, 동시에 현재 두 권으로 되어 있는 전통적인 구분도 인정한다.

사무엘상하는 공간과 시간과 문학, 이렇게 세 가지 소재가 배열되어 있다. 공간적으로, 사무엘상하는 가나안 혹은 이스라엘로 알려진 영토의 위치를 말한다. 등장인물들은 서부의 블레셋 해안지역과 요르단지역을 때때로 침략하기도 한다. 시간적인 면에서, 사무엘상하는 부족연맹체제의 말엽과 초대 왕 사울(기원전 1020-1000년경)과 두 번째 왕 다윗(기원전 1000-961년경)의 치리기간으로 되어 있다. 문학적인 면에서, 사무엘상하는 전기예언서(여호수아, 사사기, 사무엘상하, 그리고 열왕기상하)의 한가운데 위치하고 있다. 신명기에서 이미 소개되었듯이, 이상의 네 권의 책은 독특한 신학적 특성을 대표하고 있으며, 학자들은 그 특성을 신명기사관(Deuteronomistic History)으로 칭한다. 만약에 민족이 하나가 되어 하나님께 충성을 다하면, 그 민족은 번영할 것이다. 만약에 신실하지 못하다면, 그 민족은 적들과의 비참한 군사적 충돌을 피할 수 없게 될 것이다. 만약에 백성이 회개하지 않는다면, 그 민족은 사라질 수밖에 없게 될 것이다. 여호수아서와 사사기에서 하나님께 충실하다는 것은 우선적으로 다른 신들을 섬기지 않는다는 것을 의미한다. 사사기의 지도자들은 일반적으로 하나님께 충실하였다. 충실하지 못한 것은 오히려 백성이었다. 사무엘상하에서는 지도자들이 불충실하였다. 비록 그들이 하나님만을 섬기기는 하지만, 결과는 재앙이었다. 여기에서 재앙을 초래한 것은 백성들이 아니라 불충실한 지도자들이었다. 이러한 신학은 전쟁에서 패하는 것이 하나님의 노여움의 증거이며, 전쟁을 승리로 이끈 지도자는 하나님이 사랑하는 자이고, 패한 지도자는 그렇지 못한 자로 이해된다는 점을 보여준다.

사무엘상은 두 개의 커다란 연속적 주제로 구성되어 있다. 첫 번째 주제는 공적인 것으로, 훌륭한 정치체제의 중요성이 강조된다. 부족연맹체제에서 하나님은 사사들을 선택하신다. 사무엘상은 이미 여호수아서에서 몇 번 암시되었던 (8:22-23; 9:1-57; 17:6; 18:1; 19:1; 21:25) 카리스마적 부족연맹체제로부터 세습 왕권으로의 어려운 전환에 초점을 맞추고 있다. 거기서 독자들은 분명히 왕권을 거부한 기드온을 칭송하고, 반대로 왕권을 옹호했던 아비멜렉을 싫어할 수밖에 없었다. 하지만, 21:25(여호수아의 마지막 절)에 나타난 마지막 제안으로, 왕권의 부재가 이스라엘의 무정부상태의 원인으로 간주된다. 군사적, 정치적 이유들이 이러한 전환에 박차를 가하였다. 그 무렵 느슨하게 조직되어 있던 부족연맹체제는 3대에 걸쳐서 (삼손, 엘리, 사무엘) 블레셋 사람들과 전쟁을 치렀지만, 단 한 번도 승리하지 못하였다. 그러나 사무엘상은 정권의 변화에 담겨있는 신학적 의미에 더 많은 관심을 기울이고 있다. 즉 여러 민족에 대한 이스라엘의 역할은 무엇이며 (창 12:1-3, 출 19:4-6), 하나님과 이스라엘 백성 사이의 특별한 관계란 무엇인가? 지도자들이 하나님에 의해 선택되는 것이 아니라 세습될 때, 하나님은 어떻게 통치하실 것인가?

사무엘상에 나타난 두 번째 주요 주제(사무엘하에서도 계속된다)는 개인적인 것으로, 복잡한 관계를 다룬다, 즉 백성과 하나님 사이의 복잡한 관계와 백성과 백성 사이의 복잡한 관계를 다룬다. 하나님은 사울과 왕권에 대해 알기 어려운 복잡한 반응을 보여주시지만, 중심역할을 행하던 율법서(토라)의 하나님과는 달리 배후에서 활동하신다. 많은 경우 인간 사이의 관계는 가족간의 관계이다. 한나와 브닌나로부터 시작해서 엘리와 그의 아들들, 사무엘과 그의 아들들, 그리고 사울과 그의 자녀들의 관계처럼, 거의 모두가 갈등에 처해 있다. 부모와 자녀관계는 사무엘상하 전반에 걸쳐있는 주된 관심거리이다. 다른 관계들도 가족관계와 유사하지만 (사무엘/사울, 사울/다윗, 요나단/다윗), 관계된 사람들의 정치적이고 군사적인 통치 욕구와 권력에 의해 더욱 복잡하게 된다. 사실, 관계성뿐만 아니라 개인들조차도 복잡하다. 가장 이상적인 인물 몇몇은 끔찍한 과실을 저지르지만, 가장 무력하고 해를 끼치는 사람들은 전형적인 악한들이 아니라 이해할만한 동기를 가진 사람들로 그려지기도 한다.

이렇게 복잡한 관계에 있는 사람들과 사건들에 관한 이야기들이 다양한 관점에서 이야기되고 있다. 사무엘상하에서 몇 가지 주요 사건들은 다른 문맥에서 반복적으로 이야기되고 있다 (예를 들어, 엘리 집안의 몰락은 삼상 2:27-36과 3:11-14에서 예언되었다. 사울에 대한 거부는 삼상 13:5-14와 15:1-35에서 찾아볼 수 있다. 골리앗의 죽음은 삼상 17:1-54와 삼하 21:18-19에 나타난다. 그리고 사울의 죽음은 삼상 31:1-7과 삼하 1:1-10에 묘사된다). 그에 더하여, 일부 이야기는 주요 인물들을 정반대로 그려주고 있기도 하며 (삼상 7:15-17; 8:1-22, 그리고 12:1-25에서, 사무엘은 모든 이스라엘의 재판관이지만, 9:1-20에서 그는 단지 방관자에 지나지 않는다), 또한 주요 사건들에 대해서도 그러하다 (삼상 8장과 12장은 이스라엘 왕정제도에 대해 현저하게 부정적인 태도를 보여주는 하나님을 그리지만, 9:15-16에서 하나님은 사울을 왕으로 선택하고 그를 "블레셋 사람들의 손에서 나의 백성을 구원할" 사람으로 선언하신다). 이러한 반복과 상반된 관점들은 초기 학자들(율리우스 벨하우젠과 마틴 노스를 중심으로)이 사무엘서 본문 배후에 놓여 있는 몇 가지 자료들을 분별해 낼 수 있는 길을 열어 주었다. 이러한 자료들은 실로(Shilo)와 언약궤를 중심으로 일어나는 일련의 이야기들, 부족연맹체제로부터 왕정체제 전환을 증명하는 일련의 자료들, 그리고 그러한 전환을 반대하는 자료들로 구성되어 있다. 더욱 최근에, 리차드 엘리옷 프리드만(Richard Elliott Friedman)은 토라에서 발견된 야웨문서 (J) 역시 신명기사관을 관통해 흐르고 있다는 사실을 제안하였다. 그는 다윗의 이야기와 많은 주제적, 언어적, 그리고 구성적 평행성을 지적하였다. 실로, 사무엘상하 배후에는 다양한 자료가 있으나, 우리가 지금 가지고 있는 것은 반복과 변형에 대한 서투른 기억을 가진 사람들에 의해 느슨하게 배열되어 있는 일련의 단절된 이야기들이 아니라, 오히려 인물들과 그들 행동의 복잡성의 깊이를 예시하기 위해 관점을 변화시키고 반복을 이용하여 주의깊게 편집한 문학 작품이다. 성서 기자들과 편집자들은 그들이 묘사하는 사건의 의미에 대해 대조되는 자료들을 사용함으로써, 독자들이 본문의 의도를 이해할 수 있도록 돕기 위해 현실적으로 가장 잘 균형 잡힌 인물들과 복잡화된 사건들을 표현할 수 있었던 것이다.

아래의 개요는 훌륭한 정치와 유능한 지도자들을 찾으려는 시도와 관련된 정치적인 관계와 개인적인 관계들을 보여준다. 본문에 부속되어 있는 주석들은 본문 사건의 유래를 밝혀줄 만한 자료를 분석하기보다는 오히려 그 이야기들이 현재 형태로 구성된 경로를 보여줄 것이다.

사무엘상의 개요는 다음과 같다. 성경본문에 따라 세밀하게 조사할 필요가 있는 주석은 이 개요를 따를 것이며, 명확성을 기하기 위해서 더 보충하여 상세하게 설명될 것이다.

I. 서언: 한나와 엘리, 1:1—2:11
  A. 사무엘의 출생, 1:1-28
  B. 한나의 노래, 2:1-11
II. 엘리와 사무엘, 2:12—7:17
  A. 엘리의 아들들과 한나의 아들, 2:12—4:1a
  B. 엘리가 이스라엘을 통치함: 블레셋 사람들이 언약궤를 빼앗아감, 4:1b—7:2
  C. 사무엘이 이스라엘을 통치함: 블레셋 사람들이 물러감, 7:3-17

III. 사무엘과 사울: 왕정체제의 시작, 8:1—12:25
- A. 백성이 왕을 요구함, 8:1-22
- B. 하나님이 사울을 사무엘에게 보내어 기름부음을 받게 함, 9:1—10:16
- C. 백성이 사울을 받아들임, 10:17—11:13
- D. 사무엘의 변명과 마지막 경고, 11:14—12:25

IV. 사무엘과 사울: 첫 번째 왕을 거절함, 13:1—16:13
- A. 사무엘이 사울을 꾸짖음, 13:1-15a
- B. 백성이 사울을 거부함, 13:15b—14:52
- C. 하나님이 사울을 거부함, 15:1-35
- D. 하나님이 사무엘을 다윗에게 보내어 그를 왕으로 기름부음, 16:1-13

V. 사울과 다윗의 연합, 16:14—22:5
- A. 사울과 다윗이 만나다, 16:14-23
- B. 사울이 이스라엘을 통치함: 블레셋 사람들의 조롱, 17:1-58
- C. 사울이 다윗의 인기를 두려워함, 18:1—19:7
- D. 다윗이 사울로부터 도망함, 19:8—22:5

VI. 다윗과 사울의 깨짐, 22:6—31:13
- A. 사울이 이스라엘 백성을 죽임: 다윗이 블레셋 사람들을 쳐부숨, 22:6—23:29
- B. 다윗이 살인죄를 모면함, 24:1—26:25
- C. 다윗과 아기스, 27:1—28:2
- D. 사울과 무당, 28:3-25
- E. 블레셋 사람들이 다윗을 전쟁터에서 배척함, 29:1-11
- F. 다윗이 그의 적들을 쳐서 승리함, 30:1-31
- G. 사울이 그의 적들에 의해 살해당함, 31:1-13

캐롤 그리저드 (Carol Grizzard)

엘가나의 실로 순례

1 1 에브라임 지파에 속한 숩의 자손 엘가나라는 사람이, 에브라임의 산간지방에 있는 라마다임에 살고 있었다. 그의 아버지는 여로함이고, 할아버지는 엘리후이고, 그 윗대는 도후이고, 그 윗대는 숩이다. 2 엘가나에게는 두 아내가 있었는데, 한 아내의 이름은 ㄱ)한나요, 또 한 아내의 이름은 ㄴ)브닌나였다. 브닌나에게는 자녀들이 있었지만, 한나에게는 자녀가 하나도 없었다. 3 엘가나는 매년 한 번씩 자기가 사는 성읍에서 실로로 올라가서, 만군의 주님께 경배하며 제사를 드렸다. 그 곳에는 엘리의 두 아들인 홉니와 비느하스가 주님의 제사장으로 있었다.

4 엘가나는 제사를 드리고 나서는, 늘 아내 브닌나와 그가 낳은 모든 아들딸에게 제물을 각각 한 몫씩 나누어 주곤 하였다. 5 그러나 한나에게는 두 몫을 주었다. 비록 주님께서 한나의 태를 닫아 놓으셨지만, 엘가나는 한나를 사랑하였다. 6 주님께서 한나의 태를 닫아 놓으셨으므로, 그의 적수인 브닌나는 한나를 괴롭히고 업신여겼다. 7 이런 일이 매년 거듭되었다. 한나가 주님의 집으로 올라갈 때마다, 브닌나가 한나의 마음을 늘 그렇게 괴롭혔으므로, 한나는 울기만 하고, 아무것도 먹지 않았다. 8 그럴 때마다 남편 엘가나가 한나를 위로하였다. "여보, 왜 울기만 하오? 왜 먹지 않으려 하오? 왜 늘 그렇게 슬퍼만 하는 거요? 당신이 열 아들을 두었다고 해도, 내가 당신에게 하는 만큼 하겠소?"

한나와 엘리

9 한번은 엘가나 일행이 실로에 있는 주님의 집에서 음식을 먹고 마신 뒤에, 한나가 일어나서 자리를 떴다. 그 때에 제사장 엘리는 ㄷ)주님의 성전 문설주 곁에 있는 의자에 앉아 있었다. 10 한나는

ㄱ) '풍성한 은혜' ㄴ) '홍보석' ㄷ) 히, '헤칼 아도나이'. 솔로몬의 성전이 건축되기 이전이므로, '성막'을 가리킴

1:1—2:11 사무엘상하가 민족의 정치적 전환과 그 전환점에서 강하게 영향을 주고받고 있는 사람들에 초점을 맞추고 있지만, 사무엘상은 가족 안의 갈등 한가운데 있는 한 나약한 여성으로부터 시작된다. 이 이야기는 세 가지 연속적인 주제들을 제시하고 있다. 가족간의 다툼 (1:1-8; 2:12-17, 22-25; 8:1-3; 14:42-44; 20:30-34), 드러나지는 않지만, 찾고자 하는 사람들에게 분명하게 드러나는 하나님의 역사하심 (1:20; 7:13; 23:27-28; 25:36-39; 26:12), 그리고 비천한 사람을 예상치 않게 높이시는 하나님(1:20; 2:1-10; 3:1— 4:1a; 16:13)이 그것들이다. 이 이야기의 일부 요소들은 누가복음과 사도행전에서도 사용된다 (삼상 1:3 // 눅 2:41; 삼상 1:12-24 // 행 2:13-15; 삼상 2:1-10 // 눅 1:46-55).

1:1-28 하나님은 이삭, 야곱, 요셉, 삼손의 출생 이야기에서처럼, 사무엘의 출생에서도 특별하게 역할을 하신다. 이 책의 제목이 다른 어떤 인물들보다도 중심인물로 그려져 있는 다윗이 아니라, 사무엘상(25:1)의 중간 부분에서 죽은 사무엘의 이름을 따서 붙여졌다는 사실은 하나님께 온전하게 신실한 모습을 지닌 지도자로서의 사무엘의 중요성을 부각시켜 주기 위함이다. 사무엘은 이스라엘 민족 가운데서 나실인 (1:11), 제사장 (2:18; 3:1), 예언자 (3:2— 4:1), 그리고 사사(7:3-17)로 많은 역할을 했던 사람으로 이해되고 있다. 사무엘상의 이야기는 이스라엘의 중앙 성소이며, 언약궤를 보관하고 있는 실로(4:3-4에 관한 주석을 보라)에서 시작한다. 7절에 있는 *주님의 집*과 9절에 있는 *주님의 성전*이라는 구절들은 보통 후기 예루살렘 성전시대 때 사용되던 표현들이었으며, 이 성소의 역할을 말해주는 것들이다. 마소라사본에서 사무엘상하 앞에 놓인 사사기의 끝부분에서, 실로는 아내로 삼기 위해 여인들을 납치한 베냐민 사람들의 공격을 받았다 (삿 21:19-23). 이 이야기는 이스라엘이 왕을 요청하는 필요성이 절박했음을 말해주는 끔찍한 사건이었다 (삿 21:25). 곧이어 실로가 혼란에 처해 있었음에도 불구하고 (2:12-17, 27-36), 이 장은 실로를 평화스럽고, 하나님의 영이 충만한 장소로 나타낸다. **1:1** 엘가나는 에브라임의 후손으로 기록되어 있지만, 대상 6:22-28에서 그는 고핫(그를 통해 언약궤를 섬기는 사무엘이 정당화된다)의 자손 으로 레위 지파 사람으로 이해되고 있다. 그의 고향인 *라마다임*은 사무엘서에서 보통 *라마*로 불린다 (1:19). **1:2** 사라, 리브가, 라헬(창 17:16-19; 25:21-26; 29:31—30:24)과 삼손의 모친(삿 13:2-5)에 대한 이야기들은 임신할 수 없는 한나가 아들을 갖게 될 것임을 암시해 준다 (또한 눅 1:5-25의 엘리사벳의 이야기를 보라). **1:3** *매년 한 번씩 올라가서.* 눅 2:41 참조. 이 책에서 하나님을 가리키는 첫 번째 용어는 성경에서 처음으로 사용된 *만군의 주님*이라는 칭호이다. (개역개정은 "만군의 여호와;" 공동번역은 "만군의 야훼.") 이 용어는 천국의 군사들과 이스라엘의 군사를 지휘하는 하나님의 이미지를 환기시켜 준다 (17:45; 시 148:2와 같이). *엘리.* 엘리는 성소의 제사장으로 소개된다; 4:18에서는 그가 사사로 묘사된다. *홉니와 비느하스.* 이들에 대해서는 2:12-17을 보라. **1:4-8** 엘가나와 그의 아내들과의 관계는 불행했던 또 다른 가정을 생각나게 한다: 야곱, 사랑했지만 불임이었던 아내 라헬과 레아를 생각나게 한다 (창 29:30—30:24).

1:9-11 괴로움에 고통 받던 한나는 아들을 간구

괴로운 마음으로 주님께 나아가, 흐느껴 울면서
기도하였다. 11 한나는 서원하며 아뢰었다. "만
군의 주님, 주님께서 주님의 종의 이 비천한 모습을
참으로 불쌍히 보시고, 저를 기억하셔서, 주님의
종을 잊지 않으시고, 이 종에게 아들을 하나 허락
하여 주시면, 저는 그 아이의 한평생을 주님께 바치
고, 삭도를 그의 머리에 대지 않도록 하겠습니다."
12 한나가 주님 앞에서 계속 기도를 드리고
있는 동안에, 엘리는 한나의 입술을 지켜보고
있었다. 13 한나가 마음 속으로만 기도를 드리고
있었으므로, 입술만 움직이고 소리는 내지 않았다.
그러므로 엘리는, 한나가 술에 취한 줄로 생각하고,
14 그를 꾸짖었다. "언제까지 술에 취해 있을 것
이오? 포도주를 끊으시오." 15 한나가 대답하였
다. "제사장님, 저는 술에 취한 것이 아닙니다. 포
도주나 ㄱ)독한 술을 마신 것이 아닙니다. 다만 슬
픈 마음을 가눌 길이 없어서, 저의 마음을 주님 앞
에 쏟아 놓았을 뿐입니다. 16 이 종을 ㄴ)나쁜 여
자로 여기지 마시기 바랍니다. 너무나도 원통하
고 괴로워서, 이처럼 기도를 드리고 있습니다."
17 그러자 엘리가 말하였다. "그렇다면 평안한
마음으로 돌아가시오. 이스라엘의 하나님이, 그
대가 간구한 것을 이루어 주실 것이오." 18 한나가
대답하였다. "제사장님, 이 종을 좋게 보아 주시기
바랍니다." 한나는 그 길로 가서 음식을 먹었다.
그리고 다시는 얼굴에 슬픈 기색을 띠지 않았다.
19 다음날 아침, 그들은 일찍 일어나 주님께 경
배를 드리고 나서, 라마에 있는 집으로 돌아왔다.

사무엘의 출생과 봉헌

엘가나가 아내 한나와 동침하니, 주님께서 한
나를 기억하여 주셨다. 20 한나가 임신을 하고,
달이 차서 아들을 낳았다. 한나는, 주님께 구하여
얻은 아들이라고 하여, 그 아이의 이름을 ㄷ)사무엘
이라고 지었다.

ㄱ) 곡식이나 과일로 만든 도수가 높은 술 (히, 셰카르) ㄴ) 히, '밧 블리야알 (블리야알의 딸)', '악한 여자' ㄷ) '하나님이 들으셨다', '그의 이름은 하나님이시다', '그의 이름에 권능이 있다' 또는 '하나님에게 간구하였다'

하며, *그 아이의 한평생을 주님께 바치고* 나실인으로 기를 것을 서약한다. *나실인.* 나실인들은 포도주 혹은 포도로 만들어지는 어떤 것도 마시지 않으며, 머리카락을 자르지 않으며, 시체를 만져 더러워지는 일이 없게 하겠다(가까운 친족의 시체도 포함하여)는 특별한 서약을 한 사람들이다. 이러한 서약은 일반적으로 제한된 기간 동안만 지켜진다. 민 6:1-21을 참조하라. 삿 13:3-5에서 한 천사가 삼손이 반드시 그렇게 길러져야 한다고 그의 어머니에게 말했으나, 삼손은 이 서약을 지키지 않았으며 (16:15-21), 그래서 궁극적으로는 서약한 대로 살지 못했다. 아마도 한나의 자발적인 서약은 더 효과적인 것으로 증명될 것이다. 9절의 *주의 성전에* 대해서는 1:1-28에 관한 주석을 보라. **1:12-18** 엘리의 첫 번째 말은 기도와 술 취함을 구별하지 못하는 제사장에게 예측할 수 없는 그의 무능력함을 보여준다 (행 2:13-15 참조). 이러한 묘사는 이처럼 성별된 지도자, 특별히 이스라엘의 가장 중요한 성소의 제사장이 얼마나 유능할 수 있을 것인가에 대한 질문을 제기한다. 엘리의 말은 아마도 새로운 지도자가 필요한 상황임을 암시하는 것 같다. 이상하게도 엘리의 족보는 나타나지 않는다. 삿 20:28은 언약궤가 한 번은 아론의 손자이며 엘르아살의 아들인 비느하스가 섬기고 있었던 적이 있다고 말한다. 엘리는 아마도 비느하스의 자손일 것으로 추정된다. 그의 자녀들 가운데 한 사람이 또한 *비느하스*이다 (1:3).

1:19-20 *라마.* 라마에 대해서는 1:1에 관한 주석을 보라. 한나를 기억하여 주시는 하나님은 출 2:24를 연상시켜 준다. 거기서 아브라함 자손들과 맺은 언약에 대한 하나님의 기억은 위대한 지도자가 될 모세를 부르게 하셨다. 아이를 가질 수 없었던 여인은 공동체 관행상 멸시를 당했으며, 존경을 받지 못했다 (엘가나는 그녀를 사랑했지만 브닌나의 조롱을 멈추게 하지 못했으며, 브닌나의 태도는 한나의 불임이 일반적으로 어떻게 간주되었는지를 보여준다. 1:1-8을 참조). **1:20** 임신할 수 없는 여인이 임신했다는 사실은 낮은 자가 높여지며 옹호된다는 것을 예증한다 (1:1—2:11에 관한 주석을 보라; 또한 눅 1:25를 보라). 기도하고 난 이후 얼마 있다가 임신했는지에 대한 언급은 없으며, 명확하게 연관을 지으려고 하지 않는다. 불임이었던 사라, 리브가, 삼손의 모친, 엘리사벳(창 18:9-15; 25:23; 삿 13:2-5; 눅 1:24-25)과는 달리, 그 어떠한 초자연적인 중개로 한나의 임신을 선언하거나 설명하지 않는다 (라헬과 같이). 여기에서 하나님이 행하신 것이 다른 여성들의 경우에서처럼 명백하지는 않을지라도, 한나는 그럼에도 불구하고 사무엘("하나님으로부터 온 자" 혹은 "하나님의 이름"을 의미한다)을 기도에 대한 응답으로 간주한다. 그 이름에 대한 한나의 설명(하나님께 구하여 얻은 아들)은 히브리어 어근인 *샤알*("구하다 혹은 요청하다," "묻다")을 사용한 것이다. 이 어근은 종종 사울의 이름(*샤울*)에서 사용된 것으로 이해하기도 하며, 이에 일부 학자들은 이것이 본래 그의 출생 이야기였다고 주장하기도 한다 (사울 이름의 히브리어 자음 4개 모두가 사무엘에게 사용되고 있어서 그 둘을 혼동하기 쉽다). 그러나 사무엘의 이름에 대한 이 설명이 사울에 대한 하나의 암시라면, 그것은 빗대어 말하는 것이다. 사람들은 사울을

21 남편 엘가나가 자기의 온 가족을 데리고
주님께 매년제사와 서원제사를 드리러 올라갈
때가 되었을 때에, 22 한나는 함께 올라가지 않고,
자기 남편에게 이렇게 말하였다. "나는 아이가 젖을
뗄 때까지 기다렸다가, 젖을 뗀 다음에, 아이를 주
님의 집으로 데리고 올라가서, 주님을 뵙게 하고,
아이가 평생 그 곳에 머물러 있게 하려고 합니다.
ㄱ)나는 그 아이를 평생 나실 사람으로 바치겠습
니다." 23 남편 엘가나가 그에게 대답하였다.
"당신 생각에 그것이 좋으면, 그렇게 하시오. 그
아이가 젖을 뗄 때까지 집에 있으시오. 주님께서
ㄴ)당신의 말대로 이루어 주시기를 바라오." 그래서
그의 아내는 아들이 젖을 뗄 때까지 집에 머무르
면서 아이를 길렀다.
24 마침내 아이가 젖을 떼니, 한나는 아이를
데리고, ㄷ)삼 년 된 수소 한 마리를 끌고, 밀가루
한 에바와 포도주가 든 가죽부대 하나를 가지고,
실로로 올라갔다. 한나는 어린 사무엘을 데리고
실로에 있는 주님의 집으로 갔다. 25 그들이 수
소를 잡고 나서, 그 아이를 엘리에게 데리고 갔다.
26 한나가 엘리에게 말하였다. "제사장님, 나를
기억하시겠습니까? 내가, 주님께 기도를 드리려
고 이 곳에 와서, 제사장님과 함께 서 있던 바로
그 여자입니다. 27 아이를 낳게 해 달라고 기도
하였는데, 주님께서 내가 간구한 것을 이루어 주
셨습니다. 28 그래서 나도 이 아이를 주님께 바
칩니다. 이 아이의 한평생을 주님께 바칩니다."
ㄹ)그런 다음에, 그들은 거기에서 주님께 경배
하였다.

한나의 기도

2 1 한나가 기도로 아뢰었다.

"주님께서 나의 마음에
기쁨을 가득 채워 주셨습니다.
ㅁ)이제 나는
ㅂ)주님 앞에서
얼굴을 들 수 있습니다.
ㅅ)원수들 앞에서도 자랑스럽습니다.
주님께서 나를 구하셨으므로,
내 기쁨이 큽니다.

2 주님과 같으신 분은 없습니다.
주님처럼 거룩하신 분은 없습니다.
우리 하나님같은 반석은 없습니다.

3 너희는 교만한 말을
늘어 놓지 말아라.
오만한 말을 입 밖에 내지 말아라.
참으로 주님은
모든 것을 아시는 하나님이시며,

ㄱ) 사해 사본에는 이 말이 더 있음. 나실 사람은 '구별된 사람', '거룩하게 바쳐진 사람' ㄴ) 사해 사본과 칠십인역과 시리아어역을 따름. 마소라 본문에는 '주님의 말씀대로' ㄷ) 사해 사본과 칠십인역과 시리아어역을 따름. 마소라 본문에는 '수소 세 마리' ㄹ) 칠십인역(사해 사본 참조)에는, '그(한나)는 그(사무엘)를 거기에 두어 주님을 섬기게 하였다' ㅁ) 또는 '주님 안에서 내 힘이 높아졌다'. 히, '주님 안에서 내 뿔이 높아졌다'. '뿔'은 '힘'을 상징함 ㅂ) 칠십인역에는 '하나님' ㅅ) 히, '내 입이 내 원수들을 향하여 크게 열렸다'

요청 (*샤알*에서 유래)하였지만 (12:12-13), 그들이 정말로 필요로 했던 지도자는 바로 사무엘이다. 28절에서는 2:20과 마찬가지로, 동일한 어근이 그를 하나님에게 돌려드리는 (여기서는 *"바치는"*으로 번역됨) 한나를 묘사할 때 사용된다.

1:21-28 민 30:6-15에 따라 엘가나는 한나의 서약(1:11)을 무효로 하고 그의 아들을 보호할 수 있었다. 그녀의 서약을 계속해서 지킬 수 있도록 내버려 둔 그의 의지는, 비록 23절이 그의 행동이 한나에 대한 강한 애착에서 기인하고 있음을 보여줌에도 불구하고, 하나님이 그들에게 아들을 주셨다는 하나님에 대한 그의 믿음을 보여준다. **1:22** *나실인.* 이것에 대해서는 1:9-11에 관한 주석을 보라. 한나는 그녀의 유일한 아들을 실로 성소—그녀가 그를 간구한 곳—에 바치고 사무엘을 양육하기 위한 비용을 지불함으로써 그녀의 서약을 이행한다. 비록 그녀가 그를 포기하였지만, 그녀는 여전히 그에 대한 책임을 지고 있다. **1:28** *아이를 주께 바치다*는 것에 대해서는 1:20에 관한 주석을 보라.

2:1-11 이 시는 민족적 차원의 감사시이고, 특별하게 한나의 상황에만 관계되는 것은 아니다 (5b 참조). 이는 아마도 사무엘서 이후에 지어진 시인 것으로 추정된다 (10b 참조). 그럼에도 불구하고, 하나님이 그의 백성을 억압으로부터 해방시킨다는 주제는 사무엘상하 전체에 흐르고 있기 때문에 이 시는 여기에서 적절하다. (이 노래는 눅 1:46-55의 성모마리아 찬가의 모델이 된다). **2:2** *반석.* 이것은 의지할 수 있는 확고한 기반을 말한다 (삼하 22:2-3, 32, 47; 23:3; 마 7:24-27을 참조). **2:3-8** 이스라엘의 원수들은 그들의 행위로 인해 세상을 창조하신 분에 의해 심판을 받게 될 것이라고 경고받고 있다. 그들은 또한 절망적인 상황에서 변두리 인생이 된 이들과 가난한 이들을 해방하는 하나님에 대해 알게 된다. 스올*(Sheol)*에 대해서는 513쪽 추가 설명: "구약성경에 나타난 죽음 이후의 삶"을 보라. **2:9-10** 9절은 근본적으로 신명기사학파의 신학을 가리키고 있다: 하나님은 의로운 자에게 보답하며 악한 자에게 벌을 내리신다.

사람이 하는 일을
저울에 달아 보시는 분이시다.

4 용사들의 활은 꺾이나,
약한 사람들은 강해진다.
5 한때 넉넉하게 살던 자들은
먹고 살려고 품을 팔지만,
굶주리던 자들은
다시 굶주리지 않는다.
자식을 못 낳던 여인은
일곱이나 낳지만,
아들을 많이 둔 여인은 홀로 남는다.
6 주님은 사람을
죽이기도 하시고 살리기도 하시며,
스올로 내려가게도 하시고,
거기에서 다시 돌아오게도 하신다.
7 주님은 사람을
가난하게도 하시고,
부유하게도 하시고,
낮추기도 하시고, 높이기도 하신다.
8 가난한 사람을 티끌에서 일으키시며
궁핍한 사람을
거름더미에서 들어올리셔서,
귀한 이들과 한자리에 앉게 하시며
영광스러운 자리를
차지하게 하신다.
이 세상을 떠받치고 있는 기초는
모두 주님의 것이다.
그분이
땅덩어리를
기초 위에 올려 놓으셨다.
9 주님께서는
성도들의 발걸음을 지켜 주시며,
악인들을
어둠 속에서 멸망시키신다.
사람이 힘으로 이길 수가 없다.

10 주님께 맞서는 자들은
산산이 깨어질 것이다.
하늘에서 벼락으로
그들을 치실 것이다.
주님께서 땅 끝까지 심판하시고,
세우신 왕에게 힘을 주시며,
기름부어 세우신 왕에게
ㄱ)승리를 안겨 주실 것이다."

11 엘가나는 라마에 있는 자기의 집으로 돌아갔으나, 사무엘은 제사장 엘리 곁에 있으면서 주님을 섬기는 사람이 되었다.

엘리의 탐욕스러운 아들들

12 엘리의 아들들은 ㄴ)행실이 나빴다. 그들은 주님을 무시하였다. 13 제사장이 백성에게 지켜야 하는 규정이 있었는데, 그들은 그것도 무시하였다. 누군가가 제사를 드리고 그 고기를 삶고 있

ㄱ) 히, '뿔을 높이실 것이다' ㄴ) 히, '브네 블리야알 (악한 남자)'. 1:16 '나쁜 여자', '밧 블리야알'과 비교

특별 주석

죄인에게는 재앙이 따르고 의인에게는 보상이 따르는 정의에 대한 진술이 잠 1:29-33; 12:21; 13:21에서 광범위하게 지지를 받고 있지만, 다른 성서 기자들은 신정론 문제를 제기한다. 하나님의 정의가 어떻게 무고한 자에게 비극적 상황을 허용할 수 있는가? 이러한 정반대의 관점은 예를 들어 전도서(4:1-3; 7:15)와 욥기(특별히 1—2장)에 나타난다. 이와 비슷하게 많은 기독교인이 그리스도를 가리킨다고 생각하는 사 53:4는 고통 받는 모든 사람들이 벌을 받고 있다고 억측하는 오류를 지적하고 있다.

2:10 왕정체제로의 움직임이 미래 세대에서 일어났고, *왕이* 시대에 맞지 않는 것으로 보아, 아마도 이 시가 훗날에 쓰여진 시임을 암시해 주는 것 같다. 여기에서 이 시는 독자들에게 다가올 변화와 그 변화에 참여하는 하나님에 대해 경고하고 있다. 이 시는 한나를 사무엘상에 나타난 최초의 예언자의 소리로 인정한다. **2:11** 칠십인역 성경은 "그들이" (공동번역은 "한나") 그를 그 곳에 남겨 두었다고 말하는데, 마소라 사본에서는 *엘가나가* 남겨두었다고 말한다. 이 말은 한나가 성소에서 봉사하기 위해 남아 있었다거나 (2:22 참조. 비록 2:18-20이 매년 성소에 올라가곤 하였다고 말하고 있지만), 혹은 간단히 가장의 이름만으로 한 가정을 지시하고 있는 것일 수도 있다는 것을 의미한다 (창 13:1-3 참조).

2:12—7:17 이 부분은 엘리와 사무엘의 관계와 그들이 서로 상이하게 이스라엘에게 끼친 영향을 살펴보고 있다. 이 책에 나타난 몇 가지 예언 가운데 가장 처음 형태가 여기에 나타난다. 그러한 예언들은 다소간 따로 따로 일어난 일들을 하나의 일관된 실체로 연결시키고 있다.

2:12—4:1a 기도로 얻은 한나의 자녀와 그녀를

으면, 그 제사장의 종이 살이 세 개 달린 갈고리를
들고 와서, 14 냄비나 솥이나 큰 솥이나 가마솥에
갈고리를 찔러 넣어서, 그 갈고리에 걸려 나오는
것은 무엇이든지 제사장의 몫으로 가져갔다. 실
로에 와서 주님께 제물을 바치는 이스라엘 사람이
모두 이런 일을 당하였다. 15 그뿐 아니라, 사람
들이 아직 기름을 떼내어 태우지도 않았는데, 제
사장의 종이 와서, 제물을 바치는 사람에게 "제사
장님께 구워 드릴 살코기를 내놓으시오. 그분이
원하는 것은 삶은 고기가 아니라 날고기요!" 하고
말하곤 하였다. 16 제물을 바치는 사람이 그 종
에게 "먼저 기름을 태우도록 되어 있으니, 그렇게
하고 난 다음에 원하는 것을 가져 가시오!" 하고
말하면, 그는 "아니오. 당장 내놓으시오. 그렇지 않
으면 강제로라도 가져 가겠소!" 하고 대답하였다.
17 엘리의 아들들은, 주님께서 보시는 앞에서 이
렇듯 심하게 큰 죄를 저질렀다. 그들은 주님께 바
치는 제물을 이처럼 함부로 대하였다.

실로에 머문 사무엘

18 한편, 어린 사무엘은, 모시 에봇을 입고
주님을 섬겼다. 19 사무엘의 어머니는 해마다
남편과 함께 매년제사를 드리러 성소로 올라가곤
하였다. 그 때마다 그는 아들에게 작은 겉옷을 만
들어서 가져다 주었다. 20 그리고 엘리는 엘가
나와 그의 아내에게 "주님께 간구하여 얻은 아들을
다시 주님께 바쳤으니, 주님께서 두 분 사이에, 이
아이 대신에 다른 자녀를 많이 주시기를 바랍니다"
하고 복을 빌어 주었다. 그들은 이렇게 축복을 받
고서, 고향으로 돌아가곤 하였다. 21 주님께서
한나를 돌보아 주셔서, 한나는 임신하여 아들 셋과
딸 둘을 더 낳았다. 어린 사무엘도 주님 앞에서 잘
자랐다.

엘리와 그의 아들들

22 엘리는 매우 늙었다. 그는 자기 아들들이
모든 이스라엘 사람에게 저지른 온갖 잘못을 상세
하게 들었고, 회막 어귀에서 일하는 여인들과 동
침까지 한다는 소문을 들었다. 23 그래서 그는
그들을 타일렀다. "너희가 어쩌자고 이런 짓을 하
느냐? 너희가 저지른 악행을, 내가 이 백성 모두
에게서 듣고 있다. 24 이놈들아, 당장 그쳐라!
주님의 백성이 이런 추문을 옮기는 것을 내가
듣게 되다니, 두려운 일이다. 25 사람끼리 죄를
지으면 ㄱ)하나님이 중재하여 주시겠지만, 사람이
주님께 죄를 지으면 누가 변호하여 주겠느냐?" 아
버지가 이렇게 꾸짖어도, 그들은 아버지의 말을
듣지 않았다. 주님께서 이미 그들을 죽이려고 하
셨기 때문이다. 26 한편, 어린 사무엘은 커 갈수
록 주님과 사람들에게 더욱 사랑을 받았다.

ㄱ) 또는 '법관이'

오해했던 제사장의 자녀들이 비교되고 있다. 그녀의 아들은 하나님에게 신실했지만, 제사장의 아들들은 부도덕했다. **2:12-26** *홉니와 비느하스*를 묘사하기 위해 *행실이 나빴다고* 표현하고 있다. ("행실이 나쁘다"는 히브리어는 브네 블리야알인데, "나쁜 남자"를 뜻한다. 공동번역은 "망나니"로 번역했음.) 동일한 히브리어 단어가 10:27과 삼하 20:1에서 사용되고 있는데, 권위에 대항하여 반역을 꾀하는 다른 사람들을 묘사하기 위해 사용되고 있다. 사무엘상하를 통해 흐르는 아버지와 아들간에 있는 관계의 문제가 여기에서 처음으로 나타난다 (1:1—2:11에 관한 주석을 보라). 제사장으로서의 엘리의 적임성이 1:12-14에서 문제시되고 있으며, 여기에서 아버지로서의 역할이 다시 제기되고 있다. 그의 제사장인 아들들은 자신들을 위해서 제물의 금지된 부분을 취하고 있다 (레 3:14-17; 7:30-36; 민 18:17-18). **2:18** *에봇.* 이 단어는 사무엘상하에서 여러 면으로 사용되고 있다. 여기에서 사용된 에봇은 대제사장이 입는 정교한 에봇이 아니라, 의식에 사용되는 간단한 겉옷을 가리키고 있다 (22:18; 삼하 6:14에서처럼)—우림과 둠밈을 이용한 의복으로 "주께 간구하는 것"과 관계되어 있다 (출 28:30; 삼상 14:3, 18-19; 23:6-12; 30:7-8). **2:20** *히브리어로 주께 간구하여 얻음은* 어근 *샬*을 사용함으로써 문자 그대로 "그녀가 간구하여 얻은 선물로 인해"로 해석할 수 있다. 1:20에 관한 주석을 보라. **2:21** 2:1-11에 관한 주석을 보라. 특별히 5절에 관한 주석을 보라. 자녀들은 신실함에 대한 하나님의 축복이기 때문이다. 특별히 출 1:21을 보라. **2:22-26** 엘리는 자녀를 인도하는데 무능했기 때문에, 그는 하나님과 백성과 부모를 섬기기 위한 책임을 교육시켜 주지 못했다. 그는 오로지 자신들의 행실로 인해 당하게 될 위험에 대해서만 말한다.

특별 주석

다음의 절들은 25절의 끝부분이 결코 엘리 혹은 그의 아들들의 행동에 대한 책임을 면제해 주지 않는다는 것을 보여준다. 비록 그 끝부분이 엘리의 아들들이 태어나면서부터 그러했다는 의미에서 예정설을 말해주는 것으로 이해되었으나, 그것은 2:9가 말하듯이 잘못된 행위에 대한 분

엘리의 집안에 내린 저주

27 하나님의 사람이 엘리를 찾아와서 말하였
다. "나 주가 말한다. 네 조상의 집이 이집트에서
바로의 집에 [ㄱ]속하였을 때에, 내가 그들에게 나를
분명하게 [ㄴ]나타내 주지 않았느냐? 28 그 때에
내가 이스라엘의 모든 지파 가운데서 네 조상 아
론을 선택해서, 나의 제사장으로 삼아, 나의 제단에
올라와 분향을 하게 하며, 에봇을 입고 내 앞으로
나아와 내 뜻을 듣도록 하지 않았느냐? 또 나는,
이스라엘 자손이 드리는 불살라 바치는 제물을 모
두 너희의 몫으로 차지할 권리를, 네 조상의 집안
에 주지 않았느냐? 29 그런데 너희는 어찌하여,
나의 처소에서 나에게 바치라고 명한 나의 제물과
예물을 [ㄷ]멸시하느냐? 어찌하여 너는 나보다 네
자식들을 더 소중하게 여기어, 나의 백성 이스라
엘이 나에게 바친 모든 제물 가운데서 가장 좋은
것들만 골라다가, 스스로 살찌도록 하느냐?
30 그러므로 나 주 이스라엘의 하나님이 말한다.
지난 날 나는, 너의 집과 너의 조상의 집이 제사장
가문을 이루어 언제까지나 나를 섬길 것이라고 분
명하게 약속하였지만, 이제는 더 이상 그렇게 하지
않겠다. 이제는 내가 나를 존중하는 사람들만 존
중하고, 나를 경멸하는 자들은 수치를 당하게 할
것이다. 나 주의 말이다. 31 [ㄹ]내가 네 자손과 네
족속의 자손의 대를 끊어서, 너의 집안에 오래 살아
나이를 많이 먹는 노인이 없게 할 날이 올 것이다.
32 너는 고통을 받으면서, 내가 이스라엘의 모든
백성에게 베푸는 복을 [ㅁ]시샘하며 바라볼 것이다.
네 가문에서는 어느 누구도 오래 살지 못할 것이다.
33 그러나 나는 네 자손 가운데서 하나만은 끊어
버리지 않고 살려 둘 터인데, 그가 제사장이 되어
나를 섬길 것이다. 그러나 [ㅂ]그는 맹인이 되고,
희망을 다 잃고, 그의 자손들은 모두 젊은 나이에
[ㅅ]변사를 당할 것이다. 34 네 두 아들 홉니와 비
느하스도 한 날에 죽을 것이며, 이것은 내가 말한
모든 것이 반드시 이루어진다는 표징이 될 것이다.
35 나는 나의 마음과 나의 생각을 따라서 행동하는
충실한 제사장을 세우겠다. 내가 그에게 자손을
주고, 그들이 언제나 내가 기름부어 세운 왕 앞에
서 제사장 일을 보게 하겠다. 36 그 때에 너의
집에서 살아 남는 자들은, 돈 몇 푼과 빵 한 덩이를
얻어 먹으려고, 그에게 엎드려서 '제사장 자리나
하나 맡겨 주셔서, 밥이나 굶지 않고 살게 하여 주
십시오' 하고 간청할 것이다."

ㄱ) 사해 사본과 칠십인역에는 '노예였을 때에' ㄴ) 칠십인역과 타르굼과 시리아어역에는 '나타내 주었다' ㄷ) 사해 사본과 칠십인역에는 '탐내느냐?' ㄹ) 히, '내가 네 팔과 네 조상의 집의 팔을 끊어서' 또는 '내가 네 기운 곧 네 가문의 기운을 끊어서' ㅁ) 사해 사본과 칠십인역을 따름. 히, '멸시할 것이다' ㅂ) 사해 사본과 칠십인역을 따름. 히, '너도' ㅅ) 사해 사본과 칠십인역을 따름. 히, '죽을 것이다'

명한 벌이라는 관점에서 더 잘 이해된다. 27절에서도 가리키고 있듯이, 출애굽 이야기에서 "하나님은 바로가 고집을 부리게 하셨다"(출 7:3; 9:12; 10:1)와 "바로는 고집을 부렸다" (출 8:15, 32; 9:34-35)는 반복적인 진술들을 참조하라. 또한 삼상 6:6을 보라. 바로는 결코 하나님의 희생자가 아니라, 하나님에 대해서 거의 놀라울 정도로 고집만을 부린 사람이었다. 이러한 신학은 독립된 악한 세력에 대한 어떤 개념도 제공하지 않는다. 대신에, 만물은 하나님으로부터 만들어졌다 (출 4:24-26; 삼하 24:1을 참조). 바로처럼 홉니와 비느하스는 그들 자신의 파멸에 대해서 책임을 져야 한다.

2:26 엘리의 아들들이 질책을 받고 있는 동안, 한 나의 아들은 육적으로나 영적으로 성장하고 있다.

2:27-36 25절은 엘리의 아들들의 죽음에 대해서 말하고 있다. 이 부분에서 우리는 엘리의 전체 집안이 망하리라는 것을 알게 된다. 이러한 소식은 하나님이 직접 엘리에게 알려준 것이 아니라, 알려지지 않은 *하나님의 사람이 찾아와서* 알려준다. 그 소식은 전체 사무엘상하와 열왕기상에서 성취된다. 34절은 4:11에서 성취되지만, 신탁의 나머지 부분은 사울, 다윗, 그리고 솔로몬 시대의 사건들을 통하여 다루어지고 있다. **2:27-28** *네 조상.* 레 8—9장에 기록된 제사장 직분을 수여받아 성별된 아론을 가리키는 듯하다. 아론에게도 제사장 직분을 잘못 사용한 두 아들이 있었다는 것에 주목하라 (민 3:3; 또한 1:12-18에 관한 주석을 보라). *에봇.* 이것에 대해서는 2:18에 관한 주석을 보라. **2:30** *지난 날 나는, …분명하게 약속하였지만, 이제는 더 이상 그렇게 하지 않겠다.* 출 29:4-9; 40:12-15; 민 25:10-13을 보라. 그 약속은 여전히 아론의 후손들에게 타당하지만 엘리의 후손들에게는 그렇지 못했다. 엘리와 그의 아들들은 약속대로 살지 못했다. **2:31-33** 이 구절은 놉(Nob)에 살던 제사장들을 학살한 사울에 대해 말해준다 (22:16-23; 아비아달만이 살아남는다). **2:34-35** 34절은 4:11에서 성취되며, 35절은 사무엘을 가리키는 것이 아니라 (사무엘의 아들들은 그의 권위를 인계받지 못한다; 8:1-5를 보라), 사독(삼하 8:17; 왕상 1:8; 2:26-35)을 가리킨다. 이 구절은 아비아달의 자손이 왜 선택되지 않았는지를 설명한다. **2:36** 자신들의 것이 아닌 고기를 먹지 못하도록 거부되었던 그 가계의 후손들은 빵을 구걸하여 먹게 될 것이다.

주님께서 사무엘에게 나타나시다

3 1 어린 사무엘이 엘리 곁에서 주님을 섬기고
있을 때이다. 그 때에는 주님께서 말씀을 해
주시는 일이 드물었고, 환상도 자주 나타나지 않
았다. 2 어느 날 밤, 엘리가 잠자리에 누워 있을
때였다. 그는 이미 눈이 어두워져서 잘 볼 수가 없
었다. 3 사무엘은 하나님의 궤가 있는 주님의 성전
에서 잠자리에 누워 있었다. 이른 새벽, 하나님의
등불이 아직 환하게 밝혀져 있을 때에, 4 주님께서
ㄱ)"사무엘아, 사무엘아!" 하고 부르셨다. 그는 "제가
여기 있습니다" 하고 대답하고서, 5 곧 엘리에게
달려가서 "부르셨습니까? 제가 여기 왔습니다"
하고 말하였다. 그러나 엘리는 "나는 너를 부르지
않았다. 도로 가서 누워라" 하고 말하였다. 사무
엘이 다시 가서 누웠다. 6 주님께서 다시 "사무
엘아!" 하고 부르셨다. 사무엘이 일어나 엘리에게
가서 "부르셨습니까? 제가 여기 왔습니다" 하고
말하였다. 그러나 엘리는 "얘야, 나는 너를 부
르지 않았다. 도로 가서 누워라" 하고 말하였다.
7 이 때까지 사무엘은 주님을 알지 못하였고,
주님의 말씀이 그에게 나타난 적도 없었다. 8 주님
께서 사무엘을 세 번째 부르셨다. 사무엘이 일어
나 엘리에게 가서 "부르셨습니까? 제가 여기 왔습
니다" 하고 말하였다. 그제야 엘리는, 주님께서
그 소년을 부르신다는 것을 깨닫고, 9 사무엘에
게 일러주었다. "가서 누워 있거라. 누가 너를 부
르거든 '주님, 말씀하십시오. 주님의 종이 듣고 있
습니다' 하고 대답하여라." 사무엘이 자리로 돌아
가서 누웠다.

10 그런 뒤에 주님께서 다시 찾아와 곁에 서서,
조금 전처럼 "사무엘아, 사무엘아!" 하고 부르셨다.
사무엘은 "말씀하십시오. 주님의 종이 듣고 있습
니다" 하고 대답하였다. 11 주님께서 사무엘에게
말씀하셨다. "내가 이제 이스라엘에서 어떤 일을
하려고 한다. 그것을 듣는 사람마다 무서워서 귀
까지 멍멍해질 것이다. 12 때가 오면, 내가 엘리의
집을 두고 말한 모든 것을, 처음부터 끝까지 다 이
루겠다. 13 엘리는, 자기의 아들들이 스스로 저
주받을 일을 하는 줄 알면서도, 자식들을 책망하지
않았다. 그 죄를 그는 이미 알고 있다. 그래서
나는, 그의 집을 심판하여 영영 없애 버리겠다고,
그에게 알려 주었다. 14 그러므로 나는 엘리의
집을 두고 맹세한다. 엘리의 집 죄악은, 제물이나
예물로도 영영 씻지 못할 것이다."

15 사무엘은 아침이 밝을 때까지 누워 있다가,
주님의 집 문들을 열었다. 그러나 사무엘은 자기
가 환상으로 보고 들은 것을 엘리에게 알리기를
두려워하였다. 16 엘리가 사무엘을 불렀다.
그는 "내 아들 사무엘아!" 하고 불렀다. "예, 제가
여기에 있습니다" 하고 사무엘이 대답하였다.
17 엘리가 물었다. "주님께서 너에게 무슨 말씀
을 하시더냐? 나에게 아무것도 숨기지 말아라. 주
님께서 너에게 하신 말씀 가운데서 한 마디라도
나에게 숨기면, 하나님이 너에게 심한 벌을 내리
고 또 내리실 것이다." 18 사무엘은 그에게 하나
도 숨기지 않고 모든 것을 말하였다. 엘리가 말하

ㄱ) 사해 사본과 칠십인역을 따름. 마소라 본문에는 '주님께서 사무엘을 부르셨다'

3:1—4:1a 사무엘은 제사장 역할을 위해 훈련받고 있었지만 (2:18), 이제 그는 예언자로 불리게 될 것이다 (7장은 그를 또한 사사로 부른다). 그렇게 젊은 사람을 부른다는 것은 엘리의 신실성을 부정적으로 반영해 주고 있는 것이다. 그러나 이는 또한 예기치 않은 방식으로 낮은 자를 높이시는 하나님을 보여준다. **3:1-2** 이 절들은 하나님의 대언자로서의 사무엘의 중요성을 강조하는 구절들이다. 엘리의 침침한 시력은 육체적인 실상이기도 했지만, 그의 영적인 어두움 역시 지적되고 있다. 1:12-18에 관한 주석을 보라. *하나님의 궤.* 이 궤에 대해서는 4:3-4에 관한 주석을 보라. **3:3** 등불이 아직도 타고 있었던 것으로 보아 아직 아침이 밝아온 것 같지는 않다 (출 27:20-21). **3:10-14** 사무엘이 하나님을 분명하게 볼 수 있었을지라도, 그 비전은 묘사되지 않고 있다. 말씀들이 중요한 것이다 (암 7:1-9; 9:1-4; 또한 어떤 비전이나 다른 형태의 신적 소통보다 말씀이 우선이라는 설명에 대한 신 4:9-18을 보라). 하나님과 사무엘의 첫 번째 만남은 2:27-36의 신탁을 확증함으로써, 이스라엘의 지도력의 변화와 관계되어 있다. 이러한 광경은 아들들에 대한 엘리의 유죄와 형벌의 불가피성을 강조한다. **3:15-18** 사무엘이 자신이 본 비전에 대해 엘리에게 마지못해 이야기하는 것은 아마도 그를 수양아들로 삼아 길러준 엘리에 대한 애정과 그에게 상처를 주지 않고자 함에서 기인되었던 것 같다. 사무엘은 2:27-36에 따르면 하나님의 계시에 대해서 알지 못한다. 엘리에게 이러한 신탁을 전해주는 것은 2:27-36에 나오는 이야기의 단순한 반복이 아니다. 그것은 엘리에게 주어졌던 신탁을 확증하는 것이며, 사무엘을 민족 지도자로서의 예언자로 세우는 것이다. **3:19—4:1a** *단에서 브엘세바까지.* 영토의 북쪽 지경에서부터 남쪽 지경에 이르기까지. 엘리의 가정은 그의 아들들의 행위로 인해 버림받았다고 경고하였으나,

였다. "그분은 주님이시다! 그분께서는 ㄱ)뜻하신
대로 하실 것이다."
19 사무엘이 자랄 때에, 주님께서 그와 함께
계셔서, 사무엘이 한 말이 하나도 어긋나지 않고
다 이루어지게 하셨다. 20 그리하여 단에서 브
엘세바까지 온 이스라엘은, 사무엘이 주님께서
세우신 예언자임을 알게 되었다. 21 주님께서는
실로에서 계속하여 자신을 나타내셨다. 거기에서
주님께서는 사무엘에게 나타나셔서 말씀하셨다.

4 1 사무엘이 말을 하면, 온 이스라엘이 귀를
기울여 들었다.

언약궤를 빼앗기다

그 무렵에 블레셋 사람이 이스라엘을 치려고
모여들었다. 이스라엘 사람은 블레셋 사람과 싸
우려고 나가서 에벤에셀에 진을 쳤고, 블레셋 사
람은 아벡에 진을 쳤다. 2 블레셋 사람이 전열을
갖추고 이스라엘 사람을 치자, 치열한 싸움이 벌
어졌다. 이스라엘은 이 싸움에서 블레셋에게 졌고,
그 벌판에서 죽은 이스라엘 사람은 사천 명쯤 되
었다. 3 이스라엘의 패잔병들이 진으로 돌아왔
을 때에, 장로들이 말하였다. "주님께서 오늘 우
리가 블레셋 사람에게 지도록 하신 까닭이 무엇이
겠느냐? 실로에 가서 주님의 언약궤를 우리에게
로 모셔다가 우리 한가운데에 있게 하여, 우리를
원수의 손에서 구하여 주시도록 하자!" 4 그래서
이스라엘 백성이 실로로 사람들을 보냈다. 그들이
거기 그룹들 사이에 앉아 계시는 만군의 주님의
언약궤를 메고 왔다. 하나님의 언약궤를 가져올
때에 엘리의 두 아들 홉니와 비느하스도 함께 왔다.
5 주님의 언약궤가 진으로 들어올 때에 모든
이스라엘 백성이 땅이 진동할 정도로 크게 환호성
을 올렸다. 6 블레셋 사람이 그 환호하는 소리를
듣고 "저 히브리 사람의 진에서 저렇게 환호하는
소리가 들리는 까닭이 무엇이냐?" 하고 묻다가,
주님의 궤가 진에 들어갔기 때문이라는 것을 알
았다. 7 블레셋 사람이 두려워하면서 말하였다.
"이스라엘 진에 그들의 신이 들어갔다." 그래서
그들은 외쳤다. "이제 우리에게 화가 미쳤다. 일
찍이 이런 일이 없었다. 8 우리에게 화가 미쳤는
데, 누가 저 강력한 신의 손에서 우리를 건질 수가
있겠느냐? 그 신들은 광야에서 온갖 재앙으로 이
집트 사람을 쳐서 죽게 한 신들이다. 9 블레셋
사람들아, 대장부답게 힘을 내어라! 그렇지 않으
면, 히브리 사람이 우리의 종이 되었던 것처럼, 우
리가 그들의 종이 될 것이다. 너희는 대장부답게
나가서 싸워라!" 10 그런 다음에 블레셋 사람이
전투에 임하니, 이스라엘이 져서 제각기 자기 장
막으로 달아났다. 이스라엘은 이 때에 아주 크게
져서, 보병 삼만 명이 죽었다. 11 하나님의 궤를

ㄱ) 히, '선하신 소견대로'

한나의 아들 사무엘은 계속해서 육적으로나 영적으로 성장하고 있다.

4:1b—7:2 엘리는 이미 아버지로서의 능력이 부족하고 제사장으로서도 능력이 부족하다는 것이 판명되었다. 이제 그는 또한 사사로서도 실패하고 있는 자로 나타난다. 그래서 이스라엘은 반드시 그의 실패로 인한 막대한 고통을 감수해야 한다. 사무엘은 실패에 대한 설명에서는 언급되지 않고 있으며, 오히려 그 부족함은 엘리에게만 돌려지고 있음이 강조되고 있다.

4:1b-11 *에벤에셀.* 이 곳은 사론 평야의 동쪽 경계선에 위치한 아벡 근처이다. 해안지역으로부터 고원지역으로 접근할 수 있다는 것이 여기에서 문제로 되어있다. 전쟁은 두 곳에서 치러진다. 이스라엘은 처음 단계에서 많은 사상자를 냈으며 (1-2절), 언약궤와 함께 그 전투를 재개하기 위해서 돌아온다 (3-11절). 그들은 처음에는 언약궤에 대한 블레셋 사람들의 두려움으로 인해 성공을 거두지만, 이스라엘은 처음 단계보다 더 많은 사상자를 내면서 전쟁을 끝내게 된다. **4:1b-2** 이 전투가 비록 산발적이긴 하였지만, 삼하 8:1에 이르기까지 이스라엘 땅의 통치권을 두고 시작되었다. 짧은 평화 시기에는 *블레셋이* 그들의 적군인 이스라엘의 무기를 수리해 주기도 한다 (삼상 13:19-22). 렘 47:4와 암 9:7은 블레셋 사람들이 갑돌(Caphtor, 크레타 섬)에서 오는 것으로 묘사되어 있다. 그들은 사사기에서 이스라엘에게 패하지 않은 유일한 민족이다. 이러한 군사력의 우위는 적어도 그들의 철무기와 마병으로 인함이었다. 사사기는 이스라엘의 영웅들을 소를 모는 막대기(삿 3:31)와 뼈다귀(삿 15:14-17)로 싸우는 자들로 묘사함으로써, 블레셋의 우월한 무기들을 강조한다. 블레셋의 주요 다섯 도시(가사, 아스돗, 아스글론, 가드, 에그론)는 그 당시에 남서 해안을 다스리고 있었다. 그들의 지도자들은 *블레셋의 통치자*들이었을 것이다 (5:8, 11). 사사기와 사무엘상하에서 다른 적들은 이스라엘이 정복한 영토 안에 살고 있었다. 블레셋 사람들은 그 영토 바깥에 거주하며 그들의 영토를 확장하고자 한다.

특별 주석

"팔레스타인"이라는 이름은 희랍어 팔라스티노이에서 온 것이다. 블레셋이 바빌로니아에게 패배

빼앗겼고, 엘리의 두 아들 홉니와 비느하스도 이
때 전사하였다.

엘리가 죽다

12 어떤 베냐민 사람이 싸움터에서 빠져 나와,
그 날로 실로에 이르렀는데, 슬픈 나머지 옷을 찢고,
머리에는 티끌을 뒤집어쓰고 있었다. 13 그 사
람이 왔을 때에, 엘리는 길가 의자에 앉아서 길을
내다보면서, 마음 속으로 하나님의 궤를 걱정하
고 있었다. 그 사람이 성읍에 이르러서 소식을
전하니, 온 성읍이 두려워하며 슬피 울부짖었다.
14 엘리가 그 울부짖는 소리를 듣고 물었다. "저
소리가 무슨 소리냐?" 그 사람이 급히 달려와서
엘리에게 소식을 전하였다. 15 그 무렵, 엘리는
아흔여덟 살된 노인으로서, 눈이 어두워져서
앞을 거의 볼 수 없었다. 16 그 사람이 엘리에게
말하였다. "저는 전쟁터에서 도망쳐 나온 사람
입니다. 전쟁터에서 오늘 도망쳐 오는 길입니다."
엘리가 물었다. "젊은이, 무슨 일이 일어났소?"
17 소식을 전하는 그 사람이 대답하였다. "이스
라엘 백성은 블레셋 사람 앞에서 도망쳤고, 백성
가운데는 죽은 사람이 매우 많습니다. 제사장님의
두 아들 홉니와 비느하스도 전사하였고, 하나님의
궤는 빼앗겼습니다." 18 그가 하나님의 궤에
대한 소식을 전할 때에, 엘리는 앉아 있던 의자에
서 뒤로 넘어져, 문 곁으로 쓰러져서 목이 부러져
죽었다. 늙은데다가 몸까지 무거웠기 때문이다.
그는 마흔 해 동안 이스라엘의 사사로 있었다.

비느하스의 아내가 죽다

19 그 때에 엘리의 며느리인 비느하스의 아
내는 임신 중이었으며, 출산할 때가 가까웠는데,
하나님의 궤를 빼앗겼고 자기의 시아버지와 남편
도 죽었다는 소식을 듣자, 갑자기 진통이 일어나,
구부리고 앉은 채 몸을 풀었다. 20 그러다가 그
는 거의 죽게 되었다. 그 때에 곁에 서 있던 여인
들이 "아들을 낳았으니 걱정하지 말아요!" 하고
말해 주었다. 그러나 산모는 대답도 없고, 관심도

당한 (기원전 6세기경) 이후 오랫동안 이 용어가 사용된 것을 보면 그들의 힘이 그 지역에서 얼마나 강하게 영향을 미치었는지를 보여준다.

4:3-4 *주님의 언약궤.* 이 언약궤는 이스라엘이 가장 거룩하게 여기는 것이었으며, 하나님의 능력과 매우 밀접하게 관련되어 있었다. 그 언약궤는 왕좌에 앉아계신 하나님을 경애하는 천사들로 화려하게 장식되어져 있다 (출 37:1-9; 시 18:10 // 삼하 22:11). 그 언약궤 안에는 증거판이 들어 있었고 (출 25:16; 왕상 8:21), 광야시대와 가나안 사람들과 전쟁하는 동안에 그 언약궤는 사람들보다 앞서서 이동하였다 (민 10:33-36). *만군의 주님.* 이 표현에 대해서는 1:3에 관한 주석을 보라. **4:5-11** *히브리 사람.* 이들은 인종을 가리키는 것이지 정치적 무리를 가리키는 것이 아니다 (13:3에 관한 주석을 보라). 여기에서 이 단어는 블레셋 사람들이 그 민족을 제대로 조직되지 않은 민족으로 인식하고 있다는 점을 시사하고 있는 것 같다. 이스라엘 사람들의 희망과 블레셋 사람들의 두려움을 대비해 볼 때, 블레셋 사람들이 승리를 거둔다 (시 78:60-61; 렘 7:12 참조). **4:11** 이 구절에서 2:34의 예언이 성취된다. 하나님이 예전에 사랑하셨던 자들은, 사울과 다윗이 발견하는 것처럼, 그들의 행위가 심판받지 않을 것이라고 가정할 수는 없다. 엘리와 그의 아들들의 지도력 아래서 발생한 이러한 재앙은 이스라엘이 이 땅에서 봉착한 것 가운데서 가장 막대하였다. 결과적으로 블레셋 사람들은 에브라임과 베냐민 지파의 고원지대까지 영토를 확장하게 된다 (13:2-4). 그들은 명백하게 실로를 파괴하였다. 14:3에서 엘리를 지시하기 위한 경우를 제외하고, 그 도시는 사무엘상하에서 다시는 언급되지 않는다. 엘리의 가족들은 제사장 직분을 계속 수행하지만 놉으로 재배치된다 (14:3; 21:1-9).

4:12-22 언약궤의 분실은 백성이 왕정체제를 요구하는 하나의 원인이 된다 (8장). 하나님이 엘리를 버리셨다고 말해준 사람처럼, 엘리의 아들들의 죽음과 언약궤의 분실에 대하여 엘리에게 말해준 사람 역시 무명의 사람이다. 그 소식을 전한 사람이 사울, 즉 첫 번째 왕의 가문에 속한 사람이었다는 사실에 대하여 주목하라 (9:1). **4:18** 엘리를 사사기의 정치적인 상황에서와 같이 사사의 자리에 놓아두는 것은 비효율적인 부족연맹체제가 점차적으로 쇠퇴해가서 혼란기에 접어드는 모습을 보여주기 위함이다 (삿 21:25). 구약성경은 결코 엘리를 하나님이 선택하신 사람으로 소개하지 않고, 또 하나님의 영이 충만한 사람으로도 소개하지 않는다 (삿 11:29; 13:24 참조). **4:19-22** 비느하스는 적어도 한 명의 자녀를 남겨둔다 (14:3). 그의 부인은 예배하기 위해 몸을 숙인 것이 아니라, 아이를 낳기 위해 몸을 구부린다. 그 아들의 이름인 "이가봇"(Ichabod, 문자 그대로는 "영광이 없음")은 그 날에 일어난 사건에 대한 반응을 보여주는 것이다. 전쟁에서의 패배와 언약궤의 상실은 블레셋의 신들이 이스라엘 하나님의 힘보다 우월하다는 것을 보여주는가?

보이지 않다가, 21 그 아이의 이름을 [ㄱ]이가봇이
라고 지어 주며, "이스라엘에서 영광이 떠났다"
하는 말만을 남겼다. 하나님의 궤를 빼앗긴 데다
가, 시아버지도 죽고 남편도 죽었기 때문이었다.
22 거기에다가 하나님의 궤까지 빼앗겼기 때문에,
이스라엘에서 영광이 떠났다고 말했던 것이다.

블레셋 사람에게 빼앗긴 법궤

5 1 블레셋 사람들은 하나님의 궤를 빼앗아서,
에벤에셀에서 아스돗으로 가져 갔다. 2 블레
셋 사람들은 하나님의 궤를 다곤 신전으로 가지고
들어가서, 다곤 신상 곁에 세워 놓았다. 3 그 다
음날 아스돗 사람들이 아침에 일찍 일어나서 보니,
다곤이 주님의 궤 앞에 엎어져 땅바닥에 얼굴을
박고 있었다. 그들은 다곤을 들어서 세운 다음에,
제자리에 다시 가져다 놓았다. 4 그 다음날도
그들이 아침 일찍 일어나서 가 보니, 다곤이 또
주님의 궤 앞에 엎어져서 땅바닥에 얼굴을 박고
있었다. 다곤의 머리와 두 팔목이 부러져서 문지
방 위에 나뒹굴었고, 다곤은 몸통만 남아 있었다.
5 그래서 오늘날까지도 다곤의 제사장들과 다곤
신전에서 예배하는 사람들은, 아스돗에 있는
다곤 신전에 들어갈 때에, 문지방 위를 밟지 않고
넘어서 들어간다.
6 주님께서 아스돗 사람들을 무섭게 내리치
셨다. 주님께서 그들에게 악성 종양 재앙을 내리
셔서, 아스돗과 그 지역 사람들을 망하게 하셨다.
7 아스돗 사람들이 이것을 보고 "이스라엘의
신이 우리와 우리의 신 다곤을 무섭게 내리치니,
그 신의 궤를 우리가 있는 곳에 두어서는 안 되겠
다" 하고 말하면서, 8 사람을 보내어 블레셋
통치자들을 모두 불러모아 놓고, 이스라엘 신의
궤를 어떻게 해야 좋을지를 물었다. 블레셋 통치자
들이 이스라엘 신의 궤를 가드로 옮기자고 하였으
므로, 아스돗 사람들은 이스라엘 신의 궤를 가드
로 옮겼다. 9 아스돗 사람들이 그 궤를 가드로
옮긴 뒤에, 주님께서 또 그 성읍을 내리쳐서, 사람
들이 큰 혼란에 빠졌다. 주님께서 그 성읍의 사람
들을, 어린 아이나 노인이나 할 것 없이 모두 쳐서,
악성 종양이 생기게 하셨다. 10 그러자 그들이
하나님의 궤를 에그론으로 보냈다. 그러나 하나
님의 궤가 에그론에 이르렀을 때에, 에그론 주민
들은 "아스돗 사람들이 이스라엘 신의 궤를 우리
에게로 가져 와서 우리와 우리 백성을 죽이려고
한다" 하면서 울부짖었다. 11 그래서 그들은 또
사람들을 보내어 블레셋 통치자들을 모두 불러모아
놓고 "이스라엘 신의 궤를 돌려 보내어, 그 있던
자리로 돌아가게 하고, 우리와 우리 백성이 죽지
않게 해주시오!" 하고 요청하였다. 하나님이 거기
에서 그들을 그렇게 무섭게 내리치셨기 때문에,
온 성읍 사람들이 죽을 지경에 이르러, 큰 혼란에
빠졌다. 12 죽지 않은 사람들은 악성 종양이 생
겨서, 온 성읍에서 비명소리가 하늘에 사무쳤다.

법궤가 돌아오다

6 1 주님의 궤가 블레셋 사람의 지역에 머무른
지 일곱 달이 되었을 때의 일이다. 2 블레셋
사람들이 제사장들과 점쟁이들을 불러 놓고 물었
다. "우리가 [ㄴ]이스라엘 신의 궤를 어떻게 해야 좋
겠습니까? 우리가 그것을 어떤 방법으로 제자리에
돌려보내야 하는지 알려 주십시오." 3 그들이 대답
하였다. "이스라엘 신의 궤를 돌려보낼 때, 그냥

ㄱ) '영광이 없음' ㄴ) 히, '주님의 궤'

5:1—7:2 5—6장에 기록되어 있는 이야기들은 이스라엘 백성이 매우 기뻐할 이야기들인데, 그 이유는 두 장이 하나님의 궤가 야기한 재앙과 그 궤가 되돌아올 때의 즐거움과 제사를 자세히 이야기해 주고 있기 때문이다. *하나님의 궤.* 이 궤에 대해서는 4:3-4에 관한 주석을 보라. **5:1-12** 이 구절은 아벡에서의 패배가 하나님 탓이 아니라, 이스라엘의 책임이라는 그 이유를 말해준다. 이스라엘 백성이 엘리와 그의 아들들의 지도를 받았을 때 블레셋 사람들에게 원수를 갚지 못했던 것을 하나님은 그의 능력으로 블레셋 사람들에게 원수를 갚아주신다. *다곤* (블레셋 사람들의 최고 신)은 하나님의 궤와 대항하여 싸울 수 없으며 부서진 채로 남게 된다. 하나님 궤의 현존 안에서 그들이 재앙을 받게 되었다는 것을 두려워하는 블레셋 사람들(4:8)은 그렇게 죽어간다 (그 질병을 알아내는 것이 불가능하지만, 아마도 악성 종양[선(腺)페스트]이었을 것으로 추정된다. 6:4; 6:5에 관한 주석을 보라). 신명기 사관에 따르면, 군사적 패배는 성실하지 못하는 것에 대한 하나님의 형벌로 이해된다 (신 8:19-20; 수 7:1-26; 삿 4:1-3); 이 경우, 그 실수는 엘리와 그의 아들들로 인한 것이다. *아스돗.* 블레셋의 주요 다섯 도시 가운데 하나이다 (4:1-2에 관한 주석을 보라).

6:1—7:2 블레셋 사람들은 많은 노력과 비용을 들여 하나님의 언약궤를 반환시키려고 한다. 그들은 그들이 패배시킨 적들이 두려운 사람들이라는 것을 알게 되었다. **6:3** *속건제 (guilt offering).* 속건제는 주의

보내서는 안 됩니다. 반드시 그 신에게 속건제물을
바쳐야 합니다. 그러면 병도 나을 것이고, 그 신
이 왜 여러분에게서 형벌을 거두지 않았는지도
알게 될 것입니다." 4 사람들이 다시 "그 신에
게 무슨 속건제물을 바쳐야 좋겠습니까?" 하고 물
었다. 그들이 대답하였다. "블레셋 통치자들의 수
대로, 금으로 만든 악성 종양 모양 다섯 개와 금으
로 만든 쥐의 모양 다섯 개를 바쳐야 합니다. 여러
분과 여러분의 통치자들이 모두 똑같이 재앙을 당
하였기 때문입니다. 5 그러므로 여러분은 악성
종양 모양과 이 땅을 해치는 쥐의 모양을 만들어
서 바치고, 이스라엘의 신에게 예를 차리십시오.
그러면 그분이 혹시 여러분과 여러분의 신과 여러
분의 땅을 내리치시던 손을 거두실지도 모릅니다.
6 왜 여러분은 이집트 백성과 이집트의 왕 바로
처럼 고집을 부리려고 합니까? 이집트 사람이 이
스라엘 사람을 가게 한 것은, 주님께서 그들에게
온갖 재앙을 내리신 뒤가 아니었습니까? 7 그러
므로 이제 새로 수레를 하나 만들고, 아직 멍에를
메어 본 일이 없는 어미 소 두 마리를 끌어다가 그
수레에 메우고, 그 송아지들은 떼어서 집으로 돌려
보내십시오. 8 그런 다음에, 주님의 궤를 가져다
가 그 수레에 싣고, 여러분이 궤를 가져 온 허물을
벗으려면, 속건제물로 보내는, 금으로 만든 물건
들은 작은 상자에 모두 담아 궤 곁에 두고, 그 소
두 마리가 가고 싶은 대로 수레를 끌고 가도록 하
십시오. 9 두고 보다가, 그 소가 그 궤가 본래 있
던 지역인 벳세메스로 올라가면, 이렇게 큰 재앙
은 그분이 직접 우리에게 내린 것입니다. 그러나
소가 다른 곳으로 가면 그것은 그분이 우리를 친
것이 아니라, 우리가 우연히 그런 재앙을 당한 것
임을 알 수 있습니다."

10 그래서 사람들은, 시키는 대로 새끼에게
젖을 빨리는 암소 두 마리를 끌어다가 수레를
메우고, 그 송아지들은 우리에 가두었다. 11 수
레에는 주님의 궤를 싣고, 금 쥐와 그들의 악성
종양 모양을 본떠서 만든 물건들도 상자에 담아
실었다. 12 그 암소들은 벳세메스 쪽으로 가는
길로 곧장 걸어갔다. 그 소들은 큰길에서 오른쪽
으로나 왼쪽으로나 벗어나지 않고, 울음소리를
내면서 똑바로 길만 따라서 갔고, 그 뒤로 블레셋
통치자들이 벳세메스의 경계까지 따라서 갔다.

13 그 때에 벳세메스 사람들은 들에서 밀을
베고 있다가, 고개를 들어 궤를 보고는 기뻐하였다.
14 수레는 벳세메스 사람 여호수아의 밭에 와서
멈추었는데, 그 곳에는 큰 바위가 있었다. 그들은
나무 수레를 쪼개어 장작으로 삼고, 그 소들을 번
제물로 살라서 주님께 바쳤다. 15 레위 사람들이
수레에서 주님의 궤와 그 곁에 있는, 금으로 만든
물건들이 든 상자를 내려다가, 그 큰 바위 위에 올
려 놓았다. 그 날 벳세메스 사람들은 주님께 번제
물을 바치고, 다른 제물도 바쳤다. 16 블레셋의
다섯 통치자들도 이것을 다 보고 나서, 그 날로 에
그론으로 돌아갔다.

17 블레셋 사람들이 주님께 속건제물로 바친
악성 종양 모양의 금덩이들은, 아스돗 몫으로
하나, 가사 몫으로 하나, 아스글론 몫으로 하나,
가드 몫으로 하나, 에그론 몫으로 하나였다.
18 금 쥐도 바쳤는데, 그 수는 요새화된 성읍과
성곽이 없는 마을 곧 다섯 통치자가 다스리던 블
레셋의 모든 성읍의 수와 같았다. 사람들이 주님
의 궤를 올려 놓았던 그 큰 바위, 곧 벳세메스
사람 여호수아의 밭에 있던 그 큰 바위는, 오늘날
까지도 거기에 그대로 있다.

궤를 노획한 행위를 정정하기 위해 반드시 필요한 것이었다 (레 5:6; 6:6을 보라). **6:5** 이 구절은 그 질병이 쥐에 기생하는 벼룩에 의해서 전염되고, 악성 종양으로 나타나는 것을 말해준다. (공동번역은 "종기"로만 번역했음.) 칠십인역 성경에는 쥐가 이질병과 관련되어 언급되고 있다. 따라서 금으로 만든 종기들과 쥐는 모두가 공감하는 주술적 시도이다. 만약에 그 질병을 대표하는 것들이 사라지면, 그 질병 자체도 떠나갈 것이다 (4:1b-2에 관한 주석을 보라). **6:6-12** 블레셋 제사장들(놀랍게도 출애굽 사건에 정통하고 있는)은 어떻게 바로가 고집을 피웠는지 상기시켜 준다 (출 8:15, 32; 9:34-35; 2:22-26에 관한 주석을 보라). 한 번도 멍에를 메어보지 않은 암소는 14절에서 희생제물로 적절하다 (민 19:2; 신 21:3). 젖이 많이 나고, 수레를 끄는 데 사용되지 않았던 그 암소들은 이스라엘 영토내로 들어가지 않고 집으로 되돌아 올 것으로 기대되었다; 제사장들은 최선의 방책을 간구하고 있다. 그 암소들이 송아지들을 되돌아보지도 않고 즉각적으로 앞으로만 갔다는 사실은 블레셋 사람들에게 또 다른 하나님의 능력을 증명해 보여주게 된다. **6:13—7:2** *벳세메스* 사람들은 적절한 제사를 드림으로써 그 궤를 받아들이지만, 알려지지 않은 *에고니아의* 후손들은 무관심했다. 그들의 무관심에 대한 하나님의 반응은 이스라엘 사람들에게, 궤의 분실이 보여주었듯이, 그들은 심판 아래에 여전히 놓여 있을 수 있다는 것을 상기시켜 준다. 그 궤는 다윗이 예루살렘으로 옮기기까지 그 곳에 머물러 있을 것이다 (삼하 6장).

7:3-17 이 구절은 회개와 신실함은 승리로 이끈

기럇여아림으로 간 법궤

19 그 때에 벳세메스 사람들이 주님의 궤 속을
들여다보았기 때문에, 주님께서는 그 백성 가운
데서 오만 칠십 명이나 쳐서 죽이셨다. 주님께서
그 백성을 그렇게 크게 치셨기 때문에, 그들은 슬피
울었다. 20 벳세메스 사람들이 말하였다. "이렇
게 거룩하신 주 하나님을 누가 감히 모실 수 있겠
는가? 이 궤를 어디로 보내어 우리에게서 떠나가
게 할까?" 21 그들은 기럇여아림 주민들에게 전
령들을 보내어, 블레셋 사람들이 주님의 궤를 돌려
보냈으니, 내려와서 가지고 가라고 하였다.

7 1 기럇여아림 사람들이 와서 주님의 궤를 옮
겨, 언덕 위에 있는 아비나답의 집에 들여 놓
고, 그의 아들 엘리아살을 거룩히 구별해 세워서,
주님의 궤를 지키게 하였다.

사무엘이 이스라엘을 다스리다

2 궤가 기럇여아림에 머문 날로부터 약 스무
해 동안, 오랜 세월이 지났다. 이 기간에 이스라
엘의 온 족속은 주님을 사모하였다. 3 사무엘이
이스라엘 온 족속에게 말하였다. "여러분이 온전
한 마음으로 주님께 돌아오려거든, 이방의 신들
과 아스다롯 여신상들을 없애 버리고, 주님께만
마음을 두고 그분만을 섬기십시오. 그러면 주님
께서 여러분을 블레셋 사람의 손에서 건져 주실
것입니다." 4 이 말을 듣고 이스라엘 자손이 바
알과 아스다롯 신상들을 없애 버리고, 주님만을
섬겼다.

5 그 때에 사무엘이 이스라엘 사람들을 모두
미스바로 모이게 하였다. 그들의 죄를 용서하여
달라고 주님께 기도를 드리려는 것이었다. 6 그
들은 미스바에 모여서 물을 길어다가, 그것을 제
물로 삼아 주님 앞에 쏟아붓고, 그 날 종일 금식
하였다. 그리고 거기에서 "우리가 주님을 거역하여
죄를 지었습니다!" 하고 고백하였다. 미스바는,
사무엘이 이스라엘 자손 사이의 다툼을 중재하던
곳이다.

7 이스라엘 자손이 미스바에 모였다는 소식이
블레셋 사람에게 들어가니, 블레셋 통치자들이
이스라엘을 치려고 올라왔다. 이스라엘 자손은
그 소식을 듣고, 블레셋 사람들을 두려워하였다.
8 그들이 사무엘에게 가서 "주 우리의 하나님이
우리를 블레셋 사람의 손에서 건져내 주시도록,
쉬지 말고 기도하여 주시기 바랍니다" 하고 간청
하였다. 9 사무엘이 젖 먹는 어린 양을 한 마리
가져다가 주님께 온전한 번제물로 바치고, 이스
라엘을 구원하여 달라고 주님께 부르짖으니, 주
님께서 그의 기도를 들어 주셨다. 10 사무엘이
번제를 드리고 있을 때에, 블레셋 사람이 이스라
엘과 싸우려고 다가왔다. 그러나 그 때에 주님께
서 큰 천둥소리를 일으켜 블레셋 사람을 당황하게
하셨으므로, 그들이 이스라엘에게 패하였다.
11 이스라엘 사람이 미스바에서 나와서, 블레셋
사람을 벳갈 아래까지 뒤쫓으면서 무찔렀다.

12 사무엘이 돌을 하나 가져다가 미스바와
센 사이에 놓고 "우리가 여기에 이르기까지 주님
께서 우리를 도와 주셨다!" 하고 말하면서, 그 돌
의 이름을 에벤에셀이라고 지었다. 13 그래서
블레셋 사람들이 무릎을 꿇고, 다시는 이스라엘
지역으로 들어오지 않았다. 사무엘이 살아 있는
동안에는 주님의 손이 블레셋 사람을 막아 주셨다.
14 블레셋 사람이 이스라엘에게서 빼앗아 간
성읍들 곧 에그론과 가드 사이에 있는 성읍들도
이스라엘에 되돌아왔으며, 성읍에 딸린 지역도

다는 신명기 신학의 전형적인 실례이다. 4:1이후로 언급되지 않았던 사무엘은 6절의 속죄예식을 통해 그 두 가지로 사람들을 인도할 수 있는 지도자이다. 그의 신학적 군사적 성공에 대한 이 짧은 설명은 엘리와 그의 아들들의 지도력으로 인해 고통 받았던 이스라엘의 패배에 대비하여 그의 공적들을 강조한다. **7:4** *바알과 아스다롯.* 이것들은 가나안 토착민들의 신들이었으며 종종 이스라엘 백성이 숭배하기도 했다 (삿 2:11-15; 3:7; 10:6); 이러한 혼합종교는 비록 사무엘상이 이전에 언급하지는 않았을지라도, 가장 심각한 죄로 간주되었다. **7:9** *온전한 번제물.* 이 번제를 드리는 데는 목적들이 있는데, 여기서는 승리를 위하여 기도하는 것이다 (삼상 13:12를 보라). **7:10-11** 아벡에서의 이스라엘 패배는 하나님의 형벌이었으며 (2:27-36; 3:11-14), 미스바에서의 승리 또한 하나님께서 역사하심으로 기인된 것이다 (시 18:13 // 천둥소리를 하나님의 목소리로 지시하는 삼하 22:14; 29:3-11을 보라; 하나님은 12:18에서 다시 한 번 천둥으로 사무엘에게 응답하실 것이다). **7:12-14** 비록 사울의 초기 통치기간 동안에 블레셋 사람들이 게바에 수비대를 두게 되지만 (13:2-4), 사무엘은 아벡 전쟁 (4장) 이전의 이스라엘과 블레셋의 경계선을 복구하여 유지한다. **7:15-17** 대사사는 전쟁의 지도자들이지만 (삿 3:7-10, 28-30; 7:1-23), 사울은 그렇지 않다. 그는 군사적인 정당성이 아닌 법적 정의를 실행하며, 제사장 기능은 엘리 이전의 사사들에게는 해당되지 않았다는 면에서 사무엘의 제사장 역할이

이스라엘이 블레셋 사람의 손에서 되찾았다. 이
스라엘은 또 아모리 사람과도 평화롭게 지냈다.
15 사무엘은 살아 있는 동안 이스라엘을 다
스렸다. 16 그는 해마다 베델과 길갈과 미스바
지역을 돌면서, 그 모든 곳에서 이스라엘 사람 사
이의 분쟁을 중재하였다. 17 그리고는 자기 집이
있는 라마로 돌아와서, 거기에서도 이스라엘의
사사로 활동하였다. 그는 라마에 주님의 제단을
쌓았다.

백성이 왕을 요구하다

8 1 사무엘은 늙자, 자기의 아들들을 이스라
엘의 사사로 세웠다. 2 맏아들의 이름은 요
엘이요, 둘째 아들의 이름은 아비야다. 그들은 브엘
세바에서 사사로 일하였다. 3 그러나 그 아들들은
아버지의 길을 따라 살지 않고, 돈벌이에만 정신이
팔려, 뇌물을 받고서, 치우치게 재판을 하였다.
4 그래서 이스라엘의 모든 장로가 모여서,
라마로 사무엘을 찾아갔다. 5 그들이 사무엘에게
말하였다. "보십시오, 어른께서는 늙으셨고, 아드
님들은 어른께서 걸어오신 그 길을 따라 살지 않
습니다. 그러므로 이제 모든 이방 나라들처럼, 우
리에게 왕을 세워 주셔서, 왕이 우리를 다스리게
하여 주십시오." 6 그러나 사무엘은 왕을 세워
다스리게 해 달라는 장로들의 말에 마음이 상하여,
주님께 기도를 드렸더니, 7 주님께서 사무엘에게
말씀하셨다. "백성이 너에게 한 말을 다 들어 주
어라. 그들이 너를 버린 것이 아니라, 나를 버려
서 자기들의 왕이 되지 못하게 한 것이다. 8 그
들은 내가 이집트에서 데리고 올라온 날부터 오늘
까지, 하는 일마다 그렇게 하여, 나를 버리고 다
른 신들을 섬기더니, 너에게도 그렇게 하고 있다.
9 그러니 너는 이제 그들의 말을 들어 주되, 엄히
경고하여, 그들을 다스릴 왕의 권한이 어떠한 것
인지를 알려 주어라."
10 사무엘은 왕을 세워 달라고 요구하는
백성들에게, 주님께서 하신 모든 말씀을 그대로
전하였다. 11 "당신들을 다스릴 왕의 권한은 이
러합니다. 그는 당신들의 아들들을 데려다가 그
의 병거와 말을 다루는 일을 시키고, 병거 앞에서
달리게 할 것입니다. 12 그는 당신들의 아들들을

강조된다 (5-9절). 나실인으로서 (1:9-11에 관한 주석을 보라), 사무엘은 전쟁터에서 어쩔 수 없이 만날 수밖에 없는 시체를 멀리해야 했다 (민 6:6-12). 그의 권위는 중앙 고원지대에 제한되어 있다. 4:18 주석에 제시된 패턴에도 불구하고, 사무엘은 사사들 가운데 최고 사사였지, 최악이 아니었다.

8:1—12:25 이 부분은 사무엘상에서 전환점이 되는 부분이다. 이 부분은 이 책의 나머지 부분을 차지할 정권 변화에 담긴 신학적 정치적 의미를 살펴보는 것으로 시작하며, 이와 같은 변화를 제도화시키는 것이 얼마나 어려운 지를 보여준다. 그리고 하나님의 뜻과 인간의 자유 사이의 복잡한 관계에 좋은 예를 보여준다.

8:1-22 7장에서 사사로서의 사무엘은 성공적이었지만, 사사로서의 역할을 간략하게 요약하는 것으로 보아 독자들은 부족연맹체제의 실패에 대한 더욱 생생하고 분명한 그림을 보게 된다 (삿 17—21장; 삼상 1—5장). **8:1-3** 사무엘을 양육한 엘리처럼, 사무엘에게는 부도덕하고 통제할 수 없는 아들들이 있었다. 이는 아버지와 아들간에 많은 문제가 있는 또 다른 실례를 제공하여 주고 있다 (1:1—2:11에 관한 주석을 보라). 남부지역의 사사로 그의 아들들을 세움으로써 (하지만 중심지역은 여전히 라마였다; 7:17), 사무엘은 이미 비세습적 사사 직분으로부터의 변화를 시도하고 있다. **8:4-5** 장로들은 마지막 사사에게 첫 번째 왕을 선출하여 줄 것을 요청한다. 그들은 사무엘을 신뢰하고 있으나, 그들이 요구하고 있는 왕권체제가 과거로부터의 완전한 단절이라는 점을 보지 못한다. 그러나 *모든 이방 나라들처럼* 이라는 구절은 그 변화가 그들이 의식적으로 의도하고 있는 것보다 훨씬 더 철저하게 될 것임을 보여준다. 이스라엘은 *모든 이방 나라들과* 같아서는 안 되며, 오히려 그들에게 축복이 되어야 하며 (창 12:1-3), 제사장 나라, 성결한 나라, 성별된 나라로 선택받은 하나님의 소유(출 19:5-6)가 되어야 한다. 다른 나라들을 모방하려는 움직임은 이러한 부르심으로부터 멀어지는 것이다. **8:7-9** 하나님의 반응은 왕정체제의 설립은 잘못된 것이지만, 만약 백성이 끝까지 주장한다면 그 체제가 성립될 것임을 분명히 한다. 하나님의 뜻과 인간의 자유 사이의 긴장관계가 표면으로 떠오르고 있다. 하나님의 요구로 인해 사무엘은 그의 인간적 힘을 사용하여 백성을 설득하고자 하지만, 그 어떠한 신적 간섭도 백성들로 하여금 하나님의 뜻을 행할 수 있도록 강요하지는 못한다.

8:10-22 사무엘은 필요한 때에 선택된 사사들 (삿 2:16)과는 달리 왕은 백성이 필요로 하거나 필요하지 않거나 항상 존재하며, 항상 향락과 섬김을 요청할 것임을 백성에게 경고한다. **8:11-18** 사무엘은 왕들이 *세금*을 징수할 뿐만 아니라, 백성을 군사와 노동자, 그리고 종으로 징집함으로써, 여섯 배나 *취한다*고 강조한다 (왕상 4:7-23; 5:13-18을 보라; 또한 삼하 20:24를 보라). 이러한 선언은 비참하게도 반대로 끝을 내게 된다. 하나님이 해방시킨 그 민족은 이제 자발적으로

천부장과 오십부장으로 임명하기도 하고, 왕의 밭을 갈게도 하고, 곡식을 거두어들이게도 하고, 무기와 병거의 장비도 만들게 할 것입니다.
13 그는 당신들의 딸들을 데려다가, 향유도 만들게 하고 요리도 시키고 빵도 굽게 할 것입니다.
14 그는 당신들의 밭과 포도원과 올리브 밭에서 가장 좋은 것을 가져다가 왕의 신하들에게 줄 것이며,
15 당신들이 둔 곡식과 포도에서도 열에 하나를 거두어 왕의 관리들과 신하들에게 줄 것 입니다.
16 그는 당신들의 남종들과 여종들과 ㄱ)가장 뛰어난 젊은이들과 나귀들을 끌어다가 왕의 일을 시킬 것입니다.
17 그는 또 당신들의 양떼 가운데서 열에 하나를 거두어 갈 것이며, 마침내 당신들까지 왕의 종이 될 것입니다.
18 그 때에야 당신들이 스스로 택한 왕 때문에 울부짖을 터이지만, 그 때에 주님께서는 당신들의 기도에 응답하지 않으실 것입니다."

19 이렇게 일러주어도 백성은, 사무엘의 말을 듣지 않고 말하였다. "그렇지 않습니다. 우리에게도 왕이 있어야 되겠습니다.
20 우리도 모든 이방 나라들처럼, 우리의 왕이 우리를 다스리며, 그 왕이 우리를 이끌고 나가서, 전쟁에서 싸워야 할 것입니다."
21 사무엘이 백성의 모든 말을 듣고 나서, 주님께서 들으시도록 다 아뢰니,
22 주님께서 사무엘에게 말씀하셨다. "너는 그들의 말을 받아들여서 그들에게 왕을 세워 주어라." 그래서 사무엘은 이스라엘 사람들에게, 각자 자기의 성읍으로 돌아가라고 일렀다.

사울이 사무엘을 만나다

9 1 베냐민 지파에 기스라고 하는 유력한 사람이 있었다. 그의 아버지는 아비엘이고, 할아버지는 스롤이고, 그 윗대는 베고랏이고, 그 윗대는 아비아인데, 베냐민 사람이다.
2 그에게는 사울이라고 하는 아들이 있었는데, 잘생긴 젊은이였다. 이스라엘 사람들 가운데 그보다 더 잘생긴 사람이 없었고, 키도 보통 사람들보다 어깨 위만큼은 더 컸다.

3 그런데 사울의 아버지 기스는 자기가 기르던 암나귀들 가운데서 몇 마리를 잃고서, 자기 아들 사울에게, 종을 하나 데리고 가서 암나귀들을 찾아보라고 말하였다.
4 사울은 종을 데리고 에브라임 산간지역과 살리사 지방으로 두루 다녀 보았으나, 찾지 못하였다. 사알림 지방까지 가서 두루 다녀 보았으나 거기에도 없었다. 베냐민 지방도 다녀 보았으나 거기에서도 찾지 못하였다.
5 그들이 숩 지방으로 들어섰을 때에, 사울이 자기가 데리고 다니던 종에게 말하였다. "그만 돌아가자. 아버지께서 암나귀들보다 오히려 우리 걱정을 하시겠다."
6 그러자 그 종이 그에게 말하였다. "보십시오, 이 성읍에는 하나님의 사람이 한 분 계시는데, 존경받는 분이십니다. 그가 말하는 것은 모두 틀림없이 이루어진다고 합니다. 그러니 이제 그리로 가 보시는 것이 어떨는지요? 혹시 그가 우리에게, 우리가 가야 할 길을 알려 줄지도 모릅니다."

ㄱ) 칠십인역에는 '너희가 가진 가장 좋은 짐승들과'

그들의 자유를 왕, 즉 자기가 원하는 대로 사용하게 될 (왕상 9:10-11 참고) 왕에게 바침으로써 노예가 되기로 선택하였다. **8:19-22** 그 경고는 성공적이지 못하다. 백성은 모든 이방 나라들처럼 되고자 하는 그들의 요구를 되풀이한다. 왕을 요구하는 그들의 기대 가운데 유일하게 특수한 요소는 왕이 군사 지도자이어야 한다는 것이다. 아마도 블레셋 사람들과의 계속되는 갈등을 반영하고 있는 것 같다 (4:11; 7:12-14에 관한 주석을 보라).

9:1—10:16 이 부분은 사울이 앞으로 사무엘과 가지게 될 복잡한 관계를 소개하고 있다. 암나귀들을 찾아 나섰다가 왕위에 오른 한 종의 이야기는 마치 우화처럼 들리지만, 가난한 자가 부자가 되었다는 주제 안에는 이 키가 큰 젊은 사람은 보이는 것만큼이나 인상적인 사람은 아니라는 경고가 담겨있다 (9:5-8에 관한 주석을 보라). **9:1-2** 스롤, *베고랏, 아비아.* 이들은 성경에서 오직 이 곳에만 언급되어 있다. 사울의 조상을 다르게 기록한 대상 8:29-34와 9:35-39를 참조하라. 성서 기자들은 여간해서 성서인물의 외형을 잘 묘사하지 않지만, 사울의 외형적 특징들은 오히려 더 인상적인 것처럼 보인다. 그의 지파는 전쟁에서 매우 무시무시한 민족으로 알려져 있다 (삿 3:15-30과 특별히 지파전쟁에서 거의 다른 지파들을 대파시킨 삿 19—21장을 참조). 이것이 전사를 원하는 백성(8:20)이 베냐민 지파에서 초대 왕을 선출하려고 했던 이유를 설명해 주고 있다. **9:5-8** *숩 (Zuph).* 숩은 사울의 고향이다 (1:1). 사울과는 달리 사무엘이 부리는 무명의 종은 물건 찾는 방법을 알고 있고 탐색 준비를 갖추고 있었다는 사실은 풍자적으로 2절에서 획득된 사울의 긍정적인 인상을 뒤엎어버린다. 즉 책임을 져야하는 그 사람은 철저하게 준비되지 못한 상태에서 길을 나서게 되고, 사실상 정보와 방책 간구를 어떤 한 종에게 의지하게 된다. 사울은 충동적으로 행동하게 되며, 사울은 그가 성취하지도 못할 책임을 떠맡게 된다. 곧 왕에게 있어서는 그리 좋지 못한 특성이다. **9:9** 사무엘을 *선견자*로 (11절, 18-

7 사울이 종에게 말하였다. "그래, 한번 가 보자. 그런데 우리가 그분에게 무엇을 좀 가지고 가야겠는데, 우리 주머니에는 빵 하나도 남아 있지 않으니, 하나님의 사람에게 드릴 예물이 없구나. 우리에게 뭐 남아 있는 것이 좀 있느냐?" 8 종이 다시 사울에게 대답하였다. "아, 나에게 은전 한 푼이 있습니다. 이것을 하나님의 사람에게 드리고, 우리가 갈 길을 가르쳐 달라고 하겠습니다." 9 (옛적에 이스라엘에서 사람들이 하나님께 물으려고 할 때에는, 선견자에게 가자고 말하였다. 오늘날 우리가 '예언자'라고 하는 이들을 옛적에는 '선견자'라고 불렀다.) 10 사울이 종에게 말하였다. "좋은 생각이다. 어서 가자!" 그리하여 그들은 하나님의 사람이 있는 성읍으로 갔다.

11 그들은, 성읍으로 가는 비탈길로 올라가다가, 물 길러 내려오는 처녀들을 만나 "선견자께서 성읍에 계십니까?" 하고 물었다. 12 처녀들이 그들에게 대답하였다. "예, 계십니다. 지금 막 저 앞으로 가셨습니다. 서둘러서 가시면, 따라가서 만나실 수 있습니다. 오늘 사람들이 산당에서 제사를 드리기 때문에, 그분이 방금 성읍으로 들어가셨습니다. 13 그러니까 두 분께서 성읍으로 들어가시면, 그분이 식사하러 산당으로 올라가시기 전에, 틀림없이 그분을 만날 것입니다. 그분이 도착할 때까지는 아무도 먹지 않습니다. 그분이 제물을 축사한 다음에야 초대받은 사람들이 먹기 때문입니다. 그러니 지금 올라가시면, 그분을 만날 수 있습니다." 14 그들이 성읍으로 올라가 성읍 안으로 들어가서 보니, 사무엘이 마침 산당으로 올라가려고 맞은쪽에서 나오고 있었다.

15 사울이 오기 하루 전에 주님께서 사무엘에게 알리셨다. 16 "내일 이맘때에 내가 베냐민 땅에서 온 한 사람을 너에게 보낼 것이니, 너는 그에게 기름을 부어 나의 백성, 이스라엘의 영도자로 세워라. 그가 나의 백성을 블레셋 사람의 손에서 구해 낼 것이다. ㄱ)나의 백성이 겪는 고난을 내가 보았고, 나의 백성이 살려 달라고 울부짖는 소리를 내가 들었다."

17 사무엘이 사울을 보았을 때에, 주님께서 그에게 말씀하셨다. "이 젊은이가, 내가 너에게 말한 바로 그 사람이다. 이 사람이 나의 백성을 다스릴 것이다." 18 사울이 성문 안에 있는 사무엘에게 다가가서 말하였다. "선견자의 집이 어디에 있는지 알려 주십시오." 19 사무엘이 사울에게 대답하였다. "바로 내가 그 선견자요. 앞장 서서 산당으로 올라가시지요. 두 분은 오늘 나와 함께 저녁을 듭시다. 물어 보시려는 것은, 내일 아침에 다 말씀드리겠습니다. 그리고 나서 두 분을 보내

ㄱ) 칠십인역을 따름. 히, '나의 백성을 보았고'

19절) 지적하고 있는 것은 이 이야기가 초기 자료의 다른 출처에서 유래되었으며, 아마도 본래는 전혀 사무엘에 관한 이야기가 아니었을 것을 주장하여 왔다 (서론을 참조). 그러나 이러한 상황에서 위대한 예언자며 사사인 그가 여기에서 사울과 그의 종에 의해서 단지 천리안을 지닌 사람으로 고려되고 있다는 것은 그의 지도력이 전혀 이해되지 못하고 있음을 강조하고 있는 것이다. *하나님께 물으려고 할 때에는.* 이것에 대해서는 10:22에 관한 주석을 보라. **9:13** *아무도 먹지 않습니다* 희생제물의 한 부분이 사울과 그의 종에게 공급된다 (신 12:18).

9:15-17 8장에서 사무엘은 정권 교체가 일어나지 않도록 백성들을 설득시켰지만, 그러한 시도가 실패하자 사무엘은 그들이 원하는 것을 들어주게 되었다 (9-22절). 따라서 15-16절은 하나님 뜻의 전향을 표현하는 것이 아니라, 8:22의 연속선상에서 이해되어야 한다. 사무엘이 새로운 정부형태와 계속해서 갈등관계에 놓여있는 반면, 하나님은 발생하고 있는 것을 받아들인다. 하나님은 왕을 우선적으로 군사 지도자로 여긴다 (출 2:23-25와 연관 있는 언어표현 속에서; 삼상 8:20 참조). 삼상 8—9장은 정부의 형태와 연루되어 있는 곳이며 성경이 일반적으로 정부에 대하여 양면적 태도를 취하고 있음을 잘 나타내고 있다. 한편으로 왕권의 요청은 하나님에 대한 반역이지만 (8:7-8), 다른 한편으로는 하나님은 민족의 울부짖음에 응답함으로 왕을 선택하여 민족의 원수들을 쳐부수기 위해 필요한 지도력을 제공한다 (9:16-17). 478쪽 추가 설명: "정부에 대한 성경의 양면적 태도"를 보라. *그에게 기름을 부어.* 기름을 붓는다는 것은 의식적으로 어떤 사람에게 직분을 수여하기 위함이다 (레 8:12). 다윗은 종종 사울을 *주께서 기름부어 세우신* 임금으로 부른다 (24:6, 10; 26:9-23; 삼하 1:14, 16). *메시아* (기름부음을 받은 자) 라는 단어는 이 전통에서 파생되었다. 사울은 *나기드*, 곧 여기에서는 *통치자*로 기름부음을 받아야 하는 자이다. 이 용어는 왕으로 선택된 어떤 사람을 가리키기 위해 사용된다 (25:30; 삼하 6:21; 왕상 1:35; 14:7; 대하 11:22에서처럼).

9:18—10:8 사무엘은 9:15-16에 나타난 하나님의 명령을 수행한다. 사울의 특성이 심각하게 표현되어 있고, 두 사람간에 갈등관계가 형성된다. **9:18-21** 사울은 사무엘을 *선견자*로 이해하고 있으며, 사무엘은 그 호칭을 받아들인다 (9:9에 관한 주석을 보라). 사무엘은 당나귀를 찾고 있던 사울의 상황을 사울의 운명을 설명하기 위한 기회로 삼는다. 사무엘은 사울의 환경을 이

드리겠습니다. 20 사흘 전에 잃어버린 암나귀들은
이미 찾았으니, 그것은 걱정하지 마십시오. 지금,
온 이스라엘 사람들의 기대가 누구에게 걸려 있는
지 아십니까? 바로 그대와 그대 아버지의 온 집안
입니다!" 21 사울이 대답하였다. "저는 이스라엘
지파들 가운데서도 가장 작은 베냐민 지파 사람이
아닙니까? 그리고 저의 가족은 베냐민 지파의 모
든 가족 가운데서도 가장 보잘것없는데, 어찌 저
에게 그런 말씀을 하십니까?"

22 사무엘은 사울과 그의 종을 데리고 방으로
들어가서, 초대받은 사람들의 윗자리에 앉혔다.
거기에 모인 사람들은 서른 명쯤 되었다. 23 사무
엘이 요리사에게 일렀다. "내가 자네에게 잘 간수
하라고 부탁하며 맡겨 두었던 부분을 가져 오게."
24 요리사가 넓적다리와 거기에 붙어 있는 것을
가져다가 사울 앞에 놓으니, 사무엘이 말하였다.
"보십시오, 준비해 두었던 것입니다. 앞에 놓고
드십시오. 내가 사람들을 초청할 때부터, 지금 이
렇게 드리려고 보관해 두었던 것입니다."

그래서 그 날 사울은 사무엘과 함께 먹었다.
25 그들은 산당에서 내려와 성읍으로 들어갔다.
ㄱ)침실이 지붕에 준비되어 있었으므로, 사무엘과
ㄴ)사울은 거기에서 누워서 잤다.

사무엘이 사울을 지도자로 세우다

26 다음날 동틀 무렵에, 사무엘이 지붕에서
사울을 깨웠다. "일어나십시오. 바래다 드리겠습
니다." 사울이 일어나니, 사무엘은 사울과 함께
바깥으로 나갔다. 27 성읍 끝에 이르렀을 때에,
사무엘이 사울에게 "저 종을 앞에 먼저 보내십시오"
하고 말하였다. 그 종이 한참 앞서서 가니, 사무
엘이 다시 사울에게 "내가 하나님의 말씀을 들려
드리겠으니, 잠깐 서 계십시오" 하고 말하였다.

10 1 사무엘이 기름병을 가져다가 사울의
머리에 붓고, 그에게 입을 맞춘 다음에,
이렇게 말하였다. "주님께서 그대에게 기름을 부
으시어, 주님의 소유이신 이 백성을 다스릴 영도
자로 세우셨습니다.ㄷ) 2 오늘 나를 떠나서 가시
다가 베냐민 지역 셀사에 이르시면, 라헬의 무덤
근처에서 두 사람을 만나실 터인데, 그들은, 그대의
부친이 찾으러 다니던 암나귀들은 벌써 찾았고,
부친께서는 암나귀들 걱정은 놓으셨지만, 이제
오히려 아들과 종의 일이 걱정이 되어 찾고 계신
다고 말할 것입니다. 3 또 거기에서 더 가다가
다볼의 상수리나무에 이르면, 거기에서 하나님을
뵈려고 올라가는 세 사람을 만날 것입니다. 한 사
람은 염소 새끼 세 마리를 데리고 가고, 한 사람
은 빵 세 덩이를 가지고 가고, 또 한 사람은 포도
주 가죽부대를 하나 메고 갈 것입니다. 4 그들이
그대에게 안부를 묻고, 빵 두 덩이를 줄 것이니,
그것을 받으십시오. 5 그런 다음에 그대는 하나
님의 산으로 가십시오. 그 곳에는 블레셋 수비대
가 있습니다. 그 곳을 지나 성읍으로 들어갈 때에,
거문고를 뜯고 소구를 치고 피리를 불고 수금을
뜯으면서 예배 처소에서 내려오는 예언자의 무리를

ㄱ) 칠십인역을 따름. 히, '사무엘이 사울과 이야기를 하였다' ㄴ) 칠십인역을 따름 ㄷ) 칠십인역과 불가타에는 1절 끝에 '이제 그대는 주님의 백성을 다스리고, 모든 적에게서 이 백성을 보호하십시오. 이제, 주님께서 그대를 택하셔서 당신의 백성을 다스릴 통치자로 삼으신 증거를 보여 드리겠습니다'의 내용이 더 있음

용하여 그와 같은 설명을 다시 한 번 하게 된다 (15:27-28). 사울이 사무엘에게 그가 이해하기 어려운 말에 대해 질문하였을 때, 명백히 사울과의 사적인 용건을 비밀로 보호하기 위하여 (9:27—10:1), 그리고 어쩌면 이제 막 만나게 된 그 사람에게 기름을 붓기 이전에 좀 더 많은 시간을 얻기 위해, 사무엘은 대답하지 않는다. **9:24** 사울은 넓적다리를 받는다 (하나님께 무엇인가를 드리고 제사장의 몫으로 되돌려 받는 것을 상징적으로 나타내고 있는 출 29:27에 나타난 "들어 올려 받쳐진 것"을 보라; 또한 레 7:29-36; 민 6:20을 보라). 사울은 제사장 지파출신이 아니지만, 하나님의 선택받은 자로서의 위치를 인정하는 표현으로 이러한 제사장의 몫을 받게 된다.

9:27—10:8 사무엘은 그 자신을 사울에게 선견자 이상의 누군가로 나타낸다. *기름을 붓고.* 이것에 대해서는 9:15-17에 관한 주석을 보라. **10:1** *주의 소유이신 이 백성을 다스릴 영도자로 세우셨습니다.* 백성들(8:20)과 하나님(9:16)처럼, 사무엘은 왕을 우선적으로 군사 지도자로 이해한다. 승리를 얻기도 하지만, 결국 그의 죄로 인해 블레셋과의 전투에서 전사하는 사울은 백성을 위협하는 모든 민족들로부터 이스라엘을 구원하지 못한다 (31:1-7). 이는 사무엘의 예언자적 능력의 실패를 의미하는 것이 아니라, 하나님이 희망하는 것과 인간의 자유의지 사이의 긴장관계를 보여주는 또 다른 실례이다 (8:7-9에 관한 주석을 보라). **10:2-6** 사무엘은 그가 사울에게 말한 것이 진실임을 증명하기 위해 예언을 제시하고, 그 예언은 9-13절에서 성취된다. **10:4** 사울이 성소에 드려질 빵을 받게 될 때, 그가 안게 될 제사장으로서의 특징이 다시 한 번 강조된다 (9:24를 참조). **10:8** *이레 동안* 사울이 길갈에

추가 설명: 정부에 대한 성경의 양면적 태도

처음부터 끝까지 사울의 왕권은 사울 자신과 그의 왕권에 대해 전반적으로 긍정적인 평가와 부정적인 평가를 반영하고 있다. 이러한 모호한 태도는 전반적으로 정부에 대한 성경의 태도를 특징적으로 보여준다.

창세기 11:1-9는 인간의 조직들은 궁극적으로 하나님과 경쟁하게 될 것이라는 사상을 반영해 준다. 성경에서 우리가 처음으로 접하게 되는 실제 정부는 이집트의 정부형태로서 (창 12:10-20), 그 정부형태에 대한 묘사는 이와 같은 부정적 인상을 주게 된다. 하나님은 바로에게 재앙을 내리시는데, 그 이유는 바로가 그의 권력을 이용하여 사라를 억압적으로 취하려 했기 때문이다. 이스라엘 백성의 고백의 근거를 이루는 것은 하나님이 그들의 편에서 이집트의 억압적 정권에 대항해서 역사하였다는 것과 결과적으로 그들을 하나의 민족으로 만들어 주었다는 것이다 (신 26:5-9). 하나님은 이러한 제도화된 악으로부터 그의 백성을 구원하기 위해 역사하신다.

정부에 대한 이러한 부정적인 이미지들은 긍정적인 이미지들과 균형을 이루고 있다. 정부는 하나님의 것일 수 있다. 출 19:6에서 하나님은 이스라엘 백성에게 "너희의 나라는 나를 섬기는 제사장 나라가 되고, 너희는 거룩한 민족이 될 것이다" 라고 말하며, 신 17:14-20은 왕이 분별력이 있고 율법을 잘 지키는 것에 한하여 이스라엘 내에 왕권 성립을 허용한다. 사사기에서 느슨하게 조직된 지파들의 카리스마적 지도자들은 백성의 적들을 쳐부수는 하나님의 대리인들이었으며, 백성이 도움을 호소하며 울부짖을 때 개별적으로 소명을 받고 주의 영에 의해 힘을 공급받았다 (삿 3:9-10; 11:29; 13:3-5, 24-25). 사사권은 계승되지 않으며, 그들은 세금, 군사, 혹은 노동자 징집도 하지 않았다. 그러나 사사기는 또한 이러한 연맹체제의 부정적 면을 보여주기도 한다. 지파들이 가나안의 장군 시스라와 함께 싸우게 되었을 때, 모든 지파가 모이지 않았다 (삿 5:15b-17). 싸움에 나선 지파들은 승리하였지만, 나타나지 못했던 지파들은 적들의 승리로 귀결되고 말았다. 기드온 시대에, 세습정부를 수립하기 원했던 일부 사람들이 있었다. 그들은 거절하였지만, 그가 죽고 난 이후 그의 아들인 아비멜렉은 그 자신을 왕으로 선포하고 하나님에 의해 일어난 적들에게 패배당하기 전 3년 동안 다스렸다 (삿 8:22-23; 9:1-57). "오직 주님께서 여러분을 다스리실 것입니다" (삿 8:23) 라는 이유에서 왕권을 거절한 기드온은 분명히 정확한 대답을 한 것이다 (시 93:95-99 참조). 그럼에도 불구하고, 입다와 삼손은 그들 스스로를 허물 많은 지도자로 보여주고 있으며, 또한 민족간의 전쟁이 전개됨에 따라, 사사기의 마지막 몇 장들은 "그 때에 이스라엘에 왕이 없었다" (삿 17:6; 18:1; 19:1) 라는 말과 함께 혼란의 시기를 보여주고 있다. 삿 17:6처럼, 그 책의 마지막 구절들(21:25)은 "사람들은 저마다 자기의 뜻에 맞는 대로 하였다" 라는 후렴구로 끝을 맺는다. 이는 곧 무정부 상태임을 분명히 보여주는 것이다. 지파동맹체제는 궁극적으로 실패하였다. 신명기적 편집사가의 관점에 더 강력한 형태의 정권이 요청되었다. 곧 군주정치이다.

군주정치 역시 긍정적인 평가와 부정적인 평가가 동시에 내포되어 있다. 이 정치형태는 다윗의 군사적 승리를 이끌며, 이로 인해 영토가 확장되고 다윗과의 약속에 나타난 것처럼 하나님의 축복을 향한 더 많은 통로들을 제공하게 되었다 (삼하 5장; 78장; 10장; 23:1-7). 독재 권력은 민족간의 전쟁으로 이어져 두 나라로 분열되었으며 (왕상 11—12장), 호세아 (왕하 17:1-6), 여호아김 (왕하 24:1-4), 그리고 시드기야 (왕하 24:18—25:7) 시대에 외세의 통치로 귀결되면서 두 나라는 멸망하게 된다. 군주정치는 솔로몬의 영광, 훌륭한 외교정책을 가질 수 있게 하였지만, 혼합주의를 유입시킨다 (왕상 4—11장). 군주정치는 악한 므낫세 (왕하 21:1-15; 23:26; 24:3-4) 뿐만 아니라 히스기야(왕하 18:1-8)와 요시야(왕하 22:1—23:24)와 같은 신실한 왕들도 가질 수 있었다. 군주정치는 예루살렘을 정복하여 그 곳에 성전을 세우지만 (삼하 5:6-10; 왕상 6– 8장), 곧 그 두 가지 모두를 잃고 만다 (왕하 23:26-27; 24:3-4; 25:1-21). 군주정치는 시편기자의 칭송을 불러일으키며 (시 2; 72; 110; 132) 또한 예언자의 분노를 자아내기도 한다 (사 7:10-17; 렘 2:26-27; 22:24-30; 겔 43:6-9; 호 8:4-6).

유대인들도 기독교인들도 자치적으로 통치할 수 없었기 때문에, 신약성경에는 군주정치에 대한 자료가 별로 없다. 로마제국이 최고의 위치에 있었다. 예수님을 십자가에 못박은 사람들이 바로 이 제국에 속한 사람들이다. 그럼에도 불구하고, 신약성경

만날 것입니다. 그들은 모두 춤을 추고 소리를 지르
면서 예언을 하고 있을 것입니다. 6 그러면 그대
에게도 주님의 영이 강하게 내리어, 그들과 함께
춤을 추고 소리를 지르면서 예언을 할 것이며, 그
대는 전혀 딴 사람으로 변할 것입니다. 7 이런
일들이 그대에게 나타나거든, 하나님이 함께 계
시는 증거이니, 하나님이 인도하시는 대로 따라
하십시오. 8 그대는 나보다 먼저 길갈로 내려가
십시오. 그러면 나도 뒤따라 그대에게 내려가서
번제와 화목제물을 드릴 것이니, 내가 갈 때까지
이레 동안 기다려 주십시오. 그 때에 가서 하셔야
할 일을 알려 드리겠습니다."

9 사울이 사무엘에게서 떠나려고 몸을 돌이
켰을 때에, 하나님이 사울에게 새 마음을 주셨다.
그리고 사무엘이 말한 그 모든 증거들이 그 날로
다 나타났다. 10 사울이 종과 함께 산에 이르자,
예언자의 무리가 그를 맞아 주었다. 그 때에 하나
님의 영이 그에게 세차게 내리니, 사울이 그들과
함께, 춤추며 소리를 지르면서 예언을 하였다.
11 이전부터 그를 알던 모든 사람들이 보니, 사
울이 과연 예언자들과 함께 그렇게 예언을 하는
것이 아닌가! 그래서 그들이 "기스의 아들에게 무
슨 일이 일어났는가? 사울이 예언자가 되었는
가?" 하고 서로 말하였다. 12 거기에 사는 한 사
람이 "다른 예언자들은 어떻습니까? 그들의 아버
지가 누구라고 생각하십니까?" 하고 물었으므로,
"사울마저도 예언자가 되었는가?" 하는 속담이
생겼다. 13 사울은 예언을 마치고 나서, 산당으
로 갔다.

14 사울의 삼촌이 사울과 그 종에게 "어디를
갔었느냐?" 하고 물었다. 사울이 대답하였다. "암
나귀들을 찾으러 갔지만, 찾을 수가 없어서 사무엘
에게 갔었습니다." 15 사울의 삼촌이 또 말하였
다. "사무엘이 너희에게 무슨 말씀을 하시더냐?
나에게 말하여라." 16 사울이 삼촌에게 말하였
다. "암나귀들은 이미 찾았다고 우리에게 일러주
셨습니다." 그러나 사무엘이 사울 자신에게 왕이
될 것이라고 말한 것은, 그에게 알려 주지 않았다.

기자들은 기독교인들이 훌륭한 시민이 되도록 권고하며 그래서 선한 모범이 될 것과 갈등을 양산하지 말도록 종용한다 (롬 13:1-7; 벧전 2:13-17); 롬 13:1은 모든 사람이 정권에 복종해야 한다고 말하고 있다. "왜냐하면 모든 권세는 하나님께로부터 온 것이며, 이미 있는 권세들도 하나님께서 세워주신 것이기 때문입니다." 그러나, 정권에 대한 성경의 이중적 태도는 여전히 나타난다. 요한계시록에서 정권은 하나님의 신실한 종들을 박해하는 짐승으로 대변된다. 정권은 사탄으로부터 유래하는 것이며 사탄의 권위를 가진다 (12:9, 18—13:8).

성경은 인류의 정권형태에 대해 실제적인 평가를 내린다. 그것은 보호와 안정을 제공해 주며, 지지와 충성을 요구한다. 정권은 하나님에 의해 주어진 선물로서 귀한 것이지만, 실패할 경우 정반대의 것으로 나타난다. 성경적 관점에서 정권의 궁극적 위험은 그것이 자신을 최고로 간주하는 것이며 하나님에게나 타당한 예배와 권리주장을 요구한다는 것이다.

도착한 이후 (13:8). 지금까지 사울이 사무엘에게 한 유일한 말은 두 형태의 질문밖에 없었다 (9:18, 21). 이는 이러한 사건에 대한 혼란스러움을 보여주는 것이다. 그는 전혀 그러한 기름부음의 행위에 대해 반응을 보이지 않는다. **10:9-16** 2-6절의 신호들은 여기에서 성취되지만, 사울은 일어난 일에 대해서 논의할 수도 또한 기꺼이 논의하고자 하지도 않는다. **10:9-13** 사울은 일련의 예언자들의 무리와 함께 황홀경에 빠지게 된다. 하나님의 영이 그에게 내렸기 때문에 (10:6을 보라; 19:20-24를 참조), 그는 사사들의 전통에서 하나님으로부터 선택받아 카리스마적 지도자가 된 사람이다. 이 첫 번째 왕은 지파동맹체제의 전통에서 벗어나지 못한다. 그는 하나님의 영으로 통치는 하나, 타고난 재능도 없고 정복하지도 못한다. **10:11-12** *사울이 예언자가 되었는가?* (19:24에서도) 라는 말은 이러한 행위가 그에게는 정상적인 행동이 아니었다는 것을 보여준다 (이제 하나님은 그에게 *새 마음을* 주셨다, 9절). *그들의 아버지가 누구라고 생각하십니까?* 라는 질문은 더욱 어렵다. 이것은 아마도 사울이 그들의 지도자라는 더욱 놀라운 사실을 반영하고 있는 것 같다. **10:14-16** *사울의 삼촌은* 아브넬의 아버지인 넬(Ner)일 것이다. 아브넬은 사울의 장군 가운데 한 명이 될 것이다 (14:50). 사울이 그의 가족에게 그가 겪은 지금까지의 모험에 대해 일언반구하지 않는다는 사실은 아마도 그 역시 그러한 사건들을 이해하지 못하였음을 보여주는 것 같다. 아마도 그는 그러한 아찔한 이야기들이 이제는 끝이 나길 바라고 있을 것이다.

10:17—11:13 백성이 사울을 인정해 주는 것은

사울이 왕으로 뽑히다

17 사무엘이 백성을 미스바로 불러 주님 앞
에 모아 놓고, 18 이스라엘 자손에게 하나님이
하신 말씀을 전하였다. "나 주 이스라엘의 하나님
이 말한다. 내가 이스라엘을 이집트에서 데리고
올라왔고, 내가 너희를 이집트 사람의 손과, 너희
를 학대하던 모든 나라의 손에서 건져 내었다.
19 그러나 오늘날 너희는, 너희를 모든 환난과
고난 속에서 건져 낸 너희 하나님을 버리고, 너희
에게 왕을 세워 달라고 나에게 요구하였다. 좋다,
이제 너희는 지파와 집안별로, 나 주 앞에 나와 서
거라!"
20 사무엘이 이스라엘의 모든 지파를 앞으로
나오게 하니, 주님께서 베냐민 지파를 뽑으셨다.
21 사무엘이 베냐민 지파를 각 집안별로 앞으로
나오게 하니, 마드리의 집안이 뽑혔고, 마드리의
집안 남자들을 앞으로 나오게 하니, 기스의 아들
사울이 뽑혔다. 사람들이 그를 찾았지만, 보이지
않았다. 22 그래서 사람들이 다시 주님께 여쭈어
보았다. "그 사람이 여기에 와 있습니까?" 주님께
서 말씀하셨다. "그는 짐짝 사이에 숨어 있다."
23 사람들이 달려가 거기에서 그를 데리고 나왔다.
그가 사람들 가운데 섰는데, 다른 사람들보다
어깨 위만큼은 더 커 보였다. 24 사무엘이 온 백
성에게 말하였다. "주님께서 뽑으신 이 사람을 보
아라. 온 백성 가운데 이만한 인물이 없다." 그러자
온 백성이 환호성을 지르며 "임금님 만세!" 하고
외쳤다.
25 사무엘이 왕의 제도를 백성에게 알려 준
다음, 그것을 책에 써서 주님 앞에 보관하여 두고,
온 백성을 각자의 집으로 돌아가게 하였다.
26 사울이 기브아에 있는 자기의 집으로 돌아갈
때에, 하나님께 감동을 받은 용감한 사람들이 사
울을 따라갔다. 27 그러나 몇몇 불량배들은 "이런
사람이 어떻게 우리를 구할 수 있겠느냐?" 하고
떠들면서 그를 업신여기고, 그에게 예물도 바치지
않았다. 그러나 사울은 못 들은 척하였다.

사울이 암몬 족속을 물리치다

11 1 ㄱ)암몬 사람 나하스가 올라와서, 길르
앗의 야베스를 포위하였다. 그러자 야베스

ㄱ) 사해 사본에는 1절 앞에 다음 내용이 있음. '암몬 족속의 나하스 왕은 갓 사람들과 르우벤 사람들을 가혹하게 억압하였다. 두 지파 사람들의 오른쪽 눈을 다 도려내고, 어느 누구도 이스라엘을 구해내지 못하게 하였다. 요단 동편에 살던 사람치고, 암몬 족속의 나하스 왕에게 오른쪽 눈을 뽑히지 않은 사람은 하나도 없었다 그러나 암몬 족속에게서 탈출한 사람 칠천 명이 있었는데, 그들이 길르앗의 야베스로 들어갔다. 약 한 달 뒤에'

사무엘의 행동과 사울의 행동을 통한 두 부분에 걸쳐서 전해진다. **10:17-27a** 이 부분은 사울에 대한 긍정적인 면과 부정적인 면을 보여준다. **10:17-21** 사무엘은 몇 년 전에 대승을 거둔 장소로 백성을 불러 모은다 (7:5-11). 아마도 그들에게 그가 거기에서 달성한 것을 상기시켜 주기 위함이었을 것이다. 9:16-17에서 하나님의 말씀에도 불구하고, 군주정권에 대한 사무엘의 태도는 8장 이후 변하지 않았다. 사무엘의 적대적인 말로 인해, 사울을 포함한 모든 사람들은 그룹으로 구분하는 것과 후속적인 제비뽑기가 죄인을 발견하기 위한 것인 줄로 착각한다 (수 7:13-15; 삼상 14:36-42). **10:22** 10:17-21에 관한 주석은 왜 사울이 숨게 되었는지를 설명한다. *주께 여쭈어 보았다*는 예언자 혹은 제사장과 우림과 둠밈(20-21절의 거룩한 *제비뽑기*; 출 28:30; 레 8:8; 민 27:21)을 통해 신적 인도를 요청한다는 것을 의미하는 전문어이다. 9:9; 14:37 (*하나님께 나아가 여쭈어 보아야 합니다.*); 22:10, 13, 15; 23:2, 4; 30:8; 삼하 5:19, 23; 21:1을 보라. **10:23** 숨어있는 사울을 찾아낸 백성은 그의 키가 크다는 것(9:2)에 인상을 받고 그를 환호하며 맞이한다. **10:25-27a** 사울과 백성(독자들은 아니다)은 왕이 해야 할 일에 대하여 듣게 된다. 사무엘상하에서는 왕이 해야 할 일을 다시 언급하지 않는다. 하나님에 의해 감동된 자들은 사울을 따르고, 하나님의 선택받은 왕으로 사울의 지위를 강조함으로써 그렇지 않은 자들을 불량배들(worthless)로 그린다. (공동번역은 "못된 자들"로 번역했음.) 똑같은 단어가 엘리의 아들들에 대하여 기록할 때 "행실이 나빴다"로 번역되었고 (2:12), 세바(삼하 20:1)를 묘사할 때 "불량배"로 번역되었다.

10:27b—11:13 사무엘은 사울을 백성에게 소개하며 사울이 해야 할 임무에 대하여 나열했다 (10:17-25). 이제 사울이 행동을 취한다. **10:27b** *암몬 사람들*. 암몬은 사해와 모압과 경계를 이루고 있었다. 지파연맹체제시대에, 암몬과 이스라엘은 적대관계에 있었다 (삿 3:13; 10:6-9; 11:4-33). *나하스*는 요단 건너편 사람들을 억압하고 있었다. 일부 사람들은 북쪽으로 이동하여 므낫세 영토로 영입하였고, 그는 그 곳에서 그들을 계속 추격했다. 패배한 적군을 불구로 만드는 것은 승자의 강함을 돋보이게 하였다 (11:2; 삿 1:5-7 참조). **11:1** *길르앗의 야베스*는 신명기 역사에 포함된 마지막 장인 삿 21장에 마지막으로 언급되었다. 민족전쟁으로 인해 베냐민 지파가 패배당한 이후, 베냐민 남성들이 아내를 얻을 수 있도록 하기 위해 승리한 지파들에 의해 그 지역은 약탈당하게 되었다 (삿 21:8-12). 이 이야기는 이스라엘이 왕을 필요로 한다는 증거로 주장될 수 있다 (삿 21:25). 따라서 첫 번째 왕이 그 자

사람들이 모두 나하스에게 "우리와 조약을 맺읍
시다. 우리가 당신을 섬기겠습니다" 하고 제안
하였다. 2 그러나 암몬 사람 나하스는 "내가 너희
의 오른쪽 눈을 모조리 빼겠다. 온 이스라엘을
이같이 모욕하는 조건에서만 너희와 조약을 맺겠
다" 하고 대답하였다. 3 야베스 장로들이 또 그
에게 제안하였다. "우리에게 이레 동안만 말미를
주셔서, 우리가 이스라엘 모든 지역으로 전령들
을 보내도록 하여 주십시오. 우리를 구하여 줄 사
람이 아무도 없으면, 우리가 항복하겠습니다."
4 전령들이, 사울이 살고 있는 기브아에 가서 백
성에게 그 사실을 알리니, 백성들이 모두 큰소리로
울었다.
5 마침 사울이 밭에서 소를 몰고 오다가, 무슨
일이 일어났기에 백성이 울고 있느냐고 물었다.
사람들은 야베스에서 온 전령들이 한 말을 그에게
일러주었다. 6 이 말을 듣고 있을 때에, 사울에
게 하나님의 영이 세차게 내리니, 그가 무섭게 분
노를 터뜨렸다. 7 사울은 겨릿소 두 마리를 잡아서
여러 토막으로 자른 다음에, 그것을 전령들에게
나누어 주고, 이스라엘 모든 지역으로 말을 전하
라고 보냈다. "누구든지 사울과 사무엘을 따라나
서지 않으면, 그 집의 소들도 이런 꼴을 당할 것
이다." 주님께서 온 백성을 두려움에 사로잡히게
하시니, 모두 하나같이 그를 따라나섰다. 8 사울이
그들을 베섹에 모으고 수를 세어 보니, 이스라엘
에서 ㄱ)삼십만 명이 왔고 유다에서 삼만 명이 왔다.
9 기브아 사람들이 야베스에서 온 전령들에게
말하였다. "길르앗의 야베스 사람들에게 가서, 내
일 햇볕이 뜨겁게 내리쬘 때쯤에는 구출될 것이라
고 전하여라." 전령들이 돌아가서 야베스 사람들
에게 소식을 전하니, 그들이 모두 기뻐하였다.
10 그래서 야베스 사람들이 암몬 사람들에게 회
답하였다. "우리가 내일 당신들에게 나아가 항복
하겠습니다. 그 때 가서는 우리에게 하고 싶은 대로
하시오."
11 다음날 아침 일찍 사울은 군인들을 세 부
대로 나누어 가지고, 새벽녘에 적진 한복판으로
들어가서, 날이 한창 뜨거울 때까지 암몬 사람들
을 쳐서 죽였다. 살아 남은 사람들은 다 흩어져서,
두 사람도 함께 있는 일이 없었다.

사무엘이 길갈에서 사울을 왕으로 세우다

12 백성이 사무엘에게 와서 말하였다. "사울이
어떻게 우리의 왕이 될 수 있느냐고 떠들던 자들이
누구입니까? 그런 자들을 내주십시오. 우리가
그들을 쳐서 죽이겠습니다." 13 그러자 사울이
나서서 말하였다. "오늘은 주님께서 이스라엘 백
성을 구원하여 주신 날이오. 오늘은 사람을 죽이
지 못하오."
14 사무엘이 백성들에게 말하였다. "우리가
길갈로 가서, 사울이 우리의 왕이라는 것을 거기에
서 새롭게 선포합시다." 15 그래서 온 백성이 길
갈로 가서 그 곳 길갈에 계시는 주님 앞에서 사울
을 왕으로 세웠다. 그들은 거기에서 짐승을 잡아서
주님께 화목제물로 바쳤다. 거기에서 사울과 모든
이스라엘 사람들이 함께 크게 기뻐하였다.

사무엘의 고별사

12 1 사무엘이 온 이스라엘 백성에게 말하
였다. "나는 당신들이 나에게 요청한 것을
다 들어 주어서, 백성을 다스릴 왕을 세웠습니다.

ㄱ) 사해 사본과 칠십인역에는 '칠십만'

신을 증명하고 대중적 지지를 얻기 위한 첫 번째 장소가 길르앗의 야베스가 될 것이다. **11:5-11** 사울은 왕으로서의 자신을 칭송하게 하기 위하여 행동하지 않는다 (마치 그 자신의 기름부음 사건에 대해 침묵하고 있었던 것처럼, 10:16). 다시금 그는 그 모든 것이 사라지길 희망하고 있었을지도 모른다. 이제 길르앗 야베스에서 40마일 떨어진 그의 고향에서 농사일을 하고 있을 때, 그는 다시 한 번 하나님에 의해 변화된다 (10:6, 9). 조각난 동물을 보내는 것은 지파를 소집하는 것이며, 또한 소집에 응하지 않을 경우 똑같은 운명에 처하게 될 것임을 경고하고 있는 것이다. 이와 같은 전갈의 선례가 기브아에서 일어나는데, 그 곳에서는 동물 대신에 사람이 희생되었다 (삿 19:27-30). 거기서 베냐민 사람들은 악한 자들이었지만, 여기서 그 지파의 구성원들은 보복자들이다. 사울은 사람들을 불러 모아 사무엘과 자신을 따르도록 한다. 그럼으로써 사무엘을 백성의 지도자로 간주한다.

11:14—12:25 모세가 신명기에서 고별연설을 했던 것처럼, 여호수아가 수 24장에서 연설했던 것처럼, 사무엘도 고별연설을 한다. 그가 원하지 않았던 (8:6-7) 군주정치가 공식화되면서, 사무엘은 자신의 정당함을 백성과 하나님으로부터 받고자 한다. **11:14-15** 사무엘의 요청에 의해 길갈로 모여든다는 것은 지파들이 그의 권위를 인정한다는 것이다. *화목제물*은 종종 축제 따위의 흥겨운 이벤트에 선행한다 (출 24:5; 레 3장을 참조). **12:1-5** 사무엘은 방어적인 자세로 시작하면서,

2 그러니 이제부터는 왕이 백성들을 인도할 것입
니다. 나는 이제 늙어서 머리가 희게 세었고,
나의 아들들이 이렇게 당신들과 함께 있습니다.
나는 젊어서부터 오늘까지 당신들을 지도하여 왔
습니다. 3 내가 여기 있으니, 주님 앞에서, 그리고
주님께서 기름부어 세우신 왕 앞에서, 나를 고발
할 일이 있으면 하십시오. 내가 누구의 소를 빼앗은
일이 있습니까? 내가 누구의 나귀를 빼앗은 일이
있습니까? 내가 누구를 속인 일이 있습니까? 누
구를 억압한 일이 있습니까? 내가 누구한테서 뇌
물을 받고 눈감아 준 일이 있습니까? 그런 일이
있다면, ㄱ)나를 고발하십시오. 내가 당신들에게
갚겠습니다." 4 이스라엘 백성이 대답하였다.
"우리를 속이시거나 억압하신 적이 없습니다. 누구
에게서든지 무엇 하나 빼앗으신 적도 없습니다."
5 사무엘이 그들에게 말하였다. "당신들이 나에
게서 아무런 잘못도 찾지 못한 것에 대하여 오늘
주님께서 증인이 되셨고, 주님께서 기름부어 세
우신 왕도 증인이 되셨습니다." 그러자 온 백성이
"그렇습니다. 주님께서 우리의 증인이 되셨습니
다!" 하고 대답하였다.

6 사무엘이 백성에게 말하였다. "모세와
아론을 세우시고, 당신들의 조상을 이집트 땅
에서 데리고 올라오신 ㄴ)분이 바로 주님이십니다.
7 그러니 그대로 서 있으십시오. 내가, 주님께서
당신들과 당신들의 조상을 구원하려고 하신 그 의
로운 일을 주님 앞에서 증거로 제시하고자 합니다.
8 야곱이 가족을 데리고 이집트로 내려간 다음에,
ㄷ)(이집트 사람들이 야곱의 가족을 억압할 때에,)
그들은 주님께 매달려 살려 달라고 부르짖었습
니다. 그래서 주님께서는 모세와 아론을 보내셨고,
조상을 이집트에서 인도해 내셨고, 그들을 이 땅에
정착시키셨습니다. 9 그런데도 백성은 주 그들의
하나님을 잊어버리고 말았습니다. 그래서 주님께
서는 조상들을 블레셋 사람과 모압 왕과 하솔 왕
야빈의 군사령관인 시스라에게 넘기시고, 우리
조상들을 쳐서 정복하게 하셨습니다. 10 조상들은
주님께 살려 달라고 부르짖으면서 '우리는 주님을
버리고, 바알 신들과 아스다롯 여신들을 섬기는
죄를 지었습니다. 이제 원수들에게서 우리를 건져
주시기 바랍니다. 그러면 우리가 주님만을 섬기
겠습니다' 하고 호소하였습니다. 11 주님께서
이 호소를 들으시고 여룹바알과 베단과 입다와 나
사무엘을 보내셔서, 사방으로 에워싼 원수들에게서
우리를 건져 주셔서, 안전하게 살 수 있도록 하셨
습니다. 12 그런데도 암몬 왕 나하스가 우리를
치러 오자, 주 하나님이 우리의 왕인데도, 그것을
보았을 때에 당신들은, '안 되겠습니다. 우리를 다
스릴 왕이 꼭 있어야 하겠습니다' 하고 나에게 말
하였습니다. 13 이제 당신들이 뽑은 왕, 당신들
이 요구한 왕이 여기에 있습니다. 주님께서 주신
왕이 여기에 있습니다. 14 만일 당신들이 주님을
두려워하여 그분만을 섬기며, 그분에게 순종하여
주님의 명령을 거역하지 않으며, 당신들이나 당
신들을 다스리는 왕이 다 같이 주 하나님을 따라
산다면, 모든 일이 잘 될 것입니다. 15 그러나
주님께 순종하지 않고 주님의 명령을 거역한다면,
주님께서 손을 들어 ㄹ)조상들을 치신 것처럼, 당신
들을 쳐서 멸망시키실 것입니다. 16 당신들은 그
대로 서서, 주님께서 이제 곧 하실 큰 일을 눈으로

ㄱ) 칠십인역을 따름 ㄴ) 칠십인역에는 '주님이 바로 증인이시다' ㄷ) 칠십인역에는 괄호 속의 본문이 있음 ㄹ) 칠십인역에는 '너희와 너희의 왕을 쳐서'

그가 지도자로 있는 동안 성실한 지도자 이었음을 이스라엘 백성이 인정해 줄 것을 말하며, 왕을 청하는 그들의 요청을 들어 주었다는 사실을 상기시켜 주고 있다. 그의 아들들에 대하여 언급하는 것은 그의 가족이 이스라엘에 계속해서 거주할 것임을 말하는 것 같다. 또한 그가 세우려고 했던 그의 불의한 아들들이 계속해서 제사장의 역할을 감당했으면 하는 그의 희망 역시 반영되어 있는 것 같다 (8:1-5). **12:6-17** 사무엘의 설교는 이스라엘 백성이 하나님 앞에서 많이 실수한 것들을 설명해 줌으로써 신명기신학을 반복하고 있다 (서론 참조). **12:6** 모세와 아론에 대해서는 출 2—4장을 보라. **12:8** *주께서 모세를 보내셨다.* 출 2:23—3:17을 보라. **12:9** *시스라.* 삿 4:1-22를 보라; *블레셋 사람들.* 삿 13:1을 보라; *모압.* 삿 3:12를 보라. **12:11** *여룹바알* (기드온). 삿 6—8장을 보라; *바락, 입다, 삼손.* 삿 4—5장; 11—16장을 보라. **12:12** 비록 왕의 요청이 8장에서 이루어졌고, 나하스가 10:27 이전에는 언급되지 않았을지라도, 사무엘은 나하스에 대한 두려움으로 인하여 왕을 요청하게 되었다고 말한다. **12:13** *너희가 뽑은 왕.* 사무엘은 9:15-16에서 하나님이 하신 말씀을 무시하며, 10:20-24에서 하나님께서 사울을 뽑으신 사실을 인정하지 않는다. **12:14-15** 사무엘은 백성이 신실하게 되는 것으로도 충분하지 않다는 것을 강조한다. 왕 또한 그러해야만 한다 (삼하 7:14b). **12:17-18** 천둥이 치고 비가 내리는 기후는 초여름 밀을 추수할 시기에 기대될 수 없는 이상기후이다 (7:9-10 참조). 이상기후가 일어나고 있다는 것은 하나님이 사무엘의 편에 있다는 것을 보여준다 (7:10-11에 관한 주석을 보라). **12:19-25** 사람들은 왕을 요청하는 것이 잘못된 것임을 인정한다. 하지만 그들은 그

직접 보십시오. 17 지금은 밀을 거두어들이는
때가 아닙니까? 그렇더라도 내가 주님께 아뢰면,
주님께서 천둥을 일으키시고 비를 내리실 것입니
다. 그러면 왕을 요구한 것이, 주님께서 보시기에
얼마나 큰 죄악이었는지를 밝히 알게 될 것입니다."
18 사무엘이 주님께 아뢰니, 바로 그 날로 주
님께서 천둥을 보내시고, 비를 내리셨다. 온 백성이
주님과 사무엘을 매우 두려워하였다. 19 모든
백성이 사무엘에게 간청하였다. "종들을 생각하
시고 주 하나님께 기도하셔서, 우리가 죽지 않게
해주십시오. 우리가 우리의 모든 죄에 왕을 구하는
악을 더하였습니다." 20 사무엘이 백성에게 말
하였다. "두려워하지 마십시오! 당신들이 이 모든
악행을 저지른 것은 사실이나, 이제부터는 주님
을 따르는 길에서 벗어나지 말고, 마음을 다 바쳐
주님을 섬기십시오! 21 도움을 주지도 못하고 구
원하지도 못하는 쓸데없는 우상에게 반하여, 그
것을 따르는 일이 없도록 하십시오. 그것들은 헛
된 것입니다. 22 주님께서는 당신들을 기꺼이
자기의 백성으로 삼아 도와 주시기로 하셨기 때문
에, 주님께서는 자기의 귀한 명예를 지키기 위해
서라도, 자기의 백성을 버리지 않으실 것입니다.
23 나는 당신들이 잘 되도록 기도할 것입니다.
내가 기도하는 일을 그친다면, 그것은 내가 하나
님께 죄를 짓는 것입니다. 그런 일은 없을 것입니다.
오히려 나는, 당신들이 가장 선하고 가장 바른길로
가도록 가르치겠습니다. 24 당신들은 주님만을
두려워하며, 마음을 다 바쳐서 진실하게 그분만
을 섬기십시오. 주님께서 당신들을 생각하시고
얼마나 놀라운 일들을 하셨는가를 기억하십시오.
25 만일 당신들이 여전히 악한 행동을 한다면, 당
신들도 망하고 왕도 망할 것입니다."

사울이 블레셋과 싸우다

13 1 사울이 왕이 되었을 때에, 그의 나이는
ㄱ)서른 살이었다. 그가 이스라엘을 다스린
것은 ㄴ)마흔두 해였다. 2 그는 이스라엘에서
삼천 명을 뽑아서, 그 가운데서 이천 명은 자기와
함께 믹마스와 베델 산지에 있게 하고, 일천 명은
요나단과 함께 베냐민 지파의 땅 기브아로 보내고,
나머지 군대는 모두 각자의 집으로 돌려보냈다.
3 요나단이 게바에 있는 블레셋 사람의 수비대를
치자, 블레셋 사람들이 그 소식을 들었다. 사울이
온 나라에 나팔을 불어서, 히브리 사람 소집령을
내렸다. 4 온 이스라엘 백성은, 사울이 블레셋
수비대를 쳐서, 이스라엘이 블레셋 사람들의 미
움을 사게 되었다는 말을 듣고, 길갈로 모여 와서
사울을 따랐다.
5 블레셋 사람들도 이스라엘과 싸우려고 모
였는데, 병거가 삼만에다가, 기마가 육천이나 되
었고, 보병은 바닷가의 모래알처럼 많아서 셀 수가
없었다. 블레셋 군대는 벳아웬의 동쪽 믹마스로

ㄱ) 히브리어 본문에는 나이를 밝히는 숫자가 없음. 칠십인역에는 1절 전체가 없음. 여기 '서른 살'이라고 한 것은 칠십인역 후대 사본에 나와 있는 것임. '개역한글판'에는 '사십 세' ㄴ) 히브리어 본문의 '둘(두)'은 앞의 10 단위가 빠져 있는 것임. 그가 대략 40년 동안 왕위에 있었던 것에 근거하여 (행 13:21), 최근의 역본들을 따라 '마흔두 해'라고 함

요청을 철회하지 않는다. 의혹으로부터 벗어날 수 있었던 사무엘은 백성에게 그가 계속해서 제사장의 임무를 수행할 것임을 약속하며, 동시에 불충실함과 쓸데없는 우상들을 섬기지 말도록 경고한다.

13:1—16:13 군주정치를 도입하는 것은 자유와 동시에 억압의 가능성이 있음을 시사해 준다 (8:11-18; 9:16-17). 사울에 대한 소개는 그의 소극적인 행동과 열정적 행동을 동시에 보여주었다 (10:1-24; 11:5-11). 궁극적으로 사울의 소극적인 행동은 그가 사무엘로부터 질책을 받게 되고, 백성으로부터 거부당하게 되고, 하나님에 의해 버림받게 되어 그를 파멸시키게 된다.

13:1-15a 사울은 사무엘이 10:8에서 길갈로 내려가서 기다리라고 하는 명령과 이스라엘에게 군대가 필요하다는 것 중에 하나를 선택해야 하는 것에 봉착해 있다. 사울은 이 두 가지를 다 성취시킬 수 없다. **13:1** 사울의 통치기간은 알려져 있지 않다 (마소라사본에는 마흔두 해 (42) 라는 숫자가 결여되어 있으며, 칠십인역에는 1절이 없다). 행 13:21은 사울의 통치기간을 평균기간인 40년으로 제시하고 있다 (삿 3:9-11; 8:28; 삼상 4:18). 대부분의 학자들은 그의 통치가 기원전 1020년에 시작했다고 본다. **13:2-7** 사울은 *요나단과* 함께 작전을 수행한다 (요나단은 3절에서 처음 언급되지만, 16절에 가서야 비로소 사울의 아들로 지시되고 있다). **13:3** 블레셋 사람들은 에벤에셀 전투 이후에 *게바에* 방어기지를 설치한 것으로 보인다 (4:11; 7:12-14에 관한 주석을 보라). *히브리 사람*들은 정치적 의미를 지닌 이스라엘과 혼동해서는 안 된다. 이 민족들은 이스라엘 백성과 밀접한 관계에 있기는 하지만 사울의 왕국에 아직 통합되지는 않았으며, 그래서 사울은 그들과 연맹을 맺고자 한다 (7절; 14:21 참조; 4:5-11에 관한 주석을 보라). **13:8-15a** 사울은 명령받은 것처럼 사무엘을 *이레 동안* 기다린다 (또한 10:8을 보라). 희생제사를 드리지 않고 전쟁하고자 하지 않았으며, 또한 일주일 내내 아무것도 하지 않고 *떨고 있는* 군인들(7절)의 흩어지는 모습을 보면서, 사울은 사무엘이 드리

올라와서 진을 쳤다. 6 이스라엘 사람들은, 자기
들이 위급하게 되었다는 것과 군대가 포위되었다는
것을 알고는, 저마다 굴이나 숲이나 바위틈이나
구덩이나 웅덩이 속으로 기어들어가 숨었다.
7 히브리 사람들 가운데서 더러는 요단 강을 건너,
갓과 길르앗 지역으로 달아났다.
사울은 그대로 길갈에 남아 있었고, 그를 따
르는 군인들은 모두 떨고 있었다. 8 사울은 사무
엘의 말대로 이레 동안 사무엘을 기다렸으나, 그는
길갈로 오지 않았다. 그러자 백성은 사울에게서
떠나 흩어지기 시작하였다. 9 사울은 사람들을
시켜 번제물과 화목제물을 가지고 오라고 한 다음
에, 자신이 직접 번제를 올렸다. 10 사울이 막
번제를 올리고 나자, 사무엘이 도착하였다. 사울이
나가 그를 맞으며 인사를 드리니, 11 사무엘이
꾸짖었다. "임금님이 어찌하여 이런 일을 하셨습
니까?" 사울이 대답하였다. "백성은 나에게서 떠
나 흩어지고, 제사장께서는 약속한 날짜에 오시
지도 않고, 블레셋 사람은 믹마스에 모여들고 있
었습니다. 12 이러다가는 제가 주님께 은혜를
구하기도 전에, 블레셋 사람이 길갈로 내려와서
칠 것 같은 생각이 들어서, 할 수 없이 번제를 드
렸습니다." 13 사무엘이 사울에게 말하였다.
"해서는 안 될 일을 하셨습니다. 주 하나님이 명
하신 것을 임금님이 지키지 않으셨습니다. 명령을
어기지 않으셨더라면, 임금님과 임금님의 자손이
언제까지나 이스라엘을 다스리도록 주님께서 영
원토록 굳게 세워 주셨을 것입니다. 14 그러나
이제는 임금님의 왕조가 더 이상 계속되지 못할
것입니다. 주님께서 임금님께 명하신 것을 임금
님이 지키지 않으셨기 때문에, 주님께서는 달리
마음에 맞는 사람을 찾아서, 그를, 당신의 백성을
다스릴 영도자로 세우셨습니다."
15 사무엘이 일어나서 ㄱ)길갈을 떠나, 베냐민
땅의 기브아로 올라갔다. 사울이 자기와 함께 있
는 백성들을 세어 보니, 약 육백 명쯤 되었다.
16 사울과 그의 아들 요나단은 자기들과 함께 있는
백성들을 거느리고 베냐민 땅 게바에 머물고 있었
고, 블레셋 군대는 믹마스에 진을 치고 있었다.
17 블레셋 진영에서는 이미 특공대를 셋으로 나
누어 습격하려고 출동하였다. 한 부대는 수알 땅
오브라 쪽으로 가고, 18 다른 한 부대는 벳호론
쪽으로 가고, 나머지 한 부대는 스보임 골짜기와
멀리 광야가 내려다보이는 경계선 쪽으로 떠났다.
19 당시 이스라엘 땅에는 대장장이가 한 명도
없었다. 히브리 사람이 칼이나 창을 만드는 것을,
블레셋 사람들이 허용하지 않았기 때문이다.
20 이스라엘 사람들은 보습이나 곡괭이나 도끼나
낫을 벼릴 일이 있으면, 블레셋 사람에게로 가야
만 하였다. 21 보습이나 곡괭이를 벼리는 데는
ㄴ)삼분의 이 세겔이 들었고, 도끼나 낫을 가는 데는
ㄷ)삼분의 일 세겔이 들었다. 22 그래서 전쟁이

ㄱ) 칠십인역에는 '길갈을 떠나 자기의 갈 길로 갔고, 나머지 백성들은 사울을 따라 군대에 합세하였고, 길갈을 떠나 베냐민 땅의 기브아로 올라갔다' ㄴ) 히, '2/3핌' 1/4온스 (약 8그램) ㄷ) 히, '1/3핌' 1/8온스 (약 4그램)

기로 약속한 제사를 자신이 떠안는다. 아마도 제사장과 같은 대우를 해주었던 사무엘의 태도(9:23-24; 또한 10:4를 보라)가 사울로 하여금 그러한 행동을 하게 한 것 같다. 사무엘의 늦어짐은 왕으로서의 불쾌감을 유발한 이유일 수도 있으며 (8:6-7; 12장), 특별히 사무엘이 12장에서 길갈에 있었기 때문에 사울의 복종심을 시험한 것 같기도 하다. 사울이 한 일에 대하여 공감할 수 있을 것 같다: 만약 그가 제사를 드리지 않으면, 그는 군사들을 잃게 되고, 만약 그가 제사를 드리게 되면, 그는 그의 왕조를 잃게 될 것이다. **13:13-14** 이 구절들은 또 하나의 예언으로서 행동을 단일화시킨다. 15:28에 더 강력하게 진술되고 있으며, 다윗에 의해 성취될 것이다. 사울은 신실하지 못하기 때문에, 신실한 자가 선택될 것이다. 하나님은 사울의 왕조를 세우려고 의도하였지만, 이제는 사울의 실수—하나님 뜻과 인간의 자유 사이의 관계에 대한 또 하나의 본보기—로 더 이상 그러하지 않을 것임을 주목하라 (8:7-9에 관한 주석을 보라).

13:15b—14:53 요나단의 용맹으로 인해 *믹마스에서* 대승을 거둔다. 사울이 자신의 현명하지 못한 서약을 지키고자 하여 그를 죽이려고 할 때 (다시금, 갈등을 빚는 아버지와 아들의 관계; 2:12-17; 8:1-5 참조), 백성은 그러한 의도를 거부한다. 아마도 그는 백성을 중요하게 생각한 것 같은데, 그 이유는 사울이 하나님의 이름으로 그를 왕으로 세운 사람에 의해 질책을 받았고, 바로 그 사람들의 지지가 필요했기 때문일 것이다. **13:15b-22** 사울은 적들과의 전투를 준비하지만 2절의 군사들보다 더 적은 군사들만이 있을 뿐이다 (8절은 탈주하는 군사들과 9-14절에 나타난 그들 지도자들 사이의 언쟁으로 인해 두려워하고 있었던 듯하다). 오직 그와 요나단만이 블레셋 군사들에 대항하여 싸울 수 있도록 철로 된 무기로 무장되어 있었다. **13:23—14:15** 그의 아버지처럼 (9:1-10), 요나단의 첫 승리는 그와 무명의 병사를 유명하게 만든다. **14:2** *기브아* (*Gibeah*). 이 구절과 16절에서 게바(Geba)와 비슷한 지역으로 이해되어야 한다 (13:16 참조). (공동번역은 새번역개정과 개역개정과 달리 "기

일어났을 때에, 사울과 요나단을 따라나선 모든 군인의 손에는 칼이나 창이 없었다. 오직 사울과 그의 아들 요나단의 손에만 그런 무기가 있었다.
23 블레셋 군대의 전초부대는 이미 믹마스 어귀에 나와 있었다.

블레셋을 습격한 요나단

14 1 하루는 사울의 아들 요나단이 자기의 무기를 든 젊은 병사에게 말하였다. "우리가 저 건너편에 있는 블레셋 군대의 전초부대로 건너가자." 그러나 요나단은 이 일을 자기의 아버지
에게는 알리지 않았다. 2 사울은 그 때에 기브아
에서 그리 멀지 않은, 미그론에 있는 석류나무 아래에 머물러 있었다. 사울을 따라나선 군인들은
그 수가 약 육백 명쯤 되었다. 3 (ㄱ)아히야가 에
봇을 입고 제사장 일을 맡고 있었는데, 그는 바로 이가봇의 형제이다. 아히야의 아버지는 아히둡 이고, 할아버지는 비느하스이고, 그 윗대는 실로에서 주님을 모시던 제사장 엘리이다.) 그들 가운데
아무도 요나단이 떠난 것을 알지 못하였다. 4 요
나단이 블레셋 군대의 전초부대로 들어가려면 꼭 지나야 하는 길목이 있었는데, 거기에는 양쪽으로 험한 바위가 있었다. 한쪽 바위의 이름은 보세스이고, 다른 한쪽 바위의 이름은 세네이다.
5 바위 하나는 북쪽에서 거대한 기둥처럼 치솟아올라 믹마스를 바라보고 있었고, 다른 하나는 남쪽에서 치솟아올라 게바를 바라보고 있었다.
6 요나단이 무기를 든 젊은 병사에게 말하였다. "저 할례받지 않은 이방인의 전초부대로 건너가자. 주님께서 도와 주시면 승리를 거둘 수도 있다. 주님께서 허락하시는 승리는 군대의 수가 많고 적음에 달려 있지 않다." 7 그의 무기를 든
병사가 대답하였다. "무엇이든 하시고자 하는 대로 하십시오. 무엇을 하시든지 그대로 따르겠습니다."
8 요나단이 말하였다. "우리가 저 사람들에게로 건너가서 그들에게 우리를 드러내 보이자. 9 그
때에 그들이 우리에게, 꼼짝 말고 서서 자기들이 올 때까지 기다리라고 하면, 우리는 올라가지 않고 있던 그 자리에 그대로 선다. 10 그러나 그들이
우리를 자기들에게로 올라오라고 하면, 우리는 올라간다. 이것을, 주님께서 그들을 우리에게 넘겨 주셨다는 징조로 알자." 11 그 두 사람이 블레셋
사람의 전초부대에게 자기들을 드러내 보이니, 블레셋 군인들이 소리쳤다. "저기 보아라! 히브리 사람들이 그 숨어 있는 굴에서 나온다." 12 전초
부대의 군인들이 요나단과 그의 무기를 든 병사에게 소리쳤다. "이리로 올라오너라. 너희에게 보여 줄 것이 있다." 요나단이 자기의 무기를 든 병사를 돌아보며 말하였다. "너는 나를 따라 올라오너라. 주님께서 그들을 이스라엘의 손에 넘겨 주셨다."
13 요나단이 손과 발로 기어올라갔고, 그의 무기
를 든 병사도 그 뒤를 따라 올라갔다. 요나단이 블레셋 군인들을 쳐서 쓰러뜨렸고, 그의 무기를 든 병사도 그 뒤를 따라가면서, 닥치는 대로 쳐죽였다.
14 이렇게 요나단이 자기의 무기를 든 병사와 함
께, 겨릿소 한 쌍이 반나절에 갈아엎을 만한 들판에서, 처음으로 쳐죽인 사람은 스무 명쯤 되었다.
15 이 때에 블레셋 군인들은, 진 안에 있는 군인
들이나 싸움터에 있는 군인들이나 전초부대의 군인들이나 특공대의 군인들이나, 모두가 공포에 떨고 있었다. 땅마저 흔들렸다. 하나님이 보내신 크나큰 공포가 그들을 휘감았다.

ㄱ) '주님의 형제'

브아"와 "게바"를 한 지역으로 보고 있으며, 그 둘을 "게바"로 통일시켰다.) 사울의 기지가 어떤 건물이 아니라 한 나무 곁에 있었다는 묘사는 그 왕국의 단순성을 강조하고 있는 것이다 (22:6 참조). **14:3** 사울의 제사장은 저주받은 엘리 가문 출신이다. 그 가정은 아마도 이미 놉으로 재배치되었을 것이다 (게바에서 약 20마일 떨어진 곳). 21:1까지 그들은 그 곳에 잘 정착하고 있었다; *실로에서 주를 모시는 제사장*은 엘리를 가리킨다. *아히야와* 그의 조카 아비아달을 제외한 모든 가족들은 22:6-23에서 사울에 의해 살해당한다. *에봇*. 에봇의 기능에 대해서는 2:18에 관한 주석을 보라. **14:6** 할례는 하나님과 아브라함 사이의 언약의 징표이다 (창 17:9-14). 블레셋 사람들은 할례를 행하지 않았다. 이스라엘 사람들은 조롱하려는 목적으로 *할례받지 않은 자들*이라는 말을 종종 사용한다 (17:26, 36에서처럼). *많고 적음*. 이것에 대해서는 수 24:12; 삿 7:1-22를 보라. **14:11** *굴에서 나온다*. 이 말은 이스라엘 백성이 강력한 군사력에 직면해서 고원지대의 동굴 속에 숨던 일반적 행동을 반영해 주고 있다 (22절; 삿 6:2; 겔 33:27). **14:16-23** 이스라엘 군대가 유리한 위치에 있다. **14:16** *기브아에* 대해서는 14:2에 관한 주석을 보라. **14:18-19** 칠십인역과 공동번역은 *언약궤*보다는 *에봇*으로 표현하는데, 아마도 이것이 더 적절한 표현일 것이라고 생각해서 일 것이다 (14:3 참조). (그러나 히브리 원어에는 "하나님의 궤"로 되어 있고, 새번역개정과 개역개정, 그리고 NRSV는 원어를 따르고 있다.) 삼하 6:3은 다윗이 궤를 예루살렘으로 옮기기 전까지 아비나답(7:1)이 하나님의 궤를 섬기고 있었다고 전한다

서로 쳐죽이는 블레셋 군인들

16 베냐민 지역의 기브아에서 망을 보는 사울의 파수꾼들이 건너다 보니, 수많은 블레셋 군인들이 아우성을 치며 이리저리 몰려다니고 있었다.
17 그러자 사울이 자기와 함께 있는 군인들에게 명령하였다. "우리 가운데서 누가 빠져 나갔는지 조사하여 밝혀 내어라!" 사람들이 조사하여 보니, 요나단과 그의 무기를 드는 병사가 없었다.
18 그러자 사울은 아히야에게 하나님의 ㄱ)궤를 가지고 오라고 말하였다. 그 때에는 하나님의 궤가 이스라엘 자손과 함께 있었다.
19 사울이 제사장에게 말을 하고 있는 동안에, 블레셋 진영에서 일어난 아우성 소리가 점점 더 크게 들려왔다. 그래서 사울은 제사장에게 궤를 가지고 오지 말라고 하였다.
20 사울과 그를 따르는 온 백성이 함께 함성을 지르며 싸움터로 달려가 보니, 블레셋 군인들이 칼을 뽑아들고 저희끼리 서로 정신없이 쳐죽이고 있었다.
21 블레셋 사람들 편을 들어 싸움터에까지 나왔던 히브리 사람들도, 이제는 돌이켜서 사울과 요나단이 지휘하는 이스라엘 편이 되었다.
22 또 전에 에브라임 산간지방으로 들어가 숨었던 이스라엘 사람들도, 블레셋 사람들이 지고 달아난다는 소식을 듣고, 모두 뛰어나와 블레셋 군인들을 뒤쫓으며 싸웠다.
23 그 날 주님께서 이렇게 이스라엘을 구원하셨다.

사울의 맹세와 요나단의 실수

전쟁은 벳아웬 너머에까지 번졌다.
24 그 날 이스라엘 사람들은 허기에 지쳐 있었다. 사울이 군인들에게 "내가 오늘 저녁에 적군에게 원수를 갚을 때까지, 아무 것이라도 먹는 사람은 누구든지 저주를 받을 것이다" 하고 맹세시켰기 때문에, 군인들이 모두 아무것도 먹지 못하였다.
25 ㄴ)거기에 있던 모든 군인들이 숲으로 들어갔다. 들녘의 땅바닥에는 꿀이 있었다.
26 군인들이 숲에 이르러서 보니, 벌집에서 꿀이 흘러나오고 있었다. 군인들은 맹세한 것이 두려웠기 때문에 아무도 그것을 손가락으로 찍어다 입에 대지 않았다.
27 그러나 요나단은 자기의 아버지가 군인들에게 그런 맹세를 시킬 때에 듣지 못하였으므로, 손에 들고 있던 막대기를 내밀어 그 끝으로 벌집에 든 꿀을 찍어서 빨아먹었다. 그러자 그는 눈이 번쩍 뜨이고 생기가 넘쳤다.
28 그 때에 군인들 가운데 어떤 사람이 나서서, 그에게 알려 주었다. "임금님이 누구든지 오늘 무엇을 먹는 사람은 저주를 받을 것이라고 하시면서, 모든 군인들에게 철저히 금식하도록 맹세를 시키셨습니다. 그래서 군인들이 이렇게 지쳐 있습니다."
29 그러자 요나단이 탄식하였다. "나의 아버지께서 이 나라를 어렵게 만드셨구나. 생각하여 보아라. 이 꿀을 조금 찍어서 맛만 보았는데도 눈이 번쩍 뜨이고 생기가 넘치는데,
30 오늘 우리 군인들이 적에게서 빼앗은 것을 먹고 싶은 대로 먹었더라면, 얼마나 더 좋았겠느냐? 그랬더라면 블레셋 사람들을 더 많이 죽이지 않았겠느냐?"

31 이스라엘 군인들은 바로 그 날, 믹마스에서 아얄론까지 쫓아가며 블레셋 사람들을 쳐죽였으므로 몹시 지쳐 있었다.
32 그래서 군인들은 약탈하여 온 것에 달려들어, 그 가운데서 양과 소와 송아지를 마구 끌어다가, 땅바닥에서 잡고, 피째로

ㄱ) 칠십인역에는 '에봇' ㄴ) 또는 '그 땅의 모든 백성이'

(삼하 6:12-19). 사울은 블레셋 진영에서 일어나는 소동의 원인을 알아보기 위해서 에봇을 사용하고자 한다 (2:18에 관한 주석을 보라). 그가 그러한 혼란함을 즉시 이용하기로 결정할 때, 그는 궤를 가져오라는 요청을 철회한다. **14:22-23** 블레셋 사람들은 에벤에셀 전투로 정복했던 그 땅에서 추방당한다 (4:11에 관한 주석을 보라). 이러한 공적으로 인해 사울은 히브리 사람들을 더욱 신뢰하게 된다. 13:3에 관한 주석을 보라. *벳아웬* (*Bethaven*)에 대해서는 13:5에 관한 주석을 보라. **14:24-46** 사울이 처음 언급되었을 때, 그의 다혈질적인 성향이 주목되었었다 (9:5-8을 보라). 그의 서약은 그러한 성격을 다시 드러낸다. **14:24-30** 힘든 전투를 마친 병사들에게 음식을 먹지 말라고 한 것은 현실적이지 못했으며 (28-33절 참조), 사울은 요나단 (17절에 따르면 그 자리에 없었다) 역시 그 금지사항을 들었는지 확인하지 못했다. 비록 사울은 그의 맹세를 하나님 이름으로 공식적으로 하지 않았지만, 하나님은 그 맹세가 깨지게 되었을 때 반응을 보여주신다 (37-42절). **14:31-33** 사울의 맹세는 굶주린 군사들이 음식에 관한 규례를 깨뜨리는 죄를 짓게 만든 (창 9:4; 레 19:26; 신 12:15-27) 그의 즉각적인 행동은 동물을 바위 위에서 죽여 제사법—피가 땅으로 흘러가게 하는 것—을 지키고자 했다는 것을 보여준다. **14:36-44** *사울이 하나님께 여쭈었다.* 10:22에 관한 주석을 보라. 아마도 "간구하다" "여쭈다" (1:20에 관한 주석을 보라) 라는 어원을 가진 사울이라는 이름은 전쟁에 대한 아무런 응답도 받지 못하는 것 같다. 그 이유는 그가 한 맹세가 깨졌기 때문일 것이다. 죄인을 찾는 과정(우림과 둠밈을

고기를 먹었다. 33 사람들이 이 사실을 사울에
게 알렸다. "보십시오, 백성들이 피째로 고기를
먹어, 주님께 죄를 지었습니다." 사울이 말하였다.
"당신들은 하나님을 배신하였소! 큰 돌 하나를
여기 나 있는 곳으로 굴려 오시오!" 34 사울이
또 지시하였다. "당신들은 백성에게 두루 다니며
알리시오. 이제부터는 누구든지, 소나 양을 내게
로 끌고 와서, 이 돌 위에서 잡아서 먹도록 하고,
고기를 피째로 먹어서 주님께 범죄하지 않도록
하라고 이르시오." 그 날 밤에 백성들은 제각기 자
기들이 차지한 소를 끌어다가 거기에서 잡았다.
35 그리하여 사울이 주님께 제단을 하나 쌓았는
데, 이것이 그가 주님께 쌓은 첫 제단이었다.

36 사울이 말하였다. "우리가 이 밤에 블레셋
군대를 쫓아 내려가서 동이 틀 때까지 그들을 약
탈하고, 한 사람도 남김없이 모조리 죽이도록 합
시다." 그들이 대답하였다. "임금님이 좋으시다면,
그대로 하시기 바랍니다." 그러자 제사장이 사울
에게 말하였다. "우리가 먼저 하나님께 나아가 여
쭈어 보아야 합니다." 37 그래서 사울이 하나님께
여쭈었다. "내가 블레셋 사람을 뒤쫓아 내려가도
되겠습니까? 주님께서 그들을 우리 이스라엘의
손에 넘겨 주시겠습니까?" 그러나 하나님은 그 날
사울에게 아무 대답도 하지 않으셨다. 38 그러
자 사울이 이렇게 말하였다. "주님께서 우리에게
응답하지 않으시니, 군지휘관은 모두 앞으로 나
오시오. 오늘 이 허물이 누구에게 있는지 알아보겠
소. 39 이스라엘을 구원하신 주님의 살아 계심
을 두고 맹세합니다. 허물이 나의 아들 요나단에
게 있다고 하더라도, 그는 반드시 죽을 것입니
다." 그러나 군인들 가운데 어느 한 사람도 감히
그에게 대답하는 사람이 없었다. 40 사울은 온 이
스라엘 군인에게 계속해서 말하였다. "귀관들은
모두 이쪽에 서시오. 나와 나의 아들 요나단은 저
쪽에 서겠소." 군인들이 모두 사울에게 "임금님이
좋으시다면 그대로 하시기 바랍니다" 하고 대답
하였다. 41 사울이 주 이스라엘의 하나님께 아
뢰었다. ㄱ)"오늘 저에게 응답하지 않으시니, 웬일
이십니까? 주 이스라엘의 하나님, 그 허물이 저에
게나 저의 자식 요나단에게 있다면 우림이 나오게
하시고, 그 허물이 주님의 백성 이스라엘에게 있
다면 둠밈이 나오게 하십시오." 그러자 요나단과
사울이 걸리고, 백성들의 혐의는 벗겨졌다. 42 사
울이 말하였다. "제비를 뽑아서, 나와 나의 아들 요
나단 가운데서 누가 죄인인지를 가려 내시오." 그
러자 요나단이 걸렸다.

43 사울이 요나단에게 물었다. "네가 무슨
일을 하였는지 나에게 말하여라!" 요나단이 그에게
대답하였다. "손에 들고 있던 막대기 끝으로 꿀을
찍어서 조금 맛보았습니다. 죽을 각오를 하고 있
습니다." 44 사울이 선언하였다. "요나단, 너는
죽음을 피할 수 없다. 내가 너를 처형하지 않는다
면, 하나님이 나에게 천벌을 내리시고 또 내리실
것이다." 45 이 때에 온 백성이 사울에게 호소하
였다. "이스라엘에게 이렇게 큰 승리를 안겨 준 요
나단을 죽여서야 되겠습니까? 절대로 그럴 수는
없습니다! 주님께서 살아 계심을 걸고 맹세합니다.
그의 머리털 하나도 땅에 떨어져서는 안 됩니다.
그는 오늘 하나님과 함께 이 일을 이루어 놓은 사
람이기 때문입니다." 백성들이 이렇게 요나단을
살려 내어, 그는 죽지 않았다. 46 사울은 블레셋
사람을 더 이상 뒤쫓지 않고 돌아섰고, 블레셋 사
람도 자기들의 본 고장으로 돌아갔다.

사울의 업적과 그의 집안

47 사울은 이스라엘을 다스릴 왕권을 얻은
다음부터, 사방에 있는 원수들과 전쟁을 하였다.
그는 모압과 암몬 자손과 에돔과 소바 왕들과 블

ㄱ) 칠십인역과 불가타를 따름. 마소라 본문에는 '저에게 둠밈을 보여주십시오'

사용하여; 10:22에 관한 주석을 보라)은 성공적이었다. 입다처럼, 사울은 요청되지도 않았던 맹세를 지키려고 그 아들을 죽이고자 한다. 입다의 딸과는 달리, 누군가가 사울의 아들의 편이 되어 말한다 (삿 11:29-40). *하나님이 나에게 천벌을 내리실 것이다.* 이 표현은 이제 만약 요나단이 죽지 않을 경우 그 자신에게 저주를 퍼붓고 있는 것이다. **14:45-46** 병사들은 요나단을 구하는데, 그 이유는 요나단이 큰 승리의 주역이라고 간주하기 때문이다. 이것이 바로 백성들이 왕을 원하는 까닭이다 (8:20). 속죄물은 아마도 동물이었을 것이다 (창 22:13, 출 13:13; 34:20 참조). 그러나 레 27:1-8은 맹세한 사람의 경우에는 돈으로 지불하도록 규정한다. 사울이 병사들의 뜻에 기꺼이 동의하는 모습은 그의 연약함을 보여주는 것이다 (15:24 참조)—그리고 그러한 속죄물을 결정하는 것은 그가 아니라 백성들이다. 사울이 그의 맹세를 지키지 못한 것에 대해서 그에게 아무런 책임도 돌려지지 않는다 (하나님은 이미 13:13-14에서 그를 포기하셨다). 사울에 대한 충성심으로 인하여 험난한 시험으로부터 살아나게 되는 요나단은, 사울이 경솔한 맹세를 하였다는 사실 혹은 기꺼이 그 맹세를 지키려고 했다는 사실로 그의 아버지에게 대항하지 않았다. **14:47-52** 비록 사울이 블레셋에게 패배당하여

레셋 사람들과 맞서 싸웠는데, 어느 쪽으로 가서
싸우든지 [ㄱ]늘 이겼다. 48 그는 아말렉까지 쳐서
용맹을 떨쳤다. 이렇게 그는 침략자들에게서 이
스라엘을 건져 내었다. 49 사울에게는, 요나단과
리스위와 말기수아라는 아들이 있었다. 딸도 둘
이 있었는데, 큰 딸의 이름은 메랍이고 작은 딸의
이름은 미갈이다. 50 사울의 아내의 이름은 아
히노암인데, 아히마아스의 딸이다. 사울의 군사
령관은 아브넬인데, 사울의 숙부 넬의 아들이다.
51 사울의 아버지는 기스요, 아브넬의 아버지는
넬인데, 둘 다 아비엘의 아들이다.

52 사울은 일생 동안 블레셋 사람과 치열하게
싸웠다. 그래서 사울은, 용감한 사람이나 힘 센 사
람은, 눈에 보이는 대로 자기에게로 불러 들였다.

아말렉과의 전쟁

15 1 사무엘이 사울에게 말하였다. "주님께서
나를 보내셔서, 임금님에게 기름을 부어,
주님의 백성 이스라엘을 다스릴 왕으로 세우게 하
셨습니다. 이제 주님께서 하시는 말씀을 들으시기
바랍니다. 2 '만군의 주가 말한다. 이스라엘이
이집트에서 나올 때에, 아말렉이 이스라엘에게
한 일 곧 길을 막고 대적한 일 때문에 아말렉을
벌하겠다. 3 너는 이제 가서 아말렉을 쳐라. 그
들에게 딸린 것은 모두 전멸시켜라. 사정을 보아
주어서는 안 된다. 남자와 여자, 어린아이와 젖먹
이, 소 떼와 양 떼, 낙타와 나귀 등 무엇이든 가릴
것 없이 죽여라.'"

4 사울이 백성을 불러모으고 들라임에서 그
수를 헤아려 보니, 보병이 이십만 명이었다. 유다
에서 온 사람도 만 명이나 되었다. 5 사울은 아
말렉 성읍에 이르러서, 물 마른 개울에 군인들을
매복시켰다. 6 사울이 겐 사람들에게 경고하였다.
"당신들은 어서 거기에서 떠나시오. 내가 아말렉
사람들을 칠 때에, 당신들을 함께 치지 않도록,
그들 가운데서 떠나시오. 당신들은 이스라엘 자
손이 이집트에서 올라올 때에, 그들에게 친절을
베푼 사람들이오." 그러자 겐 사람들이 아말렉 사
람들 가운데서 빠져 나갔다.

7 그런 다음에 사울은, 하윌라에서부터 이집
트의 동쪽에 있는 수르 지역에 이르기까지, 아말
렉 사람을 쳤다. 8 아말렉 왕 아각은 사로잡았
고, 나머지 백성은 모조리 칼로 쳐서 없애 버렸다.
9 그러나 사울과 그의 군대는, 아각뿐만 아니라,
양 떼와 소 떼 가운데서도 가장 좋은 것들과 가장
기름진 짐승들과 어린 양들과 좋은 것들은, 무엇
이든지 모두 아깝게 여겨 진멸하지 않고, 다만 쓸
모없고 값없는 것들만 골라서 진멸하였다.

ㄱ) 칠십인역을 따름. 히브리어 본문에는 '그들에게 형벌을 과하였다'

죽을지라도 (31:1-7), 여기서 사울의 죽음은 10:1의 사무엘의 말이 성취되는 것으로 묘사된다. **14:49-51** *리스위* (*Ishvi*, 개역개정은 이스위). 이 이름은 성경 어느 곳에서도 언급되어 있지 않다. 그는 아마도 사울의 아들 에스바알일 것이며, 이 목록에서는 언급되어 있지 않지만 대상 8:33; 9:39에서 언급하고 있다. 이 구절들은 또한 네 번째 아들을 언급하고 있는데, 그는 아버지에 의해 살해당하는 *아비나답이다* (삼상 31:2). 삼하 21:8은 사울이 적어도 두 명의 아들이 더 있었을 것이라고 말한다. *아브넬은* 사울이 죽을 때까지 섬겼으며, 그런 후에 사울의 생존한 아들들 가운데 한 명인 에스바알을 섬기게 된다 (삼하 2:8-11). *아비엘은* 9:1의 기스의 아버지이며, 사울의 삼촌인 넬과 그의 아들 아브넬을 낳는다. 대상 8:33; 9:39에서 넬은 기스의 아버지이며, 아브넬이 그의 형제이고 사울의 삼촌이다. 어찌 되었든, 아브넬과 사울의 친족관계와 그의 군사 지도력은 이 지파 사회의 혈연관계의 중요성을 강조한다. **14:52** 사울은 그가 통치하던 전체 기간 동안 민족의 적들과 개인의 적들과 싸우고 있었다.

15:1-35 사무엘로부터 벌써 전에 질책을 받았고 백성으로부터 버림받은 사울은 세 번째이자 마지막으로 버림을 받게 된다. **15:1-3** 사무엘은 거룩한 전쟁을 통해 출 17:8-16의 사건들에 복수하라고 사울에게 명령한다. 그 전쟁은 죄수들과 전리품들을 취하지 말라는 것이었다 (신 20:16-18; 일반적으로 이러한 금지조항은 오로지 약속의 땅에서만 해당되었지만, 신 25:17-19는 이러한 제한을 아말렉 사람들, 곧 유다의 남서 지역인 시내 반도에 거주하였던 민족에게까지 확대하여 적용시킨다). **15:6** *그들에게 친절을 베푼 사람들이오.* 모세는 후에 아말렉 사람들 가운데 정착한 겐 사람과 결혼하였다 (삿 1:16). **15:8-9** 사울은 아말렉을 쳐서 전멸시키라는 하나님의 명령을 무시한다 (3절). 사울과 그의 백성들은 오직 그들이 사용할 수 없는 것만 파괴한다. **15:10-33** 이것은 사무엘과 사울이 길갈에서 두 번째로 충돌하는 것이다 (13장 참조). 사울이 전에 성실하지 못한 것으로부터 아무 것도 배우지 못했다는 사실로 인하여 그는 여기에서 동정심을 얻지 못하고 있다. **15:11** 하나님은 분명히 사울이 충성하지 않으리라고 기대하지 않으셨다 (13:13-14 참조). 군주정치를 반대하였고 (12:1-17), 사울을 꾸짖었던 사무엘(13:13-14)은 여전히 그를 걱정하고 있는 것 같다 (15:35—16:1 참조). **15:13-14** 사울의 첫 번

주님께서 사울을 버리시다

10 주님께서 사무엘에게 말씀하셨다. 11 "사
울을 왕으로 세운 것이 후회된다. 그가 나에게서
등을 돌리고, 나의 명령을 따르지 않는다." 그래서
사무엘은 괴로운 마음으로 밤새도록 주님께 부르
짖었다. 12 사무엘은 사울을 만나려고 아침에
일찍 일어났다. 누군가가, 사울이 갈멜로 가서 승
전비를 세우고 나서, 거기에서 떠나 계속 행진하여
길갈로 내려갔다고 전해 주었다.

13 사무엘이 사울이 있는 곳에 이르니, 사울이
그를 보고 인사를 하며 말하였다. "주님께서 주시는
복을 받으시기 바랍니다. 나는 주님의 명령대로 다
하였습니다." 14 그러자 사무엘이 물었다. "나의
귀에 들리는 이 양 떼의 소리와 내가 듣는 소 떼의
소리는 무엇입니까?" 15 사울이 대답하였다. "그
것은 아말렉 사람에게서 빼앗은 것입니다. 우리 군
인들이 예언자께서 섬기시는 주 하나님께 제물로
바치려고, 양 떼와 소 떼 가운데서 가장 좋은 것들
을 남겼다가 끌어왔습니다. 그러나 나머지 것들은
우리가 진멸하였습니다." 16 사무엘이 사울을 꾸
짖었다. "그만두십시오! 지난 밤에 주님께서 나에게
말씀하신 것을 내가 알려 드리겠습니다." 사울이
대답하였다. "말씀하십시오." 17 사무엘이 말하
였다. "임금님이 스스로를 하찮은 사람이라고 생
각하시던 그 무렵에, 주님께서 임금님께 기름을 부
어 이스라엘의 왕으로 세우셨습니다. 그래서 임금
님이 이스라엘 모든 지파의 어른이 되신 것이 아닙
니까? 18 주님께서는 임금님을 전쟁터로 내보내
시면서, 저 못된 아말렉 사람들을 진멸하고, 그들
을 진멸할 때까지 그들과 싸우라고 하셨습니다.
19 그런데 어찌하여 주님께 순종하지 아니하고,
약탈하는 데만 마음을 쏟으면서, 주님께서 보시는
앞에서 악한 일을 하셨습니까?" 20 사울이 사무
엘에게 대답하였다. "나는 주님께 순종하였습니
다. 주님께서 보내시는 대로 전쟁터로 나갔고, 아
말렉 왕 아각도 잡아왔고, 아말렉 사람도 진멸하였
습니다. 21 다만 우리 군인들이 전리품 가운데서
양 떼와 소 떼는 죽이지 않고 길갈로 끌어왔습니
다. 그러나 그것은 예언자께서 섬기시는 주 하나님
께 제물로 바치려고, 진멸할 짐승들 가운데서 가장
좋은 것으로 골라온 것입니다."
22 사무엘이 나무랐다.

"주님께서 어느 것을
더 좋아하시겠습니까?
주님의 말씀에
순종하는 것이겠습니까?
아니면,
번제나 화목제를
드리는 것이겠습니까?
잘 들으십시오.
순종이 제사보다 낫고,
말씀을 따르는 것이
숫양의 기름보다 낫습니다.
23 거역하는 것은 점을 치는 죄와 같고,
고집을 부리는 것은
우상을 섬기는 죄와 같습니다.
임금님이 주님의 말씀을
버리셨기 때문에,
주님께서도 임금님을 버려
왕이 되지 못하게 하셨습니다."

24 사울이 사무엘에게 간청하였다. "내가 죄
를 지었습니다. 주님의 명령과 예언자께서 하신
말씀을 어겼습니다. 내가 군인들을 두려워하여,
그들이 하자는 대로 하였습니다. 25 제발 나의
죄를 용서해 주시고, 나와 함께 가셔서, 내가
주님께 경배할 수 있도록 해주시기 바랍니다."
26 사무엘이 사울에게 대답하였다. "나는 함께
돌아가지 않겠습니다. 임금님께서 주님의 말씀을
버리셨기 때문에, 주님께서도 이미 임금님을 버
리셔서, 임금님이 더 이상 이스라엘을 다스리는
왕으로 있을 수 없도록 하셨습니다."

27 사무엘이 거기서 떠나려고 돌아설 때에,
사울이 그의 겉옷자락을 붙잡으니, 옷자락이 찢어
졌다. 28 사무엘이 그에게 말하였다. "주님께서

째 말은 그가 하나님의 명령대로 다 순종했다고 주장한다. 사무엘의 말은 어떻게 사울이 실패했는가를 지적하고 있다. **15:15** 14:45에서 백성에게 결정권을 남겨둔 사울은 희생제물로 쓰기 위해 동물을 남겨두었다(8-9절)는 이유로 그 백성들만을 나무람으로써, 왕으로서 그가 백성들을 통제할 수 없다는 것을 인정하고 있는 것이다. **15:22-23** 예언자들은 순종이 없는 희생제물의 무가치성에 대해서 종종 말한다. 사 1:12-17; 호 6:6; 암 5:21-24; 미 6:6-8을 참조하라. **15:27-28** 9:19-21을 보라. 사무엘의 연설은 13:13-14에서 사울에게 말했던 것을 더 강력하게 표현하고 있다. **15:29** 하나님의 마음은 사울의 행동으로 인해 변했다 (13:13-14; 15:11). 이제 사울이 하나님의 마음을 되돌리기 위해 할 수 있는 것이 아무 것도 없다. 3:13-14, 18에서, 사무엘은 엘리에 대한 되돌릴 수 없는 형벌에 대해 비슷한 메시지를 전하고 있다. **15:30-31** 사울은 회개하지

오늘 이스라엘 나라를 이 옷자락처럼 찢어서 임금
님에게서 빼앗아, 임금님보다 더 나은 다른 사람
에게 주셨습니다. 29 이스라엘의 영광이신 하나
님은 거짓말도 안 하시거니와, 뜻을 바꾸지도 않으
십니다. 하나님은 사람이 아니십니다. 그러므로
하나님은 뜻을 바꾸지 않으십니다." 30 사울이
간청하였다. "내가 죄를 지었습니다. 그러나 나의
백성 이스라엘과 백성의 장로들 앞에서, 제발 나의
체면을 세워 주시기 바랍니다. 나와 함께 가셔서,
내가, 예언자께서 섬기시는 주 하나님께 경배할 수
있도록 하여 주십시오." 31 사무엘이 사울을 따
라 돌아가니, 사울이 주님께 경배를 드렸다.

사무엘이 아각을 처형하다

32 사무엘이 아말렉의 아각 왕을 끌어내라고
명령하였다. 아각은 ㄱ)행여 죽을 고비를 넘겼나 싶어
좋아하면서 사무엘 앞에 나왔다.
33 사무엘이 말하였다.

"당신의 칼에 뭇 여인이
자식을 잃었으니
당신의 어머니도
뭇 여인과 같이
자식을 잃을 것이오."

사무엘은 길갈 성소의 주님 앞에서 아각을 칼로
난도질하여 죽였다.
34 그런 다음에 사무엘은 라마로 돌아갔고,
사울은 사울기브아에 있는 자기 집으로 올라갔다.

다윗이 왕이 되다

35 그 다음부터 사무엘은, 사울 때문에 마음
이 상하여, 죽는 날까지 다시는 사울을 만나지 않
았고, 주님께서도 사울을 이스라엘의 왕으로 세
우신 것을 후회하셨다. 1 주님께서 사무엘에게
16 말씀하셨다. "사울이 다시는 이스라엘을
다스리지 못하도록, 내가 이미 그를 버렸
는데, 너는 언제까지 사울 때문에 괴로워할 것이
냐? 너는 어서 뿔병에 기름을 채워 가지고 길을
떠나, 베들레헴 사람 이새에게로 가거라. 내가 이미
그의 아들 가운데서 왕이 될 사람을 한 명 골라 놓
았다." 2 사무엘이 여쭈었다. "내가 어떻게 길을
떠날 수 있겠습니까? 사울이 이 소식을 들으면,
나를 죽일 것입니다." 주님께서 대답하셨다. "너
는 암송아지를 한 마리 끌고 가서, 주님께 희생제
물을 바치러 왔다고 말하여라. 3 그리고 이새를
제사에 초청하여라. 그 다음에 해야 할 일은, 내가
거기에서 너에게 일러주겠다. 너는 내가 거기에서
일러주는 사람에게 기름을 부어라." 4 사무엘이
주님께서 시키신 대로 하여 베들레헴에 이르니,
그 성읍의 장로들이 떨면서 나와 맞으며 물었다.
"좋은 일로 오시는 겁니까?" 5 사무엘이 대답하
였다. "그렇소. 좋은 일이오. 나는 주님께 희생제
물을 바치러 왔소. 여러분은 몸을 성결하게 한 뒤에,
나와 함께 제사를 드리러 갑시다." 그런 다음에 사
무엘은, 이새와 그의 아들들만은, 자기가 직접 성
결하게 한 뒤에 제사에 초청하였다.

ㄱ) 사해 사본과 칠십인역에는 '이제는 죽었구나 하고 주저하면서'

만, 그의 불충성으로 인해 시작된 사건들은 그럼에도 불구하고 발생한다 (29절; 삼하 12:13 참조). 사무엘은, 사울의 회개가 가리키는 것처럼, 사울이 그 상황을 이해하기 이전까지 함께 되돌아가고자 하지 않는다 (25-26절). 그들 사이의 대화에 대해서는 아무도 알지 못한다. 사울은 그가 죽기까지 왕으로 있을 것이며, 그에게 복종하는 사람들은 하나님에 대해 불복종하는 것이 아니다. **15:32-33** 마지막 사사는 초대 왕에 의해 실행되지 못한 채로 남아 있는 과제를 수행하고 있다.

16:1-13 새로운 왕이 기름부음을 받으면서 사울이 거부당하는 사건이 더 생기지 않고, 사울과 다윗을 비교하는 것에 중점을 둔다. 하나님은 사무엘에게 거부당한 왕의 자리에 젊은 남자를 대신 앉히라고 명령하신다. 그 거부당한 왕 역시 사무엘이 하나님의 명령에 따라 기름부음을 받은 사람이었다. 다윗도 유사하게 성실하지 못한 왕이 될 것인가? 사무엘이 다윗에게 아무런 말도 하지 않은 것에 주목하라. 사무엘은 아마도 사울에 대한 존경과 그와 나눈 많은 이야기들(9:19—10:8)로 인해 사울에게 너무 많은 권위가 부여된 것이 아닌가하는 두려움이 들었을지도 모른다. **16:1** 다윗은 유다로 알려진 남부 지역의 베들레헴 출신이다. 사무엘의 태도에 관해서는 15:11에 관한 주석을 보라. **16:4** *떨고 있는.* 장로들은 13:7의 떨고 있는 백성을 반영한다. 곧 그 시대에 보편적으로 만연되어 있는 불안을 반영하여 주고 있다. **16:6** *주께서 기름 부어 세우신.* 9:15-16에 관한 주석을 보라. **16:7** *큰 키.* 9:2를 보라. **16:8-12** 대상 2:13-15에서, 이새에게는 일곱 명의 아들이 있었다. *홍안의 소년이었다.* 외모적으로 묘사된 마지막 특성은 사울과 같다 (9:2 참조). **16:13** 주의 영은 사울에게 그러했던 것처럼 (10:6, 9; 11:6) 다윗에게 내려온다. 사사들처럼, 다윗은 하나님이 직접 선택한 카리스마적 지도자이다. 사울처럼 그는 자신에 대한 기름부음에 대해 일언반구도 하지 않는다 (10:16). 최연소자의 선택은 예상되지 못했던 것이다 (이는 17:28에 나타난 엘리압

6 그들이 왔을 때에 사무엘은 엘리압을 보
고, 속으로 '주님께서 기름부어 세우시려는 사람
이 정말 주님 앞에 나와 섰구나' 하고 생각하였다.
7 그러나 주님께서 사무엘에게 이르셨다. "너는
그의 준수한 겉모습과 큰 키만을 보아서는 안 된다.
그는 내가 세운 사람이 아니다. 나는 사람이 판단
하는 것처럼 그렇게 판단하지는 않는다. 사람은
겉모습만을 따라 판단하지만, 나 주는 중심을 본
다." 8 다음으로 이새가 아비나답을 불러, 사무엘
앞으로 지나가게 하였다. 그러나 사무엘은 이 아
들도 주님께서 뽑으신 사람이 아니라고 하였다.
9 이번에는 이새가 삼마를 지나가게 하였으나,
사무엘은 이 아들도 주님께서 뽑으신 사람이 아니
라고 하였다. 10 이런 식으로 이새가 자기 아들
일곱을 모두 사무엘 앞으로 지나가게 하였으나,
사무엘은 이새에게 "주님께서는 이 아들들 가운데
어느 하나도 뽑지 않으셨소" 하고 말하였다.

11 사무엘이 이새에게 "아들들이 다 온 겁니
까?" 하고 물으니, 이새가 대답하였다. "막내가
남아 있기는 합니다만, 지금 양 떼를 치러 나가고
없습니다." 사무엘이 이새에게 말하였다. "어서
사람을 보내어 데려오시오. 그가 이 곳에 오기 전
에는 ㄱ)제물을 바치지 않겠소." 12 그래서 이새가
사람을 보내어 막내 아들을 데려왔다. 그는 눈이
아름답고 외모도 준수한 홍안의 소년이었다. 주
님께서 말씀하셨다. "바로 이 사람이다. 어서 그
에게 기름을 부어라!" 13 사무엘이 기름이 담긴
뿔병을 들고, 그의 형들이 둘러선 가운데서 다윗
에게 기름을 부었다. 그러자 주님의 영이 그 날부터
계속 다윗을 감동시켰다. 사무엘은 거기에서 떠나,
라마로 돌아갔다.

사울을 섬기게 된 다윗

14 사울에게서는 주님의 영이 떠났고, 그 대
신에 주님께서 보내신 악한 영이 사울을 괴롭혔
다. 15 신하들이 사울에게 아뢰었다. "임금님,
하나님이 보내신 악한 영이 지금 임금님을 괴롭히
고 있습니다. 16 임금님은 신하들에게, 수금을
잘 타는 사람을 하나 구하라고, 분부를 내려 주시
기 바랍니다. 하나님이 보내신 악한 영이 임금님
께 덮칠 때마다, 그가 손으로 수금을 타면, 임금
님이 나으실 것입니다." 17 사울이 신하들에게
명령을 내렸다. "그러면 수금을 잘 타는 사람을 찾
아 보고, 있으면 나에게로 데려오너라." 18 젊은
신하 가운데 한 사람이 대답하였다. "제가 베들레
헴 사람 이새에게 그런 아들이 있는 것을 보았습
니다. 그는 수금을 잘 탈 뿐만 아니라, 용사이며,
용감한 군인이며, 말도 잘하고, 외모도 좋은 사람
인데다가, 주님께서 그와 함께 계십니다." 19 그
러자 사울이 이새에게 심부름꾼들을 보내어, 양
떼를 치고 있는 그의 아들 다윗을 자기에게 보내
라고 명령하였다. 20 이새는 곧 나귀 한 마리에,
빵과 가죽부대에 담은 포도주 한 자루와 염소 새
끼 한 마리를 실어서, 자기 아들 다윗을 시켜 사
울에게 보냈다. 21 그리하여 다윗은 사울에게
와서, 그를 섬기게 되었다. 사울은 다윗을 매우 사
랑하였으며, 마침내 그를 자기의 무기를 들고 다
니는 사람으로 삼았다. 22 사울은 이새에게 사
람을 보내어 일렀다. "다윗이 나의 마음에 꼭 드니,
나의 시중을 들게 하겠다." 23 그리하여 하나님이
보내신 악한 영이 사울에게 내리면, 다윗이 수금을
들고 와서 손으로 탔고, 그 때마다 사울에게 내린
악한 영이 떠났고, 사울은 제정신이 들었다.

ㄱ) 몇몇 칠십인역 사본에는 '앉지 않겠소'

의 분노를 설명할 수 있기도 하다). 그것은 이스마엘이 아닌 이삭을, 에서가 아닌 야곱을, 다른 형들이 아닌 기드온을 선택한 하나님을 반영해 주고 있으며 (창 17:15-21; 28:10-17; 삿 6:15), 그리고 (한나의 기도에 응답하신 것처럼) 낮은 사람을 높이시는 하나님 역사의 한 실례이다. 1:1—2:11에 관한 주석을 보라.

16:14—22:5 16—22장에서는 다윗의 성격, 그와 사울 사이의 사랑과 증오의 관계를 확고하게 증언해 준다 (사울과 그의 후견인인 사무엘 사이의 관계처럼). **16:14-23** 사울이 아플 때, 그는 다윗을 불러오려고 사람을 보낸다. 아마도 이러한 상황이 부분적으로나마 다윗이 사울에게 보인 인내와 동정을 설명해 줄 수 있을 것이다 (17:55-58; 24:1-7; 26:6-12을 보라). **16:14-15** 다윗에게 내려주신 하나님의 영이 이제 사울을 떠난다 (13절). 하나님에게 버림을 받고, 하나님의 영이 떠남으로써, 사울은 통치할 수 있는 자격을 상실하게 된다. 그의 다혈질성과 감정적 태도가 점점 증대된다 (11:7; 14:24 참조). 고대 문서에 나타난 진단들로는 불가능한 것 같지만, 그의 행동은 조울병처럼 들린다. 정신 질환은 여기서 악한 영에 의해 일어난 것으로 이해된다 (마 15:21-28; 17:4-17; 막 5:1-13); 더욱이 모든 것은 하나님으로부터 온다. 심지어 악마적인 공격조차도 하나님으로부터 온다 (출 4:24-26; 삼하 24:1 // 대상 21:1). **16:21-23** 다윗은

골리앗이 이스라엘에 도전하다

17 1 블레셋 사람들이 또 전쟁을 일으키려고
군인을 모두 모아, 유다의 소고에 집결시
키고, 소고와 아세가 사이에 있는 에베스담밈에
진을 쳤다. 2 사울도 이스라엘 군인들을 집결시켜
엘라 평지에 진을 친 뒤에, 블레셋 군인들과 맞서
서 싸울 전열을 갖추었다. 3 그리하여 블레셋과
이스라엘이 골짜기를 사이에 두고, 이쪽 저쪽 산
위에서 맞서서 버티고 있었다. 4 블레셋 진에서
가드 사람 골리앗이라는 장수가 싸움을 걸려고 나
섰다. 그는 키가 ㄱ)여섯 규빗 하고도 한 뼘이나 더
되었다. 5 머리에는 놋으로 만든 투구를 쓰고,
몸에는 비늘 갑옷을 입었는데, 그 갑옷의 무게는
놋 오천 세겔이나 되었다. 6 다리에는 놋으로 만
든 각반을 차고, 어깨에는 놋으로 만든 창을 메고
있었다. 7 그의 창자루는 베틀의 용두머리만큼
굵었고, 그 창날의 무게는 쇠 육백 세겔이나 되었다.
그의 앞에서는 방패를 든 사람이 걸어 나왔다.
8 골리앗이 나와서, 이스라엘 전선을 마주
보고 고함을 질렀다. "너희는 어쩌자고 나와서 전
열을 갖추었느냐? 나는 블레셋 사람이고, 너희는
사울의 종들이 아니냐? 너희는 내 앞에 나설 만한
사람을 하나 뽑아서 나에게 보내어라. 9 그가 나를
쳐죽여 이기면, 우리가 너희의 종이 되겠다. 그러나
내가 그를 쳐죽여 이기면, 너희가 우리의 종이 되
어서 우리를 섬겨야 한다." 10 이 블레셋 사람이
다시 고함을 질렀다. "내가 오늘 이스라엘 군대를
이처럼 모욕하였으니, 너희는 어서 나에게 한 사
람을 내보내어 나하고 맞붙어 싸우게 하여라."
11 사울과 온 이스라엘은 그 블레셋 사람이 하는
말을 듣고, 몹시 놀라서 떨기만 하였다.

사울의 진에 나타난 다윗

12 다윗은 유다 땅 베들레헴에 있는 에브랏
사람 이새의 아들이다. 이새에게는 모두 아들이
여덟 명 있었는데, 사울이 다스릴 무렵에, 이새는
이미 나이가 매우 많은 노인이었다. 13 이새의
큰 아들 셋은 사울을 따라 싸움터에 나가 있었다.
군대에 가 있는 그 세 아들의 이름은, 맏아들이
엘리압이요, 둘째가 아비나답이요, 셋째가 삼마
였다. 14 다윗은 여덟 형제 가운데서 막내였다.
위로 큰 형들 셋만 사울을 따라 싸움터에 나가
있었고, 15 다윗은 사울이 있는 곳과 베들레헴
사이를 오가며, 아버지의 양 떼를 치고 있었다.
16 그 블레셋 사람은 아침 저녁으로 가까이
나아와서, 계속 싸움을 걸어 왔고, 그런 지가 벌써
사십 일이나 되었다.
17 이 때에 이새가 자기 아들 다윗에게 일렀
다. "여기에 있는 볶은 곡식 한 에바와 빵 열 덩어
리를 너의 형들에게 가져다 주어라. 너는 그것을
가지고 빨리 진으로 가서, 너의 형들에게 주어라.
18 그리고 이 치즈 열 덩이는 부대장에게 갖다 드
리고, 너의 형들의 안부를 물은 뒤에, 형들이 잘
있다는 증거물을 가지고 오너라." 19 그 무렵 사
울은, 다윗의 형들을 비롯하여 이스라엘 군인을
모두 거느리고, 엘라 평지에서 블레셋 사람과
싸우고 있었다.
20 다음날 아침에 다윗은 일찍 일어나서, 양
떼를 다른 양치기에게 맡기고, 아버지 이새가
시킨 대로 짐을 가지고 길을 떠났다. 그가 진영에
이르렀을 때에, 군인들은 마침 전선으로 나아가면

ㄱ) 약 3미터, 사해 사본과 칠십인역에는 '네 규빗'

사울의 어두운 시간들의 고통을 덜어주기 위해 음악가로서 사울을 섬기게 된다. 그리고 곧 다윗은 또한 사울의 무기를 들고 다니는 병사가 된다. 두 위치는 모두 신뢰를 요구하게 된다.

17:1-58 이것은 다윗이 젊고 음악적으로 재능이 뛰어난 목동 이상임을 보여주는 구절이다. 사울이 정신적으로 질환이 있다고 하는 사실이 또한 더 명확해진다. **17:1** 베들레헴 근처에 위치한 소고에서의 전투는 블레셋 평야에 가까웠다. 중앙 고원지대에서 축출된(14:22-23) 블레셋 사람들은 남서지역으로부터 공격을 감행하였다. **17:4-7** 여호수아는 이미 가드, 가사, 아스돗(수 11:21-22)을 제외한 모든 지역에서 거인들이었던 아낙 사람들을 쫓아내었다. 골리앗은 가드 사람이다. (골리앗의 신장은 10피트[3m]이고, 150파운드[68kg]의 무기를 들고다니고, 19파운드[8kg]의 창을 들고 다니는 사람이다.) **17:8-9** 단 한 번의 전투로 블레셋과의 전쟁이 끝나기로 되어 있지만, 그렇지 않았다(18:6을 보라). **17:12-18** 여기에 있는 다윗에 대한 소개는 16장과는 다른 자료를 사용하고 있는 것 같다. 그럼에도 불구하고, 이러한 이야기 전개 속에서 편집자는 사울의 퇴보를 보여주면서 다윗이라는 인물에 주목을 돌리고 있다 (17:55-58). **17:25** 25절에 나타나 있는 약속들은 오직 전쟁터에서만 떠도는 소문일 것이다. 다윗은 결국 사울의 딸 가운데 한 명과 결혼하게 되지만, 완전하게 다른 상황에서 결혼이 이루어졌다 (18:20-29). *세금을 면제하겠다.* 이것은 세금과 징병의 면제를 의미하는 것 같다. 이 말은 다시는 언급되지 않는다. **17:26-28** 다윗이 제일 처음 말한 것을 기록한

서, 전투 개시의 함성을 올리고, 21 이스라엘과 블레셋 군인이 전열을 지어 서로 맞서 있었다. 22 다윗은, 가지고 온 짐을 군수품 담당자에게 맡기고, 전선으로 달려가, 자기의 형들에게 이르러 안부를 물었다. 23 다윗이 형들과 이야기하고 있는 동안에, 마침 블레셋 사람 쪽에서 가드 사람 골리앗이라는 장수가 그 대열에서 나와서, 전과 똑같은 말로 싸움을 걸어왔다. 다윗도 그 소리를 들었다.

24 이스라엘 사람들은 그를 보고 무서워하며, 모두 그 사람 앞에서 달아났다. 25 "저기 올라온 저 자를 좀 보게." 군인들이 서로 말하였다. "또 올라와서 이스라엘을 모욕하고 있어. 임금님은, 누구든지 저 자를 죽이면 많은 상을 내리실 뿐 아니라, 임금님의 사위로 삼으시고, 그의 집안에는 모든 세금을 면제해 주시겠다고 하셨네." 26 다윗이 곁에 서 있는 사람들에게 물었다. "저 블레셋 사람을 죽이고 이스라엘이 받는 치욕을 씻어내는 사람에게는, 어떻게 해준다구요? 저 할례도 받지 않은 블레셋 녀석이 무엇이기에, 살아 계시는 하나님을 섬기는 군인들을 이렇게 모욕하는 것입니까?" 27 군인들은 앞에서 말한 내용과 같이, 저 자를 죽이는 사람에게는 이러이러한 상이 내릴 것이라고 대답해 주었다.

28 다윗이 군인들과 이렇게 이야기하는 것을 맏형 엘리압이 듣고, 다윗에게 화를 내며 꾸짖었다. "너는 어쩌자고 여기까지 내려왔느냐? 들판에 있는, 몇 마리도 안 되는 양은 누구에게 떠맡겨 놓았느냐? 이 건방지고 고집 센 녀석아, 네가 전쟁 구경을 하려고 내려온 것을, 누가 모를 줄 아느냐?" 29 다윗이 대들었다. "내가 무엇을 잘못 하였다는 겁니까? 물어 보지도 못합니까?" 30 그런 다음에 다윗은, 몸을 돌려 형 옆에서 떠나 다른 사람 앞으로 가서, 똑같은 말로 또 물어 보았다. 거기에서도 사람들이 똑같은 말을 하였다.

31 다윗이 한 말이 사람들에게 알려지고, 누군가가 그것을 사울에게 알렸다. 그러자 사울이 그를 데려오게 하였다. 32 다윗이 사울에게 말하였다. "누구든지 저 자 때문에 사기를 잃어서는 안 됩니다. 임금님의 종인 제가 나가서, 저 블레셋 사람과 싸우겠습니다." 33 그러나 사울은 다윗을 말렸다. "그만두어라. 네가 어떻게 저 자와 싸운단 말이냐? 저 자는 평생 군대에서 뼈가 굵은 자이지만, 너는 아직 어린 소년이 아니냐?" 34 그러나 다윗은 굽히지 않고 사울에게 말하였다. "임금님의 종인 저는 아버지의 양 떼를 지켜 왔습니다. 사자나 곰이 양 떼에 달려들어 한 마리라도 물어가면, 35 저는 곧바로 뒤쫓아가서 그 놈을 쳐죽이고, 그 입에서 양을 꺼내어 살려 내곤 하였습니다. 그 짐승이 저에게 덤벼들면, 그 턱수염을 붙잡고 때려 죽였습니다. 36 제가 이렇게 사자도 죽이고 곰도 죽였으니, 저 할례받지 않은 블레셋 사람도 그 꼴로 만들어 놓겠습니다. 살아 계시는 하나님의 군대를 모욕한 자를 어찌 그대로 두겠습니까?" 37 다윗은 말을 계속하였다. "사자의 발톱이나 곰의 발톱에서 저를 살려 주신 주님께서, 저 블레셋 사람의 손에서도 틀림없이 저를 살려 주실 것입니다." 그제서야 사울이 다윗에게 허락하였다. "그렇다면, 나가도 좋다. 주님께서 너와 함께 계시길 바란다."

38 사울은 자기의 군장비로 다윗을 무장시켜 주었다. 머리에는 놋투구를 씌워 주고, 몸에는 갑옷을 입혀 주었다. 39 다윗은, 허리에 사울의 칼까지 차고, 시험삼아 몇 걸음 걸어 본 다음에, 사울에게 "이런 무장에는 제가 익숙하지 못합니다. 이렇게 무장을 한 채로는 걸어갈 수도 없습니다" 하고는 그것을 다 벗었다. 그렇게 무장을 해 본 일이 없었기 때문이다. 40 그런 다음에, 다윗은 목동의 지팡이를 들고, 시냇가에서 돌 다섯 개를 골라서, 자기가 메고 다니던 목동의 도구인 주머니에 집어 넣은 다음, 자기가 쓰던 무릿매를 손에 들고, 그 블레셋 사람에게 가까이 나아갔다.

이 구절은 그가 야망이 가득하고, 애국적이며, 종교적인 사람(순서대로)임을 보여준다. 이 이야기만이 다윗이 그의 가족의 누군가와 상호 대화하는 구절이다. 여기서 형제간의 경쟁관계가 하나의 이슈가 되는데, 이는 사무엘서에 나타난 가족간에 있던 갈등의 또 다른 하나의 실례이다 (16:13을 보라). 다윗이 현저하게 두드러지고 그의 지지자들을 세우게 될 때, 그의 일곱 형제 가운데 어느 누구도 그 사이에 끼어있지 않음에 주목하라 (적어도 그의 여섯 명의 조카들이 그 사이에 포함되어 있을지라도; 삼하 2:18, 요압, 아비새, 아사헬; 13:3, 요나답; 20:23, 아마사; 21:21, 요나단). **17:38-39** 사울은 다윗에게 자신의 갑옷을 입혀 주려고 한다. 갑옷을 입고 움직이지 못하는 다윗은 그의 키가 작다는 것을 말해주는 것이다. 그러나 모든 사람이 사울보다 작기 때문에, 사울 자신이 골리앗과 싸울 것으로 기대되었었다 (9:2). 사울의 사촌 *아브넬*(14:49-51을 보라)은 그 군대 사령관이다. 16:1-13이 사울과 다윗 사이의 유사성을 강조하고 있지만, 여기서 다윗은 사울처럼 싸워

다윗이 골리앗을 이기다

41 그 블레셋 사람도 방패 든 사람을 앞세우고
다윗에게 점점 가까이 다가왔다. 42 그 블레셋
사람은 다윗을 보고 나서, 그가 다만 잘생긴 홍안
소년에 지나지 않는다는 것을 알고는, 그를 우습게
여겼다. 43 그 블레셋 사람은 다윗에게 "막대기
를 들고 나에게로 나아오다니, 네가 나를 개로 여
기는 것이냐?" 하고 묻고는, 자기 신들의 이름으
로 다윗을 저주하였다. 44 그 블레셋 사람이 다
윗에게 말하였다. "어서 내 앞으로 오너라. 내가
너의 살점을 공중의 새와 들짐승의 밥으로 만들어
주마."

45 그러자 다윗이 그 블레셋 사람에게 말하
였다. "너는 칼을 차고 창을 메고 투창을 들고 나
에게로 나왔으나, 나는 네가 모욕하는 이스라엘
군대의 하나님 곧 만군의 주님의 이름을 의지하고
너에게로 나왔다. 46 주님께서 너를 나의 손에
넘겨 주실 터이니, 내가 오늘 너를 쳐서 네 머리를
베고, 블레셋 사람의 주검을 모조리 공중의 새와
땅의 들짐승에게 밥으로 주어서, 온 세상이 이스
라엘의 하나님을 알게 하겠다. 47 또 주님께서
는 칼이나 창 따위를 쓰셔서 구원하시는 것이 아
니라는 것을, 여기에 모인 이 온 무리가 알게 하
겠다. 전쟁에서 이기고 지는 것은 주님께 달린 것
이다. 주님께서 너희를 모조리 우리 손에 넘겨 주
실 것이다."

48 드디어 그 블레셋 사람이 몸을 움직여 다윗
에게 점점 가까이 다가오자, 다윗은 재빠르게 그
블레셋 사람이 서 있는 대열 쪽으로 달려가면서,
49 주머니에 손을 넣어 돌을 하나 꺼낸 다음, 그
돌을 무릿매로 던져서, 그 블레셋 사람의 이마를
맞히었다. 골리앗이 이마에 돌을 맞고 땅바닥에
쓰러졌다. 50 이렇게 다윗은 무릿매와 돌 하나로
그 블레셋 사람을 이겼다. 그는 칼도 들고 가지
않고 그 블레셋 사람을 죽였다. 51 다윗이 달려
가서, 그 블레셋 사람을 밟고 서서, 그의 칼집에서
칼을 빼어 그의 목을 잘라 죽였다.

블레셋 군인들은 자기들의 장수가 이렇게 죽는
것을 보자 모두 달아났다. 52 이스라엘과 유다
사람들이 일어나 함성을 지르며 블레셋 사람들을
쫓아서, 가이를 지나 에그론 성문에까지 이르렀다.
그리하여 칼에 찔려 죽은 블레셋 사람의 주검이,
사아라임에서 가드와 에그론에 이르기까지 온 길에
널렸다. 53 이스라엘 자손은 블레셋 군대를 쫓
다가 돌아와서, 블레셋 군대의 진을 약탈하였다.

54 다윗은, 그 블레셋 사람의 머리는 예루살
렘으로 가지고 갔으나, 그의 무기들은 자기 장막에
간직하였다.

다윗이 사울 앞에 서다

55 사울은, 다윗이 그 블레셋 사람에 맞서서
나가는 것을 보면서, 군사령관 아브넬에게 물었
다. "아브넬 장군, 저 소년이 누구의 아들이오?"
아브넬이 대답하였다. "임금님, 황공하오나 저도
잘 모릅니다." 56 왕이 명령하였다. "저 젊은이가
누구의 아들인지 직접 알아보시오." 57 마침내
다윗이 그 블레셋 사람을 죽이고 돌아오자, 아브
넬이 그를 데리고 사울 앞으로 갔다. 다윗의 손에
는 여전히 그 블레셋 사람의 머리가 들려 있었다.
58 사울이 다윗에게 물었다. "너는 누구의 아들
이냐?" 다윗이 대답하였다. "베들레헴 사람, 임금
님의 종 이새의 아들입니다."

18 1 다윗이 사울과 이야기를 끝냈다. 그 뒤
에 요나단은 다윗에게 마음이 끌려, 마치
제 목숨을 아끼듯 다윗을 아끼는 마음이 생겼다.
2 사울은 그 날로 다윗을 자기와 함께 머무르게
하고, 다시 아버지의 집으로 돌아가지 못하게 하
였다. 3 요나단은 제 목숨을 아끼듯이 다윗을 아

야 할 사람으로 선택되지 않는다. **17:41-49** 골리앗과의 결투를 수용하는 다윗은 하나님에 대한 믿음을 보여주는 것뿐만 아니라 (45-47절), 그의 약삭빠름을 보여주는 것이다. 그의 기동성은 거대하고 무거운 무기로 무장한 블레셋 사람과 비교할 때 그의 이점이 된다 (5-7절). **17:51-52** 골리앗의 칼을 놉으로 가져간다 (21:9). **17:54** *예루살렘*은 다윗이 그 성을 점령하기 전까지 이스라엘 땅이 아니었다 (삼하 5:9). 이 기록은 다윗의 사람 가운데 하나였던 엘하난이 다윗이 예루살렘을 점령한 직후 골리앗을 죽였다는 진술 (삼하 21:19; 대상 20:5) 혹은 다윗 자신이 나중에 자신의 성읍이 된 예루살렘에 골리앗의 해골을 놓았다는 전통을 반영해 주고 있다. **17:55-58** 이 이야기를 통해서, 사울은 다윗을 알지 못하는 것처럼 보이는데 (34-37절에서, 자신이 목동임을 설명한 다윗을 참고하라), 이는 사울이 정신적으로나 감정적으로 악화되어 있음을 반영해 주는 것이다. 사울을 일찍이 보았던 다윗(16:23)은, 예전에 맺었던 사울과의 친밀한 관계를 상기시키지 않고, 동정적으로 사울의 질문에 대답한다 (24:1-7; 26:6-12를 참조).

18:1—19:7 사랑과 신뢰로 시작한 사울과 다윗의 관계는 사울이 모든 사람이 좋아하는 다윗이 15:28에

끼어, 그와 가까운 친구로 지내기로 굳게 언약을
맺고, 4 자기가 입고 있던 겉옷을 벗어서 다윗에
게 주고, 칼과 활과 허리띠까지 모두 다윗에게 주
었다. 5 다윗은, 사울이 어떤 임무를 주어서 보
내든지, 맡은 일을 잘 해냈다. 그래서 사울은 다
윗을 장군으로 임명하였다. 온 백성은 물론 사울의
신하들까지도 그 일을 마땅하게 여겼다.

사울이 다윗을 시기하다

6 다윗이 블레셋 사람을 쳐죽이고 군인들과
함께 돌아올 때에, 이스라엘의 모든 성읍에서 여인
들이 소구와 꽹과리를 들고 나와서, 노래하고 춤
추고 환호성을 지르면서 사울 왕을 환영하였다.
7 이 때에 여인들이 춤을 추면서 노래를 불렀다.
"사울은 수천 명을 죽이고,
다윗은 수만 명을 죽였다."
8 이 말에 사울은 몹시 언짢았다. 생각할수록 화가
치밀어올랐다. "사람들이 다윗에게는 수만 명을
돌리고, 나에게는 수천 명만을 돌렸으니, 이제 그
에게 더 돌아갈 것은 이 왕의 자리밖에 없겠군!"
하고 투덜거렸다. 9 그 날부터 사울은 다윗을 시
기하고 의심하기 시작하였다. 10 바로 그 다음
날, 하나님이 보내신 악한 영이 사울에게 내리덮
치자, 사울은 궁궐에서 미친 듯이 헛소리를 질렀
다. 다윗은 여느날과 같이 수금을 탔다. 그 때에
사울은 창을 가지고 있었는데, 11 그가 갑자기
다윗을 벽에 박아 버리겠다고 하면서, 다윗에게
창을 던졌다. 다윗은 사울 앞에서 두 번이나 몸을
피하였다. 12 주님께서 자기를 떠나 다윗과 함
께 계시는 것을 안 사울은, 다윗이 두려워졌다.
13 그리하여 사울은 다윗을 천부장으로 임명하
여 자기 곁에서 떠나게 하였다. 다윗은 부대를 이
끌고 출전하였다. 14 주님께서 그와 함께 계셨
기 때문에, 어디를 가든지 그는 항상 이겼다.
15 다윗이 이렇게 큰 승리를 거두니, 사울은 그
것을 보고, 다윗을 매우 두려워하였다. 16 그러나
온 이스라엘과 유다는 다윗이 늘 앞장 서서 싸움
터에 나가는 것을 보고, 모두 그를 좋아하였다.

다윗이 사울의 사위가 되다

17 사울은 (자기의 손으로 다윗을 직접 죽이지
않고, 블레셋 사람의 손에 죽게 하려고 마음먹
고,) 다윗에게 말하였다. "내가 데리고 있는 나의
맏딸 메랍을 너의 아내로 줄 터이니, 너는 먼저,
주님께서 앞장 서서 싸우시는 '주님의 싸움'을 싸
워서, 네가 정말 용사인 것을 나에게 보여라."
18 다윗이 사울에게 말하였다. "제가 누구이며,
제 혈통이나 제 아버지 집안이 이스라엘에서 무엇
이기에, 제가 감히 임금님의 사위가 될 수 있겠습
니까?" 하고 사양하였다. 19 그런데 사울은 딸
메랍을 다윗에게 주기로 하고서도, 정작 때가 되자
사울은 그의 딸을 므홀랏 사람 아드리엘과 결혼시
키고 말았다.

20 사울의 딸 미갈이 다윗을 사랑하였다. 누
군가가 이것을 사울에게 알리니, 사울은 잘 된
일이라고 여기고, 21 그 딸을 다윗에게 주어서,

인용된 *그 다른 사람*이라고 의심하기 시작하면서 악화된다. **18:1-4** 이스라엘에서 가장 용맹스러운 두 장수인 사울과 요나단은 다윗을 사랑한다. 사울의 갑옷을 입을 수 없었던 목동인 다윗(17:38-39)은 요나단의 갑옷을 입는다 (그들의 관계에 대해서는 20:33에 관한 주석을 보라). 바로 전에 이야기된 것으로부터 시간이 좀 흘러간 것 같다. 다윗은 그 당시 군인이 되기에는 너무 젊었기 때문이다. **18:5** *군대 장관으로* 임명된 다윗은 이미 두 번이나 군사령관으로 지시된 (14:50; 17:55) 아브넬의 임무를 대행하는 것처럼 보인다. *물론 사울의 신하들까지도 그 일을 마땅하게 여겼다는* 아브넬과는 달리, 사울의 집안과 아무런 관계도 없는 누군가의 승진을 동의하지 않아야 할 것으로 기대되었다는 것을 제안하고 있다 (14:49-51). 이러한 상황은 사울이 죽은 이후, 다윗과 아브넬 사이의 복잡한 관계를 설명하는데 도움이 될 수도 있다 (삼하 2:8—3:39). **18:6-8** 사울은 다윗을 싸움터로 *보내지만*, 그 자신은 싸움에 참여하지 않는 것처럼 보인다 (6절에서 사울과 다윗은 다윗의 승리로 인해 집으로 돌아온다). 다윗이 전쟁에서 성공적으로 승리하며 백성들이 사울보다 다윗을 더 좋아하기 시작할 때 (그리고 사울은 항상 백성들의 의견을 따랐다; 14:43-46; 15:9, 21), 사울의 사랑은 분노와 의심으로 바뀌게 된다 (19:8-10 참조). **18:10-11** *하나님이 보내신 악한 영.* 16:14-15에 관한 주석을 보라. 사울은 두 번이나 다윗을 죽이려고 한다. **18:12-16** 다윗의 성공이 하나님께서 그와 함께 하신다는 것을 나타내면 낼수록, 사울은 그가 거부당했다는 것을 더 깨닫게 된다 (15:28; 16:13-14). 다윗이 승리를 기뻐할 때, 사울은 더욱 살의를 가지게 된다. 그를 *천부장*(군대장관)으로 임명함으로써, 사울은 블레셋 사람들이 그가 할 수 없는 것을 해결해 줄 것으로 소망하고 있다 (10-11절). 백성들은 늘 *앞장서서 싸움터에 나가는* 왕을 원했었고 (8:19-20), 다윗은 지금 그렇게 행동하고 있다. **18:17-30** 사울은 그의 딸 메랍과 다윗을 결혼시키겠다는 약속을 어기지만, 그는 다른 딸의 사랑을 이용하여 다윗으로 하여금 함정에 빠뜨리게 만들 것이

그 딸이 다윗에게 올무가 되게 하여, 그를 블레셋
사람의 손에 죽게 해야 하겠다고 혼자 생각하였다.
그래서 사울은 다윗에게, 다시 그를 사위로 삼겠
다고 말하였다. 22 사울이 신하들에게 지시하
였다. "당신들은 다윗에게 내가 다윗을 좋아한다
고 말하시오. 그리고 당신들도 모두 다윗을 좋아
한다고 말하시오. 이처럼 우리 모두가 다윗을 좋
아하니, 임금의 사위가 되라고 슬쩍 말하시오."
23 사울의 신하들이 부탁받은 대로 그런 말을 다
윗의 귀에 들어가게 하니, 다윗은 "나는 가난하고
천한 사람인데, 어떻게 내가 임금님의 사위가 될
수 있겠습니까? 그것이 그렇게 쉬운 일로 보입니
까?" 하고 말하였다. 24 사울의 신하들은 다윗
이 한 말을 사울에게 전하였다. 25 이 말을 들은
사울은 "당신들은 다윗에게 내가 결혼 선물로 아
무것도 바라지 않으며, 다만 나의 원수 블레셋 남
자의 포피 백 개를 가져와서 나의 원수를 갚아 주
는 것만을 바라더라고 하시오" 하고 시켰다. (사
울은 이렇게 하여, 다윗을 블레셋 사람의 손에 죽
게 할 셈이었다.) 26 사울의 신하들이 이 말을
그대로 다윗에게 전하였다. 다윗은 왕의 사위가
되는 것도 좋겠다고 생각하였다. 그래서 ㄱ)결혼 날
짜를 잡기도 전에, 27 왕의 사위가 되려고, 자기
부하들을 거느리고 출전하여, 블레셋 남자 이백 명
을 쳐죽이고 그들의 포피를 가져다가, 요구한 수
대로 왕에게 바쳤다. 사울은 자기의 딸 미갈을 그
에게 아내로 주었다. 28 사울은 주님께서 다윗
과 함께 계시다는 것을 알았고, 자기 딸 미갈마저
도 다윗을 사랑하는 것을 보고서, 29 다윗을 더
욱더 두려워하게 되어, 마침내 다윗과 평생 원수
가 되었다.

30 그 무렵에 블레셋 지휘관들이 군대를
이끌고 침입해 와서 싸움을 걸곤 하였는데, 그 때
마다 다윗이 사울의 장군들보다 더 큰 전과를 올
렸기 때문에, 다윗은 아주 큰 명성을 얻었다.

사울이 다윗을 박해하다

19 1 사울은, 자기의 아들 요나단과 자기의
모든 신하들이 듣는 데서, 다윗을 죽이겠
다고 말하였다. 사울의 아들 요나단은 다윗을 매우
좋아하고 있었으므로, 2 다윗에게 이것을 귀띔
하여 주었다. "나의 아버지 사울이 자네를 죽이려
하니, 나의 말을 듣게. 자네는 내일 아침 일찍 몸을
피하여 외진 곳으로 가서 숨어 있게. 3 자네가
숨어 있는 들로 아버지를 모시고 나가서, 내가 아
버지 곁에 붙어 다니다가, 기회를 보아 자네 일을
아버지께 여쭈어 보고, 거기에서 있었던 일을 내가
곧 자네에게 알려 주겠네."

4 요나단은 아버지 사울 앞에서 다윗의 좋은
점들을 이야기하였다. 그는 사울에게 말하였다.
"아버지께서는 아버지의 신하 다윗을 해치려고
하십니다만, 이런 죄를 지으시면 안 됩니다. 다윗은
아버지께 죄를 지은 일이 없습니다. 오히려 다윗
은 아버지를 도와서, 아주 좋은 일들만 했습니다.
5 그는 자기 목숨을 아끼지 않고 블레셋 장군을
쳐죽였고, 그래서 주님께서 온 이스라엘에게
이렇게 큰 승리를 안겨 주셨습니다. 아버지께서
도 그것을 직접 보고 기뻐하셨습니다. 그런데
지금 무엇 때문에 이유도 없이 다윗을 죽여, 죄
없는 피를 흘려 죄를 지으려고 하십니까?" 6 사
울이 요나단의 말을 듣고 맹세하였다. "그래, 주
님께서 확실히 살아 계심을 두고 맹세하마. 내가
결코 다윗을 죽이지 않겠다." 7 요나단이 다윗
을 불러다가, 이 모든 일을 알려 주고 나서, 다윗
을 사울에게 데리고 가서, 전처럼 왕을 모시게
하였다.

ㄱ) 또는 '시효가 지나기 전에'

다. 그의 두 딸이 다윗을 사랑한다는 사실은 오직 사울이 그를 향해 느끼는 의구심만을 더욱 증대시켜 준다 (18:12-15를 보라). 사울의 종들이 다윗에게 다가가, 다윗이 블레셋 사람들의 손에 죽지 않을 수 있는 계략을 제안을 한다. 분명히 다윗을 공격하는 백여 명의 블레셋 사람들 가운데 한 사람이 다윗을 죽일 수 있게 되지 않겠는가! 그러나 다윗은 성공을 거두게 되며, 다윗이 15:28에 인용된 *그 다른 사람*임을 더욱 확신시켜 준다. **19:1-7** 요나단은 그의 충성심을 균형 있게 하려고 함으로써, 임시로 그의 아버지에게 다윗의 안전을 호소한다.

19:8—22:5 다윗은 두 자녀의 도움을 받아 살인할 기회만 찾는 그의 왕이자 장인인 사울을 떠나, 결국 그 자신의 군대를 결성하기에 이른다. **19:8-17** 아버지와는 혈육관계이고, 다윗과는 결혼관계에 처해있는 미갈은 그녀의 아버지로부터 그녀의 남편인 다윗을 구해낸다. **19:8-10** 다윗이 다시 전쟁에서 승리할 때, 사울은 다시 시기심과 분노로 가득 차게 된다 (18:12-15에 관한 주석을 보라). *주께서 보내신 악한 영.* 16:14-15에 관한 주석을 보라. 비록 요나단에게 다윗이 안전할 것이라고 약속했지만 (6절), 사울은 다윗을 다시 공격한다. 사울은 그가 서약한 것을 기억할 수 없

다윗이 죽을 고비를 넘다

8 또 전쟁이 일어나니, 다윗은 출전하여 블
레셋 사람들과 싸웠다. 다윗이 그들을 쳐서 크게
무찌르니, 블레셋 사람들이 다윗 앞에서 도망쳤다.
9 그런데 사울이 창을 들고 궁중에 앉아 있
을 때에, 주님께서 보내신 악한 영이 또 사울을 강
하게 사로잡았다. 다윗이 수금을 타고 있는데,
10 사울이 창으로 다윗을 벽에 박으려고 하였다.
다윗이 사울 앞에서 피하였으므로, 창만 벽에 박
혔다. 다윗은 도망하여 목숨을 건졌다.
바로 그 날 밤에, 11 사울이 다윗의 집으로
부하들을 보내어, 그를 지키고 있다가, 아침에 죽
이라고 시켰다. 그러나 다윗의 아내 미갈이 그에
게 "당신은 오늘 밤에 피하지 않으면, 내일 틀림
없이 죽습니다" 하고 경고하였다. 12 미갈이 다
윗을 창문으로 내려보내니, 다윗이 거기에서 달아
나서, 목숨을 건졌다. 13 한편, 미갈은, 집 안에
있는 ㄱ)우상을 가져다가 침대에 누이고, 그 머리에는
염소털로 짠 망을 씌우고, 그 몸에는 옷을 입혔다.
14 사울의 부하들이 다윗을 잡으러 오자, 미갈은
남편이 병이 들어서 누워 있다고 말하였다.
15 그러자 사울은 다윗이 정말 아픈지 확인하여
보라고 그 부하들을 다시 보내면서, 자기가 직접
죽일 터이니, 그를 침대째로 자기에게 들고 오라고
하였다. 16 부하들이 와서 보니, 침대에는 집 안
에 있던 ㄱ)우상이 누워 있었다. 머리에 염소털로
짠 망을 씌운 채 뉘어 놓은 것이었다. 17 사울이
미갈에게 호통을 쳤다. "네가 왜 나를 속이고, 원
수가 빠져 나가서 살아날 수 있게 하였느냐?" 그
러자 미갈은, 다윗을 빠져 나가지 못하게 하였다
가는 다윗이 자기를 죽였을 것이라고 사울에게 대
답하였다. 18 다윗은 그렇게 달아나서 살아난
다음에, 라마로 사무엘을 찾아가서, 그 동안 사울
이 자기에게 한 일을 모두 이야기하였다. 그러자
사무엘은 곧 다윗을 데리고 나욧으로 가서 살았다.
19 다윗이 라마의 나욧에 있다는 소식이 곧 사울
에게 들어갔다. 20 사울은 다윗을 잡아 오라고
부하들을 보냈다. 그들이 가서 보니, 예언자들 한
무리가 사무엘 앞에서 춤추고 소리치며, 예언을
하고 있었다. 그 순간 그 부하들에게도 하나님의
영이 내리니, 그들도 춤추고 소리치며, 예언을 하
였다. 21 사람들이 사울에게 이 소식을 알리니,
사울이 다른 부하들을 보냈으나, 그들도 춤추고
소리치면서, 예언을 하는 것이었다. 사울이 다시
세 번째로 부하들을 보내니, 그들도, 마찬가지로
춤추고 소리치면서, 예언을 하였다. 22 드디어
사울이 직접 라마로 갔다. 그는 세구에 있는 큰

ㄱ) 히, '테라빔'

었거나, 아니면 그의 분노하는 마음이 그를 압도했을 것이다. 사울은 다윗을 이미 두 번이나 공격하였었다 (18:10-11). 다윗은 참으며 사울과 함께 생활하려하였으나, 이제 다윗은 그의 생명에 대한 위협을 심각하게 받아들이고 있다. 왜냐하면 처음으로 그는 두려움을 느끼기 시작했기 때문이다 (21:10-15; 삼하 15:14를 참조). **19:11-17** 처음으로 사울은 다윗을 살해하려는 시도를 매듭지으려고 한다. 그 시도는 사람을 청부하여 다윗을 죽이려는 계획이나 (18:20-29) 혹은 갑작스러운 분노 (18:10-11) 이상의 것이다. 미갈은 다윗의 생명에 대한 가장 최근의 위협에 대해 다윗과 함께 논의한다 (10절). 미갈은 왕으로부터 탈출하도록 창문을 통해 다윗을 피신시키는데, 이는 라합이 여리고에서 왕으로부터 스파이들이 탈출할 수 있도록 도운 것과 같다 (수 2:15). 미갈은 그와 함께 가지 않고 그의 아버지 곁에 남아있게 된다 (이 사건에 대해 시 59편을 보라). **19:13** *우상* (히브리어로, *테라핌*). 종종 신성과 관련된 이미지이다 (창 31:19; 삿 17:5; 왕하 23:24; 겔 21:21). 이 경우에는 분명 사람의 크기와 비슷한 형상일 것이다. **19:17** *네가 왜 나를 속이고*. 이 질문은 거짓말하던 그의 장인 라반에게 물었던 야곱의 (창 29:25) 모습과 이스라엘을 속였던 기브온 백성에게 질문한 여호수아의 (수 9:22) 모습이 여기와 28:12에서 회상된다. 이는 창세기에 나오는 가족들 사이에서 종종 발견되는 거짓말과 정치에서 매우 자주 나타나는 배신을 상기시켜 준다. 사울과 다윗 사이의 상황은 두 가지 모두를 포괄한다. 네 경우 모두에서, 어순이 동일하지만, 오직 사울이 자신의 딸에게 배신당했다는 사실에 놀랐다는 것을 돋보이게 하는 *너*를 강조한 것만이 다를 뿐이다.

19:18-24 이 만남은 사무엘과 다윗과 사울이 한 자리에 모인 유일한 시간이다. 그리고 다윗이 기름부음을 받은 이후 처음으로 사무엘을 만나는 시간이다. 그들은 대화를 나누지만, 그 대화의 내용이 기록되어 있지 않다. 사울은 두 번째로 소리를 지르면서 예언을 한다 (10:9-13 참조). 첫 번째는 그의 왕권이 시작되던 시기였다. 이 세 사람의 만남은 그의 왕권이 끝남을 의미하는 것이다. *하나님의 영* (20, 23절)은 사울과 그의 종들을 감동시키기 위함이 아니라, 그들을 혼란에 빠뜨리게 함으로써 다윗을 보호하기 위함이었다. 10:6에서 사무엘은 주의 영에 의해 붙들린 사람을 *전혀 딴 사람으로 변할 것입니다* 라고 말하였다. 이러한 규정에 의해 이 이야기는 15:35와 대치되지 않는다. 두 사람 사이의 이 마지막 만남은 사무엘의 권위를 돋보이게 한다.

우물에 이르러, 사무엘과 다윗이 어디에 있는지를 물었다. 사람들은, 그 두 사람이 라마의 나욧에 있다고 대답하였다. 23 사울이 거기에서 라마의 나욧으로 가는데, 그에게도 하나님의 영이 내려서, 그는 라마의 나욧에 이를 때까지 계속하여 춤추고 소리치며, 열광 상태에서 예언을 하며 걸어갔다. 24 사무엘 앞에 이르러서는, 옷까지 벗어 버리고 춤추고 소리치면서 예언을 하고 나서, 그 날 하루 밤낮을 벗은 몸으로 쓰러져 있었다. ("사울도 예언자가 되었는가?" 하는 말이 여기에서 나왔다.)

요나단이 다윗의 탈출을 도와 주다

20 1 다윗이 라마의 나욧에서 빠져 나와 집으로 돌아온 다음에, 요나단에게 따져 물었다. "내가 무슨 못할 일을 하였느냐? 내가 무슨 몹쓸 일이라도 하였느냐? 내가 자네의 아버님께 무슨 잘못을 저질렀기에, 아버님이 이토록 나의 목숨을 노리시느냐?" 2 요나단이 그에게 대답하였다. "자네를 죽이시다니, 결코 그런 일은 없을 걸세. 내가 분명히 말하지만, 우리 아버지는 큰 일이든지 작은 일이든지, 나에게 알리지 않고서는 하시지를 않네. 그런데 우리 아버지가 이 일이라고 해서 나에게 숨기실 까닭이 무엇이겠는가? 그럴 리가 없네." 3 그러나 다윗은 맹세까지 하면서 말하였다. "자네가 나를 지극히 아낀다는 것은, 자네의 아버님도 잘 알고 계시지 않은가? 그렇기 때문에 이 일만은 자네에게 알려서는 안 된다고 생각하셨을 걸세. 자네가 알면 매우 슬퍼할 테니까 말일세. 주님께서 살아 계시니, 내가 자네에게 분명히 말하겠네. 나와 죽음 사이는 한 발짝 밖에 되지 않네." 4 요나단이 다윗에게 제안하였다. "자네의 소원을 말해 보게. 자네를 돕는 일이면, 무엇이든지 하겠네."

5 다윗이 요나단에게 대답하였다. "내일은 초하루일세. 내가 임금님과 함께 앉아서 식사를 해야 하는 날일세. 그러나 내가 외출을 할 수 있도록 주선하여 주게. 나가서 모레 저녁때까지 들녘에 숨어 있겠네. 6 그랬다가 만일 자네의 아버님이 내가 왜 안 보이느냐고 물으시거든, 그 때 자네는, 내가 우리 고향 베들레헴으로 가서 온 가족과 함께 거기에서 매년제를 드릴 때가 되어, 급히 가 보아야 한다고, 말미를 달라고 해서, 허락해 주었다고 말씀드려 주게. 7 그 때에 자네의 아버님이 잘 했다고 말씀하시면, 나에게 아무런 화가 미치지 않겠지만, 자네의 아버님이 화를 내시면, 나를 해치려고 결심하신 것으로 알겠네. 8 자네는 이미 주님 앞에서 나와 가까운 친구로 지내기로 ㄱ)굳게 약속하였으니, 나에게 친구의 의리를 꼭 지켜 주게. 그러나 나에게 무슨 허물이 있다면, 자네가 직접 나를 죽이게. 나를 자네의 아버님께로 데려갈 까닭이 없지 않은가?" 9 요나단이 대답하였다. "결코 그런 일은 없을 걸세. 우리 아버지가 자네를 해치려는 결심을 한 줄을 알고서야, 내가 어찌 그것을 자네에게 곧 알려 주지 않겠는가?" 10 그러나 다윗은 요나단에게 물었다. "혹시 자네의 아버님이 자네에게 화를 내면서 대답하시면, 누가 그것을 나에게 알려 주겠는가?"

11 요나단이 다윗에게 말하였다. "자, 가세. 들로 나가세." 둘은 함께 들로 나갔다. 12 요나단이 다윗에게 약속하였다. "주 이스라엘의 하나님이 우리의 증인이시네. 내가 내일이나 모레 이맘때에 아버지의 뜻을 살펴보고, 자네에게 대하여 좋게 생각하신다면, 사람을 보내어 알리겠네. 13 아버지가 자네를 해치려 한다는 것을 내가 알고도, 그것을 자네에게 알리지 않아서, 자네가 안

ㄱ) 또는 '거룩한 언약을 맺었으니'

20:1-42 요나단과 상의도 없이 갑자기 도망쳤던 다윗은 (19:10-12) 그의 도주를 다시 숙고하고 사울과 다시 잘 지낼 수 있는 희망이 있는지를 알아보기 위해 되돌아온다 (아마도 사무엘의 조언으로; 19:18). 그는 미갈과 연락이 닿지 않는다. **20:2** 요나단이 다윗의 안전에 관해 그의 아버지와 논의했을 때, 사울은 다윗의 안전을 보장하였다 (19:1-6). 그러나 요나단은 그 이후로 그의 아버지가 다윗에게 여전히 적대심을 가지고 행동했다는 것을 알지 못한다(19:9-10). **20:5** *초하루 (new moon).* 민 28:11-15를 보라. 19:8-24의 소란스러운 행사임에도 불구하고, 다윗과 사울은 초하루 축제에 참여할 것으로 생각하고 있다 (26-27절). 이러한 결정은, 사울의 정신착란, 기억 상실, 기분에 갑작스런 변화가 생기는 것을 생각한다면 여지없이 관대한 다윗의 성향을 반영해 주는 것이다 (17:55-58; 18:10-11; 19:6-10 참조). **20:8** *굳게 언약하였으니.* 이 설명은 18:1-3을 보라. **20:12-17** 미갈과 같이, 요나단은 사울로부터 다윗이 도주하도록 도와주지만, 그의 아버지를 떠나거나 그를 대항하는 모의를 꾸미지 않는다 (19:11-17). *주님께서 나의 아버지와 함께 계셨던 것처럼 자네와도 함께 계시기를 바라네.* 하나님은 다윗과 함께 하신다 (18:14). 다윗과 하나님의 친밀한 관계와 사울과 하나님과의 과거의 관계를 비교해 봄으로써, 요나단은 다윗이 왕이 되는 것을 이해하기 시작한다. 요나단은 그들의 우정을 그의 집안과 다윗의 후손들에게까지 확대시킨다 (삼하 9:1). 그는 다윗

전하게 피신하지 못하게 된다면, 주님께서 이 요나단에게 무슨 벌을 내리셔도 달게 받겠네. 주님께서 나의 아버지와 함께 계셨던 것처럼, 자네와도 함께 계시기를 바라네. 14 그 대신 내가 살아 있는 동안은, 내가 주님의 인자하심을 누리며 살 수 있게 해주게. 내가 죽은 다음에라도, 15 주님께서 자네 다윗의 원수들을 이 세상에서 다 없애 버리시는 날에라도, 나의 집안과 의리를 끊지 말고 지켜 주게." 16 그런 다음에 요나단은 다윗의 집안과 언약을 맺고 말하였다. "주님께서 다윗의 원수들에게 보복하여 주시기를 바라네."

17 요나단은 다윗을 제 몸처럼 아끼는 터라, 다윗에게 다시 맹세하였다. 18 요나단이 다윗에게 약속하였다. "내일은 초하루이니, 아버지가 자네의 자리가 빈 것을 보시면, 틀림없이, 자네가 왜 자리를 비웠는지 물으실 걸세. 19 모레까지 기다리다가, 저번 일이 있었을 때에 숨었던 그 곳으로 내려가서, 에셀 바위 곁에 숨어 있게. 20 그러면 내가, 연습삼아 어떤 표적을 놓고 활을 쏘는 것처럼, 그 바위 곁으로 화살을 세 번 쏘겠네. 21 그런 다음에, 내가 데리고 있는 종을 보내어, 그 화살을 다 찾아오라고 말하겠네. 그 때에 내가 그 종에게 큰소리로 '너무 멀리 갔다. 이쪽으로 오면서 다 주워 오너라' 하고 말하면, 주님께서 살아 계심을 걸고 맹세하겠네, 자네에게는 아무 일도 없을 것이니, 안심하고 나오게. 22 그러나 내가 그 종에게 '아직 더 가야 된다. 화살은 더 먼 곳에 있다' 하고 말하면, 주님께서 자네를 멀리 보내시는 것이니, 떠나가게. 23 오직 우리가 함께 약속한 말에 대해서는, 주님께서 길이길이 자네와 나 사이에 ㄱ)증인이 되실 걸세."

24 이리하여 다윗은 들녘에 숨어 있었다. 초하루가 되었을 때에, 왕이 식사를 하려고 식탁에 앉았다. 25 왕이 언제나 하듯이 벽을 등진 자리에 앉자, ㄴ)요나단이 왕의 맞은쪽에 앉았고, 아브넬은 사울 곁에 앉았다. 다윗의 자리는 비어 있었다. 26 그런데도 그 날은, 사울이 아무 말도 하지 않았다. 사울은 다윗에게 뜻하지 않은 일이 생겨, 몸이 부정을 타서 아직 깨끗하여지지 않았는가 하고 생각하였다. 27 그런데 초하루가 지난 다음 날 곧 그 이튿날에도 다윗의 자리가 여전히 비어 있는 것을 보고, 사울이 자기 아들 요나단에게 물었다. "어째서 이새의 아들이 어제도 오늘도 식사하러 나오지 않느냐?" 28 요나단이 사울에게 대답하였다. "다윗이 저에게 베들레헴에 다녀올 수 있도록 허락하여 달라고 간곡히 요청하였습니다. 29 자기 집안이 베들레헴 성읍에서 제사를 드리는데, 자기 형이 다녀가라고 했다고 하면서, 제가 자기를 아낀다면 자기 형을 만나게 해 달라고, 저에게 간청을 하였습니다. 그래서 그가 지금 임금님의 식탁에 나오지 못하였습니다."

30 사울이 요나단에게 화를 내면서 소리쳤다. "이 패역무도한 계집의 자식아, 네가 이새의 아들과 단짝이 된 것을 내가 모를 줄 알았더냐? 그런 녀석과 단짝이 되다니, 너에게도 부끄러운 일이고 너를 낳은 네 어미를 발가벗기는 망신이 될 뿐이다. 31 이새의 아들이 이 세상에 살아 있는 한은, 너도 안전하지 못하고, 너의 나라도 안전 하지 못할 줄 알아라. 빨리 가서 그 녀석을 당장에 끌어 오너라. 그 녀석은 죽어야 마땅하다." 32 요나단이 자기 아버지 사울에게 "그가 무슨 못할 일을 하였기에 죽어야 합니까?" 하고 항의 하니, 33 그 순간, 사울이 요나단을 찔러 죽이려고 창을 뽑아 겨냥하였다. 그제서야 요나단은 자기 아버지가 다윗을

ㄱ) 칠십인역에는 '증인이'가 있음 ㄴ) 칠십인역을 따름. 히, '요나단은 섰고'

의 후손에 대한 충성심을 약속하지는 않지만, 자신이 아닌 다윗이 그 권력의 자리에 앉게 될 것임을 알고 있다. **20:18-23** 종과 함께 활로 표적 연습을 하는 요나단은 의심 많은 그의 아버지를 멀리 할 수 있는 좋은 구실이 되기도 한다. **20:24-26** *초하루.* 20:5를 보라. 제의적으로 부정하다는 것이 큰 문제는 아니었던 것 같다. 사울은 다윗의 안전을 염려하고 있었든지, 아니면 자신을 위협하려 무엇인가를 하느라 다윗이 참석하지 않은 것으로 의심한다. 사울의 사촌이자 (14:50-51에 관한 주석을 보라), 그의 군사령관(14:50; 17:55)인 *아브넬은* 17:57 이후와 다윗이 *장군으로 임명된* 이후 (18:5)에는 줄곧 언급되지 않는다. 이제 다윗은 사울의 총애를 받지 못하고, 왕의 장자(그리고 다윗의 친구)조차도 오히려 대항해야 하는 반면, 아브넬은 왕의 곁, 곧 명예의 자리에 앉아 있었다. **20:28** 미갈처럼, 요나단은 사울에게 거짓말을 한다 (19:13-17). **20:30-34** 왕과 그의 장군 사이의 상황이 악화되어감에 따라 요나단은 다윗에 관한 이야기를 사울과 하려 하지 않지만, 이제 그 둘의 관계가 영향을 받는다. 엘리와 사무엘은 그들의 아들들과 역시 갈등관계를 갖게 되었지만, 그것은 아들의 실수로 인함이었다 (2:12-17; 8:1-3). 사울과 요나단의 문제는 사울의 실수인 것처럼 보인다. *이 패역무도한 계집의 자식아.* 이 표현은 많은 문화에서 공통적으로 나타나는 어머니와 관련된 심한 저주를 표현하는 것이다. 요나단의 행동을 그의 *어머니를 욕되게 하는 것* 이라고 호통침으로써, 사울은 요나단을 결코

죽이려고 단단히 벼르고 있다는 것을 알아차렸다.
34 요나단도 화가 치밀어 식탁에서 일어섰다. 그
리고 요나단은 자기 아버지가 다윗을 모욕한 것이
가슴 아파서, 그 달의 이틀째가 되던 그 날은 하
루 종일 아무것도 먹지 않았다.
35 그 다음날 아침에 요나단은 어린 종을 하나
데리고 들녘으로 나가서, 다윗과 약속한 장소로
갔다. 36 거기에서 요나단은 자기가 데리고 온
어린 종에게 "너는 막 달려가서 내가 지금 쏘는 화
살을 주워 오너라!" 하고 시켰다. 어린 종이 달려
가자, 요나단은 그의 머리 위로 화살을 쏘았다.
37 요나단이 쏜 화살이 떨어진 곳으로 그 어린
종이 달려가자, 요나단이 그의 뒤에다 대고 소리
쳤다. "아직도 덜 갔다! 화살이 더 먼 곳에 있지
않느냐?" 38 요나단이 그 소년의 뒤에다 대고
계속 소리쳤다. "빨리 빨리! 서 있지 말고 빨리 달
려!" 요나단의 어린 종은 화살을 주워다가 자기 상
전에게 바쳤다. 39 그러나 그 어린 종은 아무것도
눈치채지 못하였다. 요나단과 다윗만이 그 일을
알았다. 40 그런 다음에 요나단은 데리고 왔던
그 어린 종에게 자기의 무기를 주면서, 그것을 들고
성읍 안으로 들어가라고 말하였다. 41 그 어린
종이 성읍 안으로 들어가니, 다윗이 그 숨어 있던
바위 ㄱ)곁에서 일어나, 얼굴을 땅에 대면서 세 번
큰 절을 하였다. 그리고 그들은 서로 끌어안고 함께
울었는데, 다윗이 더 서럽게 울었다.
42 그러자 요나단이 다윗에게 말하였다. "잘
가게. 우리가 서로 주님의 이름을 걸고 맹세한 것
은 잊지 않도록 하세. 주님께서 나와 자네 사이에
서뿐만 아니라, 나의 자손과 자네의 자손 사이에
서도, 길이길이 그 증인이 되실 걸세." 다윗은 일
어나 길을 떠났고, 요나단은 성 안으로 들어갔다.

다윗이 사울을 피하여 도망가다

21 1 다윗은 놉으로 가서 제사장 아히멜렉
에게 이르렀다. 아히멜렉이 떨면서 나와
서, 다윗을 맞으며 물었다. "동행자도 없이 어떻게
혼자 오셨습니까?" 2 다윗이 제사장 아히멜렉에게
대답하였다. "나는 임금님의 명령을 띠고 길을 떠
났습니다. 임금님이 나에게 임무를 맡기면서 부
탁하시기를, 나에게 맡기신 임무를 어느 누구에
게도 알리지 말라고 하셨습니다. 그래서 부하들
과는 약속된 곳에서 만나기로 하였습니다. 3 그
런데 지금 제사장님이 혹시 무엇이든 가까이 가지
신 것이 좀 없습니까? 빵 다섯 덩이가 있으면 저
에게 주십시오. 그렇게 안 되면, 있는 대로라도 주
십시오." 4 그러자 제사장이 다윗에게 말하였다.
"지금 보통 빵은 내게 없고, 있는 것은 거룩한 빵
뿐입니다. 그 젊은이들이 여자만 가까이하지 않
았다면, 줄 수가 있습니다." 5 다윗이 제사장에게
말하였다. "원정 길에 오를 때에 늘 그렇게하듯이,
이번에도 우리는 이삼일 전부터 여자와 가까이
하지 않았습니다. 비록 이번 출정이 보통의 사명을

ㄱ) 칠십인역을 따름. 히, '남쪽에서'

낳지 말았어야 했다는 것과 요나단이 그의 아들이 아닐 수도 있다는 것(비록 사울은 요나단을 그의 아들로 분명히 받아들이고 있음에도 불구하고)을 암시하고 있다. 사울은 정확하게 다윗이 15:28의 *그 다른 사람* 임을 인식하고 있다. 따라서 요나단이 왕좌를 계승하는 것은 결코 실현되지 않을 것임을 알고 있다. **20:33** 사울은 그의 아들을 그가 다윗을 대하는 것처럼 다루고 있다 (18:10-11; 19:8-10). 이러한 모욕은, 삼하 1:26과 함께, 일부 사람들이 다윗과 요나단이 애인관계—전혀 그럴 듯하지 않은 가설—였음을 주장할 수 있는 구실을 제공하였다. 다윗의 적들 가운데 그 누구도 일찍이 그에 대해서 이러한 비난을 하지 않았으며, 두 남자가 그들의 관계를 통해 표현하는 감정은 엄청난 위기에 직면한 강한 우정과 매우 일맥상통한다. **20:34** 사울은 요나단이 그의 어머니를 불명예스럽게 했다고 믿지만, 사실상 요나단을 불명예스럽게 한 것은 바로 사울이다. **20:41-42** 20:20-22에 관한 주석을 보라. 종이 떠나자, 다윗은 안전한 것으로 생각한 것 같다. 그는 너무 마음이 괴로워서 그의 친구에게 작별인사 없이 떠날 수가 없었다. 요나단은 다윗에게 그가 신실할 것임을 확신시킨다.

21:1-9 다윗은 제사장들이 거주하는 도시에서 음식과 무기를 요청하지만, 그가 처한 상황에 대해서는 거짓말을 한다. 결국 다윗은 자신을 도와준 사람들에게 재앙을 초래하게 된다 (22:11-19). **21:1** *놉* (*Nob*). 이 곳은 사울의 거주지인 베냐민 영역에 있다 (느 11:31-32). 그 곳은 아마도 엘리의 남은 가족들이 엘리와 그의 아들들의 죽음과 실로 성소의 파괴 이후에, 새롭게 정착한 곳인 듯하다 (4장). 22:9에 따르면, 아히멜렉은 아히둡의 아들로서, 아히야의 형제이며, 비느하스의 손자이며 엘리의 증손이다 (14:3). *떨고 있는.* 아히멜렉은 블레셋과의 전투를 준비할 때 떨고 있던 백성들의 두려움(13:7)과 사무엘이 베들레헴에 이르렀을 때에 떨고 있던 장로들(16:4)을 반영하고 있으며, 이는 사울의 통치하에 불안이 고도에 달하고 있다는 인상을 강화시켜 주는 것이다. 왕의 군사령관으로서 다윗은 그의 군대와 함께 움직여야만 한다. 무기를 지니지 않은 채 (8절) 홀로 나타난 다윗의 모습은 전쟁에서 졌으며,

띤 길이기는 하지만, 제가 출정할 때에 이미 부하
들의 몸은 정결했습니다. 그러니 오늘쯤은 그들의
몸이 얼마나 더 정결하겠습니까?" 6 제사장은
그에게 거룩한 빵을 주었다. 주님 앞에 차려 놓은
빵 말고는, 다른 빵이 달리 더 없었기 때문이다.
그 빵은 새로 만든 뜨거운 빵을 차려 놓으면서,
주님 앞에서 물려 낸 것이었다.
7 (그런데 바로 그 날 사울의 신하 가운데 한
사람이 그 곳에 있었는데, 그는 주님 앞에서 하여
야 할 일이 있어서 거기에 머물러 있었다. 그의 이
름은 도엑인데, 에돔 사람으로서 사울의 목자 가
운데서 우두머리였다.)
8 다윗이 아히멜렉에게 또 한 가지를 물었다.
"제사장님은 지금 혹시 창이나 칼을 가지고 계신
것이 없습니까? 저는 임금님의 명령이 너무도 급
하여서, 나의 칼이나 무기를 가져오지 못했습니다."
9 제사장이 대답하였다. "그대가 엘라 골짜기에서
쳐죽인 블레셋 사람 골리앗의 칼을, 보자기에 싸서
여기 에봇 뒤에 두었습니다. 여기에 이것 말고는
다른 칼이 없으니, 이 칼을 가지고 싶으면 가지십
시오." 다윗이 말하였다. "그만한 것이 어디에 또
있겠습니까? 그것을 나에게 주십시오."

블레셋 족속에게 망명한 다윗

10 다윗이 거기를 떠나, 그 날로 사울에게서
도망하여, 가드 왕 아기스에게로 갔다. 11 아기스
의 신하들이 왕에게 보고하였다. "이 사람은 분명
히 저 나라의 왕 다윗입니다. 이 사람을 두고서, 저
나라의 백성이 춤을 추며, 이렇게 노래하였습니다.

'사울은 수천 명을 죽이고,
다윗은 수만 명을 죽였다.'"

12 다윗은 이 말을 듣고 가슴이 뜨끔했다. 그는
가드 왕 아기스 옆에 있는 것도 안전하지 못하다
는 생각이 들었다. 13 그래서 그는 그들이 보는
앞에서는 미친 척을 하였다. 그들에게 잡혀 있는
동안 그는 미친 사람처럼 행동하여 성문 문짝 위
에 아무렇게나 글자를 긁적거리기도 하고, 수염
에 침을 질질 흘리기도 하였다. 14 그러자 아기
스가 신하들에게 소리쳤다. "아니, 미친 녀석이
아니냐? 왜 저런 자를 나에게 끌어 왔느냐?
15 나에게 미치광이가 부족해서 저런 자까지 데
려다가 내 앞에서 미친 짓을 하게 하느냐? 왕궁에
저런 자까지 들어와 있어야 하느냐?"

유일한 생존자가 다윗뿐이었다는 것을 의미할 수도 있었다. **21:2** 다윗은 아히멜렉을 안심시켜 그가 원하는 것을 얻기 위해 거짓말을 한다. **21:4-6** 다윗의 군사들이 성행위를 절제하여 정결하기만 하다면 (출 19:15; 신 23:9-11), 아히멜렉은 그들에게 빵을 주려고 한다 (출 25:30; 레 24:5-9). 예수님은 궁핍한 때에 제사법을 어길 수 있다는 선례로서 이 사건을 언급하신다 (마 12:3-4; 막 2:25-26; 눅 6:3-4). **21:7** *도엑.* 도엑은 의도적으로 삽입된 이름이지만, 그는 이 이야기의 후속편인 22:6-19에서 주요한 역할을 하게 된다. 이 절의 마지막 구절은 아마도 "사울의 경호실장"으로 이해해야 할 것이다. 왜냐하면 군대가 목자와 함께 이동한다는 것은 생각하기에 어렵기 때문이며, 혹은 사울은 그러한 대량학살을 감행할 수 있는 누군가에게 그러한 명령을 내렸을 것이기 때문이다 (22:18). 14:47은 에돔을 사울의 통치기간 동안 패배당한 민족들 가운데 하나로 열거하고 있기 때문에, 도엑과 그의 종들이 사울과 함께 있었다는 것은 그가 도망자이거나 사울이 잘못 살려준 또 다른 적일 수 있음을 암시한다 (15:8-9 참조). *주님 앞에서 하여야 할 일이 있어서.* 이 구절은 오직 이 곳에만 나타난다. 아마도 사울의 부하들 가운데 도엑만이 성소에 있었던 듯한데, 그 이유는 에돔 사람으로서 그는 정결례를 치러야 하기 때문이다 (4절의 성결함에 대한 아히멜렉의 관심에 주목하라). **21:8-9** 다윗은 계속해서 무기가 필요하다는 이야기를 한다. 아히멜렉의 반응은 그러한 필요성에 부합할 뿐만 아니라, 놉은 공격에 대비하지 못하고 있다는 것을 보여준다. 이스라엘에서 가장 큰 사람(9:2)으로부터 도망치고 있는 다윗은 오히려 더 큰 사람, 곧 자신이 패배시킨 자의 칼을 받게 된다.

21:10—22:5 다윗은 다시 두려운 시간들을 보내게 된다 (19:9-17 참조; 또한 19:8-10에 관한 주석을 보라). 사울의 사람(21:7)인 도엑이 그 곳에 있었다는 사실이 다윗에게 붙잡힐 수도 있다는 두려움을 안겨주었기 때문에 다윗은 도엑이 뒤쫓을 수 없는 곳으로 도주한다. 27:1-7에 따르면, 다윗은 군대와 함께 도주한다. 그는 다시 무기를 소유하고 있지 않았다 (10:8-9). 분명히 패배당한 블레셋 장수의 칼을 블레셋의 가드(Gath)로 가지고 가는 것은 무의미하며, 이 이야기는 비록 두려움에 있을지라도 다윗은 지혜롭게 행동한다는 것을 보여준다. 시 34편과 56편 제목은 이 이야기를 가리키고 있다 (시 34편 제목은 "아기스" 대신에 "아비멜렉"으로 잘못 기록되어 있다). **21:11** 이스라엘 백성처럼 (8:20), 블레셋 사람들(18:7의 이스라엘 백성이 노래한 찬양을 반복함으로써)도 다윗이 17장 이후에서 하고 있는 것 같이 전쟁에서 군대를 지휘할 수 있는 *나라의 왕*을 생각하고 있다. **21:12-15** 다윗은 블레셋 사람들이 자신을 받아주지 않을 것이라는 것과 스스로의 살 길을 모색할 수 없었기 때문에, 그는 여기에서 그의 지혜를 발휘한다. 미친 척하는 것은 아마도 사울에

사울이 놉의 제사장들을 학살하다

22 1 다윗은 거기에서 떠나, 아둘람 굴 속
으로 몸을 피하였다. 그러자 형들과 온
집안이 그 소식을 듣고, 그 곳으로 내려가, 그에게
이르렀다. 2 그들뿐만이 아니라, 압제를 받는 사
람들과 빚에 시달리는 사람들과 원통하고 억울한
일을 당한 사람들도, 모두 다윗의 주변으로 몰려
들었다. 이렇게 해서 다윗은 그들의 우두머리가
되었는데, 사백여 명이나 되는 사람들이 그를 따
랐다. 3 다윗은 거기에서 모압의 미스바로 가서
모압 왕에게 간청하였다. "내가 해야 할 일이 무
엇인가를 하나님이 나에게 알려 주실 때까지, 나
의 부모가 이 곳으로 들어와 임금님과 함께 머물
도록 허락하여 주시기 바랍니다." 4 그리하여 다
윗은 자기의 부모를 모압 왕에게 부탁하였다. 다
윗이 산성에 머물러 있는 동안에, 다윗의 부모는
모압 왕과 함께 살았다. 5 그 때에 갓이라는 예
언자가 다윗에게, 그 산성에 머물러 있지 말고 어
서 유다 땅으로 들어가라고 재촉하였다. 그래서
다윗은 그 곳을 떠나서, 헤렛 숲으로 들어갔다.

6 하루는 사울이 기브아 산등성이의 에셀 나무
아래에서 창을 들고 앉아 있었다. 그의 신하들은
모두 그의 곁에 둘러 서 있었다. 거기에서 사울은
다윗이 부하들을 거느리고 나타났다는 말을 들
었다. 7 사울이 둘러 서 있는 신하들에게 호통을
쳤다. "이 베냐민 사람들아, 똑똑히 들어라. 이새의
아들이 너희 모두에게 밭과 포도원을 나누어 주
고, 너희를 모두 천부장이나 백부장으로 삼을 줄
아느냐? 8 그래서 너희가 모두 나를 뒤엎으려고
음모를 꾸몄더냐? 내 아들이 이새의 아들과 맹약
하였을 때에도, 그것을 나에게 귀띔해 준 자가
하나도 없었다. 또 내 아들이 오늘 나의 신하 하
나를 부추겨서 나를 죽이려고 매복시켰는데도,
너희들 가운데는 나를 염려하여 그것을 나에게
미리 귀띔해 준 자가 하나도 없었다."

9 바로 그 때에 사울의 신하들 가운데 끼여
있던 에돔 사람 도엑이 나서서 보고하였다. "제가
이새의 아들을 보았습니다. 그가 놉으로 와서
아히둡의 아들 아히멜렉과 만날 때였습니다.
10 그 때에 아히멜렉이, 다윗이 해야 할 일을 주
님께 여쭈어 보고 나서, 그에게 먹을 것도 주고,
블레셋 사람 골리앗의 칼도 주었습니다." 11 그
러자 왕은 아히둡의 아들 제사장 아히멜렉은 물
론, 놉에 있는 그의 집안 제사장들을 모두 불러들
였다. 그리하여 그들이 모두 왕에게로 나아왔다.
12 사울이 호통을 쳤다. "아히둡의 아들은 똑똑히
들어라!" 아히멜렉이 대답하였다. "임금님, 말씀
하십시오!" 13 사울이 그를 꾸짖었다. "네가 왜
이새의 아들과 함께 공모하여 나에게 맞서려고 하
였느냐? 네가 왜 그에게 빵과 칼을 주고, 왜 그가
하여야 할 일을 하나님께 물어서, 그가 오늘날과
같이 일어나서 나를 죽이려고 매복하도록 하였
느냐?"

게서 배운 것으로 보이는데, 그를 보호하곤 하였다 (16:14-15에 관한 주석을 보라). 결과적으로 그는 아기스 왕 앞으로 끌려가지 않고 무사히 빠져나올 수 있었다 (22:1). **22:1-5** 다윗은 이스라엘로 되돌아가지만, 그의 고향인 베들레헴 근처 아둘람의 *굴속* (1절) 혹은 *산성* (4-5절)에 머문다. 시 57편과 142편은 이 상황을 언급한다. 사람들은 여러 가지 이유로 현재 상태에 불만족스러워서 다윗에게 연합한다. 그는 다시 백성들의 지도자가 된다. 그의 가족이 모압에 그 뿌리를 두고 있기 때문에 (룻 1:3-4; 4:13-22), 그는 그의 부모를 그 곳으로 보낸다. 모압 사람들은 사울의 적들이지만 (14:47), 그들의 왕은 다윗을 기꺼이 도우려 한다. 대부분의 예언자들처럼, 갓이 갑작스럽게 등장하고, 그는 후에 다윗을 섬기게 된다 (삼하 24:11-19). 유다 땅으로 더 들어가라(블레셋 접경지역 근처로)는 그 예언자의 조언은 3절에 표현된 다윗의 불확실성에 대한 응답이다: 하나님이 여전히 그와 함께 동행하신다.

22:6—31:13 사울은 광야에서 다윗을 쫓기 위해 그의 군대를 동원하는데, 이는 하나님과 백성들이 왕에 대해 기대하는 것과는 정반대의 모습이다 (8:19-20; 9:16). 이에 반해 도망자인 다윗은 이스라엘 백성을 도우려고 한다.

22:6—23:29 다윗을 찾고자 하는 사울의 집착이 점점 강해지지만, 이스라엘의 가장 용맹스러운 전사는 그의 개인의 적이자 국가의 적들과 담판을 짓고 있다. **22:6-23** 사울이 2:31-33; 3:12-14를 무심코 수행하는 자가 될 때, 그의 광기는 더욱 분명해진다. **22:6-10** 다윗처럼, 사울은 그의 고향에서 숨어 지냈었다 (10:26). 사울은 그의 지파 사람들(9:1, 16)이 그를 반대해 음모를 꾸미고 있다고 믿고, 그들이 자신에게 충성하는 것처럼 다윗에게 충성할 수 없다고 경고한다. 초대 군주정치 세대에서, 지파의 충성심은 민족의 충성심에 앞선다. 사울의 의심에도 불구 하고, 누군가는 요나단의 행위에 대해서 사울에게 분명하게 보고하고 있다 (*이새의 아들과 맹약한* 것에 대해서는 18:3; 20:12-17, 42를 보라). 에돔 사람인 도엑에 대해서는 21:7에 관한 주석을 보라 (시 52편 제목 참조). **22:11-13** 아히멜렉이 *그의 집안 제사장*들을 모두

14 그러자 아히멜렉이 왕에게 대답하였다. "임금님의 모든 신하들 가운데서 다윗만큼 믿을 만한 사람이 누구입니까? 더구나 그는 임금님의 사위인 동시에 경호실장이며, 이 궁중에서 매우 존귀한 사람이 아닙니까? 15 그가 할 일을 하나님께 여쭙는 일을, 제가 오늘에 와서 처음으로 시작한 것입니까? 전혀 그렇지 않습니다. 임금님은 이 종이나 이 종의 온 집안에 아무 허물도 돌리지 말아 주십시오. 이 종은 이런 일은 전혀 아는 바가 없습니다." 16 그런데도 왕은 이런 선언을 내렸다. "아히멜렉은 들어라. 너는 어쨌든 너의 온 집안과 함께 죽어 마땅하다." 17 그리고 왕은 자기 곁에 둘러 서 있던 호위병들에게 명령하였다. "너희는 당장 달려들어 주님의 제사장들을 죽여라. 그들은 다윗과 손을 잡고 공모하였으며, 다윗이 도망하는 줄 알았으면서도 나에게 귀띔해 주지 않았기 때문이다." 그러나 왕의 신하들은 손을 들어 주님의 제사장들을 살해하기를 꺼렸다. 18 그러자 왕이 도엑에게 명하였다. "네가 달려들어서 저 제사장들을 죽여라." 그러자 에돔 사람 도엑이 서슴없이 달려들어서 그 제사장들을 죽였는데, 그가 그 날 죽인 사람은 모시 에봇을 입은 제사장만도 여든다섯 명이나 되었다. 19 사울은 제사장들이 살던 성읍 놉에까지 가서, 주민을 다 칼로 쳐죽였다. 그는 남자와 여자, 어린이와 젖먹이, 소 떼나 나귀 떼나 양 떼를 가리지 않고, 모두 칼로 쳐서 죽였다.

20 아히둡의 손자이며 아히멜렉의 아들인 아비아달은, 거기서 피하여 다윗에게로 도망하였다. 21 아비아달은 다윗에게, 사울이 주님의 제사장들을 몰살시켰다는 소식을 전하였다. 22 다윗이 아비아달에게 말하였다. "그 날 내가 에돔 사람 도엑을 거기에서 보고서, 그가 틀림없이 사울에게 고자질하겠다는 것을 그 때에 이미 짐작하였소. 제사장의 집안이 몰살당한 것은, 바로 내가 책임져야 하오. 23 이제 두려워하지 말고, 나와 함께 지냅시다. 이제 나의 목숨을 노리는 사람이 바로 당신의 목숨을 노리는 사람이기도 하니, 나와 함께 있으면 안전할 것이오."

다윗이 그일라 주민을 구출하다

23 1 다윗은, 블레셋 사람이 그일라를 치고, 타작한 곡식을 마구 약탈하여 간다는 소식을 들었다. 2 그래서 다윗은 주님께 여쭈었다. "내가 출전하여 이 블레셋 사람을 쳐도 되겠습니까?" 그러자 주님께서 다윗에게 허락하셨다. "그렇게 하여라. 어서 출전하여 블레셋 족속을 치고, 그일라를 구해 주도록 하여라." 3 그러나 다윗의 부하들이 반대하고 나섰다. "우리는 여기 유다에서도 이미 가슴을 졸이며 살고 있는데, 우리가 그일라로 출전하여 블레셋 병력과 마주친다면, 얼마나 더 위험하겠습니까?" 4 다윗이 주님께 다시 여쭈어 보았다. 그런데도 주님께서는 똑같이

불러들였다 …그들이 모두 왕에게로 나아왔다 는 언급은 2:33의 *그의 자손들은 모두*를 회상시켜 주는 것이다. 사울이 의심하고 있는 음모는 이제 그의 제사장들까지 포함시키게 된다. 아히멜렉 역시 아히둡의 아들이었다. 이 제사장 가문은 사울을 오랫동안 잘 섬겼다 (14장). **22:15** 아히멜렉은 진실되게 그들이 다윗을 믿지 못할 이유가 없었다고 사울에게 말한다 (다윗은 21:2-5에서 광야에 있게 된 이유에 대해 거짓말을 했다). 비록 21:1-9는 아히멜렉이 다윗을 위해 *주께 간구*한다(10:22에 관한 주석을 보라)고 언급하고 있지는 않지만, 아히멜렉은 그렇게 하였다고 동의한다 (2-15절). 이는 바로 그것이 제사장으로서 사울과 다윗에게 제공해야 하는 중요한 임무이며, 이제 사울은 그러한 제사장들을 곧 잃게 될 것임을 강조하고 있는 것이다. **22:17-19** 에돔 사람 도엑(21:7)은 사울의 지파인 베냐민 사람들이 따르지 않는 그 명령에 복종한다. 모순되게도, 이스라엘의 적들을 대항하여 거룩한 전쟁을 싸우지 못했던 사울은 15:1-9 이후로 그가 내린 첫 번째 군사적 명령은 이스라엘 백성을 적으로 대항하여 싸우는 거룩한 전쟁의 결과를 초래하게 된다. 도엑은 스스로가 하나님께서 명령하신 것을 실천에 옮긴다 (15:3). 85명이나 되는 *에봇*을 입은 (2:18을 보라) 사람에게 희생자를 나게 했다는 언급은 그의 행동이 얼마나 소름이 끼치는 일이었는가를 강조하는 것이다. **22:20-23** 이 절들은 2:31-33; 3:12-14에서 언급된 것을 이루는 절들이다. 다른 사람들처럼 (22:1-2), 유일한 생존자는 다윗에게로 도망친다. 그 재앙에 대한 책임을 통감하면서 다윗은 그를 받아들인다. 아비아달은 다윗이 왕이 될 때 대제사장 가운데 하나가 되지만 (삼하 20:25; 삼하 2:35에 관한 주석을 보라), 솔로몬은 다윗의 계승자인 아도니야를 지지한다는 이유로 그를 추방한다 (왕상 2:26-27; 삼상 2:35 참조). 사울의 행동으로 인해, 그에게는 이제 그를 위해 하나님께 문의할 제사장이 남아있지 않았다. 그러나 다윗에게는 제사장이 있다. **23:1-29** 사울은 그의 권력을 유대 도시를 파괴하는데 사용하지만, 다윗은 그의 힘을 블레셋 사람들로부터 한 도시를 되찾는데 사용한다. 하나님께 간구하는 것(이제는 사울이 더 이상 하지 못하는 것)이 다윗이 성공한

대답하셨다. "너는 어서 그일라로 가거라. 내가
블레셋 족속을 너의 손에 넘겨 주겠다." 5 그래서
다윗이 그일라로 출전하여 블레셋 사람과 싸웠다.
결국 그들을 쳐서 크게 무찔렀으며, 블레셋 사람의
집짐승들을 전리품으로 몰아 왔다. 다윗은 이렇게
그일라 주민을 구원해 주었다.

6 (아히멜렉의 아들 아비아달은 그일라에 있는
다윗에게로 도망할 때에 에봇을 가지고 갔었다.)

7 한편 다윗이 그일라에 들어왔다는 소식이
사울에게 전해지니, 사울이 외쳤다. "이제는 하나
님이 그 자를 나의 손에 넘겨 주셨다. 성문과 빗
장이 있는 성읍으로 들어갔으니, 독 안에 든 쥐다."
8 그래서 사울은 군대를 소집하여, 그일라로 내
려가서 다윗과 그의 부하들을 포위하게 하였다.
9 다윗은 사울이 자기를 해치려고 음모를 꾸미고
있다는 사실을 알고서, 제사장 아비아달에게 에
봇을 가져오게 하였다. 10 다윗이 하나님께 아
뢰었다. "주 이스라엘의 하나님, 사울이 나를 잡으
려고 그일라로 와서 이 성읍을 멸망시키기로 결심
하였다는 소식을, 이 종이 확실하게 들었습니다.
11 [ㄱ]그일라 주민이 나를 사울의 손에 넘겨 주겠
습니까? 이 종이 들은 소문 그대로 사울이 내려오
겠습니까? 주 이스라엘의 하나님, 이 종에게 대답
하여 주십시오." 주님께서 대답하셨다. "그가 내
려올 것이다." 12 다윗이 다시 한 번 여쭈었다.
"그일라 주민이 정말로 나를 나의 부하들과 함께
사울의 손에 넘겨 주겠습니까?" 주님께서 대답하
셨다. "넘겨 줄 것이다." 13 그래서 다윗은 육백
명쯤 되는 부하를 거느리고, 그일라에서 벗어나
떠돌아다녔다. 다윗이 그일라에서 빠져 나갔다는
소식이 사울에게 알려지니, 사울은 출동하려다가
그만두었다.

다윗이 산성으로 피하다

14 그리하여 다윗은 광야의 산성을 찾아다
니며 숨어서 살았다. 그는 바로 십 광야의 산간
지역에서 살았다. 그 동안 사울은 날마다 다윗을
찾았지만, [ㄴ]하나님이 다윗을 사울의 손에 넘겨 주
지 않으셨다. 15 그래서 사울이 다윗의 목숨을
노리고 출동할 때마다, 다윗이 그것을 다 알고서
피하였다.

다윗이 십 광야의 호레스에 있을 때에, 16 사
울의 아들 요나단이 호레스로 다윗을 찾아와서,
[ㄴ]하나님을 굳게 의지하도록 격려하였다. 17 그는
다윗에게 말하였다. "전혀 두려워하지 말게. 자네
를 해치려는 나의 아버지 사울의 세력이 자네에게
미치지 못할 걸세. 자네는 반드시 이스라엘의 왕
이 될 걸세. 나는 자네의 버금가는 자리에 앉고 싶
네. 이것은 나의 아버지 사울도 아시는 일일세."
18 이리하여 이 두 사람은 다시 주님 앞에서 우
정의 언약을 맺었다. 그리고 다윗은 계속 호레스에
머물렀으나, 요나단은 다시 집으로 돌아갔다.

19 십 사람 몇이 기브아로 사울을 찾아 올라
가서 밀고하였다. "다윗은 분명히, 우리가 있는
호레스 산성 속에 숨어 있습니다. 바로 여시몬 남
쪽에 있는 하길라 산 속에 숨어 있습니다. 20 임금
님이 지금 당장 내려가기를 원하신다면, 그렇게
하시기 바랍니다. 그를 잡아서 임금님의 손에 넘
기는 일은, 저희가 맡아서 하겠습니다." 21 사울이
말하였다. "당신들이 나를 생각하여 그토록 정성을
보였으니, 주님이 주시는 복을 받기를 바라오.
22 당신들은 가서 빈틈없이 준비하시오. 그 자가

ㄱ) 여기 나오는 첫 질문이 사해 사본에는 없음 ㄴ) 사해 사본과 칠십인역에는 '주님'

열쇠이다 (2절, 4절, 9-12절). **23:1-6** *그일라.* 이 지역은 아둘람의 남쪽에 위치하고 있었다. 갓의 충고를 따랐다면 (22:5), 다윗과 그의 무리들은 그일라 근처에 있었을 것이다. 유다는 그일라를 수 15:44에서 수복하였지만, 그 때에 그일라는 유다의 일부가 아니었음이 분명하다. *주께 여쭈어 보다.* 10:22에 관한 주석을 보라. 아비아달은 다윗에게 합류할 때 에봇(2:18에 관한 주석을 보라)을 가지고 왔기 때문에, 그는 다윗에게 승리를 안겨줄 수 있는 신탁을 할 수 있었다. **23:7-12** 블레셋 사람들을 쳐부수기 위해 왕이 된 사울(8:19-20; 9:16을 참조하라)은 방금 블레셋을 쳐부순 사람을 잡으려고 그의 군대를 지휘하고 있다. 일반적으로 유다 사람들은 그들에게 잘 알려진 유다의 후손인 다윗에게 충성한다 (삼하 2:4). 그일라가 지금은 그 지파의 일부가 아니기 때문에 (3절) 백성들은 다윗을 위해서 사울과 싸우려고 하지 않는다. **23:13-14** 다윗은 유다 지역으로부터 더 남쪽으로 후퇴한다. 사울은 여전히 군대를 투입하여 다윗을 찾고자 한다. **23:15-29** 사울로부터 도피하고 있는 다윗은 요나단으로 인해 안심하게 된다. **23:15-18** 요나단은 다시 사울을 배신하지 않으면서도 다윗에 대한 충성심을 보여준다. 예언자는 아니지만 (2:10의 한나 처럼), 요나단은 다윗에게 그가 왕이 될 것이라는 소식을 가장 처음 알려준다. 25:26-31을 보라. 사울은 *역시 아는 일이지만* 그 소식을 인정하지 않는다 (18:12, 28-29 참고할 수도 있음). 요나단은 이 소식에 마음이 좋았으며, 그가 알고 있는 지식으로 그의 친구를 격려하고 있다. 여기에서의 언약은 요나단이 예언한 두 사람의 변화된 지위의 관점에서 새롭게 그들도망다니는 곳이 어디이며, 누가 어디서 그 자를 보았는지, 자세히 알아보시오. 내가 듣는 바로는, 그는 매우 교활하오. 23 당신들은 그가 숨을 만한 모든 은신처를 자세히 살펴본 다음에, 틀림없는 정보를 가지고 나를 찾아오시오. 그러면 내가 당신들과 함께 가겠소. 그가 이 나라 안에 있기만 하면, 내가 유다의 마을들을 남김없이 다 뒤져서라도 그를 찾아내고야 말겠소."

24 이리하여 그들이 일어나 사울보다 먼저 십 광야로 떠나갔다. 이 때에 다윗과 그의 부하들은, 여시몬 남쪽의 아라바에 있는 마온 광야에 있었다. 25 사울도 부하들을 거느리고 다윗을 찾아 나섰다. 누가 이 사실을 다윗에게 알려 주니, 그가 마온 광야에 있는 바위로 내려갔다. 사울이 이 소식을 듣고, 곧 마온 광야로 가서 다윗을 추격하였다. 26 이리하여 사울은 산 이쪽에서 쫓아가고, 다윗과 그의 부하들은 산 저쪽에서 도망하게 되었다. 이렇게 다윗은 사울을 피하여 급히 도망하고, 사울과 그의 부하들은 다윗과 그의 부하들을 잡으려고 포위를 하는데, 27 갑자기 전령 한 사람이 사울에게 와서, 블레셋 족속이 쳐들어왔으니, 어서 돌아가야 한다고 보고하였다. 28 사울은 다윗을 추격하다 말고 돌아가서, 블레셋 족속을 맞아 싸우러 나갔다. 그리하여 그 곳 이름을 ㄱ)셀라하마느곳이라고 부른다.

다윗이 사울을 살려 주다

29 ㄴ)다윗은 엔게디 산성에 올라가 거기에 머물러 있었다.

24 1 블레셋 사람과 싸우고 돌아온 사울은, 다윗이 엔게디 광야에 있다는 소식을 듣고, 2 온 이스라엘에서 삼천 명을 뽑아 거느리고, 다윗과 그의 부하들을 찾으러 '들염소 바위' 쪽으로 갔다. 3 사울이 길 옆에 양 우리가 많은 곳에 이르렀는데, 그 곳에 굴이 하나 있었다. 사울이 ㄷ)뒤를 보려고 그리로 들어갔는데, 그 굴의 안쪽 깊은 곳에 다윗과 그의 부하들이 숨어 있었다. 4 다윗의 부하들이 그에게 말하였다. "드디어 주님께서 대장님에게 약속하신 바로 그 날이 왔습니다. '내가 너의 원수를 너의 손에 넘겨 줄 것이니, 네가 마음대로 그를 처치하여라' 하신 바로 그 날이 되었습니다." 다윗이 일어나서 사울의 겉옷자락을 몰래 잘랐다. 5 다윗은 자기가 사울의 겉옷자락만을 자른 것 뿐인데도 곧 양심에 가책을 받게 되었다. 6 그래서 다윗은 자기 부하들에게 타일렀다. "내가 감히 손을 들어, 주님께서 기름부어 세우신 우리의 임금님을 치겠느냐? 주님께서 내가 그런 일을 하지 못하도록 나를 막아 주시기를 바란다. 왕은 바로 주님께서 기름부어 세우신 분이기 때문이다."

ㄱ) '도피의 바위' 또는 '분리의 바위' ㄴ) 히브리어 본문에서는 여기에서 24장이 시작됨 ㄷ) 히, '발을 가리려고'

의 관계를 확언한다. 요나단(가장 많은 것을 잃게 될 자)은 자신이 왕으로서의 다윗(이 상황에서는 아무 것도 공약할 수 없는 자)을 도울 것임을 약속하며, 다윗은 요나단이 자신에 이어 두 번째 권력의 자리에 앉게 될 유일한 사람임을 서약한다. **23:19-29** 십 (Ziph) 사람들은 그들의 왕에 대한 충성심을 표현한다 (시 54편 표제를 보라; 또한 시 18편을 보라). **23:21** 사울은 비록 자신은 왕이고 다윗이 도망자일지라도, 자신을 *동정심이* 필요한 사람으로 생각한다. **23:24-29** *마온*은 십의 남쪽에 있는 산지이다. 다윗은 그 산을 중심으로 사울과 격리되어 있다. 블레셋의 침략은 사울의 추적을 단념시키게 한다. 이 사건은 하나님께서 다윗과 함께 동행하고 계심을 증명하는 것으로 이해될 수 있다 (18:14; 26:12 처럼; 하나님의 부지불식간에 작용하는 역사에 대해서는 1:1—2:11에 관한 주석을 보라). 블레셋 사람과 만나게 되는 사울의 이야기는 들려지지 않는다 (24:1 참고). 다윗은 사울이 싸우고 있는 블레셋 사람들로부터 멀리 떨어져, 유다의 동쪽으로 더 이동한다 (*엔게디*는 사해의 서부 해안선에 위치하고 있다).

24:1—26:25 세 가지 중요한 만남에 관한 것이 이 부분의 윤곽을 묘사해주고 있다: 다윗은 사울을 만나게 되고, 아비가일을 만나게 되고, 그리고 다시 사울을 만나게 된다. **24:1—25:1a** 첫 번째 광야에서의 만남 (시 63편을 참조). **24:1** *엔게디 (En-gedi).* 23:24-29를 보라. **24:4** 비록 하나님은 23:4에서 다윗의 손에 블레셋 사람들을 붙이겠다고 약속은 하셨지만, 다윗의 종이 한 말에 대해서는 특별하게 관련된 구절이 없다. 아마도 그 종은 블레셋 사람들보다 사울이 다윗에게 더 큰 위협이 된다고 생각한 것 같다. 다윗이 사울의 옷자락을 자르는 것은 사울이 사무엘의 외투를 찢는 모습을 연상시켜 준다 (15:27). 두 이야기 모두에서 찢어진 옷에 대해서 동일한 히브리어 단어가 사용되고 있으며, 각 이야기에서 사울은 다윗에 관한 무엇인가를 배운다. **24:5-7** *기름부어 세우신.* 9:15-16에 관한 주석을 보라. 다윗은 일반적으로 사울을 존경한다 (16:14-23; 17:55-58; 18:10-11). 더욱이, 기름부음을 받은 다윗(16:13)이 하나님으로부터 기름부음을 받은 자에게 해로운 짓을 하는 선례를 남기고 싶은 마음이 없었다. **24:11** 다윗은 사울을 아버지로 부르는데, 이는 예전에 그들이 서로 알고 있던 친밀한 관계를 강조하는

7 다윗은 이런 말로 자기의 부하들을 타이르고,
그들이 일어나 사울을 치지 못하게 하였다.
마침내 사울이 일어나서 굴 속에서 나가 길을
걸어갔다. 8 다윗도 일어나 굴 속에서 밖으로 나
가서, 사울의 뒤에다 대고 외쳤다. "임금님, 임금
님!" 사울이 뒤를 돌아다보자, 다윗이 땅에 엎드
려 절을 하였다. 9 그런 다음에, 다윗이 사울에
게 말하였다. "임금님은 어찌하여, 다윗이 왕을
해치려 한다고 주장하는 사람들의 말만 들으십니
까? 10 보십시오, 주님께서 오늘 저 굴 속에서
임금님을 나의 손에 넘겨 주셨다는 사실을, 이제
여기에서 직접 확인하실 수 있습니다. 임금님을
살려 보내지 말라고 말하는 사람도 있었지만, ㄱ)나
는 임금님을 아꼈습니다. 절대로, 손을 들어 우리
의 임금님을 치지 않겠다고 다짐하였습니다. 임
금님은 바로 주님께서 기름부어 세우신 분이기 때
문입니다! 11 아버지, 지금 내가 들고 있는 임금
님의 겉옷자락을 보십시오. 내가 이 겉옷자락만
자르고, 임금님께 손을 대지 않았습니다. 이것을
보시면, 나의 손에 악이나 죄가 없으며, 임금님께
반역하거나 잘못한 일이 없다는 것도 아실 것입니
다. 그런데도 임금님은 나를 죽이려고, 찾아다니
십니다. 12 이제는 주님께서, 나와 임금님 사이
에서 재판관이 되시고, 나의 억울한 것을 주님께서
직접 풀어 주시기 바라겠습니다. 나의 손으로는
직접 임금님께 해를 끼치지 않겠습니다. 13 옛날
속담에 '악인에게서 악이 나온다' 하였으니, 나의
손으로는 임금님을 해치지 않겠습니다. 14 이스
라엘의 임금님은 누구를 잡으려고 이렇게 나오셨
습니까? 임금님이 누구를 잡으려고 쫓아다니십니
까? 한 마리 죽은 개를 쫓아다니십니까? 한 마리
벼룩을 쫓아다니십니까? 15 그러므로 주님께서
재판관이 되셔서, 나와 임금님 사이를 판결하여
주시기를 빌겠습니다. 주님께서 굽어보시고 나의
억울함을 판결하여 주시며, 나를 임금님의 손에서
건져 주시기를 빌겠습니다."
16 다윗이 말을 끝마치자, 사울은 "나의 아들
다윗아, 이것이 정말 너의 목소리냐?" 하고 말하
면서, 목놓아 울었다. 17 사울이 다윗에게 말하
였다. "나는 너를 괴롭혔는데, 너는 내게 이렇게
잘 해주었으니, 네가 나보다 의로운 사람이다.
18 주님께서 나를 네 손에 넘겨 주셨으나, 너는
나를 죽이지 않았다. 이것 하나만으로도 오늘 너는,
네가 나를 얼마나 끔찍이 생각하는지를 내게 보여
주었다. 19 도대체 누가 자기의 원수를 붙잡고
서도 무사히 제 길을 가도록 놓아 보내겠느냐? 네가
오늘 내게 이렇게 잘 해주었으니, 주님께서 너에
게 선으로 갚아 주시기 바란다. 20 나도 분명히
안다. 너는 틀림없이 왕이 될 것이고, 이스라엘 나
라가 네 손에서 굳게 설 것이다. 21 그러므로 너는
이제 주님의 이름으로 내게 맹세하여라. 너는 내
자손을 멸절시키지도 않고, 내 이름을 내 아버지의
집안에서 지워 버리지도 않겠다고, 내게 맹세하
여라." 22 다윗이 사울에게 그대로 맹세하였다.
사울은 자기의 왕궁으로 돌아갔고, 다윗과 그의
부하들은 산성으로 올라갔다.

사무엘의 죽음

25 1 사무엘이 죽었다. 온 이스라엘 백성이
모여 그의 죽음을 슬퍼하며 울고, 그의
고향 라마에 그를 장사하였다.

ㄱ) 칠십인역과 시리아어역과 타르굼과 불가타를 따름. 히, '그것(나의 눈)이 임금님을 아꼈습니다'

것이며, 또한 사무엘서에서 나타난 아버지와 아들의 갈등 상황 속에 다윗과 사울의 관계를 정립해 놓으려는 것이다 (2:22-25; 8:1-4; 13—20장). **24:16-22** 사울은 다윗이 위협적인 존재가 아니며, 자신이 다윗을 여전히 사랑하고 있다는 것을 깨닫게 된다 (16절에서 사울은 이전에 그들이 가졌던 친밀감을 가졌었다는 다윗의 말을 반영하고 있다). 그러나 이러한 관점은 그리 오래 가지 않는데, 그 이유는 사울의 질투와 두려움이 다시금 기승을 부리고 있기 때문이다 (26:1-5 참조). **24:17** *네가 나보다 의로운 사람이다* (23:17 참조) 라는 사울의 말은 하나님이 이 왕국을 *그대보다 더 나은* 다른 사람(15:28)에게 준다는 사무엘의 말과 유사하다. **24:18-20** 사울은 자신이 이전에 무엇을 두려워했는지를 잘 알고 있다. 그리 자주는 아니지만, 사울은 다윗의 운명이 정의롭다는 것을 깨닫는다. **24:21-22** 요나단처럼 (20:14-15), 사울은 다윗으로부터 그의 가족의 미래와 관계된 서약을 이끌어낸다 (삼하 21:1-6). 그러나 그 사람들은 제각기 갈 길로 떠난다. **25:1a** 사무엘의 죽음은 다윗에 대한 구세대의 지지기반의 상실을 의미한다. 그는 이제 하나님에 의해 선택된 유일하게 거부되지 않은 지도자이다 (사무엘의 요약된 경력에 대해서는 7:13-17을 보라). **25:1b-44** 두 번째 광야에서의 만남. 다윗은 다시 자신이 왕이 될 것이라는 이야기를 듣는다. **25:1b-2** *바란.* 바란은 갈멜에서 남서쪽으로 멀리 떨어져 있으며, 십과 마온 사이에 위치하고, 다윗이 거의 붙잡힐 뻔했던 곳 근처에 있다 (23:24b-27). 다윗은 그 지역에 살고 있는 부자에게 보호해 줄 것을 요구함으로써 그의 무리들을 돌본다. *우리는 그들을 괴롭힌 일도 없으며* (7절)

다윗과 아비가일

그 뒤에 다윗은 ㄱ)바란 광야로 내려갔다. 2 그
무렵에 마온에 어떤 사람이 살았는데, 갈멜에
목장을 가지고 있었고, 아주 잘 사는 사람이었다.
그가 가진 가축은 양 떼가 삼천 마리, 염소 떼가
천 마리였다. 그는 마침 갈멜에 와서 양털을 깎고
있었다. 3 그 사람의 이름은 나발이며, 그 아내
의 이름은 아비가일이었다. 이 여인은 이해심도
많고 용모도 아름다웠으나, 그 남편은 고집이
세고 행실이 포악하였다. 그는 갈렙 족속이었다.
4 그런데 나발이 양털을 깎는다는 소식을 다윗이
광야에서 듣고, 5 자기 부하들 가운데서 젊은이
열 사람에게 임무를 주어서 그에게 보냈다. "너희는
갈멜로 올라가 나발을 찾아가서, 나의 이름으로
안부를 전하여라. 6 너희는 그에게 이렇게 나의
말을 전하여라. '만수무강을 빕니다. 어른도 평안
하시고, 집안이 모두 평안하시기를 빕니다. 어른
의 모든 소유도 번창하기를 빕니다. 7 지금 일꾼
들을 데리고 양털을 깎고 계시다는 소식을 들었습
니다. 어른의 목자들이 우리와 함께 있었는데, 우
리는 그들을 괴롭힌 일도 없으며, 그들이 갈멜에
있는 동안에 양 한 마리도 잃어버린 것이 없었습
니다. 8 일꾼들에게 물어 보시면, 그들이 사실대
로 대답할 것입니다. 그리고 우리들이, 잔치를 벌
이는 좋은 날에 어른을 찾아왔으니, 제가 보낸
젊은이들을 너그럽게 보시고, 부디 어른의 종들
이나 다름이 없는 저의 부하들과, 아들이나 다름
이 없는 이 다윗을 생각하셔서, 먹거리를 좀 들려
보내 주십시오.'"

9 다윗의 젊은이들이 도착하여, 다윗의 이름
으로 나발에게 이 모든 말을 그대로 전하고, 조용
히 기다렸다. 10 드디어 나발이 다윗의 젊은이
들에게 대답하였다. "도대체 다윗이란 자가 누구
며, 이새의 아들이 누구냐? 요즈음은 종들이 모두
저마다 주인에게서 뛰쳐나가는 세상이 되었다.
11 그런데 내가 어찌, 빵이나 물이나, 양털 깎는
일꾼들에게 주려고 잡은 짐승의 고기를 가져다가,
어디서 왔는지도 모르는 자들에게 주겠느냐?"
12 다윗의 젊은이들이, 갔던 길로 돌아서서 다윗
에게로 돌아와, 그 모든 말을 그대로 전하였다.
13 다윗이 자기의 부하들에게 명령하였다. "모두
허리에 칼을 차거라!" 그들이 저마다 허리에 칼을
차니, 다윗도 허리에 자기의 칼을 찼다. 사백 명
쯤 되는 사람들이 다윗을 따라 쳐올라가고, 이백
명은 남아서 물건을 지켰다.

14 그러는 사이에 나발의 일꾼들 가운데서
한 사람이 그의 아내 아비가일에게 가서 말하였다.
"실은, 다윗이 광야에서 부하들을 보내어 주인께
문안을 드렸는데, 주인께서 그들에게 호통만 쳐서
보냈습니다. 15 그러나 그들은 우리에게 매우
잘 하여 준 사람들입니다. 우리가 들에서 양을 칠
때에 그들과 함께 지낸 일이 있었는데, 그 동안 내
내 그들이 우리를 괴롭힌 일도 없고, 양 떼를 훔
쳐간 일도 없었습니다. 16 오히려 우리가 그들
과 함께 있으면서 양을 칠 동안에는, 그들이 밤이
나 낮이나 우리를 성벽과 같이 잘 보살펴 주었습
니다. 17 그러므로 이제 마님께서 무엇을 어떻
게 하셔야 할지, 어서 생각하여 보시기 바랍니다.
다윗의 부하가 틀림없이 주인 어른께 앙갚음을 할
텐데, 주인 어른의 성격이 불 같으시니, 말도 붙
일 수 없습니다."

18 아비가일이 서둘러 빵 이백 덩이와 포도
주 두 가죽부대와 이미 요리하여 놓은 양 다섯
마리와 볶은 곡식 다섯 세아와 건포도 뭉치 백 개와
무화과 뭉치 이백 개를 가져다가, 모두 나귀 여러
마리에 싣고, 19 자기의 일꾼들에게 말하였다.

ㄱ) 칠십인역 사본 가운데 더러는 '마온'

라는 말에 함축되어 있는 위협에 주목하라. **25:3** *나발.* 이 이름은 히브리어로 "어리석은"이다 (25절 참조). *갈렙 족속.* 갈렙에게 할당된 영토 안에 거주하고 있던 족속이다 (수 14:13-15; 15:13-19). **25:8** *잔치를 벌이는 좋은 날.* 이 날은 분명히 양털을 깎는 계절의 끝을 축하하는 날이다 (11절). 이것은 종교적 축제일이 아니다 (삼하 13:24-27을 보라). 다윗은 다시 아버지와 아들에 관한 언어를 사용한다 (24:11에 관한 주석을 보라). **25:13** 나발의 거절에 대한 다윗의 반응은 다윗이 단순히 도움만을 요청했던 것이 아님을 분명히 보여주는 것이다 (21-22절). **25:22** *나 다윗은 하나님께 무슨 벌이라도 받겠다.* 이 번역은 칠십인역 본문에 근거한 것이다. (개역개정은 "다윗에게 벌을 내리시고 또 내리시기를 원하노라"로 번역했음.) 다윗은 나발 가문의 모든 남자를 죽이려고 하지 않지만, 이러한 저주는 그에게로 되돌아오지 않는다. 그래서 히브리 성경은 "다윗의 원수에게도 그렇게 하십시오" 라고 기록되어 있다. **25:25** *나발.* 25:3에 관한 주석을 보라. 분명히 이 구절은 불행한 결혼생활임을 가리키고 있다. **25:26-31** 아비가일의 행동은 다윗이 보복을 받지 않게 하였고 (18-22절), 하나님에게 영광을 돌리며, 그녀는 다윗을 30절에서 *영도자* (9:15-17 주석을

"나는 뒤따라 갈 터이니, 너희가 앞장 서라." 아비가일은 이 일을 자기의 남편 나발에게는 전혀 알리지 않았다. 20 벌써 다윗이 부하들을 거느리고 그 여인의 맞은편에서 내려오고 있었으므로, 나귀를 타고 산굽이를 돌아 내려가는 아비가일이 그들과 마주쳤다. 21 다윗은 단단히 벼르고 있었다. "내가 저 광야에서 그에게 속한 것은 무엇이든지 지켜 주어, 그의 모든 재산 가운데서 아무것도 잃어버리지 않도록 하였으나, 그것이 모두 헛일이었다. 그는 나에게 선을 악으로 갚았다. 22 내가 내일 아침까지, 그에게 속한 모든 사람들 가운데서, 남자들을 하나라도 남겨 둔다면, ㄱ나 다윗은 하나님께 무슨 벌이라도 받겠다."
23 아비가일이 다윗을 보고 급히 나귀에서 내려서, 다윗 앞에 엎드려, 얼굴을 땅에 대고 절을 하였다.
24 그런 다음에 아비가일이 다윗의 발 앞에 엎드려 애원하였다. "죄는 바로 나에게 있습니다. 이 종이 말씀드리는 것을 허락해 주시고, 이 종의 말에 귀를 기울여 주십시오. 25 장군께서는 나의 몹쓸 남편 나발에게 조금도 마음을 쓰지 마시기 바랍니다. 그 사람은 정말 이름 그대로, 못된 사람입니다. 이름도 ㄴ나발인데다, 하는 일도 어리석습니다. 그런데다가 장군께서 보내신 젊은이들이 왔을 때에는, 내가 거기에 있지 않아서, 그들을 만나지도 못하였습니다. 26 장군께서 사람을 죽이시거나 몸소 원수를 갚지 못하도록 막아 주신 분은 주님이십니다. 주님도 살아 계시고, 장군께서도 살아 계십니다. 장군님의 원수들과 장군께 해를 끼치려고 하는 자들이 모두 나발과 같이 되기를 바랍니다. 27 여기에 가져온 이 선물은 장군님을 따르는 젊은이들에게 나누어 주시라고, 내가 가져온 것입니다. 28 이 종의 허물을 용서해 주시기 바랍니다. 장군께서는 언제나 주님의 전쟁만을 하셨으니, 주님께서 틀림없이 장군님의 집안을 영구히 세워 주시고, 장군께서 사시는 동안, 평생토록 아무런 재난도 일어나지 않도록 도와 주실 것입니다. 29 그러므로 어느 누가 일어나서 장군님을 죽이려고 쫓아다니는 일이 있더라도, 장군님의 생명은 장군께서 섬기시는 주 하나님이 생명 보자기에 싸서 보존하실 것이지만, 장군님을 거역하는 원수들의 생명은, 주님께서, 돌팔매로 던지듯이 팽개쳐 버리실 것입니다. 30 이제 곧 주님께서 장군께 약속하신 대로, 온갖 좋은 일을 모두 베푸셔서, 장군님을 이스라엘의 영도자로 세워 주실 터인데, 31 지금 공연히 사람을 죽이신다든지, 몸소 원수를 갚으신다든지 하여, 왕이 되실 때에 후회하시거나 마음에 걸리는 일이 없도록 하시기 바랍니다. 주님께서 그처럼 좋은 일을 장군께 베풀어 주시는 날, 이 종을 기억해 주시기 바랍니다."

32 다윗이 아비가일에게 말하였다. "주 이스라엘의 하나님이 오늘 그대를 보내어 이렇게 만나게 하여 주셨으니, 주님께 찬양을 드리오.
33 내가 오늘 사람을 죽이거나 나의 손으로 직접 원수를 갚지 않도록, 그대가 나를 지켜 주었으니, 슬기롭게 권면하여 준 그대에게도 감사하오. 하나님이 그대에게 복을 베풀어 주시기를 바라오.
34 그대에게 아무런 해도 입히지 못하도록 나를 막아주신 주 이스라엘의 하나님이 확실히 살아 계심을 두고 분명하게 말하지만, 그대가 급히 와서 이렇게 나를 맞이하지 않았더라면, 나발의 집안에는 내일 아침이 밝을 때까지 남자는 하나도 살아 남지 못할 뻔하였소." 35 그리고 다윗은 그 여인이 자기에게 가져온 것들을 받고서, 이렇게 말하였다. "평안히 집으로 돌아가시오. 내가 그대의 말대로 할 터이니, 걱정하지 마시오."

36 아비가일이 나발에게 돌아와 보니, 그는 자기 집에서 왕이나 차릴 만한 술잔치를 베풀고,

ㄱ) 칠십인역과 시리아어역을 따름. 히, '다윗의 원수들은' ㄴ) '어리석음'

참조)가 될 하나님의 장군(28절)으로 알고 있다. 하나님은 다윗에게 삼하 7:16에서 *영구히 세워진 집안*을 주실 것이다 (같은 종류의 구절이 삼상 2:35에 언급된 것을 참조). 아비가일은 다윗의 미래에 대해 말해준 두 번째 사람(23:17의 요나단 참고)이지만, 그녀는 살인죄에 대한 함축된 하나님의 계시를 경고한다. 이것이 다윗이 왕이 될 때 그의 관심사가 될 것이다 (삼하 1:15-16; 3:28-39; 4:9-12; 11:14-25; 18:1-5를 참조). **25:33** 놉의 제사장들을 살해한 것에 대한 책임을 인식하며 (22:22), 다윗은 그 이상 죄에 얽매이지 않을 것에 대해 감사해 한다. **25:36-39** 나발에 대한 보복을 포기함으로써, 다윗은 나발의 죽음에 대하여 그것이 자신을 위해 조용히 역사하는 하나님의 행동으로 이해한다 (1:1—2:11에 관한 주석을 보라). **25:40-43** 아히노암과 아비가일과의 결혼은 남부에서의 다윗의 자리를 강화시켜 주는 결혼이다 (3절 참조). *아히노암.* 사울의 부인 이름과 동일하다 (14:50). 만약 이 여인이 사울의 부인과 동일한 사람이라면 (삼하 12:8), 이렇게 배우자를 빼앗음으로 사울의 권력과 지위를 찬탈하고 있다는 뜻이다 (삼하 3:6-10; 16:20-22; 왕상 2:13-25). 왕으로부터 여인을 빼앗는 것은 정치적인 성명서와 같은 것이다. 만약 다윗이 사울의 부인을 빼앗았다면, 사울을

취할 대로 취하여서, 흥겨운 기분이 되어 있었다.
그래서 아비가일은 다음날 아침이 밝을 때까지,
큰 일이든 작은 일이든, 나발에게 아무 말도 하지
않았다. 37 아침이 되어 나발이 술에서 깨었을
때에, 그의 아내는 그 동안에 있었던 일을 모두 그
에게 말하였다. 그러자 그는 갑자기 심장이 멎고,
몸이 돌처럼 굳어졌다. 38 열흘쯤 지났을 때에,
주님께서 나발을 치시니, 그가 죽었다.

39 나발이 죽었다는 소문을 듣고, 다윗이 말
하였다. "주님을 찬양하여라! 나발이 나를 모욕하
였으나, 주님께서 그 원수를 갚아 주시고, 이 종이
직접 무슨 악을 행하지 않게 막아 주셨다. 주님
께서는 나발이 저지른 죄악을 나발의 머리로 돌려
보내 주셨다."

다윗은 아비가일을 자기의 아내로 삼으려고,
그 여인에게 사람을 보내어 그 뜻을 전하였다.
40 다윗의 종들이 갈멜로 아비가일을 찾아가서
그 뜻을 전하였다. "다윗 어른께서 댁을 모셔다가
아내로 삼으려고 우리를 보내셨습니다." 41 아
비가일이 일어나, 얼굴이 땅에 닿도록 절을 한
다음에 말하였다. "이 몸은 기꺼이 그분의 종이
되어, 그를 섬기는 종들의 발을 씻겠습니다."
42 아비가일이 일어나서, 서둘러 나귀를 타고 길
을 떠나니, 그 뒤로 그 여인의 몸종 다섯이 따라
나섰다. 아비가일은 이렇게 다윗의 시종들을 따
라가서, 그의 아내가 되었다.

43 다윗은 이미 이스르엘 여인 아히노암을
아내로 맞이하였기 때문에, 이제는 두 사람이
다 그의 아내가 되었다. 44 본래 다윗의 아내는
사울의 딸 미갈이었으나, 사울이 이미 다윗의
아내를 갈림 사람 라이스의 아들 발디에게 주
었다.

다윗이 또 사울을 살려 주다

26 1 십 광야의 주민이 기브아로 사울을 찾아
와서 밀고하였다. "다윗은 ㄱ)여시몬 맞은
쪽 하길라 산 속에 숨어 있는 것이 확실합니다."
2 그래서 사울이 일어나, 이스라엘에서 삼천 명을
골라 거느리고, 십 광야에 있는 다윗을 찾으러 직접
십 광야로 내려갔다. 3 사울은 여시몬 맞은쪽
하길라 산 속으로 들어가 길 가에 진을 쳤다. 이
때에 다윗은 바로 그 광야에 있었기 때문에, 사울
이 자기를 잡으려고 그 광야로 쫓아온 것을 알게
되었다. 4 다윗은 곧 정찰대원들을 파견하여,
사울이 와 있는 장소가 어디인가를 확인하게 한
다음에, 5 사울이 진을 친 곳으로 가 보았다. 다
윗이 그 곳에 와 보니, 사울과 넬의 아들 아브넬
군사령관이 자고 있었는데, 사울은 진의 한가운
데서 자고, 그의 둘레에는 군인들이 사방으로 진을
치고 있었다.

6 그래서 다윗이, 헷 사람 아히멜렉과 스루
야의 아들 요압의 아우인 아비새에게, 누가 자기
와 함께 사울의 진으로 내려가겠느냐고 물으니,
아비새가 나서서, 자기가 다윗과 함께 내려가겠
다고 대답하였다. 7 이리하여 다윗이 아비새를
데리고 밤에 군인들이 있는 곳으로 가 보니, 사울
이 진의 한가운데서 누워 자고, 그의 머리맡에는
그의 창이 땅바닥에 꽂혀 있고, 아브넬과 군인들은
그의 둘레에 사방으로 누워 있었다. 8 아비새가
다윗에게 자청하였다. "하나님이 오늘, 이 원수를
장군님의 손에 넘겨 주셨습니다. 제가 그를 당장
창으로 찔러 땅바닥에 박아 놓겠습니다. 두 번 찌를

ㄱ) 또는 '황폐한 땅 맞은쪽'

정당화시킬 수 있는 이러한 언급이 본문에 생략되었다는 것은 도저히 믿기에 어려운 것이다. 이와 같은 설명은 다윗이 사울 혹은 그의 집안에 아무런 해도 끼치지 않았다는 것을 보여주기 위해 혈안이 되어있는 사람들에 의해 수행되었지만 (삼하 4:1-12), 이러한 편집자는 분명히 그 행동을 완전하게 숨기기 위해서 다윗의 세 번째 부인의 이름을 바꾸었을 것이다. **25:44** 다윗이 없는 동안, 사울은 *미갈과* 다윗의 결혼을 무효화시켜 버렸다. 아마도 그녀의 새 결혼생활은, 과거의 결혼생활이 그랬던 것처럼 (18:20-28), 그녀의 아버지에게 이득이 되어야 했을 것이다. 혹은 아마도 그는 간단하게 자신의 왕족으로부터 위협적 존재로 보이는 한 남자를 제거하고자 원하고, 다윗으로부터 그러한 근거에서 왕좌를 박탈하고자 하였을 것이다 (삼하 3:12-13 주석을 보라).

26:1-25 세 번째 광야에서의 만남. 이것은 23:19—24:22 이야기와 유사하지만 동일한 이야기는 아니다. 이 이야기는 동일한 지역이 배경으로 되어 있지만, 이 배경 속에는 24:16-21에 나타난 사울의 명석함이 사라져 있음을 보여준다. 사울은 다시 다윗을 추격하고 있다. 사울을 향하여 다윗이 반복하여 보여주는 자비심은 주의 기름부음 받은 자의 안전에 대한 서약을 강조한다. 살인죄에 대한 아비가일의 경고는 그러한 서약을 강화시켜 주는 것 같다 (25:26-31). 다윗은 이제 자신과 사울이 그 지역에서 머무를 곳이 없음을 알게 된다. **26:6** *헷 사람 아히멜렉.* 헷 사람은 다윗의 군대에 포함되어 있었다 (헷 사람 우리야 참조, 삼하 23:39). *요압과 아비새는* 다윗의 조카들이었고 신뢰할 수 있는 장수들이었다. **26:9-12** *주님께서 기름부어 세우신 자.* 9:15-16; 24:5-7에 관한 주석을 보라. 주

것도 없이, 한 번이면 됩니다." 9 그러나 다윗은
아비새에게 타일렀다. "그를 죽여서는 안 된다.
그 어느 누구든지, 주님께서 기름부어 세우신 자
를 죽였다가는 벌을 면하지 못한다." 10 다윗이
말을 계속하였다. "주님께서 확실히 살아 계심을
두고 말하지만, 주님께서 사울을 치시든지, 죽을
날이 되어서 죽든지, 또는 전쟁에 나갔다가 죽든
지 할 것이다. 11 주님께서 기름부어 세우신 이
를 내가 쳐서 죽이는 일은, 주님께서 금하시는 일
이다. 그러므로 이제 우리는 그의 머리맡에 있는
창과 물병만 가지고 가자." 12 다윗이 사울의 머
리맡에 있던 창과 물병을 들고 아비새와 함께 빠
져 나왔으나, 보는 사람도 없고, 눈치채는 사람도
없고, 깨는 사람도 없었다. 주님께서 그들을 깊이
잠들게 하셔서, 그들이 모두 곤하게 잠들어 있었
기 때문이다.

13 다윗이 맞은편으로 건너가 멀리 산꼭대기
에 섰다. 다윗과 사울 사이의 거리가 꽤 멀어졌다.
14 여기서 다윗이 사울의 부하들과 넬의 아들 아
브넬에게 소리쳤다. "아브넬은 대답을 하여라!"
아브넬이 대답하였다. "네가 누구이기에 감히 소
리를 쳐서 임금님을 깨우느냐?"

15 다윗이 아브넬에게 호통을 쳤다. "너는
사내 대장부가 아니냐? 이스라엘 천지에서 너만
한 대장부가 어디에 또 있느냐? 그런데 네가 어째서
너의 상전인 임금님을 잘 보호하여 드리지 않았느
냐? 백성 가운데 한 사람이 너의 상전인 임금님을
범하려고 이미 들어갔었다. 16 너는 이번에 너
의 책임을 다하지 못했다. 주님께서 확실히 살아
계심을 두고 말하지만, 너희가 주님께서 기름부
어 세우신 너희의 상전을 보호해 드리지 못했으
니, 너희는 이제 죽어 마땅하다. 그러므로 너는 이
제 왕의 창이 어디로 갔으며, 왕의 머리맡에 있던
물병이 어디로 갔는지, 어서 찾아 보도록 하여라."

17 사울이 다윗의 목소리를 알아듣고 말하였
다. "나의 아들 다윗아, 이것이 정말로 너의 목소
리냐?" 다윗이 대답하였다. "나의 상전이신 임금
님, 그러합니다." 18 그런 다음에, 다윗이 말하
였다. "나의 상전이신 임금님은 어찌하여 이렇게
임금님의 종을 사냥하러 나오셨습니까? 내가 무
슨 잘못을 저질렀습니까? 내 손으로 저지른 죄악
이 무엇입니까? 19 나의 상전이신 임금님은 이
종이 하는 말에 귀를 기울여 주시기 바랍니다. 임
금님을 충동하여 나를 치도록 시키신 분이 주님이
시면, ㄱ)나는 기꺼이 희생제물이 되겠습니다. 그
러나 임금님을 충동하여 나를 치도록 시킨 것이
사람이면, 그들이 주님에게서 저주를 받기를 바
랍니다. 주님께서 유산으로 주신 땅에서 내가 받
을 몫을 받지 못하도록 하고, 나더러 멀리 떠나가
서 다른 신들이나 섬기라고 하면서, 나를 쫓아낸
자들이 바로 그들이기 때문입니다. 20 그러니
이제, 주님으로부터 멀리 떨어진 이 이방 땅에서,
내가 살해당하지 않게 하여 주시기를 바랍니다.
어찌하여 이스라엘의 임금님이, 사냥꾼이 산에서
메추라기를 사냥하듯이, 겨우 벼룩 한 마리 같은
나를 찾으러 이렇게 나서셨습니까?"

21 사울이 대답하였다. "내가 잘못했다. 나의
아들 다윗아, 돌아오너라. 네가 오늘 나의 생명을
귀중하게 여겨 주었으니, 내가 다시는 너에게 해
를 끼치지 않겠다. 정말 내가 어리석은 일을 하여,
아주 큰 잘못을 저질렀다." 22 다윗이 말하였다.
"여기에 임금님의 창이 있습니다. 젊은이 하나가
건너와서 가져가게 하십시오. 23 주님께서 각
사람에게 그 공의와 진실을 따라 갚아 주시기를
바랍니다. 주님께서 오늘 임금님을 나의 손에 넘겨
주셨지만, 나는, 주님께서 기름부어 세우신 임금
님께 손을 대지 않았습니다. 24 그러므로 내가
오늘 임금님의 생명을 귀중하게 여겼던 것과 같이,
주님께서도 나의 생명을 귀중하게 여기시고, 어
떠한 궁지에서도 나를 건져 내어 주실 것입니다."
25 사울이 다윗에게 말하였다. "나의 아들 다윗아,
하나님이 너에게 복 주시기를 바란다. 너는 참으
로 일을 해낼 만한 사람이니, 매사에 형통하기를
바란다."

다윗은 자기의 길로 가고, 사울도 자기의 궁
으로 돌아갔다.

ㄱ) 히, '주님께서 제물을 받으시기를 원합니다'

님께서 그들을 깊이 잠들게 하셔서. 하나님이 다윗의 편에 서서 그 상황의 배후에서 행동하고 계신다는 것을 지시하고 있다. **26:13-17** 15절에 나타난 다윗의 말은 자신과 아브넬 사이에 일종의 경쟁관계가 있는 것처럼 들린다. 아브넬은 다윗이 사울에게 말하기 이전에 질책하였던 자이다 (18:5에 관한 주석을 보라). 사울은 그의 "아들의" 목소리를 분별하는 사람이다 (24:11에 관한 주석을 보라). **26:18-20** 다윗은 사울이 회개한 것이 오래가지 못할 것을 알고 있으며 (24:16-21; 26:2-3), 사울을 자신이 죽이거나 다른 누군가가 자신을 대신해서 죽이는 것을 허락지 않았기 때문에 (24:6-7; 26:9-11), 다윗은 반드시 *주님께서 유산으로 주신 땅* (이스라엘)을 떠나야 하든지 아니면 사울에게 살해당할 수밖에 없다. **26:21-25** 그들은 영원히 결별한다. 사울이 사랑했던 자에게 그가 마지막으로 한 말은 *나의 아들 다윗*에게 한 축복을 내포하고 있다.

다윗이 다시 아기스 왕에게 망명하다

27 1 다윗이 혼자서 생각하였다. "이제 이러다가, 내가 언젠가는 사울의 손에 붙잡혀 죽을 것이다. 살아나는 길은 블레셋 사람의 땅으로 망명하는 것뿐이다. 그러면 사울이 다시 나를 찾으려고 이스라엘의 온 땅을 뒤지다가 포기할 것이며, 나는 그의 손에서 벗어나게 될 것이다."
2 그래서 다윗은 일어나서, 자기를 따르는 부하 육백 명을 거느리고, 가드 왕 마옥의 아들 아기스에게로 넘어갔다. 3 그리하여 다윗은 가드에 있는 아기스에게로 가서 거처를 정하였다. 다윗과 그의 부하들은 저마다 가족을 거느리고 살았는데, 다윗이 거느린 두 아내는 이스르엘 여인 아히노암과 나발의 아내였던 갈멜 여인 아비가일이었다.
4 다윗이 가드로 도망갔다는 소식이 사울에게 전하여지니, 그가 다시는 다윗을 찾지 않았다.

5 다윗이 아기스에게 간청하였다. "임금님이 나를 좋게 보신다면, 지방 성읍들 가운데서 하나를 나에게 주셔서, 내가 그 곳에 정착할 수 있도록 해 주시기를 바랍니다. 이 종이 어떻게 감히 임금님과 함께, 임금님이 계시는 도성에 살 수가 있겠습니까?" 6 그러자 아기스는 그 날 당장 시글락을 다윗에게 주었다. 그래서 시글락이 이 날까지 유다 왕들의 소유가 되었다. 7 다윗이 블레셋 사람의 지역에서 거주한 기간은 일 년 넉 달이었다.

8 바로 그 기간에, 다윗은 부하들을 거느리고 다니면서, 그술 사람과 기르스 사람과 아말렉 사람을 습격하곤 하였다. 그 사람들은 오래 전부터 수르 광야와 이집트 국경선에 이르는 전 지역에서 살고 있었다. 9 다윗은, 그들이 사는 지역을 칠 때에는, 남녀를 가리지 않고 한 사람도 살려 두지 않고, 양과 소와 나귀와 낙타와 옷을 약탈하였다. 약탈물을 가지고 아기스에게로 돌아가면, 10 아기스는 으레 "그대들이 오늘은 ㄱ)어디를 습격하였소?" 하고 묻고, 그럴 때마다 다윗은, 유다의 남쪽 지역을 털었다느니, 여라무엘 족속의 남쪽 지역을 털었다느니, 또는 겐 족속의 남쪽 지역을 털었다느니, 하는 식으로 대답을 하곤 하였다.
11 다윗이 남녀를 가리지 않고 죽이고 가드로 데려가지 않은 것은, 그들이 다윗의 정체를 알아, 다윗이 그런 일을 하였다고 폭로할까 두려웠기 때문이다. 다윗은 블레셋 사람의 지역에 거주하는 동안, 언제나 이런 식으로 처신하였다. 12 아기스는 다윗의 말만 믿고서, 다윗이 자기 백성 이스라엘에게서 그토록 미움받을 짓을 하였으니, 그가 영영 자기의 종이 될 것이라고 생각하였다.

28 1 그럴 즈음에 블레셋 사람이 이스라엘에 쳐들어가려고 모든 부대를 집결시켰다. 그러자 아기스가 다윗에게 말하였다. "귀관이 나와 함께 출정하여야 한다는 것을 알고 있을 줄 아오. 귀관은 부하들을 거느리고 직접 출정하시오." 2 다윗이 아기스에게 대답하였다. "그렇게 하겠습니다. 이 종이 무엇을 할 수 있는지, 임금님이 아시게 될 것입니다." 아기스가 다윗에게 말하였다. "좋소! 귀관을 나의 종신 경호대장으로 삼겠소."

ㄱ) 사해 사본과 칠십인역과 불가타에는 '누구를 습격하였소?'

27:1—28:2 다윗은 군사적인 면에서 승리한다. 그는 일전에 감정에 이끌리어 아기스 왕에게로 홀연단신 무기도 지니지 않은 채 도주한 적이 있었다 (21:10-15). 이제 다윗은 사울과의 견딜 수 없는 상황으로 인해 그에게 다시 간다 (26:18-20에 관한 주석을 보라). **27:1-2** 이스라엘을 떠나는 것은 다윗이 사울을 피할 수 있게 해줄 뿐만 아니라, 사울에게도 다윗을 추적하는데 그의 군대를 더 이상 사용하지 않고 (4절) 국가의 적들에게서 민족을 보호하는데 사용할 수 있도록 해준다. **27:3** 다윗의 첫 번째 부인 미갈은 사울과 함께 머무르며 다윗이 탈주할 수 있도록 도와준다. 사울은 다윗이 다른 두 여자와 결혼한 것을 알고 나서 미갈을 다른 남자에게 재가시킨다 (19:11-17; 25:43-44). **27:5-6** *시글락.* 유다 산지의 남서쪽에 위치하고 있지만, 이스라엘의 한 역사를 장식하고 있다 (수 15:31; 19:5). 다윗은 (1) 야망에 차서 한 도시를 달라고 요청하는데, (2) 그 이유는 그가 그일라를 구원해 준 것(23:1-5)처럼 유다의 유산을 회복시키고 싶었거나, 혹은 (3) 아기스가 자신의 행동을 관찰하지 않기를 원했기 때문이다. **27:8-12** 다윗은 시글락에서의 자신의 지위를 이스라엘의 적들과 싸우는데 사용하지만, 그는 아기스에게 자신이 유다 혹은 그 연맹국을 공격한다고 말함으로써 거짓말을 하게 되는데, 이것은 위의 이유(3)를 보강해 주는 것이다. 다윗은 습격해서 얻은 전리품들을 아기스에게 바치지만, 자신의 침략사건을 말하지 못하도록 하기 위해 침략지역 주민들을 모두 죽인다. *그술 사람.* 그술은 긴네렛 바다의 동쪽에 위치한 작은 왕국이었다 (수 13:2-3). 다윗은 그술 왕의 딸과 결혼하게 되는데, 그 여인이 압살롬을 출산한다 (삼하 3:3). *기르스 사람.* 이들에 관해서는 알려져 있지 않았지만, 아마도 기르가스 사람들로 구성된 민족으로 추정된다 (수 24:11). *아말렉 사람.* 이들에 대해서는 15:1-8에 관한 주석을 보라. NRSV는 이들을 *들라임* (Telaim)이라고 하기도 하는데, 이들은 *들람* (Telaim)의

사울이 무당을 찾아가다

3 사무엘이 이미 죽어서 온 이스라엘 백성이
그의 죽음을 슬퍼하며, 그를 그의 고향 라마에 장
사지낸 뒤였다. 그리고 사울이 나라 안에서 무당과
박수를 모조리 쫓아낸 때였다.
4 바로 그 때에 블레셋 군대가 모여서 수넴
에 진을 쳤다. 사울도 온 이스라엘 군을 집결시켜,
길보아 산에 진을 쳤다. 5 사울은 블레셋 군의
진을 보고, 두려워서 마음이 몹시 떨렸다. 6 사
울이 주님께 물었으나, 주님께서는 그에게 꿈으
로도, 우림으로도, 예언자로도, 대답하여 주지 않으
셨다. 7 그래서 사울은 자기의 신하들에게 명령
하였다. "망령을 불러올리는 여자 무당을 한 사람
찾아 보아라. 내가 그 여인을 찾아가서 물어 보겠
다." 사울의 신하들이 그에게 말하였다. "엔돌에
망령을 불러올리는 무당이 한 사람 있습니다."
8 사울은 다른 옷으로 갈아 입고 변장한 다
음에, 두 신하를 데리고 갔다. 밤에 그들이 그 여
인에게 이르렀는데, 사울이 그에게 말하였다. "망
령을 부르는 술법으로, 내가 당신에게 말하는 사
람을 나에게 불러올려 주시오." 9 그러나 그 여
인이 그에게 대답하였다. "이것 보시오. 사울이
이 나라에서 무당과 박수를 모조리 잡아 죽인 것은,
당신도 잘 아시지 않습니까? 그런데 왜 당신은 나의
목에 올가미를 씌워, 나를 죽이려고 하십니까?"
10 사울이 주님의 이름을 걸고 그 여인에게 맹세
하였다. "주님께서 확실히 살아 계심을 걸고 맹세
하지만, 당신이 이 일로는 아무런 벌도 받지 않을
것이오." 11 그 여인이 물었다. "내가 당신에게
누구를 불러올릴까요?" 사울이 대답하였다. "나
에게 사무엘을 불러올리시오."
12 그 여인은 사무엘이 올라온 것을 보고, 놀
라서 큰소리를 질렀다. 그런 다음에, 그 여인은 사
울에게 항의하였다. "사울 임금님이 몸소 오셨으
면서도 왜 저를 속이셨습니까?" 13 왕이 그 여
인에게 말하였다. "무서워하지 말아라. 네가 무엇
을 보고 있느냐?" 여인이 사울에게 대답하였다.
"땅 속에서 ㄱ)영이 올라온 것을 보고 있습니다."
14 사울이 그 여인에게 물었다. "그 모습이 어떠
하냐?" 여인이 대답하였다. "한 노인이 올라오는
데, 겉옷을 걸치고 있습니다." 사울은 그가 사무
엘인 것을 알아차리고, 얼굴이 땅에 닿도록 엎드려
절을 하였다.
15 사무엘이 사울에게 물었다. "당신이 왜
나를 불러올려 귀찮게 하시오?" 사울이 대답하였
다. "제가 매우 궁지에 몰려 있습니다. 블레셋 사
람이 지금 저를 치고 있는데, 하나님이 이미 저에
게서 떠나셨고, 예언자로도, 꿈으로도, 더 이상
저에게 응답을 하지 않으십니다. 그래서 제가 무
엇을 어떻게 해야 하는지 알고 싶어서, 이처럼 어
른을 뵙도록 해 달라고 부탁하였습니다." 16 사무
엘이 책망하였다. "주님께서는 이미 당신에게서
떠나 당신의 원수가 되셨는데, 나에게 더 묻는 이
유가 무엇이오? 17 주님께서는, 나를 시켜 전하
신 말씀 그대로 당신에게 하셔서, 이미 이 나라의
왕위를 당신의 손에서 빼앗아 당신의 가까이에 있는
다윗에게 주셨소. 18 당신은 주님께 순종하지

ㄱ) 또는 '신' 또는 '신들'

또 다른 표기이다 (아말렉 사람들에 대한 공격과 관계된 15:4를 보라). 네겝은 "남쪽 지역"을 의미한다. 12절에 묘사된 아기스의 생각은 어쩌면 왜 블레셋 사람들이 사울이 죽은 이후에 다윗을 커다란 위협으로 간주하지 않고 오히려 그를 유다의 왕으로 인정해 주고 있는지를 설명해 줄 수 있다 (삼하 2:1-4를 보라).

28:3-25 사울의 두려움과 절망은 자신이 그토록 강경하게 제사장 율법으로 금지했던 무당과 박수에 대한 규율을 어기게 한다 (3절, 9절; 레 19:31; 20:6, 27). **28:3** 사무엘의 죽음(25:1)을 이처럼 다시 한 번 언급하는 것은, 사울에게는 때때로 자신을 위해 하나님께 간구해 줄 수 있는 자가 아무도 없다는 것을 상기시켜 준다 (22:14-19). **28:6** *주께 물었으나* 와 *우림*에 대해서는 10:22에 관한 주석을 보라. **28:7** *엔돌*. 이 지역은 수넴에 진치고 있던 블레셋 진영의 북쪽에 있었다. 사울은 더 이상 다윗을 뒤쫓지 않고 있었기 때문에, 그는 므낫세의 지경에 이를 정도로 북쪽지역으로 이동하였다 (수 17:11). **28:11** 사무엘은 사울에게 하나님의 말씀을 전해주곤 하였다. 이제 사울은 사무엘이 자신에게 다시 한 번 더 하나님의 말씀을 전해주기를 바란다. **28:12** 사무엘에 대한 언급은 어리둥절하게 만들고 있다. 그는 사실상 13절에 이르기까지 등장하지 않는다. 14절에서 그는 쉽게 그 정체를 알 수 없다. 어찌 되었든, 왜 사무엘의 출현은 이미 그가 불러들이고 있는 사람의 이름을 언급하고 있던 그 여인을 놀라게 하였는가? 아마도 12절은 "그 여인이 사울을 보았을 때"(사울은 그의 예전 스승인 사무엘을 요청할 때까지 인식되지 않는다)로 해석되어야 한다. 9절에서 그녀는 자신이 이야기하고 있는 그 왕이 누구인지 알지 못한다. "사울"과 "사무엘"의 이름의 혼동에 대해서는 1:20에 관한 주석을 보라. 왜 저를 속이셨습니까? 에 대해서는 19:17에 관한 주석을 보라. **28:13** *영 (신들)*. 초자연적 존재로 이 경우에는 망령을 뜻한다. 사무엘은 스올에서 올라오는데, 비록 이 이야기에서는 사용되지 않지만, 이는 여기서 지구의 중심부로 이해된다. 513쪽 추가 설명: "구약성경에 나타난 죽음 이후의 삶"을 보

아니하고, 주님의 분노를 아말렉에게 쏟지 아니하였소. 그렇기 때문에 주님께서 오늘 당신에게 이렇게 하셨소. 19 주님께서는 이제 당신과 함께 이스라엘도 블레셋 사람의 손에 넘겨 주실 터인데, 당신은 내일 당신 자식들과 함께 내가 있는 이 곳으로 오게 될 것이오. 주님께서는 이스라엘 군대도 블레셋 사람의 손에 넘겨 주실 것이오."

20 그러자 사울은 갑자기 그 자리에 쓰러져 땅바닥에 벌렁 넘어졌다. 사무엘의 말을 듣고서, 너무나 두려웠기 때문이다. 게다가 그는 그 날 하루 종일, 그리고 밤새도록 굶었으므로, 힘마저 쭉 빠져 있었다. 21 그 여인이 사울에게 가까이 와서, 그가 아주 기진맥진해 있는 것을 보고, 그에게 말하였다. "보십시오, 이 종은 임금님의 분부를 다 따랐습니다. 저는 목숨을 내놓고, 임금님이 저에게 명령하신 대로 다 이루어 드렸습니다. 22 그러므로 이제는 임금님도 이 종의 말씀을 들어 주시기 바랍니다. 제가 임금님께 음식을 좀 대접하여 드리겠습니다. 임금님이 길을 더 가시려면 기운을 차리셔야 하니, 음식을 드시기 바랍니다." 23 그러나 사울은 "아무것도 먹고 싶지 않다!" 하고 말하면서, 그 여인의 청을 거절하였다. 그러나 사울의 신하들까지 그 여인과 함께 사울에게 권하니, 사울이 그들의 말을 듣고, 땅바닥에서 일어나 평상에 앉았다. 24 그 여인에게는 집에서 키운 살진 송아지가 한 마리 있었는데, 서둘러서 그것을 잡고, 밀가루를 가져다가 반죽하여 누룩을 넣지 않은 빵을 구워서, 25 사울과 그의 신하들 앞에 차려 놓으니, 그들은 그 음식을 먹고 일어나서, 그 밤에 떠났다.

추가 설명: 구약성경에 나타난 죽음 이후의 삶

모세의 언약에는 죽음 이후의 삶에 대한 언급이 없다. 그 이유는 어쩌면 이집트의 종교적 관례를 거부하는 데서 연유된 듯하다 (수 24:14). 또한 일반적으로 히브리 성경은 죽음 이후의 주제에 대해 거의 말하고 있지 않다. 이스라엘에서, 죽은 사람은 거룩한 존재가 아니라 부정한 존재로 취급된다. 시체를 만진 사람들은 반드시 정결예식을 치루어야 한다 (민 5:2; 9:6, 10; 19:11-22; 31:19). 제사장들(레 21:1-4, 11; 22:4)과 나실인들(민 6:2-7)은 특별히 시체에 절대로 접근해서는 안 된다. 심지어 죽은 동물조차도 부정하다 (레 11:24-40; 신 14:8). 죽은 사람과 관계된 이방 민족들의 행위는 토라에서 금지되어 있다 (레 19:27-28, 31; 20:6, 27; 신 14:1-2, 26:14). 고도로 발전된 이집트의 장례 의식에 대한 반응에 더하여, 죽은 자와 산 자 사이의 틈은 또한 비가시적 존재, 곧 네페쉬(영혼, 창 2:7; 35:18, 왕상 17:21; 욘 4:3)로서의 인간에 대한 히브리적 이해를 반영해 준다. 이러한 이해는 인간은 육체적, 영적, 이성적, 감정적 특성들을 소유하는 단일 존재이지만 그럼에도 불구하고 분리될 수 없다는 것이다. 죽음에 이르러 육체적 부분은 부패하기 때문에, 죽음 이후의 존재는 반드시 다르게 변화되며 따라서 더 적어지게 될 것이다. 왜냐하면 죽은 자는 한 인간이 소유한 그 모든 것들을 더 이상 가지지 못하기 때문이다; 남아있게 되는 것이라곤 망령뿐이다 (사 14:9).

죽음 이후의 삶에 대한 최초의 성서적 개념은 모든 죽은 사람이, 생전의 그들의 행동과는 상관없이, 스올로 간다는 것이다. 거기에는 어떤 상 혹은 벌도 존재하지 않는다 (삼하 12:23; 욥 30:23). "스올"(Sheol)이라는 단어는, "지옥"(pit)으로 번역되기도 하는데, 아마도 어근 샤알("요청하다"를 의미하는데, 이유는 스올에서는 결코 만족함이 없기 때문이다)에서 유래된 것 같다. 민 16:28-33에 반역을 꾀한 고라와 그의 가족들은 땅에 삼키워지고 산 채로 스올로 내려간다. 거기서 아마도 그들은 모두 죽었을 것이다. 그들이 죽었기 때문에 스올로 내려간 것이 아니라, 그들이 스올로 내려갔기 때문에 죽은 것이다. 욥 26:5는 그것을 바다 아래에 놓여 있다고 이해하지만, 삼상 28장과 시 63:9는

라. 이 예언자적 인물(그의 신랄한 비판은 죽음으로도 전혀 손상을 입히지 못한다)은 여전히 하나님의 말씀을 전할 수 있다. **28:16-17** 이 구절들은 15:26-29의 말씀이 성취되는 것이다. **28:18-19** 18절은 15:1-29를 지시하며, 19절의 예언의 말씀은 31:1-2에서 성취된다. **28:20-25** 불안의 상태에서, 사울은 육체적으로도 영적으로도 다음 날의 전쟁을 준비하지 못한다. 왕의 권력 앞에서 두려워했던 그 무당(9-12절)은 왕의 기력을 되찾아 주려고 한다.

29:1-11 다윗은 사울이 죽게 될 전쟁으로부터 제외되어 고향으로 돌아가게 된다 (28:19; 31:6 참조). **29:1** 28:4에서, 블레셋 사람들은 수넴에 집결하고 있다. 아기스의 부하들은 수넴의 남쪽에 있는 아벡에서 만나고, 아직 이스르엘로 진격하기 이전의 상황

다윗이 블레셋 사람들에게 배척을 당하다

29 1 블레셋 사람은 모든 부대를 아벡에 집
결시켰고, 이스라엘 사람은 이스르엘에
있는 샘가에 진을 쳤다. 2 블레셋 사람의 지도자
들은 수백 명, 수천 명씩 거느리고 나아갔으며, 다
윗도 부하를 거느리고, 그 행렬의 맨 뒤에서 아기
스와 함께 나아갔더니, 3 블레셋 사람의 지휘관
들이 항의하였다. "이 히브리 사람들이 무엇 때문
에 여기에 와 있습니까?" 아기스가 블레셋 사람의
지휘관들에게 말하였다. "귀관들도 알다시피, 이
사람은 이스라엘 왕 사울의 종이었던 다윗이오.
그가 나와 함께 지낸 지가 이미 한두 해가 지났지만,
그가 망명하여 온 날부터 오늘까지, 나는 그에게서
아무런 허물도 찾지 못하였소." 4 그러나 블레
셋 족속의 지휘관들은 다윗에게 분노를 터뜨렸다.
블레셋 족속의 지휘관들이 아기스에게 강요하였다.
"저 사람을 돌려 보내십시오. 임금님께서 그에게
지정하여 준 그 곳으로 그를 돌려보내시고, 우리
와 함께 싸움터에 나가지 않도록 하여 주십시오.
싸움터에 나가서 그가 우리의 대적으로 돌변할지
도 모르는 일입니다. 그가 무엇을 가지고 자기의
주인과 화해할 수가 있겠습니까? 우리 군인들의
머리를 잘라다 바쳐서 하지 않겠습니까? 5 그가
바로, 이스라엘 백성이 춤을 추면서,

'사울은 수천 명을 죽이고,
다윗은 수만 명을 죽였다!'

하고 추켜세우던 그 다윗이 아닙니까?"

또한 스올을 지구의 중심에 있다고 간주한다. 이러한 생각 속에는 어떤 논리가 들어있다. 지구와 바다는 시체들이 묻히는 곳들이다. 두 경우에 스올은 산 자와 멀리 떨어져 있다. 스올에서 가족과 공동체와의 접촉은 상실되며 (욥 14:21), 그것보다 더 좋지 않은 것은 하나님과의 접촉 역시 힘들게 된다. 일부 구절들은 하나님이 스올도 다스리고 계시다고 언급하고 있지만 (욥 26:6;신 32:19-22), 거기에는 여전히 그 어떤 관계성의 가능성도 존재하지 않는다 (욥 10:20-22; 시 88:3-12; 103:15-16; 115:17; 사 38:18): "죽어서는, 아무도 주님을 찬양하지 못합니다. 스올에서, 누가 주님께 감사할 수 있겠습니까?" (시 6:5).

세 인물이 이러한 죽음 이후의 삶에 대한 생각을 초월한다: 에녹 (창 5:21-24), 엘리야 (왕하 2:11), 그리고 사무엘 (삼상 28:13-19). 에녹과 엘리야는 죽지 않은 채로 하나님에 의해 하나님 앞으로 올라간다. 에녹은 "하나님과 함께 걷는다." 이는 하나님과의 친밀성이 죽음을 초월할 수 있다는 것을 보여주는 것이다. 위경 에녹1서는 이러한 경험에서 오는 그의 비전을 기록한다. 엘리야는 하늘로 승천하며, 그는 메시야가 오기 전에 다시 돌아오기로 되어 있다 (말 4:5-6; 마 17:10-12). 이 두 사람과는 달리, 사무엘은 죽는다 (삼상 25:1, 28:3). 하지만 그가 여전히 그의 기억들을 상실하지 않고 있다는 점은 이들 세 사람 가운데에서도 특이한 면이다.

일부 구약성경의 구절들은 죽음 이후의 완전소멸을 말하는 것으로 해석될 수 있다. 욥 7:21과 14:1-14는 욥이 미래의 삶에 대한 어떤 가능성도 보지 못하고 있음을 보여준다. 그러나 욥이 완전소멸을 믿는 것이 아니라 오히려 완전히 소멸되기를 희망하고 있다고 말하는 것이 더 정확한 해석이다. 3:13-19에서, 그가 불평하기 시작할 때, 그의 삶에 닥친 고통 속에서 죽음의 평온함을 더 갈망한다. 이와 비슷하게, 전 3:19-21은 죽음 이후의 삶이 불가능하다는 것을 말한다. 그러나 두 책 모두에서 중요한 이슈는 이 삶의 정의가 명백하게 결여되어 있어서, 죽음 이후의 존재에 관한 확실성의 결여를 더욱 다루기 어렵게 한다는 것이다.

이렇게 삶의 정의가 항상 결여되어 있는 것에 대한 관심은 일부 성경 기자들로 하여금 아무 차별도 존재하지 않는 스올에 대한 관념에서 죽음 이후 악한 자들에 대한 형벌이라는 관점으로 생각을 바꾸도록 하였다 (사 66:24; 단 12:2). 고통의 영역은 게헨나(Gehenna)로 인식되기 시작했으며, 일반적으로 "지옥"(hell)으로 번역되었다 (마 5:22; 막 9:43); 이 이름은 원래 예루살렘의 힌놈 골짜기로써, 사람을 희생제물로 바치던 곳이었다 (대하 28:3; 렘 7:31). 시편 기자는, 하나님과의 교제를 개인적으로 체험하고 난 후, 하나님이 존재하지 않는 스올의 불가피성을 폐기한다 (시 49:10-15; 73:21-26). 인간에 대한 총체적인 관점에 어울리게 죽음 이후의 삶은 부활로 이해되었으며, 이것이 바로 바울이 후에 죽음 이후의 삶과 영적 육체와의 관련성을 인식한 이유가 된다 (고전 15:12-58).

6 마침내 아기스가 다윗을 불러 말하였다.
"주님께서 확실히 살아 계심을 걸고 맹세하지만,
장군은 정직하였소. 나에게로 온 날부터 오늘까지,
나는 장군에게서 아무런 허물도 찾지 못하였기 때
문에, 장군이 나와 함께 이 부대에 들어와서 출전
하는 것을 좋게 생각하였소. 그런데 저 지휘관들은
장군을 못마땅해 하오. 7 그러니 이제 장군은,
블레셋 사람의 지도자들의 눈에 거슬리는 일을 더
이상 하지 말고, 평안히 돌아가기를 바라오."
8 이번에는 다윗이 아기스에게 항의하였다.
"내가 잘못한 일이 무엇입니까? 임금님을 섬기기
시작한 날부터 오늘에 이르기까지, 임금님께서
말씀하신 대로 종에게서 아무런 허물이 드러나지
않았다면, 왜 이 종이 이제 나의 상전이신 임금님의
원수들과 싸우러 나갈 수가 없습니까?" 9 아기
스가 다윗에게 대답하였다. "장군이 정직하다는
것을 나는 잘 아오. 나는 장군을 하나님의 천사처
럼 여기오. 그런데 블레셋 사람의 지휘관들이 장
군과 함께는 싸움터에 나가지 않겠다고 말하오.
10 그러니, 이제 장군은, 장군이 데리고 있는 옛
주인의 종들과 더불어, 내일 아침 일찍 일어나시오.
ㄱ)내일 아침에 일찍 일어나서, 해가 뜨는 대로 떠
나도록 하시오." 11 그리하여 다윗은 다음날 아
침에 일찍 일어나, 부하들과 함께 출발하여 블레
셋 사람의 땅으로 돌아오고, 블레셋 족속은 이스
르엘로 올라갔다.

다윗이 아말렉과 싸우다

30 1 다윗이 부하들과 함께 사흘 만에 시글
락으로 돌아왔을 때에는, 아말렉 사람이
이미 남부 지역과 시글락을 습격하고 떠난 뒤
였다. 그들은 시글락에 침입하여 성에 불을 지르고,
2 여자를 비롯하여, 그 성읍 안에 있는 모든 사
람을, 어린 아이나 노인 할 것 없이 사로잡아, 한
사람도 죽이지 않고 끌고 갔다. 3 다윗이 부하들
을 거느리고 그 성읍으로 들어와 보니, 성은 불타
버렸고, 아내들과 아이들이 모두 사로잡혀 갔다.
4 다윗과 그의 부하들은 목놓아 울었다. 모두들
더 이상 울 힘이 없어 지칠 때까지 울었다. 5 다
윗의 두 아내인 이스르엘 여인 아히노암과 나발의
아내였던 갈멜 여인 아비가일도 사로잡혀 갔다.
6 군인들이 저마다 아들딸들을 잃고 마음이
아파서, 다윗을 돌로 치자고 말할 정도였으니,
다윗은 큰 곤경에 빠졌다. 그러나 다윗은 자기가
믿는 주 하나님을 더욱 굳게 의지하였다.
7 다윗이 아히멜렉의 아들 제사장 아비아달
에게 말하였다. "어서 나에게 에봇을 가져다 주시
오!" 아비아달이 에봇을 다윗에게 가져오니, 8 다
윗이 주님께 문의하였다. "제가 이 강도들을 추격
하면 따라잡을 수 있겠습니까?" 주님께서 그에게
대답하셨다. "네가 틀림없이 따라잡고, 또 틀림없이
되찾을 것이니, 추격하여라!"
9 다윗은 데리고 있는 부하 육백 명을 거느
리고 출동하였다. 그들이 브솔 시내에 이르렀을
때에, 낙오자들이 생겨서 그 자리에 머물렀다.
10 그래서 브솔 시내를 건너가지 못할 만큼 지친
사람 이백 명은 그 자리에 남겨 두고, 다윗은 사백
명만을 거느리고 계속 추격하였다. 11 군인들이
들녘에서 한 이집트 사람을 발견하여 다윗에게로
데리고 왔다. 그들은 그에게 빵을 주어 먹게 하고,

ㄱ) 칠십인역에는 '장군은 내가 살라고 지정해 준 그 곳으로 가도록 하시오. 장군께서는 내 앞에서 늘 잘 하셨으니 나쁜 소식에 너무 마음 쓰지 않도록 하시오. 내일 아침에 일찍 일어나서 해가 뜨는 대로 떠나도록 하시오'

이다 (11절). 한 세대 이전에 블레셋 사람들은 아벡에 진을 쳤었고, 이스라엘은 최악의 패배를 당했었다 (4:1b-11). **29:3** *히브리 사람들에* 대해서는 13:3에 관한 주석을 보라. **29:4-5** 블레셋 지휘관들은 사울과 다윗 사이에 있는 불화의 원인이 무엇인지는 모르지만, 전쟁 중에 다윗이 이스라엘의 편으로 되돌아 갈 것이라고 주장하고 있다. 이것이 바로 그들이 다윗을 그에게 지정된 곳, 곧 시글락으로 돌려보내려고 하는 이유이다. **29:5** 18:7이 다시 인용된다 (21:11 참조). **29:6** 아기스는 주님의 이름으로 그가 신뢰하는 부하에게 맹세하는데 (28:2; 29:3), 이는 모든 블레셋 사람들이 수치스럽게 생각하는 것이었다. **29:8** 다윗은 *나의 상전이신 임금님의 원수*들—사울에게 사용된 표현으로, 아기스에게는 전혀 사용된 적이 없는 표현이다—과 싸우고자 하지만, 이 말이 의미하는 바는, 다윗이 기회가 주어지면 블레셋 진영을 상대로 반역을 꾀할 수 있다는 것이다. 블레셋과 다윗의 관계에 대해서는 27:8-12에 관한 주석을 보라.

30:1-31 블레셋 군대에서 쫓겨난 다윗은 그럼에도 불구하고 승리를 한다. **30:1-2** 시글락은 아벡에서 남쪽으로 80마일 떨어진 곳이다 (29:1). 다윗은 최근 아말렉 사람들을 침략하였다 (27:8; 15:1-3에 관한 주석을 보라). 이번에는 아말렉 사람들이 다윗이 없는 틈을 타서 다윗의 성읍을 공격하였다. 하지만, 그들은 다윗이 자신들의 민족을 학살한 것처럼 다윗의 백성을 죽이지는 않는다 (27:9). **30:5** 다윗의 두 아내에 대해서는 25:42-43과 25:40-43 에 관한 주석을 보라. **30:6** 따르던 사람들이 그들의 지도자에게 돌을

물도 주어 마시게 하였다. 12 그들은 또 그에게
무화과 뭉치 한 개와 건포도 뭉치 두 개를 주었다.
그는 밤낮 사흘 동안 빵도 먹지 못하고 물도 마시
지 못하였으므로, 이렇게 먹고서야 제정신을 차
렸다. 13 다윗이 그에게 물어 보았다. "너의 주
인은 누구이며, 네가 사는 곳은 어디냐?" 그가 대
답하였다. "저는 이집트 소년으로서, 아말렉 사람
의 노예로 있었습니다. 사흘 전에 제가 병이 들자,
저의 주인이 저를 버리고 갔습니다. 14 우리가
습격한 지역은 그렛 사람의 남부 지역과 유다 지
역과 갈렙 사람의 남부 지역이며, 시글락도 우리
가 불질렀습니다." 15 다윗이 그에게 또 물었다.
"네가 나를 그 습격자들이 있는 곳으로 데려다 주
겠느냐?" 그가 대답하였다. "저를 죽이지 아니하
시고, 저를 주인의 손에 넘기지도 아니하시겠다
고, 하나님의 이름으로 저에게 맹세하시면, 그 습
격자들이 있는 곳으로 모시고 가겠습니다!"
16 그는 다윗을 인도하여 내려갔다.

그 습격자들은 블레셋 족속의 땅과 유다 땅에서
약탈하여 온 그 많은 전리품을 가지고, 사방으로
흩어져서 먹고 마시며, 큰 잔치를 벌이고 있었다.
17 다윗이 새벽부터 그 이튿날 저녁때까지 그들을
치니, 그들 가운데서 낙타를 탄 젊은이 사백 명이
도망친 것 말고는, 한 사람도 살아 남지 못하였다.
18 이리하여 다윗은 아말렉 사람에게 약탈당하
였던 모든 것을 되찾았다. 두 아내도 되찾았다.
19 다윗의 부하들도 잃어버린 것을 모두 찾았다.
다윗은 어린 아이로부터 나이 많은 노인에 이르기
까지, 아들과 딸, 그리고 전리품에서부터 아말렉
사람이 약탈하여 간 모든 것에 이르기까지, 그 모든
것을 되찾았다. 20 다윗은 또 양 떼와 소 떼도
모두 되찾았다. 부하들은 가축을 몰고 다윗보다
앞서서 가면서 "다윗의 전리품이다!" 하고 외쳤다.
21 다윗이 브솔 개울 가까이에 이르니, 전에
다윗을 따라갈 수 없을 만큼 지쳐서 그 곳에 남아
있던 낙오자 이백 명이 나와서, 다윗을 환영하고,
다윗과 함께 오는 군인들도 환영하였다. 다윗도
그 군인들에게 가까이 나아가, 따뜻하게 문안하
였다. 22 그러나 다윗과 함께 출전하였던 군인
들 가운데서 악하고 야비한 사람들은, 거기에 남
아 있던 이들이 못마땅하여, 자기들과 함께 출전
하지 않았던 군인들에게는 되찾은 물건을 하나도
돌려 주지 말고, 다만 각자의 아내와 자식들만 데
리고 가게 하자고 우겼다. 23 그러나 다윗은 그
들을 달랬다. "동지들, 주님께서 우리를 지켜 주
시고, 우리에게 쳐들어온 습격자들을 우리의 손
에 넘겨 주셨소. 주님께서 우리에게 선물로 주신
것을 가지고, 우리가 그렇게 처리해서는 안 되오.
24 또 동지들이 제안한 이 말을 들을 사람은 아
무도 없소. 전쟁에 나갔던 사람의 몫이나, 남아서
물건을 지킨 사람의 몫이나, 똑같아야 하오. 모두
똑같은 몫으로 나누어야 하오." 25 다윗이 이 때
에 이스라엘에서 정한 것이 율례와 규례가 되어,
그 때부터 오늘날까지 지켜지고 있다.

26 시글락으로 돌아온 다윗은 전리품 가운데
서 얼마를 떼어, 그의 친구들 곧 유다의 장로들에
게 보내면서, 그것이 주님의 원수들에게서 약탈
한 전리품 가운데서 떼어내어 선물로 보내는 것이
라고 밝혔다. 27 베델과 라못네겝과 얏딜과
28 아로엘과 십못과 에스드모아와 29 라갈과
여라므엘 사람의 성읍들과 겐 사람의 성읍들과
30 호르마와 고라산과 아닥과 31 헤브론과, 다
윗이 부하들을 거느리고 드나들던 모든 지방에 있
는 사람들에게, 그는 그 선물을 보냈다.

던지는 것에 대하여는 출 17:4의 모세를 참조하라. 이 사태는 다윗이 처음으로 대중으로부터 비난을 받는 경우이다. 다음으로는 삼하 15:10-14. 여기서는 백성들의 아들들과 딸들이 그 이유가 된다. 다음번에는 다윗의 아들들과 딸들이 그 이유가 된다 (삼하 13—15장). 그러나 하나님은 여전히 다윗과 함께 한다. **30:7** *아비아달.* 22:20-23을 보라. *에봇.* 이것에 대해서는 2:18을 보라. **30:8** *주님께 문의하였다.* 이것에 관해서는 10:22를 보라. **30:14** *그렛 사람.* 블레셋 사람들과 친족관계에 있는 사람들일 것이다 (겔 25:16; 삼상 4:1b-11에 관한 주석을 보라). **30:21-31** 짧은 순간 동안 위험에 처해 있었던 다윗은 그의 추종자들에게, 심지어 전쟁에 참여하지 않은 자들에게도, 전리품들을 나누어 주며 그들을 자신에게 결속시킨다. 사무엘상에서 다윗에 대한 마지막 언급은 그 전리품들을 그의 본고장인 유다 지역에게도 보냄으로써 자신의 입지를 강화시키는 다윗을 보여준다. 그 전략은 상당히 효과적이다. 아기스는 다윗이 자신에게 매우 충실한 부하라고 믿을 뿐만 아니라, 사울이 죽을 때에 유다의 백성들은 즉시 다윗을 왕으로 추대한다 (삼하 2:1-4). 다윗이 북쪽 지역의 지파들에게는 선물을 보내지 않았다는 것에 주목하라 (27절의 *베델은* 칠십인역에 따라 *벳술* [*Bethzur*]로 읽혀져야 한다). 사울의 죽음 이후, 백성들은 또 다른 왕을 추종한다 (삼하 2:8-10).

31:1-13 승리한 다윗은 길보아 산에 있지 아니하고, 지치고 (글자 그대로) 정신이 없는 사울이 그 산에 있다; 28:19의 예언이 성취된다. **31:1** *길보아 산.* 이 산은 이스르엘의 수넴 근처에 있다 (28:4; 29:11).

사울과 요나단의 최후 (대상 10:1-14)

31 1 블레셋 사람이 이스라엘에 싸움을 걸
어 왔다. 이스라엘 사람들은 블레셋 사람
앞에서 도망하다가 길보아 산에서 죽임을 당하여
쓰러졌다. 2 블레셋 사람들은 사울과 그의 아들
들을 바싹 추격하여, 사울의 아들 요나단과 아비
나답과 말기수아를 죽였다. 3 싸움이 치열해지
면서, 전세가 사울에게 불리해졌다. 활을 쏘는 군
인들이 사울을 알아보고 활을 쏘자, 그가 화살을
맞고 중상을 입었다. 4 사울이 자기의 무기 담당
병사에게 명령하였다. "네 칼을 뽑아서 나를 찔러
라. 저 할례받지 못한 이방인들이 와서 나를 찌르
고 능욕하지 못하도록 하여라." 그러나 그 무기 담
당 병사는 너무 겁이 나서, 찌르려고 하지 않았다.
그러자 사울은 자기의 칼을 뽑아서, 그 위에 엎어
졌다. 5 그 무기 담당 병사는 사울이 죽는 것을
보고, 자기도 자기의 칼을 뽑아 그 위에 엎어져서,
사울과 함께 죽었다.
6 사울과 그의 세 아들과 사울의 무기 담당
병사가 이렇게 죽었다. 사울의 부하도 그 날 다 함
께 죽었다. 7 골짜기 건너편과 요단 강 건너편에
살던 이스라엘 사람들은, 이스라엘 군인들이 도
망친 것과 사울과 그의 아들들이 죽은 것을 보고,
살던 성읍들을 버리고 도망쳤다. 그래서 블레셋
사람이 여러 성읍으로 들어와서 거기에서 살았다.
8 그 이튿날, 블레셋 사람이 죽은 사람들의
옷을 벗기러 왔다가, 사울과 그의 세 아들이 길보
아 산에 쓰러져 있는 것을 발견하였다. 9 그들은
사울의 목을 자르고, 그의 갑옷을 벗긴 다음에, 블
레셋 땅 사방으로 전령들을 보내어, 자기들이 섬
기는 우상들의 신전과 백성에게 승리의 소식을 전

도망치는 이스라엘 군대는 일반적으로 많은 승리를 이끌어 낸 산지로 향하지만 (14:1-23; 17:1-52처럼), 도망칠 수 없는 형국에 몰린다. **31:2** 아비나답은 14:49에 나타난 사울의 아들들 이름에 나타나지 않는다. 사울의 아들 이스바알 (또한 이스보셋과 리스위로 알려져 있다; 14:49-51에 관한 주석을 보라)은 그 전쟁에서 살아 남는다 (삼하 2:8). 그는 아마도 너무 어려서 전쟁에 참여할 수 없었던 듯하다. 갈등으로 점철된 왕가에서, 요나단만이 어떻게 해서든 그의 친구와 그의 아버지에게 충실하려고 하였으며, 결코 서로가 서로에게 배신하지 않는다. 그는 다윗이 하나님께서 선택하신 다음 왕임을 믿었지만 (23:16-18), 사울의 곁에서 죽고 만다. **31:4-6** 사울은 그 결말을 알고 있음에도 불구하고 전쟁터에 나선다. 상처를 입었을 때, 아마도 치명적인 상처인 듯한데, 그는 사로잡히지 않으려고 한다. 블레셋 사람들은 삼손을 마침내 사로잡아 앞을 못 보게 만들고 조롱하였다 (삿 16:21, 25). 사울의 무기 담당 병사는 사울이 하나님의 기름부음을 받은 왕이기 때문에 (9:15-16; 24:6; 26:9에 관한 주석을 보라) 혹은 그가 그의 주인을 지극히 사랑하기 때문에, 그리고 그에게 해를 끼치는 일을 할 수가 없기 때문에, 사울의 고통을 덜어주기 위하여 그의 목숨을 끊으려 하지 않는다. 사울의 죽음에 대한 그의 반응은 아마도 두 번째 이유를 지시하고 있는 것 같다. **31:7** *골짜기 건너편…사람들.* 이들은 이스르엘의 북쪽에 있었을 것이다. 그들의 도주는 그들이 어느 정도로 사울을 신뢰하고 있었는지를 보여주고, 사울이 죽게 되자 그들이 얼마나 희망이 없다고 생각했는지를 보여준다.

31:8-10 사울을 생포하는데 실패한 블레셋 사람들은 그의 시체를 훼손한다. *벳산.* 이스르엘 골짜기 동편에 있는 성곽이었다. **31:11-13** 사울이 왕으로서 달성했던 첫 번째 군사적 행동에 의해 구출된 *길르앗 야베스의 주민*들은 (10:27- 11:13) 이제 엄청난 위험을 무릅쓰고 블레셋 영토로 잠입하여 사울과 그의 아들의

추가 설명: 자살

사울과 그의 무기 담당 병사는 성경에 나타난 여섯 명의 자살자 가운데 두 명이다 (나머지 네 명은 삿 16:28-30의 삼손, 삼하 17:23의 아히도벨, 왕상 16:18의 시므리, 마 27:5의 유다이다). 무기 담당 병사(그에 대해서 알려진 것이 아무 것도 없다)의 경우를 제외하고, 성경은 이 사람들을 여러 모양으로 실패한 사람들로 그린다. 이러한 판단은 그들의 삶에 근거해서 내려진 것이지, 그들이 어떻게 죽었는가에 근거한 것은 아니다. 성경은 이렇게 죽은 사람들이 지옥에 갔다고 말하지도 않는다. 그리고 예수님의 경우를 제외하고 (막 16:19-20; 눅 24:50-53; 요 20:17; 행 1:1-11; 벧전 3:18-20), 예수님의 가르침(마 25:36-46; 눅 16:19-31)과 요한계시록(6:9-11; 14:9-11; 20:4-6, 14-15)에 나타난 말씀 이외에 그 어느 누구에 대한 죽음 이후의 운명을 묘사하지 않는다. 자살을 모든 죄 중에 가장 큰 죄로 생각하여 하나님의 은혜로도 용서받을 수 없는 것으로 생각하는 것은 성경의 증언이 아니다.

하였다. 10 그런 다음에 그들은, 사울의 갑옷을 아스다롯의 신전에 보관하고, 사울의 주검은 벳산 성벽에 매달아 두었다.
11 길르앗 야베스의 주민들은 블레셋 사람들이 사울에게 한 일을 전해들었다. 12 그래서 그들의 용사들이 모두 나서서, 밤새도록 걸어 벳산까지 가서, 사울의 주검과 그 아들들의 시체를 성벽에서 내려 가지고 야베스로 돌아와, 그 주검을 모두 거기에서 화장하고, 13 그들의 뼈를 거두어다가 야베스에 있는 에셀 나무 아래에 묻고, 이레 동안 금식하였다.

시신을 수습한다. 삿 21:8-12에서, 그들의 영토는 황폐하게 되었으며, 그 지역의 처녀들은 사울 지파 남성들을 위해 납치되었다. 여기에서 베냐민 지파에 대한 그들의 강한 충성심은 사울이 과거의 그런 끔찍한 사건으로부터 남은 모든 앙금을 제거했다는 것을 가리킨다. 시신을 화장하는 것은 생소한 현상이다. 왜냐하면 화장은 수치스럽고 불명예스러운 행동으로 간주되기 때문이다 (왕상 13:2; 왕하 23:16; 암 2:1). 그럼에도 불구하고 길르앗 야베스 주민들은 사울을 영광스럽게 하기 위해 그 행동을 한다. *에셀 나무* 아래에 묻는 것은 사울이 그의 진영을 에셀나무 아래에 설치했다는 것을 상기시켜 준다 (22:6). 후에, 다윗은 사울과 요나단의 뼈를 추스려 가족묘에 합장시킨다 (삼하 21:12-14). 이것은 그들의 시신이 완전히 화장되지 않았음을 의미한다. 사울의 종들의 행동은 사울이 그가 죽기까지 그들의 왕이었다는 것을 상기시켜 주며, 왕으로서의 사울은 실패했을지언정 자신은 그의 종들에게 상당한 충성심을 명했다는 것을 반영해 준다.

사무엘기하

사무엘상의 두 가지 기본주제가 사무엘하로 이어진다. 하나는 훌륭한 정치체제를 위한 공적인 주제이고 또한 그 정치체제를 수립하는 데 따라오는 어려움이고, 다른 하나는 사람과 사람 사이의 복잡한 관계와 하나님과 사람과의 복잡한 관계라는 개인적인 주제이다. 사무엘하는 이러한 주제들 사이의 관계성을 살펴보고 있다. 공적인 인물이 가지고 있는 개인관계가 국가에 어떠한 영향을 미치는가? 사무엘하는 사무엘상처럼 왕국을 수립하는 것에 치중하는 것보다는 통치의 문제에 더 치중한다. 사무엘상은 사울의 죽음으로 끝을 맺는다. 사무엘하는 사울의 죽음을 전해 듣는 다윗으로부터 시작하는데, 다윗은 전쟁이 진행되는 동안에 블레셋 영토 안에 머물고 있었다. 사울은 왕권 자체에 많이 집착되어 있었지만, 다윗은 자신이 적격이라고 판단되는 남성들과 여성들을 등용시킬 정도로 왕권을 자유롭게 사용한 사람이었다.

사무엘상하 전반에 걸쳐서, 하나님은 사람에게 조언하고 영감을 주며, 그들의 행동을 심판하신다. 사무엘상에서, 하나님은 아직 필요한 만큼 자격을 갖추지 못한 사울을 선택하기도 하시고 그를 버리기도 하신다. 사무엘하에서, 하나님은 다윗을 기뻐하시지만 (7:1-29), 이 관계는 다윗 자신이 행한 일로 인해 변화되기도 한다 (11:1-27). 사무엘하는 많은 전쟁에 관하여 기록하고 있지만, 그 전쟁들보다는 오히려 개인의 폭력에 더 많은 주의를 기울이고 있다: 일곱 명의 살인사건 (3:26-30; 4:5-7; 11:14-17; 13:28-29; 18:14-15; 20:9-10, 16-22), 10명의 처형 (1:14-16; 4:9-12에서 두 명; 21:8-9에서 일곱 명), 두 명의 갑작스런 죽음 (2:18-23; 6:6-7), 열두 번의 성폭행 (11:2-5; 13:7-14; 16:20-23에서 열 번), 그리고 자살 (17:23). 사무엘상처럼, 가족간의 관계가 복잡하다 (다윗과 그의 아내 미갈; 그의 자녀들인 암몬, 다말, 그리고 압살롬과 그들 사이의 관계; 다윗의 조카 요압; 그리고 그의 죽은 친구의 아들, 므비보셋). 더욱이 요압, 아브넬, 밧세바, 우리야와 다윗과의 관계, 그리고 압살롬과 아히도벨과의 관계는 전체 윤곽을 복잡하게 만든다. 이러한 모든 가족과 개인관계는 국가적 차원에 영향을 끼친다. 궁극적으로 이스라엘에 미치는 결과는 연루되어 있는 개인들에게 끼치는 영향만큼이나 부정적이다.

몇 가지 자료들을 추가로 연구함으로써 (사무엘상 서론을 보라), 학자들은 사무엘상하에서 두 가지 주제가 더 언급되어야 할 필요성을 발견하였다. 첫 번째는 종종 왕실 역사 혹은 계승 이야기 (삼하 9—20장과 왕상 1—2장에서 발견) 라고 부르는 주제이다. 왕실 역사는 아마도 이 자료가 사무엘상하에서 발견되는 초기 자료들보다 더 자세한 설명을 제공하여 주기 때문에 선호되는 명칭인 것 같다. 이 자료는 동시대에, 아마도 다윗 왕가에 속한 사람에 의해 작성된 것 같다. 다윗의 후계자로 누가 왕이 될 것인가 라는 질문이 왕상 1—2장에서 매우 중요하게 다루어지지만, 이 이슈는 왕실 역사 훨씬 이전에 제기되고 있으며 (삼하 6:20-23), 사실상 다윗의 왕좌를 인계받는 아들은 사무엘하 전체에 걸쳐서 오직 두 번만 언급된다 (삼하 5:14와 12:24-25. 이 두 부분은 솔로몬의 출생을 기록하고 있다). 다윗과 다른 사람들이 왕이 될 그의 아들에게 거는 기대는 이 부분에서 하나의 요인으로 작용하지만, 관심은 누가 다윗이 죽은 이후에 왕이 될 것인가에 쏠려있다기보다는 다윗이 죽기까지 계속해서 왕으로 남아있을 수 있는가에 더욱 집중되어 있다. 다윗의 가족이 안고 있는 갈등관계는 그가 통치하는 국가에 영향을 미친다. 삼하 9—20장은 지금까지 하나님이 기뻐하고 승리를 획득하는 다윗의 모습과는 정반대의 모습을 보여준다. 오히려 삼하 9—20장에서는 다윗이 사생활에서 그리 성공하지 못하다는 사실을 보여준다. 다윗이 그의 가족과 동료들과의 관계 속에서 만들어낸 잘못들은 국가에 문제를 일으킨다.

사무엘하에서 발견되는 두 번째 독립된 부분은 21—24장에 나타난 부록 부분이다. 이 장들은 다윗의 통치와 관련하여 초기 자료에는 포함되어 있지 않은 온갖 종류의 자료들이다. 이 이야기들과 목록들은 일부 초기 사건들을 조명해 주는 정보를 제공하여 준다. 또한 이 자료들은 다윗이 지은 두 편의 노래를 제공하여 주는데, 이는 어떻게 다윗이 자신의 삶을 이해했으며, 하나님과 자신의 관계를 어떻게 이해했었는지에 대한 관점을 제공해 준다.

공통점이 전혀 없는 자료들이 언제 어디서 시작되고 누가 기록했든지 간에, 이 이야기들은 신중하게 이야기의 형태로 정돈해서 복잡하고 알기 어려운 한 남자를 잘 묘사하여 주고 있다. 다윗에게는 왕으로서, 남편으로서, 그리고 아버지로서, 엄청난 성공의 가능성이 있으며, 동시에 끔찍한 실패로 향할 가능성도 있다. 그에게는 이러한 가능성들이 모두 실현된다. 그는 하나님의 충실한 종이지만, 그의 죄는 반역과 재앙으로 이어진다. 사랑의 아버지이지만, 성폭행을 당한 그의 딸을 복수하기 위해 한 것은 아무것도 없다. 그리고 강력한 왕이지만, 그의 아들들이 그에게 대항하여 반란을 꾀한다. 구약성경에서 다방면에 걸쳐 풍만하게 묘사된 다윗은 인간이 할 수 있는 모든 영광과 동시에 비극적인 모습을 보여준다.

이 책의 내용은 다음과 같다. 성경본문에 따라 세밀히 조사할 필요가 있는 주석은 이 개요를 따를 것이며, 명확성을 기하기 위하여 더 보충해서 상세하게 설명될 것이다.

I. 사울의 왕국을 다스리기 위한 노력, 1:1—5:5
- A. 사울의 죽음을 알게 된 다윗, 1:1-16
- B. 사울과 요나단을 애도하는 다윗의 애가, 1:17-27
- C. 유다의 왕으로 기름부음을 받는 다윗, 2:1-11
- D. 두 개의 왕가, 2:12—5:5

II. 다윗의 국가적 성공, 5:6—10:19
- A. 여부스 사람들과 블레셋 사람들을 무찌르는 다윗, 5:6-25
- B. 언약궤를 예루살렘으로 가져오는 다윗, 6:1-23
- C. 다윗 왕가가 영원히 다스린다는 하나님의 약속을 전하는 나단, 7:1-29
- D. 모압, 아람, 그리고 에돔을 무찌르는 다윗, 8:1-18
- E. 요나단의 아들을 돌보는 다윗, 9:1-13
- F. 암몬과 아람을 무찌르는 다윗, 10:1-19

III. 다윗의 개인적 실패, 11:1—20:26
- A. 다윗과 우리야 가족, 11:1-27a
- B. 심판하시겠다는 하나님의 약속을 전하는 나단, 11:27b—12:31
- C. 다윗과 자신의 가족, 13:1—14:33
- D. 첫 번째 반란: 압살롬, 15:1—19:43
- E. 두 번째 반란: 세바, 20:1-26

IV. 결론: 다윗과 이스라엘, 21:1—24:25
- A. 사울의 죄로 인해 대가를 지불하는 이스라엘, 21:1-14
- B. 거인을 죽이는 다윗의 전사들, 21:15-22
- C. 자신의 삶을 되돌아보는 다윗, 22:1-51
- D. 다윗의 마지막 말, 23:1-7
- E. 다윗의 위대한 전사들 명단, 23:8-39
- F. 다윗의 죄로 인해 대가를 지불하는 이스라엘, 24:1-25

캐롤 그리저드 (Carol Grizzard)

사울이 죽었다는 소식을 다윗이 듣다

1 1 사울이 죽은 뒤에, 다윗이 아말렉을 치고,
시글락으로 돌아와서 이틀을 지냈다. 2 사흘
째 되던 날, 한 젊은 사람이 사울의 진에서 왔다.
그는 옷을 찢고, 머리에 흙을 뒤집어 써서, 애도의
표시를 하고 있었다. 그가 다윗에게 와서, 땅에 엎
드려서 절을 하니, 3 다윗이 그에게 물었다. "너는
어디에서 왔느냐?" 그가 다윗에게 대답하였다.
"저는 이스라엘 진에서 가까스로 살아서 빠져 나
왔습니다." 4 다윗이 그에게 다시 물었다. "무슨
일이 일어났는지, 어서 나에게 알려라." 그가 대
답하였다. "우리의 군인들이 싸움터에서 달아나
기도 하였고, 또 그 군인들 가운데는 쓰러져 죽은
사람도 많습니다. 사울 임금님과 요나단 왕자께
서도 전사하셨습니다." 5 다윗이 자기에게 소식을
전하는 그 젊은이에게 다그쳐 물었다. "사울 임금
님과 요나단 왕자께서 전사한 줄을 네가 어떻게
알았느냐?" 6 다윗에게 소식을 전하는 젊은이가
설명하였다. "제가 우연히 길보아 산에 올라갔다가,
사울 임금님이 창으로 몸을 버티고 서 계신 것을
보았습니다. 그 때에 적의 병거와 기병대가 그에
게 바짝 다가오고 있었습니다. 7 사울 임금님이
뒤로 고개를 돌리시다가, 저를 보시고서, 저를 부르
셨습니다. 그래서 제가, 왜 그러시느냐고 여쭈었
더니, 8 저더러 누구냐고 물으셨습니다. 아말렉
사람이라고 말씀드렸더니, 9 사울 임금님이
저더러 '어서 나를 죽여 다오. 아직 목숨이 붙어
있기는 하나, 괴로워서 견딜 수가 없다' 하고 말씀
하셨습니다. 10 제가 보기에도, 일어나서 사실
것 같지 않아서, 다가가서 명령하신 대로 하였습
니다. 그런 다음에, 저는 머리에 쓰고 계신 왕관을
벗기고, 팔에 끼고 계신 팔찌를 빼어서, 이렇게
가져 왔습니다."

11 그러자 다윗이 슬픔을 억누르지 못하여,
자기의 옷을 잡아 찢었고, 그와 같이 있던 사람들도
모두 그렇게 하였다. 12 그리고 그들은, 사울과
그의 아들 요나단과 주님의 백성 이스라엘 가문이
칼에 맞아 쓰러진 것을 슬퍼하면서, 해가 질 때까지
울며 금식하였다. 13 다윗이 자기에게 소식을
전하여 준 젊은이에게 "너는 어디 사람이냐?" 하
고 물으니, "저는 이스라엘 땅에 거주하는 아말렉
사람, 곧 외국인의 아들입니다" 하고 그가 대답
하였다. 14 다윗이 그에게 호통을 쳤다. "네가
어떻게 감히 겁도 없이 손을 들어서, 주님께서
기름을 부어서 세우신 분을 살해하였느냐?"
15 그리고 다윗이 부하 가운데서 한 사람을 불러
서 "가까이 가서, 그를 쳐죽여라" 하고 명령하였
다. 명령을 받은 그 사람이 그를 칼로 치니, 그가
죽었다. 16 그 때에 다윗이 죽어 가는 그를 두
고, 이렇게 말하였다. "네가 죽는 것은 너의 탓
이다. 네가 너의 입으로 '주님께서 기름을 부어서
세우신 분을 제가 죽였습니다' 하고 너의 죄를
시인하였다."

1:1—5:5 이 부분에서, 왕국은 사울의 죽음 직후에 벌어진 혼란상황을 다루고 있다.

1:1-16 첫 번째 이야기는 이 책에 가득하게 들어있는 정치적인 음모의 분위기로 시작하고 있다. 등장인물들이 발언하는 진술들은 항상 액면 그대로 받아들일 수 없으며, 동기 역시 자주 감추어져 있다 (1:1-10; 3:22-39; 9:1-13; 11:6-25; 13:6, 23-28; 15:7-8; 16:1-4, 18; 17:5-13; 19:24-30; 20:9-10). 다윗은 길보아 산 전투에 참전하지를 못했는데, 그 이유는 블레셋의 군사 지휘관 대부분이 그를 불신해서 집으로 돌려보냈기 때문이다 (삼상 29:1-11). 사울과 다윗 간의 갈등관계에도 불구하고 (삼상 18—26장), 다윗은 사울의 죽음을 슬퍼한다. **1:1** *사울이 죽은 뒤에.* 삿 1:1(모세)과 수 1:1(여호수아)을 참조하라. *모세가 죽은 뒤에.* 삿 1:1을 보라. *여호수아가 죽은 뒤에.* 사무엘하는 은연중에 사울을 이들과 비슷한 영웅적 인물로 묘사하여 준다. *아말렉을 치고.* 삼상 15:1-3에 관한 주석을 보라. 다윗과 그의 부하들은 아말렉 사람들에게 탈취된 물건들을 막 되찾았기 때문에, 그들은 아말렉 전령의 말을 기꺼이 받아들이지 않는다 (8절). 그 아말렉 전령 역시 도둑이었지만 (10절), 그들은 그 사실을 깨닫지 못한다. *시글락.* 이 곳에 대해서는 삼상 27:5-6을 보라. **1:2** 길보아 산에서 도주한 한 젊은 사람은 애도의 표시를 하며 등장한다 (삼상 4:12를 참조). **1:4** 요나단과 더불어, 사울의 다른 아들들인 아비나답과 말기수아도 죽지만 (삼상 31:2), 그들은 여기에서는 언급되지 않는다. **1:5-10** 그 젊은 남자는 삼상 31:3-4에 묘사된 것과는 다른 이야기를 전한다. 아마도 그는 사울을 죽인 것과 다윗에게 그 왕의 소유물을 가져다 준 것에 대해 다윗이 보상해 줄 것이라 생각하였던 듯하다. 사울이 자살했다는 사실에 대하여 다윗이 알고 있었다고 생각할 수 있는 이유가 아무 것도 없다. **1:11-12** *주님의 백성 이스라엘 가문이.* 사울의 죽음으로 두려움에 사로잡히기 시작한다. 블레셋 사람들은 그 어느 때보다 더 강해지고 있으며, 누가 온 이스라엘을 다스리게 될지 분명하지 않다. 사울의 장남이며 차기 상속자로 예상되었던 요나단은 아들 므비보셋을 남겨두었으며 (4:4-5; 9:1-13), 사울의 아들 세 명도 살아남아 있었다 (2:8; 21:8). 그러나 다윗은 그들 누구보다도 인기가 있었으며, 권력은 이스라엘 내에서 일반적으로 계승되지

다윗이 사울과 요나단을 두고 지은 조가

17 다윗이 사울과 그의 아들 요나단의 죽음을 슬퍼하여, 조가를 지어서 부르고, 18 그것을 '활 노래'라 하여, 유다 사람들에게 가르치라고 명령하였다. '야살의 책'에 기록되어 있는 그 조가는 다음과 같다.

19 이스라엘아,
ㄱ)우리의 지도자들이 산 위에서 죽었다.
가장 용감한 우리의 군인들이
언덕에서 쓰러졌다.
20 이 소식이
가드에 전해지지 않게 하여라.
이 소식이
아스글론의 모든 거리에도
전해지지 않게 하여라.
블레셋 사람의 딸들이
듣고서 기뻐할라.
저 할례받지 못한 자들의 딸들이
환호성을 올릴라.

21 길보아의 산들아,
너희 위에는 이제부터
이슬이 내리지 아니하고,
비도 내리지 아니할 것이다.
밭에서는 제물에 쓸 곡식도
거둘 수 없을 것이다.
길보아의 산에서,
용사들의 방패가 치욕을 당하였고,
사울의 방패가
녹슨 채로 버려졌기 때문이다.
22 원수들을 치고 적들을 무찌를 때에,
요나단의 활이 빗나간 일이 없고,
사울의 칼이 허공을 친 적이 없다.

23 사울과 요나단은 살아 있을 때에도
그렇게 서로 사랑하며 다정하더니,
죽을 때에도
서로 떨어지지 않았구나!
독수리보다도 더 재빠르고,
사자보다도 더 힘이 세더니!
24 이스라엘의 딸들아,
너희에게
울긋불긋 화려한 옷을 입혀 주고,
너희의 옷에 금장식을 달아 주던,
사울을 애도하며 울어라!

ㄱ) 히, '너의 영광이 산 위에 누워 있다'

않았다 (삼상 8:1-3). **1:13-16** 다윗은 계속해서 사울에게 해를 입히지 않으려 했으며, 그의 부하들이 그렇게 하도록 내버려두지도 않았다. 그 이유는 사울이 *주께서 기름 부어 세우신* 왕이기 때문이다 (삼상 9:16; 26:9를 보라). 따라서 다윗은 그 아말렉 젊은이를 처벌하는데, 그 사람은 외국인으로서 율법을 지켜야 할 책임이 있었기 때문이다 (레 24:22). 그의 경우가 열 번의 처형가운데 첫 번째 것이다 (1:1-16; 4:1-2에 관한 주석을 보라; 또한 삼상 21:4-9를 보라).

1:17-27 다윗은 종종 음악으로 그의 삶의 경험을 노래한다 (71개의 시편은 시편의 표제에서 그를 언급하고 있으며, 그들 가운데 13개는 다윗의 삶과 연관되어 있는 사건들을 다룬다: 3; 7; 18; 34; 51; 52; 54; 56; 57; 59; 60; 63; 142; 18편은 삼하 22장에서도 발견된다). 이 애가는 그 전통에 속해 있다. **1:17** *유다 사람*들. 다윗이 이스라엘과 유다의 왕이 되는 데는 칠 년 이상이 걸린다 (5:5). 비록 사울의 세 아들이 사울과 함께 죽게 되지만, 다윗의 절친한 친구였던 요나단만이 이 곳에서 언급된다. **1:18** 활의 노래. 히브리 성경에는 "노래"가 생략되어 있다. 활은 요나단의 주요 무기였다 (삼상 20:20, 35-40을 보라). 다윗은 그의 애가를 개인뿐만 아니라 국가가 표현하는 슬픔으로 간주한다. 야살의 책 ("정직한 자의 책")은 수 10:13에서 언급된 상실된 선집이다. **1:19-20** *가장 용감한 우리의 군인들이 언덕에서 쓰러졌다* (25절, 27절을 보라). 이것은 사울과 요나단을 두고 한 말이지만, 11—20장에 묘사된 다윗의 고난에 대한 전조로 해석될 수도 있다. *가드와 아스글론.* 이것들은 블레셋의 주요 성곽들이다 (삼상 4:1b-11에 관한 주석을 보라). 다윗은 이스라엘 여인들이 블레셋의 패배를 축하하는 것처럼 *블레셋 사람의 딸들이* 이스라엘에게 닥친 이와 같은 상실을 경축하지 않기를 바라고 있다 (삼상 18:6-7을 참조; 이스라엘 여인들의 경축 소리는 21:11에서 블레셋 사람들에 의해 인용되고 있다). *할례받지 못한.* 이것에 대해서는 삼상 14:6에 관한 주석을 보라. **1:21** *길보아.* 이 곳은 사울이 마지막으로 싸운 장소이다 (삼상 31장). *녹슨 채로 (더 이상 기름을 바르지 않은).* 이것은 제사적 의미가 아니라 (삼상 9:16 참조), 전쟁 수행을 위해 행해지는 정기적 검열을 가리키는 것이다 (사 21:5를 참조). 사울의 군사적 무용담이 애곡되고 있다. **1:22** 요나단의 활에 대해서는 삼상 20:20, 35-40을 보라. 사울의 칼에 대해서는 삼상 17:38-39; 31:4를 보라, 삼상 11:5-7 참조. **1:23** *살아있을 때에도… 죽을 때에도 서로 떨어지지 않았구나!* 이 말은, 그들의 갈등관계를 생각해 보면, 특별히 주목할 만한 가치가 있다 (삼상 14:24-27, 43-44; 20:30-34를 보라). 이와 비슷한 말은 결코 다윗과 압살롬을 위해서 표현되지 않는다 (삼상 15—18장). **1:24** 사울은 전쟁의 전리품을 그의 백성들에게

25 아, 용사들이
전쟁에서 쓰러져 죽었구나!
요나단,
어쩌다가 산 위에서 죽어 있는가?
26 나의 형 요나단,
형 생각에 나의 마음이 아프오.
형이 나를 그렇게도 아껴 주더니,
나를 끔찍이 아껴 주던 형의 사랑은
여인의 사랑보다도
더 진한 것이었소.

27 어쩌다가 두 용사가 엎드러졌으며,
무기들이 버려져서,
쓸모 없이 되었는가?

다윗이 유다의 왕이 되다

2 1 이런 일이 일어난 뒤에, 다윗이 주님께
"제가 유다에 있는 성읍으로 올라가도 됩니
까?" 하고 여쭈었다. 주님께서 그에게 올라가라고
하셨다. 다윗이 다시 여쭈었다. "어느 성읍으로
올라가야 합니까?" 주님께서 헤브론으로 올라가
라고 알려 주셨다. 2 그리하여 다윗이 그 곳으로
올라갔고, 그의 두 아내 이스르엘 여인 아히노암
과, 갈멜 사람 나발의 아내였던 아비가일도 함께
올라갔다. 3 다윗은 자기의 부하들과 그들의 온
가족을 데리고 함께 올라가서, 헤브론의 여러 성
읍에서 살도록 하였다. 4 유다 사람들이 찾아와
서, 그 곳에서 다윗에게 기름을 부어서, 유다 사
람의 왕으로 삼았다.

사울을 장사지낸 사람들이 길르앗의 야베스
사람들이라는 소식이 다윗에게 전해지니, 5 다윗
이 길르앗의 야베스 주민에게 사절을 보내어서,
그들에게 이와 같이 전하였다. "야베스 주민 여러
분이 사울 왕의 장례를 잘 치러서, 왕에게 의리를
지켰으니, 주님께서 여러분에게 복을 주시기 바
랍니다. 6 여러분이 그러한 일을 하였으니, 이제는
주님께서 여러분을 친절과 성실로 대하여 주시기
를 바랍니다. 나도 여러분을 잘 대접하겠습니다.
7 비록 여러분의 왕 사울 임금님은 세상을 떠나
셨으나, 유다 사람이 나에게 기름을 부어서 왕으로
삼았으니, 여러분은 이제 낙심하지 말고, 용기를
내기를 바랍니다."

이스보셋이 이스라엘의 왕이 되다

8 넬의 아들 아브넬은 사울의 군대 사령관인
데, 그가 사울의 아들 이스보셋을 데리고, 마하나
임으로 건너갔다. 9 거기에서 그는 이스보셋을
왕으로 삼아서, 길르앗과 아술과 이스르엘과 에브

나누어 주었다. **1:25b-26** 이 시점에서 다윗은 짧게 요나단과 맺었던 개인관계에 대해서 말한다. *요나단, 어쩌다가 산 위에서 죽어 있는가?* 19절에서 "이스라엘아" [네 영광]이 요나단을 평행해서 묘사하는 것이다. 새번역개정에서는 "이스라엘아"로만 번역했지만, 개역개정과 공동번역과 NRSV는 "이스라엘아 네 영광이"로 번역했다. *나를 끔찍이 아껴 주던 형의 사랑.* 자신의 이득을 모조리 버리고 다윗에게 신실하였던 요나단을 가리킨다 (23:16-18; 삼상 20:33에 관한 주석을 보라).

2:1-11 다윗에게 기름 붓는 의식은 매우 신속하면서도 간략하게 진행된다. 다윗은 유다 베들레헴 출신으로 (삼상 16장), 블레셋 영토 내에 머무르는 동안 그는 유다를 보호하였으며 또한 전리품 가운데 일부를 그들에게 보내었다 (삼상 27:8-12; 삼상 30:26-31에 관한 주석을 보라). 유다에 대한 다윗의 통치권 주장에 대하여 블레셋은 아무런 부정적인 대응을 하지 않는다. 다윗을 충성스러운 부하로 생각하고 있는 아기스는 아마도 다윗의 통치가 그들에게 유익한 것으로 생각한 것 같다 (삼상 29:6-10). **2:1** *다윗이 주님께…여쭈었다.* 삼상 10:22에 관한 주석을 보라; 삼상 23:2; 30:8을 참조하라. **2:2-3** *헤브론* 유다의 과거의 수도로, 삼상 30:31에서는 다윗이 전리품을 보낸 지역으로 언급되어 있다. *아히노암과 아비가일.* 이 두 사람 모두는 유다와 관계가 있다 (삼상 25:40-43에 관한 주석을 보라). **2:4a** 사무엘은 하나님의 명령으로 다윗에게 기름을 부었다 (삼상 10:1). 여기서 유다 사람들은 다윗의 지위를 공공연하게 받아들인다. **2:4b-7** *길르앗 야베스 사람들.* 삼상 31:1-13을 보라. 이스라엘의 첫 번째 왕에 대하여 충성을 다한 사람들을 칭찬함과 함께, 다윗은 사울의 죽음으로 인해 분명히 유익을 받을 사람이지만 결코 그의 죽음을 바라지 않았다는 것을 분명히 한다 (1:14-16을 참조). **2:8** 사울의 사촌인 *아브넬과* 사울의 아들 *이스보셋*("주님의 사람")에 대해서는 삼상 14:49-51에 관한 주석을 보라. 다윗과 아브넬 관계에 대해서는 삼상 18:5; 20:24-26; 26:13-17에 관한 주석을 보라. (NRSV는 히브리어의 이스보셋을 이스바알이라고 번역했는데, 이스바알은 희랍어 이름이며, "수치의 사람"을 뜻한다. 의심할 여지없이 그것은 언어기법을 사용한 것이다. "바알"은 "주"라는 뜻과 함께 가나안의 신의 이름 모두를 지시하는 흔한 명사이다. 후자의 의미에서, 그 이름은 이스라엘 사람들에게는 수치스러운 이름이 되었다.) *보셋*은 종종 이름으로 쓰일 때 *바알* 대용으로 사용되었다 (4:4 므비보셋/므비바알 참조). *마하나임.* 아브넬은 요르단에 있는 도시 마하나임을 수도로

라임과 베냐민과 온 이스라엘을 다스리게 하였다.
10 사울의 아들 이스보셋은, 이스라엘의 왕이 될
때에 마흔 살이었다. 그는 두 해 동안 다스렸다.
유다 족속은 다윗을 따랐는데, 11 다윗이 유다
족속의 왕으로 헤브론에서 다스린 기간은 일곱 해
여섯 달이다.

이스라엘과 유다의 전쟁

12 어느 날, 넬의 아들 아브넬이 사울의 아들
이스보셋의 부하들을 거느리고, 마하나임을 떠나
기브온으로 갔다. 13 스루야의 아들 요압도 다
윗의 부하들을 거느리고 나서서, 두 장군이 기브온
연못을 사이에 두고, 서로 맞붙게 되었다. 한 편은
연못의 이쪽에, 또 한 편은 연못의 저쪽에 진을
쳤다. 14 그 때에 아브넬이 요압에게 이런 제안을
하였다. "젊은이들을 내세워서, 우리 앞에서 겨루
게 합시다." 요압도 그렇게 하자고 찬성하였다.
15 젊은이들이 일어나서, 일정한 수대로 나아갔
는데, 사울의 아들 이스보셋 쪽에서는 베냐민 사람
열두 명이 나왔고, 다윗의 부하들 가운데서도 열
두 명이 나왔다. 16 그들은 서로 상대편 사람의
머리카락을 거머쥐고, 똑같이 상대편 사람의 옆
구리를 칼로 찔러서, 모두 함께 쓰러져 죽었다. 그
래서 기브온에 있는 그 곳을 헬갓핫수림, 곧 '칼의
벌판'이라고 부른다. 17 그 날에 싸움은 가장 치
열하게 번져 나갔고, 결국 아브넬이 거느린 이스
라엘 군대가 다윗의 군대에게 졌다.

18 마침 그 곳에는, 스루야의 세 아들 요압과
아비새와 아사헬이 있었는데, 아사헬은 들에 사는
노루처럼 달음박질을 잘 하였다. 19 아사헬이
아브넬을 뒤쫓기 시작하여, 오른쪽으로나 왼쪽으로
빗나가지 아니하고, 아브넬만을 바싹 뒤쫓았다.
20 아브넬이 뒤를 돌아보면서 "아사헬, 바로 너
였구나!" 하고 말하니, 아사헬이 "그래, 바로 나
다!" 하고 말하였다. 21 그러자 아브넬이 그를
타일렀다. "나를 그만 뒤쫓고, 돌아서서 가거라.
여기 나의 좌우에 있는 젊은이나 한 사람 붙잡아서,
그의 군복을 벗겨 가지고 가거라." 그러나 아사헬
은 그가 뒤쫓던 길에서 물러가려고 하지 않았다.
22 아브넬이 다시 한 번 아사헬을 타일렀다. "너
는 나를 그만 뒤쫓고, 물러가거라. 내가 너를 쳐
죽여서, 너를 땅바닥에 쓰러뜨려야 할 까닭이 없
지 않느냐? 내가 너를 죽이고, 어떻게 너의 형 요
압을 보겠느냐?" 23 그런데도 아사헬이 물러가
기를 거절하니, 아브넬이 창 끝으로 아사헬의 배를
찔렀다. 창이 그의 등을 뚫고 나왔으며, 그는 그
자리에서 쓰러져 죽었다. 아사헬을 따르던 사람
들이, 그가 쓰러진 곳에 이르러서, 모두 멈추어
섰다.

24 그러나 나머지 두 형제 요압과 아비새는
아브넬을 계속 뒤쫓았다. 그들이 기브온 광야로
들어가는 길 가의 기아 건너쪽에 있는 암마 언덕
에 이르렀을 때에, 날이 저물었다. 25 그 때에
아브넬을 따르는 베냐민 족속의 군인들은, 언덕
위에서 아브넬을 호위하고 버티었다. 26 거기에서

삼는데, 그 이유는 블레셋 사람들이 중앙지대를 장악하고 있었기 때문이다. **2:9** *온 이스라엘.* 이 표현은 이스라엘의 북쪽 지역을 가리키는 표현이다. 유다는 남쪽 지역을 가리킨다. 아브넬이 이스보셋을 왕으로 삼아 섬기던 바로 그 지역은 야베스 길르앗도 포함되어 있다. 야베스 길르앗은 다윗이 4b-7절에서 자신의 편으로 끌어들이려 했던 도시이다. *아술.* 아술 사람들은 앗시리아 사람들이다. 분명히 지역적으로 적합하지가 않다. 아마도 "아셀" 사람들(Asherites)로 읽혀진 것 같다. 그러나 스불론 영토는 그 부족을 다른 부족들과 격리시키고 있다. 이스보셋이 기름부음을 받았다는 언급은 그 어디에서도 찾아볼 수 없다. 사울이 주로부터 기름부음을 받은 왕이라는 이유로 다윗은 그와 싸우려하지 않았으며 그의 부하들에게도 사울과의 싸움을 금지하였지만 (삼상 1:13-16에 관한 주석을 보라), 다윗은 이스보셋과 싸우게 될 것이다 (3:1, 6). **2:10-11** *이스보셋.* 이 이름에 대해서는 2:8에 관한 주석을 보라. *마흔 살.* 이해하기 애매한 수치이다. 이스보셋은 길보아 산 전투에 참여하지 않았는데, 그 이유는 아마도 그가 너무 어렸기 때문이었을 것이다. 그는 *두 해 동안 다스렸다…다스린 기간은 일곱 해 여섯 달이다.* 이 기간 역시 이해하기 애매하다. 확실히 이스보셋은 그의 아버지가 죽자마자 왕이 되었다. 4:9—5:10은 다윗이 헤브론을 이스보셋의 살해 이후 바로 떠났다는 인상을 준다. 이는 마하나임에서의 이스보셋의 통치와 헤브론에서의 다윗의 통치가 대략 동일한 기간이었음을 말해주고 있다. 아마도 본문에는 "둘" 대신에 "일곱"으로 원래 기록되었거나 (히브리어 단어가 비슷하다), 10a절은 12절에 첨부되어 다윗과의 갈등이 있기 전 얼마나 오랫동안 이스보셋이 통치했는지를 보여주는 것 같다.

2:12—5:5 이제 두 왕가, 다윗의 왕가와 사울의 왕가가 존재하게 된다. 비록 다윗은 사울에 대항하여 싸운 일은 없었을지라도 (삼상 18:10—26:25), 아브넬과 이스보셋에 대해서만큼은 다르다. 두 왕 사이의 갈등 가운데 다윗이 사울 왕가의 몰락에 대해서 아무런 책임도 없다는 것(삼상 25:26-31에서 아비가일에 의해 최초로 제기된 이슈)을 보여주는데 점점 더 많은 관심을 갖는 동안, 폭력적인 갈등 양상 (2:12-23; 3:1, 6), 배신 (3:6-

아브넬이 요압에게 휴전을 제의하였다. "우리가
언제까지 이렇게 싸워야 하겠소? 이렇게 싸우다
가는, 마침내 우리 둘 다 비참하게 망하고 말지 않
겠소? 우리가 얼마나 더 기다려야, 장군이 장군의
부하들에게 동족을 추격하지 말고 돌아가라고 명
령하겠소?" 27 요압이 대답하였다. "하나님의
살아 계심을 두고 맹세하오. 장군이 이런 제안을
하지 않으셨으면, 내 군대가 내일 아침까지 추격
을 해서, 장군을 잡았을 것이오." 28 요압이 나
팔을 부니, 모든 군인이 멈추어 섰다. 그들은 더
이상 이스라엘을 추격하지 않고, 더 이상 그들과
싸우지 않았다. 29 아브넬과 그의 부하들이 그
날, 밤이 새도록 아라바를 지나갔다. 그들은 요단
강을 건너고, 비드론 온 땅을 거쳐서 마하나임에
이르렀다.

30 요압도 아브넬을 뒤쫓던 길에서 돌아와서,
군인들을 점호하여 보니, 다윗의 부하 가운데서
열아홉 명이 없고, 아사헬도 없었다. 31 그러나
다윗의 부하들은, 아브넬의 부하 가운데서 베냐
민과 아브넬 군인을 삼백육십 명이나 쳐죽였다.
32 요압과 그 부하들은 아사헬의 주검을 메어다가,
그의 아버지가 묻혀 있는 베들레헴의 무덤에 장사
하였다. 그리고 그들이 밤이 새도록 걸어서 헤브
론에 이르렀을 때에, 아침 해가 떠올랐다.

3 1 사울 집안과 다윗 집안 사이에 전쟁이 오래
계속되었다. 그러나 다윗 집안은 점점 더 강
해지고, 사울 집안은 점점 더 약해졌다.

다윗의 아들들 (대상 3:1–4)

2 다윗이 헤브론에서 낳은 아들은 다음과
같다. 맏아들은 이스르엘 여인 아히노암에게서
태어난 암논이고, 3 둘째 아들은 갈멜 사람 나발
의 아내였던 아비가일에게서 태어난 길르압이고,
셋째 아들은 그술 왕 달매의 딸 마아가에게서
태어난 압살롬이고, 4 넷째 아들은 학깃에게서
태어난 아도니야이고, 다섯째 아들은 아비달에게
서 태어난 스바댜이고, 5 여섯째 아들은 다윗의
아내 에글라에게서 태어난 이드르암이다. 이들이
다윗이 헤브론에서 살 때에 낳은 아들이다.

---

20), 살인이 발생한다 (3:26-27; 4:5-7). 다윗이 온 이스라엘을 다스릴 수 있게 되기까지는 7년 이상이 걸렸다.

2:12—3:5 갈등은 두 단계로 진전된다: (1) 상대 진영의 군사들간의 전투와, (2) 각 왕가에서 중요한 인물들이 죽임을 당하는 것이다. **2:12-17** 양 진영의 많은 사람들은 다윗이 사울을 떠나기 이전에 사울 밑에서 한편이 되어 싸운 사람들일 것이다. 양 진영이 따로 진을 치고 그들의 지휘관들이 서로 협상을 시작하자마자 즉각적으로 적대감이 발현되지 않았다는 점이 이를 뒷받침해 준다. *이스보셋의* 사촌 *아브넬* (2:8에 관한 주석을 보라)과 다윗의 조카 *요압* (2:18)은 지도자들이며, 그래서 그들은 양쪽 왕가가 서로 싸우게 된 성격을 보여준다. 베냐민의 *기브온은* 다윗의 영토 내에서 이스보셋이 통치하는 지역(9절)을 약간 벗어난 곳이다. 아브넬은 다윗을 혼란시키기를 원하든가 아니면 이스라엘의 영토를 확장시키기를 원했다. *겨루는* 목적은 각 진영의 희생자의 수를 최대한 줄이기 위한 방편으로 고안된 것이었다. 혹은, 두 진영 사이의 싸움을 해결하기 위한 것으로 생각될 수도 있다 (삼상 17:8-9 참조). **2:18** *스루야.* 이 여인은 다윗의 여자 형제이거나 이복 여자형제이다. 대상 2:13-16을 보라. 그녀의 아들들은 아버지가 아닌 그녀의 이름과 함께 항상 언급된다. 이러한 흔치 않은 관례는 그녀가 매우 잘 알려진 사람임을 말해 준다. **2:19-23** 아브넬은 다윗 진영과의 첫 번째 전투에서 패하지만, 아사헬(아브넬이 요압을 지칭하는 것은 적이기보다는 전우로 간주하는 것처럼 들리게 한다)이 무사하게 귀환하기를 간절히 바란다. 아사헬은 아마도 우연히 죽게 되는 것 같다. 그가 너무 빨리 달려서 아브넬이 그를 자신으로부터 밀쳐버리려고 사용한 뭉뚝한 창끝에 스스로 찔린 것 같다. 만약 아브넬이 그를 죽이려고 의도했다면, 그는 아마도 다른 쪽을 들이대었을 것이다 (갑작스런 죽음의 또 다른 예는 6:8을 보라). **2:24-32** 아사헬의 형제들은 아브넬이 자신들을 단념하도록 설득할 때까지 복수하려고 추적한다. 양쪽 지휘관들의 말들은 양 진영의 관계가 어떠했는지를 말해주고 있다. **3:1** 기브온 전투와 아사헬의 죽음은 전쟁을 촉진시킨다. *다윗 집안.* 다윗 집안은 군사력뿐만 아니라 아들들의 출생을 통해서도 점점 더 강성해진다 (다윗이 적어도 한 명의 딸을 가지고 있음에도 불구하고, 그 여자 아이에 대해서는 언급이 없다, 13:1-20). **3:2-5** 다윗 아들들의 첫 번째 목록 (5:13-16 참조). 다윗은 헤브론에 두 아내와 함께 도착하여 (2:2) 그 곳에서 분명히 네 명의 부인을 더 얻는다. 이 목록에서, 오직 *에글라* 만이 그의 부인으로 언급된다. 비록 다윗이 다른 몇 명의 여인들과 결혼했을지라도, 왕의 딸을 첩으로 삼았을 리는 없다 (3절). **3:2** *암논.* 13:1-39를 보라. 아히노암. 다윗의 세 번째 부인이다 (미갈이 첫 번째 부인이었다; 삼상 18:20, 27-28; 19:11-17; 25:44); 삼상 25:43을 보라). **3:3** *길르압.* 다른 곳에서는 언급되지 않는다 (대상 3:1; 아비가일의 아들을 다니엘로 기록한다). 그는 삼하 14장—왕상 2장의 사건들이 발생하기 이전에 죽은 것 같다. 왜냐하면 그 때로부터 압살롬이 분명히 가장 연장자이기 때문이다. *아비가일.* 삼상 25:2-43

아브넬이 이스보셋을 배반하다

6 사울 집안과 다윗 집안 사이에 전쟁이 계속되는 동안에, 사울 집안에서는 아브넬이 점점 더 세력을 잡았다. 7 사울의 후궁 가운데 리스바라는 여인이 있는데, 아야의 딸이었다. 이스보셋이 아브넬에게 "장군은 어찌하여 나의 아버지의 후궁을 범하였소?" 하고 꾸짖었다. 8 그러자 아브넬이 이스보셋의 말에 몹시 화를 내면서 대답하였다. "임금께서는 내가, 유다에 빌붙어 살아가는 개로밖에 보이지 않습니까? 나는 오늘날까지 임금님의 아버지 사울 집안과 그의 형제들과 친구들에게 충성을 다하였고, 임금님을 다윗의 손에 넘겨 주지도 않았습니다. 그런데도 임금님께서 오늘 이 여자의 그릇된 행실을 두고, 나에게 누명을 씌우시려는 것입니까? 9 주님께서는 이미 다윗에게 약속하신 것이 있습니다. 이제 저는 다윗 편을 들어서 하나님의 뜻대로 하겠습니다. 그렇게 하지 않는다면, 하나님이 이 아브넬에게 벌을 내리시고 또 내리셔도 좋습니다. 10 하나님은 이 나라를 사울과 그의 자손에게서 빼앗아, 다윗에게 주실 것입니다. 하나님이 다윗을 이스라엘과 유다의 왕으로 삼으셔서, 북쪽 단에서부터 남쪽 브엘세바에 이르기까지 다스리게 하실 것입니다." 11 이 말을 듣고, 이스보셋은 아브넬이 두려워서, 그에게 다시는 말 한 마디도 하지 못하였다.

12 아브넬은 다윗에게 사람을 보내어서, 이렇게 전하였다. "이 나라가 누구의 것입니까? 그러니 임금님이 저와 언약만 세우시면, 내가 임금님의 편이 되어서, 온 이스라엘이 임금님에게 돌아가도록 하겠습니다." 13 다윗이 대답하였다. "좋소! 내가 장군과 언약을 세우겠소. 그런데 나는 장군에게 한 가지만 요구하겠소. 그대는 나를 만나러 올 때에 사울의 딸 미갈을 데리고 오시오. 그렇지 않으면, 내 얼굴을 볼 생각을 하지 마시오." 14 그런 다음에 다윗은 사울의 아들 이스보셋에게 사람을 보내어서, 이렇게 전하였다. "나의 아내 미갈을 돌려 주시오. 미갈은 내가 블레셋 사람의 포피 백 개를 바치고 맞은 아내요." 15 그러자 이스보셋이 사람을 보내어서, 미갈을 그의 남편인 라이스의 아들 발디엘에게서 빼앗아 오도록 하였다. 16 그 때에 그 여인의 남편은 계속 울면서 바후림까지 자기 아내를 따라왔는데, 아브넬이 그에게 "당신은 그만 돌아가시오" 하고 말하니, 그가 돌아갔다.

17 아브넬이 이스라엘의 장로들과 상의하였다. "여러분은 이미 전부터 다윗을 여러분의 왕으로 모시려고 애를 썼습니다. 18 이제 기회가 왔습니다. 주님께서 이미 다윗을 두고 '내가 나의 종 다윗을 시켜서, 나의 백성 이스라엘을 블레셋 사람의 지배와 모든 원수의 지배에서 구하여 내겠다' 하고 약속하여 주셨기 때문입니다." 19 아브넬은

을 보라. *압살롬*. 13:1—19:8을 보라. 다윗의 자녀들 가운데 압살롬만이 왕족인 어머니에게서 태어났다는 사실은 권력에 대한 집착과 왕족 출신이 아닌 다윗에 대한 경멸을 부분적으로 설명해 준다. **3:4-5** *아도니야*. 왕상 1—2장을 보라. *학깃, 스바댜, 아비달, 이드르암, 에글라는* 오직 이 곳과 대상 3:1-3에서만 언급된다.

3:6-39 이 정치적 음모에 관한 이야기 속에서, 아브넬은 배신할 뿐만 아니라 배신을 당하는 자가 된다. 이 이야기는 다윗의 무죄성을 설정해 주는데 큰 관심을 가지고 있다 (4:1-12에 관한 주석을 보라). **3:6** *아브넬은* 북쪽 왕국에서 실권을 잡고 있다 (2:8-11에 관한 주석을 보라). **3:7** *리스바*. 21:7-14를 보라. 왕의 여자를 취한 것에 대해서는 삼상 25:40-44에 관한 주석을 보라. **3:9** *주님께서는 이미 다윗에게 약속하신 것이 있습니다.* 아브넬은 하나님으로부터 받은 사명을 위한 것이 아니라, 이스보셋이 자신에게 감사하지 않은 것을 복수하기 원한다. 항상 이기적으로 행동하는 정치인처럼, 그는 그의 요구를 관철시킬 수 있는 방법을 알고 있다. **3:10** *이스라엘과 유다*. 사무엘하에서는 북왕국 이스라엘과 남왕국 유다가 항상 구분되어 언급되고 있다. *북쪽 단에서부터 남쪽 브엘세바에 이르기까지*. 이 표현에 대해서는 삼상 3:19—4:1에 관한 주석을 보라. **3:12-13** 요나단과 다윗은 *언약*을 맺은 관계였다 (삼상 18:3; 23:18). 아브넬과 다윗은 아브넬이 다윗의 첫째 부인을 돌려보내겠다(3:1-5에 관한 주석을 보라)는 조건하에 간단한 합의를 본다. 북쪽 주민들은 사울 왕가를 따르고 있기 때문에, 사울의 딸을 아내로서 다시 맞아들이는 것은 그들이 다윗을 더 쉽게 받아들일 수 있도록 해줄 수 있다 (삼상 25:40-43에 관한 주석을 보라). **3:14-16** 다윗은 *미갈이* 그의 목숨을 구해 준 이후로는 줄곧 보지 못했다 (삼상 19:11-17). 그녀의 아버지는 그녀를 인질로 사용하였다 (삼상 18:20-28; 25:44). 그러나 그녀의 재혼은 그 결혼 역시 정치적 이유로 인한 것이었음을 알 때까지는 그녀를 행복하게 해주었던 것 같다. 이 사건은 6:16, 20-23에서 다윗을 향한 그녀의 태도를 설명해 줄 수 있다. *표피 백 개*. 삼상 18:25-27 을 보라. 미갈의 송환을 비밀리에 계획함으로써, 다윗은 공개적으로 이스보셋과 접촉한다. 이스보셋은, 비록 전쟁 중이었지만, 다윗의 요청을 받아들인다. *발디엘*. 이 사람은 오직 이 곳과 삼상 25:44에서만 언급되는데, 삼상 25:44에서는 "발디"로 언급된다. **3:17-19** 자신의 행위에 대해 장황하게 설명할

베냐민 사람들과도 상의한 뒤에, 이스라엘과 베
냐민 사람 전체가 한데 모은 뜻을 다윗에게 전하
려고, 헤브론으로 떠났다.
20 아브넬이 부하 스무 명을 거느리고 헤브
론에 이르러서, 다윗을 찾아가니, 다윗이 아브넬
과 그를 따라온 사람들에게 잔치를 베풀었다.
21 잔치가 끝나자 아브넬이 다윗에게 말하였다.
"이제 그만 일어나 가서, 온 이스라엘을 높으신 임
금님 앞에 모아 놓고서, 임금님과 언약을 세우게
하겠습니다. 그러면 임금님이 원하시는 어느 곳
에서나, 원하시는 대로, 왕이 되셔서 다스리실 수
있습니다." 다윗이 아브넬을 떠나 보내니, 그가
평안히 떠나갔다.

아브넬이 살해되다

22 그 때에, 다윗의 부하들이 요압을 따라
습격하러 나갔다가, 많은 노략물을 가지고 돌아
왔다. 그러나 아브넬은 그 때에 다윗과 함께 헤브
론에 있지 않았다. 다윗이 이미 그를 보내어서,
그가 무사하게 그 곳을 떠나갔기 때문이다.
23 요압이, 함께 데리고 나갔던 군인을 모두
데리고 돌아오자, 누군가가 그에게 알려 주었다.
"넬의 아들 아브넬이 임금님을 찾아왔는데, 임금
님이 그를 그냥 보내셔서, 그가 무사하게 이 곳을
떠나갔습니다." 24 이 말을 듣고, 요압이 곧바로
왕에게로 가서 항의하였다. "임금님이 어찌하여
이렇게 하실 수 있습니까? 아브넬이 임금님께 왔
는데, 임금님은 어찌하여 그를 그냥 보내어서, 가게
하셨습니까? 25 넬의 아들 아브넬은, 임금님께
서 잘 아시다시피, 임금님을 속이려고 온 것이며,
임금님이 드나드는 것을 살피고, 임금님이 하고
계시는 일도 모조리 알려고 온 것입니다."
26 요압은 다윗에게서 물러나오자마자 사람
들을 보내어서 아브넬을 뒤쫓게 하였다. 그들은
시라 우물이 있는 곳에서 그를 붙잡아서, 데리고
돌아왔다. 그러나 다윗은 그 일을 전혀 몰랐다.
27 아브넬이 헤브론으로 돌아오니, 요압이 그와
조용히 이야기를 하려는 듯이, 성문 안으로 그를
데리고 들어갔다. 요압은 거기에서, 동생 아사헬의
원수를 갚으려고, 아브넬의 배를 찔러서 죽였다.
28 다윗이 그 소식을 듣고서 외쳤다. "넬의
아들 아브넬이 암살당하였으나, 나와 나의 나라
는 주님 앞에 아무 죄가 없다. 29 오직 그 죄는
요압의 머리와 그 아버지의 온 집안으로 돌아갈
것이다. 앞으로 요압의 집안에서는, 고름을 흘리는
병자와, 나병환자와, 지팡이를 짚고 다니는 다리
저는 사람과, 칼을 맞아 죽는 자들과, 굶어 죽는
사람이 끊어지지 않을 것이다." 30 요압과 그의
동생 아비새가 아브넬을 죽인 것은, 아브넬이
그들의 동생 아사헬을 기브온 전투에서 죽였기
때문이다.

수 있는 아브넬의 능력이 여기에서 입증된다. *이미 전부터.* 이스라엘 장로들이 다윗을 왕으로 삼고자 했다는 것을 생각할 수 있는 이유는 알 수 없다 (만약 이것이 사실이었다면, 다윗은 아브넬과 협상을 할 필요가 없었을 것이다). 아브넬은 분명코 *하나님이* 다윗에게 무엇인가를 약속했다고 믿지 않는다. 만약 그가 믿고 있었다면, 그는 다윗에 대항하여 또 다른 왕을 세우려고 하지 않았을 것이다. 심지어 사울이 죽기 이전에, 아브넬과 다윗은 경쟁관계에 있었다 (삼상 18:5; 20:26에 관한 주석을 보라). 아브넬은, 이스라엘 왕을 배반하는 것이 장로들과 하나님의 요청을 성취하는 것이라고 위장함으로써, 그의 속마음을 감추기 위해 종교를 이용하고 있다. *베냐민 사람들.* 사울, 이삭, 그리고 아브넬이 속한 지파이다.

3:20-30 다윗은 아브넬을 가치가 있는 동맹자로 대우하고 (창 26:26-30을 참조), 아브넬은 자기가 거래해서 얻을 준비를 한다. **3:21-23** 이 구절들은 두 사람이 평화롭게 헤어졌다는 것을 강조하고 있다. 아브넬은 복수하는 것 (6-11절) 이외에 얻는 것에 대한 아무런 언급도 없다. **3:24-25** *요압.* 다윗의 조카이다. 요압이 아브넬의 실제 의도에 대해 잘못 알고 있었다 할지라도 (6-11절), 아브넬은 여전히 다윗에게는 위험스러운 인물이다. 아브넬은 이익을 위해 한 왕(이스보셋)을 배반하였기 때문에, 요압은 다른 왕(다윗)에게 충성할 것 같지는 않다. 30절은 또한 아브넬에 대항하는 요압의 행동을 설명해 준다. 독자는 어떤 것이 사실인지 알 수가 없게 된다. **3:26-27** *다윗은 그 일을 전혀 몰랐다.* 이것은 다윗의 무죄성을 설정해 주는 것이다. 이것이 사무엘하에 나타난 일곱 건의 살인 사건 가운데 하나이다. 요압은 적어도 세 번 이상의 살인에 부분적으로 연루되어 있다 (11:14-17; 18:14-15; 20:4-10; 다른 살인들에 대해서는 4:6-7; 13:28-29; 20:16-22를 보라). **3:28-29** *지팡이를 짚고 다니는 다리 저는 사람.* 이 표현은 아마도 사내답지 못한 남자에 대한 완곡어법인 것 같다. 후에 솔로몬은 이 사건을 가지고 요압을 사형시키는 한 가지 이유로 사용하며, 그래서 그의 가계로부터 살인죄에 대한 책임을 소멸시킨다 (왕상 2:31-33). 다윗 자신은 이와 같은 일을 행하지 않는다. **3:30** 분명한 것은 요압이 아브넬을 죽였다는 것이다. 26-27절에서 그는 홀로 행동하지만, *아비새가* 갑자기 여기에서

아브넬의 장례식

31 다윗은 요압을 비롯하여 자기와 함께 있
는 온 백성에게 명령하였다. "백성은 옷을 찢고,
허리에 굵은 베 옷을 두른 뒤에, 아브넬의 상여 앞
에서 걸어가면서 애도하여라." 그리고 다윗 왕도
몸소 상여를 뒤따라갔다. 32 백성이 아브넬을
헤브론에 장사지내니, 다윗 왕이 아브넬의 무덤
앞에서 목을 놓아 울었고, 온 백성도 울었다.
33 다윗 왕은 아브넬을 두고, 이렇게 조가를 지어
불렀다.

"어찌하여
어리석은 사람이 죽듯이,
그렇게 아브넬이 죽었는가?
34 그의 손이 묶이지도 않았고,
발이 쇠고랑에 채이지도 않았는데,
악한들에게 잡혀 죽듯이,
그렇게 쓰러져서 죽었는가?"

그러자 온 백성이 아브넬의 죽음을 슬퍼하며, 다시
한 번 울었다.

35 날이 아직 채 저물지 않았을 때에, 온 백
성이 다윗에게 와서 음식을 들도록 권하니, 다윗이
맹세하였다. "오늘 해가 지기 전에, 내가 빵이나
그 어떤 것을 맛이라도 보면, 하나님이 나에게
어떤 벌을 내리셔도 마땅하다." 36 온 백성이 그
것을 보고서, 그 일을 좋게 여겼다. 다윗 왕이 무
엇을 하든지, 온 백성이 마음에 좋게 받아들였다.
37 그 때에야, 비로소 넬의 아들 아브넬을 죽인
것이 왕에게서 비롯된 일이 아님을, 온 백성과 온
이스라엘이 깨달아 알았다. 38 그런 다음에 왕은
신복들에게 말하였다. "그대들이 아는 대로, 오늘
이스라엘에서 훌륭한 장군이 죽었소. 39 스루야의
아들들이 나보다 더 강하니, 비록 내가 기름부음을
받은 왕이라고 하지만, 보다시피 이렇게 약하오.
그러므로 이런 악을 저지른 사람에게, 주님께서
그 죄악에 따라 갚아 주시기만 바랄 뿐이오."

이스보셋이 살해됨

4 1 사울의 아들 이스보셋은, 아브넬이 헤브
론에서 죽었다는 소식을 듣고서, 그만 맥이
풀리고 말았다. 이스라엘 온 백성도 두려움에 사로
잡혔다. 2 이 때에 사울의 아들 이스보셋에게는
군지휘관이 두 사람 있었는데, 한 사람의 이름은
바아나요, 또 한 사람의 이름은 레갑이었다. 그들은
브에롯 사람 림몬의 아들로서, 베냐민 사람이다.
(브에롯 사람도 베냐민 족속으로 여김을 받았는데,
3 일찍이 브에롯 주민이 깃다임으로 도망가서,
오늘날까지 거기에 머물러 살고 있기 때문이다.)
4 사울의 아들 요나단에게는 두 다리를 저는
아들이 하나 있었다. 사울과 요나단이 죽었다는
소식이 이스르엘에 전해졌을 때에, 그는 겨우 다섯
살이었다. 유모가 그를 업고 도망할 때에, 서둘러
도망하다가, 그가 떨어져서 발을 절게 되었다. 그의
이름이 므비보셋이다.
5 브에롯 사람 림몬의 두 아들 레갑과 바아
나가 이스보셋이 있는 왕궁으로 갔다. 그들은 한
창 더운 대낮에 그 곳에 도착하였는데, 때마침 이
스보셋은 낮잠을 자고 있었다. 6 그들은 밀을 가

언급되고 있는 사실(칠십인역)은 두 번째 살인동기에 관한 의문을 제기한다. **3:31-39** 다윗이 과장되게 보일 정도로 대중 속에서 슬퍼하는 모습은 이 살인이야말로 시기적절한 것이었다고 결론을 내린 것을 보여준다. 다윗은 사울 집안을 추종하던 사람들이 아브넬을 죽인 사람이 자신이라고 생각하게 될 때, 그들이 자신을 섬기려 하지 않을 것이기에 자신이 아브넬을 죽인 사람이 아님을 알려줄 필요가 있다. 36-37절은 다윗이 의도한 효과를 가져왔다는 것을 보여준다. 그럼에도 불구하고, 다윗은 요압을 벌하지 않는다. 11:14-21에서 다윗은 그를 상당히 신뢰하고 있다.

4:1-12 세 번에 걸쳐 사울 집안사람이 갑작스럽게 죽게 되자 다윗은 유리한 입장에 처하게 된다. 그 가족에 대한 다윗의 무죄를 입증하는 것은 매우 중요하다 (1:1-15; 3:28-39; 11:14-25; 18:1-15에 반복해서 언급한다. 삼상 25:26-31을 참조). **4:1** 아브넬의 살인은 *이스바알* 추종자들을 두려움에 떨게 했다 (2:8에 관한 주석을 보라). **4:2-3** *브에롯*은 기브온의 도시였다 (수 9:1-17; 18:25). 삼상 21장에서, 사울은 기브온 사람들을 초토화시키려고 했다 (삼상 21:1-2). 이 사건이 이 도시에 사는 남자들이 깃다임으로 도망간 이유와 그들이 사울 아들과의 동맹관계를 파기한 첫 번째 민족인 이유를 설명해 줄 수 있다. *거기 머물러 살고.* 이것에 대해서는 1:13-16애 관한 주석을 보라. **4:4** *이스라엘 온 백성.* 북쪽을 가리키고 있다. 아브넬의 죽음으로 인한 공포는 사울의 아들뿐만 아니라 그의 손자에게도 치명적이었다. *므비보셋* (므비바알; 2:8에 관한 주석을 참조)은 대상 8:34; 9:40에서 "므립바알"로 불린다. 아마도 므립바알이 요나단의 아들의 원래 이름인 듯하며, 나중에 사울과 리스바의 아들(21:7-8, 사울의 아들이면서 요나단의 아들로 언급된다)인 므비바알/므비보셋과 혼동되었던 것 같다. 다윗은 요나단의 자손을 보호할 것을 약속하였다 (삼상 20:14-15; 삼하 9:1-13을 참조). **4:6-7** 이 구절들은 본문상의 문제점을 제기

지러 온 사람처럼 꾸미고, 대궐 안으로 들어가서,
그의 배를 찔러서 죽였다. 그런 다음에 레갑과 그의
동생 바아나는 도망하였는데, 7 그들이 대궐로
들어갔을 때에, 왕은 침실에서 침대에 누워서 자고
있었다. 그래서 그들은 왕을 죽이고, 그의 머리를
잘라 낼 수가 있었다. 그들은 그의 머리를 가지고
나와, 밤새도록 아라바 길을 걸어서, 8 헤브론으로
갔다. 거기에서 그들은 이스보셋의 머리를 다윗
에게로 들고 가서 말하였다. "임금님의 생명을 노
리던 원수 사울의 아들 이스보셋의 머리를 여기에
가져 왔습니다. 주님께서 높으신 임금님을 도우
시려고, 오늘에야 사울과 그의 자손에게 벌을 내
려서 원수를 갚아 주셨습니다."
9 그러나 다윗은 브에롯 사람 림몬의 아들 레
갑과 그의 동생 바아나에게 이와 같이 대답하였다.
"온갖 죽을 고비에서 나의 생명을 건져 주신 확실
히 살아 계신 주님을 두고 맹세한다. 10 전에,
사울이 죽었다는 소식을 나에게 전하여 주고, 자
기는 좋은 소식을 전한 것으로 여긴 자가 있었다.
나는 그를 붙잡아서, 시글락에서 죽였다. 이것이
내가 그에게 준 보상이었다. 11 하물며, 흉악한
자들이, 자기 집 침상에서 잠자는 어진 사람을 죽
였으니, 내가 어찌 너희의 살인죄를 벌하지 않을
수가 있겠느냐? 그러므로 나는 이제 너희를 이 땅
에서 없애 버리겠다." 12 다윗이 젊은이들에게
명령하니, 젊은이들이 그 두 사람을 죽이고, 그들의
손과 발을 모조리 잘라 낸 다음에, 그들의 주검을
헤브론의 연못가에 달아 매었다. 그러나 이스보
셋의 머리는 가져다가, 헤브론에 있는 아브넬의
무덤에 묻었다.

다윗이 온 이스라엘의 왕이 되다
(대상 11:1-3)

5 1 이스라엘의 모든 지파가 헤브론으로 다윗을
찾아가서 말하였다. "우리는 임금님과 한 골육
입니다. 2 전에 사울이 왕이 되어서 우리를 다스릴
때에, 이스라엘 군대를 거느리고 출전하였다가
다시 데리고 돌아오신 분이 바로 임금님이십니다.
그리고 주님께서 '네가 나의 백성 이스라엘의 목
자가 될 것이며, 네가 이스라엘의 통치자가 될 것
이다' 하고 말씀하실 때에도 바로 임금님을 가리
켜 말씀하신 것입니다." 3 그리하여 이스라엘의
모든 장로가 헤브론으로 왕을 찾아오니, 다윗 왕
이 헤브론에서 주님 앞으로 나아가 그들과 언약을
세웠다. 그리고 그들은 다윗에게 기름을 부어서,
이스라엘의 왕으로 삼았다.
4 다윗은 서른 살에 왕이 되어서, 사십 년 동안
다스렸다. 5 그는 헤브론에서 일곱 해 여섯 달
동안 유다를 다스리고, 예루살렘에서 서른세 해
동안 온 이스라엘과 유다를 다스렸다.

하고 있다. 분명히 그 형제들은 이스보셋의 군사령관으로서 변장할 필요가 없었음에도 불구하고, 밀을 가지러 온 사람처럼 꾸미고 이스보셋이 머무르는 대궐로 들어간다. 이스보셋은 참수형에 처한 다윗의 적들 중 두 번째 인물이 된다 (삼상 17:54를 참조). 이것이 사무엘하에 나타난 두 번째 살인이다 (3:26-27에 관한 주석을 보라). **4:8** 그들은 이스보셋의 머리를 들고 다윗에게 가서 그들이 사울을 죽였다는 징표로 제시한다 (1:10에서 아말렉 사람이 사울의 왕관과 팔찌를 취하여 다윗에게 찾아갔던 것보다 훨씬 강력한 증거이다). **4:9-12** 이 구절들은 1:1-16을 가리키고 또한 그것과 병행시키고 있다. 이 구절들은 이 책에서 두 번째이자 세 번째 처형을 소개한다 (또한 21:4-9를 보라). *아브넬의 무덤*은 헤브론에 있었다 (3:32). 아브넬과 이스보셋은 모두 아브넬이 이스보셋을 왕으로 섬긴 마하나임이 아닌 다윗의 남왕국의 수도에 장사되었다 (2:8).

5:1-5 5:1-2 아브넬과 이스보셋의 죽음으로 북쪽 주민들은 두려움에 사로잡힌다. 사울을 죽인 블레셋 사람들은 여전히 활기가 있었으며 (삼상 31장), 이스라엘은 따라서 전쟁 지도자가 필요하다. *우리는 임금님과 한 골육입니다.* 백성들은 비록 사울 왕가를 따랐지만 (2:8-11; 2:9에 관한 주석을 보라), 다윗과 한 골육임을 상기시켜 준다. 다윗은 유다와의 연계성을 묘사하기 위해 예전에 이러한 표현을 한 적이 있다 (19:13); 그는 결코 이스라엘에 관해서 이러한 표현을 사용하지 않았다. *이스라엘 군대를 거느리고 출전하였다가 다시 데리고 돌아오신 분이 바로 임금님이십니다.* 그들은 심지어 사울의 통치하에 있었을지라도 다윗이 군대를 통솔했다는 것을 인정한다 (삼상 18:5—19:10). *이스라엘의 목자가…바로 임금님을 가리켜.* 비록 요나단이 이와 비슷한 진술을 했을지언정 (삼상 23:17, 이 곳에서 주를 언급하지 않는다), 이러한 말을 하나님이 다윗에게 했다는 기록은 아무 데도 없다. 다윗의 사람들(삼상 24:4)과 아비가일(삼상 25:28-31)은 또한 하나님이 다윗과 맺은 언약을 가리킨다. **5:3-5** 이스라엘의 장로들은 그들이 다윗을 필요로 한다는 사실을 보여줌으로써, 다윗을 왕으로 삼기 위해서 남쪽 유다의 수도인 헤브론으로 와야만 한다. 두 세대가 지난 후, 그의 손자인 르호

다윗이 시온을 정복하여 수도로 삼다
(대상 11:4-9; 14:1-2)

6 다윗 왕이 부하들을 거느리고 예루살렘으로
가서, 그 땅에 사는 여부스 사람을 치려고 하니,
그들이 다윗에게 말하였다. "너는 여기에 들어올
수 없다. 눈 먼 사람이나 다리 저는 사람도 너쯤은
물리칠 수 있다." 그들은, 다윗이 그 곳으로는 들
어올 수 없을 것이라고 생각한 것이다. 7 (그러나
다윗이 시온 산성을 점령하였으므로, 그 곳의 이
름을 '다윗 성'이라고 하였다.) 8 그 날, 다윗이
이렇게 명령을 내렸다. "누구든지 여부스 사람을
치려거든, 물을 길어 올리는 바위벽을 타고 올라
가서, 저 여부스 사람들 곧 다윗이 몹시 미워하는
저 '다리 저는 자들'과 '눈 먼 자들'을 쳐죽여라!"
(그래서 '눈 먼 사람과 다리 저는 사람은 왕궁에
들어갈 수 없다'는 속담이 생겼다.)
9 다윗은 그 산성을 점령하고 나서, 그 산성에
살면서, 그 이름을 '다윗 성'이라고 하였다. 그가
성을 쌓았는데, 밀로에서부터 안쪽으로 성을 쌓
았다. 10 만군의 주 하나님이 다윗과 함께 계시
므로, 다윗이 점점 강대해졌다.
11 두로 왕 히람이 다윗에게, 사절단과 함께
백향목과 목수와 석수를 보내어서, 다윗에게 궁
궐을 지어 주게 하였다. 12 다윗은, 주님께서 자
기를 이스라엘의 왕으로 굳건히 세워 주신 것과,
그의 백성 이스라엘을 번영하게 하시려고 자기의
나라를 높여 주신 것을, 깨달아 알았다.

다윗의 자녀들 (대상 14:3-7)

13 다윗은, 헤브론에서 떠나온 뒤에, 예루살
렘에 와서 더 많은 후궁과 아내들을 맞아들여서,
또 자녀를 낳았다. 14 그가 예루살렘에서 낳은
아이들의 이름은, 삼무아와 소밥과 나단과 솔로
몬과 15 입할과 엘리수아와 네벡과 야비아와
16 엘리사마와 엘리아다와 엘리벨렛이다.

다윗이 블레셋과 싸워서 이기다
(대상 14:8-17)

17 다윗이 기름부음을 받아 이스라엘의 왕이
되었다는 소식을 블레셋 사람이 듣고, 온 블레셋
사람이 다윗을 잡으려고 올라왔다. 다윗이 이 말을

보암은 왕이 되기 위하여 북쪽으로 가야할 것을 요청받는다 (왕상 12:1-5). 다윗의 통치기간은 일반적으로 기원전 1000-960년으로 추측된다. *이스라엘과 유다*는 비록 다윗이 두 나라를 통치하게 되지만, 계속해서 구별된 지역으로 언급될 것이다.

5:6—10:19 다윗은 즉각 새로운 수도와 영토를 점령함으로써, 사울보다 훨씬 더 성공적인 모습을 보여준다. 하나님은 그에게 영원한 왕조를 약속하신다. 6:20-23만이 앞으로 다가올 불화를 암시한다.

5:6-25 다윗은 신속하게 그의 권력을 강화시킨다. **5:6-7** 예루살렘은 또한 "여부스"(삿 19:10)와 "살렘"(창 14:18; 시 76:2)으로 알려져 있었다. 사사시대에 그 도시는 수차례에 걸쳐 쟁탈지역이 되었지만 (수 10:1-27; 15:63; 삿 1:8, 21), 결국 여부스 사람의 도시가 된다 (삿 19:10-12). 여부스 사람들은 그들의 가장 연약한 군사들도 다윗을 무찌를 수 있다고 말하면서 다윗을 조롱한다. 다윗은 그러한 군사들을 조롱하면서 응수한다. 그러한 의미에서, 예루살렘은 무너지지 않는다는 전통은 이스라엘이라는 국가보다 훨씬 더 오래된 것이다 (사 29:1-8; 31:4-5를 참조). 그럼에도 불구하고 그 성은 함락되지만, 그렇다고 완전히 초토화되는 것은 아니다. 다윗의 군사들은 *물을 길어 오르는 바위벽*을 타고 진격하고 (아마도 기혼의 샘, 왕상 1:33; 대하 32:30), 도시의 물을 공급한다 (그러나 대상 11:4-9를 참조). 그래서 다윗은 이제 열두 지파 가운데 어느 지파도 점령하지 못했던 도시를 점령하여 중앙에 위치한 수도로 확보하게 된다. (수 18:28에 따르면, 이 도시는 베냐민 지파에게 분배되었지만 여전히 여부스 사람들의 수중에 놓여 있었다). 시온은 여부스 사람의 도시가 건설된 고원지대이다. **5:8** *그래서 …라는 속담이 생겼다.* 레 21:16-23을 보라. **5:9-10** *다윗 성.* 예루살렘은 다윗의 성인데 그가 그 도시를 건설했기 때문이 아니라, 그가 그 도시를 점령했기 때문이다. *밀로* ("채우다"). 이것은 아마도 시온 고원에 형성된 협곡으로서 자연적으로 방어 요새가 되었던 것 같다. 솔로몬 역시 그 곳의 공사를 착수하였다 (왕상 9:15, 24; 11:27). *만군의 주 하나님이 다윗과 함께 계시므로.* 삼상 1:3에 관한 주석을 보라. 비록 하나님이 다윗에게 헤브론으로 가라고 명했을지라도 (2:1), 사무엘하에서 이러한 구절은 여기에서 처음으로 나타난다 (삼상 16:18; 18:12, 14, 28을 보라). **5:11-12** *두로 왕 히람.* 다윗의 친구이며, 다윗의 아들 솔로몬에게도 친구가 되는데, 그들은 계약을 맺었다 (왕상 5:1-18 [히브리 성경 5:15-32]). 히람의 사절단은 다윗의 궁궐을 위해 여기에서 하는 것처럼, 솔로몬의 성전 건축을 위해 백향목을 보낸다. 두로는 페니키아의 도시이다. 이처럼 히람이 먼저 선물을 보낸 사건은 다윗의 성공이 자기 자신의 공로가 아니라, 이스라엘을 높이는 하나님의 방식이라는 것을 볼 수 있도록 인도한다. **5:13-16** 나중에 태어난 아들들의 목록은 3:2-5의 목록과 일치하지만, 여기서는 그들의 어머니 이름을 언급하지 않는다 (대상 3:5-9; 14:4-6 참조). 사무엘하에서 다윗은 총 17명의 아들을 갖게

듣고서, 요새로 내려갔다. 18 블레셋 사람들이
이미 몰려와서, 르바임 골짜기의 평원을 가득히
메우고 있었다. 19 다윗이 주님께 아뢰었다. "제가
저 블레셋 사람들을 치러 올라가도 되겠습니까?
주님께서 그들을 저의 손에 넘겨 주시겠습니까?"
주님께서 다윗에게 대답하셨다. "올라가거라. 내가
저 블레셋 사람들을 반드시 너의 손에 넘겨 주겠
다." 20 그래서 다윗이 바알브라심으로 쳐들어
갔다. 다윗이 거기에서 블레셋 사람들을 쳐서 이
기고 나서, 이렇게 말하였다. "홍수가 모든 것을
휩쓸어 버리듯이, 주님께서 나의 원수들을 내 앞
에서 그렇게 휩쓸어 버리셨다." 그래서 사람들이
그 곳 이름을 바알브라심이라고 한다. 21 블레
셋 사람들이 그들의 온갖 우상을 그 곳에 버리고
도망하였으므로, 다윗이 부하들과 함께 그 신상
들을 치웠다.

22 블레셋 사람들이 또 올라와서, 르바임 골
짜기의 평원을 가득 메웠다. 23 다윗이 주님께
또 아뢰니, 주님께서 대답하셨다. "너는 정면으로
그들 쪽으로 올라가지 말고, 그들의 뒤로 돌아가
서 숨어 있다가, 뽕나무 숲의 맞은쪽에서부터 그
들을 기습하여 공격하여라. 24 뽕나무 밭 위쪽
에서 행군하는 소리가 나거든, 너는 곧 진격하여
라. 그러면, 나 주가 너보다 먼저 가서, 블레셋 군
대를 치겠다."

25 다윗은 주님께서 명하신 대로, 게바에서
게셀에 이르기까지 쫓아가면서, 블레셋 군대를
무찔렀다.

하나님의 궤를 예루살렘으로 옮기다
(대상 13:1-14; 15:25-16:6; 43)

6 1 다윗이 다시 이스라엘에서 정병 삼만 명을
징집하여서, 2 그들을 모두 이끌고 유다의
바알라로 올라갔다. 거기에서 하나님의 궤를 옮겨
올 생각이었다. 그 궤는 그룹들 위에 앉아 계신 만
군의 주님의 이름으로 부르는 궤였다. 3 그들이
언덕 위에 있는 아비나답의 집에서 하나님의 궤를
꺼내서, 새 수레에 싣고 나올 때에, 아비나답의
두 아들 웃사와 아히요가 그 새 수레를 몰았다.
4 그들이 산에 있는 아비나답의 집에서 하나님의
궤를 싣고 나올 때에, 아히요는 궤 앞에서 걸었고,
5 다윗과 이스라엘의 모든 가문은, 온 힘을 다하
여서, 잣나무로 만든 온갖 악기와 수금과 거문고
를 타며, 소구와 꽹과리와 심벌즈를 치면서, 주님
앞에서 기뻐하였다.

6 그들이 나곤의 타작 마당에 이르렀을 때에,
소들이 뛰어서 궤가 떨어지려고 하였으므로, 웃
사가 손을 내밀어 하나님의 궤를 꼭 붙들었는데,
7 주 하나님이 웃사에게 진노하셔서 거기에서 그
를 치시니, 그가 거기 하나님의 궤 곁에서 죽었다.
8 주님께서 그렇게 급격히 웃사를 벌하셨으므로,
다윗이 화를 내었다. 그래서 그 곳 이름을 오늘날
까지 ㄱ)베레스 웃사라고 한다.

9 그 날 다윗은 이 일 때문에 주님이 무서워

ㄱ) '웃사를 침'

된다. **5:17-25** 처음으로 7년 전에 길보아 산에서 전쟁이 있은 후, 무시무시한 블레셋 적군들이 활발하게 움직인다 (삼상 31장; 삼하 5:5). **5:17** 예전에 다윗이 블레셋 사람들과 맺은 친분관계에 대해서는 삼상 27:5-12; 28:8-12; 29:1-11을 보라. 이제 블레셋 사람들은 다윗이 더 이상 동맹자가 아니라 강력한 왕이 되었다는 것을 인식한다. *요새로 내려갔다.* 아마도 아둘람, 예루살렘에서 남서쪽으로 약 16마일 떨어진 곳인 것 같다 (삼상 22:1, 4; 24:22; 삼하 23:13). 예루살렘이 아닌 이유는 그 곳은 올라가야 할 곳이기 때문이다 (삼하 19:34; 왕상 12:28; 14:25; 왕하 12:17; 16:5; 24:10 에서처럼). **5:18-21** *르바임.* 예루살렘과 아둘람 사이에 있는 곳이다. *주께 아뢰었다.* 이것에 대해서는 삼상 10:22에 관한 주석을 보라; 삼상 23:2; 30:8; 삼하 2:1-2를 참조. *바알브라심.* 다윗은 브라심 산에 근거한 언어의 기교를 사용한다 (사 28:21). *온갖 우상을 버리고.* 이 표현에 대해서는 사 45:20-46:7을 보라. *온갖 우상.* 아벡 전투 이후 블레셋에 강탈된 법궤와는 달리 (삼상 5—6장), 이스라엘에 아무런 재앙도 만들지 못한다. **5:22-25** 겉보기에는 비슷하게 블레셋 사람들과 조우하는 것 같지만, 이 이야기는 적들 선상으로 돌격하는 *정면전투가* 아닌 (19절) 게릴라 전략을 말하고 있다. 블레셋 사람들은 후퇴하여 자신들의 영역으로 되돌아간다. 솔로몬이 마침내 게셀을 점령하게 된다 (왕상 9:15-17).

6:1-23 다윗이 통치한 20년 동안, 그 나라는 정부의 형태와 왕가의 형태를 변경시켰으며, 새로운 수도를 확보하였다. 광야시기와 정복시대와 연계되어 있는 법궤를 예루살렘으로 옮겨옴으로써 (삼상 4:3-4에 관한 주석을 보라), 다윗은 백성들에게 그들이 여전히 오랜 전통을 중요하게 여기고 있음을 보여주고 있다. 축제는 다윗을 통해 이스라엘을 높이시는 하나님을 돋보이게 한다 (5:12). **6:1-2** *유다의 바알라.* 길르앗여아림의 또 다른 이름 (삼상 6:21—7:2; 수 15:9). *만군의 주.* 이 표현에 대해서는 삼상 1:3에 관한 주석을 보라. **6:3** *아비나답.* 아벡 전투 이후 블레셋이 하나님의 궤를 반환하였을 때 보호하는 책임을 맡았다 (삼상 6:21—7:2, 여기에서 아비나답의 아들 엘리아살

서 "이래서야 내가 어떻게 주님의 궤를 내가 있는
곳으로 옮길 수 있겠는가?" 하였다. 10 그래서
다윗은 주님의 궤를 '다윗 성'으로 옮기지 않고,
가드 사람 오벳에돔의 집으로 실어 가게 하였다.
11 그래서 주님의 궤가 가드 사람 오벳에돔의
집에서 석 달 동안 머물렀는데, 그 때에 주님께서
오벳에돔과 그의 온 집안에 복을 내려 주셨다.

12 누군가가, 오벳에돔의 집에 하나님의 궤를
보관하였기 때문에, 주님께서 오벳에돔의 집과
그에게 딸린 모든 것에 복을 내려 주셨다는 소식을,
다윗 왕에게 전하였다. 그리하여 다윗은 기쁜 마
음으로 가서, 하나님의 궤를 오벳에돔의 집에서
'다윗 성'으로 가지고 올라왔다. 궤를 옮길 때에
그는 큰 축제를 벌였다. 13 다윗은, 주님의 궤를
멘 사람들이 여섯 걸음을 옮겼을 때에, 행렬을 멈
추게 하고, 소와 살진 양을 제물로 잡아서 바쳤다.
14 그리고 다윗은 모시로 만든 에봇만을 걸치고,
주님 앞에서 온 힘을 다하여 힘차게 춤을 추었다.
15 다윗과 온 이스라엘 가문은 환호성을 올리고,
나팔 소리가 우렁찬 가운데, 주님의 궤를 옮겨 왔다.

16 주님의 궤가 '다윗 성'으로 들어올 때에,
사울의 딸 미갈이 창 밖을 내다보다가, 다윗 왕이
주님 앞에서 뛰면서 춤을 추는 것을 보고, 마음 속
으로 그를 업신여겼다. 17 그들이 주님의 궤를
들어다가, 다윗이 궤를 두려고 쳐 놓은 장막 안 제
자리에 옮겨 놓았을 때에, 다윗이 주님 앞에 번제와
화목제를 드렸다. 18 다윗은 번제와 화목제를
드리고 나서, 만군의 주님의 이름으로 백성에게
복을 빌어 주고, 19 그 곳에 모인 온 이스라엘
백성에게, 남녀를 가리지 않고, 각 사람에게, 빵
한 덩이와 고기 한 점과 건포도 과자 한 개씩을 나
누어 주었다. 그런 다음에 온 백성이 각각 자기들
의 집으로 돌아갔다.

20 다윗이 자기의 집안 식구들에게 복을 빌어
주려고 궁전으로 돌아가니, 사울의 딸 미갈이 다
윗을 맞으러 나와서, 이렇게 말하였다. "오늘 이
스라엘의 임금님이, 건달패들이 맨살을 드러내고
춤을 추듯이, 신하들의 아내가 보는 앞에서 몸을
드러내며 춤을 추셨으니, 임금님의 체통이 어떻게
되었겠습니까?" 21 다윗이 미갈에게 대답하였다.
"그렇소. 내가 주님 앞에서 그렇게 춤을 추었소.
주님께서는, 그대의 아버지와 그의 온 집안이 있는
데도, 그들을 마다하시고, 나를 뽑으셔서, 주님의
백성 이스라엘을 다스리도록, 통치자로 세워
주셨소. 그러니 나는 주님을 찬양할 수밖에 없소.
나는 언제나 주님 앞에서 기뻐하며 뛸 것이오.
22 내가 스스로를 보아도 천한 사람처럼 보이지
만, 주님을 찬양하는 일 때문이라면, 이보다 더 낮
아지고 싶소. 그래도 그대가 말한 그 여자들은 나를
더욱더 존경할 것이오."

23 이런 일 때문에 사울의 딸 미갈은 죽는 날
까지 자식을 낳지 못하였다.

이 법궤를 책임지고 있다). *웃사와 아히요* (아마도 "그의 형제")는 그 곳에서는 언급되지 않는다. 적어도 두 세대가 지났기 때문에, 그들은 아비나답의 손자들일 것이다 ("아들"은 "후손"을 뜻하기도 한다. 눅 19:9를 보라). **6:6** *나곤.* 이 곳은 알려져 있지 않다. 타작마당은 다른 곳에서 신적 현현의 장소로 이해된다 (삿 6:36-40; 삼하 24:16-25; 왕상 22:10). 아마도 타작은 선과 악을 심판하고 구별하는 하나님의 행위를 가리키는 듯하다 (눅 3:17; 22:32 참조).

특별 주석

주 하나님이 웃사에게 진노하셔서. 웃사는 분명히 법궤를 붙잡으려고만 했었다. 그는 하나님이 그를 벌하였기 때문에 죽은 것이 아니라, 의례적으로 준비되지 않았기 때문에 죽임을 당한다 (삼상 5장 참조). 이 사건은 사무엘하에 기록된 두 번째 갑작스러운 죽음이다 (2:18-23에 관한 주석을 보라). *베레스 웃사.* 이제 어근 *파라스* (*paraz* "파괴시키다")와 관계되어 두 가지 이름이 다윗과 관련하여 존재한다. 그 이름들은 하나님의 파괴적 힘을 상기시킨다. 하지만, 하나는 다윗에게 은혜를 베푼 것이지만 (5:20의 *바알브라심*), 다른 하나는 그렇지 않다.

6:10 *가드 사람 오벳에돔.* 이 사람은 아마도 블레셋의 가드 출신인 것 같다. 이 경우 다윗에 대한 충성은 다윗이 블레셋에 거주하던 시기로 거슬러 올라간다 (삼상 27장). 그러나 가드는 또한 이스라엘과 유다의 지명들 속에서도 찾아볼 수 있다 (수 19:44; 21:24; 왕하 14:25; 미 1:14). *오벳에돔*은 대상 15:18-24; 16:5, 38에서 언급된다. **6:12-15** 법궤의 무시무시한 힘이 또한 복이 될 수 있다는 소식을 들은 후, 다윗은 다시 그 법궤를 예루살렘으로 옮기려고 한다. 웃사의 사건을 경험한 후 (6-7절), 다윗은 *여섯 걸음* (아마도 여섯 걸음마다)을 걸은 후에 제사를 드리면서 조심스럽게 법궤가 보관될 성소를 성결하게 한다. *에봇.* 삼상 2:18에 관한 주석을 보라. 다윗이 에봇을 입고 있었다는 것은 주 앞에서 춤을 추는 것이 의식적인 행위였음을 말해준다. **6:16** *미갈.* 이 여인에 대해서는 20-23절을 보라. **6:17-19** *장막.* 법궤는 성전이 완성될 때까지

나단의 예언 (대상 17:1-15)

7 1 주님께서 사방에 있는 모든 원수에게서 다윗
왕을 안전하게 지켜 주셨으므로, 왕은 이제
자기의 왕궁에서 살게 되었다. 2 하루는, 왕이
예언자 나단에게 말하였다. "나는 백향목 왕궁에
사는데, 하나님의 궤는 아직도 휘장 안에 있습니다."
3 나단이 왕에게 말하였다. "주님께서 임금님과
함께 계시니, 가셔서, 무슨 일이든지 계획하신 대로
하십시오."

4 그러나 바로 그 날 밤에 주님께서 나단에
게 말씀하셨다. 5 "너는 내 종 다윗에게 가서 전
하여라. '나 주가 말한다. 내가 살 집을 네가 지으
려고 하느냐? 6 그러나 나는, 이스라엘 자손을
이집트에서 데리고 올라온 날로부터 오늘에 이르
기까지, 어떤 집에서도 살지 않고, 오직 장막이나
성막에 있으면서, 옮겨 다니며 지냈다. 7 내가
이스라엘 온 자손과 함께 옮겨 다닌 모든 곳에서,
내가 나의 백성 이스라엘을 돌보라고 명한 이스라
엘 그 어느 ㄱ)지파에게라도, 나에게 백향목 집을
지어 주지 않은 것을 두고 말한 적이 있느냐?'

8 그러므로 이제 너는 나의 종 다윗에게 전
하여라. '나 만군의 주가 말한다. 양 떼를 따라다
니던 너를 목장에서 데려다가, 내 백성 이스라엘의
통치자로 삼은 것은, 바로 나다. 9 나는, 네가 어
디로 가든지, 언제나 너와 함께 있어서, 네 모든
원수를 네 앞에서 물리쳐 주었다. 나는 이제 네 이
름을, 세상에서 위대한 사람들의 이름과 같이, 빛
나게 해주겠다. 10 이제 내가 한 곳을 정하여,
거기에 내 백성 이스라엘을 심어, 그들이 자기의
땅에서 자리잡고 살면서, 다시는 옮겨 다닐 필요
가 없도록 하고, 이전과 같이 악한 사람들에게 억
압을 받는 일도 없도록 하겠다. 11 이전에 내가
나의 백성 이스라엘에게 사사들을 세워 준 때와는
달리, 내가 너를 너의 모든 원수로부터 보호하여
서, 평안히 살게 하겠다. 그뿐만 아니라, 나 주가
너의 집안을 한 왕조로 만들겠다는 것을 이제 나
주가 너에게 선언한다. 12 너의 생애가 다하여서,
네가 너의 조상들과 함께 묻히면, 내가 네 몸에서
나올 자식을 후계자로 세워서, 그의 나라를 튼튼
하게 하겠다. 13 바로 그가 나의 이름을 드러내
려고 집을 지을 것이며, 나는 그의 나라의 왕위를
영원토록 튼튼하게 하여 주겠다. 14 나는 그의
아버지가 되고, 그는 나의 아들이 될 것이다.
그가 죄를 지으면, 사람들이 저의 자식을 매로 때
리거나 채찍으로 치듯이, 나도 그를 징계하겠다.
15 내가, 사울에게서 나의 총애를 거두어, 나의
앞에서 물러가게 하였지만, 너의 자손에게서는

ㄱ) 또는 '지도자에게도' 또는 '지파 지도자에게도' (대상 17:6 참조)

이 곳에 보관된다 (7:2; 왕상 8:1-4 참조). *번제.* 번제는 종종 속죄와 정결함과 연관되어 있다. 출 29:18; 레 9:7; 16:24; 신 13:16을 보라. *화목제 (offerings of well-being).* 이것은 종종 축제의 한 부분을 차지한다. 출 24:5-11; 레 3장; 삼상 11:15를 보라. 다윗은 희생제를 드릴 수 있다 (8:18 참조). 사울은 사무엘이 기다리라고 말했을 때에 희생제를 드리는 잘못을 범하였다 (삼상 10:8; 13:8-14). 예루살렘은 이제 종교적이며, 동시에 정치적 수도가 된다. **6:20-23** 이 구절은 처음으로 다윗의 왕좌 계승에 대해 의문을 제기한다. 그의 부인 미갈(3:14-16에 관한 주석을 보라)은 세 번이나 *사울 왕의 딸로* 언급됨으로써 (16, 20, 23절), 다윗과 그녀 사이의 아들이 두 왕가 모두의 계승자가 될 수 있다는 것을 상기시켜 준다 (2:1—5:5). *미갈은 죽는 날까지 자식을 낳지 못하였다.* 이 표현은 아마도 미갈과 다윗이 결코 화해하지 못했다는 것을 의미하는 것 같다. 두 왕가를 연합시켜 줄 수 있는 후계자는 결코 탄생하지 못할 것이다.

7:1-29 이제 다윗은 완전히 모두 승리했다. 이스라엘과 유다는 그를 왕으로 선택한다. 그는 견고한 도시를 확보하여 수도로 삼는다. 그는 블레셋을 격퇴시킨다. 사무엘은 사울 자신이 한 왕조를 형성하지 못할 것이라고 말했다. 이러한 예언은 사울의 정신적 쇠퇴를 초래하였다 (삼상 13:13-14; 15:28—16:23). 이제 다윗 왕가에 대한 질문은 그 본문이 이스라엘과 유다를 이을 후계자가 없게 될 것이라고 설명한 후 곧이어 제기된다 (6:20-23에 관한 주석을 보라). 삼하 23:5와 시 89:3-4; 132:11-12는 하나님과 다윗 사이의 언약을 가리키고 있지만, 그 단어는 여기에서 사용되지는 않는다. **7:1-3** *나단 (Nathan).* 이 선지자에 관하여는 이전에 언급된 적이 없다. 또한 11:27b—12:15, 25와 왕상 1:1-48을 보라. *백향목 왕궁.* 이것에 대해서는 5:11을 보라. *하나님의 궤는 아직도 휘장 안에 있습니다.* 5:11; 6:17을 보라. 성전을 짓고자 하는 다윗의 의도는 나단도 승인하는 것이며, 분명히 하나님을 영화롭게 하며 궤를 보관하기 위함이었다. **7:4-17** 하나님은 다윗에게 나단을 보내어 신탁을 통해 두 사람의 마음을 바꾼다. 예전에 하나님은 예언자들을 통해서 다윗에게 말씀하셨다 (사무엘, 삼상 16장; 19:18-24; 갓, 삼상 22:5에 관한 주석을 보라). 하지만 하나님은 일반적으로 제사장적인 "주님께 여쭈어 보는" 행위를 통해 다윗과 만나신다 (삼상 10:22; 22:10, 13; 23:2, 4, 10-12; 30:8; 삼하 2:1; 5:19, 23에 관한 주석들을 보라). 이제 이처럼 장황한 신탁은 제사장적 형태에 대한 예언적 형

총애를 거두지 아니하겠다. 16 네 집과 네 나라가
ㄱ)내 앞에서 영원히 이어 갈 것이며, 네 왕위가 영
원히 튼튼하게 서 있을 것이다.'"
17 나단은 이 모든 말씀과 계시를, 받은 그
대로 다윗에게 말하였다.

다윗의 감사 기도 (대상 17:16-27)

18 다윗 왕이 성막으로 들어가서, 주님 앞에
꿇어앉아, 이렇게 기도하였다. "주 하나님, 내가
누구이며 또 내 집안이 무엇이기에, 주님께서
나를 이러한 자리에까지 오르게 해주셨습니까?
19 주 하나님, 그런데도 주님께서는 이것도 오히려
부족하게 여기시고, 주님의 종의 집안에 있을 먼
장래의 일까지 말씀해 주셨습니다. 주 나의 하나
님, 이것이 어찌 주님께서 사람을 대하시는 일상
적인 방법이겠습니까? 20 주 하나님, 주님께서
주님의 종을 잘 아시니, 이 다윗이 주님께 무슨 말
씀을 더 드릴 필요가 있겠습니까? 21 주님께서
세우신 뜻과 목적대로 주님께서는 이렇게 크나큰
일을 하시고, 또 그것을 이 종에게까지 알려 주셨
습니다. 22 주 하나님, 주님은 위대하십니다. 우
리의 귀로 다 들어 보았습니다만, 주님과 같은 분
이 또 계시다는 말은 들어 본 적이 없고, 주님 밖
에 또 다른 하나님이 있다는 말도 들어 본 적이 없
습니다. 23 이 세상에서 어떤 민족이 주님의 백
성 이스라엘과 같겠습니까? 하나님이 직접 찾아
가셔서, 이스라엘을 구하여 내시고, 주님의 백성
으로 삼아서, 주님의 명성을 드러내셨습니다. 그
들을 이집트에서 구하여 내시려고 큰 일을 하셨
고, 주님의 백성이 보는 앞에서, 다른 민족들과 그
신들에게서 그들을 친히 구원하시려고 이렇게 큰
일을 하시었고, 주님의 땅에서 놀라운 일을 하셨
습니다. 24 주님께서는 이렇게 주님의 백성
이스라엘을 튼튼히 세우셔서, 영원히 주님의 백성
으로 삼으셨습니다. 또 주님께서 그들의 하나님
이 되셨습니다.

ㄱ) 몇몇 히브리어 사본과 칠십인역을 따름. 대다수의 히브리어 사본에는 '네'

태의 우월성을 보여주기 시작한다. **7:5** *네가…하느냐?* 대상 28:3에서 다윗은 전쟁을 치른 군주이기 때문에 성전을 지을 수 없게 된다. **7:6** *장막.* 이 장막은 6:17의 장막이 아니라, 광야시대에 하나님의 계시가 공표되는 만남의 장소이다. 출 29:41-46; 33:7-11; 민 11:16-17을 보라. *성막.* 역시 광야시대와 연결되어 있는 용어로, 꾸며진 성막은 제사장 사역의 중심이었다. 출 25—28장을 보라. **7:7-11a** 이스라엘 백성이 이동하는 동안에, 하나님이 이동하는 형태로 이스라엘 백성들 가운데 나타나시는 것이 어울리는 것이었다. 이제 그들이 마침내 정착하였기 때문에, 성전이 이제는 적절한 형태처럼 보인다 (비록 다윗은 성전을 건설하지 못했지만 말이다, 13절). **7:8** *목장에서 데려다가.* 이것에 대해서는 삼상 16:11을 보라. 통치자. 이것에 대해서는 삼상 9:15-17에 관한 주석을 보라. **7:9** *네 모든 원수를 네 앞에서 물리쳐 주었다.* 이 말은 아브넬의 죽음에 대한 다윗의 무죄함을 말해주고 있다. 왜냐하면 하나님이 다윗의 원수를 제거하셨기 때문이다. **7:11b** 이야기는 하나님의 집안에서 다윗의 왕조로 옮긴다. 하나님은 최초에 왕정체제를 승인하지 않으셨지만 (삼상 8장), 이제 하나님은 이러한 체제를 허용하실 뿐만 아니라, 이 가족에게 약속과 축복을 내리신다. 478쪽 추가 설명: "정부에 대한 성경의 양면적인 태도"를 보라. **7:12-16** 이 구절들은 특별히 솔로몬을 지칭하는 것이며 일반적으로는 다윗 왕조를 말해준다. **7:12** *내가 네 몸에서 나올 자식을 후계자로 세워서, 그의 나라를 튼튼하게 하겠다.* 왕상 1—8장을 보라, 특별히 8:27-30에 관한 주석을 보라. **7:14** *그가 죄를 지으면, 사람들이 저의 자식을 매로 때리거나 채찍으로 치듯이, 나도 그를 징계하겠다* 왕상 11장 참고 (삼상 12:14-15를 참조). 이 구절은 기본적인 신명기적 이해를 대변해 주는데, 곧 전쟁은 하나님에 대한 불충성에서 기인한다는 것이다. 사무엘상 서론을 보라. 다윗의 가족은 그들이 잘못 행한다 할지라도 계속해서 통치하게 될 것이지만, 그들은 (그리고 그 국가는) 징계를 받을 수는 있다. **7:15** *사울에게서 나의 총애를 거두어.* 삼상 15:26-29에 관한 주석을 보라. **7:16** *네 집과 네 나라가 내 앞에서 영원히 이어 갈 것이며* (또한 27-29절을 보라). 이러한 진술은 바빌로니아에서 포로생활을 할 때와 포로생활 이후에, 곧 이스라엘이 그들만의 왕을 더 이상 가질 수 없게 되었을 때에 문제가 된다 (왕하 25:6-7; 사 55:3-5; 겔 37:24-25 참조). **7:18-29** 다윗은 하나님이 아무런 가치가 없는 자신을 위하여 주신 모든 사실을 인정하며, 이스라엘이 강하게 된 것에 대한 모든 영광을 하나님께 돌린다. **7:18** *다윗 왕은* 법궤를 보관하기 위해 설치한 *성막으로 들어갔다* (6:17; 7:2). **7:19** 마지막 문장은 본문상의 문제를 제기한다. 본문은 아마도 하나님이 다윗 왕가의 미래를 계시했다는 것을 반복하는 것 같다. 어쨌든, 하나님의 능력과 충실함을 입증하며, 다윗은 이 약속을 국가의 확고한 미래로 이해한다. (공동번역이 도움을 주는 것 같다. "야훼 나의 주님, 이것만도 분에 넘치는 일인데 훗날에 이 종의 집안에 있을 일까지 말씀해 주시고 알려 주시니, 고마운 마음 이루 다 헤아릴 수 없습니다.") **7:21** *주님께서 세우신 뜻과 목적대로.* 삼상 13:14; 15:28-29를 보라. **7:23** *이 세상에서 어떤 민족이.* 신 4:7-8, 32-40을 보라. **7:26-29** 다윗은

25 주 하나님, 주님께서 주님의 종과 이 종의
집안에 약속하여 주신 말씀이 영원히 변하지 않게
하여 주십시오. 26 그래서 사람들이 '만군의 주
님께서 이스라엘의 하나님이시다!' 하고 외치며,
주님의 이름을 영원토록 높이게 하시고, 주님의
종 다윗의 집안도 주님 앞에서 튼튼히 서게 해주
시기를 바랍니다. 27 만군의 주, 이스라엘의 하
나님, 주님께서 몸소 이 계시를 이 종에게 주시고
'내가 너의 집안을 세우겠다!' 하고 말씀하여 주셨
으므로, 주님의 종이 감히 주님께 이러한 간구를
드릴 용기를 얻었습니다.

28 그리고 이제 주 나의 하나님, 주님께서는
참으로 하나님이십니다. 주님께서는 언제나 약속을
지키십니다. 그리고 주님께서 주님의 종에게 이와
같이 놀라운 약속을 하셨습니다. 29 그러므로
이제 주님의 종의 집안에 기꺼이 복을 내리셔서,
나의 자손이 주님 앞에서 영원토록 대를 잇게 해주
시기를 바랍니다. 주 하나님, 주님께서 직접 그렇게
약속하여 주셨으니, 주님의 종의 집안이 영원토록,
주님께서 내리시는 복을 받게 해주십시오."

다윗 왕국의 성립과 그 판도 (대상 18:1-17)

8 1 그 뒤에 다윗이 블레셋 사람을 쳐서, 그들
을 굴복시키고, 블레셋 사람의 손에서 메덱암
마를 빼앗았다.

2 다윗은 또 모압을 쳤다. 그는 모압 포로들을
줄을 지어 세운 다음에, 그들을 땅에 엎드리게 하고,
매 석 줄 중에 두 줄은 죽이고, 한 줄은 살려주었다.
모압 사람들은 다윗의 종이 되어 그에게 조공을
바쳤다.

3 르홉의 아들, 소바 왕 하닷에셀이 유프라
테스 강 유역에서 자기 세력을 되찾으려고 출정하
였을 때에, 다윗이 그를 치고, 4 그에게서 기마병
천칠백 명과 보병 이만 명을 포로로 사로잡았다.
다윗은 또 병거를 끄는 말 가운데서도 백 필만 남겨
놓고, 나머지는 모조리 다리의 힘줄을 끊어 버렸다.

5 다마스쿠스의 시리아 사람들이 소바 왕 하
닷에셀을 도우려고 군대를 보내자, 다윗은 시리아
사람 이만 이천 명을 쳐죽이고, 6 시리아의 다마
스쿠스에 주둔군을 두니, 시리아도 다윗의 종이
되어 그에게 조공을 바쳤다. 다윗이 어느 곳으로
출전하든지, 주님께서 그에게 승리를 안겨 주셨다.
7 그 때에 다윗은 하닷에셀의 신하들이 가지고
있는 금방패를 다 빼앗아서, 예루살렘으로 가져
왔다. 8 또 다윗 왕은, 하닷에셀의 두 성읍 베다와
베로대에서는, 놋쇠를 아주 많이 빼앗아 왔다.

9 하맛 왕 도이는, 다윗이 하닷에셀의 온 군
대를 쳐서 이겼다는 소식을 들었다. 10 그는 자
기의 아들 요람을 다윗 왕에게로 보내서 문안하게
하고, 다윗이 하에셀과 싸워서 이긴 것을 축하하
게 하였다. 하닷에셀은 도이와 서로 싸우는 사이
였다. 요람은 은과 금과 놋으로 만든 물건을 많이 가
지고 다윗에게로 왔다. 11 다윗 왕은 이것들도
따로 구별하여서, 이미 정복한 모든 민족에게서
가져온 것에서 따로 구별하여 둔 은금과 함께 주

하나님의 약속을 이스라엘을 향한 하나님의 충실하심의 일부분으로 이해하였지, 단지 자기 자신에 대한 하나님의 신실하심으로 이해하지 않았다 (5:12 참조).

8:1-18 8—10장은 다윗이 국내외적으로 권력을 강화시키고 있음을 묘사하고 있다. 전쟁에 대하여 자세히 보고하는 것이 중요한 것이 아니라, 하나님께서 다윗 왕조를 일으키시어 (7장) 사울이 자신의 통치기간 동안 전투를 벌여왔던 사람들(삼상 14:47)을 다윗이 승리로 이끌었다는 사실이 중요한 것이다 (8:6, 14). 이러한 장들에서 다윗은 마치 왕처럼 행동하며, 그의 친구들에게는 다정하며 적들에게는 잔인한 모습을 보여준다. (이러한 설명에 대해서, 시 60편의 표제를 보라). **8:1** 다윗은 이제 블레셋 사람들에게 맹공격을 가한다 (5:17 참조). 이 이야기가 본문 속에서는 충분하게 다루어지지 않고 있지만, 부록에서 자세하게 다루어지고 있다 (21:15-22; 23:9-17). *블레셋 사람의 손에서 메덱암마를 빼앗았다.* 만약 메덱암마가 지명이라면, 알려진 곳은 없다. *메덱.* 이것은 "속박"을 의미한다. 여기서 다윗은 블레셋 사람들의 손에서 통치권을 빼앗았다는 것을 의미하는 것 같다. 삼손, 엘리, 사무엘, 그리고 사울은 이러한 일들을 할 수 없었다. **8:2** 이 본문은 다윗이 예전에 모압과 맺었던 우호적인 관계를 악화시키고 있다는 사실을 설명하려는 것이 아니다 (룻 1:3-4; 4:18-22; 삼상 22:3-4를 참조하라). *매 석 줄 중에 두 줄은 죽이고.* 세 명 중에 두 명을 처형하였다는 뜻이다. 23:20은 간략하게 이 전쟁 중에 발생한 사건을 소개한다. 모압은 후에 여호람을 배반한다 (왕하 1:1; 3:4-27). **8:3** *르홉의 아들.* 아마도 벧르홉 (Beth-rehob) 출신인 것 같다 (문자 그대로는 "르홉의 집"을 의미한다), 10:6을 참조하라. *소바.* 이 곳은 다마스쿠스의 북쪽 지역이다 (5-6절). *자기 세력을 되찾으려고.* 소바의 왕 하닷에셀은 유프라테스 강에 이르기까지 자신의 통치권을 주장하고자 한다. **8:4** 다윗은 하닷에셀보다 더 적은 수의 기마병을 소유하고 있으며, 따라서 그는 그가 필요로 하지 않는 말들이 적들에 의해 사용되지 못하도록 만든다. **8:9-12** *하맛.* 소바와 다마스쿠스의 북쪽 지역이다. 도이의 선물은 동맹관계를 축하하기 위함이거나 도이의 영역으로 지경을 넓히고 있는 왕의 환심을 사기 위한 것으로 보인다. **8:13** *다윗은…에서 이름을 떨쳤다.* 다윗은 5:12에서 깨달은 것을 상실한다. 비록 14

님께 바쳤는데, 12 그것들은, 그가 ㄱ)에돔과 모압과 암몬 사람들과 블레셋 사람들과 아말렉에게서 가져온 은금과, 르홉의 아들인 소바 왕 하닷에셀에게서 빼앗아 온 물건 가운데서, 따로 떼어놓은 은과 금이었다.

13 다윗은 돌아오는 길에 '소금 골짜기'에서 ㄱ)에돔 사람 만 팔천 명을 쳐죽이고, 이름을 떨쳤다. 14 그 때에 다윗이 에돔에 주둔군을 두기 시작하여서, 온 에돔에 주둔군을 두니, 마침내 온 에돔 사람이 다윗의 종이 되었다. 다윗이 어느 곳으로 출전하든지, 주님께서 그에게 승리를 안겨 주셨다.

15 다윗이 왕이 되어서 이렇게 온 이스라엘을 다스릴 때에, 그는 언제나 자기의 백성 모두를 공평하고 의로운 법으로 다스렸다. 16 스루야의 아들 요압은 군사령관이 되고, 아힐룻의 아들 여호사밧은 역사 기록관이 되고, 17 아히둡의 아들 사독과 아비아달의 아들 아히멜렉은 제사장이 되고, 스라야는 서기관이 되고, 18 여호야다의 아들 브나야는 그렛 사람과 블렛 사람의 지휘관이 되었다. 다윗의 아들들은 제사장 일을 보았다.

다윗과 므비보셋

9 1 하루는 다윗이 물었다. "사울의 집안에 살아남은 사람이 있느냐? 요나단을 보아서라도, 남아 있는 자손이 있으면, 잘 보살펴 주고 싶구나." 2 마침 사울의 집안에서 종노릇 하는 시바라는 사람이 있어서, 사람들이 그를 불러 다윗에게로 데리고 왔다. 왕이 그에게 "네가 시바냐?" 하고 물으니 "그러합니다" 하고 그가 대답하였다. 3 왕이 물었다. "사울의 집안에 남은 사람이 없느냐? 있으면 내가 하나님의 은총을 그에게 베풀어 주고 싶다." 그러자 시바가 왕에게 대답하였다. "요나단의 아들이 하나 남아 있습니다. 두 다리를 접니다." 4 왕이 그에게 물었다. "그는 지금 어디에 있느냐?" 시바가 왕에게 대답하였다. "그는 지금 로드발에 있는 암미엘의 아들 마길의 집에서 삽니다."

5 다윗 왕이 사람을 보내어서, 로드발에 있는 암미엘의 아들 마길의 집에서 그를 데려왔다.

ㄱ) 몇몇 히브리어 사본과 칠십인역과 시리아어역을 따름 (대상 18:11; 12 참조). 대다수의 히브리어 사본에는 '아람'. 히브리어 자음 본문에서 에돔과 아람은 혼동되기 쉬움

절이 그가 승리하게 된 것을 하나님께 돌리고 있지만, 그것은 다윗이 11장에서 마치 그가 성취한 것처럼 행동한 이유를 가리키고 있는 것 같다. 왕상 11:15-16은 2-3절에 기록되어 있는 모압에서의 대학살보다도 더 가혹하게 행해진 에돔에서의 대학살을 기록하고 있다. 이것이 에돔이 솔로몬에 대항하여 반란을 일으킨 원인이 된다 (왕상 11:14-25). **8:14** 다윗은 에돔을 종주국으로 삼게 되면서 남부 지역까지 영토를 확장하게 된다. 그리고 그는 아람과 모압을 정복하게 되면서 북부와 동부 지역까지 영토를 확장하기도 하였다. 사무엘하는 다윗의 군사적 승리에 더 많은 주의를 기울이고 있는 바, 점령지에 대한 통치는 그에 비해 소홀히 취급된다. **8:15-18** 여기에 기록된 다윗의 고관들의 목록은 구관(요압, 아비아달)과 신관 (브나야, 사독) 모두 기록하는데, 그들의 임무는 각각 분리되어 있다. **8:16** *요압.* 다윗의 조카이다. 2:18에 관한 주석을 보라. *여호사밧.* 이 사람에 대해서는 왕상 4:3을 보라. **8:17** *사독.* 이에 대해서는 삼상 2:35에 관한 주석을 보라; 왕상 2:35를 보라. 레위에서 시작하여 "아히둡"에 이어지는 사독 후손들의 목록은 대상 6:1-12, 50-53 [히브리 성경 5:33-44; 6:37-40]에 나타나지만, 이 사독은 삼상 14:3에 언급된 엘리의 손자는 아니다 (비록 그들이 친척관계는 되겠지만; 삼상 1:12-18에 관한 주석을 보라). 엘리는 역대기상에 나타나지 않으며, 어찌 되었든 만약 사독이 그 가계 출신이었다면 그는—왕상 2:35의 엘리의 증손자인 아비아달을 대체하기보다는—삼상 2:31-32에서 제외되었을 것이다. *아비아달의 아들 아히멜렉은* "아히멜렉의 아들 아비아달"로 읽혀져야 한다 (삼상 22:20-23을 참조; 아비아달과 사독에 대해서는 삼하 15:24-35; 17:15; 19:11; 20:25를 보라); 또한 삼상 2:31-33; 왕상 2:26-27에 관한 주석을 보라. *스라야* (*Seraiah*). 이 사람에 대해서는 20:25를 보라 (그 곳에서는 *스와*(*Sheva*로 나타난다). **8:18** *여호야다의 아들 브나야는 그렛 사람과 블렛 사람의 지휘관이 되었다.* 브나야는 다윗의 개인 경호실장이었다 (23:20-23). 블레셋 사람들처럼, 그렛 사람들과 블렛 사람들은 아마도 에게 해의 섬 출신으로 생각되지만, 그리스 민족은 아니었다 (삼상 4:1-2에 관한 주석을 보라). 아마도 다윗이 시글락을 다스리고 있는 동안 다윗의 부하가 된 것 같다 (삼상 27:6-12; 30:1-31; 삼하 1:1). 솔로몬의 통치기간 동안, 브나야는 모든 군대의 총사령관이 되었다 (왕상 2:35; 4:4). *다윗의 아들들.* 다윗의 아들들이 제사장 직분을 수행했다는 언급은 어디에서도 찾아볼 수 없다. 다윗의 통치가 막바지에 이르렀을 때, 그의 고관들의 이름이 실려 있는 목록은 20:23-26을 보라.

9:1-13 여기서는 사울의 자손들을 염려하는 다윗의 태도와 사울의 가문에 대한 다윗의 무죄성을 강조한다 (4:1-12에 관한 주석을 보라). 이러한 다윗의 무죄성은 아마도 21:1-14의 사건에 바로 뒤이어질 수 있을 것 같다. 다윗은 요나단과의 언약(삼상 20:13-15)과 사울과의 약속(삼상 24:21-22)을 신실하게 지킬 뿐만 아니라, 이제는 사울의 직계 자손들을 돌보아 준다 (16:1-6 참조). **9:3** *두 다리를 접니다.* 므비보셋이 부상을 당하게 된 것은 요압이 아브넬을 살해하는 데에서

6 사울의 손자이며 요나단의 아들인 므비보셋은
다윗에게 와서 엎드려 절하였다. 다윗이 "네가 므
비보셋이냐?" 하고 물었다. 그가 대답하였다.
"예, 임금님의 종, 므비보셋입니다." 7 다윗이
그에게 말하였다. "겁낼 것 없다. 내가 너의 아버지
요나단을 생각해서 네게 은총을 베풀어 주고 싶다.
너의 할아버지 사울 임금께서 가지고 계시던 토지
를 너에게 모두 돌려주겠다. 그리고 너는 언제나
나의 식탁에서 함께 먹도록 하여라." 8 므비보
셋이 엎드려 아뢰었다. "이 종이 무엇이기에 죽은
개나 다름없는 저를 임금님께서 이렇게까지 돌보아
주십니까?"

9 다윗 왕은 사울의 종 시바를 불러서 일렀다.
"사울과 그의 온 집안이 가졌던 모든 것을, 내가
이제 너의 상전의 손자인 므비보셋에게 주었다.
10 그러니 너는 너의 아들들과 종들과 함께 모두
그 땅을 갈고 거두어서, 너의 상전의 집안이 먹을
양식을 대도록 하여라. 그러나 너의 상전의 손자
인 므비보셋은 언제나 나의 식탁에서 음식을 먹을
것이다." (시바에게는 아들 열다섯과 종 스무 명
이 있었다.) 11 시바가 왕에게 대답하였다. "높
으신 임금님께서 이 종에게 명령하신 그대로, 이
종이 모두 하겠습니다." 그리하여 므비보셋은 왕
자들과 다름없이, 언제나 다윗 왕의 식탁에서 음
식을 먹었다. 12 므비보셋에게는 미가라는 어린
아들이 하나 있었다. 시바의 집에 사는 사람들은
모두 므비보셋의 종이 되었다. 13 므비보셋은 언
제나 왕의 식탁에서 먹었으며, 예루살렘에서만
살았다. 그는 두 다리를 다 절었다.

암몬과의 전쟁 (대상 19:1-19)

10 1 그 뒤에 암몬 사람의 왕이 죽고, 그의
아들 하눈이 그를 이어서 왕이 되었다.
2 다윗은 "하눈의 아버지 나하스가 나에게 은혜를
베풀었으니, 나도 나하스의 아들 하눈에게 은혜
를 베풀어야겠다" 하고서, 신하들을 보내어, 고인
에게 조의를 표하게 하였다. 그래서 다윗의 신하
들이 암몬 사람의 땅에 이르렀다. 3 그러나 암몬
사람의 대신들이 자기들의 상전인 하눈에게 말하
였다. "다윗이 임금님께 조문 사절을 보낸 것이 임
금님의 부친을 존경하기 때문이라고 생각하십니
까? 오히려 이 도성을 두루 살피고 정탐하여, 함
락시키려고, 다윗이 임금님께 자기의 신하들을
보낸 것이 아닙니까?" 4 그래서 하눈은 다윗의
신하들을 붙잡아서, 그들의 한쪽 수염을 깎고, 입은
옷 가운데를 도려내어, 양쪽 엉덩이가 드러나게
해서 돌려보냈다. 5 사람들은 이 일을 다윗에게
알렸다. 조문 사절이 너무나도 수치스러운 일을
당하였으므로, 다윗 왕은 사람을 보내어 그들을
맞으며, 수염이 다시 자랄 때까지 여리고에 머물
러 있다가, 수염이 다 자란 다음에 돌아오라고 하
였다.

6 암몬 사람들은 자기들이 다윗에게 미움을
사게 된 줄을 알았다. 암몬 사람들은 사람을 보내
어서, 벳르홉의 시리아 사람과 소바의 시리아 사
람에게서 보병 이만 명과, 마아가의 왕에게서 천
명과, 돕 사람들에게서 만 이천 명을 용병으로
고용하였다. 7 다윗은 이 소식을 듣고, 요압에게

생긴 것이다 (4:1-4). **9:4** *로드발.* 이 것은 이스바알의 수도였던 마하나임 근처의 도시로, 그 곳에서 므비보셋이 부상을 당했다 (4:4). **9:6** *므비보셋.* 이 사람에 대해서는 삼하 4:4에 관한 주석을 보라. **9:7** *너의 아버지 요나단을 생각해서.* 삼상 20:13-15를 보라. *너의 할아버지 사울 임금께서 가지고 계시던 토지를 너에게 모두 돌려주겠다.* 사울의 재산을 말하는 것이지, 그가 다스렸던 영토를 말하는 것이 아니다 (9절). *나의 식탁에서 함께 먹도록 하여라.* 므비보셋은 존귀하게 대우를 받는다 (왕상 2:7 참조). 그는 또한 다윗의 통제를 받게 된다 (16:1-4에 관한 주석을 참조하라). **9:9** *너의 상전.* 사울을 가리킨다. **9:10** 이러한 조정은 시바의 충성심을 확실히 해야 했지만, 16:1-4; 19:24-30의 불평을 보라. **9:12-13** *미가.* 이 인물은 비록 사울 왕가의 장손인 므비보셋이 다윗의 권좌에 도전하지 않을 것처럼 보이지만, 사울의 왕가가 계속해서 성장해 가고 있음을 보여준다.

10:1-19 다윗은 다시 8장에서 정복한 나라들과 전쟁을 치루지만, 세부적인 설명에 있어서는 서로 다르다 (암몬 사람들의 관여, 아람 사람들을 용병으로 고용한다는 점, 다마스쿠스 사람들의 불참). 다윗은 이제 그들을 정복해야 할 뿐만 아니라, 자신의 영토를 보호하여야 한다. **10:1-2** 사울의 첫 번째 승리는 *나하스와* 대항하여 이긴 승리였다 (삼상 10:27b—11:11). 비록 나하스와 다윗 사이의 관계에 대한 설명을 찾아볼 수는 없지만, 그들은 우호적인 관계에 있었던 듯하다. 왜냐하면 두 사람 모두 사울과 적대적인 관계에 놓여 있었기 때문이다. **10:3** 아람 사람들이 다윗의 태도를 의심할 만한 어떤 이유도 기록되어 있지 않지만, 아마도 급속도록 확산되고 있는 다윗의 정복작전으로 인한 두려움 때문인 것으로 보인다 (8:1-8, 13-14). 그 전쟁은 12:31에 이르기까지 계속된다. **10:6** 암몬 사람들은 다윗과 전투해 본 경험이 있는 용병들을 고용한다. 다윗은 그들을 8:3-8에서 격퇴시켰다. *마아가와 돕 (Maacah and Tob)* (이 지역은 다마스쿠스의 남동쪽으로 이스라엘과 접경지대이다). 이 지역은 처음으로 이 전

전투부대를 맡겨서 출동시켰다. 8 암몬 사람도 나와서, 성문 앞에서 전열을 갖추었으며, 소바와 르홉의 시리아 사람들과 돕과 마아가의 용병들도 각각 들녘에서 전열을 갖추었다.

9 요압은 적이 자기 부대의 앞뒤에서 전열을 갖추어 포진한 것을 보고, 이스라엘의 모든 정예병 가운데서 더 엄격하게 정예병을 뽑아서, 시리아 군대와 싸울 수 있도록 전열을 갖추었다. 10 남은 병력은 자기의 아우 아비새에게 맡겨, 암몬 군대와 싸우도록 전열을 갖추게 하고서, 11 이렇게 말하였다. "시리아 군대가 나보다 더 강하면, 네가 와서 나를 도와라. 그러나 암몬 군대가 너보다 더 강하면, 내가 가서 너를 돕겠다. 12 용기를 내어라. 용감하게 싸워서 우리가 우리 민족을 지키고, 우리 하나님의 성읍을 지키자. 주님께서 좋게 여기시는 대로 이루어 주실 것이다."

13 그런 다음에 요압이 그의 부대를 거느리고 시리아 사람들과 싸우러 나아가니, 시리아 군인들이 요압 앞에서 도망하여 버렸다. 14 암몬 군인들은 시리아 군인들이 도망하는 것을 보고서, 그들도 아비새 앞에서 도망하여, 성으로 들어가 버렸다. 요압은 암몬 군대와 싸우기를 그치고, 예루살렘으로 돌아왔다.

15 시리아 군인들은 자기들이 이스라엘에게 패한 것을 알고서, 온 군대를 다시 집결시켰다. 16 그 때에 하닷에셀이 사람을 보내어서, 유프라테스 강 동쪽에 있는 시리아 군대를 동원시켰으므로, 그들이 헬람으로 왔다. 하닷에셀의 부하 소박 사령관이 그들을 지휘하였다. 17 다윗이 이 소식을 듣고, 온 이스라엘 군대를 모아서 거느리고, 요단 강을 건너서, 헬람으로 진군하였다. 시리아 군대가 다윗과 싸우려고 전열을 갖추고 있다가, 맞붙어 싸웠으나, 18 시리아는 이스라엘 앞에서 도망하고 말았다. 다윗은 시리아 군대를 쳐서, 병거를 모는 칠백 명과 기마병 사만 명을 죽이고, 소박 사령관도 쳐서, 그를 그 자리에서 죽였다. 19 하닷에셀의 부하인 모든 왕은, 자기들이 이스라엘에게 패한 것을 알고서, 이스라엘과 화해한 뒤에, 이스라엘을 섬겼다. 그 뒤로 시리아는, 이스라엘이 두려워서, 다시는 암몬 사람을 돕지 못하였다.

다윗과 밧세바

11 1 그 다음 해 봄에, 왕들이 출전하는 때가 되자, 다윗은 요압에게 자기의 부하들과 온 이스라엘의 군인들을 맡겨서 출전시켰다. 그들은 암몬 사람을 무찌르고, 랍바를 포위하였다. 그러나 다윗은 예루살렘에 머물러 있었다.

2 어느 날 저녁에, 다윗은 잠깐 눈을 붙였다가 일어나, 왕궁의 옥상에 올라가서 거닐었다. 그 때에 그는 한 여인이 목욕하는 모습을 옥상에서 내려다 보았다. 그 여인은 아주 아름다웠다. 3 다윗은 신하를 보내서, 그 여인이 누구인지 알아보게 하였다. 다녀온 신하가, 그 여인은 엘리암의 딸로서, 헷 사람 우리야의 아내 밧세바라고 하였다. 4 그런데도 다윗은 사람을 보내어서 그 여인을 데려왔다. 밧세바가 다윗에게로 오니, 다윗은 그 여인과 정을 통하였다. (그 여인은 마침 부정한 몸을 깨끗하게 씻고 난 다음이었다.) 그런 다음에 밧세바는 다시 자기의 집으로 돌아갔다.

5 얼마 뒤에 그 여인은 자기가 임신한 것을

쟁에 연루된다. **10:9-14** 다윗의 조카이자 장군인 *요압과 아비새* (2:18에 관한 주석을 보라). 이들은 연맹국이 자신들을 공격하기 이전에 먼저 선제공격을 감행한다. *성문 앞에서* (8절). 이 전쟁이 암몬의 수도인 랍바 외곽에서 진행되고 있음을 말해준다 (또한 11:1을 보라). **10:15-19** 아람 사람들은 다윗의 종이 되어 조공을 바치는 것(8:6)에서 벗어나기 위해서 계속해서 전쟁에 임한다. 그들은 동맹국인 다마스쿠스지역보다 훨씬 더 먼 곳에서 군사력을 재정비하지만, 성공을 거두지 못한다. 결과적으로, 암몬 사람들은 고립된다.

11:1—20:26 5—10장에서는 다윗을 적들이 두려워하는 군사적 승리자이자 하나님의 축복을 받은 유명인사로 묘사한다. 이제 그 이야기는 개인으로서 그를 평가하며 그의 약점들을 인식하기 시작한다. 그의 약점들은 그의 가족사와 연관되어 있으며, 결과적으로는 이스라엘 전체에 영향을 끼치게 된다 (삼상 12:14-15; 삼하 7:14). 곧, 다윗의 왕가에 속한 사람들을 간음 살해하고 (13:1-29), 이스라엘을 분열시키는 반란으로 진행된다 (15—18장).

11:1-27a 다윗은 자신이 가장 총애하는 전사 가운데 한 사람의 가정을 파괴한다. 과거에 그는 무자비하게 사람들을 죽였지만 (8:2), 항상 사람들의 시선을 염두에 두고 있었다 (4:1-12에 관한 주석을 보라). 이는 성폭행과 살인 이야기에서 증명되고 있는 바, 길보아 전투에서의 사울이 전사한 (삼상 31장) 이후 다윗 왕족과 이스라엘에 가장 심각한 문제를 일으키기 시작한다. 다윗의 초기 생애에서 그는 자신의 성공적인 삶이 이스라엘을 향한 하나님의 사랑으로 인한 것임을 항상 인정하였다 (5:12; 6:21; 7:18-29). 이제 그는 백성을 자신의 욕구를 위해 이용하고 있다. **11:1** 첫 문단은 다윗이 여기에서 또 다른 자신의 성향을 보여줄 것임을 암시하고 있다. 그는 여부스 사람들(5:6-10)과 다른 적

알고, 다윗에게 사람을 보내서, 자기가 임신하였
다는 사실을 알렸다. 6 다윗이 그 소식을 듣고는,
요압에게 전갈을 보내서, 헷 사람 우리야를 왕궁
으로 보내게 하였다. 요압이 우리야를 다윗에게
보내니, 7 우리야가 다윗에게로 왔다. 다윗은 요
압의 안부와 군인들의 안부를 묻고, 싸움터의 형
편도 물었다. 8 그런 다음에 다윗은 우리야에게
말하였다. "이제 그대의 집으로 내려가서 목욕을
하고 쉬어라." 우리야가 어전에서 물러가니, 왕은
먹을 것을 함께 딸려서 보냈다. 9 그러나 우리야는
자기 상전의 종들과 함께 대궐 문간에 누워서 자고,
자기 집으로는 내려가지 않았다. 10 다윗은 우리
야가 자기 집으로 내려가지 않았다는 말을 듣고,
원정 길에서 돌아왔는데, 왜 집으로 내려가지 않
는지를, 우리야에게 물었다. 11 우리야가 다윗
에게 대답하였다. "언약궤와 이스라엘과 유다가
모두 장막을 치고 지내며, 저의 상관이신 요압 장
군과 임금님의 모든 신하가 벌판에서 진을 치고
있습니다. 그런데 어찌, 저만 홀로 집으로 돌아가
서, 먹고 마시고, 나의 아내와 잠자리를 같이 할
수가 있겠습니까? 임금님이 확실히 살아 계심과, 또
임금님의 생명을 걸고 맹세합니다. 그런 일은 제
가 하지 않겠습니다." 12 다윗이 우리야에게 말
하였다. "그렇다면, 오늘은 날도 저물었으니, 여
기에서 지내도록 하여라. 그러나 내일은 내가 너
를 보내겠다." 그리하여 우리야는 그 날 밤을 예
루살렘에서 묵었다. 그 다음날, 13 다윗이 그를
불러다가, 자기 앞에서 먹고 마시고 취하게 하였다.
그러나 저녁때에 그는 여전히 왕의 신하들과 함께
잠자리에 들고, 자기 집으로는 내려가지 않았다.
14 다음날 아침에 다윗은 요압에게 편지를
써서, 우리야의 편에 보냈다. 15 다윗은 그 편지에
다음과 같이 썼다. "너희는 우리야를, 전투가 가장
치열한 전선으로 앞세우고 나아갔다가, 너희만
그의 뒤로 물러나서, 그가 맞아서 죽게 하여라."
16 요압은 적의 성을 포위하고 있다가, 자기가
알고 있는 대로 적의 저항 세력이 가장 강한 곳에
우리야를 배치하였다. 17 그 성의 사람들이 나
가서 요압의 군인들과 싸우는 동안에, 다윗의 부
하들 쪽에서 군인 몇 사람이 쓰러져서 죽었고, 그
때에 헷 사람 우리야도 전사하였다.
18 요압이 다윗에게 사람을 보내서 전쟁의
상황을 모두 전하였다. 19 요압은 전령에게 이
렇게 지시하였다. "네가 이번 전쟁의 상황을 모두
임금님께 말씀드리고 났을 때에, 20 임금님이
화를 내시며 네게 말씀하시기를 '너희가 왜 그토
록 성에 가까이 가서 싸웠느냐? 적의 성벽 위에서
적병들이 활을 쏠 줄도 몰랐단 말이냐? 21 여룹

들(5:17-25; 8:1-14; 10:7-19)과 싸우지만, 이제 그는 전쟁에 직접 참여하여 암몬 사람들과 싸우기를 그만두고 (10:1-19) 요압을 출전시킨다 (2:18을 보라; 비록 12:27-28에서 요압은 분명하게 다윗이 랍바 전투에 참여하고 있다고 생각하고 있었지만, 이 이야기는 21:15-17의 바로 뒤에 이어져야 할 것 같다). *암몬, 랍바.* 삼상 10:27b—11:11; 삼하 10장을 보라. **11:2** *옥상에서 내려다 보았다.* 밧세바가 옥상에 있었던 것이 아니라, 아마도 궁의 뜰 안이나 혹은 정원에 있었던 것 같다. **11:3** *엘리암과 우리야.* 다윗의 최고 장군 30명 안에 들어 있는 장군들이다. 아기스가 그들의 총사령관이지만, 그들은 요압의 명령을 받는다. 그래서 그들이 랍바에 있었던 것이다. 23:34, 39를 보라. **11:4** 밧세바 가족의 남자들이 멀리 떠나있어서 그녀가 스스로를 방어할 수 없다는 것을 알게 된 후, 다윗은 *신하*를 보내어 그녀를 자신에게 데려 오도록 한다. 그녀의 의견은 고려되지 않는다. 따라서 이 이야기는 강간을 하는 이야기와 비슷하다. 비록 그녀는 육체적으로 다윗과 정을 통하도록 강요받지는 않았지만, 그럼에도 불구하고 밧세바는 왕과 신하들에게 아무런 저항도 할 수 없다. *그 여인은 마침 부정한 몸을 깨끗하게 씻고.* 몸을 씻는 것에 대해서는 레 15:19-24를 보라. 밧세바는 우리야의 자녀를 임신하지 않았다. **11:5** *자기가 임신하였다.* 사무엘하에 기록된 밧세바의 유일한 말이다.

11:6-27a 다윗은 우리야를 소환하여 밧세바와 동침하게 하여 그녀가 임신한 자녀가 우리야의 자녀인 것으로 속이려 한다. 이러한 음모가 실패하게 되자, 그는 우리야를 죽이려고 한다. **11:8** *목욕을 하고.* 이것은 성관계를 의미하는 것이다. **11:11** 우리야는 요압과 그의 동료 군사들에 대한 충성심을 이유로 아내를 만나지 않겠다고 한다. 그는 또한 전쟁 중에 여자와 가까이 하지 말아야 할 정결법을 준수하고 있다 (신 23:9-11; 삼상 21:4-5를 보라). **11:13** 다윗은 술에 취한 우리야가 그의 아내와 동침하기를 원하지만, 우리야는 다윗의 신하들(이 사건의 전말에 모두 연루되어 있는 자들, 3-4, 9절)과 밤을 보낸다. 따라서 많은 사람들이 이 사건의 전말을 알고 있었다. **11:14-17** 지금까지 다윗의 생애에서 가장 치명적인 상황 속에서, 다윗은 자신이 신뢰하는 요압에게 이 모든 상황을 처리할 것을 요청하고 결단코 이 사건이 자기 자신에게 해가 되지 않도록 한다 (3:31-39에 관한 주석을 보라). 사울처럼, 다윗은 감히 자신을 공격하지 않을 법한 사람을 적으로 삼아 죽이고자 한다 (삼상 18:20-29). 우리야 살해사건은 사무엘하에 나타난 세 번째 살인사건이다 (3:26-27에 관한 주석을 보라). **11:21** *아비멜렉.* 아비멜렉은 자신을 왕으로 선언하지만, 한 여인에 의해 좌절되고 말았으며, 하나님의 심판이 그의 추종자들에게 미친다 (삿 9:22-57). **11:26-27** 밧세바는 남편이

베셋의 아들 아비멜렉을 누가 쳐서 죽였느냐? 어떤 여자가 성벽 위에서 그의 머리 위로 맷돌 위짝을 던져서, 그가 데벳스에서 죽지 않았느냐? 그런 것을 알면서, 너희가 무엇 때문에 그토록 성벽에 가까이 갔느냐?' 하시면, 너는 '임금님의 부하 헷 사람 우리야도 죽었습니다' 하고 대답하여라."

22 전령이 떠나, 다윗에게 이르러서, 요압이
심부름을 보내면서 일러준 말을 모두 전하였다.
23 전령은 다윗에게 이렇게 말하였다. "우리의 적은 우리보다 강하였습니다. 적이 우리와 싸우려고 평지로 나왔으므로, 우리는 적들을 성 안으로 밀어 넣으려고, 성문 가까이까지 적들을 밀어붙였습니다.
24 그 때에 성벽 위에 있는 적들이 임금님의 부하들에게 활을 쏘았습니다. 그래서 임금님의 부하들 가운데서 몇 사람이 죽었고, 임금님의 부하인 헷 사람 우리야도 죽었습니다."

25 그러자 다윗이 전령에게 말하였다. "너는 요압에게, 칼은 이 편도 죽이고 저 편도 죽이기 마련이니, 이번 일로 조금도 걱정하지 말라고 전하여라. 오히려 그 성을 계속 맹렬히 공격하여서 무너뜨리라고 전하여, 요압이 용기를 잃지 않도록 하여라."

26 우리야의 아내는, 우리야가 죽었다는 소식을 듣자, 자기의 남편을 생각하여 슬피 울었다.
27 애도하는 기간이 지나니, 다윗이 사람을 보내어서, 그 여인을 왕궁으로 데려왔다. 그 여인은 이렇게 하여서 다윗의 아내가 되었고, 그들 사이에서 아들이 태어났다. 그러나 주님께서 보시기에 다윗이 한 이번 일은 아주 악하였다.

나단의 책망과 다윗의 회개

12 1 주님께서 예언자 나단을 다윗에게 보내셨다. 나단은 다윗을 찾아와서, 이런 이야기를 하였다.

"어떤 성읍에 두 사람이 살았습니다. 한 사람은 부유하였고, 한 사람은 가난하였습니다.
2 그 부자에게는 양과 소가 아주 많았습니다.
3 그러나 그 가난한 사람에게는, 사다가 키우는 어린 암양 한 마리 밖에는, 아무것도 없었습니다. 그는 이 어린 양을 자기 집에서 길렀습니다. 그래서 그 어린 양은 그의 아이들과 함께 자라났습니다. 어린 양은 주인이 먹는 음식을 함께 먹고, 주인의 잔에 있는 것을 함께 마시고, 주인의 품에 안겨서 함께 잤습니다. 이렇게 그 양은 주인의 딸과 같았습니다.
4 그런데 그 부자에게 나그네 한 사람이 찾아왔습니다. 그 부자는 자기를 찾아온 손님을 대접하는 데, 자기의 양 떼나 소 떼에서는 한 마리도 잡기가 아까웠습니다. 그래서 그는 그 가난한 사람의 어린 암양을 빼앗아다가, 자기를 찾아온 사람에게 대접하였습니다."

5 다윗은 그 부자가 못마땅하여, 몹시 분개하면서, 나단에게 말하였다. "주님께서 확실히 살아계심을 두고서 맹세하지만, 그런 일을 한 사람은 죽어야 마땅합니다.
6 또 그가 그런 일을 하면서도 불쌍히 여기는 마음이 전혀 없었으니, 그는 마땅히 그 어린 암양을 네 배로 갚아 주어야 합니다."

7 나단이 다윗에게 말하였다. "임금님이 바로 그 사람입니다. 주 이스라엘의 하나님이 이렇게 말씀하십니다.

'내가 너에게 기름을 부어서, 이스라엘의 왕으로 삼았고, 또 내가 사울의 손에서 너를 구하여 주었다.
8 나는 네 상전의 왕궁을 너에게 넘겨주고, 네 상전의 아내들도 네 품에 안겨 주었고, 이스라엘 사람들과 유다 나라도 너에게 맡겼다. 그것으로도 부족하다면, 내가 네게 무엇이든지 더 주었을 것이다.
9 그런데도 너는, 어찌하여 나 주의 말을 가볍게 여기고, 내가 악하게 여기는 일을 하였느냐? 너는 헷 사람 우리야를 전쟁터에서 죽이고 그의 아내를 빼앗아 네 아내로 삼았다. 너는 그를 암몬 사람의 칼에 맞아서 죽게 하였다.

죽은 사실에 대한 진실을 결코 알지 못한 것으로 보이며, 이는 마치 다윗이 사울 죽은 것에 대하여 결코 알지 못하는 것과 같다 (1:6-10). 다윗은 밧세바를 통해 낳은 아이의 정당성을 부여할 수 있는 적절한 때에 밧세바와 결혼한다. 그는 자신의 평판을 계속해서 좋게 유지하였다.

11:27b—12:31 처음으로 하나님이 다윗을 기뻐하지 않게 된다 (시 51편의 표제를 참조). **12:1-4** *나단.* 나단에 관해서는 7:1-17을 보라. 나단은 그의 이야기를 법적인 분쟁을 들어 소개한다 (14:1-17에 나타난 요압과 그의 슬기로운 부인을 참조). 어떤 의미에서 *어린 양*은 사랑하는 사람을 빼앗긴 밧세바이다. 다른 의미에서, 어린 양은 살해당한 우리야이다. 왕상 1:11-27에서 나단은 다시 밧세바의 협력자가 된다. **12:5-6** 다윗의 본능적인 정의감이 여기에서 증명된다. **12:7-9** 나단은 삼상 16장—삼하 5장의 사건들을 가리키고 있다. *네 상전의 아내들도.* 삼상 25:40-43에 관한 주석을 보라. **12:10-12** 이 예언은 13—18장을 위한 줄거리를 제공한다. *내가 너의 아내들도 빼앗아.* 이것에 대해서는 16:21-22를 보라. 사울 또한 하나님이 다른 사람을 통해 그를 대적하겠다는 말을 들었다 (삼상 15:28). 그 다른 사람이 다윗이었다. 다윗의 아들 암몬과 압살롬(왕상 1장에서는 아도니야)이 이런 예언을 이

10 너는 이렇게 나를 무시하여 헷 사람 우리야의
아내를 빼앗아다가 네 아내로 삼았으므로, 이제
부터는 영영 네 집안에서 칼부림이 떠나지 않을
것이다.'
11 주님께서 또 이렇게 말씀하십니다. '내가
너의 집안에 재앙을 일으키고, 네가 보는 앞에서
내가 너의 아내들도 빼앗아 너와 가까운 사람에게
주어서, 그가 대낮에 너의 아내들을 욕보이게 하
겠다. 12 너는 비록 몰래 그러한 일을 하였지만,
나는 대낮에 온 이스라엘이 바라보는 앞에서 이
일을 하겠다.'"
13 그 때에 다윗이 나단에게 자백하였다.
"내가 주님께 죄를 지었습니다." 나단이 다윗에게
말하였다. "주님께서 임금님의 죄를 용서해 주실
것입니다. 그러므로 임금님은 죽지는 않으실 것
입니다. 14 그러나 임금님은 이번 일로 주님의
원수들에게 우리를 비방할 빌미를 주셨으므로,
밧세바와 임금님 사이에서 태어난 아들은 죽을 것
입니다." 15 나단은 자기 집으로 돌아갔다.

다윗의 아들이 죽다

주님께서, 우리야의 아내와 다윗 사이에서 태
어난 아이를 치시니, 그 아이가 몹시 앓았다.
16 다윗이 그 어린 아이를 살리려고, 하나님께
간절히 기도를 드리면서 금식하였다. 그는 왕궁
으로 돌아와서도 밤을 새웠으며, 맨 땅에 누워서
잠을 잤다. 17 다윗 왕궁에 있는 늙은 신하들이
그에게로 가까이 가서, 그를 땅바닥에서 일으켜
세우려고 하였으나, 그는 일어나려고 하지도 않고,
또 그들과 함께 음식을 먹으려고도 하지 않았다.
18 그러다가, 이레째 되는 날에 그 아이가 죽었다.
그러나 다윗의 신하들은, 아이가 죽었다는 것을
다윗에게 알리기를 두려워하였다. "어린 왕자가
살아 계실 때에도 우리가 드리는 말씀을 듣지 않
으셨는데, 왕자께서 돌아가셨다는 소식을, 우리가
어떻게 전하여 드릴 수 있겠소? 그런 소식은 임금
님의 몸에 해로울지도 모르오." 19 그러나 다윗은,
신하들이 서로 수군거리는 것을 보고서, 아이가
죽은 줄 짐작하고, 신하들에게 "아이가 죽었느
냐?" 하고 물었다. 신하들이 대답하였다. "돌아가
셨습니다." 20 그러자 다윗은 땅바닥에서 일어
나서, 목욕을 하고, 몸에 기름을 바르고, 옷을 갈
아 입은 뒤에, 성전으로 들어가서 주님께 경배하
였다. 그는 왕궁으로 돌아오자, 음식을 차려오게
하여서 먹었다. 21 신하들이 다윗에게 물었다.
"왕자가 살아 계실 때에는 임금님께서 식음을 전
폐하고 슬퍼하시더니, 이제 왕자가 돌아가시자
임금님께서 일어나셔서 음식을 드시니, 이것이
어떻게 된 일이십니까?" 22 다윗이 대답하였다.
"아이가 살아 있을 때에 내가 금식하면서 운 것은,
혹시 주님께서 나를 불쌍히 여겨 주셔서, 그 아이
를 살려 주실지도 모른다고 생각하였기 때문이
오. 23 그러나 이제는 그 아이가 죽었는데, 무엇
때문에 내가 계속 금식하겠소? 내가 그를 다시
돌아오게 할 수가 있겠소? 나는 그에게로 갈 수
있지만, 그는 나에게로 올 수가 없소."

루는 사람들이 되지만, 그들은 결코 그들이 그러한 운명에 처해 있었다는 사실을 알지 못한다. 그들의 행동은 다윗이 11장에서 행한 일들로 인해 행해지게 된 것이다. 다윗처럼, 그의 아들들은 그들이 원하는 것이 있을 때면 그것이 무엇이든지 간에 획득할 수 있는 권리가 있다고 주장한다. 다윗처럼, 그들과 여성들과의 관계는 엄청난 어려움을 야기시킨다 (다윗과는 달리, 그들은 사고로 죽게 된다, 13:1-29; 18:9-15; 왕상 2:13-25). 다윗처럼, 그의 아들들은 궁극적으로 그들의 행동에 대해 책임을 진다; 삼상 2:22-26에 관한 주석을 보라. **12:13** 다윗은 그의 권력으로 밧세바와 우리야를 다루었지만, 나단에게는 그렇게 하지 못한다. 대신에, 그는 그 예언자가 말하는 것에 대한 진실을 인정한다. 나단은 다윗의 남은 생애 동안 조언자가 된다 (왕상 1:11-27). 다른 몇 명의 예언자들과 왕들은 이와 같은 좋은 관계를 갖게 된다 (왕상 21장; 렘 26:20-23; 32:3-5; 36장을 참조하라). 다윗은 회개함으로 용서를 받게 되지만, 그의 행동은 그럼에도 불구하고 20장에 이르기까지 여러 가지 반응들을 일으키게 된다. 사울이 회개하였을 때 (삼상 15:30), 하나님에 대한 그의 불충실함의 결과는 영속하였다. **12:14** *밧세바와 임금님 사이에서 태어난 아들은 죽을 것입니다.* (개역개정은 "당신이 낳은 아이가 반드시 죽으리이다." 공동번역은 "우리야의 아내가 낳게 될 아이는 죽을 것입니다.") 이것에 대해서는 15b-18절을 보라. 이 사건은 후에 렘 31:29-30과 겔 18:1-4에서 거부된 속담과 들어맞는다. **12:15b-23** 이것은 14절의 예언이 성취된 것이다. 다윗은 앓고 있는 아들의 목숨을 구하기 위하여 아들이 죽기 전에 통곡하지만, 아들이 죽은 후에는 그런 행동을 하지 않는다. *성전.* 6:17; 7:2의 장막을 가리킨다. *나는 그에게로 갈 수 있지만.* 이것에 대해서는 513쪽 추가 설명: "구약성경에 나타난 죽음 이후의 삶"을 보라. **12:24-25** *다윗이 자기의 아내 밧세바를 위로하고.* 다윗이 밧세바를 부드럽게 대한 것은 이번이

솔로몬이 태어나다

24 그 뒤에 다윗이 자기의 아내 밧세바를 위
로하고, 동침하니, 그 여인이 아들을 낳았다. 다
윗이 그의 이름을 솔로몬이라고 하였다. 주님께
서도 그 아이를 사랑해 주셔서, 25 예언자 나단
을 보내셔서, 주님께서 사랑하신다는 뜻으로, 그
의 이름을 여디디야라고 부르게 하셨다.

다윗이 랍바를 점령하다 (대상 20:1-3)

26 요압이 암몬 사람의 도성 랍바를 쳐서, 그
왕의 도성을 점령하고서, 27 다윗에게 전령들을
보내어서, 이렇게 말하였다. "제가 랍바를 치고,
도성으로 들어가는 급수지역을 점령하였습니다.
28 이제 임금님께서 남은 군인들을 불러모아서,
이 도성을 공격할 진을 치시고, 이 도성을 직접 점
령하시기 바랍니다. 제가 이 도성을 점령하기보
다는, 임금님께서 이 도성을 점령하셔서, 임금님의
이름이 승리자의 이름으로 기록되게 해주시기 바
랍니다." 29 다윗이 모든 군인을 불러모으고, 랍
바로 가서, 그 도성을 쳐서 점령하였다. 30 그는
암몬 왕의 머리에서 금관을 벗겨 왔는데, 그 무게
가 금 한 달란트나 나갔고, 금관에는 보석이 박혀
있었다. 다윗은 그 금관을 가져다가, 자기가 썼다.
다윗은 그 도성에서 아주 많은 전리품을 약탈하였
으며, 31 그 도성에 사는 백성도 끌어다가, 톱질과
곡괭이질과 도끼질과 벽돌 굽는 일을 시켰다. 그는
암몬 사람의 모든 성읍에 이와 똑같이 한 뒤에,
모든 군인을 거느리고 예루살렘으로 돌아왔다.

암논과 다말

13 1 그 뒤에 이런 일이 있었다. 다윗의 아들
압살롬에게는 아직 결혼하지 않은 아
름다운 누이가 있는데, 이름은 다말이었다. 그런
데 다윗의 다른 아들 암논이 그를 사랑하였다.
2 암논은 자기의 누이 다말을 사랑하였으나, 처
녀이므로 어찌할 수 없는 줄을 알고, 병이 나고 말
았다. 3 암논에게는 요나답이라고 하는 친구가
있었는데, 그는 다윗의 형 시므아의 아들이다. 요
나답은 아주 교활한 인물이었다. 4 마침 그가 암
논에게 물었다. "왕자님, 나날이 이렇게 안색이
수척해지시는데, 웬일이십니까? 나에게 그 까닭
을 알려 주지 않으시겠습니까?" 암논이 그에게 말
하였다. "나의 아우 압살롬의 누이 다말을, 내가
사랑하고 있기 때문이오." 5 그러자 요나답이 그
에게 제안하였다. "왕자님은 침상에 누워서, 병이
든 체 하십시오. 부왕께서 문병하러 오시면, 누이
다말을 보내 달라고 하십시오. 누이 다말이 와서
왕자님이 드실 음식을 요리하게 하면 좋겠다고 말
씀하십시오. 다말이 왕자님 앞에서 음식을 요리
하면, 왕자님이 그것을 보면서, 그의 손에서 직접
받아 먹고 싶다고 말씀드리십시오." 6 그리하여
암논이 침상에 누워서, 병든 체 하고 있으니, 과연
다윗 왕이 그를 문병하러 왔다. 그 때에 암논이 왕
에게 요청하였다. "누이 다말을 보내 주십시오.
제가 보는 앞에서, 누이가 맛있는 빵 몇 개라도
만들어서, 그것을 저에게 직접 먹여 주게 하여 주십
시오."
7 다윗은 다말의 집으로 사람을 보내어서 지

처음이다. 솔로몬은 결과적으로 다윗의 뒤를 잇게 되지만 (왕상 1—2장), 솔로몬은 사무엘하에서 더 이상 다시 언급되지 않는다. **12:26-31** 암몬과의 전투가 결국 끝난다 (10장을 보라). **12:27** *급수지역.* 아마도 물을 보급하는 수원지를 방어하고 있는 성곽을 가리키는 듯하다. **12:28** 요압은 다윗이 전쟁에 참여하지 않았다는 이유로 꾸짖는다. 요압은 사무엘하에서 다윗을 꾸짖을 수 있는 유일한 사람이다 (3:24-25; 19:1-8; 24:3 참조). *임금님의 이름이 승리자의 이름으로 기록되게 해주시기 바랍니다.* 5:9의 다윗 성에 대하여 보라. **12:29-31** 다윗은 그 전쟁에 다시 참여하게 된다 (11:1을 참조). 한글 성경은 "암몬 왕" 혹은 단순히 "왕"으로 번역하는데, NRSV는 밀곰이라고 번역했다. 밀곰은 암몬 사람들이 신봉하는 최고 신이다 (왕상 11:5, 33). (밀곰이 히브리어에서는 "그들의 왕"으로 되어 있으나 희랍어 번역에서는 같은 내용이 밀곰으로 번역되어 있어 영어 성경은 밀곰으로 번역했다. 한글 성경에서는 원문을 따르고 NRSV는 희랍어 번역을 따르고 있는 셈이다.) 다윗은 다시금 전리품을 획득한다 (8:7-8, 11-12). 그는 암몬의 생존자들로 하여금 그들 자신들의 방어지대를 허물도록 한다.

13:1—14:33 다윗이 시작한 사건들은 자신의 행동을 모방하는 그의 아들들로 인해 가족사에 치명적인 결과를 초래한다. 이 부분은 12:11a가 부분적으로 성취되고 있음을 말해준다. **13:1-19** 이 이야기는 창 34장의 디나 성폭행 사건과 평행본문을 이룬다. 두 사건 모두 성폭행을 처벌하려고 하지 않는 아버지와 복수를 감행함으로 아버지의 화를 자초한 형제(들)가 등장한다. **13:1** *암논* (다윗의 장남)과 *압살롬*은 이복형제이다 (3:2-3). 다말은 압살롬의 친여동생이다. **13:3** *요나답*은 "교활한" (개역개정은 "간교한," 공동번역은 "꾀 많은," NRSV "간교한") 인물이다. 14장과 20장의 슬기로운 두 여인의 조언이 초래한 것과 같이 (동일한 히브리어 단어가 세 사람 모두의 성향을 묘사하는데 사용

시하였다. "어서 네 오라비 암논의 집으로 가서,
그에게 먹을 것을 좀 만들어 주어라." 8 다말이
자기의 오라버니 암논의 집으로 가서 보니, 그가
침상에 누워 있었다. 다말이 밀가루를 가져다가,
이겨서, 그가 보는 앞에서 맛있는 빵 몇 개를 빚어,
잘 구웠다. 9 그리고 다말이 냄비째 가져다가
암논 앞에서 그릇에 담아 주었으나, 암논은 먹을
생각은 하지 않고, 사람들을 다 밖으로 내보내
라고 말하고는, 사람들이 모두 밖으로 나간 뒤에,
10 다말에게 말하였다. "그 빵을 이 침실로 가지고
들어와서, 네가 손수 나에게 먹여 다오." 그래서
다말은 손수 만든 빵을 들고, 자기의 오라버니 암
논의 침실로 들어갔다. 11 다말이 그에게 먹여
주려고 다가서니, 그는 다말을 끌어안고, 함께 눕
자고 하였다. 12 다말이 그에게 말하였다. "이렇게
하지 마십시오, 오라버니! 이스라엘에는 이러한
법이 없습니다. 제발 나에게 욕을 보이지 마십시
오. 제발 이런 악한 일을 저지르지 말아 주십시오.
13 오라버니가 나에게 이렇게 하시면, 내가 이런
수치를 당하고서, 어디로 갈 수 있겠습니까? 오라
버니도 또한 이스라엘에서 아주 정신 빠진 사람들
가운데 하나와 똑같이 되고 말 것입니다. 그러니
이제라도 제발 임금님께 말씀을 드려 보십시오.
나를 오라버니에게 주기를 거절하지 않으실 것입
니다." 14 다말이 이렇게까지 말하는데도, 암논은
다말이 애원하는 소리를 들으려고 하지도 않고,
오히려 더 센 힘으로 그를 눕혀서, 억지로 욕을
보였다.

15 그렇게 욕을 보이고 나니, 암논은 갑자기
다말이 몹시도 미워졌다. 이제 미워하는 마음이
기왕에 사랑하던 사랑보다 더하였다. 암논이 그
에게, 당장 일어나 나가라고, 소리를 버럭 질렀다.
16 그러자 다말이 암논에게 말하였다. "그렇게
하시면 안 됩니다. 이제 나를 쫓아내시면, 이 악
은 방금 나에게 저지른 악보다 더 큽니다." 그런
데도 암논은 다말의 말을 들으려고 하지도 않고,
17 오히려 자기의 시중을 드는 하인을 불러다가
명령하였다. "어서 이 여자를 내 앞에서 내쫓고,
대문을 닫고서 빗장을 질러라." 18 암논의 하인
은 공주를 바깥으로 끌어내고, 대문을 닫고서, 빗
장을 질렀다. 그 때에 다말은 소매에 색동으로 수
를 놓은 긴 옷을 입고 있었다. 공주들은 시집가기
전에는 옷을 그렇게 입었다. 19 이제 다말은 머
리에 재를 끼얹고, 입고 있는 색동 소매 긴 옷도
찢고, 손으로 얼굴을 감싼 채로, 목을 놓아 울면서
떠나갔다.

20 다말의 오라버니 압살롬이 다말을 보고
물었다. "네 오라비 암논이 너를 건드렸지? 얘야,
암논도 네 오라비이니, 지금은 아무 말도 입 밖에
내지 말아라. 이 일로 너무 근심하지 말아라." 그
리하여 다말은 그의 오라버니 압살롬의 집에서 처
량하게 지냈다.

21 다윗 왕은 이 이야기를 모두 듣고서, 몹
시 분개하였다. 22 압살롬은 암논이 누이 다말
에게 욕을 보인 일로 그가 미웠으므로, 암논에게
옳다거나 그르다는 말을 전혀 하지 않았다.

압살롬의 복수

23 두 해가 지난 어느 날, 압살롬은 에브라임
근처의 바알하솔에서 양털을 깎고 있었다. 이 때에
압살롬이 왕자들을 모두 초대하였다. 24 압살롬은
다윗 왕에게도 찾아가서 말하였다. "임금님, 제가
이번에 양털을 깎게 되었으니, 임금님도 신하들
을 거느리시고, 이 아들과 함께 내려가셔서, 잔치
에 참석해 주시기를 바랍니다." 25 왕이 압살롬
에게 말하였다. "아니다, 내 아들아. 우리가 모두
따라가면, 너에게 짐이 될 터이니, 우리는 가지

된다). 그의 조언은 죽음을 초래한다. **13:6-7** 암논은 다윗이 다말을 자신에게 보내도록 간교한 꾀를 낸다. **13:9-14** 그의 아버지처럼, 암논은 자신이 취해서는 안 될 여인을 취한다. 이것이 사무엘하에 나타난 두 번째 성폭행이다 (11:2-4를 참조하라). 이 성폭행 사건을 묘사하는 히브리어 단어들은 디나의 사건(창 34:2)에서 사용된 단어와 동일한 단어들이다. 밧세바를 취하기 위해 우리아를 죽인 다윗의 범죄는 이제까지 일상 지식이었음에 틀림없다 (11:13; 13:1에 관한 주석을 보라). 따라서 암논은 아무런 양심의 가책 없이 그가 원하는 것을 취할 수 있다는 것을 다윗으로부터 배워온 것이다. 하지만, 그는 회개하는 다윗의 모습은 배우지 못했다. 비록 율법은 후에 이와 같은 행위를 근친상간으로 금지하지만 (레 18:9-11; 신 27:22), 근친상간에 관한 율법이 여기에서는 적용되지 않는다. 다말은 왕자로서의 분별력을 호소한다 (13절). **13:15-19** 다말을 성폭행함으로, 암논은 그녀에게 더 이상 아무 것도 요구하지 않는다. 다말은 암논에게 저지른 행동에 대해 책임질 것을 요구한다 (출 22:16; 신 22:28-29). 성폭행의 상처는 다른 남자와 결혼하지 못하는 결과를 초래하게 된다.

13:20-39 다말을 받아들인 사람은 아버지가 아니라 그녀의 오빠였다. 그의 신실함은 결혼하지 않은 채 자녀를 둔 여동생의 이름을 따서 딸의 이름을 지은 모습에서 볼 수 있다 (14:27). **13:20** 다말을 성폭행

않으마." 압살롬이 계속하여 간청을 하였지만, 왕은 함께 가고 싶지 않아서, 복을 빌어 주기만 하였다. 26 그러자 압살롬이 말하였다. "그러면 맏형 암논이라도 우리와 함께 가도록 허락하여 주시기 바랍니다." 왕이 그에게 물었다. "암논이 너와 함께 가야 할 이유가 무엇이냐?" 27 그래도 압살롬이 계속하여 왕에게 간청하니, 왕은 암논과 다른 왕자들이 모두 그와 함께 가도 좋다고 허락하였다.

28 압살롬은 이미 자기의 부하들에게 명령을 내렸다. "암논이 술을 마시고 기분이 좋아질 때를 잘 지켜 보아라. 그러다가 내가 너희에게 암논을 쳐죽이라고 하면, 너희는 겁내지 말고 그를 죽여라. 내가 너희에게 직접 명령하는 것이니, 책임은 내가 진다. 다만, 너희는 용감하게, 주저하지 말고 해치워라!" 29 마침내 압살롬의 부하들은 압살롬의 명령을 따라서, 하라는 그대로 암논에게 하였다. 그러자 다른 왕자들은 저마다 자기 노새를 타고 달아났다.

30 그들이 아직도 길에서 달아나는 동안에, 다윗에게는, 압살롬이 왕자들을 모조리 쳐죽여서, 한 사람도 살아 남지 못하였다는 소식이 들어갔다. 31 왕은 자리에서 일어나서, 입고 있는 옷을 찢고 땅바닥에 누워 버렸고, 그를 모시고 서 있는 신하들도 다 옷을 찢었다. 32 그 때에 다윗의 형 시므아의 아들인 요나답이 나서서 말하였다. "임금님, 젊은 왕자들이 모두 살해되지는 않았습니다. 암논 한 사람만 죽었습니다. 암논이 압살롬의 누이 다말을 욕보인 날부터, 압살롬은 그런 결심을 하고 있었습니다. 33 그러니 이제 높으신 임금님께서는, 왕자들이 다 죽었다고 하는 뜬소문을 듣고 상심하지 마십시오. 암논 한 사람만 죽었을 따름입니다."

34 그 사이에 압살롬은 도망쳐 버렸다.

바로 그 때에 예루살렘의 보초병 하나가, 호로나임 쪽에서 많은 사람이 언덕을 타고 내려오는 것을 보고서, 왕에게 알렸다. 35 그러자 요나답이 왕에게 아뢰었다. "틀림 없습니다. 왕자님들이 돌아오시는 것입니다. 이 종이 이미 말씀드리지 않았습니까?" 36 요나답이 말을 막 마치는데, 왕자들이 들어와서, 목을 놓아 울기 시작하였다. 왕도 통곡하고, 모든 신하도 통곡하였다.

37 압살롬은 도망하여 그술 왕 ㄱ)암미훗의 아들 달매에게로 갔고, 다윗은 죽은 아들 암논 때문에 슬픈 나날을 보냈다. 38 압살롬은 도망한 뒤에 그술로 가서, 그 곳에 세 해 동안 머물러 있었다. 39 그러는 사이에 다윗 왕은 암논을 잃었을 때에 받은 충격도 서서히 가라앉았고, 오히려 압살롬을 보고 싶어 하는 마음이 점점 간절해졌다.

ㄱ) 히, '암미훌'

한 범인이 그녀의 형제이기 때문에, 압살롬은 다윗이 그를 처벌해 줄 것을 기대한다. **13:21** *다윗 왕은 이 이야기를 모두 듣고서, 몹시 분개하였다.* 새번역개정과 개역개정은 히브리어 본문에 따라 다윗 왕이 분개하는 것으로 21절이 끝나지만, 공동번역과 NRSV는 내용을 보충한 희랍어 번역본에 따라 "암논이 사랑하는 맏아들이라 기분상할 말을 하지 않았다" 라는 구절을 보충하고 있다. 그의 딸에 대해서는 일언반구도 없다. 또한 다윗은 암논 자신이 지은 범죄에 대해서도 처벌하지 않는다. 암논이 다윗을 이용해 다말을 불러들였다는 사실이 다윗으로 하여금 분명하게 정당한 판정을 내리는 것을 더 어렵게 만든다 (6-7절). *다윗 왕*이라는 직함(거의 사용되지 않는다)은 그의 가족에게 발생한 이러한 비극적인 사건에 있어서 한 아버지 이상의 책임이 있다는 것을 상기시켜준다. 장자로서 암논은 다윗의 후계자가 될 수도 있다. **13:23-29** 압살롬은 2년 내내 다윗이 어떠한 조치든 취할 것을 기다린다 (13:20에 관한 주석을 보라). 아버지의 수동적인 자세로 인해, 압살롬은 여동생의 성폭행범에 대해 행동을 취한다. **13:24-27** 이것은 삼상 25:7-8, 11에 언급된 양털깎기 축제를 언급하는 듯하다. 6-7절의 암논처럼, 압살롬은 다윗을 이용해 그의 희생자가 될 자를 그에게 오게 만든다. **13:28-29** 그의 아버지처럼, 압살롬은 다른 사람들을 청부해서 암논을 살인한다 (11:14-17). 이 사건이 사무엘하에 나타난 네 번째 살인사건이다 (3:26-27에 관한 주석을 보라). *노새.* 이 동물은 왕족이 즐겨 타는 이동수단이다 (18:9; 왕상 1:33-44를 참조). **13:30-39** 압살롬은 이제 분명히 다윗의 장자(3:3에 관한 주석을 보라)이지만 다윗으로부터 도망치는 신세가 된다. **13:32** *요나답* (13:3-5). 다윗의 아들들을 보호하기보다는, 그들을 살해하고자 하는 음모에 처음부터 가담되어 있었던 것처럼 보인다. **13:37-39** *달매.* 압살롬과 다말의 할아버지이다 (3:3). 다윗은 다시 잔악한 아들에 대한 사랑을 나타내지만, 다말에 대해서는 그렇지 않다.

14:1-33 다윗이 이 장에서는 *왕*으로만 언급됨으로써, 부모로서의 역할을 넘어서 왕으로서의 책임을 강조한다는 점에 주목하라. 궁극적으로 압살롬의 귀환은 다윗과 이스라엘에게 큰 재앙을 불러일으킨다 (15-18장). **14:1-3** *요압*은 압살롬을 생각해서 이 일을 꾸민 것이 아니라, 그의 사촌인 다윗을 생각해서 이 일을 진행시킨다. 다윗은 그의 아들을 보고 싶어

압살롬을 예루살렘으로 돌아오게 하다

14 1 왕의 마음이 압살롬에게로 쏠리는 것을,
스루야의 아들 요압이 알았다. 2 요압이
드고아로 사람을 보내어, 거기에서 슬기로운
여인 한 사람을 데리고 와서 부탁하였다. "그대는
초상당한 여인처럼 행동하시오. 몸에는 상복을
입고, 머리에는 기름도 바르지 말고, 이미 오랫
동안, 죽은 사람을 애도한 여인처럼 꾸민 다음에,
3 임금님 앞으로 나아가서, 내가 일러주는 대로
호소하시오." 요압은 그 여인에게, 할 말을 일러
주었다.
4 드고아에서 온 그 여인은 왕에게로 나아가
서, 얼굴이 땅에 닿도록 엎드려서 절을 한 뒤에
"임금님, 저를 살려 주십시오" 하고 애원하였다.
5 왕이 여인에게 "무슨 일이냐?" 하고 물으니, 그
여인이 이렇게 하소연하였다. "저는 남편이 죽어서,
가련한 과부가 되었습니다. 6 이 여종에게 두 아
들이 있는데, 들에서 서로 싸우다가, 말리는 사람이
없으므로, 아들 하나가 다른 아들을 죽였습니다.
7 그런데 이제는 온 집안이 들고 일어나서, 이 종
에게, 형제를 때려 죽인 그 아들을 내놓으라고 합
니다. 죽은 형제의 원수를 갚고, 살인자를 죽여
서, 상속자마저 없애 버리겠다고 합니다. 그들은
저에게 남아 있는 불씨마저도 꺼 버려서, 제 남편
이 이 땅에 이름도 자손도 남기지 못하게 하려고
합니다."
8 다 듣고 난 왕은 여인에게 말하였다. "이
문제를 두고서는, 내가 직접 명령을 내리겠으니,
집으로 돌아가거라." 9 그러나 드고아 여인은 왕
에게 아뢰었다. "우리의 높으신 임금님께서 무엇을
하시든지, 이 일에 있어서 허물은 저와 제 아버지의
집안에 있습니다. 임금님과 왕실에는 아무런
허물이 없습니다." 10 왕이 대답하였다. "누구
든지 너를 위협하거든, 그를 나에게로 데리고 오
너라. 아무도 너를 괴롭히지 못하게 하겠다."
11 여인은 또 간청하였다. "그러면 임금님, 임금
님께서 섬기시는 주 하나님께 간구하셔서, 저의
죽은 아들의 원수를 갚으려고 하는 집안 사람들이
살아 있는 저의 아들까지 죽이는 크나큰 범죄를
저지르지 못하게 막아 주시기를 바랍니다." 왕이
대답하였다. "주님께서 확실히 살아 계심을 두고
맹세하지만, 네 아들의 머리카락 하나도 땅에 떨
어지지 않게 하겠다."
12 그 여인이 또 간청하였다. "이 종이 높으신
임금님께 한 말씀만 더 드리도록 허락하여 주시기
바랍니다." 왕이 그렇게 하라고 하니, 13 그 여
인이 이렇게 말하였다. "어찌하여 임금님께서는
하나님의 백성에게 그처럼 그릇된 일을 하셨습
니까? 임금님께서는 임금님의 친아들인 왕자님이
이 나라로 돌아오는 것을 허락하지 않으셨습니다.
이러한 처사는 지금까지 이 종에게 말씀하신 것과
는 다릅니다. 임금님께서는 그렇게 말씀만 하시고,
왕자님을 부르지 않으셨으니, 이것은 잘못된 일
이라고 생각합니다. 14 우리는 다 죽습니다. 땅
에 쏟으면, 다시 담을 수 없는 물과 같습니다. 그
러나 하나님은 생명을 빼앗지 않으시고 방책을 베
푸셔서 비록 내어쫓긴 자라 하더라도 어떻게 해서
든지 하나님께 버림받은 자가 되지 않게 하십니다.
15 높으신 임금님, 제가 지금 임금님을 찾아 뵙
고서 이런 말씀을 드리게 된 까닭은, 제가 친척들
의 위협을 받으면서, 이 문제를 임금님께 아뢰면,
임금님께서 제가 간구하는 바를 들어 주실 것이라
는 확신이 섰기 때문입니다. 16 저의 집안 사람
들이 저와 저의 아들을 죽이려 하고, 하나님이 주신
이 땅에서 끊어 버리려고 하지마는, 임금님께서

했지만 집으로 데리고 올 수 없었다는 것을 요압이 알았기 때문이다 (24, 28절을 보라). *슬기로운 여인에* 대해서는 13:3에 관한 주석을 보라. *드고아.* 요압 근처에 있는 마을이다. **14:4-7** 나단의 비유처럼 (12:1-4), 요압의 비유는 화자가 말하고자 하는 상황과 같은 인물이 아니다. 법에 따르면, 살인을 범한 형제는 반드시 죽어야 한다 (민 35:16-21; 신 19:11-13). 요압의 요점은 그러한 상황에 처한 부모의 관심이 정당하다는 데 있다. **14:9** *임금님과 왕실에는 아무런 허물이 없습니다.* 요압은 예전의 이스보셋이 살해된 사건 (4:1-12를 보라)에 대한 다윗의 마음 씀씀이에 대하여 잘 알고 있다. **14:11** 그 여인은 "그녀"의 아들이 해를 당하지 않게 해 달라고 요청하고 또한 해를 받지 않으리라는 서약을 받는다. 두 번째로, 다윗은 고안된 법적 송사에 대한 판결을 내린다 (12:5-6을 참조). **14:13** *하나님의 백성에게 그처럼 그릇된 일을 하셨습니까?* 예정된 상속자를 백성으로부터 빼앗는다는 것을 가리킨다. **14:21-24** 다윗은 자신이 원하는 것(13:39)을 하도록 요압에게 허락하지만, 스스로 주도할 수는 없다. 요압의 대답은 이러한 다윗의 허가가 자신에 대한 총애임을 다윗과 다른 사람이 믿게 하는 작용을 한다. **14:24** 다윗은 결단코 2년 동안 압살롬을 보려고 하지 않는다 (28절). **14:25-27** 그의 아버지처럼, 압살롬은 매력적인 사람으로 (삼상 16:12), 매년 자라나는 그의 머리숱은 6파운드(2713kg)나 되었다. 분명히 이름이 밝혀지지 않은 압살롬의 아들들은 젊었을

저의 사정을 들어서 아시면, 구원하여 주실 것이라고 생각하였습니다. 17 이 종은 또, 높으신 임금님께서는 말씀으로 저를 안심시켜 주실 것이라고 믿었습니다. 임금님은 바로 하나님의 천사와 같은 분이시니까, 저의 호소를 들으시고 선악을 가려내실 것이라고도 생각하였습니다. 임금님이 섬기시는 주 하나님께서 늘 임금님과 함께 계시기를 바랍니다."

18 마침내 왕이 그 여인에게 물었다. "너는 내가 묻는 말을, 내 앞에서 조금도 숨기지 말고 대답하여라." 그 여인이 대답하였다. "높으신 임금님의 분부대로 하겠습니다." 19 왕이 물었다. "너에게 이 모든 일을 시킨 사람은 바로 요압이렷다?" 여인이 대답하였다. "높으신 임금님, 임금님께서 확실히 살아 계심을 두고 맹세하지만, 높으신 임금님께서 무슨 말씀을 하시면, 오른쪽으로든 왼쪽으로든, 피할 길이 없습니다. 저에게 이런 일을 시킨 사람은 임금님의 신하 요압입니다. 그가 이 모든 말을 이 종의 입에 담아 주었습니다. 20 왕자님의 일을 잘 되게 하여 보려고, 임금님의 신하 요압이 이런 일을 꾸민 것은 사실입니다. 그러나 임금님께서는 하나님의 천사처럼 슬기로우시므로, 일어난 모든 일을 다 아실 줄 압니다."

21 그러자 왕이 직접 요압에게 명령을 내렸다. "보시오, 내가 장군의 뜻대로 하기로 결심하였으니, 가서, 그 어린 아이 압살롬을 데려오시오." 22 요압이 얼굴을 땅에 대고 절을 하면서 말하였다. "하나님께서 임금님께 복을 베푸시기를 빕니다. 높으신 임금님이 이 종의 간청을 이렇게 들어 주시니, 이 종이 임금님의 총애를 입은 줄을 오늘에야 알았습니다." 23 그리고는 요압이 일어나 그술로 가서, 압살롬을 데리고 예루살렘으로 왔다.

24 그러나 왕의 지시는 단호하였다. "그를 집으로 돌아가게 하여라. 그러나 내 얼굴은 볼 수 없다." 그리하여 압살롬은 아버지에게 인사도 하지 못하고, 자기 집으로 돌아갔다.

다윗과 압살롬이 화해하다

25 온 이스라엘에, 압살롬처럼, 머리끝에서 발끝까지 흠 잡을 데가 하나도 없는 미남은 없다고, 칭찬이 자자하였다. 26 그는 머리 숱이 많아 무거워지면, 해마다 연말에 한 번씩 머리를 깎았는데, 머리를 깎고 나서 그 머리카락을 달아 보면, 왕궁 저울로 이백 세겔이나 되었다. 27 압살롬에게는 아들 셋과 딸 하나가 있었다. 그 딸의 이름은 다말인데, 생김새가 아주 예뻤다.

28 압살롬은 예루살렘으로 돌아와서 두 해를 지냈는데도, 왕의 얼굴을 한 번도 뵙지 못하였다. 29 압살롬이 요압을 왕에게 보내 보려고 요압에게 사람을 보냈으나, 요압은 압살롬을 방문하지 않았다. 두 번째로 다시 사람을 보냈으나, 그는 여전히 오지 않았다. 30 그러자 압살롬이 자기의 종들을 불러다가 지시하였다. "내 밭 곁에 요압의 밭이 있다. 그가 거기에 보리 농사를 지어 놓았으니, 너희는 가서, 그 밭에다가 불을 질러라." 그래서 압살롬의 종들이 그 밭에 불을 질렀다.

31 그러자 요압이 압살롬의 집으로 찾아가서 따졌다. "어찌하여 종들을 시켜, 나의 밭에다가 불을 질렀습니까?" 32 압살롬이 요압에게 대답하였다. "이것 보시오. 나는 이미 장군에게 사람을 보내어서, 좀 와 달라고 부탁을 하였소. 장군을 임금님께 보내어서, 나를 왜 그술에서 돌아오게 하였는지, 여쭈어 보고 싶었소. 여기에서 이렇게 살 바에야, 차라리 그 곳에 그대로 있는 것이 더욱 좋을 뻔 하였소. 이제 나는 임금님의 얼굴을 뵙고 싶소. 나에게 아직도 무슨 죄가 남아 있으면, 차라리 죽여 달라고 하더라고 말씀을 드려 주시오." 33 그래서 요압이 왕에게 나아가서, 이 일을 상세히 아뢰니, 왕이 압살롬을 불렀다. 압살롬이 왕에게 나아가서, 왕 앞에서 얼굴이 땅에 닿도록 절을 하자, 왕이 압살롬에게 입을 맞추었다.

때 죽었음에 틀림없다 (18:18을 보라). **14:28-33** 압살롬은 더 이상 왕에 대해 참을 수 없다. 그의 행동은 어떤 의미에서는 우월감을 보여준다 (3:3을 보라). **14:29-33** 요압의 유일한 관심은 다윗에게 있었지, 압살롬에게 있었던 것은 아니다 (14:1-4에 관한 주석을 보라). 요압은 이제 압살롬이 자초한 곤혹을 단지 끝맺을 수 있도록 도움을 줄 뿐이다. 왕과 왕자는 공식적으로 화해하지만 가족으로서는 그렇지 않다. 아버지와 아들에 대한 용어를 사용하지 않는다. 다윗은 그의 아들을 사랑하지만 (13:39; 18:1-5, 31-33), 압살롬은 그의 아버지를 사랑하지 않는다 (17:1-4).

15:1—19:43 압살롬(3:3; 13:20-29를 보라)은 다윗의 카리스마(삼상 18:1-7)와 야망(삼상 17:26)을 가지고 있지만, 다윗의 충성심은 결여되어 있다 (삼상 24:8-22; 26:8-25를 참조). 압살롬의 반란은 다말 성폭행사건 후 11년째에 일어난다 (13:23, 38; 14:28; 15:7).

압살롬이 반란을 일으키다

15 1 그 뒤에 압살롬은 자기가 탈 수레와 말
여러 필을 마련하고, 호위병도 쉰 명이나
거느렸다. 2 그리고 압살롬은 아침마다 일찍 일
어나서, 성문으로 들어오는 길 가에 서 있곤 하였다.
그러다가, 소송할 일이 있어서, 판결을 받으려고
왕을 찾아오는 사람이 있으면, 압살롬은 그를 불
러서, 어느 성읍에서 오셨느냐고 묻곤 하였다. 그
사람이 자기의 소속 지파를 밝히면, 3 압살롬은
그에게 "듣고 보니, 다 옳고 정당한 말이지만 그
사정을 대신 말해 줄 사람이 왕에게는 없소" 하고
말하였다. 압살롬은 늘 이런 식으로 말하곤 하였다.
4 더욱이 압살롬은 이런 말도 하였다. "누가
나를 이 나라의 재판관으로 세워 주기만 하면, 누
구든지 소송 문제가 있을 때에 나를 찾아와서 판
결을 받을 수가 있을 것이고, 나는 그에게 공정한
판결을 내려 줄 것이오." 5 또 누가 가까이 와서
엎드려서 절을 하려고 하면, 그는 손을 내밀어서
그를 일으켜 세우고, 그의 뺨에 입을 맞추곤 하였다.
6 압살롬은, 왕에게 판결을 받으려고 오는 모든
이스라엘 사람에게 이런 식으로 하였다. 압살롬
은 이렇게 하여 이스라엘 사람의 마음을 ㄱ)사로
잡았다.
7 이렇게 ㄴ)네 해가 지났을 때에 압살롬이 왕
에게 아뢰었다. "제가 주님께 서원한 것이 있으니,
헤브론으로 내려가서 저의 서원을 이루게 하여 주
십시오. 8 이 종이 시리아의 그술에 머물 때에,
주님께서 저를 다시 예루살렘으로 돌려보내 주기
만 하시면, 제가 헤브론으로 가서 주님께 예배를
드리겠다고 서원을 하였습니다. 9 왕이 그에게
평안히 다녀오라고 허락하니, 압살롬은 곧바로
헤브론으로 내려갔다.
10 그러나 압살롬은 이스라엘의 모든 지파에
게 첩자들을 보내서, 나팔 소리가 나거든 "압살롬이
헤브론에서 왕이 되었다!" 하고 외치라고 하였다.
11 그 때에 이백 명이 압살롬과 함께 예루살렘에서
헤브론으로 내려갔다. 그들은 손님으로 초청받은
것일 뿐이며, 압살롬의 음모를 전혀 알지 못한 채
로, 그저 따라가기만 한 사람들이다. 12 ㄷ)압살
롬은 또 사람을 보내어서, 다윗의 참모이던 길로
사람 아히도벨을 그의 성읍인 길로에서 올라오라
고 초청하였다. 아히도벨은 길로에서 정규적인
제사 일을 맡아 보고 있었다. 이렇게 반란 세력이
점점 커지니, 압살롬을 따르는 백성도 점점 더 많
아졌다.

다윗이 요단 강 쪽으로 도망하다

13 전령 한 사람이 다윗에게 와서 보고하였다.
"이스라엘 백성의 마음이 모두 압살롬에게로 기
울어졌습니다." 14 그러자 다윗은 예루살렘에
있는 모든 신하에게 말하였다. "서둘러서 모두 여
기에서 도망가자. 머뭇거리다가는 아무도 압살롬의
손에서 살아 남지 못할 것이다. 어서 이 곳을 떠
나가자. 그가 곧 와서 우리를 따라잡으면, 우리에

ㄱ) 히, '도적하였다' ㄴ) 칠십인역과 시리아어역을 따름. 히, '마흔 해'
ㄷ) 또는 '제사를 드리는 동안, 압살롬은 사람을 보내어 다윗의 참모이던 길로 사람 아히도벨을 그의 성읍인 길로에서 올라오라고 초청하였다. 이렇게 반란 세력이……'

15:1-12 15:1-6 다윗은 적들과의 전투에서 승리함으로써 백성들로부터 인기를 얻게 되었지만, 절대로 사울을 비판한 적이 없었다 (삼상 18:1-7). 하지만, 압살롬은 적극적으로, 비록 정당하지는 않지만 (8:15 참조), 다윗에 대한 의구심을 제기함으로 사람들의 호의를 얻어내고자 한다. 압살롬은 다윗의 지지기반이 약한 북쪽 (이스라엘) 지파들과 공모한다 (2, 6, 10절; 2:9에 관한 주석을 보라). **15:7-8** *헤브론.* 이 도시는 유다의 도시로 다윗이 처음으로 왕으로 선포된 곳이다 (2:1-4). 압살롬은 아버지의 선례를 그대로 따른다. *서원 (vow).* 이것은 명백히 예루살렘을 떠나기 위한 핑계이다. 그는 자신이 서약한 것을 이루기 위해 6년을 기다렸다 (14:28; 15:7). **15:12** *아히도벨.* 이 사람에 대해서는 16:20—17:23을 보라. 그가 예루살렘에 머물러 있지 않았다는 것은 그가 압살롬의 부름을 기다리고 있었다는 것을 의미한다. 사울은 자신의 편이 아무도 없다는 것을 알았을 때 음모가 있다는 것을 의심하게 된다 (삼상 22:6-19). 다윗은 음모가 진행되고 있음에도 불구하고 의심하지 않는다. *길로 (Giloh).* 유다의 도시이다 (수 15:20, 51).

15:13—16:14 2—4장에서 다윗은 사울의 가문과 싸웠다. 여기에서의 새로운 전쟁은 같은 집안 안의 분열로 인해 발생하게 된다. 압살롬은 남쪽 지역에서는 약간의 지지를 받지만 (15:9, 12), 북쪽 지파들은 압살롬을 더 쉽게 따른다 (16:5-15; 17:24-26; 2:9를 참조). 반란으로 인해 다윗은 "다윗 성"을 단념하게 된다. 예루살렘을 떠날 때, 다윗은 자신이 행한 이전의 행동으로 인해 초래된 적대세력과 또한 지지세력 모두를 알게 된다. 오직 이전에 한 번 그는 그의 백성들로 인해 위험에 봉착한 때가 있었다 (삼상 30:6을 보라; 시 3편 표제를 참조). **15:14-15** 세 번째로 다윗은 두려움으로 인한 행동을 하게 된다 (삼상 19:8-10; 21:10-14 참조). **15:16** *후궁 열 명.* 이것에 대해서는 16:20-22; 20:3을 보라. 다윗은 그 도시가 이제 자신에게는 위험

게도 재앙을 입히고, 이 도성도 칼로 칠 것이다."
15 왕의 신하들이 왕에게 대답하였다. "모든 일은
임금님께서 결정하신 대로 하시기 바랍니다. 이
종들은 그대로 따르겠습니다." 16 왕은 왕궁을
지킬 후궁 열 명만 남겨 놓고, 온 가족을 거느리고
예루살렘을 떠났다.
17 왕이 먼저 나아가니, 모든 백성이 그의
뒤를 따라 나섰다. 그들은 [ㄱ]'먼 궁'에 이르자, 모두
멈추어 섰다. 18 왕의 신하들이 모두 왕 곁에 서
있는 동안에, 모든 그렛 사람과 모든 블렛 사람이
왕 앞으로 지나가고, 가드에서부터 왕을 따라 온
모든 가드 군인 육백 명도 왕 앞으로 지나갔다.
19 왕이 가드 사람 잇대에게 말하였다. "어찌하여
장군은 우리와 함께 가려고 하오? 돌아가 있다가,
새 왕을 모시고 지내도록 하시오. 장군은 외국인
이기도 하고, 장군의 본 고장을 두고 보더라도, 쫓
겨난 사람이니, 그렇게 하시오. 20 장군이 온 것
이 바로 엊그제와 같은데, 오늘 내가 그대를 우리
와 함께 떠나게 하여서야 되겠소? 더구나 나는 지
금 정처없이 떠나는 사람이 아니오? 어서 장군의
동족을 데리고 돌아가시오. 주님께서 은혜와 진
실하심으로 장군과 함께 계셔 주시기를 바라오."
21 그러나 잇대는 왕에게 대답하였다. "주님께서
확실히 살아 계시고, 임금님께서도 확실히 살아
계심을 두고 맹세합니다만, 그럴 수는 없습니다.
임금님께서 가시는 곳이면, 살든지 죽든지, 이 종도
따라가겠습니다." 22 그러자 다윗이 잇대에게
말하였다. "그러면 먼저 건너 가시오." 그리하여
가드 사람 잇대도 자기의 부하들과 자기에게 딸린
아이들을 모두 거느리고 건너 갔다. 23 이렇게
해서 다윗의 부하들이 모두 그의 앞을 지나갈 때
에, 온 땅이 울음 바다가 되었다. 왕이 기드론 시
내를 건너 가니, 그의 부하도 모두 그의 앞을 지
나서, 광야 쪽으로 행군하였다.
24 그런데 그 곳에는, 하나님의 언약궤를 메
고 온 모든 레위 사람과 함께, 사독도 와 있었다.
그들은 거기에다가 하나님의 궤를 내려놓았다.
아비아달도 따라 올라와서, 다윗의 부하가 도성
에서 나아와서, 왕의 앞을 모두 지나갈 때까지 거
기에 있었다. 25 그런 뒤에 왕이 사독에게 말하
였다. "하나님의 궤를 다시 도성 안으로 옮기시
오. 내가 주님께 은혜를 입으면, 주님께서 나를 다
시 돌려보내 주셔서, 이 궤와 이 궤가 있는 곳을
다시 보게 하실 것이오. 26 그러나 주님께서 나
를 싫다고 하시면, 오직 주님께서 바라시는 대로
나에게서 이루시기를 빌 수밖에 없소."
27 왕이 또 제사장 사독에게 말하였다. "사
독 제사장님께서는 선견자가 아니십니까? 성 안
으로 평안히 돌아가시기 바랍니다. 제사장께서는
아비아달 제사장과 함께 두 분의 아들 곧 제사장
님의 아들 아히마아스와 아비아달 제사장의 아들
요나단을 데리고 가십시오. 28 두 분께서 나에게
소식을 보내 올 때까지는, 내가 광야의 나루터에
서 머물고 있을 터이니, 이 점을 명심하십시오."
29 그리하여 사독은, 아비아달과 함께 하나님의

ㄱ) 히, '벳메르학'

하다는 것을 알게 되지만 (14절), 그 여인들에게도 위험 요소가 된다는 것을 무시한다. **15:18** *그렛 사람, 블렛 사람, 가드 사람.* 다윗의 비이스라엘계 개인 수행원들이다 (8:18을 보라; 가드 사람들은 다윗이 가드 왕 아기스의 신하로 머물고 있을 때 다윗 공동체에 속하게 되었다). 다윗이 고국으로 되돌아올 때 이러한 비이스라엘계 사람들에게 보여준 신실함은 이제 보상되고 있다.

15:19—16:14 다윗은 도망 다니는 동안에 여섯 번에 걸쳐 중요한 만남을 갖게 된다. **15:19-23** 첫 번째 만남은 *가드 사람 잇대* 와의 만남이다. 잇대는 다윗의 가드 군대 사령관이다 (18절; 18:2). 그의 행동은 다윗에 대한 가드 사람들의 충성심을 보여주는 모습이다 (15:18을 보라). 재난의 한복판에서 조차도, 다윗은 그들의 안녕을 기원한다. *기드론 시내*는 예루살렘과 올리브산 사이에 위치해 있었다 (30절). **15:24-29** 다윗의 두 번째 만남은 *아비아달과 사독*과의 만남이다 (8:17을 보라). 아비아달과 사독은 법궤를 옮기는 일, 곧 위험한 일을 한 사람들이다 (삼상 4:3-4; 6:1-10을 보라). 25-26절에서, 다윗은 다시 하나님에게 모든 것을 위임하고자 한다. 이러한 성향은 11장에서 다윗에게서 결여되어 있었던 모습이다. 다윗의 두 제사장 역시 충성스러웠으며, 다윗이 요단 강 서편 둑에 진을 치고 있을 때 계속해서 그에게 소식을 전하여 준다 (17:15-17). 사독에 대해서는 알려진 바가 없으나, 다윗은 사울이 놉의 제사장들을 몰살시킨 이후로 아비아달을 줄곧 보호하였으며 (삼상 22:20-23), 이제 아비아달은 다윗의 편에 선다. **15:30-31** 다윗의 세 번째 만남은 다윗의 조언자 아히도벨(유대 사람; 15:12를 보라)이 압살롬 편에 가담했다는 소식을 전해 준 사람과의 만남이다 (15:12; 16:15—17:23 참조). 이러한 소식은 25-26절에서 보여준 다윗의 평정심을 흔들어 놓았다. 밧세바의 할아버지인 아히도벨은 자신의 손녀를 성폭행하고 손녀의 남편을 죽게 만든 다윗을 버린다 (11:3; 23:34를 보라; 대상 3:5, 엘리암 = 암미엘; 밧수아 = 밧세바로 간주해 볼 때). 아마도 다윗은 미움을 얻은 듯하다 (17:5-16 참조). **15:32-37** 다윗의 네 번째 만남은

궤를 다시 예루살렘으로 옮겨다 놓고서, 그 곳에 머물러 있었다.

30 다윗은 올리브 산 언덕으로 올라갔다. 그는 올라가면서 계속하여 울고, 머리를 가리고 슬퍼하면서, 맨발로 걸어서 갔다. 다윗과 함께 있는 백성들도 모두 머리를 가리고 울면서, 언덕으로 올라갔다. 31 그 때에 누가 다윗에게, 압살롬과 함께 반역한 사람들 가운데는 아히도벨도 끼여 있다는 말을 전하자, 다윗이 기도하였다. "주님, 부디, 아히도벨의 계획이 어리석은 것이 되게 하여 주십시오."

32 다윗이, 사람들이 하나님을 경배하는 산꼭대기에 다다르니, 아렉 사람 후새가 슬픔을 못 이겨서 겉옷을 찢고, 머리에 흙을 뒤집어 쓴 채로 나아오면서, 다윗을 맞았다. 33 다윗이 그에게 말하였다. "그대가 나와 함께 떠나면, 그대는 나에게 짐만 될 것이오. 34 그러니 그대는 이제 성으로 돌아가서, 압살롬을 만나거든, 그를 임금님으로 받들고, 이제부터는 새 임금의 종이 되겠다고 말하시오. 이제까지는 임금의 아버지를 섬기는 종이었으나, 이제부터는 그의 아들, 새 임금의 종이 되겠다고 말하시오. 그것이 나를 돕는 길이고, 아히도벨의 계획을 실패로 돌아가게 하는 길이오. 35 그 곳에 가면, 두 제사장 사독과 아비아달이 그대와 합세할 것이오. 그러므로 그대가 왕궁에서 듣는 말은, 무엇이든지 두 제사장 사독과 아비아달에게 전하시오. 36 그들은 지금 자기들의 아들 둘을 그 곳에 데리고 있소. 사독에게는 아히마아스가 있고, 아비아달에게는 요나단이 있으니, 그대들이 듣는 말은 무엇이든지, 그들을 시켜서 나에게 전하여 주시오."

37 그리하여 다윗의 친구인 후새는 성으로 들어갔다. 같은 시간에 압살롬도 예루살렘에 도착하였다.

다윗과 시바

16 1 다윗이 산꼭대기에서 떠난 지 얼마 안 되어서, 므비보셋의 하인 시바가 와서 그를 맞이하였다. 시바는 나귀 두 마리에 안장을 얹고, 그 위에다가는 빵 이백 개와 건포도 뭉치 백 덩이와 여름 과일 백 개와 포도주 한 가죽부대를 싣고 왔다. 2 왕이 시바에게 물었다. "네가 무엇 때문에 이것을 가지고 왔느냐?" 시바가 대답하였다. "이 나귀들은 임금님의 가족들이 타고, 빵과 여름 과일은 신하들이 먹고, 포도주는 누구나 광야에서 기진할 때에 마시고, 이렇게 하시라고 가져왔습니다." 3 왕이 또 물었다. "그런데, 네가 섬기는 상전의 손자는 지금 어디에 있느냐?" 시바가 왕에게 대답하였다. "그는 지금 예루살렘에 머물러 있습니다. 이제야 이스라엘 사람이 자기 할아버지의 나라를 자기에게 되돌려 준다고 생각하고 있습니다." 4 왕이 시바에게 말하였다. "므비보셋의 재산을 네가 모두 가져라." 시바가 대답하였다. "임금님의 은혜에 감사드립니다. 언제나 임금님의 은총을 입는 몸이 되기를 바랍니다."

다윗과 시므이

5 다윗 왕이 바후림 마을에 가까이 이르렀을 때에, 갑자기 어떤 사람이 그 마을에서 나왔는데, 그는 사울 집안의 친척인 게라의 아들로서, 이름은 시므이였다. 그는 거기에서 나오면서, 줄곧 저주를 퍼부었다. 6 다윗 왕의 모든 부하와 모든 용사가 좌우에 서서 왕을 호위하고 가는데도, 그는 다윗과 그의 모든 신하에게 계속하여 돌을 던졌다. 7 시므이가 다윗을 저주하여 말하였다. "영영 가거라! 이 피비린내 나는 살인자야! 이 불한당 같은 자야!

아렉 사람 후새 (수 16:2에서 베냐민과 에브라임 사이의 씨족)와의 만남으로, 다윗의 기도에 대한 분명한 응답이었다. 후새는 이제 아비아달과 사독과 연계되어 다윗을 도울 것이다 (17:5-16). *다윗의 친구에* 대해서는 대상 27:33을 보라. **16:1-4** 다섯 번째 만남은 시바와의 만남으로, 그는 므비보셋을 섬기라는 명령과 함께 재산을 불하받은 사울의 종이다 (9:1-13). 시바는 다윗의 부하들을 위한 양식을 가지고 와서, 므비보셋이 지금 혼란의 틈을 타서 사울 왕가의 복권을 꾀하고 있다고 다윗에게 고한다 (19:24-30 참조). 압살롬이 사울 왕가에 속한 사람이 아니며 므비보셋은 절름발이라서 군대를 통솔할 수 없다는 점을 감안할 때, 시바의 고발은 그럴 듯하지 못하다. 시바는 이 혼란을 틈타 다윗이 4절에서 자신에게 준 재산을 취하려고 한다. 다윗이 시바의 고발을 쉽게 믿었다는 것은 다윗이 항상 므비보셋을 의심스럽게 바라보고 있었다는 것을 암시한다. 피난길의 고통으로 인해 다윗은 지금 잘못된 결정을 내리고 있다. *네가 섬기는 상전의 손자* 시바의 주인은 사울(9:9 참조)로, 므비보셋의 할아버지이다. **16:5-14** 여섯 번째이자 마지막 만남은 사울 가문에 속한 시므이와의 만남이다 (19:16-23; 왕상 2:8-9, 36-46을 보라). 8절에서 시므이는 아브넬(3:26-39)과 이스바알의 죽음 (4:5-8) 뿐만 아니라, 사울의 다른 두 아들과 다섯 손자를 살해한 것이 모두 다윗의 책임(21:1-9)이라고 주장한다. 그 사건은 아직 언급되지 않았기 때문에, 시므이의 말들에 많은 정당성을 부여하기는 어렵다. 아브넬과 이스바알은 다윗도 모르는 사이에 살해되었지만, 다윗은 후에 발생하는 일곱 명의 사울 가문 사람들의 죽음에는 어느

8 네가 사울의 집안사람을 다 죽이고, 그의 나라를
차지하였으나, 이제는 주님께서 그 피 값을 모두
너에게 갚으신다. 이제는 주님께서 이 나라를
너의 아들 압살롬의 손에 넘겨 주셨다. 이런 형
벌은 너와 같은 살인자가 마땅히 받아야 할 재앙
이다."
9 그러자 스루야의 아들 아비새가 왕에게 아
뢰었다. "죽은 개가 높으신 임금님을 저주하는데,
어찌하여 그냥 보고만 계십니까? 제가 당장 건너
가서 그의 머리를 잘라 버리겠습니다."
10 왕은 대답하였다. "스루야의 아들아, 나의
일에 너희가 왜 나서느냐? 주님께서 그에게, 다윗을
저주하라고 분부하셔서 그가 저주하는 것이라면,
그가 나를 저주한다고, 누가 그를 나무랄 수 있
겠느냐?"
11 그런 다음에 다윗이 아비새와 자기의 모든
신하에게 말하였다. "생각하여 보시오. 나의 몸
에서 태어난 자식도 나의 목숨을 노리고 있는데,
이러한 때에, 하물며 저 베냐민 사람이야 더 말해
무엇하겠소. 주님께서 그에게 그렇게 하라고
시키신 것이니, 그가 저주하게 내버려 두시오.
12 혹시 주님께서 나의 이 비참한 모습을 보시고,
오늘 시므이가 한 저주 대신에 오히려 나에게
좋은 것으로 갚아 주실지, 누가 알겠소?" 13 다
윗과 그 부하들은 계속하여 길을 갔다. 그래도
시므이는 여전히 산비탈을 타고 다윗을 따라 오면
서 저주하며, 그 곁에서 돌을 던지고, 흙먼지를
뿌렸다.
14 왕과 그를 따르는 온 백성이 요단 강에 이
르렀을 때에, 그들은 ㄱ)매우 지쳤으므로, 거기에서
쉬면서, 기운을 되찾았다.

압살롬의 입성과 후새의 위장 전향

15 압살롬은 그를 따르는 이스라엘 백성의
큰 무리를 거느리고 예루살렘으로 입성하였으며,
아히도벨도 그와 함께 들어왔다. 16 그 때에 다
윗의 친구인 아렉 사람 후새가 압살롬을 찾아와
서, 압살롬을 보고, "임금님 만세! 임금님 만세!"
하고 외쳤다. 17 그러자 압살롬이 후새에게 물
었다. "이것이 친구를 대하는 그대의 우정이오?
어찌하여 그대의 친구를 따라서 떠나지 않았소?"
18 후새가 압살롬에게 대답하였다. "그렇지 않습
니다. 오히려 저는, 주님께서 뽑으시고 이 백성과
온 이스라엘 사람이 뽑아 세운 분의 편이 되어서,
그분과 함께 지낼 작정입니다. 19 제가 다른 누
구를 또 섬길 수 있겠습니까? 당연히 부왕의 아드
님을 섬겨야 하지 않겠습니까? 그러므로 제가 전
에 부왕을 섬긴 것과 같이, 이제는 임금님을 섬기
겠습니다."
20 압살롬이 아히도벨에게 물었다. "이제
우리가 무슨 일부터 해야 될지 의견들을 내어 보
시오." 21 아히도벨이 압살롬에게 말하였다.
"부왕이 왕궁을 지키라고 남겨 둔 후궁들과 동침
하십시오. 이렇게 임금님께서 부왕에게 미움받을
일을 하였다는 소문을 온 이스라엘이 들으면, 임금
님을 따르는 모든 사람이 더욱 힘을 낼 것입니다."
22 그리하여 사람들이 옥상 위에 압살롬이 들어
갈 장막을 차려 주니, 온 이스라엘이 보는 앞에서,
압살롬이 자기 아버지의 후궁들과 동침하였다.
23 사람들은 아히도벨이 베푸는 모략은, 무엇이

ㄱ) 또는 '아예빔에 이르러'

정도의 책임을 갖고 있다. *너와 같은 살인자.* 이 고발은 사실상 다윗이 그렇게 열심히도 회피하고자 하였던 내용이다 (4:1-12에 관한 주석을 보라). **16:9** *아비새.* 21:8에 관한 주석을 보라. **16:10-12** 15:25-26에서처럼, 다윗은 여기에서 침착성을 유지하고 있다. 이상의 여섯 만남(15:19—16:12)은 다윗이 충성과 동시에 증오의 대상이 되었다는 것과 사울 집안은 여전히 그로부터 소외되어 있다는 것을 다윗에게 보여주었다.

16:15—17:23 아히도벨과 후새는 압살롬과 함께 하고 있지만, 오직 한 사람만이 그를 전적으로 지원하고 있다 (15:12, 30-37). **16:15** *아히도벨.* 이 사람에 대해서는 15:30-31을 보라. **16:16-18** 후새는 압살롬의 신임을 받고자 한다. 충성심에 대한 압살롬의 질문은 매우 비꼬는 듯하지만, 후새의 대답은 문자적으로는 사실 그대로이다: *저는, 주님께서 뽑으시고 이 백성과 온 이스라엘 사람이 뽑아 세운 분의 편이 되어서, 그분과 함께 지낼 작정입니다.* 그러나 그 사람은 바로 다윗이다. 물론 압살롬은 다르게 이해하고 있다. **16:20—17:4** 아히도벨은 압살롬에게 두 가지를 하도록 충고해 준다. **16:20-23** 압살롬은 자신이 아버지의 자리를 계승받은 것임을 분명하게 해야 하고 (삼상 25:40-43; 삼하 15:16을 보라), 그가 그것을 승낙해야 한다. 이러한 식으로 아히도벨은 다윗에게 복수하는 바, 곧 다윗이 아히도벨의 손녀를 성폭행(11:2; 12:11b 참조)한 바로 그 장소에서 다윗의 부인 열 명을 성폭행하도록 한다. 나머지 이야기에 대해서는 20:3을 보라. 총 열두 명의 여인이 사무엘하에서 성폭행을 당한다. **17:1-4** 아히도벨의 두 번째 전략은 자신을 보내어 군대를 이끌고 다윗을 추격하여 살해하자는 것이다. 사실상 이것이 최선의 전략이다 (16:23; 17:14 참조). **17:3** 압살롬을 왕으로 등극시키려면 적어도 다윗의 충신들까지도 처치해야 하겠지만 (15:17-23),

든지, 마치 하나님께 여쭈어서 받은 말씀과 꼭 같이 여겼다. 다윗도 그러하였지만, 압살롬도 그러하였다.

후새가 아히도벨의 제안을 따르지 않다

17 1 아히도벨은 압살롬에게 또 이와 같이 말하였다. "부디 내가 만 이천 명을 뽑아서 출동하여, 오늘 밤으로 당장 다윗을 뒤쫓도록 허락하여 주십시오.
2 그가 지쳐서 힘이 없을 때에, 내가 그를 덮쳐서 겁에 질리게 하면, 그를 따르는 모든 백성이 달아날 것입니다. 그 때에 내가 왕만을 쳐서 죽이면 됩니다.
3 그렇게만 되면, 내가 온 백성을 다시 임금님께로 돌아오게 할 수 있습니다. ㄱ)아내가 남편에게 돌아오듯이, 백성이 그렇게 임금님께로 돌아올 것입니다. 임금님께서 노리시는 목숨도 오직 한 사람의 목숨입니다. 나머지 백성은 안전할 것입니다."
4 압살롬만이 아니라, 이스라엘의 모든 장로도 이 말을 옳게 여겼다.

5 그러나 압살롬은, 아렉 사람 후새도 불러다가, 그가 하는 말도 들어 보자고 하였다.
6 후새가 압살롬에게 오니, 압살롬은 그에게, 아히도벨이 한 말을 일러주고서, 그 말대로 해야 할지 말아야 할지를 묻고, 또 다른 의견이 있으면 말하라고 하였다.
7 후새는 압살롬에게 아히도벨이 베푼 모략이 좋지 않다고 말하고,
8 그 까닭을 설명하였다. "임금님의 부친과 그 신하들은, 임금님께서 잘 아시는 바와 같이, 용사들인데다가, 지금은 새끼를 빼앗긴 들녘의 곰처럼 무섭게 화가 나 있습니다. 더구나 임금님의 부친은 노련한 군인이어서, 밤에는 백성들과 함께 잠도 자지 않습니다.
9 틀림없이 그가 지금쯤은 벌써 어떤 굴 속이나 다른 어떤 곳에 숨어 있을 것입니다. 우리의 군인 가운데서 몇 사람이라도, 처음부터 그에게 죽기라도 하면, 압살롬을 따르는 군인들이 지고 말았다는 소문이 삽시간에 퍼질 것입니다.
10 그러면 사자처럼 담력이 센 용사도 당장 낙담할 것입니다. 임금님의 부친도 용사요, 그의 부하들도 용감한 군인이라는 것은, 온 이스라엘이 다 알고 있기 때문입니다.
11 그러므로 저의 의견은 이렇습니다. 단에서부터 브엘세바에 이르기까지, 온 이스라엘을 임금님에게로 불러모아서, 바닷가의 모래알처럼 많은 군인을, 임금님께서 친히 거느리고 싸움터로 나가시는 것입니다.
12 그래서 우리는, 다윗이 있는 곳이면 어느 곳이든지 들이닥쳐서, 마치 온 땅에 내리는 이슬처럼 그를 덮쳐 버리는 것입니다. 그러면 그는 물론이려니와, 그와 함께 있는 모든 사람 가운데서, 한 사람도 살아 남지 못할 것입니다.
13 또 그가 어떤 성읍으로 물러 나면, 온 이스라엘이 굵은 밧줄을 가져다가, 그 성읍을 동여매어, 계곡 아래로 끌어내려서, 성이 서 있던 언덕에 돌멩이 하나도 찾아볼 수 없게 하시는 것입니다."

14 그러자 압살롬과 온 이스라엘 사람이, 아렉 사람 후새의 모략이 아히도벨의 모략보다 더 좋다고 찬성하였다. 주님께서 이미 압살롬이 재앙을 당하게 하시려고, 아히도벨의 좋은 모략을 좌절시키셨기 때문이다.

후새의 작전과 아히도벨의 자살

15 후새는 곧 사독 제사장과 아비아달 제사장에게, 아히도벨이 압살롬과 이스라엘의 장로들에게 어떤 모략을 베풀었는지, 그리고 자기가 또 어떤 모략을 베풀었는지를 알리고서,
16 다음과 같이 말하였다. "이제 빨리 다윗 왕께 사람을 보

ㄱ) 칠십인역을 따름. 히, '백성 전체가 임금님께 돌아오고 안오고 하는 문제는 임금님께서 노리시는 그 사람에게 달려 있습니다' 또는 '임금님께서 찾으시는 그 사람만 죽이면 백성은 모두 임금님께로 돌아옵니다'

아히도벨은 오로지 다윗만을 목표물로 삼는다 (15:30-31에 관한 주석을 보라). **17:5-13** 후새는 아히도벨의 전략을 수포화시킴으로써 다윗과 맺은 언약(15:32-37)을 지키고, 다윗이 정보를 알아내고, 군사와 양식을 더 확보할 수 있는 시간을 갖도록 조치한다 (17:21, 27-28; 18:1-2). **17:14** 하나님의 행동에 대해 보도하는 마지막 본문은 다윗의 한 아들에 대한 하나님의 사랑이었다 (12:24). 15:25-26에서 다윗 앞에 놓여있는 선택사항을 참조하라. **17:15-16** 다윗의 충성스런 친구는 그에게 전령을 보내어 (15:24-29, 32-37 참조) 요단 강을 건너라고 말한다 (15:28을 보라; 또한 15:24-29에 관한 주석을 보라). 후새는 압살롬이 누구의 전략을 받아드릴 것인지에 대해 불확실하였으나, 그는 다윗을 아히도벨이 계획한 공격으로부터 구하고자 한다. **17:17-20** 다윗은 여전히 많은 사람의 옹호를 받고 있다. 시므이의 고향인 *바후림* (*Bahurim,* 16:5-8) 주민들 역시 다윗 왕에 대한 충성심을 보여주고 있다. 이것은 왕국이 분열되어 있는 모습을 그대로 보여주고 있다. **17:23** 아히도벨은 자신이 제시한 전략을 거부함으로써 압살롬과 또한 자기 자신에게 닥칠 어려움을 인식하고, 성경에서 다섯 번째로 자살을 행한 사람이 된다 (517쪽 추가 설명 "자살"을 보라). 그와 유다는 모

내서, 오늘 밤을 광야의 나루터에서 묵지 마시고, 빨리 강을 건너가시라고 전하십시오. 그렇지 않으면, 임금님만이 아니라, 임금님과 함께 있는 백성까지 모두 전멸을 당할 것입니다."

17 한편, 아비아달의 아들 요나단과 사독의 아들 아히마아스는, 예루살렘 바깥의 ㄱ)엔 로겔 샘터에서 대기하고 있었다. 그들은 사람들의 눈에 뜨이지 않으려고 성 안으로 드나드는 것을 삼갔다. 거기에 있다가, 여종이 그들에게 가서 소식을 전하여 주면, 그들이 그 소식을 받아서 직접 다윗 왕에게 전하곤 하였다. 18 그런데 그만 한 젊은이가 그들을 보고서, 압살롬에게 가서 일러 바쳤다. 탄로가 난 줄을 알고서, 그 두 사람은 재빨리 그 곳을 떠나 바후림 마을로 가서, 어떤 사람의 집으로 들어갔다. 그 집 마당에는 우물이 있었는데, 그들은 그 속으로 내려갔다. 19 그 집 여인은, 덮을 것을 가져다가 우물 아귀에 펴 놓고, 그 위에 찧은 보리를 널어놓아서, 아무도 눈치를 채지 못하게 하였다. 20 압살롬의 종들이 그 집으로 들어와서 그 여인에게 물었다. "아히마아스와 요나단이 어디에 있느냐?" 그 여인이 그들에게 대답하였다. "그들은 방금 저 강을 건너갔습니다." 그들이 뒤쫓아 갔으나, 찾지 못하고 예루살렘으로 돌아갔다.

21 그들이 돌아간 뒤에, 그 두 사람이 우물 속에서 올라와, 다윗 왕에게 가서, 이 소식을 전하였다. 그들은 다윗에게, 아히도벨이 다윗 일행을 해치려고 어떤 계획을 세웠는지를 알리고, 어서 일어나서 강을 건너가라고 재촉하였다. 22 그러자 다윗이 자기와 함께 있는 온 백성을 거느리고 거기에서 떠나, 요단 강을 건너갔는데, 날이 샐 때까지 요단 강을 건너지 못한 사람은 하나도 없었다.

23 아히도벨은 자기의 모략대로 이루어지지 않는 것을 보자, 나귀에 안장을 지워서 타고 거기에서 떠나, 자기의 고향 집으로 돌아갔다. 거기에서 그는 집안 일을 정리한 뒤에, 목을 매어서 죽었다. 그는 이렇게 죽어서, 자기 아버지의 무덤에 묻혔다.

24 다윗이 마하나임에 이르렀을 때에야, 압살롬이 비로소 이스라엘의 온 군대를 직접 거느리고 요단 강을 건넜다. 25 압살롬은 요압 대신에 아마사를 군지휘관으로 세웠는데, 아마사는 이드라라는 ㄴ)이스마엘 사람의 아들이다. 이드라는 나하스의 딸 아비갈과 결혼하여 아마사를 낳았는데, 아비갈은 요압의 어머니 스루야의 여동생이다. 26 이렇게 온 이스라엘과 압살롬이 길르앗 땅에 진을 쳤다.

27 다윗이 마하나임에 다다르니, 암몬 족속의 도성 랍바에서 나하스의 아들 소비가 찾아오고, 로데발에서는 암미엘의 아들 마길이 찾아오고, 로글림에서는 길르앗 사람 바르실래가 찾아왔다. 28 그들이 침대와 이부자리와 대야와 질그릇도 가지고 오고, 밀과 보리와 밀가루와 볶은 곡식과 콩과 팥과 볶은 씨도 가지고 왔다. 29 그들은, 그 많은 사람이 광야에서 굶주리고 지치고 목말랐을 것이라고 생각하고서, 꿀과 버터와 양고기와 치즈도 가져다가 다윗과 그를 따르는 사람들에게 주었다.

ㄱ) '로겔 샘' ㄴ) 히, '이스라엘' 또는 '이스르엘' (대상 2:17 참조)

두 그들의 주인을 배신한 후 목을 매달아 자살한 사람들이다 (마 27:3-10을 보라).

17:24—18:5 17:24-26 *마하나임.* 이 도시는 이스보셋의 옛 수도이다 (2:8). *아마사.* 이 사람에 대해서는 20:4-10을 보라. 아마사는 다윗의 조카이자 압살롬과 요압의 사촌으로, 아마도 다윗의 이복여동생들 가운데 한 명의 자손인 것 같다 (대상 2:16-17). *이드라.* 여기에서 히브리어 본문은 그를 이스라엘 혹은 이스르엘로 부른다. 그는 왕상 2:5와 대상 2:17에서는 "예델"로 불린다. *나하스.* 삼상 10:27a—11:11; 삼하 10:2; 17:27에 기록된 그 왕이다. 나하스는 사울을 대항한 다윗을 옹호하지는 않았는데, 이는 사울과 나하스가 정략결혼을 통해 친밀한 관계를 맺고 있는 사이였기 때문이다. **17:27-28** 양식을 공급받는 다윗의 모습은 더 많은 옹호세력이 있음을 보여주고 있다. *소비*는 그의 형제 하눈을 잃은 고통의 시간을 보낸 후에 (10:1-19; 12:26-31) 다윗의 충성스러운 신하가 된다. *마길.* 9:4에서 사울에게 충성을 다한 신하였다. 아마도 다윗이 므비보셋에게 베푼 은혜가 이제 보상받고 있는 것 같다. *길르앗 사람 바르실래* (19:31-40을 참조). 압살롬의 군대는 길르앗에 진을 치고 있으며 (26절), 이는 백성들 사이의 분열을 증명해 주고 있다 (17:17-20에 관한 주석을 참조). **18:1-5** *요압, 아비새, 잇대.* 이들에 대해서는 15:19-22에 관한 주석을 보라. **18:3** 21:15-17을 보라. **18:5** 압살롬의 반역 행위와 성폭력 행위에도 불구하고, 다윗은 우선적으로 그의 아들을 염려하고 있다.

18:6—19:8a 18:6-8 다윗의 승리는 17:14 이후로는 더 이상 놀랄 만한 일이 아니다. **18:9** *노새.* 이 동물에 대해서는 13:28-29에 관한 주석을 보라. *그의 머리채가 상수리나무에 휘감기는 바람에.* 압살롬의 머리가 나뭇가지 사이에 끼였거나, 그의 많은 머리숱으로 인해 머리가 나무에 걸린 듯하다 (14:26을 참조하

압살롬의 패전

18 1 다윗은 자기와 함께 있는 백성을 점검
하여 보고, 그들 위에 천부장들과 백부장
들을 세웠다. 2 다윗은 또 모든 백성을 세 떼로
나눈 뒤에, 삼분의 일은 요압에게 맡기고, 또 삼
분의 일은 스루야의 아들이며 요압의 동생인 아비
새에게 맡기고, 나머지 삼분의 일은 가드 사람 잇
대에게 맡겼다. 그런 다음에 왕이 온 백성에게 자
기도 그들과 함께 싸움터로 나가겠다고 선언하니,
3 온 백성이 외쳤다. "임금님께서 나가시면 안 됩
니다. 우리가 도망을 친다 하여도, 그들이 우리에
게는 마음을 두지 않을 것이며, 우리가 절반이나
죽는다 하여도, 그들은 우리에게 마음을 두지 않을
것입니다. 임금님은 우리들 만 명과 다름이 없으
십니다. 그러니 임금님은 이제 성 안에 계시면서,
우리를 도우시는 것이 더 좋겠습니다." 4 그러자
왕은 그들의 의견을 따르겠다고 말하고 성문 곁에
서 있으니, 온 백성이 백 명씩, 천 명씩, 부대별로
나아갔다. 5 그 때에 왕이 요압과 아비새와 잇대
에게 부탁하였다. "나를 생각해서라도, 저 어린
압살롬을 너그럽게 대하여 주시오." 왕이 압살롬을
너그럽게 대하여 달라고 모든 지휘관에게 부탁하는
말을, 온 백성이 다 들었다.

6 다윗의 군대가 이스라엘 사람과 싸우려고
들녘으로 나아가서, 에브라임 숲 속에서 싸움을 하
였다. 7 거기에서 이스라엘 백성이 다윗의 부하
들에게 패하였는데, 그들은 그 날 거기에서 크게
패하여서, 이만 명이나 죽었다. 8 싸움이 온 땅
사방으로 번져 나가자, 그 날 숲 속에서 목숨을 잃
은 군인이 칼에 찔려서 죽은 군인보다 더 많았다.

9 압살롬이 어쩌다가 다윗의 부하들과 마주
쳤다. 압살롬은 노새를 타고 있었는데, 그 노새가
큰 상수리나무의 울창한 가지 밑으로 달려갈 때에,
그의 머리채가 상수리나무에 휘감기는 바람에,
그는 공중에 매달리고, 그가 타고 가던 노새는 빠
져나갔다. 10 어떤 사람이 이것을 보고서, 요압
에게 알려 주었다. "압살롬이 상수리나무에 매달려
있습니다." 11 요압이 자기에게 소식을 전하여
준 그 사람에게 물었다. "네가 그를 보았는데도,
왜 그를 당장에 쳐서 땅에 쓰러뜨리지 않았느냐?
그랬더라면, 내가 너에게 은 열 개와 띠 하나를 주
었을 것이다." 12 그 사람이 요압에게 대답하였다.
"비록 은 천 개를 달아서 저의 손에 쥐어 주신다고
하여도, 저는 감히 손을 들어 임금님의 아들을 치지
않을 것입니다. 임금님께서 우리 모두가 듣도록,
장군님과 아비새와 잇대에게, 누구든지 어린 압
살롬을 보호하여 달라고 부탁하셨기 때문입니다.
13 제가 임금님을 속이고, 그의 생명을 해치면,
임금님 앞에서는 아무 일도 숨길 수가 없기 때문
에, 장군님까지도 저에게서 등을 돌릴 것입니다."

14 그러자 요압은 "너하고 이렇게 꾸물거릴
시간이 없다" 하고 말한 뒤에, 투창 세 자루를 손
에 들고 가서, 아직도 상수리나무의 한가운데 산
채로 매달려 있는 압살롬의 심장을 꿰뚫었다.
15 요압의 무기를 들고 다니는 젊은이 열 명도
모두 둘러싸고서, 압살롬을 쳐서 죽였다.

16 그런 다음에 요압이 나팔을 부니, 백성이
이스라엘 사람을 뒤쫓다가 돌아왔다. 요압이 백
성에게 싸움을 그치게 하였기 때문이다. 17 그
들은 압살롬을 들어다가 숲 속의 깊은 구덩이에
집어던지고, 그 위에다가 아주 큰 돌무더기를 쌓
았다. 온 이스라엘 사람들은 도망하여서, 저마다
자기 장막으로 돌아갔다.

18 평소에 압살롬은, 자기의 이름을 후대에
남길 아들이 없다고 생각하여, 살아 있을 때에
이미 자기 비석을 준비하여 세웠는데, 그것이 지금
'왕의 골짜기'에 있다. 압살롬이 그 돌기둥을 자기의
이름을 따서 불렀기 때문에, 사람들은 그것을 오
늘날까지도 '압살롬의 비석'이라고 한다.

라). **18:12** 이것은 5절에서 다윗이 요압에게 명령한 것을 요압이 알고 있다는 사실을 말하여준다. **18:14-15** 이 사건이 이 책에 기록된 다섯 번째 살인사건이다 (3:26-27에 관한 주석을 보라). 요압이 입힌 상처는 치명적인 것이었다. **18:17** 온 이스라엘 사람들은 도망하여서, 저마다 자기 장막으로 돌아갔다. 북쪽 지파 사람들은 압살롬 반란의 실패가 자신들에게 악영향을 끼칠 것임을 알았다. **18:18** *아들이 없다.* 14:25-27에 관한 주석을 보라. **18:19-23** 이 곳과 28절에서 아히마아스는 자신이 큰 공헌을 하여 얻은 승리(17:16-21)로 인한 벅찬 감정을 억누를 수 없었다. 그는 다윗 군대의 심정을 대변하고 있다. **18:24-32** 다윗은 아들에 대한 소식을 간절히 기다리는 한 아버지이지, 적군에 대한 소식을 기다리는 왕으로 묘사되고 있지는 않다. 에티오피아 사람은 자신이 전할 소식이 왕에게 기쁜 소식이라고 말한다. **18:33** 반역을 꾀한 아들로 인해 슬퍼하는 다윗은 매우 감정적으로 격해 있다. 만약 다윗이 딸이 당한 비극적인 사건(13:21)에 대해 이와 같은 모습을 보여주었다면 (12:16-17; 13:37-39), 암논과 압살롬 모두 살아남았을 것이다. **19:3** 다윗의 슬픔은 승리한 군대가 마치 패배한 군대와 같이 반응하는 것처럼 만든다. **19:5-8a** 언제나 그러하듯이, 다윗에게 정직

다윗이 압살롬의 죽음을 슬퍼하다

19 그 때에 사독의 아들 아히마아스가 요압에게 말하였다. "제가 임금님에게로 달려가서, 주님께서 임금님을 원수에게서 구원하셨다는 이 기쁜 소식을 전하겠습니다." 20 그러나 요압이 말렸다. "오늘은 아무리 좋은 소식이라도, 네가 전하여서는 안 된다. 너는 다른 날 이 좋은 소식을 전하여도 된다. 그러나 오늘은 날이 아니다. 오늘은 임금님의 아들이 죽은 날이다." 21 그리고는, 요압이 에티오피아 사람에게 명령하였다. "네가 가서, 본 대로 임금님께 아뢰어라." 그러자 그 에티오피아 사람이 요압에게 절을 하고 달려갔다. 22 사독의 아들 아히마아스가 또다시 요압에게 말하였다. "저에게 무슨 일이 일어나도 좋으니, 저도 저 에티오피아 사람과 같이 가서 보고할 수 있도록 허락하여 주십시오." 그러나 요압은 또 말렸다. "아히마아스야, 네가 왜 가려고 하는지 모르겠구나. 네가 가 보아야, 이 소식으로는 아무 상도 받지 못한다." 23 아히마아스가 또다시 말하였다. "저에게 무슨 일이 일어나도 좋으니, 저도 가겠습니다." 요압이 그에게 말하였다. "그렇다면, 더 말리지 않겠다." 아히마아스는 요단 계곡을 지나는 길로 달려서, 그 에티오피아 사람을 앞질렀다.

24 그 때에, 다윗은 두 성문 곧 안문과 바깥문 사이에 앉아 있었는데, 파수꾼이 성문의 지붕 위로 올라가서, 성벽 위에서 멀리 바라보고 있다가, 어떤 사람이 혼자 달려오는 것을 보았다. 25 파수꾼이 큰소리로 이 사실을 왕에게 알리니, 왕은 "혼자 오는 사람이면 좋은 소식을 전하는 사람이다" 하고 대답하였다. 그 사람이 점점 더 가까이에 이르렀다. 26 파수꾼이 보니, 또 한 사람이 달려오고 있었다. 파수꾼이 큰소리로 문지기에게 "또 한 사람이 달려온다" 하고 외치니, 왕은 "그도 좋은 소식을 전하는 사람이다" 하고 말하였다. 27 파수꾼이 또 알렸다. "제가 보기에, 앞서서 오는 사람은 달리는 것이, 사독의 아들 아히마아스가 달리는 것과 같습니다." 그러자 왕이 대답하였다. "그는 좋은 사람이니, 좋은 소식을 전하러 올 것이다."

28 아히마아스가 왕에게 가까이 이르러서 "평안하시기를 빕니다" 하고 인사를 드리며, 얼굴이 땅에 닿도록 왕에게 절을 하며 아뢰었다. "높으신 임금님께 반역한 자들을 없애 버리시고, 임금님께 승리를 안겨 주신, 임금님의 주 하나님을 찬양합니다." 29 왕이 "그 어린 압살롬도 평안하더냐?" 하고 물으니, 아히마아스는 "임금님의 신하 요압이 ㄱ)이 종을 보낼 때에, 큰 소동이 있었습니다마는, 무슨 일인지는 모르겠습니다." 30 왕이 "물러나서 곁에 서 있어라" 하고 말하니, 그는 곁으로 물러나서 서 있었다.

31 바로 그 때에 그 에티오피아 사람이 들어왔다. 에티오피아 사람이 왕에게 아뢰었다. "높으신 임금님께 기쁜 소식을 가져 왔습니다. 주님께서 오늘 임금님께 반역한 자들을 없애 버리시고, 임금님께 승리를 안겨 주셨습니다." 32 왕이 에티오피아 사람에게 물었다. "그 어린 압살롬이 평안하더냐?" 에티오피아 사람이 대답하였다. "높으신 임금님의 원수들을 비롯하여, 임금님께 반역한 자들이 모조리 그 젊은이와 같이 되기를 바랍니다." 33 왕은 이 말을 듣고, 마음이 찢어질 듯이 아파서, 성문 위의 다락방으로 올라가서 울었다. 그는 올라갈 때에 "내 아들 압살롬아, 내 아들아, 내 아들 압살롬아, 너 대신에 차라리 내가 죽을 것을, 압살롬아, 내 아들아, 내 아들아!" 하고 울부짖었다.

요압이 다윗에게 항의하다

19 1 왕이 목놓아 울면서 압살롬의 죽음을 슬퍼하고 있다는 소문이 요압에게 전해졌다. 2 그래서 모든 군인에게도 그 날의 승리가 슬픔으로 바뀌었다. 왕이 자기의 아들 때문에 몹시 슬퍼한다는 소문이, 그 날 모든 군인에게 퍼졌기 때문이다. 3 그래서 그 날 군인들은, 마치 싸움터에서 도망쳐 나올 때에 부끄러워서 빠져 나가는 것처럼, 슬며시 성 안으로 들어왔다. 4 그런데도 왕은 두 손으로 여전히 얼굴을 가린 채로, 큰소리로

ㄱ) 히, '임금님의 종'

하게 고하는 자는 바로 요압이다 (12:28에 관한 주석을 보라). 슬퍼하는 아버지는 왕의 임무를 수행한다.

19:8b-43 다윗은 이스라엘과 유다 양국의 왕으로 복직하게 되고, 그리고 복직하는 과정에서 시므이, 므비보셋, 바르실래를 만나게 된다. 그 중에 두 사람과의 만남은 다윗이 거의 죽을 지경에 이르렀을 때 그의 마음에 여전히 남아 있게 된다 (왕상 2:7-8). **19:8b-12** 잘못된 지도자를 추종했던 이스라엘 백성은 다윗을 다시금 왕으로 섬기고자 한다. *그들은 나의 형제요 골육지친인데.* 5:1-2에 관한 주석을 보라. 다윗은 그의 백성이 압살롬을 섬겼음에도 불구하고 기꺼이 그들의 왕이 되고자 한다. **19:13** 이 일을 위해서, 다윗은 압살롬의 군대장관인 아마사(17:24-26을 보라)를 자신의 군대장관으로 삼는다. *요압을 대신하여.* 압살롬의 살인은

"내 아들 압살롬아, 내 아들아, 내 아들 압살롬
아!" 하고 울부짖었다.
5 마침내 요압이 집으로 왕을 찾아가서 항의
하였다. "임금님, 모든 부하가 오늘 임금님의 목
숨을 건지고, 임금님의 아들들과 딸들의 목숨도
건지고, 모든 왕비의 목숨과 후궁들의 목숨까지
건져 드렸습니다. 그런데 임금님께서는 오히려
오늘 부하들을 부끄럽게 만드셨습니다. 6 임금님
께서는 어찌하여 임금님을 반역한 무리들은 사랑
하시고, 임금님께 충성을 바친 부하들은 미워하
시는 겁니까? 우리 지휘관들이나 부하들은 임금
님께는 있으나마나 한 사람들입니까? 임금님께서
는 오늘 임금님의 본심을 드러내셨습니다. 차라리
오늘, 압살롬이 살고, 우리가 모두 죽었더라면,
임금님께서는 더 기뻐하셨을 것입니다. 그렇지
않으시다면, 7 이제라도 일어나 밖으로 나가셔서,
임금님의 부하들을 위로의 말로 격려해 주십시
오. 제가 주님의 이름을 걸고 맹세하지만, 지금 임
금님께서 밖으로 나가지 않으시면, 오늘 밤에 한
사람도 임금님 곁에 남아 있지 않을 것입니다. 그
러면 임금님께서 젊은 시절부터 이제까지 당한 그
모든 환난보다도 더 무서운 환난을 당하실 것입니
다." 8 그러자 왕이 일어나서 성문 문루로 나와
앉았다. "임금님께서 성문 문루에 앉아 계신다!"
하는 소식이 모든 부하에게 전해지니, 모든 부하
가 왕의 앞으로 나아왔다.

다윗의 귀환 준비

그 사이에 이스라엘 사람들은 모두 도망하여,
저마다 자기 집으로 돌아갔다. 9 이스라엘 백성
은 지파마다 서로 의논이 분분하였다. "다윗 왕은
우리를 원수들의 손아귀에서 구해 주었다. 블
레셋 사람의 손아귀에서도 우리를 건져 주었다.
그러나 지금은 압살롬을 피해서 이 나라에서 떠나
있다. 10 우리가 기름을 부어서 왕으로 세운
압살롬은 싸움터에서 죽었다. 그러니 이제 우리가
다윗 왕을 다시 왕궁으로 모셔 오는 일을 주저할
필요가 어디에 있는가?"
11 온 이스라엘이 하는 말이 다윗 왕에게 전
달되었다. 다윗 왕은 두 제사장 사독과 아비아달
에게 사람을 보내서, 이렇게 말하였다. "유다 장로
들에게 나의 말을 전하여 주십시오. 그들이 어찌
하여 왕을 다시 왕궁으로 모시는 일에 맨 나중이
되려고 하는지, 12 그들은 나의 친족이요 나의
골육지친인데, 어찌하여 왕을 다시 모셔 오는 일
에 맨 나중이 되려고 하는지, 물어 보시기 바랍니다.
13 그리고 아마사에게는, 그가 나의 골육지친이
면서도, 요압을 대신하여 군대 사령관이 되지
않는다면, 하나님이 나에게 무슨 벌을 내리시더
라도, 내가 달게 받겠다고 하더라고 알려 주십시
오." 14 이렇게 다윗이 모든 유다 사람의 마음을
하나같이 자기쪽으로 기울게 하니, 그들이 왕에
게 사람을 보내서 말하였다. "임금님께서는 부하
들을 모두 거느리고, 어서 빨리 돌아오시기를
바랍니다."
15 다윗 왕이 돌아오는 길에 요단 강 가에 이르
렀는데, 유다 사람들이 왕을 맞이하여 요단 강을
건너게 하려고, 이미 길갈에 와 있었다. 16 바후
림에 사는 베냐민 사람으로 게라의 아들인 시므이
도 급히 와서, 다윗 왕을 맞이하려고, 모든 유다
사람들과 함께 내려왔다. 17 그는 베냐민 사람
천 명을 거느리고, 사울 집안의 종 시바와 함께 왔
는데, 시바도 자기의 아들 열다섯 명과 자기의 종
스무 명을 다 데리고 나아왔다. 이들은 요단 강을
건너서, 왕 앞으로 나아왔다. 18 그들은 왕의 가
족이 강을 건너는 일을 도와서, 왕의 환심을 사려고,
나룻배로 건너갔다.

다윗과 요압의 관계를 깨뜨리고 만다 (3:31-39; 11:14-17에 관한 주석을 보라). 다윗은 반란군을 진압하여 전쟁을 종결시킨 요압을 도저히 벌할 수가 없다. 그러나 다윗은 정치적인 필요성으로 인하여 요압의 자리에 다른 사람을 후임자로 놓는다 (20:4-10). **19:16-23** 사울에게 충성하였던 *시므이*(16:5-8)와 *시바*(16:1-4)는 요단 강을 건너 마하나임으로부터 오는 다윗을 환영한다. 지난번 시므이와 시바가 다윗에게 말할 때에, 그들은 다윗이 복원되리라고 생각하지 않았다. **19:21** 아비새 (다윗의 조카)는 16:9의 그의 조언을 다시 한 번 반복한다. **19:22** 다윗은 시므이를 살려준다 (그러나 왕상 2:8-9, 36-46을 보라). **19:24-30** 다윗은 므비보셋을 의심하였는데 (9장) 그 이유는 시바로 인함이었다 (16:1-4); 최근 사건으로 인해 곤고한 다윗은 시바의 고발 내용이 거의 받아들일 만한 것이 아니었음에도 불구하고 (16:1-4에 관한 주석을 보라), 누가 진실을 말하고 있는지 분별할 수 없다. 판결을 내리기보다는, 다윗은 간단하게 거짓말을 고한 자가 절반을 받게 됨을 분명히 함으로써, 므비보셋과 시바에게 재산을 반씩 나누어준다. 이러한 판결은 압살롬의 반란과 죽음이 다윗에게 비탄한 심정을 안겨 주었다는 것을 말해 준다. **19:31-39** 다윗은 요단 강을 건너 *바르실래*

다윗과 시므이

왕이 요단 강을 건너려고 할 때에, 게라의 아들
시므이가 왕 앞에 엎드려서 19 말하였다. "임금
님, 이 종의 허물을 마음에 두지 말아 주십시오.
높으신 임금님께서 예루살렘에서 떠나시던 날,
제가 저지른 죄악을, 임금님께서는 기억하시거나
마음에 품지 말아 주십시오. 20 바로 제가 죄를
지은 줄을, 이 종이 잘 알고 있습니다. 그렇기 때
문에, 제가 오늘 요셉 지파의 모든 사람 가운데서
맨 먼저 높으신 임금님을 맞으러 내려왔습니다."
21 스루야의 아들 아비새가 그 말을 받아서, 왕
에게 말하였다. "주님께서 기름 부어 세우신 분을
시므이가 저주하였으니, 그것만으로도 시므이는
죽어야 마땅한 줄 압니다." 22 그러나 다윗이 말
하였다. "스루야의 아들들은 들어라. 나의 일에
왜 너희가 나서서, 오늘 나의 ㄱ대적이 되느냐? 내
가 오늘에서야, 온 이스라엘의 왕이 된 것 같은데,
이런 날에, 이스라엘에서 사람이 처형을 받아서
야 되겠느냐?" 23 왕이 시므이에게 맹세하였다.
"너는 처형을 당하지 않을 것이다."

다윗과 므비보셋

24 그 때에 사울의 손자 므비보셋도 왕을 맞
으러 내려왔다. 그는, 왕이 떠나간 날부터 평안하게
다시 돌아오는 날까지, 발도 씻지 않고, 수염도
깎지 않고, 옷도 빨아 입지 않았다. 25 그가 예
루살렘에서 와서 왕을 맞이하니, 왕이 그에게 물
었다. "므비보셋은 어찌하여 나와 함께 떠나지 않
았느냐?" 26 그가 대답하였다. "높으신 임금님,
저는 다리를 절기 때문에, 나귀를 타고 임금님과
함께 떠나려고, 제가 탈 나귀에 안장을 얹으라고
저의 종에게 일렀으나, 종이 그만 저를 속였습니다.
27 그리고는 그가 임금님께 가서, 이 종을 모함
까지 하였습니다. 임금님은 하나님의 천사와 같은
분이시니, 임금님께서 좋게 여기시는 대로 처분하
시기를 바랍니다. 28 제 아버지의 온 집안은 임
금님에게 죽어도 마땅한 사람들뿐인데, 임금님께
서는 이 종을 임금님의 상에서 먹는 사람들과 함께
먹도록 해주셨으니, 이제 저에게 무슨 염치가 있다
고, 임금님께 무엇을 더 요구하겠습니까?" 29 그
러나 왕은 그에게 말하였다. "네가 어찌하여 그 이
야기를 또 꺼내느냐? 나는 이렇게 결정하였다. 너
는 시바와 밭을 나누어 가져라!" 30 므비보셋이
왕에게 아뢰었다. "높으신 임금님께서 안전하게
왕궁으로 돌아오시게 되었는데, 이제 그가 그 밭을
다 차지한들 어떻습니까?"

다윗과 바르실래

31 그 때에 길르앗 사람 바르실래도 로글림
에서 내려와서, 왕이 요단 강을 건너는 일을 도우
려고, 요단 강 가에 이르렀다. 32 바르실래는 아주
늙은 사람으로, 나이가 여든 살이나 되었다. 그는
큰 부자였으므로, 왕이 마하나임에 머물러 있는
동안에 왕에게 음식을 공급하였다. 33 왕이 바
르실래에게 말하였다. "노인께서는 나와 함께 건
너가시지요. 나와 같이 가시면 내가 잘 대접하겠
습니다." 34 그러나 바르실래는 왕에게 아뢰었다.
"제가 얼마나 더 오래 산다고, 임금님과 함께 예루
살렘으로 올라가겠습니까? 35 제 나이가 지금
여든입니다. 제가 이 나이에 좋은 것과 나쁜 것을
어떻게 가릴 줄 알겠습니까? 이 종이 무엇을 먹고
무엇을 마신들, 그 맛을 알기나 하겠습니까? 노래
하는 남녀가 아름다운 노래를 부른들, 제가 이 나
이에 잘 알아듣기나 하겠습니까? 그러니 이 종이
높으신 임금님께 다시 짐이 되어서야 되겠습니
까? 36 이 종은 임금님을 모시고 요단 강을 건
너려는 것 뿐인데, 어찌하여 임금님께서는 이러
한 상을 저에게 베푸시려고 하십니까? 37 부디

ㄱ) 히, '사탄이'

(17:27-28)와 함께 왕국으로 귀환하고자 하지만, 바르실래는 자기 대신에 *김함*(그의 아들; 왕상 2:7)을 데리고 가도록 요청한다. **19:40** *이스라엘 백성의 절반이나.* 북쪽 사람들은 아직 완전하게 다윗과 화해하지 못한다 (그러나 41절을 참조하라). **19:41-43** 어느 민족이 다윗 왕의 귀환을 주도할 것인가의 문제로 남왕국과 북왕국 사이의 관계가 악화된다. *열 갑절.* 이것은 열 지파를 의미한다.

20:1-26 *세바.* 압살롬의 반란이 완전히 진압되기도 전에 새로운 반란이 일어난다. 19:41-43에 나타난 불화로 인하여 반란이 일어나게 된다. **20:1** *불량배.* 동일한 히브리어 단어가 세바를 묘사하는데 사용되는데, 그 단어는 다윗의 권위를 부인한다. 또한 이 단어는 삼상 2:12에서 엘리의 권위와 삼상 10:27에서 사울의 권위를 부인하는 사람들에 대해 사용되었다. *비그리의 아들로서 베냐민 사람이었다.* 사울과 시므이의 지파 출신임을 말한다 (16:5-8). 세바는 분명히 그 지파에 속한 사울 친족 출신이다. *베고랏* (삼상 9:1 사울의 선

이 종을 돌아가게 하셔서, 고향 마을에 있는 제 아버지와 어머니의 무덤 곁에서 죽게 하여 주시기를 바랍니다. 그 대신에 ㄱ)이 종의 아들 김함이 여기에 있으니, 그가 높으신 임금님을 따라가게 하시고, 임금님께서 바라시는 대로, 그에게 잘 대하여 주시기를 바랍니다."

38 그러자 왕이 약속하였다. "물론, 내가 김함을 데리고 가겠소. 그리고 노인께서 보시기에 만족하도록, 내가 그에게 잘 대하여 주겠고, 또 나에게 특별히 부탁한 것은 무엇이든지, 내가 다 이루어 드리겠소."

39 드디어 온 백성이 요단 강을 건넜고, 왕도 건너갔다. 왕이 바르실래에게 입을 맞추고 복을 빌어 주니, 바르실래가 자기의 고장으로 돌아갔다.
40 왕이 길갈로 건너갈 때에 김함도 왕을 따라서 건너갔다.

남북 분쟁의 재연

온 유다 백성과 이스라엘 백성의 절반이나 왕을 따라서, 요단 강을 건너갔다. 41 그런데 갑자기 온 이스라엘 사람이 왕에게 몰려와서, 이렇게 말하였다. "어찌하여 우리의 형제인 유다 사람들이 우리와 의논도 없이, 임금님을 몰래 빼돌려 임금님과 임금님의 가족과 다윗 왕의 모든 신하를 모시고 건넜습니까?" 42 그러자 온 유다 사람이 이스라엘 사람에게 대답하였다. "우리가 임금님과 더 가깝기 때문이다. 너희가 이런 일로 그렇게 화를 낼 이유가 무엇이냐? 우리가 임금님께 조금이라도 얻어 먹은 것이 있느냐? 임금님이 우리에게 조금이라도 주신 것이 있어서 그러는 줄 아느냐?"
43 그러나 이스라엘 사람은 유다 사람에게 이렇게 말하였다. "우리는 임금님께 요구할 권리가 너희보다 열 갑절이나 더 있다. 그런데 어찌하여 너희는 우리를 무시하였느냐? 높으신 임금님을 우리가 다시 모셔와야 되겠다고 맨 먼저 말한 사람이, 바로 우리가 아니었느냐?" 그래도 유다 사람의 말이 이스라엘 사람의 말보다 더 강경하였다.

세바의 반란

20 1 그 즈음에 불량배 한 사람이 그 곳에 있었는데, 그의 이름은 세바였다. 그는 비그리의 아들로서, 베냐민 사람이었다. 그는 나팔을 불면서, 이렇게 외쳤다.

"우리가 다윗에게서 얻을 몫은
아무것도 없다.
우리가 이새의 아들에게서
물려받을 유산은
아무것도 없다.
그러니 이스라엘 사람들아,
모두들 자기의 집으로 돌아가자!"

2 이 말을 들은 온 이스라엘 사람은 다윗을 버리고, 비그리의 아들 세바를 따라갔다. 그러나 유다 사람은 요단 강에서 예루살렘에 이르기까지, 줄곧 자기들의 왕을 따랐다.

3 다윗은 예루살렘의 왕궁으로 돌아온 뒤에, 예전에 왕궁을 지키라고 남겨 둔 후궁 열 명을 붙잡아서, 방에 가두고, 감시병을 두었다. 왕이 그들에게 먹을 것만 주고, 더 이상 그들과 잠자리를 함께 하지 않았으므로, 그들은 죽을 때까지 갇혀서, 생과부로 지냈다.

4 왕이 아마사에게 명령하였다. "장군은 유다 사람을 사흘 안에 모아 나에게 데려 오고, 그대도

ㄱ) 칠십인역과 시리아어역을 따름. 히, '임금님의 종 김함'

조)은 아마도 비그리의 또 다른 형태의 이름인 듯하다. *비그리*는 매우 중요하다. 이 이름은 세바의 이름이 언급될 때마다 등장하며, 이는 그의 영향력이 오로지 그 작은 지파에게만 해당되었다는 것을 지적하고 있는듯하다 (20:14를 보라). 세바의 전쟁선동은 르호보암에 대항한 전쟁과 비슷한 면이 있다 (왕상 12:16). **20:2** 압살롬은 양국으로부터 어느 정도의 지지를 받았었지만, 북쪽의 지지가 지배적이었다. **20:3** 압살롬이 성폭행한 후궁들(16:21-22)은 감금당한다; 레 18:6-18을 참조하라. **20:4-13** 요압이 아마사를 죽인다. 다윗은 아마사(17:25-26; 19:13)에게 요압의 직무를 대행시켰는데, 이제 요압이 그의 직책을 되찾는 셈이다. **20:4-7** *그렛 사람과 블렛 사람.* 이들에 대해서는 8:18에 관한 주석을 보라. **20:8** *기브온*에서는 다른 많은 배신행위가 발생한다. 아사헬이 죽는 장면 (2:18-23), 이스바알 살인자들의 고향 (4:2-3), 대량학살이 일어난 곳이자 그 결과로 7명의 사울 자손이 처형된 곳(21:1-9)이 바로 기브온이다. **20:9-10** 배반 행위의 키스에 대해서는 막 14:45를 참조하라. 이 사건은 요압이 연루된 네 번째 살인사건이며, 사무엘하에 나타난 여섯 번째 사건이다 (3:26-27에 관한 주석을 보라). 다윗이 죽을 때, 그는 솔로몬에게 아브넬과 아마사가 살인한 요압을 처형하도록 말한다 (왕상 2:5-6). 하지만, 다윗은 적어도 아브넬의 죽음에 대해서는 요압을 처벌할 수 있는 충분한

함께 오시오." 5 아마사가 유다 사람을 모으러
갔으나, 왕이 그에게 정하여 준 기간을 넘겼다.
6 그래서 다윗은 아비새에게 명령하였다. "이제
비그리의 아들 세바가 압살롬보다도 더 우리를 해
롭게 할 것이오. 그러므로 장군은 나의 부하들을
데리고 그를 뒤쫓아 가시오. 혹시라도 그가 잘 요
새화된 성읍들을 발견하여 그리로 피하면, 우리가
찾지 못할까 염려되오." 7 그래서 요압의 부하
들과 그렛 사람과 블렛 사람과 모든 용사가, 비그
리의 아들 세바를 뒤쫓아 가려고, 아비새를 따라
예루살렘 밖으로 나갔다.
8 그들이 기브온의 큰 바위 곁에 이르렀을 때
에, 아마사가 그들의 앞으로 다가왔다. 요압은 군
복을 입고, 허리에 띠를 띠고 있었는데, 거기에는
칼집이 달려 있고, 그 칼집에는 칼이 들어 있었다.
요압이 나아갈 때에, 칼이 빠져 나와 있었다.
9 요압은 아마사에게 "형님, 평안하시오?" 하고
말하면서, 오른손으로 아마사의 턱수염을 붙잡고
입을 맞추었다. 10 요압이 다른 손으로 칼을 빼어
잡았는데, 아마사는 그것을 눈치채지 못하였다.
요압이 그 칼로 아마사의 배를 찔러서, 그의 창자가
땅바닥에 쏟아지게 하니, 다시 찌를 필요도 없이
아마사가 죽었다.
그런 다음에 요압은 자기 동생 아비새와 함께
비그리의 아들 세바를 뒤쫓아 갔다. 11 그 때에
요압의 부하 한 사람이 아마사의 주검 곁에 서서
외쳤다. "요압을 지지하는 사람과 다윗 쪽에 선 사
람은 요압 장군을 따르시오." 12 그러나 아마사가
큰 길의 한가운데서 피투성이가 되어 있었으므로,
지나가는 모든 군인이 멈추어 서는 것을, 요압의
부하가 보고, 아마사를 큰 길에서 들판으로 치워
놓았다. 그런데도 그의 곁으로 지나가는 군인마다
멈추어 서는 것을 보고, 요압의 부하가 아마사의
주검을 옷으로 덮어 놓았다. 13 그가 큰 길에서
아마사를 치우자, 군인들이 모두 요압을 따라서,
비그리의 아들 세바를 뒤쫓아 갔다.
14 세바가 모든 이스라엘 지파 가운데로 두루
다니다가, 아벨 지역과 벳마아가 지역과 베림의
온 지역까지 이르렀다. 그 곳 사람들이 모두 모여서,
그의 뒤를 따랐다. 15 요압을 따르는 군인들은
그 곳에 이르러서, 벳마아가의 아벨을 포위하고,
세바를 치기 시작하였다. 그들이 성읍을 보면서
둔덕을 쌓으니, 이 둔덕이 바깥 성벽의 높이만큼
솟아올랐다. 요압을 따르는 모든 군인이 성벽을
무너뜨리려고 부수기 시작하니, 16 그 성읍에서
슬기로운 여인 하나가 이렇게 외쳤다. "제 말을
들어 보십시오. 좀 들어 보시기 바랍니다. 제가
장군께 드릴 말씀이 있으니, 요압 장군께, 이리로
가까이 오시라고, 말씀을 좀 전하여 주십시오!"
17 요압이 그 여인에게 가까이 가니, 그 여인이
"요압 장군이십니까?" 하고 물었다. 요압이 "그렇
소" 하고 대답하니, 그 여인이 요압에게 "이 여종의
말을 좀 들어 보시기 바랍니다" 하였다. 요압이 말
하였다. "어서 말하여 보시오." 18 그 여인이 말
하였다. "옛날 속담에도 '물어 볼 것이 있으면, 아벨
지역에 가서 물어 보아라' 하였고, 또 그렇게 해서
무슨 일이든지 해결하였습니다. 19 저는 이스라
엘에서 평화롭고 충실하게 사는 사람들 가운데

기회를 가졌었다 (3:31-39에 관한 주석을 보라). 다윗은 압살롬을 죽인 대가로 요압을 죽이고자 하지만, 그는 결코 그렇게 말하지 않는다 (19:13에 관한 주석을 보라). **20:14-22** 세바는 살해당한다. 이것이 주요 설화 가운데 나타난 마지막 이야기이다 (21—24장은 부록이다). 이 이야기는 다윗이 직접 참여하지 않았으면서도 획득한 승리를 다루고 있다. 14:1-24에서 요압은 한 지혜로운 여인을 이용하여 목적을 멋지게 달성한다. 요압과 슬기로운 여인이 전쟁을 종결시킨다. **20:14** *세바.* 히브리어 성경은 "그"(he)로 기록하기 때문에 개역개정은 "요압"으로 번역했고, 새번역개정과 공동번역과 NRSV는 "세바"로 번역했다 (20:1을 보라). *아벨 지역과 벳마아가 지역.* 이 지역은 북쪽 지역의 상단에 위치한다. 세바는 지금 도주하고 있다. 세바의 유일한 혈족이 여전히 그를 따르고 있는 것 같다. 만약 그렇다면, 아비새와 요압은 2절후부터 계속해서 그의 많은 추종세력들을 격퇴시키고 있었던 것이다. **20:16-19** 포위된 성읍에 살고 있는 한 슬기로운 여인(13:3에 관한 주석을 보라)은 먼저 요압에게 말을 한다. 말하기를, 반란자 한 사람을 잡기 위해서 지혜의 성으로 알려진 이스라엘 성읍을 파괴하는 것은 이미 소외된 북쪽 지역에 다윗에 대한 또 다른 원한을 제공하는 꼴이라는 것이다. *여호와의 기업.* 하나님이 이스라엘에게 약속한 땅이다 (창 12:1-3, 7). **20:20-22** 요압은 거래를 하고자 한다. 그리고 그녀는 그 거래내용을 수행한다. 요압과 아벨 사람들 모두는 그녀를 그 성읍의 지도자로 간주한다. 이것이 이 책의 마지막이자 일곱 번째 살인사건으로, 요압이 연루된 다섯 번째 사건이다 (3:36-27에 관한 주석을 보라). 슬기로운 사람의 세 번째 조언이 죽음으로 귀결되기는 하였지만, 이번 사건만은 공공의 안전을 유지한다 (13:1-5의 요나답을 참조하라; 14장의 슬기로운 여인). 포위된 성읍에 사는 한 슬기로운 여인이 그릇된 권력남용을 저지하는 이야기가 삿 9:50-57에도 나온다. **20:23-26** 다윗의 공신들의 목록은 그의 통

하나입니다. 그런데 장군께서는 지금 이스라엘에
서 어머니와 같은 성읍을 하나 멸망시키려고 애쓰
십니다. 왜 주님께서 주신 유산을 삼키려고 하십
니까?" 20 요압이 대답하였다. "나는 절대로 그
러는 것이 아니오. 정말로 그렇지가 않소. 나는 삼
키거나 멸망시키려는 것이 아니오. 21 그 일이
그런 것이 아니오. 사실은 에브라임 산간지방 출
신인 비그리의 아들 세바라는 사람이, 다윗 왕에
게 반기를 들어서 반란을 일으켰소. 여러분이 그
사람만 내주면, 내가 이 성읍에서 물러가겠소."
그 여인이 요압에게 말하였다. "그렇다면, 그의
머리를 곧 성벽 너머로 장군께 던져 드리겠소."
22 그런 다음에, 그 여인이 온 주민에게 돌아가서
슬기로운 말로 설득시키니, 그들이 비그리의 아들
세바의 머리를 잘라서, 요압에게 던져 주었다. 요
압이 나팔을 부니, 모든 군인이 그 성읍에서 떠나,
저마다 자기 집으로 흩어져서 돌아갔다. 요압은
왕이 있는 예루살렘으로 돌아왔다.

다윗의 관리들

23 요압은 온 이스라엘의 군대 사령관이
되고, 여호야다의 아들 브나야는 그렛 사람과 블
렛 사람으로 이루어진 경호원들의 지휘를 맡고,
24 아도니람은 부역 감독관이 되고, 아힐릇의 아
들 여호사밧은 역사 기록관이 되고, 25 스와는
서기관이 되고, 사독과 아비아달은 제사장이 되고,
26 야일 사람 이라는 다윗의 제사장이 되었다.

다윗이 기브온 사람의 소원을 들어 주다

21 1 다윗 시대에 세 해 동안이나 흉년이 들
었다. 다윗이 주님 앞에 나아가서 그 곡
절을 물으니, 주님께서 대답하셨다. "사울과 그의
집안이 기브온 사람을 죽여 살인죄를 지은 탓이다."
2 다윗은 기브온 사람을 불러다가 물어 보았다.
(기브온 사람은 본래 이스라엘 백성의 자손이 아
니라, 아모리 사람 가운데서 살아 남은 사람들이며,
이미 이스라엘 백성이 그들을 살려 주겠다고 맹세
하였는데도, 사울은 이스라엘과 유다 백성을 편
파적으로 사랑한 나머지, 할 수 있는 대로 그들을
다 죽이려고 하였다.) 3 다윗이 기브온 사람에게
물었다. "내가 당신들에게 어떻게 하면 좋겠소?
내가 무엇으로 보상을 하여야, 주님의 소유인 이
백성에게 복을 빌어 주시겠소?" 4 기브온 사람
들이 그에게 말하였다. "사울이나 그의 집안과 우리
사이의 갈등은 은이나 금으로 해결할 문제가 아닙
니다. 우리는 이스라엘 사람을 죽일 생각은 없습

치기간이 끝났음을 암시해 준다. 이전에 기록된 목록에 대해서는 8:16-18을 보라. 요압(다윗의 조카)은 두 목록 모두에서 가장 우두머리로 기록된다. 만약 *세바*가 8:17의 *스라야*로 이해된다면, 오직 두 가지 중요한 변동이 있게 된다. 첫 번째 공신은 *아도람*으로 노무자들을 통솔하던 자이다. 그는 솔로몬과 르호보암 시절에도 그 지위를 유지하게 된다 (왕상 4:6; 5:14, 이 두 곳에서 그의 이름은 "아도니람"으로 기록된다, 12:18). 다윗은 아마도 그의 정권 말엽에 이르기까지 이 노무자들을 사용하지 않았던 것 같으며, 그의 말엽에 그는 노역부를 가동하지만 솔로몬 시대에 북쪽 지파들을 선동하여 마지막 반란을 일으키게 된다 (왕상 5:13-18; 12:1-19). 두 번째 변화는 여기서 다윗의 아들들이 제사장으로 섬기고 있다는 언급이 없다는 점이며 (8:18), *야일 사람* 이라는 사독과 아비아달과 함께 언급되고 있다. 8장 이후로 다윗의 장남은 죽었다.

21:1—24:25 사무엘상은 사무엘의 어린 시절에 관한 이야기를 담고 있는 서론으로부터 시작하였다 (1:1—2:11). 사무엘하는 다윗을 마지막으로 결론을 내리고 있다. 이 결론부에 나타난 자료는 다윗의 생애의 다양한 시점 속에서 구성되는 바, 곧 죄의 회개에 관한 이야기로 시작하고 끝을 맺는다. 첫 번째 이야기에 나타난 죄는 사울의 죄이며, 두 번째는 다윗의 죄로, 이 죄가 국가에 미치는 파장을 간략하게 소개하고 있다. 죄의 문제는 주요 설화 가운데에는 내포되지 않았는데, 아마도 일부 자료들이 거기에서 발견되는 개념에 도전하기 때문이다 (21:8-9 // 4:1-12; 21:19 // 삼상 17장; 22:21-25 // 삼상 11—12장).

21:1-14 이 이야기는 다윗이 온 이스라엘의 왕으로 기름부음을 받은 직후에 발생한다. 여전히 사울 통치권의 잔재가 해결되지 않은 채로 남아 있다. 다윗은 아직도 이스바알 지경에 속한 여부스 지파의 사울과 요나단의 잔상들을 제대로 처리하지 않았다 (삼상 31:8-13; 삼하 21:12-14). 7-9절에 기록된 사울 후손들의 처형은 삼하 9장(9:7에 관한 주석을 보라)과 16:5-8(16:8에 관한 주석을 보라)을 위한 상황을 제공해 준다. **21:1** *흉년.* 창 3:17-19는 땅이 열매를 맺지 못하는 이유를 인간의 불복종으로 인한 것임을 서술한다. 죄로 인해 국가에 미치는 형벌은 신명기적 신학과 일관적으로 묘사되지만 (수 7장처럼), 왕의 그릇된 행실은 심지어 더욱 심각하다. 사무엘은 사람들에게 왕이 지은 죄로 인해 오히려 형벌을 받을 수 있을 것이라고 경고하였다. 이 내용은 나단의 신탁예언에서도 분명하다 (삼상 12:14-15; 삼하 7:14). *주 앞에 나아가서 그 곡절을 물으니.* 이에 대해서는 삼상 10:22에 관한 주석을 보라. 살인죄를 피하기 위한 다윗의 관심은 사무

니다." 다윗이 그들에게 물었다. "그러면 당신들의
요구가 무엇이오? 내가 들어 주겠소." 5 그들이
왕에게 말하였다. "사울은 우리를 학살한 사람입
니다. 그는, 이스라엘의 영토 안에서는, 우리가
어느 곳에서도 살아 남지 못하도록, 우리를 몰살
시키려고 계획한 사람입니다. 6 그의 자손 가운
데서 남자 일곱 명을 우리에게 넘겨 주시기를 바
랍니다. 그러면 주님께서 택하신 왕 사울이 살던
기브아에서, 우리가 주님 앞에서 그들을 나무에
매달겠습니다." 왕이 약속하였다. "내가 그들을
넘겨 주겠소." 7 그러나 다윗은 사울의 아들인
요나단과 그들 사이에 계시는 주님 앞에서 맹세한
일을 생각하여, 사울의 손자요 요나단의 아들인
므비보셋은, 아껴서 빼놓았다. 8 그 대신에 왕은
아야의 딸 리스바가 사울과의 사이에서 낳은 두
아들인 알모니와 므비보셋을 붙잡고, 또 사울의
딸 메랍이 므홀랏 사람 바르실래의 아들인 아드리
엘과의 사이에서 낳은 아들 다섯을 붙잡아다가,
9 기브온 사람의 손에 넘겨 주었다. 기브온 사람이
주님 앞에서 그들을 산에 있는 나무에 매달아 놓
으니, 그 일곱이 다 함께 죽었다. 그들이 처형을
받은 것은 곡식을 거두기 시작할 무렵, 곧 보리를
거두기 시작할 때였다.

10 그 때에 아야의 딸 리스바가 굵은 베로
만든 천을 가져다가 바윗돌 위에 쳐 놓고, 그 밑에
앉아서, 보리를 거두기 시작할 때로부터 하늘에서
그 주검 위로 가을 비가 쏟아질 때까지, 낮에는 공
중의 새가 그 주검 위에 내려 앉지 못하게 하고,
밤에는 들짐승들이 얼씬도 하지 못하게 하였다.
11 아야의 딸이며 사울의 첩인 리스바가 이렇게
하였다는 소문이 다윗에게 전해지니, 12 다윗이
길르앗의 야베스로 가서, 사울의 뼈와 그의 아들
요나단의 뼈를 그 주민에게서 찾아왔다. (블레셋
사람이 길보아 산에서 사울을 죽일 때에, 블레셋
사람이 사울과 요나단의 시신을 벳산의 광장에
달아 두었는데, 거기에서 그 시신을 몰래 거두어
간 이들이 바로 길르앗의 야베스 주민이다.)
13 다윗이 이렇게 사울의 뼈와 그의 아들 요나단
의 뼈를 거기에서 가지고 올라오니, 사람들이 나
무에 매달아 죽인 다른 사람들의 뼈도 모아서,
14 사울의 뼈와 그의 아들 요나단의 뼈와 함께,
베냐민 지파의 땅인 셀라에 있는 사울의 아버지
기스의 무덤에 합장하였다. 사람들이, 다윗이 지
시한 모든 명령을 따라서 그대로 한 뒤에야, 하나
님이, 그 땅을 돌보아 주시기를 비는 그들의 기도
를 들어주셨다.

엘하 전체에 걸쳐서 분명하게 나타난다 (4;1-12에 관한 주석을 보라). *기브온 사람에* 대해서는 20:8에 관한 주석을 보라. **21:2** 구약성경에는 사울이 기브온을 공격했다는 이야기가 없지만, 이스보셋 살인에 대한 문맥은 제공하고 있다 (4:2-3에 관한 주석을 보라). 기브온 사람들은 여호수아를 속여서 이스라엘 백성과 평화조약을 체결했었다 (수 9:3-27). 사울이 *아모리 사람들*(가나안 사람들)을 국가에 기꺼이 받아들이려고 하지 않았던 것은 *이스라엘과 유다 백성을 향한 사울의 편파적 사랑*으로 나타났다. **21:3** 다윗은 그 상황을 해결하고자 한다. 그래서 기브온 사람들이 *주님의 소유*를 향해 저주가 아닌 축복을 빌어주기를 바란다 (20:19에 관한 주석을 보라). **21:4-6** 오직 피만이 살인죄를 깨끗하게 씻을 수 있다 (레 24:17-21을 참조). 이러한 율법에 따라, 다윗은 사울과 맺은 서약을 파괴한다 (삼상 24:21-22). **21:7** *주 앞에서 맹세한 일.* 이 일에 대해서는 삼상 20:14-15를 보라. **21:8** *리스바.* 이 여인에 대해서는 3:7-11을 보라. *메랍.* 사울의 딸 메랍에 대해서는 삼상 18:17-19를 보라. 히브리어 성경은 "미갈"로 기록한다. 그러나 그녀는 자식이 없었다 (6:23). *므홀랏 사람 바르실래.* 이 사람은 17:27; 19:31-40에 나오는 길르앗 사람 바르실래가 아니다. **21:9** 이미 세 번에 걸쳐 처형이 있었다 (1:16; 4:12). 다윗은 사울 왕가에 속한 사람들을 죽인 자들을 처벌하도록 그들에게 명하였다 (그리고 다윗은 그러한 처형에 대해 자신의 무죄함을 강조한다). 그러나 다윗이 여기에서 처형한 사람들은 바로 사울의 집안사람들이다. *보리를 거두기 시작할 때.* 이른 봄이다. 가을이 되기까지 비가 오지 않게 된다. 명백히 기브온 사람들은 속죄의 뜻으로 시체를 묻지 말고 내버려두기를 요청했다. **21:10-14** 죽은 자들에 대한 리스바의 충성심에 감동받아 다윗은 그들을 야베스 길르앗에 묻힌 사울과 요나단(삼상 31:8-13)과 함께 합장하도록 해주었다. 시체가 장사되기까지, 곧 속죄 죽음 이후 몇 달 동안, 하나님은 흉년을 끝맺지 않으신다.

21:15-22 이 일화들과 23:8-23에 나타난 일화들은 용사 다윗이 다른 위대한 용사들을 존경할 것을 요청하고 있음을 보여준다. 블레셋 전투는 사무엘하에서는 거의 언급되지 않았다 (5:17-25; 8:1, 12). **21:16** *거인족.* 여기에 쓰인 히브리어 단어는 창 6:4의 *네피림*이 아니라 *르바임*이다. 이상하게도 거대한 군사들은 블레셋 가드 사람들과 연관되어 있었다 (삼상 17:4-7 참조). **21:17** *아비새.* 이 사람에 대해서는 2:18에 관한 주석을 보라. 다윗의 군사경험이 거대한 블레셋 사람과의 싸움으로 시작되었던 것처럼 (삼상 17장), 이제 그 결말은 대적하지 않은 블레셋 사람과 더불어 맺게 된다. 다윗 후반기의 생애에 놓임으로 (18:3 이전의 사건이며 아마도 11:1 이전으로 거슬러 올라간다), 이 이야기는 다윗의 부하들이 다윗을 향해 갖고 있었던 충성심을 보여준다. **21:19** *엘하난.* 삼상 17장에서 다윗은

블레셋의 거인들을 죽인 다윗의 용장들
(대상 20:4-8)

15 블레셋과 이스라엘 사이에 다시 전쟁이
일어나서, 다윗이 군대를 거느리고 내려가서, 블
레셋 사람과 싸웠다. 블레셋 사람과 싸우는 전투
에서 다윗이 몹시 지쳐 있을 때에, 16 ㄱ)거인족의
자손인 이스비브놉이라는 사람이 삼백 세겔이나
되는 청동 창을 들고, 허리에는 새 칼을 차고, 다
윗을 죽이려고 덤벼들었다. 17 그러자 스루야의
아들 아비새가 그 블레셋 사람을 쳐죽이고, 다윗을
보호하였다. 그런 다음에는, 다윗의 부하들이 다
윗에게, 다시는 자기들과 함께 싸움터에 나가지
않겠다고 약속을 받고서 그에게 말하였다. "임금
님은 이스라엘의 등불이십니다. 우리는 우리의
등불이 꺼지지 않도록 지키고자 합니다."
18 그 뒤에 다시 곱에서 블레셋 사람과 전쟁이
일어났다. 그 때에 후사 사람 십브개가 ㄱ)거인족의
자손인 삽을 쳐죽였다. 19 또 곱에서 블레셋 사
람과 전쟁이 일어났다. 그 때에는 베들레헴 사람인
야레오르김의 아들 엘하난이 가드 사람 골리앗을
죽였는데, 골리앗의 창자루는 베틀 앞다리같이
굵었다. 20 또 가드에서 전쟁이 벌어졌을 때에
거인이 하나 나타났는데, 그는 손가락과 발가락
이 여섯 개씩 모두 스물넷이었다. 이 사람도 거인
족의 자손 가운데 하나였다. 21 그가 이스라엘을
조롱하므로, 다윗의 형 삼마의 아들 요나단이 그를
쳐죽였다. 22 이 네 사람은 모두 가드에서 태어난
거인족의 자손인데, 다윗과 그 부하들에게 모두
죽었다.

다윗의 승전가 (시 18)

22 1 주님께서 다윗을 그의 모든 원수의 손과
사울의 손에서 건져 주셨을 때에, 다윗이
이 노래로 주님께 아뢰었다. 2 그는 이렇게 노래
하였다.

주님은
나의 반석, 나의 요새,
나를 건지시는 분,
3 나의 하나님은
나의 반석, 내가 피할 바위,
나의 방패, ㄴ)나의 구원의 뿔,
나의 산성, 나의 피난처,
나의 구원자이십니다.
주님께서는 언제나 나를
포악한 자에게서 구해 주십니다.
4 나의 찬양을 받으실 주님,
내가 주님께 부르짖었더니,
주님께서 나를
원수들에게서 건져 주셨습니다.

5 죽음의 물결이 나를 에워싸고,
파멸의 파도가 나를 덮쳤으며,
6 스올의 줄이 나를 동여 묶고,
죽음의 덫이 나를 낚았다.
7 내가 고통 가운데서
주님께 부르짖고,

ㄱ) 히, '라파' ㄴ) 힘을 상징함. '나의 보호자'

소고에서 골리앗을 죽였다. 여기서 엘하난이 그 명예를 얻게 된다. 두 이야기는 골리앗의 창이 *베틀의 앞다리와 같다고* 묘사하고 있다 (삼상 17:7). 대상 20:5에서 "야일의 아들 엘하난이 가드 사람 골리앗의 아우 라흐미를 죽였는데"로 기록되어 있다. 삼하 23:24는 엘하난을 베들레헴 도도의 아들로 기록한다. 만약 엘하난이 거인을 죽인 자라면, 18-22절에서 그는 다윗의 강한 전사들의 명부에 포함되어야 하는 유일한 전사이다 (18절 참조; 23:27에 관한 주석을 보라). **21:21** *요나단*은 요나답의 형제이다 (13:3).

22:1-51 시편 18편과 거의 동일한 이 노래는 하나님과 동행한 다윗의 생애를 담고 있으며, 주께 모든 승리의 영광을 돌린다 (삼하 5:10, 12; 7:1-29; 8:6; 17:14를 참조). **22:1-3** *때* (*The day*). 이 때가 정확히 언제인지 분명하지 않다. 편집자는 그 사건들이 삼상 19—26장을 가리킨다고 본다. 바위. 이것에 대해서는 삼상 2:2를 보라. 시편 기자는 견고한 산의 이미지를 사용한다. **22:5-6** 스올. 이것에 대해서는 513쪽 추가 설명: "구약성경에 나타난 죽음 이후의 삶"을 보라. **22:8-16** 5-6절의 그 어느 것보다도 훨씬 강력한 하나님의 진노는 견고한 땅을 뒤흔든다. 왜냐하면 하나님이 시편 기자의 간구에 응답하시고 있기 때문이다. 불, 바람, 어둠, 물, 그리고 번개 이 모든 것들은 한편으로는 위협적인 것들이지만 (5절), 다른 한편으로는 하나님의 다가옴을 상징하는 신호들이기도 하다. *주님께서 그룹을 타고 날아오셨다.* 이 표현에 대하여는 삼상 4:3-4를 보라. **22:21-25** 이 구절들은 전통적인 신명기적 신학을 반영한다 (사무엘상 서론을 보라). 그러나 이 구절들은 다윗 생애라는 상황 속에서 이해하는데 어려움이 있다. 성폭력하고 살인하고 (11장) 죄를 뉘우친 (12:13) 다윗이 22—24장 기록된 말들을 거의 말할 수 없었을 것이다. 여기에 있는 시는 다윗의 실패하는 모습을 상기시켜주고 있다. 그럼에도 불구하고 21절과 25절은 타당하다. *다윗의 의에* 대한 *보상*—승리, 왕권,

나의 하나님을 바라보면서
부르짖었더니,
주님께서 그의 성전에서
나의 간구를 들으셨다.
주님께 부르짖은 나의 부르짖음이
주님의 귀에 다다랐다.

8 주님께서 크게 노하시니,
땅이 꿈틀거리고, 흔들리며,
하늘을 받친 산의 뿌리가
떨면서 뒤틀렸다.
9 그의 코에서 연기가 솟아오르고,
그의 입에서
모든 것을 삼키는 불을 뿜어 내시니,
그에게서 숯덩이들이
불꽃을 튕기면서 달아올랐다.
10 주님께서
하늘을 가르고 내려오실 때에,
그 발 아래에는
짙은 구름이 깔려 있었다.
11 주님께서 그룹을 타고 날아오셨다.
바람 날개를 타고 오셨다.
12 어둠으로 그 주위를 둘러서
장막을 만드시고,
빗방울 머금은 먹구름과
짙은 구름으로 둘러서
장막을 만드셨다.
13 주님 앞에서는 광채가 빛나고,
그 빛난 광채 속에서
이글거리는 숯덩이들이 쏟아졌다.

14 주님께서
하늘로부터 천둥소리를 내시며,
가장 높으신 분께서
그 목소리를 높이셨다.
15 주님께서
화살을 쏘아서 원수들을 흩으시고,
번개를 번쩍이셔서
그들을 혼란에 빠뜨리셨다.
16 주님께서 꾸짖으실 때에,
바다의 밑바닥이 모조리 드러나고,
주님께서 진노하셔서
콧김을 내뿜으실 때에,
땅의 기초도 모두 드러났다.

17 주님께서 높은 곳에서 손을 내밀어,
나를 움켜 잡아 주시고,
깊은 물에서 나를 건져 주셨다.
18 주님께서 원수들에게서,
나보다 더 강한 원수들에게서,
나를 살려 주시고,
나를 미워하는 자들에게서,
나를 살려 주셨다.
19 내가 재난을 당할 때에
원수들이 나에게 덤벼들었으나,
주님께서는 오히려
내가 의지할 분이 되어 주셨다.
20 이렇게,
나를 좋아하시는 분이시기에,
나를 넓고 안전한 곳으로
데리고 나오셔서,
나를 살려 주셨다.
21 내가 의롭게 산다고 하여,
주님께서 나에게 상을 내려 주시고,
나의 손이 깨끗하다고 하여,
주님께서 나에게 보상해 주셨다.
22 진실로 나는,
주님께서 가라고 하시는
그 길에서 벗어나지 아니하고,
무슨 악한 일을 하여서,
나의 하나님으로부터
떠나지도 아니하였다.
23 주님의 모든 법도를
내 앞에 두고 지켰으며,
주님의 모든 법규를
내가 버리지 아니하였다.
24 그 앞에서 나는
흠 없이 살면서 죄 짓는 일이 없도록
나 스스로를 지켰다.
25 그러므로 주님께서는

영원한 왕조와 함께—은 또한 자신의 가족 내에서 발생한 성폭력, 살인, 반란이다 (13—18장). **22:28** 삼상 2:4-6을 참조하라. **22:29-46** 하나님은 구원받은 시편 기자를 승리로 이끄신다. **22:32-34** *반석.* 시편기자는 다시 산의 이미지로 되돌아간다 (1-2절). **22:51** *한결 같은 사랑에* 대해서는 7:16을 보라.

23:1-7 앞의 시에 바로 이어 기록되어 있는 이 시의 구조는 다윗이 그의 생애를 통해 얻은 교훈에 대한 마지막 생각들을 보여주는 것이다. 신실한 왕은 하나님께서 백성을 축복해 주시는 것이다. 22장과 마찬가지로, 이 부분은 하나님의 축복으로 인하여 다윗을 얻은 것으로 간주한다. 앞의 시는 하나님이 다윗을 위해

내가 의롭게 산다고 하여,
나에게 상을 주시며,
주님의 눈 앞에서
깨끗하게 보인다고 하여,
나에게 상을 주셨다.

26 주님, 주님께서는,
신실한 사람에게는
주님의 신실하심으로 대하시고,
흠 없는 사람에게는
주님의 흠 없으심을 보이시며,
27 깨끗한 사람에게는
주님의 깨끗하심을 보이시며,
간교한 사람에게는
주님의 교묘하심을 보이십니다.
28 주님께서는
불쌍한 백성은 구하여 주시고,
교만한 사람은 낮추십니다.

29 아, 주님, 진실로 주님은
나의 등불이십니다.
주님은 어둠을 밝히십니다.
30 참으로 주님께서
나와 함께 계셔서 도와주시면,
나는 날쌔게 내달려서,
적군도 뒤쫓을 수 있으며,
높은 성벽이라도
뛰어넘을 수 있습니다.

31 하나님께서 하시는 일은 완전하며,
주님께서 하시는 말씀은 신실하다.
주님께로 피하여 오는 사람에게
방패가 되어 주신다.
32 주님 밖에 그 어느 누가 하나님이며,
우리의 하나님 밖에
그 어느 누가 구원의 반석인가?
33 하나님께서
나의 견고한 요새이시다.
하나님께서는 내가 걷는 길을
안전하게 하여 주신다.
34 하나님께서는 나의 발을
암사슴의 발처럼
튼튼하게 만드시고,
나를 높은 곳에
안전하게 세워 주신다.
35 하나님께서 나에게
전투 훈련을 시키시니,
나의 팔이
놋쇠로 된 강한 활을 당긴다.

36 주님, 주님께서 구원의 방패로
나를 막아 주시며,
주님께서 안전하게 지켜 주셔서,
나의 담력을 키워 주셨습니다.
37 내가 발걸음을 당당하게 내딛도록
주님께서 힘을 주시고,
발목이 떨려서 잘못 디디는 일이
없게 하셨습니다.
38 나는 원수들을 뒤쫓아가서
다 죽였으며,
그들을 전멸시키기까지
돌아서지 않았습니다.
39 그들이 나의 발 아래에 쓰러져서
아주 일어나지 못하도록,
그들을 내가 무찔렀습니다.
40 주님께서 나에게
싸우러 나갈 용기를
북돋우어 주시고,
나를 치려고 일어선 자들을
나의 발 아래에서
무릎 꿇게 하셨습니다.
41 주님께서는 나의 원수들을
내 앞에서 도망가게 하시고,
나를 미워하는 자들을
내가 진멸하게 하셨습니다.
42 그들이 아무리 둘러보아도
그들을 구해 줄 사람이 하나도 없고,
주님께 부르짖었지만
끝내 응답하지 않으셨습니다.
43 그래서 나는

행한 일들을 강조하는 반면, 이 시는 하나님이 다윗을 통해 이스라엘 민족에게 행한 일들을 강조한다 (5:12 참조). 다윗의 정치적 유형에 대해서는 왕상 2:1-9를 보라. **23:1-2** *말한다.* 이 단어는 하나님의 계시를 전하여 주는 뜻이 담겨있는 동사이다. 이러한 하나님의 계시를 전하여 주는 기능은 오직 이 곳에서만 다윗과 연관되어 있다. *기름부어.* 이것에 대해서는 삼상 16:12-13을 보라. *아름다운.* 개역개정은 이 "아름다운"을 "노래 잘 하는 자"로 번역했고; 공동번역은 "영웅"으로 번역했다. NRSV는 하나님이 "마음에 맞는 사람"으로 번역했다. 이 표현에 대해서는 삼상 13:14를 보라. **23:3-4** *반석.* 반석에 대해서는 삼상 2:2;

그들을 산산이 부수어서,
땅의 먼지처럼 날려 보내고,
길바닥의 진흙처럼
짓밟아서 흩었습니다.

44 주님께서는 반역하는 백성에게서
나를 구하여 주시고,
나를 지켜 주셔서
뭇 민족을 다스리게 하시니,
내가 모르는 백성들까지
나를 섬깁니다.
45 이방 사람이 나에게 와서
굽실거리고,
나에 대한 소문만 듣고서도
모두가 나에게 복종합니다.
46 이방 사람이 사기를 잃고,
그들의 요새에서 떨면서 나옵니다.

47 주님은 살아 계신다.
나의 반석이신 주님을 찬양하여라.
나의 구원의 반석이신
하나님을 높여라.
48 하나님께서
나의 원수를 갚아 주시고,
뭇 백성을 나의 발 아래에
굴복시켜 주셨습니다.
49 원수들에게서
나를 구하여 주셨습니다.

나를 치려고 일어서는 자들보다
나를 더욱 높이셔서,
포악한 자들에게서도
나를 건지셨습니다.
50 그러므로 주님,
뭇 백성이 보는 앞에서
내가 주님께 감사를 드리며,
주님의 이름을 찬양합니다.
51 주님은 손수 세우신 왕에게
큰 승리를 안겨 주시는 분이십니다.
손수 기름을 부어 세우신
다윗과 그의 자손에게
한결같은 사랑을
영원무궁 하도록
베푸시는 분이십니다.

다윗의 마지막 말

23 1 이것은 다윗이 마지막으로 남긴 말이다.

이새의 아들 다윗이 말한다.
높이 일으켜 세움을 받은 용사,
야곱의 하나님이
기름 부어 세우신 왕,
이스라엘에서
아름다운 시를 읊는 사람이 말한다.

2 주님의 영이
나를 통하여 말씀하시니,
그의 말씀이 나의 혀에 담겼다.
3 이스라엘의 하나님이 말씀하셨다.
이스라엘의 반석께서
나에게 이르셨다.
모든 사람을 공의로 다스리는 왕은,
하나님을 두려워하면서
다스리는 왕은,
4 구름이 끼지 않은 아침에 떠오르는
맑은 아침 햇살과 같다고 하시고,
비가 온 뒤에
땅에서 새싹을 돋게 하는
햇빛과도 같다고 하셨다.

5 진실로 나의 왕실이
하나님 앞에서 그와 같지 아니한가?
하나님이 나로 더불어
영원한 언약을 세우시고,
만사에 아쉬움 없이

삼하 22:2-3, 32, 47을 보라. 폭풍이 지난 후에 밝게 빛나는 태양이라는 이미지가 사용된다. (폭풍과 같은 구원의 힘으로 묘사된 하나님에 대해서는 22:5-16을 보라.) **23:5** *나의 왕실이…그와 같지 아니한가?* 주의 성령이 다윗을 통해 말하고 있는 것처럼, 다윗을 계승하는 왕들을 통해서도 말하게 될 것이다. *영원한 언약.* 7장; 22:51을 보라. **23:6-7** 하나님이 다윗과 함께 있는 동안, 악한 사람들에게는 아무런 희망도 없다 (22:42 참조). 478쪽 추가 설명: "정부에 대한 성경의 양면적 태도"를 보라.

23:8-39 21:15-22처럼, 이 부분에서는 다윗의 개인적인 공적보다는 지도력을 강조하고 있다. 또한 블레셋 전쟁에 대해서도 간략하게 소개하고 있다. 대상 11:10-47은 이와 유사하지만 더 확장된 목록을 보도하고 있다. **23:8-12** 다윗의 세 명의 위대한 용사들을 말하고 있다 (19, 23절): *다그몬 사람 요셉밧세벳*

잘 갖추어 주시고
견고하게 하셨으니,
어찌 나의 구원을 이루지 않으시며,
어찌 나의 모든 소원을
들어주지 않으시랴?
6 그러나 악한 사람들은
아무도 손으로 움켜 쥘 수 없는
가시덤불과 같아서,
7 쇠꼬챙이나 창자루가 없이는
만질 수도 없는 것,
불에 살라 태울 수밖에 없는
것들이다.

다윗의 용사들 (대상 11:10-47)

8 다윗이 거느린 용사들의 이름은 이러하다.
첫째는 다그몬 사람 요셉밧세벳인데, 그는 세 용
사의 우두머리이다. 그는 팔백 명과 싸워서, 그들
을 한꺼번에 쳐죽인 사람이다.
9 세 용사 가운데서 둘째는 아호아 사람 도
도의 아들인 엘르아살이다. 그가 다윗과 함께 블
레셋에게 대항해서 전쟁을 할 때에, 이스라엘 군
인이 후퇴한 일이 있었다. 10 그 때에 엘르아살
이 혼자 블레셋 군과 맞붙어서 블레셋 군인을 쳐
죽였다. 나중에는 손이 굳어져서, 칼자루를 건성
으로 잡고 있을 뿐이었다. 주님께서 그 날 엘르아
살에게 큰 승리를 안겨 주셨으므로, 이스라엘 군
인이 다시 돌아와서, 엘르아살의 뒤를 따라가면
서 약탈하였다.
11 세 용사 가운데서 셋째는, 하랄 사람으로
서, 아게의 아들인 삼마이다. 블레셋 군대가 레히
에 집결하였을 때에, 그 곳에는 팥을 가득 심은 팥
밭이 있었는데, 이스라엘 군대가 블레셋 군대를
보고서 도망하였지만, 12 삼마는 밭의 한가운데
버티고 서서, 그 밭을 지키면서, 블레셋 군인을 쳐
죽였다. 주님께서 그에게 큰 승리를 안겨 주셨다.
13 수확을 시작할 때에, 블레셋 군대가 르바임
평원에 진을 치니, 삼십인 특별부대 소속인 이 세
용사가 아둘람 동굴로 다윗을 찾아갔다. 14 그
때에 다윗은 산성 요새에 있었고, 블레셋 군대의
진은 베들레헴에 있었다. 15 다윗이 간절하게
소원을 말하였다. "누가 베들레헴 성문 곁에 있는
우물물을 나에게 길어다 주어, 내가 마실 수 있도
록 해주겠느냐?" 16 그러자 그 세 용사가 블레
셋 진을 뚫고 나가, 베들레헴의 성문 곁에 있는 우
물물을 길어 가지고 와서 다윗에게 바쳤다. 그러
나 다윗은 그 물을 마시지 않고, 길어 온 물을 주
님께 부어 드리고 나서, 17 이렇게 말씀드렸다.
"주님, 이 물을 제가 어찌 감히 마시겠습니까! 이
것은, 목숨을 걸고 다녀온 세 용사의 피가 아닙니
까!" 그러면서 그는 물을 마시지 않았다. 이 세 용
사가 바로 이런 일을 하였다.
18 스루야의 아들이며 요압의 아우인 아비새
는, ㄱ)삼십인 특별부대의 우두머리였다. 바로 그가
창을 휘둘러서, 삼백 명을 쳐죽인 용사이다. 그는
세 용사와 함께 유명해졌다. 19 그는 ㄴ)삼십인 특
별부대 안에서 가장 뛰어난 용사였다. 그는 삼십인
특별부대의 우두머리가 되기는 하였으나, 세 용
사에 견줄 만하지는 못하였다.
20 여호야다의 아들인 브나야는 갑스엘 출신
으로, 공적을 많이 세운 용사였다. 바로 그가 사자
처럼 기운이 센 모압의 장수 아리엘의 아들 둘을
쳐죽였고, 또 눈이 내리는 어느 날, 구덩이에 내려

ㄱ) 두 히브리어 사본과 시리아어역을 따름. 마소라 본문에는 '삼인의 우두머리' ㄴ) 시리아어역을 따름 (대상 11:25 참조). 히, '삼인 안에서 제일 뛰어난'

("학몬 사람의 아들 야소브암," 대상 11:11), *도도의 아들인 엘르아살* (23:24에 기록된 엘하난의 형제인 것 같다), 그리고 *삼마* (대상 11장에서 언급되지 않는다). 엘르아살과 요셉밧세벳을 통해서 *주께서 그에게 큰 승리를 안겨 주셨다.* 하나님은 다윗을 통해서만 역사하신 것이 아니다. 블레셋과의 기록된 전투 가운데 이 사건들을 명시하는 것은 불가능하다. **23:13-23** 다윗의 군사 가운데 주목할 만한 다른 사람들이 여기에서 논의되고 있다. **23:13-17** 다윗의 정예부대 30명 가운데 세 명(24-39절)은 다윗을 향한 엄청난 헌신과 충성을 보여준 사람들이다. **23:13-14** *아둘람 동굴, 르바임 평원.* 이 지역에 대한 이야기는 5:17-21에 묘사된 사건 가운데 놓여 있다. **23:16-17** 이번에는 다윗이 그의 부하들과 맺은 결속력을 보여준다. **23:20-23** *브나야.* 이 사람에 대해서는 8:18; 20:23을 보라. **23:20** *모압 장수 아리엘.* 알려지지 않은 인물이다. **23:21** *풍채가 당당하다.* 군인에 대해서는 적절치 않은 묘사이다. 아마도 그가 거구의 사람이었다는 것을 의미하는 듯하다. 두 권의 사무엘서는 다윗이 이집트 사람들과 전투했는지에 대해서는 기록하지 않는다. 이 사람은 다른 군대에 고용된 용병으로 보인다. *그 창으로 그를 죽였다.* 다윗이 골리앗의 칼로 그를 죽인 것과 동일하다 (삼상 17:51). **23:24-39** 삼십인 목록에는 31명의 이름이 기록되어 있다. 왜냐하면 아브넬에 의해 살해된 (2:18-23) 아사헬(24절)의 명예를 회복하기 위해 포함하고 있기 때문이다. 추측컨대 그의 지위에 대체된 사람은

가서, 거기에 빠진 사자를 때려 죽였다. 21 그는
또 이집트 사람 하나를 죽였는데, 그 이집트 사람은
풍채가 당당하였다. 그 이집트 사람은 창을 들고
있었으나, 브나야는 막대기 하나만을 가지고 그
에게 덤벼들어서, 오히려 그 이집트 사람의 손에서
창을 빼앗아, 그 창으로 그를 죽였다. 22 여호야
다의 아들 브나야가 이런 일을 해서, 그 세 용사
와 함께 유명해졌다. 23 그는 삼십인 특별부대
안에서 뛰어난 장수로 인정을 받았으나, 세 용사에
견줄 만하지는 못하였다. 다윗은 그를 자기의 경
호대장으로 삼았다.
24 삼십인 특별부대에 들어 있는 다른 용사
들로서는, 다음과 같은 사람들이 더 있다. 요압의
아우 아사헬과, 베들레헴 사람 도도의 아들 엘하
난과, 25 하롯 사람 삼마와, 하롯 사람 엘리가와,
26 발디 사람 헬레스와, 드고아 사람 익게스의
아들 이라와, 27 아나돗 사람 아비에셀과, 후사
사람 므분내와, 28 아호아 사람 살몬과, 느도바
사람 마하래와, 29 느도바 사람 바아나의 아들
헬렙과, 베냐민 자손으로 기브아 사람 리배의 아들
잇대와, 30 비라돈 사람 브나야와, 가아스 시냇
가에 사는 힛대와, 31 아르바 사람 아비알본과,
바르훔 사람 아스마웻과, 32 사알본 사람 엘리
아바와 야센의 아들들과, 요나단과, 33 하랄
사람 삼마와, 아랄 사람 사랄의 아들 아히암과,
34 마아가 사람의 손자로 아하스배의 아들 엘리
벨렛과, 길로 사람 아히도벨의 아들 엘리암과,
35 갈멜 사람 헤스래와, 아랍 사람 바아래와,
36 소바 사람으로 나단의 아들 이갈과, 갓 사람
바니와, 37 암몬 사람 셀렉과, 스루야의 아들 요
압의 무기를 들고 다니는 브에롯 사람 나하래와,
38 이델 사람 이라와, 이델 사람 가렙과, 39 헷
사람 우리야까지, 모두 합하여 서른일곱 명이다.

인구조사 (대상 21:1-27)

24 1 주님께서 다시 이스라엘에게 진노하
셔서, 백성을 치시려고, 다윗을 부추기
셨다. "너는 이스라엘과 유다의 인구를 조사하여
라." 2 그래서 왕은 데리고 있는 군사령관 요압
에게 지시하였다. "어서 단에서부터 브엘세바에
이르기까지, 이스라엘의 모든 지파를 두루 다니며
인구를 조사하여서, 이 백성의 수를 나에게 알려
주시오." 3 그러나 요압이 왕에게 말하였다. "임
금님의 주 하나님이 이 백성을, 지금보다 백 배나
더 불어나게 하여 주셔서, 높으신 임금님께서 친히
그것을 보게 되시기를 바랍니다. 그러나 높으신
임금님께서, 어찌하여 감히 이런 일을 하시고자

우리야였을 것이며, 이 목록에 가장 마지막에 기록되어 있다. 이 목록은 아사헬의 죽음, 다윗이 유다의 왕으로 등극 직후와 암몬 전투에서의 우리야 죽음 (11:1-27) 사이의 어떤 시점에 기록되었음에 틀림없다. 대상 11:26-47의 후기 목록은 우리야 이후에도 16명의 전사들이 기록되어 있다 (대상 11:42는 또 다른 30명을 가리키는 것이다). 이들은 불의의 사태를 대비한 추가 교체병력들이다. **23:24** *아사헬.* 다윗의 조카이자 요압과 아비새의 형제이다. *엘하난.* 이에 대해서는 21:19에 관한 주석을 보라. **23:27** *후사 사람 므분내.* 일부 희랍어 본문은 대상 11:29처럼, "후새 사람 십브개"로 (21:18) 기록한다. **23:32** *야센의 아들들.* 히브리어로 "아들들"이라는 표현이 숫자적으로 정확하지 않으며, 그들의 이름이 거론되지 않았다는 점에서 임명된 자들은 아닌 것 같다. 몇 가지 헬라어 본문은 "군내 사람 야센"으로 기록되어 있다. **23:34** *아히도벨의 아들 엘리암.* 엘리암은 밧세바의 아버지이다 (11:3-5), 이 정보는 왜 아히도벨이 압살롬 반란 중에 다윗을 없애려고 했는지를 설명해준다 (15:12, 31; 16:20—17:23; 또한 15:30-31에 관한 주석을 보라). **23:38** 이 목록은 *헷 사람 우리야*(11:1-27)로 끝을 맺는다. 그의 죽음은 다윗이 그의 아내를 성폭력한 후 음모하여 일어났다. 이 목록은 전사들의 무용담으로부터 시작해서, 다윗과의 깊은 결속력으로 이동하여, 이 결속력을 자신과 민족의 희생을 치룰 정도로 지나치게 신뢰한 사람들의 이름으로 끝을 맺는다. 다윗의 정예부대는 모두 37명으로 구성된다. 30인 특별부대의 31명; 아비새 (그들의 지휘관, 18절), 브나야, 그리고 세 용사로 인해 36명이 됨; 그 군대의 사령관(18, 24, 37절에 언급됨)인 요압으로 인해, 총 37명이 된다.

24:1-25 이전 장의 마지막 다섯 구절들은 다윗의 실패와 그 실패로 인해 국가가 겪어야 했던 어려움들을 회상시켜 주었다 (11—18장). 이 장은 마치 사울이 21:1-2에서 그러했던 것처럼, 사무엘하를 다윗의 죄로 인해 위험에 처한 백성들에 대한 새로운 이야기로 결론을 짓는다 (삼상 12:14-15). 인구조사의 지리적 범위(5-7절)는 이 사건이 8장과 10장의 전쟁 이후에 놓여 있다는 것을 말해주고 있다. **24:1** *주께서 다시 이스라엘에게 진노하셔서.* 앞에서 하나님이 진노하신 예는 21:1이다. 이 경우에 하나님이 진노하신 이유가 명시되지 않았다. *다윗을 부추기셨다.* 10-15절에서 하나님은 자신이 부추기신 것을 다윗이 이행한 것 때문에 이스라엘을 벌하신다. 대상 21:1은 "사탄이 이스라엘을 치려고 일어나서, 다윗을 부추겨" 라고 기록함으로써, 이 본문이 제기하는 어려움을 해결해 준다. 삼상 2:22-26에 관한 주석을 보라. **24:2-4** *단에서부터 브엘세바에*

하십니까?" 4 그러나 요압과 군대 사령관들이
더 이상 왕을 설득시킬 수 없었으므로, 요압과
군대 사령관들이 이스라엘의 인구를 조사하려고,
왕 앞에서 떠나갔다.
5 그들은 요단 강을 건너서, 갓 골짜기의 한
가운데 있는 성읍인 아로엘 남쪽에서부터 인구를
조사하였다. 다음에는 야스엘 성읍쪽으로 갔고,
6 그 다음에는 길르앗을 거쳐서, 닷딤홋시 땅에
이르렀고, 그 다음에 다냐안에 이르렀다가, 거기
에서 시돈으로 돌아섰다. 7 그들은 또 두로 요새에
들렀다가, 히위 사람과 가나안 사람의 모든 성읍을
거쳐서, 유다의 남쪽 브엘세바에까지 이르렀다.
8 그들은 온 땅을 두루 다니고, 아홉 달 스무 날
만에 드디어 예루살렘에 이르렀다. 9 요압이 왕
에게 백성의 수를 보고하였다. 칼을 빼서 다룰 수
있는 용사가, 이스라엘에는 팔십만이 있고, 유다
에는 오십만이 있었다.
10 다윗은 이렇게 인구를 조사하고 난 다음에
스스로 양심의 가책을 받았다. 그래서 다윗이 주
님께 자백하였다. "내가 이러한 일을 해서, 큰 죄
를 지었습니다. 그러나 주님, 이제 이 종의 죄를
용서해 주시기를 빕니다. 참으로 내가 너무나도
어리석은 일을 하였습니다." 11 다윗이 다음날
아침에 일어났을 때에, 다윗의 선견자로 있는 예
언자 갓이 주님의 말씀을 받았다. 12 "너는 다윗
에게 가서 전하여라. '나 주가 말한다. 내가 너에게
세 가지를 내놓겠으니, 너는 그 가운데서 하나를
택하여라. 그러면 내가 너에게 그대로 처리하
겠다.'" 13 갓이 다윗에게 가서, 그에게 말하여
알렸다. "임금님의 나라에 일곱 해 동안 흉년이
들게 하는 것이 좋겠습니까? 아니면, 임금님께서
왕의 목숨을 노리고 쫓아다니는 원수들을 피하여
석 달 동안 도망을 다니시는 것이 좋겠습니까? 아
니면, 임금님의 나라에 사흘 동안 전염병이 퍼지
는 것이 좋겠습니까? 이제 임금님께서는, 저를 임
금님께 보내신 분에게 제가 무엇이라고 보고하면
좋을지, 잘 생각하여 보시고, 결정하여 주시기 바
랍니다." 14 그러자 다윗이 갓에게 대답하였다.
"괴롭기가 그지없습니다. 그래도 주님은 자비가
많으신 분이니, 차라리 우리가 주님의 손에 벌을
받겠습니다. 사람의 손에 벌을 받고 싶지는 않습
니다."

이르기까지. 삼상 3:19—4:1에 관한 주석을 보라. 다윗은 징집을 목적으로 군사들을 풀어 인구조사를 실시한다. 다윗의 조카인 *요압*은 인구조사를 반대했지만 (24:3에 관한 주석을 보라), 묵살당한다. **24:5-7** 인구조사의 범위를 보여주는 구절이다. 분명히 이 인구조사는 나라 내부 지역에서 이루어진 것이다. 이것은 요단 강 건너 르우벤의 지경에 속한 *아로엘*로부터 시작하여 가드 지역으로 확산되어 간다. 지휘관들은 북쪽으로 계속 이동하여 길르앗에 이른다. *갓 골짜기의 한가운데 있는 성읍인 아로엘 남쪽에서부터 인구를 조사하였다. 그 다음에는 길르앗을 거쳐서, 닷딤홋시 땅에 이르렀고* (6절, NRSV는 헷 사람의 땅 가데스에 이르렀고). 아마도 단 근처에 있는 납달리 가데스를 말하는 듯하다. 2절은 단이 이 인구조사의 최북단 경계임을 보여준다. 만약 *시돈*을 의미하는 것이라면, 이것은 북쪽 경계이지만 시돈의 남쪽인 두로를 포함한 시돈의 영토를 가리키는 것 같다. *히위 사람들과 가나안 사람.* 다윗 왕국의 서쪽 경계이다. *유다의 네겝.* 남쪽 경계이다. **24:9** 이 숫자들은 다윗 왕국에 비해서 너무 큰 숫자이다. 이 문맥에서 이 숫자들은 다윗이 막강한 군대를 통솔할 수 있는 사람임을 보여주고 있다. **24:10-17** 하나님은 다윗이 인구조사를 한 이유로 이스라엘을 벌하신다. **24:10** 인구조사가 왜 잘못된 것인지에 대한 설명은 없다. 아마도 인구조사를 통한 사람들의 숫자는, 하나님의 "제사장 나라이자 거룩한 민족"(출 19:6)이기보다는, 왕에게 속하여 왕이 사용할 수 있다는 면을 부각시키고 있기 때문인 것 같다. 분명히 이 태도는 다윗이 밧세바와 우리야를 통해 얻고자 원하는 것을 획득하도록 하였으며 (11장), 암몬이 다말을 성폭력하게 하였으며 (13:1-19), 압살롬이 필요한 모든 수단을 동원하여 권력을 위한 음모를 꾸미도록 획책하였다 (15:1—16:22). 다윗의 뉘우침은 12:13에서 하였던 것처럼, 신실한 뉘우침이다 (또한 24:17 참조). **24:11** *갓.* 갓에 대해서는 삼상 22:5를 보라. **24:12-13** 이처럼 세 가지 중에 하나를 선택하는 형벌을 내린 선례가 한 번도 없었다. 아마도 이것은 백성을 통치하는 자로서의 다윗의 책임감을 인정하고 있는 듯하다. **24:14** 결정을 하나님께 맡기지 않고, 다윗은 하나님의 재앙을 형벌로 선택한다. *주님의 손.* 이것은 삼상 5:6의 재앙을 가리킨다 (또한 출 7:4-5; 9:3; 신 4:34; 5:15; 6:21을 보라). **24:15** *단에서부터 브엘세바에 이르기까지.* 이것에 대해서는 삼상 3:19—4:1에 관한 주석을 보라. **24:16-17** *주님께서는 재앙을 내리신 것을 뉘우치시고.* 암 7:3, 6을 보라. 하나님은 *여부스 사람 아라우나의 타작마당* (6:6에 관한 주석을 보라)에서 *예루살렘*(사 29:1-8; 31:4-5; 37:5-7, 36-38 참조)에 자비를 베푸신다. 아라우나는 예루살렘 원주민의 후손이다 (5:6-9). 천사는 멈추지만 계속해서 타작마당 곁에 머물러 있게 된다. 재앙이 재발될 수도 있다. **24:18-21** 다윗은 하나님의 방문을 기념하기 위해 제단을 쌓고자 한다 (창 8:20; 12:7; 13:18; 26:25; 33:20을 참조). 그는 그렇게 하는 것이 다시는 재앙이 발생하지 못하게 하는 것이라는 것을

15 그리하여 그 날 아침부터 정하여진 때까지,
주님께서 이스라엘에 전염병을 내리시니, 단에서
부터 브엘세바에 이르기까지, 백성 가운데서 죽은
사람이 칠만 명이나 되었다. 16 천사가 예루살렘
쪽으로 손을 뻗쳐서 그 도성을 치는 순간에, 주님
께서는 재앙을 내리신 것을 뉘우치시고, 백성을
사정없이 죽이는 천사에게 "그만하면 됐다. 이제
너의 손을 거두어라" 하고 명하셨다. 그 때에 주
님의 천사는 여부스 사람 아라우나의 타작 마당
곁에 있었다.
17 그 때에 다윗이 백성을 쳐죽이는 천사를
보고, 주님께 아뢰었다. "바로 내가 죄를 지은 사
람입니다. 바로 내가 이런 악을 저지른 사람입니
다. 백성은 양 떼일 뿐입니다. 그들에게는 아무런
잘못도 없습니다. 나와 내 아버지의 집안을 쳐 주
십시오."
18 그 날 갓이 다윗에게 와서 말하였다. "여
부스 사람 아라우나의 타작 마당으로 올라가셔
서, 거기에서 주님께 제단을 쌓으십시오." 19 다
윗은 갓이 전하여 준 주님의 명령에 따라서, 그 곳
으로 올라갔다. 20 마침 아라우나가 내다보고
있다가, 왕과 신하들이 자기에게로 올라오는 것을
보았다. 아라우나는 곧 왕의 앞으로 나아가서, 얼
굴이 땅에 닿도록 절을 하였다. 21 그런 다음에
물었다. "어찌하여 높으신 임금님께서 이 종에게
오십니까?" 다윗이 대답하였다. "그대에게서 이
타작 마당을 사서, 주님께 제단을 쌓아서, 백성에게
내리는 재앙을 그치게 하려고 하오." 22 아라우
나가 다윗에게 말하였다. "높으신 임금님께서는,
무엇이든지 좋게 여기시는 대로 골라다가 제물로
바치시기 바랍니다. 보십시오, 여기에 번제로 드릴
소도 있고, 땔감으로는 타작기의 판자와 소의 멍
에가 있습니다. 23 임금님, 아라우나가 이 모든
것을 임금님께 바칩니다." 그리고 아라우나는 또
왕에게 이와 같이 말하였다. "주 임금님의 하나님
이 임금님의 제물을 기쁜 마음으로 받아 주시기를
바랍니다." 24 그러나 왕은 아라우나에게 말하
였다. "그렇게 해서는 안 되오. 내가 꼭 값을 지불
하고서 사겠소. 내가 거저 얻은 것으로 주 나의 하
나님께 번제를 드리지는 않겠소." 그래서 다윗은
은 쉰 세겔을 주고, 그 타작 마당과 소를 샀다.
25 거기에서 다윗은 주님께 제단을 쌓아, 번제와
화목제를 드렸다. 다윗이 땅을 돌보아 달라고 주
님께 비니, 주님께서 그의 기도를 들어 주셔서, 이
스라엘에 내리던 재앙이 그쳤다.

안다. **24:22-25** 다윗은 그 타작마당을 구입하고, 그 제단이 후에 솔로몬 성전 자리가 될 것이다 (대상 21:18-30; 대하 3:1; 아라우나는 "오르난"으로 불린다). 다윗은 그 땅을 구입했을 뿐만 아니라, 그 곳에서 속죄제(6:17-18에서 다윗이 법궤를 예루살렘으로 이동할 때 드린 제사와 동일한 형태의 제사)를 드린다. 그래서 그러한 재앙이 다시는 발생하지 않도록 하여 백성을 보호하고자 한다. 성전이 건축되기 이전에도, 그 자리에서 드리는 희생제는 백성을 구원하였다. 비록 다윗이 그 성전을 짓지 못하지만 (7:4-13; 왕상 6장), 그는 성전의 기원과 관련되어 있다. 다윗에 대한 이 책의 마지막 상은 제사장적 이미지이다; 삼하 1—20장에서처럼, 이 부록은 다윗의 생애를 승리로부터 죄, 뉘우침, 그리고 용서의 국면들을 다루고 있다. 만약 그가 국가를 위험에 처하게 했다면, 그는 또한 국가를 구원할 수 있었을 것이다.

열왕기상

열왕기상과 열왕기하는 히브리 성경에서 원래 한 권의 책으로 되어 있었으나, 히브리 성경이 희랍어(칠십인역)로 번역되면서 두 개의 두루마리로 구별되었다. 이러한 구별은 불가타 성경(라틴어 성경)과 영어 번역본에서도 그대로 유지되었다. 이처럼 두 권으로 구분한 것이 다분히 인위적이었다는 사실은 열왕기상의 마지막 부분에서 이스라엘의 왕인 아하시야의 통치부터 시작해서 열왕기하의 초반 부분에 결말을 맺는 저자의 의도에서 분명하게 알 수 있다.

우리가 사용하고 있는 성경에서, 열왕기상과 열왕기하는 역사서로 분류되어 있다. 히브리어 성경에서는 열왕기상하가 여호수아기, 사사기, 사무엘상하와 함께 전기 예언서의 한 부분으로 간주된다. 근대의 구약성서 학자들은 전기 예언서의 개정판(최종 편집본)을 "신명기 역사" 라고 칭한다. 열왕기상과 열왕기하에서 찾아볼 수 있는 것처럼, 이 역사는 거의 400년이나 되는 이스라엘 역사에 대한 예언자적 해석으로, 다윗의 죽음 이전 솔로몬의 등극 시기부터 기원전 587년 예루살렘의 멸망에 이르기까지 총 망라하고 있다. 열왕기상하의 저자들은 이스라엘과 유다에 전해지는 문서와 구전 전통을 선정하여 합한 후, 그것들을 다시 배열시킴으로써 그들의 역사에 대한 신학적 이해를 나타내고자 했다. 이러한 자료들 가운데 "솔로몬 왕의 실록"(왕상 11:41)은 솔로몬의 통치에 관한 정보를 제공해 준다. "이스라엘 왕 역대지략"(왕상 14:19에서 여로보암으로부터 시작해서 18번 언급된다)과 "유다 왕 역대지략"(왕상 14:29에서 르호보암으로부터 시작해서 총 15번 언급된다)은 이름이 알려지지 않은 다른 자료들 역시 사용되었는데, 다윗의 후기 생애를 자세하게 전해주는 왕실 서사를 비롯해서 예언자 엘리야 (왕상 17:1—왕하 1:15), 엘리사 (왕하 2:1—13:21), 이사야, 그리고 다른 예언자들에 관한 정보를 제공해 주는 몇 가지 자료들이 사용되었다. 열왕기상하는 몇 개의 단계를 거쳐서 구성되었다. 첫 번째 편집단계는 포로생활을 하기 이전에 완성되었는데, 아마도 요시야 왕의 죽음 이전에 완성된 것으로 보인다. "오늘에 이르기까지" 라는 표현과 다윗이 항상 예루살렘에서 등불을 가지게 될 것이라는 약속(왕상 11:36; 15:4; 왕하 8:19)은 저자의 시대상황을 반영해 준다. 첫 번째 단계는 아마도 왕하 23:25에서 유다의 평화와 독립을 이룩해 낸 요시야 왕의 업적에 대한 칭찬으로 끝맺었던 것 같다. 열왕기상하의 두 번째 편집단계는 유다 사람들이 포로생활을 하고 있었을 때, 곧 여호야긴이 풀려난 후 몇 년이 지난 기원전 550년경에 기록되었다 (왕하 25:27-30).

신명기는 신명기역사의 서론과 같은 역할을 하며, 열왕기에 표현된 이스라엘 역사의 적절한 이해를 위한 토대를 제공하여 준다. 역사서로서 열왕기상은 왕국정치와 아하시야 왕에 이르기까지 이스라엘과 유다의 왕들에 대한 신학적 해석이다. 이 책은 솔로몬의 통치하에 있는 왕국을 묘사하고 있으며, 통일왕국이 분리될 수밖에 없었던 종교적 이유를 제공하여 주고 있다 (왕상 11:1-13). 이스라엘과 유다의 왕들은 신명기 역사가의 사상과 종교관에 의해 판단된다. 이스라엘의 종교생활 속에 혼합주의를 초래한 왕들은 날카롭게 비판되며 동시에 거부당한다. 북왕국의 모든 왕이 여로보암의 종교적 변혁이 계승되도록 하였기 때문에, 각 왕들은 악한 것을 행함으로써 심판을 받는다. 주 하나님에게 충성하고 예루살렘 예배(이스라엘의 종교생활 속에서 성전의 역할과 의례들은 항상 열왕기상과 열왕기하의 배경이 된다)를 중심으로 개혁을 행한 왕들은 훌륭한 왕으로 선포되고 있으며 역사가로부터 칭찬을 받고 있다. 충성스러운 왕의 모델은 요시야 왕이며, 모든 왕은 기원전 622년에 행해진 그의 개혁으로 정해진 종교적 원칙에 따라 평가된다 (왕하 23:25를 보라; 또한 왕상 13:1-5, 31-34를 보라).

열왕기상하의 본문은 매우 많은 연대에 관한 정보를 제공해 준다. 그러나 이러한 정보에는 앞과 뒤를 서로 조화시킬 수 없는 요소들이 많이 포함되어 있다. 이렇게 조화시킬 수 없는 요소들에 대한 이유 가운데는 유다와 이스라엘 왕들이 그들의 통치기간이 시작된 것을 서로 다르게 지적하고 있기 때문이다. 그 이유는 많은 왕이 그들 통치의 일부분으로 섭정정치 기간도 포함시키고 있기 때문이다. 예를 들어, 솔로몬은 이스라엘의 왕으로 다윗이 아직 살아있을 때 선포된다. 그들의 섭정정치 기간은 솔로몬의 통치기간에 추가되어 계산된다.

열왕기상과 열왕기하는 세 개의 주요 부분으로 구분될 수 있다: 솔로몬의 통치 (왕상 1:1—11:43); 분열왕국 (왕상 12:1—왕하 17:41); 유다 왕국 (왕하 18:1—25:30). 열왕기상의 내용은 다음과 같다. 성경본문에 따라 세밀히 조사할 필요가 있는 주석은 이 개요를 따를 것이며, 명확성을 기하기 위하여 더 보충하여 상세하게 설명될 것이다.

Ⅰ. 다윗의 마지막 생애, 1:1—2:46
- A. 왕권을 향한 투쟁, 1:1-52
- B. 다윗의 왕권 이양, 2:1-9
- C. 다윗의 죽음, 2:10-12
- D. 솔로몬의 권력 강화, 2:13-46

Ⅱ. 솔로몬의 통치, 3:1—11:43
- A. 솔로몬의 지혜, 3:1—4:34
- B. 솔로몬의 건축, 5:1—9:25
- C. 솔로몬의 부, 10:1-29
- D. 솔로몬의 죄와 형벌, 11:1-43

Ⅲ. 왕국의 분열, 12:1—16:34
- A. 르호보암과 여로보암, 12:1—15:32
- B. 오므리와 아합, 15:33—16:34

Ⅳ. 엘리야의 사역과 업적, 17:1—22:53
- A. 엘리야와 바알 숭배, 17:1—19:21
- B. 아합과 엘리야, 20:1—21:29
- C. 미가야와 아합, 22:1-53

클로드 에프 마리오티니 (Claude F. Mariottini)

분열왕국의 왕들

(모든 연대는 기원전 연대)

유다 왕국

르호보암	922-915
아비야	915-913
아사	913-873
여호사밧	873-849
여호람	849-843
아하시야	843-842
아달랴	842-837
요아스	837-800
아마샤	800-783
아살랴/웃시야	783-742
요담	742-735
아하스	735-715
히스기야	715-687
므낫세	687-642
아몬	642-640
요시야	640-609
여호아하스	609
여호야김 (엘리아김)	609-598
여호야긴	598-597
첫 번째 강제 이송	597
그달리야	597-587
두 번째 강제 이송	587

이스라엘 왕국

여로보암 I	922-901
나답	901-900
바아사	900-877
엘라	877-876
시므리	876
오므리	876-869
아합	869-850
아하시야	850-849
여호람	849-843
예후	843-815
여호아하스	815-802
요아스	802-786
여로보암 II	786-746
스가랴	746-745
살룸	745
므나헴	745-737
브가히야	737-736
베가	736-732
호세아	732-724
사마리아 멸망	722

다윗의 말년

1 1 다윗 왕이 나이 많아 늙으니, 이불을 덮어도
따뜻하지 않았다. 2 신하들이 왕에게 말하
였다. "저희가 임금님께 젊은 처녀를 한 사람 데
려다가, 임금님 곁에서 시중을 들게 하겠습니다.
처녀를 시중드는 사람으로 삼아 품에 안고 주무
시면, 임금님의 몸이 따뜻해질 것입니다." 3 신
하들은 이스라엘 온 나라 안에서 젊고 아름다운
처녀를 찾다가, 수넴 처녀 아비삭을 발견하고, 그
처녀를 왕에게로 데려왔다. 4 그 어린 처녀는 대
단히 아름다웠다. 그 처녀가 왕의 시중을 드는 사
람이 되어서 왕을 섬겼지마는, 왕은 처녀와 관계를
하지는 않았다.

아도니야가 왕이 되고자 하다

5 그 때에 다윗과 학깃 사이에서 태어난 아들
아도니야는, 자기가 왕이 될 것이라고 하면서, 후
계자처럼 행세하고 다녔다. 자신이 타고 다니는
병거를 마련하고, 기병과 호위병 쉰 명을 데리고
다녔다. 6 그런데도 그의 아버지 다윗은 아도니
야를 꾸짖지도 않고, 어찌하여 그런 일을 하느냐고
한 번도 묻지도 않았다. 그는 압살롬 다음으로 태
어난 아들로서, 용모가 뛰어났다. 7 아도니야가
스루야의 아들 요압과 아비아달 제사장을 포섭
하니, 그들이 아도니야를 지지하였다. 8 그러나
사독 제사장과 여호야다의 아들 브나야와 나단 예
언자와 시므이와 ㄱ)레이와 다윗을 따라다닌 장군
들은, 아도니야에게 동조하지 않았다.
9 아도니야가 엔 로겔 가까이에 있는 소헬렛
바위 옆에서, 양과 소와 살진 송아지를 잡아서 잔
치를 베풀고, 자기의 형제인 왕자들과 유다 사람
인 왕의 모든 신하들을 초청하였다. 10 그러나
나단 예언자와 브나야와 왕의 경호병들과 동생 솔
로몬은 초청하지 않았다.

솔로몬이 왕이 되다

11 나단이 솔로몬의 어머니 밧세바에게 물
었다. "우리의 왕 다윗 임금님도 모르시는 사이에,

ㄱ) 또는 '그의 친구들과'

1:1-53 1장은 다윗의 통치로부터 솔로몬의 통치로 권력이 이양되는 이야기를 소개하고 있으며, 생존해 있는 다윗의 아들 가운데 장남인 아도니야와 솔로몬 사이의 긴장관계를 이야기해 주고 있다. 1장은 왕으로서의 다윗 생애의 마지막 며칠 (1-4절); 왕으로 자청하는 아도니야 (5-10절); 왕으로 기름부음 받는 솔로몬 (28-40절); 그리고 그에 대한 아도니야 당파의 반응을 묘사해 주고 있다 (41-53절).

1:1-4 이 부분은 다윗이 너무 늙고 병이 들었기 때문에 더 이상 왕으로서의 역할을 할 수 없다고 간접적으로 진술해 주고 있다. 또한 아비삭을 소개하는데, 그녀는 솔로몬과 아도니야 사이의 긴장관계 속에서 중요한 역할을 한다. **1:1** *나이 많아 늙으니.* 다윗은 30살에 왕이 되어 (삼하 5:3-4) 70살에 죽는다 (왕상 2:11). **1:3** *수넴 처녀 아비삭.* 아비삭은 다윗의 첩 가운데 한 명이었다. *수넴.* 이 마을은 이스르엘 골짜기에 위치한 마을로, 잇사갈 지파에 속해 있었으며 (수 19:18), 엘리야를 환대하였던 부부의 고향이기도 하다 (왕하 4:8). **1:4** *왕은 처녀와 관계를 하지는 않았다.* 히브리어에서는 "관계를 하다"가 *야다* (*ydh*), 곧 "알다"라고 되어 있는데, 이 동사는 성적 관계를 완곡해서 표현한 단어이다. 무기력증은 다윗이 왕으로서의 역할을 더 이상 할 수 없게 되었다는 것을 상징적으로 말해준다.

1:5-10 1:5 *학깃 사이에서 태어난 아들 아도니야.* 다윗의 네 번째 아들이다 (삼하 3:4). 그는 다윗에게 헤브론의 왕권 초기시절 중에 태어난 아들이지만, 이 시점에서는 생존해 있는 자녀 가운데 첫 번째 아들인 것 같다. 장남으로서 그는 의심할 여지없이 다윗의 후계자가 되어야 했었다. 따라서 다윗 왕실과 군대의 일부 지도자들은 아도니야가 그의 아버지의 뒤를 계승할 것이라고 추측했었다 (1:9). **1:7** 요압. 요압은 다윗의 여동생인 스루야의 아들로 (대상 2:16), 다윗 군대의 총사령관이었다. 그는 압살롬을 죽인 이후로 다윗의 총애를 잃었다 (삼하 18:9-18). *아비아달.* 다윗 왕실 제사장 가운데 한 사람으로 (삼상 23:6) 엘리, 곧 실로 성소에서 섬기던 제사장의 후손이었다 (삼상 1:3). 아비아달은 놉에서 있었던 제사장 대학살사건 이후에 다윗 왕실로 들어가게 되었다 (삼상 22:20-23). **1:8** 아히둡의 아들 사독. 이 사람은 다윗 왕실의 두 번째 제사장으로 (삼하 8:17), 엘리아살, 즉 아론의 장남의 후손이다 (민 20:28; 대상 6:3-8). *브나야.* 이 사람은 다윗 용병부대의 총사령관이었으며, 그렛 사람과 블렛 사람의 지도자였다 (38절; 또한 삼하 8:18; 20:23을 보라). *나단.* 나단은 다윗 왕실의 예언자로서 다윗과 밧세바의 그릇된 행위를 질책하였다 (삼상 12:1-6). *다윗을 따라다닌 장군들.* 이들은 직업 군인들이었으며 왕의 사설 경호원들이었다. **1:9** *엔 로겔.* 이 곳은 유다와 베냐민 지파 사이 (수 15:7; 18:16; 삼하 17:17), 예루살렘의 남동쪽에 위치한 곳으로 거룩한 곳으로 간주되는 곳이었다. *소헬렛 바위.* 이것은 희생제물이 바쳐지던 뱀 모양의 바위를 말한다.

1:11-27 1:11-13 나단은 아도니야가 승리하여

이미 학깃의 아들 아도니야가 왕이 되었다고 합니
다. 혹시 듣지 못하셨습니까? 12 제가 이제 마
님의 목숨과 마님의 아들 솔로몬의 목숨을 구할
수 있는 좋은 계획을 알려 드리겠습니다. 13 어서
다윗 임금님께 들어가셔서, 이렇게 말씀하십시
오. '임금님, 임금님께서는 일찍이 이 종에게 이르
시기를, 이 몸에서 난 아들 솔로몬이 반드시 임금
님의 뒤를 이어서 왕이 될 것이며, 그가 임금님의
자리에 앉을 것이라고 맹세하시지 않으셨습니까?
그런데 어떻게 아도니야가 왕이 되었습니까?'
14 마님께서 이렇게 임금님과 함께 말씀을 나누고
계시면, 저도 마님의 뒤를 따라 들어가서, 마님께서
말씀하시는 것을 도와드리겠습니다."

15 밧세바는 침실에 있는 왕에게로 갔다. 왕은
매우 늙어서, 수넴 여자 아비삭이 수종을 들고
있었다. 16 밧세바가 엎드려서 절을 하니, 왕은
"무슨 일이오?" 하고 물었다.

17 그가 왕에게 대답하였다. "임금님, 임금
님께서는 임금님의 주 하나님을 두고 맹세하시며,
이 종에게 이르시기를, 이 몸에서 태어난 아들 솔
로몬이 임금님의 뒤를 이어서 왕이 될 것이며, 그
가 임금의 자리에 앉을 것이라고 말씀하셨습니다.
18 그런데 지금 아도니야가 왕이 되었는데도, 임
금님께서는 이 일을 알지 못하고 계십니다.
19 아도니야가 소와 송아지와 양을 많이 잡아 제
사를 드리고, 왕의 모든 아들과 아비아달 제사장
과 군사령관 요압을 초청하였습니다. 그러나 임
금님의 종 솔로몬은 청하지 않았습니다. 20 임
금님께서는 통촉하시기 바랍니다. 온 이스라엘
사람이 임금님을 주시하고 있고, 임금님의 뒤를
이어서 임금의 자리에 앉을 사람이 누구인지를,
임금님께서 알려 주시기를 고대하고 있습니다.
21 그렇게 하지 않으시면, 임금님께서 돌아가셔서
조상과 함께 누우실 때에, 나와 솔로몬은 반역자가
될 것입니다."

22 이렇게 밧세바가 왕과 함께 말을 나누고
있을 때에, 예언자 나단이 들어왔다. 23 그러자
신하들이 "예언자 나단이 드십니다" 하고 왕에게
알렸다. 그는 왕 앞에 나아가서, 얼굴을 땅에 대고
크게 절을 하였다. 24 나단이 말하였다. "임금님께
여쭙니다. 아도니야가 왕이 되어서, 임금님의 뒤를
이어 임금의 자리에 앉을 것이라고 말씀하신 적이
있으십니까? 25 아도니야가 오늘 내려가서, 소와
송아지와 양을 많이 잡아서, 제사를 드리고, 모든
왕자와 ㄱ)군사령관과 아비아달 제사장을 초청하였
습니다. 그들은 아도니야 앞에서 먹고 마시고는
'아도니야 임금님 만세'를 외쳤습니다. 26 그러나
임금님의 종인 저와 사독 제사장과 여호야다의
아들 브나야와 임금님의 종 솔로몬은 초청하지 않
았습니다. 27 이 일이 임금님께서 하신 일이면,
임금님의 뒤를 이어서 임금의 자리에 앉을 사람이
누구인지를, 임금님의 종인 저에게만은 알려 주실
수 있었을 것입니다."

28 이에 다윗 왕이 대답하였다. "밧세바를
이리로 부르시오." 밧세바가 들어와서 왕의 앞에
서니, 29 왕은 이렇게 맹세하였다. "나를 모든
재난에서부터 구원하여 주신 주님의 살아 계심을
두고 맹세하오. 30 내가 전에 이스라엘의 주 하
나님을 두고 분명히 그대에게 맹세하기를 '그대의
아들 솔로몬이 임금이 될 것이며, 그가 나를 이어
서 임금의 자리에 앉을 것이다' 하였으니, 이 일을
오늘 그대로 이행하겠소."

ㄱ) 칠십인역에는 '요압 사령관'

왕이 된다면, 솔로몬과 밧세바를 제거할 것이라는 것을 알고 있었다 (1:50). 나단의 계획은 밧세바가 다윗을 찾아가서 다윗 죽은 후에 솔로몬을 왕으로 세우겠다는 서약을 상기시켜 주도록 계획하였다. 비록 이러한 서약 내용이 어느 본문에도 분명하게 나타나 있지는 않지만, 다윗이 그 서약 내용을 기억하고 있었다는 사실(1:29-30)은 서약을 수행하는 데서 분명히 증거되어 나타난다. **1:15** 밧세바는 나단이 말해준 대로 실행하기 위해 아비삭(3절)이 시중들고 있는 다윗의 침실로 들어갔다. 왕의 앞에서 절하는 것은 경의의 표시로 가족을 포함하여 모든 사람에게 요청되는 예의였다. **1:20** *온 이스라엘 사람이 임금님을 주시하고 있고.* 그 누구도 다윗이 밧세바에게 약속한 것을 아는 사람이 없었다. 왜냐하면 아직까지도 다윗은 공식으로 그의 후계자를 발표하지 않았기 때문이다. **1:21** *나와 솔로몬은 반역자가 될 것입니다.* 만약 아도니야가 왕이 된다면, 솔로몬은 왕위를 탐낸 자로 간주될 것이며, 따라서 솔로몬과 밧세바의 생명이 위험하게 될 것이다. **1:22-23** 비록 이 본문에 진술되어 있지는 않지만, 밧세바는 나단이 들어올 때 그 침실을 떠난다 (28절을 보라). 나단이 다윗에게 행한 절은 일반적으로 하나님에게 행해지는 경의 표시이다. **1:24** 다윗의 동의 없이는 아도니야는 아무것도 할 수 없었다. 나단은 왕에게 그의 아들이 왕실의 권위를 침해하고 있다고 말해 준다. **1:27** 만약 아도니야의 즉위식이 왕의 동의와 함께 진행되었다면, 다윗은 그의 신실한 종들에게 불신실한 자로 간주되었을 것이다.

1:28-53 1:28-29 밧세바는 되돌아오고, 나단은 방을 나선다 (32절을 보라). 다윗은 즉각 단호하게 행동한다. *주님의 살아 계심을 두고 맹세하오.* 말한 것이 사실이며, 서약의 정확성을 보증해 주는 자가 바로

31 밧세바가 얼굴을 땅에 대고 엎드려서, 크게
절을 하며 "임금님, 다윗 임금님, 만수무강 하시
기를 빕니다" 하고 말하였다.
32 다윗 왕이 사독 제사장과 나단 예언자와
여호야다의 아들 브나야를 불러 오라고 하였다.
그들이 왕 앞으로 나아오니, 33 왕이 그들에게
말하였다. "그대들은 나의 신하들을 거느리고, 내
가 타던 노새에 나의 아들 솔로몬을 태워서, 기혼
으로 내려가도록 하십시오. 34 사독 제사장과
나단 예언자는 거기에서 그에게 기름을 부어 이스
라엘의 왕으로 삼고, 그런 다음에 뿔나팔을 불며
'솔로몬 왕 만세!' 하고 외치십시오. 35 그리고
그를 따라 올라와, 그를 모시고 들어가서, 나를 대
신하여 임금의 자리에 앉히십시오. 그러면 그가
나의 뒤를 이어서 왕이 될 것입니다. 그를 내가
이스라엘과 유다의 통치자로 임명하였습니다."
36 여호야다의 아들 브나야가 왕에게 대답하
였다. "아멘, 임금님의 하나님이신 주님께서도 그
렇게 말씀하시기를 바랍니다. 37 주님께서 임금
님과 함께 계신 것처럼, 솔로몬과도 함께 계셔서,
그의 자리가 우리 다윗 임금님의 자리보다 더 높게
되기를 바랍니다."
38 사독 제사장과 나단 예언자와 여호야다의
아들 브나야와 그렛 사람과 블렛 사람이 내려가서,
솔로몬을 다윗 왕의 노새에 태워서, 기혼으로 데
리고 갔다. 39 사독 제사장이 장막에서 기름을
넣은 뿔을 가지고 와서, 솔로몬에게 기름을 부었다.
그리고 뿔나팔을 부니, 모든 백성이 "솔로몬 왕 만
세!" 하고 외쳤다. 40 모든 백성이 그의 뒤를
따라 올라와, 피리를 불면서, 열광적으로 기뻐하
였는데, 그 기뻐하는 소리 때문에 세상이 떠나갈
듯 하였다.
41 아도니야와 그의 초청을 받은 모든 사람이
먹기를 마칠 때에, 이 소리를 들었다. 요압이 뿔
나팔 소리를 듣고서 "왜 이렇게 온 성 안이 시끄
러운가?" 하고 물었다. 42 그의 말이 다 끝나기도
전에, 아비아달 제사장의 아들 요나단이 들어왔다.
아도니야가 말하였다. "어서 들어오게. 그대는 좋은
사람이니, 좋은 소식을 가져 왔겠지."
43 요나단은 아도니야에게 대답하였다. "아
닙니다. 우리의 다윗 임금님께서 솔로몬을 왕으로
삼으셨습니다. 44 임금님께서는 사독 제사장과
나단 예언자와 여호야다의 아들 브나야와 그렛 사
람과 블렛 사람을 솔로몬과 함께 보내셨는데, 그
들이 솔로몬을 왕의 노새에 태웠습니다. 45 그
리고 사독 제사장과 나단 예언자가 기혼에서 그
에게 기름을 부어서, 왕으로 삼았습니다. 그래서
그들이 그 곳에서부터 기뻐하면서 올라오는 바
람에, 성 안이 온통 흥분으로 들떠 있습니다. 여
러분께서 들으신 소리는 바로 그 소리입니다.
46 솔로몬이 임금 자리에 앉았으며, 47 임금님의
신하들도 들어와서, 우리의 다윗 임금님께 축하를
드리면서 '임금님의 하나님께서 솔로몬의 이름을
임금님의 이름보다 더 좋게 하시며, 그의 자리를

하나님이라는 사실로 이행되었음을 확신해 주는 의례적 서약을 의미한다. 서약함으로써, 다윗은 밧세바에게 행한 약속을 재확인하며 솔로몬을 왕으로 기름부으라고 명령한다. **1:33** 노새를 타는 것은 왕족을 상징하는 것이었다. 말을 타는 것은 이 시대에 이스라엘에서는 흔하지 않은 일이었던 것 같다. 기드론 골짜기에 위치한 *기혼*은 예루살렘의 물줄기였다 (대하 32:30). **1:34** 즉위식은 왕으로 선택된 사람의 머리에 기름을 붓는 행위 (삼상 10:1; 왕하 9:3, 6)와 그 사람을 메시아, 곧 하나님(주님)께서 기름부은 자로 선언하는 의식(삼상 2:10; 24:6-7; 26:9; 대하 6:42)으로 구성되어 있다. 제사장 사독은 솔로몬에게 기름을 붓는 제사장으로 선택된다. *뿔나팔*(히브리어, *쇼팔*)은 양의 뿔이며 이스라엘 사람들이 거룩한 모임(출 19:16; 레 23:24)을 소집할 때 사용되었다. 뿔나팔을 부는 행위는 압살롬의 반란을 상기시켜 준다 (삼하 15:10). "솔로몬 왕 만세!" 라는 표현과 함께, 솔로몬의 즉위가 분명히 밝혀지고 있으며, 예루살렘의 새로운 왕으로 추대되어 그의 아버지와 함께 섭정하는 과정이 시작되었다. 백성들의 환호와 함께 솔로몬에게는 왕실의 힘을 떠맡을 수 있는 권위가 부여된다. **1:34-35** 다윗의 절대적이며 취소할 수 없는 명령은 솔로몬을 *통치자* (히브리어, *나기드*), 곧 다윗이 하나님으로부터 부여받은 동일한 직책에 임명받게 한다 (삼하 5:2; 7:8). 통치자라는 단어를 사용함으로써, 솔로몬이 이스라엘의 구원을 위해 역사하는 (삼상 13:14; 삼하 6:21) 하나님이 선정하고 예언자가 선택한 지도자임을 확고히 한다. **1:38** *그렛 사람과 블렛 사람.* 이들은 다윗의 개인경호원으로 활동하던 용병들이다 (삼하 15:18). 이 두 그룹은 해양 민족들이며, 이들은 이스라엘 백성이 가나안에 진입하였을 때 그 땅을 침공하였고, 블레셋과 관계가 있는 듯하다. **1:39** 장막은 법궤가 안치된 장소이다 (삼하 6:17). **1:41-53** **1:42** 아비아달의 아들 요나단은 압살롬이 반란을 일으켰을 때 다윗에게 소식을 전한 자였다 (삼하 15:27, 36; 17:17-21). 이제 그는 아도니야에게 나쁜 소식을 전한다. **1:47** *임금님께서도 친히 침상에서 절을 하시며.* 이것은 다윗의 부하가 솔로몬에게 올린 찬양을 다윗이 동의하였다는 것을 의미한다 (비슷한 표현이 창 47:31에 나타난다). 다윗은 왕위 계승문제를 해결할 수 있도록 도와준 하나님을 예배하였다. **1:49** 아도니야 당파의 사람들은

임금님의 자리보다 더 높게 하시기를 바랍니다'
하고 축복하였습니다. 임금님께서도 친히 침상에서
절을 하시며, 48 '주님께서 오늘 내 자리에 앉을
사람을 주시고, 또 이 눈으로 그것을 보게 하시니,
주 이스라엘의 하나님께 찬양을 드립니다' 하고
말씀하셨다고 합니다."
49 그 말을 듣고, 아도니야의 초청을 받아서
와 있던 모든 사람들이, 황급히 일어나서, 모두 제
갈 길로 가 버렸다. 50 아도니야는, 솔로몬이 두
려워서, 일어나 가서, ㄱ)제단 뿔을 붙잡았다.
51 사람들이 솔로몬에게 말하였다. "아도니야가
솔로몬 임금님을 두려워하여서, 지금 제단 뿔을
붙잡고 솔로몬 임금님께서 임금님의 종인 아도니
야를 칼로 죽이지 않겠다고 맹세해 주시기를 바
라고 있습니다."
52 솔로몬이 말하였다. "그가 충신이면, 그의
머리카락 하나도 땅에 떨어지지 않을 것이다. 그
러나 그에게서 악이 발견되면 그는 죽을 것이다."
53 솔로몬 왕이 사람을 보내어 그를 제단에서 끌
어오게 하니, 그가 와서, 솔로몬 왕에게 절을 하
였다. 그러자 솔로몬은 그에게 집에 가 있으라고
하였다.

다윗이 솔로몬에게 마지막으로 지시하다

2 1 다윗은 세상을 떠날 날이 가까워서, 아들
솔로몬에게 유언을 하였다. 2 "나는 이제 세상
모든 사람이 가는 길로 간다. 너는 굳세고 장부
다워야 한다. 3 그리고 너는 주 너의 하나님의
명령을 지키고, 모세의 율법에 기록된 대로, 주님
께서 지시하시는 길을 걷고, 주님의 법률과 계명,
주님의 율례와 증거의 말씀을 지켜라. 그리하면,
네가 무엇을 하든지, 어디를 가든지, 모든 일이 형
통할 것이다. 4 또한 주님께서 전에 나에게 '네
자손이 내 앞에서 마음과 정성을 다 기울여서, 제
길을 성실하게 걸으면, 이스라엘의 임금 자리에
오를 사람이 너에게서 끊어지지 않을 것이다' 하고
약속하신 말씀을 이루실 것이다.
5 더욱이 너는 스루야의 아들 요압이 나에게
한 것, 곧 그가 이스라엘 군대의 두 사령관인, 넬의
아들 아브넬과 예델의 아들 아마사에게 한 일을
알고 있을 것이다. 요압이 그들을 살해함으로써,
평화로운 때에 전쟁을 할 때나 흘릴 피를 흘려서,

ㄱ) 주님의 장막에 있는 제단 뿔

자신들의 생명이 위험에 놓여 있다는 사실을 알고 공포에 빠지게 되었다. **1:50** 아도니야는 장막을 도피처로 삼아 (출 21:13) *제단 뿔*을 붙잡았다. 제단 뿔은 제단 네 구석의 돌출된 부분으로 뿔의 모양과 흡사하였다 (출 27:2; 29:12; 30:10; 레 4:7; 시 118:27). 제단의 뿔을 잡으며 그것을 도피처로 삼는 사람은 하나님의 보호 아래 죄가 면제되었다. 하지만 단 하나의 예외 조항으로 의도적인 범죄행위는 면제받지 못하였다 (출 21:14). **1:51-52** 아도니야는 무조건 용서해 주기를 구하였지만, 솔로몬은 아도니야가 앞으로 하는 행위를 근거로 용서할 수도 있음을 내비친다. *그의 머리카락 하나도 땅에 떨어지지 않을 것이다.* 이 표현은 "그는 아무런 고통도 당하지 않을 것이다"를 의미하는 잠언적 표현이다 (삼상 14:45; 삼하 14:11; 마 10:30; 눅 21:18; 행 27:34). **1:53** 아도니야가 솔로몬을 왕으로 인정하자, 솔로몬은 그가 집으로 돌아갈 수 있도록 허락한다.

2:1-46 2장은 다윗 왕좌를 두고 벌어지는 갈등을 계속 묘사하여 주고 있다. 2장은 다윗이 솔로몬에게 권력을 이양하는 이야기로 시작한다 (1-9절). 다윗의 죽음과 관련한 이야기를 전한 후 (10-12절), 기자는 솔로몬이 왕으로서 취한 첫 번째 조치들을 묘사한다. 그 조치들은 왕위를 탐낸 죄목으로 아도니야를 처형하는 것 (13-25절); 아도니야를 옹호했다는 이유로 아비아달을 추방하는 것 (26-27절); 아도니야를 추종한 요압을 처형하는 것 (28-35절); 예루살렘에 집을 짓고 한 발짝도 그 곳을 나가지 말라는 조항을 어긴 시므이를 처형하는 것 등이다 (36-46절).

2:1-9 2:2 세상 모든 사람이 가는 길. 이것은 우주의 유한성을 완곡해서 표현한 언어기교이다. *장부다워야 한다.* 군인들의 사기를 충전시키기 위해 사용된 말이었다 (신 31:7, 23; 수 1:6-9, 18). 여기에서 이 말들은 솔로몬이 다음에 기록된 훈계들을 잘 받아들일 수 있도록 준비시키기 위해 사용된다. **2:3** 솔로몬은 모세의 율법을 순종하라는 훈계를 받는다. *길, 법률, 계명, 율례.* 이것들은 모세의 율법과 동의어로 사용된다 (신 11:1; 시 19:7-9). **2:4** 하나님의 말씀은 다윗 가문을 영원히 창대하게 하시겠다는 하나님의 약속을 확인시켜 준다 (삼하 7:12-17; 대상 17:3-15; 또한 왕상 8:25; 시 89:19-37; 렘 33:17을 보라). *제 길을 성실하게 걸으면.* 이것은 도덕적인 행위를 가리킨다. *마음과 정성을 다 기울여서.* 신 4:29; 6:5; 10:12를 보라. **2:5** 다윗은 솔로몬에게 세 가지 사항을 지시한다. (1) 사울의 군사령관이자 사촌인 아브넬(삼하 3:27)과 아마사(삼하 20:10)에게 범죄를 저지른 요압을 처벌하라고 지시한다. 요압이 평화시기에 두 전사를 살해하였기 때문에, 동태복수법(출 21:24)에 근거해서 다윗은 요압을 살해하도록 명령한다. 요압 역시 솔로몬 왕국에 위협적인 세력이 되었다. 왜냐하면 그가 아도니야를 옹호하였기 때문이다. **2:6** 스올. 죽은 자들이 거하는 지하 세계를

내 허리띠와 신에 전쟁의 피를 묻히고 말았다.
6 그러므로 너는 지혜롭게 행동을 하여, 그가 백
발이 성성하게 살다가 평안히 ㄱ)스올에 내려가도록
내버려 두지 말아라.
7 그러나 길르앗 사람인 바실래의 아들들에
게는 자비를 베풀어서, 네 상에서 함께 먹는 식구가
되게 하여라. 그들은 내가 네 형 압살롬을 피하여
도망할 때에 나를 영접해 주었다.
8 또 바후림 출신으로 베냐민 사람인 게라의
아들 시므이가 너와 같이 있다. 그는, 내가 마하
나임으로 가던 날에 나를 심하게 저주하였지만,
그가 요단 강으로 나를 맞으려고 내려왔을 때에
내가 주님을 가리켜 맹세하기를, '너를 칼로 죽이지
않겠다' 하고 말한 일이 있다. 9 그러나 너는 그
에게 죄가 없다고 여기지 말아라. 너는 지혜로운
사람이니, 그를 어떻게 처리해야 하는지 잘 알
것이다. 너는 그의 백발에 피를 묻혀 스올로 내려
가게 해야 한다."

다윗이 죽다

10 다윗은 죽어서, 그의 조상과 함께 '다윗
성'에 안장되었다. 11 다윗 왕이 이스라엘을 다
스린 기간은 마흔 해이다. 헤브론에서 일곱 해를
다스리고, 예루살렘에서 서른세 해를 다스렸다.
12 솔로몬은 그의 아버지 다윗이 앉았던 자리에
앉아서, 그 왕국을 아주 튼튼하게 세웠다.

아도니야가 죽다

13 학깃의 아들 아도니야가 솔로몬의 어머니
밧세바를 찾아왔다. 밧세바가 "좋은 일로 왔느
냐?" 하고 물으니, 그는 "좋은 일로 왔습니다"
하고 대답하였다. 14 그러면서 그가 말하였다.
"드릴 말씀이 있습니다." 밧세바가 대답하였다.
"말하여라."
15 그러자 그가 말하였다. "어머니께서도
아시다시피, 임금 자리는 저의 것이었고, 모든 이
스라엘 사람은, 제가 임금이 되기를 바라고 있었
습니다. 그런데 그 임금 자리는, 주님의 뜻이 있
어서, 이제는 아우의 것이 되었습니다. 16 이제
어머니께 한 가지 청할 것이 있습니다. 거절하지
말아 주시기 바랍니다." 밧세바가 그에게, 말하라고
하였다.
17 아도니야가 말하였다. "임금이 어머니의
청을 거절하지는 않을 것입니다. 그러니 솔로몬
임금에게 말씀하셔서, 수넴 여자 아비삭을 나의
아내로 삼게 해주십시오."
18 밧세바가 말하였다. "좋다. 내가 너를 대
신하여, 임금께 말하여 주마."
19 그리하여 밧세바는 아도니야의 청을 대신
말하여 주려고, 솔로몬 왕을 찾아갔다. 왕은 어
머니를 맞이하려고, 일어나서 절을 한 뒤에 다시

ㄱ) 또는 '무덤' 또는 '죽음'

의미했다 (시 88:6; 겔 26:20; 31:14-15). **2:7** (2) 솔로몬은 바실래의 아들들에게 자비를 베풀어야 했다. 왜냐하면 바실래는 다윗과 그의 부하들이 압살롬을 피해 피난 중에 있을 때 극진히 보살펴 주었었기 때문이다 (삼하 17:27-29; 19:31-39). 왕의 식탁에서 함께 음식을 먹는다는 것은 왕실의 녹을 받는다는 것을 의미했다 (삼하 9:7; 왕상 18:19). **2:8-9** (3) 솔로몬은 사울의 친척이며 예루살렘으로부터 도망치던 다윗을 심하게 저주했던 시므이를 엄격하게 다루어야 했다 (삼하 16:5-14). 다윗은 자신에게 빗발쳤던 그 저주들의 결과가 솔로몬에게 닥치지 않을까 두려워하였다 (창 9:25). 그 저주를 무효화시킬 수 있는 유일한 방법은 그 저주를 말했던 사람을 제거하는 것뿐이었다 (삼하 21:1). *마하나임.* 이 곳은 요단 강 동편 (삼하 17:22), 얍복 강 북쪽(창 32:2, 22)에 위치한 지역으로 갓과 동부 므낫세 지파와 경계를 이루었다 (수 13:26, 30).

2:10-12 2:10 *그의 조상과 함께 안장되었다.* 죽음을 넌지시 둘러말하는 언어기법이다. 다윗은 죽음으로써 스올에서 그의 조상들과 다시 연합하게 되었다. **2:11** 다윗이 정치한 기간이 매우 길게 표현되어 있는데, 이것은 대략 한 세대에 해당하는 연수이다 (대상 29:27). 헤브론에서 다스린 햇수는 일곱 해 반이었다 (삼하 5:5). **2:12** *그 왕국을 아주 튼튼하게 세웠다.* 솔로몬을 대항했던 모든 사람은 그의 통치권에 더 이상 위협적인 존재가 되지 못했으며, 북쪽 열 지파는 그를 합법적인 왕으로 받아들였다.

2:13-25 2:13-17 아비삭을 취하고자 했던 아도니야의 욕구는 솔로몬의 왕좌를 열망하는 그의 마음을 반영해 준다. 그 이유는 왕실 후궁이 새로운 왕의 소유물이었기 때문이다. 아비삭은 왕실 후궁 중 한 명이었기 때문에 아도니야의 요청은 왕좌를 확보하려는 계산이었다 (삼하 3:7, 13; 12:8; 16:22). **2:18** 밧세바는 솔로몬에게로 간다. 솔로몬은 밧세바를 황태후이자 어머니를 대하는 아들의 애정과 존경심으로 맞이한다 (황태후의 역할에 대해서는 15:12-13을 보라). 또 다른 하나의 왕좌가 솔로몬 옥좌 곁에 자리하고 있었다. **2:22** *차라리 그에게 임금의 자리까지 내주라고 하시지 그러십니까?* 아도니야의 요청에 대한 솔로몬의 반응은 솔로몬이 아도니야의 의도를 분명하게 인식하고 있다는 것을 보여준다. 솔로몬은 이 상황을 경쟁자를

자리에 앉았다. 그리고는 어머니에게 자리를 권하여, 자기 옆에 앉게 하였다. 20 그러자 밧세바가 말하였다. "나에게 한 가지 작은 소원이 있는데, 거절하지 않으면 좋겠소." 왕이 대답하였다. "어머니, 말씀하여 보십시오. 거절하지 않겠습니다."

21 밧세바가 말하였다. "수넴 여자 아비삭과 임금의 형 아도니야를 결혼시키면 좋겠소."

22 그러자 솔로몬 왕이 어머니에게 대답하였다. "아도니야를 생각하신다면, 어찌하여 수넴 여자 아비삭과 결혼시키라고만 하십니까? 그는 나의 형이니, 차라리 그에게 임금의 자리까지 내주라고 하시지 그러십니까? 또 아도니야만을 생각하여서 청하실 것이 아니라, 그를 편든 아비아달 제사장과 스루야의 아들 요압을 생각하여서도 그렇게 하시지 그러십니까?" 23 솔로몬 왕은 주님을 가리켜 맹세하였다. "아도니야가 자기 목숨을 걸고 이런 말을 하였으니, 그의 목숨을 살려 두면, 하나님이 나에게 벌을 내리시고, 또 내리실지도 모릅니다. 24 이제 주님께서 나를 세워 아버지 다윗의 자리에 앉게 하시고, 말씀하신 대로 나를 시켜서 왕실을 세워 주셨으니, 주님의 살아 계심을 두고 맹세합니다. 오늘 아도니야는 반드시 처형당할 것입니다."

25 솔로몬 왕이 여호야다의 아들 브나야를 보내니, 그가 아도니야를 쳐죽였다.

아비아달의 추방과 요압의 죽음

26 솔로몬 왕은 아비아달 제사장에게 이렇게 말하였다. "제사장께서는 상속받은 땅 아나돗으로 가시오. 제사장께서는 이미 죽었어야 할 목숨이지만, 나의 아버지 다윗 앞에서 제사장으로서 주 하나님의 법궤를 메었고, 또 나의 아버지께서 고통을 받으실 때에 그 모든 고통을 함께 나누었기 때문에, 오늘은 내가 제사장을 죽이지는 않겠소." 27 솔로몬은 아비아달을 주님의 제사장 직에서 파면하여 내쫓았다. 이렇게 하여서, 주님께서는 실로에 있는 엘리의 가문을 두고 하신 말씀을 이루셨다.

28 이런 소문이 요압에게 들렸다. 비록 그는 압살롬의 편을 들지는 않았으나, 아도니야의 편을 들었으므로, 주님의 장막으로 도망하여, 제단 뿔을 잡았다. 29 요압이 이렇게 주님의 장막으로 도망하여 제단 곁에 피하여 있다는 사실이, 솔로몬 왕에게 전해지니, 솔로몬은 여호야다의 아들 브나야를 보내면서 "가서, 그를 쳐죽여라!" 하였다. 30 브나야가 주님의 장막에 들어가서, 그에게 말하였다. "어명이오. 바깥으로 나오시오." 그러자 그가 말하였다. "못 나가겠소. 차라리 나는 여기에서 죽겠소." 브나야가 왕에게 돌아가서, 요압이 한 말을 전하니, 31 왕이 그에게 말하였다. "그가 말한 대로, 그를 쳐서 죽인 뒤에 묻어라. 그리하면 요압이 흘린 죄 없는 사람의 피를, 나와 나의 가문에서 지울 수 있을 것이다. 32 주님께서, 요압이 흘린 그 피를 그에게 돌리실 것이다. 그는 나의 아버지 다윗께서 모르시는 사이에, 자기보다 더 의롭고 나은 두 사람, 곧 넬의 아들인 이스라엘 군사령관 아브넬과, 예델의 아들인 유다의 군사령관 아마사를, 칼로 죽인 사람이다. 33 그들의 피는 영원히 요압과 그의 자손에게로 돌아갈 것이며,

---

제거하기 위한 합법적인 근거로 이용하였다. 아도니야가 솔로몬의 형이었기 때문에 (22절), 아도니야는 합법적으로 왕권을 계승할 것으로 기대하고 있었다. 그렇지만 신명기학파의 신학적 이해는 오직 하나님만이 이스라엘의 왕을 선택할 수 있다는 것이다 (삼하 7장; 왕상 3:1-12). **2:24** *주님의 살아 계심을 두고 맹세합니다.* 서약은 두 가지 사실에 근거해서 이루어졌다: 왕좌에 자신을 앉힌 분은 하나님이시며, 그를 통해 한 왕조를 세워주신 분도 하나님이시라는 것이다 (삼하 7:11).

2:26-27 **2:26** 아비아달은 다윗을 충성스럽게 섬겼지만, 왕권 계승의 문제로 갈등이 생겼을 때 아도니야의 편에 섰다 (1:7). 제사장 직책과 사울로부터 도망치던 다윗과 동행하였다는 이유로 (삼상 22:20; 23:6, 9; 30:7), 솔로몬은 아비아달을 죽이지 않는다. 하지만 그를 제사장 직분에서 면직시키고 베냐민 지파에 속해 있는 아나돗이라는 조상의 땅으로 그를 파면하여 내쫓았다. **2:27** 아비아달의 추방과 제사장으로 추대된 사독은 엘리 집안을 향하여 하나님께서 계시하신 위협을 성취시켰다 (삼상 2:27-36; 3:10-14).

2:28-35 **2:28** 솔로몬은 아도니야가 왕권을 탐하려는 기회를 이용해서 요압을 죽이라는 아버지의 명령을 수행하고자 한다 (1:49-53). 요압은 자신의 생명을 보존하기 위해서 *주의 장막*에서 은신처를 찾고 있었다 (출 21:13-14; 민 35:9-12; 신 4:41-43; 19:1-13). **2:30** 요압은 솔로몬에게 신성모독죄를 씌우기 위해 제단 곁에서 죽기로 결심했다고 생각해 볼 수 있다. 솔로몬은 그를 죽이라고 명령했고, 의심할 여지없이 율법은 그에게 합법적인 이유로 학살을 한 경우 제단의 거룩함을 어길 수 있는 권위를 그에게 주었다 (출 21:14). **2:31-33** 이 구절은 요압이 범한 두 가지 범죄행위를 설명하고 있으며, 도피처 규정을 어긴 행위를 정당화시켜주고 있는데, 이는 동시에 다윗 왕조의 결백을

다윗과 그의 자손과 그의 왕실과 그의 왕좌에는, 주님께서 주시는 평화가 영원토록 있을 것이다."
34 이에 여호야다의 아들 브나야가 올라가서, 그를 쳐죽였다. 요압은 광야에 있는 그의 ㄱ)땅에 매장되었다.
35 왕은 요압 대신에 여호야다의 아들 브나야를 군사령관으로 삼고, 아비아달의 자리에는 사독 제사장을 임명하였다.

시므이가 죽다

36 그 뒤에 왕은 사람을 보내어서, 시므이를 불러다 놓고, 이렇게 말하였다. "당신은 예루살렘에다가 당신이 살 집을 짓고, 거기에서만 살도록 하시오. 다른 어느 곳으로든지, 한 발짝도 나가서는 안 되오.
37 바깥으로 나가서 기드론 시내를 건너는 날에는, 당신은 반드시 죽을 것이오. 당신이 죽는 것은 바로 당신 죄 때문임을 명심하시오."
38 그러자 시므이는 "임금님께서 하신 말씀은 지당하신 말씀입니다. 임금님의 종은 그대로 이행할 따름입니다" 하고 대답하고, 오랫동안 예루살렘을 떠나지 않고, 거기에서 지냈다.
39 그로부터 거의 세 해가 지났을 무렵에, 시므이의 종들 가운데서 두 사람이 가드 왕 마아가의 아들 아기스에게로 도망하였다. 어떤 사람들이 시므이에게, 그 종들이 가드에 있다고 알려 주었다.
40 그래서 시므이는 나귀에 안장을 얹고, 자기의 종들을 찾아 오려고 가드에 있는 아기스에게로 갔다. 시므이가 직접 내려가, 가드에서 자기 종들을 데리고 왔다.
41 시므이가 이와 같이, 예루살렘에서 가드로 내려갔다가 돌아왔다는 소식이 솔로몬에게 전해지니,
42 왕은 사람을 보내어서, 시므이를 불러다 놓고 문책하였다. "내가 당신에게, 주님을 가리켜 맹세하게 하고, 당신에게 경고하기를, 당신이 바깥으로 나가서 어느 곳이든지 가는 날에는, 반드시 죽을 것이라고 하지 않았소? 당신도 나에게 좋다고 하였고, 내 말에 순종하겠다고 하지 않았소?
43 그런데 어찌하여, 주님께 맹세한 것과, 내가 당신에게 명령한 것을, 당신은 지키지 않았소?"
44 왕은 계속하여 시므이에게 말하였다. "당신은, 당신이 나의 아버지 다윗 왕에게 저지른 그 모든 일을, 스스로 잘 알고 있을 것이오. 그러므로 주님께서 당신이 저지른 일을 당신에게 갚으실 것이오.
45 그러나 나 솔로몬 왕은 복을 받고, 다윗의 보좌는 주님 앞에서 영원토록 견고하게 서 있을 것이오."
46 왕이 여호야다의 아들 브나야에게 명령하니, 그가 바깥으로 나가서, 시므이를 쳐죽였다. 솔로몬은 권력을 완전히 장악하였다.

솔로몬이 지혜를 간구하다 (대하 1:3-12)

3 1 솔로몬은, 이집트 왕 바로와 혼인 관계를 맺고, 바로의 딸을 아내로 맞았다. 그리고 그는 자신의 집과 주님의 성전과 예루살렘 성벽의 건축을 모두 끝낼 때까지, 그 아내를 다윗 성에 있게 하였다.
2 주님께 예배드릴 성전이 그 때까지도 건축되지 않았으므로, 백성은 그 때까지 여러 곳에 있는 산당에서 제사를 드렸다.
3 솔로몬은 주님을 사랑하였으며, 자기 아버지 다윗의 법도를 따랐으나, 그도 여러 산당에서 제사를 드리며 분향하였다.

ㄱ) 또는 '무덤'

강조하고 있는 것이다. **2:35** 솔로몬은 브나야를 그의 군사령관으로 승진시키고, 사독을 제사장으로 임명한다.

2:36-46 2:36-38 솔로몬은 시므이를 예루살렘에 있는 그의 집에 억류하고 기드론을 통해 바후림에 있는 그의 집으로 가지 못하도록 금지시켰다 (삼하 16:5). 시므이는 솔로몬의 명령에 따르겠다고 약속하였다. **2:39-40** *가드.* 이곳은 다윗에게 매우 중요한 도시이다 (삼상 21:10-15; 27:1-7). 시므이의 노예들이 가드로 끌려갔을 때, 시므이는 그들을 뒤따라갔지만, 이는 솔로몬과 약속한 규정을 깨뜨린 결과가 되어 버렸다. **2:41-46** 솔로몬은 시므이가 약속을 어겼다는 이유로 죽이라고 명령했다. 다윗을 향한 저주들을 무효화시키기 위해서 솔로몬은 자기 자신과 다윗 왕좌에 대한 축복을 선언하였다.

3:1-28 3장에서는 솔로몬의 왕국을 수립하게 된 이야기와 그의 통치기간 동안에 발생한 사건들을 이야기한다 (3:1—11:43). 3장은 솔로몬의 경건함과 바로의 딸과 맺은 혼인관계 (1-3절), 솔로몬에게 처음 나타난 하나님과 지혜를 요청하는 왕 (4-15절); 그리고 솔로몬이 지혜를 실제적으로 사용한 방식을 묘사함으로써 시작된다 (16-28절).

3:1-3 3:1 이 결혼관계는 솔로몬에게 매우 중요했다. 바로가 누구인지는 알려져 있지 않다. 이 결혼관계에 대한 추가정보는 9:16, 24에서 찾아볼 수 있다. *다윗 성.* 이것은 전체 도시와는 구별된 궁궐을 가리키는 표현이다. **3:2** *산당* (히브리어, *바모트*). 산당은 산 혹은 언덕 꼭대기에 있는 성소로, 가나안 사람들이 그들의 신들에게 희생제를 드렸던 곳이다. 이 용어는 제사용 물건들을 올려놓는 단상을 가리키기도 한다. 신명기

4 기브온에 제일 유명한 산당이 있었으므로,
왕은 늘 그 곳에 가서 제사를 드렸다. 솔로몬이 그
때까지 그 제단에 바친 번제물은, 천 마리가 넘을
것이다. 한 번은, 왕이 그리로 제사를 드리러 갔
는데, 5 그 날 밤에 기브온에서, 주님께서 꿈에
솔로몬에게 나타나셨다. 하나님께서 말씀하시기를
"내가 너에게 무엇을 주기를 바라느냐? 나에게
구하여라" 하셨다.

6 솔로몬이 대답하였다. "주님께서는, 주님
의 종이요 나의 아버지인 다윗이, 진실과 공의와
정직한 마음으로 주님을 모시고 살았다고 해서,
큰 은혜를 베풀어 주시고, 또 그 큰 은혜로 그를
지켜 주셔서, 오늘과 같이 이렇게 그 보좌에 앉을
아들까지 주셨습니다. 7 그러나 주 나의 하나님,
주님께서는, 내가 아직 어린 아이인데도, 나의 아
버지 다윗의 뒤를 이어서, 주님의 종인 나를 왕이
되게 하셨습니다. 나는 아직 나가고 들어오고 하는
처신을 제대로 할 줄 모릅니다. 8 주님의 종은,
주님께서 선택하신 백성, 곧 그 수를 셀 수도
없고 계산을 할 수도 없을 만큼 큰 백성 가운데 하
나일 뿐입니다. 9 그러므로 주님의 종에게 지혜
로운 마음을 주셔서, 주님의 백성을 재판하고,
선과 악을 분별할 수 있게 해주시기를 바랍니다.
이렇게 많은 주님의 백성을 누가 재판할 수 있겠
습니까?"

10 주님께서는 솔로몬이 이렇게 청한 것이
마음에 드셨다. 11 그러므로 하나님께서 그에게
말씀하셨다. "네가 스스로를 생각하여 오래 사는
것이나 부유한 것이나 원수갚는 것을 요구하지 아
니하고, 다만 재판하는 데에, 듣고서 무엇이 옳은지
분별하는 능력을 요구하였으므로, 12 이제 나는
네 말대로, 네게 지혜롭고 총명한 마음을 준다.
너와 같은 사람이 너보다 앞에도 없었고, 네 뒤에도
없을 것이다. 13 나는 또한, 네가 달라고 하지
아니한 부귀와 영화도 모두 너에게 주겠다. 네 일생
동안, 왕 가운데서 너와 견줄 만한 사람이 없을 것
이다. 14 그리고 네 아버지 다윗이 한 것과 같이,
네가 나의 길을 걸으며, 내 법도와 명령을 지키면,
네가 오래 살도록 해주겠다."

15 솔로몬이 깨어나서 보니, 꿈이었다. 그는
곧바로 예루살렘으로 가서, 주님의 언약궤 앞에
서서, 번제와 화목제를 드리고, 모든 신하에게 잔
치도 베풀어 주었다.

솔로몬의 재판

16 하루는 창녀 두 사람이 왕에게 와서, 그
앞에 섰다. 17 그 가운데서 한 여자가 나서서 말을
하였다. "임금님께 아뢰니다. 저희 두 사람은 한
집에 살고 있습니다. 제가 아이를 낳을 때에 저 여
자도 저와 함께 있었습니다. 18 그리고 제가 아
이를 낳은 지 사흘 만에 저 여자도 아이를 낳았습
니다. 그 집 안에는 우리 둘만 있을 뿐이고, 다른
사람은 아무도 없었습니다. 19 그런데 저 여자가
잠을 자다가, 그만 잘못하여 자기의 아이를 깔아
뭉개었으므로, 그 아들은 그 날 밤에 죽었습니다.
20 그런데 이 종이 깊이 잠든 사이에, 저 여자가
한밤중에 일어나서 아이를 바꾸었습니다. 저의
옆에 누워 있는 저의 아들을 데리고 가서 자기 품에
두고, 자기의 죽은 아들은 저의 품에 뉘어 놓았
습니다. 21 제가 새벽에 저의 아들에게 젖을 먹
이려고 일어나서 보니, 아이가 죽어 있었습니다.
아침에 제가 자세히 들여다 보았는데, 그 아이는
제가 낳은 아들이 아니었습니다." 22 그러자

학파 저자는 비록 초기 역사에서 이스라엘 사람들이 산당에서 제사를 드렸던 경우도 있었지만 (삼상 9:12), 산당을 모세의 율법을 범하는 것으로 서술한다 (신 12:2). 이렇게 금지하는 목적은 예루살렘을 이스라엘 예배의 중앙 성소로 강조하기 위함이었다 (순환되는 주제; 왕하 18:4; 23:5, 8, 15). 이 구절은 모세의 율법을 어긴 솔로몬과 백성들의 죄를 면제해주려고 노력한다. 왜냐하면 그 때까지도 아직 하나님을 위해 건축된 성소가 없었기 때문이다 (신 12:5).

3:4-15 **3:4** 솔로몬 당시까지, 기브온 산당은 이스라엘 백성에게 중요한 예배장소이었다. **3:4** *천 마리 이상의 번제물들.* 매우 많은 숫자의 번제물을 말한다. **3:5** 꿈 혹은 밤의 비전을 통해 나타난 계시는 구약성경에서 매우 중요하다. 이러한 현상은 이스라엘 주변에 있는 나라들에서도 나타났다 (창 20:3; 40:1-8; 삿 7:13). **3:6-8** *주님을 모시고 살았다고 해서.* 다윗이 하나님을 섬기고 살았다는 것을 의미한다. *내가 아직 어린 아이인데도.* 이렇게 자신을 비하하는 용어는 솔로몬의 온화한 성격과 경험이 부족하다는 것을 가리키는 것이다 (유사한 표현으로 렘 1:7을 보라). 이 때 솔로몬은 적어도 20살이었다. **3:9** *지혜로운 마음.* 훌륭한 왕이 되기 위해서 솔로몬은 선과 악을 분별하여 판단할 수 있는 능력이 필요하다 (사 5:20). **3:15** 솔로몬은 법궤 앞에서 희생제를 드림으로써, 꿈을 주신 하나님께 감사하였다. 이러한 식으로 신명기 역사가는 새로운 왕을 하나님의 신실한 종으로 묘사하고 있으며, 지혜로우며 사리분별력이 있는 지도자로 그리고 있다.

3:16-28 이 부분은 하나님이 주신 지혜를 실제로 사용하는 솔로몬을 보여준다. 모세의 율법에 창녀에 대한 조항은 포함되어 있지 않다 (그러나 잠 23:27-28;

다른 여자가 대들었다. 그렇지 않다는 것이었다.
살아 있는 아이가 자기의 아들이고, 죽은 아이는
다른 여자의 아들이라고 우겼다. 먼저 말을 한 여
자도 지지 않고, 살아 있는 아이가 자기 아들이고,
죽은 아이는 자기의 아들이 아니라고 맞섰다. 그
들은 이렇게 왕 앞에서 다투었다.
23 왕은 속으로 생각하였다. '두 여자가 서로,
살아 있는 아이를 자기의 아들이라고 하고, 죽은
아이를 다른 여자의 아들이라고 한다. 그렇다면
좋은 수가 있다.' 24 왕은 신하들에게 칼을 가져
오게 하였다. 신하들이 칼을 왕 앞으로 가져 오니,
25 왕이 명령을 내렸다. "살아 있는 이 아이를 둘
로 나누어서, 반쪽은 이 여자에게 주고, 나머지 반
쪽은 저 여자에게 주어라."
26 그러자 살아 있는 그 아이의 어머니는,
자기 아들에 대한 모정이 불타 올라, 왕에게 애원
하였다. "제발, 임금님, 살아 있는 이 아이를, 저
여자에게 주시어도 좋으니, 아이를 죽이지는 말아
주십시오." 그러나 다른 여자는 "어차피, 내 아이도
안 될 테고, 네 아이도 안 될 테니, 차라리 나누어
가지자" 하고 말하였다. 27 그 때에 드디어 왕이
명령을 내렸다. "살아 있는 아이를 죽이지 말고,
아이를 양보한 저 여자에게 주어라. 저 여자가 그
아이의 어머니이다."
28 모든 이스라엘 사람이, 왕이 재판한 판결
소식을 들었다. 그리고 백성들은, 왕이 재판할 때에
하나님께서 주시는 지혜로 공정하게 판단한다는
것을 알고, 왕을 두려워하였다.

솔로몬이 거느린 관리들

4 1 솔로몬 왕이 온 이스라엘을 다스리는 왕이
되었을 때에, 2 그가 거느린 고급 관리들은
다음과 같다.
사독의 아들 아사랴는 제사장이고, 3 시사의
아들 엘리호렙과 아히야는 서기관이고, 아힐룻의
아들 여호사밧은 역사 기록관이고, 4 여호야다의
아들 브나야는 군사령관이고, 사독과 아비아달은
제사장이고, 5 나단의 아들 아사랴는 관리를 지
휘하는 장관이고, 나단의 아들 사붓은 제사장 겸
왕의 개인 자문관이고, 6 아히살은 궁내 대신이고,
압다의 아들 아도니람은 강제노역 책임자였다.
7 솔로몬은 온 이스라엘 지역에다가, 관리를
지휘하는 장관 열둘을 두었는데, 그들은 각각 한
사람이 한 해에 한 달씩, 왕과 왕실에서 쓸 먹거
리를 대는 책임을 졌다. 8 그들의 이름은 다음과
같다.
에브라임 산간지역은 벤훌이 맡았다. 9 마
가스와 사알빔과 벳세메스와 엘론벳하난 지역은
벤데겔이 맡았다. 10 아룹봇과 소고와 헤벨 전
지역은 벤헤셋이 맡았다. 11 [ㄱ]돌의 고지대 전 지
역은 벤아비나답이 맡았는데, 그는 솔로몬의 딸
다밧의 남편이다. 12 다아낙과 므깃도와 이스르엘
아래 사르단 옆에 있는 벳산 전 지역과 저 멀리
아벨므홀라와 욕느암에 이르는 지역은 아힐룻의

ㄱ) 또는 '나봇 돌'

29:3에 나타난 부정적 견해를 보라). 이스라엘에서는 심지어 창녀조차도 왕에게 법적인 문제로 나아올 수 있었다. 솔로몬의 결정은 모든 이스라엘에게 큰 인상을 심어주었는데, 그 이유는 그가 속임을 당할 수 없는 심판관으로 인식되었기 때문이다. 따라서 백성들은 솔로몬의 지혜를 하나님의 선물로 이해하였기 때문에 그를 경외하였다.

4:1-34 4장에서는 솔로몬 정권의 각료들 (1-6절), 12 행정구역 관료들 (4:7-19); 솔로몬 왕실의 번영 (20-28절); 솔로몬의 지혜를 묘사하고 있다 (29-34절).

4:1-6 4:1 솔로몬은 통일된 이스라엘의 왕으로 묘사되고 있다. **4:2** 솔로몬의 관료들은 왕실 각료들과 왕실 국고를 위해 세금을 거두어들이는 지방 관료들로 나눠진다. 사독의 아들 아사랴는 제사장이었다. 여기에서 *아들*은 후손을 의미한다. 아사랴는 사실상 사독의 손자였다 (대상 6:8). 아마도 성전 건축의 중요성을 강조하기 위해서 제사장을 첫 번째로 언급한 것 같다. 반대로 다윗 왕국에서는 군대 최고 지휘관이 가장 먼저 언급되었다 (삼하 8:15-18). **4:3** 시사의 아들 *엘리호렙과 아히야.* 이들은 공문서와 왕의 서신들을 관리하는 책임을 맡은 비서 혹은 서기관들이었다. 여호사밧은 왕실 역사 기록관으로 사역했다 (또한 삼하 8:16; 20:24를 보라). **4:4** *브니야.* 다윗의 경호대장이었으며 요압의 후계자였다 (삼하 8:18; 20:23). 여기에서 사독과 아비아달은 첨가된 본문 내용인 것처럼 보인다. 왜냐하면 아비아달은 추방당한 상태였고 사독의 손자가 제사장으로 임명된 상태였기 때문이다. **4:5** *아사랴.* 아사랴는 나단의 아들이고 관료들 혹은 지방 관리자들을 관리하는 자였다 (7절). 사붓은 *왕의 개인 자문관*으로 왕과 가까이 지내면서 조언해 주는 명예직이었다 (삼하 15:37). **4:6** *아히살.* 이 사람은 왕궁의 행정을 감독하는 책임을 지고 있었다. *아도니람.* 이 사람은 정부와 관련된 노역을 위해 징집된 일꾼들을 관리하였다 (5:13-16; 9:15, 20-21 참조).

4:7-19 4:7 솔로몬은 통치하기 위하여 중앙집권제로 하여 왕국을 열두 개의 행정구역으로 분리했다. 그리고 각 구역마다 관료를 두어 책임을 위임하였다. 각 구역은 일 년 열두 해 동안 왕실에 필요한 물품들을

아들 바아나가 맡았다. 13 길르앗의 라못 지역과
길르앗에 있는 므낫세의 아들 야일의 모든 동네와
바산에 있는 아르곱 지역의 성벽과 놋빗장을 갖춘
예순 개의 큰 성읍은 벤게벨이 맡았다. 14 마하
나임 지역은 잇도의 아들 아히나답이 맡았다.
15 납달리 지역은 솔로몬의 딸 바스맛의 남편 아
히마아스가 맡았다. 16 아셀과 아롯 지역은 후
새의 아들 바아나가 맡았다. 17 잇사갈 지역은
바루아의 아들 여호사밧이 맡았다. 18 베냐민 지
역은 엘라의 아들 시므이가 맡았다. 19 길르앗
땅은 우리의 아들 게벨이 맡았다. 이 곳 길르앗은
아모리 사람의 왕 시혼과 바산 왕 옥의 땅이었다.

이 열둘 밖에도, 온 땅을 맡아서 관리하는 장
관이 따로 있었다.

솔로몬의 영화

20 유다와 이스라엘에는 인구가 늘어나서,
마치 바닷가의 모래알처럼 사람이 많아졌지만,
먹고 마시는 것에 모자람이 없었으므로, 백성들이
잘 지냈다. 21 솔로몬은 유프라테스 강에서부터
블레셋 영토에 이르기까지, 또 이집트의 국경에
이르기까지, 모든 왕국을 다스리고, 그 왕국들은
솔로몬이 살아 있는 동안, 조공을 바치면서 솔로
몬을 섬겼다.

22 솔로몬이 쓰는 하루 먹거리는 잘 빻은 밀
가루 서른 섬과 거친 밀가루 예순 섬과 23 살진
소 열 마리와 목장 소 스무 마리와 양 백 마리
이고, 그 밖에 수사슴과 노루와 암사슴과 살진 새들
이었다.

24 솔로몬은 유프라테스 강 이쪽에 있는
모든 지역 곧 딥사에서부터 가사에 이르기까지,
유프라테스 강 서쪽의 모든 왕을 다스리며, 주위의
모든 민족과 평화를 유지하였다. 25 그래서 솔
로몬의 일생 동안에 단에서부터 브엘세바에 이르
기까지, 유다와 이스라엘의 모든 사람은 저마다
자기의 포도나무와 무화과나무 아래에서 평화를
누리며 살았다.

26 솔로몬은 전차를 끄는 말을 두는 마구간
ㄱ)사만 칸과 군마 만 이천 필을 가지고 있었다.
27 그리고 솔로몬의 관리들은 각자 자기가 책임
진 달에, 솔로몬 왕과 솔로몬 왕의 식탁에 참석하는
모든 사람이 먹을 수 있도록, 부족하지 않게 먹거
리를 조달하였다. 28 또한 군마와 역마에게 먹일
보리와 보리짚도 각각 자기의 분담량에 따라서,
말이 있는 곳으로 가져 왔다.

29 하나님께서 솔로몬에게 지혜와 총명과
넓은 마음을 바닷가의 모래알처럼 한없이 많이 주
시니, 30 솔로몬의 지혜는 동양의 어느 누구보
다도, 또 이집트의 어느 누구보다도 더 뛰어났다.
31 그는 어느 누구보다도 더 지혜로웠다. 예스라
사람 에단과 마홀의 아들 헤만과 갈골과 다르다보
다도 더 지혜로웠으므로, 그의 명성은 주위의 모든
민족 가운데 자자하였다. 32 그는 삼천 가지의
잠언을 말하였고, 천다섯 편의 노래를 지었고,
33 레바논에 있는 백향목으로부터 벽에 붙어서
사는 우슬초에 이르기까지, 모든 초목을 놓고 논할

ㄱ) 몇몇 칠십인역 사본에는 '사천'

바쳐야 했다. 더욱이 각 관료들은 명령을 집행하고 세금을 징수하는 책임을 지고 있었다. **4:11** 관료들 가운데 벤아비나답과 아히마아스, 이 두 사람은 솔로몬의 사위들이었다 (15절). **4:19** 유다는 다른 열두 개의 구역 가운데 포함되지 않는다. 아마도 유다가 왕국 내에서 갖는 특권 때문일 것이다.

4:20-28 4:20 솔로몬 왕국에 대한 목가적인 경치 (idyllic view). **4:22** 솔로몬 왕실의 부요함은 하루 음식 소비량으로 짐작할 수 있다. 이 수는 실제적인 소비량으로 짐작되는데, 그 이유는 이 수가 왕실 가족, 국빈, 그리고 모든 종, 관료, 왕궁 수비대원까지 포함하고 있기 때문이다. *섬* (*cor*). 건조된 양의 부피를 측정하는데 사용되었으며, 약 35리터이다. **4:25** *단에서부터 브엘세바에 이르기까지는* 이스라엘의 남으로부터 북에 이르는 기본적인 지리적 경계를 의미하며 (삿 20:1; 삼상 3:20), 평화스러운 솔로몬 왕국의 모습을 묘사하는 것이다. *포도나무와 무화과나무 아래에서.* 솔로몬의 통치가 국가의 경제적 번영을 가져온다. **4:26** 솔로몬이 비록 단 한 번만 전쟁을 치렀지만 (대하 8:3), 그는 수천의 마병과 전차부대를 가지고 있었다 (왕상 10:26; 대하 1:14; 9:25). 이는 다윗의 백 개의 전차부대를 훨씬 능가하는 규모이다 (삼하 8:4).

4:29-34 4:29-30 솔로몬의 지혜는 잘 알려져 있던 주변 국가들의 지혜를 능가하였다. *동양.* 요르단 지역을 일반적으로 칭하는 용어이다 (창 29:1; 삿 6:3, 33; 욥 1:3). 메소포타미아와 이집트는 지혜문학으로 잘 알려져 있었다. **4:31** 네 명의 현인들은 과거에 존재했던 솔로몬과 같은 지혜로운 사람들이다 (창 38:30; 대상 2:6; 6:33-48; 15:19; 시 88편과 89편의 표제를 보라). **4:32** 잠언(히브리어, *마샬*)은 짧은 교훈적인 이야기를 지칭한다.

수 있었고, 짐승과 새와 기어다니는 것과 물고기를 두고서도 가릴 것 없이 논할 수 있었다. 34 그래서 그의 지혜에 관한 소문을 들은 모든 백성과 지상의 모든 왕은, 솔로몬의 지혜를 들어서 배우려고 몰려 왔다.

솔로몬이 성전 건축을 준비하다

(대하 2:1-18)

5 1 두로의 히람 왕은 평소에 늘 다윗을 좋아하였는데, 솔로몬이 그의 아버지 다윗의 뒤를 이어 왕으로 기름 부음을 받았다는 소식을 듣고, 솔로몬에게 자기의 신하들을 보냈다. 2 그래서 솔로몬은 히람에게 사람을 보내어, 말을 전하였다. 3 "임금님께서 아시다시피, 나의 아버지 다윗 임금은 주 하나님을 섬기면서도, 주님께서 원수들을 ㄱ)그의 발바닥으로 짓밟을 수 있게 하여 주실 때까지 전쟁을 해야 했으므로, 자기의 하나님이신 주님의 이름을 찬양할 성전을 짓지 못하였습니다. 4 그런데 이제는 주 나의 하나님께서 내가 다스리는 지역 온 사방에 안정을 주셔서, 아무런 적대자도 없고, 불상사가 일어날 일도 없습니다. 5 이제 나는 주님께서 나의 아버지 다윗 임금에게 '내가 네 왕위에 너를 대신하여 오르게 할 네 아들이, 내 이름을 기릴 성전을 지을 것이다' 하고 말씀하신 대로, 주 나의 하나님의 이름을 기릴 성전을 지으려고 합니다. 6 그러므로 이제 명령을 내리셔서, 성전 건축에 쓸 레바논의 백향목을 베어서 주시기 바랍니다. 나의 종들이 임금님의 종들과 함께 일을 할 것이고, 임금님의 종들에게 줄 품삯은, 임금님께서 정하시는 대로 지불하겠습니다. 임금님께서도 잘 아시다시피, 우리쪽에는 시돈 사람처럼 벌목에 능숙한 사람이 없습니다."

7 히람이 솔로몬의 말을 전하여 듣고, 크게 기뻐하면서, 이렇게 말하였다. "오늘 다윗에게 이 큰 백성을 다스릴 지혜로운 아들을 주신 주님께 찬양을 드리자." 8 그리고 히람은 솔로몬에게 회신을 보내어서, 이렇게 말하였다. "임금님께서 나에게 보내 주신 전갈은 잘 들었습니다. 백향목뿐만 아니라, 잣나무도 원하시는 대로 드리겠습니다. 9 나의 종들이 레바논에서부터 바다에까지 나무를 운반하고, 바다에 뗏목으로 띄워서, 임금님께서 나에게 말씀하신 곳까지 보내고, 그 곳에서 그 나무를 풀어 놓을 것입니다. 그러면 임금님께서는 끌어올리기만 하시면 됩니다. 그리고 그 값으로 내가 바라는 것은, 나의 왕실에서 쓸 먹거리를 제공하여 주시는 것입니다." 10 이렇게 하여서, 히람은 백향목 재목과 잣나무 재목을 솔로몬이 원하는 대로 다 보내 주었다. 11 솔로몬은 히람에게, 왕실에서 쓸 먹거리로, 밀 이만 섬과 짜낸 기름 ㄴ)스무 섬을 보내 주었다. 솔로몬은 해마다 히람에게 이렇게 하였다. 12 주님께서는, 약속하신 그 말씀대로, 솔로몬에게 지혜를 주셔서, 히람과 솔로몬 사이에는 평화가 있었다. 그리고 그 둘은 조약도 맺었다.

13 솔로몬 왕은 이스라엘 전국에서 노무자를 불러 모았는데, 그 수는 삼만 명이나 되었다. 14 그는 그들을 한 달에 만 명씩 번갈아 레바논으로 보내어, 한 달은 레바논에서 일을 하게 하고, 두 달은 본국에서 일을 하게 하였다. 노역부의 책임자는 아도니람이었다. 15 솔로몬에게는, 짐을 운반하는 사람이 칠만 명이 있었고, 산에서 채석하는 사람이 팔만 명이 있었다. 16 그 밖에 작업을

ㄱ) 칠십인역과 타르굼과 불가타에는 '그(다윗)의', 마소라본문에는 '그의' 또는 '나의' ㄴ) 칠십인역에는 '이만' (대하 2:10에서도)

5:1-18 열왕기상에서 이 부분의 주요 관심은 성전 건축과 봉헌, 그리고 궁궐에 있다 (5:1—8:66). 5장은 솔로몬과 두로의 왕 히람(1-12절)의 동맹관계를 소개하고 있으며; 건축안을 위한 노동력 징집에 대해 이야기하고 있다 (13-18절). **5:1-12** **5:1** 두로의 왕 *히람* 1세는 다윗과 맺었던 동맹관계를 솔로몬과 갱신한다. **5:3** 다윗은 자신의 손에 묻힌 피로 인해 성전을 건축하지 못한다 (대상 22:6-12; 28:3). **5:6** *시돈 사람.* 시돈은 두로의 북쪽에 위치한 페니키아의 한 도시였다. 시돈과 두로는 무역과 해상활동의 중심지로 알려져 있었다. **5:7** 히람은 하나님을 지역 신, 곧 팔레스타인의 하나님이자 솔로몬의 하나님으로 인정한다. **5:9** *임금님께서 나에게 말씀하신 곳까지 보내고.* 목재는 뗏목을 이용해 운반된 후, 예루살렘으로 옮겨졌다 (대하 2:16). **5:11** 목재에 대한 가격으로, 솔로몬은 히람에게 밀 2만섬(12만 5천부셸)과 올리브기름 20섬(1천 2백 갤론)을 제공한다. **5:13-18** **5:13** 강제 노역자 징집은 후에 통일왕국의 분열을 초래하게 된다 (12:4). 노동자들의 대부분은 가나안 사람들로 이스라엘 사회에 귀화한 자들이었다 (왕상 9:20-21; 대하 8:7-8). 18만명의 노동자들이 징집되었다. 이스라엘 사람들은 3만명이었고, 가나안 사람들이 15만 명이나 되었다. 더욱이, 솔로몬은 삼천삼백 명의 감독자들과 550명의 관료들을 구성하였다 (왕상 9:23; 또한 대하 3:1; 8:10을 보라). **5:18** 그발 사람들은 페니키아의 항구도시인 그발 거주민들이었다.

감독하는 솔로몬의 관리 가운데는 책임자만 해도
ㄱ)삼천삼백 명이 있었다. 그들은 공사장에서 노동
하는 사람을 통솔하였다. 17 왕은 명령을 내려서,
다듬은 돌로 성전의 기초를 놓으려고, 크고 값진
돌을 채석하게 하였다. 18 그리하여 솔로몬의
건축자들과 히람의 건축자들과 ㄴ)그발 사람들은
돌을 다듬었고, 성전을 건축하는 데 쓸 목재와 석
재를 준비하였다.

솔로몬이 성전을 짓다

6 1 이스라엘 자손이 이집트 땅에서 나온 지
ㄷ)사백팔십 년, 솔로몬이 이스라엘의 왕이 된
지 사 년째 되는 해 ㄹ)시브월 곧 둘째 달에, 솔로
몬은 주님의 성전을 짓기 시작하였다. 2 솔로몬
왕이 주님께 지어 바친 성전은, 길이가 예순 자이
고, 너비가 스무 자이고, 높이가 서른 자이다.
3 성전의 본당 앞에 있는 현관은, 그 길이가 스무
자로서, 그 본당의 너비와 똑같고, 그 너비는 성전
본당 밖으로 열 자를 더 달아냈다. 4 그리고 그는
성전 벽에다가 붙박이창을 만들었는데, 바깥쪽을
안쪽보다 좁게 만들었다. 5 그리고 그 사방에 골
방을 만들었다. 성전의 벽 곧 본당 양 옆과 뒤로
는, 쭉 돌아가면서 삼층으로 다락을 만들었다.
6 아래층에 있는 다락은 그 너비가 다섯 자이고,
가운데 층에 있는 다락은 그 너비가 여섯 자이고,
삼 층에 있는 다락은 그 너비가 일곱 자이다.
이것은 성전 바깥으로 돌아가면서 턱을 내어서,
골방의 서까래가 성전의 벽에 박히지 않게 하였다.
7 돌은 채석장에서 잘 다듬어낸 것을 썼으므
로, 막상 성전을 지을 때에는, 망치나 정 등, 쇠로
만든 어떠한 연장 소리도, 성전에서는 전혀 들리지
않았다.
8 가운데 층에 있는 골방으로 들어가는 문은
성전의 남쪽 측면에 있으며, 나사 모양의 층계를
따라서, 가운데 층으로 올라가게 하였다. 또 가운
데 층에서부터 삼층까지도 나사 모양의 층계를 따
라서 올라가게 하였다. 9 이렇게 해서 그는 성전
짓기를 완성하였다. 성전의 천장은 백향목 서까
래와 널빤지로 덮었다. 10 또한 성전 전체에다가
돌아가면서 높이가 저마다 다섯 자씩 되는 다락을
지었는데, 백향목 들보로 성전에 연결하였다.
11 주님께서 솔로몬에게 말씀하셨다. 12 "드
디어 네가 성전을 짓기 시작하였구나. 네가 내
법도와 율례를 따르고, 또 나의 계명에 순종하여,
그대로 그것을 지키면, 내가 네 아버지 다윗에게
약속한 바를 네게서 이루겠다. 13 또한 나는 이스
라엘 자손과 더불어, 그들 가운데서 함께 살겠고,
내 백성 이스라엘을 결코 버리지 않겠다."
14 솔로몬이 성전 짓기를 마쳤다.

ㄱ) 칠십인역에는 '삼천육백' (대하 2:2; 18에서도) ㄴ) 곧 비블로스
ㄷ) 칠십인역에는 '사백사십 년' ㄹ) 양력 사월 중순 이후

6:1-38 세부적으로 묘사된 성전 건축과 봉헌은 성전에 대한 성경 기자의 관심을 반영하고 있으며, 이스라엘의 종교생활 속에서 성전이 갖는 중요성을 증명해 준다. 6장은 성전의 규모를 묘사하고 있으며 (1-10절); 순종하는 솔로몬에게 축복을 베풀며 성전에 거하겠다는 하나님의 뜻을 표현하는 하나님의 현현 장면을 이야기해 주고 있으며 (11-13절); 성전 내부를 설명하고 (14-36절); 건축에 걸린 기간을 설명함으로 끝을 맺는다 (37-38절).

6:1-10 6:1 이 구절에 나타난 연대는 이해하기 어렵다. 성전 건축은 솔로몬 재위 4년, 곧 기원전 966-958년 사이에 시작되었다. 본문은 성전 건축을 출애굽 (기원전 1446년)한 지 480년 만에 일어난 일로 기록한다. 15세기 중반이라는 연도는 고고학적 증거자료들과 상치되는 것처럼 보인다. 왜냐하면 그 증거들에 따르면, 출애굽은 13세기경, 라암세스 2세 재위기간 중에 발생한 사건으로 간주되기 때문이다. 성전 건축은 시브월 (4-5월), 곧 두 번째 달에 시작되었다. 성전은 *주님의 성전*으로 불리운다. **6:2-6** 일 규빗은 약 18인치 (45.7cm)이다. 성전은 90피트(27.45m)의 길이에, 30피트(9.15m)의 폭, 45피트(13.72m)의 높이로 3개의 방을 가지고 있었다: 현관 (30'×15' [20자]; 히브리어로, *울람*); *성전*으로 알려진 본당(히브리어로, *헤칼*)은 길이가 60피트(18.3m)였다 (17절); *지성소* (*Holy of Holies*) 혹은 가장 성스러운 곳 (the Most Holy Place)으로 알려져 있으며, 길이 30피트 (9.1m), 너비 30피트, 높이 30피트의 정육면체였다 (16, 20절) **6:7** 성전은 망치를 사용하지 않았으며, 이미 채석장에 다듬어진 돌들을 이용해서 지었다. 왜냐하면 철로 된 도구가 성스러운 곳을 훼손한다고 생각했기 때문이다 (출 20:25; 신 27:5-6).

6:11-13 이 구절들은 열왕기상에 추가된 부분이다. 이 부분은 칠십인역에 나타나 있지 않다. 하나님은 12절에 나타난 세 가지 조건하에서 이스라엘 중에 거하겠다는 의지를 나타낸다. 솔로몬 왕국을 건설하겠다는 하나님의 약속에 대해서는 삼하 7:12-16을 보라.

6:14-36 6:15-18 성전 안쪽 벽은 장식이 되어 있는 널빤지로 세워졌다. 호리병 모양 박(18절)은 야생 과일이다 (왕하 4:39-40). **6:23-28** 그룹은 날개를 지닌 피조물로서 성스러운 곳을 지키거나 보호하는

성전 내부 장식 (대하 3:8-14)

15 성전의 안쪽 벽에는 바닥에서 천장에 닿기
까지 벽 전체에 백향목 널빤지를 입히고, 성전의
바닥에는 잣나무 널빤지를 깔았다. 16 성전 뒤
쪽에서 앞쪽으로 스무 자를 재어서, 바닥에서부
터 천장의 서까래에 이르기까지 백향목 널빤지로
가로막아서, 성전의 내실 곧 지성소를 만들었다.
17 내실 앞에 있는 성전의 외실은, 그 길이가 마흔
자였다. 18 성전 안쪽 벽에 입힌 백향목에는,
호리병 모양 박과 활짝 핀 꽃 모양을 새겼는데, 전
체가 백향목이라서, 석재는 하나도 보이지 않았다.
19 성전 안에는, 주님의 언약궤를 놓아 둘 내
실을 마련하였다. 20 성전의 내실 곧 지성소는
길이가 스무 자, 너비가 스무 자, 높이가 스무 자
이고, 순금으로 입혔으며, 백향목 제단에도 순금
으로 입혔다. 21 솔로몬은 성전 내부도 순금
으로 입히고, 지성소 앞에는 금사슬을 드리웠으며,
그 지성소를 모두 금으로 입혔다. 22 그래서 그는
온 성전을, 빠진 곳이 전혀 없도록, 금으로 입혔
다. 심지어는 성소에 속하여 있는 제단들까지도,
모두 금으로 입혔다.
23 그는 지성소 안에 올리브 나무로 두 개의
그룹을 만들었는데, 높이는 각각 열 자이다.
24 그 한 그룹의 한쪽 날개는 다섯 자, 그룹의 다른
쪽 날개 역시 다섯 자이다. 그 날개의 한쪽 끝
으로부터 다른 쪽 날개의 끝까지는 열 자이다.
25 두 번째 그룹도 열 자이며, 두 그룹이 같은 치
수와 같은 모양이었다. 26 이쪽 그룹의 높이도
열 자이고, 저쪽 것도 열 자이다. 27 솔로몬은
그 그룹들을 지성소의 가장 깊숙한 곳에 놓았다.
그룹들의 날개는 펴져 있어서, 이쪽 그룹의 한
날개가 저쪽 벽에 닿았고, 저쪽 그룹의 한 날개는
이쪽 벽에 닿았다. 그리고 지성소의 중앙에서 그
들의 다른 날개들은 서로 닿아 있었다. 28 그는
이 그룹에도 금으로 입혔다.
29 그는 성전의 지성소와 외실의 벽으로 돌
아가면서, 그룹의 형상과 종려나무와 활짝 핀 꽃
모양을 새겼다. 30 또 그 성전의 지성소와 외실
마루에도 금으로 입혔다.
31 지성소 어귀에는 올리브 나무로 문을 두 짝
만들고, 그 인방과 문설주는 오각형으로 만들었다.
32 그리고 올리브 나무로 만든 문 두 짝에는, 그
룹의 형상과 종려나무와 활짝 핀 꽃 모양을 새겼
는데, 그룹 모양과 종려나무 모양 위에도 금으로
입혔다. 33 또 올리브 나무로 본당의 외실 어귀를
만들었는데, 그 문설주는 사각형으로 만들었다.
34 그리고 잣나무로 만든 두 개의 문이 있는데,
한 쪽의 문도 두 부분으로 접히고, 다른 문도 두
부분으로 접히게 되어 있었다. 35 그 위에 그룹
들과 종려나무와 활짝 핀 꽃 모양을 새겼는데, 그
위에 고루고루 금을 입혔다.
36 또 성전 앞에다가 안뜰을 만들었는데,
안뜰 벽은 잘 다듬은 돌 세 켜와 두꺼운 백향목
판자 한 켜로 벽을 쳤다.
37 주님의 성전 기초를 놓은 것은 솔로몬의
통치 제 사년 시브월이고, 38 성전이 그 세밀한
부분까지 설계한 대로 완공된 것은 제 십일년 ㄱ)불월
곧 여덟째 달이다. 솔로몬이 성전을 건축하는 데는
일곱 해가 걸렸다.

솔로몬의 궁전

7 1 솔로몬은, 자기의 궁을 건축하기 시작하여
그것을 완공하는 데, 열세 해가 걸렸다. 2 그
는 '레바논 수풀 궁'을 지었는데, 그 길이는 백 자
이고, 그 너비는 쉰 자이고, 그 높이는 서른 자이다.
백향목 기둥을 네 줄로 세우고, 그 기둥 위에는 백
향목 서까래를 얹었다. 3 지붕에는, 한 줄에
열다섯 개씩, 모두 마흔다섯 개의 서까래를 대고,

ㄱ) 양력 시월 중순 이후

자로 간주되었다 (창 3:24; 삼상 4:4; 삼하 22:11; 시 18:10). 지성소에는 장식이 되어 있는 두 그룹이 만들어졌으며, 입구를 향해 있었다.

6:37-38 성전 건축은 7년 6개월 동안 진행되었다 (38절의 7년이라는 수치는 완전을 상징하는 숫자이다). 성전 건축은 솔로몬 재위 4년 시브월(4-5월)에 시작되어, 솔로몬 재위 11년 불월(10-11월)에 완료되었다. 시브월과 불월은 가나안의 달력의 두 달을 지칭하는 이름이었다. 이 사실은 가나안의 문화가 솔로몬 왕국에 끼친 영향력을 반영해 준다.

7:1-51 7장은 솔로몬 궁전의 건축과 바로의 딸을 위한 궁전을 묘사해 준다 (1-12절). 그리고 추가적인 성전 기구에 대한 세부사항을 제공해 준다 (13-51절).

7:1-12 7:1 성전 건축 이후, 왕궁을 건축하는데 13년이 소요된다. **7:2** *레바논의 수풀 궁.* 이 건물은 건축에 광범위하게 사용된 레바논의 백향목을 따서 이름을 지었다. 이 건물은 보고와 왕실 병기고로 이용되었다 (왕상 10:16-17; 사 22:8). 길이가 150피트 (45m), 너비 75피트 (22m), 높이는 45피트(13m)였다. **7:6** *주랑* 기둥으로 떠받쳐진 입구로, 길이 75피트, 너비 45피트

백향목 판자로 덮었다. 4 창틀은 세 줄로 되어
있고, 그 창문들은 세 단으로 되어서, 서로 마주
보고 있었다. 5 문과 문설주는 모두 네모난 모양
이고, 창문은 창문끼리 세 줄로 마주 보고 있었다.
6 그는 기둥들을 나란히 세워 주랑을 만들었
다. 그것은 길이가 쉰 자이고 너비가 서른 자인,
벽이 없는 복도였다. 주랑 앞에는 현관이 있고,
현관 앞에 또 기둥들이 있고, 그 기둥들 위에는 차
양이 걸려 있었다.
7 또 그는 '옥좌실' 곧 '재판정'을 짓고, 그 마
루를 모두 백향목으로 깔았다.
8 자기가 있을 왕궁은, '재판정' 뒤에 있는
다른 뜰에 지었는데, 그 건축 양식은 다른 건물들의
건축 양식과 서로 비슷하였다. 또 솔로몬은 이것
과 같은 궁전을, 그가 결혼하여 아내로 맞아들인
바로의 딸에게도 지어 주었다.
9 왕궁을 포함한 모든 건물은, 치수를 재어서
깎은 귀한 돌, 앞뒤를 톱으로 자른 값진 돌들로 지
었는데, 기초에서부터 갓돌까지, 또 바깥은 물론
이고, 건물 안의 큰 뜰까지, 다 그러한 재료를 써서
지었다. 10 기초를 놓을 때에도 값진 큰 돌들을
놓았는데, 어떤 돌은 열 자나 되고, 어떤 돌은 여덟
자나 되었다. 11 기초를 다진 다음에는, 그 위에
다가 치수를 재어서, 잘 다듬은 값진 돌과 백향목
으로 벽을 올렸다. 12 왕궁 뜰의 담이나, 주님의
성전 안뜰의 담이나, 성전의 어귀 현관의 담은,
모두 잘 다듬은 돌 세 켜와 두꺼운 백향목 판자 한
켜를 놓아서 쌓았다.

후람의 임무

13 솔로몬 왕은 사람을 보내어서, 두로에서
[ㄱ]후람을 불러 왔는데, 14 그는 납달리 지파에
속한 과부의 아들이다. 그의 아버지는 두로 사람
으로서, 놋쇠 대장장이이다. 그는, 놋쇠를 다루는
일에는, 뛰어난 지혜와 기술과 전문 지식을 두루
갖춘 사람이었다. 그가 솔로몬 왕에게 불려와서,
공사를 거의 도맡아 하였다.

두 놋쇠 기둥 (대하 3:15-17)

15 그는 두 개의 놋쇠 기둥을 만들었다. [ㄴ]둘
다 열여덟 자 높이에, 열두 자 둘레였다. 16 그는
또, 그 두 기둥의 꼭대기에 얹어 놓을 두 개의 기둥
머리를, 놋을 녹여 부어서 만들었는데, 그 기둥 머
리는 둘 다 꼭 같이 높이가 다섯 자이다. 17 기둥
꼭대기에 얹은 기둥 머리를 장식하려고, 바둑판
모양으로 얽은 그물과 사슬 모양의 고리를 각각
일곱 개씩 만들었다. 18 이렇게 두 기둥을 만들고
나서, 기둥 꼭대기에 얹은 기둥 머리를 장식하였다.
놋쇠로 석류를 만들고, 그물에다가 석류를 두 줄
로 늘어뜨려서 기둥 머리를 장식하였다. 19 기둥
꼭대기에 얹은 기둥 머리는 그 높이가 넉 자이다.
나리꽃 모양으로 만들었는데, 20 사슬 장식 위에
둥그렇게 돌출된 부분에다가 얹었다. 기둥 머리
에는 놋쇠로 만든 석류 이백 개가 둥그렇게 열을
지어 있었다. 다른 기둥 머리도 마찬가지였다.
21 후람은 이렇게 해서 만든 두 기둥을 성전의
현관에다가 세웠다. 오른쪽 기둥을 세우고, 그 이
름을 [ㄷ]야긴이라고 하였고, 왼쪽 기둥을 세우고,
그 이름을 [ㄹ]보아스라고 하였다. 22 그 다음에 기
둥들의 꼭대기에는 나리꽃 모양으로 만든 기둥 머
리를 얹었는데, 이렇게 해서, 후람은 기둥 세우는
일을 마쳤다.

놋쇠 물통 (대하 4:2-5)

23 그 다음에 후람은 놋쇠를 부어서 바다 모
양 물통을 만들었는데, 그 바다 모양 물통은, 지
름이 열 자, 높이가 다섯 자, 둘레가 서른 자이고,
둥근 모양을 한 물통이었다. 24 그 가장자리 아
래로는, 돌아가면서, 놋쇠로 만든 호리병 모양의
박이 있는데, 이것들은 놋쇠를 부어서 바다 모양
물통을 만들 때에, 두 줄로 부어서 만든 것이다.

ㄱ) 히, '히람' ㄴ) 히, '한 기둥은 높이가 열여덟 자, 또 다른 기둥은 둘레가 열두 자였다' ㄷ) '그가 세우다' ㄹ) '그에게 힘이 있다'

였다. **7:7** *옥좌실.* 이 장소는 솔로몬이 법적 소송문제를 결정하는 곳이었다. **7:8** 솔로몬의 거주지인 왕실은 성전과 인접해 있었다.

7:13-51 7:13-14 *후람*(혹은 *히람*). 이 사람은 숙련공으로 혼혈아 출신이었다. 그의 어머니를 소개하는 것은 주요 성전 건축가가 이스라엘 가문에 속해 있었다는 것을 강조하기 위함인 것으로 보인다 (또한 대하 2:13을 보라; 그의 어머니에 대한 정보는 대하 2:14와 상충된다). **7:15-22** *야긴과 보아스.* 이 두 기둥은 성전 입구에 놓여 있다 (왕하 11:14; 23:3). 왼쪽 곧 남쪽 기둥은 *야긴* 이라 불렸고, 의미는 "그(주님)가 세우다"이다. 오른쪽 곧 북쪽 기둥은 *보아스*로 불렸고 의미는 "그(하나님)에게 힘이 있다"이다. **7:23-26** *놋쇠 바다 물통* 놋쇠로 만들어진 거대한 물통으로 성전 마당에 놓여 있었다 (대하 4:2-5). 깊이는 7피트 (2m) 원둘레는 45피트(13m)가 되었고, 12,000갤런의 물을 담을 수 있었으며, 제사장의 정결례를 위해 사용되었다. **7:27-39** *놋쇠 받침대.* 이것은 정교하게 장식

25 또한 열두 마리의 놋쇠 황소가 바다 모양 물
통을 떠받치고 있는데, 세 마리는 북쪽을 바라보고,
세 마리는 서쪽을 바라보고, 세 마리는 남쪽을 바
라보고, 세 마리는 동쪽을 바라보고 서 있었고, 등
으로 바다 모형을 떠받치고 있었다. 황소는 모두
엉덩이를 안쪽으로 향하고 있었다. 26 그 놋쇠
로 된 바다 모양 물통의 두께는 손 너비 만하였다.
그 테두리는 나리꽃 봉오리 모양으로, 잔의 테두
리처럼 둥글게 만들었다. 그 용량은 물을 이천 말
정도 담을 수 있는 것이었다.

놋쇠 받침대와 대야

27 그는 또 놋으로 받침대를 열 개 만들었는
데, 받침대마다 길이가 넉 자, 너비가 넉 자, 높이가
석 자이다. 28 받침대의 구조는 다음과 같다. 받
침대는 판자 테두리를 가지고 있고, 그 테두리는
틀 사이에 끼어 있었다. 29 틀 사이에 낀 판자
테두리 위에다가는, 사자와 소와 그룹을 그려 넣
었다. 사자와 소의 위 아래로는 화환 무늬를 새겨
넣었다. 30 그리고 각 받침대에는, 네 개의 놋쇠
바퀴와 놋쇠 축과 네 개의 다리를 달았다. 그 네
개의 다리는 놋쇠 대야 아래에서 어깨 모양의 받
침두리를 괴고 있었다. 이 받침두리들은 화환 무
늬의 맞은쪽에서 녹여 부어서 만든 것이었다.
31 그 아가리는 받침두리 안에서 위로 한 자 높
이로 솟아나와 있었는데, 그 아가리는 지름이 한
자 반으로, 둥글게 받침두리와 같은 모양으로 되어
있고, 그 아가리에는 돌아가면서, 새긴 것이 있었
다. 그러나 그 테두리 판자들은 네모지고, 둥글지
않았다. 32 그 테두리 판자의 아래에는 네 개의
바퀴를 달고, 바퀴의 축은 받침대 안에다 넣었다.
바퀴 하나의 높이는 한 자 반이었다. 33 그 바퀴의
구조는 말이 끄는 전차 바퀴의 구조와 같았다. 바
퀴의 축과 테두리와 바퀴살과 그 축의 통은 모두
놋쇠를 녹여 부어서 만든 것이었다. 34 그리고
받침대의 네 귀퉁이에는, 어깨 모양의 받침두리
가 네 개 붙어 있는데, 그 받침대에서 받침두리가
잇따라 나와 있었다. 35 받침대 꼭대기에는 반
자 높이의 테두리가 둥글게 둘려 있고, 또 받침대
의 아래에는 바퀴축인 버팀대와 테두리 판자들이
연결되어 있었다. 36 바퀴축인 버팀대 판자와
테두리 판자 위의 빈 곳에는, 그룹과 사자와 종려
나무를 활짝 핀 꽃 모양과 함께 새겼다. 37 그는
이러한 방식으로 받침대 열 개를 만들었는데, 모
두가 같은 치수와 같은 양식으로, 일일이 부어서
만들었다.

38 또 그는 놋쇠로 대야 열 개를 만들었다.
대야마다 물을 마흔 말씩 담을 수 있었다. 대야들의
지름은 넉 자이다. 받침대 열 개에는 모두 대야 하
나씩을 달았다. 39 받침대 다섯 개는 성전의 오른
쪽에, 다섯 개는 성전의 왼쪽에 놓았고, 바다 모양
물통은 성전 오른쪽의 동남쪽 모퉁이에 놓았다.

성전 기구 (대하 4:11-5:1)

40 ㄱ)후람은 또 솥과 부삽과 피 뿌리는 대접을
만들었다. 이렇게 ㄱ)후람은, 솔로몬 왕이 주님의
성전에다가 해 놓으라고 시킨 모든 일을 마쳤다.
41 그가 만든 것들은, 두 기둥과, 그 두 기둥 꼭
대기에 얹은 둥근 공 모양을 한 기둥 머리 둘과,
그 두 기둥 꼭대기에 있는 공 모양을 한 기둥 머
리에 씌운 그물 두 개와, 42 기둥 꼭대기에 있는
공 모양을 한 기둥 머리에 씌운 각 그물에다가 두
줄로 장식한 석류 사백 개와, 43 또 받침대 열
개와, 받침대 위에 놓을 대야 열 개와, 44 바다
모양 물통 한 개와, 그 바다 모양 물통 아래에 받
쳐 놓은 황소 모양 열두 개와, 45 솥과 부삽과
피 뿌리는 대접 들이다.

ㄱ)후람이 솔로몬 왕을 도와서 만든 주님의 성
전의 이 모든 기구는 모두 광택나는 놋쇠로 만든
것이다. 46 왕은 이 기구들을, 숙곳과 사르단 사
이에 있는 요단 계곡의 진흙에 부어서 만들게 하
였다. 47 이 기구들이 너무 많아서, 솔로몬이 그
무게를 달지 못하였으므로, 여기에 사용된 놋쇠의
무게는 아무도 모른다.

48 솔로몬은 또 주님의 성전 안에다가 둘 기
구를 만들었는데, 곧 금 제단과, 빵을 늘 차려
놓는 금으로 만든 상과, 49 또 등잔대들, 곧 지
성소 앞의 오른쪽에 다섯 왼쪽에 다섯 개씩 놓을
순금 등잔대들과, 금으로 만든 꽃 장식과, 등잔과,
부집게와, 50 순금으로 된 잔과, 심지 다듬는

ㄱ) 히, '히람'

된 (36절) 바퀴달린 받침대로 물을 운반하고, 어쩌면 희생제에 사용되는 악기들을 운반하는데 사용되었던 것 같다. **7:41-47** 성경 기자는 모든 놋쇠 기물들을 후람이 만들었다고 요약한다. **7:48-51** *금제단.* 분향소였다. *임재의* 빵 혹은 늘 차려놓는 빵은 지성소 앞에 있는 상위에 늘 놓여 있었던 빵이다 (출 25:30; 레 24:5-9). 다윗이 봉헌한 것들은 하맛 왕 도이가 다윗에게 바쳤던 것들이다 (삼하 8:10-11).

집게와, 피 뿌리는 대접과, 향로와, 불 옮기는 그
릇과, 내실 곧 지성소 문에 다는 금돌쩌귀와, 성
전의 바깥 문에 다는 금돌쩌귀 들이다.
51 이렇게 해서, 솔로몬 왕은 주님의 성전을
짓는 모든 일을 완성하였다. 솔로몬은 그의 아버지
다윗이 거룩하게 구별해서 바친 성물 곧 은과 금과
기구들을 가져다가, 주님의 성전 창고에 넣었다.

언약궤를 성전으로 옮기다 (대하 5:2–6:2)

8 1 솔로몬은 주님의 언약궤를 시온 곧 '다윗
성'에서 성전으로 옮기려고, 이스라엘 장로들과
이스라엘 자손의 각 가문의 대표인 온 지파의 지도
자들을 예루살렘에 있는 자기 앞으로 불러모았다.
2 이스라엘의 모든 남자는, 일곱째 달 곧 ㄱ)에다님
월의 절기에, 솔로몬 왕 앞으로 모였다. 3 이스
라엘의 모든 장로가 모이니, 제사장들이 궤를 메어
옮겼다. 4 주님의 궤와 회막과 장막 안에 있는
거룩한 기구를 모두 옮겨 왔는데, 제사장들과 레위
사람들이 그것을 날랐다. 5 솔로몬 왕과 왕 앞에
모인 온 이스라엘 회중이 왕과 함께 궤 앞에서,
양과 소를, 셀 수도 없고 기록할 수도 없을 만큼
많이 잡아서 제물로 바쳤다. 6 제사장들은 주님의
언약궤를 제자리 곧 성전 내실 지성소 안, 그룹들
의 날개 아래에 가져다가 놓았다. 7 그룹들이,
궤가 놓인 자리에 날개를 펼쳐서, 궤와 채를 덮게
하였다. 8 궤에서 삐죽 나온 두 개의 채는 길어서,
그 끝이 지성소의 정면에 있는 성소에서도 보였다.
그러나 성소 밖에서는 보이지 않았다. (그 채는 오
늘날까지 그 곳에 그대로 놓여 있다.) 9 궤 속에는
호렙에서 모세가 넣어 둔 두 개의 돌판 말고는, 아무
것도 없었다. 이 두 돌판은, 이스라엘 자손이 이집
트 땅에서 나온 뒤에, 주님께서 호렙에서 그들과
언약을 세우실 때에, 모세가 거기에 넣은 것이다.
10 제사장들이 성소에서 나올 때에, 주님의
성전에 구름이 가득 찼다. 11 주님의 영광이 주
님의 성전을 가득 채워서, 구름이 자욱하였으므로,
제사장들은 서서 일을 볼 수가 없었다. 12 그런
가운데 솔로몬이 주님께 아뢰었다.

"주님께서는
캄캄한 구름 속에 계시겠다고
말씀하셨습니다.
13 이제 주님께서 계시기를 바라서,
이 웅장한 집을 지었습니다.
이 집은 주님께서
영원히 계실 곳입니다."

솔로몬의 연설 (대하 6:3–11)

14 그런 다음에, 왕은 얼굴을 돌려 거기에 서
있는 이스라엘 온 회중을 둘러 보며, 그들에게 복을
빌어 주었다.
15 그는 말하였다.
"주 이스라엘의 하나님을 찬양하십시오. 주
님께서는 나의 아버지 다윗에게 친히 말씀하신 것
을 모두 그대로 이루어 주셨습니다. 주님께서 말
씀하시기를 16 '내가 내 백성 이스라엘을 이집
트에서 이끌어 낸 날로부터 오늘에 이르기까지,
내가 내 이름을 기릴 집을 지으려고, 이스라엘의
어느 지파에서 어느 성읍을 택한 일이 없다. 다만,
다윗을 택하여서 내 백성 이스라엘을 다스리게 하
였다' 하셨습니다.

ㄱ) 양력 구월 중순 이후

8:1–66 8장은 다윗이 만든 장막에서 새 성전으로 옮겨지는 언약궤 (1–11절); 솔로몬의 봉헌 기도 (12–61절); 그리고 성전을 봉헌할 때 거행된 축제를 묘사한다 (62–66절).

8:1–11 언약궤는 백성 가운데 임재하시는 하나님을 상징적으로 나타내 주는 것이었다. 언약궤는 하나님의 왕좌로 간주되었고 (삼상 4:4), 다윗이 지은 장막에 임시 보관되어 있었다. **8:2** *에다님월.* 아마도 9–10월(9월 중순쯤)에 해당되는 것 같다. 축제는 아마도 장막절이었던 것 같다 (레 23:33–39). **8:3–5** 제사장이 언약궤를 옮겼으며, 이는 언약궤 이동의 장엄함을 강조하기 위함이었다. 레위 사람들에 대한 언급은 레위 사람들이 언약궤 이동에 책임을 지고 있었다는 사실을 반영한다 (민 4:1–15). **8:8** *오늘날까지.* 이 말은 성서 기자의 활동기간을 반영하며, 본문이 587년 성전 파괴 이후에 기록되었다는 것을 지시한다. **8:9** 훨씬 후대 전통은 만나를 담은 그릇과 아론의 지팡이 역시 언약궤 안에 넣어졌다고 진술한다 (히 9:4). **8:10–11** *구름*은 하나님의 영광이 가시적으로 표현된 것으로, 성전에 임하는 하나님을 상징적으로 나타낸다. 이러한 방식으로 하나님은 성전에 거하신다 (출 40:34–35 참고).

8:12–61 이 기도는 신명기학파 기자의 것으로, 동시대 이스라엘 종교에서 생성된 몇 가지 주제들을 혼합하여 이스라엘의 과거 역사를 해석하는데 사용한다. **8:12–13** 그의 기도에서, 솔로몬은 우주의 창조주가 지성소의 어둠 속에 거하기로 선택했다는 것을 선포한다. **8:14–21** 하나님이 선택한 왕인 솔로몬은 백성을 축복하고, 제사장처럼 행동한다 (민 6:23; 시 110:4). 성전의 완공과 봉헌은 다윗과 맺은 하나님의 약속이 성취된 것이다. 한 사람의 *이름이* 그 사람을

17 내 아버지 다윗께서는 주 이스라엘의 하나
님의 이름을 기릴 성전을 지으려고 생각하셨으나,
18 주님께서 나의 아버지 다윗에게 이르시기를
'네가 내 이름을 기릴 성전을 지으려는 마음을 품은
것은 아주 좋은 일이다. 19 그런데 그 집을 지을
사람은 네가 아니다. 네 몸에서 태어날 네 아들이
내 이름을 기릴 성전을 지을 것이다' 하셨습니다.
20 주님께서 말씀하신 대로, 아버지 다윗의 뒤를
이어서, 이렇게 내가 이스라엘의 왕위를 이었으며,
주 이스라엘의 하나님의 이름을 기릴 이 성전을
지었으니, 주님께서는 이제 그 약속을 이루셨습
니다. 21 주님께서는 이집트 땅에서 우리의 조
상을 이끌어 내실 때에, 그들과 언약을 세우셨는데,
나는 주님의 언약이 들어 있는 궤를 놓아 둘 장소를,
이렇게 마련하였습니다."

솔로몬의 기도 (대하 6:12-42)

22 그런 다음에 솔로몬은, 이스라엘 온 회중이
보는 데서, 주님의 제단 앞에 서서 하늘을 바라
보면서, 두 팔을 들어서 펴고, 23 이렇게 기도하
였다.
"주 이스라엘의 하나님, 위로 하늘에나 아래로
땅에나, 그 어디에도 주님과 같은 하나님은 없습
니다. 주님은, 온 마음을 다 기울여 주님의 뜻을
따라 사는 주님의 종들에게는, 세우신 언약을 지
키시고 은혜를 베푸시는 분이십니다. 24 주님께
서는 주님의 종인 내 아버지 다윗 임금에게 약속
하신 것을 지키셨으며, 주님께서 친히 그에게 말씀
하신 것을 오늘 이렇게 손수 이루어 주셨습니다.
25 이제 주 이스라엘의 하나님, 주님께서 주님의
종인 내 아버지 다윗 임금에게 말씀하시기를 '네
자손이 저마다 길을 삼가서, 네가 내 앞에서 살아
온 것 같이 그렇게 살면, 네 자손 가운데서 이스
라엘의 왕위에 앉을 사람이, 내 앞에서 끊어지지
않게 하겠다' 하고 약속하신 것을, 지켜 주시기를
바랍니다. 26 그러므로 이제 이스라엘의 하나님,
주님의 종인 제 아버지 다윗 임금에게 약속하신
말씀을 주님께서 이루어 주시기를 빕니다.
27 그러나 하나님, 하나님께서 땅 위에 계시
기를, 우리가 어찌 바라겠습니까? 저 하늘, 저 하늘
위의 하늘이라도 주님을 모시기에 부족할 터인
데, 제가 지은 이 성전이야 더 말하여 무엇 하겠
습니까? 28 그러나 주 나의 하나님, 주님의 종이
드리는 기도와 간구를 돌아보시며, 오늘 주님의
종이 주님 앞에서 부르짖으면서 드리는 이 기도를
들어주십시오. 29 주님께서 밤낮으로 눈을 뜨
시고, 이 성전을 살펴 주십시오. 이 곳은 주님께서
'내 이름이 거기에 있을 것이다' 하고 말씀하신 곳
입니다. 주님의 종이 이 곳을 바라보면서 기도할
때에, 이 종의 기도를 들어주십시오. 30 그리고
주님의 종인 나와 주님의 백성 이스라엘이 이 곳을
바라보며 기도할 때에, 그 기도를 들어주십시오.
주님께서 계시는 곳, 하늘에서 들으시고, 들으시는
대로 용서해 주십시오.
31 사람이 이웃에게 죄를 짓고, 맹세를 하게

대표하는 것처럼, 하나님은 하나님의 이름이 있는 곳을 대표한다. 따라서 하나님이 성전에 계시면서 백성의 기도를 들으신다. 언약궤의 실재(21절)는 새로운 성전에서 모세의 전통을 따르는 제의가 계속 행해진다는 것을 강조한다. **8:22-53** 이 기도는 신명기신학이 다윗의 언약(삼하 7장)과 시내 산 혹은 호렙 산 언약 (9절), 이 두 개의 언약 관점을 한데로 묶은 좋은 예이다. 다윗의 언약은 하나님께서 다윗을 왕으로 선택하시고 다윗의 도시를 선택하셔서 성전이 세워질 곳으로 삼았다는 것을 천명한다. 시내 산 언약은 하나님과 이스라엘 백성 사이의 특별한 관계를 설정한다. 하나님은 이스라엘의 하나님이요, 이스라엘은 하나님의 백성이다. 하나님은 언약에 신실하시며, 하나님 이름의 거룩성을 보호하며, 성전에서 드려지거나 (31-33, 41절) 성전을 향해 드려지는 기도 (30, 35, 38, 44, 48절)를 들으신다. **8:22** 두 팔을 활짝 펴는 행위는 기도할 때 사용하던 일반적인 몸짓이었다 (38절; 출 9:29; 사 1:15를 보라). **8:25-53** 솔로몬은 아홉 가지를 청원한다. (1) 다윗에게 행한 언약에 항상

충실하셔서 성전, 곧 *기도하는 집에서* 드려지는 기도를 들어주기를 청원한다 (25-29절). (2) 다툼을 올바르게 판단해 주셔서 맹세의 숭고함을 지킬 수 있도록 청원한다 (31-32절). (3) 적에게 패배한 후에 그들의 죄를 고백하면 그들의 죄를 용서해 주기를 청원한다 (33-34절). (4) 백성의 죄로 인하여 가뭄과 같은 재앙을 초래하게 될지라도 그들을 용서해 주기를 청원한다 (35-36절; 또한 레 26:18-19; 신 11:16-17; 28:23-24를 보라). (5) 백성의 죄로 인하여 자연재앙을 초래하게 될 때, 하나님께서 노여워하신다는 것을 이해하고 또 하나님께서 용서해주시고 도와주시기를 청원한다 (37-40절; 레 26:18-20, 25; 신 28:21-22; 32:23-24 참조). (6) 하나님의 이름이 성전에 있다는 것을 알고 그 곳으로 와서 기도하는 이방인들의 간구를 들어주시기를 청원한다 (성전을 "만민이 기도하는 집"으로 만든다; 41-43절; 사 56:7; 막 11:17 참조). 외국인은 하나님께 제물을 드릴 수 있도록 허용되었다 (민 15:14). (7) 전쟁에서 백성을 승리로 이끄셔서 백성의 뜻이 올바르다는 것을 확

되어, 그가 이 성전 안에 있는 주님의 제단 앞에
나와서 맹세를 하거든, 32 주님께서는 하늘에서
들으시고 주님의 종들을 심판하시되, 악행을 저
지른 사람은 죄가 있다고 판결하셔서 벌을 주시고,
옳은 일을 한 사람은 죄가 없다고 판결하셔서 옳
음을 밝혀 주십시오.
33 주님의 백성 이스라엘이 주님께 죄를 지어
적에게 패배하였다가도, 그들이 뉘우치고 주님께로
돌아와서, 주님의 이름을 인정하고, 이 성전에서
주님께 빌며 간구하거든, 34 주님께서는 하늘에서
들으시고, 주님의 백성 이스라엘의 죄를 용서해
주십시오. 그리고 그들의 조상에게 주신 땅으로,
그들을 다시 돌아오게 해주십시오.
35 또 그들이 주님께 죄를 지어서, 그 벌로
주님께서 하늘을 닫고 비를 내려 주시지 않을
때에라도, 그들이 이 곳을 바라보며 기도하고, 주
님의 이름을 인정하고, 그 죄에서 돌이키거든,
36 주님께서 하늘에서 들으시고, 주님의 종들과
주님의 백성 이스라엘의 죄를 용서해 주시고, 그
들이 살아갈 올바른 길을 그들에게 가르쳐 주시며,
주님의 백성에게 유산으로 주신 주님의 땅에 비를
다시 내려 주십시오.
37 이 땅에서 기근이 들거나, 역병이 돌거나,
곡식이 시들거나, 깜부기가 나거나, 메뚜기 떼나
누리 떼가 곡식을 갉아먹거나, 적들이 이 땅으로
쳐들어와서 성읍들 가운데 어느 하나를 에워싸거나,
온갖 재앙이 내리거나, 온갖 전염병이 번질 때에,
38 주님의 백성 이스라엘 가운데 어느 한 사람이나
혹은 주님의 백성 전체가, 재앙이 닥쳤다는 것을
마음에 깨닫고, 이 성전을 바라보며 두 팔을 펴고
간절히 기도하거든, 39 주님께서는, 주님께서
계시는 곳 하늘에서 들으시고 판단하셔서, 그들을
용서해 주십시오. 주님께서는 각 사람의 마음을
아시니, 주님께서 각 사람에게 그 행위대로 갚아
주십시오. 주님만이 모든 사람의 마음을 아십니다.
40 그렇게 하시면, 그들은, 주님께서 우리의 조상
에게 주신 이 땅 위에서 사는 동안, 주님을 경외
할 것입니다.
41 그리고 또 주님의 백성 이스라엘에 속하
지 아니한 이방인이라도, 주님의 크신 이름을
듣고, 먼 곳에서 이리로 오면, 42 그들이야말로
주님의 큰 명성을 듣고, 또 주님께서 강한 손과
편 팔로 하신 일을 전하여 듣고, 이 곳으로 와서,
이 성전을 바라보면서 기도하거든, 43 주님께서
는, 주님께서 계시는 곳 하늘에서 들으시고, 그 이
방인이 주님께 부르짖으며 간구하는 것을 그대로
다 들어 주셔서, 땅 위에 있는 모든 백성이 주님
의 이름을 알게 하시고, 주님의 백성 이스라엘
처럼 주님을 경외하게 하시며, 내가 지은 이 성전이
주님의 이름을 부르는 곳임을 알게 하여 주십
시오.
44 주님의 백성이 적과 싸우려고 전선에 나
갈 때에, 주님께서 그들을 어느 곳으로 보내시든
지, 그 곳에서, 주님께서 선택하신 이 도성과, 내
가 주님의 이름을 기리려고 지은 성전을 바라보
며, 그들이 주님께 기도하거든, 45 주님께서는
하늘에서 그들의 기도와 간구를 들으시고, 그들
의 사정을 살펴 보아 주십시오.
46 죄를 짓지 아니하는 사람은 없습니다. 이
백성이 주님께 죄를 지어서, 주님께서 진노하셔서
그들을 원수에게 넘겨 주시게 될 때에, 멀든지 가
깝든지, 백성이 원수의 땅으로 사로잡혀 가더라도,
47 그들이 사로잡혀 간 그 땅에서라도, 마음을
돌이켜 회개하고, 그들을 사로잡아 간 사람의
땅에서 주님께 자복하여 이르기를 '우리가 죄를
지었고, 우리가 악행을 저질렀으며, 우리가 반역
하였습니다' 하고 기도하거든, 48 또 그들이
사로잡혀 간 원수의 땅에서라도, 마음을 다하고
정성을 다하여 주님께 회개하고, 주님께서 그들의
조상에게 주신 땅과 주님께서 선택하신 이 도성과
내가 주님의 이름을 기리려고 지은 이 성전을 바
라보면서 기도하거든, 49 주님께서는, 주님께서
계시는 곳인 하늘에서, 그들의 기도와 간구를
들으시고, 그들의 사정을 살펴 보아 주십시오.
50 주님께 죄를 지은 주님의 백성을 용서하여 주
십시오. 주님을 거역하여 저지른 모든 반역죄까
지도 용서하여 주십시오. 그들을 사로잡아 간 사
람들 앞에서도 불쌍히 여김을 받게 하셔서, 사로
잡아 간 사람들도 그들을 불쌍히 여기게 하여 주
십시오. 51 그들은, 주님께서 쇠용광로와 같은
이집트로부터 이끌어 내신 주님의 백성이며, 주
님의 소유입니다.

증해 주시기를 청원한다 (44-45절). (8) 백성이 이방 땅의 포로생활에서 해방되었을 때 신원을 회복시켜 주시기를 청원한다 (46-51절; 포로기간 동안 추가로 쓰인 부분인 듯하다)—그들*의 땅…도시…그리고 집을 향해* 기도하는 것은 바빌로니아에서 시작되었던 기도생활을 반영한다 (단 6:10; 시 5:7; 138:2 참조); 그리고 (9) 하나님은 다시 그의 기도와 백성들의 기도를 들어 주시기를 청원한다 (52-53절). **8:54-61** 결론적으로 솔로몬은 하나님께 이스라엘에 평화를 허락하신 것을 감사하고, 백성과 맺은 언약에 충실하심에 감사한다. 이

52 종의 간구와 주님의 백성 이스라엘의 간구
를 살펴보시고, 부르짖을 때마다 응답해 주십시오.
53 주 하나님, 주님께서 우리 조상을 이집트로부터
이끌어 내실 때에, 주님의 종 모세를 시켜서 말씀하
신 것과 같이, 주님께서는 그들을 주님의 소유가
되도록, 세상의 모든 백성과 구별하셨습니다."

솔로몬의 축복

54 솔로몬이 무릎을 꿇고서, 하늘을 바라보며,
두 손을 펴고, 이렇게 간절히 기도를 드린 다음, 주
님의 제단 앞에서 일어나서, 55 이스라엘의 온 회
중을 바라보며, 큰소리로 축복하여 주었다.
56 "주님께서, 말씀하신 대로, 그의 백성 이
스라엘에게 안식을 주셨으며, 그의 종 모세를 시
켜서 하신 선한 말씀을, 한 마디도 빠뜨리지 아니
하시고 다 이루어 주셨으니, 주님은 찬양을 받으실
분이십니다. 57 주 우리의 하나님께서 우리의
조상과 함께 계시던 것과 같이, 우리와도 함께 계
시기를 바랍니다. 주님께서 우리를 버리지도 마
시고, 포기하지도 마시기를 바랍니다. 58 우리의
마음을 주님께 기울이게 하셔서, 주님께서 지시
하신 그 길을 걷게 하시며, 주님께서 우리 조상에
게 내리신 계명과 법도와 율례를 지키게 하여 주
시기를 바랍니다. 59 오늘 주님 앞에 드린 이 간
구와 기도를, 주 우리의 하나님께서 낮이나 밤이
나 늘 기억해 주시기를 바랍니다. 하나님께서 주
님의 종과 주님의 백성 이스라엘에게, 날마다 그
형편에 맞게 자비를 베풀어 주시기를 바랍니다.
60 그렇게 해서, 세상의 모든 백성이, 주님만이
하나님이시고 다른 신은 없다는 것을, 알게 되기를
바랍니다. 61 그러므로 그의 백성인 여러분도
주 우리의 하나님과 한 마음이 되어서, 오늘과 같이
주님의 법도대로 걸으며, 주님의 계명을 지키기를
바랍니다."

성전 봉헌 (대하 7:4-10)

62 이렇게 한 다음에, 왕 및 왕과 함께 있는
모든 이스라엘 사람이 주님 앞에 제사를 드렸다.
63 솔로몬은 화목제를 드렸는데, 그가 주님의 제
사에 드린 것은, 소가 이만 이천 마리이고, 양이
십이만 마리였다. 이와 같이 해서, 왕과 이스라엘
의 모든 백성이 주님의 성전을 봉헌하였다.
64 그리고 바로 그 날, 왕은 주님 앞에 있는 놋제
단이, 번제물과 곡식제물과 화목제물의 기름기를
담기에는 너무 작았으므로, 주님의 성전 앞뜰 한
가운데를 거룩하게 구별하고, 거기에서 번제물과
곡식예물과 화목제의 기름기를 드렸다.
65 그 때에 솔로몬이 이렇게 절기를 지켰는데,
ㄱ)하맛 어귀에서부터 이집트 접경을 흐르는 강에
이르는 넓은 지역에 사는 큰 회중인 온 이스라엘이
그와 함께, 주 우리의 하나님 앞에서 ㄴ)이레 동안을
두 번씩 열나흘 동안 절기를 지켰다. 66 둘째 이
레가 끝나고, 여드레째 되는 날에 그가 백성을 돌려
보내니, 그들은 왕에게 복을 빌고, 주님께서 그의
종 다윗과 그 백성 이스라엘에게 베푸신 온갖 은
혜 때문에 진심으로 기뻐하며, 흐뭇한 마음으로,
각자 자기의 집으로 돌아갔다.

하나님께서 솔로몬에게 다시 나타나시다

9 1 솔로몬이 주님의 성전과 왕궁 짓는 일과,
자기가 이루고 싶어 한 모든 것을 끝마치니,
2 주님께서는, 기브온에서 나타나신 것과 같이,
두 번째로 솔로몬에게 나타나셔서, 3 그에게 말
씀하셨다. "네가 나에게 한 기도와 간구를 내가 들
었다. 그러므로 나는 네가 내 이름을 영원토록 기
리려고 지은 이 성전을 거룩하게 구별하였다. 따

ㄱ) 또는 '르보 하맛' ㄴ) 칠십인역에는 '이레 동안 절기를 지켰다'

스라엘 가운데 임재하시는 하나님(57절)은 하나님과 백성 사이의 관계를 보증한다. 솔로몬은 백성을 축복하고 (14절 참조) 그들에게 언약이 요구하는 바에 충실할 것을 권고한다. 하나님에 대한 그들의 충실함은 모든 나라가 하나님 이외의 다른 신을 인정하지 않도록 할 것이다.

8:62-66 8:62-64 도살된 동물들의 숫자는 이상적인 수치를 반영하는 것 같다. *화목제.* 이것은 "평화를 위한 제사"로 불리기도 한다. 오직 도살된 동물의 내부 기관 가운데 일부만이 하나님께 바쳐진다. 제사장은 가슴살과 오른쪽 넓적다리를 받게 되고, 나머지는 예배자들에게 분배되어 축제 음식으로 함께 먹는다 (레 7:11-21, 28-36). **8:65** *하맛 어귀에서부터 이집트 접경에 흐르는 강에 이르는.* 이 말은 이스라엘 백성이 팔레스타인 전 지역에서 왔음을 말해준다. *하맛* (*르보 하맛* 이라고도 부름). 시리아의 오론테스 강에 위치한 도시를 지시한다. 이 지역은 이스라엘에게 약속된 땅의 북쪽 경계지역으로 간주되었다 (민 13:21; 34:8; 겔 47:15; 48:1 참조). 이집트의 강, 지금의 엘아리쉬 와디 (Wadi el-Arish)는 이스라엘의 남쪽 경계지역이었다 (민 34:5). **8:66** *여드레째.* 히브리 성경에 따르면, 축제는 14일 동안 지속되었고 사람들은 여드레째 되는 날부터 집으로 돌아가기 시작했다. 대하 7:8-10에 따르

라서 내 눈길과 마음이 항상 이 곳에 있을 것이다.
4 너는 내 앞에서 네 아버지 다윗처럼 살아라. 그리
하여 내가 네게 명한 것을 실천하고, 내가 네게 준
율례와 규례를 온전한 마음으로 올바르게 지켜라.
5 그리하면 내가 네 아버지 다윗에게, 이스라엘의
왕좌에 앉을 사람이 그에게서 끊어지지 아니할 것
이라고 약속한 대로, 이스라엘을 다스릴 네 왕좌를,
영원히 지켜 주겠다. 6 그러나 ㄱ)너와 네 자손이
나를 따르지 아니하고 등을 돌리거나, 내가 네게
일러준 내 계명과 율례를 지키지 아니하고, 곁길
로 나아가서, 다른 신들을 섬겨 그들을 숭배하면,
7 나는, 내가 준 그 땅에서 이스라엘을 끊어 버릴
것이고, 내 이름을 기리도록 거룩하게 구별한 성
전을 외면하겠다. 그러면 이스라엘은 모든 민족
사이에서, 한낱 속담거리가 되고, 웃음거리가 되고
말 것이다. 8 이 성전이 한때 아무리 존귀하게
여김을 받았다고 하더라도, 이 곳을 지나가는 사
람마다 놀랄 것이고 '어찌하여 주님께서 이 땅과
이 성전을 이렇게 되게 하셨을까?' 하고 탄식할 것
이다. 9 그러면서 그들은 '이스라엘 백성이 자기들
의 조상을 이집트 땅으로부터 이끌어 내신 주 그
들의 하나님을 버리고, 다른 신들에게 미혹되어,
그 신들에게 절하여 그 신들을 섬겼으므로, 주님
께서 이 온갖 재앙을 그들에게 내리셨다' 하고 말할
것이다."

솔로몬과 히람의 거래 (대하 8:1-2)

10 솔로몬은, 주님의 성전과 왕궁, 이 두 건
물을 다 짓는 데 스무 해가 걸렸다. 11 두로의
히람 왕이 백향목과 잣나무와 금을, 솔로몬이
원하는 대로 모두 보내왔으므로, 솔로몬 왕은 갈
릴리 땅에 있는 성읍 스무 개를 히람에게 주었다.
12 히람이 두로에서부터 와서, 솔로몬이 그에게
준 성읍을 보았는데, 그 성들이 마음에 차지 않아서,
13 "나의 형제여, 그대가 나에게 준 성읍들이 겨우
이런 것들이오?" 하고 말하였다. 그래서 오늘날
까지 그 곳을 ㄴ)가불의 땅이라고 한다. 14 사실
이 일이 있기 전에, 히람이 솔로몬 왕에게 보낸 금
액은 금 백이십 달란트나 되었다.

솔로몬의 나머지 업적 (대하 8:3-18)

15 솔로몬 왕이 강제 노역꾼을 동원할 수밖에
없었던 까닭은, 주님의 성전과 자기의 궁전과 밀
로 궁과 예루살렘 성벽을 쌓고, 하솔과 므깃도와
게셀의 성을 재건하는 데, 필요하였기 때문이다.
16 (이집트 왕 바로가 올라와서, 게셀을 점령하
여 불로 태워 버린 일이 있었다. 그는 그 성 안에

ㄱ) 히, '너희' ㄴ) '쓸모 없는'

면, 14일의 축제는 장막절에 이레, 성전 봉헌에 이레가 할애되었다.

9:1-28 9장은 솔로몬 통치 후반부 이야기 (9:1—11:43) 가운데 한 부분을 소개하고 있다. 9장은 하나님께서 나타나시는 장면과 함께 시작하는데, 여기에서 하나님은 솔로몬의 기도에 만족해하신다 (1-9절). 9장의 나머지 부분은 솔로몬의 사업수완과 모험적인 상업행위를 다룬다: 히람과의 거래 (10-14절); 솔로몬 통치기간 동안 완료된 왕실업적에 대한 요약 (15-19절); 강제 노역자 징집 (20-23절); 바로의 딸을 위한 궁궐 (24절); 솔로몬의 종교적 행위들 (25절); 그리고 솔로몬의 모험적인 해상무역에 대한 설명이 그것들이다 (26-28절).

9:1-9 하나님께서 다시 솔로몬에게 나타나시는데, 아마도 꿈에 나타나신 듯하다. 하나님은 솔로몬의 기도를 들으셨다고 말씀하지만, 언약에 신실할 것을 강조하신다. 솔로몬 왕가의 번영과 민족의 번영은 이와 같은 신실한 순종에 달려 있다. **9:7-8** 언약을 지켜내지 못하면 이스라엘은 만국의 웃음거리가 될 것이며, 이스라엘에 저주가 임하게 될 것이다 (신 28:15-68). *탄식할 것이다.* 개역개정은 이 동사를 "비웃는다;" 공동번역은 "쉬쉬하다" 라고 번역했다. 이 단어는 조롱과 수치심이 포함되어 있는 뜻을 표현하는 동사이다 (렘 18:16; 19:8; 29:18). **9:10-14** 인력과 자재(백향목과 잣나무 재목, 5:10; 금, 9:14)를 제공한 히람에게 금액을 지불하기 위해, 솔로몬은 히람에게 갈릴리에 있는 20개의 도시 혹은 마을을 매매한다. 왜냐하면 매년 곡식과 올리브 기름으로 (5:11) 지불하는 것이 불충분했기 때문이다 (대하 8:2를 참조). **9:13** *형제여.* 이 말은 여기에서 "동맹자"를 뜻한다. 히람은 그 도시들을 좋아하지 않았으며, 그래서 그는 그 도시들을 하찮은 것처럼 여겨 히브리어로 *가불*이라 칭하였는데, 이는 그 땅에 아무런 유익이 없다는 뜻이 내포되어 있다. **9:15-19** 성전과 궁궐에 덧붙여, 강제 노역꾼들을 징집하여 솔로몬은 방어를 위한 장벽과 요새화된 전략 도시들을 건설하여 저장고로 사용하였다 (9:20-23). **9:15** *밀로 궁.* 이것은 아마도 솔로몬 궁궐의 벽면을 튼튼하게 하기 위해 경사지를 층으로 깎아 만든 계단인 것 같다. 솔로몬은 또한 일련의 국경 도시들을 요새화하였고 국가를 방어하기 위한 전략적 전초부대를 건설했다. *하솔.* 이 지역은 갈릴리의 전략적 요충지대로 왕국의 북쪽 지역을 보호하였다. *므깃도.* 이 지역은 팔레스타인에서 가장 전략적인 도시인데, 그 이유는 그 도시가 이스르엘 골짜기를 보호하였으며, 또한 이집트와 메소포타미아를 연결하는 도로가 그 옆을 지나가고 있었기 때문이다. **9:16** *게셀.*

살고 있는 가나안 사람들을 살해하고, 그 성을 솔
로몬의 아내가 된 자기의 딸에게 결혼 지참금으로
주었다. 17 그래서 솔로몬은 게셀을 재건하였다.)
솔로몬은 강제 노역꾼을 동원하여서, 낮은 지대에
있는 벳호론을 재건하였다. 18 또 바알랏과 유다
광야에 있는 다드몰을 세웠다. 19 그리고 솔로
몬은 자기에게 속한 모든 양곡 저장 성읍들과 병거
주둔 성읍들과 기병 주둔 성읍들을 세웠다. 그래서
솔로몬은 예루살렘과 레바논과, 그가 다스리는
모든 지역 안에, 그가 계획한 것을 다 만들었다.
20 이스라엘 자손이 아닌 아모리 사람과 헷 사람과
브리스 사람과 히위 사람과 여부스 사람 가운데서
살아 남은 백성이 있었다. 21 솔로몬은 그들을
노예로 삼아서, 강제 노역에 동원하였다. 그들은,
이스라엘 자손이 다 진멸할 수 없어서 그 땅에 그
대로 남겨 둔 백성들이었다. 그래서 그들은 오늘
날까지도 노예로 남아 있다. 22 그러나 솔로몬은,
이스라엘 사람 가운데서는, 어느 누구도 노예로
삼지 않았다. 이스라엘 사람은 군인, 신하, 군사령
관, 관리 병거대 지휘관, 기병대원이 되었다.
23 솔로몬의 일을 지휘한 관리 책임자들은
오백오십 명이다. 그들은 작업장에서 일하는 백
성을 감독하는 사람들이다.
24 바로의 딸은 다윗 성에서 올라와서, 솔로
몬이 지어 준 자기의 궁으로 갔다. 그 때에 솔로
몬이 밀로 궁을 완공하였다.
25 솔로몬은, 한 해에 세 번씩 주님의 제단에
서 번제물과 화목제물을 드리고, 또 주님 앞에서 분
향하였다. 이렇게 그는 성전 짓는 일을 완수하였다.
26 솔로몬 왕은 또 에돔 땅 ㄱ)홍해변 엘롯
근방에 있는 에시온게벨에서 배를 만들었다.
27 히람은 자기 신하 가운데서 바다를 잘 아는 뱃
사람들을 보내서, 솔로몬의 신하들을 돕게 하였다.
28 그들이 오빌에 이르러, 거기서 사백이십 달란
트의 금을 솔로몬 왕에게로 가져 왔다.

스바 여왕의 방문 (대하 9:1-12)

10 1 스바 여왕이, 주님의 이름 때문에 유
명해진 솔로몬의 명성을 듣고서, 여러
가지 어려운 질문으로 시험해 보려고, 솔로몬을
찾아왔다. 2 여왕은 수많은 수행원을 데리고 또
여러 가지 향료와 많은 금과 보석을 낙타에 싣고
예루살렘으로 왔다. 그는 솔로몬에게 이르러서,
마음 속에 품고 있던 온갖 것을 다 물어 보았다.
3 솔로몬은, 여왕이 묻는 온갖 물음에 척척 대답

ㄱ) 히, '얌 쑤프'

유다 서쪽에 위치한 방어도시였다. **9:17** *벳호론.* 높은 지대의 벳호론과 낮은 지대의 벳호론은 유다 고산지대와 예루살렘으로 연결되는 해안지역을 방어하였다. **9:18** *다드몰.* 이스라엘의 남동쪽 경계 지역 도시로 사해 근방에 위치해 있었다 (겔 47:19; 48:28). **9:19** 솔로몬이 건축한 *양곡 저장 성읍들의* 이름은 나타나지 않았지만, 아마도 궁궐 물품을 조달하기 위해 (4:7-19) 12개 행정구역에서 수도로 사용하였던 곳으로 추정된다. 강력한 솔로몬 군대는 전차부대와 마병으로 구성되어 있었고, 이러한 군 조직은 가나안 사람들로부터 전수받은 것들이었다. **9:20-23 9:20** 강제 노역에 징집된 사람들은 이스라엘이 정복한 가나안 사람들의 후예들이었다. **9:22** 본문이 기록될 당시, 이스라엘 백성은 강제 노역을 하지 않았다. 대신에 그들은 왕국의 시민 행정부와 군대에 소속되어 부역을 하였다. 그러나 왕실이 값싼 노동력을 더욱 필요로 하게 됨에 따라 이스라엘 사람들은 강제로 노역자가 되어야 했다 (5:13-18 참조). **9:24** 바로의 딸은 솔로몬에게 가장 중요한 부인이었다. 왕실에 그녀가 있다는 것은 외국 문화와 종교가 솔로몬 왕실에 미치는 영향이 어떠했는지를 반영해 준다. **9:25** 어떤 경우에 솔로몬은 제사장으로서 (시 110:4), 어떤 경우에는 제사장의 위치에서 하나님께 제물을 봉헌하기도 한다. 이스라엘의 세 가지 가장 중요한 절기는 무교절, 유월절, 장막절이었다 (출 23:14-16). *번제물.* 이 제물에 대해서는 레 1장을 보라. *화목제물.* 레 3장을 보라. **9:26-28 9:26** 솔로몬은 *에시온게벨* (아콰바만에 위치한 항구도시)에서 해상무역을 위한 배를 건조하였다. 엘롯 (보통은 엘랏). 이 곳은 홍해의 동쪽 끝 부분 최북단에 위치한 도시였다. **9:27-28** 오빌의 위치는 알려지지 않고 있지만, 아마도 아라비안 반도에 위치한 것으로 추측된다. 이 도시는 훌륭한 금으로 유명하였다 (대상 29:4; 욥 22:24; 28:16; 시 45:9; 사 13:12). *사백이십* (420) *달란트.* 이 무게는 32,000파운드(10,432kg)에 해당한다. 솔로몬이 그의 제국을 확장해 나갈 때, 그는 외국의 문물, 심지어 우상까지도 수용한다.

10:1-29 10장은 스바 여왕의 방문과 관련하여 솔로몬의 위대성, 지혜, 부 (1-13절); 솔로몬의 부요함 (14-22절); 그의 명성 (23-25절); 그리고 기병과 전차부대의 규모를 묘사하고 있다 (26-29절). 솔로몬은 이제 왕권에 대한 신명기적 관점을 어기기 시작한다 (신 17:16-17).

10:1-13 10:1-3 *스바의 여왕.* 스바 사람들은 오늘날 예멘으로 알려진 지역에 모여 살던 민족이었다. 그들은 아라비아, 에티오피아, 그리고 소말리아 등지의 모든 무역통로를 통제하고 있었다. 비록 본문은 스바의 여왕이 단지 솔로몬의 지혜를 시험하기 위해 왔다고

하였다. 솔로몬이 몰라서 여왕에게 대답하지 못
한 것은 하나도 없었다. 4 스바의 여왕은, 솔로
몬이 온갖 지혜를 갖추고 있는 것을 확인하고, 또
그가 지은 궁전을 두루 살펴 보고, 5 또 왕의 식
탁에다가 차려 놓은 요리와, 신하들이 둘러 앉은
모습과, 그의 관리들이 일하는 모습과, 그들이 입은
제복과, 술잔을 받들어 올리는 시종들과, 주님의
성전에서 드리는 번제물을 보고, 넋을 잃었다.
6 여왕이 왕에게 말하였다. "임금님께서 이루신
업적과 임금님의 지혜에 관한 소문을, 내가 나의
나라에서 이미 들었지만, 와서 보니, 과연 들은 소
문이 모두 사실입니다. 7 내가 여기 오기 전까지는
그 소문을 믿지 않았는데, 내 눈으로 직접 확인하고
보니, 오히려 내가 들은 소문은 사실의 절반도 안
되는 것 같습니다. 임금님께서는, 내가 들은 소문
보다, 지혜와 복이 훨씬 더 많습니다. 8 임금님의
ㄱ)백성은 참으로 행복한 사람들입니다. 임금님 앞에
서서, 늘 임금님의 지혜를 배우는 임금님의 신하들
또한 참으로 행복하다고 하지 아니할 수 없습니다.
9 임금님의 주 하나님께 찬양을 돌립니다. 하나
님께서는 임금님을 좋아하셔서, 임금님을 이스라
엘을 다스리는 왕좌에 앉히셨습니다. 주님께서는
이스라엘을 영원히 사랑하셔서, 임금님을 왕으로
삼으시고, 공평과 정의로 다스리게 하셨습니다."
10 그런 다음에 여왕은 금 일백이십 달란트와
아주 많은 향료와 보석을 왕에게 선사하였다. 솔로
몬 왕은, 스바 여왕에게서 받은 것처럼 많은 향료를,
어느 누구에게서도 다시는 더 받아 본 일이 없다.
11 (오빌에서부터 금을 싣고 온 히람의 배들
은, 대단히 많은 백단목과 보석을 가지고 왔는데,
12 왕은 이 백단목으로 주님의 성전과 왕궁의 계
단을 만들고, 합창단원이 쓸 수금과 하프를 만들
었다. 이와 같은 백단목은 전에도 들여온 일이 없고,
오늘까지도 이런 나무는 본 일이 없다.)
13 솔로몬 왕은 스바의 여왕에게 왕의 관례
에 따라 답례물을 준 것 밖에도, 그 여왕이 요구하
는 대로, 가지고 싶어하는 것은 모두 주었다. 여
왕은 신하들과 함께 자기 나라로 돌아갔다.

솔로몬의 부요함 (대하 9:13-29)

14 해마다 솔로몬에게 들어오는 금은, 그 무
게가 육백육십육 달란트였다. 15 이 밖에도 상
인들로부터 세금으로 들어온 것과, 무역업자와의
교역에서 얻는 수입과, 아라비아의 모든 왕들과
국내의 지방장관들이 보내 오는 금도 있었다.
16 솔로몬 왕은, 금을 두드려 펴서 입힌 큰
방패를 이백 개나 만들었는데, 방패 하나에 들어간
금만 하여도 육백 세겔이나 되었다. 17 그는 또,
금을 두드려 펴서 입힌 작은 방패를 삼백 개를
만들었는데, 그 방패 하나에 들어간 금은 삼 마네
였다. 왕은 이 방패들을 '레바논 수풀 궁'에 두
었다.
18 왕은 상아로 큰 보좌를 만들고, 거기에다
잘 정련된 금을 입혔다. 19 보좌로 오르는 층계
에는 계단이 여섯이 있었으며, 보좌의 꼭대기는
뒤가 둥그렇게 되어 있었으며, 그 앉는 자리 양쪽
에는 팔걸이가 있고, 그 팔걸이 양 옆에는 각각
사자 상이 하나씩 서 있었다. 20 여섯 개의 계단
양쪽에도, 각각 여섯 개씩 열두 개의 사자 상이 서
있었다. 일찍이, 어느 나라에서도 이렇게는 만들지
못하였다.

ㄱ) 칠십인역과 시리아어역에는 '부인들'

기록하고 있지만, 그녀는 아마도 솔로몬과 무역협정을 체결하기 위해 예루살렘으로 왔을 것이다. 왜냐하면 솔로몬이 그 당시에 일부 고대 무역통로를 통제하고 있었기 때문에, 이는 스바의 무역을 제약할 수 있었을 것이다. **10:4-5** *넋을 잃었다.* "넋"은 히브리어로 *루아흐* 라고 하는데, 그것은 "숨"을 의미한다. 솔로몬 왕실이 찬란하기 때문에 그 여왕은 그것에 놀라 숨을 제대로 쉴 수조차 없었다는 뜻이다. **10:9** 여왕이 하나님께 돌리는 찬양은 솔로몬의 하나님의 영광과 위대함만을 인정하는 것이지, 이스라엘의 하나님에 대한 개인적 신앙을 고백하는 것이 아니다. **10:10** 스바 여왕에게서 받은 의례상의 선물은 두 왕이 무역협정을 체결했음을 의미한다. **10:11-12** 이 구절들은 9:26-28의 뒤에 놓여야 더 자연스럽게 연결된다. *백단목.* 이것은 알려지지 않은 희귀한 목재이다. 이 목재는 성전과 음악기구들을 만드는 데 사용되었다.

10:14-22 **10:14-15** 666달란트는 금 25톤(2,268kg)에 해당한다. 다른 수입은 상인들의 세금과 무역관세, 그리고 종주국과 12개 행정구역의 관료들이 제출하는 공물들로 충당되었다. 신 17:17의 왕에 대한 율법에서 부에 대한 제한은 솔로몬의 부와 부절제에 대한 비판인 듯싶다. *아라비아의 모든 왕들* (대하 9:14; 렘 25:24). 이들은 아라비아 사막에서 활동하던 베두인족의 지도자들이다. **10:16-17** 솔로몬이 만든 커다란 방패는 거의 15파운드(600세겔, 4,890gm)의 금으로 입혀졌다. 작은 방패들은 거의 4파운드의 금으로 입혀졌다. 이 방패들은 아마도 의례적인 목적에서 만들어진 것 같다. **10:18-20** 솔로몬은 또한 그의 왕좌를 위해서도

21 솔로몬 왕이 마시는 데 쓰는 모든 그릇은
금으로 되어 있었고, '레바논 수풀 궁'에 있는
그릇도 모두 순금이며, 은으로 된 것은 하나도 없
었다. 솔로몬 시대에는, 은은 귀금속 축에 들지도
못하였다. 22 왕은 다시스 배를 바다에 띄우고,
히람의 배와 함께 해상무역을 하게 하였다. 세 해
마다 한 번씩, 다시스의 배가 금과 은과 상아와 원
숭이와 공작새들을 실어 오고는 하였다.

23 솔로몬 왕은 재산에 있어서나, 지혜에
있어서나, 이 세상의 그 어느 왕보다 훨씬 뛰어
났다. 24 그래서 온 세계 사람은 모두, 솔로몬을
직접 만나서, 하나님께서 그의 마음에 넣어 주신
지혜의 말을 들으려고 하였다. 25 그래서 그들
은 각각 은그릇과 금그릇과 옷과 갑옷과 향료와
말과 노새를 예물로 가지고 왔는데, 해마다 이런
사람의 방문이 그치지 않았다.

26 솔로몬이 병거와 기병을 모으니, 병거가
천사백 대, 기병이 만 이천 명에 이르렀다. 솔로
몬은 그들을, 병거 주둔성과 왕이 있는 예루살렘
에다가 나누어서 배치하였다. 27 왕 덕분에 예
루살렘에는 은이 돌처럼 흔하였고, 백향목은 세
펠라 평원지대의 뽕나무만큼이나 많았다. 28 솔
로몬은 말을 이집트와 구에로부터 수입하였는데,
왕실 무역상을 시켜서, 구에에서 사들였다.
29 병거는 이집트에서 한 대에 은 육백 세겔을,
그리고 말은 한 필에 은 백오십 세겔을 주고 들여
와서, 그것을 헷 족의 모든 왕과 시리아 왕들에게
되팔기도 하였다.

솔로몬이 하나님에게서 돌아서다

11 1 솔로몬 왕은 외국 여자들을 좋아하였다.
이집트의 바로의 딸 말고도, 모압 사람과
암몬 사람과 에돔 사람과 시돈 사람과 헷 사람에
게서, 많은 외국 여자를 후궁으로 맞아들였다.
2 주님께서 일찍이 이 여러 민족을 두고, 이스라엘
자손에게 경고하신 일이 있다. "너희는 그들과 결
혼을 하고자 해서도 안 되고, 그들이 청혼하여 오
더라도 받아들여서는 안 된다. 분명히 그들은 너
희의 마음을, 그들이 믿는 신에게로 기울어지게
할 것이다" 하고 말씀하셨다. 그런데도 솔로몬은
외국 여자들을 좋아하였으므로, 마음을 돌리지
못하였다. 3 그는 자그마치 칠백 명의 후궁과 삼백
명의 첩을 두었는데, 그 아내들이 그의 마음을 사
로잡았다. 4 솔로몬이 늙으니, 그 아내들이 솔로
몬을 꾀어서, 다른 신들을 따르게 하였다. 그래서
솔로몬은, 자기의 주 하나님께 그의 아버지 다윗
만큼은 완전하지 못하였다. 5 솔로몬이 시돈 사
람의 여신 아스다롯과 암몬 사람의 우상 ㄱ)밀곰을
따라가서, 6 주님 앞에서 악행을 하였다. 그의
아버지 다윗은 주님께 충성을 다하였으나, 솔로
몬은 그러하지 못하였다. 7 솔로몬은 예루살렘
동쪽 산에 모압의 혐오스러운 우상 그모스를 섬
기는 산당을 짓고, 암몬 자손의 혐오스러운 우상
몰렉을 섬기는 산당도 지었는데, 8 그는 그의 외
국인 아내들이 하자는 대로, 그들의 신들에게 향을
피우며, 제사를 지냈다.

ㄱ) 또는 '몰렉'

지출을 아끼지 않았다. **10:22** *다시스의 배.* 이것의 의미는 불분명하다. 다시스는 스페인, 아라비아, 인디아, 아프리카, 혹은 키프로스를 가리키거나, 혹은 단순히 일반적인 의미에서 매우 거대한 배를 의미할 수도 있다 (사 23:1; 겔 27:25; 욘 1:3). *원숭이와 공작새.* 이 것들은 애완동물 혹은 오락을 위해 사용되었다. 이 설명은 솔로몬의 부와 업적을 매우 과장하여 표현하는 것 같다.

10:23-25 신명기 기자는 솔로몬의 재위 초기 시절에 하나님이 솔로몬과 맺은 언약이 성취되었다고 주장한다 (3:13). 솔로몬에 바쳐진 선물은 (25절) 사실상 공물이었다 (삿 3:15; 삼하 8:2; 왕하 17:4).

10:26-29 10:26-27 다윗은 말과 전차를 사용하는 군대를 조직하였지만 (삼하 8:4), 그러한 군대조직이 이스라엘 군대의 필수적인 요소로 정착된 것은 솔로몬에 이르러서였다. 솔로몬의 군대는 *병거 1,400대* (대하 9:25 참조, 사천 칸)를 가지고 있었다. *세펠라 (Shephelah).* 이 지대는 "저지대"를 의미하였으며, 블레셋이 위치한 해안과 유대 산지 사이에 위치한 지역이다. **10:28-29** *구에 (Kue).* 이 곳은 소아시아에 위치한 도시였다. 솔로몬은 실제로 말과 병거 무역의 중간 업자로서 이득을 남긴다. 신 17:16의 왕에 대한 율법은 이와 같은 행위를 금지한다. 신명기 법령은 아마도 솔로몬이 보여준 부를 제어하기 위해서 제정된 것 같다.

11:1-43 신명기학파 기자는 마지막 5년 동안 벌어진 솔로몬의 이방 신 숭배에 대한 관용과 이방 여인과의 결혼을 이용하여 그를 고발하고 있으며, 그의 행위에 대한 하나님의 노여움을 표현하고 있다. 솔로몬의 행위에 대한 신학적 평가를 통해, 신명기 학파 기자는 솔로몬의 죄(1-8절)가 그와 그의 가문을 심판할 수 있는 하나님의 이유가 되었다고 묘사한다 (9-40절). 이 장은 솔로몬의 죽음으로 끝을 맺는다 (41-43절).

11:1-8 11:1-3 솔로몬이 거느리는 많은 부인들은 고대 근동의 다처제 풍습을 반영해 주고 있지만, 그 숫자는 솔로몬의 유명세를 반영하기 위해 과장된 숫

9 이와 같이, 솔로몬의 마음이 주 이스라엘의
하나님을 떠났으므로, 주님께서 솔로몬에게 진노
하셨다. 주님께서는 두 번씩이나 솔로몬에게 나
타나셔서, 10 다른 신들을 따라가지 말라고 당부
하셨지만, 솔로몬은 주님께서 하신 말씀에 순종
하지 않았다. 11 그러므로 주님께서 솔로몬에게
이렇게 말씀하셨다. "네가 이러한 일을 하였고,
내 언약과 내가 너에게 명령한 내 법규를 지키지
아니하였으니, 내가 반드시 네게서 왕국을 떼어서,
네 신하에게 주겠다. 12 다만 네가 사는 날 동안
에는, 네 아버지 다윗을 보아서 그렇게 하지 않겠
지만, 네 아들 대에 이르러서는, 내가 이 나라를
갈라 놓겠다. 13 그러나 이 나라를 갈라서, 다
남에게 내주지는 않고, 나의 종 다윗과 내가 선택한
예루살렘을 생각해서, 한 지파만은 네 아들에게
주겠다."

솔로몬의 적

14 이렇게 해서, 주님께서는, 에돔 출신으로
에돔에 살고 있는 왕손 하닷을 일으키셔서, 솔로
몬의 대적이 되게 하셨다. 15 전에 다윗이 에돔에
있을 때에, 군사령관 요압 장군이 살해당한 사람
들을 묻으려고 그 곳으로 내려갔다가, 에돔에 있는
모든 남자를 다 쳐죽인 일이 있다. 16 요압은 온
이스라엘 사람과 함께, 에돔에 있는 모든 남자를
다 진멸할 때까지, 여섯 달 동안 거기에 머물러 있
었다. 17 그러나 하닷은 자기 아버지의 신하이던
에돔 사람들을 데리고서, 이집트로 도망하였다.
그 때에 하닷은 아직 어린 소년이었다. 18 그들은
미디안에서 출발하여 바란에 이르렀고, 그 곳에서
장정 몇 사람을 데리고 이집트로 내려가서, 이집
트 왕 바로에게로 갔다. 이집트 왕 바로는 그에게,
집과 얼마만큼의 음식을 내주고, 땅도 주었다.
19 하닷이 바로의 눈에 들었으므로, 바로는 자기
의 처제 곧 다브네스 왕비의 동생과 하닷을 결혼
하게 하였다. 20 다브네스의 동생은 아들 그누
밧을 낳았는데, 다브네스는 그를 바로의 궁 안에
서 양육하였으므로, 그누밧은 바로의 궁에서 바
로의 아들들과 함께 자랐다. 21 그 뒤에 하닷은,
다윗과 군사령관 요압 장군이 죽었다는 것을 이집
트에서 듣고서, 고국 땅으로 돌아가게 허락해 달
라고 바로에게 요청하였다. 22 그러자 바로는
그에게 "나와 함께 있는 것이 무엇이 부족해서, 그
렇게도 고국으로 가려고만 하오?" 하면서 말렸다.
그러나 하닷은, 부족한 것은 아무것도 없지만, 보내
달라고 간청하였다.

23 하나님께서는 솔로몬의 또 다른 대적자
로서, 엘리아다의 아들 르손을 일으키셨다. 그는
자기가 섬기던 소바 왕 하닷에셀에게서 도망한 사
람이다. 24 다윗이 소바 사람들을 죽일 때에, 그는
사람들을 모으고, 그 모은 무리의 두목이 되어서,
다마스쿠스로 가서 살다가, 마침내 다마스쿠스를
다스리는 왕이 되었다. 25 르손은 솔로몬의 일
생 동안에 이스라엘의 대적자가 되었다. 그렇지
않아도, 솔로몬은 하닷에게 시달리고 있었는데,
엎친 데 덮친 격으로, 르손에게도 시달렸다. 르손은
시리아를 다스리는 왕이 되어서, 계속하여 이스
라엘을 괴롭혔다.

자였다. 이 결혼의 대부분은 정치적 동맹관계의 상징으로 이루어졌다. 신명기학파 저자에 따르면, 솔로몬의 다처제와 가나안 여인과의 결혼은 왕에 대한 율법(신 17:17)과 일부 모세율법(출 34:11-16; 신 7:1-5)을 범한 결과가 되었다. **11:4** *꾀어서.* 가나안 여인과의 결혼으로 인해 솔로몬은 우상숭배를 하게 된다. **11:5** *여신 아스다롯* ("부끄러움"을 의미하는 단어 모음을 이용하여 히브리어로 재표기한 이름). 이 여신은 가나안 지역의 사랑과 풍요의 여신이다. *밀곰* 혹은 몰렉. 어린아이를 희생제물로 바치던 신이었다. **11:7-8** *그모스.* 모압 사람들의 신이었다 (민 21:29). *예루살렘 동쪽 산.* 이 산은 감람산을 말한다.

11:9-40 11:9-13 하나님은 솔로몬의 배교행위에 대한 벌을 선포하신다. 그의 후손들은 왕국을 잃게 될 것이고, 일부만 다윗 왕가에 소속되어 있게 될 것이다.

11:14-25 솔로몬의 죄에 대한 노여움을 나타내기 위해, 하나님은 솔로몬에 대한 3명의 대항자, 혹은 정치적 군사적 적대자들을 일으키신다. **11:15-22** 이 본문은 세부적으로 솔로몬의 첫 번째 대적자인 하닷의 생애와 배경을 묘사해 주고 있다 (삼하 8:12-14). 이 이야기는 솔로몬의 원수가 어린 시절을 솔로몬의 동맹국인 이집트의 은신처에서 보냈다는 점에서 모순이 있다. **11:23-2 5** 하나님이 세운 솔로몬의 두 번째 적대자는 *르손*으로, 아람 사람이며, 예전에 다마섹으로부터 아람을 통치하던 용병 대장이었으며, 솔로몬 통치기간 내내 갈등을 일으켰던 사람이다. **11:26-40** 하나님이 세운 솔로몬의 세 번째 적대자는 여로보암으로, 결국에 가서는 왕국의 정치적 종교적 분열을 가져온 자이다. **11:26-29** 예언자 아히야는 솔로몬의 우상숭배를 거부하고, 여로보암이 열 부족의 새 왕이 될 것을 예언하였다. **11:30-33** 의복을 찢는 행위는 반역을 의미하는 예언자적 상징이다 (삼상 15:27; 24:4-6 참조).

여로보암에게 하신 하나님의 약속

26 느밧의 아들 여로보암은 에브라임 족의
스레다 사람으로서, 한동안은 솔로몬의 신하
였다. 이 사람까지도 솔로몬 왕에게 반기를 들어
서 대적하였다. 그의 어머니는 과부 스루아이다.
27 그가 왕에게 반기를 든 사정은 이러하다. 솔
로몬이 밀로를 건축하고, 그의 아버지 다윗 성의
갈라진 성벽 틈을 수리할 때이다. 28 그 사람
여로보암은 능력이 있는 용사였다. 솔로몬은, 이
젊은이가 일 처리하는 것을 보고는, 그에게 요셉
가문의 부역을 감독하게 하였다. 29 그 무렵에
여로보암이 예루살렘에서 나아오다가, 길에서
실로의 아히야 예언자와 마주쳤다. 아히야는 새
옷을 걸치고 있었고, 들에는 그들 둘만 있었는데,
30 아히야는 그가 입고 있는 새 옷을 찢어서, 열
두 조각을 내고, 31 여로보암에게 말하였다.

"열 조각은 그대가 가지십시오. 주 이스라엘
의 하나님께서 그대에게 이렇게 말씀하셨습니다.
'자, 내가 솔로몬의 왕국을 찢어서, 열 지파를 너
에게 준다. 32 그리고 한 지파는 내 종 다윗을
생각해서, 그리고 이스라엘의 모든 지파 가운데
서 내가 선택한 성읍 예루살렘을 생각해서, 솔로
몬이 다스리도록 그대로 남겨 둔다. 33 ㄱ)솔로몬
은 나를 버리고, 시돈 사람의 여신인 아스다롯과
모압의 신 그모스와 암몬 자손의 신 밀곰에게 절
하며, 그의 아버지 다윗과는 달리, 내 앞에서 바
르게 살지도 않고, 법도와 율례를 지키지도 않았
지만, 34 내가 택한 나의 종 다윗이 내 명령과
법규를 지킨 것을 생각해서, 솔로몬이 살아 있는
동안에는, 그 온 왕국을 그의 손에서 빼앗지 아니
하고, 그가 계속해서 통치하도록 할 것이다.
35 그렇지만 그의 아들 대에 가서는, 내가 그 나
라를 빼앗아서, 그 가운데서 열 지파를 너에게 주고,
36 한 지파는 솔로몬의 아들에게 주어서 다스리
게 할 것이다. 그러면 그가, 내 이름을 기리도록
내가 선택한 도성 예루살렘에서 다스릴 것이고,
내 종 다윗에게 준 불씨가 꺼지지 않을 것이다.
37 여로보암아, 내가 너를 이스라엘의 왕으로
삼겠다. 너는 네가 원하는 모든 지역을 다스릴 것
이다. 38 네가, 나의 종 다윗이 한 것과 같이,
내가 명령한 모든 것을 따르고, 내가 가르친 대로
살며, 내 율례와 명령을 지켜서, 내가 보는 앞에서
바르게 살면, 내가 너와 함께 있을 것이며, 내가
다윗 왕조를 견고하게 세운 것 같이, 네 왕조도
견고하게 세워서, 이스라엘을 너에게 맡기겠다.
39 솔로몬이 지은 죄 때문에 내가 다윗 자손에게
이러한 형벌을 줄 것이지만, 항상 그러하지는
않을 것이다.'"

40 솔로몬이 여로보암을 죽이려고 하니,
여로보암은 일어나서 이집트 왕 시삭에게로 도망
하여, 솔로몬이 죽을 때까지 이집트에 머물러
있었다.

솔로몬이 죽다 (대하 9:29-31)

41 솔로몬의 나머지 행적과 그가 한 모든
일과 그의 지혜는 모두 '솔로몬 왕의 실록'에 기록
되어 있다. 42 솔로몬은 예루살렘에서 사십 년
동안 온 이스라엘을 다스렸다. 43 솔로몬은
죽어서, 그의 아버지 다윗의 성에 묻혔다. 그의
아들 르호보암이 그의 뒤를 이어, 왕이 되었다.

ㄱ) 칠십인역과 불가타와 시리아어역을 따름. 히, '그들이 나를 버리고……'

열 지파는 여로보암에게 소속되며, 오직 한 지파만이 솔로몬의 아들에게 배정될 것이다. 그러나 이 본문은 베냐민 지파가 유다에 복속되었다고 기록한다 (12:21-23; 대하 15:9 참조). 가나안의 신들에 대해서는 11:5-7을 보라. **11:34-40** 왕국의 분열은 솔로몬이 살아 있는 동안에 일어나지 않는다. 왜냐하면 다윗에 대한 하나님의 사랑 때문이다. 여로보암이 *견고한 왕조*를 받게 될 것이라는 하나님의 약속은 여로보암이 하나님께 충성하고 율법에 복종할 때만 유효한 조건부적 약속이다 (12:25—14:20 참조). **11:36** *불씨.* (개역개정과 NRSV는 문자 그대로 "등불"로 번역했음.) 이 단어는 생존해 있는 다윗의 후손들을 가리키기 위해 상징적으로 사용된 것이다 (삼하 14:7; 21:17; 왕상 15:4; 왕하 8:19). **11:40** *시삭* (쇼섹크 1세). 이 왕은 기원전 945년부터 924년까지 통치한 바로이며, 성경에서 역사상 존재한 바로의 이름을 인용한 첫 번째 인물이다.

11:41-43 신명기 역사서에서 첫 번째로 기록된 사망기사이다. "솔로몬 왕의 실록"은 공식적인 문서로서 솔로몬의 왕국에 대한 방대한 정보를 내포하고 있으며 신명기 역사가들의 자료로 사용되었다. *사십 년.* 이것은 한 세대를 반영하는 어림잡은 숫자이기도 하다. 르호보암은 유다 지파의 왕이었지만 온 이스라엘을 통치하기 위해서는 북이스라엘의 승인을 얻어내야만 했다.

12:1—16:34 이 부분은 솔로몬이 죽은 후 통일왕국의 분열로부터 오므리 왕과 아합 왕에 이르기까지 유다와 이스라엘의 역사를 계속해서 기록하고 있

북쪽 지파들의 반항 (대하 10:1-19)

12 1 온 이스라엘이 르호보암을 왕으로 세
우려고 세겜에 모였으므로, 르호보암도
세겜으로 갔다. 2 느밧의 아들 여로보암도 이 소
문을 들었다. (그 때에 그는 솔로몬 왕을 피하여
이집트로 가서 있었다.) 이집트에서 3 사람들이
여로보암을 불러내니, 그가 이스라엘의 모든 회
중과 함께 르호보암에게로 가서, 이렇게 말하였다.
4 "임금님의 아버지께서는 우리에게 무거운 멍에를
메우셨습니다. 이제 임금님께서는, 임금님의 아
버지께서 우리에게 지워 주신 중노동과 그가 우리
에게 메워 주신 이 무거운 멍에를 가볍게 해주
십시오. 그러면 우리가 임금님을 섬기겠습니다."
5 르호보암이 그들에게 말하였다. "돌아갔다가,
사흘 뒤에 나에게로 다시 오도록 하시오." 이 말을
듣고서, 백성들은 돌아갔다.
6 르호보암 왕은 부왕 솔로몬이 살아 있을
때에, 부왕을 섬긴 원로들과 상의하였다. "이 백성
에게 어떤 대답을 해야 할지, 경들의 충고를 듣고
싶소." 7 그들은 르호보암에게 이렇게 대답하였다.
"임금님께서 이 백성의 종이 되셔서, 그들을 섬기
려고 하시면, 또 그들이 요구한 것을 들어 주시겠
다고 좋은 말로 대답해 주시면, 이 백성은 평생 임
금님의 종이 될 것입니다." 8 원로들이 이렇게
충고하였지만, 그는 원로들의 충고를 무시하고,
자기와 함께 자란, 자기를 받드는 젊은 신하들과
의논하면서, 9 그들에게 물었다. "백성들이 나
에게, 부왕께서 메워 주신 멍에를 가볍게 하여 달
라고 요청하고 있소. 이 백성에게 내가 어떤 말로
대답하여야 할지, 그대들의 충고를 듣고 싶소."
10 왕과 함께 자란 젊은 신하들이 그에게 말하였다.
"이 백성은, 임금님의 아버지께서 그들에게 메우신
무거운 멍에를 가볍게 해 달라고, 임금님께 요청
하였습니다. 그러나 임금님께서는 이 백성에게 이
렇게 말씀하십시오. '내 새끼 손가락 하나가 내 아
버지의 허리보다 굵다. 11 내 아버지가 너희에게
무거운 멍에를 메웠다. 그러나 나는 이제 너희에게
그것보다 더 무거운 멍에를 메우겠다. 내 아버지
는 너희를 가죽 채찍으로 매질하였지만, 나는 너
희를 쇠 채찍으로 치겠다' 하고 말씀하십시오."
12 왕이 백성에게 사흘 뒤에 다시 오라고 하였
으므로, 여로보암과 온 백성은 사흘째 되는 날에
르호보암 앞에 나아왔다. 13 왕은 원로들의 충
고는 무시하고, 백성에게 가혹한 말로 대답하였다.
14 그는 젊은이들의 충고대로 백성에게 말하였다.
"내 아버지가 당신들에게 무거운 멍에를 메웠소.
그러나 나는 이제 그것보다 더 무거운 멍에를 당
신들에게 메우겠소. 내 아버지는 당신들을 가죽
채찍으로 매질하였지만, 나는 당신들을 쇠 채찍
으로 치겠소." 15 왕이 이렇게 백성의 요구를 들어
주지 않은 것은 주님께서 일을 그렇게 뒤틀리게
하셨기 때문이다. 이것은 주님께서 실로 사람 아
히야를 시켜서, 느밧의 아들 여로보암에게 하신
말씀을 이루시려는 것이었다.
16 온 이스라엘은, 왕이 자기들의 요구를 전혀
듣지 않는 것을 보고, 왕에게 외쳤다.

"우리가 다윗에게서
받을 몫이 무엇인가?
이새의 아들에게서는
받을 유산이 없다.
이스라엘아,
저마다 자기의 장막으로 돌아가라.
다윗아, 이제 너는
네 집안이나 돌보아라."

다 (12:1-33). 12장은 솔로몬이 죽고 난 이후 왕국의 정치적 분열(12:1-24)과 북이스라엘의 초대 왕인 여로보암 I세의 변절(12:25-33)에 초점을 맞추고 있다.

12:1-24 12:1 르호보암은 세겜으로 가서 북쪽 지파들로부터 승인을 받은 이스라엘의 왕이 되고자 한다. **12:2-3** *이스라엘의 모든 회중.* 이 표현은 이스라엘 지파의 지도자들을 가리키는 것으로, 그들은 세겜으로 와서 르호보암을 그들의 새로운 왕으로 선출하려고 하였다. **12:4** *무거운 멍에.* 이 멍에는 강제 노역과 세금이었다. **12:6-7** *원로들.* 이들은 왕실의 관료이자 솔로몬의 보조관들로서, 르호보암에게 강제 노역과 세금을 경감해 줄 것을 조언한 사람들이었다. **12:8** *젊은 신하들.* 이들은 르호보암의 친구들이자 동년배이며 보조관들이었고, 그들은 강경책을 지지하였다. **12:10-11** *전갈.* 이것은 끝에 금속이 달려 있는 채찍이었다. **12:15** 신명기 학파 저자는 이 사건을 솔로몬에게 예언한 아히야의 예언이 이루어진 것으로 해석한다 (11:29-39). 이 해석은 신명기적 역사 사건 속에서 성취된 예언을 바라보는 하나의 실례이다. **12:16** 반역자들의 큰소리는 다윗을 향한 세바의 반란을 암시하며 (삼하 20:1), 다윗 왕조에 대항한 범국가적인 규탄의 소리가 되었다. 이스라엘의 지도자들은 *자기의 장막으로* 되돌아가거나 그 회합을 해산시켰다. 북쪽 지파들은 다윗과 맺은 언약을 갱신하지 않았기 때문에 (삼하 5:3), 열두 지파를 하나로 통합하는 동맹관계는 무의미했다. **12:17** 남쪽 지파는 르호보암을 왕으로 받아들이는데, 그 이유는 그가 다윗 왕좌의 정통 후계자라고 믿었기 때문이다. 유다에 살고 있던 *이스라엘 자손은* 베냐민 지파 사람들로서, 유다와의 정치적 동맹관계를 끝까지 고수한 사람들로 추측

그런 다음에 이스라엘 백성은 저마다 자기의
장막으로 돌아갔다.
17 그러나 유다의 여러 성읍에 살고 있는 이스
라엘 자손은, 르호보암의 통치 아래에 남아 있었다.
18 르호보암 왕이 강제노동 감독관 ㄱ)아도니람을
이스라엘 자손에게 보내니, 온 이스라엘이 모여서,
그를 돌로 쳐죽였다. 그러자 르호보암 왕은 급히
수레에 올라서서, 예루살렘으로 도망하였다.
19 이렇게 이스라엘은 다윗 왕조에 반역하여서,
오늘에 이르렀다.
20 이 무렵에 온 이스라엘 백성은 여로보암
이 돌아왔다는 소식을 듣고서, 사람을 보내어
그를 총회로 불러 왔으며, 그를 온 이스라엘을 다
스리는 왕으로 추대하였다. 그리하여 유다 지파
만 제외하고는, 어느 지파도 다윗 가문을 따르지
않았다.

스마야의 예언 (대하 11:1-4)

21 르호보암이 예루살렘에 이르러서, 온 유
다의 가문과 베냐민 지파에 동원령을 내려, 정병
십팔만 명을 선발하였다. 그래서 이스라엘 가문
과 싸워서, 왕국을 다시 솔로몬의 아들 르호보암
에게 돌리려고 하였다. 22 그러나 그 때에 하나
님께서 하나님의 사람 스마야에게 말씀하셨다.
23 "너는 유다 왕 솔로몬의 아들 르호보암과, 유
다와 베냐민의 모든 가문과, 그 밖에 나머지 모든
백성에게, 이 말을 전하여라. 24 '나 주가 말한다.
일이 이렇게 된 것은, 내가 시킨 것이다. 너희는
올라가지 말아라. 너희의 동족인 이스라엘 자손과
싸우지 말고, 저마다 자기 집으로 돌아가거라.'"
그들은 이러한 주님의 말씀을 듣고, 주님의 말씀에
순종하여 모두 귀향하였다.

여로보암이 하나님에게서 돌아서다

25 여로보암이 에브라임의 산지에 있는 세겜
성을 도성으로 삼고, 얼마 동안 거기에서 살다가,
브누엘 성을 세우고, 그리로 도성을 옮겼다.
26 그런데 여로보암의 마음에, 잘못하면 왕국이
다시 다윗 가문으로 돌아갈지도 모른다는 생각이
들었다. 27 이 백성이 예루살렘에 있는 주님의
성전으로 제사를 드리려고 올라갔다가, 그들의
마음이 그들의 옛 주인인 유다 왕 르호보암에게로
돌아가게 되는 날이면, 그들이 자기를 죽이고, 유
다 왕 르호보암에게 돌아갈지도 모른다는 생각이
들었다. 28 왕은 궁리를 한 끝에, 금송아지 상
두 개를 만들었다. 그리고는 백성에게 이렇게 말
하였다. "예루살렘으로 올라가는 일은, 너희에게
는 너무 번거로운 일이다. 이스라엘 백성들아, 너
희를 이집트에서 구해 주신 신이 여기에 계신다."
29 그리고 그는 금송아지 상 두 개를, 하나는 베
델에 두고, 다른 하나는 단에 두었다. 30 그런데
이 일은 이스라엘 안에서 죄가 되었다. 백성들은
저 멀리 단까지 가서 거기에 있는 그 한 송아지를
섬겼다. 31 여로보암은 또 여러 높은 곳에 산당
들을 짓고, 레위 자손이 아닌 일반 백성 가운데서,
제사장을 임명하여 세웠다.

ㄱ) 히, '아도람'

된다. **12:18** *아도람.* 이 사람은 강제 노역꾼들의 우두머리로, 강제 노역 징집으로 인한 소동을 잠재울 만한 사람은 절대로 아니었다 (삼하 20:24). **12:20** 솔로몬의 죽음 이후, 여로보암은 이집트로부터 되돌아왔다 (2절 참조). 사람들은 그를 북쪽 지파의 왕으로 선포하였다. **12:21-24** 예언자 *스마야*는 르호보암을 설득하여 소동을 진압하지 말도록 한다. 왜냐하면 하나님이 그 사건을 이미 예정해 두셨기 때문이다.

12:25-33 **12:25** 여로보암은 세겜을 요새화하여 북왕국의 수도로 삼는다. 또한 브누엘을 요새화하여 (창 32:22-32) 새로운 나라에 위협이 되었던 아람 사람들로부터 나라를 방어하고자 하였다 (11:23-24 참조). **12:26-27** 두 국가의 정치적 분열은 또한 종교적 분열을 야기시켰다. 왕국을 안정화시키기 위해, 여로보암은 백성들이 예루살렘 성전을 순례하지 못하도록 해야 했다. **12:28** *금송아지 상 두 개.* 이것은 아마도 언약궤를 대체하기 위해 의도된 것으로 이스라엘의 보이지 않는 하나님의 권좌를 대체하기 위해 만들어졌다. 금송아지는 또한 북왕국의 종교생활이 가나안의 종교적 행위로부터 많은 영향을 받았음을 반영해 주고 있다. *이스라엘 백성들아 신이 여기에 계신다.* 송아지 상과 어투는 시내 산에서 금송아지 상을 숭배하던 이스라엘을 상기시켜 준다 (출 32:4). **12:29-30** 여로보암은 또한 금송아지를 위해 두 개의 성소를 건축한다. 하나는 단에, 다른 하나는 베델에 건축한다. 이 두 성소는 북왕국의 북쪽과 남쪽 경계선을 이룬다. **12:31** 여로보암은 또한 높은 곳에 다른 신들을 위한 성소를 지어 두었다 (3:2; 14:23 을 보라). 적어도 저자의 관점에서 본다면, 여로보암의 새 제사장들은 합법적이지 않은 자들이었다. **12:32-33** 여로보암은 또한 예루살렘에서 지켜졌던 절기 가운데 하나를 대체하여 새로운 절기를 만들어낸다 (레 23:39; 민 29:12를 보라). 이러한 모

베델 제단 규탄

32 여로보암은 유다에서 행하는 절기와 비슷
하게 하여, 여덟째 달 보름날을 절기로 정하고, 베
델에다 세운 제단에서, 그가 만든 송아지들에게
제사를 드렸으며, 그가 만든 베델의 산당에서 제
사를 집행할 제사장들도 임명하였다. 33 왕은
자기 마음대로 정한 여덟째 달 보름날에, 베델에
세운 제단에서 제사를 드렸다. 그는 이스라엘 자
손이 지켜야 할 절기를 이렇게 제정하고, 자기도
그 제단에 분향을 하려고 올라갔다.

13 1 여로보암이 제단 곁에 서서 막 분향을
하려고 하는데, 바로 그 때에 하나님의
사람이 주님의 말씀을 전하려고 유다로부터 베델로
왔다. 2 그리고 그는 그 제단 쪽을 보고서, 주님께
받은 말씀을 외쳤다.
"제단아, 제단아, 나 주가 말한다. 다윗의 가
문에서 한 아들이 태어난다. 그 이름은 요시야다.
그가 너의 위에 분향하는 산당의 제사장들을 너의
위에서 죽여서 제물로 바칠 것이며, 또 그가 너의
위에서 그 제사장들의 뼈를 태울 것이다." 3 바로
그 때에 그는 한 가지 징표를 제시하며, 이렇게 말
하였다. "이것은 나 주가 말한 징표다. 이 제단이
갈라지고, 그 위에 있는 재가 쏟아질 것이다."
4 여로보암 왕은, 하나님의 사람이 베델에 있는
제단 쪽에 대고 외치는 말을 듣고, 제단 위로 손을
내밀면서 "저 자를 잡아라" 하고 소리를 쳤다. 그
러자 그 사람에게 내어 뻗은 여로보암의 손이 마
비되어서, 다시 오므릴 수 없었다. 5 그리고 곧
이어서, 하나님의 사람이 주님의 말씀으로 제시한
징표대로, 그 제단은 갈라지고, 그 제단으로부터는
재가 쏟아져 내렸다. 6 그러자 왕은 하나님의 사
람에게 "제발 그대의 주 하나님께 은총을 빌어서,
내 손이 회복되도록 기도하여 주시오" 하고 청하
였다. 하나님의 사람이 주님께 은총을 비니, 왕의
손이 회복되어서, 예전과 같이 되었다. 7 이에
왕은 하나님의 사람에게 말하였다. "나와 함께 집
으로 가서, 피곤을 풀도록 합시다. 그대에게 선물도
주고 싶소." 8 그러나 하나님의 사람은 왕에게
이렇게 말하였다. "비록 임금님께서 저에게 왕실
재산의 절반을 주신다고 하여도, 나는 임금님과
함께 갈 수 없습니다. 이 곳에서는 밥도 먹지 않
겠으며, 물도 마시지 않겠습니다. 9 주님께서 나
에게 명하시기를, 밥도 먹지 말고, 물도 마시지 말
고, 온 길로 되돌아가지도 말라고 하셨습니다."
10 그런 다음에, 그는 베델에 올 때에 온 길로 돌
아가지 않고, 다른 길로 돌아갔다.

베델의 늙은 예언자

11 그 무렵에 늙은 예언자가 베델에 살고 있
었다. 그의 아들들 가운데 하나가 와서, 그 날 베
델에서 하나님의 사람이 한 일과, 그가 왕에게 말한
내용을, 모두 아버지에게 말하였다. 12 그러자
그들의 아버지가 그들에게 "그가 어느 길로 돌아
갔느냐?" 하고 물었다. 그의 아들들은, 유다로부터

든 변화들은 예루살렘만이 오직 유일한 이스라엘 민족의 적법한 예배장소라는 신명기적 관점에 어긋나는 것들이었다.

13:1-34 이제 저자는 북왕국의 종교생활에 있어서 결정적인 역할을 하는 예언자를 통해서 여로보암의 종교개혁에 대한 입장을 표명한다. 13장은 유다로부터 온 하나님의 사람 (1-10절); 베델에 사는 예언자의 유혹에 넘어간 하나님의 사람 (11-19절); 그리고 유다로부터 온 사람의 죽음과 장사(20-32절)를 묘사한다. 이 장은 여로보암의 죄를 언급하면서 끝을 맺는다 (33-34절).

13:1-10 13:1 *하나님의 사람.* 이 칭호는 예언자에게 적용되는 영광스러운 칭호였다 (12:22 참조). 그 예언자는 남왕국출신으로 용납될 수 없는 제단에서 희생제물을 바친 여로보암을 비난한다. **13:2-3** 이 신탁은 성취되었으며, 3세기 후, 곧 그 제단에서 사람의 뼈를 불사르는 요시야에 의해서 그 제단은 훼손된다 (왕하 23:15-17). 바로 그 날 파괴된 제단은 이 예언의 타당성을 증명해주는 신호이다 (5절을 보라). **13:4-5** 왕이 뻗은 손은 그의 권위를 상징한다. 그의 손이 마비되었다는 것은 예언자의 신적 보호와 예언자적 권위를 증언해 주고 있다. **13:6** 예언자들의 역할 가운데 하나는 사람들을 중재하는 것이다 (삼상 7:8; 왕상 17:20-21; 암 7:1-6). 왕의 치유는 예언자의 권위와 힘의 새로운 상징이다. **13:7-10** 왕의 초청은 예언자의 호의와 신의 축복을 얻기 위함이었다. 그 예언자는 베델이 우상숭배로 더렵혀진 성소였기 때문에 거부했을 것이다.

13:11-19 이 이야기는 참 예언자와 거짓 예언자를 구별하려고 시도한다. **13:11-14** *그의 아들들.* 늙은 예언자는 아마도 예언자 공동체의 지도자였던 것 같다. 예언자의 추종자들은 "예언자의 아들들"이라고 불렀다 (왕하 2:3, 5, 7, 15). **13:15-19** 노인 예언자는 하나님의 사람을 속여서 베델에서 함께 먹도록 유혹하였다. 그럼으로써 그는 하나님의 사람이 하나님에게 불복종하도록 한 것이었다 (참 예언자와 거짓 예언자에 대한 논의에 관해서는 왕상 22장을 참조).

13:20-32 13:20-22 *그러므로 당신의 주검은 당신 조상의 무덤에 묻히지 못할 것이다.* 하나님의 사람은 극도의 수치심으로 고통스러워하게 될 것이며,

온 하나님의 사람이 돌아간 길을 말하였다. 13 그
말을 듣고서, 그들의 아버지는 곧 그의 아들들에게
말하였다. "내가 타고 갈 나귀에 안장을 얹어 다
오." 그들이 아버지가 타고 갈 나귀에 안장을 얹
으니, 그는 나귀를 타고서, 14 하나님의 사람을
뒤쫓아 갔다. 마침내, 그는 상수리나무 아래에 앉아
있는 하나님의 사람을 보고 물었다. "그대가 유다로
부터 온 하나님의 사람이오?"
그러자 그가 대답하였다. "그렇습니다." 15 그
는 하나님의 사람에게 말하였다. "함께 우리 집으로
가서, 무엇을 좀 잡수시고 가시지요." 16 하나님의
사람은 대답하였다. "나는 노인 어른과 함께 돌아
가서 노인 어른의 집에 들어갈 수 없습니다. 또 이
곳에서는 누구와 함께 밥을 먹어도 안 되고, 물을
마셔도 안 됩니다. 17 주님께서 나에게 명하시
기를, 여기에서는 밥도 먹지 말고, 물도 마시지
말고, 온 길로 되돌아가지도 말라고 하셨습니다."
18 그래서 그는 하나님의 사람에게 이렇게 말하
였다. "나도 그대와 같은 예언자요. 주님께서 천
사를 보내셔서, 나에게 말씀하시기를, 그대를 내
집으로 데리고 가서, 밥도 대접하고 마실 물도 대
접하라고 하셨소." 그런데 그것은 거짓말이었다.
19 이렇게 해서, 하나님의 사람은 이 늙은 예언
자와 함께 가서, 그의 집에서 밥을 먹고, 물도 마
셨다. 20 그들이 이렇게 식탁에 함께 앉아 있는
데, 주님의 말씀이 하나님의 사람을 데려온 그 예
언자에게 내렸다. 21 그는 유다에서 온 그 하나
님의 사람에게 이렇게 외쳤다. "주님께서 말씀하
십니다. 당신은 주님의 말씀을 어기고, 당신의 주
하나님께서 당신에게 말씀하신 명령을 지키지 않
았습니다. 22 당신은 주님께서 밥도 먹지 말고,
물도 마시지 말라고 말씀하신 곳에서, 밥도 먹고,
물도 마셨습니다. 그러므로 당신의 주검은 당신
조상의 무덤에 묻히지 못할 것입니다."
23 그 늙은 예언자는 하나님의 사람이 밥을
먹고 물을 마신 뒤에, 나귀 등에 안장을 얹어 주
었다. 24 이에 그 사람이 길을 떠났다. 그는 길
을 가다가 사자를 만났는데, 그 사자가 그를 물어
죽였다. 그리고 그 주검은 길가에 버려 두었으며,
나귀와 사자는 그 주검 옆에 서 있었다. 25 길을
지나가는 사람들은 길가에 버려 둔 주검과 그 주검
가까이에서 어슬렁거리는 사자를 보았다. 그들은,
그 늙은 예언자가 사는 성읍으로 돌아와서, 이 사
실을 널리 알렸다. 26 길을 가는 하나님의 사람을
자기 집으로 데리고 간 그 늙은 예언자가, 이 말을
듣고 말하였다. "그는 틀림없이 주님의 말씀을 어긴
그 하나님의 사람일 것이다. 주님께서는 전에 그
에게 말씀하신 대로, 그를 사자에게 내주셔서, 사
자가 그를 찢어 죽이게 하신 것이다." 27 그리고
그는 또 자기의 아들들에게, 나귀에 안장을 지우
라고 하였다. 그들이 나귀에 안장을 지워 놓으니,
28 그는 곧 가서, 길가에 있는 그 주검을 찾아 내
었다. 나귀와 사자가 그 주검 가까이에 서 있었는데,
사자는 그 주검을 먹지 않았을 뿐만 아니라, 나귀도
물어 죽이지 않았다. 29 예언자는 하나님의 사
람의 주검을 나귀 등에 싣고, 자기의 성읍으로 옮겨
와서, 곡을 한 뒤에 묻어 주었다. 30 그 주검을
자기의 무덤에 안장하고 나서, 그 늙은 예언자는
"아이고, 내 형제여!" 하면서 통곡을 하였다.
31 장사를 마친 뒤에, 그는 자기 아들들에게 말
하였다. "내가 죽거든, 너희는 나를, 이 하나님의
사람이 묻힌 곳에 같이 묻어 다오. 나의 뼈를 그
의 뼈 옆에 두어라. 32 그가 주님의 말씀을 받아
서, 베델에 있는 제단과 사마리아 성읍 안에 있는
모든 산당을 두고 외친 그 말씀이, 그대로 이루어
질 것이다."

여로보암의 죄

33 이런 일이 생긴 뒤에도, 여로보암은 여전히
그 악한 길에서 돌아서지 아니하고, 오히려 일반
백성 가운데서, 원하는 사람은 누구든지 산당의
제사장으로 임명하였다. 34 그런 일 때문에 여
로보암 가문은 죄를 얻었으며, 마침내 땅에서 흔
적도 없이 사라졌다.

그의 가족 무덤에 묻히지 못하게 될 것이다. 이 사건이 주는 교훈은 분명하다: 하나님의 말씀에 대한 불복종은 죽음의 심판이다. **13:23-25** 사자가 불복종한 예언자를 죽였지만 당나귀는 죽이지 않았다는 사실은 예언자의 죽음에 담겨있는 초자연적인 특성을 강조하기 위함이다. **13:26-32** 베델의 예언자는 죽은 예언자가 유다로부터 온 예언자임을 확인하고 그를 자신의 가족묘에 합장한다. 늙은 예언자의 말은 참 예언자를 거짓 예언자로부터 구별해내는 신명기적 원리를 반영해 주는 것이다: 언약에 대한 충실함과 예언자 말씀의 완성 (32절). **13:33-34** 여로보암은 이러한 사건들을 통해 전혀 변화하지 않았으며, 계속해서 높은 지역에 우상숭배를 위한 산당을 건립하고, 원하는 사람은 누구든지 제사장으로 임명하였다. 궁극적으로 그의 종교생활은 그의 왕조를 몰락시키고 있었다.

14:1-31 14장은 여로보암의 아들인 아비야가

여로보암의 아들의 죽음

14 1 그 때에 여로보암의 아들 아비야가 병
들어 누웠다. 2 여로보암이 자기 아내
에게 말하였다. "변장을 하고 나서시오. 당신이
여로보암의 아내라는 것을 사람들이 알아차리지
못하도록 하고, 실로로 가시오. 거기에는 아히야
예언자가 있소. 그가 바로 내게, 이 백성을 다스
리게 될 것이라고 말한 예언자요. 3 당신은 빵
열 개와 과자와 꿀 한 병을 들고, 그에게로 가시오.
그리하면 그는, 이 아이에게 어떤 일이 일어날 것
인지를 당신에게 알려 줄 것이오." 4 여로보암
의 아내는 그와 같이 하고 실로로 가서, 아히야의
집에 이르렀다. 아히야는, 나이가 들어서 눈이 어
두워졌으므로, 사람을 잘 알아 보지 못하였다.
5 주님께서 아히야에게 미리 말씀하셨다. "여로
보암의 아내가 자기의 병든 아들의 일을 물으려
고, 네게로 올 것이다. 너는 그에게 내가 일러준
대로 말하여라. 그는 올 때에 변장을 하고, 다른
사람인 것 같이 차릴 것이다."

6 왕의 아내가 문에 들어설 때에, 아히야는
그의 발소리를 듣고 이렇게 말하였다. "여로보암
의 부인께서 오신 줄 알고 있습니다. 들어오십시
오. 그런데 어찌하여, 다른 사람인 것처럼 변장을
하셨습니까? 불행하게도 좋지 않은 소식을 전해
야 하겠습니다. 7 집으로 돌아가셔서, 여로보암
에게 이 말을 전하십시오. '나 주 이스라엘의 하나
님이 말한다. 내가 너를 백성 가운데서 높여서, 내
백성 이스라엘의 지도자로 임명하였고, 8 다윗의
가문으로부터 왕국을 쪼개어서 네게 주었지만,
너는 내 종 다윗처럼 살지 않았다. 다윗은 내 명
령을 지키고, 내가 보기에 올바르게 행동하였으며,
마음을 다해서 나를 따랐다. 9 그러나 너는, 너
보다 앞서 있던 모든 왕들보다 더 악한 일을 하여
서, 다른 신들을 만들고, 우상을 부어 만들어서,
나의 분노를 격발시켰다. 결국 너는 나를 배반하고
말았다. 10 그러므로 내가 여로보암의 가문에
재난을 내리겠다. 여로보암 가문에 속한 남자는,
종이거나 자유인이거나 가리지 않고, 이스라엘
가운데서 모두 끊어 버리겠다. 마치 사람이 쓰레
기를 깨끗이 쓸어 버리듯이, 여로보암 가문에 사
람을 하나도 남기지 아니하고, 다 쓸어 버리겠다.
11 여로보암에게 속한 사람으로서, 성읍 안에서
죽은 사람들은 개들이 먹어 치울 것이고, 성읍 바
깥의 들에서 죽은 사람들은 하늘의 새들이 와서
쪼아 먹을 것이다. 이것은 나 주가 하는 말이다.'

12 이제 일어나서, 집으로 돌아가십시오. 부
인이 성읍 안에 들어설 때에 아이는 곧 죽을 것입
니다. 13 그런데 온 이스라엘은 그의 죽음을 애
도하며 장사를 지낼 것입니다. 여로보암 가문에
서는 그 아이만이 주 이스라엘의 하나님께서 보시
기에 착하게 살았으므로, 여로보암의 가문에 속
한 사람 가운데서, 그 아이만 제대로 무덤에 묻힐
수 있을 것입니다. 14 주님께서는 이스라엘을
다스릴 또 다른 한 왕을 세우실 터인데, 그가 여
로보암의 가문을 끊어 버릴 것입니다. 이 일은 오
늘, 지금 이 순간에 일어날 것입니다. 15 주님께
서는 이스라엘을 쳐서, 물가의 갈대가 흔들리듯이

질병에 걸려있다는 내용으로 시작한다. 예언자 아히야는 그 소년이 죽게 될 것이고 또한 장사를 지내게 될 것이라고 예언했다 (1-20절). 나머지 14장은 여로보암의 통치를 요약해 줌으로써, 남왕국의 왕들의 역사를 시작한다 (21-31절).

14:1-20 14:1 *아비야.* 병이 들어 아프다는 사실을 제외하고는 아비야에 대한 아무 언급도 없다. 그는 여로보암의 장남이었던 것 같다. **14:2-3** 질병에 걸려 있을 때 예언자와 상의하는 것은 관습이었다 (왕하 4:22, 5:3). 아히야는 여로보암에게 호의적이었으므로, 여로보암은 그 예언자를 다시 자신을 도와 줄 것으로 믿었다. 변장한 왕비는 편견 없이 하나님의 말씀을 전하도록 요청하였다 (또한 삼상 28:8; 왕상 22:30; 대하 35:22를 보라). 예언자를 만날 때 선물을 가져가는 것은 관습이었다 (삼상 9:5-10; 왕하 5:5; 8:7-9; 겔 13:19). **14:4-5** *물으려고.* 이 구절은 예언자의 기도를 통해 하나님의 뜻을 알려고 노력하는 표현의 말로 사용된다 (왕상 22:8; 왕하 22:18). **14:6-10** 신명기 학파 저자에 따르면, 여로보암의 큰 죄는 그가 외국의 신들을 소개하기 위해 단과 베델에 금송아지 상을 건립했다는 것이며, 가나안의 제사의식을 이스라엘의 종교생활로 도입했다는 것이다 (12:25-33을 보라). 형벌로 가족의 모든 남자가 죽임을 당하게 된다. *종이거나 자유인이거나*는 그의 가족에 속한 모든 남자를 가리키는 말이다 (21:21; 신 32:36; 왕하 9:8; 14:26을 보라). **14:13** 오직 여로보암의 아들만이 제대로 묻히게 된다. *디르사.* 여로보암 시대에 북왕국의 수도였다 (16절). **14:14** 이스라엘의 다음 왕인 바아사는 이 왕조의 종말을 맞이하는 왕이다 (15:27-29). **14:15** 유프라테스 강은 이스라엘에게 약속된 땅의 최북단 경계를 이상적으로 만들어 주었다 (창 15:18; 수 1:4). *아세라 목상*은 가나안 만신전의 최고신으로, 풍요의 여신이다. 여로보암은 일부 가나안의 종교적 행위들을 도입한 것으로 보인다 (23절). 그러나 본문이 이스라엘의 포로생

흔들리게 하실 것이며, 그들이 아세라 목상을 만들
어서 주님의 분노를 샀으므로, 조상들에게 주신
이 좋은 땅에서부터 이스라엘을 뿌리째 뽑아 내어
서, ㄱ)유프라테스 강 저쪽으로 흩으실 것입니다.
16 여로보암은 자기도 죄를 지었을 뿐만 아니라,
이스라엘까지 죄를 짓게 하였으므로, 주님께서는
여로보암의 죄 때문에 이스라엘을 버리실 것입
니다."
17 여로보암의 아내는 일어나서, 그 곳을 떠나
디르사로 돌아갔다. 그가 집 안으로 들어설 때에
그 아이가 죽었다. 18 온 이스라엘은 그를 장사
지내고, 그의 죽음을 슬퍼하며 애곡하였다. 모든
것은, 주님께서 그의 종 아히야 예언자를 시켜서
하신 말씀대로 되었다.

여로보암의 죽음

19 여로보암의 나머지 행적 곧 그가 전쟁을
어떻게 하고 또 나라를 어떻게 다스렸는가 하는
것은, '이스라엘 왕 역대지략'에 기록되어 있다.
20 여로보암은 스물두 해 동안 다스린 뒤에, 조
상들과 함께 잠들고, 그의 아들 나답이 그의 뒤를
이어서 왕이 되었다.

유다 왕 르호보암 (대하 11:5-12:15)

21 또한 솔로몬의 아들 르호보암은 유다를
다스렸다. 르호보암이 즉위할 때의 나이는 마흔
한 살이었는데, 그는, 주님께서 자신의 이름을 두
시려고 택하신 성읍 예루살렘에서 열일곱 해를 다
스렸다. 그 어머니의 이름은 나아마이며, 암몬 여
자이다.
22 유다도 주님께서 보시기에 악한 일을
하였다. 그들이 지은 죄는 조상들이 저지른 죄
보다 더 심하여서, 주님의 진노를 격발하였다.
23 그들도 높은 언덕과 푸른 나무 아래마다,
산당과 돌 우상과 아세라 목상을 만들었다.
24 그 땅에는 신전 남창들도 있었다. 이와 같이
이스라엘 자손은, 주님께서 그들 앞에서 내쫓으
신 나라들이 지킨 그 혐오스러운 관습을 그대로
본받았다.
25 르호보암이 즉위한 지 오 년째 되는 해에,
이집트의 시삭 왕이 예루살렘을 치러 올라와서,
26 주님의 성전에 있는 보물과 왕궁의 보물을 다
털어 갔다. 하나도 남기지 않고 다 가져 갔다. 솔
로몬이 만든 금방패들도 가져 갔다. 27 그래서
르호보암 왕은 금방패 대신에 놋방패를 만들어
서, 대궐 문을 지키는 경호 책임자들의 손에 그것
을 맡겼다. 28 왕이 주님의 성전으로 들어갈 때
마다, 경호원들이 그 놋방패를 들고 가서 경호하
다가, 다시 경호실로 가져 오곤 하였다.
29 르호보암의 나머지 행적과 그가 한 모든
일은 '유다 왕 역대지략'에 기록되어 있다. 30 르
호보암과 여로보암이 살아 있는 동안에, 그들 사
이에는 늘 전쟁이 있었다. 31 르호보암이 죽으
니, 조상들과 함께 '다윗 성'에다가 장사하였다.
그의 어머니 나아마는 암몬 여자이다. 그의 아들
ㄴ)아비야가 그의 뒤를 이어서 왕이 되었다.

ㄱ) 히, '그 강' ㄴ) 칠십인역과 몇몇 히브리어 사본을 따름. 히, '아비얌'

활을 언급한 것으로 보아, 이 구절은 아합 통치 후에 발생했던 사건을 암시하는 예언적 구문으로 이해될 수 있다 (18:19). **14:19** *이스라엘 왕 역대지략.* 왕실의 공식 역사기록으로, 지금은 전해지지 않지만, 열왕기상하를 기록한 저자가 이용했다. **14:20** 여로보암은 갑작스럽게 죽는다 (대하 13:20). 아히야의 예언은 여로보암 자신이 아닌 후손에 대한 예언이었기 때문에 (10-11절), 그는 가족 무덤에 묻히게 된다.

14:21-31 **14:21** 이와 같이 서론 형식으로 유다의 왕을 소개하고, 왕좌에 오른 때의 나이와 통치기간과 왕의 어머니의 이름을 언급하기 위해서 빈번히 열왕기상하에서 나타난다 (21절). **14:22** 대하 12:1을 보라. *유다도 주님께서 보시기에 악한 일을 하였다.* 신명기학파 기자의 눈에는 이러한 판단의 근거를 가나안의 종교생활이 유다에 편만해 있고, 예루살렘을 중심으로 하는 예배생활이 이루어지지 않고 있다는 사실에 둔다. **14:23-24** *높은 언덕.* 이것에 대해서는 왕상 3:2를 보라. 높은 장소는 가나안의 예배장소였다. *우상.* 가나안의 풍요의 신을 상징하기 위해 세워둔 돌을 말한다. *목상.* 여신 아세라를 상징하는 나무들을 가리킨다. 의례화된 매춘행위(신 23:17-18에서 금지됨)는 가나안의 신당에서 행해지고 있었으며, 예루살렘 성전 예식에 도입되었다. **14:26-28** 르호보암 재위 5년(대하 12:2)에 일어났던 시삭의 침략(바로 쇼센크; 11:40에 관한 주석을 보라)은 이집트 카르낙(Karnak)에 있는 아몬 성전의 벽에 기록되어 있다. **14:29-30** *유다 왕 역대지략.* 열왕기상하 기자가 이용한 또 다른 문서 자료이다. 여로보암과 르호보암은 재위 기간 내내 국경전쟁을 늘 하였다 (15:5; 대하 12:15).

15:1-34 15장은 유다와 이스라엘 왕들의 역사를 병행해서 소개하고 있다. 이 역사는 서로 비교해 가면서 유다 왕의 통치가 시작된 때를 이스라엘 왕의 통치가 시작된 해와 상호 연관하여 기술한다 (2절을 보라). 15장은 유다 왕 아비야 (1-8절); 유다 왕 아사 (9-24절);

유다 왕 아비야 (대하 13:1-14:1)

15 1 느밧의 아들 여로보암 왕 제 십팔년에,
ㄱ)아비야가 유다 왕이 되었다. 2 그는 삼
년 동안 예루살렘에서 다스렸다. 그의 어머니는
아비살롬의 딸 마아가이다. 3 ㄱ)아비야는 그의
아버지가 지은 죄를 모두 그대로 따라 갔으며, 그의
조상 다윗의 마음과는 달라서, 주 하나님 앞에서
온전하지 못하였다. 4 그러나 주 하나님께서는
다윗을 생각하셔서, 예루살렘에다가 한 등불을
주시고, 그의 뒤를 이을 아들을 세우셔서, 예루살
렘을 굳게 세워 주셨다. 5 다윗은 주님께서 보시
기에 올바르게 살았고, 헷 사람 우리야의 사건 말
고는, 그 생애 동안에 주님의 명령을 어긴 일이 없
었다. 6 여로보암과 르호보암 사이에는 그들이
살아 있는 동안 늘 전쟁이 있었고, 7 ㄱ)아비야와
여로보암 사이에도 전쟁이 있었다. ㄱ)아비야의 나
머지 행적과 그가 한 모든 일이, '유다 왕 역대지
략'에 모두 기록되어 있다.
8 ㄱ)아비야가 죽어서, 그의 조상들과 함께 잠
드니, '다윗 성'에 장사지냈고, 그의 아들 아사가
그의 뒤를 이어서 왕이 되었다.

유다 왕 아사 (대하 15:16-16:6)

9 이스라엘의 여로보암 왕 제 이십년에, 아
사가 유다 왕이 되어서, 10 예루살렘을 마흔한
해 동안 다스렸다. 그의 할머니는 아비살롬의 딸
마아가이다. 11 아사는 그의 조상 다윗과 같이
주님께서 보시기에 정직하게 행하였다. 12 그는
성전 남창들을 나라 밖으로 몰아내고, 조상이 만든
모든 우상을 없애 버렸다. 13 그리고 그는, 자기
할머니 마아가가 아세라를 섬기는 혐오스러운 상을
만들었다고 해서, 자기의 할머니를 왕 대비의 자
리에서 물러나게 하였다. 아사는, 할머니가 만든
혐오스러운 상을 토막내어서, 기드론 시냇가에서
불살라 버렸다. 14 그렇다고 해서 산당이 모두
제거된 것은 아니지만, 주님을 사모하는 아사의
마음은 평생 한결같았다. 15 그는 자기의 아버
지와 자기가 거룩하게 구별해서 바친 은과 금과
그릇들을, 주님의 성전에 들여놓았다.
16 아사와 이스라엘 왕 바아사 사이에는, 그
들이 살아 있는 동안에 늘 전쟁이 있었다. 17 이스
라엘 왕 바아사가 유다를 치러 올라와서, 라마를
건축하고, 어느 누구도 유다 왕 아사에게 왕래하지
못하게 하였다. 18 그러자 아사는, 주님의 성전
창고와 왕실 창고에 남아 있는 모든 은과 금을 모아,
그의 신하들의 손에 들려서, 다마스쿠스에 있는
시리아의 헤시온 왕의 아들인 다브림몬의 아들 벤
하닷에게 보내면서 말하였다. 19 "나의 아버지
와 그대의 아버지가 서로 동맹을 맺은 것과 같이,
나와 그대도 서로 동맹을 맺읍시다. 여기에 그대

ㄱ) 칠십인역과 몇몇 히브리어 사본을 따름. 히, '아비얌'

이스라엘 왕 나답 (25-32절); 그리고 이스라엘 왕 바아사의 통치에 대해 이야기한다 (33-34절).

15:1-8 15:1-2 *아비얌* (대하 13:1에서는 아비야). 아비얌을 시작으로 유다 왕의 등극은 이스라엘 왕을 교차적으로 지시하고 있다. **15:3-5** 하나님은 아비얌이 그의 아버지인 르호보암의 종교생활을 계승하도록 한다 (14:23-24). *예루살렘에 한 등불.* 이 말은 후계자가 될 아들을 갖게 될 것임을 의미한다 (11:36 참조). *헷 사람 우리야.* 기자는 계속해서 다윗 언약에 대한 하나님의 신실함을 강조한다 (삼하 11장). **15:7-8** 르호보암과 여로보암 시대부터 발발한 국경전쟁(14:30)은 아비얌 시대에도 계속되었다 (대하 13:3-20 참조). *유다 왕 역대지략.* 이 책에 대해서는 14:29에 관한 주석을 보라. **15:9-24 15:9-10** 유다의 3대 왕인 아사는 종교개혁을 시도한 최초의 왕이다. **15:11** *아사는 주께서 보시기에 정직하게 행하였다.* 신명기 학파 저자는 아사에 대한 이러한 평가를 다른 유다의 왕들, 곧 유다의 종교로부터 가나안의 종교적 요소를 제거하려고 노력하는 왕들에게도 적용한다. **15:12-13** 그는 자신의 할머니 마아가가 가나안의 여신 아세라 숭배를 후원하고 있었다는 이유로 왕 대비의 자리에서 물러나게 하였다. **15:14** 높은 곳에서 하나님(야웨)을 예배하는 것은 제거되지 않았다. 왜냐하면 비록 잘못된 행위였지만, 우상적인 것으로 여겨지지 않았기 때문이다. (아사의 개혁에 대한 자세한 설명은 대하 13:16-19; 14:12-15; 15:9-17을 보라.) **15:16-17** 저자에 따르면, 아사와 이스라엘 왕 바아사 사이의 전쟁은 신학적인 문제로 인한 것이었다. 바아사는 라마를 요새화하여 예루살렘으로 예배하기 위해 왕래하는 사람들을 저지하였다. **15:18** 아사와 벤하닷 사이의 동맹에 대해서는 대하 16:7을 보라. **15:19-22** 벤하닷은 바아사와의 동맹관계를 깨뜨리고 이스라엘을 침략한다. 그리고 일부 이스라엘의 도시를 점령한다. 이 사건으로 인해 아사 왕은 자신의 백성이 예루살렘으로 예배하기 위해 방문하는 길목을 차단하려는 바아사의 시도를 좌절시킬 수 있었다. **15:23-24** *유다 왕 역대지략.* 이 책에 대해서는 14:29를 보라.

15:25-32 15:25-26 여로보암의 아들이자 이스라엘의 2대 왕인 나답은 단지 2년만 통치하고 악한 일들로 인해 비난받게 된다. 그는 또한 유다의 왕 아사와

에게 은과 금을 선물로 보냅니다. 부디 가셔서, 이스라엘 왕 바아사와 맺은 동맹을 파기하시고, 그를 여기에서 떠나게 하여 주십시오." 20 벤하닷이 아사 왕의 청을 받아들이고, 이스라엘 성읍들을 치려고 자기의 군사령관들을 보내어서, 이욘과 단과 아벨벳마아가와 긴네렛 전 지역과 납달리 전 지역을 치게 하였다. 21 바아사는 이 소문을 듣고는, 라마 건축을 멈추고, 디르사로 거처를 옮겼다. 22 그리고 아사 왕은 모든 유다 사람에게 명령하여, 한 사람도 빼놓지 않고 모두, 바아사가 라마를 건축할 때에 쓰던 돌과 재목을 가져 오게 하였다. 아사 왕은 이것으로 베냐민의 게바와 미스바를 보수하였다.

23 아사의 나머지 행적과 그의 권세와, 그가 한 일과 그가 건축한 모든 일이, '유다 왕 역대지략'에 다 기록되어 있다. 그는 늘그막에 이르러서, 발에 병이 났다. 24 아사가 죽어서 조상들과 함께 잠드니, 그의 조상 '다윗 성'에 조상들과 함께 장사지냈다. 그리고 그의 아들 여호사밧이 그의 뒤를 이어 왕이 되었다.

이스라엘 왕 나답

25 유다의 아사 왕 제 이년에 여로보암의 아들 나답이 이스라엘 왕이 되어서, 두 해 동안 이스라엘을 다스렸다. 26 그러나 그는 주님께서 보시기에 악한 일을 하였다. 그도 그의 부친이 걷던 그 악한 길을 그대로 걸었으며, 또 이스라엘에게 죄를 짓게 하는 그 잘못을 그대로 따랐다.

27 잇사갈 가문의 아히야의 아들인 바아사가 그에게 반기를 들고 일어났다. 나답과 모든 이스라엘이 깁브돈을 포위하였으므로, 바아사는 블레셋의 영토인 깁브돈에서 나답을 쳤다. 28 바아사는 나답을 죽이고, 그를 대신하여서 왕이 되었는데, 때는 유다의 아사 왕 제 삼년이 되는 해였다. 29 바아사는 왕이 되자, 여로보암 가문을 쳤는데, 숨 쉬는 사람은 누구든지, 하나도 남기지 않고 모두 전멸시켰다. 주님께서 실로 사람인, 주님의 종 아히야에게 말씀하신 대로 이루어진 것이다. 30 여로보암이 자기만 죄를 지은 것이 아니라, 이스라엘까지도 죄를 짓게 하였으므로, 주 이스라엘의 하나님께서 이렇게 진노하셨다.

31 나답의 나머지 행적과 그가 한 모든 일은 '이스라엘 왕 역대지략'에 다 기록되어 있다. 32 아사와 이스라엘 왕 바아사 사이에는, 그들이 살아 있는 동안에 늘 전쟁이 있었다.

이스라엘 왕 바아사

33 유다의 아사 왕 제 삼년에 아히야의 아들 바아사가 이스라엘의 왕이 되어서, 디르사에서 스물네 해 동안 다스렸다. 34 그는 주님께서 보시기에 악한 일을 하였고, 여로보암이 걸은 길을 그대로 걸었으며, 이스라엘에게 죄를 짓게 하는 그 죄도 그대로 따라 지었다.

16 1 주님의 말씀이 하나니의 아들 예후에게 내려서, 바아사를 두고 이렇게 말씀하셨다. 2 "나는 너를 먼지 속에서 이끌어 내어서, 내 백성 이스라엘의 통치자로 삼았다. 그런데 너는 여로보암과 같은 길을 걸어서, 내 백성 이스라엘로 하여금 죄를 짓게 하고, 그 죄 때문에 내 분노를 사는구나. 3 내가 바아사와 그의 가문을 쓸어 버리겠다. 그리하여 네 가문을 느밧의 아들 여로보암의 가문처럼 만들겠다. 4 바아사에게 속한 사람으로서, 성 안에서 죽는 사람은 개들이 먹어 치울 것이고, 성 바깥의 들에서 죽는 사람은 하늘의 새들이 쪼아 먹을 것이다."

동시대의 왕이었다. 신명기 기자의 이러한 신학적 평가는 나답이 그의 아버지의 우상숭배하는 종교관행을 그대로 답습하였다는 것을 확인해준다. **15:27-30** 나답과 그의 백성들이 깁브돈을 포위한 동안, 바아사는 나답을 죽이고 이스라엘의 새 왕이 된다. 그리고 여로보암 가문의 모든 사람들을 죽인다. 이로써 여로보암 왕가에 대한 아히야의 예언이 성취되었다 (14:10-11, 14). **15:31** *이스라엘 왕 역대지략.* 이 책에 대해서는 14:19를 보라. **15:33-34** 이스라엘의 3대 왕인 바아사는 아사 재위 3년에 왕위에 오른다. *여로보암이 걸은 길을 그대로 걸었으며.* 열왕기서 기자는 바아사가 여로보암을 따라 우상숭배를 권장하고 허용했기 때문에 그를 비난한다.

16:1-34 16장은 오므리 왕과 그의 왕조를 소개한다. 정치적으로 오므리 왕은 북왕국에서 가장 위대한 왕 가운데 한 사람이었다. 그와 그의 아들 아합은 많은 정치적 동맹국을 세웠으며, 이는 앞으로 다가올 군주국의 생존을 보장해 주었다. 이 장은 왕으로서의 바아사를 계속해서 묘사하고 있다; 바아사의 왕권에 대한 예후의 예언 (1-4절); 바아사의 죽음 (5-7절); 바아사의 아들 엘라의 통치 (8-9절); 그리고 예후의 예언 성취로써, 바아사 가문의 몰락 (9-14절); 이 역사는 시므리의 통치와 그와 오므리 사이의 전쟁 (15-20절); 오므리의 왕권 (21-28절); 그리고 이스라엘의 왕이 되는 아합으로 이어진다 (29-34절). **16:1-4** *먼지 속에서 이끌어 내어서.* (개역개정은 "티끌에서 들어내" 라고 번역

5 바아사의 나머지 행적과 그가 한 것과 그
의 권세, 이 모든 것은 '이스라엘 왕 역대지략'에
다 기록되어 있다. 6 바아사가 조상들과 함께 잠
들어서, 디르사에 묻혔다. 아들 엘라가 그의 뒤를
이어 왕이 되었다. 7 주님께서 예언자 하나니의
아들 예후를 시키셔서, 바아사와 그의 가문에게
말씀하셨다. 바아사가 여로보암의 가문처럼 주님
께서 보시기에 악한 일을 하므로, 주님의 노를 격
동하였을 뿐만 아니라, 여로보암의 가문을 치기까
지 했기 때문이다.

이스라엘 왕 엘라

8 유다의 아사 왕 제 이십육년에, 바아사의
아들 엘라가 이스라엘의 왕이 되어서, 디르사에서
두 해 동안 다스렸다. 9 그러나 엘라의 신하이며
병거부대의 절반을 지휘하는 시므리 장군이, 엘라
에게 반기를 들었다. 그 때에 엘라는, 디르사에
있는 아르사 궁내대신의 집에서 술을 마시고, 취해
있었는데, 10 시므리가 들어가서, 엘라를 쳐죽
였다. 유다의 아사 왕 제 이십칠년에, 시므리가 엘
라를 대신하여 이스라엘의 왕이 되었다.
11 시므리는 왕위에 올라서, 바아사 가문에
딸린 사람은 모두 죽였는데, 바아사 가문의 남자
는, 일가 친척이든지 친구이든지, 한 사람도 남겨
두지 않았다. 12 시므리는, 주님께서 예후 예언
자를 시키셔서 바아사에게 말씀하신 대로, 바아사
가문의 모든 사람을 멸망시켰다. 13 이것은 바
아사와 그의 아들 엘라가 지은 모든 죄 때문이다.
그들은 자기들만 죄를 지은 것이 아니라, 우상을
만들어서 이스라엘에게 죄를 짓게 하였으므로, 이
스라엘의 주 하나님의 분노를 샀다. 14 엘라의
나머지 행적과 그가 한 일은 '이스라엘 왕 역대지
략'에 다 기록되어 있다.

이스라엘 왕 시므리

15 유다의 아사 왕 제 이십칠년에, 시므리는
디르사에서 이스라엘의 왕이 되었으나, 그의 통치
는 칠 일 만에 끝났다. 시므리가 엘라를 살해하고
서 왕위를 차지할 그 무렵에, 이스라엘 군대는 블
레셋에 속한 깁브돈을 치려고 포진하고 있었다.
16 그러나 진을 치고 있던 군대는, 시므리가 반
역하여 왕을 살해하였다는 소식을 듣고서, 바로
그 진에서 그 날로 군사령관인 오므리 장군을 온
이스라엘의 왕으로 세웠다. 17 오므리는 온 이
스라엘을 이끌고 깁브돈으로부터 올라와서, 디르
사를 포위하였다. 18 이 때에 시므리는, 그 성읍이
함락될 것을 알고는, 왕궁의 요새로 들어가서, 그
왕궁에 불을 지르고, 그 불길 속으로 들어가서,
자기도 불에 타 죽었다. 19 이것은 시므리가,
주님께서 보시기에 악행을 하고, 여로보암의 길을
따라 가서, 이스라엘에게 죄를 짓게 한 그 죄 때문
에 생긴 일이다. 20 시므리의 나머지 행적과 그가
꾀한 모반에 관한 것은 '이스라엘 왕 역대지략'에
기록되어 있다.

했고, 공동번역은 "잿더미에서 딩굴던 너를 뽑아"로 번역했다.) 바아사는 처음에는 겸손한 사람이었다. 하나님의 아들 예후에 대해서 알려진 것은 아무 것도 없다. 바아사를 꾸짖는 예후는 여로보암을 꾸짖던 아히야와 유사하다 (14:7, 10-11). 바아사가 여로보암의 우상숭배의 길을 따랐기 때문에, 그는 여로보암에게 내려졌던 심판을 그대로 받게 된다. **16:8-9** 바아사의 아들 엘라는 이스라엘의 4대 왕이며 2년을 통치한다. 그의 통치에 대해서 거의 언급하지 않고 오히려 그가 죽은 방식에 대해서는 자세하게 설명된다. 그의 죽음은 더 나아가 바아사에 대한 예후의 예언이 정확함을 예증해 준다. **16:9-13** 엘라 군대의 장군들 가운데 한 명인 시므리는 엘라를 죽이고 바아사 가문을 근절시켰다. 이 사건은 바아사 가문에 대한 예후의 예언을 성취한 것이었다 (3절). **16:15-20 16:15** 이스라엘의 5대 왕인 시므리는 오직 일주일만 통치한 최단기 왕이었다. **16:16-17** *오므리.* 그의 이름은 그가 아마도 가나안 사람으로서, 이스라엘 전차부대의 절반을 통솔하던 장군으로 고용된 사람임을 가리킬 것이다. 또한 이스라엘의 정치적, 종교적 제도에 대해 상당한 영향력을 행사하였던 사람임을 증명해 준다. *온 이스라엘.* 오므리의 군대를 가리키는 말이다. 시므리의 왕권에 대한 저자의 판단(19절)은 이스라엘 통치자에 대한 일관된 관점을 전해준다. **16:21-28 16:21-23** 이스라엘 왕좌를 획득하기 이전에, 오므리는 다른 왕위 요구자와 결판을 내야 했다. 이는 결과적으로 6년 동안이나 계속된 내란을 발발시켰다. **16:25-27** 정치적으로 오므리는 이스라엘의 가장 강력하고 위대한 왕들 가운데 하나였다. 오므리는 이스라엘의 적들과의 싸움에서 많은 승리를 거두었고, 페니키아와 교역을 성사시켰고, 북왕국에 번영을 가져온 왕이었다. 또한 북왕국에서 처음으로 가장 오래 가는 왕조를 세웠다. 그의 정치적 업적은 매우 인상적이어서, 아시리아 사람들은 오므리가 죽은 이후 오랫동안 이스라엘을 가리켜서 "오므리의 나라"로 지칭

이스라엘 왕 오므리

21 그 때에 이스라엘 백성은 둘로 나뉘어, 그
절반은 기낫의 아들 디브니를 따라 가서 그를 왕
으로 삼았고, 그 나머지는 오므리를 따랐다.
22 그러나 오므리를 따르는 백성이 기낫의 아들
디브니를 따르는 백성보다 강하여서, 디브니는
살해되고, 오므리는 왕이 되었다. 23 유다의
아사 왕 제 삼십일년에 오므리는 이스라엘의 왕이
되어서 열두 해 동안 다스렸는데, 여섯 해 동안은
디르사에서 다스렸다. 24 그는 세멜에게서 은
두 달란트를 주고, 사마리아 산지를 사들였다.
그리고 그 산에다가 도성을 건설하였는데, 그 산의
소유자인 세멜의 이름을 따라서 그 도성의 이름을
사마리아라고 하였다.
25 오므리가 주님께서 보시기에 악한 일을
하였는데, 그 일의 악한 정도는 그의 이전에 있던
왕들보다 더 심하였다. 26 그는 느밧의 아들 여
로보암이 걸은 모든 길을 그대로 따랐다. 오므리는
이스라엘에게 죄를 짓게 하고, 또 우상을 만들어
서, 이스라엘의 하나님께서 진노하시게 하였다.
27 오므리가 한 나머지 행적과 그가 부린 권세는,
'이스라엘 왕 역대지략'에 모두 기록되어 있다.
28 오므리는 그의 조상들과 함께 잠들어서 사마
리아에 묻히고, 그의 아들 아합이 그의 뒤를 이어서
왕이 되었다.

이스라엘 왕 아합

29 유다의 아사 왕 제 삼십팔년에 오므리의
아들 아합이 이스라엘의 왕이 되어서, 사마리아
에서 이스라엘을 스물두 해 동안 다스렸다.
30 오므리의 아들 아합은 그 이전에 있던 왕들보다
더 심하게, 주님께서 보시기에 악한 일을 하였다.
31 그는 느밧의 아들 여로보암의 죄를 따라 가는
정도가 아니라, 오히려 더 앞질렀다. 그는 시돈 왕
엣바알의 딸인 이세벨을 아내로 삼았으며, 더 나
아가서 바알을 섬기고 예배하였다. 32 또 그는
사마리아에 세운 바알의 신전에다가 바알을 섬
기는 제단을 세우고, 33 아세라 목상도 만들어
세웠다. 그래서 그는 그 이전의 이스라엘 왕들보
다 더 심하게 주 이스라엘의 하나님을 진노하시게
하였다.
34 아합 시대에 베델 사람 히엘이 여리고를
건축하였다. 주님께서 눈의 아들 여호수아를 시
켜서 하신 주님의 말씀대로, 그는 그 성의 기초를
놓으면서는 그의 맏아들 아비람을 잃었고, 성문
을 달면서는 그의 막내 아들 스굽을 잃었다.

엘리야와 가뭄

17 1 길르앗의 디셉에 사는 디셉 사람 엘리
야가 아합에게 말하였다. "내가 섬기는
주 이스라엘의 하나님께서 살아 계심을 두고 맹세

하였다. 이러한 업적에도 불구하고, 신명기학파 기자는 오므리의 12년 통치를 여섯 구절에서 제거해 버리고, 대신에 오므리의 우상숭배와 가나안 종교의 도입, 특별히 그의 아들 아합을 페니키아 공주 이세벨과 결혼시킨 일에 초점을 맞춘다. **16:29-34 16:29-30** 아합은 이스라엘의 7대 왕으로, 신학적인 관점에서 볼 때 최악의 왕으로 알려져 있다 (왕하 8:18; 9:7-9; 미 6:16). **16:31** 오므리는 그의 아들 아합을 페니키아 왕 엣바알의 딸 이세벨과 결혼시키고, 이로 인해 이스라엘은 두로와의 교역권을 얻어내기도 했다. **16:32-33** 사마리아에 바알 신당을 짓고 바알 신(가나안의 최고 신으로 땅과 출생의 풍요를 담당한다)과 아스다롯 여신 (11:5를 보라) 숭배를 고취시킨 아합은 신명기학파 기자에게 질타당하고 있다. 이 기자는 또한 아세라 여신 목상 (sacred poles)을 세운 아합을 꾸짖고 있다 (14:15). **16:34** 여호수아가 여리고를 재건하는 사람은 누구를 막론하고 저주를 내렸기 때문에 (수 6:26), 히엘은 그의 장남과 막내를 잃게 된다. 이스라엘 사람들은 이제 완전히 하나님의 직접적인 명령들을 무시하고 있다.

17:1-24 17장은 엘리야의 사이클에 속한 이야기들을 소개해 주는데, 이 이야기들은 18, 19, 21장과 왕하 1장을 통해서 소개된다. 많은 학자들은 엘리야의 사이클이 원래는 독립된 역사 자료였는데 이 신명기역사에 포함되게 되었다고 생각들을 한다. 이 이야기들은 북왕국 예언자들의 활동을 통하여 전승되었고, 아합과 그의 부인 이세벨이 소개해 준 바알 숭배의 증가에 대한 예언자들의 반대를 반영하여 준다. 이 장은 또한 엘리야를 소개해 주고 그가 가뭄에 대하여 선포한 것을 소개해 준다 (1-7절). 그리고 엘리야가 사르밧에 간 여정을 소개해 준다 (8-24절).

17:1-7 엘리야가 아합의 통치기간 중에 갑자기 등장하여, 아합의 새로운 종교 도입으로 인해 발생한 북왕국의 종교 위기를 중재하여 해결하고자 한다. 엘리야가 의미하는 바는 "나의 하나님이 주님이시다"로, 그의 사명을 표현하고 있다. *디셉.* 길르앗 안에 있는 알려지지 않은 곳이다. 엘리야는 오랜 기간 동안 지속될 가

합니다. 내가 다시 입을 열기까지 앞으로 몇 해 동
안은, 비는 커녕 이슬 한 방울도 내리지 않을 것
입니다."
2 주님께서 엘리야에게 말씀하셨다. 3 "이
곳을 떠나서, 동쪽으로 가거라. 그리고 거기 요단
강 동쪽에 있는 그릿 시냇가에 숨어서 지내며,
4 그 시냇물을 마셔라. 내가 까마귀에게 명하여서,
네게 먹을 것을 날라다 주게 하겠다."
5 엘리야는 주님의 말씀대로 가서, 그대로
하였다. 그는 곧 가서, 요단 강 앞에 있는 그릿 시
냇가에 머물렀다. 6 까마귀들이 아침에도 빵과
고기를 그에게 가져다 주었고, 저녁에도 빵과
고기를 그에게 가져다 주었다. 그리고 물은 그 곳
시냇물을 마셨다. 7 그런데 그 땅에 비가 내리지
않으므로, 얼마 있지 않아서, 시냇물까지 말라
버렸다.

엘리야와 사르밧 과부

8 주님께서 엘리야에게 말씀하셨다. 9 "이제
너는, 시돈에 있는 사르밧으로 가서, 거기에서 지
내도록 하여라. 내가 그 곳에 있는 한 과부에게 명
하여서, 네게 먹을 것을 주도록 일러두었다."
10 엘리야는 곧 일어나서, 사르밧으로 갔다. 그
가 성문 안으로 들어설 때에, 마침 한 과부가 땔
감을 줍고 있었다. 엘리야가 그 여인을 불러서 말
하였다. "마실 물을 한 그릇만 좀 떠다 주십시오."
11 그 여인이 물을 가지러 가려고 하니, 엘리야가
다시 여인을 불러서 말하였다. "먹을 것도 조금
가져다 주시면 좋겠습니다." 12 그 여인이 말하
였다. "어른께서 섬기시는 주 하나님께서 살아 계
심을 두고 맹세합니다. 저에게는 빵 한 조각도 없
습니다. 다만, 뒤주에 밀가루가 한 줌 정도, 그리고
병에 기름이 몇 방울 남아 있을 뿐입니다. 보시다
시피, 저는 지금 땔감을 줍고 있습니다. 이것을 가
지고 가서, 저와 제 아들이 죽기 전에 마지막으로,
남아 있는 것을 모두 먹으려고 합니다." 13 엘리
야가 그 여인에게 말하였다. "두려워하지 말고
가서, 방금 말한 대로 하십시오. 그러나 음식을 만
들어서, 우선 나에게 먼저 가지고 오십시오. 그 뒤에
그대와, 아들이 먹을 음식을 만들도록 하십시오.
14 주님께서 이 땅에 다시 비를 내려 주실 때까지,
그 뒤주의 밀가루가 떨어지지 않을 것이며, 병의
기름이 마르지 않을 것이라고, 주 이스라엘의 하
나님께서 말씀하셨습니다." 15 그 여인은 가서,
엘리야의 말대로 하였다. 과연 그 여인과 엘리
야와 그 여인의 식구가 여러 날 동안 먹었지만,
16 뒤주의 밀가루가 떨어지지 않고, 병의 기름도
마르지 않았다. 주님께서 엘리야를 시켜서 하신
주님의 말씀대로 되었다.
17 이런 일이 있은 뒤에, 이 집 여주인의
아들이 병이 들었다. 그의 병은 매우 위중하여서,
끝내는 숨을 거두고 말았다. 18 그러자 그 여인은
엘리야에게 이렇게 말하였다. "하나님의 사람이
신 어른께서 저와 무슨 상관이 있다고, 이렇게 저
에게 오셔서, 저의 죄를 기억나게 하시고, 제 아
들을 죽게 하십니까?" 19 엘리야가 그 여인에게
아들을 달라고 하면서, 그 여인의 품에서 그 아이를

뭄을 선포하면서 나타난다 (왕상 18:1에서는 3년; 눅 4:25; 약 5:17 참조). 가나안 사람들에게 바알은 폭풍과 비의 신이었다. 엘리야의 가뭄 예언은 곧 비를 주관하시는 분이 하나님임을 증명한다. **17:2** *그릿 시냇가.* 요단 동쪽의 메마른 강둑으로 정확한 위치는 알려지지 않고 있다. **17:3-7** 충실한 예언자인 엘리야는 하나님의 말씀에 순종하고 가뭄 가운데서도 음식을 보상받게 된다. *빵*(히브리어, *레헴*)은 일반적인 의미에서 음식을 가리킨다.

17:8-24 **17:8-9** *사르밧.* 시돈 근처의 도시로서, 페니키아 해안에 위치한다. 하나님은 페니키아 사람들에게, 곧 바알 숭배 중심지에 엘리야를 보내서 바알이 통치하는 땅조차도 하나님이 주권적으로 다스린다는 것을 증명하려고 하신다. 과부의 불안한 상황은 고대 사회에서는 흔한 현상이었다. **17:10-16** 과부는 엘리야의 말을 신뢰하고 그가 시키는 대로 하였다. 그녀와 그녀의 아들은 가뭄이 계속되는 동안에 풍성한 축복을 받게 되었다. 그녀는 *주께서 엘리야를 시켜서 하신 주의 말씀을 믿었다.* 이 주제는 엘리야 이야기 중에 수차례 등장한다 (17:1, 16, 24). **17:17-24** 과부의 괴로운 울부짖음은 엘리야가 나타남으로 인해 그녀의 죄가 드러나서 하나님이 아들의 죽음을 통해 형벌을 내리고 있다는 믿음을 반영하고 있다. 소년의 소생은, 예언자의 기도를 통해 반영된 것처럼, 이 세상에서 하나님의 능력과 살아 계심을 보여준다.

18:1-46 엘리야와 바알 제의를 후원하고 있는 이세벨과의 싸움은 이스라엘의 하나님과 가나안의 신, 엘리야와 바알의 선지자들이 서로 조우하게 됨에 따라 절정에 달한다. 이 이야기는 세 부분으로 나뉜다: (1) 엘리야와 아합과의 만남 (1-19절); (2) 갈멜 산에서 만나는 엘리야와 바알의 선지자들 (20-40절); 그리고 (3) 가뭄의 끝을 선포하는 엘리야 (41-46절).

18:1-19 **18:3-4** 오바댜는 궁정 일을 관리하는 총리였다. 왕실로 끊임없이 파고드는 가나안 종교의 영

받아 안고, 자기가 머물고 있는 다락으로 올라
갔다. 그리고 그를 자기의 침대 위에 뉘어 놓고,
20 주님께 부르짖었다. "주 나의 하나님, 어찌
하여 내가 머물고 있는 이 집의 과부에게 이렇게
재앙을 내리시어, 그 아들을 죽게 하십니까?"
21 그는 그 아이의 몸 위에 세 번이나 엎드려서,
몸과 몸을 맞춘 다음, 주님께 또 부르짖었다. "주
나의 하나님, 제발 이 아이의 호흡이 되돌아오게
하여 주십시오!" 22 주님께서 엘리야가 부르짖는
소리를 들으시고, 그 아이의 호흡을 되돌아오게
하여 주셔서, 그 아이가 살아났다.
23 엘리야는, 그 아이를 안고 다락에서 내려
와서, 아이를 돌려주면서 말하였다. "보시오, 아
들이 살아났습니다." 24 그 여인이 엘리야에게
말하였다. "이제야 저는, 어른이 바로 하나님의
사람이시라는 것과, 어른이 하시는 말씀은 참으로
주님의 말씀이라는 것을 알았습니다."

엘리야와 바알 예언자들

18 1 많은 날이 흘러서, 삼 년이 되던 해에,
주님께서 엘리야에게 말씀하셨다. "가서,
아합을 만나거라. 내가 땅 위에 비를 내리겠다."
2 엘리야가 곧 아합을 만나러 갔다.
그 때에 사마리아에는 기근이 심하였다. 3 아
합이 오바댜 궁내대신을 불렀다. 오바댜는 주 하
나님을 깊이 경외하는 사람으로서, 4 이세벨이
주님의 예언자들을 학살할 때에, 예언자 백 명을
쉰 명씩 동굴에 숨기고서, 먹을 것과 물을 대준 사
람이다. 5 아합이 오바댜에게 말하였다. "이 땅
곳곳으로 다 다니며, 물이 있을 만한 샘과 시내를
샅샅이 찾아 보도록 합시다. 어쩌다가 풀이 있는
곳을 찾으면, 말과 나귀를 살릴 수 있을 거요. 짐
승들이 죽는 것을 이대로 보고 있을 수만은 없소."
6 왕과 오바댜는 물을 찾으려고, 전 국토를 둘로
나누어서, 한 쪽은 아합이 스스로 담당하고, 다른
한 쪽은 오바댜가 담당하여, 제각기 길을 나섰다.
7 오바댜가 길을 가고 있는데, 마침 엘리야가
그를 만나려고 오고 있었다. 오바댜가 엘리야를
알아 보고, 머리를 숙여서 인사를 하였다. "엘리야
어른이 아니십니까?" 8 엘리야가 그에게 말하
였다. "그렇소. 가서, 엘리야가 여기에 있다고 그
대의 상전에게 말하시오." 9 그러나 오바댜는 두
려워하며 말하였다. "제가 무슨 죄를 지었기에,
저를 아합의 손에 넘겨 죽이려고 하십니까?
10 예언자께서 섬기시는 주 하나님께서 살아 계
심을 두고 맹세합니다. 제 상전은 어른을 찾으려고,
모든 나라, 모든 왕국에 사람들을 풀어 놓았습니다.
그러나 그들이 돌아와서, 엘리야가 없다고 보고
하면, 제 상전은, 그 나라와 왕국에게 어른을
정말 찾지 못하였다고, 맹세하게 하였습니다.
11 그런데 지금 어른께서는 저더러 가서, 어른
께서 여기에 계시다고 말하라는 말씀이십니까?
12 제가 어른을 떠나가면, 주님의 영이 곧 어른을
제가 알지 못하는 곳으로 데려 가실 것입니다.
제가 가서, 아합에게 말하였다가, 그가 와서 어른을
찾지 못하면, 반드시 저를 죽일 것입니다. 어른의
종인 저는 어릴 때부터 주님을 경외하여 왔습니다.
13 이세벨이 주님의 예언자들을 학살할 때에 제가
한 일과, 제가 주님의 예언자 백 명을 쉰 명씩
동굴에 감추고 그들에게 먹을 것과 마실 것을
대준 일을, 어른께서는 듣지도 못하셨습니까?
14 그런데 지금 어른께서는, 저더러 가서, 저의
상전에게, 어른께서 여기 계시다고 말하라는 것
입니까? 그러면 제 상전은 반드시 저를 죽일 것입
니다." 15 그러자 엘리야가 말하였다. "내가 섬
기는 만군의 주님께서 살아 계심을 두고 맹세하오.
나는 오늘 꼭 아합을 만날 것이오." 16 오바댜가

향에도 불구하고, 오바댜는 하나님의 신실한 종으로 남아있다. 그가 보고하였던 예언자들은 바알 주의에 대항하는 이스라엘을 대표한다. 이 이야기는 하나님의 예언자들을 조직적으로 박해하는 이세벨을 처음으로 보여주고 있다. **18:5-6** 이 가뭄은 사마리아에서 매우 극심하였으며 (2절), 왕의 말들과 당나귀들에게 그 피해가 막심하였다. **18:7-16** 엘리야의 갑작스런 등장과 퇴장은 하나님의 영에 의한 것이었다 (왕하 2:16 참조). *만군의 주.* 이 타이틀은 열왕기상하에서 다섯 번 언급되며, 항상 예언자들의 입을 통해 증거된다 (엘리야, 18:15; 19:10, 14; 엘리사, 왕하 3:14; 이사야, 왕하 19:31). 또한 하나님을 이스라엘 군대의 지도자이자 국가를 보호하시는 분으로 묘사하고 있다. **18:17-19** *이스라엘을 괴롭히는 자.* 이것은 엘리야가 왕국에 손해를 끼치고 있는 가뭄에 대해 책임을 져야 할 인물로 고소하고 있다 (수 6:18, 7:25 참조). 엘리야의 대답은 곧 신명기 사가의 입장으로, 모든 이스라엘의 재앙을 아합과 이세벨에 의해 자행된 우상숭배의 결과로 바라본다. 결국 엘리야는 대중 앞에서 바알과 아세라 신과 하나님의 대결을 요청한다. 갈멜 산은 이스라엘과 가나안 종교에 있어서 신성한 장소였다.

18:20-40 **18:20-21** *양쪽에 다리를 걸치고 머뭇거리고 있을 것입니까?* 이스라엘은 하나님을 예배하기도 하였고 바알을 숭배하기도 했다. 양쪽을 동시에

아합에게로 가서, 이 사실을 알리니, 아합이 엘리
야를 만나러 왔다.
17 아합은 엘리야를 만나서, 이렇게 말하
였다. "그대가 바로 이스라엘을 괴롭히는 자요?"
18 엘리야가 대답하였다. "내가 이스라엘을 괴롭
히는 것이 아니라, 임금님과 임금님 아버지의 가
문이 괴롭히는 것입니다. 임금님께서는 주님의
계명을 내버리고, 바알을 섬기십니다. 19 이제
사람을 보내어, 온 이스라엘을 갈멜 산으로 모아
주십시오. 그리고 이세벨에게 녹을 얻어 먹는 바
알 예언자 사백쉰 명과 아세라 예언자 사백 명도
함께 불러 주십시오." 20 아합은 모든 이스라엘
자손을 부르고, 예언자들을 갈멜 산으로 모았다.

21 그러자 엘리야가 그 모든 백성 앞에 나서서,
이렇게 말하였다. "여러분은 언제까지 양쪽에 다
리를 걸치고 머뭇거리고 있을 것입니까? 주님이
하나님이면 주님을 따르고, 바알이 하나님이면
그를 따르십시오." 그러나 백성들은 한 마디도 그
에게 대답하지 못하였다. 22 그래서 엘리야는
백성들에게 다시 이렇게 말하였다. "주님의 예언
자라고는 나만 홀로 남았습니다. 그런데 바알의
예언자는 사백쉰 명이나 됩니다. 23 이제, 소 두
마리를 우리에게 가져다 주십시오. 바알 예언자
들이 소 한 마리를 선택하여 각을 떠서, 나뭇단
위에 올려 놓되, 불을 지피지는 않게 하십시오.
나도 나머지 한 마리의 소를 잡아서, 나뭇단 위에
올려 놓고, 불은 지피지 않겠습니다. 24 그런 다
음에, 바알의 예언자들은 바알 신의 이름을 부르
십시오. 나는 주님의 이름을 부르겠습니다. 그 때
에, 불을 보내셔서 응답하는 신이 있으면, 바로 그
분이 하나님이십니다." 그러자 모든 백성들은, 그
렇게 하는 것이 좋겠다고 대답하였다.

25 엘리야가 바알의 예언자들에게 말하였다.
"당신들은 수가 많으니, 먼저 시작하시오. 소 한
마리를 골라 놓고, 당신들의 신의 이름을 부르시오.
그러나 불은 지피지 마시오." 26 그들은 가져 온
소 한 마리를 골라서 준비하여 놓은 뒤에, 아침부터
한낮이 될 때까지 "바알은 응답해 주십시오" 하면서
부르짖었다. 그러나 응답은 커녕, 아무런 소리도
없었다. 바알의 예언자들은 제단 주위를 돌면서,
춤을 추었다. 27 한낮이 되니, 엘리야가 그들을
조롱하면서 말하였다. "더 큰소리로 불러보시오.
바알은 신이니까, 다른 볼일을 보고 있을지, 아니면
용변을 보고 있을지, 아니면 멀리 여행을 떠났을지,
그것도 아니면 자고 있으므로 깨워야 할지, 모르
지 않소!" 28 그들은 더 큰소리로 부르짖으면서,
그들의 예배 관습에 따라, 칼과 창으로 피가 흐르
도록 자기 몸을 찔렀다. 29 한낮이 지나서 저녁
제사를 드릴 시간이 될 때까지, 그들은 미친 듯이
날뛰었다. 그러나 아무런 소리도 없고, 아무런 대
답도 없고, 아무런 기척도 없었다.

30 이 때에 엘리야가 온 백성들에게 가까이
오라고 하였다. 백성들이 가까이 오니, 그는 무너진
주님의 제단을 고쳐 쌓았다. 31 그리고 엘리야는,
일찍이 주님께서 이스라엘이라고 이름을 고쳐 주
신 야곱의 아들들의 지파 수대로, 열두 개의 돌을
모았다. 32 이 돌을 가지고 엘리야는 주님께 예
배할 제단을 다시 쌓고, 제단 둘레에는 두 세아 정
도의 곡식이 들어갈 수 있는 넓이의 도랑을 팠다.
33 그 다음에, 나뭇단을 쌓아 놓고, 소를 각을
떠서, 그 나뭇단 위에 올려 놓고, 물통 네 개에 물
을 가득 채워다가, 제물과 나뭇단 위에 쏟으라고
하였다. 사람들이 그대로 하니, 34 엘리야가 한
번 더 그렇게 하라고 하였다. 그들이 그렇게 하니,

숭배하는 것은 선택사항이 아니었다. **18:24** *이름을 부르십시오.* 이 표현은 기도를 통해 신적 존재를 불러오는 것을 말한다. 불에 의해 대답하는 신은 참된 신일 것이다. 이 사실은 바알과 하나님 모두 (레 9:24; 10:2; 민 16:35) 불과 번개와 관련되어 있다는 믿음을 반영해 준다. **18:25-29** 27절에서 엘리야가 하는 말은 직접적이며 신랄한 태도로 바알을 공격하는 것이다. *멀리 여행을 떠났을지*는 바알이 사라졌다는 것을 완곡하게 표현한 것이다. 바알 선지자들의 자기매질은 기원전 12세기경의 이집트 자료에서 발견된다. *저녁 제사를 드릴 시간*은 오후 3시경 산당에서 제사를 드린 시간이었다 (출 29:39; 민 28:4). **18:30-35** 엘리야는 처음으로 제단을 수리하는데, 이는 바알을 숭배하는 이들이 파손시켰던 것이다. 그렇게 파손시킴으로써, 바알 숭배자들은 그 땅을 자신들의 신의 지경으로 주장하고 있었다. 열두 개 제단의 돌들 각각은 이스라엘 지파를 상징했다 (출 24:4). 엘리야의 정성스러운 준비 모습은 기대감을 고취시켰고, 하나님의 개입이 실제로 일어날 것을 증거하게 될 것이다. **18:36-40** 엘리야의 기도는 아브라함 언약에 관련하여, 엘리야의 예언자적 활동에 대한 하나님의 확증을 요청하고, 이스라엘 백성에게 그들의 하나님만이 유일한 하나님임을 직접적으로 증명할 것을 요청한다. **18:40** 엘리야는 신명기 학파적 관점에 충실한 예언자로 이제 거짓 선지자들로 판명된 바알 선지자들을 죽인다 (신 13:1-18). *기손*은 작은 강으로 이스르엘 골짜기를 관통하여 흘렀다. **18:41-46** 바알 선지자들의 죽음에 잇따라, 가뭄은 끝나고, 그 일에 대한 하나님의 주도권을 확증해 준다.

그는 또 그렇게 하라고 하였다. 그들이 세 번을 그
렇게 하니, 35 물이 제단 주위로 넘쳐 흘러서,
그 옆 도랑에 가득 찼다.
36 제사를 드릴 때가 되니, 엘리야 예언자가
앞으로 나서서, 이렇게 기도하였다. "아브라함과
이삭과 이스라엘을 돌보신 주 하나님, 주님께서
이스라엘의 하나님이시고, 나는 주님의 종이며,
내가 오직 주님의 말씀대로만 이 모든 일을 하고
있다는 것을, 오늘 저들이 알게 하여 주십시오.
37 주님, 응답하여 주십시오. 응답하여 주십시오.
이 백성으로 하여금, 주님이 주 하나님이시며, 그
들의 마음을 돌이키게 하시는 주님이심을 알게
하여 주십시오."
38 그러자 주님의 불이 떨어져서, 제물과 나
뭇단과 돌들과 흙을 태웠고, 도랑 안에 있는 물을
모두 말려 버렸다. 39 온 백성이 이것을 보고,
땅에 엎드려서 말하였다. "그가 주 하나님이시다!
그가 주 하나님이시다!" 40 엘리야가 그들에게
말하였다. "바알의 예언자들을 잡아라. 한 사람도
도망가게 해서는 안 된다." 백성은 곧 그들을 사
로잡았고, 엘리야는 그들을 데리고 기손 강 가로
내려가서, 거기에서 그들을 모두 죽였다.

가뭄이 그침

41 엘리야가 아합에게 말하였다. "빗소리가
크게 들리니, 이제는 올라가셔서, 음식을 드십
시오." 42 아합이 올라가서, 음식을 먹었다. 엘
리야는 갈멜 산 꼭대기로 올라가서, 땅을 바라보
며 몸을 굽히고, 그의 얼굴을 무릎 사이에 넣었다.
43 그리고는 그의 시종에게, 올라가서 바다쪽을
살펴 보라고 하였다. 시종은 올라가서 보고 와서,
아무것도 보이지 않는다고 말하였다. 엘리야가
다시 그의 시종에게, 일곱 번을 그렇게 더 다녀오
라고 하였다. 44 일곱 번째가 되었을 때에, 그
시종은 마침내, 사람의 손바닥만한 작은 구름이
바다에서부터 떠올라 오고 있다고 말하였다. 그
러자 엘리야는 아합에게 사람을 보내어서, 비가
와서 길이 막히기 전에 어서 병거를 갖추고 내려
가라는 말을 전하라고 하였다.
45 그러는 동안에 이미 하늘은 짙은 구름으로
캄캄해지고, 바람이 일더니, 곧 큰 비가 퍼붓기 시
작하였다. 아합은 곧 병거를 타고 이스르엘로 내
려갔다. 46 주님의 능력이 엘리야와 함께 하였
기 때문에, 엘리야는 허리를 동여 매고, 아합을 앞
질러서, 이스르엘 어귀에까지 달려갔다.

시내 산의 엘리야

19 1 아합은, 엘리야가 한 모든 일과, 그가
칼로 모든 예언자들을 죽인 일을, 낱낱이
이세벨에게 알려 주었다. 2 그러자 이세벨은 엘
리야에게 심부름꾼을 보내어 말하였다. "네가 예
언자들을 죽였으니, 나도 너를 죽이겠다. 내가 내
일 이맘때까지 너를 죽이지 못하면, 신들에게서
천벌을 달게 받겠다. 아니, 그보다 더한 재앙이
라도 그대로 받겠다." 3 엘리야는 ㄱ)두려워서 급
히 일어나, 목숨을 살리려고 도망하여, 유다의 브
엘세바로 갔다. 그 곳에 자기 시종을 남겨 두고,
4 자신은 홀로 광야로 들어가서, 하룻길을 더 걸어
어떤 로뎀 나무 아래로 가서, 거기에 앉아서, 죽
기를 간청하며 기도하였다. "주님, 이제는 더
바랄 것이 없습니다. 나의 목숨을 거두어 주십시오.
나는 내 조상보다 조금도 나을 것이 없습니다."
5 그런 다음에, 그는 로뎀 나무 아래에 누워서 잠
이 들었는데, 그 때에 한 천사가, 일어나서 먹으
라고 하면서, 그를 깨웠다. 6 엘리야가 깨어 보니,

ㄱ) 또는 '보고서'

19:1-21 19장은 갈멜 산에서 바알 선지자들과 엘리야의 대결의 여파를 다루고 있다. 호렙 산으로 도망하는 엘리야 (1-8절); 호렙 산에서 천둥 가운데 나타난 하나님의 현현 (9-18절); 엘리야의 후계자로 임명되는 엘리사 (19-21절).

19:1-8 19:1-3 이세벨은 엄숙한 서약을 위해 이 관용구절을 사용했다 (삼상 3:17; 왕상 2:23; 20:10; 왕하 6:31). 죽이겠다는 위협에 직면하여 엘리야는 남쪽 브엘세바로 도망친다. 브엘세바는 유다의 최남단 도시로 사막의 끝에 위치한다 (창 21:31; 26:33; 삼하 7:11; 왕상 4:25). **19:4-8** 영육간에 지치고 굶주린 엘리야는 하나님께 자신의 목숨을 가져가라고 요청한다. 대신에 하나님은 엘리야에게 음식과 물을 공급하여 긴 여행을 준비하도록 한다. *밤낮 사십 일 동안.* 40이라는 상징적 숫자는 엘리야와 모세의 유사점을 대비해 준다. 이러한 (환상적인?) 여행으로 *호렙 산* (북쪽 지파들이 시내 산을 일컫던 이름)에 다다른다. 이 곳은 이스라엘 종교의 발생지이며 하나님이 모세에게 나타났던 곳이다.

19:9-18 19:9-10 호렙 산에서 엘리야에게 나타난 하나님은 모세의 경험과 병행한다. 단 한 명의 예언자도 살아남지 않았다고 불평하는 엘리야는 오바댜의 말과 모순된다. **19:11-12** 보통 불, 바람, 천둥,

그의 머리맡에는 뜨겁게 달군 돌에다가 구워 낸
과자와 물 한 병이 놓여 있었다. 그는 먹고 마신
뒤에, 다시 잠이 들었다. 7 주님의 천사가 두 번째
와서, 그를 깨우면서 말하였다. "일어나서 먹어라.
갈 길이 아직도 많이 남았다." 8 엘리야는 일어
나서, 먹고 마셨다. 그 음식을 먹고, 힘을 얻어서,
밤낮 사십 일 동안을 걸어, 하나님의 산인 호렙 산
에 도착하였다. 9 엘리야는 거기에 있는 동굴에
이르러, 거기에서 밤을 지냈다.

그 때에 주님께서 그에게 말씀하셨다. "엘
리야야, 너는 여기에서 무엇을 하고 있느냐?"
10 엘리야가 대답하였다. "나는 이제까지 주 만
군의 하나님만 열정적으로 섬겼습니다. 그러나
이스라엘 자손은 주님과 맺은 언약을 버리고, 주
님의 제단을 헐었으며, 주님의 예언자들을 칼로
쳐서 죽였습니다. 이제 나만 홀로 남아 있는데, 그
들은 내 목숨마저도 없애려고 찾고 있습니다."
11 주님께서 말씀하셨다. "이제 곧 나 주가 지나갈
것이니, 너는 나가서, 산 위에, 주 앞에 서 있어
라." 크고 강한 바람이 주님 앞에서 산을 쪼개고,
바위를 부수었으나, 그 바람 속에 주님께서 계시지
않았다. 12 그 바람이 지나가고 난 뒤에 지진이
일었지만, 그 지진 속에도 주님께서 계시지 않았
다. 지진이 지나가고 난 뒤에 불이 났지만, 그 불
속에도 주님께서 계시지 않았다. 그 불이 난 뒤에,
부드럽고 조용한 소리가 들렸다. 13 엘리야는
그 소리를 듣고서, 외투 자락으로 얼굴을 감싸고
나가서, 동굴 어귀에 섰다. 바로 그 때에 그에게
소리가 들려 왔다. "엘리야야, 너는 여기에서 무
엇을 하고 있느냐?" 14 엘리야가 대답하였다.
"나는 이제까지 주 만군의 하나님만 열정적으로
섬겼습니다. 그러나 이스라엘 자손은 주님과 맺은
언약을 버리고, 주님의 제단을 헐었으며, 주님의
예언자들을 칼로 쳐죽였습니다. 이제 나만 홀로
남아 있는데, 그들은 내 목숨마저도 없애려고 찾
고 있습니다." 15 주님께서 그에게 말씀하셨다.
"너는 돌이켜, 광야길로 해서 다마스쿠스로 가거
라. 거기에 이르거든, 하사엘에게 기름을 부어서,
시리아의 왕으로 세우고, 16 또 님시의 아들 예후
에게 기름을 부어서, 이스라엘의 왕으로 세워라.
그리고 아벨므홀라 출신인 사밧의 아들 엘리사에
게 기름을 부어서, 네 뒤를 이을 예언자로 세워라.
17 하사엘의 칼을 피해서 도망하는 사람은 예후가
죽일 것이고, 예후의 칼을 피해서 도망하는 사람
은 엘리사가 죽일 것이다. 18 그러나 나는 이스
라엘에 칠천 명을 남겨 놓을 터인데, 그들은 모두
바알에게 무릎을 꿇지도 아니하고, 입을 맞추지도
아니한 사람이다."

엘리야가 엘리사를 부르다

19 엘리야가 그 곳을 떠나서, 길을 가다가,
사밧의 아들 엘리사와 마주쳤다. 엘리사는 열두
겨릿소를 앞세우고 밭을 갈고 있었다. 열한 겨리를
앞세우고, 그는 열두째 겨리를 끌고서, 밭을 갈고
있었다. 엘리야가 엘리사의 곁으로 지나가면서,
자기의 외투를 그에게 던져 주었다. 20 그러자
엘리사는 소를 버려 두고, 엘리야에게로 달려와서
말하였다. "아버지와 어머니에게 작별 인사를 드린
뒤에, 선생님을 따르겠습니다." 그러자 엘리야가

번개, 지진과 함께 일어나는 신의 현현과는 달리 (삿 5:4-5; 시 18:7-15; 68:7-8; 합 3:15), 엘리야에게 나타난 하나님은 *부드럽고 조용한 소리* 혹은 "부드러운 속삭임의 소리" 가운데서 나타난다. 이 경험은 무엇인가 새롭고 다른 것을 소개해준다: 하나님은 장엄한 자연적 사건을 통해서 뿐만 아니라 하나님을 위해 사역하고 선포하는 사람들의 말들과 삶을 통해서도 계시하신다. **19:13** 엘리야가 하나님의 임재를 보았을 때, 모세가 그랬던 것처럼 (출 3:6), 그는 그의 얼굴을 가렸다. 왜냐하면 하나님을 보고서 살아남은 사람은 아무도 없다고 믿었기 때문이다 (창 32:30; 출 33:20; 삿 6:22; 13:22; 사 6:5). **19:15-18** 이스라엘의 상황을 처리하기 위해서, 하나님은 엘리야에게 세 가지 사명을 주신다. 하사엘에게 기름부어 아람의 왕으로 삼고, 예후에게 기름부어 이스라엘의 왕으로 세우고, 자신의 예언자적 사명을 엘리사에게 인계하라는 것이다. 7,000이라는 숫자는 하나님께 충성하는 이스라엘 백성을 어림잡아 기록한 숫자이다. *바알에게 입을 맞추는 것은* 제의적 행위로, 바알 상을 만지고 입술을 만짐으로써 경외와 숭배의 의미를 지닌다 (1:26-28; 호 13:2 참조).

19:19-21 **19:19** *아벨 므홀라.* 이 곳은 사사기와 왕상에만 언급되는데 잘 알려지지 않은 곳이다. 엘리사에게 엘리야의 외투를 걸치는 제의적 행위(*던져 주었다*)는 엘리사의 임무위탁과 권위의 이양을 상징적으로 나타낸다. 외투는 개인의 인격을 보여준다 (삼상 18:4). 외투를 갖는다는 것은 그것을 소유한 자의 권리도 가져야 한다 (왕하 2:13-14). **19:20** 엘리사는 집으로 되돌아가서 *아버지와 어머니에게 작별 인사를 드리고,* 그럼으로써 엘리야의 명령에 따라 그의 과거 삶을 버리고 하나님을 섬기려고 하였다. 엘리야의 대답은 분명하지 않았다: 그 대답은 한편으로 온화하게 타이르는 말이거나, 아니면 엘리사에게 다녀오라고 허락한 것 중의

말하였다. "돌아가거라. 내가 네게 무엇을 하였기에
그러느냐?" 21 엘리사는 엘리야를 떠나 돌아가서,
겨릿소를 잡고, 소가 메던 멍에를 불살라서 그 고
기를 삶고, 그것을 백성에게 주어서 먹게 하였다.
그런 다음에, 엘리사는 곧 엘리야를 따라가서, 그의
제자가 되었다.

시리아와의 전쟁

20 1 시리아 왕 벤하닷은 군대를 모두 모았
다. 지방 영주 서른두 명과 기마병과 병
거들이 모이자, 그는 올라가서, 사마리아 성을 포
위하고, 공격하였다. 2 그는 그 성 안에 있는 이
스라엘 왕 아합에게 사절들을 보내어, 3 그에게
말하였다. "나 벤하닷이 말한다. 너의 은과 금은
모두 나의 것이다. 그리고 네 아리따운 아내들과
자녀도 모두 나의 것이다." 4 이스라엘 왕이 회
답을 보내어 말하였다. "나의 상전이신 임금님,
임금님의 말씀대로, 나와 내가 소유하고 있는 것은
모두 임금님의 것입니다." 5 사절들이 다시 아합
에게 와서, 벤하닷의 말을 전하였다.

"나 벤하닷이 말한다. 내가 전에 사절을 보내
어서 전달한 것은, 너의 은과 금과 아내들과 자녀
들을 모두 나에게로 보내라는 말이었다. 6 내일
이맘때쯤에 내가 내 신하들을 보내겠다. 그들이
네 집과 신하들의 집을 뒤져서, ㄱ)그들의 눈에 드는
것은 무엇이나 가져 올 것이니, 그리 알아라."

7 그래서 이스라엘 왕은 나라 안의 모든 원
로들을 모아 놓고 의논하였다. "벤하닷이라는 사
람이 꾀하고 있는 일이 얼마나 악한 일인지, 잘 생
각해 보시오. 그가 나에게 왕비들과 자녀들을 내
놓으라고 하고, 또 은과 금까지 요구하고 있는데,
나로서는 이것을 거절할 수가 없소." 8 그러나
모든 원로와 백성들은 왕에게, 벤하닷의 말을 듣
지도 말고, 요구한 것을 보내지도 말라고 간언하
였다. 9 그래서 그는 벤하닷의 사절들에게 말하
였다. "임금님께 가서, 첫 번째 요구는 내가 듣겠
지만, 두 번째 요구는 내가 들어 줄 수 없다고 전
하시오." 사절들은 돌아가서, 그대로 보고하였다.
10 벤하닷은 다시 전갈을 보내어서 말하였다.
"내가 네 사마리아 성을 잿더미로 만들어서, 깨어
진 조각 하나도 남지 않게 하겠다. 내가 이끄는 군
인들이, 자기들의 손에 깨어진 조각 하나라도 주
울 수 있으면, 신들이 나에게, 천벌이 아니라 그
보다 더한 재앙을 내려도, 내가 달게 받겠다."
11 이스라엘 왕이 회신을 보냈다. "너의 왕에게
가서, 참 군인은 갑옷을 입을 때에 자랑하지 아니
하고, 갑옷을 벗을 때에 자랑하는 법이라고 일러
라." 12 벤하닷은 지방 영주들과 함께 막사에서
술을 마시고 있다가, 이 말을 듣고는, 신하들에게
공격 준비를 갖추라고 명령을 내렸다. 그들은 곧
ㄴ)사마리아 성을 공격할 준비를 갖추었다.

13 그 때에 예언자 한 사람이 이스라엘 왕 아
합에게 와서 말하였다. "나 주가 말한다. 네가 이

ㄱ) 칠십인역과 시리아어역과 불가타를 따름. 히, '네 눈에' ㄴ) 히, '성을'

하나이다. **19:21** 소를 희생제로 바치고 음식을 제공함으로써, 엘리사는 자신의 과거 삶에 작별을 고하고 엘리야의 종으로서의 새로운 삶을 시작한다. 엘리사는 엘리야의 후계자가 될 때까지 이야기 속에서 사라진다 (왕하 2:1).

20:1-43 20장에서는 사마리아를 놓고 벌어진 아합과 아람 사람들과의 전쟁 이야기 (1-21절); 아벡에서 승리하는 아합 (22-34절); 그리고 그에 대한 예언자의 비난(35-43절)으로 인해 엘리야에 관한 이야기가 끊어진다.

20:1-21 20:1-6 기원전 19세기 이스라엘에게 가장 위협적인 적은 다마섹이었다. 솔로몬 왕 이후 독립함으로써 (왕상 11장), 아람 왕국의 영향력은 유프라테스 강에 이르기까지 성장하였다. 아합과 벤하닷 사이에 세 번에 걸친 전쟁이 열왕기상에 기록되어 있다 (20:1-43 [2회]; 22:1-38). 벤하닷 2세는 자신과 동맹관계를 맺은 인근 국가의 *지방 영주* (통치자 혹은 우두머리) *서른두 명과* 함께 사마리아를 포위하였다. 그들은 사마리아를 포위하고 아합에게 조공을 요구하였다. 그 도시를 구하기 위해 아합은 기꺼이 첫 번째 요구사항에 따르기로 했다. 그러나 벤하닷이 그 도시를 약탈하고자 할 때, 아합은 그의 제안을 거절했다. **20:7-9** *나라 안의 모든 원로*들은 지파와 문벌의 지도자들로서 백성을 대표하였다. **20:10** *신들이 나에게…재앙을 내려*도 확고한 서약을 확증하기 위해 사용되는 표현이다 (2:23; 19:2를 보라). 벤하닷은 그 도시를 완전히 파괴하여 흙더미로 만들고 그 먼지를 군사들에게 나누어주겠다고 맹세했다. **20:11** *갑옷을 입을 때에* 전쟁이 끝날 때까지는 승리를 확신하지 말라는 잠언적인 의미를 지닌다. **20:13** 알려지지 않은 한 예언자는 아합이 아람 군대를 쳐부술 것이라고 선포한다. 이 말은 하나님이 곧 주님이시며 이스라엘의 보호자이심을 증명하게 될 것이다. **20:14** *젊은 부하*들. 이 부하들은 지방 장관들을 섬기는 사람들로 그 지방을 방어하는 임무를 맡았다. **20:15** 232명의 부하들은 능숙한 군사들이었으며, 나머지 *이스라엘 군대* 7,000명은 일반 군병

렇게 큰 군대를 본 적이 있느냐? 그러나 내가 오늘 그들을 네 손에 넘겨 줄 것이니, 너는, 내가 주인 줄 알게 될 것이다." 14 아합이 물었다. "진 앞에는 누가 섭니까?" 예언자가 대답하였다. "주님께서 말씀하시기를, 지방장관들의 젊은 부하들을 앞세우라고 하셨습니다." 그러자 아합은 다시 물었다. "누가 총지휘를 합니까?" 그 예언자가 대답하였다. "임금님이십니다." 15 그래서 아합이 지방장관들의 젊은 부하들을 점검하여 보니, 그들은 모두 이백서른두 명이었다. 그런 다음에, 그가 이스라엘 군대를 모두 점검하여 보니, 모두 칠천 명이었다.

16 정오가 되자, 아합의 군대가 공격을 시작하였다. 그 때에 벤하닷은 자기를 돕는 지방 영주 서른두 명과 함께 막사에서 술에 취해 있었다. 17 지방장관들의 젊은 부하들이 먼저 공격을 시작하였다. 벤하닷의 정찰병들이 벤하닷에게, 적군들이 사마리아 성에서 나오고 있다고 보고하였다. 18 보고를 받은 벤하닷은, 그들이 화친을 하러 나왔더라도 사로잡고, 싸움을 하러 나왔더라도 사로잡으라고 명령하였다.

19 그러나 지방장관의 젊은 부하들과 그들을 뒤따르는 군대는 이미 성읍 바깥으로 나와서, 20 저마다 닥치는 대로 벤하닷의 군대를 무찔렀다. 그래서 시리아 군인들은 다 도망하였고, 이스라엘 군대가 그들을 추격하였다. 시리아 왕 벤하닷도 기병들과 함께 말을 타고 도망하였다. 21 이렇게 해서 이스라엘 왕은, 첫 싸움에서 많은 말과 병거를 격파하고, 시리아 군대를 크게 무찔렀다.

22 그 예언자가 다시 이스라엘 왕에게 와서, 이렇게 말하였다. "임금님께서는 힘을 키우시고, 앞으로 하셔야 할 일이 무엇인지를 생각해 두십시오. 내년에 시리아 임금이 다시 임금님을 치려고 올라올 것입니다."

시리아 군대의 두 번째 공격

23 시리아 왕의 신하들이 자기들의 왕에게 말하였다.

"이스라엘의 신은 산 신입니다. 저번에는 산에서 싸웠으므로, 우리가 졌습니다. 그러나 평지에서 싸우면, 우리가 그들을 반드시 이길 것입니다. 24 그러므로 임금님께서는 이렇게 하시는 것이 좋을 줄 압니다. 지방 영주를 모두 그 자리에서 물러나게 하시고, 그 대신에 군사령관들을 그 자리에 임명하십시오. 25 잃은 수만큼, 군대와 기마와 병거를 보충하십시오. 그런 다음에 평지에서 싸우면, 틀림없이 우리가 이길 것입니다." 왕은 그들의 말을 듣고, 그대로 하였다.

26 해가 바뀌었다. 벤하닷은 시리아 군대를 소집하고, 이스라엘과 싸우려고 아벡으로 올라갔다. 27 이스라엘 군대도 소집이 되어서, 식량을 배급받고는, 그들과 싸우려고 나아갔다. 이스라엘 군대가 그들 앞에 진을 쳤으나, 이스라엘 군대는 시리아 군대에 비하면, 마치 작은 염소 두 떼와 같았고, 시리아 군대는 그 땅을 가득 채울 만큼 많았다. 28 그 때에 하나님의 사람이 가까이 와서, 이스라엘 왕에게 말하였다. "주님께서 이렇게 말씀하셨습니다. '시리아 사람이 말하기를, 내가 산의 신이지, 평지의 신은 아니라고 하니, 내가 이 큰 군대를 모두 네 손에 내주겠다. 이제 너희는 곧, 내가 주인 줄 알게 될 것이다.'"

29 양쪽 군대는 서로 대치하여서, 이레 동안 진을 치고 있었다. 드디어 이레째 되는 날 전투가 벌어졌는데, 이스라엘 군대가 시리아 군대를 쳐서 하루만에 보병 십만 명을 무찔렀다. 30 그 나머지는 아벡 성으로 도망하였으나, 성벽이 무너져서, 나머지 이만 칠천 명을 덮쳐 버렸다.

력의 일부분이었다. **20:16-18** 기대치 않은 아합의 공격은 혼란을 야기시켰는데, 이유는 벤하닷과 그의 동맹세력들이 휴식을 취하고 있었고 술을 마셨으며, 그래서 전투를 준비하지 못하고 있었기 때문이었다. 아합 군대의 첫 번째 부대는 숫자가 매우 적었으므로 벤하닷 군대에 아무런 위협도 미치지 못할 것이라고 믿었다. 일반 군사력은 직업군인들을 뒤따라 아람 군대를 공격하여 완전하게 대파시켰다. 벤하닷은 말을 타고 도피하였고 일부 기병부대도 함께 도주하였다.

20:22-34 20:22 봄철은 일반적으로 왕들이 전쟁을 하는 때였다 (삼하 11:1). **20:23** 벤하닷의 참모들은, 이스라엘의 하나님, 곧 *산의 신*은 평지에서 아무런 힘도 쓰지 못하기 때문에 산을 피하자고 제안했다. **20:27** 두 군대는 분명하게 대조가 된다. 이스라엘의 군대는 *작은 염소 두 떼와 같이 보였고, 시리아 군대는 그 땅을 가득 채울 만큼 많았다.* **20:28** *하나님의 사람.* 이 호칭은 예언자들에게 부여되었던 것이었다 (13:1). 이 예언자는 아마도 아합에게 조언했던 그 예언자(13, 22절)와 동일한 사람인 것으로 추정된다. **20:29-30** *이레 동안* 전쟁이 지체된 것은 군대들이 신의 승인을 기다리고 있었다는 것을 말해준다 (삼상 10:8; 13:8 참조). 희생자 숫자는 아마도 순전히 상징적인 것이며, 이스라엘의 하나님이 적군을 완전하게 패배시켰다는 것을 강조한다. **20:31-32** 벤하닷의 종은 아합에게 자비를 구하도록 제안하였다. 그의 일부 종들은 *굵은 베*—염소 혹은 낙타의 털로 만든 피복으

벤하닷도 도망하여서, 그 성 안의 어느 골방
으로 들어갔다. 31 그의 신하들이 그에게 말하
였다. "이스라엘 왕가의 왕들은 모두 인정이 많은
왕이라고 들었습니다. 우리가 굵은 베로 허리를
묶고, 목에 줄을 동여 매고, 이스라엘 왕에게 가면,
어쩌면 그가 임금님의 생명을 살려 줄지도 모릅
니다." 32 그래서 그들은 굵은 베로 허리를 묶고,
목에 줄을 동여 매고 이스라엘 왕에게 나아가서
"왕의 종 벤하닷이, 제발 목숨만은 살려 달라고
애원하고 있습니다." 하고 말하니, 아합 왕이 말
하였다. "아직도 그가 살아 있느냐? 그는 나의 형
제다." 33 그들은 이것을 좋은 징조로 여기고,
얼른 말을 받아서 대답하였다. "예, 벤하닷은
임금님의 형제입니다." 그러자 왕이 말하였다.
"가서 그를 데려오너라." 벤하닷이 아합 왕에게
나아오니, 왕은 그를 자기 병거에 올라타게 하였다.
34 벤하닷은 아합에게 말하였다. "나의 부친이
왕의 부친에게서 빼앗은 성들을 다 돌려드리겠습
니다. 나의 부친이 사마리아 안에 상업 중심지인
광장을 만든 것 같이, 임금님께서도 손수 다마스
쿠스 안에 그러한 광장들을 만드십시오." 그러자
아합은 "그러면 나는 그런 조약을 조건으로 하고,
당신을 보내드리겠소" 하고 말한 뒤에, 그와 조약을
맺고서, 벤하닷을 놓아 주었다.

한 예언자가 아합을 규탄하다

35 ㄱ)예언자의 무리 가운데서 어떤 예언자가
주님의 명령을 받고서, 동료에게 자기를 때리라
고 말하였으나, 그 동료가 때리기를 거절하니,
36 그 예언자가 말하였다. "네가 주님의 말씀에
순종하지 않았으니, 네가 나를 떠날 때에 사자가
너를 죽일 것이다." 과연 그 사람이 그를 떠날 때에
사자가 나타나서 그를 죽였다.
37 그 예언자가 또 다른 사람을 만나서, 자
기를 때리라고 말하였다. 그러자 그 사람은 예언
자를 때려서, 심한 상처를 입혔다. 38 그 예언
자는 붕대로 눈을 감아서 위장하고는, 길목으로
가서, 왕을 기다렸다. 39 왕이 그대로 지나치려고
하니, 예언자는 왕을 부르며 말하였다. "임금님의
종인 제가 전쟁터에 갔습니다. 그런데 어떤 사람이
저에게로 포로 한 명을 데리고 와서는, 그 사람을
감시하라고 하였습니다. 포로가 도망을 하면, 제가
대신 죽든지, 아니면 은 한 달란트를 물어 내야
한다고 하였습니다. 40 그런데 임금님의 종인
소인이 이 일 저 일을 하는 동안에, 그 포로가 없
어지고 말았습니다." 그러자 이스라엘 왕이 그에
게 말하였다. "네가 받아들인 것이니, 벌금을 물
어야 한다." 41 그 예언자는 그의 눈에 감은 붕
대를 급히 풀었다. 그 때에야 이스라엘 왕은, 그
가 예언자 가운데 한 사람임을 알았다. 42 그 예
언자는 왕에게 이렇게 말하였다. "주님께서 이렇
게 말씀하셨습니다. '내가 멸망시키기로 작정한
사람을 네가 직접 놓아 주었으니, 너는 그 목숨을
대신하여서 죽게 될 것이고, 네 백성은 그의 백성을
대신하여서 멸망할 것이다.'" 43 이스라엘 왕은,
마음이 상하여 화를 내면서, 사마리아에 있는 자
기의 궁으로 돌아갔다.

ㄱ) 히, '예언자의 아들들 가운데서'

로, 번민 혹은 비탄의 상징으로 착용되었다—를 두르고, 목에 줄—순종의 상징—을 동여매고, 아합을 찾아가서 자비를 구한다. **20:33-34** 벤하닷의 전령은 아합의 말 속에서 우호적인 태도, 혹은 *예감*을 읽어낼 수 있었다. 아합은 벤하닷을 적절한 예의로 맞이했고, 그와 계약을 체결하여 그에게 일종의 의무를 부과했다.

20:35-43 **20:36** 아람과의 동맹이 정치적으로 유익이 된다면, 종교적으로는 재난과 같은 것이었다. *예언자의 무리.* 예언자 공동체의 구성원들로, 나이 든 예언자에 의해 지도되었다 (삼상 10:5). 이 그룹의 구성원들은 벤하닷을 향한 아합의 관대함을 상징적으로 꾸짖었다. **20:37-38** 그 예언자는 그 공동체의 한 예언자에게 자신을 때리도록 요청하였지만, 그 사람은 거절하였다. 이 사람의 거절은 불복종의 행위로 간주되었고 결과적으로 그는 죽게 되었다 (13:11-32와 평행본문). 그 예언자는 두 번째 사람에게 부탁하여 매를 맞고 상처를 입었다. 그는 자신의 얼굴에 붕대를 감고 왕을 기다리고 있다. **20:39-40** 붕대를 감은 얼굴로 군인처럼 위장한 그 예언자는 왕에게 한 군사에 관한 비유를 설명해 준다. 그 군사는 전쟁 포로를 제대로 감시하지 못하였으며, 심지어 포로를 놓쳤을 경우 자신의 목숨까지도 내놓아야 할 상황이었다. 왕은 재빨리 그 비유에 나온 군사에게 사형을 언도한다. **20:41-43** 왕은 그 남자의 몸에 있는 흔적으로 그가 예언자임을 눈치챈다 (슥 13:6; 사 44:5; 겔 9:4 참조). 아합의 말은 자기 자신에 대한 심판으로, 하나님께서 *멸망시키기로 작정한* 벤하닷을 놓아주었기 때문이다. 곧, 거룩한 전쟁의 규례에 따라 벤하닷은 철저하게 멸망당했어야 하는 사람이었다 (신 7:2; 20:16).

21:1-29 21장은 3막으로 구성된 한 드라마의 이야기를 하고 있다. (1) 나봇은 아합의 여름 궁전 옆에 소유지가 있었으며, 아합에게 팔려고 하지 않지만,

나봇의 포도원

21 1 그 뒤에 이런 일이 있었다. 이스르엘
사람 나봇이 이스르엘 땅에 포도원을 하나
가지고 있었는데, 그 포도원은 사마리아의 왕 아
합의 궁 근처에 있었다. 2 아합이 나봇에게 말
하였다. "그대의 포도원이 나의 궁 가까이에 있
으니, 나에게 넘기도록 하시오. 나는 그것을 정원
으로 만들려고 하오. 내가 그것 대신에 더 좋은 포
도원을 하나 주겠소. 그대가 원하면, 그 값을 돈
으로 계산하여 줄 수도 있소." 3 나봇이 아합에
게 말하였다. "제가 조상의 유산을 임금님께 드리
는 일은, 주님께서 금하시는 불경한 일입니다."
4 아합은, 이스르엘 사람 나봇이 그 포도원을 조
상의 유산이라는 이유로 양도하기를 거절하였으
므로, 마음이 상하였다. 화를 내며 궁으로 돌아와
서, 침대에 누워 얼굴을 돌리고, 음식도 먹지 않
았다. 5 그러자 그의 아내 이세벨이 그에게로 와
서, 무슨 일로 그렇게 마음이 상하여 음식까지 들
지 않는지를 물었다. 6 왕이 그에게 대답하였다.
"내가 이스르엘 사람 나봇에게, 그의 포도원을 내게
넘겨 주면, 그 값을 돈으로 계산해 주든지, 그가
원하면 그 대신 다른 포도원을 주든지 하겠다고
했는데, 그는 자기의 포도원을 내게 줄 수가 없다고
하였소. 그 때문이오." 7 그러자 그의 아내 이세
벨이 그에게 말하였다. "당신은 현재 이스라엘을
다스리는 임금님이 아니십니까? 일어나셔서 음식
을 드시고, 마음을 좋게 가지십시오. 내가 이스르
엘 사람 나봇의 포도원을 임금님의 것으로 만들어
드리겠습니다."

8 그런 다음에, 이세벨은 아합의 이름으로
편지를 써서, 옥쇄로 인봉하고, 그 편지를 나봇이
살고 있는 성읍의 원로들과 귀족들에게 보냈다.
9 그는 편지에 이렇게 썼다. "금식을 선포하고,
나봇을 백성 가운데 높이 앉게 하시오. 10 그리
고 건달 두 사람을 그와 마주 앉게 하고, 나봇이
하나님과 임금님을 저주하였다고 증언하게 한 뒤
에, 그를 끌고 나가서, 돌로 쳐서 죽이시오."
11 그 성 안에 살고 있는 원로들과 귀족들은, 이
세벨이 편지에 쓴 그대로 하였다. 12 그들은 금
식을 선포하고, 나봇을 백성 가운데 높이 앉게 하
였다. 13 건달 둘이 나와서, 그와 마주 앉았다.
그리고 그 건달들은 백성 앞에서 나봇을 두고, 거
짓으로 "나봇이 하나님과 임금님을 욕하였다" 하
고 증언하였다. 그렇게 하니, 그들은 나봇을 성
바깥으로 끌고 가서, 돌로 쳐서 죽인 뒤에, 14 이
세벨에게 나봇이 돌에 맞아 죽었다고 알렸다.

15 이세벨은 나봇이 돌에 맞아 죽었다는 소
식을 듣고, 곧 아합에게 말하였다. "일어나십시오.
돈을 주어도 당신에게 넘기지 않겠다고 하던 이스
르엘 사람 나봇의 포도원을 차지하십시오. 나봇
은 살아 있지 않습니다. 죽었습니다." 16 아합
은, 나봇이 죽었다는 말을 듣고 일어나서, 이스르엘
에 있는 나봇의 포도원을 차지하려고 내려갔다.

17 주님께서 디셉 사람 엘리야에게 말씀
하셨다. 18 "일어나 사마리아에 있는 이스라엘
왕 아합을 만나러 내려가거라. 그가 나봇의 포도
원을 차지하려고 그 곳으로 내려갔다. 19 너는
그에게 다음과 같이 전하여라. '나 주가 말한다.

이세벨은 아합에게 그 소유지를 그의 것으로 만들어 주겠다고 약속한다 (1-7절); (2) 이세벨의 음모를 통해, 나봇은 누명을 쓰게 되고 형을 받는다. 그리고 아합은 그의 소유지를 손에 넣는다 (8-16절); (3) 엘리야는 이세벨의 죽음과 아합 왕조의 몰락을 예언한다 (17-29절). 저자의 관점에서 보면, 이스라엘의 삶에 가나안 사람들의 유입은 종교적인 우상문제뿐만 아니라 심각한 사회 정치적 악용까지 이르게 된다.

21:1-7 21:1-4 *주님께서 금하시는 불경한 일.* 이것은 강력한 맹세를 소개하는 것이다. 이스라엘 백성은 가족 내에 전해지는 조상들의 땅을 보호하기 위해 갖은 노력을 다했다. 또한 고대 이스라엘의 전통적인 법률에 따르면, 땅은 영구히 판매될 수 없다고 선언된다 (레 25:23). **21:5-7** 왕이 가나안 사회에서 절대적 권력을 가지고 있었기 때문에, 아합의 행동은 이세벨이 보기에는 이해할 수 없었다. 그녀는 아합이 원하는 소유지를 그의 것으로 만들어 주겠다고 약속한다.

21:8-16 21:8-9 이세벨은 나봇에게 죄를 씌워 일반 대중의 범죄자로 만들 음모를 꾸몄다. 그의 소유는 몰수되어 왕의 소유가 될 것이다. **21:10-12** *건달 두 사람.* 두 증인의 증언은 고소를 확증하는데 필수적이었다 (민 35:30; 신 17:6; 마 26:60 참조). **21:13-14** 두 증인은 나봇을 하나님과 왕을 저주했다는 죄명으로 고소한다. 왕에 대한 비난은 하나님에 대한 비난과 동일하게 취급되었다 (출 22:28; 레 24:14-16). 결과적으로, 법이 명하는 바에 따라, 도시 외곽에서 돌에 맞아 죽는다 (레 24:13-16).

21:17-29 *주님께서… 엘리야에게 말씀하셨다.* 예언자에게 나타난 하나님의 계시이다. *네가 살인을 하고.* 엘리야는 아합에게 나봇의 죽음에 대해 책임을 묻는다. 비록 이세벨이 음모를 꾸며 나봇의 땅을 강탈했음에도 불구하고, 왕인 아합이 그의 죽음에 책임을 져야 할 사람이었기 때문이다. 엘리야는 아합에게 미칠 소름끼칠 정도로 불명예스러운 죽음을 예언한다. **21:20-22** 아

네가 살인을 하고, 또 재산을 빼앗기까지 하였느
냐? 나 주가 말한다. 개들이 나봇의 피를 핥은 바로
그 곳에서, 그 개들이 네 피도 핥을 것이다.'"
20 아합은 엘리야를 보자, 이렇게 말하였다. "내
원수야, 네가 또 나를 찾아왔느냐?" 그러자 엘리야
가 대답하였다. "그렇습니다. 이렇게 또 찾아왔습
니다. 임금님께서는 목숨을 팔아 가면서까지, 주
님께서 보시기에 악한 일만 하십니다. 21 [ㄱ]'내가
너에게 재앙을 내려 너를 쓸어 버리되, 너 아합 가
문에 속한 남자는 종이든지 자유인이든지, 씨도
남기지 않고, 이스라엘 가운데서 없애 버리겠다.
22 네가 이스라엘 사람에게 죄를 짓게 해서 나를
분노하게 하였으니, 내가 네 가문을, 느밧의 아들
여로보암의 가문처럼, 또 아히야의 아들 바아사의
가문처럼 되게 하겠다.' 23 주님께서는 또 이세
벨을 두고서도 '개들이 이스르엘 성 밖에서 이세
벨의 주검을 찢어 먹을 것이다' 하고 말씀하셨습
니다. 24 아합 가문에 속한 사람은, 성 안에서
죽으면 개들이 찢어 먹을 것이고, 성 밖에서 죽으면
하늘의 새들이 쪼아 먹을 것이라고 하셨습니다."
25 (자기 아내 이세벨의 충동에 말려든 아합
처럼, 주님께서 보시기에 이렇게 악한 일을 하여
자기 목숨을 팔아 버린 사람은, 일찍이 없었다.
26 아합은, 주님께서 이스라엘 자손의 눈 앞에서
쫓아내신 그 아모리 사람이 한 것을 본받아서, 우
상을 숭배하는 매우 혐오스러운 일을 하였다.)
27 아합은 이 말을 듣고는, 자기 옷을 찢고
맨몸에 굵은 베 옷을 걸치고 금식하였으며, 누울
때에도 굵은 베 옷을 입은 채로 눕고, 또 일어나
서 거닐 때에도 슬픈 표정으로 힘없이 걸었다.
28 그 때에 주님께서 디셉 사람 엘리야에게 말씀
하셨다. 29 "너는, 아합이 내 앞에서 겸손해진
것을 보았느냐? 그가 내 앞에서 겸손해졌기 때문
에, 나는, 그가 살아 있는 동안에는 그에게 재앙을
내리지 않고, 그의 아들 대에 가서 그 가문에 재
앙을 내리겠다."

예언자 미가야가 아합에게 경고하다

(대하 18:2–27)

22 1 시리아와 이스라엘 사이에는 세 해 동
안이나 전쟁이 없었다. 2 그런데 삼 년째
되는 해에, 유다의 여호사밧 왕이 이스라엘 왕을
찾아갔다. 3 이스라엘 왕은 자기의 신하들에게
말하였다. "길르앗에 있는 라못은 우리 땅인데도,
우리가 그 땅을 시리아 왕의 손에서 다시 찾아올
생각조차 하지 않고 있소. 경들은 이것을 알고 있었
소?" 4 그리고 그는 또 여호사밧에게도 말하였다.
"길르앗의 라못을 치러 나와 함께 올라가시겠습
니까?" 그러자 여호사밧이 이스라엘 왕에게 대답
하였다. "나의 생각이 바로 임금님의 생각이며,
내가 통솔하는 군대가 곧 임금님의 군대이고, 내가
부리는 말이 곧 임금님의 말입니다." 5 그러면서
도 여호사밧은 이스라엘 왕에게 말하였다. "그러
나 먼저 주님의 뜻을 알아 봄이 좋을 것 같습니다."
6 그러자 이스라엘 왕은 예언자 사백 명 가
량을 모아 놓고서, 그들에게 물었다. "내가 길르
앗의 라못을 치러 올라가는 것이 좋겠소, 아니면
그만두는 것이 좋겠소?" 그러자 예언자들은 대답
하였다. "올라가십시오. 주님께서 그 성을 임금님의

ㄱ) 주님의 말

합이 그의 권력을 남용하였기 때문에, 여로보암(14:10–11)과 바아사 (16:3–4) 가문에 닥쳤던 동일한 운명이 이제 아합의 가문에 닥치게 되었다. 아합을 향한 엘리야의 말들은 여로보암을 향한 아히야의 말, 바아사를 향한 예후의 말과 거의 동일하다. **21:23–24** 23절은 첨가된 본문으로 나봇 땅에서 죽게 되는 이세벨의 죽음을 설명한다 (왕하 9:34–37). 24절은 아합을 향한 엘리야의 예언이 계속된다. **21:25–26** 신명기학파 기자는 아합에게 도덕적 결점과 이세벨의 영향력을 비난한다. 아합이 저지른 가증스러운 행위들은 종교적이자 도덕적인 문제들이다. 저자는 아합의 우상숭배를 *아모리 사람의* 우상숭배와 비교한다. 아모리 사람들은 이스라엘이 격퇴시킨 가나안의 일곱 국가를 대표한다 (신 7:1). **21:27–29** 아합은 엘리야의 가혹한 말을 듣게 되고 (21–22, 24절) 굵은 베를 걸치고 금식하며 회개와 겸손의 표를 나타낸다. 이에 하나님은 아합에게 내려질 심판을 그의 후손들 세대로 연기한다. 이 구절들이 독자들에게 아합의 평화스러운 죽음과 조상들과의 합장에 대한 이유를 설명해 줄 수 있을 것이다 (22:40).

22:1–53 22장은 또 하나의 이스라엘과 아람 전쟁, 그리고 그 전쟁을 둘러싸고 있는 사건들을 전해 준다: 아람과의 전쟁 (1–5절); 아합의 거짓 예언자들 (6–12절); 미가야의 예언 (13–28절); 아합의 패배 (29–36절); 아합의 죽음 (37–40절); 여호사밧의 유다 통치 시작 (41–50절); 아하시야의 이스라엘 통치 시작 (52–54절).

22:1–5 22:1 아람과 이스라엘이 동맹하여 기원전 853년 카르카르(Qarqar) 전투에서 앗시리아를 성공적으로 격퇴시키고 난 후, 그들은 다시 적대국이 된다. **22:2–4** 유다의 왕 여호사밧은 이스라엘 왕 아합을 방문한다. 이 방문은 통일왕국의 분단 이후 두

손에 넘겨 주실 것입니다." 7 여호사밧이 물었다. "이 밖에 우리가 물어 볼 만한 주님의 예언자가 또 없습니까?" 8 이스라엘 왕은 여호사밧에게 대답하였다. "주님의 뜻을 물어 볼 사람으로서, 이믈라의 아들 미가야라고 하는 예언자가 있기는 합니다만, 나는 그를 싫어합니다. 그는 한 번도 나에게 무엇인가 길한 것을 예언한 적이 없고, 언제나 흉한 것만 예언하곤 합니다." 여호사밧이 다시 제안하였다. "임금님께서 예언자를 두고 그렇게 말씀하시면 안 됩니다." 9 그러자 이스라엘 왕은 신하를 불러서 명령하였다. "이믈라의 아들 미가야를 빨리 데려 오너라."

10 그 때에 이스라엘 왕과 유다의 여호사밧 왕은 왕복을 입고, 사마리아 성문 어귀에 있는 타작 마당에 마련된 보좌에 앉아 있고, 예언자들은 모두 그 두 왕 앞에서 예언을 하고 있었다. 11 그 예언자들 가운데서, 그나아나의 아들 시드기야는 자기가 만든 철뿔들을 가지고 나와서 말하였다. "주님께서 이렇게 말씀하십니다. '철로 만든 이 뿔을 가지고, 너 아합은 사람들을 찌르되, 그들이 모두 파멸될 때까지 그렇게 할 것이다' 하십니다." 12 다른 예언자들도 모두 그와 같은 예언을 하면서 말하였다. "길르앗의 라못으로 진군하십시오. 승리는 임금님의 것입니다. 주님께서 이미 그 성을 임금님의 손에 넘기셨습니다."

13 미가야를 데리러 간 신하가 미가야에게 말하였다. "이것 보시오. 다른 예언자들이 모두 한결같이 왕의 승리를 예언하였으니, 예언자께서도 그들이 한 것 같이, 왕의 승리를 예언하시는 것이 좋을 것이오." 14 미가야가 대답하였다. "주님께서 살아 계심을 두고 맹세하지만, 나는 다만 주님께서 말씀하신 것만을 말하겠습니다." 15 그가 왕 앞에 나아가니, 왕이 그에게 물었다. "미가야는 대답하시오. 우리가 길르앗의 라못을 치러 올라가는 것이 좋겠소, 아니면 그만 두는 것이 좋겠소?" 미가야가 대답하였다. "올라가십시오. 승리는 임금님의 것입니다. 주님께서 그 곳을 왕의 손에 넘겨 주실 것입니다." 16 그러자 왕은 그에게 다시 말하였다. "그대가 주님의 이름으로 나에게 말을 할 때에는, 진실을 말해야 한다고 누차 일렀거늘, 내가 얼마나 더 똑같은 말을 되풀이해야 하겠소?" 17 미가야가 대답하였다. "내가 보니, 온 이스라엘이 이산 저산에 흩어져 있습니다. 마치 목자 없는 양 떼와 같습니다. '나 주가 말한다. 이들에게는 인도자가 없다. 제각기 집으로 평안히 돌아가게 하여라' 하십니다."

18 이스라엘 왕이 여호사밧에게 말하였다. "보십시오, 그는 나에게, 길한 것은 예언하지 않고, 흉한 것만을 예언한다고 말씀드리지 않았습니까?" 19 미가야가 말을 계속하였다. "그러므로 이제는 주님의 말씀을 들으십시오. 내가 보니, 주님께서 보좌에 앉으시고, 그 좌우 옆에는, 하늘의 모든 군대가 둘러 서 있는데, 20 주님께서 물으십니다. '누가 아합을 꾀어 내어서, 그로 길르앗의 라못으로 올라가서 죽게 하겠느냐?' 그러자 그들은 '이렇게 하자' 또는 '저렇게 하자' 하며, 저마다 자기의 의견을 말하는데, 21 한 영이 주님 앞에 나서서 말합니다. '제가 가서, 그를 꾀어 내겠습니다.' 그러자 주님께서는 그에게 물으십니다. '그를 어떻게 꾀어 내겠느냐?' 22 그러자 그는 대답합니다. '제가 거짓말하는 영이 되어, 아합의 모든 예언자들의 입에 들어가서, 그들이 모두 거짓말을 하도록 시키겠습니다.' 그러자 주님께서 말씀하십니다. '네가 그를 꾀어라. 틀림없이 성공할 것이다. 가서, 곧 그렇게 하여라.' 23 그러므로 이제 보십시오. 주님께서 거짓말하는 영을 여기에 있는 임금님의 예언자들의 입에 들어가게 하셨으니, 주님께서는 임금님께 이미 재앙을 선언하신 것입니다."

24 그러자 그나아나의 아들 시드기야가 다가

국가간의 첫 번째 직접적인 접촉이었다. 두 왕은 요단강 동편 이스라엘의 도시인 길르앗 라못을 재탈환하자는데 의견을 모은다.

22:6-12 22:6-7 전쟁하기 전에, 왕은 전쟁을 할 것인가 그만둘 것인가에 대한 좋은 결정을 내리기 위하여 예언자들에게 조언을 구하는 관습이 있었다. 왕실에 속한 예언자들은 일반적으로 왕을 기쁘게 하는 소식들을 전하여 주었다. **22:7-8** 여호사밧은 예언자들의 만장일치의 의견을 거부하고, 상황을 소신 있게 평가할 수 있는 또 다른 예언자를 대동하라고 요청한다. **22:10-12** *타작 마당.* 넓고 평평한 바위로 *성곽문* 밖에 있으며, 대중의 집합장소로 적합하였다.

22:13-28 22:13-18 미가야가 왕 앞에 나타났을 때, 우선적으로 그는 다른 왕실의 예언자들처럼 왕에게 호의적인 예언을 하였다. 하지만 왕은 그것이 빈정거리는 어투임을 알아차리고 진실을 말하도록 명령하였다. 그러자 미가야는 진실을 예언한다. 이스라엘은 목자 (왕을 지칭하는 일반적 유비) 없는 양과 같을 것이다 (삼하 5:2; 슥 13:7을 참조하라). **22:19** 미가야는 그러자 예언자적 비전을 묘사해 준다. 다시 말해서 그는 하나님의 현존 바로 앞에 서 있었다. 그는 주님께서 *하늘의 모든 군대*—천상적 존재로 하나님의 법정을 구성하며 주님을 섬긴다 (시 82:1; 89:5-7; 103:21)—의 중앙 왕좌에 앉아 있는 모습을 보았다. 참된 예언자는

와서, 미가야의 뺨을 치면서 말하였다. "주님의
영이 어떻게 나를 떠나 네게로 건너가서 말씀하시
더냐?" 25 미가야가 대답하였다. "네가 골방으로
들어가서 숨는 바로 그 날에, 너는 모든 것을 알게
될 것이다." 26 이스라엘 왕은 명령하였다. "미
가야를 잡아다가, 아몬 성주와 요아스 왕자에게
로 끌고 가거라. 27 그리고 내가 명하는 것이니,
이 자를 감옥에 가두고, 내가 평안히 돌아올 때까지,
빵과 물을 죽지 않을 만큼만 먹이라고 하여라."
28 미가야가 말하였다. "임금님께서 정말로 평안히
돌아오실 수 있으면, 주님께서 나를 시켜서 이런
말씀을 하시지도 않으셨을 것입니다." 미가야는
한 마디 더 붙였다. "여기에 있는 모든 백성은 나의
말을 잘 기억하여 두시오!"

아합의 죽음 (대하 18:28-34)

29 이스라엘 왕 아합과 유다의 여호사밧 왕은
시리아와 싸우려고 길르앗의 라못으로 올라갔다.
30 이스라엘의 아합 왕은 여호사밧에게 말하였
다. "나는 변장을 하고 싸움터로 들어갈 터이니,
임금께서는 왕복을 그대로 입고 나가십시오." 이
스라엘 왕은 변장을 하고, 싸움터로 들어갔다.
31 시리아 왕은 그와 함께 있는 서른두 사람의 병
거대 지휘관들에게 말하였다. "너희는 작은 자나
큰 자를 상대하여 싸우지 말고, 오직 이스라엘 왕
만 공격하여라." 32 병거대 지휘관들이 여호사
밧을 보더니 "저 자가 이스라엘의 왕이다." 하며,
그와 싸우려고 달려들었다. 여호사밧이 기겁을
하여서 소리치니, 33 병거대 지휘관들은, 그가
이스라엘의 왕이 아님을 알고서, 그를 추적하기를
그만두고 돌아섰다.

34 그런데 군인 한 사람이 무심코 활을 당긴
것이 이스라엘 왕에게 명중하였다. 화살이 갑옷
가슴막이 이음새 사이를 뚫고 들어간 것이다.
왕은 자기의 병거를 모는 부하에게 말하였다.
"병거를 돌려서, 이 싸움터에서 빠져 나가자.
내가 부상을 입었다." 35 그러나 특히 그 날은
싸움이 격렬하였으므로, 왕은 병거 가운데 붙들
려 서서, 시리아 군대를 막다가 저녁 때가 되어
죽었는데, 그의 병거 안에는 왕의 상처에서 흘러
나온 피가 바닥에 흥건히 고여 있었다. 36 해가
질 즈음에 "각각 자기의 성읍으로, 각각 자기의
고향으로!" 하고 외치는 명령이 진영에 전달되
었다.

37 왕은 죽고, 사람들은 그 주검을 사마리아로
가지고 가서, 그 곳에 묻었다. 38 그리고 사마리
아의 연못에서 왕의 병거와 갑옷을 씻을 때에 개
들이 그 피를 핥았고, 창녀들이 그 곳에서 목욕을
하였다. 이렇게 해서 모든 것은 주님께서 말씀하
신 대로 되었다. 39 아합의 나머지 행적과 그가
한 모든 일과, 그가 건축한 상아 궁과, 그가 세운
성읍들에 관한 모든 사실이, '이스라엘 왕 역대지
략'에 다 기록되어 있다. 40 아합이 조상들과 함께
묻히니, 그의 뒤를 이어서 그의 아들 아하시야가
왕이 되었다.

유다 왕 여호사밧 (대하 20:31-21:1)

41 이스라엘의 아합 왕 제 사년에 아사의 아들
여호사밧이 유다의 왕이 되었다. 42 여호사밧은
왕이 될 때에 서른다섯 살이었고, 예루살렘에서
스물다섯 해 동안 다스렸다. 그의 어머니 아수바는
실히의 딸이다. 43 여호사밧은 자기의 아버지

하나님의 법정에 참여해 본 자이며, 주님의 말씀을 들어본 자이다 (렘 23:18). **22:21-23** 하나님 법정에서 심사가 진행되는 동안, 그 법정의 한 구성원, 곧 한 영이 아합 예언자들의 입에서 거짓을 고하는 영이 되어 아합을 속이기로 결정하고, 결국 아합을 패배시키기로 한다. **22:24-25** 주님의 영이 미가야가 아닌 자기 자신을 통해 말하였다는 것을 믿고 있었던 왕실 예언자 시드기야는 미가야의 뺨을 친다. 이에 미가야는 시드기야가 목숨을 구하기 위해 도망치게 될 것임을 예언해 준다. *네가 골방으로 들어가서 숨는 바로 그 날에, 너는 모든 것을 알게 될 것이다.* 벤하닷이 20:30에서 도망치던 모습과 동일하다. **22:26-28** *왕자.* 아마도 감옥을 담당하고 있던 왕실 관료를 가리키는 듯하다 (렘 36:26; 38:6; 대하 28:7 참조). 아합은 미가야를 전쟁에서 승리하고 돌아올 때까지 감금하라고 명령한다. 만약 아합이 되돌아오면, 미가야는 거짓 예언자로 판명날 것이다.

22:29-36 변장에도 불구하고 아합은 적이 우연히 쏜 화살에 맞아 치명적인 상처를 입는다. 그리고 그 저녁 무렵에 죽는다.

22:37-40 **22:37-38** 아합의 몸은 사마리아로 송환되어 매장된다. 가장 치욕적인 동물로 간주되던 개들이 왕의 병거에 묻어나온 피를 핥는다. 또 다른 치욕적인 사람들로 간주되던 창녀들이 아합의 피로 목욕한다. 저자의 관점에서 보면, 아합은 우상을 섬기고 백성을 억압하던 군주로, 하나님이 허락한 명예로운 왕실을 치욕스럽게 만든 왕이었다. 결과적으로 아합의 시체에서 흘러나온 피도 치욕적으로 다루어진다. (엘리야의 예언은 단지 부분적으로만 성취된다. 왜냐하면 아합의 피는

아사가 걸어간 길에서 벗어나지 아니하고, 그 길을
그대로 걸어서, 주님께서 보시기에 정직하게 행
하였으나, 그가 산당만은 헐어 버리지 않아서, 백
성은 여전히 산당에서 제사를 드리며 분향하였다.
44 여호사밧은 이스라엘 왕과 평화롭게 지냈다.
45 여호사밧의 나머지 행적과, 그가 보여 준
권세와, 그가 치른 전쟁에 관한 것들이, 모두 '유
다 왕 역대지략'에 기록되어 있다. 46 그는 그의
아버지 아사 시대까지 남아 있던 성전 남창들을
그 땅에서 내쫓았다.
47 그 때에 에돔에는 왕이 없었고, 유다의 왕
이 임명한 대리자가 다스리고 있었다. 48 여호
사밧이 오빌에서 금을 가져오려고 다시스 선단을
만들었으나, 그 배들이 에시온게벨에서 파선하였
으므로, 가지 못하였다. 49 그러자 아합의 아들
아하시야가 여호사밧에게 "나의 신하들이 임금님의
신하들과 같은 배를 타고 가게 하겠습니다" 하고
제의하였으나, 여호사밧은 이 제의를 받아들이지
않았다.
50 여호사밧이 숨을 거두니, '다윗 성'에다가
조상들과 함께 그를 장사하였다. 그의 뒤를 이어서,
그의 아들 여호람이 왕이 되었다.

이스라엘 왕 아하시야

51 유다의 여호사밧 왕 제 십칠년에, 아합의
아들 아하시야가 사마리아에서 이스라엘의 왕이
되었다. 그는 두 해 동안 이스라엘을 다스렸다.
52 그는 주님께서 보시기에 이스라엘을 죄에 빠
뜨리게 한 그의 아버지와 어머니가 걸은 길과 느
밧의 아들 여로보암이 걸은 길을 그대로 따라갔다.
53 그는 바알을 섬기고, 그것에 절을 하여서, 그의
아버지가 한 것과 마찬가지로, 주 이스라엘의
하나님께서 진노하시게 하였다.

이스르엘에서 흘려질 것이라고 예언하였기 때문이다; 21:19). **22:39-40** 저자는, 자신의 전형적인 문구를 사용하여, 아합이 상아로 건축한 궁을 특별히 언급하면서 아합의 통치를 요약한다. 아마도 아합의 지나친 왕권을 교묘하게 지적하려는 의도인 것으로 보인다.

22:41-51 신명기학파 저자는 여호사밧의 왕권을 요약하면서 유다 왕의 역사를 시작한다 (더 자세한 것은 대하 17:11-21:1을 보라). **22:41-42** 아사의 아들 여호사밧은 유다의 네 번째 왕이다. **22:43-44** 열왕기 저자는 여호사밧이 자신의 종교 지도자로서의 역할에 적절한 자로 묘사한다. 그는 경건한 왕으로서 이스라엘의 종교생활에 개혁의 도화선을 제공했고, 그의 아버지 아사의 선한 행적에 따랐다 (15:9-14 참조). 그러나 그의 아버지처럼, 그는 이교도의 산당을 억제하지는 않았다 (15:14; 또한 왕상 3:2를 보라). **22:45-46** 오므리 가문(오므리 왕의 후손들)과의 정략적 결혼으로 인해 (대상 18:1), 여호사밧은 아람 (22:1-4), 모압, 에돔, 그리고 암몬(대하 20:1-30)에 대항하여 이스라엘과 함께 전쟁에 참여하였다. 성전 남창들에 대해서는 왕상 14:24를 보라. **22:47-50** 에돔이 유다의 종주국이 되었던 때에 대해서는 아무 언급도 없다. 에돔이 유다 지파의 통제 아래 있었기 때문에, 여호사밧은 홍해의 에시온게벨의 항구도시에 진출할 수 있었으며, 오빌로부터 금을 수입하는 해상무역도 시작할 수 있게 되었었다. *다시스 선단.* 이 선단에 대해서는 10:22를 보라. *오빌.* 오빌에 관하여는 9:27-28을 보라. 함대는 파괴되었고, 모든 노력은 수포로 돌아갔다 (또한 대하 20:35-37을 보라). 이스라엘과 유다 사이의 평화를 언급하고 산당들이 여전히 존재하고 있었다는 사실을 설명함으로써, 저자는 여호사밧과 솔로몬을 비교하여 묘사한다 (3:2-3; 4:24; 5:12; 9:26-28; 10:11). 여호사밧은 *다윗 성,* 곧 예루살렘에 매장되었다.

22:52-53 열왕기서를 의도적으로 두 권의 책으로 분리함으로써, 왕상 22:52에서 아하시야의 이야기가 시작하게 되고 왕하 1:18에서 끝맺도록 한다. 아합과 이세벨의 아들인 아하시야는 북왕조의 여덟 번째 왕이 되었다. 아하시야에 대한 저자의 입장은 이스라엘의 모든 왕에게 적용되었던 형식, 곧 표준문구를 통한 비난이다: 아하시야는 그의 아버지와 어머니가 행한 종교생활의 본을 그대로 따랐으며, 여로보암이 이스라엘에 도입한 종교행위들을 계승하였다. 바알을 섬기고 부모의 혼합주의적 종교전통을 계승함으로써, 그는 *하나님께서 진노하시게 하였다.*

추가 설명: 참 예언자들과 거짓 예언자들

열왕기상 22장은 대부분의 경우 공동체가 예언자의 메시지가 거짓 메시지인지 참 메시지인지 분간할 수 있다는 점을 예증해 준다. 아합 시절 북왕국의 왕실 예언자로 사역했다고 보도되는 많은 예언자들이 (왕상 18장을 보라) 바로, 권위를 가진 자에게 유익하게 들리는 메시지를 정규적으로 제공해 주었던 예언자들을 반드시 의심을 가지고 판단해야 함을 보여주고 있다. 이사야는 "부드러운 말"(사 30:10)을 하도록 부름 받은 선지자들에 대해 말하고 있다. 그리고 예레미야는 "자기들의 마음 속에서 나온 환상을 말"하는 (렘 23:16) 선지자들에 대해 말하고 있다. 거짓 예언자로부터 참 예언자를 구별하는 첫 번째 원리는 이것이다: 만약 한 선지자의 예언이 공동체가 듣기를 원하던 바에 상응한다면, 조심하라! 만약 그 예언자의 메시지가 공동체가 가장 듣고자 하던 바에 정면으로 배치된다면, 그 예언자를 참된 예언자로 믿어야 한다 (암 7:12를 보라).

물론 이러한 원리에 오류가 없는 것이 아니다. 왜냐하면 파멸을 예언할 때 행복을 느끼는 예언자는 아무도 없을 것이기 때문이다. 다른 한편으로 다수의 견해가 항상 필연적으로 그릇되지는 않기 때문이다. 하지만 그럴지라도, 이러한 원리는 참고할 만하다.

예언자를 판단하는 두 번째 원리는 매우 간단하다. 만약 예언자가 어떤 일이 일어날 것이라고 예언한다면, 그리고 그것이 일어났다면, 그 예언자는 믿을 만한 예언자이다. 미가야는 아합의 패배와 그의 죽음을 예언했다. 아합은 결국 전쟁에서 패배당하고 죽고 만다. 비록 미가야가 감옥에서 풀려났다는 이야기가 전해지지 않고 있지만, 미가야는 진실된 예언자로 판명된 것이다. 그러나 이 원칙 역시 무오하다고 주장할 수는 없다. 우연성이라는 것이 존재하고, 예언자의 예언이 실현되고 있다 할지라도 거부되어야 하는 상황이 존재한다 (신 13장을 보라).

예언자를 판단할 수 있는 세 번째 원칙 역시 왕상 22장에 나타난다. 이스라엘이 패배할 것임을 예언하면서 미가야는 자신이 본 환상에 대해 말한다. 그 환상 속에서 미가야는 하나님과 하나님을 섬기는 존재들이 계획한 일들을 보고 들을 수 있게 된다. 하나님의 회의에 대한 이러한 환상은 공동체와 함께 공유되어, 그 예언자의 진위를 평가하고 테스트하기 위한 기회를 제공하게 된다. 예언자의 말의 진위에 대한 논쟁은 주님의 참된 메신저로서 믿을 만한 사람인지를 결정할 때 매우 가치 있는 일이었음에 틀림없다. 미가야의 환상은 지도자들의 행동에 상당한 영향을 끼쳤다. 그리고 미가야 자신은 예언의 진실성에 대한 대가로 목숨을 내놓을 준비가 완벽하게 되어 있었다: 만약 아합이 아무런 해도 입지 않고 되돌아온다면, 미가야는 거짓을 말한 예언자로 입증될 것이었다.

예레미야가 강력하게 내세우고 있는 이 방법은 가장 믿을 만한 방법처럼 보인다. 예레미야는 말하기를, "꿈을 꾼 예언자가 꿈 이야기를 하더라도, 내 말을 받은 예언자는 충실하게 내 말만 전하여라" (렘 23:28). 가장 믿을 만한 예언자는 하나님의 인도함을 구하는 사람이다. 보고 들은 것을 공동체와 함께 나누는 사람; 그리고 하나님의 인도함을 받으면서 공동체와 함께 그 말을 계속해서 검증하고 명확하게 하는 사람이다.

예언자의 예언의 진실성을 판단하는 네 번째 원리는 신명기 13장에 나타난다. 그곳에서 공동체를 유혹하여 다른 신들을 섬기게 하는 예언자들, 점쟁이, 혹은 다른 사람들(심지어 자신의 가족일지라도)에 대항하여 예언하는 자에 대해서 말한다. 이러한 사람들의 예언이 실제로 실현된다고 할지라도, 그들을 추종해서는 안 된다.

열왕기하

열왕기상과 열왕기하가 본래 한 권의 책이었기 때문에, 열왕기하에 대한 대부분의 서론적 소개는 열왕기상 서론부분과 많은 부분에서 일치한다. ("열왕"이라는 이름이 본래 분리되지 않은 한 권의 책을 지시하고 있다는 점을 주목하라.)

열왕기하의 저자들은 이스라엘과 유다의 몰락과 망명생활에 대한 신학적 설명을 제공하고 있다. 그들은 이스라엘과 유다가 언약을 어겼으며, 이러한 그들의 행위가 하나님의 심판을 초래했다는 점을 강조하고 있다 (신 28:15, 36-37, 47-52, 63-65). 이스라엘의 정치적 몰락은 하나님이 능력이 없어서 일어난 일이 아니라, 오히려 하나님의 능력을 증명해 주는 사건이었다.

예언자들의 경고에도 불구하고, 북왕국과 수도 사마리아는 하나님께 불순종하고 다른 신들을 섬겼기 때문에 기원전 722년에 멸망하였다 (왕하 17:7-23). 요시야의 개혁에도 불구하고, 유다는 사마리아 몰락으로부터 아무런 교훈도 얻지 못하였고 (왕하 17:19), 결국 기원전 587년에 멸망하였다. 므낫세는 회개할 수 있는 그 어떠한 소망을 가질 수 없을 정도로 유다를 부패시켰기 때문에 (왕하 21장; 23:26-27), 하나님은 이스라엘을 제거한 것과 마찬가지로 유다를 없애버리려고 하였다.

열왕기상하는 포로생활 37년 만에 감옥으로부터 풀려나온 여호야긴 이후의 간략한 역사 (기원전 560년)를 첨가하면서 비록 희망이 보이지 않지만, 희망의 메시지로 끝을 맺는다. 여호야긴의 석방은 희망을 상실했던 백성에게 마지막 구원의 희망으로 보였다. 이스라엘은 멸망당했지만 파괴되지는 않았다. 하나님의 메시아, 하나님의 기름부음을 받은 자, 곧 유다의 왕조에 속한 자가 여전히 살아 있었다.

이 책의 개요는 다음과 같다. 성경본문에 따라 세밀히 조사할 필요가 있는 주석은 이 개요를 따를 것이며, 명확성을 기하기 위하여 더 보충하여 상세하게 설명될 것이다.

Ⅰ. 엘리사의 사역, 1:1—8:29
Ⅱ. 예후의 반란, 9:1—10:36
Ⅲ. 아달랴 여왕과 요아스 왕, 11:1—12:21
Ⅳ. 북왕국의 붕괴, 13:1—17:41
Ⅴ. 남왕국의 붕괴, 18:1—25:30

클로드 에프 마리오티니 (Claude F. Mariottini)

엘리야와 아하시야 왕

1 1 아합이 죽은 뒤에, 모압이 이스라엘에게 반
하였다. 2 아하시야가 사마리아에 있는 그의
다락방 난간에서 떨어져 크게 다쳤다. 그래서 그는
사절단을 에그론의 신 ㄱ)바알세붑에게 보내어, 자
기의 병이 나을 수 있을지를 물어 보게 하였다.
3 그 때에 주님의 천사가 나타나서, 디셉 사람
엘리야를 보고, 사마리아 왕의 사절단을 만나서
이렇게 전하라고 명령하였다. "너희가 에그론의
신 바알세붑에게 물으러 가다니, 이스라엘에 하
나님이 계시지 않느냐? 4 그러므로 나 주가 말
한다. 네가, 올라가 누운 그 병상에서 일어나 내려
오지 못하고, 죽고 말 것이다."
엘리야는 천사가 시키는 대로 하였다. 5 그리
하여 사절들은 가던 길에서 돌이켜서, 왕에게 되
돌아갔다. 왕이 그들에게 왜 그냥 돌아왔는지를
물었다. 6 그들은 왕에게 사실대로 대답하였다.
"길을 가다가 웬 사람을 만났습니다. 그는 우리를
보고, 우리를 보내신 임금님께 돌아가서, 주님께
서 하신 말씀을 전하라고 하였습니다. 그러면서
하는 말이 '네가 에그론의 신 바알세붑에게 사람
을 보내어 물으려 하다니, 이스라엘에 하나님이
계시지 않느냐? 그러므로 너는, 네가 올라가 누운
그 병상에서 일어나 내려오지 못하고, 분명히 거
기에서 죽고 말 것이다' 하였습니다." 7 왕이 그
들에게 물었다. "너희들을 만나서 그러한 말을 한
그 사람이 어떻게 생겼더냐?" 8 그들이 왕에게
대답하였다. "털이 많고, 허리에는 가죽 띠를 띠고
있었습니다." 그러자 왕은 "그는 분명히 디셉 사람
엘리야다" 하고 외쳤다.
9 그리하여 왕은 오십부장에게 부하 쉰 명을
딸려서 엘리야에게 보냈다. 그 오십부장은 엘리
야가 산꼭대기에 앉아 있는 것을 보고, 그에게 소
리쳤다. "어명이오. 하나님의 사람께서는 내려오
시오!" 10 엘리야가 그 오십부장에게 말하였다.
"내가 하나님의 사람이라면, 불이 하늘에서 내려
와서, 너와 네 부하 쉰 명을 모두 태울 것이다." 그
러자 불이 하늘에서 내려와서, 그와 그의 부하 쉰
명을 태워 버렸다.
11 왕이 다시 다른 오십부장에게 부하 쉰 명을
딸려서 엘리야에게 보냈다. 그 오십부장은 엘리
야에게 말하였다. "어명이오. 하나님의 사람께서는
내려오시오!" 12 엘리야가 그들에게 말하였다.
"내가 하나님의 사람이라면, 불이 하늘에서 내려
와서, 너와 네 부하 쉰 명을 모두 태울 것이다." 그
러자 하나님의 불이 하늘에서 내려와서, 그와 그
의 부하 쉰 명을 태웠다.
13 왕이 세 번째로 또 다른 오십부장에게 부하
쉰 명을 딸려서 보냈다. 그 세 번째 오십부장은 올
라가서, 엘리야 앞에 무릎을 꿇고, 애원하며 말하
였다. "하나님의 사람께서는 우리의 청을 물리치
지 말아 주십시오. 나의 목숨과 어른의 종들인, 이
쉰 명의 목숨을 귀하게 여겨 주십시오. 14 보십
시오, 하늘에서 불이 내려와서, 이미 오십부장 두
명과 그들의 부하 백 명을 모두 태워 죽였습니다.
그러니 이제 나의 목숨을 귀하게 여겨 주십시오."
15 그 때에 주님의 천사가 엘리야에게 말하였다.
"그와 함께 내려가거라. 그 사람을 두려워하지 말
아라." 그리하여 엘리야가 일어나서, 그와 함께
왕에게 내려갔다. 16 엘리야가 왕에게 말하였다.
"주님께서 말씀하시기를 '네가, 에그론의 신 바알
세붑에게 네 병에 관하여 물어 보려고 사절들을

ㄱ) '파리들의 주', '바알 왕자'를 뜻하는 '바알세불'에 대칭되는 모욕적인 이름

1:1-18 1장은 계속해서 이스라엘 아하시야 왕 이야기(왕상 22:52-54에서 시작했던 이야기)를 전해준다. 이 곳에서 아하시야는 병든 모습과 에그론의 신 바알세붑(바알세불에 대칭되는 모욕적인 이름)의 도움을 바라는 모습으로 시작된다 (1-8절). 아하시야가 예언되었던 대로 죽으면서 1장이 끝을 맺는다 (9-18절).

1:1-8 **1:1** 모압이 아합의 아들 아하시야 통치 기간 동안에 반란을 일으켰다. 다윗시대 이후 모압은 이스라엘의 속국이 되어있었다. **1:2** 아하시야는 그의 궁에서 떨어져 크게 다쳤다. 아마도 2층 발코니에서 떨어진 것으로 추정된다. *바알세붑.* 혹은 "파리들의 주"는 바알 왕자를 뜻하는 바알세불에 대칭되는 모욕적인 이름이며 블레셋 도시였던 에그론의 신이었다 (수 13:3). **1:3-4** 많은 경우에 *주님의 천사*는 하나님과 동등하게 간주된다. **1:8** 털이 많은 엘리야의 옷을 지칭하는 것으로 (스 13:4; 마 3:4), 예언자들의 특징 가운데 하나였다.

1:9-18 왕은 엘리야를 잡기 위해 군사력을 동원하려고 시도하였지만, 두 부대가 하나님께서 내리신 불에 타서 재가 되었을 때에야 비로소 목적을 수행할 수 없었다. 이 이야기를 통해 저자는 하나님의 대리자를 존경하고 복종하도록 격려하려 했던 것이며, 하나님을 신뢰하지 못하는 것은 하나님의 심판을 초래하게 된다는 것을 선포하려 했던 것이다. **1:17-18** 아하시야는 엘리야가 예언한 대로 죽었다. 아하시야에게 아들이 없었기 때문에 그의 형제 여호람(요람으로 불리기도 한다, 8:16)이 왕위를 계승한다.

보내다니, 이스라엘에 네가 말씀을 여쭈어 볼 하나님이 계시지 않더란 말이냐? 그러므로 너는, 네가 올라가 누운 그 병상에서 일어나 내려오지 못하고, 죽고 말 것이다' 하셨습니다." 17 엘리야가 전한 주님의 말씀대로, 북왕국 이스라엘에서는 아하시야 왕이 죽었다. 그에게 아들이 없었으므로, ㄱ)그의 동생 여호람이 그의 뒤를 이어 왕이 되었다. 때는 남왕국 유다에서 여호사밧의 아들 여호람이 즉위하여 다스린 지 이년이 되던 해였다.

18 아하시야가 한 나머지 일들은 '이스라엘 왕 역대지략'에 기록되어 있다.

엘리야가 승천하다

2 1 주님께서 엘리야를 회오리바람에 실어 하늘로 데리고 올라가실 때가 되니, 엘리야가 엘리사를 데리고 길갈을 떠났다. 길을 가다가, 2 엘리야가 엘리사에게 말하였다. "나는 주님의 분부대로 베델로 가야 한다. 그러나 너는 여기에 남아 있거라." 그러나 엘리사는 "주님께서 살아 계심과 스승께서 살아 계심을 두고 맹세합니다. 나는 결코 스승님을 떠나지 않겠습니다" 하고 말하였다. 그리하여 그들은 함께 베델까지 내려갔다. 3 베델에 살고 있는 ㄴ)예언자 수련생들이 엘리사에게 와서 물었다. "선생님의 스승을 주님께서 오늘 하늘로 데려가려고 하시는데, 선생님께서는 알고 계십니까?" 엘리사가 말하였다. "나도 알고 있으니, 조용히 하시오."

4 엘리야가 엘리사에게 말하였다. "나는 주님의 분부대로 여리고로 가야 한다. 그러나 너는 여기에 남아 있거라." 그러나 엘리사는 "주님께서 살아 계심과 스승께서 살아 계심을 두고 맹세합니다. 나는 결코 스승님을 떠나지 않겠습니다" 하고 말하였다. 그리하여 그들은 함께 여리고로 갔다. 5 여리고에 살고 있는 예언자 수련생들이 엘리사에게 와서 물었다. "선생님의 스승을 주님께서 오늘 하늘로 데려가려고 하시는데, 선생님께서는 알고 계십니까?" 엘리사가 말하였다. "나도 알고 있으니, 조용히 하시오."

6 엘리야가 엘리사에게 말하였다. "나는 주님의 분부대로 요단 강으로 가야 한다. 그러나 너는 여기에 남아 있거라." 그러나 엘리사는 "주님께서 살아 계심과 스승께서 살아 계심을 두고 맹세합니다. 나는 결코 스승님을 떠나지 않겠습니다" 하고 말하였다. 그리하여 두 사람은 함께 길을 떠났다. 7 ㄴ)예언자 수련생들 가운데서 쉰 명이 요단 강까지 그들을 따라갔다. 엘리야와 엘리사가 요단 강가에 서니, 따르던 제자들도 멀찍이 멈추어 섰다. 8 그 때에 엘리야가 자기의 겉옷을 벗어 말아서, 그것으로 강물을 치니, 물이 좌우로 갈라졌다. 두 사람은 물이 마른 강바닥을 밟으며, 요단 강을 건너갔다.

9 요단 강 맞은쪽에 이르러, 엘리야가 엘리사에게 말하였다. "주님께서 나를 데려가시기 전에

ㄱ) 칠십인역과 시리아어역을 따름. 히브리어 본문에는 '그의 동생' 없음
ㄴ) 히, '예언자들의 아들들'

특별 주석

하늘로부터 불을 내려 무고한 왕의 칙사들의 목숨을 앗아간 엘리야 이야기는 하나님이 아닌 다른 신으로부터 도움을 요청하였던 왕의 심각성을 강조하려는 의도가 있다. 고대 이야기를 전하는 자가 도덕적 문제를 인식하였다는 것은 엘리야 체포를 위해 파송된 세 번째 군대 지휘관의 소신 있고 진실한 간청에 의해 표현된다. 그럴지라도, 여기에서 묘사되고 있는 하나님은 이스라엘의 하나님에 대한 전통적인 묘사와 충돌을 일으킨다 (출 34:6-7).

2:1-25 예언자 엘리사의 삶과 업적은 엘리사와 관련된 일련의 사건들(2:1—13:25)로 알려진 문서의 많은 부분에서 이야기되고 있다. 이 이야기는 엘리야와 관련된 사건들과는 다른 예언활동의 전통을 반영해 주고 있다. 북왕국의 예언자 사이클들은 엘리사와 관련된 일련의 사건들을 발전시키고 보급시켰다. 엘리사에 관한 이러한 이야기들은 연대순으로 구성되어 있지는 않다. 또한 분명한 역사적 정황을 설명해 주지도 않는다. 대신에 이 이야기들은 엘리사를 통해 증명된 하나님의 능력을 강조하고 있으며, 구약성경에 기록된 다른 어떠한 이야기 선집보다도 기적을 상당히 강조하고 있다.

2장은 엘리야의 승천에 관한 이야기 (1-12절); 요단 강을 가르는 엘리사 (13-14절); 여리고 샘물 정화 (19-22절); 그리고 엘리사와 베델 어린 아이들 사이에 일어난 사건을 담고 있다 (23-25절).

2:1-12 2:1-3 *길갈.* 하나님께서 나타나실 때 회오리바람이 종종 동반되곤 했다 (하나님의 나타나심; 욥 38:1; 40:6; 사 29:6; 나 1:3). *예언자 수련생들.* 한 예언자의 제자들이며, 예언자 공동체의 구성원들이다. **2:4-8** 엘리사는 엘리야의 후계자가 되었다. 요단 강을 건너기 위해, 엘리야는 겉옷을 벗어 지팡이 모양으로 말아서 (출 7:20) 강물을 쳤다. 이 사건은 홍해를 건넌 모세와 요단 강을 건넌 여호수아를 연상시켜 준다 (출 14:21; 수 3:13을 보라). 저자는 엘리야의

내가 네게 어떻게 해주기를 바라느냐?" 엘리사는
엘리야에게 "스승님이 가지고 계신 능력을 제
가 갑절로 받기를 바랍니다" 하고 대답하였다.
10 엘리야가 말하였다. "너는 참으로 어려운 것을
요구하는구나. 주님께서 나를 너에게서 데려가시는
것을 네가 보면, 네 소원이 이루어지겠지만, 그
렇지 않으면 그것이 이루어지지 않을 것이다."
11 그들이 이야기를 하면서 가고 있는데, 갑자기
불병거와 불말이 나타나서, 그들 두 사람을 갈라
놓더니, 엘리야만 회오리바람에 싣고 하늘로 올
라갔다. 12 엘리사가 이 광경을 보면서 외쳤다.
"나의 아버지! 나의 아버지! 이스라엘의 병거이시며
마병이시여!" 엘리사는 엘리야를 다시는 볼 수
없었다.

엘리사는 슬픔에 겨워서, 자기의 겉옷을 힘껏
잡아당겨 두 조각으로 찢었다. 13 그리고는 엘
리야가 떨어뜨리고 간 겉옷을 들고 돌아와, 요단
강 가에 서서, 14 엘리야가 떨어뜨리고 간 그 겉
옷으로 강물을 치면서 "엘리야의 주 하나님, 주님
께서는 어디에 계십니까?" 하고 외치고, 또 물을
치니, 강물이 좌우로 갈라졌다. 엘리사가 그리로
강을 건넜다. 15 그 때에 여리고에서부터 따라
온 예언자 수련생들이 강 건너에서 이 광경을 보
고는 "엘리야의 능력이 엘리사 위에 내렸다" 하고
말하면서, 엘리사를 맞으러 나와, 땅에 엎드려 절
을 하였다. 16 그리고 엘리사에게 말하였다. "보
십시오, 여기에 선생님의 제자들이 쉰 명이나 있
습니다. 우리들은 모두 힘있는 사람입니다. 우리
들을 보내셔서, 선생님의 스승을 찾아보도록 하
십시오. 주님의 영이 그를 들어다가, 산 위에나
계곡에 내던졌을까 염려됩니다." 그러나 엘리사는,
보낼 필요가 없다고 말하였다. 17 그러다가 그
들이 하도 성가시게 간청하자, 엘리사는 사람을
보내어 엘리야를 찾아보라고 하였다. 그러나 그
들이 사람 쉰 명을 보내어 사흘 동안이나 찾아보
았으나, 엘리야를 발견하지 못하고, 18 여리고에
머물고 있는 엘리사에게로 돌아왔다. 엘리사가
그들에게 말하였다. "내가 너희들에게 가지 말라고
하지 않더냐?"

엘리사의 기적

19 그 성읍 사람들이 엘리사에게 말하였다.
"보십시오, 선생님께서도 보시는 바와 같이, 이
성읍이 차지하고 있는 자리는 좋지만, 물이 좋지
않아서, 이 땅에서는 사람들이 아이를 유산합니다."
20 그러자 그는 새 대접에 소금을 조금 담아 가
지고 오라고 하였다. 그들이 그것을 가져 오니,
21 엘리사는 물의 근원이 있는 곳으로 가서, 소
금을 그 곳에 뿌리며 말하였다. "주님께서 이렇게
말씀하신다. '내가 이 물을 맑게 고쳐 놓았으니,
다시는 이 곳에서 사람들이 물 때문에 죽거나 유
산하는 일이 없을 것이다.'" 22 그 곳의 물은,
엘리사가 말한 대로, 그 때부터 맑아져서 오늘에
이르렀다.

능력과 권위를 모세와 직접 연결시킨다. **2:9-10** 엘리야가 가진 능력의 갑절을 요구하는 엘리사는 아버지 유산의 갑절을 받으려는 장남의 호소와 같다 (신 21:17). 엘리사는 엘리야에게 부여된 하나님께서 예언자에게 주시는 능력을 요구하고 있었다. 엘리야는 이 요청을 조건적인 것으로 만들었다: 만약 엘리사가 엘리야 승천을 볼 수 있다면, 엘리사의 요청은 승인된 것이다. **2:11-12** 환상 중 하나님과의 만남은 종종 불, 병거와 말, 그리고 회오리바람의 형상을 내포하게 되는데 (삿 13:19-21; 왕하 6:17), 아마도 하나님의 천상군대를 상징하고 있는 것으로 추정된 것 같다. *나의 아버지! 나의 아버지.* 엘리사의 이 말은 스승을 향한 예언자의 충성이 담긴 사랑을 반영해 주며, 아버지 유산의 갑절을 요청한 엘리사에게 주의를 기울이도록 한다. *이스라엘의 병거이시며 마병이시여!* 11절의 이미지를 가리키고 있으며, 어쩌면 이제 엘리야가 가지고 있는 능력의 갑절을 부여받은 엘리사가 하나님의 군대에 소속되었음을 지시하는 것으로 생각된다. 옷을 찢는 행위는 애도의 상징이었다 (삼상 4:12; 삼하 1:2; 욥 1:20).

2:13-14 이 사건은 엘리야의 정통 후계자로서의 엘리사를 확증해 주는 세 번의 기적 가운데 첫 번째 것이다. *엘리야의 주 하나님, 주님께서는 어디에 계십니까?* 라는 엘리사의 말은 다른 예언자들에게 자신이 엘리야의 능력이 전수된 예언자임을 증명해 주도록 요청하는 것이다.

2:15-18 2:15 여리고에 있는 예언자들은 엘리야의 승천을 보지 못했기 때문에, 엘리사가 요단 강을 가른 사건은 엘리야의 능력이 엘리사에게 전수되었다는 사실을 확신시켜 준다. 그들은 *땅에 엎드려 절을 하였다*는 새로운 예언자 공동체의 지도자에 대한 존경의 표시이다. **2:16-18** *주님의 영이 그를 들어다가.* 하나님에 의해 예언자가 이동되는 상태를 가리킨다 (왕상 18:12).

2:19-22 엘리사가 샘물의 근원을 정화시킨 사건은 그의 위치와 신적 능력의 부여를 한 걸음 더 정당화시켜 준다.

2:23-25 *어린 아이들.* 아마도 이들은 어린이들이 아닌 십대 청소년들로 추정된다. 엘리사의 대머리는

23 엘리사가 그 곳을 떠나 베델로 올라갔다.
그가 베델로 올라가는 길에, 어린 아이들이 성읍
에서 나와 그를 보고 "대머리야, 꺼져라. 대머리야,
꺼져라" 하고 놀려 댔다. 24 엘리사는 돌아서서
그들을 보고, 주님의 이름으로 저주하였다. 그러
자 곧 두 마리의 곰이 숲에서 나와서, 마흔두 명
이나 되는 아이들을 찢어 죽였다. 25 엘리사는
그 곳을 떠나 갈멜 산으로 갔다가, 거기에서 다시
사마리아로 돌아갔다.

이스라엘과 모압의 전쟁

3 1 유다의 여호사밧 왕 제 십팔년에 아합의
아들 ㄱ)요람이 사마리아에서 이스라엘을 열두
해 동안 다스렸다. 2 그는 주님 보시기에 악을
행하였지만, 그의 부모처럼 악하지는 않았다.
그는, 아버지가 만든 바알의 우상들을 철거하였다.
3 그러나 이스라엘을 죄에 빠뜨린 느밧의 아들
여로보암이 저지른 것과 같은 죄에서는 벗어나지
못하고, 그로부터 완전히 돌아서지도 못하였다.
4 모압 왕 메사는 양을 치는 사람이었는데,
이스라엘 왕에게 암양 십만 마리의 털과 숫양 십
만 마리의 털을 조공으로 바쳤다. 5 그러다가 아
합이 죽은 뒤에, 모압 왕이 이스라엘 왕을 배반하
였다. 6 그 때에 ㄱ)요람 왕은 그 날로 사마리아로
부터 행군하여 나와서, 이스라엘 군대 전체를 점
검한 다음에, 7 전쟁터로 가면서, 유다의 여호사밧
왕에게 사절을 보내어 물었다. "모압 왕이 나를 배
반하였습니다. 나와 함께 모압을 치러 올라가시
겠습니까?" 여호사밧이 대답하였다. "물론 함께
올라가겠습니다. 우리는 서로 한 몸이나 다름없
는 처지가 아닙니까? 나의 군대가 곧 임금의 군대
이고, 나의 군마가 곧 임금의 군마가 아닙니까?"
8 이에 ㄱ)요람이 "그러면 우리가 어느 길로 올라
가는 것이 좋겠습니까?" 하고 물으니, 여호사밧은
에돔의 광야 길로 가는 것이 좋겠다고 말하였다.
9 그래서 이스라엘 왕과 유다 왕과 에돔 왕이
함께 출정하였다. 그러나 그들이 길을 돌아 행군
하는 이레 동안에, 군대와 함께 간 가축들이 마실
물이 바닥났다. 10 이스라엘 왕이 탄식하였다.
"아, 큰일났구나! 주님께서 우리 세 왕을 모압의
손에 넘겨 주시려고 불러내신 것이 아닌가!"
11 그러나 여호사밧은 "여기에는 주님의 예언자가
없습니까? 이 일을 주님께 물을 예언자가 없습니
까?" 하고 물었다. 그 때에 이스라엘 왕의 신하 가
운데 하나가 대답하였다. "사밧의 아들 엘리사라는
사람이 여기에 있습니다. 그는 엘리야의 시중을
들던 사람입니다." 12 그러자 여호사밧이 말하

ㄱ) 히, '여호람'. 히브리 이름 '요람'과 '여호람'은 서로 바꾸어 쓸 수 있음

예언자의 상징이었다. *마흔두 명.* 일반적으로 악과 관계되는 숫자이다 (10:14; 계 13:5를 보라). 어린 아이들을 저주하는 엘리사의 능력은 그에게 부여된 하나님이 주신 능력에 대한 확증이다.

특별 주석

대머리라고 놀려댄 어린 아이들에 대한 엘리사의 저주는 그의 추종자들에게 하나의 상(icon)이 되었다는 것을 보여주고자 한다. 이 이야기는 무자비한 면을 보여주고 있으며, 사실상 "찢어 죽였다" 라고 번역된 단어는 "조각조각으로 찢다"는 의미가 있다.

3:1-27 3장은 요람 (여호람), 즉 유다의 왕을 소개하는데, 그는 엘리사에게 조언을 구하며 반역을 꾸민 모압 사람들과 전쟁을 치른다 (4-27절).

3:1-3 3:1 여호람이 통치한 기간과 여호사밧이 유다를 통치한 기간을 정확하게 일치시키는 것은 어려운 일이다 (1:17; 8:16 참조). 아마도 이 문제는 유다의 여호람이 그의 아버지와 함께 수년 동안 섭정정치를 했다는 사실로부터 제기되는 것 같다 (열왕기상의 서론을 보라). **3:2-3** 여호람은 아합과 이세벨보다는 덜 악한 왕으로 평가받고 있다. 왜냐하면 여호람은 그의 아버지 아합이 세웠던 바알의 우상들을 철거하였기 때문이다 (10:26; 왕상 16:31-33 참조). 그러나 여호람은 여로보암의 종교정책을 그대로 유지하고 있었다 (왕상 12:26-33 참조).

3:4-27 3:4-8 모압의 역사 기록에 따르면, 오므리 왕이 모압을 정복하고 조공을 요구하였다. 아합이 죽은 이후, 모압의 왕 메사는 이스라엘에 대항하여 반란을 꾀하였다. 여호람은 유다와 맺었던 동맹관계를 재활시켜 여호사밧과 함께 메사에 대한 전쟁을 시도하였다. **3:9-10** 모압과의 전쟁을 위하여 세 명의 왕이 연합하였다: 모압에 대한 통치권을 그대로 유지하기를 원했던 여호람, 유다가 모압 왕으로부터 위협을 받았기 때문에 유다의 안전을 원했던 여호사밧 왕 (대하 20:1-30), 유다의 속국인 에돔 왕 (왕상 22:47). 모압의 요새화된 도시의 공격을 피하기 위해 광야 길을 행군하면서 (8절), 연합군은 곧 물이 바닥나게 되었다. **3:11-12** 여호사밧은 주의 선지자에게 문의해 볼 것을 제안하였다. 시중을 들던 사람 손에 물을 붓는 것은 종의 역할이었기 때문에, 이 표현은 엘리야를 섬기는 엘리사를 가리키고

였다. "그에게서 주님의 말씀을 들을 수 있을 것 같습니다." 그래서 이스라엘의 왕과 여호사밧과 에돔 왕이 그에게로 내려갔다. 13 그러나 엘리사는 이스라엘 왕에게 말하였다. "무슨 일로 나에게 오셨습니까? 임금님의 아버지와 어머니의 예언자들에게나 가 보십시오" 하고 말하였다. 이스라엘 왕이 그에게 말하였다. "그런 말씀은 마십시오. 주님께서 우리들 세 왕을 불러내셔서, 모압의 손에 넘겨 주시려고 하십니다." 14 그제야 엘리사는 말하였다. "내가 섬기는 만군의 주님께서 살아 계심을 두고 맹세합니다. 내가 유다 왕 여호사밧의 체면을 생각하지 않았더라면, 요람 임금님을 염두에 두지도 않았을 뿐만 아니라, 임금님을 쳐다보지도 않았을 것입니다. 15 이제 나에게 거문고를 타는 사람을 데려 오십시오." 그리하여 거문고 타는 사람이 와서 거문고를 타니, 주님의 권능이 엘리사에게 내렸고, 16 엘리사는 예언을 하기 시작하였다. "주님께서 이렇게 말씀하십니다. '이 계곡에 도랑을 많이 파라.' 17 주님께서 또 이렇게 말씀하십니다. '너는 바람이 부는 것도 보지 못하고, 비가 내리는 것도 보지 못하겠지만, 이 계곡은 물로 가득 찰 것이며, 너희와 너희의 가축과 짐승이 마시게 될 것이다.' 18 그렇습니다. 이런 일쯤은 주님께서 보시기에는 너무나 가벼운 일입니다. 그러므로 주님께서는 모압을 임금님들의 손에 넘겨 주셨습니다. 19 그러므로 임금님들께서는 요새화된 모든 성읍과 모든 아름다운 성읍을 치실 것이고, 모든 좋은 나무를 쓰러뜨리며, 물이 솟는 모든 샘을 막을 것이며, 모든 옥토를 돌짝밭으로 만드실 것입니다." 20 그 다음날 아침에 제물을 드릴 때에, 물이 에돔 쪽을 따라 흘러내려서, 그 땅을 물로 가득 채웠다.

21 다른 한편, 모든 모압 사람들은, 여러 왕들이 자기들과 싸우려고 올라왔다는 소식을 들었다. 그래서 군복을 입을 만한 사람, 징집 연령이 된 사람은 모두 소집되어서, 위로 올라와, 국경에서 그 왕들과 대치하였다. 22 모압 사람들이 이튿날 아침 일찍 일어나 보니, 해가 물 위에 비쳐서, 반대편 물이 온통 피와 같이 붉게 물든 것을 보았다. 23 그래서 그들은 "아, 이것은 피다! 분명 저쪽 왕들이 서로 싸우고 서로 치다가 흘린 피일 것이다. 자, 모압 사람들아, 약탈하러 가자!" 하고 소리쳤다. 24 그러나 막상 그들이 이스라엘 진에 이르니, 이스라엘 군인들이 일제히 일어나서 모압 군인들을 쳤다. 그래서 그들이 이스라엘 앞에서 도망하니, 이스라엘 군인들은 모압 진 안에까지 쳐들어가서, 모압 군인들을 무찔렀다. 25 그들은 또 성읍들을 파괴하고, 옥토에는 모두 돌을 던져서, 돌로 가득 채웠다. 물이 나는 샘을 모두 메우고, 좋은 나무를 모두 쓰러뜨려서 길하레셋의 돌담만 남겼는데, 그 곳도 무릿매꾼들이 포위하고 공격하였다.

26 그제야 모압 왕은, 전쟁이 자기에게 불리하다는 것을 알고, 칼 잘 쓰는 사람 칠백 명을 뽑아서, 에돔 왕이 있는 쪽으로 돌파하여 나가려고 하였으나, 그 일도 뜻대로 되지 않았다. 27 그래서 모압 왕은, 자기를 대신하여 왕이 될 장자를 죽여, 성벽 위에서 번제로 드렸다. 이것을 본 이스라엘 사람들은 크게 당황하여, 그 곳을 버리고 고국으로 돌아갔다.

있는 듯하다 (왕상 19:21). **3:13-14** *임금님의 아버지와 어머니의 예언자들.* 왕이 듣고싶어하는 것만을 들려주었던 왕실의 예언자들을 말하는 표현이다 (왕상 22:1-12). 이세벨의 예언자들은 바알과 아세라의 제사장들이었다 (왕상 18:19). 엘리사는 여호람을 도와주기로 하는데, 그 이유는 유다의 왕이 함께 동행했기 때문이었다. *만 군의 주.* 왕상 18:7-16을 보라. **3:15-19** *나에게 거문고를 타는 사람을 데려 오십시오.* 전기 예언자들은 음악을 이용하여 예언자적 영감과 환상을 불러 일으켰다 (삼상 10:5; 19:20을 보라). 엘리사는 이렇게 곧 나타나게 될 충분한 물과 모압의 패배에 대한 예언을 선포한다. 그 다음날 아침 제물을 드릴 즈음에 물이 흐르기 시작했다. **3:20-25** 사막에 물이 있으라는 것을 예상치 못한 모압 왕은 붉은 색의 물을 발견하게 되었다. 아마도 사막의 붉은 색이 감도는 사암이 반사된 것으로 추측된다. 모압 왕은 생각하기에 그 붉은 색의 물은 적들의 피이며, 곧 이스라엘과 유다와 에돔 연합군들이 서로 싸우고 있다는 생각으로 귀결되었다. 공격하기보다는, 우선 모압 군은 이스라엘 진영으로 접근해 전리품을 얻고자 했다. 이스라엘과 연합군들은 갑작스럽게 모압군을 공격하여 그들을 무찔렀다 (사 16:6-12. 특별히 7절). **3:26-27** 불 보듯이 확실한 패배에 봉착한 메사는 그의 장남을 제물로 바친다. 장남을 희생시켜 제물로 바치는 것은 메사가 모압의 신 그모스에게 드릴 수 있는 가장 큰 제사였다 (왕상 11:7). *이것을 본 이스라엘 사람들은 크게 당황하여.* 메사 왕의 행동으로 충격을 받은 이스라엘 사람들은 퇴각하여 집으로 돌아갔다. 이 이야기는 많은 학자들의 관점을 지지해 주고 있는 것인데, 학자들은 어린이 희생제물이 그 지역에서는 거의 실행되지 않은 종교적 행위였으며, 오로지 신의 손에 최후의 필사적인 도움을 요청할 때만 실행되었을 뿐이라고 주장한다.

4:1-44 4장은 엘리사가 행한 몇 가지 기적을 소개해 주고 있다. 이 이야기들은 엘리사가 엘리야의 전

과부의 기름 병

4 1 ㄱ)예언자 수련생들의 아내 가운데서 남편을
잃은 어느 한 여인이, 엘리사에게 부르짖으며
호소하였다. "예언자님의 종인 저의 남편이 죽었
습니다. 예언자님께서도 아시다시피 그는 주님을
경외하는 사람이었습니다. 그런데 빚을 준 사람이
와서, 저의 두 아들을 자기의 노예로 삼으려고 데
려가려 합니다." 2 엘리사가 그 여인에게 말하
였다. "내가 어떻게 하면 도움이 되겠는지 알려 주
시오. 집 안에 무엇이 남아 있소?" 그 여인이 대
답하였다. "집 안에는 기름 한 병 말고는 아무것도
없습니다." 3 엘리사가 말하였다. "나가서 이웃
사람들에게 빈 그릇들을 빌려 오시오. 되도록 많이
빌려 와서, 4 두 아들만 데리고 집으로 들어가,
문을 닫고, 그 그릇마다 모두 기름을 부어서, 채워
지는 대로 옆으로 옮겨 놓으시오."

5 그 여인은 엘리사 곁을 떠나, 두 아들과 함께
집으로 들어가 문을 닫고, 그 아들들이 가져 온 그
릇에 기름을 부었다. 6 그릇마다 가득 차자, 그
여인은 아들들에게 물었다. "그릇이 더 없느냐?"
아들들은 그릇이 이제 더 없다고 대답하였다. 그
러자 기름은 더 이상 나오지 않았다. 7 여인은
하나님의 사람에게로 가서, 이 사실을 알렸다. 하
나님의 사람이 그에게 말하였다. "가서 그 기름을
팔아 빚을 갚고, 그 나머지는 모자의 생활비로 쓰
도록 하시오."

엘리사와 수넴 여인

8 하루는 엘리사가 수넴 마을을 지나가게 되
었는데, 그 곳에 한 부유한 여인이 있었다. 그가
엘리사에게 음식을 대접하고 싶어하여, 엘리사는
그 곳을 지나칠 때마다 거기에 들러서 음식을 먹곤
하였다. 9 그 여인이 자기 남편에게 말하였다.
"여보, 우리 앞을 늘 지나다니는 그가 거룩한 하
나님의 사람인 것을 내가 압니다. 10 이제 옥상
에 벽으로 둘러친 작은 다락방을 하나 만들어서,
거기에 침대와 탁자와 의자와 등잔을 갖추어 놓아
둡시다. 그래서 그가 우리 집에 들르실 때마다, 그
곳에 들어가서 쉬시도록 합시다."

11 하루는 엘리사가 거기에 갔다가, 그 다락
방에 올라가 누워 쉬게 되었다. 12 엘리사가 자
기의 젊은 시종 게하시에게, 수넴 여인을 불러오
라고 하였다. 게하시가 그 여인을 불러오니, 그 여
인이 엘리사 앞에 섰다. 13 엘리사가 게하시에
게 말하였다. "부인께 이렇게 여쭈어라. '부인, 우
리를 돌보시느라 수고가 너무 많소. 내가 부인에
게 무엇을 해드리면 좋겠소? 부인을 위하여 왕이
나 군사령관에게 무엇을 좀 부탁해 드릴까요?'"
그러나 그 여인은 대답하였다. "저는 저의 백성과
한데 어울려 잘 지내고 있습니다." 14 엘리사가
게하시에게 물었다. "그러면 내가 이 부인에게 무
엇을 해주면 좋을까?" 게하시가 대답하였다. "생
각나는 것이 있습니다. 이 부인에게는 아들이 없
습니다. 그의 남편은 너무 늙었습니다." 15 엘리
사는 게하시에게 그 여인을 다시 불러오게 하였다.
게하시가 그 여인을 부르니, 그 여인이 문 안에 들
어섰다. 16 엘리사가 말하였다. "내년 이맘때가
되면, 부인께서는 품에 한 아들을 안고 있을 것이
오." 여인이 대답하였다. "그런 말씀 마십시오. 예
언자님! 하나님의 사람께서도 저 같은 사람에게
농담을 하시는 것입니까?" 17 그러나 그 여인은
임신하였고, 엘리사가 말한 대로 다음해 같은 때에
아들을 낳았다.

ㄱ) 히, '예언자의 아들들'

통에 속한 예언자라는 것을 확증해 준다. 기름의 증가 (1-7절); 수넴 여인의 아들의 소생 (8-37절); 독이 들어 있는 국의 해독 (38-41절); 그리고 빵의 증가(42-44절)가 그 기적들이다.

4:1-7 4:1 과부의 기름 병에 관한 기적은 엘리야가 행한 기적과 평행을 이룬다 (왕상 17:8-16). 여기서 예언자의 미망인의 채권자는 그 미망인의 아들들을 빚에 대한 지불 대가로 간주하여 노예로 끌고 가려고 한다. 이러한 관습은 히브리법이 허용한 일이었다 (출 21:7; 느 5:5; 사 50:1). 만약에 그녀의 아들들이 노예가 된다면 그녀를 부양해 줄 가족이 아무도 없게 된다. **4:2-5** 엘리사가 직접 현장에 없었을지라도, 그는 그녀에게 기적적으로 많은 기름을 제공하고, 그것을 팔아 빚과 생활비로 충당할 수 있도록 돕는다. 저자는 여기서 과부와 고아의 보호자로서의 하나님 (신 10:18), 그리고 엘리사에 있는 하나님이 주신 능력을 강조하고 있다.

4:8-37 4:8-10 이 수넴 여인에 관한 기적 역시 엘리야의 기적과 평행을 이룬다 (왕상 17:17-24). *수넴.* 이 곳은 갈멜 산 동남쪽에 위치한 마을이었다. 한 부유한 여인이 엘리사와 가깝게 되고, 엘리사가 수넴 지역에 머무르게 될 때는 언제든지 숙소를 제공해 주었다. **4:11-17** *저는 저의 백성과 한데 어울려 잘 지내고 있습니다.* 그 여인은 현재 자신의 상황에 만족하고 있었다. 엘리사는 그녀의 긴박한 필요성, 곧 아들에 대해 듣게 되었고, 곧이어 1년 내에 아들을 출산할

18 그 아이가 자랐는데, 하루는 그 아이가,
자기 아버지가 곡식 베는 사람들과 함께 곡식을
거두고 있는 곳으로 나갔다. 19 갑자기 그 아이가
"아이고, 머리야! 아이고, 머리야!" 하면서, 아버
지가 듣는 데서 비명을 질렀다. 그의 아버지는 함께
있는 젊은 일꾼더러, 그 아이를 안아서, 어머니에게
데려다 주라고 일렀다. 20 그 일꾼은 그 아이를
안아서, 그의 어머니에게로 데리고 갔다. 그 아이
는 점심 때까지 어머니의 무릎에 누워 있다가,
마침내 죽고 말았다. 21 그러자 그 여인은 옥상
으로 올라가서, 하나님의 사람이 눕던 침대 위에
그 아들을 눕히고, 문을 닫고 나왔다. 22 그리고
그 여인은 남편을 불러서 이렇게 말하였다. "일꾼
한 사람과 암나귀 한 마리를 나에게 보내 주십시오.
내가 얼른 하나님의 사람에게 다녀오겠습니다."
23 남편이 말하였다. "왜 하필 오늘 그에게 가려
고 하오? 오늘은 초하루도 아니고 안식일도 아니
지 않소?" 그러나 그의 아내는 걱정하지 말라고
대답하며, 24 나귀에 안장을 지우고, 일꾼에게
말하였다. "내가 말하기 전까지는 늦추지 말고,
힘껏 달려가자." 25 이 여인은 곧 갈멜 산에 있는
하나님의 사람에게 이르렀다.

때마침 하나님의 사람이 멀리서 그 여인을
보고, 그의 시종 게하시에게 말하였다. "저기 수넴
여인이 오고 있구나. 26 달려가서 맞아라. 부인
께 인사를 하고, 바깥 어른께서도 별고 없으신지,
그리고 아이도 건강한지 물어 보아라."

게하시가 달려가서 문안하자, 그 여인은 모두
별고 없다고 대답하였다. 27 그런 다음에 곧 그
여인은 산에 있는 하나님의 사람에게로 가서, 그의
발을 꼭 껴안았다. 게하시가 그 여인을 떼어 놓으
려고 다가갔으나, 하나님의 사람이 말리면서 말
하였다. "그대로 두어라. 부인의 마음 속에 무엇
인가 쓰라린 괴로움이 있는 것 같구나. 주님께서는,
그가 겪은 고통을 나에게는 감추시고, 알려 주지
않으셨다." 28 여인이 엘리사에게 말하였다.
"예언자님, 제가 언제 아들을 달라고 하였습니
까? 저는 오히려 저 같은 사람에게 농담을 하지
마시라고 말씀드리지 않았습니까?" 29 엘리사가
게하시에게 말하였다. "허리를 단단히 묶고, 내
지팡이를 들고 가거라. 길을 가다가 어떤 사람을
만나도 인사를 해서는 안 된다. 인사를 받더라도
그에게 대꾸를 해서는 안 된다. 그리고 가거든, 내
지팡이를 그 아이의 얼굴 위에 놓아라." 30 그러나
아이의 어머니는 말하였다. "주님의 살아 계심과
예언자님의 목숨이 살아 계심을 두고 맹세합니다.
저는 어떤 일이 있어도 예언자님을 떠나지 않겠습
니다." 엘리사는 하는 수 없이 일어나서, 그 부인을
따라 나섰다.

31 게하시가 그들보다 먼저 가서, 그 아이의
얼굴에 지팡이를 올려놓아 보았으나, 아무런 소
리도 없었고, 아무런 기척도 없었다. 게하시가 엘
리사를 맞으려고 되돌아와서, 그에게 말하였다.
"아이가 깨어나지 않습니다." 32 엘리사가 집 안에
들어가서 보니, 그 아이는 죽어 있었고, 그 죽은
아이는 엘리사가 눕던 침대 위에 뉘어 있었다.
33 엘리사는 방 안으로 들어가서 문을 닫았다.
방 안에는 엘리사와 그 죽은 아이 둘뿐이었다. 엘
리사는 주님께 기도를 드린 다음에, 34 침대 위로
올라가서, 그 아이 위에 몸을 포개어 엎드렸다.
자기 입을 그 아이의 입 위에 두고, 자기 눈을 그
아이의 눈 위에 두고, 자기의 손을 그 아이의 손
위에 놓고, 그 아이 위에 엎드리니, 아, 아이의 몸
이 따뜻해지기 시작하는 것이 아닌가! 35 엘리
사가 잠시 내려앉았다가, 집 안 이곳 저곳을 한 번
거닌 뒤에 다시 올라가서, 그 아이의 몸 위에 몸을
포개어 엎드리니, 마침내 그 아이가 일곱 번이나
재채기를 한 다음에 눈을 떴다. 36 엘리사가
게하시를 불러서, 수넴 여인을 불러오게 하였다.
게하시가 그 여인을 불렀다. 그 여인이 들어오니,
엘리사가 그 여인에게 아들을 데리고 가라고 하
였다. 37 그 여인은 들어와서, 예언자의 발에 얼
굴을 대고, 땅에 엎드려 큰 절을 하고, 아들을
데리고 나갔다.

것이라고 예언하였다. **4:18-23** *아이고 머리야, 아이고 머리야!* 그 아이는 아마도 일사병으로 숨진 것 같다. *왜 하필 오늘 그에게 가려고 하오?* 언뜻 보기에 사람들은 축제의 때에만 갈멜 산을 방문했던 것으로 보인다.

4:24-31 묻는 말에 대한 그녀의 일관적인 대답은 *모두 별일 없다*(히브리어, *샬롬*)이다. 아마도 그 위기를 엘리사가 해결해 줄 것이라는 강한 확신을 보여주는 것 같다. 엘리사는 게하시에게 그의 *지팡이로* 쥐어주며 보냈다. 그 지팡이는 예언자의 권위를 상징하는 물건으로 (창 49:10; 출 4:1-4; 17:8-13), 아이를 돕기 위함이었다. *주님의 살아 계심…을 두고 맹세합니다. 저는 어떤 일이 있어도 예언자님을 떠나지 않겠습니다.* 이 의례적 서약을 통해, 그 여인은 엘리사가 자신의 위기상황에 직접 개입해 줄 것을 요청한다 (의례적 서약에 대해서는 왕상 1:29를 보라). **4:32-37** 엘리사의 지팡이로 그 아이를 소생시키려는 게하시의 노력은 성공적이지 못했다. 그래서 엘리사의 직접적인 개입이 요청된다. *그 아이가 일곱 번이나 재채기를 한 다음.* 재채기는 숨이

두 가지 기적

38 엘리사가 길갈로 돌아왔다. 그 곳은 엘리
사가 ㄱ)예언자 수련생들을 데리고 사는 곳이었다.
마침 그 때에 그 땅에 흉년이 들었다. 엘리사가 한
종에게, 큰 솥을 걸어 놓고 예언자 수련생들이 먹을
국을 끓이라고 하였다. 39 한 사람이 나물을 캐
려고 들에 나갔다가 들포도덩굴을 발견하고서,
그 덩굴을 뜯어, 옷에 가득 담아 가지고 돌아와서,
그것이 무엇인지도 잘 모르는 채로 국솥에 썰어
넣었다. 40 그들이 각자 국을 떠다 먹으려고 맛을
보다가, 깜짝 놀라 하나님의 사람을 부르며, 그
솥에 사람을 죽게 하는 독이 들어 있다고 외쳤다.
그래서 그들이 그 국을 먹지 못하고 있는데,
41 엘리사가 밀가루를 가져 오라고 하여, 그 밀
가루를 솥에 뿌린 뒤에, 이제는 먹어도 되니 사람
들에게 떠다 주라고 하였다. 그러고 나니 정말로
솥 안에는 독이 전혀 없었다.

42 어떤 사람이 바알살리사에서 왔다. 그런데
맨 먼저 거둔 보리로 만든 보리빵 스무 덩이와, 자
루에 가득 담은 햇곡식을, 하나님의 사람에게 가
지고 왔다. 엘리사가 그것을 사람들에게 주어서
먹게 하라고 하였더니, 43 그의 시종은 백여 명
이나 되는 사람들 앞에 그것을 어떻게 내놓겠느냐
고 하였다. 그러나 엘리사가 말하였다. "사람들에게
주어서 먹게 하여라. 주님께서 말씀하시기를, 먹
고도 남을 것이라고 하셨다." 44 그리하여 그것을
백 명이나 되는 사람들 앞에 내놓으니, 주님의 말
씀처럼 사람들이 배불리 먹고도 남았다.

나아만이 고침을 받다

5 1 시리아 왕의 군사령관 나아만 장군은, 왕이
아끼는 큰 인물이고, 존경받는 사람이었다.
주님께서 그를 시켜 시리아에 구원을 베풀어 주신
일이 있었다. 나아만은 강한 용사였는데, 그만
ㄴ)나병에 걸리고 말았다. 2 시리아가 군대를 일
으켜서 이스라엘 땅에 쳐들어갔을 때에, 그 곳에서
어린 소녀 하나를 잡아 온 적이 있었다. 그 소녀는
나아만의 아내의 시중을 들고 있었다. 3 그 소녀가
여주인에게 말하였다. "주인 어른께서 사마리아에
있는 한 예언자를 만나 보시면 좋겠습니다. 그분이
라면 어른의 ㄴ)나병을 고치실 수가 있을 것입니다."
4 이 말을 들은 나아만은 시리아 왕에게 나아가
서, 이스라엘 땅에서 온 한 소녀가 한 말을 보고하
였다. 5 시리아 왕은 기꺼이 허락하였다. "내가
이스라엘 왕에게 편지를 써 보내겠으니, 가 보도
록 하시오."

나아만은 은 열 달란트와 금 육천 개와 옷 열
벌을 가지고 가서, 6 왕의 편지를 이스라엘 왕에게
전하였다. 그 편지에는 이렇게 씌어 있었다. "내가
이 편지와 함께 나의 신하 나아만을 귀하에게 보냅
니다. 부디 그의 ㄴ)나병을 고쳐 주시기 바랍니다."
7 이스라엘 왕은 그 편지를 읽고 낙담하여, 자기의
옷을 찢으며, 주위를 둘러보고 말하였다. "내가
사람을 죽이고 살리는 신이라도 된다는 말인가?
이렇게 사람을 보내어 ㄴ)나병을 고쳐달라고 하니

ㄱ) 히 '예언자들의 아들들' ㄴ) 히브리어 '차라앗'이나 '메초라'는 각종 악성 피부질환을 가리키는 말로서, 반드시 '나병'만을 뜻하는 말은 아님

몸에 되돌아 왔다는 신호였다 (창 2:7; 7:22). *일곱 번.* 그 모든 행동들이 하나님의 역사라는 것을 강조하는 것이다 (5:14 참조).

4:38-41 *예언자 수련생.* 이들은 한 예언자의 지도를 받고 있는 일련의 예언자 수련생들의 그룹이다 (2:1-3을 보라). *흉년.* 6:25; 7:4; 8:1에 흉년이 동일하게 언급되고 있다. *들포도 덩굴.* 독이 있는 알려지지 않은 식물이다. 밀가루를 넣음으로 그 국을 먹을 수 있게 된다. **4:42-44** *수확의 첫 열매*는 제사장에게 드려졌다 (민 18:13; 신 18:4). 저자는 엘리사를 북왕국의 제사장이자 예언자로 간주하고 있는 듯하다. 왜냐하면 왕실 예언자들이 가나안의 신들인 바알과 아세라를 섬기고 있었기 때문이다. *주님의 말씀에* 대한 강조는 바알 (가나안의 풍요의 신) 숭배를 은연중에 비판하고 있는 것이다 (마 14:13-21; 막 6:30-42; 눅 9:13-17; 요 6:12-13에 나타난 무리를 먹이는 기적을 보라).

5:1-27 5장은 나아만 사람 아람 군대장관의 치유와 회심을 이야기해 준다. 그는 피부병으로 고생하고 있었다. 나아만의 치유 (1-14절); 회심 (15-19절); 그리고 엘리사의 종 게하시의 탐욕으로 인해 내린 형벌이다 (20-27절).

5:1-14 5:1 저자는 분명히 나아만의 군사적 승리의 원인을 이스라엘의 하나님에게 돌리고 있다. 곧 이스라엘의 적들은 하나님의 간섭으로 인해 승리하고 있다. 계속해서 군대장관으로서의 역할을 수행하고 있던 것으로 보아, 그가 앓고 있던 *나병*은 심각한 것은 아니었다. 구약성경에서 "나병"은 전염성이 있는 다양한 피부병을 가리키는 것으로 현대의 한센(Hansen)병을 말하는 것은 아니다. **5:2-7** 엘리사가 사마리아 왕실의 예언자로 사역하고 있다는 점을 생각할 때, 아람 왕이 나아만이 치료받을 수 있도록 금은(왕에 대한 관습적인 선물)을 실려 보낸다. *내가 신이라도 된다는 말인가?* 여호람은 그 편지를 오해하여 전쟁을 하기 위한 구실로 생각한다. **5:8-14** 엘리사는 그러한 오해를 명확하게

될 말인가? 이것은 분명, 공연히 트집을 잡아 싸울
기회를 찾으려는 것이니, 자세히들 알아보도록
하시오." 8 이스라엘 왕이 낙담하여 옷을 찢었
다는 소식을, 하나님의 사람 엘리사가 듣고, 왕에게
사람을 보내어 말하였다. "어찌하여 옷을 찢으셨
습니까? 그 사람을 나에게 보내 주십시오. 이스라
엘에 예언자가 있음을 그에게 알려 주겠습니다."
9 나아만은 군마와 병거를 거느리고 와서, 엘리
사의 집 문 앞에 멈추어 섰다. 10 엘리사는 사환을
시켜서 나아만에게, 요단 강으로 가서 몸을 일곱
번 씻으면, 장군의 몸이 다시 깨끗하게 될 것이라고
말하였다.

11 나아만은 이 말을 듣고 화가 나서 발길을
돌렸다. "적어도, 엘리사가 직접 나와서 정중히
나를 맞이하고, 주 그의 하나님의 이름을 부르며
상처 위에 직접 안수하여, ㄱ)나병을 고쳐 주어야
도리가 아닌가? 12 다마스쿠스에 있는 아마나
강이나 바르발 강이, 이스라엘에 있는 강물보다
좋지 않다는 말이냐? 강에서 씻으려면, 거기에서
씻으면 될 것 아닌가? 우리 나라의 강물에서는 씻
기지 않기라도 한다는 말이냐?" 하고 불평하였다.
그렇게 불평을 하고 나서, 나아만은 발길을 돌이켜,
분을 참지 못하며 떠나갔다.

13 그러나 부하들이 그에게 가까이 와서 말
하였다. "장군님, 그 예언자가 이보다 더한 일을
하라고 하였다면, 하지 않으셨겠습니까? 다만 몸
이나 씻으시라는데, 그러면 깨끗해진다는데, 그것
쯤 못할 까닭이 어디에 있습니까?" 14 그리하여
나아만은 하나님의 사람이 시킨 대로, 요단 강으로
가서 일곱 번 몸을 씻었다. 그러자 그의 살결이
어린 아이의 살결처럼 새 살로 돌아와, 깨끗하게
나았다.

15 나아만과 그의 모든 수행원이 하나님의
사람에게로 되돌아와, 엘리사 앞에 서서 말하였다.
"이제야 나는 온 세계에서 이스라엘 밖에는 하나
님이 계시지 않다는 것을 알게 되었습니다. 부디,
예언자님의 종인 제가 드리는 이 선물을 받아 주
십시오." 16 그러나 엘리사는 "내가 섬기는 주
님께서 살아 계심을 두고 맹세하지만, 나는 그것을
받을 수가 없소" 하고 사양하였다. 나아만이 받아
달라고 다시 권하였지만, 엘리사는 끝내 거절하
였다. 17 나아만이 말하였다. "정 그러시다면,
나귀 두어 마리에 실을 만큼의 흙을 예언자님의
종인 저에게 주시기 바랍니다. 예언자님의 종인
저는, 이제부터 주님 이외에 다른 신들에게는 번
제나 희생제를 드리지 않겠습니다. 18 그러나
한 가지만은 예언자님의 종인 저를 주님께서 용서
하여 주시기를 바랍니다. 제가 모시는 왕께서
림몬의 성전에 예배드리려고 그 곳으로 들어갈
때에, 그는 언제나 저의 부축을 받아야 하므로,
저도 허리를 굽히고 림몬의 성전에 들어가야 합니
다. 그러므로 제가 림몬의 성전에서 허리를 굽힐
때에, 주님께서 이 일 때문에 예언자님의 종인
저를 벌하지 마시고, 용서해 주시기를 바랍니다."

ㄱ) 5:1의 주를 볼 것

해소함으로써, 나아만을 자신의 집으로 오라고 요청한다. 단지 요단 강에서 몸을 씻으라는 지침을 받고 난 후, 나아만은 화가 났다. 왜냐하면 나아만은 어떤 대단한 기적을 기대하고 있었기 때문이다. *장군님.* (개역개정과 NRSV는 "장군님" 대신에 "아버지"로 되어있다. "아버지"는 정부의 고관에게 사용된 호칭이었다 [창 45:8; 사 22:21]. 이 호칭은 문장의 흐름에 맞춘 표현이다). *일곱 번.* "일곱"이라는 숫자가 완전을 상징하기 때문에, 일곱 번 몸을 담그는 것은 나아만 몸의 완전한 치료를 상징하는 것으로 볼 수 있다.

나아만 장군의 전형적인 치료이야기는 세 사람의 믿음을 의도적으로 보여주고 있다. 이스라엘에서 포로로 잡혀온 소녀는 그녀의 주인이 치료되기를 바라고 있다. 예언자 엘리사는 자신의 집에 방문한 고위관료를 자신의 입장에서 생각하게 해야만 한다. 외국이자 종종 적대국으로 간주된 나라의 유명하고 권위 있는 장군은 자신이 받아야 할 적절한 예의로 대접받고자 한다. 장군이 자기가 부리는 종의 말을 순전히 청종할 때 비로소 치료 과정이 시작될 수 있었다. 그러는 동안 독자는 주께서 도움을 요청하는 사람들을, 그들이 언약공동체의 일원이든지 아니면 적국 진영의 고위인사든지 간에, 도울 준비를 하고 계시다는 것을 알게 된다. 이러한 실례를 통해 노예생활을 하는 한 소녀의 친절함은 치료 과정을 촉발시키는 동안, 나병환자의 종의 지혜와 정직함이 잔재해 있는 장애물들을 제거시킨다.

5:15-19 5:15 치료된 이후 나아만은 회심하여 이스라엘의 하나님을 믿게 된다. 바알 예언자들을 타파하고 난 이후 "그가 주 하나님이시다!" (왕상 18:39) 라며 하나님을 높이 찬양한 것과 같이, 나아만도 하나님을 매우 높이 찬양한다. **5:16** *주님께서 살아 계심을 두고.* 진지하고 엄숙한 서약을 뜻한다 (왕상 1:29를 보라). **5:17** 각각의 지역 신들은 특정 지역에서만 영향력을 발휘한다고 믿고 있었기 때문에 (삼상 26:19; 왕상 20:23; 왕하 17:26), 나아만은 이스라엘에서 흙을 운반하여 아람도 하나님을 섬기는 그러한 거룩한 땅이 되기를 바란다. **5:18-19** 나아만은 양심에 걸리는 문제가 하나 있었다. 계속해서 아람 왕을 부축하여 아람의 최고 신인 림몬을 예배하기 위해 무릎을 꿇어도 되겠습

19 그러자 엘리사가 나아만에게 말하였다. "좋소,
안심하고 돌아가시오."
이렇게 하여 나아만은 엘리사를 떠나 얼마쯤
길을 갔다. 20 그 때에 하나님의 사람 엘리사의
시종인 게하시가 이런 생각을 하였다. '나의 주인
께서는 이 시리아 사람 나아만이 가져와 손수 바
친 것을 받지 않으셨구나. 주님께서 살아 계심을
두고 맹세하지만, 내가 그를 뒤쫓아가서 무엇이든
좀 얻어 와야 하겠다.' 21 그래서 게하시는 곧 나
아만을 뒤쫓아 달려갔다. 나아만은 자기를 뒤쫓
아 달려오는 사람을 보고, 그를 맞이하려고 수레
에서 내려 "별일 없지요?" 하고 물었다. 22 게하
시가 대답하였다. "별일은 없습니다만, 지금 주인
께서 나를 보내시면서, 방금 에브라임 산지에서
예언자 수련생 가운데서 두 젊은이가 왔는데, 그
들에게 은 한 달란트와 옷 두 벌을 주면 좋겠다고
말씀하셨습니다." 23 그러자 나아만은 "드리다
뿐이겠습니까? 두 달란트를 드리겠습니다" 하고는,
게하시를 강권하여, 은 두 달란트를 두 자루에 넣고,
옷 두 벌을 꺼내어서 두 부하에게 주어, 게하시 앞
에서 메고 가게 하였다. 24 언덕에 이르자, 게하
시는 그들의 손에서 그것을 받아 집 안에 들여 놓고,
그 사람들을 돌려보냈다.
25 그리고 그가 들어가서 주인 앞에 서자,
엘리사가 그에게 물었다. "게하시야, 어디를 갔다
오는 길이냐?" 그러자 그는 "예언자님의 종인 저는
아무데도 가지 않았습니다" 하고 말하였다.
26 그러나 엘리사는 게하시에게 이렇게 말하였다.
"어떤 사람이 너를 만나려고 수레에서 내릴 때에,
내 마음이 너와 함께 거기에 가 있지 않은 줄 알
았느냐? 지금이 은을 받고 옷을 받고, 올리브 기
름과 포도나무와 양과 소와 남녀 종을 취할 때냐?
27 그러므로 나아만의 ㄱ)나병이 네게로 옮아갈 것
이고, 네 자손도 영원히 그 병을 앓을 것이다." 게
하시가 엘리사에게서 물러나오니, ㄱ)나병에 걸려,
피부가 눈처럼 하얗게 되었다.

도끼를 찾다

6 1 ㄴ)예언자 수련생들이 엘리사에게 말하였다.
"보십시오, 우리들이 예언자님을 모시고
살고 있는 이 곳이, 우리에게는 너무 좁습니다.
2 우리가 요단으로 가서, 거기에서 들보감을
각각 하나씩 가져다가, 우리가 살 곳을 하나 마련
하는 것이 좋겠습니다." 이 말을 듣고 엘리사는 그
렇게 하는 것이 좋겠다고 대답하였다. 3 한 사람
이, 엘리사도 함께 가는 것이 좋겠다고 하니,
엘리사도 같이 가겠다고 나서서, 4 그들과 함께
갔다. 그들이 요단에 이르러, 나무를 자르기 시작
하였다. 5 그 때에 한 사람이 들보감을 찍다가
도끼를 물에 빠뜨렸다. 그러자 그는 부르짖으며
"아이고, 선생님, 이것은 빌려 온 도끼입니다" 하
고 소리쳤다. 6 하나님의 사람이 물었다. "어디
에 빠뜨렸느냐?" 그가 그 곳을 알려 주니, 엘리사
가 나뭇가지를 하나 꺾어서 그 곳에 던졌다. 그랬
더니 도끼가 떠올랐다. 7 엘리사가 "그것을 집
어라" 하고 말하니, 그가 손을 내밀어 그 도끼를
건져 내었다.

ㄱ) 5:1의 주를 볼 것 ㄴ) 히, '예언자들의 아들들'

니까? *안심하고 가시오* 하고 엘리사는 왕실 호위를 맞고 있는 나아만의 직책을 이유로 그러한 의식에 참여하는 것을 용인해 준다. 우리는 여기서 후대의 유대교와 기독교의 타협이라는 중요한 측면을 인식할 수 있다.

5:20-27 5:20-24 *언덕.* 엘리사와 게하시는 도시의 일부 요새화된 지역에 살고 있었다. 아마도 왕족의 거주 지역 근처였던 것 같다. **5:25-27** 거짓말을 할지라도 게하시는 엘리사로부터 자신이 행한 행동을 감출 수가 없었다. 왜냐하면 엘리사는 게하시가 나아만을 만나는 시점에 영으로 함께 하고 있었기 때문이다. 형벌의 단호함은 개인의 유익을 위하여 예언자의 이름을 도용한 게하시 행동의 심각성을 반영해 준다 (출 4:6; 민 12:10에 있는 유사한 형벌을 보라). 이 일화는 풍자적으로 엘리사와 나아만의 비이기적인 것을 게하시의 탐욕과 대조시켜 주며, 엘리사의 또 다른 하나의 신적 능력을 증명해 준다.

6:1-33 6장은 엘리사의 기적과 북왕국 정치에 관여하는 엘리사에 대한 이야기를 계속해서 전해준다. 도끼를 물 위로 떠오르게 한 기적 (1-7절), 아람 군인들의 눈을 어둡게 함 (8-23절), 사마리아를 에워싼 아람 군대 (24-29절), 이스라엘 왕이 백성의 비참한 현실을 염려함 (30-33절).

6:1-7 6:1 *우리들이 예언자님을 모시고 살고 있는 이 곳이.* 엘리사는 예언자 공동체의 지도자였다. 그 공동체는 성장하고 있었는데, 많은 사람들이 가난으로부터 벗어나기 위해 그 곳으로 몰려들었기 때문이다 (4:2). **6:5** *이것은 빌려온 도끼입니다.* 철은 매우 값비싼 물건이었으며 예언자 공동체에 살고 있었던 사람 대부분은 가난하였기 때문에, 그는 도끼를 빌려 왔다. **6:6** 도끼날을 물에 빠뜨린 사람은 그의 믿음을 증명할 수 있었다. 왜냐하면 하나님의 사람 엘리사가 그의 울음소리를 듣고 그를 도와줄 수 있도록 하였기 때문이다. 엘리사는 차별대우를 하면서 기적을 베풀지 않았다. 외국 고관들, 부유한 과부들, 그리고 가난한 일반

시리아의 군대를 물리치다

8 시리아 왕이 이스라엘과 전쟁을 하고 있던 무렵이다. 그가 신하들과 은밀하게 의논하며 이러이러한 곳에 진을 치자고 말하였다. 9 그러자 하나님의 사람이 이스라엘 왕에게 사람을 보내어, 시리아 사람들이 거기에 진을 칠 곳이 이러이러한 지역이니, 그 곳으로 지나가는 것은 삼가라고 말하였다. 10 이러한 전갈을 받은 이스라엘 왕은, 하나님의 사람이 자신에게 말한 그 곳에 사람을 보내어, 그 곳을 엄하게 경계하도록 하였다. 그와 같이 경계한 일이 한두 번이 아니었다. 11 이 일 때문에 시리아 왕은 화가 머리 끝까지 나서, 신하들을 불러모아 추궁하였다. "우리 가운데서 이스라엘 왕과 내통하는 자가 없고서야, 어찌 이런 일이 있을 수 있단 말이냐?" 12 신하 가운데서 한 사람이 말하였다. "높으신 임금님, 그런 것이 아닙니다. 이스라엘에는 엘리사라는 예언자가 있어서, 임금님께서 침실에서 은밀히 하시는 말씀까지도 다 알아서, 일일이 이스라엘 왕에게 알려 줍니다." 13 시리아 왕이 말하였다. "그가 어디에 있는지, 가서 찾아보아라. 내가 사람을 보내어 그를 붙잡을 것이다." 어떤 사람이 그 예언자가 도단에 있다고 왕에게 보고하였다. 14 왕은 곧 그 곳에 기마와 병거와 중무장한 강한 군대를 보내어서, 밤을 틈타 그 성읍을 포위하였다.

15 하나님의 사람의 시종이 아침에 일찍 일어나서 밖으로 나가 보니, 강한 군대가 말과 병거로 성읍을 포위하고 있는 것이 아닌가! 그 시종이 엘리사에게 와서 이 사실을 알리면서 걱정하였다. "큰일이 났습니다. 선생님, 어떻게 하면 좋습니까?" 16 엘리사가 말하였다. "두려워하지 말아라! 그들의 편에 있는 사람보다는 우리의 편에 있는 사람이 더 많다." 17 그렇게 말한 다음에 엘리사는 기도를 드렸다. "주님, 간구하오니, 저 시종의 눈을 열어 주셔서, 볼 수 있도록 해주십시오." 그러자 주님께서 그 시종의 눈을 열어 주셨다. 그가 바라보니, 온 언덕에는 불 말과 불 수레가 가득하여, 엘리사를 두루 에워싸고 있었다. 18 시리아 군대들이 산에서 엘리사에게로 내려올 때에, 엘리사가 주님께 기도하였다. "주님, 이 백성을 쳐서, 눈을 멀게 해주시기를 간구합니다." 그러자 주님께서는 엘리사의 말대로 그들을 쳐서 눈을 멀게 하셨다. 19 엘리사가 그들에게 말하였다. "이 길은 당신들이 가려는 길이 아니며, 이 성읍도 당신들이 찾는 성읍이 아니니, 나를 따라오시오. 내가, 당신들이 찾는 그 사람에게로 데려다 주겠소." 이렇게 하여 엘리사는, 그들을 사마리아로 데리고 갔다.

20 그들이 사마리아에 들어서자, 엘리사가 "주님, 이들의 눈을 열어서, 보게 해주십시오!" 하고 기도하였다. 주님께서는 그들의 눈을 열어 주셨다. 그들은 비로소 자기들이 사마리아 한가운데에 있는 것을 알게 되었다. 21 이스라엘 왕이 그들을 보고 엘리사에게 말하였다. "이스라엘의 아버지께서는 말씀해 주십시오. 그들이 눈을 뜨고 보게 되면, 쳐서 없애 버려도 됩니까?" 22 엘리사가 말하였다. "쳐서는 안 됩니다. 그들을 칼과 활을 가지고 사로잡았습니까? 어찌 임금님께서 그들을 쳐죽이시겠습니까? 차라리 밥과 물을 대접하셔서, 그들이 먹고 마시게 한 다음에, 그들의 상전에게 돌려보내시는 편이 좋겠습니다." 23 그리하여 왕이 큰 잔치를 베풀어서 그들에게 먹고 마시게 한 다음에 그들을 보내니, 그들이 자기들의 상전에게로 돌아갔다. 그로부터 시리아의 무리들이 다시는 이스라엘 땅을 침략하지 못하였다.

백성들 모두가 도움이 필요할 때에는 하나님의 영을 부여받은 예언자의 능력의 혜택을 평등하게 받을 수 있다.

6:8-23 **6:8-10** *아람의 왕도 이스라엘의 왕도* 그 누구의 이름도 언급되고 있지 않다. 아람이 이스라엘을 공격하려던 계획은 실패하게 된다. 왜냐하면 엘리사가 그들의 계획을 이스라엘 왕에게 알려주었기 때문이다. **6:11-14** 아람 왕은 반역자 때문에 패배당한 것이 아니라, 엘리사의 예언적 능력으로 인해 패배당했다는 사실을 알게 되자 그는 엘리사를 잡기 위해 군사를 보낸다. **6:15-19** *불 말과 불 수레.* 하늘의 군대로서 엘리사를 보호하기 위해 나타난다 (또한 2:11을 보라). 엘리사의 기도에 대한 응답으로 아람 군인들은 눈이 어둡게 되고 사마리아까지 인도된다. **6:20-23** 엘리사가 기도하자 아람 군인들의 눈이 다시 밝아진다. 그들은 자신들이 이스라엘 군인들에 의해 포위된 채 사마리아 성 안에 있다는 사실을 알게 된다. 그 시대의 정치에 개입했던 엘리사의 이야기들은 종교적인 면에서의 지도력과 정치적인 면에서의 지도력 사이에 올바른 균형을 맞추는 것이 얼마나 어려운 일인지를 보여준다. 예언자들은 정치문제와 관련하여 올바르게 신학적으로 비판했다. 때때로 예언자들은 직접적으로 나라를 위한 공공 정책에 관여하기도 한 것 같다. 신정정치제도는 좀처럼 유익하고 온전한 정치제도로 판명되지는 않았다.

포위된 사마리아에 기근이 들다

24 그러나 그런 일이 있은 지 얼마 뒤에, 시
리아 왕 벤하닷이 또다시 전군을 소집하여 올라
와서, 사마리아를 포위하였다. 25 그들이 성을
포위하니, 사마리아 성 안에는 먹거리가 떨어졌다.
그래서 나귀 머리 하나가 은 팔십 세겔에 거래
되고, 비둘기 똥 사분의 일 갑이 은 다섯 세겔에
거래되는 형편이었다. 26 어느 날 이스라엘 왕이
성벽 위를 지나가고 있을 때에, 한 여자가 왕에게
부르짖었다. "높으신 임금님, 저를 좀 살려 주십
시오." 27 왕이 대답하였다. "주님께서 돕지 않
으시는데, 내가 어찌 부인을 도울 수가 있겠소?
내가 어찌 타작 마당에서 곡식을 가져다 줄 수가
있겠소, 포도주 틀에서 술을 가져다 줄 수가 있겠
소? 28 도대체 무슨 일로 그러오?" 그 여자가 말
하였다. "며칠 전에 이 여자가 저에게 말하기를 '네
아들을 내놓아라. 오늘은 네 아들을 잡아서 같이
먹고, 내일은 내 아들을 잡아서 같이 먹도록 하자'
하였습니다. 29 그래서 우리는 우선 제 아들을
삶아서, 같이 먹었습니다. 다음날 제가 이 여자에
게 '네 아들을 내놓아라. 우리가 잡아서 같이 먹도
록 하자' 하였더니, 이 여자가 자기 아들을 숨기고
내놓지 않습니다." 30 왕은 이 여자의 말을 듣고
는, 기가 막혀서 자기의 옷을 찢었다. 왕이 성벽
위를 지나갈 때에 백성들은, 왕이 겉옷 속에 베옷
을 입고 있는 것을 보았다. 31 왕이 저주받을 각
오를 하고 결심하여 말하였다. "사밧의 아들 엘리
사의 머리가 오늘 그대로 붙어 있다면, 하나님이
나에게 벌 위에 더 벌을 내리신다 하여도 달게 받
겠다."

32 그 때에 엘리사는 원로들과 함께 자기 집
에 앉아 있었다. 왕이 전령을 엘리사에게 보냈다.
그 전령이 이르기 전에 엘리사가 원로들에게 말하
였다. "여러분은 살인자의 아들이 나의 머리를 베
려고 사람을 보낸 것을 알고 계십니까? 전령이 오
거든 문을 단단히 걸어 잠그고 그를 들어오지 못
하게 하십시오. 그를 보내 놓고 뒤따라 오는 그 주
인의 발자국 소리가 벌써 들려 오고 있지 않습니
까?" 33 엘리사가 원로들과 함께 말하고 있는 동
안에, 왕이 엘리사에게 와서 말하였다. "우리가
받은 이 모든 재앙을 보시오. 이런 재앙이 주님께
로부터 왔는데, 내가 어찌 주님께서 우리를 도와
주시기를 기다리겠소?"

7 1 엘리사가 말하였다. "주님의 말씀을 들으
십시오. 주님께서 이렇게 말씀하시었습니다.
'내일 이맘때 쯤에 사마리아 성문 어귀에서 고운
밀가루 한 스아를 한 세겔에 사고, 보리 두 스아
를 한 세겔에 살 수 있을 것이다' 하셨습니다."
2 그러자 왕을 부축하고 있던 시종무관이 하나님의
사람에게 대답하였다. "비록 주님께서 하늘에
있는 창고 문을 여신다고 할지라도, 어찌 그런 일
이 일어날 수 있겠습니까?" 엘리사가 말하였다.
"당신은 분명히 그런 일이 생기는 것을 눈으로 직접
볼 것이오. 그렇지만 당신이 그것을 먹지는 못할
것이오."

6:24-29 **6:24** *그런 일이 있은 지 얼마 뒤에.* 이 사건은 8-23절에 묘사된 사건들과 관계가 없는 것 같다. *벤하닷.* 벤하닷 3세로 추정되는 인물이다. 아람 군대는 북왕국의 수도인 사마리아를 완전히 포위하기 시작한다. **6:25** 완전히 포위되었기 때문에 도시 거주민들은 나귀 머리, 곧 부정한 음식(레 11:26)을 먹을 지경에 이르렀다. *비둘기의 똥.* 소금대용으로 사용된 것 같다. 그러나 비둘기의 똥이 일종의 야생식물을 말하고 있을 수도 있다. 두 가지 상품(나귀 머리와 비둘기 똥)에 대한 가격이 극도로 인상되었다. **6:26** *이스라엘 왕의* 이름은 알려지지 않고 있다. 그는 아마도 여호아하스로 추정된다. **6:28-29** 어린 아이를 먹는 끔찍한 상황은 전쟁이나 기근의 상황에서 드물게 행해졌다 (애 2:20; 4:10; 또한 레 26:29; 신 28:56-57; 겔 5:10을 보라).

6:30-33 **6:30** 왕은 아이를 삶아 먹도록 공핍하다는 말을 듣고 옷을 찢고 베옷을 입는다. 옷을 찢는 행위는 고통과 슬픔의 막대함을 상징적으로 보여주는 것이다 (창 37:29, 34; 삼하 3:31; 렘 41:5). **6:31** 하나님이 나에게 벌 위에 벌을 내리신다. 이 표현은 엄중한 서약을 의미한다 (왕상 2:23; 20:10). 이 이야기 속에서 그 어떠한 부분도 이러한 끔찍한 사건을 엘리사와 연관시키지 않지만, 왕은 어찌되었든 엘리사를 이스라엘의 엄청난 비극을 유발한 장본인으로 간주하고 있다. 아마도 여기서 왕은 엘리사가 8:1에서 예언한 기근을 언급하고 있는 듯하다. **6:33** 왕의 질문은 자신의 절망적 심정과 하나님의 도우심을 더 이상 기다릴 수 없다는 신념을 반영해준다. 분명히 엘리사는 왕을 고무하여 하나님을 끝까지 신뢰하여 승리를 얻도록 한다. 왕의 절망은 엘리사가 보여준 하나님에 대한 확고한 믿음과 대조를 이룬다. 엘리사는 장로들에게 사마리아의 해방을 약속한다.

7:1-20 7장에서 엘리사는 다시 한 번 나라 정치에 관여한다. 이 부분은 포위상황을 종료하는 예언 (1-2절); 네 명의 나병환자 소개 (3-5절); 아람 군인들의 도망 (6-8절); 아람 영을 탐색하는 나병환자들 (9-15절); 그리고 엘리사 예언의 성취(16-20절)를 보도해 주고 있다.

시리아의 군대가 도망가다

3 그 무렵에 ㄱ)나병 환자 네 사람이 성문
어귀에 있었는데, 그들이 서로 말을 주고받았다.
"우리가 어찌하여 여기에 앉아서 죽기만을 기다
리겠느냐? 4 성 안으로 들어가 봐도 성 안에는
기근이 심하니, 먹지 못하여 죽을 것이 뻔하고, 그
렇다고 여기에 그대로 앉아 있어 봐도 죽을 것이
뻔하다. 그러니 차라리 시리아 사람의 진으로 들
어가서 항복하자. 그래서 그들이 우리를 살려 주면
사는 것이고, 우리를 죽이면 죽는 것이다."
5 그리하여 그들은 황혼 무렵에 일어나서 시
리아 진으로 들어갔는데, 시리아 진의 끝까지 가
보았지만, 어찌된 일인지, 그 곳에는 한 사람도 보
이지 않았다. 6 주님께서 시리아 진의 군인들에게,
병거 소리와 군마 소리와 큰 군대가 쳐들어오는
소리를 듣게 하셨기 때문에, 시리아 군인들은, 이
스라엘 왕이 그들과 싸우려고, 헷 족속의 왕들과
이집트의 왕들을 고용하여 자기들에게 쳐들어온
다고 생각하고는, 7 황혼녘에 일어나서, 장막과
군마와 나귀들을 모두 진에 그대로 남겨 놓은 채,
목숨을 건지려고 도망하였던 것이다. 8 이들
ㄱ)나병 환자들이 적진의 끝까지 갔다가, 한 장막
안으로 들어가서 먹고 마신 뒤에, 은과 금과 옷을
가지고 나와서 숨겨 두고는, 또 다른 장막으로 들
어가서 거기에서도 물건을 가지고 나와, 그것도
역시 숨겨 두었다. 9 그런 다음에 그들은 서로
말하였다. "우리들이 이렇게 하는 것은 올바른 일이
아니다. 오늘은 좋은 소식을 전하는 날이다. 이
것을 전하지 않고 내일 아침 해 뜰 때까지 기다린
다면, 벌이 오히려 우리에게 내릴 것이다. 그러니
이제 왕궁으로 가서, 이것을 알리도록 하자."
10 그리하여 그들은 성으로 돌아와, 문지기들을
불러서 알려 주었다. "우리들은 지금 시리아 진에서
오는 길인데, 그 곳엔 사람은커녕 인기척도 없으
며, 다만 말과 나귀만 묶여 있을 뿐, 장막도 버려
진 채 그대로 있습니다." 11 이 말을 들은 성문
지기들은 기뻐 소리치며, 왕궁에 이 사실을 보고
하였다.
12 왕은 밤중에 일어나서 신하들과 의논하였
다. "시리아 사람들이 우리에게 이렇게 한 것이
무슨 뜻이겠소. 내 생각에는, 그들이 분명 우리가
못 먹어 허덕이는 줄 알고 진영을 비우고 들에 숨어
있다가, 우리가 성 밖으로 나오면 우리를 생포
하고, 이 성 안으로 쳐들어오려고 생각한 것 같소."
13 그러자 신하 가운데 하나가 의견을 내놓았다.
"이 성 안에 아직 남아 있는 다섯 필의 말은, 이 성
안에 남아 있는 이스라엘 모든 사람의 운명과 마
찬가지로 어차피 굶어 죽고야 말 것이니, 이 말에
사람을 태워 보내어서, 정찰이나 한번 해 보시는
것이 어떻겠습니까?" 14 그래서 그들이 말 두
필이 끄는 병거를 끌어내니, 왕은 그들을 시리아
군의 뒤를 쫓아가도록 내보내면서, 가서 알아 보
라고 하였다. 15 그들이 시리아 군대를 뒤따라
요단 강까지 가 보았지만, 길에는 시리아 사람들
이 급히 도망치느라 던져 버린 의복과 군 장비만
가득하였다. 군인들은 돌아와서 이 사실을 왕에게
보고하였다.
16 그러자 백성들은 밖으로 나가서 시리아
진영을 약탈하였다. 그리하여 주님의 말씀대로
고운 밀가루 한 스아를 한 세겔에, 보리 두 스아를
한 세겔에 거래할 수 있게 되었다. 17 그래서 왕
은 자신을 부축한 그 시종무관을, 성문 관리로 임

ㄱ) 5:1의 주를 볼 것

7:1-2 7:1 *주님의 말씀을 들으십시오.* 예언자의 신탁이 주님에 의해 계시된 것임을 확언하는 공식적 서언이다. 엘리사는 24시간 안에 포위상황이 종료될 것이며, 식량을 손쉽고 값싸게 얻을 수 있을 것임을 예언하였다. **7:2** *왕을 부축하고 있던 시종무관.* 이 무관은 왕의 칼을 가지고 다니던 사람이다. 불신앙 때문에 엘리사의 예언이 성취될 것을 보게 되지만 기뻐하지는 않는다.

7:3-5 *나병환자 네 사람.* 율법은 나병환자들을 공동체로부터 격리하여 거주하도록 명시하고 있다 (레 13:46; 민 5:1-4). 이 사람들은 아람 진영으로 망명하여 음식을 얻고자 결심하였다. 그러나 그들이 당도하였을 때는 아람 진영이 버려진 후였다.

7:6-8 7:6 아람 군인들은 그들이 생각하기에 대규모 연합병력이 자신들을 공격하기 위해 몰려오는 소리를 들었다고 생각하며 도망치기 시작했다. *시리아 군인들.* 이들은 중앙 아나톨리아 지역(현재 중앙 터키 지역)에 거주하였던 사람들의 후손들이었다. 이집트는 때때로 이스라엘의 동맹국이었다.

7:9-15 징벌을 두려워한 나머지 나병환자들은 자신들이 발견한 사실을 왕에게 고하기로 결심한다. 왕이 그 소식을 듣자, 아이 성에서 일어났던 사건을 떠올리며 (수 8:3-23) 아람 군대가 매복해 있을 것으로 조심스럽게 생각한다. 그리고 소수의 정찰대를 파송하여 확인토록 한다.

7:16-20 *주님의 말씀대로.* 이 짧은 이야기 속에서 신명기 학파 저자는 역사의 사건 속에서 예언자의 예언이 정확하게 성취된다는 점을 강조한다 (왕상

명하였다. 그러나 백성이 성문에서 그를 밟아 죽였는데, 왕이 그의 부축을 받으며 하나님의 사람을 죽이려고 왔을 때에, 하나님의 사람이 예언한 그대로 그가 죽은 것이다. 18 그 때에 하나님의 사람이 왕에게 말하였다. "내가, 내일 이맘때 쯤이면 사마리아 성 어귀에서는, 보리 두 스아를 한 세겔에, 고운 밀가루 한 스아를 한 세겔에 거래할 것이라고 말하였을 때에, 19 그 시종무관은 하나님의 사람에게 '비록 주님께서 하늘에 있는 창고 문을 여신다고 할지라도, 어찌 이런 일이 일어날 수 있겠느냐?' 하고 큰소리를 쳤습니다. 그래서 내가 말하기를 '당신은 분명히 그런 일이 생기는 것을 눈으로 직접 볼 것이오. 그렇지만 당신이 그것을 먹지는 못할 것이오' 하고 말하였습니다. 20 그래서 그에게 이런 일이 일어나게 된 것이며, 그가 성문 어귀에서 백성에게 짓밟혀 죽은 것입니다."

수넴 여인이 돌아오다

8 1 엘리사가 이전에 한 여인의 죽은 아들을 살려 준 일이 있었는데, 그 아이의 어머니에게 이렇게 말했었다. "부인은 가족을 데리고 이 곳을 떠나서, 가족이 몸붙여 살 만한 곳으로 가서 지내시오. 주님께서 기근을 명하셨기 때문에, 이 땅에 일곱 해 동안 기근이 들 것이오." 2 그 여인은 하나님의 사람이 한 그 말을 따라서, 온 가족과 함께 일곱 해 동안 블레셋 땅에 가서 몸붙여 살았다. 3 일곱 해가 다 지나자, 그 여인은 블레셋 땅에서 돌아와서, 자기의 옛 집과 밭을 돌려 달라고 호소하려고 왕에게로 갔다. 4 마침 그 때에 왕은 하나님의 사람의 시종인 게하시와 이야기를 나누고 있었다. 왕이 게하시에게 엘리사가 한 큰 일들을 말해 달라고 하였다. 5 그래서 게하시는 왕에게, 엘리사가 죽은 사람을 살려 준 일을 설명하고 있었다. 바로 그 때에 엘리사가 아들을 살려 준 그 여인이 왕에게 와서, 자기의 집과 밭을 돌려 달라고 호소한 것이다. 게하시는 "높으신 임금님, 이 여인이 바로 그 여인입니다. 그리고 이 아이가, 엘리사가 살려 준 바로 그 아들입니다" 하고 말하였다. 6 왕이 그 여인에게 그것이 사실인지를 묻자, 그 여인은 사실대로 왕에게 말하였다. 왕은 신하 한 사람을 불러서, 이 여인의 일을 맡기며 명령을 내렸다. "이 여인의 재산을 모두 돌려 주고, 이 여인이 땅을 떠난 그 날부터 지금까지 그 밭에서 난 소출을 모두 돌려 주어라."

엘리사와 시리아 왕 벤하닷

7 엘리사가 다마스쿠스에 갔을 때에 시리아 왕 벤하닷은 병이 들어 있었는데, 어떤 사람이 왕에게 하나님의 사람이 이 곳에 와 있다는 소식을 전하였다. 8 왕이 하사엘에게 말하였다. "예물을 가지고 가서, 하나님의 사람을 만나시오. 그리고 그에게, 내가 이 병에서 회복될 수 있겠는지를, 주님께 물어 보도록 부탁을 드려 주시오." 9 하사엘은 다마스쿠스에서 제일 좋은 온갖 예물을 낙타

12:24; 13:26; 14:18; 왕하 1:17; 10:17; 14:25 참조). 아람 진영을 약탈하기 위해 돌진할 때, 이전에 엘리사의 말을 믿지 않았던 시무종관(7:2)은 백성의 발에 밟혀서 죽는다.

8:1-29 8장에는 네 개의 이야기가 있다: 수넴 여인이 고국으로 귀환하여 신원회복 (1-6절); 하사엘에 대한 엘리사의 예언 (7-15절); 유다의 왕이 되는 여호람 (16-24절); 유다의 왕이 되는 아하시야 (25-29절).

8:1-6 8:1 이 이야기는 4:8-37에서 시작된 수넴 여인의 이야기를 계속해서 전하고 있다. *몸붙여 살 만한 곳으로 가서 지내시오* 보다는 "거주하다"가 더 적절한 의미이다. 거주자는 외국인으로서, 고국을 떠나 외국에 살고 있었던 사람을 가리킨다. **8:2** 이스라엘에 찾아온 기근으로 인해, 그 여인은 블레셋 땅에서 7년 동안 거류 외국인으로 살아갔다. **8:3** 호소*하려고 왕에게로 갔다.* 그 여인은 법적으로 그녀의 재산을 되돌려 달라고 호소하고 있었다. 포기된 재산은 원래의 소유자가 요청할 때까지 왕실 재산으로 전환되어 관리된다. **8:4-5** *게하시.* 엘리사의 이전 종이다 (5:27). *엘리사가 한 큰 일들.* 기적을 행한 일들로 인해 엘리사에 대한 소문이 만연되어 있었다. 이 점을 이용하여 수넴 여인은 손쉽게 법정 앞에서 자신의 소송문제를 호소할 수 있게 된다. **8:6** 왕은 너그럽게 그녀의 재산을 복원시킴과 동시에 그녀의 땅이 생산해 낸 모든 수입을 그녀에게 상환해준다. 비록 이 이야기에서는 나타나지 않지만, 엘리사의 영향력이 계속되고 있음을 느낄 수 있다.

8:7-15 8:7 *엘리사가 다마스쿠스에 갔을 때.* 문장의 흐름으로 볼 때, 이 부분은 나아만 이야기 바로 뒤에 부속된다 (5:1-27). 두 이야기는 엘리사에게 부여된 놀라운 능력과 아람 왕실의 고관들과의 만남에 대해 이야기한다. 나아만의 이야기에서 엘리사는 거의 알려지지 않은 예언자였다. 여기서 그는 아람 왕실에까지 알려진 인물이 되어 있으며, 거기서 그의 치유능력은 매우 높게 칭송받는다. 엘리사의 사명은, 왕상 19:15에 따르면, 엘리야로부터 전수된 것이다. 그것은 운명을 결정하는 사명으로, 그 이야기가 지시하듯이 하사엘은 이스라엘에게 엄청난 해를 끼칠 인물이었다. 그 사명은 또한 도덕적으로 정당화될 수 없는 것으로, 엘리사는

마흔 마리에 가득 싣고, 몸소 예를 갖추어 하나님의 사람을 만나러 갔다. 그리고 그의 앞에 서서 말하였다. "예언자님의 아들 같은 시리아 왕 벤하닷이 나를 예언자님에게 보냈습니다. 왕은, 자신이 이 병에서 회복되겠는가를 여쭈어 보라고 하였습니다."

10 엘리사가 그에게 말하였다. "가서, 왕에게는 ㄱ)회복될 것이라고 말하시오. 그러나 주님께서는, 그가 반드시 죽을 것이라고 내게 계시해 주셨소." 11 그런 다음에 하나님의 사람은, 하사엘이 부끄러워 민망할 정도로 얼굴을 쳐다 보다가, 마침내 울음을 터뜨렸다. 12 그러자 하사엘이 "예언자님, 왜 우십니까?" 하고 물었다.

엘리사는 다음과 같이 말하였다. "나는, 그대가 이스라엘 자손에게 어떤 악한 일을 할지를 알기 때문이오. 그대는 이스라엘 자손의 요새에 불을 지를 것이고, 젊은이들을 칼로 살해하며, 어린 아이들을 메어쳐 죽일 것이고, 임신한 여인의 배를 가를 것이오."

13 하사엘이 물었다. "그러나 개보다 나을 것이 없는 나 같은 사람이, 어떻게 그런 엄청난 일을 저지를 수 있겠습니까?" 그러자 엘리사가 말하였다. "주님께서, 그대가 시리아 왕이 될 것을 나에게 계시하여 주셨소."

14 그는 엘리사를 떠나서 왕에게로 돌아갔다. 벤하닷 왕이 그에게 물었다. "엘리사가 그대에게 무엇이라고 말하였소?" 그가 대답하였다. "엘리사는, 왕께서 틀림없이 회복될 것이라고 말하였습니다." 15 그 다음날, 하사엘은 담요를 물에 적셔서 벤하닷의 얼굴을 덮어, 그를 죽였다.

하사엘이 벤하닷의 뒤를 이어 시리아의 왕이 되었다.

유다 왕 여호람 (대하 21:1-20)

16 이스라엘 왕 아합의 아들 요람 제 오년에 ㄴ)여호사밧이 아직도 유다의 왕일 때에, 여호사밧의 아들 여호람이 다스리기 시작하였다. 17 그는 서른두 살에 왕이 되어, 여덟 해 동안 예루살렘에서 다스렸다. 18 그는 아합의 딸을 아내로 맞아들였기 때문에, 아합 가문이 한 대로, 이스라엘 왕들이 간 길을 갔다. 이와 같이 하여, 그는 주님 보시기에 악한 일을 하였다. 19 그러나 주님께서는 자기의 종 다윗을 생각하셔서 유다를 멸망시키려고는 하지 않으셨다. 주님께서는 이미 다윗과 그의 자손에게서 왕조의 등불이 영원히 꺼지지 않게 하시겠다고 약속하셨기 때문이다.

20 여호람이 다스린 시대에, 에돔이 유다의 통치에 반기를 들고 자기들의 왕을 따로 세웠다. 21 그래서 여호람은 모든 병거를 출동시켜 사일로 건너갔다가, 그만 에돔 군대에게 포위를 당하고 말았다. 그러나 여호람은 병거대장들과 함께, 밤에 에돔 군대의 포위망을 뚫고 빠져 나왔다. 군인들은

ㄱ) 또는 '회복되지 않을 것이라고 말하시오. 왜냐하면 주님께서……' ㄴ) 칠십인역과 시리아어역에는 '여호사밧이 아직도 유다의 왕일 때에'가 없음

그의 야망과 하사엘의 무자비함을 이용하여 벤하닷의 죽음을 확보한다. **8:10** 엘리사가 하사엘로 하여금 아픈 임금에게 철저하게 거짓말을 하도록 요청한 것은 아니었다고 볼 수도 있다. 벤하닷은 그가 얻은 질병으로 인해 죽은 것이 아니기 때문이다. 그는 예언자의 도움을 얻으라고 파송된 자의 손에 의해 살해당하였다. **8:11** *하나님의 사람은…울음을 터뜨렸다.* 하사엘을 바라보는 엘리사의 슬픈 얼굴은 조용하게 그의 주인을 처리하도록 일러주고, 그 눈물은 이스라엘과 아람 앞에 놓여있는 혈전에 대한 예언자의 슬픔을 적절히 상징적으로 보여주는 것 같다. **8:13** *개보다 나을 것 없는 나 같은 사람.* 우월자에 대비되는 열등자의 겸손한 표현, 삼상 24:14; 삼하 9:8; 16:9를 보라. **8:14-15** 하사엘은 벤하닷에게 전하라는 엘리사의 말을 정확하게 전달한다. 그러고 나서 그는 그의 주인을 질식시켜 살해한다. 이 이야기는 도덕적으로 쉽게 납득할 수 없는 말, 곧 *하사엘이 벤하닷의 뒤를 이어*로 끝을 맺는다.

8:16-24 8:16 여기에 기록된 연대순서에 관한 정보는 3:1과 일치하지만 1:7과는 일치하지 않는다. NRSV에는 *여호사밧이 아직도 유다의 왕일 때* 라는 구절이 생략되어 있는데 이러한 불일치를 해결하기 위함이다. 그리고 칠십인역과 시리아어역에는 "여호사밧이 아직도 유다의 왕일 때에" 라는 표현이 없다. 여호람은 그의 아버지의 섭정정치를 조건으로 왕이 된다. *여호람 왕* (요람은 여호람의 단축형) 5년은 여호람이 유일한 왕으로서 통치한 첫 해를 가리킨다. **8:18** 신명기 학파 저자는 아달랴 (26절), 곧 *아합의 딸을 아내로 맞이한* 정략결혼을 통한 여호람과 *아합 가문의* 연합이 *이스라엘 왕들이 간 길을* 가도록 한 이유가 된다고 말한다. **8:19** *자기의 종 다윗.* 하나님과 다윗과의 언약을 가리킨다 (삼하 7:1-17). *등불.* 다윗 후손을 가리키는 말로, 그들이 유다의 통치를 맡게 된다 (왕상 11:36; 14:3-5를 보라). **8:20** 에돔은 유다의 종속국으로, 유다의 봉건군주에 의해 통치되고 있었다 (왕상 22:47). 그러나 그들은 유다를 반역하여 독립을 꾀한다 (기원전 847-845년). **8:21** 히브리 성경본문은 여기에서 불분명하다. 여호람이 사일을 공격할 때, 에돔 사람들은 여호람의 군대를 포위했다. 밤에 여호람과 그의

모두 흩어져 각자의 집으로 갔다. 22 이와 같이 에돔은 유다에 반역하여 그 지배를 벗어나 오늘날까지 이르렀고, 그 때에 립나 역시 반역을 일으켰다.

23 여호람의 나머지 행적과 그가 한 모든 일은 '유다 왕 역대지략'에 기록되어 있다. 24 여호람이 죽어, 그의 조상과 함께 '다윗 성'에 장사되었다. 그의 아들 아하시야가 그의 뒤를 이어 왕이 되었다.

유다 왕 아하시야 (대하 22:1-6)

25 이스라엘의 아합 왕의 아들 요람 제 십이 년에 여호람의 아들 아하시야가 유다 왕이 되었다. 26 아하시야가 왕이 될 때의 나이는 스물두 살이었고, 그는 한 해 동안 예루살렘에서 다스렸다. 그의 어머니 아달랴는 이스라엘 오므리 왕의 딸이었다. 27 그는 아합 가문의 사위였으므로, 아합 가문의 길을 걸었으며, 아합 가문처럼 주님 보시기에 악한 일을 하였다.

28 그는 아합의 아들 요람과 함께, 시리아 왕 하사엘과 싸우려고 길르앗의 라못으로 갔다. 그 싸움에서 시리아 군대가 요람을 쳐서, 부상을 입혔다. 29 요람 왕이 시리아 왕 하사엘과 싸우다가, 라마에서 시리아 사람들에게 입은 상처를 치료하려고 이스르엘로 돌아갔다. 그 때에 아합의 아들 요람이 병이 들었으므로, 여호람의 아들인 유다의 아하시야 왕이, 문병을 하려고 이스르엘로 내려갔다.

예후가 이스라엘의 왕이 되다

9 1 예언자 엘리사가 ㄱ)예언자 수련생들 가운데서 한 사람을 불러 말하였다. "너는 허리를 단단히 묶고, 손에 이 기름병을 들고, 길르앗의 라못으로 가거라. 2 거기에 가면, 그 곳에서 님시의 손자이며 여호사밧의 아들인 예후를 만나게 될 것이다. 그러면 안에 들어가, 그의 동료들 사이에서 그를 불러내어 밀실로 데리고 들어가거라. 3 그리고 기름병을 기울여 그의 머리에 부으며 '나 주가 말한다. 내가 너를 이스라엘의 왕으로 세웠다' 하고 말하여라. 그렇게 말한 다음에 너는 문을 열고 속히 도망하여라. 지체해서는 안 된다."

4 그리하여 예언자의 시종인 그 젊은이가 길르앗의 라못으로 갔다. 5 그가 도착하였을 때에, 그 곳에는 군대의 장군들이 둘러앉아 회의를 하고 있었다. 그가 그들에게 말하였다. "장군님! 드릴 말씀이 있습니다." 그러자 예후가 말하였다. "우리들 가운데 누구에게 말하고 있는 겁니까?" 그 시종이 말하였다. "바로 장군님께 말씀을 드리고 있습니다." 6 예후가 일어나서 집 안으로 들어가자, 예언자의 시종인 그 젊은이는 그의 머리에 기름을 부으며 말하였다. "나 주 이스라엘의 하나님이 말한다. 내가 너에게 기름을 부어, 주님의 백성 이스라엘의 왕으로 세웠다. 7 너는 네가 섬기는 상전 아합의 가문을 쳐라. 나는 내 종들인 예

ㄱ) 히, '예언자들의 아들들'

장군들은 도피하였고, 그의 군인들은 그들의 집으로 되돌아갔다. **8:22** *오늘날까지 이르렀고.* 저자가 살고 있는 동시대의 정치상황을 가리키는 표현이다 (14:7; 16:6을 보라).

8:25-29 8:25-26 아하시야 통치 연대에 대해서는 9:29를 참조하라. *아달랴.* 이스라엘 왕 오므리의 손녀였다 (왕하 8:18; 대하 21:6; 왕하 8:26; 대하 22:2를 참조). 그녀는 아마도 오므리의 딸이었지만 후에 아합과 이세벨이 입양한 것으로 추정된다. **8:28-29** 이스라엘과 유다의 협력체계는 두 국가간의 동맹관계를 지시하고 있는 것으로 추정된다. 아하시야의 방문에 대해서 9:14-16을 보라. 그렇지만 29절은 아하시야가 아람과의 전쟁에서 깊은 상처를 입은 요람 왕을 방문하기 위한 목적으로만 이스르엘에 갔다고 기록하고 있다 (왕하 9:14-16에서 확인된다). *라마.* 길르앗의 라못(Ramoth-gilead)의 줄임말이다.

9:1-37 9장에서 예후를 북왕국의 새로운 왕으로 기름부어 세움으로써 오므리 왕조 말기에 종료된 이스라엘의 종교개혁을 시작하게 하고, 아합 왕가에 대한 엘리야의 예언의 성취를 시작하게 한다. 이 장은 예후에 대한 도유식(1-10절)과 이스라엘의 새로운 왕 선포(11-16절); 이스르엘에 도착하는 예후 (17-20절); 아합과 이세벨의 아들인 요람의 죽음 (21-26절); 유다의 아하시야 왕의 죽음(27-29절)과 이세벨의 죽음(30-37절)을 포함한다.

9:1-10 9:1 *길르앗의 라못.* 이 곳은 요단 강 동편에 있는 도시로 이스라엘과 아람 사이의 전쟁터로 빈번히 사용된 지역이다. **9:2-3** *예후.* 예후는 이스라엘 군대 장군이었으며 길르앗의 라못에서 아람 군대에 대항하여 도시를 방어하고 있었다. *밀실.* 엘리사는 외부와 단절된 장소에서 도유식을 비밀스럽게 진행하고자 하였다. *내가 너를 이스라엘의 왕으로 세웠다.* 엘리사가 예후를 왕으로 삼아 기름 붓는 이유에 대해서는 기록되지 않았다. 그는 아마도 유다의 아하시야 왕과 이스라엘의 요람 왕이 이세벨의 영향력 아래에서 하나님의 사람을 공격할 것을 두려워하였던 듯하다. **9:6** *집안으로 들어가자.* 익명의 젊은 예언자는 기름 붓는 예식을 신속하고 은밀하게 행하였다. *그의 머리에 기름을 부으며.*

언자들의 피와 또 주님의 다른 종들의 모든 피를
이세벨에게 갚으려고 한다. 8 나는 아합의 가문을
모두 다 멸망시킬 것이다. 그렇다. 아합에게 속한
사람은 매인 사람이건 놓인 사람이건 가릴 것
없이, 남자는 누구나 이스라엘 안에서 끊어 버릴
것이다. 9 나는 아합의 가문을 느밧의 아들 여로
보암의 가문과 같이 만들고, 아히야의 아들 바
아사의 가문과 같이 만들 것이다. 10 그리고 개
들이 이스르엘 땅 안에서 이세벨을 뜯어 먹을 것
이다. 그를 매장할 사람조차 없을 것이다." 그리고
난 뒤에 예언자의 시종인 그 젊은이는 문을 열고
도망하였다.

11 예후가 왕의 신하들이 있는 데로 나오자,
한 사람이 그에게 물었다. "좋은 소식이었소? 그
미친 녀석이 장군께는 무슨 일로 왔었소?" 예후가
그들에게 말하였다. "장군들께서도 그 사람이 누
구고, 그가 쓸데없이 떠들고 간 말이 무엇인지 짐
작하고 있을 것이라 믿소." 12 그러나 그들이 말
하였다. "슬쩍 넘어가지 마시오. 우리에게 사실을
말해 주시오." 예후가 대답하였다. "그의 말이, 주
님께서 나를 이스라엘의 왕으로 기름 부어 세웠다
고 말씀하시었다고 하였소." 13 그러자 그들은
황급히 일어나, 각자 자기의 옷을 벗어서, 섬돌 위
예후의 발 아래에 깔고, 나팔을 불며 "예후께서 임
금님이 되셨다" 하고 외쳤다.

이스라엘 왕 요람이 살해되다

14 그리하여 님시의 손자이며 여호사밧의 아
들인 예후는, 요람을 칠 모의를 하게 되었다. 그
때에 요람은 이스라엘 전군을 이끌고, 시리아 왕
하사엘과 맞서서 길르앗의 라못을 지키고 있었다.
15 요람 왕이 시리아 왕 하사엘과 싸울 때, 시리아
사람에게 다친 상처를 치료하려고 이스르엘로 돌
아와 있을 때였다. 마침내 예후가 말하였다. "장
군들이 나와 뜻을 같이 한다면, 아무도 이 성읍을
빠져 나가서, 이스르엘에 이 사실을 알리는 일이
없도록 해주시오." 16 그런 다음에 예후는, 병거를
타고 이스르엘로 갔다. 요람이 그 곳에서 병으로
누워 있었다. 유다의 아하시야 왕은 요람을 문병
하려고 벌써 거기에 와 있었다.

17 이스르엘의 망대 위에 서 있는 파수병이,
예후의 군대가 오는 것을 보고 "웬 군대가 오고 있
습니다" 하고 외쳤다. 그러자 요람이 말하였다.
"기마병을 보내어 그들을 만나, 평화의 소식이냐고
물어 보아라."

18 그리하여 기마병은 그들을 만나러 가서
말하였다. "임금님께서 평화의 소식이냐고 물어
보라 하셨소." 그러자 예후가 말하였다. "평화의
소식인지 아닌지가 너와 무슨 상관이 있느냐?
너는 내 뒤를 따르라." 파수병이 왕에게 보고하
였다. "그들에게 간 전령이 돌아오지 않습니다."
19 그리하여 왕이 두 번째 기마병을 보내자, 그가
그들에게 가서 말하였다. "임금님께서 평화의 소
식이냐고 물어 보라 하셨소." 그러자 예후가 말하
였다. "평화의 소식인지 아닌지가 너와 무슨 상관이
있느냐? 너는 내 뒤를 따르라."

20 파수병이 왕에게 또 보고하였다. "그들에게

이 머리에 기름을 붓는 예식은 특별한 방식으로 한 개인을 하나님을 섬기는 일에 분별시켰고 하나님의 영이 그 개인에게 부여되었다는 것을 상징화시켰다 (삼상 10:1; 16:13; 왕상 1:34). *주의 백성 이스라엘의 왕으로.* 예후는 바알의 백성이 아닌, 하나님 백성들의 왕이 되려고 한다. **9:7-10** 젊은 예언자는 3절의 엘리사의 말을 확대시킨다. 이는 저자가 예후의 이후 행동을 설명하기 위한 시도로 보인다. *피를…갚으려고 한다.* 예후를 통해 하나님은 예언자들과 *주의 다른* 종들, 곧 주의 신실한 종들의 죽음을 갚으려고 한다.

9:11-16 **9:11** *미친 녀석.* 예언자들은 예언을 할 때 나타나는 신비한 붙들림으로 인해 미친 사람들로 간주되었다 (렘 29:26; 호 9:7; 또한 요 10:20을 보라). **9:12** *슬쩍 넘어가지 마시오.* 예후의 동료들은 예후가 고의로 거짓말을 하고 있다는 것을 알았다. 그의 대답(11절)은 그의 동료들이 자신의 왕권을 옹호해 줄지에 대해 확신하지 못하고 있다는 것을 보여주는 듯하다. 그러므로 그는 젊은 예언자를 미친 사람으로 간주하는 동료들의 의견에 동조하는 체한다. **9:13** 의심나는 부분이 있음에도 불구하고, 그들은 예후를 왕으로 삼아 옷을 벗어 그의 발아래 깔고, 그의 왕권을 인정하고 새로운 왕인 그에게 순종한다 (마 21:8을 보라). **9:14-16** 예후의 기름붓는 예식에 즈음하여, 이스라엘의 군대는 길르앗의 라못에 진을 치고, 아람의 왕 하사엘의 공격으로부터 도시를 방어하고 있었다. *이스르엘.* 이 곳에 이스라엘 왕들은 하나의 집과 두 번째 왕궁을 가지고 있었다. 예후는 모의적인 도유식 소식이 요람의 귀에 들어가기 이전에 이스르엘에 도달하고자 하였다. 유다의 *아하시야는* 요람의 처남이었다 (8:25-29).

9:17-20 *평화의 소식이냐.* 이 질문은 본문에 세 번이나 나타난다. 그러나 히브리 성경본문에는 오직 두 번의 질문만 기록되어 있다. 이 질문의 의미는, "전쟁터에서 좋은 소식을 가지고 왔느냐?"이다. 첫 번째 사신이 되돌아오지 않았을 때, 요람은 두 번째 사신을 보내어 예후에게 "평화"(19절)의 소식을 전한다. *미친 듯이.* 이 말은 11절, 곧 예후의 지지자들이 엘리사의 종을

간 전령이 또 돌아오지 않습니다. 그런데 미친
듯이 말을 모는 모습이, 님시의 아들 예후와 비슷
합니다."
21 이 말을 듣자, 요람은 "병거를 준비하라!"
하고 명령하였다. 병거를 준비하니, 이스라엘 왕
요람과 유다 왕 아하시야가 각각 자기의 병거를
타고 예후를 만나러 나가서, 이스르엘 사람 나봇
의 땅에서 그를 만났다. 22 요람이 예후를 보고
"예후 장군, 평화의 소식이오?" 하고 물었다.
예후는 "당신의 어머니 이세벨이 저지른 음행과
마술 행위가 극에 달하였는데, 무슨 평화가 있겠
소?" 하고 대답하였다.
23 요람이 그의 손에 쥔 말고삐를 급히 돌려
도망하면서, 아하시야에게 소리쳤다. "아하시야
임금님, 반역이오." 24 예후가 힘껏 활을 당겨
요람의 등을 겨누어 쏘자, 화살이 그의 가슴을
꿰뚫고 나갔다. 그는 병거 바닥에 엎드러졌다.
25 예후가 요람의 빗갈 시종무관에게 말하였다.
"그 주검을 들고 가서, 이스르엘 사람 나봇의
밭에 던지시오. 당신은, 나와 당신이 그의 아버지
아합의 뒤에서 나란히 병거를 타고 다닐 때에, 주
님께서 그를 두고 선포하신 말씀을 그대로 기억할
것이오. 26 주님께서 아합에게 '내가 어제, 나봇
과 그의 아들들이 함께 흘린 피를 분명히 보았다.
바로 이 밭에서 내가 너에게 그대로 갚겠다. 이것
은 나 주의 말이다' 하고 말씀하셨소. 이제 당신은
그 주검을 들고 가서, 주님의 말씀대로 그 밭에 던
지시오."

유다 왕 아하시야가 살해되다

27 유다의 아하시야 왕은 이것을 보고 ㄱ)벳하
간으로 가는 길로 도망하였으나, 예후가 그의 뒤를
추적하며 "저 자도 죽여라" 하고 외치니, 이블르
암 부근 구르 오르막길에서 예후의 부하들이, 병
거에 타고 있는 아하시야를 찔러 상처를 입혔다.
그는 므깃도까지 도망하여, 그 곳에서 죽었다.
28 그의 부하들이 그를 병거에 실어 예루살렘으로
운반하고, 그를 '다윗 성'에 있는 그의 조상들의
묘지에 함께 장사지냈다.
29 아합의 아들 요람 왕 제 십일년에 아하시
야가 유다를 다스리는 왕이 되었다.

이세벨 왕후가 살해되다

30 예후가 이스르엘에 이르렀을 때에, 이세
벨이 이 소식을 듣고, 눈 화장을 하고 머리를 아름
답게 꾸미고는, 창문으로 내려다보았다. 31 예
후가 문 안으로 들어오자, 이세벨이 소리쳤다.
"제 주인을 살해한 시므리 같은 자야, 그게 평화
냐?"
32 예후가 얼굴을 들어 창문을 쳐다보며
소리쳤다. "내 편이 될 사람이 누구냐? 누가 내 편
이냐?" 그러자 두세 명의 내관이 그를 내려다보
았다. 33 예후가 그들에게 명령하였다. "그 여자를

ㄱ) '정원의 집'

"미친 녀석"이라고 표현한 곳과 상응하며, 따라서 예후와 엘리사의 종교개혁 시도를 매우 밀접하게 연결시키고 있다.

9:21-26 9:21 *나봇의 땅* (왕상 21:1-16을 보라). 세 왕은 아합이 권력을 남용한 곳에서 만나고, 엘리야가 아합 가문에 대한 심판을 예언한 곳에서 만난다. **9:22** 예후는 이세벨의 미신과 우상숭배를 언급하면서 요람 왕을 말로 공격한다. *마술 행위.* 이 행위는 거짓된 신들을 섬기는 행위를 지시한다 (렘 3:6; 호 1:2; 4:12; 5:4 참고). 이세벨이라는 이름은 신실하지 못함, 거짓된 종교와 동의어가 되었다 (계 2:20 참조). **9:23-24** *반역.* 예후의 행동은 자신의 왕위를 빼앗을 반역자가 아닌 자신의 장군으로서의 예후를 만나러 나오는 요람을 예상치 않게 만나게 되었다. 요람은 전쟁터에 나가지 않았기 때문에 갑옷을 입지 않고 있었으며 결국 그 자리에서 즉사하고 말았다. **9:25** *빗갈.* 예후의 전차에 동승한 시무장관으로 예후의 방패와 무기를 운반했다. **9:26** 요람의 피가 나봇의 땅으로 흘러 들어갔다. 이는 이스라엘 백성 사이에 돌고 있던 (왕하 9:25, 36-37) 엘리야의 예언을 성취하는 것이었다 (왕상 21:19, 29).

9:27-29 9:27 예후는 아하시야의 잠재적인 위협을 알아차리고 그를 죽이려고 하였다. 왜냐하면 요람의 가까운 친척이기에 아하시야가 요람을 대신하여 보복하려 들 수 있었기 때문이었다. 아하시야는 사마리아를 향하여 남쪽으로 도망쳤다. 상처를 입자 요람은 므깃도로 도주하여, 자신에게 충성할 수 있는 군인들을 찾고자 하였다.

9:28-29 *제 십일년.* 8:25에서 아하시야는 12년째에 통치하기 시작한 것으로 기록되어 있다. 이는 아마도 유다와 이스라엘이 서로 다른 방식으로 통치기간을 계산하는 관습을 반영해 주는 듯하다. 아니면, 두 왕이 같은 해에 죽었기 때문에 날짜를 맞추려는 시도로 보인다.

9:30-37 9:31 *시므리*는 엘라 왕을 죽인 군대장관으로 (왕상 16:9-10), 왕위를 찬탈하여 오직 7일

아래로 내던져라." 그들이 그 여자를 아래로 내던
지니, 피가 벽과 말에게까지 튀었다. 예후가 탄
말이 그 여자의 주검을 밟고 지나갔다. 34 예후
가 궁으로 들어가서, 먹고 마시다가 말하였다.
"이제 저 저주받은 여자를 찾아다가 장사를 지내
주어라. 그래도 그 여자는 왕의 딸이었다."
35 그들이 그 여자를 장사지내 주려고 찾아 나섰
으나, 그 여자의 해골과 손발밖에는 아무것도 발
견할 수가 없었다. 36 그들이 돌아와서 그에게
그렇게 보고하니, 그가 말하였다. "주님께서, 주
님의 종 디셉 사람 엘리야를 시켜서 말씀하신 대로,
이루어졌다. 주님께서 말씀하시기를 '이스르엘의
밭에서 개들이 이세벨의 주검을 뜯어 먹을 것이며,
37 이세벨의 주검은 이스르엘에 있는 밭의 거름
처럼 될 것이므로, 이것을 보고 이세벨이라고
부를 사람은 아무도 없을 것이다' 하셨는데, 그대로
되었다."

아합의 자손이 살해되다

10 1 아합의 아들 일흔 명이 사마리아에
살고 있었다. 예후가 편지를 써서 사본을
만들어, 사마리아에 있는 ㄱ)이스르엘의 관리들과
원로들과 아합의 ㄴ)아들들을 보호하고 있는 사람
들에게 보냈다. 2 "너희는 너희가 섬기는 상전의
아들들을 데리고 있다. 병거와 말과 요새화된 성
읍과 무기도 가지고 있다. 이제 이 편지가 너희에게
가거든, 3 너희는 너희 상전의 아들들 가운데서
가장 훌륭하고 적합한 인물을 찾아서 그의 아버지
의 왕좌에 앉히고, 너희는 너희가 섬기는 상전의
가문을 편들어서 싸우도록 하여라."

4 이에 사마리아의 지도급 인사들은 두려워
하며 말하였다. "저 두 왕도 그를 당하지 못하였
는데, 우리가 무슨 수로 그와 맞설 수 있겠소?"
5 그리하여 왕가를 지키는 사람들과 성읍을 다스
리는 사람들과 장로들과 왕자들을 보호하는 사람
들이, 예후에게 다음과 같은 전갈을 보냈다. "우
리는 장군의 신하입니다. 장군께서 우리에게 말
하는 것은, 무엇이든지 모두 그대로 하겠습니다.
우리는 어떠한 왕도 세우지 않겠습니다. 장군께서
보시기에 좋은 대로 하십시오."

6 예후가 그들에게 다음과 같이 두 번째 편
지를 써서 보냈다. "너희가 내 편이 되어 내 명령을
따르겠다면, 너희 군주의 아들들의 목을 베어서,
내일 이맘때까지, 이스르엘에 있는 나에게로 가져
오너라."

그 때에 왕자들 일흔 명은 그들을 키워 준 그
성읍의 지도자들과 함께 있었다. 7 편지가 성읍
의 지도자들에게 전달되자, 그들은 그 왕자들을
잡아서 일흔 명을 모두 죽인 다음에, 그들의 머리
를 광주리에 담아서, 이스르엘에 있는 예후에게
보냈다.

ㄱ) 칠십인역과 불가타에는 '성읍의' ㄴ) 칠십인역 히브리어 본문에는 '아들들'이 없음

동안 다스린 왕이다. 마치 이세벨의 이름이 잘못된 행동을 하도록 다른 사람들을 부추기는 여인들을 가리키는 대명사로 쓰였던 것처럼 (계 2:20), 시므리의 이름은 주인을 살해한 종들을 대표하는 이름으로 사용되었다. **9:33-37** *왕의 딸*로서 이세벨은 왕실법도에 맞는 장례절차를 받아야만 했다. 그렇지만, 시신을 운구하려던 사람들은 훼손된 몸의 부분들만 발견하였다. 그녀의 죽음은 엘리야의 예언이 성취된 것이었다 (왕상 21:19-24).

10:1-36 10장에서 아합 가문에 대한 엘리야의 예언은 계속 성취되고 있다: 아합의 자손들이 몰살된다 (1-11절); 하아시야의 친족들이 살해당한다 (12-14절); 예후가 여호나답을 만나다 (15-17절); 바알 숭배자들이 추방되고 바알 신전은 파괴된다 (18-28절); 예후의 왕권아래 이스라엘이 쇠퇴하기 시작한다 (29-36절).

10:1-11 10:1-2 *아합의 아들 일흔 명.* 이 숫자는 아합의 아들들과 손자들을 합한 숫자이거나, 왕실에 속한 모든 사람들의 숫자일 수도 있다 (창 46:27; 삿 8:30; 9:2; 12:14). 왕권을 물려받을 가능성이 있는 모든 자손들을 죽이는 것은 그 당시 고대 근동의 관습이었다 (왕상 15:29; 16:11). 예후는 자신이 왕권을 확립하기 위해서 왕실에 속한 모든 구성원을 죽일 수밖에 없었다. 예후는 첫 번째 편지를 통해서 백성들이 자신의 왕권을 인정하고 있는지 그들의 충성심을 확인해 본다. *이스르엘의 관리*들은 왕을 섬기는 군대장관들을 가리키는 듯하다. *원로들.* 백성을 대표하는 자들이었다. *아들들을 보호하고 있는 사람들.* 왕실 가족을 교육하도록 임명받은 가정교사들이었다. **10:3** *너희가 섬기는 상전의 가문을 편들어 싸우도록 하여라.* 예후는 직업군인들이 자신을 섬길 것인지, 아니면 아합 왕실을 옹호할 것인지 결정하도록 촉구하고 있다. **10:5-6** *왕가를 지키는 사람들.* 왕궁 업무를 담당하던 사람들이었다 (왕상 4:6). 예후가 관리들의 충성심을 확신하며, 그들에게 두 번째 편지를 보냈다. *너희 군주의 아들들의 목.* 이 표현은 히브리 단어 로쉬(rosh, "두목" 혹은 "우두머리"이다. 개역개정은 이것을 "주의 아들된 사람들"이라고 번역했고, 공동번역은 "왕가의 사람들"이라고 번역했음)가 갖는 두 가지 의미를 교묘하게 이용하고 있다. 히브리 성경은 "우두머리를 죽여라" 혹은 "그

8 전령이 와서 예후에게, 그들이 왕자들의 머리를 가져 왔다고 알리니, 예후가 말하였다. "그 머리들을 두 무더기로 나누어, 아침까지 성읍 어귀에 두어라." 9 아침이 되었을 때에, 예후는 나가서 모든 백성에게 말하였다. "나는 내 옛 주인에게 역모를 꾀하여, 그를 죽였습니다. 백성에게는 아무 잘못이 없습니다. 그러나 여기에 있는 이 모든 사람은 누가 죽였습니까? 10 백성 여러분은 아합의 가문을 두고 말씀하신 주님의 말씀이, 그 어느 것 하나도 땅에 떨어지지 않았다는 사실만은 알아야 합니다. 주님께서는 그의 종 엘리야를 시켜 하신 말씀을 모두 이루셨습니다." 11 그런 다음에 예후는, 이스르엘에 남아 있는 아합 가문에 속한 사람을 모두 쳐죽였다. 또 아합 가문의 관리들과 친지들과 제사장들을 하나도 남기지 않고 모두 죽였다.

아하시야 왕의 친족이 살해되다

12 그 다음에 예후가 이스르엘을 떠나 사마리아로 가는 길에 벳에켓하로임에 이르렀다. 13 예후는 거기에서 이미 살해된 유다의 아하시야 왕의 친족들을 만나, 그들이 누구인지를 물었다. 그들이 대답하였다. "우리는 아하시야의 형제들로서, 이세벨 왕후와 왕자들과 왕의 친족들에게 문안을 드리러 내려왔습니다." 14 그러자 예후는 그들을 생포하라고 명령하였다. 부하들은 그들을 생포하여, 벳에켓의 한 구덩이에 넣어 죽였는데, 무려 마흔두 명이나 되는 사람을 한 사람도 살려 두지 않았다.

아합의 나머지 친족이 살해되다

15 예후가 그 곳을 떠나서 가다가, 그를 만나러 오는 레갑의 아들 여호나답을 만났다. 예후가 그에게 안부를 물으며 말하였다. "내가 그대를 진심으로 믿듯이, 그대도 그러하오?" 그러자 여호나답이, 그렇다고 대답하였다. 예후는, 그렇다면 손을 내밀라고 하였다. 그가 손을 내미니, 그를 수레에 올라오게 하였다. 16 그런 다음에 ㄱ)예후가 말하였다. "나와 함께 가서, 주님을 향한 나의 열심이 어느 정도인지를 보도록 하시오." 예후는 여호나답을 자기의 병거에 태워 나란히 앉았다. 17 그리고 그는 사마리아에 이르러서, 거기에 남아 있는 아합의 지지자를 모두 죽였다. 이 모든 것은 주님께서 엘리야에게 말씀하신 대로 이루어진 것이다.

바알 숭배자들이 살해되다

18 예후는 백성을 다 모아 놓고 말하였다. "아합은 바알을 조금밖에 섬기지 않았지만, 이 예후는 그보다 더 열심으로 섬기겠습니다. 19 그러니 이제 바알의 예언자들과 종들과 제사장들을 모두 나에게 불러다 주십시오. 바알에게 성대하게 제사를 드리려고 합니다. 그러므로 한 사람도 빠져서는 안 됩니다. 빠지는 사람은 어느 누구든지 살아남지 못할 것입니다." 예후는 바알의 종들을 진멸하려고 이러한 계책을 꾸민 것이다. 20 예후가 계속하여 말하였다. "바알을 섬길 거룩한 집회를 열도록 하시오." 그러자 집회가 공포되었다. 21 예

ㄱ) 칠십인역과 시리아어역과 타르굼을 따름. 히, '그들은'

들의 머리를 쳐라" 라는 의미가 있다. 두려움으로 인해, 그들은 이 단어를 문자 그대로 이해했다. **10:7** 아합 아들의 죽음이 엘리야의 예언을 성취시킨다 (왕상 21:21). **10:9-11** 예후는 왕자들의 목을 가져온 사람들이 아하스의 자손을 죽였다는 죄의식을 갖도록 만들었고, 이 사건이 엘리야의 예언처럼 하나님의 뜻이었다는 점을 백성에게 확신시켰다. 그래서 그들은 이 사건이 주의 뜻이자 하나님의 도구로 쓰임받는 예후의 뜻으로 이해하였다 (왕상 21:20-24, 29; 왕하 9:7-10 참조).

10:12-14 유다의 왕 아하시야의 친족들은 요람을 문안하기 위해 예루살렘에서 온 자들이었다. *왕후.* 이세벨을 가리킨다. *마흔두 명.* 이것에 관해서는 2:24를 보라.

10:15-17 **10:15** 여호나답은 하나님을 열심히 섬기던 사람으로 레갑 민족의 지도자였으며 (겐 자손과 관계된 민족이다; 삿 1:16; 대상 2:55), 초기 이스라엘 백성의 광야시절의 신앙을 열심히 옹호하던 자였다. 정착생활로 인한 도덕적, 종교적 결과에 대한 대응방식으로, 그들은 금욕적인 삶을 택했다—포도주를 절제하고, 밭을 개간하지 않았으며, 주택이 아닌 장막에서 거주하였다 (렘 35:1-11). **10:16** *열심이 어느 정도인지를 보도록 하시오.* 과도한 신앙심, 광신적 행위를 표현하는 용어이다. 예후는 동맹의 신호로 여호나답에게 손을 내밀고 (겔 17:18), 병거에 그를 나란히 태워 주님의 뜻에 대한 열심을 표현하였다. **10:17** *주님께서 엘리야에게 말씀하신 대로.* 7:16; 10:9-11에 관한 주석을 보라.

10:18-28 **10:18-19** 예후의 불성실함과 잔인

후가 이스라엘 모든 곳에 사람을 보냈으므로, 바
알의 종들이 하나도 빠지지 않고 모두 왔다. 그들이
바알의 신전으로 들어가자, 바알의 신전은 이 끝에
서부터 저 끝까지 가득 찼다. 22 예후가 예복을
관리하는 사람에게 거기 모인 바알의 종들이 입을
예복을 모두 가져 오라고 명령하였다. 그들에게 입
힐 예복을 가져 오니, 23 예후와 레갑의 아들 여
호나답은 바알의 신전으로 들어가서, 바알의 종
들에게 말하였다. "여기 여러분 가운데 주 하나님
을 섬기는 종들이 있지나 않은지 살펴보십시오.
여기에는 다만 바알의 종들만 있어야 합니다."
24 이렇게 하여 그들이 제사와 번제를 드리려고
신전 안으로 들어갔을 때에, 예후는 밖에서 여든
명의 군인을 포진시켜 놓고, 말하였다. "내가 너
희 손에 넘겨 준 사람을 하나라도 놓치는 사람은,
그가 대신 목숨을 잃을 것이다."

25 번제를 드리는 일이 끝나자, 예후는 호위
병들과 시종무관들에게 말하였다. "들어가서 그
들을 쳐라. 하나도 살아 나가지 못하게 하여라."
그러자 호위병들과 시종무관들은 그들을 칼로
쳐서 바깥으로 내던졌다. 그리고는 바알 신전의
지성소에까지 들어가서, 26 바알 신전의 우상들
을 끌어내어 불태웠다. 27 바알의 우상들을
깨뜨렸을 뿐만 아니라, 바알의 신전을 헐어서 변
소로 만들기까지 하였는데, 이것이 오늘까지도
그대로 있다.

28 이렇게 하여 예후는 바알 종교를 이스라
엘로부터 쓸어 내었다. 29 그러나 예후는, 베델
과 단에 세운 금송아지를 섬겨 이스라엘로 하여금
죄를 짓게 한 느밧의 아들 여로보암의 죄로부터,
완전히 돌아서지는 못하였다. 30 주님께서 예후
에게 말씀하셨다. "너는, 내가 보기에 일을 바르게
잘 하여, 내 마음에 들도록 아합의 가문을 잘 처
리하였으니, 네 사 대 자손까지는 이스라엘의 왕
위를 지키게 될 것이다." 31 그러나 예후는, 주
이스라엘의 하나님의 율법을 지키는 일에 마음을
다 기울이지는 못하였고, 이스라엘로 죄를 짓게
한 여로보암의 죄로부터 돌아서지는 못하였다.

예후가 죽다

32 이 때부터 주님께서는 이스라엘을 조금씩
찢어 내기 시작하셨다. 그래서 하사엘이 이스라
엘의 국경 사방에서 공격해 왔다. 33 그는 요단
강 동쪽 지역인, 갓 사람과 르우벤 사람과 므낫세
사람이 있는 길르앗의 모든 땅 곧 아르논 강에 맞
붙어 있는 아로엘에서부터 길르앗과 바산까지 공
격하였다.

함은 왕좌에서 밀려난 왕조를 제거하기 위한 전형적인 행위로 해석될 수 있었다. **10:20-21** *거룩한 집회.* 종교집회를 경축하기 위해 거룩한 날로 선포하는 것이다 (엘 1:14; 2:16). 집회의 장소는 아합이 사마리아에 설립한 바알 신전이었다 (왕상 16:32). **10:22-25** *바알의 신전 [신당].* 히브리어는 불분명하지만 신전의 가장 안쪽 방을 지시하는 것으로 추정된다. **10:26-28** 예후와 그의 군사들은 바알 신전으로 진입하여 바알을 상징하기 위해 세워둔 돌로 된 우상들과 풍요의 여신을 상징하는 나무로 된 *아세라* 상을 파괴하였다. 그러고 나서 그는 제단과 신전을 전소시켰다. 폐허가 된 신전을 임시 화장실로 사용함으로써, 신전으로서 다시는 사용될 수 없도록 훼손시켰다.

특별 주석

주를 향한 예후의 열심은 신명기학파 저자의 칭찬을 받았던 것으로 보인다. 신명기적 성서들은 하나님의 뜻에 대한 이와 같은 열심의 실례들을 내포하고 있다. 이러한 실례들은 특별히 우상이나 배교의 행위로 간주되는 다른 행위들로 인해 유발되었다. 백성을 타락하도록 이끈 예언자들은 거부되고 죽음에 이를 수밖에 없었다 (신 13:1-6). 공동체의 규칙을 따르지 않는 반항적인 자녀들은 결국 돌에 맞아 죽어야 했다 (신 21:18-21). 이와 유사한 하나님에 대한 열심은 레위족의 특징이 되었다 (출 32:25-29). 그러나 예후의 열심은 모든 가능한 정치적 숙적들을 제거하기 위한 열심이었지, 이러한 가혹한 행위에 호소할 수밖에 없었던 지혜로운 지도자의 투지는 아니었다고 이해되어야 한다.

10:29-36 10:29-31 바알숭배를 근절시킨 그의 열심에도 불구하고, 예후는 여로보암이 제작하여 단과 베델에 보관한 *금송아지* (왕상 12:25-33을 보라)를 허용했기 때문에 비난을 받는다. 하나님은 이러한 예후의 열심에 대한 보상으로 *사 대 자손까지* 왕좌를 이어가게 될 것이라고 말씀하신다. 이 왕좌는 이스라엘 역사 가운데 거의 한 세기 동안 지속된 유일한 왕권이다. 그러나 예후는 과도한 살육행위(호 1:4-5를 보라)와 종교적 동기보다 정치적 야욕으로 인하여 그를 왕으로 삼은 의도를 저버리게 되었다. **10:32-33** 영토를 상실한 이스라엘은 예후가 자행한 살육행위에 대한 하나님의 심판으로 이해된다. 성서 기록은 앗시리아의 역사기록과는 달리, 앗시리아의 왕 살만에셀 3세에 대한 예후의 항복을 언급하지 않는다. *하사엘.* 이 왕에 대해서는 왕상 19:15-18; 왕하 8:7-15를 보라. 아람의 왕 하사엘은

34 예후의 나머지 행적과 그가 한 모든 일과,
그가 권세를 누린 일들은 '이스라엘 왕 역대지략'에
모두 기록되었다. 35 예후가 죽으니, 사마리아에
안장하였고, 그의 아들 여호아하스가 그의 뒤를
이어 왕이 되었다. 36 예후는 사마리아에서 스
물여덟 해 동안 이스라엘을 다스렸다.

유다의 아달랴 여왕 (대하 22:10-23:15)

11 1 아하시야의 어머니 아달랴는 아들이
죽는 것을 보자, 왕족을 다 죽이기 시작
하였다. 2 그러나 왕자들이 살해되는 가운데서도,
ㄱ)여호람 왕의 딸이요 아하시야의 누이인 여호세
바가, 아하시야의 아들 요아스를 몰래 빼내어, 유
모와 함께 침실에 숨겼다. 이 때에 사람들이, 아
달랴가 모르도록 그를 숨겼으므로, 그는 죽음을
면할 수 있었다. 3 요아스는 그의 고모 여호세바
와 함께 여섯 해 동안을 주님의 성전에 숨어 지냈
으며, 그 동안 나라는 아달랴가 다스렸다.
4 일곱째 해가 되자, 여호야다 제사장이 사
람을 보내어 가리 사람의 백부장들과 호위병의 백
부장들을 불러왔다. 그리고 그들을 주님의 성전에
있는 왕자에게로 데리고 가서, 그들과 더불어 언
약을 맺고, 또 주님의 성전에서 맹세를 하게 한
뒤에, 그들에게 왕자를 보여 주었다. 5 그리고는
그들에게 이렇게 명령을 내렸다. "이제 여러분이
해야 할 일을 말하겠습니다. 여러분 가운데서 안
식일 당번을 세 반으로 나누어, 삼분의 일은 왕궁을
지키고, 6 다른 삼분의 일은 수르 성문을 지키고,
나머지 삼분의 일은 호위병들의 뒤에 있는 문을
지키십시오. 이와 같이 하여 왕궁을 철저히 지키게
하도록 하십시오. 7 그리고 안식일 비번은 모두
두 반으로 나누어서, 임금님께서 계신 주님의 성
전을 지키도록 하십시오. 8 각자 무기를 들고 임
금님을 호위할 것이며, 누구든지 ㄴ)대열 안으로 들
어오려는 사람은 반드시 죽이고, 임금님께서 나
가고 드실 때에는 반드시 경호하도록 하십시오."
9 백부장들은 여호야다 제사장이 명령한 것을
그대로 다 하였다. 그리고 그들은 안식일 당번인
사람들과 안식일 비번인 사람들을 데리고 여호야다
제사장에게로 왔다. 10 제사장이 백부장들에게
창과 방패를 나누어 주었다. 그것은 다윗 왕의 것으
로서, 주님의 성전 안에 간직되어 있던 것들이다.

ㄱ) 히, '요람'. 히브리 이름 '여호람'과 '요람'은 서로 바꾸어 쓸 수 있음
ㄴ) 또는 '구역'

요르단의 많은 도시를 정복하였으며, 이 성읍들은 여로보암 2세까지 아람의 영토로 예속되어 있었다 (왕하 14:25). **10:34-36** *이스라엘 왕 역대지략.* 북왕국의 역사를 다시 서술하기 위해 신명기학파 저자가 사용한 자료로서, 전해지지는 않는다 (왕상 14:19를 보라). 예후의 통치는 28년간 지속되었으며, 이는 북왕국의 역대 왕들 가운데 최고로 장수한 왕으로 꼽힌다.

11:1-21 11—12장은 엘리사와 관련된 일련의 사건들과 관계가 없으며, 대신 유다의 역사에 초점을 맞추고 있다. 그러나 역사적으로 말해서, 관련된 사건들은 예후를 왕으로 삼은 일의 결과들이었다. 아하시야의 암살로 인해, 아달랴(아합과 이세벨의 딸)는 유다의 왕권을 차지하고 왕족을 멸절시킨 후에 여왕으로서 통치하였다. 11장은 왕권을 찬탈하는 아달랴 (1-3절), 제사장 여호야다에 의해 성사되는 반란 (4-8절), 유다의 새 왕으로 기름부음 받는 요아스 (9-12절), 아달랴의 죽음 (13-16절), 언약의 갱신 (17-18절), 그리고 유다의 새로운 왕으로 등극하는 요아스(19-21절)를 이야기해 주고 있다.

11:1-3 11:1 아하시야가 죽은 이후에 그의 모친 아달랴—야욕이 넘치고 잔인하기 그지없었던 그의 모친 이세벨과 마찬가지로—는 생존해 있던 왕족을 멸절시킨 후에 왕권을 찬탈하였다. 심지어 그녀의 손자들, 곧 왕권을 이양 받게 되었던 자들까지도 모두 죽였다. **11:2-3** *여호세바.* 요람의 딸이자 아하시야의 이복동생이다. 그녀는 아마도 아달랴의 딸이 아니었던 듯하다. 오직 아하시야의 어린 아들인 요아스만이 아달랴의 살육행위에서 벗어날 수 있었다. 아달랴가 유다의 여왕으로서 6년을 통치하는 동안, 요아스의 고모인 여호세바가 그를 성전의 침실에 숨겨주었기 때문에, 그는 목숨을 건질 수 있었다.

11:4-8 11:4 *여호야다.* 여호세바의 남편이며 대제사장이었다 (대하 22:11). 여호야다의 동의로 그녀는 요아스를 성전에 숨겨둘 수 있었다. *가리 사람들 (the Carites).* 왕의 개인경호원으로 고용된 용병들이었다. 가리족은 블레셋 민족과 관계되어 있었다 (왕상 1:38에 관한 주석을 보라; 또한 삼하 8:18; 15:18; 20:7, 23 참조). **11:5** 아달랴를 대항한 폭동은 안식일 성전 호위병들의 근무교대 시간에 일어났다. 이러한 규칙적인 교대시간을 이용한 반란은 군사 이동을 눈치 채지 못하게 할 수 있었다. 경호원들은 세 그룹으로 나뉘어졌으며, 첫 번째 그룹은 왕실을 보호하고 있었다. **11:6-7** 이 두 구절은 서로 일치하지 않는 것 같다. 6절이 7절을 설명하든가, 아니면 6절은 추가본문이다. 6절에 따르면, 두 번째 그룹은 성전에서 왕궁으로 이르는 수르 성문을 지키게 되어 있었다. 세 번째 그룹은 다른 호위병들 뒤에 있는 문을 지키도록 되어 있었다. 이 두 그룹은 왕을 보호하도록 되어 있었다.

11:9-12 11:9-10 여호야다는 군사들에게 다윗에게 속한 *창과 방패* (다윗이 하닷에셀로부터 빼앗은

11 그리하여 호위병들은 각각 손에 무기를 들고,
성전 오른쪽에서부터 왼쪽까지 제단과 성전 주위
를 감시하며, 왕을 호위하였다. 12 그런 다음에
여호야다 제사장이 왕세자를 데리고 나와서, 그에
게 왕관을 씌우고, 왕의 직무를 규정한 규례서를
주고, 기름을 부어 왕으로 삼으니, 백성이 손뼉을
치며 "임금님, 만세!" 하고 외쳤다.
13 아달랴가 호위병들과 백성의 소리를
듣고, 주님의 성전에 모여 있는 백성에게 가서
14 보니, 왕이 대관식 규례에 따라 기둥 곁에 서
있고, 관리들과 나팔수들도 왕을 모시고 서 있고,
나라의 모든 백성이 기뻐하며 나팔을 불고 있었
다. 아달랴가 분을 참지 못하고 옷을 찢으며 "반
역이다! 반역이다!" 하고 외쳤다.
15 그 때에 여호야다 제사장이 군대를 거느린
백부장들에게 명령을 내렸다. "저 여자를 ㄱ)대열
밖으로 끌어내시오. 그리고 저 여자를 따르는 사
람은 누구든지 칼로 쳐죽이시오." 여호야다가, 주
님의 성전에서는 그 여자를 죽이지 말라고 하였으
므로, 16 그들은 그 여자를 끌어내어, 군마가 드
나드는 길을 통해 왕궁으로 들어가, 거기에서 그
여자를 처형하였다.

여호야다의 개혁 (대하 23:16-21)

17 여호야다는, 이스라엘 백성이 주님의 백
성이 되는 언약을, 주님과 왕과 백성 사이에 맺게
하고, 동시에 왕과 백성 사이에도 언약을 맺게 하
였다. 18 그렇게 하고 난 다음에, 그 땅의 온 백
성이 바알의 신전으로 몰려가서, 그 신전을 허물고,
제단을 뒤엎고, 신상들을 완전히 부수어 버렸다.
또 그들은 제단 앞에서 바알의 제사장 맛단을
죽였다.

그리고 여호야다 제사장은 주님의 성전에 경
비병들을 세웠다. 19 그리고 그는 백부장들과
가리 사람들과 호위병들과 그 땅의 모든 백성을
거느리고, 왕을 인도하여 주님의 성전에서 데리
고 나와서, 호위병들이 지키는 문을 지나, 왕궁으
로 행진하여 들어갔다. 왕이 왕좌에 오르자, 20 그
땅의 모든 백성이 기뻐하였다. 아달랴가 왕궁에서
칼에 맞아 살해된 뒤로, 도성은 평온을 되찾았다.
21 요아스가 왕위에 올랐을 때에 그는 일곱
살이었다.

유다 왕 요아스 (대하 24:1-16)

12 1 예후 제 칠년에 요아스가 왕이 되어,
마흔 해 동안을 예루살렘에서 다스렸다.
그의 어머니 시비아는 브엘세바 사람이었다. 2 요
아스는 여호야다 제사장이 가르쳐 준 대로 하였으
므로, 일생 동안 주님께서 보시기에 올바른 일을
하였다. 3 다만 산당을 제거하지 않아서, 백성이
여전히 산당에서 제사를 지내고 향을 피웠다.

ㄱ) 또는 '구역'

금 방패일 것이다; 삼하 8:7)를 나누어주었다. *창.* 이것은 왕권의 상징이었을 것이다 (삼상 26:7). **11:11** 군사들은 제단 둘레로 남쪽에서 북쪽으로 반원형태로 진입하였다. **11:12** 이 구절은 성경 기록 가운데 유다 왕의 임명식을 가장 완전한 형태로 묘사해 주고 있다. 제사장이 왕의 머리에 왕관을 씌워주었다 (시 21:3). 그러고 나서 제사장은 왕에게 *규례서*를 건네주었다. 임명식 가운데 이 부분은 분명하지 않다. 이 규례서는 왕의 임무를 적어놓은 문서를 가리킬 수도 있으며, 하나님이 백성에게 준 두루마리 율법책일 수도 있다 (신 17:18). 다음에, 제사장은 왕의 머리에 기름을 부음으로 안수하였다 (왕상 1:34에 관한 주석을 보라). 마지막으로 백성들은 손뼉을 치며 *"임금님 만세!"* 를 외치며 새로운 왕을 받아들였다 (왕상 1:25, 39; 왕하 9:13).

11:13-16 11:13-14 *나라의 모든 백성.* 자유시민들, 국가의 정치에 상당한 영향력을 행사하던 대토지 소유자들을 가리킨다. **11:15-16** 여호야다는 성전 안에서 피를 흘림으로써 훼손시키고 싶지 않았다. *군마가 드나드는 길.* 아마도 "말 문"(Horse Gate, 렘 31:40; 느 3:28)을 가리키는 듯하다.

11:17-18 11:17 다윗 왕조가 다윗 왕조에 속하지 아니한 외인에 의해 찬탈되었기 때문에, 여호야다는 새 왕과 백성들을 인도하여 언약을 체결함으로써 하나님에 대한 그들의 신앙을 갱신한다. **11:18** 이처럼 갱신된 헌신을 주님에게 보여주기 위해서, 백성들은 바알 신전, 제단, 그리고 신상을 파괴하고 바알 제사장들을 죽인다. 저자는 이러한 살인행위를 하나님에 대한 여호야다의 신실함을 은근히 승인하고 있다. 경비병들을 세워 잘못된 예배를 드리지 못하게 한다.

11:19-20 11:19 이 이야기는 요아스가 기름부음을 받는 사건을 계속 설명하고 있다. *주의 성전에서 데리고 나와서.* 성전이 높은 곳에 위치하고 있었기 때문에, 백성들은 왕궁으로 가기 위해 언덕길을 내려와야 했다. **11:20** 이 본문은 *그 땅의 모든 백성과 도성*을 구별하고 있다. 한 무리의 사람들은 환호하고 있지만, 다른 무리의 사람들은 잠잠했다. 첫 번째 무리는 민족의 전통과 다윗 왕조에 신실한 자들이었다. 두 번째 무리는 예루살렘 거주민들이며, 정부를 위해 일하는 공무원을 비롯한 모든 사람들로 아달랴에 대한 동정심을 갖고 있었던 듯하다.

4 요아스가 제사장들에게 말하였다. "주님의
성전에 들어오는 모든 헌금, 곧 일반 헌금과 의무
적으로 부과된 헌금과 자원하여 주님의 성전에 가
져 오는 헌금을 모두, 5 제사장들이 각 담당 회
계로부터 받아서, 성전에 수리할 곳이 발견되는
대로 그 수리할 곳을 모두 고치도록 하십시오."
6 그러나 요아스가 왕이 된 지 스물세 해가
지나도록, 제사장들은 그 성전의 수리할 곳을 고
치지 않았다. 7 요아스 왕이 여호야다 제사장과
다른 제사장들을 모두 불러서, 그들에게 말하였
다. "어찌하여 아직 성전의 수리할 곳을 고치지
않고 있습니까? 이제는 더 이상 담당 회계로부터
돈을 받아 두지 말고, 성전을 수리하는 데 쓰도록
직접 넘기게 하십시오." 8 제사장들은 이 일에
동의하여, 제사장들이 백성으로부터 돈을 받거나
성전을 직접 수리하거나 하는 일을 하지 않기로
하였다.
9 제사장 여호야다는 궤를 하나 가져다가,
그 뚜껑에 구멍을 뚫어 주님의 성전으로 들여와
서, 오른쪽 곧 제단 곁에 그것을 놓았다. 그래서
문을 지키는 제사장들이, 주님의 성전으로 가져
오는 모든 헌금을 그 궤에 넣게 하였다. 10 그
궤가 헌금으로 가득 찰 때마다, 왕실 서기관과 대
제사장이 와서 주님의 성전에 헌납된 헌금을 쏟아
내어 계산하였다. 11 계산이 끝나면, 그 헌금은
주님의 성전 공사를 맡은 감독관들에게 전달되었
고, 그것은 다시 주님의 성전을 수리하는 목수들
과 건축자들에게 지불되었고, 12 또 미장이와
석수에게도 지불되었으며, 주님의 성전을 수리하는
데 드는 나무와 돌을 사는 데와, 그 밖에 성전을
수리하는 데 필요한 경비로 쓰였다. 13 주님의
성전에 헌납된 그 헌금은 주님의 성전에서 쓸 은
대접들과 부집게와 대접들과 나팔 등의 금그릇이
나 은그릇을 만드는 데 쓰이지는 않았다. 14 그
헌금은 오직 일꾼들에게 주어, 그것으로 주님의 성
전을 수리하는 데만 사용하였다. 15 또 돈을 받
아 일꾼들에게 주는 감독관들에 대한 회계 감사를
하지 않았는데, 그것은 그들이 성실하게 일하고
있었기 때문이다. 16 그리고 속건제와 속죄제에
바친 돈은, 주님의 성전의 수입으로 계산하지 않
았다. 그것은 제사장들의 몫이었기 때문이다.
17 그 무렵에 시리아 왕 하사엘이 가드를 공
격하여 함락시켰다. 그런 다음에 하사엘은 또 예루
살렘도 치려고 하였기 때문에, 18 유다 왕 요아
스는, 앞서 유다를 다스린 여호사밧과 여호람과
아하시야가 주님께 바친 모든 물건과, 또 자신이

12:1-21 12장은 이전 장의 이야기의 연속이며, 요아스 통치 소개 (1-3절); 성전보수 (4-16절); 아람에게 조공 바침 (17-18절), 요아스의 죽음에 대한 설명 (19-21절)으로 구성되어 있다.

12:1-3 12:1 연대순위에 관한 정보와 가족사항에 대한 정보는 유다 왕들의 통치의 시작을 소개하기 위해 사용된 표준양식들이다. *마흔 해.* 아마도 한 세대를 가리키는 것 같다. **12:2-3** 요아스는 *주님께서 보시기에 올바른 일*을 하도록 명령하였다. 저자는 신실한 왕이 되도록 교육시킨 제사장 여호야다를 높이 평가하고 있다. 여호야다는 이 왕권의 정치적 종교적 영역에 영향력을 행사하고 왕의 개인 가정교사로 역할을 하였으며, 이스라엘의 종교 전통 안에서 왕을 교육하였다. 요아스에 대한 저자의 유일한 비난은 그가 *산당에서의 제사*를 허용하였다는 것이다 (왕상 3:2).

12:4-16 12:4-5 요아스의 주요 업적 가운데 하나는 아달랴 왕권이 소홀하게 방치해 두었던 솔로몬의 성전을 재건한 일이었다. 헌금은 제사장에게 세 가지 방법으로 전달되었는데, 성전을 수리하는데 사용되었다. (1) 서약예물로 성전에 봉헌되는 *헌금* (레 27장); (2) 20세 이상 된 모든 이스라엘 성인들에게 부과된 반 세겔의 인두세 (출 30:11-16); (3) 개인이 자원하여 내는 헌금(레 22:18-23; 신 16:10). 이러한 헌금의 총액은 성전 수리가 절대적으로 필요하다는 것을 의미하고 있다. **12:6** 이상의 헌금들이 걷히고 있었지만, 성전은 수리되지 않고 있다. **12:7-8** *요아스 왕이 여호야다 제사장과 다른 제사장들을 모두 불러서.* 이러한 왕의 행동은 제사장들이 왕의 권력 아래 종속되어 있다는 점을 시사해주고 있으며, 성전 역시 왕실 채플로 사용되고 있음을 말해주고 있다 (암 7:13). 자신들의 임무를 제대로 수행하지 못하는 제사장들로 인해, 왕은 그들에게 더 이상 헌금을 모금하지 않도록 했으며, 성전 수리에 대한 책임을 경감해 주고, 기술자들에게 성전수리를 의뢰하도록 하였다. **12:9** 헌금은 제사장에게 전달되어 제단 근처에 있는 궤에 저장되었다. **12:11** 동전이 없었기 때문에, 헌물은 대부분이 값비싼 금속이었다. 그 금속물은 무게를 달아 녹여서 성전을 수리하는 기술공들의 삯으로 지불되었다. **12:12-14** 그 어떤 헌금도 성전에서 사용되는 용기로 대체되지 않았다. 이는 아마도 제사장들이 성전 기물로 사용되도록 분류된 헌금을 잘못 이용하였기 때문일 것이다. **12:15** *그것은 그들이 성실하게 일하고 있었기 때문이다.* 성전수리를 책임지고 있는 기술공들의 정직함은 그들의 지출에 대한 감사를 필요 없게 했다. 이 진술은 제사장들의 잘못된 행정절차에 대한 비난을 내포하고 있는 것 같다 (7절을 보라). **12:16** 성전수리에 사용되지 않는 유일한 헌금 (4절을 보라)은 속죄제물(레 4장)과 속건제물이었다 (레 5장). 이 두 제물은 오로지 주님께 바쳐지는 것들이었다.

12:17-18 저자는 하사엘이 유다를 침략하는 것을

주님께 바친 것들을 비롯하여, 주님의 성전과 왕
실 창고에 있는 모든 금을, 시리아 왕 하사엘에게
보냈다. 그러자 하사엘은 예루살렘을 치지 않고
물러갔다.
19 요아스의 나머지 행적과 그가 한 모든 일은
'유다 왕 역대지략'에 기록되어 있다.
20 요아스의 신하들이 역모를 꾸며, 실라로
내려가는 길에 있는 밀로의 궁에서 요아스를 살해
하였다. 21 그를 살해한 신하는 시므앗의 아들
요사갈과 소멜의 아들 여호사바드였다. 그가 죽으
니, 그의 조상들과 함께 '다윗 성'에 장사하였다.
그의 아들 아마샤가 그의 뒤를 이어 왕이 되었다.

이스라엘 왕 여호아하스

13 1 유다 왕 아하시야의 아들 요아스 왕 제
이십삼년에 예후의 아들 여호아하스가
이스라엘을 다스리는 왕이 되어, 사마리아에서
열일곱 해 동안 다스렸다. 2 그러나 그는 주님
보시기에 악한 행동을 하였고, 이스라엘로 죄를
짓게 한 느밧의 아들 여로보암의 죄를 따라가, 그
길에서 돌아서지 않았다. 3 그리하여 주님께서는
이스라엘에게 진노하셔서, 시리아의 하사엘 왕의
손에 그들을 넘기시고, 계속해서 하사엘의 아들
벤하닷의 손에 넘기셨다. 4 그러나 여호아하스
가 주님께 간절히 용서를 구하니, 주님께서 그의
간구를 들어주셨다. 이스라엘이 시리아 왕의 억
압으로 고난을 받고 있음을 보셨기 때문이다.
5 그래서 주님께서는 이스라엘에 구원자를 보내
어, 시리아의 손에서부터 벗어나게 하셨고, 이스
라엘 자손은 예전처럼 그들의 장막에서 편안하게
살았다. 6 그럼에도 이스라엘 자손은, 이스라엘로
죄를 짓게 한 여로보암 가문의 죄로부터 돌아서지
않고, 여전히 그 길을 그대로 걸으며, 사마리아에는
아세라 목상까지도 그냥 세워 두었다.
7 시리아 왕이 여호아하스의 군대를 공격하여
타작 마당의 먼지같이 만들었기 때문에, 여호아
하스에게는 겨우 기마병 오십 명과 병거 열 대와
보병 만 명만이 남았다.
8 여호아하스의 나머지 행적과 그가 한 모든
일과, 그가 누린 권세는 '이스라엘 왕 역대지략'에
기록되어 있다. 9 여호아하스가 죽으니, 사마리
아에 안장하였고, 그의 아들 여호아스가 그의 뒤를
이어 왕이 되었다.

다루고 있는데, 이는 단순히 아람의 군사공격을 시사해 주고 있다 (17절; 대하 24:24 참조). 북왕국을 이미 수중에 넣었던 (13:3, 7) 하사엘은 블레셋의 다섯 성곽도시 가운데 하나인 가드(수 13:3)를 정복하였다. 가드를 정복한 이후, 하사엘은 예루살렘을 위협하기 시작했다 (18절). 그러나 요아스 왕은 성전과 왕실 금고의 금궤를 하사엘에게 받침으로 침공을 피할 수 있었다 (왕상 7:51; 15:18; 왕하 16:8; 18:15).

12:19-21 12:19 *요아스.* "여호아스"의 줄임말이다. 두 이름은 모두 이 장에서 상호변경 가능한 이름으로 사용된다. *유다 왕 역대지략.* 이 책에 대해서는 왕상 14:29를 보라. **12:20-21** 요아스 암살에 대한 어떤 이유도 제시되지 않고 있다 (대하 24:20-22, 25를 보라). *밀로의 궁.* 이것에 관해서는 왕상 9:15를 보라. 요아스가 암살된 곳이 어디인지 불분명하다. *실라.* 이 지역의 위치 역시 불분명하다.

13:1-25 13장은 엘리사 생애의 마지막 부분 (14-21절), 북왕국과 예후의 아들인 여호아하스를 비롯한 예후 왕가의 역대 왕들의 역사 (1-9절), 유다의 왕 요아스의 생애 (10-13절), 그리고 아람을 패배시킨 이스라엘 이야기를 설명함으로써 (22-25절), 엘리사와 관련된 일련의 사건들에 대하여 결말짓는다.

13:1-9 13:1-2 열왕기 저자는 북왕국 역사로 전환하여, 예후의 아들인 *여호아하스의* 이야기를 전한다. *요아스는* "여호아스"를 줄인 이름이며, 그는 유다의 왕이었다 (12:1). 여호아하스가 여로보암이 만든 금송아지(왕상 12:26, 30)와 아세라 상(6절)을 보존하고 있었기 때문에 (왕상 14:23을 보라), 신명기 학파 저자는 여호아하스가 *주님 보시기에 악한 행동을 하였다고* 분명히 밝히고 있다. **13:4-5** *여호아하스가 주께 간절히 용서를 구하니.* 히브리 성경은 여호아하스의 하나님에 대한 전적인 신뢰를 시사해 주고 있다. 이러한 이유로, 주님은 이스라엘에게 구원자를 보냈다 (5절). 이 구원자의 정체는 여전히 논쟁의 여지가 있다. 아마도 여로보암 2세일 수 있겠으나 (14:27을 보라), 앗시리아 역사기록에 등장하는 다마스쿠스를 향해 진군한 아닷니라리 3세(Adad-nirari III)를 의미할 수도 있을 것이다. 아람 사람들은 앗시리아에 저항하려고 시도하였지만 패배하고 말았다. 결과적으로 앗시리아 왕에게 엄청난 조공을 바치게 되었다. 앗시리아의 간접적인 도움으로 인해 이스라엘은 아람 사람들의 억압에서 자유하게 되었고, *이스라엘 자손은 예전처럼 그들의 장막에서 편안하게 살았다.* **13:7** 언제 여호아하스가 하나님께 도움을 요청했는지 알려지지 않으나, 앗시리아의 간섭이 왕의 통치기간에 발생하게 되었다. 하사엘의 억압에 직면한 이스라엘은 굴욕적인 군사력 감소 조치를 받게 되어, 기마병 오십 명과 병거 열대와 보병 만 명만 보유할 수 있게 되었다. 그의 아버지인 아합은 한때 병거 이천을 보유하고 있었다. **13:8** 14:15를 보라.

13:10-13 10-11절은 여호아하스의 통치를 요

이스라엘 왕 여호아스

10 유다의 요아스 왕 제 삼십칠년에 여호아
하스의 아들 여호아스가 이스라엘의 왕이 되어,
사마리아에서 열여섯 해 동안 다스렸다. 11 그는,
주님께서 보시기에 악을 행하였고, 이스라엘로
죄를 짓게 한 느밧의 아들 여로보암의 모든 죄로
부터 돌아서지 않고, 그 길을 그대로 걸었다.
12 여호아스의 나머지 행적과 그가 한 모든 일,
또 그가 유다 왕 아마샤와 싸운 용맹은, '이스라엘
왕 역대지략'에 기록되어 있다. 13 여호아스가
죽으니, 이스라엘의 역대 왕들과 함께 사마리아에
안장하였고, 여로보암이 그의 뒤를 이어 왕좌에
올랐다.

엘리사가 죽다

14 엘리사가 죽을 병이 들자, 이스라엘 왕 여
호아스가 그에게로 내려왔다. 그리고 그 앞에서
눈물을 흘리며 말하였다. "나의 아버지, 나의 아
버지, 이스라엘의 병거와 마병이시여!"
15 엘리사가 그에게 말하였다. "활과 화살을
가져 오십시오." 그가 활과 화살을 가져 오자,
16 엘리사가 이스라엘 왕에게 말하였다. "활을 잡
으십시오." 그가 활을 잡으니, 엘리사가 그의 손
위에 자기의 손을 얹었다. 17 엘리사가 말하였다.
"동쪽 창문을 여십시오." 왕이 창문을 열자, 엘리사
가 말하였다. "쏘십시오." 그가 활을 쏘자, 엘리사
가 말하였다. "주님의 승리의 화살입니다. 시리아
를 이길 승리의 화살입니다. 임금님께서는 아벡에
서 시리아를 쳐서, 완전히 진멸하실 것입니다."
18 엘리사가 또 말하였다. "화살을 집으십시
오." 왕이 화살을 집자, 엘리사가 이스라엘 왕에게
말하였다. "땅을 치십시오." 왕이 세 번을 치고는
그만두었다. 19 하나님의 사람이 그에게 화를
내며 말하였다. "임금님께서 대여섯 번 치셨으면
시리아 군을 진멸할 때까지 쳐부술 수 있었을 터
인데, 고작 세 번입니까? 이제 임금님께서는 겨우
세 번만 시리아를 칠 수 있을 것입니다."
20 그런 다음에 엘리사가 죽으니, 거기에 장
사하였다.
그 뒤에 모압의 도적 떼가 해마다 이스라엘
땅을 침범하였다. 21 한 번은 장사지내는 사람
들이 어떤 사람의 주검을 묻고 있다가, 이 도적 떼
를 보게 되었다. 그러자 그들은 놀라서 그 주검을
엘리사의 무덤에 내던지고 달아났는데, 그 때에
그 사람의 뼈가 엘리사의 뼈에 닿자, 그 사람이 살
아나서 제 발로 일어섰다.

이스라엘과 시리아의 전쟁

22 시리아의 하사엘 왕은 여호아하스가 다스
리는 동안에 줄곧 이스라엘을 억압하였다.
23 그러나 주님께서 이스라엘에게 은혜를 베푸
셔서, 그들을 불쌍히 여기시고, 그들을 굽어살피
셨다. 이는 아브라함과 이삭과 야곱과 맺으신 언
약 때문이었다. 그래서 그들을 멸망시키지 않으
시고, 이제까지 주님 앞에서 쫓아내지 않으셨다.

약해 주고 있다. 유다왕의 연대기, 그의 통치기간, 그리고 여로보암의 종교개혁의 관점에서 평가되는 왕권. 유다의 왕 아마샤와 요아스와의 전쟁은 후에 언급된다 (14:8-16). 12-13절은 14:15-16에서 반복된다.

13:14-21 13:14 요아스의 통치기간 동안 60년 이상을 예언자로 사역한 엘리사는 죽을 병에 걸리게 되었다. *내려왔다.* 왕은 엘리사의 집을 방문하는데, 이 집은 예언자 공동체들 가운데 한 곳인 듯하다. 도착 후 요아스는 울부짖으며 엘리사가 엘리야의 승천시 (2:12) 사용했던 존경의 말투대로 말한다: *나의 아버지, 나의 아버지, 이스라엘의 병거와 마병이시여!* **13:15** 엘리사는 아람에 대한 승리를 상징적으로 예언함으로써 요아스를 위안한다. **13:16-17** 왕은 다마스쿠스가 있는 동편을 향해 활을 쏜다. 엘리사는 왕의 손에 자기의 손을 얹으며 하나님께서 그와 함께 계실 것이라고 분명히 말해준다. *주님의 승리의 화살.* 이 예언적 행동은 그 사건을 미리 예시하고 있으며 그것이 실현될 것임을 말해준다. 화살은 아람에 대한 이스라엘의 승리를 의미한다. *아벡.* 이 곳은 아합이 아람 군대를 격퇴시킨 도시였다 (왕상 20:26-30). **13:18-19** 요아스의 승리는, 화살통에 있는 화살을 모두 사용하지 않았기 때문에, 부분적인 승리였을 뿐이었다. 엘리사에게는 이 일이 완전한 승리를 주시는 하나님에 대한 왕의 불신으로 비춰졌다. **13:20** 엘리사가 묻힌 곳은 알려지지 않았다. **13:21** 엘리사의 많은 기적들 가운데 마지막 것은 하나님의 능력이 죽음 이후에도 예언자와 함께 한다는 것을 증명해 준다.

13:22-25 13:22-23 이스라엘을 향한 아람 사람들의 맹렬한 공격에도 불구하고, 이스라엘의 조상들과 맺은 하나님의 언약은 굳건히 지켜졌다. 조상들과의 언약은 열왕기상에서 오직 다른 한 곳, 곧 이스라엘의 국가 존폐위기의 때에 언급되고 있다 (왕상

24 시리아의 하사엘 왕이 죽고, 그의 아들 벤
하닷이 그의 뒤를 이어 왕이 되었다. 25 이 때에
여호아하스의 아들 여호아스가 하사엘의 아들 벤
하닷의 손에서 성읍들을 도로 되찾았다. 이 성읍
들은 부왕 여호아하스가 전쟁으로 빼앗겼던 것이
다. 여호아스는 세 번이나 벤하닷을 쳐서, 이스라
엘의 성읍들을 도로 되찾았다.

유다 왕 아마샤 (대하 25:1-24)

14 1 이스라엘 왕 여호아하스의 아들 여호
아스 제 이년에 유다 왕 요아스의 아들 아
마샤가 유다 왕이 되었다. 2 그는 스물다섯 살에
왕위에 올라, 예루살렘에서 스물아홉 해 동안 다
스렸다. 그의 어머니 여호앗단은 예루살렘 태생
이다. 3 아마샤는 주님께서 보시기에 올바른 일을
하기는 하였으나, 그의 조상 다윗만큼은 하지
못하였고, 아버지 요아스가 한 것만큼 하였다.
4 그리하여 산당은 제거되지 않은 채로, 백성은
여전히 산당에서 제사를 드리며 분향을 하고 있었
다. 5 왕권을 확고하게 장악한 다음에, 아마샤는
부왕을 살해한 신하들을 처형하였다. 6 그러나
그는 처형한 신하의 자녀는 죽이지 않았다. 그것은
모세의 율법서에 기록된 말씀을 따른 것이다.
거기에는 "아버지가 자녀 대신에 처형되어서도
안 되고, 또 자녀가 아버지 대신에 처형되어서도
안 된다. 오직 각 사람은 자신이 지은 죄에 따라
처형되어야 한다" 하고 말씀하신 주님의 명령이
있다.

7 아마샤는 '소금 계곡'에서 에돔 사람 만 명
을 쳐죽이고, 또 셀라를 쳐서 점령한 다음에, 그
이름을 욕드엘이라고 하였는데, 오늘까지 그렇게
불리고 있다.

8 그 때에 아마샤가, 예후의 손자요 여호아
하스의 아들인 이스라엘의 여호아스 왕에게 전령을
보내어, 서로 직접 만나 힘을 겨루어 보자고 제안
하였다. 9 이스라엘의 여호아스 왕은, 유다의 아
마샤 왕에게 사람을 보내어, 이렇게 회답하였다.
"레바논의 가시나무가 레바논의 백향목에게 전갈을
보내어 백향목의 딸을 며느리로 달라고 청혼하는
것을 보고, 레바논의 들짐승이 지나가다 그 가시
나무를 짓밟은 일이 있다. 10 네가 에돔을 쳐서
이기더니, 너무 오만해진 것 같다. 차라리 왕궁에나
머물면서, 네가 누리는 영화를 만족하게 여겨라.
어찌하여 너는, 너 자신과 유다를 함께 멸망시킬
화근을, 스스로 불러들이느냐?"

11 그러나 아마샤가 끝내 듣지 않자, 이스라
엘의 여호아스 왕이 올라와서, 유다 왕 아마샤를
맞아, 유다의 영토인 벳세메스에서 대치하였다.
12 그러나 유다 군대는 이스라엘 군대에게 패하여,
뿔뿔이 흩어져 각자 자기의 집으로 도망하였다.
13 이스라엘의 여호아스 왕은 벳세메스에서

18:36). **13:24-25** 요아스는 아람 군대를 격파하고 요단 강 서편에 있는 도시들을 수복한다. 이로써 엘리사의 예언은 성취된다.

14:1-29 14장은 이스라엘과 유다의 역사를 계속해서 진술하고 있으며, 기원전 722년 사마리아의 함락에서 절정을 이룬다 (14:1—17:41). 이스라엘의 왕 여로보암 2세와 유다의 왕 웃시야 통치아래 찾아온 평화와 번영은 기원전 745년 앗시리아의 새로운 왕 디글랏빌레셀 3세(Tiglah-pileser III)의 출현을 수반하였다. 곧 그의 야망은 팔레스타인으로 진출하는 것으로 나타났다. 국제적 정황 속에 등장한 그의 출현은 이스라엘에 무정부상태를 야기했으며, 북왕국의 정치적 안정을 회복시킬 수 없는 무능력한 왕의 승계로 이어졌다. 14장은 유다의 새로운 왕 아마샤(1-6절)와 에돔과 이스라엘에 대한 전쟁(7절)을 소개하고 있으며; 요아스의 죽음(15-16절); 아마샤의 죽음을 전하고 있다 (17-20절). 또한 유다의 왕 아사랴(21-22절)와 이스라엘의 왕 여로보암 2세(23-29절)를 소개하고 있다.

14:1-6 14:1-2 아마샤는 29년 동안 통치한 것으로 인정하지만, 한동안은 그의 아버지와의 섭정정치의 형태를 취하였다. **14:3-4** 저자는 아마샤를 비난하는데, 그 이유는 그가 산당의 제사관습을 그대로 유지하고 있었기 때문이다: 3절에서 그는 이상적인 왕으로 간주되는 다윗(삼상 13:14)과 비교된다. **14:5-6** 아마샤는 잠재적인 적대세력을 숙청함으로써 그의 왕권을 강화시킨다. 즉 그의 아버지를 살해한 자를 죽인다. 아마샤는 살인자의 자녀를 살려둠으로써 신 24:16의 (또한 렘 31:29-30; 겔 18:1-32를 보라) 명령을 따른다. 이는 고대 세계에서는 상상할 수 없었던 온유정책으로, 그 때는 보복살해가 일반적인 현상이었다.

14:7 에돔과 아마샤 사이의 전쟁에 대한 세부정보는 대하 25:5-16을 보라.

14:8-14 14:8 *서로 직접 만나.* 이 표현을 사용함으로써, 아마샤는 요아스에게 선전포고를 한다. 대하 25:5-13은 이 전쟁의 원인을 설명해 주고 있는 듯하다. **14:9** 요아스는 가시나무와 백향목 우화(유사한 우화가 삿 9:7-15에 있다)를 들려주어 유다의 왕을 설득하려고 한다. **14:10** *네가 누리는 영화를 만족하게 여기라.* 요아스는 아마샤에게 왕궁에 머물러 있으면서 승리를 축하하라고 충고하며, 자신과 백성에게 수치스러운 패배를 가져다주지 말 것을 권고한다.

14:12-13 아마샤의 완고함은 결국 포로가 된 채

아하시야의 손자요 요아스의 아들인 유다의 아마샤
왕을 사로잡아서, 예루살렘으로 들어왔다. 그는
예루살렘 성벽을 에브라임 문에서부터 성 모퉁이
문에 이르기까지, 사백 자를 허물어 버렸다. 14 그
는 또 주님의 성전과 왕궁의 보물 창고에 있는 금
과 은과 모든 그릇을 약탈하고, 사람까지 볼모로
잡아서, 사마리아로 돌아갔다.

15 여호아스의 나머지 행적과 그가 누린 권
세와, 그가 유다의 아마샤 왕과 싸운 일에 관한
것은 '이스라엘 왕 역대지략'에 기록되어 있다.
16 여호아스가 죽으니, 사마리아에 있는 이스라
엘 왕들의 묘실에 안장하였고, 그의 아들 여로보암
이 그의 뒤를 이어 왕이 되었다.

유다 왕 아마샤가 죽다 (대하 25:25-28)

17 유다의 요아스 왕의 아들 아마샤는, 이스
라엘의 여호아하스 왕의 아들 여호아스가 죽은 뒤
에도 열다섯 해를 더 살았다. 18 아마샤의 나머
지 행적은 '유다 왕 역대지략'에 기록되어 있다.

19 예루살렘에서 반란이 일어나자, 아마샤
는 라기스로 도망하였다. 그러나 반란을 일으킨
사람들은 라기스에까지 사람을 보내어, 거기에서
그를 죽였고, 20 그의 주검을 말에 싣고 와서, 예
루살렘 안의 '다윗 성'에 그의 조상과 함께 장사지
냈다. 21 유다의 온 백성은 아사랴를 왕으로 삼
아 그의 아버지 아마샤의 뒤를 잇게 하였다. 그가
왕이 되었을 때에, 그의 나이는 열여섯이었다.
22 아마샤 왕이 죽은 뒤에, 아사랴는 엘랏을 재건
하여 유다에 귀속시켰다.

이스라엘 왕 여로보암 이세

23 유다의 요아스 왕의 아들 아마샤 제 십오
년에, 이스라엘의 여호아스 왕의 아들 여로보암이
왕이 되어, 사마리아에서 마흔한 해 동안 다스렸
다. 24 그는 주님께서 보시기에 악을 행하고, 이
스라엘로 죄를 짓게 한 느밧의 아들 여로보암의 죄
에서 떠나지 아니하고, 그것을 그대로 본받았다.
25 그러나 그는 이스라엘의 국경을 ㄱ)하맛 어귀로
부터 ㄴ)아라바 바다까지 회복하였다. 이것은 주 이스
라엘의 하나님께서 그의 종인 가드헤벨 사람 아밋
대의 아들 요나 예언자에게 말씀하신 그대로였다.

26 주님께서는 이스라엘의 고난이 너무 심하
여, 매인 사람이나 자유로운 사람이나 할 것 없이
한 사람도 남아 있지 않아, 이스라엘을 돕는 사람
이라고는 아무도 없는 것을 보셨다. 27 주님께
서는 이스라엘의 이름을 하늘 아래에서 지워 없애
겠다고 말씀하시지 않았기 때문에, 여호아스의 아
들 여로보암을 시켜서 그들을 구원하신 것이다.

ㄱ) 또는 '하맛 어귀' 또는 '르보 하맛' ㄴ) 사해를 일컬음

예루살렘으로 들어오게 되었으며, 요아스는 그 도시 성벽의 일부분을 파괴한다. **14:14** *볼모.* 아마도 귀족 계층 혹은 왕실 사람들을 의미하는 것으로 추정된다.

14:15-16 이 구절들은 요아스 왕의 통치의 결론부분이자 12장 마지막 부분에 속한다.

14:17-20 아마샤가 요아스보다 15년을 장수했다(17-18절)는 설명은 독특한 것으로, 비록 요아스가 아마샤를 격퇴하였지만 장수한 것은 아마샤임을 독자들에게 상기시켜준다. *유다 왕 역대지략.* 이것에 대해서는 왕상 14:29를 보라. 아마샤 왕에 대한 음모(19절)는 *예루살렘*을 중심으로 하여 계획되었던 것으로 보이며, 요아스의 손에 모욕적으로 패배당하는 결과를 초래하게 되었다.

14:21-22 아사랴 치세에 대한 이러한 소개는 그의 왕국의 후반기 역사를 가늠해 볼 수 있게 해준다 (15:1-6). 엘랏 항구는 여호람 시대에 처음으로 빼앗기고 (8:20) 다시 아하스 시대에도 빼앗긴 곳이다 (16:6). 그러나 아사랴는 에돔에 대한 통치권을 회복하고 항구를 건설하였다. 아사랴의 이름은 웃시야로 기록되기도 한다 (15:1에 관한 주석을 보라).

14:23-29 14:23-24 여로보암 2세는 예후 왕조의 네 번째 왕으로, 북왕국에서 잘 알려진 왕들 가운데 하나였다. 그러나 그가 북왕국의 왕이었기 때문에, 열왕기 저자는 그의 치세를 단지 몇 줄로 간단히 처리해버린다. 저자는 여로보암 2세가 여로보암 1세의 종교관행을 추종하였다는 이유로 그의 치세를 부정적으로 평가한다. 아모스(암 1:1)와 호세아 (호 1:1) 예언자가 이 시대에 활발하게 활약했다. **14:25** *그는 이스라엘의 국경을…회복하였다.* 여로보암은 또 다른 영토를 되찾았으며, 다윗시대의 국경을 되찾았다. *르보하맛.* 이스라엘에게 약속된 땅의 북쪽 국경지대이며, 다윗과 솔로몬 치세기간 동안 북쪽의 국경지대였다 (민 13:21; 34:8; 왕상 8:65; 겔 47:15; 48:1). *아라바 바다.* 사해를 가리킨다 (수 3:16). 여로보암이 통치하는 동안 평화와 상당한 번영을 꽃피웠다. 저자는 이러한 업적을 요나의 신탁 속에 천명된 하나님의 자비로 돌린다. **14:26-27** 저자에 따르면, 이스라엘은 그들의 죄에 대한 벌로 아람과 (10:32-33; 13:3-7), 모압과 (13:20), 암몬으로부터 고난을 당하고 있었다 (암 1:13). 그러나 이스라엘을 파괴하는 것이 하나님의 의도는 아니었기 때문에, 하나님은 여로보암을 통해 그들을 구원하셨다. 27절은 여로보암을 여호아하스에게 약속된 (13:5를 보라) 이스라엘의

28 여로보암의 나머지 행적과, 그가 한 모든 일과, 그가 전쟁에서 보인 능력과, 유다에 속하였던 다마스쿠스와 하맛을 이스라엘에게 되돌려 준 일들은 '이스라엘 왕 역대지략'에 기록되어 있다.
29 여로보암이 그의 조상인 이스라엘의 왕들과 함께 누워 잠드니, 그의 아들 스가랴가 그의 뒤를 이어 왕이 되었다.

유다 왕 아사랴 (대하 26:1-23)

15 1 이스라엘의 여로보암 왕 제 이십칠년에 유다의 아마샤 왕의 아들 아사랴가 왕이 되었다.
2 그가 왕이 되었을 때에, 그의 나이는 열여섯이었다. 그는 예루살렘에서 쉰두 해 동안 다스렸다. 그의 어머니 여골리야는 예루살렘 태생이다.
3 그는 자기의 아버지 아마샤가 한 모든 일을 본받아, 주님께서 보시기에 올바른 일을 하였으나,
4 산당만은 제거하지 않아서, 그 때까지 백성은 여전히 산당에서 제사를 드리고 분향을 하였다.
5 그리하여 주님께서 왕을 치셨으므로, 왕은 죽을 때까지 ㄱ)나병 환자가 되었고, 격리된 궁에서 살았다. 왕자 요담이 왕실을 관리하며 나라의 백성을 다스렸다.
6 아사랴의 나머지 행적과 그가 한 모든 일은, '유다 왕 역대지략'에 기록되어 있다.
7 아사랴가 죽어 그의 조상과 함께 잠드니, '다윗 성'에 조상과 함께 장사지냈다. 왕자 요담이 그의 뒤를 이어 왕이 되었다.

이스라엘 왕 스가랴

8 유다의 아사랴 왕 제 삼십팔년에 여로보암의 아들 스가랴가 이스라엘의 왕이 되어서, 사마리아에서 여섯 달 동안 다스렸다.
9 그도 또한 조상이 한 것처럼 주님께서 보시기에 악을 행하고, 이스라엘로 죄를 짓게 한 느밧의 아들 여로보암의 죄에서 떠나지 아니하고, 그것을 그대로 본받았다.
10 야베스의 아들 살룸이 역모를 꾀하여 ㄴ)백성 앞에서 그를 죽이고, 그의 뒤를 이어 왕이 되었다.
11 스가랴의 나머지 행적은 '이스라엘 왕 역대지략'에 기록되어 있다.
12 주님께서 예후에게, 그에게서 난 자손이 사 대까지 이스라엘의 왕좌에 앉을 것이라고 말씀하신 그대로 된 것이다.

ㄱ) 5:1의 주를 볼 것 ㄴ) 몇몇 칠십인역 사본에는 '이블르암에서'

구원자로 표현하고 있다. **14:28** *여로보암의 나머지 행적.* 저자는 여로보암의 치세업적을 매우 선별적으로 묘사하고 있기 때문에, 대부분의 그의 업적들은 열왕기하에 기록되지 않고 있다. **14:29** *스가랴가 그의 뒤를 이어 왕이 되었다.* 예후 왕조에 대한 예언은 성취되었다. 즉 예후 자손의 사대까지 이스라엘의 왕좌에 앉을 것이다 (왕하 10:30).

15:1-38 여로보암 2세의 죽음 이후, 북왕국은 정치적 혼란기를 맞이했다. 북왕국은 예후시대로부터 시작된 앗시리아 종속국의 상태를 계속해서 유지하고자 하는 사람들과 앗시리아와 싸우기 위해 아람과 동맹을 맺고자 하는 사람들 사이에서 분열되어 있었다. 15장에 묘사된 신속한 왕권이양은 이스라엘의 혼란스러운 정치 상황을 증명해 준다: 유다의 왕 아사랴 (1-7절); 이스라엘 예후왕조의 마지막 왕인 스가랴 (8-12절); 이스라엘의 왕 살룸 (13-16절); 이스라엘의 왕 므나헴 (17-24절); 이스라엘 왕 브가히야 (23-26절); 이스라엘 왕 베가 (27-31절); 유다 왕 요담 (32-38절).

15:1-7 15:1 *아사랴.* 이 왕은 "아사랴"(14:21; 15:1)와 "웃시야" (15:13, 30) 라는 두 개의 다른 이름을 가지고 있었다. 또한 사 1:1; 암 1:1; 호 1:1; 슥 14:5를 보라. "아사랴"가 본명인 듯하고, "웃시야"는 그가 이스라엘의 왕이 되었을 때 사용했던 이름인 것으로 추정된다. **15:2** 52년의 통치기간은 그의 부친 아마샤와의 섭정정치기간을 포함하는 것이다. **15:3-4** 아사랴는 다윗 왕조를 계승한 위대한 왕들 가운데 한 사람이다. 그에 대한 신명기 사가의 유일한 비난은 그가 산당 사용을 금하지 않았다는 점이다 (왕상 3:2에 관한 주석을 보라). **15:5** 아사랴의 통치는 평화와 번영으로 특징되었다 (대하 26장을 보라). 유다 역사에서 이러한 번영의 시기에 대해 저자는 단지 아사랴의 질병만을 언급하고 있는데, 이는 하나님의 심판으로 이해되었다 (대하 26:16-21 참조). *나병.* 심한 피부병을 앓고 있는 사람은 "불결한" 사람으로 취급되었다. 제의적으로 불결했기 때문에, 아사랴는 그의 모든 임무를 그의 아들 요담에게 위탁하였다. **15:6** *유다 왕 역대지략.* 이것에 관해서는 왕상 14:29-30을 보라.

15:8-12 15:8-9 *스가랴.* 이 왕은 예후 왕조의 마지막 왕이었다. 디글랏빌레셀 3세 때에 부흥을 이룬 앗시리아는 북왕국에 정치적 혼란과 무정부상태를 초래하였다 (29절). 이스라엘은 앗시리아에 가꺼이 종속하려는 사람들과 독립을 위해 투쟁하고자 하는 사람들로 분열되어 있었다. 스가랴의 통치기간이 매우 짧았음에도 불구하고 (6개월), 저자는 그를 이스라엘의 역대 왕들과 마찬가지로 악한 왕으로 묘사한다. 왜냐하면 그는 여로보암의 종교적 제의를 계속해서 유지하고 있었기 때문이다 (왕상 12:26-33). **15:10-12** *살룸.* 스가랴를 암살한 반란자였으며, 그의 죽음은 예후 왕조에 대한

이스라엘 왕 살룸

13 야베스의 아들 살룸이 유다의 웃시야 왕
제 삼십구년에 이스라엘 왕이 되어, 사마리아에서
한 달 동안 다스렸다.
14 그 때에 가디의 아들 므나헴이 디르사에
서부터 사마리아로 올라와서, 거기에서 야베스의
아들 살룸을 쳐죽이고, 그를 대신하여 왕이 되었
다. 15 살룸의 나머지 행적과 그가 역모를 꾀한
일은 '이스라엘 왕 역대지략'에 기록되어 있다.
16 그 때에 므나헴은 디르사에서부터 진격하여
와서, 딥사와 그 안에 있는 모든 사람을 쳐죽이고,
사방 모든 곳을 공격하였다. 그들이 그에게 성문을
열어 주지 않았다고 하여, 그는 그 곳을 치고, 임신
한 여자들의 배를 갈라 죽이기까지 하였다.

이스라엘 왕 므나헴

17 유다의 아사랴 왕 제 삼십구년에 가디의
아들 므나헴이 이스라엘의 왕이 되어, 사마리아
에서 열해 동안 다스렸다. 18 그는 주님께서 보
시기에 악을 행하였다. 그는 이스라엘로 죄를 짓게
한 느밧의 아들 여로보암의 죄에서 일생 동안 떠나
지 아니하고, 그것을 그대로 본받았다. 19 앗시리
아의 ㄱ)불 왕이 그 땅을 치려고 올라오니, 므나헴은
불에게 은 천 달란트를 주었다. 이렇게 한 것은,
그의 도움을 받아서 자기 왕국의 통치권을 굳게
하려 함이었다. 20 므나헴은, 앗시리아 왕에게
바치려고, 이스라엘의 모든 부자에게 한 사람당
은 쉰 세겔씩을 바치게 하였다. 그러자 앗시리아
왕은 더 이상 그 땅에 머물지 않고 되돌아갔다.
21 므나헴의 나머지 행적과 그가 한 모든
일은 '이스라엘 왕 역대지략'에 기록되어 있다.
22 므나헴이 그의 조상과 함께 누워 잠드니, 그의
아들 브가히야가 뒤를 이어 왕이 되었다.

이스라엘 왕 브가히야

23 유다 왕 아사랴 제 오십년에 므나헴의 아
들 브가히야가 이스라엘의 왕이 되어, 사마리아에
서 두 해 동안 다스렸다. 24 그는 주님께서 보시
기에 악을 행하였다. 그는 이스라엘로 죄를 짓게 한
느밧의 아들 여로보암의 죄에서 떠나지 아니하고,
그대로 본받았다. 25 그의 부관인 르말리야의 아
들 베가가, 아르곱과 아리에와 길르앗 사람 쉰 명과
더불어 반란을 일으켜서, 사마리아에 있는 왕궁의
요새에서 왕을 죽이고, 그를 대신하여 왕이 되었다.
26 브가히야의 나머지 행적과 그가 한 모든
일은 '이스라엘 왕 역대지략'에 기록되어 있다.

이스라엘 왕 베가

27 유다의 아사랴 왕 제 오십이년에 르말리
야의 아들 베가가 이스라엘의 왕이 되어, 사마리
아에서 스무 해 동안 다스렸다. 28 그는 주님께서
보시기에 악을 행하였으며, 이스라엘로 죄를 짓게

ㄱ) 디글랏빌레셀

예언을 성취시킨 것이었다 (10:30; 또한 암 7:9를 보라). *이스라엘 왕 역대지략.* 이것에 대해서는 왕상 14:19를 보라.

15:13-16 15:13 살룸. 살룸은 그의 통치기간 외에는 알려진 것이 없다. 웃시야. 아사랴의 또 다른 이름. **15:15** *이스라엘 왕 역대지략.* 왕상 14:19를 보라. **15:16** 므나헴의 잔학함은 일반적으로 다른 국가의 상투적 습관과 연결되어 있었으며 (8:12; 암 1:13), 이는 단지 그에 대한 저자의 부정적 입장만을 강화시켰을 뿐이다 (15:18).

15:17-22 15:17-18 므나헴은 북왕국의 16대 왕이었다. *여로보암의 죄.* 이 죄에 대해서는 왕상 12:26-33을 보라 (여로보암은 금송아지 상을 세워 그것을 숭배하게 하였음). **15:19** *앗시리아의 불 왕* 불 왕은 바빌론을 정복하고 왕이 되면서 디글랏빌레셀 3세(8-9절)란 이름을 왕호로 사용하였다. 므나헴은 앗시리아에 조공을 바쳐 자신이 왕좌에 앉을 수 있도록 지지를 얻어내어, 결국 이스라엘의 왕좌에 앉게 되었다. **15:20** 므나헴은 귀족들과 대토지 소유자들에게 각각 은 50세겔의 세금을 거두어 조공을 바쳤는데, 이 가격은 노예 한 사람에 대한 가격이었다. 조공을 받침으로써, 므나헴은 앗시리아의 침략을 차단하였지만 결국 그들의 봉신국이 되고 말았다. **15:21-22** 이스라엘의 왕들에 대한 평가는 왕상 14:19를 보라.

15:23-26 15:25 *브가히야.* 브가히야는 그의 아버지 므나헴의 친앗시리아 정책을 답습하였다. 그의 아버지는 앗시리아의 봉신이었고 왕이 되기 위해서는 앗시리아의 승인이 필요했기 때문에, 브가히야에게 다른 대안이 없었다. 그는 베가(Pekah)에 의해 살해당하였다. 베가는 이스라엘 군대 장관으로 아마도 반앗시리아 진영을 지도하던 자였을 것이다. **15:26** *이스라엘 왕 역대지략* . 왕상 14:19를 보라.

15:27-31 15:27-28 *스무 해 동안.* 이 숫자는 이스라엘과 유다 왕들의 연대기와 결합되는데 문제가 있다. 왜냐하면 베가가 이스라엘의 어디에선가 왕권 찬탈을 꿈꾸며 통치하고 있었다는 점을 시사해 주고 있기

한 느밧의 아들 여로보암의 죄에서 떠나지 아니
하고, 그것을 그대로 본받았다.
29 이스라엘의 베가 왕 시대에 앗시리아의
디글랏빌레셀 왕이 쳐들어와서, 이욘과 아벨벳마
아가와 야노아와 게데스와, 하솔과 길르앗과 갈
릴리와 납달리의 온 지역을 점령하고, 주민들을
앗시리아로 사로잡아 갔다.
30 엘라의 아들 호세아가 르말리야의 아들
베가에게 반역하여 그를 살해하고, 웃시야의 아
들 요담 제 이십년에 그의 뒤를 이어 왕이 되었다.
31 베가의 나머지 행적과 그가 한 모든 일은 '이
스라엘 왕 역대지략'에 기록되어 있다.

유다 왕 요담 (대하 27:1-9)

32 이스라엘의 르말리야 왕의 아들 베가 제
이년에 웃시야의 아들 요담이 유다의 왕이 되었다.
33 그가 왕이 되었을 때에, 그의 나이는 스물다
섯 살이었다. 그는 예루살렘에서 열여섯 해 동안
다스렸다. 그의 어머니 여루사는 사독의 딸이다.
34 그는, 아버지 웃시야가 한 것을 그대로 본
받아, 주님께서 보시기에 올바른 일을 하였다.
35 그러나 산당만은 제거하지 않아서, 백성들이
여전히 산당에서 제사를 지내고 분향을 하였다.
그는 주님의 성전의 윗 대문을 세웠다.
36 요담의 나머지 행적과 그가 한 모든 일은
'유다 왕 역대지략'에 기록되어 있다. 37 이 때
부터 주님께서는, 시리아의 르신 왕과 르말리야의
아들 베가를 보내어, 유다를 치기 시작하셨다.
38 요담은 죽어 그의 조상 다윗의 성에 조상들과
함께 안장되었고, 그의 아들 아하스가 그의 뒤를
이어 왕이 되었다.

유다 왕 아하스 (대하 28:1-27)

16 1 르말리야의 아들 베가 제 십칠년에 유
다의 요담 왕의 아들 아하스가 왕이 되
었다. 2 아하스가 왕이 되었을 때에, 그의 나이는
스무 살이었다. 그는 예루살렘에서 열여섯 해 동안
다스렸다. 그러나 그는 주 하나님께서 보시기에
올바른 일을 하지 않았다. 그는 그의 조상 다윗이
한 대로 하지 않았다. 3 오히려 그는 이스라엘의
왕들이 걸어간 길을 걸어갔고, 자기의 ㄱ)아들을 불에
태워 제물로 바쳤다. 이것은, 주님께서 이스라엘
자손이 보는 앞에서 쫓아내신 이방 민족의 역겨운
풍속을 본받은 행위였다. 4 그는 직접 산당과 언
덕과 모든 푸른 나무 아래에서 제사를 지내고 분
향하였다.
5 그 때에 시리아의 르신 왕과 이스라엘의 르
말리야의 아들 베가 왕이 예루살렘을 치려고 올라
와서, 아하스를 포위하기는 하였으나, 정복하지는

ㄱ) 또는 '아들을 불로 지나가게 하였다'

때문이다. **15:29** 디글랏빌레셀의 침공은 유다에 대항한 아람과 이스라엘 연합전선 구축기간 중에 발생했다. 유다의 아하스 왕은 앗시리아 왕에게 자신의 국가를 방어해 주도록 요청하였다 (사 9:1). *주민들을 앗시리아로 사로잡아 갔다.* 앗시리아는 피정복국가의 지도자들을 앗시리아 혹은 제국의 다른 지역으로 추방하는 정책을 시행했다 (17:5-6, 24 참조). **15:30** *호세아는* 이스라엘의 19대 왕이자 마지막 왕으로, 친앗시리아 정책노선을 취한 사람으로 추정된다. 그는 베가에 대항하여 반란을 일으켰으며, 디글랏빌레셀의 지지 아래 이스라엘 왕좌를 찬탈하였다.

15:32-38 15:32-33 *요담.* 유다의 11대 왕이었다. 그는 피부병으로 고생하던 아버지 웃시야와 함께 십년 동안 섭정정치를 하고, 6년은 홀로 나라를 다스렸다. **15:34-35** 요담은 그의 아버지의 선례를 좇아 행한 선한 왕이었다. 그가 행한 많은 건축사업 가운데 (대하 27:4) 주의 성전의 윗 대문을 세웠다는 것만이 유일하게 지목되고 있다 (렘 20:2; 겔 9:2에 언급됨). **15:36** *유다 왕 역대지략.* 이것에 대해서는 왕상 14:29-30을 보라. **15:37** 아람 왕 *르신과* 이스라엘 왕 베가는 반앗시리아 동맹을 체결하였다. 요담은 이 동맹에 불참하였지만, 동맹군이 유다를 침략하기 이전에 죽었다.

16:1-20 이스라엘과 아람 왕의 동맹국이 예루살렘을 포위하자, 아하스는 앗시리아 왕에게 조공을 바치면서 방어해 줄 것을 요청하였다. 결과적으로 신명기학파 저자는 앗시리아에 대한 아하스 왕의 봉신적인 신분과 종교 혁신을 강하게 비난하고 있다. 16장은 다음과 같이 분류할 수 있다: 유다 왕 아하스 (1-4절); 유다와 전쟁을 일으키는 아람-이스라엘 동맹국과 앗시리아의 도움을 요청하는 아하스 (5-9절); 아하스의 종교혁신 (10-18절); 그리고 아하스의 죽음(19-20절).

16:1-4 저자는 가혹하게 아하스의 종교관행을 평가하고 있으며, 다윗의 이상적 왕권을 추종하는 것이 아니라 *이스라엘 왕들이 걸어간 길을 걸어감으로써* 과거 우상숭배에 순응했다고 비난한다. 그는 산당 제의를 진흥시키고 참여하였다 (왕상 3:2). 그리고 *아들을 불로 지나가게 함으로써* 아들을 희생제물로 바쳤던 것으로 보인다 (또한 왕하 3:26-27; 23:10을 보라).

16:5-9 *르신.* 르신은 아람의 왕으로, 아람은 지

못하였다. 6 그 때에 시리아의 르신 왕이, 시리아
에게 엘랏을 되찾아 주었고, 엘랏에서 유다 사람
들을 몰아내었으므로, 시리아 사람들이 이 날까지
엘랏에 와서 살고 있다. 7 아하스는 앗시리아의
디글랏빌레셀 왕에게 전령을 보내어, 이렇게
말하였다. "나는 임금님의 신하이며 아들입니다.
올라오셔서, 나를 공격하고 있는 시리아 왕과
이스라엘 왕의 손에서, 나를 구원하여 주십시오."
8 그런 다음에 아하스는 주님의 성전과 왕궁의
보물 창고에 있는 금과 은을 모두 꺼내어, 앗시리
아의 왕에게 선물로 보냈다. 9 앗시리아의 왕이
그의 요청을 듣고, 다마스쿠스로 진군하여 올라
와서는 그 성을 함락시켰다. 그리고 그 주민을 길로
사로잡아 가고, 르신은 살해하였다.

10 아하스 왕은 앗시리아의 디글랏빌레셀
왕을 만나려고 다마스쿠스로 갔다. 그는 그 곳 다
마스쿠스에 있는 제단을 보고, 그 제단의 모형과
도본을 세밀하게 그려서, 우리야 제사장에게 보
냈다. 11 그래서 우리야 제사장은, 아하스 왕이
다마스쿠스로부터 보내 온 것을 따라서, 제단을
만들었다. 우리야 제사장은 아하스 왕이 다마스
쿠스로부터 돌아오기 전에 제단 건축을 모두 완
성하였다. 12 왕은 다마스쿠스로부터 돌아와서,
그 제단을 보고 제단으로 나아가 그 위로 올라
갔다. 13 그리고 거기에서 그가 직접 번제물과
곡식 제물을 드렸고, '부어 드리는 제물'을 따르
기도 하였다. 또 제단 위에 화목제물의 피도 뿌
렸다. 14 그리고 그는 주님 앞에 놓여 있는 놋
제단을 성전 앞에서 옮겼는데, 새 제단과 주님의
성전 사이에 있는 놋제단을 새 제단 북쪽에 갖다
놓았다. 15 아하스 왕은 우리야 제사장에게 명
령하였다. "아침 번제물과 저녁 곡식예물, 왕의
번제물과 곡식예물, 또 이 땅의 모든 백성의 번제
물과 곡식예물과 부어 드리는 예물을, 모두 이 큰
제단 위에서 드리도록 하고, 번제물과 희생제물
의 모든 피를, 그 위에 뿌리시오. 그러나 그 놋제
단은, 내가 주님께 여쭈어 볼 때에만 쓰겠소."
16 우리야 제사장은 아하스 왕이 명령한 대로 이
행하였다.

17 아하스 왕은 대야의 놋쇠 테두리를 떼어
버리고, 놋대야를 그 자리에서 옮기고, 또 놋쇠
소가 받치고 있는 놋쇠 바다를 뜯어 내어 돌받침
위에 놓았다. 18 또 그는 앗시리아 왕에게 경의
를 표하려고, 주님의 성전 안에 만들어 둔 왕의
안식일 전용 통로와 주님의 성전 바깥에 만든 전
용 출입구를 모두 없애 버렸다.

19 아하스가 행한 나머지 모든 일은 '유다 왕
역대지략'에 기록되어 있다. 20 아하스가 죽어
잠드니, 그를 그의 조상과 함께 '다윗 성'에 장사
하였고, 그의 아들 히스기야가 그의 뒤를 이어
왕이 되었다.

금의 시리아를 가리킨다. *베가.* 이스라엘의 왕이었다. 이 두 왕은 앗시리아 왕 디글랏빌레셀에 대항하여 동맹을 체결하였으며, 요담에게 가입하기를 제의하였지만 그는 거절했다 (15:37). 그러자 동맹군은 아하스를 왕좌에서 물러나게 하고, 예루살렘을 포위 공격하여 (사 7:1-2) 유다의 새로운 왕으로 다브엘을 추대한다 (사 7:6). **16:6** 에돔 사람들은 예루살렘이 포위된 상황과 유다의 쇠약함을 이용하여 일찍이 아마샤가 정복한 (14:22) 엘랏을 되찾아 주는 기회로 삼았다. 블레셋 또한 유다의 쇠약함을 이용하여 몇 개의 유다 성읍을 점령하였다 (대하 28:18). **16:7** 이러한 심각한 시기에 처한 왕과 백성들은 디글랏빌레셀에 청원하였다. *나는 임금님의 신하이며 아들입니다.* 이러한 표현으로, 아하스는 앗시리아의 봉신이 되고 그들의 권력에 복종할 의향을 표시한다. **16:9** 그러고 나서 앗시리아 왕 디글랏빌레셀은 아하스의 요청에 응답하여 기원전 734년에 침공을 시작하여 블레셋을 먼저 점령한 다음, 기원전 733년에 북왕국의 대부분의 영토를 정복하였다. 그는 많은 사람들을 앗시리아로 추방하고 정복된 도시들을 앗시리아 제국으로 병합시켰다 (15:29). 기원전 732년 그는 다마스쿠스로 진군하여 르신을 살해하고, 아람 사람들을 메소포타미아로 추방시켰다.

16:10-18 16:10 아하스가 조치를 취한 것은 유다를 구하지만, 국가의 자유를 상실하게 된다. 아하스는 앗시리아에게 항복을 선언하기 위해 스스로 다마스쿠스로 간다. 새로운 제단을 만들고자 했던 이유는 서술되지 않고 있으며, 단지 아하스가 아람 통치자에게 호의를 얻기 위해서 무릎을 꿇었던 것으로 보인다 (대하 28:23). *우리야에* 대해서는 사 8:2를 보라. **16:11-13** 우리야는 제단을 만들었고, 아하스의 다마스쿠스로부터의 귀환에 즈음하여 그는, 솔로몬이 성전을 봉헌하면서 행했던 것처럼 (왕상 8:62-64), 제단 위에 희생제물을 봉헌하였다. **16:14-16** 청동 제단(왕상 8:64)을 새 제단의 북쪽으로 치운 것은 아하스 제단의 탁월함을 예시하였다. 모든 희생제물은 새 제단 위에 올려져야만 했다. **16:17** 디글랏빌레셀의 요청에 따라 아하스는 성전 안에 만들어 둔 왕의 전용출입구와 왕의 연단—왕권의 상징—을 없애버림으로써, 앗시리아 봉신국으로서의 충성을 보여주었다.

16:19-20 *유다 왕 역대지략.* 왕상 14:19-20을 보라. *다윗 성.* 이것은 예루살렘을 가리킨다.

17:1-41 17장은 북왕국의 비참한 최후를 소개하고 있다. 신명기 학파 저자는 이스라엘이 몇 가지 이유로 포로로 끌려갔다는 이야기로 결론을 맺는다. 여로

이스라엘 왕 호세아

17 1 유다의 아하스 왕 제 십이년에 엘라의
아들 호세아가 사마리아에서 왕이 되어,
이스라엘을 아홉 해 동안 다스렸다. 2 그는 주님
께서 보시기에 악을 행하였으나, 그 이전의 이스
라엘 왕들만큼 악하지는 않았다. 3 앗시리아의
살만에셀 왕이 그를 치러 올라오니, 호세아 왕은
그에게 항복하고 조공을 바쳤다. 4 그러나 앗시
리아 왕은, 호세아가 이집트의 소 왕에게 사절들을
보내어 반역을 기도하고, 해마다 하던 것과는 달리,
앗시리아 왕에게 조공을 내지 않는 것을 알고 나
서는, 호세아를 잡아 감옥에 가두었다.

앗시리아 왕이 사마리아를 점령하다

5 그리고 난 뒤에 앗시리아의 왕이 이스라엘
전역으로 밀고 들어와서, 사마리아로 올라와 세
해 동안이나 도성을 포위하였다. 6 드디어 호세아
제 구년에 앗시리아 왕은 사마리아를 점령하고,
이스라엘 사람들을 앗시리아로 끌고 가서, 할라와
고산 강 가에 있는 하볼과 메대의 여러 성읍에
이주시켰다.

7 이렇게 된 것은, 이스라엘 자손이 자기들
을 이집트 땅에서 이끌어 내어 이집트 왕 바로의
손아귀로부터 구원하여 주신 주 하나님을 거역
하여, 죄를 짓고 다른 신들을 섬겼기 때문이며,
8 또 주님께서 이스라엘 자손의 면전에서 내쫓으
신 이방 나라들의 관습과, 이스라엘의 역대 왕들
이 잘못한 것을, 그들이 그대로 따랐기 때문이다.
9 이스라엘 자손은 또한 주님이신 그들의 하나님을
거역하여 옳지 못한 일을 저질렀다. 곧, 망대로부터
요새화된 성읍에 이르기까지, 온 성읍 안에 그들
스스로 산당을 세웠으며, 10 또 높은 언덕과 푸
른 나무 아래에는 어느 곳에나 돌기둥들과 아세라
목상들을 세웠으며, 11 주님께서 그들의 면전에
서 내쫓으신 이방 나라들처럼, 모든 산당에서 분
향을 하여 주님의 진노를 일으키는 악한 일을 하

보암 1세의 종교개혁은 이스라엘 백성이 언약전통을 범하게 하였으며 주를 버리도록 만들었다. 페니키안 민족과의 정치적 동맹은 사마리아에서 두로의 바알 신을 숭배하게 하였고 아세라 제의를 양산시키는 결과를 초래하였다; 군사측면에서 외세에 의존한 이스라엘은 앗시리아 군대의 막강함에 직면하게 하였다. 궁극적으로 북왕국은 왕과 백성이 예언자를 통해 선포된 하나님의 뜻을 청종하지 않았기 때문에 패망하였다. 저자는 호세아 왕의 통치를 설명하고 있으며 (1-4절); 사마리아 함락과 이스라엘의 앗시리아 포로생활에 대한 이유를 전하고 (7-23절); 그 땅에 재정착하게 된 것을 이야기하고 (24-28절); 사마리아에 새롭게 정착한 거민들의 종교를 묘사하고 (29-33절); 사마리아 새 거주민들의 종교 가치를 검토한다 (34-41절).

17:1-6 17:1-2 호세아 왕. 호세아는 북왕국의 19대 왕이자 마지막 왕이었다. 저자는 북왕국의 종교생활이 어느 정도 향상되어 있다는 점을 보고 있다. 이는 저자가 *주께서 보시기에 악을 행한* 호세아를 힐난하고 있지만 "여로보암의 죄를 따랐다" 라고 진술하지 않고 있는 태도를 통해서 엿볼 수 있다. **17:3** *살만에셀 [5세].* 이는 디글랏빌레셀의 아들이자 앗시리아 왕실의 왕이었다. 그는 호세아의 조공을 받기 위해 사마리아로 갔다. **17:4** *호세아의 반역.* 호세아는 앗시리아에 대항하여 음모를 꾸며 이집트에 사신을 보내 *이집트의 소 왕*에게 도움을 요청하였다. 성경 이외에 이 이집트 왕의 존재를 어디에서도 찾아볼 수 없다. *앗시리아 왕은 호세아를 잡아 감옥에 가두었다.* 호세아는 사마리아를 떠나는데, 이는 살만에셀을 피해 도주한 것이거나 아니면 그를 만나기 위함이었다. 하지만, 그는 붙잡혀서 감옥에 갇혔다. 그가 포로로 잡힌 일은 사마리아를 포위하기 위한 빌미를 제공하는 사건이었다. **17:5** *세 해.* 오므리 왕은 사마리아를 높은 지대에 건설하였다. 이 도시는 전략적으로 유리한 위치에 건설되었으며, 훌륭하게 건조된 성벽으로 이후 오랫동안 쉽게 방어할 수 있는 곳이었다. **17:6** 호세아 치세 *제 구년*은 기원전 722년을 말한다. *앗시리아 왕*의 이름이 알려지지 않고 있지만, 살만에셀 5세가 사마리아를 함락시킨 왕으로 인정되고 있다 (18:9-10). 그는 도시가 함락되자마자 죽게 되었다. 앗시리아 역사기록에 따라, 우리는 그의 후계자인 사르곤 2세가 27,290명의 왕실 귀족들과 공무원, 군대장교, 그리고 제사장들을 앗시리아의 여러 지역으로 강제 이송시켰다는 사실을 알게 된다.

17:7-23 17:7 신명기학파 저자는 사마리아가 함락하게 된 이유가 종교적 요인으로 인한 것이라고 확신하고 있으며, 이스라엘 군대가 앗시리아의 막강한 군사력과 대응했다는 점은 아예 고려하지도 않고 있다. 여기서 기자는 역사에 대한 그의 신학적 이해를 보여주고 있다: 하나님께서는 그의 백성이 *다른 신들*(출 20:3)을 섬기면서 시내 산에서 맺은 언약을 어기는 불신실한 많은 행동들을 행함으로 인해, 그의 백성이 망명생활을 하도록 하셨다. **17:9** *산당.* 왕상 3:2를 보라. **17:10** *돌기둥들.* 돌기둥들에 대해서는 왕상 14:23을 보라. *목상들.* 목상은 왕상 14:15를 보라. **17:12** *우상숭배.* 이것은 두 번째 계명을 어기는 것이었다 (출 20:4). **17:13** 예언자의 역할은 반역하는 백성에게 하나님의 말씀을 선포하는 것이었지만, 이스라엘은 예언자들의 선포에 귀를

였으며, 12 또한 주님께서 그들에게 하지 말라고
하신 우상숭배를 하였다.
13 그런데도 주님께서는 이스라엘과 유다에
여러 예언자와 선견자를 보내어서 충고하셨다.
"너희는 너희의 그 악한 길에서부터 돌아서서, 내가
너희 조상에게 명하고, 또 나의 종 예언자들을 시켜
내가 너희에게 준 그 모든 율법에 따라, 나의 명
령과 나의 율례를 지켜라." 14 그러나 그들은 끝내
듣지 아니하였고, 주님이신 그들의 하나님께 신실
하지 못하였던 그들의 조상들처럼, 완고하였다.
15 그리고 주님의 율례와, 주님께서 그들의 조상
과 세우신 언약과, 그들에게 주신 경고의 말씀을
거절하고, 헛된 것을 따라가며 그 헛된 것에 미혹
되었으며, 주님께서 본받지 말라고 명하신 이웃
나라들을 본받았다. 16 또 그들은 주님이신
그들의 하나님께서 주신 그 모든 명을 내버리고,
쇠를 녹여 부어 두 송아지 형상을 만들었으며,
아세라 목상을 만들어 세우고, 하늘의 별들에게
절하며, 바알을 섬겼다. 17 그들은 또한 자기들의
자녀들을 ㄱ)불살라 제물로 바치는 일도 하였다.
그리고 복술도 하고, 주문도 외우며, 주님께서 보
시기에 악한 일을 함으로써 주님께서 진노하시게
하였다. 18 그러므로 주님께서는 이스라엘에게 크
게 진노하셨고, 그들을 그 면전에서 내쫓으시니 남
은 것은 유다 지파뿐 이었다.

19 그러나 유다도 또한 그들의 주님이신 하나
님의 명령을 잘 지키지 아니하고, 이스라엘 사람
들이 만든 규례를 그대로 따랐다. 20 그리하여
주님께서는 이스라엘의 모든 자손을 내쫓으시고,
그들을 징계하여 침략자들의 손에 넘겨 주셔서,
마침내는 주님의 면전에서 내쫓기까지 하셨다.
21 그래서 이스라엘은 다윗의 집으로부터 갈
라졌으며, 이스라엘은 느밧의 아들 여로보암을
왕으로 삼았고, 여로보암은 또한 이스라엘이 주
님을 버리고 떠나서 큰 죄를 짓도록 만들었다.
22 이렇게 하여 이스라엘 자손은, 여로보암이 지은
그 모든 죄를 본받아 그대로 따라갔고, 그 죄로부터
돌이키려고 하지 않았다. 23 마침내 주님께서
는, 그 종 예언자들을 보내어 경고하신 대로, 이
스라엘을 그 면전에서 내쫓으셨다. 그래서 이 날
까지 이스라엘은 자기들의 땅에서 앗시리아로 사로
잡혀 가 있게 된 것이다.

앗시리아 사람들이 이스라엘에 정착하다

24 이스라엘 자손을 사마리아에서 쫓아낸 앗
시리아 왕은 바빌론과 구다와 아와와 하맛과 스발
와임으로부터 사람들을 데려와서, 이스라엘 자손을
대신하여 사마리아 성읍에 살게 하였다. 그러자

ㄱ) 또는 '불로 지나가게 하였다'

기울이지 않았을 뿐만 아니라 회개하지도 않았다. 여기서 또한 유다를 함께 언급하는 것은 이스라엘과 유다가 모두 회개하여 언약의 요구에 충실해야 할 것을 경고받고 있다는 점을 강조하는 것이다. **17:14** *완고하다.* 이것은 고집 센 혹은 말을 듣지 않는 황소로 묘사하는 히브리 관용어에서 파생되었다. 말을 듣지 않는 황소처럼, 이스라엘은 하나님의 예언자를 통해 선포된 하나님의 뜻을 청종하지 않았다. **17:15** *헛된 것에 미혹되었으며.* "헛된"이라는 단어는 *헤벨*이며, 일반적으로 "무상함" (전 1:2)으로 번역된다. 이것은 우상을 포함하여 일종의 무가치하고 무익한 것을 지시하는 단어이다 (신 32:21). 이스라엘 백성은 무가치한 것을 추종하였으며, 그래서 그들은 이제 무가치한 백성이 되었다. **17:16** 이스라엘의 최초의 죄는 여로보암이 만든 금송아지를 숭배한 일이었다 (12:28). *목상.* 제단 근처에 심겨진 나무를 가리키며, 풍요의 여신 아세라를 상징하였다 (신 16:21). *하늘의 별들을 섬기는* 것은 태양, 달, 별과 같은 천체 숭배를 의미한다. 이는 메소포타미아에서 흔하게 발견되는 의식이었다. *바알.* 가나안의 폭풍 신으로 다산 종교와 관계가 있었다. **17:17** *불살라 제물로.* 아마도 아이들을 불살라 제물로 바치는 풍습을 가리키는 것 같다 (16:3-4를 보라). *복술과 주문.* 새의 비행, 구름의 형성, 희생된 동물의 간의 모양 등과 같은 자연현상을 관찰하여 미래사건이나 신의 뜻을 분별하는 특수한 수단들을 말한다. 이스라엘 백성은 주술과 복술을 사용하지 못하도록 되어 있었다. 왜냐하면 그것들은 하나님 홀로 미래의 모든 일을 주관하고 있다는 신앙(신 29:29; 렘 29:11)에 반하여, 단지 하나님을 도움이 필요할 때 요청되는 신으로 전락시키고 말았기 때문이다. **17:18** *주님께서는 진노하셨고.* 신 1:37; 4:21; 9:8, 20; 왕상 11:9를 보라. **17:19** 저자가 오로지 유다만이 남아 있다고 말하지만 (18절), 유다에게 죄가 없는 것은 아니었다. 유다 백성은 이스라엘 백성이 행한 죄를 동일하게 가지고 있었다. **17:21** *이스라엘은 다윗의 집으로부터 갈라졌으며.* 저자는 왕국의 분열을 솔로몬의 죄(왕상 11:9-13, 31)와 여로보암의 죄(왕상 12:25-33)에 대한 하나님의 형벌로 이해했다. **17:22-23** 이스라엘의 완고함은 백성들이 예언자들의 말씀을 청종하지 않는 데서 반영되어 있다 (13절 참고). *이 날까지.* 저자가 살고 있던 시대를 가리킨다.

그들은 사마리아를 자기들의 소유로 삼았으며, 이
스라엘 성읍들 안에 정착하여 살았다. 25 그들은
그 곳에 정착하면서, 처음에는 주님을 경외하지
않았다. 그래서 주님께서는 사나운 사자들을 그들
가운데 풀어 놓으셔서, 그들을 물어 죽이게 하셨다.
26 그러므로 그들이 앗시리아 왕에게 이 사실을
알리면서 이렇게 말하였다. "임금님께서 우리를
사마리아로 이주시키셔서, 이 성읍에서 살게 하
셨습니다. 그렇지만 이리로 이주한 민족들은 이
지역의 신에 관한 관습을 모릅니다. 그래서 그 신이
우리들 가운데 사자를 보내어, 우리들을 계속 물
어 죽이게 하였습니다. 이것은 이 땅의 신에 대한
관습을 모르기 때문에 일어난 일인 줄 압니다."
27 그래서 앗시리아 왕은 부하들에게 다음과 같은
지시를 하였다. "그 곳에서 사로잡아 온 제사장 한
명을 그 곳으로 돌려보내어라. 그가 그 곳에 살면서,
그 지역의 신에 대한 관습을 새 이주민에게 가르
치게 하여라." 28 그리하여 사마리아로부터 사
로잡혀 온 제사장 가운데 한 사람이, 그리로 돌아
가 베델에 살면서, 주님을 경외하는 방법을 그들
에게 가르쳤다.

29 그러나 각 민족은 제각기 자기들의 신들을
만들어 섬겼다. 그래서 각 민족은 그들이 살고 있는
성읍 안에서 만든 신들을 사마리아 사람들이 만든
산당 안에 가져다 놓았다. 30 바빌론 사람들은
숙곳브놋을 만들고, 구다 사람들은 네르갈을 만
들고, 하맛 사람들은 아시마를 만들었다. 31 아와
사람들은 닙하스와 다르닥을 만들었으며, 스발와임
사람들은 자기들의 신인 아드람멜렉과 아남멜렉
에게 그들의 자녀를 불살라 바치기도 하였다.
32 그러면서도 그들은 주님을 공경하기도 하였다.
그리하여 그들은 그들 가운데서 산당 제사장

특별 주석

신명기학파 저자는 이스라엘 공동체를 가장 모범적인 공동체로 이해하고 있다. 공동체에 대한 형벌이 그토록 가혹했다는 점에 놀랄 것은 없다. 오히려 성경을 읽은 현대의 독자들은 이스라엘 공동체가 항상 불신앙적이었고, 항상 주의 뜻을 따르지 못했다고 생각해서만은 안 된다. 신명기학파 기자를 포함하여 예언자들은 언약 백성의 사명을 기억하고 있었다. 이스라엘 백성은 하나님의 백성으로서의 의무를 다해야 했으며, 하나님이 땅에 사는 모든 민족으로부터 원하시는 것을 민족들 앞에서 증거해야 했다 (창 12:1-3). 성경에 묘사된 이스라엘 백성은 인접한 국가들보다 더 높은 도덕적 기준을 가지고 살았다. 그럼에도 불구하고 예언자들과 신명기 학파 기자에게 그러한 도덕적 기준으로는 충분하지 않았다. 그들은 개인생활 뿐만 아니라 공동체 생활 속에서도, 정의를 실천하고 이웃을 선대하고 하나님의 요구와 약속을 견고하게 의지함으로써, 하나님의 언약의 자녀로서의 삶을 살아내야 했다. 자신이 속한 공동체의 이상을 다른 공동체의 관례와 비교하는 것은 항상 잘못된 일이다. 이스라엘 공동체를 거의 항상 하나님께 불신실하고, 그래서 하나님의 형벌과 거절을 경험해야 했다고 묘사하는 구약성경의 모든 본문을 문자 그대로 믿는 것 또한 그리 현명한 태도가 아니다. 그런 방식으로 이해하는 독자들은 하나님이 불신실한 이스라엘을 거부했으며, 참된 기독교에 대한 이해를 갖고 있는 백성을 선택하여 불신실한 백성의 지위를 차지하게 했다고 그릇되게 믿기 시작할 것이다.

17:24-28 17:24 *앗시리아 왕.* 아마도 사르곤 2세를 말하는 듯하다. 앗시리아의 강제 이송정책은 재정착과정도 포함하고 있었다. 정복당한 이스라엘 민족은 앗시리아 제국의 사방으로 강제 이송되었으며, 다른 민족들이 이스라엘로 들어와 신흥 민족으로 성장해 갔다. *사마리아가* 정복된 이후, 그 도시 이름은 곧 전체 지방을 가리키는 명칭으로 사용되었다. **17:25** 땅이 황폐해진 이후, 사자들의 수가 요단 산림지대에서 크게 증가하였으며 (렘 49:19), 곧 하나님 심판의 대리자로 간주되었다 (왕상 13:23-26; 20:36). **17:26** *이 지역의 신.* 고대 근동에서, 모든 신은 지정된 지역에서만 능력을 행사할 수 있는 신으로 이해되었다. 이스라엘의 하나님은 이스라엘 땅을 다스리는 하나님이었다. 새롭게 정착한 외국인들은 이스라엘의 하나님, 곧 특별 지역의 신을 섬기지 않고 있었다. **17:27-28** 앗시리아 왕은 *그 지역의 신에 대한 관습을* 가르치기 위해서 강제로 이송되어 왔던 제사장들 가운데 한 명을 귀환 조치하였다. 이 이야기는 반어적 표현으로 가득 차 있다: 사마리아의 새 이주민들의 신들과 종교 전통들은 아무런 가치도 갖지 못하기 때문에, 그들은 이스라엘 제사장들의 교육을 받음으로써 파멸로부터 구원을 받아야 한다.

17:29-33 17:29 사마리아의 새 이주민들은 그들의 전통적 신들을 보존하였으며, 그 신들을 위한 성소를 만들었다. *사마리아 사람들.* 새 이주민들은 "사마리아에 사는 사람들"로 불렸으며, 종국에는 "사마리아인"으로 불렸다. **17:30** *숙곳브놋.* 이 신은 바빌로니아의 신; 아마도 식굿 (Sakkuth) 혹은 새턴(Saturn)과 동일한 신으로 추정된다 (암 5:26). *네르갈.* 이 신은 지하의 신으로 페스트, 전쟁, 그리고 홍수와 관계있는 신이었다. *아시마.* 여성 바알 신이었을 것이다 (암 8:14에서 언급). **17:31** *닙하스, 다르닥, 아드람멜렉*은 고대

을 뽑아 세워, 산당에서 제사를 드리게 하였다.
33 이렇게 그들은 주님도 경외하면서, 다른 한편
으로는 그들이 잡혀오기 전에 살던 그 지역의 관
습을 따라, 그들 자신들이 섬기던 신도 섬겼다.
34 그들은 오늘날까지도 그들의 옛 관습을
따르고 있어서, 주님을 바르게 경외하는 사람이
없다. 그들은 주님께서 이스라엘이라고 이름을
지어 주신 야곱의 자손에게 명하신, 그 율례와 법
도와 율법과 계명을 지키지 않는다. 35 옛날에
주님께서 야곱의 자손과 언약을 세우시고 명하
셨다. "너희는 다른 신들을 경외하지 못한다. 그
들에게 절하지 못하며, 그들을 섬기지 못하며, 그
들에게 제사드리지 못한다. 36 오직 큰 능력으로
팔을 펴시어 너희를 이집트 땅에서 이끌어 내신
그분 주님만을 경외하고, 그분에게만 절하고 제
사를 드려야 한다. 37 주님께서 몸소 기록하셔
서 너희에게 주신 율례와 법도와 율법과 계명을
항상 지키고, 다른 신을 경외하지 않아야 한다.
38 내가 너희와 세운 언약을 잊어서는 안 된다.
다른 신들을 경외하지 못한다. 39 오직 너희는
주 너희의 하나님만을 경외하여야 한다. 그분만이
너희를 모든 원수의 손에서 구원하여 주실 것이다."
40 그러나 그들은 이 명령을 들으려 하지 않고, 그
들의 옛 관습만을 그대로 지키려고 하였다.
41 그리하여 이주해 온 민족들은 한편으로는
주님을 경외하면서도, 다른 한편으로는 그들이
부어 만든 우상들을 또한 섬겼다. 그들의 자녀와
자손도 그들의 조상이 한 것을 오늘날까지도 그
대로 따라 하고 있다.

유다 왕 히스기야 (대하 29:1-2; 31:1)

18 1 이스라엘의 엘라 왕의 아들 호세아 제
삼년에, 아하스의 아들 히스기야가 유다
왕이 되었다. 2 그가 왕이 되었을 때에, 그는 스
물다섯 살이었다. 그는 예루살렘에서 스물아홉
해 동안 다스렸다. 그의 어머니 아비는 스가랴의
딸이다. 3 그는 조상 다윗이 한 모든 것을 그대로
본받아, 주님께서 보시기에 올바른 일을 하였다.
4 그는 산당을 헐어 버렸고, 돌기둥들을 부수었
으며, 아세라 목상을 찍어 버렸다. 그는 또한 모
세가 만든 구리 뱀도 산산조각으로 깨뜨려 버렸다.
이스라엘 자손이 그 때까지도 ㄱ)느후스단이라고
부르는 그 구리 뱀에게 분향하고 있었기 때문이다.
5 그는 주님이신 이스라엘의 하나님만을 신뢰하
였는데, 유다 왕 가운데는 전에도 후에도 그만한

ㄱ) '느후스단'은 히브리어 '구리(느호셋)'와 '뱀(나하쉬)'의 발음과 비슷함

근동문헌에서는 찾아볼 수 없는 신들이며, 오직 이 곳에서만 언급되고 있다. *아드람멜렉 (Adrammelech).* 몰렉(Molech)을 가리키는 것 같다. **17:32-33** 그들은 *주님을 공경하기도 하였다.* 새 이주민들은 주님에 대한 신앙을 그들의 종교 속으로 유입하여 적응시켰다. 이러한 종교혼합은 지역주민들을 새로운 종교형태에 노출시키게 하였고, 바로 그들이 결국 사마리아인으로 알려지게 되었다. 그들은 새로운 종교생활을 따르면서 이스라엘 하나님에 대한 신앙을 포기해 버렸다. 사마리아 사람들은 수세기 동안 세겜 지역에 거주하고 있으며 (지금의 나블루스), 포로기 이전 이스라엘에 그 근원을 두고 있는 일종의 유대주의를 따르고 있다.

17:34-41 이 부분은, 아마도 후기 편집자가 삽입한 부분일 것이며, 사마리아 사람들의 종교가 이스라엘 백성의 참된 종교는 아니었다는 점을 강조하고 있는 것 같다. 출애굽의 경험을 가진 이스라엘 백성은 다른 신들을 섬길 수 없었을 뿐더러 그 신들에게 희생제사도 드려서는 안 되었다. 사마리아의 새 이주민들은 주를 섬기려 하였지만, 또한 계속해서 그들의 전통적 관습을 실천하고 우상들을 섬기며 (41절) 살았다.

18:1-37 18장부터 시작하여 신명기학파의 저자는 유다에 초점을 맞추고 있으며, 유다가 포로로 이송되고 곧이어 일어나는 예루살렘 함락 사건(기원전 587년)으로 결말짓는 주요부분을 시작하고 있다 (18:1—25:30). 왕하 18:1—20:21은 유다의 칭송받는 왕들 가운데 하나인 히스기야 왕의 치세에 대해 논의하고 있다 (사 36:1—39:8 참고). 18장은 다음과 같이 구분될 수 있을 것이다: 유다 왕 히스기야 (1-2절); 히스기야 왕의 개혁정책 (3-8절); 사마리아 함락 (9-12절); 산헤립 왕의 침략 (13-16절); 예루살렘 포위 (17-37절).

18:1-2 *삼년.* 히스기야가 그의 아버지 아하스 왕과 섭정정치를 시작한 해이다. 그의 실제 통치는 기원전 715년에 시작되었다.

18:3-8 18:3 저자는 히스기야 왕에게 하나님이 기뻐하시는 일을 행하는 것과 다윗이 보여준 이상적 왕의 모습을 지키며 치세하는 것을 칭찬한다. 다른 세 명의 왕들만이 이와 유사한 칭찬을 듣는다: 아사 (왕상 15:11), 여호사밧 (왕상 22:43), 그리고 요시야 (왕하 22:2). **18:4** 저자는 히스기야가 *산당* (왕상 3:2에 관한 주석을 보라), *돌기둥* (왕상 14:23에 관한 주석을 보라), *목상* (왕상 14:15에 관한 주석을 보라)을 파괴한 업적을 칭찬하고 있다. *느후스단.* 이것은 모세 이후 성전에 보관되어 온 청동으로 만든 뱀이었으며 (민 21:8-9), 느후스단은 치료를 대행해 주는 존재로서 섬김을 받고 있다. **18:7-8** 그는 *앗시리아 왕에게 반기를 들고.* 반란 연도는 기록되지 않고 있다. 이 사건은 산헤립 왕의 침

왕이 없었다. 6 그는 주님에게만 매달려, 주님을
배반하는 일이 없이, 주님께서 모세에게 명하신
계명들을 준수하였다. 7 어디를 가든지, 주님께서
그와 같이 계시므로, 그는 늘 성공하였다. 그는 앗
시리아 왕에게 반기를 들고, 그를 섬기지 않았다.
8 그는 가사와 그 전 경계선까지, 또 망대로부터
요새화된 성읍에 이르기까지, 블레셋을 모두 쳐
부수었다.

9 히스기야 왕 제 사년 곧 이스라엘의 엘라의
아들 호세아 왕 제 칠년에, 앗시리아의 살만에셀
왕이 사마리아를 포위하여, 10 세 해 만에 그 도
성을 함락시켰다. 곧 히스기야 제 육년과, 이스라
엘의 호세아 왕 제 구년에 그들이 사마리아를 함
락시킨 것이다. 11 앗시리아 왕은 이스라엘 사
람들을 앗시리아로 사로잡아 가서, 그들을 할라와
고산 강 가의 하볼과 메대의 여러 성읍에 이주
시켰다.

12 이렇게 된 것은, 그들이 자기들의 하나님
이신 주님의 말씀을 듣지 않고, 그의 언약을 깨뜨
렸으며, 주님의 종 모세가 명령한 모든 것을, 순
종하지도 않고 실천하지도 않았기 때문이다.

앗시리아 사람들이 예루살렘을 위협하다

(대하 32:1-19; 사 36:1-22)

13 히스기야 왕 제 십사년에 앗시리아의 산
헤립 왕이 올라와서, 요새화된 유다의 모든 성읍을
공격하여 점령하였다. 14 그래서 유다의 히스기야
왕은 라기스에 와 있는 앗시리아 왕에게 전령을
보내어 말하였다. "우리가 잘못하였습니다. 철수만
해주시면, 요구하시는 것은 무엇이나 드리겠습니
다." 그러자 앗시리아 왕은 유다의 히스기야 왕에게
은 삼백 달란트와 금 삼십 달란트를 요구하였다.
15 그리하여 히스기야는 주님의 성전과 왕궁의
보물 창고에 있는 은을 있는 대로 다 내주었다.
16 그 때에 유다의 히스기야 왕은, 주님의 성전
문과 기둥에 자신이 직접 입힌 금을 모두 벗겨서,
앗시리아 왕에게 주었다. 17 그런데도 앗시리아
왕은 다르단과 랍사리스와 랍사게에게 많은 병력을
주어서, 라기스에서부터 예루살렘으로 올려보내어
히스기야 왕을 치게 하였다. 그들은 예루살렘으로
올라가서, 윗 저수지의 수로 곁에 있는 빨래터로
가는 큰 길 가에 포진하였다. 18 그들이 왕을 부
르자, 힐기야의 아들 엘리야김 궁내대신과 셉나
서기관과 아삽의 아들 요아 역사기록관이 그들을
맞으러 나갔다. 19 랍사게가 그들에게 말하였다.
"히스기야에게 전하여라. 위대한 왕이신 앗시리
아의 임금님께서 이렇게 말씀하신다. '네가 무엇
을 믿고 이렇게 자신만만하냐? 20 전쟁을 할 전
술도 없고, 군사력도 없으면서 입으로만 전쟁을
할 수 있다고 생각하느냐? 네가 지금 누구를 믿고
나에게 반역하느냐? 21 그러니 너는 부러진 갈대
지팡이 같은 이집트를 의지한다고 하지만, 그
것을 믿고 붙드는 자는 손만 찔리게 될 것이다.
이집트의 바로 왕을 신뢰하는 자는 누구나 이와
같이 될 것이다. 22 너희는 또 나에게, 주 너희의

략 사건(기원전 701년)의 자극제가 되었던 것 같다. 히스기야 왕은 아하스 왕이 아람과 이스라엘 연합군과의 전투에서 블레셋에게 빼앗긴 영토를 다시 회복하였다 (16:6에 관한 주석을 보라; 또한 대하 28:18을 보라). 저자는 이러한 모든 좋은 일들을 히스기야 왕의 신실함에 대한 하나님의 축복으로 이해하고 있다.

18:9-12 이 구절들은 사마리아 함락 사건에 관한 이야기(왕하 17:3-6)를 남왕국의 관점에서 재서술함으로써 반복하고 있다. 왜냐하면 히스기야 왕에 대한 연대 정보를 호세아 왕의 연대와 관련시켜 이해하려고 하기 때문이다. 12절은 사마리아 함락에 대한 저자의 신학적 설명이다.

18:13-16 **18:13** 사 36:1-22에 기록된 평행 본문을 보라. *십사년.* 앗시리아의 역사기록에 따르면, 산헤립 왕은 유다를 기원전 701년에 침공하였다. 따라서 히스기야 왕은 유다의 유일한 왕으로서는 715년부터 다스리기 시작했던 것이다. *산헤립.* 앗시리아의 왕이었으며 사르곤 2세의 아들이자 후계자였다. 앗시리아 문헌에 따르면, 그는 예루살렘을 공격하기 이전에 먼저 유다의 46개 도시와 마을들을 점령하였다. **18:14-16** *라기스.* 예루살렘 남서쪽에 위치한 도시. 앗시리아 군대와의 전쟁을 피하기 위해, 히스기야 왕은 성전과 왕실 금고에서 돈을 꺼내고 성전 문의 금을 벗겨내어 사르곤에게 조공으로 바쳤다.

18:17-37 **18:17** *다르단.* 앗시리아 최고 군사령관 (사 20:1). *랍사리스.* "내시 우두머리" 혹은 군대 장관이자 외교관 (렘 39:3, 13). *랍사게.* "집사 우두머리" (chief butler) 혹은 앗시리아 왕실 외교관으로 앗시리아 왕의 대변자. *라기스.* 유다의 도시이며, 앗시리아 왕은 라기스에 식민지본부를 건설하였다. *윗 저수지의 수로.* 이 수로는 기혼샘에서 예루살렘으로 물을 대는 수로였다 (사 7:3). **18:18** *엘리야김.* 궁내대신이었다 (왕상 4:6). *셉나.* 서기관 혹은 왕실 비서였다. 요아는 왕의 출입을 알리는 왕실 보도자였으며 (왕상 4:3), 왕의 칙령을 보존하고 해석하던 기록자였다. **18:19-25** 세 명의 앗시리아 장관들은 *위대한 왕*, 곧 앗시리아 왕을

하나님을 의지한다고 말하겠지마는, 유다와 예루
살렘에 사는 백성에게, 예루살렘에 있는 이 제단
앞에서만 경배하여야 한다고 하면서, 산당과 제
단들을 모두 헐어 버린 것이, 바로 너 히스기야가
아니냐!' 23 이제 나의 상전이신 앗시리아의 임
금님과 겨루어 보아라. 내가 너에게 말 이천 필을
준다고 한들, 네가 그 위에 탈 사람을 내놓을 수
있겠느냐? 24 그러니 네가 어찌 내 상전의 부하
들 가운데서 하찮은 병사 하나라도 물리칠 수 있
겠느냐? 그러면서도 병거와 기병의 지원을 받으
려고 이집트를 의존하느냐? 25 이제 생각하여
보아라. 내가 이 곳을 쳐서 멸망시키려고 오면서,
어찌 너희가 섬기는 주님의 허락도 받지 않고 왔
겠느냐? 너희의 주님께서 내게 말씀하시기를, 그
땅을 치러 올라가서, 그 곳을 멸망시키라고, 나에게
친히 이르셨다."

26 힐기야의 아들 엘리야김과 셉나와 요아 가
랍사게에게 말하였다. "성벽 위에서 백성들이
듣고 있으니, 우리에게 유다 말로 말씀하지 말아
주십시오. 이 종들에게 시리아 말로 말씀하여 주
십시오. 우리가 시리아 말을 알아듣습니다."

27 그러나 랍사게가 그들에게 대답하였다.
"나의 상전께서, 나를 보내셔서, 이 말을 하게 하신
것은, 다만 너희의 상전과 너희만 들으라고 하신
것이 아니다. 너희와 함께, 자기가 눈 대변을 먹
고 자기가 본 소변을 마실, 성벽 위에 앉아 있는
저 백성에게도 이 말을 전하라고 나를 보내셨다."
28 랍사게가 일어나서 유다 말로 크게 외쳤다.
"너희는 위대한 왕이신 앗시리아의 임금님께서
하시는 말씀을 들어라! 29 임금님께서 이렇게 말
씀하신다. '히스기야에게 속지 말아라. 그는 너희를
내 손에서 구원해 낼 수 없다. 30 히스기야가 너
희를 속여서, 너희의 주가 너희를 구원할 것이며,
이 도성을 앗시리아 왕의 손에 절대로 넘겨 주지
않으실 것이라고 말하면서, 너희로 주님을 의지
하게 하려 하여도, 너희는 그 말을 믿지 말아라.
31 히스기야의 말을 듣지 말아라.' 앗시리아의
임금님께서 이렇게 말씀하신다. '나와 평화조약을
맺고, 나에게로 나아오너라. 그리하면 너희는 각각
자기의 포도나무와 자기의 무화과나무에서 난 열
매를 따 먹게 될 것이며, 각기 자기가 판 샘에서
물을 마시게 될 것이다. 32 내가 다시 와서 너희
의 땅과 같은 땅, 곧 곡식과 새 포도주가 나는 땅,
빵과 포도원이 있는 땅, 올리브 기름과 꿀이 흐르
는 땅으로 너희를 데려가서, 거기에서 살게 하고,
죽이지 않겠다. 그러므로 히스기야의 말을 듣지
말아라. 너희의 주가 너희를 구원할 것이라고 너
희를 설득하여도, 히스기야의 말을 듣지 말아라.
33 뭇 민족의 신들 가운데서 어느 신이 앗시리아
왕의 손에서 자기 땅을 구원한 일이 있느냐?
34 하맛과 아르밧의 신들은 어디에 있으며, 스발
와임과 헤나와 아와의 신들은 또 어디에 있느냐?
그들이 사마리아를 내 손에서 건져 내었느냐?
35 여러 민족의 신들 가운데서, 그 어느 신이 내
손에서 자기 땅을 구원한 일이 있기에, 주 너희의
하나님이 내 손에서 예루살렘을 구원해 낸다는
말이냐?'"

36 백성은 한 마디도 대답하지 않고 조용히
있었다. 그에게 아무런 대답도 하지 말라는 왕의
명령이 있었기 때문이다. 37 힐기야의 아들
엘리야김 궁내대신과 셉나 서기관과 아삽의 아들
요아 역사기록관이, 울분을 참지 못하여 옷을 찢
으며 히스기야에게 돌아와서, 랍사게의 말을 그
대로 전하였다.

대신하여 협상을 하고 있으며, 히스기야 왕이 저항해서는 안 되는 몇 가지 이유를 제시하고 있다: 히스기야 왕의 분노로 인해 하나님은 백성들을 돕지 않는다. 이집트는 이제 *부러진 갈대 지팡이*와 같기 때문에 유다 왕국을 도울 수 없다. 히스기야의 군사 대부분은 사기가 저하되어 있다. 마지막으로 앗시리아 사람들은 예루살렘 침공에 하나님의 동의가 있었음을 주장하였다 (사 10:5-6). **18:26-27** 유다 고관들은 앗시리아 사람들의 말을 함께 듣고 있던 백성에게 혼란을 야기시킨다고 생각하고 있었으며, 또한 우려하고 있었다. 그래서 *유다 말* 곧 히브리어가 아닌 앗시리아 제국에서 외교언어로 사용되던 *시리아어*로 말해 줄 것을 요청했다. **18:28-35** 앗시리아 외교관들은 계속해서 실용적인 면에 초점을 맞추며 논의를 진행하였다: 다른 어떤 민족의 신들이 앗시리아 공격으로부터 자기 백성을 보호할 수 있었는가? 사마리아의 신들 역시 그럴 수 없었다. 심지어 이스라엘의 하나님도 예루살렘을 구원할 수 없었다 (35절). **18:36-37** 히스기야 왕은 예루살렘 주민들에게 앗시리아 사절단의 무법한 신성모독적 발언들에 대해 아무 대응도 하지 말 것을 명령한다. 히스기야의 협상관료들은 울분에 북받쳐 옷을 찢었다.

19:1-37 18—19장에 기록된 앗시리아의 포위 공격에 대한 자세한 설명이 분명치 않다. 일부 학자들은 19장의 사건들이 18:13-16에 묘사된 기원전 701년 산

왕이 이사야의 충고를 듣고자 하다
(사 37:1-7)

19 1 히스기야 왕도 이 말을 듣고, 울분을
참지 못하여 자기의 옷을 찢고, 베옷을
두르고, 주님의 성전으로 들어갔다. 2 그는 엘리
야김 궁내대신과 셉나 서기관과 원로 제사장들에게
베옷을 두르게 한 뒤에, 이 사람들을 아모스의 아들
이사야 예언자에게 보냈다. 3 그들이 이사야에게
가서 히스기야 왕의 말씀이라고 하면서, 이렇게
말하였다. "오늘은 환난과 징계와 굴욕의 날입니다.
아이를 낳으려 하나, 낳을 힘이 없는 산모와도 같
습니다. 4 주 예언자님의 하나님께서는, 랍사게가
한 말을 다 들으셨을 것입니다. 랍사게는, 살아 계
신 하나님을 모욕하려고, 그의 상전인 앗시리아
왕이 보낸 자입니다. 주 예언자님의 하나님께서
그가 하는 말을 들으셨으니, 그를 심판하실 것입
니다. 예언자님께서는 여기에 남아 있는 우리들이
구원받도록 기도하여 주십시오."
5 히스기야 왕의 신하들이 이사야에게 가서
이렇게 말하니, 6 이사야가 그들에게 대답하였
다. "당신들의 왕에게 이렇게 전하십시오. 주님께
서 이렇게 말씀하십니다. '앗시리아 왕의 부하들
이 나를 모욕하는 말을 네가 들었다고 하여, 그렇
게 두려워하지 말아라. 7 내가 그에게 한 영을
내려 보내어, 그가 뜬소문을 듣고 자기의 나라로
돌아가게 할 것이며, 거기에서 칼에 맞아 죽게 할
것이다.'"

앗시리아가 또 다른 협박을 해 오다
(사 37:8-20)

8 랍사게는 자기의 왕이 라기스를 떠났다는
소식을 듣고 후퇴하여, 립나를 치고 있는 앗시리
아 왕과 합세하였다. 9 그 때에 앗시리아 왕은
ㄱ)에티오피아의 디르하가 왕이 자기와 싸우려고
출전하였다는 말을 들었다. 그리하여 그는 히스기
야에게 다시 사신들을 보내어, 이렇게 말하였다.
10 "너희는 유다의 히스기야 왕에게 이렇게 전하
여라. '네가 의지하는 네 하나님이 예루살렘을 앗
시리아 왕의 손에 넘어 가게 하지 않을 것이라고
해도, 너는 그 말에 속지 말아라. 11 너는 앗시
리아의 왕들이 다른 모든 나라를 멸하려고 어떻게
하였는지를 잘 들었을 것이다. 그런데 너만은 구
원을 받을 수 있을 것이라고 믿느냐? 12 나의 선
왕들이 멸망시킨 고산과 하란과 레셉과, 그리고
들라살에 있는 에덴 족을 그 민족들의 신들이 구
하여 낼 수 있었느냐? 13 하맛의 왕, 아르밧의 왕,
스발와임 도성의 왕, 그리고 헤나와 이와의 왕들이
모두 어디로 갔느냐?'"
14 히스기야는 사신들에게서 이 편지를 받아
읽었다. 그리고는 주님의 성전으로 올라가서, 주님
앞에 편지를 펴 놓은 뒤에, 15 주님께 기도하였다.
"그룹들 위에 계시는 주 이스라엘의 하나님, 주님
만이 이 세상의 모든 나라를 다스리시는 오직 한

ㄱ) 또는 '누비아'. 히, '구스', 나일 강 상류 지역

헤립의 침공과 관계된다고 간주한다. 다른 학자들은 19장의 사건들이 후에 일어난 산헤립의 공격시기에 발생했다고 주장하고 있다. 19장은 예루살렘 포위에 대한 추가적인 세부설명과 기적적으로 도시가 구원된 이야기를 전하고 있다: 히스기야에 대한 주님의 약속 (1-7절); 산헤립이 파송한 두 번째 사절단(8-13절); 구원을 기원하는 히스기야의 기도 (14-19절), 산헤립 왕의 말에 대한 하나님의 대답 (20-28절); 히스기야에게 보인 하나님의 징표 (19-31절); 예루살렘의 해방을 예언하는 이사야 (32-34절), 그리고 산헤립의 죽음 (35-37절).

19:1-7 19:1 앗시리아 사절단의 전갈을 받고 두려워하는 히스기야 왕은 *자기의 옷을 찢고 베옷을 두른다.* 이러한 행위는 비탄한 심정과 깊은 분노의 표시를 의미한다. **19:2** 왕은 궁내 대신들로 구성된 사절단을 예언자 이사야에게 보냈다. 엘리야김과 셉나에 관해서는 18:18을 보라. **19:4** 왕은 도시에 *남아 있는* 자들을 위해 하나님께 중보하여 달라고 이사야에게 요청했다. **19:5-6** *주님께서 이렇게 말씀하십니다.* 이 표현은 예언자의 말이 하나님의 권위를 가지고 있다는 점을 분명히 밝히고 있다. *두려워하지 말아라.* 이 표현은 구원 혹은 해방 예언에 대한 일반적 서언이다 (왕상 17:13; 왕하 6:16). **19:7** *영.* 하나님은 앗시리아 왕 산헤립이 뜬소문을 들어 포위공격을 포기하고 고국 앗시리아로 되돌아가게 하여, 그 곳에서 암살당하도록 하였다.

19:8-13 19:8-9 산헤립은 라기스에 식민지 기지를 건설하였다 (18:17). 산헤립이 라기스를 떠나 립나(유다 세펠라에 위치한 가나안 도시)를 치고 있는 이유는 분명하지 않다. 아마도 산헤립은 에티오피아의 디르하카가 지휘하고 있었던 이집트의 공격으로부터 방어하기 위하여 그러했던 것으로 추측된다. **19:10-13** 앗시리아 왕은 히스기야에게 두 번째 전갈을 보냈는데, 이것은 개인적인 편지로서 (14절), 다른 나라들의 신들이 자신들의 나라를 구원해 줄 수 없었던 것처럼 하나님 역시 이스라엘을 구원해 줄 수 없으니 항복하라는 것이었다. 앗시리아 군대는 *고산, 하란,* 그리고 *레셉과* 아람 왕국인 에덴을 정복하였다.

분뿐인 하나님이시며, 하늘과 땅을 만드신 분이
십니다. 16 주님, 귀를 기울여 들어 주십시오.
주님, 눈여겨 보아 주십시오. 살아 계신 하나님을
모욕하는 말을 전한 저 산헤립의 망언을 잊지
마십시오. 17 주님, 참으로 앗시리아의 왕들이
여러 나라와 그 땅을 마구 짓밟아 버렸습니다.
18 여러 민족이 믿는 신들을 모두 불에 던져 태
웠습니다. 물론 그것들은 참 신이 아니라, 다만 나
무와 돌로 만든 것이었기에, 앗시리아 왕들에게
멸망당할 수밖에 없었습니다마는, 19 주 우리의
하나님, 이제 그의 손에서 우리를 구원하여 주셔서,
세상의 모든 나라가, 오직 주님만이 홀로 주 하나
님이심을 알게 하여 주십시오."

이사야가 왕에게 전한 말 (사 37:21-38)

20 아모스의 아들 이사야가 히스기야에게 사
람을 보내어, 이렇게 말하였다. "주 이스라엘의
하나님께서는, 임금님께서 앗시리아의 산헤립 왕
의 일 때문에 주님께 올린 그 기도를 주님께서 들
으셨다고 말씀하시면서, 21 앗시리아 왕을 두고
다음과 같이 말씀하셨습니다.

'처녀 딸 시온이 오히려
너 산헤립을 경멸하고
비웃을 것이다.
딸 예루살렘이 오히려
물러나는 네 뒷모습을 보면서
머리를 흔들 것이다.

22 네가 감히
누구를 모욕하고 멸시하였느냐?
네가 누구에게 큰소리를 쳤느냐?
나 이스라엘의 거룩한 자에게
감히 네 눈을 부릅떴느냐?

23 네가 전령들을 보내어
나 주를 조롱하며 말하기를,
내가 수많은 병거를 몰아
높은 산 이 꼭대기에서
저 꼭대기까지
레바논의 막다른 곳까지
깊숙히 들어가서
키 큰 백향목과 아름다운 잣나무를
베어 버리고,
울창한 숲 속 깊숙히 들어가서
그 끝까지 들어갔고,
24 그리고는 땅을 파서
다른 나라의 물을 마시며,
발바닥으로 밟기만 하고서도
이집트의 모든 강물을
말렸다고 하였다.

25 그러나 산헤립아,
너는 듣지 못하였느냐?
그런 일은 이미 내가
오래 전에 결정한 것들이고,
이미 내가
아득한 옛날부터 계획한 것들이다.
이제 내가 그것을 이루었을 뿐이다.
그래서 네가
견고한 요새들을
돌무더기로 만들고,
26 여러 민족의 간담을 서늘하게 하고,
공포에 질리게 하고,
부끄럽게 하였다.
민족들은 초목과 같고
자라기도 전에
말라 버리는 풀포기나
지붕 위의 잡초와 같았다.

19:14-20 *주님 앞에 편지를 펴 놓은 뒤에.* 히스기야는 편지를 가지고 성전으로 올라가 주님 앞에서 그 편지를 열어 보았다. *그룹들 위에 계시는* (삼상 4:4; 왕상 6:23-28). 그룹들을 지칭한 이유는 히스기야가 깊은 절망 속에 있기에 일반적으로 대제사장만이 들어갈 수 있는 지성소에 들어가 제단 앞에서 기도하고 있었다는 것을 가리키고 있다. *살아계신 하나님을 모욕하는 말.* 산헤립의 편지는 살아계신 하나님을 모독하는 것이었다. *그것들은 참 신이 아니라* 이방 나라의 신들을 대표하는 우상들은 단지 인간이 만든 것일 뿐이다 (사 44:9-20; 렘 10:1-5).

19:21-28 **19:21** 산헤립에 대한 이 애가는 히스기야의 기도에 대한 하나님의 응답이다. *처녀 딸.* 이 표현은 예루살렘을 가리키는 은유적 표현이다 (애 2:13). **19:22** *이스라엘의 거룩한 자.* 이 표현은 이사야 혹은 그의 제자들이 (사 1:4; 5:19, 24) 하나님께서 구별하여 주셨음을 강조하기 위해 종종 사용되었던 칭호이다. **19:25** 예언자는 앗시리아의 모든 정복사업이 하나님의 다스림 아래 놓여 있다는 점을 확언해 주고 있다. **19:28** *내가 네 코에 쇠 갈고리를 꿰고.* 무섭게 빈정거리는 표현이다: 산헤립과 그의 군대는 쇠 갈고리를 이용하여 백성들을 강제로 이송시켰다 (겔

27 나는 다 알고 있다.
네가 앉고 서는 것,
네 나가고 들어오는 것,
네가 내게 분노를 품고 있다는 것도,
나는 모두 다 알고 있다.
28 네가 내게 품고 있는 분노와 오만을,
이미 오래 전에 내가 직접 들었기에,
내가 네 코에 쇠 갈고리를 꿰고,
네 입에 재갈을 물려,
네가 왔던 그 길로
너를 되돌아가게 하겠다.

29 히스기야야,
너에게 증거를 보이겠다.
백성이 금년에
들에서 저절로 자라난 곡식을 먹고,
내년에도
들에서 저절로 자라난 곡식을
먹을 것이다.
그러나 내후년에는
백성이 씨를 뿌리고
곡식을 거둘 것이며,
포도밭을 가꾸어서
그 열매를 먹게 될 것이다.
30 유다 사람들 가운데서
환난을 피하여
살아 남은 사람들이 다시 땅 아래로
깊이 뿌리를 내리고,
위로 열매를 맺을 것이다.
31 살아 남은 사람들이
예루살렘에서부터 나오고,
환난을 피한 사람들이
시온 산에서부터 나올 것이다.

나 주의 열심이
이 일을 이룰 것이다.'

32 그러므로 앗시리아의 왕을 두고, 주님께
서 이렇게 말씀하십니다. '그는 이 도성에 들어오
지 못하며, 이리로 활 한 번 쏴 보지도 못할 것이
다. 방패를 앞세워 접근하지도 못하며, 성을 공격
할 흙 언덕을 쌓지도 못할 것이다. 33 그는 왔던
길로 되돌아간다. 이 도성 안으로는 결코 들어오
지 못한다. 이것은 나 주의 말이다. 34 나는 내
명성을 지키기 위해서라도 이 도성을 보호하여 구
원하고, 내 종 다윗을 보아서라도 그렇게 하겠
다.'"

산헤립의 최후

35 그 날 밤에 주님의 천사가 나아가서, 앗
시리아 군의 진영에서 십팔만 오천 명을 쳐죽였
다. 다음날 아침이 밝았을 때에 그들은 모두 주검
으로 발견되었다.
36 앗시리아의 산헤립 왕이 그 곳을 떠나, 니
느웨 도성으로 돌아가서 머물렀다. 37 그러던
어느 날, 그가 자기의 신 니스록의 신전에서 예배
하고 있을 때에, 그의 아들 아드람멜렉과 사레셀이
그를 칼로 쳐죽이고, 아라랏 땅으로 도망하였다.
그의 아들 에살핫돈이 뒤를 이어 왕이 되었다.

38장; 암 4:2); 이제 하나님은 이와 비슷하게 산헤립을 유다로부터 축출하신다.

19:29-31 19:29 *증거.* 하나님의 계획을 계시하는 사건. 앗시리아 군대가 모든 작물을 도적질하고 땅을 황폐시켰기 때문에, 이스라엘 백성은 자연적으로 생산되는 야생식물을 2년 동안 먹고 살아갔다. 그러나 3년째 되는 해에 그들은 곡물을 재배하고 수확하게 될 것이다. **19:30-31** 동일한 방식으로, 유다의 생존자들이 성장하여 그 땅에서 번성하게 될 것이다.

19:32-34 산헤립이 예루살렘을 치고 히스기야로부터 조공을 취하였기 때문에 (18:13-16 참조), 예루살렘을 함락시키지 못한 산헤립에 대한 이야기는 두 번째 공격을 시사해 준다. *나는 내 명성을 지키기 위해서라도.* 예루살렘이 구원되는 것은 하나님이 자신의 명성을 지키고자 함이었으며 (34절; 18:20-35; 19:10-13 참조), 다윗과 맺은 언약으로 인함이었다. 예루살렘은 하나님이 보호해 주실 것이기 때문에 범할 수 없는 성읍이다 (시 2; 76).

19:35-37 19:35 하나님의 천사가 하룻밤에 앗시리아 군사 십분의 일을 죽였다. 이는 죽음의 천사가 행한 전염병으로 인한 것으로 추정된다 (출 12:23; 삼하 24:9-16).

19:36-37 산헤립이 니느웨 도성으로 되돌아와 니스록 신전(알려지지 않은 앗시리아 신)에서 예배하고 있을 때 그의 두 아들에 의해 암살당했다. 본문은 비록 산헤립이 예루살렘 포위공격을 포기하고 되돌아오자마자 암살당한 것처럼 보이지만, 앗시리아 기록에 따르면, 그는 예루살렘 원정을 마치고 돌아온 후 적어도 10년에서 20년 후인 기원전 681년에 암살당하였다.

히스기야의 발병과 회복
(대하 32:24-26; 사 38:1-8; 21-22)

20 1 그 무렵에 히스기야가 병이 들어 거의
죽게 되었는데, 아모스의 아들 이사야 예
언자가 그에게 와서 말하였다. "주님께서 이렇게
말씀하십니다. '네가 죽게 되었으니 네 집안의 모든
일을 정리하여라. 네가 다시 회복되지 못할 것
이다.'" 2 이 말을 듣고서, 히스기야는 그의 얼
굴을 벽쪽으로 돌리고, 주님께 기도하여 3 아뢰
었다. "주님, 주님께 빕니다. 제가 주님 앞에서 진
실하게 살아온 것과, 온전한 마음으로 순종한 것
과, 주님께서 보시기에 선한 일을 한 것을, 기억
해 주십시오." 이렇게 기도하고 나서, 히스기야는
한참 동안 흐느껴 울었다. 4 이사야가 궁전 안뜰
을 막 벗어나려 할 때에, 주님께서 이사야에게 말
씀하셨다. 5 "너는 되돌아가서 내 백성의 주권
자인 히스기야에게 전하여라. '네 조상 다윗을 돌
본 나 주 하나님이 말한다. 네가 기도하는 소리를
내가 들었고, 네가 흘리는 눈물도 내가 보았다. 내
가 너를 고쳐 주겠다. 사흘 뒤에는 네가 주의 성
전으로 올라갈 수 있을 것이다. 6 내가 너의 목
숨을 열다섯 해 더 연장시키고, 너와 이 도성을 앗
시리아 왕의 손에서 구하여서, 이 도성을 보호하
겠다. 내 명성을 지키기 위해서라도, 그리고 내 종
다윗을 보아서라도, 내가 이 도성을 보호하겠다.'"
7 그리고 이사야가 왕의 신하들에게, 무화과
반죽을 가져 오라고 하였다. 신하들이 그것을 가져
와서 왕의 상처 위에 붙이니, 왕의 병이 나았다.
8 히스기야가 이사야에게 말하였다. "주님께서
나를 고치셔서, 사흘 뒤에는 내가 주님의 성전에
올라갈 수 있게 된다고 하셨는데, 그 증거가 무엇
입니까?" 9 이사야가 대답하였다. "주님께서 그
약속하신 바를 그대로 이루실 것을 보여 주는 증
거가 여기에 있습니다. 해 그림자를 십 도 앞으로
나아가게 할지, 십 도 뒤로 물러나게 할지, 어떻
게 하는 것이 좋을지 말씀해 주십시오." 10 히스
기야가 대답하였다. "해 그림자를 십 도 더 나아
가게 하는 것은 쉬운 일인 것 같습니다. 그러므로
그림자가 십 도 뒤로 물러나게 해주십시오."
11 이사야 예언자가 주님께 기도를 드린 뒤에,
아하스의 해시계 위로 드리운 그 그림자를 뒤로
십 도 물러나게 하였다.

바빌로니아에서 온 사절단 (사 39:1-8)

12 그 때에 발라단의 아들 바빌로니아의 므
로닥발라단 왕이, 히스기야가 병들었다는 소식을
듣고, 친서와 예물을 히스기야에게 보내 왔다.
13 ㄱ)히스기야는 그들을 반가이 맞아들이고, 보물
창고에 있는 은과 금과 향료와 향유와 무기고와
창고 안에 있는 모든 것을 그들에게 다 보여 주었
다. 히스기야는 그들에게 궁궐과 나라 안에 있는
것을 하나도 빠짐없이 모두 다 보여 주었다.

ㄱ) 칠십인역과 불가타와 시리아어역을 따름. 히, '히스기야가 그들에 관하여 들었을 때에'

20:1-21 20장은 히스기야에게 발생한 두 가지 사건을 설명하고 있다. 이 사건들은 산헤립이 기원전 701년 군사원정을 시작하기 이전에 발생하였다: 히스기야의 치료(1-11절)와 므로닥발라단 왕이 보낸 사절단 (12-19절). 그리고 이 장은 히스기야의 죽음으로 끝이 난다 (20-21절).

20:1-11 20:1 *그 무렵에.* 저자는 이 사건들이 발생한 시기에 대한 충분한 연대에 관한 정보를 제공하지 않고 있다. 6절과 12절은 이 사건들이 산헤립 침공 이전에 발생했다는 것을 암시해주고 있을 뿐이다 (18:13을 보라). 히스기야가 곧 죽게 되기 때문에, 그는 집안의 모든 일을 정리하도록 요청받았다 (삼하 17:23). **20:2-3** *그의 얼굴을 벽쪽으로 돌리고.* 왕이 나쁜 소식을 사적으로 처리하고자 하는 심정을 나타내는 의사표시 (왕상 21:4). *주님께 기도하여 아뢰었다.* 신명기학파 저자는 기도에 사용되는 말들을 사용하여 한 사람의 신실함으로 묘사하고자 한다. **20:4-6** *네가 기도하는 소리를 내가 들었고.* 히스기야의 신실한 기도 때문에 하나님은 히스기야의 운명을 바꾸어 주신다. 즉 15년의 생명을 연장시켜 주시고 (출 32:14; 암 7:1-6; 욘 3:10), 예루살렘을 앗시리아의 공격에서 구원하겠다고 하나님은 약속해 주신다. *내 명성을 지키기 위해서라도.* (개역개정은 "내가 나를 위하고" 라고 번역했고; 공동번역은 "나 자신과 나의 종 다윗을 보아서"로 번역했음. "명성"은 문장상의 흐름을 위하여 추가된 단어이다.) 이 표현에 대해서는 19:34를 보라. **20:7** *무화과 반죽.* 고대사회에서 무화과는 궤양 치료제로 사용되었다. 상처는 피부병을 가리킨다; 출 9:9; 레 13:18-19; 욥 2:7을 보라. **20:8-11** *증거.* 이것에 대해서는 19:19를 보라. 하나님의 약속을 확증시키는 증거로서 이사야는 *아하스의 해시계에* 드리우는 그림자를 앞으로 더 나아가게 하거나 뒤로 물러나게 하겠다고 약속한다. 해시계는 일종의 계단 형태로 되어 있었으며, 시계로 사용되었다. 히스기야는 그림자를 뒤로 물러나게 하는 것, 곧 시간을 뒤로 돌리는 것이 훨씬 더 기적적인 일임을 주장한다.

14 그 때에 이사야 예언자가 히스기야에게 와서 물었다. "이 사람들이 무슨 말을 하였습니까? 이 사람들은 어디에서 온 사람들입니까?" 히스기야가 대답하였다. "그들은 먼 나라 바빌로니아에서 온 사람들입니다." 15 이사야가 또 물었다. "그들이 임금님의 궁궐에서 무엇을 보았습니까?" 히스기야가 대답하였다. "그들은 나의 궁궐 안에 있는 모든 것을 보았고, 나의 창고 안에 있는 것도, 그들이 못 본 것은 하나도 없습니다." 16 이사야가 히스기야에게 말하였다. "주님의 말씀을 들으십시오. 17 '그 날이 다가오고 있다. 그 날이 오면, 네 왕궁 안에 있는 모든 것과, 오늘까지 네 조상이 저장하여 놓은 모든 보물이, 남김없이 바빌론으로 옮겨 갈 것이다.' 주님께서 또 말씀하십니다. 18 '너에게서 태어날 아들 가운데서 더러는 포로로 끌려가서, 바빌론 왕궁의 환관이 될 것이다.'" 19 히스기야가 이사야에게 말하였다. "예언자께서 전하여 준 주님의 말씀은 지당한 말씀입니다." 히스기야는 자기가 살아 있는 동안만이라도 평화와 안정이 계속된다면, 그것만으로도 다행이라고 생각하였다.

히스기야 통치의 끝 (대하 32:32-33)

20 히스기야의 나머지 행적과, 그가 누린 모든 권력과, 어떻게 그가 저수지를 만들고 수로를 만들어서 도성 안으로 물을 끌어들였는지는 '유다 왕 역대지략'에 기록되어 있다. 21 히스기야가 그의 조상과 함께 누워 잠드니, 그의 아들 므낫세가 그의 뒤를 이어 왕이 되었다.

유다 왕 므낫세 (대하 33:1-20)

21 1 므낫세는 왕이 되었을 때에 열두 살이었다. 그는 예루살렘에서 쉰다섯 해 동안 다스렸다. 그의 어머니는 헵시바이다. 2 므낫세는 주님께서 보시기에 악한 일을 하였다. 그는, 주님께서 이스라엘 자손이 보는 앞에서 쫓아내신 이방 사람들의 역겨운 풍속을 따랐다. 3 그는 아버지 히스기야가 헐어 버린 산당들을 다시 세우고, 바알을 섬기는 제단을 쌓았으며, 이스라엘 왕 아합이 한 것처럼, 아세라 목상도 만들었다. 그는 또 하늘의 별을 숭배하고 섬겼다. 4 또 그는, 주님

특별 주석

태양을 멈추어 달라는 여호수아의 기도가 응답되었다고 보도하는 기적처럼 (수 10:12-13), 아하스의 해시계에 드리운 그림자를 뒤로 물러나게 하는 것은 이 사건에서 기적적인 요소를 제거하고자 하는 해석자들에게 도전이 되어 왔다. 이와 같은 기적 이야기들은 하나님의 능력, 곧 하나님의 목적을 달성하기 위해 개인 혹은 공동체의 삶 속에서 역사하는 하나님의 능력에 대한 공동체의 확신을 증거해 주고 있다. 이러한 확신은 백성들이 체험한 실제 경험으로부터 성장하며, 마치 오늘날 기적적인 치유나 하나님의 간섭에 대한 믿음이 신실한 신자들의 경험에 근거하고 있는 것과 마찬가지이다. 이러한 문제에 대해서 개방적인 태도를 가지는 것이 현명한 것처럼 보인다.

20:12-19 **20:12** *므로닥발라단 (Merodach-baladan).* 이 사람은 바빌로니아의 왕이었다. 그는 히스기야 치세 초기에 사절단을 보냈다. 아마도 치료된 것을 축하하기 위한 사절단처럼 보이지만, 실제로는 반앗시리아 동맹에 히스기야의 원조를 얻기 위함이었을 것이다. **20:13** 히스기야가 그들에게 왕실 보물창고와 군사장비 그리고 다른 물건들을 보여주었던 것은 바빌로니아의 뜻에 따라 그들을 돕겠다는 의사를 표현한 것이었을 것이다. **20:16-18** 이사야는 앗시리아에 대항한 그 어떠한 동맹관계도 반대하였다 (사 20:1-6). 이사야는 히스기야의 행위가 결국 유다의 포로생활과 바빌로니아의 유다 약탈 형태로 벌을 받게 될 것임을 예언하였다. *너에게서 태어날 아들*. 히스기야의 자손들을 말한다. 유다는 한 세기 이후에 포로로 끌려가게 되었다. **20:19** 하나님의 심판이 정당하다는 것을 인정함으로써 히스기야는 회개한다. 신명기 편집자는 이 이야기를 후에 발생하게 된 바빌론 포로유수기를 설명하고 정당화하기 위한 근거로 사용하였다.

20:20-21 저자는 히스기야가 기혼 샘(왕상 1:33)에서 물을 끌어들이기 위해 건설한 수로에 대해 특별한 언급을 하고 있다. 이 수로는 예루살렘 도시의 지하를 통해 도성 안에 있는 저수지로 물이 공급되도록 건설되었다. 오래된 도관(18:17; 사 7:3)은 전쟁시에 예루살렘을 공격할 수 있는 좋은 공격로가 되었다. 왜냐하면 샘이 도시 성곽 바깥쪽에 위치하고 있었기 때문이다. 히스기야에 대한 더 많은 이야기는 대하 29—32장; 잠 25:1을 보라.

21:1-26 21장은 므낫세와 그의 아들 아몬의 치세에 대해 이야기하고 있다 (대하 33장). 그는 유다의 왕들 가운데 최악의 왕으로 묘사되고 있다. 므낫세는 히스기야의 종교개혁을 원래 상태로 복구시켰으며, 메소포타미아 형태의 제사제도를 유다 종교로 유입하였고, 이는 유다에서 반세기 이상 배교행위를 조장하는 원인을 제공한 꼴이 되었다. 이 본문은 므낫세 치세 요약 (1-9절); 므낫세에게 내린 하나님의 심판 (10-15

께서 일찍이 "내가 예루살렘 안에 나의 이름을 두
겠다" 하고 말씀하신 주님의 성전 안에도 이방신
을 섬기는 제단을 만들었다. 5 주님의 성전 안팎
두 뜰에도 하늘의 별을 섬기는 제단을 만들어 세
웠다. 6 그래서 그는 자기의 아들들을 ㄱ)불살라
바치는 일도 하고, 점쟁이를 불러 점을 치게도 하고,
마술사를 시켜 마법을 부리게도 하고, 악령과 귀
신을 불러내어 물어 보기도 하였다. 이렇게 하여
그는, 주님께서 보시기에 악한 일을 많이 하여,
주님께서 진노하시게 하였다. 7 그는 자신이 손
수 새겨 만든 아세라 목상을 성전 안에 세웠다.
그러나 이 성전은, 일찍이 주님께서 이 성전을 두고
다윗과 그의 아들 솔로몬에게 말씀하실 때에 "내
가 이스라엘의 모든 지파 가운데서 선택한 이 성전
과, 이 예루살렘 안에 영원토록 내 이름을 두겠다.
8 그리고 그들이, 내가 그들에게 명한 계명과 내
종 모세가 그들에게 명령한 율법을 성실히 지키기
만 하면, 이스라엘이 다시는, 내가 그들의 조상에
게 준 이 땅을 떠나서 방황하지 않게 하겠다" 하
고 말씀하신 그 곳이다. 9 그러나 그 백성들은
이 말씀에 복종하지 않았다. 오히려 므낫세는, 주
님께서 이스라엘 자손의 면전에서 멸망시키신 그
이방 민족들보다 더 악한 일을 하도록 백성을 인
도하였다.

10 그래서 주님께서는 주님의 종, 예언자들을
시켜서 이렇게 말씀하셨다. 11 "유다의 므낫세
왕이 이러한 역겨운 풍속을 따라, 그 옛날 아모리
사람이 한 것보다 더 악한 일을 하고, 우상을 만
들어, 유다로 하여금 죄를 짓도록 잘못 인도하였
으므로, 12 주 이스라엘의 하나님이 말한다. 내가
예루살렘과 유다에 재앙을 보내겠다. 이 재앙의
소식을 듣는 사람은 누구나 가슴이 내려앉을 것
이다. 13 내가 사마리아를 잰 줄과 아합 궁을 달아
본 추를 사용하여, 예루살렘을 심판하겠다. 사람이
접시를 닦아 엎어 놓는 것처럼, 내가 예루살렘을
말끔히 닦아 내겠다. 14 내가 내 소유인, 내 백
성 가운데서 살아 남은 사람을 모두 내버리겠고,
그들을 원수의 손에 넘겨 주겠다. 그러면 그들이
원수들의 먹이가 될 것이고, 그 모든 원수에게 겁
탈을 당할 것이다. 15 그들은 내가 보기에 악한
일을 하였고, 그들이 이집트에서 나온 조상 때로
부터 오늘까지, 나를 분노하게 만들었다.

16 더욱이 므낫세는, 유다로 하여금 나 주가
보기에 악한 일을 하도록 잘못 인도하는 죄를 지
었으며, 죄 없는 사람을 너무 많이 죽여서, 예루
살렘이 이 끝에서부터 저 끝에 이르기까지, 죽은
이들의 피로 흠뻑 젖어 있다."

17 므낫세의 나머지 행적과, 그가 저질러 놓은
일과, 그가 지은 모든 죄는 '유다 왕 역대지략'에
기록되어 있다. 18 므낫세가 죽어서 그의 조상과

ㄱ) 또는 '불로 지나가게 하고'

절); 므낫세의 죽음 (16-18절); 그리고 암몬의 치세에 관한 간단한 설명으로 구성되어 있다 (19-26절).

21:1-9 21:1 므낫세는 열두 살에 왕이 되어, 그의 부친 히스기야와 함께 섭정정치로 시작했다. 그의 부친과 함께 통치한 연수를 계산하면, 그는 55년을 통치하게 되는데, 이는 역대 유다의 왕들의 치세기간보다 훨씬 더 긴 기간이었다. **21:2** 신명기학파 저자는 므낫세의 통치를 비난하고 있는데, 이는 그의 부친 히스기야가 폐지시킨 가나안 종교행위를 재부활시켰기 때문이었다. **21:3-4** 므낫세는 그의 부친이 파괴하였던 *산당*을 재건축하였고 (18:4; 왕상 3:2에 관한 주석을 보라), 바알과 아세라 제단을 건축하였다 (왕상 16:32-33에 관한 주석을 보라). *나의 이름.* 이 의미에 대해서는 왕상 8:14-21에 관한 주석을 보라. **21:5** 므낫세가 앗시리아의 봉신군주였기 때문에, 그는 앗시리아의 천체종교—해, 달, 별들을 섬기는 종교—를 유다 종교로 받아들였다. **21:6** *불살라 바치는 일* 어린아이를 희생제물로 바치던 행위(왕상 16:3-4에 관한 주석을 보라)를 가리킨다. 므낫세는 또한 *점쟁이와 마술사*를 이용하여 죽은 자들과의 대화를 시도하는 등 여러 형태의 점치는 행위를 실행하였다 (이러한 것들은 이스라엘에서 금지된 행위들이다. 레 19:26, 31; 신 18:10-14 참조). **21:7** 그는 아세라 우상을 성전에 두었다 (왕상 14:15에 관한 주석을 보라). **21:8-9** 전형적인 신명기적 언어로 저자는 므낫세의 죄가 모든 이스라엘 백성들을 타락하게 하였으며 백성들을 가나안 원주민들의 죄를 능가할 정도로 만들었다고 설명하고 있다.

21:10-15 21:11 *아모리 사람들.* 이들은 가나안 거주민들 가운데 하나로, 그들의 종교행위는 이스라엘 백성들이 배척해야 할 것들이었다 (왕상 21:25-26에 관한 주석을 보라).

21:12-15 므낫세의 배교 행위에 대한 대응으로, 예언자들은 므낫세와 민족에 대한 가혹한 심판을 천명한다. 사마리아처럼, 예루살렘은 파괴되고 백성들은 포로가 될 것이다. *줄과 추*는 건물 건축에 사용되었던 것들이다 (애 2:8; 암 7:7-9). 그러나 여기서 이 기구들은 파괴의 상징으로 사용된다. 예루살렘은 깨끗이 닦여 엎어 놓은 접시처럼 말끔히 닦여질 것이다 (렘 51:34).

21:16-18 므낫세는 예루살렘에서 죄 없는 사람들을 많이 죽였으며 (16절), 이는 어린아이 희생제물 혹은 예언자 박해를 가리키는 것으로 보인다. *웃사의 정원.* 이 구절 이외에서는 알려지지 않은 곳이다.

함께 누워 잠드니, 그의 궁궐 안에 있는 웃사의 정원에 장사지냈다. 그리고 그의 아들 아몬이 그의 뒤를 이어 왕이 되었다.

유다 왕 아몬 (대하 33:21-25)

19 아몬은 왕이 되었을 때에 스물두 살이었다. 그는 예루살렘에서 두 해 동안 다스렸다. 그의 어머니 므술레멧은 욧바 출신 하루스의 딸이다.
20 그는 아버지 므낫세처럼 주님께서 보시기에 악한 일을 하였고, 21 그의 아버지가 걸어간 길을 모두 본받았으며, 그의 아버지가 섬긴 우상을 받들며 경배하였다. 22 그리고 조상 때부터 섬긴 주 하나님을 잊어버리고, 주님의 길을 따르지 아니하였다. 23 결국 아몬 왕의 신하들이 그를 반역하고, 궁 안에 있는 왕을 살해하였다. 24 그러나 그 땅의 백성은 아몬 왕을 반역한 신하들을 다 죽이고, 아몬의 뒤를 이어서, 그의 아들 요시야를 왕으로 삼았다. 25 아몬이 한 나머지 모든 일은 '유다 왕 역대지략'에 기록되어 있다. 26 그는 웃사의 정원에 있는 그의 묘지에 안장되었다. 그의 아들 요시야가 그의 뒤를 이어 왕이 되었다.

유다 왕 요시야 (대하 34:1-2)

22 1 요시야는 왕이 되었을 때에 여덟 살이었다. 그는 예루살렘에서 서른한 해 동안 다스렸다. 그의 어머니 여디다는 보스갓 출신 아다야의 딸이다. 2 요시야는 주님께서 보시기에 올바른 일을 하였고, 그의 조상 다윗의 모든 길을 본받아, 곁길로 빠지지 않았다.

율법책을 발견하다 (대하 34:8-28)

3 요시야 왕 제 십팔년에 왕은, 아살랴의 아들이요 므술람의 손자인 사반 서기관을, 주님의 성전으로 보내며 지시하였다. 4 "힐기야 대제사장에게 올라가서, 백성이 주님의 성전에 바친 헌금, 곧 성전 문지기들이 백성으로부터 모은 돈을 모두 계산하도록 하고, 5 그 돈을 주님의 성전 공사 감독관들에게 맡겨, 일하는 인부들에게 품삯으로 주어 주님의 성전에 파손된 곳을 수리하게 하시오. 6 목수와 돌 쌓는 사람과 미장이에게 품삯을 주고, 또 성전 수리에 필요한 목재와 석재도 구입하게 하시오. 7 그들은 모두 정직하게 일하는 사람들이니, 일단 돈을 넘겨 준 다음에는 그 돈을 계산하지 않도록 하시오."
8 힐기야 대제사장이 사반 서기관에게, 주님의 성전에서 율법책을 발견하였다고 하면서, 그 책을 사반에게 넘겨 주었으므로, 사반이 그 책을 읽어 보았다. 9 사반 서기관은 그 책을 읽어 본 다음에, 왕에게 가서 "임금님의 신하들이 성전에 모아 둔 돈을 쏟아 내어, 작업 감독관, 곧 주님의 성전 수리를 맡은 감독들에게 넘겨 주었습니다" 하고 보고하였다. 10 사반 서기관은 왕에게, 힐기야 대제사장이 자기에게 책 한 권을 건네 주었

21:19-26 21:19-22 아몬은 그의 부친의 정치 종교 정책을 답습하였으며, 따라서 그의 부친만큼이나 악한 왕으로 묘사되고 있다. **21:23-24** 아몬의 죽음은 유다의 반앗시리아 감정의 결과로 추정된다. 그 *땅의 백성* 이들은 다윗 왕조를 지지하고 있었던 지주들과 자유시민들을 말한다 (11:14를 보라). 그들은 아몬의 암살을 다윗 왕조에 대한 위협으로 간주하였다. 따라서 그들은 아몬의 암살자를 죽이고 어린 요시야를 왕으로 추대하였다. **21:26** *웃사의 정원.* 이 정원에 대해서는 21:18에 관한 주석을 보라.

22:1-20 저자는 요시야에게 많은 부분을 할애하며 (22:1—23:30), 그를 다윗의 뒤를 이은 왕들 가운데 최고의 왕으로 묘사한다. 성전 재건과정에서 발견된 율법서와 함께, 요시야는 유다의 종교생활을 변형시키기 위한 종교개혁을 감행하였다. 신명기서에 포함된 율법서의 영향으로 요시야는 성전으로부터 우상을 제거하고 예루살렘 성전을 중심으로 하나님 예배를 집중하여 실행하였다. 22장은 다음과 같이 구분해 볼 수 있다: 유다의 새로운 왕 요시야 (1-2절), 성전 수리 (3-7절), 율법서 발견 (8-13절), 율법서의 내용과 요시야의 죽음 임박에 대해 말하는 훌다 (14-20절).

22:1-2 저자는 아사 (왕상 15:11), 히스기야(왕하 18:3)를 묘사하였던 표현과 거의 비슷하게 요시야를 칭송한다. 아사와 히스기야는 다윗의 길을 따랐던 왕들이었다. *곁길로 빠지지 않았다* (신 5:32; 수 1:7)는 요시야와 그의 신실함을 무조건적으로 칭송하는 저자의 독특한 표현이다.

22:3-7 22:3 *제 십팔년.* 대하 34:3-14를 보라. *사반.* 이 사람은 아마도 업무를 감독하는 자였을 것이다. **22:4** *힐기야.* 종교개혁 시기에 성전 대제사장이었으며, 예레미야의 부친과 혼동해서는 안 된다 (렘 1:1). **22:5-7** 12:9-15에 유사하게 기록된 절차를 보라.

22:8-13 22:8 대제사장 힐기야는 기원전 622년에 율법서를 발견하였는데, 이 율법서는 신명기의 초기판으로 추정된다. **22:9-13** 사반 서기관이 읽고 있는 율법서의 내용을 듣고 있을 때, 요시야는 애통해하

다고 보고한 다음에, 그 책을 왕 앞에서 큰소리로
읽었다. 11 왕이 그 율법책의 말씀을 듣고는, 애
통해 하며 자기의 옷을 찢었다. 12 왕은 힐기야
대제사장과 사반의 아들 아히감과 미가야의 아들
악볼과 사반 서기관과 왕의 시종 아사야에게 명령
하였다. 13 "그대들은 주님께로 나아가서, 나를
대신하여, 그리고 이 백성과 온 유다를 대신하여,
이번에 발견된 이 두루마리의 말씀에 관하여 주님
의 뜻을 여쭈어 보도록 하시오. 우리의 조상이 이
책의 말씀에 복종하지 아니하고, 우리들이 지키
도록 규정된 이 기록대로 하지 않았으므로, 우리
에게 내리신 주님의 진노가 크오."
14 그리하여 힐기야 제사장과 아히감과 악볼
과 사반과 아사야가 살룸의 아내 훌다 예언자에게
갔다. 살룸은 할하스의 손자요 디과의 아들로서,
궁중 예복을 관리하는 사람이었다. 훌다는 예루
살렘의 제 이 구역에서 살고 있었는데, 그들이 그
에게 가서 왕의 말을 전하였다. 15 그러자 훌다가
그들에게 말하였다. "주 이스라엘의 하나님께서
이렇게 말씀하시니, 그대들을 나에게 보낸 그에게
가서 전하시오. 16 '나 주가 말한다. 유다 왕이
읽은 책에 있는 모든 말대로, 내가 이 곳과 여기
에 사는 주민에게 재앙을 내리겠다. 17 그들이
나를 버리고 다른 신들에게 분향하고, ㄱ)그들이 한
모든 일이 나의 분노를 격발하였기 때문이다. 그
러므로 나의 분노를 이 곳에 쏟을 것이니, 아무도
끄지 못할 것이다.' 18 주님의 뜻을 주님께 여쭈
어 보라고 그대들을 나에게로 보낸 유다 왕에게
또 이 말도 전하시오. '나 주 이스라엘의 하나님이
말한다. 네가 들은 말을 설명하겠다. 19 이 곳이
황폐해지고 이 곳의 주민이 저주를 받을 것이라는
나의 말을 들었을 때에, 너는 깊이 뉘우치고, 나
주 앞에 겸손하게 무릎을 꿇고, 옷을 찢고, 내 앞
에서 통곡하였다. 그러므로 내가 네 기도를 들어
준다. 나 주가 말한다. 20 그러므로 내가 이 곳
에 내리기로 한 모든 재앙을, 네가 죽을 때까지는
내리지 않겠다. 내가 너를 네 조상에게로 보낼 때
에는, 네가 평안히 무덤에 안장되게 하겠다.'"
그들이 돌아와서, 이 말을 왕에게 전하였다.

요시야가 이방 예배를 없애다

(대하 34:3-7; 29-33)

23 1 왕이 사람을 보내어, 유다와 예루살
렘의 모든 장로를 소집하였다. 2 왕이
주님의 성전에 올라갈 때에, 유다의 모든 백성과
예루살렘의 모든 주민과 제사장들과 예언자들과,
어른으로부터 아이에 이르기까지, 모든 백성이
그와 함께 성전으로 올라갔다. 그 때에 왕은,
주님의 성전에서 발견된 언약책에 적힌 모든 말씀
을, 크게 읽어서 사람들에게 들려 주도록 하였다.
3 왕은 기둥 곁에 서서, 주님을 따를 것과, 온 마
음과 목숨을 다 바쳐 그의 계명과 법도와 율례를
지킬 것과, 이 책에 적힌 언약의 말씀을 지킬 것
을 맹세하는 언약을, 주님 앞에서 세웠다. 온 백
성도 그 언약에 동참하였다.
4 왕은 힐기야 대제사장과 부제사장들과 문

ㄱ) 또는 '그들이 만든 우상으로'

며 자기의 옷을 찢었고, 공식 사절단을 파송하여 예루살렘과 그 백성들에 관한 예언자의 신탁을 듣고자 하였다.

22:14-20 22:14-17 사절단은 훌다 예언자를 찾아가 말씀을 듣는다 (훌다 외에 구약에 등장하는 다른 여성 예언자들은 드보라, 삿 4:4; 미리암, 출 15:20; 이사야의 아내, 사 8:3이다). 훌다는 주께서 책에 기록된 대로 백성들의 우상숭배에 대한 심판을 행할 것임을 재차 단언하였다 (신 28:15-68). **22:18-20** 요시야의 신실함과 율법서의 내용을 듣고 행한 그의 업적으로 인해, 그는 평안하게 숨을 거두게 될 것이다.

23:1-37 23장은 요시야의 종교개혁을 묘사하고 있으며, 이 개혁은 율법서의 발견으로 촉진되었으며, 왕과 백성이 율법서에 순종하겠다고 약속하는 언약을 세우게 되었다: 율법서의 공개낭독 (1-3절); 요시야의 종교개혁 (4-14절); 베델에 있는 제단 파괴 (15-20절); 유월절 경축 (21-23절); 신비주의자들의 추방 (24-25절); 유다에게 내릴 미래의 심판 (26-27절); 요시야의 죽음 (28-30절); 유다의 왕, 여호아하스에 관한 정보 (31-35절); 유다의 새 왕, 여호야김에 관한 간단한 설명 36-37절).

23:1-3 훌다의 신탁에 대한 응답으로 요시야는 총회를 소집한다. 총회에는 백성들을 대표하는 장로들 혹은 지도자들이 함께 모였다. 아마도 축복과 저주에 관련된 율법서의 내용만이 읽혀진 것으로 추정된다 (신 27:11-26; 28:1-68). 요시야와 백성들은 율법서와 주의 율례에 순종하겠다는 언약을 세웠다.

23:4-14 23:4 요시야는 우상들과 다양한 제사 물품을 태우는 예식을 통하여 베델 성소가 거룩하다는 사실을 무효화시키는 등 하나님 예배를 정화시킴으로써 언약을 법령화하였다. 베델 성소의 거룩성을 무효화시킴으로써, 요시야는 또한 정치적으로 유다의 국경을 북쪽으로 확장시키고 있었던 것이다. **23:5** 요시야는

지기들에게, 바알과 아세라와 하늘의 별을 섬기
려고 하여 만든 기구들을, 주님의 성전으로부터
밖으로 내놓도록 명령하였다. 그리고 그는, 예루
살렘 바깥 기드론 들판에서 그것들을 모두 불태
우고, 그 태운 재를 베델로 옮겼다. 5 그는 또,
유다의 역대 왕들이 유다의 성읍들과 예루살렘 주
위에 있는 산당에서 분향하려고 임명한, 우상을
숭배하는 제사장들을 내쫓았다. 그리고 바알과
태양과 달과 성좌들과 하늘의 별에게 제사지내는
사람들을 모두 몰아냈다. 6 그는 아세라 목상을
주님의 성전에서 예루살렘 바깥 기드론 시내로 들
어 내다가, 그 곳에서 불태워 가루로 만들어서, 그
가루를 일반 백성의 공동묘지 위에 뿌렸다. 7 왕은
또 주님의 성전에 있던 남창의 집을 깨끗이 없애
었다. 이 집은 여인들이 아세라 숭배에 쓰이는 천을
짜는 집이었다.

8 그는 유다의 모든 성읍으로부터 모든 제사
장을 철수시켜 예루살렘으로 불러들였다. 그리고
게바로부터 브엘세바에 이르기까지, 그 제사장들이
제사하던 산당들을 모두 부정하게 하였다. 그리
고 이 성읍 성주의 이름을 따서 '여호수아의 문'이
라고 부르는 문이 있었는데, 그 문의 어귀에 있는
산당들 곧 그 성문 왼쪽에 있는 산당들을 모두 헐
어 버렸다. 9 산당의 제사장들은 예루살렘에 있
는 주님의 제단에 올라가지 못하게 하였으나, 누
룩이 들지 않은 빵은 다른 제사장들과 함께 나누
어 먹게 하였다. 10 그는 또 '힌놈의 아들 골짜
기'에 있는 도벳을 부정한 곳으로 만들어, 어떤 사
람도 거기에서 자녀들을 몰렉에게 ㄱ)불태워 바치는
일을 하지 못하게 하였다. 11 또 그는, 유다의
왕들이 주님의 성전 어귀, 곧 나단멜렉 내시의 집
옆에 있는, 태양신을 섬기려고 하여 만든 말의 동
상을 헐어 버리고, 태양수레도 불태워 버렸다.
12 또 그는, 유다 왕들이 만든 아하스의 다락방
옥상에 세운 제단들과, 므낫세가 주님의 성전 안
팎 뜰에 세운 제단들을 모두 제거해서 부순 뒤에,
가루로 만들어 기드론 시내에 뿌렸다. 13 또 그는
이스라엘 왕 솔로몬이, 시돈 사람들의 우상인 아
스다롯과 모압 사람들의 우상인 그모스와 암몬 사
람들의 혐오스러운 ㄴ)밀곰을 섬기려고, 예루살렘
정면 '멸망의 산' 오른쪽에 지었던 산당들도 모두
허물었다. 14 그리고 석상들은 깨뜨리고, 아세라
목상들은 토막토막 자르고, 그 곳을 죽은 사람의
뼈로 가득 채웠다.

15 왕은 또 느밧의 아들 여로보암이 베델에다
만든 제단 곧 이스라엘로 죄를 짓게 한 그 제단과
산당도 헐었다. 그는 산당을 불태워 가루로 만들
었고, 아세라 목상도 불태웠다. 16 요시야는 또
산 위에 무덤이 있는 것을 보고, 사람을 보내어 그
무덤 속의 뼈들을 꺼내어서, 제단 위에 모아 놓고
불태웠다. 그렇게 하여 그 제단들을 부정하게 만
들었다. 그래서 한때 하나님의 사람이 이 일을 두고
예언한 주님의 말씀대로 되었다. 17 요시야가
물었다. "저기 보이는 저 비석은 무엇이냐?" 그 성
읍의 백성이 그에게 대답하였다. "유다에서 온
어느 하나님의 사람의 무덤입니다. 그는 베델의

ㄱ) 또는 '불로 지나가게 하는 일을' ㄴ) 또는 '몰렉'

우상을 숭배하는 제사장들을 축출하였다. *바알.* 이것에 대해서는 왕상 16:32-33에 관한 주석을 보라. *하늘의 별.* 이것에 대해서는 왕하 17:16에 관한 주석을 보라. **23:6** *아세라 목상*은 제거되었으며 (왕상 14:15, 23), 그 목상의 재는 공동묘지에 뿌려졌고, 그렇게 함으로써 결국 예배의 대상이 소멸되었다. **23:7** 요시야는 또한 남창들이 머무르던 곳을 허물어 버렸다 (왕상 14:23-24 참조). *아세라 숭배에 쓰이는 천.* 예복 혹은 의복을 가리킨다 (왕하 10:22). **23:8** *산당.* 이것에 대해서는 왕상 3:2에 관한 주석을 보라. 요시야의 종교개혁은 희생제사를 오직 예루살렘 성전에서만 행하도록 제한하였다 (신 12:2-7). **23:9** 산당에서 예배하던 주의 제사장들은 예루살렘 성소에서 희생제사를 드릴 수 없도록 조치되었다. **23:10** *도벳.* 이 곳은 힌놈 골짜기에 위치한 곳으로, 어린아이들이 때때로 몰록신에게 희생제물로 바쳐지던 곳이었다. **23:11** 말의 형상은 태양을 숭배하는데 사용되었던 것으로 추정된다. **23:12** 요시야는 또한 천체의 신들에게 예배하기 위해 성전 지붕에 만들어졌던 제단들을 제거하였다 (렘 19:13; 습 1:5). **23:13** 요시야는 솔로몬이 그의 아내를 위해 올리브 산에 건설한 이교도 신전들을 파괴하였다 (왕상 11:5-7, 33). **23:14** 목상과 석상들에 대해서는 왕상 14:15, 23-24 참조. *그 곳을 죽은 사람의 뼈로 가득 채웠다*는 것은 산당들을 사용할 수 없을 만큼 훼손시켰다는 것을 말한다.

23:15-20 23:15-16 요시야는 또한 제사개혁을 북쪽으로도 확장시켜 나갔다. 베델의 제단을 파괴시켰고 산당들을 불태웠다. 사람의 뼈로 제단을 훼손시킨 것은 왕상 13:1-2에 기록된 예언대로 이루어진 것이다. **23:17-18** 무덤 *비석에* 관해서는 겔 39:15를 보라. 18절의 사마리아는 시대착오적인 지시로, 사마리아는 왕상 13장의 사건이 일어난 후 수년 후에야 비로소 설립된 도시였다. 요시야는 *하나님의 사람과 예언자*를 왕상 13:1-32에 기록된 사람들로 가리키고

제단에 관하여 임금님께서 이런 일들을 하실 것이
라고 미리 예언하였던 분입니다." 18 왕이 말하
였다. "그 무덤은 그대로 두어라. 그리고 아무도
그의 유해를 만지지 못하게 하여라." 이렇게 하여
그들은, 그의 뼈와 사마리아에서 온 예언자의 뼈는
그대로 두었다. 19 이스라엘 왕들이 사마리아
도성의 언덕마다 세워 주님의 분노를 돋우었던
모든 산당을, 요시야가 이렇게 헐었다. 그는 베델
에서 한 것처럼 하였다. 20 더욱이 그는 그 곳
산당에 있는 제사장들을 모두 제단 위에서 죽이고,
사람의 뼈를 함께 그 위에서 태운 뒤에, 예루살렘
으로 돌아갔다.

요시야 왕이 유월절을 지키다

(대하 35:1-19)

21 왕이 온 백성에게 명령을 내렸다. "이 언
약책에 기록된 대로, 주 당신들의 하나님께 감사
드리는 유월절을 준비하십시오." 22 사사들이
이스라엘을 다스리던 시대로부터 이스라엘과 유다
왕들의 시대에 이르기까지, 어느 시대에도 이와
같은 유월절을 지킨 일은 없었다. 23 요시야 왕
제 십팔년에 이르러서야, 비로소 예루살렘에서
주님을 기리는 유월절을 지켰다.

요시야의 나머지 개혁

24 요시야는 대제사장 힐기야가 주님의 성전
에서 발견한 책에 기록된 율법의 말씀을 지키려
고, 유다 땅과 예루살렘에서 신접한 자와 박수와
드라빔과 우상과 모든 혐오스러운 것들을, 눈에
보이는 대로 다 없애 버렸다. 25 이와 같이 마
음을 다 기울이고 생명을 다하고 힘을 다 기울여
모세의 율법을 지키며 주님께로 돌이킨 왕은,
이전에도 없었고 그 뒤로도 다시 나타나지 않
았다.

26 그러나 주님께서는 유다에게 쏟으시려던
그 불타는 진노를 거두어들이시지는 않으셨다.
므낫세가 주님을 너무나도 격노하시게 하였기
때문이다. 27 그래서 주님께서는 이렇게 말씀하
셨다. "이스라엘을 내가 외면하였듯이, 유다도 내
가 외면할 것이요, 내가 선택한 도성 예루살렘과
나의 이름을 두겠다고 말한 그 성전조차도, 내가
버리겠다."

요시야 통치의 끝

(대하 35:20-36:1)

28 요시야의 나머지 행적과 그가 한 모든 일은
'유다 왕 역대지략'에 기록되어 있다. 29 그가 다
스리고 있던 때에, 이집트의 바로 느고 왕이 앗시
리아 왕을 도우려고 유프라테스 강 쪽으로 올라
갔다. 요시야 왕이 그를 맞아 싸우려고 므깃도로
올라갔으나, 바로 느고에게 죽고 말았다. 30 요시
야의 신하들은 죽은 왕을 병거에 실어 므깃도에서
예루살렘으로 옮겨 와서, 그의 무덤에 안장하였다.
그 땅의 백성이 요시야의 아들 여호아하스를 데려
다가, 그에게 기름을 붓고, 아버지의 뒤를 잇게
하였다.

있다. **23:19-20** *사마리아는* 앗시리아 통제아래 있었던 지방이었다. 요시야의 북쪽 지방 개혁은 앗시리아 진영으로 그의 세력을 확장하려는 시도로 인식될 수도 있었다.

23:21-23 하나님과 백성 사이에 새롭게 맺어진 언약의 중요성을 강조하기 위해, 요시야는 신 16:1-8에 따라 (출 12장을 따른 것은 아니다) 특별한 유월절 경축행사를 진행하였다. 이 유월절이 새로워진 것은 유월절 양이 집에서 희생제물로 드려진 것이 아니라, 성전에서 드려졌다는 점에 있다 (신 16:5-6). 요시야 이전에 유월절은 가족행사였지만, 이제는 국가적인 경축행사가 되었다.

23:24-25 요시야는 신비주의적 종교 행위자들을 제거하기 위한 노력을 아끼지 않았다. *신접한 자와 박수는* 죽은 자들과 서로 교통했다 (신 18:11). 집안의 신을 상징하는 작은 우상인 *드라빔은* 점치는 데 사용되었다 (창 31:19; 겔 21:21). 저자는 한 마음으로 주께 대해 헌신을 다하는 요시야에 대해 최고의 칭송을 한다.

23:26-27 저자는 21:10-15에 있는 유다를 향한 예언자의 신탁을 재확인시켜준다. 므낫세의 죄로 인하여 유다는 파멸의 순간에 처하게 되었다. 요시야의 종교개혁은 다가올 파멸을 연기하여 줄 뿐이었다.

23:28-30 느고 (*Neco*). 바빌로니아에 대항하여 앗시리아 편에 서 있었던 이집트의 왕이었다. 요시야는 므깃도에서 느고 왕과 전쟁을 벌였다. 그 곳에서 요시야는 부상을 입었다 (자세한 내용은 대하 35:20-24 참조). 요시야의 아들 *여호아하스는* 유다의 상위계층, 곧 *그 땅의 백성들에* 의해 왕위를 물려받았다.

23:30-35 28:30-31 요시야 왕이 죽은 이후에, 유다의 지도자들은 요시야의 어린 아들인 살룸 (렘 22:11)을 추대하여 요시야 왕의 후계자로 삼았다. 왜냐하면 살룸은 이집트에 대항하였고, 그의 아버지와 동일한

유다 왕 여호아하스 (대하 36:2-4)

31 여호아하스는 왕이 되었을 때에 스물세
살이었다. 그는 예루살렘에서 석 달 동안 다스렸다.
그의 어머니 하무달은 리블라 출신인 예레미야의
딸이다. 32 여호아하스는 조상의 악한 행위를
본받아, 주님께서 보시기에 악한 일을 하였다.
33 이집트의 바로 느고 왕이 그를 하맛 땅에 있는
리블라에서 사로잡아, 예루살렘에서 다스리지 못
하게 하고, 유다가 이집트에 은 백 달란트와 금 한
달란트를 조공으로 바치게 하였다. 34 또 바로
느고 왕은 요시야를 대신하여 요시야의 아들 엘리
야김을 왕으로 삼고, 그의 이름을 여호야김으로
바꾸게 하였다. 여호아하스는 이집트로 끌려가,
그 곳에서 죽었다.

유다 왕 여호야김 (대하 36:5-8)

35 여호야김은 바로의 요구대로 그에게 은과
금을 주었다. 그는 바로의 명령대로 은을 주려고
백성에게 세금을 부과하였고, 백성들은 각자의
재산 정도에 따라 배정된 액수대로, 바로 느고에게
줄 은과 금을 내놓아야 하였다.
36 여호야김은 왕이 되었을 때에 스물다섯
살이었다. 예루살렘에서 열한 해 동안 다스렸다.
그의 어머니 스비다는 루마 출신 브다야의 딸이다.
37 그는 조상의 악한 행위를 본받아, 주님께서
보시기에 악한 일을 하였다.

24 1 여호야김이 다스리던 해에, 바빌로니
아의 느부갓네살 왕이 쳐들어왔다. 여호
야김은 그의 신하가 되어 세 해 동안 그를 섬겼으나,
세 해가 지나자, 돌아서서 느부갓네살에게 반역
하였다. 2 주님께서는 바빌로니아 군대와 시리아
군대와 모압 군대와 암몬 자손의 군대를 보내셔서,
여호야김과 싸우게 하셨다. 이와 같이 주님께서
그들을 보내신 것은, 자기의 종 예언자들을 시켜
서 하신 말씀대로, 유다를 쳐서 멸망시키려는 것
이었다. 3 이것은, 므낫세가 지은 그 죄 때문에
그들을 주님 앞에서 내쫓으시겠다고 하신 주님의
말씀이, 유다에게서 성취된 일이었다. 4 더욱이
죄 없는 사람을 죽여 예루살렘을 죄 없는 사람의
피로 가득 채운 그의 죄를, 주님께서는 결코 용서
하실 수 없으셨기 때문이다. 5 여호야김의 나머지
행적과 그가 한 모든 일은 '유다 왕 역대지략'에
기록되어 있다. 6 여호야김이 그의 조상과 함께
누워 잠드니, 그의 아들 여호야긴이 그의 뒤를 이어
왕이 되었다. 7 바빌로니아 왕이 이집트의 강에
서부터 유프라테스 강까지, 이집트 왕에게 속한
땅을 모두 점령하였으므로, 이집트 왕은 다시는
더 국경 밖으로 나오지 못하였다.

정치관을 가지고 있었기 때문이다. 왕이 된 살룸은 그의 이름을 *여호아하스*로 개명하였다. **23:32-33** 살룸의 치세 기간은 겨우 3개월이었다. 그에 대한 부정적 평가는 놀랄 만하다. 아마도 저자는 이집트의 포로 신세가 된 살룸이 하나님에 대한 신실함이 결여되어 있었기 때문이라고 간주하고 있는 듯하다. **23:34-35** *엘리야김*. 요시야의 장남이었다. 느고 왕이 아마도 엘리야김을 선택하였을 것인데, 이는 엘리야김이 친이집트 노선에 있었으며, 그의 이름을 여호야김으로 개명하였기 때문일 것이다. 그 이름은 새로운 왕이 이집트의 봉신왕임을 나타내 주는 이름이었다. 여호아하스는 이집트로 끌려갔고, 그 곳에서 죽게 되었다 (예레미야의 애가 참조, 렘 22:10-12). **23:36-37** 여호야김은 11년 동안 (기원전 609-598년) 통치하였다. 요시야의 길을 따르지 못했기 때문에 그의 치세는 그의 악한 행동만 간략하게 기록해 놓을 정도로 비난을 받고 있다.

24:1-20 여호야김은 바빌로니아를 배신하였고, 그의 행동으로 인해 예루살렘은 바빌로니아 왕 느부갓네살의 침략을 초래하게 되었다 (1-4절). 여호야김이 죽고 난 이후 (5-7절), 그의 아들 여호야긴은 바빌로니아에게 항복하였다. 기원전 597년에 일차 포로생활이 시작되었다 (8-17절). 그리고 시드기야가 유다의 봉신왕의 자리에 앉게 되었다 (17-20절).

24:1-4 24:1 여호야김은 4년 (기원전 609-605년) 동안 이집트의 봉신국으로 지냈다. 여호야김 치세 4년이 되는 해에 느부갓네살 왕이 느고 왕을 쳐부수고 (기원전 605년; 렘 25:1 참조), 그 다음 해(604년)에 여호야김이 느부갓네살 왕의 봉신왕이 되었다. 이집트와 바빌로니아는 다시 기원전 601년에 전쟁을 치렀고, 여호야김은 느부갓네살 왕을 배신하였다. **24:2** *이와 같이 주님께서 그들을 보내신 것은*. 반역을 꾀한 종들을 벌하기 위해, 느부갓네살 왕은 용병을 보내어 그들을 공격하였다. 저자는 이러한 공격을 예언자의 말이 성취된 것으로써 (21:12-15) 주님이 하신 일로 이해 했다. **24:3-4** 므낫세의 죄로 인해 주님은 유다에 대항하여 행하셨다. 죄 없는 자들의 피 흘림은 매우 잔학한 행동으로 *주님께서는 결코 용서하실 수 없으셨다*.

24:5-7 바빌로니아가 이집트를 쳐부순 이후, 이집트는 팔레스타인 지역에 갖고 있던 영향력을 상실하고 말았다.

24:8-17 24:8-9 *여호야긴*. 여호야긴 왕은 "여고냐" (렘 24:1; 27:20) 혹은 "고니야"로 불리기도 했다

유다 왕 여호야긴 (대하 36:9-10)

8 여호야긴은 왕이 되었을 때에 열여덟 살이었다. 그는 예루살렘에서 석 달 동안 다스렸다. 그의 어머니 느후스다는 예루살렘 출신인 엘라단의 딸이다. 9 여호야긴은 조상이 하였던 것처럼, 주님께서 보시기에 악한 일을 하였다.

10 그 때에 바빌로니아의 느부갓네살 왕의 군대가 예루살렘을 치러 올라와서, 이 도성을 포위하였다. 11 이렇게 그의 군대가 포위하고 있는 동안에, 바빌로니아의 느부갓네살 왕이 이 도성에 도착하였다. 12 그리하여 유다의 여호야긴 왕은 그의 어머니와 신하들과 지휘관들과 내시들과 함께 바빌로니아 왕을 맞으러 나갔다. 그러나 바빌로니아 왕은 오히려 여호야긴을 사로잡아 갔다. 때는 바빌로니아 왕 제 팔년이었다. 13 그리고 느부갓네살은 주님의 성전 안에 있는 보물과 왕궁 안에 있는 보물들을 모두 탈취하여 갔고, 이스라엘의 솔로몬 왕이 만든 주님의 성전의 금그릇들을 모두 산산조각 내어서 깨뜨려 버렸다. 이것은 주님께서 미리 말씀하신 대로 된 일이다. 14 더욱이 그는 예루살렘의 모든 주민과, 관리와 용사 만 명뿐만 아니라, 모든 기술자와 대장장이를 사로잡아 갔다. 그래서 그 땅에는 아주 가난한 사람들 말고는 하나도 남지 않았다.

15 느부갓네살은 여호야긴 왕을 바빌론으로 사로잡아 갔다. 그의 어머니와 왕비들과 내시들과 그 땅의 고관들을 모두 예루살렘에서 바빌론으로 사로잡아 갔다. 16 또 칠천 명의 용사와 천 명의 기술자와 대장장이를 바빌론으로 사로잡아 갔는데, 이들은 모두 뛰어난 용사요, 훈련된 전사들이었다. 17 바빌로니아 왕이 여호야긴의 삼촌 맛다니야를 여호야긴 대신에 왕으로 세우고, 그의 이름을 시드기야로 고치게 하였다.

유다 왕 시드기야
(대하 36:11-12; 렘 52:1-3상)

18 시드기야가 왕이 되었을 때에, 그는 스물한 살이었다. 그는 예루살렘에서 열한 해 동안 다스렸다. 그의 어머니 하무달은 리블라 출신으로 예레미야의 딸이다. 19 그는 여호야김이 하였던 것과 똑같이, 주님께서 보시기에 악한 일을 하였다. 20 예루살렘과 유다가 주님을 그토록 진노하시게 하였기 때문에, 주님께서는 마침내 그들을 주님 앞에서 쫓아내셨다.

예루살렘의 멸망
(대하 36:13-21; 렘 52:3하-11)

시드기야가 바빌로니아 왕에게 반기를 들었

25 으므로, 1 시드기야 왕 제 구년 열째 달 십일에 바빌로니아 느부갓네살 왕이 그의 모든 군대를 거느리고 예루살렘을 치러 올라와서 도성을 포위하고, 도성 안을 공격하려고 성벽 바깥 사방에 흙 언덕을 쌓았다. 2 그리하여 이 도성은 시드기야 왕 제 십일년까지 포위되어 있었다. 3 (그 해 넷째 달) 구일이 되었을 때에, 도성 안에 기근이 심해져서, 그 땅 백성의 먹을 양식이 다 떨어지고 말았다.

(렘 22:24-28; 37:1). **24:10-12** 여호야긴은 예루살렘이 포위되어 있는 동안에 왕이 되었다. 느부갓네살 왕이 개인적으로 직접 그 마지막 공격에 가담했을 때, 여호야긴 왕은 결국 모든 것이 끝나게 되었다는 것을 인식하고, 바빌로니아 왕에게 항복을 선언하였다 (597년). 그럼으로써 예루살렘이 완전히 초토화되는 것을 막을 수 있었다. **24:14-16** *모든 예루살렘의 모든 주민이* 아닌, 오직 이스라엘 사회의 상류층들—왕실, 귀족, 군대 장관, 제사장, 지주들, 기술공, 대장장이 (국가가 재정비되어 군사력을 양산시키지 못하도록 하기 위한 전략이다)—만이 강제이송의 대상에 포함되었다. **24:17** 느부갓네살은 요시야의 셋째 아들이자 여호야긴의 삼촌인 *맛다니야*를 유다의 새 왕으로 앉히고 그의 이름을 시드기야로 개명시켰다. 그는 기원전 597년부터 587년까지 통치하였다. 이 사건은 유다에 대한 느부갓네살의 절대적 힘을 증명해 준다.

24:18-20 시드기야 왕은 무력한 왕으로 서로 경쟁하는 두 파벌 그룹에 끼여 있었다. 친이집트 노선에 있던 사람들과 예레미야와 같이 바빌론에 대항해서는 안 된다는 노선 (대하 36:11-14; 렘 34—52장)에 있던 사람들 사이에 끼어 있었다. 저자는 유다가 바빌로니아에서 포로생활 하게 된 것을 신학적인 용어로 설명한다. 그것은 하나님이 하신 일이며, 외국 군대의 군사행동으로 인한 것이 아니다.

25:1-30 25장은 유다 왕국의 종말을 이야기해 주며, 사람들이 바빌로니아로 이주하게 된 것을 전해 주고 있다: 예루살렘 포위공격 (1-7절); 예루살렘의 파괴 (8-12절); 성전 약탈 (13-17절); 지도자 숙청 (18-21절); 유다 총독 그달리야 (22-26절); 그리고 기원전 560년 감옥에서 석방된 여호야긴에 대해 설명하는 역사적 부록 (포로기에 작성).

25:1-7 **25:1-2** 시드기야는 수년 동안 바빌로

4 드디어 성벽이 뚫리니, 이것을 본 왕은,
[ㄱ]바빌로니아 군대가 도성을 포위하고 있는데도,
밤을 틈타서 모든 군사를 거느리고 왕의 정원 근처,
두 성벽을 잇는 통로를 빠져 나와 [ㄴ]아라바 쪽으로
도망하였다. 5 그러나 [ㄱ]바빌로니아 군대가 시드
기야 왕을 추격하여, 여리고 평원에서 그를 사로
잡으니, 시드기야의 군사들은 모두 그를 버리고
흩어졌다. 6 바빌로니아 군대가 시드기야 왕을
체포해서, 리블라에 있는 바빌로니아 왕에게로
끌고 가니, 그가 시드기야를 심문하고, 7 시드기
야가 보는 앞에서 그의 아들들을 처형하고, 시드
기야의 두 눈을 뺀 다음에, 쇠사슬로 묶어서 바빌
론으로 끌고 갔다.

성전 붕괴 (렘 52:12-33)

8 바빌로니아의 느부갓네살 왕 제 십구년 다
섯째 달 칠일에, 바빌로니아 왕의 부하인 느부사
라단 근위대장이 예루살렘으로 왔다. 9 그는 주
님의 성전과 왕궁과 예루살렘의 모든 건물 곧 큰
건물은 모두 불태워 버렸다. 10 근위대장이 지
휘하는 [ㄱ]바빌로니아의 모든 군대가 예루살렘의
사면 성벽을 헐어 버렸다. 11 느부사라단 근위대
장은 도성 안에 남아 있는 나머지 사람들과 바빌로
니아 왕에게 투항한 사람들과 나머지 수많은 백성
을, 모두 포로로 잡아갔다. 12 그러나 근위대장
은, 그 땅에서 가장 가난한 백성 가운데 일부를 남
겨 두어서, 포도원을 가꾸고 농사를 짓게 하였다.
13 [ㄱ]바빌로니아 군대는 주님의 성전에 있는
놋쇠 기둥과 받침대, 또 주님의 성전에 있는 놋바
다를 부수어서, 놋쇠를 바빌론으로 가져 갔다.
14 또 솥과 부삽과 부집게와 향접시와 제사를 드릴
때에 쓰는 놋쇠 기구를 모두 가져 갔다. 15 근위
대장은 또 화로와 잔도 가져 갔다. 금으로 만든
것은 금이라고 하여 가져 갔고, 은으로 만든 것은
은이라고 하여 가져 갔다. 16 솔로몬이 주님의
성전에 만들어 놓은, 놋쇠로 만든 두 기둥과, 놋
바다 하나와 놋받침대를 모두 가져 갔다. 그가 가져
간 이 모든 기구의 놋쇠는, 그 무게를 달아 볼 수
도 없을 정도로 많았다. 17 기둥 한 개의 높이는
열여덟 자이고, 그 위에는 놋쇠로 된 기둥 머리가
있고, 그 기둥 머리의 높이는 석 자이다. 그리고
놋쇠로 된 기둥 머리 위에는 그물과 석류 모양의
장식이 얹혀 있는데, 다 놋이었다. 다른 기둥도 똑
같이 그물로 장식되어 있었다.

유다 백성이 바빌로니아로 잡혀가다 (렘 52:24-27)

18 근위대장은 스라야 대제사장과 스바냐 부
제사장과 성전 문지기 세 사람을 체포하였다.
19 이 밖에도 그가 도성 안에서 체포한 사람은,
군대를 통솔하는 내시 한 사람과, 도성 안에 그대로
남은 왕의 시종 다섯 사람과, 그 땅의 백성을 군
인으로 징집하는 권한을 가진 군대 참모장과, 도성
안에 남은 그 땅의 백성 예순 명이다. 20 느부사
라단 근위대장은 그들을 체포하여, 리블라에 머
물고 있는 바빌로니아 왕에게 데리고 갔다. 21 바

ㄱ) 또는 '갈대아' ㄴ) 또는 '요단 계곡'

니아를 섬겼다. 그러나 이집트의 원조에 대한 약속은 느부갓네살을 배반하도록 조장하게 되었다. 그의 반역에 대한 대가로 바빌로니아 군대는 예루살렘을 포위하여 18개월 동안 공격을 감행하였다. **25:4-5** 성벽이 무너지자, 시드기야 왕과 그의 군대는 탈출하였지만 *아라바* 근처 혹은 요단 골짜기에서 사로잡히게 되었다. 아마도 요단 강을 건너려 했던 것으로 추정된다. **25:6-7** 시드기야는 여리고 근처에서 사로잡혔으며 느부갓네살에게 압송되었다. 반역에 대한 대가로 시드기야 왕은 그의 아들이 처형되는 것을 직접 보아야 했다. 그 후 그는 시력을 잃게 되고 쇠사슬에 묶인 채 바빌론으로 압송되어 그 곳에서 죽었다. 이러한 사건들은 두 예언을 성취시켜 주었다: 시드기야가 바빌론으로 압송될 것이라는 예레미야의 예언(렘 34:3)과 시드기야가 바빌론으로 가지만 그 땅을 보지는 못할 것이라는 에스겔의 예언 (겔 12:13).

25:8-12 25:8-10 예루살렘 함락된 지 한 달 뒤, 성전과 왕궁, 주요 건물들, 그리고 주요 인사들의 주택 등은 완전히 불태워졌으며, 도시 성벽은 파괴되었다. **25:11-12** 예루살렘에 남아 있던 귀족들과 기술공들과 대규모 인구가 바빌로니아로 끌려가게 되었다 (24:14-16을 보라). 오로지 극도로 가난한 사람들만이 남아 있게 되었다 (렘 39:10을 보라).

25:13-17 불로 전멸되지 않은 것들은 군사들에 의해 파괴되거나 바빌로니아로 이송되었다. 거기에는 성전의 제사기구들과 가구들이 포함되어 있었다.

25:18-21 바빌로니아에 대항하여 반란을 꾀한 지도자들을 벌하기 위해, 바빌로니아 사람들은 제사장 군대장관, 그리고 시민지도자들을 포함한 72명을 처형하였다.

25:22-26 25:22-24 *그달리야.* 그달리야는 유다의 총독으로 임명을 받은 후, 예루살렘이 폐허가 되어 있었기 때문에 *미스바에서* 다스리기 시작했다. 유

빌로니아 왕은 하맛 땅 리블라에서 그들을 처형하였다.

이렇게 유다 백성은 포로가 되어서 그들의 땅에서 쫓겨났다.

유다 총독 그달리야 (렘 40:7-9; 41:1-3)

22 바빌로니아의 느부갓네살 왕은, 자기가 유다 땅에 조금 남겨 놓은 백성을 다스릴 총독으로, 사반의 손자요 아히감의 아들인 그달리야를 임명하였다. 23 군대의 모든 지휘관과 부하들은, 바빌로니아 왕이 그달리야를 총독으로 임명하였다는 소식을 들었다. 그리하여 느다니야의 아들 이스마엘, 가레아의 아들 요하난, 느도바 사람 단후멧의 아들 스라야, 마아가 사람의 아들 야아사냐와 그의 부하들이 모두 미스바에 있는 그달리야 총독에게로 모여들었다. 24 그 때에 그달리야는 그들과 그 부하들에게 맹세를 하면서, 이렇게 당부하였다. "ㄱ)바빌로니아 관리들을 두려워하지 마시오. 이 땅에 살면서 ㄱ)바빌로니아 왕을 섬기시오. 그렇게 하는 것이 여러분에게 이로울 것이오."

25 그러나 일곱째 달이 되었을 때에, 엘리사마의 손자이며 느다니야의 아들로서 왕족인 이스마엘이 부하 열 사람을 데리고 와서, 그달리야를 쳐죽이고, 또 그와 함께 미스바에 있는 유다 사람과 ㄱ)바빌로니아 사람들을 죽였다. 26 그런 다음에 ㄱ)바빌로니아 사람들을 두려워한 나머지, ㄴ)높은 사람 낮은 사람 할 것 없이, 모든 백성과 군대 지휘관이 다 일어나 이집트로 내려갔다.

여호야긴이 석방되다 (렘 52:31-34)

27 유다의 여호야긴 왕이 포로로 잡혀간 지 서른일곱 해가 되는 해 곧 바빌로니아의 ㄷ)에윌므로닥 왕이 왕위에 오른 그 해 ㄹ)열두째 달 이십칠 일에, 에윌므로닥 왕은 유다의 왕 여호야긴 왕에게 특사를 베풀어, 그를 옥에서 석방하였다. 28 그는 여호야긴에게 친절하게 대접하여 주면서, 그와 함께 있는 바빌로니아의 다른 왕들의 자리보다 더 높은 자리를 여호야긴에게 주었다. 29 그래서 여호야긴은 죄수복을 벗고, 남은 생애 동안 늘 왕과 한 상에서 먹었다. 30 왕은 그에게 평생 동안 계속해서 매일 일정하게 생계비를 대주었다.

ㄱ) 또는 '갈대아' ㄴ) 또는 '젊은이 노인 할 것 없이' ㄷ) '아멜 마르둑'이라고도 함 ㄹ) 아달월, 양력 이월 중순 이후

다의 군대 지휘관들이 복귀하여 그달리야에게 복종하기 시작했다. *맹세를 하면서* 군대 장관들과 군사들이 바빌로니아의 왕을 섬기기로 한 이상, 그들의 삶은 더 이상 위험 속에 놓여있지 않게 되었다. **25:25** 그달리야는 암살당한다 (렘 40:1-41:18을 보라). **25:26** 유다 백성들은, 바빌로니아의 보복이 두려워, 이집트로 도주하였다. 그들과 함께 예레미야와 바룩도 동행했다 (렘 42:1—43:7).

25:27-30 이 부분은 포로기에 작성된 것이 열왕기에 첨가된 부록이다. **25:27-29** *여호야긴 왕이 포로로 잡혀간 지 서른일곱 해는* 기원전 560년을 말한다. *에윌므로닥 왕.* 느부갓네살 왕의 아들이자 후계자로서, 끌려간 지 37년인 기원전 560년에 여호야긴을 석방하고 그에게 호의를 베풀었다. **25:30** 특권을 부여받은 여호야긴의 지위는 그가 살아있는 동안 지속되었다. 그가 죽은 연도에 대한 기록은 없다. 열왕기서의 결론은 한 가닥 희망의 빛줄기를 비춰주는 바, 곧 유대 공동체를 향한 빛줄기로 새로운 날을 예고하고 있다. 하나님이 백성들에게 심판을 행하셨지만, 하나님의 분노는 영원히 지속되지 않을 것이다. 미래에 대한 희망도 제시되었다: "나의 종이 매사에 형통할 것이니, 그가 받들어 높임을 받고, 크게 존경을 받게 될 것이다" (사 52:13).

역대지상

역대지상하로 알려진 두 권의 책은 원래 한 권으로 되어있던 책이었으며, 이름을 알 길이 없는 역대지 기자에 의해 "그 시대의 역사" (대상 29:30) 라는 제목이 붙어 있었다. 칠십인역의 번역자들은 역대지를 두 권의 책으로 나누면서, 역대지가 이전의 사무엘상하와 열왕기상하 시대의 역사를 보충하는 것으로 추측하여 "생략된 것들"이라는 그릇된 제목을 붙였었다. 그러나 역대지 기자는 사무엘상하와 열왕기상하를 보충하였다기보다는 사무엘상하와 열왕기상하의 내용을 선정하여 사용하였다. 이전의 역사 중 많은 부분들이 요약되거나 혹은 생략되어 있는 반면 (예를 들어, 북왕국의 역사), 어떤 부분들은 아주 다른 방식으로 표현해 주고 있다 (예를 들어, 므낫세에 관한 기사). "역대지상하" 라는 제목은 실제로 제롬이 처음 제안한 것인데, 제롬은 기원후 4/5세기 기독교의 성경학자로서 성경을 라틴어(불가타역)로 번역한 사람이었다. 제롬은 아담에서 고레스 (Cyrus) 대제에 이르는 시대를 총망라하는 내용을 가진 작품에는 "모든 성스러운 역사에 대한 연대기" 라는 제목이 더 어울린다고 제안하였다. 히브리 정경에서 역대지상하는 에스라기-느헤미야기 다음에 위치하여 "성문서"의 끝 부분에 속해 있다. 칠십인역, 불가타역, 그리고 영어번역본은 역대지상하를 다른 역사서들과 함께 묶어서 열왕기하와 에스라기-느헤미야기 사이에 둔다.

최근까지만 해도 역대지상하는 에스라기와 느헤미야기와 단일작품 중에 하나로 보는 견해가 있었지만, 요즈음은 그 견해에 이의를 제기하고 있다. 이 책들이 문체, 언어, 일반적인 모습에 있어서 유사성을 보이는 것은 사실이지만, 열쇠가 되는 많은 신학적인 문제에 대해서는 다른 모습을 보이고 있기 때문이다. 즉 다윗의 언약, "이스라엘"의 본질, 국제결혼, 레위 사람의 역할, 예언의 위치, 당연한 보복의 상벌, 안식일, 출애굽기의 중요성 등의 문제를 서로 다르게 해석하고 있다. 비록 여전히 논쟁의 여지가 남아있기는 하지만, 요즘 선호하는 일관적인 주장은 역대기와 에스라기-느헤미야기는 별개의 저자에 의해 씌어졌으며, 또한 대상 1—9장이 작품 전반에서 없어서는 안 될 부분임을 볼 때, 역대지가 페르시아 시대인 기원전 4세기경에 씌어졌다는 주장이다. 대상 3:17-24에서 다윗의 후손을 열거하여 4세기 후반을 암시하는 것과, 9:2-34에서 예루살렘의 거주민을 언급하여 4세기 전반을 암시하는 것은 기록된 시기를 추측하는 데 결정적인 역할을 한다.

비록 히브리 성경의 전신인 마소라사본에 보존된 사무엘상하와 열왕기상하와 판이 다르기는 했지만, 그래도 역대기 저자는 사무엘상하와 열왕기상하를 기본 자료로 사용하였다. 역대기에 인용되거나 언급된 또 다른 자료로는, 모세오경, 여호수아, 사사기, 에스라기-느헤미야기, 여러 시편들, 이사야서, 예레미야서, 예레미야애가, 에스겔서, 스가랴서, 그 외에 잃어버려서 지금은 우리에게 전해져 오지 않는 많은 고대의 자료들이 있었을 것이다.

역대지는 네 개의 중요한 부분으로 이루어져 있다. 1) 기다란 족보 소개 (대상 1—9장); 2) 다윗과 솔로몬이 다스리던 통일왕국 시대에 대한 제시 (대상 10장—대하 9장); 3) 유다 왕들에 초점을 맞추고 쓴 분열왕국에 대한 토의 (대하 10—28장); 그리고 4) 히스기야에서 바빌로니아 포로생활에 이르는 시기를 새로 재통일된 왕국으로 묘사한 끝 부분 (대하 29—36장).

이 네 부분 중에서 길게 기록된 두 번째 부분이 역대지 기자를 이해하는 데 있어서 결정적으로 중요하다. 최근 학자들은 다윗과 솔로몬의 통치가 단일체로 나타나고 있다고 주장하면서, 여기서 하나님이 주신 두 가지 약속, 즉 왕국에 관해 다윗에게 주신 약속과 (대상 17:3-

14) 성전에 관해 솔로몬에게 주신 약속(대하 7:11-22)은 신학적으로 둘도 없이 중요하다고 주장한다. 이 중요한 부분 앞에 나오는 족보는 하나님이 은혜로 공급해 주시는 맥락에서 백성들이 원래의 일체감을 되찾는 비전을 제시해 준다. 이 중요한 부분 다음에 나오는 부분은 솔로몬의 통치 후에 분열왕국 시기에 통치한 왕들을 왕국과 성전이라는 한 쌍의 원칙으로 평가한다. 마지막 부분은 히스기야를 새로운 다윗/솔로몬으로 제시하는데, 북왕국이 무너진 후에 예루살렘 성전에서 경배를 드리는 다윗과 같은 히스기야 왕을 통해 온 이스라엘이 재통일되는 비전을 회복시키고 있다.

이처럼 역사를 시대별로 구분하는 경향은 쇠퇴한 시대보다 먼저 있었던 충성스러운 시대를 경험한 개개의 왕들(예를 들어, 아사, 요아스, 그리고 웃시야)이 다스리던 때에도 마찬가지로 적용된다. 역대지 저자는 문학적 기교(literary devices)를 많이 사용하였다. 문학적 기교로는 왕과 선지자의 입을 통해 역대지 저자가 생각하는 신학적인 관점을 전달하는 연설과 기도, 그리고 사람들과 사건들이 본받을 만한 모범적인 것이냐 혹은 피해야 할 것이냐를 나타내는 것들이다. 특정한 행동이나 태도를 쉽게 비교할 수 있도록 구절들을 중추적으로 배열한 것이라든지, 신학적이고 수사학적인 이정표로 열쇠가 되는 말과 구절들을 반복한 것은 구조상으로 중요하다.

세 가지 신학적인 주제를 계속 되풀이 하고 있다. 첫째로, 과거와의 연속성에 대한 관심으로, 포로생활 이후의 공동체를 공동체의 역사적, 지리적, 그리고 영적인 뿌리와 연결시켜 준 족보 속에서 보여준다. 그렇지만 성전을 삶의 중심에 둔 것을 보면, 레위 사람이 제대로 이끌었던 예배도 역시 공동체에게 정체성을 느끼도록 해주고 과거의 전통과 연결시켜 준 것을 뜻했다.

둘째로, "온 이스라엘"에 대한 관심이 명백히 드러난다. 최근 학문은 과거에 사용되던 견해, 즉 역대지 저자의 "이스라엘"에 대한 개념은 아주 배타적으로 유다와 베냐민 족속에 한정되어 있다고 보던 견해를 정반대로 한다 (이는 대하 11:3; 12:1에 나와 있다. 북쪽 지파를 온 이스라엘이라고 부르는 10:16; 11:13과 북쪽 지파와 남쪽 지파를 둘 다 의미하는 9:30을 비교해 보라). 오히려 이처럼 이스라엘을 포괄적으로 이해하는 견해는 고대에 열두 지파를 이상적으로 생각하던 때로 거슬러 올라가는 것이며, 이야기에서 어떤 전환점이 일어날 때마다 온 이스라엘이 만장일치로 열심을 다하여 참여하는 모습이 규칙적으로 묘사되어 있다. 결과적으로 역대지 저자는 왕국이 북쪽과 남쪽으로 분열되어서 하나님의 백성들 사이를 갈라놓았다고 여기고 (대하 13:4-12), 백성들에게 예루살렘에서 드리던 공동의 예배를 회복하라고 자주 요청한다.

셋째로, 역대지 저자는 사무엘상하와 열왕기상하에 있는 당연한 보복적인 상벌 개념을 계속 유지하는데, 이는 순종하면 복을 받고, 불순종하면 심판에 이르게 된다는 개념이다. 그러나 이 개념은 과거처럼 기계적으로 혹은 단순하게 적용되지 않는다. 대하 7:14에서 하나님은 약속하신다: "내 이름으로 일컫는 나의 백성이 스스로 겸손해져서, 기도하며 나를 찾고, 악한 길에서 떠나면, 내가 하늘에서 듣고 그 죄를 용서하여 주며, 그 땅을 다시 번영시켜 주겠다." 선지자가 경고할 때 (예를 들어, 대하 12:5-8; 15:1-15) 백성들이 참회하는 반응을 보이면 하나님이 심판을 멈추신다는 것과 결합되어, 이 말씀은 역대지 기자가 보복보다는 회개와 회복에 더 많은 관심을 기울인다는 것을 나타낸다.

사무엘상하와 열왕기상하는 포로생활을 하고 있는 동안 백성들의 마음을 괴롭히던 문제들에 답하려고 애썼다. 백성들은 기원전 587년 예루살렘이 느부갓네살 2세에게 넘어가는 것을 경험했으며, 성전이 파괴되고, 다윗 왕조가 끝나고, 바빌로니아로 포로가 되어 끌려가는 경험을 했었다. 그러나 기원전 539년 페르시아의 고레스 왕이 바빌로니아를 무너뜨리게 되자, 역대지는 바빌로니아로부터 예루살렘으로 되돌아와서 페르시아 통치 아래 재건된 성전에서 예배를 드리던 포로생활 이후의 공동체를 다루었다. "왜 이런 일이 우리에게 일어났는가" 라는 물음 대신에 백성들은 과거와의 관계에 대해서 알고 싶었다: "우리는 누구인가?" "우리는 여전히 하나님의 백성인가?" "하나님께서 다윗과 솔로몬에게 맺으셨던 약속은 오늘날 우리에게 무슨 의미가 있는가?" 역대지 기자는 이러한 물음들을 다루기 위해 이스라엘의 이야기를 고쳐 쓰는 방법을 사용하는데, 백성들이 자신이 "포로생활" 아니면 "회복"의 상황에서 살고 있다고 보도록 초청하는 방법이다. 포로생활을 하게 된 이유는 불순종하고, 다른 신들을 섬기고, 주님을 찾지 않았기 때문이다. 비록 문자 그대로의 포로생활을 하지 않게 되더라도, 하나님의 축복을 잃어버린 후에는 어쩔 수 없이 몰락하는 결과가 뒤따른다. 그러나 하나님이 솔로몬에게 약속하신 대로 (대하 7:14) 회개를 통해서 하나님의 축복은 회복될 수 있다. 그래서 역대지 기자는 중대한 문제를 놓고 씨름하는 포로생활 이후의 공동체에게, 사랑이 많고 긍휼하신 하나님은 응답을 기다리시고 기도를 들으시는 분임을 알고, 하나님을 찾고 섬기라고 용기를 북돋운다.

이 책의 개요는 다음과 같다. 성경구절에 따라 세밀히 조사할 필요가 있는 주석은 이 개요를 따를 것이며, 명확성을 기하기 위하여 더 보충하여 상세하게 설명될 것이다.

I. 족보 소개, 1:1—9:44
 A. 아담에서 이스라엘까지, 1:1—2:2
 B. 이스라엘 지파, 2:3—9:1
  1. 유다 왕족, 2:3—4:23
  2. 요단 강 동쪽에 자리잡은 북쪽 지파들, 4:24—5:26
  3. 제사장 레위 지파, 6:1-81
  4. 요단강 서쪽에 자리잡은 북쪽 지파들, 7:1-40
  5. 베냐민, 8:1—9:1
 C. 회복된 예루살렘 공동체, 9:2-34
 D. 사울 왕, 9:35-44
II. 통일왕국, 역대지상 10:1—역대지하 9:31
 A. 다윗 왕, 역대지상 10:1—29:30
  1. 사울의 왕권은 거부됨, 역대지상 10:1-14
  2. 온 이스라엘이 다윗을 왕으로 인정함, 역대지상 11:1—12:40
  3. 다윗이 궤를 예루살렘에 가져옴, 역대지상 13:1—16:43
  4. 하나님이 다윗에게 왕위를 약속하심, 역대지상 17:1-27
  5. 다윗이 제국을 통합함, 역대지상 18:1—20:8
  6. 다윗이 성전 터를 마련함, 역대지상 21:1—22:1
  7. 다윗은 솔로몬이 성전을 건축할 것이라고 선언함, 역대지상 22:2-19
  8. 성전 일을 맡은 역할들, 역대지상 23:1—26:32
  9. 세속적인 지도자들, 역대지상 27:1-34
  10. 다윗이 성전을 위해 마지막으로 준비함, 역대지상 28:1—29:20
  11. 솔로몬의 계승, 역대지상 29:21-25
  12. 다윗의 죽음, 역대지상 29:26-30

마크 에이 스론트바이트 (Mark A. Throntveit)

아담에서 아브라함까지

(창 5:1-32; 10:1-32; 11:10-26)

1 1 아담, 셋, 에노스, 2 게난, 마할랄렐, 야렛,
3 에녹, 므두셀라, 라멕, 노아. 4 ㄱ)노아의
아들들은 셈과 함과 야벳이다.
5 야벳의 자손은 고멜과 마곡과 마대와 야완과
두발과 메섹과 디라스이고, 6 고멜의 자손은 아스
그나스와 ㄴ)디밧과 도갈마이고, 7 야완의 자손은
엘리사와 ㄷ)스페인과 ㄹ)키프로스와 ㅁ)로도스이다.
8 함의 자손은 구스와 이집트와 리비아와 가
나안이고, 9 구스의 자손은 쓰바와 하윌라와 삽
다와 라아마와 삽드가이고, 라아마의 자손은 스
바와 드단이다. 10 구스가 또 니므롯을 낳았는데,
그는 이 세상의 첫 장사가 되었다. 11 이집트에
게서 루드 족과 아남 족과 르합 족과 납두 족과
12 바드롯 족과 가슬루 족과 크레테 족이 나왔다.
(가슬루 족에서 블레셋 족이 나왔다.) 13 가나안
은 맏아들 시돈을 낳고, 그 아래로 헷을 낳았다.
14 가나안에게서 여부스 족과 아모리 족과 기르
가스 족과 15 히위 족과 알가 족과 신 족과
16 아르왓 족과 스말 족과 하맛 족이 나왔다.
17 셈의 자손은 엘람과 앗수르와 아르박삿과
룻과 아람이다. ㅂ)아람의 자손은 우스와 훌과 게델과
메섹이다. 18 아르박삿은 셀라를 낳고, 셀라는
에벨을 낳았다. 19 에벨은 두 아들을 낳았는데,
그 때에 세계 인종이 나뉘었다고 해서, 한 아들의
이름을 ㅅ)벨렉이라고 하였다. 그 아우의 이름은 욕
단이다. 20 욕단은 알모닷과 셀렙과 하살마웻과
예라와 21 하도람과 우살과 디글라와 22 에발
과 아비마엘과 스바와 23 오빌과 하윌라와 요밥
을 낳았다. 이들은 모두 욕단의 자손이다.
24 셈, 아르박삿, 셀라, 25 에벨, 벨렉, 르우,
26 스룩, 나홀, 데라, 27 아브람 곧 아브라함.

이스마엘의 자손 (창 25:12-16)

28 아브라함의 아들들은 이삭과 이스마엘이다.
29 이들의 족보는 다음과 같다. 이스마엘의 맏아
들은 느바욧이고, 그 아래로 게달과 앗브엘과 밉
삼과 30 미스마와 두마와 맛사와 하닷과 데마와
31 여두르와 나비스와 게드마가 태어났다. 이들이
이스마엘의 아들들이다.
32 아브라함의 첩 그두라가 낳은 아들은 시
므란과 욕산과 므단과 미디안과 이스박과 수아
이다. 욕산의 아들은 스바와 드단이다. 33 미디
안의 아들은 에바와 에벨과 하녹과 아비다와 엘다
아이다. 이들은 모두 그두라의 자손이다.

ㄱ) 칠십인역을 따름 ㄴ) 많은 히브리어 사본과 불가타에는 '리밧' ㄷ) 히, '다시스' ㄹ) 히, '깃딤' ㅁ) 히, '도다님' ㅂ) 한 히브리어 사본과 몇몇 칠십인역 사본을 따름 (창 10:23에서도) ㅅ) '나뉨'

1:1—9:44 역대지는 아홉 장으로 되어 있는 족보로 시작하는데, 이 족보는 다윗의 중요성과 유다 지파, 베냐민 지파, 그리고 레위 지파의 중대성을 강조하기 위해 신중하게 구성되어 있다. 족보 목록은 아담으로부터 지금 예루살렘에 살고 있는 사람들까지의 역사를 밝힘으로써 포로생활 이후의 공동체에게 소속감과 과거와의 연속성을 보여주려고 애쓴다. 겉보기에 아무렇게나 열거되어 있는 것 같은 족보는 사실상 아주 신중하게 구성한 것이며 별 무리 없이 네 부분으로 나뉘어져 있다. (1) 아담에서 이스라엘, 1:1—2:2; (2) 이스라엘 지파들, 2:3—9:1; (3) 회복된 예루살렘 공동체, 9:2-34; 그리고 (4) 사울, 9:35-44.

1:1—2:2 역대지 저자는 아담에서 이스라엘로 족보를 옮겨간다. 그는 창 5장; 10—11장; 25장; 35—36장의 다양한 목록에서 자료를 모았으며, 중요하지 않은 가문을 먼저 언급하는 식으로 배열하였다. 중요하지 않은 가문들을 먼저 설명한 후 중요한 가문을 언급하는데, 결국은 이스라엘이 여기에 해당한다. 이렇게 인류 전체의 드넓은 맥락에서 이스라엘이 차지하는 위치를 높임으로써, 역대지 저자는 하나님이 이스라엘을 선택하신 것을 강조하고 있다. **1:1-4a** *아담.* 아담의 족보에는 홍수 이전에 살았던 10세대의 자손들이 열거되어 있다. 그 목록은 창 5:3-31에 나타난 족보와 같다.

1:4b-23 *셈, 함, 야벳.* 4b에 있는 노아의 아들들의 순서가 족보에서는 야벳 (5-7절), 함 (8-16절), 그리고 셈(17-23절)의 순서로 거꾸로 나타난다. 이는 핵심이 되는 인물을 자세히 나타내기 전에 먼저 중요하지 않은 가문을 묘사하는 진행방법이다. 비록 창 10장에서 빌려왔더라도, 이런 식의 진행은 1장의 특징을 이루고 또 일종의 패턴을 정하게 되기 때문에, 이 패턴에서 벗어나 이스라엘을 묘사하면 (2:3—4:43) 굉장한 효과를 발휘하게 된다. 총 70세대는 (야벳 14; 함 30; 셈 26) 아마 세상이 70나라로 이루어졌다고 생각했기 때문일 것이다. **1:24-27** 셈의 족보는 창 11:10-32에서 따온 것이다. 홍수 이후에 살았던 10세대를 열거한 것은 홍수 이전에 살았던 아담의 10세대를 거울처럼 반영해 주고 (1-4a절), 4b-23절의 뼈대를 이루다가 마침내 아브라함으로 알려진 아브람까지 다다른다. **1:25** *에벨.* "히브리인"이라는 이름의 시조를 언어의 기교를 사용하여 표현된 것이다. **1:28-34** 아브라함의 후손들이 여러 모계를 통해 표시되어 있다: 아브라함의 첩이며 *이스마엘의* 모친인 하갈 (29-31절; 창 25:12-16을

에서의 자손 (창 36:1–19)

34 아브라함이 이삭을 낳았다. 이삭의 아들은
에서와 이스라엘이다. 35 에서의 아들은 엘리
바스와 르우엘과 여우스와 얄람과 고라이다.
36 엘리바스의 아들은 데만과 오말과 스비와 가
담과 그나스와 딤나와 아말렉이다. 37 르우엘의
아들은 나핫과 세라와 삼마와 밋사이다.

에돔의 원주민 (창 36:20–30)

38 세일의 아들은 로단과 소발과 시브온과
아나와 디손과 에셀과 디산이다. 39 로단의 아
들은 호리와 호맘이며, 로단의 누이는 딤나이다.
40 소발의 아들은 알랸과 마나핫과 에발과 스비
와 오남이다. 시브온의 아들은 아야와 아나이다.
41 아나의 아들은 디손이고, 디손의 아들은 하므
란과 에스반과 이드란과 그란이다. 42 에셀의
아들은 빌한과 사아완과 야아간이다. 디산의 아
들은 우스와 아란이다.

에돔의 왕들 (창 36:31–43)

43 이스라엘 자손을 다스리는 왕이 있기 전에
에돔 땅을 다스린 왕은 다음과 같다. 브올의 아들
벨라가 딘하바에 도읍을 정하고 왕이 되었다.
44 벨라가 죽으니, 보스라 사람 세라의 아들 요
밥이 그의 뒤를 이어 왕이 되었고, 45 요밥이 죽
으니, 데만 지방의 사람 후삼이 그의 뒤를 이어
왕이 되었고, 46 후삼이 죽으니, 브닷의 아들
하닷이 그의 뒤를 이어 왕이 되었는데, 그는 모압
평지에서 미디안을 쳐서 무찌른 사람이다. 그는
도읍을 아윗으로 옮겼다. 47 하닷이 죽으니, 마
스레가 사람 삼라가 그의 뒤를 이어 왕이 되었고,
48 삼라가 죽으니 유프라테스 강 가에 살던 르호
봇 사람 사울이 그의 뒤를 이어 왕이 되었고,
49 사울이 죽으니, 악볼의 아들 바알하난이 그의
뒤를 이어 왕이 되었고, 50 바알하난이 죽으니,
하닷이 그의 뒤를 이어 왕이 되었는데, 그는 도읍
을 바이로 옮겼다. 그의 아내의 이름은 므헤다벨
인데, 그는 마드렛의 딸이요, 메사합의 손녀이다.
51 하닷이 죽었다.
에돔의 족장은, 딤나 족장과 알랴 족장과 여뎃
족장과 52 오홀리바마 족장과 엘라 족장과 비논
족장과 53 그나스 족장과 데만 족장과 밉살 족
장과 54 막디엘 족장과 이람 족장이다. 이들이
에돔의 족장이다.

2 1 이스라엘의 아들은 르우벤과 시므온과 레
위와 유다와 잇사갈과 스불론과 2 단과 요
셉과 베냐민과 납달리와 갓과 아셀이다.

유다의 자손

3 유다의 아들은 에르와 오난과 셀라이며,
이 셋은 가나안 사람 수아의 딸과 유다 사이에서
태어난 아들이다. 유다의 맏아들 에르는 주님께서

보라); 아브라함이 노년에 맞이한 부인 *그두라* (32-33절; 창 25:12-16을 보라); 그리고 마지막으로 *사라*를 통해 낳은 이삭 (34절). 중요한 가문을 맨 마지막에 나타내기 위해 연대순서가 조정되었다.

1:35-54 *에서, 세일, 에돔.* 창 36:9와 마찬가지로 한데 묶여 있다. 역대지 기자가 글을 쓴 목적과 이스라엘이 다른 곳에서 (예를 들어, 시 137편; 오밧) 에돔에게 보인 적대감에 비추어 보면, 이처럼 별 중요하지 않은 가문에 상당한 주의를 기울인 것이 놀랍다. 중요한 가문인 이스라엘(2:3—9:1)을 강조하기 위한 수단으로 중요하지 않은 가문(에서)을 먼저 나타내는 패턴이 계속된다. **2:1-2** *이스라엘의 아*들들. 레위, 요셉, 베냐민을 포함하였기 때문에 구약성경에서 야곱의 아들들을 (디나는 포함되어 있지 않다) 가장 광범위하게 열거한 것이다. 여기에는 *단이 요셉과 베냐민* 앞에 나타난 점에서 창 35:23-26과는 다르다. 역대지 기자는 어김없이 야곱을 이스라엘이라고 불렀다 (비록 대상 16:13, 17은 시 105:6, 10을 인용한 것이긴 하지만). 이스라엘의 아들들을 전부 포함시킴으로써 역대지 저자는 다시 한 번 북쪽 지파와 남쪽 지파를 합친 온 이스라엘에 대한 관심을 강조한다.

2:3—9:1 이스라엘 지파들을 등장시키는 이 족보는 유다 지파, 베냐민 지파, 그리고 레위 지파를 강조하기 위해 신중하게 배열되었다. 분열왕국의 시기(기원전 922년)에 다윗에게 충성스럽게 남았을 뿐만 아니라, 이 세 지파는 또한 포로생활 이후 공동체의 주요한 구성원들로 형성되어 있었다. 이들을 광범위하게 다루기 위해 역대지 기자는 전체 단락을 중추적으로 구성하고 있다. 유다 지파 (2:3—4:23)는 그에게서 영도자가 났으므로 자랑스러운 첫 자리를 차지했을 것이다 (5:2); 영도자(개역개정은 "주권자")는 *나기드*(*nagid*)를 번역한 것으로 11:2; 17:7에서 다윗을 일컬어 사용한다. 이스라엘의 첫 왕, 사울의 조상인 베냐민 지파는 맨 끝에 놓여서 유다의 왕족이라는 주장과 균형을 맞추고 있는 한편 (8:1-40), 유다 지파와 베냐민 지파 가운데에는 제사장 레위 지파가 놓여 있다 (6:1-81). 요단 강 동쪽 둑에 위치한 북쪽 지파들의 족보(5:1-26)는 유다와 레위 지파 가운데 신중히 놓여 있다. 이들은 레위와 베냐민

보시기에 악하였으므로, 주님께서 그를 죽이
셨다. 4 유다의 며느리 다말과 유다 사이에서는
베레스와 세라가 태어났다. 유다의 아들은 모두
다섯이다.
5 베레스의 아들은 헤스론과 하물이다.
6 세라의 아들은 시므리와 에단과 헤만과 갈골과
다라로서, 모두 다섯이다. 7 가르미의 아들은
ㄱ)아갈인데, 그는 하나님께 ㄴ)전멸시켜 바쳐야 하는
물건 때문에 범죄하여 이스라엘을 고통에 빠뜨린
자다.
8 에단의 아들은 아사랴이다.

다윗의 가계

9 헤스론에게서 태어난 아들은 여라므엘과
람과 글루배이다.
10 람은 암미나답을 낳고, 암미나답은 유다
자손의 지도자 나손을 낳고, 11 나손은 살몬을
낳고, 살몬은 보아스를 낳고, 12 보아스는 오벳을
낳고, 오벳은 이새를 낳았다.

ㄱ) '고통', 여호수아기에서는 '아간' ㄴ) 완전히 파멸시켜 주님께 바쳐야 하는 물건이나 생명. 가지면 안되는 것, 손을 대었다가는 멸망을 받게끔 저주받은 것. 동사는 '전멸시키다' 또는 '전멸시켜 바치다'

지파 사이에 신중히 놓여서 요단 강 서쪽 둑에 자리잡은 북쪽 지파들의 족보와 균형을 맞추고 있다 (7:1-40). 이처럼 왕족 유다와 베냐민 두 지파, 그리고 제사장 레위 지파를 두드러지게 보이는 자리에 배열하면서 역대지 기자는 왕과 예배에 대한 제일 중요한 관심을 미리 예로 보여준다. 그러나 유다, 베냐민, 그리고 레위 지파에 의해 만들어진 틀 안에 분리된 북쪽 지파들을 포함시킨 것은 역대지 기자가 온 이스라엘에 관심을 보이고 있음을 보여준다.

2:3—4:23 앞에서 이스라엘을 통틀었던 족보에서 역대지 저자는 중요하지 않은 가문을 먼저 다루면서 중요한 가문을 강조했다. 이러한 패턴은 *유다의 아들에* 와서는 극적으로 바뀌게 된다. 네 번째로 태어난 처지에도 불구하고 (2:1) 유다의 족보가 먼저 놓였는데, 이는 역대지 기자가 "온 이스라엘" 중에서도 유다 지파에게 특별한 관심을 가졌다는 것을 강조하고 있다.

특별 주석

결과적으로 최근의 학자들은 아래의 목록은 역대지 저자의 중심적인 주제를 나타내기 위해 중추적으로 신중하게 배열시켰다고 주장한다. 중추적 배열에서 문학 단위의 두 번째 절반을 이루는 구성원들은 정반대의 순서로 첫 번째 절반의 구성원을 흉내 내거나, 반복하거나, 혹은 연상시킨다. 이 때 중심축으로서의 X는 있어도 좋고 없어도 좋다. 즉, A B C (X) C' B' A'의 형태가 된다. 전체 부분을 중추적으로 배열하면 다섯 부분으로 나눌 수 있다. 제일 가운데에는 다윗의 친족인 중요한 가문, 헤스론 가문이 놓여있다 (2:9—3:24). 이것을 유다의 쌍둥이 아들, 베레스와 세라에 관한 족보가 틀을 제공해 준다 (2:5-8; 4:1-20). 유다의 아들 중에 유일하게 후손을 본 또 다른 아들 셀라 가문이 전체를 감싸고 있다 (2:3-4; 4:21-24). 두 번째 중추적인 배열은 첫 번째 중추의 중심 요소인 헤스론 가문에 초점을 맞추고 있다 (2:10—3:24). 람의 후손(2:10-17에서 다윗까지 그리고 3:1-24에서 다윗 이후)들이 내부의 틀인 갈렙의 가문(2:18-24, 42-55)을 감싸는 바깥의 틀을 짜고 있다. 그러는 한편 갈렙의 가문은 여라므엘의 가문을 둘러싼다 (2:25-41). 이처럼 맨 처음과 맨 끝에 람의 가문을 강조함으로써, 다윗의 친족인 헤스론 가문이 배열의 중앙을 차지하고 있으며, 다윗의 가까운 일가인 람의 가문과 더불어 중앙의 틀을 이루고 있다. 전체적인 효과는 다윗의 존재를 높이게 된다.

2:3-8 *유다에서 헤스론까지의* 가문에는 유다의 다섯 아들(3-4절)과 막내 *세라*(6-8절)의 후손에 대한 목록을 포함하고 있다. 이 짧은 목록에는 하나님의 심판과 은혜의 역사에 대해 역대지 기자가 가졌던 태도가 구석구석에 숨겨져 있다. **2:3-4** 창 38장에서 나온 세 가지 사건은 중요한 유다 가문의 구성원들을 호의적으로 보여주지 않는다. 유다의 첫 세 아들은 가나안 아내 "수아의 딸"에게서 태어났다. 유다의 장자인 에르는 하나님 보시기에 너무나 악하여 죽었다. 유다의 다른 두 아들 *베레스와 세라*는 유다가 며느리 다말과 근친상간을 해서 태어났다. *에르*를 재빨리 처리한 데서는 심판이 엿보인다 (그와 비슷한 판결이 본문에서 삭제된 것으로 보아 오난도 그러했을 것이다). 잘못된 방법으로 잉태된 베레스의 계보를 통해 약속이 지켜지는 데는 은혜가 엿보인다. **2:7** *이스라엘을 고통에 빠뜨린 자* 라고 하는 *아갈*. 아간을 은밀하게 언급한 것이다. 아간은 여리고 함락 이후에 전멸시켜서 하나님께 바쳐야 할 물건을 (수 7장) 훔치는 죄를 저질렀다. 아간은 성스러운 전쟁의 조항을 어겼기 때문에 돌에 맞아 죽었을 뿐 아니라, 하나님은 아이에 승리를 안겨 주는 것으로 이스라엘을 심판하셨다. "아갈"은 "고통을 일으키다"를 뜻하는 히브리어 동사에서 유래하기 때문에 역대지 기자가 이름의 철자를 잘못 표기한 것은 아간의 죄를 강조하기 위해 의도적으로 언어기교를 사용한 것일 수 있다.

2:9-17 여기에 있는 *람* 족보의 첫 번째 절반은 3:1-24에서 두 번째 절반과 짝을 이루며 이어진다. 여기서 역대지 기자는 독자를 *헤스론에서* 시작하여 그가

13 이새는 그의 맏아들 엘리압과 둘째 아비나답과 셋째 시므아와 14 넷째 느다넬과 다섯째 랏대와 15 여섯째 오셈과 일곱째 다윗을 낳았다. 16 이들의 누이는 스루야와 아비가일이다.

스루야의 아들은 아비새와 요압과 아사헬, 이렇게 셋이다. 17 아비가일은 아마사를 낳았는데, 아마사의 아버지는 이스마엘 사람 예델이다.

헤스론의 자손

18 헤스론의 아들 갈렙은 그의 아내 아수바와 여리옷에게서 아들을 낳았다. 아수바가 낳은 아들은 예셀과 소밥과 아르돈이다. 19 아수바가 죽자, 갈렙은 또 에브랏과 결혼하였고, 에브랏과 갈렙 사이에서는 훌이 태어났다. 20 훌은 우리를 낳고, 우리는 브살렐을 낳았다.

21 그 뒤에 헤스론은 예순 살에 길르앗의 아버지 마길의 딸에게로 가서, 그와 결혼하였다. 그들 사이에서 스굽이 태어났다. 22 스굽은 야일을 낳았다. 야일은 길르앗 지방의 성읍 스물세 개를 차지하였다. 23 그러나 그술과 아람이, 그낫과 그 주변의 성읍 예순 개와 야일의 마을을, 그들에게서 빼앗았다. 이들은 모두 길르앗의 아버지 마길의 자손이다. 24 헤스론이 갈렙 에브라다에서 죽은 뒤에, 그의 아내 아비야는 그의 아들, 드고아의 ㄱ)아버지 아스훌을 낳았다.

여라므엘의 자손

25 헤스론의 맏아들 여라므엘의 아들은 맏아들 람과, 그 아래로 브나와 오렌과 오셈과 아히야이다. 26 여라므엘에게 또 다른 아내가 있는데, 그의 이름은 아다라이며, 오남의 어머니이다. 27 여라므엘의 맏아들 람의 아들은 마아스와 야민과 에겔이다. 28 오남의 아들은 삼매와 야다이며, 삼매의 아들은 나답과 아비술이다.

29 아비술의 아내의 이름은 아비하일이며, 아비술과의 사이에서 아반과 몰릿을 낳았다. 30 나답의 아들은 셀렛과 압바임이며, 셀렛은 아들을 낳지 못하고 죽었다. 31 압바임의 아들은 이시이고, 이시의 아들은 세산이고, 세산의 아들은 알래이다.

32 삼매의 아우 야다의 아들은 예델과 요나단이며, 예델은 아들을 낳지 못하고 죽었다. 33 요나단의 아들은 벨렛과 사사이다. 이들이 여라므엘의 자손이다.

34 세산은 아들이 없고 딸뿐이다. 세산에게는 이집트 사람인 종이 있었는데, 그의 이름은 야르하이다. 35 세산이 그의 종 야르하에게 자기 딸을 결혼시켰고, 그들 사이에서 앗대가 태어났다. 36 앗대는 나단을 낳고, 나단은 사밧을 낳았다. 37 사밧은 에블랄을 낳고, 에블랄은 오벳을 낳았다. 38 오벳은 예후를 낳고, 예후는 아사랴를 낳았다. 39 아사랴는 헬레스를 낳고, 헬레스는 엘르아사를 낳았다. 40 엘르아사는 시스매를 낳고, 시스매는 살룸을 낳았다. 41 살룸은 여가먀를 낳고, 여가먀는 엘리사마를 낳았다.

갈렙의 다른 자손

42 여라므엘의 아우 갈렙의 맏아들은 메사이며, 그는 십의 ㄱ)아버지이고, 그의 아들은 마레사이며, 헤브론의 아버지이다. 43 헤브론의 아들은 고라와 답부아와 레겜과 세마이다. 44 세마는 요르그암의 아버지 라함을 낳고, 레겜은 삼매를 낳았다. 45 삼매의 아들은 마온이며, 마온은 벳술의 ㄱ)아버지이다.

46 갈렙의 첩 에바는 하란과 모사와 가세스를 낳고, 하란도 가세스라는 아들을 낳았다. 47 (야대의 아들은 레겜과 요담과 게산과 벨렛과 에바와 사압이다.)

48 갈렙의 첩 마아가는 세벨과 디르하나를 낳고, 49 또 맛만나의 ㄱ)아버지 사압을 낳고, 또 막베나와 기브아의 ㄱ)아버지 스와를 낳았다. 갈렙에게는 악사라는 딸도 있었다.

ㄱ) 또는 '성읍 지도자' 또는 '군지휘관'을 뜻하기도 함

최고의 관심을 기울였던 다윗까지 이끌고 있다. **2:15** *일곱째 다윗.* 다윗은 이새의 여덟 번째 아들이다; 삼상 16:10-13; 17:12-14를 보라.

2:18-24 *갈렙* 족보에서 앞에 나타나는 절반은 (글루배에 이르는, 9절) 2:42-55에 있는 나머지 절반과 합쳐져서 완성된다. **2:20** *브살렐.* 성막 건축을 책임졌던 장인이 포함되어 있다 (출 31:1-5). 성막을 모형으로 하여 솔로몬의 성전이 건축되었는데 (대하 1:5), 이처럼 왕과 예배를 자주 나란히 정렬시키는 것은 역대지상하의 이야기 부분에서 계속될 것이다.

2:25-41 *여라므엘.* 이 족보는 오로지 여기에만 나타난다. 이 자손은 아마도 유다의 남쪽 접경에 있던 비이스라엘 부족으로 결국 유다에 흡수되었을 것이다 (삼상 27:10; 30:29를 보라).

2:42-55 2:18-24의 목록을 이어나가면서 갈렙 자료의 나머지 절반이 나타나 있다. **2:42-50a** 여기서는

50 갈렙의 자손은, 곧 에브라다의 맏아들 훌의
아들인 기럇여아림의 [ㄱ]아버지 소발과, 51 베들
레헴의 [ㄱ]아버지 살마와, 벳가델의 [ㄱ]아버지 하렙
이다.
52 기럇여아림의 [ㄱ]아버지 소발의 자손은 하
로에와 므누홋 족의 절반이니, 53 기럇여아림
족은 이델 족과 붓 족과 수맛 족과 미스라 족이다.
(이들에게서 소라 족과 에스다올 족이 나왔다.)
54 살마의 자손은 베들레헴과 느도바 족과
아다롯벳요압과 마하낫 족의 절반과 소라 족이다.
55 (야베스에 사는 서기관 족은 디랏 족과 시
므앗 족과 수갓 족이며, 이들이 레갑 가문의 조상
함맛에게서 나온 겐 족이다.)

다윗 왕의 자녀

3 1 다윗이 헤브론에서 낳은 아들은 다음과
같다. 이스르엘 여인 아히노암에게서 낳은 맏
아들 암논과, 갈멜 여인 아비가일에게서 낳은 둘째
아들 다니엘과, 2 그술 왕 달매의 딸 마아가에
게서 낳은 셋째 아들 압살롬과, 학깃에게서 낳은
넷째 아들 아도니야와, 3 아비달에게서 낳은 다
섯째 아들 스바댜와, 다윗의 아내 에글라에게서
낳은 여섯째 아들 이드르암이다. 4 이 여섯은 다
윗이 헤브론에서 낳은 아들이다. 다윗은 헤브론
에서 일곱 해 여섯 달 동안 다스렸다.
예루살렘에서 서른세 해를 다스리는 동안에,
5 다윗이 예루살렘에서 낳은 아들들은 다음과
같다.
시므아와 소밥과 나단과 솔로몬, 이 넷은
암미엘의 딸 [ㄴ]밧세바와의 사이에서 태어난 아들
이다.
6 또 입할과 엘리사마와 엘리벨렛과 7 노
가와 네벡과 야비아와 8 엘리사마와 엘리아다와
엘리벨렛, 이렇게 아홉도 9 다윗의 아들들이다.
그 밖에 첩들이 낳은 여러 아들과 그들의 누이 다
말이 있다.

솔로몬 왕의 자손

10 솔로몬의 아들은 르호보암이요, 그 아들은
아비야요, 그 아들은 아사요, 그 아들은 여호사밧
이요, 11 그 아들은 [ㄷ]여호람이요, 그 아들은 아하
시야요, 그 아들은 요아스요, 12 그 아들은 아마
샤요, 그 아들은 아사랴요, 그 아들은 요담이요,
13 그 아들은 아하스요, 그 아들은 히스기야요,
그 아들은 므낫세요, 14 그 아들은 아몬이요, 그
아들은 요시야이다. 15 요시야의 아들은, 맏아
들이 요하난이요, 둘째가 여호야김이요, 셋째가
시드기야요, 넷째가 살룸이다. 16 여호야김의
아들은 [ㄹ]여호야긴과 시드기야이다.

여호야긴 왕의 자손

17 포로로 잡혀 간 여호야긴의 아들은 스알
디엘과 18 말기람과 브다야와 세낫살과 여가먀
와 호사마와 느다뱌이다. 19 브다야의 아들은
스룹바벨과 시므이이다. 스룹바벨의 아들들은 므
술람과 하나냐이며, 슬로밋은 그들의 누이이다.
20 이 밖에도 스룹바벨에게는 하수바와 오헬과

ㄱ) 또는 '성읍 지도자' 또는 '군지휘관'을 뜻하기도 함 ㄴ) 하나의 히브리어 사본과 불가타를 따름. 대다수의 히브리어 사본에는 '밧수아' ㄷ) 히, '요람'. 히브리 이름 '여호람'과 '요람'은 서로 바꾸어 쓸 수 있음 ㄹ) 히, '여고냐'. 히브리 이름 '여호야긴'과 '여고냐'는 서로 바꾸어 쓸 수 있음

지형과 족보가 힘을 합해서 나타나는데, 아버지는 히브리어로 창립자를 뜻하기도 하기 때문이다. 이는 남쪽에 있는 도시들(십, 마레사, 헤브론)의 존재를 설명하며 이러한 출처를 열거한 것은 아마도 포로생활 이후 유다의 지경을 기록하려한 것을 암시하는 것 같다.

3:1-24 역대지 저자가 중추적으로 배치한 유다의 족보에서 다윗 왕 가계가 중심을 차지하고 있다. 세 가지로 왕가의 가족 분파가 나타난다. **3:1-9** 구약성경에서 다윗의 직계 가족 전부가 열거된 이 부분은 람의 가계(2:10-17)의 처음 절반과 균형을 맞추고 있으며, 다윗을 정점으로 모든 구조가 돌아가도록 만들어 준다. **3:5** *바수아* (*Bath-shua*). 밧세바의 이름을 이런 철자법으로 나타낸 것은 다윗의 간통을 더 이상 숨이려고 애쓰지 않는 것이다. **3:10-16** *솔로몬에서 시드기야에* 이르는 유다의 모든 왕들이 열거되어 있다. 열왕기상하의 책을 이처럼 엄청나게 축소한 것으로 미루어 역대지 기자가 얼마나 다윗에게 몰두했는지 명백하게 알 수 있다. 유다를 다스리던 자들 중에서 오로지 왕위를 빼앗고 다윗의 후손 출신이 아니었던 아합의 딸 아달랴의 이름만 빠져 있을 뿐이다. 다윗의 계통이 아닌 북왕국의 왕들도 마찬가지로 빠져 있으므로 이 부분은 포로생활시대까지 내려오는 다윗의 왕조를 열거하는 역할을 한다. **3:17-24** 세 번째 부분은 여호야긴의 포로생활 이후의 후손들을 열거한다 (왕하 24:8의 여호야긴). **3:17** 포로로 *잡혀간*. 이 표현은 "아실"(Assir)이라는 다른 이름으로 나와 있는 마소라사본을 정확하게 바로 잡아준다. **3:19** *스룹바벨*. 바빌로니아에서 돌아온 후 페르시아 영토인 유다를 다스리던 첫 번째

베레갸와 하사댜와 유삽헤셋, 이렇게 다섯 아들이
더 있다.
21 하나냐의 아들은 블라댜와 여사야이다.
여사야의 아들은 르바야요, 그 아들은 아르난
이요, 그 아들은 오바댜요, 그 아들은 스가냐이다.
22 스가냐의 아들은 스마야이다. 스마야의 아들은
핫두스와 이갈과 바리야와 느아랴와 사밧까지 다섯
이다. 23 느아랴의 아들은 엘료에내와 히스기야와
아스리감, 이렇게 셋이다. 24 엘료에내의 아들은
호다위야와 엘리아십과 블라야와 악굽과 요하난과
들라야와 아나니, 이렇게 일곱이다.

유다의 자손

4 1 유다의 아들은 베레스와 헤스론과 갈미와
훌과 소발이다. 2 소발의 아들 르아야는 야
핫을 낳고, 야핫은 아후매와 라핫을 낳았는데, 이
들이 소라 족이다.
3 에담의 [ㄱ]아들은 이스르엘과 이스마와 잇바
스이며, 그들의 누이는 하술렐보니이다. 4 그돌의
아버지 브누엘과 후사의 아버지 에셀은, 에브라다
의 맏아들 훌의 아들인데, 훌은 베들레헴의 아버지
이다.
5 드고아의 아버지 아스훌에게는 헬라와 나
아라라는 두 아내가 있었다. 6 아스훌과 나아라
사이에서는 아훗삼과 헤벨과 데므니와 하아하스
다리가 태어났다. 이들이 나아라의 아들들이다.
7 아스훌과 헬라 사이에서는 세렛과 이소할과
에드난, 세 아들이 태어났다.
8 고스는 아눕과 소베바를 낳았으며, 하룸의
아들 아하헬 족을 낳았다.
9 야베스는 그의 가족들 중에서 가장 존경을
받았는데, 그의 어머니는 고통을 겪으면서 낳은
아들이라고 하여 그의 이름을 [ㄴ]야베스라고 불렀다.
10 야베스가 이스라엘 하나님께 "나에게 복에 복을
더해 주시고, 내 영토를 넓혀 주시고, 주님의 손
으로 나를 도우시어 불행을 막아 주시고, 고통을
받지 않게 하여 주십시오" 하고 간구하였더니, 하
나님께서 그가 구한 것을 이루어 주셨다.

다른 족보

11 수하의 형제 글룹이 므힐을 낳았는데, 그가
에스돈의 아버지이다. 12 에스돈은 베드라바와
바세아와 이르나하스의 아버지 드힌나를 낳았는데,
이들이 레가 사람이다.
13 그나스의 아들은 옷니엘과 스라야이며,
옷니엘의 아들은 하닷과 [ㄷ]므오노대이다. 14 므오
노대는 오브라를 낳았다.
스라야는 게하라심의 아버지 요압을 낳았는데,
그는 '기능공 마을'의 창시자이다. 그 곳에 사는
사람들이 모두 기능공이다. 15 여분네의 아들인
갈렙이 낳은 아들은 이루와 엘라와 나암이고, 엘
라의 아들은 그나스이다.
16 여할렐렐의 아들은 십과 시바와 디리아와
아사렐이다.
17 에스라의 아들은 예델과 메렛과 에벨과
얄론이다. 메렛의 한 아내가 미리암과 삼매와 에
스드모아의 아버지 이스바를 낳았는데, 18 이들은
메렛과 결혼한 바로의 딸 비디아의 아들이다. 또
유다 지파인 그의 아내는 그돌의 아버지 예렛과
소고의 아버지 헤벨과 사노아의 아버지 여구디엘을
낳았다.
19 나함의 누이인 호디야의 아들은 가미 족인
그일라의 아버지와, 마아가 족인 에스드모아이다.
20 시몬의 아들은 암논과 린나와 벤하난과
딜론이다.
이시의 아들은 소헷과 벤소헷이다.

셀라의 자손

21 유다의 아들 셀라의 자손은 레가의 아버지
에르와, 마레사의 아버지 라아다와, 벳아스베야
에서 고운 베를 짜는 가문과, 22 모압과 야수비
네헴을 다스리던 요김과, 고세바 사람들과, 요아
스와, 사랍인데, 이 사실들은 옛 기록에 있다.
23 이들은 옹기 굽는 사람들로서, 왕을 섬기면서
느다임과 그데라에서 살았다.

ㄱ) 칠십인역과 불가타를 따름. 히, '조상은' ㄴ) '고통' ㄷ) 칠십인역과 불가타를 따름

총독 이름이다. 스룹바벨을 다윗의 후손으로 언급한 것은 다시 한 번 옛 이스라엘과 지금 역대지 기자가 염두에 둔 포로생활 이후의 공동체간에 연관성을 맺으려 애쓴다는 것을 보여준다. 만일 이 목록이 나중에 추가된 것이 아니라 전적으로 역대지 기자의 작품이라면 이 책의 연도는 대략 기원전 400년으로 보인다. **3:22** *여섯*. 오직 다섯 아들의 이름만 나타는 것으로 보아, 많은 사람들이 *스마야의 아들이* 반복된 것으로 보아 "그리고"를 빼고 대신에 스마야를 포함시킨다.

4:1-23 구약성경에서 비길 데 없이 짧은 이 족보는 역대지 기자에게 너무나 중요한 유다 지파를 완전하게 나타내려고 여기에 집결되어 있으며, *셀라의* 족보(21-23절)와 더불어 2:3에서 시작된 중추적 구조를 마무리한다.

시므온의 자손

24 시므온의 아들은 느무엘과 야민과 야립과 세라와 사울이다. 25 사울의 아들은 살룸이고, 그 아들은 밉삼이고, 그 아들은 미스마이다. 26 미스마의 아들은 함무엘이고, 그 아들은 삭굴이고, 그 아들은 시므이이다. 27 시므이에게는 아들 열여섯과 딸 여섯이 있었으나, 그의 형제들에게는 아들이 많지 않았으므로, 그들의 온 일족은 유다 자손만큼 퍼지지 못하였다.

28 시므온 자손은 브엘세바와 몰라다와 하살수알과 29 빌하와 에셈과 돌랏과 30 브두엘과 호르마와 시글락과 31 벳말가봇과 하살수심과 벳비리와 사아라임에 살았는데, 이 성읍들은 다윗 왕 때까지 그들에게 딸려 있었다. 32 여기에 마을들이 딸려 있었는데, 에담과 아인과 림몬과 도겐과 아산의 다섯 성읍과 33 ㄱ)바알까지 이르는 여러 성읍의 주위에 마을들이 있었다. 이것이 그들의 거주지로서 모두 족보에 기록되었다.

34 또 메소밥과 야믈렉과 아마샤의 아들 요사와 35 요엘과 예후가 있는데, 예후는 요시비야의 아들이요, 스라야의 손자요, 아시엘의 증손이다. 36 그리고 엘료에내와 야아고바와 여소하야와 아사야와 아디엘과 여시미엘과 브나야와 37 시사가 있는데, 시사는 시비의 아들이요, 알론의 손자요, 여다야의 증손자요, 시므리의 현손이요, 스마야의 오대 손이다. 38 이 명단에 오른 사람은 그 일족의 지도자들이다.

그들의 가문은 많이 불어나서 퍼졌으므로, 39 그들은 그들의 양을 칠 목장을 찾아서 그돌 어귀에 있는 골짜기의 동쪽에까지 이르렀다. 40 거기에서 기름진 좋은 목장을 발견하였는데, 이 땅은 사방이 넓고 조용하고 평화스러우며, 전에 함 족이 살던 곳이었다.

41 이 명단에 기록된 사람들이 유다 왕 히스기야 시대에 이리로 와서, 함 족의 천막들과, 거기에 있는 므우님 족을 쳐부수어 그들을 ㄴ)전멸시키고, 그들 대신 오늘까지 거기에 살고 있는데, 거기에 양을 칠 목장이 있기 때문이다. 42 시므온 자손 가운데서 오백 명이 이시의 아들인 블라댜와 느아랴와 르바야와 웃시엘을 두령으로 삼고 세일 산으로 가서, 43 피하여 살아 남은 아말렉 사람을 쳐부수고, 오늘까지 거기에서 살고 있다.

르우벤의 자손

5 1 이스라엘의 맏아들 르우벤의 아들은 다음과 같다. (르우벤은 맏아들이지만, 그의 아버지의 잠자리를 더럽혔으므로, 그의 맏아들의 권리가 이스라엘의 아들인 요셉의 아들들에게 넘어갔고, 족보에 맏아들로 오르지 못하였다. 2 유다는 그의 형제들보다 세력이 크고, 그에게서 영도자가 났으나, 맏아들의 권리는 요셉에게 있었다.) 3 이스라엘의 맏아들 르우벤의 아들은 하녹과 발루와 헤스론과 갈미이다.

4 요엘의 아들은 스마야이고, 그 아들은 곡이고, 그 아들은 시므이이고, 5 그 아들은 미가이고, 그 아들은 르아야이고, 그 아들은 바알이고, 6 그 아들은 브에라인데, 브에라는 앗시리아의

ㄱ) 칠십인역에는 '바알랏' ㄴ) 2:7의 주를 볼 것

4:24-43 *시므온* 자료는 유다(2:3—4:23)와 요단 강 동쪽에 있는 북쪽 지파 (5:1-26) 사이에서 중간에 놓여있다. 구약성경에서는 미약한 시므온과 영향력 있는 유다 지파 사이에 지형적으로나 (수 19:1, 9; 삿 1:3) 정치적으로 (31절)늘 관계를 맺고 이었다. 여기서 24-27절에 있는 전형적인 족보 기록은 지형과 함께 늘어나는데 (28-33절), 충실하게 운영한 결과 가문이 크게 불어나는 일례(34-38절)로 볼 수 있으며, 그리고 여기서 전통적인 두 가지 사례가 지형 확장과 관련되었다 (39-43절). 첫 번째 확장은 히스기야 왕 시대에 일어났으며 시므온이 *그데라* (*게돌*, 개역개정은 느다임과 그데라 라는 지역 이름을 완전히 삭제하였음)에까지 이르러 북서쪽으로 (39-41절) 확장한 것을 가리킨다. 두 번째는 에돔의 세일 산에 살던 아멜렉 사람들을 쳐부수고 대신 거기에서 살아왔다는 기억을 적고 있다 (42-43절). 포로생활 이후의 공동체는 충성할 때 땅을 보상으로 받은 이런 중요한 이야기들을 잊어버리지 않았을 것이다. 특별히 요단 강 동쪽에 있던 북쪽 지파의 경험과 대조가 되기 때문이다 (5:1-26).

5:1-26 르우벤 (1-10절), 갓 (11-22절), 그리고 므낫세 반쪽 지파(23-26절)는 요단 강 동쪽 둑에 위치한 길르앗 지역이 공동 배경으로 되어 있을 뿐만 아니라, 또한 결국은 앗시리아에 넘어간 북쪽 지파의 상당한 부분을 대표한다. 역대지 기자는 그들을 하나로 보았으며 (11, 18, 26절을 참고), 그 지파들과 요단 강의 서쪽 둑에 있던 나머지 북쪽 지파를 같이 (7장) 사용하여, 6장에서 레위 지파를 표현하는 틀을 이루었다. **5:1-10** 장자 르우벤 지파. **5:1-2** 요셉의 첩인 빌라와 근친상간을 저지른 결과로 장자권이 *요셉의 아들들*(에브라임과 므낫세)에게 넘어갔음에도 불구하고, *르우벤은* 이스라엘의 *맏아들*로 소개된다 (창 35:22; 49:3-4를 참조). **5:6** *디글랏빌레셀* 기원전 733년경에 길르앗을

디글랏빌레셀 왕에게 사로잡혀 간 르우벤 지파의 지도자이다.

7 종족에 따라 족보에 오른 그의 형제는 족장 여이엘과 스가랴와 8 벨라인데, 그는 아사스의 아들이요, 세마의 손자요, 요엘의 증손이다. 르우벤 지파는 아로엘에서부터 느보와 바알므온에까지 자리 잡아 살고, 9 동쪽으로는 유프라테스 강에서부터 사막에 이르는 지역에 걸쳐 살았는데, 길르앗 땅에서 그들의 가축 떼가 많아졌기 때문이다.

10 이들은 사울 시대에 하갈 사람들과 싸워서 그들을 항복하게 하고, 길르앗 동쪽 모든 지역에 있는 그들의 천막에서 살았다.

갓의 자손

11 르우벤 자손 건너편에 있는 갓 자손은 살르가에까지 이르는 바산 땅에서 살았다. 12 요엘은 족장이고, 사밤은 부족장이다. 야내와 사밧이 바산에 살았다. 13 그들 가문의 형제들은 미가엘과 므술람과 세바와 요래와 야간과 시아와 에벨, 이렇게 일곱이다. 14 이들은 아비하일의 자손인데, 그는 후리의 아들이요, 야로아의 손자요, 길르앗의 증손이요, 미가엘의 현손이요, 여시새의 오대 손이요, 야도의 육대 손이요, 부스의 칠대 손이다. 15 압디엘의 아들이며 구니의 손자인 아히는 이들 가문의 족장이다. 16 이들은 길르앗과 바산과 거기에 딸린 마을들과, 샤론의 모든 목초지 끝까지 퍼져 살았다. 17 이들은 모두 유다 왕 요담과 이스라엘 왕 여로보암 시대에 족보에 오른 사람들이다.

동쪽 지파의 군대

18 르우벤 자손과 갓 사람과 므낫세 반쪽 지파 가운데서, 방패와 칼을 들고 활을 당기며 싸움에 익숙하여 군대에 나갈 만한 용사들은, 사만 사천 칠백육십 명이다. 19 그들이 하갈 사람과 여두르와 나비스와 노답과 싸울 때에, 20 하나님께서 도우셔서 하갈 사람과 이들의 모든 동맹군을 그들의 손에 넘겨 주셨는데, 이것은 그들이 싸울 때에 하나님을 믿고 그에게 부르짖었으므로, 하나님이 그들의 부르짖음을 들어주셨기 때문이다. 21 그들은 적의 짐승 가운데서, 낙타 오만 마리와 양 이십오만 마리와 나귀 이천 마리와 사람 십만 명을 사로잡아 왔다. 22 이렇게 많은 적군이 죽어 넘어진 것은, 하나님께서 이 싸움을 도우신 결과이다. 포로로 잡혀 갈 때까지, 그들은 거기에서 살았다.

동쪽 므낫세 지파 백성

23 므낫세 반쪽 지파의 자손은 바산에서부터 바알헤르몬과 스닐과 헤르몬 산에 이르는 지역에 살면서, 그들의 숫자가 불어났다. 24 그들 가문의 족장은 에벨과 이시와 엘리엘과 아스리엘과 예레미야와 호다위야와 야디엘이며, 이들은 용감한 군인으로서 각 가문의 유명한 족장이다.

동쪽 지파의 추방

25 그러나 그들은 그 조상의 하나님을 배신하고, 하나님께서 그들 앞에서 없애 버린 그 땅 백성의 신들을 섬겼으므로, 26 이스라엘의 하나님께서 앗시리아의 불 왕의 마음과 앗시리아의 디글랏빌레셀 왕의 마음을 부추기셔서, 르우벤과 갓과 므낫세 반쪽 지파를 사로잡아, 할라와 하볼과 하라와 고산 강 가로 끌고 가게 하셨다. 그래서 그들이 오늘날까지 거기에 살고 있다.

무찌른 왕이며, 불(Pul)이라는 이름으로도 알려진 앗시리아 왕 디글랏빌레셀 3세의 이름이다 **5:8b-9** *아로엘, 느보, 바알므온, 유프라테스.* 시므온 지파처럼 르우벤 지파도 역사상 일찍이 동화되었다. 본문에 주어진 지명은 역대지 기자가 온 이스라엘과 그리고 수 13:8-12에 있는 정복 전승에 나오는 지파의 지역에 대해 가졌던 관심을 표현한다.

5:11-26 갓 자손(11-17절)과 므낫세 지파(23-24절)에 대한 정보가 적고, 특히 일족에 속한 가족을 소개하는 머리말이 부족한 것은 더더욱 이 둘과 반 지파가 하나로 여겨졌다는 것을 암시한다. **5:18-22** 역대지 저자는 족보를 잠깐 멈추고 역대지상하의 두드러진 주제인 하나님이 부르짖음을 들어주셔서 오는 결과를 다루는 많은 예 중에서 첫 번째 것을 소개한다. 이 북쪽 지파 사람들은 하나님께서 함께 하시며 거룩한 전쟁을 도우신다고 믿었기 때문에 하갈 사람들을 무찌르고 포로생활을 하기 전까지 (즉 기원전 722년 앗시리아에 끌려간 것) 땅을 지킬 수 있었다. **5:25-26** 그러나 그들이 불충실하게 변하자 패배에 이르게 된다. 하나님은 그들을 앗시리아의 왕 불이라고도 알려진 디글랏빌레셀 3세의 손에 넘겨주신다 (기원전 733년, 왕하 15:29). 여기에 암시되어 있는 불복종한 결과로 포로생활을 하게 되었다는 주제는 앞으로 나올 이야기에서 현저하게 나타날 것이다.

대제사장의 가계

6 1 레위의 아들은 게르손과 고핫과 므라리이다.
2 고핫의 아들은 아므람과 이스할과 헤브론과
웃시엘이다.
3 아므람의 자녀는 아론과 모세와 미리암이다.
아론의 아들은 나답과 아비후와 엘르아살과
이다말이다.
4 엘르아살은 비느하스를 낳고, 비느하스는
아비수아를 낳았다. 5 아비수아는 북기를 낳고,
북기는 웃시를 낳고, 6 웃시는 스라히야를 낳고,
스라히야는 므라욧을 낳고, 7 므라욧은 아마랴를
낳고, 아마랴는 아히둡을 낳고, 8 아히둡은 사
독을 낳고, 사독은 아히마아스를 낳고, 9 아히마
아스는 아사랴를 낳고, 아사랴는 요하난을 낳고,
10 요하난은 아사랴를 낳고, (그는 솔로몬이 예
루살렘에 지은 성전에서 제사장으로 일하였다.)
11 아사랴는 아마랴를 낳고, 아마랴는 아히둡을
낳고, 12 아히둡은 사독을 낳고, 사독은 살룸을
낳고, 13 살룸은 힐기야를 낳고, 힐기야는 아사
랴를 낳고, 14 아사랴는 스라야를 낳고, 스라야는
여호사닥을 낳았다. 15 주님께서 유다와 예루살렘
주민을 느부갓네살의 손을 빌려 사로잡아 가게
하실 때에, 여호사닥도 붙잡혀 갔다.

레위의 다른 자손

16 레위의 아들은 ㄱ)게르손과 고핫과 므라리
이며, 17 ㄱ)게르손의 아들의 이름은 립니와 시므
이이다. 18 고핫의 아들은 아므람과 이스할과
헤브론과 웃시엘이고, 19 므라리의 아들은 마흘
리와 무시이다. 이들이 가문에 따른 레위 지파의
일족들이다. 20 ㄱ)게르손에게는 아들 립니가 있
는데, 그 아들은 야핫이고, 그 아들은 심마이고,
21 그 아들은 요아이고, 그 아들은 잇도이고, 그
아들은 세라이고, 그 아들은 여아드래이다.
22 고핫의 아들은 암미나답이고, 그 아들은
고라이고, 그 아들은 앗실이고, 23 그 아들은 엘가
나이고, 그 아들은 에비아삽이고, 그 아들은 앗실
이고, 24 그 아들은 다핫이고, 그 아들은 우리엘
이고, 그 아들은 웃시야이고, 그 아들은 사울이다.
25 엘가나의 아들은 아마새와 아히못이다.
26 그 아들은 엘가나이고, 그 아들은 소배이고,
그 아들은 나핫이고, 27 그 아들은 엘리압이고,
그 아들은 여로함이고, 그 아들은 엘가나이고,
ㄴ)그 아들은 사무엘이다.
28 사무엘의 아들은 맏아들 요엘과 둘째 아들
아비야이다.

ㄱ) 히, '게르솜', 게르손의 변형 ㄴ) 칠십인역 사본들을 따름. (삼상 1:19, 20에서도)

6:1-81 이 부분은 길게 되어 있을 뿐만 아니라, 지파들의 이름을 집중적으로 열거하고 그 중앙에 이 자료를 배치함으로써, 제사장 레위 지파의 중요성을 보여주고 있다. 그리고 성전, 예배, 백성들과 함께 계시는 하나님을 조용하게 강조하고 있다. 6장은 두 부분으로 나누어져 있다: 1) 레위 족보(1-53절); 2) 레위 지파가 장막을 치고 살던 지역이다 (54-81절). 두 부분은 둘 다 제사장들을 레위 지파로부터 조심스럽게 구별하고 있으며, 제사장들은 역대지에서 드물게 최상위(pride of place)의 영예를 받고 있다. 앞부분에서 두 개의 레위 지파 목록(16-48절)이 앞뒤 양쪽에 제사장의 목록인 1-15절과 49-53절에 배치되어 있는 반면에, 뒷부분에서는 13개의 제사장 도시들(54-60절)이 레위 사람의 정착지 (61-81절) 앞에 놓여있다. **6:1-15** 대제사장 목록은 *아론으로부터* (3절) 시작하여 기원전 6세기에 일어난 포로기의 대제사장 *여호사닥까지* (15절) 계속 내려가는데, 구약성경에서 가장 광범위한 목록이지만 짤막하게 줄여져 있다. 목록에서 빠진 사람들은 엘리 (삼상 2:27-36), 여호야다 (대하 23:11), 우리야 (왕하 16:10-16), 그리고 적어도 두 명의 아사랴 (대하 26:20; 31:10-13) 대제사장이다. 이 긴 목록은 포로생활 이후 공동체의 제사장직을 합법화하는 기능을 하는데, 바빌로니아에서 귀환하는 첫 대제사장인 예수아의 아비, 여호사닥에게 제사장직이 달려있었다 (14절; 라 3:2; 느 12:26; 학 1:1). **6:4** 하나님은 비느하스의 종교적인 열정을 보고 그와 후손들에게 영원한 제사장 직분을 보장하는 언약을 주셨다 (민 25:1-13). **6:8** *사독.* 이 제사장은 유력한 대제사장 아비달이 솔로몬이 아닌 아도니야의 편을 든 다음에 대제사장직을 비느하스의 가문이 잇도록 회복시킨 제사장이다. **6:13** *힐기야.* 기원전 622년 요시야 왕이 통치하던 동안에 성전 안에서 하나님의 율법책을 발견한 대제사장이다 (대하 34:14-21). **6:16-30** 레위 사람들에게 중심적인 세 가지 족보는 게르손 (17, 20-21절), 고핫 (18, 22-28절), 그리고 므라리(19, 29-30절)를 통해 거슬러 올라간다. 레위 사람은 특별한 종교적인 의무를 책임지고 있었는데, 그들은 이 세 가문의 후손이라는 것 때문에 예배 중에 권위를 누릴 수 있었다. **6:25-28** 엘가나를 통하여 고핫의 계보에 속했기 때문에 다윗에게 기름을 부은 사무엘(삼상 16:13)은 사실상 레위 사람으로 되어 있다. 이는 삼상 1:1과 차이가 있게 되는데, 여기서는 사무엘이 에브라임 지파로 되어 있다. 하지만 삼상 1장에서 에브

29 므라리의 아들은 마흘리이고, 그 아들은
립니이고, 그 아들은 시므이이고, 그 아들은 웃사
이고, 30 그 아들은 시므아이고, 그 아들은 학기
야이고, 그 아들은 아사야이다.

성전 찬양대

31 언약궤를 평안히 안치한 뒤에, 다윗이 주
님의 집에서 찬양할 사람들을 임명하였는데,
32 그들은, 솔로몬이 예루살렘에 주님의 집을 지을
때까지, 회막 곧 성막 앞에서 찬양하는 일을 맡았다.
그들은 정하여진 순서대로 그들의 직무를 수행하
였다. 33 이 직무를 수행하는 사람과 그들의 자
손은 다음과 같다. 고핫 족의 자손 가운데서 헤만
은 찬양대장인데, 그는 요엘의 아들이고, 요엘은
ㄱ)사무엘의 아들이고, 34 ㄱ)사무엘은 엘가나의 아
들이고, 엘가나는 여로함의 아들이고, 여로함은
엘리엘의 아들이고, 엘리엘은 도아의 아들이고,
35 도아는 숩의 아들이고, 숩은 엘가나의 아들이
고, 엘가나는 마핫의 아들이고, 마핫은 아마새의
아들이고, 36 아마새는 엘가나의 아들이고, 엘
가나는 요엘의 아들이고, 요엘은 아사랴의 아들
이고, 아사랴는 스바냐의 아들이고, 37 스바냐
는 다핫의 아들이고, 다핫은 앗실의 아들이고, 앗
실은 에비아삽의 아들이고, 에비아삽은 고라의 아
들 이고, 38 고라는 이스할의 아들이고, 이스할
은 고핫의 아들이고, 고핫은 레위의 아들이고, 레
위는 이스라엘의 아들이다.

39 헤만의 형제 아삽은 그의 오른쪽에 서게
되었다. 아삽은 베레갸의 아들이고, 베레갸는 시
므아의 아들이고, 40 시므아는 미가엘의 아들이
고, 미가엘은 바아세야의 아들이고, 바아세야는
말기야의 아들이고, 41 말기야는 에드니의 아들
이고, 에드니는 세라의 아들이고, 세라는 아다야의
아들이고, 42 아다야는 에단의 아들이고, 에단
은 심마의 아들이고, 심마는 시므이의 아들이고,
43 시므이는 야핫의 아들이고, 야핫은 ㄴ)게르손의
아들이고, ㄴ)게르손은 레위의 아들이다.

44 왼쪽에 서게 되어 있는 그들의 형제 므라리
자손은 에단인데, 그는 기시의 아들이고, 기시는
압디의 아들이고, 압디는 말룩의 아들이고,
45 말룩은 하사뱌의 아들이고, 하사뱌는 아마샤의
아들이고, 아마샤는 힐기야의 아들이고, 46 힐기
야는 암시의 아들이고, 암시는 바니의 아들이고,
바니는 세멜의 아들이고, 47 세멜은 마흘리의 아
들이고, 마흘리는 무시의 아들이고, 무시는 므라
리의 아들이고, 므라리는 레위의 아들이다.

48 그들의 형제 레위 사람은 하나님의 집인
성막에서 하는 모든 일을 맡았다.

아론의 자손

49 아론과 그의 자손은 번제단과 분향단 위에
제사드리는 일과 지성소의 모든 일과 이스라엘을
위하여 속죄하는 일을, 하나님의 종 모세가 지시한
그대로 하였다. 50 아론의 자손은 다음과 같다.
그 아들은 엘르아살이고, 그 아들은 비느하스이고,
그 아들은 아비수아이고, 51 그 아들은 북기이고,
그 아들은 웃시이고, 그 아들은 스라히야이고,
52 그 아들은 므라욧이고, 그 아들은 아마랴이고,
그 아들은 아히둡이고, 53 그 아들은 사독이고,
그 아들은 아히마아스이다.

레위 사람의 정착지

54 그들이 장막을 치고 살던 지역은 다음과
같다. 아론의 자손, 곧 고핫 종족이 맨 먼저 제비를

ㄱ) 칠십인역 사본들을 따름 (삼상 1:19; 20에서도) ㄴ) 히, '게르솜', 게르손의 변형

라임 지파라는 용어는 족보의 의미보다는 지리적인 것을 뜻했을 수도 있다. **6:31-48** 다윗이 사실상 성전 안에서 찬양하는 일을 가장 귀중한 예배 형태로 정했다고 요약한 후에 레위 찬양대의 족보가 따라온다 (31-32절; 대상 15—16장을 참조하라). **6:33-38** *헤만.* 고핫의 자손을 대표한다. **6:39-43** *아삽.* 게르솜의 자손을 대표한다. **6:44-47** *에단.* 므라리 자손을 대표한다. 역대지 기자는 족보의 목록을 확대시켜서 찬양대를 창건한 사람들을 다윗과 동시대인들로 나열했다. 이렇게 한 이유는 현재 예배를 맡은 관원들의 주장과 다윗이 앞서 수정했던 것 간에 연속성이 있다고 증명함으로써 현재 관원들의 자격을 합법화하려 했기 때문이다. **6:49-53** *아론의 아들들에게로* 되돌아옴으로써 이 부분은 6:1-15를 되풀이하고 있으며, 또 16-48절에 있는 레위 사람이 맡은 제사장의 역할에 대해 구체적으로 그 뼈대를 제공해 준다. 게다가 레위 사람에게 주어진 제한된 의무는 제사장의 의무와 구별되는데, 오직 제사장만 예물을 드리고 (출 27:1-8), 향을 피우고 (출 30:1-10), 혹은 속죄를 행할 수 있었다 (레 4:31; 16장). **6:54-81** 성읍들의 목록은 자료를 약간 다시 나열했을 뿐 수 21장을 따른다. **6:54** *아론의 아들들.* 목록의 첫머리에 나타나면서 제사장의 계보가 강조되고 있다. 역대지 저자에게 흔하지 않은 경우다. **6:55-60** 제사장들에게 할당된 성읍들은 역대지 기자의 포로생활

뽑았다. 55 그들은 유다 지방의 헤브론과 그 주
변의 목초지를 나누어 받았다. 56 그러나 그 성
읍에 딸린 밭과 마을들은 여분네의 아들 갈렙에게
돌아갔다. 57 아론 자손은 다음과 같은 성읍을
나누어 받았다. 도피성 헤브론과 립나와 그 목초지,
얏딜과 에스드모아와 그 목초지, 58 힐렌과 그
목초지, 드빌과 그 목초지, 59 아산과 그 목초지,
벳세메스와 그 목초지를 받았다. 60 그들은 베
냐민 지파의 영역에서도 얼마를 나누어 받았다.
게바와 그 목초지, 알레멧과 그 목초지, 아나돗과
그 목초지를 받았다. 아론 자손이 받은 성읍은 모두
열세 성읍이다. 61 고핫 자손의 남은 종족들은
므낫세 서쪽 지파의 영역에서 열 성읍을 제비 뽑아
나누어 받았다.

62 ㄱ)게르손 자손은 그 종족대로 잇사갈
지파와 아셀 지파와 납달리 지파와 바산에 있는
므낫세 지파의 영역에서 열세 성읍을 받았다.
63 므라리 자손은 그 종족대로 르우벤 지파와 갓
지파와 스불론 지파의 영역에서 제비를 뽑아 열두
성읍을 받았다. 64 이런 식으로 이스라엘 자손이
레위 자손에게 성읍과 그 주변의 목초지를 주었다.
65 (유다 자손의 지파와 시므온 자손의 지파와
베냐민 자손의 지파의 영역에 있는 성읍들도 제비
를 뽑아 나누었다.)

66 고핫 자손의 다른 몇몇 종족은 에브라임
지파의 영역에 있는 다음과 같은 성읍들을 그들의
거주지로 나누어 받았다. 67 에브라임 산간지역
에 있는 도피성 세겜과 그 목초지, 게셀과 그 목
초지, 68 욕므암과 그 목초지, 벳호론과 그 목초
지, 69 아얄론과 그 목초지, 가드림몬과 그 목초
지를 나누어 받았다. 70 고핫 자손의 남은 종족
은 므낫세 서쪽 지파의 영역에서 아넬과 그 목초
지, 빌르암과 그 목초지를 나누어 받았다.

71 ㄱ)게르손 자손은 다음과 같은 성읍과 주
변의 목초지를 나누어 받았다.

므낫세 동쪽 지파 종족의 영역에서 바산의 골
란과 그 목초지, 아스다롯과 그 목초지를 받았고,
72 잇사갈 지파의 영역에서는 게데스와 그 목초지,
다브랏과 그 목초지, 73 라못과 그 목초지, 아
넴과 그 목초지를 받았고, 74 아셀 지파의 영역
에서는 마살과 그 목초지, 압돈과 그 목초지,
75 후곡과 그 목초지, 르홉과 그 목초지를 받았고,
76 납달리 지파의 영역에서는 갈릴리의 게데스와
그 목초지, 함몬과 그 목초지, 기랴다임과 그 목
초지를 받았다.

77 므라리의 남은 자손은 다음과 같은 성읍과
목초지를 나누어 받았다.

스불론 지파의 영역에서는 림모노와 그 목초
지, 다볼과 그 목초지를 받았고, 78 여리고 맞은
편 요단 강 건너 동쪽의 르우벤 지파의 영역에서는
사막에 있는 베셀과 그 목초지, 야사와 그 목초지,
79 그데못과 그 목초지, 메바앗과 그 목초지를
받았고, 80 갓 지파의 영역에서는 길르앗의 라
못과 그 목초지, 마하나임과 그 목초지, 81 헤스
본과 그 목초지, 야스엘과 그 목초지를 받았다.

잇사갈의 자손

7 1 잇사갈의 아들은 돌라와 부아와 야숩과 시
므론, 이렇게 넷이다. 2 돌라의 아들은 웃시
와 르바야와 여리엘과 야매와 입삼과 스므엘인
데, 이들은 돌라 가문의 족장들이다. 다윗 시대에
족보에 오른 용감한 군인들의 수는 이만 이천육백
명이다.

3 웃시의 아들은 이스라히야이며, 이스라히
야의 아들은 미가엘과 오바댜와 요엘과 잇시야,
이렇게 다섯인데, 이들은 모두 족장이다. 4 이
들의 각 가문에 따라 족보에 오른 전쟁 용사는 삼만

ㄱ) 히, '게르솜', 게르손의 변형

이후 공동체에서 지리적인 중심이었던, 유다와 (55-59절) 베냐민 (60절) 지역에 모두 자리잡았다. **6:61-81** 레위 지파의 성읍들은 지파들에게 할당되는 대신에 레위 사람이 살면서 가족을 양육할 수 있도록 레위 사람들에게 주어졌다 (민 1:47-53). 땅 구석구석에 이런 성읍들이 고르게 분포되었는데, 이는 온 이스라엘에 레위 사람이 존재한다는 중요성뿐만 아니라 하나님께서 땅의 주인이시라는 것을 강조하려는 것이다.

7:1-40 7장에서는 2:1에서 시작된 지파들의 목록이 완성된다. 요단 강 서쪽에 있던 북쪽 지파는 5장에서 논의된 요단 강 건너 동쪽의 북쪽 지파를 보충해 준다. 2절, 4-5절에 숫자로 나타낸 목록에서 볼 수 있듯이, 여기 나타난 목록은 적어도 일부가 다윗 시대에 있었던 군사용 인구조사 목록에서 끌어온 것임을 알 수 있다. 요단 강 서쪽의 북쪽 지파들 가운데 베냐민 지파가 들어있는 것, 8장에 두 번째로 보다 더 긴 베냐민 족보가 나타나는 것, 단과 스불론 지파가 빠진 것 등은 여전히 문제꺼리로 남는다. **7:1-5** *잇사갈의* 자손이 먼저 나온다 (2:1을 참조). 숫자로 족보를 나타낸 것으로 보아 여기에도 군사용 인구조사 목록이 사용되었기는 해도, 이는 민 26:23-25와 창 46:13에서 정보를 끌어왔다. 다윗 왕에게 군사적인 도움을 주었던 이들

육천 명이나 되었는데, 그들에게 아내와 자식이 많았기 때문이다.

5 잇사갈의 모든 종족에 속한 그들의 형제는 용감한 군인들이며, 팔만 칠천 명 모두가 족보에 올랐다.

베냐민의 자손

6 베냐민의 아들은 벨라와 베겔과 여디아엘, 이렇게 셋이다. 7 벨라의 아들은 에스본과 우시와 웃시엘과 여리못과 이리, 이렇게 다섯인데, 이들은 모두 다 각 가문의 족장들이다. 그들의 족보에 오른 용감한 군인들은 이만 이천삼십사 명이다.

8 베겔의 아들은 스미라와 요아스와 엘리에셀과 엘료에내와 오므리와 여레못과 아비야와 아나돗과 알레멧이다. 이들은 모두 베겔의 아들이다. 9 그들의 족보에 각 가문의 족장들로 기록된 용감한 군인들은 이만 이백 명이다.

10 여디아엘의 아들은 빌한이고, 빌한의 아들은 여우스와 베냐민과 에훗과 그나아나와 세단과 다시스와 아히사할이다. 11 이들은 모두 여디아엘의 아들이요 각 가문의 족장들이며, 싸움에 나갈 만한 용감한 군인들은 만 칠천이백 명이다. 12 이르의 자손은 숩빔과 훕빔이고, 아헬의 아들은 후심이다.

납달리의 자손

13 납달리의 아들은 ㄱ)야스엘과 구니와 예셀과 살룸인데, 이들은 빌하의 손자이다.

므낫세의 자손

14 므낫세의 아들은 그의 첩 아람 여자가 낳은 아스리엘이다. 길르앗의 아버지 마길도 이 여자가 낳았다. 15 마길은 훕빔과 숩빔에게 아내를 얻어 주었는데, 그 누이의 이름은 마아가이다. 므낫세의 둘째 아들의 이름은 슬로브핫인데, 슬로브핫은 딸만 낳았다.

16 마길의 아내 마아가는 아들을 낳아, 그 이름을 베레스라고 불렀다. 그 아우의 이름은 세레스이며, 그 아들은 울람과 라겜이다. 17 울람의 아들은 브단이다. 이들이 므낫세의 손자요, 마길의 아들인 길르앗의 자손이다. 18 그의 누이 함몰레겟은 이스훗과 아비에셀과 말라를 낳았다. 19 (스미다의 아들은 아히안과 세겜과 릭히와 아니암이다.)

에브라임의 자손

20 에브라임의 아들은 수델라이고, 그 아들은

ㄱ) 히, '야시엘'

북쪽 지파에게 흥미를 보인 것은 역대지 기자가 온 이스라엘이라는 주제에 대해 가졌던 관심의 일부로 볼 수 있다. **7:6-12** 여기서 북쪽 지파를 열거하다가 남쪽 지파 *베냐민* 지파의 족보가 등장하는 것은 다소 무리가 있기는 하다. 특별히 베냐민 지파의 완전한 목록은 8장에 나타나기 때문이다. 2:1에서 소개하는 족보를 보면, 이 지점에서 스불론 지파가 나타나야 하는데, 대상 1—9장 어느 곳에도 스불론 지파를 열거한 목록은 없다. 6절의 히브리어 본문에는 대부분의 영어 번역본에서 찾아볼 수 있는 "…의 아들"(빈, bny)이 빠져 있다. 이 말을 이루는 세 글자가 "베냐민"(bnymn)을 시작하는 세 개의 자음과 동일한 것으로 보아, 필사자가 여기서 "스불론의 아들들" 대신에 베냐민이라고 쓴 결과로 알지 못하는 사이에 스불론 지파를 없앴다는 이론도 있다. 만일 여기에 있는 이름들이 다른 알려진 스불론의 목록(창 46:14; 민 26:26)과 잘 일치하고 있다면, 이러한 주장을 강하게 펼 수 있겠지만, 그렇지가 않다. **7:12** 단의 족보가 빠진 것도 이와 비슷한 해결책을 제안해 왔다. 칠십인역과 창 46:23을 기초로 하여 히브리어의 *이르(Ir)의 자손들*을 "단의 아들들"로 읽음으로써, 단의 족보가 빠진 것에도 이와 비슷한 해결책을 제안해 왔다. 이렇게 하면 적어도 지파의 명단에 단을 언급하는 것은 유지된다. **7:13** *납달리* 자손에 대한 짧은 묘사는, 단과 납달리의 어머니 *빌하에* 대하여 언급하는 것까지 포함하여, 창 46:23-25를 따르고 있다. 이렇게 야곱의 첩과 첩의 아들들을 언급한 것은 단의 명단의 일부를 잃어버린 것을 강하게 암시해 준다. **7:14-19** *므낫세의 반 지파 명단*은 서기관들의 실수로 인하여 성경의 다른 명단과 혼동을 일으키고 있다. 창 50:23은 마길과 그의 아들들이 아람 사람(시리아 사람)이 아니라, 이집트 사람들이었다고 주장한다. 민 32:39-40은 그들이 요단 강 동편에 있는 땅인 길르앗에 정착했다고 주장한다. 마아가는 마길의 누이로 나타나고(15절), 마길의 아내로 나타나기도 한다 (16절). 15절의 *둘째*는 함께 나와야 할 "첫째"가 없다. 그래서 많은 학자들은 민 26:29-34를 바탕으로 이 명단을 재구성해 보기도 한다. 원문상의 어려움에도 불구하고 비이스라엘인(14절)들이 우세한 위치를 차지하고 여자들(마아가와 슬로브핫의 딸들, 15절; 함몰레겟, 18절)이 역대지 기자의 이상적인 이스라엘의 계보 안으로 환영받았던 것이 남아있다. **7:20-29** *에브라임의*

베렛이고, 그 아들은 다핫이고, 그 아들은 엘르아
다이고, 그 아들은 다핫이고, 21 그 아들은 사밧
이고, 그 아들은 수델라이고, 또 에셀과 엘르앗이
있다. 그 땅의 토박이인 가드 사람이 그들을 죽였
는데, 그들이 가드 사람의 짐승을 빼앗으려고 내
려갔기 때문이다. 22 그들의 아버지 에브라임이
여러 날 동안 슬퍼하였으므로, 그 친척들이 찾아
와서 그를 위로하였다. 23 그 뒤에 에브라임이
아내와 동침하였고, 그 아내가 임신하여 아들을
낳았다. 에브라임은 자기 집에 불행한 일이 있었기
때문에, 아들의 이름을 브리아라고 불렀다.
24 에브라임의 딸은 세에라인데, 그는 아래
위 벳호론과 우센세에라 성읍을 세웠다.
25 브리아의 아들은 레바와 레셉이다. 레셉의
아들은 델라이고, 그 아들은 다한이고, 26 그 아
들은 라단이고, 그 아들은 암미훗이고, 그 아들은
엘리사마이고, 27 그 아들은 눈이고, 그 아들은
여호수아이다.
28 에브라임 자손의 소유지와 거주지는 베
델과 그 주변 마을들과, 동쪽의 나아란과, 서쪽의
게셀 및 그 주변 마을들과, 세겜과 그 주변 마을
들이며, 또 아사와 그 주변 마을에까지 이른다.
29 벳산과 그 주변 마을과, 다아낙과 그 주변
마을과, 므깃도와 그 주변 마을과, 돌과 그 주변
마을은 므낫세 자손에게 돌아갔다.
이 여러 곳에 이스라엘의 아들 요셉의 자손이
살았다.

아셀의 자손

30 아셀의 아들은 임나와 이스와와 이스위
와 브리아이며, 그들의 누이는 세라이다.
31 브리아의 아들은 헤벨과 말기엘인데,
말기엘은 비르사잇의 아버지이다.
32 헤벨은 야블렛과 소멜과 호담과 그들의
누이 수아를 낳았다.
33 야블렛의 아들은 바삭과 빔할과 아스왓
이니, 이들이 야블렛의 아들이다.
34 소멜의 아들은 아히와 로가와 호바와 아람
이다.
35 소멜의 아우 헬렘의 아들은 소바와 임나와
셀레스와 아말이다.
36 소바의 아들은 수아와 하르네벨과 수알과
베리와 이므라와 37 베셀과 홋과 사마와 실사와
이드란과 브에라이다. 38 예델의 아들은 여분네와
비스바와 아라이다. 39 울라의 아들은 아라와
한니엘과 리시아이다.
40 이들은 모두 아셀의 자손으로서, 각 가문의
족장들이요, 뽑힌 용감한 군인들이요, 지도자급
족장들이다. 싸움에 나갈 만한 군인으로서 족보에
오른 사람의 수는 이만 육천 명이다.

베냐민의 자손

8 1 베냐민은 맏아들 벨라와 둘째 아스벨과 셋째
아하라와 2 넷째 노하와 다섯째 라바를 낳
았다.
3 벨라에게 자손이 있는데, 그들은 앗달과
게라와 ㄱ)아비훗과 4 아비수아와 나아만과 아호
아와 5 게라와 스부반과 후람이다.
6 에훗의 자손은 다음과 같다. 이들은 게바에
사는 가문들의 족장들로서, 게바 주민을 마나핫

ㄱ) 또는 '에훗의 아버지'

족보는 전승으로 내려오는 세 개의 다른 자료들을 포함하고 있다. 제각기 10개의 이름으로 된 두 개의 명단 (20-21a, 25-27절)은 요셉의 둘째 아들인 에브라임의 계보를 여호수아까지 더듬어 내려간다. **7:21b-24** 이 목록은 *가드* 사람들과의 불행한 일을 다루거나 (21b-23), 에브라임의 딸 아니면 브리아의 딸인 세아라의 업적(24절)을 다루는 것에 따라서 에브라임의 자녀 *브리아* ("불행" 혹은 "재앙")의 이름을 짓는 것이 지파 전승에 따라 다르게 나타나 있다. **7:28-29** 이 부분은 *요셉의 아들들인* 에브라임과 므낫세에게 속한 소유지와 거주지를 나열하는 것으로 끝맺는다. **7:30-40** 비교적 긴 *아셀* 자손의 족보도 역시 다윗 왕 때 실시한 군사용 인구조사 목록에서 따온 것인데, 역대지 기자는 이것으로 북쪽 지파를 열거하는 것을 끝맺는다.

8:1-40 여기 나타난 *베냐민* 족보는 다른 데에 나타나 있는 베냐민의 족보(창 46:21; 민 26:38-40; 대상 7:6-11)와 일치시키기가 어려울 뿐만 아니라, 명확한 구성 원리도 제대로 나타나 있지 않다. 그러나 이 장에서 지형은 중요한 역할을 한다. 베냐민 자손을 다룰 때마다 특정한 위치와 관련되어 있다: 1-7절은 *게라*; 8-14절은 *모압, 오노와 롯*; 15-28절은 *예루살렘*; 29-32절은 *기브온*. 역대지 기자는 이 방대한 지파 조사에서, 또한 첫 부분에 있는 유다의 지형(2:42-55; 4:1-23)과 중앙에 있는 레위의 지형(6:54-81)에 관심을 두었다. 베냐민에 대해 마찬가지로 관심을 보임으로써 포로생활 이후 공동체의 토대를 이루던 이들 세 지파를 연결시켜 주는 데 큰 도움을 준다. 중요한 사울 왕의 족보에 앞서서 (33-40절), 1-32절은 베냐민 지파에 관한 네 가지

으로 사로잡아 간 7 나아만과 아히야와 게라인
데, 그들을 사로잡아 간 게라가 웃사와 아히훗을
낳았다.
8 사하라임은 모압 평지에서 자기의 아내 후
심과 바아라를 내보낸 뒤에 아들을 낳았는데,
9 아내 호데스에게서 요밥과 시비야와 메사와
말감과 10 여우스와 사갸와 미르마를 낳았다. 이
아들들은 그들 가문의 족장들이다.
11 또 사하라임은 아내 후심에게서 아비둡과
엘바알을 낳았다.
12 엘바알의 아들은 에벨과 미삼과 세멧인
데, 이 세멧이 오노와 롯과 그 주변 마을들을 세
웠다.

갓과 아얄론의 베냐민 사람

13 브리아와 세마는 아얄론에 사는 가문들의
족장으로서, 이들이 가드 주민을 내쫓았다.
14 아히요와 사삭과 여레못과 15 스바댜와
아랏과 에델과 16 미가엘과 이스바와 요하는
브리아의 아들이다.

예루살렘의 베냐민 사람들

17 스바댜와 므술람과 히스기와 헤벨과
18 이스므래와 이슬리아와 요밥은 엘바알의
아들이다.
19 야김과 시그리와 삽디와 20 엘리에내와
실르대와 엘리엘과 21 아다야와 브라야와 시므
랏은 시므이의 아들이다.
22 이스반과 에벨과 엘리엘과 23 압돈과
시그리와 하난과 24 하나냐와 엘람과 안도디야
와 25 이브드야와 브누엘은 사삭의 아들이다.
26 삼스래와 스하랴와 아달랴와 27 야아레
시야와 엘리야와 시그리는 여로함의 아들이다.
28 이들은 족보에 오른 각 가문의 족장들이
며 이 족장들은 예루살렘에서 살았다.

기브온과 예루살렘의 베냐민 사람

29 기브온의 ㄱ)아버지 ㄴ)여이엘이 기브온에
살았는데, 그 아내의 이름은 마아가이다. 30 그의
맏아들은 압돈이며, 그 아래로 수르와 기스와 바
알과 나답과 31 그돌과 아히요와 세겔이 있다.
32 미글롯은 시므아를 낳았는데, 이들도 다른 친
족들을 마주 보며, 자기들의 친족들과 함께 예루
살렘에서 살았다.

사울 왕의 가족

33 넬은 기스를 낳고, 기스는 사울을 낳고,
사울은 요나단과 말기수아와 아비나답과 ㄷ)에스
바알을 낳았다. 34 요나단의 아들은 ㄹ)므립바알
이며 므립바알은 미가를 낳았다.
35 미가의 아들들은 비돈과 멜렉과 다레아와
아하스이다. 36 아하스는 여호앗다를 낳고, 여
호앗다는 알레멧과 아스마웻과 시므리를 낳고,
시므리는 모사를 낳았다. 37 모사는 비느아를
낳았다. 비느아의 아들은 라바이고, 그 아들은 엘
르아사이고, 그 아들은 아셀이다.
38 아셀에게 여섯 아들이 있는데, 그들의
이름은 아스리감과 보그루와 이스마엘과 스아랴
와 오바댜와 하난이다. 이 모두가 아셀의 아들
이다. 39 아셀의 아우 에섹의 아들은, 맏아들이
울람이고, 둘째가 여우스이고, 셋째가 엘리벨렛
이다.
40 울람의 아들은 활을 잘 쏘는 용감한 군인
들인데, 아들과 손자가 많아서 모두 백오십 명
이나 되었다. 이들이 모두 베냐민의 자손이다.

ㄱ) 또는 '성읍 지도자' 또는 '군지휘관'을 뜻하기도 함 ㄴ) 칠십인역 사본들을 따름 ㄷ) 일명, '이스보셋' ㄹ) 일명, '므비보셋'

흔적을 더듬어 가고 있다. **8:1-7** *벨라의* 자손은 마침내 이스라엘의 두 번째 사사였던 에훗에 이르게 된다 (삿 3:15-30). **8:3** *게라와 아비훗.* 게라가 에훗의 아버지였으므로 (삿 3:15), "에훗의 아버지, 게라"로 읽으면 이 명단의 어려움을 다소 해소할 수 있다. **8:8-14** 사하라임의 가문은 이스라엘 땅 밖에 있는 모압 땅과 관련된다. **8:15-28** 예루살렘에 살고 있는 베냐민 자손에 대해서는 더 이상 알려진 것이 없다. **8:29-32** 성막이 세워진 장소인 기브온 안과 기브온 주변에 있던 베냐민 자손의 명단이다 (대상 16:39; 21:29). **8:33-40** 사울의 족보를 정점으로 삼아 족보를 끝맺고 있는데, 사울은 베냐민 지파에서 가장 위대한 사람이자 이스라엘의 첫 번째 왕이다.

9:1 이 절은 *온 이스라엘을* 포함하는 포로기 이전의 족보를 다루는 대상 2—8장을 요약하는 핵심적인 절이다. 9장의 나머지 부분은 포로생활 이후의 공동체를 주제로 삼는다. 그런 의미에서 1절은 포로생활 이후의 공동체를 대상 2—8장에 묘사된 이상적인 이스라엘과

포로 생활에서 돌아온 백성

9 1 이와 같이 온 이스라엘이 족보에 오르고, '이스라엘 열왕기'에 기록되었다.

유다는 배신하였으므로 바빌론으로 사로잡혀 갔는데, 2 맨 처음으로 자기들의 성읍 소유지에 돌아와서 살림을 시작한 사람들은 이스라엘 사람과 제사장과 레위 사람과 성전 막일꾼들이다. 3 유다 자손, 베냐민 자손, 그리고 에브라임과 므낫세 자손 가운데서 예루살렘에 자리 잡은 사람은 다음과 같다.

4 유다의 아들 베레스 자손 가운데서는 우대가 살았는데, 그는 암미훗의 아들이요, 오므리의 손자요, 이므리의 증손이요, 바니의 현손이다. 5 실로 사람 가운데서는 맏아들 아사야와 그 아들들이 살았다. 6 세라의 자손 가운데서는 여우엘과 그의 친족 육백구십 명이 살았다.

7 베냐민 자손 가운데서는 살루가 살았는데, 그는 므술람의 아들이요, 호다위아의 손자요, 핫스누아의 증손이다. 8 그리고 여로함의 아들인 이브느야와, 미그리의 손자요 웃시의 아들인 엘라와, 이브니야의 증손이요 르우엘의 손자요 스바댜의 아들인 므술람이 살았다.

9 이와 같이 족보에 오른 그들의 친족은 모두 구백오십육 명이며, 이들은 모두 각 가문의 족장이다.

예루살렘에 정착한 제사장들

10 제사장 가운데서는 여다야와 여호야립과 야긴과 11 아사랴가 살았는데, 아사랴는 힐기야의 아들이요, 므술람의 손자요, 사독의 증손이요, 므라욧의 현손이요, 하나님의 성전 관리를 책임진 아히둡의 오대 손이다.

12 또 아다야도 살았는데, 그는 여로함의 아들이요, 바스훌의 손자요, 말기야의 증손이다. 그리고 마아새도 살았는데, 그는 아디엘의 아들이요, 야세라의 손자요, 므술람의 증손이요, 므실레밋의 현손이요, 임멜의 오대 손이다.

13 또 그들의 친족이 있는데, 이들은 각 가문의 족장들이며, 하나님의 성전을 돌보는 일에 유능한 사람들로서, 그 수는 천칠백육십 명이다.

예루살렘에 정착한 레위 사람들

14 레위 사람들 가운데서는 므라리 자손인 스마야가 살았는데, 그는 핫숩의 아들이요, 아스리감의 손자요, 하사뱌의 증손이다. 15 또 박박갈과 헤레스와 갈랄과 맛다니야가 살았는데, 맛다니야는 미가의 아들이요, 시그리의 손자요, 아삽의 증손이다. 16 또 오바댜가 살았는데, 그는 스마야의 아들이요, 갈랄의 손자요, 여두둔의 증손이다. 그리고 베레갸도 살았는데, 그는 아사의

연결시켜 주고, 또 백성들의 눈앞에 약속의 땅이 차지하는 완전한 범위를 유지해 준다. *사로잡혀갔다* (exile)라는 불길한 말과 백성들의 배신이 그 원인이라는 내용 또한 일부분으로 들어있다. 저자가 출처로 사용한 *이스라엘 열왕기*는 정경에 포함된 열왕기와 혼동하지 말아야 하며, 아마도 역대지하의 주요한 출처가 되었던 "이스라엘과 유다의 왕들에 대한 책"이었을 것이다.

9:2-34 회복된 예루살렘 공동체와 거주민의 명단은 느 11:3-19와 비슷하다. 이 부분은 역대지에서 유일하게 포로생활 다음에 오는 재정착을 다루고 있다. *맨 처음으로…돌아와서…살림을 시작한*이라는 번역은 이 명단이 유배 이후의 공동체를 가리키고 있음을 보여주는 것이다. 9장은 이스라엘의 과거와 현재를 중대한 고리로 연결시켜주는 것으로 중요하다. **9:2a** *성읍.* 예루살렘 주변 지역에 재정착한 것을 묘사한 이 구절은 성읍 안에 자리잡은 사람들만을 다룬 3-34절과 구별되며, 먼저 이 외딴 지역에 사람들이 다시 살기 시작했다는 것을 암시해 준다. **9:2b** 2절 후반절에서는 다음에 따라오는 예루살렘에 자리잡은 사람들을 다루고 있다: 첫째로, 평신도 *이스라엘 사람* (3-9절), 둘째로, 제사장들 (10-13절), 셋째로, 레위 지파이다 (14-34절). *성전 막일꾼.* 이 사람들에 관한 기록은 오직 여기와 에스라—느헤미야에만 나타난다. **9:3-9** *이스라엘 사람.* 성직자들을 열거하기 전에 먼저 평신도들을 열거하고 있다. **9:3** *유다 자손, 베냐민 자손, 에브라임 자손, 그리고 므낫세 자손.* 네 지파에서 나온 이스라엘 사람들을 열거한다. 분열왕국 당시에 다윗 왕조에게 충성하며 남았던 남쪽의 두 지파였던 유다 지파와 베냐민 지파가 명단의 첫머리에 놓여있다. 북쪽 지파 에브라임과 므낫세가 있는 것은 (느 11:4에는 빠져있다) 또 다른 경우이다. 비록 에브라임과 므낫세가 전체 북왕국을 상징할 수 있다고 하더라도, 그렇다면 "온 이스라엘"에 대한 관심이 드러나긴 하지만, 오직 유다 자손(4-6절)과 베냐민 자손(7-9절)만이 열거되어 있다. **9:10-13** *제사장들.* 여섯 명의 제사장 가문이 열거되어 있는데, 느 11:10-14와 그런 대로 비슷하게 열거되어 있다. **9:11** *하나님의 성전 관리를 책임진.* 대제사장을 일컫는 말이다 (대하 31:10, 13을 참조). 하지만 대하 35:8b에 레위 사람 두 사람이 힐기야와 더불어 이 칭호를 함께 나누고 있다. **9:14-34** **9:14-16** 예루살렘 안에 살던 세 레위 자손은 므라리 (느헤미야에는 빠져있다), 아삽, 여두둔과 같은 처음의 레위 집단으로 거슬러 올라간다. 이 레위

아들이요, 느도바 사람들의 마을에 살던 엘가나의
손자이다.

예루살렘에 정착한 성전 문지기

17 문지기는 살룸과 악굽과 달몬과 아히만과
그들의 친족들인데, 살룸이 그 우두머리이다.
18 살룸은 이 때까지, 동쪽에 있는 '왕의 문'의 문
지기로 있다. 이들이 레위 자손의 진영에 속한 문지
기이다.
19 고라의 증손이요 에비아삽의 손자요 고레
의 아들인 살룸과, 그의 가문에 속한 그의 친족들,
즉 고라 족속은, ㄱ)성막 문을 지키는 임무를 맡
았다. 그들의 조상도 주님의 성막 문을 지키는 사
람이었다. 20 예전에는 엘르아살의 아들 비느하
스가 그들의 책임자였는데, 주님께서 그와 함께
하셨다.
21 므셀레먀의 아들 스가랴는 ㄱ)회막 문의 문
지기이다.
22 문지기로 뽑힌 사람은 모두 이백십이 명
이며, 마을별로 족보에 기록되었다. 다윗과 사무
엘 선견자가 그들을 신실히 여겨 이 모든 일을
맡겼다. 23 그들과 그 자손이 주님의 성전 문 곧
ㄱ)성막 문을 지키는 일을 맡았는데, 24 이 문지기
들은 동서 남북 사방에 배치되었다. 25 마을에
사는 그들의 친족들은, 번갈아 와서, 이레씩 그들을
도왔다. 26 레위 사람인 네 명의 책임자들은 신
실하여서, 하나님 성전의 방과 창고들을 맡았다.
27 그들은 성전을 지키며 아침마다 문을 여는 일을
맡았으므로, 하나님의 성전 주위에 머무르면서
밤을 지냈다.

나머지 레위 사람들

28 그들 가운데 몇 사람은 성전에서 사용하
는 기구를 맡았으므로, 그것들을 세어서 들여오
고, 세어서 내주었다. 29 또 그들 가운데 몇 사
람은 성전의 모든 기구와 그 밖의 기구들, 그리고
고운 밀가루와, 포도주와 기름과 유향과 향품을
맡았다. 30 제사장 자손 가운데서 몇 사람은 향
료를 배합하여 향수를 만들었다.
31 레위 사람 맛디댜는 고라 자손 살룸의 맏
아들로서, 구워서 바치는 제물을 준비하는 일을
맡았다. 32 고핫 자손 가운데서 그들의 친족 몇
사람은 안식일마다 차리는 빵을 준비하는 일을 맡
았다.
33 또 찬양을 맡은 사람도 있었다. 이들은
레위 지파의 족장들로서, 성전의 부속건물에 살
면서, 밤낮으로 자기들의 일만 해야 하였으므로,
다른 일은 하지 않았다.
34 이들이 족보에 오른 레위 사람 족장들이다.
이 족장들은 예루살렘에서 살았다.

사울의 족보 (8:29-38)

35 기브온의 조상 ㄴ)여이엘은 기브온에 살았
으며, 그 아내의 이름은 마아가이다. 36 그 맏아
들은 압돈이고, 그 아래로 수르와 기스와 바알과
넬과 나답과 37 그돌과 아히요와 스가랴와 미글
롯이 있다. 38 미글롯은 시므암을 낳았다. 이들은
다른 친족들을 마주 보며 자기들의 친족들과 함께
예루살렘에서 살았다.

ㄱ) 성전 문을 말함 ㄴ) 칠십인역 사본들을 따름

사람들과 뒤이어 나오는 성전에서 일하던 사람들과의 관계는 완전히 명확하지는 않다. **9:17-34** *성전 문지기들.* 이들의 등장으로 이제껏 이 장에서 두드러지던 예루살렘의 인구조사로부터 방향이 달라진다. 상당히 명단이 확대되어 살룸이 추가되고 성전 문지기들의 권위(17-23절), 지도력 (24-27절), 그리고 의무(28-32절)에 대한 상세한 목록이 덧붙여졌다. 이처럼 상세하게 관심을 두었기 때문에 많은 사람들은 역대지 기자가 이 특정한 집단의 일원이었으리라고 생각해 왔다. 오늘날은 이런 견해를 의문시하지만, 역대지 기자가 이 특정한 집단을 존중하고 그들의 기원을 모세 시대의 성막과 연결시킨 것은 확실하다 (19-20절; 민 2:17; 25:6-8을 참조). 다윗은 성전이 세워지기 전에 죽고, 사무엘은 다윗이 왕이 되기 전에 죽었으므로, 다윗과 사무엘 선견자가 일을 맡기는 사람들을 세웠다고 말한 것은 (22절) 단지 그들이 미치는 영향력을 보편화하고 있을 뿐이다.

9:35-44 이 명단은 8:29-38에 있는 사울의 족보를 되풀이하고 있다. 앞장에서 사울의 족보는 중요한 지역적인 정보를 전달하였다. 하지만 이 장의 맥락에서 족보는 10장에 있는 사울의 비극적인 죽음에 관심의 초점을 맞추고 있으며, 사울의 죽음은 11장의 다윗 왕의 통치에 대한 서론이 된다.

10:1—22:1 *다윗.* 솔로몬과 중복되는 자료는 별문제로 하고, 역대지 기자가 다윗에 관해 방대하게 다룬 기사는 여섯 부분으로 구분된다: 1) 사울의 죽음 (10:1-14)은 통일왕국 시대를 열게 되며 다윗의 통치로 옮겨가는 과도기로 작용한다; 2) 다윗의 왕권이 온 이스라엘의 인정을 받는다 (11:1—12:40); 3) 언약궤를

39 넬은 기스를 낳고, 기스는 사울을 낳고, 사울은 요나단과 말기수아와 아비나답과 에스바알을 낳았다. 40 요나단의 아들은 므립바알이며, 므립바알은 미가를 낳았다. 41 미가의 아들은 비돈과 멜렉과 다레아와 아하스이다. 42 아하스는 야라를 낳고, 야라는 알레멧과 아스마웻과 시므리를 낳고, 시므리는 모사를 낳고, 43 모사는 비느아를 낳았다. 비느아의 아들은 르바야이고, 그 아들은 엘르아사이고, 그 아들은 아셀이다.

44 아셀에게는 여섯 아들이 있는데, 그들의 이름은 아스리감과 보그루와 이스마엘과 스아랴와 오바댜와 하난이다. 이들이 아셀의 아들이다.

사울 왕의 죽음 (삼상 31:1-13)

10 1 블레셋 사람이 이스라엘에 싸움을 걸어왔다. 이스라엘 사람들은 블레셋 사람 앞에서 도망하다가, 길보아 산에서 죽임을 당하여 쓰러졌다. 2 블레셋 사람들이 사울과 그의 아들들을 바싹 추격하여, 사울의 아들 요나단과 아비나답과 말기수아를 죽였다. 3 싸움이 치열해지면서, 전세가 사울에게 불리해졌다. 활을 쏘는 군인들이 사울을 알아보고 활을 쏘자, 그가 화살을 맞고 중상을 입었다. 4 사울이 자기의 무기당번 병사에게 명령하였다. "네 칼을 뽑아서 나를 찔러라. 저 할례받지 못한 이교도들이 나를 조롱하지 못하게 하여라." 그러나 그의 무기당번 병사는

예루살렘으로 옮긴다 (13:1—16:43); 4) 하나님께서 다윗 왕조를 약속하신다 (17:1-27); 5) 나라를 통합한다 (18:1—20:8); 6) 다윗이 성전을 지을 장소를 구한다 (21:1—22:1).

10:1-14 사무엘상은 23장에 걸쳐서 사울과 그의 통치를 위해 할애한다. 역대지 기자는 오직 사울의 죽음에만 관심을 보이며 (삼상 31장), 사울의 죽음은 포로생활의 틀로 수정하여 사용하였다. 이 이야기는 세 부분으로 나뉜다: 사울의 죽음 (1-7절), 사울의 가문이 굴욕을 당함 (8-12절), 그리고 신학적인 평가 (13-14절). 역대지 기자가 그 이야기를 새롭게 사용한 것을 밝혀주는 두 가지 수정사항이 있다. 삼상 31:6에는 "사울과 그의 세 아들과 사울의 무기담당 병사가 이렇게 죽었다. 사울의 부하도 그 날 다 함께 죽었다" 라고 적고 있다. 그러나 역대지상은 무기담당 병사를 언급하지 않고, "부하도…다함께"는 "그의 온 가문"으로 바뀌었다 (6절). 이러한 변경은 대상 8:29-40과 9:35-44에 있는 족보와는 다소 차이가 나지만, 이렇게 사울의 가문이 끝나게 되었다는 것을 강조하려는 역대지 기자의 관심을 드러내준다. 이 점은 역대지 기자가 신학적인 평가로 마무리

추가 설명: 역대지상 10:1—역대지하 9:31, 통일왕국

다윗과 솔로몬의 통치는 역대지에서 단일체로 나타난다. 그러한 통일성 안에서 일어나는 개개의 이야기들은 서로 나란히 혹은 서로 보충하는 식으로 묘사된다. 사울이 왕의 위엄을 잃게 되는 부정적인 예가 그려지고 (대상 10장) 사울의 죽음과 더불어 통일왕국이 시작되었다. 다윗은 성전의 기초를 놓은 사람으로 성전의 위치, 재료, 인사, 조직, 그리고 경제적인 지원을 책임진 사람으로 그려진다 (대상 11:1—27:34). 다윗 다음에 솔로몬이 뒤를 잇는데, 그는 아버지 다윗으로부터 받은 계획대로 실제로 성전을 짓고 봉헌한 인물로 묘사된다 (대하 1—9장). 이 이야기들은 대상 22:1—29:3에 있는 이야기와 중복되는데, 바로 다윗이 솔로몬을 위임하고, 성전 계획을 물려주고, 건축을 위해 기도와 물질적인 지원을 요청하는 이야기이다. 마치 왕들에게 향하는 관심을 멀리하려는 것처럼, 이야기의 초점은 언제나 성전에 맞추어진다. 성전을 향한 초점을 알고 나면 왜 역대지 기자가 사무엘기와 열왕기에서 다윗이나 혹은 솔로몬을 부정적인 빛으로 비추는 전승의 몇 가지를 생략했는지 이해하는 데 다소 도움이 된다.

역대지 기자는 다윗과 솔로몬의 통치를 하나로 이해해야 한다는 것을 보여주기 위해 문학적인 표시도 또한 사용하였다. 통일왕국의 시기는 이스라엘의 역사에서 중요한 두 가지 사건에 의해 틀이 짜여졌다: (1) 사울의 통치가 끝난 것으로, 이는 하나님께서 "그의 나라를 다윗에게 맡기셨다" 라는 말로 표시되었다 (대상 10:14); (2) 르호보암의 통치로, 솔로몬이 죽은 다음에 왕국이 분열된 것은 "주님께서 여로보암에게 하신 말씀을 *이루시려는* 것이었다"는 말로 시작한다 (대하 10:15, 대상 10:14에 있는 "맡기셨다"라는 히브리어와 어원[sbb]이 같다). 이처럼 *맡기셨다/이루셨다*를 반복하면서 이야기에 나오는 두 가지 중요한 전환점 사이의 시기를 구별하고 있다.

너무 겁이 나서, 찌르려고 하지 않았다. 그러자
사울은 자기의 칼을 뽑아서, 그 위에 엎어졌다.
5 그의 무기당번 병사는 사울이 죽는 것을 보고,
자기도 자기의 칼을 뽑아 그 위에 엎어져서, 사울과
함께 죽었다. 6 사울과 그의 세 아들과 그의 온
가문이 함께 죽었다. 7 그 골짜기에 살던 모든
이스라엘 사람은, 이스라엘 군인들이 도망 친 것과
사울과 그의 아들들이 죽은 것을 보고, 살던 성읍
들을 버리고 도망 쳤다. 그래서 블레셋 사람이 여러
성읍으로 들어와서 거기에서 살았다.
8 그 이튿날, 블레셋 사람들이, 죽은 사람들
의 옷을 벗기러 왔다가, 사울과 그의 아들들이 길
보아 산에 쓰러져 있는 것을 발견하였다. 9 그들
은 사울의 옷을 벗기고, 그의 머리와 갑옷을 취한
다음에, 블레셋 땅 사방으로 전령들을 보내서, 자
기들의 우상과 백성에게 승리의 소식을 전하였다.
10 그런 다음에 그들은 사울의 갑옷을 그들의 신
전에 보관하고, 머리는 다곤 신전에 매달아 두었
다. 11 길르앗의 야베스의 모든 사람은 블레셋
사람이 사울에게 한 모든 일을 전해 들었다. 12 그
래서 그들의 용사들이 모두 나서서, 사울의 주검과
그의 아들들의 주검을 거두어다가 야베스로 가져
가서, 야베스에 있는 상수리나무 아래에 그들의 뼈
를 묻고, 이레 동안 금식하였다.
13 사울이 주님을 배신하였기 때문에, 이렇
게 죽었다. 그는 주님의 말씀을 지키지 않았고,
오히려 점쟁이와 상의하며 점쟁이의 지도를 받
았다. 14 그는 주님께 지도를 받으려 하지 않
았다. 그래서 주님께서 그를 죽이시고, 그의 나라를
이새의 아들 다윗에게 맡기셨다.

다윗이 이스라엘과 유다의 왕이 되다

(삼하 5:1-10)

11 1 온 이스라엘이 헤브론에 있는 다윗에게
게 몰려와서 말하였다. "우리는 임금님과
한 골육입니다. 2 전에 사울이 왕일 때에도, 이스
라엘 군대를 거느리고 출전하셨다가 다시 돌아오신
분이 바로 임금님이십니다. 그리고 주 임금님의 하
나님께서 '네가 나의 백성 이스라엘의 목자가 될 것
이며, 네가 나의 백성 이스라엘의 통치자가 될 것이
다' 하고 말씀하실 때에도 바로 임금님을 가리켜 말
씀하신 것입니다." 3 그리하여 이스라엘의 모든 장
로가 헤브론으로 왕을 찾아오니, 다윗이 헤브론에서
주님 앞으로 나아가 그들과 언약을 세웠다. 그리고
그들은, 주님께서 사무엘을 시켜서 말씀하신 대로,
다윗에게 기름을 부어 이스라엘의 왕으로 삼았다.
4 다윗과 온 이스라엘이 예루살렘, 곧 여부스
로 갔다. 그 땅에는 여부스 사람이 살고 있었다.
5 여부스 주민이 다윗에게 말하였다. "너는 여기
에 들어올 수 없다." (그러나 다윗이 시온 산성을 점
령하였으므로, 그 곳을 '다윗 성'이라고 하였다.)
6 다윗이 말하였다. "누구든지, 제일 먼저 여부
스 사람을 치는 사람이 총사령관과 장관이 될 것
이다." 스루야의 아들 요압이 제일 먼저 올라갔으
므로, 그가 총사령관이 되었다. 7 (다윗이 그 산
성을 점령하고 거기에 사니, 사람들이 그 산성을
'다윗 성'이라고 하였다.) 8 다윗이 성을 쌓았는
데, 밀로에서부터 시작하여, 한 바퀴 돌아가면서
성을 쌓았고, 나머지 부분은 요압이 복구하였다.
9 만군의 주님께서 다윗과 함께 계시므로, 다윗
이 점점 강대해졌다.

할 때 다시 나타난다. *그래서 주님께서 그를 죽이시고, 그의 나라를 이새의 아들 다윗에게 맡기셨다* (13-14절). 북왕국과 남왕국은 모두 배신(9:1; 또한 대하 36:14)했기 때문에 군사가 패하고 포로생활을 경험하게 되었다. 7절은 역대지 나머지 부분에서 반복되는 또 하나의 주제를 적고 있다: *이스라엘 사람*들은 …*살던 성읍들을 버리고*. 그래서 역대지 기자는 통일왕국에 대한 이야기를 사울에 관한 이야기로 시작한다. 전하려는 메시지는 명확하다: 이스라엘이 적군에게 지고 "포로생활"에 이른 모습인데, 그 이유는 왕이 왕으로서 해서는 안 될 일을 모두 저지른 불충실한 왕의 원형이었기 때문이다. 역대지에서 유배는 사울과 같이 불충실한 사람들이나 혹은 7절에 있는 이스라엘 사람들과 같이 그들의 뒤를 따르는 사람들에게 언제든지 일어날 가능성이 있었다.

11:1—12:40 이 두 장은 따로 된 명단을 교묘하게 사용하여 하나의 문학적인 단위를 형성하고 있는데, 온 이스라엘의 통일성과 그리고 온 이스라엘이 즉시 만장일치로 다윗의 왕권을 인정했다고 설명하기 위해서 이렇게 고안하였다. 다윗이 헤브론에서 기름부음을 받는 것을 묘사한 외부의 틀(11:1-3; 12:38-40)이 축제 분위기에 참여했던 군대 인사들의 명단(11:10-47; 12:23-38)을 에워싸고 있으며, 시글락에 주둔한 다윗의 군대에 관한 내부의 틀(12:1-7, 19-22)이 *요새에* 있던 사람들을 에워싸고 있다 (12:8-18).

11:1-46 삼하 1—4장의 사건들은 의도적으로 아무런 해설 없이 넘어갔다. **11:1-3** 블레셋과의 전쟁에서 사울의 온 가문이 함께 죽었다는 말과 일치하여 (10:6), 다윗의 가문과 사울의 가문 사이에 있었던 분쟁은 생략되었다. 게다가, 다윗을 *이스라엘의 왕*으로 기름 부은 것은 유다(삼하 2:4)와 이스라엘(삼하 5:3)

다윗의 용사들 (삼하 23:8-39)

10 다윗이 거느린 용사들의 우두머리는 다
음과 같다. 이들은, 주님께서 이스라엘에 대하여
말씀하신 대로, 다윗이 왕이 될 수 있도록 그를 적
극적으로 도와, 온 이스라엘과 함께 그를 왕으로
세운 사람들이다.

11 다윗이 거느린 용사들은 다음과 같다. 첫
째는 학몬 사람의 아들 야소브암인데, 그는 [ㄱ]세
용사의 우두머리이다. 그는 창을 휘두르며 삼백
명과 싸워, 그들을 한꺼번에 쳐죽인 사람이다.
12 세 용사 가운데서 둘째는 아호아 사람 도도의
아들인 엘르아살이다. 13 블레셋 사람이 싸우려고
바스담밈에 집결하였을 때에, 그도 다윗과 함께
거기에 있었다. 거기에는 보리가 무성한 밭이 있
었다. 이스라엘 군대는 블레셋 군대를 보고 도망
하였으나, 14 그는 밭의 한가운데에 버티고 서
서, 그 밭을 지키며, 블레셋 군인들을 쳐죽였다.
주님께서 크게 승리하게 하셔서 그들을 구원하여
주셨다.

15 블레셋 군대가 르바임 골짜기에 진을 치자,
삼십인 특별부대 소속인 이 세 용사가, 절벽에 있는
아둘람 동굴로 다윗을 찾아갔다. 16 그 때에 다
윗은 산성 요새에 있었고, 블레셋 군대의 진은 베
들레헴에 있었다. 17 다윗이 간절하게 소원을
말하였다. "누가 베들레헴 성문 곁에 있는 우물물을
나에게 길어다 주어, 내가 마실 수 있도록 해주겠
느냐?" 18 그러자 그 세 용사가 블레셋 진을 뚫고
나가, 베들레헴의 성문 곁에 있는 우물물을 길어
가지고 와서 다윗에게 바쳤다. 그러나 다윗은 그
물을 마시지 않고, 길어 온 물을 주님께 부어 드
리고 나서, 19 이렇게 말하였다. "하나님께서 보고
계시는데, 내가 어찌 감히 이 물을 마실 수 있단
말이냐! 이 사람들의 생명의 피를 내가 어찌 마시
겠느냐? 이것은 목숨을 걸고 다녀온 세 용사의 피
다." 그러면서 그는 물을 마시지 않았다. 이 세 용
사가 바로 이런 일을 하였다.

20 요압의 아우인 아비새는 [ㄴ]삼십인 특별부
대의 우두머리였다. 바로 그가 창을 휘둘러 삼백
명을 쳐서 죽인 용사이다. 그는 세 용사와 함께 유
명해졌다. 21 그는 [ㄴ]삼십인 특별부대 안에서 제일
뛰어난 용사였다. 그는 삼십인 특별부대의 우두
머리가 되기는 하였으나, 세 용사에 견줄 만하지는
못하였다.

22 여호야다의 아들인 브나야는 갑스엘 출
신으로, 공적을 많이 세운 용사였다. 바로 그가 사
자처럼 기운이 센 모압의 장수 아리엘의 아들 둘
을 쳐죽였고, 또 눈이 내리는 어느 날, 구덩이에
내려가서, 거기에 빠진 사자를 때려 죽였다.
23 그는 또 이집트 사람 하나를 죽였는데, 그
이집트 사람은 키가 [ㄷ]다섯 규빗이나 되는 거인이
었다. 그 이집트 사람은 베틀 다리 같은 굵은 창을
들고 있었으나, 브나야는 막대기 하나만을 가지고
그에게 덤벼, 오히려 그 이집트 사람의 손에서 창을
빼앗아, 그 창으로 그를 죽였다. 24 여호야다의
아들 브나야가 이런 일을 해서, 그 세 용사와 함께
유명해졌다. 25 그는 삼십인 특별부대 안에서
뛰어난 장수로 인정을 받았으나, 세 용사에 견줄
만하지는 못하였다. 다윗은 그를 자기의 경호대
장으로 삼았다.

26 군대의 용사들로서는 다음과 같은 사람
들이 더 있다. 요압의 아우 아사헬과, 베들레헴 사
람 도도의 아들 엘하난과, 27 하롤 사람 삼훗과,
블론 사람 헬레스와, 28 드고아 사람 익게스의
아들 이라와, 아나돗 사람 아비에셀과, 29 후사
사람 십브개와, 아호아 사람 일래와, 30 느도바
사람 마하래와, 느도바 사람 바아나의 아들 헬렛
과, 31 베냐민 자손으로 기브아 사람 리배의 아들
이대와, 비라돈 사람 브나야와, 32 가아스 시냇가
에 사는 후래와, 아르바 사람 아비엘과, 33 바하
룸 사람 아스마웻과, 사알본 사람 엘리아바와,
34 기손 사람 하셈의 아들들과, 하랄 사람 사게의

ㄱ) 칠십인역을 따름. 히, '삼십인' 또는 '장교들' ㄴ) 시리아어역을 따름. 히, '세 용사' ㄷ) 약 2.3미터

이 따로따로 의식을 치렀다는 말을 무시하는 것이다. 기름부음은 끝 부분(12:38-40)에 반복되는데, 다시 한 번 온 이스라엘이 만장일치로 다윗을 왕으로 선포하는 데서 다윗이 전적으로 대대적으로 지원을 받았다는 것을 증명한다. **11:4-9** *다윗과 온 이스라엘.* "다윗 왕과 부하들"이 아니라 (삼하 5:6), 다윗의 지휘 아래 단결된 이스라엘이 이룬 첫 번째 업적은 *여부스*를 점령한 것이다. 여부스는 유다와 베냐민 사이에 위치한 중립 도시로 여부스 사람이 살고 있었다. 나중에 여부스는 다윗의 정치적이고 종교적인 중심지였던 예루살렘으로 알려지게 된다. **11:10-46** 군대 용사들의 명단은 다윗이 누구에게든지 왕으로 인정을 받았다는 주제를 다시 한 번 강조한다.

12:1-37 역대지 저자는 과거를 회상하는 기법으로 온 이스라엘이 일찍이 다윗을 지지했다는 것을 새삼 강조하는 주제를 확대시킨다. **12:1-7** *시글락.* 이 곳은 다윗이 사울에게 쫓겨서 머물렀던 곳이며, 블레셋과 동맹을 맺을 때 진영으로 삼았던 곳이다 (삼상 27장).

아들 요나단과, 35 하랄 사람 사갈의 아들 아히
암과, 울의 아들 엘리발과, 36 므게랏 사람 헤벨
과, 블론 사람 아히야와, 37 갈멜 사람 헤스로와,
에스배의 아들 나아래와, 38 나단의 아우 요엘과,
하그리의 아들 밉할과, 39 암몬 사람 셀렉과,
스루야의 아들 요압의 무기를 들고 다니는 브에롯
사람 나하래와, 40 이델 사람 이라와, 이델 사람
가렙과, 41 헷 사람 우리야와, 알래의 아들 사밧과,
42 르우벤 자손 시사의 아들로서 르우벤 자손의
족장이며 서른 명을 거느린 아디나와, 43 마아가
의 아들 하난과, 미덴 사람 요사밧과, 44 아스드
랏 사람 웃시야와, 아로엘 사람 호담의 아들들인
사마와, 여이엘과, 45 시므리의 아들 여디아엘
과, 그의 아우 디스 사람 요하와, 46 마하위 사
람 엘리엘과, 엘라암의 아들 여리배와, 요사위야와,
모압 사람 이드마와, 47 엘리엘과, 오벳과, 므소바
사람 야아시엘이다.

베냐민 지파에서 다윗을 따른 사람들

12 1 다윗이 기스의 아들 사울에게 쫓겨서
시글락에 있을 때에, 그에게 와서 싸움을
도운 용사들은 다음과 같다. 2 이들은 좌우 양
손으로 무릿매 돌도 던질 줄 알며 화살도 쏠 줄
아는 사람들로서, 활로 무장을 한 사람들인데, 베
냐민 지파 사울의 일족이다. 3 그들의 우두머리는
아히에셀이고, 그 다음은 요아스인데, 이들은 기
브아 사람인 스마아의 두 아들이다. 아스마웻의
아들 여시엘과 벨렛과, 아나돗 사람인 브라가와
예후와, 4 서른 명 용사 가운데 하나이며, 서른
명의 우두머리인 기브온 사람 이스마야이고, 또
예레미야와, 야하시엘과, 요하난과, 그데라 사람인
요사밧과, 5 엘루새와, 여리못과, 브아랴와, 스
마랴와, 하룹 사람인 스바댜와, 6 고라 사람인
엘가나와, 잇시야와, 아사렐과, 요에셀과, 야소브
암과, 7 그돌 사람으로, 여로함의 아들인 요엘
라와, 스바댜이다.

갓 지파에서 다윗을 따른 사람들

8 갓 지파 가운데서 광야에 있는 요새로 다
윗을 찾아간 사람들이 있었다. 그들은 용맹스러
운 용사들이요, 방패와 창을 다룰 줄 아는, 싸움
에 익숙한 군인들이다. 그들의 얼굴은 사자의 얼
굴과 같고 빠르기는 산의 노루와 같았다. 9 그
들의 우두머리는 에셀이고, 둘째는 오바댜이고,
셋째는 엘리압이고, 10 넷째는 미스만나이고,
다섯째는 예레미야이고, 11 여섯째는 앗대이고,
일곱째는 엘리엘이고, 12 여덟째는 요하난이고,
아홉째는 엘사밧이고, 13 열째는 예레미야이고,
열한째는 막반내이다.

14 이들은 갓 자손의 군대 지휘관으로서,
ㄱ)그 가운데 계급이 낮은 사람은 백 명을 거느렸
고, 높은 사람은 천 명을 거느렸다. 15 어느 해
첫째 달, 요단 강 물이 모든 강둑에 넘칠 때에, 그
들은 강을 건너가 골짜기에 사는 모든 사람을 쳐
서 동서로 도망 치게 하였다.

베냐민과 유다에서 다윗을 따른 사람들

16 베냐민과 유다 자손 가운데서 요새로 다
윗을 찾아온 사람들이 있었다. 17 다윗이 나가
서 그들을 맞으며 말하였다. "여러분이 나를 돕고
화친할 목적으로 왔다면, 나는 여러분과 연합할
마음이 있소. 그러나 내게 아무런 악행이 없는데
도 여러분이 나를 배반하여 적에게 넘긴다면, 우
리 조상의 하나님께서 이를 보시고, 여러분을 벌
하시기를 바라오."

18 그 때에 삼십인의 우두머리인 아마새가
하나님의 영에 사로잡혀 말하였다.

"다윗 장군님,
우리는 장군님의 부하입니다.
이새의 아드님,

ㄱ) 또는 '작은 자는 일당 백이요, 큰 자는 일당 천이었다'

그래서 *베냐민 지파* (1-7절)와 *므낫세* (19-22절) 지파에서 다윗의 군대에 합세하러 온 *용맹스러운 용사*들은 헤브론에서 의식을 치르기에 앞서 시글락에서 다윗의 군대에 합세했던 것이다. **12:8-18** *요새.* 회상 기법을 계속 사용하면서 역대지 기자는 다윗이 광야의 산성을 찾아다니며 용병생활을 하던 시절로 거슬러간다. (삼상 23—26장). **12:8-17** *갓* 지파의 용사들은 요단 강 맞은편으로부터 다윗에게 와서 *베냐민과 유다* 지파에서 온 용사들과 합세한다. **12:18** *아마새는* 다윗을 돕는 사람들에게 평화를 바라면서 다윗을 지지하는 내용을 담은 선지자의 신탁을 전한다. *평화* 라는 평범한 영어번역으로는 이 인사말에 담긴 미묘함을 살리기가 어렵다. "번영"(prosperity)과 "성공"(success)이라는 뜻에 더 가깝지만, 여전히 샬롬이 내포하는 온전, 일치, 통일성, 그리고 이 모든 것이 함께 작용한다는 의미를 강조하기에는 부족하다. 여기서 다윗이 승리하도록 이끌어준

우리는 장군님의 편입니다.
하나님이 장군님을 돕는 분이시니
평화에 평화를 누리십시오.
장군님을 돕는 사람에게도
평화가 깃들기를 빕니다."

다윗은 그들을 기꺼이 받아들여 군대장관으로 삼았다.

므낫세에서 다윗을 따른 사람들

19 므낫세 지파에서도 다윗에게 온 사람들이
있었다. 그 때에 다윗이 블레셋과 함께 나아가 사울
과 전쟁을 하려 하였지만, 그들을 도울 수가 없었다.
블레셋 지도자들이 의논한 뒤에 "그가 우리 머리를
베어서 그의 왕 사울에게 투항할 것이 아니냐?"
하고 말하면서, 다윗을 돌려보냈기 때문이다.
20 다윗이 시글락으로 돌아갈 때에, 므낫세 지파
에서 그에게 합세한 사람은 아드나와 요사밧과 여
디아엘과 미가엘과 요사밧과 엘리후와 실르대이다.
이들은 모두 므낫세 지파의 천부장이다. 21 그
들은 모두 다 용맹스러운 용사들이어서, 다윗을
도와 침략자들을 쳤다. 이들은 모두 군대장관이
되었다. 22 날마다 다윗을 도우려는 사람이 모여
들어 하나님의 군대와 같은 큰 군대를 이루었다.

다윗의 병력 목록

23 싸우려고 무장하고 헤브론으로 다윗을
찾아와서, 주님의 말씀대로, 사울의 나라가 다윗에
게 돌아오도록 공을 세운 사람의 수는 다음과 같다.
24 유다 자손 가운데서 방패와 창으로 무장
한 군인이 육천팔백 명이고, 25 시므온 자손 가
운데서 싸운 용맹스러운 용사는 칠천백 명이다.
26 레위 자손 가운데서는 사천육백 명인데,
27 아론 가문의 영도자 여호야다가 거느린 사람은
삼천칠백 명이고, 28 젊은 용사 사독과 그의 가
문의 지휘관이 스물두 명이다.
29 사울의 동족인 베냐민 자손 가운데서는
삼천 명이 나왔다. (그들 대다수는 그 때까지 충
실히 사울 가문을 지켜 왔다.)
30 에브라임 자손 가운데서는 이만 팔백 명
인데, 그들은 다 자기 가문에서 유명한 사람들로서,
용맹스러운 용사들이다.
31 므낫세 반쪽 지파 가운데서는 만 팔천 명이
나왔는데, 그들은 다윗에게 가서 그를 왕으로 추
대하도록 지명받은 사람들이다.
32 잇사갈 자손의 우두머리 이백 명이 그들
의 모든 부하를 이끌고 왔다. (그들은 때를 잘 분
간할 줄 알고, 이스라엘이 하여야 할 바를 아는 사
람들이다.)
33 스불론에서는 갖가지 무기로 무장하여
전투 채비를 갖추고, 두 마음을 품지 않고 모여든
군인이 오만 명이다.
34 납달리에서는, 지휘관이 천 명이고, 그들과
함께 창과 방패를 들고 온 사람이 삼만 칠천 명이다.
35 단에서는 전투 채비를 한 군인이 이만 팔
천육백 명이 나왔다.
36 아셀에서는 전투 채비를 하고 나온 군인
이 사만 명이다.
37 요단 강 동쪽에 있는 르우벤과 갓과 므낫
세 반쪽 지파에서는 갖가지 무기를 가진 군인이
십이만 명이 나왔다.
38 전투 채비를 한 이 모든 군인이, 다윗을
온 이스라엘의 왕으로 추대하려고, 충성된 마음
으로 헤브론으로 왔다. 그 밖에 남은 이스라엘 사
람도 모두 다윗을 왕으로 추대하는 데 뜻을 같이
하였다. 39 그들의 동족이 음식까지 마련하여
주어서, 그들은 거기에서 다윗과 함께 사흘을 지
내며, 먹고 마셨다. 40 또 그 근처에 있는 잇사
갈과 스불론과 납달리에서도, 사람들이 음식물을
나귀와 낙타와 노새와 소에 실어 왔다. 밀가루 빵과
무화과 빵과 건포도와 포도주와 소와 양을 많이
가져 오니, 이스라엘에 기쁨이 넘쳤다.

도움과 지원은 군사력과 헌신으로 예시되어 있지만 (12:1, 17-19, 21-22) 진정한 원인은 돕는 분, 다윗의 하나님 안에 있다. **12:19-37** 엄청나게 많은 수의 북쪽 군대가 다윗의 대의명분에 힘을 합친 것은 온 이스라엘이 다윗을 열광적으로 지지했음을 보여주는 것이다. **12:38-40** 다윗을 만장일치로 왕으로 인정하며 즐거운 축제가 뒤따른다. **12:40** *기쁨.* 역대지 저자는 나중에 특별히 종교적으로 중요한 사건이 일어날 때 이 용어를 사용할 것이다. 즉, 찬양하는 사람들을 임명하고 (15:16), 솔로몬이 즉위하고 (29:9, 17, 22), 요아스가 성전을 재건하고 (대하 24:10), 무엇보다 히스기야가 개혁을 일으킬 때와 같은 (대하 29:30, 36; 30:21, 23, 25-26) 경우이다. *잇사갈과 스불론과 납달리.* 이들 북쪽 세 지파가 기쁨으로 참여한 것은 하나가 되어 만장일치로 지지했다는 것을 결정적으로 보여준다.

13:1—16:43 온 이스라엘이 기쁨으로 다윗을 왕으로 인정하고 그리고 예루살렘이 성공리에 통일된 이스라엘의 정치적 중심지로 세워지자 이야기는 본래

언약궤를 옮기다 (삼하 6:1-11)

13 1 다윗이 천부장과 백부장과 그 밖의 모든
지도자와 의논하고, 2 이스라엘 온 회중
에게 말하였다. "여러분이 좋게 여기고 우리 주 하나
님께서 기뻐하신다면, 우리가 이스라엘 온 땅에
남아 있는 우리 백성과 또 그들의 목초지에 있는
성읍들에서 그들과 함께 살고 있는 제사장과 레위
사람에게 전갈을 보내어, 그들을 우리에게로 모이게
합시다. 3 그런 다음에, 우리 모두 하나님의 궤를
우리에게로 옮겨 오도록 합시다. 사울 시대에는
우리가 궤 앞에서 하나님의 뜻을 여쭈어 볼 수가
없지 않았습니까!" 4 온 백성이 이 일을 옳게 여
겼으므로 온 회중이 그렇게 하겠다고 대답하였다.
5 그래서 다윗은 하나님의 궤를 기럇여아림
에서 옮겨 오려고, 이집트의 시홀에서부터 하맛
어귀에 이르기까지 온 이스라엘을 불러모았다.
6 다윗과 온 이스라엘이 하나님의 궤를 옮겨 오
려고, 바알라 곧 유다의 기럇여아림으로 올라갔다.
그 궤는, 그룹들 위에 앉아 계신 주님의 이름으로
불리는 궤이다. 7 그들이 아비나답의 집에서 하
나님의 궤를 꺼내서 새 수레에 싣고 나올 때에, 웃
사와 아히요가 그 수레를 몰았다. 8 다윗과 온
이스라엘은 있는 힘을 다하여 노래하며, 수금과
거문고를 타며, 소구와 심벌즈를 치며, 나팔을 불
면서, 하나님 앞에서 기뻐하였다.
9 그들이 기돈의 타작 마당에 이르렀을 때에,
소들이 뛰어서 궤가 떨어지려고 하였으므로, 웃
사가 그 손을 내밀어 궤를 붙들었다. 10 웃사가
궤를 붙들었으므로, 주님께서 웃사에게 진노하셔서
그를 치시니, 그가 거기 하나님 앞에서 죽었다.
11 주님께서 그토록 급격하게 웃사를 벌하셨으
므로, 다윗이 화를 냈다. 그래서 그 곳 이름을 오늘
날까지 ㄱ)베레스 웃사라고 한다.
12 그 날 다윗은 이 일 때문에 하나님이 무
서워서 "이래서야 내가 어떻게 하나님의 궤를 내
가 있는 곳으로 옮길 수 있겠는가?" 하였다. 13 그
래서 다윗은 그 궤를 자기가 있는 '다윗 성'으로
옮기지 않고, 가드 사람 오벳에돔의 집으로 실어
가게 하였다. 14 그래서 하나님의 궤가 오벳에
돔의 집에서 그의 가족과 함께 석 달 동안 머물렀
는데, 그 때에 주님께서 오벳에돔의 가족과 그에게
딸린 모든 것 위에 복을 내려 주셨다.

예루살렘에서 다윗이 활동하다
(삼하 5:11-16)

14 1 두로 왕 히람이 다윗에게, 사절단과
함께 백향목과 석수와 목수를 보내어서,
궁궐을 지어 주게 하였다. 2 다윗은, 주님께서
자기를 이스라엘의 왕으로 굳건히 세워 주신 것
과, 그분의 백성 이스라엘을 번영하게 하시려고
그의 나라를 크게 높이신 것을 깨달아 알았다.
3 다윗은 예루살렘에서 또 아내들을 맞아,
또 자녀를 낳았다. 4 그가 예루살렘에서 낳은 아
이들의 이름은 삼무아와 소밥과 나단과 솔로몬과
5 입할과 엘리수아와 엘벨렛과 6 노가와 네벡과
야비아와 7 엘리사마와 브엘랴다와 엘리벨렛이다.

다윗이 블레셋을 이기다 (삼하 5:17-25)

8 다윗이 기름 부음을 받아 온 이스라엘의
왕이 되었다는 소식을 블레셋 사람이 듣고, 온 블
레셋 사람이 다윗을 잡으려고 올라왔다. 다윗이
이 말을 듣고 그들을 맞아 공격하려고 나갔다.

ㄱ) '웃사를 침'

의 관심사로 방향을 바꾼다: 완전한 예배의 확립이다. 이 넉 장은 온 이스라엘이 다윗의 명령대로 하나님의 언약궤를 기럇여아림으로부터 예루살렘으로 옮겨오는 것을 묘사한다. 다윗이 언약궤를 예루살렘으로 가져오려다가 실패한 것(13:1-14)은 그 과업을 성공리에 완수하는 것(15:1—16:3)과 짝을 이루어 다윗의 성공을 열거하는 짧은 에피소드(14:1-17)의 틀을 만들고 있다. 예배와 감사가 결론을 적절하게 제공한다 (16:4-43).

13:1-14 언약궤를 소홀히 다루어 목숨과 왕국을 잃은 사울과 (대상 13:3) 대조하여, 역대지 기자는 다윗을 이스라엘의 예배의식 제도를 충실하게 고수한 본보기로 묘사한다. 사무엘하에서는 언약궤를 옮긴 것은 군사적이고 정치적인 일이며 (삼하 6:1-11), 다윗이 예루살렘에 정착하고 곧이어 블레셋을 쳐부순 다음에 배치되어 있다 (삼하 5:11-25). 그렇지만 역대지 기자에게 언약궤를 옮긴 것은 종교적인 일로서, 다윗이 헤브론에서 기름부음을 받은 후 맨 처음 관심을 가진 것으로 나타난다 (12:1-14). 예루살렘에 궁궐을 짓고 (14:1-7) 블레셋을 쳐부순 (14:8-17) 이 두 가지 사건보다 언약궤에 대한 다윗의 관심을 더 중시하는데, 사건들의 순서가 바뀌어 있기 때문이다. 심지어 제식의 법규를 거슬린 이유로 언약궤를 옮기려던 첫 시도가 실패한 것조차도 이 종교적인 우선권을 강조한다 (9-14절).

14:1-17 역대지 저자는 다윗이 축복을 받으며

9 블레셋 사람들이 이미 몰려와서, 르바임 평원을
침략하였다. 10 다윗이 하나님께 아뢰었다. "제가
저 블레셋 사람들을 치러 올라가도 되겠습니까?
주님께서 그들을 저의 손에 넘겨 주시겠습니까?"
주님께서 그에게 대답하셨다. "올라가거라. 내가
그들을 너의 손에 넘겨 주겠다."
11 그래서 그가 ㄱ)바알브라심으로 쳐들어갔다.
다윗은 거기에서 블레셋 사람들을 쳐서 이기고
나서, 이렇게 말하였다. "홍수가 모든 것을 휩쓸어
버리듯이, 하나님께서 나의 손으로 나의 원수들을
그렇게 휩쓸어 버리셨다." 그래서 사람들이 그 곳
이름을 바알브라심이라고 부른다. 12 블레셋 사
람이 그들의 온갖 신상을 거기에 버리고 도망 갔
으므로, 다윗은 그 신상들을 불태워 버리라고 명
령하였다.
13 블레셋 사람이 또다시 그 평원을 침략하
였다. 14 다윗이 하나님께 또 아뢰니, 하나님께서
그에게 대답하셨다. "너는 그들을 따라 올라가 정
면에서 치지 말고, 그들의 뒤로 돌아가서 숨어 있
다가, 뽕나무 숲의 맞은쪽에서부터 그들을 기습
하여 공격하여라. 15 뽕나무 밭 위쪽에서 행군
하는 소리가 나거든, 너는 곧 나가서 싸워라. 그
러면 나 하나님이 너보다 먼저 가서, 블레셋 군대를
치겠다." 16 다윗은 하나님이 명하신 대로, 기
브온에서 게셀에 이르기까지 쫓아가면서, 블레셋
군대를 무찔렀다. 17 다윗의 명성이 온 세상에
널리 퍼졌고, 주님께서는, 모든 나라들이 다윗을
두려워하게 하셨다.

언약궤를 옮길 준비

15 1 다윗이 '다윗 성'에 자기가 살 궁궐을
지었다. 또 하나님의 궤를 둘 한 장소를
마련하고 궤를 안치할 장소에 장막을 치고, 2 이
렇게 말하였다. "레위 사람 말고는 아무도 하나님
의 궤를 메어서는 안 된다. 주님께서 그들을 선택
하여, 그들이 하나님의 궤를 메고 영원히 하나님
을 섬기게 하셨기 때문이다." 3 다윗은 그가 마
련한 장소에 주님의 궤를 옮겨 오려고, 온 이스라
엘을 예루살렘으로 불러모았다. 4 다윗이 불러
모은 아론의 자손과 레위 사람은 다음과 같다.
5 고핫 자손 가운데서 족장 우리엘과 그의 친족
백이십 명, 6 므라리 자손 가운데서 족장 아사
야와 그의 친족 이백이십 명, 7 ㄴ)게르손 자손 가운
데서 족장 요엘과 그의 친족 백삼십 명, 8 엘리
사반 자손 가운데서 족장 스마야와 그의 친족 이
백 명, 9 헤브론 자손 가운데서 족장 엘리엘과
그의 친족 여든 명, 10 웃시엘 자손 가운데서 족장
암미나답과 그의 친 백십이 명이다.
11 다윗은 제사장 사독과 아비아달과 레위
사람 우리엘과 아사야와 요엘과 스마야와 엘리엘과
암미나답을 불러, 12 그들에게 말하였다. "여러
분은 레위 가문의 족장들입니다. 여러분 자신과
여러분의 친족들을 성결하게 하고, 주 이스라엘의
하나님의 궤를 내가 마련한 장소로 옮기십시오.

ㄱ) '휩쓸어 버리는 주' ㄴ) 히, '게르솜', 게르손의 변형

예루살렘에 정착하는 것을 묘사하기 위해 삼하 5:11-25의 세 가지 전승을 사용한다 (이전 장에는 빠져 있다). **14:1-2** 히람이 궁궐을 지을 건축재를 선물한 것은 다윗이 국제적으로 명성을 떨쳤다는 것을 암시한다. 대하 2장에서 동일한 히람 왕이 성전을 위한 자재도 제공할 것이다. **14:3-7** 예루살렘에서 다윗에게 13명의 자녀들이 태어난 것은 축복을 나타내는 두 번째 표징이다. **14:8-17** 역대지 저자가 계속해서 다윗을 사울과 대조시키고 있으므로, 다윗이 블레셋을 무찌른 것은 다윗의 소유권을 통합할 뿐 아니라 그가 받은 축복의 세 번째 표징으로 알맞다. 다윗이 받은 축복들은 언약궤를 돌본 후에 일어나기 때문에 명성, 자녀, 혹은 군사적 정복으로 잴 수 있는 이러한 성공들은 언약궤를 지킨 결과로 보아야 할 것이다. 그러나 더 중요한 것은, 사울의 죽음을 묘사하면서 (대상 10장) 그토록 설득력 있게 "포로생활"을 하던 이스라엘의 틀(paradigm)을 묘사하던 것이 여러 가지 대조를 통해 완전히 바뀌게 되었다는 것이다. 다윗 왕국이 세워졌다 (14:2); 사울이 죽었다 (10:14). 다윗의 집안은 왕성해졌다 (14:3-7); 사울의 아들들이 죽었다 (10:6). 다윗은 하나님께 아뢰었다 (14:10, 14); 사울은 그러지 않았다 (10:13-14). 사울은 블레셋 사람들에게 패배했는데 다윗은 사울을 이겼던 블레셋을 무찔렀으며, 사울의 머리가 매달렸던 다곤의 우상을 다윗은 불살랐다 (14:16; 10:8-10).

15:1—16:3 다윗은 처음에 언약궤를 옮기려다 실패한 경험을 통해 올바른 절차를 밟는 것이 중요하다는 사실을 배웠다. 두 번째로 언약궤를 예루살렘으로 옮기려고 준비하는 일련의 과정 속에 여러 개의 명단이 여기저기 끼어 있는데, 이러한 준비는 역대지상에 나타난 독특한 것이며 상황을 고치려고 노력하는 것이다. **15:1-15** 다윗이 하나님의 궤를 둘 곳을 마련한 것 외에 (1, 3, 12절), 이번에는 이전에 모세가 명령했던 대로 (15절; 신 10:8을 참조) 오직 레위 사람들만 하나님의 임재를 상징하는 궤를 맬 수 있었다 (2, 12-15절). **15:16-24** 언약궤를 예루살렘으로 옮겨갈 때 예배의식의 행렬을 지어 갈 것이고, 이 명단에 이름이 나와 있는 레위 찬양대 사람들과 노래하는 사람들의 인솔을 받게 될 것이다. **15:25—16:3** 실제로 언약궤를 예루살렘에 옮기는 장면은 삼하 6:12b-19를 따르고 있지만 상당한 차이를 보이고 있다. **15:25** "온

13 지난번에는 여러분이 메지 않았으므로, 주 우
리 하나님께서 우리를 치셨습니다. 우리가 그분께
규례대로 하지 않아서 그렇게 된 것입니다."
14 그러자 제사장들과 레위 사람들이 주 이
스라엘의 하나님의 궤를 옮겨 오려고, 스스로를
성결하게 하였다. 15 레위 자손은, 모세가 명령
한 하나님의 말씀대로, 하나님의 궤를 채에 꿰어
그들의 어깨에 메었다.
16 다윗은 레위 사람의 족장들에게 지시
하여, 그들의 친족으로 찬양하는 사람들에 임명
하게 하고, 거문고와 수금과 심벌즈 등 악기를 연
주하며, 큰소리로 즐겁게 노래를 부르게 하였다.
17 레위 사람은, 요엘의 아들 헤만과, 그의 친족
가운데서 베레야의 아들 아삽과, 또 그들의 친족
인 므라리 자손 가운데서 구사야의 아들 에단을
임명하였다. 18 그들 말고, 두 번째 서열에 속한
그들의 친족들은, 스가랴와 벤과 야아시엘과 스
미라못과 여히엘과 운니와 엘리압과 브나야와
마아세야와 맛디디야와 엘리블레후와 믹네야와
문지기 오벳에돔과 여이엘이다. 19 찬양대에
속한, 헤만과 아삽과 에단은 놋 심벌즈를 치고,
20 스가랴와 아시엘과 스미라못과 여히엘과 운
니와 엘리압과 마아세야와 브나야는 알라못 방식
으로 거문고를 타고, 21 맛디디야와 엘리블레후와
믹네야와 오벳에돔과 여이엘과 아사시야는 스미닛
방식으로 수금을 탔다.
22 레위 사람의 족장 그나냐는 지휘를 맡았다.
그는 음악에 조예가 깊었으므로 찬양하는 것을 지
도하였다. 23 베레갸와 엘가나는 궤를 지키는
문지기이다. 24 제사장인, 스바냐와 요사밧과
느다넬과 아마새와 스가랴와 브나야와 엘리에셀은,
하나님의 궤 앞에서 나팔을 불었다. 오벳에돔과
여히야는 궤를 지키는 문지기이다.

언약궤를 예루살렘으로 옮기다
(삼하 6:12-22)

25 다윗과 이스라엘 장로들과 천부장들이 오
벳에돔의 집에서 주님의 언약궤를 옮겨 오려고
기쁜 마음으로 그리로 갔다. 26 하나님께서 주
님의 언약궤를 운반하는 레위 사람들을 도우셨으
므로, 그들이 수송아지 일곱 마리와 숫양 일곱 마
리를 제물로 잡아서 바쳤다. 27 다윗과, 하나님의
궤를 멘 레위 사람들과, 찬양하는 사람들과, 찬양
하는 사람들의 지휘자 그나냐가 모두 다 고운 모
시로 만든 겉옷을 입고 있었으며, 다윗은 모시로
만든 에봇을 입고 있었다. 28 온 이스라엘은 환
호성을 올리며, 뿔나팔과 나팔을 불고, 심벌즈를
우렁차게 치고, 거문고와 수금을 타면서, 주님의
언약궤를 메고 올라왔다.
29 주님의 언약궤가 '다윗 성'으로 들어올
때에, 사울의 딸 미갈이 창 밖을 내다보다가, 다윗
왕이 춤추며 기뻐하는 것을 보고, 마음 속으로
그를 업신여겼다.

16 1 그들이 하나님의 궤를 들어다가, 다윗이
궤를 두려고 쳐 놓은 장막 안에 궤를 옮겨
놓고 나서, 하나님 앞에 번제와 화목제를 드렸다.
2 다윗은 번제와 화목제를 드리고 나서, 주님의
이름으로 백성에게 복을 빌어 주고, 3 온 이스라엘
사람에게, 남녀를 가리지 않고, 각 사람에게 빵 한
개와 고기 한 점과 건포도 과자 한 개씩을 나누어
주었다.
4 다윗이 레위 사람을 임명하여, 주님의 궤
앞에서 섬기며, 주 이스라엘의 하나님을 기리며,
감사하며, 찬양하게 하였다. 5 그 우두머리는 아삽
이며, 그 밑에 스가랴와 여이엘과 스미라못과 여히
엘과 맛디디야와 엘리압과 브나야와 오벳에돔과
여이엘이 있었다. 이들은 거문고와 수금을 타고

이스라엘"이 참여한다고 강조한다 (사무엘기하를 보라). **15:26-28** *레위 사람들.* 다윗의 참여가 줄어든 반면, 레위 사람들은 수송아지 일곱 마리와 숫양 일곱 마리를 제물로 바치면서 참여하였다고 강화되어 있다. 삼하 6:13은 단지 소와 살진 양만 다윗에 의해 제물로 드려졌다고 적고 있다. **15:29** *사울의 딸 미갈.* 미갈이 다윗을 업신여기는 것은 미갈의 아버지가 언약궤를 소홀히 대했던 것을 상기시켜준다.

16:4-43 역대기 저자의 언약궤 이야기는 공중 예배를 제정하는 것으로 끝맺는데, 두 부분으로 나뉜다. 주님의 궤 앞에서 섬길 사람들을 임명(4-6, 37-42절)하는 내용이 시편을 인용한 감사 찬송의 틀을 만들고 있는데, 인용된 시편은 시 105:1-15 (8-22절), 96편 (23-33절), 그리고 106:1, 47-48 (34-36절)이다. **16:8-22** 시 105:1-15를 보라. 하나님께서 과거에 어떻게 언약하신 약속에 충실하셨는지 상세히 적은 기사는 최근에 이 땅으로 돌아온 포로생활 이후의 공동체에게 용기를 북돋워주었을 것이다. **16:23-33** 시 96편을 보라. 하나님께서 다른 열방의 신들보다 높으시다는 선언은 페르시아의 지배 아래 있었던 공동체를 안심시켜 주었을 것이다. **16:35** *우리를 구원하여 주십시오* 역대지 저자는 시 106:47에 이렇게 덧붙였다.

17:1-27 하나님께서 다윗에게 왕조를 약속하신 것과 하나님께서 솔로몬에게 용서와 회복을 약속하신

아삽은 심벌즈를 우렁차게 쳤다. 6 제사장 브나
야와 야하시엘은 하나님의 언약궤 앞에서 항상 나
팔을 불었다. 7 그 날에 처음으로, 다윗이 아삽과
그 동료들을 시켜, 주님께 감사를 드리게 하였다.

감사 찬송

(시 105:1-15; 96:1-13; 106:47-48)

8 너희는 주님께 감사하면서,
그의 이름을 불러라.
그가 하신 일을 만민에게 알려라.
9 그에게 노래하면서,
그를 찬양하면서,
그가 이루신
놀라운 일들을 [ㄱ]전하여라.
10 그의 거룩하신 이름을 찬양하여라.
주님을 찾는 이들은 기뻐하여라.
11 주님을 찾고,
그의 능력을 힘써 사모하고,
언제나
그의 얼굴을 찾아 예배하여라.
12 주님께서 이루신
놀라운 일을 기억하여라.
그 이적을 기억하고,
내리신 판단을 생각하여라.
13 그의 종 이스라엘의 자손아,
그가 택하신 야곱의 자손아!

14 그가 바로
주 우리의 하나님이시다.
그가 온 세상을 다스리신다.
15 그는,
맺으신 언약을 영원히 기억하시며,
자손 수천 대에 이루어지도록
기억하신다.
16 그것은 곧
아브라함과 맺으신 언약이요,
이삭에게 하신 맹세요,
17 야곱에게 세우신 율례요,
이스라엘에게 지켜주실
영원한 언약이다.

18 주님께서는
"내가 이 가나안 땅을
너희에게 줄 것이다"
하고 말씀하셨다.

19 그 때에 너희의 수효가 극히 적었고,
그 땅에서 나그네로 있었으며,
20 이 민족에게서 저 민족에게로,
이 나라에서 다른 나라 백성에게로
떠돌아다녔다.
21 그러나 그 때에 주님께서는,
아무도 너희를
억누르지 못하게 하셨고,
너희를 두고
왕들에게 경고하시기를
22 "내가 기름 부어 세운 사람에게
손을 대지 말며,
나의 예언자들을
해하지 말아라" 하셨다.

23 온 땅아, 주님께 노래하여라.
그의 구원을 날마다 전하여라.
24 그의 영광을 만국에 알리고,
그가 일으키신 기적을
만민에게 알려라.

25 주님은 위대하시니,
그지없이 찬양 받으실 분이시다.
어떤 신들보다
더 두려워해야 할 분이시다.
26 만방의 모든 백성이 만든 신은
헛된 우상이지만,
주님은 하늘을 지으신 분이시다.
27 주님 앞에는 위엄과 영광이 있고,
그의 처소에는
권능과 즐거움이 있다.

28 만방의 민족들아,
주님의 영광과 권능을 찬양하여라.
29 주님의 이름에 어울리는 영광을

ㄱ) 또는 '묵상하여라'

것이 (대하 7:11-22) 결합하여, 왕과 예배에 쌍둥이 초점을 둔 역대지 기자의 작품에 담긴 중심적인 메시지를 구성하고 있다. 삼하 7:1-29를 밀접하게 따르고 있지만, 세 가지 차이점이 역대지 저자의 관심사를 드러내 주고 있다. 1-10절에서 하나님께서 다윗을 안전하게 지켜주신 것(삼하 7:1, 11)과 이어주는 말이 빠져있다. 안전은 솔로몬 통치의 특징으로, 다윗이 아니라 솔로몬이 성전을 짓도록 선택되는데 결정적인 역할을 한다 (22:6-10). 13절에서 역대지 저자는 솔로몬이 죄를 지을지도 모른다고 암시하는 것을 생략한다 (삼하 7:14). 마지막으로 "네 집과 네 나라" (삼하 7:16) 라는 말 대신에, 역대지 저자는 내 집과 내 나라(14절)로 쓴다. 사무엘기하에서 주님께 돌리어라.
예물을 들고, 그 앞에 들어가거라.
거룩한 옷을 입고,
주님께 경배하여라.
30 온 땅아, 그의 앞에서 떨어라.
세계는 굳게 서서,
흔들리지 않는다.
31 하늘은 즐거워하고,
땅은 기뻐서 외치며,
'주님께서 통치하신다'고
만국에 알릴 것이다.
32 바다와 거기에 가득 찬 것들도
다 크게 외쳐라.
들과 거기에 있는 모든 것도
다 기뻐하며 뛰어라.
33 주님께서
땅을 심판하러 오실 것이니,
숲 속의 나무들도
주님 앞에서 즐거이 노래할 것이다.
34 주님께 감사하여라.
그는 선하시며,
그의 인자하심은 영원하시다.
35 너희는 부르짖어라.
"우리 구원의 하나님,
우리를 구원하여 주십시오.
여러 나라에 흩어진 우리를
모아서 건져주십시오.
주님의 거룩한 이름에 감사하며,
주님을 찬양하며,
영광을 돌리게 해주십시오."
36 주 이스라엘의 하나님,
영원토록 찬송을 받아 주십시오.
그러자 온 백성은, 아멘으로 응답하고, 주님을 찬
양하였다.

예루살렘과 기브온에서 드린 예배

37 다윗은 아삽과 그의 동료들을 주님의 언
약궤 앞에 머물러 있게 하여, 그 궤 앞에서 날
마다 계속하여 맡은 임무를 수행하도록 하였다.
38 오벳에돔과 그의 동료 예순여덟 명과 여두둔의
아들 오벳에돔과 호사는 문지기로 세웠다.
39 제사장 사독과 그의 동료 제사장들은 기
브온 산당에 있는 주님의 성막 앞에서 섬기게 하
였다. 40 그들은, 이스라엘에게 명하신 주님의
율법에 기록된 그대로, 번제단 위에서 아침 저녁
으로 계속하여 주님께 번제를 드렸다. 41 그들
과 헤만과 여두둔과, 선택되어 이름이 명부에 기
록된 남은 사람들은, "주님의 자비가 영원하심을
찬양하게 하였다. 42 또 그들과 함께 헤만과 여
두둔은 나팔을 불고 심벌즈를 치며, 하나님을 찬
양하는 악기를 우렁차게 연주하도록 하였다. 그
리고 여두둔의 아들은 문지기로 세웠다.
43 그런 다음에, 온 백성이 각각 자기의 집
으로 돌아갔고, 다윗도 자기의 집안 식구들에게
복을 빌어 주려고 왕궁으로 돌아갔다.

다윗에 대한 하나님의 약속 (삼하 7:1-17)

17 1 다윗은 자기의 왕궁에 살 때에 예언자
나단에게 말하였다. "나는 백향목 왕궁에
살고 있는데, 주님의 언약궤는 아직도 휘장 밑에
있습니다." 2 나단이 다윗에게 말하였다. "하나
님께서 임금님과 함께 계시니, 무슨 일이든지 계
획하신 대로 하십시오."
3 그러나 바로 그 날 밤에, 하나님께서 나단
에게 말씀하셨다. 4 "너는 내 종 다윗에게 가서
전하여라. '나 주가 말한다. 내가 살 집을 네가 지
어서는 안 된다. 5 내가 이스라엘을 이끌어 낸
날로부터 오늘까지, 나는 어떤 집에서도 살지 아
니하고, 이 장막에서 저 장막으로, 이 성막에서 저

"네 집"은 다윗의 후손을 뜻한다; 역대지상에서 *내 집*은 하나님의 집, 성전을 뜻한다. 이 표현은 또한 역대지 저자가 실제로는 하나님이 다스리신다고 이해했다는 것을 강조한다 (28:5-6; 29:23; 대하 1:11; 9:8; 13:4-8). 이 장은 세 부분으로 되어 있다: 언약궤를 둘 성전을 지으려는 다윗의 계획 (1-2절); 하나님이 이중으로 주신 응답 (3-15절); 그리고 다윗의 기도이다 (16-27절). **17:1-2** 다윗이 언약궤를 둘 집(성전)을 짓고 싶어하는 서론 부분에는 "주님께서 다윗 왕을 안전하게 지켜 주셨으므로" (삼하 7:1) 라는 말이 빠져 있는데, 그 이유는 다음에 오는 석 장이 다윗의 전쟁을 기록하고 있기 때문이다. **17:3-15** 나단은 앞서 성전을 짓고 싶어하는 다윗을 격려하였지만, 하나님이 계획을 바꾸신 꿈을 꾼 후에 다윗에게 하나님의 신탁을 전달한다. 히브리어로 *집*(*바이트*)이라는 말은 "왕궁"(1절)을 뜻할 수도 있고 다윗이 짓고자 했던 "성전"을 뜻할 수도 있으며 (4절), 혹은 다윗의 후손으로 이루어진 "왕조"(10b, 14절)를 뜻할 수도 있었는데, 역대지 저자는 이 말의 애매모호한 면을 이용하여 요점 두 가지를 나타내 준다. 첫째로 비록 다윗은 하나님의 "집"(성전)을 짓는

성막으로 옮겨 다니며 지냈다. 6 내가 온 이스
라엘과 함께 옮겨 다닌 모든 곳에서, 내가 내 백성
을 돌보라고 명한 이스라엘의 어떤 사사에게, 나에
게 백향목 집을 지어 주지 않은 것을 두고 말한 적
이 있느냐?' 7 그러므로 이제 너는 내 종 다윗에
게 전하여라. '나 만군의 주가 말한다. 양 떼를 따
라다니던 너를 목장에서 데려다가, 내 백성 이스
라엘의 통치자로 삼은 것은, 바로 나다. 8 나는, 네
가 어디로 가든지 언제나 너와 함께 있어서, 네 모
든 원수를 네 앞에서 물리쳐 주었다. 나는 이제 네
이름을, 이 세상에서 위대한 사람들의 이름과 같
이 빛나게 해주겠다. 9 이제 내가 한 곳을 정하
여, 거기에 내 백성 이스라엘을 심어, 그들이 자
기의 땅에서 자리 잡고 살면서, 다시는 옮겨 다닐
필요가 없도록 하고, 이전과 같이 악한 사람들에게
억압을 받는 일도 없도록 하겠다. 10 이전에 내
가 내 백성 이스라엘에게 사사들을 세워 준 때와
는 달리, 내가 네 모든 적을 굴복시키겠다. 그뿐
만 아니라, 나 주가 네 집안을 한 왕조로 세우겠다
는 것을 이제 네게 선언한다. 11 네 생애가 다하여
서, 네가 너의 조상에게로 돌아가게 되면, 내가 네
몸에서 나올 네 아들 가운데서 하나를 후계자로 세
워 그 나라를 튼튼하게 하겠다. 12 바로 그가 내
게 집을 지어 줄 것이며, 나는 그의 왕위를 영원
토록 튼튼하게 해주겠다. 13 나는 그의 아버지가
되고, 그는 나의 아들이 될 것이다. 내가 네 선임
자에게서는 내 총애를 거두었지만, 그에게서는
내 총애를 거두지 아니하겠다. 14 오히려 내가 그
를 내 집과 내 나라 위에 영원히 세워서, 그의 왕위
가 영원히 튼튼하게 서게 하겠다.'"
15 나단이 이 모든 말씀과 계시를, 받은 그
대로 다윗에게 말하였다.

다윗의 감사 기도 (삼하 7:18-29)

16 다윗 왕이 성막으로 들어가서, 주님 앞에
꿇어앉아, 이렇게 기도하였다. "주 하나님, 내가
누구이며 내 집안이 무엇이기에, 주님께서 나를
이러한 자리에까지 오르게 해주셨습니까? 17 하
나님, 그런데도 주님께서는 이것도 오히려 부족
하게 여기시고, 주님의 종의 집안에 있을 먼 장래
의 일까지 말씀해 주셨습니다. 주 하나님, 주님께
서는 나를 존귀하게 만드셨습니다. 18 주님께서
주님의 종을 아시고, 주님의 종을 영화롭게 해주
셨는데, 이 다윗이 주님께 무슨 말씀을 더 드릴 필
요가 있겠습니까? 19 주님, 주님께서는 주님의
종을 살피시어, 주님께서 세우신 뜻과 목적대로
하셨습니다. 주님께서 이처럼 크나큰 일을 하시고,
이 모든 일을 알려 주셨습니다. 20 주님, 우리의
귀로 다 들어 보았습니다만, 주님과 같은 분이 또
계시다는 말은 들어 본 적이 없고, 주님 밖에 또
다른 하나님이 있다는 말도 들어 본 적이 없습니다.
21 이 세상에서 어떤 민족이 주님의 백성 이스라
엘과 같겠습니까? 하나님이 직접 찾아가셔서 이
스라엘을 구하여 내시고, 주님의 백성으로 삼아서,
주님의 명성을 드러내셨습니다. 그들을 이집트에서
구하여 내시려고 크고 놀라운 일을 하셨고, 주님의
백성이 보는 앞에서 뭇 민족을 쫓아내셨습니다.
22 주님께서는 이렇게 주님의 백성 이스라엘을
영원히 주님의 백성으로 삼으셨고, 주님께서 그
들의 하나님이 되셨습니다.
23 주님, 주님께서 주님의 종과 이 종의 집
안에 약속하여 주신 말씀이 영원토록 이루어지게
해주십시오. 주님께서 말씀하신 대로 해주십시오.
24 그리하여 사람들이 '이스라엘의 하나님은 만
군의 주요, 이스라엘을 지키시는 하나님이시다!'
하고 외치며, 주님의 이름을 굳게 세우고, 영원토
록 높이게 하시고, 주님의 종 다윗의 집안도 주님
앞에서 튼튼히 서게 해주시기 바랍니다. 25 나의
하나님, 주님께서 주님의 종에게, 이 종의 집안을
한 왕조가 되게 하시겠다고 계시하셨기 때문에,
주님의 종이 감히 주님께 이러한 간구를 드릴
용기를 얻었습니다. 26 그리고 이제 주님, 주님
께서는 참으로 하나님이십니다. 주님께서는 주님
의 종에게 이와 같이 놀라운 약속을 하셨습니다.
27 그러므로 이제 주님의 종의 집안에 기꺼이 복을
내리셔서, 나의 자손이 주님 앞에서 영원토록 대를
잇게 해주시기 바랍니다. 주님, 주님께서 복을 주
셨으니, 그 복을 영원히 누리게 해주십시오."

허락을 얻지 못하겠지만 (4절), 하나님은 다윗을 위한 "집"(왕조)을 지을 것이며 (10절), 그 "집"의 어떤 사람(다윗의 후손 중 한 사람)이 주를 위해 "집"(성전)을 짓게 될 것이다 (12a). 둘째로, 다윗의 왕위는 후손을 통해 영원토록 튼튼할 것이다 (12b). **17:16-27** 다윗은 감사, 찬양, 간구의 요소를 사용하여 모범적인 기도로 응답한다. **17:16-19** 다윗은 하나님께서 현재 자기에게 베풀어주신 은혜로운 행위, 특히 영원한 왕조를 약속하신 것을 감사드린다. *내 집.* 이 기도에서 언제나 왕조를 의미한다. **17:20-22** 다윗은 하나님께서 과거에 행하신 일, 특히 하나님이 이스라엘을 대속하고 택한 백성으로 삼았던 출애굽을 찬양한다. **17:23-27** 기도는

다윗의 승전 기록 (삼하 8:1-18)

18 1 그 뒤에 다윗이 블레셋 사람을 쳐서,
그들을 굴복시켰다. 그래서 그는 블레셋
사람의 손에서 가드와 그 주변 마을을 빼앗았다.
2 다윗이 또 모압을 치니, 모압 사람들이 다윗의
종이 되어 그에게 조공을 바쳤다.
3 소바 왕 하닷에셀이 유프라테스 강 쪽으로
가서 그의 세력을 굳히려 할 때에, 다윗이 하맛까지
가면서 그를 무찔렀다. 4 다윗은 그에게서 병거
천 대를 빼앗고, 기마병 칠천 명과 보병 이만 명
을 포로로 사로잡았다. 다윗은 또 병거를 끄는 말
가운데서도 백 필만 남겨 놓고, 나머지는 모조리
다리의 힘줄을 끊어 버렸다.
5 다마스쿠스의 시리아 사람들이 소바 왕 하
닷에셀을 도우려고 군대를 보내자, 다윗은 시리
아 사람 이만 이천 명을 쳐죽였다. 6 그리고 다
윗이 시리아의 다마스쿠스에 주둔군을 두니, 시
리아도 다윗의 종이 되어 그에게 조공을 바쳤다.
다윗이 어느 곳으로 출전하든지, 주님께서 그에게
승리를 안겨 주셨다. 7 그 때에 다윗은 하닷에셀의
신하들이 가지고 있던 금방패를 다 빼앗아서,
예루살렘으로 가져 왔다. 8 또 다윗은, 하닷에셀의
두 성읍 디브핫과 군에서는 놋쇠를 아주 많이 빼
앗아 왔다. 이것으로 솔로몬이 바다 모양 물통과
기둥과 놋그릇을 만들었다.
9 하맛 왕 도이는, 다윗이 소바 왕 하닷에셀의
온 군대를 쳐서 이겼다는 소식을 들었다. 10 그는
자기의 아들 요람을 다윗 왕에게 보내어 문안하게
하고, 다윗이 하닷에셀과 싸워서 이긴 것을 축하
하게 하였다. 하닷에셀은 도이와 서로 싸우는 사
이였다. 요람은 금과 은과 놋으로 만든 물건들을
가져 왔다. 11 다윗 왕은 이것들도 따로 구별하여,
에돔, 모압, 암몬 사람, 블레셋 사람, 아말렉 등
여러 민족에게서 가져 온 은 금과 함께, 주님께 구
별하여 바쳤다.
12 스루야의 아들 아비새가 '소금 골짜기'에
서 에돔 사람 만 팔천 명을 쳐죽이고, 13 에돔에
주둔군을 두었다. 마침내 온 에돔 사람이 다윗의
종이 되었다. 다윗이 어느 곳으로 출전하든지, 주
님께서 그에게 승리를 안겨 주셨다.
14 다윗이 왕이 되어서 이렇게 온 이스라엘을
다스릴 때에, 그는 언제나 자기의 백성 모두를 공평
하고 의로운 법으로 다스렸다. 15 스루야의 아들
요압은 군사령관이 되고, 아힐룻의 아들 여호사
밧은 역사 기록관이 되고, 16 아히둡의 아들 사
독과 아비아달의 아들 아히멜렉은 제사장이 되고,
사워사는 서기관이 되고, 17 여호야다의 아들

하나님이 약속하신 미래에 대한 간청으로 끝맺는데, 역대지 저자는 그러한 간청에 대한 응답이 이미 시작되었다고 본다.

18:1—20:8 다윗의 전쟁을 다루면서 역대지 저자는 소위 계승 이야기로 된 열여섯 장(삼하 8—23장)을 석 장으로 축소시킨다. 사무엘하에 있는 전쟁 기록은 대부분 보존되었다. 그러나 다윗이 점점 개인적이거나 가정에 관련된 일을 다스리지 못하는 것을 다룬 여러 가지 에피소드가 빠져 있는데, 특히 밧세바와의 간통(삼하 11—12장), 아들 암몬이 이복동생 다말을 겁탈한 것, 이어서 암몬이 죽임을 당한 것 (삼하 13장), 그리고 압살롬의 반역(삼하 15—20장)이 생략되었다. 그렇지만 더 나아가서, 다윗이 사울의 가족들에게 친절을 베푸는 것 (삼하 9장), 솔로몬의 탄생 (삼하 12:24-25), 그리고 다윗이 지은 아름다운 시편들(삼하 22장; 23:1-7)과 같은 다윗 왕을 호의적으로 비추는 여러 가지 에피소드도 빠져 있는 것을 보면, 역대지 기자가 단순히 다윗을 이상화하려고 한 것이 아님을 알 수 있다. 오히려, 다윗의 군대 확장과 제국 건설에 대한 자료는 왕조에 대한 약속(대상 17장)과 성전 건축을 위한 준비를 연결시켜준다 (대상 21—29장). 이 부분은 세 개의 더 자세한 단위로 나뉠 수 있다: 다윗이 이웃한 다섯 나라를 패배시킨다 (18:1-17), 다윗이 암몬을 패배시킨다 (19:1—20:3), 그리고 다윗이 블레셋을 패배시킨다 (20:4-8).

18:1-17 *블레셋* (1절), *모압* (2절), *소바* (3-4절), *다마스쿠스* (5-6절), *에돔* (12-13절). 이 민족들은 속국이 되는데 (삼하 8장을 참조), 이는 *다윗의 모든 적들을 굴복시키겠다* (대상 17:10)고 한 왕조의 약속을 지키는데 열쇠가 되는 요소를 성취한 것이다. 패배, 항복, 무찌름, 살해에 대한 언급을 24번이나 이 이야기에 퍼붓고 있다. 이는 18:1과 20:4에서 *굴복*(히브리어, *카나*)이 되풀이되는 데서 가장 명백하게 나타난다 (17:10에도 굴복이라는 동일한 히브리어가 사용된다). **18:6** *주둔군.* 왕국을 통합한 것은 또한 하나님의 축복을 확인하는 것으로 (13b를 참조) 다윗이 성전을 지을 준비를 하는 마무리하는 단계를 제공한다. 아이러니컬하게도, 하나님의 도움으로 얻게 되는 이러한 승리 때문에 다윗은 성전을 짓지 못하게 된다 (22:8-9). **18:10** 오히려 외국의 통치자들이 다윗에게 보낸 조공을 통해, 하나님께서 다윗의 명성을 크게 떨치게 (영화롭게, 17:8) 하겠다고 약속한 것을 부분적으로 지키고 있다. **18:11** *주님께 구별하여 바쳤다.* 거룩한 전쟁 전통에 따르면, 군사적 전쟁을 통해 모은 재물은 없애지 말고 주님께 구별하여 바쳐야 했다; 혹은 8절이 (사무엘기하에는 빠져 있다) 밝히고 있는 것처럼 성전 건축에 구별하여 바쳐야 했다. **18:14-17** 그는 *공평하고*

브나야는 그렛 사람과 블렛 사람의 지휘관이 되었다. 다윗의 아들들은 왕을 모시는 대신이 되었다.

다윗이 암몬 및 시리아를 치다

(삼하 10:1-19)

19 1 그 뒤에 암몬 사람의 왕 나하스가 죽고, 그 아들이 뒤를 이어 왕이 되었다. 2 다윗은 "하눈의 아버지 나하스가 나에게 은혜를 베풀었으니, 나도 나하스의 아들 하눈에게 은혜를 베풀어야겠다" 하고 말하며, 신하들을 보내어, 고인에게 조의를 표하게 하였다.

그래서 다윗의 신하들이 하눈을 조문하러 암몬 사람의 땅에 이르렀다. 3 그러나 암몬 사람의 대신들이 하눈에게 말하였다. "다윗이 임금님께 조문 사절을 보낸 것이 임금님의 부친을 존경하기 때문이라고 생각하십니까? 오히려 이 땅을 두루 살펴서 함락시키려고, 그의 신하들이 정탐하러 온 것이 아닙니까?"

4 그래서 하눈은 다윗의 신하들을 붙잡아, 그들의 수염을 깎고, 입은 옷 가운데를 도려내어, 양쪽 엉덩이가 드러나게 해서 돌려보냈다. 5 조문 사절이 그 곳을 떠나자, 사람들이, 조문 사절이 당한 일을 다윗에게 알렸다. 조문 사절이 너무나도 수치스러운 일을 당하였으므로, 다윗 왕은 사람을 보내어 그들을 맞으며, 수염이 다시 자랄 때까지 여리고에 머물러 있다가, 수염이 다 자란 다음에 돌아오라고 하였다.

6 암몬 사람들은 자기들이 다윗에게 미움받을 짓을 한 것을 알았다. 하눈과 암몬 사람들은 나하라임의 시리아 사람과 마아가의 시리아 사람과 소바에게서 병거와 기마병을 고용하려고, 그들에게 은 천 달란트를 보냈다. 7 그래서 그들은 병거 삼만 이천 대를 빌리고, 마아가 왕과 그의 군대를 고용하였다. 그들은 와서 메드바 앞에 진을 쳤다. 암몬 사람도 그들의 여러 성읍에서 모여들어서, 싸울 준비를 하였다.

8 다윗은 이 소식을 듣고, 요압에게 전투부대를 맡겨서 출동시켰다. 9 암몬 사람도 나와서 성문 앞에서 전열을 갖추었으며, 도우러 온 왕들도 각각 들녘에서 전열을 갖추었다.

10 요압은 적의 전열이 자기 부대의 앞뒤에서 포진한 것을 보고, 이스라엘의 모든 정예병 가운데서 더 엄격하게 정예병을 뽑아, 시리아 군대와 싸울 수 있도록 전열을 갖추었다. 11 남은 병력은 자기의 아우 아비새에게 맡겨, 암몬 군대와 싸우도록 전열을 갖추게 하고서, 12 이렇게 말하였다. "시리아 군대가 나보다 강하면, 네가 와서 나를 도와라. 그러나 암몬 군대가 너보다 더 강하면 내가 너를 돕겠다. 13 용기를 내어라. 용감하게 싸워서 우리가 우리 민족을 지키고, 우리 하나님의 성읍을 지키자. 주님께서 좋게 여기시는 대로 이루어 주실 것이다."

14 그런 다음에, 요압이 그의 부대를 거느리고, 싸우려고 시리아 군대 앞으로 나아가니, 시리아 군인들이 요압 앞에서 도망하여 버렸다. 15 암몬 군인들은 시리아 군인들이 도망하는 것을 보고서, 그들도 요압의 아우 아비새 앞에서 도망하여, 성으로 들어가 버렸다. 그래서 요압은 예루살렘으로 돌아갔다.

16 시리아 군인들은, 자기들이 이스라엘에게 패한 것을 알고서, 전령을 보내어 유프라테스 강 동쪽에 있는 시리아 군대를 동원시켰다. 하닷에셀의 부하 소박 사령관이 그들을 지휘하였다. 17 다윗이 이 소식을 듣고, 온 이스라엘 군대를 모아 거느리고, 요단 강을 건너서 그들이 있는 곳에 이르러, 그들을 향하여 전열을 갖추었다. 다윗이 시리아 사람들에 맞서 진을 치니, 그들이 다윗과 맞붙어 싸웠으나, 18 시리아는 이스라엘 앞에서 도망하고 말았다. 다윗은 시리아 병거를 모는 칠천 명과 보병 사만 명을 죽이고, 소박 사령관도 쳐서 죽였다. 19 하닷에셀의 부하들은 자기들이 이스라엘에게 패한 것을 알고서, 다윗과 화해한 뒤에, 그를 섬겼다. 그 뒤로는 시리아가 다시는 암몬 사람을 도우려 하지 않았다.

의로운 법으로 다스렸다 다윗은 점차 복합적인 행정을 통해 다스렸을 것이다. 관리들의 명부가 시사하듯이 아마도 애굽의 행정 조직을 모범으로 삼았을 것이다.

19:1—20:3 여기서 역대지 저자는 삼하 10—12장에서 따온 어떤 전쟁을 비교적 상세하게 묘사한다. 암몬과 시리아 용병을 대항하여 싸운 전쟁 중에, 다윗이 밧세바와 간통하고 그의 남편 우리아를 죽음으로 이끈 일이 벌어졌다.

20:1-8 *랍바* (Rapha, 거인족이며 신의 이름이기도 하다, 4절, 6절, 8절)의 자손 블레셋 사람들을 대항해서 싸운 다윗의 군사들 중 세 사람이 세운 영웅적인 공훈 **20:5** *골리앗의 아우 라흐미.* 삼상 17장에는 다윗이 거인을 죽이는데 삼하 21:19에서는 엘하난이 골리앗을 살해한다. 역대지 기자는 이렇게 일치하지 않는 부분을 매끄럽게 하기 위해 "베들레헴 사람"(*bet hallakhmi,* 삼하 21:19)을 …*의 아우 라흐미* (*'et-lakhmi 'akhi*)로 읽고 있다.

다윗의 랍바 점령 (삼하 12:26-31)

20 1 그 다음해 봄에, 왕들이 출전하는 때가
되자, 요압이 병력을 이끌고 나가서 암몬
사람의 땅을 무찌르고, 더 가서 랍바를 포위하였다.
그러나 다윗은 예루살렘에 머물러 있었다. 요압이
랍바를 쳐서 함락시켰다. 2 다윗이 암몬 왕의 머
리에서 금관을 벗겨 왔는데, 달아 보니 그 무게가
금 한 달란트나 나갔고, 금관에는 보석이 박혀 있
었다. 다윗은 그 금관을 가져다가, 자기가 썼다.
다윗은 그 도성에서 아주 많은 전리품을 약탈하였
으며, 3 그 도성에 사는 백성도 끌어다가, 톱질과
곡괭이질과 도끼질을 시켰다. 다윗은 암몬 사람의
모든 성읍에 이와 똑같이 한 뒤에, 모든 군인을 거
느리고 예루살렘으로 돌아왔다.

블레셋 거인과 싸우다 (삼하 21:15-22)

4 그 뒤에 게셀에서 블레셋 사람과 전쟁이 벌
어졌다. 그 때에 후사 사람 십브개가 거인족의 자손
십배를 쳐죽이자, 블레셋 사람이 항복하였다.
5 또 블레셋 사람과 전쟁이 벌어졌다. 야일의
아들 엘하난이 가드 사람 골리앗의 아우 라흐미를
죽였는데, 라흐미의 창 자루는 베틀 앞다리같이
굵었다.
6 또 가드에서 전쟁이 벌어졌을 때에, 거인이
하나 나타났는데, 그는 손가락 발가락이 각각 여섯
개씩 모두 스물넷이었다. 이 사람도 거인족의
자손 가운데 하나이다. 7 그가 이스라엘을 조롱
하므로, 다윗의 형 시므아의 아들 요나단이 그를
쳐죽였다.
8 이들은 모두 가드에서 태어난 거인족의
자손인데, 다윗과 그 부하들에게 모두 죽었다.

다윗의 인구조사 (삼하 24:1-25)

21 1 사탄이 이스라엘을 치려고 일어나서,
다윗을 부추겨, 이스라엘의 인구를 조사
하게 하였다. 2 그래서 다윗은 요압과 군사령관
들에게 지시하였다. "어서 브엘세바에서부터 단에
이르기까지, 이스라엘의 인구를 조사하여, 그들의
수를 나에게 알려 주시오."
3 그러자 요압이 말하였다. "주님께서 그의
백성을, 지금보다 백 배나 더 불어나게 하여 주시
기를 원합니다. 높으신 임금님, 백성 모두가 다 임
금님의 종들이 아닙니까? 그런데 어찌하여 임금
님께서 이런 일을 명하십니까? 어찌하여 임금님
께서는 이스라엘을 벌받게 하시려고 하십니까?"
4 그러나 요압은, 더 이상 왕을 설득시킬 수 없었
으므로, 물러나와서 온 이스라엘을 두루 돌아다닌
다음에 예루살렘으로 돌아왔다. 5 요압이 다윗
에게 백성의 수를 보고하였다. 칼을 빼서 다룰 수
있는 사람이 온 이스라엘에는 백십만이 있고, 유
다에는 사십칠만이 있었다. 6 그러나 요압은 왕의
명령을 못마땅하게 여겨, 레위와 베냐민은 이 조
사에 포함시키지 않았다.
7 하나님께서 이 일을 악하게 보시고, 이스
라엘을 치셨다. 8 그래서 다윗이 하나님께 자백
하였다. "내가 이런 일을 하여, 큰 죄를 지었습니다.
그러나 이제, 이 종의 죄를 용서해 주시기를 빕니다.
참으로 내가 너무나도 어리석은 일을 하였습니다."
9 주님께서 다윗의 선견자 갓에게 말씀하셨다.
10 "너는 다윗에게 가서 전하여라. '나 주가 말
한다. 내가 너에게 세 가지를 제안하겠으니, 너는
그 가운데서 하나를 택하여라. 그러면 내가 너에게
그대로 처리하겠다.'"
11 갓이 다윗에게 가서 말하였다. "주님께서
말씀하십니다. '너는 선택하여라. 12 삼 년 동안
기근이 들게 할 것인지, 원수의 칼을 피하여 석 달
동안 쫓겨 다닐 것인지, 아니면 주님의 칼, 곧 전
염병이 사흘 동안 이 땅에 퍼지게 하여, 주님의 천
사가 이스라엘 온 지역을 멸하게 할 것인지를 선
택하여라.' 이제 임금님께서는, 나를 임금님께 보
내신 분에게 내가 무엇이라고 보고하면 좋을지,
결정하여 주십시오."
13 그러자 다윗이 갓에게 대답하였다. "괴롭기

21:1—22:1 다윗이 실시한 인구조사 (삼하 24장을 참조) 기사를 여러 가지 변화시킨 것은 역대지 기자가 이 자료를 다른 목적으로 사용했다는 것을 가리킨다. 다윗은 "주님의 진노"(삼하 24:1)가 아니라 사탄에 (1절) 의해 인구를 조사하도록 부추겨진다. 다윗을 이상화하기는커녕, 역대지 저자는 다윗의 죄의식을 더하고 있다. 요압이 *어찌하여 임금님께서는 이스라엘을 벌받게 하시려고 하십니까* (3b절) 라고 추궁하는 것과 요압이 못마땅하게 여기는 것(6절)은 사무엘기하에서 볼 수 없다. 하나님께서 이스라엘을 치시는 것(7절)을 보고 양심의 가책을 받기보다는 오히려 (삼하 24:10) 다윗은 회개하게 된다. 여기서 두드러진 것은 오르난(아라우나, 삼하 24:24)에게 "타작 마당과 소를" 사기 위해 은 쉰 세겔을 치르는 대신에 다윗은 터 값, 즉 성전 값(25절)으로 금 육백 세겔을 내준다. 마침내 하나님은 미래의 성전 터를 *하늘로부터 불*을 내리셔서 응답하셨다 (26절; 대하

그지없습니다. 그래도 주님은 자비가 많은 분이시니, 차라리 내가 그의 손에 벌을 받겠습니다. 사람의 손에 벌을 받고 싶지는 않습니다."

14 그리하여 주님께서 이스라엘에 전염병을 내리시니, 이스라엘 사람이 칠만 명이나 쓰러졌다. 15 하나님께서는 예루살렘을 멸망시키려고 천사를 보내셨다. 그러나 주님께서는, 천사가 예루살렘을 멸망시키는 것을 보시고서, 재앙 내리신 것을 뉘우치시고, 사정없이 죽이고 있는 그 천사에게 "그만하면 됐다. 이제 너의 손을 거두어라" 하고 명하셨다. 그 때에 주님의 천사는 여부스 사람 오르난의 타작 마당 곁에 서 있었다.

16 다윗이 눈을 들어 보니, 주님의 천사가 하늘과 땅 사이에 서서, 칼을 빼어 손에 들고 예루살렘을 겨누고 있었다. 그래서 다윗은 장로들과 함께 굵은 베 옷을 입고, 얼굴을 땅에 대고 엎드렸다. 17 그 때에 다윗이 하나님께 아뢰었다. "이 백성의 인구를 조사하도록 지시한 사람은 바로 내가 아닙니까? 바로 내가 죄를 짓고 이런 엄청난 악을 저지른 사람입니다. 백성은 양 떼일 뿐입니다. 그들에게야 무슨 잘못이 있습니까? 주 나의 하나님! 나와 내 집안을 치시고, 제발 주님의 백성에게서는 전염병을 거두어 주십시오."

18 주님의 천사가 갓을 시켜, 다윗에게 이르기를 "여부스 사람 오르난의 타작 마당으로 올라가서 주님의 제단을 쌓아야 한다" 하였다. 19 다윗은, 갓이 주님의 이름으로 명령한 말씀을 따라서, 그 곳으로 올라갔다. 20 그 때에 오르난은 밀을 타작하고 있었다. 오르난은 뒤로 돌이키다가 천사를 보고, 그의 네 아들과 함께 숨었다. 21 그러나 다윗이 오르난에게 다가가자, 오르난이 바라보고 있다가 다윗인 것을 알아보고, 타작 마당에서 나와, 얼굴을 땅에 대고 다윗에게 절하였다. 22 다윗이 오르난에게 말하였다. "이 타작 마당을 나에게 파시오. 충분한 값을 지불하겠소. 내가 주님의 제단을 여기에 쌓으려 하오. 그러면 전염병이 백성에게서 그칠 것이오."

23 오르난이 다윗에게 말하였다. "임금님, 그냥 가지십시오. 높으신 임금님께서 좋게 여기시는 대로 하십시오. 보십시오, 제가, 소는 번제물로, 타작 기구는 땔감으로, 밀은 소제물로, 모두 드리겠습니다."

24 그러나 다윗 왕은 오르난에게 말하였다. "그렇게 해서는 안 되오. 내가 반드시 충분한 값을 내고 사겠소. 그리고 주님께 드릴 것인데, 내가 값을 내지도 않고, 그대의 물건을 그냥 가져 가는 일은 하지 않겠소. 또 거저 얻은 것으로 번제를 드리지도 않겠소." 25 그래서 다윗은 그 터 값으로 금 육백 세겔을 오르난에게 주고, 26 거기에서 주님께 제단을 쌓아, 번제와 화목제를 드리고 주님께 아뢰었다. 그러자 주님께서는 하늘로부터 불을 번제단 위에 내려서 응답하셨다.

27 그리고 주님께서 천사에게 명하셔서, 그의 칼을 칼집에 꽂게 하셨다. 28 그 때에 다윗은, 주님께서 여부스 사람 오르난의 타작 마당에서 그에게 응답하여 주심을 보고, 거기에서 제사를 드렸다. 29 그 때에, 모세가 광야에서 만든 주님의 성막과 번제단이 기브온 산당에 있었으나, 30 다윗은 주님의 천사의 칼이 무서워, 그 앞으로 가서 하나님께 예배를 드릴 수 없었다.

22 1 그 때에 다윗이 말하였다. "바로 이 곳이 주 하나님의 성전이요, 이 곳이 이스라엘의 번제단이다."

성전 건축 준비

2 다윗은 이스라엘 땅에 있는 외국인을 불러 모으고, 석수들을 시켜서, 하나님의 성전을 지을 네모난 돌을 다듬도록 명령하였다. 3 그는 또 대문의 문짝에 쓸 못과 꺾쇠를 만들 철을 무게를 달 수 없을 만큼 준비하고, 놋쇠도 무게를 달 수 없을 만큼 많이 준비하고, 4 또 백향목을 셀 수 없을 만큼 준비하였다. 이 백향목은, 시돈 사람과 두로 사람이 다윗에게 운반하여 온 것이다. 5 다윗은 이런 혼잣말을 하였다. "나의 아들 솔로몬이 어리고 연약한데, 주님을 위하여 건축할 성전은 아주 웅장하여, 그 화려한 명성을 온 세상에 떨쳐야 하니, 내가 성전 건축 준비를 해 두어야 하겠다." 그래서 그는 죽기 전에 준비를 많이 하였다.

7:1; 레 9:24; 삿 6:21; 왕상 18:38을 참조). 이러한 차이점들은 21장의 시작 부분에 있는 다윗의 죄와 하나님의 심판(1-14절)보다는 오히려, 후반부에서 볼 수 있는 다윗의 회개와 하나님의 용서(15-27절)를 강조하기 위해 역대지 기자가 이 전승들을 사용했다는 것을 암시한다. 이야기에 새로운 결말을 제공하면서 (대상 21:26b—22:1), 역대지 기자는 화해와 용서가 이루어진 이 장소를 미래의 성전 터와 연결시킨다. 성전 터를 얻는 것은 성전 건축을 위해 다윗이 준비하는 것의 첫 번째 절반을 끝맺고 있다.

6 그런 다음에, 다윗이 그의 아들 솔로몬을
불러서, 주 이스라엘의 하나님을 모실 성전을 지
으라고 부탁하였다. 7 다윗이 아들 솔로몬에게
말하였다. "아들아, 나는 주 나의 하나님의 이름을
위하여 성전을 지으려고 하였다. 8 그러나 주님
께서 나에게 말씀하셨다. '너는 많은 피를 흘려 가며
큰 전쟁을 치렀으니, 나의 이름을 위하여 성전을
건축할 수 없다. 너는 내 앞에서 많은 피를 땅에
흘렸기 때문이다. 9 보아라, 너에게 한 아들이
태어날 것인데, 그는 평안을 누리는 사람이 될 것
이다. 내가 사방에 있는 그의 모든 적으로부터, 평
안을 누리도록 해주겠다. 그러므로 그의 이름을
ㄱ)솔로몬이라 지어라. 그가 사는 날 동안, 내가 이
스라엘에 평화와 안정을 줄 것이다. 10 그가 내
이름을 위하여 성전을 건축할 것이다. 그는 내 아
들이 되고, 나는 그의 아버지가 되어, 이스라엘을
다스리는 그의 왕위가 영원히 흔들리지 않고 튼튼히
서게 해줄 것이다.'

11 내 아들아, 이제 주님께서 너와 함께 하
셔서, 주님께서 너를 두고 말씀하신 대로, 주 너의
하나님의 성전을 무사히 건축하기를 바란다.
12 그리고 부디 주님께서 너에게 지혜와 판단력
을 주셔서, 네가 주 하나님의 율법을 지키며, 이스
라엘을 잘 다스릴 수 있도록 해주시기를 바란다.
13 네가 주님께서 모세를 시켜 이스라엘에게 명
하신 율례와 규례를 지키면, 성공할 것이다. 강하
고 굳건하여라. 두려워하지 말고, 겁내지 말아라.
14 내가 주님의 성전을 지으려고, 금 십만 달란
트와, 은 백만 달란트를 준비하고, 놋과 쇠는 너무
많아서 그 무게를 다 달 수 없을 만큼 준비하고,
나무와 돌도 힘들여 준비하였다. 그러나 네가
여기에 더 보태야 할 것이다. 15 너에게는 많은
일꾼이 있다. 채석공과 석수와 목수와 또 모든
것을 능숙히 다룰 줄 아는 만능 기능공들이 있다.
16 금과 은과 놋과 쇠가 무수히 많으니, 일어나서
일을 시작하여라. 주님께서 너와 함께 하시기를
빈다."

17 그런 다음에, 다윗은 이스라엘 모든 지도
자에게 그의 아들 솔로몬을 도우라고 당부하였다.
18 "주 당신들의 하나님께서 당신들과 함께 계셔서,
당신들에게 사방으로 평화를 주시지 않았습니까?
그리고 이 땅 주민을 나에게 넘겨 주어, 이 땅 사
람들을 주님과 그의 백성 앞에 굴복시키셨습니다.
19 이제 당신들은 마음과 정성을 다하여 주 당신
들의 하나님을 찾고, 일어나서 주 하나님의 성전을
건축하십시오. 그래서 주님의 언약궤와 하나님의
거룩한 기구들을 옮겨 와서, 주님의 이름을 위하여
건축한 성전에 들여 놓도록 하십시오."

23 1 다윗은 나이를 많이 먹어서 늙었을
때에, 아들 솔로몬을 이스라엘의 왕으로
세웠다.

ㄱ) '평화'

22:2—29:30 이 부분에서 다윗과 솔로몬의 통치가 겹치는데, 이는 이전의 역사에서 비할 데가 없다. 이 부분은 본질적으로 솔로몬에게 이르거나 혹은 솔로몬을 언급하는 다윗의 말이나 기도로 이루어져 있는데 (22:6-19; 28:2-21; 29:1-5, 10-19), 솔로몬을 하나님이 미래의 성전 건축자로 택하셨다고 묘사한다. 심지어 시대착오적인 것으로 아마도 후대에 추가되었겠지만, 다윗이 레위 사람들을 조직하는 것을 길게 다룬 부분도 (23:1—27:34), 다윗을 언급하고 솔로몬의 등극을 언급하면서 시작된다 (23:1). **22:2-5** 다윗은 성전 건축을 위해 마무리 준비하기 시작한다. 외국인 인부들을 불러모으고 (예를 들어, 가나안에 거주하는 비이스라엘인) 필요한 자재들을 모은다. **22:5** *어리고 연약한데.* 다윗이 공들여 준비하는 것을 정당화하기 위해 솔로몬은 어리고 경험이 없다고 언급된다. **22:6-16** 다윗은 은밀히 솔로몬에게 책임을 맡기는데 28:9-21에서는 공개적으로 하게 된다. **22:6-10** 17:11에 이름 없이 "후계자"로 나타난 솔로몬이 실제로 성전을 지을 자로 나타나면서 (9-10절) 다윗에게 성전과 왕조를 허락하는 (17:1-15) 하나님의 약속이 반복되고 있다. **22:11-16** 다윗이 솔로몬에게 과업을 위임할 때 신명기 31장과 여호수아기 1장에서 모세가 여호수아에게 위임하는 것을 모범으로 삼았다. 하나님의 임재 (11, 16절; 신 31:6, 8, 23; 수 1:5, 9), 직무 묘사 (11절; 신 31:7; 수 1:6), 그리고 격려하는 (13절; 신 31:7, 8, 23; 수 1:6-9) 문구가 두 군데에서 다 나타난다. 단어가 유사한 것도 여러 개가 있는데, 특히 *두려워하지 말고, 겁내지 말아라 강하고 굳건하여라* (13b절)는 *율례와 규례를 지키라* (13a절)와 연결되어, 오직 수 1:7에만 함께 나타난다. 모세가 약속의 땅에 들어갈 수 없었던 것처럼, 하나님은 다윗이 성전을 짓는 것을 막으신다. 땅을 정복한 것과 성전 건축을 연결시킴으로써, 솔로몬의 과업을 여호수아가 이룬 일만큼이나 높이고 있다. **22:11** *무사히* (peace). 17장에서 가져온 또 하나의 주제, "안식"의 신학을 또한 설명하고 있다. 신명기에는 하나님의 계획이 이미 세워져 있었다: 첫째로, 하나님은 땅에서 백성들에게 "안식"을 주신다; 그 다음에 백성들은 중앙의 성소에 모인다 (신 12:9-11). 다윗은 전쟁에서 피를 많이 흘렸으므로 성전을 건축할 수가 없다 (22:8; 28:3을 참조). 땅에 "안식"을 선물로

레위 사람의 일

2 다윗 왕은 이스라엘 모든 지도자와 제사장과 레위 사람을 불러모았다. 3 서른 살이 넘은 레위 사람의 인구를 조사하였는데, 남자의 수가 모두 삼만 팔천 명이었다. 4 이 가운데 이만 사천 명은 주님의 성전 일을 맡은 사람이고, 육천 명은 서기관과 재판관이고, 5 사천 명은 문지기이고, 나머지 사천 명은, 다윗이 찬양하는 데 쓰려고 만든 악기로 주님을 찬양하는 사람이다.

6 다윗은 레위의 자손 게르손과 고핫과 므라리를, 족속을 따라 갈래별로 나누었다.

7 게르손 족속에는 라단과 시므이가 있다. 8 라단의 아들은 족장 여히엘과 세담과 요엘, 이렇게 세 사람이다. 9 시므이의 아들은 슬로밋과 하시엘과 하란, 이렇게 세 사람이고, 이들 모두가 라단 가문의 족장이다. 10 또 시므이의 아들은 야핫과 시나와 여우스와 브리아이다. 이 네 사람도 시므이의 아들이다. 11 야핫은 족장이고, 그 다음은 시사이다. 여우스와 브리아는 아들이 많지 않아서, 한 집안, 한 갈래로 간주되었다.

12 고핫의 아들은 아므람과 이스할과 헤브론과 웃시엘, 이렇게 네 사람이다. 13 아므람의 아들은 아론과 모세이다. 아론을 성별하였는데, 그와 그의 아들들은, 가장 거룩한 물건들을 영원히 거룩하게 맡아서, 주님 앞에서 분향하여 섬기며, 영원히 주님의 이름으로 복을 빌게 하려고 성별하였다. 14 하나님의 사람 모세의 아들들은 레위 지파에 등록되어 있다. 15 모세의 아들은 게르솜과 엘리에셀이다. 16 게르솜의 아들 가운데서 스브엘은 족장이다. 17 엘리에셀의 아들 가운데서는 르하뱌가 족장이다. 엘리에셀에게는 다른 아들이 없었지만, 르하뱌에게는 아들이 아주 많았다.

18 이스할의 아들 가운데서 족장은 슬로밋이다. 19 헤브론의 아들 가운데서 족장은 여리야이고, 그 다음은 아마랴이고, 셋째는 야하시엘이고, 넷째는 여가므암이다. 20 웃시엘의 아들 가운데서 족장은 미가이고, 그 다음은 잇시야이다.

21 므라리의 아들은 마흘리와 무시이다. 마흘리의 아들로는 엘르아살과 기스가 있다. 22 엘르아살은 아들은 없이 딸들만 남겨 두고

주는 하나님의 필요조건에 뒤이어, 솔로몬은 성전을 건축하게 될 아들을 주시겠다던 하나님의 약속을 이루었다 (17:11-14). 이는 솔로몬의 이름, *셀로모*(*shelomoh*)를 *샬롬* (*shalom*), "평화, 화평한"과 관련시키는 (9절, *평안을 누리는 사람과 내가…평안을 누리도록 해주겠다* 는 "안식의 아들" 그리고 "내가 그에게 안식을 누리도록 해주겠다"가 될 것이다) 언어적인 기교로 이루어져 있다. **22:17-19** 다윗은 은밀히 이스라엘의 지도자들을 돕기 위해 지원을 청한다. 앞서 솔로몬과의 경우처럼, 이 은밀한 대화는 28:1-8에서 공개적으로 이루어질 것이다. **22:18** *평화.* 역대지 저자가 "평화"와 "안식"(22:11의 해설을 보라)을 엄격하게 구별하므로, "안식"이 더 나은 번역일 것이다.

23:1—27:34 이처럼 다양한 명단은 영적이고 세속적인 영역의 조직이 둘 다 다윗 덕분으로 된 것으로 돌리기 위해서 합해진 것이다. 다윗이 레위 사람들을 조직했다는 이 독특한 자료는 수년에 걸쳐 생겨나고 전개되었을 것 같다. 본질적으로, 이 명단은 다윗이 제대로 된 행정과 예식에 관심을 가졌다고 강조함으로써, 앞서 건축 자재를 모은 것에서 다윗이 보여 주었던 성전에 대한 헌신을 계속 보여준다. 23:1-2에 전반적인 머리말이 놓여있고 뒤이어 명단은 두 부분으로 나뉜다: 영적으로 분류된 집단으로 레위 사람 (23:3-32; 24:20-31에서 추가된다), 제사장 (24:1-19), 찬양대 (25:1-31), 성전 문지기, 그리고 다른 관리들(26:1-32)이 있다; 세속적으로 분류된 집단으로 군대 관리들과 행정 관리들이 나와 있다 (27:1-34). **23:1-2** 나머지 역대지상에 해당되는 전체를 위한 머리말이다. 28:1에서 이야기가 계속해서 이어지게 된다. *다윗은 아들 솔로몬을 이스라엘의 왕으로 세웠다.* 믿기 어려울 만큼 짧은 이 말은 왕상 1—2장에 있는 살해 사건들에 대해서는 말없이 생략하고 있다. **23:1** *나이를 많이 먹어서 늙었을 때에.* 이 문구는 허약함이 아니라 자부심을 전해 주려는 것이다 (창 25:8의 아브라함; 창 35:29의 이삭; 욥 42:17의 욥을 참조). 다윗은 생의 절정에 이르고 통치의 정점에 이르러 솔로몬에게 왕국을 넘겨줄 때, 종교적이고 (대상 23—26장) 세속적인 (대상 27장) 두 영역으로 조심스레 나눠진 행정 체제로 조직하였다. **23:3-32** 레위 사람들을 구분하여 열거하였다 (24:20-31에 레위 사람의 추가 목록이 나온다). 이 자료는 다윗 시대보다는 포로생활 이후의 상황과 더 많은 관계가 있다. 역대지 저자는 다윗과 현재의 공동체 사이에 또 하나의 연속성을 맺기 위해 이 명단을 포함시켰다. **23:3** *서른 살이 넘은.* 성전에서 섬길 수 있는 나이는 폭넓게 다양하다: 이 곳과 민 4:3에서는 30세; 민 8:24에서는 25세; 23-24, 27절; 대하 31:17; 그리고 라 3:8에서는 20세로 나와 있다. *삼만 팔천 명* (*38,000*). 과장된 표현인 것이 확실하다 (대상 12:26; 라 8:15-20을 보라). **23:4-5** 레위 사람들은 맡은 일에 따라 네 그룹의 무리로 조직되어 있었다: (1) 성전 일을 맡은 사람, (2)서기관과 재판관, (3) 문지기, 그리고 (4) 악기로 주님을 찬양하는 사람들이다. **23:6-23** 레위 사람들의 세 갈래는 레위의 자

죽었다. 그래서 그의 조카인 기스의 아들들이
그의 딸들에게 장가 들었다. 23 또 무시의 아들
로는 마흘리와 에델과 여레못, 이렇게 세 사람이
있다.
24 이들은, 각자의 가문별로 인구를 조사하
여 이름이 기록된 레위의 자손으로서, 주님의 성
전에서 섬기는 일을 하는 스무 살이 넘은 각 가문
의 족장들이다.
25 다윗이 말하였다. "주 이스라엘의 하나님
께서 그의 백성에게 평안을 주시고, 예루살렘에
영원히 계실 것이므로, 26 레위 사람이 다시는
성막과 그를 섬기는 모든 기구를 멜 필요가 없다."
27 다윗의 유언에 따라 스무 살이 넘은 레위
자손을 조사하였다. 28 그들의 임무는 아론의
자손을 도와 주님의 성전과 뜰과 방을 보살피고
모든 거룩한 물건을 깨끗이 닦는 일, 곧 하나님의
성전에서 섬기는 일과, 29 또 상 위에 늘 차려
놓는 빵과, 곡식제물의 밀가루와, 누룩을 넣지 않
고 만든 빵을 냄비로 굽는 일과, 반죽하는 일과,
저울질을 하고 자로 재는 모든 일을 맡았다.
30 또 아침 저녁으로 주님께 감사와 찬송을 드
리며, 31 안식일과 초하루와 절기에 주님께 번
제를 드리되, 규례에 따라 정한 수대로, 거르지 않
고 항상 주님 앞에 드리는 일을 맡았다. 32 이렇게
그들은 회막과 성소를 보살피는 책임과, 그들의
친족 아론 자손을 도와 주님의 성전에서 섬기는
책임을 맡았다.

제사장이 맡은 일

24 1 아론 자손의 갈래는 다음과 같다. 아
론의 아들은 나답과 아비후와 엘르아살과
이다말이다. 2 나답과 아비후는, 아버지보다 먼저
죽었다. 그들에게는 아들이 없었으므로, 엘르
아살과 이다말이 제사장이 되었다. 3 다윗은, 엘
르아살의 자손 사독과 이다말의 자손 아히멜렉과
함께 아론 자손의 갈래를 만들어서, 그들이 할 일에
따라 직무를 맡겼다. 4 엘르아살 자손 가운데서
족장이 될 만한 사람이 이다말 자손에서보다
더 많았으므로, 엘르아살 자손을 그 가문을 따라
열여섯 명의 족장으로, 그리고 이다말 자손은
그 가문을 따라 여덟 명의 족장으로 나누었다.
5 성전에서 하나님의 일을 할 지도자들이 엘르
아살 자손과 이다말 자손 가운데 모두 다 있으
므로, 이 두 가문을 제비 뽑아, 공평하게 갈래를
나누었다. 6 레위 사람 느다넬의 아들 서기관
스마야가, 왕과 지도자들과 제사장 사독과 아비아
달의 아들 아히멜렉과 제사장과 레위 사람 가문의
지도자들이 지켜 보는 앞에서, 엘르아살과 이다말
가문 가운데서 한 집씩 제비를 뽑아, 그들의 이름을
기록하였다.
7 첫째로 제비 뽑힌 사람은 여호야립이고,
둘째는 여다야이고, 8 셋째는 하림이고, 넷째는
스오림이고, 9 다섯째는 말기야이고, 여섯째는
미야민이고, 10 일곱째는 학고스이고, 여덟째는
아비야이고, 11 아홉째는 예수아이고, 열째는
스가냐이고, 12 열한째는 엘리아십이고, 열두째는
야김이고, 13 열셋째는 훕바이고, 열넷째는 예세
브압이고, 14 열다섯째는 빌가이고, 열여섯째는
임멜이고, 15 열일곱째는 헤실이고, 열여덟째는
합비세스이고, 16 열아홉째는 브다히야이고, 스
무째는 여헤스겔이고, 17 스물한째는 야긴이고,
스물두째는 가물이고, 18 스물셋째는 들라야이고,
스물넷째는 마아시야이다.
19 그들은 하는 일에 따라 주님의 성전에 들
어가서, 주 이스라엘의 하나님께서 그들의 조상
아론을 시켜서 지시하신 규례대로, 직무를 수행
하였다.

레위 사람 명단

20 나머지 레위 자손은, 아므람의 자손인 수
바엘과 수바엘의 자손인 예드야와,
21 르하뱌의 가문에서 족장 르하뱌의 자손인
잇시야와,

손별로 나뉜다: 게르손 (7-11절), 고핫 (12-20절), 그리고 므라리이다 (21-23절). **23:24-32** 레위 사람들이 맡은 일이다. **23:26** 성전을 건축했으므로 더 이상 성막을 멜 필요가 없었다. **23:32** 레위 사람들은 제사장을 도울 뿐 아니라 회막과 성소를 보살피는 책임을 맡았다. 이 구절에서 레위 사람들이 제사장을 섬기게 한 것은 성전을 누가 지배할 것인가를 놓고 포로 생활 이후의 공동체가 씨름한 것을 반영해 준다 (겔 44:10-14).

24:1-19 아론의 아들 중에 살아남은 엘르아살과 이다말을 (1-6절) 통해 제사장들을 거슬러 올라가는 머리말을 제외하고, 이 구절은 다윗이 하나님의 명령을 따라 제사장들을 스물네 가문으로 나눈 것을 밝히고 있다 (19절). 이러한 조직 체계가 현재의 단계로 발전한

22 이스할의 가문에서 슬로못과 슬로못의
자손인 야핫과,
23 헤브론의 아들 가운데서 맏아들 여리야와
둘째 아마랴와 셋째 야하시엘과 넷째 여가므암
이고,
24 웃시엘의 자손인 미가와, 미가의 자손인
사밀과,
25 미가의 아우 잇시야와, 잇시야의 자손인
스가랴와,
26 므라리의 자손인 마흘리와 무시이다. 또
야아시야의 아들인 브노가 있다. 27 므라리의
자손 야아시야 가문에 브노와, 소함과, 삭굴과,
이브리가 있고, 28 마흘리 가문에는 엘르아살이
있다. 엘르아살에게는 아들이 없다. 29 기스 가
문에 기스의 아들 여라므엘이 있고, 30 무시의
자손으로 마흘리와 에델과 여리못이 있다.
이들이 가문별로 등록된 레위 자손이다.
31 이들도 그들의 친족인 아론 자손과 마찬
가지로, 다윗 왕과 사독과 아히멜렉과 제사장과
레위 사람 가문의 족장 앞에서 제비를 뽑았다.
가문의 종가이든 가장 작은 집이든, 공평하게 제
비를 뽑았다.

성전 찬양대

25 1 다윗과 군대 지도자들은, 아삽과 헤만과
여두둔의 자손들을 뽑아 세워, 수금과
거문고와 심벌즈로 신령한 노래를 부르는 직무를
맡겼다. 이 직무를 맡은 사람의 수는 다음과 같다.
2 아삽의 아들은 삭굴과 요셉과 느다냐와
아사렐라이다. 이 아삽의 아들들은 왕의 지시에
따라, 아삽의 지도를 받고 신령한 노래를 불렀다.
3 여두둔의 가문에는, 여두둔의 아들인 그달
리야와 스리와 여사야와 하사뱌와 맛디디야, 이
렇게 여섯이 있다. 그들은 수금을 타면서 주님께
감사하며 찬양하며 예언하는 그들의 아버지 여두
둔의 지도를 받았다.
4 헤만 가문에는 헤만의 아들인 북기야와 맛
다니야와 웃시엘과 스브엘과 여리못과 하나냐와
하나니와 엘리아다와 깃달디와 로맘디에셀과 요
스브가사와 말로디와 호딜과 마하시옷이 있다.
5 이들은 모두 왕의 선견자 헤만의 아들이다.
그의 뿔을 높이 들어 주시겠다는 하나님의 말씀
대로, 하나님께서는 헤만에게 열네 아들과 세 딸을
주셨다. 6 이들은 모두 그들의 아버지의 지도를
받으며 심벌즈와 거문고와 수금을 타면서, 주님의
성전에서 노래를 불렀다. 이들은 하나님의 성전
에서 맡은 일을 할 때에, 왕과 아삽과 여두둔과
헤만의 지도를 받았다.
7 이들과 이들의 친족의 수는 모두 이백팔십
팔 명이다. 이들은 모두 주님을 찬양하는 법을 배운,
능숙한 사람들이다.
8 이들이 제비를 뽑아서 책임을 맡을 때에는,
대가나 초보자나, 스승이나 배우는 사람이나, 구
별을 두지 않았다.
9 첫째로 제비 뽑힌 사람은 아삽 가문의
요셉과 ([ㄱ]그 아들과 형제 [ㄴ]열두 명,) 둘째는 그달
리야와 그 형제와 아들 열두 명, 10 셋째는 삭굴과
그 아들과 형제 열두 명, 11 넷째는 이스리와
그 아들과 형제 열두 명, 12 다섯째는 느다냐와
그 아들과 형제 열두 명, 13 여섯째는 북기야와
그 아들과 형제 열두 명, 14 일곱째는 여사렐라와
그 아들과 형제 열두 명, 15 여덟째는 여사야와
그 아들과 형제 열두 명, 16 아홉째는 맛다니야
와 그 아들과 형제 열두 명, 17 열째는 시므이와

ㄱ) 칠십인역을 따름 ㄴ) 7절을 볼 것

것은 기원전 4세기 중반이라는 점에서, 이 자료는 시대착오적이며, 역대지상의 본문에 나중에 추가되었을 것이다. 아마도 포로생활 이후의 시기에 제사장들의 수가 증가했기 때문에 제사장들이 직분을 교대로 섬길 필요가 생겨났고, 그 해결책으로 이러한 체계가 등장했을 것이다. 혹은 솔로몬에 의해 제사장직을 파면 당한 (왕상 2:26-27), 아비아달 제사장 계보와, 유배에서 돌아온 제사장들에 의해 대표되는, 사독의 계보간에 있었던 논쟁을 해결하려는 노력이었을 수도 있다. 이다말의 자손 아비아달과 맞은쪽에 엘르아살의 자손 사독을 배치함으로써 (3절, *사독…아히멜렉은*, 사독…아비아달이 되어야 할 것이다; 15:11; 삼상 22:20을 보라) 아론의 두 아들을 통해 두 제사장을 연결시키고 있다. 23:3-32에 담긴 내용을 넓혀서 레위 사람의 명단을 보충하고 있다. **25:1-31** 앞에서 레위 사람과 제사장을 나누었듯이 다윗은 음악가들을 스물네 가문으로 나누었는데 각 가문은 12명으로 이루어진다 (7절을 참조하라, 이백팔십팔 명은 24 곱하기 12로 계산된 것이다). 대상 15—16장에서와 마찬가지로 음악가들은 레위 사람들로 여겨진다. 아삽 (4명, 2절), 헤만 (14명, 4-5절), 그리고 여두둔(6명, 3절)의 세 가문으로 나오는데, 여기서는 아삽 가문보다 헤만의 가문이 강조된다 (6:31-48). **25:1-3** *예언.* 각 절에서 음악은 예언과 동등하게 다뤄진다 (대하 20:14; 29:25; 34:30; 35:15를 참조. 그리고 헤만을 왕의 선견자로 부른 5절을 보라). 24가문은 아마도 포로생활 이후의 시기에 실제로 존재하지는

그 아들과 형제 열두 명, 18 열한째는 아사렐과 그 아들과 형제 열두 명, 19 열두째는 하사뱌와 그 아들과 형제 열두 명, 20 열셋째는 수바엘과 그 아들과 형제 열두 명, 21 열넷째는 맛디디야와 그 아들과 형제 열두 명, 22 열다섯째는 여레못과 그 아들과 형제 열두 명, 23 열여섯째는 하나냐와 그 아들과 형제 열두 명, 24 열일곱째는 요스브가사와 그 아들과 형제 열두 명, 25 열여덟째는 하나니와 그 아들과 형제 열두 명, 26 열아홉째는 말로디와 그 아들과 형제 열두 명, 27 스무째는 엘리아다와 그 아들과 형제 열두 명, 28 스물한째는 호딜과 그 아들과 형제 열두 명, 29 스물두째는 깃달디와 그 아들과 형제 열두 명, 30 스물셋째는 마하시옷과 그 아들과 형제 열두 명, 31 스물넷째는 로맘디에셀과 그 아들과 형제 열두 명이 뽑혔다.

성전 문지기

26 1 문지기의 갈래는 다음과 같다. 고라 가문에서는, 아삽의 자손인 고레의 아들 므셀레먀와, 2 므셀레먀의 아들인 맏아들 스가랴와, 둘째 여디아엘과, 셋째 스바댜와, 넷째 야드니엘과, 3 다섯째 엘람과, 여섯째 여호하난과, 일곱째 엘여호에내이다.

4 오벳에돔의 아들은, 맏아들 스마야와, 둘째 여호사밧과, 셋째 요아와, 넷째 사갈과, 다섯째 느다넬과, 5 여섯째 암미엘과, 일곱째 잇사갈과, 여덟째 브울래대이다. 하나님께서 오벳에돔에게 이와 같이 복을 주셨다.

6 오벳에돔의 아들 스마야도 아들들을 낳았다. 그들은 용맹스러운 사람들이었으므로, 그들 가문의 지도자가 되었다. 7 스마야의 아들은 오드니와 르바엘과 오벳과 엘사밧이다. 엘사밧의 형제 엘리후와 스마갸는 유능한 사람이다.

8 이들이 모두 오벳에돔의 자손이다. 그들과 그 아들과 형제들은 맡은 일을 할 수 있는 능력을 가진 용맹스러운 사람들이다. 오벳에돔 집안에 딸린 사람은 예순두 명이다.

9 므셀레먀의 아들과 형제들도 용맹스러운 사람들이며, 모두 열여덟 명이다. 10 므라리의 자손인 호사의 아들 가운데서는 시므리가 족장이다. 시므리는 맏아들은 아니었으나, 그의 아버지가 그를 우두머리로 삼았다. 11 둘째는 힐기야이고, 셋째는 드발리야이고, 넷째는 스가랴이다. 호사의 아들과 형제는 모두 열세 명이다.

12 이 문지기 갈래의 우두머리들과 형제들 모두에게 주님의 성전을 섬기는 임무를 맡겼다. 13 그들은 큰 가문이나 작은 가문을 가리지 않고, 그들의 가문을 따라 제비를 뽑아, 각 문을 맡았다. 14 셀레먀는 동쪽 문에 뽑혔고, 그의 아들 스가랴는 슬기로운 참모인데, 사람들이 제비를 뽑은 결과 북쪽 문에 뽑혔다. 15 오벳에돔은 남쪽 문에 뽑히고, 그의 아들들은 곳간에 뽑혔다. 16 숩빔과 호사는 서쪽 문과 올라가는 길 가에 있는 살래겟 문의 문지기로 뽑혀, 두 문을 다 지켰다. 17 이렇게 하여, 레위 사람이 동쪽 문에 여섯 사람, 북쪽 문에 매일 네 사람, 남쪽 문에 매일 네 사람, 곳간에는 각각 두 사람씩, 18 서쪽 문의 회랑에 네 사람, 길가의 회랑에 두 사람이 배치되었다. 19 이들은 고라 자손과 므라리 자손의 문지기 갈래이다.

성전 관리인

20 레위 사람 가운데 다른 사람들은 하나님의 성전 곳간과 성물 곳간을 맡았다. 21 게르손 자손인 라단 자손 곧 게르손 사람 라단 가문의 족장은 여히엘리이다. 22 여히엘리의 아들은 세담과 그 아우 요엘이며, 이들은 주님의 성전 곳간을 맡았다.

23 아므람과 이스할과 헤브론과 웃시엘의 자손에서는 24 모세의 아들인 게르솜의 자손 스브엘이 곳간의 책임자이다. 25 그의 아우인 엘리에셀에게는 그의 아들 르하뱌와, 르하뱌의 아들 여사야와, 여사야의 아들 요람과, 요람의 아들 시그리와, 시그리의 아들 슬로못이 있다. 26 이

않았던 이상적인 조직을 상징할 것이다. 음악가들을 포로생활 이전에 있었던 예언의 제식 기능과 연결시킴으로써, 저자는 성전 찬양대를 하나님의 말씀을 선포하는 사람이 되게 만들었다. **25:9** 제사장들의 다른 23가문에 있는 것처럼, *요셉* 다음에 "그 아들과 형제 열두 명"이 오도록 교정되어야 한다. **26:1-32** *문지기* (1-19절)들과 다른 관리들(20-32절)의 명단은 이 사람들을 레위 사람의 지위로 높이고 있다. **26:1-19** 여기서도 문지기들의 3가문을 거슬러 올라간다: *고라* (1-3, 9절), *오벳에돔* (4-8절), 그리고 *므라리*이다(10-11절). 그렇지만 4-8절이 1-3, 9절에 불쑥 끼어 든 격이고 또한 오벳에돔에게 레위인의 자격이 부족한 것으로 보아, 오벳에돔 자료와 12-18절에 묘사된 우리에게 익숙한 *제비뽑기* (24:5; 25:8을 보라)는 나중에 덧붙여진 것으로

슬로못이 그의 가족들과 함께 성물을 보관한 모든 곳간을 관리하였다. 이 성물은 다윗 왕과 족장들과 천부장과 백부장과 군대 지휘관들이 구별하여 바친 물건들이다. 27 그들은 전쟁에서 빼앗은 물건들을 주님의 성전 건축과 수리를 위하여 구별하여 바쳤다. 28 선견자 사무엘, 기스의 아들 사울, 넬의 아들 아브넬, 스루야의 아들 요압이 구별하여 바친 모든 성물도 슬로못과 그의 가족들이 관리하였다.

다른 레위 사람들의 직무

29 이스할 사람 그나냐와 그의 아들들은 서기관과 재판관으로서, 이스라엘의 일반 행정을 담당하였다.

30 헤브론 사람 하사뱌와 그의 형제 가운데서 유능한 사람 천칠백 명이 요단 강 서쪽의 이스라엘을 관리하며, 주님의 모든 일과 왕을 섬기는 일을 담당하였다. 31 헤브론 사람의 족장은 여리야이다. 다윗이 통치한 지 사십 년이 되던 해에, 헤브론의 족보와 가문을 따라, 길르앗의 야스엘에서 사람들을 조사하여 용사를 찾아냈다. 32 그의 친족 이천칠백 명은 용사들이며, 이들은 모두 족장이었다. 다윗 왕이 그들을 르우벤과 갓과 므낫세 반쪽 지파의 관리자로 세워, 하나님의 모든 일과 왕의 일을 담당하게 하였다.

군대와 시민

27 1 이스라엘 자손 가운데서 각 갈래에 부과된 모든 일을 하면서 왕을 섬기는, 각 가문의 족장과 천부장과 백부장과 서기관의 수는 다음과 같다. 그들은 한 해에 한 달씩 번갈아 가며 근무를 하였는데, 한 갈래는 이만 사천 명씩이다.

2 첫째 달에 복무할 첫째 갈래의 지휘관은 삽디엘의 아들 야소브암이며, 그의 갈래에는 이만 사천 명이 있다. 3 그는 베레스의 자손으로서, 정월에 복무하는 모든 부대 지휘관의 우두머리이다. 4 둘째 달에 복무할 둘째 갈래의 지휘관은 아호아 사람 도대이며, 그 갈래의 부지휘관은 미글롯이다. 그의 갈래에는 이만 사천 명이 있다. 5 셋째 달에 복무할 셋째 갈래의 지휘관은 여호야다의 아들 브나야이다. 그의 갈래에는 이만 사천 명이 있다. 6 바로 이 브나야가 서른 명의 용사 가운데 하나로서 서른 명을 지휘하였다. 그의 아들 암미사밧은 그 갈래의 부지휘관이다. 7 넷째 달에 복무할 넷째 갈래의 지휘관은 요압의 동생 아사헬이다. 그의 아들 스바댜가 부지휘관이다. 그의 갈래에는 이만 사천 명이 있다. 8 다섯째 달에 복무할 다섯째 갈래의 지휘관은 이스라 사람 삼훗이다. 그의 갈래에는 이만 사천 명이 있다. 9 여섯째 달에 복무할 여섯째 갈래의 지휘관은 드고아 사람 익게스의 아들 이라이다. 그의 갈래에는 이만 사천 명이 있다. 10 일곱째 달에 복무할 일곱째 갈래의 지휘관은 에브라임 자손인 발론 사람 헬레스이다. 그의 갈래에는 이만 사천 명이 있다. 11 여덟째 달에 복무할 여덟째 갈래의 지휘관은 세라 족속에 속한 후사 사람 십브개이다. 그의 갈래에는 이만 사천 명이 있다. 12 아홉째 달에 복무할 아홉째 갈래의 지휘관은 베냐민 지파의 아나돗 사람 아비에셀이다. 그의 갈래에는 이만 사천 명이 있다. 13 열째 달에 복무할 열째 갈래의 지휘관은 세라 족속에 속한 느도바 사람 마하래이다. 그의 갈래에는 이만 사천 명이 있다. 14 열한째 달에 복무할 열한째 갈래의 지휘관은 에브라임 자손인 비라돈 사람 브나야이다. 그의 갈래에는 이만 사천 명이 있다. 15 열두째 달에 복무할 열두째 갈래의 지휘관은 옷니엘 자손의 느도바 사람 헬대이다. 그의 갈래에는 이만 사천 명이 있다.

각 지파의 영도자들

16 이스라엘 각 지파의 영도자들은 다음과 같다. 르우벤 지파의 영도자는 시그리의 아들 엘

보인다. **26:20-32** *서기관과 재판관* (23:4)의 의무는 성전의 범위 안이 아니라 사람들 사이에서 일을 행하는 것이었다. **26:31** *사십 년이 되던 해.* 다윗이 통치하던 마지막 해 (29:27을 보라). **27:1-34** 영적인 지도력이 제자리에 놓인 후 (대상 23–26장), 여기 있는 네 가지 명단은 다윗의 통치 아래 있었던 비종교적인 관리들을 대표하는데, 둘은 나라에 연관되고 (1-24절), 나머지 둘은 왕과 관련된다 (25-34절). 12라는 숫자가 자주 등장하는 것은 한 해에 열두 달이 있는 것과 조화를 이룬다 (1절). **27:1-15** 군대는 열두 개의 갈래로 조직되었는데 갈래마다 *지휘관이* 있으며, 어떤 지휘관들은 *다윗의 용사*들(11:11-12, 26-31)의 명단에서 나왔던 익숙한 사람들이다. 한 갈래마다 24,000명의 군인들이 있기로는 너무 많은 듯해서, 어떤 사람들은 "천"('elef)

리에셀이고, 시므온 지파의 영도자는 마아가의 아들 스바댜이고, 17 레위 지파의 영도자는 그무엘의 아들 하사뱌이고, 아론 지파의 영도자는 사독이고, 18 유다 지파의 영도자는 다윗의 형 엘리후이고, 잇사갈 지파의 영도자는 미가엘의 아들 오므리이고, 19 스불론 지파의 영도자는 오바댜의 아들 이스마야이고, 납달리 지파의 영도자는 아스리엘의 아들 여레못이고, 20 에브라임 지파의 영도자는 아사시야의 아들 호세아이고, 므낫세 반쪽 지파의 영도자는 브다야의 아들 요엘이고, 21 길르앗에 있는 므낫세 반쪽 지파의 영도자는 스가랴의 아들 잇도이고, 베냐민 지파의 영도자는 아브넬의 아들 야아시엘이고, 22 단 지파의 영도자는 여로함의 아들 아사렐이다. 이들이 이스라엘 각 지파의 영도자이다.

23 주님께서 이스라엘 사람을 하늘의 별만큼 많게 해주겠다고 약속하셨기 때문에, 다윗이 스무살 이하의 사람 숫자는 조사하지 않았다. 24 스루야의 아들 요압이 인구조사를 시작하였으나, 이 일 때문에 주님께서 이스라엘에게 진노하셨으므로 끝마치지 못하였다. 그래서 인구조사 결과가 다윗 왕의 실록에 기록되지 못하였다.

왕실 재산 관리자

25 아디엘의 아들 아스마웻은 왕의 곳간을 맡고, 웃시야의 아들 요나단은 들녘과 성읍과 마을과 요새에 있는 곳간을 맡았다. 26 글룹의 아들 에스리는 밭에서 일하는 농민을 관리하였다. 27 라마 사람 시므이는 포도원을 관리하고, 스밤 사람 삽디는 포도원에서 포도주 곳간을 관리하였다. 28 게델 사람 바알하난은 평야의 올리브 나무와 뽕나무를 관리하고, 요아스는 기름 곳간을 관리하였다. 29 샤론 사람 시드래는 샤론에서 기르는 소 떼를 관리하고, 아들래의 아들 사밧은 골짜기에 있는 소 떼를 관리하였다. 30 이스마엘 사람 오빌은 낙타를 관리하고, 메로놋 사람 예드야는 나귀를 관리하고, 31 하갈 사람 야시스는 양 떼를 관리하였다. 이들이 다윗 왕의 재산을 관리하는 사람들이다.

다윗의 개인 고문

32 다윗의 삼촌 요나단은 고문이며 서기관이다. 그는 사리에 밝은 사람이다. 학모니의 아들 여히엘은 왕자들을 돌보았다. 33 아히도벨은 왕의 고문이고, 아렉 사람 후새는 왕의 친구가 되었다. 34 브나야의 아들 여호야다와 아비아달은 아히도벨의 후임자가 되고, 요압은 왕의 군대 총사령관이 되었다.

다윗이 성전 건축을 지시하다

28 1 다윗이 이스라엘의 모든 지도자, 곧 각 지파의 지도자와, 왕을 섬기는 여러 갈래의 지휘관과, 천부장과, 백부장과, 왕과 왕자의 재산과 가축을 관리하는 사람과, 환관과, 무사와, 모든 전쟁 용사를 예루살렘으로 불러모았다.

2 다윗 왕이 일어서서 이렇게 말하였다. "나의 형제자매인 백성 여러분, 나의 말을 들으십시오. 나는 우리 하나님의 발판이라 할 수 있는 주님의 언약궤를 모실 성전을 지으려고 준비를 하여 왔습니다. 3 그러나 하나님께서는 나에게 '너는 군인으로서 많은 피를 흘렸으므로, 나의 이름을 위하여 성전을 건축할 수 없다' 하고 말씀하셨습니다. 4 주 이스라엘의 하나님께서 나의 아버지의 온 가문에서 나를 왕으로 택하여, 이스라엘을 길이길이 다스리도록 하셨습니다. 주님께서는 유다를 영도자로 택하시고, 유다 지파의 가문 가운데서 우리 아버지의 가문을 택하셨으며, 우리 아버지의 아들 가운데서 기꺼이 나를 온 이스라엘의 왕으로 삼으셨습니다. 5 또 주님께서는 나에게 여러 아들을 주시고, 그 모든 아들 가운데서 나의 아들 솔로몬을 택하여, 주님의 나라 왕좌에 앉아

으로 번역된 히브리 단어는 "군사 단위"를 뜻할 수도 있다고 생각한다. 그렇다면 한 갈래마다 24군대 단위를 가진 열두 가문이라는 결과가 나온다. **27:16-24** 두 번째 각 지파를 다루는 명단은 지파의 영도자들을 열거하고 있다. 이는 후대에 본문에 추가한 것으로 어떻게든 다윗을 23-24절에 있는, 하나님의 진노를 사게 되는 인구조사(역대지상 21장)에 포함시키려고 고안된 것이다. 아셀과 갓의 지파를 빼서 지파의 수를 12개로 유지하고 있다. **27:25-34** 전체 지파보다는 왕과 관련된 두 가지 명단이다. **27:25-31** 왕의 곳간을 맡은 관리자들의 명단이다. 솔로몬 시대처럼 복잡한 조직은 흔적을 찾을 수 없다 (왕상 4:7-19). **27:32-34** 다윗의 일곱 고문의 명단. 요나단은 아마도 다윗의 친구이자 사울의 아들과는 다른 인물일 것이다 (10:6을 참조).

28:1—29:25 28—29장은 솔로몬의 즉위를 배

이스라엘을 다스리게 하시고, 6 나에게 이렇게
말씀하셨습니다. '너의 아들 솔로몬, 그가 나의 성
전을 짓고 뜰을 만들 것이다. 내가 그를 나의 아
들로 삼으려고 선택하였으니, 나는 그의 아버지가
될 것이다. 7 그가 지금처럼 나의 계명과 나의
규례를 힘써 지키면, 나는 그의 나라를 길이길이
굳게 세워 줄 것이다.'

8 이제 여러분은 온 이스라엘, 곧 주님의 회
중이 보는 앞에서, 그리고 우리의 하나님이 들으
시는 가운데서, 주 당신들의 하나님의 모든 계명을
열심히 따르고 지키십시오. 그러면 이 아름다운
땅을 차지할 수 있을 것이고, 이 땅을 당신들의
자손에게 길이길이 물려줄 수 있을 것입니다."

9 "나의 아들 솔로몬아, 너는 네 아버지의 하
나님을 바로 알고, 온전한 마음과 기쁜 마음으로,
정성을 다하여 섬기도록 하여라. 주님께서는 모
든 사람의 마음을 살피시고, 모든 생각과 의도를
헤아리신다. 네가 그를 찾으면 너를 만나 주시겠
지만, 네가 그를 버리면 그도 너를 영원히 버리실
것이다. 10 주님께서 성소가 될 성전을 짓게 하
시려고 너를 택하신 사실을 명심하고, 힘을 내어 일
을 하여라."

11 다윗이 현관과 건물과 곳간과 다락방과
내실과 속죄판 등의 설계도를 그의 아들 솔로몬
에게 주었다. 12 또 그가 영감으로 받은 모든 것
곧 하나님의 성전 뜰과 주위의 모든 방과 하나님
의 성전 곳간과 성물 곳간의 설계도를 주었다.
13 또 제사장과 레위 사람의 갈래와, 주님의 성전
에서 예배드리는 모든 일과, 예배에 쓰는 모든 기
구도 설명하여 주었다. 14 또 모든 예배에 쓸 여러
금기구를 만드는 데 필요한 금의 무게와, 모든 예
배에 쓰는 여러 은기구를 만드는 데 필요한 은의
무게와, 15 또 금등잔대와 금등잔의 무게와, 각
등잔대와 그 등잔의 무게와, 은등잔대도 마찬가
지로 각 등잔대와 그 등잔의 무게를, 그 등잔대의
용도에 따라 알려 주었다. 16 또 상 위에 늘 차려
놓는 빵과, 차려 놓는 상을 만드는 데 필요한 금의
무게와, 은상을 만드는 데에 필요한 은의 무게도
알려 주었다. 17 또 고기를 건질 때에 쓰는 갈고
리와, 대접과 주전자를 만드는 데 필요한 순금과,
금잔 곧 각 잔을 만드는 데 필요한 금의 무게와,
은잔 곧 각 은잔을 만드는 데 필요한 은의 무게도
알려 주었다. 18 또 분향단을 만드는 데 필요한
정련된 금의 무게와, 수레 곧 날개를 펴서 주님의
언약궤를 덮고 있는 그룹을 금으로 만드는 데 필
요한 설계도도 알려 주었다. 19 다윗이 말하였다.
"이 모든 설계에 관한 것은 주님께서 친히 손으로
써서 나에게 알려 주셨다."

20 다윗은 또 그의 아들 솔로몬에게 말하였다.
"너는 힘을 내고, 담대하게 일을 해 나가거라.
두려워하지 말고 염려하지 말아라. 네가 주님의
성전 예배에 쓸 것들을 다 완성하기까지, 주 하나님,
나의 하나님이 너와 함께 계시며, 너를 떠나지 않
으시며, 너를 버리지 않으실 것이다. 21 그리고
제사장과 레위 사람의 갈래들이 하나님의 성전 예
배에 관한 모든 일을 도울 것이며, 온갖 일에 능
숙한 기술자들이 자원하여 너를 도울 것이며, 지
도자들과 모든 백성이 너의 명령을 따를 것이다."

경으로 한 하나의 단위이며 이스라엘의 여러 관리들과 용사들이 그 틀을 만들어 주고 있다 (28:1; 29:24). 맨 처음 젊은 다섯 부분을 소개한다: 다윗의 신앙고백 (28:2-10); 다윗이 성전 계획을 넘겨줌 (28:11-21); 백성의 기부 (29:1-9); 다윗의 기도(29:10-20); 그리고 마지막으로 제사 (29:21-25). 얼핏 이 구절은 솔로몬의 즉위에 관한 것같이 보이지만, 실제로는 성전에 관련된 것이다. **28:2-10** 다윗의 두 번째 연설은 하나님께서 왕조를 약속해 주신 것을 증거하고 있는데, 주로 지도자들을 대상으로 한 연설이었다 (2-8절). 솔로몬에게 주는 다윗의 말(9-10절)은 하나님이 대상 17장에서 약속하신 두 "집"을 강조하는데, 이 두 집은 성전과 왕조이며, 앞서 은밀히 솔로몬에게만 말한 적이 있다 (22:7-16). **28:2-3** 하나님이 다윗에게 집을 짓지 못하게 거절하시는 데서 용사로서의 다윗 왕과 "평안을 누리는" 솔로몬 왕이 대조가 된다 (22:7-9를 참조). **28:4-5** 하나님이 다윗을 이을 사람으로 솔로몬을 택한 것은 다른 집, 즉 왕조를 세운 것이다 (22:9를 참조). **28:6** *나의 아들로 삼으려고 선택하였으니.* 솔로몬은 역대지에서만 이렇게 불리고 있다 (5, 10절; 22:10을 참조). **28:7-10** *지키면* (*if*). 솔로몬과 지도자들을 향한 약속이 둘 다 조건부적인 성질을 띠는 것이 분명하다. **28:11-21** 다윗이 솔로몬에게 성전 계획을 넘겨준 것은 정치적인 지도력을 넘겨주었다기보다는 오히려 예배를 강조한 것이다. **28:11-12** 다윗은 모세와 에스겔을 모범으로 삼는다. 세 개의 건축 사업은 하나님에 의해 계시된다 (출 25:9, 40; 26:30에 있는 모세와 성막; 겔 40—48장에 있는 에스겔과 이상적인 성전). 더구나 *설계도*를 나타내는 히브리어는 (*타브니트*; 11-12, 18-19절) 출 25:9, 40에 사용되는데 이는 겔 43:10에 사용된 단어와 비슷하다. **28:13b-18** 성전에서 예배 때에 쓰이는 기구를 상세히 묘사한 것으로 보아 과거와 예전적인 연속성을 나타내는 상징들이 포로생활에서 돌아온 이후의 공동체에게 중요한 것

성전 건축에 쓸 예물

29 1 다윗이 온 회중에게 말하였다. "하나님께서 유일하게 선택하신 나의 아들 솔로몬은, 아직 어리고 경험도 부족합니다. 그런데 이 공사는 너무나 큽니다. 이 성전은 사람의 집이 아니고, 주 하나님의 성전이기 때문입니다. 2 나는 온 힘을 기울여, 내 하나님의 성전을 지으려고 준비하였습니다. 곧 금기구들을 만들 금과, 은기구들을 만들 은과, 동기구들을 만들 동과, 철기구들을 만들 철과, 목재 기구들을 만들 목재와, 마노와 박을 보석과 꾸밀 보석과 여러 색깔의 돌과 그 밖의 어러 보석과 대리석을 많이 준비하였습니다. 3 또 내가 하나님의 성전을 사모하므로, 내가 성전을 지으려고 준비한 이 모든 것 밖에, 나에게 있는 금과 은도 내 하나님의 성전을 짓는 데에 바쳤습니다. 4 오빌의 금 삼천 달란트와, 정련된 은 칠천 달란트를 바쳐 성전의 벽을 입히며, 5 금기구와 은기구를 만들며, 기술공이 손으로 만드는 모든 일에 쓰게 하였습니다. 오늘 기꺼이 주님께 예물을 바칠 분은 안 계십니까?"

6 그러자 각 가문의 장들과 이스라엘 각 지파의 족장과 천부장과 백부장과 왕실 업무 관리자들이 기꺼이 바쳤다. 7 그들이 하나님의 성전 건축에 쓰도록, 금 오천 달란트와, 금 만 다릭과, 은 만 달란트와, 동 만 팔천 달란트와, 쇠 십만 달란트를 바쳤다. 8 또 보석이 있는 사람은 저마다, 게르손 사람 여히엘이 관리하는 주님의 성전 곳간에 가져다 바쳤다. 9 그들이 기꺼이 주님께 예물을 바쳤으므로, 그들이 이렇게 기꺼이 바치게 된 것을, 백성도 기뻐하고, 다윗 왕도 크게 기뻐하였다.

다윗의 감사 기도

10 그래서 다윗이 온 회중 앞에서 주님을 찬양하였다.

"주 우리 조상 이스라엘의 하나님, 길이길이 찬양을 받아 주십시오! 11 주님, 위대함과 능력과 영광과 승리와 존귀가 모두 주님의 것입니다. 하늘과 땅에 있는 모든 것이 다 주님의 것입니다. 그리고 이 나라도 주님의 것입니다. 주님께서는 만물의 머리 되신 분으로 높임을 받아 주십시오!

12 부와 존귀가 주님께로부터 나오고, 주님께서 만물을 다스리시며, 주님의 손에 권세와 능력이 있으시니, 사람이 위대하고 강하게 되는 것도 주님의 손에 달렸습니다. 13 우리 하나님, 우리가 지금 주님께 감사하고, 주님의 영광스러운 이름을 찬양합니다.

14 제가 무엇이며, 저의 백성이 무엇이기에, 우리가 이렇듯이 기쁜 마음으로 바칠 힘을 주셨습니까? 모든 것을 주님께서 주셨으므로, 우리가 주님의 손에서 받은 것을 주님께 바쳤을 뿐입니다. 15 주님 앞에서 우리는, 우리의 모든 조상처럼, 나그네와 임시 거주민에 불과하며, 우리가 세상에 사는 날이 마치 그림자와 같아서, 의지할 곳이 없습니다. 16 주 우리 하나님, 우리가 주님의 거룩한 이름을 위하여 주님의 성전을 건축하려고 준비한 이 모든 물건은, 다 주님의 손에서 받은 것이니, 모두 다 주님의 것입니다. 17 나의 하나님, 주님께서는 사람의 마음을 헤아리시고, 정직한 사람을 두고 기뻐하시는 줄을 제가 압니다. 나는 정직한 마음으로 기꺼이 이 모든 것을 바쳤습니다. 이제 여기에 있는 주님의 백성이 주님께 기꺼이 바치는 것을 보니, 저도 마음이 기쁩니다.

임을 알 수 있다 (대하 4:6-22; 36:18; 라 1:7-11; 8:24-34를 참조). **28:19-21** *주 하나님이 너를 떠나지 않으시며, 너를 버리지 않으실 것이다.* 이 말은 여호수아가 모세를 계승할 때 격려해 주었던 하나님의 말씀을 상기시켜 준다 (신 31:8; 수 1:5). **29:1-9** 다윗의 세 번째 연설에는 다윗이 성전을 위해 준비한 것과 모세가 광야의 성막을 위해 준비한 것이 계속해서 서로 비교되고 있다 (출 25—31장; 35—40장). **29:1** *성전.* 역대지에서 성전을 나타내기 위해 보통으로 사용된 단어가 아니라, 페르시아의 외래어에서 온 "왕궁" 혹은 "요새"를 뜻한다. 이 용어는 포로생활 이후의 구절에만 나타난다 (19절을 참조하라). 공동번역은 "성전" 대신에 "집"으로 번역했다. **29:2** 다윗은 똑같은 건축 자재를 사용한다 (철은 모세 시대에는 알려지지 않았으므로 제외되어 있다). **29:3-5** 모세처럼 (출 25:1-7; 35:4-9, 20-29), 다윗은 백성들에게 예물을 바칠 것을 요청한다 (5b절). 하지만 다윗이 개인적으로 아낌없이 기부한 것은 새로운 요소이며 백성들에게 마찬가지로 기꺼이 응답하도록 도전한다. 오로지 레위 사람만 성전에 들어갈 수 있었기 때문에, 예물을 바치는 것은 평신도들이 건축에 참여할 수 있는 방편이 되었다. *…에 바쳤습니다.* 보통 제사장들에게만 사용되던 용어로 백성들의 반응을 묘사한다. **29:6-9** 기부한 총액이 과장된 것은 "온 이스라엘"이 성전에 헌납했다는 증거이면서 모세가 성막을 위해 이와 비슷하게 호소했던 것을 상기시킨다 (출 35:4-9). *다릭* 기원전 515년 다리우스 1세가 들여온 페르

18 주, 우리 조상 아브라함과 이삭과 이스라엘의
하나님, 주님의 백성이 마음 가운데 품은 이러한
생각이 언제까지나 계속되도록 지켜 주시고, 그
들의 마음이 항상 주님을 향하게 해주십시오.
19 또 나의 아들 솔로몬에게 온전한 마음을 주
셔서, 주님의 계명과 법도와 율례를 지키고, 이 모
든 일을 할 수 있게 하시며, 내가 준비한 것으로
성전을 건축하게 해주십시오."

20 그리고 다윗은 온 회중에게 "주 당신들의
하나님을 찬양하십시오" 하고 말하였다. 그러자
온 회중이 조상의 하나님 주님을 찬양하고, 주님
과 왕에게 무릎을 꿇고 경배하였다.

21 그 다음날 백성이 주님께 제사를 드리고
또 번제를 드렸다. 수소 천 마리와 숫양 천 마리와
어린 양 천 마리와 부어 드리는 제물 등의 풍성한
제물로 온 이스라엘을 위하여 제사를 드렸다.
22 그 날에, 그들은 주님 앞에서 먹고 마시며,
크게 기뻐하였다.

그리고 그들은 다윗의 아들 솔로몬을 다시 왕
으로 삼아 그에게 기름을 부어, 주님께서 쓰실 지
도자가 되게 하고, 사독에게 기름을 부어 제사장
으로 세웠다. 23 솔로몬이 그의 아버지 다윗의
뒤를 이어, 주님께서 허락하신 왕좌에 앉아 왕이
되었다. 그가 잘 다스렸으므로, 온 이스라엘이 그
에게 순종하였다. 24 그리고 모든 지도자와 용
사와 다윗의 다른 아들들까지도 솔로몬 왕에게 복
종하였다. 25 주님께서, 온 이스라엘의 눈에 띄
도록 솔로몬을 크게 높여 주시고, 그 이전의 어떤
이스라엘 왕도 누리지 못한 왕국의 영화를 그에게
베풀어 주셨다.

다윗 통치의 요약

26 이새의 아들 다윗이 온 이스라엘의 왕이
되어 27 이스라엘을 다스린 기간은 마흔 해이다.
헤브론에서 일곱 해를 다스리고, 예루살렘에서
서른세 해를 다스렸다. 28 그가 백발이 되도록
부와 영화를 누리다가, 수명이 다하여 죽으니, 그의
아들 솔로몬이 그의 뒤를 이어 왕위에 올랐다.
29 다윗 왕의 역사는 처음부터 끝까지, 선견자
사무엘의 기록과 선지자 나단의 기록과 선견자 갓
의 기록에 다 올라 있는데, 30 그의 통치와 무용
담 및 그와 이스라엘과 세상 모든 나라가 겪은 그
시대의 역사가 기록되어 있다.

시아 동전. **29:10-20** 다윗이 성전을 짓기 위한 준비를 성공리에 마친 것이 다윗의 모범적인 감사 기도를 통해 표시된다. 성전 준비의 시작도 비슷하게 표시되었으므로 (17:16-27), 특이하게 기도가 다윗의 활약을 감싸고 있다. 기도는 예배의 모든 면을 상징하고 있는데, 틀에 박힌 문구로 시작되는 찬양, 감사, 간청과 같은 공통적인 예배의 표현을 사용하고 있다. **29:10-12** 기도는 하나님과 그의 주권을 찬양하면서 시작된다. **29:13-17** 기꺼이 바친 예물에 대한 감사(1-9절)는 모든 것이 하나님으로부터 나왔다는 것을 강조한다. **29:18-19** 하나님이 백성과 솔로몬과 함께 계속 계시기를 간청하는 것으로 기도를 끝맺는다. 으레 으뜸가는 관심은 다윗이 아니라, 성전과 성전 안에서 이뤄지는 하나님에 대한 예배에 주어진다. **29:21-25** 솔로몬이 즉위하는 것을 그린 것을 보면 다윗이 권세에 오를 때 나오는 주제들을 되풀이하는데 (10:1—12:40), 이로써 다윗의 통치의 틀을 이루며, 다윗과 솔로몬의 통치를 단일한 것으로 나타내는데 이바지한다. 이들 중 가장 중요한 주제는 "온 이스라엘"의 주제가 절정에 이르는 곳으로 (11:1-3; 12:38-40), *다윗의 다른 아들들까지도 솔로몬 왕에게 복종하였다라고 주장한다* (24절; 21, 23, 25절을 참조). 이 주제는 왕상 1—2장과 정면으로 모순을 이룬다. *지도자들과 용사들이* 복종을 맹세하는 (29:24; 12:18을 참조) 것과 이스라엘에 먹고 마시는 것과 *기쁨이* 있었다는 것은 (29:22; 12:39-40을 참조) 더욱더 솔로몬의 즉위와 다윗의 즉위를 비교하는 것이다. **29:22** *다시.* 비록 사울과 (삼상 10:1; 11:14-15) 다윗(삼상 16:13; 삼하 2:4; 5:3)이 두 번 기름부음을 받긴 했지만, 이 말은 아마도 23:1이 23:2—27:34의 머리말이라는 것을 보지 못한 사람에 의해 덧붙여졌을 것이다. 이 말은 칠십인역에서는 찾아볼 수 없다.

29:26-30 다윗의 통치에 대한 기사는 왕상 2:10-12를 확장시켜서 찬란하게 요약하면서 끝맺지만 솔로몬의 즉위 전까지만 하지는 않았다. 대상 1—2장에서, 예상되는 순서를 뒤바꾸면서까지 강조한 것처럼 다윗과 솔로몬의 통치는 단일체를 이루고 있다. **29:28-30** 역대지 저자는 다윗에게 이러한 찬사를 바쳤다.

역대지하

역대지하는 역대지상에서 시작된 이스라엘의 이야기를 계속한다. 역대지하는 자연스럽게 세 부분으로 나뉜다. (1) 첫 번째 부분(1—19장)은 솔로몬의 통치가 오로지 성전 건축에 집중하면서 통일왕국을 이루는 이야기로 끝나는데, 다윗은 건축을 계획하고 자재를 준비한 사람으로 묘사되고, 솔로몬은 하나님이 그 과업을 수행하도록 선택한 사람으로 묘사되며, 두 왕이 협력한 결과로 성전이 건축되었다. 이처럼 성전에 초점을 두기 때문에 열왕기상에 흔히 있는 솔로몬 통치의 부정적인 면, 이를테면, 유혈을 통해 솔로몬이 권좌에 오른 것과 궁극적으로 배교를 행하는 것에 대한 언급을 하지 않고 지나간다.

(2) 두 번째 부분(10—28장)은 북쪽 지파의 반란 이후에 왕국이 분열된 시기에 관한 이야기를 다시 언급하고 있다. 여기서 역대지 저자는 남왕국을 다스리던 유다의 통치자들에게 초점을 맞추는데, 통치자들이 다윗과 솔로몬이 세운 이상적인 지침에 얼마나 복종했는지에 따라 통치자들을 평가한다. 특히 두 왕, 아사(14—16장)와 여호사밧(17—20장)은 훌륭하게 모범을 보인 왕들로 높이고 있다. 아하스는 아주 부정적인 왕으로 표현되고 있다 (28장).

(3) 세 번째 부분(29—36장)은 북왕국이 앗시리아에 의해 멸망당한 때부터 (기원전 722년) 유다 백성들이 바빌로니아로 포로가 되어 가는 (기원전 586년) 때까지의 재통일왕국을 다룬다. 여기서 히스기야(28—32장)와 요시야 (34—35장) 왕이 일으킨 종교개혁은 열왕기하의 기사에 비할 때 광범위하게 취급된다. 이 책은 포로생활을 하던 이들이 고향으로 돌아가도록 허락해 주었던 페르시아 왕 고레스가 포로생활의 끝을 선포하는 것으로 끝을 맺는다.

역대지 책 전체의 구성과 특성을 살피려면 역대지상에 대한 서론을 보라. 이 책의 개요는 다음과 같다. 성경구절에 따라 세밀히 조사할 필요가 있는 주석은 이 개요를 따를 것이며, 명확성을 기하기 위하여 보충해서 더 상세하게 설명될 것이다.

- Ⅰ. 솔로몬, 역대지하 1:1—9:31
  - A. 솔로몬의 지혜와 부귀영화, 1:1-17
  - B. 성전을 위한 초기 준비, 2:1-18
  - C. 성전 건축, 3:1—5:1
  - D. 성전 봉헌, 5:2—7:2
  - E. 솔로몬의 성전 완공, 8:1-16
  - F. 솔로몬의 지혜와 부귀영화, 8:17—9:31
- Ⅱ. 분열왕국, 역대지하 10:1—28:27
  - A. 르호보암, 10:1—12:16
  - B. 아비야와 아사, 13:1—16:14
  - C. 여호사밧, 17:1—21:1
  - D. 여호람, 21:2—22:1
  - E. 아하시야, 22:2-9
  - F. 아달랴, 22:10—23:21
  - G. 요아스, 24:1-27
  - H. 아마샤, 25:1—26:2
  - I. 웃시야, 26:3-23

J. 요담, 27:1-9
K. 아하스, 28:1-27
III. 재통일왕국, 역대지하 29:1—36:23
A. 히스기야, 29:1—32:33
B. 므낫세, 33:1-20
C. 아몬, 33:21-25
D. 요시야, 34:1—36:1
E. 포로생활과 귀향, 36:2-23

마크 에이 스론트바이트 (Mark A. Throntveit)

솔로몬 왕이 지혜를 구하다 (왕상 3:1-15)

1 1 다윗의 아들 솔로몬은, 자기의 왕위를 튼
튼히 굳혔다. 주 하나님께서 그와 함께 계시며,
그를 크게 높여 주셨다.
2 솔로몬은 온 이스라엘, 곧 천부장과 백부
장과 재판관들과 온 이스라엘의 지도자들과 각 가
문의 족장들을 불렀다. 3 솔로몬은 온 회중을 데
리고 기브온에 있는 산당으로 갔는데, 거기에는
하나님의 회막, 곧 주님의 종 모세가 광야에서 만든
회막이 있었다. 4 그러나 하나님의 궤는, 다윗이
일찍이 예루살렘에 궤를 모실 장막을 치고, 기럇
여아림에서 그리로 올려다 두었다. 5 다만 훌의
손자요 우리의 아들인 브살렐이 만든 놋제단은,
기브온에 있는 주님의 성막 앞에 있었다. 그래서
솔로몬은 회중과 함께 그리로 나아간 것이다.
6 솔로몬은 거기 주님 앞, 곧 회막 앞에 있는 놋
제단으로 올라가, 번제물 천 마리를 바쳤다.
7 그 날 밤 하나님께서 솔로몬에게 나타나셔서
"내가 너에게 무엇을 주기를 바라느냐? 나에게 구
하여라" 하고 말씀하셨다.
8 솔로몬이 하나님께 여쭈었다. "주님께서
나의 아버지 다윗에게 큰 은혜를 베푸셨고, 또한
나로 하여금 아버지의 뒤를 이어 왕이 되게 하셨
습니다. 9 주 하나님, 이제 나의 아버지 다윗에게
하신 말씀을 그대로 이루어 주십시오. 주님께서
나를 땅의 티끌 같이 많은 백성의 왕으로 삼으셨
으니, 10 이제 지혜와 지식을 나에게 주셔서, 이
백성을 인도하게 하여 주십시오. 이렇게 많은 주
님의 백성을 누가 다스릴 수 있겠습니까?"
11 하나님께서 솔로몬에게 말씀하셨다. "너의
소원이 그것이구나. 부와 재물과 영화를 달라고
하지 않고, 너를 미워하는 자들의 목숨을 달라고
하지도 않고, 오래 살도록 해 달라고 하지도 않고,
오직 내가 너를 왕으로 삼아 맡긴 내 백성을 다스릴,
지혜와 지식을 달라고 하니, 12 내가 지혜와 지
식을 너에게 줄 뿐만 아니라, 부와 재물과 영화도
주겠다. 이런 왕은 네 앞에도 없었고, 네 뒤에도
다시 없을 것이다."

솔로몬의 부귀영화 (왕상 10:26-29)

13 그런 다음에, 솔로몬은 기브온 산당에 있는
회막에서 떠나, 예루살렘으로 돌아와서, 이스라
엘을 다스렸다. 14 솔로몬이 병거와 기병을
모으니, 병거가 천사백 대, 기병이 만 이천 명에
이르렀다. 솔로몬은 그들을 병거 주둔성과 왕이
있는 예루살렘에다가 나누어 배치하였다. 15 왕의
덕분에 예루살렘에는 은과 금이 돌처럼 흔하였고,
백향목은 ㄱ)세펠라 평원 지대의 뽕나무만큼이나
많았다. 16 솔로몬은 말들을 이집트와 구에에서
수입하였는데, 왕실 무역상들을 시켜 구에에서

ㄱ) 바다와 산 사이의 경사진 평지

1:1—9:31 솔로몬. 역대지상하는 원래 한 권의 책으로 되어 있었다. 현재처럼 한 권의 책을 두 권으로 나누어 놓으면, 역대지 저자가 다윗과 솔로몬의 통치가 서로 보완해 주는 특성이 있다고 강조하면서 다윗과 솔로몬의 통치를 하나로 제시해 준 것이 애매하게 된다. 솔로몬의 통치는 성전 건축을 놓고 세밀하게 논하는 데에 전력을 다했고, 따라서 다윗이 그처럼 열심히 준비했던 것을 완성하게 된다. 그밖에 다른 모든 것들은 이 과업에 부수적인 것들이다. 이런 이유로, 그리고 왕조가 계속되느냐 마느냐 하는 문제가 솔로몬의 순종 여하에 달려 있었기 때문에 (대상 28:7), 역대지 저자는 왕하 1—11장의 세부사항들을 많이 생략하였다. 생략된 것 중에 어떤 것들은 정말로 솔로몬의 순종에 의문을 던지는 반면 (예를 들어, 왕상 11장의 배교), 다른 것들은 성전을 높이거나 혹은 하나님의 목적을 설명하거나 하지 않는 긍정적인 세부사항을 제공해 주기도 한다 (예를 들어, 왕상 3:16-28에서 창녀들에 관해 지혜로운 결정을 내린 것). 자료는 중심을 축으로 하여 배열되어 있다. 실제 성전 건축(3:1—5:1)과 봉헌(5:2—7:22)이 가운데 핵심을 이루고 있으며, 솔로몬이 처음에 준비하는 것과 (2:1-18) 마지막에 손질하는 것(8:1-16)이 그 핵의 틀을 만들고 있고, 솔로몬의 지혜와 부귀영화가 전체를 감싸고 있다 (1:1-17; 8:17—9:31).

1:1-17 왕상 2:5-46에 기록되어 있는 대학살을 생략하고 있는 이 머리말은 솔로몬이 드린 예배 (2-6절), 솔로몬의 지혜 (7-13절), 솔로몬의 부귀영화(14-17절)를 논하기 전에, 다윗 왕이 누렸던 축복을 그대로 누리고 있다. **1:2-6** 역대지 저자는 왕상 3:4의 "제일 유명한 산당"이 있던 *기브온에 하나님의 회막*을 둠으로써 (레 17:8-9), 그 곳을 번제물을 바치는 장소로 정당화시킨다. 이리하여 솔로몬은 성전이 건축되기 전에 정당하게 쓰인 유일한 장소에 "온 이스라엘"과 함께 그리로 나아가서 (새번역개정과 개역개정은 "나아갔다" 라고 번역했으나 공동번역과 NRSV는 "찾아갔다"고 번역했음) 예배와 번제를 바치는 경건한 왕으로 등장한다. **1:7-13** *지혜*를 구하는 솔로몬의 기도(10절; 12절에서 응답을 받음)는 다윗이 바라는 것을 성취시킨다 (대상 22:12). 여기서, 지혜는 신중함, 행정 기술, 혹은 이전의 역사에서 생략된 부분에 있는 것처럼 자연과학에 대한 통찰력이 아니라 (왕상 3:16-28; 4:1—

사들였다. 17 병거도 이집트에서 사들였는데,
값은 병거 한 대에 은 육백 세겔이고, 말 한 필에
백오십 세겔이었다. 그렇게 들여와서, 그것을 헷
족의 모든 왕과 시리아 왕들에게 되팔기도 하였다.

성전 건축을 준비하다 (왕상 5:1-18)

2 1 솔로몬은 주님의 이름을 받들어 모실 성전과
자기의 궁전을 짓기로 작정하였다. 2 그래서
솔로몬은 짐꾼 칠만 명, 산에서 돌을 떠낼 사람 팔
만 명, 그들을 감독할 사람 삼천육백 명을 뽑았다.
3 솔로몬은 또 두로의 ㄱ)히람 왕에게 사람을
보내서, 다음과 같이 부탁을 하였다. "내 선친 다
윗이 친히 거처할 궁을 지을 때에 임금님께서 백
향목을 보내 주신 것처럼, 내게도 그렇게 해주시
기를 바랍니다. 4 이제 나는 주 나의 하나님의
이름을 모실 성전을 지어 바치고, 그분 앞에서 향
기로운 향을 사르며, 늘 빵을 차려 놓으며, 안식
일과 초하루와 주 우리의 하나님께서 정하여 주신
절기마다, 아침 저녁으로 번제물을 바치려고
합니다. 이것은 이스라엘이 언제까지나 지켜야
할 일입니다. 5 우리의 하나님은 모든 신들보다
크신 분이시므로, 내가 지을 성전도 커야 합니다.
6 하늘도, 하늘 위의 하늘마저도 그분을 모시기에
좁을 터인데, 누가 하나님을 모실 성전을 지을 수
있겠습니까? 하물며, 내가 무엇이기에 그분께 성
전을 지어 드릴 수 있겠습니까? 다만 그분 앞에
향이나 피워 올리려는 뜻밖에 없습니다. 7 이제
임금님께서는, 금은과 놋쇠와 쇠를 다룰 줄 알며,
자주색이나 홍색이나 청색 천을 짤 줄 알며, 조각도
할 줄 아는 기능공을 한 사람 보내 주시기 바랍
니다. 그러면 그가 여기 유다와 예루살렘에 있는
나의 기능공들을 데리고 일할 것입니다. 그들은
내 선친 다윗께서 훈련시켜 둔 사람들입니다.
8 또 레바논에서 백향목과 잣나무와 백단목도 보
내 주시기 바랍니다. 임금님께서 나무를 잘 베는
기술자들을 거느리고 있음을, 내가 잘 알고 있
습니다. 내 부하들도 그들과 함께 일할 것입니다.
9 내가 크고 화려한 성전을 지으려고 하니, 재목을
많이 준비해 주시기 바랍니다. 10 나무를 베는
벌목꾼들에게는 양곡을 주겠습니다. 밀가루 이만
섬, 보리 이만 섬, 포도주 이만 말, 기름 이만 말을
임금님의 일꾼들에게 주겠습니다."
11 두로의 ㄱ)히람 왕이 솔로몬에게 회신을 보
냈다. "주님께서 그 백성을 사랑하셔서, 그대를
왕으로 세우시고, 그들을 다스리게 하셨습니다."
12 ㄱ)히람의 글은 다음과 같이 이어졌다. "하늘과
땅을 만드신 주 이스라엘의 하나님께서는 찬양을
받으실 분입니다. 그분은 다윗 왕에게 명철과 총
명을 고루 갖춘 슬기로운 아들을 주셔서, 주님께
성전을 지어 바치게 하시고, 자신의 왕국을 위하여
궁전을 짓게 하셨습니다. 13 이제 총명을 갖춘
기능공 한 사람을 보내 드리겠습니다. 이런 ㄴ)일의
전문가인 후람이라는 사람입니다. 14 이 사람은
단에 사는 여자 가운데 한 여자가 낳은 아들입니다.
그의 아버지는 두로 사람입니다. 이 사람은 금은과
놋쇠와 쇠와 보석과 나무를 다룰 줄 알며, 자주색과
청색 모시와 홍색 천을 짤 줄 알며, 모든 조각을
잘 합니다. 어떠한 것을 부탁받더라도 모든 모양
을 다 만들어 낼 수 있는 사람이니, 왕의 기능공
들과, 내 상전이시며 임금님의 선왕이신 다윗의
기능공들과, 함께 일을 하게 하십시오. 15 임금
님께서 말씀하신 밀과 보리와 기름과 포도주는 내
일꾼들에게 보내 주십시오. 16 우리가 레바논에
서, 임금님께 필요한 만큼 나무를 베어 뗏목으로
엮어서, 바다로 욥바까지 띄워 보낼 터이니, 그 뗏
목을 예루살렘까지 운반하는 것은 임금님께서 하
십시오."

ㄱ) 히, '후람' ㄴ) 히, '후람아비'

5:8; 5:9-14), 성전을 건축할 수 있는 능력에 내재되어 있는 힘이다. **1:14-17** 왕상 10:26-29에서 솔로몬 통치 말엽에 볼 수 있던 그의 부귀에 주목하고 있는 것은 하나님께서 약속하신 것을 성취하고 있다는 것이다 (12b절). 성전이 건축되기 전에 일어났으므로 이러한 부귀는 성전 건축에 쓰이도록 주어졌다는 것을 시사해 준다.

2:1-18 *두로의 히람 왕.* 히람 왕(왕상에서는 후람 왕이라고 함)에게서 성전 건축에 필요한 자재와 기술을 얻기 위해 주고받은 서신 왕래. 솔로몬의 편지(3-10절)와 히람의 대답(11-16절)이라는 이중적인 핵심은 솔로몬이 이 사업을 위해 필요한 일꾼을 모집하는 것에 의해 틀이 잡혀있다 (2절, 17-18절). 이야기의 처음부터 끝까지, 역대지 저자는 성전을 짓기 위해 솔로몬이 선택되었음을 강조하기 위해서 역대지를 기록하는데 사용된 자료를 바꾸어 가며 성전 건축을 전적으로 관리하고 있는 솔로몬을 과시하고 있다. **2:3** 히람이 아니라, 솔로몬이 통신 왕래를 시작하고 재목값을 정한다 (10절; 왕상 5:1, 9를 참조). **2:4-6** 솔로몬은 성전이 하나님을 위한 집이 아니라, 희생제사를 드리는 장소라고 밝힌다 (7:12를 참조). **2:7-10** *기능공.* 후람 아비는 기능공이다 (13절). **2:11-16** 히람의 회신은 공손하다 (11-

성전 건축 시작 (왕상 6:1-38)

17 솔로몬의 아버지 다윗이 전에 이스라엘
땅에 살던 이방인의 인구를 조사한 일이 있는데,
솔로몬이 다시 조사해 보니, 그 수가 모두 십오만
삼천육백 명이었다. 18 그 가운데서 칠만 명은
짐꾼으로 뽑고, 팔만 명은 산에서 돌을 떠내게 하
였다. 그리고 삼천육백 명을 뽑아서, 백성이 하는
일을 감독하게 하였다.

3 1 솔로몬은 예루살렘 모리아 산에 주님의 성
전을 짓기 시작하였다. 그 곳은 주님께서 그의
아버지 다윗에게 나타나셨던 곳이다. 본래는 여
부스 사람 오르난의 타작 마당으로 쓰던 곳인데
다윗이 그 곳을 성전 터로 잡아놓았다. 2 성전을
짓기 시작한 때는, 솔로몬이 왕위에 오른 지 사
년째 되는 해 둘째 달 초이틀이었다. 3 솔로몬이
짓는 하나님의 성전의 규모는 다음과 같다. 옛날에
쓰던 자로, 성전의 길이가 예순 자, 너비가 스무
자이다. 4 성전 앞 현관은 길이가 성전의 너비와
같이 스무 자이고, 높이는 ㄱ)백스무 자인데, 현관
안벽은 순금으로 입혔다. 5 솔로몬은 또 본당 안
벽에 잣나무 판자를 대고, 순금을 입히고, 그 위에
종려나무 가지와 사슬 모양을 새겼다. 6 그는 보
석으로 성전을 꾸며서 화려하게 하였는데, 그 금은
바르와임에서 들여온 금이다. 7 그는 성전 안의
들보와 문지방과 벽과 문짝에 금박을 입히고, 벽
에는 그룹들을 아로새겼다. 8 그는 또 지성소를
지었다. 그 길이는 성전의 너비와 같이 스무 자이고,
너비도 스무 자이다. 육백 달란트의 순금 금박을
내부에 입혔다. 9 못의 무게만 하여도 금 오십
세겔이 나갔다. 다락에 있는 방들도 금으로 입
혔다.

10 그는 지성소 안에 두 개의 그룹 형상을 만
들어 놓고, 금으로 입혔다. 11 두 그룹이 날개를
편 길이를 서로 연결시키면 스무 자이다. 첫째 그
룹의 한쪽 날개 길이는 다섯 자인데, 그 끝이
성전 벽에 닿고, 다른 쪽 날개 역시 그 길이가 다섯
자인데, 그것은 다른 그룹의 날개에 닿았다.
12 둘째 그룹의 한쪽 날개 길이 역시 다섯 자인데,
그 끝이 성전 벽에 닿고, 다른 쪽 날개 역시 그 길
이가 다섯 자인데, 그것은 첫 번째 그룹의 날개에
닿았다. 13 이 그룹들이 날개를 편 길이를 서로
연결시키면 스무 자이다. 그룹들은 성전 본관쪽을
바라보고 서 있었다. 14 그는 또 청색 실과 자주
색 실과 홍색 실과 가는 베로 휘장을 짜고, 그 위에
그룹들의 모양을 수놓았다.

두 놋쇠 기둥 (왕상 7:15-22)

15 성전 앞에는 높이 서른다섯 자짜리 기둥
들을 세우고, 그것들의 꼭대기에는 다섯 자 높이의
기둥 머리를 얹었다. 16 그는 또 목걸이 모양의
사슬을 만들어서 두 기둥 머리에 두르고, 석류 모양
백 개를 만들어서 그 사슬에 달았다. 17 이렇게
그는 성전 본관 앞에 두 기둥을 세웠는데, 하나는
오른쪽에, 다른 하나는 왼쪽에 세웠다. 오른쪽에
세운 것은 ㄴ)야긴이라고 부르고, 왼쪽에 세운 것은
ㄷ)보아스라고 불렀다.

ㄱ) 시리아어역과 몇몇 칠십인역에는 '스무 자' ㄴ) '그(하나님)가 세우다' ㄷ) '그(하나님)의 힘으로'

12절). 2:13-14 7절과 여기에 나열된 기술들은 광야에서 성막을 만들었던 오홀리압과 브살렐의 (출 31:1-11; 35:30-35) 솜씨에 비할 수 있다. 히람을 브살렐과 오홀리압의 모범에 맞추면서 성전은 두 번째 성막이 되어야 한다고 넌지시 암시한다. **2:17** *이방인* (거류민). 레 25:39-45에 나온 대로 이스라엘 백성은 아무도 강제로 성전에서 일하지 않아도 되었다.

3:1—5:1 이 성전 건축 이야기에서, 역대지 저자는 건축 대신에 예배를 강조하기 위해서 왕상 6—7장의 범위를 줄인다. **3:1-2** 열왕기와 역대지는 둘 다 성전을 이스라엘의 과거와 연관시킨다. 왕상 6:1은 국가의 시작으로 볼 수 있는 출애굽을 상기시켜 준다. 이에 반해 역대지 저자는 출애굽을 조금 약화시키는 경향이 있으며, 여기서는 성전과 다윗이 성전 터를 정했던 모리아 산을 연결시켜 준다 (대상 22:1). 이 곳은 아브라함이 순종을 시험받았던 장소이므로 역대지 저자는 성전을 이스라엘의 신앙의 시작과 연결시킨 것이다 (창 22:2, 14를 참조). **3:3-17** 여러 가지 암시와 병행법을 사용하여 성전이 성막의 연속으로 나타난다. 첫째로, 성전 계획 다음에 (3-7절) 오는 3:8—4:11에서 14번이나 *그가* (솔로몬) *만들었다* 라는 말이 반복되면서, 출 36:1—39:32의 성막 건축에 나오는 형식을 재생한다. 둘째로, 하나님은 모세와 솔로몬이 둘 다 저마다의 건축 과업을 할 수 있도록 허락하신다 (출 35:31; 대하 2:3-7). 셋째로, 둘 다 각자의 성소를 위해 놋으로 된 *제단* (출 27:1-2; 대하 4:1)과 다른 가구들을 만든다 (출 31장; 대하 4장). 마지막으로, 성막에 일반적으로 등장하는 *휘장* (14절, 오직 여기만 성전과 관련되어)의 경우와 마찬가지로 (출 26:31-35; 36:35-36), 못(9절, 역대지 상하에서 오직 여기만 나타난다)은 성막에 사용하던 "갈고리"와 같은 역할을 한다 (출 26:32). **3:15-17** *기둥들.* 이름들은 아마도 상징적일 것이다. 야긴은 "그가 (주님) 예비하시고 세우신다"를 뜻하고, 보아스는 "그분 (주님) 안에서 강하다"를 뜻했다.

성전 안에 있는 성물들 (왕상 7:23-51)

4 1 솔로몬이 놋으로 제단을 만들었는데, 그
길이가 스무 자이고, 너비가 스무 자이고, 높
이가 열 자이다. 2 그 다음에 후람은 또 놋쇠를
부어서 바다 모양 물통을 만들었는데, 그 바다 모양
물통은, 그 지름이 열 자, 높이가 다섯 자, 둘레가
서른 자이고, 둥근 모양을 한 물통이었다. 3 그
가장자리 아래로는 돌아가면서, 놋쇠로 만든
황소 모양이 있는데, 이것들은 놋쇠로 바다 모양
물통을 만들 때에, 두 줄로 부어서 만든 것이다.
4 또한 열두 마리의 놋쇠 황소가 바다 모양 물통을
떠받치고 있는데, 세 마리는 북쪽을 바라보고, 세
마리는 서쪽을 바라보고, 세 마리는 남쪽을 바라
보고, 세 마리는 동쪽을 바라보고 서 있는데, 등
으로 바다 모형을 떠받치고 있었다. 황소는 모두
엉덩이를 안쪽으로 향하고 있었다. 5 그 놋쇠로
된 바다 모양 물통의 두께는 손 너비만 하였다. 그
테두리는 나리꽃 봉오리 모양으로, 잔의 테두리
처럼 둥글게 만들었다. 그 용량은 물을 삼천 말
정도 담을 수 있는 것이었다. 6 솔로몬은 또 씻을
물을 담는 대야 열 개를 만들어서, 다섯은 오른쪽에
두고, 다섯은 왼쪽에 두어, 번제물을 씻는 데에 사
용하게 하였다. 그러나 바다 모양 물통에 담긴 물은
제사장들이 씻을 물이었다.

7 그는 또 금등잔대 열 개를 규격대로 만들
어서 본당 안에 두었는데, 다섯은 오른쪽에, 다섯은
왼쪽에 두었다. 8 그는 또 상 열 개를 만들어서
본당 안에 두었는데, 다섯은 오른쪽에, 다섯은 왼
쪽에 두었다. 그는 또 금쟁반 백 개를 만들었다.

9 그는 또 제사장의 뜰과 큰 뜰을 만들고, 큰
뜰 대문에는 문짝들을 만들어서 달고, 놋쇠를 입
혔다. 10 바다 모양 물통은 성전의 오른쪽 동남쪽
모퉁이에 두었다.

11 후람은 또 솥과 부삽과 대접을 만들었다.
이렇게 후람은, 솔로몬 왕이 하나님의 성전에다가
해 놓으라고 시킨 모든 일을 마쳤다. 12 그가 만든
것들은, 기둥과, 그 두 기둥 꼭대기에 얹은 둥근
공 모양을 한 기둥 머리 둘과, 그 두 기둥 꼭대기에
있는 공 모양을 한 기둥 머리에 씌운 그물 두 개와,
13 기둥 꼭대기에 있는 공 모양을 한 기둥 머리에
씌운 각 그물에다가 두 줄로 장식한 석류 사백 개를
만들었다. 14 또 그가 만든 것은, 받침대와 받침대
위에 놓을 대야와, 15 바다 모양 물통 한 개와
그 바다 모양 물통 아래에 받쳐 놓은 황소 모양 열
두 개와, 16 솥과 부삽과 고기 갈고리였다. 이런
ㄱ)일의 전문가인 후람이 주님의 성전에서 쓸 것으로
솔로몬에게 바친 모든 기구는, 광택 나는 놋쇠로
만든 것들이었다.

17 왕은 이 기구들을, 숙곳과 스레다 사이에
있는 요단 계곡의 진흙에 부어서 만들게 하였다.
18 솔로몬이 이 모든 기구를 너무나 많이 만들었
으므로, 여기에 사용된 놋쇠의 무게는 아무도 모
른다.

19 솔로몬이 또 하나님의 성전 안에다가 둘
기구를 만들었으니, 곧 금 제단과, 빵을 늘 차려
놓는 상들과, 20 지성소 앞에 규례대로 켜 놓을
순금 등잔들과, 등잔대들과, 21 순금으로 만든
꽃장식과 등잔과 부집게와, 22 순금으로 만든
심지 다듬는 집게와, 대접과, 숟가락과, 불 옮기는
그릇과, 성전 어귀, 곧 성전의 맨 안쪽 지성소의
문짝들과, 성전 본관의 문짝들이었다. 이 문짝들도
금으로 입혔다.

5 1 이렇게 해서, 솔로몬은 주님의 성전을 짓는
모든 일을 완성하였다. 솔로몬은 그의 아버지
다윗이 거룩하게 구별해서 바친 성물, 곧 은과 금과
모든 기구를 가져다가, 하나님의 성전 창고에
넣었다.

언약궤를 성전으로 옮기다 (왕상 8:1-9)

2 솔로몬은 주님의 언약궤를 시온, 곧 '다윗
성'에서 성전으로 옮기려고, 이스라엘 장로들과 이
스라엘 자손의 각 가문의 대표인 온 지파의 지도
자들을 예루살렘으로 불러모았다. 3 이스라엘의
모든 남자가 일곱째 달 절기에 왕 앞에 모였다.
4 이스라엘의 모든 장로가 모이니, 레위 사람들이
궤를 메어 옮겼다. 5 궤와 회막과 장막 안에 있는

ㄱ) 히, '후람아비'

4:1—5:1 또한 솔로몬은 성전을 호화로운 가구로 채웠다. **4:1** 놋으로 *제단.* 열왕기상에서 비슷한 부분을 다루는 것이 서기관의 실수로 빠져 있지만, 초기의 놋 제단은 왕상 8:64; 9:25에 나타나며 겔 43:13-17에도 묘사되어 있다. **4:2-6** *바다 모양 물통.* 제사장들이 정결 의식을 행할 때 물로 씻었는데 (6b절) 이전에는 성막의 놋으로 된 대야에서 씻었다 (출 30:17-21). 치수는 어림짐작으로 되어 있다. **5:1** *완성하였다.* 동일한 히브리 어근(샤람)이 *솔로몬의* 이름 뒤에 놓여 있다.

5:2—7:22 왕상 8:1—9:8에 있는 내용보다 두 배로 긴 이 기사는 성전 봉헌을 다루고 있으며, 세 부분으로 나뉘어 있다: 언약궤를 모심 (5:2—6:2); 솔로몬의

거룩한 기구를 모두 옮겨 왔는데, 제사장들과 레위
사람들이 그것을 날랐다. 6 솔로몬 왕과 왕 앞에
모인 온 이스라엘 회중이 궤 앞에서, 양과 소를,
셀 수도 없고 기록할 수도 없을 만큼 많이 잡아서
제물로 바쳤다.
7 제사장들은 주님의 언약궤를 제자리, 곧
성전 내실 지성소 안, 그룹들의 날개 아래에 가져
다가 놓았다. 8 그룹들은 궤가 놓인 자리 위에
날개를 펼쳐서, 궤와 채의 위를 덮었다. 9 궤에서
삐죽 나온 두 개의 채는 길어서 그 끝이 지성소의
정면에 있는 성소에서도 보였다. 그러나 성소 밖
에서는 보이지 않았다. 그 채는 오늘날까지 그 곳에
그대로 놓여 있다. 10 궤 속에는 호렙에서 모세
가 넣어 둔 두 판 말고는 아무것도 없었다. 이 두
판은, 이스라엘 자손이 이집트에서 나온 다음에
주님께서 호렙에서 그들과 언약을 세우실 때에,
모세가 거기에 넣은 것이다.

주님의 영광

11 제사장들이 성소에서 나올 때에, (제사장
들은 갈래의 순번을 가리지 않고, 모두가 이미 정결
예식을 마치고 거기에 들어가 있었고, 12 노래
하는 레위 사람들인 아삽과 헤만과 여두둔과 그들
의 아들들과 친족들이 모두, 모시 옷을 입고 심벌
즈와 거문고와 수금을 들고 제단 동쪽에 늘어서고,
그들과 함께 나팔 부는 제사장 백이십 명도 함께
서 있었다.) 13 나팔 부는 사람들과 노래하는 사
람들이 일제히 한 목소리로 주님께 찬양과 감사를
드렸다. 나팔과 심벌즈와 그 밖의 악기가 한데 어
우러지고,

"주님은 선하시다.
그 인자하심이 영원하다"

하고 소리를 높여 주님을 찬양할 때에, 그 집, 곧
주님의 성전에는 구름이 가득 찼다. 14 주님의
영광이 하나님의 성전을 가득 채워서, 구름이
자욱하였으므로, 제사장들은 서서 일을 볼 수가
없었다.

솔로몬의 성전 봉헌 (왕상 8:12-21)

6 1 그런 가운데 솔로몬이 주님께 아뢰었다.
"주님께서는 캄캄한 구름 속에 계시겠다고 말
씀하셨습니다. 2 이제 주님께서 계시라고, 내가
이 웅장한 집을 지었습니다. 이 집은 주님께서 영
원히 계실 곳입니다."
3 그런 다음에, 왕은 얼굴을 돌려, 거기에 서
있는 이스라엘 온 회중을 둘러보며, 그들에게 복을
빌어 주었다. 4 그는 말하였다.
"주 이스라엘의 하나님을 찬양하십시오. 주
님께서는 내 아버지 다윗에게 친히 말씀하신 것을
모두 그대로 이루어 주셨습니다. 주님께서 말씀
하시기를, 5 '내가 내 백성을 이집트 땅에서 이
끌어 낸 날부터 오늘에 이르기까지, 내가 내 이름을
기릴 집을 지으려고, 이스라엘 어느 지파에서 어느
성읍을 택한 일이 없다. 또 내 백성 이스라엘을 다
스릴 영도자를 삼으려고, 어느 누구도 택한 바가
없다. 6 그러나 이제는 내 이름을 둘 곳으로 예
루살렘을 택하였고, 내 백성 이스라엘을 다스릴
사람으로 다윗을 택하였다' 하셨습니다.
7 내 아버지 다윗께서는 주 이스라엘의 하나
님의 이름을 기릴 성전을 지으려고 생각하셨으나,
8 주님께서 내 아버지 다윗에게 이르시기를 '네
가 내 이름을 기릴 성전을 지으려는 마음을 품은
것은 아주 좋은 일이다. 9 그런데 그 집을 지을
사람은 네가 아니다. 네 몸에서 태어날 네 아들이
내 이름을 기릴 성전을 지을 것이다' 하셨습니다.
10 주님께서 말씀하신 대로, 아버지 다윗의
뒤를 이어서, 이렇게 내가 이스라엘의 왕위를
이었으며, 주 이스라엘의 하나님의 이름을 기릴

찬양과 기도 (6:3—7:3); 하나님의 응답을 찬양한다 (7:4-22). **5:2—6:2** 역대지 저자는 언약궤를 성소에 안치시킨 것을 다윗이 궤를 예루살렘에 안치했던 것과 연결시킨다 (대상 13—16장). 두 사건 모두 온 백성이 모인 데서 일어나며 (대상 13:1-5; 15:3; 대하 5:2-3), 궤를 나르고 안치하는 동안 번제물을 드리고 (대상 15:26; 16:1; 대하 5:6), 음악이 뒤따르고 (대상 13:8; 15:16-28; 대하 5:12-13), 왕이 복을 빈다 (대상 16:1-3; 대하 6:3). 두 사건 모두 *레위 사람* (사무엘기에 있는 "제사장들"이 아니라)들이 궤를 나르고 있으며 (대상 15:2, 11-15; 대하 5:4), *주님은 선하시다. 그 인자하심이 영원하다*를 노래한다 (대상 16:34; 대하 5:13). 성막을 봉헌할 때처럼 (출 40:34-38), 성전은 구름으로 가득 차는데 (13-14절), 솔로몬이 연설을 끝맺으면서 말하듯이 하나님이 성전 안에 계시고 (6:1-2) 성전을 받으신다는 것을 의미한다.

6:3—7:3 성전 봉헌은 솔로몬의 연설(6:3-11)로 시작하고, 기도 (12-42절), 그리고 하나님이 받으시는 것이 뒤를 잇는다 (7:1-3). **6:3-11** 연설은 왕상 8:12-21을 그대로 따르고 있다. **6:10** 솔로몬은 (대상 17:10-14; 22:6-13; 28:2-10) 뒤돌아 볼 때, 자기가 왕위를 계승하고 성전을 건축하였으므로 하나님의 약속이 성취되었다고 본다. **6:11** *이스라엘 자손과 더불어.* 역대지 저자는 출애굽 사건을 언급하지 않기

성전을 지었으니, 주님께서는 이제 그 약속을 이
루셨습니다. 11 그리고 나는, 주님께서 이스라
엘 자손과 더불어 세우신 언약을 넣은 궤를 여기
에 옮겨다 놓았습니다."

솔로몬의 봉헌 기도 (왕상 8:22-53)

12 그런 다음에, 솔로몬은 이스라엘 온 회중이
보는 데서, 주님의 제단 앞에 서서, 두 팔을 들어
폈다. 13 솔로몬이 일찍이 놋쇠로, 길이 다섯
자, 너비 다섯 자, 높이 석 자인 대를 만들어 뜰 가
운데 놓았는데, 바로 그 대에 올라가서, 이스라엘
온 회중 앞에서 무릎을 꿇고 하늘을 바라보며, 두
팔을 들어 펴고, 14 이렇게 기도하였다.

"주 이스라엘의 하나님, 하늘에나 땅에나, 그
어디에도 주님과 같은 하나님은 없습니다. 주님은,
온 마음을 다 기울여 주님의 뜻을 따라 사는 주님
의 종들에게는, 언약을 지키시고 은혜를 베푸시는
분이십니다. 15 주님께서는 주님의 종인 내 아
버지 다윗 임금에게 약속하신 것을 지키셨으며,
주님께서 친히 그에게 말씀하신 것을 오늘 이렇게
손수 이루어 주셨습니다. 16 이제 주 이스라엘의
하나님, 주님께서 주님의 종인 내 아버지 다윗 임
금에게 말씀하시기를 '네 자손이 저마다 길을 삼
가서, 네가 내 앞에서 살아온 것같이 내 율법대로
살기만 하면, 네 자손 가운데서 이스라엘 왕위에
앉을 사람이, 내 앞에서 끊어지지 않게 하겠다'
하고 약속하신 것을, 지켜 주시기를 바랍니다.
17 이제 주 이스라엘의 하나님, 주님의 종인 다윗
임금에게 약속하신 말씀을, 주님께서 이루어 주
시기를 빕니다.

18 그러나 하나님, 하나님께서 사람과 함께
땅 위에 계시기를 우리가 어찌 바라겠습니까? 저
하늘, 저 하늘 위의 하늘이라도 주님을 모시기에
부족할 터인데, 내가 지은 이 성전이야 더 말해
무엇 하겠습니까? 19 그러나 주 나의 하나님, 주
님의 종이 드리는 기도와 간구를 돌아보시며, 주
님의 종이 주님 앞에서 부르짖으며 드리는 이 기
도를 들어주십시오. 20 주님께서 낮이나 밤이나
눈을 뜨시고, 이 성전을 살펴 주십시오. 이 곳은
주님께서 주님의 이름을 두시겠다고 말씀하신 곳
입니다. 주님의 종이 이 곳을 바라보며 기도할
때에, 이 종의 기도를 들어주십시오. 21 그리고
주님의 종인 나와 주님의 백성 이스라엘이 이 곳을
바라보며 기도할 때에, 그 기도를 들어주십시오.
주님께서 계시는 곳, 하늘에서 들으시고, 들으시는
대로 용서해 주십시오.

22 사람이 이웃에게 죄를 짓고, 맹세를 하게
되어, 그가 이 성전 안에 있는 주님의 제단 앞에
나와서 맹세를 하거든, 23 주님께서는 하늘에서
들으시고 주님의 종들을 심판하시되, 악행을 저
지른 사람은 죄가 있다고 판결하셔서 벌을 주시고,
옳은 일을 한 사람은 죄가 없다고 판결하셔서 그의
의로움을 밝혀 주십시오.

24 주님의 백성 이스라엘이 주님께 죄를 지어
적에게 패배했다가도, 그들이 뉘우치고 돌아와서,
주님의 이름을 인정하고 이 성전에서 주님께 빌며
간구하거든, 25 주님께서는 하늘에서 들으시고,
주님의 백성 이스라엘의 죄를 용서해 주십시오.
그리고 그들과 그들의 조상들에게 주신 땅으로,
그들을 다시 돌아오게 해주십시오.

26 또 그들이 주님께 죄를 지어서, 그 벌로
주님께서 하늘을 닫고 비를 내려 주시지 않을
때에라도, 그들이 이 곳을 바라보며 기도하고, 주
님의 이름을 인정하고, 그 죄에서 돌이키거든,
27 주님께서는 하늘에서 들으시고, 주님의 종들과
주님의 백성 이스라엘의 죄를 용서해 주시고,
그들이 살아갈 올바른 길을 그들에게 가르쳐 주시
며, 주님의 백성에게 유산으로 주신 주님의 땅에
비를 다시 내려 주십시오.

28 이 땅에 기근이 들거나, 역병이 돌거나,
곡식이 시들거나, 깜부기가 나거나, 메뚜기 떼나
누리 떼가 곡식을 갉아먹거나, 또는 적들이 이 땅
으로 쳐들어와서 성읍들 가운데 어느 하나를 에워
싸거나, 온갖 재앙이 내리거나, 온갖 전염병이 번
질 때에, 29 주님의 백성 이스라엘 가운데 어느
한 사람이나 혹은 주님의 백성 전체가, 저마다 재
앙과 고통을 깨닫고 이 성전을 바라보며 두 팔을
펴고 간절히 기도하거든, 30 주님께서는, 주님
께서 계시는 곳 하늘에서 들으시고, 그들을 용서
하여 주십시오. 주님께서는 각 사람의 마음을
아시니, 주님께서 각 사람에게 그 행위대로 갚아
주십시오. 주님만이 사람의 마음을 아십니다.
31 그렇게 하시면, 그들은, 주님께서 우리 조상

위하여 왕상 8:21을 변경한다. **6:12-42** 봉헌 기도는 왕상 8:22-53을 그대로 따르고 있지만, 결론은 다르게 내린다. **6:14-17** 솔로몬은 하나님이 왕조에 대해 약속하신 것을 이루어주시기를 기도한다. **6:24-39** 솔로몬은 10—36장에 기록된 것과 같이 성전 안에서 혹은 성전을 바라보면서 많은 기도를 드리기를 고대한다. **6:41-42** 기도는 모세와 출애굽이 (왕상 8:51-53) 아니라, 다윗과 언약궤를 언급하며 (시 132:8-10)

에게 주신 이 땅 위에서 사는 동안, 언제나 주님을
경외하며, 주님의 길을 따라 살 것입니다.
32 그리고 또 주님의 백성 이스라엘에 속하지
아니한 이방인이라도, 주님의 크신 이름과 강한
손과 편 팔로 하신 일을 듣고, 먼 곳에서 이리로
와서, 이 성전을 바라보며 기도하거든, 33 주님
께서는, 주님께서 계시는 곳 하늘에서 들으시고,
그 이방인이 주님께 부르짖으며 간구하는 것을 그
대로 다 들어 주셔서, 땅 위의 모든 백성이 주님의
이름을 알게 하시고, 주님의 백성 이스라엘처럼 주
님을 경외하게 하시며, 내가 지은 이 성전이 주님의
이름을 부르는 곳임을 알게 하여 주십시오.
34 주님의 백성이 적과 싸우려고 전선에 나갈
때에, 주님께서 그들을 어느 곳으로 보내시든지,
그 곳에서, 주님께서 선택하신 이 도성과, 내가 주
님의 이름을 기리려고 지은 이 성전을 바라보며,
그들이 주님께 기도하거든, 35 주님께서는 하늘
에서 그들의 기도와 간구를 들으시고, 그들의 사
정을 살펴보아 주십시오.
36 죄를 짓지 아니하는 사람은 없습니다. 이
백성이 주님께 죄를 지어서, 주님께서 진노하셔서
그들을 원수에게 넘겨 주시게 될 때에, 멀든지 가
깝든지, 백성이 남의 나라로 사로잡혀 가더라도,
37 그들이 사로잡혀 간 그 땅에서라도, 마음을
돌이켜 회개하고, 그들을 사로잡아 간 사람의 땅
에서 주님께 자복하여 이르기를 '우리가 죄를 지
었고, 우리가 악행을 저질렀으며, 우리가 반역하였
습니다' 하고 기도하거든, 38 또 그들이 자기들을
사로잡아 간 사람들의 땅에서라도 마음을 다하고
정성을 다하여 주님께 회개하고, 주님께서 그들의
조상에게 주신 땅과 주님께서 선택하신 이 도성과
내가 주님의 이름을 기리려고 지은 이 성전을 바라
보면서 기도하거든, 39 주님께서는, 주님께서
계시는 곳인 하늘에서, 그들의 기도와 간구를 들으
시고, 그들의 사정을 살펴보아 주십시오. 주님께
죄를 지은 주님의 백성을 용서하여 주십시오.
40 나의 하나님, 이 곳에서 사람들이 기도를
할 때마다, 주님께서 눈을 떠 살피시고, 귀를 기
울여 들어 주십시오.

41 주 하나님, 이제는 일어나셔서,
주님께서 쉬실 곳으로
들어가십시오.
주님의 능력이 깃든 궤와
함께 가십시오.
주 하나님,
주님을 섬기는 제사장들에게
구원의 옷을 입혀 주십시오.
주님을 믿는 신도들이
복을 누리며 기뻐하게 해주십시오.
42 주 하나님,
주님께서 기름 부어 세우신 사람을
내쫓지 마시고,
주님의 종 다윗에게 베푸신 은총을
기억하여 주십시오."

성전 봉헌 (왕상 8:62-66)

7 1 솔로몬이 기도를 마치니, 하늘에서 불이
내려와 번제물과 제물들을 살라 버렸고, 주님의
영광이 그 성전에 가득 찼다. 2 주님의 영광이
주님의 성전에 가득 찼으므로, 제사장들도 주님의
성전으로 들어갈 수가 없었다. 3 이렇게 불이 내
리는 것과 주님의 영광이 성전에 가득 찬 것을 보
고, 이스라엘 모든 자손은 돌을 깎아 포장한 광장
에 엎드려 경배하며, 주님께 감사하여 이르기를
"주님은 선하시다.
그 인자하심이 영원하다"
하였다. 4 이렇게 한 다음에, 왕과 모든 백성이
주님 앞에 제사를 드렸다. 5 솔로몬 왕은 소 이
만 이천 마리와 양 십이만 마리를 제물로 바쳤다.
이와 같이 왕과 모든 백성이 하나님의 성전을 봉
헌하였다. 6 그 때에 제사장들은 직분에 따라 제
각기 자기 자리에 섰고, 레위 사람들도 주님을 찬
양하는 악기를 잡고 섰다. 이 악기는 다윗 왕이 레
위 사람들을 시켜, 주님의 인자하심이 영원함을
감사하게 하려고 만든 것이었다. 제사장들이 레
위 사람들 맞은편에 서서 나팔을 부는 동안에, 온
이스라엘은 서서 있었다.

끝난다. **7:1-3** 하나님께서 다윗과 솔로몬이 이룬 일을 눈에 띄도록 확인하시는 것은 광야의 성막과 성전 사이의 연속성을 강조하려는 것이다. **7:1** *하늘에서 불이 내려와.* 역대지 기자는 광야에서 희생제물을 드리고 성전 터를 정한 것을 상기시켜 준다 (레 9:23-24; 대상 21:26). **7:2** *주님의 영광.* 언약궤 안치를 생각나게 해 준다 (5:13-14; 출 40:34-38). **7:3** *백성들은 다시 한 번 주님은 선하시다. 그 인자하심이 영원하다* (대상 16:34; 대하 5:13)를 노래하면서 자기들도 받아들인다는 사실을 덧붙여 노래한다. **7:4-22** 성전 봉헌을 끝맺는다. **7:4-11** 2주 동안 희생제사를 드리고 잔치를 벌이면서 "온 이스라엘"의 기쁨이 절정에 이르게 된다. **7:10** 솔로몬. 솔로몬이 덧붙여진 것은 다윗과 솔로몬의 통치가 하나인 것을 강조한다. **7:12-22** 하나

7 솔로몬은, 자기가 만든 놋제단에, 그 많은 번제물과 곡식제물과 기름기를 다 바칠 수가 없어서, 주님의 성전 앞뜰 한가운데를 거룩하게 구별하고, 거기에서 번제물과 화목제의 기름기를 드렸다.

8 그 때에 또 솔로몬은 이레 동안 절기를 지켰는데, 하맛 어귀에서부터 이집트 접경을 흐르는 강에까지 이르는 넓은 지역에 사는 대단히 큰 회중인 온 이스라엘이 그와 함께 모였다. 9 첫
이레 동안은 제단을 봉헌하였고, 둘째 이레 동안은 절기를 지켰다. 그리고 여드레째 되는 날, 마감 성회를 열었다. 10 왕이 백성들을 그들의 장막으로 돌려보낸 것은 ㄱ)일곱째 달 이십삼일이었다. 백성은, 주님께서 다윗과 솔로몬과 주님의 백성 이스라엘에게 내리신 은혜 때문에 진심으로 기뻐하며, 흐뭇한 마음으로 돌아갔다.

하나님께서 솔로몬에게 다시 나타나시다

(왕상 9:1-9)

11 솔로몬은 주님의 성전과 왕궁을 다 짓고, 주님의 성전과 그의 왕궁에 대하여 그가 마음 속으로 하고자 한 모든 것을 성공적으로 다 이루었다.
12 그 때에, 주님께서 밤에 솔로몬에게 나타나셔서 말씀하셨다.

"내가 이제 네 기도를 듣고, 이 곳을 택하여, 내가 제사를 받는 성전으로 삼았다. 13 들어라.
내가 하늘을 닫고 비를 내리지 아니하거나, 메뚜기를 시켜 땅을 황폐하게 하거나, 나의 백성 가운데 염병이 돌게 할 때에, 14 내 이름으로 일컫는 나의 백성이 스스로 겸손해져서, 기도하며 나를 찾고, 악한 길에서 떠나면, 내가 하늘에서 듣고 그 죄를 용서하여 주며, 그 땅을 다시 번영시켜 주겠다.
15 이제 이 곳에서 드리는 기도를, 내가 눈을 뜨고 살필 것이며, 귀담아 듣겠다. 16 내가 이제, 내
이름이 이 성전에 길이길이 머물게 하려고, 이 성전을 선택하여 거룩하게 하였으니, 내 눈길과 마음이 항상 이 곳에 있을 것이다. 17 너는 내 앞
에서 네 아버지 다윗처럼 살아라. 그래서 내가 네게 명한 것을 실천하고, 내가 네게 준 율례와 규례를 지켜라. 18 그러면 내가 네 아버지 다윗에게 '네
자손 가운데서 이스라엘을 다스릴 사람이 끊어지지 않게 하겠다' 하고 언약한 대로, 네 나라의 왕좌를 튼튼하게 해주겠다. 19 그러나 ㄴ)너희가
마음이 변하여 내가 너희에게 일러준 나의 율례와 계명을 버리고 다른 신들을 섬겨 숭배하면,
20 비록 내가 이 땅을 너희에게 주었지만, 내가 너희를 여기에서 뿌리째 뽑아 버리고, 비록 내가 내 이름을 위하여 이 성전을 거룩하게 구별하였지만, 이 성전도 내가 버리겠다. 그러면 너희는 모든 민족 사이에서, 한낱 속담거리가 되고 웃음거리가 되고 말 것이다.

21 이 성전이 지금은 존귀하지만, 그 때가 되면, 이리로 지나가는 사람들마다 놀라서 '어찌하여 주님께서 이 땅과 이 성전을 이렇게 되게 하셨을까?' 하고 탄식할 것이다. 22 그러면서 그
들은 '이스라엘 백성이 자기들을 이집트 땅으로부터 이끌어 내신 주 자기 조상의 하나님을 버리고, 다른 신들에게 미혹되어, 그 신들에게 절하며, 그 신들을 섬겼으므로, 주님께서 이 온갖 재앙을 내리셨다' 하고 말할 것이다."

솔로몬의 업적 (왕상 9:10-28)

8 1 솔로몬이 주님의 성전과 자기의 궁전을 다 짓는 데에 스무 해가 걸렸다. 2 곧 이어 솔로
몬은 ㄷ)히람에게서 얻은 성읍들도 다시 건축하여, 거기에 이스라엘 자손을 살게 하였다. 3 솔로
몬은 또 하맛소바로 가서, 그 성읍을 점령하였다.
4 그는 또 광야에 다드몰을 건축하고, 모든 양곡 저장 성읍들은 하맛에다가 건축하였다. 5 또 윗

ㄱ) 에다님월, 양력 구월 중순 이후 ㄴ) 여기서부터는 '너'가 아니라 '너희' ㄷ) 히, '후람'

님이 솔로몬에게 응답하신 것과 다윗의 왕조를 허락하신 것 (대상 17장), 이 두 사건이 합하여 작품 전체의 중심 내용을 이룬다. **7:14** 회개의 단어가 소개되고 있는데, 뒤이어 오는 장들의 내용을 결정할 뿐 아니라 역대지 기자가 가진 당연한 보복의 상벌의 주제를 누그러뜨린다. 하나님은 심판 아래에 있는 사람들이 *스스로 겸손해져서, 기도하며 (나를) 찾고, 악한 길에서 떠나*면 그들을 용서하고 회복시켜 주실 것이다. 회개의 원칙은 유다 왕들의 생애 속에서 예를 들어 설명될 것이다.

8:1-16 솔로몬이 이룬 다른 업적들, 특별히 역대지하에서 축복의 전형으로 되어 있는 건축 사업이 요약되어 있다. **8:2** 왕상 9:11과 순서가 다르게 나타나 있지만, 히람이 솔로몬에게 성읍 스무 개를 양도하였다는 것은 이야기에서 솔로몬이 차지하고 있는 우위성을 보여준다. **8:3** *점령하였다.* 하맛소바와 성읍과의 전쟁은 솔로몬이 치른 유일한 군사 전쟁이다. **8:4-6** 이스라엘은 솔로몬 통치 기간에 영토를 잃었을 가능성이 있었음에도 불구하고 가장 많은 영향을 미치고 있다. **8:12-13** *안식일과 새 달.* 모세가 명령한 제사의 일과를 완성하기 위해 왕상 9:25에서 첨가한 것이다 (레 23장; 민 28—

벳호론과 아랫 벳호론에 성벽을쌓고 문들을 만들어
달고 빗장을 질러, 그 곳을 요새 성읍으로 만들었다.
6 또 솔로몬은 자기에게 속한 바알랏과 양곡 저장
성읍들과 병거 주둔 성읍들과 기병 주둔 성읍들을
세웠다. 그래서 솔로몬은 예루살렘과 레바논과
그가 다스리는 모든 지역 안에, 그가 계획한 모든
것을 다 만들었다.
7 이스라엘 자손이 아닌 헷 사람과, 아모리
사람과 브리스 사람과 히위 사람과, 여부스 사람
가운데서 살아 남은 백성이 있었다. 8 솔로몬은
이 사람들을 노예로 삼아 강제노동에 동원하였다.
그들은, 이스라엘 자손이 다 멸하지 않고 그 땅에
남겨 둔 사람의 자손이다. 그래서 그들은 오늘날
까지도 노예로 남아 있다. 9 그러나 솔로몬은 이
스라엘 사람들 가운데서는 어느 누구도, 노예로
삼아 일을 시키지 않았다. 이스라엘 사람은 솔로
몬의 군인, 관리들을 통솔하는 최고 지휘관, 병거대
지휘관과 기병대가 되었다. 10 솔로몬 왕의 일을
지휘한 관리 책임자들은 이백오십 명이었다. 그
들은 백성을 감독하는 권한을 가진 사람들이다.
11 솔로몬은 바로의 딸을 '다윗 성'에서 데려
다가, 그가 살 궁을 따로 세우고 그 궁에서 살게
하였다. 솔로몬은, 이스라엘 왕 다윗의 궁은 주님의
궤를 모신 거룩한 곳이므로, 그의 이방인 아내가
거기에서 살아서는 안 된다고 생각한 것이다.
12 그 때에 솔로몬은, 자기가 현관 앞에
세운 주님의 제단에서, 주님께 번제를 드렸다.
13 그는 안식일과 새 달과 해마다 세 번 지키는
절기인 무교절과 칠칠절과 초막절에 대하여,
모세가 명령한 제사의 일과를 그대로 하였다.
14 솔로몬은 또 자기의 아버지 다윗이 정한 법을
좇아, 제사장들에게는 갈래를 따라 차례대로 봉
사하게 하였고, 레위 사람에게도 직책을 맡겨서,
날마다 찬송하는 일과 제사장들을 보좌하는 일을
하게 하였다. 그는 또 문지기들에게는 갈래를 따라
여러 문을 지키게 하였다. 하나님의 사람 다윗이
명령한 그대로였다. 15 제사장들과 레위 사람
들은, 곳간 관리에 이르기까지 온갖 일에 있어서,
다윗 왕이 명령한 것은 어느 것 하나도 어기지
않고 따랐다.
16 이렇게 주님의 성전 기초가 놓인 날부터
시작하여 그 공사가 완성되기까지, 솔로몬의 모든
건축 공사가 잘 진행되었으니, 주님의 성전이 비
로소 완공되었다.
17 그 때에 솔로몬이 에돔 땅의 성읍인 에시
온게벨 항구와 엘롯 항구로 갔더니, 18 [ㄱ]히람이
신하들을 시켜서 솔로몬에게 상선들을 보내고,
바다에 노련한 부하들도 보냈다. 그들은 솔로몬의
부하들과 함께 오빌로 가서, 거기에서 금 사백오십
달란트를 실어다가 솔로몬에게 바쳤다.

스바의 여왕이 솔로몬을 찾아오다
(왕상 10:1–13)

9 1 스바의 여왕이 솔로몬의 명성을 듣고, 여러
가지 어려운 질문으로 그를 시험하여 보려고,
예루살렘으로 그를 찾아왔다. 그는 많은 수행원을
데리고, 또 여러 가지 향료와 많은 금과 보석들을
낙타에 싣고 왔다. 그는 솔로몬에게 이르자, 마음
속에 품고 있는 온갖 것들을 다 물어 보았다.
2 솔로몬은 여왕이 묻는 모든 물음에 척척 대답
하였다. 솔로몬이 몰라서 여왕에게 대답하지 못한
것은 하나도 없었다. 3 스바의 여왕은, 솔로몬이
온갖 지혜를 갖추고 있는 것을 확인하고, 그가 지은
궁전을 두루 살펴보고, 4 또 왕의 상에 오른 요
리와, 신하들이 둘러 앉은 모습과, 그의 관리들이
일하는 모습과, 그들이 입은 제복과, 술잔을 받들어
올리는 시종들과, 그들이 입은 제복과, 주님의 성
전에서 드리는 번제물을 보고 나서 넋을 잃었다.
5 여왕이 왕에게 말하였다. "임금님께서 이
루신 업적과 임금님의 지혜에 관한 소문을, 내가
내 나라에서 이미 들었지만, 와서 보니, 과연 들은
소문이 모두 사실입니다. 6 내가 여기 오기 전까
지는 그 소문을 믿지 못하였는데, 내 눈으로 직접

ㄱ) 히, '후람'

29장). **8:14-15** *레위 사람.* 다윗의 제식 조직에 따르기 위해 임명되었다 (대상 23—27장 참조). **8:16** *주님의 성전.* 성전을 언급하는 것이 이야기 단위를 에워싸고 있다 (1절을 참조).

8:17—9:31 시작이 그러했던 것처럼 (1:1-17) 기사는 솔로몬의 지혜, 부귀영화, 그리고 명예에 대해 논하면서 끝난다. **8:17—9:12** 하나님이 약속하신 부와 지혜가 성취된다 (1:12). **8:17-18** *히람이 부하들도 보냈다.* 왕상 9:26-28에 있는 무역사업은 솔로몬을 높이기 위해 수정되었다. 히람은 *상선과 자본을* 제공한다. **9:5-6** *지혜에 관한 소문.* 스바(현대의 예멘)의 여왕은 솔로몬의 지혜를 칭송한다. 하지만 솔로몬이 무역통로를 다스리고 있었기 때문에 이는 스바인들에게 꼭 필요한 것이었다. **9:8** 심지어 하나님의 보좌에 앉아 있는 임금이 없다고 하더라도 하나님의 통치는 영원하리라는 (13:8; 대상 17:14; 28:5; 29:23을 참조) 믿음은

확인하고 보니, 오히려 내가 들은 소문은 사실의 절반도 안 되는 것 같습니다. 임금님께서는, 내가 들은 소문보다 훨씬 뛰어나신 분이십니다. 7 임금님의 백성은 참으로 행복한 사람들입니다. 임금님 앞에 서서, 늘 임금님의 지혜를 배우는 임금님의 신하들 또한, 참으로 행복하다 아니할 수 없습니다. 8 주 임금님의 하나님께 찬양을 돌립니다. 하나님께서는 임금님을 좋아하셔서 임금님을 그의 보좌에 앉히시고, 주 하나님을 받드는 왕으로 삼으셨습니다. 임금님의 하나님께서는 이스라엘을 사랑하셔서, 그들을 영원히 굳게 세우시려고, 임금님을 그들 위에 왕으로 세우시고, 공평과 정의로 다스리게 하셨습니다."

9 그런 다음에, 여왕은, 금 백이십 달란트와 아주 많은 향료와 보석을 왕에게 선사하였다. 솔로몬 왕은, 스바의 여왕에게서 받은 만큼, 그렇게 많은 향료를, 다시는 어느 누구에게서도 더 받아 본 일이 없다.

10 (히람의 일꾼들과 솔로몬의 일꾼들도 오빌에서 금을 실어 왔다. 그들은 백단목과 보석도 가져 왔다. 11 왕은 이 백단목으로 주님의 성전과 왕궁의 계단을 만들고, 합창단원이 쓸 수금과 거문고를 만들었다. 이와 같은 백단목은 일찍이 유다 땅에서는 본 일이 없었다.)

12 솔로몬 왕은 스바의 여왕이 가져 온 것보다 더 많이 주었을 뿐만 아니라, 여왕이 요구하는 대로, 가지고 싶어 하는 것은 모두 주었다. 여왕은 신하들과 함께 자기의 나라로 돌아갔다.

솔로몬의 부귀 영화 (왕상 10:14-25)

13 해마다 솔로몬에게 들어오는 금의 무게가 육백육십육 달란트나 되었다. 14 이 밖에도 관세 수입과 외국과의 무역에서 벌어들인 것이 있고, 아라비아의 모든 왕들과, 국내의 지방 장관들이 보내오는 금도 있었다. 15 솔로몬 왕은 금을 두드려 펴서 입힌 큰 방패를 이백 개나 만들었는데, 방패 하나에 들어간 금만 해도 육백 세겔이나 되었다. 16 그는 또 금을 두드려 펴서 입힌 작은 방패를 삼백 개 만들었는데, 그 방패 하나에 들어간 금은 삼백 세겔이었다. 왕은 이 방패들을 '레바논 수풀 궁'에 두었다.

17 왕은 또 상아로 큰 보좌를 만들고, 겉에 순금을 입혔다. 18 그 보좌로 오르는 층계는 계단이 여섯이었으며, 보좌에 붙은 발받침대는 금으로 만든 것이었다. 앉는 자리 양쪽에는 팔걸이가 있고, 팔걸이 양 옆에는 사자 상이 하나씩 서 있었다. 19 여섯 개의 계단 양쪽에도, 각각 여섯 개씩 열두 개의 사자 상이 서 있었다. 일찍이 어느 나라에서도 이렇게는 만들지 못하였다.

20 솔로몬 왕이 마시는 데 쓰는 모든 그릇은 금으로 되어 있었고, '레바논 수풀 궁'에 있는 그릇도 모두 순금으로 만든 것이었다. 솔로몬 시대에는, 은은 귀금속 축에 들지도 못하였다. 21 왕의 배들은 ㄱ)히람의 일꾼들을 태우고 다시스로 다니며, 세 해마다 한 번씩 금과 은과 상아와 원숭이와 공작새 들을 실어 오곤 하였다.

22 솔로몬 왕은 재산에 있어서나, 지혜에 있어서나, 이 세상의 어떤 왕보다 훨씬 뛰어났다. 23 그래서 세상의 모든 왕들은 솔로몬을 직접 만나서, 하나님께서 그의 마음 속에 넣어 주신 지혜의 말을 들으려고 하였다. 24 그리하여 그들은 각자, 은그릇과 금그릇과 옷과 갑옷과 향료와 말과 노새를 예물로 가지고 왔는데, 해마다 이런 사람들의 방문이 그치지 않았다.

25 병거 끄는 말을 매어 두는 마구간만 하더라도, 솔로몬이 가지고 있던 것이 사천 칸이나 되었다. 기병은 만 이천 명에 이르렀다. 솔로몬은 그들을, 병거 주둔성과 왕이 있는 예루살렘에다가 나누어서 배치하였다. 26 그는 유프라테스 강에서부터 블레셋 영토에 이르기까지, 또 이집트의 국경에 이르기까지 모든 왕을 다스렸다. 27 왕의 덕분에 예루살렘에는 은이 돌처럼 흔하였고, 백향목은 세펠라 평원지대의 뽕나무만큼이나 많았다. 28 솔로몬은 이집트에서 그리고 다른 모든 나라에서 군마를 사들였다.

ㄱ) 히, '후람'

포로생활 이후의 청중들에게 특히 중요했다. **9:10** *솔로몬의 일꾼들.* 왕상 10:11에 추가되어진 이 내용은 다시 한 번 히람을 희생시켜 솔로몬을 높인다 (8:17-18에 관한 주석을 보라). **9:13-21** 솔로몬이 누렸던 전설적인 부귀영화를 언급한다. **9:13** *육백육십육 달란트.* 솔로몬의 매년 수입은 금으로 25톤이 이상적인 것으로 생각 되었다. **9:22-31** 솔로몬의 명예는 공물을 바치러 오는 온 땅의 왕들간에 파다하게 퍼졌다. **9:22-28** 역대지 저자는 열왕기상에 기록되어 있는 솔로몬의 배교행위를 생략한다 (왕상 11장). **9:29-31** 솔로몬의 사망통지는 왕상 11:41-43에 포함되지 않은 *나단, 아히야,* 잇도 예언자의 역사책에 대한 언급을 추가하고 있다

10:1—28:27 분열왕국 통일왕국(대하 9:31)은 *주님께서…그의 나라를 이새의 아들 다윗에게*

솔로몬의 통치 개요 (왕상 11:41-43)

29 솔로몬의 나머지 행적은 처음부터 끝까지, '나단 예언자의 역사책'과 '실로 사람 아히야의 예언서'와 '잇도 선견자의 묵시록', 곧 잇도가 느밧의 아들 여로보암에 대하여 쓴 책에 기록되어 있다.
30 솔로몬은 예루살렘에서 마흔 해 동안 온 이스라엘을 다스렸다. 31 솔로몬은 죽어서 그의 아버지 다윗의 성에 묻혔다. 그의 아들 르호보암이 그의 뒤를 이어 왕이 되었다.

북쪽 지파의 반란 (왕상 12:1-20)

10 1 온 이스라엘이 르호보암을 왕으로 세우려고 세겜에 모였으므로, 르호보암이 세겜으로 갔다. 2 느밧의 아들 여로보암이 이 소식을 들었다. 그는 솔로몬 왕을 피하여 이집트에 가 있었는데, 이 소식을 듣고 이집트에서 돌아왔다.
3 사람들이 여로보암을 불러내니, 그와 온 이스라엘이 르호보암에게 가서, 이렇게 말하였다.
4 "임금님의 아버지께서는 우리에게 무거운 멍에를 메우셨습니다. 이제 임금님께서는, 임금님의 아버지께서 우리에게 메우신 중노동과, 그가 우리에게 지우신 이 무거운 멍에를, 가볍게 해주십시오. 그러면 우리가 임금님을 섬기겠습니다."

5 르호보암이 그들에게 말하였다. "사흘 뒤에 나에게 다시 오시오." 이 말을 듣고 백성들은 돌아갔다.

6 르호보암 왕은 그의 아버지 솔로몬이 살아 있을 때에, 그의 아버지를 섬긴 원로들과 상의하였다. "이 백성에게 내가 어떤 대답을 하여야 할지, 경들의 충고를 듣고 싶습니다."

7 그들은 르호보암에게 이렇게 대답하였다. "임금님께서 이 백성에게 너그럽게 대해 주시고, 백성을 반기셔서 그들에게 좋은 말로 대답해 주시면, 이 백성은 평생 임금님의 종이 될 것입니다."

8 원로들이 이렇게 충고하였지만, 그는 원로들의 충고를 무시하고, 자기와 함께 자라 자기를 받드는 젊은 신하들과 의논하며, 9 그들에게 물었다. "백성이 나에게, 선친께서 메워 주신 멍에를 가볍게 해 달라고 요청하고 있소. 이 백성에게 내가 어떤 대답을 해야 할지, 그대들의 충고를 듣고 싶소."

10 왕과 함께 자라난 젊은 신하들이 그에게 말하였다. "이 백성이 임금님의 아버지께서 그들에게 메우신 무거운 멍에를 가볍게 해 달라고 임금님께 요청하였습니다. 그러나 임금님께서는 이 백성에게 이렇게 말씀하십시오. '내 새끼 손가락 하나가 내 아버지의 허리보다 굵다. 11 내 아버지가 너희에게 무거운 멍에를 메우셨으나, 나는 이제 너희에게 그것보다 더 무거운 멍에를 메우겠다. 내 아버지께서는 너희를 가죽 채찍으로 매질하셨으나, 나는 너희를 쇠 채찍으로 치겠다' 하고 말씀하십시오."

12 왕이 백성에게 사흘 뒤에 다시 오라고 하였으므로, 여로보암과 온 백성이 사흘째 되는 날에 르호보암 앞에 나아왔다. 13 왕은 원로들의 충고를 무시하고, 백성에게 가혹하게 대답하였다.
14 르호보암 왕은 젊은 신하들의 충고를 따라 백성에게 이렇게 대답하였다.

"내 아버지가 당신들에게 무거운 멍에를 메우셨으나, 나는 이제 당신들에게 그것보다 더 무거운 멍에를 메우겠소. 내 아버지께서는 당신들을 가죽 채찍으로 매질하셨으나, 나는 당신들을 쇠 채찍으로 치겠소."

15 왕이 이처럼 백성의 요구를 들어 주지 않았으니, 하나님께서 일이 그렇게 뒤틀리도록 시키셨던 것이다. 주님께서 이미 실로 사람 아히야를 시키셔서, 느밧의 아들 여로보암에게 하신 말씀을 이루시려는 것이었다.

16 온 이스라엘은, 왕이 그들의 요구를 전혀

맡기셨(대상 10:14)을 때 시작되었다. 이제 하나님은 분열된 왕국의 막을 여신다. 여기서 역대지 저자는 히브리어 어근이 (쇼바브) 같은 "맡기다"를 사용한다 (대하 10:15는 같은 어원을 *뒤틀리도록 시켰다*고 번역했고; 공동번역은 "꾸미셨다"로 번역). 역대지하는 남왕국에 초점을 맞추고 있으며, 북왕국에 대한 언급 중에서 유다의 사정에 후광을 더하지 않거나 역대기 기자의 관심 대상인 다윗 왕조나 성전을 높이지 않는 것은 조심스레 생략하고 있다. 뒤를 이어 나오는 왕들은 다윗과 솔로몬을 잣대로 하여 저울질이 될 것이다 (대하 7:10; 11:17; 35:4). 하나님께 순종하는 왕들은 번영할 것인데, 대체로 부귀, 군사 정복과 잇따른 공물, "안식", 성공적인 건물 사업, 그리고 대가족과 같이 구체적인 면에서 번영했다. 불순종하는 왕들은 심판을 겪는데, 대체로 군사적인 패배로 나타났으며, 또한 몇몇 이름 모를 다른 선지자들이 끊임없이 지적한 것처럼 질병이나 인기를 잃는 것으로 벌을 받았다. 그러나 하나님의 약속대로 선지자들의 경고에는 회개와 용서의 가능성이 또한 담겨 있다 (대하 7:14).

10:1—12:16 *르호보암.* 다윗과 솔로몬의 통일 왕국을 뒤이은 첫 번째 왕으로, 르호보암에 대한 묘사는 그 후의 왕들에게서 일어날 수 있는 모든 가능성이 그의

듣지 않는 것을 보고 왕에게 외쳤다.
"우리가 다윗에게서
받을 몫이 무엇이냐?
이새의 아들에게서는
받을 유산이 없다.
이스라엘아,
각자 자기의 장막으로 돌아가라.
다윗이여,
이제 너는 너의 집안이나 돌보아라."
그런 다음에, 온 이스라엘은 각자 자기들의
장막으로 돌아갔다. 17 그러나 유다의 여러 성
읍에 살고 있는 이스라엘 자손은 르호보암의 통치
아래에 남아 있었다.
18 르호보암 왕이 강제노동 감독관 ㄱ)하도람을
이스라엘 자손에게 보내었더니, 이스라엘 자손이
그를 돌로 쳐서 죽였다. 그러자 르호보암 왕은
급히 수레에 올라서, 예루살렘으로 도망하였다.
19 이렇게 이스라엘은 다윗 왕조에 반역하여 오
늘에 이르렀다.

스마야의 예언 (왕상 12:21–24)

11 1 르호보암이 예루살렘에 이르러, 유다와
베냐민 가문에 동원령을 내려서 정병 십
팔만 명을 소집하였다. 그는 이스라엘과 싸워서,
왕국을 다시 르호보암에게 돌리려고 하였다.
2 그러나 그 때에, 주님께서 하나님의 사람
스마야에게 말씀하셨다. 3 "너는, 솔로몬의 아들
유다의 르호보암 왕과 유다와 베냐민 지방의 온
이스라엘에게 이 말을 전하여라. 4 '나 주가 말
한다. 일이 이렇게 된 것은 내가 시킨 것이다. 너
희는 올라가지 말아라. 너희의 동족과 싸우지 말고
각자 집으로 돌아가거라.'" 그들은 이러한 주님의
말씀을 듣고, 여로보암을 치러가던 길을 멈추고,
돌아섰다.

르호보암이 요새를 만들다

5 르호보암은 예루살렘에 자리잡고 살면서,
유다 지방의 성읍들을 요새로 만들었다. 6 베들
레헴과 에담과 드고아와 7 벳술과 소고와 아둘
람과 8 가드와 마레사와 십과 9 아도라임과 라기
스와 아세가와 10 소라와 아얄론과 헤브론이 그가
유다와 베냐민 지방에 세운 요새 성읍들이었다.
11 그는 이 요새 성읍들을 강화하고, 거기에 책
임자를 임명하고, 양식과 기름과 술을 저장하여
두었다. 12 각 성읍마다 방패와 창을 마련하여
두어, 성읍들을 크게 강화하였다. 이렇게 유다와
베냐민은 르호보암의 통치하에 들어갔다.

제사장들과 레위인들이 유다로 오다

13 이스라엘 전국에 있던 제사장들과 레위
사람들이 모두 자기들이 살던 지역을 떠나, 르호
보암에게로 왔다. 14 레위 사람들이 목장과 소유

ㄱ) 아도니람의 변형

통치 속에서 구체적으로 나타난다. 원래자료를 변경하여 (왕상 12장; 14장) 이야기를 주관하게 될 세 가지 패턴을 이룬다: 죄는 패배를 가져온다 (예를 들어, 분열왕국, 10:1—11:4); 순종은 성공을 초래한다 (11:5-23); 그리고 불순종하면 심판을 받지만, 회개하면 구원을 받을 수 있다 (12:1-16). **10:1—11:4** 열왕기상은 솔로몬이 저지른 죄 때문에 왕국이 분열되었다고 솔로몬을 비난한다 (왕상 11장). 역대지하는 이 자료를 생략하고 있으므로, 배은망덕한 신하 여로보암의 반역 때문에 분열이 일어난 것이라고 묘사한다 (대하 13:6). 그렇지만 아히야의 예언 (15절; 왕상 11:29-39 참조), 즉 하나님께서 솔로몬의 왕국을 분열시켜 르호보암에게 주고, 르호보암의 반역을 하나님의 뜻이라고 한 예언을 (10:15; 11:4) 그대로 유지한 것으로 보아 왕상 11장을 알고 있었던 것으로 추측된다. 솔로몬이 내린 무거운 멍에 (4, 9-11, 14절), 르호보암이 장로들의 충고에 귀를 기울이지 못한 것 (6-8, 13절), 그리고 르호보암의 반역(9절)은 이 모든 세 가지가 분열을 초래하는 데 책임이 있음을 암시한다. **11:5-23** 열왕기상의 정보를 조심스레 편집해서 새로운 자료를 구성함으로써, 다른 모습의 르호보암을 보여주고, 하나님은 충성되게 순종하는 자들에게 번영과 축복으로 보답하신다는 것을 증명한다. 다윗과 솔로몬은 성공의 본을 보였다: 이제 르호보암과 백성들은 *삼 년* 동안 다윗과 솔로몬을 본받아 그들과 같은 길을 걷는다 (17절). 충성스럽게 순종하고 그 결과로 축복과 번성을 누리게 되는 것이 세 부분에 자세히 나와 있다: **11:5-12** 여기에 열거된 르호보암이 이스라엘의 서쪽, 남쪽, 그리고 동쪽 국경을 강화하기 위해 세운 15 요새의 목록은 역대지하에만 유일하게 나타난다. 요새를 실제로 건축한 것은 시삭이 침입한 후(12:1-12)에야 일어났으므로, 순서를 바꿈으로써 르호보암을 순종하여 번성하는 왕으로 묘사하고 있다. **11:13-17** 여로보암이 우상을 섬겼기 때문에 *제사장들과 레위 사람들이* 살던 지역을 저버리고 르호보암과 예루살렘 성전으로 온 것은 유다가 온 이스라엘의 진정한 남은 자라는 것을 보여준다. **11:18-23** 아들 28명과 딸 60명을 선물

지를 버리고 유다와 예루살렘으로 온 것은, 여로
보암과 그의 아들들이 그들에게 주님을 섬기는 제
사장 직분을 수행하지 못하게 하고, 15 따로 제사
장들을 세워서, 여러 산당에서 숫염소 우상과 자
기가 만든 송아지 우상을 섬기게 하였기 때문이다.
16 이 밖에도 이스라엘 모든 지파들 가운데서 주
이스라엘의 하나님의 뜻을 찾기로 마음을 굳힌 이
들이, 주 조상의 하나님께 제사를 드리려고, 레위
사람을 따라 예루살렘에 왔다. 17 그들은 유다
나라를 강하게 하고, 솔로몬의 아들 르호보암의
왕권을 확고하게 하여 주었다. 그러나 그것은 삼
년 동안뿐이었다. 르호보암이 다윗과 솔로몬의
본을 받아 산 것이 삼 년 동안이었기 때문이다.

르호보암의 가족

18 르호보암은 마할랏을 아내로 맞이하였다.
마할랏은 아버지 여리못과 어머니 아비하일 사이
에서 태어난 딸이다. 그의 아버지 여리못은 다윗의
아들이고, 그의 어머니 아비하일은 이새의 아들인
엘리압의 딸이다. 19 마할랏과의 사이에서
세 아들 여우스와 스마랴와 사함이 태어났다.
20 그 뒤에 르호보암은 압살롬의 딸 마아가를 아
내로 맞아들였는데, 마아가와의 사이에서는 아비
야와 앗대와 시사와 슬로밋이 태어났다. 21 르호
보암은 아내 열여덟 명과 첩 예순 명을 거느렸고,
그들에게서 아들 스물여덟 명과 딸 육십 명을 보
았지만, 그는 다른 아내들이나 첩들보다 압살롬의
딸 마아가를 더욱 사랑하였다. 22 르호보암은
마아가의 아들 아비야를 자기의 후계자로 삼을 생
각이었으므로, 왕자들 가운데서 서열을 가장 높게
하였다. 23 르호보암은 슬기롭게도, 자기 아들
들에게 유다와 베냐민 전 지역과 요새 성읍들을
나누어 맡기고, 양식도 넉넉하게 대어 주었으며,
아내들도 많이 얻어 주었다.

이집트의 유다 침략 (왕상 14:25-28)

12 1 르호보암은 왕위가 튼튼해지고 세력이
커지자, 주님의 율법을 저버렸다. 온 ㄱ)이
스라엘도 그를 본받게 되었다. 2 그들이 주님께
범죄한 결과로, 르호보암 왕이 즉위한 지 오 년째
되던 해에, 이집트의 시삭 왕이 예루살렘을 치러
올라왔다. 3 그는 병거 천이백 대, 기병 육만 명,
거기에다가 이루 헤아릴 수 없이 많은 리비아와
숩과 ㄴ)에티오피아 군대를 이끌고 이집트에서 쳐
들어 왔다. 4 시삭은 유다 지방의 요새 성읍들을
점령하고, 예루살렘까지 진군하여 왔다.

5 그 때에 유다 지도자들이 시삭에게 쫓겨 예
루살렘에 모여 있었는데, 스마야 예언자가 르호
보암과 지도자들을 찾아 와서 말하였다. "주님께
서 이렇게 말씀하십니다. '너희가 나를 버렸으니,
나도 너희를 버려, 시삭의 손에 내주겠다.'"

6 그러자 이스라엘 지도자들과 왕은 자신들의
잘못을 뉘우치고 "주님께서는 공의로우십니다"
하고 고백하였다.

7 주님께서는, 그들이 이렇게 잘못을 뉘우치는
것을 보시고, 다시 스마야에게 말씀을 내리셨다.
"이렇게 잘못을 뉘우치니, 내가 그들을 멸하지는
않겠으나, 그들이 구원을 받기는 해도 아주 가까
스로 구원을 받게 하겠다. 내가 내 분노를, 시삭을
시켜서 예루살렘에 다 쏟지는 않겠으나, 8 그들이
시삭의 종이 되어 보아야, 나를 섬기는 것과 세상
나라들을 섬기는 것이 어떻게 다른지 깨닫게 될
것이다."

9 이집트의 시삭 왕이 예루살렘을 치러 올라
와서, 주님의 성전 보물과 왕실 보물을 하나도 남
기지 않고 다 털어 갔다. 솔로몬이 만든 금방패들도
가져 갔다. 10 그래서 르호보암 왕은 금방패 대
신에 놋방패들을 만들어서, 대궐 문을 지키는 경호
책임자들에게 주었다. 11 왕이 주님의 성전에
들어갈 때마다 경호원들은 그 놋방패를 들고 가서
경호하다가, 다시 경호실로 가져 오곤 하였다.
12 르호보암이 잘못을 뉘우쳤기 때문에, 주님께
서는 그에게서 진노를 거두시고, 그를 완전히 멸
하지는 않으셨다. 그래서 유다 나라는 형편이 좋
아졌다.

르호보암의 통치 개요

13 이렇게 하여, 르호보암 왕은 예루살렘에서
세력을 굳혀 왕의 직무를 수행하였다. 르호보암이
왕위에 올랐을 때에, 그는, 마흔한 살이었다. 그는
주님께서 이스라엘 모든 지파 가운데서 택하여

ㄱ) 남왕국 유다를 가리킴. 대하에서는 자주 남왕국 유다를 이스라엘이라고 함 ㄴ) 히, '구스', 나일 강 상류지역

로 얻은 것은 예배와 건축 사업과 함께, 역대지하에서 계속될 축복의 세 번째 표징이다. **12:1-16** 이집트의 시삭 왕이 쳐들어온 것은 (세손크 1세, 기원전 945-925년경) 왕상 14:25-28에도 기록되어 있는데, 르호보암과 온 이스라엘이 저지른 죄 때문이라고 뚜렷이 나와 있다 (1-2, 5절). 그렇지만 역대지 저자는 르호보암과

당신의 이름을 두신 도성 예루살렘에서 십칠 년간
다스렸다. 르호보암의 어머니 나아마는 암몬 사
람이다. 14 르호보암은 주님의 뜻을 찾는 일에
마음을 쓰지 않고, 악한 일을 하였다.

15 르호보암의 행적은 처음부터 끝까지, '스
마야 예언자의 역사책'과 '잇도 선견자의 역사책'에
기록되어 있다. 르호보암과 여로보암은 사는 날
동안, 그들은 늘 싸웠다. 16 르호보암이 죽어서
'다윗 성'에 안장되자, 그의 아들 아비야가 그의
뒤를 이어 왕이 되었다.

아비야와 여로보암의 전쟁 (왕상 15:1-8)

13 1 여로보암 왕 십팔년에 아비야가 유다의
왕이 되었다. 2 그는 예루살렘에서 세
해 동안 다스렸다. 그의 어머니는 기브아 사람 우
리엘의 ㄱ)딸, ㄴ)미가야이다.

아비야와 여로보암 사이에 전쟁이 벌어졌다.
3 아비야는 전쟁에 용감한 군인 사십만을 뽑아
싸우러 나갔고, 여로보암 역시 정예 군인 팔십만을
뽑아서 맞섰다.

4 아비야가 에브라임 산간지역에 있는 스마
라임 산 위에 서서 소리쳤다. "여로보암과 온 이스
라엘은 내가 하는 말을 들어라. 5 주 이스라엘의
하나님께서 다윗과 소금으로 파기될 수 없는 언약
을 맺으시고, 이스라엘을 다윗이 다스릴 나라로
영원히 그와 그의 자손에게 주신 것을, 너희들이
모를 리가 없을 것이다. 6 그런데 다윗의 아들
솔로몬의 신하였던 느밧의 아들 여로보암이 일어
나서, 자기 임금에게 반역하였다. 7 건달과 불량
배들이 여로보암 주변으로 몰려들어, 솔로몬의
아들 르호보암을 대적하였다. 그 때에 르호보암은
아직 어리고 마음도 약하여, 그들을 막아 낼 힘이
없었다. 8 너희는 수도 많고, 또 여로보암이 너
희의 신이라고 만들어 준 금송아지들이 너희와
함께 있다고 해서, 지금 다윗의 자손이 맡아 다스
리는 주님의 나라를 감히 대적하고 있다. 9 너희는
아론의 자손인 주님의 제사장들뿐 아니라 레위 사
람들까지 내쫓고, 이방 나라의 백성들이 하듯이,
너희 마음대로 제사장들을 임명하지 않았느냐?
누구든지 수송아지 한 마리와 숫양 일곱 마리만
끌고 와서 성직을 맡겠다고 하면, 허수아비 신의
제사장이 되는 것이 아니냐?

10 그러나 우리에게는 주님만이 우리의 하나
님이다. 우리는 그를 저버리지 않았다. 주님을
섬기는 제사장들은 다 아론의 자손이다. 레위 사
람들도 자기들의 직무를 수행하고 있다. 11 그
들은 날마다 아침 저녁으로 주님께 번제를 드리고,
향을 피워 드리고, 깨끗한 상에 빵을 차려 놓고,

ㄱ) 또는 '손녀' ㄴ) 칠십인역과 시리아어역에는 '마아가' (대하 11:20; 왕상 15:2을 볼 것)

지도자들이 스스로 잘못을 뉘우쳤으므로 하나님께서 완전히는 멸하지 않으셨다는 (6-7, 12절) 것도 뚜렷이 밝히고 있다. 따라서 역대지 저자는 징벌이 어떻게 적용되는지 예시하기 위해 이 자료를 재배치하였는데, 이번 경우는 불순종과 회개의 효과를 그리고 있다. 순종한 결과로 받게 되는 축복은 르호보암 통치의 초기에 예시되었다 (11:1-23). 징벌과 회개하는 용어("떠나다," "불순종하다," "잘못을 뉘우치다," "찾다," "버리다, "반역하다")로 솔로몬이 성전을 봉헌하면서 드려진 기도 (6:24-25)와 하나님의 응답(7:14)이 이 장에 전형적인 특성으로 되어 있다.

13:1—14:1 *아비야.* 아비야와 *아사의* 통치는 둘 다 하나님께 의지하는 주제를 다루고 있다. 이는 13—16장에 독특하게도 "의지하다" (히브리어, 샤안) 라는 단어가 다섯 번이나 반복되는 데서 볼 수 있다 (13:18; 14:11; 16:7 [두 번], 8). 왕상 15:3-6은 아비야를 철저하게 책망하고 있다. 역대지 기자는 아비야를 하나님께서 사용하실 수 있었던 믿음을 굳게 지킨 사람으로 묘사한다. 서론(1-2a절)과 결론(13:20—14:1)은 아비야의 중요한 연설을 담은 것인데 (4-12절), 다른 곳에는 기록되지 않은 전쟁 기사를 (2b-19절) 에워싸고 있다. **13:2b-3** 군인 사십 만이라는 엄청난 숫자와 상대편과 2대 1의 비율이었다는 것은 승리는 하나님이 주셨다는 것과 아비야의 참여가 방어적인 특징을 가졌다는 것을 예시한다. **13:4-12** 아비야의 연설은 역대지 저자에게서 나왔으며 기자의 중심적인 신학적 관심을 드러낸다: 다윗의 왕좌, 솔로몬의 성전, 그리고 "온 이스라엘"이다. **13:5-8a** 다윗의 왕조가 (대상 17:12, 14) 영원하리라고 확인된다. **13:5** *소금으로 언약.* 소금의 보존력은 하나님이 언약에 충실하심을 예시한다 (레 2:13; 민 18:19를 참조하라). **13:6-7** 여로보암은 반역 때문에 비난을 받지만, 르호보암의 죄는 축소되고 그가 41세라는 사실에도 불구하고 아직 어린 탓으로 돌린다 (12:13을 참조). **13:8b-11** 예루살렘 제식의 정당성이 확인되고 있다. 여로보암의 반역 때문인지 아니면 르호보암의 젊음에서 오는 어리석음 때문인지 모르지만 북쪽 지파와 남쪽 지파 모두 역대지 저자의 이상에서 벗어나 있다. 왕좌에는 충실한 다윗 자손의 왕이 있고 성전에는 정확한 예배가 있으므로, 이제 북쪽 지파가 이전에 정당화하던 반역을 계속할 이유가 없게 되었다. 따라서 아비야의 연설은 북쪽 지파에게 "온 이스라엘"로 되돌아오기를 촉구하면서, 다윗과 솔

금등잔대에는 저녁마다 불을 밝힌다. 이렇게 우
리는 주님께서 정하여 주신 법도를 지키고 있다.
그러나 너희는 그 법도를 저버렸다. 12 똑똑히
보아라, 하나님은 우리와 함께 계신다. 그가 우리의
우두머리이시다. 그의 제사장들은 너희를 공격할
때에 불려고, 비상 나팔을 들고 서 있다. 이스라엘
자손아, 너희 주 조상의 하나님과 싸울 생각은 하지
말아라. 이길 수 없는 싸움이 아니겠느냐?"
13 그러나 여로보암은 이미 복병에게, 유다
군 뒤로 돌아가 있다가 뒤에서 나오라고 지시하여
두었다. 복병이 매복하는 동안, 중심 공격 부대는
유다 군과 정면에서 대치하고 있었다. 14 유다
군이 둘러 보니, 앞뒤에서 공격을 받고 있는 것이
아닌가! 그래서 그들은 주님께 부르짖고, 제사장
들은 나팔을 불었다. 15 유다 군이 함성을 지르고,
하나님께서 여로보암과 온 이스라엘을 아비야와
유다 군 앞에서 치시니, 16 이스라엘 군이 유다
군 앞에서 도망하였다. 하나님께서 이처럼 이스
라엘 군을 유다 군의 손에 붙이셨으므로 17 아비
야와 그의 군대가 이스라엘 군을 크게 무찔렀다.
이스라엘에서 뽑혀 온 정예병 가운데에 죽어 쓰러
진 병사가 오십만 명이나 되었다. 18 이렇게 이
스라엘 군이 항복하고 유다 군이 이긴 것은, 유다가
주 조상의 하나님을 의지하였기 때문이다.
19 아비야는 여로보암을 뒤쫓아 가서, 그의
성읍들, 곧 베델과 그 주변 마을들, 여사나와 그
주변 마을들, 에브론과 그 주변 마을들을 빼앗았다.
20 여로보암은 아비야 생전에 다시 힘을 회복하지
못하고, 주님께 벌을 받아서 죽고 말았다.
21 그러나 아비야는 더 강해졌다. 그는 아내
열넷을 두었으며, 아들 스물둘과 딸 열여섯을 낳
았다. 22 아비야 통치 때의 다른 사건들과 그의
치적과 언행은 '잇도 예언자의 역사책'에 기록되어
있다.

유다 왕 아사의 통치

14 1 아비야가 죽어서, 그의 조상들과 함께
잠드니, '다윗 성'에 장사하였고, 그의 아들
아사가 그의 뒤를 이어 왕이 되었다. 아사가 다스
리던 십 년 동안은 나라가 조용하였다. 2 아사는
주 그의 하나님이 보시기에 좋은 일, 올바른 일을
하였다. 3 이방 제단과 산당을 없애고, 석상을
깨뜨리고, 아세라 목상을 부수었다. 4 그는 또

로몬의 통치 때 이루었다가 기원전 922년 분열에 의해 깨어져 버린 단일성을 회복하자고 촉구하고 있다. 나중에, 북왕국이 기원전 722년 앗시리아에 의해 멸망한 뒤에 히스기야가 이와 비슷하게 외치게 될 것이다 (대하 30:6-9). **13:12** 하나님이 함께 하시는 전쟁의 이미지는 주를 대항해서 싸우는 것이 쓸 데 없다는 사실을 예시해 준다. **13:13—14:1** 전쟁 기사는 거룩한 전쟁의 이미지를 확장시킨다. **13:13** 유다는 수적으로 열세에 있고 포위마저 당해서 가망이 없다. **13:14-15** 그럼에도 불구하고 하나님은 제사장들의 기도와 나팔소리에 응답하셔서 유다 군을 이끄실 것이다. **13:16-18** 승리하게 된 것은 유다가 *의지한 것에* 대한 하나님의 응답이다. **13:19—14:1** 보유지 (19절), 아내와 아이들(21절), 그리고 "안식"("잠드니", 14:1)이 더해짐은 모두 하나님이 주시는 호의를 가리킨다.

14:2—16:14 *아사.* 역대지 저자의 신학에서 핵심을 이루는 요소가 또 하나 나타나면서, 아비야의 기사에서 시작되었던 (13:1—14:1) 하나님께 의뢰하는 주제가 계속된다. 14—16장에는 "찾다"(seek)를 의미하는 두 개의 어근(*비케쉬, 다라이쉬*)이 모두 아홉 번 나온다. 왕상 15:9-24는 "주님을 사모하는 아사의 마음은 평생 한결같았다"(14절)고 결론을 맺으며 아사를 묘사해 주고 있는데, 이러한 묘사는 왕이 다마스쿠스의 벤하닷과 동맹을 맺은 것(왕상 15:19)과 늘그막에 이르러 발에 병이 든 것(왕상 15:23)과 잘 어울리지 않는 것 같다. 어떤 이유인지, 역대지 저자는 자신의 신학적인 관심에 따라 아사의 통치를 재조명하였다. 역대지 저자는 왕을 묘사할 때 본받아야 할 본보기와 피해야 할 본보기로 그리는 양식을 선호한다. 르호보암의 경우처럼, 아사의 통치는 두 가지로 시기를 나눌 수 있다: 하나는 언약에 충실할 때 오는 축복의 표준이 되고 (14:2—15:19), 다음 것은 배교 때문에 겪는 비참한 결과를 묘사한다 (16:1-14). 아사가 통치 중에 보인 대조는 자료를 중추적으로 배치하는 것에서 강조된다. 아사가 언약을 갱신한 것은 (대상 15:9-19) 이야기의 가운데 놓여있는 벤하닷과 맺은 (16:1-3) "언약"과 뚜렷이 대조된다. 또한 하나님께 "의뢰"한 결과 (14:8-15) 세라가 에티오피아 군을 이긴 것과 아사랴의 예언 (15:1-8)에 대한 응답으로 개혁한 것은 나중에 하나님께 "의뢰"하지 않는 것과 하나니 선견자가 나무란 것(16:4-10)과 대조된다. 전체를 둘러싸고 있는 것은 아사가 하나님을 찾은 결과 (14:1b-8) 번성하는 것과 하나님을 찾지 않아서 발병을 일으키는 결과 (16:11-14) 사이에 있는 극적인 대조를 이룬다.

14:2—15:19 역대지는 충성에 대한 보상으로 아사가 받는 축복을 강조하기 위해 아사의 제식 개선(왕상 15:9-15)을 호의적으로 기록하고 있다. **14:2-8** 아사는 순종했기 때문에 10년간 번성했다. **14:3** *산당.* 3절에서는 산당과 석상과 아세라 목상을 부수었다고 말하지만, 15:17과 왕상 15:14는 산당들이 모두 제거된 것은 아니라고 강조한다. **14:6-7** *평안을 주셨습니다.* 전쟁이 없어서 평안했다는 것을 의미하는 축복의 표시

유다 백성에게 명령을 내려서, 주 조상들의 하나님의 뜻을 찾고 하나님의 율법과 명령을 실천하게 하였으며, 5 또 유다의 모든 성읍에서 산당과 태양상을 없애 버렸다. 그의 통치 아래 나라는 조용하였다. 6 주님께서 아사에게 평안을 주셨으므로 나라가 조용하였고, 여러 해 동안 아무도 그에게 싸움을 걸어 오지 않았다. 그래서 아사는 유다 지방에 요새 성읍들을 만들 수 있었다. 7 그는 유다 백성에게 말하였다. "이 성읍들을 다시 세웁시다. 성벽을 둘러 쌓고, 탑과 성문과 빗장을 만듭시다. 우리가 주 하나님을 찾았으므로, 주님께서 사방으로 우리에게 평안을 주셨습니다." 그래서 그들은 성읍들을 세우기 시작하여, 일을 잘 마쳤다. 8 아사에게는 방패와 창으로 무장한 유다 출신 군인 삼십만이 있었고, 작은 방패와 활로 무장한 베냐민 출신 군인 이십팔만이 있었다. 그들은 모두 용감한 정예병이었다.

9 에티오피아 사람 세라가 유다를 치려고, ㄱ)백만 대군에 병거 삼백 대를 이끌고 쳐들어와서, 마레사에 이르렀다. 10 아사가 그를 맞아 싸우려고 나아가, 마레사의 스바다 골짜기에 진을 치고, 11 주 그의 하나님께 부르짖었다. "주님, 주님께서 돕고자 하실 때에는, 숫자가 많고 적음이나 힘이 세고 약함을 문제삼지 않으십니다. 우리가 주님을 의지하고, 주님의 이름으로 이 무리를 물리치러 왔으니, 주 우리의 하나님, 우리를 도와주십시오. 주님, 주님은 우리의 하나님이십니다. 인간이 주님을 이기지 못하도록 해주십시오!"

12 주님께서 에티오피아 군을 아사와 유다 군 앞에서 치시니, 에티오피아 군이 도망쳤다. 13 아사와 그를 따르는 군대가 그랄에 이르기까지, 에티오피아 군대를 추격하며 무찔렀다. 에티오피아 군은 주님 앞에서와 주님의 군대 앞에서 패망하고 말았으므로, 한 사람도 살아 남지 못하였다. 유다 군은 대단히 많은 전리품을 얻었다. 14 주님께서 그랄 주변의 모든 성읍 백성들을 두렵게 하시니, 유다 군이 그 모든 성읍을 치고 약탈하였다. 그 성읍들 안에는 전리품으로 가져 갈 물건들이 많이 있었다. 15 또 가축들을 지키는 자들의 장막을 덮쳐서 많은 양과 낙타를 사로잡았다. 그런 다음에야 예루살렘으로 돌아왔다.

아사의 개혁

15 1 하나님의 영이 오뎃의 아들 아사랴에게 내리니, 2 그가 아사 앞에 나아가서 다음과 같이 말하였다. "아사 임금님과 온 유다와 베냐민은, 제가 하는 말을 들으십시오. 임금님과 백성이 주님을 떠나지 않는 한, 주님께서도 임금님과 백성을 떠나지 않으실 것입니다. 임금님과 백성이 그를 찾으면, 그가 만나 주실 것입니다. 그러나 임금님과 백성이 그를 버리면, 주님께서도 임금님과 백성을 버리실 것입니다. 3 이스라엘은 오랫동안 참 하나님이 없이 지내 왔습니다. 가르치는 제사장도 없었고 율법도 없었습니다. 4 그러나 이스라엘이 어려운 일을 만나서, 주 이스라엘의 하나님께 돌아와 그를 찾으면, 주님께서는 그들을 만나 주셨습니다. 5 그 때에는 세상이 하도 어지러워서, 땅 위에 사는 모든 백성이 마음 놓고 평안히 나들이도 못하였습니다. 6 나라와 나라가, 성읍과 성읍이 서로 치고 무찌르는 판이었습니다. 이것은 하나님께서 사람들이 온갖 고난 속에서 고통을 받도록 버려 두셨기 때문이었습니다. 7 그러나

ㄱ) 많은 군대를 뜻함. 히, '천천만만'

이다 (대상 22:8-10; 대하 15:15를 참조). 요새 성읍을 세운 것은 축복의 또 다른 특성이다. **14:8** 군인 오십팔만 군인도 결국은 축복의 표시이다. **14:9-15** 달리 알려진 것이 없는 에티오피아 사람 세라가 침입을 시도했다. 왕국을 잃고 수적으로도 2 대 1로 약세인 상태에 직면하자 (9절; 13:3에서 아비야도 비슷한 곤경을 겪었다) 의지하다는 핵심어가 두 번째 나타나므로 아사는 온전히 하나님을 *의지한다* (11절, 13:1—14:1을 주목하라). 하나님이 솔로몬에게 약속하셨던 대로 아사의 기도는 응답을 받는다 (대하 6:34-35). **15:1-19** 뒤따르는 개혁은 아사의 신앙심을 계속 발전시킨다. **15:1-17** *아사랴의* 격려하는 말. 역대지 저자가 하나님이 내리시는 상벌과 회개의 신학을 설명하기 위해 작성한 대여섯 개의 연설 가운데 하나이다. 비록 달리 알려지지 않은 선지자들에 의해 연설이 전달되지만, 흔히 선지자적인 연설에 있는 개요를 따르지 않으며 역대지 저자의 청중이었던 유배 이후의 공동체에 이미 잘 확립되었던 성경적인 주제에 대한 설교라고 더 많이 보여진다. **15:2b** 아사랴의 전형적인 연설은 그들이 충성하기만 하면 하나님께서 함께 하실 것이라는 교리적인 말로 시작한다. **15:3-6** 적용을 다룬 두 번째 부분으로, 충성스러운 응답의 효과와 불충실한 응답의 효과를 보여주기 위해 이스라엘의 과거(여기서는, 아마도 사사들의 시대를 뜻할 것이다)를 생각해 낸다. **15:7** 마지막 권면 부분은 렘 31:16과 습 3:16을 인용하고 아사에게 제사의식을 개혁하라고 촉구한다. **15:8-19** 아사랴의 권면에 대한 반응으로

임금님과 백성은 기운을 내십시오. 낙심하지 마십시오. 임금님과 백성이 하는 수고에는 상급이 따를 것입니다."

8 아사는 이 모든 말, 곧 ㄱ)오뎃의 아들 아사랴 예언자가 전하여 주는 예언을 듣고, 용기를 내어, 유다와 베냐민 온 지방과 에브라임 산간지역의 점령지역 성읍에서 역겨운 물건들을 없애 버렸다. 그는 또 주님의 성전 현관 앞에 있는 주님의 제단을 보수하였다.

9 그는 또 유다와 베냐민의 모든 백성을 불러모으고, 그들에게로 와서 함께 살고 있는, 에브라임과 므낫세와 시므온 지파 소속의 백성도 모두 불러모았다. 주 하나님께서 아사와 함께 계시는 것을 보고, 이스라엘에서도 많은 사람들이 아사에게로 모여들었다. 10 그들이 예루살렘에 모인 것은 아사 왕 십오년이 되던 해 세 번째 달이었다. 11 그 날 그들은 그들이 가져 온 전리품 가운데서 소 칠백 마리와 양 칠천 마리를 주님께 희생제물로 잡아 바치며, 12 마음을 다하고 정성을 다하여 주 조상의 하나님만을 찾기로 하는 언약을 맺었다. 13 주 이스라엘의 하나님을 찾지 아니하는 자는, 젊은 사람이든지 나이 많은 사람이든지, 남자든지 여자든지 가릴 것 없이, 누구든지 다 죽이기로 하였다. 14 사람들은 함성과 쇠나팔 소리와 뿔나팔 소리가 울려 퍼지는 가운데, 주님께 큰소리로 맹세하였다. 15 온 유다 백성은 이러한 맹세를 하는 것이 기쁘기만 하였다. 그들은 마음을 다해 맹세하고, 정성을 다해 주님을 찾았으므로, 주님께서 그들을 만나 주셨고, 사방으로 그들에게 평안을 주셨다.

16 아사 왕은 자기의 할머니 마아가가 혐오스러운 아세라 목상을 만들었다고 해서, 태후의 자리에서 물러나게 하였다. 아사는 자기의 할머니가 만든 혐오스러운 우상을 토막내어 가루로 만들어서, 기드론 냇가에서 불살라 버렸다. 17 그렇다고 산당이 모두 제거된 것은 아니었지만, 주님을 사모하는 아사의 마음은 평생 한결같았다. 18 아사는 자기의 아버지와 자신이 거룩하게 구별하여 바친, 은과 금과 그릇들을 하나님의 성전에 들여놓았다. 19 이 때부터 아사 왕 삼십오년까지 전쟁이 없었다.

이스라엘과의 충돌 (왕상 15:17-22)

16 1 아사 왕 삼십육년에 이스라엘 왕 바아사가, 유다를 치러 올라와서, 라마를 건축하고, 어느 누구도 유다의 아사 왕에게 왕래하지 못하게 하였다. 2 그러자 아사는 주님의 성전 창고와 왕실 창고의 모든 은과 금을 모아서, 다마스쿠스에 있는 시리아의 벤하닷 왕에게 보내며 말하였다. 3 "나의 아버지와 그대의 아버지가 서로 동맹을 맺었듯이, 나와 그대도 서로 동맹을 맺도록 합시다. 여기 그대에게 은과 금을 보냅니다. 부디 오셔서 이스라엘의 바아사 왕과 맺은 동맹을 파기하시고, 그가 여기에서 떠나게 하여 주십시오."

4 벤하닷은 아사 왕의 청을 받아들여, 자기의 군사령관들을 보내서, 이욘과 단과 ㄴ)아벨마임과 납달리의 양곡 저장 성읍을 치게 하였다. 5 바아사가 이 소문을 듣고는, 라마 건축을 멈추고, 그 공사를 포기하였다. 6 그러자 아사 왕은 온 유다 백성을 불러서, 바아사가 라마를 건축할 때에 쓰던 돌과 목재를 가져 오게 하였다. 아사 왕은 이것으로 게바와 미스바를 보수하였다.

ㄱ) 불가타와 시리아어역을 따름. 히, '오뎃 예언자의 예언' ㄴ) 또는 '아벨벳마아가'

아사는 14:1-8에 시작되었던 종교개혁의 두 번째 단계를 주도한다. **15:8** *에브라임과 므낫세.* 북쪽 지파의 존재는 역대지 저자가 예루살렘 성전 주위에 모여든 "온 이스라엘"의 통일에 관심을 가진 것을 반영한다. 여호사밧, 히스기야, 그리고 요시야 또한 그들의 개혁에 북쪽 지파를 포함시키려고 애썼다. **15:10** *세 번째 달.* 맥추절(칠칠절)을 지키려고 모일 기회가 있었을 것이다 (레 23:15-21). **15:11-15** 여호야다 (23:16), 히스기야 (29:10), 그리고 요시야 (34:31) 또한 역대지 저자가 가진 비전의 핵심 요소였던 언약 갱신을 지속할 것이다. **15:17** *이스라엘* 여기서는 북왕국을 의미한다.

16:1-14 아사 통치의 두 번째 기간은 그의 마지막 5년에 걸쳐있는데, 첫 번째 통치기간에 보이던 충성심을 (위를 보라) 완전히 뒤바꾸는 양식으로 되어 있다. **16:1** *삼십육년.* 열왕기상에 따르면, 이 시기에 바아사는 죽은 지 10년이 지났을 것이다 (15:33; 16:8). 이 차이를 흡족하게 설명해 줄 만한 것은 찾을 수가 없다. **16:2-6** 아사가 벤하닷에게 뇌물을 보내고 서로 동맹을 맺은 것은 아사가 하나님보다 외국 동맹에 더 의지한 것을 드러낸다. **16:7-10** *하나니의* 선지자적인 힐난은 역대지 저자가 작성한 것으로, 왕의 행실이 뒤바뀐 것을 나무란다. **16:11-14** *얄궂게도.* "그(하나님)가 낫게 하신다"는 이름을 가진 왕은 죽어가면서도 하나님을 찾지 않고 의사들을 찾았다.

17:1—21:1 *여호사밧.* 여호사밧은 신실했기에 칭찬을 받았을 뿐 아니라, 순종했기 때문에 건축 사업,

선견자 하나니

7 그 무렵 하나니 선견자가 유다의 아사 왕
에게 와서 말하였다. "임금님께서 시리아 왕을 의
지하시고, 주 임금님의 하나님을 의지하지 않으
셨으므로, 이제 시리아 왕의 군대는 임금님의 손
에서 벗어나 버렸습니다. 8 ㄱ)에티오피아 군과
리비아 군이 강한 군대가 아니었습니까? 병거도
군마도 헤아릴 수 없이 많지 않았습니까? 그러나
임금님께서 주님을 의지하시니까, 주님께서 그들을
임금님의 손에 붙이지 않으셨습니까? 9 주님께
서는 그 눈으로 온 땅을 두루 살피셔서, 전심전력
으로 주님께 매달리는 이들을 힘있게 해주십니다.
이번 일에, 임금님께서는 어리석게 행동하셨습
니다. 이제부터 임금님께서는 전쟁에 휘말리실
것입니다." 10 아사는 선견자의 이 말에 화를 참을
수가 없어서, 그를 감옥에 가두어 버렸다. 그 만큼
화가 치밀어 올랐던 것이다. 그 때에 아사는 백성들
가운데서도 얼마를 학대하였다.

아사의 통치가 끝나다 (왕상 15:23-24)

11 아사의 행적은 처음부터 끝까지 '유다와
이스라엘 열왕기'에 기록되어 있다. 12 아사가
왕이 된 지 삼십구 년이 되던 해에, 발에 병이 나서
위독하게 되었다. 그렇게 아플 때에도 그는 주님을
찾지 아니하고, 의사들을 찾았다. 13 아사가 죽
어서 그의 조상과 함께 잠드니, 그가 왕이 된 지
사십일 년이 되던 해였다. 14 사람들은 그를 '다윗
성'에 장사하였다. 그 무덤은 아사가 미리 파 둔
곳이다. 사람들은 향 제조법 대로 만든 온갖 향을
가득 쌓은 침상에 그를 눕혀서 장사하고, 그의 죽
음을 애도하려고 큰 불을 밝혔다.

여호사밧이 유다의 왕이 되다

17 1 아사의 아들 여호사밧이 그의 뒤를 이어
왕이 되었다. 그는 이스라엘의 침략을 막
으려고 국방을 튼튼하게 하였다. 2 그는 요새화
된 유다의 모든 성읍에 군대를 배치하였고, 유다
전국과 그의 아버지 아사가 정복한 에브라임 여러
성읍에 수비대를 배치하였다. 3 여호사밧이 왕이
되면서부터, 그의 조상 다윗이 걸어 간 그 길을 따
랐으므로, 주님께서 여호사밧과 함께 계셨다. 여
호사밧은 바알 신들을 찾지 아니하고, 4 다만 그의
아버지가 섬긴 하나님을 찾으며, 그 하나님의 계
명을 따라 살고, 이스라엘 사람의 행위를 따르지
않았으므로, 5 주님께서는 여호사밧이 다스리는
나라를 굳건하게 해주셨다. 온 유다 백성이 여호
사밧에게 선물을 바치니, 그의 부귀와 영광이 대
단하였다. 6 그는 오직 주님께서 지시하신 대로
살기로 다짐하고, 유다에서 산당과 아세라 목상을
없애 버렸다.

7 그는 왕이 된 지 삼 년째 되는 해에, 지도자
들인 벤하일과 오바댜와 스가랴와 느다넬과 미가
야를 유다 여러 성읍에 보내어, 백성을 가르치게
하였다. 8 그들과 함께 레위 사람들, 곧 스마야와
느다냐와 스바댜와 아사헬과 스미라못과 여호나
단과 아도니야와 도비야와 도바도니야, 이런
레위 사람들을 보내고, 또 그들과 함께 제사장
엘리사마와 여호람을 보냈다. 9 그들은 주님의
율법책을 가지고 유다 전국을 돌면서 백성을 가르
쳤다. 그들은 유다의 모든 성읍을 다 돌면서 백성을
가르쳤다.

ㄱ) 히, '구스', 나일 강 상류지역

명예, 부, 안식, 그리고 전쟁의 승리를 보상으로 받았다. 그러나 북쪽 왕들인 아합과 아하시야 왕과 동맹을 맺었기에 선견자의 비난과 (19:1-3) 벌(20:37)을 받게 된다. 서론(17:1-19)과 결론(20:31—21:1)은 길르앗 라못에서 일어난 전쟁과 (18:1—19:3) 암몬을 대항한 전쟁 (20:1-30)의 두 가지 전쟁 기사를 에워싸고 있으며, 두 전쟁 기사가 여호사밧의 재판 개혁의 틀을 이루고 있다 (19:4-11).

17:1-19 여호사밧의 통치는 일반적인 서론으로 시작하여 (1-6절), 10-19절에 완성된다. **17:2-6** 여호사밧의 신앙심을 나타내 주는 것으로는 유다 성읍을 요새화 한 것과 아사에 의해 정복된 에브라임에 수비대를 배치한 것 (2절), 하나님을 충실하게 찾은 것 (4절), 그리고 산당을 없앤 것이 포함되어 있다 (6절; 그러나 20:33은 6절과 반대). 하나님을 찾았기 때문에 하나님께서 함께 하시고 왕국을 세워주셨다 (3절). 하지만 유다에게서 공물을 받았다는 것(5절)은 여호사밧의 통치에서 독특하다. **17:7-9** 열여섯 명의 왕자, 제사장, 그리고 레위 사람들을 보내면서, 유다 전국을 돌면서 백성들에게 *율법책을* 가르치게 한 것은 아마도 19:4-11의 재판개혁을 일컬을 것이다. 파견된 사람들은 단지 하나님의 통치를 대표할 뿐이다. **17:13-19** 이 장은 시작할 때와 마찬가지로 여호사밧의 군사력을 언급하면서 끝맺는다.

18:1—19:3 왕상 22장에서 하나님의 고독한 선지자 미가야는 400명의 궁중 선지자들과 맞서 겨루면서

여호사밧의 위대성

10 유다의 주위에 있는 모든 나라는 유다를
보호하시는 주님이 두려워서, 감히 여호사밧에게
싸움을 걸지 못하였다. 11 어떤 블레셋 사람들은
여호사밧에게 조공으로 예물을 바쳤고, 아라비아
사람들은 짐승 떼, 곧 숫양 칠천칠백 마리와 숫염소
칠천칠백 마리를 바쳤다. 12 여호사밧은 세력이
점점 커졌다. 그는 유다 안에 요새들을 세우고,
양곡 저장 성읍들을 세웠다. 13 이렇게 그는 유다
여러 성읍에 많은 일을 하여 놓았고, 예루살렘에는
전투 병력과 용사들을 배치하였다. 14 가문별로
병적에 오른 수는 다음과 같다. 유다 가문에 속한
천부장 가운데서는 천부장 아드나가 으뜸이 되어,
용사 삼십만 명을 거느렸고, 15 다음으로는
여호하난이 이십팔만 명을 거느렸고, 16 그 다
음으로는 주님을 위하여 자원하여 나선 시그리의
아들 아마샤가 용사 이십만 명을 거느렸다.
17 베냐민 가문에서는 용장 엘리아다가 활과 방
패를 잡은 사람 이십만 명을 거느렸고, 18 다음으
로는 여호사밧이 무장한 병사 십팔만을 거느렸다.
19 이들은 모두 왕을 모시는 군인들이었다. 왕은
이 밖에도 유다 전역 요새에다가 군인들을 배치
하였다.

예언자 미가야가 아합 왕에게 경고하다
(왕상 22:1-28)

18 1 여호사밧은 재물을 많이 모으고, 큰 영
예를 얻었다. 그는 아합 가문과 혼인의
유대를 맺었다. 2 몇 해 뒤에 여호사밧이 사마리
아로 가서 아합을 방문하니, 아합이 여호사밧과
그를 수행하는 사람들을 대접하려고 많은 양과
소를 잡았다. 아합은 여호사밧에게 함께 길르앗
라못을 치러 올라가자고 제안하였다. 3 이스라
엘의 아합 왕이 유다의 여호사밧 왕에게 물었다.
"길르앗의 라못을 치러 나와 함께 올라가시겠습
니까?" 여호사밧이 대답하였다. "내 생각이 바로
임금님의 생각이고, 내가 통솔하는 군대가 곧 임금
님의 군대입니다. 우리는 임금님과 함께 싸우러
나가겠습니다." 4 그러면서도 여호사밧은 이스
라엘 왕에게 말하였다. "그러나 먼저 주님의 뜻을
알아봄이 좋을 듯합니다." 5 그러자 이스라엘
왕은 사백 명이나 되는 예언자들을 모아 놓고 그
들에게 물었다. "우리가 길르앗의 라못을 치러 올
라가는 것이 좋겠소, 아니면 그만두는 것이 좋겠
소?" 그러자 예언자들이 대답하였다. "올라가십
시오. 하나님께서 그 성을 임금님의 손에 넘겨 주실
것입니다."

6 여호사밧이 물었다. "우리가 물어 볼 만한
주님의 예언자가 여기에 또 없습니까?" 7 이스
라엘 왕이 여호사밧에게 대답하였다. "주님의 뜻을
물어 볼 만한 사람으로서 이믈라의 아들 미가야
라고 하는 예언자가 있기는 합니다만, 나는 그를
싫어합니다. 그는 한 번도 나에게 무엇인가 길한
것을 예언한 적이 없고, 언제나 흉한 것만을 예언
하곤 합니다." 여호사밧이 다시 제안하였다. "임금
께서 예언자를 두고 그렇게 말씀하시면 안 됩니다."
8 그러자 이스라엘 왕은 한 신하를 불러서 명령하
였다. "이믈라의 아들 미가야를 속히 데려 오너라."

9 그 때에 이스라엘 왕과 유다의 여호사밧
왕은 왕복을 입고 사마리아 성문 어귀 타작 마당에
마련된 보좌에 앉아 있었고, 예언자들은 모두 그
두 왕 앞에서 예언을 하고 있었다. 10 그 예언자들
가운데서 그나아나의 아들 시드기야는 자신이 만든
철뿔들을 가지고 나와서 말하였다. "주님께서

참 예언과 거짓 예언의 차이를 극적으로 보여주고 있다. 그러나 역대지 기자는 그 이야기를 외국 개입의 위험성을 경고하는 것으로 재조명한다. 그렇게 재조명하기 위해, 여호사밧이 아합 가문과 (1b절) 혼인의 유대를 맺는 것을 불길하게 언급하는 새로운 서론(18:1-2)을 덧붙이고 있으며, 또한 왕의 동맹을 힐난하는 새로운 결론도 (19:1-3) 덧붙인다. **18:1-2** *혼인의 유대를 맺었다.* 혼인을 통한 유대관계는 불필요한 것이었다. 여호사밧의 왕국은 강하고 번성했다 (1절; 17:5b 참조). 그럼에도 불구하고, 아합과 이세벨의 딸인 아달랴가, 여호사밧의 아들인 여호람과 혼인을 (왕하 8:18; 대하 21:6) 통해 유대를 맺었다. 오므리 왕국의 일가가 요아스의 통치까지 다윗의 왕좌를 차지해서 비참한 일이 많이 일어났는데, 그 중에는 여호사밧의 개혁이 백지화된 것, 바알 숭배가 유다에 퍼진 것, 그리고 다윗의 자손을 말살하려고 했던 것이 있다 (22:10-12). **18:4-34** 여호사밧과 북이스라엘의 아합은 시리아를 대항하여 힘을 합친다. **18:4-27** 비록 여호사밧이 미가야의 충고를 따르고 있지는 않지만 (28절), 여호사밧은 신실하게 하나님이 주시는 충고를 400명의 궁정 선지자들의 내용 없는 확신에서 찾는 것보다는, 하늘의 궁전에 있는 사람, 즉 참 선지자로부터 찾는다 (사 6장; 렘 23:22를 참조). **18:28-34** 뒤따라 일어난 전쟁에서 하나님의 손이 함께 하셔서, 시리아 군대를 돌아서게 만들고, 그리고 왕이 변장하였음에도 불구하고 화살을 아합 왕에게 향하게 하셨다. **18:31** 주님께서 그를 도우셨다.

이렇게 말씀하십니다. '너 아합은 철로 만든 이 뿔을
가지고 시리아 사람들을 찌르되, 그들이 모두 파멸
될 때까지 그렇게 할 것이다' 하십니다." 11 그
러자 다른 예언자들도 모두 그와 같은 예언을 하며
말하였다. "길르앗의 라못으로 진군하십시오. 승
리는 임금님의 것입니다. 주님께서 이미 그 성을
임금님의 손에 넘기셨습니다."
12 미가야를 데리러 간 신하가 미가야에게
말하였다. "이것 보십시오, 다른 예언자들이 모두
하나같이 왕의 승리를 예언하였으니, 예언자께서
도 그들이 한 것 같이 왕의 승리를 예언하시는 것
이 좋을 것이오." 13 미가야가 대답하였다. "주
님께서 살아 계심을 두고 맹세하지만, 나는 다만
내 하나님께서 말씀하신 것만을 말하겠습니다."
14 그가 왕 앞에 나오자, 왕이 그에게 물었다. "미
가야는 대답하시오. 우리가 길르앗의 라못을 치러
올라가는 것이 좋겠소, 아니면 내가 그만두는 것
이 좋겠소?" 미가야가 대답하였다. "올라가십시
오. 승리는 임금님의 것입니다. 그들은 이미 임금
님의 손에 넘어온 것이나 다름 없습니다." 15 그
러나 왕이 그에게 다시 말하였다. "그대가 주님
의 이름으로 나에게 말을 할 때에는 진실을 말해
야 한다고 누차 일렀는데, 내가 얼마나 더 똑같은
말을 되풀이 해야 하겠소?"
16 미가야가 대답하였다. "내가 보니, 온 이
스라엘이 이산 저산에 흩어져 있습니다. 마치 목자
없는 양 떼 같습니다. 주님께서 말씀하시기를 '이
들에게는 인도자가 없다. 제각기 집으로 평안히
돌아가게 하여라' 하십니다." 17 이스라엘 왕이
여호사밧에게 말하였다. "보십시오, 그는 나에게
늘 길한 것은 예언하지 않고, 흉한 것만을 예언한
다고 말씀드리지 않았습니까?" 18 미가야가 말을
계속하였다. "그러므로 이제 주님의 말씀을 들으
십시오. 내가 보니, 주님께서 보좌에 앉으시고,
그 좌우에는 하늘의 모든 군대가 둘러 서 있는데,
19 주님께서 물으십니다. '누가 이스라엘의 아합
왕을 꾀어내어, 그로 하여금 길르앗의 라못으로
올라가게 하여 거기에서 죽게 하겠느냐?' 그러자
그들은 이렇게 하자, 또는 저렇게 하자, 저마다 자
기들의 의견을 말하는데, 20 한 영이 주님 앞에
나서서 말합니다. '내가 가서 그를 꾀어내겠습니
다.' 그러자 주님께서 그에게 물으십니다. '어떻게
그를 꾀어내겠느냐?' 21 그러자 그가 대답합니다.
'내가 가서 아합의 모든 예언자들이 모두 거짓말을
하도록 시키겠습니다.' 그러자 주님께서 말씀하
십니다. '그를 꾀어라. 틀림없이 성공할 것이다.
가서 곧 그렇게 하여라' 22 그러므로 이제 보
십시오, 이미 주님께서 거짓말하는 영을, 여기에
있는 임금님의 예언자들의 입에 들어가게 하셨
으니, 주님께서는 임금님께 재앙을 선언하신 것
입니다."
23 그러자 그나아나의 아들 시드기야가 다가
와서, 미가야의 뺨을 때리며 말하였다. "주님의
영이 언제 나를 떠나서, 어느 길로 너에게 건너가서
말씀하시더냐?" 24 미가야가 대답하였다. "네가
골방으로 들어가 숨는 바로 그 날에, 너는 모든
것을 알게 될 것이다."
25 이스라엘 왕이 명령하였다. "미가야를 잡
아서, 아몬 성주와 요아스 왕자에게로 끌고 가도록
하여라. 26 그리고 내가 명령하는 것이니, 이 자를
감옥에 가두고, 내가 평안히 돌아올 때까지 빵과
물을 죽지 않을 만큼만 먹이라고 하여라."
27 미가야가 말하였다. "임금님께서 정말로
평안히 돌아오실 수 있다면, 주님께서 나를 시켜서
이런 말씀을 하지 않으셨을 것입니다." 미가야는
한 마디 덧붙였다. "여기에 있는 모든 백성은, 내
말을 잘 기억하여 두시오!"

아합의 죽음 (왕상 22:29-35)

28 이스라엘의 아합 왕과 유다의 여호사밧
왕은 시리아와 싸우려고 길르앗의 라못으로 올라
갔다. 29 이스라엘의 아합 왕이 여호사밧에게
말하였다. "나는 변장을 하고 싸움터로 들어갈 터
이니, 임금님께서는 왕복을 그대로 입고 나가십
시오." 그런 다음에, 이스라엘 왕은 변장을 하였고,
그들은 싸움터로 들어갔다.
30 시리아 왕은 자기와 함께 있는 병거대 지
휘관들에게 말하였다. "귀관들은 작은 자나 큰 자
를 상대하여 싸우지 말고, 오직 이스라엘 왕만 공
격하시오." 31 병거대 지휘관들이 여호사밧을
보고 "저 자가 이스라엘 왕이다" 하며, 그와 싸우

여호사밧의 기도에 대한 하나님의 응답은 마소라사본의 열왕기상에는 기록되어 있지 않은데, 아마도 역대지 저자가 사용한 자료에 있었을 것이다. **19:1-3** 여호사밧이 미가야의 충고(28절)를 무시한 것은 예후(2절)의 비난을 받는데, 역대지 기자에 의해 덧붙여진 것이다. 그러나 왕은 선한 일도 했으므로 (3절) 심판을 덜 받게 된다.

19:4-11 여호사밧이 재판에 관한 개혁을 다루는 특이한 이 절은 전국을 돌면서 백성을 가르친 것과

려고 달려들었다. 여호사밧이 기겁을 하여 소리를
쳤다. 주님께서 그를 도우셨다. 하나님께서 그들을
그에게서 떠나가게 하신 것이다. 32 병거대 지
휘관들은, 그가 이스라엘 왕이 아님을 알고, 그를
추적하기를 그만두고 돌아섰다. 33 그런데 한
군인이 무심코 활을 당긴 것이 이스라엘 왕을 명
중시켰다. 화살이 갑옷 가슴막이 이음새 사이를
뚫고 들어간 것이다. 왕은 자기의 병거를 모는 부
하에게 말하였다. "돌아서서, 이 싸움터에서 빠져
나가자. 내가 부상을 입었다." 34 그러나 그 날은
특히 싸움이 격렬하였으므로, 이스라엘 왕은 시
리아 군대를 맞이하여 그의 병거 안에서 저녁때까
지 겨우 힘을 지탱하다가, 해거름에 죽고 말았다.

한 예언자가 여호사밧을 규탄하다

19 1 유다의 여호사밧 왕이 예루살렘에 있는
그의 궁으로 무사히 돌아왔을 때에, 2 하
나니의 아들 예후 선견자가 나가서, 왕을 찾아가서
말하였다. "임금님께서는, 악한 자를 돕고 주님을
싫어하는 자들의 ㄱ)편을 드는 것이 옳다고 생각하
십니까? 임금님께서 그렇게 하셨으므로 주님의
진노가 임금님께 내릴 것입니다. 3 그러나 임금
님께서는 선한 일도 하셨습니다. 아세라 목상을
이 땅에서 없애 버리시고, 마음을 오로지 하나님
찾는 일에 쏟으신 일도 있으십니다."

여호사밧의 개혁

4 여호사밧은 예루살렘에 살면서, 브엘세바
에서부터 에브라임 산간지역에 이르기까지 민정
을 살피러 다녔으며, 백성들을 주 그들의 조상의
하나님께 돌아오게 하였다. 5 그는 또 온 유다의
요새화된 성읍에 재판관들을 임명하여 세우고,
6 그들에게 말하였다. "그대들은 맡은 일을 할 때
에 삼가 조심하여 하시오. 그대들이 하는 재판은
단순히 사람을 기쁘게 하는 것이 아니라, 그대들이
재판할 때에 그대들과 함께 계시는 주님을 기쁘
시게 하는 것임을 명심하시오. 7 주님을 두려워
하는 일이 한 순간이라도 그대들에게서 떠나지 않
도록 하시오. 주 우리의 하나님께서는 불의하지도
않으시며, 치우침도 없으시며, 뇌물을 받지도
않으시니, 재판할 때에 삼가 조심하여 하도록
하시오."

8 이 밖에 예루살렘에서도 여호사밧이 레위
인들과 제사장들과 이스라엘 가문의 족장들 가운
데서 사람을 뽑아 재판관으로 임명하여, 주님의
법을 어긴 경우를 포함하여, 예루살렘에 사는 모든
주민의 송사를 재판하게 하였다. 9 그는 재판관
들에게 다음과 같은 명령을 내렸다. "그대들은 이
일을, 주님을 두려워하는 마음으로, 성실하게, 온
마음을 다하여 수행해야 하오. 10 어느 성읍에
서든지, 동포가 사람을 죽이거나, 법이나 계명
이나 율례나 규례를 어겨서 재판관들에게 송사를
제기해 오면, 재판관들은 그들에게 경고하여 주
님께 범죄하지 않도록 하시오. 그렇지 않으면, 주
님의 진노가 그대들 재판관들 그대들의 동포에게
내릴 것이오. 내가 시킨 대로 하면, 그대들에게
죄가 없을 것이오. 11 주님께 예배드리는 모든
문제는, 아마랴 대제사장이 최종 권위를 가지고
결정을 내릴 것이며, 왕에게 속한 모든 문제에 관
련된 것은, 유다 지파의 우두머리 이스마엘의 아들
스바댜가 최종 권위를 가지고 결정을 내릴 것이오.
레위 사람들은 법정에서 결정된 사항들이 실행되는
것을 감독하는 관리의 책임을 질 것이오. 용기를
내어 이 모든 지시를 잘 실행하시오. 주님께서는
공의를 이루는 사람들의 편을 드신다는 것을 명심
하시오."

ㄱ) 또는 '사랑하는 것이'

(17:7-9) 공통점이 많은데도 불구하고, 종종 이의를 제기하는 학자들이 있다. 만일 이 절들이 사실을 바탕으로 한 것이 아니라면, 아마도 여호사밧의 이름인 "야웨가 심판하신다" 라는 것이 계기가 되어 포함되었을 것이다. 왕은 예후 선견자의 경고(19:2-3)에 응답하여, 유다 지역의 성읍에 지역 재판관들을 세우고, 그리고 예루살렘에는 중앙 재판소를 세우는, 이중적인 체계를 만들어 백성들이 하나님께 되돌아오게 하려고 애썼다. 이 체제는 신 16:18—17:13과도 대체적으로 일치하지만, 주님께 속하는 성스러운 것과 왕에 속하는 세속적인 법을 구분하는 것(11절)은 예외로, 이러한 변화는 페르시아 시대에 일어났다.

20:1-30 이 전쟁 기사는 역대지 저자가 분열왕국을 다루는 기사(10—28장)에서 가장 중요한 항목이라고 할 수 있다. 중요한 주제들이 모두 나타난다: 예배에서 레위 사람의 지도력, 당연한 상벌, 하나님께 의지하는 것, 외국과의 동맹에 대한 저주, 그리고 영원한 왕조에 대한 하나님의 약속(대상 17:12)과 응답 받는 기도이다 (대하 7:14). 1-4절과 28-30절은 이야기의 틀을 만들어 주는데, 여호사밧이 놀라 두려워하는 것(3

에돔과의 전쟁

20 1 얼마 뒤에, 모압 자손과 암몬 자손이
마온 사람들과 결탁하여, 여호사밧에게
맞서서 싸움을 걸어왔다. 2 전령들이 와서 여호
사밧에게 보고하였다. "큰 부대가 사해 건너편
ㄱ)에돔에서 임금님을 치러 왔습니다. 그들은 이미
하사손다말 곧 엔게디에 쳐들어 왔습니다." 3 이에
놀란 여호사밧은, 주님께서 인도하여 주실 것을
비는 기도를 드리고, 온 유다 백성에게 금식령을
내렸다. 4 백성이 유다 각 성읍에서 예루살렘으로
모여, 주님의 뜻을 찾았다. 5 여호사밧이 주님의
성전 새 뜰 앞에 모인 유다와 예루살렘 회중 가운
데 서서, 6 이렇게 기도하였다. "주 우리 조상의
하나님, 주님은 하늘에 계시는 하나님이 아니십
니까? 세계 만민의 모든 나라를 다스리는 분이 아
니십니까? 권세와 능력이 주님께 있으니, 아무도
주님께 맞설 사람이 없습니다. 7 우리 하나님,
주님께서는 전에 이 땅에 사는 사람들을 주님의
백성 이스라엘 앞에서 쫓아내시고, 그 땅을 주님의
벗 아브라함의 자손에게 길이 주신 분이 아니십니
까? 8 그래서 우리는 이 땅에 살면서 주님의 이
름을 빛내려고, 한 성소를 지어 바치고, 이렇게 다
짐한 바 있습니다. 9 '전쟁이나 전염병이나 기근과
같은 재난이 닥쳐 온다면, 하나님 앞, 곧 주님의
이름을 빛내는 이 성전 앞에 모여 서서, 재난 가
운데서 주님께 부르짖겠고, 그러면 주님께서 들으
시고 구원하여 주실 것이다' 하고 말하였습니다.
10 이제 보십시오, 암몬 자손과 모압 자손과
세일 산에 사는 사람들이 우리를 저렇게 공격하여
왔습니다. 옛적에 이스라엘이 이집트에서 나올
때에, 주님께서는 이스라엘이 그들의 땅으로 들
어가는 것을 허락하지 않으셨습니다. 그리하여
우리 조상은 그들을 멸망시키지 않고 돌아와야만
했습니다. 11 그런데 이제 그들이 우리에게 앙
갚음을 하는 것을 보십시오. 주님께서 우리에게
유산으로 주신 주님의 땅에서, 우리를 쫓아내려
하고 있습니다. 12 우리 편을 드시는 하나님, 그
들에게 벌을 내리지 않으시렵니까? 우리를 치러
온 저 큰 대군을 대적할 능력이 우리에게는 없고,
어찌할 바도 알지 못하고, 이렇게 주님만 바라보고
있을 뿐입니다."
13 유다 모든 백성은 아녀자들까지도 모두
주님 앞에 나와 서 있었다. 14 그 때에 마침 회중
가운데는, 야하시엘이라는 레위 사람이 있었는
데, 그에게 주님의 영이 내리셨다. 그의 아버지는
스가랴이고 할아버지는 브나야이고 증조는 여이
엘이고 고조는 맛다니야이다. 15 그가 이렇게
말하였다. "온 유다와 예루살렘에 사는 사람들과
여호사밧 임금님은 들으시기 바랍니다. 주님께서
여러분에게 말씀하십니다. '적군이 아무리 많다
하여도, 너희들은 두려워하거나 겁내지 말아라.
이 전쟁은 너희가 하는 것이 아니라, 나 하나님이
맡아 하는 것이다. 16 너희는 내일 그들을 마주
하여 내려가라. 적군은 시스 고개로 올라올 것이다.
여루엘 들 맞은편에서 너희가 그들을 만날 것이다.
17 이 전쟁에서는 너희가 싸울 것이 없다. 너희는
대열만 정비하고 굳게 서서, 나 주가 너희에게 승
리를 가져다 주는 것을 보아라. 유다와 예루살렘아,
너희는 두려워하지 말아라. 겁내지 말아라. 내일
적들을 맞아 싸우러 나가거라. 나 주가 너희와 함께
있겠다.'"
18 여호사밧이 몸을 굽혀 얼굴을 땅에 대니,
온 유다 백성과 예루살렘 주민도 주님 앞에 엎드려
경배하고, 19 고핫 자손과 고라 자손에게 속한
레위 사람들은, 서서 목소리를 높여, 주 이스라엘의
하나님을 찬양하였다.

ㄱ) 한 히브리어 사본에서만 '에돔', 대다수의 히브리어 사본과 칠십인역과 불가타에는 '아람'

절)과 이스라엘의 원수를 이기신 *하나님을 두려워* (29절) 하는 것을 극적으로 대조시킨다. 이 틀 안에서, 여호사밧의 기도 (5-13절), 하나님의 대답 (14-19절), 그리고 전쟁 장면(20-27절)은 신앙이 주는 효과를 예증한다.

서다/일어나다 (아마드. 이 단어는 이야기의 진가를 시험하는 핵심어이다. 첫 번째와 세 번째 부분이 여호*사밧이 서서/일어나서* (5, 20절) 라는 구절로 시작할 뿐만 아니라, 세 부분이 모두 이 핵심어를 포함하면서 이스라엘의 과거에서 중요한 때를 상기시키는 말을 전략적으로 배치하고 있다. **20:5-13** 첫 번째 부분에서, 여호사밧이 드린 기도, *이 성전 앞에 모여 서서, 재난 가운데서 주님께 부르짖겠고* (9절)는 솔로몬이 성전을 봉헌할 때 드렸던 기도를 (대하 6:20, 28-30; 7:13-15를 참조) 생각나게 해 주고 있다. **20:14-19** 하나님께서 응답하시는 두 번째 부분에서, 백성들은 *너희는 대열만 정비하고 굳게 서서, 나 주가 너희에게 승리를 가져다 주는 것을 보아라* (17절) 하고 권고의 말씀을 듣는데, 모세가 홍해에서 대답한 것을 (출 14:13) 생각나게 해 준다. **20:20-27** 세 번째 부분에서, *암몬 자손과 모압 자손이 짝이 되어서, 세일 산에서 온 사람들을 모조리 쳐죽이는 것이 아닌가* 에서 적군들이 혼동하여 서로 쳐죽이는 것은 (23절) 기드온 시대에 있었던 비슷한 상황을

20 백성은 다음날 아침 일찍 일어나서, 드고아
들로 나갔다. 나갈 때에, 여호사밧이 나서서 격려
하였다. "유다와 예루살렘 주민은 내가 하는 말을
들으십시오. 주 우리의 하나님을 믿어야만 흔들
리지 않습니다. 주님께서 보내신 예언자들을 신
뢰하십시오. 우리는 반드시 이깁니다." 21 여호
사밧은 백성들과 의논한 다음에, 노래하는 사람
들을 뽑아 거룩한 예복을 입히고, 군대 앞에서 행진
하게 하였다. 그는 또 노래하는 사람들이 "주님께
감사하여라. 그의 인자하심이 영원하다" 하면서,
주님을 찬양하게 하였다.

22 노래하는 사람들이 그렇게 노래를 부르니,
주님께서 복병을 시켜서 유다를 치러 온 암몬 자
손과 모압 자손과 세일 산에서 온 사람들을 치게
하셔서, 그들을 대파하셨다. 23 오히려 암몬 자
손과 모압 자손이 짝이 되어서, 세일 산에서 온 사
람들을 모조리 쳐죽이는 것이 아닌가! 세일 산에서
온 사람들을 쳐죽인 다음에는, 암몬 자손과 모압
자손이 서로 쳐죽였다. 24 유다 사람들이 들판
이 내려다 보이는 망대에 이르러서 보니, 적군이
하나도 살아 남지 못하고, 모두 주검이 되어 땅에
엎어져 있었다.

25 여호사밧이 백성을 데리고 가서, 전리품을
거두어들였다. 전리품 가운데는 상당히 많은 물
건과 ㄱ)옷과 귀중품이 있었다. 그래서 각자가 마음껏
탈취하였는데, 전리품이 너무 많아서 운반할 수가
없었다. 전리품이 이처럼 많아서, 그것을 다 거두
어들이는 데에 사흘이나 걸렸다. 26 나흘째 되던
날에, 그들은 ㄴ)브라가 골짜기에 모여서, 거기서
주님을 찬양하였다. 오늘날도 사람들은 그 곳을
'찬양 (브라가) 골짜기'라고 부른다. 27 유다와
예루살렘 모든 사람이 여호사밧을 앞세우고, 기
쁨에 넘쳐 예루살렘으로 개선하였다. 이것은 주님
께서 원수들을 쳐서 이겨서, 유다 백성을 기쁘게
해주셨기 때문이다. 28 사람들은 거문고와 수금과
나팔을 합주하며, 예루살렘에 이르러, 주님의 성전
으로 나아갔다. 29 이방 모든 나라가 주님께서
이스라엘의 원수들을 치셨다는 소문을 듣고, 하
나님을 두려워하였다. 30 여호사밧이 다스리는
동안 나라가 태평하였다. 하나님께서 사방으로
그에게 평안함을 주셨기 때문이다.

여호사밧의 통치가 끝나다 (왕상 22:41-50)

31 여호사밧은 유다의 왕이 되었을 때에 서른
다섯 살이었다. 그는 예루살렘에서 스물다섯 해
동안 다스렸다. 그의 어머니 아수바는 실히의 딸
이다. 32 여호사밧은 자기의 아버지 아사가 걸어
간 길에서 벗어나지 아니하고, 그 길을 그대로
걸어, 주님께서 보시기에 정직하게 행하였으나,
33 산당만은 헐어 버리지 않아서, 백성이 조상의
하나님만을 섬기게 하지는 못하였다.

34 여호사밧의 나머지 역사는 처음부터 끝
까지 '하나니의 아들 예후의 역사책'에 다 기록되
었고, 그것은 '이스라엘 열왕기'에 올랐다.

35 한번은 유다의 여호사밧 왕과 이스라엘의
아하시야 왕 사이에 동맹을 맺은 일이 있었는데,
아하시야는 악행을 많이 저지른 왕이었다.
36 아하시야의 권유로 여호사밧이 다시스를 왕
래할 상선을 만들었다. 배를 만든 곳은 에시온게
벨이었다. 37 그 때에 마레사 사람 도다와후의
아들 엘리에셀이 여호사밧에게 와서 "임금님께서
아하시야와 동맹을 맺으셨으므로, 주님께서 임금
님이 만드신 상선을 부수실 것입니다" 하고 예언
하였다. 그의 말대로, 그 배는 부서져서 다시스로
가지 못하였다.

ㄱ) 불가타와 몇몇 히브리어 사본을 따름. 대다수의 히브리어 사본에는 '시체' ㄴ) '찬양'

상기시킨다 (삿 7:15-23). **20:20** 여호사밧은 이사야가 아하스에게 경고했던 것을 (사 7:9) 긍정문으로 교정하여 "주님께서 보내신 예언자들을 신뢰하십시오. 우리는 반드시 이깁니다" 라고 말하는데 이 말은 10—28장의 메시지를 요약해 준다. 여호사밧 때와 이사야 때의 요소들이 결합된 것은 유배 이후의 공동체 역시 암몬 자손과 갈등을 겪고 있었으므로 유배 이후의 공동체들에게 기도와 하나님께 의지하는 믿음이 주는 이로움을 상기시켜주기 위해서였다 (1절; 느 2:19; 4:1-3, 7-9; 6:1-4; 13장).

20:31—21:1 여호사밧의 통치는 두 부분으로 구분되어 요약하면서 (20:31-34; 21:1) 예언자의 또 다른 비난의 틀을 만들어 주고 있는데, 그 하나는 신앙심이 깊던 통치자가 군사적으로 외국과 동맹을 맺는다는 것이고 (18:1-2; 19:1-3), 또 다른 하나는 재정적으로 (20:35-37) 외국과 동맹을 맺어 결함이 생겼다는 것이다.

21:2—22:1 *여호람.* 여호사밧이 아하시야와 북왕국과 불미스런 동맹을 맺은 적이 있는데 여호람도 계속 비극으로 치닫고 있다. 여호람은 역대기하에서 첫 번째로 온통 부정적으로 그려지는 왕일뿐만 아니라, 다윗 왕가가 끊어질 위기를 세 번 맞이하게 되는데 그 첫 번째가 여호람이 통치할 때이다. 역대지 기자는 왕하 8:16-24를 확대하여 자신의 신학적인 관심을 부각

21 1 여호사밧이 세상을 떠나서 그의 조상
에게로 가니, '다윗 성'에 있는 왕실 묘지에
장사하였다. 그의 아들 여호람이 그의 뒤를 이어
왕이 되었다.

유다 왕 여호람 (왕하 8:17-24)

2 여호사밧의 아들 여호람에게는 아우들이
있었다. 그의 아우 아사랴와 여히엘과 스가랴와
아사랴와 미가엘과 스바댜는, 모두 ㄱ)이스라엘의
여호사밧 왕이 낳은 아들이었다. 3 여호람의 아
버지 여호사밧은, 여호람의 아우들에게는, 은 금과
보물과 요새화된 유다의 성읍들을 후하게 선물로
주었고, 여호람은 맏아들이었으므로 왕의 자리를
내주었다. 4 그러나 여호람은, 아버지의 뒤를 이어
왕위에 올라 세력을 굳히자, 자기 아우들을 모두
죽이고, 이스라엘 지도자들 얼마도 함께 칼로 쳐
죽였다.
5 여호람이 왕이 되었을 때에, 그는 서른두
살이었다. 그는 예루살렘에서 여덟 해 동안 다스
렸다. 6 그는 아합의 딸을 아내로 맞아들였기 때
문에, 아합 가문이 한 대로 곧 이스라엘 왕들이 간
길을 갔다. 이와 같이 하여, 그는 주님께서 보시
기에 악한 일을 하였다. 7 그러나 주님께서는 다윗
왕가를 멸망시키려고 하지 않으셨다. 일찍이 주
님께서 그의 종 다윗과 언약을 맺으시고, 다윗과
그 자손에게서 왕조의 등불이 영원히 꺼지지 않게
하시겠다고 약속하셨기 때문이다.
8 여호람이 다스리는 동안에, 에돔이 유다에
반기를 들고, 자기들의 왕을 따로 세웠다. 9 여호
람은 지휘관들을 이끌고 병거대를 모두 출동시켰
다가, 병거대 지휘관들과 함께 에돔 군대에게 포
위를 당하고 말았다. 그러나 밤에 에돔 군대의 포
위망을 뚫고 빠져 나왔다. 10 이와 같이, 에돔은
유다에 반역하여 그 지배를 벗어나 오늘날까지 이
르렀고, 립나 성읍이 반란을 일으켜 여호람의 지
배에서 벗어난 것도 같은 무렵이다. 그가 이런 변을
당한 것은 주 조상의 하나님을 저버렸기 때문이다.
11 그는 또 유다의 여러 산에 산당을 세우고, 예루
살렘 주민에게 음행을 하게 하였고, 유다 백성을
그릇된 길로 가게 하였다.
12 그래서 엘리야 예언자가 그에게 다음과
같은 글을 보냈다.
"임금님의 조상 다윗의 주 하나님께서 이렇게
말씀하십니다. '네가, 유다 왕 네 아버지 여호사밧이
가던 길과 네 할아버지 아사가 가던 길을 따르지
아니하고, 13 오히려 이스라엘 왕들이 걷던 길을
따라가고 있다. 유다와 예루살렘 주민으로 음행을
하게 하기를, 마치 아합 왕가가 하듯 하였다. 또
너는 네 아버지 집에서 난 자식들, 곧 너보다 착한
아우들을 죽였다. 14 이제 나 주가 네 백성과 네
자식들과 네 아내들과 네 모든 재산에 큰 재앙을
내리겠다. 15 또 너는 창자에 중병이 들고, 그
병이 날로 더 악화되어, 마침내 창자가 빠져 나올
것이다.'"
16 주님께서는 또 블레셋 사람과 에티오피아에
인접하여 사는 아라비아 사람들의 마음을 부추겨,
여호람을 치게 하셨다. 17 그들이 유다로 쳐올라
와서 왕궁의 모든 재물을 탈취하였고, 여호람의
아들들과 아내들까지 잡아 갔다. 막내 아들 ㄴ)아하
시야 이외에는 아무도 남겨 두지 않았다.
18 이런 일이 있은 뒤에, 주님께서 여호람에게
벌을 내리셔서, 그의 창자에 불치의 병이 들게 하
셨다. 19 그는 오랫동안, 이 불치의 병으로 꼬박
두 해를 앓다가, 창자가 몸 밖으로 빠져 나와서,
심한 통증에 시달리다가 죽고 말았다. 백성은, 왕
들이 죽으면 으레 향을 피웠으나, 여호람에게만은
향을 피우지 않았다.

ㄱ) 남왕국 유다를 가리킴. 대하에서는 자주 남왕국 유다를 이스라엘이라고 함 ㄴ) 여호아하스의 변형

시키기 위해 이야기를 재구성하고 있다. 한가운데에 엘리야 예언자로부터 전수되어 온 글이 보이며 (12-15절) 에돔과 립나의 반역 (8-11절), 그리고 블레셋과 아랍의 반역이 편지의 틀을 짜고 있다 (16-17절). 여호람의 통치에 대한 역대지 기자의 평가(6-7절)와 하나님과 백성들의 평가(18-19절)가 반역 사건들을 둘러싸고 있다. 역대지 기자가 관찰한 것을 가지고 (5, 20절) 이 이야기 전체를 에워싸고 있다. **21:12-15** 역대지 기자는 심판을 알리는 엘리야의 편지를 작성하여, 편지를 둘러싼 쌍으로 된 반역과 평가를 비교하는 신학적인 모형으로 삼았다. **21:8-11, 16-17** 엘리야가 보낸 편지의 틀을 짜고 있는 쌍으로 된 반역은 자신의 아우들을 죽이고 (4절), 통치를 시작하여 아들들과 아내들을 잃으면서 (17절; 22:1) 통치를 마치는 왕에게 들이닥친 하나님께서 당연하게 내리시는 벌을 표현하고 있다. **21:6-7, 18-19** 역대지 저자가 시큰둥하게 내린 여호람에 대한 신학적인 심판은 (6-7절) 하나님의 엄중한 심판(18-19a)과 그리고 왕이 죽은 후 *향을 피우지 않음으로써* 악한 왕에게 조상 대대로 행하던 장례 풍속을 거부하는 백성들의 기이한 심판과 선명한 대조를 이룬다 (19b절). 여호람이 행한 악한 통치기간에 그래도 유일하게 잘한 것이 있다면 여호람이 다윗의 계보를

20 여호람이 왕이 되었을 때에, 그는 서른두
살이었다. 그는 예루살렘에서 여덟 해 동안 다스
리다가, 그의 죽음을 슬프게 여기는 사람도 없이
세상을 떠났다. 사람들이 그를 '다윗 성'에 묻기는
하였으나, 왕실 묘지에 장사하지는 않았다.

유다 왕 아하시야

(왕하 8:25-29; 9:21-28)

22 1 예루살렘 사람들이 여호람의 막내 아들
아하시야를 왕으로 삼아, 왕위를 잇게 하
였다. 전에 아라비아 사람들과 함께 진영에 쳐들어
왔던 침략군들에게 아하시야의 형들이 다 학살당
하였으므로, 여호람의 아들 아하시야가 유다의
왕이 되었다. 2 아하시야가 왕이 되었을 때에,
그는, [ㄱ]스물두 살이었다. 그는 예루살렘에서 한
해밖에 다스리지 못하였다. 그의 어머니 아달랴는
오므리의 손녀이다. 3 아하시야 역시 아합 가문의
길을 따라 가지 않을 수 없었다. 그의 어머니가
그를 꾀어, 악을 행하게 하였기 때문이다. 4 그는
아합 가문을 따라 주님 앞에서 악을 행하였다. 그는
아버지가 죽은 다음에 아합 가문 사람들의 의견을
따라 다스리다가, 그만 망하고 말았다. 5 그는
아합 가문 사람들의 의견을 따라, 이스라엘의 아
합의 아들 [ㄴ]요람 왕과 함께 시리아의 하사엘 왕을
맞아 싸우려고, 길르앗의 라못으로 올라갔다.
그 싸움에서 시리아 군인이 요람을 쳐서 부상을
입혔다. 6 [ㄴ]요람은, 시리아의 하사엘 왕과 [ㄷ]라마
에서 싸울 때에 입은 부상을 치료하려고, 이스르
엘로 돌아갔다. 그 때에 아합의 아들 [ㄴ]요람이 병이
들었으므로, 유다의 여호람 왕의 아들 [ㄹ]아하시야가
문병을 하려고 이스르엘로 내려갔다.
7 아하시야는 [ㄴ]요람에게 문병을 갔다가 오히
려 해를 입게 되었다. 이것은 이미 하나님께서 일을
그렇게 꾸미셨기 때문이다. 아하시야가 병문안을
하러 갔다가, 뜻밖에도 요람과 함께 나가서, 님시의
아들 예후와 맞닥뜨리게 되었다. 예후는 이미 주님
께서 아합 왕가를 멸망시키시려고 기름 부어 뽑아
세운 사람이었다. 8 예후는 아합 왕가를 징벌하
면서, 유다 군대의 지휘관들과, 아하시야를 섬기는
조카들까지, 닥치는 대로 죽였다. 9 아하시야는
사마리아로 가서 숨어 있었으나, 예후가 그를 찾아
나섰다. 마침 예후의 부하들이 아하시야를 붙잡
아 예후에게로 데리고 왔다. 예후가 그를 죽이니,
사람들은 "그가 마음을 다하여 주님만 찾은 여호
사밧의 아들이었다" 하면서, 그를 묻어 주었다.
그리고 나니, 아하시야의 가문에는 왕국을
지켜 갈 만한 능력을 가진 사람이 아무도 없었다.

유다의 여왕 아달랴 (왕하 11:1-3)

10 아하시야의 어머니 아달랴는 자기 아들이
죽는 것을 보고, 유다 집의 왕족을 다 죽이기 시작
하였다. 11 그러나 왕자들이 살해되는 가운데
서도, 왕의 딸 [ㅁ]여호세바가 아하시야의 아들 요아
스를 몰래 빼내어, 유모와 함께 침실에 숨겨서, 아
달랴에게서 화를 면하게 하였으므로, 아달랴가
요아스는 죽이지 못하였다. [ㅁ]여호세바는 여호람
왕의 딸이요, 여호야다 제사장의 아내이다. 아하
시야에게는 누이가 되는 사람이다. 12 요아스는
그들과 함께 여섯 해 동안을 하나님의 성전에 숨어
지냈으며, 그 동안에, 나라는 아달랴가 다스렸다.

ㄱ) 칠십인역과 시리아어역을 따름 (왕하 8:26) 히, '마흔두 살' ㄴ) 여호람의 변형 ㄷ) 또는 '라못' ㄹ) 몇몇 히브리어 사본과 칠십인역과 불가타와 시리아어역을 따름 (왕하 8:29) 히, '아사랴' ㅁ) 히, '여호사브앗'. 히브리 이름 '여호세바'와 '여호사브앗'은 서로 바꾸어 쓸 수 있음

유지한 것이다 (17절을 참조). 역대지 기자는 왕조 역사에서 우울했던 이 순간을 다윗의 집에 대한 하나님의 약속의 등불이 꺼지지 않도록 부채질하는 데 사용하고 있다 (7절; 대상 17:12를 참조; 왕하 8:19에 있는 것처럼 "유다"가 아니다).

22:2-9 **22:2** *스물두 살.* 개역개정과 공동번역은 히브리어 사본을 그대로 따라 "사십이 세"라고 번역했으나, 새번역개정은 칠십인 역과 시리아어역에 따라 "스물두 살"이라고 번역한 것 같다. 그 이유는 여호람의 아비가 마흔 살에 죽었기 때문에 (21:20) 여호람의 막내 아들인 아하시야가 마흔두 살이 될 수가 없었기 때문에 조절된 숫자인 것 같다. 왕하 8:26은 그가 스물두 살이었다고 기록하고 있으며, 칠십인역은 스무 살이었다고 기록하고 있다. **22:3-4** 아하시야는 그의 어미 아달랴를 통해서 북쪽 아합 가문의 악한 영향을 계속 받는다. **22:5-6** 아하시야는 유다의 다른 어떤 왕들도 따를 자 없이 북쪽과 얽히게 되었다. **22:7-9a** 아하시야는 예후가 일으킨 유혈 쿠데타에서 아합의 자손과 함께 죽게 되는데 (왕하 8:28—10:31) 그 상세한 내용은 여기서 추측해야 한다. *이미 하나님께서 일을 그렇게 꾸미셨기 때문이다.* 역대지 기자가 보기에 아하시야는 북쪽과 맺은 동맹 때문에 죽게 되었다. **22:9b** *왕국을 지켜 갈 만한 능력을 가진 사람이 아무도 없었다.* 이제는 다윗의 후예가 아무도 없으므로, 영원한 왕조를 주겠다고 하신 하나님의 약속을 위협하게 된다 (대상 17:12).

아달랴에 대한 반란 (왕하 11:4-16)

23 1 여섯 해를 기다린 여호야다 제사장은,
일곱째 해가 되자, 드디어 용기 있게 결
단을 내리고, 군대 지휘관들인 백부장들, 곧 여로
함의 아들 아사랴와, 여호하난의 아들 이스마엘과,
오벳의 아들 아사랴와, 아다야의 아들 마아세야와,
시그리의 아들 엘리사밧과 밀약을 맺었다. 2 이들
백부장들은 유다의 모든 성읍으로 돌아다니며,
레위 사람들과 이스라엘 각 가문의 족장들을 모
아서, 예루살렘으로 데리고 왔다.

3 그들이 모두 하나님의 성전에 모여, 왕의
아들 요아스와 언약을 세웠다. 여호야다가 그들
에게 말하였다. "여기에 왕세자가 계십니다. 이
분이 왕이 되셔야 합니다. 이것은 다윗 자손이 왕이
되어야 한다는 주님의 약속을 따르는 것입니다.
4 이제 여러분이 하여야 할 일을 말하겠습니다.
이번 안식일에 맡은 일을 하러 오는 당번 제사장
들과 레위 사람들은, 여기 성전에 도착하여, 삼분의
일은 성전 문을 지키고, 5 또 삼분의 일은 왕궁을
지키고, 나머지는 '기초문'을 지키십시오. 일반
백성은 주님의 성전 뜰로 모입니다. 6 그 날 일을
맡은 제사장들과 그들을 돕는 레위 사람들 말고
는, 어느 누구도 성전 안으로 들어오지 못합니다.
거룩하게 구별된 제사장들과 레위 사람들만 주님
의 성전 안으로 들어오고, 그밖의 일반 백성은
주님께서 지시하신 대로 성전 밖에 서 있어야
합니다. 7 레위 사람들은 제각기 병기를 들고
왕을 호위하십시오. 임금님께서 드나드실 때에는
반드시 경호하도록 하십시오. 그리고 어느 누구
라도 이 성전 안으로 들어오려고 하면 모두 죽여야
합니다."

8 레위 사람들과 모든 유다 사람들은, 여호
야다가 명령한 것을 그대로 다 하였다. 여호야다
제사장이 안식일에 맡은 일을 끝낸 사람들마저
집으로 돌아가지 못하게 붙들어 두었으므로,
지휘관들은 안식일 당번인 사람들과 비번인 사람
들을 다 데리고 있었다. 9 여호야다 제사장이
백부장들에게 창과 크고 작은 방패들을 나누어
주었다. 그것들은 다윗 왕의 것으로서, 하나님의
성전 안에 간직되어 있던 것들이었다. 10 그는
또 일반 백성에게도 무기를 들려, 성전 남쪽에서
북쪽 끝에 이르기까지 전 지역에 그들을 배치시키
고, 제단 근처에서나 성전 안에서 왕을 경호하게
하였다. 11 그런 다음에, 여호야다와 그의 아들
들이 요아스 왕세자를 데리고 와서, 그에게 왕관을
씌우고, 왕의 직무를 규정한 규례서를 그에게
주고, 기름을 부어 왕으로 삼고 "임금님 만세!"
하고 외쳤다. 12 아달랴가, 백성들이 뛰어 다니
며 왕을 찬양 하는 소리를 듣고, 주님의 성전에 모
여 있는 백성에게로 가서, 13 보니, 왕이 성전
어귀 기둥 곁에 서 있고, 관리들과 나팔수들이 왕
을 모시고 서 있으며, 나라의 모든 백성이 기뻐하
며 나팔을 불고 있고, 성전 성가대원들이 각종 악
기로 찬양을 인도하고 있었다. 아달랴는 분을 참
지 못하고 옷을 찢으며 "반역이다! 반역이다!" 하
고 외쳤다.

14 그 때에 여호야다 제사장이 군대를 거
느린 백부장들을 불러 내어, 그들에게 명령을 내
렸다. "저 여자를 대열 밖으로 끌어 내시오. 저 여
자를 따르는 사람도 모두 칼로 쳐죽이시오." 여호
야다는 주님의 성전 안에서는 그 여자를 죽이지
말라고 하였다.

15 그래서 그들은 그 여자를 이끌고 왕궁
'말의 문' 어귀로 들어가, 거기에서 그 여자를 처
형하였다.

22:10—23:21 여호사밧이 아합과 동맹을 맺음으로 초래된 비극의 결과는 아달랴의 통치 때 정점을 이루게 되는데, 아달랴는 이스라엘에서 유일한 여왕이었다. 왕에게 붙여지던 표준적인 문구가 아달랴에 빠져 있는 것은, 아달랴의 통치는 유일하게 다윗의 자손이 계보를 잇지 못했으므로 위법이라는 것을 암시해 준다. 역대지 기자는 또한 진짜 왕인 어린아이 요아스를 살림으로써 다윗의 계보가 끊어지는 것을 막은 또 다른 여인인 여호세바를 그릴 때도 표준적인 문구를 생략한다. 요아스의 구출은 (22:10-12) 그가 즉위하는 것과 (23:1-15) 언약을 논의하는 것으로 (23:16-21) 이어진다. **22:10-12** 요아스를 살려준 *여호세바*는 마침내 아달랴를 거꾸러뜨린 여호야다 제사장의 아내이다. **23:1-15** 여호야다는 7살짜리 요아스를 진정한 왕으로 추대하면서 극적인 묘사를 하고 있다. **23:3** 하나님의 약속을 상기시켜 준다 (대상 17:12). **23:4-15** 제사장들과 레위 사람들의 역할이 향상된 것이 특징으로, 여왕을 잡아서 처형하는 사람도 그들이다.

23:16-21 여호야다의 개혁으로 세워진 언약은 하나님을 향한 예배만을 회복시키고 바알숭배는 땅에서 없애버렸다. **23:16** 열왕기상하에서 언약은 백성들과 하나님 사이에 맺은 것이다 (왕하 11:17). 여기서는 여호야다, 백성들, 왕 사이에 맺은 언약인데, 포로생활 이후의 공동체에서 대제사장의 지위가 향상되었다는 것을 강조한다.

24:1-27 왕하 12:2에 나타난 요아스에 대한 긍정

여호야다의 개혁 (왕하 11:17-20)

16 그런 다음에 여호야다는, 자신과 백성과
왕이 주님의 백성이 되는 언약을 세웠다. 17 그
렇게 하고 난 다음에, 모든 백성이 바알 신전으로
몰려가서, 그 신전을 허물고, 제단들을 뒤엎고,
신상들을 완전히 부수어 버렸다. 또 그들은 거기
제단 앞에서 바알의 맛단 제사장을 죽였다.
18 여호야다는 주님의 성전을 돌보는 일을 정하여,
그것을 레위 사람 제사장들이 관리하도록 맡겼다.
모세의 율법에 기록된 대로, 주님께 번제를 드리고
즐거운 노래로 주님을 찬양하는 이러한 일들은,
본래 다윗이 성전 안에서 일하는 레위 사람 제사
장들에게 맡긴 임무였다. 19 여호야다는 또한
주님의 성전 문마다 문지기를 두어, 부정한 사람은
아무도 들어오지 못하게 하였다.

20 여호야다는 백부장들과 귀족들과 백성의
지도자들과 그 땅의 모든 백성들과 함께, 왕을 호
위하여 주님의 성전에서 데리고 나와서, 윗문을
지나 왕궁으로 가서, 왕을 왕좌에 앉히니, 21 그
땅의 모든 백성들이 기뻐하였다. 아달랴가 살해
된 뒤로, 도성은 평온을 되찾았다.

유다 왕 요아스 (왕하 12:1-16)

24 1 요아스가 왕이 되었을 때에, 그는 일곱
살이었다. 그는 예루살렘에서 마흔 해
동안 다스렸다. 그의 어머니 시비아는 브엘세바
사람이다. 2 여호야다 제사장이 살아 있는 동안
에는, 요아스가 주님 보시기에 올바르게 다스렸다.
3 여호야다는 왕에게 두 아내를 추천하였다. 왕과
그 두 아내 사이에서 아들 딸들이 태어났다.

4 얼마 뒤에 요아스는 주님의 성전을 새롭게
단장할 마음이 생겨서, 5 제사장들과 레위 사람
들을 불러 다음과 같이 지시하였다. "유다의 여러
성읍으로 두루 다니면서, 모든 이스라엘 사람들
에게서 해마다 돈을 거두어, 하나님의 성전을 보
수하도록 하시오. 지체하지 말고, 곧 실시하시
오." 그러나 레위 사람들이 곧바로 움직이지 아니
하자, 6 왕이 여호야다 대제사장을 불러 추궁하
였다. "대제사장은 왜 레위 사람들에게 유다와 예
루살렘에서 세금을 거두어들이라고 요구하지 않
았소? 그 세금은 주님의 종 모세와 이스라엘 회중이
증거의 장막을 위하여 백성에게 부과한 것이 아
니오?"

7 그 사악한 여인 아달랴가 자기 아들들을 시
켜서, 하나님의 성전을 부수고 들어가게 하였고,
또 그 안에 있던 성물들까지 꺼내다가 바알에게
바치게 하였기 때문에, 성전 보수를 서둘러야만
하였다.

8 왕은 명령을 내려서, 궤 하나를 만들어 주
님의 성전 문 밖에 놓게 하고, 9 유다와 예루살
렘에 선포하여, 하나님의 종 모세가 광야에서 이
스라엘이 바치도록 정한 세금을 주님께 드리도록

적인 평가는 그가 아람의 하사엘에게 공물을 바쳤던 것 (왕하 12:18-19)과 반역 중에 급작스런 죽음을 당하는 것(왕하 12:21-22)과는 모순되는 것으로 보였을 것이다. 이러한 모순점을 다루기 위해서, 역대지 기자는 앞서 르보호암(대하 11—12장)과 아사 (대하 14—16장) 왕을 묘사할 때 사용했던 구성 패턴을 다시 적용하여, 성공 시기(1-14절)를 먼저, 그리고 뒤이어서 쇠퇴(17-27절)를 묘사한다. 여호야다 제사장의 죽음(15-16절)이 이 두 시기를 분리하고 있다. 충실한 시기와 불충실한 시기로 된 패턴은 그 다음에 오는 두 왕인 아마샤와 웃시야의 통치기 또한 구성하게 될 것이다.

24:1-14 성전 회복은 요아스가 통치 초기에 보였던 충성스런 특성을 나타낸다. **24:2-3** 산당을 제거하지 않았던 요아스를 부정적으로 말하는 것을 생략한 것과 (왕하 12:3) 하나님의 호의로 요아스에게 아내들과 아이들이 생겼다고 덧붙인 것은 긍정적으로 그려진 요아스의 모습을 강화하고 있다. **24:4** *새롭게 단장할 마음이 생겨서.* 성전을 지은 지 130년이라는 세월이 흘러서 아마도 구조적으로 보수할 필요도 생겼겠지만, 실제적인 문제는 성전이 바알숭배를 위한 공간으로 쓰이고 바알에게 성물을 바치는 목적으로 쓰인 적이 있기 때문이다. **24:5-6** 왕하 12장에는 언급되지 않은 것으로, *레위 사람들이* 특별히 중요한 역할을 하고 있다. 그러나 여기서는 지체하여 응답한 것 때문에 비난을 받고 있다. 젊은 왕은 이 사업을 진행하기 위해 원래 모세가 성막 건축을 위해 세금을 징수했던 것과 (출 30:12-16; 38:25-26) 나중에 다윗과 솔로몬이 성전 건축을 위해 사용했던 방법을 (대상 29:1-9) 수단으로 삼아 재정을 충당하였다. **24:7** *아달랴의 아들들.* "아들들"이란 구절은 아마도 아달랴의 관원들을 말하는 것 같다. **24:8** *궤.* 메소포타미아의 신전 안에서는 보통 예물을 위한 헌금상자를 볼 수 있는데, 여기는 *성전 문 밖에* 궤가 놓여있어 평신도들이 접근하기 쉬웠다. **24:10** 백성들이 기꺼이 예물을 바친 것은 성막이 완성되자 광야에서 생활하던 공동체가 기뻐한 것(출 36:4-7)과 다윗이 의도했던 것을 백성들이 기뻐한 것 (대상 29:9)을 연상시켜 준다. **24:15-16** 역대지 저자는 요아스의 통치를 두 부분으로 나누기 위해 열왕기에는 언급되지 않은, 여호야다의 죽음을 사용하고 있다. 요아스는 여호야다가 살아있는 동안에는 변함없이

하였다. 10 지도자들과 백성이 모두 기꺼이 돈을
가지고 와서, 궤가 가득 찰 때까지 거기에 돈을
던져 넣었다. 11 궤가 차면, 레위 사람들이 그
궤를 왕궁 관리들에게로 가지고 갔는데, 거기에
많은 액수의 돈이 찬 것을 그들에게 보여 주면,
왕실 서기관과 대제사장의 관리가 와서, 그 궤의
돈을 계산하였다. 그리고 나면, 레위 사람들은 다시
그 궤를 성전 밖 제자리에 가져다 놓곤 하였다.
12 왕과 여호야다가 그 돈을 주님의 성전 공사 감
독관들에게 넘겨 주면, 그들은 주님의 성전을 새
롭게 단장할 석수와 목수를 고용하고, 주님의 성
전을 보수할 기능공들, 곧 쇠나 놋쇠를 다룰 기술
자들도 고용하였다.

13 일을 맡은 사람들이 부지런히 일을 하는
데다가, 그들이 하는 일마저도 잘 진전이 되어서,
주님의 성전은 본래의 설계대로 견고하게 세워졌
다. 14 공사를 맡은 사람들이 공사를 마친 뒤에,
남은 돈을 왕과 여호야다에게 가져 오니, 왕이 그
것으로 주님의 성전에서 쓸 기구, 곧 예배 때에 쓸
기구와, 번제를 드릴 때에 쓸 기구와, 숟가락과 금
그릇이나 은그릇을 마련하게 하였다.

여호야다의 정책이 뒤집히다

여호야다가 살아 있는 동안에는 주님의 성전
에서 번제를 드리는 일이 끊이지 않았다. 15 여
호야다가 늙어 나이가 차서 죽으니, 그가 세상에
서 누린 햇수는 백삼십 년이었다. 16 그가 평생
이스라엘 백성과 하나님과 성전을 위하여 좋은 일
을 하였다고 해서, 사람들은 그를 '다윗 성' 왕실
묘지에 안장하였다.

17 여호야다 제사장이 죽으니, 유다 지도자
들이 왕을 부추겨서 자기들의 말을 듣도록 하였다.
18 백성은 주 조상의 하나님의 성전을 버리고 아
세라 목상과 우상을 섬기기 시작하였다. 이러한
죄 때문에 유다와 예루살렘에 하나님의 진노가 내
렸다. 19 주님께서는 백성을 주님께로 돌이키도
록 경고하시려고 예언자들을 보내셨지만, 백성은
예언자의 말 듣기를 거절하였다. 20 여호야다
제사장의 아들 스가랴가 하나님의 영에 감동이
되어, 백성 앞에 나서서 말하였다. "나 하나님이
말한다. 어찌하여 너희가 주님의 명을 거역하느
냐? 너희가 형통하지 못할 것이다. 너희가 주님을
버렸으니, 주님께서도 너희를 버리셨다." 21 그
러나 사람들은 그를 없앨 음모를 꾸몄고, 드디어
왕의 명령에 따라, 주님의 성전 뜰에서 그를 돌로
쳐죽였다. 22 이렇듯 요아스 왕은, 스가랴의 아
버지 여호야다가 자기에게 보인 그 충성을 생각하
지 않고, 그의 아들을 죽였다. 스가랴는 죽으면서
"주님께서 이 일을 굽어 보시고, 갚아 주십시오"
하고 외쳤다.

요아스의 통치가 끝남

23 ㄱ)해가 바뀔 무렵에, 시리아 군대가 요아
스를 치러 진군하였다. 그들은 유다와 예루살렘을
점령하고, 백성의 지도자들을 죽이고, 노략한 물
건은 다마스쿠스에 있는 자기들의 왕에게로 보냈다.
24 시리아 군대는 수가 얼마 되지 않았다. 그러
나 주님께서는 유다 백성이 주 조상의 하나님을
버린 것을 못마땅하게 여기셔서, 그 적은 수의 시
리아 군대가 유다의 대군과 싸워 이기게 하셨다.

ㄱ) 아마도 봄

충성스러웠다 (1-14절; 2절을 참조). 그러나 신실한 제사장이 죽은 다음에, 왕은 조상들이 저질렀던 죄에 빠져들었다 (17-27절). 여호야다는 신실하게 봉사했기 때문에 장수를 누리고 죽은 후에는 왕실 묘지에 안장되는데, 요아스에게는 이러한 명예가 주어지지 않았다고 강조되어 있다 (25절). **24:17-27** 여호야다가 충성스럽게 경고해 주던 것을 잃게 되자, 요아스는 성전을 버리고 우상숭배로 되돌아가게 된다. **24:17-19** *듣도록 하였다.* 히브리어 동사로 "듣는다" 라는 샤마으에는 "순종"이 내포되어 있으므로, 요아스 왕이 우상숭배를 찬성해 준 것을 의미한다. *유다 지도자들.* 아마도 7절에서 아달랴의 아들들이라고 언급된, 남아있던 아달랴의 관원들인 것 같다. **24:20** 충실한 제사장의 아들 스가랴 선지자가 꾸짖는 말에서 첫 번째 절반은 모세가 광야의 이스라엘 자손에게 이와 비슷하게 나무랐던 것을 상기시켜 준다 (민 14:41). 나머지 절반은 아하시야가 아사에게 경고했던 대로 이루어지고 있다 (대하 15:2b). **24:21-24** 왕실이 공개적인 장소에서 스가랴가 처형되도록 내버려 둔 결과 (21절) 시리아 군대가 침공하여 노략한 물건들을 다마스쿠스로 옮겨가는 일이 일어났다 (23절). **24:24** *주님께서 도와주셔서* 숫자적으로 우세한 유다가 패배해 버린 것에서 하나님께서 보복하시는 것으로 나타난다. **24:25** *요아스가 신복들에게* 죽임을 당한 것은 스가랴가 죽으면서 *주님께서 이 일을 굽어보시고 갚아 주십시오* 라고 요청한 대로 보복이 철저하게 일어나는 것을 보여준다 (22절).

25:1—26:2 *아마샤.* 아마샤는 아비 요아스와 공통되는 점이 많다. 그는 이전의 역사(왕하 14:3)에서

이렇게 요아스에게 심판이 내렸던 것이다. 25 시
리아 군대는 요아스에게 심한 타격을 입히고 물러
갔다. 요아스의 신복들은, 요아스가 여호야다의
아들 스가랴 제사장을 죽인 일에 반감을 품고, 요아
스가 잠을 자고 있는 동안에 그를 죽이고 말았다.
요아스는 이렇게 죽고 말았다. 그는 '다윗 성'에
묻히기는 하였으나, 왕실 묘지에 안장되지는 못
하였다. 26 요아스에게 반란을 일으킨 사람은,
암몬 여인 시므앗의 아들 사밧과 모압 여인 시므
릿의 아들 여호사밧이다. 27 요아스의 아들들의
이야기와, 요아스가 중대한 경책을 받은 것과, 하
나님의 성전을 보수한 사적은, 모두 '열왕기 주석'
에 기록되어 있다. 그의 아들 아마샤가 그의 뒤를
이어 왕이 되었다.

유다 왕 아마샤 (왕하 14:2-6)

25 1 아마샤가 왕이 되었을 때에, 그는 스물
다섯 살이었다. 그는 예루살렘에서 스물
아홉 해 동안 다스렸다. 그의 어머니 여호앗단은
예루살렘 사람이다. 2 그는 주님께서 보시기에
올바른 일을 하였으나, 마음을 다하여 하지는 않
았다. 3 왕권을 확고하게 장악한 뒤에, 그는 부
왕을 살해한 신하들을 처형하였으나, 4 처형받은
신하의 자녀는 죽이지 않았으니, 그것은 그가 모
세의 책, 곧 율법에 기록된 말씀을 따른 것이었다.
거기에는 "아버지가 자녀 대신에 처형받아서는
안 되고, 또 자녀가 아버지 대신에 처형받아서도
안 된다. 오직 각 사람은 자신이 지은 죄에 따라
처형받아야 한다" 하고 말씀하신 주님의 명령이
있다.

에돔과의 전쟁 (왕하 14:7)

5 아마샤는 유다 지파와 베냐민 지파 사람들을
그들이 소속된 가문별로 군대 단위로 조직하고,
그들 위에 군대 지휘관인 천부장과 백부장을 임명
하여 세웠다. 이 군대 조직에 편성된 사람들은 스무
살 이상 된 남자들로서, 모두 삼십만 명이나 되었다.
이 사람들은 창과 방패로 무장하고, 전쟁터에 나갈
수 있는 장정들이었다. 6 이 밖에도 그는 은 백
달란트를 주고, 북왕국 이스라엘에서 용감한 군인
십만 명을 고용하였다. 7 그러나 어떤 하나님의
사람이 아마샤에게 가서 말하였다. "임금님, 임금
님께서는 이스라엘 군대를 데리고 가지 마십시오.
주님께서는 북왕국 이스라엘, 곧 에브라임 자손과
함께 계시지 않으십니다. 8 그런데도 임금님께서
북 이스라엘 군대를 데리고 출동하시거든, 힘써
싸워 보십시오. 하나님께서는 임금님이 대적들
앞에서 엎어지게 하실 것입니다. 하나님께서는
임금님을, 이기게도 하실 수 있고, 지게도 하실 수
있습니다."
9 아마샤가 하나님의 사람에게 물었다. "북
이스라엘 군인을 고용하느라고 지불한 은 백 달란
트는 어떻게 하면 좋겠습니까?" 하나님의 사람이
대답하였다. "주님께서는 그것보다 더 많은 것을
임금님께 주실 수 있습니다." 10 그래서 아마샤는
에브라임에서 온 군인들을 그들의 고향으로 돌려
보냈다. 그들은 유다 사람에 대하여 몹시 불쾌하게
생각하면서, 고향으로 돌아갔다.
11 아마샤는 용기를 내어 출병하였다. '소금
계곡'에 이르러서, 세일 자손 만 명을 죽였다.
12 유다 군대가 또 별도로 만 명을 산 채로 붙잡

올바른 왕으로 여겨졌으며, 처음 통치할 때는 충성스럽게 행동하였다. 그러나 아비 때와 마찬가지로 끝내 나라는 싸움에서 패배당하고 (22절), 아마샤는 반란을 일으킨 (27절) 자기 백성의 손에 죽는다. 역대지 저자는 본래 선한 왕이 패배하고 불명예스런 죽음을 당하는 문제를 놓고 왕이 죄를 지었기 때문에 그러한 종말을 맞았다고 보았다. 요아스의 통치를 다룬 기사처럼, 아마샤의 통치도 신실하게 다스린 시기와 (1-13절) 신실하지 못한 시기로 (14-28절) 나뉘는데, 두 가지 내용을 길게 덧붙이고 (5-10, 13-16절) 신학적인 평가(20, 27절)가 확대되어 포함되어 있다. 왕에게 닥친 두 가지 군사적인 상황과 (5-13, 17-24절) 두 번에 걸친 예언자들과의 만남(7-9, 15-16절)에 반응하는 맥락에서 왕에 대하여 평가한다.

25:1-13 아마샤는 통치 초반기에는 비교적 신실했었다. **25:2** *마음을 다하여 하지는 않았다.* 역대지 저자는 아마샤가 "주님께서 보시기에 올바른 일을 하였으나" 라고 평가하면서, "그의 조상 다윗만큼은 하지 못하였고" (왕하 14:3) 라는 구절을 생략한다. 그는 대신에 *그가 마음을 다하여 하지는 않았다* 라는 말을 덧붙인다. 이 말은 신실하지 못했던 두 번째 통치기에 저질렀던 잘못을 언급하는지도 모르지만, 첫 번째 시기에 용병을 고용한 것으로 보아 (6, 9절) 두 시기에 모두 적용되는 듯하다. **25:4** 아마샤는 신 24:16에 따라 관용을 베풀었다. **25:5-13** 에돔과의 전쟁은 아마샤에게 비교적 긍정적인 판단을 내리는 상황을 제공한다. **25:7-9** *하나님의 사람.* 왕에게 외국과의 동맹이 가져오는 위험을 경고하는 무명의 선지자는 북왕국 이스라엘의 군인들을 고용한 것을 책망한다 (13:4-12; 16:1-9; 19:1-13; 22:1-7을 참조). **25:10-13** 선지

아서, 절벽 위로 끌고 올라가, 그 밑으로 떨어뜨
리자, 그들의 몸이 으스러졌다.
13 그러는 동안에 아마샤가 전쟁에 함께 데
리고 출동하지 않고 되돌려 보낸 북 이스라엘 군
인들은, 사마리아와 벳호론 사이에 있는 유다의
여러 마을을 약탈하고, 사람을 삼천 명이나 죽이고,
물건도 많이 약탈하였다. 14 아마샤는 에돔 사
람들을 학살하고 돌아올 때에, 세일 자손의 신상
들을 가져 와서 자기의 신으로 모시고, 그것들 앞
에 경배하며 분향하였다. 15 이 일로 주님께서
아마샤에게 크게 진노하셔서 예언자 한 사람을 보
내시니, 그가 가서 아마샤에게 말하였다. "이 신
들은 자기들을 섬기는 그 백성들을 임금님의 손에
서 건져 내지도 못하였는데, 임금님께서는 이 신
들에게 비시니 어찌 된 일입니까?" 16 예언자가
이렇게 말머리를 꺼내는데, 왕이 그의 말을 가로
막으면서, "우리가 언제 너를 왕의 고문으로 추대
하였느냐? 맞아 죽지 않으려거든 그쳐라!" 하고
호통을 쳤다.

그러자 예언자는 이렇게 말하고 그쳤다. "임
금님께서 나의 충고를 받지 않고 이렇게 하시는
것을 보니, 하나님께서 임금님을 망하게 하시기로
결심하셨다는 것을 이제 알 것 같습니다."

이스라엘과의 전쟁 (왕하 14:8-20)

17 유다 왕 아마샤가 참모들과 함께 이스라
엘에 대항할 모의를 하고, 예후의 손자요 여호아
하스의 아들인 이스라엘의 여호아스 왕에게 전령을
보내어서, 서로 직접 만나 힘을 겨루어 보자고 제안
하였다. 18 이스라엘의 여호아스 왕은 유다의
아마샤 왕에게 사람을 보내어서 회답하였다. "레
바논의 가시나무가 레바논의 백향목에게 전갈을
보내어서 백향목의 딸을 며느리로 달라고 청혼하는
것을 보고, 레바논의 들짐승이 지나가다가 그 가
시나무를 짓밟은 일이 있습니다. 19 당신은 에
돔을 쳐부수었다는 것을 스스로 대견스럽게 여겨
자랑하면서, 건방지게 우쭐대지만, 차라리 당신
궁전에 그대로 머물러 있으면 별 탈이 없을 터인
데, 어찌하여 당신은 당신 자신과 유다를 함께 멸
망시킬 화근을 스스로 불러들이고 있습니까?"
20 그가 이렇게 말하여도 아마샤는 들으려
하지 않았다. 그러나 이것은 하나님께서 하신 일
이다. 유다 사람들이 에돔 신들의 뜻을 물으므로,
하나님께서 유다 사람들을 여호아스의 손에 넘겨
주시려고, 아마샤의 마음을 그렇게 만든 것이다.
21 이스라엘의 여호아스 왕이 올라와서, 유다의
아마샤 왕을 맞아 유다의 벳세메스에서 대치하였다.
22 그러나 유다 군대는 이스라엘 군대에게 패하여,
뿔뿔이 흩어져 자기들의 집으로 도망가고 말았다.
23 이스라엘의 여호아스 왕은 벳세메스에서 ㄱ)아
하시야의 손자요 요아스의 아들인 유다의 아마샤
왕을 사로잡아서, 예루살렘으로 들어 왔다. 그는
예루살렘 성벽을, 에브라임 문에서부터 성 모퉁이
문에 이르기까지 사백 자 길이의 성벽을 허물어
버렸다. 24 그는 또 하나님의 성전 안에서 오벳
에돔이 지키고 있는 모든 금과 은과 그릇들을 약
탈하고, 왕궁의 보물 창고를 약탈하고, 사람까지
볼모로 잡아서 사마리아로 돌아갔다.
25 유다의 요아스의 아들 아마샤 왕은 이스라
엘의 여호아하스의 아들 여호아스 왕이 죽은 뒤에도
열다섯 해를 더 살았다. 26 아마샤가 다스리
던 기간에 일어난 다른 사건들은, 처음부터 끝까
지 '유다와 이스라엘의 열왕기'에 기록되어 있다.
27 아마샤가 주님을 따르다가 등지고 돌아선 뒤
에, 예루살렘에서 반란이 일어나자, 아마샤는 라
기스로 도망하였다. 그러나 반란을 일으킨 사람

ㄱ) 히, '여호아하스'. 히브리 이름 '아하시야'와 '여호아하스'는 서로 바꾸어 쓸 수 있음

자의 말에 순종하여, 아마샤는 북쪽 동맹군을 돌려보내고 하나님의 도움으로 에돔을 패배시킨다. **25:13** *사마리아.* 여기서는 북왕국의 수도를 뜻하지 않았을 것이다. **25:14-18** 아마샤의 통치는 북쪽과의 전쟁을 배경으로 후반부 통치 기간 동안에 신실하지 못한 것으로 사용된다. **25:14** 전쟁을 다룬 두 이야기는 적을 패배시키고 아마샤가 그들이 섬기던 우상을 경배했다는 보고와 연관되는데, 열왕기하에는 없는 내용이다. **25:15-16** 예언자. 또 다른 한 무명의 선지자가 곧 하나님의 보복을 피할 수 없을 거라고 반복하여 말하면서 왕의 미련한 행위를 반대한다. **25:17-19** 그럼에도 불구하고 에돔을 이긴 승리에 도취된 오만한 아마샤는 이스라엘의 여호아스 왕과 겨룰 결심을 한다. 심지어 이 북왕국의 왕조차도 아마샤가 무모한 오만을 버리지 못하여 파멸을 불러올 것을 알아차리고 가시나무와 백향목에 얽힌 소름끼치는 우화를 조롱하듯이 원색적으로 표현한다. **25:20** *하나님께서 하신 일.* 역대지 기자는 이에 덧붙여서 아마샤가 선지자의 경고를 경멸하며 거절한 것은 왕이 에돔의 우상들을 경배하므로 하나님께서 아마샤의 마음을 그렇게 만드는 벌을 주셨다고 평한다. **25:24** *오벳에돔.* 다윗 왕에게서 언약궤를 보호할 책임을 맡은 레위 가족이다 (대상 13:13-

들은 라기스에까지 사람을 보내어, 거기에서 그를 죽였고, 28 그의 주검을 말에 싣고 와서, 그의 조상들과 함께 '다윗 성'에 장사하였다.

유다 왕 웃시야

(왕하 14:21-22; 15:1-7)

26 1 유다의 온 백성은 웃시야를 왕으로 삼아, 그의 아버지 아마샤의 뒤를 잇게 하였다. 그가 왕이 되었을 때에, 그는 열여섯 살이었다. 2 아마샤 왕이 죽은 뒤에, 웃시야는 엘랏을 재건하여 유다에 귀속시켰다.

3 웃시야가 왕이 되었을 때에, 그는 열여섯 살이었다. 그는 예루살렘에서 쉰두 해 동안 다스렸다. 그의 어머니 여골리아는, 예루살렘 태생이다. 4 그는 자기의 아버지 아마샤가 한 모든 일을 본받아서, 주님께서 보시기에 올바른 일을 하였다. 5 그의 곁에는 하나님을 경외하도록 가르쳐 주는 스가랴가 있었는데, 스가랴가 살아 있는 동안, 웃시야는 하나님의 뜻을 찾았다. 그가 주님의 뜻을 찾는 동안은, 하나님께서 그가 하는 일마다 잘 되게 하여 주셨다.

6 웃시야가 전쟁을 일으켜 블레셋과 싸우고, 가드 성과 야브네 성과 아스돗 성의 성벽들을 헐고, 아스돗 땅과 블레셋 지역 안에 성읍들을 세웠다. 7 그는 하나님의 도움을 받아서, 블레셋 사람과 구르바알에 사는 아라비아 사람과 마온 사람을 쳤다. 8 암몬 사람이 웃시야에게 조공을 바쳤다. 웃시야가 매우 강하게 되었으므로, 그의 이름이 저 멀리 이집트 땅에까지 퍼졌다.

9 웃시야는 예루살렘의 '성 모퉁이 문'과 '골짜기 문'과 '성 굽이', 이 세 곳에 망대를 세우고, 그 곳을 요새로 만들었다. 10 그에게는 기르는 가축이 많았다. 언덕 지대와 평지에는 농부들을 배치시켰고, 산간지방에는 포도원을 가꾸는 농부도 두었다. 그는 농사를 좋아하여서 벌판에도 곳곳에 망대를 세우고, 여러 곳에 물웅덩이도 팠다.

11 웃시야에게는, 언제든지 나가서 싸울 수 있는 큰 규모의 군대가 있었다. 여이엘 병적 기록관과 마아세야 병무담당 비서관이 이들을 징집하여 병적에 올렸다. 이 두 사람은 왕의 직속 지휘관 가운데 한 사람인 하나냐의 지휘를 맡았다. 12 그 군대에는 이천육백 명의 장교가 있고, 13 그들의 밑에도, 왕의 명령이 떨어지면 언제라도 대적과 싸워 이길 수 있는 삼십만 칠천오백 명의 군인들이 있었다. 14 웃시야는 이 군대를 방패와 창과 투구와 갑옷과 활과 무릿매로 무장시켰다. 15 예루살렘에는 무기제조 기술자들을 두어 새로운 무기를 고안하여 만들게 하였으니, 그 무기는 망대와 성곽 모서리 위에 설치하여 활과 큰 돌을 쏘아 날리는 것이었다. 그의 명성이 사방으로 퍼졌고, 하나님께서 그를 도우셨으므로, 그는 매우 강한 왕이 되었다.

---

14). **25:27** *아마샤가 주님을 따르다가 등지고 돌아선 뒤에.* 역대지 기자는 왕이 우상을 숭배하자 (14, 20절) 그 응답으로 반란이 일어났다고 덧붙인다. *그를 죽였고.* 아마샤가 암살당함으로써 선지자가 왕의 죽음을 예언한 것이 이루어졌다 (16절). **26:1-2** 어디서 정확히 끝나는지 결정하기가 어렵다. 이 마지막 구절은 왕하 14:21-22에서 아마샤의 통치에 대해 내리는 결론을 뚜렷하게 포함한다. 여기에 있는 문맥에서 마지막 구절은 아마샤의 통치에서 웃시야의 통치로 옮아가는 역할을 한다.

26:3-23 *웃시야.* 역대지 저자는 또다시 기사를 두 가지 다른 시기로 구분한다. 첫 번째 시기는 보다 적극적인 부분으로 올바른 사업에 힘쓰는 충성된 웃시야를 그린다 (4-15절). 두 번째 시기는 왕이 신실하지 못한 결과로 (16-21절) 말년에 얻게 된 (왕하 15:5) 문둥병을 설명한다. 왕하 15:2-3에서 끌어온 서론 부분(3-4절)과 왕하 15:5-7에서 끌어온 결론부분(20b-23절)이 이러한 시기들과 합쳐지면서, 열왕기하에서 아하시야/웃시야에 대해 말하고자 하는 모든 것이나 다름없는 기사의 틀을 만들고 있다 (5-20절은 역대기하에 유일한 것이다). **26:4-15** 이 구절은 웃시야가 신실하였던 첫 번째 시기를 그리는데, 역대지 기자가 보기에 열왕기하에서 등한시했다. **26:4-5a** 앞섰던 두 가지 통치 때와 마찬가지로 왕이 산당을 없애는데 실패했다는 말은 생략되고, 통치 초기에 대한 긍정적인 판단은 유지된다. 웃시야에게는 충성스런 조언자 스가랴가 있는데, 요아스에게 여호야다가 있었던 것을 상기시켜 준다. **26:5b** *그가 주님의 뜻을 찾는 동안.* 웃시야의 치명적인 후반부 통치에 대해 미리 그림자를 드리우는 불길한 표현이다. **26:6-8** 전쟁에서 승리하고 *명예*를 얻는 것은 축복을 받는 표시이다. **26:9-10** 고고학에서 발굴된 유적이 웃시야의 건축 사업을 증명해 주는데, 또 다른 축복의 표시이다. **26:11-15** 군사력도 하나님이 축복하신다는 또 하나의 징표가 된다. **26:16-21** 웃시야가 신실하지 못했던 통치 후반부를 다루는 이 구절은 웃시야의 나병을 설명하려고 애쓰고 있다. 또다시, 요아스와 아마샤 사이에 있는 어떤 비슷한 점이 나타난다. **26:16** 아마샤의 경우처럼 (25:19), 웃시야도

웃시야가 벌을 받다

16 웃시야 왕은 힘이 세어지면서 교만하게 되더니, 드디어 악한 일을 저지르고 말았다. 주님의 성전 안에 있는 분향단에다가 분향을 하려고 그리로 들어간 것이다. 이것은 주 하나님께 죄를 짓는 일이었다. 17 아사랴 제사장이, 용감하고 힘이 센 주님의 제사장 팔십 명을 데리고 왕의 뒤를 따라 들어가면서, 18 웃시야 왕을 말렸다. 제사장들이 외쳤다. "웃시야 임금님께서는 들으십시오. 주님께 분향하는 일은 왕이 할 일이 아닙니다. 분향하는 일은, 이 직무를 수행하도록 거룩하게 구별된 제사장들, 곧 아론의 혈통을 이어받은 제사장들만이 할 수 있는 일입니다. 이 거룩한 곳에서 어서 물러나시기 바랍니다. 왕이 범죄하였으니 주 하나님께 높임을 받지 못할 것입니다."

19 웃시야는 성전 안 분향단 옆에 서서 향로를 들고 막 분향하려다가 이 말을 듣고 화를 냈다. 그가 제사장들에게 화를 낼 때에 그의 이마에 ㄱ)나병이 생겼다. 20 아사랴 대제사장과 다른 제사장들이 그를 살펴보고 그의 이마에 나병이 생긴 것을 확인하고, 그를 곧 그 곳에서 쫓아냈다. 주님께서 웃시야를 재앙으로 치셨으므로 그는 급히 나갔다.

21 그는 죽는 날까지 나병을 앓았다. 주님의 성전을 출입하는 것도 허용되지 않았으므로, 나병 환자인 그는 별궁에 격리되어 여생을 보냈다. 왕자 요담이 왕실을 관리하며 나라의 백성을 다스렸다.

22 웃시야의 통치 기간에 있었던 다른 사건들은, 초기의 것에서부터 후대의 것에 이르기까지, 아모스의 아들 예언자 이사야가 기록하여 두었다. 23 웃시야가 죽어서 그의 조상과 함께 잠드니, 그가 나병환자였다고 해서, 왕실 묘지에 장사하지 않고, 왕가에 속한 변두리 땅에 장사하였다. 왕자 요담이 아버지의 뒤를 이어서 왕이 되었다.

유다 왕 요담 (왕하 15:32-38)

27 1 요담이 왕이 되었을 때에, 그는 스물다섯 살이었다. 그는 예루살렘에서 열여섯 해 동안 다스렸다. 그의 어머니 여루사는 사독의 딸이다. 2 그는 아버지 웃시야가 한 것을 그대로 본받아서, 주님께서 보시기에 올바른 일을 하였으나, 그의 아버지와는 달리, 주님의 성전에는 들어가지 않았다. 그러나 백성은 계속하여 악한 일을 저질렀다.

3 그는 주님의 성전의 '북쪽 문'을 만들어 세웠고, 오벨 성벽도 더 연장하여 쌓았다. 4 유다의 산간지방에는 성읍들을 건축하고, 산림지역에는 요새를 만들고 망대를 세웠다. 5 더욱이 그는 암몬 자손의 왕들과 싸워서 이겼다. 그 해에 암몬 자손은 은 백 달란트와, 밀 만 석과 보리 만 석을 조공으로 바쳤고, 그 다음 해에도, 또 삼 년째 되는 해에도, 암몬 자손은 같은 양으로 조공을 바쳤다. 6 요담은, 주 그의 하나님 앞에서 바른 길을 걸으며 살았으므로 점점 강해졌다. 7 요담이 다스리던 기간에 생긴 다른 사건들, 그가 전쟁에 나가 싸운 것과 그의 행적들은, '이스라엘과 유다 열왕기'에 기록되어 있다. 8 그가 왕이 되었을 때에, 그는 스물다섯 살이었다. 그는 예루살렘에서 열여섯 해 동안 다스렸다. 9 요담이 죽어서 그의 조상과 함께 잠드니, '다윗 성'에 장사하였다. 그의 아들 아하스가 그의 뒤를 이어 왕이 되었다.

ㄱ) 히브리어에서는 여러가지 악성 피부병을 일컫는 말임

교만하게 되더니 파멸에 이르게 된다. 향을 피우는 것은 제사장에게 한정된 일이었다 (민 16:40). **26:17-18** 요아스(24:17-20)와 아마샤(25:7-9, 15-16)의 경우가 둘 다 그러했듯이, 신실하지 못한 행위의 결과로 선지자의 비난과 심판선고를 받게 되는데, 이번에는 아사랴 제사장이 왕을 말린다. **26:20-21** 또 한 번 제사장의 선고로 결국 하나님의 심판을 받게 된다. **26:23** *그의 조상과 함께 잠드니.* 웃시야는 나병을 앓았기 때문에 왕실 묘지에 장사지낼 수가 없게 되었다. 잠언 16:18을 사실상 예증해 주는 인색한 마지막 장이지만, 우리는 앞선 역사에서 등한시했던, 이 왕이 이룬 눈부신 업적을 간과하면 안 된다.

27:1-9 *요담에* 대한 짧은 기사는 중추적인 구조로 되어 있다. 왕하 15장에서 따온 1, 7-9절의 들어가고 끝맺는 문구가 가운데(3-5절)에 있는 축복을 받는 이유(2, 6절)를 둘러싸고 있다. 더 중요한 것은, 분열왕국의 왕들을 소개하는 새로운 패턴을 시작한 것이다. 앞서 세 왕에 대한 소개는 긍정적인 시기와 부정적인 시기로 나뉘어졌다. 그러나 요담은 아비야 이후 처음으로 흠없는 평가를 받고 있다. 축복을 나타내는 두 가지 표시—건축 사업과 (3-4절) 전쟁에서의 승리 (5절)—가 하나님의 은총을 받게 되는 이유에 둘러싸여 있는데, 주님 보시기에 올바른 일을 하고 (2절) 하나님 앞에서 바른 길을 걸으며 살았기 때문이다 (6절). 왕하 15:32-38 (1절, 7-9절)에서 따온 왕에 대한 문구가 전체를 에워싸고 있다. **27:2** *주님의 성전에는 들어가지 않았다.* 역대지 저자의 부언은 신실한 요담과 그의 아비인 웃시야(26:16-20)를 대조시킨다. **27:3-4** 여기서, 요담

유다 왕 아하스 (왕하 16:1-4)

28 1 아하스가 왕이 되었을 때에, 그는 스무
살이었다. 그는 예루살렘에서 열여섯 해
동안 다스렸다. 그러나 그는 주님께서 보시기에
올바른 일을 하지 않았다. 그는 그의 조상 다윗이
한 대로 하지 않았다.
2 오히려 그는 이스라엘의
왕들이 걸어간 길을 걸어갔고, 심지어 바알 신상
들을 부어 만들기까지 하였다.
3 '힌놈의 아들
골짜기'에서 분향을 하고, 자기 아들을 불에 태워
제물로 바쳤다. 이것은 주님께서 이스라엘 자손이
보는 앞에서 쫓아내신 이방 민족들의 역겨운 풍속
을 본받는 행위였다.
4 그는 직접 산당과 언덕과
모든 푸른 나무 아래에서 제물을 잡아, 이방 신에게
제사를 지내고 분향하였다.

시리아와 이스라엘의 전쟁 (왕하 16:5)

5 그리하여 주 그의 하나님께서 그를 시리아
왕의 손에 넘기시니, 시리아 왕이 그를 치고, 그의
군대를 많이 사로잡아 다마스쿠스로 이끌고 갔다.
또 주님께서 그를 이스라엘 왕의 손에 넘기시니,
이스라엘 왕이 그를 크게 쳐서, 수많은 사람들을
죽였다.
6 이스라엘의 르말리야의 아들 베가 왕이
유다에서 하루 동안에 용사들을 십이만 명이나 죽
였다. 유다 사람들이 조상의 주 하나님을 버렸기
때문이다.
7 에브라임의 용사 시그리가 마아세야
왕자와 아스리감 궁내대신과 엘가나 총리대신을
죽였다.
8 이스라엘 군대는 그들의 동족인 유다
사람들을, 아내들과 아이들까지 합쳐 무려 이십만
명이나 사로잡고, 물건도 많이 약탈하여 사마리
아로 가져 갔다.

예언자 오뎃

9 사마리아에 오뎃이라고 하는 주님의 예언
자가 있었는데, 그가, 사마리아로 개선하는 군대를
마중하러 나가서, 그들을 보고 말하였다. "주 당
신들의 조상의 하나님께서 유다 백성에게 진노하
셔서, 그들을 당신들의 손에 붙이신 것은 사실이오.
하지만 당신들이 살기가 등등하여 그들을 살육
하고,
10 그것으로 성이 차지 않아서, 유다와 예
루살렘의 남녀들까지 노예로 삼을 작정을 하고
있소. 당신들도 주 하나님을 거역하는 죄를 지었
다는 것을 알아야 하오.
11 당신들은 이제 내가
하는 말을 들으시오. 당신들이 잡아 온 이 포로들은

은 건축 사업을 확장시키는 것으로 그의 아버지와 비교된다. **27:6** *요담은 점점 강해졌다.* 요담의 강함은 웃시야의 강대함을 생각나게 하고 (26:8) 또한 군사력을 일컫는다.

28:1-27 *아하스.* 분열왕국이 시작될 때를 상기시켜 주면서 (대하 10—13장), 저자는 분열왕국 시대를 배교하는 것으로 (10:1—28:27) 끝맺는다. 그러나 역대지 저자는 분열왕국 초기에 아비야가 외친 실용적인 연설(대하 13:4-12)에 나타났던 이스라엘과 유다의 관계가 뒤바뀌었다는 것을 강조하기 위해 아하스와 유다에 대한 묘사를 뜯어고치고 있다. 아하스는 제2의 여로보암이 되어 바알 신상들을 부어 만들고 제사를 지낸다 (2, 10-16, 23절; 13:8-9를 참조). 아비야가 정통성을 주장한 것과 (13:11) 정반대로, 아하스는 성전의 문들을 닫고 (28:24) 거룩한 빵을 더럽혔으며 (29:18), 등불을 끄고, 번제도 멈추어버렸다 (29:7). 이스라엘과 유다의 신세도 마찬가지로 바뀐다. 아비야시대에 이스라엘이 패한 반면 (13:18), 아하스시대에는 유다가 패망을 겪게 된다 (28:19). 분열왕국시기에, 이스라엘에 관해서 유다는 스마야 선지자의 말을 순종했다 (11:1-4); 하지만 지금 유다에 관해서는 이스라엘이 오뎃 선지자에게 순종한다 (28:9). 아하스 아래서 유다는 분열왕국 당시 북왕국과 같은 수준으로 배교 행위에 빠져버렸다. 자료는 중심을 축으로 하여 배치되어 있다. 정상적으로 시작하는 문구와 끝맺는 문구(1a, 26-27절)가 처음과 나중에 있은 후, 아하스의 죄와 우상숭배를 묘사하는 (1b-4, 22-25절) 내용이 고리 모양으로 좁혀진다. 가운데 틀을 만들면서, 오뎃이 북쪽 이스라엘을 향해 예언자적 호소를 하는데 (8-15절), 시리아와 이스라엘 (5-7절), 그리고 에돔과 블레셋(17-19절)의 손에 치욕적으로 여러 차례에 걸쳐 군사적으로 패배를 당한 것을 열거하고 있다. 에돔과 블레셋의 침략은 아하스가 앗시리아에게 도움을 호소하는 (16, 20-21절) 것에 의해 틀이 짜여 있다. **28:5-15** 소위 말해서 시리아-에브라임 전쟁(왕하 16:5-6; 사 7장)이 보기 드물게 묘사되어 있다. **28:5-8** 연합군이 합세하여 공격하는 것이 분리되어 (17-19절을 참조) 하나님의 심판을 예시하는데 사용되고 있다. **28:9-11** 나머지 이야기는 역대지 저자의 신학을 대변하는 또 한 명의 선지자인 오뎃이 말한 대로, 유다와 이스라엘이 협동해야 하는 것에 관심을 갖는다. 오뎃은 북쪽에게 남쪽에 있는 형제자매(11, 15절; 8절을 참조)와 다시 연합하라고 호소한다. **28:12-13** 지도자. "지도자" 혹은 "우두머리"가 더 낫다—즉, 왕이 아니다. 북쪽 왕들의 지위가 떨어졌으므로 이제 다시 연합하는 것이 가능하다. 그들은 앞서 아비야가 연설한 것(13:4-12)과 같은 맥락에서

바로 당신들의 형제자매이니, 곧 풀어 주어 돌아
가게 하시오. 그렇게 하지 않으면, 주님께서 진노
하셔서 당장 당신들을 벌하실 것이오."
12 에브라임 자손의 지도자 네 사람, 곧 요하
난의 아들 아사랴와 므실레못의 아들 베레갸와 살
룸의 아들 여히스기야와 하들래의 아들 아마사가
역시 싸우고 개선하는 군대를 막아서서 13 그들
에게 말하였다. "이 포로들을 이리로 끌어들이지
마시오. 이런 일을 저질렀기 때문에, 우리가 모두
주님 앞에서 죄인이 되었소. 당신들은 우리의 죄와
허물을 더욱 많게 하였소. 우리의 허물이 이렇게
많아져서, 우리 이스라엘이 주님의 진노를 피할
수 없게 되었소." 14 무장한 군인들이 이 말을
듣고, 포로와 전리품을 백성과 지도자들에게 넘
겼다. 15 사람들이 위의 네 지도자들에게, 포로를
돌보아 주도록 임무를 맡기니, 그 네 사람이 전리
품을 풀어서, 헐벗은 이들을 입히고, 맨발로 걸어
온 이들에게 신을 신기고, 먹을 것과 마실 것을 가
져다 주고, 상처를 입은 이들에게는 기름을 발라
치료하여 주고, 환자들은 나귀에 태워 모두 종려
나무 성 여리고로 데리고 가서, 그들의 친척에게
넘겨 주고, 사마리아로 되돌아왔다.

아하스가 앗시리아에 구원을 요청함

(왕하 16:7-9)

16 한번은 유다 왕 아하스가 앗시리아의
ㄱ)왕에게 사신을 보내어 도움을 청한 일이 있다.
17 에돔 사람이 다시 와서, 유다를 치고, 백성을
사로잡아 갔으며, 18 블레셋 사람도 유다의
평지와 남방 성읍들을 침략하여, 벳세메스와 아
얄론과 그데롯을 점령하고, 소고를 포함한 그 주변
성읍들과 딤나와 김소와 그 인근 마을들을 점령
하고, 거기에 정착하였기 때문이다. 19 ㄴ)이스라
엘의 아하스 왕이 백성을 부추기어 주님께 크게
범죄하였으므로, 주님께서 유다를 낮추셨던 것
이다. 20 앗시리아의 디글랏빌레셀 왕이 오기는
왔으나, 아하스를 돕기는 커녕 도리어 그를 쳐서
곤경에 빠뜨렸다. 21 아하스가 주님의 성전과
자기의 왕궁과 대신들의 집에서 보물을 꺼내어 앗
시리아의 왕에게 바쳤으나, 별 효과가 없었다.

아하스의 죄

22 사태가 이렇게 악화되었는데도, 아하스
왕은 주님께 더욱 범죄하여, 23 자기를 친 다마
스쿠스 사람들이 섬기는 신들에게 제사를 지내면서
"시리아 왕들이 섬긴 신들이 그 왕들을 도왔으니,
나도 그 신들에게 제사를 드리면, 그 신들이 나를
돕겠지" 하고 생각하였다. 그러나 이러한 일이 오
히려 아하스와 온 이스라엘을 망하게 하였다.
24 그뿐만 아니라, 아하스는 하나님의 성전 안에
있는 기구를 거두어다가 부수고, 또 주님의 성전
으로 드나드는 문들을 닫아 걸고, 예루살렘 이곳
저곳에 제단을 쌓고, 25 유다의 각 성읍에 산당을
세우고, 다른 신들에게 분향하여, 조상 때부터 섬겨
온 주 하나님을 진노케 하였다.
26 이것 말고도, 아하스가 한 모든 일과 행위
는, 처음부터 끝까지, '유다와 이스라엘 열왕기'에
기록되어 있다. 27 아하스가 그의 조상과 함께
잠드니, 그를 왕실 묘지에 장사하지 않고, 예루살렘
성 안에 장사했다. 그의 아들 히스기야가 그의 뒤
를 이어 왕이 되었다.

유다 왕 히스기야 (왕하 18:1-3)

29 1 히스기야가 왕이 되었을 때에, 그는 스
물다섯 살이었다. 그는 예루살렘에서 스
물아홉 해 동안 다스렸다. 그의 어머니 아비야는
스가랴의 딸이다. 2 그 조상 다윗이 한 모든 것
을 그대로 본받아, 주님께서 보시기에 올바른 일
을 하였다.

ㄱ) 한 히브리어 사본과 칠십인역과 불가타를 따름 (왕하 16:17) 대다수의 히브리어 사본에는 '왕들' ㄴ) 남왕국 유다를 가리킴. 대하에서는 자주 남왕국 유다를 이스라엘이라고 함

자신들의 잘못을 인정하며, 따라서 북쪽과 남쪽의 역할이 뒤바뀌는데 이바지한다. **28:16-27** *아하스의* 불충함 (히브리어, *마알*)이 강조되었다 (19, 22절). 이 용어는 특별히 사울의 경우에서 볼 수 있듯이 (대상 10:13) 역대지상하에서 추방의 조짐을 나타내는데 쓰인다 (대상 5:25-26; 대하 36:14-18). **28:24** *주님의 성전으로 드나드는 문들을 닫아걸고* 역대지 기자에게 이는 아합이 저지른 가장 커다란 실수였음에 틀림없는데, 다행히 히스기야에 의해 회복되었다 (29:3).

29:1—36:23 재통일왕국. 역대지 저자는 히스기야에서 바빌로니아 포로생활에 이르기까지의 시기를 네 번째 부분으로 끝맺고 있다. 족보 소개(대상 1—9장)와 다윗과 솔로몬의 통일왕국(대상 10장—대하 9장)은 예루살렘 성전을 중심으로 다윗 계보의 왕의 통치 아래 온전히 통일된 백성으로서 "온 이스라엘"을 제시했다. 그러나 세 번째 부분은 "온 이스라엘"을 분열왕국으로 그렸다 (대하 10—28장). 북쪽이 앗시리아에 의해 망하고 (대하 30:6) 아하스가 배교하자 (28:6, 24-25)

성전 정화

3 그는 왕이 되던 그 첫 해 첫째 달에, 닫혔
던 주님의 성전 문들을 다시 열고 수리하였다.
4 그는 또 제사장들과 레위 사람들을 성전 동쪽
뜰에 모으고, 5 그들에게 말하였다. "레위 사람
들은 나의 말을 잘 들으시오. 이제 그대들 자신을
먼저 성결하게 하고, 또 그대들의 조상이 섬긴
주 하나님의 성전을 성결하게 하여, 더러운 것을
성소에서 말끔히 없애도록 하시오. 6 우리의 조
상이 죄를 지어, 주 우리의 하나님 앞에서 악한 일
을 하였소. 그들은 하나님을 버리고 얼굴을 돌이
켜서, 주님께서 거하시는 성소를 등지고 말았소.
7 그뿐만 아니라, 성전으로 드나드는 현관 앞 문
들을 닫아 걸고, 등불도 끄고, 분향도 하지 않고,
성소에서 이스라엘의 하나님께 번제를 드리지도
않았소. 8 이러한 까닭으로, 주님께서 유다와 예루
살렘에 대해 진노하셔서, 우리를 두려움과 놀람과
비웃음거리가 되게 하셨다는 것은, 여러분이 직접
보아서 알고 있는 사실이오. 9 조상들이 칼에 맞아
죽고, 우리의 자식들과 아내들이 사로잡혀 갔소.
10 이제 나는, 주 이스라엘의 하나님께서 그 맹
렬한 진노를 우리에게서 거두시기를 바라며, 하
나님과 언약을 세우기로 결심하였소. 11 여러분,
시간을 낭비하지 않도록 하시오. 주님께서는 여러
분을 선택하셔서, 주님께 분향하게 하시고, 백성을
인도하여 주님께 예배드리게 하셨소."

12 레위 사람들이 나서니, 고핫의 자손 가운
데서는 아마새의 아들 마핫과 아사랴의 아들 요
엘이 나왔고, 므라리의 자손 가운데서는 압디의
아들 기스와 여할렐렐의 아들 아사랴가 나왔고,
게르손 자손 가운데서는 심마의 아들 요아와 요
아의 아들 에덴이 나왔고, 13 엘리사반의 자손
가운데서는 시므리와 여우엘이 나왔고, 아삽의
자손 가운데서는 스가랴와 맛다니야가 나왔고,
14 헤만의 자손 가운데서는 여후엘과 시므이가
나왔고, 여두둔의 자손 가운데서는 스마야와 웃
시엘이 나왔다.

15 이들이 동료 레위 사람들을 모아 성결 예
식을 하고, 왕이 그들에게 명령한 대로 성전 안으로
들어가서, 주님의 율법에 따라 주님의 성전을 깨
끗하게 하였다. 16 제사장들이 주님의 성전을
깨끗하게 하려고 그 안으로 들어가서, 주님의 성전
안에 있는 모든 더러운 것들을 주님의 성전의 뜰로
끌어내어 놓으면, 레위 사람들이 그것들을 성 밖
기드론 골짜기로 가져다 버렸다.

17 첫째 달 초하루에 성전을 성결하게 하는
일을 시작하여, 여드렛날에는 주님의 성전 어귀에
이르렀으며, 또 여드레 동안 주님의 성전을 성결
하게 하는 일을 하여, 첫째 달 십육일에 일을 다
마쳤다.

분열왕국은 시작할 무렵과 완전히 뒤바뀐 상황에 처한다. 더 중요한 것은 히스기야가 제2의 다윗/솔로몬과 같은 인물로 제시되었다는 것이다. 그는 성전을 보수하고, 예배를 제대로 재정립하고, 북쪽에게 유월절 축제에 동참하자고 초청함으로써, 잃어버린 이상적인 정세를 얼마 동안 회복하였다.

29:1—32:33 *히스기야.* 왕하 18—20장에서와 마찬가지로, 히스기야는 종교를 개혁하고 정치적인 단합을 재정립한다. 그러나 역대지하에서는 개혁이 두드러진다. 열왕기하는 앗시리아의 침입을 강조한다. 헤아릴 수 없이 많은 비교를 통해, 히스기야는 분열왕국 (대하 10—28장) 시기 동안 죽 와해된 "온 이스라엘"의 일치를 회복시키는 제2의 다윗/솔로몬으로 그려진다. 자료는 성전 재건 (29:1-36), 유월절 (30:1—31:1), 성전 재조직 (31:2-21), 그리고 앗시리아의 침공(32:1-33)을 다루는 네 부분으로 나뉜다.

29:1-36 히스기야가 성전을 회복하다. **29:3** *성전문들을 다시 열고.* 저자는 "주님의 성전으로 드나드는 문들을 닫아걸었던" (28:24) 아하스와는 정반대로 히스기야를 신앙심이 깊은 인물로 특징짓는다. 히스기야의 개혁에서 첫 번째 단계는 성전을 정화하는 것이며, 세 단계에 걸쳐 일어난다. **29:4-19** 1단계: 글자 그대로 성전 정화. **29:4-11** 히스기야가 레위 사람들을 불러 모아 책임을 맡긴 것은 내용이 비슷한 다윗의 연설을 상기시켜 준다 (대상 28:2-10). **29:5** *더러운 것.* 성전은 닫혀 있었으므로 우상숭배로 인한 것이 아니라 신경을 쓰지 않았기 때문이다. **29:6-10** 성전 정화를 신학적으로 정당화함으로써 올바른 예배와 정치적인 행운 사이의 관계를 강조하는데, 아하스는 이 관계를 놓쳤다. **29:12-19** 세 레위 가문을 대표하는 14명의 레위 사람들 (12절), 엘리사반 (13절), 그리고 노래하는 사람들(14절)이 재빨리 반응하여 자기가 맡은 과업을 16일 만에 마쳤는데, 유월절로 규정된 날보다 이틀이 모자랐다. **29:20-30** 2단계: 성소와 제단을 재봉헌한다. **29:24** "온 이스라엘"을 두 번이나 언급한 것은 히스기야가 북왕국 백성에게 관심이 있다는 것을 강조하는 것이다. **29:25-30** 히스기야가 레위 사람들의 음악적인 지도력 아래 예배를 회복한 것은 다윗이 언

성전 재봉헌

18 레위 사람들이 히스기야 왕에게 돌아가서, 다음과 같이 보고하였다. "주님의 성전 전체와, 번제단과 거기에 딸린 모든 기구와, 거룩한 빵을 차리는 상과, 거기에 딸린 모든 기구를, 깨끗하게 하였습니다. 19 아하스 왕께서 왕위에 계시면서 죄를 범할 때에 버린 모든 기구를, 제자리에 가져다 놓고, 다시 봉헌하였습니다. 그 모든 기구를 주님의 단 앞에 가져다 놓았습니다."

20 히스기야 왕은, 다음날 아침에 일찍 일어나서, 도성에 있는 대신들을 불러모아, 주님의 성전으로 올라갔다. 21 왕가의 죄와 유다 백성의 죄를 속죄받으려고, 그는 황소 일곱 마리와 숫양 일곱 마리와 어린 양 일곱 마리와 숫염소 일곱 마리를 끌어다가, 속죄제물을 삼고, 아론의 혈통을 이어받은 제사장들에게 명령하여, 주님의 단에 드리게 하였다. 22 사람들이 먼저 황소를 잡으니, 제사장들이 그 피를 받아 제단에 뿌리고, 다음에는 숫양을 잡아 그 피를 제단에 뿌리고, 다음에 어린 양을 잡아 그 피를 제단에 뿌렸다. 23 마지막으로, 속죄제물로 드릴 숫염소를 왕과 회중 앞으로 끌어오니, 그들이 그 위에 손을 얹고, 24 제사장들이 제물을 잡아, 그 피를 속죄제물로 제단에 부어서, 온 이스라엘의 죄를 속죄하였으니, 이것은, 번제와 속죄제를 드려서, 온 이스라엘을 속하라는 어명이 있었기 때문이었다.

25 왕은, 주님께서 다윗 왕에게 지시하신 대로, 레위 사람들을 시켜서, 주님의 성전에서 심벌즈와 거문고와 수금을 연주하게 하였다. 이것은 주님께서 다윗 왕의 선견자 갓과 나단 예언자를 시켜서, 다윗 왕에게 명령하신 것이었다. 26 그리하여 레위 사람들은 다윗이 만든 악기를 잡고, 제사장들은 나팔을 잡았다. 27 히스기야가 번제를 제단에 드리라고 명령하니, 번제가 시작되는 것과 함께, 주님께 드리는 찬양과, 나팔 소리와 이스라엘의 다윗 왕이 만든 악기 연주 소리가 울려 퍼졌다. 28 온 회중이 함께 예배를 드렸다. 번제를 다 드리기까지 노래하는 사람들은 노래를 부르고, 나팔 부는 사람들은 나팔을 불었다. 29 제사를 마친 다음에, 왕과 온 회중이 다 엎드려 경배하였다. 30 그렇게 하고 난 다음에, 히스기야 왕과 대신들이 레위 사람들을 시켜서, 다윗과 아삽 선견자가 지은 시로 주님을 찬송하게 하니, 그들은 즐거운 마음으로 찬송하고, 몸을 굽혀 경배하였다.

31 히스기야가 나서서 "이제 제사장들이 몸을 깨끗하게 하여서, 주님께 거룩하게 구별되었습니다. 그러므로 백성들은 가까이 나아와, 제물과 감사제물을 주님의 성전으로 가지고 오십시오" 하고 선포하니, 드디어 회중이 제물과 감사제물을 가져 왔다. 더러는 그들의 마음에 내키는 대로 번제물을 가져 오기도 하였다. 32 회중이 가져 온 번제물의 수는, 수소가 칠십 마리, 숫양이 백 마리, 어린 양이 이백 마리였다. 이것은 다 주님께 번제물로 드리는 것이었다. 33 번제물과는 달리 구별하여 드린 제물은, 소가 육백 마리, 양이 삼천 마리였다. 34 그런데 번제로 바칠 짐승을 다 잡아 가죽을 벗기기에는 제사장의 수가 너무 모자라서, 이 일을 끝낼 때까지, 성결예식을 마친 제사장들이 보강될 때까지, 제사장들의 친족인 레위 사람들이 제물 잡는 일을 거들었다. 사실, 자신들의 성결을 지키는 일에는, 제사장들보다는 레위 사람들이 더욱 성실하였다. 35 제사장들은, 제물을 다 태워 바치는 번제물도 바쳐야 할 뿐 아니라, 이 밖에도 화목제물로 바치는 기름기도 태워 바쳐야 하였다. 번제와 함께 드리는, 부어 드리는 제사도 제사장들이 맡아서 하였다.

이렇게 하여, 주님의 성전에서 예배를 드리는 일이 다시 시작되었다. 36 일이 이렇듯이 갑작스럽게 되었어도, 하나님이 백성을 도우셔서 잘 되도록 하셨으므로, 히스기야와 백성이 함께 기뻐하였다.

약궤를 안치하면서 (대상 15:16), 그리고 솔로몬이 성전을 봉헌하면서 (7:6) 예배를 회복한 것을 상기시켜 준다. **29:31-36** 3단계: 정기적으로 성전 예배가 다시 시작되도록 한다. **29:31** *번제물.* 백성들은 기꺼이 히스기야가 요청한 것보다 더 많이 가져왔다 (대상 29:17-18을 참조). **29:35b** 이 요약문은 솔로몬의 성전을 봉헌할 때 요약한 것을 상기시켜 준다 (8:16). **29:36b** *갑작스럽게.* 갑작스럽게 완성되었어도 하나님이 도와주셔서 잘 되었다고 감사드리고 있다.

30:1—31:1 히스기야 개혁의 두 번째 단계는 유월절과 관련된다. 유월절은 전통적으로 이스라엘이 이집트에서 해방되어 나온 것을 기념하는 날인데, 여기서는 북쪽의 포로생활에서 풀려나와 온 이스라엘이 성전을 중심으로 재통일된 것을 강조하기 위해 다시 작성했다. 초청(30:1-12)과 축하(30:13—31:1)하는 내용으로 이 장이 구성되어 있다. **30:1-12** 회개를 촉구하는 편지에서 히스기야는 *브엘세바에서 단에 이르기까지* (5절) 온 *이스라엘과 유다에 전갈을 보내어* (1절)—즉 북에서

유월절 준비

30 1 히스기야는 온 이스라엘과 유다에 전
갈을 보내고, 에브라임과 므낫세에는 각각
특별히 편지를 보내서, 예루살렘에 있는 주님의
성전에서 이스라엘의 하나님이신 주님을 기리며
유월절을 지키도록, 오라고 초청하였다. 2 왕이
대신들과 예루살렘의 온 회중과 더불어 의논
하여, 둘째 달에 유월절을 지키기로 한 것이다.
3 이처럼 유월절을 한 달이나 늦추어 지키기로
한 것은, 성결 예식을 치른 제사장도 부족한 데다가,
백성도 예루살렘에 많이 모이지 못하였으므로,
본래 정해진 첫째 달에 지킬 수 없었기 때문이다.
4 왕과 온 회중이 이 계획을 좋게 여겼으므로,
5 왕은 브엘세바에서 단에 이르기까지 이스라엘
전역에 명령을 선포하여, 모두 함께 예루살렘으로
와서, 주 이스라엘의 하나님 앞에서 유월절을
지키도록 하였다. 그들은 참으로 오랫동안, 율법
에 기록된 절차대로 유월절을 지키는 것을 실천
하지 못했던 것이다. 6 파발꾼들이 왕과 대신
들의 편지를 받아 가지고, 어명을 따라, 온 이스
라엘과 유다에 두루 다니며, 다음과 같이 선포
하였다.

"이스라엘 자손은 들으라, 백성들은 아브라
함과 이삭과 이스라엘을 돌보신 주 하나님께로 돌
아오라. 그러면 주님께서도 남아 있는 백성들, 곧
앗시리아 왕의 손에서 벗어난 당신들에게로 돌아
오실 것이다. 7 당신들은 조상이나 동포를 닮지
말아라. 그들이 주 조상의 하나님께 범죄하였으
므로, 주님께서 그들을 멸망하도록 버려 두신 것을,
당신들은 직접 보았다. 8 당신들은 목이 곧은 조
상과 같이 고집을 부리지 말고, 주님께로 돌아오라.
당신들은, 하나님께서 영원히 거룩하게 하신 성
전으로 들어가서, 주 당신들의 하나님을 섬겨라.
그래야만 주님께서 당신들에게서 진노를 거두실
것이다. 9 당신들이 주님께로 돌아오면, 당신들의
친족과 아이들을 사로잡아 간 자들이 당신들의 동
포에게 자비를 베풀어서, 그들을 이 땅으로 돌려
보낼 것이다. 주 당신들의 하나님은 은혜로우시고
자비로우신 분이시므로, 당신들이 그에게로 돌아
오기만 하면, 당신들을 외면하지 않으실 것이다."

10 파발꾼들이 에브라임과 므낫세 지방의
각 성읍으로 두루 다니며, 멀리 스불론에까지 가서
이렇게 알렸으나, 사람들은 파발꾼들을 비웃고,
놀려대기까지 하였다. 11 다만 아셀과 므낫세와
스불론 사람들 가운데서, 몇몇 사람이 겸손하게
말을 듣고 예루살렘으로 왔다. 12 하나님이 또한,
유다에서도 역사하셔서, 왕과 대신들이 주님의
말씀대로 전한 그 명령을 유다 사람들이 한 마음
으로 따르도록 감동시키셨다.

유월절을 성대히 지키다

13 둘째 달에 백성이 무교절을 지키려고 예루
살렘에 모였는데, 그 수가 심히 많아서 큰 무리를
이루었다. 14 그들은 먼저, 예루살렘 도성에 있는,
희생제사를 지내던 제단들과, 향을 피우던 분향
단들을 모두 뜯어 내어 기드론 냇가에 가져다
버렸다. 15 둘째 달 열나흗날에, 사람들이 유월절
양을 잡았다. 미처 부정을 벗지 못하여 부끄러워
하던 제사장들과 레위 사람들은 부정을 씻는 예식
을 한 다음에 번제물을 주님의 성전으로 가져 왔다.
16 그들은 하나님의 사람 모세의 율법에 기록된
대로, 규례를 따라서 각자의 위치에 섰다. 제사장
들은 레위 사람들이 건네 준 피를 받아 뿌렸다.
17 회중 가운데서 많은 사람이 성결 예식을 치르지
못하였으므로, 레위 사람들은 부정한 사람들을
깨끗하게 하려고, 유월절 양을 잡아서, 그러한 사람

남에 이르는 모든 사람—유월절을 함께 축하하자고 초청한다. 아비야가 왕국이 분열할 때 했던 비슷한 연설과 더불어 (대하 13:4-12) 이 초청은 분열왕국의 시기를 포함시키고 있다. **30:6** *앗시리아 왕의 손에서 벗어난 당신들.* 앗시리아가 북왕국을 패배시킨 후에, 히스기야는 나라가 다시 통일되기를 바란다. **30:10-12** 들을 수 있는 귀를 가진 사람들은 들었다. 그들은 *겸손하게 말을 들으며* (11절; 7:14를 참조) 르호보암 시대 이래로 분열된 "온 이스라엘"의 재통일을 위해 함께 힘을 합쳤다.

30:13—31:1 *무교절을 지키려고.* 여기서 무교절이라고 불리는 유월절 축제는 적어도 상징적으로나마 땅과 그 땅에 사는 백성들이 다시 통일을 이룬 것으로 묘사되어 있다. **30:13-14** 앞에서는 제사장들이 성소를 정화했고 (29:16); 지금은 백성들이 성읍을 정화하고 있다. **30:15-16** *부끄러워하던 제사장들과 레위 사람들.* "전에 부끄러움을 당한" (29:34) 성직자들이 이제 제 자리를 찾았다는 말이 옳겠다. **30:17** *레위 사람들이 유월절 양을 잡아서.* 각 가문의 수장이 유월절 양을 잡았어야 했다 (출 12:6). **30:18-20** 솔로몬이 드렸던 위대한 기도를 생각나게 하는 (7:14를 참조) 히스기야의 기도는 하나님께 간구한 결과 하나님의 용서를 받게 된다. **30:23** *다시 이레 동안.* 즉, 솔로몬이 성전을 봉헌하고 절기를 지킬 때와 마찬가지로 14일이 된다 (7:8-10). **31:1** *에브라임과 므낫세.* 이 부족들의 지

들을 데리고 주님 앞에서 성결 예식을 행하였다.
18 그러나 에브라임과 므낫세와 잇사갈과 스불론
에서 온 많은 사람들이, 자신들을 깨끗하게 하지
않은 채로 유월절 양을 먹어서, 기록된 규례를 어
겼다. 그래서 히스기야가 그들을 두고 기도하였다.
"선하신 주님, 용서하여 주십시오. 19 비록 그들
이 성소의 성결예식대로 스스로 깨끗하게 하지 못
하였어도, 그들이 마음을 다하여 하나님, 곧 조상
때부터 섬긴 주 하나님께 정성껏 예배를 드렸으
니, 용서하여 주십시오." 20 주님께서 히스기야
의 기도를 들으시고, 백성의 아픈 마음을 고쳐 주셨
다. 21 예루살렘에 모인 이스라엘 자손은 크게
기뻐하면서 이레 동안 무교절을 지켰고, 그 기간에
레위 사람들과 제사장들은 날마다 주님을 찬양하
며, 웅장한 소리를 내는 악기로 주님을 찬양하였
다. 22 히스기야는 모든 레위 사람이 주님을 섬
기는 일을 능숙하게 하는 것을 보고, 그들을 격려
하여 주었다.

두 번째 축제

이렇게 이레 동안 주 조상의 하나님을 찬송하며
제사를 드린 다음에, 23 온 회중은 다시 이레 동
안의 절기를 지키기로 결정하고, 이레 동안 절기
를 즐겁게 지켰다. 24 유다의 히스기야 왕은 수
송아지 천 마리와 양 칠천 마리를 회중에게 주고,
대신들은 수송아지 천 마리와 양 만 마리를 회중
에게 주었다. 제사장들도 많은 수가 성결 예식을
치렀다. 25 유다 온 회중과 제사장들과 레위
사람들과 이스라엘에서 온 모든 회중과 이스라엘
땅에서 온 외국인 나그네와 유다에 사는 외국인
나그네가 다 함께 즐거워하였다. 26 다윗 왕의
아들 솔로몬의 날부터 이제까지 이런 일이 없었으
므로, 예루살렘 장안이 온통 기쁨으로 가득 찼다.
27 레위인 제사장들이 일어나 백성을 축복하니,
그 축복의 말이 하나님께 이르렀고, 그들의 기
도가 주님께서 계신 거룩한 곳, 하늘에까지 이르
렀다.

히스기야의 종교 개혁

31 1 거기에 있던 모든 이스라엘 사람들은
이 모든 일을 마치고 나서, 각각 유다의
여러 성읍으로 돌아 다니며 기둥 석상을 산산이
부수고, 아세라 목상을 찍어 버리고, 유다와 베냐
민과 에브라임과 므낫세 온 땅에서 산당과 제단을
하나도 남기지 않고 없앤 다음에, 각자의 고향, 자
기들의 유산이 있는 곳으로 돌아갔다.

2 히스기야는 레위 사람들과 제사장들을 갈
래를 따라 다시 조직하여, 각자에게 특수한 임무를
맡겼다. 제사장들과 레위 사람들은 각자 맡은 임
무에 따라, 번제를 드리는 일, 화목제를 드리는 일,
성전 예배에 참석하는 일, 주님의 성전 여러 곳에서
찬양과 감사의 노래를 부르는 일을 하였다. 3 왕도
자기의 가축 떼 가운데서, 아침 저녁으로 드리는
번제에 쓸 짐승을 바치게 하고, 또 안식일과 초하
루와 기타 절기의 번제에 쓸 짐승을 바치게 하였
으니, 모두 율법에 규정된 대로 하였다.

4 그는, 제사장들과 레위 사람들이 주님의
율법을 지키는 일에만 전념할 수 있게 하려고, 예루
살렘에 사는 백성에게 명령을 내려서, 제사장들과
레위 사람들의 몫을 가져 오게 하였다. 5 왕이
명령을 내리니, 유다에 와서 사는 이스라엘 자손이
곡식과 포도주와 기름과 꿀과 각종 농산물의 첫
수확을 넉넉히 가져 왔고, 모든것의 십일조를 많이
가져 왔다. 6 유다의 여러 성읍에 사는 이스라엘
자손과 유다 자손도 소와 양의 십일조를 가져 왔고,
주 하나님께 거룩하게 구별하여 드릴 물건의 십일
조를 가져 왔다. 이렇게 가져 온 것을 차곡차곡 더
미가 되도록 쌓았다. 7 셋째 달에 쌓기 시작하여,
일을 끝낸 것이 일곱째 달이었다. 8 히스기야와
대신들이 와서, 이 더미를 보고서, 주님을 찬양하
고, 백성을 칭찬하였다. 9 히스기야 왕이 제사장
들과 레위 사람들에게 예물 더미에 대하여 묻자,
10 사독의 자손인 아사랴 대제사장이 왕에게 대
답하였다. "백성이 주님의 성전에 예물을 드리기
시작하면서부터, 우리는 먹을 것을 넉넉하게 공
급받았을 뿐 아니라, 남은 것이 이렇게 많습니다.

역을 언급하여 아하스가 세운 우상을 파괴하는 것을 북쪽까지 확대하고 있다.

31:2-21 히스기야 개혁의 세 번째 단계는 예배를 계속 드릴 수 있도록 대비하는 것이다. **31:2-10** 히스기야는 다윗과 솔로몬이 했던 것처럼 예배를 다시 드릴 수 있도록 한다. **31:2-4** 히스기야는 제사장들과 레위 사람들에게 임무를 맡기고, 번제에 사용할 짐승들을 조달하고, 제사장들의 몫을 구별한다 (다윗을 보려면 대상 23—26장; 29:3; 솔로몬을 보려면 대하 8:12-16; 9:10-11; 7:5를 보라). **31:5-10** 이스라엘과 유다가 즐거이 성막(출 36:2-7)과 성전에 바치던 것(대상 29:1-9)을 상기시켜 준다. **31:11-19** 백성들이 즐거이 바친 열매를 관리하기 위하여 방을 마련하여 보관하고 (11-13절) 또 도시와 (14-18절) 시골(19절)에 어떻

남은 것이 이렇게 많이 쌓인 것은, 주님께서 그의
백성에게 복을 베푸신 까닭인 줄로 압니다."
11 히스기야가 주님의 성전 안에 방을 마련
하도록 명령을 내리니, 곧 방을 마련하고, 12 모든
예물과 십일조와 거룩한 물건들을 각 방으로 날라
다가, 정확하게 보관하였다. 이 일을 책임진 사람은
레위 사람 고나냐이고, 부책임자는 그의 아우 시
므이이다. 이 두 사람의 지시를 받으며 함께 일할
사람으로는, 13 여히엘과 아사시야와 나핫과 아
사헬과 여리못과 요사밧과 엘리엘과 이스마갸와
마핫과 브나야가 임명되었다. 히스기야 왕과, 하
나님의 성전을 관리하는 아사랴가, 레위 사람 열
명에게 이런 일을 맡겼다. 14 또 성전 '동쪽 문'을
지키는 레위 사람 임나의 아들 고레는, 백성이 하
나님께 즐거이 드리는 예물을 받아서 주님께 드리
는 일과, 가장 거룩한 것을 제사장들에게 나누어
주는 일을 맡았다. 15 고레의 지시를 받아 함께
일할 사람들로는 에덴과 미냐민과 예수아와 스마
야와 아마랴와 스가냐가 임명되었다. 그들은 제
사장들이 사는 성읍으로 다니면서, 동료 레위 사
람들에게, 임무에 따라 공정하게 먹을 몫을 나누어
주었다. 16 세 살 이상으로, 족보에 기록된 모든
남자들 외에도, 날마다 주님의 성전에 순서에 따라
들어가서, 책임을 수행하는 남자들에게도 몫을
나누어 주었다. 17 가문별로 족보에 기록된 제
사장들과, 그들의 갈래에 따라 임무를 맡은, 스무
살이 넘은 레위 사람들에게도 몫을 나누어 주었다.
18 또 족보에 기록된 온 회중의 자녀와, 아내가
딸린 식구들에게도, 먹을 몫을 나누어 주었다.
그들 또한 언제라도 필요하면, 그들의 신성한 임
무를 수행할 준비를 하고 있어야 하기 때문이다.
19 아론의 자손에게 할당된 성읍과 거기에 딸린
목장에 살고 있는 제사장들도 있었는데, 이들 제
사장 가문의 모든 남자들과, 레위 사람으로 등록
된 남자들에게도 먹을 몫을 나누어 주었다.
20 히스기야는 유다 전역에서 이렇게 하였다.
그는 주 하나님 앞에서 선하고 정직하고 진실하게
일을 처리하였다. 21 그는 하나님의 성전을 관
리하는 일이나, 율법을 지키는 일이나, 하나님을
섬기는 일이나, 하는 일마다 최선을 다하였으므로,
하는 일마다 잘 되었다.

앗시리아 군대가 예루살렘을 위협하다

(왕하 18:13-37; 19:14-19; 35-37;
사 36:1-22; 37:8-38)

32 1 히스기야 왕이 이렇게 하나님을 성실
하게 섬기고 난 뒤에, 앗시리아의 산헤립
왕이 유다로 쳐들어왔다. 산헤립은 요새화된 성읍
들을 공격하여 점령할 수 있을 것이라고 생각하고
진을 쳤다. 2 히스기야는 산헤립이 결국은 예루
살렘까지 칠 것을 알고, 3 대신들과 장군들을 불
러서, 성 밖에 있는 물줄기를 메워 버릴 것을 의논
하였다. 그들은 왕의 계획을 지지하였다. 4 많은
인원을 동원하여, 모든 샘과 들판으로 흘러 나가는
물줄기를 막았다. 앗시리아의 ㄱ)왕들이 진군하여
오더라도 물을 얻지 못하게 할 생각이었다. 5 히
스기야는 힘을 내어 무너진 성벽을 다시 쌓고, 망
대들도 높이 쌓고, 성벽 밖에다 또 한 겹으로 성벽
을 쌓았다. 다윗 성의 밀로를 견고한 요새로 만들
고, 창과 방패도 많이 만들었다. 6 군대를 지휘할
전투 지휘관들을 임명한 다음에, 군대를 성문 광
장에 불러모으고, 격려하였다. 7 "굳세고 담대
하여야 한다. 앗시리아의 왕이나 그를 따르는 무리
를 보고, 두려워하거나 놀라지 말아라. 우리와 함
께 계시는 분은 앗시리아의 왕과 함께 있는 자보다
더 크시다. 8 앗시리아의 왕에게 있는 것이라고
는 군대의 힘뿐이다. 그러나 우리에게는 우리를
도우시고 우리를 대신하여 싸우시는 주 우리의 하

ㄱ) 칠십인역과 시리아어역에는 '왕'

게 분배할지 지시하고 있다. **31:20-21** 히스기야의 개혁(대하 29—31장)은 하나님 앞에서 선하고 정직하고 진실하게 일이 처리되었다고 요약되어 있다.

32:1-33 32장은 히스기야 왕의 정치적인 업적을 비교적 짧게 요약해 주는 기사이다 (왕하 18—20장을 참조). 히스기야가 하는 일마다 성공한 것을 언급하면서 (31:20-21; 32:30), 성공과 번영으로 잴 수 있는 하나님의 축복은 하나님께 신실하기만 하면 보상으로 주어지는 것임을 예시해 주고 있다. **32:1-23** 히스기야의 항복, 그가 외국 동맹을 맺은 것, 성전에 입힌 금을 벗겨 버린 것과 이사야의 중재(왕하 18—20장; 사 38—39장)를 포함하는 내용을 과감하게 생략하며, 산헤립의 침입을 강조하고 기도의 효력을 보여준다. **32:2-6** 히스기야가 건축과 요새 작업을 하고 강한 군대를 모으는 것은 전쟁에 대비한 것이긴 하지만 하나님의 호의를 나타내는 익숙한 척도이기도 하다. **32:7-8** 히스기야의 격려는 하나님께 대한 전적인 신뢰를 표현하고 있으며 다윗과 여호사밧의 호소를 상기시킨다 (대상 22:13; 대하 19:5-7; 20:15-17; 20:15-17, 20). **32:9-12** 산헤립이 빈정댐으로써 전쟁이 시작된다. **32:13-15** 앗시리아의 전령은 히스기야가 주의 성소를 파괴했다고 잘못 생각하여 히스기야는 믿을 수 없다는 뜻을 비치고

나님이 계신다." 백성은 유다 왕 히스기야의 말을 듣고, 힘을 얻었다.

9 얼마 뒤에 앗시리아의 산헤립 왕이, 자기는 온 군대를 거느리고 라기스를 치고 있으면서, 자기 부하들을 예루살렘으로 보내어, 유다의 히스기야 왕과 예루살렘에 있는 유다 백성에게 이렇게 말하였다. 10 "앗시리아의 산헤립 왕이 이같이 말한다. 예루살렘은 포위되었다. 그런데도 너희가 무엇을 믿고 버티느냐? 11 히스기야가 너희를 꾀어, 주 너희의 하나님이 너희를 앗시리아 왕의 손에서 건져 줄 것이라고 한다마는, 이것이 너희를 굶어 죽게 하고 목말라 죽게 하는 일이 아니고 무엇이냐? 12 주님의 산당들과 제단들을 다 없애 버리고, 유다와 예루살렘에 명령을 내려, 오직 하나의 제단 앞에서만 경배하고 그 위에서만 분향하라고 한 것이, 히스기야가 아니냐? 13 나와 내 선왕들이 이 세상의 모든 백성에게 어떻게 하였는지를, 너희가 알지 못하느냐? 그 여러 나라의 신들이 과연 그 땅을 내 손에서 건져 낼 수 있었느냐? 14 내 선왕들이 전멸시킨 그 여러 나라의 그 여러 신들 가운데서, 누가 그 백성을 내 손에서 건져 낼 수 있었기에, 너희의 하나님이 너희를 내 손에서 건져 낼 수 있다고 생각하느냐? 15 그러니 너희는 히스기야에게 속지 말아라. 그의 꾀임에 넘어가지 말아라. 그를 믿지도 말아라. 어떤 백성이나 어떤 나라의 신도 그 백성을, 내 손에서, 내 선왕들의 손에서, 건져 낼 수 없었는데, 하물며 너희의 하나님이 너희를 내 손에서 건져내겠느냐?"

16 산헤립의 부하들은 주 하나님께, 그리고 주님의 종 히스기야에게 더욱 비방하는 말을 퍼부었다. 17 산헤립은 주 이스라엘의 하나님을 욕하고 비방하는 편지를 써 보내기도 하였다. 그는 "여러 나라의 신들이 자기 백성을 내 손에서 구원하여 내지 못한 것 같이, 히스기야의 하나님도 그의 백성을 내 손에서 구원해 내지 못할 것이다." 하고 말하였다. 18 산헤립의 부하들은 예루살렘 성 위에 있는 백성을 보고 유다 말로 크게 소리를 질러, 백성을 두렵게 하고 괴롭게 하면서, 그 성을 점령하려고 하였다. 19 그들은 예루살렘의 하나님을 두고 말하기를, 마치 사람이 손으로 만든 세상 다른 나라 백성의 신들을 두고 하듯이 거침없이 말하였다.

20 히스기야 왕과 아모스의 아들 이사야 예언자가 함께 하늘을 바라보며 부르짖어 기도하니, 21 주님께서 한 천사를 보내셔서 앗시리아 왕의 진영에 있는 모든 큰 용사와 지휘관과 장군을 다 죽여 버리셨다. 앗시리아 왕은 망신만 당하고 자기 나라로 되돌아갔다. 그가 그의 신전으로 들어갔을 때에, 제 몸에서 난 친자식들이 거기서 그를 칼로 죽였다.

22 이처럼 주님께서 히스기야와 예루살렘 주민을 앗시리아의 왕 산헤립의 손과 모든 적국의 손에서 구하여 내셨다. 주님께서는 사방으로부터 그들을 보호하여 주셨다. 23 여러 나라 사람들이 예루살렘으로 예물을 가지고 와서 주님께 드리고, 유다 왕 히스기야에게 선물을 가져 왔다. 그 때부터 히스기야는 여러 나라에서 존경을 받았다.

히스기야의 병과 교만

(왕하 20:1-3; 12-19; 사 38:1-3; 39:1-8)

24 그 무렵에 히스기야가 병이 들어 거의 죽게 되었는데, 히스기야가 주님께 기도하니, 주님께서 그에게 응답하시고, 회복될 것이라고 하는 징조를 보여 주셨다. 25 그러나 히스기야가 교만한 마음으로, 받은 바 은혜에 감사하지 않으므로, 하나님의 진노가 히스기야와 유다 백성과 예루살렘 주민에게 내렸다. 26 드디어 히스기야가 교만하였던 자신을 뉘우치고 예루살렘 주민도 함께 뉘우쳤으므로, 주님께서는 히스기야가 살아 있는 동안에는 그들을 벌하지 않으셨다.

있으며 하나님은 유다를 구원하실 수 없다고 넌지시 비치고 있다. **32:16-19** 하나님과 히스기야를 향한 이중의 위협 ("주님과 그의 기름부음 받은 이를 거역하면서" 시편 2:2를 참조). **32:20-23** 왕과 예언자가 함께 하늘을 바라보며 부르짖어 기도하자 (왕하 20:16-19에서 이사야는 기도하지 않는다) 적국의 손에서 벗어나는 결과가 나타난다 (7:13-15를 참조). *주님께서 …보호하여 주셨다* (공동번역은 "태평성세를 누리게 해주셨다"고 번역). 히스기야는 솔로몬이 존경을 받은 것처럼 국제적으로 존경을 받게 된다 (대상 22:8-10; 대하 9:23-24). **32:24-26** 히스기야가 기적적으로 회복한 후 교만하게 되자 하나님의 *진노*를 입게 된다. 웃시야와는 달리 (26:16-21) 히스기야는 *자신을 뉘우쳤으므로* (7:14를 참조) 생전에 주님의 벌을 받지 않았다. **32:27-33** 다윗/솔로몬의 이상을 모범적으로 대표하는 왕을 칭송하기 위해 부귀영화, 건축 사업, 그리고 번영과 같은 일반적인 축복의 표시들이 나타난다.

33:1-20 *므낫세.* 열왕기하에서 므낫세는 유다

히스기야의 부귀영화

27 히스기야는 대단히 부유하게 되었고, 온
천하의 영화를 한 몸에 누리게 되었다. 그는 귀중품
보관소를 만들어서, 은과 금과 보석과 향품과 방
패와 온갖 귀중품을 보관하였으며, 28 창고를
지어서, 곡식과 새 포도주와 기름 등의 농산물을
저장하였고, 짐승 우리를 만들어 온갖 짐승을 길
렀으며, 양 우리를 만들어 양 떼를 먹였다. 29 또
성읍들을 더 만들고, 양 떼와 많은 소 떼를 치
도록 하였으니, 하나님이 그에게 재산을 그렇게
많이 주셨던 것이다. 30 위쪽 기혼의 샘 물줄기
를 막고, 땅 속에 굴을 뚫어서, 그 물줄기를 '다윗
성' 서쪽 안으로 곧바로 끌어들인 것도 바로 히스
기야가 한 일이다. 히스기야는 하는 일마다 다 잘
되었다. 31 심지어 바빌로니아의 사절단이 와서
그 나라가 이룬 기적을 물을 때에도, 하나님은 그의
인품을 시험하시려고, 히스기야가 마음대로 하게
두셨다.

히스기야의 통치가 끝나다
(왕하 20:20-21)

32 히스기야 통치 때에 있었던 그의 나머지
행적과 그가 주님께 헌신한 일은, 아모스의 아들
예언자 '이사야의 묵시록'과, '유다와 이스라엘 열
왕기'에 기록되어 있다. 33 히스기야가 죽어 그의
조상과 함께 잠드니, 유다와 예루살렘의 온 백성이
그의 죽음을 애도하고, 그를 존경하여 다윗 자손의
묘실 가운데서도 제일 높은 곳에 장사하였다. 그의
아들 므낫세가 그의 뒤를 이어 왕이 되었다.

유다 왕 므낫세 (왕하 21:1-9)

33 1 므낫세가 왕이 되었을 때에, 그는 열
두 살이었다. 그는 예루살렘에서 쉰다섯
해 동안 다스렸다. 2 그는, 주님께서 보시기에
악한 일을 하였다. 그는, 주님께서 이스라엘 자손
이 보는 앞에서 쫓아내신, 이방 사람의 역겨운 풍
속을 따랐다. 3 그는 아버지 히스기야가 헐어 버
린 산당들을 오히려 다시 세우고, 바알들을 섬기
는 제단을 쌓고, 아세라 목상들을 만들고, 하늘의
별을 숭배하여 섬겼다. 4 또 그는, 주님께서 일
찍이 "내가 예루살렘 안에 내 이름을 길이길이 두
겠다" 하고 말씀하신 주님의 성전 안에도 이방 신
을 섬기는 제단을 만들었다. 5 주님의 성전 안팎
두 뜰에도 하늘의 별을 섬기는 제단들을 만들어 세
우고, 6 아들들을 '힌놈의 아들 골짜기'에서 ㄱ번
제물로 살라 바쳤으며, 점쟁이를 불러 점을 치게
하고, 마술사를 시켜 마법을 부리게 하고, 악령과
귀신들을 불러내어 묻곤 하였다. 이렇게 하여, 그
는 주님께서 보시기에 악한 일을 많이 하여, 주님
께서 진노하시게 하였다. 7 그는 또 자기가 만든
아로새긴 목상을 하나님의 성전 안에 가져다 놓았
다. 일찍이 하나님이 다윗과 그의 아들 솔로몬에
게 이 성전을 두고 말씀하실 때에 "내가 이스라엘
의 모든 지파 가운데서 선택한 이 성전과 예루살
렘 안에 영원히 내 이름을 두겠다. 8 이스라엘
백성이, 내가 명한 말, 곧 모세를 시켜 전한 율법
과 율례와 규례를 지켜 그대로 하면, 내가 그들을
그들의 조상에게 준 이 땅에서 결코 쫓아내지 아니
하겠다" 하셨다. 9 그런데 므낫세는 유다 백성과

ㄱ) 히, '불 가운데로 지나가게 하였으며'

왕 가운데 최악의 왕이며, 바빌로니아 포로생활을 책임지는 인물로 묘사되고 있다 (왕하 21:11-16; 24:3-4; 렘 15:4를 참조). 여기서는 므낫세를 참회하는 개혁자로 그리는데, 아마도 55년 동안 다스렸다는 것을 설명하기 위해서일 것이다 (1절). 그러나 역대지에서 통치 기간의 길이는 축복을 받았다는 표시가 아니다. 따라서 므낫세의 이야기는 포로생활과 회복의 또 다른 전형이라 할 수 있는, 기도와 참회가 가지는 효력을 나타내는 극적인 일례라고 보는 것이 가장 좋다 (7:14를 참조).

이 부분은 중심을 축으로 하여 구성되어 있다. 예기치 않게 므낫세가 회개하고 예루살렘과 왕위를 회복하는 것에 본문을 고정시키고 (12-13절), 므낫세가 자신이 저지른 죄 때문에 바빌로니아로 포로로 잡혀가게 되는 것과 (10-11절), 이와 대조되어 므낫세가 회개했기 때문에 건축 사업과 군사력이 강해지는 것(14절)에 의해 둘러싸여 있다. 강한 군사력과 마찬가지로 (11:1; 14:8; 25:5; 26:10) 건축 사업은 종종 축복을 나타내는 표시로 사용되었다 (11:5; 14:6-7; 17:12; 27:3-4; 34:10-13). 므낫세가 예기치 않게 앗시리아 왕에 의해 강제로 *바빌론에* 끌려가는 것은 (11절) 그가 나중에 일어날 유배와 백성의 귀환을 총괄적으로 대표하는 어떤 전형이라는 제안을 강화시켜 준다. 두 번째로 대조되는 쌍은 첫 번째 대조 상황을 둘러싸고 있다. 그러나 이번에는 므낫세가 회개하기 전에 (2-9절) 저지른 역겨운 종교적인 풍습이 그가 마음을 바꾼 후(15-17절)에 일으킨 종교적인 개혁과 대조되어 있다. *바알들, 아세라* 목상들 (3절), 그리고 아들들(6절)과 같은 복수형을 써서 므낫세가 저지른 배교의 정도를 나타내고 있다. 비록 므낫세가 개혁을 통해 2-9절에서 저지른 악행을 완전히

예루살렘 주민을 꾀어서, 악행을 저지르게 한 것이
다. 그들이 저지른 악은, 본래 이 땅에 살다가 이
스라엘 자손이 보는 앞에서 주님께 멸망당한, 그
여러 민족이 저지른 악보다 더욱 흉악하였다.

므낫세가 회개하다

10 주님께서 므낫세와 그의 백성에게 말씀하
셨으나, 그들이 듣지 않았으므로, 11 앗시리아
왕의 군대 지휘관들을 시켜, 유다를 치게 하시니,
그들이 므낫세를 사로잡아 쇠사슬로 묶어, 바빌론
으로 끌어 갔다. 12 므낫세는 고통을 당하여 주
하나님께 간구하였다. 그는 조상의 하나님 앞에서
아주 겸손해졌다. 13 그가 주님께 기도하니, 주
님께서 그 기도를 받으시고, 그 간구하는 것을 들
어 주셔서, 그를 예루살렘으로 돌아오게 하시고,
다시 왕이 되어 다스리게 하셨다. 그제서야 므낫세
는 주님만이 하나님이시라는 것을 깨달았다.
14 이런 일이 있은 뒤에, 므낫세는 '다윗 성'
밖, '기혼 샘' 서쪽 골짜기의 한 지점에서 '물고기
문'에 이르기까지, 외곽 성을 쌓아 오벨을 감싸고,
그 성벽 높이를 한껏 올려 쌓았다. 그는 또 유다의
요새화된 성읍에 군대 지휘관들을 배치하였다.
15 그는 또 성전 안에 있는 이방 신상들과, 그가
가져다 놓은 목상들을 없애 버리고, 주님의 성전이
서 있는 산에다 만들어 놓은 이교의 제단과, 예루
살렘 곳곳에 만들어 놓은 이교의 제단을, 모두 성
밖으로 가져다 버렸다. 16 그는, 주님의 제단을
다시 고치고, 화목제와 감사제를 그 제단 위에서
드렸다. 그는 유다의 모든 백성에게, 주 이스라엘
의 하나님을 섬기라는 명령을 내렸다. 17 비록
백성이 여전히 여러 산당에서 제사를 드리기는 하
였으나, 그 제사는 오직 주 그들의 하나님께만 드
리는 것이었다.

므낫세의 통치가 끝나다 (왕하 21:17-18)

18 므낫세의 나머지 일들과, 그가 하나님께
간구하여 바친 기도와, 선견자가 주 이스라엘의
하나님의 이름을 받들고 권면한 말씀은, 모두
'ㄱ)이스라엘 왕 역대지략'에 기록되어 있다.
19 그가 기도를 드린 것과, 하나님이 그 기도를
받으신 것과, 그가 지은 모든 죄와 허물과, 그가
겸손해지기 전에 산당을 세운 여러 장소와, 아세라
목상과 우상을 세워 둔 여러 곳들이, 모두 '호새의
역사책'에 기록되어 있다. 20 므낫세가 죽어서
그의 뭇 조상과 함께 잠드니, 그의 궁에 장사하였다.
왕자 아몬이 그의 뒤를 이어 왕이 되었다.

유다 왕 아몬 (왕하 21:19-26)

21 아몬이 왕이 되었을 때에, 그는 스물두 살
이었다. 그는 예루살렘에서 두 해 동안 다스렸다.
22 그는 아버지 므낫세처럼, 주님께서 보시기에
악한 일을 하였고, 그의 아버지 므낫세가 만든 아
로새긴 모든 우상에게 제사를 드리며 섬겼다.
23 그의 아버지 므낫세는 나중에 스스로 뉘우치고
주님 앞에서 겸손해졌으나, 아몬은 주님 앞에서
스스로 겸손할 줄도 모르고, 오히려 더 죄를 지었다.
24 결국 신하들이 그를 반역하고, 궁 안에 있
는 왕을 살해하였다. 25 그러나 그 땅의 백성은
아몬 왕에게 반역한 신하들을 다 죽이고, 아몬의
뒤를 이어서 그의 아들 요시야를 왕으로 삼았다.

ㄱ) 남왕국 유다를 가리킴. 대하에서는 자주 남왕국 유다를 이스라엘이라고 함

없애는 데는 실패했지만, 자신이 만든 풍속들을 없애고 올바른 예배를 재정립하였다. 므낫세의 통치에 관련된 전형적인 도입부(1절)와 결미(18-20절)가 이야기 전체를 포함하고 있다.

33:21-25 아몬. 왕하 21:19-26에서 다룬 아몬의 짧은 통치는 므낫세의 악한 통치에 부록처럼 나타난다. 역대지 저자는 아몬이 *아버지 므낫세처럼, 주님께서 보시기에 악한 일을 하였다*는 데에 동의한다 (22a절). 그러나 므낫세가 회개했던 것에 비추어보면, 아몬은 악을 행할 뿐 아니라 회개하지도 않았기 때문에 아비가 마지막으로 통치하던 여러 해 동안 이룬 선행의 결과를 망치고 요시야가 개혁을 일으키게 하는 계기가 되었다.

34:1—36:1 *요시야.* 앗시리아의 약세로 그 영향력이 기운 것은 요시야 통치의 중대한 요소이다. 정치적인 지배를 받게 되면 대체적으로 정복자의 종교 풍습에 참여해야 했으므로, 요시야의 개혁은 요시야의 신앙심뿐만 아니라, 정치적인 독립도 다시 주장하게 되었다. 열왕기하에서는 요시야가 다윗 계보의 이상적인 왕이었다 (왕하 22:2). 그러나 역대지하에는 히스기야가 다윗/솔로몬의 이상을 이루고 있다. 그래서 요시야는 칭찬을 받고 특히 유월절을 지킨 것을 놓고 칭송을 받으며 (35:1-19), 따라서 유월절에 관해 묘사할 때 왕하 23:21-23에 있는 것보다 내용이 훨씬 확대되었지만, 역대지 기자가 유다를 묘사할 때는 요시야의 통치를 덜 중요하게 여겼으므로 그를 그다지 열렬하게 묘사하지는 않았다 (왕하 23:25를 참조).

유다 왕 요시야 (왕하 22:1-2)

34 1 요시야가 왕이 되었을 때에, 그는 여덟 살이었다. 그는 예루살렘에서 서른한 해 동안 다스렸다. 2 그는, 주님께서 보시기에 옳은 일을 하였고, 그의 조상 다윗의 길을 본받아서, 오른쪽으로나 왼쪽으로 곁길로 벗어나지 않았다.

종교 개혁의 첫 단계

3 요시야는 왕이 된 지 여덟째 해에, 아직도 매우 어린 나이에, 조상 다윗의 하나님을 찾기 시작하였다. 그의 통치 십이년이 되는 해에는, 산당과 아세라 목상들과 아로새긴 우상들과 부어 만든 우상들을 없애고, 유다와 예루살렘을 깨끗하게 하였다. 4 요시야의 지시로, 사람들은 바알 신들을 섬기는 제단들을 헐었다. 요시야는 제단 위에 있는 분향단들도 부수게 하였다. 그는 또한 아세라 목상들과 아로새긴 우상들과 부어 만든 우상들을 빻아, 가루로 만들어서, 그 제단에서 제사를 드리던 자들의 무덤에 뿌리고, 5 제사장들의 뼈를 제단 위에 불살라서, 유다와 예루살렘을 깨끗하게 하였다. 6 그는 같은 일을, 므낫세와 에브라임과 시므온 지역과, 저 멀리 사방이 다 폐허가 된 납달리 지역에 이르기까지, 직접 가서 행하였다. 7 그는 제단들을 헐고, 아세라 목상들과 아로새긴 우상들을 빻아 가루로 만들고, 온 이스라엘 땅에 있는 분향단도 모두 부수어 버리고 나서야, 예루살렘으로 돌아왔다.

율법서의 발견 (왕하 22:3-20)

8 요시야는 나라와 성전을 깨끗하게 한 뒤에, 통치한 지 열여덟째 해가 되는 때에, 아살랴의 아들 사반과 마아세야 성주와 요아하스의 아들 요아 서기관을 보내서, 주 그의 하나님의 성전을 수리하게 하였다. 9 이 세 사람은 힐기야 대제사장에게 가서, 하나님의 성전에 들어온 돈을 그에게 건네 주었다. 그 돈은, 므낫세와 에브라임과 북 이스라엘의 나머지 지역에 사는 백성과 유다와 베냐민의 모든 백성과 예루살렘 주민에게서 거두어들인 것으로서, 성전 문을 지키는 레위 사람들이 모아 둔 것이었다. 10 그들은 이 돈을 주님의 성전 수리를 맡은 이들에게 맡겼고, 그들은 또 그 돈을 주님의 성전 수리를 직접 맡아 건축하는 이들에게 주어서, 성전을 수리하게 하였다. 11 그들은 그 돈을 목수와 돌 쌓는 이들에게도 맡겨서, 채석한 돌과 도리와 들보를 만들 나무를 사들여, 유다의 왕들이 폐허로 만들어 버린 건물들을 손질하게 하였다. 12 그 사람들은 일을 정직하게 하였다. 그들 위에 네 명의 감독이 있었다. 모두 레위 사람들인데, 므라리 자손 가운데서는 야핫과 오바댜, 고핫 자손 가운데서는 스가랴와 무술람이 성전을 수리하는 일을 맡아 하였다. 이 레위 사람들은 모두 음악에 익숙한 사람들이었다. 13 그들은 목도꾼을 감독하고, 각종 공사 책임자들을 감독하였으며, 어떤 레위 사람은 기록원과 사무원과 문지기의 일을 맡았다.

또한 사건이 일어나는 순서도 다르다. 열왕기하에서는 땅을 정화하고 므낫세가 더럽힌 성전을 정화하는 젊은 요시야 왕의 개혁은 왕이 다스린 지 열여덟 해에 율법책을 발견한 후 일시에 경건한 반응을 보인 것이라고 한다. 그러나 역대지하에서는 요시야가 왕이 된 지 여덟째 해에 하나님을 찾는 것으로 개혁의 첫 단계가 시작된다 (34:3a). 개혁은 통치 12년 되던 해에 (3b절) 땅을 정화하는 것을 통해 (3b-7절) 이어지고, 율법책 발견이 뒤따르며 (8b-28절), 그리고 열여덟째 해가 되는 때에 (8절) 언약을 갱신하고 (29-33절) 유월절을 축하하는 것(35:1-19)으로 개혁을 끝맺게 된다. 이 구절은 네 가지 주제로 이루어져 있다: (1) 초기 개혁 (34:1-7); (2) 성전 보수, 율법책 발견, 언약 갱신 (34:8-33); (3) 유월절 (35:1-19); 그리고 (4) 요시야의 비극적인 죽음이다 (35:20-27).

34:1-7 초기 개혁에 관해서 여러 가지가 수정된 것은 역대지하에서 요시야의 위상이 약화된 것을 보여주는 것이다. **34:2** *다윗의 길을 본받아서.* 왕하 22:2는 "곁길로 빠지지 않았다"라고 되어있다. **34:3-5** 왕하 23:4-20에 있는 것보다 적절하게 실제상의 개혁은 땅에 한정되어 정화되는데, 므낫세가 이미 성전을 복구했기 때문이다 (33:15-16). **34:6** *므낫세, 에브라임, 시므온, 그리고 납달리.* 개혁은 북쪽으로 퍼지고 있다. 정치적인 점에서 보면, 요시야는 최근까지 앗시리아가 지배했던 이전의 북왕국 지역을 재점령했다. 신학적인 면에서 보면, "온 이스라엘"이 이제 다윗 계보의 왕 아래 이상적으로 다시 연합되어 간다.

34:8-33 이 구절들은 레위 사람들의 역할이 커진 것을 제외하고 왕하 22:3—23:3을 매우 많이 따르고 있다. **34:9** *모아 둔 것.* 레위인은 남북쪽 양측에서 적극적으로 돈을 거두어들였다. **34:12-13** 레위 사람들은 또한 성전 보수를 감독한다. **34:14** *모세가 전한 주님의 율법책.* 힐기야 제사장이 성전 보수 중에 발견한 책. 열왕기하는 그것을 "율법책"(22:8)이라고

14 힐기야 제사장은, 주님의 성전에서 궤에 보관된 돈을 꺼내다가, 모세가 전한 주님의 율법책을 발견하고, 15 사반 서기관에게, 자기가 주님의 성전에서 율법책을 발견하였다고 하면서, 그 책을 사반에게 주었다. 16 사반이 그 책을 가지고 왕에게 나아가서 보고하였다. "임금님께서 종들에게 명령하신 것을 종들이 그대로 다 하였습니다. 17 또 주님의 성전에 있는 돈을 다 쏟아서, 감독들과 건축하는 사람들에게 습니다." 이렇게 보고하고 나서, 18 사반 서기관은, 힐기야 제사장이 자기에게 책 한 권을 건네 주었다고 왕에게 보고했다. 그리고 사반은 그 책을 왕 앞에서 큰소리로 읽었다.

19 왕은 율법의 말씀을 다 듣고는, 애통해 하며 자기의 옷을 찢었다. 20 왕은 힐기야와 사반의 아들 아히감과 미가의 아들 압돈과 사반 서기관과 왕의 시종 아사야에게 명령하였다. 21 "그대들은 주님께로 나아가서, 나를 대신하여, 그리고 아직 이스라엘과 유다에 살아 남아 있는 백성을 대신하여, 이번에 발견된 이 두루마리의 말씀에 관하여 주님의 뜻을 여쭈어 보도록 하시오. 우리의 조상이 주님의 말씀을 지키지 않고, 이 두루마리에 기록된 모든 것을 지켜 따르지 않았으므로, 주님께서 우리에게 쏟으신 진노가 크오."

22 힐기야가 왕의 명령을 받은 사람들과 함께 훌다 예언자에게로 갔다. 그는 살룸의 아내였다. 살룸은 하스라의 손자요 독핫의 아들로서, 궁중 예복을 관리하는 사람이었다. 훌다는 예루살렘의 제 이 구역에 살고 있었는데, 그들이 그에게 가서 왕의 말을 전하니, 23 훌다가 그들에게 말하였다. "주 이스라엘의 하나님께서 이렇게 말씀하시니, 그대들을 나에게 보내어 주님의 뜻을 물어 보라고 한 그분에게 가서 전하시오. 24 '나 주가 이렇게 말한다. 유다 왕 앞에서 낭독한 책에 기록된 모든 저주대로, 내가 이 곳과 여기에 사는 주민에게 재앙을 내리겠다. 25 그들이 나를 버리고 다른 신들에게 분향하여, 그들이 한 모든 일이 나를 노엽게 하였기 때문이다. 그러므로 내 분노를 여기에다 쏟을 것이니, 아무도 끄지 못할 것이다' 하셨소. 26 주님의 뜻을 주님께 여쭈어 보려고 그대들을 나에게로 보낸 유다 왕에게는 이렇게 전하시오. '주 이스라엘의 하나님이 이렇게 말한다. 네가 들은 말씀을 설명하겠다. 27 내가 이 곳과 이 곳에 사는 주민을 두고 말한 것을 네가 듣고, 마음에 느낀 바 있어서, 하나님 앞, 곧 내 앞에서 겸손해져서, 네가 옷을 찢으며 통곡하였으므로, 내가 네 기도를 들어주었다. 나 주가 말한다. 28 그러므로 이 곳과 이 곳 주민에게 내리기로 한 모든 재앙을, 네가 죽을 때까지는 내리지 않겠다. 내가 너를 네 조상에게로 보낼 때에는, 네가 평안히 무덤에 안장되게 하겠다' 하셨습니다."

그들이 돌아와서, 이 말을 왕에게 전하였다.

요시야가 주님께 순종하기로 하다
(왕하 23:1-20)

29 왕이 사람을 보내어 유다와 예루살렘의 모든 장로를 불러모았다. 30 왕은 주님의 성전에 올라갈 때에, 유다의 모든 백성과 예루살렘 주민과 제사장들과 레위 사람들과, 어른으로부터 아이에 이르기까지, 모든 백성을 다 데리고 주님의 성전으로 올라갔다. 그 때에 왕은 주님의 성전에서 발견된 언약책에 적힌 모든 말씀을 사람들에게 크게 읽어 들려 주도록 하였다. 31 왕은 자기의 자리에서서, 주님을 따를 것과, 마음과 목숨을 다 바쳐 그의 계명과 법도와 규례를 지킬 것과, 이 책에 적힌 언약의 말씀을 지킬 것을 맹세하는 언약을, 주님 앞에서 맺었다. 32 왕이 거기에 있는 예루살렘과 베냐민 사람들도 이 언약에 참여하게 하니, 예루살렘 주민이 하나님, 곧 조상의 하나님이 세

일컫는데, 아마도 어떤 종류의 신명기 책이었을 것이다. 이를 확대하여 모세오경 전체라고도 한다. **34:22-25** 훌다는 우상숭배 때문에 예루살렘이 멸망하리라 선언한다. **34:26-28** *평안히.* 왕이 비극적으로 운명(35:23-24)한 것으로 비추어 보면 훌다가 왕의 죽음에 대해 약속한 것은 이상하게 보인다. 요시야가 회개하자 하나님이 호의적으로 답하는 것은 다시 7:14를 상기시켜 준다. **34:29-32** 요시야는 훌다의 예언에 응답하여 언약을 새롭게 한다. 요시야의 종교개혁이 율법책을 발견하기 전에 일어났기 때문에 (3-7절과 33절에 요약되어 있음) 그것에 대한 긴 기사가 생략된 것을 제외하면, 왕하 23:1-3을 매우 많이 따르고 있다. 여기서, 언약은 역대지 저자가 유월절을 좀 더 상세하게 다룬 기사를 소개한다.

35:1-19 요시야의 종교개혁에 관심을 많이 가졌던 열왕기상하와는 달리, 역대지하는 유월절 절기를 상세하게 설명한다. **35:3-4** 왕하 23:21-23이 19절에 확대되어 있다. 레위 사람들의 역할 또한 확대되었다. 레위 사람들의 임무는 가르치는 것, 궤를 운반하는

우신 언약을 따랐다. 33 이와 같이 요시야는 이
스라엘 자손에게 속한 모든 땅에서 혐오스러운 것
들을 다 없애 버리고, 이스라엘의 모든 사람으로
주 하나님을 섬기게 하였으므로, 요시야가 살아
있는 동안에는 백성이 주 조상의 하나님께 복종하
고 떠나지 않았다.

요시야가 유월절을 지키다 (왕하 23:21–23)

35 1 요시야는 예루살렘에서, 주님께 유월
절을 지켰다. 사람들은 첫째 달 십사일에
유월절 어린 양을 잡았다. 2 왕은 제사장들에게
각자가 해야 할 임무를 맡기고, 주님의 성전에서
할 일들을 잘 하도록 격려하였다. 3 왕은 또, 주
님께 거룩하게 구별되어서, 온 이스라엘을 가르
치는 레위 사람들에게도 다음과 같이 지시하였다.
"거룩한 궤는 다윗의 아들, 이스라엘의 솔로몬 왕이
지은 성전 안에 두도록 하십시오. 이제부터 당신
들은 그 궤를 어깨에 메어 옮기지 않아도 됩니다.
당신들은 다만 주 당신들 하나님과 그의 백성 이
스라엘을 섬기는 일만을 맡게 됩니다. 4 당신들은,
이스라엘의 다윗 왕이 글로 써서 지시한 것과 다
윗의 아들 솔로몬이 글로 써서 지시한 것을 따라,
가문별, 갈래별로 준비를 하고 있다가, 5 성소에
나가서 당신들의 친족 되는 모든 사람의 가문의
서열을 따라서, 또는 레위 가문의 서열을 따라서,
일을 맡도록 하십시오. 6 당신들은 유월절 어린
양과 염소를 잡아야 합니다. 그리고 당신들은 스
스로를 정결하게 하십시오. 그리고 동족을 위하
여서도 준비하십시오. 이 모든 일은 주님께서 모
세를 시켜서 말씀하신 그대로 해야 합니다."
7 요시야는 자기가 가지고 있는 집짐승 떼 가
운데서, 어린 양과 어린 염소 삼만 마리와 수소
삼천 마리를 일반 백성들이 유월절 때에 제물로
쓰도록, 백성에게 거저 주었다. 8 왕의 신하들도
기꺼이 일반 백성과 제사장들과 레위 사람들에게
돌아갈 제물을 자원하여 내놓았다. 하나님의 성
전의 최고 책임자인 힐기야와 스가랴와 여히엘은,
제사장들이 유월절 기간에 제물로 쓰도록, 어린
양과 어린 염소 이천육백 마리와 수소 삼백 마리를
내놓았다. 9 레위 사람의 지도자들, 곧 고나냐와
그의 동기들인 스마야와 느다넬과 하사뱌와 여이
엘과 요사밧은, 레위 사람들이 유월절 제물로 쓰
라고, 어린 양과 어린 염소를 합하여, 오천 마리와
소 오백 마리를 내놓았다.

10 유월절을 지킬 제사 준비가 이렇게 다 되
었을 때에, 제사장들과 레위 사람들은, 왕이 명령한
대로, 각각 제자리에 섰다. 11 희생제물인 양과
염소를 잡은 뒤에, 레위 사람들은, 잡은 짐승의 가
죽을 벗기고, 제사장들은 손으로 피를 받아 제단에
뿌렸다. 12 그런 다음에, 레위 사람들은, 번제물로
바칠 짐승을 백성에게 가문별로 나누어 주어서,
백성이 모세의 율법에 기록되어 있는 대로 주님께
드리게 하고, 소도 같은 방법으로 하였다. 13 레위
사람들은 유월절 어린 양을 규례에 따라서 불에
굽고, 나머지 거룩한 제물은 솥과 가마와 냄비에
삶아 모든 백성에게 속히 분배하였다. 14 이렇게
하고 난 뒤에, 그들은 자신들과 아론의 자손 제사
장들 몫을 준비하였다. 그것은 제사장들이, 번제로
바치는 짐승들을 불에 태우고, 희생제물의 기름
기를 태우느라고, 밤까지 바빴기 때문이다. 그래서
레위 사람들은 자신들과 아론의 자손 제사장들
몫을 준비하였던 것이다. 15 노래하는 사람들,
곧 아삽의 자손은, 다윗과 아삽과 헤만과 왕의 선
견자 여두둔의 지시를 따라 각자 지정된 자리에
서 있었고, 문지기들은 각자가 책임 맡은 문을 지
키고 있었다. 노래하는 사람들이나 문을 지키는
사람들이 그들의 근무 장소에서 떠나지 않아도 되
었던 것은, 그들의 친족 레위 사람들이 그들의 몫을
준비하여 주었기 때문이다. 16 이와 같이, 그 날
에 요시야 왕이 명령한 대로, 모든 일이 다 잘 준
비되어 주님께 예배를 드릴 수 있었다. 사람들은
유월절을 지키며, 주님의 단에 번제를 드렸다.
17 그 때에 거기 모인 이스라엘 자손은 유월절
을 지키고, 이어서 이레 동안 무교절을 지켰다.
18 예언자 사무엘 이후로 이스라엘 안에서 이처

것 (솔로몬의 통치 동안 궤를 성전에 안치한 이후에는 불필요한 일, 5:7-10), 그리고 번제 동물을 잡아서 준비하는 것을 포함하고 있었다. 성전 건축과 (3절) 레위 사람들의 임무를 제정하는 일 (4절) 둘 다에 있어서, 다윗과 솔로몬의 초기 작업이 두드러진다. **35:7** 왕의 소유. 요시야가 기꺼이 바치는 (수가 엄청난 것은 과장적이다) 태도 또한 다윗이 바치던 모습을 상기시켜 준다 (대상 29:3-9). **35:17-18** *이스라엘.* 북쪽 이스라엘 자손도 모였다는 것은 "온 이스라엘"에 대해 가진 관심과 조화를 이룬다.

35:20—36:1 *요시야를 죽이고.* 요시야가 약 13년 후에 비극적인 죽음을 맞게 되는 상황에 처하자, 역대지 저자는 자극을 받아, 이집트의 바로, 느고 (기원전 610-595년) 왕의 말을 빌려 안전한 통행을 요청하려고 한다. **35:21** 족속. 바빌로니아.

럼 유월절을 지킨 예가 없었고, 이스라엘의 역대
왕들 가운데서도, 요시야가 제사장들과 레위 사
람들과 그 때에 거기 모인 온 유다와 이스라엘 사
람들과 예루살렘 주민들과 함께 지킨 그런 유월절
은, 일찍이 지켜 본 왕이 없었다. 19 유월절을
이렇게 지킨 것은 요시야가 나라를 다스린 지 열
여덟째 해가 되던 때의 일이다.

요시야의 통치가 끝나다 (왕하 23:28-30)

20 이런 모든 일이 일어난 뒤, 곧 요시야가
성전 정돈을 마치고 난 뒤에, 이집트의 느고 왕이
유프라테스 강 가에 있는 갈그미스를 치려고 올
라왔으므로, 요시야가 그것을 막으러 나갔다.
21 느고가 요시야에게 전령을 보내어 말하였다.
"유다의 왕은 들으시오. 왕은 왜 나의 일에 관여
하려고 하오? 나는 오늘 왕을 치려고 온 것이 아
니라, 나와 싸움이 벌어진 족속을 치려고 나선 것
이오. 하나님께서 나에게, 속히 가라고 명하셨소.
그러니 하나님이 나와 함께 계시오. 하나님께 멸
망을 당하지 아니하려거든, 하나님을 거역하는
이 일을 어서 멈추시오." 22 그러나 요시야는 그
에게서 돌이켜 되돌아가지 않고, 느고와 싸우려
고 변장까지 하였다. 이처럼 요시야는, 하나님께
서 느고를 시켜서 하시는 말씀을 듣지 아니하고,
므깃도 평원으로 진군하여 가서 싸웠다.
23 그 때에, 적군이 쏜 화살이 요시야 왕에게
박혔다. 왕이 자기 부하들에게 명령하였다. "내가
크게 다쳤다. 내가 여기서 빠져 나가도록, 나를 도
와라." 24 그는 부하들의 부축을 받으면서 자기의
병거에서 내려, 그의 부사령관의 병거를 타고 예
루살렘으로 돌아와, 숨을 거두었다. 사람들은 그를
그의 조상들의 묘에 장사하였다. 온 유다와 예루
살렘 사람들이 그의 죽음을 슬퍼하였다.
25 예레미야 예언자가 요시야의 전사를 애도
하는 애가를 지었는데, 노래하는 남녀가 요시야
왕을 애도할 때에는, 이 애가를 부르는 것이 관례가
되어 오늘까지 이른다. 그 가사는 '애가집'에 기록
되어 있다.
26 요시야의 남은 사적, 곧 그가 주님의 율
법에 기록된 대로 한 모든 선한 일과, 27 그의
업적은, 처음부터 끝까지 '이스라엘과 유다 열왕
기'에 기록되어 있다.

유다 왕 여호아하스 (왕하 23:30-35)

36 1 그 땅의 백성이 예루살렘에서 요시야의
아들 여호아하스를 세워, 그 아버지를
이어 왕으로 삼았다. 2 여호아하스가 왕이 되었을
때에, 그는 스물세 살이었다. 그가 예루살렘에서
나라를 다스린 지 석 달 만에, 3 이집트의 왕이
예루살렘에서 여호아하스를 폐위시키고, 유다로
하여금 이집트에 은 백 달란트와 금 한 달란트를
조공으로 바치게 하였다. 4 이집트의 느고 왕은
여호아하스의 형제 엘리야김을 세워 유다와 예루
살렘의 왕으로 삼고, 엘리야김이라는 이름을 여
호야김으로 바꾸게 하고, 왕이었던 그의 형제 여
호아하스는, 붙잡아서 이집트로 데려갔다.

유다 왕 여호야김 (왕하 23:36-24:7)

5 여호야김이 왕이 되었을 때에, 그는 스물
다섯 살이었다. 그는 예루살렘에서 열한 해 동안
다스렸다. 그는 주 하나님께서 보시기에 악한 일을
하였다. 6 바빌로니아의 느부갓네살 왕이 올라
와서 그를 치고, 쇠사슬로 묶어서, 바빌로니아로
잡아갔다. 7 느부갓네살은 또 주님의 성전 안에
있는 온갖 기구를 바빌로니아로 가지고 가서, 도성
바빌론에 있는 자기의 궁전에다 들여놓았다.
8 여호야김의 나머지 사적과, 그가 저지른 모든
역겨운 일과, 그가 저지른 악한 행위는 '이스라엘과
유다 열왕기'에 기록되어 있다. 그의 아들 여호야
긴이 그의 뒤를 이어 왕이 되었다.

36:2-21 유다의 마지막 네 왕은 앗시리아가 쇠퇴하여 감에 따라 서로 세력을 잡으려고 다투는 동안에 나라를 다스렸다. 이집트는 특히 유다에게 골칫거리였다. 바빌로니아의 공격에 대항하여 앗시리아를 강화시키려고 애쓰는 중에, 이집트는 요시야를 죽이고, 여호아하스를 폐위시키고, 여호야김을 꼭두각시 왕으로 세우는데, 이 모든 일이 기원전 609년의 4개월 동안에 일어났다. 그러나 4년 후, 갈그미스에서 느부갓네살이 이집트를 패배시킨 후에는 세력이 바빌로니아로 옮겨졌다. 주전 598년 여호야김이 죽자 바빌로니아 사람들은 그의 아들 여호야긴을 폐위시키고 시드기야를 세워서 유다의 왕으로 삼았다.

이 시기는 이러한 왕들이 각자 개별적으로 "포로"가 되는 데서 국가의 운명이 전조를 보이면서 점진적으로 쇠퇴하는 모습으로 나타난다. 다른 방법으로는 사실상 왕들을 구별할 수가 없다. 아무에게도 모친의 이름과 사망에 대한 세부사항과 같은 상투적인 문구로 된 정보가 없다. 악한 일 (여호아하스의 경우는 이상하게 빠져

유다 왕 여호야긴 (왕하 24:8-17)

9 여호야긴이 왕이 되었을 때에, 그는 ㄱ)여덟
살이었다. 그는 예루살렘에서 석 달 열흘 동안 다
스렸다. 그는 주님께서 보시기에 악한 일을 하였다.
10 그 해 봄에, 느부갓네살 왕이 사람을 시켜서
여호야긴을 바빌로니아로 잡아가고, 주님의 성전에
있는 값비싼 온갖 기구도 함께 가져 갔으며, 여호
야긴의 ㄴ)삼촌 시드기야를 세워서 유다와 예루살
렘의 왕으로 삼았다.

유다 왕 시드기야
(왕하 24:18-20; 렘 52:1-3상)

11 시드기야가 왕이 되었을 때에, 그는 스물한
살이었다. 그는 예루살렘에서 열한 해 동안 다스
렸다. 12 그는 주 하나님께서 보시기에 악한 일을
하였다. 그는 주님의 입에서 나오는 말씀을 선포
하는 예레미야 예언자 앞에서 겸손하게 말씀을 받
아들이지 않았다.

예루살렘의 함락
(왕하 25:1-21; 렘 52:3하-11)

13 느부갓네살은 강제로, 시드기야가 하나
님의 이름으로 충성을 맹세하도록 하였다. 시드
기야는 억지로 충성을 맹세하였지만, 마침내 느
부갓네살 왕에게 반항하기까지 하였다. 다른 한
편으로, 시드기야는 고집을 부리며, 조금도 뉘우
치지 않고, 주 이스라엘의 하나님께로 돌아오지
않았다. 14 지도급 인사들인 제사장들과 일반
백성도 크게 죄를 지어, 이방의 모든 역겨운 일을
따라 하였으며, 마침내 그들은 주님께서 자신의
것으로 거룩하게 하신 예루살렘 성전을 더럽히고
말았다. 15 그들의 조상의 하나님이신 주님께서
그들과 그 성전을 구원하실 뜻으로, 자신의 백성
에게 예언자들을 보내시고 또 보내셔서, 경고에
경고를 거듭하셨지만, 16 그들은 하나님의 특사를
조롱하고, 하나님의 말씀을 무시하고, 하나님의
예언자들을 비웃었다. 그러다가 마침내, 자신의
백성을 향한 주님의 분노가 치솟으시니, 백성을
바로 잡을 길이 전혀 없었다.
17 하나님께서 바빌로니아의 왕을 불러다가,
자신의 백성을 치게 하셨다. 그래서 그 왕은 유다의
젊은이들을 닥치는 대로 칼로 쳐죽였다. 심지어는
성전 안에서도 그러한 살육을 삼가지 않았다. 그
왕은 잔인하였다. 젊은이나 늙은이, 여자나 남자,
병약한 사람이나 건강한 사람을 가리지 않았다.

ㄱ) 칠십인역과 시리아어역에는 '열여덟 살' (왕하 24:8) ㄴ) 히, '형제' (왕하 24:17)

있지만 5, 9, 12절에 나온다; 왕하 23:32를 참조), 잡아가다 (3-4, 6, 10절), 그리고 성전의 기구를 잃은 것(7, 10, 18-19절)을 계속 언급하여 포로생활이 불가피하게 되는 신학적인 근거를 제공해 준다.

36:2-4 *여호아하스.* 여호아하스의 악행이 잘 입증되어 있다 (왕하 23:32). 역대지 저자는 이 네 명의 왕을 한데 묶기 위해 "하나님께서 보시기에 악한 일을 하였다" 라는 말을 의도적으로 사용하고 있으므로, 왜 자신이 사용한 출처에 나오는 이러한 평가를 생략했는지 말하기가 어렵다. **36:4** 이집트의 지배는 "엘리야김" 이라는 이름이 "여호야김"으로 바뀐 것에 암시되어 있다. 왜 나이가 더 많은 (대상 3:15) 엘리야김이 요시야를 이어 왕이 되지 않았는지 그 이유는 명확하지 않다.

36:5-8 *여호야김.* 다시 한 번, 역대지 저자는 왕들이 붙잡혀 가고 성전이 모독되는 주제를 강조하기 위해서, 유다가 망한 것은 므낫세 탓이라는 (왕하 24:2-4) 것을 포함한 왕하 23:34—24:6의 대부분을 생략하고 있다.

36:9-10 *여호야긴.* 이전의 기사보다 훨씬 더 짧아져서 (왕하 24:8-17을 참조), 즉위에 필요한 항목은 별문제로 하고, 붙잡혀가는 것과 성전이 모독되는 주제만 남는다.

36:11-16 *시드기야.* 앞에 나온 세 기사는 왕들이 붙잡혀가고 성전 기물이 약탈되는 것을 강조했다. 그러나 시드기야의 경우, 유다의 궁극적인 멸망과 포로생활에 대한 신학적인 설명으로 이야기의 패턴이 바뀐다. **36:12-13** 시드기야의 죄를 적은 목록은 그가 신실하지 못했던 것을 요약해 주는 것이다. **36:14** 백성들은 왕보다 훨씬 더 신실하지 못하다. 백성들의 배신행위는 (*히브리어, 마알*) 이스라엘과 유다를 막론하고 족보 소개에 담겨있는 죄악상을 되풀이하고 있으며 (대상 5:25-26; 9:1) 처음부터 끝까지 포로로 잡혀가게 된 주요한 원인으로 그려져 있다. **36:15-16** 그러나 궁극적으로 파멸을 가져온 것은 선지자들의 말을 듣지 않았기 때문이다. 따라서 왕하 2장에 있는 것처럼, 죄가 아니라, 회개하지 않은 것이 포로생활의 원인이었다.

36:17-21 역대지 저자가 포로생활에 대하여 신학적으로 다르게 설명을 한 것 역시 저자가 유다의 파멸과 포로생활을 독특하게 묘사하는 이유를 밝혀준다. **36:17-20** 왕하 25장과는 달리, 성전과 성

하나님은 이렇게 자신의 백성을 그 왕의 손에 넘기
셨다. 18 바빌로니아 왕은 하나님의 성전 안에
있는 크고 작은 기구와, 주님의 성전 안에 있는 보
물과, 왕과 신하들이 가지고 있는 보물을 모두 도성
바빌론으로 가져 갔다. 19 그 왕은 또 하나님의
성전을 불사르고, 예루살렘 성벽을 헐고, 궁궐들을
다 불사르고, 값진 그릇들을 다 부수어 버렸다.
20 그는 또 칼에 맞아 죽지 않고 살아 남은 자들은,
바빌로니아로 데리고 가서, 왕과 왕자들의 노예로
삼았다. 그들은 페르시아 제국이 일어서기까지
거기서 노예 생활을 하였다. 21 그리하여 주님께
서 예레미야를 시켜서 "땅이 칠십 년 동안 황폐하
게 되어, 그 동안 누리지 못한 안식을 다 누리게
될 것이다" 하신 말씀이 이루어졌다.

고레스의 귀국 명령 (라 1:1-4)

22 페르시아의 고레스 왕이 왕위에 오른 첫
해에, 주님께서는 예레미야를 시켜서 하신 말씀을
이루시려고, 페르시아의 고레스 왕의 마음을 움
직이셨다. 고레스는 온 나라에 명령을 내리고, 그
것을 다음과 같이 조서로 써서 돌렸다.
23 "페르시아의 고레스 왕은 다음과 같이 선
포한다. 주 하늘의 하나님께서 나에게 이 땅 위의
모든 나라를 주셔서 다스리게 하시고, 유다의 예
루살렘에 그의 성전을 지으라고 명하셨다. 이 나
라 사람 가운데, 하나님을 섬기는 모든 백성에게,
하나님께서 함께 계시기를 빈다. 그들을 모두 올
라가게 하여라."

읍은 완전히 파괴되었다. 또한 그 땅에 살던 백성들은 죽든지 아니면 붙잡혀가든지 하여 완전히 소멸되었다 (*모두*가 다섯 번 나온다). 백성들이 선지자의 말에 귀를 기울여 회개하지 않았기 때문에 (15-17절), 하나님은 갈대아 왕을 통해 역사하시면서 손수 파괴를 지휘하신다. **36:21** 하나님의 심판을 냉혹하게 묘사한 장면은 레위기와 예레미야서에서 따온 본문을 희망을 주는 말로 다듬어 가면서 정도가 누그러지고 있다. 백성들에게 포로생활은 70년으로 제한될 것이다 (렘 25:11-12; 29:10). *70년.* 아마도 제1성전의 파괴와 제2성전의 봉헌 (기원전 587-516년) 사이의 기간일 것이다. 하나님께서 땅을 폐허로 버려두시면 땅은 또한 70년간 그 동안 누리지 못한 안식을 누리게 되고 소홀히 했던 (레 26:34-39) 490년(7 x 70)을 속죄하는 결과를 얻을 수 있을 것이다.

36:22-23 역대지하를 끝맺으면서 라 1:1-3a를 인용하는데, 그 인용문 자체는 기원전 538년 고레스 대왕이 내린 조서의 인용문이기도 하다. 조서를 인용한 이 절들은 17-21절에 묘사된 유배의 상황을 거꾸로 하고 있다. 하나님이 성전을 파괴시키고 (17-19절) 살아남은 자를 포로로 데려가려고 (20절) *갈대아 왕*을 사용하셨던 것과 마찬가지로, 이제 성전을 재건하고 포로생활을 하던 사람들을 고향으로 돌아오게 하려고 다른 외국의 통치자인 페르시아의 고레스를 사용하신다.

에스라기

에스라기와 느헤미야기는 원래 에스라로 불리는 단일 문학작품으로 여겼다. 비록 이 작품이 오리겐과 제롬에 의해 두 권의 책으로 분리되기는 했었지만, 15세기가 되어서야 히브리 성경에 두 권으로 나뉘게 되었다.

많은 학자들이 에스라기-느헤미야기를 역대지 사학파의 일부분으로 여겨 왔지만, 최근 연구에 의하면, 역대지상하를 포함해서 에스라기, 느헤미야기를 독립된 문학작품으로 여기고 있다. 별개의 작품으로 보는 으뜸가는 이유는 역대지의 신학과 에스라기-느헤미야기 사이에 신학적인 차이가 있기 때문이다. 예를 들어, 역대지의 메시지에서 하나님께서 내리시는 상벌의 개념이 에스라기-느헤미야기에는 거의 없다시피 하다. 역대지는 북쪽 지파에 대해 훨씬 더 공손한 태도로 다루고 있다. 역대지에서는 자주 예언자들에 대하여 언급하는 것으로 예언의 역사를 제시해 주는데, 반면에 이와는 대조적으로, 에스라기-느헤미야기에서 예언의 영향력은 사실상 없다.

에스라기 7—10장은 성전이 완공된 지 약 58년이 지난 후에 포로생활을 하던 집단을 이끌고 귀향한 에스라의 초기 행적을 기록한다. 에스라의 계보는 아론 대제사장까지 거슬러 올라가며, 율법을 향한 그의 태도는 모세와 비교될 정도이다. 에스라는 아닥사스다 왕이 특정한 임무를 주어 보낸 관리였다. 에스라의 역할은 이집트인 제사장이며 서기관이었던 우다호레스넷 (Udahorresnet)에 비교되어 왔는데, 페르시아가 그를 고국으로 돌려보내면서 예배를 회복하고 율법과 종교적인 학문의 체계를 재정비하게 했던 인물이다. 에스라가 예루살렘에 도착한 날은 만일 아닥사스다 왕 때 온 것이라면 기원전 458년이고, 만일 아닥사스다 2세 때 왔다면 기원전 398년이다. 에스라기를 느헤미야기 앞에 두는 현재의 에스라기-느헤미야기 배치는 초기 연도를 선호하는 셈이다. 에스라기-느헤미야기에 있는 다른 중요한 인물들인 스룹바벨, 예수아, 그리고 느헤미야와 마찬가지로, 에스라도 활동을 하다가 어떤 흔적이나 명확하게 그의 경력이 끝나는 지점이 없이 슬그머니 이야기에서 사라진다. 에스라에게서 가장 쟁점이 된 것은 거주민 출신의 여자들과 (9—10장) 결혼한 남자들 사이에서 시작된 이혼 행위였다. 어떤 사람들은 이 행동에 대해 부정적인 반작용이 일어났기 때문에 에스라의 경력이 끝나게 되었으리라 추측하기도 한다.

학사 에스라가 한 일의 절정은 느 7:73b—10:39에 나타나고 있는데, 에스라기 자체는 두 개의 주요 부분으로 나눌 수 있다. 1—6장은 유대 사람들이 바빌로니아 포로생활에서 되돌아오는 것과 예루살렘 성전을 재건하는 것을 기록한다. 에스라에 따르면, 예루살렘에 있는 공동체는 포로생활에서 돌아온 사람들만으로 이루어졌다 (2:1-70). 포로 이전의 위대한 전승과 연속성을 유지하기 위해, 느부갓네살이 가져갔던 성전 그릇들을 예루살렘으로 가져오고 (1:7-11; 5:14-15; 6:5), 제단(3:3)과 성전(6:7)을 원래 있던 자리에 다시 세운다. 제단이 완성된 후에 (3:7-13) 초막절을 지킨 것은, 앞으로 다가올 성전 봉헌의 기쁨(6:16-18)과 몇 달 후에 있을 유월절을 지키는 기쁨을 예기하는 것이다 (6:19-22). 성전 완공은 그 땅에 거주하던 사람들의 행동 때문에 늦어졌다고 비난하고 있는데, 그들이 예루살렘에서 일을 끈질기게 반대했기 때문이다. 에스라기는 페르시아 왕들이 이스라엘에 대해 호의적으로 행동하는 것을 통해, 하나님께서 포로생활 하던 사람들을 유다와 예루살렘으로 돌아오게 하시고 성전을 재건하게 하신 것으로 주장한다.

7—10장은 에스라가 예루살렘에 도착한 후에 한 일을 이야기한다. 공동체의 지도자들이 이방 사람과의 결혼에 대해 문제를 제기하자 (9:1-5), 에스라는 라 9:6-15에 있는 기도를 통해, 아직 페르시아 세력에 묶여있기 때문에, 공동체가 하나님의 뜻을 완전히 실현하지 않는다고 확실히 밝혀 준다. 백성들은 다같이 모여서 지은 죄를 뉘우치고 (10:6-12), 이방 아내와 자녀들을 쫓아내는 일을 할 대표를 뽑자고 요청한다 (10:13-17). 에스라가 바빌로니아에서 떠난 지 1년 안에, 예루살렘에는 정화된 공동체가 탄생하게 된다.

학자들은 에스라기와 느헤미야기의 저자가 본문을 구성하면서 여러 가지 자료들을 사용했으며, 느헤미야기의 일부가 원래는 에스라기 안에 들어 있었다고 생각한다. 이렇게 생각하는 자료 가운데 하나로 에스라 회고록이 있는데, 에스라에 대한 삼인칭 이야기 (7:1-11; 8:35-36; 10:1-44) 뿐만 아니라, 에스라가 (혹은 그의 이름을 사용한 어떤 사람) 직접 일인칭으로 말하는 이야기(7:27—8:34; 9:1-15)로 이루어졌다. 많은 주석가들은 또한 느 7:73b—8:18(또한 아마도 느 9:1-5)을 에스라가 느헤미야 생전에 율법책을 읽는 (그리고 뒤이은 참회) 내용을 다루고 있는 에스라 회고록의 삼인칭 부분에 포함시킨다. 주석가들은 더 나아가 에스라가 율법책을 읽기 위해 13년이나 기다리지 않았을 것이므로, 이 자료는 원래 8장과 9장 사이에 속했거나 혹은 10:44 이후에 속했을 것이라고 주장한다. 그러나 느 7:73b—9:5가 "원래" 에스라기 안에 들어 있었다는 것은 매우 확실하지가 않으며, 이제 이 부분은 완전히 느헤미야기와 결합되어서, 느헤미야기 7:73b에서 느헤미야기 10:39에 이르는, 일관된 문학 단위의 일부분을 이룬다. 세 가지 다른 출처는 에스라기 7—10장에서 확인할 수 있다: 7:12-26에 있는 아닥사스다의 조서로서, 페르시아 왕이 에스라에게 주는 특명을 담은 아람어 문서; 8:1-14에 있는, 에스라와 함께 귀환한 사람들의 명단; 그리고 10:8-43에 있는, 국제결혼과 연관된 사람들의 명단이다.

이 책의 개요는 다음과 같다. 성경본문에 따라 세밀히 조사할 필요가 있는 것은 이 개요를 따를 것이며, 명확성을 기하기 위하여 더 보충하여 상세하게 설명할 것이다.

Ⅰ. 포로생활에서 돌아옴, 1:1—6:22
- A. 고레스 왕의 조서와 세스바살 아래서 귀환, 1:1-11
- B. 귀환한 사람들의 명단, 2:1-70
- C. 제단을 재건하고 성전의 기초를 놓음, 3:1-13
- D. 여러 집단의 반대, 4:1-24
- E. 스룹바벨과 예수아가 성전 건축에 착수, 5:1—6:22

Ⅱ. 에스라의 귀환과 처음에 한 일, 7:1—10:44
(느헤미야기 7:73b—10:39를 보라)
- A. 페르시아의 아닥사스다 왕의 임명을 받고
  에스라가 포로생활 하던 무리를 예루살렘으로 이끌음, 7:1-28
- B. 에스라와 포로생활 한 이들이 여정을 끝냄, 8:1-36
- C. 유다에 살던 유대 거주민들이 이방인들과 혼인한 것을
  에스라가 알게 됨, 9:1-15
- D. 종교의 성결을 회복하기 위한 절차를 밟음, 10:1-44

랄프 더블유 클라인 (Ralph W. Klein)

고레스가 유다 포로 귀환을 허락하다

1 1 페르시아 왕 고레스가 왕위에 오른 첫해
이다. 주님께서는, 예레미야를 시켜서 하신
말씀을 이루시려고, 페르시아 왕 고레스의 마음을
감동시키셨다. 고레스는 온 나라에 명령을 내리고,
그것을 다음과 같이 조서로 써서 돌렸다.

2 "페르시아 왕 고레스는 다음과 같이 선포
한다. 하늘의 주 하나님이 나에게 이 땅에 있는
모든 나라를 주셔서 다스리게 하셨다. 또 유다에
있는 예루살렘에 그의 성전을 지으라고 명하
셨다. 3 이 나라 사람 가운데서, 하나님을 섬
기는 모든 사람은 유다에 있는 예루살렘으로 올
라가서, 그 곳에 계시는 하나님 곧 주 이스라엘의
하나님의 성전을 지어라. 그 백성에게 하나님이
함께 계시기를 빈다. 4 잡혀 온 하나님의 백성
가운데서, 누구든지 귀국할 때에 도움이 필요한
사람이 있 으면, 그 이웃에 사는 사람은 그를 도
와주어라. 은과 금과 세간과 가축을 주고, 예루
살렘에 세울 하나님의 성전에 바칠 자원예물도
들려서 보내도록 하여라."

유다 포로가 예루살렘으로 돌아오다

5 그 때에 유다와 베냐민 가문의 우두머리들과
제사장들과 레위 사람들과, 하나님께 감동을
받고 예루살렘으로 올라가서 주님의 성전을 지으
려고 하는 모든 사람이, 길을 떠날 채비를 하였다.
6 이웃 사람들은, 자원예물 외에도 은그릇과 금과
세간과 가축과 여러 가지 진귀한 보물을 주어서,
그들을 도왔다. 7 더욱이 고레스 왕은 주님의 성
전에 속하여 있던 여러 가지 그릇까지 꺼내어 오게
하였는데, 그것들은 느부갓네살이 예루살렘에서
가지고 가서 자기의 신전에 둔 것이다. 8 페르시아
왕 고레스는 재무관 미드르닷을 시켜, 그 그릇들을
꺼내어 낱낱이 세어서, 유다 총독 세스바살에게
넘겨 주게 하였다. 9 넘겨 준 물품은 다음과 같다.

1:1-11 기원전 539년에 바빌로니아를 패망시키고 세력을 얻은 페르시아의 고레스 왕은 기원전 530년까지 다스렸다. 유대 사람들이 고향으로 돌아가 성전을 재건하도록 허락하는 고레스 왕의 조서는 또한 6:3-5에도 담겨있는데, 이 조서는 히브리어가 아닌 아람어로 되어 있다. 왕의 결단행위는 관대하거나 개화된 사상을 나타낸다기보다는, 제국의 구석구석에 충성스럽고, 혹은 적어도 고분고분한 속국을 만들기 위한 페르시아 측의 노력이었다.

1:1-4 저자는 고레스 왕이 예레미야의 예언을 성취시켰다고 보았는데, 예레미야는 70년 동안의 포로생활을 말한 사람이며 (렘 25:11-12), 하나님이 이스라엘을 예루살렘으로 돌려보내기로 약속을 하셨다고 알렸던 사람이다 (렘 29:10; 51:1, 11). 하나님께서 고레스 왕의 마음을 움직이신 것은, 이스라엘을 향한 심판을 이루기 위해 이전에 외국 왕들과 민족의 마음을 움직이셨던 것을 정반대로 한다 (대상 5:26; 대하 21:16). **1:2** 고레스가 온 세계를 통치하게 된 것은 하늘의 주 하나님께서 도우신 탓이라고 돌리는 것은, 고레스가 유대교인이 되었다거나 혹은 주를 따르는 자가 되기로 했다는 것을 뜻하기보다는 자신을 유대의 종교적인 조건에 적응시켰다는 것을 뜻한다. **1:4** *잡혀 온 하나님의 백성* (*Survivors*). (개역개정은 남아 있는 백성으로 번역했음.) 이 표현은 포로생활에서 살아남은 자들이라는 신학적인 내용이 내포되어 있는 표현이다 (대상 13:2, 대하 30:6; 34:21; 36:20; 느 1:2-3). 첫 번 출애굽 당시에 이스라엘 백성이 이집트 사람들로부터 도움을 받았던 것처럼 (출 3:21-22; 11:2; 12:35-36), 잡혀온 하나님의 백성은 이웃 비유대인들로부터 도움을 받았다. **1:5-8** 5절은 포로가 되었던 사람들이 모두 돌아온 것이 아니라, 하나님께 감동을 받은 사람들만 돌아왔다는 사실을 인정한다. 유다 지파와 베냐민 지파는 예후드(라 2:20-35)로 알려진 지역에서 가장 많은 인구를 차지하고 있었다. 제사장들은 아론의 후손들이었는데, 레위 사람들은 제사장들을 보조하거나 혹은 이류 성직자로 임명되었다. **1:6** 비유대인 이웃 사람들은 즉시 성전을 위한 물질과 선물을 자원해서 내놓았다. **1:7** 고레스 왕은 느부갓네살 왕이 예루살렘에서 가져왔던 성전 기물들을 유대 사람들에게 되돌려 주었다. 이 기물들은 새 성전과 파괴되었던 성전 사이에 놓여있는 실제적이고 상징적인 연속성을 제공해 준다 (대하 13:11; 라 7:19; 8:25-30, 33-34). **1:8** *세스바살.* 비록 유대 사람이지만 바빌로니아 이름을 가지고 있었다. 5:14-16에서 그를 페르시아가 직무상 지정한 총독으로 부르고 있는 것으로 보아 유다 지역이 처음부터 독립된 지역이었음을 시사해 준다. 세스바살에게 무슨 일이 일어났는지 혹은 언제 스룹바벨이 그를 대체하게 되었는지는 아무도 모른다.

특별 주석

재무관 미드르닷은 페르시아 이름으로, "미드라(신)의 선물"이라는 뜻이다. 라틴어 불가타역에서 제롬은 "재무관"이라는 페르시아 단어를 "가바살"(Gabazar)이라고 음역하였는데, 이 때문에 마침내 "가스파" (Caspar) 라는 이름이 생겨나고, 마 2장에 있는 박사들 중 한 사람에게 이 이름이 지어졌을 것이다.

금접시가 서른 개요, 은접시가 천 개요, 칼이 스
물아홉 자루요, 10 금대접이 서른 개요, 다른 것
으로 대신 보충한 은대접이 사백열 개요, 그 밖에
다른 그릇이 천 개이니, 11 금그릇과 은그릇은
모두 오천사백 개이다. 세스바살은, 포로로 잡혀
간 이들을 바빌로니아에서 예루살렘으로 데리고
올 때에, 이 그릇을 모두 가지고 왔다.

포로에서 풀려 난 사람들 (느 7:4-73)

2 1 바빌로니아 왕 느부갓네살에게 사로잡혀
바빌로니아로 끌려간 사람 가운데서, 많은 사
람이 바빌로니아 각 지방을 떠나, 저마다 고향 땅인
예루살렘과 유다로 돌아왔다. 2 그들은, 스룹바
벨과 예수아와 느헤미야와 스라야와 르엘라야와
모르드개와 빌산과 미스발과 비그왜와 르훔과 바
아나가 돌아올 때에 함께 돌아왔다.
이스라엘 백성의 명단과 수는 다음과 같다.
3 바로스 자손이 이천백칠십이 명이요, 4 스
바댜 자손이 삼백칠십이 명이요, 5 아라 자손이
칠백칠십오 명이요, 6 바핫모압 자손 곧 예수아와
요압 자손이 이천팔백십이 명이요, 7 엘람 자손이
천이백오십사 명이요, 8 삿두 자손이 구백사십오
명이요, 9 삭개 자손이 칠백육십 명이요, 10 바니
자손이 육백사십이 명이요, 11 브배 자손이 육
백이십삼 명이요, 12 아스갓 자손이 천이백이십이
명이요, 13 아도니감 자손이 육백육십육 명이요,
14 비그왜 자손이 이천오십육 명이요, 15 아딘
자손이 사백오십사 명이요, 16 아델 자손 곧
히스기야 자손이 구십팔 명이요, 17 베새 자손
이 삼백이십삼 명이요, 18 요라 자손이 백십이
명이요, 19 하숨 자손이 이백이십삼 명이요,
20 깁발 자손이 구십오 명이다.
21 베들레헴 사람이 백이십삼 명이요, 22 느
도바 사람이 오십육 명이요, 23 아나돗 사람이
백이십팔 명이요, 24 아스마웻 사람이 사십이
명이요, 25 ㄱ)기랴다림과 그비라와 브에롯 사람이
칠백사십삼 명이요, 26 라마와 게바 사람이 육백
이십일 명이요, 27 믹마스 사람이 백이십이 명
이요, 28 베델과 아이 사람이 이백이십삼 명이다.
29 느보 사람이 오십이 명이요, 30 막비스 사람
이 백오십육 명이요, 31 다른 엘람 사람이 천이백

ㄱ) 칠십인역에는 '기랴여아림'

1:9-11 성전 기물의 물품 목록은 아마도 저자가 사용한 자료에서 나온 것 같다. 11절에 있는 전체 기물의 수(5,400)는 9-10절에 있는 개별 품목의 총합계(2,499)와 맞아떨어지지 않는다. **1:11** "포로로 잡혀간 이들"이란 표현은 에스라기와 느헤미야기에서 주로 포로생활 이후의 공동체를 가리키는 말로 사용된다.

2:1-67 귀환한 사람들의 명단은 느 7:6-69에 거의 똑같이 반복된다. 이 명단을 뒤따라 나오면서 다음 장으로 옮아가는 과정을 형성하는 문장 역시 (2:68—3:1/느 7:70—8:1) 두 장 모두에 대부분 똑같이 나타난다. 명단은 두 가지 문맥에서 다 어색해 보이는데, 아마도 다른 목적을 위하여 수집된 명단으로 보인다. 최초의 귀환으로 보기에는 명단에 나타난 숫자가 너무 많지만, 정경화되기 이전의 명단이 어떤 목적으로 사용되었는지 여전히 알지 못하고 있는 상태이다. 최근의 주석가들은 이 명단은 여러 차례에 걸쳐 일어난 포로 귀환을 합쳐서 요약한 것이거나 혹은 대략 느헤미야시대에 실시한 인구조사의 기록이라고 해석한다. 저자는 이 명단을 어떤 종류의 출처 문헌에서 따왔으며, 이 명단을 라 2장과 느 7장에 사용한 것은 원래 명단의 용도로 의도했던 것과는 부차적인 것이었다. 라 2장에서 명단은, 고레스왕이 귀환을 허락한 데서 일어난, 마음에서 우러난 반응이라는 인상을 준다.

2:1-2 포로생활 하던 이들이 고향으로 돌아오는 것을 묘사하는 대신에, 저자는 포로생활에서 살아남은 공동체의 구성원들이 누구인지 그 명단을 제공한다. 지방은 페르시아 문서에서는 예후드(Yehud)로 알려져 있다. 이 지방은 원래 더 큰 관할구(페르시아의 행정 구역)인 "강 건너"(*Beyond the River*)의 일부였는데, 이 관할구에는 바빌로니아와 싸이로-팔레스타인(Syro-Palestine)이 포함되어 있었다. 크세르크세스(Xerxes, 기원전 486-465년)가 통치하는 동안에 바빌로니아는 독립 관할구가 되었다. **2:2** 명단은 상당한 기간에 걸쳐서 공동체를 섬기던 지도자들의 이름으로 시작한다. 예수아는 대제사장이었는데, *스룹바벨과 느헤미야*는 총독이었다. **2:3-35** 명단은 평신도로 시작해서 36-58절에 있는 성직자로 이어진다. 평신도들은 자손의 이름과 (누구의 자손, 3-20절) 도시 이름(*어디 사람*, 21-35절)을 따라 나열된다. **2:3-20** 자손의 이름들 중에서 많은 부분이 나중에 8장과 10장, 그리고 느 10장에 있는 명단에서 반복될 것이다. **2:6** *바핫모압 자손.* 이것은 이름이 아니라, "모압 총독"을 뜻하는 호칭이다. **2:14** *비그왜 자손.* 가장 큰 일가 중에 하나이다. **2:20** *깁발 자손.* 깁발 자손은 느 7:25에서 "기브온 자손"으로 나타난다. 만일 이렇게 읽는 것이 맞으면, 이 절은 도시 이름들 속에 포함되어야 할 것이다. 자손 명단은 총 15,604이다. **2:21-35** 처음에 나오는 도시 두 개의 이름만이 논쟁의 여지가 없는 유다 도시이다; 다른 이름들은 거의가 베냐민에서 온 것이다. **2:23** *아나돗 사람.* 예레미야가 태어난 곳이었다. **2:28** 요시야는 베델과 아

오십사 명이요, 32 하림 사람이 삼백이십 명이요,
33 로드와 하딧과 오노 사람이 칠백이십오 명이요,
34 여리고 사람이 삼백사십오 명이요, 35 스나아
사람이 삼천육백삼십 명이다.
36 제사장은, 예수아 집안 여다야 자손이 구백
칠십삼 명이요, 37 임멜 자손이 천오십이 명이요,
38 바스훌 자손이 천이백사십칠 명이요, 39 하림
자손이 천십칠 명이다.
40 레위 사람은, 호다위야의 자손들인 예수
아와 갓미엘 자손이 칠십사 명이요, 41 노래하는
사람은, 아삽 자손이 백이십팔 명이요, 42 성전
문지기는 살룸 자손과 아델 자손과 달문 자손과
악굽 자손과 하디다 자손과 소배 자손인데, 모두
백삼십구 명이다.
43 ㄱ)성전 막일꾼은, 시하 자손과 하수바 자
손과 답바옷 자손과 44 게로스 자손과 시아하 자
손과 바돈 자손과 45 르바나 자손과 하가바 자
손과 악굽 자손과 46 하갑 자손과 사믈래 자손과
하난 자손과 47 깃델 자손과 가할 자손과 르아야
자손과 48 르신 자손과 느고다 자손과 갓삼
자손과 49 웃사 자손과 바세아 자손과 베새 자
손과 50 아스나 자손과 므우님 자손과 느부심 자
손과 51 박북 자손과 하그바 자손과 할훌 자손과
52 바슬룻 자손과 므히다 자손과 하르사 자손과
53 바르고스 자손과 시스라 자손과 데마 자손과
54 느시야 자손과 하디바 자손이다.
55 솔로몬을 섬기던 종들의 자손은, 소대 자
손과 하소베렛 자손과 브루다 자손과 56 야알라
자손과 다르곤 자손과 깃델 자손과 57 스바댜 자
손과 핫딜 자손과 보게렛하스바임 자손과 아미 자
손이다.
58 이상 성전 막일꾼과 솔로몬을 섬기던 종의
자손은 모두 삼백구십이 명이다.
59 이 밖에 델멜라와 델하르사와 그룹과 앗
단과 임멜 등 여러 곳에서 사람들이 왔지만, 가문이
밝혀지지 않아서, 그들이 이스라엘 자손인지 아
닌지는 알 길이 없다.
60 그들은, 들라야 자손과 도비야 자손과 느
고다 자손인데, 모두 육백오십이 명이다.
61 제사장의 자손 가운데는, 호바야 자손과
학고스 자손과 바르실래 자손도 있는데, 이들 가
운데서 바르실래는, 길르앗 지방 사람인 바르실래
집안으로 장가를 들어서, 장인의 이름을 이어받은
사람이다. 62 족보를 뒤져보았지만, 그들은 그
조상이 확인되지 않았다. 그래서, 제사장 직분을
맡기에는 적합하지 않다고 생각하여 그 직분을
맡지 못하게 하였다. 63 유다 총독은 그들에게,
우림과 둠밈을 가지고 판결을 내릴 제사장이 나타
날 때까지는, 가장 거룩한 음식은 먹지 말라고 명령
하였다.
64 돌아온 회중의 수는 모두 사만 이천삼백
육십 명이다. 65 그들이 부리던 남녀 종이 칠천
삼백삼십칠 명이고, 그 밖에 노래하는 남녀가 이백

ㄱ) 히, '느디님'

이가 원래는 북왕국에 속해 있었는데, 둘 다 남왕국에 합병시켰다. **2:33** *로드와 하딧과 오노 사람.* 대략 예루살렘에서 북서쪽으로 25마일 거리에 있고 그래서 다른 성읍들보다 더 떨어져 있다. **2:34** *여리고.* 원래 베냐민의 일부였으나, 도시 역사상 거의 대부분을 북왕국에 속해 있었다. 여기 나와 있는 도시 명단은 총 8,540개이다. **2:36-39** 제사장들은 대략 명단의 10퍼센트로 구성되어 있다. 네 사람 중 세 명의 이름은 또한 대상 24:7-18에 있는 24제사장 반열의 명단에도 나타난다. 바스훌은 그 명단에서 빠져 있는데, 아마도 이 집단은 제사장의 지위를 잃었기 때문일 것이다. **2:40-42** 레위 사람들은 74명인데, 엄청나게 적은 수자이다. 아마도 레위 사람들은 사회적 지위가 낮았기 때문에 포로로 잡혀간 사람이 상대적으로 적었든지, 아니면 고향에서는 권리가 제한될 것을 알았기에 귀환하기를 꺼려했기 때문이었을 것이다. 노래하는 사람들이나 성전 문지기들은 아직 완전히 레위 사람의 지위에 오르지 못했었다. **2:41** 아삽 자손은 전통적으로 시 50; 73—83편과 관련되었다. **2:42** 다윗시대에 성전 문지기들을 따로 두었으며, 그들에게 성전의 종교예식의 정화를 보호하는 책임을 지게 했다. **2:43-58** 성전 막일꾼(43-54절)들과 솔로몬을 섬기던 종들(55-57절)은 계급체계에서 제사장들보다 지위가 낮았으며, 포로생활 이전에는 잘 알려져 있지 않았다. 성전 막일꾼들은 느 10:28-29에서 굳은 언약에 서명할 권리가 있던 사람들이다. **2:59-63** 제사장들과 평신도 중에 어떤 가문은 회중들과 어떠한 족보 관계도 증명할 수가 없었다. **2:61** *바르실래.* 다윗시대에 제사장 딸과 혼인함으로써 제사장 가문의 이름을 얻은 사람이었다 (삼하 17:27-29; 19:31-39; 왕상 2:7). **2:63** 총독. 이 용어는 "존경받는"(revered)을 뜻하는 고대 페르시아 단어와 연관되었다. 제사장이 거룩한 제비뽑기인 우림과 둠밈을 가지고 적절한 판결을 내릴 때까지, 조상이 확인되지 않은 제사장들은 일단은 일시적으로 제외시켰다. 어떤 의문사항에 대한 하나님의 응답을 결정하기 위해 우림과 둠밈 장치를 사용한 경우는 사울 왕 시대 이후로 다른 아무 것도 입증되지 않았다. **2:64-67** 돌아온 회중의 수는 42,360으로 기록되었으나 에스라기에 있는

명이다. 66 또 말이 칠백삼십육 마리요, 노새가
이백사십오 마리요, 67 낙타가 사백삼십오 마
리요, 나귀가 육천칠백이십 마리이다.

68 가문의 우두머리 가운데는, 예루살렘에
있는 주님의 성전 터에 이르러서, 하나님의 성전을
옛 터에 다시 세우는 일을 도우려고, 자원예물을
바치는 이들도 있었다. 69 저마다 힘 자라는 대로
건축 기금을 마련하니, 금이 육만 천 다릭, 은이
오천 마네, 제사장의 예복이 백 벌이나 되었다.

70 제사장과 레위 사람과 백성 가운데서, 일
부는 [ㄱ](예루살렘과 그 부근 마을에 자리를 잡고,)
노래하는 이들과 문지기들과 성전 막일꾼들은 그
들의 고향 마을에 자리를 잡았다. 나머지 이스라엘
사람들은 저마다 고향에 자리를 잡았다.

예배를 다시 드리기 시작하다

3 1 이스라엘 자손은 여러 마을에 흩어져서 자
리를 잡은 지 [ㄴ]일곱째 달이 되었을 때에, 일
제히 예루살렘으로 모였다. 2 요사닥의 아들 예
수아와 그의 동료 제사장들과 스알디엘의 아들 스
룹바벨과 그의 동료들이 모여서, 하나님의 사람
모세의 율법에 규정된 대로 번제를 드릴 수 있도록,
이스라엘의 하나님의 제단을 쌓았다. 3 그들은,
그 땅에 사는 백성들이 두렵기는 하지만, 제단이
서 있던 옛 터에 제단을 세우고, 거기에서 아침 저
녁으로 주님께 번제를 드렸다. 4 초막절이 되니,
기록된 대로 그 절기를 지켰다. 그들은 또한 규례를
따라서, 날마다 정해진 횟수대로 번제를 드렸다.
5 그런 다음부터, 그들은 늘 드리는 번제 외에도,
초하루 제사 때와, 거룩하게 지켜야 하는 주님의
모든 절기를 맞이할 때와, 주님께 자원예물을 바
칠 때마다 번제를 드렸다. 6 주님의 성전 기초는
아직 놓지 않았지만, 그들은 일곱째 달 초하루부
터 주님께 번제를 드리기 시작하였다. 7 백성은,
석수와 목수에게는 삯을 주어서 일을 시키고, 시돈
사람과 두로 사람에게는 먹을 것과 마실 것과 기
름을 주어서, 페르시아 왕 고레스가 그들에게 허
락한 대로, 레바논에서 백향목을 베어 바닷길로
욥바까지 띄워 보내게 하였다.

성전을 다시 짓기 시작하다

8 백성이 하나님의 성전 터가 있는 예루살렘
으로 돌아온 지 이태째가 되는 해 [ㄷ]둘째 달에,
스알디엘의 아들 스룹바벨과 요사닥의 아들 예수아

ㄱ) 괄호 안의 구절은 칠십인역을 따름 ㄴ) '티스리월', 양력 구월 초순 이후 ㄷ) '시브월', 양력 사월 중순 이후

개개인의 수를 합하면 29,818밖에 되지 않는다. 이러한 차이는 여자들의 수를 계산해서 생긴 것일까? **2:65** 200명의 노래하는 남녀는 예능인이 분명한데, 성전 안에서 노래하는 여자들은 허용되지 않았기 때문이다.

2:68-70 가문의 우두머리들은 바빌로니아에서 돌아오자마자 성전을 위하여 헌금을 하였다 (출 25:2-7; 35:21-29를 참조). **2:69** 헌금으로 바쳐진 자원재물들은 어림잡아 금 1,133파운드(513,239kg)와 은 6,250파운드(2,831,250kg)였다. 이 막대한 총계는 돌아온 자들이 온 마음을 바쳐 성전을 지원하였음을 표현해준다. **2:70** 이 절에서 그들의 *고향 마을에* 관하여 처음으로 언급한 것은 본문상의 문제가 있다. 제사장, 레위 사람, 그리고 백성 중에 어떤 사람들은 예루살렘에 살았다. 그 외의 모든 사람들은 시골 구석구석에 흩어져 살았기 때문이다.

3:1-13 3장 도처에 나오는 지도자들은 예수아와 스룹바벨인데, 이들의 연대는 주로 다리우스 시대인 (기원전 521-486년) 520년 후기로 추정된다. 어떤 주석가들은 역사적으로 제단을 건축한 것은 530년 초기이며, 성전 기초를 놓은 것은 520년이라고 생각한다. 그러나 에스라기의 저자는 제단은 귀환한 같은 해 일곱째 달에 재건되었고, 성전 기초는 돌아온 지 이태 째가 되는 해 둘째 달에 놓았다고 제시한다.

3:1-6 백성들은 제단을 재건하기 위해 자원하여 함께 모였다. 에스라기 저자는 역사적인 사실과는 반대로, 포로생활 기간 동안 그 땅이 비어 있었다고 암시한다. **3:2** *예수아.* 사독 제사장으로, 유다가 포로생활 할 당시에 대제사장이었던 *여호사닥의* 후손이었다 (대상 6:15). *스룹바벨.* 다리우스나 혹은 그의 전임자 감비세스(Cambyses)에 의해 총독으로 임명되었으나, 성경 이야기에서 성전이 봉헌되기 전에 수수께끼처럼 사라져버린다. 에스라기의 저자는 스룹바벨이 다윗의 후손이었던 것이나 혹은 총독이었다는 것을 언급하지 않는다. **3:3** 포로생활 이후 공동체는 제단이 서 있던 옛터에 제단을 세움으로써 제1성전과의 연속성을 강조한다. 이 사업을 반대하는 세력은 *이웃 백성*들이었으며, 학개가 말한 것처럼 내부에서 반대한 사람들이 아니다. **3:4** 초막절은 일곱 번째 달의 15일부터 22일까지 열렸다 (레 23:39-43). **3:5** *거룩하게 지켜야 하는 주님의 모든 절기.* 유월절, 장막절, 초막절, 그리고 대속죄일을 포함했는데, 대속죄일은 성전이 봉헌되고 나서야 지켜졌다. **3:6** 성전의 기초를 아직 놓지도 않고 번제를 다시 드리기 시작한 것은 이웃 백성들이 두려움을 불러왔기 때문이었다. **3:7-13** 성전의 기초를 놓는 것은 아마도 역사적으로 다리우스시대에 일어났을 터인데, 본문은 그보다 훨씬 이전인 고레스시대로 제시

와, 그들의 나머지 동료 제사장과 레위 사람과, 사
로잡혀 갔다가 예루살렘으로 돌아온 모든 사람이
공사를 시작하고, 스무 살이 넘은 레위 사람을 주
님의 성전 건축 감독으로 세웠다. 9 예수아와 그의
아들들과 친족과, ㄱ)호다위야의 자손 갓미엘과 그의
아들들이, 한마음 한뜻으로 하나님의 성전 짓는
일을 감독하였다. 레위 사람 헤나닷의 아들과 손
자와 친족들도 그들과 함께 일을 하였다.
10 집 짓는 일꾼들이 주님의 성전 기초를 놓을
때에, 예복을 입은 제사장들은 나팔을 들고, 레위
사람 가운데서 아삽 자손들은 자바라를 들고, 이
스라엘 왕 다윗이 지시한 대로, 저마다 주님을 찬
양하려고 자기의 자리에 섰다. 11 그들은 서로
화답하면서 주님을 찬양하고, 감사의 찬송을 불
렀다.

"주님은 어지시다."
"언제나 한결같이
이스라엘을 사랑하신다."

주님의 성전 기초가 놓인 것을 본 온 백성도,
목청껏 소리를 높여서 주님을 찬양하였다.
12 그러나 첫 성전을 본 나이 많은 제사장들과
레위 사람들과 가문의 우두머리들은, 성전 기초
가 놓인 것을 보고, 크게 통곡하였다. 또 다른 쪽
에서는, 많은 사람들이 기뻐하며 즐거이 노래하
였다. 13 환성과 통곡이 한데 뒤섞여서, 소리가
너무나도 크고 시끄러웠다. 그 소리는 멀리서도
들을 수 있었으나, 어느 누구도 환성인지 통곡인
지 구별할 수 없었다.

사마리아 사람의 방해

4 1 유다와 베냐민의 대적은, 사로잡혀 갔다가
돌아온 사람들이 주 이스라엘의 하나님의
성전을 짓고 있다는 말을 듣고서, 2 스룹바벨과
각 가문의 우두머리들에게 와서 말하였다. "앗시
리아 왕 에살핫돈이 우리를 여기로 데려왔을 때
부터 이제까지, 우리도 당신들과 마찬가지로 당
신들의 하나님을 섬기며, 줄곧 제사를 드려 왔으
니, 우리도 당신들과 함께 성전을 짓도록 하여 주
시오." 3 스룹바벨과 예수아와 그 밖에 이스라
엘 각 가문의 우두머리들이 그들에게 대답하였
다. "당신들과는 관계가 없는 일이오. 주 우리의
하나님께 성전을 지어 드리는 것은, 우리가 할 일
이오. 페르시아 왕 고레스가 우리에게 명령한 대로,
주 이스라엘의 하나님의 성전을 짓는 것은, 오로
지 우리가 할 일이오." 4 이 말을 들은 그 땅 백
성은 성전 짓는 일을 방해하여, 유다 백성의 사기
를 떨어뜨렸다. 5 그들은 고문관들을 매수하면
서까지 성전을 짓지 못하게 하였다. 이러한 방해는,
페르시아 왕 고레스가 다스리던 모든 기간뿐만
아니라, 페르시아 왕 다리우스가 통치하던 때까지
이어졌다.
6 아하수에로가 왕위에 오르니, 대적들은 유다
주민과 예루살렘 주민을 고발하는 글을 올렸다.
7 아닥사스다 때에도 비슬람과 미드르닷과
다브엘과 그 밖의 동료 관리들이 페르시아의 아닥

ㄱ) 히, '예후다' 또는 '유다'

한다. **3:7** 일꾼들을 고용하고 물자를 확보하는 것을 묘사하기 위해 사용된 전문용어는 제1성전에 대한 작업을 묘사하는 것과 비슷하다 (대하 3장; 또한 대상 22:2-4를 보라). 이는 저자가 제2성전은 제1성전과 신학적으로 쌍을 이룬 것으로 보았음을 시사한다. **3:8** 레위 사람의 연령을 모세오경이 명한 서른 살이 아니라, 스무 살로 제한한 것은 (민 4:3, 23, 30) 레위 사람의 수가 하도 적었기 때문에 그럴 수밖에 없었을 것이다. **3:9** 레위 사람 예수아는 2절에 언급된 대제사장과 동명이인이다. **3:10** 성전 기초를 놓는다는 것은 아마 기초를 놓는 의식을 일컫는 것인데, 옛 성전의 기초에서 돌을 떼어 내어 새 성전에 설치하였다. 번제를 모세가 제정한 대로 행하고 (2절) 다윗이 지시했던 대로 악사들이 따른 것에서 과거와의 연속성이 나타난다. **3:11** 성직자들은 의식에 적절한 시편을 읊었지만 (시 100:5; 106:1; 107:1; 118:1; 136:1), 저자는 중요한 사항을 덧붙인다. 하나님의 한결같은 사랑은 모든 백성에게 은총을 내리시는 것이 아니라, 오히려 하나님은 한결같이 이스라엘을 특히 사랑하신다는 것이다. **3:12-13** 첫 성전이 불타버린 지 49년이 흘렀는데, 만일 의식이 기원전 520년에 열렸다면 67년이 흘렀다. 그래서 통곡한 사람들은 나이가 든 사람들이었을 것이다. 어르신들은 성전이 완공되는 것을 보지 못할까봐 두려워했기에 울었을까? 아니면 새 성전이 옛 성전만큼 기대에 미치지 못했기 때문이었을까 (슥 4:9-10)? 혹은 기쁨의 눈물이었을까? 그들의 통곡 소리는 멀리서도 들릴 정도로 컸다. 이렇게 짧게 주목한 것은 통곡소리를 듣고 어떤 사람들은 아주 못마땅하게 여겼다는 것을 암시한다.

4:1-5 대적들은 *우리도 당신들과 함께 성전을 짓도록 하여 주시오* 라고 언뜻 보기에 무해한 제안을 하면서, 자신들도 앗시리아 왕 에살핫돈이 여기로 데려왔을 때부터 (기원전 681-669년) 이제까지 이스라엘의 하

사스다 왕에게 글을 올렸다. 그 편지는 아람 글로
적었고 ㄱ)번역이 되었다.
8 ㄴ)르훔 사령관과 심새 서기관은 예루살렘
주민을 고발하는 상소문을 아닥사스다 왕에게 썼다.
9 그 때에 상소를 올린 사람은, 르훔 사령관
과 심새 서기관과 동료들과 그 밖에 디나 사람과
아바삿 사람과 다블래 사람과 아바새 사람과 아렉
사람과 바빌로니아 사람과 수산 사람과 데해 사람
과 엘람 사람과, 10 귀족 ㄷ)오스납발이 사마리아
의 여러 성과 유프라테스 강 서쪽 여러 지방에 이
주시킨 민족들이다. 11 다음은 이들이 보낸 상
소문의 내용이다.

유프라테스 강 서쪽에 있는 신하들이 아닥사
스다 임금님께 아룁니다. 12 임금님께서 다
스리시는 여러 지방에 흩어져서 살던 유다 사람
들이, 우리가 사는 예루살렘으로 와서 자리를
잡고, 범죄와 반역을 일삼던 악한 성읍 예루살렘
지금 다시 세우고 있습니다. 기초를 다시 다지고,
성벽을 쌓아 올리고 있습니다. 13 이 일을 임
금님께 아룁니다. 성벽 쌓는 일이 끝나고 그 성
읍이 재건되면, 그들은 세금과 조공과 관세를
바치지 아니할 것이며, 틀림없이, 국고에 손해를
끼칠 것입니다. 14 나라에서 녹을 타먹는 우
리로서, 임금님께 불명예스러운 일이 미칠 일을
그냥 보고만 있을 수 없어서, 이렇게 상소문을
올리어서 임금님께 아룁니다. 15 조상이 남기신
기록들을 살펴보시면, 임금님께서도 바로 이 성
읍이 반역을 일삼던 곳이었음을 아시게 될 것입
니다. 예로부터 이곳에서는 반란이 자주 일어
나서, 임금님들을 괴롭히고, 다른 여러 지방에
까지 피해를 입혔습니다. 이 성읍을 없애 버린
것은 바로 그러한 반역 때문입니다. 16 이 성
읍이 재건되고, 성벽 쌓는 일이 끝나면, 임금님
께서는, 유프라테스 강 서쪽 지역을 잃게 되신
다는 것을 아뢰는 바입니다."

17 이에 대하여 왕이 내린 회신은 다음과 같다.

"르훔 사령관과 심새 서기관과 사마리아와 유
프라테스 강 서쪽에 사는 경들의 동료들에게,
평안을 빌면서 이 조서를 내린다. 18 경들이
우리에게 보낸 상소문은, 번역이 되어 내 앞에서
낭독되었다. 19 그것을 듣고서 조사해 보니,
과연 그 성읍 사람들은 예로부터 왕실의 권위에
반기를 들어 왔으며, 그 곳이 반란을 일으키는
자들의 소굴이었음이 밝혀졌다. 20 한때는 강한
왕들이 그 곳 예루살렘을 다스리면서, 유프라
테스 강 서쪽 지방을 장악하고, 조공과 세금과
관세를 거두기도 하였음이 확인되었다. 21 그

ㄱ) 또는 '아람어로 번역이 되었다' ㄴ) 4:8-6:18은 아람어로 기록됨
ㄷ) 일명, '아슈르바니발'

나님을 섬겨왔다고 주장했다. **4:3** 공동체 지도자들은 그 제안을 거절하고, 고레스 왕이 성전을 짓도록 허락한 것은 오로지 자신들이 해야 할 일이라는 뜻이라고 해석해주었다. **4:4** *그 땅 백성.* 포로로 잡혀가지 않은 사람들, 유대인이 아닌 사람들, 그리고 공동체의 구성원이 아닌 사람들을 가리킨다. **4:5** 그들은 고레스 왕이 통치하던 내내 (기원전 539-530년) 공동체를 괴롭히고 방해했으며, 심지어 다리우스 1세(기원전 522-486년)가 통치하던 때까지 이어졌다. 이 절은 유배에서 돌아온 공동체가 성전을 소홀히 했던 것을 용서해주는 역할을 하는데, 이는 특히 학개가 죄목으로 지적했던 점이다. 다리우스에 대해 언급함으로써 5—6장에서 다리우스시대에 일어날 사건들을 독자들이 미리 기대하게끔 해준다. 그러나 그러한 사건들을 묘사하기 이전에, 저자는 외부의 반대라는 주제를 잡고 아하수에로(기원전 486-465년)와 아닥사스다(기원전 465-424년)의 통치를 통해서 외부의 반대라는 그 주제를 따라가고 있다.

4:6-24 이 절들은 다리우스 1세의 통치를 묘사하기 전에, 회복된 공동체가 아하수에로와 아닥사스다가 통치하는 동안에 받았던 일련의 고발과 상소를 기록하고 있다. 여기서는 성전 건축보다는 성벽 건축에 대하여 반대의 화살을 향한다. 24절은 5절을 다시 반복하는데, 저자가 페르시아의 연대기를 혼동하지 않았다는 것을 나타낸다. **4:6-7** 저자는 페르시아 관리들에게 보낸 두 통의 상소문을 언급하고 있지만, 그 편지의 내용은 언급하지 않았다. **4:6** 아하수에로는 희랍어 이름으로 크세르크세스이다. **4:7** 이 번역에 따르면, 편지는 아람어로 적어서 다른 언어로 번역되었는데, 페르시아어인 것 같다. **4:8-16** 8절부터 시작하여 6:18까지 계속되는 본문은 아람어로 쓰여 있다. **4:8** 관할구의 *르훔* 사령관과 *심새* 서기관은 지역 주민들의 반대를 관계자들에게 보고하였다. **4:10** *오스납발.* (이 사람은 아슈르바니발, 기원전 669-630년경으로 더 잘 알려져 있다. 공동번역은 "오스나빨") **4:15** 이스라엘의 예언자들은 주님의 진노 때문에 예루살렘이 파괴되었다고 해석한 반면, 유대인들의 대적들은 이 성읍이 반역을 일삼았기 때문에 벌을 받았다고 해석했다. **4:16** 대적들은 유대 사람이 위험을 끼칠 것이라고 과장하고 있다. 과연 사방 800마일도 채 되지 않는 작은 성읍에서 반란이 일어난다고 해서 페르시아가 유프라테스 강 너머에 있는 전체 관할구를 잃게 되겠는가? **4:17-22** 아닥사스다 왕의 회신. **4:19** 아닥사스다 왕이 조사해 보니, 예루

러므로 경들은 그들에게 명령을 내려서, 일을 중
단시켜라. 다음에 내가 다시 명령을 내릴 때까지,
그들이 성읍을 재건하지 못하도록 하여라.
22 이 일에 착오가 없도록 유의하여, 왕실이 화
를 입거나 손해를 보는 일이 없도록 하여라."

23 르훔과 심새 서기관과 동료 관리들은 아
닥사스다 왕의 편지를 읽고, 곧 예루살렘으로 올
라가서, 유다 사람들이 일을 하지 못하게 무력을
써서 막았다. 24 그래서 예루살렘에 있는 하나
님의 성전 공사는 페르시아 왕 다리우스 이년에
이르기까지 중단되었다.

성전을 재건하다

5 1 그 때에 학개 예언자와 잇도의 아들 스가랴
예언자가, 자기들이 받들어 섬기는 이스라엘의
하나님의 이름으로, 유다와 예루살렘에 사는 유다
사람들에게 예언을 하기 시작하였다. 2 같은 때에,
스알디엘의 아들 스룹바벨과 요사닥의 아들 예수
아가, 예루살렘에 있는 하나님의 성전 건축 공사에
착수하였다. 하나님의 두 예언자도 그들을 도왔다.
3 바로 그 때에 유프라테스 강 서쪽 지방의
닷드내 총독이 스달보스내와 동료 관리들을 데리
고 그들에게 와서, 누가 그 성전을 다시 지으라고
하였는지, 누가 성벽 공사를 마치라고 하였는지
를 물었다. 4 ㄱ)그들은 또한 성전 재건을 돕는 사
람들의 이름도 밝히라고 요구하였다. 5 그러나
하나님이 유다의 원로들을 돌보아 주셨으므로,
아무도 그 일을 막을 수 없었다. 페르시아 관리들
은 이 일을 다리우스 왕에게 알리고, 회답을 기다
리는 수밖에 없었다.
6 유프라테스 강 서쪽 지방의 닷드내 총독은,
스달보스내와 동료 관리들인 유프라테스 강 서쪽
지방의 관리들과 함께, 다리우스 왕에게 글을
올렸다. 7 그 글의 내용은 다음과 같다.

"다리우스 임금님께서 평안하시기를 빌며,
8 임금님께 아뢥니다. 저희가 유다 지역에 갔을
때에, 그 곳 백성이 크신 하나님을 모시려고 성
전을 짓고 있는 것을 보았습니다. 그들은 큰 돌을
떠다가 성전을 지으며, 나무를 날라다가 벽을
쌓고 있었습니다. 감독관들의 관리 아래, 공사는
빈틈없이 잘 진행되어 가고 있었습니다. 9 그
래서 저희는 원로들에게, 누가 그 성전을 다시
지으라고 하였는지, 누가 성벽 공사를 마치라고
하였는지를 물었습니다. 10 또한 임금님께 공사
책임자들의 명단을 만들어서 알려 드리려고, 그
들의 이름도 물었습니다. 11 그들이 우리에게
한 대답은 다음과 같습니다.

'우리는 하늘과 땅의 주이신 하나님을 섬기는
사람입니다. 우리는 지금, 허물어진 성전을 다시
짓고 있습니다. 이 성전은 본래 옛날 이스라엘의
어떤 큰 왕이 짓기 시작하여 완공하였던 것입
니다. 12 그런데 우리의 조상이 하늘의 하나
님을 노엽게 하였으므로, 하나님이 우리의 조
상을 갈대아 사람 바빌로니아 왕 느부갓네살의
손에 넘기셨습니다. 그가 이 전을 허물고, 백성을
바빌로니아로 사로잡아 갔습니다. 13 그러나
고레스 왕께서 바빌로니아 왕이 된 그 첫 해에,
하나님의 성전을 지으라고 칙령을 내렸습니다.
14 그뿐만 아니라, 그는 느부갓네살이 예루살렘
성전에서 꺼내어서 바빌론 ㄴ)신전으로 가지고
간 성전의 금그릇과 은그릇을 그 ㄴ)신전에서 꺼
내어 돌려주기까지 하였습니다. 그 때에 고레스

ㄱ) 칠십인역을 따름. 아람어 본문에는 '우리는 그들에게 성전 재건을 돕는 사람들의 이름을 밝혔다' ㄴ) 또는 '궁전'

살렘이 왕실의 권위에 반기를 드는 반역 기질이 있다는 것이 확인되었다. **4:20** 강한 왕들은 다윗과 솔로몬이다. **4:21** 아닥사스다 왕은 예루살렘 성전 공사를 중단시키라는 명령을 내린다. **4:23-24** 르훔과 심새는 무력으로 예루살렘에서 일하는 것을 막았다 (느 1:3을 비교하라). **4:24** 이 절은 성전 공사가 다리우스 왕 시대까지 중단되었다는 것으로 다시 이야기의 내용을 바꾸고 있다.

5:1-2 저자는 오랫동안 중단되었던 공사를 다시 시작한 데는 학개와 스가랴 예언자의 힘이 컸다고 생각한다.

5:3-17 유프라테스 강 건너 (Beyond the River) 라고 불리던, 페르시아 관할구의 서쪽 지방을 다스리던 *닷드내* 총독의 노력에도 불구하고, 성전 공사는 중단되지 않았다. 닷드내는 무엇을 해야 하는지 다리우스 왕에게 조언을 구했다. **5:3** *스달보스내.* 아마 닷드내의 비서였을지도 모른다. **5:11** *하늘과 땅의 주.* 하늘과 땅의 모든 주권을 가진 하나님을 표현하는 것이다. 성전의 합법성은 수세기에 걸쳐 존재해왔다. 건축자는 위대한 왕 솔로몬이었다. **5:12** 예루살렘이 허물어진 것은 인간의 죄악에 대한 하나님의 분노의 결과였지, 백성들의 반역적인 기질 때문이 아니었다. **5:13-15** 이 절들은 유대 사람들이 6:2-5에 있는 고레스 칙령을 어떻게 알기 쉽게 해석했는지를 보여준다 (1:2-4를 참조). **5:13** 어떤 고대 묘비에서는 고레스가 바빌로

왕께서는 세스바살을 총독으로 임명하고, 그
그릇들을 주면서, 15 그에게 그것들을 모두 예
루살렘으로 가지고 가서 성전에 두라고 하셨습
니다. 또 하나님의 성전을 제자리에 다시 세우
라고 말씀하셨습니다. 16 바로 그 세스바살이
예루살렘으로 와서, 하나님의 성전 기초를 놓았
습니다. 그 때부터 오늘까지 줄곧 일을 하였으나,
아직 다 마치지 못하였습니다.

17 아뢰옵기 황송하오나, 임금님께서 바빌
론의 왕실 문서 창고를 살펴보시고, 정말 고레스
왕께서 예루살렘에다가 하나님의 성전을 다시
지으라고 칙령을 내리신 적이 있는지 알아 보시는
것이 좋겠습니다. 그런 다음에, 이 일을 어떻게
하면 좋을지를 결정하시고 일러주시기 바랍
니다."

고레스의 칙령이 발견되다

6 1 이에 다리우스 왕이 명령을 내려, 바빌론
에서 옛 귀중본들을 두는 서고들을 조사하도록
하였다. 2 메대 지방 악메다 궁에서 두루마리가
하나 발견되었는데, 거기에는 다음과 같이 적혀
있다.

3 "고레스 왕 일년에, 왕께서 예루살렘에 있는
성전에 관하여 칙령을 내리시다.

희생제사를 드리던 바로 그 곳에 성전을 다시
세워라. 기초를 튼튼히 다지고, 성전의 높이와
너비는 각각 육십 자가 되게 하고, 4 벽은 돌
세 겹에 나무 한 겹씩 쌓아라. 비용은 국고에서
대주어라. 5 느부갓네살이 예루살렘에 있는
성전에서 꺼내어서 바빌론으로 가지고 온 성전의
금그릇과 은그릇을 돌려보내어, 예루살렘 성전
으로 옮기게 하고, 성전 안 본래 있던 자리에 두
도록 하여라."

다리우스 왕의 명령

6 이제 유프라테스 강 서쪽 지방의 닷드내 총
독과 스달보스내와 경의 동료 관리들과 유프라
테스 강 서쪽 지방에 있는 관리들은, 건축 공사
지역에 접근하지 않도록 하여라. 7 성전 짓는
일을 막지 말고, 유다의 총독과 원로들이 자기
들의 성전을 옛 터에 짓도록 그대로 두어라.
8 내가 이제 지시한다. 경들은 성전을 짓는 유
다의 원로들을 도와라. 성전 공사에 드는 비용은
국고에서 댈 터이니, 유프라테스 강 서쪽 지방
에서 거둔 세금에서 그 비용을 어김없이 주어서,
일이 중단되지 않게 하여라. 9 예루살렘의 제
사장들이 하늘의 하나님께 번제를 드리는 데 필
요하다고 하는 것들은 무엇이든지 내주어라. 수
송아지든지 숫양이든지 어린 양이든지, 또는 밀
이든지 소금이든지 포도주든지 기름이든지, 그
들이 요구하는 대로 어김없이 날마다 주도록 하
여라. 10 그래서 그들이, 하늘의 하나님이 기
뻐하시는 희생제사를 드리게 하고, 왕과 왕자
들이 잘 살 수 있도록 기도하게 하여라. 11 나는
또 다음과 같이 지시한다. 내가 내린 이 칙령을
고치는 자는, 그의 집에서 들보를 뽑아서 내다 세
우고, 거기에 그를 매달아라. 그 집은 이에 대한
벌로 거름더미를 만들어라. 12 어떤 왕이나

니아의 왕으로 칭송을 받는다. **5:14** 느부갓네살이 돌려준 성전 기물을 받았던 *세스바살*은 여기서 유다 총독으로 불린다 (1:8을 참조). **5:16** 아마 세스바살이 성전의 기초를 놓았겠지만, 다른 곳에서는 이 작업을 스룹바벨의 공으로 돌리고 있다 (3:8-10; 슥 4:9). 이러한 모순을 조화시키기가 어렵다. **5:17** 닷드내는 다리우스에게서 과연 고레스가 칙령을 내린 것인지 아니면 단지 유대인들이 그럴 듯하게 내세운 주장인지를 알기 원했다.

6:1-5 이 문서는 포로생활에서 귀환하는 것을 분명하게 언급하고 있지 않지만, 건축 사업을 위해 국고에서 비용을 조달하여 줄 것과 성전의 높이와 너비를 가르쳐준다. **6:3** 짐승으로 희생제사를 지내지 않았던 페르시아 사람들은 유대 사람들이 그러한 희생제사를 드린 것에 주목하고 있다. 복구한 성전들 가운데 어떤 성전은 정육면체로 각 면의 길이가 육십 규빗이고, 복구한 성전의 또 다른 것은 길이가 60규빗, 너비는 20규빗, 그리고 높이는 30규빗으로, 제2성전에서도 대대로 계속 남아있던, 솔로몬의 성전과 치수가 같다. **6:4** 건축에 필요한 모든 비용은 페르시아가 국고에서 조달하여주었는데도 불구하고, 왜 세스바살이 시작한 성전 건축이 스룹바벨 때까지 완공되지 못했을까? **6:6-12** 다리우스는 고레스 왕의 조서를 강화하고 닷드내와 동료관리들에게 성전 짓는 일을 막지 말라고 명령했다. **6:7** 유다의 총독에 관해 언급된 것은 뜻밖인데, 닷드내의 글에서 언급되지 않았기 때문이다. 외경 에스더상 6:27에서 이 절을 번역한 곳을 보면 총독이 스룹바벨로 나타나 있다. **6:8** 고레스의 조서를 따라, 다리우스는 건축 공사에 드는 비용을 국고에서 댈 것을 명령했다. **6:9** 번제를 드리는 데 필요한 품목들이 구체적인 것으로 보아, 왕이 조서를 초안하는 것을 도와준 유대 사람 조언자가 있었거나 혹은 에스라기의 저자가 이런 세부사항을 덧

어떤 민족이 나의 칙령을 거역하여, 이것을 고
치거나 예루살렘 성전을 파괴하면, 거기에 이
름을 두신 하나님이 그들을 없애 버릴 것이다.
이것은 나 다리우스의 명령이니, 경들은 지체
없이 실시하여라.

성전 봉헌

13 그래서 유프라테스 서쪽 지방의 닷드내
총독과 스달보스내와 동료 관리들은, 다리우스
왕이 내린 조서에 지시된 대로, 신속하게 처리하
였다. 14 학개 예언자와 잇도의 아들 스가랴가
성전 공사를 격려하였다. 유다의 원로들은 계속
하여 성전을 지었고, 공사는 순조롭게 진행되었다.
그들은 이스라엘의 하나님의 명과 페르시아 왕 고
레스와 다리우스와 아닥사스다의 칙령을 따라서,
성전 짓는 일을 끝낼 수 있었다. 15 성전 건축이
끝난 것은 다리우스 왕 육년 ㄱ)아달월 삼일이다.
16 그 때에 제사장들과 레위 사람들과 사로잡혀
갔다가 돌아온 사람들과 모든 이스라엘 백성은,
기뻐하면서 하나님의 성전 봉헌식을 올렸다.
17 하나님께 이 성전을 바치면서, 그들은 수소
백 마리와 숫양 이백 마리와 어린 양 사백 마리를
바치고, 온 이스라엘을 위한 속죄제물로는, 이스
라엘 지파의 수대로 숫염소 열두 마리를 바쳤다.
18 그렇게 한 다음에, 그들은 갈래별로 제사장을
세우고, 무리별로 레위 사람을 세워서, 모세의 책에
기록된 대로, 예루살렘에서 하나님을 섬기는 일을
맡아 보게 하였다.

유월절

19 사로잡혀 갔다가 돌아온 이들은 첫째 달
십사일에 유월절을 지켰다. 20 제사장들과 레위
사람들은 일제히 몸을 씻고서 정결예식을 치렀다.
그런 다음에, 레위 사람들은, 돌아온 이들 모두와
동료 제사장들과 자기들이 먹을 유월절 양을 잡
았다. 21 잡혀 갔다가 돌아온 이스라엘 자손들이
그것을 먹었다. 그 땅에 살던 이방 사람들에게서
부정을 탔다가 그 부정을 떨어버리고, 주 이스라
엘의 하나님을 찾아온 이들도, 그들과 함께 유월
절 양고기를 먹었다. 22 그들은 이레 동안 무교
절을 즐겁게 지켰다. 주님께서 앗시리아 왕의 마
음을 돌이켜서, 그들에게 호의를 베풀도록 하셨
으므로, 그들은 힘을 얻었다. 그들은, 주 이스라
엘의 하나님이신 하나님의 성전을 다시 지을 수
있었으므로, 한없이 기뻤다.

에스라가 예루살렘에 도착하다

7 1 이런 일들이 지나가고 난 다음이다. 페르
시아의 아닥사스다 왕이 다스리던 때에, 에스
2 그 윗대는 살룸이요, 그 윗대는 사독이요, 그
윗대는 아히둡이요, 3 그 윗대는 아마랴요, 그
윗대는 아사랴요, 그 윗대는 므라욧이요, 4 그 윗
대는 스라히야요, 그 윗대는 웃시엘이요, 그 윗대
는 북기요, 5 그 윗대는 아비수아요, 그 윗대는 비

ㄱ) 양력 이월 중순 이후

붙였을 것이다. **6:10** 유대 사람들에게 왕과 왕자들을 위해 기도하게 하라는 지시를 통해, 우리는 왕이 왜 유대 사람의 희생제사를 재정적으로 지원했는지를 이해하는 데 도움이 된다. 저자는 반역의 위협을 보이지 않고 페르시아와 평화스러운 관계 속에서 지낼 용의가 있었다. 심지어 예레미야마저도 유배 중에 있던 유대인들에게 바빌로니아의 번영을 위해 기도하라고 촉구했다 (렘 29:7).

6:13-22 유다의 원로들은 왕이 조서를 내린 대로 일을 대성공리에 실행하였다. 학개와 스가랴 예언자가 공사를 격려하였으며 (라 5:1 참조), 스룹바벨은 언급되지 않고 있다. **6:14** 성전이 완공된 지 50년이 흐른 후에야 비로소 왕위에 오르는 아닥사스다를 언급함으로써, 페르시아 왕도 마찬가지로 성전을 위해 재정적인 지원을 할 것이라고 독자들에게 미리 알려 준다 (7:12-26 참조). **6:15** 아달월 삼일은 기원전 515년 3월 12일, 안식일에 해당되었다. 어떤 학자들은 외경 에스더상 7:5에 나온 아달월 23일째를 선호하는데, 이는 기원전 515년 4월 1일에 해당된다. **6:16-18** 제2성전 봉헌은 여러 면에서 솔로몬 성전의 봉헌에 비길 수 있다 (왕상 8장; 대하 7:4-7). **6:17** 봉헌식을 드리면서 한 번에 712마리의 제물을 바친다니 지나친 것으로 보일 수 있지만, 솔로몬 성전 봉헌식 때 22,000의 수소와 120,000의 양을 드렸다는 기사 앞에서는 무색해진다 (왕상 8:63). 숫염소 열두 마리를 속죄제물로 바친 사람들은 유다, 베냐민, 그리고 레위 지파에 한정되었지만, 열두 마리는 전체 이스라엘 열두 지파의 수에 해당한다. 나중에 에스라와 함께 돌아온 무리도 숫염소 열두 마리를 속제제물로 드렸다. **6:19-22** 글쓴이는 유월절 절기를 묘사하면서 다시 본문을 히브리어로 쓰고 있다. **6:19** 에스라가 살아 있었을 때는, 유월절이 정해진 날인 첫째 달 십사일에 지켜지고 있었다. **6:20** 다른 곳에 있는 제사장들이 유월절 양을 잡을 수 없었으므로, *제사장들과* 라는 단어는 부차적일 것이다. **6:21** 유월절을 축하하는 무리는 예상외로 다양하게 구성되어 있다. 잡혀갔다가 돌아온 사람들을 찾아온 이들은 유대교로 개종한 이방 사람이나 혹은 포로로 잡혀가지 않은 유대 사람들이었지만 이제는 새로운 공동체의 일원이

느하스요, 그 윗대는 엘르아살이요, 그 윗대는 대
제사장 아론이다. 6 바로 그 에스라가 바빌로니
아에서 돌아왔다. 그는 주 이스라엘의 하나님이 주
신 모세의 율법에 능통한 학자이다. 주 하나님이 그
를 잘 보살피셨으므로, 왕은 에스라가 요청하는 것
은 무엇이나 다 주었다. 7 아닥사스다 왕 칠 년
에, 일부 이스라엘 자손들과 몇몇 제사장들과 레
위 사람들과 노래하는 사람들과 성전 문지기들과
성전 막일꾼들이 예루살렘으로 올라올 때에,
8 에스라도 그들과 함께 올라왔다. 그가 예루살
렘에 닿은 것은, 왕이 다스린 지 칠년이 된 해의
다섯째 달이다. 9 그가 바빌로니아를 떠난 것은
ㄱ)첫째 달 초하루이다. 하나님이 그를 잘 보살펴
주셔서, ㄴ)다섯째 달 초하루에 예루살렘에 닿을 수
있었다. 10 에스라는 주님의 율법을 깊이 연구
하고 지켰으며, 또한 이스라엘 사람들에게 율례와
규례를 가르치는 일에 헌신하였다.

아닥사스다 왕이 칙령을 내리다

11 에스라는 제사장이면서 학자이며, 이스
라엘이 받은 주님의 계명과 율례를 많이 배운 사
람이었다. 다음은 아닥사스다 왕이 에스라에게
보낸 칙령을 옮겨 적은 것이다.
12 "ㄷ)왕 중의 왕 아닥사스다는 하늘의 하나
님의 율법에 통달한 학자 에스라 제사장에게 칙
령을 내린다.
13 나의 지시는 다음과 같다. 내가 다스리는
나라에 사는 이스라엘 사람 가운데서, 그대와 함
께 예루살렘으로 가고자 하는 사람은, 제사장이
든지 레위 사람이든지, 누구든지 가도 좋다.
14 나와 나의 일곱 보좌관이 그대를 보내는 것
이니, 그대가 잘 아는 하나님의 율법에 따라서,
유다와 예루살렘이 어떠한지를 살펴보아라.

ㄱ) '아빕월', 양력 삼월 중순 이후 ㄴ) '아브월', 양력 칠월 중순 이후
ㄷ) 7:12-26은 아람어로 기록됨

된 사람들일지도 모른다. 모세오경에 따르면, 남자가 할례를 받으면, 체류자인 경우에도 유월절 축제에 참여할 수 있었다 (출 12:43-49). **6:22** 에스라기 책이 씌어졌을 때까지는, 원래는 따로따로 있었던 유월절과 무교절 절기를 하나로 지켰다. 하나님은 외국 왕의 마음을 돌이켰을 때와 똑같이 백성들의 마음을 즐겁게 해 주셨다. 독자들은 이 왕을 고레스나 다리우스라고 생각하기 쉽겠지만, 저자는 앗시리아 왕이라고 한다. 아마도 저자는 앗시리아를 계승하여 지배하게 된 페르시아 왕들이, 앗시리아 왕들이 이스라엘에게 저질은 악행을 원상태로 돌려주었다고 암시하고 싶었을 것이다 (느 9:32를 참조).

7:1—10:44 이 부분은 소위 에스라 회고록 (Memoir)이라고 불린다. **7:1-10** 성전 봉헌과 에스라가 예루살렘에 도착한 것 사이에는 58년이라는 세월이 지나 있었다. **7:1** *이런 일들이 지나가고 난 다음이다.* 이 표현은 그 긴 세월을 말없이 채우고 있는 표현이다. 그러나 이 표현은 에스라가 도착하는 것과 더불어 성전 완공과 예배가 시작될 것이라는 것을 연결하여 준다. 에스라의 제사장 족보는 대상 6:3-15에 있는 대제사장 계보에서 따온 발췌문이다. **7:3** 필사자의 잘못으로 아사랴와 므라욧 사이에 요하난, 아사랴, 아히마아스, 사독, 아히둡, 그리고 아마랴가 빠져 있다. 에스라와 스라야 사이에도 또 생략된 것이 있다. 스라야는 에스라가 도착하기 128년 전쯤에 바빌로니아인에 의해 처형되었다 (왕하 25:18-21). 비록 에스라가 여러 번 제사장으로 확인되어 있지만 (7:11, 12, 21; 10:10, 16), 그는 포로생활 이후 대제사장의 계보에 속하여 있지 않았다; 느 12:10-12, 22에 대한 설명을 보라. 그래서 어떤 주석가들은 대제사장의 계보는 에스라의 경력을 높이려고 후대에 덧붙인 것이라고 믿는다. 이렇게 부차적으로 덧붙인 것 때문에 6절은 다소 어색하고 반복하는 것으로 시작한다. 그러나 포로생활 이후 공동체의 제2단계에서 활약하는 주인공의 기다란 족보를 넣은 것은 적절하다. **7:6-10** *학자.* 이 단어는 모세오경을 알고 설명할 수 있는 사람을 일컫는 것으로 보인다. 에스라는 토라에 관해서 세 가지 책임을 졌다: 토라를 연구하고, 말씀대로 살거나 혹은 말씀을 순종하고, 그리고 다른 사람들에게 토라를 가르쳤다. 페르시아 왕이 에스라에게 관대하게 대한 것을 통로로 삼아, 주님의 은혜가 에스라에게 내려왔다. **7:6** 우리는 에스라가 페르시아 왕에게 구체적으로 무엇을 요청했는지 알 수가 없다. **7:7** 에스라는 일부 이스라엘 자손들, 몇몇 제사장들, 레위 사람들과 노래하는 사람들, 성전 문지기들과 성전 막일꾼들과 함께 돌아왔다. 이러한 범주는 2장에 있는 것에 비슷하다. 2:2에서와 마찬가지로 7절에도 평신도가 맨 먼저 언급된다. **7:9** 첫째 달 첫째 날(기원전 458년 4월 8일)에 길을 떠날 결심을 했던 무리는 아브 (Ab) 달 첫째 날(기원전 458년 8월 4일)에 예루살렘에 도착했다. 14주 동안의 여정은 하루에 약 10마일의 속도로 진행되었다. 에스라와 함께 예루살렘으로 떠난 무리의 여정은 새로운 출애굽 사건으로 볼 수 있는데, 유월절은 첫째 달 십사일에 지켰으므로, 떠난 지 얼마 되지 않아 유월절을 지켰다. 첫 번째 출애굽을 뒤이어 시내 산에서 율법을 받게 되는 것과 꼭 마찬가지로, 에스라와 함께 하는 새로운 출애굽을 뒤이어 에스라가 율법책을 찾는 것이 따라온다. **7:12-26** 11절은 12-26절의 아람어로 된 아닥사스다의 조서에 대해 히브리어로 서문을 쓴 것이다. **7:13** 아닥사스다는 이스라엘 사람—평신도, 제사장, 레위 사람—들이 에스라와 함께 예루살렘으로 되돌아가도록 정식으로 허락했다. **7:14** 아닥사스다는 에스라에게 유다와 예루살렘 공동체가 하나님이 주신

15 그뿐 아니라, 그대는, 나와 나의 보좌관들이
예루살렘에 계시는 이스라엘의 하나님께 기쁜
마음으로 드리는 은과 금을 가지고 가거라.
16 또한 바빌로니아의 모든 지방에서 그대
가 얻을 은과 금도 가지고 가고, 백성과 제사장
들이 예루살렘에 있는 하나님의 성전에 바치는
자원예물도 가지고 가거라.
17 그 돈으로는 반드시 수송아지와 숫양과
어린 양을 사고, 거기에 곁들여 곡식제물과 부어
드리는 제물도 사서, 그것들을 예루살렘에 있는,
그대가 섬기는 하나님의 성전의 제단 위에 함께
제물로 드려라. 18 그 나머지 은과 금은 그대가
섬기는 하나님의 뜻에 따라서, 그대와 그대의
동료 유다 사람들이 가장 좋다고 생각하는 일에
쓰도록 하고, 19 그대에게 맡긴 모든 그릇은
예루살렘의 하나님께 바치되, 그대가 섬기는 하나
님의 성전에서 예배를 드릴 때에 쓰도록 하여라.
20 그 밖에 그대가 섬기는 하나님의 성전에서
써야 할 것이 더 있으면, 국고에서 공급받도록
하여라.
21 이제 나 아닥사스다 왕은 유프라테스 강
서쪽 지방의 모든 국고 출납관들에게 명령한다.
하늘의 하나님의 율법에 통달한 학자 에스라 제
사장이 너희에게 요청하는 것은 무엇이든지 어
김없이 그에게 주도록 하여라. 22 은은 백 달
란트까지, 밀은 백 고르까지, 포도주는 백 밧까
지, 기름은 백 밧까지 주고, 소금은 제한없이 주
도록 하여라. 23 하늘의 하나님의 성전에 관
하여 하늘의 하나님이 규정하신 것은, 하나도
어기지 말고 그대로 지켜라. 나와 내 자손이 다
스릴 나라에 하나님의 분노가 내리도록 그대로
둘 수는 없기 때문이다. 24 그대들은 또한 제
사장들이나 레위 사람들이나 노래하는 사람들
이나 성전 문지기들이나 성전 막일꾼들이나 성
전에서 일하는 다른 일꾼들에게, 조공이나 세금
이나 관세를 물려서는 안 된다. 25 또 그대 에
스라는, 그대가 섬기는 하나님이 그대에게 주신
지혜를 따라, 그대가 섬기는 하나님의 율법을
잘 아는 사람들 가운데서 법관들과 판사들을
뽑아 세워, 유프라테스 강 서쪽에 있는 모든 백
성의 재판을 맡아 보게 하여라. 율법을 잘 알지
못하는 사람들은 그대들이 가르쳐라. 26 하나
님의 율법과 왕의 명령대로 따르지 아니하는 자
는 자는, 반드시 죽이거나 귀양을 보내거나 재
산을 빼앗거나 옥에 가두거나 하여, 엄하게 다
스려라."

에스라가 하나님을 찬양하다

27 주 우리 조상의 하나님을 찬양하여라. 하
나님은 왕에게 예루살렘에 있는 주님의 성전을
영화롭게 하려는 마음을 주셨다. 28 나에게 자
비를 베푸셔서, 내가, 왕과 보좌관들과 권세 있는
고관들에게 총애를 받게 하여 주셨다. 주 나의
하나님이 이처럼 나를 돌보아 주시므로, 나는
힘을 얻어서, 이스라엘 백성 가운데서 지도자
들을 불러 모아, 함께 예루살렘으로 올라올 수
있었다.

에스라와 함께 돌아온 백성들

8 1 아닥사스다 왕이 다스릴 때에, 나와 함께
바빌로니아를 떠나서 이리로 올라온 각 가문의
우두머리와 그들의 계보는 다음과 같다.
2 비느하스 자손 가운데서는 게르솜이요, 이
다말 자손 가운데서는 다니엘이요, 다윗 자손

율법대로 살고 있는지 조사해보라고 이른다. 이방 사람들과의 결혼(9—10장)은 이 조사에서 중요한 역할을 차지한다. 에스라의 율법책은 대개 모세오경을 따르는 문서로 여겨진다. 모세오경과 에스라기-느헤미야기의 관습 사이에 차이가 있는 것은 율법을 주전 5세기에 적절하게 바꾸었거나 조화시키려고 애쓴 결과일 수도 있다. **7:15-19** 에스라가 고국으로 가져온 은과 금은 아닥사스다가 자원예물로 준 것이다. **7:21-24** 페르시아의 국고 출납관들은 에스라에게 기부를 하라는 요청을 직접적으로 받는다. 총액은 후한 듯하나, 3.75톤에 이르는 은을 제외하고는, 믿기 어려울 만큼 후하지는 않다. 국고 출납관들은 세금을 통해 이러한 기금을 마련할 권한을 받았지만, 예루살렘 성전에 종사하는 사람들에게는 세금을 물릴 수 없게 했다. **7:25** 에스라가 세운 판사들은 예루살렘 밖에 있는 유대인들이 생활을 바로 하도록 하는 일을 맡기려고 뽑았다. **7:26** 페르시아 왕은 또한 정식으로 에스라의 율법책이 제국의 팔레스타인 지역에서 공식적인 법의 일부분으로 쓰이도록 인정했다. **7:27-28** 히브리어로 된 송영에서 에스라는 하나님께서 예루살렘에 있는 성전을 영화롭게 하려는 마음을 페르시아 왕의 마음에 불어넣어 주셨다고 찬양드린다. 에스라는 용기를 가지고—하나님께 위임을 받은 사람처럼 (수 1장)—곧장 과업을 시작했다.

8:1-14 에스라와 함께 바빌로니아를 떠나 예루살렘으로 올라온 각 가문의 우두머리의 명단은 1,513명의 남자에 이른다. 여자와 아이들까지 계산했다면, 전체가 아마 5,000명이 되었을 것이다. **8:2** 게르솜과 다니엘의 족보는 아론의 직계 후예인 것으로 알고 있

가운데서는 스가냐의 아들 핫두스요, 3 바로스 자손 가운데서는 스가랴 및 그와 함께 등록된 남자 백오십 명이요, 4 바핫모압 자손 가운데서는 스라히야의 아들 엘여호에내 및 그와 함께 등록된 남자 이백 명이요, 5 [ㄱ]삿두 자손 가운데서는 야하시엘의 아들 스가냐와 그와 함께 등록된 남자 삼백 명이요, 6 아딘 자손 가운데서는 요나단의 아들 에벳 및 그와 함께 등록된 남자 오십 명이요, 7 엘람 자손 가운데서는 아달리야의 아들 여사야 및 그와 함께 등록된 남자 칠십 명이요, 8 스바댜 자손 가운데서는 미가엘의 아들 스바댜 및 그와 함께 등록된 남자 팔십 명이요, 9 요압 자손 가운데서는 여히엘의 아들 오바댜 및 그와 함께 등록된 남자 이백십팔 명이요, 10 [ㄴ]바니 자손 가운데서는 요시뱌의 아들 슬로못 및 그와 함께 등록된 남자 백육십 명이요, 11 베배 자손 가운데서는 베배의 아들 스가랴 및 그와 함께 등록된 남자 이십팔 명이요, 12 아스갓 자손 가운데서는 학가단의 아들 요하난 및 그와 함께 등록된 남자 백십 명이요, 13 아도니감 자손 가운데서는 남은 아들들 곧 엘리벨렛과 여우엘과 스마야 및 이들과 함께 등록된 남자 육십 명이요, 14 비그왜 자손 가운데서는 우대와 사붓 및 이들과 함께 등록된 남자 칠십 명이다.

에스라가 레위 사람을 찾다

15 나는 사람들을 아하와 강 가에 불러모으고, 거기에다가 장막을 치고 사흘 동안 묵으면서, 그 곳에 모인 사람들을 살펴보았다. 백성과 제사장 가운데 레위 사람은 하나도 없었다. 16 그래서 나는 지도급 인사인 엘리에셀과 아리엘과 스마야와 엘라단과 야립과 엘라단과 나단과 스가랴와 므술람과, 학자인 요야립과 엘라단을 불러서, 17 가시뱌 지방의 지도자 잇도에게 보냈다. 나는 그들에게, 잇도와 가시뱌 지방에 사는 [ㄷ]성전 막일꾼인 그의 친족들에게 부탁하여, 우리 하나님의 성전에서 일할 일꾼들을 데려오라고 하였다. 18 하나님이 우리를 잘 보살펴 주셔서, 갔던 이들이 사람들을 데려왔다. 그들이 데려온 사람들은 레위의 아들이며 이스라엘의 손자인 마흘리 자손으로서, 아주 유능한 인재인 세레뱌와 그의 아들 및 친족 열여덟 명과, 19 하사뱌와 므라리 자손 가운데서 여사야와 그의 형제들 및 그들의 아들들 스무 명이다. 20 이 밖에도, 성전 막일꾼 이백이십 명을 데려왔는데, 이들은 다윗과 그의 관리들이 레위 사람을 도우라고 임명한 성전 막일꾼이다. 이들이 모두 등록을 하였다.

에스라가 금식하며 기도하다

21 그 곳 아하와 강 가에서 나는 모두에게 금식하라고 선언하였다. 우리는 하나님 앞에서, 우리와 우리 자식들 모두가 재산을 가지고 안전하게 돌아갈 수 있도록, 하나님이 보살펴 주시기를 엎드려서 빌었다. 22 왕에게는 우리가 이미, 하나님을 찾는 사람은 하나님이 잘 되도록 보살펴 주시지만, 하나님을 저버리는 자는 하나님의 큰 노여움을 피하지 못한다고 말한 바가 있어서, 우리가, 돌아가는 길에 원수들을 만나게 될지도 모

ㄱ) 칠십인역을 따라서 '삿두'를 보충함 ㄴ) 칠십인역을 따라서 '바니'를 보충함 ㄷ) 히, '느디님'

다. 에스라기 어디에서도 다윗이 두드러지게 주목되어 있지 않은 것으로 보아 저자가 자료를 집어넣은 것으로 생각된다. **8:3-14** 제사장 가문이 아닌 열두 평신도 가문이 있었다. 이 장에서 12라는 숫자를 자주 사용한 것은 에스라의 무리가 온 이스라엘의 대표라는 것을 나타내기 위함이다. 열두 가문 중 일곱 가문의 구성원들은 10장에서 이방인 아내와 이혼할 것을 맹세하며, 스바댜 가문을 제외한 모든 가문은 느헤미야기 10장에 있는 언약에 서명하였다. **8:15-20** 지금은 어디 있는지 알 길이 없는 아하와 강가에 머무는 동안, 에스라는 자기가 이끄는 무리에 레위 가문이 하나도 없음을 알게 되었다. **8:18-19** *가시뱌에* 있던 무리가 에스라의 무리에 합치도록 38명의 레위 사람과 220명의 성전 막일꾼들을 보내었다. **8:20** 성전 막일꾼의 기원은 다윗과 연관된다. 저자는 그들에 대한 완전한 명단을 가지고 있었다고 주장한다. **8:21-30** 에스라는 무리가 하나님 앞에서 자신을 낮추며 또한 안전한 여정을 위해 기도하도록 금식을 선언했다. **8:22** 에스라는 왕에게 보병과 기병을 내어 달라는 말을 부끄러워서 차마 하지 못했는데, 하나님이 백성들을 보살펴주신다고 왕에게 당당하게 말했기 때문이다. **8:24-29** 에스라는 열두 제사장과 열두 레위 사람을 뽑아 예루살렘에 가지고 갈 돈을 맡겼다. 첫 번째 귀환한 사람들이 가져 온 선물과 비교할 때, 에스라 무리가 가져온 선물은 훨씬 더 많은데, 에스라의 사명이 그만큼 중대하다고 강조한다. 제1성전에서 이미 증명되었던 것처럼, 자원제물을 재던 성전의 방은 창고였다 (왕상 6:5-10). **8:31-36** 에스라와 측근들이 장장 900마일의 여행 후유증에서 벗어나고, 또 5,000

르니, 보병과 기병을 내어 달라 는 말은 부끄러워서
차마 할 수 없었다. 23 그래서 우리는 금식하면
서, 안전하게 귀국할 수 있도록 보살펴 주시기를
하나님께 간절히 기도드렸으며, 하나님은 우리의
기도를 들어주셨다.

성전에 바친 예물

24 그 때에 나는 제사장들 가운데서 지도급에
속하는 사람 열둘, 곧 세레뱌와 하사뱌와 그들의
형제 열 명을 뽑아 세우고, 25 금과 은과 그릇들을
달아서 그들에게 맡겼다. 그것은, 왕과 보좌관들과
관리들과 거기에 있는 모든 이스라엘 사람이, 주
우리 하나님의 성전을 짓는 데에 쓰라고 예물로
바친 것이다. 26 내가 그들에게 달아 준 것은,
은이 육백오십 달란트요, 은그릇이 백 달란트요,
금이 백 달란트요, 27 전체의 무게가 천 다릭 나
가는 금그릇이 스무 개요, 귀한 금처럼 번쩍거리는
놋그릇이 두 개였다.

28 나는 그들에게 일렀다. "여러분은 주님께
속한 거룩한 사람들입니다. 이 그릇들도 주님께
속한 거룩한 기물입니다. 이 은과 금은, 사람들이
여러분의 조상이 섬긴 주 하나님께 바친 자원예물
입니다. 29 여러분은 이것들을 예루살렘에 있는
주님의 성전 창고로 가져 가십시오. 거기에서 이
것들을, 제사장 대표들과 레위 사람들과 이스라
엘 각 가문의 족장들 앞에서 달아서 넘겨 줄 때까
지, 삼가 잘 보살피도록 하십시오." 30 그래서
제사장들과 레위 사람들은, 예루살렘에 있는 하
나님의 성전으로 가져 가려고 달아 놓은 은과 금과
그릇들을 넘겨 받았다.

에스라가 예루살렘으로 돌아오다

31 첫째 달 십이일에 우리는 아하와 강을 떠
나서, 예루살렘으로 가려고 길을 나섰다. 가는 길에
매복한 자들의 습격을 받기도 하였지만, 하나님이
우리를 잘 보살펴 주셔서 그들의 손에서 벗어날
수 있었다. 32 예루살렘에 이르러서, 사흘 동안은
쉬었다. 33 나흘째 되는 날에, 우리는 하나님의
성전에서 은과 금과 그릇들을 달아서, 우리야의
아들 므레못 제사장에게 넘겨 주었다. 그자리에
는 비느하스의 아들 엘르아살과 레위 사람 예수아
의 아들 요사밧과 빈누이의 아들 노아댜가 함께
있다가, 34 하나하나 갯수와 무게를 확인하고,
그자리에서 전체의 무게를 적었다.

35 사로잡혀 갔던 사람들의 자손, 곧 이방 땅
에서 돌아온 사람들은, 그렇게 하고 나서야, 비로소
이스라엘의 하나님께 번제를 드렸다. 온 이스라
엘을 위하여, 수송아지 열두 마리와 숫양 아흔여
섯 마리와 어린 양 일흔일곱 마리를 바치고 속죄
제물로는 숫염소 열두 마리를 바쳤는데, 이것을
모두 주님께 번제로 드렸다. 36 또한 그들은 왕
의 칙령을 왕의 대신들과 유프라테스 강 서쪽 지
방의 총독들에게 보냈다. 명령을 받은 관리들은,
돌아온 사람들이 하나님의 성전을 다시 지을 수
있도록 도왔다.

에스라의 회개 기도

9 1 이러한 일들을 마친 다음에, 지도자들이
나에게 와서 말하였다. "이스라엘 백성은, 제
사장이나 레위 사람들마저도, 이방 백성과 관계를

명이 머물 만한 거처를 마련하려면 적어도 사흘이 필요했을 것이다. **8:35** 에스라와 함께 돌아온 사람들은 온 이스라엘을 위해 12마리 수송아지, 96(8 곱하기 12) 마리 숫양, 그리고 72마리 어린양(6 곱하기 12; 이 숫자는 제1에스드라기 8:65의 번역에서 유래한다)이다. 12라는 숫자를 곱으로 쓴 것은 에스라의 무리가 온 이스라엘을 물려받은 후예임을 보여준다. 많은 주석가들은 에스라 전승의 초기 형태에서는, 에스라가 느헤미야기 8장에 있는 율법책을 낭독하는 것이, 바로 이 문단 뒤에 이어졌다고 믿는다.

9:1-5 *주변의 여러* 족속. 이들은 공동체의 온전한 구성원으로 여겨지지 않았던 사람들인데, 아마도 포로로 잡혀가지 않았던 사람들과, 그리고 다른 이유들 때문에 예루살렘에 있는 공동체에 완전히 받아들여지지 않던 사람들을 말한 것 같다. **9:2** 공동체 이외의 사람과 혼인하는 것은 불 보듯 환한 불충성의 행위로 여겨졌다. **9:3-5** 에스라는 전체 공동체를 대변해서 대중 앞에서 겉옷과 속옷을 찢고, 머리카락과 수염을 뜯으면서 애도했다. *이스라엘의 하나님이 하시는 말씀을 두려워하는 사람들.* 에스라를 지원하는 일종의 지지그룹을 형성했던 것으로 보인다. **9:6-15** 이 기도는 공동으로 죄를 고백하는 한편, 이방 여인과 결혼한 남자들에게 이혼을 설득하는 노력으로 보인다. **9:6-7** 에스라는 백성들의 죄 때문에 낯이 뜨거워서 하나님 앞에 차마 얼굴을 들지 못하겠다고 표현한다. 에스라는 자기 세대의 문제를 조상 탓으로 돌리지 않고, 또한 일찍이 더 순수한 세대가 있었다고 상상하지도 않는다. 비록 에스라기는 종종 페르시아의 지배는 하나님의 손안에 있다는 인상을 주지만, 그래도 에스라기는 종살이하는 것과 완전한 자유 사이에 차이가 있다는 것을 예민하게 인식

끊지 않고, 가나안 사람과 헷 사람과 브리스 사람과 여부스 사람과 암몬 사람과 모압 사람과 이집트 사람과 아모리 사람이 하는 역겨운 일을 따라서 합니다. 2 이방 사람의 딸을 아내로 또는 며느리로 맞아들였으므로, 주변의 여러 족속의 피가 거룩한 핏줄에 섞여 갑니다. 지도자와 관리라는 자들이 오히려 이러한 일에 앞장을 섭니다."

3 이 말을 들은 나는, 너무나 기가 막혀서, 겉옷과 속옷을 찢고, 머리카락과 수염을 뜯으면서 주저앉았다. 4 그러나 이스라엘의 하나님이 하시는 말씀을 두려워하는 사람들도 있었다. 내가 저녁 제사 때까지 넋을 잃고 앉아 있는 동안에, 그들은 포로로 잡혀 갔다가 되돌아온 백성이 저지른, 이렇게 큰 배신을 보고서, 나에게로 모여들었다.

5 나는 슬픔을 가누지 못한 채로 앉아 있다가, 저녁 제사 때가 되었을 때에 일어나서, 찢어진 겉옷과 속옷을 몸에 그대로 걸치고, 무릎을 꿇고, 두 팔을 들고서, 주 나의 하나님께 6 기도를 드렸다.

"하나님, 너무나도 부끄럽고 낯이 뜨거워서, 하나님 앞에서 차마 얼굴을 들 수 없습니다. 우리가 지은 죄는, 우리 스스로가 감당할 수 없을 만큼 불어났고, 우리가 저지른 잘못은 하늘에 까지 닿았습니다. 7 조상 때로부터 오늘에 이르기까지, 우리가 저지른 잘못이 너무나도 큽니다. 우리가 지은 죄 때문에, 우리뿐만 아니라 우리의 왕들과 제사장들까지도, 여러 나라 왕들의 칼에 맞아 죽거나 사로잡혀 가고, 재산도 다 빼앗기고, 온갖 수모를 겪었습니다. 이런 일은 오늘에 와서도 마찬가지입니다. 8 그러나 주 우리 하나님께서는, 비록 잠깐이기는 하지만, 우리에게 자비를 베푸시어, 우리 가운데서 얼마쯤을 살아 남게 하셨습니다. 또한 주님께서 거룩하게 여기시는 곳에, 우리가 살아갈 든든한 터전을 마련하여 주셨습니다. 하나님께서는, 우리 눈에서 생기가 돌게 하시고, 잠시나마 종살이에서 벗어나게 하여 주셨습니다. 9 우리가 종살이를 하였지만, 하나님께서는 우리를 언제까지나 종살이를 하도록 내버려 두지 않으시고, 오히려 페르시아의 왕들에게 사랑을 받게 하여 주시고, 또 우리에게 용기를 주셔서, 하나님의 성전을 다시 짓고, 무너진 곳을 다시 쌓아 올리게 하시어, 유다와 예루살렘에서 우리가 이처럼 보호를 받으면서 살아갈 수 있게 하셨습니다. 10 우리의 하나님, 주님께서 이렇게까지 하여 주시는데, 주님의 계명을 저버렸으니, 이제 우리가 무슨 말씀을 드릴 수 있겠습니까? 11 주님께서는 일찍이, 주님의 종 예언자들을 시키셔서, 우리가 들어가서 차지할 땅은, 이방 백성이 살면서 더럽힌 땅이라고 말씀하셨습니다. 거기에서 사는 자들이 역겨운 일을 하여서, 땅의 구석구석까지 더러워지지 않은 곳이 없다고 하셨습니다. 12 우리의 딸을 그들의 아들에게 시집보내지도 말고, 그들의 딸을 며느리로 맞아들이지도 말라고 하셨습니다. 우리가 강해져서, 그 땅에서 나는 좋은 것을 먹으며, 그 땅을 우리 자손에게 영원한 유산으로 물려주려면, 그 땅에 있는 백성이 번영하거나 성공할 틈을 조금도 주지 말아야 한다고 하셨습니다. 13 우리가 당한 일은 모두 우리가 지은 죄와 우리가 저지른 크나큰 잘못 때문입니다. 그렇지만 주 우리의 하나님은, 우리가 지은 죄에 비하여 가벼운 벌을 내리셔서, 우리 백성을 이만큼이나마 살아 남게

하고 있다. **9:8-9** 에스라의 기도는 1—6장의 주제이기도 한, 회복된 성전의 중요성을 강조한다. 여기 언급된 보호(wall)는 성벽이 아니라 포도원과 같은 것들을 친 울타리를 일컫는다. 이는 페르시아 사람들의 도움으로 외국의 대적들로부터 보호받음을 은유적으로 나타낸다. **9:10-12** 에스라는 공동체에게 기나긴 죄의 역사와 (6-7절), 최근에 경험한 하나님의 은혜(8-9절)에 비추어 볼 때, 현재 공동체가 어떻게 윤리적으로 반응해야 할지 묻는다. 11-12절에서 에스라는 모세오경과 예언서 본문을 둘 다 언급하는데, 예언서보다 모세오경을 훨씬 더 언급한다. **9:13** 에스라는 그들이 저지른 죄악에 비해 하나님이 공동체에게 벌을 덜 내리셨다는 견해를 보이는데, 이는 이사야 40:2와는 파격적인 대조를 이룬다. **9:15** 비록 주님은 옳으시고 공정하시지만—그래서 백성들이 저지른 죄의 대가로 그들을 파멸시켜야 했지만—그래도 살아남은 자들은 바로 오늘이 날까지 목숨을 이어 왔다. 마지막에 겸손하게 공동체가 허물을 저질렀다고 인정하는 것은 에스라의 기도를 되풀이한다 (6절).

10:1-17 이방 여자들과 아이들은 공동체에서 추방되었다.

특별 주석

10장에서 구원이라는 신학적인 가치를 찾기는 어렵다. 100명도 넘는 여자를 강제로 이혼시키고 그들의 자녀들을 추방시킨 것은 많은 사람들에게 경제으로나 개인적으로 불행을 일으켰을 것이다.

10:2-5 평신도 *스가냐가* 에스라를 지지하면서 이방 여자와 그들에게서 난 아이들을 다 내보내는 언약을

하셨습니다. 14 그러므로 다시는 주님의 계명을
어기지 않아야 하였습니다. 역겨운 일을 저지
르는 이방 백성들과 결혼도 하지 않아야 하였습
니다. 이제 주님께서 분노하셔서, 한 명도 남기지
않고 없애 버리신다고 해도, 드릴 말씀이 없습
니다. 15 그렇지만, 주 이스라엘의 하나님, 주
님은 너그러우셔서 우리를 이렇게 살아 남게 하
셨습니다. 진정, 우리는 우리의 허물을 주님께
자백합니다. 우리 가운데서, 어느 누구도 감히
주님 앞에 나설 수 없습니다."

이방인 아내와 자녀를 내쫓다

10 1 에스라가 하나님의 성전 앞에 엎드려
울면서 기도하며 죄를 자백하자, 이스라엘
사람도 남자, 여자, 어린아이 할 것 없이, 많은 무
리가 에스라 주변에 모여서, 큰소리로 슬피 울었다.
2 그 때에 엘람의 자손 여히엘의 아들 스가냐가
에스라에게 말하였다. "우리가 주변에 있는 이 땅의
백성에게서 이방 여자를 데려와서 아내로 삼음으
로써, 하나님께 죄를 지었지만, 아직도 이스라엘에
희망은 있습니다. 3 이제 우리는 하나님의 명령을
두려워하면서 받드는 분들의 권면과, 에스라 제
사장님의 가르침을 따라서, 이방 여자들과 그들
에게서 난 아이들을 다 보낼 것을 하나님 앞에서
언약하겠습니다. 율법대로 하겠습니다. 4 그러
므로 이제 일어나십시오. 이 모든 일은 제사장님이
맡아서 하셔야 합니다. 우리가 제사장님을 도와
드리겠습니다. 용기 있게 밀고 나가십시오."

5 이 말을 듣고, 에스라가 일어나서, 지도급
제사장들과 레위 사람들과 온 이스라엘 사람에게
그들이 말한 대로 하겠다고 맹세하라고 요구하니,
그들은 그대로 맹세하였다. 6 에스라는 하나님
의 성전 앞에서 물러 나와, 엘리아십의 아들 여호
하난의 방으로 들어가서, 포로로 잡혀 갔다가 돌
아온 백성이 지은 죄 때문에, ㄱ)밤이 새도록 밥도
먹지 않고, 물도 마시지 않으며, 슬피 울었다.

7 잡혀 갔다가 돌아온 백성은 모두 예루살렘
으로 모이라는 명령이 예루살렘과 온 유다 땅에
내렸다. 8 사흘 안에 오지 않는 사람은, 지도자
들과 원로들의 결정에 따라 재산을 빼앗고, 잡혀
갔다가 돌아온 백성의 모임에서 내쫓는다고 하니,
9 사흘 안에 유다와 베냐민 사람들이 모두 예루
살렘에 모였다. 그 때가 ㄴ)아홉째 달 이십일이다.
온 백성이 하나님의 성전 앞뜰에 모여 앉아서 떨고
있었다. 사태가 이러한 터에, 큰비까지 내리고 있
었기 때문이다. 10 드디어, 에스라 제사장이 나
서서, 그들에게 말하였다. "여러분은 이방 여자들과
결혼하였으므로, 배신자가 되었습니다. 그것 때
문에, 이스라엘의 죄가 더욱 커졌습니다. 11 이제
주 여러분의 조상의 하나님께 죄를 자백하고, 그의
뜻을 따르십시오. 이 땅에 있는 이방 백성과 관계를
끊고, 여러분이 데리고 사는 이방인 아내들과도
인연을 끊어야 합니다."

12 온 회중이 큰 목소리로 대답하였다. "옳
으신 말씀입니다. 우리는 반드시 말씀하신 대로

ㄱ) '밤이 새도록'은 칠십인역을 따름 ㄴ) '기슬르월', 양력 십일월 중순 이후

하자고 제안한다. **10:6** 에스라가 *여호하난의* 방에 들어가 홀로 슬퍼한 것은 에스라가 앞서 취한 행동이 단지 흉내를 내는 것에 불과하다고 비판하던 (9:3-5; 10:1) 사람들에게 의문을 일으켰다. 여호하난의 아비는 *엘리아십*이다; 이 이름을 가진 사람은 느헤미야 당시 대제사장이었다 (느 3:1). 만일 대제사장 엘리아십이 여호하난의 아비였다면, 그렇다면 에스라는 느헤미야가 오고 난 다음에 온 것이 틀림없다. 그러나 엘리아십은 6절에 대제사장이라고 나와 있지 않으므로, 이 구절은 에스라와 느헤미야의 연대와는 별 관련이 없을 수도 있다. **10:7-9** 사흘의 마감 기한은 받아들이기가 그다지 어렵지 않은데, 전체 지역이 남북 35마일이요 동서로 25마일에 불과했기 때문이다. **10:10-12** 어떤 백성들은 이방 여자와 결혼했기 때문에, 또 어떤 이들은 그러한 관습을 눈감아 주었기 때문에 배신자가 되었다. **10:13-17** 백성들은 문제를 처리할 대표를 뽑자고 제안했다. 상황을 이리저리 고려한 결과, 온 회중이 모인 날에 행동을 취할 수가 없었을지도 모른다—너무 많은 사람들, 장마철, 다른 인종간의 결혼이 공동체에서 퍼진 문제였다는 사실 등이다. 이 계획에 반대한 공동체의 구성원 네 명은 다수의 사람들보다 더 배타적인 계획을 하려고 한 자들이었을지도 모른다. 첫 번째 조사는 열째 달 초하루에 시작되었다 (기원전 458년 12월 29일); 석 달 후, 첫째 달 초하루(기원전 457년 3월 27일)에 대표들은 이방 여자와 결혼한 모든 남자를 조사하는 과업을 끝냈다.

특별 주석

이방 여자와 결혼한 남자들은 자기 마을의 원로들과 재판장들과 함께 나오도록 했는데, 앞으로 다가올 이혼 사건에 원로들과 재판장들은 에스라와 함께 책임을 지게 되었다. 이러한 에스라의 한정된 책임은 9:3과 10:1의 공개적인 애도와 합쳐져서, 외경 에스더하 8:31, 35-36과 이와 관련된 구절들에서 하나님의 자비의 범위에 대해 논쟁할 때 어떻게 에스라가 실제적인 인물이 되는지 설명해 준다.

하겠습니다. 13 그렇지만 여기에 모인 사람들의
수가 많고, 때가 장마철이므로, 이렇게 바깥에 서
있기가 어렵습니다. 더구나 이 일은 우리의 잘못이
너무나 커서, 하루 이틀에 처리될 문제가 아닙니다.
14 그러므로 대표를 뽑아서, 모든 회중의 일을
맡기는 것이 좋겠습니다. 마을마다 이방 여자와
결혼한 사람들에게는 날짜를 정하여 주어서, 그
들이 자기 마을의 원로들과 재판장들과 함께 나
오게 하고, 이 일 때문에 일어난 우리 하나님의
진노를 풀어 드리는 것이 좋겠습니다." 15 오직,
아사헬의 아들 요나단과 디과의 아들 야스야만 이
의견에 반대하였으며, 므술람과 레위 사람 삽브
대가 그들에게 동조하였을 뿐이다. 16 포로로 사
로잡혀 갔다가 돌아온 백성들은, 많은 쪽의 의견을
따르기로 하였다. 에스라 제사장은 각 가문의 갈
래마다 한 사람씩을 우두머리로 뽑아서, 그들에게
책임을 맡겼다. 이방 여자와 결혼한 사람들에 대한
조사는, ㄱ)열째 달 초하루에 시작하여, 17 이듬
해 첫째 달 초하루에 끝났다.

이방 여자와 결혼한 남자들

18 제사장의 무리 가운데서 이방 여자와 결
혼한 사람들은 다음과 같다. 요사닥의 아들 예수아
및 그 형제들의 자손 가운데서는 마아세야와 엘리
에셀과 야립과 그달리야이다. 19 그들은 모두
손을 들어서, 아내를 내보내겠다고 서약하고, 지은
죄가 있으므로, 각자 숫양 한 마리씩을 잡아서 속
죄제물로 바쳤다. 20 임멜의 자손 가운데서는
하나니와 스바댜요, 21 하림의 자손 가운데서는
마아세야와 엘리야와 스마야와 여히엘과 웃시야요,
22 바스훌의 자손 가운데서는 엘료에내와 마아
세야와 이스마엘과 느다넬과 요사밧과 엘라사요,
23 레위 사람들 가운데서는 요사밧과 시므이와
글리다라고도 하는 글라야와 브다히야와 유다와
엘리에셀이요, 24 노래하는 사람들 가운데서는
엘리아십이요, 성전 문지기들 가운데서는 살룸과
델렘과 우리요, 25 이스라엘 일반인으로서,
바로스의 자손 가운데서는 라먀와 잇시야와 말기
야와 미야민과 엘르아살과 말기야와 브나야요,
26 엘람의 자손 가운데서는 맛다니야와 스가랴와
여히엘과 압디와 여레못과 엘리야요, 27 삿두의
자손 가운데서는 엘료에내와 엘리아십과 맛다니
야와 여레못과 사밧과 아시사요, 28 베배의 자손
가운데서는 여호하난과 하나냐와 삽배와 아들래요,
29 바니의 자손 가운데서는 므술람과 말룩과 아
다야와 야숩과 스알과 여레못이요, 30 바핫모압의
자손 가운데서는 앗나와 글랄과 브나야와 마아세
야와 맛다니야와 브살렐과 빈누이와 므낫세요,
31 하림의 자손 가운데서는 엘리에셀과 잇시야와
말기야와 스마야와 시므온과 32 베냐민과 말룩과
스마랴요, 33 하숨의 자손 가운데서는 맛드내와
맛닷다와 사밧과 엘리벨렛과 여레매와 므낫세와
시므이요, 34 바니의 자손 가운데서는 마아대와
아므람과 우엘과 35 브나야와 베드야와 글루히
와 36 와냐와 므레못과 에랴십과 37 맛다니야
와 맛드내와 야아수와 38 바니와 빈누이와 시므
이와 39 셀레먀와 나단과 아다야와 40 막나드
배와 사새와 사래와 41 아사렐과 셀레먀와 스마
랴와 42 살룸과 아마랴와 요셉이요, 43 느보의
자손 가운데서는 여이엘과 맛디디야와 사밧과 스
비내와 잇도와 요엘과 브나야이다. 44 이들은
모두 이방 여자와 결혼한 남자이다. 이방 여자 가
운데는 자식을 낳은 사람들도 있었다.

ㄱ) '테벳월', 양력 십이월 중순 이후

10:18-44 오직 110명의 남자들만 아내들과 이혼했다. 이는 2장에 있는 수치를 기준으로 생각해 볼 때, 성직자의 0.58퍼센트이며 평신도의 0.67퍼센트이다. **10:18-22** 대제사장 가문인 예수아의 일원들은 다른 사람들과 달리 대했는데, 이방 아내들을 내보내고 또 속죄제물로 숫양 한 마리씩을 잡아서 바치겠다고 서약하였기 때문이다. 제사장 가문의 우두머리 중에 4명이 국제결혼을 한 것으로 나온다: *예수아, 임멜, 하림, 그리고 바스훌이다.* 제사장 가문 중에서 바스훌 가문이 이혼한 남자들의 수가 가장 많다.

느헤미야기

느헤미야기는 많은 부분이 (1:1—7:73a; 12:27-43 일부; 13:4-31) 전통적으로 느헤미야 회고록(Nehemiah Memoir)이라고 불려온, 일인칭 화법으로 된 이야기로 구성되어 있는데, 회고록에는 예루살렘 성벽을 건축하고, 인구를 늘리고, 사회악을 바로잡고, 공동체의 예배를 지원하며, 이방 무리들과 섞여 살지 않으려고 조심하면서 느헤미야가 맡았던 역할을 자세히 열거한다. 회고록에서 가장 놀랄만한 특징의 하나는 "기억하라"는 단어가 포함되어 있는 공식화된 네 개의 기도 시리즈이다: "나의 하나님, 내가 이 백성을 위하여 하는 모든 일을 기억하시고, 은혜를 베풀어 주십시오" (5:19; 13:14, 22, 31을 참조). 원래 회고록은 예루살렘 성벽을 재건하고 재봉헌한 내용을 기록하여 페르시아 왕에게 보내는 보고서였을지도 모른다. 그러나 현재 상태에서 회고록은 하나님께 느헤미야의 선행을 기억해 달라고 하는 호소문이다. 원래의 형태나 목적이 어떠하든지, 회고록은 이제 느헤미야기의 중추를 이루는 일부분이 되었다.

저자는 글을 쓰면서 몇 가지 다른 문서들을 사용했다: 9:38과 10:28-39는 백성들이 모세의 율법에 따라 살겠다고 언약에 서명하는 것으로 느 13장에서 제기하게 될 쟁점들을 언급한다; 11:4b-20은 예루살렘에 정착한 사람들의 명단이다; 11:21-36은 유다와 베냐민의 정착명단이다; 12:1-26은 다양한 시기에 살았던 제사장들과 레위 사람들의 명단이다; 13:1-3은 어떻게 백성들이 이스라엘 가운데서 섞여서 살던 이방인 무리를 모두 분리시켰는지 다루고 있는 이야기이다.

에스라기와 느헤미야기는 원래 하나였던 작품이었으므로, 에스라기를 시작하는 도입부가 여기서도 언급되는 것을 보게 될 것이다.

느헤미야기의 개요는 다음과 같다. 성경본문에 따라 세밀히 조사할 필요가 있는 주석은 이 개요에 따를 것이며, 명확성을 기하기 위하여 더 보충하여 상세하게 설명될 것이다.

Ⅰ. 느헤미야의 귀환과 예루살렘 성벽 재건, 1:1—7:73a
Ⅱ. 에스라의 율법책 낭독, 자백, 그리고 언약에 서명함, 7:73b—10:39
Ⅲ. 느헤미야가 이룬 업적의 정점과 그와 관련된 사항들, 11:1—13:31

랄프 더블유 클라인 (Ralph W. Klein)

느헤미야가 예루살렘을 두고 기도하다

1 1 하가랴의 아들 느헤미야가 한 말이다. 이
십년 ㄱ)기슬르월, 내가 도성 수산에 있을 때에,
2 나의 형제 가운데 하나인 하나니가 다른 사람
들과 함께 유다에서 왔기에, 이리로 사로잡혀 오지
않고, 그 곳에 남아 있는 유다 사람들은 어떠한지,
예루살렘의 형편은 어떠한지를 물어 보았다.
3 그들이 나에게 대답하였다. "사로잡혀 오지 않
고 그 지방에 남은 사람들은, 거기에서 고생이 아
주 심합니다. 업신여김을 받습니다. 예루살렘 성
벽은 허물어지고, 성문들은 다 불에 탔습니다."
4 이 말을 듣고서, 나는 주저앉아서 울었다. 나는
슬픔에 잠긴 채로 며칠 동안 금식하면서, 하늘의
하나님께 기도하여 5 아뢰었다.

주 하늘의 하나님, 위대하고 두려운 하나님,
주님을 사랑하는 이들과 세운 언약, 주님의 계
명을 지키는 이들과 세운 언약을 지키시며 은
혜를 베푸시는 하나님, 6 이제 이 종이 밤낮
주님 앞에서 주님의 종 이스라엘 자손을 위하여
드리는 이 기도에 귀를 기울이시고, 살펴 주십
시오. 우리 이스라엘 자손이 주님을 거역하는
죄를 지은 것을 자복합니다. 저와 저의 집안까
지도 죄를 지었습니다. 7 우리가 주님께 매우
큰 잘못을 저질렀습니다. 주님의 종 모세를 시
키시어, 우리에게 내리신 계명과 율례와 규례를
우리가 지키지 않았습니다. 8 주님의 종 모세를
시키시어 하신 말씀을 기억하여 주십시오. 우리
가 죄를 지으면, 주님께서 우리를 여러 나라에
흩어 버리겠지만, 9 우리가 주님께로 돌아와서,
주님의 계명을 지키고 실천하면, 쫓겨난 우리가
하늘 끝에 가 있을지라도, 주님께서 거기에서
우리를 한데 모아서, 주님의 이름을 두려고 택한
곳으로 돌아가게 하겠다고 하신 그 말씀을, 이제
기억하여 주십시오. 10 이들은 주님께서 크신
힘과 강한 팔로 건져내신 주님의 종이며, 주님의
백성입니다. 11 주님, 종의 간구를 들어주십
시오. 주님의 이름을 진심으로 두려워하는 주
님의 종들의 간구에 귀를 기울여 주십시오. 이제
주님의 종이 하는 모든 일을 형통하게 하여
주시고 왕에게 자비를 입게 하여 주십시오.

그 때에 나는 왕에게 술잔을 받들어 올리는
일을 맡아 보고 있었다.

느헤미야가 예루살렘으로 가다

2 1 아닥사스다 왕 이십년 ㄴ)니산월에 나는 왕
에게 술을 따르는 일을 맡았다. 왕에게 술을
따라 드리는 어느 날, 왕께서는 나의 안색이 평소
와는 달리 좋지 않은 것을 보시고는 2 "안색이
좋지 않구나. 아픈 것 같지는 않은데, 무슨 걱정
되는 일이라도 있느냐?" 하고 물으셨다. 나는 너
무나도 황공하여 3 "임금님, 만수무강 하시기를
빕니다. 소신의 조상이 묻힌 성읍이 폐허가 되고
성문들이 모두 불에 탔다는 소식을 듣고서, 울적한
마음을 가누지 못한 탓입니다" 하고 아뢰었더니,
4 "네가 바라는 것이 무엇이냐?" 하고, 왕께서 또
나에게 물으셨다. 나는 하늘의 하나님께 기도를

ㄱ) 양력 십일월 중순 이후 ㄴ) 양력 삼월 중순 이후

1:1-11 느헤미야는 예루살렘의 형편이 아주 좋지 않다는 보고를 받고, 그가 아닥사스다 1세(기원전 465-424년)에게 청원하려고 하는 모든 일들이 잘 되게 해 달라고 하나님께 기도를 드린다. **1:1** 처음 두 장에 나타난 연도는 이해하기 어렵다. 1절에 나타나 있는 사건은 아닥사스다 왕 이십년 아홉째 달에 일어났다. 그러나 2:1에 있는 그 다음 사건은 이십년 첫 번째 달인 니산월에 일어났다. 1절의 연도가 십구년으로 바뀌거나, 아니면 2:1의 새해가 봄이 아니라 가을로 되어야 할 것이다. *수사.* 이란 남서쪽에 위치한 곳으로 페르시아의 아키메네스 (Achaemenid, 기원전 550-331년경까지 통치한 페르시아의 왕조) 왕들이 겨울 동안에 머물었던 곳이다. **1:2** *하나니.* 아마도 이 사람은 느헤미야의 형제였을 것이다. **1:3** 예루살렘에 갔던 사람들은 예루살렘 성벽이 무너졌고, 성문은 불에 타서 형편이 좋지 않다고 보고했다. **1:5-11** 이 기도문은 주도면밀하게 전통적인 언어 형식으로 되어 있다. **1:6** 느헤미야는 밤낮 기도하는 하나님의 종 특유의 신앙심을 표현하고 있으며, 죄를 고백하면서 자기 집안까지도 포함시킨다. **1:8-9** 성경본문을 정확하게 인용한 것은 아니다. 신 30:1-4에 서로 비슷한 내용이 나와 있다. **1:11** 느헤미야는 페르시아 궁정에서 왕에게 술잔을 받들어 올리는 일을 맡고 있었다. 이 일은 왕이 암살되지 않도록 지키기 위해 왕이 마실 포도주를 고르고, 먼저 맛보는 책임, 그리고 왕의 말동무 노릇을 하는 책임을 지는 것이었다.

2:1-10 아닥사스다 왕은 느헤미야가 고국으로 돌아가도록 허락한다. **2:1** 느헤미야는 연회 중에 *아닥사스다로부터* 도움을 요청할 수 있는 기회를 엿보았다. **2:2** 왕은 느헤미야가 왕에게 보이고 싶었던 표정대로 그의 안색을 읽고, 느헤미야가 울적하거나 혹은 낙심한 것을 알았다. **2:4-5** 느헤미야는 왕이 결정권을

드리고 나서, 5 왕에게 말씀드렸다. "임금님께서 좋으시면, 임금님께서 소신을 좋게 여기시면, 소신의 조상이 묻혀 있는 유다의 그 성읍으로 저를 보내 주셔서, 그 성읍을 다시 세우게 하여 주시기를 바랍니다."

6 그 때에 왕후도 왕 옆에 앉아 있었다. 왕은 "그렇게 다녀오려면 얼마나 걸리겠느냐? 언제쯤 돌아올 수 있겠느냐?" 하고 나에게 물으셨다. 왕이 기꺼이 허락하실 것 같은 생각이 들어서, 나는 얼마가 걸릴지를 말씀드렸다. 7 나는 왕에게 덧붙여서 말씀드렸다. "임금님께서 좋으시다면, 소신이 유다까지 무사히 갈 수 있도록 유프라테스 서쪽 지방의 총독들에게 보내는 친서를 몇 통 내려 주시기 바랍니다. 8 또 왕실 숲을 맡아 보는 아삽에게도, 나무를 공급하라고 친서를 내리셔서, 제가 그 나무로 성전 옆에 있는 성채 문짝도 짜고, 성벽도 쌓고, 소신이 살 집도 짓게 하여 주시기 바랍니다." 나의 하나님이 선하신 손길로 나를 잘 보살펴 주셔서, 왕이 나의 청을 들어주었다.

9 왕은 나에게 장교들과 기병대를 딸려 보내어, 나와 함께 가게 하였다. 그래서 나는 길을 떠나, 유프라테스 서쪽 지방의 총독들에게로 가서, 왕의 친서를 전하였다. 10 호론 사람 산발랏과 종노릇을 하던 암몬 사람 도비야에게 이 소식이 들어갔다. 그들은, 어떤 사람이 이스라엘 자손의 형편을 좋게 하려고 오고 있다는 것을 알고서, 몹시 근심하였다고 한다.

느헤미야가 성벽 재건을 격려하다

11 나는 예루살렘에 이르러, 거기에서 사흘 동안 쉬고 나서, 12 밤에 수행원을 몇 명 데리고 순찰을 나섰다. 하나님이 나의 마음을 움직이셔서 예루살렘에서 일하도록 하신 것을, 나는 그 때까지 어느 누구에게도 말하지 아니하였다. 나에게 짐승이라고는, 내가 탄 것밖에 없었다. 13 밤에 나는 '골짜기 문'을 나섰다. '[ㄱ]용 샘'을 지나 '거름 문'에 이르기까지 예루살렘 성벽을 살펴보니, 성벽은 다 허물어지고, 문들도 모두 불에 탄 채로 버려져 있었다. 14 '샘 문'과 '왕의 연못'에 이르렀을 때에는, 내가 탄 짐승이 더 나아갈 길이 없었다. 15 그래서 그 날 밤에 나는 계곡을 따라 올라가면서, 성벽을 둘러보고, 다시 '골짜기 문'을 지나 되돌아왔다. 16 그 때에 내가 유다 사람들이나, 제사장들이나, 귀족들이나, 관리들이나, 그 밖에 직책을 가진 어느 누구에게도 이것을 말하지 아니하였으므로, 관리들은, 내가 어디를 다녀왔는지, 무엇을 하였는지, 아무도 알지 못하였다. 17 이렇게 돌아보고 난 다음에, 나는 비로소 관리들에게 말하였다. "여러분이 아는 바와 같이, 우리는 지금 어려움에 빠져 있습니다. 예루살렘은 폐허가 되고, 성문들은 불탔습니다. 이제 예루살렘 성벽을 다시 쌓읍시다. 남에게 이런 수모를 받는 일이 다시는

ㄱ) 또는 '뱀'

가졌다고 인정함으로써 외교적인 예의를 보이면서도, 또한 왕에게 자기의 신앙심을 상기시키고 있다. 맨 처음 요구할 때, 느헤미야는 예루살렘이라는 이름이나 성벽을 언급하지 않는다. **2:6** 왕의 옆에 앉은 여인은 왕후 다마스피아였거나 혹은 하렘에서 총애 받던 여인이었을 것이다. 느헤미야의 공식적인 임무는 오로지 성을 보수하는 것이었기 때문에, 느헤미야가 실제로 예루살렘에서 12년을 섬겼던 것처럼 그렇게 긴 기간을 왕에게 요청하였을 가능성은 거의 없다. **2:7-8** 왕은 무사히 갈 수 있게 해 달라는 느헤미야의 청을 받아들이고, 예루살렘에서 건축 사업에 필요한 나무도 공급해 주었다. 숲이 어디에 있었는지는 알려져 있지 않다. 느헤미야는 처음으로 성벽이라는 정치적으로 민감한 문제를 언급하면서, 건축 계획에 대해 더 자세히 설명한다. 자기가 살게 될 집도 언급하는 것을 보아 느헤미야가 어느 정도 재력을 가진 집안 출신이었다는 것을 알 수 있다. *하나님이 선하신 손길.* 이것에 대해서는 라 7:6, 9, 28; 8:18을 참조하라. **2:10** 산발랏은 사마리아 총독으로 아마도 하나님을 따르는 자였을 것이다. 산발랏은 예루살렘에서 세력을 가진 사람들과 친분을 가지고 있었으며 (6:10-14), 산발랏의 딸은 대제사장의 가문의 자제와 결혼하게 된다 (13:28). 도비야는 아마도 암몬의 총독이었을 것이다. 도비야는 아마도 사마리아와 합동으로, 혹은 사마리아의 감독 아래, 유다에 대해서 어떤 종류의 권위를 일시적으로 행사하고 있었을 것이다.

2:11-20 느헤미야는 밤에 수행원을 데리고 성벽을 조사한다. **2:12** 그는 정치적인 야망으로 오해받지 않으려고 (왕상 1:38-40), 무엇인지 확인되지 않는 동물을 탔는데, 아마 말이나 노새는 아니었을 것이다. **2:13** *'골짜기 문'.* 성의 서쪽에 있었으며 두로피온 (Tyropoeon) 골짜기로 이어졌다. 느헤미야가 시계 반대방향으로 성 주위를 돌다가, *거름 문*에 이르렀는데, 이 문은 골짜기 문에서부터 1,000규빗 (1000자) 정도 떨어진 곳에 있었다 (3:13). 거름 문이라는 이름이 붙여진 이유는 희생제물의 배설물과 다른 찌꺼기들을 이 문을 통해 없앴기 때문이다. **2:14** 그는 성의 동쪽 면을 향하여 북쪽으로 가면서 *'샘 문'과 '왕의 연못'*을 지나게 된다. 느헤미야는 타고 있던 짐승에서 내려야 했는데 짐승이 돌 조각 위를 걷기가 너무 어려웠기 때문이다. **2:15** 그는 더 이상 북쪽 벽은 조사하지 않고,

없어야 할 것입니다." 18 나는 또한 나의 하나님이
선하신 손길로 나를 잘 보살펴 주신 일과, 왕이 나
에게 한 말을 그들에게 말하였다. 그랬더니 그들은
공사를 시작하겠다고 나에게 다짐하였고, 힘을
내어, 기꺼이 그 보람있는 일을 시작하였다.
19 그러나 이 일이 호론 사람 산발랏과 종노
릇을 하던 암몬 사람 도비야와 아랍 사람 게셈에게
알려지니, 그들은 우리에게로 와서 "당신들은 지금
무슨 일을 하고 있는 거요? 왕에게 반역이라도 하
겠다는 것이오?" 하면서, 우리를 업신여기고 비
웃었다. 20 내가 나서서 그들에게 대답하였다.
"하늘의 하나님이 우리를 위하여 이 일을 꼭 이루어
주실 것이오. 성벽을 다시 쌓는 일은 그분의 종인
우리가 해야 할 일이오. 예루살렘에서는 당신들이
차지할 몫이 없소. 주장할 권리도 기억할 만한 전
통도 없소."

예루살렘 성벽 재건

3 1 대제사장 엘리아십이 동료 제사장들과 함
께 나서서, '양 문'을 만들어 하나님께 바치고,
문짝을 제자리에 달았으며, '함메아 망대'와 '하나넬
망대'까지 성벽을 쌓아서 봉헌하였다. 2 그 다음은
여리고 사람들이 쌓았고, 또 그 다음은 이므리의
아들인 삭굴이 쌓았다.
3 '물고기 문'은 하스나아의 자손이 세웠다.
문틀을 얹고 문짝을 달고, 빗장과 빗장둔테를 만
들어 달았다. 4 그 다음은 학고스의 손자요 우리
야의 아들인 므레못이 보수하였고, 그 다음은 므
세사벨의 손자요 베레갸의 아들인 므술람이 보수
하였으며, 그 다음은 바아나의 아들인 사독이 보
수하였다. 5 그 다음은 드고아 사람이 보수하였
는데, 그들 집안의 어떤 유력자들은 공사 책임자
들에게 협조하지 않았다.
6 '옛 문'은 바세아의 아들인 요야다와 브소
드야의 아들인 므술람이 보수하였다. 문틀을 얹고
문짝을 달고, 빗장과 빗장둔테를 만들어 달았다.
7 그 다음은 기브온 사람 믈라댜와 메로놋 사람
야돈이 유프라테스 서쪽 지방의 총독 아래에 있는
기브온 사람들과 미스바 사람들을 데리고 보수하
였다. 8 그 다음은 세공장이 할해야의 아들 웃시
엘이 보수하였다. 그 다음은 향품 제조업자 하나
냐가 보수하였다. 그들은 '넓은 벽'에 이르기까지
예루살렘을 복구하였다. 9 그 다음은 예루살렘의
반쪽 구역의 책임자이며 후르의 아들인 르바야가
보수하였다. 10 그 다음은 하루맙의 아들인 여
다야가 보수하였는데, 그 곳은 바로 자기 집 맞은
쪽이었다. 그 다음은 하삽느야의 아들 핫두스가
보수하였다. 11 하림의 아들인 말기야와 바핫모

나왔던 길을 따라서 갈 때 사용했던 문을 통해 성으로 들어왔다. **2:17** 그가 조사한 것은 하나니가 올린 보고를 확인시켜주었다: 예루살렘은 비참한 상태에 있었다. **2:18** 하나님, 페르시아 왕과 백성들이 느헤미야의 사업을 지지한다. **2:19** *게셈* 왕은 (6:1-2를 보라) 요단 강을 가로지르는 평원과 나일 삼각주 사이에 살면서 부족을 이룬 그달의 왕으로, 성벽을 재건함으로써 느헤미야와 유대 백성들이 왕에게 반역하려 한다고 *산발랏과 도비야와* 합세하여 그들을 비난한다. **2:20** 느헤미야는 수사에서 기도를 드린 하늘의 하나님(1:5; 2:4)이 그에게 승리를 가져다주실 것이라고 주장했다.

3:1-32 이 명단은 페르시아제국 당시의 예루살렘 지형과 예후드의 행정을 잘 이해하도록 정보를 제공해 준다. 예를 들어, 건축자들 가운데서 '구역' 책임자들을 언급하며 (9, 12, 14-19절), 이러한 행정 구역들에 대하여 그럴듯한 지도를 그려볼 수 있게 해준다. 여기에는 새로 지어야 하는 벽 부분과 (바빌로니아의 침입으로 심히 손상된 것을 보수하기 위한 대대적인 재건) *보수만이* 필요한 부분이 구분되어 있다. 서쪽 벽과 남쪽 벽을 위해서는 이전에 아닥사스다가 칙령(라 4:7-24)을 내린 후로 중단되었던 공사를 더 추진할 필요만 있었을 것이다. 하지만 고고학적 조사를 통해 밝혀진 것을 보면, 유배 이전에 언덕 동쪽 경사면에 있던 성벽이 파괴되면서 층단으로 된 산허리에 치명적인 침식을 일으켰기 때문에, 동쪽 벽의 북쪽 절반은 전부 새로 건축해야 했음에 틀림없다. 16-32절에서 문과 보수하는 사람들이 많다는 것 이외에도 도시의 특성을 언급한 것으로 보아 제일 손상이 심했던 곳은 동쪽 면이었던 것 같다. 이 장에는 시계 반대 방향으로 문 열 개가 나온다. 처음 여섯 개의 문은 *건축되거나 보수되었다.* 마지막 네 개는 지형만 소개하기 위해 언급되었다. 느헤미야는 아마도 3장을 직접 쓰지 않고, 다른 문헌에서 발췌하여 자신의 회고록에 포함시켰을지도 모른다. **3:1-2** *'양 문'*은 북쪽 벽의 동쪽 절반에 있었는데, 이 곳은 후대에 베데스다 연못으로 알려졌고 현재는 세인트 앤의 십자군교회 근처에 있다. 엘리아십 대제사장이 처음에 인부들을 지휘했으나 이상하게도 12:27-43에 있는 성벽 봉헌에는 이름이 빠져 있다. **3:3-5** *'물고기 문'*은 성의 북서쪽 모퉁이에 있었는데, 근처에 있던 생선 시장을 따라 이름을 붙였다. *드고아 사람.* 암 1:1을 참조하라. 그들은 라 2장과 느 7장에 있는 포로생활에서 돌아온 사람들의 명단에 없다. 아마 그들은 포로로 잡혀가지 않았던 것 같다. **3:6-12** *'옛 문'.* 미스네 (Mishneh) 문으로 정정되어야 한다. 정확한 위치는 알려져 있지 않지만, 그 곳은 아마도 서쪽 벽의 최고 북쪽에 있고, 미스네라고 불리는 성의 두 번째 진영으로 이어졌을 것이다. **3:7** 미스바

압의 아들인 핫숩은 '풀무 망대'까지 합쳐서, 둘째 부분을 보수하였다. 12 그 다음은 예루살렘의 반쪽 구역의 책임자이며 할로헤스의 아들인 살룸이 자기 딸들과 함께 보수하였다.

13 '골짜기 문'은 하눈과 사노아에 사는 사람들이 보수하였다. 문틀을 얹고 문짝을 달고, 빗장과 빗장둔테를 만들어 달았다. 그들은 또한 '거름 문'까지 성벽 천 자를 보수하였다.

14 '거름 문'은 벳학게렘 구역의 책임자이며 레갑의 아들인 말기야가 보수하였다. 문틀을 얹고 문짝을 달고, 빗장과 빗장둔테를 만들어 달았다.

15 '샘 문'은 미스바 구역의 책임자이며 골호세의 아들인 살룬이 보수하였다. 문틀을 얹고, 지붕을 덮은 다음에, 문짝을 달고, 빗장과 빗장둔테를 만들어 달았다. 그가 왕의 동산 옆 ㄱ)'셀라 연못' 가의 성벽을 다윗 성에서 내려오는 층계까지 보수하였다. 16 그 다음에 이어지는 부분 곧 다윗의 묘지 맞은쪽에서부터 인공 연못과 '용사의 집'까지는, 벳술 반쪽 구역의 책임자이며 아스북의 아들인 느헤미야가 보수하였다. 17 그 다음에 이어지는 부분은 레위 사람 바니의 아들 르훔이 보수하였다. 또 그 다음은 그일라의 반쪽 구역의 책임자인 하사뱌가 자기 구역을 맡아서 보수하였다. 18 그 다음에 이어지는 부분은 그일라의 다른 반쪽 구역의 책임자이며 헤나닷의 아들인 바왜가 친족들과 함께 보수하였다. 19 그 옆으로 이어지는 둘째 부분 곧 비탈 맞은쪽에서부터 성 굽이에 있는 무기 창고까지는, 미스바 구역의 책임자이며 예수아의 아들인 에셀이 보수하였다. 20 그 다음에 이어지는 둘째 부분 곧 성 굽이에서부터 대제사장 엘리아십의 집 문까지는, 삽배의 아들 바룩이 열심히 보수하였다. 21 그 다음에 이어지는 둘째 부분 곧 엘리아십의 집 문에서부터 엘리아십의 집 맨 끝까지는, 학고스의 손자이며 우리야의 아들인 므레못이 보수하였다. 22 그 다음에 이어지는 부분은 그 구역 안에 사는 제사장들이 보수하였다. 23 그 다음에 이어지는 부분은 베냐민과 핫숩이 보수하였는데, 그 곳은 그들의 집 맞은쪽이다. 그 다음에 이어지는 부분은 아나냐의 손자요 마아세야의 아들인 아사랴가 보수하였는데, 그 곳은 그의 집 옆쪽이다. 24 그 다음에 이어지는 둘째 부분 곧 아사랴의 집에서 성 굽이를 지나 성 모퉁이까지는, 헤나닷의 아들인 빈누이가 보수하였다. 25 우새의 아들 발랄은, 성 굽이 맞은쪽과 윗대궐에서 쑥 내민 망대 맞은쪽 곧 시위청에서 가까운 부분을 보수하였다. 그 다음에 이어지는 부분은, 바로스의 아들인 브다야와 26 오벨에 살고 있는 성전 막일꾼들이, 동쪽 수문 맞은쪽, 쑥 내민 망대가 있는 곳까지 보수하였다. 27 그 다음에 이어지는 둘째 부분 곧 쑥 내민 큰 망대에서 오벨 성벽까지는, 드고아 사람들이 보수하였다.

28 '말 문' 위로는 제사장들이 각각 자기 집 맞은쪽을 보수하였다. 29 그 다음에 이어지는 부분은, 임멜의 아들인 사독이 보수하였는데, 자기 집 맞은쪽이다. 그 다음에 이어지는 부분은, 동문 문지기인 스가냐의 아들인 스마야가 보수하였다. 30 그 다음에 이어지는 둘째 부분은, 셀레먀의 아들인 하나냐와 살랍의 여섯째 아들인 하눈이 보수하였다. 그 다음에 이어지는 부분은, 베레갸의 아들인 므술람이 보수하였는데, 그 곳은 자기 방 맞은쪽이다. 31 그 다음에 이어지는 부분 곧 '점호 문' 맞은쪽, 성전 막일꾼들과 상인들의 숙소가 있는 데까지, 그리고 성 모퉁이 누각까지는, 세공장이 말기야가 보수하였다. 32 성 모퉁이 누각에서 '양 문'까지는, 세공장이와 상인들이 보수하였다.

ㄱ) '실로아' 곧 '실로암'

(예루살렘 북쪽으로 8마일)는 페르시아의 행정 구역인 관할구의 총독이 예후드(Yehud)를 방문할 때 머물던 곳이었다. **3:11** *풀무 망대* (개역개정은 "화덕 망대;" 공동번역은 "도가니 망대;" NRSV는 "Tower of Ovens"). 빵 굽는 오븐이나 혹은 도자기 굽는 가마를 일컫는 것이다. **3:12** 살룸의 딸들은 이 명단에 속해 있는 유일한 여인들이다. **3:13-14** 오벨의 서쪽에 있는 *'골짜기 문'*은, 대략 *'거름 문'*에서 천 자 정도 떨어져 있었다. **3:15-24** *'샘 문'.* 성의 남동쪽 부분에 있었는데, 새 지붕을 덮은 유일한 문이다. 고고학적 조사에 의하면, 샘 문의 북쪽에 있는 동쪽 벽의 일부는 새로 훨씬 높은 곳에 있었다. **3:17** 다음으로 이어지는 절에서는 어디까지가 레위 사람의 명단인지 불분명하다. **3:22** 인부들 중에 제사장들은 인근 구역 안에 있는 성읍에서 왔다. **3:28-30** *'말 문'* (렘 31:40). 아마도 오늘날 하람 에쉬-샤리프의 동남쪽 모퉁이 근처에 있었을 것 같다. 성전에 가깝게 자리한 위치 때문에, 재건하는 일꾼은 제사장들로 구성되었다. **3:29** *'동문.'* 성전 뜰에 들어가는 문이지, 성벽의 일부는 아니었다. **3:31-32** *'점호 문'* (개역개정은 "함밉갓 문;" NRSV는 "Muster Gate"). 국제결혼을 다루는 회중이 모였던 (라 10:9) 성전 뜰의 또 다른 문이거나, 아니면 또 하나의 성문이다. 성의

방해를 물리치다

4 1 우리가 성벽을 다시 쌓아 올리고 있다는
소식을 들은 산발랏은, 몹시 분개하며 화를
내었다. 그는 유다 사람을 비웃으며, 2 자기 동
료들과 사마리아 군인들이 듣는 데에서 "힘도 없는
유다인들이 도대체 무슨 일을 하는 거냐? 이 성벽을
다시 쌓는다고? 여기에서 제사를 지내겠다는 거
냐? 하루 만에 일을 끝낸다는 거냐? 불타 버린 돌을
흙무더기 속에서 다시 꺼내서 쓸 수 있다는 거
냐?" 하고 빈정거렸다.
3 그의 곁에 서 있는 암몬 사람 도비야도 한
마디 거들었다. "다시 쌓으면 뭘 합니까? 돌로 성
벽을 쌓는다지만, 여우 한 마리만 기어올라가도
무너지고 말 겁니다."
4 "우리의 하나님, 들어주십시오. 우리가 이
렇게 업신여김을 받고 있습니다. 제발, 우리에게
퍼붓는 그 욕이 그들에게 되돌아가게 하여 주십
시오. 그들이 노략을 당하게 하시고, 남의 나라로
끌려가게 하여 주십시오. 5 그들의 죄를 용서하
지 마시고, 그들의 죄를 못 본 체하지 마십시오.
그들이야말로 성을 쌓고 있는 우리 앞에서 주님을
모욕한 자들입니다."
6 우리는 성 쌓는 일을 계속하였다. 백성이
마음을 모아서 열심히 일하였으므로, 성벽 두르
기는 마칠 수 있었으나, 높이는 반밖에 쌓지 못하
였다. 7 그 때에 산발랏과 도비야와 아랍 사람들과
암몬 사람들과 아스돗 사람들은, 예루살렘 성벽
재건이 잘 되어가고 있으며, 군데군데 무너진 벽을
다시 잇기 시작하였다는 소식을 듣고서, 몹시 화를
내면서, 8 한꺼번에 예루살렘으로 올라와서 성을
치기로 함께 모의하였다. 우리를 혼란에 빠뜨리
려는 것이었다. 9 그래서 우리는, 한편으로는 우
리의 하나님께 기도를 드리고, 다른 한편으로는
경비병을 세워, 밤낮으로 지키게 하였다. 10 그
런데 유다 사람들 사이에서 이런 노래가 퍼지고
있었다.

흙더미는 아직도 산더미 같은데,
짊어지고 나르다 힘이 다 빠졌으니,
우리 힘으로는
이 성벽 다 쌓지 못하리.

11 한편 우리의 원수들은, 쥐도 새도 모르게
쳐들어와서 우리를 죽여서, 일을 못하게 하려고
계획하고 있었다. 12 그들 가까이에서 사는 유다
사람들이 우리에게 올라와서, 그들이 사방에서
우리를 치려고 한다고, 열 번이나 일러주었다.
13 그래서 나는 백성 가운데서 얼마를 가문별로,
칼과 창과 활로 무장시켜서, 성벽 뒤 낮은 빈터에
배치하였다. 14 백성이 두려워하는 것을 보고,
나는 귀족들과 관리들과 그 밖의 백성들을 격려하
였다. "그들을 두려워하지 말아라. 위대하고 두려
운 주님을 기억하고, 형제자매와 자식과 아내와
가정을 지켜야 하니, 싸워라." 15 드디어 우리의
원수들은 자기들의 음모가 우리에게 새나갔다는
것을 알게 되었다. 하나님이 그들의 음모를 헛되
게 하셨으므로, 우리는 모두 성벽으로 돌아와서,
저마다 하던 일을 계속하였다.
16 그 날부터 내가 데리고 있는 젊은이 가운

북동쪽 모서리에는 금세공인과 상인들이 성전 방문객들에게 필요한 것을 제공하고 있었다.

4:1-12 4장은 건축 공사를 위협했던 것과 느헤미야가 그 위협을 어떻게 대처하였는지를 밝혀 주고 있다. **4:2** 산발랏은 건축 공사를 반대하기 위하여 다섯 개의 빈정거리는 질문을 던졌다. **4:4-5** 느헤미야는 이렇게 말로 공격을 받자 저주를 기원하는 기도로 응답했다 (하나님께 다른 사람을 저주해 달라고 요청하는 기도; 6:14; 13:29를 보라; 그리고 특히 그러한 것들 중에서 시 109:6-19를 보라). **4:6** 외부의 위협에도 불구하고 성벽의 절반이 완성되자, 백성들의 사기는 하늘을 찌를 듯했다. **4:7-9** 북쪽에는 산발랏; 남쪽에는 게셈의 영향력 아래 있던 아랍 사람들; 동쪽은 암몬 사람들; 그리고 서쪽에는 아스돗 사람들이 예루살렘을 대항해 싸우고 혼란을 일으키려고 모의하였다. **4:9** 느헤미야와 유대 사람들은 다시 한 번 기도하지만, 위협이 더 심해져 경비병을 세워 밤낮으로 지키게 하였다. **4:10** 백성들은 바위와 돌 조각을 만드는 데 지쳤으며, 아직도 남은 일은 태산 같았다. **4:11** 대적들은 유대 사람들이 방심한 상태에 있기 때문에 적들이 공격해 올 때까지 예상하지 못하고 있다고 묘사한다. **4:12** 국경 근처에 살고 있던 백성들은 혹 대적들이 자기들을 먼저 공격할까봐 두려워서, 그들의 동료들에게 성벽 건축을 포기하고 집으로 돌아오라고 빌었다고 시사한다.

4:13-23 1-12절에 있는 위협에 맞서기 위하여 느헤미야는 다양한 대응책을 구사했다. **4:14-15** 가문별로 구분된 (13절) 백성들은 느헤미야에게서 두려워하지 말고 거룩한 용사이신 *위대하고 두려운 주님*을 기억하라는 말을 듣는다. **4:15** 느헤미야의 견해로는 하나님께서 과거에 이스라엘의 대적들을 종종 혼돈에 빠뜨리셨던 것과 마찬가지로 이번에도 대적들의 계획을 꺾으신 것이 분명했다. 백성들은 만장일치로 성벽 공사를 다시 시작하였다. **4:16** 느헤미야는 왕실 군대의 절반은 성벽 일을 하도록 임명하는 한편, 군대의

데서 반은 일을 하고, 나머지 반은 창과 방패와
활과 갑옷으로 무장을 하였다. 관리들은 성벽을
쌓고 있는 유다 백성 뒤에 진을 쳤다. 17 짐을
나르는 이들은, 한 손으로는 짐을 나르고, 다른 한
손으로는 무기를 잡았다. 18 성벽을 쌓는 이들은
저마다 허리에 칼을 차고 일을 하였다. 나팔수는
나의 곁에 있게 하였다. 19 나는 귀족들과 관리
들과 그 밖의 백성에게 지시하였다. "하여야 할
일이 많은데다, 일하는 지역이 넓으므로, 우리는
성벽을 따라서 서로 멀리 떨어져 있다. 20 어디
에서든지 나팔 소리를 들으면, 그 소리가 나는 곳
으로 모여와서, 우리와 합세하여라. 우리 하나님이
우리 편이 되어서 싸워 주신다." 21 우리는 이른
새벽부터 밤에 별이 보일 때까지 일을 하였다. 우리
가운데 반수는 창을 들고 일을 하였다.

22 이 기간에 나는 또 백성에게 명령하였다.
"밤에는 저마다 자기가 데리고 있는 부하들과 함께
예루살렘 성 안으로 들어와 묵으면서 경계를 서고,
낮에는 일을 하여라." 23 나도, 나의 형제들도,
내가 데리고 있는 젊은이들도, 나를 따르는 경비병
들도, 우리 가운데 어느 누구도 옷을 벗지 않았으며,
물을 길러 갈 때에도 무기를 들고 다녔다.

가난한 이들이 외치다

5 1 백성 사이에서 유다인 동포를 원망하는 소
리가 크게 일고 있다. 부인들이 더 아우성이다.
2 더러는 이렇게 울부짖는다. "우리 아들딸들, 거
기에다 우리까지, 이렇게 식구가 많으니, 입에 풀칠
이라도 하고 살아가려면, 곡식이라도 가져 오자!"
3 또 어떤 이들은 이렇게 울부짖는다. "배가 고
파서 곡식을 얻느라고, 우리는 밭도 포도원도 집도
다 잡혔다!" 4 또 어떤 이들은 이렇게 외친다.
"우리는 왕에게 세금을 낼 돈이 없어서, 밭과 포
도원을 잡히고 돈을 꾸어야만 했다!" 5 또 더러는
이렇게 탄식한다. "우리의 몸이라고 해서, 유다인
동포들의 몸과 무엇이 다르냐? 우리의 자식이라고
해서 그들의 자식과 무엇이 다르단 말이냐? 그런
데도 우리가 아들딸을 종으로 팔아야 하다니! 우
리의 딸 가운데는 벌써 노예가 된 아이들도 있는
데, 밭과 포도원이 다 남의 것이 되어서, 우리는
어떻게 손을 쓸 수도 없다."

6 그들의 울부짖음과 탄식을 듣고 보니,
나 또한 치밀어 오르는 분노를 참을 수가 없다.
7 나는 그들이 울부짖는 내용을 신중하게 살핀
다음에, 귀족들과 관리들에게, 어찌하여 같은 겨
레끼리 돈놀이를 하느냐고 호되게 나무랐다. 이
문제를 다루어야 하겠기에, 나는 대회를 열고서,
8 귀족들과 관리들에게 말하였다. "우리는, 이방
사람들에게 팔려서 종이 된 유다인 동포를, 애써
몸값을 치르고 데려왔소. 그런데 지금 당신들은
동포를 또 팔고 있소. 이제 우리더러 그들을 다시
사오라는 말이오?" 이렇게 말하였으나, 그들 가
운데 대답하는 사람이 아무도 없다. 그들에게도
할 말이 없을 것이다. 9 내가 말을 계속하였다.
"당신들이 한 처사는 옳지 않습니다. 이방인 원수
들에게 웃음거리가 되지 않으려거든, 하나님을
두려워하면서 살아야 합니다. 10 나도, 나의 친
족도, 그리고 내 아랫사람들도, 백성에게 돈과 곡
식을 꾸어 주고 있습니다. 제발, 이제부터는 백성

나머지 절반은 전체 유다 백성들 뒤에서 진을 치게 했다. **4:17-20** 짐을 나르는 이들은 한 손으로 짐을 나르고, 다른 한 손으로는 무기를 잡았는데, 아마도 창과 같이 던질 수 있는 것이었을 것이다. **4:19-20** 느헤미야는 임시로 경계체제를 세웠는데, 백성들이 느헤미야와 나팔수를 찾은 후에 그 소리가 나는 곳으로 모이는 것이었다. **4:21-23** 느헤미야는 또한 성의 보안을 강화하고 백성들에게 예루살렘 성 안에서 밤을 지내도록 청함으로써 백성들이 과업에서 벗어날 위험을 줄였다. 백성들은 밤에는 경계를 서고, 낮에는 일을 할 의무가 있었다. 느헤미야와 그의 정예 군대는 결코 누구도 옷을 벗지 않고 언제나 무장을 하고 있었다.

5:1-13 성벽을 건축하는 과정에서 많은 농부들이 사회적으로나 경제적으로 심각한 위기를 맞게 되었다. 일부 상류계급에 속한 사람들이 돈놀이의 규칙을 터무니없이 적용하여 돈을 빌려 준 사람들을 착취했기 때문에, 돈을 빌린 사람들은 땅을 빼앗기고 아들딸들을 종으로 팔아야 했다. 5장에서 느헤미야가 제시한 일시적인 해결책은 10:31에 가서 더 영구적인 해결책이 되기도 한다. **5:1** 성벽을 건축하는 동안에 농사일을 돌보기 위해 남았던 여자들이 아우성치며 울부짖었다. 채무자들은 채권자들이 유다인 동포들이었기 때문에 더욱 고통을 받았다 (5절을 보라). **5:2-4** 울부짖는 사람들 가운데에는 입에 풀칠이라도 하고 살아가려고 자녀를 종으로 판 사람들, 땅을 저당잡힌 사람들, 그리고 페르시아 왕실에 세금을 내기 위해 은을 빌려야 했던 사람들이 포함되어 있었다. **5:6-7** 히브리어 본문에 따르면, 느헤미야는 대부해 주는 보증으로 채권자들이 담보를 잡는 방식을 의문시했다. **5:8-10** 느헤미야는 빚 때문에 이방 사람들에게 팔려갔던 동료 유대인 동포들을 공동체가 몸값을 치르고 데려온 지 얼마 되지도 않았는데, 이번에는 유대 사람들이 빚 때문에 동포를 또 종살

에게서 이자 받는 것을 그만둡시다. 11 그러니
당신들도 밭과 포도원과 올리브 밭과 집을 오늘
당장 다 돌려주십시오. 돈과 곡식과 새 포도주와
올리브 기름을 꾸어 주고서 받는 비싼 이자도, 당장
돌려주십시오." 12 그들은 대답하였다. "모두 돌
려주겠습니다. 그들에게서 아무것도 받지 않겠습
니다. 말씀하신 대로 다 하겠습니다." 나는 곧 제
사장들을 불러모으고, 그 자리에서 귀족들과 관리
들에게 자기들이 약속한 것을 서약하게 하였다.
13 나는 또 나의 주머니를 털어 보이면서 말하였
다. "이 서약을 지키지 않는 사람은, 하나님이 그
집과 재산을 이렇게 다 털어 버리실 것입니다. 그런
자는 털리고 털려서, 마침내 빈털터리가 되고 말
것입니다." 내가 이렇게 말하자, 거기에 모인 모든
사람이 "아멘!" 하며 주님을 찬양하였다. 백성은
약속을 지켰다.

느헤미야가 녹을 받지 않다

14 나는 아닥사스다 왕 이십년에 유다 땅 총
독으로 임명을 받아서, 아닥사스다 왕 삼십이년
까지 십이 년 동안 총독으로 있었지만, 나와 나의
친척들은 내가 총독으로서 받아야 할 녹의 혜택을
받지 않았다. 15 그런데 나보다 먼저 총독을 지낸
이들은 백성에게 힘겨운 세금을 물리고, 양식과
포도주와 그 밖에 하루에 은 사십 세겔씩을 백성
에게서 거두어들였다. 총독들 밑에 있는 사람들도
백성을 착취하였다. 그러나 나는 하나님이 두려
워서도 그렇게 하지 않았다. 16 나는 성벽 쌓는
일에만 힘을 기울였다. 내 아랫사람들도 뜻을 모
아서, 성벽 쌓는 일에만 마음을 썼다. 그렇다고
ㄱ)우리가 밭뙈기를 모은 것도 아니다. 17 나의
식탁에서는, 주변 여러 나라에서 우리에게로 온
이들 밖에도, 유다 사람들과 관리들 백오십 명이
나와 함께 먹어야 했으므로, 18 하루에 황소 한
마리와 기름진 양 여섯 마리, 날짐승도 여러 마리를
잡아야 하였다. 또 열흘에 한 차례씩은, 여러 가지
포도주도 모자라지 않게 마련해야만 하였다. 그
런데 내가 총독으로서 마땅히 받아야 할 녹까지
요구하였다면, 백성에게 얼마나 큰 짐이 되었겠
는가!

19 "나의 하나님, 내가 이 백성을 위하여 하는
모든 일을 기억하시고, 은혜를 베풀어 주십시오."

느헤미야에 대한 음모

6 1 내가 성벽을 쌓아 올려 무너진 곳을 다
이었다는 말이 산발랏과 도비야와 아랍 사람
게셈과 그 밖의 우리 원수의 귀에까지 들어갔다.

ㄱ) 히브리어 사본 가운데 일부와 칠십인역과 불가타와 시리아어역에는 '내가'

이에 파는 것에 주목한다. 10절에서는 다시 이자를 매기는 것이 아니라, 담보 잡는 것을 논점으로 삼고 있다. **5:11** 여기서 느헤미야는 돈을 빌려주면서 이자를 물렸던 것을 되돌려 주라고 요청한다.

특별 주석

가난한 사람들에게 돈을 빌려주면서 이자를 물리는 것은 토라에 금지되어 있지만 (출 22:25; 레 25:35-37; 신 23:19-20), 성경의 다른 곳에서도 자주 언급되는 것으로 보아, 언제나 대부금에 이자를 물리는 사람들이 있었다는 사실을 드러내준다 (예를 들어, 시 15:5; 잠 28:8).

5:12-13 돈을 빌려주었던 사람들은 이내 느헤미야의 조건에 따랐다. 저주를 상징적으로 규정하기 위해, 느헤미야는 주머니를 털어 보이면서 하나님도 이 언약을 지키지 못하는 사람들의 재산을 털어 빈털터리가 되게 하실 것이라고 한다.

5:14-19 느헤미야가 총독의 첫 임기를 끝낸 후에 쓰인 (기원전 433년) 이 절은 느헤미야가 임기 동안에 내 관용을 베풀었던 것을 기록한다. **5:14** 느헤미야는 기원전 445-433년에 총독으로 일하다가, 별 특별한 기록이 나와 있지 않은 어떤 때에 수사로 되돌아갔다. 고대 비문과 그리고 성경에 드문드문 과거의 총독들을 언급한 것을 보면 (라 5:14; 6:7; 느 5:15; 학 1:1, 14; 말 1:8) 페르시아시대에 느헤미야가 유다의 첫 번째 유대 사람 총독이 아니었음이 나타난다. **5:15-16** 느헤미야는 양식으로 뗄 수 있는 세금을 받지 않았으며, 또한 그의 아랫사람들은 총독 사무실 명목으로 밭뙈기를 모으지도 않았다. **5:17-18** 느헤미야는 가끔 외국에서 찾아오는 방문객 이외에도 유다 사람들과 페르시아 관리들 150명을 먹여야 했다. 그는 600-800명이 먹을 만큼 충분히 고기를 제공하였다. 두 가지 요인이 그렇게 하도록 동기를 주었다: 하나님을 두려워하는 마음, 그리고 이미 백성들이 내고 있던 힘겨운 세금. **5:19** 결국 느헤미야는 자기가 목숨을 부지한 것은 오직 하나님의 변함없는 사랑 때문이라는 것을 알았지만 (13:22), 또한 자신이 전체 공동체와 특히 가난한 사람들을 위해 위대한 업적을 성취했다는 자부심을 가졌다.

6:1-19 대적들이 계속해서 느헤미야를 위협

그러나 그 때까지도 성문들의 문짝은 만들어 달지
못하고 있었는데, 2 산발랏과 게셈이 나에게 전
갈을 보내 왔다. "오노 들판의 한 마을로 오시오.
거기서 좀 만납시다." 나는 그 말 속에 그들이 나를
해치려는 흉계가 있는 줄 알았으므로, 3 그들에게
사람을 보내어, 다음과 같이 대답하였다. "나는
지금 큰 공사를 하고 있으므로, 내려갈 수 없소.
어찌 이 일을 중단하고, 여기를 떠나서, 당신들에
게로 내려가라는 말이오?" 4 그런데도 그들은
똑같은 것을 네 번씩이나 요구해 오고, 그 때마다
나도 똑같은 말로 대답하였다. 5 다섯 번째도,
산발랏이 심부름꾼을 시켜서 같은 내용을 보내
왔다. 심부름꾼이 가지고 온 편지는 봉하지 않았
는데, 6 그 내용은 다음과 같다.

> 당신과 유다 사람들이 반역을 모의하고 있고,
> 당신이 성벽을 쌓는 것도 그 때문이라는 소문이
> 여러 민족 사이에 퍼져 있소. ㄱ)가스무도 이 사
> 실을 확인하였소. 더구나 이 보고에 따르면, 당
> 신은 그들의 왕이 되려고 하고 있으며, 7 예루
> 살렘에서 당신을 왕으로 떠받들고서 '유다에 왕이
> 있다'고 선포하게 할 예언자들까지 이미 임명하
> 였다는 말을 들었소. 이러한 일은 이제 곧 왕에
> 게까지 보고될 것이오. 그러니 만나서 함께 이
> 야기합시다.

8 나는 그에게 회답을 보냈다. "당신이 말한
것은 사실이 아니오. 당신이 마음대로 생각하여
꾸며낸 것일 뿐이오."

9 그들은 우리에게 으름장을 놓았다. 그렇게
하면 우리가 겁을 먹고 공사를 중단하여, 끝내 완
성을 못할 것이라고 생각한 것이다.

"하나님, 나에게 힘을 주십시오!"

10 하루는 스마야를 만나려고 그의 집으로
찾아갔다. 그는 들라야의 아들이며, 므헤다벨의
손자인데, 문밖 출입을 하지 않고 있었다. 그가
나에게 말하였다. "하나님의 성전으로 갑시다. 성
소 안으로 들어가서, 성소 출입문들을 닫읍시다.
자객들이 그대를 죽이러 올 것입니다. 그들이 밤에
와서, 반드시 그대를 죽일 것입니다." 11 나는
대답하였다. "나 같은 사람더러 도망이나 다니란
말입니까? 나 같은 사람이 성소에 들어갔다가는
절대로 살아 나올 수 없습니다. 나는 그렇게는
못합니다." 12 나는 그 때에 그가 하나님이 보
내신 예언자가 아니라는 것을 알았다. 그는 도비
야와 산발랏에게 매수되어서, 나를 해치는 예언을
하였다. 13 그들이 스마야를 매수한 것은, 나
에게 겁을 주어 성소를 범하는 죄를 짓게 하여서,
나의 명예를 떨어뜨리고 나를 헐뜯으려는 속셈
이었다.
14 "나의 하나님, 도비야와 산발랏이 한 일을
잊지 마십시오. 예언자 노아댜와 그 밖에 나에게
겁을 주려고 한 예언자들이 나에게 한 일을 잊지
마십시오."

ㄱ) '게셈'의 변형

하려고 애썼지만 성벽은 결국 완성되었다. 여기서 느헤미야는 대적들의 마음속에 있는 은밀한 동기를 아는 전지전능한 저자의 역할을 맡고 있다. **6:2** 그들이 만나자는 데는 아무런 해악이 없는 것처럼 보이지만, 실은 자기에게 해를 가하려고 예루살렘에서 멀리 떨어진 곳으로 꾀는 것이라는 사실을 느헤미야는 알아챘다. **6:6** 산발랏은 느헤미야가 페르시아제국을 대항하여 반역을 모의한다고 비난하는 내용이 담긴 편지를 느헤미야에게 보낸다. 성벽을 건축하는 그 자체가 반역이라는 고발은 쉽게 믿어지지 않는다. 어쨌든 왕이 이 사업을 허락했고 심지어 건축에 필요한 자재까지 공급했기 때문이다 (2:8). 이에 덧붙여 느헤미야가 왕이 되려 한다고 기소했는데, 이는 페르시아인과의 관계에서 느헤미야를 위험 속에 빠뜨릴 수 있었다. 페르시아는 최근에 반역이 일어난 이집트에 이웃한 예루살렘이 독립하고 반항하는 것을 결코 원하지 않았기 때문이다. **6:7** 산발랏은 느헤미야가 유다에 왕이 있다 하고 선포할 예언자들을 임명하고, 아마 예언자들을 매수했을 것이라고 주장하면서 느헤미야에 대한 트집을 부풀린다. **6:8** 느헤미야는 단호하게 그러한 트집을 부인한다. **6:9** 느헤미야의 관점에서 보면, 자신을 반대하는 모든 사람들이 자기를 위협하고 성벽 공사를 멈추려고 기를 쓰고 있었다. **6:10** 스마야 예언자는 느헤미야가 죽을 위험에 처해 있다고 하면서 둘이서 성전에서 만나자고 제안한다. **6:11-13** 느헤미야는 만나기를 거절하는데, 겁쟁이로 보이기 싫었으며, 평신도인 그로서는 성전 안으로 들어갈 권리가 없었기 때문이다. 그리고 스마야는 하나님이 보낸 사람이 아니었기에, 그러므로, 그는 거짓 선지자였기 때문이다. 느헤미야는 도비야와 산발랏이 선지자를 매수했다고 비난하면서, 7절에서 스마야 자신이 느헤미야를 대항하여 고소했던 죄목을 되받아 치고 있다. **6:14** 느헤미야는 그를 겁주려고 했던 여자 예언자와 다른 예언자들도 언급한다. **6:15** 아닥사스다가 느헤미야를 위임한 지 약 반년 후에 성벽 공사가 끝났다 (2:1). **6:16** 여기서도 느헤미야는 대적들의 속마음을 읽는 것 같다. **6:17-19** 성벽 공사에 참여했

성벽 공사가 끝나다

15 성벽 공사는 오십이 일 만인 ㄱ)엘룰월 이
십오일에 끝났다. 16 우리의 모든 원수와 주변의
여러 민족이 이 소식을 듣고, 완공된 성벽도 보았다.
그제서야 우리의 원수는, 이 공사가 우리 하나님의
도움으로 이루어진 것임을 깨달았다. 그래서 그
들은 기가 꺾였다.
17 그 무렵에 유다의 귀족들이 도비야에게
편지를 자주 보내고, 도비야도 그들에게 편지를
보내곤 하였다. 18 도비야는 아라의 아들인 스
가냐의 사위인데다가, 도비야의 아들 여호하난도
베레갸의 아들인 므술람의 딸과 결혼하였으므로,
유다에는 그와 동맹을 맺은 사람들이 많았다.
19 그들은, 내 앞에서도 서슴없이 도비야를 칭찬
하고, 내가 하는 말은 무엇이든지 다 그에게 일러
바쳤다. 그래서 도비야는 나에게 협박 편지를 여러
통 보내서 위협하였다.

느헤미야가 지도자들을 세우다

7 1 성벽을 다시 쌓고, 문들을 제자리에 단 다
음에, 나는 성전 문지기와 노래하는 사람과
레위 사람을 세우고 2 나의 아우 하나니와 성채
지휘관 하나냐에게 예루살렘 경비를 맡겼다. 하
나냐는 진실한 사람이고, 남다르게 하나님을 두
려워하는 사람이었다. 3 나는 그들에게 일렀다.
"해가 떠서 환해지기 전에는 예루살렘 성문들을
열지 말고, 해가 아직 높이 있을 때에, 성문들을
닫고 빗장을 지르도록 하시오. 예루살렘 성 사람
들로 경비를 세우시오. 일부는 지정된 초소에서,
일부는 자기들의 집 가까이에서 경비를 서게 하십
시오."

포로에서 돌아온 사람들 (라 2:1-70)

4 성읍은 크고 넓으나, 인구가 얼마 안 되고,
제대로 지은 집도 얼마 없었다. 5 귀족들과 관리
들과 일반 백성을 모아서 가족별로 등록시키도
록, 나의 하나님이 나의 마음을 감동시키셨다. 마
침, 나는 일차로 돌아온 사람들의 가족별 등록부
를 찾았는데, 거기에는 다음과 같이 적혀 있다.
6 바빌론 왕 느부갓네살에게 사로잡혀 바빌
로니아로 끌려간 사람들 가운데서, 많은 사람들
이 바빌로니아 각 지방을 떠나 제 고향 땅 예루살
렘과 유다로 돌아왔다. 7 그들은 스룹바벨과 예
수아와 느헤미야와 아사랴와 라아먀와 나하마니
와 모르드개와 빌산과 미스베렛과 비그왜와 느훔
과 바아나가 돌아올 때에 함께 돌아왔다.
이스라엘 백성의 명단과 수는 다음과 같다.
8 바로스 자손이 이천백칠십이 명이요, 9 스
바댜 자손이 삼백칠십이 명이요, 10 아라 자손
이 육백오십이 명이요, 11 바핫모압 자손 곧 예수

ㄱ) 양력 팔월 초순 이후

던 사람들 전체가 느헤미야가 이끈 사업을 모든 면에서 지지한 것은 아니었다. 귀족들은 팔레스타인에 있는 다른 통치자나 지역들과 사업, 정치, 경제, 그리고 종교적인 유대를 유지하기를 원했을지도 모른다. 도비야를 지지하는 사람들은 도비야의 많은 덕목을 끊임없이 느헤미야에게 상기시켰으며, 느헤미야가 하는 행동과 말을 도비야에게 일러바쳤다. 6장 내내 산발랏, 도비야, 그리고 게셈은 느헤미야와 그의 사업에 끊임없이 적대적인데, 여기에는 신체적 위협, 정치적인 비난, 덫과 술수, 그리고 심리적인 전쟁 등이 포함된다.

7:1-73a 7:1-5a 느헤미야가 귀환한 사람들의 명단을 작성하지는 않았지만, 아마도 자신의 회고록에 그 명단을 포함시켰을 것이다. 성벽이 완성되자, 느헤미야는 문들을 제자리에 달고, 제대로 문지기를 배치하였다. 성서에서 다른 문지기들은 대개 제사가 부정 타는 것을 (45절) 막기 위해 성전 문지기로 섬기는 것과는 달리, 이 문지기들은 적의 세력으로부터 예루살렘을 경비하는 역할을 맡았다. 후대의 서기관은 두 종류의 문지기를 혼동하여 1절에 *노래하는 사람과 레위 사람*이라는 말을 실수로 덧붙였다. **7:2** 느헤미야는 그의 아우 하나니를 예루살렘의 군사 지휘관으로 임명했다. 하나니의 임무는 3:9, 12에 있는 유다의 총독과 성읍을 다스리는 지도자들의 임무와는 구별되어야 한다. 하나냐는 해석상 덧붙인 것으로서 삭제되어야 할 필요가 있다. 하나니가 성채의 지휘관이었다. **7:3** 이 절은 이렇게 번역되어야 한다: "해가 떠 있는 동안에는 예루살렘 성문을 열어서는 안 됩니다." **7:4-5a** 느헤미야는 사람들을 도시로 이주시키는 것으로 예루살렘 인구가 부족한 문제를 풀었는데, 하나님이 자기 마음을 감동시켜서 이런 생각을 주셨다고 주장한다. 인구를 이동시킬 때 족보기록을 참고하여 이동을 조절하게 되었다. 따라서 어떤 사람들은 귀환자의 명단(7:5-73a)을 거슬러 올라가 자기 조상이 누군지 밝혀낼 수 있는 기회를 가졌을 것이다. 이 시점에 명단을 포함시킴으로써, 저자는 느헤미야기 8장에서 에스라의 율법책 낭독을 듣기 위해 가득 찼던 회중을 극적으로 표현하고 있다. 고향으로 돌아오기 시작한 공동체(라 2장)와 성벽을 완공한 (느 7장) 공동체는 하나이며 같은 사람들이다. **7:5b-73a** 귀환자의

아와 요압 자손이 이천팔백십팔 명이요, 12 엘
람 자손이 천이백오십사 명이요, 13 삿두 자손
이 팔백사십오 명이요, 14 삭개 자손이 칠백육십
명이요, 15 빈누이 자손이 육백사십팔 명이요,
16 브배 자손이 육백이십팔 명이요, 17 아스갓
자손이 이천삼백이십이 명이요, 18 아도니감 자손
이 육백육십칠 명이요, 19 비그왜 자손이 이천
육십칠 명이요, 20 아딘 자손이 육백오십오 명
이요, 21 아델 자손 곧 히스기야 자손이 구십팔
명이요, 22 하숨 자손이 삼백이십팔 명이요,
23 베새 자손이 삼백이십사 명이요, 24 하립
자손이 백십이 명이요, 25 기브온 자손이 구십
오 명이다.

26 베들레헴 사람과 느도바 사람이 백팔십팔
명이요, 27 아나돗 사람이 백이십팔 명이요,
28 벳아스마웻 사람이 사십이 명이요, 29 기랏
여아림과 그비라와 브에롯 사람이 칠백사십삼 명
이요, 30 라마와 게바 사람이 육백이십일 명이요,
31 믹마스 사람이 백이십이 명이요, 32 베델과
아이 사람이 백이십삼 명이요,

33 느보의 다른 마을 사람이 오십이 명이요,
34 엘람의 다른 마을 사람이 천이백오십사 명이요,
35 하림 사람이 삼백이십 명이요, 36 여리고 사
람이 삼백사십오 명이요, 37 로드와 하딧과 오노
사람이 칠백이십일 명이요, 38 스나아 사람이
삼천구백삼십 명이다.

39 제사장은, 예수아 집안 여다야 자손이 구
백칠십삼 명이요, 40 임멜 자손이 천오십이 명
이요, 41 바스훌 자손이 천이백사십칠 명이요,
42 하림 자손이 천십칠 명이다.

43 레위 사람은, 호드야의 자손들인 예수아와
갓미엘 자손이 칠십사 명이요, 44 노래하는 사
람은, 아삽 자손이 백사십팔 명이요, 45 성전 문
지기는, 살룸 자손과 아델 자손과 달문 자손과 악굽
자손과 하디다 자손과 소배 자손인데, 백삼십팔
명이다.

46 성전 막일꾼은, 시하 자손과 하수바 자손과
답바옷 자손과 47 게로스 자손과 시아 자손과
바돈 자손과 48 르바나 자손과 하가바 자손과
살매 자손과 49 하난 자손과 깃델 자손과 가할
자손과 50 르아야 자손과 르신 자손과 느고다
자손과 51 갓삼 자손과 웃사 자손과 바세아 자
손과 52 베새 자손과 므우님 자손과 느비스심 자
손과 53 박북 자손과 하그바 자손과 할훌 자손과

추가 설명: 느헤미야의 사명과 연관된 에스라의 사명

에스라와 느헤미야는 동시대에 살지 않았던 사람들로 보인다. 만일 현재 느 8장 자리에 포함된 연대순서를 따른다면, 에스라는 율법책을 다루는 일(라 7:14, 25-26)을 맡은 자신의 가장 중요한 임무를 느헤미야가 도착하기까지 13년간 늦춘 것이 되는데, 성경은 그 사이에 세월 세월이 지나가는 동안에 어떤 사건이 일어났는지 아무런 정보도 제공해 주지 않는다. *역사적인* 관점에서 보면, 느 8장은 라 8장과 라 9장 사이에 두면 더 잘 어울린다. 그러면 에스라가 다섯 번째 달에 예루살렘에 도착했으며, 일곱 번째 달에 율법책을 읽고 해석했으며, 도착한 지 2년차 되던 해 첫 번째 달의 첫 날까지는 이방 사람과의 결혼을 다루는 것으로 의무를 끝마쳤다는 것을 의미한다.

현재 본문의 형태를 따르면, 느 8장은 느헤미야가 예루살렘으로 옮긴 사람들은 오로지 율법에 헌신했던 사람들로만 이루어졌다고 한다. 에스라에 관련된 자료를 이렇게 현재대로 배열하면, 에스라의 이야기는 강제 이혼을 다룬 기사가 내뿜는 특유의 긴장감 대신에, 다소 행복한 결말을 맺는다 (라 10장). 느 9장 또한 연대순서로나 문학적으로 여러 가지 문제점을 안고 있다. 이 장은 아마도 느 8장을 반박하지 않는 범위에서 8장에 포함된 상황을 다소 수정하고 싶었던, 후대의 어떤 서기관에게서 나왔을 것이다. 에스라 시대나 혹은 느 8장의 저자가 살던 시대에 "참 이스라엘"은 유배에서 고향으로 돌아온 사람들을 포함했던 반면, 이 후대의 서기관 시대에 참 이스라엘은, 이스라엘인이 아닌 사람들로부터 자기를 구별하기로 동의한 모든 사람들과, 그리고 죄를 고백하고 진정으로 회개하면서 이스라엘의 하나님을 믿었던 사람들로 이루어졌다.

따라서 8장에 있는 율법책 낭독, 9장에 있는 죄의 자백, 10장에 있는 언약 서명과 같은 현재의 순서대로 만드는 것을 통해, 율법에 대한 이상적인 반응을 묘사하고 싶었을 것이다. 10:30-39에 있는 구체적인 언약 중 많은 부분은 5:11-12와 13장과 같은 논점을 다루고 있고, 총독의 임시적인 통치를 영구히 하려는 시도를 다루고 있다. 비록 논리적으로나 연대기적으로 볼 때 이러한 언약들은 느 13장에 뒤이어 일어나겠지만, 느헤미야기의 마지막 형태는 그러한 연대기적인 순서를 벗어나고 있다. 느 8—9장의 율법책 낭독과 죄의 자백을 다룬 다음에, 굳은 언약을 맺는 것을 이어 주는 것이 아마도 완벽한 순서로 보였기 때문이며, 하나님께 기억해 달라고 기도하는 13장은 이 책에 어울리는 정점으로 여겨졌기 때문이다.

54 바슬릿 자손과 므히다 자손과 하르사 자손과
55 바르고스 자손과 시스라 자손과 데마 자손과
56 느시야 자손과 하디바 자손이다.
57 솔로몬을 섬기던 종들의 자손은, 소대
자손과 소베렛 자손과 브리다 자손과 58 야알라
자손과 다르곤 자손과 깃델 자손과 59 스바댜
자손과 핫딜 자손과 보게렛하스바임 자손과 아몬
자손이다.
60 이상 성전 막일꾼과 솔로몬을 섬기던 종의
자손은 모두 삼백구십이 명이다. 61 이 밖에 델
멜라와 델하르사와 그룹과 앗돈과 임멜 등 여러
곳에서 사람들이 왔지만, 가문이 밝혀지지 않아서,
그들이 이스라엘의 자손인지 아닌지는 알 길이 없
었다. 62 그들은, 들라야 자손과 도비야 자손과
느고다 자손인데, 모두 육백사십이 명이다.
63 제사장 가문 가운데는 호바야 자손과 학
고스 자손과 바르실래 자손도 있는데, 이들 가운
데서 바르실래는 길르앗 지방 사람인 바르실래 집
안으로 장가를 들어서, 장인의 이름을 이어받은
사람이다. 64 족보를 뒤져보았지만, 그들은 그
조상이 확인되지 않았으므로, 제사장 직분을
맡기에는 적합하지 않다고 생각해서, 그 직분을
맡지 못하게 하였다. 65 유다 총독은 그들에게,
우림과 둠밈을 가지고 판결을 내릴 제사장이 나타
날 때까지는, 가장 거룩한 음식은 먹지 말라고 명
령하였다.
66 돌아온 회중의 수는 모두 사만 이천삼백
육십 명이다. 67 그들이 부리던 남녀 종이 칠천
삼백삼십칠 명이요, 그 밖에 노래하는 남녀가 이
백사십오 명이다. 68 ㄱ)또 말이 칠백삼십육 마리요,
노새가 이백사십오 마리요, 69 낙타가 사백삼십
오 마리요, 나귀가 육천칠백이십 마리이다.
70 가문의 우두머리 가운데는 건축 기금을
내놓는 사람들이 있었다. 총독도 금 천 다릭과 쟁반
오십 개와 제사장 예복 오백삼십 벌을 창고에 들
여놓았다. 71 각 가문의 우두머리들이 공사를
위하여 창고에 바친 것은, 금이 이만 다릭이요,
은이 이천이백 마네였다. 72 나머지 백성이 바친
것은, 금이 이만 다릭이요, 은이 이천 마네요, 제
사장의 예복이 육십칠 벌이다.
73 제사장들과 레위 사람들과 성전 문지기들
과 노래하는 사람들과 백성 가운데 일부와 성전
막일꾼들과 나머지 이스라엘 사람들은, 저마다
고향에 자리를 잡았다.

백성에게 율법을 읽어 주다

이스라엘 자손이 그렇게 여러 마을에 흩어져서
살고 있었다. 일곱째 달이 되었을 때에, 1 모든
8 백성이 한꺼번에 수문 앞 광장에 모였다.
그들은 학자 에스라에게, 주님께서 이스라엘
에게 명하신 모세의 율법책을 가지고 오라고 청하
였다. 2 일곱째 달 초하루에 에스라 제사장은 율
법책을 가지고 회중 앞에 나왔다. 거기에는, 남자든
여자든, 알아들을 만한 사람은 모두 나와 있었다.
3 그는 수문 앞 광장에서, 남자든 여자든, 알아들을
만한 모든 사람에게 새벽부터 정오까지, 큰소리로
율법책을 읽어 주었다. 백성은 모두 율법책 읽는
소리에 귀를 기울였다.
4 학자 에스라는 임시로 만든 높은 나무 단
위에 섰다. 그 오른쪽으로는 맛디댜와 스마와 아나
야와 우리야와 힐기야와 마아세야가 서고, 왼쪽
으로는 브다야와 미사엘과 말기야와 하숨과 하스
밧다나와 스가랴와 므술람이 섰다. 5 학자 에스

ㄱ) 히브리어 사본 가운데 일부를 따름. 대다수의 히브리어 사본에는 68절이 없음

명단과 개개의 절에 대한 설명은, 라 2:1-70에 관한 주석을 참조하라. **7:68** 이 절은 히브리 본문에는 나타나지 않지만, 라 2:66과 칠십인역을 기초로 하여 되살려낸 구절이다. 아마도 이 절은 고대 서기관이 느헤미야기를 베끼는 과정에서 한 줄을 미처 보지 못하고 뛰어 넘는 바람에 실수로 빠졌을 것이다. **7:70** 이 절은 아마도 느헤미야를 염두에 두고 썼던 것 같다. 총독이 기금을 내었다는 사실이 특별하게 부각되어 있다 (라 2:69). **7:73a** 이 절은 느헤미야가 직접 쓴 것으로, 한때는 백성들을 예루살렘으로 옮겼노라고 회고하는 기사로 넘어가는 기능을 했을지도 모르지만, 지금은 잃어버리고 찾을 수 없다.

7:73b—10:39 이 구절은 연도를 이해하는데 대단한 어려움이 있다 (추가 설명: "느헤미야의 사명과 연관된 에스라의 사명"을 보라). 올바른 연대기의 해답이 무엇이든지, 느헤미야기는 7:73b—10:39에 있는 사건들을 현재 나와 있는 본문의 순서에 따라 읽고 이해해야 한다는 것을 보여준다. 따라서 저자는 이 장을 배열할 때 율법책에 대한 이상적인 반응을 제시하려고 했던 것으로 보인다.

7:73b—8:18 **8:1** 모세의 율법책이 과연 어떤 것이었는지 정확하게 그 정체를 아는 것은 불가능하지만, 현재 우리가 알고 있는 모세오경과 아주 비슷한 것으로 보인다. 회중은 수문 (Water Gate) 앞 광장에 모였는데, 성의 동쪽에 자리잡은 곳이었다. **8:2** 회중을 성전 밖으로 모았기 때문에, 성직자뿐 아니라 평신도들도 참여할 수 있었다. **8:3-8** 에스라와 동료들은 율법책을 여섯 시간 가량 읽었으며, 사람들은 내내 온 정신을 기울여 말씀을 들었다. 모임이 아무리 오래 지속

라는 높은 단 위에 서 있었으므로, 백성들은 모두,
그가 책 펴는 것을 볼 수 있었다. 에스라가 책을
펴면, 백성들은 모두 일어섰다. 6 에스라가 위대
하신 주 하나님을 찬양하면, 백성들은 모두 손을
들고 "아멘! 아멘!" 하고 응답하고, 엎드려 얼굴을
땅에 대고 주님께 경배하였다. 7 레위 사람인 예
수아와 바니와 세레뱌와 야민과 악굽과 사브대와
호디야와 마아세야와 그리다와 아사랴와 요사밧과
하난과 블라야는, 백성들이 제자리에 서 있는 동
안에, 그들에게 율법을 설명하여 주었다. 8 하나
님의 율법책이 낭독될 때에, 그들이 ㄱ)통역을 하고
뜻을 밝혀 설명하여 주었으므로, 백성은 내용을
잘 알아들을 수 있었다.

9 백성은 율법의 말씀을 들으면서, 모두 울
었다. 그래서 총독 느헤미야와, 학자 에스라 제사
장과, 백성을 가르치는 레위 사람들이, 이 날은 주
하나님의 거룩한 날이니, 슬퍼하지도 말고 울지도
말라고 모든 백성을 타일렀다. 10 느헤미야는 그
들에게 말하였다. "돌아들 가십시오. 살진 짐승들을
잡아 푸짐하게 차려서, 먹고 마시도록 하십시오.
아무것도 차리지 못한 사람들에게는, 먹을 몫을
보내 주십시오. 오늘은 우리 주님의 거룩한 날입
니다. 주님 앞에서 기뻐하면 힘이 생기는 법이니,
슬퍼하지들 마십시오."

11 레위 사람들도 모든 백성을 달래면서, 오
늘은 거룩한 날이니, 조용히 하고, 슬퍼하지 말라고
타일렀다. 12 모든 백성은 배운 바를 밝히 깨달
았으므로, 돌아가서 먹고 마시며, 없는 사람들에
게는 먹을 것을 나누어 주면서, 크게 기뻐하였다.

13 이튿날에 모든 백성을 대표하는 각 가문의
어른들이 제사장들과 레위 사람들과 함께 율법의
말씀을 밝히 알고자 하여, 학자 에스라에게로 갔다.
14 그들은, 이스라엘 자손은 일곱째 달 축제에는
초막에서 지내도록 하라는, 주님께서 모세를 시
켜서 명하신 말씀이, 율법에 기록되어 있는 것을
발견하였다. 15 또한 그들은 책에, 산으로 가서
올리브 나무와 들올리브 나무와 소귀나무와 종려
나무와 참나무의 가지를 꺾어다가 초막을 짓도록
하라는 말이 기록되어 있기 때문에, 그 말을 이스
라엘 자손이 사는 모든 마을과 예루살렘에 널리
알려야 한다는 것을 알게 되었다.

16 그래서 백성은 나가서, 나뭇가지를 꺾어
다가, 지붕 위와 마당과 하나님의 성전 뜰과 수문
앞 광장과 에브라임 문 앞 광장에 초막을 세웠다.
17 사로잡혀 갔다가 돌아온 모든 사람이 초막을
세우고 거기에 머물렀다. 눈의 아들 여호수아 때
로부터 그 날까지, 이렇게 축제를 즐긴 일이 없었
으므로, 이스라엘 자손은 크게 즐거워하였다.
18 에스라는 첫날로부터 마지막 날까지, 날마다
하나님의 율법책을 읽어 주었다. 백성은 이레 동안
절기를 지키고, 여드레째 되는 날에는 규례대로
성회를 열었다.

ㄱ) 히브리어에서 아람어로

되었더라도 모세오경의 일부분만을 읽을 수 있었을 것이지만, 어떤 구절을 선택하여 읽었는지는 언급되지 않았다. 에스라와 동료들이 높은 단 위에 선 것을 되풀이하여 후대에 회당에서는 계급 순서대로 앉았다 (마 23:6). **8:6** 백성들이 두 번씩이나 "아멘"한 것은 주님의 축복과 율법을 받아들이는 데 동의한다는 표현이다. **8:7** 열세 명의 레위 사람은 임무를 맡은 대로 가르치는 일을 했다 (신 33:10; 대하 17:7-9; 35:3). **8:8** 이 절은 4-7절을 요약한다. *뜻을 밝혀 설명하여 주었으므로.* 이것은 실제로 "문장 문장마다"를 뜻할 수 있다. 우리는 이 절을 의역하여 다음과 같이 등장인물들을 나타낼 수 있을 것이다: "그래서 에스라와 평신도 동료들은 (혹은 레위 사람들) 율법책을 한 문장 한 문장 읽었다. 레위 사람들은 사람들 사이를 돌아다니면서, 율법을 해석해 주고 적용시켜 주었으며, 백성들은 그 내용을 이해하였다." **8:9-12** 학자 에스라는 그 날을 거룩한 날로 정하고 슬퍼하지도 말고 울지도 말라고 모든 백성을 타이르고 축하할 때로 삼았다. **8:9** 느헤미야를 언급한 것은 아마도 부차적인 것 같다. **8:10-12** 잔치에 참여하지 못한 사람이나 아무 것도 차리지 못한 사람들이 먹을 몫으로 음식의 일부를 보내주었다. 그러고 나서 백성들은 대부분 집으로 돌아갔다. **8:13-18** 일부 백성은 예루살렘에 남아서 율법책에 있는 말씀을 계속 연구했다. **8:14-15** 그들은 초막절을 준비하기 위해서 여러 가지 필요사항을 따라야 한다는 것을 알게 되었다. 필요한 사항 전부가 모세오경에 뚜렷하게 언급된 것은 아니다. **8:16** *수문과 에브라임 문*을 모이는 장소로 정한 것은 비교적 성전에 가까웠기 때문이다. **8:17** 눈의 아들 여호수아 이래 처음으로 초막절 동안에 초막을 세우고 초막 안에 머물렀다. 대하 30:26에 따르면, 솔로몬 시대 이후로 히스기야 때의 유월절과 같은 유월절이 없었던 반면에, 대하 35:18에 따르면, 사무엘 시대 이후로 요시야 때의 유월절과 같은 것이 없었다. 어디 비할 데 없는 이러한 축제들은 앞서 살았던 특출한 인물과 연관된다: 히스기야는 솔로몬, 요시야는 사무엘, 그리고 이제 에스라는 여호수아와 연관된다. 초막절은 그 자체가 새롭다거나 별다르지 않았지만, 광야에서 헤매던 시절을 기념하여 초막을 세우고 축하하는 방법은 새롭고 유별났다. **8:18** 여드레째 되는 날에 엄숙한 성회로 모인 것은 레 23:36, 39와 민 29:35에 나타난 규정을 따른 것인데, 신 16:13-15의 이레를 늘인 것이다.

백성들이 죄를 뉘우치다

9 1 그 달 이십사일에, 이스라엘 자손이 다 모
여서 금식하면서, 굵은 베 옷을 입고, 먼지를
뒤집어썼다. 2 이스라엘 자손은 모든 이방 사람
과 관계를 끊었다. 그들은 제자리에 선 채로 자신
들의 허물과 조상의 죄를 자백하였다. 3 모두들
제자리에서 일어나서, 낮의 사분의 일은 주 하나
님의 율법책을 읽고, 또 낮의 사분의 일은 자기들
의 죄를 자백하고, 주 하나님께 경배하였다. 4 단
위에는 레위 사람인 예수아와 바니와 갓미엘과 스
바냐와 분니와 세레뱌와 바니와 그나니가 올라서
서, 주 하나님께 큰소리로 부르짖었다.
5 레위 사람인 예수아와 갓미엘과 바니와 하
삽느야와 세레뱌와 호디야와 스바냐와 브다히야
가 외쳤다."모두 일어나서, 주 너희의 하나님을
찬양하여라."

죄를 자백하는 기도

영원 전부터 영원까지, 주님의 영화로운 이
름은 찬양을 받아 마땅합니다. 어떠한 찬양이나
송축으로도, 주님의 이름을 다 기릴 수가 없습
니다. 6 주님만이 홀로 우리의 주님이십니다.
주님께서는 하늘과, 하늘 위의 하늘과, 거기에
딸린 별들을 지으셨습니다. 땅과 그 위에 있는
온갖 것, 바다와 그 안에 있는 온갖 것들을 지으
셨습니다. 주님께서는 이 모든 것에게 생명을
주십니다. 하늘의 별들이 주님께 경배합니다.
7 주 하나님께서는, 아브람을 택하시어 바빌로
니아의 우르에서 이끌어 내시고, 그의 이름을
아브라함이라고 고쳐서 부르셨습니다. 8 아브
라함의 마음이 주님 앞에서 진실함을 아시고,
가나안 사람과 헷 사람과 아모리 사람과 브리스
사람과 여부스 사람과 기르가스 사람의 땅을 그
자손에게 주시겠다고, 그와 언약을 세우셨습
니다. 주님께서는 의로우셔서, 말씀하신 것을
지키셨습니다.
9 주님께서는 우리 조상이 이집트에서 고난
받는 것을 보시고, 홍해에서 부르짖을 때에 들어
주셨습니다. 10 이집트 사람들이 우리 조상을
업신여기는 것을 아시고, 이적과 기사를 베푸셔
서, 바로와 그의 모든 신하와 그 나라 온 백성을
치셨으며, 그 때에 떨치신 명성이 오늘까지 이
릅니다. 11 조상 앞에서 바다를 가르시고, 그
들이 바다 한가운데를 마른 땅처럼 지나가게 하
셨지만, 뒤쫓는 자들은, 깊은 바다에 돌이 잠기
듯이, 거센 물결에 잠기게 하셨습니다.
12 낮에는 구름기둥으로 그들을 이끌어 주시
고, 밤에는 불기둥으로 그들이 가는 길을 밝히
비추어 주셨습니다. 13 몸소 시내 산에 내려
오시며, 하늘에서 그들에게 말씀하셔서, 바른
규례와 참된 율법, 좋은 율례와 계명을 주셨습
니다. 14 주님의 거룩한 안식일을 알려 주시고,
주님의 종 모세를 시키셔서 계명과 규정과 율법을
가르쳐 주셨습니다.
15 굶주릴까봐 하늘에서 먹거리를 내려 주시
고, 목마를까봐 바위에서 물이 솟아나게 하셨습
니다. 주님께서 손을 들어 맹세하며 주시겠다고
한 그 땅에 들어가서, 그 곳을 차지하라고 말씀

9:1-5a 이스라엘 백성은 일곱째 달 이십사일에 또 다른 예식을 드리기 위해 모였다. **9:1** 예배자들이 굵은 베 옷을 입고, 먼지를 뒤집어쓰고 애도의 예식을 치른 이유는 자신들이 사형 선고를 받은 것처럼 느꼈기 때문이다. **9:2** 자백의 세부사항은 5b-37절에 담겨 있다. **9:4-5** 레위 사람의 첫 번째 무리는 노래와 기도를 이끄는 일을 했다 (대상 16:8-36; 대하 8:14를 참조); 두 번째 무리는 회중에게 일어서서 하나님님을 송축하라고 외쳤다.

9:5b-37 창조 때부터 하나님이 섭리 안에서 보호하신 것 (6절), 아브라함을 선택하심 (7-8절), 이집트로부터 출애굽 (9-11절), 광야에서의 방랑생활 (12-21절), 그리고 이스라엘 땅에서의 생활(22-31절)을 기도에 열거한다. 그러고 나서 탄원(32절)과 죄의 자백과 불평(33-37절)을 덧붙이고 있다. 이 기도는 유배 중에 유래했다고 암시되어 있다. **9:6** 하늘의 별들이 경배를 드리는 것은 이스라엘의 불순종과 뚜렷하게 대조된다. **9:7-8** 아브라함과 맺은 언약은 이 기도 안에 언급된 유일한 언약이다. 저자가 살던 당시에 이방 사람들이 이스라엘을 다스렸던 것과 마찬가지로, 조상들이 살던 시대에도 많은 이방 사람들이 나라를 점령했다. **9:9-11** 본문은 하나님께서 이집트에서 이스라엘의 울부짖음을 들으셨던 것과 마찬가지로, 하나님께서 큰 소리로 울부짖는 레위 사람들의 기도를 곧 들어주시리라고 암시한다 (4절). 기도는 겔 20:8과는 대조되는데, 이집트에서 이스라엘이 불순종했다는 암시가 없다. **9:12-21** 섭리 안에서 하나님이 배려(12-15절)하신 다음에는 조상들의 반란이 뒤를 이었다. 조상들의 반란에도 불구하고 하나님은 계속해서 그들을 인도하셨다 (19-21절). **9:14** 단지 안식일만 윤리적인 요구사항으로 언급되는데, 안식일은 유배와 유배-이후의 전형적인 관심사였다. **9:16** 죄의 고백은 조상들이 거

하셨습니다. 16 그러나 우리 조상은 거만하여,
목이 뻣뻣하고 고집이 세어서, 주님의 명령을
지키지 않았습니다. 17 주님께 복종하기를 거
부하고, 주님께서 보여 주신 그 놀라운 일들을
곧 잊었습니다. 뻣뻣한 목에 고집만 세어서, 종
살이하던 이집트로 되돌아가려고, 반역자들은
우두머리를 세우기까지 하였습니다. 그러나 주
님은 용서하시는 하나님, 은혜로우시며, 너그러
우시며, 좀처럼 노여워하지 않으시며, 사랑이
많으셔서, 그들을 버리지 않으셨습니다. 18 더
욱이, 우리 조상은, 금붙이를 녹여서 송아지 상을
만들고는 '우리를 이집트에서 이끌어 내신 우리의
하나님이다' 하고 외치고, 주님을 크게 모독하
였습니다. 19 그런데도 주님께서는 언제나 그
들을 불쌍히 보셔서, 차마 그들을 광야에다가
내다 버리지 못하셨습니다. 낮에는 줄곧 구름기
둥으로 그들을 이끌어 주시고, 밤에는 불기둥
으로 그들이 가는 길을 밝히 비추어 주셨습니다.
20 선한 영을 주셔서, 그들을 슬기롭게 하셨습
니다. 그들의 입에 만나가 끊이지 않게 하시며,
목말라 할 때에 물을 주셨습니다. 21 광야에서
사십 년 동안이나 돌보셔서, 그들이 아쉬운 것
없게 하셨습니다. 옷이 해어지지도 않았고, 발이
부르트지도 않았습니다.

22 여러 나라와 민족들을 우리 조상에게 굴복
시키셔서, 우리 조상이 시혼 땅 곧 헤스본 왕의
땅과 바산 왕 옥의 땅을 차지하고, 그것을 나누
어서 변방으로 삼았습니다. 23 주님께서는 우리
조상의 자손을 하늘의 별만큼이나 불어나게 하
시고, 조상들에게 말씀하신 땅으로 인도하셔서,
그 곳을 차지하게 하셨습니다. 24 자손이 들어
가서 그 땅을 차지할 때에, 그 땅에 살던 가나안
사람들을 그 자손에게 굴복시키고, 왕들과 그
땅의 백성마저 자손이 좋을 대로 하게 하셨습
니다. 25 자손은 요새화된 성채들과 기름진
땅을 차지하였습니다. 온갖 좋은 것으로 가득
찬 집과 이미 파 놓은 우물과 포도원과 올리브
밭과 과일이 흐드러지게 열리는 나무를 차지하
였습니다. 그들은 먹고 만족하게 생각했으며,
살이 쪘습니다. 주님께서 주신 그 큰 복을 한껏
누렸습니다.

26 그런데도 그들은 순종하지 않고, 오히려
주님께 반역하였으며, 주님께서 주신 율법을 등
졌습니다. 주님께로 돌아가라고 타이르던 예언
자들을 죽이기까지 하였습니다. 이렇듯 엄청나게
주님을 욕되게 하였습니다.

27 주님께서는 그들을 원수들의 손에 내맡기
시어 억압을 받게 하셨습니다. 그러나 억눌림을
받고 주님께 부르짖으면, 주님께서는 하늘에서
들으시고, 그들을 끔찍이도 불쌍히 여기시어,
원수의 손아귀에서 그들을 건져낼 구원자들을
보내 주시곤 하셨습니다. 28 그러나 편안하게
살만하면, 주님께서 보고 계시는데도, 또다시
못된 일을 저질렀습니다. 그럴 때에는, 주님께서
그들을 원수의 손에 버려 두셔서, 억눌림을 받게
하셨습니다. 그러다가도 다시 돌이켜 주님께 부
르짖기만 하면, 주님께서는 하늘에서 들으시고
불쌍히 여기시어, 구하여 주시곤 하셨습니다.
29 돌이켜 주님의 율법대로 바로 살라고, 주님
께서 엄하게 타이르셨지만, 그들은 거만하여 주
님의 명령을 따르지 않았습니다. 지키기만 하면
살게 되는 법을 주셨지만, 오히려 그 법을 거역
하여 죄를 지었습니다. 주님께 등을 돌리고, 목이
뻣뻣하여 고집을 버리지 못하였으며, 복종하지
않았습니다. 30 그러나 주님께서는 여러 해
동안 참으셨습니다. 예언자들을 보내시어 주님의
영으로 타이르셨지만, 사람들은 귀도 기울이지
않았습니다. 하는 수 없이, 주님께서는 그들을
여러 나라 백성에게 넘기셨습니다. 31 그러나
주님께서는 은혜로우시며, 사람을 불쌍히 여기
시는 하나님이시기에, 그들을 끔찍이도 불쌍히
여기셔서, 멸망시키지도 않으시고, 버리지도
않으셨습니다.

32 우리 하나님, 위대하고 강하고 두렵고,
한 번 세운 언약은 성실하게 지키시는 하나님,
앗시리아의 왕들이 쳐들어온 날로부터 이 날까지,

만하여, 목이 뻣뻣하고 고집이 세어서, 주님의 명령을 지키지 않은 행동부터 시작한다. 개역개정은 "그들과 우리 조상들이" 라고 되어있는데 여기서 "그들"은 필요가 없다. 새번역개정과 공동번역은 잘 번역되어 있다. **9:17** 조상들은 심지어 고집스럽게 이집트로 되돌아가기를 원했다. 19-21절에 있는 섭리의 주제는 12-15절에 있는 주제를 반복하는 것이다. **9:22-31** 정복을 이어 곧 이스라엘에 인구가 폭발적으로 불어난 것은 조상들에게 주신 약속이 이루어진 것이다. 기도 속에서 앞으로 그 땅에서 어떠한 무력도 사용되는 일이 없게 해 달라고 요청한다. **9:26-31** 이스라엘은 주기적으로 불순종했고, 불순종하는 행위가 계속 악화되어 가고 있었다. **9:26** 성경 안에는 예언자들을 향해 폭력을 가한 증거가 거의 없다. **9:30** 하나님이 참으시고 예언자들을 통해 성령을 보내 경고하심에도 불구하고, 백성들은 외면하고 귀를 기울이지 않았다. **9:31** 기도를 드리고 있는 바로 지금

우리가 겪은 환난을, 우리의 왕들과 대신들과
제사장들과 예언자들과 조상들과 주님의 모든
백성이 겪은 이 환난을 작게 여기지 마십시오.
33 우리에게 이 모든 일이 닥쳐왔지만, 이것은
주님의 잘못이 아닙니다. 잘못은 우리가 저질렀
습니다. 주님께서는 일을 올바르게 처리하셨습
니다. 34 우리의 왕들과 대신들과 제사장들과
조상들은 주님의 율법을 따르지 않았습니다. 주
님의 계명에 귀를 기울이지도 않고, 타이르시는
말씀도 듣지 않았습니다. 35 그들은 나라를
세우고 주님께서 베푸신 큰 복을 누리면서도,
눈 앞에 펼쳐 주신 넓고 기름진 땅에 살면서도,
주님을 섬기지도 않고, 악한 길에서 돌이키지도
않았습니다. 36 그러나 보십시오. 오늘 이처
럼 우리는 종살이를 합니다. 다른 곳도 아니고,
좋은 과일과 곡식을 먹고 살라고 우리 조상에게
주신 바로 그 땅에서, 우리가 종이 되었습니다.
37 땅에서 나는 풍성한 소출은, 우리의 죄를
벌하시려고 세운 이방 왕들의 것이 되었습니다.
그 왕들은 우리의 몸뚱이도, 우리의 가축도, 마
음대로 부립니다. 이처럼 우리는 무서운 고역을
치르고 있습니다.

38 이 모든 것을 돌이켜 본 뒤에, 우리는
언약을 굳게 세우고, 그것을 글로 적었으며, 지도
자들과 레위 사람들과 제사장들이 그 위에 서명
하였다.

언약에 서명한 사람들

10 1 서명한 사람들은 다음과 같다. 하가랴의
아들인 총독 느헤미야와 시드기야와
2 스라야와 아사랴와 예레미야와 3 바스훌과
아마랴와 말기야와 4 핫두스와 스바냐와 말룩과
5 하림과 므레못과 오바댜와 6 다니엘과 긴느돈
과 바룩과 7 므술람과 아비야와 미야민과 8 마아
시야와 빌개와 스마야는 제사장이다.

9 레위 사람으로는, 아사냐의 아들인 예수아와
헤나닷 자손인 빈누이와 갓미엘과 10 그들의
동료 스바냐와 호디야와 그리다와 블라야와 하난과
11 미가와 르홉과 하사뱌와 12 삭굴과 세레뱌와
스바냐와 13 호디야와 바니와 브니누가 있다.
14 백성의 지도자로는, 바로스와 바핫모압과 엘
람과 삿두와 바니와 15 분니와 아스갓과 베배와
16 아도니야와 비그왜와 아딘과 17 아델과 히
스기야와 앗술과 18 호디야와 하숨과 베새와
19 하립과 아나돗과 노배와 20 막비아스와 므
술람과 헤실과 21 므세사벨과 사독과 얏두아와
22 블라댜와 하난과 아나야와 23 호세아와
하나냐와 핫숩과 24 할르헤스와 빌하와 소벡과
25 르훔과 하삽나와 마아세야와 26 아히야와 하
난과 아난과 27 말룩과 하림과 바아나가 있다.

28 이 밖에 나머지 백성, 곧 제사장과 레위
사람과 성전 문지기와 노래하는 사람과 성전 막일
꾼과 주님의 율법을 따르려고 그 땅의 여러 백성과
인연을 끊은 모든 이들과 그 아내들과 그들의

이 시간까지 하나님은 여전히 은혜로우시고 자비로우셨다. **9:33-37** 33절은 전체 기도를 올바르게 심판하시는 것을 송영으로 방향을 바꾼다. **9:35-36** 사람들은 하나님을 제대로 섬기지 않아서 그들이 지금 종이 되었다고 인정한다. **9:37** 여기서 페르시아의 세력에 대해 취하는 비판적인 견해는, 일반적으로 에스라기와 느헤미야기에 반영된 페르시아를 향한 태도보다 훨씬 비판적이다. 6-31절에서 역사적인 과거가 *당신* (주님을 일컬음)이라는 단어로 시작하고 끝맺는 것처럼, *우리*라는 단어가 히브리어로 된 기도의 마지막 말을 이루고 있다. 이 두 단어 사이에, 하나님과 백성 사이에, 기도하던 사람들의 소망은 균형을 잡고 있다.

9:38—10:39 이 부분은 율법을 지키기로 굳게 약속하는 것을 기록한다. **9:38** *언약을 굳게 세우고*. 이 언약은 아마도 하나님께서 주도하신 언약이 아니라, 인간이 하나님께 드린 맹세일 것이다. 그래서 공동번역은 "맹약"이라고 번역했다. **10:1** 느헤미야는 문서에 서명한 첫 번째 사람이었다. 시드기야는 그의 비서였을지 모른다. **10:2-8** 이 제사장들의 명단은 12:1-7, 12-21에 나오는 제사장들의 명단과 밀접하게 연관되는데, 아마도 그 명단에서 나온 것 같다. **10:9-13** 레위 사람들의 명단은 8:7; 9:4-5; 12:8에 있는 레위 사람들의 다른 명단에서 따왔을지도 모른다.

10:14-27 처음에 나오는 백성의 지도자들 21명 중에서 (14-20절) 20명은 라 2장, 느 7장에서 나온 가문이나 지명으로 알려져 있다. 이 명단의 두 번째 절반에 나와 있는 23명의 지도자들 중 13명(20-27절)은 느 3장에서 성벽 공사를 한 사람들의 명단에서 따온 것이다. **10:28-29** 1-27절에 있는 모든 이름과 28절에서 백성을 구분한 목록은 백성이 만장일치로 굳은 언약을 뒷받침했다는 것을 강조한다. 언약에 서명하지 않은 사람들은 저주로 맹세하였다. **10:30-39** 이 절들은 굳은 언약의 요구사항들을 열거한다. **10:30** 느헤미야는 이방 사람들과의 결혼을 극적으로 항의했는데 (13:23-27), 여기서 공동체는 그러한 규정들을 따르기로 동의한다. **10:31** 느헤미야와 (13:15-22) 그리고 굳은

아들딸들과 알아들을 만한 지식이 있는 이들 모두
가, 29 귀족 지도자들과 함께 하나님의 종 모세
가 전하여 준 하나님의 율법을 따르기로 하고,
우리 주 하나님의 모든 계명과 규례와 율례에 복
종하기로 하였으며, 그것을 어기면 저주를 받아
도 좋다고 다음과 같이 맹세하였다.

30 "우리는 딸을 이 땅의 백성과 결혼시키지
않는다. 우리는 아들을 그들의 딸과 결혼시키지
않는다. 31 이 땅의 백성이 안식일에 물건이나
어떤 곡식을 내다가 팔더라도, 안식일에나 성일
에는, 우리가 사지 않는다. 일곱 해마다 땅을
쉬게 하고, 육 년이 지난 빚은 모두 없애 준다."

32 우리는 다음과 같은 규례도 정하였다.
"하나님의 성전 비용으로 쓰도록, 우리는 해
마다 삼분의 일 세겔씩 바친다. 33 이것은, 늘
차려 놓는 빵과 규칙적으로 드리는 곡식제물과
규칙적으로 드리는 번제와 안식일이나 초하루나
그 밖에 절기 때에 드리는 제물과 이스라엘의
죄를 속하는 속죄물과 우리 하나님의 성전에서
하는 모든 일에 쓸 것이다. 34 제사장이나
레위 사람이나 일반 백성을 가리지 않고, 우리가
집안별로 주사위를 던져서, 해마다 정한 때에,
우리 하나님의 성전에 땔 나무를 바칠 순서를
정한다. 그것은 율법에 기록된 대로, 우리 주
하나님의 제단에서 불사를 때에 쓸 나무이다.
35 해마다 우리 밭에서 나는 맏물과 온갖 과일
나무의 첫 열매를 주님의 성전에 바친다. 36 율
법에 기록된 대로, 우리의 맏아들과 가축의 첫
새끼 곧 처음 난 송아지와 새끼 양을 우리 하나
님의 성전으로 가지고 가서, 그 성전에서 우리
하나님을 섬기는 제사장들에게 바친다."

37 또 우리는, 들어 바칠 예물인 처음 익은
밀의 가루와 온갖 과일나무의 열매와 새 포도주와
기름을 가져다가, 제사장의 몫으로 우리 하나님의
성전 창고에 넣기로 하고, 또 밭에서 나는 소출 가
운데서 열의 하나는 레위 사람들의 몫으로 가져
오기로 하였다. 농사를 짓는 성읍으로 돌아다니
면서 열의 하나를 거두어들일 사람은 바로 레위
사람이다. 38 레위 사람이 열의 하나를 거두어
들일 때에는, 아론의 자손인 제사장 한 사람이 같이
다니기로 하였다. 레위 사람은 거두어들인 열의
하나에서 다시 열의 하나를 떼어서, 우리 하나님의
성전 창고의 여러 방에 두기로 하였다. 39 이스
라엘 자손과 레위 자손은 들어 바칠 예물인 곡식과
새 포도주와 기름을 그 여러 방에 가져다 놓기로
하였다. 그런 방은 성전 기구를 두기도 하고, 당번
제사장들과 성전 문지기들과 노래하는 사람들이
쓰기도 하는 곳이다.

"우리는 우리 하나님의 성전을 아무렇게나
버려 두지 않을 것이다."

예루살렘에 자리를 잡은 백성들

11 1 백성의 지도자들은 예루살렘에 자리
잡았다. 나머지 백성은 주사위를 던져서,
십분의 일은 거룩한 성 예루살렘에서 살게 하고,
십분의 구는 저마다 자기의 성읍에서 살게 하였다.
2 스스로 예루살렘에서 살겠다고 자원하는 사람
모두에게는 백성이 복을 빌어 주었다.

3 예루살렘에 자리를 잡은 지방 지도자들은
다음과 같다. 다른 이스라엘 사람들 곧 제사장과
레위 사람과 성전 막일꾼과 솔로몬을 섬기던 종의

언약을 맺은 백성들은 양쪽 모두가 물건 사는 것을 "일"에 포함시켜 새로 정의했으므로 안식일 법은 더욱 더 포괄적으로 되었다. 확고한 언약은 또한 일곱 해마다 땅을 쉬게 하며 (출 23:10-11) 6년이 지난 빚은 다 없애주어야 한다고 요구했다 (출애굽기 21:2-6). 느헤미야가 미봉책으로 실시했던 경제 정책(5:1-13)이 이제 정규적인 관습이 되었다. **10:32-33** 공동체는 삼분의 일(⅓) 세겔씩 특별 성전세를 내기로 결정했다. 다리우스(라 6:1-10)와 아닥사스다(라 7:21-22)가 시작해서 성전과 제사를 위해 공급되었던 자원이 부족해진 것이 분명하다. **10:34** 땔나무를 바치는 것은 새로운 법으로, 제단에 나무를 계속해서 불사를 수 있도록 만들었다 (느 13:31을 참조). **10:35-36** 첫 열매와 가축의 첫 새끼를 바친 것은 단지 성전만 아니라 제사장들을 위한 것이었다. **10:37** 레위 사람들은 민 18:21-32에 있는 것처럼 처음 익은 밀의 가루와 새 포도주와 기름을 받도록 되어 있었다 (느 13:10-14를 참조). **10:39** 레위 사람들이 바친 것은 십일조로 받은 것의 십일조였다 (민 18:26-27). 확고한 언약 때문에 느헤미야가 제정한 개혁이나 임시 정책은 법적으로 영구적인 해결책을 제공하고 있다. 하나님의 성전을 아무렇게나 버려두지 않을 것이라고 지원을 약속했던 것은 "어찌자고 하나님의 성전을 이렇게 내버려두었느냐" (느 13:11) 라는 느헤미야의 불평에 대해 적절한 응답을 제공해 준다.

11:1-36 이 장은 7:5a에서 마지막으로 언급되었던, 예루살렘에 다시 인구를 분포시키는 문제를 다룬다. 주사위를 던져서 선택된 백성 중에 십분의 일을 거룩한 성에서 살게 하였다. **11:3-19** 느헤미야

자손은, 각자가 물려받은 땅인 유다 여러 성읍에서
살고, 4 유다와 베냐민 자손 가운데서 일부가 예
루살렘에서 살았다.
　유다 자손으로는 아다야가 있다. 그의 아버지는
웃시야요, 그 윗대는 스가랴요, 그 윗대는 아마랴요,
그 윗대는 스바댜요, 그 윗대는 마할랄렐이요, 그
윗대는 베레스이다. 5 그 다음으로는 마아세야가
있다. 그의 아버지는 바룩이요, 그 윗대는 골호세요,
그 윗대는 하사야요, 그 윗대는 아다야요, 그 윗
대는 요야립이요, 그 윗대는 스가랴요, 그 윗대는
실로 사람의 아들이다. 6 예루살렘에 자리잡은
베레스의 자손은 모두 사백육십팔 명이고, 그들은
모두 용사였다.
　7 베냐민 자손으로는 살루가 있다. 그의 아
버지는 므술람이요, 그 윗대는 요엣이요, 그 윗대는
브다야요, 그 윗대는 골라야요, 그 윗대는 마아세
야요, 그 윗대는 이디엘이요, 그 윗대는 여사야이다.
8 그를 따르는 자는, 갑배와 살래를 비롯하여, 구
백이십팔 명이다. 9 시그리의 아들인 요엘이 그
우두머리이고, 핫스누아의 아들인 유다는 그 도
성의 제 이 구역을 다스렸다.
　10 제사장 가운데는, 요야립의 아들인 여다
야와 야긴과 11 스라야가 있다. 스라야의 아버
지는 힐기야요, 그 윗대는 므술람이요, 그 윗대는
사독이요, 그 윗대는 므라욧이요, 그 윗대는 하나
님의 성전의 책임자인 아히둡이다. 12 성전의
일을 맡아 보는 그들의 친족은 모두 팔백이십이
명이다. 또 아다야가 있는데, 그의 아버지는 여로
함이요, 그 윗대는 블라야요, 그 윗대는 암시요,
그 윗대는 스가랴요, 그 윗대는 바스훌이요, 그 윗
대는 말기야이다. 13 그의 친족 각 가문의 우두
머리는 이백사십이 명이다. 또 아맛새가 있다. 그의
아버지는 아사렐이요, 그 윗대는 아흐새요, 그 윗
대는 므실레못이요, 그 윗대는 임멜이다. 14 큰
용사들인 ㄱ)그들의 친족은 모두 백이십팔 명이다.
그들의 우두머리는 하그돌림의 아들 삽디엘이다.
　15 레위 사람으로는 스마야가 있다. 그의 아
버지는 핫숩이요, 그 윗대는 아스리감이요, 그 윗
대는 하사뱌요, 그 윗대는 분니이다. 16 또 레위
사람의 우두머리인 삽브대와 요사밧도 있다. 그
들은 하나님의 성전 바깥 일을 맡은 이들이다.
17 또 맛다니야가 있다. 그의 아버지는 미가요,
그 윗대는 삽디요, 그 윗대는 아삽이다. 그는 감
사의 찬송과 기도를 인도하는 지휘자이다. 그의
형제들 가운데서 박부갸가 버금가는 지휘자가 되
었다. 또 압다가 있다. 그의 아버지는 삼무아요,
그 윗대는 갈랄이요, 그 윗대는 여두둔이다.
18 거룩한 성에 자리를 잡은 레위 사람들은 모두
이백팔십사 명이다.
　19 성전 문지기는 악굽과 달몬과 그 친족들
인데, 모두 백칠십이 명이다. 20 나머지 이스라엘
백성과 제사장과 레위 사람들은, 제각기 자기 유
산으로 받은 땅이 있는 유다 여러 성읍에 흩어져서
살았다.
　21 성전 막일꾼들은 오벨에 자리를 잡았다.
시하와 기스바가 그들을 맡았다.
　22 예루살렘에 자리를 잡은 레위 사람들의
우두머리는 웃시이다. 그의 아버지는 바니요, 그
윗대는 하사뱌요, 그 윗대는 맛다니야요, 그 윗대는
미가이다. 웃시는 하나님의 성전에서 예배드릴
때에 노래를 맡은 아삽의 자손 가운데 한 사람이다.
23 노래하는 사람들에게는, 날마다 하여야 할 일을
규정한 왕명이 내려져 있었다.
　24 유다의 아들 세라의 자손 가운데서, 므세사
벨의 아들 브다히야가 왕 곁에서 이스라엘 백성과
관련된 일을 맡아 보았다.

마을과 성읍에 자리를 잡은 백성들

　25 마을과 거기에 딸린 들판은 이러하다. 유다
자손 가운데서 더러는 기랏아르바와 거기에 딸린

ㄱ) 칠십인역에는 '그의'

시대에 예루살렘에 정착한 사람들의 명단은, 포로생활이 끝난 직후에 예루살렘에 돌아온 사람들을 기록한 대상 9:2-17의 명단과 비슷하다. **11:4-9** 거주민의 명단은 유다와 베냐민 자손에서 나온 평신도들로 시작한다. **11:10-14** 10절에 언급된 세 사람은 서로 어떤 관계에 있으며 뒤이어 나오는 족보와는 어떻게 관련되는지 정확하지 않다. **11:11** *스라야.* 포로생활 이전에 마지막 대제사장이었으며, 그의 족보는 느 11장과 대상 9장 둘 다에서 다섯 세대가 동일하게 나온다. 느 11장에서 각 제사장 가문의 수가 나오는데, 총 1,192 가문이나 된다. 대제사장 가문은 대부분 예루살렘에서 살았지만, 다른 제사장 가문은 오직 소수만 예루살렘에 살았다. **11:19-24** 성전 문지기들은 아직 레위 사람에 포함되지 않았는데, 172명의 성전 문지기들 중에 오직 *악굽과 달몬만* 이름이 언급되어 있다. **11:20** 20절은 예루살렘에 살고 있던 주민들의 명단을 끝맺고 있다. 유다의 성읍들을 언급함으로써 다음 부분으로 옮겨가는 과도기를 형성하여 준다. **11:25-35** 성읍의 명단은

촌락들과, 디본과 거기에 딸린 촌락들과, 여갑스
엘과 거기에 딸린 마을들에 자리를 잡고, 26 더
러는 예수아와 몰라다와 벳벨렛과 27 하살수알과
브엘세바와 거기에 딸린 촌락들, 28 시글락과
므고나와 거기에 딸린 촌락들, 29 에느림몬과
소라와 야르뭇과 30 사노아와 아둘람과 거기에
딸린 촌락들, 라기스와 거기에 딸린 들판, 아세가와
거기에 딸린 촌락들에 자리를 잡았다. 이렇게 그
들은 브엘세바에서 힌놈 골짜기까지 장막을 치고
살게 되었다.
31 베냐민 자손은 게바와 믹마스와 아야와
베델과 거기에 딸린 촌락들, 32 아나돗과 놉과
아나냐와 33 하솔과 라마와 깃다임과 34 하딧과
스보임과 느발랏과 35 로드와 오노와 대장장이
골짜기에 자리를 잡았다. 36 유다에 있던 레위
사람들 가운데서 일부는 베냐민으로 가서 자리를
잡았다.

제사장과 레위 사람들

12 1 스알디엘의 아들 스룹바벨과 예수아를
따라서 함께 돌아온 제사장과 레위 사람
들은 다음과 같다.
제사장은 스라야와 예레미야와 에스라와
2 아마랴와 말룩과 핫두스와 3 스가냐와 르훔과
므레못과 4 잇도와 긴느도이와 아비야와 5 미야
민과 마아댜와 빌가와 6 스마야와 요야립과 여
다야와 7 살루와 아목과 힐기야와 여다야이다.
이들은 예수아 때의 제사장 가문의 우두머리와 그
동료들이다.
8 레위 사람은 예수아와 빈누이와 갓미엘과
세레뱌와 유다와 맛다니야이고 그 가운데서 맛다
니야는 그의 동료들과 함께 찬양대를 맡았다.
9 그들의 동료 박부갸와 운노는 예배를 드릴 때에
그들과 마주 보고 섰다.

대제사장 예수아의 자손들

10 예수아는 요야김을 낳고, 요야김은 엘리
아십을 낳고, 엘리아십은 요야다를 낳고, 11 요
야다는 요나단을 낳고, 요나단은 얏두아를 낳
았다.

제사장 가문의 우두머리들

12 요야김 때의 제사장 가문의 우두머리들은
다음과 같다. 스라야 가문에서는 므라야요, 예레
미야 가문에서는 하나냐요, 13 에스라 가문에서는
므술람이요, 아마랴 가문에서는 여호하난이요,
14 말루기 가문에서는 요나단이요, 스바냐 가문
에서는 요셉이요, 15 하림 가문에서는 아드나
요, 므라욧 가문에서는 헬개요, 16 잇도 가문에
서는 스가랴요, 긴느돈 가문에서는 므술람이요,
17 아비야 가문에서는 시그리요, 미냐민과 모아댜
가문에서는 빌대요, 18 빌가 가문에서는 삼무아
요, 스마야 가문에서는 여호나단이요, 19 요야립
가문에서는 맛드내요, 여다야 가문에서는 웃시요,
20 살래 가문에서는 갈래요, 아목 가문에서는 에
벨이요, 21 힐기야 가문에서는 하사뱌요, 여다야
가문에서는 느다넬이다.

실제 포로생활 이후의 지역보다 훨씬 더 큰 지역을 포함하고 있다. 25-30절은 수 15:20-33에 있는 유다 성읍의 명단에서 온 것으로 보인다. **11:31-35** 베냐민 자손의 성읍을 열거한 명단은 수 18:11-28과 특별히 밀접한 관계는 없다. **11:36** 레위 사람들 모두가 유다에만 정착하라는 제한을 받지는 않았다.

12:1-26 이 장은 포로생활 이후의 대제사장 자손(10-11절, 22-23절)에 대한 중요한 정보를 제공해 줄 뿐 아니라, 두 다른 시대의 제사장(1-7절, 12-21절)들과 레위 자손(8-9절, 24-25절)들의 명단을 제공해 준다. **12:1-7** 예수아 당시에 있었던 이 제사장들의 명단은 12-21절에 나오는 제사장 *가문*이 마치 개개인인 것처럼 해석하고 있다. 예수아와 요야김(12절)은 포로생활에서 돌아온 이후에 처음 대제사장이 되었던 두 명의 이름이다. **12:8-9** 여기에 있는 레위 자손의 명단과 12:24-25에 있는 명단은 관계가 분명하지 않다. 이들은 각각 예수아와 요야김시대로 생각할 수 있다 (26절). **12:10-11** 여기에 나열되어 있는 대제사장들은 대상 6:4-15에 있는 대제사장의 명단에 뒤이어 있다. 학자들은 이 명단이 완전한 것인지, 아니면 결함이 있는지 확실히 알지 못한다. 학자들은 요야김 다음에 엘리아십과 요나단을, 그리고 얏두아 다음에 요나단과 얏두아를 덧붙이자고 제안해 왔다. 만일 이 명단이 완전한 것이라면, 이 여섯 명은 비교적 오랜 동안 대제사장으로 섬겼을 것이다. 귀환 이후 최초의 대제사장 예수아는 아마도 5세기 초까지 섬겼던 것 같다. 요야김은 아마도 에스라가 섬기던 당시의 대제사장이었을 것이다. 엘리아십은 느헤미야의 1차 귀환 때 대제사장이었다 (3:1, 20-21; 13:28). 요야다는 느헤미야의 2차 귀환 때 대제사장이었으며 (대략 기원전 431년; 13:28) 410년전에 대제사장 자리를 떠났다. 요나단은 아마도 요하난(22-23절)과 동일인물일 것이다. 요세푸스에 따르면, 요하난은 형제인 예수아를 살해했다. 얏두아는 다리우스 3세가 페르시아의 왕이었던 당시에 대제사장으로 섬겼으

제사장과 레위 사람들에 관한 기록

22 엘리아십과 요야다와 요하난과 얏두아 때
의 레위 사람 가운데서, 가문별 우두머리들의 이
름과 제사장들의 이름은, 다리우스가 페르시아를
다스릴 때의 왕실 일지에 기록되어 있다. 23 레
위의 자손 가운데 엘리아십의 아들인 요하난 때까
지의 각 가문의 우두머리의 이름도 왕실 일지에
기록되어 있다.

성전에서 맡은 임무

24 레위 사람의 우두머리는 하사뱌와 세레뱌
와 갓미엘의 아들 예수아이다. 예배를 드릴 때에,
그들은, 하나님의 사람 다윗 왕이 지시한 대로, 동
료 레위 사람들과 함께 둘로 나뉘어 서로 마주 보
고 서서 화답하면서, 하나님께 찬양과 감사를 드
렸다.
25 맛다니야와 박부갸와 오바댜와 므술람과
달몬과 악굽은 성전 문지기이다. 이들은 성전으
로 들어가는 각 문들에 딸린 창고를 지켰다.
26 이 사람들은 모두, 요사닥의 손자이자 예수아의
아들인 요야김과, 총독 느헤미야와, 학자인 에스라
제사장 시대에 활동한 사람들이다.

느헤미야가 성벽을 봉헌하다

27 예루살렘 성벽이 완성되어서, 봉헌식을
하게 되었다. 사람들은 곳곳에서 레위 사람을 찾
아내어, 예루살렘으로 데려왔다. 감사의 찬송을
부르며, 심벌즈를 치며, 거문고와 수금을 타며,
즐겁게 봉헌식을 하려는 것이었다. 28 이에 노
래하는 사람들이 예루살렘 주변 여러 마을 곧 느
도바 사람들이 사는 마을과 29 벳길갈과 게바와
아스마웻 들판에서 모여들었다. 이 노래하는 사
람들은 예루살렘 주변에 마을을 이루고 살았다.
30 제사장들과 레위 사람들은 몸을 깨끗하게 하
는 예식을 치른 다음에, 백성과 성문들과 성벽을
깨끗하게 하는 예식을 올렸다.
31 나는 유다 지도자들을 성벽 위로 올라오게
하고, 감사의 찬송을 부를 큰 찬양대를 두 편으로
나누어 서게 하였다. 한 찬양대는, 오른쪽으로
'거름 문' 쪽을 보고 성곽 위로 행진하게 하였다.
32 호세야가 이끄는 유다 지도자의 절반이 그 뒤를
따르고, 33 또 아사랴와 에스라와 므술람과
34 유다와 베냐민과 스마야와 예레미야가 따랐다.
35 그 뒤로 일부 제사장들이 나팔을 들고 따르고,
그 다음에 스가랴가 따랐다. 그의 아버지는 요나단
이요, 그 윗대는 스마야요, 그 윗대는 맛다니야요,
그 윗대는 미가야요, 그 윗대는 삭굴이요, 그 윗
대는 아삽이다. 36 그 뒤로는 스가랴의 형제인
스마야와 아사렐과 밀랄래와 길랄래와 마애와 느
다넬과 유다와 하나니가 하나님의 사람 다윗이
만든 악기를 들고 따랐다. 서기관 에스라가 그 행
렬을 이끌었다. 37 그들은 '샘 문'에서 곧바로
다윗 성 계단 위로 올라가서, 성곽을 타고 계속 행
진하여, 다윗 궁을 지나 동쪽 '수문'에 이르렀다.
38 다른 한 찬양대는 반대쪽으로 행진하게

며 알렉산더 대왕과 동시대 인물이었다. 요세푸스는 얏두아의 형제 마나세가 산발랏 3세의 딸 니가소와 결혼했다고 주장한다. **12:12-21** 요야김이 대제사장이던 당시의 제사장 22명의 가문을 총망라한 것으로, 가문마다 가문의 우두머리 이름을 뒤따라 적었다. 1-7절과 10:2-8에 있는 제사장 명단은 이 명단에서 발전되었다. **12:22** 이 절은 수정할 필요가 있으며 다음과 같이 번역되어야 할 것이다: "엘리아십, 요야다, 요하난, 그리고 얏두아 때의 제사장 가문의 우두머리들의 이름은 페르시아 왕 다리우스의 통치 때까지 적혀져 있었다." 비록 이 장에서는 저자가 오직 예수아와 요야김 때부터의 제사장 명단을 복구 시기의 첫 부분에 포함시키고 있지만, 저자는 아마 자기가 살던 시대까지의 다른 명단들도 접할 수 있었을 것이다. **12:23** 요하난은 앞 절에서는 엘리아십의 손자이지만, 여기서는 엘리아십의 아들로 나온다 (또한 11절을 참조). **12:24-25** 12:8-9에 관한 주석을 보라. **12:26** 요야김과 에스라와 느헤미야가 동시대에 살았다는 것은 잘못된 것으로, 에스라 회고록과 느헤미야 회고록을 합친 후의 시기에서 온 것이다. 두 회고록을 합친 이후의 시기에 그들은 동시대 사람들로 여겨졌다. 이는 성벽 봉헌에 두 사람을 다 참가시킬 사전 준비를 한다.

12:27-43 성벽 봉헌에 대한 기사 가운데 적어도 일부는 느헤미야 회고록이다. **12:27-29** 레위 사람은 보통 때와 마찬가지로 즐겁게 감사 찬송을 부르도록 이끌었다. **12:30** 성직자들은 자신의 몸과, 백성과, 성문들과, 성벽을 정결케 하는 예식을 드렸다. **12:31-42** 찬양대는 둘로 나누어 예루살렘 둘레를 반대 방향으로 돌면서 행진했다. **12:36** 제사장과 레위 사람들의 우두머리들 중에 있어야 제자리를 벗어나 에스라는 종종 추가된 인물로 해석되는데, 이는 에스라와 느헤미야의 동시대성을 강조하기 위해서였다. 행진은 아마도 골짜기 문에서 시작되었을 것이다 (느 2:13, 15 참조). **12:39** 느헤미야는 두 번째 행진에서 성가대 뒤에서 가던 사람들을 이

하였다. 나는 백성의 절반과 더불어 그 뒤를 따라서
성벽 위로 올라갔다. 이 행렬은 '풀무 망대'를 지
나서, '넓은 벽'에 이르렀다가, 39 '에브라임 문'
위를 지나, '옛 문'과 '물고기 문'과 '하나넬 망대'
와 '함메아 망대'를 지나서, '양 문'에까지 이르러
성전으로 들어가는 문에서 멈추었다.

40 감사의 찬송을 부르는 두 찬양대는 하나
님의 성전에 들어가 멈추어 섰다. 나 역시 백성의
지도자 절반과 함께 하나님의 성전에 들어가 섰다.
41 제사장 엘리야김과 마아세야와 미냐민과 미
가야와 엘료에내와 스가랴와 하나냐는 다 나팔을
들고 있고, 42 마아세야와 스마야와 엘르아살과
웃시와 여호하난과 말기야와 엘람과 에셀이 함께
서 있었으며, 노래하는 이들은 예스라히야의 지
휘에 따라서 노래를 불렀다. 43 그 날, 사람들은
많은 제물로 제사를 드리면서 기뻐하였다. 하나
님이 그들을 그렇게 기쁘게 하셨으므로, 여자들
과 아이들까지도 함께 기뻐하니, 예루살렘에서
기뻐하는 소리가 멀리까지 울려 퍼졌다.

백성들이 제사장과 레위 사람에게 준 몫

44 그 날, 사람들은 헌납물과 처음 거둔 소
산과 십일조 등을 보관하는 창고를 맡을 관리인을
세웠다. 유다 사람들은, 직무를 수행하는 제사장
들과 레위 사람들이 고마워서, 관리인들을 세우고,
율법에 정한 대로, 제사장과 레위 사람에게 돌아
갈 몫을 성읍에 딸린 밭에서 거두어들여서, 각 창
고에 보관하는 일을 맡겼다. 45 제사장들과 레위
사람들은 하나님을 섬기는 일과 정결예식을 베푸는
일을 맡았다. 노래하는 사람들과 성전 문지기들
도 다윗과 그의 아들 솔로몬이 지시한 대로 맡은
일을 하였다. 46 옛적 다윗과 아삽 때에도 합창
지휘자들이 있어서, 노래를 불러 하나님께 찬양
과 감사를 드렸다. 47 스룹바벨과 느헤미야 때
에도, 온 이스라엘이 노래하는 이들과 성전 문지
기들에게 날마다 쓸 몫을 주었다. 백성은 레위 사
람들에게 돌아갈 거룩한 몫을 떼어 놓았고, 레위
사람들은 다시 거기에서 아론의 자손에게 돌아갈
몫을 구별하여 놓았다.

느헤미야의 개혁

13 1 그 날, 백성에게 모세의 책을 읽어 주
었는데, 거기에서 그들은 다음과 같이 적
혀 있는 것을 발견하였다. "암몬 사람과 모압 사
람은 영원히 하나님의 총회에 참석하지 못한다.
2 그들은 먹을 것과 마실 것을 가지고 와서 이스
라엘 자손을 맞아들이기는커녕, 오히려 발람에게
뇌물을 주어서, 우리가 저주를 받도록 빌게 하였다.
그러나 우리 하나님은 그 저주를 바꾸어 복이 되게
하셨다." 3 백성은 이 율법의 말씀을 듣고, 섞여서
사는 이방 무리를 이스라엘 가운데서 모두 분리
시켰다.

4 이 일이 있기 전이다. 우리 하나님 성전의
방들을 맡고 있는 엘리아십 제사장은 도비야와 가
까이 지내는 사이이다. 5 그런데 그가 도비야에게
큰 방 하나를 내주었다. 그 방은 처음부터 곡식제

끝었다. **12:40** 두 찬양대는 성전에서 행진을 멈추었다. **12:43** 기뻐한 사람들 가운데에는 여자들과 아이들도 포함되어 있었다. 기뻐하는 소리가 먼 곳에까지 들렸는데, 에스라기 3:13에서처럼 결정적인 결말은 없었다. 공동체는 어떤 울음과도 섞이지 않은 기쁨을 표현했다.

12:44—13:3 12:44와 13:1의 그 날은 이 문장들과 성벽 봉헌식을 연결시켜 준다. **12:44-47** 관리인들은 성전과 성직자들에게 바쳐진 헌납물을 관리하는 일을 맡았다. **12:46** 합창 지휘자들의 기원은 다윗시대의 첫 번째 합창 지도자였던 아삽까지 거슬러 올라간다. **13:1-3** 공동체는 외국인이나 혹은 섞여서 사는 사람들의 후손은 성회에 참석할 수 없다고 결정을 내렸다. 이는 암몬 사람과 모압 사람을 추방한 신명기 23:3-6에 토대를 두고 결정한 것이다. 신명기와 느헤미야는 둘 다 암몬과 모압 사람들이 광야에서 헤매던 이스라엘 백성을 잘 대하지 못했으며, 또 이스라엘 백성을 저주하도록 발람을 꾀었던 (민 22—24장; 31:8, 16; 수 13:22) 것에서 추방의 근거를 찾고 있다. 공동체는 이미 이방 아내와 결혼한 남자들에게 강제로 이혼하도록 요구하지는 않았는데, 아마도 에스라의 정책이 별로 인기가 없었거나, 성공하지 못했거나, 혹은 둘 다였다는 것을 가리킨다.

13:4-31 첫 번째 개혁 조치가 일어난 것은 (4-14절) 느헤미야가 다스린 지 12년째 되던 해의 어느 시기로 추정되는데, 느헤미야는 예루살렘에서 두 번째 임기를 맡고 있던 중이었다. 두 번째 개혁 조치는 (15-22절) 아무리 일러도 성벽이 완공된 이후의 어느 시기에 일어났을 것이다. 아마도 두 번째 개혁 조치와 세 번째 소단위(23-29절)는 느헤미야의 세 번째 임기 동안에 일어난 것이 되어야 할 것이다. 10장에 있는 굳은 언약과 12:44—13:3에 있는 공동체의 행위는, 전체 백성들에게 비슷한 개혁이 일어났으며 공동체가 본질적으로 인정한 규정을 느헤미야가 행정으로 처리했다는 인상을

물과 유향과 그릇과, 레위 사람들과 노래하는 사람
들과 성전 문지기들에게 주려고 십일조로 거두어
들인 곡식과 새 포도주와 기름과, 제사장들의 몫
으로 바친 제물을 두는 곳이다. 6 이 모든 일은,
내가 예루살렘을 비웠을 때에 일어났다. 나는 바
빌론 왕 아닥사스다 삼십이년에 왕을 뵈러 갔다가,
얼마가 지나서 왕에게 말미를 얻어, 7 예루살렘
으로 다시 돌아와서야, 엘리아십이 하나님의 성전
뜰 안에 도비야가 살 방을 차려 준 이 악한 일을
알게 되었다. 8 나는 몹시 화가 나서, 도비야가
쓰는 방의 세간을 다 바깥으로 내던지고, 9 말하
였다. "그 방을 깨끗하게 치운 다음에, 하나님의
성전 그릇들과 곡식제물과 유향을 다시 그리로 들
여다 놓아라."

10 내가 또 알아보니, 레위 사람들은 그 동
안에 받을 몫을 받지 못하고 있었다. 그래서 레위
사람들과 노래하는 사람들은 맡은 일을 버리고,
저마다 밭이 있는 곳으로 떠났다. 11 그래서 나는,
어쩌자고 하나님의 성전을 이렇게 내버려 두었느
냐고 관리들을 꾸짖고, 곧 레위 사람들을 불러모
아서 다시 일을 맡아 보게 하였다. 12 그랬더니,
온 유다 사람들이 곡식과 새 포도주와 기름의 십일
조를 가지고 와서, 창고에 들여다 놓았다. 13 나는
셀레마 제사장과 사독 서기관과 레위 사람 브다야
를 창고 책임자로 삼고, 맛다니야의 손자이며 삭
굴의 아들인 하난을 버금 책임자로 삼았다. 그들은
모두 정직하다고 인정을 받는 사람들이다. 그들이
맡은 일은, 동료들에게 돌아갈 몫을 골고루 나누어
주는 일이었다.

14 "하나님, 내가 한 일을 기억하여 주십시오.
하나님의 성전을 보살핀 일과, 예배를 드릴 수 있
도록 정성껏 한 이 일을 잊지 마십시오."

15 그 무렵에 유다에서는, 안식일에도 사람
들이 술틀을 밟고, 곡식을 가져다가 나귀에 지워서
실어 나르며, 포도주와 포도송이와 무화과 같은
것을 날라들였다. 안식일인데도 사람들이 이런
여러 가지 짐을 지고 예루살렘으로 들어오는 것이
나의 눈에 띄었다. 나는 안식일에는 사고 파는 일을
하지 말라고 경고하였다. 16 예루살렘에는 두로
사람도 살고 있었는데, 그들은 안식일에 물고기
와 갖가지 물건을 예루살렘으로 들여다가, 유다
백성에게 팔았다. 17 그래서 나는 유다의 귀족
들을 꾸짖었다. "안식일을 이렇게 더럽히다니, 어
쩌자고 이런 나쁜 일을 저지르는 거요? 18 당신
들의 조상도 똑같은 일을 하다가, 우리와 우리 도
성이 모두 하나님의 재앙을 받지 않았소? 당신들
이야말로 안식일을 더럽혀서, 하나님이 이스라엘
위에 진노를 내리시도록 하는 장본인들이오."

19 나는, 안식일이 되기 전날은, 해거름에
예루살렘 성문에 그림자가 드리우면 성문들을 닫
도록 하고, 안식일이 지나기까지 문을 열지 못하게
하였다. 나는 또, 나를 돕는 젊은이들을 성문마다
세워서, 안식일에는 아무것도 들이지 못하게 하
였다. 20 그 뒤로도, 장사하는 이들과 갖가지 물
건을 파는 상인들이 예루살렘 성 밖에서 자는 일이
한두 번 있었다. 21 나는 그들도 꾸짖었다. "어
찌하여 당신들은 성 밑에서 잠을 자고 있소? 다시
한 번만 더 그렇게 하면, 잡아들이겠소." 그랬더니,
그 다음부터 안식일에는, 그들이 한 번도 나타나지
않았다. 22 나는 또 레위 사람들에게, 몸을 깨끗

준다. 세 소단위는 모두 "기억하라는 문구"로 끝맺는데 느헤미야 회고록에서 유래했다. **13:4-14** 엘리아십은 산발랏의 동료이자 느헤미야의 적수 가운데 한 사람인 도비야가 살 곳으로 성전의 큰 방 하나를 내 주었다. **13:6** 느헤미야는 주전 433년에 바빌로니아로 돌아갔다. **13:8** 예루살렘으로 다시 돌아오자, 느헤미야는 도비야와 도비야가 쓰던 방의 세간을 바깥으로 내던졌다. **13:10-11** 느헤미야는 레위 사람들이 형편이 어려운 것을 보자, 관리들을 꾸짖고 레위 사람들에게 적합한 지위를 회복시켜 주었다. **13:13-14** 느헤미야는 네 명으로 된 위원회를 구성하여 십일조를 골고루 나누어 주는 일을 하도록 했다. 10:1에서 느헤미야 다음에 바로 언급된 사독은 아마도 총독의 이익을 대표하였을 것이다. 느헤미야가 충성스럽게 한 일은 성전을 보살핀 일과 예배를 드릴 수 있도록 한 일이다. 모세는 한때 하나님께서 백성들을 용서해 주지 않으신다면 하나님이 기록하신 책에서 자기 이름을 지워달라고 요청한 적이 있었다 (출32:32-33). **13:15-22** 느헤미야는 안식일을 범하는 잘못을 바로 잡기 위해 개혁 조치를 취하였다. **13:16** 고대 근동을 통틀어서 상인으로 이름나 있던 두로 사람들은 안식일에 팔기 위해 생선과 갖가지 물건을 들여왔다. 유대 사람이 아닌 두로 사람들은 안식일 규정에 묶이지 않았다. **13:17** 느헤미야는 하나님께서 바빌로니아를 통해 유대 도성을 무너뜨리신 것은 유배 이전에 안식일을 범했기 때문이라고 주장했다. **13:19-21** 느헤미야는 안식일에 물건을 사는 것을 방지하기 위해 성문을 닫았으며 예루살렘 성 밖에서 사는 상인들을 꾸짖었는데, 아마도 상인들은 백성들이 샛문을 통해 나와서 물건을 살 수 있도록 문 바깥에서 진을 치고 있었을 것이다. **13:22** 레위 사람들로 구성된 문지기들이 성전 경비대로 지켰는데도 불구하고 안식일을 범하는 행동 때문에 도시의 거룩함이 파괴될

하게 하고 와서 성문마다 지켜서, 안식일을 거룩
하게 지내라고 하였다.

"나의 하나님, 내가 한 이 일도 기억하여 주십
시오. 그지없이 크신 주님의 사랑으로 나를 너
그러이 보아주십시오."

23 그 때에 내가 또 보니, 유다 남자들이 아
스돗과 암몬과 모압의 여자들을 데려와서 아내로
삼았는데, 24 그들 사이에서 태어난 아이들의
절반이 아스돗 말이나 다른 나라 말은 하면서도,
유다 말은 못하였다. 25 나는 그 아버지들을 나
무라고, 저주받을 것이라고 하면서 야단을 치고,
그들 가운데 몇몇을 때리기도 하였으며, 머리털을
뽑기까지 하였다. 그런 다음에 하나님을 두고서
맹세하게 하였다. "당신들은 당신들의 딸들을 이방
사람의 아들에게 주지 마시오. 당신들과 당신들의
아들들도 이방 사람의 딸을 아내로 데려와서는 안
되오. 26 이스라엘 왕 솔로몬이 죄를 지은 것도,
바로 이방 여자와 결혼한 일이 아니오? 어느 민족
에도 그만한 왕이 없었소. 그는 하나님의 사랑을
한 몸에 받았으며, 하나님은 그를 온 이스라엘의
왕으로 삼으셨소. 그러나 그마저 죄를 짓게 된 것은
이방 아내들 때문이오. 27 이제 당신들이 이방
여자들을 아내로 데려와서, 이렇게 큰 잘못을 저
지르며 하나님을 거역하고 있는데, 우리가 어찌
보고만 있을 수 있소?"

28 대제사장 엘리아십의 손자인 요야다의
아들 가운데 하나가 호론 사람 산발랏의 사위가
되었기에, 나는 그자를, 내 앞에서 얼씬도 못하도록
쫓아냈다.

29 "나의 하나님, 그들을 잊지 마십시오. 그
들은 제사장 직을 더럽히고, 제사장과 레위 사
람의 언약을 저버린 자들입니다."

30 나는 제사장들과 레위 사람들에게 묻은
이방 사람의 부정을 모두 씻게 한 뒤에, 임무를
맡겨 저마다 맡은 일을 하게 하였다. 31 또 사람
들에게 때를 정하여 주어서, 제단에서 쓸 장작과
처음 거둔 소산을 바치게 하였다.

"나의 하나님, 나를 기억하여 주시고, 복을
내려 주십시오."

위험이 있었으므로, 성읍을 지키는 경비대로 레위 사람들을 배치한 것은 적절한 것이었다. 느헤미야는 기도를 드리면서 자신이 한 일을 언급하는 것과 동시에 그지없이 크신 하나님의 사랑으로 자기를 보아달라고 요청한다. **13:23-29** 느헤미야는 또한 아스돗에서 온 여인들과 결혼한 남자들의 자녀들 절반이 아스돗 말만 쓰고 유다 말을 하지 못하는 것을 눈여겨보았다. **13:25** 개인적으로 학대하고 해를 입게 할 것이라고 위협하는 것은 느헤미야가 흔히 취한 전략의 일부분이었다 (8절, 21절을 참조). 이방 사람들과 결혼을 피하겠다고 맹세하는 것은 신 7:3을 다르게 표현한 것이다. 확고한 언약에 따르면 (10:30), 전체 공동체가 이와 비슷한 언약을 맺었다. **13:26-27** 그 위대한 솔로몬 왕도 이방 여인들 때문에 죄의 길로 들어서게 되었다면, 느헤미야와 같은 시대를 살던 보통사람들은 과연 얼마나 더 위험에 처할 것인가? 느헤미야의 견해로는, 예배와 토라에 쓰이는 언어를 배우지 못하면 우상숭배와 혼합주의로 끌려가게 되었다. **13:28-29** 대제사장 엘리아십의 손자로서, 이름이 밝혀지지 않은 요야다의 아들이 산발랏의 딸과 혼인한 것 때문에 위험에 빠지게 된 것을 예로 든다. 대제사장은 이스라엘 처녀 외에는 그 누구와도 혼인해서는 안 되었다 (레 21:13-15). 요야다는 대제사장 가문의 일원으로서, 그리고 아마도 미래에 대제사장이 될 후보로서, 율법을 범했다. 요야다에게 아내와 이혼하라고 요구하는 대신에, 느헤미야는 요야다를 공동체에서 추방하였다. 29절에 있는 "기억하라는 문구"는 재난을 기원한다. **13:30-31** 느헤미야가 취한 모든 조치는 예루살렘을 독립되고 구별된 도시로 만들려는 뜻을 담고 있었다. 느헤미야는 또한 제단에서 쓸 장작과 처음 거둔 소산을 제공하였다 (10:34-35에 있는 공동체의 결정을 보라). 느헤미야는 여기에 언급된 몇 개 되지 않는 것만이 아니라, 자신이 행한 모든 선행을 하나님께서 기억해달라고 요청한다.

에스더기

에스더기는 페르시아제국 아하수에로 왕 (페르시아 황제 크세르크세스, 기원전 (486-465년) 시대의 유대 사람들의 디아스포라 공동체를 배경으로 한 내용이다. 에스더는 유대인 고아였으며, 나중에 페르시아 왕의 왕후가 된다. 에스더와 사촌 모르드개는 아각 사람 하만이 페르시아제국에 사는 유대 사람들을 모두 학살하려고 모의를 꾸미던 것으로부터 유대 사람들을 구하게 된다. 하만이 유대 사람들을 없앨 날을 정하려고 주사위를 던졌는데, 주사위 "부르"(pur)를 따서 부림절이라는 이름이 붙었으며, 유대 사람들의 구원을 축하하기 위해 제정되었다.

에스더기는 문학작품이기 때문에 문학적인 관점에서 읽어야 할 것이다. 주요한 주제는 예상했던 것이 감동적으로 번복되는 것이다 (ironic reversal). 사람들은 갑작스럽게 지위와 성격의 변화를 겪는다. 비천한 고아였던 에스더는 영향력 있는 왕후가 된다. 칙령 때문에 파멸의 피해자가 될 처지에 놓였던 유대 사람들은 대적을 이기는 승리자가 된다. 에스더기는 이런 메시지를 전하면서 유머를 사용한다: 독자들은 때때로 크게 웃게 될 것이다.

이 책은 구조가 잘 짜여 있어서 조화와 균형이 잡힌 느낌을 준다. 잔치가 계속 벌어지면서 주요한 구성 장치로 사용되고 있는데, 잔치는 제각기 쌍을 이루면서 서로 보충하거나 혹은 서로 대조시키고 있다. 다음과 같이 잔치를 열거할 수 있다.

1. 아하수에로가 귀족들을 위해 베푼 잔치 (1:2-4)
2. 아하수에로가 수사에 있는 백성을 위해 베푼 잔치 (1:5-8)
3. 와스디가 부인들을 초대하여 베푼 잔치 (1:9)
4. 에스더 왕후를 위한 잔치 (2:18)
5. 하만과 아하수에로의 잔치 (3:15)
6. 에스더의 첫 번째 잔치 (5:4-8)
7. 에스더의 두 번째 잔치 (7:1-10)
8. 모르드개가 승리한 것을 축하하고 칙령이 거꾸로 된 것을 축하하기 위해 유대 사람들이 베푼 잔치 (8:17)
9. 첫 번째 부림절: 아달월 십사일 (9:17, 19)
10. 두 번째 부림절: 아달월 십오일 (9:18)

에스더기는 유대교 전승과 그리스도교 전승에서 정경이라는 지위를 얻는 데 어려움을 겪었는데, 주로 종교적인 요소가 부족하기 때문이었다. 에스더기에는 기도를 언급한 곳도 없고, 희생제사나 예루살렘 이나 성전을 언급한 곳도 없다. 에스더나 모르드개는 둘 다 유대 법을 따르지 않고, 심지어는 인정하지도 않는 것처럼 보인다. 에스더는 이방 사람과 결혼하고, 정결하지 않은 음식을 먹고, 이방 세계에 완전히 동화된 것처럼 보인다. 구약성경에 담긴 문서로 볼 때 가장 파격적이고, 이상한 것은 결코 하나님을 언급하지 않는 것이다. 하지만 이 책에는 하나님의 섭리라는 신학이 바탕에 깔려 있는데, 그것은 4:13-14에서 가장 선명하게 드러난다. 하나님은 보이지도 않고 인정되지도 않지만, 인간을 도구로 사용하셔서, 선택받은 백성들을 확실히 살아남을 수 있도록 해주신다. 인간의 행동은 하나님의 목적을 이 세상에서 성취시키는 열쇠가 되는 것이다. 저자는 디아스포라로 살고 있는 유대 사람의 삶에 관심을 가진다. 에스더(그리고 어느 정도는 모르드개)는 포로생활을 하고 있는 유대 사람들의 모범 인물 역할을 보여준다. 가부장적 사회에서 아무런 힘도 가지지 못한 여인인 에스더는, 이방 사회에서 그리고 때로는 반유대주의 사회에서 살아가는 힘없는 유대 사람들을 대표한다. 에스더는 자신이 가진 지위와 영향력을 사용하여 체제 안에서 자기 목표를 이루기 위해 애쓴다. 에스더는 디아스포라 안에서 성공한 유대 사람으로서의 삶의 모범을 보여주는 현명한 선구자였다.

에스더기는 세 가지 독립된 사본으로 존재한다: 마소라사본에 보존된 히브리어 판 (한글성경은 이것을 번역한 것임); 칠십인역은 (희랍어 판은 여섯 개의 중요한 사항을 덧붙이면서 종교적인 색채를 띤 사본; 그리고 또 다른 희랍어 사본인 알파사본(Alpha Text)이 있는데, 이 사본은 8:17에서 끝나며 에스더기의 초기 판을 반영해준다. 알파사본은 마소라사본과 약간 다른 히브리어 사본을 번역한 것이다. 이는 칠십인역과 조화를 이루기 위해 교정되었다.

에스더기의 개요는 다음과 같다. 성경본문에 따라 세밀히 조사할 필요가 있는 주석들은 이 개요를 따를 것이며, 명확성을 기하기 위하여 더 보충하여 설명하게 될 것이다.

Ⅰ. 와스디 왕후 폐위, 1:1-22
- A. 수사 왕궁에 대한 소개, 1:1-9
- B. 와스디의 몰락, 1:10-22

Ⅱ. 에스더가 왕후가 되다, 2:1-23
- A. 새 왕후를 찾음, 2:1-4
- B. 에스더와 모르드개에 대한 소개, 2:5-7
- C. 에스더가 왕후로 선택되다, 2:8-18
- D. 모르드개가 내시의 모의를 발견하다, 2:19-23

Ⅲ. 유대 사람을 몰살시키려는 하만의 계략, 3:1-15
- A. 모르드개와 하만 사이의 갈등, 3:1-6
- B. 하만의 모의, 3:7-11
- C. 하만이 모의를 실행하다, 3:12-15

Ⅳ. 모르드개가 에스더에게 도움을 청하다, 4:1-17
- A. 하만의 조서에 대한 반응, 4:1-3
- B. 에스더와 모르드개가 나눈 대화, 4:4-7

Ⅴ. 하만의 모의가 좌절되다, 5:1—8:2
- A. 에스더가 행동을 시작하다: 첫 번째 잔치, 5:1-8
- B. 하만이 모르드개를 위해 장대를 만들다, 5:9-14
- C. 하만의 치욕, 6:1-11
- D. 하만이 조언자들에게서 경고를 받다, 6:12-13
- E. 에스더가 베푼 두 번째 잔치, 6:14— 7:10
- F. 에스더의 승리, 8:1-2

Ⅵ. 하만의 모의가 무효가 되다, 8:3-17
- A. 에스더가 왕에게 탄원하다, 8:3-8
- B. 모르드개가 조서를 쓰다, 8:9-14
- C. 모드드개의 외모, 8:15-17

Ⅶ. 아달월의 공격과 부림절 잔치, 9:1—10:3
- A. 첫 번째 공격, 9:1-5
- B. 수사의 전투, 9:6-10
- C. 아달월 십사일, 9:11-15
- D. 잔치, 9:16-19
- E. 부림절 기록, 9:20-32
  - 1. 모르드개가 보낸 글, 9:20-28
  - 2. 에스더가 쓴 편지, 9:29-32
- F. 모르드개에 관한 부록, 10:1-3

시드니 화이트 크로포드 (Sidnie White Crawford)

와스디 왕후가 폐위되다

1 1 ㄱ)아하수에로 왕 때에 있은 일이다. 아하수
에로는 인도에서 ㄴ)에티오피아에 이르기까지
백스물일곱 지방을 다스린 왕이다. 2 아하수에로
왕은 도성 수산에서 왕위에 올라, 3 나라를 다스린
지 삼 년째 되던 해에, 모든 총독들과 신하들을 불
러서 잔치를 베풀었다. 페르시아와 메대의 장수들
과 귀족들과 각 지방 총독들을 왕궁으로 초대하여,
4 자기 왕국이 지닌 영화로운 부요와 찬란한 위
엄을 과시하였다. 잔치는 여러 날 동안, 무려 백
팔십 일이나 계속되었다.

5 이 기간이 끝난 뒤에, 왕은 도성 수산에 있는
백성을, 빈부귀천을 가리지 않고 모두 왕궁 정원
안뜰로 불러들여서, 이레 동안 잔치를 베풀었다.
6 정원에는, 흰 실과 붉은 빛 털실로 짠 휘장을
쳤는데, 그 휘장은, 대리석 기둥의 은고리에 흰
실과 보랏빛 실로 꼰 끈으로 매달았다. 화반석과
백석과 운모석과 흑석으로 덮인 바닥에는, 금과
은으로 입힌 의자들이 놓여 있었다. 7 술잔은 모두
금잔이었는데, 모양이 저마다 달랐다. 왕이 내리는
술은 풍성하였다. 8 그 날은 어전 음주법을 따르지
않았으므로, 많이 마시고 싶은 사람은 많이, 적게
마시고 싶은 사람은 적게 마셨다. 그것은, 왕이
모든 술 심부름꾼에게, 마실 이들이 원하는 만큼
따라 주라고 지시하였기 때문이다. 9 와스디 왕
후도 부인들을 초대하여, 아하수에로 왕의 그 궁궐
안에서 잔치를 베풀었다.

10 이레가 되는 날에, 왕은 술을 마시고, 기
분이 좋아지자, 자기를 받드는 일곱 궁전 내시 곧
므후만과 비스다와 하르보나와 빅다와 아박다와
세달과 가르가스에게 이르기를, 11 와스디 왕후가
왕후의 관을 쓰고, 왕 앞으로 나오게 하라고 명령
하였다. 왕후가 미인이므로, 왕은 왕후의 아름다
움을 백성과 대신들 앞에서 자랑하고 싶었던 것
이다. 12 그러나 와스디 왕후는 내시들에게 왕의

ㄱ) 일명, '크세르크세스' ㄴ) 또는 '누비아'. 히, '구스' 곧 나일 강 상류지역

1:1-22 1:1-9 이 절들은 페르시아제국이라는 보다 큰 테두리 안에 이야기의 배경을 두고, 페르시아제국의 네 개의 수도 (다른 수도는 바빌론, 에그바다나, 그리고 페르세폴리스였다) 중 하나였던 *수사* 왕궁을 소개한다. 이야기의 배경을 알아 볼 수 있는 장소와 특별한 때로 정하면서, 역사적으로 출처가 확실한 기록을 제공하여 준다. **1:1** *아하수에로 (Ahasuerus).* 크세르크세스 (Xerxes) 황제이다 (기원전 486-465년). *아하수에로*는 페르시아어로 "능력 있는 사람"을 히브리식으로 표현한 이름이며, 크세르크세스가 자기자신을 일컬어 사용했던 칭호이다. *백스물일곱 지방.* 이 지방들은 페르시아 자료들에는 알려져 있지 않다. 외경에 있는 에스더상 3:1-7에서는 127관할구를 언급하고 있으며, 단 6:1은 120개를 언급하고 있다. 전성기 때 페르시아제국은 국경이 인도의 경계에서 에티오피아에 걸쳐 있었는데, 고대 근동에서 그 당시까지 가장 큰 제국으로 알려져 있었다. **1:2-4** 아하수에로의 통치는 제국 전체를 대상으로 잔치를 베풀 정도로 충분히 안정되어 있었는데, 이 잔치는 이 책에서 중요한 구조적인 특징을 이루는 열 개의 잔치 중에서 첫 번째에 해당한다. 이 잔치는 180일 혹은 1년의 절반 동안이나 계속되었다. 이는 저자가 과장해서 표현하기 위하여 문학적인 과장법을 사용한 것이다. 잔치 때문에 전체 제국의 업무가 멈추어졌다는 것은 현실성이 없는 것이기 때문이다. **1:5-6** 이레(7일)에 걸친 두 번째 잔치가 곧 이어 벌어졌다. 이 잔치는 오직 도성 수산에 사는 조신(朝臣, 아첨하는 사람들, 성경에서는 "대단한 이들")들과 보통 시민들("소시민들")을 위한 것이었다. 구약성경의 특성상, 눈에 보이는 물리적 배경을 호들갑스럽게 묘사한 것은 뜻밖인데, 구약성경은 묘사할 때 대체로 말을 아낀다. 이야기가 진행되면서, 왕궁의 사치스런 화려함은 더 깊은 곳에 도덕적인 가치가 부족한 것을 감추려는 변장이라는 것이 드러나게 될 것이다. **1:7-8** 페르시아 사람들은 술을 거나하게 마시는 것으로 악명이 높았는데, 여기도 예외는 아니다. 8절의 히브리어는 번역하기 어렵다: 술을 마시는 것은 *음주법(히브리어, 다트)을 따르지 않았으므로, 많이 마시고 싶은 사람은 많이, 적게 마시고 싶은 사람은 적게 마셨다.* 히브리어 단어 다트는 에스더기 여기저기에서 반복되어 언급되는데, 왕궁의 법 혹은 왕궁의 결정을 일컫는다. 여기서는 이 잔치가 정한 특별한 규정을 일컫는 듯한데, 모든 남자는 원하는 만큼 많이 마실 수 있었고, 또한 원하지 않으면 그만큼 적게, 그의 선호도에 맞추어 마실 수 있었다. 대체로 손님들은 왕이 한 잔을 들면, 손님도 한 잔 마시는 식으로 진도를 맞추어야 했다. **1:9** *와스디.* 와스디 왕후는 외경에는 알려져 있지 않다. 크세르크세스의 실제 왕후의 이름은 "아메스트리스"(Amestris)였다. 와스디는 여자들을 위해 별도로 잔치를 벌인다. 페르시아 왕궁에서는 일반적으로 남자와 여자가 함께 식사하는 것이 관습이었다. 하지만 술을 돌리기 시작하면, 여자들은 자리를 뜨곤 했다. **1:10-22** 이 절들은 왕후 와스디가 맞는 최후의 운명을 설명하고, 에스더가 출현할 자리와 이야기의 주요한 줄거리가 나타날 자리를 마련한다. 이 책의 특징인 유머가 이 절에 분명히 나타난다. 어조는 풍자적이다. **1:10-12** *이레 (7).* 히브리 전통에서 완전 혹은 완성을 뜻한다. 이제 왕은 술에 취했다. 그래서 왕의 행동은 꽤 비이성적일 수 있었으며, 와스디가 왕의 명령을 따르지 않았던 것은 당연하다. *내시*들. 이들은

명령을 전하여 듣고도, 왕 앞에 나오기를 거절하였다. 이 소식을 들은 왕은, 화가 몹시 났다. 마음속에서 분노가 불같이 치밀어 올랐다.

13 왕은 곧 법에 밝은 측근 전문가들과 이 일을 의논하였다. 왕이 법과 재판에 관하여 잘 아는 이들과 의논하는 것은 그 나라의 관례였다.
14 왕 옆에는 가르스나와 세달과 아드마다와 다시스와 메레스와 마르스나와 므무간 등 페르시아와 메대의 일곱 대신이 있어서, 늘 왕과 직접 대면하여 의견을 나누었는데, 그들은 나라 안에서 벼슬이 가장 높은 사람들이었다. 15 "내시들을 시켜서 전달한 나 아하수에로의 왕명을 와스디 왕후가 따르지 않았으니, 이를 법대로 하면, 어떻게 처리해야 하오?" 16 므무간이 왕과 대신들 앞에서 대답하였다. "와스디 왕후는 임금님께만 잘못을 저지른 것이 아니라, 아하수에로 왕께서 다스리시는 각 지방에 있는 모든 신하와 백성에게도 잘못을 저질렀습니다. 17 왕후가 한 이 일은 이제 곧 모든 여인에게 알려질 것입니다. 그렇게 되면, 여인들은 아하수에로 왕이 와스디 왕후에게 어전에 나오라고 하였는데도, 왕후가 나가지 않았다고 하면서, 남편들을 업신여기게 될 것입니다. 18 페르시아와 메대의 귀부인들이 왕후가 한 일을 알게 되면, 오늘 당장 임금님의 모든 대신에게도 같은 식으로 대할 것입니다. 그러면 멸시와 분노가 걷잡을 수 없이 되풀이될 것입니다. 19 그러니 임금님만 좋으시다면, 와스디 왕후가 다시는 아하수에로 임금님의 어전에 나오지 못하도록 어명을 내리시고, 그것을 페르시아와 메대의 법으로 정하여, 고치지 못하도록 하셔야 할 줄 압니다. 그리고 왕후의 자리는 그 여인보다 더 훌륭한 다른 사람에게 주시는 것이 마땅하다고 생각합니다. 20 왕의 칙령이 이 큰 나라 방방곡곡에 선포되면, 낮은 사람이고 높은 사람이고 할 것 없이, 모든 여인이 저마다 자기 남편에게 정중하게 대할 것입니다."

21 왕과 대신들은 그의 말이 옳다고 여기고, 왕은 즉시 므무간이 말한 대로 시행하였다. 22 왕은 그가 다스리는 모든 지방에 조서를 내렸다. 지방마다 그 지방에서 쓰는 글로, 백성마다 그 백성이 쓰는 말로 조서를 내려서 "남편이 자기 집을 주관하여야 하며, 남편이 쓰는 말이 그 가정에서 쓰는 일상 언어가 되어야 한다"고 선포하였다.

에스더가 왕후가 되다

2 1 이러한 일이 있은 지 얼마 뒤에, 아하수에로 왕은, 분노가 가라앉자 와스디 왕후가 생각나고 왕후가 저지른 일과 그리고 그것 때문에 자기가 조서까지 내린 일이 마음에 걸렸다. 2 왕을 받드는 젊은이들이 이것을 알고 왕에게 말하였다. "임금님을 모실 아리땁고 젊은 처녀들을 찾아보게 하시는 것이 좋겠습니다. 3 임금님께서 다스리시는

페르시아 궁정에서 중요한 직무를 맡고 있었으며, 이야기 속에서 중요한 시점마다 중재자로 다시 나타나게 될 것이다. 아하수에로가 와스디를 부르러 보낸 동기는 명백하다. 그는 이미 자신이 가진 부와 아량을 뽐냈으므로, 이제 왕후의 미모를 과시하고 싶었을 것이다. 이 모든 것은 동양의 군주가 행하는 행동이었다.

와스디가 왕의 명령에 불복종한 것은 충격적이다. 저자는 앞에서 아하수에로의 능력을 강조했는데, 아내에게까지는 그 힘이 미치지 못한 것이 확실하다. 와스디의 거절은 단순한 것이 아니라, 아내들은 남편들에게 복종하기를 요구하던 (잠 21:9), 페르시아제국과 구약성경에 나오는, 성별에 따른 모든 기대를 도전하는 것이었다. 왕후가 왜 거절했는지는 분명치 않다. 랍비들은 왕이 그녀에게 왕관만 쓰고, 모인 남자들 앞에 알몸으로 나타나기를 원했다고 추측했다. 남편의 요구에 굴종할 것을 거부했기에 와스디는 현대 여성들에게 종종 더 매력적인 인물로 다가온다. 그러나 페르시아 궁정에서는 그녀가 거절했기에 국가적인 위기를 불러오는 도화선이 되었다. **1:13-22** 왕은 와스디 때문에 공개적으로 무안을 당한 셈이다. 왕은 땅에 떨어진 자신의 명예를 회복해야만 했다. 그는 그의 일곱 대신들에게 어떻게 *율법에 따라* 조처를 취해야 할지 조언을 구한다. 대신들은 사적인 가정 내에서 분쟁의 일화를 가지고, 특별한 관례에 의해서만 해결될 수 있는 문제로 그것을 바꾸어 버린다. 와스디의 불복종은 처벌받아 마땅할 뿐만 아니라, 모든 여자들이 그처럼 행동하지 못하도록 법으로 정해야 한다는 것이었다. 와스디가 두 번 다시 어전에 나오지 못하게 된 것은 반어적인 것인데, 거절했던 바로 그 행동을 하는 것이 금지되기 때문이다. 페르시아 법은 되돌릴 수 없다는 중요한 주제가 여기 소개되고 있다. 역사적으로 정확하지 않더라도, 일단 법이 생기면 다시는 바꿀 수 없다는 사고가 구성의 한 원동력이 되고 있다.

2:1-23 이 장은 주요 인물들을 소개하며, 어떻게 젊은 유대 소녀 에스더가 페르시아 왕후가 되는지를 설명해 준다.

2:1-4 얼마 동안 시간이 지났다. "처녀"라고 번역된 히브리어 단어 *베투로트(betulot)*는 "혼기에 이른 젊은 여자—예를 들어, 사춘기에 이른 소녀를 뜻하는 단어이다.

각 지방에 관리를 임명하시고, 아리땁고 젊은 처
녀들을 뽑아서, 도성 수산으로 데려오게 하시고,
후궁에 불러다가, 궁녀를 돌보는 내시 헤개에게
맡기시고, 그들이 몸을 가꿀 화장품을 내리십시오.
4 그리 하신 뒤에, 임금님 마음에 드는 처녀를 와
스디 대신에 왕후로 삼으심이 좋을 듯합니다." 왕은
그 제안이 마음에 들어서 그대로 하였다.
5 그 때에 도성 수산에는 모르드개라고 하는
유다 남자가 있었다. 그는 베냐민 지파 사람으로서,
아버지는 야일이고, 할아버지는 시므이이고, 증
조부는 기스이다. 6 그는 바빌론 왕 느부갓네살이
예루살렘에서 유다 왕 ㄱ)여고냐와 그의 백성을
포로로 끌고 왔을 때에, 함께 잡혀 온 사람이다.
7 모르드개에게는 하닷사라고 하는 사촌 누이동
생이 있었다. 이름을 에스더라고도 하는데, 일찍
부모를 여의었으므로, 모르드개가 데려다가 길
렀다. 에스더는 몸매도 아름답고 얼굴도 예뻤다.
에스더가 부모를 여의었을 때에, 모르드개가 그를
딸로 삼았다.
8 왕이 내린 명령과 조서가 공포되니, 관리들
은 처녀를 많이 뽑아서 도성 수산으로 보내고, 헤
개가 그들을 맡아 돌보았다. 에스더도 뽑혀서, 왕
궁으로 들어가 궁녀를 맡아 보는 헤개에게로 갔다.
9 헤개는 에스더를 좋게 보고, 남다른 대우를
하며, 곧바로 에스더에게 화장품과 특별한 음
식을 주었다. 또 궁궐에서 시녀 일곱 명을 골라,
에스더의 시중을 들게 하고, 에스더를 시녀들과
함께 후궁에서 가장 좋은 자리로 옮겨서, 그 곳에서
지내게 하였다. 10 에스더는 자기의 민족과 혈
통을 밝히지 않았다. 모르드개가 에스더에게, 그런
것은 밝히지 말라고 단단히 일러두었기 때문이다.
11 모르드개는, 에스더가 잘 지내는지, 또 에스
더가 어떻게 될지를 알려고, 날마다 후궁 근처를
왔다갔다 하였다.
12 처녀들은, 아하수에로 왕 앞에 차례대로
나아갈 때까지, 정해진 미용법에 따라서, 열두 달
동안 몸을 가꾸었다. 처음 여섯 달 동안은 몰약
기름으로, 다음 여섯 달 동안은 향유와 여러 가지
여성용 화장품으로 몸을 가꾸었다. 13 처녀가
왕 앞에 나아갈 때에는, 원하는 것은 무엇이든지
다 주어서, 후궁에서 대궐로 가지고 가게 하였다.
14 저녁에 대궐로 들어간 처녀가, 이튿날 아침에
나오면, 후궁들을 맡아 보는 왕의 내시 사아스가스
가 별궁으로 데리고 갔다. 왕이 그를 좋아하여
특별히 지명하여 부르지 않으면, 다시는 왕 앞에
나아갈 수 없었다.
15 드디어 모르드개의 삼촌 아비하일의 딸,
곧 모르드개가 자기의 딸로 삼은 에스더가 왕에게
나아갈 차례가 되었다. 에스더는 궁녀를 돌보는
왕의 내시 헤개가 하라는 대로만 단장을 하였을
뿐이고, 다른 꾸미개는 요구하지 않았다. 그런데
도 에스더는, 누가 보아도 아리따웠다. 16 그가
아하수에로 왕의 침전으로 불려 들어간 것은, 아
하수에로가 다스린 지 칠 년째 되는 해 열째 달 곧
데벳월이었다. 17 왕은 에스더를 다른 궁녀들

ㄱ) 일명, '여호야긴'

특별 주석

2:1-4에 있는 대회는 성적인 것으로, 왕관이라는 상이 걸려 있다. 유일한 자격은 젊음과 미모뿐이다. 현대 독자들이 한탄할 일인데도 불구하고, 저자는 이러한 여성의 객체화를 부정적으로도 긍정적으로도 평하지 않는다.

2:5-7 *모르드개.* 모르드개는 기원전 597년에 바빌로니아 느부갓네살 왕에 의해 바빌로니아로 잡혀간 백성들의 자손으로 이루어진 유대 공동체의 일원으로 소개된다. 그는 베냐민 지파 사람이다. *시므이.* 다윗이 예루살렘에서 도망쳤을 때, 다윗을 저주한 사울 집안의 일원이다 (삼하 16:5-14). *기스.* 사울의 아버지였다 (삼상 9:1). 따라서 모르드개는 사울의 집안과 연고가 있다. 모르드개는 수산 성 안에 살고 있는 것으로 보아 왕의 대신이다. 에스더는 고아로 모르드개의 관할구에 살고 있었다. 에스더의 이름은 페르시아어로 "별"을 의미하고, 히브리어로는 "나는 숨을 것이다"라는 뜻인데, 아마 숨겨진 유대 사람으로서의 정체성을 말하는 듯하다. **2:8-18** 에스더가 왕후로 뽑히게 되었다. **2:8-11** 에스더는 반항도 선택도 없이 하렘으로 가는 것이 확실한데, 왕의 힘에 대해 그녀가 무력하다는 것을 나타낸다. 에스더는 자기가 처한 상황을 이용하여 *헤개*의 마음에 들어, 하렘에서 특권을 가진 지위를 얻게 된다. **2:9** *에스더의 특별한 음식.* 에스더는 유대 음식법을 따르지 않는다. 오히려 모르드개의 명령에 따라 (2:7에 관한 주석을 보라) 자신이 가진 소수민족의 정체성을 숨기고 있다. 이야기는 페르시아 궁정에 반유대주의가 흐르고 있다는 것을 암시해준다. **2:12-14** 소녀들은 각자 하루 밤의 정사로 왕의 눈에 들 기회를 오직 한 번씩 얻게 된다. 열두 달 동안 몸을 가꾸었다는 것은 페르시아 궁정의 퇴폐를 암시한다. 왕에게 선택되지 않은 여자들의 운명을 생각하면 소름이 끼친다. 그들은 남은 평생을 별궁에 갇혀서 잊혀진 삶을 살았을 것이다. **2:15-18** 에스더는 계속 지혜롭게 행동하여, 그녀의 편인 헤개의 충고를 따르고 승리를

보다도 더 사랑하였다. 에스더는 모든 처녀들을 제치고, 왕의 귀여움과 사랑을 독차지하였다. 드디어 왕은 에스더의 머리에 관을 씌우고, 와스디를 대신하여 왕후로 삼았다. 18 왕은 에스더를 위하여 큰 잔치를 베풀고, 대신들과 신하들을 다 초대하였으며, 전국 각 지방에 세금을 면제하여 주고, 왕의 이름으로 여러 가지 상을 푸짐하게 내렸다.

모르드개가 왕의 목숨을 구하다

19 처녀들이 두 번째로 소집된 일이 있는데, 그 때에, 모르드개는 대궐에서 일을 맡아 보고 있었다. 20 에스더는, 자기의 혈통과 민족에 관해서는, 모르드개가 시킨 대로, 입을 다물었다. 에스더는, 모르드개의 슬하에 있을 때에도, 모르드개가 하는 말은 늘 그대로 지켰다.

21 모르드개가 대궐 문에서 근무하고 있을 때에, 문을 지키는 왕의 두 내시 ㄱ)빅단과 데레스가 원한을 품고, 아하수에로 왕을 죽이려는 음모를 꾸몄다. 22 그 음모를 알게 된 모르드개는 에스더 왕후에게 이 사실을 알리고, 또 에스더는 그것을, 모르드개가 일러주었다고 하면서, 왕에게 말하였다. 23 사실을 조사하여 보고, 음모가 밝혀지니, 두 사람을 ㄴ)나무에 매달아 죽였다. 이런 사실은, 왕이 보는 앞에서 궁중실록에 기록되었다.

하만이 유다 사람 말살을 음모하다

3 1 이런 일들이 있은 지 얼마 뒤에, 아하수에로 왕은 아각 사람 함므다다의 아들 하만을 등용하여, 큰 벼슬을 주고, 다른 대신들보다 더 높은 자리에 앉혔다. 2 대궐 문에서 근무하는 신하들은, 하만이 드나들 때마다 모두 꿇어 엎드려 절을 하였다. 하만을 그렇게 대우하라는 왕의 명령이 있었기 때문이다. 그러나 모르드개는 무릎을 꿇지도 않고, 절을 하지도 않았다. 3 모르드개가 그렇게 하니, 대궐 문에서 근무하는 왕의 신하들이 모르드개를 나무랐다. "어찌하여 왕의 명령을 지키지 않소?" 4 그들이 날마다 모르드개를 타일렀으나, 모르드개는 그들의 말을 듣지 않았다. 마침내, 그들은 하만에게 이런 사실을 알렸다. 그들은, 모르드개가 스스로 유다 사람이라고 말한 적이 있으므로, 그의 그런 행동이 언제까지 용납될 수 있는지 두고 볼 셈이었다. 5 하만은, 모르드개가 정말로 자기에게 무릎을 꿇지도 않고, 자기에게 절도 하지 않는 것을 보고, 화가 잔뜩 치밀어 올랐다. 6 더욱이, 모르드개가 어느 민족인지를 알고서는, 하만은 모르드개 한 사람만을 죽이는 것은 너무 가볍다고 생각하였다. 하만은, 아하수에로가 다스리는 온 나라에서, 모르드개와

ㄱ) 일명, '빅다나' ㄴ) 또는 '기둥에'

얻게 된다. 저자는 그녀를 와스디와 빈정대며 대조시킨다. 와스디가 거절한 왕관이 에스더의 머리에 씌워진다. 네 번째 잔치가 이 일화를 끝맺는다. **2:19-23** 이 절은 3장에서 시작될 주요한 구성의 전개에 결정적이다. *대궐에서.* 이 말은 모르드개가 왕궁에서 섬기고 있었다는 것을 암시한다. 저자는 에스더가 지금까지 소수민족이라는 정체성을 숨기는데 성공했으며 여전히 모르드개에게 순종한다고 강조한다. 페르시아 궁정에서는 왕을 대항하여 음모를 꾸미는 일이 흔했다. 왕은 모르드개가 충성한 대가로 상을 주어야 한다. 모르드개가 아무런 보상도 받지 못했던 것은 중요한 음모를 꾸미게 된다.

3:1-15 에스더가 왕후가 된 지 5년이 흘렀다 (7절). 하만은 페르시아제국에 있는 온 유대 사람들을 없애버리려는 음모를 꾸민다. **3:1** 아하수에로가 새로 총애하는 사람이 생겼는데, *아각 사람 하만*이었다. *아각 사람.* 이 사람은 유대 사람들에게 어두운 조짐을 끼치고 있다. 아각은 대대로 유대 사람들의 대적이었던 아말렉의 왕이었다 (출 17:8-16; 민 24:20). 모르드개의 조상 사울은 아각 때문에 왕위를 잃었다 (삼상 15:8-33). 따라서 하만과 모르드개는 조상 대대로 내려온 대적인 셈이다. **3:2-4** 모르드개가 하만에게 절하여 대우를 하라는 왕명을 거부한 것은 의아심을 불러일으킨다. 그가 하만에게 절하여 대우한다고 해서 유대 법을 어기는 것이 아니었으며, 만일 모르드개가 누구에게도 절하는 것을 거절했다면 왕궁에서 대신으로 활동할 수 없었을 것이기 때문이다. 모르드개가 다른 대신들에게 자신은 유대 사람이라 아각 사람에게 절하지 않겠다고 설명하는 것으로 보아, 갈등의 뿌리는 민족적인 것으로 보인다. 모르드개가 다른 사람들에게 자신은 유대 사람이라고 말해야 했던 것에 주목하라; 겉으로는 유대 사람이라는 정체성을 드러내는 표시가 없는 것이 확실하다. **3:5-6** 하만이 화내는 것은 마치 1장에 왕이 화를 냈던 것처럼 상황에 어울리지 않는다. 유대 사람들을 없애버리려는 하만의 계획은 삼상 15:3에서 아말렉을 치라고 하셨던 하나님의 명령을 거꾸로 한다. 이처럼 충돌은 개인적인 것만이 아니라, 민족적이며, 이전에 아말렉과 이스라엘 사이에 있었던 충돌까지 재현하고 있다. **3:7-11** 하만은 왕으로부터 유대 사람을 상대로 모의를 진행할 수 있는 허가를 받는다. **3:7** *니산.* 이것을 언급한 것은 출애굽과 유월절을 말하는 것일 수 있다. 출 1—6장과 여기 에스더기에서 유대 사람들은 구원이 필요한 사람들이다. 부림이라는 명칭은 *부르*

같은 겨레인 유다 사람들을 모두 없앨 방법을 찾았다.

7 아하수에로 왕 십이년 첫째 달 니산월이다. 사람들은 유다 사람들을 어느 달 어느 날에 죽일지, 그 날을 받으려고, 하만이 보는 앞에서 주사위의 일종인 '부르'를 던졌다. ㄱ)주사위가 열두째 달인 아달월 십삼일에 떨어졌다. 8 하만은 아하수에로 왕에게 말하였다. "임금님께서 다스리시는 왕국의 여러 지방에 널리 흩어져 사는 민족이 하나 있는데, 그들은 자기들끼리만 모여서 삽니다. 그들의 법은 다른 어떤 백성들의 법과도 다릅니다. 더욱이, 그들은 임금님의 법도 지키지 않습니다. 임금님께서 그들을 그냥 두시는 것은 유익하지 못한 일이라고 생각합니다. 9 임금님께서만 좋으시다면, 그들을 모두 없애도록, 조서를 내려 주시기를 바랍니다. 그러면 저는, 은화 만 달란트를 임금님의 금고출납을 맡은 관리들에게 주어서 입금시키도록 하겠습니다." 10 그러자 왕은, 자기 손가락에 끼고 있는 인장 반지를 빼서, 아각 사람 함므다다의 아들인, 유다 사람의 원수 하만에게 맡겼다. 11 왕이 하만에게 일렀다. "그 돈은 경의 것이오. 그 백성도 경에게 맡길 터이니, 알아서 좋을 대로 하시오."

12 첫째 달 십삼일에, 왕의 서기관들이 소집되었다. 그들은, 하만이 불러 주는 대로, 각 지방의 글과 각 민족의 말로 조서를 만들어서, 왕의 대신들과 각 지방의 총독들과 각 민족의 귀족들에게 보냈다. 조서는 아하수에로 왕의 이름으로 작성되었고, 거기에 왕의 인장 반지로 도장을 찍었다. 13 그렇게 한 다음에, 보발꾼들을 시켜서, 그 조서를 급히 왕이 다스리는 모든 지방으로 보냈다. 그 내용은, 열두째 달인 아달월 십삼일 하루 동안에, 유다 사람들을 남녀노소 할 것 없이 모두 죽이고 도륙하고 진멸하고, 그들의 재산을 빼앗으라는 것이다. 14 각 지방에서는 그 조서를 법령으로 공포하여 각 민족에게 알리고, 그 날을 미리 준비하게 하였다. 15 왕의 명령이 떨어지자 곧 보발꾼들이 떠나고, 도성 수산에도 조서가 나붙었다. 왕과 하만은 함께 술잔을 기울이며 앉아 있었지만, 수산 성은 술렁거렸다.

에스더가 백성을 구하겠다고 약속하다

4 1 모르드개는 이 모든 일을 알고서, 옷을 찢고, 굵은 베 옷을 걸치고, 재를 뒤집어쓴 채로, 성 안으로 들어가서, 대성통곡을 하였다. 2 그런데 굵은 베 옷을 입고서는 어느 누구도 대궐 문 안으로 들어갈 수 없었으므로, 그는 대궐 문 밖에 주저앉았다. 3 왕이 내린 명령과 조서가 전달된 지방마다, 유다 사람들은 온통 탄식하고, 금식하며, 슬프게 울부짖었다. 모두들 굵은 베 옷을 걸치고서 재 위에 누웠다.

ㄱ) 칠십인역을 따름. 히, '열두째 달인 아달월이었다'

(pur) 혹은 *주사위*에서 따온 이름이다. 고대 세계에서는 길일—하만이 가진 동기—을 정하기 위해 흔히 주사위를 던졌다 (민 27:21). **3:8** 하만은 유대 사람을 배척하기 위하여 거짓말로 왕에게 자신의 입장을 밝힌다. 유대 사람들은 페르시아제국 여기저기에 흩어져 살고 있었다. 유대 사람들은 자기네만의 특별한 법인 토라를 따르고 있었지만, 또한 통치자들의 법도 따르고 있었다. 공교롭게도, 에스더와 모르드개는 토라를 지키는 것보다 왕의 율법을 지키는데 더 철저하다. **3:9** 은화 만 달란트는 은 375톤과 맞먹는다. **3:10-11** 아하수에로는 소극적인 태도를 취한다. 왕은 선고를 받을 백성이 도대체 어느 백성인지 물어보지도 않고, 하만에게 무엇이나 원하는 대로 할 수 있는 능력을 내려주었다. 수동성은 구약성경에 나오는 이상적인 왕과는 거리가 멀다 (예를 들어, 다윗 왕). 왕이 돈을 하만에게 되돌려주었는지, 아니면 모의에 드는 돈만 사용하도록 허락했는지 명확하지 않다. **3:12-14** 페르시아의 전체 관료체제가 하만의 모의를 실행할 준비가 되어 있다. 조서는 *다트*라고 불렀는데, 조서는 왕이 내리는 것이며, 따라서 그것은 변경할 수 없었다. 유대 사람은 한 사람도 남기지 않고 완전히 파멸시켜야 했다. **3:15** 수산 성의 일반 백성은 술렁거렸지만, 왕과 하만은 다섯 번째 잔치를 벌이고 있다.

특별 주석

조서에 대한 세 가지 반응—하만 측의 승리, 왕의 무관심, 그리고 그 외 모든 사람의 혼란—은 오늘날 일어나는 대학살에 대해 전 세계 도처에서 사람들이 보이는 반응을 그대로 반영해 준다. 과연 결과는 무엇인가? 아무 죄도 없는 사람들을 살해하는 것이다.

4:1-17 이야기의 초점이 에스더에게로 옮겨진다. 유대 사람들의 운명은 에스더라는 인간의 행동과 주도권에 달려있다. **4:1-2** *옷을 찢고, 굵은 베 옷을 걸치고, 재를 뒤집어쓴 채로, 성 안으로 들어가서.* 모르드개는 전형적인 애도 의식을 몸짓으로 보이고 있다. *베 옷.* 염소 털과 같이, 거친 자료로 만들어진 옷이다. **4:3** 유대 사람들은 모르드개의 행동을 따라하는데, 이 이야기에서 모르드개가 유대 사람을 대표하고

4 에스더의 시녀들과 내시들이 에스더에게
가서, 모르드개가 당한 일을 말하니, 왕후는 크게
충격을 받았다. 에스더가 모르드개에게 옷을 보
내며, 굵은 베 옷을 벗고 평상복으로 갈아입기를
권하였지만, 모르드개는 듣지 않았다. 5 에스더는,
왕이 자기를 보살피라고 보내 준 궁전 내시 가운
데서, 하닥을 불러서, 무엇 때문에 모르드개가 괴
로워하는지, 왜 그러는지, 알아 보라고 하였다.
6 하닥은 대궐 문 앞, 도성 광장에 있는 모르드개
에게로 갔다. 7 모르드개는 자기에게 일어난
일을 처음부터 끝까지 하닥에게 모두 이야기하
였다. 하만이 유다 사람을 모조리 없애려고, 왕의
금고출납을 맡은 관리들에게 주어 입금하겠다고
약속한 돈의 정확한 액수까지 밝혔다. 8 모르드
개는, 수산 성에 선포된 유다 사람을 전멸시키라
는 칙령의 사본을 하닥에게 건네 주면서, 에스더
에게 그것을 보이고, 설명하여 드리라고 하였다.
또한 모르드개는 에스더가 직접 어전에 나아가
서, 왕에게 자비를 구하고, 최선을 다하여 자기 겨
레를 살려 달라고 탄원하도록, 하닥을 시켜서 부
탁하였다. 9 하닥은 돌아가서, 모르드개에게 들
은 이야기를 에스더에게 전하였다. 10 에스더는
다시 하닥을 보내서, 모르드개에게 이렇게 전하
라고 하였다. 11 "임금님이 부르시지 않는데, 안
뜰로 들어가서 왕에게 다가가는 자는, 남자든지
여자든지 모두 사형으로 다스리도록 되어 있습니
다. 이러한 법은 모든 신하들과 왕이 다스리는 모
든 지방 백성들이 다 알고 있습니다. 다만 임금님
이 금으로 만든 규를 내밀어서, 목숨을 살려 주실
수는 있습니다. 그런데 임금님이 나를 부르지 않
으신 지가 벌써 삼십 일이나 되었습니다." 12 하
닥 일행이 에스더의 말을 그대로 모르드개에게 전
하니, 13 모르드개는 그들을 시켜서 에스더에게
다음과 같이 전하라고 하였다. "왕후께서는 궁궐
에 계시다고 하여, 모든 유다 사람이 겪는 재난을
피할 수 있다고 생각하십니까? 14 이런 때에 왕
후께서 입을 다물고 계시면, 유다 사람들은 다른
곳에서라도 도움을 얻어서, 마침내는 구원을 받
고 살아날 것이지만, 왕후와 왕후의 집안은 멸망
할 것입니다. 왕후께서 이처럼 왕후의 자리에 오
르신 것이 바로 이런 일 때문인지를 누가 압니
까?" 15 에스더는 다시 그들을 시켜서, 모르드
개에게 이렇게 전하라고 하였다. 16 "어서 수산
에 있는 유다 사람들을 한 곳에 모으시고, 나를 위
하여 금식하게 하십시오. 사흘 동안은 밤낮 먹지
도 마시지도 말게 하십시오. 나와 내 시녀들도 그
렇게 금식하겠습니다. 그렇게 하고 난 다음에는,
법을 어기고서라도, 내가 임금님께 나아가겠습니
다. 그러다가 죽으면, 죽으렵니다." 17 모르드개
는 나가서, 에스더가 일러준 대로 하였다.

있다는 생각을 강조한다. 하나님을 언급하지는 않았지만, 금식은 전형적으로 종교적인 행위였다. **4:4-6** 에스더가 왕궁의 하렘 안에서 고립되어 있는 것이 확실하다. 에스더는 외부 세계와 소통하기 위해서 하인들에게 의존해야 했으며, 하만의 조서에 대해서도 알지 못한다. **4:7-8** 모드르개는 조서에 대하여 알고 있을 뿐만 아니라, 하만이 뇌물을 준 사실도 알고 있다. 모르드개가 에스더더러 왕에게로 나아가라는 의무를 지운 것은, 모르드개가 에스더에게 의지한다는 것을 가리키고, 또한 에스더가 순종할 것을 기대한다는 것을 가리킨다. **4:9-11** 에스더가 순종하기를 거절한 것은, 나약한 소녀에서 강하고 적극적인 여성으로 인물의 성격이 변했다는 것을 뜻한다. 왕이 부르지 않는데 왕에게 다가가는 것이 금지되었다는 것이 과연 역사적으로 정확한지는 의문이다; 그러나 이 사건은 에스더가 궁정 내부에서 일어나는 일에 초점을 맞추고 있으며, 사촌과 그리고 유대인들과 자기를 동일시하는 것이 약해졌다는 것을 나타낸다. 에스더가 왕을 한 달간이나 보지 못한 것으로 보아, 왕에게 미치는 영향력 역시 낮은 상태였다. **4:12-13** 하지만 모르드개는 에스더가 변명하는 것을 허락하지 않는다.

특별 주석

모르드개는 조서가 에스더에게도 적용되며, 신분이 그녀를 보호해 줄 수 없다고 상기시킨다. 사회적 지위와 부귀를 가리지 않고, 추방과 학살과 대학살의 피해자가 되었던 유대인들은 이 말을 수세기를 통해 얼마나 귀에 익숙하도록 들었을까!

4:14 *다른 곳.* 아마도 하나님을 간접적으로 언급하는 것이거나, 또는 도움을 주는 또 다른 사람을 언급하는 것일 것이다. 모르드개가 말하려는 요점은, 유대 사람들을 구원하시려는 하나님의 섭리의 역사를 뜻했을 것이다. 이처럼 위태로운 상황에서 에스더의 지위는 우연한 것이 아니며, 그 지위를 십분 활용해야만 했다. 에스더는 이 상황에서 다른 선택을 할 수 있겠지만 (인간의 자유의지), 그러한 선택이 어떤 결과를 가져올지 분명하다. 모르드개가 말없이 암시하는 것은, 하나님께서는 인간의 행동을 통해 등 뒤에서 일하신다는 것이다. 더구나, 하나님은 선택한 백성인 유대 사람들을 구원하는데 특별히 관심을 가지신다. 이 부분은 이 책에서 가장 뚜렷하게 신학적인 구절이다. **4:15-17** 에스더는 모르드개의 도전에 응답한다. 그녀의 성격은 완전히

에스더가 왕과 하만을 잔치에 초대하다

5 1 금식한 지 사흘째 되는 날에, 에스더는 왕
후의 예복을 입고, 대궐 안뜰로 들어가서, 대
궐을 마주 보고 섰다. 그 때에 왕은 어전 안의 왕
좌에서 문 쪽을 바라보고 앉아 있었다. 2 왕이,
에스더 왕후가 뜰에 서 있는 것을 사랑스러운 마
음으로 바라보고, 쥐고 있던 금 규를 에스더에게
내밀자, 에스더가 가까이 다가가서, 그 규의 끝에
손을 대었다. 3 왕이 그에게 말을 건네었다. "웬
일이오, 에스더 왕후, 무슨 소청이라도 있소? 당
신에게라면, 나라의 절반이라도 떼어 주겠소."
4 에스더가 말하였다. "임금님께서 허락하시면,
내가 오늘 잔치를 차리고, 임금님을 모시고 싶습
니다. 하만과 함께 오시면 좋겠습니다." 5 왕은
곧 명령을 내렸다. "에스더의 말대로 하겠다. 곧
하만을 들라 하여라." 왕과 하만은 에스더가 베푼
잔치에 갔다. 6 함께 술을 마시다가, 왕은 또다시
에스더에게 물었다. "당신의 간청이 무엇이오?
내가 들어주겠소. 당신의 소청이면, 나라의 절
반이라도 떼어 주겠소." 7 에스더가 대답하였다.
"내가 드릴 간구와 소청은 별 것이 아닙니다.
8 내가 임금님께 은혜를 입게 되어 임금님께서
기꺼이 나의 간청을 들어주시고, 나의 소청을 받아
주시겠다면, 나는 내일도 잔치를 차리고, 두 분을
모시고 싶습니다. 임금님께서는 하만과 함께 오
시기 바랍니다. 그 때에, 임금님의 분부대로 나의
소원을 임금님께 아뢰겠습니다."

하만의 음모

9 그 날 하만은 마음이 흐뭇하여, 아주 즐거운
기분으로 대궐을 나섰다. 대궐 문을 지나는데, 거
기에서 문을 지키고 있는 모르드개는 일어나지도
않고, 인사도 하지 않았다. 그것을 보고서, 하만은
그만 화가 잔뜩 치밀어 올랐지만, 10 꾹 참고 집
으로 돌아갔다. 하만은 친구들과 자기 아내 세레
스를 불러 놓고, 11 자기는 재산도 많고, 아들도
많으며, 왕이 여러 모로 자기를 영화롭게 하여 주고,
자기를 다른 대신들이나 신하들보다 더 높은 벼슬
자리에 앉혔다면서, 그들 앞에서 자랑하였다.
12 하만은 덧붙여서 말하였다. "그것뿐인 줄 아
는가? 에스더 왕후께서 차린 잔치에 임금님과 함께
초대받은 사람은 나 하나밖에 없다네. 왕후께서는
내일도 임금님과 함께 오라고 나를 초대하셨다네.
13 그러나 대궐 문에서 근무하는 모르드개라는
유다 녀석만 보면, 이런 모든 것이 나에게 하나도
만족스럽지 않네." 14 그의 아내 세레스와 친구

탈바꿈되었다; 이제는 에스더가 명령을 내리고 모르드개가 복종한다. 3일간의 금식은 그것을 둘러싸고 있는 잔치와 대조되는데, 금식한 목적은 구체적으로 나와 있지 않다. **4:16** *죽으면, 죽으렵니다.* 에스더의 최종적인 말은 성서 문학에서 가장 감동적인 말이다. 에스더가 자기를 유대 동족들과 다시 동일시하는 것이 완성된다.

5:1-8 이 이야기에서 처음으로 유대 사람이 힘을 행사한다. 이방 사람들이 권력을 사용하는 것과 대조를 이루면서, 에스더는 자신의 권력을 현명하게도 유대 사람을 구원하기 위한 합법적인 목적을 위해 사용한다. **5:1-2** 저자는 이 긴장이 계속되는 순간을 무미건조하게 사무적으로 기록하고 있다. 왕후의 예복을 입음으로써, 에스더는 여성적인 매력과 왕후라는 신분을 자기에게 이롭게 사용할 용의가 있다는 것을 나타낸다. 에스더는 현명한 대신의 모범이다. 에스더는 또한 목적을 이루게 되는데, 왕이 그녀가 가까이 다가오기를 즉각 허락했기 때문이다. **5:3** *나라의 절반이라도.* 수사적인 효과를 노리는 표현을 사용하여 왕의 관대함과 호의를 나타낸다. **5:4-5** 이제 청중들은 에스더가 유대 사람들을 위해 탄원할 것을 기대하게 되기 때문에, 저녁 잔치에 초대하는 것을 보고 놀라게 된다. 그러나 이는 예절 교환의 시작으로, 결국에는 중요한 부탁을 하게 될 것이다. 왕을 잔치에 초대함으로써, 에스더는 왕이 자기에게 고맙게 여기기를 원한다. 초대를 받아들이는 것으로, 아하수에로는 다른 간청도 들어줄 용의가 있음을 표시한다. 하만도 초청대상에 포함시켜서, 하만을 에스더의 영역으로 끌어들이며 또 그를 중립화한다. **5:6** 이것은 책에서 여섯 번째 잔치이며, 앞의 금식과 대조를 이룬다. 술을 마시는 것은 구성에서 중요한 전환점을 표시한다. **5:7-8** 에스더의 간청은 점점 강도가 높아지는 것으로 보인다. 그러나 에스더의 수사법은 왕을 궁지로 몰아넣는다; 두 번째 잔치에 오는 것을 동의함으로써, 왕은 또한 그녀가 원하는 것은 무엇이나 해주겠다고 동의하기 때문이다. 하만은 계속해서 중립화된다. 그는 말이 없고 행동을 할 수가 없다.

5:9-14 에스더의 계획에도 불구하고 하만은 여전히 경계해야 할 위험한 세력으로 남아있다. **5:9** 하만은 자신의 감정의 지배를 받게 되는데, 이는 지혜문학 전통(잠 29:11)에서 가장 미련한 자가 취하는 행동이다. 모르드개의 행위 역시 현명하지는 않다. 그는 일부러 하만을 비웃는 것처럼 보인다. **5:10-12** 하만은 유다와 페르시아 문화에 사는 이들이 부러울 만큼 모든 조건을 다 갖추고 있다. 그는 영광의 정점에 다다랐으며, 부, 높은 지위, 명예, 그리고 수많은 아들들을 가지고 있다. **5:13** 하만은 모르드개의 사소한 불복종 때문에 자기가 성취한 모든 것이 하나도 만족스럽지 않다고

들이 하나같이 하만에게 말하였다. "높이 쉰 자짜리
장대를 세우고 내일 아침에, 그자를 거기에 달도
록 임금님께 말씀을 드리십시오. 그런 다음에, 임
금님을 모시고 잔치에 가서 즐기십시오." 하만은
그것이 참 좋은 생각이라고 여기고, 곧 장대를 세
우도록 하였다.

왕이 모르드개를 높이다

6 1 그 날 밤, 왕은 잠이 오지 않아서 자기의
통치를 기록한 궁중실록을 가지고 오라고 하고,
자기 앞에서 소리를 내어 읽게 하였다. 2 실록에는,
대궐 문을 지키던 왕의 두 내시 빅다나와 데레스
가 아하수에로 ㄱ)왕을 죽이려고 한 음모를, 모르드
개가 알고서 고발하였다는 내용이 기록되어 있었다.
3 왕이 물었다. "이런 일을 한 모르드개에게 나
라에서는 어떻게 대우하였으며, 어떤 상을 내렸
느냐?" 그 곳에 있던 시종들이 대답하였다. "나라
에서는 그에게 아무런 상도 내리지 않았습니다."
4 왕이 다시 물었다. "궁궐 뜰에 누가 있느냐?"
마침 그 때에 하만이 왕에게 자기 집에 세운 장대에
모르드개를 달아 죽일 수 있도록 허락을 받으려고,
궁전 바깥 뜰에 와 있었다. 5 시종들은 하만이
뜰에 대령하고 있다고 대답하였다. 왕이 명령하
였다. "들라고 일러라." 6 하만이 안으로 들어오
니, 왕이 그에게 물었다. "내가 특별히 대우하고
싶은 사람이 있는데, 그에게 어떻게 하면 좋을지
말하여 보시오." 하만은 왕이 특별히 대우하고
싶은 사람이라면, 자기 말고 또 누가 있으랴 싶어서,
7 왕에게 이렇게 건의하였다. "임금님께서 높이고
싶은 사람이 있으시면, 8 먼저 임금님께서 입으
시는 옷과 임금님께서 타시는 말을 내어 오게 하
시고, 그 말의 머리를 관으로 꾸미게 하신 뒤에,
9 그 옷과 말을 왕의 대신 가운데 가장 높은 이의
손에 맡기셔서, 임금님께서 높이시려는 그 사람
에게 그 옷을 입히시고, 그 사람을 말에 태워서,
성 안 거리로 지나가게 하시는 것이 좋겠습니다.
말을 모는 신하에게는 '임금님께서는, 높이고 싶
어하시는 사람에게 이렇게까지 대우하신다!' 하고
외치게 하심이 좋을 듯 합니다." 10 왕이 하만에게
명령하였다. "곧 그대로 하시오. 대궐 문에서 근
무하는 유다 사람 모르드개에게 내 옷과 말을 가
지고 가서, 경이 말한 대로 하여 주시오. 경이 말
한 것들 가운데서, 하나도 빠뜨리지 말고 그대로
하도록 하시오."
11 하만이 왕의 옷과 말을 가지고 가서 모르
드개에게 옷을 입히고, 또 그를 말에 태워 성 안
거리로 데리고 나가서 "임금님께서는, 높이고 싶
어하시는 사람에게 이렇게까지 대우하신다!" 하
며 외치고 다녔다. 12 그런 다음에, 모르드개는
대궐 문으로 돌아왔고, 하만은 근심이 가득한 얼
굴을 하고서 달아나듯이 자기 집으로 가버렸다.
13 하만은 아내 세레스와 모든 친구에게, 자기가
방금 겪은 일을 자세하게 이야기하였다. 그의 슬
기로운 친구들과 아내 세레스가 그에게 말하였
다. "당신이 유다 사람 모르드개 앞에서 무릎을 꿇
었으니, 이제 그에게 맞설 수 없소. 당신은 틀림
없이 망할 것이오."

ㄱ) 히, '그들의 손을 왕에게 놓으려고 한 음모를'

다시 미련스럽게 투덜댄다. **5:14** 주요 인물이 아닌 *세레스*는 등장하는 여성 인물 모두의 독립성과 지성을 예시해 준다. 세레스는 실용적이고 핵심을 찌르는 조언을 해 준다. *쉰 자짜리.* 대략 75피트이다. 장대는 교수형이나 말뚝으로 찌르는 형벌을 가하는 데 사용되던 기구이다.

6:1-13 6장에서 하만의 운세가 바뀌기 시작한다. 하만의 몰락은 스스로 자초한 것이다 (잠 11:2). **6:1** 왕이 잠이 오지 않은 것은 우연일 수도 있다. 그러나 칠십인역과 알파사본(마소라사본과 다른 사본을 희랍어로 번역하면서 8:17에서 끝난다)은 하나님이 일으키신 것이라고 밝혔다. 실록은 궁중실록이다 (2:23; 라 6:1을 보라). **6:2-3** 2:19-23을 보라. **6:6** 하만은 자신의 이고 (ego) 때문에 모욕을 자초하게 되었다. 왕이 대학살당하게 될 백성들의 정체를 묻지 않았던 것과 마찬가지로, 하만은 왕이 특별히 대우하고 싶어 하는 사람의 정체를 묻지 않는다. **6:7-9** 하만은 자격도 없으면서 왕의 대우를 받고 싶어한다 (창 41:42-43의 요셉을 보라). **6:10** 하만은 덫에 걸리어 놀라게 된다. 왕이 *유다 사람* 모르드개 라고 강조하자 하만은 더 창피하다. **6:12-13** 이제는 하만이 애도 의식을 취한다 (4:1-3을 참조). **6:13** *당신은 틀림없이 망할 것이요.* 왜 이방인인 세레스는 하만이 유대인에 의해 망해야 한다고 믿는 것일까? 저자는 그녀의 입을 빌어서 유대 사람들이 하나님의 보호 아래 있다는 믿음을 드러내고 있다.

6:14—8:2 이야기의 조약의 폐기 통고가 에스더가 베푼 두 번째 잔치에서 일어난다 (이 책에서는 일곱 번째 잔치). 구조상으로, 에스더가 베푼 두 잔치는 이야기 속에서 중요한 역전을 표시한다. 처음 다섯 잔치는 이방 사람이 베풀고, 마지막 다섯 잔치는 유대 사람들이 베푼다. **6:14** 하만이 에스더가 베푼 두 번째 잔치에 참석한 것은 여러 가지 계략이 풀리지 않은 채 엮어져 있다는 것을 상기시켜 준다. 왕은 하만이 없애버리려고

하만의 몰락

14 말이 채 끝나기도 전에, 내시들이 와서, 에스더가 차린 잔치에 하만을 급히 데리고 갔다.

7 1 왕과 하만은 에스더 왕후가 차린 잔치에 함께 갔다. 2 둘째 날에도 술을 마시면서 왕이 물었다. "에스더 왕후, 당신의 간청이 무엇이오? 내가 다 들어주겠소. 당신의 소청이 무엇이오? 나라의 절반이라도 떼어 주겠소." 3 에스더 왕후가 대답하였다. "임금님, 내가 임금님께 은혜를 입었고, 임금님께서 나를 어여삐 여기시면, 나의 목숨을 살려 주십시오. 이것이 나의 간청입니다. 나의 겨레를 살려 주십시오. 이것이 나의 소청입니다.
4 나와 내 겨레가 팔려서, 망하게 되었습니다. 살육당하게 되었습니다. 다 죽게 되었습니다. 우리가 남종이나 여종으로 팔려 가기만 하여도, 내가 이런 말씀을 드리지 않을 것입니다. 그만한 일로 임금님께 걱정을 끼쳐 드리지는 않을 것입니다."
5 아하수에로 왕이 에스더 왕후에게 물었다. "그 자가 누구요? 감히 그런 일을 하려고 마음을 먹고 있는 자가 어디에 있는 누구인지 밝히시오."
6 에스더가 대답하였다. "그 대적, 그 원수는 바로 이 흉악한 하만입니다." 에스더의 대답이 떨어지자마자, 하만은 왕과 왕후 앞에서 사색이 되었다.
7 화가 머리 끝까지 오른 왕은 술잔을 내려놓고서, 자리에서 일어나 왕궁 안뜰로 나갔다. 하만은 왕이 자기에게 벌을 내리기로 마음 먹은 것을 알고서, 그 자리에 남아서, 에스더 왕후에게 목숨만 살려 달라고 애걸하였다. 8 왕이 안뜰에서 술자리로 돌아와 보니, 하만이 에스더가 눕는 침상에 엎드려 있었다. 이것을 본 왕은 "내가 집안에 왕후와 함께 있는데도, 저 놈이 왕후를 범하려고 하는구나!" 하고 소리 쳤다. 왕의 입에서 이 말이 떨어지자마자, 내시들이 달려들어서, 하만의 얼굴을 가렸다. 9 그 때에 왕을 모시는 내시들 가운데 한 사람인 하르보나가 말하였다. "하만이 자기 집에 높이 쉰 자짜리 장대를 세워 놓았습니다. 그것은 임금님을 해치려는 자들을 제때에 고발한 모르드개를 매달아 죽이려고 세운 것입니다." 그 때에 왕이 명령을 내렸다. "하만을 거기에 매달아라!"
10 사람들은, 하만이 모르드개를 매달려고 세운 바로 그 장대에 하만을 매달았다. 그런 다음에야, 비로소 왕의 분노가 가라앉았다.

유다 사람에게 살 길이 열리다

8 1 아하수에로 왕은 그 날로 유다 사람의 원수 하만의 재산을 에스더 왕후에게 주었다. 에스더가 모르드개와의 관계를 밝혔으므로, 모르드개는 왕 앞에 나아갈 수 있었다. 2 왕은 하만에게서 되찾은 자기의 인장 반지를 빼서 모르드개에게 맡겼다. 에스더는, 하만에게서 빼앗은 재산을 모르드개가 맡아 보게 하였다. 3 에스더는 또다시 왕의 발 앞에 엎드려 울면서 간청하였다. 아각 사람 하만이 유다 사람을 치려고 꾸민 악한 음모를 막아 달라고 애원하였다. 4 왕이 금 규를 에스더에게

하는 백성의 정체를 모르고 있으며, 하만과 모르드개 사이의 다툼에 대해서도 모른다. 또한 왕도 하만도 에스더의 진짜 정체가 무엇인지, 그리고 모르드개와 어떤 관계에 있는지 모른다. 그리고 에스더는 하만이 당한 모욕에 대해 아무 것도 알지 못한다. **7:1-2** 두 번째 잔치는 첫 번째와 거의 똑같이 반복되는 것으로 시작한다. 하만보다 우월한 지위를 강조라도 하듯이 에스더는 계속 왕후라는 칭호로 불리고 있다. **7:3** *나의 겨레.* 에스더는 이제 완전히 자기 백성인 유대 사람과 동일시한다. **7:4a** *나와 내 겨레가 팔려서.* 에스더는 하만의 뇌물을 간접적으로 언급한다. **7:4b** 히브리어로 어렵게 되어 있다. 에스더는 유대 사람을 파멸시키면 왕이 재정적으로 곤란을 겪을 것이라고 말하면서, 아하수에로의 남편으로서 또한 군주로서의 자기 이익에 호소하고 있다. **7:5-6** *흉악한 하만.* 이야기의 정점에 해당한다. 에스더가 단호하게 고발하자 그간 숨겨졌던 일들이 모두 다 밝혀지게 된다. 이제 왕과 왕후는 둘 다 더 이상 왕권 밑에 있지 않은 하만을 대항하여 힘을 합치고 있다. **7:7** 왕이 *화*를 내자 하만이 (1:12를 보라) 보이는 반응은 반어적이다. 아각 사람과 유대 사람의 역할이 뒤바뀌어, 이제 하만이 에스더에게 절해야 한다. **7:8** 페르시아 관습에 따르면, 식사를 하는 사람은 보료에 비스듬히 누워있었다. 이러한 배경을 가진 상황에서 하만이 에스더를 범하려고 한다고 왕이 고발한 것은 웃기는 일이다. 그러나 이로써 아하수에로는 실제로 궁지에 빠진 상황에서 벗어날 수 있었다. 왕은 하만에게 유대인을 없앨 수 있도록 허락해주고 뇌물도 많이 받았다. 에스더를 겁탈하려 했다는 고발을 하면 아하수에로는 하만에게 진 모든 의무로부터 자유로울 수 있었다. *하만의 얼굴을 가렸다.* 애도의 의사를 표시하며, 하만의 죽음의 전조를 나타낸다. **7:9-10** 저자가 빈정대는 것이 확실하다. 왜냐하면 하만은 "자기 꾀에 자기가 넘어갔기" 때문이다. 마지막 문장은 와스디의 몰락을 연상시킨다 (2:1). **8:1-2** 이 책에서 중추를 이루는 반전이다: 에스더/모르드개는 죽임을 당한 대적인 하만이 가졌던 부와 지위를 받게 되었다. 이 사회에서는 여자도 재산을 소유할 수 있었던 것이 확실하다. 아하수에로는 자신의 제국에 대해 여전히 개인적인 책임을 지지 않고, 이번에는 새로운 조언자 모르드개에게 도움을 청한다.

내밀자, 에스더가 일어나 왕 앞에 서서 말하였다.
5 "내가 임금님께 은혜를 입었고, 임금님께서 나를
귀엽게 보시고, 내 말이 임금님께서 들으시기에
옳다고 생각하시면, 임금님께서 나를 사랑스럽게
생각하시면, 아각 자손 함므다다의 아들 하만이,
임금님의 나라 여러 지방에 사는 유다 사람을 다
없애려고, 흉계를 꾸며 쓴 여러 문서가 무효가 되
도록 조서를 내려 주십시오. 6 나의 겨레가 화를
당하는 것을, 내가 어찌 나의 눈으로 볼 수 있겠
으며, 나의 가족이 망하는 것을 어찌 눈뜨고 볼 수
있겠습니까?" 7 아하수에로 왕이 에스더 왕후와
유다 사람 모르드개에게 대답하였다. "하만이 유다
사람을 죽이려 하였기에, 나는 그를 장대에 매달아
죽이도록 하였소. 또한 하만의 재산을 빼앗아서
에스더 왕후에게 주었소. 8 이제, 유다 사람들을
살려야 하니, 왕의 이름으로 당신네들에게 유리
한 내용으로 조서를 하나 더 만들고, 그 조서에 왕
의 인장 반지로 도장을 찍으시오. 내 이름으로 만
들고, 내 인장 반지로 도장을 찍은 조서는, 아무도
취소하지 못하오."

9 곧바로 왕의 서기관들이 소집되었다. 때는
셋째 달인 시완월 이십삼일이었다. 서기관들은
모르드개가 불러 주는 대로 조서를 만들어서, 인
도에서부터 ㄱ)에티오피아에 이르기까지, 백스물
일곱 지방에 있는 유다 사람들과 대신들과 총독들
과 각 지방 귀족들에게 보냈다. 조서는 각 지방의
글과 각 민족의 말로 썼으며, 유다 사람들의 글과
말로도 조서를 만들어서 보냈다. 10 모르드개는
아하수에로 왕의 이름으로 조서를 작성하고, 거
기에 왕의 인장 반지로 도장을 찍었다. 그렇게 한
다음에, 보발꾼들을 시켜서, 그 조서를 급히 보냈
다. 보발꾼들이 타고 갈 말은 왕궁에서 기른 것으
로써, 왕의 심부름에 쓰는 날랜 말들이었다. 11 왕
의 조서 내용은, 각 성에 사는 유다 사람들이 함께
모여서 목숨을 지킬 수 있도록 한 것이다. 어느 성읍
에서든지, 다른 민족들이 유다 사람들을 공격하면,
거기에 맞서서, 공격하여 오는 자들뿐만 아니라,
그들의 자식과 아내까지도 모두 죽이고 도륙하고
진멸하고, 재산까지 빼앗을 수 있게 한 것이었다.
12 그러나 아하수에로 왕이 다스리는 모든 지방
에서, 유다 사람들이 이런 일을 할 수 있는 날은,
열두째 달인 아달월 십삼일 하루 동안으로 규정하
였다. 13 각 지방에서는 그 조서를 법령으로 공
포하여 각 민족에게 알리고, 유다 사람들이 대적
들에게 원수 갚을 날을 미리 준비하게 하였다.
14 왕의 명령은 이처럼 빨리 전달되어야 하는 것
이었으므로, 보발꾼들은 왕의 심부름에 쓰는 날
랜 말을 타고 급히 떠났다. 도성 수산에도 조서가
나붙었다.

15 모르드개는 보라색과 흰색으로 된 궁중
예복을 입고, 큰 금관을 쓰고, 고운 모시로 짠 붉
은 겉옷을 입고 어전에서 물러 나왔다. 수산 성에
서는 즐거운 잔치가 벌어졌다. 16 유다 사람들
에게는 서광이 비치는 기쁘고 즐겁고 자랑스러운
날이었다. 17 지방마다 성읍마다, 왕이 내린 명
령과 조서가 전달된 곳에서는 어디에서나, 그 곳
에 사는 유다 사람들이 잔치를 벌였다. 그들은 기
뻐하고 즐거워하며, 그 날을 축제의 날로 삼았다.
그 땅에 사는 다른 민족들 가운데서 많은 사람들
이 유다 사람들을 두려워하므로, 유다 사람이 되
기도 하였다.

ㄱ) 또는 '누비아'. 히, '구스' 곧 나일 강 상류지역

8:3-17 페르시아제국에서 여전히 위태위태한 유대 사람들의 처지가 드러나고 있다. 하만이 유대 사람을 파멸하려고 내린 문서가 여전히 효력을 가지고 있었으므로 에스더는 그것을 무효화하도록 애써야 했다. **8:3** 에스더가 왕의 발 앞에 엎드린 것은 유대 사람들의 지위를 보여주는 것이다—힘 없는 사람들이 힘 있는 사람에게 청원하는 것이다. 에스더가 "여성적인 매력"을 사용하는 것에 거부감을 느낄 사람도 있겠지만, 에스더는 도덕적으로 올바른 목적을 위해서 자신이 다룰 수 있는 무기를 거리낌 없이 사용한다. **8:4-6** 이제 에스더와 모르드개가 왕에게 영향력을 미칠 수 있는 지위에 오르기는 했지만, 하만이 유대 사람을 대학살하려던 조서는 아직도 여전히 효력을 가지고 있다. 에스더는 다시 한 번 자기가 가진 지위를 이용하여 현명한 대신의 역할을 하고 있다. **8:7-8** 아하수에로는 조서에 대해 아무런 책임도 지지 않고, 에스더와 모르드개에게 재량권을 넘겨준다. **8:8** *유다 사람 모르드개* 앞에서는 *유대 사람* 이라는 용어가 경멸의 뜻을 담고 있었지만 이제는 왕과 왕후에 버금가는 명예로운 용어가 되었다. *당신네들.* 복수형으로서 에스더와 모르드개를 일컫는다. **8:9-10** *시완월.* 두 달이 지나갔다. 모르드개의 행동은 앞서 하만의 행동과 비슷하지만 (3장), 하만의 정책을 거꾸로 하는 단계로 만들었다. **8:11-13** 모르드개의 조서는 유대 사람들이 공격을 받게 되면 자기를 방어할 수 있도록 허락하고 전리품을 차지할 수 있도록 허락한다. 그리고 하만의 돌이킬 수 없는 조서를 무효로 만든다. **8:14** *조서가 나붙었다.* 3:15를 되풀이한 것으로, 이야기는 한 바퀴 돌아서 다시 수산 궁으로 되돌아 왔다. **8:15-17** *궁중 예복을 입고.* 모르드개의 외모는 에스더 전체에 나오는 왕족뿐만 아니라 요셉(창

유다 사람이 원수들을 죽이다

9 1 열두째 달인 아달월 십삼일, 드디어 왕이 내린 명령과 조서대로 시행하는 날이 되었다. 이 날은, 본래 유다 사람의 원수들이 유다 사람을 없애려고 한 날인데, 오히려 유다 사람이 자기들을 미워하는 자들을 없애는 날로 바뀌었다. 2 아하수에로 왕이 다스리는 모든 지방의 각 성읍에 사는 유다 사람들은, 성읍별로 모여서, 자기들을 해치려고 한 자들을 공격하였다. 모든 민족이 그들을 두려워하였으므로, 아무도 막을 수 없었다. 3 각 지방의 대신들과 제후들과 총독들과 왕의 행정관리들은, 모르드개가 무서워서도 유다 사람들을 도왔다. 4 당시 모르드개는, 왕궁에서 실권을 잡고 있었고, 그의 세력은 날로 더하여 갔으며, 그의 명성은 전국 방방곡곡에 퍼졌다.

5 유다 사람들은 그들의 원수를 다 칼로 쳐 죽여 없앴으며, 자기들을 미워하는 자들에게, 하고 싶은 대로 다 하였다. 6 유다 사람들은 도성 수산에서만도 그런 자들을 오백 명이나 처형하였다. 7 바산다다와 달본과 아스바다와 8 보라다와 아달리야와 아리다다와 9 바마스다와 아리새와 아리대와 왜사다와 10 곧 유다 사람의 원수요 함므다다의 아들인 하만의 열 아들도 죽였다. 유다 사람들은 그들을 죽이기는 하였지만, 그들의 재산은 빼앗지 않았다.

11 도성 수산에서 죽은 사람의 수는 그 날로 왕에게 보고되었다. 12 왕이 에스더 왕후에게 말하였다. "유다 사람들은 도성 수산에서만도 그들의 원수를 오백 명이나 죽였고, 하만의 열 아들도 다 죽였소. 그러니 나머지 다른 지방에서야 오죽하였겠소? 이제 당신의 남은 소청이 무엇이오? 내가 그대로 들어주리다. 당신의 요구가 또 무엇이오? 당신이 바라는 대로 하여 주겠소." 13 에스더가 대답하였다. "임금님께서만 좋으시다면, 수산에 있는 유다 사람들이 내일도 오늘처럼 이 조서대로 시행하도록 하여 주십시오. 그리고 하만의 열 아들의 주검은 장대에 매달아 주십시오." 14 왕은 그렇게 하라고 명령을 내렸다. 수산에는 조서가 내렸고, 하만의 열 아들의 주검은 장대에 매달렸다. 15 수산의 유다 사람들은 아달월 십사일에 한 곳에 모여서, 수산에서만도 삼백 명을 죽였으나, 역시 재산은 빼앗지 않았다.

16 그러는 동안에, 왕이 다스리는 각 지방에 있는 나머지 유다 사람들도, 지방별로 함께 모여서 조직을 정비하고, 자체 방어에 들어갔다. 그들은 원수들을 무려 칠만 오천 명이나 죽였으나, 역시 재산은 빼앗지 않았다. 17 이 일이 일어난 것은 아달월 십삼일이었다. 십사일에는 쉬면서, 그 날을, 잔치를 하면서 기뻐하는 날로 삼았다. 18 그러나 수산에 사는 유다 사람들은, 십삼일과 십사일에 모여 일을 벌였으므로, 십오일에는 쉬면서, 그 날을 잔치를 하면서 기뻐하는 날로 삼았다. 19 성벽이 없는 여러 마을에 사는 유다 사람들이 아달월 십사일을 명절로 정하고, 즐겁게 잔치를 벌이면서, 서로 음식을 나누어 먹은 까닭도 바로 이것이다.

41:42)의 옷과 비슷하다. **8:17** *잔치를 하면서 기뻐하는 날로 삼았다.* 3:15에 나오는 혼란과 비교하라. 지방에 사는 유대 사람이 잔치를 연 것은 여덟 번째 잔치이다. *유다 사람이 되기도 하였다.* 히브리어의 미트야하딤(mityahadim)을 번역한 것이다. 번역자들은 이 단어가 실제로 개종(할례와 함께)한 것인지, 아니면 이방 사람들이 단순히 유대 사람 편을 든 것인지 서로 다른 의견을 보인다. 한글 성경들은 다 유다 사람이 되거나 개종한 것으로 번역했다. 칠십인역은 "그들이 할례를 받았다" 라고 번역했다. 이 절들의 바탕에 흐르는 것은 구원의 신학으로, 하나님은 보이지 않은 구세주가 되신다. 알파사본은 8:17에서 끝난다.

9:1—10:3 결론을 맺는 이 두 장은 문학적으로는 질이 좀 떨어지는데, 후대에 에스더 이야기를 전개시키면서 덧붙여졌는지도 모르지만 이제는 이 책에서 없어서는 안 될 부분이 되었다. **9:1-19** **9:1-5** *날로 바뀌었다.* 이 단어들은 이 책에 있는, 빈정대는 일련의 반전을 한꺼번에 뭉쳐서 표현한다. 유대 사람들의 행동은 방어적이기보다 공격적으로, 이 책이 반이방인주의적이라는 고소를 받을 여지를 남긴다. 그러나 반유대주의 때문에 유대 사람들은 먼저 역공격을 취하지 않으면 안 되었다. **9:6** *오백 명.* 과장된 표현으로 대단한 승리임을 나타낸다. **9:7-10a** 아들들의 죽음으로 하만은 완전히 몰락해버렸다 (5:11을 참조). **9:10b** 적들의 재산을 빼앗지 않음으로써 유대 사람들은 이 전쟁을 거룩한 전쟁으로 바꾸었다 (창 14:22-24). **9:11-15** 에스더가 내일도 살육하도록 왕에게 요청한 것을 설명하기에 그럴 듯한 유일한 이유는, 저자가 이를 이용하여 부림절이 이틀에 걸쳐 지켜지는 기원을 설명하려 했다는 것이다 (9:17-19를 보라). *열 아들의 주검은…매달아.* 주검은 공개적으로 치욕을 당하도록 드러낸 채로 두었다; 히브리 전통에서 이는 최고의 모욕이다. **9:16** *칠만 오천 명.* 페르시아제국에서 반-셈족주의가 극단적인 단계에 있었다는 것을 알리기 위해 아주 과장시킨 숫자이다. **9:17-19** 부림절의 기원, 카니발과 같이 인기 있는 명절. 여기서 부림은 완전히 세속적인 것으로,

부림절

20 모르드개는 이 모든 사건을 다 기록하여
두었다. 그는 또, 멀든지 가깝든지, 아하수에로
왕이 다스리는 모든 지방에 사는 유다 사람들에게
글을 보내서, 21 해마다 아달월 십사일과 십오
일을 명절로 지키도록 지시하였다. 22 그 날에
유다 사람이 원수들의 손에서 벗어났으며, 그 날에
유다 사람의 슬픔이 기쁨으로 바뀌었고, 초상날이
잔칫날로 바뀌었으므로, 모르드개는 그 이틀 동
안을, 잔치를 벌이면서 기뻐하는 명절로 정하고,
서로 음식을 나누어 먹고, 가난한 사람들에게 선
물을 주는 날로 지키도록 지시하였다. 23 그래서
유다 사람들은, 모르드개가 그들에게 글로 써서
지시한 대로, 자기들이 시작한 그 명절을 해마다
지켰다.

24 유다 사람의 원수 아각의 자손 함므다다의
아들 하만은, 유다 사람들을 죽여 없애려고, 주사
위의 일종인 부르를 던져서, 유다 사람들을 다 없앨
날을 받았으나, 25 에스더가 그 음모를 왕 앞에
말하니, 왕은 하만이 유다 사람을 해치려고 꾸민
악한 흉계가 하만 자신에게 돌아가도록 하고, 하
만뿐만 아니라 그의 모든 아들까지도 장대에 매달
도록, 글로 써서 조서를 내렸다. 26 그래서 주사
위의 일종인 부르라는 말을 따라, 이 두 날을 불
러서 부림이라고 하였다. 이 모든 사건은, 유다 사
람 스스로가 직접 보고 겪은 것이며, 모르드개의
글에도 적혀 있는 것이다. 27 그래서 그들은 이
두 날을, 그들과 자손과 그들에게 귀화하는 모든
사람이, 해마다 정해진 때에, 글에 적혀 있는 대로,
반드시 지켜야 하는 명절로 삼았다. 28 이 두
날은, 유다 사람이면, 어느 지방 어느 성읍에 살
든지, 모든 집안마다 대대로 기억하고 지켜야 하는
날이다. 이틀 동안 계속되는 부림절은 유다 사람
들로서는 거를 수 없는 명절이 되고, 자손에게도
잊어서는 안 되는 날이 되었다.

29 아비하일의 딸 에스더 왕후는, 유다 사람
모르드개와 함께, 전권을 가지고 두 번째로 편지를
써서, 부림절을 확정하였다. 30 위로와 격려의
말이 담긴 그 편지는, 아하수에로 왕국 백스물일곱
지방에 사는 모든 유다 사람들에게 발송되었다.
31 이 편지는 이틀 동안 계속되는 부림절을 확정
짓는 것이다. 이것은 유다 사람 모르드개와 에스더
왕후가 지시한 것일 뿐만 아니라, 유다 사람들 스
스로도 기꺼이 부림절을 명절로 확정하고, 그 자
손들도 그 때가 되면, 금식하며, 슬피 울면서 지
키도록 하였다. 32 부림절에 관한 규정은, 에스
더의 명령으로 이렇게 확정되고, 그것은 글로 기
록되었다.

왕과 모르드개가 칭송을 받다

10 1 아하수에로 왕은, 본토뿐 아니라, 바다
건너 여러 섬에도 조공을 바치라고 명령
하였다. 2 그가 그 막강한 힘과 권력을 가지고
이룬 모든 업적과, 모르드개에게 높은 벼슬을 주
어서 영화롭게 한 모든 내용이, 메대와 페르시아의
왕조실록에 기록되어서 전하여 온다. 3 유다 사람
모르드개는 아하수에로 왕 다음으로 실권이 있
었다. 그는 유다 사람들 사이에서 존경을 받았다.
특히 자기 백성이 잘 되도록 꾀하였고, 유다 사람
들이 안전하게 살도록 애썼으므로, 같은 겨레인
유다 사람은 모두 그를 좋아하였다.

기도나 희생제사나, 혹은 다른 종교적인 의식을 전혀 언급하지 않는다. 수산의 수도와 여러 마을에서 열린 잔치들은 이 책에서 아홉 번째와 열 번째 잔치이다. 이 두 개의 잔치와 1장에 나오는 두 개의 잔치는 2:1—9:16 주위를 감싸고 있다. **9:20-32** 부림은 영구적으로 지키는 잔치로 정해졌다. **9:20-23** 이제 고위 정부 관리가 된 모르드개는 잔치를 공식적으로 허가해 준다. 잔치는 싸움 자체가 아니라, 싸움이 끝난 것을 축하한다. **9:24-26** 약간의 세부사항이 바뀌었지만 에스더 1—8장을 요약한 것이다. **9:27-28** 이 절들이 쓰이기 전에, 부림절은 이미 절기로 잘 정착되어 있었다. **9:29-32** 이 절들은 부연한 것으로 후대에 교정되었다. *금식하며, 슬피 울면서*는 유대의 다른 거룩한 날들을 일컫는다. **10:1-3** 왕은 그 위대함으로 칭송을 받고, 모르드개는 모든 사람에 혜택을 베풀고 아무에게도 해를 끼치지 않는 권력을 사용함 으로써 칭찬을 받고 있다. 에스더의 이름은 이채롭게 빠져있다.

욥기

욥기는 많은 학자들이 유대교와 그리스도교의 정경 중 가장 섬세한 지혜문서로 여기는 책이다. 그리스도교와 세속사회에서 "욥의 인내" (약 5:11) 라는 구절로 아주 잘 알려져 있는 이 책은 평신도, 교역자, 그리고 성서학자들이 모두 애독할 뿐만 아니라 본문에 대하여 알고 싶어하는 책일 것이다. 성경의 어느 다른 구절도 그토록 ("왜 선한 사람들에게 악한 일이 일어나는가?")를 놓고 정면으로 도전하거나 혹은 예술적인 수단으로 하나님의 공의에 대한 문제를 다루고 있지 않다. 이것은 억울한 고난을 당한 모든 세대와 모든 개인에게 공감되는 이야기이다.

구약성경의 지혜 전승(전도서, 잠언, 욥기)의 일부로, 욥기는 이 지혜문학 전집에 담겨있는 공통 주제와 특징을 지니고 있다. 그러나 어떤 이들은 욥기를 독특한 형태의 지혜문서와 지혜의 수수께끼를 나타낸다고 기술하기도 한다. 이 의로운 고난자의 이야기는 다른 성경구절(예를 들어, 잠언, 사사기, 사무엘상하, 열왕기상하)에 나오는 "심은 대로 거둔다"는 전통적 사고를 직접 반박하는 것으로 보인다. 하나님의 공의에 대한 이러한 질문은 구약성경의 본문에서 여기에만 독특하게 나오는 것이 아니다. 다른 예로는, 소돔과 고모라의 파괴에 관하여 하나님에게 질문하는 아브라함(창 18:22-32)과 몇 편의 탄원 시편 등이 있다 (시 37편; 73편을 보라). 욥기를 읽으면 어떤 이는 답답함을 느끼게 되고, 또 다른 이는 자유함을 얻게 되는 것은 이 책이 인간의 고통과 하나님의 공의에 대한 문제와 연관하여 (신정 [神正]) 대답을 제시하려고 하지 않는다는 점을 말한다. 이 책은 분명히 공의에 대한 상벌의 단순 논리의 이해를 부정하면서도, 한 번도 신정(神正)의 문제에 관하여 독자에게 명확한 대답을 주지 않는다.

욥기가 복합적인 글이라는 것은 오랫동안 인식되어 왔다. 기본적인 산문의 이야기(1:1—2:13; 42:7-17)는 하늘의 경쟁에 희생물이 되었지만, 하나님을 저주하기를 거절하고, 종국에 더 위대한 축복으로 회복되는 사람을 묘사한다. 이 이야기는 하나님의 공의에 관한 네 명의 등장인물의 논쟁과 그러한 논쟁에 대한 하나님의 응답을 담고 있는 시 부분의 서두와 결말의 역할을 한다. 정교한 히브리 시로 되어 있는 대화는 다른 문화의 말을 인용하고 희귀한 히브리 단어가 많은 반면, 서두의 이야기는 민담 (folktale) 같은 글로 읽혀진다.

이러한 샌드위치의 효과는 인물 묘사와 또 다루고 있는 종교 문제의 근본적 변이를 나타내 준다. 산문 부분에는 하나님과 하나님의 행위에 대하여 한 번도 논쟁을 벌이지 않는 주요 인물이 나오는 반면, 시문 부분에는 하나님의 동기와 방법에 대하여 도전을 하면서도 믿음을 지키는 인물이 나온다. 따로 떼어서 읽으면, 욥의 민담은 공의 문제에 대하여 마음에 걸리지만 명확한 대답을 제시한다: 인간은 하나님이 사람의 신실함에 대하여 시험하시는 결과로 부당하게 고통을 당한다. 그러나 중간에 나오는 시로 되어 있는 대화는 그러한 대답에 대하여 도전한다. 하나님의 대답은 욥에게 벌어진 일에 대하여 어떤 동기를 밝히지 않으며, 욥의 세 "친구"에 대한 하나님의 대답은 그 신실함을 지켰다는 면에서 욥이 옳았으며, 이러한 무서운 일이 일어나도록 허락하셨다는 점에서 아마 하나님이 옳지 않으셨다고 말하고 있는 것 같다.

글의 양식과 주제와 등장인물의 변화로 말미암아 책의 형성에 관한 여러 가지 이론이 제기되어 왔다. 많은 이들이 이 책이 단계적으로 형성되었으며, 정경의 산문 부분에 나오는 의로운 욥에 관한 구전으로 된 민담으로 시작하였는데, 또한 욥의 친구들은 하나님을 질문하였지만 욥은 그렇게 하지 않았다는 대화를 담게 되었다고 주장한다. 그 다음, 이 이야기에 (하나님에 대한 욥의 도전과 하나님의 응답을 포함하는) 새로운 대화를 더하고 욥의 강력한 주장을 반박하기 위하여 엘리후라는 새로운 인물을 창출하여 그의 말을 삽입한 후대 이스라엘의 저자에 의하여 변형되었다. 지극히 논란이 되는 마지막 단계에서, 하나님에 대한 욥의 언어의 일부분에 대하여 충격을 받은 성경 사본의 필사가 빌닷과 소발의 말의 일부분을 욥의 말로 바꾸어 놓는다.

이 이론은 욥기의 복잡한 구조를 설명하는 데 도움이 되나, 이로 말미암아 많은 해석자들이 욥기를 하나의 총체로 보기보다 전체에서 분리된 부분의 합작으로 다루게 되었다. 보다 더 많은 학자들은 책의 통일성에 초점을 맞추기를 선호하여, 본문의 마지막 모습이 그 의미에 어떠한 영향을 주는가를 고려한다. 아마도 구조와 주제와 등장인물의 상충되는 부분은 오랜 세대를 거쳐 온 문제에 관하여 다른 관점으로 말하고자 하는 욥기의 온전한 메시지의 일부분으로 보아야 할 것이다.

욥기의 저작 연도에 대한 주장으로는 기원전 10세기에서 2세기 사이로, 대부분이 (기원후 1세기 이후의 것일 수는 없으며, 그보다 훨씬 더 이전의 글일 가능성이 높은) 엘리후의 응답을 제외한 모든 부분에 관하여 7세기에서 5세기 중간의 어느 시점을 선택한다. 본문에 역사적 사건이나 인물에 대한 언급이 없으므로, 연도를 정하는 척도로는 주제, 문학적 주제, 언어학적 고려 등을 포함한다. 또한, 다른 고대 근동 문화의 문서에 나오는, 욥기와 유사한 글이 연도를 정하는 목적에 사용된다.

욥기의 이면에 담긴 기본적인 이야기는 이스라엘에 국한된 것이 아니다. 사실, 욥기는 "의로운 고난자" 라는 메소포타미아의 전승에 대한 이스라엘의 각색으로 보인다. 욥기와 분명히 쌍벽을 이루는 한 구체적인 글이 기원전 1000년경에 쓰인 "바빌론 신정"이라는 글이다. 그러나 이러한 실마리 중 그 어떤 것도 저작 연도를 정하는 일에 증거가 되는 것은 아니다.

욥기는 다음과 같이 요약할 수 있다; 본문과 함께 나오는 주석은 이 개요에 기초하였으며, 선명도를 기하기 위하여 세분된 부분을 추가하였다.

Ⅰ. 서두, 1:1—2:13
Ⅱ. 대화, 3:1—31:40
  A. 첫 번째 주기, 3:1—14:22
  B. 두 번째 주기, 15:1—21:34
  C. 세 번째 주기, 22:1—31:40
Ⅲ. 엘리후의 가로막음, 32:1—37:24
  A. 서두, 32:1-5
  B. 응답, 32:6—37:24
Ⅳ. 하나님과 만남, 38:1—42:6
  A. 하나님의 호출, 38:1-3
  B. 하나님의 말씀, 38:4—40:2
  C. 욥의 응답, 40:3-5
  D. 하나님의 말씀, 40:6—41:34
  E. 욥의 응답, 42:1-6
Ⅴ. 결말, 42:7-17

리사 데비슨 (Lisa Davison)

사탄이 욥을 시험하다

1 1 우스라는 곳에 욥이라는 사람이 살고 있었다.
그는 흠이 없고 정직하였으며, 하나님을 경외
하며 악을 멀리하는 사람이었다. 2 그에게는 아들
일곱과 딸 셋이 있고, 3 양이 칠천 마리, 낙타가
삼천 마리, 겨릿소가 오백 쌍, 암나귀가 오백 마
리나 있고, 종도 아주 많이 있었다. 그는 동방에서
으뜸가는 부자였다.
4 그의 아들들은 저마다 생일이 되면, 돌아
가면서 저희 집에서 잔치를 베풀고, 세 누이들도
오라고 해서 함께 음식을 먹곤 하였다. 5 잔치가
끝난 다음날이면, 욥은 으레 아침에 일찍 일어나서,
자식들을 생각하면서, 그들을 깨끗하게 하려고,
자식의 수대로 일일이 번제를 드렸다. 자식 가운
데서 어느 하나라도, 알지 못하는 사이에라도 하
나님을 ㄱ)저주하고 죄를 지었을 수도 있다고 생각
하여, 잔치가 끝나고 난 뒤에는 늘 그렇게 하였다.
욥은 모든 일에 늘 이렇게 신중하였다.
6 하루는 ㄴ)하나님의 아들들이 와서 주님 앞에
섰는데, ㄷ)사탄도 그들과 함께 서 있었다. 7 주님

ㄱ) 히, '찬양하고 (베르쿠)', 히브리 본문에서는 하나님께는 '저주하다'는 말을 쓸 수 없어서 대신 완곡어법을 써서 '찬양하다'로 대치함. 일명 '서기관의 대치(티쿤 쏘프림)'라고 함 ㄴ) 또는 '천사들' ㄷ) '고발자'. 히, '하 사탄'

1:1—2:13 욥기의 서두를 보면 극히 짜임새 있게 전개되는 민담을 읽는 것 같다. 상징적인 숫자를 쓰면서, 주요 어휘, 구절, 문장, 또 구절 전체까지도 반복되면서, 이 두 장은 일체성과 리듬을 보다 중요하게 보여준다. 이야기는 여섯 장면으로 구성되어 있다 (1:1-5, 6-12; 13-22; 2:1-6, 7-10, 11-13). 처음 다섯 장면은 땅과 하늘을 오가고 있고, 중간의 네 장면은 하늘에서 일어나는 일로 말미암아 땅에서 벌어진 결과를 보여주는 상호보완해 주는 쌍을 이루고 있다. 이것은 억울하게 당하는 고난에 어떻게 반응하는 것이 옳은 모습인지를 가르쳐 주는 교훈으로 되어있는 이야기이다. 각기 다른 등장인물들은 인간의 기본적인 특징을 묘사하고 있으며, 이야기의 교훈은 *"주신 분도 주님이시요, 가져 가신 분도 주님이시니, 주님의 이름을 찬양할 뿐입니다"* (1:21b) 라는 의로운 희생자의 말과, 이렇게, *"욥은 이 모든 어려움을 당하고서도, 말로 죄를 짓지 않았다"* (2:10b) 라는 그의 행위에 요약되어 있다.

1:1-3 내레이터는 욥이 이스라엘 사람이 아니라는 것을 지적한다. 그는 대부분의 학자들이 에돔이나 아람 지역이라고 여기는 *우스* 땅에 살고 있다. 주인공 욥의 이름은 전형적인 이스라엘 사람의 이름이 아니지만, 고대 시리아-팔레스타인의 다른 문화에 등장한다. 이렇게, 욥은 이스라엘을 조상 전승에 대한 혈통적인 주장을 하지 않으며 또한 그의 행위는 이스라엘 전통에 직접 연결시킬 수 없다. 그러나 그의 인종 배경은 이야기의 서두에서 강조되지 않는다; 중요한 것은 그의 인물됨됨이다. 욥은 *흠이 없고 정직하였으며* 하나님을 올바로 경외하고 모든 악을 물리치는 사람이다. 독자들은 욥이 그의 의로 말미암아 큰 재물을 소유하는 보상을 받았다는 인상을 얻게 된다. 일곱 아들과 세 딸 (7+3=10); 칠천 양과 삼천 낙타 (7,000+3,000=10,000); 그리고 오백 겨릿소와 오백 마리의 암나귀 (500+500=1,000) 등, 십의 배수로 가는 공식 숫자가 그의 자녀들과 그의 물질적인 소유물을 묘사하는 데 나오는데, 이는 완전함과 온전함을 나타낸다. 이 부분의 종국에는 최상급이 쓰여, 욥은 *동방에서 으뜸가는 부자였다* (3d절) 라고 선언한다.

1:4-5 욥의 가정생활의 목가적인 모습은 그의 자녀들이 함께 잔치하는 모습에서 묘사되고 있다. 독자가 아직 욥의 온전한 경건함에 대하여 미심쩍은 경우를 대비하여 이야기에서 그에 대하여 확신을 주기 위하여 과장법을 쓰고 있다. 그의 자녀들의 잔치의 마지막에, 욥은 아들과 딸들이 자기들도 모르는 사이에 범하였을지 모르는 하나님에 대한 죄과에 대하여 그들을 깨끗케 하기 위하여 번제를 드린다.

1:6 하나님에 대한 용어가 바뀌면서 이 부분에서 이야기의 배경이 변한다. 처음 다섯 절에는 하나님에 대한 일반적인 히브리어 단어 *엘*(하나님)이 쓰인 반면, 6절부터는 *야훼* (주님) 라는 하나님의 이름이 나온다. 이렇게 하나님의 이름이 섞여 나오는 것은 첫 두 장 전체에 걸쳐서 계속 되지만, 이번 절 이후로는 어떻게 다른 용례로 쓰이는 것인지 불분명하여진다 (예를 들어, 1:16, 22; 2:9, 10에 나오는 하나님; 1:21; 2:1-7에 나오는 주님). 두 번째 장면은 주님이 *하나님의 아들들*(히브리어, *버네이 엘로힘*)을 맞이하는 하늘의 궁중에서 벌어진다. 이 하나님의 아들들이 누구이며 어떠한 존재인지는 확실하지 않다. 그들은 하나님의 공의회의 일원일지 모르며, 또는 아마 주님에게 종속된 다른 신들일지도 모른다. 이러한 하나님의 아들들 가운데 *사탄*(*하-사탄*)으로 알려진 인물이 등장한다. (892쪽 추가 설명: "구약성경에 나타나는 사탄"을 보라). 이 단어는 새번역 개정에서 "사탄"이라고 번역되었지만, 보다 더 정확한 번역은 "대적자" 이다. 히브리에서 정관사는 "하"인데, 이 정관사가 사용된 것을 보면, *하-사탄*은 고유명사가 아니라, 그것은 기능을 나타내는 명칭이라는 것을 알 수 있다. 이 인물은 대중문화에서 생각하는 마귀와 혼동되는 경우가 많다. 그러나 구약 문서에는 아직 그러한 인물이 나오지 않는다. *하-사탄*이라는 용어는 욥기 외에 다른 부분에도 나온다 (삼상 29:4에서 다윗을 블레셋 사람들이

께서 사탄에게 "어디를 갔다가 오는 길이냐?" 하고
물으셨다. 사탄은 주님께 "땅을 이리저리 돌아다
니다가 오는 길입니다" 하고 대답하였다.
8 주님께서 사탄에게 말씀하셨다. "너는 내
종 욥을 잘 살펴 보았느냐? 이 세상에는 그 사람
만큼 흠이 없고 정직한 사람, 그렇게 하나님을 경외
하며 악을 멀리하는 사람은 없다."
9 그러자 사탄이 주님께 아뢰었다. "욥이, 아
무것도 바라는 것이 없이 하나님을 경외하겠습니
까? 10 주님께서, 그와 그의 집과 그가 가진 모든
것을 울타리로 감싸 주시고, 그가 하는 일이면 무
엇에나 복을 주셔서, 그의 소유를 온 땅에 넘치게
하지 않으셨습니까? 11 이제라도 주님께서 손을
드셔서, 그가 가진 모든 것을 치시면, 그는 주님
앞에서 주님을 ㄱ)저주할 것입니다."
12 주님께서 사탄에게 말씀하셨다. "그가 가
진 모든 것을 다 네게 맡겨 보겠다. 다만, 그의 몸
에는 손을 대지 말아라!" 그 때에 사탄이 주님 앞
에서 물러갔다.

욥이 자녀와 재산을 잃다

13 하루는, 욥의 아들과 딸들이 맏아들의
집에서 음식을 먹으며, 포도주를 마시고 있는데,
14 일꾼 하나가 욥에게 달려와서, 다급하게 말하
였다. "우리가 소를 몰아 밭을 갈고, 나귀들은 그
근처에서 풀을 뜯고 있는데, 15 스바 사람들이 갑
자기 들이닥쳐, 가축들을 빼앗아 가고, 종들을 칼로
쳐서 죽였습니다. 저 혼자만 겨우 살아 남아서,
주인 어른께 이렇게 소식을 전해 드립니다."
16 이 일꾼이 아직 말을 다 마치지도 않았는데,
또 다른 사람이 달려와서 말하였다. "하늘에서
하나님의 불이 떨어져서, 양 떼와 목동들을 살라
버렸습니다. 저 혼자만 겨우 살아 남아서, 주인
어른께 이렇게 소식을 전해 드립니다."
17 이 사람도 아직 말을 다 마치지 않았는데,
또 다른 사람이 달려와서 말하였다. "ㄴ)갈대아 사람
세 무리가 갑자기 낙타 떼에게 달려들어서 모두
끌어가고, 종들을 칼로 쳐서 죽였습니다. 저 혼자
만 겨우 살아 남아서, 주인 어른께 이렇게 소식을
전해 드립니다."
18 이 사람도 아직 말을 다 마치지 않았는데,
또 다른 사람이 달려와서 말하였다. "주인 어른의
아드님과 따님들이 큰 아드님 댁에서 한창 음식을
먹으며, 포도주를 마시는데, 19 갑자기 광야에
서 강풍이 불어와서, 그 집 네 모퉁이를 내리쳤고,
집이 무너졌습니다. 그 때에 젊은 사람들이 그
속에 깔려서, 모두 죽었습니다. 저 혼자만 겨우
살아 남아서, 주인 어른께 이렇게 소식을 전해 드
립니다."

ㄱ) 히, '찬양할 것입니다'. 1:5의 주를 볼 것 ㄴ) 북쪽에서 떠돌며 약탈을 일삼던 종족

사탄 이라고 불렀으며, 민 22:22에서 "주의 천사"가 대적자 *사탄*으로 묘사된다). 이 용어는 대적자, 고발자, 또는 거침돌이 되는 이를 가리킨다. 이 역할을 맡은 이는 사람일 수도 있고 초자연일 수도 있다. *하-사탄*의 다른 용례를 보면, 욥기에 나오는 경우를 포함하여, 이 고발자는 분명히 대적자로서의 신이 아니라, 오히려 하나님의 도구이다.

1:7-12 주님이 *하-사탄(사탄)*의 행적을 물으실 때, 우리는 *하-사탄*이 주님의 검사로 그의 임무의 일부분이 사람의 신실함의 동기를 시험하는 것임을 알게 된다. 주님이 *하-사탄*에게 욥을 잘 살펴보라고 하시는 일에는 과장된 모습이 담겨 있다. 욥은 주님의 성공 사례의 한 예로 제시된다. 그러나 *하-사탄*은 욥의 의로운 동기를 의심하며, 누구든지 하나님의 보호와 축복을 받으면 흠이 없게 되는 것은 쉬운 일이라고 지적한다. 욥의 신실함의 진정한 성격은 주님이 욥에게 고난을 내리시면 밝혀진다고 *하-사탄*은 말한다. 하나님은 이러한 도전을 받아들이시며, 한 가지 제한을 더하신다: 욥의 몸에는 손을 대지 말라! 고 말씀하신다. *하-사탄*은 하나님께서 욥에게 고난을 당하게 하라고 요구하고, 주님은 *하-사탄*이 행동을 취할 것을 허락하신다. 주님의 이러한 반응은 몇 가지 의미 있는 질문을 제기시킨다. 첫째, 주님이 그렇게 욥의 생명을 그의 권한에 일임하시는 *하-사탄*은 어떠한 존재인가? 둘째, 주님의 이러한 행위는 이 의로운 사람에게 내릴 재난에 대한 어떤 직접적인 책임을 회피하는 한 방편인가? 셋째, 단지 자기가 옳다는 것을 증명하기 위하여 한 의로운 사람에게 부당하게 고난을 받게 허락하시는 신은 어떠한 하나님인가? (893쪽 추가 설명: "욥기에 나타난 하나님 묘사"를 보라)

1:13-19 이야기의 배경은 다시 땅으로 돌아오며, 하나님과 *하-사탄*이 동의된 내용이 욥과 그의 가정에서 벌어진다. 이야기의 줄거리는 앞에서 지상의 장면이 끝난 곳에서 다시 시작된다. 욥의 자녀들이 그들의 정기적인 잔치를 벌일 때 재난이 닥친다. 첫째, 욥은 그의 물질적 재산(곧, *소, 나귀, 양, 낙타*)과 대부분의 종들을 인간과 신/자연의 힘(곧, *스바 사람들, 불, 갈대아 사람들*)에 의하여 잃게 된다. 각 경우에, 한 사람이 살아남아서 욥에게 재난의 소식을 전한다. 세 사람은 다른 전달자가 각자 유일한 생존인물로 자기소개를 하는 장면에는 해학(comical)적인 요소가 있다. 욥이 아직도 일어난 모든 일을 이해하려고 할 때에, 가장 흉악한 소식을 전하는 넷째 전달자가 나온다. 욥의 자녀들이 이번에는 이해할

20 이 때에 욥은 일어나 슬퍼하며 겉옷을 찢고
머리털을 민 다음에, 머리를 땅에 대고 엎드려 경
배하면서, 21 이렇게 말하였다.
"모태에서 빈 손으로 태어났으니,
죽을 때에도
빈 손으로 ㄱ)돌아갈 것입니다.
주신 분도 주님이시요,
가져 가신 분도 주님이시니,
주님의 이름을 찬양할 뿐입니다."
22 이렇게 욥은, 이 모든 어려움을 당하고서도
죄를 짓지 않았으며, 어리석게 하나님을 원망하
지도 않았다.

사탄이 다시 욥을 시험하다

2 1 하루는 ㄴ)하나님의 아들들이 와서 주님 앞에
서고, 사탄도 그들과 함께 주님 앞에 섰다.
2 주님께서 사탄에게 "어디를 갔다가 오는 길이
냐?" 하고 물으셨다. 사탄은 주님께 "땅을 이리저리
돌아다니다가 오는 길입니다" 하고 대답하였다.
3 주님께서 사탄에게 말씀하셨다. "너는 내
종 욥을 잘 살펴 보았느냐? 이 세상에 그 사람만큼
흠이 없고 정직한 사람, 그렇게 하나님을 경외하고
악을 멀리하는 사람이 없다. 네가 나를 부추겨서,
공연히 그를 해치려고 하였지만, 그는 여전히 자
기의 온전함을 굳게 지키고 있지 않느냐?"
4 사탄이 주님께 아뢰었다. "가죽은 가죽으로
대신할 수 있습니다. 사람은 자기 생명을 지키는
일이면, 자기가 가진 모든 것을 버립니다. 5 이제
라도 주님께서 손을 들어서 그의 뼈와 살을 치시면,
그는 당장 주님 앞에서 주님을 ㄷ)저주하고 말 것
입니다!"
6 주님께서 사탄에게 말씀하셨다. "그렇다면,
그를 너에게 맡겨 보겠다. 그러나 그의 생명만은
건드리지 말아라!"
7 사탄은 주님 앞에서 물러나 곧 욥을 쳐서,
발바닥에서부터 정수리에까지 악성 종기가 나서
고생하게 하였다. 8 그래서 욥은 잿더미에 앉아
서, 옹기 조각을 가지고 자기 몸을 긁고 있었다.
9 그러자 아내가 그에게 말하였다. "이래도 당신은
여전히 신실함을 지킬 겁니까? 차라리 하나님을
ㄷ)저주하고서 죽는 것이 낫겠습니다."
10 그러나 욥은 그에게 이렇게 대답하였다.
"당신까지도 ㄹ)어리석은 여자들처럼 말하는구려.
우리가 누리는 복도 하나님께로부터 받았는데,

ㄱ) 또는 '떠날 것입니다' ㄴ) 또는 '천사들' ㄷ) 히, '찬양하고'. 1:5의 주를 볼 것 ㄹ) 히브리어에서 '어리석다'는 것은 도덕적으로 결함이 있음을 뜻함

수 없는 *강풍에* 상실된다. 이러한 재난들이 욥이 그의 믿음을 잃는지를 보려고 하는 *하-사탄*의 행위라는 것을 독자들은 알고 있다.

1:20-22 이 모든 재난들은 하늘의 궁정에서 전에 벌어진 일을 욥이 전혀 모르는 사이에 벌어진다. 슬픔에 겨워 욥은 그의 옷을 찢고 그의 머리를 삭발하는 전형적인 의식을 행한다. 그러나 그 다음 그는 놀랍게도 하나님을 경배한다. 욥은 그가 가진 모든 것이 하나님께서 주신 것이며, 그 모든 선물을 잃게 되는 것도 또한 하나님께서 가져 가시는 일로 이해한다. 하나님에 대한 그의 완전한 성실함으로 그는 그의 고통의 깊음에서 주님의 이름을 축복하여 그의 신실한 삶의 태도에서 벗어나지 않는다. 본질적으로, 주님은 옳았으며 *하-사탄*은 그릇되었다는 것이 증명되었다.

2:1-7a 그것은 단지 제1판의 마지막에 불과했다. 장면은 다시 하늘의 궁정으로 돌아가서, 거기서 주님이 다시 *하-사탄*을 포함하여 하나님의 아들들을 맞이하신다. 주님은 1:7의 나오는 것과 같은 질문을 하면서 *하-사탄*과 또 한 번의 대화를 청한다. *하-사탄*이 하는 대답은 주님이 욥의 주제를 다시 한 번 제기하여 *하-사탄*이 욥의 경건한 동기가 틀렸다는 것을 지적하는 기회가 된다. 1:12에서는 욥에게 벌어질 일에 대한 책임이 *하-사탄*에게 있는 반면, 3절에서 주님은 욥을 해치라고 *하-사탄*에게 부추김을 받았다고 말씀하시는 것은 신기한 내용이다. 아마 이것은 본문에 대한 편집 수정에 일관성이 없다는 것의 증거일지 모르며, 또는 저자/편집자가 하나님이 직접 욥의 고난을 초래하였다는 것과 전능하지 못한 신에 대한 개념에 대하여 마음 편하게 생각하지 않았다는 것일지 모른다. 누가 재난을 시작한 것인지에 대하여 일관성이 없는 것이 그러한 문제에 대하여 결정을 내리지 못하였다는 것을 반영하고 있다. 욥이 재물과 자손을 잃고도 계속 신실하였기 때문에 *하-사탄*은 처음에 도전하였던 문제에 대하여 더 과격한 내기를 제시한다. 이전의 고난은 충분히 심하지 않았으므로, *하-사탄*은 이번에는 하나님이 욥의 신체에 손상을 가하시라고 도전한다. 다시, 주님은 도전을 받아들여서 *하-사탄*에게 권한을 부여하시면서, 한 가지 제한을 더하신다: *하-사탄*은 욥의 *생명만은 건드리지 말아라!* (2:6b) 라는 지시를 받는다. 두 번째 마당이 시작된다.

2:7b-10 욥은 이제 그의 온몸을 덮는 악성 종기를 당하게 된다. 이야기는 잿더미에 앉아서 옹기 조각을 가지고 그 악성 종기를 야만스럽게 긁고 있는 고통받는 욥의 모습을 묘사한다. 그에게 남은 유일한 가족인 그의 아내가 욥에게 *하나님을 저주하고서 죽는 것이 낫겠습니다* (2:9) 하고 부추길 때, 그는 신앙을 잃지 않는다. 다시 한 번, 의로운 고난자는 하나님이 복과 재앙을 내리신다는 오랜 지혜의 말씀을 하며 여전히 죄의 유혹을 물리치는 것으로 나온다.

어찌 재앙이라고 해서 못 받는다 하겠소?" 이렇게
하여, 욥은 이 모든 어려움을 당하고서도, 말로
죄를 짓지 않았다.

친구들이 욥을 찾아오다

11 그 때에 욥의 친구 세 사람, 곧 데만 사람
엘리바스와 수아 사람 빌닷과 나아마 사람 소발은,
욥이 이 모든 재앙을 만나서 고생한다는 소식을
듣고, 욥을 달래고 위로하려고, 저마다 집을 떠나서
욥에게로 왔다. 12 그들이 멀리서 욥을 보았으나,
그가 욥인 줄 알지 못하였다. 그들은 한참 뒤에야
그가 바로 욥인 줄을 알고, 슬픔을 못 이겨 소리
내어 울면서 겉옷을 찢고, 또 공중에 티끌을 날려서
머리에 뒤집어썼다. 13 그들은 밤낮 이레 동안을
욥과 함께 땅바닥에 앉아 있으면서도, 욥이 겪는
고통이 너무도 처참하여, 입을 열어 한 마디 말도
할 수 없었다.

욥이 하나님께 불평하다

3 1 드디어 욥이 말문을 열고, 자기 생일을 저
주하면서 2 울부짖었다.
3 내가 태어나던 날이

추가 설명: 욥과 그의 세 친구

욥기 3:1—31:40의 긴 부분에는 욥과 그의 세 친구가 시문 형식으로 대화하는 부분이 나온다. "대화" 라는 말은 사실 혼동되는 말이다. 이 스물아홉 장에서 욥과 그의 동무들은 서로에게 말하고 말을 듣는 적이 거의 없다. 오히려 그들은 서로를 무시하고 말하면서, 각자의 말에는 전에 한 말과 거의 관계가 없다. 욥이 하는 처음 독백 (3:1-26) 후에, 엘리바스-욥-빌닷-욥-소발-욥 등 각자 자기의 할 말을 하면서, 불완전한 대칭 구조를 이루는 세 번에 걸친 대화(3:1—14:22; 15:1—21:34; 22:1—31:40)가 나온다. 이 세 번의 대화에서, 욥은 각 친구의 주장에 대하여 대답할 기회를 얻는다. 그러나 그의 말에는 전에 한 말에 대한 언급이 거의 없으며, 그의 대답의 처음 네 번의 응답(7:1-21; 10:1-22; 13:17—14:22; 17:1-16)에서, 욥은 중간에 말을 돌려 친구들에게 말하기보다 하나님에게 말씀을 드린다. 대칭의 구조는 소발의 말이 나오지 않는 세 번째 주기에서 깨어진다. 이 세 번째 주기에서 빌닷의 대답이 아주 짧으며, 24:1—27:23에 나오는 욥의 말은 욥이 이미 전에 한 말과 상충되는 말로 보이며 친구들이 한 것과 같은 논제를 담고 있다. 여기서, 단계적인 발전을 주장하는 학자들은 후기의 필사가 내용을 재배열하여 빌닷과 소발의 말을 욥의 입에 담았다고 생각한다. 지혜를 포착하기 어렵다는 시가 28:1-28에 나오며 후기의 본문에 삽입된 것으로 보인다. 본문은 대개 하나님에게 제시되는 욥의 마지막 주장으로 마무리된다.

어떠한 말이 재배열되었다 하더라도, 이 부분에 나오는 욥은 분명히 앞장에 나오는 욥과 상치된다. 그의 온유한 평정은 그가 그에게 일어난 일에 대하여 하나님에게 도전하기 시작하면서 극적으로 변한다. 서두의 욥이 아무런 불평이 없이 그의 불운을 용납하는 반면, 본문의 이 부분에서 말하기 시작하는 욥은 분노하여 그가 왜 그토록 참아야 하는지에 대한 어떤 대답을 원한다. 그는 그 자신의 상황을 사용하여 하나님의 의가 번복된 것을 제시하면서, 하나님의 상벌에 대한 재래적인 지혜를 배격한다.

세 친구(엘리바스, 빌닷, 소발)의 평정도 이 부분에서 변한다. 욥의 불평과 그의 순전함에 대한 주장으로 그들은 철야의 침묵을 깨뜨리게 된다. 만일 욥이 그의 벌에 대한 마땅함을 용납한다면, 아마도 그들은 더 말할 필요를 느끼지 않을 것이다. 그의 고백은 하나님의 정의에 대한 그들 자신의 이해를 뒷받침해 주었을 것이다. 그러나 하나님이 그를 부당하게 핍박하신다는 욥의 주장으로 이 세 친구의 세계관의 확신이 흐트러진다. 그들의 삶은 의로운 상과 벌에 대한 전통적인 지혜에 기초한 것이다. 욥의 상황은 하나님이 질서를 정하신 세계에 대한 그들의 신념을 전복시키려고 한다. 그들은 공포와 혼동으로 그들이 하는 말을 하게 되고, 그 결과 그들이 하는 말은 덕보다 해를 끼치게 된다. 그들의 대답의 요지는 위로하려고 하는 사람들이 많이 하는 말(예를 들어,"하나님의 계획의 일부였다")의 저변에 깔려 있는 것과 끔찍할 만큼 흡사하다. 친구들은 삶이 공평하다고 확신을 얻기 위하여 욥의 고통을 이용한다.

차라리 사라져 버렸더라면,
'남자 아이를 배었다'고
좋아하던 그 밤도
망해 버렸더라면,
4 그 날이 어둠에 덮여서,
높은 곳에 계신 하나님께서도
그 날을 기억하지 못하셨더라면,
아예 그 날이 밝지도 않았더라면,
5 어둠과 ㄱ)사망의 그늘이
그 날을 제 것이라 하여,
검은 구름이 그 날을 덮었더라면,
낮을 어둠으로 덮어서,
그 날을 공포 속에 몰아넣었더라면,
6 그 밤도 흑암에 사로잡혔더라면,
그 밤이 아예
날 수와 달 수에도 들지 않았더라면,
7 아, 그 밤이
아무도 잉태하지 못하는
밤이었더라면,
아무도 기쁨의 소리를 낼 수 없는
밤이었더라면,
8 주문을 외워서
ㄴ)바다를 저주하는 자들이,
ㄷ)리워야단도 길들일 수 있는
마력을 가진 자들이,
그 날을 저주하였더라면,
9 그 밤에는 새벽 별들도 빛을 잃어서,
날이 밝기를 기다려도 밝지를 않고,
동트는 것도 볼 수 없었더라면,
좋았을 것을!
10 어머니의 태가 열리지 않아,
내가 태어나지 않았어야 하는 건데.
그래서
이 고난을 겪지 않아야 하는 건데!

11 어찌하여
내가 모태에서 죽지 않았던가?
어찌하여
어머니 배에서 나오는 그 순간에
숨이 끊어지지 않았던가?
12 어찌하여 나를
무릎으로 받았으며,
어찌하여 어머니가 나를
품에 안고 젖을 물렸던가?

13 그렇게만 하지 않았더라도,
지금쯤은 내가 편히 누워서
잠들어 쉬고 있을 텐데.
14 지금은 폐허가 된 성읍이지만,
한때 그 성읍을 세우던
세상의 왕들과 고관들과 함께
잠들어 있을 텐데.

ㄱ) 또는 '깊은 흑암' ㄴ) 또는 '날을 저주하는 자가' ㄷ) 악어처럼 생긴 바다 괴물

2:11-13 욥의 재난을 듣고, 그의 세 친구가 고통 가운데 있는 욥과 함께 하기 위하여 찾아온다. 주인공과 같이, 이 세 사람은 아무도 이스라엘 사람으로 묘사되지 않았으며, 욥과 같은 나라 사람들이었을 것이다. 엘리바스는 이두메의 동쪽에 있는 데만에서 오며, 에서의 후예이다. 빌닷은 수아 사람으로 수아라는 지명은 욥기에만 나오는 말이지 "부 (富)" 라는 히브리어 단어(*수아*)와 연결된 것으로 여겨진다. 소발의 출신지는 단정하기 어렵다. 나아마 사람이란 욥기밖에 나오지 않는 또 하나의 히브리 단어를 번역하는 말이다. 이 단어는 "유쾌함"이라는 단어(*나아만*)와 연관시킬 수 있다. 그들은 친구의 가여운 광경을 보고, 세 사람은 슬픔에 겨워 1:20에 나오는 욥이 처음에 행한 것과 비슷한 (옷을 찢고 그 머리에 재를 뿌리는) 의식을 행한다. 욥의 무서운 고난으로 세 사람은 할 말을 잃고, 칠일 칠야를 고뇌하는 욥과 함께 앉아 있는다. 그들은 본능적으로 적당한 말이 없다는 것을 안다. 그들이 할 수 있는 유일한 것은 욥의 고난 가운데 그와 함께 있는 것이다.

3:1-26 칠일 주야를 그의 세 친구와 침묵 가운데 앉아 있은 후, 결심한 욥이 마침내 말한다. 욥이 누구에게 말을 하고 있는 것인지는 분명하지 않다. 아마 그는 그의 동무들에게, 또는 하나님에게, 또는 그의 말을 들어줄 어떤 사람에게 말하고 있는 것 같다. 그는 *태어나던 날*과 그가 잉태한 밤을 저주하면서 말을 시작한다. 그의 상황이 심하다는 것이 완전한 절망의 말에 나타나 있다. 극적인 이미지를 쓰면서, 욥은 완전한 어둠이 그의 탄생의 시간을 없애고 그의 잉태의 밤이 존재조차 없어질 것을 희망한다. **3:8** 히브리 단어 *욤(yom)이 바다*로 번역되지만—이 구절에서 욥은 그가 태어난 날과 밤이 저주를 받으라고 요청하고 있는 것을 보면 보다 더 정확한 번역은 개역개정이 번역한 것 같이 "날"이다. 또한, 같은 구절에서, 고대 근동의 신화에 대한 수많은 언급의 첫 번째로, *리워야단*(또한 41장을 보라)이 언급되고 있다. 리워야단은 혼돈의 바다와 연관되어, 시 104:26에 따르면 하나님이 만드셨지만, 하나님과 종종 투쟁을 벌인다 (또한 시 74:14를 보라). 욥은 그가 경험한 혼돈의 상징으로 원초적인 혼돈의 세력을 불러내고 있는 것으로 보인다. 그는 그가 태어나지 않았더라면

15 금과 은으로 집을 가득 채운
그 통치자들과 함께
잠들어 있을 텐데.
16 낙태된 핏덩이처럼,
살아 있지도 않을 텐데.
햇빛도 못 본 핏덩이처럼
되었을 텐데!

17 그 곳은
악한 사람들도
더 이상 소란을 피우지 못하고,
삶에 지친 사람들도
쉴 수 있는 곳인데.
18 그 곳은
갇힌 사람들도 함께 평화를 누리고,
노예를 부리는 감독관의 소리도
들리지 않는 곳인데.
19 그 곳은
낮은 자와 높은 자의 구별이 없고,
종까지도
주인에게서 자유를 얻는 곳인데!

20 어찌하여 하나님은,
고난당하는 자들을 태어나게 하셔서
빛을 보게 하시고,
이렇게 쓰디쓴 인생을
살아가는 자들에게
생명을 주시는가?
21 이런 사람들은 죽기를 기다려도
죽음이 찾아와 주지 않는다.
그들은 보물을 찾기보다는
죽기를 더 바라다가
22 무덤이라도 찾으면
기뻐서 어쩔 줄 모르는데,
23 어찌하여 하나님은
길 잃은 사람을 붙잡아 놓으시고,
사방으로 그 길을 막으시는가?

24 밥을 앞에 놓고서도,
나오느니 탄식이요,
신음 소리 그칠 날이 없다.
25 마침내
그렇게도 두려워하던 일이
밀어닥치고,
그렇게도 무서워하던 일이
다가오고야 말았다.
26 내게는 평화도 없고,
안정도 없고,
안식마저 사라지고,
두려움만 끝없이 밀려온다!

엘리바스의 첫 번째 발언

4 1 데만 사람 엘리바스가 대답하였다.

2 누가 네게 말을 걸면
너는 짜증스럽겠지.
말을 하지 않으려고 했지만
참을 수가 없다.
3 생각해 보아라.

더 좋았을 것이라고 생각한다. **3:11-26** 욥의 말의 다음 부분은 두 가지 질문으로 시작하여 그의 탄생에 관한 탄원시를 계속한다. 그의 고난의 막중함을 볼 때, 욥은 사는 것보다 죽는 것이 더 나은 것으로 여기고 있다. 죽음은 일과 수고에서 영원한 휴식을 얻는 것으로 묘사된다. 18절에서, 죽음은 노예로 잡혀 있는 사람들에게 자유를 주고, 그리고 평등하게 해주는 힘으로 묘사된다. 낮은 자나 높은 자나 모든 사람은 죽어야 한다. 욥은 그가 무덤에서 평화를 찾기보다 왜 살아서 고난을 겪어야 하는지를 알기 원한다. 재미있는 이미지의 전복이 23절에 나오는데, 거기서 욥이 자기자신을 하나님이 길 잃은 사람을 붙잡아 놓으시고, 사방으로 그 길을 막으시는 이로 묘사한다. 분명히, 하나님에게 "사방으로 그 길이 막힌다"는 것은 바람직한 상황이 아니다. 그것은 감금과 형벌을 나타내는 것으로 보인다. 그러나 1:10에서 *하-사탄*은 욥에 대한 하나님의 보호를 묘사하기 위하여 같은 비유를 사용한다. 24절에서 욥의 말은 탄원시의 운을 띠면서, 그를 삼킨 고난의 모습을 묘사한다 (렘 20:14-18 참조).

4:1-10 처음으로 말하는 욥의 친구는 엘리바스이다. 그는 말하게 해 달라고 요청하며 욥이 과거에 다른 사람에게 보여준 지혜와 배려를 칭찬하면서 공손한 말로 시작한다. 그러나 곧 그는 비난하는 말로 변하여, 욥이 너무 쉽게 그의 인내심을 잃었다고 말한다. 엘리바스는 욥이 그의 과거의 의로 용기를 얻고 하나님의 정의를 신뢰하여야 한다고 욥에게 상기시켜 준다. 엘리바스의 말을 읽을 때, 우리는 그가 욥을 설득하려는 것보다는, 오히려 자기자신을 설득시키려고 말하는 인상을 받게 된다. 그는 욥의 평판을 알고 있으며 그의 친구에게 일어난 일의 명확한 원인을 볼 수 없어서, 반드시 욥의 고난에 대한 이유가 있을 것이라고 자기자신을 확신시킬 필요를 느낀다. 아마 (다른 두 친구와 함께) 엘리바스는

너도 전에
많은 사람을 가르치기도 하고,
힘없는 자들의 두 팔을
굳세게 붙들어 주기도 했으며,
4 쓰러지는 이들을 격려하여
일어나게도 하고,
힘이 빠진 이들의 무릎을
굳게 붙들어 주기도 했다.
5 이제 이 일을 정작 네가 당하니까
너는 짜증스러워하고,
이 일이 정작 네게 닥치니까
낙담하는구나!
6 하나님을 경외하는 것이 네 믿음이고,
온전한 길을 걷는 것이
네 희망이 아니냐?
7 잘 생각해 보아라.
죄 없는 사람이 망한 일이 있더냐?
정직한 사람이 멸망한 일이 있더냐?
8 내가 본 대로는,
악을 갈아 재난을 뿌리는 자는
그대로 거두더라.
9 모두 하나님의 입김에 쓸려 가고,
그의 콧김에 날려 갈 것들이다.
10 사자의 울부짖음도 잠잠해지고,
사나운 사자의 울부짖음도
그치는 날이 있다.
힘센 사자도 이빨이 부러진다.
11 사자도, 늙어서 먹이를 잡지 못하면,
어미를 따르던 새끼 사자들이
뿔뿔이 흩어진다.
12 한번은 조용한 가운데
어떤 소리가 들려 오는데,
너무도 조용하여 겨우 알아들었다.
13 그 소리가 악몽처럼 나를 괴롭혔다.
14 두려움과 떨림이 나를 엄습하여,
뼈들이 막 흔들렸다.
15 어떤 영이 내 앞을 지나가니,
온몸의 털이 곤두섰다.
16 영이 멈추어 서기는 했으나
그 모습은 알아볼 수 없고,
형체가 어렴풋이 눈에 들어왔는데,
죽은 듯 조용한 가운데서
나는 이런 소리를 들었다.
17 "인간이 하나님보다
의로울 수 있겠으며,
사람이 창조주보다
깨끗할 수 있겠느냐?
18 하나님은
하늘에 있는 당신의 종들까지도
믿지 않으시고,
천사들에게마저도
허물이 있다고 하시는데,
19 하물며,
흙으로 만든 몸을 입고
티끌로 터를 삼고,
하루살이에게라도 눌려 죽을
사람이겠느냐?
20 사람은,
아침에는 살아 있다가도,
저녁이 오기 전에
예고도 없이 죽는 것,
별수 없이 모두들

"이러한 일이 욥과 같이 흠이 없는 사람에게 일어날 수 있다면, 완전하지 못한 나에게 무슨 일이 벌어질 것인가?" 라고 생각하고 있다. 이렇게 애매한 생각으로 엘리바스는 불안해진다. 4:7에는 "아니오!" 라는 강한 대답을 기대하는 수사적 효과를 노리는 질문들이 나온다. 엘리바스는 오늘날 "심은 대로 거둘 것입니다"로 바꾸어 쓸 수 있는 아마 당시 널리 알려진 잠언을 말하는 것 같다. 4:9의 하나님의 *입김과 불* 같은 진노의 콧김은 욥이 그의 양과 노비와 자녀들을 잃게 되는 재앙을 연상시킨다 (1:16, 18). 또 하나의 잠언이 4:10-11에 나오는데, 여기서 *사자*는 하나님이 그 악행에 대하여 벌하시는 악인들을 상징하기 위하여 쓰였다.

4:12-21 엘리바스의 대답은 그가 하나님을 꿈에서 만난 것 같이 기술하면서 색다른 어조를 띤다. 그는 밤중에 누구인지 무엇인지 모르지만, 어떤 영적인 존재가 방문하는 것을 묘사한다. 여기에 쓰인 언어는 다니엘의 꿈(단 1:17; 2:19-23)과 엘리야의 신현(왕상 19:12)에 쓰인 것을 연상시켜 주는 언어이다. 이 방문자는 두 가지 수사적 효과를 노리는 메시지를 전달하는데, 그에 대하여 방문자가 스스로 대답을 제시한다. *인간이 하나님보다 의로울 수 있겠으며, 사람이 창조주보다 깨끗할 수 있겠느냐?* 다시 한 번, 이러한 질문에 대한 대답은 "아니오"이다. 사람이 하나님의 신뢰를 받을 만한 가치가 없는 것으로 묘사된다. 그들은 티끌과 하루살이와 같은데, 이 둘 다 무상한 인생의 성격을 나타내며 인생은 시작한 것만큼이나 빨리 끝이 나는 것이다. 사람은 살다 아무 것도 되지 못한 채 죽는다.

5:1-7 전장(前章)과 똑같은 주제가 보다 더 요약

영원히 망하고 만다.
21 생명 줄만 끊기면 사람은 그냥 죽고,
그 줄이 끊기면
지혜를 찾지 못하고 죽어간다."

5 1 어서 부르짖어 보아라
네게 응답하는 이가 있겠느냐?
하늘에 있는 거룩한 이들 가운데서,
그 누구에게
하소연을 할 수 있겠느냐?
2 미련한 사람은
자기의 분노 때문에 죽고,
어리석은 사람은
자기의 질투 때문에 죽는 법이다.
3 어리석은 사람의 뿌리가 뽑히고,
어리석은 자의 집이
순식간에 망하는 것을,
내가 직접 보았다.
4 그런 자의 자식들은
도움을 받을 데가 없어서,
재판에서 억울한 일을 당해도,
구해 주는 이가 없었고,
5 그런 자들이 거두어들인 것은,
굶주린 사람이 먹어 치운다.
가시나무 밭에서 자란 것까지
먹어 치운다.
목마른 사람이
그의 재산을 삼켜 버린다.
6 재앙이 흙에서 일어나는 법도 없고,
고난이 땅에서 솟아나는 법도 없다.
7 인간이 고난을 타고 태어나는 것은,
불티가 위로 나는 것과
같은 이치이다.

8 나 같으면 하나님을 찾아서,
내 사정을 하나님께 털어놓겠다.
9 그분은
우리가 측량할 수 없는
큰 일을 하시며,
우리가 헤아릴 수 없는
기이한 일을 하신다.
10 땅에 비를 내리시며,
밭에 물을 주시는 분이시다.
11 낮은 사람을 높이시고,
슬퍼하는 사람에게
구원을 보장해 주시며,
12 간교한 사람의 계획을 꺾으시어
그 일을 이루지 못하게 하신다.
13 지혜롭다고 하는 자들을
제 꾀에 속게 하시고,
교활한 자들의 꾀를
금방 실패로 돌아가게 하시니,
14 대낮에도 어둠을 만날 것이고,
한낮에도 밤중처럼 더듬을 것이다.
15 그러나 하나님은 가난한 사람들을
그들의 칼날 같은 입과
억센 손아귀로부터 구출하신다.
16 그러니까,

된 형태로 계속된다. 또 한 쌍의 수사의문문이 욥이 하늘에 그의 의를 인정하여 달라고 요청하는 일이 무용하다는 것을 함축적으로 보여주기 위하여 사용된다. 욥이 이전에 분노한 것이 5:2의 잠언의 인용으로 꾸지람을 받는다. 그는 바보같이 단순하게 말하였다. 다시 한 번, 어리석은 사람은 멸망을 피할 수 없다는 것이 확인된다. 그들은 모든 것을 다 잃게 될 것이며, 바로 이것이 욥의 곤경을 정확히 묘사한다. 엘리바스의 말이 욥이 언쟁을 계속하지 못하게 하려는 협박이 그의 의도라면, 엘리바스의 말은 빈말과 같이 들린다. 왜 욥은 계속하여 불평하지 말아야 하는가? 그는 그의 생명 이외에는 잃을 것이 없으며, 그는 이미 죽음이 그에게 축복이 될 것이라고 말하였다. 그의 논쟁의 아이러니를 모르면서, 엘리바스는 욥이 그의 곤경에 대하여 자기자신 외에는 아무도 비난할 사람이 없다고 말하는데, 이것은 "심은 대로 거둘 것입니다"라는 철학을 다시 한 번 확인하는 것이다. 실상 5:6은 4:8에 나오는, 심고 추수하는 이미지와 같은 이미지를 사용한다.

5:8-16 욥을 견책한 후 엘리바스는 이제 충고로 욥에게 *하나님을 찾아서 [네] 사정을 하나님께 털어놓으라*고 말한다. 이러한 충고 다음에는, 하나님의 선하심과 엄중한 신비를 송축하는 찬양의 시가 나온다. 엘리바스는 악인의 계획을 좌절시키는 것으로부터 슬픈 이들을 위로하는 데까지, 하나님의 정의가 분명히 입증되는 세계에 대한 목가적인 묘사를 제시한다. 하나님은 힘없는 이를 보호하고, 모든 인간의 요구를 공급하시는 이로 묘사된다. 엘리바스는 욥과 그의 고난의 현실을 직시하면서, 삶의 모습이 어떠해야 하는지 다시 한 번 자기자신에게 확신시키고 있다.

5:17-27 처음 구절은 한 편의 지혜시와 같이 읽혀진다 (예를 들어, 시 1:1). 엘리바스는 하나님은 다만 그가 사랑하는 이를 벌하시므로 욥은 *전능하신 분의 훈계*를 달게 받아야 한다고 선포한다 (17b절). 그는 나아가서 하나님이 잘못에 대하여 어떤 벌을 내리시더라도 또 하나님은 올바로 잡으신다고 선언한다. 5:18에 묘사된 공정하게 하는 하나님의 행위를 보는 독자는 예레미야

비천한 사람은 희망을 가지지만,
불의한 사람은
스스로 입을 다물 수밖에 없다.

17 하나님께 징계를 받는 사람은,
그래도 복된 사람이다.
그러니 ㄱ)전능하신 분의 훈계를
거절하지 말아라.
18 하나님은 찌르기도 하시지만
싸매어 주기도 하시며,
상하게도 하시지만
손수 낫게도 해주신다.
19 그는 여섯 가지 환난에서도
너를 구원하여 주시며,
일곱 가지 환난에서도
재앙이 네게 미치지 않게 해주시며,
20 기근 가운데서도
너를 굶어 죽지 않게 하시며,
전쟁이 벌어져도
너를 칼에서 구해 주실 것이다.
21 너는 혀의 저주를 피할 수 있어,
파멸이 다가와도
두려워하지 않을 것이다.
22 약탈과 굶주림쯤은
비웃어 넘길 수 있고,
들짐승을 두려워하지도
않을 것이다.
23 너는 들에 흩어진 돌과도
계약을 맺으며,
들짐승과도
평화롭게 지내게 될 것이다.
24 그래서 너는
집안이 두루 평안한 것을 볼 것이며,
가축 우리를 두루 살필 때마다
잃은 것이 없는 것을 볼 것이다.
25 또 자손도 많이 늘어나서,
땅에 풀같이
많아지는 것을 보게 될 것이다.
26 때가 되면,
곡식단이 타작 마당으로 가듯이,
너도 장수를 누리다가
수명이 다 차면,
무덤으로 들어갈 것이다.
27 이것은 우리가
지금까지 살펴본 것이니
틀림없는 사실이다.
부디 잘 듣고,
너 스스로를 생각해서라도
명심하기 바란다.

욥의 대답

6 1 욥이 대답하였다.

2 아, 내가 겪은 고난을
모두 저울에 달아 볼 수 있고,
내가 당하는 고통을
모두 저울에 올릴 수 있다면,
3 틀림없이,
바다의 모래보다 더 무거울 것이니,
내 말이 거칠었던 것은 이 때문이다.
4 ㄱ)전능하신 분께서
나를 과녁으로 삼고 화살을 쏘시니,
내 영혼이 그 독을 빤다.
하나님이 나를 몰아치셔서
나를 두렵게 하신다.
5 풀이 있는데 나귀가 울겠느냐?
꼴이 있는데 소가 울겠느냐?
6 싱거운 음식을
양념도 치지 않고 먹을 수 있겠느냐?

ㄱ) 히, '샤다이'

예언자의 부르심을 기억하게 된다 (렘 1:10). 엘리바스는 하나님이 정말 욥을 그의 고난에서 속량하실 것이지만, 하나님의 시간 안에서 하실 것이라는 요지를 제시한다. 그가 욥에게 하나님의 보호와 축복이 확실하다고 말할 때, 그 말은 때때로 잔인한 말로 들린다. **5:19** 엘리바스는 하나님의 회복의 완전함을 시사하기 위하여—*여섯 … 일곱*—흔한 지혜문구를 사용한다. 그러한 확신의 반어를 독자들은 놓치지 않는다. 사실, 욥은 이미 일곱 번 *재앙*을 당하였다 (소, 나귀, 양, 낙타, 자녀들, 종들 = 여섯; 또 그의 몸에 난 종기 = 일곱). 엘리바스는 심지어 욥의 가축과 자손이 풍부할 것을 예시하지만, 그 어느 것도 없는 이에게는 텅 빈 약속일뿐이다. 마무리 짓는 말이 곧 자기자신에게 확신을 주기 위하는 것이 엘리바스가 말하는 진정한 의도라는 것을 재확인시켜준다.

6:1-14 이제 욥이 대답할 차례이지만, 그가 엘리바스가 하는 말을 들었는지 아주 분명하지는 않다. 그러나 그의 친구가 한 비판적인 말을 보면 욥이 근본적으로 엘리바스의 말은 아무 것도 모르는 이가 하는 말이라고 일축하는 것에 대하여 욥을 나무랄 수 없다. 대신 욥은 그의 첫 번째 말이 끝난 부분에서 다시 시작하여

달걀 흰자위를
무슨 맛으로 먹겠느냐?
7 그런 것들은
생각만 해도 구역질이 난다.
냄새조차도 맡기가 싫다.

8 누가 내 소망을 이루어 줄까?
하나님이
내 소원을 이루어 주신다면,
9 하나님이 나를 부수시고,
손을 들어 나를 깨뜨려 주시면,
10 그것이 오히려 내게 위로가 되고,
이렇게 무자비한 고통 속에서도
그것이 오히려
내게 기쁨이 될 것이다.
나는 거룩하신 분의 말씀을
거역하지 않았다.
11 그러나 내게 무슨 기력이 있어서
더 견뎌 내겠으며,
얼마나 더 살겠다고,
더 버텨 내겠는가?
12 내 기력이 돌의 기력이라도 되느냐?
내 몸이 놋쇠라도 되느냐?
13 나를 도와줄 이도 없지 않으냐?
도움을 구하러 갈 곳도 없지 않으냐?

14 내가 전능하신 분을 경외하든 말든,
내가 이러한 절망 속에서
허덕일 때야말로,
친구가 필요한데,
15 친구라는 것들은
물이 흐르다가도 마르고
말랐다가도 흐르는
개울처럼 미덥지 못하고,
배신감만 느끼게 하는구나.
16 얼음이 녹으면 흙탕물이 흐르고,
눈이 녹으면 물이 넘쳐흐르다가도,
17 날이 더워지면 쉬 마르고,
날이 뜨거워지면
흔적조차 없어지고 마는 개울.
18 물이 줄기를 따라서
굽이쳐 흐르다가도,
메마른 땅에 이르면 곧
끊어지고 마는 개울.
19 데마의 대상들도 물을 찾으려 했고,
스바의 행인들도
그 개울에 희망을 걸었지만,
20 그들이 거기에 이르러서는
실망하고 말았다.
그 개울에 물이 흐를 것이라는
기대를 했던 것을
오히려 부끄러워하였다.
21 너희가 이 개울과 무엇이 다르냐?
너희도 내 몰골을 보고서,
두려워서 떨고 있지 않느냐?
22 내가 너희더러
이거 내놓아라 저거 내놓아라
한 적이 있느냐?
너희의 재산을 떼어서라도,
내 목숨 살려 달라고
말한 적이 있느냐?
23 아니면, 원수의 손에서
나를 건져 달라고 하길 했느냐,
폭군의 세력으로부터 나를
속량해 달라고
부탁하기라도 했느냐?

24 어디, 알아듣게 말 좀 해 보아라.
내가 귀기울여 듣겠다.
내 잘못이 무엇인지 말해 보아라.
25 바른 말은 힘이 있는 법이다.
그런데 너희는
정말 무엇을 책망하는 것이냐?

그의 극심한 상황에 대하여 계속하여 탄원하고 있는 것으로 보인다. 그는 수사적 효과를 노리는 두 가지 격언을 사용하여 그의 딱한 사정을 계속하여 묘사한다. 그는 단지 아무 것도 아닌 일에 대하여 불평하고 있는 것이 아니며 (6:5), 삶은 그에게 아무런 매력이 없다 (6:6). 그는 다시 한 번 하나님이 그의 삶과 그의 고난을 끝내 주실 것을 요구하면서, 이런 일이 벌어진다면 그의 고통은 어떤 모양으로든지 의롭다함을 얻게 될 것이라고 말한다. 욥은 그가 어떻게 버틸 수 있을지 모른다. 그는 지쳐 있다.

6:15-30 욥은 이제 엘리바스에게로 그의 관심을 돌린다. 아주 확실한 말로, 욥은 그의 친구들이 그에게 아무런 위로가 되지 못했음을 말해준다. 그는 심지어 엘리바스에게 친구를 불친절하게 대한 이들에게 일어나게 될 불행에 대하여 상기시켜준다. 그가 욥의 불평을 기각하는 것은 가난한 자와 친구를 푸대접하는 것과 동일하다고 말한다. **6:17** 욥은 엘리바스가 (그리고 다른 이들이) 그가 처한 상황의 부당함에 대해 경악을 느끼는 성실하지 못한 친구들이라고 비난한다. 욥은 그들에게 어떤 물질적인 도움을 요청하지 않았으며, 욥은 이제

26 너희는 남의 말
꼬투리나 잡으려는 것이 아니냐?
절망에 빠진 사람의 말이란,
바람과 같을 뿐이 아니냐?
27 너희는,
고아라도 제비를 뽑아
노예로 넘기고,
이익을 챙길 일이라면
친구라도 서슴지 않고
팔아 넘길 자들이다.
28 내 얼굴 좀 보아라.
내가 얼굴을 맞대고
거짓말이야 하겠느냐?
29 너희는 잘 생각해 보아라.
내가 억울한 일을
당하지 않게 해야 한다.
다시 한 번 더 돌이켜라.
내 정직이 의심받지 않게 해야 한다.
30 내가 혀를 놀려서,
옳지 않은 말을 한 일이라도 있느냐?
내가 입을 벌려서,
분별없이 떠든 일이라도 있느냐?

7

1 인생이
땅 위에서 산다는 것이,
고된 종살이와
다른 것이 무엇이냐?
그의 평생이
품꾼의 나날과 같지 않으냐?
2 저물기를 몹시 기다리는 종과도 같고,
수고한 삯을
애타게 바라는 품꾼과도 같다.
3 내가 바로 그렇게
여러 달을 허탈 속에 보냈다.
괴로운 밤은 꼬리를 물고 이어 갔다.
4 눕기만 하면,
언제 깰까, 언제 날이 샐까
마음 졸이며,
새벽까지 내내 뒤척거렸구나.
5 내 몸은 온통
구더기와 먼지로 뒤덮였구나.
피부는 아물었다가도
터져 버리는구나.
6 내 날이
베틀의 북보다 빠르게 지나가니,
아무런 소망도 없이
종말을 맞는구나.

7 내 생명이
한낱 바람임을 기억하여 주십시오.
내가 다시는
좋은 세월을 못 볼 것입니다.
8 어느 누구도
다시는 나를 볼 수 없을 것입니다.
주님께서
눈을 뜨고 나를 찾으려고 하셔도
나는 이미 없어졌을 것입니다.
9 구름이 사라지면
자취도 없는 것처럼,
ㄱ)스올로 내려가는 사람도
그와 같아서,
다시는 올라올 수 없습니다.
10 그는 자기 집으로
다시 돌아오지도 못할 것이고,
그가 살던 곳에서도
그를 몰라볼 것입니다.
11 그러나 나는
입을 다물고 있을 수 없습니다.
분하고 괴로워서,
말을 하지 않고는 견딜 수 없습니다.

12 내가 ㄴ)바다 괴물이라도 됩니까?
내가 깊은 곳에 사는
ㄷ)괴물이라도 됩니까?
어찌하여 주님께서는
나를 감시하십니까?

ㄱ) 또는 '무덤' 또는 '죽음' ㄴ) 히, '얌' ㄷ) 히, '타닌'

그가 당한 불운을 겪을 만하게 그가 저지른 일이 무엇인지 보이라고 요구한다.

7:1-6 욥은 이제 그의 인간 동료 대신 하나님께 말씀드린다. 욥은 그의 인생의 비참한 상황에 대하여 하나님을 직면하여 하나님께 그를 핍박하는 것을 그만두시라고 간청한다. 욥은 인간의 상황을 노예 상황과 비교한다. 욥은 견딜 수 없는 신체적 상황에 처하였다. 그는 평화를 찾을 수 없다.

7:7-16 욥은 그의 인생이 영원히 계속되지 않을 것이며 궁극에는 죽을 것을 알고 있다. 만일 하나님이 욥에게 대답하실 것이라면 그 대답은 반드시 빨리 와야 한다. 그가 겪고 있는 무서운 고통과 그의 인생의 종말의 불가피한 상황에서 욥은 그가 조용히 있지 않을 것이라고 선언한다. 그의 불평의 결과와 상관없이 상황이 더 악화될 수는 없다. 그는 왜 그가 신의 관심의 대상이어야 하는지 질문한다. 왜 하나님은 욥을 공포로 몰아, 그가

13 잠자리에라도 들면 편해지겠지,
깊이 잠이라도 들면
고통이 덜하겠지
하고 생각합니다만,
14 주님께서는
악몽으로 나를 놀라게 하시고,
무서운 환상으로 저를 떨게 하십니다.
15 차라리 숨이라도
막혀 버리면 좋겠습니다.
뼈만 앙상하게 살아 있기보다는,
차라리 죽는 것이 낫겠습니다.
16 나는 이제 사는 것이 지겹습니다.
영원히 살 것도 아닌데,
제발, 나를
혼자 있게 내버려 두십시오.
내 나날이 허무할 따름입니다.
17 사람이 무엇이라고,
주님께서
그를 대단하게 여기십니까?
어찌하여
사람에게 마음을 두십니까?
18 어찌하여 아침마다 그를 찾아오셔서
순간순간 그를 시험하십니까?
19 언제까지
내게서 눈을 떼지 않으시렵니까?
침 꼴깍 삼키는 동안만이라도,
나를 좀 내버려 두실 수 없습니까?
20 사람을 살피시는 주님,
내가 죄를 지었다고 하여
주님께서 무슨 해라도 입으십니까?
어찌하여 나를
주님의 과녁으로 삼으십니까?
ㄱ)어찌하여 나를
주님의 짐으로 생각하십니까?
21 어찌하여 주님께서는
내 허물을 용서하지 않으시고,
내 죄악을 용서해 주지 않으십니까?
이제 내가 숨져 흙 속에 누우면,
주님께서
아무리 저를 찾으신다 해도,
나는 이미 없는 몸이 아닙니까?

빌닷의 첫 번째 발언

8 1 수아 사람 빌닷이 대답하였다.

2 언제까지 네가
그런 투로 말을 계속할 테냐?
네 입에서 나오는 말
거센 바람과도 같아서
걷잡을 수 없구나.
3 너는, 하나님이 심판을
잘못하신다고 생각하느냐?
ㄴ)전능하신 분께서 공의를
거짓으로 판단하신다고 생각하느냐?
4 네 자식들이 주님께 죄를 지으면,
주님께서 그들을 벌하시는 것은
당연한 일이 아니냐?
5 그러나 네가
하나님을 간절히 찾으며
전능하신 분께 자비를 구하면,
6 또 네가 정말
깨끗하고 정직하기만 하면,
주님께서는 너를 살리시려고
떨치고 일어나셔서,
네 경건한 가정을
회복시켜 주실 것이다.
7 처음에는 보잘 것 없겠지만
나중에는 크게 될 것이다.

ㄱ) 마소라 사본 가운데 일부와 고대 히브리의 서기관 전통과 칠십인역을 따름. 대다수의 마소라 사본에는 '내가 나에게 짐이 됩니다' ㄴ) 히, '샤다이'

현재의 존재보다 죽음을 더 원하게 만드시려고 하시는가? **7:9** 스올. 513쪽 추가 설명: "구약성경에 나타난 죽음 이후의 삶"을 보라. **7:17-21** 17절에서 욥은 시 8:4를 풍자하여 비꼬아 말한다. 시편이 인간에 대한 하나님의 관심에 대한 경이의 질문을 담고 있다면, 욥은 짐으로 생각하여 괴롭게 하지 말아 달라는 간청으로 그 질문을 제시한다. 욥은 하나님의 압박적인 존재에서 잠시 쉴 수 있게 하여 달라고 요청한다. 그가 왜 하나님께 짐이 되었는지 묻는 20c절에서, 욥은 또한 하나님이 그에게 *짐이* 되었다는 것을 암시하고 있다. 욥은 그가 무고하다는 것을 알고 있지만, 왜 하나님이 그를 그냥 용서하시고 끝을 내지 아니하시는가? 질문하면서 마무리한다.

8:1-10 이제 욥의 두 번째 친구, 빌닷의 차례이다. 그가 욥에게 처음 하는 말은 거칠고 그에게 불평한다고 책망한다. 엘리바스와 같이 빌닷은 하나님의 정의에 대하여 다짐하는 말로 시작한다. 다시 이 말은 욥보다 자기를 확신시키려는 의도가 있다. 욥의 슬픔을 완전히 무시한 채 빌닷은 욥의 자녀들의 죽음은 그들의 죄에 대한 처벌로 마땅한 것이라고 시사한다. 욥은 그 태도를 바꾸고 회개하라는 도전을 받는다. 그러면 하나님은 욥을

8 이제 옛 세대에게 물어 보아라.
조상들의 경험으로 배운 진리를
잘 생각해 보아라.
9 우리는 다만
ㄱ)갓 태어난 사람과 같아서,
아는 것이 없으며,
땅 위에 사는 우리의 나날도
그림자에 지나지 않는다.
10 조상들이 네게 가르쳐 주며
일러주지 않았느냐?
조상들이
마음에 깨달은 바를
말하지 않았느냐?

11 늪이 아닌 곳에서
왕골이 어떻게 자라겠으며
물이 없는 곳에서
갈대가 어떻게 크겠느냐?
12 물이 말라 버리면,
왕골은 벨 때가 아직 멀었는데도
모두 말라 죽고 만다.
13 하나님을 잊는 모든 사람의 앞길이
이와 같을 것이며,
믿음을 저버린 사람의 소망도
이와 같이 사라져 버릴 것이다.
14 그런 사람이 믿는 것은
끊어질 줄에 지나지 않으며,
의지하는 것은
거미줄에 지나지 않는다.
15 기대어 살고 있는 집도
오래 서 있지 못하며,
굳게 잡고 있는 집도
버티고 서 있지 못할 것이다.

16 비록 햇빛 속에서
싱싱한 식물과 같이
동산마다 그 가지를 뻗으며,
17 돌무더기 위에까지
그 뿌리가 엉키어서
돌 사이에 뿌리를 내린다고 해도,
18 뿌리가 뽑히면,
서 있던 자리마저
'나는 너를 본 일이 없다'고
모르는 체할 것이다.
19 살아서 누리던 즐거움은
이렇게 빨리 지나가고,
그 흙에서는
또 다른 식물이 돋아난다.

20 정말 하나님은,
온전한 사람 물리치지 않으시며,
악한 사람 손 잡아 주지 않으신다.
21 그분께서
네 입을 웃음으로 채워 주시면,
네 입술은
즐거운 소리를 낼 것이니,
22 너를 미워하는 사람은
부끄러움을 당할 것이며,
악인의 장막은
자취도 없이 사라질 것이다.

욥의 대답

9 1 욥이 대답하였다.

2 그것이 사실이라는 것은
나도 잘 알고 있다.
그러나
사람이 어떻게 하나님 앞에서
의롭다고 주장할 수 있겠느냐?
3 사람이
하나님과 논쟁을 한다고 해도,

ㄱ) 또는 '어제부터 있었을 뿐이어서'

전보다 훨씬 더 나은 상황으로 회복하실 것이다. 6절 후반부는 이야기의 결론을 모호하게 예시하는 역할을 한다 (42:1-16 참조). 8-10절에서 빌닷은 하나님의 정의에 대한 그의 주장의 진실을 확인하기 위하여 조상의 지혜에 호소한다.

8:11-12 빌닷은 악인에 대한 묘사를 시작한다. 놀라운 자연의 이미지를 써서, 그는 악을 행한 자들을 *늪이* 없는 *왕골*, *물이* 없는 *갈대*, *흙이* 없는 *뿌리* 등, 마땅한 영양이 없이 살아남으려고 하는 식물의 삶의 예와 비교한다. 하나님을 저버린 사람은 거미집과 같이 일시적인 것으로, 안전한 쉼터를 마련할 수 없다. 그들은 결국에 사라져서 땅에 영원한 기억을 남기지 않는다. 악인은 정원의 잡초와 같이 무성하게 자란다 하여도 하나님은 그들을 품지 않으실 것이다. 빌닷은 그가 하나님의 축복의 상징으로 기쁨과 번성으로 회복될 것이지만, 악행하는 자들은 멸망당할 것이라고 약속한다. 거기 담긴 의미는 욥이 그의 죄를 용납하고 용서를 구하고 그의 하나님에 대한 비난을 멈추어야 한다는 것이다.

그분의 천 마디 말씀에
한 마디도 대답하지 못할 것이다.
4 하나님이 전지전능하시니,
그를 거역하고 온전할 사람이
있겠느냐?
5 아무도 모르는 사이에
산을 옮기시며,
진노하셔서
산을 뒤집어엎기도 하신다.
6 지진을 일으키시어
땅을 그 밑뿌리에서 흔드시고,
땅을 받치고 있는 기둥들을
흔드신다.
7 해에게 명령하시어
뜨지 못하게도 하시며,
별들을 가두시어
빛을 내지 못하게도 하신다.
8 어느 누구에게
도움을 받지도 않고
하늘을 펼치시며,
ㄱ)바다 괴물의 등을 짓밟으신다.
9 북두칠성과 삼성을 만드시고,
묘성과 남방의 밀실을 만드시며,
10 우리가 측량할 수 없는
큰 일을 하시며,
우리가 헤아릴 수 없는
기이한 일을 행하시는 분이시다.

11 하나님이 내 곁을 지나가신다 해도
볼 수 없으며,
내 앞에서 걸으신다 해도
알 수 없다.
12 그가 가져 가신다면
누가 도로 찾을 수 있으며,
누가 감히 그에게
왜 그러시느냐고 할 수 있겠느냐?
13 하나님이 진노를 풀지 아니하시면
ㄴ)라합을 돕는 무리도 무릎을 꿇는데,
14 내가 어찌 감히 그분에게
한 마디라도 대답할 수 있겠으며,
내가 무슨 말로
말대꾸를 할 수 있겠느냐?
15 비록 내가 옳다 해도
감히 아무 대답도 할 수 없다.
다만 나로서 할 수 있는 일은
나를 심판하실 그분께
은총을 비는 것뿐이다.
16 비록 그분께서
내가 말하는 것을 허락하신다 해도,
내가 부르짖는 소리를
귀기울여 들으실까?
17 그분께서
머리털 한 오라기만한 하찮은 일로도
나를 이렇게 짓눌러 부수시고,
나도 모를 이유로
나에게 많은 상처를 입히시는데,
18 숨돌릴 틈도 주시지 않고
쓰라림만 안겨 주시는데,
그분께서 내 간구를 들어 주실까?
19 강한 쪽이 그분이신데,
힘으로 겨룬다고 한들
어떻게 이기겠으며,
재판에 붙인다고 한들
누가 ㄷ)그분을
재판정으로 불러올 수 있겠느냐?

ㄱ) 또는 '바다의 파도를 짓밟으신다' ㄴ) 전설에 나오는 바다의 괴물, 혼돈과 악의 세력을 대표함 ㄷ) 칠십인역을 따름. 히, '나를'

9:1-12 욥의 대답의 첫 번째 구절은 대화의 참가자들이 서로에게 바로 대답을 하는 몇 가지 예 중 하나이다. 9:2에서, 하나님이 흠 없는 사람들을 대하시는 것에 대하여 빌닷이 한 말을 욥이 동의하는 것으로 보이지만, 욥은 사람이 *어떻게 하나님 앞에서 의롭다고 주장할 수 있겠느냐?* (4:17을 보라) 하고 엘리바스가 전에 했던 것과 비슷한 질문을 하면서 그에 대한 확신을 전복시킨다. 그러고 나서 그는 영광송으로 이 질문에 대한 대답을 제시한다. 욥은 하나님의 지혜와 능력과 통제와 창조력을 찬양한다. 그는 심지어 하나님의 행위에 신비와 경이로움에 대한 엘리바스의 찬송을 반향하기도 한다. 욥의 찬송은 우주의 비유로 넘쳐흐른다. 하나님은 산을 옮기시고, 지구의 기둥을 흔드시며, 태양과 별에게 명령을 내리시면서, 우주를 확장하시고, 바다 위를 걸으시는 것으로 묘사되고 있다. 9:9에서, 욥은 *북두칠성과 삼성과 묘성*에 대하여 언급하는데, 이들은 하나님이 창조하시고 또한 통제하시는 별자리들이다. 전적인 신의 통제의 견지에서 욥은 누가 감히 하나님의 행위에 질문을 제시할 수 있는가 묻는다.

9:13-20 하나님의 진노의 대상으로, 욥은 하나님에게 질문을 던질 수밖에 없다. 욥은 *라합*으로 인하여 초래된 혼돈(13절; 또한 26:12를 보라)과 제거되어야만 하는 신비스러운 바다의 괴물 *리워야단*(3:8; 38:1-24)으로 인하여 초래되는 혼돈을 계속 하나님의 진노로

20 비록 내가 옳다고 하더라도,
그분께서
내 입을 시켜서
나를 정죄하실 것이며,
비록 내가 흠이 없다고 하더라도,
그분께서 나를
틀렸다고 하실 것이다.
21 비록 내가 흠이 없다고 하더라도,
나도 나 자신을 잘 모르겠고,
다만, 산다는 것이 싫을 뿐이다.
22 나에게는
모든 것이 한 가지로만 여겨진다.
그러므로 나는
"그분께서는 흠이 없는 사람이나,
악한 사람이나,
다 한 가지로 심판하신다"
하고 말할 수밖에 없다.
23 갑작스러운 재앙으로
다들 죽게 되었을 때에도,
죄 없는 자마저
재앙을 받는 것을 보시고
비웃으실 것이다.
24 세상이 악한 권세자의 손에
넘어가도,
주님께서 재판관의 눈을 가려서
제대로 판결하지 못하게 하신다.
그렇지 않다고 하면,
그렇게 하는 이가 누구란 말이냐?

25 내 일생이
달리는 경주자보다
더 빨리 지나가므로,
좋은 세월을 누릴 겨를이 없습니다.
26 그 지나가는 것이
갈대 배와 같이 빠르고,
먹이를 덮치려고 내려오는
독수리처럼 빠릅니다.
27 온갖 불평도 잊어버리고,
슬픈 얼굴빛을 고쳐서
애써 명랑하게 보이려고 해도,
28 내가 겪는 이 모든 고통이
다만 두렵기만 합니다.
그러나 주님께서 나를
죄 없다고 여기지 않으실 것임을
압니다.
29 주님께서 나를 정죄하신다면,
내가 무엇 때문에 이렇게 애써서
헛된 수고를 해야 합니까?
30 비록 내가 ㄱ)비누로 몸을 씻고,
잿물로 손을 깨끗이 닦아도,
31 주님께서
나를 다시 시궁창에 처넣으시니,
내 옷인들 나를 좋아하겠습니까?

32 하나님이
나와 같은 사람이기만 하여도
내가 그분께 말을 할 수 있으련만,
함께 법정에 서서
이 논쟁을 끝낼 수 있으련만,
33 우리 둘 사이를 중재할 사람이 없고,
하나님과 나 사이를
판결해 줄 이가 없구나!
34 내게 소원이 있다면,
내가 더 두려워 떨지 않도록,
하나님이 채찍을 거두시는 것.

ㄱ) 또는 '눈으로'

경험한다. 욥은 그의 무고에 대한 주장을 반복하지만, 하나님이 그의 말을 듣는 데에 관심이 없으시다고 말한다. 하나님은 그에게 부당한 고난을 주기에는 너무 바쁘시다. 욥은 그가 하나님과 상대가 되지 않는다는 것을 인정한다. 하나님은 욥보다 더 강하시며 그리고 의롭다는 것을 스스로 선포하신다. 따라서 욥이 무슨 말을 하든지 공정한 청문을 얻지 않을 것이다.

9:21-24 마땅히 그리 되어야 할 일이 뒤집어졌다고 생각하는 데 대한 그의 격노로 이 구절들이 끝난다. 그의 고통을 완화시킬 유일한 길이 그의 친구들의 충고를 따라서 어떤 죄를 고백해야 할 것이라면, 그렇다면 욥은 "이길 수 없는" 상황에 놓여 있다. 그의 무고를 부인할 수 없어 욥은 계속되는 고문을 당한다. 그는 하나님이 *흠이 없는 사람이나, 악한 사람이나 다 한 가지로 심판하신다* (22절)는 주장으로 이러한 정의의 왜곡을 요약한다. 하나님은 무차별하게 행동하실 뿐 아니라 하나님의 행위는 잔인하고 악의의 행위이다. 만일 진정으로 전능하신 하나님을 믿는다면, 인생의 불의란 하나님의 탓으로 돌릴 수밖에 없다.

9:25-35 욥은 그의 생명의 일시적인 성격의 주제로 돌아온다. 잠시 있다 가는 존재라는 것을 생각하면 욥에게 행복한 얼굴을 띄고서 그에게 남아 있는 시간을 선용하라고 말할 수 있을지 모른다. 그러나 욥은 그러한 노력이란 무용한 것이라고 말하면서 그러한 제

35 그렇게 되면
나는 두려움 없이 말하겠다.
그러나 나 스스로는,
그럴 수가 없는 줄을 알고 있다.

계속되는 욥의 대답

10 1 산다는 것이
이렇게 괴로우니,
나는 이제
원통함을 참지 않고 다 털어놓고,
내 영혼의 괴로움을 다 말하겠다.
2 내가 하나님께 아뢰겠다.
나를 죄인 취급하지 마십시오.
무슨 일로 나 같은 자와 다투시는지
알려 주십시오.
3 주님께서 손수 만드신 이 몸은
학대하고 멸시하시면서도,
악인이 세운 계획은
잘만 되게 하시니
그것이
주님께 무슨 유익이라도 됩니까?
4 주님의 눈이
살과 피를 가진
사람의 눈이기도 합니까?
주님께서도 매사를
사람이 보듯이 보신단 말입니까?
5 주님의 날도
사람이 누리는 날처럼
짧기라도 하단 말입니까?
주님의 햇수가
사람이 누리는 햇수와 같이
덧없기라도 하단 말입니까?
6 그렇지 않다면야,
어찌하여 주님께서는 기어이
내 허물을 찾아내려고 하시며,
내 죄를 들추어내려고 하십니까?
7 내게 죄가 없다는 것과,
주님의 손에서
나를 빼낼 사람이 없다는 것은,
주님께서도 아시지 않습니까?
8 주님께서 손수 나를 빚으시고
지으셨는데,
어찌하여 이제 와서,
나에게 등을 돌리시고,
나를 멸망시키려고 하십니까?
9 주님께서는, 진흙을 빚듯이
몸소 이 몸을 지으셨음을
기억해 주십시오.
어찌하여 주님께서는 나를
티끌로 되돌아가게 하십니까?
10 주님께서
내 아버지에게 힘을 주셔서,
나를 낳게 하시고,
어머니가
나를 품에 안고
젖을 물리게 하셨습니다.
11 주님께서
살과 가죽으로 나를 입히시며,
뼈와 근육을 엮어서,
내 몸을 만드셨습니다.
12 주님께서
나에게 생명과 사랑을 주시고,
나를 돌보셔서,
내 숨결까지 지켜 주셨습니다.
13 그러나 지금 생각해 보니,
주님께서는 늘 나를 해치실 생각을
몰래 품고 계셨습니다.
14 주님께서는, 내가 죄를 짓나 안 짓나

안을 미연에 방지한다. 그가 고난을 당하고 있지 않다고 허위로 행세하는 것은 하나님이 그에게 주시는 핍박을 그리고 그의 죄에 대한 그의 친구들을 계속되는 주장을 멈추게 하지 않을 것이다. 욥이 인간 대적을 상대하고 있지 않고 있기 때문에, 그에게는 그의 불평을 호소할 데가 없다. 공판일도 없고 욥과 하나님 사이를 조정할 이도 없다. 대신 이 재판에는 하나님이 피고요 판사요 배심원이다. 만일 하나님이 이런 행패를 그만 부리실 것이라면, 욥은 다시 한 번 하나님의 정의에 대하여 말할 수 있을 것이다.

10:1-7 욥은 다시 한 번 하나님에게 말한다. 그는 그의 생에 대한 완전한 환멸을 반복한다. 그는 하나님에게 자유롭게 말하려고 결심을 하였다. 욥은 악인을 번성하게 내버려두면서 마땅한 까닭이 없이 그를 정죄하시는 데 대하여 하나님의 동기를 힐문한다. 그는 왜 하나님이 인간 판사와 같이 행동하시는가 알기 원한다. 분명히 하나님은 욥이 무고하다는 것을 알고 계신다. 그러나 왜 처벌을 계속하시는 것인가? 만일 하나님이 욥이 처한 상황에서 부당함을 보실 수 없다면, 아무 인간도 그를 구원할 수 없을 것이다. 어떻게 하나님은 그 스스로의 손으로 만드신 것을 파괴하시려고 하는가? 욥을 창조하시고 그에게 그토록 많은 축복을 주시는 큰 배려를 베푸시고, 왜 하나님은 이제 그 모든 것을 무효로 만들려고 하시는가?

지켜 보고 계셨으며,
내가 죄를 짓기라도 하면
용서하지 않으실 작정을
하고 계셨습니다.
15 내가 죄를 짓기만 하면
주님께서는 가차없이
내게 고통을 주시지만,
내가 올바른 일을 한다고 해서
주님께서
나를 믿어 주시지는 않으셨습니다.
그러니 나는
수치를 가득 덮어쓰고서,
고통을 몸으로 겪고 있습니다.
16 내 일이 잘 되기라도 하면,
주님께서는 사나운 사자처럼
나를 덮치시고,
기적을 일으키면서까지
내게 상처를 주려고 하셨습니다.
17 주님께서는 번갈아서,
내게 불리한 증인들을 세우시며,
내게 노여움을 키우시고,
나를 공격할 계획을 세우셨습니다.

18 주님께서 나를 이렇게 할 것이라면
왜 나를 모태에서
살아 나오게 하셨습니까?
차라리 모태에서 죽어서
사람들의 눈에 띄지나 않았더라면,
좋지 않았겠습니까?
19 생기지도 않은 사람처럼,
모태에서 곧바로
무덤으로 내려갔더라면,
좋았을 것입니다.
20 내가 살 날도 이제
얼마 남지 않았습니다.
나를 좀 혼자 있게 내버려 두십시오.
내게 남은 이 기간만이라도,
내가 잠시라도 쉴 수 있게
해주십시오.
21 어둡고 ㄱ)캄캄한 땅으로 내려가면,
다시는 돌아오지 못합니다.
그리로 가기 전에
잠시 쉬게 해주십시오.
22 그 땅은 흑암처럼 캄캄하고,
죽음의 그늘이 드리워져서
아무런 질서도 없고,
빛이 있다 해도
흑암과 같을 뿐입니다.

소발의 첫 번째 발언

11 1 나아마 사람 소발이 욥에게 대답하였다.
2 네가 하는 헛소리를 듣고서,
어느 누가 잠잠할 수 있겠느냐?
말이면 다 말인 줄 아느냐?
3 네가 혼자서 큰소리로 떠든다고 해서,
우리가
대답도 하지 못할 것이라고
생각하느냐?
네가 우리를 비웃는데도,
너를 책망할 사람이 없을 줄 아느냐?
4 너는 네 생각이 옳다고 주장하고
주님 보시기에
네가 흠이 없다고 우기지만,
5 이제 하나님이 입을 여셔서
네게 말씀하시고,

ㄱ) 또는 '죽음의 그림자가 깃든 땅'

10:13-22 욥은 자기자신의 질문에 대하여 대답한다. 그는 이 모든 것이 하나님께서 처음부터 의도하신 것이라고 주장한다. 하나님은 단지 욥이 몰락하여 더 고통스럽게 만들려고 하셨다. 하나님은 부모가 자식이 실수에서 배울 수 있도록 잘못을 지적하면서 인도하듯이 욥을 인도하시지 않는다. 오히려 하나님은 먹잇감을 은밀하게 뒤쫓는 야수와 같이 욥을 추적하셨다. 무자비하고 강렬한 하나님의 습격으로 욥은 차라리 태어나지 않았으면 하는 그 이전의 소원을 반복한다. 그는 그가 죽기 전에 약간 쉴 수 있도록 하나님의 핍박에서 잠시 쉼을 얻게 되기를 요청한다. 욥이 여전히 그의 고난보다 죽음을 선호하는 것으로 보인다면, 욥은 이전보다 더 부정적인 모습으로 죽는 것을 예상한다. 3:13-22에서 죽음은 자유롭게 해주는 평화로운 경험으로 찬송되었다. 이제 욥은 *그 곳은 어둡과 캄캄한 땅* (21절), *아무런 질서도 없는* 곳(22a절)으로 묘사한다.

11:1-12 욥의 친구들 중 세 번째, 소발이 말한다. 그의 말은 이전의 두 친구의 말보다 아주 더 심하다. 그는 욥의 말을 *헛소리* (2절), "큰소리"와 "비웃는 말"(3절)로 묘사한다. 소발은 순전하다는 욥의 주장에 도전을 하고 그에게 그의 현재 상황이 마땅한 것만큼 나쁘지 않다고 말한다. 하나님은 욥을 순하게 다루고 계신다. 7절에서, 소발의 말은 하나님이 38—41장에서 하실 질문 중 몇 가지를 예견한다. 그는 욥에게 아무 사람도 전능자의

6 지혜의 비밀을
네게 드러내어 주시기를 바란다.
지혜란 우리가 이해하기에는
너무나도 어려운 것이다.
너는, 하나님이 네게 내리시는 벌이
네 죄보다 가볍다는 것을
알아야 한다.

7 네가 하나님의 깊은 뜻을
다 알아낼 수 있느냐?
전능하신 분의 무한하심을
다 측량할 수 있느냐?
8 하늘보다 높으니
네가 어찌 미칠 수 있으며,
ㄱ)스올보다 깊으니
네가 어찌 알 수 있겠느냐?
9 그 길이는
땅 끝까지의 길이보다 길고,
그 넓이는 바다보다 넓다.
10 하나님이 두루 지나다니시며,
죄인마다 쇠고랑을 채우고
재판을 여시면,
누가 감히 막을 수 있겠느냐?
11 하나님은,
어떤 사람이 잘못하는지를
분명히 아시고,
악을 보시면 곧바로 분간하신다.
12 ㄴ)미련한 사람이
똑똑해지기를 바라느니
차라리 들나귀가
사람 낳기를 기다려라.

13 네가 마음을 바르게 먹고,
네 팔을 그분 쪽으로 들고 기도하며,
14 악에서 손을 떼고,
네 집안에
불의가 깃들지 못하게 하면,
15 너도
아무 부끄러움 없이
얼굴을 들 수 있다.
네 마음이 편안해져서,
두려움이 없어질 것이다.
16 괴로운 일을 다 잊게 되고,
그것을 마치
지나간 일처럼 회상하게 될 것이다.
17 네 생활이 한낮보다 더 환해지고,
그 어둠은 아침같이 밝아질 것이다.
18 이제 네게 희망이 생기고,
너는 확신마저 가지게 될 것이다.
사방을 둘러보아도
걱정할 것이 없어서,
안심하고
자리에 누울 수 있게 될 것이다.
19 네가 누워서 쉬어도
너를 깨워서 놀라게 할 사람이 없고,
많은 사람이
네게 잘 보이려고 할 것이다.
20 그러나 악한 사람은 눈이 멀어서,
도망 칠 길마저 찾지 못할 것이다.
그의 희망이라고는 다만
마지막 숨을 잘 거두는
일뿐일 것이다.

욥의 대답

12 1 욥이 대답하였다.

2 지혜로운 사람이라곤
너희밖에 없는 것 같구나.
너희가 죽으면,

ㄱ) 또는 '무덤' 또는 '죽음' ㄴ) 또는 '미련한 사람도 똑똑해질 때가 있고, 들나귀 새끼도 사람처럼 길이 들 때가 있다'

길을 완전히 이해할 수 없다고 상기시켜 주기 위하여 수사학적인 의문문을 사용한다. 하나님의 행위는 신적인 지식에 기초한 것으로 하나님이 주시는 심판은 피할 수 없으며 인간이 이해할 수 없는 것이다. 소발은 모든 것을 알며 모든 것을 보는 전지하신 하나님의 전통적인 개념을 주장한다. 그는 지혜가 없는 사람은 절대로 그가 말하는 것을 이해할 수 없다는 것을 말하기 위하여 속담을 사용한다 (12절). 소발의 이 잠언을 사용하는 데 담긴 아이러니는 그의 정죄는 욥을 정죄하기보다 소발 자신을 정죄하고 있다는 것이다.

11:13-20 소발은 나름대로 어떻게 하나님과 올바른 관계를 가질 수 있는가에 대하여 욥에게 충고한다. 만일 욥이 그의 죄에서 돌아서서 하나님께로 돌아가기만 한다면, 그러면 고난이 끝날 것이다. 소발은 욥이 회개하기만 하면 받을 엄청난 상에 대하여 말한다. 회개로 받을 상은 안전, 소망, 빛, 그리고 번영 등이다. 그다음 욥이 받을 이 모든 축복이 악인의 운명과 대조가 된다. 그들의 악한 행실을 고치지 않는 사람들은 두려움, 빛을 잃음, 비참한 존재 등 정반대의 운명을 경험하게 될 것이다.

지혜도 너희와 함께
사라질 것 같구나.
3 그러나 나도 너희만큼은 알고 있다.
내가 너희보다 못할 것이 없다.
너희가 한 말을 모를 사람이
어디에 있겠느냐?
4 한때는 내 기도에
하나님이 응답하신 적도 있지만,
지금 나는
친구들의 웃음거리가 되고 말았다.
의롭고 흠 없는 내가
조롱을 받고 있다.
5 고통을 당해 보지 않은 너희가
불행한 내 처지를 비웃고 있다.
너희는 넘어지려는 사람을 떠민다.
6 강도들은
제 집에서 안일하게 지내고,
하나님을 멸시하는 자들도
평안히 산다.
그러므로 그들은,
하나님까지 자기 손에 넣었다고
생각한다.

7 그러나 이제
짐승들에게 물어 보아라.
그것들이 가르쳐 줄 것이다.
공중의 새들에게 물어 보아라.
그것들이 일러줄 것이다.
8 땅에게 물어 보아라.
땅이 가르쳐 줄 것이다.
바다의 고기들도 일러줄 것이다.
9 주님께서 손수 이렇게 하신 것을,
이것들 가운데서
그 무엇이 모르겠느냐?
10 모든 생물의 생명이
하나님의 손 안에 있고,
사람의 목숨 또한
모두 그분의 능력 안에
있지 않느냐?
11 귀가 말을 알아듣지 못하겠느냐?
혀가 음식맛을 알지 못하겠느냐?

12 노인에게 지혜가 있느냐?
오래 산 사람이 이해력이 깊으냐?
13 그러나 지혜와 권능은 본래
하나님의 것이며,
슬기와 이해력도 그분의 것이다.
14 하나님이 헐어 버리시면
세울 자가 없고,
그분이 사람을 가두시면
풀어 줄 자가 없다.
15 하나님이 물길을 막으시면
땅이 곧 마르고,
물길을 터놓으시면
땅을 송두리째 삼킬 것이다.

16 능력과 지혜가 그분의 것이니,
속는 자와 속이는 자도
다 그분의 통치 아래에 있다.
17 하나님은 고관들을
벗은 몸으로
끌려가게 하시는가 하면,
재판관들을 바보로
만드시기도 하신다.
18 하나님은
왕들이 결박한 줄을 풀어 주시고,
오히려 그들의 허리를
포승으로 묶으신다.

12:1-10 소발에 대한 욥의 대답은 더욱더 빈정대는 말투를 띤다. 그는 가식적으로 칭찬하면서 소발과 다른 두 친구는 그들이 주장하는 것만큼 현명하지 못하다는 것을 시사하고, 은근히 모욕한다. 그는 *의롭고 흠 없는* 이가 그의 친구들에게 *웃음거리*(4절)가 되어야 한다는 불의를 지적한다. 이것은 욥이 그 주위 전체에서 보는 정의가 전복되는 징후일 뿐이다. 의로운 이가 고난을 당하지만 악인은 안전하고 강건하다. 이 현실에 대한 책임이 누구에게 있는가? 욥은 심지어 동물과 식물도 그 대답을 알고 있다고 말한다. 만일 욥의 친구들이 주장한 대로, 하나님이 전능하고 전지하시다면, 하나님이 생에서 일어나는 모든 것에 대하여 책임이 있는 것이다.

12:11-25 욥은 하나님에 대한 전통적인 이해에 대한 패러디를 제시한다. 11절에 있는 질문은 듣는 이가 동의하도록 인도하기 위하여 쓰이는 보편적인 수사의 효과를 노리는 방법이다. 엘리후는 34:3에서 똑같은 방법을 사용할 것이다. 그의 세 친구가 전에 한 비슷한 말로, 욥은 하나님의 지혜와 능력에 대하여 진심이 아닌 찬양을 부르고 있다. 그러나 욥의 영광송은 하나님이 행동하시는 모습에는 운(韻)이나 이유가 없다는 것을 시사한다. 하나님의 행위는 인간의 논리를 거스른 비생산적인 것처럼 보인다. 하나님은 다만 사람이나 나라들을 파괴하려고 그들을 세우시는 것으로 보인다. 이 하나님은 변덕스럽고, 임의로 행동하시는 책의 처음 두 장에 나오는 주님의 묘

19 하나님은
제사장들을 맨발로
끌려가게 하시며,
권세 있는 자들을 거꾸러뜨리신다.
20 하나님은
자신만만하게 말을 하던 사람을
말문이 막히게 하시며,
나이 든 사람들의 분별력도
거두어 가시고,
21 귀족들의 얼굴에
수치를 쏟아 부으시며,
힘있는 사람들의 허리띠를
풀어 버리신다.
22 하나님은 어둠 가운데서도
은밀한 것들을 드러내시며,
죽음의 그늘조차도
대낮처럼 밝히신다.
23 하나님은
민족들을 강하게도 하시고,
망하게도 하시고,
뻗어 나게도 하시고,
흩어 버리기도 하신다.
24 하나님은 이 땅 백성의 지도자들을
얼이 빠지게 하셔서,
길 없는 거친 들에서
방황하게 하신다.
25 하나님은 그들을
한 가닥 빛도 없는 어둠 속에서
더듬게도 하시며,
술 취한 사람처럼
비틀거리게도 하신다.

계속되는 욥의 대답

13 1 내가 이 모든 것을
내 눈으로 똑똑히 보고,
내 귀로 다 들어서 안다.
2 너희가 아는 것만큼은
나도 알고 있으니,
내가 너희보다 못할 것이 없다.
3 그러나 나는
전능하신 분께 말씀드리고 싶고,
하나님께
내 마음을 다 털어놓고 싶다.
4 너희는 무식을
거짓말로 때우는 사람들이다.
너희는 모두가
돌팔이 의사나 다름없다.
5 입이라도 좀 다물고 있으면,
너희의 무식이
탄로 나지는 않을 것이다.

6 너희는 내 항변도 좀 들어 보아라.
내가 내 사정을 호소하는 동안
귀를 좀 기울여 주어라.
7 너희는 왜 허튼 소리를 하느냐?
너희는
하나님을 위한다는 것을 빌미삼아
알맹이도 없는 말을 하느냐?
8 법정에서
하나님을 변호할 셈이냐?
하나님을 변호하려고
논쟁을 할 셈이냐?

사와 매우 흡사하다. 욥의 거짓 찬양의 찬송 마지막에 하나님은 전혀 지혜나 정의가 없는 분으로 판결된다.

13:1-2 욥의 거짓 영광송(12:11-25)의 전개가 이 두 절에 나온다. 그는 12장에서 처음에 한 주장으로 되돌아온다. 다시 한 번 그는 그의 친구들에게 그가 하고 있는 말에 대하여 자신이 있으며 그들이 하는 것만큼 지식을 가지고 있다고 확신한다. 그들은 그를 정죄할 만한 자격이 없다.

13:3-16 이제 욥이 그의 친구들을 책망할 차례이다. 그는 그들과 시간 낭비를 하기보다 더 높은 법정으로 송사를 옮기기를 원한다. 친구들은 그들의 말로 선보다는 악을 초래하는 가치 없는 돌보는 사람들로 선언된다. 욥은 이 세 사람에 대한 가장 좋은 조처는 그들이 침묵을 지키는 것이라고 지적한다. 그는 그들이 하나님에 대하여 진리를 말하지 않으며, 그들이 *전능하신 이*의 생각을 전혀 알지 못하면서 하나님의 관점을 피력하고 있다고 비난한다. 하나님이 그들을 찾아내시어 그들의 거짓말과 무자비함에 대하여 그들을 책망하실 것이라는 욥의 경고는 이야기의 마지막을 미리 암시하고 있다(42:7-11을 보라). 친구들이 잠언과 진부의 형태로 욥에게 제시하고 있는 전통적인 지혜는 아무 것도 아니다. 그것들은 다만 불공평한 세상을 이해하려고 하는 인간의 노력에 불과하다. 욥은 그가 자기 생명을 무릅쓰고 있다는 것을 알면서 그가 하나님을 직면할 수 있도록 그의 친구들에게 조용하라고 말한다. 그는 어차피 죽을 것이므로 욥은 차라리 싸우면서 쓰러지려 한다. 그는 오히려 그의 동료들의 어리석은 말을 받기보다 하나님이 자기자신을 변호하는 것을 듣기를 원한다.

13:17-28 욥은 친구들로부터 돌려 하나님에게 겨냥해서 말한다. 법적인 용어를 쓰면서, 욥은 유능한 판사이신 하나님에게 접근한다. 첫째로, 그는 그가 자유롭게 두려움 없이 말할 수 있도록, 그를 풀어주실 것을

9 하나님이 너희를
자세히 조사하셔도 좋겠느냐?
너희가 사람을 속이듯,
그렇게
그분을 속일 수 있을 것 같으냐?
10 거짓말로 나를 고발하면,
그분께서 너희의 속마음을
여지없이 폭로하실 것이다.
11 그분의 존엄하심이
너희에게 두려움이 될 것이며,
그분에 대한 두려움이
너희를 사로잡을 것이다.
12 너희의 격언은 한낱
쓸모 없는 잡담일 뿐이고,
너희의 논쟁은
흙벽에 써 놓은 답변에 불과하다.
13 이제는 좀 입을 다물고,
내가 말할 기회를 좀 주어라.
결과가 어찌 되든지,
그것은 내가 책임 지겠다.

14 나라고 해서 어찌
이를 악물고서라도
내 생명을
스스로 지키려 하지 않겠느냐?
15 하나님이 나를 죽이려고 하셔도,
나로서는 잃을 것이 없다.
그러나 내 사정만은
그분께 아뢰겠다.
16 적어도 이렇게 하는 것이,
내게는 구원을 얻는 길이 될 것이다.
사악한 자는
그분 앞에 감히
나서지도 못할 것이다.
17 너희는 이제
내가 하는 말에 귀를 기울여라.
내가 하는 말을 귀담아 들어라.
18 나를 좀 보아라,
나는 이제 말할 준비가 되어 있다.
내게는,
내가 죄가 없다는 확신이 있다.

19 하나님,
나를 고발하시겠습니까?
그러면 나는 조용히 입을 다물고
죽을 각오를 하고 있겠습니다.

욥의 기도

20 내가 하나님께 바라는 것은
두 가지밖에 없습니다.
그것을 들어주시면,
내가 주님을 피하지 않겠습니다.
21 나를 치시는 그 손을 거두어 주시고,
제발 내가 이렇게 두려워 떨지 않게
해주십시오.
22 하나님, 하나님께서 먼저 말씀하시면,
내가 대답하겠습니다.
그렇지 않으시면
내가 먼저 말씀드리게 해주시고,
주님께서 내게 대답해 주십시오.

23 내가 지은 죄가 무엇입니까?
내가 무슨 잘못을 저질렀습니까?
내가 어떤 범죄에
연루되어 있습니까?

24 어찌하여 주님께서
나를 피하십니까?
어찌하여 주님께서
나를 원수로 여기십니까?
25 주님께서는
줄곧 나를 위협하시렵니까?
나는 바람에 날리는
나뭇잎 같을 뿐입니다.

원한다. 둘째로, 그는 하나님이 그의 판례를 듣고 대답하시기를 요청한다. 욥은 하나님에게서 그러한 잘못된 취급을 받기에 알맞을 만큼 그가 저지른 것이 무엇인지 알기 원하면서, 탄원시의 언어를 사용한다. 그는 하나님이 그를 무시하고 하나님의 대적으로 취급하신다고 주장한다. 그는 왜 하나님이 그토록 많은 것을 빼앗긴 사람을 계속하여 핍박하기를 원하시는지를 알기 원한다. 욥은 억압적인 하나님의 감시 아래 있다는 그가 이전에 제시한 이미지로 돌아간다 (7:17-20과 10:4-17을 보라). 그러한 강렬한 감시는 어느 누구도 견뎌내기 힘든 것이며, 욥도 그가 간신히 살아 있을 정도로 그를 악화시킨다.

14:1-6 욥은 왜 하나님이 그를 관심의 초점이 되게 하셨는지를 질문하면서, 인간의 상황을 일시적이며 역경에 가득한 것으로 묘사함으로 하나님께 하는 탄원을 계속한다. 욥의 말은 전에 엘리바스가 한 말(5:7)과 빌닷(8:9)이 한 말과 비슷하다. *사는 날이 짧은데다가, 그 생애마저 괴로움으로만 가득 차 있습니다* 란 구절은 "자기가 받은 목숨대로 다 살고, 아주 늙은 나이에" 라는

주님께서는 지금 마른 지푸라기 같은
나를 공격하고 계십니다.

26 주님께서는 지금,
ㄱ)내가 어릴 때에 한 일까지도
다 들추어 내시면서,
나를 고발하십니다.
27 내 발에 차꼬를 채우시고,
내가 가는 모든 길을
낱낱이 지켜 보시며,
발바닥 닿는 자국까지
다 조사하고 계십니다.
28 그래서 저는 썩은 물건과도 같고,
좀먹은 의복과도 같습니다.

14 1 여인에게서 태어난 사람은
그 사는 날이 짧은데다가,
그 생애마저
괴로움으로만 가득 차 있습니다.
2 피었다가 곧 시드는 꽃과 같이,
그림자 같이,
사라져서 멈추어 서지를 못합니다.
3 주님께서는 이렇게 미미한 것을
눈여겨 살피시겠다는 겁니까?
더욱이 저와 같은 것을
심판대로 데리고 가셔서,
심판하시겠다는 겁니까?
4 그 누가 불결한 것에서,
정결한 것이
나오게 할 수 있겠습니까?
아무도 그렇게 할 수 없습니다.
5 인생이 살아갈 날 수는
미리 정해져 있고,
그 달 수도
주님께서는 다 헤아리고 계십니다.
주님께서는 사람이
더 이상 넘어갈 수 없는 한계를
정하셨습니다.
6 그러므로 사람에게서 눈을 돌리셔서
그가 숨을 좀 돌리게 하시고,
자기가 살 남은 시간을
품꾼만큼이라도
한 번 마음껏 살게 해주십시오.

7 한 그루 나무에도 희망이 있습니다.
찍혀도 다시 움이 돋아나고,
그 가지가 끊임없이 자라나고,
8 비록 그 뿌리가 땅 속에서 늙어서
그 그루터기가 흙에 묻혀 죽어도,
9 물기운만 들어가면 다시 싹이 나며,
새로 심은 듯이 가지를 뻗습니다.
10 그러나 아무리 힘센 사람이라도
한 번 죽으면
사라지게 되어 있고,
숨을 거두면
그가 어디에 있는지도
모르게 됩니다.

11 물이 말라 버린 강처럼,
바닥이 드러난 호수처럼,
12 사람도 죽습니다.
죽었다 하면
다시 일어나지 못합니다.
하늘이 없어지면 없어질까,
죽은 사람이 눈을 뜨지는 못합니다.
13 차라리 나를 ㄴ)스올에
감추어 두실 수는 없으십니까?
주님의 진노가 가실 때까지만이라도
나를 숨겨 주시고,
기한을 정해 두셨다가
뒷날에 다시
기억해 주실 수는 없습니까?
14 아무리 대장부라 하더라도
죽으면 그만입니다.
그러므로 나는

ㄱ) 또는 '나를 고발하시는 글을 쓰시고 내가 어릴 때 지은 죄를 상속 받게 하십니다' ㄴ) 또는 '무덤' 또는 '죽음'

복된 삶에 대한 더 전통적인 성서의 묘사를 번복시킨다 (예를 들어, 창 25:8). 인간의 존재에 대한 욥의 개념은 예정을 시사한다. 하나님은 인간 삶의 수명이 짧음을 알고 계신데, 그렇다면 왜 사람이 그들에게 남은 짧은 시간을 누릴 수 있게 내버려두지 않으시는가?

14:7-17 죽음의 주제가 다시 한 번 욥의 논제가 된다. 그는 죽음으로 오는 마지막을 놓고 고전한다 (7:9-10). 나무는 뿌리가 있는 한 잘린 후에도 계속 존재할 수 있지만, 인간의 죽음은 마지막이다. 욥은 어떻게 하나님의 진노를 피할 수 있을 것인가에 대하여 새로운 생각을 한다. 그는 하나님이 그를 스올로 그러나 당분간만 보내달라고 요청한다. (513쪽 추가 설명: "구약성경에 나타난 죽음 이후의 삶"을 보라). 욥은 징역을 사는 것이나 부부가 훈계로 자녀를 방에 가두어 놓는 경험을 상상

더 좋은 때를 기다리겠습니다.
이 고난의 때가 지나가기까지
기다리겠습니다.
15 그 때에 주님께서 나를 불러 주시면,
내가 대답하겠습니다.
주님께서도
손수 지으신 나를 보시고
기뻐하실 것입니다.
16 그러므로 지금은 주님께서
내 모든 걸음걸음을 세고 계시지만,
그 때에는
내 죄를 살피지 않으실 것입니다.
17 주님께서는
내 허물을 자루에 넣어 봉하시고,
내 잘못을 덮어 주실 것입니다.

18 산이 무너져 내리고,
큰 바위조차
제자리에서 밀려나듯이,
19 물이 바위를 굴려 내고
폭우가 온 세상 먼지를
급류로 씻어 내듯이,
20 주님께서는
연약한 사람의 삶의 희망도
그렇게 끊으십니다.
주님께서
사람을 끝까지 억누르시면,
창백하게 질린 얼굴로
주님 앞에서 쫓겨날 것입니다.
21 자손이 영광을 누려도
그는 알지 못하며,
자손이 비천하게 되어도
그 소식 듣지 못합니다.
22 그는 다만
제 몸 아픈 것만을 느끼고,
제 슬픔만을 알 뿐입니다.

엘리바스의 두 번째 발언

15 1 데만 사람 엘리바스가 대답하였다.

2 지혜롭다는 사람이,
어찌하여 열을 올리며
궤변을 말하느냐?
3 쓸모 없는 이야기로
논쟁이나 일삼고,
아무 유익도 없는 말로
다투기만 할 셈이냐?
4 정말 너야말로
하나님을 두려워하는 마음도
내던져 버리고,
하나님 앞에서 뉘우치며
기도하는 일조차도
팽개쳐 버리는구나.
5 네 죄가 네 입을 부추겨서,
그 혀로
간사한 말만 골라서 하게 한다.
6 너를 정죄하는 것은
네 입이지, 내가 아니다.
바로 네 입술이
네게 불리하게 증언한다.

7 네가 맨 처음으로
세상에 태어난 사람이기라도 하며,
산보다 먼저
생겨난 존재라도 되느냐?

한다. 그들은 부모의 노여움이 수그러질 때까지 그 피난처에 남아 있다. 그러고 나서 자녀들은 안전하게 나온다. 욥은 하나님의 진노가 지나고 하나님이 그를 포로에서 불러내실 시간을 기다릴 것이다. 이 시점에서, 욥은 하나님이 더 이상 그에게 성큼성큼 다가서지 않으실 것이며, 이제 일어난 일은 잊힐 것을 상상한다. 이것이 판사에게 하는 욥의 제안이다.

14:18-22 겉으로 보기에 욥의 생각이 이 시점에서 바뀌는 것처럼 보인다. 그러나 이 부분에서 욥은 그가 하나님에 드렸던 희망에 찬 제안을 스스로 번복하고 있다. 하나님의 행위에 대한 그의 염세적인 관점으로 욥은 그 자신의 요청이 불가능한 것임을 지적한다. 하나님은 인간의 소망을 모두 사그라지게 하는 이로 묘사된다.

15:1-13 두 번째 주기의 대화는 다시 한 번 자기의 주장을 펴는 엘리바스로 시작된다. 대화에 나오는 정중한 행동이 계속 줄어든다. 엘리바스는 더 이상 공손하게 욥을 대하려고 하지 않는다. 엘리바스는 욥이 하나님을 비난한 것에 대하여 책망하고, 이렇게 어리석은 모습을 보이는 욥이 그가 죄인임을 드러냈다고 주장한다. 엘리바스는 욥이 이해하지 못하고 말을 하였다고 욥에게 확신시켜 주기 위하여 수사적 효과를 노리는 질문들을 더 많이 한다. 욥의 세 친구의 신빙성에 대하여 의문을 제기하였던 것과 같이, 이제 엘리바스는 하나님과 하나님의 거룩한 목적에 대하여 욥이 특별히 아는 바가 없다고 주장한다. 전통적인 지혜는 엘리바스와 그의 두 친구 편에 있다. 그는 욥이 그들이 그에게 제시한 위로로

8 네가 하나님의 회의를
엿듣기라도 하였느냐?
어찌하여 너만
지혜가 있다고 주장하느냐?
9 우리가 알지 못하는 어떤 것을
너 혼자만 알고 있기라도 하며,
우리가 깨닫지 못하는 그 무엇을
너 혼자만 깨닫기라도
하였다는 말이냐?
10 우리가 사귀는 사람 가운데는,
나이가 많은 이도 있고,
머리가 센 이도 있다.
네 아버지보다
나이가 더 든 이도 있다.

11 하나님이
네게 위로를 베푸시는데도,
네게는
그 위로가 별것 아니란 말이냐?
하나님이
네게 부드럽게 말씀하시는데도,
네게는 그 말씀이 하찮게 들리느냐?
12 무엇이 너를
그렇게 건방지게 하였으며,
그처럼 눈을 부라리게 하였느냐?
13 어찌하여 너는
하나님께 격한 심정을 털어놓으며,
하나님께 함부로 입을 놀려 대느냐?

14 인생이 무엇이기에
깨끗하다고 할 수 있겠으며,
여인에게서 태어난 사람이
무엇이기에
의롭다고 할 수 있겠느냐?
15 바로 그것이다.
하나님은 당신의 천사들마저도
반드시 신뢰할 수 있다고 여기지는
않으신다.
그분 눈에는 푸른 하늘도
깨끗하게만 보이지는 않는다.
16 하물며 구역질 나도록 부패하여
죄를 물 마시듯 하는 사람이야
어떠하겠느냐?

17 네게 가르쳐 줄 것이 있으니,
들어 보아라.
내가 배운 지혜를 네게 말해 주겠다.
18 이것은 내가
지혜로운 사람들에게서
배운 것이고,
지혜로운 사람들도
자기 조상에게서 배운
공개된 지혜다.
19 그들이 살던 땅은
이방인이 없는 땅이고,
거기에서는 아무도
그들을 곁길로 꾀어 내서
하나님을 떠나게 하지 못하였다.
20 악한 일만 저지른 자들은
평생 동안 분노 속에서
고통을 받으며,
잔인하게 살아온 자들도
죽는 날까지
같은 형벌을 받는다.
21 들리는 소식이라고는
다 두려운 소식뿐이고,
좀 평안해졌는가 하면 갑자기
파괴하는 자가 들이닥치는 것이다.
22 그런 사람은,
어디에선가 칼이
목숨을 노리고 있으므로,
흑암에서 벗어나서 도망할 희망마저
가질 수 없다.
23 날짐승이

위로받지 않는다는 것에 대하여 욥을 책망하며, 왜 욥이 그의 불경한 자세로 버티고 있는지 이해하지 못한다.

15:14-16 엘리바스는 인간이 하나님 앞에 의로울 수 없으며, 따라서 하나님이 인간을 믿지 않으신다는 격언을 반복한다 (4:17-18을 보라). 그러나 이번에는 인간은 죄로 만깍하는, 구역질나도록 부패한 것으로 묘사하여, 인간, 특히 욥의 무가치함을 강조한다 (16절).

15:17-35 다시 종래의 지혜에 호소하면서, 엘리바스는 악인의 운명을 설명한다. 잔인하게도 악인의 운명에 대한 그의 묘사는 고통, 두려움, 불안 등 욥이 경험한 것과 유사하다. 불경한 자들은 전능자를 감히 반대하였기 때문에 멸망을 당하게 되어 있다는 생생한 이미지가 전쟁터의 장면을 연상시킨다. 악이 하나님과 전쟁을 하여 패배하였다. 함락된 도성의 폐허와 같이 그들의 삶은 땅에 떨어져서 다시 일어나지 못한다. 그들이 믿었던 어리석음만이 그들에게 남은 전부이다. 엘리바스는 악인을 *포도나무*와 *올리브 나무*로 비교하는데, 이 둘 다 열매 없음을 자초하였다.

그의 주검을 먹으려고
기다리고 있으니,
더 이상 앞날이 없음을
그는 깨닫는다.
24 재난과 고통이,
공격할 준비가 다 된 왕처럼,
그를 공포 속에 몰아넣고 칠 것이다.

25 이것은 모두 그가,
하나님께 대항하여
주먹을 휘두르고,
전능하신 분을
우습게 여긴 탓이 아니겠느냐?
26 전능하신 분께 거만하게 달려들고,
방패를 앞세우고
그분께 덤빈 탓이다.

27 비록, 얼굴에 기름이
번지르르 흐르고,
잘 먹어서 배가 나왔어도,
28 그가 사는 성읍이 곧 폐허가 되고,
사는 집도 폐가가 되어서,
끝내 돌무더기가 되고 말 것이다.
29 그는 더 이상 부자가 될 수 없고,
재산은 오래 가지 못하며,
그림자도 곧 사라지고 말 것이다.
30 어둠이 엄습하면
피하지 못할 것이며,
마치 가지가
불에 탄 나무와 같을 것이다.
꽃이 바람에 날려 사라진 나무와
같을 것이다.
31 그가 헛것을 의지할 만큼
어리석다면,
악이 그가 받을 보상이 될 것이다.
32 그런 사람은 때가 되지도 않아,
미리 시들어 버릴 것이며,
마른 나뭇가지처럼 되어,
다시는 움을 틔우지 못할 것이다.
33 익지도 않은 포도가 마구 떨어지는
포도나무처럼 되고,
꽃이 다 떨어져서
열매를 맺지 못하는
올리브 나무처럼 될 것이다.
34 하나님을 두려워하지 않는 무리는
이렇게 메마르고,
뇌물로 지은 장막은 불에 탈 것이다.
35 재난을 잉태하고 죄악만을 낳으니,
그들의 뱃속에는
거짓만 들어 있을 뿐이다.

욥의 대답

16 1 욥이 대답하였다.

2 그런 말은
전부터 많이 들었다.
나를 위로한다고 하지만,
오히려 너희는
하나같이 나를 괴롭힐 뿐이다.
3 너희는 이런 헛된 소리를
끝도 없이 계속할 테냐?
무엇에 홀려서,
그렇게 말끝마다 나를 괴롭히느냐?
4 너희가 내 처지가 되면,
나도 너희처럼 말할 수 있을 것이다.
나도 너희에게 마구 말을 퍼부으며,
가엾다는 듯이
머리를 내저을 것이다.
5 내가 입을 열어
여러 가지 말로 너희를 격려하며,
입에 발린 말로
너희를 위로하였을 것이다.

6 내가 아무리 말을 해도,
이 고통 줄어들지 않습니다.
입을 다물어 보아도
이 아픔이 떠나가지 않습니다.

16:1-6 그의 친구의 말에 아주 지쳐버린 욥은 같은 모습으로 대답한다. 그는 엘리바스가 15:2에서 사용한 *케변*(개역개정과 NRSV는 "동풍"; 공동번역은 "허풍")의 비유를 취하여, 그의 친구들과 그들이 욥을 위로한답시고 한 형편없는 것에 대하여 반격한다. 그의 친구들이 고난을 당하고 있는 당사자가 아니므로 그토록 확신을 가지고 비난하면서 말을 할 수 있다는 것은 쉬운 일이라고 욥은 주장한다. 그들의 속이 빈 약속과 전통윤리의 반복은 그들을 위로하여 줄 수 있을지는 몰라도, 그런 말은 욥의 아픔을 전혀 덜어 주지 못한다.

16:7-14 욥은 스스로를 하나님의 증오와 학대의 희생물이라고 묘사한다. 그는 그의 친구들의 악담을 당할 수밖에 없었다는 것에 대하여 하나님을 비난한다. 하나님은 그를 심히 난폭하게 대하셨다. 그는 하나님의

7 주님께서
나를 기진맥진하게 하시고,
내가 거느리고 있던 자식들을
죽이셨습니다.
8 주님께서 나를 체포하시고,
주님께서 내 적이 되셨습니다.
내게 있는 것이라고는,
피골이 상접한
앙상한 모습뿐입니다.
이것이 바로
주님께서 나를 치신 증거입니다.
사람들은 피골이 상접한
내 모습을 보고,
내가 지은 죄로
내가 벌을 받았다고 합니다.

9 주님께서 내게 분노하시고,
나를 미워하시며, 내게 이를 가시며,
내 원수가 되셔서,
살기 찬 눈초리로 나를 노려보시니,
10 사람들도 나를 경멸하는구나.
욕하며, 뺨을 치는구나.
모두 한패가 되어
내게 달려드는구나.
11 하나님이 나를 범법자에게
넘겨 버리시며,
나를 악한 자의 손아귀에
내맡기셨다.
12 나는 평안히 살고 있었는데,
하나님이 나를 으스러뜨리셨다.
내 목덜미를 잡고 내던져서,
나를 부스러뜨리셨다.
그가 나를 세우고 과녁을 삼으시니,
13 그가 쏜 화살들이
사방에서 나에게 날아든다.
그가 사정없이 내 허리를 뚫으시고,
내 내장을 땅에 쏟아 내신다.
14 그가 나를 갈기갈기 찢고
또 찢으시려고
용사처럼 내게 달려드신다.

15 내가 맨살에 베옷을 걸치고
통곡한다.
내 위세를 먼지 속에 묻고,
여기 이렇게 시궁창에 앉아 있다.
16 하도 울어서,
얼굴마저 핏빛이 되었고,
눈꺼풀에는
죽음의 그림자가 덮여 있다.
17 그러나 나는
폭행을 저지른 일이 없으며,
내 기도는 언제나 진실하였다.

18 땅아, 내게 닥쳐온 이 잘못된 일을
숨기지 말아라!
애타게 정의를 찾는 내 부르짖음이
허공에 흩어지게 하지 말아라!
19 하늘에 내 증인이 계시고,
높은 곳에 내 변호인이 계신다!
20 ㄱ)내 중재자는 내 친구다.
나는 하나님께 눈물로 호소한다.
21 사람이 친구를 위하여 변호하듯이,
그가 하나님께 내 사정을 아뢴다.
22 이제 몇 해만 더 살면,
나는 돌아오지 못하는 길로
갈 것이다.

ㄱ) 또는 '내 친구는 나를 조롱한다'

악의의 공격을 아무것도 모르고 당한 표적이요, 포악한 살해자의 힘없는 희생물이었다.

16:15-22 욥의 모습은 하나님의 공격의 상처를 담고 있지만, 그는 그 공격자에 대한 보복을 원하지 않는다. 욥이 원하는 모든 것은 의롭다고 인정을 받는 것이다. 땅에서 그의 입장을 지지하여 줄 사람을 찾지 못하고, 욥은 하나님과의 송사에서 그의 편을 들어줄 이, 하늘의 변호사를 구한다 (19:25-27을 보라). 이 요청은 욥이 처음 두 장에 묘사된 하늘의 공의회에 대하여 무언가 알고 있다는 것을 보여주는 것과 같다. 그는 *하-사탄*을 언급하지 않지만, 욥은 슥 3장의 *하-사탄*에 대하여 대제사장을 변호하여 주는 주님의 천사와 비슷한, 하나님과 함께 있는 존재들에 대하여 알고 있는 것으로 보인다. 욥은 그가 죽기 전에 의롭다고 판정받기를 열망한다.

17:1-9 욥은 하나님에게 자비와 정의를 호소한다. 그는 그의 세 친구가 그에 대하여 승리하였다고 느끼기를 원하지 않는다. 하나님이 그들의 존재와 그들의 오해에 대하여 책임이 있으므로, 하나님은 또한 그들을 견책하셔야 한다. 그의 불쌍한 상황에서, 욥은 인간의 멸시의 대상이며 하나님이 정의롭게 만든 사람들을 불편하게 만드는 원인이 되었다. *사람들이 이 격언을 가지고*(6

17 1 기운도 없어지고,
살 날도 얼마 남지 않고,
무덤이
나를 기다리고 있구나.
2 조롱하는 무리들이
나를 둘러싸고 있으니,
그들이 얼마나 심하게
나를 조롱하는지를
내가 똑똑히 볼 수 있다.

3 주님,
주님께서
친히 내 보증이 되어 주십시오.
내 보증이 되실 분은
주님 밖에는 아무도 없습니다.
4 주님께서 그들의 마음을
마비시키셔서
다시는 내게
우쭐대지 못하게 해주십시오.

5 옛 격언에도 이르기를
'돈에 눈이 멀어 친구를 버리면,
자식이 눈이 먼다' 하였다.
6 사람들이 이 격언을 가지고
나를 공격하는구나.
사람들이 와서
내 얼굴에 침을 뱉는구나.
7 근심 때문에 눈이 멀고,
팔과 다리도
그림자처럼 야위어졌다.
8 정직하다고 자칭하는 자들이
이 모습을 보고 놀라며,
무죄하다고 자칭하는 자들이
나를 보고
불경스럽다고 규탄하는구나.
9 자칭 신분이 높다는 자들은,
더욱더 자기들이 옳다고
우기는구나.
10 그러나 그런 자들이
모두 와서 내 앞에 선다 해도,
나는 그들 가운데서
단 한 사람의 지혜자도
찾지 못할 것이다.

11 내가 살 날은 이미 다 지나갔다.
계획도 희망도 다 사라졌다.
12 내 친구들의 말이
'밤이 대낮이 된다' 하지만,
'밝아온다' 하지만,
내가 이 어둠 속에서
벗어나지 못한다는 것을,
나는 알고 있다.
13 내 유일한 희망은,
ㄱ)죽은 자들의 세계로 가는 것이다.
거기 어둠 속에 잠자리를 펴고
눕는 것뿐이다
14 나는 무덤을 '내 아버지'라고
부르겠다.
내 주검을 파먹는 구더기를
'내 어머니, 내 누이들'이라고
부르겠다.
15 내가 희망을 둘 곳이
달리 더 있는가?
내가 희망을 둘 곳이
달리 어디 있는지,
아는 사람이 있는가?
16 내가 ㄱ)죽은 자들이 있는 곳으로
내려갈 때에,
희망이 나와 함께
내려가지 못할 것이다.

ㄱ) 히, '스올'

절)의 구절은 탄원시(시 44:14와 69:11)의 언어와 예레미야(24:9)와 요엘(2:17)의 예언을 반복한다. 욥의 비극 앞에서, 의로운 이들은 하나님의 공의에 대하여 확신을 얻는 한 방편으로 그들의 믿음을 더욱더 굳건히 붙든다.

17:10-16 욥은 조소적으로 그 친구들이 그를 반대하고 하나님을 선호하는 송사를 계속해 보라고 청한다. 욥은 이제 포기하지 않을 것이다. 그가 죽고 그의 불평을 멈춘다면, 그러면 그는 면죄받지 못할 것이다.

18:1-21 빌닷은 욥의 쓰디쓴 도전을 받아들인다. 그는 왜 욥이 그의 지혜와 다른 두 친구의 지혜를 인정하지 않는지 질문한다. 그러고 나서 다시 그는 경건하지 못한 이들의 운명에 대한 말을 제시한다. 빌닷은 악인이 어떻게 벌을 받아야 하는가에 대하여 더욱더 극단적인 예를 사용하는 것 이외에는 그가 하는 말은 이 문제에 대하여 전에 제시된 말(15:20-35)과 다를 바가 없다. 악인은 기아와 혼돈과 무서운 죽음을 당하게 될 뿐 아니라, 그들에 대한 기억은 땅에서 지워질 것이다.

빌닷의 두 번째 발언

18 1 수아 사람 빌닷이 대답하였다.
2 너는 언제 입을 다물 테냐?
제발 좀
이제라도 눈치를 채고서
말을 그치면,
우리가 말을 할 수 있겠다.
3 어찌하여 너는
우리를 짐승처럼 여기며,
어찌하여 우리를 어리석게 보느냐?
4 화가 치밀어서
제 몸을 갈기갈기 찢는 사람아,
네가 그런다고
이 땅이 황무지가 되며,
바위가 제자리에서 밀려나느냐?

5 결국 악한 자의 빛은
꺼지게 마련이고,
그 불꽃도 빛을 잃고 마는 법이다.
6 그의 집 안을 밝히던 빛은
점점 희미해지고,
환하게 비추어 주던 등불도
꺼질 것이다.
7 그의 힘찬 발걸음이 뒤뚱거리며,
제 꾀에 제가 걸려
넘어지게 될 것이다.
8 제 발로 그물에 걸리고,
스스로 함정으로 걸어 들어가니,
9 그의 발뒤꿈치는 덫에 걸리고,
올가미가 그를 단단히 죌 것이다.
10 땅에 묻힌 밧줄이 그를 기다리고
길목에 숨겨진 덫이 그를 노린다.
11 죽음의 공포가
갑자기 그를 엄습하고,
그를 시시각각으로 괴롭히며,
잠시도 그를 놓아 주지 않을 것이다.
12 악인이 그처럼 부자였어도,
이제는 굶주려서 기운이 빠지며,
그 주변에 재앙이 늘 도사리고 있다.
13 그의 살갗은
성한 곳 없이 썩어 들어가고,
마침내 죽을 병이
그의 팔다리를 파먹을 것이다.
14 그는, 믿고 살던 집에서 쫓겨나서,
죽음의 세계를 통치하는 왕에게로
끌려갈 것이다.
15 그의 것이라고는 무엇 하나
집에 남아 있지 않으며,
그가 살던 곳에는
유황이 뿌려질 것이다.
16 밑에서는 그의 뿌리가 마르고,
위에서는 그의 가지가 잘릴 것이다.
17 이 땅에서는
아무도 그를 기억하지 못하고,
어느 거리에서도
그의 이름을 부르는 이가
없을 것이다.
18 사람들이 그를,
밝은 데서 어두운 곳으로 몰아넣어,
사람 사는 세계에서 쫓아낼 것이다.
19 그의 백성 가운데는,
그의 뒤를 잇는 자손이
남아 있지 않을 것이다.
그의 집안에는
남아 있는 이가 하나도 없을 것이다.
20 동쪽 사람들이
그의 종말을 듣고 놀라듯이,
서쪽 사람들도
그의 말로를 듣고 겁에 질릴 것이다.
21 악한 자의 집안은
반드시 이런 일을 당하며,
하나님을 알지 못하는 자가
사는 곳이 이렇게 되고 말 것이다.

욥의 대답

19 1 욥이 대답하였다.
2 네가 언제까지
내 마음을 괴롭히며,
어느 때까지
말로써 나를 산산조각 내려느냐?

모든 이(*동쪽 사람들이…서쪽 사람들도,* 20절)는 그들의 멸망으로 경악을 느끼게 될 것이다.

19:1-22 욥은 다시 한 번 그의 친구들의 말하는 진정한 동기를 의문시한다. 그는 그들이 자기들을 내세울 기회로 그의 몰락을 사용한다고 비난한다. 전에 한 말과 비슷한 언어를 사용하면서, 욥은 그 자신이 하나님의 진노와 핍박을 부당하게 당하는 대상으로 자기자신을 묘사한다. 하나님은 욥의 자녀들과 생계를 가져 가셨을 뿐 아니라, 하나님은 완전히 욥을 그의 공동체와 가족과 친지에게서 완전히 유리시키셨다. 욥에게는 그를 존중할

3 너희가 나를 모욕한 것이
이미 수십 번이거늘,
그렇게 나를 학대하고도
부끄럽지도 않으냐?
4 참으로 내게 잘못이 있다 하더라도,
그것은 내 문제일 뿐이고,
너희를 괴롭히는 것은 아니다.
5 너희 생각에는
너희가 나보다 더 낫겠고,
내가 겪는 이 모든 고난도
내가 지은 죄를 증명하는 것이겠지.
6 그러나 이것만은 알아야 한다.
나를 궁지로 몰아넣으신 분이
하나님이시고,
나를 그물로 덮어씌우신 분도
하나님이시다.
7 "폭력이다!"
하고 부르짖어도
듣는 이가 없다.
"살려 달라!"고 부르짖어도
귀를 기울이는 이가 없다.
8 하나님이,
내가 가는 길을
높은 담으로 막으시니,
내가 지나갈 수가 없다.
내 가는 길을
어둠으로 가로막으신다.
9 내 영광을 거두어 가시고,
머리에서 면류관을 벗겨 가셨다.
10 내 온몸을 두들겨 패시니,
이젠 내게 희망도 없다.
나무 뿌리를 뽑듯이,
내 희망을 뿌리째 뽑아 버리셨다.
11 하나님이 내게 불같이 노하셔서,
나를 적으로 여기시고,
12 나를 치시려고 군대를 보내시니
그 군대는 나를 치려고 길을 닦고,
내 집을 포위하였다.

13 그가 내 가족을
내게서 멀리 떠나가게 하시니,
나를 아는 이들마다,
낯선 사람이 되어 버렸다.
14 친척들도 나를 버렸으며,
가까운 친구들도 나를 잊었다.
15 내 집에 머무르는 나그네와
내 여종들까지도
나를 낯선 사람으로 대하니,
그들의 눈에,
나는 완전히
낯선 사람이 되고 말았다.
16 종을 불러도 대답조차 안 하니,
내가 그에게
애걸하는 신세가 되었고,
17 아내조차
내가 살아 숨쉬는 것을 싫어하고,
친형제들도 나를 역겨워한다.
18 어린 것들까지도 나를 무시하며,
내가 일어나기만 하면 나를 구박한다.
19 친한 친구도 모두 나를 꺼리며,
내가 사랑하던 이들도
내게서 등을 돌린다.
20 나는 피골이 상접하여
뼈만 앙상하게 드러나고,
잇몸으로 겨우 연명하는 신세가
되었다.
21 너희는 내 친구들이니,
나를 너무 구박하지 말고
불쌍히 여겨다오.
하나님이 손으로 나를 치셨는데,
22 어찌하여 너희마저
마치 하나님이라도 된 듯이
나를 핍박하느냐?
내 몸이 이 꼴인데도,
아직도 성에 차지 않느냐?

23 아, 누가 있어
내가 하는 말을 듣고
기억하여 주었으면!
24 누가 있어
내가 하는 말을
비망록에 기록하여 주었으면!

사람이, 그의 동조자가 될 사람이 아무도 없다. 고민 가운데 욥은 그의 친구들에게 자비를 갈구한다.

19:23-29 욥이 이 시점에서 누구에게 청을 하고 있는지 불분명하다. 아마 누구든지 들어줄 사람에게 하고 있을 것이다. 욥은 그의 불평이 문자로 영원히 표기되기를 원한다. 그래서 그가 죽은 후에 누가 그를 변화시키기 위하여 올 때 욥의 증거가 기록에 있을 것이다. 누가 이 변호자가 될 것인가. 25절에서 욥은 내 *구원자* (히브리어, *고엘*) 라는 구체적 책임을 가진 친족을 의미하는 단어를 사용한다. 고엘은, 친족을 위하여, 너무 궁

누가 있어
내가 한 말이 영원히 남도록
바위에 글을 새겨 주었으면!

25 그러나 나는 확신한다.
내 구원자가 살아 계신다.
나를 돌보시는 그가
땅 위에 우뚝 서실 날이
반드시 오고야 말 것이다.
26 ㄱ)내 살갗이 다 썩은 다음에라도,
ㄴ)내 육체가 다 썩은 다음에라도,
나는 하나님을 뵈올 것이다.
27 내가 그를 직접 뵙겠다.
이 눈으로 직접 뵐 때에,
하나님이 낯설지 않을 것이다.

내 간장이 다 녹는구나!
28 나는 너희가 무슨 말을 할지
잘 알고 있다.
너희는 내게 고통을 줄 궁리만
하고 있다.
너희는 나를 칠 구실만
찾고 있다.
29 그러나 이제 너희는
칼을 두려워해야 한다.
칼은 바로
죄 위에 내리는 하나님의 분노다.
너희는,
ㄷ)심판하시는 분이 계시다는 것을
알아야 할 것이다.

소발의 두 번째 발언

20 1 나아마 사람 소발이 대답하였다.

2 입을 다물고 있으려 했으나,
네 말을 듣고 있자니
화가 나서 참을 수가 없다.
3 네가 하는 말을 듣고 있자니
모두 나를 모욕하는 말이다.
그러나 깨닫게 하는 영이 내게
대답할 말을 일러주었다.
4 너도 이런 것쯤은 알고 있을 것이다.
이 땅에 ㄹ)사람이 생기기 시작한
그 옛날로부터,
5 악한 자의 승전가는
언제나 잠깐뿐이었으며,
경건하지 못한 자의 기쁨도
순간일 뿐이었다.
6 교만이 하늘 높은 줄 모르고,
머리가 구름에 닿는 것 같아도,
7 마침내 그도 분토처럼
사라지고 말며,
그를 본 적이 있는 사람도
그 교만한 자가
왜 안 보이느냐고

ㄱ) 또는 '내가 깬 다음에, 비록 이 몸은 다 썩어도 그 때에 내가' ㄴ) 또는 '육체 밖에서라도' 또는 '육체를 지닌 채' ㄷ) 또는 '전능하신 분을 알게 될 것이다' ㄹ) 또는 '아담'

핍해서 팔은 소유를 다시 사고 (레 25:25), 강도나 살인을 복수해 주고 (민 5:8과 신 19:6-12); 노예로 팔린 이를 구속할 (레 25:48) 것이 기대된다. 욥의 그의 가족이 그를 버린 것에 대하여 한 말을 보면, 그는 이제 인간의 *구원자*(*고엘*)에 대하여 이야기하지 않는다는 것이 확실한 것 같다. 오히려 욥은 그가 일찍이 하나님과의 고발에서 그를 대변하여 줄 하늘의 동맹자를 구하였던 요청을 언급하고 있다. 그러나 욥이 가장 원하는 것은 죽은 다음의 어떠한 승리가 아니라, 그가 아직 살아 있는 동안에 하나님과의 청문을 가지는 기회이다. 만일 욥이 원하는 대로 의롭다고 증명된다면, 그의 고난이 마땅히 받을 만한 것이었다고 말한 사람이 벌을 받게 될 것이다.

20:1-3 소발은 욥에게 응답할 두 번째 기회를 얻는데, 이번에는 욥이 한 말에 대하여 매우 불안해한다. 그의 처음 말은 욥에게 *모욕*(3절)당한 데 대한 그의 화를 드러내며, 그는 어떤 알지 못하는 힘에 의하여 말할 수밖에 없다고 말한다. 친구들의 논쟁은 소리를 지르는 싸움판으로 격화되는 것처럼 보인다. 사적인 일이 되어 버렸다.

20:4-18 소발은 다시 악인의 일시적인 성공에 대하여 오래된 지혜를 제시한다. 경건하지 못한 이들에 대한 처벌의 중심은 그들이 완전히 잊혀진다는 것이다. 그들은 죽고 그들에 대한 기억이 존재하지 않을 것이므로 부와 명성을 찾으려는 그들의 노력의 전부는 무가 될 것이다. 소발의 이러한 정죄는 전에 나온 말과 비슷하다. 그의 말에서 새로운 것은 먹는 비유를 사용한다는 것이다. 이 사람들의 악함은 단맛이 나지만 궁극에는 소화불량을 일으키는 음식과 비교된다. 그들의 하나님에 대한 불순종은 소화 기관과 삶을 파괴시키는 독이 된다. 그것으로 인하여 문자 그대로이든지 비유적으로이든지 그들은 *수고하여 얻은 것*(18절)을 누리지 못하게 될 것이다.

20:19-29 이러한 질병의 원인이 설명된다. 악인에게는 욕심이 있다. 그들의 욕심이 그들의 운명을 초래한다. 너무 많은 음식을 먹은 사람이 과식의 결과를

물으리라는 것쯤은,
너도 알고 있을 것이다.
8 꿈같이 잊혀져
다시는 흔적을 찾을 수 없게 되며,
마치 밤에 본 환상처럼
사라질 것이다.
9 그를 본 적이 있는 사람도
다시는 그를 볼 수 없으며,
그가 살던 곳에서도
다시는 그를 볼 수 없을 것이다.
10 그 자녀들이
가난한 사람에게
용서를 구할 것이며,
착취한 재물을
가난한 사람에게
배상하게 될 것이다.
11 그의 몸에 한때는 젊음이 넘쳤어도,
그 젊음은 역시 그와 함께
먼지 속에 눕게 될 것이다.

12 그가 혀로 악을 맛보니,
맛이 좋았다.
13 그래서 그는 악을 혀 밑에 넣고,
그 달콤한 맛을 즐겼다.
14 그러나 그것이 뱃속으로 내려가서는
쓴맛으로 변해 버렸다.
그것이 그의 몸 속에서
독사의 독이 되어 버렸다.
15 그 악한 자는
꿀꺽 삼킨 재물을 다 토해 냈다.
하나님은 이렇게 그 재물을
그 악한 자의 입에서 꺼내어서
빼앗긴 사람들에게 되돌려 주신다.
16 악한 자가 삼킨 것은
독과도 같은 것,
독사에 물려 죽듯이
그 독으로 죽는다.
17 올리브 기름이 강물처럼 흐르는 것을
그는 못 볼 것이다.
젖과 꿀이 흐르는 것도
못 볼 것이다.
18 그는 수고하여 얻은 것을
마음대로 먹지도 못하고
되돌려보내며,
장사해서 얻은 재물을
마음대로 누리지도 못할 것이다.
19 이것은,
그가 가난한 이들을 억압하고
돌보지 않았기 때문이며,
자기가 세우지도 않은 남의 집을
강제로 빼앗았기 때문이다.

20 그는 아무리 가져도
만족하지 못한다.
탐욕에 얽매여 벗어나지를 못한다.
21 먹을 때에는
남기는 것 없이
모조리 먹어 치우지만,
그의 번영은 오래 가지 못한다.
22 성공하여 하늘 끝까지 이를 때에,
그가 재앙을 만나고,
온갖 불운이
그에게 밀어닥칠 것이다.
23 그가 먹고 싶은 대로
먹게 놓아 두어라.
하나님이 그에게
맹렬한 진노를 퍼부으시며,
분노를 비처럼 쏟으실 것이다.
24 그가 철 무기를 피하려 해도,
놋화살이 그를 꿰뚫을 것이다.
25 등을 뚫고 나온 화살을
빼낸다 하여도,
쓸개를 휘젓고 나온
번쩍이는 활촉이
그를 겁에 질리게 할 것이다.
26 그가 간직한 평생 모은 모든 재산이
삽시간에 없어지고,
풀무질을 하지 않아도
저절로 타오르는 불길이
그를 삼킬 것이며, 그 불이
집에 남아 있는 사람들까지
사를 것이다.

당하는 것과 마찬가지로, 경건하지 못한 사람은 그 욕심에 대하여 갚게 될 것이다. 하나님의 진노가 그들의 양식이 될 것이다. 하나님의 진노는 힘이 없는 사람들을 삼킨 것과 같이 그들을 삼키게 될 것이다. 그들은 아무데도 돌아설 데가 없다. 그들은 그들의 생명을 취하려는 시도를 한번 피할 수 있을지 모르지만, 또 다른 이가 그들을 쓰러뜨릴 것이다. 전쟁과 어둠과 불의 위협이 하늘과 땅의 모든 방향에서 올 것이다. 악인이 가진 모든 것을 빼앗기게 될 것이다. 하나님은 반드시 그들에게 아무 것도 남지 않게 하실 것이다.

27 하늘이 그의 죄악을 밝히 드러내며,
땅이 그를 고발할 것이다.
28 하나님이 진노하시는 날에,
그 집의 모든 재산이
홍수에 쓸려가듯 다 쓸려갈 것이다.
29 이것이,
악한 사람이 하나님께 받을 몫이며,
하나님이 그의 것으로 정해 주신
유산이 될 것이다.

욥의 대답

21 1 욥이 대답하였다.
2 너희는 내 말을
건성으로 듣지 말아라.
너희가 나를 위로할 생각이면,
내가 하는 말에 귀를 기울여라.
그것이 내게는 유일한 위로이다.
3 내게도 말할 기회를 좀 주어라.
조롱하려면,
내 말이 다 끝난 다음에나 해라.
4 내가 겨우 썩어질 육신을 두고
논쟁이나 하겠느냐?
내가 이렇게 초조해하는 데에는,
그럴 이유가 있다.
5 내 곤경을 좀 보아라.
놀라지 않을 수 없을 것이다.
기가 막혀
손으로 입을 막고 말 것이다.
6 내게 일어난 일은
기억에 떠올리기만 해도 떨리고,
몸에 소름이 끼친다.
7 어찌하여 악한 자들이 잘 사느냐?
어찌하여
그들이 늙도록 오래 살면서
번영을 누리느냐?
8 어찌하여 악한 자들이
자식을 낳고, 자손을 보며,
그 자손이 성장하는 것까지
본다는 말이냐?
9 그들의 가정에는
아무런 재난도 없고,
늘 평화가 깃들며,
하나님마저도
채찍으로 치시지 않는다.
10 그들의 수소는
틀림없이 새끼를 배게 하며,
암소는 새끼를 밸 때마다
잘도 낳는다.
11 어린 자식들은,
바깥에다가 풀어 놓으면,
양 떼처럼 뛰논다.
12 소구와 거문고에 맞춰서
목청을 돋우며,
피리 소리에 어울려서
흥겨워하는구나.
13 그들은 그렇게
일생을 행복하게 살다가,
죽을 때에는 아무런 고통도 없이
조용하게 ㄱ)스올로 내려간다.

14 그런데도 악한 자들은,
자기들을 그냥 좀 내버려 두라고
하나님께 불평을 한다.
이렇게 살면 되지,
하나님의 뜻을 알 필요가
무엇이냐고 한다.

ㄱ) 또는 '무덤' 또는 '죽음'

21:1-6 욥은 똑같은 좌절과 진노로 소발에게 대답한다. 그의 친구의 비웃는 어조에 대하여 화가 나도, 욥은 그들이 한 말이 그의 부당한 운명을 보고 공포에 질려 한 말이라는 것을 이해하는 것으로 보인다. 욥의 진정한 불만은 그들에게 있는 것이 아니라, 하나님에게 있다.

21:7-26 욥은 소발의 말과 반대되는 말로 악인의 운명에 대하여 설명한다. 악인은 하나님의 진노 대신에 축복을 받은 사람으로 보인다. 그들은 하나님과 그의 법을 마구 무시하였음에도 불구하고 평화와 번성과 행복한 삶을 누린다. 사실 악인은 욥이 그의 친구들에게 설득시키려고 노력한 것, 곧 하나님을 섬긴다는 것에는 약속된 보장이 없음을 아는 것으로 보인다. 대신, 하나님에게 항거하는 이들은 처벌을 면한다. 욥은 만일 현재 악한 세대가 죄값을 치르지 않으면 그들의 자녀들이 그들 대신에 고난을 당해야 한다는 그의 친구들의 주장에 도전한다. 욥이 보기에는, 경건하지 못한 사람들의 이기적인 마음은 그들의 자손들의 운명에 대하여 걱정하지 않을 것이므로 저주가 아니다. 만일 하나님이 진정으로 의로우시다면, 악한 사람들은 그들 자신이 죄과를 치르게 될

15 전능하신 분이 누구이기에
그를 섬기며,
그에게 기도한다고 해서
무슨 도움이 되겠느냐고 한다.
16 그들은 자기들의 성공이
자기들 힘으로 이룬 것이라고
주장하지만,
나는 그들의 생각을 용납할 수 없다.
17 악한 자들의 등불이
꺼진 일이 있느냐?
과연 그들에게 재앙이
닥친 일이 있느냐?
하나님이 진노하시어,
그들을 고통에 빠지게
하신 적이 있느냐?
18 그들이
바람에 날리는 검불과 같이
된 적이 있느냐?
폭풍에 날리는 겨와 같이
된 적이 있느냐?

19 너희는
"하나님이 아버지의 죄를
그 자식들에게 갚으신다"
하고 말하지만,
그런 말 말아라!
죄 지은 그 사람이
벌을 받아야 한다.
그래야만 그가 제 죄를 깨닫는다.
20 죄인은 제 스스로 망하는 꼴을
제 눈으로 보아야 하며,
전능하신 분께서 내리시는
진노의 잔을
받아 마셔야 한다.
21 무너진 삶을 다 살고
죽을 때가 된 사람이라면,
제 집에 관해서
무슨 관심이 더 있겠느냐?
22 하나님은
높은 곳에 있는 자들까지
심판하는 분이신데,
그에게 사람이 감히
지식을 가르칠 수 있겠느냐?

23 어떤 사람은
죽을 때까지도 기력이 정정하다.
죽을 때에도 행복하게,
편안하게 죽는다.
24 평소에 그의 몸은
어느 한 곳도
영양이 부족하지 않으며,
뼈마디마다 생기가 넘친다.
25 그러나 어떤 사람은
행복 하고는 거리가 멀다.
고통스럽게 살다가,
고통스럽게 죽는다.
26 그러나 그들 두 사람은 다 함께
티끌 속에 눕고 말며,
하나같이 구더기로
덮이는 신세가 된다.

27 너희의 생각을
내가 다 잘 알고 있다.
너희의 속셈은
나를 해하려는 것이다.
28 너희의 말이
"세도 부리던 자의 집이
어디에 있으며,
악한 자가 살던 집이
어디에 있느냐?" 한다.

29 너희는 세상을 많이 돌아다닌
견문 넓은 사람들과
말을 해 본 일이 없느냐?
너희는 그 여행자들이 하는 말을
알지 못하느냐?
30 그들이 하는 말을 들어 보아라.
하나님이 진노하셔서
재앙을 내리셔도,
항상 살아 남는 사람은
악한 자라고 한다.

것이다. 그러나 하나님께서 인간을 대하실 때 무작위로 대하시고 또 불공평하게 대하심을 입증하여 준다.

21:27-34 욥은 계속하여 그를 대하는 그의 친구들의 동기에 의문을 제기한다. 만일 그들이 듣고 본다면, 그들은 욥의 말의 진정함을 깨닫게 될 것이다. 아무도 악인에 대하여 맞서지도 그들의 죄에 대하여 그들에게 책임을 묻지 않는다. 그들은 안전하게 살다가 만족하며 죽는다. 욥의 친구들이 하는 논쟁은 요점이 없고 현실을 부인하는 것이다.

22:1-14 인간이 하나님에게 무슨 소용이 있는가? 이 명제로, 엘리바스는 그의 세 번째 그리고 마지막 말을 시작한다. 수사적 효과를 노리는 질문으로, 그는 인간의 의는 하나님에게 혜택을 주지 않는다고 주장하다. 엘리바스는 하나님이 욥을 단순히 흠이 없는 이유로 욥을

31 그 악한 자를 꾸짖는 사람도 없고,
그가 저지른 대로
징벌하는 이도 없다고 한다.
32 그가 죽어 무덤으로 갈 때에는,
그 화려하게 가꾼
무덤으로 갈 때에는,
33 수도 없는 조객들이
장례 행렬을 따르고,
골짜기 흙마저 그의 시신을
부드럽게 덮어 준다고 한다.

34 그런데 어찌하여 너희는
빈말로만 나를 위로하려 하느냐?
너희가 하는 말은
온통 거짓말뿐이다.

엘리바스의 세 번째 발언

22 1 데만 사람 엘리바스가 대답하였다.
2 사람이 하나님께
무슨 유익을 끼쳐드릴 수 있느냐?
아무리 슬기로운 사람이라고 해도,
그분께
아무런 유익을 끼쳐드릴 수가 없다.
3 네가 올바르다고 하여
그것이 전능하신 분께
무슨 기쁨이 되겠으며,
네 행위가 온전하다고 하여
그것이 그분께
무슨 유익이 되겠느냐?
4 네가 하나님을 경외한 것 때문에,
하나님이 너를 책망하시며,
너를 심판하시겠느냐?
5 오히려 네 죄가 많고,
네 죄악이 끝이 없으니,
그러한 것이 아니냐?
6 네가 까닭 없이
친족의 재산을 압류하고,
옷을 빼앗아 헐벗게 하고,
7 목마른 사람에게
마실 물 한 모금도 주지 않고,
배고픈 사람에게
먹을 것도 주지 않았기
때문이 아니겠느냐?
8 너는 권세를 이용하여
땅을 차지하고,
지위를 이용하여
이 땅에서 거들먹거리면서 살았다.
9 너는 과부들을
빈 손으로 돌려보내고,
고아들을 혹사하고 학대하였다.
10 그러기에 이제 네가
온갖 올무에 걸려 들고,
공포에 사로잡힌 것이다.
11 어둠이 덮쳐서
네가 앞을 볼 수 없고,
홍수가 너를 뒤덮는 것이다.

12 하나님이 하늘 높은 곳에
계시지 않느냐?
저 공중에 높이 떠 있는 별들까지도,
하나님이
내려다보고 계시지 않느냐?
13 그런데도 너는
"하나님이 무엇을 아시겠으며,
검은 구름 속에 숨어 계시면서
어떻게
우리를 심판하실 수 있겠느냐?
14 짙은 구름에 그가 둘러싸여
어떻게 보실 수 있겠느냐?
다만 하늘에서만
왔다갔다 하실 뿐이겠지!" 하는구나.

처벌하시리라는 가능성을 부인한다. 그는 욥을 불운의 표적으로 만든 것이 바로 욥의 순전함이라는 것을 깨닫지 못한다. 엘리바스는 하나님이 불의하게 행동할 수 없다고 생각하므로, 그는 욥이 그가 보이는 것만큼 순진하지 않을 것이라는 결론을 내린다. 욥은 비참한 죄인임에 틀림이 없다. 그의 비난을 뒷받침할 만한 증거가 없이, 엘리바스는 욥이 그러한 처벌을 받을 만하게 틀림없이 범하였다 추정되는 죄목을 지목한다. 만일 그가 욥이 범한 어떤 죄를 발견할 수 있다면, 그의 세계는 다시 의미를 얻게 될 것이다. 그는 욥이 욕심 많고 무정하여, 무숙과 기아를 초래한 것으로 비난한다. 욥은 이제 이 중대한 불의에 대하여 값을 치르고 있는 것이며, 다만 하나님이 불의하고 무정하다고 주장함으로 그의 고난을 증가시킨다.

22:15-21 엘리바스는 욥에게 악인의 발자취를 따르는 이를 기다리고 있는 궁극적인 멸망에 대하여 상기시키면서, 그의 친구의 이성에 호소한다. 확실히 욥은 그들과 같이 되기를 원하지 않는다. 17-18절에서, 엘리바스는 욥이 전에 악인에 대하여 묘사하는 것을 하나님에게 함부로 불순종하는 것으로 여기며, 똑같은 개념을

15 너는 아직도 옛 길을 고집할 셈이냐?
악한 자들이 걷던
그 길을 고집할 셈이냐?
16 그들은 때가 되기도 전에
사로잡혀 갔고,
그 기초가 무너져서
강물에 떠내려가 버렸다.
17 그런데도 그들은 하나님께 말하기를
"우리를 좀 그냥 내버려 두십시오.
전능하신 분이라고 하여
우리에게
무슨 일을 더 하실 수 있겠습니까?"
하였다.
18 그들의 집에 좋은 것을
가득 채워 주신 분이
바로 하나님이신데도
악한 자들이 그런 생각을 하다니,
나는 이해할 수 없다.
19 그런 악한 자가 형벌을 받을 때에,
의로운 사람이
그것을 보고 기뻐하며,
죄 없는 사람들이
그것을 보고 비웃기를
20 "과연 우리 원수는 전멸되고,
남은 재산은 불에 타서 없어졌다"
할 것이다.

21 그러므로 너는 하나님과 화해하고,
하나님을 원수로 여기지 말아라.
그러면 하나님이 너에게
은총을 베푸실 것이다.
22 하나님이 친히
말씀하여 주시는 교훈을
받아들이고,
그의 말씀을 네 마음에
깊이 간직하여라.
23 전능하신 분에게로
겸손하게 돌아가면,
너는 다시 회복될 것이다.
온갖 불의한 것을
네 집 안에서 내버려라.
24 황금도 티끌 위에다가 내버리고,
오빌의 정금도
계곡의 돌바닥 위에 내던져라.
25 그러면 전능하신 분이
네 보물이 되시고,
산더미처럼 쌓이는
은이 되실 것이다.
26 그 때가 되어야 비로소 너는,
전능하신 분을
진정으로 의지하게 되고,
그분만이 네 기쁨의 근원이심을
알게 될 것이다.
27 네가 그분에게 기도를 드리면
들어주실 것이며,
너는 서원한 것을 다 이룰 것이다.
28 하는 일마다 다 잘 되고,
빛이 네가 걷는 길을
비추어 줄 것이다.
29 사람들이 쓰러지거든,
너는 그것이 교만 때문이라고
일러주어라.
하나님은 겸손한 사람을 구원하신다.
30 그분은 죄 없는 사람을 구원하신다.
너도 깨끗하게 되면,
그분께서 구해 주실 것이다.

욥의 대답

23 1 욥이 대답하였다.
2 오늘도 이렇게 처절하게
탄식할 수밖에 없다니!
내가 받는 이 고통에는 아랑곳없이,

사용하여 경건하지 못한 이는 전능자의 심판을 피할 수 없다고 논쟁한다. 엘리바스는 욥에게 회개하고 (예를 들어, 엘리바스나 그의 친구들이 말하고 있는) 하나님의 가르침을 받아들이라고 말한다. 만일 욥이 하나님에게만 그의 신뢰를 둔다면, 그는 회복을 받을 뿐 아니라, 다른 죄인을 위한 중보자가 될 것이다. 아이러니는 욥이 엘리바스와 빌닷과 소발에 의하여 중보하여야 한다는 결말의 이야기(42:7-9)에서 엘리바스의 약속이 성취된다는 것이다.

23:1-17 욥의 반응은 엘리바스가 방금 한 말과 동떨어진 것으로 보인다. 욥은 하나님을 찾아 하나님 앞에서 그의 불평을 제시하기를 갈망한다는 말로 시작한다. 만일 그가 하나님의 임재에 설 수만 있다면, 욥은 그가 할 말을 하고 무죄 판결을 받게 될 것을 믿는다. 이러한 소망은 하나님의 부재로 복잡하게 된다. 욥은 하나님의 임재를 피할 수 있는 것이 묘사되는 시 139:7-12의 이미지를 취하여, 그 말을 반대로—하나님을 찾을 수 없다고—묘사하기 위하여 사용한다. 하나님이 현재 부재하심에도

그분이 무거운 손으로
여전히 나를 억누르시는구나!
3 아, 그분이 계신 곳을
알 수만 있다면,
그분의 보좌까지
내가 이를 수만 있다면,
4 그분 앞에서 내 사정을 아뢰련만,
내가 정당함을
입이 닳도록 변론하련만.
5 그러면 그분은
무슨 말로 내게 대답하실까?
내게 어떻게 대답하실까?
6 하나님이 힘으로 나를 억누르실까?
그렇지 않을 것이다.
내가 말씀을 드릴 때에,
귀를 기울여 들어 주실 것이다.
7 내게 아무런 잘못이 없으니,
하나님께
떳떳하게 말씀드릴 수 있을 것이다.
내 말을 다 들으시고 나서는,
단호하게 무죄를 선언하실 것이다.

8 그러나 동쪽으로 가서 찾아보아도,
하나님은 거기에 안 계시고,
서쪽으로 가서 찾아보아도,
하나님을 뵐 수가 없구나.
9 북쪽에서 일을 하고 계실 터인데도,
그분을 뵐 수가 없고,
남쪽에서 일을 하고 계실 터인데도,
그분을 뵐 수가 없구나.
10 하나님은
내가 발 한 번 옮기는 것을
다 알고 계실 터이니,
나를 시험해 보시면
내게 흠이 없다는 것을
아실 수 있으련만!
11 내 발은 오직
그분의 발자취를 따르며,
하나님이 정하신 길로만
성실하게 걸으며,
길을 벗어나서 방황하지 않았건만!
12 그분의 입술에서 나오는 계명을
어긴 일이 없고,
그분의 입에서 나오는 말씀을
늘 마음 속 깊이 간직하였건만!

13 그러나 그분이 한번 뜻을 정하시면,
누가 그것을 돌이킬 수 있으랴?
한번 하려고 하신 것은,
반드시 이루고 마시는데,
14 하나님이 가지고 계신
많은 계획 가운데,
나를 두고 세우신 계획이 있으면,
반드시 이루고야 마시겠기에
15 나는 그분 앞에서 떨리는구나.
이런 것을 생각할 때마다,
그분이 두렵구나.
16 하나님이
내 용기를 꺾으셨기 때문이고,
전능하신 분께서
나를 떨게 하셨기 때문이지,
17 내가 무서워 떤 것은
어둠 때문도 아니고,
흑암이 나를 덮은 탓도 아니다.

24 1 어찌하여 전능하신 분께서는,
심판하실 때를
정하여 두지 않으셨을까?
어찌하여 그를 섬기는 사람들이
정당하게 판단받을 날을
정하지 않으셨을까?
2 경계선까지 옮기고
남의 가축을 빼앗아
제 우리에 집어 넣는 사람도 있고,
3 고아의 나귀를
강제로 끌어가는
사람이 있는가 하면,
과부가 빚을 갚을 때까지,
과부의 소를 끌어가는
사람도 있구나.

불구하고, 하나님이 궁극에는 그가 무죄하다는 것을 선언하실 것을 욥은 확신한다. 그러나 이 일은 하나님이 준비가 되실 때까지는 일어나지 않을 것이다. 그 때까지, 욥은 두려움 가운데 그러나 굳건히 남아 있을 것이다.

24:1-17 욥은 하나님이 악에 대하여 심판의 때를 정하여 놓으셨다는 전통적인 관점에 대하여 언급하고 왜 그 때가 이르지 않았는지 알기 원한다. 욥은 악인이 하나님의 법을 마구 무시하는 것을 묘사한다. 그들은 힘없는 사람들을 학대하고 순전한 무고한 이들을 강제로 노예로 만든다. 불경한 일들이 이 모든 죄를 범하는 동안, 하나님은 아무 것도 하시지 않는다. 왜 하나님은 거짓말하고 속이고 훔치고 살인을 저지르는 사람들에게 정의를 구하시지 않고 가만히 계시는가?

24:18-25 욥의 말의 이 부분은 의아하게도 그의

4 가난한 사람들이 권리를
빼앗기는가 하면,
흙에 묻혀 사는 가련한 사람들이
학대를 견디다 못해
도망가서 숨기도 한다.

5 가난한 사람들은 들나귀처럼
메마른 곳으로 가서
일거리를 찾고
먹거리를 얻으려고 하지만,
어린 아이들에게
먹일 것을 찾을 곳은
빈 들뿐이다.
6 가을걷이가 끝난 남의 밭에서
이삭이나 줍고,
악한 자의 포도밭에서
남은 것이나 긁어 모은다.
7 잠자리에서도 덮을 것이 없으며,
추위를 막아 줄
이불 조각 하나도 없다.
8 산에서 쏟아지는 소낙비에 젖어도,
비를 피할 곳이라고는
바위 밑밖에 없다.

9 아버지 없는 어린 아이를
노예로 빼앗아 가는 자들도 있다.
가난한 사람이 빚을 못 갚는다고
자식을 빼앗아 가는 자들도 있다.
10 가난한 사람들은
입지도 못한 채로
헐벗고 다녀야 한다.
곡식단을 지고 나르지만,
굶주림에 허덕여야 한다.
11 올리브로 기름을 짜고,
포도로 포도주를 담가도,
그들은 여전히 목말라 한다.
12 성읍 안에서
상처받은 사람들과
죽어 가는 사람들이
소리를 질러도,
하나님은 그들의 간구를
못 들은 체하신다.

13 빛을 싫어하는 사람들이 있다.
그들은 빛이 밝혀 주는 것을
알지 못하며,
빛이 밝혀 주는 길로 가지 않는다.
14 살인하는 자는 새벽에 일어나서
가난한 사람과
궁핍한 사람을 죽이고,
밤에는 도둑질을 한다.
15 간음하는 자는 저물기를 바라며,
사람들이 눈치채지 못할 것이라고
생각하며,
얼굴을 가린다.
16 도둑들은
대낮에 털 집을 보아 두었다가,
어두워지면 벽을 뚫고 들어간다.
이런 자들은 하나같이
밝은 한낮에는 익숙하지 못하다.
17 그들은 한낮을 무서워하고,
오히려 어둠 속에서 평안을 누린다.

18 ㄱ)악한 사람은 홍수에 떠내려간다.
그의 밭에는
하나님의 저주가 내리니,
다시는 포도원에
갈 일이 없을 것이다.
19 날이 가물고 무더워지면
눈 녹은 물이 증발하는 것 같이,
죄인들도 그렇게
ㄴ)스올로 사라질 것이다.
20 그러면 그를 낳은 어머니도
그를 잊고,
구더기가 그를 달게 먹는다.
아무도 그를 다시 기억하지 않는다.
악은 결국,
잘린 나무처럼
멸망하고 마는 것이다.

ㄱ) 18-25절에 소발의 이름이 나타나 있지는 않지만, 소발의 말이라고 보는 견해도 있음 ㄴ) 또는 '무덤' 또는 '죽음'

친구들이 전에 한 논쟁과 비슷하다. 그는 악인의 힘과 성공을 잠깐인 것으로 묘사한다. 그들은 멸망되고 잊혀질 것이다. 이 말은 원래 욥의 친구들 중 하나가 한 것인데 이제 욥의 입을 통해 나오게 되었다.

25:1-6 빌닷의 세 번째 말은 잘라서 줄인 것으로 보인다. 전의 말보다 훨씬 더 짧아 보인다. 어떤 학자들은 빌닷의 말의 나머지가 다음 장에서 발견된다고 (26:5-14), 그리고 여기 그의 말의 짧은 것은 욥이 그 말을

21 과부를 등쳐 먹고,
자식 없는 여인을 학대하니,
어찌 이런 일이 안 일어나겠느냐?
22 하나님이 그분의 능력으로
강한 사람들을 휘어 잡으시니,
그가 한번 일어나시면
악인들은 생명을 건질 길이 없다.
23 하나님이 악한 자들에게
안정을 주셔서
그들을 평안하게
하여 주시는 듯하지만,
하나님은
그들의 행동을 낱낱이 살피신다.
24 악인들은 잠시 번영하다가
곧 사라지고,
풀처럼 마르고 시들며,
곡식 이삭처럼 잘리는 법이다.
25 내가 한 말을 부인할 사람이 누구냐?
내가 한 말이 모두
진실이 아니라고
공격할 자가 누구냐?

빌닷의 세 번째 발언

25

1 수아 사람 빌닷이 대답하였다.
2 하나님께는
주권과 위엄이 있으시다.
그분은 하늘 나라에서
평화를 이루셨다.
3 그분이 거느리시는 군대를
헤아릴 자가 누구냐?
하나님의 빛이 가서 닿지 않는 곳이
어디에 있느냐?
4 그러니 어찌 사람이 하나님 앞에서
의롭다고 하겠으며,
여자에게서 태어난 사람이
어찌 깨끗하다고 하겠는가?
5 비록 달이라도
하나님에게는 밝은 것이 아니며,
별들마저
하나님이 보시기에는
청명하지 못하거늘,
6 하물며 구더기 같은 사람,
벌레 같은 인간이야
말할 나위가 있겠는가?

욥의 대답

26

1 욥이 대답하였다.
2 나를 그렇게까지
생각하여 주니,
고맙다.
나처럼 가난하고 힘없는 자를
도와주다니!
3 너는 우둔한 나를 잘 깨우쳐 주었고,
네 지혜를 내게 나누어 주었다.
4 그런데 누가,
네가 한 그런 말을
들을 것이라고 생각하느냐?
너는 누구에게 영감을 받아서
그런 말을 하는거냐?
5 ㄱ)죽은 자들이 떤다.
깊은 물 밑에서
사는 자들이 두려워한다.

ㄱ) 5-14절에 빌닷의 이름이 나타나 있지는 않지만, 빌닷의 말이라고 보는 견해도 있음

차단시킨 것이라고 생각한다. 빌닷은 하나님 앞에서의 인간의 위치에 대하여 전에 나온 수사의문문으로 반복하고 (4:17; 9:2; 15:14) 그리고 강력하게 욥이 하나님을 이해하고 순전함을 주장할 수 있는 힘이 있다는 것을 무시한다. 그는 욥과 인간 모두가 하나님 앞에 벌레와 구더기에 불과하다고 선언한다.

26:1-4 욥은 진심이 없이 칭찬하는 말로 충고하는 빌닷의 말을 가로챈다. 욥은 빌닷이 하나님에 대하여 말하지 않는다는 것을 암시하면서, 빌닷이 누구의 권위로 말을 하는지 묻는다.

26:5-14 빌닷은 그의 말을 계속한다. 그는 여러 가지 이미지를 사용하면서, 하나님의 위엄과 능력을 묘사한다. 하나님의 통치는 하늘의 높음에 이를 뿐 아니라 스올의 깊음과 거기 거하는 모든 이들에게 미친다. 북쪽 하늘은 하나님이 통치하시는 북쪽 지역을 가리킨다. 하나님은 바로 이 곳에서부터 (예를 들면, 비, 달의 변화, 빛 등) 땅 위에 존재하는 것들의 모든 면을 돌보신다. 12-13절에서 빌닷은 하나님을 혼돈을 제어하는 분으로 (9:13 참조) 묘사하면서 창조의 신화에 대하여 언급한다. 빌닷의 결론은 인간은 단지 하나님의 능력의 면을 엿볼 수 있다는 것으로, 그의 능력은 경이와 겸손을 자아나는 것이다.

6 ㄱ)스올도 하나님께는 훤하게 보이고,
ㄴ)멸망의 구덩이도 그분의 눈에는
훤하게 보인다.
7 하나님이
북쪽 하늘을 허공에 펼쳐 놓으시고,
이 땅덩이를 빈 곳에
매달아 놓으셨다.
8 구름 속에 물을 채우시고,
물이 구름 밑으로
터져 나오지 못하게
막고 계시는 분이 바로
하나님이시다.
9 하나님은
보름달을 구름 뒤에 숨기신다.
10 물 위에 수평선을 만드시고,
빛과 어둠을 나누신다.
11 그분께서 꾸짖으시면,
하늘을 떠받치는 기둥이 흔들린다.
12 능력으로 '바다'를 정복하시며,
지혜로 ㄷ)라합을 쳐부순다.
13 그분의 콧김에 하늘이 맑게 개며,
그분의 손은
도망 치는 바다 괴물을 찔러 죽인다.
14 그러나 이런 것들은,
그분이 하시는 일의
일부에 지나지 않고,
우리가 그분에게서 듣는 것도
가냘픈 속삭임에 지나지 않는다.
하물며 그분의 권능에 찬
우레 소리를
누가 이해할 수 있겠느냐!

세 친구에 대한 욥의 대답

27 1 욥이 비유로 말하였다.
2 내가 살아 계신
하나님 앞에서 맹세한다.
그분께서 나를
공정한 판결을 받지 못하게 하시며,
전능하신 분께서
나를 몹시 괴롭게 하신다.
3 내게 호흡이 남아 있는 동안은,
하나님이
내 코에 불어 넣으신 숨결이
내 코에 남아 있는 한,
4 내가 입술로 결코
악한 말을 하지 않으며,
내가 혀로 거짓말을 하지 않겠다.
5 나는 결코
너희가 옳다고 말할 수 없다.
나는 죽기까지
내 결백을 주장하겠다.
6 내가 의롭다고 주장하면서
끝까지 굽히지 않아도,
내 평생에
양심에 꺼림칙한 날은 없을 것이다.

7 내 원수들은
악한 자가 받는 대가를 받아라.
나를 대적하는 자는

ㄱ) 또는 '무덤' 또는 '죽음' ㄴ) 히, '아바돈' ㄷ) 전설에 나오는 바다의 괴물, 혼돈과 악의 세력을 대표함

27:1-6 이 장에 나오는 처음 질문의 명제는 전에 나오는 내용에서 욥이 아니라 빌닷이 이야기하고 있는 것을 보여준다. 욥은 2절에 나오는 *살아 계신 하나님*이라는 전통적인 맹세의 공식을 사용한다. 이 말은 보통 하나님의 성품에 대한 긍정적인 묘사가 이어 나오곤 한다(예를 들어, 삼상 14:29). 그러나 욥에게 하나님은 그의 고통의 원인으로 묘사될 수밖에 없다. 맹세로, 그는 하나님이 그의 순전함에 대한 주장의 증인이 되시라고 요청한다. 욥은 그의 친구들의 관점에 순응하기를 거절한다. 그렇게 한다는 것은 그를 거짓말쟁이로 만들게 되기 때문이다.

27:7-10 자기의 무죄를 재확인하면서, 욥은 그의 *원수*를 저주한다. 이 원수의 정체는 불분명하다. 하나님이라고 말하려는 것이 아니라, 오히려 인간의 원수, 아마도 순전한 고난에 대한 그의 주장을 반대한 사람들을 가리키는 말일 것이다. 그는 그의 원수가 하나님에게서 떨어져서 그가 겪은 것과 같은 고난을 겪게 될 것을 원한다. 그러면 그들 또한 하나님의 신실하심을 의문시할 것이다.

27:11-23 여기서 욥이 하는 말은 그의 세 친구 중에 하나가 한 말로 들린다. 이는 후대의 편집자가 자료를 재배열한 증거일 수 있다. 아마도 이 부분은 원래 소발의 세 번째로 마지막 주기를 완성하는 것이었을지 모른다. 이 절들에 나오는 악에 대한 묘사는 엘리바스가 전에 한 말(20:1-29을 보라)과 잘 맞는다. 20:19와 거의 동일한 인용이 13절에 나온다는 점은 이 가설을 더 뒷받침해 준다.

28:1-28 28장은 포착하기 어려운 지혜의 성격에 관한 시이며, 후대에 삽입된 것으로 보인다. 이렇게

악인이 받을 벌을 받아라.
8 하나님이
경건하지 않은 자의 생명을 끊고,
그의 영혼을 불러 가실 때에,
그의 희망이란 과연 무엇이겠느냐?
9 환난이 그에게 닥칠 때에,
하나님이 그의 부르짖음을
들어주시겠느냐?
10 그들은 전능하신 분께서
주시는 기쁨을
사모했어야 했고
그분께 기도했어야 했다.

11 날더러도 하나님의 응답이
얼마나 큰지
가르치라고 해 보아라.
전능하신 분께서 계획하신 바를
설명하라고 해 보아라.
12 그러나 그만두겠다.
이런 일은 너희도 이미
알고 있는 것이 아니냐?
그런데 너희는,
어찌하여 그처럼
터무니없는 말을 하느냐?

13 ㄱ)하나님이
악한 자에게 주시는 벌이 무엇인지,
전능하신 분께서
폭력을 행하는 자에게 주시는 벌이
무엇인지 아느냐?
14 비록 자손이 많다 해도,
모두 전쟁에서 죽고 말 것이다.
그 자손에게는
배불리 먹을 것이 없을 것이다.
15 살아 남은 사람은
또 염병으로 죽어 매장되니,
살아 남은 과부들은
기가 막혀서 울지도 못할 것이다.
16 돈을 셀 수도 없이 긁어 모으고,
옷을 산더미처럼 쌓아 놓아도,
17 엉뚱하게도
의로운 사람이 그 옷을 입으며,
정직한 사람이
그 돈더미를 차지할 것이다.
18 악한 자들이 지은 집은
거미집과 같고
밭을 지키는 일꾼의 움막과 같다.
19 부자가 되어서 잠자리에 들지만,
그것으로 마지막이다.
다음날에 눈을 떠 보면,
이미 알거지가 되어 있다.
20 두려움이 홍수처럼
그들에게 들이닥치며,
폭풍이 밤중에
그들을 쓸어 갈 것이다.
21 동풍이 불어와서
그들을 그 살던 집에서
쓸어 갈 것이다.
22 도망 치려고 안간힘을 써도,
동쪽에서 오는 폭풍이
사정없이 불어 닥쳐서,
그들을 날려 버릴 것이다.
23 도망 가는 동안에
폭풍이 불어 닥쳐서,
무서운 파괴력으로
그들을 공포에 떨게 할 것이다.

지혜를 찬양하다

28 1 은을 캐는 광산이 있고,
금을 정련하는
제련소도 있다.
2 철은 흙에서 캐어 내며,
구리는 광석을 녹여서 얻는다.
3 광부들은
땅 속을 깊이 파고 들어가서,
땅 속이 아무리 캄캄해도
그 캄캄한 구석 구석에서

ㄱ) 13-23절에 소발의 이름이 나타나 있지는 않지만, 소발의 말이라고 보는 견해도 있음

하나님의 전지를 축하하고 하나님의 전능에 대하여 확신하는 것은 욥의 정서로 들리지 않는다. 만일 누가 이러한 지혜의 찬양을 노래했다면, 그것은 세 친구 중에 하나였을 것이다. 이 28개의 절은 구약 전체에서 가장 우아한 시 부분이다. 풍부한 이미지와 섬세한 어휘가 시의 미와 정묘를 더해 준다. 본문은 세 부분으로 깔끔하게 나누어지는데, 처음 두 부분은 대략 같은 길이로 (1-11절, 12-27절) 그리고 마지막 절(28절)이 나온다. 처음 부분에는 금속(은, 금, 철, 동)과 보석을 발견하고 정제하는 인간의 능력을 묘사한다. 3-4절이 묘사하는 탐색하는 과정에서 인간은 멀리 떨어진 곳, 땅의 먼 끝까지 여행하여야 한다. 이 인간의 기술은 가장 교묘한

광석을 캐어 낸다.
4 사람이 사는 곳에서 멀리 떨어진 곳,
사람의 발이 가 닿지 않는 곳에,
사람들은 갱도를 판다.
줄을 타고 매달려서 외롭게 일을 한다.
5 땅 위에서는 먹거리가 자라지만,
땅 속은 같은 땅인데도
용암으로 들끓고 있다.
6 바위에는 사파이어가 있고,
돌가루에는 금이 섞여 있다.
7 솔개도
거기에 이르는 길을 알지 못하고,
매의 날카로운 눈도
그 길을 찾지 못한다.
8 겁 없는 맹수도
거기에 발을 들여놓은 일이 없고,
무서운 사자도
그 곳을 밟아 본 적이 없다.
9 사람은 굳은 바위를 깨고,
산을 그 밑 뿌리까지 파들어 간다.
10 바위에 굴을 뚫어서,
각종 진귀한 보물을 찾아낸다.
11 강의 근원을 ㄱ)찾아내고,
땅에 감추어진
온갖 보화를 들추어낸다.

12 그러나 지혜는 어디에서 얻으며,
슬기가 있는 곳은 어디인가?
13 지혜는
사람에게서 발견되는 것이 아니다.
사람은 어느 누구도
지혜의 참 가치를 알지 못한다.
14 깊은 바다도
"나는 지혜를 감추어 놓지 않았다"
하고 말한다.
넓은 바다도
"나는 지혜를 감추어 놓지 않았다"
하고 말한다.
15 지혜는 금을 주고 살 수 없고,
은으로도 그 값을 치를 수 없다.
16 지혜는 오빌의 금이나
값진 루비나 사파이어로도
그 값을 치를 수 없다.
17 지혜는 금보다 값진 것,
금잔이나 값진 유리잔보다
더 값진 것이다.
18 지혜의 값은
산호보다, 수정보다 비싸다.
지혜를 얻는 것은
진주를 가진 것보다 값지다.
19 에티오피아의 토파즈로도
지혜와 비교할 수 없고,
정금으로도 지혜의 값을
치를 수 없다.

20 그렇다면 지혜는 어디에서 오며,
슬기가 있는 곳은 어디인가?
21 모든 생물의 눈에 숨겨져 있고,
공중의 새에게도 감추어져 있다.
22 ㄴ)멸망의 구덩이와 죽음도
지혜를 두고 이르기를
"지혜라는 것이 있다는 말은 다만
소문으로만 들었을 뿐이다"
하고 말한다.

23 그러나 하나님은,
지혜가 있는 곳에 이르는 길을
아신다.

ㄱ) 칠십인역과 아퀼라역과 불가타를 따름. 히, '둑으로 막고'
ㄴ) 히, '아바돈'

육식동물이라도 배울 수 없는 것이다. 동물의 세계와 비교하여, 인류는 거의 하나님과 같아 보인다. 그러나 이렇게 자만을 느낄 유혹은 다음 부분에서 바로 사그라진다 (12-27절). 인간은 지혜를 얻을 능력이 없다는 것이 상기된다. 광산을 파는 그들의 모든 업적은 그들에게 이해를 가져다 줄 수 없다. 지혜는 세상의 모든 귀금속보다 더 귀한 것이다. 그 가치는 측량할 수 없다. 이 시는 잠언에 나오는 지혜에 대한 많은 가르침을 동시에 지지하고 상충한다. 그것은 지혜의 최고 가치를 지지하지만 (잠 3:13-15), 사람이 정말로 이해할 수 있다는 생각을 반박한다 (잠 16:16). 12절에 나오는 똑같은 수사적 효과를 노리는 질문이 20절에 반복된다. 매번 대답이 비슷하다: 하나님 외에는 아무도 지혜와 이해를 찾을 수 있는 곳을 모른다. 이 부분이 잃어버린 소발의 세 번째 대답의 일부일 가능성이 희박하지만, 여기 사용된 언어는 소발의 처음 말(11:7-12)을 상기시킨다. 시의 마지막 구절은 그 메시지와 기대되는 교훈을 요약한다. 전지하고 전능한 우주의 창조자로, 하나님은 지혜의 자리를 지키시고 인류에게 그 길을 보여주셨다: 곧 *주님을 경외하는 것…악을 멀리하는 것*(28절)이다. 인류가 (곧 욥이) 충고를 따르지 않았다는 것이 그 함축된 의미이다.

그분만이 지혜가 있는 곳을 아신다.
24 오직 그분만이
땅 끝까지 살피실 수 있으며,
하늘 아래에 있는 모든 것을
보실 수 있다.
25 그분께서 저울로
바람의 강약을 달아 보시던 그 때에,
물의 분량을 달아 보시던 그 때에,
26 비가 내리는 규칙을 세우시던
그 때에,
천둥 번개가 치는 길을 정하시던
그 때에,
27 바로 그 때에 그분께서,
지혜를 보시고, 지혜를 칭찬하시고,
지혜를 튼튼하게 세우시고,
지혜를 시험해 보셨다.

28 그런 다음에, 하나님은
사람에게 말씀하셨다.
"주님을 경외하는 것이 지혜요,
악을 멀리하는 것이 슬기다."

욥의 마지막 발언

29

1 욥이 다시 비유를 써서 말을 하였다.

2 지나간 세월로
되돌아갈 수만 있으면,
하나님이 보호해 주시던
그 지나간 날로
되돌아갈 수 있으면 좋으련만!
3 그 때에는 하나님이
그 등불로 내 머리 위를
비추어 주셨고,
빛으로 인도해 주시는 대로,
내가 어둠 속을 활보하지 않았던가?
4 내가 그처럼 잘 살던 그 시절로
다시 돌아가서
살 수 있으면 좋으련만!
내 집에서
하나님과 친밀하게 사귀던
그 시절로
되돌아갈 수 있으면 좋으련만!
5 그 때에는
전능하신 분께서 나와 함께 계시고,
내 자녀들도 나와 함께 있었건만.
6 젖소와 양들이 젖을 많이 내어서,
내 발이 젖으로 흠뻑 젖었건만.
돌짝 밭에서 자란
올리브 나무에서는,
올리브 기름이
강물처럼 흘러 나왔건만.
7 그 때에는
내가 성문 회관에 나가거나
광장에 자리를 잡고 앉으면,
8 젊은이들은 나를 보고 비켜 서고,
노인들은 일어나서
내게 인사하였건만.
9 원로들도 하던 말을 멈추고
손으로 입을 가렸으며,
10 귀족들도
혀가 입천장에 달라붙기나 한 것처럼
말소리를 죽였건만.

11 내 소문을 들은 사람들은
내가 한 일을 칭찬하고,
나를 직접 본 사람들은
내가 한 일을
기꺼이 자랑하고 다녔다.
12 내게 도움을 청한 가난한 사람들을
내가 어떻게 구해 주었는지,
의지할 데가 없는 고아를
내가 어떻게 잘 보살펴 주었는지를
자랑하고 다녔다.
13 비참하게 죽어 가는 사람들도,
내가 베푼 자선을 기억하고
나를 축복해 주었다.
과부들의 마음도 즐겁게 해주었다.
14 나는 늘 정의를 실천하고,
매사를 공평하게 처리하였다.
15 나는 앞을 못 보는 이에게는
눈이 되어 주고,
발을 저는 이에게는

29:1-25 이 장의 첫 구절(1절)은 전장(前章)에서 하나님의 지혜에 대하여 웅변적으로 칭송한 것이 욥이 아니었다는 이론을 지지한다. 이것은 욥의 말 중에서 가장 긴 부분으로 욥의 탄원 시이다. 그는 그의 재앙이 시작되기 전에 유쾌한 시간에 대하여 추억하고 있는 것으로 시작한다. 그 때는 안전하고 행복한 날이었다. 욥은 공동체로부터 존중받는 사람이었다. 그가 말할 때, 모두가, 심지어 귀인과 통치자들도 귀를 기울였다. 12-17절에서, 욥은 힘이 없는 사람들을 위한 그의 자비의 행위를 묘사한다. 그는 엘리바스가 비난하였던 죄와는 정반

발이 되어 주었다.
16 궁핍한 사람들에게는
아버지가 되어 주고,
알지도 못하는 사람들의 하소연도
살펴보고서 처리해 주었다.
17 악을 행하는 자들의 턱뼈를
으스러뜨리고,
그들에게 희생당하는 사람들을
빼내어 주었다.

18 그래서 나는 늘
'나는 죽을 때까지 이렇게
건장하게 살 것이다.
소털처럼 많은 나날
불사조처럼 오래 살 것이다.
19 나는,
뿌리가 물가로 뻗은 나무와 같고,
이슬을 머금은 나무와 같다.
20 사람마다 늘 나를 칭찬하고,
내 정력은 쇠하지 않을 것이다'
하고 생각하였건만.

21 사람들은 기대를 가지고
내 말을 듣고,
내 의견을 들으려고 잠잠히 기다렸다.
22 내가 말을 마치면 다시 뒷말이 없고,
내 말은 그들 위에
이슬처럼 젖어들었다.
23 사람들은 내 말을 기다리기를
단비를 기다리듯 하고,
농부가 봄비를 기뻐하듯이
내 말을 받아들였다.
24 내가 미소를 지으면
그들은 새로운 확신을 얻고,
내가 웃는 얼굴을 하면
그들은 새로운 용기를 얻었다.
25 나는 마치 군대를 거느린 왕처럼,
슬퍼하는 사람을
위로해 주는 사람처럼,
사람들을 돌보고,
그들이 갈 길을 정해 주곤 하였건만.

30 1 그런데 이제는
나보다 어린 것들까지
나를 조롱하는구나.
내 양 떼를 지키는
개들 축에도 끼지 못하는
쓸모가 없는 자들의 자식들까지
나를 조롱한다.
2 젊어서 손에 힘이 있을 듯하지만,
기력이 쇠하여서
쓸모가 없는 자들이다.
3 그들은 가난과 굶주림에 허덕여서
몰골이 흉하며,
메마른 땅과 황무지에서
ㄱ)풀뿌리나 씹으며,
4 덤불 속에서 자란
쓴 나물을 캐어 먹으며,
대싸리 뿌리로
끼니를 삼는 자들이다.
5 그들은 사람 축에 끼지 못하여
동네에서 쫓겨나고,
사람들이 마치 도둑을 쫓듯이

ㄱ) 또는 '방랑하며'

대의 일을 한 것으로 자기자신을 묘사한다 (22:6-9). 그의 비극적인 몰락 이전에, 욥은 안락과 확신 가운데 살았다. 그 때, 그는 자기자신을 보금자리가 타고 남은 재에서 여전히 일어나 다시 사는 전통적인 새, 불사조 (18절)와 같이 상처를 입을 수 없는 이로 여겼다. 반어적으로, 욥과 불사조의 유사점은 이야기의 결론에 적절한 말이 될 것이다. 욥이 이렇게 순결하여 쓰러질 수 없다는 것은 다른 사람들에게 위로와 소망의 근원이 되었다.

30:1-19 이렇게 잠시 회고한 후에, 욥은 현실로 돌아온다. 존중과 평화의 날은 지나버렸다. 이제 그는 욥이 한때 그의 부하로 여겼던 이들의 자녀들의 놀림의 대상이 되었다. 그는 이제 그를 놀리는 이들을 *어리석은 자의 자식들, 이름도 없는 자의 자식들*(8절)이라고 부르면서 그들을 격하하여 묘사한다. 그러나 처지가 바뀌어 이 똑같은 가증한 인물이 욥의 상황을 비웃고 있다. 욥은 이와 같은 그의 모든 고통에 대하여 하나님을 비난한다. 그는 그를 거의 죽게 한 하나님의 폭력의 희생물이다. 이 부분은 19절에서 *내가 진흙이나 쓰레기보다 나을 것이 없다* 라는 구절로 결론이 나는데, 이는 42:6에서 책에서 욥이 마지막으로 하는 말을 미리 암시해 준다. 하나님은 욥을 낮은 처지로 끌어 내리셨다.

30:20-31 그의 탄원시의 이 부분에서, 욥은 하나님에게 직접 말한다. 그는 왜 그의 부르짖음에 응답이 없었는지를 알기 원한다. 욥도 불쌍한 이들의 딱한 처지를 무시할 수 없었는데, 어떻게 하나님은 도와달라는

그들에게 "도둑이야!"
하고 소리를 질러
쫓아 버리곤 하였다.
6 그들은,
급류에 패여
벼랑진 골짜기에서 지내고,
땅굴이나 동굴에서 살고,
7 짐승처럼 덤불 속에서
움츠리고 있거나,
가시나무 밑에 몰려서
웅크리고 있으니,
8 그들은 어리석은 자의 자식들로서,
이름도 없는 자의 자식들로서,
회초리를 맞고
제 고장에서 쫓겨난 자들이다.

9 그런데 그런 자들이
이제는 돌아와서 나를 비웃는다.
내가 그들의 말거리가 되어 버렸다.
10 그들은 나를 꺼려 멀리하며
마주치기라도 하면
서슴지 않고 침을 뱉는다.
11 하나님이
내 활시위를 풀어 버리시고,
나를 이렇게 무기력하게 하시니,
그들이 고삐 풀린 말처럼
내 앞에서 날뛴다.
12 이 천한 무리들이 내 오른쪽에서
나와 겨루려고 들고 일어나며,
나를 잡으려고
내가 걷는 길에 덫을 놓고,
나를 파멸시키려고
포위망을 좁히고 있다.
13 그들은
내가 도망 가는 길마저 막아 버렸다.
ㄱ)그들이
나를 파멸시키려고 하는데도,
그들을 막을 사람이 아무도 없다.
14 그들이 성벽을 뚫고,
그 뚫린 틈으로 물밀듯 들어와서,
성난 파도처럼 내게 달려드니,
15 나는 두려워서 벌벌 떨고,
내 위엄은 간곳없이 사라지고,
구원의 희망은
뜬구름이 사라지듯 없어졌다.

16 나는 이제 기력이 쇠하여서,
죽을 지경에 이르렀다.
지금까지 나는
괴로운 나날들에 사로잡혀서,
편하게 쉬지 못하였다.
17 밤에는 뼈가 쑤시고,
뼈를 깎는 아픔이 그치지 않는다.
18 하나님이 그 거센 힘으로
ㄴ)내 옷을 거세게 잡아당기셔서,
나를 옷깃처럼 휘어감으신다.
19 하나님이 나를 진흙 속에 던지시니,
내가 진흙이나 쓰레기보다
나을 것이 없다.

20 주님,
내가 주님께 부르짖어도,
주님께서는
내게 응답하지 않으십니다.
내가 주님께 기도해도,
주님께서는 들은 체도 않으십니다.
21 주님께서는
내게 너무 잔인하십니다.
힘이 세신 주님께서,
힘이 없는 나를 핍박하십니다.
22 나를 들어올려서
바람에 날리게 하시며,
태풍에 휩쓸려서
흔적도 없이 사라지게 하십니다.
23 나는 잘 알고 있습니다.
주님께서는 나를
죽음으로 몰아넣고 계십니다.
끝내 나를
살아 있는 모든 사람들이
다 함께 만나는
그 죽음의 집으로
돌아가게 하십니다.
24 주님께서는 어찌하여
망할 수밖에 없는

ㄱ) 또는 '아무도 그들을 도와주지 않았는데도 그들은 나를 파멸시키는 데 성공하였다' ㄴ) 칠십인역을 따름. 히, '나에게 옷과 같이 되시어서'

그의 요청을 무시할 수 있는가? 완전히 낙심하고 계속되는 고통으로, 욥의 유일한 동료는 광야의 동물이다 (29절). 그의 한때 기뻤던 날은 슬픔의 날이 되었고, 여전히 하나님은 욥을 도우러 오시지 않는다.

연약한 이 몸을 치십니까?
기껏
하나님의 자비나 빌어야
하는 것밖에는
아무것도 할 수 없는
보잘것없는 이 몸을,
어찌하여 그렇게 세게 치십니까?

25 고난받는 사람을 보면,
함께 울었다.
궁핍한 사람을 보면,
나도 함께 마음 아파하였다.
26 내가 바라던 행복은 오지 않고
화가 들이닥쳤구나.
빛을 바랐더니
어둠이 밀어닥쳤다.
27 근심과 고통으로
마음이 갈기갈기 찢어지고,
하루도 고통스럽지 않은 날이 없이
지금까지 살아왔다.
28 햇빛도 비치지 않는
그늘진 곳으로만
침울하게 돌아다니다가,
사람들이 모여 있는 곳에 이르면
도와 달라고
애걸이나 하는 신세가 되고 말았다.
29 나는 이제 이리의 형제가 되고,
타조의 친구가 되어 버렸는가?
내가 내 목소리를 들어 보아도,
내 목소리는 구슬프고 외롭다.
30 살갗은 검게 타서 벗겨지고,
뼈는 열을 받아서 타 버렸다.
31 수금 소리는 통곡으로 바뀌고,
피리 소리는 애곡으로 바뀌었다.

31

1 젊은 여인을
음탕한 눈으로
바라보지 않겠다고
나 스스로 엄격하게 다짐하였다.
2 여자나 유혹하고 다니면,
위에 계신 하나님이
내게 주실 몫이 무엇이겠으며,
높은 곳에 계신 ㄱ)전능하신 분께서
내게 주실 유산은 무엇이겠는가?
3 불의한 자에게는 불행이 미치고,
악한 일을 하는 자에게는
재앙이 닥치는 법이 아닌가?
4 하나님은
내가 하는 일을 낱낱이 알고 계신다.
내 모든 발걸음을
하나하나 세고 계신다.

5 나는 맹세할 수 있다.
여태까지 나는
악한 일을 하지 않았다.
다른 사람을 속이려고도
하지 않았다.
6 하나님이 내 정직함을
공평한 저울로 달아 보신다면,
내게 흠이 없음을 아실 것이다.
7 내가 그릇된 길로 갔거나,
나 스스로 악에 이끌리어
따라갔거나,
내 손에
죄를 지은 흔적이라도 있다면,
8 내가 심은 것을
다른 사람이 거두어 먹어도,
내가 지은 농사가 망하더라도,
나는 할 말이 없을 것이다.

9 남의 아내를 탐내서,
그 집 문 근처에 숨어 있으면서
그 여인을 범할 기회를 노렸다면,
10 내 아내가
다른 남자의 노예가 되거나,

ㄱ) 히, '샤다이'

31:1-34 욥은 그의 도덕성에 대하여 장황하게 자세히 증언한다. 그가 겪은 처벌을 정당화할 만한 가능한 죄를 나열하여 본다. 이 범죄의 연도(連禱, litany)에는 거짓, 간음, 불의, 탐욕, 무자비, 폭력, 우상숭배, 악의가 나온다. 매번 욥은 그의 무죄함을 주장한다. 그는 그의 삶에 있어서 완전히 덕스러우며 고통을 당할 만한 일을 한 적이 없다.

31:35-40 마지막으로, 욥은 그가 하는 말을 들어 달라고 그래서 그가 받는 비난의 죄목을 알게 하여 달라는 요청을 다시 새롭게 한다. 욥은 그 어떤 비행도 범하지 않았으므로, 만일 그가 무슨 죄로 비난받고 있는지를 안다면 더욱 강렬하게 변호할 수 있을 것이다. 이 격한 감정의 탄원시에서 그의 마음을 쏟아 놓아 욥은 그의 주장을 확실히 세운다.

다른 남자의 품에 안긴다 해도,
나는 할 말이 없을 것이다.
11 남의 아내를 범하는 것은,
사형선고를 받아야 마땅한 범죄다.
12 그것은 사람을 ㄱ)파멸시키는 불,
사람이 애써서 모은 재산을
다 태우는 불이다.

13 내 남종이나 여종이 내게
탄원을 하여 올 때마다,
나는
그들이 하는 말에 귀를 기울이고,
공평하게 처리하였다.
14 그렇게 하지 않았더라면,
내가 무슨 낯으로 하나님을 뵈며,
하나님이 나를 심판하러 오실 때에,
내가 무슨 말로 변명하겠는가?
15 나를 창조하신 바로 그 하나님이
내 종들도 창조하셨다.

16 가난한 사람들이
도와 달라고 할 때에,
나는 거절한 일이 없다.
앞길이 막막한 과부를
못 본 체 한 일도 없다.
17 나는 배부르게 먹으면서
고아를 굶긴 일도 없다.
18 일찍부터 나는
고아를 내 아이처럼 길렀으며,
철이 나서는 줄곧 과부들을 돌보았다.

19 너무나도 가난하여
옷도 걸치지 못하고
죽어 가는 사람이나,
덮고 잘 것이 없는
가난한 사람을 볼 때마다,
20 내가 기른 양 털을 깎아서,
그것으로 옷을 만들어
그들에게 입혔다.
시린 허리를 따뜻하게 해주었더니,
그들이 나를
진심으로 축복하곤 하였다.

21 내가 재판에서
이길 것이라고 생각하고,
고아를 속이기라도 하였더라면,
22 내 팔이 부러져도 할 말이 없다.
내 팔이 어깻죽지에서 빠져 나와도
할 말이 없다.
23 하나님이 내리시는 심판이
얼마나 무서운지를
잘 알고 있었으므로,
나는 차마
그런 파렴치한 짓은 할 수 없었다.

24 나는 황금을 믿지도 않고,
정금을 의지하지도 않았다.
25 내가 재산이 많다고 하여
자랑하지도 않고,
벌어들인 것이 많다고 하여
기뻐하지도 않았다.
26 해가 찬란한 빛을 낸다고 하여,
해를 섬기지도 않고,
달이 밝고 아름답다고 하여,
달을 섬기지도 않았다.
27 해와 달을 보고,
그 장엄함과 아름다움에 반하여
그것에다가 절을 하는
사람들이 있다.
해와 달을 경배하는 표시로
제 손에 입을 맞추기도 한다.
그러나 나는 그렇게 하지 않았다.
28 그런 일은
높이 계신 하나님을
부인하는 것이므로,
벌로 사형을 받아도 마땅하다.

29 내 원수가 고통받는 것을 보고,
나는 기뻐한 적이 없다.
원수가 재난을 당할 때에도,
나는 기뻐하지 않았다.
30 나는 결코
원수들이 죽기를 바라는

ㄱ) 히, '아바돈'

32:1-14 욥 32:1—37:24에서는 새로운 인물이 이야기에서 소개되는데, 그 인물의 이름은 "그는 나의 하나님이라"는 뜻을 가진 엘리후이다. 세 친구는 욥을 설득할 수 없다고 생각되어 논쟁을 포기한다. 엘리후는 욥과 그의 친구들보다 더 나이가 어려서 그가 말할 차례를 기다렸다. 그러나 그의 연장자들이 논쟁을 이길 수 없음을 보고, 그는 말을 하여 그들을 교정시킬 수밖에 없었다. 학자들은 엘리후의 말이 욥의 이야기에 후

기도를 하여
죄를 범한 적이 없다.
31 내 집에서 일하는 사람은 모두,
내가 언제나
나그네를 기꺼이 영접한다는 것을
잘 알고 있다.
32 나는 나그네가 길거리에서 잠자도록
내버려 둔 적이 없으며,
길손에게 내 집 문을
기꺼이 열어 주지 않은 적도 없다.
33 다른 사람들은
자기 죄를 감추려고 하지만,
그러나 나는
내 허물을 아주 감추지 않았다.
34 ㄱ)사람들이 무슨 말로 나를 헐뜯든지,
나는 그것을 전혀
두려워하지 않았다.
남에게서 비웃음을 받을까 하여,
입을 다물거나
집 안에서만 머무르거나
하지도 않았다.

35 내가 한 이 변명을
들어줄 사람이 없을까?
맹세코 나는 사실대로만 말하였다.
이제는,
ㄴ)전능하신 분께서
말씀하시는 대답을
듣고 싶다.

36 내 원수가 나를 고발하면서,
뭐라고 말하였지?
내가 저지른 죄과를 기록한
소송장이라도 있어서,
내가 읽어 볼 수만 있다면,
나는 그것을
자랑스럽게 어깨에 메고 다니고,
그것을 왕관처럼
머리에 얹고 다니겠다.

37 나는,
내가 한 모든 일을
그분께 낱낱이 말씀드리고 나서,
그분 앞에 떳떳이 서겠다.

38 내가 가꾼 땅이 훔친 것이라면,
땅 주인에게서
부당하게 빼앗은 것이라면,
39 땅에서 나는 소산을
공짜로 먹으면서
곡식을 기른 농부를 굶겨 죽였다면,
40 내 밭에서
밀 대신 찔레가 나거나
보리 대신 잡초가 돋아나더라도,
나는 기꺼이 받겠다.

이것으로 욥의 말이 모두 끝났다.

엘리후의 발언(32:1-37:24)

32 1 욥이 끝내 자기가 옳다고 주장하므로,
이 세 사람은 욥을 설득하려고 하던 노력
을 그만두었다. 2 욥이 이렇게 자기가 옳다고 주
장하면서 모든 잘못을 하나님께 돌리므로, 옆에
서서 듣기만 하던 엘리후라는 사람은, 듣다 못하여
분을 더 이상 참지 못하고 화를 냈다. 엘리후는
람 족속에 속하는 부스 사람 바라겔의 아들이다.
3 엘리후는 또 욥의 세 친구에게도 화를 냈다.
ㄷ)그 세 친구는 욥을 정죄하려고만 했지, 욥이 하
는 말에 변변한 대답을 하지 못하였기 때문이다.
4 그들 가운데서 엘리후가 가장 젊은 사람이므
로, 그는 다른 사람들이 말을 끝낼 때까지 기다려
야만 하였다. 5 그런데 그 세 사람이 모두 욥에
게 대답을 제대로 하지 못하였으므로, 그는 화가
났다.
6 부스 사람 바라겔의 아들 엘리후가 말하
였다.

ㄱ) 히, '아담이 하였듯이' ㄴ) 히, '샤다이' ㄷ) 고대 히브리 서기관의 전통에는 '그 세 친구가 욥이 하는 말에 제대로 대답을 하지 못하였으므로, 결국 하나님께 잘못이 있는 것처럼 되었기 때문이다'

에 더하여진 것으로 생각한다. 본문의 편집자가 논쟁에서 욥이 승리하는 것으로 보이는 것에 대하여 불편하여 모든 이를 올바로 잡기 위하여 엘리후를 추가하였다는 주장이다. 이를 더하는 이면에 어떠한 동기가 있었든지 상관없이. 마지막 글은 논쟁의 다른 관점이 필요하고 유익한 것으로 주장하는 것으로 보인다. 등장인물의 아무도 그들의 말의 절대적인 진리를 주장하지 않았으며, 바로 그들의 대화 가운데 진리를 찾을 수 있을지 모른다.

욥의 세 친구의 조용한 항복에, 엘리후가 말하기 시작한다. 그는 *람 족속에 속하는 부스 사람 바라겔의 아들*이라고 소개된다 (2절). 바라겔은 욥기밖에 나오지 않으나, 엘리후의 출신지(부스)와 부족 소재(람)는 구약

엘리후의 말

나는 어리고,
ㄱ세 분께서는 이미 연로하십니다.
그래서 나는 어른들께 선뜻 나서서
내 견해를 밝히기를 망설였습니다.
7 나는 듣기만 하겠다고
생각하였습니다.
오래 사신 분들은
살아오신 것만큼
지혜도 쌓으셨으니까,
세 분들께서만 말씀하시도록 하려고
생각하였습니다.
8 그러나 깨닫고 보니,
사람에게 슬기를 주는 것은
사람 안에 있는 영
곧 ㄴ전능하신 분의 입김이라는 것을
알았습니다.
9 사람은 나이가 많아진다고
지혜로워지는 것이 아니며,
나이를 많이 먹는다고
시비를 더 잘 가리는 것도
아니라는 것을
알았습니다.
10 그래서 나도,
생각하는 바를 말씀드리고자 합니다.
내가 하는 말을
들어 주시기 바랍니다.

11 세 분이 말씀하시는 동안에,
나는 참으며 듣기만 하였습니다.
세 분이 지혜로운 말씀을
찾으시는 동안에,
나는 줄곧 기다렸습니다.
12 나는 세 분이 하시는 말씀을
주의 깊게 들었습니다.
그런데 세 분께서는 어느 한 분도,
욥 어른의 말을 반증하거나
어른의 말에
제대로 답변하지 못하셨습니다.
13 그러고서도 어떻게
지혜를 발견했다고
주장하실 수 있으십니까?
세 분께서 이 일에 실패하셨으니,
내가
이제 욥 어른으로 하여금
하나님의 대답을
들으시도록 하겠습니다.
14 욥 어른이 나에게
직접 말을 걸어온 것이 아니므로,
나는
세 분께서 말씀하신 것과는
다른 방식으로
욥 어른께 대답하겠습니다.

15 욥 어른께서는 들으십시오.
세 분 친구가 놀라서
말을 하지 못합니다.
그분들은 어른께
아무런 대답도 하지 못합니다.
16 그런데도 내가
그들이 입을 다물 때까지
기다려야 합니까?
이제 그들은 할 말도 없으면서,
그냥 서 있기만 합니다.

ㄱ) 히, 2인칭 복수. 이하 엘리후의 말 속에서도 ㄴ) 히, '샤다이'

에 나온다 (창 22:21과 대상 5:14, 렘 25:23의 부스; 룻 4:19와 대상 2:9, 10, 25, 27). 엘리후는 욥의 친구들보다 신상 정보가 더 많이 나올 뿐만 아니라, 또한 이스라엘 이름을 가지고 대화에 나오는 유일한 인물이다. 이것은 이스라엘 지혜의 진실을 보이려는 편집자의 의도를 나타낼지 모른다. 그러나 여기 제시된 소개는 이 부분을 더한 사람의 실제적인 이름일지도 모른다. 엘리바스는 욥과 세 친구에게 화가 난 것으로 묘사된다. 전자에 대한 분노는 욥의 자만 때문이지만, 친구들에 대한 분노의 이유는 흥미롭다. 3절 후반의 번역은 *그 세 친구는 욥을 정죄하려고만 했지.* 그러나 마소라사본의 전통은 본문을 신학적인 이유로 서기관이 수정한 부분(히브리어. *티쿠내 소프림*)으로 밝힌다. 구절의 수정된 구절은 (하나님을 변호하여) 친구들이 하는 말이 잘못되었다고 증명되었다는 표현이었다. 그의 연장자의 무능함에 따라, 엘리바스는 우선 세 친구에게 말을 한다. 그는 지혜가 나이에 따라 온다는 종래의 지혜를 반박하고, 그에게 하나님이 주신 지혜가 있다고 주장한다. 엘리후가 문제를 바로 잡을 차례이다.

32:15-22 엘리후가 이 처음 부분에서 누구에게 말하고 있는지 불분명하다, 아마 욥이나 하나님에게 말하고 있는 것 같다. 친구들의 포기에 대하여 가증함을 느끼고, 그는 격한 감정으로 말한다. 엘리후의 좌절은 술병의 압력과 비슷하여, 그는 말하지 않으면 폭발할 것이다. 그가 스스로 인정하는 격정에도 불구하고, 엘리후는 공정하다고 주장한다.

17 그럴 수 없습니다.
이제는 내가 대답하겠습니다.
내가 생각한 바를 말씀드리겠습니다.
18 이제는 더 이상 기다릴 수 없고,
말을 참을 수도 없습니다.
19 말할 기회를 얻지 못하면,
새 술이 가득 담긴
포도주 부대가 터지듯이,
내 가슴이 터져 버릴 것 같습니다.
20 참을 수 없습니다.
말을 해야 하겠습니다.
21 이 논쟁에서
어느 누구 편을 들 생각은 없습니다.
또 누구에게 듣기 좋은 말로
아첨할 생각도 없습니다.
22 본래 나는 아첨할 줄도 모르지만,
나를 지으신 분이
지체하지 않고 나를 데려가실까
두려워서도,
그럴 수는 없습니다.

엘리후가 욥에게 하는 말

33 1 욥 어른은 부디
내가 하는 말을
잘 들어 주시기 바랍니다.
내가 하는 말 한마디 한마디에
귀를 기울여 주시기 바랍니다.
2 이제 내 마음 속에 있는 것을
말할 준비가 되었습니다.
내 입 속에서 혀가 말을 합니다.
3 나는 지금 진지하게
말하고 있습니다.
나는 진실을 말하려고 합니다.
4 하나님의 영이 나를 만드시고,
전능하신 분의 입김이 내게
생명을 주셨습니다.
5 대답하실 수 있으면,
대답해 보시기 바랍니다.
토론할 준비를 하고
나서시기를 바랍니다.
6 보십시오,
하나님이 보시기에는,
어른이나 나나 똑같습니다.
우리는 모두
흙으로 지음을 받았습니다.
7 그러므로 어른께서는
나를 두려워하실 까닭이 없습니다.
내게 압도되어서
기를 펴지 못하는 일이 있어서도
안 될 것입니다.
8 어른께서 이런 말씀을 하셨습니다.
9 "내게는 잘못이 없다.
나는 잘못을 저지르지 않았다.
나는 결백하다.
내게는 허물이 없다.
10 그런데도 하나님은 내게서
흠 잡을 것을 찾으시며,
나를 원수로 여기신다.
11 하나님이 내 발에 차꼬를 채우시고,
내 일거수 일투족을 다 감시하신다"
하고 말씀하셨습니다.

12 그러나 내가
욥 어른께 감히 말합니다.
어른은 잘못하셨습니다.
하나님은
어떤 사람보다도 크십니다.
13 그런데 어찌하여 어른께서는,
하나님께 불평을 하면서
대드시는 겁니까?
어른께서 하시는 모든 불평에
일일이 대답을
하지 않으신다고 해서,

33:1-12 엘리후는 그와 토론하자고 도전하면서, 욥에게 직접 말한다. 그는 욥에게 엘리후를 두려워할 이유가 없다고 확인시킨다. 그도 하나님에게서 *흙으로 지음을 받았다* (6b절; 또한 10:9를 보라). 엘리후는 욥이 하나님에게 항거하는 것으로 이해한 것을 요약한다. 그는 순전한데도 하나님이 부당하게 핍박하셨다는 욥의 주장을 인용한다 (13:24b, 27). 이 점에서 욥이 잘못되었다. 하나님은 욥이 묘사하는 것과 완전히 다르다고 엘리후는 선언한다.

33:13-22 엘리후는 하나님이 그의 기도를 응답하지 않는다는 욥의 주장을 제쳐놓는다. 그는 하나님이 계속하여 인류에게 말씀하지만, 그들은 듣지 않는다고 주장한다. 엘리후는 하나님이 계속하여 인간을 죄 짓지 못하게 시도하며, 그들이 하지 말아야 할 것을 가르칠 의도로 경고하고 계시다고 하나님을 묘사한다. 만일 사람들이 이러한 경고에 주의하지 않는다면, 그러면 하나님은 가르치고 쓰러진 이들을 구속하시기 위하여 질병을 사용하신다. 엘리후는 하나님이 그에 대하여 부당히

하나님께 원망을 할 수 있습니까?
14 사실은 하나님이 말씀을
하시고 또 하신다고 하더라도,
사람이 그 말씀에
주의를 기울이지 못할 뿐입니다.
15 사람이 꿈을 꿀 때에,
밤의 환상을 볼 때에,
또는 깊은 잠에 빠질 때에,
침실에서 잠을 잘 때에,
16 바로 그 때에, 하나님은
사람들의 귀를 여시고,
말씀을 듣게 하십니다.
사람들은 거기에서 경고를 받고,
두려워합니다.
17 하나님은 사람들이
죄를 짓지 않도록 하십니다.
교만하지 않도록 하십니다.
18 하나님은 사람의 생명을
파멸에 빠지지 않도록 지켜 주시며,
사람의 목숨을
사망에서 건져 주십니다.
19 하나님은 사람에게 질병을 보내셔서
잘못을 고쳐 주기도 하시고,
사람의 육체를 고통스럽게 해서라도
잘못을 고쳐 주기도 하십니다.
20 그렇게 되면,
병든 사람은 입맛을 잃을 것입니다.
좋은 음식을 보고도
구역질만 할 것입니다.
21 살이 빠져 몸이 바짝 마르고,
전에 보이지 않던
앙상한 뼈만 두드러질 것입니다.
22 이제, 그의 목숨은 무덤에 다가서고,
그의 생명은
죽음의 문턱에 이르게 될 것입니다.
23 그 때에
하나님의 천사 천 명 가운데서
한 명이 그를 도우러 올 것입니다.
그 천사는 사람들에게
사람이 마땅히 해야 할 일을
상기시킬 것입니다.
24 하나님은 그에게 은혜를 베푸시고,
천사에게 말씀하실 것입니다.
"그가 무덤으로 내려가지 않도록,
그를 살려 주어라.
내가 그의 몸값을 받았다."
25 그렇게 되면,
그는 다시 젊음을 되찾고,
건강도 되찾을 것입니다.
26 그가 하나님께 기도를 드리면,
하나님은 그에게
응답하여 주실 것입니다.
그는 기쁨으로 하나님을 섬기고,
하나님은 그를 다시 정상적으로
회복시켜 주실 것입니다.
27 그는 사람들 앞에서
고백할 것입니다.
"나는 죄를 지어서,
옳은 일을 그르쳤으나,
하나님이 나를
용서하여 주셨습니다.
28 하나님이 나를
무덤에 내려가지 않게
구원해 주셨기에,
이렇게 살아서
빛을 즐기게 되었습니다"
하고 말할 것입니다.
29 이 모두가
하나님이 하시는 일입니다.
하나님이 사람에게 두 번, 세 번,

대하신 것은 하나님의 잔인하심이었다고 욥이 전에 했던 주장을 반박한다.

33:23-33 엘리후는 죽음의 문턱에 이르는 경험(22절)이란 하나님이 개인에게 회개와 갱신의 순간을 허락하신 것이라고 주장한다. 그는 하나님 앞에 사람을 대신하여 중재할 이, *중재자*(히브리어, *멜리쯔*)에 대하여 이야기한다. 이는 욥이 전에 요청한 이와 비슷한 인물이다(16:19를 보라). 그러나 엘리후는 이 중재자를 하나님을 기소할 검사가 아니라 오히려 고난받는 사람에게 처벌의 결과를 낳은 죄에 대하여 확신시켜 줄 이로 상상한다. 아마 엘리후는 자기자신이 욥에게 그의 악행에 대하여 설득하여 줄 책임이 있는 중재자로 여기고 있는지 모른다. 일단 설득이 되면, 욥은 회개의 기도를 드리고 하나님의 회복을 얻게 될 것이다. 욥은 의를 주장한 거짓을 공적으로 고백하고 하나님의 공의와 자비에 대하여 증언할 것이다. 욥이 고난을 당하게 만드는 하나님의 의도는 그가 다른 사람에게 증거가 되도록 하는 일이다. 그 다음 엘리후는 욥이 그가 말하는 말을 반박할 수 있는지 질문한다. 욥이 그의 주장을 번복할 수 없는 것이 암시되어 있으며, 따라서 엘리후는 마음대로 계속하여 말한다.

이렇게 되풀이하시는 것은,
30 사람의 생명을 무덤에서
다시 끌어내셔서
생명의 빛을 보게
하시려는 것입니다.
31 어른은 귀를 기울여,
내 말을 들으십시오.
내가 말하는 동안은
조용히 듣기만 해주십시오.
32 그러나 하실 말씀이 있으시면,
내가 듣겠습니다.
서슴지 말고 말씀해 주십시오.
나는 어른이 옳으시다는 것을
드러내고 싶습니다.
33 그러나 하실 말씀이 없으시면,
조용히 들어 주시기만 바랍니다.
그러면 내가 어른께
지혜를 가르쳐 드리겠습니다.

34

1 엘리후가 욥의 세 친구에게 말하였다.
2 지혜를 자랑하시는 어른들께서는
내 말을 들으시기 바랍니다.
아는 것이 많다고
자부하시는 세 분께서
내게 귀를 기울여 주시기 바랍니다.
3 어른들께서는
음식을 맛만 보시고도,
그 음식이
좋은 음식인지 아닌지를 아십니다.
그러나 지혜의 말씀은 들으시고도,
잘 깨닫지 못하시는 것 같습니다.
4 이제는 우리 모두가
무엇이 옳은 것인지를 알아보고,
진정한 선을
함께 이룩하여 볼 수 있기를
바랍니다.
5 욥 어른은 이렇게 주장하십니다.
"나는 옳게 살았는데도,
하나님은 나의 옳음을
옳게 여기지 않으신다."
6 또 욥 어른은
"내가 옳으면서도,
어찌 옳지 않다고
거짓말을 할 수 있겠느냐?
나는 심하게 상처를 입었다.
그러나 나는 죄가 없다"
하고 말씀하십니다.

7 도대체 욥 어른과 같은 사람이
또 어디에 있겠습니까?
그는 하나님을 조롱하는 말을
물 마시듯 하고 있지 않습니까?
8 그리고 그는
나쁜 일을 하는 자들과 짝을 짓고
악한 자들과 함께 몰려다니면서
9 "사람이 하나님을
기쁘게 해드린다 해도,
덕볼 것은 하나도 없다!"
하고 말합니다.

10 분별력이 많으신 여러분은
내가 하는 말을
들어 보시기 바랍니다.
하나님이 악한 일을
하실 수 있습니까?
전능하신 분께서
옳지 않은 일을 하실 수 있습니까?
11 오히려 하나님은 사람에게,
사람이 한 일을 따라서 갚아 주시고,

34:1-12 엘리후의 말은 다른 어조를 띤다. 이제 그는 지혜롭게 배운 사람들이 그의 말을 검사하고 그 올바름을 정하라고 청하면서, 일반 청중을 상대로 말한다. 3절의 *음식*과 *듣는 말씀*의 비유는 욥이 12:11이 냉소적으로 그의 말을 진리를 주장하게 사용한 것이었다. 다시 한 번, 엘리후는 욥이 전에 한 여러 말을 혼합하여, 욥의 주장의 정수를 요약하려고 한다 (6:4; 9:20; 27:2a). 그러고 나서 그는 욥이 모든 죄인 중에 가장 악한 자로, 하나님이 무차별하고 악하게 행동하신다고 주장하는 비난자로 비웃는다. 욥의 세 친구와 마찬가지로, 엘리후는 하나님이 의롭지 않다는 주장을 용납할 수 없다. 그는 엘리바스가 먼저 소개하고 (4:8) 빌닷과 소발이 지지한 바, 곧 인간은 하나님에게 마땅히 받을 것을 받는다는 주장을 재확인한다.

34:13-30 엘리후는 전권을 가지고 계신 하나님과 의로우신 하나님에 대하여 자신이 생각하는 대로 묘사한다. 세상이 창조된 것은 바로 하나님의 뜻이며, 그것을 유지하는 것은 하나님의 은혜이다. 하나님은 편견하지 않으시고 공평하게 판결을 내리시는 판사로 묘사한다. 전지전능하신 하나님은 인간이 하는 모든 것을 알고 계시며, 불의를 바로 하신다. 하나님 자신의 시간에, 하나님

사람이 걸어온 길에 따라서
거두게 하시는 분입니다.
12 전능하신 하나님은
악한 일이나,
정의를 그르치는 일은,
하지 않으십니다.
13 어느 누가 하나님께
땅을 주관하는 전권을
주기라도 하였습니까?
어느 누가 하나님께
세상의 모든 것을
맡기기라도 하였습니까?
14 만일 하나님이 결심하시고,
생명을 주는 영을 거두어 가시면,
15 육체를 가진 모든 것은 일시에 죽어,
모두 흙으로 돌아가고 맙니다.

16 욥 어른,
어른께서 슬기로우신 분이면,
내가 하는 이 말을
깊이 생각해 보시기 바랍니다.
내가 하는 말을
귀담아 들으시기 바랍니다.
17 욥 어른은 아직도
의로우신 하나님을 비난하십니까?
하나님이
정의를 싫어하신다고
생각하십니까?
18 하나님만은 왕을 보시고서
"너는 쓸모 없는 인간이다!"
하실 수 있고,
높은 사람을 보시고서도
"너는 악하다!"
하실 수 있지 않습니까?
19 하나님은 통치자의 편을
들지도 않으시고,
부자라고 하여,
가난한 사람보다
더 우대해 주지도 않으십니다.
하나님이 손수
이 사람들을 지으셨기 때문입니다.
20 사람은 삽시간에,
아니 한밤중에라도 죽습니다.
하나님이 사람을 치시면,
사람은 죽습니다.
아무리 힘센 것이라고 하더라도,
하나님은 그것을
간단히 죽이실 수 있습니다.
21 참으로 하나님의 눈은
사람의 일거수 일투족을 살피시며,
그의 발걸음을
낱낱이 지켜 보고 계십니다.
22 악한 일을 하는 자들이
하나님을 피하여
숨을 곳은 없습니다.
흑암 속에도 숨을 곳이 없고,
죽음의 그늘이 드리운 곳에도
숨을 곳은 없습니다.
23 사람이 언제 하나님 앞으로
심판을 받으러 가게 되는지,
그 시간을 하나님은
특별히 정해 주지 않으십니다.
24 하나님은 집권자를 바꾸실 때에도,
일을 미리 조사하지 않으십니다.
25 하나님은 그들이 한 일을
너무나도 잘 아시기 때문입니다.
하나님이 그들을
하룻밤에 다 뒤엎으시니,
그들이 일시에 쓰러집니다.
26 하나님은, 사람들이 보는 곳에서
악인들을 처벌하십니다.
27 그들이
하나님을 따르던 길에서 벗어나고,
하나님이 지시하시는 어느 길로도
가지 않기 때문입니다.
28 그래서 가난한 사람들의 하소연이
하나님께 다다르고,
살기 어려운 사람들의 부르짖음이
그분께 들리는 것입니다.

에게 돌아선 모든 이들은 그들의 죄의 대가를 치르게 될 것이다.

34:31-37 엘리후는 다시 욥의 오만을 묘사한다. 그는 욥의 태도와 회개하는 사람들의 태도와 대조시킨다. 후자는 그의 죄에 대하여 알기를 바라는 반면, 욥은 그의 죄를 부인하고 하나님에게 도전한다.

35:1-16 엘리후는 계속하여 욥을 비난하는데, 이번에는 의로움을 통하여 하나님에게서 보상 받을 약속이 없다는 욥의 주장에 관한 것이다. 엘리바스가 먼저 한 말(22:1-4)을 반향하면서, 엘리후는 인간의 의가 하나님께 아무런 혜택을 주지 않는 것과 같이 인간의 죄도 하나님께 아무런 해를 입히지 않는다고 주장한다. 엘

29 그러나 하나님이 침묵하신다고 하여,
누가 감히 하나님을
비난할 수 있겠습니까?
하나님이 숨으신다고 하여,
누가 그분을 비판할 수 있겠습니까?
30 경건하지 못한 사람을
왕으로 삼아서
고집 센 민족과 백성을
다스리게 하신들,
누가 하나님께
항의할 수 있겠습니까?
31 욥 어른은
하나님께 죄를 고백하고서
다시는 죄를 짓지 않겠다고
약속하신 적이 있으십니까?
32 잘못이 무엇인지를 일러 달라고
하나님께 요구하시면서,
다시는 악한 일을
저지르지 않겠다고
약속하신 적이 있으십니까?
33 어른은 하나님이 하시는 것을
반대하시면서도,
어른께서 원하시는 것을
하나님이 해주실 것이라고
기대하십니까?
물론, 결정은 어른께서 하실 일이고,
내가 할 일이 아니지만,
지금 생각하고 계신 것을
말씀해 주시기 바랍니다.

34 분별력이 있는 사람이면,
내 말에 분명히 동의할 것입니다.
내 말을 들었으니
지혜가 있는 사람이면,
35 욥 어른이 알지도 못하면서
말을 하고,
기껏 한 말도
모두 뜻 없는 말뿐이었다는 것을
알 수 있을 것입니다.
36 욥 어른이 한 말을
세 분은
곰곰이 생각해 보시기 바랍니다.
세 분께서는, 그가 말하는 것이
악한 자와 같다는 것을
아시게 될 것입니다.
37 욥 어른은 자신이 지은 죄에다가
반역까지 더하였으며,
우리가 보는 앞에서도
하나님을 모독하였습니다.

35

1 엘리후가 다시 말을 이었다.
2 욥 어른은
ㄱ)'하나님께서도 나를 옳다고
하실 것이다'
하고 말씀하셨지만,
3 또 하나님께
"내가 죄를 짓는다고 하여,
그것이 ㄴ)하나님께
무슨 영향이라도 미칩니까?
또 제가 죄를 짓지 않는다고 하여,
내가 얻는 이익이 무엇입니까?"
하고 물으시는데,
그것도 옳지 못합니다.
4 이제 어른과 세 친구분들께
대답해 드리겠습니다.
5 욥 어른은 하늘을 보시기 바랍니다.
구름이 얼마나 높이 있습니까?
6 비록 욥 어른께서
죄를 지었다고 한들
하나님께 무슨 손해가 가며,
어른의 죄악이 크다고 한들
하나님께
무슨 영향이 미치겠습니까?
7 또 욥 어른께서
의로운 일을 하셨다고 한들

ㄱ) 또는 '내 의는 하나님의 의보다 더하다' ㄴ) 또는 '나에게'

리후는 죄의 공동체적 성격에 대한 이스라엘의 개념을 묘사한다. 욥의 악은 그 자신과 그 주위 사람들에게 해를 끼칠 뿐이다. 엘리후는 하나님의 침묵은 욥이 기도에 불성실하였기 때문이라고 말한다. 욥이 불경했던 까닭에, 하나님은 그에게 대답하기를 거절하셨다.

36:1-33 엘리후는 하나님의 능력과 지혜와 공의에 대하여 찬송을 한다. 엘리후는 오직 하나님만이 지식이 완전하다고 말하였지만, 반어적으로 자기자신의 지식이 *건전한 지식*(4절)이라고 선언한다. 하나님은 모든 것을 보시며 모든 것을 알고 계신다. 하나님이 누가 오만하게 행동하는 것을 보실 때, 그 사람은 하나님에게 견책을 받는다. 하나님은 죄인에게 그들의 길을 변화하고 하나님의 축복을 누릴 기회를 주시지만, 만일 그들이 그들의 악한 길에서 계속하기를 선택하면, 하나님은

하나님께 무슨 보탬이 되며,
하나님이 어른에게서 얻을 것이
무엇이 있겠습니까?
8 욥 어른께서 죄를 지었다고 해도,
어른과 다름없는 사람에게나
손해를 입히며,
욥 어른께서
의로운 일을 했다고 해도,
그것은 다만,
사람에게나 영향을 미칠 뿐입니다.

9 사람들은 억압이 심해지면 부르짖고,
세력이 있는 자들이 억누르면
누구에게나 구원을 청하면서
울부짖지만,
10 그들을 창조하신 하나님께로
돌아가지 않습니다.
어두운 때에도
희망을 주시는
그 창조주 하나님께로
돌아가지 않습니다.
11 하나님이 우리에게
짐승이나 새가 가진 지혜보다
더 나은 지혜를 주시는데도
하나님께로 돌아가지 않습니다.
12 그들이 거만하고 악하므로,
하나님께
"도와주십시오" 하고 부르짖어도,
하나님은 들은 체도 않으십니다.
13 전능하신 하나님은
악한 자들을 보지도 않으시고,
그들의 호소를
들어 주지도 않으시므로,
그 악한 자들의 울부짖음에는
아무런 힘이 없습니다.
14 욥 어른은
하나님을 볼 수 없다고
말씀하셨습니다.
그러나 참고 기다리십시오.
어른께서 걸어 놓은 소송장이
하나님 앞에 놓여 있습니다.
15 어른은,
하나님이 벌을 내리지 않으시고,
사람의 죄에도
별로 관심이 없다고 생각하십니다.
16 그러나 명심하십시오.
어른께서 말씀을 계속하시는 것은,
쓸데없는 일입니다.
어른은 자기가 하는 말이
무엇인지도 모르시는 것이
분명합니다.

36

1 다시 엘리후가 말을 이었다.
2 조금만 더 참고
들으시기 바랍니다.
아직도
하나님을 대신하여
드릴 말씀이 있습니다.
3 나는
내가 가진 지혜를
모두 다 짜내서라도
나를 지으신 하나님이
의로우시다는 것을 밝히겠습니다.
4 내가 하는 이 말에는
거짓이 전혀 없습니다.
건전한 지식을 가진 사람이
지금 욥 어른과 더불어
말하고 있습니다.

그들에게 의로운 심판을 주신다. 엘리후는 하나님이 사람들의 잘못된 행위에 대하여 가르치고 회개할 기회를 주시기 위하여 고난을 사용하신다는 개념을 반복한다. 하나님은 욥에게 이를 행하고 계시지만, 욥은 그 기회를 무시하고 있다. 그의 고난으로 겸손하게 되기보다, 욥은 지나치게 다른 사람들의 죄에 대하여 걱정한다. 엘리후는 욥에게 하나님이 그를 견책하신 것이 의로운 것임을 인정하고 하나님에 대한 그의 기소를 중단하라고 경고한다. 엘리후는 우주를 세우시고 통제하는 하나님의 창조적인 능력을 찬양한다. 자연은 인간이 하나님의 능력과 뜻을 볼 수 있도록 길을 열어준다. 하나님은 먹을 것을 경작할 수 있도록 비를 주시며, 엘리후는 하나님의 진노와 질투의 증거로 폭풍을 가리킨다.

37:1-13 37장에서 폭풍의 이미지가 계속된다. 열정적으로, 엘리후는 이전에 하나님의 음성으로 이해되었던 *천둥과 번갯불의* 두려움을 묘사한다. 인류는 자연의 능력과 경외감에 살고 있듯이, 또한 그들은 하나님의 알 수 없는 행위에 대하여 신비함을 느낀다. 비와 바람과 눈과 얼음은 인간이 이해할 수 없는 하나님의 목적을 섬기기 위하여 하나님이 배합하시는 것이다.

37:14-24 엘리후는 욥에게는 하나님과 하나님의

5 하나님은 큰 힘을 가지고 계시지만,
흠이 없는 사람을
멸시하지 않으십니다.
또 지혜가 무궁무진 하시므로,
6 악한 사람을 살려 두지 않으시고,
고난받는 사람들의 권리를
옹호하십니다.
7 의로운 사람들을
외면하지 않으시며,
그들을 보좌에 앉은 왕들과 함께
자리를 길이 같이하게 하시고,
그들이 존경을 받게 하십니다.
8 그러나 의로운 사람이라도
하나님께 복종하지 않으면,
쇠사슬에 묶이게 하시고,
고통의 줄에 얽매여서
벗어나지 못하게 하십니다.
그러는 동안에
9 하나님은 그들에게
그들이 한 일을 밝히시며,
그들이 교만하게 지은 죄를
알리십니다.
10 하나님은 또한,
그들의 귀를 열어서
경고를 듣게 하시고,
그들이 악을 버리고 돌아오도록
명하십니다.
11 만일 그들이 하나님께 순종하고,
그분을 섬기면,
그들은 나날이 행복하게 살고,
평생을 즐겁게 지낼 것입니다.
12 그러나 그들이 귀담아 듣지 않으면
결국 죽음의 세계로 내려갈 것이고,
아무도
그들이 왜 죽었는지를
모를 것입니다.

13 불경스러운 자들은
하나님께 형벌을 받을 때에,
오히려 하나님을 원망하면서
도와주시기를 간구하지 않습니다.
14 그들은 한창 젊은 나이에 죽고,
남창들처럼 요절하고 말 것입니다.
15 그러나 사람이 받는 고통은,
하나님이
사람을 가르치시는
기회이기도 합니다.
사람이 고통을 받을 때에 하나님은
그 사람의 귀를 열어서
경고를 듣게 하십니다.

16 하나님은 욥 어른을 보호하셔서,
고통을 받지 않게 하셨습니다.
평안을 누리면서 살게 하시고,
식탁에는 언제나
기름진 것으로
가득 차려 주셨습니다.
17 그러나 이제 욥 어른은
마땅히 받으셔야 할
형벌을 받고 계십니다.
심판과 벌을 면할 길이
없게 되었습니다.
18 욥 어른은
뇌물을 바쳐서 용서받을 생각은
아예 하지 마십시오.
속전을 많이 바친다고 하여
용서받는 것은 아닙니다.
19 재산이 많다고 하여
속죄받을 수 없고,
돈과 권력으로도
속죄를 받지 못합니다.
20 밤이 된다고 하여
이 형벌에서 벗어나는 것이 아니니,
밤을 기다리지도 마십시오.

길에 대하여 도전할 가치가 없다는 것을 암시하면서, 그에게 일련의 질문을 한다. 하나님의 능력과 그에 비하여 욥의 무능함은 욥을 격하시키는 데에 그 의도가 있다. 14-19절의 욥의 질문은 앞으로 나올 하나님의 말씀과 어렴풋이 비슷하게 들린다. 엘리후는 그의 자만에 대하여 욥을 정죄하고 그의 말의 주제를 재천명하면서 그의 말에 결론을 내린다: *하나님의 권능이 가장 크시니*…사람을 대하실 때에, *의롭게 대하시고, 정의롭게 대하여 주십니다* (23절).

38:1-15 이 부분(38:1—42:6)은 하나님이 마침내 말씀하시는 "하나님과의 만남"의 장이다. 하나님이 누구에게 말씀하고 계신지 분명하지 않다. 마지막으로 말한 이가 엘리후이므로, 하나님의 처음 질문은 욥이 한 어떤 말보다 엘리후의 말 때문에 나온 것으로 보인다. 전통적으로, 이렇게 하나님이 정죄하는 것으로 보이는 말은 하나님을 욥이 비난한 것을 교정하는 것으로 이해되어 왔다 (38—41장). 이러한 해석의 문제는 욥의 주장에 대한 하나님의 꾸짖음은 하나님이 욥이 옳았으며 친

21 악한 마음을 품지 않도록
조심하십시오.
어른께서는 지금
고통을 겪고 계십니다마는,
이 고통이 어른을
악한 길로 빠지지 않도록
지켜 줄 것입니다.

22 하나님의 능력이 얼마나 큰지를
기억하십시오.
하나님은 우리 모두에게
위대한 스승이십니다.
23 하나님께
이래라 저래라 할 사람도 없고,
"주님께서
옳지 못한 일을 하셨습니다"
하고 하나님을 꾸짖을 사람도
없습니다.
24 하나님의 업적은
늘 찬양받아 왔습니다.
욥 어른도
하나님이 하신 일을
찬양하셔야 합니다.
25 온 인류가
하나님이 하신 일을 보았습니다.
사람은 멀리서
하나님이 하신 일을 봅니다.
26 그렇습니다!
하나님은 위대하셔서,
우리의 지식으로는
그분을 알 수 없고,
그분의 햇수가 얼마인지도
감히 헤아려 알 길이 없습니다.
27 물을 증발시켜서 끌어올리시고,
그것으로 빗방울을 만드시며,
28 구름 속에 싸 두셨다가
뭇 사람에게 비로 내려 주십니다.
29 하나님이 구름을 어떻게 펴시는지는
아무도 알지 못하며,
그 계신 곳 하늘에서 나는
천둥소리가
어떻게 해서 생기는지
아무도 모릅니다.
30 온 하늘에 번개를 보내십니다.
그러나 바다 밑 깊은 곳은
어두운 채로 두십니다.
31 이런 방법으로 사람을 기르시고,
먹거리를 넉넉하게 주십니다.
32 두 손으로 번개를 쥐시고서,
목표물을 치게 하십니다.
33 천둥은
폭풍이 접근하여 옴을 알립니다.
동물은
폭풍이 오는 것을 미리 압니다.

37 1 폭풍이 나의 마음을
거세게 칩니다.
2 네 분은 모두
하나님의 음성을 들으십시오.
그분의 입에서 나오는
천둥과 같은 소리를 들으십시오.
3 하나님이 하늘을 가로지르시면서,
번개를 땅 이 끝에서 저 끝으로
가로지르게 하십니다.
4 천둥과 같은
하나님의 음성이 들립니다.
번갯불이 번쩍이고 나면,
그 위엄찬 천둥소리가 울립니다.
5 하나님이 명하시면,
놀라운 일들이 벌어집니다.
도저히 이해할 수 없는
신기한 일들이 일어납니다.
6 눈에게 명하시면 땅에 눈이 내리고,
소나기에게 명하시면
땅이 소나기로 젖습니다.
7 눈이나 비가 내리면,
사람들은 하던 일을 멈추고
하나님이 하시는 일을 봅니다.
8 짐승들도 굴로 들어가서,
거기에서 눈비를 피합니다.

구들이 틀렸다고 하나님이 선포하시는 이야기의 결론과 상충된다는 것이다. 그러나 만일 하나님의 진노가 원래 엘리바스와 빌닷과 소발에게 향한 것이라면, 그렇다면 이야기의 결말이 더 이해가 된다. 아마도 본문의 이 부분은 신학적인 비유로 내용물을 편집 재조정하는 또 하나의 예를 나타낼지 모른다, 본문은 심지어 하나님의 말씀에 대하여 다른 접근법을 지지하는 것으로 보인다. 40:1이 주님이 욥에게 하는 말에 대한 두 번째 서두이므로, 아마도 처음의 하나님의 말씀은 엘리후에게, 그리고, 연장으로, 욥의 세 친구에게 향한 것이다. 그렇다면, 40:1—42:6은 주님과 욥 사이의 실제 대화를 담고 있을 것이다. 이것은 또한 40:3-4까지 하나님에 대한

9 남풍은 폭풍을 몰고 오고,
북풍은 찬바람을 몰고 옵니다.
10 하나님이 쉬시는 숨으로 물이 얼고,
넓은 바다까지도 꽁꽁 얼어 버립니다.
11 그가 또 짙은 구름에
물기를 가득 실어서,
구름 속에서
번갯불이 번쩍이게 하십니다.
12 구름은 하나님의 명을 따라서
뭉게뭉게 떠다니며,
하나님이 명하신 모든 것을
이 땅 위의 어디에서든지
이루려고 합니다.
13 하나님은
땅에 물을 주시려고
비를 내리십니다.
사람을 벌하실 때에도
비를 내리시고,
사람에게 은총을 베푸실
때에도 비를 내리십니다.
14 욥 어른은
이 말을 귀담아 들으십시오.
정신을 가다듬어서,
하나님이 하시는 신기한 일들을
곰곰이 생각해 보십시오.
15 하나님이 어떻게 명하시는지,
그 구름 속에서 어떻게
번갯불이 번쩍이게 하시는지를
아십니까?
16 구름이
어떻게 하늘에 떠 있는지를
아십니까?
하나님의 이 놀라운 솜씨를
알기라도 하십니까?
17 모르실 것입니다.
뜨거운 남풍이 땅을 말릴 때에,
그 더위 때문에
고통스러워하신 것이
고작일 것입니다.
18 어른께서 하나님을 도와서
하늘을 펴실 수 있습니까?
하늘을
번쩍이는 놋거울처럼
만드실 수 있습니까?
19 어디 한 번 말씀하여 보십시오.
하나님께 뭐라고 말씀드려야 할지를
우리에게 가르쳐 주십시오.
우리는 무지몽매하여
하나님께 드릴 말씀이 없습니다.
20 내가 하고 싶은 말이라고 하여,
다 할 수 있겠습니까?
어찌하여 하나님께
나를 멸하실 기회를
드린단 말입니까?
21 이제 하늘에서
빛나는 빛이 눈부십니다.
쳐다볼 수 없을 만큼 밝습니다.
바람이 불어서
하늘이 맑아졌습니다.
22 북쪽에는 금빛 찬란한 빛이 보이고,
하나님의 위엄찬 영광이
우리를 두렵게 합니다.
23 하나님의 권능이 가장 크시니,
우리가 전능하신 그분께
가까이 나아갈 수 없습니다.
사람을 대하실 때에,
의롭게 대하시고,
정의롭게 대하여 주십니다.
24 그러므로 사람이
하나님을 경외해야 하는 것은
당연합니다.
하나님은
스스로 지혜롭다고 하는 사람을
무시하십니다.

욥의 처음 반응이 지연된 것을 설명해 줄 것이다. 이 가설은 이 부분이 담고 있는 모든 문제를 해결하지 않지만 그 중 몇 가지를 풀어준다.

처음 하나님의 말씀의 서두(38:1-15)는 자연 현상을 나타내는데, 곧 주님이 그 가운데서 말씀하시는 폭풍이다. 이것은 신현의 전통적인 주제이다. 여기 사용된 히브리어 단어, *스아는*, "광풍"이나 "폭풍"을 의미할 수 있다. 똑같은 단어가 왕하 2:1과 11절에서 엘리야가 하늘에 들려 올라가는 것을 묘사하는 데 쓰였다. 그러나 보다 보편적으로 사 29:6, 렘 23:19와 30:23과 슥 9:14 등에 나오는 하나님의 진노에 대한 말로 나온다. 그 말이 여기 나오는 것은 주님이 인간의 논쟁에서 벌어진 일에 대하여 마땅하게 여기지 않으신다는 것을 나타낸다. 또한 하나님의 이름 야훼가 산문 부분 이래 처음으로 1절에 나온다는 것을 주지하는 것이 중요하다 (12:9에 이름이 나오는 것은 원문 비평의 견지에서 논란이 된다). 하나님의 이름이 나오는 것은 이 장의 화자와 욥기의 처음 두 장과 결론에 나오는 산문에 나오는

주님께서 욥에게 대답하시다

38 1 그 때에 주님께서 욥에게 폭풍이 몰아
치는 가운데서 대답하셨다.

2 "네가 누구이기에
무지하고 헛된 말로
내 지혜를 의심하느냐?
3 이제 허리를 동이고
대장부답게 일어서서,
묻는 말에 대답해 보아라.
4 내가 땅의 기초를 놓을 때에,
네가 거기에 있기라도 하였느냐?
네가 그처럼 많이 알면,
내 물음에 대답해 보아라.
5 누가 이 땅을 설계하였는지,
너는 아느냐?
누가 그 위에 측량줄을 띄웠는지,
너는 아느냐?
6 무엇이 땅을 버티는 기둥을
잡고 있느냐?
누가 땅의 주춧돌을 놓았느냐?
7 그 날 새벽에 별들이
함께 노래하였고,
ㄱ)천사들은 모두 기쁨으로
소리를 질렀다.

8 바닷물이 땅 속 모태에서
터져 나올 때에,
누가 문을 닫아 바다를 가두었느냐?
9 구름으로 바다를 덮고,
흑암으로 바다를 감싼 것은,
바로 나다.
10 바다가 넘지 못하게 금을 그어 놓고,
바다를 가두고 문 빗장을 지른 것은,
바로 나다.
11 "여기까지는 와도 된다.
그러나 더 넘어서지는 말아라!
도도한 물결을 여기에서 멈추어라!"
하고 바다에게 명한 것이 바로 나다.
12 네가 지금까지 살아오면서
네가 아침에게 명령하여,
동이 트게 해 본 일이 있느냐?
새벽에게 명령하여,
새벽이 제자리를 지키게 한
일이 있느냐?
13 또 새벽에게 명령하여,
땅을 옷깃 휘어잡듯이 거머쥐고
마구 흔들어서
악한 자들을
털어 내게 한 일이 있느냐?
14 대낮의 광명은 언덕과 계곡을
옷의 주름처럼,
토판에 찍은 도장처럼,
뚜렷하게 보이게 한다.
15 대낮의 광명은 너무나도 밝아서,
악한 자들의 폭행을 환히 밝힌다.

16 바다 속 깊은 곳에 있는
물 근원에까지
들어가 보았느냐?
그 밑바닥 깊은 곳을
거닐어 본 일이 있느냐?
17 죽은 자가 들어가는 문을
들여다본 일이 있느냐?
그 죽음의 그늘이 드리운 문을
본 일이 있느냐?
18 세상이 얼마나 큰지
짐작이나 할 수 있겠느냐?
이 모든 것을 알고 있다면,
어디 네 말 한 번 들어 보자.

19 빛이 어디에서 오는지 아느냐?
어둠의 근원이 어디에 있는지
아느냐?
20 빛과 어둠이 있는 그 곳이
얼마나 먼 곳에 있는지,
그 곳을 보여 줄 수 있느냐?
빛과 어둠이 있는
그 곳에 이르는 길을 아느냐?

ㄱ) 히, '하나님의 아들들'

인물을 직접 연결시킨다. 주님은 듣는 이에게 *"허리를 동이고"* (3a절) 질문 몇 가지에 대답하라고 도전하신다. 읽고 있는 장면은 판사(주님)가 이제 증인을 반대 심문할 기회를 얻는 법정과 같다. 그리고 주님은 인간 증인에게서 겸손을 이끌어 내는 것이 그 의도인 일련의 질문을 시작한다. 질문은 우주의 창조와 질서를 다루고 있으며, 그 질문에 함축된 메시지는 인간이 하나님께 종속된 존재라는 것이다. 특별히 관심이 되는 것은 바다와 구름과 흑암을 낳고 바다를 *감싼 것*이다 (9b절). 그리고 10-11절에서 제한을 정하고 자녀들을 보호하는 신적인

21 암, 알고 말고. 너는 알 것이다.
내가 이 세상을 만들 때부터
지금까지
네가 살아왔고,
내가 세상 만드는 것을
네가 보았다면,
네가 오죽이나 잘 알겠느냐!

22 눈을 쌓아 둔 창고에
들어간 일이 있느냐?
우박 창고를 들여다본 일이 있느냐?
23 이것들은 내가
환난이 생겼을 때에 쓰려고
간직해 두었고,
전쟁할 때에 쓰려고 준비해 두었다.
24 해가 뜨는 곳에 가 본 적이 있느냐?
동풍이 불어오는 그 시발점에
가 본 적이 있느냐?
25 쏟아진 폭우가
시내가 되어서 흐르도록
개울을 낸 이가 누구냐?
천둥과 번개가 가는 길을
낸 이가 누구냐?
26 사람이 없는 땅,
인기척이 없는 광야에
비를 내리는 이가 누구냐?
27 메마른 거친 땅을 적시며,
굳은 땅에서
풀이 돋아나게 하는 이가 누구냐?
28 비에게 아버지가 있느냐?
누가 이슬 방울을
낳기라도 하였느냐?
29 얼음은 어느 모태에서 나왔으며,
하늘에서 내리는 서리는
누가 낳았느냐?
30 물을 돌같이 굳게 얼리는 이,
바다의 수면도 얼게 하는
이가 누구냐?

31 네가 북두칠성의 별 떼를
한데 묶을 수 있으며,
오리온 성좌를 묶은 띠를
풀 수 있느냐?
32 네가 철을 따라서
성좌들을 이끌어 낼 수 있으며,
큰곰자리와 그 별 떼를
인도하여 낼 수 있느냐?
33 하늘을 다스리는 질서가
무엇인지 아느냐?
또 그런 법칙을
땅에 적용할 수 있느냐?

34 네 소리를 높여서,
구름에게까지
명령을 내릴 수 있느냐?
구름에게 명령하여,
너를 흠뻑 적시게 할 수 있느냐?
35 번개를 내보내어,
번쩍이게 할 수 있느냐?
그 번개가 네게로 와서
"우리는 명령만 기다립니다"
하고 말하느냐?
36 강물이 범람할 것이라고
알리는 따오기에게
나일 강이 넘칠 것이라고
말해 주는 이가 누구냐?
비가 오기 전에 우는 수탉에게
비가 온다고
말해 주는 이가 누구냐?
37 누가 구름을 셀 만큼 지혜로우냐?
누가 하늘의 물 주머니를 기울여서
비를 내리고,
38 누가 지혜로워서,
티끌을 진흙덩이로 만들고,
그 진흙덩이들을
서로 달라붙게 할 수 있느냐?

부모의 이미지를 제시한다. 이 부분은 주님이 악인의 존재를 인정하고 그들의 자만을 심판하시는 것으로 결말지워진다.

38:16-38 다음 일련의 질문은 주로 인간이 자연의 세력을 통제할 수 없다는 것이다. 주님의 말씀의 반어적인 성격은 인간의 증인이 열등하다는 것이 지적되는 21절에서 자명하다. 주님은 (예를 들어, 눈, 우박, 빛, 바람, 비, 천둥, 번개, 이슬, 얼음, 서리) 자연 요소들을 조정하신다. 여기 사용된 이미지는 하나님의 말씀은 신의 행위를 보다 더 광범위하게 묘사하고 있다는 점 외에는 37:1-12의 엘리후의 말을 기억나게 한다. 하나님은 어버이와 같으신 분이라는 개념이 28-29절에 다시 나오는데, 그것은 수사적인 효과를 노려서 주님이 비의 아버지요 *이슬과 얼음과 서리의* 어머니라는 것이 암시된

39 네가 사자의 먹이를
계속하여 댈 수 있느냐?
굶주린 사자 새끼들의 식욕을
채워 줄 수 있느냐?
40 그것들은 언제나
굴 속에 웅크리고 있거나,
드러나지 않는 곳에
숨어 있다가 덮친다.
41 까마귀 떼가
먹이가 없어서 헤맬 때에,
그 새끼들이 나에게
먹이를 달라고 조를 때에,
그 까마귀 떼에게 먹이를
마련하여 주는 이가 누구냐?

39 1 너는 산에 사는 염소가
언제 새끼를 치는지 아느냐?
들사슴이 새끼를 낳는 것을
지켜 본 일이 있느냐?
2 들사슴이
몇 달 만에 만삭이 되는지 아느냐?
언제 새끼를 낳는지 아느냐?
3 언제 구푸려서 새끼를 낳는지를
아느냐?
낳은 새끼를
언제 광야에다가 풀어 놓는지를
아느냐?
4 그 새끼들은 튼튼하게 자라나면,
어미 곁을 떠나가서
다시 돌아오지 않는다.

5 누가 들나귀를 놓아 주어서
자유롭게 해주었느냐?
누가 날쌘 나귀에게
매인 줄을 풀어 주어서,
마음대로 뛰놀게 하였느냐?
6 들판을 집으로 삼게 하고
소금기 있는 땅을
살 곳으로 삼게 한 것은,
바로 나다.
7 들나귀가
시끄러운 성읍에서
멀리 떨어져 있으므로,
아무도 들나귀를 길들이지 못하고,
일을 시키지도 못한다.
8 산은 들나귀가
마음껏 풀을 뜯는 초장이다.
푸른 풀은 들나귀가 찾는 먹이다.

9 들소가 네 일을 거들어 주겠느냐?
들소가 네 외양간에서
잠을 자겠느냐?
10 네가 들소에게 쟁기를 매어 주어서,
밭을 갈게 할 수 있느냐?
들소들이 네 말을 따라서
밭을 갈겠느냐?
11 들소가 힘이 센 것은 사실이지만,
네가 하기 힘든 일을
들소에게 떠맡길 수 있겠느냐?
12 들소가, 심은 것을 거두어들여서
타작 마당에 쌓아 줄 것 같으냐?

13 타조가 날개를
재빠르게 치기는 하지만,
황새처럼 날지는 못한다.
14 타조가 땅바닥에다가
알을 낳는 것은,
흙이 그 알을
따스하게 해주기를
바라기 때문이다.
15 그러나 그 알이 발에 밟혀서
깨어질 수 있음을 알지 못한다.
들짐승이 그 알을
짓밟을 수도 있음을 알지 못한다.
16 타조는 알을 거칠게 다루기를
마치 제가 낳은 알이
아닌 것같이 하고,
알을 낳는 일이
헛수고가 되지나 않을까 하고

것이다. 별에 대한 통제 또한 주님이 하시는 것으로 나온다. 31-32절에, 성좌와 열두 궁도에 대한 (32절의 *마지로트*) 언급이 나온다. 이 부분의 결론은 다시 오로지 하나님만이 지혜이시라는 주제로 되돌아온다.

38:39—39:30 38:39-41의 동물 세계에 관한 질문은 38:1-38에서 다루어진 주제와 부합하지 않는다. 이들은 39:1-30에서 계속되는 새로운 주제를 시작한다. 주님은 그의 통제를 예시하기 위하여 동물의 영역으로 옮겨간다. 주님은 동물의 복지를 제공하지만 분명히 그들의 주인이시다. 인간이 관찰하는 이 모든 각종 동물(예를 들어, *산염소, 들나귀,* 들소, *타조, 말* 등)은 주님이 섬세하게 정하신 것이다. 야수적이고 난폭한 행위도 주님이 뜻하신 것이다. 이 부분의 한 가지 독특한 것이 39:17에 나온다. 여기서 "하나님"(엘)이라는 단어가 "주

걱정도 하지 못하니,
17 이것은 나 하나님이
타조를 어리석은 짐승으로 만들고,
지혜를 주지 않았기 때문이다.
18 그러나 타조가
한 번 날개를 치면서 달리기만 하면,
말이나 말 탄 사람쯤은
우습게 여긴다.

19 욥은 대답해 보아라.
말에게 강한 힘을 준 것이 너냐?
그 목에
휼날리는 갈기를 달아 준 것이
너냐?
20 네가 말을
메뚜기처럼 뛰게 만들었느냐?
사람을 두렵게 하는
그 위세 당당한 콧소리를
네가 만들어 주었느냐?
21 앞 발굽으로 땅을 마구 파 대면서
힘껏 앞으로 나가서 싸운다.
22 그것들은
두려움이라는 것을 모른다.
칼 앞에서도 돌아서지 않는다.
23 말을 탄 용사의 화살통이
덜커덕 소리를 내며,
긴 창과 짧은 창이 햇빛에 번쩍인다.
24 나팔 소리만 들으면
머물러 서 있지 않고,
흥분하여,
성난 모습으로
땅을 박차면서 내달린다.
25 나팔을 불 때마다,
"힝힝" 하고 콧김을 뿜으며,
멀리서 벌어지는 전쟁 냄새를 맡고,
멀리서도
지휘관들의 호령과 고함 소리를
듣는다.
26 매가 높이 솟아올라서
남쪽으로 날개를 펴고
날아가는 것이
네게서 배운 것이냐?
27 독수리가 하늘 높이 떠서
높은 곳에 보금자리를 만드는 것이
네 명령을 따른 것이냐?
28 독수리는
바위에 집을 짓고 거기에서 자고,
험한 바위와 요새 위에 살면서,
29 거기에서 먹이를 살핀다.
그의 눈은
멀리서도 먹이를 알아본다.
30 독수리 새끼는 피를 빨아먹고 산다.
주검이 있는 곳에 독수리가 있다.

님" (*야훼*) 대신에 쓰이며, 하나님의 행위는 삼인칭으로 묘사가 된다. 만일 주님이 말씀하고 계시다면, 왜 일인칭 동사와 대명사가 쓰이고 있지 않는가? 이 절은 타조에 관한 묘사의 일부인데, 신기하게도 주위 부분과 같이 수사의문문으로 시작하지 않는다. 아마도 13-18절은 본문에 후에 추가된 것으로, 비슷한 주제를 다루고 있다는 점과 18절과 19절 양쪽에 말이 언급되고 있다는 이유로 여기에 삽입되었을지 모른다.

40:1-5 주님이 두 번째로 직접 하시는 말씀이 1절에서 시작된다. 이것은 만일 38:1에서 말씀하시는 상대가 욥이었다면 불필요하였을 것이며, 이 경우에 폭풍이 나오지 않는 것이 신기하다. 또한 욥의 즉각적인 응답은 예기치 않은 것이었다. 주님이 욥에게 하시는 질문은 38:1의 질문과 다르다. 이번에 하나님은 욥을 하나님과 *다투는 이*(히브리어, *이소르*, 2a절)로 묘사하여 욥이 주님께 도전하였다는 것을 암시한다. 이는 이제 하나님이 또한 욥에게 질문하실 것임을 보여준다. 하나님을 직접 대면하는 사람과 같이, 욥은 겸손해지고 갑자기 말을 못하게 된다.

40:6-14 주님은 욥의 침묵으로 당혹하거나 심지어 분노하신다는 것이 또 한 번 *폭풍*(38:1)으로 나타난다. 38:3에 나오는 똑같은 도전은 7절에 반복된다. 그러나 이번에는 주님이 욥에게 질문을 하실 차례이다. 8절의 질문의 혹한 성격으로 주석자들은 이 말을 하나님이 욥이 전에 한 말에 대하여 욥을 견책하시는 것으로 해석을 하였다. 그러나 또한 그 질문들을 기회가 주어졌을 때에 욥이 말하지 않았다는 데 대한 하나님의 좌절감을 나타내는 것으로 이해할 수도 있다. 8절을 이해하는 세 번째 가능성이 있는데, 그것은 질문이 원래 하나님에게 하는 욥의 두 번째 응답이었을지 모른다는 것이다. 39:17에 나오는 것과 같은 특징이 40:9에 다시 나온다. 여기서 하나님은 또한 3인칭으로 지칭된다. 신에 대한 일반적인 히브리어 단어, *엘*을 사용한다는 것은 주님의 주권에 대한 욥의 도전일지 모른다. 다음 절들(10-14절)은 또한 하나님이 말씀하시는 것이라기보다 하나님에게 하는 말처럼 들린다. 8-14절은 원래 욥이 하나님께 하는 말일 가능성이 있다.

40:15-24 주님이 말씀하고 계시다는 첫 번째 확실한 표시가 15절에 나온다. 주님은 전통적으로 성경 다른 곳에는 다시 나오지 않는 하마와 연결되는 *베헤못*을

40

1 주님께서 또 욥에게 말씀하셨다.
2 전능한 하나님과 다투는 욥아,
네가 나를 꾸짖을 셈이냐?
네가 나를 비난하니,
어디, 나에게 대답해 보아라.

3 그 때에 욥이 주님께 대답하였다.

4 저는 비천한 사람입니다.
제가 무엇이라고
감히 주님께 대답할 수 있겠습니까?
다만 손으로 입을 막을 뿐입니다.
5 이미 말을 너무 많이 했습니다.
더 할 말이 없습니다.

6 그러자 주님께서 폭풍 가운데서 다시
말씀하셨다.

7 이제 허리를 동이고
대장부답게 일어서서,
내가 묻는 말에 대답하여라.
8 아직도 너는
내 판결을 비난하려느냐?
네가 자신을 옳다고 하려고,
내게 잘못을 덮어씌우려느냐?
9 네 팔이 하나님의 팔만큼
힘이 있느냐?
네가 하나님처럼
천둥소리 같은 우렁찬 소리를
낼 수 있느냐?
10 어디 한 번 위엄과 존귀를 갖추고,
영광과 영화를 갖추고,
11 교만한 자들을 노려보며,
네 끓어오르는 분노를
그들에게 쏟아 내고,
그들의 기백을 꺾어 보아라.
12 모든 교만한 자를 살펴서
그들을 비천하게 하고,
악한 자들을
그 서 있는 자리에서 짓밟아서
13 모두 땅에 묻어 보아라.
모두 얼굴을 천으로 감아서
무덤에 뉘어 보아라.
14 그렇게만 할 수 있다면,
나는 너를 찬양하고,
네가 승리하였다는 것을
내가 인정하겠다.
15 ㄱ)베헤못을 보아라.
내가 너를 만든 것처럼,
그것도 내가 만들었다.
그것이 소처럼 풀을 뜯지만,
16 허리에서 나오는 저 억센 힘과,
배에서 뻗쳐 나오는
저 놀라운 기운을 보아라.
17 꼬리는 백향목처럼 뻗고,
넓적다리는 힘줄로
단단하게 감쌌다.
18 뼈대는 놋처럼 강하고,
갈비뼈는 쇠빗장과 같다.
19 그것은,
내가 만든 피조물 가운데서
으뜸가는 것,
내 무기를 들고 다니라고
만든 것이다.
20 모든 들짐승이 즐겁게 뛰노는
푸른 산에서 자라는 푸른 풀은
그것의 먹이다.

ㄱ) 하마나 코끼리와 같은 짐승

지목하신다. 히브리 단어 *베헤못*은 보통 "소"와 "물"에 대한 일반 명사의 고대 복수형으로 이해된다. 그 용도는 여기서 원래 전설적인 인물이나 또는 단순히 어떤 동물(또는 모든 동물)에 대한 지칭이었을지 모른다. 함축적인 의미는 주님이 욥이 창조된 것과 같은 모습으로 주님은 베헤못을 창조하셨지만, 이 피조물은 그 인간 상대물보다 비교할 수 없을 만큼 더 큰 힘을 가지고 있다. 그것은 두려움을 모르며 사로잡을 수 없다.

41:1-34 *베헤못의* 마지막 특징은 이 장을 앞에 나오는 장과 연결시키지만, 여기서 묘사되는 신적인 주제는 *리워야단이다* (3:8, 여기서 악어와 연결된 것으로 생각됨). 이것 또한 사로잡을 수 없다. 욥은 이 힘센 동물을 제어할 수 없는데, 하나님이 그 주인이시다. 이번 장에서 나오는 리워야단의 자세한 묘사는 구약에서 그러한 예가 없다. 주님은 그 살갗과 뼈를 갑옷의 무장으로 묘사한다. 그것은 불을 뿜으며, 연기를 뿜으며, 그 눈에서 빛을 뿜는다. 그 리워야단을 보기만 해도 신들이 두려워한다. 그것을 멸망시키고 해칠 만한 강한 무기가 없다. 이 구절에는, 리워야단과 투쟁하는 여러 신들에 대한 이야기를 담은 고대 근동의 다른 신화와 분명한 평행점이 나온다. 그러나 여기에 담긴 함축적인 의미는 오로지 리워야단을 창조하신 주님만이 그것을 통제할 수 있다는

21 그것은 연꽃잎 아래에 눕고,
갈대밭 그늘진 곳이나 늪 속에다가
몸을 숨긴다.
22 연꽃잎 그늘이 그것을 가리고,
냇가의 버드나무들이
그것을 둘러싼다.
23 강물이 넘쳐도 놀라지 않으며,
요단 강의 물이 불어서 입에 차도
태연하다.
24 누가 그것의 눈을 감겨서
잡을 수 있으며,
누가 그 코에
갈고리를 꿸 수 있느냐?

41 1 네가 낚시로
ㄱ)리워야단을 낚을 수 있으며,
끈으로 그 혀를
맬 수 있느냐?
2 그 코를 줄로 꿸 수 있으며,
갈고리로 그 턱을 꿸 수 있느냐?
3 그것이 네게
살려 달라고 애원할 것 같으냐?
그것이 네게
자비를 베풀어 달라고 빌 것 같으냐?
4 그것이 너와 언약을 맺기라도 하여,
영원히 네 종이 되겠다고
약속이라도 할 것 같으냐?
5 네가 그것을
새처럼 길들여서
데리고 놀 수 있겠으며,
또 그것을 끈으로 매어서
여종들의 노리개로
삼을 수 있겠느냐?
6 어부들이 그것을 가지고 흥정하고,
그것을 토막 내어
상인들에게 팔 수 있겠느냐?
7 네가 창으로
그것의 가죽을 꿰뚫을 수 있으며,
작살로
그 머리를 찌를 수 있겠느냐?
8 손으로 한 번 만져만 보아도,
그것과 싸울 생각은 못할 것이다.
9 ㄱ)리워야단을 보는 사람은,
쳐다보기만 해도 기가 꺾이고,
땅에 고꾸라진다.
10 그것이 흥분하면
얼마나 난폭하겠느냐?
누가 그것과 맞서겠느냐?
11 그것에게 덤벼 들고
그 어느 누가 무사하겠느냐?
이 세상에는 그럴 사람이 없다.

12 ㄱ)리워야단의 다리 이야기를
어찌 빼놓을 수 있겠느냐?
그 용맹을 어찌
말하지 않을 수 있겠느냐?
그 늠름한 체구를
어찌 말하지 않고 지나겠느냐?
13 누가 그것의 가죽을
벗길 수 있겠느냐?
누가 두 겹 갑옷 같은 비늘 사이를
뚫을 수 있겠느냐?
14 누가 그것의 턱을 벌릴 수 있겠느냐?
빙 둘러 돋아 있는 이빨은
보기만 해도 소름이 끼친다.
15 등비늘은, 그것이 자랑할 만한 것,
빽빽하게 짜여 있어서
돌처럼 단단하다.
16 그 비늘 하나하나가
서로 이어 있어서,
그 틈으로는
바람도 들어가지 못한다.
17 비늘이 서로 연결되어
꽉 달라붙어서,
그 얽힌 데가 떨어지지도 않는다.

ㄱ) 악어처럼 생긴 바다 괴물

것이다. 이 하나님의 말씀의 결론에서 독자는 "그래서?" 라는 질문을 가지게 된다. 베헤못과 리워야단의 묘사는 인상적인 것이지만, 하나님은 욥이 전에 했던 그 어떤 질문에도 대답하지 않으신다. 하나님은 어떤 모종의 신적인 연장 작전을 하고 계신 것으로 보인다. 아마 주님은 주제를 변경하여 욥이 전에 대답해 달라고 요청한 것으부터 방향을 바꾸시는지도 모른다. 하나님은 이제 *하-사탄의* 도전을 받았들였던 것이 잘못되었던 것임을 깨닫게 된다는 것도 가능하다. 모든 부모와 마찬가지로, 하나님은 잘못하였다는 것을 인정하기를 원하지 않고, 그래서 질문을 회피하기 위하여 신의 위엄과 능력에 관한 토론을 시작한다.

18 재채기를 하면 불빛이 번쩍거리고,
눈을 뜨면
그 눈꺼풀이 치켜 올라가는 모양이
동이 트는 것과 같다.
19 입에서는 횃불이 나오고,
불똥이 튄다.
20 콧구멍에서 펑펑 쏟아지는 연기는,
끓는 가마 밑에서 타는
갈대 연기와 같다.
21 그 숨결은 숯불을 피울 만하고,
입에서는 불꽃이 나온다.
22 목에는 억센 힘이 들어 있어서,
보는 사람마다 겁에 질리고 만다.
23 살갗은 쇠로 입힌 듯이,
약한 곳이 전혀 없다.
24 심장이 돌처럼 단단하니,
그 단단하기가
맷돌 아래짝과 같다.
25 일어나기만 하면
아무리 힘센 자도 벌벌 떨며,
그 몸부림 치는 소리에 기가 꺾인다.
26 칼을 들이댄다 하여도 소용이 없고,
창이나 화살이나 표창도
맥을 쓰지 못한다.
27 쇠도 지푸라기로 여기고,
놋은 썩은 나무 정도로 생각하니,
28 그것을 쏘아서 도망 치게 할
화살도 없고,
무릿매 돌도 아예
바람에 날리는 겨와 같다.
29 몽둥이는 지푸라기쯤으로 생각하며,
창이 날아오는 소리에는
코웃음만 친다.
30 뱃가죽은
날카로운 질그릇 조각과 같아서,
타작기가 할퀸 진흙 바닥처럼,
지나간 흔적을 남긴다.
31 물에 뛰어들면,
깊은 물을 가마솥의 물처럼
끓게 하고,
바다를 기름 가마처럼 휘젓는다.
32 한 번 지나가면
그 자취가 번쩍번쩍 빛을 내니,
깊은 바다가
백발을 휘날리는 것처럼 보인다.
33 땅 위에는 그것과 겨룰 만한
것이 없으며,
그것은 처음부터
겁이 없는 것으로 지음을 받았다.
34 모든 교만한 것들을 우습게 보고,
그 거만한 모든 것 앞에서
왕노릇을 한다.

욥의 회개

42 1 욥이 주님께 대답하였다.

2 주님께서는
못하시는 일이 없으시다는 것을,
이제 저는 알았습니다.
주님의 계획은
어김없이 이루어진다는 것도,
저는 깨달았습니다.
3 잘 알지도 못하면서,
감히 주님의 뜻을
흐려 놓으려 한 자가
바로 저입니다.
깨닫지도 못하면서,
함부로 말을 하였습니다.
제가 알기에는,

42:1-6 두 번째 하나님의 대답의 이러한 해석은 욥의 반응이 뒷받침해 주는 것으로 보인다. 독자와 같이, 욥은 하나님이 그의 잘못에 대답하시지 않았다는 것을 깨닫는다. 욥은 절대로 그가 하나님의 공의에 질문을 던지는 데 잘못하였다고 말하지 않는다. 잘 고안된 문장으로, 욥은 순복하는 흉내를 내어 그가 하나님으로부터 한 번도 직접적인 대답을 얻지 못할 것을 받아들인다. 3절과 4절에서, 욥은 하나님의 말씀을 인용하며 (38:2, 3b절; 40:7b절을 보라), 그의 순복이 하나님의 능력에 경의를 나타내는 것으로 보이게 하기 위하여 그 인용된 말을 사용한다. 그러나 욥의 진정한 태도는 6절에서 드러난다. 새번역개정의 이 구절은 욥이 하나님의 공의를 도전한 죄를 고백하고 있다는 전통적인 관점을 반영한다. 그러나 히브리어는 여러 가지로 번역할 수 있으며, 대부분은 욥의 말을 고백하는 말이 아닌 것으로 묘사한다. *"저는 제 주장을 거두어들이고"* (히브리어, *엠므아스*)로 번역되는 동사는 재귀형이 아니다. 이 단어가 다른 곳에 나올 때는 모두 "버리다" 라는 새로운 동사로 표현된다 (또한 렘 31:37; 33:26을 참조). 두 번째 히브리어 단어 *니함티*는 "회개" 라고 번역되어왔지만, 동사의 다른 용례는 "후회하다/마음을 바꾸다" 라는 의미이다 (또한 창 6:7; 삼상 15:11; 렘 4:28, 18:8 참조).

너무나 신기한 일들이었습니다.
4 주님께서 말씀하셨습니다.
"들어라. 내가 말하겠다.
내가 물을 터이니,
내게 대답하여라" 하셨습니다.
5 주님이 어떤 분이시라는 것을,
지금까지는 제가
귀로만 들었습니다.
그러나 이제는 제가
제 눈으로 주님을 뵙습니다.
6 그러므로 저는
제 주장을 거두어들이고,
티끌과 잿더미 위에 앉아서
회개합니다.

결론

7 주님께서는 욥에게 말씀을 마치신 다음에,
데만 사람 엘리바스에게 이렇게 말씀하셨다. "내가
너와 네 두 친구에게 분노한 것은, 너희가 나를
두고 말을 할 때에, 내 종 욥처럼 옳게 말하지 못
하였기 때문이다. 8 그러므로 이제 너희는, 수송
아지 일곱 마리와 숫양 일곱 마리를 마련하여, 내
종 욥에게 가지고 가서, 너희가 용서받을 수 있도
록 번제를 드려라. 내 종 욥이 너희를 용서하여 달
라고 빌면, 내가 그의 기도를 들어줄 것이다. 너
희가 나를 두고 말을 할 때에, 내 종 욥처럼 옳게
말하지 않고, 어리석게 말하였지만, 내가 그대로
갚지는 않을 것이다." 9 그래서 데만 사람 엘리바
스와 수아 사람 빌닷과 나아마 사람 소발이 가서,

이렇게, 구절의 보다 정확한 해석은 "내가 티끌과 잿더미를 버리고 후회합니다" 라고 읽는 것이다. 욥은 하나님을 직면한 것에 대하여 미안해하지 않는다. 대신, 그는 그가 구하는 것, 곧 사과를 하나님이 그에게 절대로 주시지 않으리라는 것을 받아들이고 있는 것으로 보인다.

42:7-11 7절에서 하나님은 욥이 하나님에 대하여 비난하는 것이 올바른 일이었다는 것을 인정하신다. 주님은 그와 다른 두 친구가 하나님의 진노를 초래하였으며, 그들은 하나님에 대하여 욥에게 틀린 말을 하였다고 엘리바스에게 말씀하신다. 하나님의 진노가 하나님에 대한 친구들의 진술에서 나온 것이 아니라, 오히려 그들이 욥의 고난의 시간에 욥을 도와주지 않았다는 것에서 나온 것인지 생각해 보게 된다. 그들의 원래 의도는 *달래고 위로하려고* 온 것으로 (2:11) 숭앙할 만한 것이었다. 불행하게도 그들은 자비 대신에 두려움이 그들의 행위를 지배하게 하였다. 친구들의 첫 번째 반응은 그들이 제일 잘한 일로—침묵이었다. 그들의 죄가 무엇이었든지 하나님의 처벌을 피하기 위하여 그들은 번제를 드리고 욥에게 그들을 위하여 기도하게 하여야 한다. 이제 욥만이 그들을 구할 수 있다. 흥미롭게도, 욥은 33:23-25에 묘사된 중보자 역할을 한다. 이 시점에서 엘리후가 없다는 것은 그의 말이 후에 본문에 더하여졌다는 이론을 뒷받침한다. 그러나 만일 38장과 39장의 하나님의 말씀이 주로 엘리후에게 한 것이라면, 하나님은 이미 엘리후의 문제를 처리하셨다는 것도 가능하다.

42:8-17 욥의 이야기의 결론은 본문 가운데 가장 혼동되는 면 중의 하나이다. 욥은 전보다 더욱 더 큰 축복을 받는다. 민사 재판에서 희생자의 고난을 경감시킬 의도로 배심원이 상당한 액수로 보상금을 정하는 것과 같이, 하나님이 욥을 학대한 것에 대하여 속죄하는 것으로 보인다. 이러한 행복한 결말에도 불구하고, 독자는 욥에게 주어진 상이 그가 잃는 것을 보상할 수 있는지 의아해 하게 된다. 11절에서, 본문은 욥의 가족과 친구들이 그를 위로하기 위하여 왔다고 서술한다. 이 공동체는 이전에 어디에 있었는가? 그들은 그에게 금전과 금속의 선물을 가져오는 것으로 묘사된다. 아마도 이렇게 해서, 연민과 부조로, 욥이 다시 부의 위상을 이룬 것 같다. 그 원천이 무엇이었든지, 욥의 물질적 소유(예들 들어, 양, 낙타, 소, 나귀)는 그가 그의 비극적 몰락 이전에 가졌던 것보다 두 배가 되는 것으로 묘사된다. 그러나 그의 자녀들은 똑같은 수로 일곱 아들과 세 딸이다. 그 차이는 자녀들이 묘사되는 모습에 있다. 이야기의 처음에서 아들에게 더 관심이 기울여졌지만, 여기서는 딸들이 가장 큰 관심을 받는다. 그들의 이름이 나오는데, 각자 상징적 의미를 가지고 있다. 첫째 딸의 이름, 여미마는 우리말로 번역하기 어렵지만 아마 "날" 또는 "비둘기"와 연결되는 말 같다. 둘째 딸의 이름, 긋시아는 향수를 의미한다. 셋째 딸의 이름, 게렌합북은 눈 화장품인 "화장먹의 상자"로 번역된다. 그들은 비교할 수 없는 미를 가졌다고 알려진다. 욥은 그의 딸들에게 그들의 형제와 동일한 유산을 주었다. 이 행위에 대한 언급은 이것이 비상한 일이었다는 것을 시사한다. 가부장적인 문화에서, 오직 아들만이 유산을 받고, 딸들은 살아가기 위하여 남자 친지나 남편에게 의존하였다. 아마도 욥은 고난으로 힘없는 이들, 특히 여자들의 어려운 환경에 민감하게 되었던 것 같다. 욥의 삶의 조화는 회복이 되었으며, 그의 새로운 가족의 네 세대를 보기에 충분할 만큼 140년을 더 살았다. 욥의 삶의 마지막이 간략히 기술된다: 그는 *오래 살다가 세상을 떠났다* (17절). 이 묘사는 또한 이삭(창 35:29)과 다윗(대상 23:1)을 묘사하기 위해서 쓰였는데, 양쪽 다 특별히 복된 말년을 누리지 못하였다. 아마도 이는 욥이 슬픔을 가라앉힌 것으로 보이지만, 그는 절대로 그의 고난에서 완전히 회복되지 않았다고 화자가 은밀히 말하고 있는 것인지도 모른다.

주님께서 그들에게 말씀하신 대로 하니, 주님께서
욥의 기도를 들어주셨다.

주님께서 욥에게 복을 주심

10 욥이 주님께, 자기 친구들을 용서해 달라고
기도를 드리고 난 다음에, 주님께서 욥의 재산을
회복시켜 주셨는데, 욥이 이전에 가졌던 모든 것
보다 배나 더 돌려주셨다. 11 그러자 그의 모든
형제와 자매와 전부터 그를 아는 친구들이 다 그를
찾아와, 그의 집에서 그와 함께 기뻐하면서, 먹고
마셨다. 그들은 주님께서 그에게 내리신 그 모든
재앙을 생각하면서, 그를 동정하기도 하고, 또 위로
하기도 하였다. 그러면서 그들은 저마다, 그에게
돈을 주기도 하고, 금반지를 끼워 주기도 하였다.
12 주님께서 욥의 말년에 이전보다 더 많은 복을
주셔서, 욥이, 양을 만 사천 마리, 낙타를 육천
마리, 소를 천 겨리, 나귀를 천 마리나 거느리게
하셨다. 13 그리고 그는 아들 일곱과 딸 셋을 낳
았다. 14 첫째 딸은 ㄱ)여미마, 둘째 딸은 ㄴ)긋시아,
셋째 딸은 ㄷ)게렌합북이라고 불렀다. 15 땅 위의
어디에서도 욥의 딸들처럼 아리따운 여자를 찾아
볼 수 없었다. 더욱이 그들의 아버지는, 오라비들
에게 준 것과 똑같이, 딸들에게도 유산을 물려주
었다.

16 그 뒤에 욥은 ㄹ)백사십 년을 살면서, 그의
아들과 손자 사 대를 보았다. 17 욥은 이렇게 오래
살다가 세상을 떠났다.

ㄱ) '비둘기' ㄴ) '계피 향' ㄷ) 화장도구, 특히 눈화장에 사용
ㄹ) 칠십인역에는 '이백사십 년'

추가 설명: 구약성경에 나타나는 사탄

욥의 이야기를 온전히 이해하기 위하여, 성경을 읽는 이는 구약에 나타난 사탄이라는 용어의 용례를 이해하여야 한다. 욥을 읽을 때 대중문화에서 (그리고 교회에서) 악마적 인물을 지칭하는 사탄에 대한 개념을 버려야 한다. 사탄이라는 히브리어 단어는 구약에서 명사와 동사로 26번 나오는데; 그 대부분이 직책이나 사탄을 묘사하는 것으로 기능하지만, 한 번도 명백한 고유명사로 나오지 않는다.

여섯 번에 걸쳐 동사형으로 사용된 사탄은 "고발하다," "중상하다," "대적하다"로 번역되어 있으며 주로 탄원시에 나온다 (시 38:20; 71:13; 109:4, 20, 29). 또 다른 동사형은 슥 3:1에 나온다. 시편에서 "중상하는 자"의 개념은 매우 명확하다. 왜냐하면, 시편 기자는 그릇되게 비난을 받았다는 데 대하여 하나님에게 탄원하고 옳다는 것을 인정받게 되기를 기도하기 때문이다. 스가랴의 본문에서, 대제사장 여호수아는 고소자(명사로서의 사탄의 용례에 대하여 다음을 보라)가 하는 "고소"를 대하며 주님의 천사 앞에 서 있다.

이와 같이 명사형의 사탄은 각각 쓰이는 문맥에 따라서, "중상자," "고소자/비난자" 또는 "대적자"로 이해하여야 한다. 명사 사탄은 인간적인 존재와 초자연적인 존재에 관한 말로 쓰인다. 삼상 29:4에서, 블레셋 사람들은 다윗을 "대적"(사탄)이라고 명칭하며 왕에게 시므이를 죽이라고 요청하는 점에서 다윗은 아비새을 사탄이라고 부른다 (삼하 19:22). 솔로몬은 그가 두로 왕에게 보낸 편지에서 "적대자"(사탄)가 없으며 이제 성전을 지을 수 있다고 기술한다 (왕상 5:4). 삼상 29:4와 왕상 5:4에서 사탄은 군사적 대적을 지칭한다. 이러한 "대적"(사단)이 솔로문의 우상숭배를 처벌하는 하나님의 도구였다는 것 외에는, 왕상 11:14, 23, 25에서도 마찬가지이다. 시 109:6에서, 시편 기자는 시편 기자의 대적이 하는 "고소인"(사탄)의 요청에 대하여 탄원한다.

욥기 1—2장의 사탄은 초자연적 존재의 범주에 속한다. 사탄에 붙어 있는 "그" 라는 정관사는 고유명사가 아니라 일반 명사라는 것을 나타낸다. 이 인물이 신에게 아무런 제약을 받지 않고 나아 갈 수 있는 것에서, "사탄"은 신의 공의회의 일원의 직명으로 이해할 수 있다. 비슷하게, 민 22:22-35에서 (정관사 없이 쓰인) 사탄은 모압으로 가는 발람의 여정을 막기 위하여 하나님이 보내신 "주님의 천사"를 지칭한다. 슥 3:1-2에서 (동사형에 관하여 위를 보라), 사탄이라는 인물의 성격은 분명하지 않다. 스가랴의 여덟 환상 중 네 번째에서, 대제사장 여호수아는 "주님의 천사" 앞에 서 있다. 주님은 여호수아를 그릇되게 비난한 데 대하여 그의 옆에 조용히 있는 사탄을 꾸짖는다. 세 구절 모두에서, 사탄은 하나님의 적이 아니라, 오히려 욥기와 민수기에 나오는, 하나님의 편에 있는 신적 존재이다.

역대상 21:1에서, 사탄은 정관사가 없이 나오며, 이로 말미암아 몇몇 학자들은 이를 고유명사, 사탄으로 번역한다. 그러나 부정(不定)명사의 다른 용례는 고유명사를 나타내지 아니한다. 대상 21장의 이야기는 하나님이 다윗을 인구조사를 하게 하시고 그 다음 그 행위에 대하여 다윗을 처벌하는 삼하 2장과 대칭이 된다. 역대기 기자는 사탄(대적자)이 다윗에게 인구조사를 하게 충동하는 것으로 하나님의 비이성적인 이미지를 부드럽게 하려고 노력한다. 그러나 민 22장에 나오는 주님의 일꾼으로서의 "사탄"의 용례는 대상 21장에서 "비난자"가 주님을 대표하고 있다는 것을 강력히 시사한다.

정관사가 붙어 있지 않다고 하여서 대상 21:1의 사탄을 고유명사로 번역하는 것은 구약성경에 나오지 않는 (하나님과 마귀의) 이원론을 이끌어 내는 것이다. 고대 이스라엘이 유일신의 신앙을 고백하였을 때, 그들은 또한 하나님이 세상의 모든 것, 선과 악의 구원으로 말하였다 (욥 1:21과 2:10 참조). 하나님이 통제할 수 없는, 악을 일으키는 또 하나의 초자연적인 존재의 개념은 그들의 신앙 체계에 들어 있지 않았다.

고유명사로서의 사탄이 처음으로 분명하게 나오는 것은 주빌리 (Jubilees) 23:29와 모세의 승천 10:1인데, 이 둘 다 기원전 2세기의 글이다. 구약의 기자와 편집자와 수집자에게, 모든 땅의 창조주며 주님인 분에게는 대적이 없다.

추가 설명: 욥기에 나타난 하나님 묘사

욥기에 나타난 하나님 묘사로 말미암아 성경학자들이 큰 고심을 겪었다. 특별히 관심이 되는 것은 욥기 첫 번 두 장에 나오는 하나님의 속성이다. 하나님은 1:8에서 욥의 의와 하나님에 대한 헌신에 관하여 *하-사탄*에게 자랑하면서, 자랑하기 좋아하고 주의 깊지 못한 분으로 보인다. 마치 주님은 그러한 만용으로 *하-사탄*을 부추기고 있는 것 같다. 하나님에 대한 묘사는 하나님이 *하-사탄*으로부터 도전을 받아들일 때 더욱더 심각하게 된다. 그러한 제안을 받아들이는 이면의 동기는 무엇인가? 하나님은 욥이 어떻게 반응할 것인지 알지 못하시는가? 주님은 *하-사탄*에게 위협당하는 느낌을 가지고 계신가? 왜 은혜로운 하나님은 단지 한 가지 요점을 증명하기 위하여 흠이 없는 사람이 고난을 당하게 하시는가?

이것은 하나님의 공의에 관한 영원한 질문이다: 왜 선한 사람들에게 나쁜 일들이 일어나는가? 이 질문에 대하여 욥기 처음 장에서 암시되어 있는 대답이나 신정론은 심히 불편한 대답이다. 순전한 이들의 고통은 하나님이 옳고 *하-사탄*이 그르다는 것을 증명하기 위하여 일어난 하늘의 시험의 결과이다. 욥은 우주의 장기판의 한 졸일 분이다. 하나님의 행위에 대한 그러한 그 해석은 구약에 나오는 그분의 성격에 대해 모든 다른 증거와 상치된다. 이러한 각본은 "심은 대로 거둘 것입니다" 라는 단순한 개념을 훼파할 뿐 아니라 또한 누구도 고난 받는 것을 원하지 아니하는 자비하신 하나님에 대한 이스라엘의 개념과 반대된다.

이러한 하나님에 대한 묘사의 어려운 면모를 무시할 수 없는 반면, 또 하나의 메시지도 이야기에서 거둘 수 있다. 1:7-12와 2:1-6의 양쪽에서, 욥의 믿음이 신의 축복에 달려 있는 것이 아니라는 것을 주장한 점에서 하나님이 옳았다고 인정받을 것을 기대하고 있다는 것이 확실하다. 본문은 주님이 욥에 대하여, 또 함축된 의미로, 모든 인류에 대하여 믿음을 가지고 계시는 분으로 주님을 제시한다. 이 하나님은 인간이 신실한 믿음을 가질 수 있으며, 그들은 다만 상을 얻기 위하여 도덕적으로 행동하지는 않는다고 믿는다. 하나님은 그의 삶이 어렵게 될 때에 욥이 신앙을 잃거나 부도덕하게 행동하지 않을 것을 확신한다. 이 요점을 증명하는 방법이 심한 반면, 그 마지막 결과는 하나님이 욥에 대하여 옳았다는 것이다.

전통적인 해석에서의 하나님의 대답은 하나님에 대하여 거슬리는 이미지를 더하기도 한다. 그러나 욥기 42:7-9가 분명히 보여주듯이, 만일 하나님의 진노가 엘리후와 욥의 세 친구에 관한 것이라면, 그렇다면 하나님의 말씀은 그가 하나님에 대하여 불평하고 도전한 것에 대하여 욥을 정죄하는 것이 아니다. 첫 번째 대답에서, 하나님은 친구들이 욥을 위로하여 주지 못한 면에서 진노하신다. 두 번째 대답은 40:2에서 하나님의 부르심에 대하여 욥이 대답하지 않는 것에 대한 주님의 분노나, 하나님이 주제를 바꾸려고 하시는 것으로 이해할 수 있다. 후자의 해석이 더 가능한 것으로 보인다. 하나님은 *하-사탄*의 도전을 받아들인 것이 그르다는 것을 깨닫지만, 인간 부모와 같이 잘못하였던 것을 인정하기를 원하시지 않는다. 대신, 하나님은 그의 창조력과 통제로 욥에게 깊은 인상을 주기를 원하시면서, 베헤못과 리워야단의 장엄한 묘사를 시작하신다. 욥의 질문을 직접 대답하시지 않음으로, 하나님은 욥의 주장을 인정하는 것으로 보인다. 창 8:21-22의 홍수 이야기의 마지막에 나오는 하나님과 같이, 욥기에 묘사된 하나님은 마음을 바꾸시고 그의 시험이 잔인하고 불필요하였다는 것을 깨달으신다. 그렇다면 42:10-17에서 욥의 보상은 욥이 겪은 잘못에 대하여 욥에게 하나님이 사과하려고 하시는 것으로 이해할 수 있다. 하나님은 잘못하였다는 것을 인정하지 않을지 몰라도, 하나님은 신에 의해 실수로 일어난 일에 대하여 보상은 하려고 하시는 것이다.

시편

시편은 초기 이스라엘 공동체의 내적 삶을 많이 보여준다. 어떤 시편들은 공동체의 것이며 공적인 찬양과 기원에 쓰이도록 마련된 것이다. 또 어떤 시편들은 긴밀히 개인의 고통과 두려움과 환희와 소망을 나타낸다. 수세기에 걸쳐 공동체와 개인의 그러한 기도가 작성 수집되었다. 쿰란에 나오는 증거를 보면, 기원전 2세기까지 시편들의 순서에 유동성이 있었다는 것을 알 수 있으며, 아마도 기원후 1세기에 이르러 비로소 150편 시편의 현재의 형태를 이루게 된 것으로 보인다. 구약과 외경/제2정경의 다른 부분에 시편과 같은 본문이 담겨 있지만, 성경 어느 다른 책도 책 전체가 기도의 모음으로 되어 있는 것은 없다. 희랍과 슬라브 정교회 성경에는 시편 151편이 나오는데, 이는 하나님이 다윗을 왕으로 택하시고 또 골리앗을 물리치는 이로 택하신 것(삼상 16—17장을 보라)에 관한 *미드라쉬*(주석)이다. 시편 151편의 사본이 쿰란 사해문서 가운데서 발견되기도 하였다.

시편은 듣고 응답하시는 하나님이 이스라엘과 대화하시는 것을 시적으로 표현한 것이다. 많은 부분이 정직하고 거침없는 대화이다. 어떤 것은 영적 헌신의 절정에 치솟는 기도와 찬양이다. 어떤 것은 깊은 고통과 압박에서 우러나와 인생의 번민과 분노와 좌절의 깊이를 드러낸다. 몇몇 시편은 만족하여 자찬하는 시이며, 몇몇은 호전적이고 배타적이다. 시편은 하나님에게 하는 이야기, 그리고 하나님에 관하여 하는 이야기의 단면을 풍부히 보여주며, 어떤 경우에는 하나님이 하시는 말씀을 담고 있다. 그 핵심에는 하나님은 모든 이가 말씀드릴 수 있는 분이라는 확신이 있다. 시편에 나오는 여러 경험을 통하여 인간적 이해를 얻게 되고 신실하게 살고자 하는 모습을 보고, 수많은 세대가 이 기도에서 교훈을 받았다. 하나님 자신의 음성이 대화에 합류되면서, 읽는 이들은 거듭하여 자기의 음성을 발견하였다.

시편은 실제 공동체의 예배에서 직접 생겨난 것이다. 특정한 시편이 나온 것으로 추정되는 상황을 밝힐 수 있다. 그러한 연구로 시편은 찬송, 찬양의 노래, 기원시 또는 탄원시, 감사시, 또 하나님에 대한 신뢰와 확신의 시, 지혜의 시, 축복시 등으로 분류할 수 있다. 해석자는 종종 공동체의 삶 가운데 있던 것으로 추정되는 시편의 원래의 상황을 숙고한다. 주위의 시편과의 관계를 살펴보면, 시편 안에서 비슷한 제목으로, 주제와 본문의 특징으로, 또 다른 면으로 연결되어 있는, 보다 더 광범위한 문맥의 시편 모음에 대하여 알 수 있게 된다.
이 주석에서 사용된 시편의 구분은 다음과 같다:

- 찬송과 찬양의 노래
  - 공동체의 찬양
  - 개인의 찬양
  - 주님에 대한 찬양
  - 시온에 대한 찬양
  - 왕에 대한 찬양
- 감사의 행위
  - 공동체의 감사
  - 개인의 감사
- 하나님에 대한 신뢰와 확신

공동체의 확신
개인의 확신
기원과 탄원
공동체의 기원
개인의 기원
지혜시
예식서와 축복

많은 시편이 위의 범주 중 하나 이상에 속한다. 기원은 감사로 끝날 수 있으며, 또한 시편은 탄원으로 시작하여 찬송으로 바뀌었다가 탄원으로 계속할 수 있다. 그래도 시편에 나오는 여러 요소를 밝히는 일이 해석에 도움이 된다. 시편의 가장 많은 부분은 기원과 탄원으로 약 40 퍼센트이다. 개인적 탄원을 제외하고는, 공동체 기도가 각 범주에 주로 나오는데, 개인적 탄원은 공동체 탄원보다 2 대 3으로 더 많이 나온다.

각 시편의 필자와 연도는 확정 지울 수 없다. 많은 시편이 이스라엘 왕정시대(기원전 1000-587)에 나온 것으로 여겨지는데, 이 중에는 아마 더 이전 것도 있을 것이다. 다른 시편들은 바빌론 포로(기원전 587-539; 특히 4-5권)의 신학적 위기에 대한 응답으로 작성 또는 재해석되었다. 시편 150편은 전통적으로 다섯 권으로 구분된다: 제1권, 시편 1—41편; 제2권, 42—72편; 제3권, 73—89편; 제4권, 90—106; 제5편, 107—150편. 각 책의 마지막 구절은 찬양의 영광송(41:13; 72:18-19; 89:52; 106:48; 150편 모두)으로 시편서의 히브리어 제목, *터힐림*("찬양")을 뒷받침한다. 칠십인역(희랍어 성경)에서 두드러진 제목은 *프살모이*로, 현악기의 반주로 부르는 노래를 시사한다. "시편"이라는 제목은 칠십인역과 신약에서 나온 것이다 (눅 20:42; 24:44; 행 1:20; 13:33, 35를 보라).

표제(히브리어 원문의 첫 절로, 대부분의 번역에 절수가 붙어있지 않음)는 116편의 시편에 대하여 제목이나 설명문을 제시하여 주는데, 원래 시편의 부분은 아니지만 고대의 것이다. 그래서 일흔세 편이 다윗과, 열두 편이 아삽 자손과 (시 50편; 73—83편), 열한 편이 고라 자손과 (시 42편; 44—49편; 84—85편; 87—88편); 세 편이 여두둔과 (시 39편, 62편, 77편); 두 편이 솔로몬과 (시 72편; 127편); 두 편이 에스라 자손 히만(시 88편)과 에단 (시 89편); 그리고 한 편이 모세(시 90편)와 연결되어 있다. 히브리성경에는 제목에 번호가 붙어 있지만, 대부분의 해석에는 번호가 붙어 있지 않아, 시편 절수는 종종 한두 절 차이를 보인다.

몇 가지 표제는 시편—기도의 유형을 구분하는 전문 용어로 지금은 너무 모호하여 새번역개정에서 번역하지 않은 채 남겨 놓은 것도 있다. "시편"(히브리어, *미즈모르*)은 쉰다섯 번 (시 3편의 표제에 처음 나옴); "노래"(히브리어, *쉬르*)는 서른 번 표제(시편 46편에 처음 나옴)에 나오는데 "올라가는"(히브리어, *하마아로트*)이라는 단어와 함께 "성전에 올라가는 순례자의 노래" (특히 시 120—134편); "기도"(히브리어, *터필라*)는 시 17편, 86편, 90편, 102편, 142편, 145편의 앞에; "찬양"(히브리어, *터힐라*)은 그 단수형이 전체 모음의 히브리어 제목으로, 145편의 처음을 시작한다; 믹담(불분명하여 번역되지 않았음)은 시편 16편과 56—60편의 표제에; *마스길*(번역되지 않았음)은 시편 32, 42편, 44—45편; 52—55편; 74:88-89; 142편의 표제에, *식가욘*(번역되지 않았음)은 시 7편의 처음에 나온다.

다른 표제는 시편을 노래하고 영가를 되풀이하는 것에 대하여 제시하는데, 예를 들면 "지휘자"에게 (히브리어, *람나제아흐*; 시편 4편에 처음 나옴) 라는 말을 담고 있는 시 55편, "현악기"(히브리어, *네기노트*; 시 4편, 6편, 54편, 61편, 67편, 76편)를 언급하는 시편, 너무 난해하여 새번역개정에서 단순히 "팔현음에 맞추어 부르는 노래" (시 6편, 12편), "알라못에 맞추어 부르는 노래" (시 46편), "깃딧에 맞추어 부르는 노래" (시 8편, 81편, 84편), "마할랏에 맞추어 부르는 노래" (시 53편, 88편) 등으로 처리한 용어가 언급된 시편들이다. 또 한 가지 종류의 표제는 잘 알려진 곡조를 지칭하는 것으로 보인다: *새벽 암사슴* (시 22편); *요낫 엘렘 르호김* (시 56편); *알다스헷* (시 57— 59편, 75편); *소산님* (시 45편, 69편), *수산 에듯* (시 60편), *소산님 에듯* (시 80편) 등이다. 어떤 시편에서는 지침 같은 표제가 특별한 용도를 제시한다: 성전 헌당 (시 30편); 기념제사 (시 38편, 70편), 안식일 (시 92편), 감사 (시 100편) 등이다.

세 가지 용어가 시편에 특별한 표제로 나온다. 71번에 걸쳐 나오는 (처음 것이 시 3:2에) *셀라와 힉가욘*(시 9:16에만)은 본문 안에서 구분을 나타내는 모호한 말이거나 모종의 휴지부로 번역하지 않고 남겨 두었다. "주님을 찬양하라"(히브리어, *할렐루-야*)는 복수 명령형에 고대 하나님의 이름의 축약형을 더한 것으로 23번 나오며, 대부분 시편의 처음이나 마지막에 나온다. (첫째 용례가 시 104:35이며; 마지막은 시 150:6 시편의 마지막 단어이다).

몇 가지 문서상의 연관이 문맥에 대한 보충 실마리를 제시한다. 예를 들어, 제1권에서, 시편의 서두인 시 1—2편과; 본래는 시 9편의 알파벳 시의 연속인 시 10편; 그리고 시 32:11의 기뻐하라는 지시에 대한 응답으로 보이는 시 33편을 제외하고는, 각 시편의 표제에서 다윗이 언급된다. 엘로힘 문집(시 42—83편)은 "야훼"(주님)보다 "엘로힘"(하나님)이라는 이름을 선호한다. 제1-3권은 때때로 다윗의 언약이 쓰러진 것을 기술하고, 바빌론 포로들에게 어떻게 하나님을 계속 하나님에 대한 소망을 가질 수 있는지를 가르쳐 주는 글로 묘사된다. 그렇다면, 제4권과 제5권은 포로시대에 확신을 주는 글로, 모세의 때와 같이 (시 90편; 제4권을 마무리 짓는 시 105:26-45와 106:7-33에 나오는 모세의 생애에 연관된 사건 참조), 주님은 왕으로 통치하시리라(즉위 문집, 시 93; 95-99편 참조)라고 확인해 준다. "성전에 올라가는 순례자의 노래"(시 120—134편)는 예루살렘의 순례자를 위한 기도일 가능성이 높다. 할렐루야 시편(시 104—106편; 111—113편; 115—117편; 135편; 146—150편)은 모두 "주님을 찬양하라"는 명령문을 담고 있다. 대부분 현대 시편 연구는 시적인 진행과 시편서 안에 함께 묶을 수 있는 시편들의 모음과 연결되는 부분을 함께 묶는 내용의 연결을 찾는 일에 힘을 기울인다.

시편에서 함축적인 언어는 거의 각운(rhyme)을 쓰지 않으며, 한 절이나 반절이 다음의 주제를 강조하거나 반복하는 형태의 패턴이나 악센트가 있는 음절을 많이 사용한다. 주요 용어는 연결되는 절 안에서 또는 옆에 있는 절과 동의어나 반의어를 평행으로 짝을 지어 종종 반복된다. 단어와 구절은 반전 반복의 키아즘 (가나나가), 동의 반복 (가나가'나'), 알파벳의 배열, 수의 형태(배타적이지 않지만 세 번과 일곱 번의 반복을 선호)를 포함하여, 여러 가지 유형으로 구성된다. 후렴의 구절은 본문의 단락을 짓는 요지에서 반복된다. 환상구조는 똑같은 단어를 처음과 마지막에 상응하여 시나 부분의 테두리를 친다. 은유(알려진 사항과 알려지지 않은 사항 사이의 연결)와 직유(직접 다른 것과 비교하는 수사법)로 "새" 생각을 전달하는 시편의 풍부한 시상으로 가득 차 있으며, 특히 이것들이 복합적 연상으로 다양하게 나올 때 더욱 더 그러하다.

주석에 나오는 각 시편에 대한 짧은 주석을 읽기에 앞서, 성경본분을 자세히 읽어야 한다. 소리 내어서 읽으면 다듬어진 언어의 무게와 형태를 더욱 더 분명히 알 수 있게 된다. 독자는 하나하나의 시편에서, 옆에 나오는 시편들과 함께, 또 나누어진 인간 경험 안에서, 패턴과 반복되는 단어나 구절, 기대치 않은 표현 등에 신경을 쓰는 일이 유익하다. 주석은 시편의 시적 성격과 어려운 의미를 밝히는 것에 유념하여, 시편의 구분과 분문 구분에 대한 설명을 제시하는 부분이다.

시편의 개요는 다음과 같다; 성경본문과 함께 나오는 연구 주석은 다음과 같은 개략에 기초한 것이며 명확성을 기하기 위하여 본문 구분을 추가하였다.

Ⅰ. 제1권 시편 1—41편
Ⅱ. 제2권 시편 42—72편
Ⅲ. 제3권 시편 73—89편
Ⅳ. 제4권 시편 90—106편
Ⅴ. 제5권 시편 107—150편

토니 크레이번과 월터 해럴슨 (Toni Craven and Walter Harrlson)

제1권
[시편 1-41]

참된 행복

1 1 복 있는 사람은
악인의 꾀를
따르지 아니하며,
죄인의 길에 서지 아니하며,
오만한 자의 자리에
앉지 아니하며,
2 오로지 주님의 ㄱ)율법을
즐거워하며,
밤낮으로 율법을
ㄴ)묵상하는 사람이다.

3 그는
시냇가에 심은 나무가
철따라 열매를 맺으며
그 잎이 시들지 아니함 같으니,
하는 일마다 잘 될 것이다.

4 그러나 악인은 그렇지 않으니,
한낱 바람에 흩날리는
쭉정이와 같다.
5 그러므로 악인은
심판받을 때에 몸을 가누지 못하며,
죄인은 의인의 모임에
참여하지 못한다.
6 그렇다.
의인의 길은
주님께서 인정하시지만,
악인의 길은 망할 것이다.

주님이 선택한 왕

2 1 어찌하여 뭇 나라가
ㄷ)술렁거리며,
어찌하여 뭇 민족이
헛된 일을 꾸미는가?
2 어찌하여 세상의 임금들이
전선을 펼치고,
어찌하여 통치자들이
음모를 함께 꾸며
주님을 거역하고,
주님과 그의 기름 부음 받은 이를
거역하면서 이르기를
3 "이 족쇄를 벗어 던지자.
이 사슬을 끊어 버리자" 하는가?

4 하늘 보좌에 앉으신 이가 웃으신다.
내 주님께서 그들을 비웃으신다.

ㄱ) 히, '토라'. 교훈, 가르침의 뜻 ㄴ) 또는 '읊조리는'
ㄷ) 칠십인역에는 '격노하며'

1:1-6 복된 확신 처음 두 편의 시는 시편과 토라를 경외하는 것에 대한 프로그램 순서지와 같은 서두이다. 시 10편과 33편을 제외하고는 제1권(1-41편)의 모든 다른 시편과는 달리, 시 1-2편에는 표제가 없다. "복 있는"(히브리어, *아슈레이*; 시 1:1; 2:12)이라는 단어가 반복되어 의인과 악인을 (시 1편), 그리고 이스라엘의 왕과 다른 군주들을 (시 2편) 구분하는 명제의 테를 두르고 있다. 두 편의 시 다 복 있는 삶은 악인의 길을 피하고, 또 하나님의 *길을* 의도적으로 선택하는 데 있다고 가르친다 (시 1:6; 2:12; 900쪽 추가 설명: "아슈레이"를 보라). 주님의 *율법*(1:2)과 *칙령*(2:7)은 하나님께 향한 삶을 우선으로 한다. 시 1편은 의인의 안정과 풍성과, 악인의 일시적 성격을 확신 있게 구분하는 현학의 지혜시이다 (4-6절). 본문 구분: 1-3절, 의인의 길, 4-6절, 악인의 길. **1:1-3 1:2** *주님의 율법.* 성공과 의의 핵심이 바로 율법(토라)이다. 일관성과 희락과 풍성한 열매는 하나님의 법을 즐거워하고 계속 묵상(같은 히브리어 어근 하가는 2:1에서 "꾸미는가" 라고 번역되었음) 하는 사람의 특징이다 (시 19편; 119편 참조). 1-3절에서 번역된 "사람"은 남성명사이다. **1:4-6 1:4** *바람에 흩날리는 쭉정이.* 악인은 타작 마당에서 바람이 불어 버리는 쭉정이와 같은 사람이다. **1:5-6** 다음과 같은 단어들이 키아즘으로 배열되어 구분을 마무리 짓는다: (ㄱ) 악인은 의인의 회중에 설 수 없다. 그 이유는 (ㄴ) 의인의 길은 주님께서 인정하시지만 (ㄴ') 악인의 길(ㄱ')은 멸망할 것이기 때문이다.

2:1-12 하나님의 통치 아마 새 왕의 대관식과 연결되었던 왕의 시편으로, 시 2편은 하나님의 대리자로서의 왕의 역할을 두드러지게 나타내는 것 같다 (917쪽 추가 설명: "왕의 시"를 보라). 대관식 날, 왕은 하나님의 *기름부음 받은 이*(또는 메시아, 2절)이며 *아들*로 택함을 받는다 (7절; 89:26-27 참조). 이 두 가지 중요한 제목은 하나님의 선물로서의 왕의 권위를 강조한다. 시 1편과 함께 시 2편은 하나님의 길을 따르는 사람들이 행복을 찾게 될 것이라는 주장을 이끌어낸다 (1:1; 2:12 참조). 시 2편은 시온의 왕과 다른 군주들을 날카롭게 대조시킨다. 누구인지 밝혀지지 않은 어떤 이(1, 12c절)가 네 편의 극과 같은 부분으로 말하고 있으며, 그 각 부분에는 하나님이 이스라엘의 왕손을 이어가는 이들과 가까운 관계를 가지고 계시다는 주제를 전개하는 것이 특징인

5 마침내 주님께서
분을 내고 진노하셔서,
그들에게 호령하시며 이르시기를
6 "내가 나의 거룩한 산 시온 산에
ㄱ)'나의 왕'을 세웠다" 하신다.

7 "나 이제 주님께서 내리신
칙령을 선포한다.
주님께서 나에게 이르시기를
'너는 내 아들,
내가 오늘 너를 낳았다.
8 내게 청하여라.
뭇 나라를 유산으로 주겠다.

ㄱ) 또는 '왕을'

추가 설명: 아슈레이 ('Ashre)

시편의 첫 단어, *아슈레이*(새번역개정의 "복 있는")는 기도와 삶의 결단이 하나라는 뜻이다. 시편에 26번 나오고 구약성경의 다른 부분에서는 20번밖에 나오지 않는 이 단어는 우가릿 문서에도 (*아타르*) 나오는, 셈족 언어의 어근(*아샤르*)에서 나온 것이다. 명사형은 "복됨," "다행, "장소," "계단," "운명" 등 다양하게 번역이 된다. 똑같은 어근이 "아세라" 라는 여신의 이름의 저변에 있다. 시편에서, 아슈레이는 주로 바람직한 연상이나 경험의 견지에서 정의되는 경험으로 관계에 관한 말이다. 매우 자주 "복"으로 번역되어, 이는 하나님과의 올바른 관계에 있다는 것이다. 때때로 그것은 바라보는 이의 극진한 경의와 연관되어 있다. 그리고 시 137편의 경우, 복수와 신원의 일에 관한 것이다. 아슈레이는 "기분이 좋아라"는 태도와 혼동되어서는 아니 된다. 그보다 이 말은 무엇이 진정한 삶과 존재를 가능하게 하여 주는가에 관한 말이다.

나열하여 보면, 개인과 공동체와 나라가 이 표현을 아주 다양한 의미로 쓰고 있다는 것을 볼 수 있다. (영어성경에서는 성차별의 표현을 피하기 위하여 NRSV 같이 때때로 히브리어 남성 단수 대명사를 영어의 복수형으로 바꾸었다.) 다음과 같은 목록은 히브리어 어형을 반영한다.

*복 있는 사람*은 악인을 피하고 하나님의 법을 즐거워하는 사람이다 (1:1); 그는 죄사함을 받았으며 (32:1); 하나님에게 피난처를 찾고 (34:8); 주님을 의지하고 (40:4; 84:12); 가난한 사람을 생각하고 (41:4); 또 그는 성전에 거하도록 하나님이 선택하시며 (65:4); 하나님이 징계하시고 (94:12); 주님을 경외하고 하나님의 계명을 즐거워하며 (112:1); 그에게는 "용사의" 아들이 있고 (127:5); "그대로 너에게 되갚는 사람"이며 (137:8); "네 어린 아이들을 바위에다 메어치는 사람" (137:9); "야곱의 하나님을 자기의 도움으로" 삼는 사람들이다 (146:5).

*복 있는 사람*은 하나님에게 피난처를 찾으며 (2:12); 하나님의 집에 거하고 (84:4); 그 힘이 하나님에게 있으며 (84:5); 잔치의 환성을 누리며 (89:15); 의를 행하며 (106:3); 그 길에 흠이 없으며 (119:1); 하나님의 증거를 지키며 (119:2); 주님을 경외하고 (128:1, 2); 그 위에 축복이 내리며 (144:15a); 그의 하나님이 주님인 사람이다 (44:15a).

복이 있는 나라는 하나님이 그 주님으로 되어 있는 나라이다 (33:12).

아슈레이에 담긴 것과 똑같은 히브리어 자음으로 형성된 또 하나의 히브리어 단어가 *아슈르* ("발걸음") 라는 여성 복수 명사로 논란이 되는 단어가 여섯 번 나온다. 이 이미지는 매우 자주 의로운 길에 붙어 있는 "계단"에 관한 것으로, 그 길에서는 대적이 득세하지 아니하고 신실한 자들이 그 마음에 하나님의 법을 지킨다. 이러한 연관은 올바른 방향으로 택하여진 계단을 통하여 의의 길을 따라가는 인생이 행복한 삶을 살 것을 시사한다 (17:5; 37:31; 40:2; 44:18; 73:2 참조). 또 *아슈레이*의 두 가지 다른 동사형이 시편에 나온다. 가난한 사람들을 생각하는 이가 (41:1) 복이 있으며 (히브리어, *여우샤르*, 41:2), 그리고 이스라엘의 왕이 축복하는 모든 나라들이 그들 복 받는 사람이라 칭송할 것이다 (히브리어, *여아슈루후*, 72:17). 아슈레이는 한 마디로 정의할 수 있는 정적인 말이 아니다. 시편은 그 말의 뜻이 기도 가운데 종종 분별되는 동적 관계의 상태라는 것을 보여준다. "복"은 개인이나 공동체가 하나님/인간의 일치로 이해하는 것을 향하여 움직여 가는 인생의 방향, 그 실천, 그 운동에 관한 결정을 나타낸다.

땅 이 끝에서 저 끝까지
너의 소유가 되게 하겠다.
9 네가 그들을 ㄱ)철퇴로 부수며,
질그릇 부수듯이
부술 것이다' 하셨다."

10 그러므로 이제, 왕들아,
지혜롭게 행동하여라.
세상의 통치자들아,
경고하는 이 말을 받아들여라.
11 두려운 마음으로 주님을 섬기고,
떨리는 마음으로
주님을 찬양하여라.
12 그의 아들에게 입맞추어라.
그렇지 않으면
그가 진노하실 것이니,
너희가,
걸어가는 그 길에서 망할 것이다.
그의 진노하심이
지체없이 너희에게 이를 것이다.
주님께로 피신하는 사람은
모두 복을 받을 것이다.

이른 아침 기도

3 [다윗이 아들 압살롬에게 쫓길 때에 지은 시]
1 주님, 나를 대적하는 자들이
어찌 이렇게도 많습니까?
나를 치려고 일어서는 자들이
어찌 이렇게도 많습니까?
2 나를 빗대어
"하나님도 너를 돕지 않는다"
하고 빈정대는 자들이
어찌 이렇게도 많습니까? ㄴ)(셀라)

3 그러나 주님,
주님은 나를 에워싸주는 방패,
ㄷ)나의 영광,
나의 머리를 들게 하시는 분이시니,

ㄱ) 또는 '철퇴로 다스릴 때에' ㄴ) 시편에 자주 나오는 말인데, 뜻이 확실하지 않음. 음악 용어로 알려져 있음 ㄷ) 또는 '영광의 하나님'

대화가 담겨 있다. 본문 구조: 1절, 다른 나라들의 음모를 꾸미고 있다는 보고 (1:2 참조); 2-3절, 다른 왕들이 주님과 하나님의 기름부음을 받는 이를 전복시키려고 모략하고 있다; 4-6절, 하나님이 웃으시고 시온에서 통치하는 이스라엘 왕을 지지하신다; 7-9절, 이스라엘의 왕이 하나님의 칙령을 그리고 하나님이 그에게 주신 통치권을 전달한다; 10-12b절, 모두 하나님의 통치에 순복하라고 경고하는, 아마 이스라엘의 왕의 목소리로 된 예언자적 음성; 12c절, 하나님의 보호에 관한 마지막 선포. **2:7** *너는 내 아들, 내가 오늘 너를 낳았다.* 왕은 왕으로 지정되는 날 택함 받음으로 하나님의 아들이 된다. **2:11b-12a** 주님을 섬기고 왕이 모든 통치자들에게 하나님의 통치 아래 살아야 한다고 명령하는 통첩을 보낸다. 문맥의 의미는 경배이지만, 번역하기가 어려운 부분이다; 새번역개정에 나오는 *떨리는 마음으로 그의 아들에게 입맞추어라*는 말은 일반적으로 받아들여지는 본문 수정을 요구하며; 새번역개정과 같이 번역하려면, 7절에 일반적인 *버니* 라는 히브리어가 나옴에도 불구하고, 히브리어 단어를 *브라 아*들이라는 아람어로 읽어야 한다. 영어 성경에서는 *그의 아*들이라는 단어(Son)의 첫 글자를 대문자로 표기하는 데 후대의 신약의 메시아적 해석을 반영하기 때문이다 (마 3:17; 눅 3:23; 행 13:33 보라) **2:12d** *복.* 어떠한 정치적 현실에서도, 주님을 희망하고 주님에게 피난처를 찾는 이들은 올바른 길에 있다 (1:1 참조).

3:1-8 하나님의 구원 *사방에 진을 친 자들이 천만 대군이라 하여도, 나는 두려워하지 않으렵니다* (6절). 이 탄원시는 하나님에게 피난처를 구하는 이들에게 (2:12 참조) 기도의 효력을 가르친다. 익명의 개인이 하나님에게 밝혀지지 않는 대적이 일어나는 것에 대하여 (1-2절), 하나님께 "일어나십시오" 라고 요청한다. 표제는 이 기도가 압살롬에게서 도망하는 (삼상 15—19장 참조) 다윗의 시편이라고 하는데, 그러한 탄원은 널리 적용이 된다. 어떤 이들은 시편 기자가 "또다시 깨어나게 되는 것"이라고 말하고 있으므로 (5절), 이 시편을 장례 기도와 연관시킨다. 마지막 긍정이 확실히 하고 있듯이, "구원은 주님께만" 있으므로 (*야샤으*, 8절), 많은 대적이 하나님이 "구원"(*야샤으*, 2절의 "돕기")하시지 않을 것이라고 말하지만, 시편 기자는 하나님에게 "구원"(*야샤으*, 7절)해 주실 것을 청한다. 본문의 구분: 1-2절, 하나님에게 구원이 없다고 말하는 대적에 대한 불평; 3-4절, 주님이 "거룩한 산"에서 대답하시는 "방패"와 보호가 되신다고 기억나게 해주는 말; 5-6절, 주님이 곤하게 잠 들게 해주시고 두려움을 없애 주신다는 증언; 7-8절, 저주와 구원의 확인과 축복의 탄원을 포함하여, 하나님의 개입에 대한 마지막 요청. **3:1-2** *하나님도 너를 돕지 않는다* 하고 말하는 사람들이 *어찌 이렇게도 많습니까?* (히브리어, *라바브*, 세 번 반복되었음) 대적이 *일어서고 있다*는 처음의 부르짖음은 언어적으로 6절의 *천만 대군(라바브)*의 면전에서 하는 시편 기자의 확신 그리고 7절에서 하나님이 *일어나셔서 (rise up) 구원하시라(deliver)*는 탄원의 말과 대칭이 된다. **3:2** *셀라 (Selah).* 3:4, 8의 주석을 참조하라. 시편에 71번 나오는 이 애매한 단어는 아마도 악기의 중주, 회중의 응답, 또는

4 내가 주님을 바라보며
소리 높여 부르짖을 때에,
주님께서는 그 거룩한 산에서
응답하여 주십니다. (셀라)
5 내가 누워 곤하게 잠 들어도
또다시 깨어나게 되는 것은,
주님께서 나를
붙들어 주시기 때문입니다.
6 나를 대적하여
사방에 진을 친 자들이
천만 대군이라 하여도,
나는 두려워하지 않으렵니다.

7 주님, 일어나십시오.
나의 하나님,
이 몸을 구원해 주십시오.
아, 주님께서
내 모든 원수들의 뺨을 치시고,
악인들의 이를 부러뜨리셨습니다.

8 구원은 주님께만 있습니다.
주님의 백성에게
복을 내려 주십시오. (셀라)

저녁 기도

4 [지휘자를 따라 현악기에 맞추어 부르는 다윗의 노래]
1 의로우신 나의 하나님,
내가 부르짖을 때에
응답하여 주십시오.
내가 곤궁에 빠졌을 때에,
나를 막다른 길목에서
벗어나게 해주십시오.
나에게 은혜를 베푸시고,
나의 기도를 들어 주십시오.

2 너희 높은 자들아,
언제까지 ㄱ)내 영광을
욕되게 하려느냐?
언제까지 헛된 일을 좋아하며,
거짓 신을 섬기겠느냐? (셀라)
3 주님께서는 주님께 헌신하는 사람을
각별히 돌보심을 기억하여라.
주님께서는
내가 부르짖을 때에 들어 주신다.

4 너희는 분노하여도 죄짓지 말아라.
잠자리에 누워
마음 깊이 반성하면서,
눈물을 흘려라. (셀라)

5 올바른 제사를 드리고,
주님을 의지하여라.

6 수많은 사람이 기도할 때마다
"주님, 우리에게
큰 복을 내려 주십시오."
"누가 우리에게
좋은 일을 보여줄 수 있을까?"
하며 불평하는 사람이

ㄱ) 또는 '영광의 하나님을'

이스라엘 전통에서의 이야기를 하기 위하여 필요한 휴지부를 나타내는 것 같다. **3:3-4** 하나님은 하나님의 호의와 힘과 도움과 구원에 대한 익숙한 전쟁의 비유에서 시편 기자를 에워싸주는 *방패*(히브리어, *마겐*; 5:11-12 참조)로 묘사된다. **3:7** 저주, 또는 부정적 바람이 모든 원수들을 치고 악인들의 이를 부러뜨리며, 입증해 주는 일을 하나님에게 맡긴다 (1040쪽 추가 설명: "대적과 저주"를 보라). **3:8** 많은 이들이 무슨 말을 하여도 *구원과 복은* 주님께 속한 것이다.

4:1-8 하나님은 막다른 길목에서 벗어나게 해주신다 하나님의 도움에 대한 이 개인의 기도에는 탄원과 확신과 훈계가 함께 나온다. 그 마지막 말, *내가 편히 눕거나 잠드는 것*(8절)과 전통적으로 아침에 하는 기도 (3:5)에 바로 이어 나오는 그 위치를 보면 저녁 예배에 사용되었던 것을 알 수 있다. 본문 구분: 1절: 하나님에게 드리는 말; 2-5절, 사람들에게 하는 말; 6-8절, 하나님에게 하는 말. 때때로 다른 말로 번역이 되는 일곱 세트의 반복되는 히브리어 어근이 이 시편의 특징이 되는 부분이다: *부르짖을* (히브리어, *카라*, 1, 3절); *의로우신, 올바른* (히브리어, *체데크*, 1절, 5절); *들어주심* (히브리어, *샤마으*, 1, 3절); *마음* (히브리어, *레바브*, 4 ,7절); *잠자리/눕거나 잠드는 것*(히브리어, *샤카브*, 4, 8절); *의지/평안* (히브리어, *바타흐*, 5, 8절); *수많은/풍성*(히브리어, *라바브*, 6-7절). 예술적 기술과 신앙이 이 일곱 단어에 일관되어 있는데, 각각 한 번은 하나님께 말씀드리고 (1절, 6b-8절) 또 한 번은 사람에게 말한다 (2-6a절). 시편 기자는 하나님이 기도를 들으시고, 좁은 곳을 넓히시고 (1절), 희락과, 평화로운 잠과 안전을 제공하신다고 (7-8절) 가르친다. **4:1** *응답하여 주십시오 나의 기도를 들어 주십시오. 내가 곤궁에 빠졌을 때에, 나를 막다른*

많이 있습니다.
그러나 주님,
주님의 환한 얼굴을
우리에게 비춰 주십시오.
7 주님께서 내 마음에
안겨 주신 기쁨은
햇 곡식과 새 포도주가
풍성할 때에 누리는 기쁨보다
더 큽니다.

8 내가 편히 눕거나 잠드는 것도,
주님께서 나를
평안히 쉬게 하여 주시기
때문입니다.

도움을 요청하는 기도

5 [지휘자를 따라 관악기에 맞추어 부르는 다윗의 노래]
1 주님,
나의 기도에 귀를 기울여 주십시오.
나의 신음 소리를 들어 주십시오.
2 나의 탄식 소리를
귀 담아 들어 주십시오.
나의 임금님,
나의 하나님,

내가 주님께 기도드립니다.
3 주님, 새벽에 드리는 나의 기도를
들어 주십시오.
새벽에 내가 주님께
나의 사정을 아뢰고
주님의 뜻을 기다리겠습니다.

4 주님께서는
죄악을 좋아하시는
하나님이 아니십니다.
악인은 주님과 어울릴 수 없습니다.
5 교만한 자들 또한
감히 주님 앞에 나설 수 없습니다.
주님께서는 악한 일을
저지르는 자들을
누구든지 미워하시고,
6 거짓말쟁이들을 멸망시키시고,
싸움쟁이들과
사기꾼들을 몹시도 싫어하십니다.

7 그러나 나는
주님의 크신 은혜를 힘입어
주님의 집으로 나아갑니다.
경외하는 마음으로
주님의 성전 바라보며,
주님께 꿇어 엎드립니다.
8 주님, 나를 대적하는 원수를 보시고,
주님의 공의로
나를 인도하여 주십시오.
내 앞에 주님의 길을
환히 열어 주십시오.

길목에서 벗어나게 해주십시오. 이것은 하나님에게 드리는 탄원이다. 이것을 숙어적으로 번역하면, "길이 좁아졌을 때에 주님이 나의 길을 넓혀 주신다"고 번역할 수 있는 이 기도는 확신에 차 있다 (18:19; 31:8; 118:5 참조). **4:6** 3:1-2에서와 같이, 시편 기자는 의심으로 고통당하는 많은 이들에 대하여 하나님에게 말씀을 드린다.

5:1-12 말로 짓는 죄에서 보호하여 달라는 기도 거짓말하고 속이는 대적으로부터 구원하여 달라는 개인의 기도로, 시편 기자를 핍박하는 이들에 대한 탄원에 하나님이 보호하신다는 신뢰와 확신 그리고 악한 말이 파괴적이라는 확신을 함께 묶는다. 다섯 부분이 의인의 상태와 악인의 운명에 번갈아 가면서 초점을 맞춘다: 1-3절, 시편 기자의 말을 들어달라고 하나님에게 드리는 기도; 4-6절, 하나님이 자만하고 거짓말하는 악행하는 자들을 파괴시키실 것이라는 확신; 7-8절, 하나님의 풍부한 사랑으로 말미암아 시편 기자가 경배할 수 있으며 올바른 길, 곧 하나님과 함께 하는 미래의 길을 찾을 수 있을 것이라는 확신; 9-10절, 정직하지 못한 말이 죄와 아첨하는 자의 몰락을 초래한다는 확신; 11-12절, 희락, 보호, 또 의인에 대한 축복을 구하는 기원. 하나님은 안전과 피난처와 보호를 주시는 분으로 왕/군사 용어를 사용하여 형상화하고 있다. 악인은 하나님의 면전에 서도록 허락을 받지 않는 반면 (5절), 시편 기자는 성전에 들어갈 것이라고 말하는 것을 보면 (7절), 문제는 어떤 외적인 위험에서가 아니라, 이스라엘의 공동체 안에서 양심 없이 속이는 행위로 벌어졌을 것으로 보인다. 여기서 대적은 하나님이 없는 사람들이다 (1040쪽 추가 설명: "대적과 저주"를 보라). **5:2** *임금님.* 이 단어가 처음으로 하나님에 대한 호칭으로 사용되었다. 일곱 편의 다른 시편이 하나님을 영원한 왕으로 선포하는 축제연이 벌어지는 주님의 대관식과 연결된다 (47:6; 93:1; 95:3; 96:10; 97:1; 98:6; 99:1 참조). 비슷한 단어와 주제가 사 40—55장에 나온다(시 44:4; 68:24; 74:12;

9 그들의 입은
믿을 만한 말을 담는 법이 없고,
마음에는 악한 생각 뿐입니다.
그들의 목구멍은 열린 무덤 같고,
혀는 언제나 아첨만 일삼습니다.
10 하나님, 그들을 정죄하셔서
제 꾀에 빠지게 하시고,
그들이 저지른
많고 많은 허물을 보시고,
그들을 주님 앞에서 쫓아내십시오.
그들은 주님을
거역하는 자들입니다.

11 그러나 주님께로 피신하는 사람은
누구나 기뻐하고,
길이길이 즐거워할 것입니다.
주님을 사랑하는 사람들이
주님 앞에서 기쁨을 누리도록,
주님께서 그들을
지켜 주실 것입니다.
12 주님,
주님께서는
바르게 살아가는 사람에게
복을 베풀어 주시고,
큼직한 방패처럼,
그들을 은혜로 지켜 주십니다.

환난 때의 기도

6 [지휘자를 따라 ㄱ)팔현금에 맞추어 부르는 다윗의 노래]

1 주님,
분노하며 나를 책망하지 마십시오.
진노하며 나를 꾸짖지 마십시오.
2 주님, 내 기력이 쇠하였으니,
내게 은혜를 베풀어 주십시오.
내 뼈가 마디마다 떨립니다.
주님, 나를 고쳐 주십시오.
3 내 마음은 걷잡을 수 없이 떨립니다.
주님께서는
언제까지 지체하시렵니까?
4 돌아와 주십시오, 주님.
내 생명을 건져 주십시오.
주님의 자비로우심으로
나를 구원하여 주십시오.
5 죽어서는,
아무도 주님을 찬양하지 못합니다.
ㄴ)스올에서,
누가 주님께 감사할 수 있겠습니까?

6 나는 탄식만 하다가
지치고 말았습니다.
밤마다 짓는 눈물로 침상을 띄우며,
내 잠자리를 적십니다.
7 사무친 울화로,
내 눈은 시력까지 흐려지고,
대적들 등쌀에 하도 울어서
눈이 침침합니다.

8 악한 일을 하는 자들아,
모두 다 내게서 물러가거라.

ㄱ) 히, '스마닛'. 음악 용어 ㄴ) 또는 '무덤' 또는 '죽음'

84:3을 참조). **5:11-12** *주님을 사랑하는 사람*들 (11절), *주님께서는 바르게 살아가는 사람에게…은혜로 지켜 주십니다* (12절). *방패* (히브리어, *찌나*). 몸의 대부분을 덮는 큰 정사각형이다 (여기와 35:2; 91:4에만 사용되었음). 보다 일반적인 단어, *마겐*("방패")은 아마도 한 쪽만을 가려주며 (3:3; 7:10; 18:30을 참조) 법적 상황에서 도와주는 법의 보호에 대한 상징이었을 것이다.

6:1-10 밤마다 흘리는 눈물 교회의 일곱 편의 참회 시편(959쪽 추가 설명: "참회의 시"를 보라; 시 32편; 38편; 51편; 102편; 130편; 143편 참조) 중 첫 편인 시 6편에는 죄의 고백이 구체적으로 나오지 않는다. 이 개인의 기도에서는 하나님에게 질병(하나님의 훈계로 일어난 것으로 여겨지는 재난)에서 치유 받기를 간구하며, 밤의 공포를 날카롭게 묘사하고, 하나님이 돌아보시며 대적이 몰락하는 것에 대하여 증언한다. 본문 구분: 6-7절, 홀로 겪는 밤의 공포의 묘사; 8-10절, 대적에게 하는 말(1040쪽 추가 설명: "대적과 저주"를 보라). 반복하여 나오는 말이 시편의 처음과 세 번째 부분에 나오는 상황변화를 함께 묶고 있다. 시편 기자가 경험하는 떨리는 공포(2-3절)는 대적에게 돌아간다 (10절). *물러가는구나* 라는 말은 대적의 운명과 수치(10절)뿐 아니라, 시편 기자가 하나님에게 구원하여 달라고 한 간구 (4절)의 기반이 된다. *은혜를 베풀어주십시오* (2절) 그리고 *탄원*(9절)은 *하난*이라는 똑같은 히브리어 어근에서 나온다. **6:4-5** 시인은 찬양할 수 있는 이의 생명을 보전하는 것이 하나님에게 유익하다고 호소한다. 하나님이 돌아와 주셔서 (마음을 고치고) 구원(출 32:12 참조)하여 달라는 요청은 *주님의 자비로우심*(개역개정은 "사랑으로," 4절)을 구하는 것이다. 스올에서 누가 하나님을 찬양할 수 있느냐는 수사적 효과를 노리는 질문에는 고난당한 이의 죽음으로 하나님이 손해를 입으신다고 강조한다 (30:9; 88:10-12 참조; 또한 1011쪽 추가 설명: "죽음과 미래의 삶과 스올"을 보라). 반어적으로, 이 "참회 시편"이 간구하는 상황변화는 하나님의 역사를

주님께서
내 울부짖는 소리를 들어 주셨다.
9 주님께서 내 탄원을 들어 주셨다.
주님께서 내 기도를 받아 주셨다.
10 내 원수가 모두 수치를 당하고,
벌벌 떠는구나.
낙담하며, 황급히 물러가는구나.

주님은 언제나 옳게 행하신다

7 [다윗의 ㄱ)식가욘, 베냐민 사람 구시가 한 말을 듣고 다윗이 주님 앞에서 부른 애가]
1 주 나의 하나님,
내가 주님께로 피합니다.
나를 뒤쫓는 모든 사람에게서
나를 구원하여 주시고,
건져 주십시오.
2 그들이 사자처럼
나를 찢어 발기어도,
나의 목숨
건져 줄 사람이 없을까 두렵습니다.

3 주 나의 하나님,
내가 만일 이런 일을 저질렀다면
벌을 내려 주십시오.
내가 손으로 폭력을 행했거나
4 친구의 우정을 악으로 갚았거나,
나의 대적이라고 하여
까닭 없이 그를 약탈했다면,
5 원수들이 나를 뒤쫓아와서,
내 목숨을 덮쳐서 땅에 짓밟고,
내 명예를 짓밟아도,
나는 좋습니다. (셀라)

6 주님, 진노하며 일어나시고,
내 대적들의 기세를 꺾어 주십시오.
하나님,
깨어나셔서 판결을 내려 주십시오.
7 뭇 민족들을 주님 앞으로 모으시고,
주님께서는
그 높은 법정으로 돌아오십시오.
8 주님께서는
뭇 백성들을 판단하시는 분이시니,
내 의와 내 성실함을 따라
나를 변호해 주십시오.

9 악한 자의 악행을 뿌리 뽑아 주시고
의인은 굳게 세워 주십시오.
주님은 의로우신 하나님,
사람의 마음 속 생각을 낱낱이
살피시는 분이십니다.

10 하나님은 나를 지키시는 방패시요,
마음이 올바른 사람에게
승리를 안겨 주시는 분이시다.
11 하나님은 공정한 재판장이시요,
언제라도 악인을 벌하는 분이시다.
12 뉘우치고 돌아오지 않으면,
칼을 갈고 활을 겨누어
심판을 준비하신다.
13 살상 무기를 준비하시고,
화살 끝에 불을 붙이신다.

ㄱ) 문학 또는 음악 용어

가리킨다. **6:6-7** 울화에 사무치고 밤마다 울어 지치는 것은 특히 견디기 어렵다 (22:2; 77:2; 88:1-2 참조).

7:1-7 건져 주십시오 죄가 없는 사람이 그를 구원하시며 부당하게 그를 급히 뒤쫓는 대적을 심판하시는 하나님께 도와달라고 간구한다. 기도는 *판결/재판장*(6절, 8절, 11절)과 *의/의로우신*(8절, 9ab, 11절, 17절)에 관한 단어를 반복하면서 나온다. 시편 기자는 대적의 몰락을 호소하면서, *의로우신* 재판장이신 주님에게 그가 스스로 실천한 의의 사례를 제시한다. 본문 구분: 1-9절, 쫓기는 사람의 상황과 간구; 10-13절, 하나님의 보호와 의로운 재판에 대한 긍정; 14-16절, 대적의 악행의 묘사, 그리고 그들의 악한 계획으로 그들이 보응을 받게 하여 달라는 간구; 17절, 찬양의 서약의 마무리. 이 시편의 가장 현저한 특징은 여기 나오는 다채로운 이미지로, 특히 대적을 시편 기자를 끌고 가는 사자로 묘사하는 것(2절)과 악을 잉태하여 재앙과 거짓을 낳는 이로 묘사하는 것이다 (14절). 기도는 "돌고 돌아" 의와 공의가 승리할 수 있게 하여 달라고 말한다. 표제는 다윗과 구시 사이에 벌어진, 다른 곳에서는 알려지지 않는 사건을 언급하고 있으며, 시편에서는 여기에서만 (그리고 합 3:1에서) 사용된 *식가욘*이라는 명칭을 담고 있는데, 이는 아마 "장송곡" 또는 심히 흥분되는 열광시를 의미하는 것으로 추정되는 것 같다.

7:1-2 *주님께로 피합니다.* 이것은 2:12와 5:11에서와 같이, 행복이나 희락의 결과가 아니라, *사자와* 같이 시편 기자를 찢어 해치려고 그를 뒤쫓는 이들을 피하는 것이다. **7:3-5** 시인은 무엇에 관한 것인지 확실하지 않으나 결백함을 맹세한다. **7:6-9** 하나님께 사례를 판단하시고 악인의 악에 반대하여 시편 기자의 결백함을 판결해 달라고 요청한다. **7:10-13** 하나님은

14 악인은 악을 잉태하여
재앙과 거짓을 낳는구나.
15 함정을 깊이 파지만,
그가 만든 구덩이에 그가 빠진다.
16 남에게 준 고통이
그에게로 돌아가고,
남에게 휘두른 폭력도
그의 정수리로 돌아간다.

17 나는 주님의 의로우심을 찬송하고
가장 높으신 주님의 이름을
노래하련다.

주님의 놀라운 이름

8 [지휘자를 따라 ㄱ)깃딧에 맞추어 부르는 다윗의 노래]
1 주 우리 하나님,
주님의 이름이 온 땅에서
어찌 그리 위엄이 넘치는지요?
저 하늘 높이까지
주님의 위엄 가득합니다.

2 어린이와 젖먹이들까지도 그 입술로
주님의 위엄을 찬양합니다.
주님께서는
원수와 복수하는 무리를 꺾으시고,
주님께 맞서는 자들을 막아 낼
튼튼한 요새를 세우셨습니다.

3 주님께서 손수 만드신 저 큰 하늘과
주님께서 친히 달아 놓으신
저 달과 별들을 내가 봅니다.
4 사람이 무엇이기에
주님께서 이렇게까지
생각하여 주시며,
사람의 아들이 무엇이기에
주님께서 이렇게까지
돌보아 주십니까?

5 주님께서는 그를
ㄴ)하나님보다 조금 못하게 하시고,
그에게 존귀하고 영화로운 왕관을
씌워 주셨습니다.
6 주님께서 손수 지으신 만물을
다스리게 하시고,
모든 것을
그의 발 아래에 두셨습니다.

7 크고 작은
온갖 집짐승과 들짐승까지도,

ㄱ) 음악용어 ㄴ) 또는 '천사보다'. 히, '엘로힘'

*방패*시요 (5:11-12절 참조), 구원자요, *재판장*이시다. 날카로운 칼과 당긴 활을 가지고, 하나님은 회개하지 않는 이들에게 의를 행하실 것이다. **7:14-16** 악을 낳는 것을 출산의 이미지와 연결하는 것은 욥기 15:35와 시 35:20에도 나온다. 시편 기자는 대적이 그들이 함정으로 세워 놓은 구덩이에 빠져서 자멸하고, 그들의 계획한 악행과 폭력이 그들에게 돌아가게 되기를 희망한다. **7:17** 감사와 찬양을 할 것이라는 서약으로 시편이 마무리된다.

8:1-9 하나님의 위엄과 인간의 구상 시 8편은 하나님께만 말씀드리는 시편이며, 하나님의 이름이 온 땅에 위엄이 있는 것과 인간이 위엄과 독특한 위상을 가지고 있는 것을 축복하는 영광스러운 찬양의 노래이다. 이는 시편에 나오는 첫 번째 찬양시로 어떤 대적에서 하나님의 도움을 요청하는 다섯 편의 일련의 개인 기도(3—7편) 뒤에 나온다. 본문 구분: 1a절, 9절, 온 땅에 주님의 이름의 위엄을 선포하는 반복구; 1b-8절, 하나님의 영광, 그리고 더하여 위의 *하늘*에서 시작되어, *달과 별*들로 옮겨가서, 인간과 인간의 발 또는 다스림 아래 있는 땅의 피조물에 초점을 맞추면서 계단적으로 내려가는 공간적 위계로 되어 있는 창조에 대한 명상. 인간의 주권은 하나님의 행위(4-5절)로 인증된 것이며 처음과 마지막 반복구로 하나님의 일에 대한 찬양으로 문맥이 잡힌다. 시편은 지휘자와 "깃딧에 맞추어" 부르는 다윗의 노래의 일부분으로 나오는데, "깃딧에 맞추어" 부른다는 것은 (81, 84편에도 나옴) "갓의 거문고에 맞추어" 또는 "갓의 여인의 곡조를 따라서" 등을 의미하는 음악 용어일 것이다. **8:2** *어린이와 젖먹이들까지도…원수와 복수하는 무리를 꺾으시고.* 이것들이 어떻게 연관되는지 분명하지 않다. 어린아이들의 찬양이 대적을 꺾을 수 있는 힘이 있는가? 또는, 2a절이 1b절을 연결하여 심지어 어린이들도 온 땅의 하나님의 위엄을 안다는 것인가? 또는 시편 기자는 말하기 전에 이미 인간의 말에 담겨 있는 능력을 높이는 것인가? 마 21:16에서는 어린아이들이 완전한 찬양을 더 잘 알 수 있다는 것으로 이 구절이 인용된다. **8:4** *사람* (히브리어 *에노쉬,* 4a절). 인간을 지적하여 표현하는 단어이며, 직역하면 "인자/사람의 아들"이다. 에스겔은 80번 이상 이 명칭으로 불린다. 그러나 단 7:13-14에서 이 구절은 하늘에서부터 통치권을 받는 특별한 인물을 지칭한다. 부분적

8 하늘을 나는 새들과
바다에서 놀고 있는 물고기와
물길 따라 움직이는 모든 것을,
사람이 다스리게 하셨습니다.

9 주 우리의 하나님,
주님의 이름이 온 땅에서
어찌 그리 위엄이 넘치는지요?

주님 찬양

9 [ㄱ][지휘자를 따라 뭇랍벤에 맞추어 부르는 다윗의 노래]
1 주님,
나의 마음을 다 바쳐서,
감사를 드립니다.
주님의 놀라운 행적을
쉬임 없이 전파하겠습니다.
2 가장 높으신 주님,
내가 주님 때문에
기뻐하고 즐거워하며,
주님의 이름을 노래합니다.

3 주님 앞에서
내 원수들은 뒤돌아서 도망쳤고,
비틀비틀 넘어져서 죽었습니다.
4 주님은 공정하신 재판장이시기에,
보좌에 앉으셔서
공정하고 정직한 판결을
나에게 내려 주셨습니다.
5 주님께서
이방 나라들을 문책하시고,
악인들을 멸하시며,
그들의 이름을
영원히 지워 버리셨습니다.
6 원수들은 영원히
자취도 없이 사라졌습니다.
주님께서 그 성읍들을
뿌리째 뽑으셨으므로,
아무도 그들을
기억조차 못하게 되었습니다.

7 주님은
영원토록 다스리시며
심판하실 보좌를 견고히 하신다.
8 그는 정의로 세계를 다스리시며,
공정하게 만백성을 판결하신다.

9 주님은
억울한 자들이 피할 요새이시며,
고난받을 때에
피신할 견고한 성이십니다.
10 주님, 주님을 찾는 사람을
주님께서는
결단코 버리지 않으시므로,
주님의 이름을 아는 사람들이
주님만 의지합니다.

ㄱ) 시 9-10편은 각 연의 첫 글자가 히브리어 자음 문자 순서로 되어 있는 시. 칠십인역에는 한 편의 시로 묶여 있음

으로 다니엘에 근거한 의미의 "인자" 라는 명칭을 사용하는 복음서에서, 복음서 기자는 앞으로 올 하늘의 재판장과 구세주 또는 예수님의 고난과 죽음과 부활에 대한 말씀에서, 또는 단순히 예수님 자신을 가리키는 말이다. **8:5** *하나님보다 조금 못하게.* 이 말은 또한 "신들 또는 하늘의 존재보다 조금 못하게" 라고 읽을 수 있다; 칠십인역은 "천사"라는 말로 대신하였다. (개역개정도 "천사"로 번역했음.) 요점은 창조에서 인간의 위치는 하나님에게 특별히 받은 선물이라는 것이다. 하나님이 만드신 사람은 하나님을 닮았으며, 하나님은 그들에게 존귀하고 영화로운 왕관을 씌워 주신다. **8:6** *다스리게 하시고.* 이 명령은 창 1:26-28을 반향하는데, 거기에서 인간은 "모든 것"을 다스리지만, 서로를 다스리지는 않는다. 창조에 대한 다스림은 돌보는 것을 의미하지, 이용하는 것을 의미하지 않는다. 그래도 본문은 하나님의 창조를 돌보는 일에 인간의 연구와 독창성을 인정하고 요구하는 것으로 보인다. 신약은 이 구절에 기독론의 의미를 부여한다 (고전 15:27; 엡 1:22; 히 2:6-8을 보라).

9:1—10:18 **우리는 홀로 충분하지 않다** 이 두 편의 시편은 알파벳 시로, 다만 히브리어 알파벳 중 몇 글자가 빠져 있으며, 한 절씩 건너서 알파벳 글자가 순서대로 나오고 있다. 시 10편에는 표제가 나오지 않는데, 이는 제1권에서 흔하지 않은 일이다 (41편의 시편 중, 오직 1편; 2편; 10편; 33편만이 표제가 없다). 칠십인역과 불가타역에는 이 두 편을 시 9편으로 함께 묶고 있다. 이 두 시편의 일반적인 주제는 자기 힘만 의지하는 것은 소용이 없다는 것이다. 주님을 의지하는 이들은 주님이 그들의 말을 들으시고 힘을 얻게 되는 반면, 하나님에게 헌신하기를 거절하는 이들은 배척받을 것이다. 시 9편에서 악한 나라들에 대한 도움에 대한 감사가 두

11 너희는 시온에서 친히 다스리시는
주님을 찬양하여라.
그가 하신 일을
만민에게 알려라.
12 살인자에게 보복하시는 분께서는
억울하게 죽어 간 사람들을
기억하시며,
고난받는 사람의 부르짖음을
모르는 체하지 않으신다.

13 주님, 나에게
은혜를 베풀어 주십시오.
죽음의 문에서
나를 이끌어 내신 주님,
나를 미워하는 자들에게서 받는
고통을 살펴 주십시오.
14 그렇게 하시면
주님께서 찬양 받으실 모든 일을
내가 전파하겠습니다.
주님께서 베푸신 그 구원을,
아름다운 시온의 성문에서
기뻐하며 외치겠습니다.

15 저 이방 나라들은
자기가 판 함정에 스스로 빠지고,
자기가 몰래 쳐 놓은 덫에
자기 발이 먼저 걸리는구나.
16 주님은 공정한 심판으로
그 모습 드러내시고,
악한 사람은 자기가 꾀한 일에
스스로 걸려 드는구나.
(ㄱ)힉가욘, 셀라)

17 악인들이 갈 곳은 ㄴ)스올,
하나님을 거역한
뭇 나라들이 갈 곳도
그 곳뿐이다.
18 그러나 가난한 사람이
끝까지 잊혀지는 일은 없으며,
억눌린 자의 꿈도
결코 헛되지 않을 것이다.
19 주님, 일어나십시오.
사람이
주님께 맞서지 못하게 하십시오.
주님께서
저 이방 나라들을 심판하십시오.
20 주님,
그들을 두려움에 떨게 하시며,
자신들이
한낱 사람에 지나지 않음을
스스로 알게 하여 주십시오. (셀라)

도움을 구하는 기도

10 1 주님,
어찌하여 주님께서는
그리도 멀리 계십니까?
어찌하여 우리가 고난을 받을 때에
숨어 계십니까?
2 악인이 으스대며
약한 자를 괴롭힙니다.
악인은
스스로 쳐 놓은 올가미에
스스로 걸려 들게 해주십시오.

ㄱ) '명상', 음악 용어 ㄴ) 또는 '무덤' 또는 '죽음'

드러진 반면, 시 10편은 악한 사람들에 대한 하나님의 도움을 간구한다. *주님, 일어나십시오* 라는 도움의 요청이 9:19에는 나라들에 대항하여, 그리고 10:12에서 고난 받는 사람을 위하여 나온다 (민 10:35; 시 68:1-2 참조). 하나님이 바로 도와주시든지 (9:9), 이해할 수 없게 멀리 계시든지 (10:1), 악인은 세상에서 하나님의 역사를 막지 못한다. 시편 기자의 *마음*(9:1)은 의로운 심판에 담긴 하나님의 놀라운 역사를 찬양하며, 하나님이 불쌍한 사람(10:17)의 *마음*을 살펴 달라고 간구한다. 반대로, 악인의 *마음*은 자기 이익에 의지한다 (10:3, 6, 11; 1003쪽 추가 설명: "마음"을 보라). 알파벳 시의 구조의 결과로, 본문의 진행은 부드럽기만 하지는 않다. 본문 구분: 9:1-2, 마음을 다 바쳐서 하는 감사; 9:3-4, 개인적 구원에 대한 보고; 9:5-6, 대적 나라에 대한 하나님의 꾸짖으심; 9:7-8, 세상의 재판장으로 하나님의 보좌에 앉으심; 9:9-10, 고난 받을 때에 요새가 되시는 주님에 대한 신뢰; 9:11-12, 시온에 거하시는 주님을 찬양; 9:13-14, 은혜와 구원에 대한 간구; 9:15-16, 악한 나라들의 심판; 9:17-18, 악인의 운명과 가난한 사람이 받는 상. 9:19-20, 하나님이 이방 나라들을 심판하여 달라는 간구; 10:1-2, 악인이 약한 자를 괴롭힐 때, 고난의 때에 하나님이 숨어 계신다는 불평; 10:3-11, 악한 이들로 도움을 구하는 간구로, 이 악한 이들은 탐욕 (3절), 거짓 (7절), 순진한 사람을 살해하고 (8절), 연약한 삶을 은밀하게 덮치며 (8c-10절), 하나님이 그들의 악을 보지 않으실 것이라고 확신(11절)하는 것으로 자세히 묘사되고 있다; 10:12-13, 악인의 멸망에 대한 간구; 10:14, *고아를 도우시는 이*로 하나님을 인정; 10:15, 하나님이 *악인의 팔*을

3 악한 자는 자기 야심을 자랑하고,
탐욕을 부리는 자는
주님을 모독하고 멸시합니다.
4 악인은 그 얼굴도 뻔뻔스럽게
"벌주는 이가 어디에 있느냐?
하나님이 어디에 있느냐?"고
말합니다.
그들의 생각이란 늘 이러합니다.

5 그런데도
악인이 하는 일은 언제나 잘 되고,
주님의 심판은 너무 멀어서
그들에게 보이지 않으니,
악인은 오히려 그의 대적을 보고
코웃음만 칩니다.
6 그는 마음 속으로,
"내가 망하는가, 두고 봐라.
나에게는 언제라도
불행과 저주란 없다" 하고 말합니다.

7 그들의 입은
기만과 폭언으로 가득 차 있고,
그들의 혀 밑에는
욕설과 악담이 가득합니다.
8 그들은 으슥한 길목에 숨어 있다가
은밀한 곳에서
순진한 사람을 쳐죽입니다.

그들의 두 눈은 언제나
가련한 사람을 노립니다.
9 굴 속에 웅크리고 있는 사자처럼,
은밀한 곳에서 기다리다가,
때만 만나면,
연약한 사람을
그물로 덮쳐서 끌고갑니다.

10 불쌍한 사람이 억눌림을 당하고,
가련한 사람이 폭력에 쓰러집니다.
11 악인은 마음 속으로 이르기를
"하나님은 모든 것에 관심이 없으며,
얼굴도 돌렸으니,
영원히 보지 않으실 것이다" 합니다.

12 주님, 일어나십시오.
하나님,
손을 들어 악인을 벌하여 주십시오.
고난받는 사람을
잊지 말아 주십시오.
13 어찌하여 악인이 하나님을 경멸하고,
마음 속으로
"하나님은 벌을 주지 않는다"
하고 말하게 내버려 두십니까?

14 주님께서는
학대하는 자의 포악함과
학대받는 자의 억울함을 살피시고
손수 갚아 주려 하시니
가련한 사람이 주님께 의지합니다.
주님께서는 일찍부터
고아를 도우시는 분이셨습니다.

15 악하고 못된 자의 팔을
꺾어 주십시오.
그 악함을 샅샅이 살펴
벌하여 주십시오.

16 주님은 영원무궁토록 왕이십니다.
이방 나라들은
주님의 땅에서 사라질 것입니다.

17 주님, 주님께서는
불쌍한 사람의 소원을
들어 주십니다.
그들의 마음을 굳게 하여 주시고,
그들의 부르짖음에
귀 기울여 주십니다.
18 고아와 억눌린 사람을
변호하여 주시고,
다시는 이 땅에
억압하는 자가 없게 하십니다.

꺾어 달라는 저주 (1040쪽 추가 설명: "대적과 저주"를 보라); 10:16-18, 왕이시며 의를 행 하신 이가 되시는 주님에 대한 찬양으로 마무리 짓는 말. **10:4** *하나님이 어디에 있느냐?* 시 14:1과 53:1은 어리석은 이들이 그런 말을 한다고 말한다. **10:9** *사자처럼.* 악인은 가난한 사람을 매복하여 잡아가려고 숨어 있다 (7:2 참조).

11:1-7 굳게 서 있기 비난받는 사람이 주님에게 피난처를 구하여 일시적으로 안전하게 되어 하나님에게 하는 말이 아니라, 정체가 밝혀지지 않은 충고자에게 하는 말이다. 시 7편에서와 같이, 시편 기자는 하나님을 결백하고, 의롭게 고통 받는 이의 재판장으로 묘사한다. 아마 이 의로운 사람은 성전에 도피하고 악인을 대면

주님을 신뢰함

11
[지휘자를 따라 부르는 다윗의 노래]
1 내가 주님께 피하였거늘,
어찌하여 너희는
나에게 이렇게 말하느냐?
"너는 새처럼 너의 산에서 피하여라.
2 악인이 활을 당기고,
시위에 화살을 메워서
마음이 바른 사람을
어두운 곳에서 쏘려 하지 않느냐?
3 기초가 바닥부터 흔들리는 이 마당에
ㄱ)의인인들 무엇을 할 수 있겠는가?"
4 주님께서 그의 성전에 계신다.
주님은
그의 하늘 보좌에 앉아 계신다.
주님은
그의 눈으로 사람을 살피시고
눈동자로 꿰뚫어 보신다.
5 ㄴ)주님은 의인을 가려 내시고,
악인과 폭력배를
진심으로 미워하신다.
6 불과 유황을
악인들 위에 비오듯이 쏟으시며,
태우는 바람을
그들 잔의 몫으로 안겨 주신다.
7 주님은 의로우셔서,
정의로운 일을 사랑하는 분이시니,
정직한 사람은
그의 얼굴을 뵙게 될 것이다.

도움을 구하는 기도

12
[지휘자를 따라 ㄷ)팔현금에 맞추어 부르는 다윗의 노래]
1 주님, 도와주십시오.
신실한 사람도 끊어지고,
진실한 사람도
사람 사는 세상에서
사라지고 있습니다.
2 사람들이 서로서로
거짓말을 해대며,
아첨하는 입술로
두 마음을 품고서 말합니다.

3 주님은, 간사한 모든 입술과
큰소리 치는 모든 혀를
끊으실 것이다.
4 비록 그들이 말하기를
"혀는 우리의 힘,
입술은 우리의 ㄹ)재산,
누가 우리를 이기리요" 하여도,
5 주님은 말씀하신다.
"가련한 사람이 짓밟히고,
가난한 사람이 부르짖으니,
이제 내가 일어나서
그들이 갈망하는 구원을 베풀겠다."

6 주님의 말씀은 순결한 말씀,

ㄱ) 또는 '의로우신 하나님께서 하시는 일이 무엇인가?' ㄴ) 또는 '주님, 곧 의로우신 하나님은 악인을 가려내시고, 폭력배를……' ㄷ) 히, '스미닛', 음악 용어 ㄹ) 또는 '보습'

하여 자신을 변호할 기회를 기다리고 있는 것 같다. 도망하기보다 밝혀지지 않은 대적을 직면하기를 선택하면서, 시인은 악인과 의인에 대한 하나님의 처사에 대하여 설명한다. 시편의 핵심(4절)은 다스리는 분은 하나님이시라는 것이다. 본문 구분: 1-3절, 위협 받은 이가 고문관의 충고의 말을 기술; 4절, 하나님은 땅의 거룩한 성전과 하늘의 보좌에서 인류를 지켜보실 것으로 인정; 5-7절, 악인과 의인의 운명에 대한 묘사. 시험을 받아도, 의인은 회복될 것이며 악인은 확실히 벌을 받을 것이다 **11:1-3** 대적이 *마음이 바른 사람을 어두운 곳에서 쏘려* 하며 *기초가* 파괴된다 하여도 (82:5 참조), 시인은 피난처 되시는 주님이 안전한 피난처가 되시므로, *새처럼 너의 산에서 피하여라* 라는 충고를 배격한다 (102:7 참조). 의인이 의지하는 모든 것이 무너져도, 이 시편 기자는 확실히 서 있다. **11:6** *불과 유황.* 창 19:24를 기억나게 해주는 벌이다. *그들의 잔.* 심판과 진노의 은유이다 (75:8 참조). **11:7** 오로지 *정직한 사람은 그의 얼굴을 뵙게 될 것이다.* 하나님의 눈이 모든 것을 보시므로 (4절), 시편 기자가 희망하는 대로 그는 의롭다함을 받을 것이다. 의로운 삶은 이 생에서 하나님의 임재 앞에 나아가게 해준다 (4:6; 10:11; 또한 1011쪽 추가 설명: "죽음과 미래의 삶과 스올"을 보라).

12:1-8 배반 경건한 사람을 위하여 개인이 하는 이 기도를 하게 된 경위는 만연한 거짓말 때문이다. 거짓말은 주님의 믿을 만한 약속과 대조된다. 본문 구분: 1-4절, 밝혀지지 않은 어떤 이가 거짓말하고, 아첨하고, 그들의 말의 득세가 이길 것이라고 생각하는 사람들에 대하여 하나님의 도움을 요청한다; 5절, 주님이 일어나셔서 가난한 이들의 안전을 보살펴 주실 것을 약속하신다; 6-8절, 하나님의 정직과 진실하심으로 시편을 마무리 지으면서, 아직도 악인들이 우글거리고, *비열한 자들이 사람들 사이에서 높음을 받습니다* 라는 결론이

도가니에서 단련한 은이요,
일곱 번 걸러 낸 순은이다.

7 주님, 주님께서
우리를 지켜 주십시오.
지금부터 영원까지,
우리를 지켜 주십시오.
8 주위에는 악인들이 우글거리고,
비열한 자들이
사람들 사이에서 높임을 받습니다.

주님의 도움을 구하는 기도

13 [지휘자를 따라 부르는 다윗의 노래]
1 주님,
언제까지 나를 잊으시렵니까?
영원히 잊으시렵니까?
언제까지 나를 외면하시렵니까?
2 언제까지 나의 영혼이
아픔을 견디어야 합니까?
언제까지 고통을 받으며
괴로워하여야 합니까?
언제까지
내 앞에서 의기양양한 원수의 꼴을
보고만 있어야 합니까?

3 나를 굽어살펴 주십시오.
나에게 응답하여 주십시오.
주, 나의 하나님,
내가 죽음의 잠에 빠지지 않게
나의 눈을 뜨게 하여 주십시오.
4 나의 원수가
"내가 그를 이겼다"
하고 말할까 두렵습니다.
내가 흔들릴 때에,
나의 대적들이 기뻐할까
두렵습니다.

5 그러나 나는
주님의 한결같은 사랑을
의지합니다.
주님께서 구원하여 주실 그 때에,
나의 마음은 기쁨에 넘칠 것입니다.
6 주님께서 나를
너그럽게 대하여 주셔서,
내가 주님께 찬송을 드리겠습니다.

아무도 주님을 무시하지 못한다

14 [지휘자를 따라 부르는 다윗의 노래]
1 ㄱ)어리석은 사람은
마음 속으로
"하나님이 없다" 하는구나.
그들은 한결같이 썩어서 더러우니,
바른 일을 하는 사람이
아무도 없구나

ㄱ) 시편에서 '어리석은 사람'이라고 번역된 히브리어 '나발'은 도덕적으로 결함이 있는 자를 가리킴

함께 나온다 (8절). **12:1** *신실한 사람.* 거짓되고 해를 끼치는 말을 피하는 진실한 사람들이다 (4:2-3 참조하라). **12:4** *누가 우리를 이기리요.* 이 질문은 10:4의 하나님이 없다는 주장과 같은 힘을 가진다. **12:5** *일어나서.* 하나님의 반응은 3:7; 7:6; 9:19; 10:12에서 요청하는 것과 동일하다.

13:1-6 두렵습니다. 이 탄원시의 상황은 하나님의 부재와 밝혀지지 않은 대적이다. 시편 기자는 공포와 황폐에 대하여 어떻게 하나님에게 말을 할 것인지 아주 간단하게 모범을 보인다. 탄원과 확신 있는 찬양이 이 기도의 진수로, 이는 할 말을 하는 것으로 어떻게 위로를 받게 되는지 보여준다 (삼상 1:9-18의 한나의 기도 참조). 본문 구분: 1-2절, 하나님께 드리는 말씀과 탄원; 3-4절, 하나님이 돌보아 주시고 대적이 망하게 하여 달라는 요청; 5절, 신뢰와 환희에 찬 확신의 표현; 6절; 주님께 드리는 찬양의 맹세. 기도는 마음의 *아픔*(2절)을 변화시켜서 주님께서 구원하여 주실 그 때에, *나의 마음은 기쁨에 넘칠 것입니다* (5절; 1003쪽 추가 설명: "마음"을 보라). **13:1-2** *언제까지?* 네 번에 걸쳐 빠른 속도로 연결되어 나오는데, 시편 기자는 하나님이 시편 기자를 잊으시고 주님의 얼굴을 숨기시며, 고통과 슬픔이 시인을 엄습하고, 대적이 득세를 하는 것은 용납하실 수 없다고 불평하며 절규한다. **13:3** *나의 하나님!* 이라는 말은 아니 계시다고 비난하였던 하나님께 드리는 친근한 말씀이다 (22:1 참조). **13:5-6** 하나님의 한결같은 사랑이 시편 기자의 확신을 뒷받침한다.

14:1-7 어리석은 사람의 운명 시 53편과 거의 비슷한 이 개인의 기도는 훈계와 간구의 요소(1-6절)와 주님의 구원에 대한 소망을 함께 묶는다 (7절). 그 독특한 특징은 하나님에게 직접 드리는 말이 나오지 않는다는 것이다 (시 11편 참조). 시 14편은 밝혀지지 않은 청중에게 어리석음이란 하나님의 주권 아래 살지 않는 도덕적 실패라고 예언자적인 지적을 한다. 3:2와 10:4와 같이, 시편은 하나님의 도움이 의미가 없다고 말하는 사람들을 어리석고 악하다고 선언한다 (1절). 시편은 두 쪽의 짝이 맞지 않는 부분으로 이루어져 있다. 하나는

2 주님께서는 하늘에서
사람을 굽어보시면서,
지혜로운 사람이 있는지,
하나님을 찾는 사람이 있는지를,
살펴보신다.

3 너희 모두는 다른 길로 빗나가서
하나같이 썩었으니,
착한 일을 하는 사람이
하나도 없구나.

4 죄악을 행하는 자는 다 무지한 자냐?
그들이 밥 먹듯이
내 백성을 먹으면서,
나 주를 부르지 않는구나.

5 하나님이 의인의 편이시니,
행악자가 크게 두려워한다.
6 행악자는 가난한 사람의 계획을
늘 좌절시키지만,
주님은 가난한 사람을 보호하신다.

7 하나님,
시온에서 나오셔서,
이스라엘을 구원하여 주십시오!
주님께서 당신의 백성을
그들의 땅으로 되돌려 보내실 때에,
야곱은 기뻐하고,
이스라엘은 즐거워할 것이다.

누가 주님께 예배할 수 있는가?

15 [다윗의 시]
1 주님, 누가 주님의 장막에서
살 수 있겠습니까?
누가 주님의 거룩한 산에
머무를 수 있겠습니까?

2 깨끗한 삶을 사는 사람,
정의를 실천하는 사람,
마음으로 진실을 말하는 사람,
3 혀를 놀려 남의 허물을
들추지 않는 사람,
친구에게 해를 끼치지 않는 사람,
이웃을 모욕하지 않는 사람,
4 하나님을 업신여기는 자를 경멸하고
주님을 두려워하는 사람을
존경하는 사람입니다.
맹세한 것은 해가 되더라도
깨뜨리지 않고 지키는 사람입니다.

하나님을 찾는 사람이 없기 때문에 모든 인류에게 재앙을 약속한다 (1-5a절), 다른 한편은 눌린 자들을 하나님이 구원하시고 회복하실 것을 가정한다 (5b-7절). 두 번에 걸쳐 시편은 *착한 일을 하는 사람이 하나도/아무도 없다*고 주장하여 (1, 3절; 렘 17:9; 롬 3:10-18 참조) 누가 남아서 하나님에게 피난처를 찾는지 불분명하다 (5b-6절). 본문 구분: 1-3절, 보편적인 인간의 타락; 4-6절, 하나님이 악인을 벌하시고 의인의 편이 되어 주심; 7절, 약속의 백성을 하나님이 회복하심. **14:1** *어리석은 사람* (히브리어, *나발*). 시편에서 처음으로 나오는, 하나님과의 올바른 관계를 이해하지 못하는 "머리가 빈 사람"을 의미하는 이 명백한 지혜문학의 용어는 지성이 결핍된 것이 아니라, 도덕성이 결핍된 것을 의미한다. *하나님이 없다.* 12:4에서와 같이, 시인은 하나님 앞에 결산할 일이 없다고 잘못된 생각을 가진 사람을 나무란다 (시 10:4 참조). **14:2** *사람.* 직역하면 "사람의 아들"(8:4에 관한 주석을 보라)이며, 하나님은 그 중에서 지혜로운 사람(2:11에서 주님을 섬기는 이)을 찾으시나 아무도 찾지 못하신다. **14:3** 하나도 없구나 착한 일을 하는 사람이 아무도 없다(1, 3절)는 강조 확인. **14:4** *내 백성.* 하나님의 편에서, 언약은 변함이 없다. **14:7** 포로 후기에 더해진 것으로 추정할 수 있으며, 외세의 압제 아래 있는 이들에게 회복을 약속한다.

15:1-5 삶의 척도 어떤 개인이 하나님에게 누가 하나님의 임재 안에, 하나님의 장막과 거룩한 산에 들어올 수 있는지 질문한다 (1절). 들어 올 수 있는 열 가지 조건이 이어 나오는데 (2-5b절), 또 다른 사람(아마 학생)이 그 질문에 대답하는 교훈의 정황을 보이고 있다. 이러한 일을 하는 사람은 영원히 흔들리지 않을 것(5c절)이라는 맹세로 이 성전에 올라가는 시가 끝난다 (24편 참조). 시편 14편과 연결하여 읽어보면, 본문은 누가 하나님에게 구원을 받을 수 있는지를 밝혀 준다: 구원은 진정으로 시온에서 (14:7) 하나님의 *거룩한 산에* 들어오라고 허락을 받은 사람들에게 온다 (1절). 기도는 고난을 면하게 될 것이 아니라, 굳게 서 있을 수 있는 능력을 약속한다. 본문 구분: 1절, 질문; 2-5b절, 하나님의 임재에 용납될 사람들의 특징; 5c절, *하나님과 함께 하는 이들은 영원히 흔들리지 않을 것*이라는 약속. 세 가지 긍정적 행위(*깨끗한 삶을 사는 사람, 정의를 실천하는 사람, 진실을 말하는 사람,* 2절)에 이어서 세 가지 금지 조건(*남의 허물을 들추지 않는 사람, 해를 끼치지 않는 사람, 모욕하지 않는 사람,* 3절)이 합해서 나온다. 두 가지 부연의 긍

5 높은 이자를 받으려고
돈을 꾸어 주지 않으며,
무죄한 사람을 해칠세라
뇌물을 받지 않는 사람입니다.
이러한 사람은
영원히 흔들리지 않을 것입니다.

최선의 선택

16 [다윗의 ㄱ)믹담]
1 하나님,
나를 지켜 주십시오.
내가 주님께로 피합니다.
2 나더러 주님에 대해 말하라면
'하나님은 나의 주님,
주님을 떠나서는
내게 행복이 없다' 하겠습니다.
3 땅에 사는 성도들에 관해 말하라면
'성도들은 존귀한 사람들이요,
나의 기쁨이다' 하겠습니다.

4 다른 신들을 섬기는 자들은
더욱더 고통을 당할 것이다.
나는 그들처럼 피로 빚은 제삿술을
그 신들에게 바치지 않겠으며,
나의 입에 그 신들의 이름도
올리지 않겠다.

5 아, 주님,
주님이야말로
내가 받을 유산의 몫입니다.
주님께서는 나에게 필요한
모든 복을 내려주십니다.
나의 미래는 주님이 책임지십니다.
6 줄로 재어서 나에게 주신 그 땅은
기름진 곳입니다.
참으로 나는,
빛나는 유산을 물려받았습니다.

7 주님께서 날마다
좋은 생각을 주시며,
밤마다 나의 마음에 교훈을 주시니,
내가 주님을 찬양합니다.
8 주님은 언제나 나와 함께 계시는 분,
그가 나의 오른쪽에 계시니,
나는 흔들리지 않는다.

9 주님, 참 감사합니다.
이 마음은 기쁨으로 가득 차고,

ㄱ) 문학 또는 음악 용어

정적 특징(*주님을 두려워하는 사람을 존경하는 사람, 맹세한 것은 해가 되더라도 깨뜨리지 않고 지키는 사람*, 4절)은 그 다음에 두 가지 부연의 금지 사항(높은 *이자를 받으려고 돈을 꾸어 주지 않으며, 무죄한 사람을 해칠세라 뇌물을 받지 않는 사람*, 5절)이 이어 나온다. 이러한 매력적인 구성은 십계명을 기억나게 해주는데, 히브리어에서 완전히 재구성할 수 없는 4a절을 포함하지 않는다. **15:5** *이자.* 이러한 행위는 이스라엘 사람들 가운데 엄하게 금지된 것인데, 가난한 사람에게서 이익을 취하는 것이기 때문이다 (출 22:25; 레 25:36-27; 신 23:19-20; 느 5:7을 보라).

16:1-11 신뢰하는 삶 환희와 확신과 희락이 주님과 함께 거하는 사람에게 온다. 하나님을 변함없이 의지하는 것은 그러한 사람의 삶의 특징이다 (하나님과 함께 거하는 이의 행위에 초점을 둔 시 15편 참조). 하나님은 언제나 피할 수 있는 피난처이시다 (1절). 주님을 떠나서는 *행복을* 상상할 수 없다 (2절). 시편 기자는 성도들과 함께 하여 (3절) *다른 신들을 섬기는 자들은* 이름조차도 피한다 (4절). 이 예배자에게 주님은 *유산의 몫*(5절)이요 "빛나는 유산"(6절)이며, 그는 주님이 주시는 좋은 생각과 마음의 교훈을 찬양하며 (7절), 그는 하나님이 함께 계시고 곁에 계신 것을 안다 (8절; 시 13편 참조). 그러한 확신을 "마음"과 "몸"으로 (9절), 주님이 죽음의 세력과 죽음의 세계에서 "생명"을 보호하시는 것을 경험하게 된다 (10절). "생명의 길"과 "삶에 기쁨이 넘칩니다" 라는 말은 하나님이 함께 하신다는 말과 동의어이다 (11절). 주님에 대한 환희는 이 기도의 두드러진 특징이다 (2-3, 5, 9, 11절을 보라). 본문 구분: 1-6절, 주님에 대한 신뢰의 고백; 7-11절, 하나님이 함께 하는 삶이 계속될 것이라는 확신에 대한 환희의 표현이다. **16:1** *지켜 주십시오.* 주님이 시편 기자를 *지키신다*(히브리어, *샤마르*)는 생각은 다른 곳에도 나온다 (특히 시 121편에 6번; 또한 17:8; 25:20; 86:2; 140:4; 141:9 참조). **16:7** *나의 마음* (히브리어, *킬요티*). 직역하면, 신장, 또는 양심으로, 정서와 애정의 위치를 뜻한다. **16:9** *이 마음* (히브리어, *리비*). 결단을 내리는 신체 부분, 지성 (1003쪽 추가 설명: "마음"을 보라). 새번역개정의 *몸과* 개역개정의 "영"은 3:3; 7:5에서와 같이 직역하면 "영광"이다.

17:1-15 주님의 눈동자 다윗의 *기도* (히브리어, *터필라*; 시 86편; 90편; 102편; 142편 참조). 이 탄원시에서 순전한 개인이 하나님에게 돌보아 주시고 위협하는

이 몸도
아무 해를 두려워하지 않는 까닭은,
10 주님께서 나를 보호하셔서
ㄱ)죽음의 세력이 나의 생명을
삼키지 못하게 하실 것이며
주님의 거룩한 자를 죽음의 세계에
버리지 않으실 것이기 때문입니다.

11 주님께서 몸소
생명의 길을 나에게 보여 주시니,
주님을 모시고 사는 삶에
기쁨이 넘칩니다.
주님께서 내 오른쪽에 계시니,
이 큰 즐거움이
영원토록 이어질 것입니다.

정직한 사람의 기도

17 [다윗의 기도]
1 주님,
나의 진실을
변호하여 주십시오.
이 부르짖는 소리를 들어 주십시오.
거짓 없이 드리는 나의 기도에
귀를 기울여 주십시오.
2 주님,
친히 "너는 죄가 없다"고
판결하여 주십시오.
주님의 눈으로
공평하게 살펴보아 주십시오.
3 주님께서는 나의 마음을
시험하여 보시고,
밤새도록 심문하시며
샅샅이 캐어 보셨지만
내 잘못을 찾지 못하셨습니다.
내 입에서 무슨 잘못을
발견하셨습니까?
4 남들이야 어떠했든지,
나만은
주님께서 하신 말씀을 따랐기에,
약탈하는 무리의 길로 가지 않았습니다.
5 내 발걸음이
주님의 발자취만을 따랐기에,
그 길에서 벗어난 일이 없었습니다.

6 하나님,
내가 주님을 부르니,
내게 응답하여 주십시오.
귀 기울이셔서,
내가 아뢰는 말을 들어 주십시오.
7 주님의 미쁘심을
크게 드러내 주십시오.
주님께로 피하는 사람을
오른손으로 구원하여 주시는 주님,
나를 치는 자들의 손에서
나를 건져 주십시오.

8 주님의 눈동자처럼
나를 지켜 주시고,

ㄱ) 히, '스올'

대적에게서 보호하여 달라고 간구한다. 만일 하나님이 *들어주실* 것이라면 (1절, 6절), 탄원자는 모든 것이 좋게 될 것을 확신한다. 그것은 하나님이 확실한 피난처 (7절; 2:12; 5:11; 7:1; 11:1; 14:6; 16:1 참조)이시기 때문이다. 무자비한 대적에게 에워싸여도, 시편 기자는 확신 있게 기도한다: *주님의 눈동자처럼 나를 지켜 주시고, 주님의 날개 그늘에 나를 숨겨 주시고* (8절). 시 16편과 연결점으로는 다음과 같은 사항이 있다: 철야 (16:7; 17:3); 희귀한 히브리어 부정사 *밤* (16:2, 4, 8; 17:3); 주님의 오른쪽/오른손 (16:8, 11; 17:7); 주님이 시편 기자를 *지켜달라*는 기도 (16:1; 17:8); 하나님의 앞에 서기를 바라는데 (16:11b; 17:15), 하나님은 위로의 근원이 되신다 (히브리어, *사바으*, 16:11b의 *넘칩니다*; 17:15의 *넘칠 것입니다*); 의인과 악인의 대조 (16:2-6; 17:14-15). 시 17편은 주님의 발자취만을 따랐기에 (5절) 덕있는 사람의 기도이다. 에워싸임을 당하여도 구원의 확신이 있는 이 예배자는 심히 떨지 않는다. 본문 구분: 1-2절, 신원에 대한 간구; 3-5절, 순전에 대한 선언; 6-9절, 개인의 보호에 대한 간구; 10-12절, 악인에 대한 불평; 13-15절, 주님이 악인을 굴복시키시라는 간구; 15절, 소망에 대한 마무리 표현. **17:5** *내 발걸음* (히브리어, *아슈레이*). "복"의 단어에 나오는 것과 똑같은 자음 (1:1; 2:12; 900쪽 추가 설명: "아슈레이"를 보라). **17:8** *눈동자* (신 32:10 참조). 시험을 거친 무죄함과 보호를 연결하는 가시적 이미지로 주님의 눈으로 공평하게 살펴보아 주십시오 라는 말(2절)과 연결되어 있다. *날개* (36:7; 57:1; 61:4; 63:7; 91:4 참조). 하나님이 지켜주시고 보호하신다는 것에 대한 은유로, 하나님에 대한 동물 이미지를 (출 19:4 참조), 또는 주님의 임재를 지키는 성전의 그룹을 나타낸다 (왕상 6:27; 대하 5:7-8 참조).

주님의 날개 그늘에
나를 숨겨 주시고,
9 나를 공격하는 악인들로부터
나를 지켜 주십시오.

나의 생명을 노리는 원수들이
나를 둘러싸고 있습니다.
10 그들의 몸뚱이는
기름기가 번드르르 흐르고
그들의 입은
오만으로 가득 차 있습니다.
11 마침내 그들이
나를 뒤따라와 에워싸고,
이 몸을 땅바닥에 메어치려고
노려봅니다.
12 그들은 찢을 것을 찾는 사자와 같고,
숨어서 먹이를 노리는,
기운 센 사자와도 같습니다.
13 주님, 일어나십시오.
그들을 대적하시고,
굴복시키십시오.
주님께서 칼을 드셔서,
악인에게서 나의 생명을
구하여 주십시오.
14 주님,
이 세상에서
받을 몫을 다 받고 사는 자들에게서
나를 구해 주십시오.
주님께서 몸소 구해 주십시오.
그들은 주님께서 쌓아 두신 재물로
자신들의 배를 채우고
남은 것을 자녀에게 물려주고
그래도 남아서
자식의 자식들에게까지 물려줍니다.

15 나는 떳떳하게
주님의 얼굴을 뵙겠습니다.
깨어나서 주님의 모습 뵈올 때에
주님과 함께 있는 것만으로도
내게 기쁨이 넘칠 것입니다.

다윗의 감사 찬송 (삼하 22:1-51)

18 [지휘자를 따라 부르는 주님의 종 다윗의
노래. 주님께서 다윗을 그의 모든 원수의
손과 사울의 손에서 건져 주셨을 때에, 다윗이 이
노래로 주님께 아뢰었다. 그는 이렇게 노래하였다]
1 나의 힘이신 주님,
내가 주님을 사랑합니다.

2 주님은
나의 반석, 나의 요새,
나를 건지시는 분,
나의 하나님은
내가 피할 바위,
나의 방패, 나의 구원의 ㄱ)뿔,
나의 산성이십니다.
3 나의 찬양을 받으실 주님,
내가 주님께 부르짖습니다.
주님께서 나를
원수들에게서 건져 주실 것입니다.

ㄱ) '뿔'은 힘을 상징함

18:1-50 왕의 승리와 감사 왕의 시의 정교한 표제와 내용을 보면 이것이 군사적 승리에 이어 왕이 드리는 감사시 라는 것을 알게 된다 (917쪽 추가 설명: "왕의 시"를 보라). 이 시편은 삼하 22장에 거의 그대로 반복되며, 시편에서 (119편과 78편에 이어) 세 번째로 긴 시이다. 왕은 매주 현저한 모습의 승리자이다: *하나님께서 하시는 일은 흠도 없다* (30절) 라고 주장하면서, 왕은 그가 어떻게 대적을 뒤쫓아서 완전한 승리를 거두었는지에 대해 서술하는데 군대를 언급하지는 않는다 (31-45절). 여기서는 주님의 역사가 일찍이 세워진 왕권을 확인하는데, 2:2에서와 같이, 왕은 하나님의 기름부음을 받은 메시아이다 (50절). 시 3편에서와 같이, 히브리어 어근 *야샤*으는 의미깊게 하나님이 함께 역사하신 것을 표현하는 주요 용어로 나온다 (*구원*, 18:2; *건져 주실 것입니다*, 18:3; *구하여 주시고*, 18:27; *나를 지키는*, 18:35; *구해 줄*, 18:41). 시 4편에서와 같이, 하나님은 좁은 곳을 넓혀 주시어 (4:1; 18:19; 31:8; 118:5의 히브리어, *라하브* 참조) 탄원자가 받고 있는 압박을 덜어 주신다. 여기 교훈은 하나님이 약속을 지키시고, 의인을—왕과 백성을 함께—구하여 주실 것이라는 것이다 (27절). 본문 구분: 1-3절, 부름; 4-6, 거의 다 죽게 만드는 억압적 상황과 하나님께 드리는 탄원; 7-19절, 하나님의 구원에 대한 보고; 20-30절, 하나님을 찬양; 31-45절, 감사; 46-50절, 마무리 짓는 찬양과 감사. **18:1-3** *내가 주님을 사랑합니다* (1절, 히브리어, *라함*). 주님께서 사랑하시는 것이 *반석*, *요새*, *나를 건지시는 분*, *피할 바위*, *방패*, *나의 구원의 뿔*, *산성* 등의 칭호로 표현된다. **18:4-6** 하나님은 *성전*(6절)에서 시편 기자가 거의 죽을 뻔한 상황에서 부르짖은 간구에 대답을 하셨다. 성전은 예루살렘을 지칭하든지, 보다

4 죽음의 사슬이 나를 휘감고
죽음의 물살이 나를 덮쳤으며,
5 ㄱ)스올의 줄이 나를 동여 묶고,
죽음의 덫이 나를 덮쳤다.
6 내가 고통 가운데서
주님께 부르짖고,
나의 하나님을 바라보면서
살려 달라고 부르짖었더니,
주님께서 그의 성전에서
나의 간구를 들으셨다.
주님께 부르짖은 나의 부르짖음이
주님의 귀에 다다랐다.

7 주님께서 크게 노하시니,
땅이 꿈틀거리고, 흔들리며,
산의 뿌리가 떨면서 뒤틀렸다.
8 그의 코에서 연기가 솟아오르고,
그의 입에서
모든 것을 삼키는 불을 뿜어 내시니,
그에게서 숯덩이들이
불꽃을 튕기면서 달아올랐다.
9 주님께서 하늘을 가르고
내려오실 때에,
그 발 아래에는
짙은 구름이 깔려 있었다.
10 주님께서 그룹을 타고 날아오셨다.
바람 날개를 타고 높이 솟으셨다.
11 어둠을 장막삼아 두르시고
빗방울 머금은 먹구름과
짙은 구름으로 둘러서
장막을 만드셨다.
12 주님 앞에서는 광채가 빛나고,
짙은 구름은 불꽃이 되면서,
우박이 쏟아지고, 벼락이 떨어졌다.

13 주님께서 하늘로부터
천둥소리를 내시며,
가장 높으신 분께서
그 목소리를 높이시며,
ㄴ)우박을 쏟으시고,
벼락을 떨어뜨리셨다.
14 주님께서 화살을 쏘아서
원수들을 흩으시고,
번개를 번쩍이셔서,
그들을 혼란에 빠뜨리셨다.

15 주님께서 꾸짖으실 때에
바다의 밑바닥이 모두 드러나고,
주님께서 진노하셔서
콧김을 내뿜으실 때에
땅의 기초도 모두 드러났다.

16 주님께서 높은 곳에서 손을 내밀어
나를 움켜잡아 주시고,
깊은 물에서 나를 건져 주셨다.
17 주님께서 나보다 더 강한 원수들과
나를 미워하는 자들에게서
나를 건져주셨다.
18 내가 재난을 당할 때에
원수들이 나에게 덤벼들었으나,
주님께서는 오히려
내가 의지할 분이 되어 주셨다.
19 이렇게
나를 좋아하시는 분이시기에,
나를 넓고 안전한 곳으로
데리고 나오셔서,
나를 살려 주셨다.

20 내가 의롭게 산다고 하여,
주님께서 나에게 상을 내려 주시고,
나의 손이 깨끗하다고 하여
주님께서 나에게 보상해 주셨다.
21 진실로 나는,

ㄱ) 또는 '무덤' 또는 '죽음' ㄴ) 히브리어 사본 가운데 일부와 칠십인역에는 이 행이 없음 (삼하 22:14에서도)

보편적으로 하나님이 계신 곳을 지칭하는 것으로 보인다. **18:7-19** 하나님이 시편 기자를 구원하기 위하여 나타나셨다는 내용은 서부 셈족이 사용하는 폭풍의 신에서 잘 알려진 이미지(삿 5:4-5; 시 68편; 합 3장 참조)이고, 시내 산의 신현(출 19:16-20 참조)의 이미지를 이용한 것이다. **18:19** *넓고 안전한 곳* (4:1; 31:8; 118:5 참조). 이것은 시편 기자가 억압당하고 있는 곳에서 나오는 것이다. **18:20-30** 시편 기자의 정직과 하나님의 선하심에 대한 묘사로 하나님께서 하시는 일은 흠 없다 (30절, 히브리어, *타밈*, "온전, 흠이 없음, 안전"; 23, 25, 32절; 19:7, 13 참조) 라는 환호로 끝난다 (30절). **18:31-50** 결론에서 하나님의 승리와 백성(47절)과 열방(43, 49절)에 대한 하나님의 주권을 축하한다. 고대 근동에서 왕의 주권은 보통 신의 세력 범위에 제한되는 반면, 이 구절들은 주님이 모두의 주권자가 되시므로, 하나님과 왕 두 분에게 온전한 영향력을 부여한다.

주님께서 가라고 하시는
그 길에서 벗어나지 아니하고,
무슨 악한 일을 하여서
나의 하나님으로부터
떠나지도 아니하였다.
22 주님의 모든 법규를
내 앞에 두고 지켰으며,
주님의 모든 법령을
내가 버리지 아니하였다.
23 그 앞에서 나는
흠 없이 살면서 죄짓는 일이 없도록
나 스스로를 지켰다.
24 그러므로 주님께서는
내가 의롭게 산다고 하여
나에게 상을 주시며,
나의 손이 깨끗하다고 하여
나에게 상을 주셨다.

25 주님, 주님께서는
신실한 사람에게는
주님의 신실하심으로 대하시고,
흠 없는 사람에게는
주님의 완전하심을 보이시며,
26 깨끗한 사람에게는
주님의 깨끗하심을 보이시며,
간교한 사람에게는
주님의 절묘하심을 보이십니다.
27 주님께서는
연약한 백성은 구하여 주시고,
교만한 눈은 낮추십니다.

28 아, 주님, 진실로 주님은
내 등불을 밝히십니다.
주 나의 하나님은
나의 어둠을 밝히십니다.
29 참으로 주님께서
나와 함께 계셔서 도와주시면,
나는 날쌔게 내달려서
ㄱ)적군도 뒤쫓을 수 있으며,
높은 성벽이라도
뛰어넘을 수 있습니다.

30 하나님께서 하시는 일은 흠도 없다.
주님께서 하시는 말씀은 티도 없다.
주님께로 피하여 오는 사람에게
방패가 되어 주신다.

ㄱ) 또는 '방어벽을 뚫을 수 있으며'

추가 설명: 왕의 시

하나님이 선택한 대표자로서의 왕은 아홉 편의 시편에 독특한 모습으로 등장한다 (2편; 18편; 20편; 21편; 45편; 72편; 89편; 110편; 132편). 이 시편들은 공중 예배와 왕의 역할에 연관되어 있는, 이스라엘이나 유다의 지상의 군주를 위한, 또는 그 군주의 기도이다. 왕의 시편은 하나님의 보호를 약속하고 하나님과의 특별한 관계를 약속하는 대관식 (시 2편, 110편); 다윗과 시온에 대한 하나님의 선택 (시 132편); 정의의 이상적인 대행자로서의 왕을 위한 기도 (시 72편); 전투에 대한 관심 (20—21편, 89편); 전승에 대한 감사 (시 18편); 왕의 혼인 (45편) 등 여러 가지 왕에 관련된 사항을 묘사한다. 이 "왕의 시"는 모두 똑같은 문학 양식이 아니며, 지상의 왕을 모든 세상에 대한 하나님의 통치와 주권을 실행하는 이로 제시하는 공통 특징을 가지고 있는 종류의 시편이다.

왕의 시는 시편 전체에 걸쳐 나온다. 시편 2편은 하나님과 이스라엘의 군주 사이의 특별한 친밀함으로 시작한다. 시 18편은 이어서 왕의 주권을 확인하고 하나님 자신의 통치를 세우는 하나님의 행위를 담고 있다. 시 72편은 이러한 관계를 재보강하여 제2권을 마무리 짓는다. 시 89편은 인간의 왕권을 실패를 설명하고 제3권의 결론을 짓는다. 제4, 5권에서, 왕으로서의 하나님의 역할이 지상의 대변인이 하는 일보다 우선권을 가진다. 이러한 변화는 시 110편(하나님의 통치가 영원하다는 환상의 확인)과 시 132편(시온에 대한 메시야적 소망)에 나온다. 때때로 왕의 시편으로 열거되는 시 144편은 시 18편과 다른 시를 재해석하여, 다윗 전승에서 행복과 번영(시편 144:1, 15 참조)은 하나님의 주권에서 나온다는 것을 확인한다. 마지막 왕의 시편은 개인이 아니라, 백성이 하나님의 축복을 구체화한다는 결론에 이른다 (144:12-15 참조). 왕의 시편은 이스라엘의 왕에 대한 주님의 관계와 연결된 전례적인 언어와 행위의 일부분을 보존하면서, 널리 사용하게 된다.

31 주님 밖에
그 어느 누가 하나님이며,
우리 하나님 밖에
그 어느 누가 구원의 반석인가?
32 하나님께서 나에게
용기를 북돋우어 주시며,
하나님께서 나의 길을
안전하게 지켜 주신다.
33 하나님께서는 나의 발을
암사슴의 발처럼 빠르게 만드시고,
나를 높은 곳에
안전하게 세워 주신다.
34 하나님께서 나에게
싸우는 법을 가르쳐 주시니,
나의 팔이 놋쇠로 된
강한 활을 당긴다.

35 주님께서는
나를 지키는 방패를
나의 손에 들려 주셨고,
주님께서는 오른손으로
나를 강하게 붙들어 주셨습니다.
주님께서 이토록 보살펴 주시니,
나는 큰 승리를 거둘 것입니다.
36 내가 힘차게 걷도록
주님께서 힘을 주시고,
발을 잘못 디디는 일이
없게 하셨습니다.

37 나는 원수를 뒤쫓아가서
다 죽였으며,
그들을 전멸시키기까지
돌아서지 않았습니다.
38 그들이 나의 발 아래에 쓰러져서
다시는 일어서지 못하도록,
그들을 내가 무찔렀습니다.
39 주님께서 나에게
싸우러 나갈 용기를
북돋우어 주시고,
나를 치려고 일어선 자들을
나의 발 아래에서
무릎 꿇게 하셨습니다.
40 주님께서는
나의 원수들을 내 앞에서
등을 보이고 도망가게 하시고,
나를 미워하는 자들을
내가 완전히 무찌르게 하셨습니다.
41 그들이 아무리 둘러보아도,
그들을 구해 줄 사람은 하나도 없고,
주님께 부르짖었지만,
주님께서는 끝내
응답하지 않으셨습니다.
42 그래서 나는 그들을
산산이 부수어서,
먼지처럼 바람에 날려 보냈고,
길바닥의 진흙처럼
짓이겨 버렸습니다.

43 주님께서는 반역하는 백성에게서
나를 구하여 주시고,
나를 지켜 주셔서
뭇 민족을 다스리게 하시니,
내가 모르는 백성들까지
나를 섬깁니다.
44 나에 대한 소문을 듣자마자,
모두가 나에게 복종합니다.
이방 사람들조차도
나에게 와서 굴복합니다.
45 이방 사람이 사기를 잃고,
숨어 있던 요새에서 나옵니다.

46 주님은 살아 계신다!
나의 반석이신 주님을 찬양하여라.
나를 구원하신 하나님을 높여라.

47 하나님께서
나의 원수를 갚아 주시고,
뭇 백성을
나의 발 아래 굴복시켜 주셨습니다.
48 주님은 원수들에게서
나를 구하여 주셨습니다.
나를 치려고 일어서는 자들보다
나를 더욱 높이셔서,
포악한 자들에게서도
나를 건지셨습니다.

49 그러므로 주님,
뭇 백성이 보는 앞에서

19:1-14 내 마음의 생각 잊을 수 없는 마지막 구절에서, 시편 기자는 *나의 반석이요 구원자이신 주님, 내 입의 말과 내 마음의 생각이 언제나 주님의 마음에 들기를 바랍니다* 라고 기도한다 (14절). 이 주님의

내가 주님께 감사를 드리며,
주님의 이름을 찬양하겠습니다.

50 주님은 손수 세우신 왕에게
큰 승리를 안겨 주시는 분이시다.
손수 기름을 부어 세우신
다윗과 그 자손에게,
한결같은 사랑을
영원무궁 하도록
베푸시는 분이시다.

창조에 나타난 하나님의 영광과 하나님의 선한 율법

19 [지휘자를 따라 부르는 다윗의 노래]
1 하늘은
하나님의 영광을 드러내고,
창공은 그의 솜씨를 알려 준다.
2 낮은 낮에게 말씀을 전해 주고,
밤은 밤에게 지식을 알려 준다.
3 ㄱ)그 이야기 그 말소리,
비록 아무 소리가 들리지 않아도
4 그 ㄴ)소리 온 누리에 울려 퍼지고,
그 말씀 세상 끝까지 번져 간다.

해에게는,
하나님께서
하늘에 장막을 쳐 주시니,
5 해는 신방에서 나오는 신랑처럼
기뻐하고,
제 길을 달리는 용사처럼
즐거워한다.
6 하늘 이 끝에서 나와서
하늘 저 끝으로 돌아가니,
그 뜨거움을 피할 자 없다.

7 주님의 교훈은 완전하여서
사람에게 생기를 북돋우어 주고,
주님의 증거는 참되어서
어리석은 자를 깨우쳐 준다.
8 주님의 교훈은 정직하여서
마음에 기쁨을 안겨 주고,
주님의 계명은 순수하여서
사람의 눈을 밝혀 준다.
9 주님의 말씀은 티 없이 맑아서
영원토록 견고히 서 있으며,
주님의 법규는 참되어서
한결같이 바르다.
10 주님의 교훈은
금보다, 순금보다 더 탐스럽고,
꿀보다, 송이꿀보다 더 달콤하다.

11 그러므로 주님의 종이
그 교훈으로 경고를 받고,
그것을 지키면,
푸짐한 상을 받을 것이다.

ㄱ) 또는 '그들은 이야기가 없다. 말도 없다. 그들에게서 아무런 소리도 들려오지 않는다' ㄴ) 칠십인역과 제롬역과 시리아어역을 따름. 히, '줄'

종(11, 13절)은 창조(1-6절)와 토라(7-10절)의 하나님의 영광에 대한 찬송시와 용서에 대한 간구(11-14절)를 함께 묶는다. 시는 창조와 율법이 하나님의 영광을 선포하는 것을 확인하는 점에서 지혜와 탄원을 함께 구체화한다. 창조자 하나님은 율법을 계시하시는 이시요 구속자이신 분이 이 찬양의 제사를 통일한다. "엘"(하나님, 1절)과 "야훼"(주님, 7ab절; 8ab절; 9ab절; 14절, 합하여 일곱 번)의 하나님의 이름은 시편의 두 부분을 구분한다. 본문 구분: 1-6절, 창조가 하나님의 영광을 선포; 7-14절, 율법의 교훈. 창조의 밝은 빛(1-6절)과 토라의 계명(7-10절)은 모르는 맹점, 개인적인 잘못, *깨닫지 못한 죄* (12절)에 대하여 하나님의 종에게 경고한다 (11-14절). 시편 기자는 죄에서 잡히지 않게 하여 달라고 기도하며 (13절), 말과 생각이 하나님의 마음에 들기를 기도한다 (14절). **19:1-6** 창조를 하나님 자신의 역사로 송축하는 것으로 변형된 태양/창조시(시 104편과 비교)를 사용하면서, 우주는 바로 그 존재에 있어서 찬양의 예배를 연출하는 것으로 묘사된다. 하늘과 창공은 날과 밤과 해와 함께 *하나님의 영광*을 계속하여 *알려 준다* (1절; 24:7-10, 29:3 참조). 아무 이야기와 말소리(3-4b절)가 없이 하나님의 지식(2절)이 흘러나온다. 하나님이 세운 장막에서, 태양은 신랑과 *용사*(전사, 5절)와 같이 나온다. 이 두 가지 직유는 태양이 동쪽 지평선에서 매일 떠서 *제 길을 달리는* 것을 *기뻐*하는 것을 묘사한다. 하늘을 지나가는 태양의 정규적인 움직임은 아무 것도 잃어버려지거나 숨겨지지 않는 하나님의 공의의 실천을 보증한다 (4c-6절). **19:7-14** 시편의 두 번째 부분은 토라에 대하여 주님을 찬양하는데, 토라는 진귀한 선물(7-10절)이요, 바람직한 보상이다 (11-14절). 시 119편에서와 같이, 7-10절은 토라에 대한 일련의 동의어(*교훈, 증거, 교훈, 계명, 법령*)를 써서 인생이 토라에 달려있는 것을 증언한다. **19:10** 토라의 선물은 가장 진귀하고 가장 좋은 감각의 희락을 넘어 선다. **19:12** 잘못 또 같은 단어가 고의가 아닌 죄에 대하여 사용된 레 4:2를

12 그러나 어느 누가 자기 잘못을
낱낱이 알겠습니까?
미처 깨닫지 못한 죄까지도
깨끗하게 씻어 주십시오.
13 주님의 종이
죄인 줄 알면서도
고의로 죄를 짓지 않도록
막아 주셔서
죄의 손아귀에
다시는 잡히지 않게 지켜 주십시오.
그 때에야 나는 온전하게 되어서,
모든 끔찍한 죄악을
벗어 버릴 수 있을 것입니다.

14 나의 반석이시요 구원자이신 주님,
내 입의 말과 내 마음의 생각이
언제나
주님의 마음에 들기를 바랍니다.

승리를 위한 기도

20 [지휘자를 따라 부르는 다윗의 노래]
1 우리의 임금님께서
고난 가운데서
주님께 기도하실 때에
주님께서 임금님께
응답하여 주시기를 원합니다.
야곱의 하나님께서 친히
임금님을 지켜 주시기를 바랍니다.
2 성소에서 임금님을 도우시고,
시온에서 임금님을
붙들어 주시기를 원합니다.
3 임금님께서 바치는 모든 제물을
주님께서 기억하여 주시고
임금님께서 올리는 번제를
주님께서 기쁘게
받아 주시기를 바랍니다. (셀라)
4 임금님의 소원대로,
주님께서 임금님께
모든 것을 허락하여 주시고,
임금님의 계획대로,
주님께서 임금님께
모든 것을
이루어 주시기를 원합니다.
5 우리는 임금님의 승리를
소리 높여 기뻐하고,
우리 하나님의 이름으로
깃발을 높이 세워
승리를 기뻐할 수 있도록,
주님께서 임금님의 모든 소원을
이루어 주시기를 원합니다.

6 나는 이제야 알았습니다.
주님께서는
기름을 부으신 왕에게
승리를 주시고,
그 거룩한 하늘에서

보라. 저지르는 죄가 아니라, 할 일을 하지 않은 죄가 여기서 문제가 된다. 평행으로 나오는 단어인 미처 깨닫지 못한 죄라는 것이 적절한 말이다.

20:1-9 하나님이 기름 부으신 이에게 대답하시다 이 왕의 시는 중보의 시편으로 중요한 단어를 쓰면서 고난의 날에 하나님이 시온에서 *응답*(1, 6, 9절)하실 것이며, 하나님의 이름(1, 5, 7절)이 능력이 있다고 선언한다. 고난 당하는 이를 하나님의 *기름을 부으신 왕*(6절), 하나님이 승리를 안겨 주시는 (5, 6a, c, 9절에 나오는 히브리어 *야샤*으는 "승리"로 번역되었음) 왕(9절)으로 밝히는 것은 시편 2, 18편을 반영해 준다 (917쪽 추가 설명: "왕의 시"를 보라). 단수와 복수의 음성이 승리는 주님에게서 온다는 것을 확인하는데 (3:8 참조), 아마도 이는 전투에 앞서 하는 성전의 예배를 시사하는 것 같다 (대하 20:1-30 비교). 새번역개정에는 9절에 "날"이라는 단어가 나오지 않지만, 히브리어 성경에서 1절과 9절에 반복하여 나오는 *응답과 날이* 전체를 함께 묶어준다. 본문은 다음과 같이 나누어진다: 1-5절, 하나님이 왕을 구하신다는 확신; 6-8절, 하나님의 기름 부으신 이에게 응답을 하신다는 확신; 9절, 회중의 지지. **20:1-5** 이 구절들은 하나님의 이름의 확실한 보호 (1절), 시온의 하나님의 성소를 붙들어 주심 (2절; 2:6 비교), 기억하여 바치는 제물을 받아 주심(3절)을 확인하는, 밝혀지지 않은 3인칭의 인물에게 하는 축복으로 시작된다 (6절, 9절에서 *왕*으로 밝혀짐). **20:1** 창세기의 *야곱의 하나님*은 야곱이 밤에 씨름하여 큰 축복과 이름의 변화를 얻어낸 분(창 32:22-32)으로, "목자"와 "반석"이 되시는 "전능하신 분"이시다 (창 49:24). 약속의 전달자로서의 야곱과 시온 전통과의 연결이 시편에 나오는 열두 번의 *야곱의 하나님*의 언급 뒤에 대부분 담겨 있는 것으로 보인다 (1-2절 참조; 또한 24:6; 46:7, 11; 75:9; 76:6; 81:1, 4; 94:7; 114:7; 146:5). *주님께서 임금님께 모든 것을 허락하여* 주시리라는 기도(4, 5c절)는 승리가 올 때 환희로 외칠 것을 서약하는, 밝혀지지 않은 1인칭 복수 우리(아마 백성)를 둘러싼다 (5ab절). **20:6-8** 밝혀지지 않은 단수의 음성으로 옮겨 가면서, 제사장이나 혹은

왕에게 응답하여 주시고,
주님의 힘찬 오른손으로
왕에게
승리를 안겨 주시는 분이심을
알았습니다.
7 어떤 이는 전차를 자랑하고,
어떤 이는 기마를 자랑하지만,
우리는
주 우리 하나님의 이름만을
자랑합니다.
8 대적들은 엎어지고 넘어지지만,
우리는 일어나서 꿋꿋이 섭니다.

9 ㄱ)주님,
우리의 왕에게
승리를 안겨 주십시오.
우리가 주님을 부를 때에,
응답하여 주십시오.

승리하게 하신 주님께 감사

21 [지휘자의 지휘를 따라 부르는 다윗의 노래]
1 주님,
주님께서 우리 왕에게
힘을 주시므로
왕이 기뻐하며
주님께서 승리를 주시므로
왕이 크게 즐거워합니다.
2 왕이 소원하는 바를
주님께서 들어주시고,
왕이 입술로 청원하는 바를
주님께서 물리치지 않으셨습니다. (셀라)

3 온갖 좋은 복을 왕에게 내려 주시고,
왕의 머리에
순금 면류관을 씌워 주셨습니다.
4 왕이 주님께 생명을 구했을 때,
주님께서는 그에게
장수를 허락하셨습니다.
오래오래 살도록
긴긴날을 그에게 허락하셨습니다.

5 주님께서 승리를 안겨 주셔서
왕이 크게 영광을 받게 하셨으며,
위엄과 존귀를
그에게 입혀 주셨습니다.
6 주님께서 영원한 복을
왕에게 내려 주시고,
주님께서 그와 함께 계시니,
왕의 기쁨이 넘칩니다.
7 왕이 오직 주님을 의지하고,
가장 높으신 분의 사랑에
잇닿아 있으므로,
그는 결코 흔들리지 않을 것입니다.

8 임금님,
임금님의 손이
임금님의 모든 원수를 찾아내며,
임금님의 오른손이
임금님을 미워하는 자를
사로잡을 것입니다.
9 임금님께서 나타나실 때에,
원수들을 불구덩이 속에
던지실 것입니다.

ㄱ) 또는 '임금님, 우리를 구하여 주십시오'

예언자가 하는 이 기도는 하나님이 *기름을 부으신 이*에게 승리를 주실 것을 강조하면서 선포된다. 병거를 자랑하는 것이 *주님의 이름*을 자랑하는 것과 대조가 되며 (7절; 1, 5절 참조), 하나님을 의지하는 자들(다시 복수)이 *일어나서 꿋꿋이 설* 것으로 (8절) 비중이 기울어진다. **20:9** 왕과 백성을 위한 간구가 이 확신 있는 공동체의 기도를 마무리 짓는다.

21:1-13 하나님과 왕 여러 가지 유형의 자료가 이 왕의 시편에 함께 모여 있다. 본문 구분: 1-7절, 왕에게 주신 모든 도움과 축복에 대하여 환희의 찬양과 감사로 하나님께 드림; 8-12절, 아마 왕으로 보이는 밝혀지지 않은 사람에게 주는 확신; 13절, 하나님의 힘을 찬양하는 명령문과 마지막 서약. 기도는 백성과, 제사장과 예언자가 하나님에게 감사를, 왕에게 격려의 말을, 하나님에게 기도와 찬송을 드리는 예배식을 시사한다. *주님께서…힘을 주시므로* (1절) 그리고 *주님, 힘을 떨치시면서* (13절) 등으로 여러 가지로 번역된 야훼 *버오즈카/버우제카*의 반복은 전체시를 함께 묶어 왕이 승리를 얻게 되는 하나님의 주권의 우선권에 대하여 증언한다 (917쪽 추가 설명: "왕의 시"를 보라).

21:1-7 왕에게 주시는 하나님의 선하심은 많은 축복에 풍성하게 나타난다. 과거 사례의 하나님의 도움 (1, 5절, 히브리어, *야샤으*; 20:5-9 참조)에 대한 감사가 기도의 방향을 잡는다. 기대되었던 *기쁨*(20:5)이 여기 성취된다 (6절). **21:8-12** 불(9절)과 자손의 파괴(10절)를 포함하여, 대적에 대한 저주(9-12절)가 그들의

주님께서도 진노하셔서
그들을 불태우시고
불이 그들을 삼키게 하실 것입니다.
10 임금님께서는 원수의 자손을
이 땅에서 끊어 버리실 것이며,
그들의 자손을
사람들 가운데서
씨를 말리실 것입니다.
11 그들이 임금님께 악한 손을 뻗쳐서
음모를 꾸민다 해도,
결코 이루지 못할 것입니다.
12 오히려, 임금님께서
그들의 얼굴에 활을 겨누셔서,
그들이 겁에 질려
달아나게 하실 것입니다.

13 주님,
힘을 떨치시면서 일어나 주십시오.
우리가 주님의 힘을 기리며,
노래하겠습니다.

고난과 찬양

22 [지휘자의 지휘를 따라 '새벽 암사슴'의 가락으로 부르는 다윗의 노래]
1 나의 하나님, 나의 하나님,
어찌하여 나를 버리십니까?
어찌하여 그리 멀리 계셔서,
살려 달라고 울부짖는 나의 간구를
듣지 아니하십니까?
2 나의 하나님,
온종일 불러도 대답하지 않으시고,
밤새도록 부르짖어도
모르는 체하십니다.
3 그러나 주님은 거룩하신 분,
이스라엘의 찬양을
받으실 분이십니다.
4 우리 조상이 주님을 믿었습니다.
그들은 믿었고,
주님께서는 그들을 구해 주셨습니다.
5 주님께 부르짖었으므로,
그들은 구원을 받았습니다.
주님을 믿었으므로,
그들은 수치를 당하지 않았습니다.

6 그러나 나는 사람도 아닌 벌레요,
사람들의 비방거리,
백성의 모욕거리일 뿐입니다.
7 나를 보는 사람은 누구나
나를 빗대어서 조롱하며,
입술을 비쭉거리고
머리를 흔들면서
얄밉게 빈정댑니다.
8 "그가 주님께 그토록 의지하였다면,
주님이 그를 구하여 주시겠지.
그의 주님이
그토록 그를 사랑하신다니,
주님이 그를 건져 주시겠지" 합니다.

9 그러나 주님은 나를
모태에서 이끌어 내신 분,
어머니의 젖을 빨 때부터
주님을 의지하게 하신 분이십니다.

몰락을 확실하게 명시한다. **21:13** *일어나 주십시오* (히브리어, *룸*). 8-12절에서 묘사된 미래의 군사의 승리가 현실이 될 것이라는 찬양을 돌리는 말이다. 시편에서 쓰이는 명령형 동사는 기도한 대로 되게 하여 달라는 (*일어나 주십시오!*) 기도와 함께 신실한 이들은 이미 그들이 기도하고 있는 것을 현실로 경험하고 있다는 것을 함께 전달할 때가 많다.

22:1-31 어찌하여 나를 버리십니까? 하나님에게 도와달라는 이 고난에 찬 개인의 기도 (1-21a절) 다음에는 회중 앞에서 (22, 25절) 하는 큰 감사와 찬양 (21b-31절)이 이어 나온다. 아마 널리 알려진 곡조인 *새벽 암사슴의 가락으로 부르는 노래* 라는 표제는 지휘자의 시편 모음 그리고 다윗의 시편 모음에 담긴 기도라는 내용을 담고 있다. 본문 구분; 1-21a절, 탄원시; 21b-31절, 감사와 찬양. **22:1-21a** 시편의 첫 부분에는 두 가지 부분이 나온다 (시 69편 참조). 탄원시의 두 부분 (1-11절과 12-19절)은 각자 하나님이 *멀리하지 말아 주십시오* (11절, 19절) 라는 간구로 끝난다. 탄원(1-2, 6-8)은 신뢰의 표현(3-5, 9-11절)과 번갈아 가며 나온다. 고난의 묘사(12-15, 16-18절)에 이어서 하나님의 구원에 대한 간구(19-21a)가 이어 나온다. 1절의 처음 말은 중심주제를 제기한다: 왜 하나님은 *"나의 하나님, 나의 하나님"* 하고 부르는 사람을 버리셨는가? (마 27:46; 막 15:34 참조). 시편 기자는 낮에 기도하지만, 하나님은 응답하지 않으신다; 밤에도 기도하나 쉼을 얻지 못한다 (2절, 히브리어, *로-두미야*, "침묵이 없다"는 뜻; 왕상 19:12; 시 39:2; 62:1 참조; 65:1에서는 직역하면 "당신에게는 침묵이 찬양입니다"). 하나님의 완전한 침묵 앞에서, 시편 기자의 간구는 놀라울 만큼 간단하다: 하나님이 대답하여 주시고 (2절), 가까이 하여 주시고 (11절, 19절), 그리고 구하여 달라는 (20절) 것이다. **22:8** 질병은 종종 하나님의 벌로 여겨졌다. 여기서 시편 기자는 그가 받은 벌이 이해가 가지 않는 것으로, (아마 상상한 것일지 모르는) 지나가는 사람의 조롱을 견디기 어려워

10 나는 태어날 때부터
주님께 맡긴 몸,
모태로부터
주님만이 나의 하나님이었습니다.

11 나를 멀리하지 말아 주십시오.
재난이 가까이 닥쳐왔으나,
나를 도와줄 사람이 없습니다.

12 황소 떼가 나를 둘러쌌습니다.
바산의 힘센 소들이
이 몸을 에워쌌습니다.
13 으르렁대며 찢어 발기는 사자처럼
입을 벌리고 나에게 달려듭니다.

14 나는 쏟아진 물처럼
기운이 빠져 버렸고
뼈마디가 모두 어그러졌습니다.
나의 마음이 촛물처럼 녹아내려,
절망에 빠졌습니다.
15 나의 입은 옹기처럼 말라 버렸고,
나의 혀는 입천장에 붙어 있으니,
주님께서 나를 완전히 매장되도록
내버려 두셨기 때문입니다.

16 개들이 나를 둘러싸고,
악한 일을 저지르는 무리가
나를 에워싸고
내 손과 발을 묶었습니다.
17 뼈마디 하나하나가
다 셀 수 있을 만큼
앙상하게 드러났으며,
원수들도 나를 보고 즐거워합니다.
18 나의 겉옷을
원수들이 나누어 가지고,
나의 속옷도
제비를 뽑아서 나누어 가집니다.

19 그러나 나의 주님,
멀리하지 말아 주십시오.
나의 힘이신 주님,
어서 빨리 나를 도와주십시오.
20 내 생명을
원수의 칼에서 건져 주십시오.
하나뿐인 나의 목숨을
개의 입에서 빼내어 주십시오.
21 사자의 입에서
나를 구하여 주십시오.
들소의 뿔에서
나를 구하여 주십시오.
주님께서 나의 기도를
들어주셨습니다.
22 주님의 이름을
나의 백성에게 전하고,
예배 드리는 회중 한가운데서,
주님을 찬양하렵니다.

23 주님을 경외하는 사람들아,
너희는 그를 찬양하여라.
야곱 자손아,
그에게 영광을 돌려라.
이스라엘 자손아, 그를 경외하여라.
24 그는 고통받는 사람의 아픔을
가볍게 여기지 않으신다.
그들을 외면하지도 않으신다.
부르짖는 사람에게는
언제나 응답하여 주신다.
25 주님께서 하신 이 모든 일을,
회중이 다 모인 자리에서
찬양하겠습니다.
내가 서원한 희생제물을
주님을 경외하는 사람들 앞에서
바치겠습니다.

26 가난한 사람들도
"여러분들의 마음이
늘 유쾌하길 빕니다!"
하면서 축배를 들고,
배불리 먹을 수 있을 것이다.
주님을 찾는 사람은
누구나 주님을 찬양할 것이다.

27 땅 끝에 사는 사람들도
생각을 돌이켜
주님께로 돌아올 것이며,
이 세상 모든 민족이

한다 (41:5-9 비교). **22:21b-31** 구원의 결과는 탄원자의 감사(21b-26절)와 공동체의 찬양(27-31절)이다. *찬양*(히브리어, *할렐*, 22-23, 25-26절)의 환희가 증거하듯이, 상황이 전환되었다 (21b절). 하나님은 그들을 *외면하지도 않으신다* (24절). 모든 나라들과, 모든 죽은 이들과, 아직 태어나지 않은 이들이 하나님을 찬양하고 주님을 경배할 것이다.
28 주권은 주님께 있으며,
주님은
만국을 다스리시는 분이시다.

29 ㄱ)땅 속에서 잠자는 자가
어떻게 주님을 경배하겠는가?
무덤으로 내려가는 자가
어떻게 주님 앞에 무릎 꿇겠는가?
그러나 나는
주님의 능력으로 살겠다.
30 내 자손이 주님을 섬기고
후세의 자손도
주님이 누구신지 들어 알고,
31 아직 태어나지 않은 세대도
주님께서 하실 일을 말하면서
'주님께서 그의 백성을 구원하셨다'
하고 선포할 것이다.

선한 목자

23 [다윗의 노래]
1 주님은 나의 목자시니,
내게 부족함 없어라.
2 나를 푸른 풀밭에 누이시며
쉴 만한 물 가로 인도하신다.
3 나에게 다시 새 힘을 주시고,
당신의 이름을 위하여
바른 길로 나를 인도하신다.

4 내가 비록
ㄴ)죽음의 그늘 골짜기로 다닐지라도,
주님께서 나와 함께 계시고,
주님의 막대기와 지팡이로
나를 보살펴 주시니,
내게는 두려움이 없습니다.
5 주님께서는,
내 원수들이 보는 앞에서
내게 잔칫상을 차려 주시고,
내 머리에 기름 부으시어
나를 귀한 손님으로 맞아 주시니,
내 잔이 넘칩니다.
6 진실로
주님의 선하심과 인자하심이
내가 사는 날 동안 나를 따르리니,
나는 주님의 집으로 돌아가
영원히 그 곳에서 살겠습니다.

ㄱ) 마소라 사본은 '세상의 모든 권세자들은 먹고 경배할 것이다'로 읽고 있다
ㄴ) 또는 '아주 캄캄한 골짜기로'

섬기라는 명령을 받는다 (27-31절). **22:29** 죽은 이들이 드리는 예배는 독특한 사항이다 (1011쪽 추가 설명: "죽음과 미래의 삶과 스올"을 보라).

23:1-6 하나님이 나와 함께 하시다 하나님이 보호하시고 배려하여 주신다는 확신과 하나님과의 비범한 친밀함이 개인의 신뢰 기도로 묶여 있다. 본문 구분: 1-3절, 목자되시는 하나님이 돌보시는 방법에 대한 믿음과 순종의 선언; 4절, 시편의 중심으로, 하나님의 임재와 인도가 안락을 준다는 주장; 5-6절, 생명을 유지하는 은혜로운 주인으로서의 하나님을 묘사. *푸른 풀밭* (2절)에서 *주님의 집*(6절)에 이르기까지, 모든 절이 하나님이 사람에게 하신 일에 대하여 신뢰와 감사를 표현한다. 하나님의 구원의 인도, 선하심, 자비가 계속된다 (6절). 야훼 라는 하나님의 이름은 이 시편과 시편 기자의 주위를 함께 두르고 있다 (1, 6절 비교). 그 중심에는, 히브리어로 (표제를 제외하고) 본문의 처음부터 마지막까지 26개의 단어, 그 중심에 *나와 함께 계시고* (4절) 라는 구절이 나와서 핵심 내용을 요약해 준다. 자주 장례식에 쓰이지만, 이 시편은 죽음에 관한 말씀이라기보다는 하나님을 중심으로 하는 삶에 관한 것이다. 하나님과 양무리가 아니라 한 마리의 양; 주인되시는 하나님과 한 사람의 손님이라는 것이 기본 이미지로, 하나님과의 친밀한 관계를 선명하게 묘사한다. **23:1** *목자.* 하나님이 나의 목자라는 주장은 성경에서 다시 나오지 않는다. 하나님에 대한 이 낯익은 은유의 명칭은 사실 두 가지 다른 시에서만 나온다 (28:9; 80:1). 양으로서의 백성에 대한 하나님의 돌보심은 다른 시편에도 자주 나온다 (44:11, 22; 74:1; 78:52; 95:7; 100:3; 110:176 참조). "목자"는 시편에서 지상의 왕에 대한 정치적 명칭으로 오직 한 번 나온다 (78:71). 실제의 양에 대한 표현은 8:7; 144:13에만 나온다. **23:4** *죽음의 그늘 골짜기* (히브리어, *짤마베트*)는 아주 깊은 그늘이나 완전한 암흑에 대한 이미지이다. 욥기 10:21-22에서 이 표현은 죽음을 묘사한다. **23:6** *선하심*(히브리어, *헤세드*)은 출애굽과 광야 언약의 언어를 나타내며, 이로 개인의 기도를 보다 넓은 문맥으로 확장시킨다. *따르다* 라는 단어는 히브리어로는 보다 적극적인 "쫓아가다" (*라다프*) 라는 단어이다. 주의 집은 성전을 지칭하거나 하나님과 가까이 있는 것을 시사하는 은유이다.

24:1-10 누가 들어갈 수 있나? 이 예배의 찬송시는 모든 세상이 창조주 하나님에게 속한 것이라는 신앙고백으로 시작된다 (1-2절). 하나님의 성소에 들어가는 것에 대한 두 가지 질문에 이어, 예배하는 자의 의전적인 자격이 아니라 도덕적인 자격이 나열된다 (3-6절; 시 15편 참조). 승리한 용사로 하나님이 들어오시는 것이 (7-10절; 삼하 6:12-19의 언약궤의 행진과 비교)

누가 주님의 성전에 들어갈 수 있는가?

24 [다윗의 시]
1 땅과 그 안에 가득 찬 것이
모두 다 주님의 것,
온 누리와 그 안에 살고 있는
모든 것도 주님의 것이다.
2 분명히 주님께서 그 기초를
바다를 정복하여 세우셨고,
강을 정복하여 단단히 세우셨구나.

3 누가 주님의 산에 오를 수 있으며,
누가 그 거룩한 곳에
들어설 수 있느냐?

4 깨끗한 손과
해맑은 마음을 가진 사람,
헛된 우상에게 마음이 팔리지 않고,
거짓 맹세를 하지 않는 사람이다.
5 그런 사람은
주님께서 주시는 복을 받고,
ㄱ)그를 구원하시는 하나님께로부터
의롭다고 인정받을 사람이다.
6 그런 사람은
주님을 찾는 사람이요,
ㄴ)야곱의 하나님의 얼굴을
사모하는 사람이다. (셀라)

7 문들아, 너희 머리를 들어라.
영원한 문들아, 활짝 열려라.
영광의 왕께서 들어가신다.
8 영광의 왕이 뉘시냐?

힘이 세고 용맹하신 주님이시다.
전쟁의 용사이신 주님이시다.

9 문들아, 너희 머리를 들어라.
영원한 문들아, 활짝 열려라.
영광의 왕께서 들어가신다.
10 영광의 왕이 뉘시냐?

만군의 주님,
그분이야말로 영광의 왕이시다. (셀라)

인도와 도움을 구하는 기도

25 ㄷ) [다윗의 시]
1 주님, 내 영혼이
주님을 기다립니다.
2 나의 하나님,
내가 주님께 의지하였으니,
내가 부끄러움을
당하지 않게 하시고
내 원수가 나를 이기어
승전가를 부르지 못하게 해주십시오.
3 주님을 기다리는 사람은
수치를 당할 리 없지만,
함부로 속이는 자는
수치를 당하고야 말 것입니다.

ㄱ) 또는 '구원자 되시는 그의 하나님으로부터' ㄴ) 칠십인역과 시리아어역을 따름. 히, '야곱아, 네 얼굴을' ㄷ) 각 절의 첫 글자가 히브리어 자음 문자 순서로 되어 있는 시

두 가지 질문(8, 10절)과 *영광의 왕*이라는 다섯 번 반복되는 말(7, 8, 9, 10a, 10c절)로 표시되어 있다. 창조와 역사는 여기에 함께 모여서, 그리고 하나님의 거룩한 곳에 들어가는 이는 창조와 역사 모두의 주님에게서 축복받는다 (5절). 창조주와 구원자가 되는 하나님은 이제와 영원히 우주의 왕이시다. 본문 구분: 1-2절, 신앙고백; 3-6절, 성소에 들어가는 윤리적 자격, 7-10절, 응답의 축하. **24:3** *산.* 하나님이 사시는 곳 아마 시온 산의 성전이거나 은유로 하나님이 나타나신 곳으로 지목이 된 "거룩한" 장소일 것이다. **24:4** *깨끗한 손* (여기만 나오는 표현), *해맑은 마음* (73:1과 비교). 자기 자신을 거짓된 것에게 바치지 않는다는 것, 그리고 거짓되게 맹세하지 않는다는 것은 하나님과 다른 사람에 대한 올바른 관계를 실천하는 것이다 (출 20:3, 16 참조). **24:7** *머리를 들어라.* 이 말은 넓게 열라고 문에게 하는 지시이다 (118:19-20). *나사* 라는 히브리어 동사는 *들어라*(4절, 7ab, 9ab절)와 받고(5절)에 중요하게 나온다. **24:10** *만군의 주님.* 이것은 역사적으로 하나님을 전투의 영웅으로 경험한 이스라엘의 경험에 뿌리를 둔 전투적인 언어이다.

25:1-22 주님을 기다리는 영혼 개인이 하나님의 구원과 인도와 용서를 구하는 알파벳 기도(시 9—10편 비교)이다. 처음 구절은 86:4; 143:8과 동일하여 시편의 표어로 사용된다. 주님을 *기다리*는 사람(개역개정은 "우러러보나이다," 1절)은 시 24편의 행위를 계속한다. 올바른 길에 대한 지혜의 관심(4절, 9-10절, 12절; 시 1편 참조)이 두드러지게 나타난다. 주제와 단어의 반복이 11절을 중심에 두고 키아즘의 구조를 이룬다. 1-3절과 19-21절에서 *부끄러움/수치, 원수/ 원수,* 그리고 *주님을/주님만 기다립니다.* 이 말들은 시편 기자의 소망을 강조한다. 4-7절과 16-18절에서, 하나님의 자비/은혜에 대한 관심과 시편 기자의 *죄에* 대한 유념이

4 주님, 주님의 길을
나에게 보여 주시고,
내가 마땅히 가야 할 그 길을
가르쳐 주십시오.
5 주님은 내 구원의 하나님이시니,
주님의 진리로 나를 지도하시고
가르쳐 주십시오.
나는 종일 주님만을 기다립니다.

6 주님,
먼 옛날부터 변함 없이 베푸셨던,
주님의 긍휼하심과
한결같은 사랑을
기억하여 주십시오.
7 내가 젊은 시절에 지은 죄와 반역을
기억하지 마시고,
주님의 자비로우심과 선하심으로
나를 기억하여 주십시오.

8 주님은 선하시고 올바르셔서,
죄인들이 돌이키고 걸어가야 할
올바른 길을 가르쳐 주신다.
9 겸손한 사람을 공의로 인도하시며,
겸비한 사람에게는
당신의 뜻을 가르쳐 주신다.
10 주님의 언약과 계명을
지키는 사람을
진실한 사랑으로 인도하신다.

11 주님,
주님의 이름을 생각하셔서라도,
내가 저지른 큰 죄악을
용서하여 주십시오.
12 주님을 경외하는 사람이 누굽니까?
그가 선택해야 할 길을
주님께서 그에게
가르쳐 주실 것입니다.

13 그가 한 생애를 편안히 살 것이니,
그 자손이 땅을 유업으로
받을 것이다.
14 주님께서는,
주님을 경외하는 사람과
의논하시며,
그들에게서
주님의 언약이 진실함을
확인해 주신다.
15 주님만이 내 발을
원수의 올무에서
건지는 분이시기에,
내 눈은 언제나 주님을 바라봅니다.
16 주님, 나를 돌보아 주시고,
나에게 은혜를 베풀어 주십시오.
나는 외롭고 괴롭습니다.
17 내 마음의 고통에서
벗어나게 해 주시고,
나를 이 아픔에서 건져 주십시오.
18 내 괴로움과 근심을 살펴 주십시오.
내 모든 죄를 용서하여 주십시오.

19 내 원수들을 지켜 봐 주십시오.
그들의 수는 많기도 합니다.
그들은 불타는 증오심을 품고,
나를 미워합니다.
20 내 생명을 지켜 주십시오.
나를 건져 주십시오.
내가 수치를 당하지 않게
하여 주십시오.
나의 피난처는 오직 주님뿐입니다.
21 완전하고 올바르게 살아가도록,
지켜 주십시오.
주님,
나는 주님만 기다립니다.

22 하나님,
이스라엘을 그 모든 고난에서
건져 주십시오.

우세하다. 8-10절과 12-15절은 하나님이 *언약을 지키는 길에* 대하여 가르치신다는 것을 확신한다. 마지막 구절은 나라의 *고난의* 해결(22절)이 개인의 고난(17절)과 연결되는 이스라엘 모두를 위한 간구이다. 본문 구분: 5c절, 18절을 제외하고 (와우와 코프가 생략되었음), 그리고 (알파벳 패턴에 속하지 않는) 22절을 제외하고는 히브리어 알파벳으로 되어 있음. **25:11** 하나님의 이름을 위하여 (겔 36:21-23 참조) 인간의 죄를 용서하여 달라는 간구.

26:1-12 주님께서 계시는 집을 내가 사랑합니다 하나님의 판단을 구하는 이 개인의 기도는 키아즘의 구조를 가지고 있으며, 예배를 드릴 준비에 대한 관심과 하나님의 집에 대한 사랑이 그 중심에 있다 (6-8절; 시 15편; 24편 참조). 아마도 이 시편에서 제사장의 기도

정직한 사람의 기도

26 [다윗의 시]
1 주님,
나를 변호해 주십시오.
나는 올바르게 살아왔습니다.
주님만을 의지하고
흔들리지 않았습니다.
2 주님, 나를 샅샅이 살펴보시고,
시험하여 보십시오.
나의 속 깊은 곳과 마음을
달구어 보십시오.
3 나는 주님의 한결같은 사랑을
늘 바라보면서
주님의 진리를 따라서 살았습니다.

4 나는 헛된 것을 좋아하는 자들과
한자리에 앉지 않고,
음흉한 자들과도
어울리지 않았습니다.
5 나는 악인들의 모임에서
그들과 어울리기를 싫어하고,
한자리에 있지도 않았습니다.

6 주님, 내가 손을 씻어
내 무죄함을 드러내며
주님의 제단을 두루 돌면서,
7 감사의 노래를 소리 높여 부르며,
주님께서 나에게 해주신
놀라운 일들을
모두 다 전하겠습니다.
8 주님, 주님께서 계시는 집을
내가 사랑합니다.
주님의 영광이 머무르는 그 곳을
내가 사랑합니다.
9 나의 이 목숨을
죄인의 목숨과 함께
거두지 말아 주십시오.
나의 이 생명을
살인자들의 생명과 함께
거두지 말아 주십시오.
10 그들의 왼손은
음란한 우상을 들고 있고,
그들의 오른손은
뇌물로 가득 차 있습니다.

11 그러나 나는
깨끗하게 살려고 하오니,
이 몸을 구하여 주시고,
은혜를 베풀어 주십시오.
12 주님, 내가 선 자리가 든든하오니,
예배하는 모임에서
주님을 찬양하렵니다.

찬양의 기도

27 [다윗의 시]
1 주님이 나의 빛,
나의 구원이신데,
내가 누구를 두려워하랴?
주님이 내 생명의 피난처이신데,
내가 누구를 무서워하랴?

(6절 참조)로 보이는 구절은, 시 1편과 같이, 시편 기자의 올바른 길(1-3절, 11-12절에 *올바르게/깨끗하게* 그리고 살다 등이 반복된다는 점을 참조)과 악행하는 자를 피하는 일(4-5, 9-10절)을 날카롭게 대조한다. 2절의 하나님의 시험은 7:9; 11:5; 17:3의 것과 같다. 시 25편과 26편은 많은 어휘적 연결을 가지고 있다—*올바르게,* 25:21; 26:1; *의지,* 25:2 26:1, 11; *마음,* 25:17; 26:2; *진실한 사랑/한결같은 사랑,* 25:10; 26:3; *내 눈*/바라보면서, 25:15; 26:3; *증오심/싫어하고,* 25:19; 26:5; 죄인, 25:8; 26:9; *내 영혼/생명,* 25:1, 20; 26:9; *발/손,* 25:15; 26:12; *건져 주십시오/구하여 주시고,* 25:22; 26:11; *은혜를 베풀어 주십시오* 25:16; 26:11 등이다. 25:2-3에 아주 현저하게 나오는 *수치*는 시 26편에서는 관심사가 아닌데, 시 26편에서는 확실한 개인적 신실함(3, 11절)과 무죄함과 깨끗함(6, 11절)이 표준이다. 본문 구분: 1-5절, 하나님과 함께 걷기 (1-3절); 그리고 악행하는 자들을 피하기 (4-5절); 6-8절, 하나님의 집에서의 예배 의식; 9-12절, 악행하는 자들과 분리되고 (9-10절) 예배하는 회중 가운데 행함 (11-12절). **26:1** *올바르게.* "의"와 "무죄" 가 평행어로 나오는 7:8 참조. **26:2** *속 깊은 곳과 마음.* 직역하면 "신장"과 "마음" (16:7 비교). **26:6** (죄에서 깨끗함을 받는) 무죄를 증명하는 행위로서의 손을 닦는 것은 일반적으로 제사장(출 30:17-21)이나 장로(신 21:6-8)가 행하는 의식과 연관된다. 시편 24:4 참조.

27:1-14 하나님의 집에서 살고 있다 성전의 매력이 이 개인적 신뢰의 노래와 시 26편을 연결시킨다. 반복하여 나오는 중심 단어가 시편을 하나로 묶는다: *구원* (1, 9절), *원수* (2, 12절), *나* (3, 8절), *일어날지라도/대항해 오니* (3, 12절), *구하겠습니다/찾겠습니다* (4, 8절), *숨겨/숨기지* (5, 9절) 등. 전체가 하나님과 함께 하는 안전함에 대한 확신을 묵상하고 간구하는 효과를

2 나의 대적자들, 나의 원수들,
저 악한 자들이,
나를 잡아먹으려고 다가왔다가
비틀거리며 넘어졌구나.
3 군대가 나를 치려고 에워싸도,
나는 무섭지 않네.
용사들이 나를 공격하려고
일어날지라도,
나는 하나님만 의지하려네.

4 주님,
나에게 단 하나의 소원이 있습니다.
나는 오직 그 하나만 구하겠습니다.
그것은 한평생 주님의 집에 살면서
주님의 자비로우신 모습을
보는 것과,
성전에서 주님과 의논하면서
살아가는 것입니다.
5 재난의 날이 오면,
주님의 초막 속에 나를 숨겨 주시고,
주님의 장막 은밀한 곳에
나를 감추시며,
반석 위에 나를 올려서
높여 주실 것이니,
6 그 때에 나는
나를 에워싼 저 원수들을
내려다보면서,
머리를 높이 치켜들겠다.
주님의 장막에서
환성을 올리며 제물을 바치고,
노래하며 주님을 찬양하겠다.

7 내가 주님을 애타게 부를 때에,
들어 주십시오.
나를 불쌍히 여기시고,
응답하여 주십시오.
8 주님께서 나더러
"ㄱ)내게 와서 예배하여라"
하셨을 때
"ㄴ)주님, 내가 가서 예배하겠습니다"
하고 대답하였으니,
9 주님의 얼굴을
내게 숨기지 말아 주십시오.

주님의 종에게 노하지 마십시오.
나를 물리치지 말아 주십시오.
주님은 나의 도움이십니다.
나를 버리지 마시고,
외면하지 말아 주십시오.
주님은 나를 구원하신
하나님이십니다.
10 나의 아버지와 나의 어머니는
나를 버려도,
주님은 나를 돌보아 주십니다.

11 주님,
주님의 길을
나에게 가르쳐 주십시오.
내 원수들이 엿보고 있으니,
나를 안전한 길로 인도하여 주십시오.
12 그들이 거짓으로 증언하며,
폭력을 휘둘러서
나에게 대항해 오니,
내 목숨을
내 원수의 뜻에
내맡기지 마십시오.

ㄱ) 또는 '너희는 나의 얼굴을 찾으라' ㄴ) 또는 '주님, 내가 주님의 얼굴을 찾겠습니다'

이룬다. 1-6절, 신뢰와 확신에 대한 선언; 7-12절, 하나님의 배려와 교훈을 간구; 13-14절, 증언과 다른 사람들을 격려하기. **27:1-6 27:1** 예배자는 하나님을 *나의 빛* (36:9; 43:3 참조), *나의 구원* (18:2에서 나를 건지시는 분과 비교), *나의 요새* (9:9; 18:2; 94:22; 144:2 참조) 라고 부른다. 대적의 앞에서 아무런 두려움이 없는 (2-3절) 시편 기자는 오직 그 하나만을 구하는데, 곧 주님의 집에 거하는 것이다 (4-6절). **27:4** *주님의 자비로우신* (아름다운, 히브리어, *나암*) 모습을 보고 주님과 의논하면서 하나님의 은혜를 구하는 기쁨을 표현한다 (나암이 "기쁨"으로 번역된 16:11 참조; 또한 1088쪽 추가 설명: "아름다움"을 보라). **27:5** *초막…장막*. 17:8; 61:4를 참조. **27:7-12** 보살펴 주시고 (7-10절; 10:1을 참조) 인도하여 주실 (11-12절) 것을 구하는 간구를 하나님께 드린다. **27:8** *내게 와서 예배하여라* (*얼굴을 찾으라* 출 33:20에는 하나님의 얼굴을 보고 살 수 있는 자가 없다고 가르치지만, 시편에는 하나님의 얼굴이나 *임재*(히브리어, *파님*)를 구하는 기도가 40번 나온다. 오직 한 사람의 시편 기자만이 하나님에게 "주님의 눈을 내 죄에서 돌리시게" (51:9; 39:13과 비교) 해 달라고 구한다. **27:13-14** *내가 주님의 은덕을 입을* (개역개정은 "여호와의 선하심을 보게 될," 13절) 미래에 대한 믿음으로 시편 기자는 주님을 담대하게 기다릴 수 있다 (14절). 힘, 용기, 하나님과 자신과 다른 사람에게

13 이 세상에 머무는 내 한 생애에,
내가 주님의 은덕을 입을 것을
나는 확실히 믿는다.
14 너는 주님을 기다려라.
강하고 담대하게
주님을 기다려라.

도움을 구하는 기도

28

[다윗의 시]
1 반석이신 나의 주님,
내가 주님께 부르짖으니,
귀를 막고 계시지 마십시오.
주님께서 입을 다무시면,
내가
무덤으로 내려가는 사람같이 될까
두렵기만 합니다.
2 주님의 지성소를 바라보며,
두 손을 치켜들고
주님께 울부짖을 때에,
나의 애원하는 소리를
들어 주십시오.

3 악인들과 사악한 자들과 함께
나를 싸잡아
내동댕이치지 마십시오.
그들은 이웃에게 평화를 말하지만
마음에는 악을 품고 있습니다.

4 그들의 행위와 그 악한 행실을 따라
그들에게 고스란히 갚아 주십시오.
그들이 한 그대로
그들에게 갚아 주십시오.
그들이 받을 벌을
그들에게 되돌려주십시오.
5 주님께서 하신 놀라운 일들을
대수롭지 않게 여기고
손수 하신 일들을
하찮게 여기는 그들.
그들이 다시는 일어서지 못하게
멸하십시오.

6 애원하는 나의 간구를
들어 주셨으니,
주님을 찬양하여라.
7 주님은 나의 힘, 나의 방패이시다.
내 마음이
주님을 굳게 의지하였기에,
주님께서 나를 건져 주셨다.
내 마음 다하여 주님을 기뻐하며
나의 노래로 주님께 감사하련다.

8 주님은 주님의 백성에게
힘이 되시며,
기름 부어 세우신 왕에게
구원의 요새이십니다.
9 주님의 백성을 구원하여 주십시오.
주님의 소유인 이 백성에게
복을 내려 주십시오.
영원토록 그들의 목자가 되시어,
그들을 보살펴 주십시오.

폭풍속 주님의 음성

29

[다윗의 시]
1 하나님을 모시는

하는 소망에 찬 말이 그러한 "기다림"의 결정적인 특징이다 (히브리어, *카바*; 25:5, 21; 39:7; 40:1; 130:5 참조).

28:1-9 침묵하지 마소서 이 개인 기도는 *귀를 막고 계시지 마십시오* (1절) 라는 간구로 시작되는데, 이 간구는 *주님의 얼굴을 내게 숨기지 말아 주십시오* (27:9)와 비슷하다. 다른 반복되는 말들이 더 나아가서 이 시편을 앞의 시편과 연결시킨다 (예를 들어, 반석, 27:5; 28:1; *노래*, 27:6; 28:7; *구원* 27;1, 9; 28:8-9). 아마 둘 다 성전에서 행해지는 간구의 예배문일 것이다 (27:4; 28:2; 26:6-8과 비교). 본문 구분: 1-5절, 개인 탄원시; 6-9절, 감사의 찬송시. *무덤으로 내려가는 사람 같이* 될 위험 (1절; 30:3; 147:7; 그리고 1011쪽 추가 설명: "죽음과 미래의 삶과 스올"을 보라). 이것은 죽음의 위협이거나 아니면 보다 일반적으로 시편기자의 생명을 위협하는 대적에 관한 것이다 (3-5절). 나의 애원하는 소리를 들어 주십시오 (2절) 라는 간구는 주님의 대답에 잘 반영되어 있다 (6절). 시편 기자는 주님을 찬양한다 (6절); 아마 제사장으로 보이는 또 한 사람이 하나님의 유업에 대한 축복을 기원한다 (9절). **28:9** *목자.* 목자에 대하여는 23:1에 관한 주석을 보라.

29:1-11 폭풍속에 나타난 대로 하나님의 영광과 거룩함과 능력을 찬양하며, 시 24편과 함께 25—28편의 테두리를 치는 이 찬송시에는 하나님의 음성이 들린다. 최고로 영광스러운, 하나님의 음성이 들린다. 반복이 이 시편의 특징이다. 주님께 *돌려드려라*는 말이 세 번 나온다 (1ab, 2절). 일곱 번 *주님의 목소리*(3, 4ab, 5, 7, 8,

ㄱ)권능 있는 자들아,
영광과 권능을 주님께 돌려드리고
또 돌려드려라.
2 그 이름에 어울리는 영광을
주님께 돌려드려라.
거룩한 옷을 입고 주님 앞에 꿇어 엎드려라.

3 주님의 목소리가
물 위로 울려 퍼진다.
영광의 하나님이
우렛소리로 말씀하신다.
주님께서 큰 물을 치신다.
4 주님의 목소리는 힘이 있고,
주님의 목소리는 위엄이 넘친다.

5 주님께서 목소리로
백향목을 쩌개고,
레바논의 백향목을 쩌개신다.
6 레바논 산맥을
송아지처럼 뛰놀게 하시고,
ㄴ)시룐 산을
들송아지처럼 날뛰게 하신다.

7 주님의 목소리에 불꽃이 튀긴다.
8 주님의 목소리가 광야를 흔드시고,
주님께서 가데스 광야를 뒤흔드신다.

9 주님의 목소리가,
ㄷ)암사슴을 놀래켜 낙태하게 하고,
우거진 숲조차
벌거숭이로 만드시니,
그분의 성전에 모인 사람들이
하나같이, "영광!" 하고 외치는구나.

10 주님께서
범람하는 홍수를 정복하신다.
주님께서 영원토록 왕으로 다스리신다.
11 주님은 당신을 따르는 백성에게
힘을 주신다.
주님은 당신을 따르는 백성에게
평화의 복을 내리신다.

감사의 기도

30 [성전 봉헌가, 다윗의 시]
1 주님,
주님께서
나를 수렁에서 건져 주시고,
내 원수가
나를 비웃지 못하게 해주셨으니,
내가 주님을 우러러 찬양하렵니다.
2 주, 나의 하나님,
내가 주님께 울부짖었더니,
주님께서 나를 고쳐 주셨습니다.
3 주님, 스올에서
이 몸을 끌어올리셨고,
무덤으로 내려간 사람들 가운데서,
나를 회복시켜 주셨습니다.

ㄱ) 히, '신의 아들들아' ㄴ) 헤르몬 산 ㄷ) 또는 '단단한 상수리나무들을 뒤틀리게 하시고'

9절)가 우렛소리로, 하나님의 성전에서 모두가 *영광!* 이라고 외친다 (9절: 3절 비교). 본문 구분: 1-2절, 하늘의 천사들에게 하는 예배에로의 부름; 3-9절, 천둥과 번개와 바람이 전하는 주님의 주권에 대한 증언; 10-11절, 위엄 있게 보좌에 앉으시어 사람들에게 힘과 평화를 주시는 주님의 묘사. (가나안 신화를 따르면) 그 목소리가 천둥속에서 들리는 용사의 신 바알이 태초의 물위에 보좌에 앉은 것과 같이, 주님이 우주의 왕으로 인정된다 (24:7-10 참조). 시 47편: 93편; 95—99편과 함께, 이 시편은 전통적으로 주님의 왕권을 축하하는 "대관식 시편"으로 구분된다. **29:1** *하나님을 모시는 권능 있는 자들.* 직역하면, "하나님의 아들들." 다른 "신"이나 하늘의 존재가 82:1, 6; 84:7; 86;8; 95:3; 96:4, 5; 97:7, 9; 135:5; 136:2; 138:1에 언급되고 있다. 두 가지 이미지가 이 다른 신들에 대하여 나온다: (1) 그러한 신들의 만신전은 지극히 높으신 하나님 야훼(주님)에게 종속되며; (2) 이들은 하늘의 세계에서 하나님을 옹위하고 서 있는 존재들이다 (89:7; 103:20; 148:2 참조). 이 두 가지 경우에서 한 분이신 하나님의 종들인 이 존재들은 한 분이신 하나님께 대하여 아무런 위협이 되지 않는 것으로 보인다.

30:1-12 통곡이 춤으로 바뀌다 기원전 164년의 예배의 회복과 아울러 (마카비상 4:52-58) 시작되는 하누카의 잔치는 이 개인의 감사 기도의 제목과 연관시킬 수 있다. *찬양이* 그 핵심 어휘이다 (4절, 9절, 12절). 치유에 대한 감사를 하나님께 드리며 (1-3절), 찬양하라는 초청이 신실한 자들에게 전달된다 (4-5절). 시편 기자는 이전의 위기와 하나님께 드리는 탄원시에 대한 보고(6-10절)에 이어 즐거운 감사를 드린다 (11-12절). 고난과 번영의 환희와 죽을 뻔했던 상황, 건강의 회복과, 찬양이 시편의 이야기 줄거리이다 (1011쪽 추가 설명: "죽음과 미래의 삶과 스올"을 보라). 하나님의 은혜가

4 주님을 믿는 성도들아,
주님을 찬양하여라.
그 거룩한 이름을 찬양하여라.
5 주님의 진노는 잠깐이요,
그의 은총은 영원하니,
밤새도록 눈물을 흘려도,
새벽이 오면 기쁨이 넘친다.

6 내가 편히 지낼 때에는
"이제는 영원히 흔들리지 않겠지"
하였지만,
7 아, 태산보다 더 든든하게
은총으로 나를 지켜 주시던
주님께서
나를 외면하시자마자
나는 그만
두려움에 사로잡히고 말았습니다.

8 주님,
내가 주님께 부르짖었고,
주님께 은혜를 간구하였습니다.
9 내가 죽은들
주님께 무슨 유익이 되겠습니까?
내가 죽어 구덩이에 던져지는 것이
주님께 무슨 유익이 되겠습니까?
한 줌의 티끌이
주님을 찬양할 수 있습니까?
한 줌의 흙이
주님의 진리를 전파할 수 있습니까?
10 주님, 귀를 기울이시고
들어 주십시오.
나에게 은혜를 베풀어 주십시오.
주님, 주님께서
나를 돕는 분이 되어 주십시오.

11 주님께서는 내 통곡을
기쁨의 춤으로 바꾸어 주셨습니다.
나에게서 슬픔의 상복을 벗기시고,
기쁨의 나들이옷을 갈아입히셨기에
12 내 영혼이 잠잠할 수 없어서,
주님을 찬양하렵니다.

주, 나의 하나님,
내가 영원토록 주님께
감사를 드리렵니다.

보호를 구하는 기도

31 [성가대 지휘자를 따라 부르는 다윗의 노래]

1 주님,
내가 주님께 피하오니,
내가 결코
부끄러움을 당하지 않게
하여 주십시오.
주님의 구원의 능력으로
나를 건져 주십시오.
2 나에게 귀를 기울이시고,
속히 건지시어,
내가 피하여 숨을 수 있는 바위,
나를 구원하실 견고한 요새가
되어 주십시오.

3 주님은 진정 나의 바위,
나의 요새이시니,
주님의 이름을 위하여
나를 인도해 주시고
이끌어 주십시오.
4 그들이 몰래 쳐 놓은 그물에서
나를 건져내어 주십시오.
주님은 나의 피난처입니다.
5 주님의 손에 나의 생명을 맡깁니다.

하나님의 진노보다 크다는 (5절) 잠언의 진리가 기도를 밑받침하고 있다. *기쁨*(5, 11절)과 *춤*(11절)이 헌신적인 신뢰의 보상이다. 본문 구분: 1-3절, 하나님께 드리는 찬양과 감사의 개인적인 증언; 4-5절, 회중의 초청; 6-10절, 생명을 위협하는 경험에 대한 설명; 11-12절, 마무리 짓는 찬양. **30:11** *춤* (히브리어 *홀*)은 29:9의 "뒤틀리게 하시고"이다 (새번역개정 난외 주 참조).

31:1-31 당신의 손에 나의 영혼을 맡깁니다 이 시편의 반 이상이 다른 시편과 예레미야, 애가, 요나서에 나오는 공식적인 용어들이다 (예를 들어, *비난과 협박*, 13절; 렘 20:10에서 *수군거리는* 그리고 *겁에 질려 있다*; *죽음의 세계와 잠잠*, 17절; 시 115:17에서 침묵의 세계). 히브리어 부사 *키*(이는, *정말*)는 일곱 가지의 핵심이 되는 명제를 인도한다: *주님은 진정 나의 바위, 나의 요새이시니* (3절; 히브리어, "정말 나의 반석이요 나의 요새인 분은 당신입니다"); *주님은 나의 피난처입니다* (4절); *나는 고통을 받고 있습니다* (9절); *나는 슬픔으로 힘이 소진되었습니다* (10절); *많은 사람이 나를 비난하는*

진리의 하나님이신 주님,
나를 속량하여 주실 줄 믿습니다.
6 썩어 없어질 우상을
믿고 사는 사람들을
주님께서는 미워하시니,
나는 오직 주님만 의지합니다.
7 주님의 한결같은
그 사랑을 생각할 때마다
나는 기쁘고 즐겁습니다.
주님은 나의 고난을 돌아보시며,
내 영혼의 아픔을 알고 계십니다.
8 주님은 나를
원수의 손에 넘기지 않으시고,
내 발을 평탄한 곳에
세워 주셨습니다.

9 주님, 나를 긍휼히 여겨 주십시오.
나는 고통을 받고 있습니다.
울다 지쳐,
내 눈이 시력조차 잃었습니다.
내 몸과 마음도
활력을 잃고 말았습니다.
10 나는 슬픔으로
힘이 소진되었습니다.
햇수가 탄식 속에서 흘러갔습니다.
근력은 고통 속에서 말라 버렸고,
뼈마저 녹아 버렸습니다.

11 나를 대적하는 자들이
한결같이 나를 비난합니다.
이웃 사람들도 나를 혐오하고,
친구들마저도 나를
끔찍한 것 보듯 합니다.
거리에서 만나는 이마다
나를 피하여 지나갑니다.
12 내가 죽은 사람이라도 된 것처럼,
나는 사람들의 기억 속에서
잊혀졌으며,
깨진 그릇과 같이 되었습니다.
13 많은 사람이 나를 비난하는 소리가
들려 옵니다.
사방에서 협박하는 소리도 들립니다.
나를 대적하는 사람들이 함께 모여,
내 생명을 빼앗으려고
음모를 꾸밉니다.
14 누가 뭐라고 해도
나는 주님만 의지하며,
주님이 나의 하나님이라고
말할 것입니다.
15 내 앞날은 주님의 손에 달렸으니,
내 원수에게서,
내 원수와
나를 박해하는 자들의 손에서,
나를 건져 주십시오.
16 주님의 환한 얼굴로
주님의 종을 비추어 주십시오.
주님의 한결같은 사랑으로
나를 구원하여 주십시오.
17 내가 주님께 부르짖으니,
주님,
내가 부끄러움을 당하지 않게
해주십시오.
오히려 악인들이 부끄러움을 당하고
죽음의 세계로 내려가서,
잠잠하게 해주십시오.
18 오만한 자세로,
경멸하는 태도로,
의로운 사람을 거슬러서
함부로 말하는
거짓말쟁이들의 입을
막아 주십시오.

19 주님을 경외하는 사람에게 주시려고
주님께서 마련해 두신 복이
어찌 그리도 큰지요?

소리가 들려 옵니다 (13절); *내가 주님께 부르짖으니* (17절); *주님께서 나에게 놀라운 은총을 베푸셨기에* (21절). 본문 구분: 1-5절, 확신의 기도; 6-8절, 신뢰의 표현; 9-13절, 탄원시; 14절, 신뢰; 15-18절, 구원의 간구; 19-24절, 감사와 찬양. 반복되는 단어가 이 인위적으로 모은 문집에서 여러 가지 유형의 내용을 함께 묶어주고 있다: 주님께 *피하오니*/주님께로 피하는 (1, 19절); *부끄러움* (1, 17절), *구원하여 주십시오* (2, 16절), 손 (5, 8, 15절), *한결같은 사랑*/*은총을 베푸심* (7, 16, 21절). 마무리짓는 구절은 주님을 기다리는 일에 필요한 힘과 용기를 권면한다 (27:14 참조). **31:1-3** 실제적으로 71:1-3과 동일하다. **31:5** 눅 23:46; 행 7:59에서 인용됨. **31:8** *평탄한 곳.* 4:1; 18:19; 118:5를 보라. **31:24** 주님을 기다리는 사람들아 히브리어 동사 *야칼*("기다리다")은 하나님의 도움과 구원에 대한 확실한 기대를 의미한다는 점을 제외하고는 실제로 27:14와 동일하다 (38:15; 69:3 참조; 또한 33:18, 22의 "소망"을 보라).

주님께서는
주님께로 피하는 사람들에게
복을 베푸십니다.
사람들이 보는 앞에서
복을 베푸십니다.
20 주님은 그들을
주님의 날개 그늘에 숨기시어
거짓말을 지어 헐뜯는 무리에게서
그들을 지켜 주시고,
그들을 안전한 곳에 감추시어
말다툼하는 자들에게서
건져 주셨습니다.

21 주님, 내가 주님을 찬양합니다.
내가 포위당했을 때에,
주님께서 나에게
놀라운 은총을 베푸셨기에,
내가 주님을 찬양합니다.
22 내가 포위되었을 그 때,
나는 놀란 나머지
"내가 이제 주님의 눈 밖에 났구나"
생각하며 좌절도 했지만,
주님께서는
내가 주님께 부르짖을 때에는,
내 간구를 들어주셨습니다.

23 주님을 믿는 성도들아,
너희 모두 주님을 사랑하여라.
주님께서
신실한 사람은 지켜 주시나,
거만한 사람은 가차없이 벌하신다.
24 주님을 기다리는 사람들아,
힘을 내어라.
용기를 내어라.

용서받은 기쁨

32 [다윗의 ㄱ)마스길]
1 복되어라!
거역한 죄 용서받고
허물을 벗은 그 사람!
2 주님께서 죄 없는 자로
여겨주시는 그 사람!
마음에 속임수가 없는 그 사람!
그는 복되고 복되다!

3 내가 입을 다물고
죄를 고백하지 않았을 때에는,
온종일 끊임없는 신음으로
내 뼈가 녹아 내렸습니다.
4 주님께서 밤낮 손으로
나를 짓누르셨기에,
나의 혀가
여름 가뭄에 풀 마르듯
말라 버렸습니다. (셀라)

5 드디어 나는 내 죄를 주님께 아뢰며
내 잘못을 덮어두지 않고
털어놓았습니다.
"내가 주님께 거역한
나의 죄를 고백합니다" 하였더니,
주님께서는
나의 죄악을
기꺼이 용서하셨습니다. (셀라)

6 경건한 사람이 고난을 받을 때에,
모두 주님께 기도하게 해주십시오.

ㄱ) 문학 또는 음악 용어

32:1-11 죄과의 용서 이 시편과 이와 같은 다른 시편(42편; 44—45; 52—55; 74; 78; 88—89편)의 제목에 나오는 *마스길의* 의미는 아마 "교훈적인 노래"(또는 훌륭한 "기술"을 보이는 기도, 대하 30:22)일 것이다. 이는 용서받은 사람의 "행복"에 대한 결론으로 시작된다 (1:1을 참조: 또한 900쪽 추가 설명: "아슈레이"를 보라). 하나님의 용서에 따른 기쁨에 대한 증언은 시편을 기교 있게 두 부분으로 나누는 이중 용어를 사용한다. 첫째 부분(1-5절)은 거역한 죄 (1, 5절), 1-5절, 지혜의 서두(1-2절)에 부분으로 나누는 이중의 용어를 사용한다. 첫째 부분 (1-5절)은 *죄* (1, 5절), *용서받고/덮어두지* (1, 5절), *죄/죄악* (1, 5절), *죄/잘못* (2, 5절) 등으로 정해지며; 둘째 부분(6-11절)은 *경건/한결같은 사랑* (히브리어, *헤세드*, 6, 10절) *홍수* (많은 물)/*많으나* (히브리어, *라바브*, 6, 10절) 등으로 정해진다. 본문 구분: 1-5절, 지혜의 서두(1-2절)에 이어 자서전 모양으로 나오는 감사 (3-5절); 6-11절, 하나님에 대한 증언(6-7절)에 이어 회중에 대한 마지막 격려가 나온다 (8-11절). 신실한 자들은 기도하고 (6절), 현재의 문맥에서 죄의 고백을 어리석게 피하는 것(3-4절)을 의미하는 고집스러운 저항을 버리라는 교훈을 받는다 (9절). 시편을 시작하는 이중의 *축복*(히브리어, *아슈레이*, 1-2절)은 구체적으로 하나님과의 침묵을 깨고, 고백하고, 용서받은 결과로 나온다 (1-5절). 교회의 전통은 이를 참회의 시편으로

고난이 홍수처럼 밀어닥쳐도,
그에게는 미치지 못할 것입니다.
7 주님은 나의 피난처,
나를 재난에서 지켜 주실 분!
주님께서 나를 보호하시니,
나는 소리 높여
주님의 구원을 노래하렵니다. (셀라)

8 주님께서 말씀하신다.
"네가 가야 할 길을 내가 너에게
지시하고 가르쳐 주마.
너를 눈여겨 보며
너의 조언자가 되어 주겠다."
9 "너희는 재갈과 굴레를 씌워야만
잡아 둘 수 있는
분별없는 노새나 말처럼
되지 말아라."

10 악한 자에게는 고통이 많으나,
주님을 의지하는 사람에게는
한결같은 사랑이 넘친다.
11 의인들아,
너희는 주님을 생각하며,
즐거워하고 기뻐하여라.
정직한 사람들아,
너희는 다 함께 기뻐 환호하여라.

주님을 찬양하는 노래

33 1 의인들아,
너희는 주님을 생각하며
기뻐하여라.
정직한 사람들아,
찬양은,
너희가 마땅히 해야 할 일이다.
2 수금을 타면서,
주님을 찬양하여라.
열 줄 거문고를 타면서,
주님께 노래하여라.
3 새 노래로 주님을 찬양하면서,
아름답게 연주하여라.

4 주님의 말씀은 언제나 올바르며,
그 하시는 일은 언제나 진실하다.
5 주님은 정의와 공의를
사랑하시는 분,
주님의 한결같은 사랑이
온 땅에 가득하구나.

6 주님은 말씀으로 하늘을 지으시고,
입김으로 모든 별을 만드셨다.
7 주님은 바닷물을 모아
ㄱ)독에 담으셨고
그 깊은 물을 모아
창고 속에 넣어 두셨다.

8 온 땅아, 주님을 두려워하여라.
세상 모든 사람아,
주님을 경외하여라.
9 한 마디 주님의 말씀으로
모든 것이 생기고,
주님의 명령 한 마디로
모든 것이 견고하게
제자리를 잡았다.

ㄱ) 또는 '무더기로 쌓아 놓으셨고'

열거한다 (시 6편 참조; 959쪽 추가 설명: "참회의 시"를 보라). **32:9** 잠 26:3을 참조.

33:1-22 새 노래 내용 면에서 그리고 제목이 나오지 않는다는 점을 보면 (시 1편 참조), 천지의 창조주와 역사의 주님에 대하여 *의인과 정직한 사람* (1절)이 하는 이 긴 공동체의 찬양시는 똑같은 사람들에게 *기뻐하여라* 초청하는 것으로 끝나는 시 32편을 보완하고 있다는 것을 알게 된다 (32:11; 33:11 참조). 본문 구분: 1-3절, 찬양으로 부름; 4-19절, 하나님의 말씀 (4-9절), 뭇 나라 (10-12절), 그리고 눈 곧 주의 깊은 관찰 (13-15절, 18-19절), 그와 대조되는 헛된 인간의 힘 (16-17절); 20-22절, 주님에 대하여 기꺼이 드리는 신뢰에 대한 공동체의 고백 (32:11참조). 창조의 질서(5-9절)와 역사(10-19절)가 하나님의 *말씀*(히브리어, *다바르*, 4, 6절)과 효과적인 *역사*(4절, 6절의 히브리어, *아사*, *하다/만들다* 참조)에 대하여 증언한다. *행복*(12절; 32:1 참조)한 이들은 주님의 *한결같은 사랑*을 소망하는 이들이다 (22절; 31:16; 32:10 참조). **33:1-2** 97:12; 98:5; 147:7을 참조. **33:2-3** 악기(92:3; 150:3-5 참조)가 즐거이 *새 노래*의 소리를 낸다 (40:3; 96:1; 98:1; 144:9; 149:1 참조). *아름답게* (히브리어, 야타브) 연주하다는 직역하면 "잘" 연주한다는 뜻이다; 시 32편의 제목 참조. **33:20** *주님을 기다립니다.* 히브리어 단어 *히카*에는 "기다리다" 또는 "찾다" 라는 의미가 있다 (106:13 참조). 주로 "기다리다"로 번역되는, 다른 어근의 말, *야할*(시 31:24 참조)은 18절과 22절에 나오는 "사모하는, 기다립니다"에 담긴 말이다.

10 주님은, 뭇 나라의 도모를 흩으시고,
뭇 민족의 계획을 무효로 돌리신다.
11 주님의 모략은
영원히 흔들리지 않으며,
마음에 품으신 뜻은
대대로 끊어지지 않는다.
12 주님이
그들의 하나님이 되시기로 한 나라
곧 주 하나님이
그의 기업으로 선택한 백성은
복이 있다.

13 주님은 하늘에서 굽어보시며,
사람들을 낱낱이 살펴보신다.
14 계시는 그 곳에서
땅 위에 사는 사람을 지켜 보신다.
15 주님은 사람의 마음을 지으신 분,
사람의 행위를
모두 아시는 분이시다.
16 군대가 많다고 해서
왕이 나라를 구하는 것은 아니며,
힘이 세다고 해서
용사가
제 목숨을 건지는 것은 아니다.
17 나라를 구하는 데
군마가 필요한 것은 아니며,
목숨을 건지는 데
많은 군대가 필요한 것은 아니다.
18 그렇다.
주님의 눈은
주님을 경외하는 사람들을
살펴보시며,
한결같은 사랑을 사모하는 사람들을
살펴보시고,
19 그들의 목숨을
죽을 자리에서 건져내시고,
굶주릴 때에 살려 주신다.

20 주님은 우리의 구원자이시요,
우리의 방패이시니,
우리가 주님을 기다립니다.
21 우리가 그 거룩한 이름을
의지하기에
우리 마음이 그분 때문에 기쁩니다.
22 우리는 주님을 기다립니다.
주님, 우리에게
주님의 한결같은 사랑을
베풀어 주십시오.

주님을 공경하라

34 ㄱ) [아비멜렉 앞에서 미친 체하다가, 쫓겨
나서 지은 다윗의 시]
1 내가 주님을
늘 찬양할 것이니,
주님을 찬양하는 노랫소리,
내 입에서 그치지 않을 것이다.
2 나 오직 주님만을 자랑할 것이니,
비천한 사람들아, 듣고서 기뻐하여라.
3 나와 함께 주님을 높이자.
모두 함께 그 이름을 기리자.

4 내가 주님을 간절히 찾았더니,
주님께서 나에게 응답하시고,
내 모든 두려움에서
나를 건져내셨다.

ㄱ) 각 절의 첫 글자가 히브리어 자음 문자 순서로 되어 있는 시

34:1-22 맛보고 보라 34장은 알파벳 시로 하나님의 선하심에 대한 지혜의 가르침이다 (하나님께 직접 드리는 말씀이 없다). 제목은 다윗의 광기에 대한 증인이 아비멜렉이 아니라 아히스인 삼상 21:10-15에 나오는 장면을 가리킨다. 알파벳에서 (5절에 이어서 나와야 하는, 25:5c 참조) 히브리어 철자 와우가 생략되었으며, 알파벳 구조의 일부가 아닌 마지막 행을 더한다 (22절; 25:22 참조). 본문 구분: 1-10절, 찬양과 감사의 증언; 11-12절, 지혜의 묵상. 반복하여 나오는 단어가 이 알파벳 시의 특징이며 동시에 시를 함께 묶고 있다: *듣다* (히브리어, *샤마으*, 2절, 6절, 11절, 17절); *건지다* (히브리어, *나짤*, 4절, 17절, 19절); *신실/부족함이 없다/좋다/선하다* (8절, 10절, 12절, 14절); 그리고 제일 중요한 *경외* (7절, 9ab절, 11절) 등. *의인*(15, 17, 19, 21절)은 환난에서 면제된 것이 아니며 하나님의 가까움과 구원을 알고 있다. 시편 기자는 하나님의 구원에 대한 개인적인 감사(4-6절 참조)와 하나님의 구원에 대한 공동체의 교훈(17-19절)을 제시한다. **34:1-10** 1-3절은 하나님을 찬양하는 시편 기자의 행적(1-2절)에 대하여 이야기하고 다른 이들에게 하나님의 이름을 찬미하라고 명령한다 (3절); 4-10절은 *구원받은* 경험에 대하여 이야기하고 (4절, 7절), 다른 이들을 그러한 행복에 초대한다 (히브리어, *아슈레이*; 1:1과 900쪽 추가 설명: "아슈레이"를 보라). 하나님은 주님을 경외하는 자들이 (7, 9ab절 참조)

5 주님을 우러러보아라.
네 얼굴에 기쁨이 넘치고
너는 수치를 당하지 않을 것이다.
6 이 비천한 몸도 부르짖었더니,
주님께서 들으시고,
온갖 재난에서 구원해 주셨다.
7 주님의 천사가
주님을 경외하는 사람을 둘러
진을 치고,
그들을 건져 주신다.

8 너희는
주님의 신실하심을 깨달아라.
주님을 피난처로 삼는 사람은
큰 복을 받는다.
9 주님을 믿는 성도들아,
그를 경외하여라.
그를 경외하는 사람에게는,
아무런 부족함이 없을 것이다.
10 젊은 사자들은
먹이를 잃고 굶주릴 수 있으나,
주님을 찾는 사람은 복이 있어
아무런 부족함이 없을 것이다.

11 젊은이들아, 와서 내 말을 들어라.
주님을 경외하는 길을
너희에게 가르쳐 주겠다.
12 인생을 즐겁게 지내고자 하는 사람,
그 사람은 누구냐?
좋은 일을 보면서
오래 살고 싶은 사람,
그 사람은 또 누구냐?

13 네 혀로 악한 말을 하지 말며,
네 입술로 거짓말을 하지 말아라.
14 악한 일은 피하고,
선한 일만 하여라.
평화를 찾기까지,
있는 힘을 다하여라.

15 주님의 눈은
의로운 사람을 살피시며,
주님의 귀는
그들이 부르짖는 소리를 들으신다.
16 주님의 얼굴은
악한 일을 하는 자를 노려보시며,
그들에 대한 기억을
이 땅에서 지워 버리신다.
17 의인이 부르짖으면
주님께서 반드시 들어 주시고,
그 모든 재난에서
반드시 건져 주신다.
18 주님은,
마음 상한 사람에게 가까이 계시고,
낙심한 사람을 구원해 주신다.

19 의로운 사람에게는 고난이 많지만,
주님께서는
그 모든 고난에서 그를 건져 주신다.
20 뼈마디 하나하나 모두 지켜 주시니,
어느 것 하나도 부러지지 않는다.
21 악인은 그 악함 때문에
끝내 죽음을 맞고,
의인을 미워하는 사람은,
반드시 마땅한 벌을 받을 것이다.

아무것도 부족함이 없도록 하여 주시며 피난처와 구원을 베푸신다. **34:7** 하나님을 나타내고 메시지를 전하는 출애굽에서 나오는 인물인 *주님의 천사*는, 시편에서 여기와 35:5-6에서만 나온다 (출 14:19; 23:20; 33:2 참조). **34:8** *깨달아라.* 이 말씀은 하나님의 베푸심을 인식하는 이중으로 된 초청의 명령문이다 (잠 31:18 참조). **34:10** 보통 혼자서 충분히 사냥을 할 수 있는 (사 5:29 참조) *어린 사자의* 배고픔과, 하나님과의 올바른 관계를 적극 추구하는 이들이 받는 만족을 대조하면서 하나님의 돌보심을 예시하고 있다. 칠십인역은 *힘있는 자*로 읽어서, 주님을 구하는 이는 아무것도 부족한 것이 없는 반면 *부자*는 굶주린다는 말로 대조를 이룬다. **34:11-12** 11-14절은 말을 삼가서 하고 (13-14절; 141:3 참조) 평화를 추구하는, 악에서 떠나서 선을 행하는 (37:27; 암 5:14 참조) 이들에게 *주님을 경외하는 길*(11절)이 *오래 살게* (12절) 하는 길에 이르게 한다는 교훈을 준다. 15-22절은 하나님이 의인에게 상을 주시고 악행하는 자들에게 벌을 내리신다는 것을 기록한다. **34:15** *주님의 눈.* 하나님이 주의해서 보심을 강조하고 (32:8; 33:18 참조), *눈, 얼굴* (16절), *입/응답* (4절); *뼈*를 보존할 수 있는 능력 (20절) 등을 강조한다. **34:20** 요 19:3-6을 참조.

35:1-28 구원 이 개인적인 기도는 하나님의 도우심을 구하는 간구(1-3, 17, 22-25절)로 비중을 차지하는데, 이 간구는 원수에 대한 간구이며 (4-6, 8, 19, 26절), 또 개인적인 위기에 대한 탄원이며 (7, 11-12

22 주님은
주님의 종들의 목숨을 건져 주시니,
그를 피난처로 삼는 사람은,
정죄를 받지 않을 것이다.

원수에게서 보호해주실 것을 구하는 기도

35 [다윗의 시]
1 주님,
나와 다투는 자와 다투시고,
나와 싸우는 자와 싸워 주십시오.
2 큰 방패와 작은 방패를 잡으시고,
일어나 나를 도와주십시오.
3 창과 단창을 뽑으셔서
나를 추격하는 자들을 막아 주시고,
나에게는 "내가 너를 구원하겠다"
하고 말씀하여 주십시오.

4 내 목숨 노리는 자들을
부끄러워 무색케 하시고,
나를 해치려는 자들도 뒤로 물러나
수치를 당하게 하여 주십시오.
5 그들을
바람에 날리는 겨처럼 흩으시고,
주님의 천사에게서
쫓겨나게 하여 주십시오.
6 그들이 가는 길을
어둡고 미끄럽게 하시어,
주님의 천사가
그들을 추격하게 해주십시오.

7 몰래 그물을 치고 구덩이를 파며,
이유 없이
내 생명을 빼앗으려는 저 사람들,
8 저 사람들에게
멸망이 순식간에 닥치게 하시고,
자기가 친 그물에 자기가 걸려서
스스로 멸망하게 해주십시오.

9 그 때에 내 영혼이 주님을 기뻐하며,
주님의 구원을 크게 즐거워할 것이다.
10 "주님, 주님과 같은 분이 누굽니까?
주님은
약한 사람을
강한 자에게서 건지시며,
가난한 사람과 억압을 받는 사람을
약탈하는 자들에게서 건지십니다.
이것은 나의 뼈 속에서 나오는
고백입니다."

11 거짓 증인들이 일어나서,
내가 알지도 못하는 일을
캐묻는구나.
12 그들이 나에게 선을 악으로 갚다니!
내 영혼을 이토록 외롭게 하다니!
13 그들이 병들었을 때에,
나는 굵은 베 옷을 걸치고,
나를 낮추어 금식하며 기도했건만!
오, 내 기도가 응답되지 않았더라면
더 좋았을 텐데!
14 친구나 친척에게 하듯이
나는 그들의 아픔을 함께 아파하고,
모친상을 당한 사람처럼
상복을 입고
몸을 굽혀서 애도하였다.
15 그러나 정작 내가 환난을 당할 때에,
오히려 그들은 모여서 기뻐 떠들고,
폭력배들이 내 주위에 모여서는
순식간에 나를 치고,
쉴새 없이 나를 찢었다.

절, 15-16, 20-21절), 무죄함의 표현 (13-14절), 지지하는 이들을 위한 기도 (27절), 그리고 요지에 위치한 하나님을 찬양하겠다는 세 가지 서약이다 (9-10절, 18절, 28절). 이 시편은 세 부분으로 나누어지며, 각기 서약으로 마무리 짓는다: 1-10절, 시편 기자에 대하여 비밀리에 악을 계획하는 이들에 대항하며; 11-18절, 악의를 품은 증인에 대항하며; 19-28절, 배신하고 거짓된 이들에 대항한다 (23-24절의 법적 용어를 주지). 사회적으로나 법적으로 어려움을 당하는 것에 대하여 도움을 구하는 이 기도는, 강력한 자기 방어와 자기 칭찬을 제시한다 (13-14절 참조). 마무리 짓는 절(26-28절)은 40:14-16과 가까운 평행을 보이며 시편 35—40편이 함께 묶인 모음인 것을 나타낼지 모른다. **35:5-6** *주님의 천사.* 여기와 34:7에만 언급된 인물. **35:10** *뼈.* 이 단어는 22:14, 17; 31:10; 34:20을 반영한다. **35:13** *굵은 베옷.* 슬픔을 나타내는 표시로 입는 불분명한 디자인의 옷 (창 37:34; 삼하 3:31; 시 30:11; 69:11; 욜 1:13 참조). 거친 옷감으로 만들어지고, 아마 어두운 색깔의 옷이었을 것이다 (사 50:3; 계 6:12 참조). **35:14** 어머니는 히브리어 시의 특징적인 모습으로 친구나 형제와 짝을 이룬다 (27:10; 50:20; 109:14 참조). "어머니"에 대한 시편의 열두 번의 언급은 잉태와 탄생과 육아와

16 ㄱ)장애자를 조롱하는
망령된 자와 같이
그들은 나를 조롱하고 비웃으며,
나를 보고 이를 갈았다.

17 주님,
언제까지 보고만 계시렵니까?
내 목숨을
저 살인자들에게서 건져 주십시오.
하나밖에 없는 이 생명을
저 사자들에게서 지켜 주십시오.
18 나는 큰 회중 가운데서
주님께 감사를 드리며,
나는 수많은 백성 가운데서
주님을 찬송하렵니다.

19 거짓말쟁이 원수들이
나를 이겼다면서
기뻐하지 못하게 해주십시오.
까닭 없이 나를 미워하는 자들이
서로 눈짓을 주고받으며
즐거워하지 못하게 해주십시오.

20 그들은 평화에 대해
말하는 법이 없습니다.
평화롭게 사는 백성을
거짓말로 모해합니다.
21 그들은 입을 크게 벌려
"하하!" 하고 웃으면서
"우리가 두 눈으로
그가 저지르는 잘못을
똑똑히 보았다"
하고 위증합니다.

22 주님, 주님께서 친히 보셨으니,
가만히 계시지 마십시오.
주님, 나를 멀리하지 마십시오.
23 나의 하나님, 나의 주님,
분발하여 일어나셔서,
재판을 여시고
시비를 가려 주십시오.
24 주님, 나의 하나님,
주님의 공의로 나에게 공정한 판결을
내려 주십시오.
그들이 나를 이겼다고 하면서
기뻐하지 못하게 해주십시오.
25 그들이 마음 속으로
"하하, 우리의 소원이 이루어졌구나"
하고 고소해하지 못하게 해주십시오.
"드디어 우리가 그를 삼켜 버렸지"
하고 말하지도 못하게 해주십시오.

26 나의 불행을 기뻐하는 저 사람들은,
다 함께 수치를 당하고
창피를 당하고 말 것이다.
나를 보고서 우쭐대는 저 사람들은,
수치와 창피를 당할 것이다.
27 그러나 내가 받은 무죄 판결을
기뻐하는 자들은
즐거이 노래하면서 기뻐할 것이다.
그들은 쉬지 않고,
"주님은 위대하시다.
그를 섬기는 사람에게
기꺼이 평화를 주시는 분이시다"
하고 말할 것이다.
28 내 혀로
주님의 의를 선포하겠습니다.
온종일 주님을 찬양하겠습니다.

인간의 사악함과 하나님의 선하심

36 [지휘자를 따라 부르는 주님의 종 다윗의 노래]
1 악인의 마음 깊은 곳에는
반역의 충동만 있어,
그의 눈에는
하나님을 두려워하는 기색이
조금도 없습니다.
2 그의 눈빛은

ㄱ) 칠십인역을 따름. 히, '경건하지 못한 조롱자들의 무리와 같이'

연결되어 있다 (22:9-10; 51:5; 69:8; 71:6; 113:9; 113:2; 139:13 참조).

36:1-12 생명과 빛 악인의 성격과 근본적인 성향에 대한 개인의 묵상(4절: 1-4 절 참조)에 이어 하나님에게 드리는 찬송의 말씀 (5-9절), 그리고 악행하는 자들에게서 보호하여 달라는 간구 (10-11절), 그리고 그들의 몰락에 대한 주장이 나온다(12절). 주님의 *한결같은 사랑*(히브리어, *헤세드*, 5절, 7절, 10절 참조)과 *의*(히브리어, *쩨데크*, 6, 10절)에 대한 묘사와 찬양이, 결국 *넘어지고, 일어나지 못하는* (12절) 악인의 현실에 둘러싸

지나치게 의기 양양하고,
제 잘못을 찾아내 버릴 생각은
전혀 없습니다.
3 그의 입에서 나오는 말이란
사기와 속임수뿐이니,
슬기를 짜내어서 좋은 일을 하기는
이미 틀렸습니다.
4 잠자리에 들어서도
남 속일 궁리나 하고,
범죄의 길을 고집하며,
한사코
악을 버리려고 하지 않습니다.

5 주님,
주님의 한결같은 사랑은
하늘에 가득 차 있고,
주님의 미쁘심은
궁창에 사무쳐 있습니다.
6 주님의 의로우심은
우람한 산줄기와 같고,
주님의 공평하심은
깊고 깊은 심연과도 같습니다.
주님, 주님은
사람과 짐승을 똑같이 돌보십니다.

7 하나님,
주님의 한결같은 사랑이
어찌 그리 값집니까?
사람들이 주님의 날개 그늘 아래로
피하여 숨습니다.
8 주님의 집에 있는 기름진 것으로
그들이 배불리 먹고,
주님이 그들에게 주님의 시내에서
단물을 마시게 합니다.
9 생명의 샘이 주님께 있습니다.
우리는 주님의 빛을 받아
환히 열린 미래를 봅니다.

10 주님을 사랑하는 사람들에게는,
주님께서 친히
한결같은 사랑을 베풀어 주십시오.
마음이 정직한 사람에게는,
주님의 의를
변함없이 베풀어 주십시오.
11 오만한 자들이
발로 나를 짓밟지 못하게 하시고,
악한 자들이 손으로 나를
휘두르지 못하게 하여 주십시오.

12 그 때에
악을 일삼는 자들은 넘어지고,
넘어져서, 다시는 일어나지 못한다.

주님을 신뢰하라

37 ㄱ) [다윗의 시]
1 악한 자들이 잘 된다고 해서
속상해하지 말며,
불의한 자들이 잘 산다고 해서
시새워하지 말아라.
2 그들은 풀처럼 빨리 시들고,
푸성귀처럼 사그라지고 만다.

ㄱ) 각 연의 첫 글자가 히브리어 자음 문자 순서로 되어 있는 시

여 있으나 그로 넘어지지 않는다 (1절, 11절). 악인의 악한 길과 하나님의 *헤세드*를 대조해 보면, 하나님의 임재가 *생명의 샘*이며 계시를 주는 빛이라는 고백(9절)에 다다르게 된다. 본문 구분: 1-4절, 악인; 5-9절, 찬양; 10-12절, 간구. **36:1** *마음*(1003쪽 추가 설명: "마음"을 보라)에 하나님을 두려워하는 기색이 조금도 없다는 것은 *반역*(히브리어, *페샤으*)의 근원이다. 히브리어는 직역하면 "죄의 말씀" 또는 아마도 "죄가 말하기를"(히브리어, *너움-페샤으*)이라는 말로, 이는 구약성경에 유례가 없는 것이다. 죄악이 보통 하나님이나 예언자가 하는 역할을 이행한다. 개역개정은 너움을 동사로 읽고 "악인의 죄가 그의 마음 속으로 이르기를"이라고 번역한다. **36:6** 하나님은 사람과 동물을 같이 구원하신다. **36:7** *주님의 날개 그늘 아래.* 하나님의 섭리에 대한 비유로, 아마 성전의 피난처의 역할을 가리키는 것 같다 (17:8 참조). **36:9** *생명의 샘*은 생명수와 연관된 비유이다 (렘 2:13; 17:13; 또 시 68:26; 잠 10:11; 13:14; 14:27; 16:22 참조). 하나님에게서 생명과 빛이 온다. *우리는 주님의 빛을 받아 환히 열린 미래를 봅니다*는 하나님의 은혜와 구원과 구제와 어둠에 대한 반대를 포함하는 시적인 장황한 표현이다.

37:1-40 근심하지 말라 이 교훈의 알파벳 시(시 9—10편 참조)는 다른 지혜 문서와 시편과 공통된 어휘와 주제를 가지고 있다. *속상해 하지 말아라* 반복된 명령(1, 7-8절)은 나이가 더 많은 사람(25절)이 근심으로 고통하는 사람에게 하는 말이다. 히브리어 알파벳의 연결은 대충 두 절마다 첫 글자를 따른다 (각 절이 그 다음 글자로 시작되는 25절, 34편 참조). 다섯 가지 패턴이 두드러진다: 야훼의 하나님의 이름이 세 개의 묶음으로 다섯 번씩 나온다 (3, 4, 5, 7, 9절; 17, 18, 20, 23, 24

3 주님만 의지하고,
선을 행하여라.
이 땅에서 사는 동안 성실히 살아라.
4 기쁨은 오직 주님에게서 찾아라.
주님께서
네 마음의 소원을 들어주신다.

5 네 갈 길을 주님께 맡기고,
주님만 의지하여라.
주님께서 이루어 주실 것이다.
6 너의 의를 빛과 같이,
너의 공의를
한낮의 햇살처럼
빛나게 하실 것이다.

7 잠잠히 주님을 바라고,
주님만을 애타게 찾아라.
가는 길이
언제나 평탄하다고
자랑하는 자들과,
악한 계획도
언제나 이룰 수 있다는 자들 때문에
마음 상해 하지 말아라.

8 노여움을 버려라.
격분을 가라앉혀라.
불평하지 말아라.
이런 것들은
오히려 악으로 기울어질 뿐이다.
9 진실로 악한 자들은
뿌리째 뽑히고 말 것이다.
그러나 주님을 기다리는 사람들은
반드시 땅을 물려받을 것이다.

10 조금만 더 참아라.
악인은 멸망하고야 만다.
아무리 그 있던 자취를 찾아보아도
그는 이미 없을 것이다.
11 겸손한 사람들이 오히려
땅을 차지할 것이며,
그들이 크게 기뻐하면서
평화를 누릴 것이다.

12 악인이 의인을 모해하며,
그를 보고 이를 갈지라도,
13 주님은
오히려 악인을 비웃으실 것이니,
악인의 끝날이 다가옴을
이미 아시기 때문이다.

14 악인들은 칼을 뽑아 치켜들고,
또 활을 당겨서,
비천하고 가난한 사람들을
쓰러뜨리며,
자기 길을 똑바로 걷는 사람을
죽이려고 하지만,
15 그 칼에
오히려 자기 가슴만 뚫릴 것이니,
그 활도 꺾이고야 말 것이다.

16 의인의 하찮은 소유가
악인의 많은 재산보다 나으니,
17 악인의 팔은 부러지지만,
의인은 주님께서 붙들어 주신다.

18 흠 없는 사람의 나날은
주님께서 보살펴 주시니,
그 유산은 대대로 이어지고,
19 재난을 당할 때에도
부끄러움을 당하지 않고,
기근이 들 때에도
굶주리지 않는다.

20 그러나 악인들은 패망할 것이니,
주님의 원수들은
기름진 풀밭이 시들어 불타듯이,
불타 없어질 것이니,
연기처럼 사라질 것이다.

21 악인은 빌리기만 하고 갚지 않으나,

절; 28, 33, 34, 39, 40절). 악인(10-40절; 36:1, 11 참조)은 *끊어질 것이다* (히브리어, *카라트*) 라는 말이 다섯 번 나온다 (22, 28; 9, 34절의 "뿌리째 뽑히고"; 38절의 "멸망"). 의인(12-39절; 34편 참조)은 다섯 번 하나님의 축복의 비유로 *땅을 물려받는다/차지할 것이다* (9, 11, 22, 29, 34절). 지혜와 정의와 토라의 준수(30-31절)는 보응과 사함의 결과를 가져온다. 하나님은 악인이 일시적으로 성공하여도 (10절) 신뢰(3, 5절)를 부탁하시는 모습으로 다스리신다. 자서전적인 말을 살펴보면 요동되지 않는 시편 기자는 나이가 더 많은 사람(25절; 잠 24:30-34 참조)인 것을 알 수 있는데, 이 사람은 선을 행하는 것으로 만족해 하며 (3, 27절; 34:14;

의인은 은혜를 베풀고 거저 준다.
22 주님께서 베푸시는 복을
받은 사람은
땅을 차지하게 되지만,
주님의 저주를 받은 자들은
땅에서 끊어질 것이다.

23 우리가 걷는 길이
주님께서 기뻐하시는 길이면,
우리의 발걸음을
주님께서 지켜 주시고,
24 어쩌다 비틀거려도
주님께서 우리의 손을 잡아 주시니,
넘어지지 않는다.

25 나는 젊어서나 늙어서나,
의인이 버림받는 것과
그의 자손이 구걸하는 것을
보지 못하였다.
26 그런 사람은 언제나 은혜를 베풀고,
꾸어 주면서 살아가니,
그의 자손은 큰 복을 받는다.

27 악한 일 피하고,
선한 일 힘쓰면,
이 땅에서 길이길이 살 것이니,
28 주님께서는 공의를 사랑하시고,
그의 성도들을 돌보시기 때문이다.
그들은 영원토록 보호를 받으나,
악인의 자손은 끊어질 것이다.
29 의인은 땅을 차지하고,
언제나 거기에서 살 것이다.

30 의인의 입은 지혜를 말하고,
그의 혀는 공의를 말한다.
31 그의 마음 속에 하나님의 법이 있으니,
그의 발걸음이 흔들리지 않는다.

32 악인이 의인을 엿보며
그를 죽일 기회를 노리지만,
33 주님은 의인을
악인의 손아귀에
버려 두지 않으시며,
판결을 내리실 때에
의인에게
유죄를 선고하지 않으실 것이다.

34 주님을 기다리며,
주님의 법도를 지켜라.
주님께서 너를 높여 주시어
땅을 차지하게 하실 것이니,
악인들이 뿌리째 뽑히는 모습을
네가 보게 될 것이다.

35 악인의 큰 세력을 내가 보니,
본고장에서 자란 나무가
그 무성한 잎을 뽐내듯 하지만,
36 한순간이 지나고 다시 보니,
흔적조차 사라져,
아무리 찾아도
그 모습 찾아볼 길 없더라.

37 흠 없는 사람을 지켜 보고,
정직한 사람을 눈여겨 보아라.
평화를 사랑하는 사람에게는
ㄱ)미래가 있으나,
38 범죄자들은 함께 멸망할 것이니,
악한 자들은
ㄴ)미래가 없을 것이다.

39 의인의 구원은 주님께로부터 오며,
재난을 받을 때에, 주님은
그들의 피난처가 되신다.

ㄱ) 또는 '자손이 번성할 것이나' ㄴ) 또는 '자손이'

36:3 참조), 삶에서 *주님을 기다리라는* (7절의 히브리어 *야칼*; 9, 34절의 *카바*; 27:14와 31:24 참조) 이들에게 궁극적인 보상이 있다는 것을 증언하는 것으로 만족해 한다. 이 중용의 길은 지혜 전승과 예언문학의 대부분(렘 2장; 겔 18장)과 긴밀히 연관된 것으로, 시 49편에 제시된 부에 대한 경시와 하늘이나 땅의 그 어느 것도 하나님과 비교할 수 없다는 시 73편의 찬란한 지혜와 대조된다. 본문 구분: 1-11절, 권고와 이유; 12-26절, 의인과 악인의 대조; 27-40절, 권고와 이유. **37:7** 인내를 권하는 잠언. **37:14-15** 다른 이에게 행한 악은 악인에게 돌아오고, 악인은 자기 자신의 칼로 벌을 받는다.

38:1-22 아프다 세 번째의 참회의 시 (또한 시 6편; 32편을 보라). 38편은 개인의 병 (아마도 피부병 중에 하나인 나병환자), 개인의 죄, 배신한 친구, 원수들에게 관해서 하나님에게 간구하는 기도이다 (959쪽 추가 설명: "참회의 시"를 보라). *기념 예배에서 읊는 다윗*

40 주님이 그들을 도우셔서
구원하여 주신다.
그들이 주님을 피난처로 삼았기에,
그들을 악한 자들에게서 건져내셔서
구원하여 주신다.

환난을 당할 때의 기도

38 [기념 예배에서 읊는 다윗의 시]
1 주님의 분노로
나를 책망하지 마시고,
주님의 진노로
나를 벌하지 말아 주십시오.
2 아, 주님의 화살이 나를 꿰뚫으며,
주님의 손이 나를 짓누릅니다.

3 주님께서 노하시므로,
나의 살에는 성한 곳이 없습니다.
내가 지은 죄 때문에,
나의 뼈에도 성한 데가 없습니다.
4 내 죄의 벌이 나를 짓누르니,
이 무거운 짐을
내가 더는 견딜 수 없습니다.

5 내 몸의 상처가 곪아터져
악취를 내니
이 모두가
나의 어리석음 때문입니다.
6 더 떨어질 데 없이
무너져 내린 이 몸,
온종일 슬픔에 잠겨 있습니다.
7 허리에 열기가 가득하니,
이 몸에 성한 데라고는
하나도 없습니다.
8 이 몸이 이토록 쇠약하여
이지러졌기에,
가슴이 미어지도록
신음하며 울부짖습니다.

9 아, 주님,
나의 모든 탄원,
주님께서 다 아십니다.
나의 모든 탄식,
주님 앞에 숨길 수 없습니다.
10 심장은 거칠게 뛰고,
기력은 다 빠지고,
눈조차 빛을 잃고 말았습니다.
11 나의 사랑하는 자와 친구들이
내 상처를 바라보곤 비켜섭니다.
가족들마저 나를 멀리합니다.

12 내 목숨을 노리는 자들이
올무를 놓고,
내 불행을 바라는 자들이
악담을 퍼부으며,
온종일 해칠 일을 모의합니다.

13 그러나 나는
아예 귀머거리가 되어 듣지 않았고,
벙어리가 되어 입을 열지 않았습니다.
14 참으로 나는
듣지 못하는 사람처럼 되었고,
입은 있어도,
항변할 말이 없는 사람처럼
되었습니다.

15 주님, 내가 기다린 분은
오직 주님이십니다.
나의 주, 나의 하나님,
나에게 친히 대답하여 주실 분도
오직 주님이십니다.

16 내가 재난에 빠져 있을 때에

의 시. 이 제목(시 70편 참조)은 직역하면 "기억나게 하다" 라는 뜻으로, 다른 곳에서는 곡식과 향의 번제를 가리키며 (레 2:2; 5:12; 24:5-9), 아마 어떤 예배의 지침인지도 모른다. 하나님에게 드리는 말씀(38:1-2, 9, 15, 21-22)이 수치에 대한 묘사와 번갈아 가며 나온다 (3-8절, 10-14절, 16-20절). 인간의 죄악이 신체적인 고통 (3-5절), 친구와 이웃으로부터의 유리 (11절), 하나님의 부재 (15절, 21절) 등과 연관되어 있다. 하나님의 소망 (15-26절), 그리고 고백과 참회(18절)에도 불구하고, 경감되지 아니하는 고통과 거리감과 침묵이 하나님의 관심을 구하는 (21-22절) 시편 기자를 고립시킨다. 기도는 그와 같이 모든 이에게 심지어는 하나님에게 버림을 받은 사람에게는 평생의 일이다. 본문 구분: 1-2절, 간구와 탄원시; 3-8절, 개인적인 위험에 대한 묘사; 9절, 하나님이 기도를 들어주신다는 인정; 10-14절, 위험에 대한 묘사; 15절, 확신의 고백; 16-20절, 위험의 묘사; 21-22절, 하나님의 도움과 임재를 구하는 간구. **38:1** 질병을 하나님의 훈련으로 여긴다는 점에서 6:1과 거의 동일하다. **38:2** 하나님의 *화살*은 가나안의 질병의 신인 활 쏘는 레쉐프(Resheph)와 연

주님께 기도하였습니다.
"내 원수들이
나를 비웃지 못하게 하시고,
나의 발이
힘을 잃고 비틀거릴 때에도,
그들이 나를 보고
우쭐거리지 못하게 해주십시오."
17 나는 곧 쓰러질 것 같으며,
고통은 잠시도
나를 떠나지 않습니다.
18 진정으로 나는
나의 잘못을 털어놓고,
나의 죄 때문에 괴로워하지만,
19 강력한 나의 원수들은
점점 많아지기만 하고,
나를 까닭 없이 미워하는 자들도
점점 불어나기만 합니다.
20 나의 선을 악으로 갚는 저 사람들은,
내가 그들의 유익을 도모할 때,
오히려 나를 대적합니다.

21 주님, 나를 버리지 말아 주십시오.
나의 하나님,
나를 멀리하지 말아 주십시오.
22 빨리 나를 구원하여 주십시오,
나를 구원하시는 주님!

용서를 비는 기도

39

[여두둔의 지휘를 따라 부르는 다윗의 노래]

1 내가 속으로 다짐하였다.
"나의 길을 내가 지켜서,
내 혀로는 죄를 짓지 말아야지.
악한 자가 내 앞에 있는 동안에는,
나의 입에 재갈을 물려야지."
2 그래서 나는 입을 다물고,
아무 말도 하지 않았다.
심지어 좋은 말도 하지 않았더니,
걱정 근심만 더욱더 깊어 갔다.
3 가슴 속 깊은 데서
뜨거운 열기가 치솟고
생각하면 할수록
울화가 치밀어 올라서
주님께 아뢰지 않고는
견딜 수 없었다.
4 "주님 알려 주십시오.
내 인생의 끝이 언제입니까?
내가 얼마나 더 살 수 있습니까?
나의 일생이
얼마나 덧없이 지나가는 것인지를
말씀해 주십시오."
5 주님께서 나에게
한 뼘 길이밖에 안 되는 날을
주셨으니,
내 일생이 주님 앞에서는
없는 것이나 같습니다.
진실로 모든 것은 헛되고,
인생의 전성기조차도
한낱 입김에 지나지 않습니다. (셀라)
6 걸어다닌다고는 하지만,
그 한평생이
실로 한오라기 그림자일 뿐,
재산을 늘리는 일조차도
다 허사입니다.
장차 그것을
거두어들일 사람이 누구일지는
아무도 모르는 일입니다.

7 그러므로 주님,
이제, 내가 무엇을 바라겠습니까?
내 희망은 오직 주님뿐입니다.
8 내가 지은 그 모든 죄악에서

관된다. **38:15** *기다리다* (히브리어, *야할*) 라는 말은 하나님의 도움을 구하는 호소이다 (31:24 참조).

39:1-13 나를 혼자 내버려 두소서 제목에는 대상 16:14-22; 25:1에서 다윗의 궁정의 가족 악사로 아삽과 헤만과 함께 언급된 여두둔에 대한 말이 담겨 있다 (시 62편; 77편 참조). 여기서 개인이 하나님에게 악인 앞에서 조심스럽게 말을 해도 효과가 없다고 하나님에게 탄원한다 (1-3절; 37:7-8 참조). 하나님의 명칭(4절, 12절의 야훼; 7절의 *아도나이*)을 통하여 세 부분으로 나누어 볼 수 있는데, 곧 인생의 짧음에 대해 온전히 의식하는 시편 기자 (4-6절); 죄에 대한 하나님의 처벌로 여겨지는 인생의 때림에서 쉼을 청하는 간구 (7-11절; 시 38편 참조); 하나님의 자비에 대한 간구 (12-13절) 등이다. 시편 기자의 침묵이 아무런 소용이 없다(2절)는 생각이 하나님에게 *내 눈물을 보시고, 잠잠히 계시지 말아 주십시오* (12절) 라고 재천명하여 하는 말과 둥근 원을 하나 그리고 있다. 하나님에 대한 소망(7절)에 이어 하나님이 간과하시기를, 곧 시편 기자에게 조금 휴식을

나를 건져 주십시오.
나로 어리석은 자들의 조롱거리가
되지 않게 해주십시오.
9 내가 잠자코 있으면서
입을 열지 않음은,
이 모두가
주님께서 하신 일이기 때문입니다.
10 주님의 채찍을
나에게서 거두어 주십시오.
주님의 손으로 나를 치시면,
내 목숨은 끊어지고 맙니다.

11 주님께서 인간의 잘못을 벌하시고,
그 아름다움을
좀이 먹은 옷같이 삭게 하시니,
인생이란 참으로 허무할 뿐입니다. (셀라)

12 주님, 내 기도를 들어 주십시오.
내 부르짖음에
귀를 기울여 주십시오.
내 눈물을 보시고,
잠잠히 계시지 말아 주십시오.
나 또한
나의 모든 조상처럼 떠돌면서
주님과 더불어 살아가는
길손과 나그네이기 때문입니다.
13 내가 떠나 없어지기 전에
다시 미소지을 수 있도록
나에게서 눈길을
단 한 번만이라도 돌려주십시오.

도움을 구하는 기도

40 [지휘자를 따라 부르는 노래, 다윗의 시]
1 내가 간절히
주님을 기다렸더니,
주님께서 나를 굽어보시고,
나의 울부짖음을 들어 주셨네.
2 주님께서 나를
멸망의 구덩이에서 건져 주시고,
진흙탕에서 나를 건져 주셨네.
내가 반석을 딛고 서게 해주시고
내 걸음을 안전하게 해주셨네.

3 주님께서 나의 입에 새 노래를,
우리 하나님께 드릴 찬송을
담아 주셨기에,
수많은 사람들이 나를 보고
두려운 마음으로 주님을 의지하네.
4 주님을 신뢰하여
우상들과 거짓 신들을
섬기지 않는 사람은 복되어라.

5 주, 나의 하나님,
주님께서는
놀라운 일을 많이 하시며,
우리 위한 계획을
많이도 세우셨으니,
아무도 주님 앞에
이것들을 열거할 수 없습니다.
내가 널리 알리고 전파하려 해도
이루 헤아릴 수도 없이 많습니다.

6 주님께서는
내 두 귀를 열어 주셨습니다.
주님은 제사나 예물도
기뻐하지 아니합니다.
번제나 속죄제도 원하지 않습니다.
7 그 때에 나는
주님께 아뢰었습니다.
"나에 관하여 기록한
두루마리 책에 따라
내가 지금 왔습니다.
8 나의 하나님, 내가
주님의 뜻 행하기를 즐거워합니다.
주님의 법을
제 마음 속에 간직하고 있습니다."

주시라는 (13절; 욥 7:19참조) 애수에 담긴 요청이 나온다. **39:5** *한 뼘 길이* (히브리어, *테파흐*). 이것은 아마 네 손가락의 넓이를 기반으로 하는 작은 단위인 것 같다 (렘 52:21 참조). 이렇게 이 은유는 인간의 생애의 "작음" 또는 무상함을 강조한다. **39:12** *길손/나그네.* 레 25:23; 대상 29:15; 시 119:19 참조.

40:1-17 나는 새 노래로 노래한다 인내심을 가지고 기다리면 하나님이 시편 기자의 외침을 들어 주실 때 수확을 거둔다 (39:7-12 참조). 주님으로 구속 받은 경험이 있는 시편 기자의 이야기(1-3a절)는 하나님을 신뢰하는 사람들이 얻을 수 있는 (3b-4절) 행복에 관한 교훈(1:1; 2:12 참조)의 기반 역할을 한다. 본문 구분: 1-10절, 감사의 증언; 11-17절, 도움을 청하는 기도. 순서가 바뀐 모양으로, 구속에 이어 새로운 위협이

9 나는 많은 회중 앞에서,
주님께서 나를 구원하신
기쁜 소식을 전합니다.
주님께서 아시듯이,
내가
입을 다물고 있지 않을 것입니다.
10 나를 구원하신 주님의 의를
나의 가슴 속에 묻어 두지 않았고,
주님의 성실하심과
구원을 말합니다.
주님의 한결같은 사랑과
그 미쁘심을
많은 회중 앞에서
감추지 않을 것입니다.

11 하나님은 나의 주님이시니,
주님의 긍휼하심을
나에게서 거두지 말아 주십시오.
주님은
한결같은 사랑과 미쁘심으로,
언제나 나를 지켜 주십시오.
12 이루 다 헤아릴 수도 없이
많은 재앙이
나를 에워쌌고,
나의 죄가
나의 덜미를 잡았습니다.
눈 앞이 캄캄합니다.
나의 죄가
내 머리털보다도 더 많기에,
나는 희망을 잃었습니다.
13 주님, 너그럽게 보시고
나를 건져 주십시오.
주님, 빨리 나를 도와주십시오.
14 나의 목숨을 앗아가려는 자들이
모두 다 부끄러워하게 하시고,
수치를 당하게 해주십시오.
내가 재난받는 것을
기뻐하는 자들이,
모두 뒤로 물러나서,
수모를 당하게 해주십시오.
15 깔깔대며 나를 조소하는 자들이,
오히려 자기들이 받는 수치 때문에,
놀라게 해주십시오.

16 그러나 주님을 찾는 모든 사람은,
주님 때문에
기뻐하고 즐거워할 것입니다.
주님께서
구원하여 주시기를 바라는 사람은
쉬지 않고 이르기를
"주님은 위대하시다" 할 것입니다.

17 나는 불쌍하고 가난하지만,
주님, 나를 생각하여 주십시오.
주님은 나를 돕는 분이시요,
나를 건져 주는 분이시니,
나의 하나님,
지체하지 말아 주십시오.

질병 가운데서 부르짖는 기도

41

[지휘자를 따라 부르는 노래, 다윗의 시]
1 가난하고 힘없는 사람을
돌보는 사람은 복이 있다.
재난이 닥칠 때에
주님께서 그를 구해 주신다.
2 주님께서 그를 지키시며
살게 하신다.
그는 이 세상에서
복 있는 사람으로 여겨질 것이다.
주님께서 그를
원수의 뜻에 맡기지 않을 것이다.

나온다. 새 노래의 선물(3절)이 두 번째 문제로 보이는 것에 도전을 받는다. 13-17절은 시편 70편에 반복된다. **40:6-8** *두 귀를 열어 주셨습니다.* 직역하면, "당신이 나의 귀를 파주셨습니다" (6b절) 라는 말은, 속에 하나님의 법이 담긴, 듣는 마음의 순종을 표현한다 (8절; 사 50:4-5; 렘 31:33; 겔 36;26-27 참조). 올바른 제사는 제사의 제도가 아니라 순종하는 자신이다. 히 10:5-10에 메시아적인 해석이 나온다. **40:7** *두루마리 책.* 아마도 하늘의 기록을 지칭하는 것 같다. 하나님이 글로 된 기록을 유지하신다는 생각은 오랜 전승과 부합되는 것이다 (69:28; 139:16; 출 32:32; 욥 19:23; 단 7:10; 말 3:16 참조).

41:1-13 복된 은혜 질병과 대적에서 하나님의 치유와 도움을 요청하는 개인의 기도가 *나에게 은혜를 베풀어 주셔서* 라는 표현으로 시작되는 약간씩 다른 간구로 틀이 잡혀 있다 (4-10절). 이 사람의 고난에 관한 이야기는 처음의 축복(1-3절)과 회복에 대한 확신의 표현 (11-12절) 사이에 깃들어 있다. 마무리 짓는 영광송(13절)이 시편의 제1권을 종결한다. 시 41편은 어떻게 고난당하는 이들이 질병으로 말미암아 그들 주위에 있는 사람들에게서 최악을 기대하게 되는지를 분명히 보여

3 주님께서는,
그가 병상에 누워 있을 때에도
돌보시며
어떤 병이든
떨치고 일어나게 하실 것이다.

4 내가 드릴 말씀은 이것입니다.
"주님,
나에게 은혜를 베풀어 주셔서,
나를 고쳐 주십시오.
내가 주님께 죄를 지었습니다."
5 나의 원수들은 나쁜 말을 지어서
"저 자가 언제 죽어서,
그 후손이 끊어질까?"
하고 나에게 말합니다.
6 나를 만나러 와서는
빈 말이나 늘어놓고,
음해할 말을 모아 두었다가,
거리로 나가면 곧 떠들어댑니다.
7 나를 미워하는 자들이 모두
나를 두고 험담을 꾸미고,
나를 해칠 궁리를 하면서
8 "몹쓸 병마가 그를 사로잡았구나.
그가 병들어 누웠으니,
다시는 일어나지 못한다"
하고 수군댑니다.
9 내가 믿는 나의 소꿉동무,
나와 한 상에서
밥을 먹던 친구조차도,
내게 발길질을 하려고
뒤꿈치를 들었습니다.

10 그러나 주님은 나의 주님이시니,
나에게 은혜를 베풀어 주십시오.
나도 그들에게 되갚을 수 있도록
나를 일으켜 세워 주십시오.

11 내 원수들이 내 앞에서
환호를 외치지 못하게
하여 주십시오.
이로써, 주님이 나를 사랑하심을
나는 알게 될 것입니다.
12 주님께서 나를 온전하게 지켜주시고
나를 주님 앞에 길이 세워 주십시오.

13 이스라엘의 하나님이신 주님,
찬양을 받으십시오.
영원에서 영원까지
찬양을 받으십시오.
아멘, 아멘.

제2권
(시편 42-72)

하나님을 사모함

42 ㄱ) [지휘자를 따라 부르는 ㄴ)마스길, 고라 자손의 노래]
1 하나님,
사슴이 시냇물 바닥에서
물을 찾아 헐떡이듯이,
내 영혼이 주님을 찾아 헐떡입니다.

2 내 영혼이
하나님,
곧 살아계신 하나님을 갈망하니,
내가 언제 하나님께로 나아가
그 얼굴을 뵈올 수 있을까?
3 사람들은 날이면 날마다 나를 보고
"너의 하나님이 어디 있느냐?"

ㄱ) 시 42편과 43편은 대다수의 히브리어 사본에서 한 편의 시로 묶여 있음
ㄴ) 문학 또는 음악 용어

준다. 개인의 정직이 하나님의 관심과 보상을 받을 만하다고 거침없이 주장하는 이 시편 기자에게 치유는 하나님의 호의의 증거이다 (11-12절). 본문 구분: 1-3절, 교훈의 명제; 4-10절, 인간의 죄와 중상하는 대적, 깨어진 친구 관계에 대한 탄원; 11-12절, 자신의 의로움; 13절, 마무리 짓는 영광송. **41:1** 복 (히브리어, *아슈레이*). 1:1과 2:2를 반영시켜 준다 (900쪽 추가 설명: "아슈레이"를 보라; 또한 32:1-2; 33:12; 34:8; 40:4를 보라). 여기서 격언은 가난한 자를 돌보는 이들은 환난의 날에 구원을 받을 것이라고 선언한다. **41:13** *영원에서 영원까지.* 영원은 하나님께 속한 것이다 (1011쪽 추가 설명: "죽음과 미래의 삶과 스올"을 보라).

42:1—43:5 나는 하나님을 갈망합니다 시편 제2권(시 42—72편)에서는 야훼 (주님) 라는 하나님의 이름보다 *엘로힘*(하나님)과 그와 연관된 이름이 선호된다. 제2권은 때때로 어떻게 포로상황을 직면할 수 있는지에 관하여 공동체에 주는 교훈으로 간주된다. 열한 편의 고라 시편 (시 42편; 44—49편; 84—85편; 87—88편) 중의 첫 번째인, 시 42—43편은 상실에서 나오는 소망과 계속되는 헌신을 훌륭히 이끌어 낸다. 광야시대에 영향력 있었던 인물인 고라는 레위의 후손이며 (출 6:16-24) 모세와 아론에게 반란을 일으킨 지도자였다. 그는 아론의 후손과 동등한 제사장의 권한을 추구하려다가 죽었다

하고 비웃으니,
밤낮으로 흘리는 눈물이
나의 음식이 되었구나.

4 기쁜 감사의 노래 소리와
축제의 함성과 함께
내가 무리들을
하나님의 집으로 인도하면서
그 장막으로 들어가곤 했던 일들을
지금 내가 기억하고
내 가슴이 미어지는구나.

5 내 영혼아,
네가 어찌하여 그렇게 낙심하며,
어찌하여 그렇게 괴로워하느냐?
너는 하나님을 기다려라.
이제 내가,
나의 구원자, 나의 하나님을,
또다시 찬양하련다.

6 내 영혼이 너무 낙심하였지만,
요단 땅과 헤르몬과 미살 산에서,
주님만을 그래도 생각할 뿐입니다.
7 주님께서 일으키시는
저 큰 폭포 소리를 따라
깊음은 깊음을 부르며,
주님께서 일으키시는
저 파도의 물결은
모두가 한 덩이 되어
이 몸을 휩쓸고 지나갑니다.

8 낮에는 주님께서 사랑을 베푸시고,
밤에는 찬송으로 나를 채우시니,
나는 다만 살아 계시는 내 하나님께
기도합니다.

9 나의 반석이신 하나님께 호소한다.
"어찌하여 하나님께서는
나를 잊으셨습니까?
어찌하여 이 몸이 원수에게 짓눌려
슬픈 나날을 보내야만 합니까?"
10 원수들이 날마다 나를 보고
"네 하나님이 어디에 있느냐?"
하고 빈정대니,
그 조롱 소리가
나의 뼈를 부수는구나.

11 내 영혼아,
네가 어찌하여 그렇게 낙심하며,
어찌하여 그렇게 괴로워하느냐?
너는 하나님을 기다려라.
이제 내가 나의 구원자,
나의 하나님을
또 다시 찬양하련다.

(민 16:31-35, 40; 26:10). 아론의 계열이 후에 예루살렘 성전의 위계에서 그들의 제사장 세력이 통합되었을 때, 고라의 자손들은 변두리의 예배의 역할로 전락되었다. "고라의 자손들"(민 26:11, 58)은 노래하는 이들 (대하 20:18-22; 대상 6:33-37 참조), 성막 문을 지키는 이 (대상 9:19), 문지기 (대상 9:19, 23; 26:1), 성전의 떡 굽는 이들 (대상 9:31) 등 여러 가지 일을 계속한다. 하나님에게서 유리되고, 그리고 "너의 하나님이 어디 계시냐?" (시 42:3, 10) 라고 잔인하게 조롱하는 대적을 극복하기를 원하면서, 시편 기자는 하나님과 친밀하였던 옛적의 시간을 기억하면서 소망에 매달린다. 시 42—43편은 "내 영혼아, 네가 어찌하여 그렇게 낙심하며, 어찌하여 그렇게 괴로워하느냐? 너는 하나님을 기다려라. 이제 내가 나의 구원자, 나의 하나님을 또다시 찬양하련다" (시 42:5;, 11: 43:5) 라는 후렴으로 마무리가 되는 세 편의 절로 구성된 시적 단위를 이룬다. 기도는 하나님과 자신과 대화하는 방법으로 대답을 구하는 모범을 보인다. 기억한다는 것은 하나님이 역사하실 것을 확신 있게 기다리는 소망의 열쇠이다. 하나님의 임재는 만연하여 있지만, 절대로 예견하거나 단순한 것이 아니다. 고통 가운데 있는 이는 가까운 미래의 해결을 기대한다. 본문 구분: 42:1-5, 하나님을 갈망하며, 하나님의 집을 낙담 가운데 기억함, 후렴; 42:6-11, 절망 가운데 하나님을 기억하며, 하나님이 버리신 것과 조롱하는 대적에 대하여 하나님께 날카로운 말씀을 드림, 후렴; 43:1-5, 신원의 간구로, 성전 안으로 인도하여 달라는 간구, 후렴. **42:1-5** 이것은 직유(直喩)로 시작되는 유일한 시편이다. **42:1** *사슴.* 이것은 정확하게 "암사슴"이다. 시편 기자가 살아 계신 하나님 앞에 오기를 바라는 것은 동물이 흐르는 시냇물을 갈구하는 것과 같다. **42:2** *그 얼굴을 뵈올 수 있을까?* 성전 구내를 들어가는 전문용어이다 (신 31:11). **42:3** *눈물.* 역설적으로 시편 기자가 하나님과의 교통을 구하는 것에 영양분을 공급한다. 처음의 절에서, 물의 이미지는 생명과 양식과 연관된다. **42:6-11** 하나님을 기억하는 일은 공간적으로 시리아-팔레스타인의 북방과 연결된다. 연중 대부분 눈이 쌓여 있는 (요세푸스가 후에 레바논 산이라고 부른) 헤르몬 산은 그 장관과 산 밑 동네에

환난을 당할 때의 기도

43 ㄱ) 1 하나님,
나를 변호하여 주십시오.
비정한 무리를 고발하는
내 송사를 변호하여 주십시오.
거짓을 일삼는
저 악한 사람들에게서
나를 구해 주십시오.
2 나의 요새이신 나의 하나님,
어찌하여 나를 버리셨습니까?
어찌하여 나는 원수에게 짓눌려
슬픔에 잠겨 있어야만 합니까?

3 주님의 빛과 주님의 진리를
나에게 보내 주시어,
나의 길잡이가 되게 하시고,
주님의 거룩한 산,
주님이 계시는 그 장막으로,
나를 데려가게 해주십시오.
4 하나님,
그 때에, 나는
하나님의 제단으로 나아가렵니다.
나를 크게 기쁘게 하시는
하나님께로
나아가렵니다.
하나님, 나의 하나님,
내가 기뻐하면서,
수금가락에 맞추어
주님께 감사하렵니다.

5 내 영혼아,
어찌하여 그렇게도 낙심하며,
어찌하여 그렇게도 괴로워하느냐?
하나님을 기다려라.
이제 내가,
나의 구원자, 나의 하나님을,
또다시 찬양하련다.

도움을 비는 기도

44 [지휘자를 따라 부르는 고라 자손의 노래, ㄴ)마스길]
1 하나님,
우리는 두 귀로 들었습니다.
그 옛날 우리 조상이 살던 그 때에,
하나님께서 하신 그 일들을,
우리의 조상이 우리에게
낱낱이 일러주었습니다.
2 하나님께서 뭇 나라들을
손수 몰아내시고,
우리 조상을 이 땅에
뿌리 박게 하셨습니다.
뭇 민족을 재앙으로 치시고,
우리 조상을 번창하게 하셨습니다.
3 우리 조상이 이 땅을 차지한 것은
그들의 칼로
차지한 것이 아니었습니다.
조상이 얻은 승리도
그들의 힘으로 얻은 것이
아니었습니다.
오직, 하나님의 오른손과 오른팔과
하나님의 빛나는 얼굴이
이루어 주셨으니,

ㄱ) 시 42편과 43편은 대다수의 히브리어 사본에서 한 편의 시로 묶여 있음
ㄴ) 문학 또는 음악 용어

시원한 음식과 음료를 제공하는 얼음의 근원으로 유명하다. **42:7** *깊음은 깊음을 부르며.* 이 말은 너무 많은 물의 혼돈이 시편 기자를 파멸시키려고 위협하지만, 처음 절의 물의 이미지를 계속한다. **42:9** *반석.* 시편에서 24번에 걸쳐 하나님에 대한 시적 묘사로 사용되며 (예를 들어, 18:2, 31, 46) 종종 "요새," "구원," "구속"과 같은 단어와 연결된다. **43:1-5** 옳다고 인정받기를 청하는 간구, 그리고 이름이 밝혀지지 않는 대적에게서 구원받기를 청하는 간구가 세 번째 절을 연다. 하나님의 묘사에 긴장이 계속된다. **43:2** 하나님은 피난처 요새이시다; 그러나, 시편 기자는 버림을 받았다 (42:9 참조). 그러한 유리됨에 대하여 더 이상 침묵하지 않으면서, 시편 기자는 거침없이 하나님에게 왜 이러한가에 대하여 질문한다. **43:3** 하나님의 *거룩한 산*으로 가는 것 뿐 아니라 *하나님의 빛과 진리에* 대한 간구가 시편 기자의 여정의 마지막 목적지를 정해 준다. **43:4** *하나님, 그 때에, 나는 하나님의 제단으로 나아가렵니다.* 이 말은 시편 기자가 크게 *기쁘게 하시는*, 즉 하나님과 막힘 없이 가까이 있을 수 있는 것이 미래에 성취될 것을 확신한다고 강조한다.

44:1-26 **하나님의 잘못이라** 시편의 공동체 탄원시의 처음인 시 44편에는 심한 패배를 당하고 드리는 공동체의 예배 행위를 반영한다 (대하 20:4-30 참조). 이 시편은 고라 자손의 것으로 되어 있으며, 기억과 상실을 두드러지게 다룬다 (시편 42—43편 참조). 군사적으로 재난을 당하고 하나님의 버리심을 겪고 난 다음에

참으로 이것은
하나님께서
그들을 사랑하셨기 때문입니다.

4 ㄱ)주님이야말로
나의 왕, 나의 하나님,
야곱에게 승리를 주시는 분이십니다.
5 주님의 능력으로
우리는 우리의 적을 쳐부수었으며,
우리를 공격하여 오는 자들을
주님의 이름으로 짓밟았습니다.
6 내가 의지한 것은 내 활이 아닙니다.
나에게 승리를 안겨 준 것은
내 칼이 아닙니다.
7 오직 주님만이 우리로 하여금
적에게서 승리를 얻게 하셨으며,
우리를 미워하는 자들이
수치를 당하게 하셨기에,
8 우리는 언제나
우리 하나님만 자랑합니다.
주님의 이름만
끊임없이 찬양하렵니다. (셀라)

9 그러나 이제는
주님께서 우리를 버려,
치욕을 당하게 하시며,
우리 군대와
함께 출전하지 않으셨습니다.
10 주님께서 우리를
적에게서 밀려나게 하시니,
우리를 미워하는 자들이
마음껏 우리를 약탈하였습니다.
11 주님께서 우리를
잡아먹힐 양처럼
그들에게 넘겨 주시고,
여러 나라에 흩으셨습니다.
12 주님께서 주님의 백성을
헐값으로 파시니,
그들을 팔아 이익을 얻은 것이
아무것도 없습니다.

13 주님께서 우리를
이웃의 조롱거리로 만드시고,
주위 사람들의
조롱거리와 웃음거리로 만드십니다.
14 주님께서 우리를
여러 나라의
이야기거리가 되게 하시고,
여러 민족의
조소거리가 되게 하십니다.
15 내가 받은 치욕이
온종일 나를 따라다니고,
부끄러워서 얼굴을 들 수조차 없습니다.
16 이것은 나를 조롱하는 자와
모독하는 자의 독한 욕설과
나의 원수와
복수자의 무서운 눈길 때문입니다.

17 우리는 주님을 잊지 않았고,
주님의 언약을

ㄱ) 칠십인역과 시리아역을 따름. 히, '하나님, 주님은 나의 왕이십니다. 야곱의 구원을 명하십시오'

하는 이 기도는 용이하거나 확약된 소망이 아니지만, 그래도 소망의 표현이다 (시 88편 참조). 이 시편이 언급하는 정황은 불분명하며 기원전 701년에 앗시리아 왕 산헤립의 유다 침략(왕하 18:13-19:37; 대하 32:1-32; 사 36–37장)과 기원전 167년에 셀류시드 왕 안티오커스 4세 에피파네스가 예루살렘 성전을 더럽힌 것 등 아주 다양한 사건으로 추정되어 왔다. 어떤 한 가지 역사적 사건으로 판정 지을 필요는 없다. 시편은 그 백성이 충분한 이유 없이 하나님에게서 버림을 받은 모든 사건에 대하여 이야기한다. 본문 구분: 1-8절, 과거의 하나님의 동무에 대한 기억; 9-16절, 하나님의 현재의 배제; 17-22절, 백성의 죄 없음; 23-26절, 구원에 대한 공동체의 간구. **44:1-8** 시편은 과거의 세대가 하나님의 보호하심에 대해 했던 말을 혼동을 일으킬 만큼 흥겨운 옛이야기로 시작된다. 공동체의 찬송에서, 하나님의 과거 행적(1-3절)은 하나님을 왕과 구원자로 신뢰하라고 천거하는 엇갈리는 개인과 복수의 음성으로 확인된다 (4-8절). 일관되게 나오는 음성은 어떤 지도자나 대표자가 그러한 말을 할 수 있지만, 아마 왕의 음성일 것이다 (4, 6절). **44:9-16** 극적인 *이제는* (9절)이라는 말에 이어서, 시편은 하나님을 보호자로 묘사하는 일에 대하여 반박한다. 여기서 강조하는 것은 하나님이 그의 백성을 버리시어 그들이 수치스럽게 패배당하는 결과를 낳았다는, 이해할 수 없는 현재의 상황이다. **44:14** *이야기거리와 조소거리.* 하나님의 배척이 공적인 성격을 지닌다는 것을 가리킨다 (신 28:37 참조) **44:17-22** 순결과 언약에 대한 신실함을 맹세하면서, 백성은, *우리가 날마다 죽임을 당하며…주님 때문입니다* 라고 비난한다 (22절; 롬 8:36 참조). 하나님이 그들을 망하게 하는 것은 의로운 일이 아니다. 본문은 백성의 죄에 비하여 깨뜨리지 않았습니다.
그러나 이 모든 일이
우리에게 닥쳤습니다.
18 우리가 마음으로
주님을 배반한 적이 없고,
우리의 발이
주님의 길에서
벗어난 적도 없습니다.
19 그러나 주님께서는
우리를
승냥이의 소굴에다 밀어 넣으시고,
깊고 깊은 어둠으로 덮으셨습니다.
20 우리가
우리 하나님의 이름을 잊었거나,
우리의 두 손을
다른 신을 향하여 펴 들고서
기도를 드렸다면,
21 마음의 비밀을
다 아시는 하나님께서
어찌 이런 일을
찾아내지 못하셨겠습니까?
22 우리가 날마다 죽임을 당하며,
잡아먹힐 양과 같은 처지가 된 것은,
주님 때문입니다.

23 주님, 깨어나십시오.
어찌하여 주무시고 계십니까?
깨어나셔서,
영원히 나를 버리지 말아 주십시오.
24 어찌하여 얼굴을 돌리십니까?
우리가
고난과 억압을 당하고 있음을,
어찌하여 잊으십니까?
25 아, 우리는 흙 속에 파묻혀 있고,
우리의 몸은
내동댕이쳐졌습니다.
26 일어나십시오.
우리를 어서 도와주십시오.
주님의 한결같은 사랑으로,
우리를 구하여 주십시오.

왕실 혼인 잔치를 위하여

45 [지휘자를 따라 소산님에 맞추어 부르는 고라 자손의 노래, ㄱ)마스길, 사랑의 노래]
1 마음이 흥겨워서 읊으니,
노래 한 가락라네.
내가 왕께 드리는 노래를 지어
바치려네.
나의 혀는
글솜씨가 뛰어난
서기관의 붓끝과 같다네.

2 사람이 낳은 아들 가운데서
임금님은 가장 아름다운 분,
하나님께서 임금님에게
영원한 복을 주셨으니,
임금님의 입술에서는
은혜가 쏟아집니다.
3 용사이신 임금님,
칼을 허리에 차고,
임금님의 위엄과 영광을
보여주십시오.

ㄱ) 문학 또는 음악 용어

그들이 받은 심판이 과중하다고 주장한다. 왜 이 본문이 1939-45년의 쇼아(대학살)에서 죽음을 직면한 사람들의 입에서 그렇게 자주 오르내렸는지 이해하기 쉬운 일이다. **44:19** *깊고 깊은 어둠.* 보호의 어감이 아니지만, 23:4의 언어를 상기시킨다. **44:23-26** 하나님이 하나님의 *한결같은 사랑*을 위하여 그들을 위하여 개입하셔야 한다고 주장한다 (26절; 출 32:11-14; 34:6-7).

45:1-17 결혼의 노래 능숙한 작곡자는 예식에 따라오는 하나님의 축복과 큰 기쁨을 묘사하고, 어버이의 집을 떠나는 일에 대하여 신부에게 주는 짧은 훈계를 더하면서, 이제 곧 결혼하는 왕과 공주에게 말을 한다. 제목은 이 시편을 고라 자손의 것으로 돌리면서 (시 42—43편에 관한 주석을 보라), 왕가의 결혼에 대한 이 시를 "연가" 라고 부른다. 이러한 독특한 시편에 가장 가까운 성경의 예는 애 3:6-11의 솔로몬의 행렬에 대한 묘사이다. 이세벨이 때때로 13절의 두로의 공주로 제시되지만, 이를 입증할 만한 근거는 없다. 본문 구분: 1절, 작곡자가 영감보다는 일에 대하여 기도; 2-9절, 신랑에 대한 찬양; 10-16절, 신부를 위한 찬양과 약속; 17절, 왕을 위한 약속. **45:1** *마음이 흥겨워서.* 이것은 직역하면 "좋은 말씀"이다. 말은 "부부가 된 것을 선포하노라"와 같은 의식적인 선언과 비슷하게 연출의 효과를 자아낸다. **45:2-9** 왕에게 하는 말이 그의 신체적 미(2절; 11절과 1088쪽 추가 설명: "아름다움"을 참조)와 군사적 힘(3-5절)과 다윗 왕조의 지속성 (6-7절) 등을 칭송한다. **45:6** 오 *하나님* 또는 "오 거룩한 이"는

4 진리를 위하여,
정의를 위하여
전차에 오르시고
영광스러운 승리를
거두어 주십시오.
임금님의 오른손이
무섭게 위세를 떨칠 것입니다.
5 임금님의 화살이 날카로워서,
원수들의 심장을 꿰뚫으니,
만민이 임금님의 발 아래에
쓰러집니다.

6 오 하나님, 하나님의 보좌는
영원무궁토록 견고할 것입니다.
주님의 통치는 정의의 통치입니다.

7 임금님은 정의를 사랑하고,
악을 미워하시니,
그러므로 하나님,
곧 임금님의 하나님께서
기름 부어 주셨습니다.
임금님의 벗들을 제치시고
임금님께
기쁨의 기름을 부어 주셨습니다.
8 임금님이 입은 모든 옷에서는
몰약과 침향과 육계 향기가
풍겨 나고,
상아궁에서 들리는 현악기 소리가
임금님을 흥겹게 합니다.
9 임금님이 존귀히 여기는
여인들 가운데는
여러 왕의 딸들이 있고,
임금님의 오른쪽에 서 있는 왕후는
오빌의 금으로 단장하였습니다.

10 왕후님!
듣고 생각하고 귀를 기울이십시오.
왕후님의 겨레와
아버지의 집을 잊으십시오.
11 그리하면 임금님께서
그대의 아름다움에
사로잡힐 것입니다.
임금님이 그대의 주인이시니,
그대는 임금님을 높이십시오.
12 두로의 사신들이
선물을 가져오고,
가장 부유한 백성들이
그대의 총애를 구합니다.

13 왕후님은
금실로 수놓은 옷을 입고,
구중 궁궐에서 온갖 영화를 누리니,
14 오색찬란한 옷을 차려입고
임금님을 뵈러 갈 때에,
그 뒤엔 들러리로 따르는 처녀들이
줄을 지을 것이다.
15 그들이
기뻐하고 즐거워하면서
안내를 받아,
왕궁으로 들어갈 것이다.

16 임금님, 임금님의 아드님들은
조상의 뒤를 이을 것입니다.
임금님께서는, 그들을
온 세상의 통치자들이 되게
하실 것입니다.
17 내가 사람들로 하여금
임금님의 이름을
대대로 기억하게 하겠사오니,
그들이 임금님을
길이길이 찬양할 것입니다.

왕을 가리키는 표현이며, 성경에서 유례가 없는 표현이다. 6-7절의 칠십인역은 히 1:8-9에 인용되어 그리스도를 하나님의 "기름 부은 자"로 부르는 메시아 명칭을 뒷받침한다. 시 2편과 917쪽 추가 설명: "왕의 시"를 보라. **45:8-9** 특별한 의상과 음악과 행렬이 그 날의 특징이다. **45:10-16** 왕후에 대한 말씀은 왕과 그의 권위에 대하여 충성과 순복을 요구하는 그녀의 새로운 왕적 역할에 대하여 지시한다 (10-12절). 거창하게 아름다운 의상을 한 다른 여자들과 함께 행진하면서, 그녀는 *기뻐하고 즐거워하면서* 왕궁에 들어간다 (13-15절). **45:16** *임금님.* 이 단어는 삽입된 단어인데, 구절의 남성 단수 언급으로 설명할 수 있는 삽입이다. (개역개정에서는 작은 글씨로 "왕"이라고 적혀 있는데, 이것은 히브리어 본문에 없는 것을 삽입하였다는 뜻이고, 공동번역은 "왕"을 삽입하지 않았다.) 그러나, 고대 히브리어 본문은 모음이 전혀 표기되어 있지 않았으며, 이 언급은 여왕을 지칭할 수도 있다. 이러한 해석을 따르면, 공주는 그의 어버이의 집에서 떠나는 명령을 받고 (10절), *조상의 뒤를 이을 아들을 약속을 받아,* 그의 출신의 가정에 대한 언급으로 문단의 틀이 짜인

하나님은 우리의 피난처

46 [지휘자를 따라 ㄱ)알라못에 맞추어 부르는 노래, 고라 자손의 시]

1 하나님은 우리의 피난처이시며,
우리의 힘이시며, 어려운 고비마다
우리 곁에 계시는 구원자이시니,
2 땅이 흔들리고 산이 무너져
바다 속으로 빠져 들어도,
우리는 두려워하지 않는다.
3 물이 소리를 내면서 거품을 내뿜고
산들이 노하여서 뒤흔들려도,
우리는 두려워하지 않는다. (셀라)

4 오, 강이여! 그대의 줄기들이
하나님의 성을 즐겁게 하며,
가장 높으신 분의 거룩한 처소를
즐겁게 하는구나.
5 하나님이 그 성 안에 계시니,
그 성이 흔들리지 않는다.
동틀녘에 하나님이 도와주신다.
6 민족들이 으르렁거리고
왕국들이 흔들리는데,
주님이 한 번 호령하시면
땅이 녹는다.
7 만군의 주님이 우리와 함께 계신다.
야곱의 하나님이 우리의 피난처시다.
(셀라)

8 땅을 황무지로 만드신
주님의 놀라운 능력을 와서 보아라.
9 땅 끝까지 전쟁을 그치게 하시고,
활을 부러뜨리고 창을 꺾고
ㄴ)방패를 불사르신다.
10 너희는 잠깐 손을 멈추고,
내가 하나님인 줄 알아라.
내가 뭇 나라로부터 높임을 받는다.
내가 이 땅에서 높임을 받는다.
11 만군의 주님이 우리와 함께 계신다.
야곱의 하나님이 우리의 피난처시다. (셀라)

하나님이 만민을 다스리신다

47 [지휘자를 따라 부르는 노래, 고라 자손의 시]

1 만백성아, 손뼉을 쳐라.
하나님께 기쁨의 함성을 외쳐라.
2 주님은 두려워할 지존자이시며,
온 땅을 다스리는
크고도 큰 왕이시다.
3 주님은 만백성을
우리에게 복종케 하시고,
뭇 나라를 우리 발 아래
무릎 꿇게 하신다.
4 주님은
우리에게 땅을 선택해 주셨다.

ㄱ) 음악 용어 ㄴ) 또는 '병거를'

다 (10, 16절). **45:17** 기억과 찬양이 왕에게 (또는 아마 공주에게) 영원을 약속한다.

46:1-11 우리 하나님은 강한 성이요 환난의 때에 확실한 피난처가 되어주시는 하나님에 대하여 확신과 신뢰로 고백하는 공동체 찬송. 두려움은 *너희는 잠깐 손을 멈추고, 내가 하나님인 줄 알아라* (10절) 라고 가르침을 주시하는 사람을 사로잡지 못한다. 시 46편에는 예루살렘이나 시온이 지명되어 있지 않지만, 4-5절에 입각하여, 때때로 시온의 노래로 불리운다 (시 48편; 76편; 84편; 87편; 122편 참조). *알라못*(문자 그대로 "젊은 여성")이라는 제목은 이 노래가 여성이나 소프라노의 음성을 위한 것임을 보여줄지 모르지만, 그 내용이 특히 여성에게 특별히 적합한 것은 아니다 (그 용어가 아마 여덟 줄의 악기인 "스미닛"과 평행되는 대상 15:20-21 참조). 7절과 11절의 후렴은 두 문단 구분을 가리키는 것일 것이며, 3절의 *셀라* 앞에 한번 더 이 후렴이 있었던 것을 시사하는 것 같다. 본문 구분: 1-3절, 하나님은 피난처, *셀라*; 4-6절, 하나님의 도시; 7절, 후렴, *셀라*; 8-10절, 열방 중에서 하나님의 높으심을 보라는 초청; 11절, 후렴, *셀라.* **46:1-3** 하나님은 우주와 자연이 급변하는 가운데에서도 확실한 보호막이시다. 마틴 루터의 가장 유명한 찬송구는 1절을 "내 주는 강한 성이요"로 표현한다. **46:1** 히브리어 어순은 이스라엘에 대한 하나님의 관심을 강조한다: "하나님은 우리를 위한 피난처이시며 힘이시라." *피난처*(히브리어, *마흐세*; 2:12 참조)는 후렴에 사용된 단어가 아니다 (7, 11절). **46:2** *산이 무너져 바다 속으로 빠져*들어도. 이것에 대해서는 90:2; 104:4를 보라. **46:3** *셀라* 3:2에 관한 주석을 보라. **46:4-6** 내적 분란 가운데서도, 분명히 예루살렘인 *하나님의 성*은 안전하다 (예루살렘에 대한 분명한 연결에 관하여 48:1-2 참조). **46:4** *강.* 강은 성 아래 있는 것으로 보이는 땅 밑의 물에 대한 언급이다. 겔 47:1-12; 욜 3:18; 슥 13:1; 14:8은 이 물이 백성을 정결하게 하기 위하여 예루살렘 성전에서부터 흘러나오는 것을 묘사하고 있다. **46:7** *피난처.* 여기와 11절에서 히브리어 *미스갑*을 번역한 것인데, 미스갑은

이 땅은 주님께서 사랑하시는
야곱의 자랑거리였다. (셀라)

5 환호 소리 크게 울려 퍼진다.
하나님이 보좌에 오르신다.
나팔 소리 크게 울려 퍼진다.
주님이 보좌에 오르신다.
6 시로 하나님을 찬양하여라.
시로 찬양하여라.
시로 우리의 왕을 찬양하여라.
시로 찬양하여라.
7 하나님은 온 땅의 왕이시니,
정성을 다하여 찬양하여라.
8 하나님은
뭇 나라를 다스리는 왕이시다.
하나님이
그의 거룩한 보좌에 앉으셨다.
9 온 백성의 통치자들이
아브라함의 하나님의 백성이 되어
다 함께 모였다.
열강의 ㄱ)군왕들은
모두 주님께 속하였다.
하나님은 지존하시다.

하나님의 성, 시온

48 [고라 자손의 시 곧 노래]
1 주님은 위대하시니,
우리 하나님의 성에서
그의 거룩한 산에서
그지없이 찬양을 받으실 분이시다.

2 우뚝 솟은 아름다운 봉우리,
온 누리의 기쁨이로구나.
자폰 산의 봉우리 같은 시온 산은,
위대한 왕의 도성,
3 하나님은 그 성의 여러 요새에서,
자신이 피난처이심을
스스로 알리셨다.

4 보아라,
이방 왕들이 함께 모여
맹렬히 쳐들어 왔다가
5 시온 산을 보자 마자 넋을 잃고,
혼비백산하여 도망쳤다.
6 거기에서 그들이
큰 두려움에 사로잡혔으니,
고통당하는 그들의 모습이
해산하는 여인과 같고
7 동풍에 파산되는
다시스의 배와도 같았다.

8 우리가 들은 바 그대로,
우리는 만군의 주님께서 계신 성,
우리 하나님의 성에서 보았다.
하나님께서 이 성을
영원히 견고하게 하신다. (셀라)

ㄱ) 또는 '방패들은'

자주 "요새"로 번역되기도 한다 (59:9, 16-17; 62:2, 6 참조). **46:8-10** 자연의 혼돈에 대한 하나님의 주관에 관한 가르침(8절; 1-3절 참조)과 전쟁하는 나라의 소란(9절; 6절 참조)에 이어 마음을 격동시키는 하나님의 보증이 나온다. *손을 멈추고.* 이 뜻은 "쉬고, 멈추고, 조용히 있으라"는 뜻이다 (10절).

47:1-9 하나님은 온 땅의 왕. 지상에서의 하나님의 통치를 찬양하는 즐거운 공동체 찬송인 시 47편은 하나님의 대관식을 긍정하는 예배문이다 (시 29편; 93편; 95−99편). 손뼉을 치고, 크게 노래하고, 나팔과 아마 언약궤와 행진한 것이 잔치의 특징인 것 같다 (삼하 6:12-19; 시 24:7-10 참조). 계약의 잔치나 새해 잔치 등이 예배의 정황과 연관된다는 주장도 있다. 둘 다 이스라엘 역사에 확실히 정립될 수 있는 내용이다. 분문 구분: 1-5절, 이스라엘을 선택하시고 보좌에 오르는 (4-5절) 온 땅을 다스리시는 크고도 큰 왕(2-3)에 대하여 손뼉치고 노래를 부르라(1절)는 지시; 6-9절, 온 백성 위에 높이 높임을 받는 (9절), 온 땅의 왕(7-8절)에 대하여 찬양(6절)을 부르라는 지시. **47:1-5** *만백성을⋯복종케 하신* 하나님의 통치(3절; 18:47)는 이스라엘에게 유산(4절; 2:8)을 주신다. **47:4** *야곱의 자랑거리*는 이스라엘이 주위의 나라 열국으로부터 땅을 유업으로 받는 것을 가리킨다 (신 32:8 참조). **47:5-9** 시편의 두 번째 부분에서는 이제 만민을 포함하는 하나님의 왕권을 찬양한다. **47:5** *하나님이 보좌에 오르신다.* 그리스도인들은 이 시편을 예수께서 하늘에 승천하신 것과 연관시킨다. *나팔 소리 크게 울려 퍼진다*에서 유대인들은 이 시편을 새해인 로슈 하-샤나와 연관시킨다.

48:1-14 우리는 시온을 돌았다 공동체의 노래가 하나님과 시온의 관계와 시온에서 오는 하나님의 인도하심을 축하한다. 그 곳은 어떤 이들에게 기쁨의 원인이요 (2절, 11절), 다른 이들에게는 경악의 원인이다 (5-7절). 이 아름다운 도성에서 하나님은 *위대하심* (1절), *피난처* (3절), *한결같은 사랑* (9절), *구원의 선물* (10절), *영원토록 우리를 인도하여 주신다*(14절)로 존귀를 받으신다. *망대, 성벽, 궁궐*(12-13절)을 갖춘 시온은 하나님과 하나된 현실이다 (14절). 하나님의 보호와 임재가 이 세대와 이제 올 세대를 위하여 (13-14절) 거룩한 산과

9 하나님, 하나님의 성전 안에서
우리가
하나님의 한결같은 사랑을
되새겨 보았습니다.
10 하나님, 주님의 명성에 어울리게,
주님을 찬양하는 소리도
땅 끝까지 퍼졌습니다.
하나님의 오른손에는
구원의 선물이 가득 차 있습니다.
11 주님, 주님의 구원의 능력으로
시온 산이 즐거워하고,
유다의 딸들이 기뻐서 외칩니다.

12 너희는 시온 성을 돌면서,
그 성을 둘러보고,
그 망대를 세어 보아라.
13 너희는 그 성벽을 자세히 보고,
그 궁궐을 찾아가 살펴보고,
그 영광을 전해 주어라.
14 "하나님께서 영원토록
우리의 하나님이시니,
영원토록 우리를
인도하여 주신다" 하여라.

부유함을 의지하지 말아라

49 [지휘자를 따라 부르는 노래, 고라 자손의 시]

1 만민들아, 이 말을 들어라.
이 세상에 사는 만백성아
모두 귀를 기울여라.
2 낮은 자도 높은 자도,
부자도 가난한 자도
모두 귀를 기울여라.
3 내 입은 지혜를 말하고,
내 마음은 명철을 생각한다.
4 내가 비유에 귀를 기울이고,
수금을 타면서
내 수수께끼를 풀 것이다.

5 나를 비방하는 자들이 나를 에워싸는
그 재난의 날을,
내가 어찌 두려워하리오.
6 자기의 재물을 의지하는 자들과
돈이 많음을 자랑하는 자들을,
내가 어찌 두려워하리오.
7 아무리 대단한 부자라 하여도
사람은 자기의 생명을
속량하지 못하는 법,
하나님께 속전을 지불하고
생명을 속량할 사람은 아무도 없다.
8 생명을 속량하는 값은
값으로 매길 수 없이 비싼 것이어서,
아무리 벌어도 마련할 수 없다.
9 죽음을 피하고 영원히 살 생각도
하지 말아라.

그 성전(9절)으로 상징된다. 공간과 움직임이 예배하는 이들에게 두드러진 위치를 차지한다. 두 가지 은유가 어떻게 손쉽게 반대하는 이들이 물러치는지를 강조하고 있다. 첫째는 출산에 따르는 떨림과 고통의 비유로 그들의 경악을 묘사한다 (6절); 둘째는 동풍으로 부서진 다시스의 배의 비유로 그들의 도망침을 묘사하고 있다 (7절). 본문 구분: 1-3절, 하나님의 처소로서의 시온; 4-7절, 시온을 보고 외세는 공포에 질린다; 8-11절, 순례자들이 하나님과 시온의 영광에 대하여 생각한다; 12-14절, 순례자들이 시온을 돌아본다. **48:2** *시온은 자폰 산의 봉우리.* 자폰 산은 북쪽 끝에 있는 산이다. 이스라엘의 지리와는 상충되게 사본에서는 시온이 북쪽에 있다고 묘사된다 (개역개정은 "북방에 있는 시온;" 공동번역은 "시온 산은 북녘 끝;" NRSV는 "멀리 북쪽에 있는 시온"으로 번역). 사 14:13-14는 북방산의 전설적으로 지극히 높으신 이와 신들의 거처로 빼어남을 묘사하는데, 북방산은 예루살렘을 가리키게 된다. 1088쪽 추가 설명: "아름다움"을 보라. **48:6** *고통당하는 그들의 모습이 해산하는 여인과 같고.* 출산 과정에서 따라오는 어찌할 수 없는 것과 피할 수 없는 것이 적의 왕에 대한 근심과 고통을 상징한다 (시 13:8; 렘 4:31; 48:41; 미 4:9-10 참조). **48:12** *시온 성을 돌면서.* 하나님의 도성의 위대함이 지금 세대와 다음 세대의 소망을 뒷받침한다. 후에 전통에 따르면, 시온의 경계는 하나님이 거룩한 성으로 인도하실 모든 사람을 포함하기 위하여 필요한 만큼 크게 될 것이다.

49:1-20 부와 죽음 *이 세상에 사는 만백성과 함께* (1절), *부자와 가난한 자*(2절)를 위한 지혜의 가르침은 죽음이 모든 이에게 온다는 것을 가르친다. 부는 죽음에서 보호하거나 죽은 후에 특혜를 주지 않는다. 12절과 20절의 후렴은 사람이 *제아무리 영화를 누린다/위대하다 해도 죽음을 피할 수는 없다*는 것을 강조한다 (시 37편; 73편). 시편은 인간 대적의 두려움(5절)과 부자의 특혜에 대한 두려움(16절)에 초점이 가지 않게 한다. 본문 구분: 1-4절, 지혜의 가르침을 주고자 하는 시편 기자의 의도를 소개; 5-12절, 부가 아무에게도 무덤까지 따라오지 않는다는 설명과 아울러 후렴; 13-20절, 어리석은 이 (13절), 시편 기자 (14절), 부자(16절)의 운명의 대조에 더하여 후렴. **49:14** *죽음이 그들의 목자가 될 것이다.*

10 누구나 볼 수 있다.
지혜 있는 사람도 죽고,
어리석은 자나 우둔한 자도
모두 다 죽는 것을!
평생 모은 재산마저 남에게
모두 주고 떠나가지 않는가!
11 ㄱ)사람들이 땅을 차지하여
제 이름으로 등기를 해 두었어도
그들의 영원한 집,
그들이 영원히 머물 곳은
오직 무덤뿐이다.
12 ㄴ)사람이 제아무리
영화를 누린다 해도
죽음을 피할 수는 없으니,
미련한 짐승과 같다.
13 이것이 자신을 믿는 어리석은 자들과
그들의 말을 기뻐하며
따르는 자들의 운명이다.
14 그들은 양처럼 스올로 끌려가고,
'죽음'이 그들의 목자가 될 것이다.
아침이 오면 정직한 사람은
그들을 다스릴 것이다.
그들의 아름다운 모습은 시들고,
스올이 그들의 거처가 될 것이다.
15 그러나 하나님은
분명히 내 목숨을 건져 주시며,
스올의 세력에서
나를 건져 주실 것이다. (셀라)

16 어떤 사람이 부자가 되더라도,
그 집의 재산이 늘어나더라도,
너는 스스로 초라해지지 말아라.
17 그도 죽을 때에는
아무것도 가지고 가지 못하며,
그의 재산이
그를 따라 내려가지 못한다.
18 비록 사람이
이 세상에서 흡족하게 살고
성공하여 칭송을 받는다 하여도,
19 그도 마침내
자기 조상에게로 돌아가고 만다.
영원히 빛이 없는 세상으로
돌아가고 만다.

20 ㄷ)사람이 제아무리 위대하다 해도,
죽음을 피할 수는 없으니,
미련한 짐승과 같다.

하나님이 기뻐하시는 것

50 [아삽의 노래]
1 전능하신 분,
주 하나님께서 말씀하시어,
해가 돋는 데서부터 해 지는 데까지,
온 세상을 불러모으신다.
2 더없이 아름다운 시온으로부터
하나님께서 눈부시게 나타나신다.

3 우리 하나님은 오실 때에,
조용조용 오시지 않고,
삼키는 불길을 앞세우시고,
사방에서 무서운 돌풍을

ㄱ) 칠십인역과 시리아어역을 따름. 히, '그들 생각에는 그들의 집이 영원하고 그들의 거처가 세세토록 있을 것이라고 하여 땅에다가 그들의 이름을 새겨 두었다' ㄴ) 칠십인역과 시리아어역에는 12절과 20절이 같음 ㄷ) 칠십인역과 시리아어역을 따름. 히, '사람이 제아무리 위대하다 해도 깨달음이 없으니, 멸망할 짐승과 같다'

본문은 죽음이 어리석은 자들을 스올로 끌고 가는 것으로 의인화하며 (9:17; 31:17 참조), 또 아마도 스올에서 그들을 먹이는 것으로 죽음을 의인화하는 것 같다. 새번역개정, 개역개정, 공동번역은 "정직한 사람" 혹은 "올바른 자"가 어리석은 이들을 다스릴 것이라고 번역했지만, 히브리어 본문이 애매하여 NRSV는 다스린다는 단어를 회피했다. **49:15** 이 절은 하나님이 스올에서 시편 기자를 *건져 주시며.* 어떤 모양인지 모르지만 시인-선생을 *건져 주실* (히브리어 *이카헤니*) 것을 확실히 잘 나타내고 있다. 하나님과 교통하는 것은 이렇게 죽음으로 끝나지 않는다. 하나님이 스올에서 죽은 이를 "거두시고" 또 "올리신다"는 개념은 더 완전하게 73:24에 제시된다. 1011쪽 추가 설명: "죽음과 미래의 삶과 스올"을 보라.

50:1-23 감사를 드리라. 하나님이 시작하시는 언약의 소송의 문체로 되어 있는 예언자적인 훈계가 올바른 제사에 관하여 의로운 이들을 책망하고 교훈하고 있다. 설교와 같은 이 시편은 사람들의 실수를 지목하면서 (16-22절), 특히 제사와 예배에 관하여 *올바른 길* (23절)을 추구할 것을 격려하고 있다. 예배 한 중간에, 시편 기자는 생의 변화에 관하여 말한다 (시 81편; 95편 참조). 원고와 재판장이 되시는 하나님이 감사제사를 원하신다 (50:14, 23). 일인칭의 하나님의 목소리로 나오는 하나님의 말씀은 이 시편 전체에 걸쳐 나오는 특징적인 요소이다. 본문 구분은: 1-6절, 심판을 선언하는 서두의

일으키면서 오신다.
4 당신의 백성을 판단하시려고,
위의 하늘과 아래의 땅을
증인으로 부르신다.
5 "나를 믿는 성도들을
나에게로 불러모아라.
희생제물로
나와 언약을 세운 사람들을
나에게로 불러모아라."
6 하늘이 주님의 공의를 선포함은,
하나님,
그분만이 재판장이시기 때문이다. (셀라)

7 "내 백성아, 들어라. 내가 말한다.
이스라엘아,
내가 너희에게 경고하겠다.
나는 하나님, 너희의 하나님이다.
8 나는 너희가 바친 제물을 두고
너희를 탓하지는 않는다.
너희는 한 번도 거르지 않고
나에게 늘 번제를 바쳤다.
9 너희 집에 있는 수소나
너희 가축우리에 있는 숫염소가
내게는 필요 없다.
10 숲 속의 뭇 짐승이 다 나의 것이요,
수많은 산짐승이
모두 나의 것이 아니더냐?
11 산에 있는 저 모든 새도
내가 다 알고 있고,
들에서 움직이는 저 모든 생물도
다 내 품 안에 있다.

12 내가 배고프다고 한들,
너희에게 달라고 하겠느냐?
온 누리와 거기 가득한 것이
모두 나의 것이 아니더냐?
13 내가 수소의 고기를 먹으며,
숫염소의 피를 마시겠느냐?
14 감사제사를 하나님께 드리며,
너희의 서원한 것을
가장 높으신 분에게 갚아라.
15 그리고 재난의 날에 나를 불러라.
내가 너를 구하여 줄 것이요,
너는 나에게
영광을 돌리게 될 것이다."

16 하나님께서 악인들에게 말씀하신다.
"너희는 어찌하여 감히
내 법도를 전파하며,
내 언약의 말을
감히 너의 입에서 읊조리느냐?
17 너희는 내 교훈을 역겨워하고,
나의 말을 귓전으로 흘리고 말았다.
18 도둑을 만나면 곧 그와 친구가 되고,
간음하는 자를 만나면
곧 그와 한 패거리가 되었다.

19 입으로 악을 꾸며내고,
혀로는 거짓을 지어내었다.
20 동기간의 허물을 들추어내어 말하고
한 어머니에게서 태어난 동기들을
비방하였다.
21 이 모든 일을 너희가 저질렀어도
내가 잠잠했더니,
너희는 틀림없이,
ㄱ)'내가' 너희와 같은 줄로
잘못 생각하는구나.
이제 나는 너희를 호되게 꾸짖고,
너희의 눈 앞에 너희의 죄상을
낱낱이 밝혀 보이겠다.

ㄱ) 히, '에흐예 (나는……이다/있다)'

찬송; 7-15절, 제사의 의미; 16-22절, 윤리적 행위; 23절, 요약 결론. **50:1-6** 하나님은 하늘과 땅이 백성의 심판을 증언하라고 부르신다. **50:1** *해가 돋는 데서부터 해 지는 데까지.* 시간의 경위에 대한 시간적인 표현인 동시에 동에서 서까지 온 세상에 대한 공간을 표현하는 것이다. **50:2** *더없이 아름다운 시온.* 시 48:2와 1088쪽 추가 설명: "아름다움"을 보라. **50:7-15** 하나님이 제사의 의미와 목적에 대하여 말씀하신다 (40:6-8 참조). 음식이 필요 없으시다는 것을 선언하시면서 (12절), 하나님은 *감사제사와 서원*(14절)을 원하신다. 구원은 단순히 하나님을 *부르는 이*들에게 약속된다 (15절). 이스라엘의 예언자들은 자주 도덕적 책임의 삶이 수반되지 아니하는 제사를 비난하였다 (사 1:10-17; 호 6:6; 암 5:21-25; 믹 6:6-8 참조). **50:16-22** 특히 교훈을 싫어하고 (17절), 도둑과 간음하는 자들의 친구가 되고 (18절), 거짓 증거를 하고 (19-20절), 그리고 더욱더 나쁘게 하나님을 인간과 같다고 생각하는 (21절), 언약을 위반하는 일에 대하여 하나님은 악인을 꾸짖으신다.

22 하나님을 잊은 자들아,
이 모든 것을 깨달아라.
그렇지 않으면,
내가 너희를 찢을 때에
구하여 줄 자가 없을까 두렵구나.
23 감사하는 마음으로
제물을 바치는 사람이
나에게 영광을 돌리는 사람이니,
올바른 길을 ㄱ)걷는 사람에게,
내가 나의 구원을 보여 주겠다."

용서를 비는 기도

51 [지휘자를 따라 부르는 다윗의 노래, 다윗이 밧세바와 정을 통한 뒤에, 예언자 나단이 그를 찾아왔을 때에 뉘우치고 지은 시]
1 하나님,
주님의 한결같은 사랑으로
내게 자비를 베풀어 주십시오.
주님의 크신 긍휼을 베푸시어
내 반역죄를 없애 주십시오.
2 내 죄악을 말끔히 씻어 주시고,
내 죄를 깨끗이 없애 주십시오.

3 나의 반역을 내가 잘 알고 있으며,
내가 지은 죄가
언제나 나를 고발합니다.
4 주님께만, 오직 주님께만,
나는 죄를 지었습니다.
주님의 눈 앞에서,
내가 악한 짓을 저질렀으니,
주님의 판결은 옳으시며
주님의 심판은 정당합니다.

5 실로, 나는 죄 중에 태어났고,
어머니의 태 속에 있을 때부터
죄인이었습니다.
6 마음 속의 진실을
기뻐하시는 주님,
제 마음 깊은 곳에
주님의 지혜를 가르쳐 주셨습니다.
7 우슬초로 나를 정결케 해주십시오.
내가 깨끗하게 될 것입니다.
나를 씻어 주십시오.
내가 눈보다 더 희게 될 것입니다.
8 기쁨과 즐거움의 소리를
들려주십시오.
주님께서 꺾으신 뼈들도,
기뻐하며 춤출 것입니다.
9 주님의 눈을 내 죄에서 돌리시고,
내 모든 죄악을 없애 주십시오.

10 아, 하나님,
내 속에 깨끗한 마음을
창조하여 주시고
내 속을 견고한 심령으로
새롭게 하여 주십시오.
11 주님 앞에서 나를 쫓아내지 마시며,
주님의 성령을
나에게서 거두어 가지 말아 주십시오.
12 주님께서 베푸시는 구원의 기쁨을
내게 회복시켜 주시고,
내가 지탱할 수 있도록
내게 자발적인 마음을 주십시오.

13 반역하는 죄인들에게
내가 주님의 길을
가르치게 하여 주십시오.
죄인들이 주님께로
돌아올 것입니다.

ㄱ) 히, '준비하는' 또는 '닦는'

하나님을 잊은 자들(22절)은 찢김과 버림을 당하리라는 위협을 받는다. **50:23** 감사의 제사와 올바른 행위로 하나님의 구원에 이르게 된다.

51:1-19 죄와 용서 다른 참회의 시(959쪽 추가 설명: "참회의 시"를 보라)와 아울러, 시 51편은 자비와 죄의 용서에 대한 개인의 기도이며 (시 23편; 73편; 139편 참조), 또한 죄와 죄책감의 성격에 대한 묵상이 되어온 본문이다. 제목은 이 시편을 다윗이 밧세바(시편에서 이름이 나오는 유일한 여성; 삼하 11—12장 참조)와 간음한 이후의 다윗의 시로 돌리지만, 아마도 원래 이 시편은 기원전 7세기 말경의 것으로 추정될 것이다. 하나님에게 예루살렘의 성을 재건하시라고 부르는 마지막 구절은 그보다 더 후에 느헤미야가 성을 건축하기 이전의 때(기원전 5세기)를 가리킨다. 본문 구분: 1-5절, 죄의 고백과 용서를 구함; 6-9절, 치유를 위한 기도; 10-12절, 하나님과의 관계의 회복에 대한 기도; 13-14절, 하나님이 자비에 대하여 말할 것이라는 서약; 15-17절, 하나님이 죄인에게서 원하시는 것에 대한 묵상; 18-19절, 시온의 회복을 구하는 기도. **51:1-5** 시편 기자는 자비로우시고 참회하는 이에게 사랑과 용서를

14 하나님,
나를 구원하시는 하나님,
내가 살인죄를 짓지 않게
지켜 주십시오.
내 혀가
주님의 의로우심을
소리 높여 외칠 것입니다.
15 주님,
내 입술을 열어 주십시오.
주님을 찬양하는 노래를
내 입술로 전파하렵니다.

16 주님은 제물을 반기지 않으시며,
내가 번제를 드리더라도
기뻐하지 않으십니다.
17 하나님께서 원하시는 제물은
찢겨진 심령입니다.
오, 하나님,
주님은 찢겨지고 짓밟힌 마음을
멸시하지 않으십니다.

18 주님의 은혜로
시온을 잘 돌보아주시고,
예루살렘 성벽을
견고히 세워 주십시오.
19 그 때에 주님은
올바른 제사와 번제와
온전한 제물을
기쁨으로 받으실 것이니,
그 때에 사람들이 주님의 제단 위에
수송아지를 드릴 것입니다.

하나님께서 통제하신다

52 [지휘자를 따라 부르는 다윗의 ㄱ)마스길, 에돔 사람 도엑이 사울에게로 가서 다윗이 아히멜렉의 집에 와 있다고 알렸을 무렵에 다윗이 지은 시]
1 오, 용사여,
너는 어찌하여
악한 일을 자랑하느냐?
너는 어찌하여
경건한 사람에게 저지른 악한 일을
쉬임 없이 자랑하느냐?
2 너, 속임수의 명수야,

ㄱ) 문학 또는 음악 용어

베풀 준비가 되어 있는 하나님께 호소한다 (출 34:6-7; 959쪽 추가 설명: "참회의 시"를 참조). **51:4-5** 시편 기자가 *주님께만, 오직 주님께만 나는 죄를 지었습니다* (4절) 라고 말할 때, 다른 사람이 당한 해를 절대로 못보고 넘어가는 것이 아니다. 그러한 모든 죄가 하나님과의 관계에 영향을 미친다. *실로, 나는 죄 중에 태어났고, 어머니의 태 속에 있을 때부터 죄인이었습니다* (5절) 라는 말은 죄가 단지 실수가 아니라 오히려 고백하는 자의 근본 성격을 나타내는 행위를 강조하는 것이다. 시 22:9-10은 그와는 대조적으로 모태와 출생에서부터 계속하여 하나님이 언제나 도움이신 것을 제시한다. **51:6-9** 하나님은 진정으로 회개하고, 적당하게 버무리거나 진실을 숨기는 것이 아닌 고백을 기다리신다. **51:7** 우슬초의 가지는 물에 담가 정결케 하는 의식에 사용되었다 (민 19:18). *눈보다 더 희게* 완전한 정결을 상징한다 (사 1:18 참조). **51:8** *꺾으신 뼈들.* 시인의 죄는 이미 그 결과를 낳았다. **51:9** *주님의 눈을 내 죄에서 돌리시고.* 하나님이 죄를 못 본 척 하시는 것이 아니라, 그 죄를 제거해주고 지워 주시기를 구하는 기도이다 (1, 12절 참조). **51:10-12** 죄인에게 생명과 건강으로 회복하기 위하여 근본적인 방법이 필요할 때가 많다는 것을 더 잘 제시해 주는 성경구절이 없다. 영은 세 가지 다른 의미로 쓰인다: 10절에서, 사람의 내적 성격과 본성과 그의 몸으로 받은 자아의 진정한 한 부분으로 쓰이고; 11절 하나님의 영으로 쓰이고 (사 63:10-11을 참조); 12절에서는 사람의 성향이나 관점으로 쓰인다. **51:10** *창조*(히브리어, *바라*)는 하나님만이 주어로 나오는 용어이다. 시인은 마음과 뜻(*마음*)과 내적 성향과 에너지(심령)의 재창조를 구한다. 1003쪽 추가 설명: "마음"을 보라. **51:13-14** *살인죄* 히브리어에서, "피"의 복수형은 어떤 구체적 범죄나 시인이 계속하여 느끼는 죄책에 대한 언급이다. **51:15** *내 입술을 열어 주십시오.* 고백을 하도록 하여 주시는 일이 중요하다. **51:16-17** 제사는 하나님께 자아와 개인과 집단의 생명을 헌신하는 것을 나타낸다. 예언자들은 계속하여 예배하는 자는 제사를 통하여 하나님의 길에 그의 길을 맡긴다는 것을 가르쳤다 (사 1:10-17; 렘 7:21-23; 호 6:1-6; 암 5:21-24). 또한 시 40편과 50편을 보라. **51:18-19** 하나님에게 회복된 예루살렘에 예배의 의식이 다시 시작하게 하여 달라는 기도가 담긴 후에 첨부된 이 부분에 대하여 원래 저자는 아마 반대하지 않았을 것이다.

52:1-9 용사가 넘어뜨리다 이 독특한 시편은 용*사와 의인의* 반대되는 악인의 운명을 열정적으로 그리고 조롱하면서 묘사한다. 시 50편과 같이, 비난과 재판과 심판의 말씀이다. 그러나 여기서 비난의 목소리는 하나님의 목소리가 아니라 인간의 목소리이다. 시편의 제목은 다윗이 놉의 성전에 도망한 것을 충실하게 보고하고, 그 제

너의 혀는 날카로운 칼날처럼,
해로운 일만 꾸미는구나.
3 너는 착한 일보다
악한 일을 더 즐기고,
옳은 말보다 거짓말을
더 사랑하는구나. (셀라)
4 너, 간사한 인간아,
너는 남을 해치는 말이라면,
무슨 말이든지 좋아하는구나.
5 하나님께서 너를 넘어뜨리고,
영원히 없애 버리실 것이다.
너를 장막에서 끌어내어
갈기갈기 찢어서,
사람 사는 땅에서
영원히 뿌리 뽑아 버리실 것이다. (셀라)
6 의인이 그 꼴을 보고,
두려운 마음을 가지고
비웃으며 이르기를

추가 설명: 참회의 시

일찍이 어거스틴(기원후 354-439)부터, 그리스도교 전승은 시 6편; 32편; 38편; 51편; 102편; 130편; 143편을 "참회의 시"로 구분한다. 마틴 루터의 초기의 연구 중 하나는 이 시편들을 번역하고 해석하는 일이었다 (1517년경). 1568년까지, 교황 피우스 5세는 *천주교 성무일과서(Roman Breviary)*에서 참회의 시를 금요일에, 특히 사순절 기간 동안에 시 51편과 130편을 성금요일에 현저히 사용하도록 하였다. 참회의 시 중에 여섯 편이 탄원시이요, 한 편이 감사의 행위이다 (시 32편).

참회의 시 중 오직 세 편만이 회개와 참회의 주제를 강조한다. 시 38편은 하나님의 진노 (1-2절), 고난과 질병 (3-10절), 질병의 사회적 개인적 영향에 대한 고백(11-14절)과, 그리고 하나님을 신뢰하고 (15-16절), 죄악을 인정하고 (17-20절), 하나님의 도움을 간구함(21-22절)으로 얻게 되는 해결책 사이의 인과관계를 정립한다. 자주 (라틴어 번역의 처음 말을 따서) *미제레레 (Miserere)* 라고 불리우는 시 51편은 개인의 잘못과 참회에 대한 특별한 의식을 보인다. "내 속에 깨끗한 마음을 창조하여 주시고"(10절)와 "하나님께서 원하시는 제물은 찢겨진 심령입니다" (17절) 하면서 인간의 죄와 하나님의 자비를 심오하게 인정하고 있어, 이 시편이 재의 수요일과 성금요일과의 관계를 밝혀준다. *디 프로푼디스*("깊은 곳에서" 라는 뜻의 라틴어)로 알려진 시 130편은 주님을 기다리는 자에게 용서함이 흘러나오는 근원이 되시는 (4-6절) 하나님에게 부르짖을 것을 권한다 (1절).

애매한 내용이 없는 것은 아니지만, 관습상 시 6편; 32편; 102편; 143편은 죄악과 참회와 용서를 회복과 연결시키는 시편 모음에 속한다. 예를 들면, 고백하지 아니한 죄로 몸에 질병이 일어나게 된다 (32:1-4; 38:3-8; 51:8). 분쟁을 일삼는 관계는 신체를 상하게 한다 (6:10; 102:3-11). 이러한 맥락에서, 질병은 하나님에게서 떨어진 상황으로 용서를 필요로 한다. 참회의 시편의 처음인 시 6편을 포함시키는 것은 본문이 죄와 참회에 대한 구체적인 인정을 담고 있지 않지만, 하나님이 내리셨으며 고백을 해야 하는 신체적 질병으로 2-3절의 고통을 해석하기 때문이다. 참회의 시편의 마지막 것인 시편 143편은 하나님의 심판에서 구하여 달라는 간구(2절)에서만 참회를 언급한다.

고백과 하나님의 자비, 죽을 수밖에 없음과 구원, 회개와 용서가 모두 일곱 편의 참회 시편의 핵심에 있다. 그러나 인간의 타락에 대한 해결의 관심사가 시편서의 중심 주제는 아니다 (1003쪽 추가 설명: "마음"을 보라). 대부분의 기독교의 관습과는 대조로, 유대교의 예배는 보다 더 찬양과 감사와 기쁨의 표현으로 하나님의 자비를 재현하는 것이 특징이다. 탄원이 유대교의 경건에 부합하지만, 시 6편과 137편을 제외하고는 유대교의 예배에 널리 쓰이는 탄원시는 없다.

7 "저 사람은 하나님을
자기의 피난처로 삼지 않고,
제가 가진 많은 재산만을 의지하며,
자기의 폭력으로 힘을 쓰던 자다"
할 것이다.

8 그러나 나는
하나님의 집에서 자라는
푸른 잎이 무성한 올리브 나무처럼,
언제나 하나님의
한결같은 사랑만을 의지하련다.

9 주님께서 하신 일을 생각하며,
주님을 영원히 찬양하렵니다.
주님을 믿는 성도들 앞에서,
선하신 주님의 이름을
우러러 기리렵니다.

아무도 하나님을 무시하지 못한다 (시 14)

53 [지휘자를 따라 ㄱ)마할랏에 맞추어 부르는 노래, 다윗의 마스길]

1 어리석은 사람은 마음 속으로
"하나님이 없다" 하는구나.
그들은 한결같이 썩어서 더러우니,
바른 일 하는 사람 아무도 없구나.

2 하나님께서는 하늘에서
사람을 굽어보시면서,
지혜로운 사람이 있는지,
하나님을 찾는 사람이
있는지를 살펴보신다.

3 너희 모두는 다른 길로 빗나가서
하나같이 썩었으니,
착한 일 하는 사람이 하나도 없구나.

4 죄악을 행하는 자는
다 무지한 자냐?
그들이 밥먹듯이
내 백성을 먹으면서
나 하나님을 부르지 않는구나.

5 하나님이
경건하지 못한 자들의 뼈를
흩으셨기에,
그들은 두려움이 없는 곳에서도
크게 두려워할 것이다.
하나님이 그들을 물리치셨으니,
그들이 수치를 당할 것이다.

6 하나님, 시온에서 나오셔서,
이스라엘을 구원해 주십시오!

하나님께서 당신의 백성을
그들의 땅으로 되돌려보내실 때에,
야곱은 기뻐하고,
이스라엘은 즐거워할 것이다.

환난 때에 하나님을 신뢰함

54 [지휘자를 따라 현악기에 맞추어 부르는 노래, 다윗의 마스길, 십 사람 몇이 사울에게로 가서 다윗이 자기들에게로 와서 숨어 있다고 밀고하였을 때에 다윗이 지은 시]

1 하나님,
주님의 이름으로 나를 구원하시고,
주님의 권세로
나의 정당함을 변호하여 주십시오.

2 하나님,
나의 기도를 들으시고,

ㄱ) 음악 용어

사장과 백성을 도살하여 사울을 섬긴 에돔 사람 도엑을 언급한다 (삼상 21:1-8; 22:6-19). 아주 날카롭게 거짓된 혀를 가지고 있는 자에게 지목하는 이 시편의 내용과 제목이 어떻게 연결되는지 불분명하다 (2, 4절). 본문 구분: 1-4절, 시편 기자는 오용과 타락에 대하여 악한 거짓말쟁이를 비난하며 조롱한다; 5-7절, 잔인한 부자에게 하나님의 엄한 심판과 그의 몰락에 대한 의로운 사람들을 즐거움이 약속된다; 8-9절, 시편 기자는 하나님에 대한 개인의 신뢰를 선언하고 감사를 드린다. **52:1-4** 속임수의 명수는 자만하고 (1절), *해로운 일만 꾸미고* (2절), 거짓말하고, *착한 일보다 악한 일*을 더 즐기고 (3절)라는 비난을 받는다. 승리하기 위해서는 무엇이라도 할 의사가 있는 이 *용사*(히브리어, *깁보르*)의 행동은 자만이 그 특징이다. **52:5-7** 하나님은 이 용사를 넘어뜨리고 멸망시키실 것이다 (5절). **52:6** *의인이 그 꼴을 보고, 두려운 마음을 가지고 비웃으며.* 40:3에서 하나님을 보고 두려워하는 것은 신뢰에 이른다. 여기서 악인의 처벌을 목격하고 웃음을 얻게 된다 (126:2 참조). **52:7** *하나님을 자기의 피난처로 삼지 않고…재산만을 의지하는 사람*(히브리어, *게베르,* "평범한 사람")을 조롱하여 일축

이 입으로 아뢰는 말씀에
귀를 기울여 주십시오.

3 무법자들이 일어나 나를 치며,
폭력배들이 내 목숨을 노립니다.
그들은 하나같이 하나님을
안중에도 두지 않는 자들입니다. (셀라)

4 그러나 하나님은
나를 돕는 분이시며,
주님은 내게
힘을 북돋우어 주는 분이시다.
5 원수가 나에게
악한 짓을 하였으니,
주님이 내 원수를 갚아 주실 것이다.

주님의 진실하심을 다하여
그들을 전멸시켜 주시기를 빈다.

6 내가 즐거운 마음으로
주님께 제물을 드립니다.
주님,
내가 주님의 선하신 이름에
감사를 드립니다.
7 주님이 나를 모든 재난에서
건져 주셨으며,
나의 이 눈으로,
원수들의 멸망을
보았기 때문입니다.

친구에게 배신당함

55 [지휘자를 따라 현악기에 맞추어 부르는 다윗의 ㄱ)마스길]
1 하나님,
내 기도에 귀를 기울여 주십시오.
나의 간구를
외면하지 말아 주십시오.
2 나를 굽어보시고,
응답하여 주십시오.
한 맺힌 탄식을 가눌 길이 없어서,
나는 분노에 떨고 있습니다.
3 저 원수들이 나에게 악담을 퍼붓고,
저 악인들이
나를 억누르기 때문입니다.
진실로,
그들은 나에게 재앙을 쏟으며,
나에게 원한 맺힌 마음으로
분노를 터뜨립니다.
4 내 마음은 진통하듯 뒤틀려 찢기고,
죽음의 공포가 나를 엄습합니다.
5 두려움과 떨림이 나에게 밀려오고,
몸서리치는 전율이 나를 덮습니다.

6 나는 말하기를
"나에게 비둘기처럼 날개가 있다면,
그 날개를 활짝 펴고 날아가서

ㄱ) 문학 또는 음악 용어

한다. **52:8-9** 하나님은 성전 터전에 있는 오래된 올리브 나무와 같이 시편 기자의 생명을 보전하신다 (1:3 참조). 이러한 이유로 시인은 하나님에게 신실한 이들 가운데서 영원히 감사를 드린다. 마지막으로 시편은 선하심이 그 이름이신 하나님의 능력보다 더 큰 힘이 없다는 것을 증언한다.

53:1-6 어리석은 사람들의 운명 약간의 변형으로, 이 시편은 시 14편과 동일하다 (주석을 보라). 두 편의 시가 하나님보다 자기 자신을 신뢰하는 어리석은 이를 조롱한다. 세 가지 약간의 차이가 나온다: 시편 53편은 네 번에 걸쳐 야훼(주님)대신에 엘로힘(하나님)이라는 하나님의 이름을 선호한다 (2, 4, 5, 6절); 시편 53편은 일곱 절이 아니라, 여섯 절로 되어 있고; 시 53:5는 시 14:5-6과 다르다.

54:1-7 나는 하나님의 개입이 필요하다 하나님의 의롭다하심을 구하는 이 개인의 간구에는 아주 구체적인 의미가 담겨 있다: 시편 기자의 대적은 그들의 악에 대하여 온전히 보상을 받을 것이다. *내 목숨을 노립니다* (3절을 보라) 라는 구절에 기초한 것으로 보이는데, 시편의 제목이 삼상 23:15-19의 이야기와 이 작은 탄원시를 연결시키고 있다. 본문 구분: 1-2절, 하나님의 거룩한 *이름*(히브리어, *쉠*)이 시편 기자를 *구원, 변호,* 들*으시고, 귀를 기울여 주십시오* 라는 간구; 3절, 어려운 사정의 묘사; 4절, 하나님이 생명을 유지시켜 주신다는 데에 대한 신뢰의 표현; 5절, 대적의 몰락에 대한 저주의 바램 (1040쪽 추가 설명: "대적과 저주"를 보라); 6절, 하나님의 선하신 *이름(쉠)*에 대하여 감사할 것을 서약; 7절, 하나님이 구원하실 것을 확신하는 표현. 기도하는 이가 승리를 기대하고 확신을 표현하는 것으로 그의 사정이 변화된다. 대적의 압박은 이 기도로 제거되고, 소망이 현실이 된다. **54:6** *즐거운 마음으로 주님께 제물을 드립니다.* 히브리어의 *너다바*는 가장 일반적인 화목제로 월력에 따르지 아니하는 자원하는 봉헌이다. 레 7:16-17; 22:18-23; 대하 31:14; 라 3:5; 겔 46:12를 보라.

55:1-23 나의 친구가 나를 배반하였다 이 기도의 내용은 개인 탄원시의 특징인 탄원과 불평의 신뢰를 담고 있다. 대적으로 말미암아 그리고 더 고통스럽게는 신뢰하던 친구의 배반으로 말미암아 어려운 상황이 벌어졌다 (12-14절). 억압감의 감정적 성격은 *진통, 죽음의 공포,*

나의 보금자리를 만들 수 있으련만.
7 내가 멀리멀리 날아가서,
광야에서 머무를 수도 있으련만. (셀라)
8 광풍과 폭풍을 피할 은신처로
서둘러서 날아갈 수도 있으련만"
하였다.
9 아, 주님, 그들이 사는 성에는,
보이느니 폭력과 분쟁뿐입니다.
그들을 말끔히 없애 버리시고,
그들의 언어가 혼잡하게 되도록
하여 주십시오.

10 그들이
밤낮으로 성벽 위를 돌아다니니
그 성 안에는
죄악과 고통이 가득 차 있구나.
11 파괴가 그 성 안에서
그치지 아니하고,
억압과 속임수가 그 광장에서
떠나지 않는구나.

12 나를 비난하는 자가 차라리,
내 원수였다면,
내가 견딜 수 있었을 것이다.
나를 미워하는 자가 차라리,
자기가 나보다 잘났다고 자랑하는
내 원수였다면,
나는 그들을 피하여서
숨기라도 하였을 것이다.
13 그런데 나를 비난하는 자가
바로 너라니!
나를 미워하는 자가 바로,
내 동료, 내 친구,
내 가까운 벗이라니!
14 우리는 함께 두터운 우정을 나누며,
사람들과 어울려
하나님의 집을 드나들곤 하였다.
15 그들이 머무르는 곳,
그 곳에는 언제나
악이 넘쳐흐르는구나.
죽음아, 그들을 덮쳐라.
산 채로 그들을
음부로 데리고 가거라!

16 나는 오직
하나님께 부르짖을 것이니,
주님께서 나를 건져 주실 것이다.
17 저녁에도 아침에도 한낮에도,
내가 탄식하면서 신음할 것이니,
내가 울부짖는 소리를
주님께서 들으실 것이다.
18 나를 대적하는 자들이
참으로 많아도,
주님께서는,
나에게 덤벼드는 자들에게서,
내 생명 안전하게 지켜 주실 것이다.
19 아주 먼 옛날부터,
보좌에 앉아 계시는 하나님께서
나의 부르짖음 들으시고,
응답하실 것이다. (셀라)
마음을 고치지도 아니하며
하나님을 두려워하지도 아니하는
그들을 치실 것이다.

20 나의 옛 친구가 손을 뻗쳐서,
가장 가까운 친구를 치는구나.
그들과 맺은 언약을 깨뜨리고
욕되게 하는구나.
21 그의 입은
엉긴 젖보다 더 부드러우나,
그의 마음은
다툼으로 가득 차 있구나.
그의 말은 기름보다 더 매끄러우나,
사실은 뽑아 든 비수로구나.
22 너희의 짐을 주님께 맡겨라.
주님이 너희를 붙들어 주실 것이니,
주님은,
의로운 사람이 망하도록,
영영 그대로 버려두지 않으실 것이다.

23 하나님,
주님께서는 반드시 그들을
멸망의 구덩이로
내려가게 하실 것입니다.
피 흘리기를 좋아하고,
속이기를 좋아하는 자들은
자기 목숨의 절반도

두려움, 떨림, 몸서리치는 전율 (4-5절) 등으로 적나라하게 묘사된다. *비둘기처럼 날개가 있다면* 날아가서 쉼을 찾을 수 있기를 구하는 것과 같이 (6절) 이 시편에는 독특한 이미지가 나온다. 자주 인용되는 것은 *너희의 짐을 주님께 맡겨라. 주님이 너희를 붙들어 주실 것이니* (22절) 라는 말씀이다. 본문 구분은: 1-5절, 대적에 대하여 하나님이 도와주실 것을 구함; 6-11절, 피하기를 원하며 하나님이 대적의 말을 혼동시켜 주실 것을 구하는

살지 못하게 될 것입니다.
그러기에 나는
주님만 의지하렵니다.

하나님을 신뢰하는 기도

56 [지휘자를 따라 ㄱ)요낫 엘렘 르호김에 맞추어 부르는 노래, 다윗의 ㄴ)믹담, 블레셋 사람이 가드에서 다윗을 붙잡았을 때에 다윗이 지은 시]

1 하나님, 나를 불쌍히 여겨 주십시오.
사람들이 나를 짓밟습니다.
온종일 나를 공격하며 억누릅니다.
2 나를 비난하는 원수들이
온종일 나를 짓밟고
거칠게 나를 공격하는 자들이,
참으로 많아지고 있습니다.
오, 전능하신 하나님!
3 두려움이 온통 나를 휩싸는 날에도,
나는 오히려 주님을 의지합니다.
4 나는 하나님의 말씀만 찬양합니다.
내가 하나님만 의지하니,
나에게는 두려움이 없습니다.
육체를 가진 사람이
나에게 감히 어찌하겠습니까?

5 그들은 온종일
나의 말을 책잡습니다.
오로지
나를 해칠 생각에만 골몰합니다.
6 그들이 함께 모여 숨어서
내 목숨을 노리더니,
이제는 나의 걸음걸음을
지켜 보고 있습니다.
7 그들이 악하니,
그들이 피하지 못하게 하여 주십시오.
하나님, 뭇 민족들에게 진노하시고
그들을 멸망시켜 주십시오.

8 나의 방황을 주님께서 헤아리시고,
내가 흘린 눈물을
ㄷ)주님의 가죽부대에 담아 두십시오.
이 사정이
주님의 책에
기록되어 있지 않습니까?
9 내가 주님을 부르면,
원수들이 뒷걸음쳐
물러갈 것입니다.
하나님은 나의 편이심을
나는 잘 알고 있습니다.
10 하나님을 의지하며
나는 하나님의 말씀만 찬양합니다.
하나님을 의지하며
나는 주님의 말씀만을 찬양합니다.
11 내가 하나님을 의지하니,

ㄱ) '먼 느티나무 위의 비둘기 한 마리' ㄴ) 문학 또는 음악 용어
ㄷ)또는 '주님의 두루마리에 기록해 두십시오'

간구의 표현; 12-15절, 대적으로 변한 친한 친구가 일으킨 고통에 대한 묘사; 16-19절, 하나님에 대한 신뢰의 표현; 20-23절, 하나님의 돌보심에 대한 교훈과 하나님에 대한 신뢰의 표현. **55:1-5** 시편 기자는 하나님에게 *귀를 기울여 주십시오, 외면하지 말아 주십시오, 굽어 보시고 응답하여 주십시오* (10:1; 13:1 참조) 라고 네 가지 명령법 단어의 특징으로 요청하는 기도가 특징이다. **55:6-11 55:6** *비둘기.* 히브리어로 비둘기는 여성 단수 명사이다. 이 기억할 만한 이미지와 광야로 피하기를 원하는 마음과 성에 대한 열정적인 관심이 렘 9:2를 상기시킨다. **55:9** *성은* 예루살렘으로 여겨진다. **55:12-15** *내 동료, 내 친구, 내 가까운 벗.* 시편 기자의 최악의 대적은 전에 신앙의 순례의 길에 (14절) 즐거움을 함께 하였던 동반자이다. 시편 기자는 보복하듯이 대적이 *음부로 내려가게* 해 달라고 기도한다 (15절; 1040쪽 추가 설명: "대적과 저주"를 보라). **55:16-19** *저녁에도 아침에도 한낮에도.* 이것은 하루에 세 번 기도하는 관례적인 시간이다 (단 6:10 참조). **55:20-23** *너희의 짐을 주님께 맡겨라* 마 6:25-34; 10:19; 눅 12;22-31 참조.

56:1-13 하나님은 나의 편이시다 이 시편은 짓밟고 억누르는 대적에 대하여 하나님의 도움을 구하는 핍박 받는 사람의 기도이다. 제목은 이 시편을 갓의 블레셋 왕 아기스 앞에서 다윗이 미친 척하였다는 삼상 21:10-15의 사건과 연결시킨다. 본문 구분: 1-2절, 하나님께 드리는 말씀과 간구; 3-4절, 신뢰의 표현과 질문; 5-7절, 대적의 죄악의 묘사와 그들의 몰락에 대한 간구; 8-11절, 탄원시, 질문, 신뢰의 주장, 질문; 12-13절, 받았거나 기대되는 구원에 대한 감사. 세 가지 의문문이 기도의 정신을 나타낸다: *육체를 가진 사람이 나에게 감히 어찌하겠습니까?* (4절); *이 사정이 주님의 책에 기록되어 있지 않습니까?* (8절); *사람이 나에게 감히 어찌하겠습니까?* (11절) 처음과 세 번째는 나는 하나님의 말씀만 찬양합니다. *내가 하나님만 의지하니, 나에게는 두려움이 없습니다* (4절, 또 10-11절) 후렴이 앞에 나온다. 두 번째 질문은 하나님이 시편 기자의 방황과 흘린 눈물(8절)을 기록하고 계신지 질문한다. 전체에 걸쳐,

내게 두려움이 없습니다.
사람이 나에게
감히 어찌하겠습니까?

12 하나님, 내가 주님께 서원한 그대로,
주님께
감사의 제사를 드리겠습니다.
13 주님께서 내 생명을
죽음에서 건져 주시고,
내가 생명의 빛을 받으면서,
하나님 앞에서 거닐 수 있게,
내 발을 지켜 주셨기 때문입니다.

환난 때의 찬양과 신뢰

57 [지휘자를 따라 ㄱ)알다스헷에 맞추어 부르는 노래, 다윗의 ㄴ)믹담, 사울을 피하여서 동굴로 도망하였을 때에 지은 시]

1 참으로 하나님,
나를 불쌍히 여겨 주십시오.
불쌍히 여겨 주십시오.
내 영혼이 주님께로 피합니다.
이 재난이 지나가기까지, 내가
주님의 날개 그늘 아래로 피합니다.
2 가장 높으신 하나님께
내가 부르짖습니다.
나를 위하여
복수해 주시는 하나님께
내가 부르짖습니다.
3 하늘에서
주님의 사랑과 진실을 보내시어,
나를 구원하여 주십시오.
나를 괴롭히는 자들을
꾸짖어 주십시오. (셀라)
오, 하나님,
주님의 사랑과 진실을
보내어 주십시오.
4 내가 사람을 잡아먹는
사자들 한가운데 누워 있어 보니,
그들의 이는 창끝과 같고,
화살촉과도 같고,
그들의 혀는
날카로운 칼과도 같았습니다.
5 하나님, 하늘 높이 높임을 받으시고,
주님의 영광을
온 땅 위에 떨치십시오.

6 그들은 내 목숨을 노리고,
내 발 앞에 그물을 쳐 놓아
내 기가 꺾였습니다.
그들이 내 앞에 함정을 파 놓았지만,
오히려 그들이 그 함정에
빠져 들고 말았습니다. (셀라)

7 하나님, 나는 내 마음을 정했습니다.
나는 내 마음을 확실히 정했습니다.
내가 가락에 맞추어
노래를 부르겠습니다.
8 내 영혼아, 깨어나라.
거문고야, 수금아, 깨어나라.
내가 새벽을 깨우련다.

9 주님,
내가 만민 가운데서
주님께 감사를 드리며,

ㄱ) '파괴하지 말아라' ㄴ) 문학 또는 음악 용어

시편은 낮아지고 쓰러지는 이미지를 사용한다; 1-2, 7, 또한 6, 17절 참조. **56:1-2** 하나님의 은혜를 구하는 간구로 시편이 시작된다 (4:1; 6:2를 참조). **56:3-4** 두려움이 온통 나를 휩싸는 날에도 (3절) 라는 부분이 *나에게는 두려움이 없습니다* (4절) 라는 말과 상응하고 *나는 오히려 주님을 의지합니다*(3절)가 내가 *하나님만 의지하니*(4절)와 평행되어 카이 문자(chiastic)로 된 문구를 이루는데, 나는 하나님의 말씀만 찬양합니다(4절)가 중심이 된다. 두려움에서 두려움이 없어지는 것으로 옮아가는 전이와 같이, 하나님의 말씀에 대한 갈망이 전체 시편을 움직여 가고 있다. **56:5-7** 온 종일 (5절, 1-2절 참조). 대적이 죽일 의사로 (6절) 계속하여 시편 기자를 추구하고 있다. 대응으로, 시인은 하나님에게 그들이 악하니, 그들*이 피하지 못하게 하여 주십시오* 그리고 그들*을 멸망시켜 주십시오* (7절) 라고 기도한다. **56:8-11** *내가 흘린 눈물을 주님의 가죽부대*(가죽 병, 8절)*에 담아 두십시오* 라는 말은 하나님이 기록하고 계신 것과 마찬가지로, 하나님이 시편 기자의 슬픔을 인지하시는 방법이다 (40:7; 59:28; 139:16 참조). **56:12-13** *서원과 감사의 제물은 생명의 빛을 받으면서* 걷는다는 것을 선언하는 시편 기자가 드리는 것이다. 대적의 마지막 운명에 대한 언급이 없지만, 시편 기자는 구원을 알고 기대한다.

57:1-11 하나님이 높임을 받으시다 시편 기자의 *발 앞에 그물을 쳐* 놓는 (6절; 56:6 참조) *사자와* 사냥꾼(4절)으로 묘사하면서 자신을 *괴롭히는* (3절; 시 56:1-2 참조) 대적으로부터 하나님이 보호하시고 자비를 베푸시기를 간구한다. *참으로 하나님, 나를 불쌍히 여겨*

뭇 나라 가운데서 노래를 불러,
주님을 찬양하렵니다.
10 주님의 한결같은 그 사랑,
너무 높아서 하늘에 이르고,
주님의 진실하심,
구름에까지 닿습니다.

11 하나님,
주님은 하늘 높이 높임을 받으시고,
주님의 영광 온 땅 위에 떨치십시오.

민사가 잘못될 때의 기도

58 [지휘자를 따라 ㄱ)알다스헷에 맞추어 부르는 노래, 다윗의 ㄴ)믹담]
1 너희 통치자들아,
너희가 정말 정의를 말하느냐?
너희가 공정하게
사람을 재판하느냐?
2 그렇지 않구나.
너희가 마음으로는 불의를 꾸미고,
손으로는 이 땅에서
폭력을 일삼고 있구나.

3 악한 사람은
모태에서부터 곁길로 나아갔으며,
거짓말을 하는 자는
제 어머니 뱃속에서부터
빗나갔구나.
4 그들은 독사처럼 독기가 서려,
귀를 틀어막은
귀머거리 살무사처럼,
5 마술사의 홀리는 소리도 듣지 않고,
능숙한 술객의 요술도
따르지 않는구나.

6 하나님, 그들의 이빨을
그 입 안에서 부러뜨려 주십시오.
주님, 젊은 사자들의 송곳니를
부수어 주십시오.
7 그들을 급류처럼
흔적도 없이 사라지게 해주십시오.
겨누는 화살이
꺾인 화살이 되게 해주십시오.
8 움직일 때 녹아내리는
달팽이같이 되게 해주십시오.
달을 채우지 못한 미숙아가
죽어서 나와 햇빛을 못 보는 것같이
되게 해주십시오.
9 가시나무 불이
가마를 뜨겁게 하기 전에
생것과 불붙은 것이,
강한 바람에
휩쓸려 가게 해주십시오.

10 의로운 사람이
악인이 당하는 보복을 목격하고

ㄱ) '파괴하지 말아라' ㄴ) 문학 또는 음악 용어

주십시오. 이 첫 구절은 시 51편과 56편의 처음과 동일하다. 7-11절은 거의 같은 말로 108:1-5에 반복된다. 57:5와 11의 후렴은 시편 기자의 상처받을 수 있음과 하나님의 넓으심을 깨닫게 됨을 대조시키는 이미지로 하나님에 대한 찬양을 반복한다. 본문 구분: 1-4절, 하나님과 하나님의 구원에 대한 확신의 표현; 5절, 하나님의 높임을 받으시는 것을 축하하는 후렴; 6-10절, 대적이 자기 자신의 올무에 빠지고 (6절), 시편 기자의 마음은 하나님의 *한결같은 그 사랑*(10절)에 대하여 감사의 노래를 부르는 일에 확실히 정해진다 (7절); 11절, 후렴이 반복된다. **57:1-4** 시 56편에서는 결론이 나지 않았던 대적의 운명에 대한 질문이 여기서 해결된다. 하나님은 시편 기자를 *괴롭히는 자들을 꾸짖어 주십시오* (3절). **57:4** 사자에 대하여는, 이와 똑같은 동물에 대한 다른 히브리어 단어를 사용하는 시편 7:2, 58을 보라. **57:5** 여기서 그리고 11절에서, 후렴은 하나님의 *영광*(히브리어, *커보드*)을 찬양한다. **57:8** 하나님을 찬양하는 일이 시편 기자의 *영혼*(히브리어, *커보디*; 직역하면, "나의 영광;" 5절, 11절 참조)을 "깨운다."

58:1-11 복수를 즐거워함 이 시편은 몇 가지 면에서 수수께끼와 같다. 말하는 이가 누구인지 듣는 이가 누구인지 확실하지 않다. 6절에서는 주님께 말씀하고, 10-11절은 예배하는 공동체의 것이다. 시편은 땅의 불의한 인물을 공격하는 반면 (2절), 반어적으로 일련의 경악할 만한 저주로 하나님이 난폭한 자를 난폭하게 멸망시켜 달라고 하나님을 부른다 (6-9절). 그 험한 어조 때문에, 이 시편(또한 시 83편과 109편)은 대부분의 최근의 그리스도교 교회력의 성구와 일일예배에서 생략된다. 본문 구분: 1-2절, 신에 대한 고발; 3-5절, 악인의 묘사; 6-9절, 악인에 대한 저주; 10-11절, 의인의 의롭다함을 받음. 네 가지 반복되는 히브리어 어근이 본문의 테두리를 짓고 있다 *정의*(1절)와 *의로운 사람* (10절); *재판*(1절)과 *심판* (11절); *땅* (2. 11절); *악한 사람/악인* (3, 10절). **58:1-2** *하나님은 마음으로는 불의를 꾸미고,*

기뻐하게 하시며,
악인의 피로
그 발을 씻게 해주십시오.
11 그래서 사람들이
"과연, 의인이 열매를 맺는구나!
과연, 이 땅을 심판하시는 하나님은
살아 계시는구나!"
하고 말하게 해주십시오.

보호를 구하는 기도

59 [지휘자를 따라 ㄱ)알다스헷에 맞추어 부르는 노래, 다윗의 ㄴ)믹담, 사울이 다윗을 죽이려고 사람을 보내어서 그의 집을 감시하고 있을 때에 다윗이 지은 시]
1 나의 하나님,
내 원수들에게서
나를 구원해 주시고,
나를 치려고 일어서는 자들에게서
나를 지켜 주십시오.
2 악을 지어내는 자들로부터
나를 구해 주시고,
피 흘리기 좋아하는 자들에게서
나를 건져 주십시오.

3 그들이 내 목숨을 노리고
매복해 있습니다.
강한 자들이 나를 치려고
모여듭니다.
그러나 주님,
나에게 허물이 있는 것도 아니요,
나에게 큰 죄가 있는 것도 아닙니다.
4 나에게는 아무런 잘못도 없으나,
그들이 달려와서
싸울 준비를 합니다.
깨어나 살피시고,
나를 도와주십시오.
5 주님은 만군의 하나님,
주 이스라엘의 하나님이십니다.
깨어나셔서
모든 나라를 차별 없이 심판하시고,
사악한 꾀를 꾸미는 자들을,
불쌍히 여기지 마십시오. (셀라)

6 그들은 저녁만 되면 돌아와서,
개처럼 짖어 대면서,
성 안을 이리저리 쏘다닙니다.
7 그들은 입에 거품을 물고,
입술에는 칼을 물고서
"흥, 누가 들으랴!" 하고 말합니다.

8 그러나 주님,
주님께서
그들을 보시고 비웃으시며,
뭇 민족을 조롱하실 것입니다.
9 나의 힘이신 주님,
주님은, 내가 피할 요새이시니,
내가 주님만을 바라봅니다.

10 한결같은 사랑을 베푸시는

ㄱ) '파괴하지 말아라' ㄴ) 문학 또는 음악 용어

손으로는 *이 땅에서 폭력을* 일삼고 하는 불의한 통치자를 책망하신다. 이 신들은 시 82편(신 32:43; 왕상 22:19-23)에서와 같이 낮은 신적 존재인지, 아니면 52:1에서의 "용사"와 같이 억압하는 지상의 군주인지 분명하지가 않다. **58:3-5** 악인은 태어나면서부터 잘못된 길로 나간다 (22:10; 51:5 참조). **58:6-9** 하나님이 일곱 가지 저주를 악인에게 내리신다: *그들의 이빨을 그 입 안에서 부러뜨려 주십시오; 젊은 사자들의 송곳니를 부수어 주십시오* (6절; 57:4 참조); *그들을 급류처럼 흔적도 없이 사라지게 해주십시오; 겨누는 화살이 꺾인 화살이 되게 해주십시오* (7절; 56:1-2; 57:3 참조); *움직일 때 녹아내리는 달팽이 같이 되게 해주십시오; 달을 채우지 못한 미숙아가 죽어서 나와 햇빛을 못 보는 것 같이 되게 해주십시오* (8절); *가시나무 불이 가마를 뜨겁게 하기 전에 생겻과 불붙는 것이, 강한 바람에 휩쓸려 가게 해주십시오* (9절). **58:10-11** 의로운 사람을 위하여 오는 승리의 선포가 명백히 묘사된다. *악인의 피로 그 발을 씻게 해주십시오*(10절)의 바람이 대적의 완전한 몰락을 바란다는 것을 표현한다 (68:23; 신 32:42 참조).

59:1-17 울부짖는 개가 어슬렁거린다 무고한 사람이 대적의 핍박에 대하여 항거하고 하나님의 보호를 간구한다. 시편의 제목은 이 기도를 사울이 다윗을 위협한 일(삼상 19:11-17)과 연관시키는데, 이 연관은 처음 네 구절에서 잘 적용되지만, 5절에서 책략을 짜는 *나라들에* 대한 언급에서 무너진다. 탄원은 반복되는 후렴이 선포하듯이 말하는 *저녁만 되면 돌아와서 개처럼 짖어 대면서, 성 안을 이리저리 쏘다닙니다*(6, 14절)로 표현된 피를 목말라하는 대적에 대한 것이다. 시편을 두 대칭이 되는 반쪽으로 구분하면, 두 번째 반복되는 후렴은 시편기자의 힘과 *요새*(9, 17절)로서의 하나님

하나님께서
나를 영접하려고 오실 것이니,
하나님께서 내 원수가 망하는 꼴을
나에게 보여 주실 것이다.

11 내 백성이 그들을 잊을까 두려우니,
그들을 아주 말살하지는
말아 주십시오.
우리의 방패이신 주님,
주님의 능력으로 그들을 흔드시고,
그들을 낮추어 주십시오.
12 죄가 그들의 입에 있고
그들의 입술에서 나오는 말은
모두 죄로 가득 찼습니다.
그들의 오만이
그들을 사로잡는
덫이 되게 해주십시오.
그들이 저주와 거짓말만
늘어놓고 있으니,
13 주님의 진노로
그들을 멸하여 주십시오.
하나도 남김없이 멸하여 주십시오.
하나님께서 야곱을 다스리고 계심을
땅 끝까지 알려 주십시오. (셀라)

14 그들은 저녁만 되면 돌아와서,
개처럼 짖어 대면서,
성 안을 이리저리 쏘다닙니다.
15 그들은 먹을 것을 찾아서
돌아다니다가,
배를 채우지 못하면,
밤새도록 으르렁거립니다.

16 그러나 나는
나의 힘 되신 주님을 찬양하렵니다.
내가 재난을 당할 때에,
주님은 나의 요새,
나의 피난처가 되어 주시기에,
아침마다
주님의 한결같은 사랑을
노래하렵니다.
17 나의 힘이신 주님,
내가 주님을 찬양하렵니다.
"하나님은 내가 피할 요새,
나를 한결같이 사랑하시는 분."

하나님을 의존하여라

60 [다윗이 교훈을 하려고 지은 ㄱ)믹담, 지휘자를 따라 ㄴ)수산 에둣에 맞추어 부르는 노래, 다윗이 ㄷ)'아람 나하라임'과 ㄹ)'아람 소바'와 싸울 때에 요압이 돌아와서 '소금 골짜기'에서 에돔 군 만 이천 명을 죽였다. 그 때에 다윗이 지은 시]
1 하나님,
주님께서 우리를 내버리시고,
흩으시고,
우리에게 노하셨으나,
이제는 우리를 회복시켜 주십시오.
2 주님께서 땅을 흔드시고
갈라지게 하셨으니,
이제는 그 갈라지고 깨어진 틈을
메워 주시어서,
땅이 요동치 않게 해주십시오.
3 주님께서
주님의 백성에게
곤란을 겪게 하시고,
포도주를 먹여
비틀거리게 하셨습니다.

4 활을 쏘는 자들에게서
피하여 도망치도록,

ㄱ) 문학 또는 음악 용어 ㄴ) '언약의 나라꽃' ㄷ) 메소포타미아 서북 지방의 아람 사람들 ㄹ) 시리아 중부 지방의 아람 사람들

에 대한 확신을 인정한다. 본문 구분: 1-10절, 대적에 대한 간구와 탄원 (1-4a절), 하나님의 행동에 대한 간구 (4b-5절), 후렴 (6-7절), 승리의 반응 (8-10절); 11-17절, 대적에 대한 간구와 탄원 (11-12절), 하나님의 행위에 대한 간구 (13절), 후렴 (14-15절), 승리의 축하 (16-17절).

59:1-10 59:1-4a 죄가 없는 (3b절) 고난자가 하나님이 그를 대적에게서 구원하고 보호하여 주실 것을 간구한다. **59:4b-5** *깨어나 살피시고.* 시편 기자는 하나님께서 주무시고 계시다는 것을 시사하면서, 하나님께 즉각적인 도움을 요청한다 (35:23; 44:23 참조). **59:6-7** 후렴은 대적들을 *울부짖으며* 위협하는 (6절, 14-15절), 개처럼 짖어 대면서 물고 (6-7절), *으르렁거리는* (15절) 짐승으로 대적들을 묘사한다. 개는 종종 대적을 지칭하기 위하여 쓰이거나 (삼상 17:43; 시 22:16) 또는 악한 지도자를 상징한다 (사 56:10-11). "죽은 개"는 경멸되는 가치가 없는 사물 또 때로는 자기 비하의 동의어이다 (삼상 24:14 삼하 9:8; 16:9 참조).

깃발을 세워서
주님을 경외하는 사람들을
인도해 주십시오. (셀라)
5 주님의 오른손을 내미셔서,
주님께서 사랑하시는 사람을
구원하여 주십시오.
우리에게 응답하여 주십시오.

6 하나님께서 성소에서
이렇게 말씀하셨습니다.
"내가 크게 기뻐하면서 뛰어놀겠다.
내가 세겜을 나누고,
숙곳 골짜기를 측량하겠다.
7 길르앗도 나의 것이요,
므낫세도 나의 것이다.
에브라임은 내 머리에 쓰는 투구요,
유다는 나의 통치 지팡이이다.
8 그러나 모압은
나의 세숫대야로 삼고,
에돔에는 나의 신을 벗어 던져
그것이 나의 소유임을 밝히겠다.
내가 블레셋을 격파하고,
승전가를 부르겠다."

9 누가 나를
견고한 성으로 데리고 가며,
누가 나를 에돔까지 인도합니까?
10 하나님,
우리를 정말로 내버리신 것입니까?
주님께서 우리의 군대와
함께 나아가지 않으시렵니까?
11 사람의 도움이 헛되니,
어서 우리를 도우셔서,
원수들을 물리쳐 주십시오.
12 하나님께서 우리와 함께 계시면,
우리는 승리를 얻을 것이다.
그가 우리의 원수들을
짓밟을 것이다.

하나님의 보호를 받으며

61

[지휘자를 따라 현악기에 맞추어 부르는 노래, 다윗의 시]

1 하나님,
내가 부르짖는 소리를 들으시고,
내 기도 소리를
귀담아 들어 주십시오.
2 내 마음이 약해질 때,
땅 끝에서 주님을 부릅니다.
내 힘으로 오를 수 없는 저 바위 위로
나를 인도하여 주십시오.

3 주님은 나의 피난처시요,
원수들에게서 나를 지켜 주는
견고한 망대이십니다.
4 내가 영원토록
주님의 장막에 머무르며,
주님의 날개 아래로 피하겠습니다. (셀라)

5 주님은 나의 하나님,
주님께서 내 서원을 들어주시고,
주님의 이름을 경외하는 사람이
받을 유업을
내게 주셨습니다.

6 왕의 날을 더하여 주시고,
왕의 해를 더하여 주셔서,
오래오래 살게 하여 주시기를

"개의 삯"은 때때로 남성 창기(히브리어 성경 신 23:18)를 지칭하는 것으로 보이나, 보다 간단하게 개에 대한 경멸의 생각을 나타낼 것이다 (출 22:31; 잠 26:11 참조; 또한 개와 창기가 연결되어 있는 왕상 22:38을 보라). 보다 드물게, 개는 동반하는 존재로서의 동물이기도 하다. **59:8-10** 하나님은 나라들을 비웃으시며 (8절), 시편 기자는 힘, 요새 (46:7, 11의 "피난처") 그리고 *한결같은 사랑*(9-10, 17절)으로서의 하나님에 대한 승리의 후렴을 말한다.

60:1-12 우리는 도움이 필요하다 하나님의 도움에 관한 이 공동체의 탄원시는 군사적 패배 이후에 나온다. 하나님의 내버리심이 이스라엘 군대의 패배의 원인으로 해석된다. 기도에는 전투에서 하나님의 임재와 지도가 승리를 확실히 한다는 신념이 반영되어 있다 (삼상 4:1b-4 참조). 본문 구분: 1-5절, 하나님의 내버리심에 대한 탄원과 하나님이 응답하시고 그 백성을 구하여 달라는 간구; 6-8절, 모든 백성들과 땅이 하나님에게 속하였다는 말을 포함하여, 땅의 분배에 대한 하나님의 말씀; 9-12절, 도움에 대한 간구. 기도의 역설적인 소망은 하나님이 하나님을 그들을 버리셨어도 하나님은 하나님을 *경외하는* 사람들(4절)과 하나님이 사랑하시는 사람(5절)에게 구원과 승리를 주신다는 것이다. 5-12절은 108:6-13에 반복된다.

61:1-8 하나님이 기도에 응답하신다 이 개인의 기도에서 하나님은 *피난처시요, 원수들에게서 나를 지켜주는 견고한 망대*(3절)이시며, 그는 하나님이 들어주시고 대답하신다는 (5절) 것에 대한 확신을 표현한다.

원합니다.
7 주님 앞에서
우리 왕이 오래도록
왕위에 앉아 있게 하시고,
주님의 한결같은 사랑과 진리로
우리 왕을 지켜 주시기를 원합니다.
8 그 때에 나는
주님의 이름을 영원토록 노래하며,
내가 서원한 바를
날마다 이루겠습니다.

하나님은 강하시고 친절하시다

62 [지휘자를 따라 여두둔에 맞추어 부르는 노래, 다윗의 시]
1 내 영혼이
잠잠히 하나님만을 기다림은
나의 구원이
그에게서만 나오기 때문이다.
2 하나님만이 나의 반석,
나의 구원, 나의 요새이시니,
나는 결코 흔들리지 않는다.

3 기울어 가는 담과도 같고
무너지는 돌담과도 같은 사람을,
너희가 죽이려고 다 함께 공격하니,
너희가 언제까지 그리하겠느냐?
4 너희가 그를 그 높은 자리에서
떨어뜨릴 궁리만 하고,
거짓말만 즐겨 하니,
입으로는 축복하지만
마음 속으로는 저주를 퍼붓는구나. (셀라)

5 내 영혼아,
잠잠히 하나님만 기다려라.
내 희망은 오직 하나님에게만 있다.
6 하나님만이 나의 반석,
나의 구원, 나의 요새이시니,
나는 흔들리지 않는다.
7 ㄱ)내 구원과 영광이 하나님께 있다.
하나님은 내 견고한 바위이시요,
나의 피난처이시다.

8 하나님만이 우리의 피난처이시니,
백성아,
언제든지 그만을 의지하고,
그에게
너희의 속마음을 털어놓아라. (셀라)

9 신분이 낮은 사람도
입김에 지나지 아니하고,
신분이 높은 사람도
속임수에 지나지 아니하니,
그들을 모두 다 저울에 올려놓아도
입김보다 가벼울 것이다.
10 억압하는 힘을 의지하지 말고,
빼앗아서 무엇을 얻으려는
헛된 희망을 믿지 말며,
재물이 늘어나더라도
거기에 마음을 두지 말아라.

11 하나님께서
한 가지를 말씀하셨을 때에,
나는 두 가지를 배웠다.
'권세는 하나님의 것'이요,

ㄱ) 또는 '가장 높으신 하나님은 나의 구원, 나의 영예이시다'

왕을 위한 기도가 갑작스럽게 삽입되는 6-7절을 제외하고는, 시편은 미래를 위하여 하고, 듣고, 약속을 받는 서약의 일관된 주제를 다루고 있다. 본문 구분: 1-3절, 시작하는 간구; 4-5절, 들어주시라는 요청과 확신; 6-7절, 왕을 위한 기도; 8절, 계속하여 찬양을 부를 것이라는 서원. **61:2** *땅 끝에서 주님을 부릅니다.* 아마도 시편 기자가 성전에서 멀리 떨어져 있다는 것을 나타낼 수 있으며 (135:7; 사 42:10 참조), 또는 하나님에게서 멀리 있다는 실존적인 표현일 수도 있다. *내 힘으로 오를 수 없는 저 바위 위로 나를 인도하여 주십시오*는 시편 기자가 마련할 수 있는 영역 밖의 피난처를 구하는 요청이다. **61:4** *주님의 장막에 머무르며, 주님의 날개 아래로 피하겠습니다* 두 가지가 병치된 것은 성전 안에 그룹과 그 날개의 이미지를 상기시킨다 (91;1, 4, 왕상 6:23-28; 8:6-7). **61:6-7** 현재 통치하고 있는 왕이거나 앞으로 올 왕을 위하여 장수와 영구를 간구한다. *한결같은 사랑과 진리*는 왕을 돌보라는 임무를 받는다 (잠 20:28 참조). 왕은 다시 63:11에 언급될 것이며, 이 구절은 시편 61—63편이 날개 (61:4; 63:7), *한결같은 사랑* (61:7; 63:3), *견고/권능* (히브리어, *오즈*; 61:3; 63:2) 등 반복되는 말이 접합시키고 있는 3부작을 형성하고 있기 때문에 여기 삽입된 것인지 모른다.

12 '한결같은 사랑도
주님의 것'이라는 사실을.

주님, 주님께서는 각 사람에게
그가 행한 대로 갚아 주십니다.

하나님의 사랑은 생명보다 더 소중하다

63 [다윗이 유다 광야에 있을 때에 지은 시]
1 하나님,
주님은 나의 하나님입니다.
내가 주님을 애타게 찾습니다.
물기 없는 땅,
메마르고 황폐한 땅에서
내 영혼이 주님을 찾아 목이 마르고,
이 몸도 주님을
애타게 그리워합니다.
2 내가 성소에서 주님을 뵙고
주님의 권능과
주님의 영광을 봅니다.
3 주님의 한결같은 사랑이
생명보다 더 소중하기에,
내 입술로 주님께 영광을 돌립니다.
4 이 생명 다하도록
주님을 찬양하렵니다.
내가 손을 들어서
주님의 이름을 찬양하렵니다.

5 기름지고 맛깔진 음식을
배불리 먹은 듯이
내 영혼이 만족하니,
내가 기쁨에 가득 찬 입술로
주님을 찬양하렵니다.

6 잠자리에 들어서도
주님만을 기억하고
밤을 새우면서도
주님만을 생각합니다.
7 주님께서 나를 도우셨기에
나 이제 주님의 날개 그늘 아래에서
즐거이 노래하렵니다.
8 이 몸이 주님께 매달리니,
주님의 오른손이
나를 꼭 붙잡아 주십니다.

9 나를 죽이려고 노리는 자는
땅 아래 깊은 곳으로 떨어질 것이다.
10 그들은 칼을 맞고 쓰러지고,
그 주검은 승냥이의 밥이 될 것이다.
11 그러나 우리의 왕은
하나님을 기뻐하며,
하나님의 이름으로
맹세하는 사람들은
모두 왕을 칭송할 것이다.
그러나 거짓말을 하는 자들은
말문이 막힐 것이다.

주님 때문에 기뻐한다

64 [지휘자를 따라 부르는 노래, 다윗의 시]
1 하나님,
내가 탄식할 때에

62:1-12 견고한 바위와 피난처로 하나님을 신뢰 신뢰와 기도, 그리고 하나님에게서 피난처를 찾은 것에 대하여 다른 이들에게 주는 교훈으로, 한 개인이 조용히 역경을 견디어낸 개인의 경험을 이야기한다 (8절). 하나님을 조용히 기다린 것의 결과로 시편 기자는 *결코 흔들리지 않으며* (2절), *희망을* 찾는다 (5절). 후렴은 *반석과 구원* (2절, 6절), *견고한 바위와 피난처* (61:3, 4; 62:7, 8), *한결같은 사랑* (61:7; 62:12; 63:3), *내 영혼* (62:1, 5; 63:1, 5, 8) 등의 단어를 토대하여 세워진다. 본문 구분: 1-7절, 시편 기자가 경험한 구원; 8-10절, 신뢰에 대하여 공동체에게 주는 교훈; 11-12절, 하나님의 정의에 대한 확신의 마지막 말. **62:8-10** 시편 기자는 공동체에게 하나님을 의지하고, 속마음을 털어놓으라고 요청한다. 신분이 낮은 사람, 신분이 높은 사람, 억압하는 힘, 빼앗아서 무엇을 얻으려는, 재물 (9-10절) 등을 포함하여 어떤 다른 것을 의지하는 것은 헛된 일이다. **62:11-12** 이 구절에서 안전에 대하여 하나님에게 직접 말씀을 드린다.

63:1-11 생명보다 더 소중하다 반복되는 말이 시 61—63편을 신뢰와 기도의 습관을 권면하는 기도의 모음으로 함께 묶는다. 시 61편에서 기도가 응답되며; 시 62편에서 기도가 격려되며; 시 63편에서 기도가 깊이 만족스러운 것으로 제시된다. 시 63편에서 시인은 주님의 *한결같은 사랑이 생명보다 더 소중하다* (3절) 라고 선언하면서, 하나님에게만 말씀을 드린다. 친근함이 특히 하나님, 주님 등의 대명사로 본문 이미지에 가득 차 있다. 시편 기자는 *물기* (1절) 또는 *기름지고 맛깔진 음식*(5절)을 애타게…*찾아 목이 마르고* (1절) 하나님께 붙어 있기를 바라는 동시에 하나님이 오른손(8절)으로 붙들어 주시는 사람으로, 하나님을 영접하기를 열망한다.

내 소리를 들어 주십시오.
원수들의 위협에서
내 생명을 지켜 주십시오.
2 악인들이 은밀하게 모의할 때에
나를 숨겨 주시고,
악한 일을 저지르는 자들의
폭력에서
나를 지켜 주십시오.

3 그들은 칼날처럼
날카롭게 혀를 벼려
화살처럼 독설을 뽑아 냅니다.
4 죄 없는 사람을 쏘려고
몰래 숨어 있다가,
느닷없이 쏘고서도,
거리낌조차 없습니다.
5 그들은 악한 일을 두고
서로 격려하며,
남 몰래 올가미를 치려고 모의하며,
ㄱ)"누가 우리를 보랴?"
하고 큰소리를 칩니다.
6 그들이 악을 꾀하고,
은밀하게 음모를 꾸미니,
사람의 속마음은
참으로 알 수 없습니다.

7 그러나 하나님이 활을 쏘실 것이니,
그들이 화살을 맞고서
순식간에 쓰러질 것이다.
8 하나님은,
그들이 혀를 놀려서 한 말 때문에
그들을 멸하실 것이니,
이것을 보는 자마다 도망칠 것이다.
9 그들은 모두 다 두려움에 사로잡혀,
하나님이 하신 일을 선포하며,
하나님이 하신 일을
생각하게 될 것이다.
10 의인은
주님께서 하신 일을 생각하면서
기뻐하고,
주님께로 피할 것이니,
마음이 정직한 사람은
모두 주님을 찬양할 것이다.

하나님이 기도에 응답하신다

65 [지휘자를 따라 부르는 노래, 다윗의 찬송 시]
1 하나님,
시온에서 주님을 찬양함이
마땅한 일이니,
우리가 주님께 한 서원을
지키렵니다.
2 우리의 기도를 들으시는 주님,
육신을 가진 사람이면 누구나
주님께로 나아옵니다.
3 저마다 지은 죄
감당하기에 너무 어려울 때에,
오직 주님만이 그 죄를
ㄴ)용서하여 주십니다.

ㄱ) 또는 '누가 그들을 볼 것이냐?' ㄴ) 또는 '속죄하여 주십니다'

내 *영혼/이 몸*(히브리어, *나프쉬*, 1절, 5절, 8절)의 반복으로 세 절이 표기된다. 본문 구분: 1-4절, 하나님의 임재에 대한 갈망; 5-8절, 하나님과 교통하는 신비와 기쁨; 9-11절, 대적의 운명과 왕을 위한 기도. **63:1** *내 영혼이 주님을 찾아 목이 마르고* 42:2를 참조. **63:5-8** *밤*(6절)과 *날개*(7절)의 연상이 또 17:3, 8; 91:4-5에 나온다. 시편 기자는 은유적으로 지성소에서 언약궤를 지키는 그룹의 날개 밑에서 (왕상 6:23-28; 8:6-7) 또는 성전의 보호된 영역의 한계 내에서 실제로 (27:5; 61:4; 63:2 참조) 하나님께 가까이 있기를 원한다. 밤은 전통적으로 상처받을 수 있는 시간이며 묵상의 시간이다 (4:4; 16:7; 17:3; 119:55 참조).

64:1-10 상처 입히는 말이 화살과 같다 *죄 없는 사람을 쏘려고 몰래 숨어 있다가* (4절) 라는 치명적인 말을 사용하는 이들에게서 보호하여 달라고 개인이 간구한다. 하나님은 악한 공격자들에게 활을 쏘시어 (7절), 그들의 잘못을 바로 잡으신다. 본문 구분: 1-2절, 간구; 3-6절, 대적의 묘사; 7-9절, 하나님의 보복에 대한 기대; 10절, 마무리 지어 부르는 찬양. **64:1-2** 시편 기자는 악행 하는 자의 위협에서 보호하여 달라고 하나님에게 *들어 주십시오, 지켜 주십시오, 숨겨 주시고* 라고 간구한다. **64:3-6** 경고 없이 (4절의 히브리어, *피뜨옴, 갑자기*), 말이 비밀리에 도모하는 악행하는 자들의 입에서 무기가 된다. 그러한 인간의 행위는 사악하며 상처를 주려는 의도가 있다. **64:7-9** 경고 없이 (*피뜨옴, 갑자기*, 7절), 하나님은 "상처입히는 자들"에게 상처를 입히셔서 그들을 멸망시키실 것이다. 하나님의 응징의 복수로 인하여 모두가 *두려움에 사로잡혀* (9절), 하나님이 하신 것을 *선포하고 생각*하게 될 것이다. 7:12-13에 관한 주석을 보라. **64:10** 의인은 주님 안에서 기뻐하고 주님께로 피하며 주님을 찬양할 것이다.

65:1-13 풍성한 추수에 대한 감사로 이 공동체가

4 주님께서 택하시고
가까이 오게 하시어
주님의 뜰에 머물게 하신 그 사람은,
복이 있는 사람입니다.
그러므로 우리는,
주님의 집,
주님의 거룩한 성전에서
온갖 좋은 복으로 만족하렵니다.

5 우리를 구원하시는 하나님,
주님께서 그 놀라운 행적으로
정의를 세우시며,
우리에게 응답하여 주시므로
땅 끝까지,
먼 바다 끝까지,
모든 사람이 주님을 의지합니다.
6 주님께서는 주님의 힘으로,
주님의 능력으로
허리에 띠를 동이시고
산들이 뿌리를 내리게 하셨습니다.
7 주님께서는
바다의 노호와 파도 소리를
그치게 하시며,
민족들의 소요를 가라앉히셨습니다.
8 땅 끝에 사는 사람들까지,
주님께서 보이신 징조를 보고,
두려워서 떱니다.
해 뜨는 곳과 해 지는 곳까지도,
주님께서는 즐거운 노래를
부르게 하십니다.

9 주님께서 땅을 돌보시어,
땅에 물을 대주시고,
큰 풍년이 들게 해주십니다.
하나님께서 손수 놓으신 물길에,
물을 가득 채우시고,
오곡을 마련해 주시니,
이것은, 주님께서 이 땅에다가
그렇게 준비해 주신 것입니다.
10 주님께서 또 밭이랑에
물을 넉넉히 대시고,
이랑 끝을 마무르시며,
밭을 단비로 적시며,
움 돋는 새싹에 복을 내려 주십니다.
11 주님께서 큰 복을 내리시어,
한 해를 이렇듯
영광스럽게 꾸미시니,
주님께서 지나시는 자취마다,
기름이 뚝뚝 떨어집니다.
12 그 기름이 광야의 목장에도
여울져 흐르고,
언덕들도 즐거워합니다.
13 목장마다 양 떼로 뒤덮이고,
골짜기마다 오곡이 가득하니,
기쁨의 함성이 터져나오고,
즐거운 노랫소리 그치지 않습니다.

하나님께 환호하여라

66 [시, 지휘자를 따라 부르는 노래]
1 온 땅아,
하나님께 환호하여라.
2 그 이름의 영광을 찬양하고
영화롭게 찬송하여라.

예배를 드리는데, 여기에는 예배자들이 하나님을 찬양하는 것과 그들이 하나님의 축복과 용서받은 경험이 함께 혼합되어 있다. 하나님은 *기도를* 응답하시고, 죄를 용서하시고 (2-3절); 구원의 놀라운 *행적을 행하시고* (5절); 한 해를 큰 복으로 *영광스럽게 꾸미신다* (11절). 피조물과 창조에 대한 하나님의 보살핌이 이 시편 전체에 걸쳐 빛이 난다. 축복은 시온에서 *육신을 가진 사람* (2절)과 *땅끝에서 사는 사람들*(8절)까지 보편적으로 미친다. 본문 구분: 1-4절, 시온에서, 하나님이 기도에 응답하고 죄악을 용서하신다; 5-8절, 하나님은 자연질서를 창조하시고 유지하는 것에 대하여 땅끝까지의 소망으로 영광을 받으신다; 9-13절, 하나님은 아름답고 풍성한 추수로 찬양을 받으신다. **65:1-4** *주님께* 라는 말은 기도의 방향을 정하고 찬송이 시온의 하나님에게 속한다는 것을 확정한다 (1절). 다음 구절이 비슷하게 계속된다: *주님께 한 서원을 지키렵니다,* "우리의 기도를 들으시는 주님." *육신을 가진 사람이면 누구나 주님께로 나아옵니다* (2절). 하나님은 죄(3절)를 용서하실 것이며 거룩한 성전(4절)에 나아가는 것을 허락하실 것이다. **65:3** *용서*(히브리어, *키페르*)는 여기에서와 78:38과 79:9에만 쓰였다. 하나님이 먼저 인간의 죄를 "가리시고" 또는 "구속"하실 것이다 (사 27:9; 렘 18:23; 겔 16:63 참조). 보다 평범하게, 히브리어 *나사*("들다," "치우다," "제거하다," "용서하다" 등)가 사용된다 (25:11; 99:8 참조). **65:4** 복. 900쪽 추가 설명: "아슈레이"를 보라. **65:5-8** 하나님은 인간의 일과 자연의 일을 정하시는 구원의 하나님이시다. **65:9-13** 하나님은 움 돋는 새싹에 복을 내리시며 땅에 물을 주신다. 근원은 *하나님께서 손수 놓으신 물길*(9절)로 시 46:4; 사 33:21; 겔 47:1-12; 욜 3:18; 슥 14:8과 같은 본문에서

3 하나님께 말씀드려라.
"주님께서 하신 일이
얼마나 놀라운지요?
주님의 크신 능력을 보고,
원수들도 주님께 복종합니다.
4 온 땅이 주님께 경배하며,
주님을 찬양하며,
주님의 이름을 찬양합니다" 하여라. (셀라)

5 오너라. 와서,
하나님께서 하신 일을 보아라.
사람들에게 하신 그 일이 놀랍다.
6 하나님이 바다를
육지로 바꾸셨으므로,
사람들은 걸어서 바다를 건넜다.
거기에서 우리는
주님께서 하신 일을 보고
기뻐하였다.
7 주님은 영원히,
능력으로 통치하는 분이시다.
두 눈으로 뭇 나라를 살피시니,
반역하는 무리조차
그 앞에서 자만하지 못한다. (셀라)

8 백성아,
우리의 하나님을 찬양하여라.
그분을 찬양하는 노랫소리,
크게 울려 퍼지게 하여라.
9 우리의 생명을 붙들어 주셔서,
우리가 실족하여 넘어지지 않게
살펴 주신다.

10 하나님,
주님께서 우리를 시험하셔서,
은을 달구어 정련하듯
우리를 연단하셨습니다.
11 우리를 그물에 걸리게 하시고,
우리의 등에 무거운 짐을 지우시고,
12 사람들을 시켜서
우리의 머리를 짓밟게 하시니,
우리가 불 속으로,
우리가 물 속으로 뛰어들었습니다.
그러나 주님께서
우리를 마침내 건지셔서,
모든 것이 풍족한 곳으로
이끌어 주셨습니다.

13 내가 번제를 드리러
주님의 집으로 왔습니다.
이제 내가
주님께 서원제를 드립니다.
14 이 서원은,
내가 고난받고 있을 때에,
이 입술을 열어서,
이 입으로 주님께 아뢴 것입니다.
15 내가 숫양의 향기와 함께
살진 번제물을 가지고,
주님께로 나아옵니다.
숫염소와 함께 수소를 드립니다. (셀라)

16 하나님을 두려워하는 사람들아,
오너라.
그가 나에게 하신 일을
증언할 터이니,
다 와서 들어라.

시온과 연결된 예배 전승을 연상시킨다. **65:11** *주님께서 지나시는 자취마다 기름이 뚝뚝 떨어집니다.* 하나님이 온 땅을 다니시며 비를 내리는 폭풍의 구름을 타고 가시는 것을 시사한다 (18:10; 68:4, 33 참조). 하나님의 임재는 비옥과 환희를 가져온다. **65:13** *목장과 골짜기는 그 아름다운 옷을 입는다; 양 떼와 오곡은* 보기에 흡족한 하나님의 특별한 선물이다.

66:1-20 노래하고 해방을 들으라 공동체와 개인의 증언을 통하여 하는 이 노래는 하나님께서 섭리하신 구원의 옛 이야기를 인정한다. 시인이 공동체의 먼 과거(6-7절)와 최근의 과거(8-12절)에 *하나님이 하신 것*(5절)과 개인적으로 하나님이 *나에게 하신 일*(16절)을 이야기하면서 찬양과 감사가 교차된다. 세 번의 *찬양*(히브리어, *자마르*, 2절, 4a절, 4b절)과 세 번의 마음/*듣다*(히브리어, *샤마으*, 16, 18, 19절)는 이 시편의 전체뿐 아니라 시편의 처음 부분(1-4절)과 셋째 부분(16-19절)의 틀이 된다. 본문 구분: 1-12절, 과거(1-7절)와 최근(8-12절)의 구원에 대한 찬양과 감사의 합창 찬송; 13-20절, 개인적 구원에 대한 찬양과 감사의 개인적 찬송(13-19절)과 하나님의 *한결같은 사랑*에 대한 감사를 나타내는 마무리 짓는 축복 (20절). **66:1-7** 하나님의 구원에 대한 찬양(1-4절)과 감사 (5-7절). 복수의 명령문이 *온 땅*(1절; 4절과 뭇 나라 7절 참조)이 이야기함을 통하여 과거의 행위를 현재의 것으로 만들어 하나님에게 영광을 돌리라고 소환한다. *하나님께 환호하여라*(1절; 65:13에서 "기쁨의 함성이 터져나오고"로 번역

17 나는 주님께 도와 달라고
내 입으로 부르짖었다.
내 혀로 주님을 찬양하였다.
18 내가 마음 속으로
악한 생각을 품었더라면,
주님께서 나에게
응답하지 않으셨을 것이다.
19 그러나 하나님은
나에게 응답하여 주시고,
나의 기도 소리에
귀를 기울여 주셨다.

20 내 기도를 물리치지 않으시고,
한결같은 사랑을 나에게서
거두지 않으신 하나님,
찬양받으십시오.

민족들로 하나님을 찬양하게 하여라

67 [지휘자를 따라 현악기에 맞추어 부르는 찬송시]
1 하나님,
우리에게 은혜를 베풀어 주시고,
우리에게 복을 내려 주십시오.
주님의 얼굴을 환하게
우리에게 비추어 주시어서, (셀라)
2 온 세상이 주님의 뜻을 알고
모든 민족이 주님의 구원을
알게 하여 주십시오.

3 하나님,
민족들이 주님을 찬송하게 하시며
모든 민족들이
주님을 찬송하게 하십시오.

4 주님께서 온 백성을
공의로 심판하시며,
세상의 온 나라를 인도하시니,
온 나라가 기뻐하며,
큰소리로 외치면서 노래합니다. (셀라)

5 하나님,
민족들이 주님을 찬송하게 하시며,
모든 민족이 주님을
찬송하게 하십시오.
6 이 땅이 오곡백과를 냈으니,
하나님, 곧, 우리의 하나님께서
우리에게
복을 내려 주셨기 때문이다.
7 하나님께서
우리에게 복을 주실 것이니,
땅 끝까지 온 누리는
하나님을 경외하여라.

하나님이 승리하신다

68 [지휘자를 따라 부르는 다윗의 찬송시]
1 하나님이 일어나실 때에,
하나님의 원수들이 흩어지고,
하나님을 미워하는 자들은
하나님 앞에서 도망칠 것이다.
2 연기가 날려 가듯이
하나님이 그들을 날리시고,
불 앞에서 초가 녹듯이

된 똑같은 단어 참조)에 이어 *하나님의 하신 놀라운 일*(3절)에 대하여 *노래하라*는 명령이 나온다 (2절). 와서 보아라(5절; 16절; 46:8 참조)는 *하나님의 하신 일*의 놀라운 이야기(5절)를 감사하며 말하는 것으로 전이되는 것을 표시한다. **66:6** *하나님이 바다를 육지로 바꾸셨으므로* (출 14:21-25, 갈대의 노래를 보라), 그리고 이스라엘이 *걸어서 바다를 건너갈 수 있도*록 개입하셨다 (수 3:14-17에 여호수아가 요단 강을 건너는 대목을 보라). **66:8-12** 백성이 실족하여 넘어지지 않도록 하신 (8-9절) 하나님에 대한 감사의 찬양에 이어 최근의 시험에서 구원하심에 대한 공동체의 감사(10-12절)가 나온다. 발의 움직임(6, 9절)이 시편의 전반부의 두 부분을 하나로 묶는다. **66:16-19** *와서 들어라*(16절). 복수의 명령문이 개인적인 구원의 감사의 이야기로 옮겨가는 것을 표시한다.

67:1-7 하나님의 축복은 모든 민족을 위한 것이다 이스라엘을 위한 공동체의 축복 기도가 하나님의 통치의 환희에 참여하는 *땅 끝까지 온 누리*(7절)를 위한 보편적 축복과 찬양의 명령이 겹쳐 나온다. 본문 구분: 1-2절, 모든 나라에게 하나님의 구원의 능력을 베풀어 달라는 축복; 3절, 모든 민족이 하나님을 찬양한다는 후렴; 4절, 나라가 하나님을 땅의 심판자요 인도자로 송축한다; 5절, 모든 민족이 주님을 찬송한다는 후렴; 6-7절, 시 118편과 같이 시 67편은 추수에 대한 언급으로 초막절과 연결될 수 있다. 하나님의 통치의 축복이 *땅 끝까지* 베풀어진다 (7절; 2:8; 72:8 참조; 65:5에서는 "끝"에 대하여 다른 단어가 쓰였음). **67:1-2** 이스라엘의 이 축복(1절)은 아론의 제사장적 축복(민 6:24-26)을 상기시키는 언어를 사용하고 있다. 축복의 목적은 하나님의 뜻과 우주적 구원(민 6:26의 "평화")에 대한 지식으로 명시되어 있다.

하나님 앞에서 악인들이 녹는다.
3 그러나 의인들은 기뻐하고,
하나님 앞에서 즐거워할 것이다.
기쁨에 겨워서,
크게 즐거워할 것이다.

4 하나님을 찬양하여라.
그의 이름을 노래하여라.
ㄱ)광야에서
구름 수레를 타고 오시는 분에게,
소리 높여 노래하라.
주님의 이름을 찬양하며
그 앞에서 크게 기뻐하여라.
5 그 거룩한 곳에 계신 하나님은
고아들의 아버지,
과부들을 돕는 재판관이시다.
6 하나님은,
외로운 사람들에게
머무를 집을 마련해 주시고,
갇힌 사람들을 풀어 내셔서,
형통하게 하신다.
그러나 하나님을 거역하는 사람은
메마른 땅에서 산다.

7 하나님,
주님께서 주님의 백성 앞에서
앞장 서서 나아가시며
광야에서 행진하실 때에, (셀라)
8 하나님 앞에서,
시내 산의 그분 앞에서,
이스라엘의 하나님 앞에서,
땅이 흔들렸고
하늘도 폭우를 쏟아 내렸습니다.
9 하나님,
주님께서 흡족한 비를 내리셔서
주님께서 주신 메마른 땅을
옥토로 만드셨고
10 주님의 식구들을
거기에서 살게 하셨습니다.
하나님,
주님께서
가난한 사람을 생각하셔서,
좋은 것을 예비해 두셨습니다.

11 주님이 명을 내리시니,
수많은 여인들이
승리의 소식을 전하였다.
12 "왕들이 달아났다.
군대가 서둘러 도망갔다."
집 안의 여인들도
전리품을 나누어 가졌다.
13 비록 그 여인들이 그 때에
양 우리에 머물러 있었지만,
은을 입힌 비둘기의 날개를
나누었고,
황금빛 번쩍이는 깃을 나누었다.

ㄱ) 또는 '구름을 타고 오시는 분에게'

시 67편은 아마 제사장이 예배의 공동체를 축복하는 예배문이었을 것이다 (118:26; 레 9:22-23; 신 10:8; 대하 30:27). **67:5** *민족들이 주님을 찬송하게 하시며* 모든 민족을 위한 정의는 모든 이가 하나님의 찬양을 부르는 시편 65편과 66 편의 언어를 상기시킨다 (65:2, 5, 8; 66:4, 8). **67:6** 이 절은 *이 땅이 오곡백과를 내게 해 주소서* 라는 간구로 이해할 수 있으며, "축복의 주제"를 계속한다.

68:1-35 하나님께 드리는 노래 시 68편은 *찬송시* (히브리어, *쉬르*) 라는 제목으로 시작되는 네 편의 시 (65—68편) 중 마지막 시편이다. 이 시편이나 다른 시편과의 사이에 주지할 만한 연결점에는 다음과 같은 사항이 있다: 하나님이 비옥하게 하는 폭풍의 구름 사이를 타심 (4-10절; 65:9-13 참조): *너는 원수들의 피로 발을 씻고* (23절; 58:10 참조); 신실한 자의 *기쁨* (히브리어 *사메아흐*, 3절; 66:6; 67:4 참조), *비둘기의 날개* (13절; 55:6 참조); 능력 (히브리어, 오즈, 28절; 61:3; 63:2 참조); *짓밟으시고* (30절; 56:2; 57:3 참조); *두려운 분* (35절; 65:5; 66:3, 5 참조); *하나님을 찬양하여라* (35절; 66:8, 20; 67:6-7 참조). 시 68편은 본문에 난해하고 희귀한 단어들이 많이 나와 가장 해석하기 어려운 시편 중의 하나이다. 이 서정적인 시가 흩어진 조각의 집합인지, 그 내용이나 용도에 따라서 여러 부분이 함께 모이게 된 한 작품인지는 분명하지가 않다. 하나님께 말씀을 드리고 하나님에 대하여 설명하는 것으로 표현되는 하나님에 대한 찬양이 그 초점이다. 이집트에서 예루살렘에 이르는 행진과 같이, 시내 산에서부터의 역사적 회상을 거쳐 (7-8절), 광야의 구원 행위에 이르고 (9-10절), 마침내 예루살렘의 성전에 들어가기까지 (17-18절) 역사적인 회상을 개관한다. 하나님과의 관계의 신비함이 의인의 기쁨을 포함한다 (3절); *고아들, 과부들, 외로운 사람들, 갇힌 사람들* 등 권리를 빼앗긴 사람들의 구원이다 (5-6절); *거역하는 자들*을 위한 정의 (6절); *왕들이* 흩어짐 (14절); 그리고 *원수들의* 흩어짐 (21절). *하나님* (*엘로힘과 엘*); *주님* (*야와 야훼*), *주* (*아도나이*), *전능자* (*샤다이*), *주 하나님* (*야 엘로힘*), *주 하*

14 ㄱ)전능하신 분이 그 땅에서
왕들을 흩으실 때,
그 산을 눈으로 덮으셨다.
15 바산의 산은 하나님의 산이다.
바산의 산은
높이 솟은 봉우리 산이다.
16 봉우리들이 높이 솟은
바산의 산들아,
너희가 어찌하여
하나님이 머무르시려고
택하신 시온 산을
시기하여 바라보느냐?
그 산은 주님께서
영원토록 머무르실 곳이다.

17 하나님의 병거는 천천이요,
만만이다.
주님께서
그 수많은 병거를 거느리시고,
시내 산을 떠나
그 거룩한 곳으로 오셨다.

18 주님께서는
사로잡은 포로를 거느리시고
높은 곳으로 오르셔서,
백성에게 예물을 받으셨으며,
주님을 거역한 자들도
주 하나님이 계신 곳에
예물을 가져 왔습니다.

19 날마다 우리의 주님을 찬송하여라.
하나님께서
우리의 짐을 대신 짊어지신다.
하나님은 우리의 구원이시다. (셀라)
20 우리의 하나님은
우리를 구원하시는 하나님이시다.
그분은 주 우리의 주님이시다.
우리를 죽음에서 구원하여 내시는
주님이시다.
21 진실로 하나님이
그의 원수들의 머리를 치시니,
죄를 짓고 다니는 자들의
덥수룩한 정수리를 치신다.
22 주님께서 말씀하신다.
"내가 네 원수들을
바산에서 데려오고,
바다 깊은 곳에서
그들을 끌어올 터이니,
23 너는 원수들의 피로 발을 씻고,
네 집 개는 그 피를
마음껏 핥을 것이다."

24 하나님, 주님의 행진하심을
모든 사람이 보았습니다.
나의 왕, 나의 하나님께서
성소로 행진하시는 모습을
그들이 보았습니다.
25 앞에서는 합창대가,
뒤에서는 현악대가,
한가운데서는 소녀들이,
소구 치며 찬양하기를
26 "회중 한가운데서
하나님을 찬양하여라.
이스라엘 자손아,
주님을 찬양하여라" 합니다.
27 맨 앞에서는
막둥이 베냐민이 대열을 이끌고,
그 뒤에는
유다 대표들이 무리를 이루었고,
그 뒤에는 스불론 대표들이
그 뒤에는 납달리 대표들이 따릅니다.

28 ㄴ)하나님,
주님의 능력을 나타내 보이십시오.
하나님,
주님께서 우리에게 발휘하셨던
그 능력을
다시 나타내 보이십시오.
29 예루살렘에 있는
주님의 성전을 보고,
뭇 왕이 주님께 예물을 드립니다.

ㄱ) 히, '샤다이' ㄴ) 많은 히브리어 사본과 칠십인역과 시리아어역을 따름. 대다수의 히브리어 사본에는 '너희의 하나님께서 너희를 위하여 그의 능력을 나타내 보이셨다'

나님 (야훼 아도나이), 고아의 아버지, 과부의 보호자 등 다양한 신의 이름과 형용사가 쓰이고 있어 복합적인 시편을 이루고 있다. 본문 구분: 1-3절, 하나님이 일어나시라고 부름 (민 10:35 참조); 4-6절, 구름 수레를 타고 하나님의 *거룩한 산에서* 약한 자를 보호하시는 이에게 찬양을 드리라는 명령; 7-10절, 풍성한 비옥함의 선물;

30 갈대 숲에 사는 사나운 짐승들과
뭇 나라의 황소 떼 속에 있는
송아지 떼를
꾸짖어 주십시오.
조공받기를 탐하는 무리를
짓밟으시고,
전쟁을 좋아하는 백성을
흩어 주십시오.
31 이집트에서는 사절단이
온갖 예물을 가지고 오고,
ㄱ)에티오피아 사람들은
서둘러 하나님께 예물을 드립니다.
32 세상의 왕국들아,
하나님을 찬양하여라.
주님께 노래하여라. (셀라)
33 하늘, 태고의 하늘을
병거 타고 다니시는 분을
찬송하여라.
그가 소리를 지르시니
힘찬 소리다.
34 너희는 하나님의 능력을
선포하여라.
그의 위엄은 이스라엘을 덮고,
그의 권세는 구름 위에 있다.
35 성소에 계시는 하나님,
이스라엘의 하나님은
두려운 분이시다.
그는 당신의 백성에게
힘과 능력을 주시는 분이시다.

하나님을 찬양하여라!

우리는 하나님을 신뢰한다

69 [지휘자를 따라 ㄴ)소산님에 맞추어 부르는 노래, 다윗의 시]
1 하나님,
나를 구원해 주십시오.
목까지 물이 찼습니다.
2 발 붙일 곳이 없는
깊고 깊은 수렁에 빠졌습니다.
물 속 깊은 곳으로 빠져 들어갔으니,
큰 물결이 나를 휩쓸어갑니다.
3 목이 타도록 부르짖다가,
이 몸은 지쳤습니다.
눈이 빠지도록,
나는 나의 하나님을 기다렸습니다.

4 까닭도 없이 나를 미워하는 자들이
나의 머리털보다도 많고,
나를 없애버리려고 하는 자들,
내게 거짓 증거하는 원수들이
나보다 강합니다.
내가 훔치지도 않은 것까지
물어 주게 되었습니다.
5 하나님,
주님은 내 어리석음을
잘 알고 계시니,
내 죄를 주님 앞에서는
감출 수 없습니다.

6 만군의 주 하나님,
주님을 기다리는 사람들이
나 때문에 수치를 당하는 일이

ㄱ) 또는 '누비아'. 히. '구스', 나일 강 상류지역 ㄴ) '나리 꽃'

11-14절, 섭리로 구원; 15-18절, 하나님의 구원의 선물; 19-23절, 모든 이에게 능력을 보이라는 하나님의 부르심; 32-35절, 태고의 하늘을 병거 타고 다니시는…성소에 계시는, *백성에게 힘과 능력을 주시는 분에게 찬양의 노래를 부르라*는 명령문. **68:4** *구름 수레를 타고 오시는 분.* 이 가나안의 폭풍의 신 바알의 특징이 야훼에게로 옮겨졌다 (33절; 신 33:26; 시 18:10-13; 1-4:3; 사 19:1 참조). **68:11** *수많은 여인들이 승리의 소식을 전하였다.* 히브리어 여성 분사 *머바스로트*는 하나님의 승리를 선포하는 여성 전달자를 지칭한다 (사 40:9 참조). **68:15** 바산은 가축(22:12; 암 4:1-3)과 목재(사 2:13; 겔 27:6)로 유명한, 갈릴리 바다 동쪽, 요단 동편의 상단의 비옥한 지역이다 *산의* 정확한 장소는 불분명하다. **68:27** 시편에서 나오는 삿 5장에 대한 여러 회상 중의 하나이다 (삿 5:14-18 참조).

69:1-36 무고한 사람이 고통을 당하다 고난을 받는 주님의 *종*(17절)이 대적의 악의와 조롱이 *물 속 깊은 곳*과 수렁같이 생명을 위협할 때 대적으로부터 구하여 달라고 간구한다 (1-2, 14-15절). 개인적인 구원과, 만일 대적이 승리하게 되면 해를 입을 수 있는 그 소망이 하나님과 함께 하고 있는 사람들에 대한 관심(6절)과, 하나님을 *위한* 열정(7절)에서 간구가 우러나온다. 이중으로 나오는 점들이 시편의 가장 특징적인 문학적 요소이다. (22-28절을 제외하고는) 대부분의 감성이 두 번 반복되어 본문이 두 개의 반쪽으로 나누어진다: 종이 삼키려고 하는 물의 수렁(2절, 14-15절)과 증오로

없도록 하여 주십시오.
이스라엘의 하나님,
주님을 애써 찾는 사람들이
나 때문에 모욕을 당하는 일이
없도록 하여 주십시오.
주님 때문에 내가 욕을 먹고,
7 내 얼굴이 수치로 덮였습니다.
친척에게 따돌림을 당하고,
8 어머니의 자녀들에게마저
낯선 사람이 되고 말았습니다.

9 주님의 집에 쏟은 내 열정이
내 안에서 불처럼 타고 있습니다.
그러나
주님을 모욕하는 자들의 모욕이
나에게로 쏟아집니다.
10 내가 금식하면서 울었으나,
그것이 오히려 나에게는
조롱거리가 되었습니다.
11 내가 베옷을 입고서 슬퍼하였으나,
오히려 그들에게는
말거리가 되었습니다.
12 성문에 앉아 있는 자들이
나를 비난하고,
술에 취한 자들이 나를 두고서
빈정거리는 노래를 지어
흥얼거립니다.

13 그러나 주님,
오직 주님께만 기도하오니,
하나님,
주님께서 나를 반기시는 그 때에,
주님의 한결같은 사랑과
주님의 확실한 구원으로
나에게 응답하여 주십시오.
14 나를 이 수렁에서 끌어내어 주셔서
그 속에 빠져들어가지 않게
하여 주십시오.
나를 미워하는 자들과 깊은 물에서
나를 건져 주십시오.
15 큰 물결이 나를
덮치지 못하게 해주십시오.
깊은 물이 나를
삼키지 못하게 해주십시오.
큰 구덩이가 입을 벌려
나를 삼키고
그 입을 닫지 못하게 해주십시오.

16 주님,
주님의 사랑은 한결같으시니,
나에게 응답해 주십시오.
주님께는 긍휼이 풍성하오니,
나에게로 얼굴을 돌려 주십시오.
17 주님의 종에게,
주님의 얼굴을
가리지 말아 주십시오.
나에게 큰 고통이 있으니,
어서 내게 응답해 주십시오.
18 나에게로 빨리 오셔서,
나를 구원하여 주시고,
나의 원수들에게서
나를 건져 주십시오.

19 주님은,
내가 받는 모욕을 잘 알고 계십니다.
내가 받는 수치와 조롱도
잘 알고 계십니다.
나를 괴롭히는 대적자들이
누구인지도,
주님은 다 알고 계십니다.
20 수치심에 갈기갈기 찢어진
내 마음은

가득 찬 사람들(4, 14절)에게서 하나님의 구원을 간구한다 (1절, 13d절). 이는 하나님이 잘못(5, 19절)과 수치와 창피(6-7절, 19절; 렘 15:15; 20:8 참조), 그리고 탄원하는 이가 당하는 모욕을 알고 계시기 때문이다. 본문 구분: 1-13b절, 간구 (1-3절), 정죄 (4-5절), 소망과 간구 (6-13절); 13c-36절, 간구 (13c-18절), 정죄 (19-28절), 소망과 간구 (29-36절). **69:1-13** 처음에 목까지 물이 차오는 절박한 사정(1절; 32:6; 42:7; 88:7, 17; 124:4-5; 144:7)을 제시하지만, 그와 상충되게, 시편 기자의 *목이 탄다* (3절). **69:4-5** 대적의 수가 많지만 이유가 없다 (4절; 35:7, 19 참조). 하나님이 온전히 알고 계시는 (5절) 잘못에 대한 시편 기자의 고백은 결백함에 대한 반어적인 고백일지도 모른다 (7:3-4; 17:3-4; 39:1-24). **69:6-13b** 기도하는 사람은 친척과 나의 어머니의 자녀들(7-8절; 렘 12:6 참조)에게서 오는 비난과 수치와 소외를 포함하여—고통을 참아 온 것은 주님 때문이라고 주장하면서 (6절), 아무도 *나 때문에* (6절) 소망을 잃지 않게 되기를 기도한다. "주님 때문" 이라는 표현의 또 하나의 용례에 대하여서는 시 44:22를 보라. **69:13c-36** 수렁과 위협하는 물(13c-15절)

아물 줄을 모릅니다.
동정받기를 원했으나
아무도 없었고,
위로받기를 원했으나
아무도 찾지 못했습니다.
21 배가 고파서 먹을 것을 달라고 하면
그들은 나에게 독을 타서 주고,
목이 말라 마실 것을 달라고 하면
나에게 식초를 내주었습니다.

22 그들 앞에 차려 놓은 잔칫상이
도리어
그들이 걸려서 넘어질
덫이 되게 해주십시오.
그들이 누리는 평화가
도리어 그들이 빠져드는
함정이 되게 해주십시오.
23 그들의 눈이 어두워져서,
못 보게 해주시며,
그들의 등이
영원히 굽게 해주십시오.
24 주님의 분노를 그들에게 쏟으시고,
주님의 불붙는 진노를
그들에게 쏟아부어 주십시오.
25 그들의 거처를 폐허가 되게 하시며,
그들의 천막에는
아무도 살지 못하게 해주십시오.
26 그들은,
주님께서 매질하신 사람을
새삼스레 핍박하며,
주님께 맞은 그 아픈 상처를
덧쑤시고 다닙니다.
27 그들이 저지른 죄악마다
빠짐 없이 벌하셔서,
그들이 주님의 사면을
받지 못하게 해주십시오.
28 그들을 생명의 책에서
지워 버리시고,
의로운 사람의 명부에
올리지 말아 주십시오.

29 나는 비천하고 아프니,
하나님,
주님의 구원의 은혜로
나를 지켜 주십시오.

30 그 때에, 나는 노래를 지어,
하나님의 이름을 찬양하련다.
감사의 노래로
그의 위대하심을 알리련다.
31 이것이 소를 바치는 것보다,
뿔 달리고 굽 달린 황소를
바치는 것보다,
주님을 더 기쁘게 할 것이다.
32 온유한 사람들이 보고서
기뻐할 것이니,
하나님을 찾는 사람들아,
그대들의 심장에
생명이 고동칠 것이다.
33 주님은
가난한 사람의 소리를
들으시는 분이므로,
갇혀 있는 사람들을
모르는 체하지 않으신다.

34 하늘아, 땅아, 주님을 찬양하여라.
바다와
그 속에 살고 있는 모든 생물아,
주님을 찬양하여라.
35 하나님께서 시온을 구원하시고,
유다의 성읍들을
다시 세우실 것이니,
그들이 거기에 머무르면서,
그 곳을 그들의 소유로 삼을 것이다.

에서 구하여 달라는 간구로 기도의 두 번째 부분을 시작한다. **69:17** 탄원시는 하나님의 은혜를 거두지 말아 달라는 뜻의 *주님의 얼굴을 가리지 말아 주십시오* 라는 전형적인 간구를 포함한다 (1절, 14절; 13:1; 27:9; 30:7; 44:24; 88:14; 102:2; 143:7 참조). **69:18** *가알(구속하다)*은 하나님의 구원을 간구하는 데에 쓰인다 (18절; 72:14; 74:2; 77:15; 103:4; 107:2). 구속은 하나님인 가까운 친족 고엘의 역할을 하신다는 것을 의미한다. 두 가지 히브리어 어근, *가엘과 파다*(25:22; 26:11; 44:26; 55:18 참조)가 "구속"으로 번역된다. 둘 다 하나님의 구속에 대한 출애굽 전승의 신학적 연관과 아울러, 궁핍하게 되거나 죽은 친족의 토지를 속량하여 다시 사거나, 살인된 친족을 위하여 피의 보복을 행하여야 하는 친족의 책임으로 법적 연관(레 25:25; 신 25:5)을 가지고 있다. **69:19-28** 시편 기자는 연민과 위로자를 찾지만 아무도 찾지를 못하며 (20절) 독과 *식초*를 받는다

36 주님의 종들의 자손이
그 땅을 물려받고,
주님의 이름을 사랑하는 사람들이
거기에서 살게 될 것이다.

하나님은 위대하시다

70

[기념식에서 지휘자를 따라 부르는 노래, 다윗의 시]

1 주님, 너그럽게 보시고
나를 건져 주십시오.
주님,
빨리 나를 도와주십시오.
2 내 목숨을 노리는 자들이
수치를 당하게 해주십시오.
내 재난을 기뻐하는 자들이
모두 물러나서
수모를 당하게 해주십시오.
3 깔깔대며 나를 조소하는 자들이
창피를 당하고 물러가게
해주십시오.

4 그러나 주님을 찾는 사람은 누구나
주님 때문에
기뻐하고 즐거워하게 해주십시오.
주님의 승리를 즐거워하는
모든 사람이
"하나님은 위대하시다"
하고 늘 찬양하게 해주십시오.

5 그러나 불쌍하고 가난한 이 몸,
하나님, 나에게로 빨리 와 주십시오.
주님은 나를 도우시는 분,
나를 건져 주시는 분이십니다.
주님, 지체하지 마십시오.

하나님의 보호를 구하는 기도

71

1 주님,
내가 주님께로 피합니다.
보호하여 주시고,
수치를 당하는 일이 없게
해주십시오.
2 주님은 의로우시니,
나를 도우시고,
건져 주십시오.
나에게로 귀를 기울이시고,
나를 구원해 주십시오.
3 주님은 나의 반석, 나의 요새이시니,
주님은,
내가 어느 때나 찾아가서 숨을
반석이 되어 주시고,
나를 구원하는
견고한 요새가 되어 주십시오.

4 나의 하나님,
나를 악한 사람에게서 건져 주시고,
나를 잔인한 폭력배의 손에서
건져 주십시오.
5 주님, 주님 밖에는,
나에게 희망이 없습니다.
주님, 어려서부터 나는
주님만을 믿어 왔습니다.
6 나는 태어날 때부터
주님을 의지하였습니다.
어머니 뱃속에서 나올 때에
나를 받아 주신 분도
바로 주님이셨기에
내가 늘 주님을 찬양합니다.
7 나는 많은 사람에게
비난의 표적이 되었으나,

는 (21절) 수치에 대하여 슬퍼한다. **69:28** *생명의 책.* 하나님의 책에 기록된 의로운 사람들의 열거 (139:16; 출 32:32; 사 4:3; 단 12:1; 말 3:15; 레 20:12, 15). 신약은 이 시편을 광범위하게 인용한다. 이유 없이 미워한다는 것(4절)은 예수님과 제자들의 핍박과 연결된다 (요 15:25). 하나님의 집에 대한 열정(시 69:9)은 예수님이 성전을 깨끗케 하신 일(요 2;17)에 대한 설명으로 받아들여진다. 종에게 내렸다는 하나님에 대한 책망(시 69:9b)은 롬 15:3의 관심과 합치된다. 식초(시편 69:12)는 고난 기사에 나온다 (마 27:34; 48; 막 15:36; 눅 23:36; 요 19:29). *덫과 함정의* 잔칫상(시 69:22)과 *어두워진 눈*(시 69:23)은 롬 11:9-10에 나온다. 행 1:20은 시 69:25와 유다의 운명을 연결시킨다. 신약에서 시 69편은 사 53장과 시 22편과 118편과 함께 선포하는 것으로 되어있다. 이 모든 용례가 죄없이 고난을 받으시는 주님의 종을 증언한다.

70:1-5 급히 나를 도우소서 대적에게서 구하여 달라는 이 개인의 간구는 거의 그대로 40:13-17에 나온다. 여기서 하나님의 이름은 엘로힘 시편(시편 42—83편)에 걸맞게, 야훼가 아니라 엘로힘이다. 시 71편은 제목이 없으므로, 아마 시 70—71편이 함께 읽히도록 되어 있었을 것이다. 간구하는 이는 담대하게 하나님에게

주님만은
나의 든든한 피난처가
되어 주셨습니다.
8 온종일 나는 주님을 찬양하고,
주님의 영광을 선포합니다.
9 내가 늙더라도
나를 내치지 마시고,
내가 쇠약하더라도
나를 버리지 마십시오.
10 내 원수들이 나를 헐뜯고,
내 생명을 노리는 자들이
나를 해치려고 음모를 꾸밉니다.
11 그들이 나를 두고 말하기를
"하나님도 그를 버렸다.
그를 건져 줄 사람이 없으니,
쫓아가서 사로잡자" 합니다.

12 하나님,
나에게서 멀리 떠나지 마십시오.
나의 하나님,
어서 속히 오셔서,
나를 도와주십시오.
13 나를 고발하는 자들이
부끄러움을 당하고,
흔적도 없이 사라지게 해주십시오.
나를 음해하는 자들이
모욕과 수치를 당하게 해주십시오.
14 나는 내 희망을
언제나 주님께만 두고
주님을 더욱더 찬양하렵니다.
15 내가 비록 그 뜻을
다 헤아리지는 못하지만
주님의 의로우심을
내 입으로 전하렵니다.
주님께서 이루신 구원의 행적을
종일 알리렵니다.
16 주님, 내가 성전으로 들어가
주님의 능력을 찬양하렵니다.
주님께서 홀로 보여 주신,
주님의 의로우신 행적을
널리 알리렵니다.

17 하나님, 주님은 어릴 때부터
나를 가르치셨기에,
주님께서 보여 주신
그 놀라운 일들을
내가 지금까지 전하고 있습니다.
18 내가 이제 늙어서,
머리카락에 희끗희끗
인생의 서리가 내렸어도
하나님, 나를 버리지 마십시오.
주님께서 팔을 펴서
나타내 보이신 그 능력을
오고오는 세대에 전하렵니다.

19 하나님, 주님의 의로우심이
저 하늘 높은 곳까지 미칩니다.
하나님,
주님께서 위대한 일을 하셨으니,
그 어느 누구를
주님과 견주어 보겠습니까?
20 주님께서 비록 많은 재난과 불행을
나에게 내리셨으나,
주님께서는 나를 다시 살려 주시며,
땅 깊은 곳에서,
나를 다시
이끌어내어 주실 줄 믿습니다.
21 주님께서는 나를
전보다 더 잘되게 해주시며,
나를 다시
위로해 주실 줄을 믿습니다.

급히 도와 달라고 간구한다 (1, 5절) 원수가 조롱하는 말로 외치는, 깔깔대며 아하, *아하*하는 말은 (3절; 35:21, 25; 겔 25:3; 26:2; 35:2; 막 15:29) *불쌍하고 가난한* 사람을 표적 삼는다 (5절; 40:17; 69:29: 86:1; 109:22 참조).

71:1-24 연로한 음악가가 기도한다 탄원시와 찬양이 이 연로한 음악가가 하는 기도의 노래를 함께 묶는다 (9절, 18절, 22절 참조). *어서 속히 오셔서, 나를 도와 주십시오*(12절)는 해를 끼치려고 하는 (70:2; 71:13, 24) 이들에게서 쉼을 구하는 70:1, 4의 긴급함을 반향하며, 시 70—71편이 시 70편의 다윗의 시라는 제목 아래 함께 속하여 있다는 추정을 뒷받침한다. 하나님이 *악한 사람에게서 건져 주시고…잔인한 폭력배의 손에서 건져 주신다*는 (4절) 것이 신뢰와 확신과 소망과 대위법을 이루고 있다. 하나님의 *의*(2, 16, 19절)와 *의로우심*(15, 24절)이 *온종일* 시편 기자의 마음을 사로잡는다 (8, 15, 24절). 비슷하게, *수치*(1, 13, 24절)가 기도의 틀이 되면 기도에 초점과 대조를 제공해 준다 (70:2 참조). *출생* (6절), *젊음* (17절), *노쇠* (9, 18절) 등 인생의 단계가 모두 하나님께 속한 것이다. 하나님이 어떻게 일을 바로 잡으시는가에 대하여 오고오는 세대(18절)에게 선포로 기도는 미래를 위한 전례를 세우는 예가

22 내가 거문고를 타며,
주님께 감사의 노래를 부르렵니다.
나의 하나님,
주님의 성실하심을 찬양하렵니다.
이스라엘의 거룩하신 주님,
내가 수금을 타면서
주님께 노래를 불러 올리렵니다.
23 내가 주님을 찬양할 때에,
내 입술은 흥겨운 노래로 가득 차고,
주님께서 속량하여 주신
나의 영혼이 흥겨워할 것입니다.
24 내 혀도 온종일,
주님의 의로우심을 말할 것입니다.
나를 음해하려던 자들은,
오히려 부끄러움을 당하고,
오히려 수치를 당할 것이기
때문입니다.

왕을 위한 기도

72 [솔로몬의 시]
1 하나님,
왕에게
주님의 판단력을 주시고
왕의 아들에게
주님의 의를 내려 주셔서,
2 왕이 주님의 백성을
정의로 판결할 수 있게 하시고,
주님의 불쌍한 백성을
공의로 판결할 수 있게 해주십시오.
3 왕이 의를 이루면
산들이 백성에게 평화를 안겨 주며,
언덕들이 백성에게
정의를 가져다 줄 것입니다.
4 왕이 불쌍한 백성을
공정하게 판결하도록 해주시며,
가난한 백성을 구하게 해주시며
억압하는 자들을 꺾게 해주십시오.

5 해가 닳도록, 달이 닳도록,
영원무궁 하도록,
ㄱ)그들이 왕을 두려워하게
해주십시오.
6 왕이 백성에게
풀밭에 내리는 비처럼,
땅에 떨어지는 단비처럼
되게 해주십시오.
7 그가 다스리는 동안,
정의가 꽃을 피우게 해주시고,
저 달이 다 닳도록
평화가 넘치게 해주십시오.
8 왕이
이 바다에서 저 바다에 이르기까지,
이 ㄴ)강에서 저 땅 맨 끝에
이르기까지,
모두 다스리게 해주십시오.
9 광야의 원주민도
그 앞에 무릎을 꿇게 해주시고,
그의 원수들도
땅바닥의 먼지를 핥게 해주십시오.
10 스페인의 왕들과 섬 나라의 왕들이
그에게 예물을 가져 오게 해주시고,
아라비아와 에티오피아의 왕들이
조공을 바치게 해주십시오.
11 모든 왕이
그 앞에 엎드리게 하시고,
모든 백성이
그를 섬기게 해주십시오.

ㄱ) 칠십인역에는 '왕이 천수를 누리게 해주십시오' ㄴ) 유프라테스

된다 (14-16, 22-23절). 찬양과 감사에 대한 자신 있는 서약이 기도하는 이를 해하려고 하는 이들은 오히려 *부끄러움을 당하고, 수치를 당할 것*이라는 (24절) 확신의 서두로 나온다. 많은 절이 다른 시편과 비슷하여, 시 71편은 발췌문의 성격을 가진다 (1-3절, 시 31:1-3a; 5-6절; 시 22:9-10; 12a절; 시 22:1, 11, 19; 12b절; 시 38:22; 40:13; 시 35:4, 26; 시 22:30), 이는 전 생애에 걸쳐 시편의 본문과 생각을 경험하였던 것을 보여주는 것 같다. 본문 구분: 1-8절, 하나님이 피난처요 구원자이시라는 증언; 9-16절, 간구, 신뢰와 찬양; 17-14절, 미래를 위한 찬양과 소망의 자서전. **71:6** *어머니 뱃속에서* 나올 때부터 하나님의 돌보심은 분명하게 139:13의 모태에서부터 시작된다 (욥 10:8-12 참조). 시 22:9-10과 71:6은 다른 부분만큼 확실하지 않다; *부터*(히브리어, *민*)는 아마 모태에서 나온 "후"이거나 아직 "거기 있는" 동안을 가리키는 것 같다. **71:22** *거문고*(히브리어, *컬리-네벨*; 문자적으로 음악의 "그릇," 때로는 "피리")와 수금(히브리어, 킨노르)은 여기와 57:7-8; 92:3-4; 98:5; 147:7; 149:3에서 노래와 연결된 현악기이다. 그 소리는 "즐거운" (81:2) 그리고 소리가 큰 것으로 나온다 (대상 15:28 참조).

72:1-19 하나님의 통치를 재현하다 왕을 위한

12 진실로 그는,
가난한 백성이 도와 달라고
부르짖을 때에 건져 주며,
도울 사람 없는
불쌍한 백성을 건져 준다.
13 그는 힘없는 사람과 가난한 사람을
불쌍히 여기며,
가난한 사람의 목숨을 건져 준다.
14 가난한 백성을
억압과 폭력에서 건져,
그 목숨을 살려 주며,
그들의 피를 귀중하게 여긴다.
15 이러한 왕은 만수무강할 것이다.
그는
아라비아의 황금도
예물로 받을 것이다.
그를 위하여 드리는 기도가
그치지 않고,
그를 위하여 비는 복이
늘 계속될 것이다.
16 땅에는 온갖 곡식이 가득하고,
산등성이에서도 곡식이 풍성하며,
온갖 과일이
레바논의 산림처럼 물결칠 것이다.
그 백성은 풀처럼
성읍 곳곳에 차고 넘칠 것이다.
17 그의 이름
영원히 잊혀지지 않을 것이다.
태양이 그 빛을 잃기까지
그의 명성이 사라지지 않을 것이다.
뭇 민족이 그를 통해 복을 받고,
모든 민족이 그를 일컬어서,
복 받은 사람이라 칭송할 것이다.

18 홀로 놀라운 일을 하시는 분,
이스라엘의 하나님,
주 하나님을 찬양합니다.
19 영광스러운 그 이름을
영원토록 찬송합니다.
그 영광을
온 땅에 가득 채워 주십시오.
아멘, 아멘.

이새의 아들 다윗의 기도가 여기에서 끝난다.

중보의 기도에 그의 올바른 판단과 장수를 위한 기도, 그리고 올바른 전세계의 통치를 위한 기도가 포함된다. 이 시편의 내용은 제목에 솔로몬에게 적용한 것을 증명하지는 않더라고 설명을 하여 준다: 왕은 확장된 왕국을 다스리고 (8절) 시바를 포함하여 멀리에서 오는 군주의 방문과 조공물을 받는 (8-11, 15절; 왕상 10장 참조) *왕의 아*들이다 (1절). 시 72편의 왕은 그 정의(2-3, 7절)가 하나님의 *의* (1절; 917쪽 추가 설명: "왕의 시"를 보라)를 실행하는 이상적인 군주이다. 그의 *번영/평화*(히브리어, *샬롬*, 3, 7절)는 왕국과, 온 땅(2:8 참조)과 모든 사람에게 복지와 부를 가져다준다. *불쌍한 백성이* 그러한 통치자의 자비와 정의에 특별히 혜택을 받는다 (2, 4, 12-14절). 영광송(18-20절)이 하나님의 이름을 찬양하고 이후에 다윗의 것으로 되어 있는 시편이 나오지만, *다윗의 기도*가 끝났다는 것을 주지하면서 시편(그리고 제2권, 42—72편)의 마무리를 짓는다. 본문 구분: 1-4절, 왕이 의롭게 통치할 것을 기도; 5-7절, 왕의 장수를 위한 기도; 8-11절, 왕이 전세계에 미치는 영향에 대한 기도; 12-14절, 의로운 군주의 묘사; 15-17절, 왕과 백성의 풍성; 18-20절, 영광송과 제2권의 결론. **72:2, 4, 12-14** *가난한 백성.* 이상적인 지상의 왕은 눌린 사람들의 필요를 돌본다. 어떤 군주도 이러한 전형에 맞는 이가 없지만, 구속자가 다윗의 계열에서 일어날 것이라는 기대가 계속되었으며, 믿는 사람들의 기도가 되었다 (딤전 2:1-2 참조). 기독교 나라들의 "신성한 권리"의 개념은 대부분이 이 시편에 제시된 하나님과 이스라엘 왕과의 관계에 대한 묘사에서 나온 것이다. **72:17** *복 받은 사람이라 칭송할 것이다.* 이것에 대하여는 900쪽 추가 설명: "아슈레이"를 보라. 후대의 전승은 19절의 기도를 다윗이 그의 아들 솔로몬을 위하여 한 것으로 해석한다.

제3권
[시편 73-89]

하나님은 선하시다

73 [아삽의 노래]
1 하나님은,
ㄱ)마음이 정직한 사람과
마음이 정결한 사람에게
선을 베푸시는 분이건만,
2 나는 그 확신을 잃고
넘어질 뻔했구나.
그 믿음을 버리고
미끄러질 뻔했구나.
3 그것은, 내가 거만한 자를 시샘하고,
악인들이 누리는 평안을
부러워했기 때문이다.

4 ㄴ)그들은 죽을 때에도 고통이 없으며,
몸은 멀쩡하고 윤기까지 흐른다.
5 사람들이 흔히들 당하는
그런 고통이 그들에게는 없으며,
사람들이 으레 당하는 재앙도
그들에게는 아예 가까이 가지 않는다.
6 오만은 그들의 목걸이요,
폭력은 그들의 나들이옷이다.
7 ㄷ)그들은 피둥피둥 살이 쪄서,
거만하게 눈을 치켜 뜨고 다니며,
마음에는 헛된 상상이 가득하며,
8 언제나 남을 비웃으며,
악의에 찬 말을 쏘아붙이고,
거만한 모습으로 폭언하기를 즐긴다.
9 입으로는 하늘을 비방하고,
혀로는 땅을 휩쓸고 다닌다.

10 하나님의 백성마저도
그들에게 홀려서,
물을 들이키듯,
그들이 하는 말을 그대로 받아들여,
11 덩달아 말한다.
"하나님인들 어떻게 알 수 있으랴?
가장 높으신 분이라고
무엇이든 다 알 수가 있으랴?"
하고 말한다.
12 그런데 놀랍게도,
그들은 모두가 악인인데도
신세가 언제나 편하고,
재산은 늘어만 가는구나.

13 이렇다면,
내가 깨끗한 마음으로 살아온 것과
내 손으로 죄를 짓지 않고
깨끗하게 살아온 것이
허사라는 말인가?

14 하나님,
주님께서는

ㄱ) 히, '이스라엘에게' ㄴ) 같은 자음 본문을 달리 끊어 읽으면 '그들은 평생 갈등도 없이 살며' ㄷ) 시리아어역(칠십인역도)에는 '그들의 무정한 마음에서는 악이 나오고'

73:1-28 성소에 들어가서 시편의 제3권(시 73—89편)은 악을 행하는 사람들의 일시적 번영과 하나님의 변함없는 확실한 임재의 약속(시 37편; 49편 참조)에 대한 특별한 묵상으로 시작된다. 하나님의 선하심이 시의 테두리를 정한다 (1, 28절). 이성의 범주를 벗어나 증폭되는 믿음으로 시기와 환멸이 사라진다. 악인의 발자취를 따르고자 하는 유혹(2-3절)은 하나님의 성소에 들어가는 것(17절)으로 바로 잡힌다. 하나님의 거룩한 공간에서 악인의 운명은 지고의 선이 *피난처 되시는 하나님께 가까이 있는 것*(28절; 2:12를 참조)임을 알고 깨닫게 된다. 탄원과 감사와 지혜가 이 아름다운 대칭의 구조로 된 기도와 일관되어, 과거나 현재 위대한 업적으로 나타난, 특히 악인의 심판과 성전에 대한 배려로 나타난 하나님의 주권에 관한 주제를 정립한다. 마음의 방향을 올바로 정하는 것이 중요하다 (1, 7, 13절; 1003쪽 추가 설명: "마음"을 보라). 몸의 다른 부분에 대한 언급으로 이 경험의 신체적인 면이 강조된다 (7절, *눈*; 13절, *손*; 21절, *가슴*, 직역하면, "신장"; 23절, *손*; 26절, *몸* 등을 보라). 본문 구분: 1-3절, 하나님의 선하심과 악의 문제; 4-12절, 악인의 묘사; 13-17a절, 시편 기자의 영적 각성; 17b-20절, 악인의 운명; 21-28절, 하나님과의 교통. **73:1-3 73:1** *하나님은… 선을 베푸시는 분.* 106:1; 107:1; 118:1; 135:3; 136:1을 보라. 시편 기자는 알기는 하지만 아직 이해하지 못한다. 정직한 사람에게란 "이스라엘에게" 라는 히브리어 구절의 수정으로 보인다. **73:2** *믿음* (개역개정, 공동번역, NRSV는 이것을 "걸음"(steps)으로 번역했음). 미끄러질 뻔 했구나에 표현된 믿음(히브리어, *아슈르*)은 "행복" "축복," "다행" 등을 가리키는 히브리어 단어와 연결된다. 900쪽 추가 설명: "아슈레이"를 보라. **73:3** *평안.* 시편 기자는 악인의 샬롬을 부러워한다. (개역개정은 "평안"을 "형통함"으로 번역했고; 공동번역은 "잘 사는 것"으로 번역했음.) **73:4-12** 교만한 자들은 하나님이 아무것도 모른다고 생각하는 성공한 아름다운 사람들이다. 기억할 만한 이미지로, 시인은 이스라엘 어떤 예언자처럼 강렬하고 적절하게 악인을

온종일 나를 괴롭히셨으며,
아침마다 나를 벌하셨습니다.

15 "나도 그들처럼 살아야지"
하고 말했다면,
나는 주님의 자녀들을
배신하는 일을 하였을 것입니다.
16 내가 이 얽힌 문제를 풀어 보려고
깊이 생각해 보았으나,
그것은 내가 풀기에는
너무나 어려운 문제였습니다.

17 그러나 마침내
하나님의 성소에 들어가서야,
악한 자들의 종말이
어떻게 되리라는 것을
깨닫게 되었습니다.
18 주님께서 그들을
미끄러운 곳에 세우시며,
거기에서 넘어져서
멸망에 이르게 하십니다.
19 그들이 갑자기 놀라운 일을 당하고,
공포에 떨면서 자취를 감추며,
마침내 끝장을 맞이합니다.
20 아침이 되어서 일어나면
악몽이 다 사라져 없어지듯이,
주님, 주님께서 깨어나실 때에,
그들은 한낱 꿈처럼,
자취도 없이 사라집니다.

21 나의 가슴이 쓰리고
심장이 찔린 듯이 아파도,
22 나는 우둔하여
아무것도 몰랐습니다.
나는 다만,
주님 앞에 있는
한 마리 짐승이었습니다.
23 그러나
나는 늘 주님과 함께 있으므로,
주님께서
내 오른손을 붙잡아 주십니다.
24 주님의 교훈으로
나를 인도해 주시고,
마침내
나를 주님의 영광에
참여시켜 주실 줄 믿습니다.
25 내가 주님과 함께 하니,
하늘로 가더라도,
내게 주님 밖에 누가 더 있겠습니까?
땅에서라도,
내가 무엇을 더 바라겠습니까?
26 내 몸과 마음이 다 시들어가도,
하나님은 언제나
내 마음에 든든한 반석이시요,
내가 받을 몫의 전부이십니다.
27 주님을 멀리하는 사람은
망할 것입니다.
주님 앞에서 정절을 버리는 사람은,
주님께서 멸하실 것입니다.
28 하나님께 가까이 있는 것이
나에게 복이니,
내가 주 하나님을
나의 피난처로 삼고,
주님께서 이루신 모든 일들을
전파하렵니다.

묘사한다. **73:13-17a** 시편 기자는 신실한 행위의 보상을 보지 못한다. **73:16** *어려운 문제* (히브리어, *아말*). 이 표현은 적에게는 고통(5절)이 없다는 같은 단어의 어근에서 나온 것이다. **73:17a** *성전*(히브리어, *미크더쉐이-엘* '성소'의 복수)에서 생각이 변한다. 시편 기자가 하나님의 거룩한 공간에 들어갈 때 계시가 온다. **73:17b-20** 악인은 공포에 떨면서 자취를 감추게 되는 *끝장*(히브리어, *수프*)을 *맞이*한다. 그러나 악인의 운명에 대한 지식은 시편 기자의 영적 위기를 충분히 해결하지 못한다. **73:21-28** 에녹과 엘리야와 같이 시편 기자는 하나님께서 올려주신다 (히브리어, *라카흐*; 창 5:24; 왕하 2:10-11; 시 49:15 참조; 또한 1011쪽 추가 설명: "죽음과 미래의 삶과 스올"을 보라). 불의와 개인의 어리석음에 대한 질문이 사라진다. **73:24** *마침내 나를 주님의 영광에 참여시켜 주실 줄 믿습니다.* 시편 기자는 하나님의 영광 안으로 들어간다. **73:25-26** *하늘과 땅이* 하나가 된다. 하나님이 든든한 반석과 받을 몫의 전부일 때 *바라는* 것도 하나가 된다 **73:28** *하나님과 가까이 있는 것이 나에게 복이니.* 하나님과 기도하는 사람간의 연합이 확고하다. 하나님과 교통하는 것이 무엇보다도 중요하다. 욥과 같이, 시편 기자가 전통을 통하여 아는 지식(1절)은 개인의 경험으로 변한다.

환난 때 나라를 위한 기도

74 [아삽의 ㄱ)마스길]
1 하나님,
어찌하여 우리를
이렇게 오랫동안 버리십니까?
어찌하여
주님의 목장에 있는 양 떼에게서
진노를 거두지 않으십니까?

2 먼 옛날, 주님께서 친히 값주고 사신
주님의 백성을 기억해 주십시오.
주님께서 친히 속량하셔서
주님의 것으로 삼으신
이 지파를 기억해 주십시오.
주님께서 거처로 삼으신
시온 산을 기억해 주십시오.
3 원수들이
주님의 성소를
이렇게 훼손하였으니,
영원히 폐허가 된 이곳으로
주님의 발걸음을
옮겨놓아 주십시오.

4 주님의 대적들이
주님의 집회 장소
한가운데로 들어와서
승전가를 부르며,
승리의 표로 깃대를 세웠습니다.
5 그들은
나무를 도끼로 마구 찍어 내는
밀림의 벌목꾼과 같았습니다.
6 그들은 도끼와 쇠망치로
성소의 모든 장식품들을 찍어서,
산산조각을 내었습니다.
7 주님의 성소에
불을 질러 땅에 뒤엎고,
주님의 이름을 모시는 곳을
더럽혔습니다.
8 그들은 "씨도 남기지 말고
전부 없애 버리자" 하고 마음 먹고,
이 땅에 있는,
하나님을 만나 뵙는 장소를
모두 불살라 버렸습니다.

9 우리에게는
어떤 징표도 더 이상 보이지 않고,
예언자도 더 이상 없으므로,
우리 가운데서 아무도
이 일이 얼마나 오래 갈지를
아는 사람이 없습니다.
10 하나님,
우리를 모욕하는 저 대적자를
언제까지 그대로 두시렵니까?
주님의 이름을 모독하는 저 원수를
언제까지 그대로 두시렵니까?
11 어찌하여 주님께서 주님의 손,
곧 오른손을 거두십니까?
주님의 품에서 빼시고,
그들을 멸하십시오.

ㄱ) 문학 또는 음악 용어

74:1-23 하나님, 나를 기억하소서 신실한 자들은 하나님이 어떻게 성전 파괴를 허락하실 수 있는지를 질문한다 (73:17을 참조). 하나님을 부르면서, 그들은 폭력의 세력에 대한 하나님의 과거의 승리를 이야기하고, 그들이 필요로 하는 것에 대하여, 하나님 자신의 이름의 보전에 대하여, 그리고 시온을 범한 이들의 처벌에 대하여 관심을 기울이실 것을 간구한다. 하나님에게 하는 명령문이 기도의 긴박함을 밝혀준다: *주님의 백성을 기억해 주십시오* (2절); *주님의 발걸음을 옮겨놓아 주십시오* (3절); *주님의 이름을 모욕하였습니다. 이 일을 기억하여 주십시오* (18절); *내주지 마시고 가련한 백성의 생명을 영원히 잊어버리지 마십시오* (19절); *주님께서 세워 주신 언약을 기억하여 주십시오* (20절); *억눌린 자가 수치를 당하고 물러가지 않게 해주십시오* (21절); *일어나십시오. 주님의 소송을 이기십시오…버려두지 마십시오* (22절); *주님의 대적자들의 저 소리를 부디 잊지 마십시오* (23절). 이 장면은 예루살렘이 무너진 이후인, 아마 땅에 남아 있는 사람들이 성전의 무너진 터에 예배를 드리러 돌아온 기원전 587년 이후의 시간을 가리킬 것이다 (렘 41:5 참조). 본문 구분: 1-11절, 하나님이 개입하시기 않은 데 대하여 하나님에게 하는 어려운 질문; 12-17절, 과거에 하나님의 놀라운 역사에 대한 설명; 18-23절, 하나님에게 가난한 사람의 재앙과 대적의 소란함을 기억하여 달라는 간구. **74:1-11** 격동하는 질문이 처음 부분(1, 10-11절)의 뼈대(골조)를 이루고 왜 하나님이 그러한 재난을 허락하셨는지에 대해 이해할 수 없다는 것을 절박하게 강조한다. 성소(히브리어, *코데쉬,* 3절; 미크다쉬, 7절)는, 여기서는 단수 명사이지만, 이 기도를 73:17과 연결시킨다. 하나님의 *이름*(7절, 10절)이 있는 곳이다. **74:9** *우리에게는 어떤 징표도 더 이상 보이지 않고.* 하나님의 주권의 일반적인 상징과 행위가 보이지 않고 대신 하나님이 아니 계신 것 같다. **74:12-17** 두

12 하나님은 옛적부터 나의 왕이시며,
이 땅에서
구원을 이루시는 분이십니다.
13 주님께서는,
주님의 능력으로 바다를 가르시고,
물에 있는 ㄱ)타닌들의 머리를
깨뜨려 부수셨으며,
14 ㄴ)리워야단의 머리를 짓부수셔서
사막에 사는 짐승들에게
먹이로 주셨으며,
15 샘을 터뜨리셔서
개울을 만드시는가 하면,
유유히 흐르는 강을
메마르게 하셨습니다.
16 낮도 주님의 것이요,
밤도 주님의 것입니다.
주님께서 달과 해를
제자리에 두셨습니다.
17 주님께서 땅의 모든 경계를 정하시고,
여름과 겨울도 만드셨습니다.

18 주님, 원수가 주님을 비난하고,
어리석은 백성이
주님의 이름을 모욕하였습니다.
이 일을 기억하여 주십시오.
19 주님께서
멧비둘기 같은
주님의 백성의 목숨을
들짐승에게 내주지 마시고,
가련한 백성의 생명을
영원히 잊어버리지 마십시오.

20 땅의 그늘진 곳마다, 구석구석,
폭력배의 소굴입니다.
주님께서 세워 주신 언약을
기억하여 주십시오.
21 억눌린 자가
수치를 당하고 물러가지 않게
해주십시오.
가련하고 가난한 사람이
주님의 이름을
찬송하게 해주십시오.

22 하나님, 일어나십시오.
주님의 소송을 이기십시오.
날마다 주님을 모욕하는
어리석은 자들을
버려두지 마십시오.
23 주님께 항거해서 일어서는 자들의
소란한 소리가
끊임없이 높아만 가니,
주님의 대적자들의 저 소리를
부디 잊지 마십시오.

하나님이 하신 일을 찬양하여라

75 [아삽의 시, 지휘자를 따라 ㄷ)'알다스헷'에 맞추어 부르는 노래]

1 하나님,
우리가 주님께 감사하고
또 감사합니다.
주님의 이름을 부르는 이들이
주님께서 이루신 그 놀라운 일들을
전파합니다.

ㄱ) 타닌은 바다 괴물의 이름임 ㄴ) 리워야단은 바다 괴물의 이름임
ㄷ) '파괴하지 말아라'

번째 부분은 하나님이 혼돈을 물리치시고 창조로 세상의 질서를 세우셨다는 전설적인 경이(93:3; 104:7-9)와 출애굽의 바다를 건너는 일(출 15:1-19참조)을 반복한다. 새번역개정에서는 2인칭 대명사를 번역하지 않았지만, 사본에는 히브리어 2인칭 대명사(*아타*)가 이 부분에 일곱 번 반복되는데, 그것은 하나님 한 분만이 구원의 근원이 되시는 것을 강조하는 것이다. 그것은 마치 신실한 사람들이 하나님께 *왕*(12절)이라고 하는 직이 무엇인지를 상기시켜 드리는 것과 같다. **74:18-23** *기억하여 주십시오* (18, 22절). 이 말은 하나님의 관심을 요구하고 대적에 대한 하나님의 심판을 *잊지 마십시오* 하고 간구한다 (23절). 하나님의 이름의 보존은 하나님의 행위를 필요로 한다 (18, 21절; 7, 10절 참조; 또한 10절, 18절의 *모욕*을 보라). **74:19** *멧비둘기.* 백성에 대한 은유이다; *들짐승*은 파괴적 세력으로 나오는 대적에 대한 것이다.

75:1-10 하나님의 계획은 의로우시다 하나님의 이름과 놀라운 역사가 가까이 있다는 공동체의 감사는 이 시편을 그 바로 앞에 나오는 시편과 연관시킨다 (74:7, 10, 18, 21 참조). 2-5절, 10절의 말씀은 특히 악인에 대한 하나님의 주권을 재정립한다 (시 73편이 다루는 문제 참조). *재판장이신 하나님*(7절)이라는 생각이 주는 위안을 느낄 수 있다 (6-9절 참조). 본문 구분: 1절, 백성이 하나님에게 찬양을 드린다; 2-5절, 하나님은 땅에게 공평한 정의를 약속하신다; 6-9절, 하나님의 심판(정의)에 대한 해석과 찬양에 대한 개인적 서약; 10절, 하나님은 2-5절에 약속된 정의를 확인하신다. **75:1** 하나님께 드리는 격려의 말로 보이는 설명이 나오는 74:12-17의 어조와는 완전히 다른 어조로, 백성이 감사 가운데 하나님이 하신 *놀라운 일들에* 대하여 말한다.

2 하나님께서 말씀하시기를
"내가 정하여 놓은 그 때가 되면,
나는 공정하게 판결하겠다.
3 땅이 진동하고
거기에 사는 사람들이
흔들리고 비틀거릴 때에,
땅의 기둥을 견고하게 붙드는 자는
바로 나다. (셀라)
4 오만한 자들에게는
'오만하지 말아라' 하였으며,
악한 자들에게는
'오만한 뿔을 들지 말아라.
5 오만한 뿔을 높이 들지 말아라.
목을 곧게 세우고,
거만하게 말을 하지 말아라'
하였다."

6 높이 세우는 그 일은
동쪽에서나
서쪽에서 말미암지 않고,
남쪽에서 말미암지도 않는다.
7 오직 재판장이신 하나님만이,
이 사람을 낮추기도 하시고,
저 사람을 높이기도 하신다.
8 주님은
거품이 이는 잔을 들고 계신다.
잔 가득히 진노의 향료가 섞여 있다.
하나님이 이 잔에서 따라 주시면,
이 땅의 악인은 모두 받아 마시고,
그 찌끼까지도 핥아야 한다.

9 그러나 나는
쉬지 않고 주님만을 선포하며,
야곱의 하나님만을 찬양할 것이다.
10 주님은 악인의 오만한 뿔은
모두 꺾어 부수시고,
의인의 자랑스러운 뿔은
높이 들어 올리실 것이다.

하나님은 늘 이기신다

76 [아삽의 시, 지휘자를 따라 현악기에 맞추어 부르는 노래]

1 유다에서
하나님을 모르는 사람이 누구랴.
그 명성, 이스라엘에서 드높다.
2 그의 장막이 살렘에 있고,
그의 거처는 시온에 있다.
3 여기에서 하나님이
불화살을 꺾으시고,
방패와 칼과 전쟁 무기를 꺾으셨다. (셀라)

75:2-5 이 하나님의 말씀은 하나님이 심판을 위하여 *정하여 놓은 그 때가* 있다는 것을 약속한다 (2절; 102:13; 합 2:3 참조). 하나님이 땅의 *기둥*을 흔들리지 않게 하셨다는 것(3절; 상삼 2:8; 욥 38:4 참조)은 시 74편에서 문제시된 하나님의 우주에 대한 주권을 확인한다. **75:4-5** *뿔* (히브리어, *케렌*). 뿔은 하나님이 높이시거나 잘라버릴 수 있는 힘을 상징한다 (10절 참조). 그것은 문자적으로 동물의 힘(민 23:22; 신 33:17)과, 그리고 비유적으로 인간의 힘(89:17; 왕상 22:11; 단 7:8)과 연관된다. 뿔, 또는 구석에서 나오는 돌출은 가나안과 이스라엘의 제단의 디자인에 일관된 항목으로 (출 29:12; 30:10; 레 4:7), 아마도 사물을 제단에 묶는 것을 돕거나 (118:27을 보라) 보호(왕상 1:50-51)의 기능을 하였던 것 같다. 제단의 *뿔*들을 자르는 것은 파괴를 상징한다 (암 3:14). *뿔*은 또한 악기(*케렌*이 *쇼파르*[뿔 나팔]와 평행이 되는 수 6:5를 보라) 또는 기름부음에 쓰이는 기름을 담는 그릇이다 (삼상 16:1, 13). 인간의 영화는 하나님이 정하시기에 달린 것이다 (히브리어, *룸*은 4-5절에서 들림; 6-7절의 들림; 5절의 *높임*; 10절의 *높이 들림*). **75:6-9 75:8** *잔*. 하나님의 심판에 쓰이는 의의 도구(11:6; 민 5:11-31; 사 51:17; 렘 25:15-17; 겔 23:31-34; 슥 12;2 참조)로 116:13의 *구원의 잔과* 대조가 된다.

76:1-12 하나님이 온 땅을 심판하신다 시온의 하나님을 찬양하는 이 찬송시는 하나님의 우주적인 통치를 축하한다. 시 46편; 48편; 84편; 87편과 함께, 이 시편은 주님의 거처인 시온은 하나님이 그 성을 보호하시기 때문에 모든 적의 손에서 벗어나는 것을 분명히 하는 것으로 보인다 (74:1-11 참조). 시온의 시편들은 시온에서 다스리는 이스라엘의 기름 부은 왕을 긍정하는 시편들(시 2; 20-21; 45; 72; 110)과 가까운 것이다. 하나님의 *이름/명성*이 안전하며 (1절; 74:7, 10, 18, 21; 75:1); *악한 자의* 운명은 정해져 있으며 (73:17b-20; 75:10); 의인을 위한 구원이 확실하다 (9절; 74: 18-23; 75:2-5). 본문 구분: 1-3절, 시온에서의 하나님의 능력 있는 통치의 선언; 4-6절, 시온의 대적을 하나님이 패배시키심; 7-9절, 억눌린 사람들을 붙드시는 하나님의 심판; 10-12절, 시온의 하나님을 영화롭게 하라고 공동체를 부름. **76:1-3** *살렘*. 고대 예루살렘 이름의 약칭이다 (창 14:98; 히 7:1-2를 참조). **76:3** 이것은 기원전 701년에 예루살렘 성을 포위하였던 앗시리아 군

4 주님의 영광, 그 찬란함,
사냥거리 풍부한
저 산들보다 더 큽니다.
5 마음이 담대한 자들도
그들이 가졌던 것 다 빼앗기고
영원한 잠을 자고 있습니다.
용감한 군인들도
무덤에서 아무 힘도 못 씁니다.
6 야곱의 하나님,
주님께서 한 번 호령하시면,
병거를 탄 병사나 기마병이
모두 기절합니다.

7 주님, 주님은 두려우신 분,
주님께서 한 번 진노하시면,
누가 감히 주님 앞에 설 수 있겠습니까?
8 주님께서 하늘에서
판결을 내리셨을 때에,
온 땅은 두려워하며
숨을 죽였습니다.
9 주님께서는 이렇게 재판을 하시어,
이 땅에서 억눌린 사람들을
구원해 주셨습니다. (셀라)

10 진실로, 사람의 분노는
주님의 영광을 더할 뿐이요,
그 분노에서 살아 남은 자들은
주님께서
허리띠처럼 묶어버릴 것입니다.
11 너희는 주 하나님께 서원하고,
그 서원을 지켜라.
사방에 있는 모든 민족들아,
마땅히 경외할 분에게
예물을 드려라.
12 그분께서 군왕들의 호흡을
끊을 것이니,
세상의 왕들이 두려워할 것이다.

환난 때 하나님이 백성과 함께 계신다

77 [아삽의 시, 성가대 지휘자의 지휘를 따라 여두둔에 맞추어 부르는 노래]
1 내가 하나님께
소리 높여 부르짖습니다.
부르짖는 이 소리를 들으시고,
나에게 귀를 기울여 주십시오.

2 내가 고난당할 때에,
나는 주님을 찾았습니다.
밤새도록 두 손 치켜 들고
기도를 올리면서,
내 마음은
위로를 받기조차 마다하였습니다.
3 내가 하나님을 생각하면서,
한숨을 짓습니다.
주님 생각에 골몰하면서,
내 마음이 약해집니다. (셀라)

대의 후퇴를 지칭하는 것으로 보인다 (왕하 18—19장). 그러나 예언자들은 하나님의 지상의 거처가 되는 시온도 백성이 하나님의 약속을 지키지 아니하면 멸망될 수 있다고 말할 것이다 (렘 7장; 26장; 미 3:12). **76:4-6** 하나님이 베푸시는 보호에 대한 묘사가 계속되고 있다. 대적의 군대들은 *아무 힘도 못 씁니다* (74:11의 날카로운 질문과 75:8의 하나님이 손에 드신 잔 참조). **76:7-9** 하나님이 시온의 대적을 패하게 하심은 우주의 목적의 일부로, 그 목적은 온 땅에 억압을 끝내는 정의, 그 정의를 온 땅에 세우는 것이다. 예언자들은 하나님의 정의가 온 땅에 세워지게 될 날이 온다고 기술한다 (사 9:1-7; 11:1-9 참조). **76:10-12** 10절의 의미는 분명하지 않다. 하나님과 시온을 반대하여 소란하게 성내는 사람들은 하나님의 능력을 보여주게 되는 경우를 만들어 줄 뿐이라고 명시하는 것 같다. **76:10** 하나님이 인간에게 *분노*를 취하여 그것을 하나님의 목적을 이루는 데 사용하신다는 것이다. **76:11** 시온과 시온의 하나님에 대한 충성 서약을 하라고 공동체에게 하는 초대. **76:12** 땅의 모든 왕은 시온의 하나님을 경외하여야 한다; 그것은 이스라엘의 왕도 포함한다 (2:10-12 참조).

77:1-20 보이지 않는 발자취 가장 깊은 심신의 고통 가운데서 하는 개인의 탄원에 이어 이스라엘의 구원자로서의 하나님의 과거행위를 긍정하는 날카로운 기도가 따라온다. 본문 구분: 1-10절, 하나님의 버림을 받았다고 생각하는 사람의 기도; 11-20절, 하나님의 과거 구원의 역사에 대한 묵상. **77:1-10** **77:1-3** 시편 기자는 기도하고 또 기도하지만 응답이 없다. 분명히 다른 사람들은 격려하여 주지만 (2절), 아무런 소용이 없다. 다음 절은 왜 시편 기자의 영혼이 쇠하는 지를 설명한다. **77:4-10** 하나님을 찾는 시편 기자는 잠을 이루지 못하고 내면으로 돌아서게 된다 (1003쪽 추가 설명: "마음"을 보라). 나오려고 하는 질문들 자체가 무서운 것이기 때문에, 시인이 말하기를 주저하게 되는 것으로

4 주님께서 나를
뜬눈으로 밤을 지새우게 하시니,
내가 지쳐서 말할 힘도 없습니다.
5 내가 옛날 곧
흘러간 세월을 회상하며
6 밤에 부르던 내 노래를 생각하면서,
생각에 깊이 잠길 때에,
내 영혼이 속으로 묻기를
7 "주님께서 나를
영원히 버리시는 것일까?
다시는,
은혜를 베풀지 않으시는 것일까?
8 한결같은 그분의 사랑도
이제는 끊기는 것일까?
그분의 약속도
이제는 영원히 끝나 버린 것일까?
9 하나님께서 은혜를 베푸시는 일을
잊으신 것일까?
그의 노여움이 그의 긍휼을
거두어들이신 것일까?" 하였습니다. (셀라)
10 그 때에 나는 또 이르기를
"가장 높으신 분께서
그 오른손으로 일하시던 때,
나는 그 때를 사모합니다"
하였습니다.

11 주님께서 하신 일을,
나는 회상하렵니다.
그 옛날에 주님께서 이루신,
놀라운 그 일들을 기억하렵니다.
12 주님께서 해주신 모든 일을
하나하나 되뇌고,
주님께서 이루신 그 크신 일들을
깊이깊이 되새기겠습니다.
13 하나님, 주님의 길은 거룩합니다.
하나님만큼 위대하신 신이
누구입니까?
14 주님은
기적을 행하시는 하나님이시니,
주님께서는 주님의 능력을
만방에 알리셨습니다.
15 주님의 백성
곧 야곱과 요셉의 자손을
주님의 팔로 속량하셨습니다. (셀라)
16 하나님,
물들이 주님을 뵈었습니다.
물들이 주님을 뵈었을 때에,
두려워서 떨었습니다.
바다 속 깊은 물도
무서워서 떨었습니다.
17 구름이 물을 쏟아 내고,
하늘이 천둥소리를 내니,
주님의 화살이
사방으로 날아다닙니다.
18 주님의 천둥소리가
회오리바람과 함께 나며,
주님의 번개들이
번쩍번쩍 세계를 비출 때에,
땅이 뒤흔들리고 떨었습니다.
19 주님의 길은 바다에도 있고,
주님의 길은 큰 바다에도 있지만,
아무도 주님의 발자취를
헤아릴 수 없습니다.
20 주님께서는,
주님의 백성을 양 떼처럼,
모세와 아론의 손으로
인도하셨습니다.

보인다. 그러나 그 질문들이 나온다 (7-9); 하나님께서는 시편 기자를 영원히 버리셨는가? 하나님의 사랑과 약속을 다시 알 기회가 없는 것인가? 그리고 최악으로, 진노하신 하나님은 더 이상 어떻게 자비하실 수 있는지 기억하지 못하시는가? 낙담한 시편 기자는 슬프게 하나님의 오른손을 "거두시었다"는 사실을 인정한다. 하나님은 다만 진노하시고 용서하지 아니하는 신으로, 고통당하는 사람은 그러한 하나님으로부터 전혀 도움을 받을 수 없다. **77:11-20 77:11-15** 시편 기자의 분위기가 갑자기 변한다. 다시 한 번 (5절을 보라) 시편 기자는 야곱과 요셉을 위하여 하나님이 개입하셨던 일을 기억하는데, 그 하나님의 역사는 구원하시는 하나님의 능력과 그렇게 하기를 원하시는 하나님의 바람을 분명히 보여준다 (15절). **77:16-20** 제4권 밖에서의 모세에 대한 유일한 언급에서 (20절; 90편의 제목과 99:6; 103:7; 105:26; 106:16, 23, 32 참조), 이 절들은 홍해 바다를 통하여 가는 이스라엘의 여정을 새롭고 적나라한 이미지로 묘사한다 (출 14—15장). 하나님이 모세에게 그의 손을 펴서 들라고 명령하였을 때, 바다의 물의 세력도 두려워서 주춤했다 (출 14:2-11). 무서운 폭풍이 번개와 천둥과 강력한 바람과 함께 일어났다. 물이 양쪽에 높이 올라왔을 때에 (출 14:22), 주권자 되시는 하나님은 보이지 않게 *양 떼*를 인도하며 바다 가운데로 난 길을 따라서 나아가신다.

하나님이 당신의 백성을 위해 하신 일

78 [아삽의 ㄱ)마스길]
1 내 백성아, 내 교훈을 들으며,
내 말에 귀를 기울여라.
2 내가 입을 열어서 비유로 말하며,
숨겨진 옛 비밀을 밝혀 주겠다.
3 이것은
우리가 들어서 이미 아는 바요,
우리 조상들이
우리에게 전하여 준 것이다.
4 우리가 이것을 숨기지 않고
우리 자손에게 전하여 줄 것이니,
곧 주님의
영광스러운 행적과 능력과
그가 이루신 놀라운 일들을
미래의 세대에게 전하여 줄 것이다.

5 주님께서 야곱에게
언약의 규례를 세우시고
이스라엘에게 법을 세우실 때에,
자손에게 잘 가르치라고,
우리 조상에게 명하신 것이다.
6 미래에 태어날 자손에게도
대대로 일러주어,
그들도 그들의 자손에게
대대손손 전하게 하셨다.
7 그들이 희망을 하나님에게 두어서,
하나님이 하신 일들을 잊지 않고,
그 계명을 지키게 하셨다.
8 조상처럼,
반역하며 고집만 부리는 세대가
되지 말며,
마음이 견고하지 못한 세대,
하나님을 믿지 아니하는 세대가
되지 말라고 하셨다.
9 에브라임의 자손은 무장을 하고,
활을 들고 나섰지만,
정작 전쟁이 일어났을 때에
물러가고 말았다.
10 그들은 하나님과 맺은 언약을
지키지 않으며,
그 교훈 따르기를 거절하였다.
11 그들은 그가 이루신 일들과
그가 보이신 기적들을 잊어버렸다.
12 이집트 땅, 소안 평야에서,
하나님께서는
조상의 눈앞에서
기적을 일으키셨다.
13 바다를 갈라서
물을 강둑처럼 서게 하시고,
그들을 그리로 걸어가게 하셨다.
14 낮에는 구름으로,
밤에는 불빛으로 인도하셨다.
15 광야에서 바위를 쪼개셔서,
깊은 샘에서 솟아오르는 것같이
물을 흡족하게 마시게 하셨다.
16 반석에서
시냇물이 흘러나오게 하시며,
강처럼 물이 흘러내리게 하셨다.

ㄱ) 문학 또는 음악 용어

78:1-72 하나님은 다음 세대를 인도하실 것이다 지혜 선생의 모습으로 시작하여 (1-8절) 그 다음 모세의 때로부터 예루살렘에 다윗의 왕국의 건설까지 하나님이 은혜롭게 이스라엘을 인도하신 것을 보여주는, 이스라엘에 대한 하나님의 역사적인 인도를 찬양하는 찬송시. 광야에서의 이스라엘의 배역함이 가나안에 계속되었다는 것을 보여주는 분명히 변증적인 시이다. 하나님의 은혜와 자비의 극치는 시온을 세우고 다윗 왕을 택하셨다는 것이다. 본문 구분: 1-8절, 다음 세대에게 하나님의 구원의 역사의 이야기를 가르치라는 명령; 9-16절, 하나님의 구하시는 역사와 이스라엘의 반역; 17-20절, 이스라엘의 계속되는 반역; 21-31절, 하나님의 심판과 계속되는 인도; 32-55절, 이스라엘이 구속의 땅에 정착하기까지 하나님이 인도하시고 심판하심; 56-66절, 이스라엘의 반역과 약속의 땅으로 하나님이 인도하심; 67-72절, 하나님이 시온을 세우시고, 성전을 건축하시고, 다윗을 왕으로 삼으심. **78:1-8** 1-4절에서, 선생은 난해하고 어두운 과거에서 무언가 비유(또는 "수수께끼")를 베풀 것을 약속하면서 듣는 자들의 관심을 끈다. 사실, 그것은 공동체를 위한 하나님의 구원의 역사에 관한 이야기이며, 곧 하나님의 명령대로, 후세대가 들어야할 역사의 이야기이다. 본문은 신 4:9와 6:1-9의 말씀을 보강해 준다. 계명을 지키는 것은 생명 자체를 선택하는 것이다 (신 30:15-20). **78:9-16** **78:9** *에브라임의 자손.* 시편 기자가 전에 불순종한 세대를 가리키는 이름이다. 글을 쓴 이는 또한 르호보암과 여로보암의 시대에 왕국이 분단(기원전 922년)된 것을 비판한다; 67절을 보라. **78:12** *소안 평야.* 이집트의 재앙 중 몇 개가 벌어졌던, 북부 이집트의 북동쪽 델타 지반의 동네 또는 지역 (43절; 민 13:22; 사 19:11, 13 참조). **78:15-16** 민 20:2-13을 보라. **78:17-20** 하나님이 그들을 돌보아 주실 수 있는지에 대한 백성의 의심은 출 16—17장과 민 20장에 나오

17 그러나 그들은
계속하여 하나님께 죄를 짓고,
가장 높으신 분을 광야에서 거역하며,
18 마음 속으로 하나님을 시험하면서,
입맛대로 먹을 것을 요구하였다.
19 그들은 하나님을 거스르면서
"하나님이 무슨 능력으로
이 광야에서
먹거리를 공급할 수 있으랴?
20 그가 바위를 쳐서
물이 솟아나오게 하고,
그 물이 강물이 되게 하여
세차게 흐르게는 하였지만,
그가 어찌 자기 백성에게
밥을 줄 수 있으며,
고기를 먹일 수 있으랴?"
하고 말하였다.

21 주님께서 듣고 노하셔서,
야곱을 불길로 태우셨고,
이스라엘에게 진노하셨다.
22 그들이 하나님을 믿지 않고,
그의 구원을
신뢰하지 않았기 때문이다.

23 그런데도 하나님은
위의 하늘에게 명하셔서
하늘 문을 여시고,
24 만나를 비처럼 내리시어
하늘 양식을 그들에게 주셨으니,
25 사람이 천사의 음식을 먹었다.
하나님은 그들에게
풍족할 만큼 내려 주셨다.
26 그는 하늘에서 동풍을 일으키시고,
능력으로 남풍을 모으셔서,
27 고기를 먼지처럼 내려 주시고,
나는 새를
바다의 모래처럼 쏟아 주셨다.
28 새들은 진 한가운데로 떨어지면서,
그들이 사는 곳에 두루 떨어지니,
29 그들이 마음껏 먹고 배불렀다.
하나님은 그들이 원하는 대로
넉넉히 주셨다.
30 그러나
먹을 것이 아직도 입 속에 있는데도,
그들은 더 먹으려는 욕망을
버리지 않았다.
31 마침내
하나님이 그들에게 진노하셨다.
살진 사람들을 죽게 하시며,
이스라엘의 젊은이들을
거꾸러뜨리셨다.

32 이 모든 일을 보고서도,
그들은 여전히 죄를 지으며,
그가 보여 주신 기적을 믿지 않았다.
33 그래서 그들의 생애는
헛되이 끝났으며,
그들은 남은 날을
두려움 속에서 보냈다.
34 하나님께서 그들을 진멸하실 때에,
그들은 비로소 하나님을 찾았으며,
돌아와서 하나님께 빌었다.
35 그제서야 그들은,
하나님이 그들의 반석이심과,
가장 높으신 하나님이
그들의 구원자이심을 기억하였다.
36 그러나 그들은
입으로만 하나님께 아첨하고,
혀로는 하나님을 속일 뿐이었다.
37 그들의 마음은
분명히 그를 떠났으며,
그가 세우신 언약을 믿지도 않았다.

38 그런데도 그는
긍휼이 많으신 하나님이시기에,
그들의 죄를 덮어 주셔서
그들을 멸하지 아니하시며,
거듭 그 노하심을 돌이키셔서
참고 또 참으셨다.

지 않고, 시 106편에도 나오지 않는다. **78:21-31** 광야에서의 하나님의 선물에 대한 새롭고 아름다운 이미지가 여기에서 나온다: 하나님은 *하늘 문을 여시고* (23절), *만나를 비처럼 내리시어 하늘 양식을* 그들에게 내려주셨다 (24절), 또 *천사의 음식을 주셨다* (25절). 하나님은 능력으로 *광야에서 먹거리를 공급하셨다* (19절; 1088쪽 추가 설명: "아름다움"을 참조). 기독교 공동체에서, 만나는 주님의 몸, 성찬의 비유가 된다 (요 6:31; 49) **78:27-31** 하나님이 주신 메추라기를 실컷 먹은 후 하나님에게서 돌아서는 사람들에 대한 똑같은 주제가 나오는 민 11:31-35를 보라. **78:32-55** 32-43절에서, 시인은 이스라엘의 삶의 주기, 곧 죄/벌/회개/

39 하나님께서는 기억하신다.
사람은 다만 살덩어리,
한 번 가면 되돌아올 수 없는
바람과 같은 존재임을 기억하신다.

40 그들이 광야에서
하나님께
얼마나 자주 반역하였던가?
황무지에서
그를 얼마나 자주 괴롭혔던가?
41 그들은
하나님을 거듭거듭 시험하고,
이스라엘의 거룩하신 분의 마음을
상하게 하였다.
42 그들이 하나님의 권능을
기억하지 아니하며,
대적에게서 건져주신 그 날도
잊어버렸다.

43 하나님이 이집트에서는
여러 가지 징조를 보이시고,
소안 평야에서는
여러 가지 기적을 보이셨다.
44 강물을 피로 변하게 하셔서,
시냇물을 마실 수 없게 하셨다.
45 파리를 쏟아 놓아서 물게 하시고,
개구리를 풀어 놓아
큰 피해를 입게 하셨다.
46 농작물을 해충에게 내주시고,
애써서 거둔 곡식을
메뚜기에게 내주셨다.
47 포도나무를 우박으로 때리시고,
무화과나무를
된서리로 얼어 죽게 하셨으며,
48 가축을 우박으로 때리시고,
양 떼를 번개로 치셨다.
49 그들에게 진노의 불을 쏟으시며,
분노와 의분과 재앙을 내리시며,
곧 재앙의 사자를 내려 보내셨다.
50 주님은 분노의 길을 터 놓으시니,
그들을 죽음에서
건져내지 않으시고,
생명을 염병에 넘겨 주셨다.
51 이집트의 맏아들을 모두 치시고,
그의 힘의 첫 열매들을
함의 천막에서 치셨다.

52 그는 백성을 양 떼처럼 인도하시고,
가축 떼처럼 광야로 이끄셨다.
53 그들을 안전하게 이끄시니,
그들은 두려워하지 않았고,
그들의 원수들은
바다가 덮어 버렸다.
54 그들을
거룩한 산으로 이끌어 들이시고,
그 오른손으로 취하신
이 산으로 이끄셨다.
55 여러 민족을
그들 앞에서 몰아내시고,
줄로 재어서 땅을 나누어 주시고,
이스라엘 지파들을
자기들의 천막에서 살게 하셨다.

56 그럼에도 그들은
가장 높으신 하나님을
시험하고 거역하면서,
그의 법도를 지키지 않고,
57 그들은 그들의 조상들처럼
빗나가고 배신하여,
느슨한 활처럼 엇나갔다.
58 그들은 산당에 모여
그의 노를 격동하며,
조각한 우상을 섬기다가
그를 진노하게 하였다.
59 하나님께서 듣고 노하셔서,
이스라엘을 아주 내버리셨다.
60 사람과 함께 지내시던 그 천막,
실로의 성막을 내버리셨다.

구원의 순서를 훌륭하게 묘사한다. 신명기에서 열왕기하까지의 책의 현재 순서와 윤곽을 정한 레위인들은 바로 이러한 모습으로 이스라엘의 역사를 제시한다. 삿 2:11-23을 보라. **78:44-51** 출 7:1-11과 시 105:26-36에 나오는 목록과 약간의 차이를 보이는, 이집트의 열 가지 재앙의 목록. **78:56-66** 시편 기자는 여호수아의 때에서부터 다윗의 때까지 땅에서 이스라엘이 배역하였다는 것을 요약한다. **78:57** *느슨한 활처럼 엇나갔다.* 그들은 하나님이 그들을 통하여 하고자 하였던 목적을 망쳐 놓았다. **78:58** *산당.* 신명기학파가 심하게 정죄한 일상 행위으로 (신 4장 참조), 가나안 예배의 형식을 따라 이스라엘이 하나님을 예배하였던 신당. **78:60** *실로.* 다윗의 때 이전에 언약궤가 위치하였던 에브라임에 있던 산동네의 도시 (삼상 4:3을 보라). **78:61-64** 블레셋

61 주님의 능력을 나타내는 궤를
포로와 함께 내주시고,
주님의 영광을 나타내는 궤를
원수의 손에 내주셨다.
62 주님의 백성을 칼에 내주시고,
주님의 소유에 분노를 쏟으셨다.
63 불로 젊은 총각들을 삼켜 버리시니,
처녀들은 혼인
노래를 들을 수 없었다.
64 제사장들은 칼에 맞아 넘어지고,
과부가 된 그들의 아내들은
마음 놓고 곡 한 번 못 하였다.

65 드디어
주님은 잠에서 깨어난 것처럼
분연히 일어나셨다.
포도주로 달아오른 용사처럼
일어나셨다.
66 원수들을 뒤쫓아가서 쳐부수시며,
길이길이 그들을 욕되게 하셨다.

67 그리고 주님은
요셉의 장막을 버리시고,
에브라임 지파도
선택하지 아니하셨다.
68 오히려,
유다 지파만을 선택하셨으며,
그가 사랑하신 시온 산을 뽑으셨다.
69 그곳에서 주님은 주님의 성소를
높은 하늘처럼 세우셨다.
영원히 흔들리지 않는
터전 위에 세우셨다.

70 주님의 종 다윗을 선택하시되,
양의 우리에서 일하는
그를 뽑으셨다.
71 암양을 돌보는 그를 데려다가,
주님의 백성 야곱과
주님의 유산 이스라엘의
목자가 되게 하셨다.
72 그는
한결같은 마음으로
그들을 기르고,
슬기로운 손길로
그들을 인도하였다.

예루살렘에 긍휼을 베풀어 주십시오

79 [아삽의 시]
1 하나님,
이방 나라들이
주님의 땅으로 들어와서,
주님의 성전을 더럽히고,
예루살렘을
돌무더기로 만들었습니다.
2 그들이 주님의 종들의 주검을
하늘을 나는 새들에게
먹이로 내주고,
주님의 성도들의 살을
들짐승에게 먹이로 내주고,
3 사람들의 피가 물같이 흘러
예루살렘 사면에 넘치게 하였건만,
희생당한 이들을 묻어 줄 사람이
아무도 없습니다.
4 우리는 이웃에게 조소거리가 되고,
주변 사람들에게
조롱거리와 웃음거리가 되었습니다.

사람들이 언약궤를 사로잡은 것과 하나님의 언약궤의 능력을 통하여 그들을 멸망시킨 것에 대한 언급이다 (삼상 4—6장을 보라). 시인은 또한 기원전 722년에 북왕국 이스라엘이 앗시리아 사람들에게 멸망당한 것에 유념한다. **78:67-72** 이스라엘의 제사장들과 예언자들은 왕국의 분단을 북쪽 지파들의 배격으로 본다 (왕상 12장을 보라). **78:69** 이스라엘의 많은 사람들에게 시온 산은 북방의 "자폰 산들 바로 우주의 중심이 된다 (48:2). 여기서 시인은 하나님이 시온 산의 성소를 높은 *하늘처럼…터전 위에 세우셨다*고 선언한다. 고대에서, 땅의 성전은 하늘의 신의 성전의 복사판이다. 모세는 거룩한 산에서 하나님의 계시로 성전의 "모양"을 받았다 (출 25:9). **78:70-72** *주님의 종 다윗.* 사울이 다윗을 왕으로 기름 붓는 삼상 16장을 보라. "높이 일으켜 세움을 받은 용사" (삼하 23:1) 다윗 왕은 또한 예루살렘 성전의 레위 사람들이 가장 좋아하는 이였다.

79:1-13 일곱 번의 보복이 기대되다 이 공동체의 탄원시는 애 4—5장의 시를 기억나게 한다. 배경은 기원전 587년에 바빌로니아에 의하여 예루살렘이 파괴되는 때이다 (3절; 시 74편을 참조). 시인은 하나님이 파괴를 막아 주시고, 이스라엘의 죄를 용서하시고, 이스라엘의 겪은 고난을 신원하실 것을 간구한다. 본문 구분: 1-4절, 예루살렘의 폐허를 묘사하며 하나님에게 드리는 기도; 5-7절, 대적을 파괴시켜 달라는 간청; 8-10절, 이스

5 주님, 언제까지입니까?
영원히 노여워하시렵니까?
언제까지 주님의 진노하심이
불길처럼 타오를 것입니까?

6 주님을 알지 못하는
저 이방인들에게나
주님의 진노하심을 쏟아 주십시오.
주님의 이름을 부르지 않는
저 나라들 위에 쏟아부어 주십시오.
7 그들은 야곱을 집어삼키고,
그가 사는 곳을
폐허로 만들었습니다.
8 우리 조상의 죄악을 기억하여
우리에게 돌리지 마십시오.
주님의 긍휼하심으로
어서 빨리
우리를 영접하여 주십시오.
우리가 아주 비천하게 되었습니다.
9 우리를 구원하여 주시는 하나님,
주님의
영광스러운 이름을 생각해서라도
우리를 도와주십시오.
주님의 명성을 생각해서라도
우리를 건져 주시고,
우리의 죄를 용서하여 주십시오.
10 어찌 이방인들이
"그들의 하나님이 어디에 있느냐?"
하면서 비웃게 버려 두시겠습니까?
주님의 종들이 흘린 피를
주님께서 갚아 주신다는 것을,
우리가 보는 앞에서
이방인들에게 알려 주십시오.

11 갇힌 사람들의 신음소리를
주님께서 들어 주십시오.
죽게 된 사람들을
주님의 능하신 팔로 살려 주십시오.
12 주님,
우리 이웃 나라들이 주님을 모독한
그 모독을
그들의 품에다가
일곱 배로 갚아 주십시오.

13 그 때에 주님의 백성,
주님께서 기르시는 양 떼인 우리가,
주님께 영원히 감사를 드리렵니다.
대대로 주님께 찬양을 드리렵니다.

우리나라를 도와주십시오

80 [아삽의 시, 지휘자를 따라 ㄱ)소산님 에둣에 맞추어 부르는 노래]
1 아, 이스라엘의 목자이신 주님,
요셉을 양 떼처럼 인도하시는 주님,
귀를 기울여 주십시오.
그룹 위에 앉으신 주님,
빛으로 나타나 주십시오.

ㄱ) '언약의 나라꽃'

라엘의 죄의 용서에 대한 기도; 11-13절, 복수를 구하여 계속 부르짖으며 백성의 편에서 영속적인 신실함을 약속함. **79:1-4 79:1** *이방 나라들.* 바빌로니아의 침략자들은 주변의 다른 나라들과 동맹을 맺었다. 특히 에돔 사람들은 도망하는 이들을 잡아 대적에게 넘겨 주었다는 비난을 받는다: 옵 11-14절을 참조. **79:4** 겔 25:1-7을 보라. **79:5-7** 시인은 하나님의 진노를 마땅히 받을 대적, 곧 이스라엘을 약탈한 나라들, 곧 주님을 알지 못하는 자들에게 하나님이 진노를 내리시기를 기도한다. **79:8-10 79:8** *우리의 조상.* 시인은 조상의 자들이 그들이 행한 대로 받을 것을 구하는 너무도 인간적인 호소. 1040쪽 추가 설명: "대적과 저주"를 보라. **79:10** 파괴자들이 그들이 행한 대로 받을 것을 구하는 너무도 인간적인 호소. 1040쪽에 있는 추가 설명: "대적과 저주"를 보라. **79:11-13** *갇힌 사람들… 죽게 된 사람들.* 바빌론 포로들의 운명에 대한 예레미야의 힘있는 탄원시를 보라 (렘 31:15-20). **79:12** *일곱 배.* 완전한 보복을 상징한다 (레 26:21, 24, 28 참조). 예루살렘의 파괴의 생존자들을 이용한 이들에 대한 증오가 특히 강렬하다; 오바댜서와 출 17:8-16; 신 25:17-19의 아말렉 족속에 대한 저주를 보라.

80:1-19 주님의 빛나는 얼굴을 나타내어 주십시오 공동체의 탄원시가 국가적인 재앙에 이어 나온다. 만일 이 시편이 보여주는 대로 (2절 참조), 북이스라엘의 시편 모음의 일부이었다고 한다면, 상황은 기원전 722년에 사마리아가 앗시리아 사람들에게 멸망당하는 사건이었을지 모른다 (왕하 17장 참조). 시편은 세 편으로 되어 있는데, 각 부분은 거의 똑같은 후렴으로 끝난다. 본문 구분: 1-3절, 하나님에게 구원하여 달라는 간구, 후렴; 4-7절, 이스라엘 환난에 대한 묘사, 후렴; 8-19절, 포도나무(이스라엘)의 비유와 또 한 번 도와달라는 요청, 후렴. **80:1-2** *목자.* 사람들이 가장 좋아하는 하나님에 대한 이미지 중 하나인 목자(시 23편; 요 10장)는 이스라엘의 지도자에 대하여 쓰여졌는데, 좋은 목자(삼하 5:2)와 악한 목자(겔 34장)의 양쪽에 사용되었다. 이 사마리아 멸망 후에 예루살렘으로 옮겨온 북부 이스

2 에브라임과 베냐민과 므낫세 앞에서
주님의 능력을 떨쳐 주십시오.
우리를 도우러 와 주십시오.

3 하나님, 우리를 회복시켜 주십시오.
우리가 구원을 받도록,
주님의 빛나는 얼굴을
나타내어 주십시오.
4 주 만군의 하나님,
얼마나 오랫동안
주님의 백성들이 올리는 기도를
노엽게 여기시렵니까?
5 주님께서 그들에게
눈물의 빵을 먹이시고,
눈물을
물리도록 마시게 하셨습니다.
6 우리를 우리의 이웃에게
시비거리가 되게 하시니,
원수들이 우리를 비웃습니다.

7 만군의 하나님,
우리를 회복시켜 주십시오.
우리가 구원을 받을 수 있도록,
주님의 빛나는 얼굴을
나타내어 주십시오.

8 주님께서는 이집트에서
포도나무 한 그루를 뽑아 오셔서,
뭇 나라를 몰아내시고,
그것을 심으셨습니다.
9 땅을 가꾸시고
그 나무의 뿌리를 내리게 하시더니,
그 나무가 온 땅을 채웠습니다.
10 산들이 그 포도나무 그늘에 덮이고,
울창한 백향목도
그 가지로 뒤덮였습니다.
11 그 가지는 ㄱ)지중해에까지 뻗고,
새 순은 ㄴ)유프라테스 강에까지
뻗었습니다.

12 그런데 어찌하여 주님께서는
그 울타리를 부수시고
길을 지나가는 사람마다
그 열매를 따먹게 하십니까?
13 멧돼지들이
숲에서 나와서 마구 먹고,
들짐승들이
그것을 먹어 치우게 하십니까?

14 만군의 하나님,
우리에게 돌아오십시오.
하늘에서 내려다보시고,
이 포도나무를 보살펴 주십시오.
15 주님의 오른손으로 심으신
이 줄기와
주님께서 몸소 굳세게 키우신
ㄷ)햇가지를
보살펴 주십시오.
16 주님의 포도나무는 불타고
꺾이고 있습니다.
주님의 분노로
그들은 멸망해 갑니다.
17 주님의 오른쪽에 있는 사람,
주님께서
몸소 굳게 잡아 주신 인자 위에,
주님의 손을 얹어 주십시오.
18 그리하면 우리가

ㄱ) 히, '그 바다', ㄴ) 히, '그 강' ㄷ) 또는 '아들'

라엘의 시편 모음에 속하였던 것을 시사한다. *그룹 위에 앉으신 주님.* 출 25장은 뚜껑과 두 그룹이 붙어있는 언약궤를 만드는 일을 묘사한다. 거기 보이지 않는 신이 나타난 것으로 이해된다. 삼상 4:4; 삼하 6:2를 보라. **80:3, 7, 19** 아름다운 후렴이 몇 편의 시편(4:6; 31:16; 119:135)에 나타난, 아론의 축복(민 6:24-26)의 언어를 사용한다. 하나님의 빛나는 얼굴은 하나님의 승인과 축복의 표시이다. **80:4-6** *노엽게 여기시렵니까?* 직역하면, "얼마나 오랫동안 당신의 코에서 연기가 날 것입니까?" **80:5** *눈물의 빵.* 42:3을 보라. **80:6** *시비거리.* 히브리어로는 "분쟁의 대상"으로 이스라엘의 이웃 중에 호전적인 이들도 있었고 그렇지 않는 이들도 있었다는 것을 시사한다. (개역개정은 "시비거리"를 "다툼 거리"로 번역했음.) **80:8-18** 이스라엘을 주님이 세우시고 큰 정성으로 돌보시는 포도나무로 보는 이 확장된 비유는 열매 없음과 감사할 줄 모름에 대하여 백성을 비난하기 위하여 이사야가 사용하였다 (사 5:1-7). 여기서, 시인은 하나님에게 과거의 이스라엘에게 쏟아 부으신 사랑과 보호가 다시 한 번 절박하게 필요하다고 하나님에게 상기시킨다. 시인은 또한 하나님이 포도나무가 당한 파손을 고치실 필요가 없다고 생각하시면 모든 하나님의 과거의 노력이 허사가 될

주님을 떠나지 않을 것이니,
주님의 이름을 부를 수 있도록
우리에게 새 힘을 주십시오.

19 만군의 하나님,
우리를 회복시켜 주십시오.
우리가 구원을 받도록,
주님의 빛나는 얼굴을
나타내어 주십시오.

하나님이 우리를 강하게 만드신다

81 [아삽의 시, 지휘자를 따라 ㄱ)깃딧에 맞추어 부르는 노래]
1 우리의 피난처이신
하나님께
즐거이 노래를 불러라.
야곱의 하나님께 큰 환성을 올려라.
2 시를 읊으면서 소구를 두드려라.
수금을 타면서,
즐거운 가락으로 거문고를 타라.
3 새 달과 대보름날에,
우리의 축제날에,
나팔을 불어라.
4 이것은 이스라엘이 지킬 율례요,
야곱의 하나님이 주신 규례이며,
5 하나님이
이집트 땅을 치려고 나가실 때에,
요셉에게 내리신 훈령이기 때문이다.

나는,
내가 알지 못하던 한 소리를 들었다.
주님께서 말씀하셨다.
6 "내가 네 어깨에서 짐을 벗겨 주고,
네 손에서
무거운 광주리를 내려놓게 하였다.
7 너희가 고난 가운데 부르짖을 때에,
내가 건져 주고,
천둥치는 먹구름 속에서
내가 대답하고,
므리바 물 가에서는
내가 너를 시험하기도 하였다. (셀라)
8 내 백성아, 들어라.
내가 너에게 경고하겠다.
이스라엘아,
나는 네가 내 말을 듣기를 바란다.
9 '너희 가운데 다른 신을 두지 말며,
이방 신에게 절하지 말아라.
10 나는 너희를
이집트 땅에서 이끌어 낸
주 너희의 하나님이다.

ㄱ) 음악 용어

것을 시사한다. **80:12** 실제로 파괴자는 적국이었지만 (16절), 하나님이 파괴시킨 것이었다. 시편 기자는 하나님께서 이스라엘 땅에 포도나무를 회복시켜 주시면, 영원히 신실함을 지키겠다고 약속하며 마무리 짓는다.

81:1-16 소송 이 시편은 언약의 하나님을 찬양하는 찬송이 앞에 나오는, 구약의 소위 언약 소송이 하나 담겨 있다. 어떤 절기의 날에, 하나님의 이름으로 말씀하는 예언자가 과거 하나님의 구원역사를 상기시키며 백성들의 배역에 대하여 그들을 꾸짖는다. *새 달과 대보름 날.* 이것(3절)은 아마 나중의 성경 시대에 새해로 시작되어 열흘 후의 속죄절로 이어져서 일주일간의 초막절로 마무리 짓는 긴 가을의 절기를 시사하는 것 같다. 시편의 내용이 그러한 배경에 잘 맞는다. 그러나 많은 다른 상황에서도 시편은 언약의 하나님께 신실할 것을 부르는 것으로 쓰였다. 본문 구분: 1-5a절, 절기에 하나님을 찬양하라고 부르는 예배의 부름; 5b-10절, 과거에 하나님이 이스라엘을 구원하심; 11-16절, 회개와 신뢰로 부르는 말씀. **81:1-5a** **81:1-2** 음악은 춤과 함께 나왔을 것이다 (출 15:20-21; 삼하 6:5를 보라). **81:3** *축제날.* 아마 초막절을 의미할 것이다; 유월절과 오순절도 가능하다. **81:4-5** *요셉에* 대하여 언급하는 것은 아마 시편이 고대 북 이스라엘의 전집(collection)에 속한 것임을 가리키는 것 같다. 그렇다면, 시편은 후에 신명기를 출간하는 북왕국의 개혁파 레위 사람들의 산물이었을지 모른다. 신명기 서론, 283쪽을 보라. **81:5b-10** **81:5b** 예언자는 아마 백성들과 같이 그도 과거에 일어난 하나님의 구원역사를 잊어버린 것을 반어적으로 시사하면서, 하나님이 하시는 특별한 말씀을 소개한다. **81:6** *네 어깨에서 짐을 벗겨 주고.* 이집트에서 종살이 하던 이스라엘 사람들을 하나님이 자유롭게 하신 것에 대한 언급이다 (출 1:8-14). **81:7** *천둥치는 먹구름 속에서.* 하나님이 모세와 함께 말씀하신 시내 산 (출 19:16-19; 33:17-23). *므리바의 물.* 출 17장과 특히 민 20:2-13을 보라. **81:10** 이 절의 상반부는 유대 공동체에서 첫째 계명으로 여기는 십계명의 서두이다 (출 20:2-17; 신 5:6-21). *너희의 입을 크게 벌려라.* 이 표현은 하나님이 메추라기를 풍성히 주셔서, 이스라엘이 주님의 상에서 먹게 하신 것에 대한 언급 (78:21-31; 민 11:31-34). **81:11-16** 하나님은 이스라엘을 계속 축복하시고

너희의 입을 크게 벌려라.
내가 마음껏 먹여 주겠다' 하였으나,
11 내 백성은 내 말을 듣지 않고,
이스라엘은 내 뜻을 따르지 않았다.
12 그래서 나는
그들의 고집대로 버려 두고,
그들이 원하는 대로 가게 하였다.
13 나의 백성 이스라엘이
내 말을 듣기만 했어도,
내가 가라는 길로 가기만 했어도,
14 나는 당장
그들의 원수를 굴복시키고,
내가 손을 들어서
그 대적을 쳤을 것이다.
15 나를 미워하는 자들은
그들 앞에 무릎을 꿇었을 것이며,
이것이 그들의
영원한 운명이 되었을 것이다.
16 그리고 나는
기름진 밀 곡식으로
너희를 먹였을 것이고,
바위에서 따 낸 꿀로
너희를 배부르게 하였을 것이다."

하나님이 재판하여 주십시오

82 [아삽의 시]
1 하나님이
하나님의 법정에 나오셔서,
신들을 모아들이시고
재판을 하셨다.
하나님께서 신들에게 말씀하셨다.
2 "언제까지 너희는
공정하지 않은 재판을
되풀이하려느냐?
언제까지 너희는
악인의 편을 들려느냐? (셀라)
3 가난한 사람과 고아를 변호해 주고,
가련한 사람과 궁핍한 사람에게
공의를 베풀어라.
4 가난한 사람과
빈궁한 사람을 구해 주어라.
그들을 악인의 손에서
구해 주어라."

5 그러나 그들은 깨닫지도 못하고,
분별력도 없이,
어둠 속에서 헤매고만 있으니,
땅의 기초가 송두리째 흔들렸다.
6 하나님께서 말씀하셨다.
"너희는 모두 신들이고,

보호하실 준비가 되어 있는 반면, 이스라엘은 하나님의 인도하심에 유의하기를 거절한다. **81:15** 하나님은 이스라엘 대적을 순복하게 하시어, 그들이 몸을 구부리고 그에게 철저히 굴복하게 만드실 준비가 되어 계시다—이는 하나님께서 이스라엘의 대적을 처리하시는 아주 거친 묘사이다. 또한 66:3과 사 60:14-16을 보라. **81:16** *바위에서 따 낸 꿀.* 아마 꿀은 므리바의 바위에서 풍성하게 넘쳐흐른 물을 상징하는 것 같다 (민 20장).

82:1-8 재판 이 시편은 하나님과 언약 상대자 사이의 "언약의 소송"이라고 불리는 것을 대표하는 예언자의 심판의 말씀이다 (신 32장; 호 4:1-7; 미 6:1-8 참조). 여기서 장면은 하늘의 신 앞에서 벌어지며; 땅의 왕들, 또는 그들을 대표하는 천사들이 모였다 (신 32:8 참조). 하나님은 그들이 의롭게 통치하지 못하고 마땅히 돌보아야 할 의지할 곳 없는 이들을 돌보지 못한 데 대하여 그들을 견책하신다. 이 시편은 오직 한 가지 주제가 나오며 본문 구분을 할 필요가 없다. 대부분은 하나님이 하신 말씀의 인용이다. **82:1-4 82:1** *신들. 하나님의 법정*은 신과 지고의 신을 옹위하고 선 신들과 같은 존재들이 나오는 가나안과 시리아의 만신전의 개념에서 빌려온 것이다. 시편에서, 이들은 주님의 뜻을 영화롭게 하고, 찬양하고, 주님의 뜻을 행하는 *하나님의 아들들*(29:1-2)이라고도 불리는, 하나님을 옹위하고 선 종속 신들이다 (8:5; 58:1; 86:8). **82:5** 땅의 통치자들의 무식함과 실패로 하나님의 우주의 기반 자체가 위협을 받는다. 인간의 부당한 행위가 어떻게 하나님의 전체 창조를 손상시키는가에 대한 비슷한 묘사에 대하여 호 4:1-3을 보라. **82:6-7** 하나님의 꾸짖음이 땅의 통치자들을 올바로 잡는다. 그들은 하나님의 감독 하에 하나님의 백성을 다스리는 임명을 받았다, 그러나, 그들이 실패할 때, 그들은 특별한 존재의 위상을 누릴 수 없다. 시 72편과 롬 13:1-2와 같은 본문이 "왕권신수설"을 뒷받침하기 위하여 인용되어 왔지만, 성경에 "왕권신수"란 것은 없다. **82:7** 예언자는 이제 세상 모든 나라에 대하여 하나님이 신적인 권위를 행사하기를 간구한다. 이스라엘의 하나님은 단지 한 분의 신이 아니라, 우주의 왕이 되시는 하나님이시다. 모든 왕들과 그들의 모든 천사 대표들은 하나님의 권위 아래 있다.

'가장 높으신 분'의 아들들이지만,
7 너희도 사람처럼 죽을 것이고,
여느 군주처럼 쓰러질 것이다."

8 하나님, 일어나셔서,
이 세상을 재판하여 주십시오.
온 나라가 하나님의 것입니다.

하나님이 온 땅을 다스리신다

83 [아삽의 찬송시]
1 하나님,
묵묵히 계시지 마십시오.
하나님, 침묵을 지키지 마십시오.
조용히 계시지 마십시오.
오, 하나님!
2 주님의 원수들이 소리 높여 떠들고,
주님을 미워하는 자들이
머리를 치켜들기 때문입니다.
3 그들은 주님의 백성을 치려고
음모를 꾸미고,
주님께서 아끼시는 이들을 치려고
모의하며
4 "가자, 그들을 없애버리고,
나라가 되지 못하게 하자.
이스라엘이라는 이름을
다시는 기억하지 못하게 하자"
말합니다.

5 그들은 한마음으로 모의하고,
주님과 맞서려고
동맹을 맺었습니다.
6 에돔과 이스마엘 사람들,
모압과 하갈 사람들,
7 ㄱ)그발, 암몬, 아말렉, 블레셋,
두로에 사는 사람들이 그러하고,
8 앗시리아까지도 그들과 힘을 합하여
롯의 자손을 도왔습니다. (셀라)
9 주님, 미디안에게 하신 것 같이,
기손 강에서
시스라와 야빈에게 하신 것 같이,
그들에게도 그렇게 해주십시오.
10 그들은 엔돌에서 멸망하여,
밭의 거름이 되었습니다.
11 주님, 그들의 장수들을
오렙과 스엡과 같게 하시고,
모든 왕들을
세바와 살문나와 같게 해주십시오.
12 그들은
"하나님의 목장을
우리의 소유로 만들자"
하고 말하던 자들입니다.

13 나의 하나님, 그들을,
바람에 굴러가는
엉겅퀴와 쭉정이와 같게 해주십시오.
14 산림을 태우는 불길처럼,
산들을 삼키는 불꽃처럼,
15 주님의 회오리바람으로,
그들을 쫓아내어 주십시오.
주님의 폭풍으로,
그들이 두려움에 떨게 해주십시오.
16 주님, 그들이 주님을 간절히 찾도록,

ㄱ) 비블로스

83:1-18 공격 이스라엘과 그 주변 나라에 널리 알려진 전승, 곧 대적에 대한 준엄한 저주의 오랜 전승과 연결된 공동체의 탄원시이다 (특히 민 22—24장과 렘 19장을 보라). 그 어떤 특별한 사건이 이 간구의 배경이라고 정할 수는 없다. 6-8절에 언급된 사람들은 시편 기자가 이름을 밝히는 것이 현명하다고 여겨지지 아니하는 대적을 지목하는 것이다. 본문 구분: 1-8절, 이스라엘과 하나님을 위협하는 대적에 대하여 하나님이 역사하시기를 구하는 간구; 9-12절, 과거에 하나님이 이스라엘의 대적을 심판하신 예; 13-18절, 대적의 패배와 싸움에 패배해 도망하는 것을 구하는 기도 (1040쪽 추가 설명: "대적과 저주"를 보라). **83:1-8** 시편 기자는 하나님의 백성을 멸절하려는 조직적인 모략을 묘사한다. 어떤 이는 즉시 나치 독일의 "마지막 해결책"을 생각할 것이다. 지명된 나라들은, 하갈 사람들(대상 5장)을 제외하고는, 모두 사 13—23장; 렘 46—51장; 겔 25—32장 등에서 외국에 대한 여러 가지 하나님 말씀에 나열된 나라들이다. **83:9-12** 미디안 사람들에 대한 기드온의 승리(삿 6—8장)와 북쪽의 간악한 사람들에 대한 드보라의 승리(엔돌은 언급되어 있지 않지만, 삿 4—5장)에 관한 언급이다. **83:13-18** 주님은 종종 바람과 폭풍의 하나님으로 묘사된다. 삿 5장; 시편 28, 58편과 합 3장의 신현을 보라. **83:15** 폭풍은 허리케인으로도 해석되나, 전자가 더 좋은 번역이다. **83:16-18** 시인은 나라들을 완전히 파괴시키는 처벌이 아니라 회개에 이르는 처벌을 요청한다.

그들의 얼굴에
수치를 씌워 주십시오.
17 그들이 부끄러움을 당하고
영영 공포에 질려서,
수치를 쓰고 멸망하게 해주십시오.
18 하나님의 이름은 '주'이시며,
온 세상에서
주님만이 홀로 가장 높은 분이심을
알게 해주십시오.

예배의 기쁨

84 [고라 자손의 시, 지휘자를 따라 ㄱ)깃딧에 맞추어 부르는 노래]
1 만군의 주님,
주님이 계신 곳이
얼마나 사랑스러운지요.
2 내 영혼이 주님의 궁전 뜰을
그리워하고 사모합니다.
내 마음도 이 몸도,
살아 계신 하나님께
기쁨의 노래 부릅니다.

3 만군의 주님,
나의 왕, 나의 하나님,
참새도 주님의 제단 곁에서
제 집을 짓고,
제비도
새끼 칠 보금자리를 얻습니다.
4 주님의 집에 사는 사람들은
복됩니다.
그들은 영원토록
주님을 찬양합니다. (셀라)

5 주님께서 주시는 힘을 얻고,
마음이 이미
시온의 순례길에 오른 사람들은
복이 있습니다.
6 그들이
ㄴ)'눈물 골짜기'를 지나갈 때에,
샘물이 솟아서 마실 것입니다.
가을비도
샘물을 가득 채울 것입니다.
7 그들은
힘을 얻고 더 얻으며 올라가서,
시온에서
하나님을 우러러뵐 것입니다.

8 주 만군의 하나님,
나의 기도를 들어 주십시오.
야곱의 하나님,

ㄱ) 음악 용어 ㄴ) '발삼 나무 골짜기', 또는 '바카 지역의 골짜기'

84:1-12 주님이 계신 곳이 얼마나 사랑스러운지요! 찬송의 요소와 지혜 전승의 주제를 포함하는 시온의 시편. 이 아름다운 시편은 하나님의 전에서 사는 기쁨에 대하여 이야기한다. 제목에 따르면, 이것은 고라의 레위 가족과 연결된 시편 중의 하나이다 (시 42편; 44—49편; 85편; 87—88편을 보라). 물론, 하나님의 임재는 예루살렘의 성전과 연결되어 있지만, 시온과 같이 하나님이 계신 *곳과* 뜰은 특정한 지역적 장소보다 훨씬 큰 것을 염두에 두고 있다. 시에는 하나님의 임재 안에 있는 기쁨이라는 일관된 주제가 나온다. **84:1-2** 하나님의 임재의 기쁨에 대한 서정시적인 긍정. **84:1** *사랑스러운지요.* 이 표현은 희귀한 것이다. 하나님의 집은 시인이 보기에 아름다울 뿐 아니라, 그 자체가 사랑스러운 것이다 (1088쪽 추가 설명: "아름다움"을 보라). *계신 곳.* 누군가 밤을 지낼 수 있는 어떤 장소 이상으로, 이는 한 사람의 정규적인 장소, 그의 집을 지칭한다. 이 단어는 사람의 집뿐 아니라 동물의 집에 대해서도 사용될 수 있다. **84:2** 고라 시인의 시편인 42편도 시온과 시온의 하나님에 대하여 마음이 갈망하는 것을 말한다. *궁전 뜰.* 솔로몬의 성전은 예배자들이 모이는 곳이며, 성전의 행사의 대부분이 진행되는 열린 뜰로 싸여 있다. 성전 뜰의 광경과 소리와 냄새에 깊은 매력이 있다. 외경 집회서 50장에는 다른 제사장들이 "화환 모양으로" 그를 둘러싸고 있어, 대제사장 시몬이 주제하는 제단 위의 제사의 아름다움을 묘사한다. 1183쪽 추가 설명: "예언서와 시편에 나타나는 시온,"을 보라. **84:3-4** 성전 지역에서 시간을 보내는 모든 일은 하나님의 임재의 기쁨에 동참하는 일이다. 거기에 *참새*(3절, 히브리어로는 단순히 "새" 라는 여성 단수 명사)와 *제비*(여성 단수)가 지저귀면서 보금자리를 만든다. 참새와 제비가 함께 나오는 묘사의 다른 예로 잠 26:2를 보라. 시온의 거룩함은 시온산에 계신 하나님의 임재의 거룩함과 같다: 출 34:29-35를 보라. **84:4** *주님의 집에 사는 사람*들은 *복됩니다* 12절 참조; 또한 900쪽 추가 설명: "아슈레이"를 보라. **84:5-7** 이 구절들은 시온으로 순례하는 이들과 (시 42편을 보라) 아울러 그렇게 할 수 있는 행운이 있는 사람들(시 122편)에게 올바른 방향을 가르쳐 준다. 여정은 어렵고 위험할지 모르지만, 하나님이 그 길을 열어 주실 것이다. **84:8-9** 왕의 건강과 안전을 위한 짧은 기도. **84:9** 왕은 이스라엘의 *방패*로 그 백성을 인도하도록 하나님이 기름을 부어 주신 사람이다. **84:10-12** *악인의 장막에서…하나님의 집 문지기.* "문지기"의 직명은 자주 높은 직분의 인물에게 주어졌을 것이다. 그러나 여기서는 성전에서의 단순한 사

귀를 기울여 주십시오. (셀라)
9 ㄱ)우리의 방패이신 하나님,
주님께서 기름을 부어 주신 사람을
돌보아 주십시오.

10 주님의 집 뜰 안에서 지내는 하루가
다른 곳에서 지내는
천 날보다 낫기에,
악인의 장막에서 살기보다는,
하나님의 집 문지기로 있는 것이
더 좋습니다.
11 주 하나님은
태양과 방패이시기에,
주님께서는
은혜와 영예를 내려 주시며,
정직한 사람에게
좋은 것을 아낌없이 내려 주십니다.
12 만군의 주님,
주님을 신뢰하는 사람에게
복이 있습니다.

평화를 비는 기도

85 [고라 자손의 시, 지휘자를 따라 부르는 노래]

1 주님,
주님께서 주님의 땅에
은혜를 베푸시어,
포로가 된 야곱 자손을
돌아오게 하셨습니다.
2 주님의 백성들이 지은 죄악을
용서해 주시며,
그 모든 죄를 덮어 주셨습니다. (셀라)
3 주님의 노여움을
말끔히 거두어 주시며,
주님의 맹렬한 진노를
거두어 주셨습니다.

4 우리를 구원해 주신 하나님,
우리에게 다시 돌아와 주십시오.
주님께서 우리에게 품으신 진노를
풀어 주십시오.

5 주님께서 우리에게 영원히 노하시며,
대대로 노여움을 품고 계시렵니까?
6 주님의 백성이 주님을 기뻐하도록
우리를 되살려 주시지 않겠습니까?
7 주님,
주님의 한결같은 사랑을
보여 주십시오.
우리에게 주님의 구원을
베풀어 주십시오.

8 하나님께서 무엇을 말씀하시든지,
내가 듣겠습니다.
주님께서 우리에게
평화를 약속하실 것입니다.
주님께서는,
주님의 백성 주님의 성도들이
망령된 데로 돌아가지 않는다면,

ㄱ) 또는 '하나님, 우리의 방패를 돌보아 주십시오'

역을 지칭하며, 악행하는 자들 사이에서 여가를 누리며 사는 삶과 대조된다. **84:11** *태양* 하나님은 시인의 빛이시다. 보통 성경 기자들은 주님과 신을 연결하는 것을 피한다. 해는 신이 아니라; 그것은 창조 넷째 날에 하나님이 창조하신 것이다 (창 1:14-19). 방패(히브리어, *마겐*)는 오직 한 편만 막아준다 (3:3; 7:10; 18:30).

85:1-13 우리를 되살려 주십시오 공동체의 탄원이 역사적인 서두 앞에 나오고 즉각적인 축복에 대한 하나님의 약속으로 이어진다. 마무리 짓는 하나님의 축복(10-13절)은 시편에서 가장 시적으로 표현된 본문 중 하나이다. 본문 구분: 1-3절, 하나님의 과거 구원역사에 대한 재연; 4-7절, 공동체의 탄원과 하나님의 자리를 구하는 간구; 8-9절, 하나님이 구원하시고자 하심을 확인하는 예언자나 제사장의 말; 10-13절, 도와 달라는 간구에 대한 하나님의 응답. **85:1-3** 이 절은 아마 기원전 538년에 바빌로니아 포로에서 돌아오기 시작하는 것에 대한 언급인 것 같고, 이스라엘에 대한 하나님의 용서와 축복의 구체적 행위를 언급하는 것으로 보인다. 그러한 용서와 회복의 약속에 관하여 사 40:1-11을 보라. **85:4-7** 이 탄원시가 적절할 만한 상황을 여러 가지로 상상해 볼 수 있겠지만, 공동체를 위한 예배 처소로 시온을 재건하려는 노력이 배경일 것이다. 9절은 이러한 견해를 뒷받침하는 것으로 보인다. **85:5-9** 하나님께서 백성이 구하는 회복과 되살려 주실 것에 대하여 제사장이나 예언자가 공동체를 확신시켜준다. **85:9** *주님의 영광이 우리 땅에 깃들 것입니다.* 하나님의 영광은 지성소에 계시며, 그는 "그룹들 사이에 앉아 계시는 만군의 주님" (삼상 4:4; 삼하 6:2)이시다. 사 6장은 하나님의 영광이 다시 한 번 시온에 계시다는 것이 무엇을 의미하는지 잘 묘사한

진정으로 평화를 주실 것입니다.
9 참으로 주님의 구원은
주님을 경외하는 사람에게
가까이 있으니,
주님의 영광이
우리 땅에 깃들 것입니다.

10 사랑과 진실이 만나고,
정의는 평화와 서로 입을 맞춘다.
11 진실이 땅에서 돋아나고,
정의는 하늘에서 굽어본다.
12 주님께서 좋은 것을 내려 주시니,
우리의 땅은 열매를 맺는다.
13 정의가 주님 앞에 앞서가며,
주님께서 가실 길을 닦을 것이다.

도움을 비는 기도

86 [다윗의 기도]
1 주님,
나에게 귀를 기울이시고,
응답하여 주십시오.
나는 가난하고 궁핍한 사람입니다.
2 그러나 나는 신실하오니,
나의 생명을 지켜 주십시오.
주님은 나의 하나님이시니,
주님을 신뢰하는 주님의 종을
구원하여 주십시오.

3 내가 온종일 주님께 부르짖습니다.
주님, 나에게
은혜를 베풀어 주십시오.
4 주님, 내가 진심으로
주님을 우러러봅니다.
주님의 종의 마음을
기쁨으로 가득 채워 주십시오.
5 주님, 주님은 선하시며
기꺼이 용서하시는 분,
누구든지
주님께 부르짖는 사람에게는,
사랑을 한없이 베푸시는 분이십니다.

6 주님, 나의 기도에 귀를 기울이시고,
나의 애원하는 소리를
들어 주십시오.
7 주님은 나에게
응답해 주실 분이시기에,
제가 고난을 당할 때마다
주님께 부르짖습니다.

8 주님, 신들 가운데
주님과 같은 신이
어디에 또 있습니까?
주님이 하신 일을
어느 신이 하겠습니까?
9 주님께서 지으신 뭇 나라가
모두 와서,
주님께 경배하며
주님의 이름에 영광을 돌립니다.
10 주님은 위대하셔서
놀라운 일을 하시니,
주님만이 홀로 하나님이십니다.
11 주님, 주님의 길을 가르쳐 주십시오.
내가 진심으로 따르겠습니다.

다. **85:10-13** 이스라엘의 사정을 하나님이 회복하신다는 의미가 무엇인지 하나님을 대변하는 예언자의 목소리가 견줄 데 없는 언어로 묘사한다. **85:10-11** *사랑, 진실, 정의, 평화.* 이것들은 하나님과 백성을 하나로 묶어주는 언약의 연대에 대한 고전적인 말로, 언제나 하나님의 역사를 묘사하며 하나님의 백성의 행위를 나타내야 하는—그러나 그렇지 못할 때가 많은—용어들이다 (사 11:1-9; 호 2:19-20 참조).

86:1-17 마음을 다하여 주님께 감사 개인이 탄원하는 시이며, 시편 기자는 도움 받기를 기도하고, 도움의 징표를 얻으며, 그리고 더 이상의 것을 구한다. 많은 개인의 간구가 그러하듯이, 기도의 행위는 그 자체가 큰 혜택이며, 그래서 시편 기자는 크게 도움을 받았지만 하나님의 축복이 계속될 것을 기대하며 기도의 장소를 떠난다. 본문 구분: 1-7절, 하나님의 도움을 구하는 기도; 8-13절, 지혜 전승의 모습으로 하나님께 드리는 찬양의 찬송; 14-17절, 하나님의 도움과 자비를 인정하며 계속하는 간구. **86:1-7 86:1** *나에게 귀를 기울이시고.* 시편 기자는 하나님의 치유와 안락을 가져오실 수 있다는 것을 잘 알고 있다. 개인이 치유가 필요하다고 인정하는 것 자체가 치유의 일부분이다. 사 65:1을 보라: "나는 내 백성의 기도에 응답할 준비를 하고 있었지만, 내 백성은 아직도 내게 요청하지 않았다." **86:8-13** 하나님의 덕을 칭송하는 (8-10절) 하나님께 드리는 이 찬양의 찬송은 더 큰 신실함의 길로 하나님이 시편 기자를 인도하여 주실 것을 간구하며 (11절) 이미 오고 있는 축복과 치유에 대해 진심으로 감사를 드린다. 간구는 하나님이 그 모든 필요한 것을 알도록 하나님이 마음을 가르쳐

내가 마음을 모아,
주님의 이름을 경외하겠습니다.

12 주 하나님,
내 마음을 다하여 주님께 감사드리며,
영원토록 주님의 이름에
영광을 돌리렵니다.
13 나에게 베푸시는
주님의 사랑이 크시니,
ㄱ)스올의 깊은 곳에서,
주님께서
내 목숨을 건져내셨습니다.

14 하나님,
오만한 자들이
나를 치려고 일어나며,
난폭한 무리가
나의 목숨을 노립니다.
그들은
주님을 안중에도 두지 않습니다.
15 그러나 주님,
주님은 자비롭고
은혜로우신 하나님이시요,
노하기를 더디 하시며,
사랑과 진실이
그지없으신 분이십니다.
16 내게로 얼굴을 돌려 주시고,
내게 은혜를 베풀어 주십시오.

ㄱ) 또는 '무덤' 또는 '죽음'

추가 설명: 마음

시편에서, "마음"이라는 용어는 한 번도 신체적인 기관을 지칭하지 않는다. 보통 그것은 "심령" (시 51:10, 17; 143:4 참조), "속마음" (시 64:6), 또는 "마음"(시 16:9)으로 표현되는, "자아"를 의미한다. "마음"은 결정을 내리는 장소(시 10:6, 11, 13)이며 "생각"(시 19:14; 49:3)의 장소이다. 법을 지킨다고 하는 것은 "깨우침"(시 119:34)과 "주님의 율례들을 완전히 지키는" 마음(시 119:80)으로 시작된다. 분별은 마음에 속한 것이다 (시 77:6).

하나님과의 관계에서 돌아서는 사람은 "무뎌 분별력을 잃은" 마음을 가지고 (시 119:70), "악한 생각"을 하며 (시 5:9), "음해할 말"을 하며 (시 28:3; 41:6), "악"하며 (시 55:15), "빗나간" (시 95:10) 사람으로 묘사된다. 그들은 그들의 마음에 "하나님이 없다"고 말하는 "어리석은 이들"이다 (시 14:1; 53:1). 이 불경한 사람들은 "두 마음"에서 거짓말을 한다 (시 12:2).

"마음을 다 바쳐서" "온" 마음으로 시편 기자는 주님에게 감사를 드리고 (시 9:1; 86:12; 111:1; 138:1) 그리고 하나님을 찾는다 (119:2, 10). 한편 하나님은 "악한 생각"을 품지 않는 자을 들으시는 반면 (시 66:18), 그들도 억압당하거나 "마음이 약해"질 수 있다 (시 143:4). "내 마음은 풀처럼 시들어서, 말라 버렸고" (시 102:4). "나는 가난하고 빈곤하고, 내 마음이 깊이 상처를 받았습니다" (시 109:22). "내 마음은 진통하듯 뒤틀려 찢기고, 죽음의 공포가 나를 엄습합니다" (시 55:4). "수치심에 갈기갈기 찢어진 내 마음은 아물 줄을 모릅니다" (시 69:20).

마음으로 사람은 하나님을 구하고 (시 27:8) 의지한다 (시 33:21; 62:8). 환난으로 마음이 "촛물처럼" 녹거나 (시 22:14) 화가 난다는 의미에서 뜨거워진다 (시 39:3). 마음은 힘을 잃어 "거칠게 뛰고" (시 38:10) 그리고 "마음이 흥겨워서 읊으리니, 노래 한가락이라네" (시 45:1). 쓴 경험은 "심장이 찔린 듯이" 아프며 (시 73:21), 그리고 기쁨은 "햇곡식과 새 포도주가 풍성할 때"보다 더 마음을 가득하게 한다 (시 4:7). 포도주는 사람의 마음을 "즐겁게" 하고 떡은 "힘을 북돋아" 준다 (시 104:15). 마음으로 사람은 용기(시 31:24)와 신실(시 57:7)을 연습하면서 하나님을 기다린다 (시 27:14).

하나님은 마음이 정직한 사람들에게 "승리를 안겨" 주시며 (시 7:10); 악인이 그들을 "어두운 곳에서 쏘려" 하며 (시 11:2); "정직한 사람들아, 너희는 다 함께 기뻐 환호하여라" (시 32:11; 97:11 참조); 하나님은 "주님의 의"을 보여주시며 (시 36:10) 하나님이 그들에게 선하시며 (시 73:1); "마음이 정직한 사람"이 즐거워하며; 그들은 정의를 따르며 (시 94:15); "정직한 사람의 모임"이 예배를 드리는 회중 가운데 있으며 (시 111:1); 의로운 규례를 배우는 것이 "정직한 마음으로" (시 119:7) 하나님을 찬양하는

주님의 종에게 힘을 주시고,
ㄱ)주님께서 거느리신
여종의 아들에게
구원을 베풀어 주십시오.
17 은총을 베풀어 주실
징표를 보여 주십시오.
나를 미워하는 자들이 보고,
부끄러워할 것입니다.
주님,
주님께서 친히 나를
돕고 위로하셨습니다.

시온 산의 영광

87 [고라 자손의 찬송시]
1 그 터전이
거룩한 산 위에 있구나.
2 주님은 시온의 문들을
야곱의 어느 처소보다
더욱 사랑하신다.
3 너 하나님의 도성아,
너를 가리켜
영광스럽다고 말한다. (셀라)

4 "내가 ㄴ)라합과 바빌로니아를

ㄱ) 또는 '주님의 신실한 아들에게' ㄴ) 이집트를 가리키는 시적 표현

것이라는 믿음을 표현하면서, 여러 가지 표현들이 "정직한 마음"이라는 구절에 붙어 나온다.

현저하게, 시편은 한 가지의 심성을 다른 것보다 더 높이 여기지 않는다. 더 중요한 것은 하나님께 스스로 나아가는 습관이다. 시편 기자의 마음이 "배반"하지 않거나 (시 44:18) 또는 "구부러진 생각"(시 101:4)에 집착하지 않는 한, 그들은 주님을 기다리며 (27:14) 그리고 "주님의 길을 가르쳐 주십시오. 내가 진심으로 따르겠습니다" 라고 기도한다 (시 86:11). 하나님이 마음에 "기쁨"(시 4:7)과 "고통"(시 25:17)과 "신음"(시 38:8)을 두시며, 마음이 "갈기갈기 찢어"지거나 (시 69:20), "완전"(시 119:80)하거나, "마음을" 정하거나 (시 108:1), 또는 "깊은 상처를" (시 109:22) 받았거나, 그것은 "시온의 순례길"이거나 그 "시온의 순례길"이 될 수 있다 (시 84:5).

구약성경의 다른 곳에서 마음은 때때로 거짓되고 구부러진 것이며 (렘 17:9), 그리고 악에게 이끌리지만 (창 6:5; 8:21; 전 9:3), 시편에는 하나님을 향한 사람들에게 그러한 악의 경향성에 대하여 거의 언급하지 않는다. 오히려, 하나님께 나아가는 길은 마음속에 있다는 믿음이다. 오직 한 편의 시편만이 "내 속에 깨끗한 마음을 창조하여 주시고 내 속에 견고한 심령으로 새롭게 하여 주십시오." (시 51:10) 라고 말한다. 반대로, 즐거워하며 (시 32:11; 6:4: 10; 97:12) 그들의 마음의 성향으로 의를 따라가는 (시 94:15) 의인에 대한 언급이 많다.

우리는 하나님이 애통과 회개를 원하신다고 믿을지 모르지만 (959쪽 추가 설명: "참회의 시"를 보라), 오직 한 편의 시편만이 "하나님께서 원하시는 제물은 찢겨진 심령입니다. 오, 하나님, 주님은 찢겨지고 짓밟힌 마음을 멸시하지 않으십니다" (시 51:17) 라고 우선 조건을 내세운다. 보다 더 일상적으로는, "주님, 마음 속의 진실을 기뻐하시는 주님, 제 마음 깊은 곳에 주님의 지혜를 가르쳐 주셨습니다" (시 51:6); "주님, 주님의 길을 가르쳐 주십시오. 내가 진심으로 따르겠습니다. 내가 마음을 모아, 주님의 이름을 경외하겠습니다" (시 86:11); "우리에게 우리의 날을 세는 법을 가르쳐 주셔서 지혜의 마음을 얻게 해주십시오" (시 90:12) 등 하나님은 마음이 필요한 것을 마음에게 가르쳐 주려고 하신다.

하나님이 필요한 대로 이해의 방향을 재조정하시면서, 마음이 알도록 가르쳐 주실 때 온전함이 온다. 그래서 "내 입은 지혜를 말하고 내 마음은 명철을 생각한다"고 확신하게 된다 (시 49:3). 마음의 문제로 시편 기자는 하나님에게 이르는 길을 따라 간다. "그의 마음속에 하나님의 법이 있으니, 그의 발걸음이 흔들리지 않는다" (시 37:31; 시 40:8 참조).

나를 아는 나라로 기록하겠다.
블레셋과 두로와 ㄱ)에티오피아도
시온에서 태어났다고 하겠다."

5 시온을 두고 말하기를,
"가장 높으신 분께서
친히 시온을 세우실 것이니,
이 사람 저 사람이 거기에서 났다"고
할 것이다.
6 주님께서 민족들을 등록하실 때에,
그 수를 세시며
"이 사람이 거기에서 났다"고
기록하실 것이다. (셀라)

7 노래하는 이들과
춤을 추는 이들도 말한다.
"나의 모든 근원이 네 안에 있다."

길을 찾을 수 없을 때의 기도

88 [고라 자손의 찬송시, 에스라 사람 헤만의 ㄴ)마스길, 지휘자를 따라 ㄷ)마할랏르안놋에 맞추어 부르는 노래]
1 주님, 나를 구원하신 하나님,
낮이나 밤이나,
내가 주님 앞에 부르짖습니다.
2 내 기도가 주님께 이르게 하시고,
내 울부짖음에
귀를 기울여 주십시오.

3 아, 나는 고난에 휩싸이고,
내 목숨은
ㄹ)스올의 문턱에 다다랐습니다.
4 나는 무덤으로 내려가는 사람과

ㄱ) 히, '구스'. 나일 강 상류지역 ㄴ) 문학 또는 음악 용어 ㄷ) 곡 이름. '역경의 고통' ㄹ) 또는 '무덤' 또는 '죽음'

주실 것이라는 확신을 표현한다 (51:6: 90:12를 보라; 또한 1003쪽 추가 설명: "마음"을 보라).

87:1-7 주에 대한 영광스러운 말을 합니다 예루살렘을 찬양하는 서정적 찬송. 이 아름다운 시의 주제는 시온의 거룩한 도성이 수많은 나라와 백성의 탄생지라는 것이다. 아브라함에게 하신 하나님의 약속(창 12:1-3)이 *땅에 사는 모든 민족을 포함하듯이*, 이스라엘의 수도 시온도 많은 나라들의 보금자리이다. 본문 구분: 1-3절, 시온에 대한 찬양의 찬송; 4절, 시온은 그의 자녀를 소개하면서 말함; 5-6절, 주님이 시온에게 난 다른 자녀들의 탄생을 기록한다는 예언자적인 선언; 7절, 마무리 짓는 찬송. **87:1-3 87:2** *시온의 문.* 문은 성전을 포함하여 도성 전체를 대변한다. 그러나 시온에 대한 언급은 하나님의 특별한 집 이상을 포함한다는 것이 주지할 만하다. 시온은 사회의 모든 기관과 사람들로부터 온전한 사랑을 받는 장소이다. 외인이 지었고 외인이 오랫동안 정착하였지만 (겔 16장), 그리고 다윗 왕이 외인에게서 되찾은 것이지만 (삼하 5장), 시온은 전설의 도성으로, 그 원초가 멀리 북쪽에 놓여 있다. 그것은 *하나님의 성*(48:1)이며, 하나님의 하늘의 도성에 상반되는 땅의 대상이다. **87:4** 시온은 이스라엘의 원근의 이웃 몇몇을 그녀의 자녀들로 밝힌다. 어떤 이들은 이 땅에 사는 유대인 포로나 정착민을 의미한다고 믿지만, 정말 시온의 보다 큰 영광은 그가 모든 백성에게 하나님의 선물이라는 것이다 (사 2:3; 56:6-8; 슥 14:16- 21). *라합.* 이집트에 관한 언급 (사 30:7). **87:5-6** 예언자의 말씀의 형식으로, 시인은 시온의 말을 전한다; 다른 사람들도 시온에서 태어났으며 하나님의 책에 시민으로 기록되어 있다. 그 시온의 모든 시민을 수용하기 위하여 시온의 변경이 얼마나 넓혀져야 하는 것인지에 대한 질문이 스가랴의 환상에서 나온다 (슥 2:1-5 참조). 오직 하나님만이 필요한 규모를 아신다. **87:7** 가장 가능성이 있는 것은 노래하는 자들과 춤추는 자들이 시온의 찬양에 참여한다. *"나의 모든 근원이 네 안에 있다."* 시온 산 아래 깔려 있다고 믿어지는 우주적 물에 대한 언급이다 (47:4; 겔 47:1-23; 슥 14:8을 참조).

88:1-18 매일 내가 당신의 형벌로 고난을 당합니다 절박한 상황에 있는 어떤 사람의 개인적 탄원시. 어떤 시편 기자들은 그들이 하나님께 하는 호소를 더 강조하기 위하여 그들의 사정을 과장하지만, 이 시인은—아플 뿐만 아니라 공동체에서 유리되어—처참한 상황 가운데서 말한다. 본문 구분: 1-2절, 하나님의 도움을 구하는 처음 간구; 3-7절, 시인의 상황에 대한 묘사; 8-12절, 하나님께 드리는 탄원; 13-18절, 너무 늦기 전에 하나님이 도와주시라는 긴급한 호소. **88:1-2** 고난자들에게, 밤은 특히 견디기 어렵다. 6:6; 22:2; 77:2를 보라. **88:3-7** 시편 기자는 모든 사람이 돌아가는 죽음의 지경, 스올의 깊은 곳으로 끌려가서 죽은 것과 다를 바 없다는 느낌을 가진다. 창조의 어느 부분도 하나님의 손이 미치지 못하는 곳이 아니지만 (시 139편을 보라), 스올에 있는 자들은 하나님과의 모든 관계에서 끊어진 것으로 여겨진다. 이스라엘의 역사에서 후기에 이르러서야 (단 12:2-3을 보라) 죽은 자 가운데서 부활한다는 믿음이 보편화된 믿음이 된다 (1011쪽 추가 설명: "죽음과 미래의 삶과 스올"을 보라). **88:7** *주님의 진노.* 시 90편을 보라. 하나님에게서 버림을 받았다고 생각하는 이들은 그 경험을 죄에 대한 하나님의 심판의 탓으로 돌린다. 괴로움이 더 깊어져 갈수록, 하나님의 진노에

다름이 없으며,
기력을 다 잃은 사람과 같이
되었습니다.
5 이 몸은 또한
죽은 자들 가운데 버림을 받아서,
무덤에 누워 있는
살해된 자와 같습니다.
나는 주님의 기억에서
사라진 자와 같으며,
주님의 손에서 끊어진 자와도 같습니다.
6 주님께서는 나를 구덩이의 밑바닥,
칠흙 같이 어두운 곳에
던져 버리셨습니다.
7 주님은
주님의 진노로 나를 짓눌렀으며,
주님의 파도로
나를 압도하셨습니다. (셀라)

8 주님께서는 나의 가까운 친구들마저
내게서 멀리 떠나가게 하시고,
나를 그들 보기에
역겨운 것이 되게 하시니,
나는 갇혀서,
빠져 나갈 수 없는 몸이 되었습니다.
9 고통으로
나는 눈마저 흐려졌습니다.
주님, 내가
온종일 주님께 부르짖으며,
주님을 바라보면서,
두 손을 들고 기도하였습니다.

10 주님은
죽은 사람에게
기적을 베푸시렵니까?
혼백이 일어나서
주님을 찬양하겠습니까? (셀라)
11 무덤에서 주님의 사랑을,
ㄱ)죽은 자의 세계에서
주님의 성실하심을
이야기할 수 있겠습니까?
12 흑암 속에서 주님의 기적을,
망각의 땅에서 주님의 정의를
경험할 수 있겠습니까?

13 주님, 내가 주님께 부르짖고,
첫새벽에 주님께 기도드립니다.
14 주님, 어찌하여 주님은
나를 버리시고,
주님의 얼굴을 감추십니까?
15 나는 어려서부터 고통을 겪었고,
지금까지 죽음의 문턱에서
살아온 몸이기에,
주님께로부터 오는
그 형벌이 무서워서,
내 기력이

ㄱ) 또는 '파멸', 히, '아바돈'

대한 감각이 더욱 커진다. **88:8-12** **88:8-9** 시편 기자는 친구에게서 버림받은 것과 개인의 슬픔을 하나님의 탓으로 돌린다. 가족과 친구들이 시편 기자에게서 돌아섰으므로, 하나님도 그렇게 하셨을 것이라고 생각된다. 시편 기자는 자연적으로 일어나는 질병과 재난에 대한 개념이 없다. 사건에는 반드시 원인이 있다고 생각한다. **88:10-12** 여기서 시편 기자는 자비를 베푸실 시간이 많이 남아 있지 않다고 하나님께 상기시켜 드린다. 그 이유는 하나님에게 곧 시편 기자가 사라질 것이며, 하나님은 스올에서 기적을 행하시지 않으실 것이기 때문이다! 더욱이 스올에 사는 이들은 하나님을 찬양하지 않는다; 그들은 더 이상 하나님의 사랑과 정의에 대하여 말할 수 없다 (115:17을 보라). **88:13-18** 시편은 하나님의 도움을 절박하게 구하는 것으로 끝이 난다. 언어는 시편 22편의 언어와 유사하다. 완전히 홀로, 모든 지지에서 끊어져서, 시인은 하나님의 구원을 구하는 간구로 끝을 낸다. 공동체가 피하고 안전거리를 두고 멀리하게 하는 피부병을 가진 사람들—고대의 나병환자로 불리는 이들을 생각해 볼 수 있다. 자세한 내용에 관하여 레 13장을 보라. 또한 사마리아 성문 밖의 나병환자의 이야기를 보라 (왕하 7장). **88:15** *형벌이 무서워서 내 기력이 다 쇠잔해지고 말았습니다.* 본문은 잘 보존된 것 같지 않다. 구절은 아마 다음과 같이 번역하는 것이 나을지 모른다: "나는 내가 가는 곳마다 당신의 형벌을 받습니다." 혹은 "나는 당신의 형벌을 당하여 힘이 없습니다." (공동번역은 "당신 앞에서 두려워 몸둘 바를 모릅니다.") 대부분의 개인 탄원시는 하나님이 간구를 들으시고 도움을 시작하셨다는 감사의 말씀으로 끝이 난다. 여기서는, 시 44편과 같이, 시는 도움을 요청하자는 강렬한 외침으로 또 거의 암담하게 반복되는 것으로 끝이 난다. 모든 것이 하나님의 자비에 달려 있는데, 이러한 깨달음은 세대를 거쳐서 모든 고난자들이 뼈저리게 느끼는 것이다.

89:1-52 **영원한 왕 다윗** 다윗의 왕권을 유지하고 보호하여 달라고 하나님께 드리는 기도(1-37절)로, 이어서 하나님이 다윗과 하신 약속을 재확인하고 이스라

다 쇠잔해지고 말았습니다.
16 주님의 진노가 나를 삼켰으며,
주님의 무서운 공격이
나를 파멸시켰습니다.
17 무서움이 날마다
홍수처럼 나를 에워쌌으며,
사방에서 나를 둘러쌌습니다.
18 주님께서
내 사랑하는 사람들과 이웃을
내게서 떼어놓으셨으니,
오직 어둠만이 나의 친구입니다.

주님께서 다윗에게 하신 맹세

89 [에스라 사람 에단의 마스길]
1 내가 영원히 주님의 사랑을
노래하렵니다.
대대로 이어 가면서,
내 입으로
주님의 신실하심을 전하렵니다.
2 참으로 내가 말하겠습니다.
"주님의 사랑은
영원토록 굳게 서 있을 것이요,
주님께서는 주님의 신실하심을
하늘에
견고하게 세워 두실 것입니다."

3 (주님께서도 말씀하십니다.)
"나는,
내가 선택한 사람과 언약을 맺으며,
내 종 다윗에게 맹세하기를
4 '내가 네 자손을
영원히 견고히 세우며,
네 왕위를 대대로 이어지게 하겠다'
고 하였다." (셀라)

5 주님,
하늘은 주님이 행하신 기적을
찬양하게 하여 주십시오.
거룩한 회중은
주님의 신실하심을
찬양하게 하여 주십시오.
6 저 구름 위의 하늘에서
주님과 견줄 만한 이가 누가 있으며,
신들 가운데서도 주님과 같은 이가
누가 있습니까?
7 하나님은
하늘에 있는 무리 모임에서
심히 엄위하시며,
주님을 모시는 자들이 모두
심히 두려워하는 분이십니다.
8 주 만군의 하나님,
누가 주님 같은 용사이겠습니까?
오, 주님!
주님의 신실하심이
주님을 둘러싸고 있습니다.
9 주님은
소용돌이치는 바다를 다스리시며,

엘의 사정을 회복하여 주실 것을 구하는 간구가 나온다 (38-51절). 시의 어떤 부분은 아마 이스라엘의 왕국 시대에서 나온 것이지만, 현재 형태는 바빌론 포로시대 (기원전 587-538년)로 돌아간다. 시는 구약에서 발견된 다윗 계열의 왕권을 가장 강렬하게 확인하는 시편이다. 본문 구분: 1-2절, 찬양의 긍정; 3-4절, 다윗에게 주신 하나님의 계약 약속; 5-14절, 창조주 하나님을 찬양하는 찬송; 15-18절, 찬송시에 대한 백성의 응답; 19-37절, 다윗 왕에 대한 하나님의 위임; 38-45절, 하나님이 다윗과 이스라엘을 버리신 데 대한 탄원; 46-51절, 하나님이 역사하여 달라는 간구; 52절, 마무리 짓는 영광송. **89:1-2** 하나님께 드리는 찬양의 처음은 저자 자신의 것인데—아마 저자는 제목에 언급된 노래하는 레위인, 에스라 사람 에단일 것이다. 하나님의 신실하심에 대하여는, 애 3:22-23을 보라. **89:3-4** 다윗에게 주신 이 약속은 삼하 7장에 따르면, 나단 선지자의 입을 통하여 나왔다. 그것은 솔로몬 왕에게 반복되어 (대상 17:3-15) 그리고 바빌로니아 포로시대까지 연결되는 예언자의 말씀으로 확인된다 (사 9:7; 55:1-5). 한 편의 초기 다윗의 승전가(삼하 22장에도 나오는 시 18편)는 하나님이 다윗을 기뻐하시며 그의 가족을 영원히 축복하고 지원하실 것이라는 이스라엘의 확신을 생생하게 묘사해 주고 있다. **89:5-14** 창조주를 찬양하는 아름다운 신현 찬송으로, 여기에는 창 1장에 나오는 제사장의 창조 기사에서 완전히 제외된 하늘의 창조에 대한 자세한 내용을 담고 있다. 온갖 종류의 하늘의 존재들이 여기서 하나님의 보좌를 옹위하고 선다 (5-7절). 하늘에서 하나님에 대하여 반항이 일어나는 이야기는 성경에 거의 나오지 않지만, 여기서 하나님은 소용돌이치는 바다를 잠잠케 하시고 (9절) 그리고 다른 대적과 아울러 용 라합을 파괴하신다 (68:22-23; 74:13-14; 욥 26:12; 사 51:9-10). **89:14** 하나님의 참된 성격이 자연계를 창조하고 다스리는 데 나오는 모든 능력으로 계시되는 것이 아니라, 정의와 공의, 인애와 신실—곧 이스라엘의 예언자들과 지혜자들과 시인들이 계속하여 주의를 환기시켰던 언약 신의 덕목으로 계시된다. **89:15-18** 공뛰노는 파도도 진정시키십니다.
10 주님은 라합을 격파하여 죽이시고,
주님의 원수들을
주님의 강한 팔로 흩으셨습니다.
11 하늘은 주님의 것,
땅도 주님의 것,
세계와
그 안에 가득한 모든 것이 모두
주님께서 기초를 놓으신 것입니다.
12 자폰 산과 아마누스 산을
주님이 창조하셨으니,
다볼 산과 헤르몬 산이
주님의 이름을 크게 찬양합니다.
13 주님의 팔에 능력이 있으며
주님의 손에는 힘이 있으며,
주님의 오른손은 높이 들렸습니다.
14 정의와 공정이
주님의 보좌를 받들고,
사랑과 신실이
주님을 시중들며 앞장서 갑니다.

15 축제의 함성을 외칠 줄 아는 백성은
복이 있습니다.
주님, 그들은
주님의 빛나는 얼굴에서 나오는
은총으로 살아갈 것입니다.
16 그들은 온종일
주님의 이름을 크게 외치며,
주님의 의로우심을
기뻐할 것입니다.
17 주님께서는 그들의
영광스러운 힘이십니다.
ㄱ)주님의 사랑 덕분에
우리는 승리의 뿔을
높이 쳐들게 됩니다.
18 주님, 참으로 ㄴ)주님은
우리의 방패이십니다.
이스라엘의 거룩하신 하나님,
참으로 주님은
우리의 왕이십니다.
19 오래 전에 주님께서는
환상 가운데 나타나시어,
주님의 성도에게 말씀하셨습니다.
"내가 용사들 위에
한 젊은 용사를 세우고
백성들 위에
내가 선택한 용사를 높이 세웠다.
20 나는 내 종 다윗을 찾아서,
내 거룩한 기름을 부어 주었다.
21 내 손이 그를 붙들어 주고,
내 팔이 그를 강하게 할 것이다.
22 원수들이 그를 이겨 내지 못하며,
악한 무리가 그를
괴롭히지 못할 것이다.
23 내가 오히려
그의 대적들을
그의 앞에서 격파하고,
그를 미워하는 자들을 쳐부수겠다.
24 나는 그를 사랑하고,
내 약속을 성실하게 지킬 것이며,
ㄷ)내가 그에게 승리를 안겨 주겠다.
25 그의 손은 바다를 치며
그의 오른손은
강을 정복하게 하겠다.
26 그는 나를 일컬어
'주님은 나의 아버지,
나의 하나님,
내 구원의 반석입니다'
하고 말할 것이다.
27 나도 그를 맏아들로 삼아서,
세상의 왕들 가운데서
가장 높은 왕으로 삼겠다.
28 그에게 내 신의를 영원토록 지키며,
그와 맺은 나의 언약을
성실히 지키겠다.
29 그의 자손을 길이길이 이어 주며,
그의 왕위를
하늘이 다할 때까지 지켜 주겠다.

30 그러나 그의 자손이
내 법을 내버리고
내 규례를 따라서 살지 않고,

ㄱ) 또는 '주님의 사랑으로 우리의 뿔을 높이셨습니다'. 여기에서 '뿔은' '힘'을 상징함 ㄴ) 또는 '우리의 방패는 주님께 속해 있습니다. 우리의 왕은 이스라엘의 거룩하신 하나님께 속해 있습니다' ㄷ) 또는 '나의 이름으로 그의 뿔이 높아질 것이다'. 여기서 '뿔'은 '힘'을 상징함

동체는 창조주 하나님에게 찬양을 드리면서, 그들의 충성을 확인한다. **89:17-18** *승리의 뿔.* 이것은 힘과 기력의 비유이다. 여기서의 *뿔과 방패*는 왕을 위한 전문용어들이다. **89:19-37** 구약에서 다윗 왕에게 주시는 가장 포괄적인 형태의 하나님의 약속. 하나님이 다윗에게 하신 약속을 저버리셨다는 것이 포로 상황

31 내 율례를 깨뜨리고
내 계명을 지키지 않으면,
32 나는 그 죄를 물어 채찍으로 치고
그 죄악을 물어 매질할 것이다.
33 그러나 그에게 약속한
나의 진실함은 변하지 않을 것이며
34 나는 내 언약을 깨뜨리지 않으며,
내 입으로 말한 것은
결코 번복하지 않는다.

35 내가 나의 거룩함을 두고
한 번 맹세하였는데,
어찌 다윗을 속이겠느냐?
36 그 자손이 영원토록 이어지고,
그 왕위는 내 앞에서
태양처럼 있을 것이니,
37 저 달처럼,
구름 속에 있는 진실한 증인처럼,
영원토록 견고하게 서 있을 것이다." (셀라)

38 그러나 주님은,
주님께서
기름을 부어서 세우신 왕에게
노하셨습니다.
그를 물리치시고 내버리셨습니다.
39 주님은 주님의 종과 맺으신
언약을 파기하시고,
그의 왕관을 땅에 내던져,
욕되게 하셨습니다.
40 주님께서 모든 성벽을 허무시고,
요새를 폐허로 만드셨습니다.
41 길로 지나가는 사람마다
그를 약탈하고,
그는 이웃들에게
수치거리가 되었습니다.

42 대적들의 오른손을
치켜올려 주셔서,
원수들만 기뻐서
날뛰게 하셨습니다.
43 또 그의 칼날을 무디게 하셨으며,
전쟁터에서
그를 돕지 않으셨습니다.
44 그의 영광을 끝나게 하시고,
그의 왕위를
땅바닥에 내던지셨습니다.
45 주님은 또한
그의 젊은 날을 줄이시고,
그를 수치로 덮으셨습니다. (셀라)

46 주님, 언제까지입니까?
영영 숨어 계시렵니까?
언제까지 주님의 진노를
불처럼 태우려고 하십니까?
47 내 인생이 얼마나 짧은지
기억해 주십시오.
주님께서 모든 인생을
얼마나 허무하게
창조하여 주셨는지를
기억해 주십시오.
48 산 사람치고 어느 누가
죽지 않고 살 수 있겠습니까?
어느 누가 제 목숨을
ㄱ)스올의 손아귀에서
건져낼 수 있겠습니까? (셀라)

49 주님,
주님의 신실하심을 두고,
다윗과 더불어 맹세하신 그 첫사랑은

ㄱ) 또는 '무덤' 또는 '죽음'

으로 아주 확실해 보일 때, 공동체가 얼마나 슬퍼할 만한 권한이 있는지를 보여주면서, 그 다음에 나오는 탄원시를 준비시켜 준다. 특히 34-35절의 직설적인 주장을 보라: *나는 내 언약을 깨뜨리지 않으며…어찌 다윗을 속이겠느냐?* **89:38-45** 다윗에게 주신 약속은 이제 하나님 앞에서 공동체가 탄원하는 기반이 된다. 탄원시는 애가에 나오는 것과 비슷하지만, 여기서는 정확히 하나님이 다윗과 그의 왕좌와 그의 유업에 대하여 하신 일이 강조된다. 어떻게 하나님은 언약을 저버리실 수 있는가? (39절) 어떻게 하나님은 다윗의 영화로운 방패와 홀이 땅에 떨어지게 하실 수 있는가? 하나님은 다윗이 겪은 수치와 치욕을 어떻게 견디실 수 있는가? **89:46-51** 시의 마지막 행은 하나님에게 포로생활을 끝내 주시고, 이스라엘의 사정을 회복하시어 다윗에게 하신 약속을 지키실 것을 간구한다. **89:50-51** 모든 신실한 이스라엘 사람들은 이 다윗에게 주신 약속을 주장할 권리가 있는데; 시인은 마지막 절들에서 "주님이 기름 부어 세우신 왕"이라고 "뭇 민족이 안겨준 치욕이—나 주님이 기름 부어 세우신 왕—내 가슴 속에 사무칩니다" 라고 말하면서 다윗의 신분을 밝히고 다윗에게 주신 약속을 주장한다. **89:52** 시는 시편 제3권을 마무리 짓는 축복으로 끝난다.

지금 어디에 있습니까?
50 주님, 주님의 ㄱ)종들이 받은 치욕을
기억하여 주십시오.
뭇 민족이 안겨 준 치욕이
내 가슴 속에 사무칩니다.
51 주님,
주님의 원수들은
주님이 기름 부어 세우신
왕을 깔보며
가는 곳마다 모욕합니다.

52 주님, 영원토록 찬송을 받으십시오.
아멘, 아멘.

제4권
(시편 90-106)

하나님은 영원하시다

90 [하나님의 사람 모세의 기도]
1 주님은 대대로
우리의 거처이셨습니다.
2 산들이 생기기 전에,
땅과 세계가 생기기 전에,
영원부터 영원까지,
주님은 하나님이십니다.

3 주님께서는 사람을
티끌로 돌아가게 하시고
"죽을 인생들아, 돌아가거라"
하고 말씀하십니다.
4 주님 앞에서는 천년도
지나간 어제와 같고,
밤의 한 순간과도 같습니다.
5 주님께서 생명을 거두어 가시면,
인생은 한 순간의 꿈일 뿐,

ㄱ) 또는 '종이'

90:1-17 하나님의 역사와, 하나님의 "진노" 하나님께 드리는 말씀에서 친근하고 개인적인—이 도우심을 구하는 공동체의 기도는 모세의 시로 되어 있는 유일한 시편이다 (모세에 대한 다른 언급은 모두 제4권에 나온다: 시 99:6; 103:7; 105:26; 106:16, 23, 32; 시 77:20은 제외). 시인은 인생의 마지막이 되면서 인생의 의미를 찾으려는 개인의 투쟁을 명석하게 묘사한다. 이 시편은 장례식에 널리 쓰이는데, 이것은 인간의 삶이 너무 무상하고 대개 하나님의 진노 아래 산다는 인간의 삶을 묘사할 때 놀라운 일인지도 모른다. 그러나 이 시편을 매주 적절한 말씀으로 만들어 주는 것은 바로 인생의 의미에 대한 단서를 찾아 하나님에게 깊이 간구한다는 것이리라. 왜냐하면 누가 사랑하던 가족이나 친구의 무덤가에서 인생의 짧음과 의미를 생각하지 못하는가? 본문 구분: 1-2절, 하나님의 영원하심과 인간에 대한 영원한 보살핌의 확언; 3-10절, 인생의 햇수의 짧음과 가혹함에 대한 묘사; 11-17절, 하나님이 인생의 내적 의미를 밝혀 주시라는 기도. **90:1-2 90:1** *우리의 거처* (개역개정, "우리의 거처"). 어떤 히브리어 사본과 많은 고대의 사본은 "피난처"로 읽는다 (공동번역은 "피난처"로 번역했음). "숨어 있을 수 있는 곳"이라고도 읽을 수 있는 것은 그 말이 들짐승이 거하는 굴에 대하여 쓰이기 때문이다. 처음 구절에서는 시편 기자가 분명히 표현하고 싶은 것에 대한 애증공존을 소개한다: 영원하신 하나님은 모든 사람을 확고하게 돌보아 주시지만, 인생행로는 하나님이 심하게 인생의 날들을 아주 빠른 속도로 지나게 하신다는 것이다. **90:2** *생기기 전.* 하나님은 산을 탄생시키는 산모의 역할을 하시며, 산이 지면을 뚫고 올라와서 높이 하늘에 이르게 하신다 (46:1-3; 104:5 참조). **90:3-10 90:3** *사람을 티끌로 돌아가게 하시고…돌아가거라 하고 말씀하십니다.* 하나님이 인생을 티끌로 "돌리시는" 것과 그들이 회개하여 하나님께로 "돌아오라고" 요구하시는 것에 대하여 똑같은 히브리어 동사가 쓰인다. 인생은 매우 무상하지만, 하나님은 그들의 짧은 인생 동안 산 자에게 그토록 많은 것을 요구하신다. **90:4** *천년도 지나간 어제와 같고, 밤의 한 순간과도 같습니다.* 신약에서 (벧후 3:8) 이 구절은 하나님의 때와 우리의 때를 구분하기 위하여 쓰였다. 밤의 한 순간 24시간의 날은 두 편의 12시간으로 나누어지며, 각각 네 시간의 밤의 삼경으로 되어 있다. 창 1장의 창조 기사를 해석하는 이는 때때로 이 본문을 가지고 과학과 성경의 갈등을 경감시키려고 한다. 만일 우리가 창조의 여섯 "날"의 각 날이 일 년을 상징한다고 생각한다면, 그래서 나아가서 하나님의 시간은 천년이 하루와 같다고 생각한다면, 여섯 "날"에 각 날은 365 x 1,000, 즉 365,000의 땅의 날로 되어 있다. 그러나 창 1장은 여섯 땅의 날을 뜻하는 것이 가능해 보인다. 창조의 기적은 하나님의 속도에 있는 것이 아니라 하나님의 주권적인 능력과 통제에 있다: 하나님이 말씀하시고, 창조된 사물이 존재한다. 창 1장에 관한 주석 5쪽을 보라. **90:5** 히브리어 본문은 잘 보전되지 않은 것일 수도 있다. 글자 그대로의 뜻은, "잠(으로) 홍수가 되게 하시다." 좋은 대안의 번역은 "하나님은 해를 거두어 가십니다" 라는 해석으로 이는 하나님이 해를 너무 빨리 지나가게 하신다는 문맥과 잘 맞는다. **90:7-8** *노하시면.* 이는 모든 것을 아시는 하나님(시 139편)이 각

아침에 돋아난 한 포기 풀과 같이
사라져 갑니다.
6 풀은 아침에는 돋아나서
꽃을 피우다가도,
저녁에는 시들어서 말라 버립니다.

7 주님께서 노하시면
우리는 사라지고,
주님께서 노하시면
우리는 소스라치게 놀랍니다.
8 주님께서 우리 죄를
주님 앞에 들추어 내놓으시니,
우리의 숨은 죄가 주님 앞에
환히 드러납니다.

9 주님께서 노하시면,
우리의 일생은 사그라지고,
우리의 한평생은
한숨처럼 스러지고 맙니다.

10 우리의 연수가 칠십이요
강건하면 팔십이라도,
그 연수의 자랑은
수고와 슬픔뿐이요,
빠르게 지나가니,
마치 날아가는 것 같습니다.

11 주님의 분노의 위력을
누가 알 수 있겠으며,
주님의 진노의 위세를
누가 알 수 있겠습니까?
12 우리에게
우리의 날을 세는 법을
가르쳐 주셔서
지혜의 마음을 얻게 해주십시오.

13 주님, 돌아와 주십시오.
언제까지입니까?
주님의 종들을

날의 잘못을 보시고 표시하는 반면, 가차 없는 시간의 흐름을 가리킨다. **90:9-10** 모든 날에 하나님은 정의에 대하여 생각하시고 요구하시며, 날은—아무리 길다 하여도—전체적으로 너무 작으며 너무나 많은 고통으로 점철되어 있다. **90:11-17** **90:11** *누가 알 수 있겠습니까?* 전체 절은 이해하기 어렵다. 하나님의 분노와 진노가 시간의 신속한 경이를 인생이 아주 주의 깊게 보도록 의도되었다고 확증해 주는 것 같다. **90:13** *주님, 돌아와 주십시오. 돌다* (3절을 보라) 라는 단어의 세 번째 용례. 여기서 시인은 하나님이 돌아서서 "회개"하실 것을 요청한다. 시인이 구하고 있는 것은 그들의 삶이 신속히 지나가는 것을 보는 사람에게 베풀어지는 자비와 연민이다. **90:14-17** 놀라운 마지막 구절의 주요 내용은 하나님이 생에 기쁨을 주신다는 것이며 하나님이 인생의 삶을 밝혀주신다는 것이다. 적어도 시인은 악하였던 날 수만큼 선한 날을 달라!고 말한다 (15절). 그리고 더욱이 세상에서의 하나님의 역사의 의미를 조금이라도 알게 하여 달라고 말한다 (17절). **90:17** *견실하게 하여 주십시오*. "세워 주십시오" 라는 표현이 더 나을지 모른다. (공동번역은 "잘 되게 하소서" 라고 번역했음.) 시인은 인간이 인생에서 "성공"한다는 것이 아니라, 인간의 수고에 의미가 있다고 믿기를 원한다.

91:1-16 **두려워 말라** 지혜 전승에 영향을 받은, 하나님에 대한 신뢰와 확신의 시편. 시편은 의인에게

추가 설명: 죽음과 미래의 삶과 스올

시편에서 죽음은 하나님을 제외하고는 모든 이에게 온다 (시 49:10; 89:48; 그리고 시 78:50 참조). 생사의 일반적인 무상함을 넘어서는 오직 한 분 "주님은 살아 계신다" (시 18:46). 그리고 "졸지도 않으시고, 주무시지도 않으신다" (시 121:4; 그리고 시 44:23; 78:65 참조). 인간의 "받을 몫을 다 받고 사는" (시 17:14) 그리고 그들의 "인생의 끝"(시 39:4)이 있는 사람들, 자연계 (시 104:29; 105:29), 심지어 다른 "신들"(시 82:6)의 존재는 주님에게 달려 있다. 사람들에게, 삶은 "빠르게 지나가니, 마치 날아가는 것 같습니다" (시 90:10; 시 39:4-6; 62:9; 89:47; 144:3-7 참조); 하나님께는 "주님 앞에서는 천 년도 지나간 어제와 같고, 밤의 한 순간과도 같습니다" (시 90:4). 영원은 오로지 "영원에서 영원까지"의 "이스라엘의 하나님이신 주님"(시 41:13)에게만 속한 것이다.

미래 삶에 대한 소망은 개인의 사후의 삶에서가 아니라 공동체의 연속에 있다 (시 96:10-13; 98:9). 찬송의 노래는 "이제부터 영원까지 주님을 찬양"(시 115:18)하는 산 사람들에게 속한 것이다. 티끌(시 22:15; 104:29)과 암흑(시 143:3)과 스올의 침묵이 죽은 자들을 기다리고 있다 (시 94:17; 115:17). 죽음은 생명의 근원과의 관계를 끊고

불쌍히 여겨 주십시오.
14 아침에는 주님의 사랑으로
우리를 채워 주시고,
평생토록 우리가
기뻐하고 즐거워하게 해주십시오.
15 우리를 괴롭게 하신 날 수만큼,
우리가 재난을 당한 햇수만큼,
우리에게 즐거움을 주십시오.
16 주님의 종들에게
주님께서 하신 일을 드러내 주시고,
그 자손에게는
주님의 영광을 나타내 주십시오.

모든 보호되지 않는 영혼들을 죽은 자의 그늘진 처소로 던져 버린다. 죽음의 공포는 영원한 상이나 벌이 아니라, 하나님의 보호를 잃는다는 것이다. 죽음에서의 구원은 시편에서 "이 세상적인 것이며" 일반적으로 지상에서 연장된 삶과 연관된다.

죽음은 단순히 삶의 시간적 종점이 아니라 (시 13:3), 오히려 그 희생자들을 공격하고 (시 18:4-5; 116:3) 그들을 공포에 몰아 넣고 (시 55:4) 질병과 악으로 나타나는 (시 107:18) 복합적인 힘의 세력이다. 죽음은 어리석은 자들의 "목자"(시 49:14)이며 대적이 바라고 받는 처벌이다 (시 41:5; 55:15; 94:21; 109:8-9). 그것은 산 자(시 30:3)와 죽은 자가 모두 경험하는 완전히 위축되는 현실(시 39:13)이며, 거기서는 "아무도 주님을 찬양하지 못합니다" (시 6:5; 시 30:9 참조). 시편에서 하나님과 기원자의 관계를 위협하는 것은 단순히 죽음과 같은 것이 아니라, 죽음이다. "내가 죽지 않고 살아서 주님께서 하신 일을 선포"하는 것이 살아있는 것이다 (시 118:17). "주님의 집 뜰 안에서 지내는 하루가 다른 곳에서 지내는 천 날보다" 낫기 때문이다 (시 84:10).

오로지 하나님만이 "죽음의 문"(시 9:13; 107:18)에서 예배자를 구원하시고 죽게 정해진 자들을 구하신다 (시 33:19; 56:13; 68:20; 79:11; 102:20; 109:31). 따라서 하나님이 고난자를 죽음으로 넘기실 때 항거할 일이다 (시 22:15; 88:15-16). 하나님의 벌이 심하다 하여도 사람을 죽게 넘겨 주지 않는다는 증언에서 구원을 살펴볼 수 있다 (시 118:18). 모든 경우에, 삶과 죽음은 하나님의 특권이다.

죽음과 같이, 스올(그리고 그 동의어 "구덩이," "무덤"과 "죽은 자의 세계/아바돈;" 시 16:10; 88:5-6, 11을 보라)은 복합적인 세력으로 (시 49:15; 89;48) 공간적, 시간적, 은유적 특징이 있다. 하늘과 땅과는 다르게, 지하는 내려가는 사람들의 장소로 (시 28:1; 30:9; 55:23; 86:13) 그 "입"을 통하여 들어가는 과도적인 곳이다 (시 69:15; 141:7). 그 "줄"이 동여 묶고 (시 18:5) 그 "고통"은 압박과 고뇌를 자아낸다 (시 116:3). 스올은 "갈 곳" (시 9:17) 또는 "문턱"(시 88:3)의 "흑암"의 장소이다 (시 143:3). 하나님은 구덩이에 넣기도 하시고 (시 55:23; 88:6), 구덩이에 있는 자들을 꺼내시기도 하시고 (40;2; 103:4) 구원하기도 하신다 (시 16:10; 30:3; 49:15; 86:13; 103:4). 세 겹으로 된 우주에서, 가장 낮은 위치인 스올은 주님께 말씀을 드릴 수 없으며 주님이 대체로 계시지 아니한 곳이다. 지하는 하나님의 축복에서 단절됨을 나타내는 머나먼 물과 같은 영역이다 (시 69:1-2, 14-15). 그것은 의인과 악인 모두 죽은 자에게 결정적인 "이후"이다.

시편에서는 죽은 자가 이렇게 스올에서 영원히 쉰다는 옛 개념이 나오는데, 이 개념은 헬레니즘 시대의 유대와 기독교 문서에서 죽은 자의 부활과 영생으로 대체되거나 (지혜서 1:15; 3:1-13), 또는 그 두 가지가 연합된다 (고전 15:42-54). 제한된 개인 부활에 대한 첫 번째의 명확한 언급은 다니엘서의 묵시문서에 나온다: "땅 속 티끌 가운데서 잠자는 사람 가운데서도, 많은 사람이 깨어날 것이다. 그들 가운데서, 어떤 사람은 영원한 생명을 얻을 것이며, 또 어떤 사람은 수치와 함께 영원히 모욕을 받을 것이다" (단 12:2).

시편 전체에 걸쳐서 "스올"과 "죽음"은 깊은 압박에 대한 비유로 나온다 (시 31:9-10). 둘 다 피조물과 창조주에게 영향을 미치는 끌어당기는 힘이다 (시 30:3; 71:20; 130:1). "죽은 사람은 주님을 찬양하지 못한다. 침묵의 세계로 내려간 사람은 어느 누구도 주님을 찬양하지 못한다" (시 115:17). 믿는 이의 죽음은 "소중"하며 (시 116:15) 하나님의 행적에 대한 찬양과 증거를 하지 못하게 하기 때문에 달갑지 않다 (시 6:5; 30:9; 88:10-12). 우주의 일부분에서 하나님의 부재에 대한 예외는 시편 139:8에만 명백히 나온다. "내가 하늘로 올라가더라도 주님께서는 거기에 계시고, 내가 스올에다 자리를 펴더라도 주님은 거기에도 계십니다" (욥 26:6; 암 9:2 참조). 시 73:23-26에서, 개인적인 평화는 하나님과 믿는 이를 떼어 놓을 수 없게 하나님의 영광에 휩싸여 하나님과 곧 가까이 있게 될 장래에 기반한 것이다 (24절 참조). 시편에서 죽음과 미래와 삶과 스올의 개념에 붙은 신비는 하나님의 편재와 이제는 살아 있지 아니한 사람들에 대한 후대의 해석의 여지를 남겨 준다.

17 주 우리 하나님,
우리에게 은총을 베푸셔서,
우리의 손으로 하는 일이
견실하게 하여 주십시오.

주님은 나의 피난처

91 1 가장 높으신 분의 보호를
받으면서 사는 너는,
ㄱ)전능하신 분의 그늘 아래
머무를 것이다.
2 나는 주님께
"주님은 나의 피난처, 나의 요새,
내가 의지할 하나님"이라고
말하겠다.
3 정녕, 주님은 너를,
사냥꾼의 덫에서 빼내 주시고,
죽을 병에서 너를 건져 주실 것이다.
4 주님이 그의 깃으로
너를 덮어 주시고
너도 그의 날개 아래로 피할 것이니,
주님의 진실하심이 너를 지켜 주는
방패와 갑옷이 될 것이다.
5 그러므로 너는
밤에 찾아드는 공포를
두려워하지 않고,
낮에 날아드는 화살을
무서워하지 않을 것이다.
6 흑암을 틈타서 퍼지는 염병과
백주에 덮치는 재앙도
두려워하지 말아라.
7 네 왼쪽에서 천 명이 넘어지고,
네 오른쪽에서 만 명이 쓰러져도,
네게는
재앙이 가까이 오지 못할 것이다.
8 오직 너는
너의 눈으로 자세히 볼 것이니,
악인들이 보응을 받는 것을
보게 될 것이다.

9 ㄴ)네가 주님을 네 피난처로 삼았으니,
가장 높으신 분을
너의 거처로 삼았으니,
10 네게는
어떤 불행도 찾아오지 않을 것이다.
네 장막에는,
어떤 재앙도
가까이하지 못할 것이다.

11 그가 천사들에게 명하셔서
네가 가는 길마다
너를 지키게 하실 것이니,
12 너의 발이 돌부리에 부딪히지 않게
천사들이 그들의 손으로
너를 붙들어 줄 것이다.
13 네가 사자와 독사를 짓밟고 다니며,
사자 새끼와 살모사를
짓이기고 다닐 것이다.

ㄱ) 히, '샤다이' ㄴ) 히, '주님, 주님이 나의 피난처이시므로, 주님께서 가장 높으신 분을 주님의 거처로 삼으셨습니다'

거침없는 하나님의 보호와 인도를 주는데, 이는 왜 이 시편이 위험한 일에 종사하는 사람들을 위한 말씀으로 인기가 높은지 설명해 준다. 전쟁터에 있는 사람들이 종종 이 시편을 지참한다. 본문 구분: 1-6절, 주님이 보호해 주실 것이라고 위험에 처한 개인에게 주는 확신; 7-13절, 하나님의 천사가 전쟁이나 질병이나 야수로 위험을 당할 때에 보호하여 주실 것이다; 14-16절, 하나님의 이름으로 예언자는 믿는 사람들에게 하나님이 계속하여 도와줄 것을 확신시켜 준다. **91:1-6** 이 시편은 모든 위험의 때에 믿는 이에게 주시는 하나님의 보호에 대한 가장 아름다운, 그리고 가장 안심시켜 주는 성경 표현에 속한다. **91:4** 어미 새는 그 어린 것을 지키고 그들이 필요한 모든 것을 보살펴 준다. 약간 다른 이미지가 출 19:3-6에 나오는데, 거기서 하나님은 이집트의 종살이에서 그 어린 것을 인도하여 시내 산에 계신 하나님의 영광과 안전으로 나르는 독수리에 비교된다. 마 23:37에서, 하나님이 암탉이 그 자녀들을 그 날개 아래 모으는 것과 같이 하나님은 믿는 자들에게 보호와 도우심을 주고자 하셨으나, 하나님의 백성은 그 선물을 받아들이려 하지 않았다고 예수님은 개탄하신다.

91:7-13 **91:7-8** 수세기에 걸쳐서, 의로운 용사가 전쟁에서 쓰러졌다. 전쟁에서 사람이 생명의 구함을 받거나 쓰러지거나, 하나님이 계시다고 올바로 말한다. 롬 8:31-38과 그에 대한 주석을 보라. **91:11-12** 마 4:6에는 이 구절이 광야에서 예수님을 시험하던 사탄의 말에 쓰인다. 천사들은 독수리가 이집트에서 나온 이스라엘 사람들을 도와준 것만큼 도와준다. **91:13** 마가복음 마지막(16:18)과 아울러 본문 말씀을 가지고 그리스도인들이 고의적으로 큰 위험을 무릅쓰면서 하나님께서 보호하심을 시험하는데, 이는 주님을 시험하지 말라는 계명을 범하는 것으로 보이는 관례이다 (신 6:16; 마 4:7). **91:14-16** 지혜 선생의 모습을 가지고, 시인은 하나님의 이름으로 말하면서 하나님을 사랑하는 사람

14 (하나님께서 말씀하신다.)
"그가 나를 간절히 사랑하니,
내가 그를 건져 주겠다.
그가 나의 이름을 알고 있으니,
내가 그를 높여 주겠다.
15 그가 나를 부를 때에,
내가 응답하고,
그가 고난을 받을 때에,
내가 그와 함께 있겠다.
내가 그를 건져 주고,
그를 영화롭게 하겠다.
16 내가 그를 만족할 만큼
오래 살도록 하고
내 구원을 그에게 보여 주겠다."

주님께 찬양하여라

92 [안식일에 부르는 찬송시]
1 가장 높으신 하나님,
주님께 감사를 드리며,
주님 이름을
노래하는 것이 좋습니다.
2 아침에 주님의 사랑을 알리며,
밤마다 주님의 성실하심을
알리는 일이 좋습니다.
3 열 줄 현악기와 거문고를 타며
수금 가락에 맞추어서
노래하는 것이 좋습니다.
4 주님,
주님께서 하신 일을 생각하면
기쁩니다.
손수 이루신 업적을 기억하면서,
환성을 올립니다.

5 주님,
주님께서 하신 일이
어찌 이렇게도 큽니까?
주님의 생각이
어찌 이다지도 깊습니까?
6 우둔한 자가 이것을 알지 못하고,
미련한 자가
이것을 깨닫지 못합니다.
7 악인들이 풀처럼 돋아나고,
사악한 자들이 꽃처럼 피어나더라도,
그들은 영원히
멸망하고 말 것입니다.
8 그러나 주님은
영원히 높임을 받으실 것입니다.
9 주님,
주님의 저 원수들,
주님의 저 원수들은
기필코 멸망하고 말 것입니다.
사악한 자들은 모두
흩어지고 말 것입니다.

10 그러나 주님은
ㄱ)나를 들소처럼
강하게 만드시고
ㄴ)신선한 기름을 부어
새롭게 하셨습니다.

ㄱ) 또는 '나의 뿔을 들소의 뿔처럼 만드시고' ㄴ) 시리아어역을 따름. 히브리어의 뜻이 불확실함

들에게 하나님의 확실한 도움과 보호를 확신시켜 준다. 다시 한 번, 경험이 하나님의 변함없는 임재를 가르쳐 준다고 보아야 하는데, 그 임재는 실제 물리적으로 해를 당하지 않게 보호해 준다는 것을 의미할 수도 있고 그렇지 않을 수도 있다. 시 91편의 해석은 믿는 이들이 너무 글자 그대로 받아들이는 예가 있는 것으로 보인다. 하나님이 손으로 붙잡고 가시는 하나님의 적극적인 임재에 대한 시편 73편의 약속이 더 적절한 확약으로 보인다.

92:1-15 계속되는 감사 지혜의 시가 개인의 감사 시편의 양식을 취한다. 제목에는 시편이 안식일에 쓰인 것으로 지정되어 있는데 그 내용은 그에 매우 적합한 것이다. 안식일은 안식하고 하나님의 인도하심과 하나님의 창조의 의와 선함에 대하여 묵상하는 날이다. 이 시편은 바로 이러한 주제를 칭송하고 있다. 본문 구분: 1-4절, 하나님을 찬양하고 감사를 드리라는 부름; 5-9절, 하나님이 우주를 의롭게 인도하신다는 변증; 10-15절, 결국에는 하나님은 악행하는 자들을 몰락시키시고 의인에게 상을 주신다는 개인적 증언. **92:1-4** 시편은 공동체가 하나님의 찬양을 부르라고 명하는 이스라엘의 지혜로운 지도자 노인(14절을 보라)의 증언으로 시작된다. 주제는 세상에서의 하나님의 정의의 승리인데, 이 승리는 하나님의 의인들이 번성해야 하는 세상에서 악행하는 자들이 분명히 번성하여, 종종 우둔한 자들에게는 숨겨져 있고 다른 이들에게 혼동을 일으키는 것이다. **92:2** 안식일 새벽부터 해가 지는 때까지, 지혜로운 이들은 말씀과 음악으로 하나님의 사랑과 선하심을 찬양할 것이다. **92:5-9** 악행하는 자들은 성하지만, 지혜로운 자들은 그러한 번성이 오래 가지 않는다는 것을 잘 알고 있다 (시 73편 참조). **92:10-15** *기름을 부어* 어려운 히브리어 본문이지만 하나님이 시인의 대적에 대한 승리를 주심으로써 시편 기자의 의를 공적으로 증명하셨다는 것을 강조하여, 아마 "신선한 기름으로(만)

11 나를 엿보던 자들이 멸망하는 것을
내가 눈으로 똑똑히 보며,
나를 거슬러서 일어서는 자들이
넘어지는 소리를
이 귀로 똑똑히 들었습니다.

12 의인은 종려나무처럼 우거지고,
레바논의 백향목처럼
높이 치솟을 것이다.
13 주님의 집에 뿌리를 내렸으니,
우리 하나님의 뜰에서
크게 번성할 것이다.
14 늙어서도 여전히 열매를 맺으며,
진액이 넘치고, 항상 푸르를 것이다.
15 그리하여 주님의 올곧으심을
나타낼 것이다.
주님은 나의 반석이시요,
그에게는 불의가 없으시다.

주님은 왕이시다

93 1 주님이 다스리신다.
위엄을 갖추시고
능력의 허리 띠를 띠시며
다스리신다.
그러므로 세계도 굳건히 서서,
흔들리지 아니한다.
2 주님, 주님의 왕위는
예로부터 견고히 서 있었으며,
주님은 영원 전부터 계십니다.

3 주님, 강물이 소리를 지릅니다.
강물이 그 소리를
더욱 높이 지릅니다.
강물이 미친 듯이 날뛰며
소리를 높이 지릅니다.
4 큰 물 소리보다 더 크시고
미친 듯이 날뛰는 물결보다
더 엄위하신 주님,
높이 계신 주님은
더욱 엄위하십니다.

5 주님의 ㄱ)증거는
견고하게 서 있으며,
주님의 집은 영원히
거룩함으로 단장하고 있습니다.

주님은 악한 자를 벌하신다

94 1 주님,
주님은
복수하시는 하나님이십니다.

ㄱ) 또는 '법령'

아니라"로 읽어야 할 것이다. 이 구절은 하나님이 신실한 자들의 삶을 날마다 번성하게 하시는 모습을 강조하기 위하여 비옥한 땅의 이미지를 사용한다 (시 1편 참조). 이 구절은 또한 장수와 번성을 의인의 보상으로 제시한다 (시 33편; 37:25을 보라).

93:1-5 영원한 왕 대관식 시편의 두 번째로 (첫 번째는 시 47편이다), 이 시는 간략하고 아름답게 이스라엘의 하나님이 시온에서 다시 한 번 세상의 보좌를 취하시고 우주의 왕좌에 오르시어 모든 대적을 잠잠하게 만드심을 간략하고 아름답게 칭송한다. 세 편의 간략하면서도 시적으로 균형이 잡힌 찬송시를 통하여 오늘날 읽는 이와 듣는 이는 하나님의 주권을 재현하는 예배의 힘을 느낄 수 있다. 본문 구분: 1-2절, 신현; 3-4절, 혼돈에 대한 승리; 5절, 세계 질서의 정립. 작은 나라가 자기 신에게 우주적인 통치를 돌린다는 것은 겉치레 같이 보일지 모르지만, 이스라엘에서의 하나님의 능력과 임재를 경험한 이들은 그렇게 생각하지 않는다는 것이 아주 확실하다. **93:1-2** *갖추시고.* 똑같은 히브리어 단어가 보통 "입다"로 번역되기도 한다. 창조의 처음에 정립된 하나님의 왕관은 이 예배의 순간에 지금 여기서 재정립된다. **93:3-4** "계단식" 평행 구조의 또 하나의 예이다. 초기 창조 주제에 의하면, *강물*은 태초에 창조주를 반대하는 혼돈의 물이었다. 고대 찬양의 기사에서 이러한 물로 된 세력은 승리한 높은 신이 하늘에서 정복한 낮은 신들이었다. 여기서, 강물은 위엄하신 하나님을 찬양하기 위하여 그 목소리를 합하는 하나님의 창조물이다. 5쪽 추가 설명: "창조: 혼돈에 질서를 가져오다"를 참조. **93:4** *큰 물.* 형용사는 "많은"이라고 번역할 수 있으나, 강조하려는 것은 분명히 물의 양이 아니라 힘과 장엄함이다. **93:5** *증거 (법령).* 하나님의 법과 인도가 하나님의 우주적 통치에 대하여 증언한다. 하나님이 예배의 행위에서 우주의 왕좌를 주장하는 것에 대하여 이렇게 축하하는 것은 분명히 그 이상의 것을 말하고자 하는 의도가 있으시다: 하나님의 우주적 통치는 하나님의 법(토라)의 선물로 구체적으로 이스라엘에게 확정된다.

94:1-23 하나님의 개입 막아 줄 사람이 없는 이들에게 불의와 잔악을 행하는 이들을 보복하여 달라는, 지혜학파 양식의 탄원시. 이 시편은 이스라엘 사람이거나 이스라엘 사람이 아니거나 악행하는 자들에게 복수를 간구하는 기도로 똑같이 적절한 말씀이다. 시편 기자는 정의 이상의 것을 원한다; 이 예배하는 자는 하나님의

복수하시는 하나님,
빛으로 나타나십시오.
2 세상을 심판하시는 주님,
일어나십시오.
오만한 자들이 받아야 할
마땅한 벌을 내리십시오.
3 주님, 악한 자들이 언제까지,
악한 자들이 언제까지
승전가를 부르게 하시겠습니까?

4 사악한 자들이 거만하게 말하며
그들이 모두 다 거드름을 피웁니다.
5 주님,
그들이 주님의 백성을 짓밟으며,
주님의 택하신 민족을 괴롭힙니다.
6 그들은 과부와 나그네를 죽이고,
고아들을 살해하며,
7 "주가 못 본다.
야곱의 하나님은 생각지도 못한다"
하고 말합니다.

8 백성 가운데서 미련한 자들아,
생각해 보아라.
어리석은 자들아,
너희는 언제나 슬기로워지겠느냐?
9 귀를 지어 주신 분이
들을 수 없겠느냐?
눈을 빚으신 분이 볼 수 없겠느냐?
10 뭇 나라를 꾸짖으시는 분이
벌할 수 없겠느냐?
뭇 사람을 지식으로 가르치는 분에게
지식이 없겠느냐?
11 주님께서는,
사람의 속생각이 허무함을 아신다.

12 주님,
주님께서 꾸짖으시고
주님의 법으로
친히 가르치시는 사람은
복이 많은 사람입니다.
13 이런 사람에게는
재난의 날에 벗어나게 하시고
악인들을 묻을 무덤을 팔 때까지
평안을 주실 것입니다.
14 주님께서는
주님의 백성을 외면하지 않으시며,
주님이 소유하신 백성을
버리지 않으실 것입니다.
15 판결은 반드시 정의를 따를 것이니,
마음이 정직한 사람이 모두
정의를 따를 것입니다.
16 누가 나를 위하여 일어나서
악인을 치며,
누가 나를 위하여 일어나서
행악자들을 대항할까?
17 주님께서 나를 돕지 아니하셨다면,
내 목숨은 벌써
적막한 곳으로 가 버렸을 것이다.

18 주님,

복수를 원한다. 의로운 고난자들을 파괴하려고 하는 이들은 그들의 악행에 대한 대가를 받을 만하다. 시의 분위기는 복수적인 반면, 저자는 하나님께 대적을 보응하실 것을 맡긴다: *원수 갚는 것은 내가 하는 일이니, 내가 갚는다* (신 32:35; 레 19:18; 롬 12:19). 본문 구분: 1-3절, 악행하는 자들에게 내리시는 하나님의 심판에 대한 간구; 4-7절, 그들의 악행에 대한 묘사; 8-11절, 악행하는 자들은 하나님께서 그들의 행위와 길을 알고 계시다는 것을 알라는 호소; 12-15절, 의로운 고난자들은 하나님에 대한 헌신을 굳게 붙들고 있으라는 호소; 16-23절, 하나님의 정의와 악행하는 자들에 대한 승리를 확신한다는 선언. **94:1-3** 스스로를 보호할 수없는 이들에 대하여 폭력을 자행하며 자기 길을 오만하게 가는 악행하는 자들에 대한 일반적인 고발. 시 73편은 그러한 사람들을 훌륭하게 묘사한다. **94:3** "계단식" 평행 구조의 아름다운 예. **94:4-7** 일반적인 묘사이지만, 이는 공동체 안에서 가장 상처받기 쉬운 과부와 고아와 외인들에게 정의와 공평한 대우를 전혀 해주지 않음을 포함한다는 것이 거의 확실하다. **94:7** *주가 못 본다*. 64:5; 73:11을 보라. **94:8-11** 창조주이시며 우주의 통치자이신 하나님은 모든 것을 아시며 보고 계신다. 아무것도 해의 열기에서 숨겨지지 아니하는 것과 같이 (19:6), 아무것도 하나님의 보고 계심을 피할 수 없다 (139:1-18; 사 29:15-16). **94:11** *사람의 속생각이 허무하심을 아신다*. 103:14; 139:1-18을 보라. **94:12-15** 의로운 고난자들은 고난을 하나님의 징계로 이해하고 악행을 하는 자들의 몰락을 기다려야 한다는 지혜의 긍정. 이 구절에는 시의 처음(1-3절)에 나오는 열정이 담겨 있지 않으며, 후기에 더해진 것인지 모른다. **94:16-23** 시편 기자는 그의 고뇌가 죄의 결과가 아니라고 증언해 줄 사람들 가운데 그의 옹호자를 찾지만, 지상의 옹호자는 나타나지 않는다. 하나님이 위로(19절)와 피난처(22절)를 주시기 때문에, 시편 기자가 필요로 하는 것은 바로 하나님의 개입이다. 시편은 주님이 *없애버리실 것*이라고

내가 미끄러진다고 생각할 때에는,
주님의 사랑이 나를 붙듭니다.
19 내 마음이 번거로울 때에는,
주님의 위로가 나를 달래 줍니다.

20 악한 재판장이
주님과 사귈 수 있습니까?
율례를 빌미로 재난을 만드는 자가
주님과 어울릴 수 있습니까?
21 그들은 모여서
의인의 생명을 노리며,
무죄한 사람에게 죄를 씌워
처형하려 합니다.

22 주님은 나의 요새,
나의 하나님은
내가 피할 반석이시다.
23 그들의 죄를 그들에게 물으시며,
그 악함을 벌하셔서,
그들을 없애 버리실 것이다.
주 우리 하나님께서
그들을 없애 버리실 것이다.

주님께 예배하고 복종하여라

95 1 오너라,
우리가 주님께
즐거이 노래하자.
우리를 구원하시는 반석을 보고,
소리 높여 외치자.
2 찬송을 부르며
그의 앞으로 나아가서,
노래 가락에 맞추어,
그분께 즐겁게 소리 높여 외치자.
3 주님은 크신 하나님이시요,
모든 신들 위에 뛰어나신 왕이시다.
4 땅의 깊은 곳도 그 손 안에 있고,
산의 높은 꼭대기도 그의 것이다.
5 바다도 그의 것이며,
그가 지으신 것이다.
마른 땅도
그가 손으로 빚으신 것이다.

6 오너라,
우리가 엎드려 경배하자.
우리를 지으신 주님 앞에
무릎을 꿇자.
7 그는 우리의 하나님이시요,
우리는 그가 기르시는 백성이며,
그가 손수 이끄시는 양 떼다.

오늘,
너희는 그의 음성을 들어 보아라.
8 "ㄱ)므리바에서처럼,
ㄴ)맛사 광야에 있을 때처럼,

ㄱ) '다툼' ㄴ) '시험함'

담대히 주장하는 것으로 마무리 되는데—이는 강조를 위하여 반복된 아주 강한 동사이다. 시편 기자는 대적에 대한 하나님의 복수를 부르는 것을 주저하지 않지만, 개인적인 복수를 취하지 않는다.

95:1-11 왕이신 목자 우주의 왕으로서 주님을 찬양하는 찬송시로, 후에 이집트에서 이스라엘을 구원하신 하나님께 신실하라는 예언자적 소명이 이어 나온다. 본문 구분: 1-5절, 하나님을 찬양하라는 찬송시의 부름; 6-7절, 찬양하라는 반복되는 부름; 8-11절, 배역함의 위험에 대한 예언자적 경고. **95:1-5** 아마도 주님의 대관식의 가을 축제 때에 공동체가 예배의 처소로 나아가면서 부르는 찬송. **95:4-5** 온 세상을 묘사하는 낯익은 모습: 땅의 깊음, 위의 하늘, 바다, 마른 땅. 창세기 1장과 시 96:11-12보라. **95:6-7** 예배하고 찬양하라고 다시 부르는 말씀으로, 여러 세대를 거쳐 유대인들과 기독교인들 가운데 사용되었다. **95:7** 하나님의 돌보심의 친밀함을 강조하는 전원적 이미지로: 우리는 하나님 자신의 초장에서 먹고 하나님 자신의 손으로 돌보심을 받는다. 시 23편을 보라. **95:8-11** 시 81편에 나오는 것과 비슷한 예언자적 훈계로, 시 81편도 찬양하라고 부르는 것으로 시작된다. 이스라엘의 예배의 한 중간에, 예언자들이 종종 진행을 중단하고 백성들에게 회개하고 삶의 변화를 가지라고 초청하였던 것으로 보인다. **95:8** *므리바, 맛사.* 광야에서 물을 갈구할 때 백성들이 한 불평에 대한 언급 (출 17:7; 민 20:2-13; 신 33:8; 시 106;32-33). **95:11** *나의 안식에 들어오지 못할 것.* 안식의 주제는 하나님의 약속의 성취와 연관된다. 거듭하여 하나님은 안식을 주시어 백성들이 하나님의 약속의 부분적인 성취에 참여할 수 있게 하여 주신다. 하나님이 주시는 안식의 선물은 노동과 노고를 멈추는 것 훨씬 이상의 것이다. 그것은 삶의 환희와 선함을 즐거워하면서, 그리고 하나님의 계속되는 임재의 축복을 누리면서 하나님의 자신의 안식의 휴식과 참여하는 것이다 (116:7; 사 30:15; 히 4; 4:1-3 참조).

96:1-13 왕이신 재판장 주님이 왕이심을 축하하는 찬송. 이것은 "계단식" 평행 구조를 사용하는 아름

너희의 마음을
완고하게 하지 말아라.
9 너희의 조상들은 그 때에,
내가 한 일을 보고서도,
나를 시험하고 또 시험하였다.
10 사십 년을 지나면서,
나는 그 세대를 보고 싫증이 나서
'그들은 마음이 빗나간 백성이요,
나의 길을
깨닫지 못하는 자들이구나' 하였고,
11 내가 화가 나서
'그들은 나의 안식에
들어오지 못할 것이다'
하고 맹세까지 하였다."

새 노래로 주님께 노래하여라

96 1 새 노래로
주님께 노래하여라.
온 땅아, 주님께 노래하여라.
2 주님께 노래하며,
그 이름에 영광을 돌려라.
그의 구원을 날마다 전하여라.
3 그의 영광을 만국에 알리고
그가 일으키신 기적을
만민에게 알려라.
4 주님은 위대하시니,
그지없이 찬양 받으실 분이시다.
어떤 신들보다
더 두려워해야 할 분이시다.
5 만방의 모든 백성이 만든 신은
헛된 우상이지만,
주님은 하늘을 지으신 분이시다.
6 주님 앞에는 위엄과 영광이 있고,
주님의 성소에는
권능과 아름다움이 있다.

7 만방의 민족들아,
주님을 찬양하여라.
주님의 영광과 권능을 찬양하여라.
8 주님의 이름에 어울리는 영광을
주님께 돌려라
예물을 들고, 성전 뜰로 들어가거라.
9 거룩한 옷을 입고,
주님께 경배하여라.
온 땅아, 그 앞에서 떨어라.

10 모든 나라에 이르기를
"주님께서 다스리시니,
세계는 굳게 서서, 흔들리지 않는다.
주님이 만민을
공정하게 판결하신다"
하여라.

다운 시이다 (1-2절, 7-8절). 세 쪽의 짧은 시연에서 시편은 우주에 대한 하나님의 통치를 선언하는데, 여기서 하나님은 구원자이고 구속자이시며, 모든 백성의 군주시요, 우주의 창조주와 모든 이의 의로운 재판장이시다. 그 전체가 대하 16:23-33에 인용되어 있으며, 본문의 많은 부분이 다른 시를 (9:8; 29:1-2; 33:3a; 48:1; 95:3; 98:1a, 7a, 9) 그리고 사 40—55장을 인용한 것이다. 이렇게 옛 자료를 분명히 다시 사용하고 있는 것으로 인하여 어떤 이들은 이 발췌 시편을 찬송 연구의 어버이라고 부른다. 본문 구분: 1-6절, 우주의 신, 주님을 찬양하는 찬송; 7-9절, 회중에게 하나님께 합당한 영광을 드리라는 부름; 10-13절, 주님이 온 땅의 왕과 재판장이시라는 즐거운 소식에 참여하라는 명령. **96:1-6** 처음 세 행은 공동체에게 하나님을 찬양하라고 하며, 그 다음 세 행은 그러한 찬양을 불러일으키는 성품과 행위를 지적한다. 이 절들은 찬송에 전형적으로 나오는 세 부분을 잘 제시하는데, 곧 찬양의 부름, 찬양의 이유, 후렴이나 찬양을 계속하라는 부름이다. **96:1-2** *노래하여라.* 노래를 부르라는 말이 세 번 나온다. *새 노래.* 새 노래를 부르는 것은 사 42:10에도 나오며 포로가 고향으로 돌아올 새 출애굽을 기대한다. **96:4** *두려워해야 할 분.* 여기에서 사용된 히브리어 단어가 종종 개역개정과 같이 "위대하시니" 라고 번역되지만, 하나님의 구원의 역사를 매우 많이 이야기하는 이 찬송에서는 새번역처럼 "두려워해야" 라고 번역하는 것이 더 적절하다. 그러나 모든 땅이 그 앞에서 떨라는 부르는 9절을 보라. **96:7-9** **96:7** *찬양하여라* 세 번 쓰여서, 공동체가 하나님께 찬양을 부르라는 처음 부분과 평행을 이룬다. 아마 이는 단순히 "드리다"로 번역해야 하는데, 왜냐하면 찬양을 드리는 영광과 존귀를 하나님이 받으실 만한 것에 대하여 잠정적인 의미를 나타낼 수 있기 때문이다. **96:8** *예물을* 들고 놀랍게도 시편에는 제사를 드리라는 직접적인 부름이 나오지 않으며 몇몇 시편은 구체적으로 물질적인 헌물의 중요성을 강조하려고 하지 않는다 (시 40편; 50편; 51편).

96:10-13 **96:10** 모든 나라에 대한 하나님의 통치가 다시 한 번 명백히 제시된다. **96:11-12** 비슷한 이미지에 관하여 98:7-8을 보라. 하늘과 땅과 바다와 들과 나무들이 합하여 그들 모두에게 똑같이 왕이 되시는 주님을 찬양하여야 한다. 사 55:12는 구속된 이스라엘 포로가 시온으로 돌아올 때 어떻게 산과 언덕이 즐거워하며 들의 나무가 손뼉을 칠 것인지를 말해준다.

11 하늘은 즐거워하고,
땅은 기뻐 외치며,
바다와 거기에 가득 찬 것들도
다 크게 외쳐라.
12 들과 거기에 있는 모든 것도
다 기뻐하며 뛰어라.
그러면 숲 속의 나무들도 모두
즐거이 노래할 것이다.
13 주님이 오실 것이니,
주님께서
땅을 심판하러 오실 것이니,
주님은 정의로 세상을 심판하시며,
그의 진실하심으로
뭇 백성을 다스리실 것이다.

하나님이 정의를 실현하신다

97 1 주님께서 다스리시니,
온 땅아, 뛸 듯이 기뻐하여라.
많은 섬들아, 즐거워하여라.
2 구름과 흑암이 그를 둘러쌌다.
정의와 공평이 그 왕좌의 기초다.
3 불이 그 앞에서 나와서
에워싼 대적을 불사른다.
4 그의 번개가
세상을 번쩍번쩍 비추면,
땅이 보고서 두려워 떤다.
5 산들은 주님 앞에서,
온 땅의 주님 앞에서,
초처럼 녹아 버린다.

6 하늘은 그의 의로우심을 선포하고,
만백성은 그의 영광을 본다.

7 조각된 신상을 섬기는 자는
누구나 수치를 당할 것이며,
헛된 우상을 자랑하는 자들도
부끄러움을 당할 것이다.
모든 신들아, 주님 앞에 엎드려라.
8 주님, 주님이 공의로우심을
시온이 듣고 즐거워하며,
유다의 ㄱ)딸들이 기뻐 외칩니다.
9 주님, 주님은
온 땅을 다스리는
가장 높으신 분이시고,
어느 신들보다
더 높으신 분이십니다.

10 ㄴ)주님을 사랑하는 사람들아,
너희는 악을 미워하여라.
주님은 그의 성도를 지켜 주시며,
악인들의 손에서 건져 주신다.

ㄱ) 또는 '성읍들' ㄴ) 또는 '주님은, 악을 미워하는 사람들을 사랑하신다'

97:1-12 왕의 메들리 모든 우주의 왕으로서의 주님을 찬양하는 찬송시. 이 찬송의 내용의 대부분은 18:7-15; 50:1-6; 77:16-20; 사 40—55장을 자유롭게 인용하지만, 저자는 하나님의 우주 통치와 그 통치의 결과를 강력하게 선포하기 위하여 시를 함께 엮었다. 주님을 왕으로 (시 93편 참조) 존중하는 시 96—99편은 포로시대 이후에 나온 것으로 보이는데, 그 때는 주님만이 홀로 이스라엘의 왕이시다. 이 시는 새해와 이어오는 가을 축제를 찬양하는 상황에서 주님의 왕권을 긍정하는 목적을 잘 이루고 있다. 본문 구분: 1-5절, 하나님이 이스라엘의 왕으로 예배의 중심에 오시는 것을 묘사하는 현현의 찬송; 6-9절, 하나님이 오시는 것에 대한 반응; 10-12절, 왕으로서의 하나님의 통치의 결과.

97:1-5 하늘의 보좌에서 땅으로 주님이 오신다는 언어는 시편 기자의 시대에 이르기까지 익숙한 것이 되었다. 출 19:18-19; 신 4:11-12; 삿 5:4-5; 시 29; 68; 104편을 보라. 여기서 강조되는 것은 우주 전체에 걸쳐 성립된 주님의 의로운 심판에 관한 것이다. 이 시편은 하나님의 율법을 명백히 언급하지 않지만, 이스라엘과 온 우주에 정의의 요구를 제시하는 것은 율법서에 나타난 하나님의 주권적인 가르침이다. **97:6-9** 시 19편은 시편 자체가 우주의 질서에 대하여 말하며, 그 안에서 하나님에게 찬양을 드린다. 여기서는, 하늘은 하나님의 영광과 아울러 하나님의 의를 선포하며, 우상을 섬기는 자들을 부끄럽게 하고 그러한 우상숭배를 포기하게 한다. **97:8** *시온이 듣고 즐거워하며.* 하나님이 마침내 우주의 바로 중심이 되는 시온에 오신다. *딸들.* 이것은 마을을 의미하며, 그 주위에 붙어 있는 도성의 묘사에 관하여 수 15:4를 보라. **97:9** 95:3을 보라. **97:10-12** 이 찬송은 하나님이 나타나심을 목격하는 이들에게 충고한다. 시 2편은 땅의 모든 통치자들에게 권면한다: 홀로 왕되신 하나님에게 순복하라! 여기서, 찬송은 하나님이 나타나시면 두려워 할 이유가 없고 오히려 얻을 것이 많은 모든 의인과 땅의 진실한 자들을 위한 재확인으로 마무리짓는다. **97:11** *빛은 의인에게 비치며.* 히브리어 표현은 "의인에게 빛이 뿌려진다" 라고 되어 있다. 하나님은 의인의 길을 따라 빛을 뿌리신다 (호 10:12; 에스드라2서 9:31의 "내가 네 안에 내 법을 뿌린다" 라고 한 것 참조).

11 ㄱ)빛은 의인에게 비치며,
마음이 정직한 사람에게는
즐거움이 샘처럼 솟을 것이다.
12 의인들아,
주님을 기뻐하여라.
주님의 거룩하신 이름에
감사를 드려라.

주님께서 기적을 일으키신다

98 [노래]
1 새 노래로
주님께 찬송하여라.
주님은 기적을 일으키는 분이시다.
그 오른손과 그 거룩하신 팔로
구원을 베푸셨다.
2 주님께서 베푸신 구원을
알려 주시고,
주님께서 의로우심을
뭇 나라가 보는 앞에서
드러내어 보이셨다.
3 이스라엘 가문에 베푸신
인자하심과 성실하심을
기억해 주셨기에,
땅 끝에 있는 모든 사람까지도
우리 하나님의 구원하심을
볼 수 있었다.
4 온 땅아,
소리 높여 즐거이
주님을 찬양하여라.
함성을 터뜨리며,
즐거운 노래로 찬양하여라.
5 수금을 뜯으며, 주님을 찬양하여라.
수금과 아우르는 악기들을 타면서,
찬양하여라.
6 왕이신 주님 앞에서
나팔과 뿔나팔 소리로 환호하여라.

7 바다와 거기에 가득 찬 것들과
세계와 거기에 살고 있는 것들도
뇌성 치듯 큰소리로 환호하여라.
8 강들도 손뼉을 치고,
산들도 함께 큰소리로
환호성을 올려라.
9 주님께서 오신다.
그가 땅을 심판하러 오시니,
주님 앞에 환호성을 올려라.
그가 정의로 세상을 심판하시며,
뭇 백성을
공정하게 다스리실 것이다.

ㄱ) 칠십인역과 시리아어역과 제롬역을 따름. 히, '빛이 흩뿌려진다'

98:1-9 온 땅아, 소리 높여 즐거이 우주의 왕이신 주님을 찬양하는 또 하나의 시편 (6절; 시 96편 참조). 내용은 주로 구원하시는 하나님의 능력과 그렇게 하시겠다고 약속하시는 하나님의 구원역사를 기억하라고 이스라엘을 초청하는 것으로 되어 있다. 언어와 이미지는 사 40—55장과 흡사하여, 후기의 포로시대를 시사한다. 메시지는 때에 제한되어 있지 않다. 그것은 하나님 한 분만이 땅의 일을 지도하신다고 땅의 모든 통치자들에게 상기시켜 주는 역할을 한다. 땅의 폭군은 경계를 받아야 한다. 본문 구분: 1-3절, 이스라엘의 승리하신 하나님을 찬양하라고 부르는 부름; 4-6절, 주님의 우주적 왕권에 대한 찬양; 7-9절, 자연의 세계가 찬양에 합세한다. **98:1-3** *새 노래.* 아마도 페르시아의 왕, 고레스가 온 이후 하나님이 포로들을 위하여 하고 계신 "새 일"에 대하여 언급하시는 것 같다 (사 42:10-17; 45:1-8, 13 참조). 하나님이 약속하신 바빌론 포로에서의 구속이 이전에 확실한 것으로 확인되었다: 이것이 새로운 노래를 받을 만한 새로운 일이었다. 그러나 하나님의 구원역사는 땅과 그 피조물의 계속하여 변하는 상황을 고려하기 때문에, 하나님이 개입하시는 모든 일이 새것이다. **98:4-6** *수금*은 그 줄 수에 차이가 나는 소형내지 중형의 하프이다. *나팔*은 금속으로, *뿔나팔*은 보통 수양의 뿌리로 만들었다. **98:7-9** **98:7** *바다와 거기에 가득 찬 것들…뇌성 치듯 큰소리로 환호하여라.* 여기와 시 95편에서 바다는 자연계의 다른 부분과 목소리를 합하여 큰소리로 하나님을 찬양한다. 그러나 시 46편의 바다의 환호는 하나님의 통치를 반대하거나 전복시키려고 하는 자연계에 대한 은유로, 한때 하나님의 우주 창조 전에 있었던 혼돈의 이미지이다 (104:5-9 참조). 이 절들은 96:11-13과 비슷하다. 인간의 목소리가 나오지 않지만, 자연의 창조는 분명히 하나님의 영광을 말한다 (시 19:1-6 참조).

99:1-9 거룩, 거룩, 거룩 우주의 왕 되신 하나님을 찬양하는 찬송의 마지막 (시 47편; 93편 95—98편 참조). 본문 구분: 1-5절, 우주의 왕 되신 주님을 찬양하라는 부름; 6-7절, 이스라엘의 역사에 나오는 증언; 8-9절, 마지막 기도와 찬양하라는 반복되는 부름. 예배의 후렴 주님은 거룩하시다 (3절, 5절;); *하나님은 거룩하시*

우리의 주님은 왕이시다

99 1 주님께서 다스리시니,
뭇 백성아, 떨어라.
주님께서 그룹 위에 앉으시니,
온 땅아, 흔들려라.
2 시온에 계시는 주님은 위대하시다.
만백성 위에 우뚝 솟은 분이시다.
3 만백성아,
그 크고 두려운 주님의 이름을
찬양하여라.
주님은 거룩하시다!

4 ㄱ)주님의 능력은
정의를 사랑하심에 있습니다.
주님께서 공평의 기초를 놓으시고,
야곱에게
공의와 정의를 행하셨습니다.

5 우리의 주 하나님을 찬양하여라.
그분의 발 등상 아래 엎드려 절하라.
주님은 거룩하시다!

6 그의 제사장 가운데는
모세와 아론이 있으며,
그 이름을 부르는 사람 가운데는
사무엘이 있으니,
그들이 주님께 부르짖을 때마다,
그분은 응답하여 주셨다.
7 주님께서
구름기둥 속에서
그들에게 말씀하시니,
그들이 그분에게서 받은
계명과 율례를 모두 지켰다.

8 주 우리 하나님,
주님께서 ㄴ)그들에게
응답해 주셨습니다.
그들이 한 대로 갚기는 하셨지만,
주님은 또한,
그들을 용서해 주신
하나님이십니다.
9 주 우리 하나님을 높이 찬양하여라.
그 거룩한 산에서
그분을 경배하여라.
주 우리 하나님은 거룩하시다.

주님은 하나님이시다

100 [감사드리며 부르는 노래]
1 온 땅아,
주님께 환호성을 올려라.
2 기쁨으로 주님을 섬기고,

ㄱ) 히, '왕의 힘' 또는 '왕은 위대하다' ㄴ) 또는 '이스라엘에게'

다(9절)는 찬송의 주제를 천명한다. **99:1-5** **99:1** *그룹 위에 앉으시니.* 이스라엘 사람들은 휘장 뒤에 성전의 안방에 있는 언약궤를 보이지 않는 신의 보좌라고 간주하였다. 그룹은 날개를 펴고 언약궤 양쪽에 서 있다. 특별한 경우에, 하나님은 그들 가운데 보이지 않게 임재하신 것으로 인지된다. 그 한 가지 경우는 초가을에 하는 신년 축제이었을 것이다. 우주의 왕으로 주님을 찬양하는 대관식 찬송시는 아마 그러한 경우에 쓰였을 것이지만, 물론 그것은 많은 경우에 쓰이는 이스라엘의 (그리고 우리의) 정규적인 찬송의 일부가 되었다. **99:6-7** 모세는 제사장이라고 생각하기보다는 예언자로 생각된다 (신 34:10-12 참조). 그러나 모세도 죄 지은 백성과 의로운 하나님 사이에 서서, 그들을 위하여 한 번 더 기회를 주실 것을 간구하면서, 모범적인 제사장의 역할을 하였다 (출 32:11-14, 30-32; 신 9:25-29). 사무엘도 백성들이 무모하게 그들 위에서 다스릴 지상의 왕을 달라고 하였을 때에 백성들을 대신하여 중재하였다 (삼상 8장과 12장). 사무엘에 대한 언급이 특히 적절한데, 그것은 하나님 한 분만이 진실로 왕이심을 인식하는 지상의 통치자들만이 의를 행하고 세상에서 지혜롭게 통치할 것이라고 백성들에게 상기시켜 주기 때문이다. **99:8-9** 다시 한 번 우리는 사랑하시고 용서하시고, 그러나 의롭고 의를 요구하시는 하나님에 대한 고전적 그림이 나오는 출 34:6-7에 대한 간접적인 언급을 접하게 된다. 지상의 왕은 그 모범을 따라야 한다 (917쪽 추가 설명: "왕의 시"를 보라).

100:1-5 **주님은 선하시다** 공동체를 소환하는 형식으로 되어 있는 찬양의 찬송으로, 이 짧은 시는 공동체에게 직접적이면서도 단순한 충고를 준다. 하나님을 창조주로 알아보고, 목자가 양을 돌보아 주듯이 우리 자신을 하나님의 백성으로 보면서, 왜 우리는 하나님의 찬양을 노래하려고 하지 않는가? 더욱이 하나님은 지극히 선하시며, 자비로우시며, 하나님의 약속을 완전히 신실하게 지키신다. 그러한 하나님은 모든 이에게 마땅히 찬양을 받으시지 않아야 하는가? 본문 구분: 1-2절, *환호성을 올려라, 섬겨라, 나아가거라*의 명령문; 3절, 주님이 하나님이시라는 *것*(히브리어, *키*)을 *알아라*; 4절; *들어가거라, 감사의 노래를 드려라, 찬양하여라*의 명령

환호성을 올리면서,
그 앞으로 나아가거라.

3 너희는
주님이 하나님이심을 알아라.
그가 우리를 지으셨으니,
우리는 그의 것이요,
그의 백성이요,
그가 기르시는 양이다.

4 감사의 노래를 드리며,
그 성문으로 들어가거라.
찬양의 노래를 부르며,
그 뜰 안으로 들어가거라.
감사의 노래를 드리며,
그 이름을 찬양하여라.

5 주님은 선하시며,
그의 인자하심 영원하다.
그의 성실하심 대대에 미친다.

왕과 그의 약속

101 [다윗의 노래]
1 주님,
주님의 사랑과 정의를
노래하렵니다.
주님께 노래로 찬양드리렵니다.
2 흠 없는 길을 배워 깨달으렵니다.
언제 나에게로 오시렵니까?
나는 내 집에서
흠이 없는 마음으로 살렵니다.
3 불의한 일은 눈 앞에
얼씬도 못하게 하렵니다.

거스르는 행위를 미워하고,
그런 일에는 집착하지 않겠습니다.
4 구부러진 생각을 멀리하고,
악한 일에는 함께 하지 않겠습니다.
5 숨어서 이웃을 헐뜯는 자는,
ㄱ)침묵하게 만들고,
눈이 높고 마음이 오만한 자는,
그대로 두지 않으렵니다.

6 나는 이 땅에서
믿음직한 사람을 눈여겨보았다가,
내 곁에 있게 하고,
흠이 없이 사는 사람을 찾아서
나를 받들게 하렵니다.

7 속이는 자는
나의 집에서 살지 못하게 하며,
거짓말하는 자는
내 앞에 서지 못하게 하렵니다.

8 이 땅의 모든 악인들에게
아침마다 ㄴ)입을 다물게 하고,
사악한 자들을 모두
주님의 성에서
끊어버리겠습니다.

ㄱ) 또는 '내가 멸하여 버리고' 또는 "내가 없애 버리고'
ㄴ) 또는 '멸하여 버리고' 또는 '없애 버리고'

문; 5절, 왜냐하면 (키) 주님이 선하시기 때문이다. 우리는 그의 것이요 고대 유대 전승은 3절에 나오는 이 구절에 대하여 두 가지 해석을 보존한다: "우리가 아니다" 그리고 "우리는 그의 것이요." 랍비들은 후자의 해석을 선호하였다.

101:1-8 오로지 선하심만을 내 눈으로 봅니다 지혜의 시편으로, 시편 기자 개인의 정직함을 확인하고 공동체에서 악행하는 자들을 뿌리 뽑기를 약속한다. 이 시편은 아마 언뜻 보기에 자기가 의롭다고 생각하는 위험스러운 고집불통의 말로 보일지 모르나, 그보다는 젊은 이들을 가르치는 모델로 보아야 한다. 어떤 이들은 이것을 왕직의 맹세를 하는 왕의 시편으로 읽기도 한다 (917쪽에 추가 설명: "왕의 시"를 보라). 이 기도는 시편 기자의 성격과 헌신에 대한 일련의 주장의 연결이다. 본문 구분: 1-2a절, 흠이 없는 길; 2b-4절, 개인의 정직성; 5-7절, 거짓된 자들의 멸망; 8절, 신실한 자들에게 주시는 호의. **101:1-2a** 처음의 구절로 시는 지혜 선생의 제자들이 외워야 할 지혜 문서로 판정된다. *언제 나에게로 오시렵니까?* "언제 그것이 내게로 올 것인가?"로 해석할 수도 있다. **101:2b-4** 제자들은 도덕적으로 흠이 없어야 하고 성실하게 헌신하여야 한다. *거스르는 행위*(3b절)를 하는 자들은 악을 행하려고 올바른 길에서 곁길로 나가는 사람들이다. **101:5-7** 지혜 선생은 중상하는 자들의 멸망을 부르면서 혹독한 충고를 하는데, 그러나 아마 그 가르침이 문자 그대로 받아들여지기를 원하는 의도는 아니었을 것이다. 문제는 광신자들이 이것을 문자적으로 받아들였으며 지금도 그렇게 한다는 것이다. **101:8** 이 절은 난폭한 언어가 효과를 위한 것이며 문자 그대로 받아들여서는 아니 된다는 것을 명백히 해준다. 분명히 선생의 학생들이 매일 아침 모든 악행하는 자들을 동시에 없애라고 하는 것이 아니다.

102:1-28 하나님이 들으신다 하나님에 대한 신뢰와 확신에 대한 시편(12-22절과 25-28절)이며 두 부분(1-11절과 22-23절)으로 나누어져 있는 개인적인

환난 때의 기도

102 [가련한 사람이 고난을 받을 때에, 자신의 고민을 주님께 토로하는 기도]
1 주님, 내 기도를 들어 주시고,
내 부르짖음이
주님께 이르게 해주십시오.
2 내가 고난을 받을 때에,
주님의 얼굴을 숨기지 마십시오.
내게 주님의 귀를 기울여 주십시오.
내가 부르짖을 때에,
속히 응답하여 주십시오.

3 아, 내 날은 연기처럼 사라지고,
내 뼈는 화로처럼 달아올랐습니다.
4 음식을 먹는 것조차 잊을 정도로,
내 마음은 풀처럼 시들어서,
말라 버렸습니다.
5 신음하다 지쳐서,
나는 뼈와 살이 달라붙었습니다.
6 나는 광야의 올빼미와도 같고,
폐허 더미에 사는
부엉이와도 같이 되었습니다.
7 내가 누워서,
잠을 이루지 못하는 것이, 마치,
지붕 위의
외로운 새 한 마리와도 같습니다.
8 원수들이 종일 나를 모욕하고,
나를 비웃는 자들이
내 이름을 불러 저주합니다.
9 나는 재를 밥처럼 먹고,
눈물 섞인 물을 마셨습니다.
10 주님께서 저주와 진노로
나를 들어서 던지시니,
11 내 사는 날이
기울어지는 그림자 같으며,
말라 가는 풀과 같습니다.

12 그러나 주님,
주님은
영원히 보좌에서 다스리시며,
주님의 이름은
대대로 찬양을 받을 것입니다.
13 주님, 일어나셔서
시온을 긍휼히 여겨 주십시오.
때가 왔습니다.
시온에 은혜를 베푸실 때가
왔습니다.
14 주님의 종들은
시온의 돌들만 보아도 즐겁습니다.
그 티끌에도 정을 느낍니다.

15 뭇 나라가
주님의 이름을 두려워하고,
이 땅의 왕들이
주님의 영광을 두려워할 것입니다.
16 주님께서 시온을 다시 세우시고,
그 영광 가운데
나타나실 것이기 때문입니다.
17 헐벗은 사람의 기도를 들으시며,

탄원시로, 이 시편은 일곱 편의 참회의 시편 중 다섯 번째이다 (시 6편; 32편; 38편; 51편; 102편; 130편; 143편; 957쪽 추가 설명: "참회의 시"를 보라). 탄원시는 생명 자체를 앗아가려고 위협하는 질병을 당한 사람을 소개한다. 본문 구분: 1-2절, 하나님의 도움을 간구하는 긴급한 간구; 3-11절, 시편 기자의 상황에 대한 슬픈 묘사; 12-17절, 하나님이 시온을 확고하게 해주실 것을 확신 있게 찾는 기도; 18-22절, 기대되는 시온의 구원에 대하여 하나님께 감사를 드리라는 부름; 23-24절, 하나님이 개입하시어 시편 기자를 구하여 달라고 거듭하는 간구; 25-28절, 하나님에 대한 확신의 마무리 짓는 긍정. 시편은 원래 뚜렷이 구분되는 독립적인 부분이지만, 그 결론은 그 부분들을 함께 아름답게 묶어 주는 구성이 있다. 그 구성은 기도 (1-11절), 확신 (12-22절), 기도 (23-24절), 확신(25-28절)이다. **102:1-2** 경건한 시편 기자는 하나님이 간구를 들어 주실 준비가 되어 있지만, 우선 하나님의 주의를 끌어야 한다는 것을 알고 있다. **102:3-11** 고난과 버림의 생생하고도 급격히 변하는 이미지는 죽음의 지경에 이르기까지 아픈 사람에 대하여 여기 나오는 묘사의 특징이다. **102:8** 시인은 질병이 대적의 저주로 일어난 것으로 믿고 있는지 모른다 (시 109편을 보라). **102:10** *저주와 진노로.* 많은 시편 기자와 마찬가지로, 저자는 개인의 환난이 하나님의 진노를 나타낸다고 믿는다 (또는 두려워한다). 시편 기자는 순전을 주장하지 않으며, 오로지 하나님의 도움이 절박하게 필요하다고 말할 뿐이다. **102:12-17** 이 절들은 방금 묘사하여 준 상황과 맞지 않는다. 그렇다고 해도, 시온의 사정을 회복하여 주실 하나님은 개인의 고난에 무관심하지 않으실 것이다. 분명히, 어머니 시온은 무관심하지 않을 것이다 (사 35장; 52:1-10; 또한 1183쪽 추가 설명: "예언서와 시편에 나타나는 시온"을 보라). 이 시편의 두 부분의 연결이 16-17절에 가서 분명해진다. 하나님이 다시 영광 가운데 시온에 나타나실 때, 하나님은 1-11절과 23-24절의 시편 기자와 같은 곤경에 처한 사람들의 기도를 응답하여 주실 것이다. **102:18-22** 이 부분은 12-17절의 간구를

그들의 기도를
업신여기지 않을 것입니다.

18 다음 세대가 읽도록
주님께서 하신 일을 기록하여라.
아직 창조되지 않은 백성이,
그것을 읽고
주님을 찬양하도록 하여라.
19 주님께서
성소 높은 곳에서 굽어보시고,
하늘에서 땅을 살펴보셨다.
20 갇힌 사람들의
신음 소리를 들으시고,
죽게 된 사람들을 풀어 놓아 주셨다.
21 시온에서
주님의 이름이 널리 퍼지고,
예루살렘에서
주님께 드리는 찬양이
울려 퍼질 때에,
22 뭇 백성이 다 모이고,
뭇 나라가 함께 주님을 섬길 것이다.

23 ㄱ)나는 아직 한창 때인데
기력이 쇠하여지다니,
주님께서 나의 목숨 거두시려나?
24 나는 아뢰었다.
"나의 하나님,
중년에 나를 데려가지 마십시오.
주님의 햇수는 대대로 무궁합니다."
25 그 옛날 주님께서는
땅의 기초를 놓으시며,
하늘을 손수 지으셨습니다.
26 하늘과 땅은 모두 사라지더라도,
주님만은 그대로 계십니다.
그것들은 모두 옷처럼 낡겠지만,
주님은 옷을 갈아입듯이
그것들을 바꾸실 것이니,
그것들은 다만,
지나가 버리는 것일 뿐입니다.
27 주님은 언제나 한결같습니다.
주님의 햇수에는 끝이 없습니다.
28 주님의 종들의 자녀는
평안하게 살 것이며,
그 자손도 주님 앞에
굳건하게 서 있을 것입니다.

주님의 놀라운 사랑

103 [다윗의 노래]
1 내 영혼아,
주님을 찬송하여라.
마음을 다하여
그 거룩하신 이름을 찬송하여라.
2 내 영혼아, 주님을 찬송하여라.
주님이 베푸신 모든 은혜를
잊지 말아라.

ㄱ) 또는 '그의 능력으로 내 기력을 쇠하여지게 하시니'

계속하지만, 미래의 세대 가운데 하나님의 구원의 행위가 계속 기억되고 찬양되도록 하나님이 시온을 도우러 오실 것을 묘미있게 호소한다. **102:23-24** 다시 한 번, 1-11절의 시편 기자는 (이제 정상적인 수명의 중간지점에 서서) 인생의 짧은 햇수와 하나님의 영원하신 햇수를 대조하면서, 죽음이 임박한 면전에서 도움을 청한다. **102:25-28** 시편의 아름다운 마무리로, (필요한 대로 정규적으로 변화하는 하나님의 옷으로) 바뀌는 창조를 바라보며 하나님의 영원하심을 강조한다. 하나님 한 분만이 영원히 변함이 없으시며, 이로 말미암아 하나님이 사랑하시는 이들은 변화 가운데 두려워 할 필요가 없다고 확신시켜 준다.

103:1-22 하나님은 자비의 폭이 넓으시다 하나님의 선하심과 그가 용서하시는 사람에 대한 이 명상은 처음과 마지막에 나오는 주님을 찬양하라는 명령으로 틀이 잡혀 있는데 (1-2절, 20-22절), 시편 기자의 내면의 존재로 시작하여 땅의 마지막으로 연장된다. 몇 편의 다른 시편과 같이 (예를 들어, 시 130편), 이는 출 34:6-7의 확장된 주석으로, 하나님의 자비의 여러 면을 묘사하고, 하나님은 놀랍게도 범법자들을 용서하여 주실 준비가 되어 있다고 듣는 자들에게 확신시켜준다. 본문 구분: 1-5절, 하나님의 선하심과 자비에 대한 독백; 6-14절, 하나님이 보여주신 사랑과 보호와 용서에 대한 설명; 15-18절, 인간의 유약함과 불안정함과 하나님의 변함없는 목적과 영원함을 대조하는 명상; 19-22절, 온 우주가 하나님을 함께 찬양하라는 명령. 어떤 시편도 이보다 더 포괄적으로—개인에서부터 보좌를 옹위하고 온 천군에 이르기까지 그리고 다시 개인으로—온 우주가 주님께 송축을 드리라고 하는 시가 없다 (계 4:6b-11 참조). **103:1-5 103:1** *영혼.* 영혼은 자아의 총체이다. **103:2** *주님이 베푸신 모든 은혜* 하나님의 모든 선처는 이 베푸신 은혜에 포함되어 있는데, 긍정적인 강조의 말씀이다. **103:4** *파멸* (구덩이). 저승에 대한 또 하나의 용어이다 (1011쪽 추가 설명: "죽음과 미래의 삶과 스올"을 보라). **103:5** 하나님이 청년기의 기력과 힘을 회복하시는데, 아마 이는 시편 기자가 심한

3 주님은
너의 모든 죄를 용서해 주시는 분,
모든 병을 고쳐 주시는 분,
4 생명을 파멸에서 속량해 주시는 분,
사랑과 자비로 단장하여 주시는 분,
5 평생을 좋은 것으로
흡족히 채워 주시는 분,
네 젊음을 독수리처럼
늘 새롭게 해 주시는 분이시다.

6 주님은 공의를 세우시며
억눌린 모든 사람의 권리를
변호하신다.
7 모세에게 주님의 뜻을 알려 주셨고,
이스라엘 자손에게
주님의 행적들을 알려 주셨다.
8 주님은 자비롭고, 은혜로우시며,
노하기를 더디하시며,
사랑이 그지없으시다.
9 두고두고 꾸짖지 않으시며,
노를 끝없이 품지 않으신다.
10 우리 죄를,
지은 그대로 갚지 않으시고
우리 잘못을,
저지른 그대로 갚지 않으신다.
11 하늘이 땅에서 높음같이,
주님을 두려워하는 사람에게는,
그 사랑도 크시다.
12 동이 서에서부터 먼 것처럼,
우리의 반역을
우리에게서 멀리 치우시며,
13 부모가 자식을 가엾게 여기듯이,
주님께서는
주님을 두려워하는 사람을
가엾게 여기신다.
14 주님께서는
우리가 어떻게 창조되었음을
알고 계시기 때문이며,
우리가 한갓 티끌임을
알고 계시기 때문이다.

15 인생은,
그 날이 풀과 같고,
피고 지는 들꽃 같아,
16 바람 한 번 지나가면 곧 시들어,
그 있던 자리마저 알 수 없는 것이다.
17 그러나 주님을 경외하는 사람에게는
주님의 사랑이
영원에서 영원까지 이르고,
주님의 의로우심은
자손 대대에 이를 것이니,
18 곧 주님의 언약을 지키고
주님의 법도를

질병에서 치유를 받았다는 것을 가리키는 것 같다 (3절 참조). **103:6-14** 이 놀라운 말씀은 전체 공동체에게 주는 말씀인데, 하나님은 용서하시고, 인간의 죄과를 완전히 지워주기를 원하시는 특별한 아량을 가지고 계신 분이시며, 하나님의 자비의 폭이 넓다는 것을 상기시켜 주는 말씀이다. **103:6** 공의의 하나님은 *억눌린 모든 사람의 권리를 변호하신다.* 억눌린 사람들의 원을 바로 잡아 주시고, 그들의 상황을 전환시켜 주시고 그들의 처지를 회복시켜 주신다. 이것은 사 40—55장의 저자가 즐겨 쓰는 말이었다. **103:8-9** 160쪽 추가 설명: "이스라엘 하나님의 특징"을 보라. **103:10** 많은 부분의 성서적 사고는 이와는 반대로 하나님이 악행하는 자들을 처벌하시고 신실한 자들에게 상을 주신다고 말하는 것으로 보인다. 시편 기자는 아마 개인의 경험에서 그렇지 않다는 것을 알고 있는 것 같다 (시 130:3 참조). **103:11-12** 하나님의 사랑과 자비는 땅에서 하늘의 거리보다 더 넓다 (11절). 하나님은 인간의 죄과를 우주에서 완전히 제거하신다 (12절; 참조할 구절은 51:1; 슥 5:5-11). **103:13** *부모가 자식을 가엽게 여기듯이.* 이 구절은 "아비가 그의 자녀들에 대한 모성의 자비를 보이는 것과 같이" 라고 번역할 수 있다. 일반의 용례에서 "자비를 가지다" 라는 동사는 모성애와 연관되어 있다. **103:14** *우리가 어떻게 창조 되었음을 알고.* 문자 그대로는, "우리의 틀," 또는 "우리의 본성." 우리의 창조주로 하나님은 우리가 하나님의 형상(창 1:26)대로 창조되었지만 또한 땅의 흙으로 (창 2:7) 만들어졌다는 것을 알고 계신다. **103:15-18** 몇몇 구절이 생의 무상함에 대하여 이야기한다 (90:3-10; 욥 14:1-6 참조). 여기서는 대조되는 것이 중요한 요점이다: 인간의 삶은 한 순간이지만, 하나님의 사랑은 영원하시다 (17-18절). 하나님의 축복은 특별한 모습으로 신실한 자에게 주시는 것이지만, 가장 중요한 요점은 계약을 범하고 나서 도와달라고 하나님에게 나아가는 이들에게도 하나님이 사랑과 축복을 부어주신다는 것이다. **103:19-22** **103:19** 땅의 성소 또는 하나님의 성전의 원초 모형은 거룩한 산에서 모세와 그의 동역자들에게 계시하여 주신 하늘의 성전이다. 땅의 성전은 계시된 모형에 따라서 만들어졌다 (출 25:40의 *타브니트* 라는 히브리어 단어 참조). 언약궤는 하나님의 보좌로, 우주 전체의 하늘의 신을 모실 수 있는 것으로 여겨진다 (삼상 4:4; 삼하 6:2; 왕하 19:15; 겔 1장, 10장). 이스라엘의 이웃 나라의 문학은 하늘의 세계의 확

기억하여 따르는 사람에게
이를 것이다.

19 주님은 그 보좌를
하늘에 든든히 세우시고,
그의 나라는 만유를 통치하신다.
20 주님의 모든 천사들아,
주님의 말씀을 듣고 따르는,
힘찬 용사들아,
주님을 찬양하여라.
21 주님의 모든 군대들아,
그의 뜻을 이루는 종들아,
주님을 찬양하여라.
22 주님께 지음 받은 사람들아,
주님께서 통치하시는 모든 곳에서
주님을 찬송하여라.
내 영혼아, 주님을 찬송하여라.

주님이 피조물을 돌보신다

104 1 내 영혼아,
주님을 찬송하여라.
주, 나의 하나님,
주님은 더없이 위대하십니다.
권위와 위엄을 갖추셨습니다.
2 주님은 빛을 옷처럼 걸치시는 분,
하늘을 천막처럼 펼치신 분,
3 물 위에 누각의 들보를 놓으신 분,
구름으로 병거를 삼으시며,
바람 날개를 타고 다니시는 분,
4 바람을 ㄱ)심부름꾼으로 삼으신 분,
번갯불을
시종으로 삼으신 분이십니다.

5 주님께서는
땅의 기초를 든든히 놓으셔서,
땅이 영원히
흔들리지 않게 하셨습니다.
6 옷으로 몸을 감싸듯,
깊은 물로 땅을 덮으시더니,
물이 높이 솟아서
산들을 덮었습니다.
7 그러나 주님께서 한 번 꾸짖으시니
물이 도망 치고,
주님의 천둥소리에
물이 서둘러서 물러갑니다.

ㄱ) 또는 '천사들'

장된 묘사를 담고 있지만, 이스라엘에서는 하나님의 하늘의 성소에 대하여 이따금 어렴풋이 비쳐 주기만 할 뿐이다 (예를 들어, 사 6장). **103:20-22** 몇 구절이 하나님이 시키신 대로 일하는 하늘의 전달자들과 일꾼들을 언급하며, 아주 이따금씩 하나님이 보좌를 옹위하고 서 있는 이들과 하나님의 계획을 논의하는 것이 나온다 (시 82편; 왕상 22:19-23). 예레미야에 따르면, 신뢰할 만한 예언자들은 하나님의 (하늘의) 법정에 서서 하나님의 말씀을 직접 들은 이들이다 (렘 23:18).

104:1-35 땅의 재생 이 놀라운 창조의 찬송은 틀림없이 이집트의 태양신 "아테네의 찬송"의 내용에 의거한 것으로 시편의 보화 중 하나이다. 이스라엘의 찬송 가운데 유일하게, 이 시편은 인간과 떨어져서 하나님이 자연 창조계의 사물을 하나님의 목적을 위하여 창조하셨다는 것을 확인한다. 시내는 그 옆에 자라는 나무에게 물을 주기 위하여 창조되었으며, 이 시내 옆의 나무에 새들이 보금자리를 마련하고, 학은 그 보금자리를 위하여 마련된 나무에 깃들며, 뾰족한 산봉우리는 산의 염소를 위하여, 그리고 염소는 산을 위하여 창조되었다! 낮은 인생을 위하여, 밤은 야생을 위하여 창조되었다. 그리고 하나님이 창조하신 모든 것은 하나님의 지혜를 통하여 창조되었으며, 이는 하나님의 지혜가 처음 창조의 행위에 거룩한 지혜(헬라어로, *소피아*; 히브리어로, *호크마*)가 참여하였다는 것을 분명히 가리킨다 (잠 8장 참조). 시편은 자연계를 돌보고 향상시키라는 하나님의 명을 뒷받침하는 성경 주제와 본문을 밝힌다. 창 1장이 (잘못 해석하면) 인간의 공동체가 인간적 용도를 위하여 자연계를 마구 이용하도록 초청하는 것으로 해석될 수 있지만, 이 본문은 인간이 아닌 피조물들의 가치를 강조하는 것이다. 본문 구분: 1-4절, 창조주 하나님에 대한 찬양; 5-9절, 하나님의 창조 행위의 개략; 10-13절, 생명이 번성하도록 세워 주신 하나님의 계획; 14-23절, 창조의 특별한 내용에 대한 묘사; 24-30절, 모든 살아 있는 것들이 생명을 주시는 하나님의 영에 의존함; 31-35절, 마무리 짓는 축복. **104:1-4** 시편은 공동체에게 하나님의 축복을 선언하라는 복수 명령형으로 시작된다. **104:1-2** *빛을 옷처럼 걸치시는 분.* 빛은 하나님의 영광과 찬란함의 상징이다 (출 24:10; 사 9:2 참조). **104:3-4** 창 1장에서와 같이 이 시편은 바다가 하늘의 바다와 땅의 바다로 나누어진 삼층으로 된 것으로 우주를 이해한다. 하나님의 누각의 들보가 바다 위 깊은 곳에 견고히 박혀 있다. **104:5-9** 이 시편 기자는 하나님의 우주의 안전함을 강조하며, 또 한편 그것은 언제나 생명을 주시는 하나님의 영에 달려 있다고 주장한다 (29-30절). 땅도 하늘의 들보(3절)와 같은 기능하는 산으로 견고히 유지된다. 산은 한때 완전히 바다로 뒤덮였지만, 하나님의 명령으로 물이 줄고, 땅이 말라 살 수 있는 곳이 되었다. 더욱이 바다와 땅의 구분은 영원하다

8 물은 산을 넘고,
골짜기를 타고 내려가서,
주님께서 정하여 주신
그 자리로 흘러갑니다.
9 주님은 경계를 정하여 놓고
물이 거기를 넘지 못하게 하시며,
물이 되돌아와서
땅을 덮지 못하게 하십니다.

10 주님은,
골짜기마다
샘물이 솟아나게 하시어,
산과 산 사이로 흐르게 하시니,
11 들짐승이 모두 마시고,
목마른 들나귀들이 갈증을 풉니다.
12 하늘의 새들도 샘 곁에 깃들며,
우거진 나뭇잎 사이에서
지저귑니다.
13 누각 높은 곳에서
산에 물을 대주시니,
이 땅은 주님께서 내신 열매로
만족합니다.

14 주님은,
들짐승들이 뜯을 풀이
자라게 하시고,
사람들이 밭갈이로
채소를 얻게 하시고,
땅에서 먹거리를 얻게 하셨습니다.
15 사람의 마음을 즐겁게 하는
포도주를 주시고,
얼굴에 윤기가 나게 하는
기름을 주시고,
사람의 힘을 북돋아 주는
먹거리도 주셨습니다.

16 주님께서 심으신 나무들과
레바논의 백향목들이 물을 양껏 마시니,
17 새들이 거기에 깃들고,
황새도 그 꼭대기에 집을 짓습니다.
18 높은 산은 산양이 사는 곳이며,
바위 틈은 오소리의 피난처입니다.

19 때를 가늠하도록 달을 지으시고,
해에게는
그 지는 때를 알려 주셨습니다.
20 주님께서 어둠을 드리우시니,
밤이 됩니다.
숲 속의 모든 짐승은
이 때부터 움직입니다.
21 젊은 사자들은
먹이를 찾으려고 으르렁거리며,
하나님께 먹이를 달라고
울부짖다가,

(시 46편 참조) **104:10-13** 비는 하늘에서 오며, 또한 어떤 물은 지면을 깨고 나오는 샘물의 형태로 지하의 바다에서 나오는 것처럼 보인다. 이 물은 초목과 동물이 필요로 하는 것을 공급하여 주려고 온다. 샘은 나무와 새를 위하여 있으며, 새는 나무 사이에서 노래하기 위하여 있다. 이러한 처사는 하나님이 인간이 아닌 창조물에게 주신 선물이며, 여기에 이르기까지 창 1—2장에서와 같이 인간이 창조를 돌볼 필요가 있다고 말하지 않는다. **104:14-23** 이제 인간의 공동체가 언급되지만, 그것은 황새와 산양과 오소리의 배경에서 나온다. **104:14-15** 인간과 목축은 하나님이 주시는 풀에서 먹을 것을 얻으며, 여기서 인간도 창조를 돌보는 일에 참여한다. 하나님은 농부가 할 일을 주셔서 하나님의 풍성하심으로 먹을 뿐 아니라 그 풍성함을 증대시킬 사명을 받는다. 포도주는 저절로 생기지 아니하며, 감람나무와 들의 곡식에서도 인간의 도움이 없이 그 풍성함이 나오지 않는다. 또한, 하나님은 삶의 기본적인 필요뿐 아니라 미와 인간 정신도 주신다 (1088쪽 추가 설명: "아름다움"을 보라). **104:16-18** 다시 시인은 자연 세계에서 찾아볼 수 있는 균형으로 돌아온다: 시냇물은 풍성하게 나무에게 물을 공급하여 주고, 새들은 나무에 깃들여, 심지어는 황새도 그들의 보금자리에 적절한 나무를 받는다. 높은 산에는 산등성이에서 뛰놀기만 하면 되는 것으로 보이는 산양이 산다. 오소리는 땅의 여러 군데 있는 돌밭에서, 특히 시내와 여울물의 강변에서 뛰노는 것을 볼 수 있다. **104:19-23** 달의 움직임이 연월을 정하고, 해는 날을 정한다. 태양력은 이집트에 있었지만 이스라엘에는 존재하지 않았다. 낮과 밤은 하나님의 창조의 여러 부분들을 지탱하기 위하여 존재한다. 이집트의 "아테네의 찬송"에 나오는 것과 같이, 밤이 오면, 해가 삼켜져서 서쪽에서 동쪽으로 오는 지하의 여정에서 파괴될지 모른다는 두려움이 없다. 밤은 들짐승을 위한 시간이며, 낮은 인간이 그들의 일을 할 수 있는 시간이다. **104:24-30** **104:24-26** 이 부분은 그 모두가 반(半) 신적인 지혜(잠 8장을 보라)의 도움으로 존재하게 된 하나님의 창조의 다양함과 신비에 대하여 하나님을 찬양하는 구절로 시작된다. 서부 셈족 종교의 설화에서 신적인 존재인 바다 그 자체도 하나님의 놀라운 창조의 일부이지만, 어떤 의미에서도 신이 아니다. 거기에는 모든 종류의 피조물, 크고 작은

22 해가 뜨면 물러가서 굴에 눕고,
23 사람들은 일을 하러 나와서,
해가 저물도록 일합니다.

24 주님, 주님께서 손수 만드신 것이
어찌 이리도 많습니까?
이 모든 것을 주님께서
지혜로 만드셨으니,
땅에는 주님이 지으신 것으로
가득합니다.
25 저 크고 넓은 바다에는,
크고 작은 고기들이
헤아릴 수 없이 우글거립니다.
26 물 위로는 배들도 오가며,
주님이 지으신 ㄱ)리워야단도
그 속에서 놉니다.

27 이 모든 피조물이 주님만 바라보며,
때를 따라서 먹이 주시기를
기다립니다.
28 주님께서 그들에게 먹이를 주시면,
그들은 받아 먹고,
주님께서 손을 펴 먹을 것을 주시면
그들은 만족해 합니다.
29 그러나 주님께서 얼굴을 숨기시면
그들은 떨면서 두려워하고,
주님께서 호흡을 거두어들이시면
그들은 죽어서
본래의 흙으로 돌아갑니다.
30 주님께서
ㄴ)주님의 영을 불어넣으시면,
그들이 다시 창조됩니다.
주님께서는 땅의 모습을
다시 새롭게 하십니다.

31 주님의 영광은 영원하여라.
주님은 친히 행하신 일로
기뻐하신다.
32 주님이 굽어보기만 하셔도
땅은 떨고,
주님이 산에 닿기만 하셔도
산이 연기를 뿜는다.

33 내가 살아 있는 동안,
나는 주님을 노래할 것이다.
숨을 거두는 그 때까지
나의 하나님께 노래할 것이다.
34 내 묵상을
주님이
기꺼이 받아 주시면 좋으련만!
그러면 나는 주님의 품 안에서
즐겁기만 할 것이다.
35 죄인들아, 이 땅에서 사라져라.
악인들아, 너희도 영원히 사라져라.

내 영혼아, 주님을 찬송하여라.
ㄷ)할렐루야.

ㄱ) 큰 바다 괴물 ㄴ) 또는 '주님의 숨' ㄷ) 또는 '주님을 찬송하여라'. 칠십인역은 여기에서부터 105편이 시작 됨

피조물이 담겨 있다. 심지어, 저 큰 바다 괴물 리워야단(Liviathan)도 하나님의 피조물이다. 어떤 번역자는 하나님이 리워야단을 가지고 유희를 위하여 만드셨다고 주장하기도 한다. 보다 타당성이 있는 의미는 단지 바다의 괴물이 단지 수면에서 물을 튀기고 뛰면서 바다에서 놀고 있다는 것이다. **104:27-30** 두 번째 부분에서, 시편 기자는 하나님이 계셔서 생명을 주시는 것에 전적으로 의존하는 세상의 모습을 훌륭하게 묘사하면서, 우주의 존재와 질서가 얼마나 유약하고 불확실한지 보여준다. 그래도, 하나님이 하나님의 손을 거두시고 모든 것을 흙으로 돌리실 가능성이 있다는 단서가 없다. 세상과 그 모든 거민은 안전하고 확고한데, 그 이유는 하나님이 그렇게 원하시고 계획하셨기 때문이다. 하나님은 단지 세상을 그대로 유지만 하시는 것이 아니다: 하나님은 모든 것을 새롭게 하신다; 하나님은 거룩한 영을 부어 주셔서 모든 것이 새로 창조된다. 여기에 하나님이 계속하여 창조하시는 뚜렷한 그림이 있다. **104:31-35** 시는 하나님의 영광에 대한 찬송의 명상으로 끝난다. **104:31** *영광.* 이것은 하나님의 빛과 아름다움과 연결되며 (1-2절), 그것은 하나님의 장엄하심과 풍성하심이다. 하나님은 인간과 같이 창조의 영광을 즐거워하실 것이다. **104:32** 여기 시내 산에 나타난 것과 같은 (출 19;16-19), 서부 셈족의 폭풍의 신을 묘사하는데 쓰였던 잘 알려진 내용이 나온다. **104:33-34** 시편 기자는 이제 전 시편이 의도된 바를 다할 것을 기도하는데, 곧 하나님께 기쁨을 드리도록 하나님을 바로 찬양하는 것이다. 마침내, 예배는 온전히 예배를 받으실 만한 하나님을 순수하게 찬양하는 것이다. **104:35** 죄인에 대한 이러한 공격은 문맥에 맞지 않는 것으로 보인다. 그것은 아마 시편 기자가 실제의 세상을 바라보고 인간의 과오와 실수가 하나님의 선하시고 영광스러운 질서 있는 창조를 어떻게 손상시켰는지에 대하여 묵상하면서 나오는 말인지 모른다. 시편은 시작한 말로 마무리가 된다. *내 영혼아, 주님을 찬송하여라. 할렐루야* (103:1, 22 참조).

주님을 신뢰하여라 (대상 16:8-22)

105 1 너희는 주님께 감사하면서,
그의 이름을 불러라.
그가 하신 일을
만민에게 알려라.
2 그에게 노래하면서,
그를 찬양하면서,
그가 이루신
놀라운 일들을 전하여라.
3 그의 거룩하신 이름을 찬양하여라.
주님을 찾는 이들은 기뻐하여라.
4 주님을 찾고,
그의 능력을 힘써 사모하고,
언제나 그의 얼굴을 찾아
예배하여라.
5 주님께서 이루신
놀라운 일을 기억하여라.
그 이적을 기억하고,
내리신 판단을 생각하여라.
6 그의 종, 아브라함의 자손아,
그가 택하신 야곱의 자손아!

7 그가 바로 주 우리의 하나님이시다.
그가 온 세상을 다스리신다.
8 그는,
맺으신 언약을 영원히 기억하신다.
그가 허락하신 약속이
자손 수천 대에 이루어지도록
기억하신다.
9 그것은 곧
아브라함과 맺으신 언약이요,
이삭에게 하신 맹세요,
10 야곱에게 세워 주신 율례요,
이스라엘에게 지켜 주실
영원한 언약이다.
11 "내가 이 가나안 땅을
너희에게 줄 것이다.
이것은 너희가 대대로 물려줄
기업이다."
하고 말씀하셨다.

12 그 때에 ㄱ)너희의 수효가
극히 적었고,
그 땅에서 나그네로 있었으며,
13 이 민족에게서 저 민족에게로,
이 나라에서 다른 나라 백성에게로,
떠돌아다녔다.
14 그러나 주님께서는,
아무도 ㄱ)너희를
억누르지 못하게 하셨고,
ㄱ)너희를 두고
왕들에게 경고하시기를,

ㄱ) 히브리어 사본 가운데 대다수와 시리아어역과 타르굼을 따름. (대상 16:19를 볼 것) 히, '그들'

105:1-45 이스라엘의 이야기에 나오는 하나님의 말씀 아브라함의 부르심과 가나안 땅의 정착에 이르기까지 이스라엘의 이야기를 재연하는, 하나님을 찬양하는 연도로, 이 시편은 하나님이 이스라엘을 위하여 개입하신 일에 대한 이스라엘의 반응에 대한 언급이 한 마디도 없이, 하나님의 변함없는 선하심을 묘사한다 (시 78편 참조). 시 106편은 이 시편을 마무리하기 위하여 의도된 것이 확실한데, 106편은 하나님이 그의 약속에 영원히 신실하심에 대하여 이야기하면서 이스라엘이 언약을 지키지 못하였다는 것을 자세히 제시하고 있기 때문이다. 시 105편과 106편은 북왕국 이스라엘과 남왕국 유다 사이를 구분하지 않는 주제를 함께 다루는 한 쌍으로 묶어진다. 본문 구분: 1-6절, 감사와 찬송을 드리라는 부름; 7-11절, 하나님이 언약을 신실히 지키신다는 고백; 12-15절, 출애굽에 앞서 하나님이 이스라엘을 보호하심; 16-22절, 이집트에서 요셉에게 주신 하나님의 축복; 23-25절, 이집트에서의 야곱과 그의 가족; 26-36절, 모세와 출애굽; 37-42절, 광야에서의 하나님의 인도하심; 43-45절, 가나안 정착. **105:1-6** 아주 일반적인 말로 서두의 시행은 하나님을 찬양하라고 공동체를 부른다. **105:4** *주님을 찾고.* 기도에 대한 일반적인 표현이다. **105:7-11** 시인은 아브라함과 이삭과 야곱에게 주신 하나님의 약속을 땅의 약속으로 제한하는데, 이것은 시편이 바빌론 포로 때에 나온 것임을 나타낸다. 조상에 대한 하나님의 언약의 약속(창 12:1-13; 15:1-21; 26:1-5; 28:10-17을 참조)은 셀 수 없는 후손과 하나님의 언제나 함께 하시는 임재와 축복에 대한 약속을 포함하였다. **105:12-15** 메소포타미아에서 (유대교와 이슬람의 전승이 그러한 보호하심에 대하여 이야기한다), 이집트에서 (창 12:10-20), 그리고 다른 곳에서 (창 26장) 하나님은 조상을 보호하셨다. **105:15** *기름 부어 세운 사람.* 이 표현은 상징적인 표현이다. 이스라엘 백성의 조상으로 그들은 온 백성과 마찬가지로 하나님을 섬기도록 택정을 받았다 (출 19:6을 참조). *예언자들.* 창세기에서는 아브라함만이 예언자로 불렸지만 (창 20:7), 시편 기자는 아브라함과 이삭과 야곱이 하나님과 친밀한 대화를 하고 있는 것을 보여주는 고대 전승의 부분을 강조한다. **105:16-22** 이집트에서의 요셉에

15 "내가 기름 부어 세운 사람에게
손을 대지 말며,
나의 예언자들을 해치지 말아라"
하셨다.

16 그 뒤에
주님께서 그 땅에
기근을 불러들이시고,
온갖 먹거리를 끊어 버리셨다.
17 그런데 주님은
그들보다 앞서
한 사람을 보내셨으니,
그는 종으로 팔린 요셉이다.
18 사람들은 그 발에 차꼬를 채우고,
그 목에는 쇠칼을 씌웠다.
19 마침내 그의 예언은 이루어졌다.
주님의 말씀은
그의 진실을 증명해 주었다.
20 왕은 사람을 보내어
그를 석방하였다.
뭇 백성의 통치자가
그를 자유의 몸이 되게 하였고,
21 그를 세워서
나라의 살림을 보살피는
재상으로 삼아서,
자기의 모든 소유를 주관하게 하며,
22 그의 뜻대로
모든 신하를 다스리게 하며,
원로들에게
지혜를 가르치게 하였다.
23 그 때에
이스라엘이 이집트로 내려갔고,
야곱은 함의 땅에서
나그네로 살았다.
24 주님께서 자기의 백성을
크게 불어나게 하셔서
그 대적들보다 강하게 하셨으며,
25 그들의 마음을 변하게 하셔서
자기의 백성을 미워하게 하시며,
자기의 종들을
교묘하게 속이게 하셨다.

26 그러므로 그가 종 모세와
택하신 아론을 보내셔서,
27 백성에게
그의 표징을 보이게 하시고
함의 땅에서 기사를 행하게 하셨다.
28 그가 어둠을 보내셔서
캄캄하게 하셨지만,
그들은 그의 말씀을 거역하였다.
29 그가 물을 모두 피로 변하게 하셔서
물고기를 죽게 하셨으며,
30 땅에는
온통 개구리가 득실거리게 하셔서
왕실 안방까지 우글거리게 하셨다.
31 그가 말씀하시니,
파리 떼와 ㄱ)이가 몰려와서,
그들이 사는 온 땅을 덮쳤다.
32 비를 기다릴 때에 우박을 내리셨고,
그 땅에 화염을 보내셨다.
33 포도나무와 무화과나무를 치시고,
그들이 사는 지경 안의 나무를
꺾으셨다.
34 그가 말씀하시니,
이런 메뚜기 저런 메뚜기 할 것 없이
수없이 몰려와서,
35 온갖 풀을 갉아먹고
땅에서 나는
모든 열매를 먹어 치웠다.

ㄱ) 또는 '모기'

대한 이야기를 재연하는 이 부분(창 37장; 39—50장)은 하나님이 섭리로 베푸는 돌보심을 강조하는 부분이다. 기근이 가나안 땅에 떨어지기 전에 (창 41:53-37), 하나님은 이스라엘이 생존할 수 있는 길을 마련하여 주시기 위하여 요셉을 이집트로 보내셨다 (창 45:4-8을 보라). 형제들은 요셉에게 악행을 하였지만, 하나님의 목적은 그들의 악한 목적을 번복하셨다 (창 50:15-21). **105:23-25** 야곱이 그의 온 식구를 거느리고 이집트로 이주하였다는 간략한 묘사 (창 46—50장; 출 1:1-7). **105:26-36** 출 7—11장에 열거된 열 재앙 중 여덟 가지가 여기 약간 다른 순서로 언급되어 있다. 두 목록 다 종국에 나오는 재앙인 장자의 죽음으로 마무리된다. 시 78:44-51은 재앙을 약간 다른 순서로 일곱 가지 재앙만을 나열하는데, 이것이 이야기의 가장 오래된 형태이었는지도 모른다. **105:36** *모든 기력의 시작.* 문자 그대로의 의미는 "머리" 또는 "처음 것." 고대 세계의 일반적인 신앙은 제일 먼저 태어난 아이가 가장 강할 것이라는 것이다. **105:37-42** 이 시편은 광야에서의 삶을 간략하게만 언급하면서 하나님의 계속되는 보호와 인도를 강조한다. 시 78편과 106편은 반대로 광야 시대 동안의 이스라엘의 잘못에 대하여 자세하게 다룬다. 이전의 고백문(신 26장; 수 24장 참조)에서 전승된 것

36 그가 또
모든 기력의 시작인
그 땅의 장남을 모두 치셨다.

37 그들로
은과 금을 가지고 나오게 하시니,
그 지파 가운데서
비틀거리는 이가 한 사람도 없었다.
38 이집트 사람은
두려움에 떨고 있었으므로,
그들이 떠날 때 기뻐하였다.
39 그는 구름을 펼치셔서
덮개로 삼으시고,
불로 밤길을 밝혀 주셨다.
40 그들이 먹거리를 찾을 때에,
그가 메추라기를 몰아다 주시며,
하늘 양식으로 배부르게 해주셨다.
41 반석을 갈라서 물이 흐르게 하셨고,
마른 땅에 강물이 흐르게 하셨다.
42 이것은 그가
그의 종 아브라함에게 하신
그 거룩하신 말씀을
기억하셨기 때문이다.

43 그는 그의 백성을
흥겹게 나오게 하시며
그가 뽑으신 백성이
기쁜 노래를 부르며 나오게 하셨다.
44 그들에게
여러 나라의 땅을 주셔서,
여러 민족이 애써서 일군 땅을
물려받게 하셨다.
45 이것은 그들에게
그의 율례를 지키고
그의 법을 따르게 하기 위함이었다.

ㄱ)할렐루야.

민족이 용서를 빔

106 1 ㄱ)할렐루야.
주님께 감사하여라.
그는 선하시며,
그 인자하심이 영원하다.
2 주님의 능력으로 이루신 일을
누가 다 알릴 수 있으며,
주님께서
마땅히 받으셔야 할 영광을
누가 다 찬양할 수 있으랴?
3 공의를 지키는 이들과
언제나 정의를 실천하는 이들은
복이 있다.

4 주님,
주님의 백성에게
은혜를 베푸실 때에,
나를 기억하여 주십시오.
그들을 구원하실 때에,
나를 기억하여 주십시오.

ㄱ) 또는 '주님을 찬송하여라'

과 같이, 시내 산의 언약과 그 곳에 토라를 주신 것이 언급되어 있지 않다. 이것을 생략한 이유는 아마 예배에 관계된 것 같다. 시편과 이와 같은 다른 본문이 언약을 재확인하는 의식에 쓰였을 가능성이 많다. 이러한 의식은 이스라엘 역사 후기의 삶에 칠칠절 곧 오순절과 연결된다. 사해 사본의 쿰란 공동체에서, 이러한 언약의 재확인 의식은 공동체가 중심이 되는 의식이었으며, 아마 칠칠절/오순절과 연결된 것 같다. 시내 산의 계약이 아니라 계약의 갱신이 강조되는 것으로 보인다. **105:37** *은과 금.* "이집트 사람들에게서 물건을 빼앗기"(출 12:36)에 대한 언급. **105:39-41** 홍해를 건너는 것이 언급되지 않는다; 오직 광야 시대에 이스라엘의 삶을 보장하는 하나님의 섭리의 행적만이 주지된다. **105:43-45** 시편은 백성의 환희의 찬송을 받는 하나님의 역사에 대하여 계속 주의를 집중시킨다. 가나안 정복이 언급되지 않는데 그것은 땅과 삶의 필 요한 것들을 주시는 것은 하나님 한 분이시기 때문이다.

105:45 모든 하나님의 섭리의 돌보심에 대한 보답으로, 이스라엘은 *율례와 법*을 지킨다. 복수로 나오는 이 두 가지 단어는 종종 함께 쓰인다. 이 단어들은 이스라엘이 단지 그들에게 하신 하나님의 요구를 지키고 준수하는 것이 아니라, 시편이 아주 강력하게 제시하여 주는 하나님의 섭리의 돌보심에 대한 이야기를 지키고 준수하는 것을 가리킨다.

106:1-48 이스라엘의 실패 죄에 대한 공동체의 고백과 하나님의 용서를 구하는 간구로써, 이스라엘 역사에서 하나님의 사랑과 인도를 강조하는 시 105편에서 나오는 시상이 완결된다. 시 106편은 하나님이 이스라엘의 죄에 대한 벌로 바빌론 포로를 가져오실 만한 큰 이유가 있다고 인정하면서, 하나님에 대하여 백성이 배역하였다는 것을 말하고 있다. 이 시편은 포로들을 다시 그들의 조상에게 약속된 땅으로 인도하여 하나님의 사랑과 용서를 다시 한 번 보여달라고 하나님에게 간구하는 것으로 마무리된다. 처음은 이집트에서 행하여진

5 주님께서 택하신 백성의 번영을
보게 해주시며,
주님 나라에 넘치는 기쁨을
함께 누리게 해주시며,
주님의 기업을
자랑하게 해주십시오.

6 우리도 우리 조상처럼
죄를 지었으며,
나쁜 길을 걸으며
악행을 저질렀습니다.

7 우리의 조상이 이집트에 있을 때에,
주님께서 일으키신 기적들을
깨닫지 못하고,
주님의 그 많은 사랑을
기억하지도 못한 채로,
바다 곧 ㄱ)홍해에서
주님을 거역하였습니다.
8 그러나 주님께서는
주님의 명성을 위하여,
주님의 권능을 알리시려고
그들을 구원해 주셨습니다.
9 주님께서 ㄱ)홍해를 꾸짖어
바다를 말리시고
그들로 깊은 바다를
광야처럼 지나가게 하셨습니다.
10 미워하는 자들의 손에서
그들을 건져내시고,
원수의 손에서
그들을 속량해 주셨습니다.
11 물이 대적을 덮으므로,
그 가운데서
한 사람도 살아 남지 못하였습니다.
12 그제서야 그들은
주님의 말씀을 믿었고,
주님께 찬송을 불렀습니다.

13 그러나 그들은,
어느새 주님이 하신 일들을
잊어버리고,
주님의 가르침을
기다리지 않았습니다.
14 그들은 광야에서
욕심을 크게 내었고
사막에서는 하나님을
시험하기까지 하였습니다.
15 그래서 주님께서는
그들이 요구한 것을 주셨지만,
그 영혼을 파리하게 하셨습니다.

16 그들은 또한,

ㄱ) 히, '얌 쑤프'

모든 기적에도 불구하고 하나님께서 그들을 홍해에서 이집트의 군대로부터 구원하여 주실 것이라는 확신을 가지지 못했던 이스라엘 공동체의 죄에 대한 기사로 시작된다. 이러한 불신은 계속되었다: 하나님은 그들을 거듭 구원하여 주셨지만, 이스라엘 사람들은 하나님의 능력과 목적이 무엇인지 전혀 이해하지를 못하는 것 같았다. 하나님에 대한 이스라엘의 반역에 대한 이러한 성경의 묘사에 담긴 위험 중에 하나는 후대 사람들이 이 기사를 종종 이스라엘 사람들의 행위에 대한 사실로 받아들였다는 것이다. 그 결과, 예를 들어, 기독교인들은 이스라엘의 실패에 대한 성경 기사를 하나님이 유대인들을 "배격"하시고 그리스도인들을 취하였다는 설명으로 해석하여 왔다. 이스라엘의 죄를 그렇게 예언자적인 모습으로 묘사한 것은 후대의 세대들이 그들의 길을 고치고 그들의 조상보다 더 신실하게 되라고 청하는 신학적 설명이다. 이스라엘 사람들이 과거의 그리스도인들이나 오늘날의 그리스도인들보다 하나님의 언약에 덜 신실하였다고 보기는 어렵다. 본문 구분: 1-3절, 찬양하라고 공동체를 부름; 4-5절, 하나님이 곧 개입하여 달라고 시편 기자가 드리는 간구; 6-12절, 홍해에서의 구원; 13-15절, 이집트의 고기 가마를 갈망함; 16-18절, 하나님께서 정하신 지도자에 대한 반역; 19-27절, 금송아지와 하나님께 드리는 모세의 간구; 28-31절, 바알 브올과 비느하스의 개입; 32-33절, 므리바의 물; 34-39절, 가나안 땅에서 나라들과 섞임; 40-46절, 하나님의 심판이 행하여짐; 47-48절, 구원에 대한 공동체의 간구와 마지막 축복. **106:1-3 106:1** 이러한 감사를 드리라는 요청은 시편에 자주 나오는 것이다. 시 107:1; 118:1; 29편; 136:1; 또한 이 구절을 인용한 대상 16:34를 보라. **106:4-5** 시인은 구원이 곧 올 것을 간구하면서 하나님께서 이스라엘을 구원하시는 것을 경험할 수 있도록 오래 살기를 바란다. **106:6-12** 바다로부터 구원받은 몇 개의 다른 전승들이 있다. 시 77편에서는 바다가 강한 폭풍으로 갈라졌다. 시 78:13에서는 이스라엘 사람들이 건너가면서 물이 양쪽으로 갈라져 쌓였던 것을 이야기한다. 여기서는 하나님께서 단순히 말씀하시고 바다가 갈라진다. 백성은 그들을 구원하실 수 있는 하나님의 능력을 인정하지만, 곧 그들을 다시 잊게 될 것이다. **106:13-15** 광야에서의 이스라엘의 불평과 음식에 대한 갈망의 중요한 주제가 간략히 언급

진 한가운데서도 모세를 질투하고,
주님의 거룩한 자 아론을
시기하였습니다.
17 마침내 땅이 입을 벌려
다단을 삼키고,
아비람의 무리를 덮어 버렸습니다.
18 불이 그들의 무리를 불사르고,
불꽃이 악인들을 삼켜 버렸습니다.

19 그들은 호렙에서
송아지 우상을 만들고,
부어 만든 우상을 보고
절을 하였습니다.
20 그들은 자기들의 영광이 되신 분을
풀을 먹는 소의 형상과
바꾸어 버렸습니다.
21 그들은 또한,
이집트에서 큰 일을 이룩하신,
자기들의 구원자 하나님을
잊어버렸습니다.
22 함의 땅에서 행하신
놀라운 이적들도,
ㄱ)홍해에서 행하신 두려운 일들도,
그들은 모두 잊어버렸습니다.
23 그래서 주님께서는,
그들을 멸망시키겠다고
선언하셨으나,
주님께서 택하신 모세가
감히 주님 앞에 나아가
그 갈라진 틈에 서서
파멸의 분노를 거두어들이시게
하였습니다.

24 그들은
주님께서 주신 그 낙토를
천하게 여기고,
주님의 약속을 믿지 않았습니다.
25 그들은 장막에서 불평만 하면서,
주님의 말씀에
순종하지 않았습니다.
26 그래서 주님께서는
그들에게 손을 들어 맹세하시고,
그들을 광야에서
쓰러지게 하셨으며,
27 그 자손을
뭇 나라 앞에서 거꾸러지게 하시고,
이 나라 저 나라로
흩어지게 하셨습니다.

28 그들은 또 바알브올과 짝하고,
죽은 자에게 바친
제사음식을 먹었습니다.
29 이러한 행실로,
그들은 하나님을 격노하게 하여서,
재앙이 그들에게 들이닥쳤습니다.
30 그 때에
비느하스가 일어나서
심판을 집행하니,
재앙이 그쳤습니다.
31 이 일은 대대로 길이길이
비느하스의 의로 인정되었습니다.

32 그들이 또 므리바 물 가에서
주님을 노하시게 하였으므로
이 일로 모세까지 화를 입었으니,
33 그들이 ㄴ)모세의 기분을 상하게 하여
모세가
망령되이 말을 하였기 때문입니다.

ㄱ) 히, '얌 쑤프' ㄴ) 또는 '주님의 영을' 또는 '하나님의 영을'

된다. **106:14** *욕심을 크게 내었고.* 민 11:33-34를 보라. **106:16-18** 저자는 모세와 아론이 지도하는 것에 대하여 도전한 이들에 대하여 광야에서 일어난 하나님의 심판을 회고한다 (민 16장 참조). **106:19-27** 이스라엘의 가장 중대한 죄는 여기 풀을 먹는 소의 형상으로 불리운 금송아지의 숭배이었다. **106:19** *호렙.* 시내산에 대한 또 하나의 이름이다. **106:20** 하나님의 *영광.* 거룩한 산에서 그토록 강렬한 존재이어서 모세가 그로 말미암아 변형되었다. 그는 그가 산에 돌아왔을 때 그의 얼굴을 가려야 했다 (출 34:29-35). **106:23** 모세는 백성이 용서받을 수 없다면, 그는 살기를 원하지 않는다는 것을 보이면서, 이틀에 걸친 놀라운 기도로 하나님께 애원하였다 (출 32:11-14, 30-34). **106:24-27** 열명의 정탐꾼이 부정적으로 보고한 것에 대한 언급 (민 13—14장). **106:28-31** 바알브올에서의 이스라엘의 죄와 비느하스의 개입에 대한 이야기를 위해서는 민 25장과 31장을 보라. 죽은 이들의 영에게 바친 제사음식과 관련된 종교의식에는 잔치와 성적인 방탕과 연결되었다. **106:32-33** 민 20:1-13은 모세와 아론에 대하여 백성이 불평하고 반란을 위협한 것을 자세히 묘사

34 그들은,
주님께서 그들에게 당부하신 대로
이방 백성을 전멸했어야 했는데,
35 오히려 이방 나라와 섞여서,
그들의 행위를 배우며,
36 그들의 우상들을 섬겼으니,
이런 일들이 그들에게
올가미가 되었습니다.
37 그들은 또한 귀신들에게
자기의 아들딸들을 제물로 바쳐서,
38 무죄한 피를 흘렸으니, 이는
가나안의 우상들에게 제물로 바친
그들의 아들딸이 흘린 피였습니다.
그래서 그 땅은
그 피로 더러워졌습니다.
39 그들은 그런 행위로 더러워지고,
그런 행동으로
음란하게 되었습니다.

40 그래서 주님께서는
주님의 백성에게 진노하시고,
주님의 기업을 싫어하셔서,
41 그들을 뭇 나라의 손에 넘기시니,
그들을 미워하는 자들이
그들을 다스리게 되었습니다.
42 원수들이 그들을 억압하였고,
그들은 그 권세 아래에
복종하는 신세가 되었습니다.
43 주님께서는 그들을
여러 번 건져 주셨지만,
그들은
자신들의 생각대로
계속하여 거역하며,
자신들의 죄악으로
더욱 비참하게 되었습니다.
44 그러나 주님께서는
그들의 부르짖음을 들으실 때마다,
그들이 받는 고난을
살펴보아 주셨습니다.
45 그들을 위하여
그들과 맺으신 그 언약을
기억하셨으며,
주님의 그 크신 사랑으로
뜻을 돌이키시어,
46 마침내 주님께서는
그들을 사로잡아 간 자들이
그들에게
자비를 베풀도록 하셨습니다.

47 주, 우리의 하나님,
우리를 구원하여 주십시오.
여러 나라에 흩어진 우리를
모아 주십시오.
주님의 거룩한 이름에 감사하며,
주님을 찬양하며,
주님께 영광을 돌리게 해주십시오.

48 주, 이스라엘의 하나님,
영원토록 찬송을 받아 주십시오.

온 백성은 "아멘!" 하고 응답하여라.

ㄱ)할렐루야.

ㄱ) 또는 '주님을 찬송하여라'

한다. **106:34-39** 이 구절의 내용은 이스라엘이 가나안의 주민과 같이 생활하고 그들의 관습을 따랐다는 것을 가리키는 것이다. 특히 가나안 우상에게 아이들을 제물로 바친 희생제사의 관례에 관한 것이다 (38절). 후기 신명기학파 역사가들의 신학적 견해로는 이스라엘이 가나안의 전체 인구를 없애지 못한 것은 하나님과의 언약을 지키지 못한 것이라고 비난한다 (출 23:23-33; 34:1-16 참조). 사실, 아이들의 희생제사는 이스라엘과 그 근방에서 아주 희귀하였던 것으로 보인다. 그것은 신이 축복을 내리도록 만들려는 마지막 수단으로 행하여진 것이었다 (왕하 3:27 참조). **106:40-46** 시편은 이제 사사시대로부터 바빌론 포로기의 마지막까지 (기원전 12-6세기) 이스라엘의 역사를 다룬다. 이스라엘의 배역이 계속되었지만, 하나님은 전쟁에서 이스라엘을 패배시키고, 마침내는 적국으로 포로로 끌려가도록 그들을 벌하시는 가운데, 하나님의 자비로움을 계속 기억하도록 하셨다 (시 77:9-10). **106:46** *그들에게 자비를 베풀도록 하셨습니다.* 아마 사 44:28—45:7에 하나님의 목자와 하나님의 기름부은 이로 나오는 고레스에 대한 언급일 것이다. 고레스가 포로로 잡힌 백성을 고향으로 돌아가게 하는 결정은 전적으로 정치적인 결정이었을지 모르나, 그것은 하나님이 이스라엘을 그의 고향으로 돌려보내시려는 하나님의 목적의 결과로 이해되었다. **106:47-48** 47절은 하나님께 모든 이스라엘을 약속된 땅으로 돌아가게 하여 달라고 간구하는 기도로 시편을 마무리 짓는다. 48절은 시편 제4권을 위한 마지막 후렴이다 (시 41:13; 72:18-20; 89:52 참조).

제5권
(시편 107-150)

주님은 당신의 백성을 선대하신다

107 1 주님께 감사드려라.
그는 선하시며,
그의 인자하심이 영원하다.
2 주님께 구원받은 사람들아,
대적의 손에서 구원받은 사람들아,
모두 주님께 감사드려라.
3 ㄱ)동서 남북 사방에서,
주님께서 모아들이신 사람들아,
모두 주님께 감사드려라.

4 어떤 이들은
광야의 사막에서 길을 잃고,
사람이 사는 성읍으로 가는 길을
찾지 못했으며,
5 배고프고 목이 말라,
기력이 다 빠지기도 하였다.
6 그러나 그들이 그 고난 가운데서
주님께 부르짖을 때에,
주님께서는
그들을 그 고통에서 건지시고,
7 바른길로 들어서게 하셔서,
사람이 사는 성읍으로
들어가게 하셨다.
8 주님의 인자하심을 감사하여라.
사람들에게 베푸신
주님의 놀라운 구원을 감사하여라.
9 주님께서는 목마른 사람에게 물을
실컷 마시게 하시고,
배고픈 사람에게 좋은 음식을
마음껏 먹게 해주셨다.

10 사람이 어둡고 캄캄한 곳에서 살며,
고통과 쇠사슬에 묶이는 것은,
11 그들이 하나님의 말씀을 거역하고,
가장 높으신 분의 뜻을
저버렸기 때문이다.
12 그러므로 주님께서는
그들의 마음에 고통을 주셔서
그들을 낮추셨으니,
그들이 비틀거려도
돕는 사람이 없었다.
13 그러나 그들이
고난 가운데서
주님께 부르짖을 때에,
그들을 그 곤경에서 구원해 주셨다.
14 어둡고 캄캄한 데서 건져 주시고,
그들을 얽어 맨 사슬을 끊어 주셨다.

ㄱ) 히, '동서북 바다'

107:1-43 하나님이 곤경에 빠진 이들을 구원하신다 시 107편은 하나님이 역사에서 이스라엘을 인도하시고 보호하신 이야기로 시편의 마지막 부분 제5권을 시작한다. 이 시편은 여러 집단에게 주는 감사드리라는 예배에로의 부름이다. 역경으로부터 구원을 받은 네 그룹을 지적하면서 일반적인 말로 하나님의 선하심과 인도하심을 묘사한다: 배고픔과 목마름으로 고난 당한 사람들 (4-9절), 감옥에 있는 사람들 (10-16절), 죽을 병에 걸려 아픈 사람들 (17-22절), 바다의 폭풍을 만난 사람들 (23-32절). 시편의 양식이 33절에서 변하는데, 이로 말미암아 어떤 해석가들은 지혜의 시가 시편에 나중에 추가된 것으로 보기도 하지만, 그러한 결론은 필요가 없을 것 같다. 왜냐하면 부분들이 서로 잘 보완되어 있기 때문이다. 하나님이 세상을 지혜롭게 다스리는 것에 대한 감사와 확신에 대한 이러한 일반적인 예배는 시 105편과 106편에 제시된 구체적 그림의 균형을 잡는데, 이 두 편의 시편은 각기 다른 면으로 구체적 역사에서 하나님이 이스라엘을 인도하시고 이스라엘을 심판하신 것을 보여준다. 본문 구분: 1-32절, 하나님을 찬양하고 감사하라고 여러 사람들을 부름; 33-43절, 백성을 위하여 하나님이 개입하신 것을 묘사하는 지혜의 시.

107:1-32 107:1-3 시편은 모든 범위 내에서 모인 사람들이 그들을 구하여 주신 하나님을 찬양하며 말하라고 명령하면서 시작한다. 어떤 이는 포로생활 시대 이후의 예루살렘의 축제를 생각하지만, 시편은 땅의 거민들에게 하나님의 구원에 대하여 찬양과 감사를 드리라고 초청하고 있기 때문에 그러한 내용을 담고 있지 않다. **107:4-9** 찬양을 드리라고 지적된 첫 번째 집단은 주님에게 외치면서 구원을 찾은, 땅의 방황하는 이들, 아마 피난민들일 것이다. 도움과 고향을 구하지만 아무 것도 찾지 못할 때가 많은 수백 가지 다른 사람들의 울부짖음이 우리의 현재 세계의 상황의 특징이다. 방황하는 이들은 하나님에 대하여 죄를 죄은 것으로 되어 있지 않다; 도움이 필요하다는 그 자체가 그들이 자비로우신 하나님에게 도와달라고 나아갈 수 있는 자격이다. 겹으로 된 후렴(*주님께 부르짖을 때와 주님의 인자하심을 감사*)은 시편 전체에 걸쳐 반복되지만, 각기 그 다음에 나오는 말의 대상이 되는 특정한 사람들을 지적하는데, 이는 아주 효과적인 예배문의 방법이다. **107:10-16** 그 다음, 철창 뒤에 굳게 감금되어, 어둠에서 쇠약하여진 옥에 갇힌 사람들의 묘사가 나온다.

15 주님의 인자하심을 감사하여라.
사람에게 베푸신
주님의 놀라운 구원을 감사하여라.
16 주님께서 놋대문을 부수시고,
쇠빗장을 깨뜨리셨기 때문이다.

17 어리석은 자들은,
반역의 길을 걷고
죄악을 저지르다가
고난을 받아
18 밥맛까지 잃었으니,
이미 죽음의 문턱에까지 이르렀다.
19 그 때에 그들이 고난 가운데서
주님께 부르짖으니,
주님께서 그들을
곤경에서 구원해 주셨다.
20 단 한 마디 말씀으로
그들을 고쳐 주셨고,
그들을 멸망의 구렁에서
끌어내어 주셨다.

21 주님의 인자하심을 감사하여라.
사람에게 베푸신
주님의 놀라운 구원을
감사하여라.
22 감사의 제물을 드리고,
주님이 이루신 일을
즐거운 노래로 널리 퍼뜨려라.

23 배를 타고 바다로 내려가서,
큰 물을 헤쳐 가면서
장사하는 사람들은,
24 주님께서 하신 행사를 보고,
깊은 바다에서 일으키신
놀라운 기적을 본다.
25 그는 말씀으로
큰 폭풍을 일으키시고,
물결을 산더미처럼 쌓으신다.
26 배들은 하늘 높이 떠올랐다가
깊은 바다로 떨어진다.
그런 위기에서
그들은 얼이 빠지고 간담이 녹는다.
27 그들이 모두 술 취한 사람처럼
비틀거리며 흔들리니,
그들의 지혜가 모두 쓸모 없이 된다.
28 그러나 그들이 고난 가운데서
주님께 부르짖을 때에,
그들을 곤경에서
벗어나게 해주신다.
29 폭풍이 잠잠해지고,
물결도 잔잔해진다.
30 사방이 조용해지니
모두들 기뻐하고,
주님은 그들이 바라는 항구로
그들을 인도하여 주신다.
31 주님의 인자하심을 감사하여라.
사람에게 베푸신
주님의 놀라운 구원을 감사하여라.
32 백성이 모인 가운데서
그분을 기려라.
장로들이 모인 곳에서
그분을 찬양하여라.

33 주님께서는
강들을 사막으로 만드시며,
물이 솟는 샘들을
마른 땅이 되게 하시며,
34 그 곳에서 사는 사람들의
죄악 때문에,
옥토를 소금밭이 되게 하신다.

그들도 구원해 달라고 부르짖으며, 그들은 하나님을 거역하였어도 하나님은 그들을 구원하신다 (11절). 그들이 억압된 원인이 죄나 우연이나 운명이건 간에 하나님은 듣고 그들을 구원하실 준비가 되어 있다. **107:17-22** 질병은 각자의 잘못의 결과로 널리 인식되어 왔다. 욥의 고난에 대한 친구들의 반응을 보라. 그들은 욥에게 그의 잘못을 인정하고 치유를 받으라고 간청한다. **107:20** *단 한 마디 말씀으로 그들을 고쳐 주셨고.* 치유에 대한 하나님의 선언은 질병에서 치유가 언제 일어나는지를 감지할 수 있도록 훈련을 받은 제사장들에게 맡겨졌다. 레 13장을 보라. **107:23-32** 마지막으로, 선원과 배를 타고 여행하는 사람들에게 하나님이 바다를 다니는 사람들의 삶을 위협하는 강한 파도와 폭풍을 보내시지만, 하나님은 바다에 있는 사람들의 부르짖음에 응답하실 것이며, 바다를 잠잠하게 하시고, 곤경에 처한 사람들을 안전한 항구로 인도하실 것을 상기시켜 주신다. **107:26** 깊은 바다의 작은 배의 흔들림은 하늘까지 올라갔다 깊음으로 떨어지는 것으로 적절히 묘사된다. **107:29** 복음서(예를 들어, 마 8:23-27)에 폭풍 가운데 제자들이 두려워하고 예수께서 바다를 잠잠하게 하신 장면이 나온다. **107:33-43** 지혜의 시는 찬양하라는 부름에 대한 적절한 응답이다 (1-32절). 이는 시 1편과 "한나의 노래"(삼상 2장)와 "마리아의 찬가" (눅 1:46-55)의 주제를 반복한다: 하나님은 가난한 사람

35 그러나 주님께서는
사막을 연못으로 만드시며,
마른 땅을
물이 솟는 샘으로 만드시고,
36 굶주린 사람들로
거기에 살게 하시어,
그들이 거기에다
사람 사는 성읍을 세우게 하시고,
37 밭에 씨를 뿌리며
포도원을 일구어서,
풍성한 소출을 거두게 하시며,
38 또 그들에게 복을 주시어,
그들이 크게 번성하게 하시고,
가축이 줄어들지 않게 하신다.

39 그들이 억압과 고난과
걱정 근심 때문에
수가 줄어들고 비천해질 때에,
40 주님께서는
높은 자들에게 능욕을 부으시고,
그들을 길 없는 황무지에서
헤매게 하셨지만,
41 가난한 사람은
그 고달픔에서 벗어나게 해주시고,
그 가족을 양 떼처럼
번성하게 하셨다.

42 정직한 사람은
이것을 보고 즐거워하고,
사악한 사람은 말문이 막힐 것이다.
43 지혜 있는 사람이 누구냐?
이 일들을 명심하고,
주님의 인자하심을 깨달아라.

하나님이 우리와 함께 계시면

(시 57:7-11; 60:5-12)

108 [다윗의 찬송시]
1 하나님,
나는 내 마음을
정했습니다.
ㄱ)진실로 나는 내 마음을
확실히 정했습니다.
내가 가락에 맞추어서
노래를 부르렵니다.
ㄴ)내 영혼아, 깨어나라.
2 거문고야, 수금아, 깨어나라.
내가 새벽을 깨우련다.
3 주님, 내가 만민 가운데서
주님께 감사드리며,
뭇 나라 가운데서 노래 불러
주님을 찬양하렵니다.
4 주님의 한결같은 그 사랑,
하늘보다 더 높고,
주님의 진실하심,
구름에까지 닿습니다.

5 하나님, 주님,
하늘보다 더 높이 높임을 받으시고,
주님의 영광
온 땅 위에 떨치십시오.
6 주님의 오른손을 내미셔서
주님께서 사랑하시는 사람을
구원하여 주십시오.
나에게 응답하여 주십시오.

7 하나님께서 ㄷ)그 성소에서
이렇게 말씀하셨습니다.
"내가 크게 기뻐하련다.
내가 세겜을 나누고,
숙곳 골짜기를 측량하련다.
8 길르앗도 나의 것이요,
므낫세도 나의 것이다.
에브라임은
나의 머리에 쓰는 투구요,
유다는 나의 통치 지팡이이다.

ㄱ) 히브리어 사본과 칠십인역과 시리아어역을 따름. 마소라 본문에는 이 구절이 없음 ㄴ) 시 57:8 비교. 히; '내 영혼도 노래를 부르렵니다' ㄷ) 또는 '그의 거룩하심으로'

들과 어려움에 처한 이들을 함께, 각자가 필요한 것을 공급하여 주심으로 그들의 처지를 반전시켜 주신다. **107:33-38** 간신히 존재를 영위하는 이들은 그들의 불운이 완전히 변화되는 것을 보게 되는 반면, 악행하는 이들은 갑자기 그들의 유쾌하고 번성하는 땅이 광야로 변하는 것을 보게 된다. **107:39-43** 재난과 억압이 가난하고 어려운 이들을 칠 때, 하나님은 일을 올바로 잡기 위하여 즉시 개입하실 것이다. 누구이건 억압하는 자들은 그들이 억압하는 사람들의 운명을 갑자기 당하게 될 것이다. 선한 사람이든지 악한 사람이든지, 이를 보는 이들은 지혜롭다면 올바른 결론을 내리고 그에 따라 행동할 것이다.

9 그러나 모압은
나의 세숫대야로 삼고,
에돔에는 나의 신을 벗어 던져
그것이 내 소유임을 밝히련다.
블레셋을 격파하고
승전가를 부르련다."

10 누가 나를
견고한 성으로 데리고 가며,
누가 나를
에돔에까지 인도합니까?
11 아, 하나님,
우리를 정말로 내버리신 것입니까?
아, 하나님,
주님께서 우리 군대와
함께 나아가지 않으시렵니까?
12 사람의 도움은 헛되니
어서, 우리를 도우셔서,
이 원수들을 물리쳐 주십시오.

13 하나님이 우리와 함께 하시면,
우리는 승리를 얻을 것이다.
그분이 우리의 원수들을
짓밟을 것이다.

주님의 도움을 비는 기도

109

[지휘자를 따라 부르는 다윗의 노래]
1 ㄱ)하나님,
내가 주님을 찬양합니다.
잠잠히 계시지 마십시오.

2 악한 자와 속이는 자가 일제히,
나를 보고 입을 열고,
혀를 놀려서 거짓말로
나를 비난합니다.
3 미움으로 가득 찬 말을
나에게 퍼붓고,
이유도 없이 나를 맹렬하게 공격합니다.
4 나는 그들을 사랑하여
그들을 위하여 기도를 올리건만,
그들은 나를 고발합니다.
5 그들은 선을 오히려 악으로 갚고,
사랑을 미움으로 갚습니다.

6 "그러므로 ㄴ)악인을 시켜,
그와 맞서게 하십시오.
고소인이 그의 오른쪽에 서서,
그를 고발하게 하십시오.

ㄱ) 히브리어 사본 가운데 일부와 칠십인역과 타르굼을 따름. 히, '내가 찬양하는 하나님' ㄴ) 또는 '악마'

108:1-13 감사와 탄원 이 시편은 알 수 없는 이유로 여기 두 개의 시편과 함께 묶여져 있다. 1-5절에 관하여 시편 57:7-11, 그리고 6-13절에 관하여 시 60:5-12를 보라. 두 시편의 형태나 내용이 잘 맞지 않는다. 이것은 사본을 만드는 과정에서 생긴 이유 때문인 것으로 보이는데, 이는 칠십인역이 만들어진 원본이 되는 히브리어 사본에 이미 담겨 있는 것을 보아 아주 오래 전에 일어난 상황이다. 시편에 대한 주석에 관하여, 57편과 60편의 주석을 보라.

109:1-31 저주를 그에게 내리십시오! 특정한 대적에 대한 저주의 형태로 된 개인의 탄원시이다. 새번역개정은 (NRSV도) 시편의 처음과 마지막 부분의 대적(악한 자와 속이는 자)을 복수형으로 만들어서 (1-5절, 20-31절), 그 계속된 용례에서 이 시편이 읽는 이들의 대적들에게 적용되는 것을 보여준다. 새번역개정과 NRSV는 중간의 부분(6-19절)이 시편 기자의 특정한 대적을 지칭하는 것으로 취한다. 사실, 시편은 전체에 걸쳐서 한 가지 대적을 생각하고 있는 것이다. 본문 구분: 1-5절, 대적에게 잘못되게 비난을 받은 이가 하나님께 드리는 도와달라는 기도; 6-19절, 하나님이 대적을 저주하실 것을 청하는 말로, 시편 기자가 한 말이거나 그의 대적이 한 말; 20-25절, 하나님이 구원하여 달라는 간구; 26-31절, 하나님의 정의와 자비에 대한 확신의 말로 마무리되는 도움과 신원에 대한 또 한 번의 간구. **109:1-5** 간구하는 이는 대적이 잘못된 비난을 하고 선을 악으로 갚는다고 말하면서, 아무것도 잘못한 것이 없다고 주장한다. 고난당하는 이는 친구로 여겨졌던 사람에게서 공격을 받고 있다. 많은 다른 경우와 사례가 이 시편과 그리고 비슷한 다른 탄원시 뒤에 담겨 있을지 모르지만, 가장 평범한 상황은 질병으로, 그의 가족이나 친구들이 악한 생각이나 말로 질병을 더 악화시켰다는 생각이 든다. 질병의 진단은 시편 기자의 세상에서 잘 발달된 일이 아니었다: 하나님은 시편 기자의 잘못의 보응으로 질병을 보내셨을지 모르며, 또 대적이 시편 기자를 거짓 송사하여 시편 기자에게 하나님의 이름으로 저주를 하였을지 모른다. 시편 기자는, 원인이 무엇이었든지, 신체적인 질병으로 인한 것이었든지 잘못에 대한 부당한 비난이었든지, 고난자의 모습으로, 또는 어떻게 해서인지 공동체와 하나님에게서 유리되었으며, 그러한 운명에 대하여 당혹해 하는 모습으로 공동체 앞에 선다. **109:6-19** 이 말은 비난하는 이들에 대한 시편 기자의 저주일 수도 있고, 또는 비난하는

7 그가 재판을 받을 때에,
유죄 판결을 받게 하십시오.
그가 하는 기도는
죄가 되게 하십시오.
8 그가 살 날을 짧게 하시고
그가 하던 일도
다른 사람이 하게 하십시오.
9 그 자식들은
아버지 없는 자식이 되게 하고,
그 아내는 과부가 되게 하십시오.
10 그 자식들은 떠돌아다니면서
구걸하는 신세가 되고,
ㄱ)폐허가 된 집에서마저 쫓겨나서
밥을 빌어먹게 하십시오.
11 빚쟁이가 그 재산을 모두 가져 가고,
낯선 사람들이 들이닥쳐서,
재산을 모두 약탈하게 하십시오.
12 그에게
사랑을 베풀 사람이 없게 하시고,
그 고아들에게
은혜를 베풀어 줄 자도
없게 하십시오.
13 자손도 끊어지고,
후대에 이르러,
그들의 이름까지도
지워지게 하십시오.
14 그의 ㄴ)아버지가 지은 죄를
주님이 기억하시고,
그의 어머니가 지은 죄도
지워지지 않게 하십시오.
15 그들의 죄가
늘 주님에게 거슬리게 하시고,
세상 사람들이 그를
완전히 잊게 하여 주십시오.

16 이것은 그가
남에게 사랑을 베풀 생각은 않고,
도리어 가난하고 빈곤한 자를
괴롭히며,
마음이 상한 자를
못살게 하였기 때문입니다.
17 그가 저주하기를 좋아하였으니,
그 저주가 그에게 내리게 하십시오.
축복하기를 싫어하였으니,
복이 그에게서 멀어지게 하십시오.
18 저주하기를 옷 입듯 하였으니,
그 저주가 물처럼
그의 뱃속까지 스며들고,
기름처럼 그 뱃속에까지
배어들게 하십시오.
19 그 저주가 그에게는 언제나,
입은 옷과 같고,
항상 띠는 띠와 같게 하십시오."

20 주님, 나를 고발하는 자와,
나에게 이런 악담을 퍼붓는 자들이
오히려
그런 저주를 받게 해주십시오.
21 주님은 나의 하나님이시니,
주님의 명성에 어울리게
나를 도와주십시오.
주님의 사랑은 그지없으시니,
나를 건져 주십시오.

22 나는 가난하고 빈곤합니다.
내 마음이 깊은 상처를 받았습니다.
23 나는
석양에 기우는 그림자처럼
사라져가고,
놀란 메뚜기 떼처럼 날려 갑니다.
24 금식으로,

ㄱ) 칠십인역을 따름. 히, '폐허를 찾고' ㄴ) 히, '아버지들' 또는 '조상'

자들의 실제의 저주를 시편 기자가 인용하는 것일 수도 있다. 어느 쪽이건, 여기 나오는 말들은 성경에 나오는 가장 혹심하고 큰 저주이다. 저주는 그 대상이 재판장 앞에서 유죄로 판결되어 그의 재산과 그의 가족과 그의 이름과 그의 명성을 잃게 해달라고 요청한다. 저주는 아버지에게서 아들로 손자로 함께 묶어 심판하여, 아무도 연민을 보여줄 사람이 없도록 공동체에서 유리될 것을 청한다. 이는 하나님의 저주가 옷과 같이 저주하는 이를 둘러싸서, 또 독과 같이 그 몸 전체에 퍼질 것을 구하는 말로 마무리 짓는다. 1040쪽 추가 설명: "대적과 저주"를 보라. **109:20-25** 20절은 이전의 저주(6-19절)를 말한 것은 시편 기자 자신이었다는 것을 시사하는데, 여기서 시편 기자가 하나님이 대적의 저주를 대적 자신에게 돌려 달라고 기도하고 있는 것도 가능하다. 하나님의 자비에 호소하면서, 시편 기자는 이제 저주의 효과를 묘사하는데, 곧 마음이 부서지고, 몸이 수척하여, 그래서 공동체는 그에 따라 시편 기자가 하나님의 그런 심판을 받을 만하게 어떤 끔찍한 일을 저질렀는지 의아해

나의 두 무릎은 약해지고,
내 몸에서는 기름기가 다 빠져서
수척해졌습니다.
25 나는 사람들의 조소거리가 되고,
그들은 나를 볼 때마다,
머리를 절레절레 흔들면서
멸시합니다.

26 주, 나의 하나님,
나를 도와주십시오.
주님의 한결같으신 사랑을 따라,
나를 구원하여 주십시오.
27 주님,
이것은 주님께서 손수 하신 일이며,
바로 주님이 이 일을 이루셨음을
그들이 알게 해주십시오.
28 그들이 나에게 저주를 퍼부어도,
주님은 나에게 복을 주십니다.
그들은 치려고 일어났다가
부끄러움을 당하여도,
주님의 종은 언제나
즐거워하게 해주십시오.
29 나를 고발하는 사람들은
수치를 뒤집어쓰게 해주시고,

하면서 비난의 눈으로 바라본다. **109:26-31** 시편 기자는 하나님께서 구원하러 오시어, 저주를 축복으로 바꾸시고, 비난하는 자가 수치를 당하게 하여 달라고 하나님에게 기원한다. 그러고 나서 고난자는 하나님의 이름을 높이 찬양할 것을 약속한다. **109:31** 시편은 기도가 이미 응답을 받는 과정에 있다고 확신하면서 마무리된다: 하나님은 궁핍한 자를 도우시며; 하나님은 부당하게 비난하는 자로부터 무고한 자를 구원하여 주신다. 도움을 청하는 기도의 많은 부분이 받은 도움에 대한 광범위한 찬양과 감사로 마무리된다. 여기서 시인은 단순히 하나님의 임재가 충분한 확신을 준다는 믿음을 확인하는 것으로 만족해한다. 도움은 분명히 올 것이다. 시편이 너무 열정적이고, 너무 자기도취적이고, 너무 협소한 마음으로 복수적인 것이어서 믿을 만하지 못한 것임을 듣는 이가 경험할 수 있도록 이러한 저주의 종류의 저주가 인간의 말과 기도의 규범에 심히 벗어나는 것이라고 제안한 이도 있다. 시편은 읽는 이들과 듣는 이들이 종종 지나치게 항거하는 모습으로 또 우스꽝

추가 설명: 대적과 저주

개인과 나라와 하나님의 대적이 자주 시편에 나온다. 이러한 대적의 증오를 일으키는 이들에는 인간뿐 아니라, 전설적인 세력(예를 들어, "죽음의 물살," 시 18:4; "죽음의 덫," 시 18:5; "물에 있는 타닌들의 머리," 시 74:13)이 포함된다. 다음과 같은 것을 포함하는, 그러나 거기에 제한되지 아니하는 수많은 단수와 복수의 말이 이러한 대적자들을 가리킨다 (다음의 목록은 그들의 처음 언급만을 인용한다): "원수" (시 7:5/3:7); "대적" (시 7:4/3:1); "거짓말을 하는 자" (시 63:11; 116:11에만); "악인" (시 1:1); "악한 일을 저지르는 자" (시 5:5); "사기꾼" (시 5:6); "싸움쟁이" (시 5:6); "약탈하는 무리" (시 17:4); "치는 자" (시 17:7); "박해하는 자" (시 31:15); "조롱하는 자와 모독하는 자" (시 44:16). 대적의 정체가 대게 드물지 않다. 시 137:3의 "사로잡아 온 자"와 "짓밟아 끌고 온 자"는 바빌로니아인 반면, 대부분의 경우 구체적인 연관을 세울 수 없다.

분명히 이러한 위협적인 대적으로부터 희생을 당한 이들은 기도를 해방의 도구로 사용한다. 희생자들은 표현에 구애받지 않는 말로 하나님께서 대적을 복수해 주실 것을 간구한다. 그러한 기도는 인간의 마음에서 하나님의 분노와 격노를 하나님께 드리고, 복수의 실현을 신의 특권으로 돌린다 (18:47; 58:10; 94:1; 149:7; 신 32:35). 때때로 시편 기자는 대적에 관하여 심한 언어를 사용한다. 어떤 이들은 하나님이 "악하고 못된 자의 팔을 꺾어" 달라고 구한다 (시 10:15); 그들을 "산 채로 음부로 데리고 가거라!" (시 55:15); 하나님이 "이빨을 그 입 안에서 부러뜨려 주십시오" (시편 58:6)," 악인을 죽여만 주신다면" (시편 139:19); 또는 "악인들은, 자기가 친 덫에 걸려서 넘어지게" (시편 141:10) 하여 달라고 기도한다. 이와 같이 폭력적이고 보응적인 저주는 검열을 당하거나 침묵을 당하지 않는다 (5:10; 21:8-12; 28:4-5; 40:14-15; 52:5; 68:2, 30; 69:24; 83:10; 94:2; 104:35; 137;9; 140:10을 보라). 아홉 편의 시편은 거의 전적으로 하나님이 악행하는 자를 쳐달라고 기도하는 것에 초점을 둔다 (시 7편; 35편; 58편; 59편; 69편; 83편; 109편; 137편; 140편). 그러한 기도는 분노를 하나님께 바치고 복수를 하는 것보다 복수를 위하여 기도하는 것이 낫지 아니한가 질문하게 해준다.

그들이 받을 수모를
겉옷처럼 걸치고
다니게 해주십시오.

30 내가 입을 열어서
주님께 크게 감사드리며,
많은 사람이 모인 가운데서
주님을 찬양하련다.
31 나를 고발하는 자들에게서
나를 구원해 주시려고,
주님께서는
이 가난한 사람의
오른쪽에 서 계시기 때문이다.

주님께서 승리를 안겨주심

110 [다윗의 노래]
1 ㄱ)주님께서
ㄴ)내 주님께 말씀하시기를
"내가 너의 원수들을
너의 발판이 되게 하기까지,
너는 내 오른쪽에 앉아 있어라"
하셨습니다.

2 ㄱ)주님께서
ㄷ)임금님의 권능의 지팡이를
시온에서 하사해 주시니,
ㄷ)임금님께서는
저 원수들을 통치하십시오.
3 ㄷ)임금님께서 ㄹ)거룩한 산에서
군대를 이끌고
전쟁터로 나가시는 날에,
ㄷ)임금님의 백성이 즐거이 헌신하고,
ㅁ)아침 동이 틀 때에
ㅂ)새벽 이슬이 맺히듯이,
젊은이들이
임금님께로 모여들 것입니다.
4 ㄱ)주님께서 맹세하시기를
"너는 멜기세덱을 따른
영원한 제사장이다" 하셨으니,
그 뜻을 바꾸지 않으실 것입니다.

5 ㅅ)주님께서

ㄱ) '여호와'를 가리킴 ㄴ) 히, '아도니 (내 주님)' ㄷ) 글자대로는 1절의 '내 주님 (아도니)'을 가리키는 2인칭 단수 대명사 '당신' ㄹ) 또는 '거룩한 광채로' ㅁ) 히, '아침 해' ㅂ) 히, '당신의 젊음의 이슬이 당신께로……' ㅅ) 히, '아도나이'. 하나님의 이름. '여호와' 대신 부르는 칭호

스러운 모습으로 자기의 운명을 불평하는 것을 볼 수 있도록 그들을 위한 거울을 들고 있는 것일까? 자기 연민은 아름다운 것이 아니다. 불평이 너무 심하면, 그에 대한 당연한 반응이 연민이 아니라 해학이 될 수도 있다. 이 시편은 유다의 왕이 세워질 때마다 계속 사용되었을 것이다. 시편은 땅의 군주의 세력은 주님이 주신 것이라고 명시하고, 다른 왕의 시편에 나오는 내용, 곧 주님은 왕이 하나님 대신에 올바로 그리고 공정하게 다스릴 것을 요구하신다는 것을 암시한다 (특히 시편 2; 72편의 주를 보라). 본문 구분은: 1절, 서두; 2-4절, 예언자가 하나님께서 왕을 시온의 통치자로 지정하신 것을 선언한다; 5-7절, 예언자는 하나님이 새 왕을 지지할 것을 확인하셨다고 제시한다. 시편 110편은 신약에 자주 (14번) 인용된다. 주님과 나의 주님에 대한 어근에서 초기 기독교 공동체는 앞으로 올 다윗의 메시야적인 후예가 메시야의 부활에 이어서 영광 가운데 하나님의 오른편에 앉을 것이라는 다윗왕의 예언을 발견하였다 (행 2:34-35 참조). **110:1** 예언자는 하나님이 지상의 왕을 하나님의 오른편에 시온/예루살렘의 지상의 보좌에 앉아 있도록 지정하였다는 하나님의 말씀을 선포한다. 지상의 보좌는 하늘의 하나님의 보좌의 복제판이다. **110:2-4** 하나님의 기름부음을 받은 왕에게 승리를 확정하셨기 때문에 시온에서 앞으로 내밀어진 지팡이는 왕과 백성을 위하여 승리를 확신한다. **110:3** *즐거이 헌신하고.* 이 표현은 이스라엘 군대가 하나님의 목적에 헌신한 자원자들로 이루어졌다는 것을 표시하기 위하여 초기 이스라엘의 부족의 동맹에서 사용된 언어이다 (삿 5:9 참조). 하나님이 군대를 이끄시면, 전쟁은 언제나 거룩한 전쟁이다. *아침 동이 틀 때에.* 이 어려운 표현은, 신비하게 새벽이 신선하게 해주는 이슬을 땅에 내리듯이, 예언자가 새 왕에게 그의 청년 시절의 기력과 힘을 하나님이 주실 것이라고 확신하는 것을 가리키는 것임에 틀림이 없다. **110:4** 주님은 하나님 자신으로 맹세하신다: 다윗과 그의 후손은 주님의 통치자와 제사장으로 영원히 섬길 것이다. 멜기세덱을 따른 학자들은 이 시편은 새로 정복된 도시 여부스/시온의 왕으로 다윗을 세우고 (삼상 5장) 여부스의 가나안 제사장 사독을 이스라엘의 새로운 제사장으로 세우는 것 (본문에 문제가 있을지 모르는 삼하 8:17을 보라) 두 가지를 함께 기록한다고 제시하였다. 살렘의 전통적인 제사장-왕 멜기세덱(창 14장)에 대한 언급은 이러한 견해를 타당한 것으로 보여준다. 보다 더 타당한 것인 본문이 왕에게 제사장권과 왕권을 모두 주고 있다는 것이다. **110:5-7** 이 구절은 새 왕에게 하나님의 자신의 능력과 인도로 전쟁에서 승리가 확실하다는 새 확신을 준다. 하나님의 심판이란 전쟁의 패배와 하나님의 대적의 죽음을 의미한다. 왕은 하나님의 심판을 집행하며, 왕은 산 밑 기혼 샘에서 왕권 확인을 받는다 (왕상 1장을 보라). **110:7** *머리를*

ㄱ)임금님의 오른쪽에 계시니,
그분께서 노하시는 심판의 날에,
그분께서 왕들을
다 쳐서 흩으실 것입니다.
6 그분께서 뭇 나라를 심판하실 때에,
그 통치자들을 치셔서,
그 주검을 이 땅 이곳 저곳에
가득하게 하실 것입니다.
7 ㄴ)임금님께서는
길가에 있는 시냇물을 마시고,
머리를 높이 드실 것입니다.

주님께서 하신 일을 찬양하여라

111 ㄷ)1 ㄹ)할렐루야.
내가 온 마음을 다 기울여,
정직한 사람의 모임과
회중 가운데서
주님께 감사를 드리겠다.

2 주님께서 하시는 일들은
참으로 훌륭하시니,
그 일을 보고 기뻐하는 사람들이
모두 깊이 연구하는구나.
3 주님이 하신 일은
장엄하고 영광스러우며,
주님의 의로우심은 영원하다.
4 그 하신 기이한 일들을
사람들에게 기억하게 하셨으니,
주님은 은혜로우시며
긍휼이 많으시다.

5 주님은,
당신을 경외하는 사람들에게는
먹거리를 주시고,
당신이 맺으신 언약은
영원토록 기억하신다.
6 당신의 백성에게 하신 일,
곧 뭇 민족의 유산을
그들에게 주신 일로
당신의 능력을 알리셨다.
7 손수 하신 일들은
진실하고 공의로우며,
주님이 지시하신 법은 모두 든든하며,
8 영원토록 흔들리는 일이 없으니,
진실과 정직으로 제정되었다.
9 당신의 백성에게 구원을 베푸시고
그 언약을 영원히 세우셨으니,
그 이름이 거룩하고 두렵다.

10 주님을 경외하는 것이
지혜의 근본이다.
주님의 계명을 지키는 사람은
바른 깨달음을 얻으니,
영원토록 주님을 찬양할 일이다.

ㄱ) 글자대로는 1절의 '내 주님 (아도니)'을 가리키는 2인칭 단수 대명사 '당신' ㄴ) 히, '그는' ㄷ) 각 행의 첫 글자가 히브리어 자음 문자 순서로 되어 있는 시 ㄹ) 또는 '주님을 찬송하여라

높이 드실 것입니다. 심신을 상쾌하게 하는 것을 상징하는 것 이상으로, 새로 기름부음을 받은 왕은 이제 지상에서 하나님의 대리자로 굳건히 세움을 받는다. 북왕국 이스라엘의 왕정과 비교하여, 유다의 왕권이 비교적 안정된 것은 주로 다윗의 보좌를 하나님에게서 영원히 받았다는 선지자 나단의 말이 지속된 영향의 결과이다 (삼하 7:24-29). 그리스도교 공동체는 다윗 왕의 후손 메시아 되시는 예수님이 다윗에게 주신 하나님의 약속을 이어 받은 것으로 이 약속을 확신하였다.

111:1-10 하나님이 하신 선한 일은 장엄하시다 이 현학적인 찬양 시편은 이스라엘의 지혜 전통의 가르침을 가리킨다. 그것은 주님에 대한 찬양으로 시작되고 마무리되며 (1, 10절), 시편의 중심 부분은 일반적인 말로 주님이 왜 그러한 찬양을 받으실 만한지를 묘사해 준다. 시 112편과 같이, 이는 그 반절이 히브리어 알파벳 (*알레프에서 타우까지*) 22자의 하나로 시작되는 알파벳 시이다. 두 시편의 내용을 보면 111편은 주님이 행하는 선한 일들을 찬양하고 112편은 견줄 만한 선을 행하는 인간을 칭송하는 것으로 두 시편의 내용이 유사하다. 시편의 개요가 필요하지 않다; 히브리어 단어의 움직임이 이 시편의 구조를 이룬다. **111:1** *할렐루야 (주님을 찬양하라)!* 이것은 몇 편의 시편을 열고 때때로 마무리 되는 "할렐루야" 라는 낯익은 복수형 명령이다 (104:35; 105:45; 106:1, 48; 112;1; 113:1, 9; 135:1, 3, 21 참조). 말하는 이는 하나님을 찬양하는 동시에 하나님의 성품과 하나님의 백성의 의무에 대하여 회중을 가르치고 있다. **111:2-9** 하나님의 구원행위를 일반적인 말로 제시한다. 하나님은 이스라엘을 인도하시고, 계약에 신실하시며, 곤궁에서 구하시고, 백성을 인도할 토라를 주셨다. **111:10** 이 표현은 이스라엘 지혜 선생을 위한 규범이다. 욥 28:28; 잠 1:7; 9:10을 보라.

112:1-10 인간의 선행을 칭찬하다 시 111편과 같이 알파벳 시로 되어 있는 지혜의 시이며 (이 시편과

하나님을 예배하는 이들에게 복을 베푸신다

112 ㄱ)1 ㄴ)할렐루야.
주님을 경외하고
주님의 계명을
크게 즐거워하는 사람은,
복이 있다.

2 그의 자손은
이 세상에서 능력 있는 사람이 되며,
정직한 사람의 자손은 복을 받으며,
3 그의 집에는 부귀와 영화가 있으며,
그의 의로움은
영원토록 칭찬을 받을 것이다.

4 정직한 사람에게는
어둠 속에서도 빛이 비칠 것이다.
그는 은혜로우며,
긍휼이 많으며, 의로운 사람이다.
5 은혜를 베풀면서
남에게 꾸어 주는 사람은
모든 일이 잘 될 것이다.
그런 사람은
일을 공평하게 처리하는 사람이다.
6 그런 사람은
영원히 흔들리지 않을 것이다.
의로운 사람은 영원히 기억된다.
7 그는 나쁜 소식을 두려워하지 않으니,
주님을 믿으므로
그의 마음이 굳건하기 때문이다.
8 그의 마음은 확고하여
두려움이 없으니,
마침내 그는 그의 대적이
망하는 것을 볼 것이다.
9 그는 가난한 사람들에게
넉넉하게 나누어주니,
그의 의로움은 영원히 기억되고,
그는 영광을 받으며 높아질 것이다.

10 악인은 이것을 보고 화가 나서,
ㄷ)이를 갈다가 사라질 것이다.
악인의 욕망은 헛되이 꺾일 것이다.

주님께서 어려움 당하는 이들을 도우신다

113 1 ㄴ)할렐루야.
주님의 종들아,
찬양하여라.
주님의 이름을 찬양하여라.

2 지금부터 영원까지,
주님의 이름이 찬양을 받을 것이다.

ㄱ) 각 행의 첫 글자가 히브리어 자음 문자 순서로 되어 있는 시 ㄴ) 또는 '주님을 찬송하여라' ㄷ) 또는 '증오의 눈으로 나를 노려 보다가'

111편은 많은 유사점을 지니고 있다), 이 시편은 시편 111편, 특히 10절의 주석이나 해석(*미드라쉬*)일지 모른다. 시편은 악인에게는 단 한 절만 할애하고 있다 (10절; 시 1편 참조). 칭송되는 선행은 이스라엘의 지혜 선생들이 가르치는 것으로 하나님의 토라에 대한 신실, 근면, 관대한 정신, 공정한 처분, 어려움이 올 때와 또 가난한 사람들을 꾸준하게 돌보는 일이다. 이 시편은 개요를 필요로 하지 아니한다; 알파벳의 구조가 시상을 정리한다. **112:10** 시 1편이 가르치듯이, 악인은 의인이 책임성 있는 생활을 하면서 번창하는 것을 보고 견딜 수가 없다. 질투(또는 증오의 눈)로 이를 갈다가 사라질 것이지만 소용이 없다. 그들은 헛되이 꺾일 것이다. 이것은 시 1:6의 똑같은 히브리어 단어를 번역한 것이다. 저자는 마지막에 하나님이 의인이 온당한 상을 받고 악인이 온당한 심판을 받도록 보살피실 것이므로, 악이 자주 성하여도 보고 있는 이들을 속일 수 없다는 것을 아주 잘 알고 있다 (이러한 가르침에 대한 명상으로 시 73편을 보라).

113:1-9 가난한 이와 궁핍한 이들이 들림을 받다 이 찬양의 시편은 온 땅과 모든 나라에 대한 주님의 주권을 인정한다. 하늘과 땅 위에 높이 앉아 계셔도, 하나님은 보시고 땅의 가난하고 궁핍한 자를 도와주러 오신다. 여기서 하나님이 강한 자를 낮추고 땅의 낮은 자를 높이신다는 익숙한 대조가 나오지 않는다 (삼상 2:1-10; 눅 1:46-55를 보라). 본문 구분: 1-4절, 공동체가 계속하여 하나님을 찬양하라는 부름; 5-9절, 궁핍에 처한 이를 하나님이 돌보신다는 선언. **113:1-4 113:2** *지금부터 영원까지 주님의 이름이 찬양을 받을 것이다.* 성전에 있는 등이 계속하여 불이 붙어 있어야 하듯이, 또한 공동체는 주님을 향한 찬양이 향과 같이 땅에서 하늘로 계속 올라가도록 하여야 한다 (141:2). **113:4** *하늘보다 높으시다.* 하나님의 보좌는 하늘의 궁창 위에 있으며, 영광의 구름에 싸여, 그룹 위에 세워진다 (삼상 4:4). **113:5-9 113:5** 하나님은 한 분이실 (사 44:6-7) 뿐 아니라, 주님의 열심과 관심으로 인하여 주님은 견줄 만한 이가 없다. **113:7-8** 땅 멀리 위에, 높은 곳에 앉아 계셔서 (또는 거하시며; 히브리어, *야샤브*), 하나님의 관심은 *가난한 사람* (히브리어, 달, "약한")

3 해 뜨는 데서부터 해 지는 데까지,
주님의 이름이 찬양을 받을 것이다.

4 주님은 모든 나라보다 높으시며,
그 영광은 하늘보다 높으시다.
5 주 우리 하나님과 같은 이가
어디에 있으랴?
높은 곳에 계시지만
6 스스로 낮추셔서,
하늘과 땅을 두루 살피시고,
7 가난한 사람을
티끌에서 일으키시며
궁핍한 사람을
거름더미에서 들어올리셔서,
8 귀한 이들과 한자리에 앉게 하시며
백성의 귀한 이들과
함께 앉게 하시고,
9 아이를 낳지 못하는 여인조차도
한 집에서 떳떳하게 살게 하시며,
많은 아이들을 거느리고 즐거워하는
어머니가 되게 하신다.

ㄱ)할렐루야.

주님께서 놀라운 일을 하신다

114 1 이스라엘이
이집트에서 나올 때에,
야곱의 집안이
다른 언어를 쓰는 민족에게서
떠나올 때에,
2 유다는 주님의 성소가 되고,
이스라엘은 그의 영토가 되었다.

3 바다는 그들을 보고 도망쳤고,
요단 강은 뒤로 물러났으며,
4 산들은 숫양처럼 뛰놀고
언덕들도 새끼양처럼 뛰놀았다.

5 바다야,
너는 어찌하여 도망을 쳤느냐?
요단 강아,
너는 어찌하여 뒤로 물러났느냐?
6 산들아,
너희는 어찌하여
숫양처럼 뛰놀았느냐?

ㄱ) 또는 '주님을 찬송하여라'

그리고 *궁핍한 사람*(히브리어, *에브욘*)에 집중되어 있다. 땅의 낮은 이들은 귀한 자리에 높임을 받을 것이다. 그러나 여기서 귀함이란 한나와 마리아의 노래에서와 같이 잿더미로 강등되는 것이 아니다. **113:9** 아이를 낳지 못하는 여인이 집을 얻을 것이다 (직역하면 "하나님은 집에서 아이를 낳지 못하는 이에게 집[히브리어, *모쉬비*]을 주신다"). 하나님은 하늘에 거하시지만 (히브리어, *야샤브*), 남편을 잃은 과부를 위해서 거처(모쉬비)를 만들어 주시는데, 이는 이 시편의 두 번째 부분의 틀을 잘 잡아 주는 용례이다.

114:1-8 이집트에서 우리를 구원하소서 하나님이 이스라엘을 이집트에서 구하여 주신 것과 하나님 백성을 약속한 땅으로 인도하신 것을 축하하는 유일한 찬송시와 같은 시로, 시 114편은 사해 북쪽 요단 강을 건너는 곳 중의 하나인 서쪽에 접한, 길갈의 고대 장소에 위치한 예배 행위에서 나오는 것일지 모른다. 아마도 길갈 지역은 수년 동안 다윗이 예루살렘을 정복하기(기원전 10세기 초)에 앞서 유월절 절기를 축하하는 장소로 쓰였을 것이다. 이 시편은 초기 가나안 시의 몇 가지 특징을 갖추고 있다: 두 가지 역할을 동시에 하는 동사가 담긴 평행구, 그리고 세 개의 연결된 절의 연결 등. 조만간, 시는 후기의 유월절 행사와 연관된다. 유대 전승에 따르면, 이 시편은 유월절 여덟 번째 날에 낭송되었다. 본문 구분: 1-2절, 출애굽에서, 주님은 출애굽 공동체와 함께 거처를 취하셨다; 3-4절, 바다가 물러가고, 산과 언덕이 춤을 추면서 새 창조가 시작되었다; 5-6절, 시인은 수사적 효과를 노리는 것으로 이러한 우주적인 반응이 왜 일어나는지 묻는다; 7-8절, 시인은 온 땅이 이러한 하나님의 구원의 우주적으로 중대한 사건 앞에 떨어야 한다고 대답한다. 구약에서 종종 하나님의 역사적 구원 사건이 창조의 언어와 이미지로 묘사된다. 가나안 신 바알이 바다 얌과 투쟁하는 것이 북서 가나안 도시 우가릿의 문서(주전 14-13세기)에서 잘 알려진 반면, 용을 죽이는 것(74:12-14; 104:24-26; 사 51:9-10 참조)은 성경에서 이스라엘의 거룩한 역사와 연관되는, 바빌로니아 창조설화에서 나온 주제이다. 114편에서, 전 우주에 대한 하나님의 통치는 바다와 산과 언덕에 대한 신화적인 언급으로 암시되어 이스라엘이 이집트에서 구출되고, 광야를 거쳐 행진하여 요단 강을 건너는 것으로 그 절정에 이르게 된다. 이스라엘의 구원역사는 이스라엘의 큰 축제에서 거룩한 기억과 표출의 행위로 낭송된다. 그러한 모임에서 노래/낭송된 것이 바로 찬송의 유일하고 현저한 예이다.

115:1-18 그들의 하나님이 어디에 있느냐? 공동체를 위하여 하나님의 도우심과 축복을 위한 기도로 이루어진 예배적 기도로, 아마 인도자와 공동체가 교독

언덕들아,
너희는 어찌하여
새끼양처럼 뛰놀았느냐?

7 온 땅아, 네 주님 앞에서 떨어라.
야곱의 하나님 앞에서 떨어라.
8 주님은
반석을 웅덩이가 되게 하시며,
바위에서 샘이 솟게 하신다.

주님은 마땅히 찬양받으실 분이시다

115 1 주님, 영광을
우리에게 돌리지
마십시오.
우리에게 돌리지 마시고,
오직 주님의 이름에만
영광을 돌리십시오.
그 영광은 다만
주님의 인자하심과 진실하심에
돌려주십시오.
2 어찌하여 이방 나라들이
"그들의 하나님이 어디에 있느냐?"
하고 말하게 하겠습니까?

3 우리 하나님은 하늘에 계셔서,
하고자 하시면
어떤 일이든 이루신다.
4 이방 나라의 우상은
금과 은으로 된 것이며,
사람이 손으로 만든 것이다.
5 입이 있어도 말하지 못하고,
눈이 있어도 볼 수 없으며,
6 귀가 있어도 듣지 못하고,
코가 있어도 냄새를 맡지 못하고,
7 손이 있어도 만지지 못하고,
발이 있어도 걷지 못하고,
목구멍이 있어도
소리를 내지 못한다.
8 우상을 만드는 사람이나
우상을 의지하는 사람은
모두 우상과 같이 되고 만다.

9 이스라엘아, 주님을 의지하여라.
주님은, 도움이 되어 주시고,
방패가 되어 주신다.
10 아론의 집이여, 주님을 의지하여라.
주님은 도움이 되어 주시고,
방패가 되어 주신다.
11 주님을 경외하는 사람들아,
주님을 의지하여라.
주님은, 도움이 되어 주시고,
방패가 되어 주신다.

하며 이 시편 또는 그 일부를 낭송하였을 것이다. 본문 구분: 1-2절, 하나님의 도우심에 대한 공동체의 간구; 3-8절, 우상숭배에 대한 공격; 9-11절, 이스라엘이 하나님을 신뢰하라는 예배로의 초청; 12-13절, 하나님의 도우심에 대한 확신; 14-15절, 제사장적인 축복; 16-18절, 하나님의 신뢰에 대한 공동체의 인정. **115:1-2** 시편 기자는 하나님에게 이스라엘을 도와주러 오시어 하나님의 영광과 능력을 보여 달라고 간구한다. 개인과 집단은 그들의 죄를 고백하면서 하나님에게 영광을 돌린다 (수 7:19 참조); 하나님은 창조를 통하여 그리고 능력과 은혜와 사랑을 보여주심으로 하나님의 이름을 영화롭게 하신다 (시 8:1, 9; 요 12:28을 보라). **115:3-8 115:3** 시 35:10과 89:5-9는 하나님의 유일하심과 비할 이가 없다고 선언하는데, 이는 사 40—55장에서도 두드러지게 나오는 주제이다; 예언자가 또한 우상과 그 우상을 만든 이들을 조롱하는 사 40:16-18과 45:20-25를 보라. **115:4-8** 시편 기자는 신성을 나타내는 우상과 신들 사이에 차이를 두지 않는데, 물론 이는 신상에 대한 불공평한 비판이다. 대부분의 예배자들은 분명히 인위적인 것과 그것이 상징하는 신의 차이를 알고 있다. 사 44장과 예레미야의 서신(또한 벨과 용을 보라)과 같은 본문은, 아주 불공평하지만 아주 효과적으로 이스라엘의 유일신론을 뒷받침하고 있다. **115:9-11** 이스라엘과 그 제사장들이 주님을 신뢰하라고 부르는 이 예배의 부름에는 힘이 있다. 주님의 계속되는 임재와 보호를 선포한다: 주님은 도움이 되어 주시고, 방패가 되어 주신다 (10절). 지도자는 백성들과 예언자들에게 말하고 그 다음 그들의 응답을 기다린다. **115:12-13** 여기서 공동체는 이스라엘; 아론의 집; 주님을 경외하는 사람 등 9-11절에 나오는 것과 같이 자기를 묘사하여 반응한다. *주님께서…이스라엘 집에도 복을 주시며, 아론의 집에도 복을 주신다.* 백성들은 하나님의 축복의 약속을 주장한다. **115:14-15** 지도자는 이제 참석한 모든 이들에게 축복을 선언한다. 축복은 축복을 위한 기도와 축복은 분명히 온다고 선언하는 것으로 이해된다. 축복은 기도와 기도 응답 사이의 중간에 있다. **115:16-18** 시편은 삼층으로 된 낯에 익은 세계관을 제시한다: 위의 하늘은 하나님의 처소이며, 땅은 인간에게 돌보라고

12 주님께서
우리를 기억하여 주셔서
복을 주시고,
이스라엘 집에도 복을 주시며,
아론의 집에도 복을 주신다.
13 주님을 경외하는 사람에게
복을 주시니,
낮은 사람, 높은 사람,
구별하지 않고 복을 주신다.

14 주님께서 너희를
번창하게 하여 주시고,
너희의 자손을
번창하게 하여 주시기를 바란다.
15 너희는
하늘과 땅을 지으신 주님에게서
복을 받은 사람이다.
16 하늘은 주님의 하늘이라도,
땅은 사람에게 주셨다.

17 죽은 사람은
주님을 찬양하지 못한다.
침묵의 세계로 내려간 사람은
어느 누구도
주님을 찬양하지 못한다.
18 그러나 우리는 이제부터 영원까지
주님을 찬양할 것이다.

ㄱ)할렐루야.

ㄱ) 또는 '주님을 찬송하여라'

주님께서 나를 죽음에서 구하실 때

116 1 주님, 주님께서
나의 간구를 들어주시기에,
내가 주님을 사랑합니다.
2 나에게 귀를 기울여 주시니,
내가 평생토록 기도하겠습니다.

3 죽음의 올가미가 나를 얽어 매고,
스올의 고통이 나를 엄습하여서,
고난과 고통이 나를 덮쳐 올 때에,
4 나는 주님의 이름을 부르며
"주님, 간구합니다.
이 목숨을 구하여 주십시오"
하였습니다.

5 주님은 은혜로우시고 의로우시며,
우리의 하나님은
긍휼이 많으신 분이시다.
6 주님은 순박한 사람을 지켜 주신다.
내가 가련하게 되었을 때에,
나를 구원하여 주셨다.

7 내 영혼아,
주님이 너를
너그럽게 대해 주셨으니
너는 마음을 편히 가져라.

8 주님, 주님께서
내 영혼을 죽음에서 건져 주시고,

맡겨진 것이며 (시 8편을 보라); 그리고 지하는 죽음의 영역이다 (1011쪽 추가 설명: "죽음과 미래의 삶과 스올"을 보라).

116:1-19 모든 것에 대한 감사 과거의 구원에 대하여 하나님을 찬양하고, 시편 기자가 한 서약을 이행할 것을 주님에게 확인 드리는 개인의 감사시. 본문 구분: 1-4절, 죽을 위험에서 하나님이 구하여 주심; 5-7절, 하나님의 자비의 확인; 8-11절, 시편 기자의 신실함; 12-19절; 감사 제사의 약속. **116:1-4 116:1** *내가 주님을 사랑합니다.* 시편 기자의 기도를 응답하신 하나님에 대한 애정이 넘쳐난다 기도의 내용은 밝혀져 있지 않으나, 중대한 질병이나 어떤 다른 생명이 위태한 상황에서 구원받았다는 것이 가능하다. **116:2** *귀를 기울여 주시니.* 하나님은 간구하는 이의 부르짖음에 특별한 주의를 기울이신다. 이미지는 고난자의 기도를 더 잘 듣기 위하여 하나님이 몸을 구부려 하늘에 내려오신다는 이미지이다. **116:3** *올가미, 고통.* 죽음과 스올이 시편 기자를 잡으려고 손을 뻗친 것을 시사한다. 고통이라고 번역된 명사는 올가미와 평행으로 "동이줄"이라고 번역하는 것이 더 나을지 모른다 (18:4-5; 삼하 22:5-6 참조). **116:5-7** 시편 기자는 하나님의 정의와 자비에 대하여 묵상한다. 공동체에서 아무런 위상이 없는 사람이지만, 시편 기자는 하나님의 구원에 대하여 직접 체험하여 알고 있는데—이는 시편 기자가 하나님 안에 안식을 취하는 충분한 이유이다. **116:7** *주님이 너를 너그럽게 대해 주셨으니.* 다음 구절은 신실에 대한 하나님의 보응으로 주시는 하나님의 풍성하심에 대하여 이야기하는데, 이는 히브리어 *가말*의 또 하나의 의미이다. **116:8-11** 쓰디쓴 억압과 시험 아래, 시편 기자는 오직 하나님이 필요한 힘을 주시기 때문에 하나님의 길에 신실하게 남아 있다. **116:12-19** 이 116편의 마지막 부분은 시의 주요 목적을 분명히 밝힌다. 이는 감사의 제사에 따르는 아름다운 시적인 반복이다. 예배자는 하나님의 도우심과 구원에 대한 감사를 표시하면서

내 눈에서 눈물을 거두어 주시고,
내 발이
비틀거리지 않게 하여 주셨으니,
9 내가 살아 있는 동안
주님 보시는 앞에서 살렵니다.

10 "내 인생이
왜 이렇게 고통스러우냐?"
하고 생각할 때에도,
나의 믿음은 흔들리지 않았습니다.
11 나는 한 때, 몹시 두려워,
"믿을 사람 아무도 없다"
하고 말하곤 하였습니다.

12 주님께서 나에게 베푸신
모든 은혜를,
내가 무엇으로
다 갚을 수 있겠습니까?
13 내가 구원의 잔을 들고,
주님의 이름을 부르겠습니다.
14 주님께 서원한 것은
모든 백성이 보는 앞에서
다 이루겠습니다.

15 성도들의 죽음조차도
주님께서는 소중히 여기신다.

16 주님,
진실로, 나는 주님의 종입니다.
나는 주님의 종,
주님의 여종의 아들입니다.
주님께서
나의 결박을 풀어 주셨습니다.
17 내가 주님께 감사제사를 드리고,
주님의 이름을 부르겠습니다.

18 주님께 서원한 것은
모든 백성이 보는 앞에서
다 이루겠습니다.
19 예루살렘아, 네 한가운데서
주님의 성전 뜰 안에서,
주님께 서원한 것들을
모두 이루겠다.

ㄱ)할렐루야.

와서 주님을 찬송하여라

117 1 너희 모든 나라들아,
주님을 찬송하며,
너희 모든 백성들아,
그를 칭송하여라.
2 우리에게 향하신
주님의 인자하심이 크고
주님의 진실하심은 영원하다.

ㄱ)할렐루야.

ㄱ) 또는 '주님을 찬송하여라'

동물이나 곡식이나 하나님에게 드리겠다고 약속한 다른 선물을 드린다. 때때로 특정한 서약을 하나님에게 드리곤 하며; 다른 경우 분명히 하나님의 개입으로 여겨지는 도움에 대하여 하나님에게 드리는 선물로 감사제물을 드리는 것이다. **116:13** *구원의 잔.* 아마도 그의 감사 제사를 드리는 행위에 대한 은유인 것 같다. 비유는 잔치석에서 귀빈의 건배일 것이다. 하나님의 이름을 부른다는 것은 의식에서 하나님의 이름을 부르는 것 뿐 아니라, 18:1-2에서와 같이 하나님의 성품을 나열하는 것을 의미한다. **116:15** 성도들 (개역개정은 "경건한 자들;" 공동번역은 "야훼께 충실한 자"). 종종 토라와 토라의 계명을 신실하게 따라 모범적인 삶을 사는 이들을 "성도" 라고 번역한다. 시편은 사람이 죽음의 문전에서 있을 때라도, 하나님은 위험과 시험과 압박의 때에 개입하여 주신다고 인정한다. 신실한 이들의 삶은 하나님에게 귀하고, 특별하고 귀중하며, 귀하게 여겨져서, 주님이 개입하게 된다. **116:19** 예루살렘 서원은 어디서나 할 수 있지만, 예루살렘의 성전은 서원을 이행하는 데 선호되는 장소이다.

117:1-2 예배에로의 부름 이 짧은 찬송은 땅의 모든 나라가 이스라엘이 아주 잘 알게 된 것을 인정하라고 초청한다: 우주의 한분이신 하나님은 이스라엘에게 주님의 한결같은 사랑(*주님의 인자하심,* 2절)을 보여주셨으며, 그 인애는 주님에게 돌아오는 모든 이가 받을 수 있다. 이스라엘은 또한 주님의 *신실함*(히브리어, *에메트*)이 모든 때를 위한 것이며—이는 이스라엘과 나라들이 하나님에게 드려야 하는 신실함이라고 확언한다. 이 두 절로 된 시는 시편에서 가장 짧은 시편이다.

118:1-29 하나님의 사랑은 영원하다 하나님께서 위험과 시험에서 구하여 주신 것에 대하여 개인(왕?)이 감사의 시편에서 각색된 성전에 들어가는 복합적인 예배문. 시편은 수세기를 걸쳐서 유대교와 그리스도교의 예배에 널리 사용되었던 잊을 수 없는 첫 구절을 담고 있다 (1, 14, 22-23, 24, 26, 29절을 보라). 118편은

주님은 늘 자비하시다

118 1 주님께 감사하여라.
그는 선하시며,
그의 인자하심이 영원하다.

2 이스라엘아,
"그의 인자하심이 영원하다" 하여라.
3 아론의 집아,
"그의 인자하심이 영원하다" 하여라.
4 주님을 경외하는 사람들아,
"그의 인자하심이 영원하다" 하여라.

5 내가 고난을 받을 때에
부르짖었더니,
주님께서 나에게 응답하여 주시고,
주님께서 나를 넓은 곳에 세우셨다.
6 주님은 내 편이시므로,
나는 두렵지 않다.
사람이 나에게
무슨 해를 끼칠 수 있으랴?
7 주님께서 내 편이 되셔서
나를 도와주시니,
나를 미워하는 사람이 망하는 것을
내가 볼 것이다.
8 주님께 몸을 피하는 것이,
사람을 의지하는 것보다 낫다.
9 주님께 몸을 피하는 것이,
높은 사람을 의지하는 것보다 낫다.

10 뭇 나라가 나를 에워쌌지만,
나는 주님의 이름을 힘입어서
그들을 물리쳤다.
11 그들이 나를 겹겹이 에워쌌으나,
나는 주님의 이름을 힘입어서
그들을 물리쳤다.
12 그들이 나를 벌떼처럼 에워싸고,
ㄱ)가시덤불에 붙은 불처럼
나를 삼키려고 하였지만,
나는 주님의 이름을 힘입어서
그들을 물리쳤다.
13 네가 나를 밀어서
넘어뜨리려고 하였어도,
주님께서 나를 도우셨다.

ㄱ) 칠십인역을 따름. 히, '가시덤불에 붙은 불처럼 타서 사라졌다'

가장 짧은 시편(시 117편)과 가장 긴 시편 (시 119편) 사이에 위치하고 있으며, 이 시편은 동일한 구절로 처음과 마지막 틀을 잡고 있다 (1, 29절). 이것은 계속 바뀌는 주제를 다루면서 짧고 긴 시의 단위를 불규칙하게 묶어 사용해서 시편의 개요를 만들기가 어렵다. 유대인 학자들은 이 시편을 "이집트의 할렐"(시 113—118편)이라고 불리는 예배의 찬양과 감사 모임의 마지막 시편으로 파악하는데, 이 시편들은 각기 주요한 절기 중 하나와 연관되어 있다. 시 118편은 전통적으로 장막절에 해당한다. 시편은 바빌로니아 포로시대 이전에 매년 실제로 행하여진 초기의 행진의 요소를 반영하는 것으로 보이지만, 독자들은 이 시편이 수세기에 걸쳐서 받아들여온 말씀의 모음을 제공한다고 인식하여 왔다. 예배의 날은 주님이 구별해 주신 날이며, 예배자는 서로 기뻐하고 즐거이 서로 즐거워하라고 부른다 (24절). 주님의 이름으로 오는 이들(26절)은 분명히 축복을 가져오는 이들이며 또한 그들 자신이 축복이다. 본문 구분: 1-4절, 감사를 부르라는 부름; 5-9절, 하나님의 축복과 신뢰할 만하다는 확인; 10-14절, 과거 시대의 지도자를 하나님이 구원하신 것을 회상; 15-18절, 구원에 대한 찬양; 19-25절, 예배의 진행과 관찰; 26-29절, 행진의 완성. **118:1-4** 지도자는 공동체나 그 안의 집단에게 네 가지 선언을 하여 하나님에게 감사를 드리라고 초청한다. *그의 인자하심이 영원하다.* 인자하심을 의미하는 히브리어 단어는 또한 "충성"이라고 번역할 수 있어, 이스라엘에 대한 사랑의 하나님의 확고한 헌신을 확인하며, 이는 마땅히 언약 공동체에서 받은 사랑을 자아낸다. **118:5-9** 지도자는 하나님이 *넓은 곳*(5절; 18:19; 31:8 참고)으로 구원하여 주셨으며, 미래의 위험과 궁핍의 때에 그렇게 하실 것을 신뢰할 수 있다고 공동체에게 상기시켜 준다. 정말 하나님 한 분만이 온 세상에서 믿을 수 있는 분이시다.

118:10-14 **118:10** *나는…그들을 물리쳤다* (히브리어, 물). 연상되는 이미지는 붙어서 싸우는 투쟁의 이미지이다. **118:15-18** **118:15-16** *주님의 오른손.* 바알 신이 모든 대적과 싸울 준비가 되어서 그 손에 번개를 잡고 오른 손을 들고 있는 모습을 보이는 신상이 남아 있다. 하나님(야훼)이 이스라엘을 구원하는 폭풍의 신으로 나타나는 것을 보여주는 비슷한 묘사에 대하여 시 18:7-15를 보라. **118:17-18** 이 시편이 공동체의 차원에서 하나님께서 모든 신실한 사람들을 도와주시려 하신다고 확언하기 위하여 사용되어 있으므로, 우리는 여기와 다른 시편에서 하나님께서 개인을 구원하시는 별도의 사건에 대하여 생각하지 않아도 된다. **118:19-25** 초막절의 처음에 (언약궤가 인도하여?) 왕과 백성이 예배로 하는 행진이 성전의 뜰에 이

14 주님은 나의 능력, 나의 노래,
나를 구원하여 주시는 분이시다.

15 의인의 장막에서 환호하는 소리,
승리의 함성이 들린다.
"주님의 오른손이 힘차시다.
16 주님의 오른손이 높이 들렸다.
주님의 오른손이 힘차시다."

17 내가 죽지 않고 살아서,
주님께서 하신 일을 선포하겠다.
18 주님께서는 엄히 징계하셔도,
나를 죽게 버려 두지는 않으신다.

19 구원의 문들을 열어라.
내가 그 문들로 들어가서
주님께 감사를 드리겠다.

20 이것이 주님의 문이다.
의인들이 그리로 들어갈 것이다.

21 주님께서 나에게 응답하시고,
나에게 구원을 베푸셨으니,
내가 주님께 감사를 드립니다.

22 집 짓는 사람들이 내버린 돌이,
집 모퉁이의 머릿돌이 되었다.
23 이것은 주님께서 하신 일이니,
우리의 눈에는 기이한 일이 아니랴?
24 이 날은 주님이 구별해 주신 날,
우리 모두 ㄱ)이 날에
기뻐하고 즐거워하자.

25 주님, 간구합니다.
우리를 구원하여 주십시오.
주님, 간구합니다.
우리를 형통하게 해주십시오.

26 주님의 이름으로 오는 이에게는
복이 있다.
주님의 집에서
우리가 너희를 축복하였다.
27 주님은 하나님이시니,
우리에게 빛을 비추어 주셨다.
ㄴ)나뭇가지로 축제의 단을 장식하고,
제단의 뿔도 꾸며라.

ㄱ) 또는 '주님과 함께' ㄴ) 또는 '끈으로 축제의 제물을 단단히 매어라. 제단의 뿔도 매어라'

르는 문에 다다른다 (시 15편; 24편 참조). **118:22** 건축자들이 버렸지만 머릿돌이 된 돌은, 이새의 아들들 중에서 가장 작고 가장 중요하지 않지만 하나님이 택하신 다윗 왕을 상기시켜 준다 (삼상 16:1-13). 격언의 말은 신약에 종종 사용된다 (마 21:42와 평행구; 행 4:11; 엡 2:20; 벧전 2:7). **118:26-29** 행진을 인도하는 지도자는 제단(성전 뜰의 큰 희생 제단이나 성전의 큰 방의 향을 드리는 작은 단?)으로 나아가서 거기에 한 묶음의 나뭇가지를 놓는다 (가져올 수 있는 가지의 종류의 목록에 대하여 레 23:40을 보라). 미슈나(수카 3.4)는 더 나아가서 이를 도금양, 버드나무, 종려나무 등으로 밝힌다. 또한 67:1에서 예배를 인도하는 이가 누리는 축복을 보라. **118:27** *제단의 뿔* 아마도 네 부분에서 나오는 돌출은 단에 사물을 묶은 것을 용이하게 하여 준다 (75:4-5). **118:29** 시편이 시작되었던 감사의 문장 전체로 예배는 처음에 시작한 것과 같이 마무리된다.

119:1-176 하나님의 토라에 대한 찬양 하나님의 율법 또는 가르침(히브리어, 토라)을 찬양하는 이 위대한 시는 지혜의 시로 구분된다. 사실, 이 알파벳 시에는 간구, 애가, 하나님에 대한 신뢰와 확신의 시편, 그리고 묵상 등 여러 가지 종류의 시편이 담겨 있다. 시편 전체에 대한 가장 적합한 묘사는 지혜학파의 풍을 따른 하나님의 토라에 대한 묵상이다. 119편은 176개의 행이나 절로 이루어진 가장 긴 시편이다. 각 여덟 행으로 되어 있는 22편의 시연의 모임으로 형성되어 있다. 각 여덟 행의 시연은 히브리어 알파벳의 첫 글자로 시작되어 시연마다 그 다음에 나오는 글자를 사용하여 시연을 이어가며, 각 여덟 행의 시연이 같은 히브리어 알파벳 문자로 시작된다. 나아가서, 176행의 매 절이 (3, 37, 90. 122절 제외) 법, 증거, 법도, 율례, 계명, 판단, 말씀, 약속 등 하나님의 토라에 대한 여덟 가지 동의어 중 하나를 사용한다. 그러한 문학적인 제한 아래, 인위적이고 현학적인 산물이 나올 것이며, 신기하지만 분명히 한 편의 문학작품이라고 할 수 없는 것을 보게 되리라 기대할 수도 있다. 그 정반대가 사실이다. 하나님의 가르침에 대한 이 묵상은 자주 바뀌는 주제와 문학 양식으로 말미암아 인위적이며, 정말 지루해 질 수 있다. 그래도 우수한 시의 행이 많이 나오며, 인생의 시험과 기쁨과 의미에 대한 투쟁에 관하여 날카로운 관찰이 나오며, 시편 전체에 걸쳐 시인의 삶에서 실제로 일어나고 있는 일을 이해하려고 추구하는 믿음의 삶을 보여주는 풍성한 애증공존이 반영되어 있다. 시 119편은 구약의 어느 다른 본문보다 더 성서 공동체에게 하나님의 법의 중심됨을 확신있게 보여준다. 하나님의 토라에 대한 이러한 특별한 묵상이 있다는 자체가 이스라엘의 율법은 백성의 삶과 에너지를 제한하는 사람들에게 무거운 짐으로 주어지는 것이 아님을

28 주님은 나의 하나님이시니,
내가 주님께 감사드립니다.
내 하나님,
내가 주님을 높이 기리겠습니다.

29 주님께 감사하여라.
그는 선하시며,
그의 인자하심이 영원하다.

주님의 법을 찬양함

119 ㄱ)1 ㄴ)그 행실이 온전하고
주님의 법대로 사는 사람은,
복이 있다.
2 주님의 증거를 지키며
온 마음을 기울여서
주님을 찾는 사람은,
복이 있다.
3 진실로 이런 사람들은
불의를 행하지 않고,
주님께서 가르치신 길을
따라 사는 사람이다.

4 주님,
주님께서는 우리에게
주님의 법도를 주시고,
성실하게 지키라고 명령하셨습니다.
5 내가 주님의 율례들을
성실하게 지킬 수 있도록,
내 길을 탄탄하게 하셔서
흔들리는 일이 없게 해주십시오.
6 내가 주님의 모든 계명들을
낱낱이 마음에 새기면,
내가 부끄러움을 당할 일이
없을 것입니다.
7 내가 주님의 의로운 판단을
배울 때에,
정직한 마음으로
주님께 감사하겠습니다.

8 주님의 율례들을 지킬 것이니,
나를 아주 버리지 말아 주십시오.

9 ㄷ)젊은이가 어떻게 해야
그 인생을
깨끗하게 살 수 있겠습니까?
주님의 말씀을 지키는 길,
그 길뿐입니다.
10 내가 온 마음을 다하여
주님을 찾습니다.
주님의 계명에서
벗어나지 않게 하여 주십시오.

ㄱ) 각 연의 첫 글자가 같은 히브리어 자음 문자로 되어 있고, 각 연이 히브리어 자음 문자 순서로 되어 있는 시 ㄴ) 1-8절은 매 절마다 알렙(א)으로 시작 됨 ㄷ) 9-16절은 매 절마다 베트(ב)로 시작 됨

깊이 일깨워 준다. 오히려, 하나님의 율법은 선하신 하나님의 선물 중에 가장 선한 것으로 제시된다. 그것은 발의 등불이며 길의 빛이요 (105절), 단맛에 모두가 기쁨과 희락을 가질 수 있는 현실이다. 시 119편의 해석자는 곤경에 처한다: 시편의 형태의 제약으로 저자는 알파벳의 올바른 문자로 시작하는 단어를 선택하였을 터이므로, 주어진 개념이 얼마나 강하게 받아들여지고 있는지 확실히 알 수 없다. 시상과 시감은 한편으로는 하나님의 토라와 하나님의 임재에 대한 완전한 희락과 확신, 그리고 또 한편으로는 하나님의 옆에 굳게 붙어 있도록 하나님이 도와 달라고 거듭 간구 하는 것 사이를 오가며 움직인다. 이로 말미암아 시편은 종교적인 자만이나 자기만족에서 우러나온 것으로 해석할 수 없게 되므로, 시편 안에서의 이러한 긴장은 그 가장 큰 강점 중에 하나이다. 그러한 진심을 가지고 하나님의 도우심을 간구하며 정말 하나님이 역사하실 때라고 주장하는 이(126절)는 절대로 기존의 상황에 대하여 만족하지 않는다. 그러한 시행의 모임은 개요를 정할 수 없다. 다음의 주석은 히브리 알파벳의 해당되는 글자를 표제로 시연별로 배열한 것이다. **119:1-8** *(알렙)* 시연은 두 부분으로 되어 있다: 1-3절, 하나님의 율법을 지키는 모든 이에 대하여 선언되는 축복; 4-8절, 하나님에게 드리는 토라에 대한 헌신의 기도. **119:1-3** 시편은 토라의 길로 흠이 없이 행하는 사람이 땅에서 행복한 사람이라고 선언하면서, 시편이 제일 처음에서 시작된 것(1:1)과 같이 시작된다. "복"이라는 표현은 사실의 선언인 동시에 (더욱더) 사실이기를 원하는 기도이다. 이 서두는 올바른 행동과 올바른 성품을 요청한다 (900쪽 추가 설명: "아슈레이"를 보라). **119:4-8** 이 절들은 율법의 가르침을 지키기 위하여 하나님의 도우심을 구하고 또한 그렇게 하겠다는 시편 기자의 헌신을 다짐하는 기도이다. 모든 율법을 지키며, 그리고 모든 계명을 배울 때라는 말(6-7절)은 이 시편이 젊은이들에게 토라를 가르치는 역할을 하였다는 것을 시사한다. **119:9-16** *(베트)* 다시 한 번, 젊은이(9절, 개역개정은 "청년;" 공동번역은 "젊은이")가 계명을 지킬 수 있게 하나님의 도우심을 구하라고 교훈을 받는다 **119:11** *깊이 간직합니다.* 이것을 직역하면, "숨기다" 또는 "저장하다." 지혜 학교에서 학생

11 내가 주님께 범죄하지 않으려고,
주님의 말씀을
내 마음 속에 깊이 간직합니다.
12 찬송을 받으실 주님,
주님의 율례를
나에게 가르쳐 주십시오.
13 주님의 입으로 말씀하신
그 모든 규례들을,
내 입술이 큰소리로 반복하겠습니다.
14 주님의 교훈을 따르는 이 기쁨은,
큰 재산을 가지는 것보다 더 큽니다.
15 나는 주님의 법을 묵상하며,
주님의 길을 따라 가겠습니다.
16 주님의 율례를 기뻐하며,
주님의 말씀을 잊지 않겠습니다.

17 ㄱ)주님의 종을
너그럽게 대해 주십시오.
그래야 내가 활력이 넘치게 살며,
주님의 말씀을 지킬 수 있습니다.
18 내 눈을 열어 주십시오.
그래야 내가 주님의 법 안에 있는
놀라운 진리를 볼 것입니다.
19 나는
땅 위를 잠시 동안 떠도는
나그네입니다.
주님의 계명을
나에게서 감추지 마십시오.
20 내 영혼이
주님의 율례들을 늘 사모하다가
쇠약해졌습니다.
21 주님께서는
오만한 자들을 책망하십니다.
그 저주 받은 자들은
주님의 계명에서
이탈하는 자들입니다.
22 그들이 나를
멸시하지 못하게 해주십시오.
그들이 나를
비웃지 못하게 해주십시오.
나는 주님의 교훈을 잘 지켰습니다.
23 고관들이 모여 앉아서,
나를 해롭게 할 음모를 꾸밉니다.
그러나 주님의 종은 오직
주님의 율례를 묵상하겠습니다.
24 주님의 증거가 나에게 기쁨을 주며,
주님의 교훈이 나의 스승이 됩니다.

25 ㄴ)내 영혼이 진토 속에서 뒹구니,
주님께서 약속하신 대로,
나에게 새 힘을 주십시오.
26 내가 걸어온 길을
주님께 말씀드렸고,
주님께서도
나에게 응답하여 주셨으니,
주님의 율례를
내게 가르쳐 주십시오.
27 나를 도우셔서,
주님의 법도를 따르는 길을
깨닫게 해주십시오.
주님께서 이루신 기적들을
묵상하겠습니다.
28 내 영혼이 깊은 슬픔에 빠졌으니,

ㄱ) 17-24절은 매 절마다 기멜(ג)로 시작 됨 ㄴ) 25-32절은 매 절마다 달렛(ד)으로 시작 됨

은 토라의 많은 부분을 암기했다. 시편의 알파벳 시의 형태는 학생들이 외우는 것을 용이하게 해 주고, 그 내용은 토라의 내용과 인도에 대하여 헌신을 불러일으켜 준다. **119:17-24** *(기멜)* **119:18** 토라의 독자들은 그들이 하나님의 율법의 보다 깊고 숨겨진 의미를 놓치지 않기 위하여서는 하나님께서 개입해 주실 필요가 있다. 후기 랍비 연구에서는 쓰여진 토라의 본문에 담긴 모든 불규칙한 면에 많은 주의를 기울이는데, 이는 숨겨진 의미가 부지런하고 헌신된 학생에게는 숨겨있는 의미가 나타날 것이라는 확신에 준한 것 이다. **119:19** 잠시 동안 떠도는 나그네 땅에서의 삶의 무상함에 대한 은유 (39:12 참조). 대적이나 조롱하는 자에 대한 언급이 시편에 자주 나온다. 이들은 아마도 저자의 구체적인 대적을 지칭하는 것이 아니라, 토라의 학생의 경험의 전체를 다룬다. **119:25-32** *(달렛)* 이 시연의 주제는 *길*(히브리어, *데렉*)로—시인의 길과 하나님의 길이다. 이 단어는 사람의 행위와 삶의 길을 지칭하는 의미로 시편에 자주 나오며, 이 시연에서 여덟 행 중 다섯 행을 시작한다. **119:26** 시인은 하나님에 대한 고백을 기록한다; 하나님의 대답은 하나님의 규례를 지키라는 명령이다. **119:31** 하나님과의 시편 기자의 친밀한 관계가 동사의 선택으로 표시된다. 여기서 시인은 하나님에게 붙어 있는 것에 대하여 말하며; 25절에서 대조적으로 시편 기자는 참회와 자기를 비하시키는 진통에서 뒹군다. **119:33-40** *(헤이)*. 이 시연의 주제는 신실한 길을 따라 가도록 하나님의 인도를 구하는 기도이다. 시편 기자는 하나님의 가르침에 대하여 평생의 헌신을 약속하며 (33-34절), 다만 하나님이 인도하시고 가르

주님께서 약속하신 대로,
나에게 힘을 주십시오.
29 그릇된 길로 가지 않도록,
나를 지켜 주십시오.
주님의 은혜로,
주님의 법을
나에게 가르쳐 주십시오.
30 내가 성실한 길을 선택하고
내가 주님의 규례들을
언제나 명심하고 있습니다.
31 주님, 내가 주님의 증거를 따랐으니,
내가 수치를 당하는 일이 없도록
하여 주십시오.
32 주님께서 나에게
큰 깨달음을 주시면,
내가 주님의 계명들이 인도하는 길로
달려가겠습니다.

33 ㄱ)주님,
주님의 율례들이 제시하는 길을
내게 가르쳐 주십시오.
내가 언제까지든지
그것을 지키겠습니다.
34 나를 깨우쳐 주십시오.
내가 주님의 법을 살펴보면서,
온 마음을 기울여서 지키겠습니다.
35 내가,
주님의 계명들이 가리키는 길을
걷게 하여 주십시오.
내가 기쁨을 누릴 길은
이 길뿐입니다.
36 내 마음이
주님의 증거에만 몰두하게 하시고,
내 마음이
탐욕으로 치닫지 않게 해주십시오.
37 내 눈이
헛된 것을 보지 않게 해주시고,
ㄴ)주님의 길을
활기차게 걷게 해주십시오.
38 주님을 경외하는 사람과
맺으신 약속,
주님의 종에게 꼭 지켜 주십시오.
39 주님의 규례는 선합니다.
내가 무서워하는 비난에서
나를 건져 주십시오.
40 내가 주님의 법도를 사모합니다.
주님의 의로
내게 새 힘을 주십시오.

41 ㄷ)주님,
주님께서 말씀하신 그대로,
주님의 인자하심과 구원을
내게 베풀어 주십시오.
42 그 때에 나는
주님의 말씀을 의지하고,
나를 비난하는 사람에게
응수하겠습니다.

ㄱ) 33-40절은 매 절마다 헤(ה)로 시작 됨 ㄴ) 두 마소라 사본과 사해 사본에는 '주님의 말씀을 따라서' ㄷ) 41-48절은 매 절마다 와우(또는 바브)(ו)로 시작 됨

치시고 토라의 길을 밝혀 주시는 대로 그리 할 것이다(35절). 시인은 동시에 (36-39절) 자기중심적으로 살려는 유혹, 즉 *헛된 것*(37절; 히브리어로, *샤워* 라는 단수 명사)은 하나님의 도우심으로만 물리칠 수 있다는 사실을 인정한다. 시인은 특히 공동체에서의 위상을 잃고, 선생의 꾸지람을 듣고, 그보다 하나님의 꾸지람을 듣는 것을 두려워한다 (39절, 새번역개정과 NRSV는 "무서워하는 비난;" 공동번역은 "몸서리치는 모욕"으로 번역했음). **119:41-48** *(와우)* 이 시연에서는 하나님의 율법에 대한 시인의 사랑(47-48절)과 율법이 *자유*(45절, 문자 그대로는, "넓은 장소")를 준다고 주장하는 등 두 가지 새로운 주제가 등장한다. 이 주제들은 시편에 계속 나오며, 둘 다 시편을 이해하는 데 중요하다. 하나님에 대한 시인의 사랑은 분명하며, 토라에 대한 신실함은 그 사랑의 표현이다. 그리고 시인에 대한 하나님의 사랑은 토라와 같은 축복된 현실의 선물로 나타나며, 이는 분명히 또한 하나님의 존재 자체가 토라를 통하여 매개된다는 것을 의미한다. 율법은 그것을 지키기 위하여 책임을 맡은 사람들의 자유를 제한하고 억누르는 것이 아니라, 율법은 율법을 따라 갈 수 있는 길, 즉 구조(sturcture)를 제공하여 주는데, 이는 일반적으로 긍정적인 지침을 제공하여 주는 동시에 삶을 파괴할 행위의 모습를 제거하여 준다. 사용할 수 있는 자유, 넓은 영역의 자유가 남아 있다. 그것이 시편 기자가 말하는 "넓은 세상"이다. **119:46** *왕들 앞에서.* 토라에 대한 헌신으로 믿는 자들은 담대히 말할 수 있다. 이는 왕의 법보다 높은 법이 있기 때문이다. 삼상 7장; 왕상 21장; 렘 26; 36장; 행 5:29을 보라. **119:49-59** *(자이언)* 신이 악인의 손에 수치를 당하고 고난을 당해야 할 때에 (50-51절), 토라는 시편 기자를 신실하게 하여준다. **119:54** *주님의 율례가 나의 노래입니다.* 여기 새로 나오는 주제로는 토라가 "노래할 만하다"는 것이다.

43 내가 주님의 규례들을
간절히 바라니,
진리의 말씀이 내 입에서
잠시도 떠나지 않게 해주십시오.
44 내가 주님의 율법을 늘 지키고,
영원토록 지키겠습니다.
45 내가 주님의 법도를 열심히 지키니,
이제부터 이 넓은 세상을
거침없이 다니게 해주십시오.
46 왕들 앞에서
거침없이 주님의 증거들을 말하고,
부끄러워하지 않겠습니다.
47 주님의 계명들을 내가 사랑하기에
그것이 나의 기쁨이 됩니다.
48 주님의 계명들을 내가 사랑하기에,
두 손을 들어서 환영하고,
주님의 율례들을 깊이 묵상합니다.

49 ㄱ)주님의 종에게 하신 말씀을
기억해 주십시오.
주님께서는 말씀으로
내게 희망을 주셨습니다.
50 주님의 말씀이 나를 살려 주었으니,
내가 고난을 받을 때에,
그 말씀이
나에게 큰 위로가 되었습니다.
51 교만한 자들이
언제나 나를 혹독하게 조롱하여도,
나는
그 법을 떠나지 않았습니다.
52 주님, 옛부터 내려온
주님의 규례들을 기억합니다.
그 규례가 나에게 큰 위로가 됩니다.
53 악인들이
주님의 율법을
무시하는 것을 볼 때마다,
내 마음 속에서
분노가 끓어오릅니다.
54 덧없는 세상살이에서
나그네처럼 사는 동안,
주님의 율례가 나의 노래입니다.
55 주님, 내가 밤에도
주님의 이름을 기억하고,
주님의 법을 지킵니다.
56 주님의 법도를 따라서 사는 삶에서
내 행복을 찾습니다.

57 ㄴ)주님, 주님은 나의 분깃,
내가 주님의 말씀을 지키겠습니다.
58 내가 온 마음을 다하여서
주님께 간구하니,
주님께서 약속하신 대로,
내게 은혜를 베풀어 주십시오.
59 내가 발걸음을 돌려
주님의 증거를 따라 갑니다.
60 내가 주저하지 않고,
서둘러 주님의 계명을 지키겠습니다.
61 악인들이 나를 줄로 얽어 매어도,
나는 주님의 법을 잊지 않습니다.
62 한밤중에라도,
주님의 의로운 규례들이 생각나면,
벌떡 일어나서
주님께 감사를 드립니다.
63 주님을 경외하는 사람이면
누구에게나,
나는 친구가 됩니다.
주님의 법도를 지키는 사람이면
누구에게나,
나는 친구가 됩니다.
64 주님, 주님의 인자하심이
온 땅에 가득합니다.
주님의 율례를
나에게 가르쳐 주십시오.

65 ㄷ)주님, 주님께서 약속하신 대로,

ㄱ) 49-56절은 매 절마다 자인(ז)으로 시작 됨 ㄴ) 57-64절은 매 절마다 헤트(ח)로 시작 됨 ㄷ) 65-72절은 매 절마다 테트(ט)로 시작 됨

도덕적 삶이 사회의 노래와 찬송에 담겨질 때, 도덕적 이행의 새로운 경지에 이르게 된다. **119:57-64** *(헤트)* 이 시연에 나오는 새로운 주장은 하나님의 한결같은 사랑이 온 땅을 채우게 되며, 이것은 아마도 하나님의 토라가 우주에 가득하게 된다는 것을 의미하는 것 같다. 잠 8장은 지혜를 우주의 창조에서 찾는다. 잠언 주석 부분에 나오는 1105쪽 추가 설명: "지혜와 생명"을 보라. **119:65-72** *(테이트)* 이 시연에서 나오는 새로운 요소는 시편 기자가 어떤 모양으로인가 경험한 하나님의 훈련을 언급하고 있다는 것이다 (67, 71절). 시인은 하나님이 겸손하게 하시는 일은 좋은 일이며 적시의 것이라고 인정한다 (71절). 질병과, 대적의 비난과, 하는 일이 잘 안 되는 것은 모두 교훈을 주시려는 하나님의 어떤 개입으로 추정해 갈 수 있다. **119:73-80** (요드) 시

주님께서는 주님의 종인 나를
잘 대해 주셨습니다.
66 내가 주님의 계명을 따르니,
올바른 통찰력과 지식을 주십시오.
67 내가 고난을 당하기 전까지는
잘못된 길을 걸었으나,
이제는 주님의 말씀을 지킵니다.
68 선하신 주님, 너그러우신 주님,
주님의 율례들을
내게 가르쳐 주십시오.
69 오만한 자들이 거짓으로
내 명예를 훼손하였지만,
나는 온 정성을 기울여서,
주님의 법도를 지키겠습니다.
70 그들의 마음은 무뎌
분별력을 잃었으나,
나는 주님의 법을 즐거워합니다.
71 고난을 당한 것이,
내게는 오히려
유익하게 되었습니다.
그 고난 때문에,
나는 주님의 율례를 배웠습니다.
72 주님께서 나에게
친히 일러주신 그 법이,
천만 금은보다 더 귀합니다.

73 ㄱ)주님께서 손으로
몸소 나를 창조하시고,
나를 세우셨으니,
주님의 계명을 배울 수 있는
총명도 주십시오.
74 내가 주님의 말씀에
희망을 걸고 살아가기에,
주님을 경외하는 사람들이
나를 보면, 기뻐할 것입니다.
75 주님,
주님의 판단이 옳은 줄을,
나는 압니다.
주님께서 나에게 고난을 주신 것도,
주님께서
진실하시기 때문이라는 것을,
나는 압니다.
76 주님의 종에게 약속하신 말씀대로,
주님의 ㄴ)인자하심을 베풀어 주셔서,
나를 위로해 주십시오.
77 주님의 법이 나의 기쁨이니,
주님의 긍휼을
나에게 베풀어 주십시오.
그러면
내가 새 힘을 얻어 살 것입니다.
78 이유도 없이 나를 괴롭히는
저 오만한 자들은,
수치를 당하게 해주십시오.
나는
주님의 법도만을 생각하겠습니다.
79 주님을 경외하는 사람들이
내게로 돌아오게 해주십시오.
그들은
주님의 증거를 아는 사람들입니다.
80 내 마음이
주님의 율례들을 완전히 지켜서,
내가 수치를 당하지 않게
해주십시오.

81 ㄷ)내 영혼이 지치도록
주님의 구원을 사모하며,
내 희망을 모두
주님의 말씀에 걸어 두었습니다.

ㄱ) 73-80절은 매 절마다 요드 (י)로 시작 됨 ㄴ) 또는 '한결같은 사랑'
ㄷ) 81-88절은 매 절마다 캅(כ)으로 시작 됨

편 기자는 그 손 자체가 인간의 몸을 형성하신 창조주(73절)로 하나님을 제시한다. 이미지는 렘 18:6과 사 64:8에 나오는 것과 같은 토기장이의 이미지가 아니라, 사람을 섬세히 형성하시는 전문적인 창조자의 이미지이다 (욥 31:15 참조). 다시 한 번 시편 기자는 토라를 배우는 (외우는) 것이 매우 중요하다는 것을 암시한다 (73절). **119:78** *묵상.* 이 단어는 숙고하고, 반복하여 읽고, 그래서 숙고할 뿐 아니라 마음에 새겨서 외우는 것을 의미한다. **119:81-88** *(카프)* 이 시연은 하나님이 도와주시기 위하여 아무것도 하지 않으시려는 것으로 보일 때, 악행하는 자들의 휜화와 경멸을 경험하는 사람이 하는 하나님의 도우심을 구하는 열정적인 애가이다. 연기에 그을린 가죽부대라는 이미지(83절)는 몸에 보이는 시편 기자의 고난의 결과를 가리킨다: 피부가 열과 먼지를 너무 많이 접하여 어두워지고 말라버린 포도주 부대와 같이 어두운 색에 주름지고 생명이 없어 보이는 것이 되었다. **119:89-96** *(라메드)* 이 시연은 명상과 반성의 분위기를 반영한다는 것을 첫 행에서 감지할 수 있다. *주님의 말씀은 영원히 살아 있으며*(89절)는 물론 하나님이 단순히 존재하고만 계시다는 것을 의미하지 않는다. 시 90편, "영원부터 영원까지 주님은 하나님이십니다"가 짧은 히브리어 구절의 의미를

82 '주님께서 나를 언제 위로해 주실까'
하면서
주님의 말씀을 기다리다가,
시력조차 잃었습니다.
83 내가 비록 ㄱ)연기에 그을린
가죽부대처럼 되었어도,
주님의 율례들만은 잊지 않습니다.
84 주님의 종이 살 수 있는 날이
이제 얼마 남지 않았습니다.
나를 핍박하는 자를
언제 심판하시겠습니까?
85 주님의 법대로 살지 않는
저 교만한 자들이,
나를 빠뜨리려고 구덩이를 팠습니다.
86 주님의 계명들은 모두 진실합니다.
사람들이 무고하게 나를 핍박하니,
나를 도와주십시오.
87 이 세상에서,
그들이 나를 거의 다 죽여 놓았지만,
주님의 법도를
나는 잊지 않았습니다.
88 주님의 인자하심으로
나를 살려 주십시오.
그러면 주님께서 친히 명하신
증거를 지키겠습니다.

89 ㄴ)주님, 주님의 말씀은
영원히 살아 있으며,
하늘에 굳건히 자리 잡고 있습니다.
90 주님의 성실하심은
대대에 이릅니다.
땅의 기초도
주님께서 놓으신 것이기에,
언제나 흔들림이 없습니다.
91 만물이 모두 주님의 종들이기에,
만물이 오늘날까지도
주님의 규례대로
흔들림이 없이 서 있습니다.
92 주님의 법을
내 기쁨으로 삼지 아니하였더라면,
나는 고난을 이기지 못하고
망하고 말았을 것입니다.
93 주님께서 주님의 법도로
나를 살려 주셨으니,
나는 영원토록
그 법도를 잊지 않겠습니다.
94 나는 주님의 것이니,
나를 구원하여 주십시오.
나는 열심히
주님의 법도를 따랐습니다.
95 악인들은,
내가 망하기를 간절히 바라지만,
나는 주님의 교훈만을
깊이깊이 명심하겠습니다.
96 아무리 완전한 것이라도,
모두 한계가 있다는 것을
알았습니다.
그러나 주님의 계명은 완전합니다.

97 ㄷ)내가 주님의 법을
얼마나 사랑하는지,
온종일 그것만을 깊이 생각합니다.

ㄱ) 히, '쓸모가 없어서 내버린 가죽부대처럼' ㄴ) 89-96절은 매 절마다 라멧(ל)으로 시작 됨 ㄷ) 97-104절은 매 절마다 멤(מ)으로 시작 됨

더 잘 포착해 준다. **119:94** *나는 주님의 것이니.* 이 말은 "나는 당신에게 속한 사람입니다" 라고 단호하게 선언하는 것이며, 하나님에 대한 시편 기자의 의지를 인정하는 동시에, 하나님에게 속함으로써 마땅히 따라오는 보호를 주장하는 것이다. **119:96** 하나님의 계명(히브리어, *미쯔와*)은 하나님의 자신의 완전을 나누어 줄 만큼 모든 것을 다 포함하는 것인 반면, 모든 것은 선하거나 심지어 아주 좋지만 (창 1:31), 그래도 창조된 것이다. 후기 유대 가르침에서 토라는 영원하여 창조된 것이 아니지만, 그래도 하나님이 아니라는 것을 인정한다. **119:97-104** *(멤)* 토라 공부에 헌신하고, 토라를 밤낮으로 묵상하고, 그 신비에 대하여 숙고하는 이 모든 것을 통하여 시편 기자는 *내가 주님의 법을 얼마나 사랑하는지* (97절) 라고 선언하게 된다. 또한 토라의 연구와 가르침에 대한 그러한 헌신으로 시인은 토라에 대한 그의 이해가 그의 대적과 장로들과 선생들의 것까지도 능가한다고 세상에게 자랑하는 것인 아니라, 하나님께 말씀을 드릴 수 있게 된다. **119:105-112** *(눈)* 이 문단은 전체 시에서 가장 아름다운 구절을 하나를 담고 있다: 주님의 말씀은 내 발의 등불이요, 내 길의 빛입니다 (105절). 이 행은 하나님의 율법을 잘 묘사한다: 율법은 계약의 신실한 자녀가 행할 길을 제시하여 주는 하나님의 가르침이다. 신조와 신앙고백과 같이, 토라는 공동체의 의지와 부합하게 만드는 무기로 쓰일 수 있지만, 그것이 의도된 목적은 갈 길을 보여주고, 인도해 주고, 그래서 도와주는 것이다. 이러한 면으로 관찰되고 반응되는 토라는 위험을 지적해 주고 묵상하는 사고를 격려하여 길을 비춰 주면서 자유를 올바로 사용

98 주님의 계명이
언제나 나와 함께 있으므로,
그 계명으로 주님께서는 나를
내 원수들보다
더 지혜롭게 해주십니다.
99 내가 주님의 증거를 늘 생각하므로,
내가 내 스승들보다도
더 지혜롭게 되었습니다.
100 내가 주님의 법도를 따르므로,
노인들보다도 더 슬기로워졌습니다.
101 주님의 말씀을 지키려고,
나쁜 길에서 내 발길을 돌렸습니다.
102 주님께서 나를 가르치셨으므로,
나는 주님의 규례들에서
어긋나지 않았습니다.
103 주님의 말씀의 맛이
내게 어찌 그리도 단지요?
내 입에는 꿀보다 더 답니다.
104 주님의 법도로 내가 슬기로워지니,
거짓된 길은
어떤 길이든지 미워합니다.

105 ㄱ)주님의 말씀은 내 발의 등불이요,
내 길의 빛입니다.
106 주님의 의로운 규례들을 지키려고,
나는 맹세하고 또 다짐합니다.
107 주님,
내가 받는 고난이 너무 심하니,
주님께서 약속하신 대로
나를 살려 주십시오.
108 주님,
내가 기쁨으로 드리는
감사의 기도를
즐거이 받아 주시고,
주님의 규례를
내게 가르쳐 주십시오.
109 내 생명은
언제나 위기에 처해 있습니다만,
내가 주님의 법을 잊지는 않습니다.
110 악인들은
내 앞에다가 올무를 놓지만,
나는 주님의 법도를
벗어나지 않습니다.
111 주님의 증거는 내 마음의 기쁨이요,
그 증거는 내 영원한 기업입니다.
112 내 마지막 순간까지, 변함 없이
주님의 율례를 지키기로
결심하였습니다.

113 ㄴ)나는,
두 마음을 품은 자를 미워하지만,
주님의 법은 사랑합니다.
114 주님은 나의 은신처요,
방패이시니,
주님께서 하신 약속에
내 희망을 겁니다.

115 악한 일을 하는 자들아,
내게서 떠나가거라.
나는 내 하나님의 계명을 지키겠다.

116 주님께서 약속하신 대로,
나를 붙들어 살려 주시고,
내 소망을
무색하게 만들지 말아 주십시오.

ㄱ) 105-112절은 매 절마다 눈(נ)으로 시작 됨 ㄴ) 113-120절은 매 절마다 싸멕(ס)으로 시작 됨

할 수 있도록 도와준다. **119:106** 맹세는 공식적인 선언이나 헌신을 위하여 때로는 자유롭게, 때로는 압박 하에 행해진다. 이 맹세는 아마 증인의 증거로 공적으로 확인된다. 이 행은 시인이 신실한 토라 준수에 대하여 너무 초조하여 한다는 것을 시사하는가? 아니면 맹세는 다른 사람에게 토라에 대한 신실을 격려하려는 의도가 있는 것인가? **119:113-120** *(싸멕)* **119:113** *두 마음을 품은 자.* 엘리야가 "여러분은 언제까지 양쪽에 다리를 걸치고 머뭇거리고 있을 것입니까?" (왕상 18:21)라고 갈멜 산에서 모인 무리에게 도전하였던 것과 같은 단어가 쓰이고 있으며, 엘리야는 가나안 신 바알과 이스라엘의 하나님 둘 다에게 충성하려고 했던 이들을 비난했다. 시편 기자에게 문제는 토라에 대하여 반신반의하는 공동체에 관한 것으로 보인다. **119:117** 하나님의 토라에 대하여 완전히 헌신되어 있으나, 그 헌신을 유지하기 위해서는 하나님의 계속되는 도움이 필요하다는 것을 시편 기자는 잘 알고 있다. **119:119** 시편 기자는 하나님이 악행하는 자를 물리치시는 것을 즐거워하는가? **119:120** 하나님의 정의의 승리로 모든 예배자는 하나님을 두려워하고 경외하게 된다. **119:121-128** *(아이언)* 이 시연에서 우리는 세상을 올바로 만들기 위하여 하나님이 개입하실 것을 기다리는 개인의 애가를 본다. 시편 기자는 절대로 악에 대한 선의 즉각적인 승리에 대하여 자만하지 않는다. 그것은 여전히 억압과 폭력이

117 나를 붙들어 주십시오.
그러면 내가 구원을 얻고,
주님의 율례들을
항상 살피겠습니다.
118 주님의 율례들에서 떠나는 자를
주님께서 다 멸시하셨으니,
그들의 속임수는 다 헛것입니다.
119 세상의 모든 악인을
찌꺼기처럼 버리시니,
내가 주님의 증거를 사랑합니다.
120 이 몸은 주님이 두려워서 떨고,
주님의 판단이 두려워서 또 떱니다.

121 ㄱ)나는 공의와 정의를 행하였으니,
억압하는 자들에게
나를 내주지 마십시오.
122 주님의 종을 돕겠다고
약속하여 주시고,
오만한 자들이
나를 억압하지 못하게 해주십시오.
123 내 눈이 주님의 구원을 기다리다가
피곤해지고,
주님의 의로운 말씀을 기다리다가
지쳤습니다.
124 주님의 인자하심을 따라
나를 맞아 주시고,
주님의 율례들을
내게 가르쳐 주십시오.
125 나는 주님의 종이니,
주님의 증거를 알 수 있도록
나를 깨우쳐 주십시오.
126 그들이 주님의 법을
짓밟아 버렸으니,
지금은 주님께서
일어나실 때입니다.
127 그러므로 내가 주님의 계명들을,
금보다, 순금보다 더 사랑합니다.
128 그러므로 내가 매사에
주님의 모든 법도를
어김없이 지키고,
모든 거짓행위를 미워합니다.

129 ㄴ)주님의 증거가 너무 놀라워서,
내가 그것을 지킵니다.
130 주님의 말씀을 열면,
거기에서 빛이 비치어
우둔한 사람 깨닫게 합니다.
131 내가 주님의 계명을 사모하므로,
입을 벌리고 헐떡입니다.
132 주님의 이름을 사랑하는 사람에게
하시듯이
주님의 얼굴을 내게로 돌리셔서,
나에게 은혜를 베풀어 주십시오.

ㄱ) 121-128절은 매 절마다 아인(ע)으로 시작 됨 ㄴ) 129-136절은 매 절마다 페(פ)로 시작 됨

성하고 불경건한 자들이 번성하는 것으로 보이기 때문이다. **119:123** 하나님의 구원은 하나님의 약속에 굳게 붙어 있고자 노력하는 시편 기자의 믿음을 시험하면서 계속 지연된다. **119:126** 여기서 시인은 하나님에 대하여 참지 못하는 표시를 처음으로 보인다. 하나님은 토라가 부서지고 악행하는 자들의 처벌이 시한이 오래 지난 것을 보실 수 있는가? 이 시연은 토라에 대한 사랑과 모든 거짓된 길에 대한 배격이 아직 확고히 서 있다는 것을 시편 기자가 거듭 주장함으로 마무리 지워진다. **119:129-136** *(페)* 이 시연은 토라를 계속 배척하는 세상에서 토라에 대하여 신실하게 하여 달라고 하나님에게 간구한다. **119:136** 많은 *사람들*(히브리어, "그들")이 하나님의 토라를 저버렸기 때문에 시인의 눈에서 눈물이 흐른다. 모든 사치를 스스로 누리면서 "요셉의 집이 망하는 것은 걱정도 하지 않는" (암 6:6) 방종한 이스라엘 사람들을 묘사하는 암 6:4-7을 생각할 수 있다. **119:137-144** *(짜데)* **119:137** "의롭다"라는 형용사는 하나님의 토라에 신실하고, 토라가 명하는 것을 경건히 지키며, 하나님의 일에 충실한 개인들에 대하여 구약에서 널리 사용되는 용어이다. 하나님에 대하여 쓰였을 때, 그 단어는 거의 정의된 의미대로 모든 논쟁에서 하나님이 옳으시지만, 신실한 자가 도전할 수 없는 것은 아니라는 것을 의미한다 (렘 12:1 참조). **119:139** *열심*, 곧 하나님의 일에 대한 열정이 신실한 신앙의 이름으로 범하여진 처참한 일들을 저지르게 된 이유이다. 출 32:25-29에는 금송아지를 만든 사건 이후 레위인들이 모세의 명령으로 동료 이스라엘 사람들을 좌우로 쳐서 죽이는 것을 묘사하고 있다. 레위인들은 창 49:5-7에서 야곱에 그들에게 준 "축복"이라고 묘사된 행위로 그들의 자매 디나가 당한 악을 복수함으로 (창 34장) 가족의 명예를 위한 그리고 하나님의 일을 위한 열정을 보였다. 종교적인 열정은 종교적 광신과 아주 가까운 것이다. 시인은 여기서 하나님의 일에 대한 이러한 열정은 타는 불과 같음을 인식한다. **119:141** 미천하여 멸시는 당하지만 언어를 글자 그대로 받아들일 필요는 없다. 하나님에 대하여 말할 때에 자기를 비하하는 것은 관습적인 것이다. 창 18:27; 출 4:10; 삼상 16:7을 보라. **119:145-152** *(코*

133 내 걸음걸이를
주님의 말씀에 굳게 세우시고,
어떠한 불의도
나를 지배하지 못하게 해주십시오.
134 사람들의 억압에서
나를 건져 주십시오.
그러시면 내가
주님의 법도를 지키겠습니다.
135 주님의 종에게
주님의 밝은 얼굴을 보여 주시고,
주님의 율례들을
내게 가르쳐 주십시오.
136 사람들이
주님의 법을 지키지 않으니,
내 눈에서 눈물이
시냇물처럼 흘러내립니다.

137 ㄱ)주님, 주님은 의로우시고,
주님의 판단은 올바르십니다.
138 주님께서 세우신 증거는
의로우시며, 참으로 진실하십니다.
139 내 원수들이
주님의 말씀을 잊어버리니,
내 열정이 나를 불사릅니다.
140 주님의 말씀은 정련되어
참으로 순수하므로,
주님의 종이 그 말씀을 사랑합니다.
141 내가 미천하여 멸시는 당하지만,
주님의 법도만은 잊지 않았습니다.
142 주님의 의는 영원하고,
주님의 법은 진실합니다.
143 재난과 고통이 내게 닥쳐도,
주님의 계명은 내 기쁨입니다.
144 주님의 증거는 언제나 의로우시니,
그것으로 나를 깨우쳐 주시고
이 몸이 활력을 얻게 해주십시오.

145 ㄴ)온 마음을 다하여 부르짖으니,
주님, 나에게 응답하여 주십시오.
내가 주님의 율례들을
굳게 지키겠습니다.
146 내가 주님을 불렀으니,
나를 구원하여 주십시오.
내가 주님의 증거를 지키겠습니다.
147 주님의 말씀을 갈망하여
날이 밝기도 전에
일어나서 울부짖으며,
148 주님의 말씀 묵상하다가,
뜬눈으로 밤을 지새웁니다.
149 주님, 주님의 인자하심을 따라
내 간구를 들어주십시오.
주님, 주님의 규례를 따라
나를 살려 주십시오.
150 악을 따르는 자가 가까이 왔습니다.
그들은 주님의 법과
거리가 먼 자들입니다.
151 그러나 주님,
주님께서 나에게 가까이 계시니,
주님의 계명은 모두 다 진실합니다.
152 주님께서
영원한 증거를 주셨습니다.
나는 그 증거를
오래 전부터 잘 알고 있었습니다.

153 ㄷ)내가 주님의 법을 어기지 않았으니,
내 고난을 보시고,
나를 건져 주십시오.

ㄱ) 137-144절은 매 절마다 차데(צ)로 시작 됨 ㄴ) 145-152절은 매 절마다 코프(ק)로 시작 됨 ㄷ) 153-160절은 매 절마다 레쉬(ר)로 시작 됨

프) 시인이 압박당하고 대적에게 공격을 당하고 있다는 생각이 오래 전에 세워지고 영원히 지속되도록 고안이 된 하나님의 계명에 대한 신뢰로 균형 잡혀 있다. **119:148** *뜬눈으로 밤을 지새웁니다.* 밤은 삼경으로 나누어져 있다; 삿 7:19는 아마 자정 전후에 시간에 해당하는 "중간의 경"을 가리키는 것 같다 (오후 10시부터 오전 2시까지?). **119:153-160** *(레이쉬)* 시인은 계속하여 대적에 대한 하나님의 도우심을 간구하면서, 다시 하나님의 율례에 대한 사랑과 신실이 시편 기자의 삶의 표증인 것을 지적한다. **119:154** *내 변호인이 되셔서, 나를 변호해 주시고* 이 말은 언약의 파기에 대한 사례에 쓰이는 전문 용어이다. 시인은 하나님과 이스라엘 사이의 언약을 범하였지만 그 비난을 부인하는 사람으로 말을 한다. **119:160** 모두. 이것을 직역하면, "머리." "꼭대기부터" 라는 말과 비교할 수 있다. **119:161-168** *(신, 쉰)* **119:161** 권력자는 여러 종류의 고관 관리를 지칭하는 것이며, 꼭 왕족을 가리키는 것은 아니다. 생명이 전제 권력과 통제하는 사람의 손에 달려 있다는 것은 두려운 것이지만, 하나님의 토라의 영속성과 이성과 아름다움에 대하여 묵상하는 것은 경이로움에 처하게 해준다. **119:162-168** 시연의 마지막 부분은 이러한 경이와 놀라움을 자아내는 하나

154 내 변호인이 되셔서,
나를 변호해 주시고,
주님께서 약속하신 말씀대로,
나를 살려 주십시오.
155 악인은
주님의 율례를 따르지 않으니,
구원은 그들과는 거리가 멉니다.
156 주님,
주님은 긍휼이 많으신 분이시니,
주님의 규례로 나를 살려 주십시오.
157 나를 핍박하는 자들과
나를 대적하는 자들이 많으나,
나는 주님의 증거에서
떠나지 않았습니다.
158 주님의 말씀을 지키지 아니하는
저 배신자들을 보고,
나는 참으로 역겨웠습니다.
159 주님의 법도를 따르기를
내가 얼마나 좋아하였는지를,
살펴보아 주십시오.
주님, 주님의 인자하심을 따라
나를 살려 주십시오.
160 주님의 말씀은 모두 진리이며,
주님의 의로운 규례들은
모두 영원합니다.

161 ㄱ)권력자는
이유 없이 나를 핍박하지만,
내 마음이 두려워하는 것은
주님의 말씀 뿐입니다.
162 많은 전리품을 들고 나오는 자들이
즐거워하듯이,
나는 주님의 말씀을 즐거워합니다.
163 나는 거짓은 미워하고 싫어하지만,
주님의 법은 사랑합니다.
164 주님의 공의로운 규례들을
생각하면서,
내가 하루에도 일곱 번씩
주님을 찬양합니다.
165 주님의 법을 사랑하는 사람에게는
언제나 평안이 깃들고,
그들에게는
아무런 장애물이 없습니다.
166 주님, 내가 주님의 구원을 기다리며,
주님의 계명들을 따릅니다.
167 내가 주님의 증거를 지키고,
그 증거를 매우 사랑합니다.
168 내가 가는 길을
주님께서 모두 아시니,
내가
주님의 증거와 법도를 지킵니다.

169 ㄴ)주님, 나의 부르짖음이
주님 앞에 이르게 해주시고,
주님의 말씀으로
나를 깨우쳐 주십시오.
170 나의 애원이
주님께 이르게 해주시고,
주님께서 약속하신 말씀대로
나를 건져 주십시오.
171 주님께서
주님의 율례들을 나에게 가르치시니,

ㄱ) 161-168절은 매 절마다 신(쉰)(ש)으로 시작 됨 ㄴ)169-176절은 매 절마다 타우(또는 타브)(ת)로 시작 됨

님의 말씀에 대하여 시인이 가지고 있는 사랑과 환희를 자세히 묘사한다. **119:169-176** *(타우)* 마지막 시연은 앞의 시연에서 아주 풍성히 제시된 대로 하나님이 시인의 필요에 응답하여 주실 것을 기도하는 하나님에게 드리는 친밀하고 간절한 간구이다. 시인의 입술과 혀가 필요한 것을 제시한 것과 같이, 또한 하나님의 손은 (173절) 그 필요함을 채워주실 것이다. 시인이 잃은 양과 같이 토라가 제시하는 길에서 벗어났을 때도, 하나님의 규례뿐 아니라, 하나님의 존재 자체, 곧 하나님의 영속적인 임재에 대한 시편 기자의 깊은 사랑을 하나님은 알고 계시다.

120:1-7 평화 시 120—134편은 성전에 올라가는 순례자의 노래라고 제목이 붙어 있는데, 이는 아마 땅의 각지에서 예루살렘으로 오는 순례자들이 사용하였다는 것을 의미할 것이다. 유월절/무교절, 칠칠절, 초막절 등 세 번의 주요 절기에 주님 앞에 와야 한다는 말씀으로 가족과 공동체가 모여 성소를 향하여 나아갔다. 이 중 몇몇 시편은—특히 시편 12편과 122편은—그러한 용례에 적당한 것으로 보인다. 반면 그와 아무런 연관이 없는 것으로 보이는 시편들도 있다. "올라간다"는 말은 현재 알려지지 않는 음악의 연주의 선율을 가리킬지 모른다. 시 120편은 개인의 간구나 애가로, 시편 기자가 함께 평화롭게 살려고 노력하지만, 이웃의 거짓과 기만으로 간구자가 외인 사이에서 어떻게 고통을 겪고 있는지를 묘사한다. 히브리어의 첫 행은 도움이 이미 일어나기 시작하였다는 것을 시사하지만, 시편의 나머지 부분은 시편 기자가 아직도 어려움에 처하여 있다는 것을 보여준다. 본문 구분: 1-2절, 거짓된 비난에서 구하여 달

내 입술에서는
찬양이 쏟아져 나옵니다.
172 주님의 계명들은 모두 의로우니,
내 혀로
주님께서 주신 말씀을
노래하겠습니다.
173 내가 주님의 법도를 택하였으니,
주님께서 손수
나를 돕는 분이 되어 주십시오.
174 주님,
내가 주님의 구원을 간절히 기다리니,
주님의 법이 나의 기쁨입니다.
175 나를 살려 주셔서,
주님을 찬양하게 해주시고,
주님의 규례로 나를 도와주십시오.
176 나는 길을 잃은 양처럼
방황하고 있습니다.
오셔서, 주님의 종을 찾아 주십시오.
나는 주님의 계명을
잊은 적이 없습니다.

주님의 도움을 구하는 기도

120

[성전에 올라가는 순례자의 노래]
1 내가 고난을 받을 때에
주님께 부르짖었더니,
주님께서 나에게 응답하여 주셨다.

2 주님, 사기꾼들과 기만자들에게서
내 생명을 구하여 주십시오.

3 너희, 사기꾼들아,
하나님이 너희에게
어떻게 하시겠느냐?
주님이 너희를
어떻게 벌하시겠느냐?
4 용사의 날카로운 화살과
싸리나무 숯불로 벌하실 것이다!

5 괴롭구나!
너희와 함께 사는 것이
메섹 사람의 손에서
나그네로 사는 것이나 다름없구나.
게달 사람의 천막에서
더부살이하는 것이나 다름없구나.
6 내가 지금까지 너무나도 오랫동안,
평화를 싫어하는 사람들과
더불어 살아왔구나.
7 나는 평화를 사랑하는 사람이다.

라는 간구; 3-4절, 거짓된 혀에 대한 견책; 5-7절, 시편 기자의 환난에 대한 부연 설명. **120:1-2** 상황은 법정에서 나오는 거짓된 비난이라기보다 이웃과의 분쟁인 것으로 보인다. **120:3-4** 여기 나오는 단어들은 무서운 해를 끼칠 수 있는 지체(약 3장을 보라)인 거짓된 혀에 대한 저주라고 할 수 있다. 여기서 비교되어 나오는 것은 날카로운 화살 (4절; 잠 25:18 참조) 또는 숯불(4절; 약 3:5-6 참조)이다. **120:5-7** *메섹과 게달.* 이 지역들은 집에서 멀리 떨어진 시편 기자의 상황을 가리키기 위하여 상징적으로 쓰인 것임에 틀림없다. 메섹(창 10:2)은 전통적으로 흑해의 남해안에 가까이 위치하고 있었으며, 게달은 남부 아라비아의 한 지역이었다. **120:7** *평화.* 이 상황에서 평화는 이웃과 화친하고 화목한 것을 의미하며, 바로 시편 기자의 이웃은 그 평화를 배척한 것이다.

121:1-8 우리를 보호하여 주소서 이 시편은 신뢰와 확신의 시편으로 시온으로 오고 가는 길의 순례자에게 하나님의 영속적인 보호를 확인시켜 준다. 1절에서 제기된 문제는 제사장에 의하여 시편 나머지 부분에서 응답된다. 이 시편은 전사들과 모든 믿는 자들에게 하나님은 상상해 볼 수 있는 모든 위험에서 그들을 확실히 보호하여 주시는 분이라고 확신시켜 주는 시 91편과 유사점을 가지고 있다. 그 만큼 광범위하지는 않으나, 시 121편은 하나님의 임재와 무조건적인 보호를 조용히 확신시켜 준다. 본문 구분: 1-2절, 시작하는 질문; 3-4절, 하나님의 말씀; 5-6절, 축복; 7-8절, 하나님의 보호하심이 영속적이라는 확인. **121:1-2** *산.* 산은 아마 두 가지 의미를 지니고 있는 것 같다. 하나님의 거룩한 산, 시온은 모든 땅의 기쁨이다 (48:1-3). 따라서 이스라엘의 도움이 성전의 장소이며 우주의 중심인 시온에서 온다. 아마도 또 하나의 의미는 시편 기자는 듣는 이들에게 이스라엘의 하나님이 우주 전체의 군주가 되시는 것을 상기시켜 주고 그들에게 산당의 신들을 경배하는 것에 대하여 경고하고 있는 것으로 보인다 (왕상 11:7-8; 12:31; 13:33-34) **121:3-4** 엘리야는 바알이 볼일을 보고 있던지, 자고 있던지, 여행을 하고 있는 것에 틀림이 없다고 바알 예언자들을 비웃었다 (왕상 18:27). **121:5-6** 일사병은 중동에서 항상 있는 위험이지만, 주님은 (낮에는 구름으로 밤에는 불로: 출 3:21을 보라) 태양과 달에게서 보호하여 주신다. 해로운 영향이 달에 온다고 생각되었다. **121:7-8** *나갈 때나 들어올 때나.* "언제나 어디서나"를 의미한다.

122:1-9 평화를 위한 기도 시온의 시편으로, 이 노래는 본래 예루살렘의 어느 중요한 절기를 축하하기 위하여 가는 길에 쓰였던 순례자의 노래이었으며, 후에 예루살렘을 위한 찬양의 노래와 그 도시의 복지를 위한

그러나 내가 평화를 말할 때에,
그들은 전쟁을 생각한다.

주님께서 백성을 보호하심

121 [성전에 올라가는 순례자의 노래]
1 내가 눈을 들어 산을 본다.
내 도움이 어디에서 오는가?
2 내 도움은 하늘과 땅을 만드신
주님에게서 온다.

3 주님께서는,
네가 헛발을 디디지 않게
지켜 주신다.
너를 지키시느라 졸지도 않으신다.
4 이스라엘을 지키시는 분은,
졸지도 않으시고,
주무시지도 않으신다.

5 주님은 너를 지키시는 분,
주님은 네 오른쪽에 서서,
너를 보호하는 그늘이 되어 주시니,
6 낮의 햇빛도 너를 해치지 못하며,
밤의 달빛도
너를 해치지 못할 것이다.

7 주님께서 너를
모든 재난에서 지켜 주시며,
네 생명을 지켜 주실 것이다.
8 주님께서는,
네가 나갈 때나 들어올 때나,
이제부터 영원까지
지켜 주실 것이다.

찬양의 노래

122 [성전에 올라가는 순례자의 노래, 다윗의 시]
1 사람들이 나를 보고
"주님의 집으로 올라가자" 할 때에
나는 기뻤다.

2 예루살렘아,
우리의 발이
네 성문 안에 들어서 있다.

3 예루살렘아, 너는
모든 것이
치밀하게 갖추어진 성읍처럼,
잘도 세워졌구나.
4 모든 지파들, 주님의 지파들이,

기도로 쓰였다. 본문 구분: 1-2절, 그 도시에 관한 기쁨; 3-5절, 그 도시에 대한 찬양; 6-9절, 시온의 복지를 위한 기도. **122:1-2** **122:1** *올라가자.* 유월절/무교절, 칠칠절, 초막절의 세 가지 주요 절기를 지켜야 하는 정확한 날자는 예루살렘의 제사장이 정하며, 그리고 다른 공동체에 널리 전달된다. 예루살렘의 제사장에게 북부 이집트의 유대 공동체에게 쓴 아람어 편지에 유월절을 어느 날 지켜야 하는지 문의한 기록이 있다. **122:2** *우리의 발이 네 성문 안에 들어서 있다.* 아마도 시편은 순례자가 성문을 들어가면서 노래하거나 낭송되었을 것이다. 시 15편과 24편도 또한 성문에서 낭송한 성전에 들어가는 예배문이다. **122:3-5** **122:3** 다윗의 예루살렘은 기드론 골짜기의 서쪽 기슭 위의 상당히 작은 장소를 차지하여 정말 아담한 도시였다. 이는 또한 이스라엘의 지파의 특징이 되어야 하는 연합을 상기시켜 주는 이미지이다; 133:1을 보라. **122:5** 보좌는 절기와 다른 특별한 경우를 위하여 옥외에 세워졌다; 왕상 22:10을 보라. **122:6-9** 인도자는 네 가지 간구를 드리면서, 그 도시에 대한 기도를 청한다. 첫 번째는 시온을 사랑하는 모든 이를 축복하는 것이며; 두 번째는 그 도성이 평화의 항구가 되라고 기도하며; 세 번째는 그 도성의 평화가 예배하는 친지와 친구들에게 확장되게 하여 달라는 기도를 하며; 네 번째는 성전을 위하여 예배하는 자들은 예루살렘의 평화의 건강과 안전을 위하여 일할 것을 약속한다. 시온의 많은 노래(시 46편; 47편; 48편; 87편 등)들에 상응하는 부분이 예언서에 나오는 시온을 위한 약속에 나온다 (예를 들어, 사 2:2-4; 35:1-10; 미 4;1-4; 슥 14:16-21). 정의와 평화가 시온에서 실패할 때, 온 땅이 중대한 위험에 처하게 된다; 그리고 시온이 의와 평화 가운데 살게 될 때, 모든 이스라엘이 하나님의 호의와 축복을 누리게 된다 (사 1장).

123:1-4 **자비를 베푸소서** 하나님이 대적에게서 구하여 주실 것을 겸손히 간구하는 공동체의 짧고 아름다운 시이다. 본문 구분: 1-2절, 부름; 3-4절, 하나님의 도우심에 대한 간구. **123:1-2** 회중을 인도하는 이가 눈을 드는 이미지로 기도를 시작하는데, 이는 문맥상 무릎을 꿇고 간구하는 자의 모습을 시사한다. 내다보는 일반적인 표현(예, 창 13:10, 14; 18:2)은 여기서 하나님의 하늘 처소를 향하여 그들의 눈을 들라고 예배자들을 부르는 역할을 한다. **123:2** 남종과 여종이 그들의 주인의 후원과 도움을 기대할 뿐만 아니라, 후원하고 도와주어야 한다고 주장하는 것과 같이 또한 공동체는 주님이

주님의 이름을 찬양하려고
이스라엘의 전례에 따라
그리로 올라가는구나.
5 거기에 다스리는
보좌가 놓여 있으니,
다윗 가문의 보좌로구나.
6 예루살렘에
평화가 깃들도록 기도하여라.
"예루살렘아,
너를 사랑하는 사람들에게
평화가 있기를,
7 네 성벽 안에 평화가 깃들기를,
네 궁궐 안에
평화가 깃들기를 빈다" 하여라.
8 내 친척과 이웃에게도
"평화가 너에게 깃들기를 빈다"
하고 축복하겠다.
9 주 우리 하나님의 집에
복이 깃들기를 빈다.

자비를 비는 기도

123 [성전에 올라가는 순례자의 노래]

1 하늘 보좌에서
다스리시는 주님,
내가 눈을 들어
주님을 우러러봅니다.
2 상전의 손을 살피는
종의 눈처럼,
여주인의 손을 살피는
몸종의 눈처럼,
우리의 눈도,
주님께서 우리에게
자비를 베푸시길 원하여
주 우리 하나님을 우러러봅니다.

3 주님,
우리에게 자비를 베풀어 주십시오.
우리에게 자비를 베풀어 주십시오.
너무나도 많은 멸시를 받았습니다.

4 평안하게 사는 자들의 조롱과
오만한 자들의 멸시가
우리의 심령에 차고 넘칩니다.

승리를 주신 주님께 감사

124 [다윗의 시, 성전에 올라가는 순례자의 노래]

1 이스라엘아, 대답해 보아라.
주님께서 우리 편이 아니셨다면,
우리가 어떠하였겠느냐?

2 "주님께서 우리 편이 아니셨다면,
원수들이
우리를 치러 일어났을 때에,
3 원수들이
우리에게 큰 분노를 터뜨려서,
우리를 산 채로 집어삼켰을 것이며,
4 물이 우리를 덮어,
홍수가 우리를 휩쓸어 갔을 것이며,
5 넘치는 물결이
우리의 영혼을
삼키고 말았을 것이다."

그 요구를 들어주실 때까지 끈질기게 주님을 바라본다. 기도의 열심이 많은 성경 구절에서 권장된다 (사 63:7-64:12; 65:1; 눅 18:1-8 참조). **123:3-4** 종과 주인의 이미지가 계속된다: 예배자들은 그들이 의지하여야 하는 사람들의 조롱과 경멸에 대하여 진절머리가 난 상태에서, 그들의 진정한 군주이신 하나님에게 나아간다. 자기밖에는 아무도 또 아무것도 모르고 땅을 활보하고 다니는 오만하고 교만한 자들의 묘사에 대하여 73:4-9를 보라. 그래도 간구에는 쓴 마음이 담겨 있지 아니하며, 하나님의 자비에 대한 급박한 간구만 담겨 있을 뿐이다.

124:1-8 우리를 구하여 주소서 어떤 중대한 위험에서 구하여 주신 것에 대하여 감사를 드리는 공동체 감사 시편. 여기 나오는 위험은 느헤미야가 예루살렘의 벽을 지으려고 하는 것을 대적이 좌절시키려고 하였을 때 느헤미야가 처한 위험이었을 수 있다 (느 4장). 대적의 행동에 대한 일련의 은유도 전투의 장면에 잘 맞는다. 본문 구분: 1-5절, 모면한 위험의 나열; 6-8절, 구원자 하나님에 대한 찬양. **124:1-5 124:3** 파괴에 대한 첫 번째 은유는 닥치는 대로 모든 희생물을 집어삼켜 버리려고 하는 어떤 원초적인 괴물이나 죽음이나 스올을 묘사한다 (사 28:15, 18-19; 벧전 5:8; 1011쪽 추가 설명: "죽음과 미래의 삶과 스올"을 참조). **124:4** 그 다음 대적이 그 앞에 모든 것을 쓸어버리는 성난 홍수로 묘사된다. **124:6-8 124:6** 여기에 나오는 은유는 맹수에 관한 것이다 (벧전 5:8 참조). **124:7** 새들이 날아가는 길에 걸어 놓은 그물이나 땅에 세워 놓은 덫에 잡혔다 (암 3:5). **124:8** 마지막 후렴이 역사와 창조를 이야기하는데, 이는 구약에 자주 나오는 주제이다. 사 40:12-26(창조주 하나님)과 사 41장 (역사의 주 하나님) 참조.

6 우리를 원수의 이에 찢길
먹이가 되지 않게 하신
주님을 찬송하여라.
7 새가 사냥꾼의 그물에서 벗어남같이
우리는 목숨을 건졌다.
그물은 찢어지고, 우리는 풀려 났다.

8 천지를 지으신 주님이
우리를 도우신다.

주님의 백성은 안전하다

125 [성전에 올라가는 순례자의 노래]
1 주님을 의지하는 사람은
시온 산과 같아서,
흔들리는 일이 없이 영원히 서 있다.
2 산들이 예루살렘을 감싸고 있듯이,
주님께서도 당신의 백성을
지금부터 영원토록 감싸 주신다.
3 의인이 불의한 일에
손대지 못하게 하려면,
의인이 분깃으로 받은 그 땅에서
악인이 그 권세를
부리지 못하게 하여야 한다.

4 주님,
선한 사람과
그 마음이 정직한 사람에게
은혜를 베풀어 주십시오.
5 주님,
비틀거리면서 굽은 길을 가는 자를
벌하실 때에,
악한 일을 하는 자도
함께 벌받게 해주십시오.

이스라엘에 평화가 깃들기를!

수확을 기뻐함

126 [성전에 올라가는 순례자의 노래]
1 ㄱ)주님께서
시온에서 잡혀간 포로를
시온으로 돌려보내실 때에,
우리는 꿈을 꾸는 사람들 같았다.
2 그 때에 우리의 입은
웃음으로 가득 찼고,
우리의 혀는
찬양의 함성으로 가득 찼다.
그 때에
다른 나라 백성들도 말하였다.
"주님께서 그들의 편이 되셔서
큰 일을 하셨다."
3 주님께서 우리 편이 되시어
큰 일을 하셨을 때에,
우리는 얼마나 기뻤던가!

4 주님,
ㄴ)네겝의 시내들에 다시 물이 흐르듯이

ㄱ) 또는 '주님께서 시온의 운명을 회복시키셨을 때에' ㄴ) 네겝 시내는 늘 말라 있다

125:1-5 우리를 안전하게 지켜 주소서 만일 공동체가 하나님에게 신실하게 남아 있으면 하나님이 그 공동체를 확실히 지켜 주실 것이라고 지혜의 시가 확인한다. 본문 구분: 1-2절, 처소의 안정과 하나님의 보호하심에 대한 두 가지 명제; 3절, 확신; 4-5절, 의인에 대한 선함과 악행하는 자에 대한 처벌을 구하는 두 가지 간구. **125:1** *시온 산.* 하나님이 굳게 세우셔서, 그 기초가 땅속 깊이 다다른다 (46:5; 122:3; 겔 47:1-12). **125:2** 예루살렘의 북동쪽의 산은 도성 자체보다 높이 있다. 주님의 보호는 이스라엘 백성에 관한 것이며; 성전과 제단은 언급조차 되고 있지 않다. **125:3** *권세* (NRSV와 공동번역은 "왕권"). *의인이 불의한 일에 손대게* 할 수 있는, 악행하는 자들이 땅에 군림하는 것에 대한 비유일 수 있지만, 아마도 이스라엘을 통치하는 외세에 대한 언급이다. 지팡이나 몽둥이는 창 49:10에서 확실히 보여주는 대로 권세의 상징이다. 또한 사 10:5를 보라. **125:5** *벌하실 때에.* 하나님이 땅에서 악을 강력하게 몰아내시는 역사의 또 하나의 묘사로 슥 5:5-11을 보라.

126:1-6 우리를 회복하소서 공동체의 감사 시편은 도우심과 축복을 구하는 기도가 된다. 본문 구분: 1-3절, 포로에서 구하여 주신 데 대한 감사; 4-5절, 축복을 구하는 기도; 6절, 축복의 약속. **126:1-3** 처음의 행은 (기원전 538년에 시작하여) 바빌론 포로에서 돌아오는 때의 공동체의 환희를 상기시킨다. **126:1** 신 30:3을 보라. *시온에서 잡혀간 포로를 시온으로 돌려보내실 때.* 신 30:3을 보라. 본문은 그 상황에서 공동체가 경험하였던 환희의 기쁨을 묘사하고 있는데, 그 다음에 "미약"의 때가 따라 온다 (슥 4:10). **126:2** 심지어는 외국 나라들도 이스라엘을 구하시는 하나님의 놀라운 개입을 인정하였다. **126:4-5** **126:4** 하나님이 다시 한 번 이스라엘을 도와달라는 간구. 배경은

포로로 잡혀간 자들을
돌려 보내 주십시오.

5 눈물을 흘리며 씨를 뿌리는 사람은
기쁨으로 거둔다.
6 울며 씨를 뿌리러 나가는 사람은
기쁨으로 단을 가지고 돌아온다.

주님만이 가정에 복을 주신다

127 [성전에 올라가는 순례자의 노래, 솔로몬의 노래]
1 주님께서
집을 세우지 아니하시면
집을 세우는 사람의 수고가 헛되며,
주님께서 성을 지키지 아니하시면
파수꾼의 깨어 있음이 헛된 일이다.
2 일찍 일어나고 늦게 눕는 것,
먹고 살려고 애써 수고하는
모든 일이 헛된 일이다.
진실로 ㄱ)주님께서는,
사랑하시는 사람에게는
그가 잠을 자는 동안에도
복을 주신다.
3 자식은 주님께서 주신 선물이요,
태 안에 들어 있는 열매는,
주님이 주신 상급이다.
4 젊어서 낳은 자식은
용사의 손에 쥐어 있는
화살과도 같으니,
5 그런 화살이 화살통에 가득한
용사에게는 복이 있다.
그들은 성문에서
원수들과 담판할 때에,
부끄러움을 당하지 아니할 것이다.

주님은 신실한 백성에게 상을 주신다

128 [성전에 올라가는 순례자의 노래]
1 주님을 경외하며,
주님의 명에 따라 사는 사람은,
그 어느 누구나 복을 받는다.
2 네 손으로 일한 만큼 네가 먹으니,
이것이 복이요, 은혜이다.
3 네 집 안방에 있는 네 아내는
열매를 많이 맺는 포도나무와 같고,

ㄱ) 또는 '주님께서는 사랑하시는 사람에게 잠을 주신다'

가을의 추수를 위협하는 가뭄인 것으로 보인다. 남부 유다의 평평하고 반 (半) 메마른 지역은 비가 올 때 도랑이 되는 강바닥이 있었다. **126:5** 아마 축복을 위한 기도가 계속되는 것 같다. 심는 때의 울음은 자연 종교에서 빌려온 주제이다: 비옥의 신이 지하의 세계로 내려가면서 여름의 가뭄이 시작된다. 추수 때에 신이 다시 올라온다. **126:6** 제사장은 여기에서 공동체의 기도에 대하여 하나님의 대답을 주는 것으로 보인다. 추수를 희망하면서 씨를 심는 이들은 알곡의 단을 가지고 돌아올 것이다—축복은 아주 신속하고 풍성할 것이다! 비슷한 약속으로 암 9:13-15를 보라. 전체 시편이 궁핍한 재난의 시간에 하나님이 분명히 공동체를 도와주실 것을 확인한다.

127:1-5 우리를 재건하소서 개인과 사회의 복지가 온전히 하나님에게 달려 있다는 것을 선언하는 지혜의 시. 서두는 솔로몬 왕을 그 저자로 하고 있는데, 이는 아마 2절에서 하나님의 *사랑하는* (히브리어, *야디드*, 또한 "사랑스러운," 84:1) 사람에 대한 언급 때문에 나온 것으로, 아마 솔로몬의 집안 이름 "여디다"에 대한 연상일 것이다. 본문 구분: 1-2절, 하나님을 그 원천으로 인정하지 않으면, 인간의 노력과 성취가 헛되다; 3-5절, 많은 자식에 대한 특별한 축복. **127:1-2** 하나님이 그 원천으로 인정되지 아니하면, 인간의 노력과 성취가 *헛된 일이다* (1a, 1d, 2a절). 시편 기자는 공동체에게 모든 행사에서 하나님을 전적으로 의지한다는 것을 선포하라고 권유한다. 아마도 이것은 그러한 행사의 처음과 마지막을 가리키며 어떤 종류의 의식이 구체적으로 행하여졌다는 것을 의미한다. **127:2** 생계를 꾸려 나가는 데 대하여 근심하고 극심히 노력하는 것은 하나님의 임재와 도우심에 의지하는 준비가 되어 있지 않다는 표시일 수 있다 (마 6:25-34 참조). **127:3-5 127:3** 많은 *자식*(직역하면, 아들들)은 또한 가족을 보호해 주고 경제적으로 부양해 준다. 시편 기자는 많은 아들의 선물을 주시는 이가 하나님이라는 것을 알고 있다. 하나님이 집을 세우신다는 것(1절)과 자녀의 탄생을 주신다는 것 (삼하 7장 참조)은 비슷한 비유이다. **127:4-5** *화살과도 같으니.* 전통에 담긴 활은 남자의 성적 힘과 가족이 많은 데에서 얻을 수 있는 보호에 대한 언급으로 이중적인 은유이다. 그러나 많은 아들을 낳게 하여 주고 가족의 진정한 보호자가 되어 주는 분은 하나님이시다.

128:1-6 행복한 가정의 축복 제사장이 예루살렘에서 세 가지 연중 절기 중 하나를 참석하는 방문자(순례자)에게 선포하는 축복의 형태로 된 지혜의 시편. 이 시편은 시 1편보다 더 개인적이고 직설적이며, 그만큼 현학적이 아닌데, 그 메시지는 대개 동일하다: 주님을 경외하고 하나님이 정하신 길로 걷는 이는 분명히 축복을

네 상에 둘러앉은 네 아이들은
올리브 나무의 묘목과도 같다.
4 주님을 경외하는 사람은
이와 같이 복을 받는다.

5 주님께서 시온에서 너에게
복을 내리시기를 빈다.
평생토록 너는,
예루살렘이 받은 은총을 보면서
살게 될 것이다.
6 아들딸 손자손녀 보면서
오래오래 살 것이다.

이스라엘에 평화가 깃들기를!

보호를 구하는 기도

129 [성전에 올라가는 순례자의 노래]
1 이스라엘아,
이렇게 고백하여라.
"내가 어릴 때부터, 나의 원수들이
여러 번 나를 잔인하게 박해했다.
2 비록 내가 어릴 때부터, 내 원수들이
여러 번 나를 잔인하게 박해했으나,
그들은 나를 이겨 내지를 못했다.
3 밭을 가는 사람이 밭을 갈아엎듯
그들이 나의 등을 갈아서,
거기에다가 고랑을 길게 냈으나,
4 의로우신 주님께서
악인의 사슬을 끊으시고,
나를 풀어 주셨다."
5 시온을 미워하는 사람은
그 어느 누구나,
수치를 당하고 물러가고 만다.
6 그들은 지붕 위의 풀같이 되어,
자라기도 전에 말라 버리고 만다.
7 베는 사람의 품에도 차지 않고,
묶는 사람의 품에도 차지 않아
8 지나가는 사람 가운데 어느 누구도
"주님께서 너희에게
복을 베푸시기를 빈다"
하지 아니하며,
"주님의 이름으로
너희에게 축복한다"
하지도 아니할 것이다

받게 될 것이다. 시편 기자는 또한 시온에 대한 축복을 포함한다 (5절). 본문 구분: 1-4절, 하나님을 경외하는 개인에 대한 제사장의 축복; 5-6절, 제사장과 예루살렘에 대한 응답(?) 축복. **128:1-4** 하나님을 경외하는 개인에 대한 제사장의 기도 (900쪽 추가 설명: "아슈레이"를 보라). **128:1** *그 어느 누구나.* 직역하면, "그 사람." 그러나 축복은 분명히 하나님을 경외하는 모든 이에게 제공된다. **128:2-4** 이 시편은 주님에게 헌신한 이에게 오는 전형적인 축복을 지목하는데, 열매를 많이 맺는 일, 복, 식사 때에 식탁에 둘러 앉은 많은 후손 등에 관한 것들이다. **128:3** *올리브 나무의 묘목.* 자녀들이 감람나무의 줄기에 둘러 있는 나무 가지와 같이 식탁 주위에 모인다. 양쪽 이미지가 생명을 주신 하나님의 풍성한 축복을 가리킨다. **128:5-6** 화답으로(?) 하는 제사장과 예루살렘에 대한 축복. 이는 제사장의 인정과 축복을 받은 예배자들에게 제안되는 응답일 것이다. 본문은 하나님을 경외하는 이들, 토라의 지침에 주의를 기울이는 이들에게 주는 일반적인 축복과 찬양이 될 때가 있다. 축복은 장수하고 또 시온이 번영하는 것이다.

129:1-8 위험한 때 개인의 시 형태이며, 시온의 대적에 대한 저주로 마무리한다. 본문 구분: 1-4절, 하나님은 이스라엘의 대적이 승리하도록 허락하지 않으신다; 5-8절, 시온의 대적에 대한 저주. **129:1-4** 이스라엘 백성들의 입으로 고백하는 것으로 되어 있는 인용문은 세대를 걸쳐 하나님의 백성의 시험을 요약하는 의도가 있다. **129:3** *나의 등을 갈아서.* 남의 등을 밭갈이한다고 하는 것은 채찍이나 다른 형태로 감옥의 죄수를 학대하는 심한 구타를 지칭하는 것이다 (암 1:3을 참조). **129:4** *의로우신 주님께서 악인의 사슬을 끊으시고* (4절). 이 마지막 주장은 하나님은 이스라엘을 그 사로잡은 자에게서 자유하게 하여 주신다는 것을 증언한다. **129:5-8** 시온의 대적에 대한 저주의 기도는 두 가지 생생한 이미지를 사용하는데, 그 중 어느 것도 시편에 나오는 저주의 기도만큼 폭력적이지 않다 (1040쪽 추가 설명: "대적과 저주"를 보라). **129:6-7** 기둥과 담에 가로 놓인 가지로 지붕이 만들어졌으며, 흙이 덮였으며, 그 위에 풀이 나곤 하였다. 시편 기자는 대적의 농작물이 열에 급히 말라 아무런 곡식을 내지 않는 풀만큼도 소산을 내지 않기를 기도한다. **129:8** 두 번째 이미지는 대적에게 *주님께서 너희에게 복을 베푸시기를 빈다*고 일상적인 인사의 예를 행하기를 거절하는 공동체(학대 받은 이스라엘)에 관한 것이다.

130:1-8 깊은 물 속에서 주님을 불렀습니다 이 개인의 애가는 일곱 편의 참회의 시편 중 여섯 번째 것이다 (959쪽 추가 설명: "참회의 시"를 보라). 이는 영혼의 심층에서 하나님의 도움을 구하는 간구로 시작되어, 시편 기자가 의지하는 그 한 분께 희망과 신뢰를 드리라고 공동체를 부르는 소환으로 마무리된다. 해석자들은

환난 때에 주님을 신뢰함

130 [성전에 올라가는 순례자의 노래]
1 주님, 내가 깊은 물 속에서
주님을 불렀습니다.
2 주님, 내 소리를 들어 주십시오.
나의 애원하는 소리에
귀를 기울여 주십시오.

3 주님,
주님께서 죄를 지켜 보고 계시면,
주님 앞에
누가 감히 맞설 수 있겠습니까?
4 용서는
주님만이 하실 수 있는 것이므로,
우리가 주님만을 경외합니다.

5 내가 주님을 기다린다.
내 영혼이 주님을 기다리며
내가 주님의 말씀만을 바란다.
6 내 영혼이 주님을 기다림이
파수꾼이 아침을 기다림보다
더 간절하다.
진실로 파수꾼이 아침을 기다림보다
더 간절하다.

7 이스라엘아,
주님만을 의지하여라.
주님께만 인자하심이 있고,
속량하시는 큰 능력은
그에게만 있다.
8 오직, 주님만이 이스라엘을
모든 죄에서 속량하신다.

주님을 신뢰하여라

131 [다윗의 시, 성전에 올라가는 순례자의
노래]
1 주님, 이제 내가
교만한 마음을 버렸습니다.
오만한 길에서 돌아섰습니다.
너무 큰 것을 가지려고
나서지 않으며,
분에 넘치는
놀라운 일을
이루려고도 하지 않습니다.

시편의 낭독 중간에 저자가 성전의 제사장에게서 하나님의 용서와 용납에 대한 확신을 받았다고 제안한다. 그것이 사실일지 모른다. 그러나 용서를 구하는 시편 기자의 열심 있는 기도 자체가 하나님의 용서로 쇄신되는 소망의 정황이라고 보는 것도 그에 못지않게 타당하다. 본문 구분: 1-2절, 하나님의 도우심에 대한 간구; 3-4절, 하나님의 성품에 대한 관찰; 5-6절, 하나님의 신뢰에 대한 인정; 7-8절, 공동체를 부름.

130:1-2 **130:1** *깊은 물 속.* 히브리어는 바다의 깊은 곳을 지칭하지만 (사 51:10; 겔 27:34), 자연스럽게 은유로 쓰인다. **130:3-4** 특별히 묵상적인 성격을 가진 다른 시편과 마찬가지로 (시 51; 73; 104; 139편), 이 시편은 하나님의 성격에 대한 명제를 제시한다. 만일 하나님이 인간의 약점과 실수를 세고 계시다면, 누가 탄원하기 위하여 하나님 앞에 설 수 있는가? 그러나, 그것은 하나님의 성품이 아니다; 오히려 하나님은 용서할 준비가 되어 있으시다 (시 51; 103; 출 34:6-7편 참조). **130:4** *경외.* 이 시편이 인용하고 있는 출 34:6-7에서 하나님은 거룩한 이름을 계시하시고 그래서 야훼라는 이름이 어떻게 하나님의 내적 존재 자체를 보여주는지 설명하시는 것으로 소개된다. 거기서, 하나님이 자비하시고 용서할 준비가 되어 있으시다는 증거에는 또한 하나님은 (회개하지 아니하는) 죄인을 절대로 사하지 않을 것이라는 선언이 담겨 있다 (출 34:7). 출애굽기의 주석의 160쪽 추가 설명: "이스라엘의 하나님의 특징"을 보라. **130:5-6** 구약에서 기다리고 희망하는 것은 긴밀히 연관되어 있다. 두 단어는 거의 상호 호환할 수 있다 (시 39:7 참조). 아마 밤새 성전에서 기다리는 것 다음에는 종종 하나님의 도움이 오고 있다는 확신일 것이다 (27:13-14; 73:17-26). 사람은 도움이 지연될 때에도 최소한도 사람은 종종 하나님의 명백한 임재에 대하여 확신을 얻게 된다. **130:7-8** *의지*("바라다," 7절)로 번역된 단어는 "기다리다" 라고 번역할 수 있는 말 중 하나이다 (창 8:10; 삼상 10:8 참조). 시편 기자는 "내가 그들의 허물을 용서하고 그들의 죄를 다시는 기억하지 않겠다"는 예레미야의 약속을 반향하고 있다 (렘 31:34).

131:1-3 **조용히 신뢰하라** 개인이 드리는 하나님에 대한 신뢰와 확신의 기도는 희망을 장려한다. 본문 구분: 1-2절, 순전의 표현과 증언; 3절, 격려. 2절의 이미지를 보면, 시편의 저자가 여성이었을 것을 시사한다. 모든 자만과, 남의 맘에 들기를 원하는 걱정에 찬 욕심과, 모든 부당한 야망을 피하면서 배경에 남아 있기를 원하는 사람의 신앙에 대한 훌륭한 그림이다. 시편 기자의 제일 큰 바람은 그의 영혼이 조용히 사랑과 헌신과 단순한 신뢰로 하나님 앞에 나아오는 것이다. 간구하는 이가 자기를 어머니로 여기고 있는가 아니면 바로 젖뗀 아이로 여기고 있는지 애매하다. 고요의 이

2 오히려, 내 마음은
고요하고 평온합니다.
젖뗀 아이가
어머니 품에 안겨 있듯이,
내 영혼도 젖뗀 아이와 같습니다.

3 이스라엘아, 이제부터 영원히
오직 주님만을 의지하여라.

주님은 늘 백성과 함께 계심

132 [성전에 올라가는 순례자의 노래]
1 주님,
다윗을 기억하여 주십시오.
그가 겪은 그 모든 역경을
기억하여 주십시오.

2 다윗이 주님께 맹세하고,
야곱의 전능하신 분께 서약하기를
3 "내가 내 집 장막에
들어가지 아니하며,
내 침상에도 오르지 아니하며
4 눈을 붙이고,
깊은 잠에 빠지지도 아니할 것이며,
눈꺼풀에
얕은 잠도 들지 못하게 하겠습니다.
5 주님께서 계실 장막을
마련할 때까지,
야곱의 전능하신 분이 계실 곳을
찾아낼 때까지
그렇게 하겠습니다" 하였습니다.

6 ㄱ)법궤가 있다는 말을
에브라다에서 듣고,
야알의 들에서 그것을 찾았다.

7 "그분 계신 곳으로 가자.
그 발 아래에 엎드려 경배하자."

8 주님, 일어나셔서
주님께서 쉬실 그 곳으로 드십시오.
주님의 권능 깃들인 법궤와 함께
그 곳으로 드십시오.

ㄱ) 또는 '법궤가 에브라다에 있다는 말을 듣고'

미지는 아마 최근 젖을 먹이는 엄마에게 더 적절할지 모른다. **131:3** 개인의 기도(1-2절)는 이제와 영원히 이스라엘의 하나님에게 그 희망과 확신을 두라고 공동체를 부르는 부름으로 마무리 짓는다.

132:1-18 다윗은 언제나 시온의 왕이다 다윗과 그의 후예가 시온(예루살렘)에서 하나님의 기름부음을 받은 통치자로 영원히 섬길 수 있는 신적 권리를 지지하는 예배문. 917쪽 추가 설명: "왕의 시"를 보라. 시편의 배경은 두 이야기로 나온다: (1) 여부스족에게서 다윗이 예루살렘을 정복하고 (삼하 5장) 연합국 이스라엘의 수도로 만들었으며, (2) 다윗은 언약궤를 새 수도로 옮겼다 (삼하 6장). 본문은 그 두 가지 사건이 정규적으로 (연례로?) 그리고 의전적으로 아마 다음과 같은 윤곽에서 기념되었다는 것을 보여줄지 모른다: 언약궤는 돌아오도록 성전에서 나오며, 그 다음 "발견"되어 왕과 제사장이 도시로 왕과 언약궤를 다시 모시고 오는 행진을 인도하며; 성전에 언약궤를 둔다는 것은 하나님이 시온을 거룩한 처소로 선택하신 것과 다윗과 그의 후예에게 왕권을 하나님이 부여하신 권리로 주셨다는 것을 재천명한다. 왕조가 (587년 직후) 더 이상 존재하게 않게 되었을 때, 이 시편은 하나님이 이스라엘의 왕으로 통치하신다는 것을 계속하여 확증하였다. 그것은 또한 하나님이 시온에 다윗의 메시아의 줄을 다시 한 번 세우실 미래의 날에 대한 중요한 증언이었을 것이다. 이 시편은 하나님이 시온을 생명 그리고 세계를 위한 축복의 위치로 선택하셨다는 것과 하나님이 다윗과 그의 계열을 시온산에서 통치하게 선택하셨다는 것을 함께 묶고 있다. 시온 전통은 다윗 전통과는 독립적인 기능을 한다. 왜냐하면 시온에서 나오는 이스라엘의 진정한 통치자는 하나님이시기 때문이다. 본문 구분: 1-5절, 다윗의 맹세를 기억하는 기도; 6-7절, 언약궤를 발견; 8-10절, 하나님이 언약궤에 함께 시온에 들어오라는 부름; 11-12절, 다윗에 대한 주님의 맹세; 13-18절, 시온에 대한 주님의 약속. **132:1-5** 다윗이 언약궤를 그의 새 수도 예루살렘으로 가져 오고자 노력하였다는 것이 기록에 잘 남아 있지만 (삼하 6장을 보라), 시편 기자는 다윗 왕에 대하여 알려져 있지 않는 맹세를 인용한다. **132:2** *야곱의 전능하신 분.* 이스라엘의 하나님의 고대 이름 (창 49:24 참조). **132:5** 이 구절은 예루살렘의 성전을 지은 이가 솔로몬이 아니라 다윗이라고 시사한다 (대상 22—29장 참조). 그러나 이 뜻은 다윗이 처음 언약궤를 둔 (삼하 6:17) 장막(출 33:7-11)에 관한 것으로 보인다. **132:6-7** 예배문은 다윗이 언약궤를 예루살렘으로 옮길 때까지 수년 동안 언약궤가 기랏-여아림('야아르의 밭')에 있었다고 한 전통(삼상 7:1-2)을 언급하면서, 언약궤의 발견을 선언하는 합창을 담고 있다. 그 말이 언약궤가 실제로 성전에서 기랏-여아림으로 옮겨졌다가 다시 예루살렘으로 가져왔다는 것을 뜻한다고 말할 필요는 없다. 이 예배문은 아마 언약궤를 사용하는 어떤 의식에 수반되었을 터이지만, 실제로

9 주님의 제사장들이
의로운 일을 하게 해주시고,
주님의 성도들도
기쁨의 함성을 높이게 해주십시오.
10 주님의 종 다윗을 보시고,
주님께서
기름 부어서 세우신 그 종을
물리치지 말아 주십시오.

11 주님께서 다윗에게 맹세하셨으니,
그 맹세는 진실하여
변하지 않을 것이다.
"네 몸에서 난 자손 가운데서,
한 사람을 왕으로 삼을 것이니,
그가 보좌에 앉아
네 뒤를 이을 것이다.
12 만일 네 자손이
나와 더불어 맺은 언약을 지키고,
내가 가르친 그 법도를 지키면,
그들의 자손이
대대로 네 뒤를 이어서
네 보좌에 앉을 것이다."

13 주님께서 시온을 택하시고,
그 곳을 당신이 계실 곳으로
삼으시기를 원하셔서,
이렇게 말씀하셨다.
14 "이 곳은 영원히 내가 쉴 곳,
이 곳을 내가 원하니,
나는 여기에서 살겠다.
15 이 성읍에 먹거리를
가득하게 채워 주고,
이 성읍의 가난한 사람들에게
먹거리를 넉넉하게 주겠다.
16 ㄱ)제사장들로
의로운 일을 하게 하고,
성도들은
기쁨의 함성을 지르게 하겠다.
17 여기에서 나는,
다윗의 자손 가운데서
ㄴ)한 사람을 뽑아서
큰 왕이 되게 하고,
ㄷ)내가 기름 부어 세운 왕의 통치가
지속되게 하겠다.
18 그의 원수들은
수치를 당하게 하지만,
그의 면류관만은
그의 머리 위에서 빛나게 해주겠다."

ㄱ) 또는 '제사장들을 구원으로 옷입히고' ㄴ) 히, '한 뿔이 자라게 하고'
ㄷ) 히, '내가 기름 부어 세운 이를 위하여 한 등불을 준비한다'

삼하 6장에 나오는 장면 전체를 반복하지는 않았을 것이다. **132:8-10** 하나님이 성전과 함께 시온의 성전으로 다시 돌아와서 그룹 위에 정좌하여 나타나시리라는 기도 (삼상 4:4를 보라). 또한 *제사장들이 의로운 일을 하게 해주시고* 라는 기도가 포함되어 있다 (9; 16절 참조). **132:10** *기름 부어서 세우신 그 종.* 왕좌에 오르는 다윗의 후계자에 대한 언급이었지만, 후대에 와서는 이 표현이 하나님에게 헌신한 모든 종을 지칭하였다. **132:11-18** 예배문은 다윗과 그의 후손이 주님께 계속하여 신실할 것을 조건으로 하여 다윗과 그의 후손에게 시온 산의 영원한 보좌를 약속하면서, 삼하 7장에 발견된 맹세를 반복하면서 마무리된다. 영원히 지속되는 왕조는 다윗이 주님을 위하여 세우기 시작한 집 대신에 하나님이 다윗에 제공하여 주신 "집"이다 (삼하 7:14-15). 예언자와 선견자의 약속은 새 다윗이 와서 그의 조상의 보좌 위에 앉을 것이며 (렘 23:5-6; 33:14-16; 겔 34:23-24 참조). **132:14-18** 시온과 그 통치자에 대한 하나님의 약속의 요약: 하나님의 영속적인 임재, 번성, 가난한 자를 돌봄, 제사장과 다른 성전 일꾼에 대한 풍성한 축복, 그 통치자의 승리, 그리고 그 대적의 수치 등등. 바빌론 포로시대 동안 그리고 그 이후, 시온의 회복과 영화에 대한 하나님의 약속은 공동체에게 큰 영향을 미쳤다. 특히 사 35장; 겔 40—48장, 슥 14:16-21을 보라.

133:1-3 함께 화목하게 살아라 성전에 올라가는 이 노래(시 120—134편; 시 120편에 관한 주석을 보라)는 서정미가 있는 지혜 시편이나 인사이다. 시편 기자는 드물고 우아한 것으로 여겨지는 상황을 묘사한다. 히브리어는 글자 그대로는 다만 형제가 함께 사는 것으로 읽혀진다 (1절). *함께* 라고 번역된 단어는 그 얼마나 아름답고 즐거운가! 라는 표현에 부합하는 삶의 화목의 덕목 같은 것을 전달해 준다. 그것은 가족의 관심사 (122:8; 127:3-5; 128:3, 6; 131:2 참조)요, 통일에 대한 국가적인 관심사요, 또는 종교 공동체 안에서의 예배적인 관심사를 반영해 준다. 본문 구분: 1절, 화목에 대한 잠언; 2절, 기름의 생생한 묘사; 3절, 이슬에 대한 또 하나의 생생한 묘사. **133:1** *어울려서 함께* (개역개정은 "연합하여"). 여기에 나오는 똑같은 히브리어 단어(*야하드,* "함께")를 사용하면서, 사해사본은 공동체의 연합을 크게 강조하였다. **133:2** *기름.* 형제자매가 연합하여 함께 살 때, 공동체는 축복과 귀한 선물을 받는다. 선물은 새로운 대제사장이 기름부음을 받을 때에 풍성하고 심지

함께 평화를 누림

133 [다윗의 시, 성전에 올라가는 순례자의 노래]
1 그 얼마나
아름답고 즐거운가!
형제자매가 어울려서
함께 사는 모습!
2 머리 위에 부은 보배로운 기름이
수염 곧 아론의 수염을 타고 흘러서
그 옷깃까지 흘러내림 같고,
3 헤르몬의 이슬이
시온 산에 내림과 같구나.
주님께서 그곳에서
복을 약속하셨으니,
그 복은 곧 영생이다.

밤에 주님을 찬양함

134 [성전에 올라가는 순례자의 노래]
1 밤에 주님의 집에 서 있는
주님의 모든 종들아,
주님을 송축하여라.
2 성소를 바라보면서,
너희의 손을 들고
주님을 송축하여라.

3 하늘과 땅을 지으신 주님께서
시온에서 너희에게
복을 내려 주시기를!

주님의 자비를 찬양함

135 1 ㄱ)할렐루야.
주님의 이름을 찬송하여라.
주님의 종들아,
찬송하여라.
2 주님의 집 안에,
우리 하나님의 집 뜰 안에
서 있는 사람들아,
3 주님은 선하시니,
주님을 찬송하여라.

ㄱ) 또는 '주님을 찬송하여라'

어 과다하게 나오는 귀한 기름(출 29:7 참조)의 사용과 비교할 수 있는데, 이는 수염과 옷에 넘쳐흐르는 기름이다 (시 23:5를 참조). 고대 이스라엘에서, 감람나무에서 채취한 기름은 상처를 치유하는 데에 약으로 사용되었으며 (사 1:6) 왕(삼상 10:1; 왕하 9:3)과 제사장(레 8:30)과 예언자 (사 61:1) 등을 기름부어 세우는 데 사용하였을 뿐 아니라 머리와 피부를 가꾸는 화장용으로 (삼하 12:20) 사용되었다. **133:3** *이슬.* 두 번째의 비유는 친족간의 연합을 헤르몬 산의 이슬과 연관시킨다. 이는 아마도 이중적인 비유일 것이다. 시온 산 자체는 먼 북방산을 상징하며 (48:2 참조), 그리고 헤르몬 산의 이슬은 또한 그 대칭이 되는 "온 누리의 기쁨" (48:2 참조)이 시온 산 위에 내린다. 시는 주님이 영생을 의미하는 축복을 정하신 (히브리어, "명령하셨다") 것이 시온 산에서였다고 상기시켜 주면서 마무리 짓는다.

134:1-3 축복 성전에 올라가는 노래의 마지막 노래(시편 120—134편; 시편 120편 주를 보라)로, 이 세 절의 예배의 축복은 밤이 오면서 아마 한 제사장이나 또는 한 그룹의 제사장들과 레위인들이 그들 다음에 이어오는 그룹에게 선언하였을 것이다. 본문 구분: 1-2절, 주님의 종에게 주님을 축복하라는 부름; 3절, 화답으로 주님의 축복에 대한 기도. **134:1-2 134:1** 새번역 개정에서 (또한 공동번역과 NRSV에서는 "보라"를 번역하지 않았다. 그러나 개역개정에서는 "보라"를 번역했다.) 이것은 희귀한 것이며, 아마도 133:1에서 빌려와서, 실수로 여기에 놓여 있게 되었을지 모른다. *주님의 모든 종들은.* 자주 개인도 스스로를 그렇게 불렀으며, 반드시 제사장만은 아니다 (예를 들어, 31:16; 34:22; 35:27). **134:2** *너희의* 손을 들고. 이 가장 보편적인 기도의 자세에 대하여, 28:2; 63:4에 대한 주석을 보라. **134:3** 이제 교대하는 그룹은 민 6:24-26; 신 21:5; 삼상 2:20; 시 118:26 등의 제사장의 축복을 반향하는 축복을 한다. "축복하다" 라는 동사는 단수이다.

135:1-21 주님을 찬양하라 성전에서 공동체의 지도자들에게 하나님의 덕과 선물을 함께 선언하자고 부르고 (1-4절), 같은 그룹에게 하나님을 축복하라고 부르는 것으로 마무리 짓는 (19-21절) 찬양의 찬송. 시는 그 대부분의 내용에서 다른 성경에 의존한다 (주지할 만한 부분은, 출 3:15; 18:11; 19:5; 신 7:6; 32:36; 시 113;1; 115:3-8; 134:1; 136:17-21). 그러나 빌려온 사항들이 다섯 문단으로 되어 있는 예배의 찬송으로 각색된다. 그 발췌문과 같은 문체는 원전의 위상이 확정되고 성경을 인용하여 권위를 확정하는 관습이 생긴 포로시대 이후 시대의 말기를 가리킨다. 몇 개의 히브리 사본에는 시편 134편과 135편이 합쳐져 있다. 때때로 135:4-21과 시 136편은 "대 (大) 할렐"이라고 불려, "이집트의 할렐"이라고 불리는 시 113—118편과 구분된다. 본문 구분: 1-4절, 하나님을 찬양하라고 하는 시작의 부름; 5-7절, 창조주 하나님에 대한 찬양; 8-14절, 하나님이 이스라엘의 역사를 인도하심; 15-18절,

그가 은혜를 베푸시니,
그의 이름 찬송하여라.
4 주님께서는 야곱을
당신의 것으로 택하시며,
이스라엘을
가장 소중한 보물로 택하셨다.

5 나는 알고 있다.
주님은 위대하신 분이며,
어느 신보다 더 위대하신 분이시다.
6 주님은,
하늘에서도 땅에서도,
바다에서도 바다 밑
깊고 깊은 곳에서도,
어디에서나,
뜻하시는 것이면 무엇이든,
다 하시는 분이다.
7 땅 끝에서 안개를 일으키시고,
비를 내리시려 번개를 치시고,
바람을 창고에서
끌어내기도 하신다.

8 이집트에서 태어난 맏이는
사람이든지 짐승이든지,
모두 치셨다.
9 이집트야,
주님께서 표적과 기사를
너희에게 나타내셨다.
바로의 모든 신하에게
나타내 보이셨다.
10 주님께서 많은 나라를 치시고
힘이 있는 왕들을 죽이셨으니,
11 아모리 왕 시혼, 바산 왕 옥,
가나안의 모든 왕들을 죽이셨다.
12 주님께서
땅을 당신의 백성에게
유산으로 주셨으니,
당신의 백성 이스라엘에게
그 땅을 주셨다.

13 주님, 주님의 이름이
영원히 빛날 것입니다.
주님, 주님을 기념하는 일이
대대로 계속될 것입니다.

14 주님께서
당신의 백성을 변호해 주시고,
당신의 종들을 위로하여 주신다.

15 이방 나라의 우상들은
은덩이나 금덩이일 뿐,
사람이 손으로 만든 것이므로,
16 입이 있어도 말을 못하고,
눈이 있어도 볼 수 없고,
17 귀가 있어도 듣지 못하고,
입으로 숨도 쉴 수 없으니,
18 우상을 만든 자들과
우상을 의지하는 자들은
누구나 우상과 같이 될 것이다.

19 이스라엘 가문아,
주님을 송축하여라.
아론 가문아, 주님을 송축하여라.
20 레위 가문아, 주님을 송축하여라.
주님을 경외하는 사람들아,
주님을 송축하여라.

우상숭배에 대한 공격; 19-21절, 주님을 찬양하라는 부름. **135:1-4** 이 시편은 아마도 성전의 일꾼들이 하나님께 마땅한 찬양을 드리라고 부르는 시편으로 창조되었을 것이다. **135:3** 주님의 선하심은 이스라엘의 찬양의 영속적인 주제이다 (100:5 참조). **135:4** 하나님이 이스라엘을 선택하셨다는 것은 이스라엘에서 경이와 감사를 자아낸다 (출 19:1-5; 신 7:7-8; 10:14-15 참조). 그러한 선택하심은 이스라엘에 대한 하나님의 사랑과 아브라함에게 하신 약속에서 나온 것이다. **135:5-7** 창조의 주제는 종종 하나님의 역사적 인도의 주제에 앞서 나온다. 시인은 115:3을 인용한 다음 구름과 번개와 바람을 만드신 주님(시 29편; 104:1-4를 보라)이신 하나님을 찬양하는 찬송의 찬양을 드린다. **135:8-14** 이 구절은 이집트의 재앙의 마지막으로 시작하여, 요단 강 동방 땅의 왕들 시혼과 옥에 대한 언급으로 마무리 짓고 있어, 시 136편에 나오는 이집트에서의 이스라엘의 구원의 요약과 비슷하다. 이 두 왕의 패배는 이스라엘의 이야기하는 이들에게 큰 인상을 남겼다. 이 사건이 또한 하나님의 역사적 인도의 이야기의 주요한 부분으로 지적되는 수 24:12-13을 보라. 또한 이 두 왕의 정복 이야기에 관하여 민 21:21-35을 보라. **135:14** 14절은 주님을 찬양하는 위대한 찬송의 일부인 신 32:36의 인용이며 한 분이신 하나님에 대하여 반대하여 감히 일어나는 모든 대적에 대한 경고이다. **135:15-18** 우상이 힘이 없다는 것에 대한 이 구절들은 시 115편에서 나온 것이다.

136:1-26 **사랑은 영원하며** 이 이어지는 감사의 연도(litany)는 시편에서 유일한 것이다. *그 인자하심이*

21 예루살렘에 계시는 주님,
시온에서 드리는 찬송을
받아 주십시오.

ㄱ)할렐루야.

하나님의 인자하심 영원하다

136 1 주님께 감사하여라.
그는 선하시며
그 인자하심이 영원하다.
2 모든 신들 가운데
가장 크신 하나님께 감사하여라.
그 인자하심이 영원하다.
3 모든 주 가운데
가장 크신 주님께 감사하여라.
그 인자하심이 영원하다.

4 홀로 큰 기적을 일으키신 분께
감사하여라.
그 인자하심이 영원하다.
5 지혜로 하늘을 만드신 분께
감사하여라.
그 인자하심이 영원하다.
6 물 위에 땅을 펴 놓으신 분께
감사하여라.
그 인자하심이 영원하다.
7 큰 빛들을 지으신 분께 감사하여라.
그 인자하심이 영원하다.
8 낮을 다스릴 해를 지으신 분께
감사하여라.
그 인자하심이 영원하다.
9 밤을 다스릴 달과 별을
지으신 분께 감사하여라.
그 인자하심이 영원하다.

10 이집트의 맏아들을 치신 분께
감사하여라.
그 인자하심이 영원하다.
11 이스라엘을
그들 가운데서 이끌어내신 분께
감사하여라.
그 인자하심이 영원하다.
12 이스라엘을
강한 손과 펴신 팔로
이끌어내신 분께
감사하여라.
그 인자하심이 영원하다.

13 홍해를 두 동강으로 가르신 분께
감사하여라.
그 인자하심이 영원하다.
14 이스라엘을
그 가운데로 지나가게 하신 분께
감사하여라.
그 인자하심이 영원하다.
15 바로와 그의 군대를 뒤흔들어서
홍해에 쓸어 버리신 분께
감사하여라.
그 인자하심이 영원하다.

16 자기 백성을
광야에서 인도하여 주신 분께
감사하여라.
그 인자하심이 영원하다.
17 위대한 왕들을 치신 분께
감사하여라.
그 인자하심이 영원하다.

ㄱ) 또는 '주님을 찬송하여라'

*영원하다*는 후렴이 각 절을 맺춘다. 가까운 유례가 다니엘서 헬라어 사본에 첨가된 부분 중 하나인 세 유대인의 노래(1539-42)에 나오는데, 거기에는 후렴이 약간 변형되어 있다. 본문 구분: 1-3절, 찬양과 감사에 대한 처음의 부름; 4-9절, 창조자 하나님에 대한 찬양; 23-26절, 하나님의 계속되는 구원과 풍성에 대한 찬양. **136:1-3** 찬양을 드리고 감사를 드리는 것은 거의 같은 것이다. 감사는 감사를 드리는 내용이 되는 선물을 밝힐 것을 요구한다; 시편에서 대부분의 찬양의 행위는 또한 왜 하나님이 찬양을 받으셔야 하는지 밝힌다. **136:2** *모든 신들 가운데 가장 크신 하나님.* 이스라엘의 하나님에 대한 언급으로, 이 하나님은 하늘과 땅의 모든 세력에 대한 주권을 가지고 계시다 (신 10:17 참조). **136:4-9** 시인은 창조의 구체적 행위에 대하여 창조주 하나님을 찬양하고 있는데, 그 중 처음을 제외하고는 모두가 창 1장의 언어를 사용하고 있다. **136:5** 이 구절은 지혜로 하늘을 교묘하게 창조하셨다는 것을 언급한다. 히브리어 단어는 다른 본문이 하나님의 우주 창조와 연관을 시키고 있는 "지혜"의 단어와 동일하다 (104:24; 잠 8:22). **136:10-22** 몇 가지 시편이 주로 재앙을 나열하면서, 출애굽을 이야기한다 (78:44-51; 105:26-36을 보라). 여기서 시인은 모든 것 중 가장 무서운 사건인

18 힘센 왕들을 죽이신 분께
감사하여라.
그 인자하심이 영원하다.
19 아모리 왕 시혼을 죽이신 분께
감사하여라.
그 인자하심이 영원하다.
20 바산 왕 옥을 죽이신 분께
감사하여라.
그 인자하심이 영원하다.
21 그들의 땅을 유산으로 주신 분께
감사하여라.
그 인자하심이 영원하다.
22 그들의 땅을
당신의 종 이스라엘에게
기업으로 주신 분께 감사하여라.
그 인자하심이 영원하다.

23 우리가 낮아졌을 때에,
우리를 기억하여 주신 분께
감사하여라.
그 인자하심이 영원하다.
24 우리를 우리의 원수들에게서
건져 주신 분께 감사하여라.
그 인자하심이 영원하다.
25 육신을 가진 모든 사람에게
먹거리를 주시는 분께 감사하여라.
그 인자하심이 영원하다.
26 하늘에 계시는 하나님께
감사하여라.
그 인자하심이 영원하다.

복수를 구하는 기도

137 1 우리가 바빌론의 강변
곳곳에 앉아서,
시온을 생각하면서 울었다.
2 그 강변 버드나무 가지에
우리의 수금을 걸어 두었더니,
3 우리를 사로잡아 온 자들이
거기에서 우리에게 노래를 청하고,
우리를 짓밟아 끌고 온 자들이
저희들 흥을
돋우어 주기를 요구하며,
시온의 노래 한 가락을
저희들을 위해
불러 보라고 하는구나.

4 우리가 어찌 이방 땅에서
주님의 노래를 부를 수 있으랴.
5 예루살렘아, 내가 너를 잊는다면,
내 오른손아,
너는 말라비틀어져 버려라.

열 번째 재앙 (출 12:29-32 참조); 바다를 건넘; 광야에서의 인도; 두 요단 강 건너편의 두 왕에 대한 승리 등 후기의 사건에만 집중한다. 이스라엘의 지도자들에게 하는 여호수아의 고별 연설에 나오는 것과 같이, 시혼과 옥의 패배와 요단 강 동편의 땅을 이어받는 것이 여기서 강조된다 (수 24:12-13). **136:23-35** 이 구절은 아마도 하나님이 바벨론 포로 상황에서 포로로 잡혀 갔던 이들을 구원하시는 것을 지칭한다. **136:26** 시편이 시작된 부름(1-3절)과 균형을 잡으면서, 찬양과 감사를 드리라는 마지막 부름.

137:1-9 포로시대를 기억하기 자신과 공동체의 대적에 대한 저주로 변하는 공동체의 애가로, 바빌론 포로에서 쓰여진 이 시편은 대적들이 조롱하면서 그들을 *시온의 노래* 한가락(3절)으로 즐겁게 하라고 공동체에게 청하였을 때 한 반응을 전한다. 시인이 실제로 시온(예루살렘)을 기억하면서 날카로운 노래가 쓰디씀과 저주로 바뀌는 것이 그 결과이다. 본문 구분: 1-3절, 포로의 상황; 4-6절, 예루살렘에 대하여 약속한 맹세; 7-9절, 에돔 (사해의 남부와 동부의 이스라엘의 이웃) 사람에 대한 저주. **137:1-3** 말하는 이는 아마도 유프라테스 강에서 바빌론 시를 관통하여 물을 이끌어 왔다가 도시 밑의 강으로 다시 물이 돌아가게 하는 운하 중 하나인 장소에 모여 예배를 드리는 공동체를 인도하는 책임을 맡은 레위인 음악가이었을 것이다 (겔 1:1; 33:30-33 참조). **137:1** *시온을 생각하면서.* 많은 시편 구절이 어떻게 공동체가 거룩한 곳에서 예배를 드릴 기회를 갈망하였는지를 분명히 보여준다 (특히 시 27; 42; 46; 48; 84; 87편을 보라). 예언자도 시온이 하나님이 기름 부으신 왕의 자리가 될 날을 바라본다 (예를 들어, 사 2:2-4; 9:2-7; 11:1-9; 35:1-10). 포로 상황에서, 시온에 대한 생각이 주는 환희는 쓰디쓴 슬픔으로 바뀐다. 상처에 소금을 비벼대듯이, 대적은 흥을 돋우는 일을 청한다. 노예를 부리는 이가 노예로 잡힌 이들에게 노래와 춤을 추라고 요구하는 일을 생각할 수 있다. **137:4-6** 공동체는 노래할지 모르지만, 많은 흑인 영가와 같이 그들의 노래는 서정적이며 잊을 수 없는 아름다움으로 지어졌으며 대적에 대한 경고의 말을 담고 있다. 포로로 잡은 이들은 그들이 요구한 것을 시온의 노래를 얻었다: 그 시온의 노래는 이전과 현재의 대적의 증오를 자아낼 만큼 호소력이 있는 노래였다. **137:7-9** 예루살렘이 바빌로니아 사람들에게 함락되었을 때 (기원전 587년), 에돔 사람들은 도망하는 이스라엘 사람들을 매복하여

6 내가 너를 기억하지 않는다면,
내가 너 예루살렘을
내가 가장 기뻐하는 것보다도
더 기뻐하지 않는다면,
내 혀야,
너는 내 입천장에 붙어 버려라.

7 주님, 예루살렘이 무너지던 그 날에,
에돔 사람이 하던 말,
"헐어 버려라, 헐어 버려라.
그 기초가 드러나도록 헐어 버려라"
하던 그 말을 기억하여 주십시오.

8 멸망할 바빌론 ㄱ)도성아,
네가 우리에게 입힌 해를
그대로 너에게 되갚는 사람에게,
복이 있을 것이다.
9 네 어린 아이들을
바위에다가 메어치는 사람에게
복이 있을 것이다.

온 마음으로 주님께 찬양 드리어라

138 [다윗의 노래]
1 주님, 온 마음을 기울여서
주님께 감사를 드립니다.
신들 앞에서,
내가 주님께 찬양을 드리렵니다.
2 내가 주님의 성전을 바라보면서
경배하고,
주님의 인자하심과
주님의 진실하심을 생각하면서
주님의 이름에 감사를 드립니다.
ㄴ)주님은 주님의 이름과 말씀을
온갖 것보다 더 높이셨습니다.

3 내가 부르짖었을 때에,
주님께서는 나에게 응답해 주셨고,
ㄷ)나에게 힘을 한껏
북돋우어 주셨습니다.

4 주님,
주님께서 친히 하신 말씀을 들은
모든 왕들이
주님께 감사를 드립니다.
5 주님의 영광이 참으로 크시므로,
주님께서 하신 일을
그들이 노래합니다.
6 주님께서는 높은 분이시지만,
낮은 자를 굽어보시며,
멀리서도 오만한 자를
다 알아보십니다.

ㄱ) 히, '딸아' ㄴ) 히, '주님은 주님의 말씀을 주님의 모든 이름보다 더 높이셨습니다' ㄷ) 시리아어역을 따름 (칠십인역과 타르굼 참조). 히, '내 영혼에 힘을 주시어 나를 거만하게 하셨습니다'

잡아 바빌로니아 사람들에게 팔아 넘겼다. 모세 시대에 광야에서 아말렉 사람들이 했던 같은 행위가 그러하였듯이, 이 죄악은 이스라엘의 의식에 깊이 사무쳤다 (출 17:8-16; 신 25:17-19). 그러나 우리는 안전을 기하기 위하여 지명되지 않은 진정한 대적은 노래하는 사람들을 훤화하고 그들이 환락을 제공하게 만들었던 바빌론의 사로잡은 자들이었다는 것을 확신할 수 있다. **137:9** 포로의 고통에 대하여 이보다 더 영속적인 기념비를 생각할 수 없다. 순진한 어린이에 대한 말할 수 없는 잔인한 행위를 청하면서, 시인의 서정적인 어조는 격심하고 보복적인 어조가 된다. 때때로 야수성이 자제할 수 없는 분노를—또는 보다 더 심한 것을—일으킨다 (1040쪽 추가 설명: "대적과 저주"를 보라). 하나님께 드리는 이러한 폭언은 시인이 생각하고 느끼고 있는 것을 그대로 표현하는 진실된 기도이다. 대적에 대한 그러한 폭력을 실행하는 것보다는 그러한 감정을 기도로 하나님에게 드리는 것이 낫다. 그러한 분노는 표현되어야 하며 주의를 기울여야 하는 사항이다.

138:1-8 나는 당신에게 감사를 드립니다 하나님께서 시편 기자를 위하여 개입하신 다음에 개인의 감사기도가 나온다. 본문 구분: 1-3절, 하나님의 도우심에 대한 감사; 4-6절, 감사에 동참하라고 땅의 왕들을 부름; 7-8절, 하나님이 계속하여 구원하여 달라는 부름. **138:1-3 138:1** 신들 앞에서 하나님이 시키시는 일을 할 준비가 되어 있으며 하나님의 노래를 부르면서 하나님의 보좌 주위에 모인 천군. 칠십인역은 "천사" 라고 번역하였다. **138:2** *주님의 성전.* 땅의 성전은 하늘의 원형을 대표하고 그와 연관된다. 하나님이 하신 행위는 놀랍게 위대한 일로 여겨지고 있으며, 이는 시편 기자가 바빌로니아 포로에서 이스라엘을 구원하여 내신 것에 대하여 하나님을 찬양하고 있다는 것을 시사한다. **138:4-6** 이 절들 또한 이 시편이 포로시대에 관한 것임을 시사한다. 땅의 왕들은 주님이 세상 제국의 사건에 개입하시어 이스라엘의 공동체를 집으로 돌려 보내시는 것을 보면서 함께 모여 찬양한다. **138:7-8** 감사는 간구로 바뀐다. 시편 기

7 내가 고난의 길 한복판을
걷는다고 하여도,
주님께서 나에게 새 힘 주시고,
손을 내미셔서,
내 원수들의 분노를
가라앉혀 주시며,
주님의 오른손으로
나를 구원하여 주십니다.
8 주님께서 나를 위해
그들에게 갚아주시니,
주님,
주님의 인자하심은 영원합니다.
주님께서 손수 지으신 이 모든 것을
버리지 말아 주십시오.

주님은 늘 가까이 계심

139 [지휘자를 따라 부르는 다윗의 노래]
1 주님,
주님께서 나를
샅샅이 살펴보셨으니,
나를 환히 알고 계십니다.
2 내가 앉아 있거나 서 있거나
주님께서는 다 아십니다.
멀리서도
내 생각을 다 알고 계십니다.
3 내가 길을 가거나 누워 있거나,
주님께서는 다 살피고 계시니,
내 모든 행실을 다 알고 계십니다.
4 내가 혀를 놀려 아무 말 하지 않아도
주님께서는 내가 하려는 말을
이미 다 알고 계십니다.
5 주님께서
나의 앞뒤를 두루 감싸 주시고,
내게 주님의 손을 얹어 주셨습니다.
6 이 깨달음이 내게는
너무 놀랍고 너무 높아서,
내가 감히 측량할 수조차 없습니다.
7 내가 주님의 영을 피해서
어디로 가며,
주님의 얼굴을 피해서
어디로 도망치겠습니까?
8 내가 하늘로 올라가더라도
주님께서는 거기에 계시고,
스올에다 자리를 펴더라도
주님은 거기에도 계십니다.
9 내가 ㄱ)저 동녘 너머로 날아가거나,
바다 끝 서쪽으로 가서
거기에 머무를지라도,

ㄱ) 히, '새벽 날개를 가지고'

자는 하나님의 손이 계속되는 위험과 시험 가운데 안전하게 하여 주실 것을 기대한다. 위에 언급한 대로—그리고 타당한 것으로 보이는 대로—포로시대에 관한 시라고 한다면, 공동체를 위하여 이야기하는 시편 기자는 또한 이스라엘을 대신하여 하나님이 계속하여 개입하실 것을 믿는다.

139:1-24 오 하나님, 나를 시험하소서 하나님의 가까우심과 친밀함에 대한 묵상으로, 이 시편은 성경의 주요 문학과 신학의 보화 중 하나이다. 모든 위대한 시가 그러하듯이, 이 시편은 인간의 생각과 경험에 도전하면서, 분명한 진리를 심오하게 밝혀 주면서 종종 혼란하게 만든다. 본문 구분: 1-6절, 자신을 환히 알고 계신 하나님; 7-12절, 하나님의 피할 수 없는 임재; 13-18절, 자아를 형성하시는 하나님; 19-24절, 하나님의 지식과 임재의 의미. **139:1-6** 시편 기자는 하나님이 인간에 대하여 환히 알고 계시다는 데에 대하여 어떤 애증공존감을 가지고 있는 것으로 보인다. 분명히, 시편 기자는 하나님이 가지고 계시는 모든 인간에 대한 지식과 처분에 대하여 말을 하고 있다. 그것은 *놀랍고* (6절) 높은 것이지만, 또한 다음 부분이 분명히 보여 주듯이 섬뜩 불안하게 만드는 것이다. **139:1** *나를 샅샅이 살펴보셨으니.* 개역개정은 이것을 직역하여, "주께서 나를 살펴보셨으므로, 나를 아시나이다!" 라고 번역했다. 하나님은 모든 것을 알고 계시다. 아무것도 숨겨진 것이 없으며, 마음과 상상의 가장 깊은 구석까지도 숨겨진 곳이 없다. **139:2-4** 자아는 어떤 거리에서든지 하나님에게 선명하게 나타난다 (두 번째 부분을 보라). 하나님은 생각하는 것도 말하는 말만큼이나 잘 알고 계시다. **139:5** 하나님은 시인을 품으시고, 다독거려 주시고, 붙잡아 주신다. 그러한 친밀감은 영광스러운 동시에 견딜 수가 없다. **139:6** 시편 기자는 하나님께서 우주의 모든 것과 모든 사람을 알고 계시다는 생각에 위압을 당한다. **139:7-12** 이러한 하나님의 임재를 피하여 갈 데가 없는데, 근본적으로 시편 기자는 이 임재를 피하기를 원하지 않는다. 인간의 자아가 하나님에게 선명하듯이, 우주도 그러하다. 하늘이나 땅 아래나 동과 서의 가장 먼 곳이라고 하여도, 숨거나 피할 수 없다. 그리고 다시 우리는 시편 기자가 피하기를 원하지 않다는 것을 볼 수 있는데, 곧 하나님의 오른손이 인도하시고 붙잡아 주신다는 것이다 (10절). **139:13-18** 이 구절은

10 거기에서도
주님의 손이 나를 인도하여 주시고,
주님의 오른손이 나를
힘있게 붙들어 주십니다.
11 내가 말하기를
"아, 어둠이 와락
나에게 달려들어서,
나를 비추던 빛이
밤처럼 되어라" 해도,
12 주님 앞에서는
어둠도 어둠이 아니며,
밤도 대낮처럼 밝으니,
주님 앞에서는
어둠과 빛이 다 같습니다.

13 주님께서 내 장기를 창조하시고,
내 모태에서 나를 짜 맞추셨습니다.
14 내가 이렇게 빚어진 것이 오묘하고
주님께서 하신 일이 놀라워,
이 모든 일로
내가 주님께 감사를 드립니다.
내 영혼은 이 사실을
너무도 잘 압니다.
15 은밀한 곳에서 나를 지으셨고,
땅 속 깊은 곳 같은 저 모태에서
나를 조립하셨으니
내 뼈 하나하나도,
주님 앞에서는 숨길 수 없습니다.
16 나의 형질이 갖추어지기도 전부터,
주님께서는 나를 보고 계셨으며,
나에게 정하여진 날들이
아직 시작되기도 전에
이미 주님의 책에
다 기록되었습니다.
17 하나님,
주님의 생각이
어찌 그리도 ㄱ)심오한지요?
그 수가 어찌 그렇게도 많은지요?
18 내가 세려고 하면
모래보다 더 많습니다.
깨어나 보면
나는 여전히 주님과 함께 있습니다.

19 하나님,
오, 주님께서
악인을 죽여만 주신다면…!
"피 흘리게 하기를 좋아하는 자들아,
내게서 물러가거라."

20 그들은 주님을 모욕하는 말을 하며,
ㄴ)주님의 이름을 거슬러
악한 말을 합니다.

ㄱ) 또는 '보배로운지요?' ㄴ) 또는 '주님의 이름으로 거짓 맹세를 합니다' 또는 '주님의 이름을 헛되게 부릅니다'. 히브리어 본문의 뜻이 불확실함

이 시편에서 가장 현저한 부분이다. 이는 각 개인이 어머니의 태아에 생기기 전에 지하의 작업장에서 각 개인을 짜고 빚으시며 또한 태아의 형성되는 과정을 인도하시는 제단사요 토기장이이신 하나님의 상상적인 모습을 제시한다. 시인은 특별히 능란한 솜씨로 우주의 포괄성에서 개인적인 친밀감으로 옮겨간다. **139:13** 천을 짜시는 이로서의 하나님의 비유는 여기와 욥기 10:11에만 나온다. **139:15** *내 뼈 하나하나.* 글자 그대로는 "나의 뼈" 또는 "나의 해골"이다. 하나님이 인간을 빚으시고 짜시는 일이 땅의 깊은 곳에서 일어난다는 것은 땅과 지하가 인생의 탄생지인 동시에 생명이 돌아가는 곳이라는 것을 뚜렷하게 상기시켜 준다 (창 2:7; 3:19를 보라). **139:16** *나의 형질이 갖추어지기도 전부터.* 직역하면 "나의 태아"가 형성되기 전부터이다. 이러한 특이한 시편은 인간의 생명의 시초 자체가 하나님의 직접 돌보심과 감독 아래 있는 것으로 본다. 자아는 어머님의 태아에서 탄생하기 전에 하나님의 목적 안에 그 운명이 있다. 본문은 모든 생명의 성스러움을 확인하지만, 본문은 어떻게 인간이 변하는 환경 가운데 생의 성스러움을 존중하여야 하는지에 관한 질문을 해결하지 않는다. **139:17-18** *심오한지요?.* 이 단어는 종종 "가치있는" 또는 "귀중한"으로 번역된다. 시인에 대한 하나님의 생각은 하나님에 대한 시인의 생각과 상응한다. "심오하다" 라는 번역은 문맥에 아주 잘 맞는데, 이는 시인이 인간이 하나님의 신비의 깊이를 헤아리거나, 어떻게 하나님이 동시에 우주의 모든 사람을 알고 또 돌보실 수 있는지, 그리고 어떻게 하나님이 시편 기자가 경험하는 친밀과 개인적인 임재로 그리 하실 수 있는지를 이해할 수 없다는 것에 대하여 이야기하고 있기 때문이다. **139:18** *깨어나 보면.* 이 말은 "마지막"이라고 해석할 수도 있는데, 시인의 생명의 마지막이거나 아마 보다 더 낫게는 하나님의 생각을 헤아리려고 하는 노력의 마지막인 것 같다. 신비가 남아 있지만, 시인은 중요한 것은 하나님의 계속되는 임재라는 것을 알고 있다. **139:19-24** 시는 세상에서 악을 행하고 하나님의 목적과 일에 반대하여 말을 하는 이들, 하나님의 대적에게 하는 엄청난 저주로 마무리 된다. 시인은 하나님의 일을 위하여 싸우면서, 적어도 하나님의 편을 인

21 주님, 주님을 미워하는 자들을
내가 어찌 미워하지 않으며,
주님께 대항하면서 일어나는 자들을
내가 어찌 미워하지 않겠습니까?
22 나는 그들을 너무나도 미워합니다.
그들이 바로
나의 원수들이기 때문입니다.

23 하나님, 나를 샅샅이 살펴보시고,
내 마음을 알아주십시오.
나를 철저히 시험해 보시고,
내가 걱정하는 바를 알아주십시오.
24 내가 ㄱ)나쁜 길을 가지나 않는지
나를 살펴보시고,
영원한 길로
나를 인도하여 주십시오.

도움을 구하는 기도

140 [지휘자를 따라 부르는 다윗의 노래]
1 주님, 악인에게서
포악한 자에게서
나를 보호하여 주십시오.
2 그들은 속으로 악을 계획하고,
날마다 전쟁을 준비하러 모입니다.
3 뱀처럼 날카롭게 혀를 벼린 그들은,
입술 아래에는
독사의 독을 품고 있습니다. (셀라)

4 주님, 악인에게서
나를 지켜 주시고,
포악한 자에게서
나를 보호하여 주십시오.
그들이 나를 밀어서
넘어뜨리려 합니다.

5 오만한 사람들이 나를 해치려고
몰래 덫과 올가미를 놓고,
길목에는 그물을 치고,
나를 빠뜨리려고
함정을 팠습니다. (셀라)

6 그러나 나는 주님께 아뢰기를
"주님은 나의 하나님이십니다.

ㄱ) 또는 '해 받을 길'

식할 수 있는 대로, 하나님의 편에서 강하게 서 있다. 만일 이 악행하는 자들이 하나님의 대적이라면, 그에 따라서 그들은 또 시인의 대적이다. **139:22** 시인은 *너무나도 미워함으로* 그들을 증오한다. 시인과 함께 하는, 그리고 추정하기로는 모든 사람과 함께 하시는 하나님의 친밀한 존재에 대한 그토록 깊이 사변적인 시편의 마지막에 왜 이러한 폭력이 나오는 것일까? 그 대답은 분명한 것 같다: 만일 하나님이 시인을 알고 계시듯이 모든 피조물을 친밀하게 또 피할 수 없게 잘 알고 계시다면, 그렇다면 하나님은 멀리서도 악행하는 자들의 생각을 알고 계신다. 하나님은 그러한 악한 자들의 태아 자체를 형성하셨으며, 그들을 태어나게 하셨으며, 그들이 악을 고안하고 그 다음 그것을 실행하여 낼 때에 하나님은 분명히 거기에 계신다. 아무것도 하나님에게 숨겨질 수 없지만, 악행하는 이들은 하나님의 땅을 계속하여 파괴하고 있다. 이를 내버려 둘 수 없다; 분명히 하나님은 그것을 알고 계심에 틀림이 없다. **139:23-24** 시편은 시작한 대로 마무리 지어지지만, 이번에는 하나님이 다시 한 번 오셔서 시인의 마음을 살피시고, 그의 생각을 시험하시고, 아마 문제가 이 시인 자신이 하나님의 땅을 그렇게 파괴하고 있는 악행하는 자들의 바로 그 집단에 속하여 있는지 살펴달라고 하는 간구가 나온다. 어쨌든지, 시인은 악에 대하여 항거하고, 하나님의 친밀하고 붙들어 주시는 임재에 대하여 놀라며, 보다 더 큰 이해를 구하면서 하나님에게 다시 나아간다.

140:1-13 나를 대적에게서 구하소서 대적으로부터 보호와 구원을 구하는 개인의 기도. 이 경우 대적은 시편 기자에 대하여 거짓 증거를 하고 비난하는 사람이다 (11절을 보라, *혀를 놀려 남을 모함하는 사람*). 많은 시편의 경우와 같이, 저자는 하나님에게 대적의 비난(저주)이 악행하는 이에게 돌아가게 하여 달라고 간구한다 (8-11절). 1040쪽 추가 설명: "대적과 저주"를 보라. 본문 구분: 1-5절, 구원을 원하는 기도; 6-11절, 대적의 파괴에 대한 간구; 12-13절, 주님에 대한 신뢰의 확인. **140:1-5** *악한 일을 하는 자*(6:8을 보라)들이 선언하는 거짓 비난, 중상, 저주는 고대 이스라엘의 신앙에 따르면 사람의 건강을 앗아가고 심지어는 사람의 죽음을 초래할 수 있다. **140:3** 대적을 뱀과 비교하는 것은 인상적이고 생생하며, 여기와 9-10절에 나온다. 거짓말은 독사가 무는 것같이 효과적으로 희생물에 그들의 독을 넣는 것이다. **140:5** 그물을 펼쳐놓고 덫을 놓는 것은 대적이 어떻게 시편 기자의 파괴를 꾀하는지를 적절히 묘사한다 (141:9-10 참조). **140:6-11** 하나님이 구원하여 주실 준비가 되어 있다는 신뢰의 확신 후에 (6-7절), 시편 기자는 하나님에게 악행하는 이들의 계획을 뒤집어 놓으시어, 그들의 계획을 좌절시켜 달라고 청한다. 독이 담긴 언어는 그것을 말하는 이들을 휘어

주님, 나의 애원하는 소리에
귀를 기울여 주십시오"
하고 말하였습니다.
7 내 구원의 힘이신 주 하나님,
전쟁을 하는 날에
주님께서 내 머리에 투구를 씌워
보호해 주셨습니다.

8 주님,
악인의 욕망을 이루어 주지 마시고,
그들이 우쭐대지 못하도록,
그들의 계획이
성공하지 못하게 해주십시오. (셀라)

9 나를 에워싸고 있는 자들이
ㄱ)승리하지 못하게 해주십시오.
그들이 남들에게 퍼붓는 재앙을
다시 그들에게 되덮어 주십시오.
10 뜨거운 숯불이
그들 위에 쏟아지게 하시고,
그들이 불구덩이나 수렁에 빠져서
다시는
일어나지 못하게 해주십시오.
11 혀를 놀려 남을 모함하는 사람은,
이 땅에서
버젓이 살지 못하게 해주십시오.
폭력을 놀이 삼는 자들에게는
큰 재앙이
늘 따라다니게 해주십시오.

12 주님이 고난받는 사람을
변호해 주시고,
가난한 사람에게
공의를 베푸시는 분임을,
나는 알고 있습니다.
13 분명히 의인은
주님의 이름에 찬양을 돌리고,
정직한 사람은
주님 앞에서 살 것입니다.

주님의 보호를 구하는 기도

141

[다윗의 노래]
1 주님, 내가 주님을 부르니,
나를 건져 주시고,
내게로 어서 와 주십시오.
주님께 부르짖는 내 음성에
귀를 기울여 주십시오.
2 내 기도를
주님께 드리는 분향으로
받아 주시고,
손을 위로 들고서 드리는 기도는
저녁 제물로 받아 주십시오.

3 주님,
내 입술 언저리에
파수꾼을 세우시고,
내 입 앞에는
문지기를 세워 주십시오.
4 내 마음이
악한 일에 기울어지지 않게
해주십시오.
악한 일을 하는 자들과 어울려서,
악한 일을 하지 않게
도와주십시오.
그들의 진수성찬을
먹지 않게 해주십시오.

ㄱ) 히브리어 본문의 뜻이 불확실함

잡을 것이라고 저자는 말한다 (9-11절). **140:12-13** 간구하는 이는 동시에 의인과 정직한 자의 위치를 주장하면서 하나님의 자비를 자아내려고 노력하면서, 가난하고 궁핍한 이의 모습을 취한다. 진정으로 하나님은 대적이 잘못되었으며 시편 기자가 옳다는 것을 알고 계신다! 곤경에서, 고대 이스라엘과 그리고 어느 시대에서든지 예배하는 이는 주님께 가장 훌륭한 모습으로 그들의 사정을 아뢸 것이다.

141:1-10 내 기도는 향이라 이 지혜의 시편은 "두 길"을 제시하여 주는데, 하나는 생명에 이르는 길이고 다른 하나는 죽음에 이르는 길이다. 시편 기자는 하나님이 마치 향의 제사나 향기와 저녁 제사의 연기인 것과 같이 (2절) 기도를 받아 달라는 아름다운 간구로 시작한다. 시편의 시상은 시 1편; 34편; 37편 등 다른 지혜의 시와 비슷하다. 본문 구분: 1-4절, 시편 기자가 올바른 길에 있게 지켜달라고 하나님께 드리는 기도; 5-7절, 시편 기자가 의로운 이들의 사랑의 매에는 순복하지만 악행하는 이를 반대하고 그들을 이기는 일에는 강하게 하여 달라고 하나님에게 하는 간구; 8-10절, 하나님이 시편 기자를 악행하는 이들에게 보호하여 달라고 다시 한 번 간구함. **141:1-4 141:2** 기도를 유향에, 그리고 그 높이 든 손을 저녁 제사와 비교하는 것은 풍성한 비유법이다. 유향은 큰 방과 지성소를 구분하는 휘장 앞에 있는, 성전 안의 작은 제단 위에 뜨거운 숯

5 ㄱ)의인이 사랑의 매로 나를 쳐서,
나를 꾸짖게 해주시고
ㄴ)악인들에게 대접을 받는 일이
없게 해주십시오.
나는 언제나 그들의 악행을
고발하는 기도를 드리겠습니다.
6 그들의 통치자들이
돌부리에 걸려서 넘어지면,
그제서야 백성은
내 말이 옳았음을 알고서,
내게 귀를 기울일 것입니다.
7 ㄷ)맷돌이 땅에 부딪쳐서 깨지듯이
그들의 해골이 부서져서,
스올 어귀에 흩어질 것입니다.

8 주 하나님,
내 눈이 주님을 우러러보며,
주님께로 내가 피하니,
내 영혼을 벌거벗겨서 내쫓지는
말아 주십시오.
9 내 원수들이 나를 잡으려고
쳐 놓은 덫에서
나를 지켜 주시고,
악한 일을 저지르는
사람들의 함정에서
나를 건져 주십시오.
10 악인들은, 자기가 친 덫에 걸려서
넘어지게 해주시고,
나만은 안전하게,
빠져 나가게 해주십시오.

도움을 구하는 기도

142 [다윗이 굴에 있을 때에 지은 마스길, 기도]

1 나는 소리를 높여서
주님께 부르짖는다.
나는 소리를 높여서
주님께 애원한다.
2 내 억울함을 주님께 호소하고,
내 고통을 주님께 아뢴다.

3 내 영혼이 연약할 때에
주님은 내 갈 길을 아십니다.

사람들은 나를 잡으려고
내가 가는 길에 덫을 놓았습니다.
4 ㄹ)아무리 둘러보아도
나를 도울 사람이 없고,
내가 피할 곳이 없고,
나를 지켜 줄 사람이 없습니다.
5 주님, 내가 주님께 부르짖습니다.
"주님은 나의 피난처,
사람 사는 세상에서
내가 받은 분깃은
주님뿐"이라고 하였습니다.

ㄱ) 또는 '의로우신 분(하나님을 뜻함)께서' ㄴ) 또는 '의인의 꾸짖음이 내 머리에 기름입니다. 내 머리가 그것을 거절하지 않을 것입니다'라고 읽을 수도 있음. 히브리어 본문의 뜻이 불확실함. 칠십인역에는 '악인들이 내 머리에 기름을 붓지 못하게 해주십시오' ㄷ) 히브리어 본문의 뜻이 불확실함 ㄹ) 히, '오른쪽을 보아도'

위에 놓여진다. 성전 밖의 큰 제단에 놓여진, 제사(동물이나 곡식)의 연기가 그러하듯이, 연기와 향기가 하나님에게 올라간다. 시편 기자는 올린 기도가 두 형태의 제사와 똑같이 효과적으로 향기로울 것을 희망한다. 기도로 손을 드는 것은 하나님의 천체를 향하여 손을 내미는 강렬한 몸가짐이다. **141:3** 혀를 지키는 것은 지혜 전통의 공통되는 주제이며 야고보의 중심 주제이기도 하다 (약 3장을 보라). **141:5-7** 이 구절은 이해하기 어렵다. 분명히, 시편 기자는 의인의 수정과 견책에 쾌히 순복할 것인 반면, 악행하는 자들의 제안은 배격될 것을 지적하고 있다 (5절). 악인은 언젠가 그들이 의로운 이들의 부드러운 견책에 주의를 기울였어야 했다는 것을 발견하게 될 것이다. 왜냐하면 하나님의 심판은 훨씬 더 심할 것이기 때문이다 (6절). **141:7** 아마 대하 25:12에 언급된 전쟁 포로의 참혹한 처분에 대하여 언급하면서, 악행하는 이들은 유다에게 사로잡혀 산꼭대기에서 던져 죽임을 당한 에돔 사람들이 경험한 것과 같은 운명을 겪게 될 것이다. **141:8-10** 시편 기자는 그를 잡으려고 놓은 덫에 대적이 대신 잡히게 해주기를 기도하면서, 하나님이 대적에게서 보호하여 주실 것을 간구한다. 이 구절은 하나님이 개인적인 대적에서 구하여 주실 것을 간구하는 시편에 종종 나오는 시상을 표현한다. **141:8** *내 눈이 주님을 우러러보며.* 이 마지막 구절과 가까운 시상을 가지고 있는 시 25편을 보라.

142:1-7 나를 자유하게 하소서 대적의 공격을 당하는 개인이 구원하여 달라고 기도한다. 시편 기자는 공동체 전체에게 버림을 받아 대적에게 해를 더 당할 위협을 받고 있다고 생각한다 (3, 6절). 본문 구분: 1-3a절, 도움을 구하는 간구; 3b-4절, 애가; 5-7절, 도움을 구하는 간구의 계속. **142:5-7** 시편 기자는 하나님 한 분만이 구원을 가져오실 수 있다는 것을 인정하며, 하나님의 도움이 가깝다고 확신한다. 나아가서, 시편

6 나는 너무 비참하게 되었습니다.
내가 이렇게 부르짖으니,
내게 귀를 기울여 주십시오.
나를 핍박하는 자들에게서,
나를 건져 주십시오.
그들이 나보다 강합니다.
7 내 영혼을 감옥에서 끌어내 주셔서,
주님의 이름을
찬양하게 해주십시오.

주님께서 내게
넘치는 은혜를 베푸시니,
의인들이 나를 감싸 줄 것입니다.

위험 속에서 드리는 기도

143 [다윗의 노래]
1 주님,
내 기도를 들어 주십시오.
애원하는 내 소리에
귀를 기울여 주십시오.
주님의 진실하심과
주님의 의로우심으로
나에게 대답해 주십시오.
2 살아 있는 어느 누구도
주님 앞에서는 의롭지 못하니,
주님의 종을
심판하지 말아 주십시오.

3 원수들이
내 목숨을 노리고 뒤쫓아와서,
내 생명을 땅에 짓이겨서,
죽은 지 오래된 사람처럼
흑암 속에서 묻혀 살게 하였습니다.
4 내 기력은 약해지고,
놀란 심장은
박동조차 멎어 버렸습니다.
5 내가 옛날을 기억하고,
주님의 그 모든 행적을 돌이켜보며,
주님께서 손수 이루신 일들을
깊이깊이 생각합니다.
6 내가 주님을 바라보며,
내 두 손을 펴 들고 기도합니다.
메마른 땅처럼 목마른 내 영혼이
주님을 그리워합니다. (셀라)

7 주님, 나에게 속히 대답해 주십시오.
숨이 끊어질 지경입니다.
주님의 얼굴을
나에게 숨기지 말아 주십시오.
내가
무덤으로 내려가는 자들처럼 될까
두렵습니다.
8 내가 주님을 의지하니,
아침마다
주님의 변함없는 사랑의 말씀을
듣게 해주십시오.
내 영혼이 주님께 의지하니,
내가 가야 할 길을 알려 주십시오.

9 주님, 내가 주님께로 몸을 피하니,
내 원수들에게서 건져 주십시오.
10 주님은 나의 하나님이시니,

기자는 의인들은 곧 시편 기자에 대한 비난이 거짓이라는 것을 인정할 수밖에 없게 될 것을 확신한다. 그 때 (7절) 의인들은 하나님이 신원하게 하실 것을 볼 것이기 때문에 시인을 감싸줄 것이다. *감옥에* 대한 언급(7절)은 오해를 일으킬 수 있다; 그것은 아마 시편 기자의 사정이 결정되고 있는 동안의 일시적인 감금을 가리키거나, 또는 하나님과 공동체에게서 유리되는 것에 대한 은유일 수 있다 (4절).

143:1-12 급히 도와 주소서 이것은 일곱 편의 참회의 시편(시 6; 32; 38; 51; 102; 130편; 959쪽 추가 설명: "참회의 시"를 보라) 중 마지막이다. 개인은 시편 기자의 삶을 파괴시키다시피 한 대적에게서 구하여 달라고 기도한다 (3절). 시편 전체는 시인이 기도에 대한 어떤 응답을 보거나 감지하였다는 표시가 없이 시편 기자의 환난에 초점을 두고 있다. 본문 구분: 1-2절, 도움과 자비를 구하는 간구; 3-4절, 상황의 묘사; 5-6절, 하나님의 과거의 자비에 대한 회상; 7-8절, 아침마다 도움을 구하는 간구; 9-10절, 하나님의 계속되는 도움을 구하는 간구; 11-12절, 하나님이 시편 기자의 대적을 멸망시키실 것에 대한 확증으로서의 하나님의 의와 자비에 대한 호소. **143:1-2** 시편 기자는 하나님이 대적의 과오가 시편 기자의 것보다 더 중대하다는 것을 볼 것을 기대한다. **143:3-4** 대적의 행위는 명시되어 있지 않으나, 그것은 장로들 앞에서 거짓 증거를 하여 시편 기자를 추방시키게 된 결과를 지칭하는 것으로 보인다. **143:5-6** 시 42편의 저자와 같이, 시편 기자는 하나님을 목말라 한다. 시 42편과 많은 다른 시편에 나오는 것과 같이 진정한 처벌은 하나님이 예배하는 자를 버리셨다는 생각이다. **143:7-8** 무덤은 영혼이 죽은 후에 가서 괴로워하는 스올, 지하 세계에 대한

주님의 뜻을 따라 사는 길을
가르쳐 주십시오.
주님의 선하신 영으로
나를 이끄셔서,
평탄한 길로
나를 인도하여 주십시오.
11 주님,
주님의 이름을 위하여
나를 살리시고,
주님의 의로우심으로
내가 받는 모든 고난에서
내 영혼을 건져 주십시오.
12 주님은 한결같이 나를 사랑하시니,
내 원수들을 없애 주십시오.
나를 억압하는 자들을
멸하여 주십시오.
나는 주님의 종입니다.

국가를 위한 기도

144

[다윗의 시]
1 나의 반석이신 주님을
내가 찬송하련다.
주님은 내 손을 훈련시켜
전쟁에 익숙하게 하셨고,
내 손가락을 단련시켜
전투에도 익숙하게 하셨다.
2 주님은 나의 ㄱ)반석, 나의 요새,
나의 산성, 나의 구원자,
나의 방패, 나의 피난처,
ㄴ)뭇 백성을
나의 발 아래에 굴복하게 하신다.

3 주님, 사람이 무엇이기에
그렇게 생각하여 주십니까?
인생이 무엇이기에
이토록 생각하여 주십니까?
4 사람은 한날 숨결과 같고,
그의 일생은
사라지는 그림자와 같습니다.

5 주님, 하늘을 낮게 드리우시고,
내려오시며,
산들을 만지시어
산마다 연기를 뿜어 내게 하십시오.
6 번개를 번쩍여서
원수들을 흩으시고,
화살을 쏘셔서
그들을 혼란에 빠뜨려 주십시오.
7 높은 곳에서 주님의 손을 내미셔서
거센 물결에서 나를 끌어내시고,

ㄱ) 18:2와 삼하 22:2를 따름. 히, '변함없는 사랑' ㄴ) 히브리어 사본들과 시리아어역과 아퀼라역과 제롬역을 따름. 마소라 본문에는 '내 백성을'

또 하나의 명칭이다 (사 14:15-20). **143:9-10** 이는 하나님이 의의 길로 매일 인도하여 주실 것을 요청하는데, 이는 대적의 공격의 언어가 과장된 것임을 시사해준다. **143:11-12** 하나님께 드리는 개인의 탄원이 많이 그러하듯이, 시편 기자는 대적이 하나님에 의하여 추방되어야 하든지 아니면 선한 결과의 소망이 없다는 엄중한 선택에 접하게 된다. 구약은 분쟁이 한 편이 파괴되거나 다른 편이 승리를 얻지 못한 결과로 해결되는 때가 많다는 것을 분명히 보여준다. 사 2:2-4와 미 4:1-4의 위대한 중재의 장면을 보라.

144:1-15 나를 자유하게 하소서 나를 축복하소서 개인이 구원과 번영을 구한다. 이 왕의 시편은 다른 시편에 나오는, 특히 시 8편과 18편에 나오는 주제로 느슨하게 함께 짜여 있다 (917쪽 추가 설명: "왕의 시"를 보라). 배경은 포로시대 이후로 보이는데, 이 때는 믿을 수 없는 통치자와 어려운 상황으로 말미암아 시인이 하나님께 다시 한 번 압제자의 억압을 부수시고 공동체에게 좋은 것을 주시는 용사-왕으로 오실 것을 갈망한다. 본문 구분: 1-11절, 용사 하나님께 구하여 달라는 간구; 12-15절, 하나님이 땅과 사람에게 축복을 부어 주시기를 구하는 기도. **144:1-11** 삼하 22장에 거의 동일한 형태로 나오는 시 18편은 다윗 왕으로 거슬러 올라갈 수 있는 고대의 요소를 담고 있다. 시 144편은 하나님의 능력과 덕목의 긴 목록을 반복하면서 (18:1-2 참조) 그리고 또한 곤경에 처한 이들을 구하러 능력으로 오시는 용사-하나님의 묘사를 사용하면서 (18:7-19 참조), 시 144편은 이 잘 알려진 본문을 인용한다. 이 시편은 또한 인간에게 맡겨진 비상한 능력에 놀라서 하는 "사람이 무엇이기에" 라는 질문을 변형시켜 하나님이 스스로를 대적에게서 해방시킬 수 없는 이들을 돌아보시고 도와주시라는 간구로 바꾸면서, 시 8편의 주제를 사용한다. **144:1-2** 한때 하나님이 전투를 위하여 이스라엘의 왕을 훈련시키시고, 그들을 승리로 인도하셨다—이는 다음에 나오는 대조를 준비시켜 주는 서두의 선언이다. 비슷한 수사적 효과를 노리는 44:1-8을 보라. **144:3-4** 도움을 구하는 간구는 시 8편의 경이로움이나 욥 7:17-18의 잔혹함을 나타내지 아니한다. **144:5-8** 이는 18:7-16의 본문을 축약하여 완전히 새로운 문맥에 놓은 것이다. 시편 기자는 하나님이 실제의 전쟁과는 아무 상관이 없는 상황에 개입하여

외적의 손에서 나를 건져 주십시오.
8 그들의 입은 헛된 것을 말하며,
그들이 맹세하는 오른손은
거짓으로 속이는 손입니다.

9 하나님,
내가 하나님께
새 노래를 불러 드리며,
열 줄 거문고를 타면서
하나님을 찬양하겠습니다.
10 왕들에게 승리를 안겨 주신 주님,
주님의 종 다윗을
무서운 칼에서 건져 주신 주님,
11 외적의 손에서 나를 끌어내셔서
건져 주십시오.
그들의 입은 헛된 것을 말하며,
그들이 맹세하는 오른손은
거짓으로 속이는 손입니다.

12 우리의 아들들은 어릴 때부터
나무처럼 튼튼하게 잘 자라고,
우리의 딸들은
궁전 모퉁이를 장식한
우아한 돌기둥처럼 잘 다듬어지고,
13 우리의 곳간에는
온갖 곡식이 가득하고,
우리가 기르는 양 떼는
넓은 들판에서
수천 배, 수만 배나 늘어나며,
14 우리가 먹이는 소들은 ㄱ)살이 찌고,
ㄴ)낙태하는 일도 없고,
ㄷ)잃어버리는 일도 없으며,
우리의 거리에는
울부짖는 소리가 전혀 없을 것이다.

15 이와 같은 백성은
복을 받은 백성이다.
주님을 자기의 하나님으로
섬기는 백성은
복을 받은 백성이다.

주님은 자비하시다

145 ㄹ) [다윗의 찬양시]
1 나의 임금님이신 하나님,
내가 주님을 높이며,
주님의 이름을
영원토록 송축하렵니다.
2 내가 날마다 주님을 송축하며,
영원토록 주님의 이름을
송축하렵니다.

3 주님은 위대하시니,
그지없이 찬양받으실 분이시다.
그 위대하심은 측량할 길이 없다.

ㄱ) 칠십인역과 아퀼라역과 심마쿠스역과 불가타를 따름. 히, '무거운 짐을 지고 다니고', 곧 새끼를 배서 몸이 무거운 것을 말하거나, 살이 쪄서 몸이 무거운 것을 말함 ㄴ) 또는 '뚫리는 일도 없고' ㄷ) 또는 '(포로로) 잡혀 가는 일도 없고' ㄹ) 각 절의 첫 글자가 히브리어 자음 문자 순서로 되어 있는 시

주실 것을 간구한다. 이는 사 63:7-64:12에 묘사된 상황으로, 하나님이 예배자를 버리신 것으로 보이기 때문에 깊은 곤경에 처한 이의 쓰디쓴 간구이다. 동시에, 개인적인 곤경은 이사야에 묘사된 것에 비하면 아무것도 아닌 것으로 보인다; 시 144:4에 연관하여 사 64:1을 주지하라. 시 18:9의 이미지를 따름으로, 시인은 하나님이 하늘에 (아마 무지개에 관한 이야기로) 활을 만들고 구원을 이루기 위하여 영광 가운데 내려오시라고 간구한다. **144:9-11** 하나님의 도우심을 기대하면서, 시편 기자는 분명히 올 구원에 대하여 하나님에게 찬양드릴 것을 약속한다. 여기서 우리는 시편 기자의 실제 환난은 시편 18편에서 빌려온 극적 언어로 시사된 것과 전혀 다르다는 것을 볼 수 있다. 시편 기자는 높이 든 오른손으로 맹세하는 거짓과 거짓 맹세의 희생물이다 (11절; 8절을 보라). **144:12-15** 하나님께서 땅과 그 백성에게 물질적인 축복을 부어달라는 이 요청을 보면 시 65편을 기억하게 되는데, 거기에는 좋은 것으로 넘치는 땅의 풍성함과 아름다움의 묘사가 담겨 있다 (65:9-13). 신현의 언어(65:5-8 참조)가 이 부분 앞에 나온다. 시편은 구원을 이루실 수 있는 용사 하나님(1절 참조)에 대한 찬양과, 정말 그러한 찬양/축복이 이제 하나님의 백성을 둘러싸고 있다는 선언을 하면서, 시작한 것과 같은 모습으로 마무리된다 (15절).

145:1-21 주님은 위대하시다 하나님에 대하여 묵상하는 개인이 하는 찬양의 찬송으로, 이 시편은 그러한 찬양을 부르게 하시는 하나님의 성품과 행적을 높여 지목한다. 시편은 여덟 편의 알파벳 시 (시 9; 10; 25; 34; 37; 111; 112; 119편) 중 마지막인데, 각 행이 히브리어 알파벳의 글자들로 시작된다. 히브리어 글자 눈(נ)으로 시작되는 행이 빠져 있다. 이 시편은 식사 감사 기도로 가장 널리 알려진 본문을 담고 있다: *만물이 모두 주님만을 바라보며 기다리니, 주님께서 때를 따라 그들에게 먹거리를 주신다. 주님께서는 손을 펴시어서, 살아 있는 피조물의 온갖 소원을 만족스럽게 이루어 주십*

4 주님께서 하신 일을
우리가 대대로 칭송하고,
주님의 위대한 행적을
세세에 선포하렵니다.
5 ㄱ)주님의 찬란하고
영광스러운 위엄과
주님의 놀라운 기적을,
내가 가슴 깊이 새기렵니다.
6 사람들은
주님의 두려운 권능을 말하며,
나는
주님의 위대하심을 선포하렵니다.
7 사람들은
한량없는 주님의 은혜를
기념하면서,
주님의 의를 노래할 것입니다.
8 주님은 은혜롭고 자비로우시며,
노하기를 더디하시며,
인자하심이 크시다.
9 주님은 모든 만물을
은혜로 맞아 주시며,
지으신 모든 피조물에게
긍휼을 베푸신다.

10 주님,
주님께서 지으신 모든 피조물이
주님께 감사 찬송을 드리며,
주님의 성도들이
주님을 찬송합니다.
11 성도들이
주님의 나라의 영광을 말하며,
주님의
위대하신 행적을 말하는 것은,
12 주님의 위대하신 위엄과,
주님의 나라의 찬란한 영광을,
사람들에게 알리려 함입니다.
13 주님의 나라는 영원한 나라이며,
주님의 다스리심은
영원무궁 합니다.

ㄴ)(주님이 하시는 말씀은
모두 다 진실하고,
그 모든 업적에는
사랑이 담겨 있다.)
14 주님은
넘어지는 사람은
누구든지 붙들어 주시며,
짓눌린 사람은
누구든지 일으켜 세우신다.

15 만물이 모두
주님만을 바라보며 기다리니,
주님께서 때를 따라
그들에게 먹거리를 주신다.

16 주님께서는 손을 펴시어서,
살아 있는 피조물의 온갖 소원을
만족스럽게 이루어 주십니다.

17 주님이 하시는 그 모든 일은 의롭다.
주님은 모든 일을 사랑으로 하신다.

ㄱ) 사해 사본과 시리아어역과 칠십인역에는 '사람들은 주님의 찬란하고 영광스러운 위엄을 말하고, 나는 주님의 놀라운 업적을 말하렵니다'
ㄴ) 한 마소라 사본과 사해 사본과 칠십인역과 시리아어역에는 괄호안의 본문이 있음

니다 (15-16절). 시편은 시편 기자(1절)와 *육체를 가진 사람이면 누구나…영원히* (21절) 하나님의 이름을 송축할 것이라는 선언으로 시작하고 끝난다. 그 중간에 아름답게 표출된 알파벳 찬양의 찬송이 나오는데, 이는 다시 한 번 (시 119편을 보라) 알파벳 시의 형태가 절대로 창조적 표현을 제한하지 않는다는 것을 보여준다. 시편의 알파벳의 구성은 그 내용을 일반적으로 요약하는 것을 배제한다. **145:1** 송축. 글자 그대로는 "들다"라는 뜻으로 마땅한 인정을 받기 위하여 공동체 앞에 드는 것이다. *이름.* 하나님의 이름을, 특히 말로 해서는 아니 되는 개인적인 이름 야훼를 찬양하는 것은 하나님을 찬양하는 것이다. 왜냐하면 이름은 지명되고 있는 이의 실재를 대표하는 것일 뿐 아니라, 상당한 정도에서 형상화해 주기 때문이다. 공직을 가진 이들에게는 종종 공적인 이름과 개인적인 이름이 있다 (아브람/아브라함, 야곱/이스라엘, 솔로몬/여디디야 등). **145:2** *날마다.* 아마도 하루를 시작하면서 아침에 드리는 기도인 것 같다. **145:5** *가슴 깊이 새기렵니다.* 조용하게 명상하는 것이 아니라, 정서적으로 차 있고 몸의 동작이 수반되는 말. **145:8** *은혜롭고 자비로우시며.* 하나님의 성격의 "정의"의 역할을 하는 출 34:6-7의 부분적 인용. 출애굽기의 주석 160쪽 추가 설명: "이스라엘 하나님의 특징"을 보라 **145:15** *만물이 모두 주님만을 바라보며.* 주님의 눈이 온 우주를 살피시고 아무것도 놓치지 아니하시는 것과 같이 (34:15; 암 9:8), 또한 모든 눈은 하나님께 집중하며 (또는 집중하여서), 그들이 받는 모든 것에 대하여 하나님에게 완전히 의존하여 있다는 사실을 인정한다 (또는 인정하여야 한다; 104:27-30을

18 주님은,
주님을 부르는 모든 사람에게
가까이 계시고,
진심으로 부르는 모든 사람에게
가까이 계신다.
19 주님은,
당신을 경외하는 사람의 소원을
이루어 주시고,
그들의 부르짖는 소리를 듣고
구원해 주신다.
20 주님은, 당신을 사랑하는 사람은
누구나 지켜 주시며,
악한 사람은 누구든지 다 멸하신다.

21 나는 내 입으로 주님을 찬양하련다.
육체를 가진 사람이면, 누구나,
주님의 거룩한 이름을
영원히 찬송하여라.

주님을 찬양하여라

146 1 ㄱ)할렐루야.
내 영혼아,
주님을 찬양하여라.
2 내가 평생토록 주님을 찬양하며
내가 살아 있는 한,
내 하나님을 찬양하겠다.
3 너희는
힘있는 고관을 의지하지 말며,
구원할 능력이 없는 사람을
의지하지 말아라.
4 사람은 숨 한 번 끊어지면
흙으로 돌아가니,
그가 세운 모든 계획이
바로 그 날로 다 사라지고 만다.
5 야곱의 하나님을
자기의 도움으로 삼고
자기의 하나님이신 주님께
희망을 거는 사람은,
복이 있다.
6 주님은,
하늘과 땅과 바다 속에 있는
모든 것을 지으시며,
영원히 신의를 지키시며,

7 억눌린 사람을 위해
공의로 재판하시며,
굶주린 사람에게
먹을 것을 주시며,

감옥에 갇힌 죄수를
석방시켜 주시며

ㄱ) 또는 '주님을 찬송하여라'

보라). **145:18** 시편 기자는 하나님께서 진심으로 도와 주시기를 원하시며, 또한 그렇게 하실 수 있다고 확신한다. **145:20** (하나님이 벌과 죄가 상응하게 하시게 하신다는) 보복의 정의의 주제가 지혜 전통과 많은 시편에 나오는데, 예를 들면, 알파벳 시편이기도 한 시 34편이다 (또한 시 37편을 보라).

146:1-10 하나님을 찬양하고 신뢰하라 우주와 거기 거하는 거민을 하나님이 섭리로 돌보심을 찬양하는 개인적인 가르침의 찬송으로, 이 시편은 *주님을 찬양하여라*는 후렴으로 시작되고 끝나는 모습으로 틀이 잡혀 있는데, 이는 다섯 편의 시편(시 146—150)에 모두 나오는 특징이다. 이 시편의 주장은 직접적이고 강력하다: 주님은 땅의 힘센 자들과는 달리 (시 2편 참조) 완전히 신뢰할 만한 분이기 때문에 찬양을 받으실 만하다. 모든 것의 창조주로 (146:6) 하나님은 인간이 필요로 하는 것을 모두 제공하여 주신다 (사 40:12-26 참조). 그리고 인간과는 달리 하나님은 영원하시기 때문에, 하나님의 사랑과 자비를 언제나 필요한 이에게 주신다. 시편은 선지 전승(정의에 대한 하나님의 관심)과 지혜 전승(의인에 대한 하나님의 사랑과 악인에 대한 심판)에서 나오는 주제를 함께 섞고 있다. 이는 처음 세 편의 시편 주제를 상기시킨다: 올바른 삶의 자세로서의 "복" (1:1; 146:5), 세계와 그 통치자들에 대한 하나님의 주권 (2:2-9; 146:3-4), 그리고 의인의 표증이 되는 하나님에 대한 신뢰 (3:6; 146:7b-9). 본문 구분: 1-2절, 서두의 후렴; 3-4절, 땅의 힘센 이는 믿을 만하지 못하다; 5-9절, 하나님은 완전히 신뢰할 만하다; 10절, 마지막 후렴. **146:1-2** *내 영혼아, 주님을 찬양하여라.* 이것은 특별한 표현이다. 42:4-5, 11; 43:5; 103:1-2, 22; 104:1, 35; 116:7에서 자기자신에게 비슷하게 권면하지만, 시 103; 104; 146편에만 이 명령형을 후렴으로 사용한다. **146:3-4** 땅의 통치자들이 죽을 수밖에 없음은 예언자와 지혜 전승에 나오는 주제이다; 특히 사 31:1-3을 보라. **146:5-9 146:6** 하늘과 땅과 바다에 있는 모든 것들이 우주 전체가 하나님의 창조이다. 의는 하나님의 길을 본받을 것을 요구한다. **146:7-9** 억압받은 이에게 정의를 제공하고, 가난한 자를 돌보고, 갇힌 자를 풀어주며, 객, 과부와 고아의 필요를 보살펴 주는 것은

8 눈먼 사람에게
눈을 뜨게 해주시고,
낮은 곳에 있는 사람을
일으켜 세우시는 분이시다.

주님은 의인을 사랑하시고,
9 나그네를 지켜 주시고,
고아와 과부를 도와주시지만
악인의 길은 멸망으로 이끄신다.

10 시온아,
주님께서 영원히 다스리신다!
나의 하나님께서
대대로 다스리신다!

ㄱ)할렐루야.

주님을 노래하고 찬양하여라

147 1 ㄱ)할렐루야.

우리의 하나님께 찬양함이
얼마나 좋은 일이며,
하나님께 찬송함이
그 얼마나 아름답고 마땅한 일인가!
2 주님은 예루살렘을 세우시고,
흩어진 이스라엘 백성을 모으신다.
3 마음이 상한 사람을 고치시고,
그 아픈 곳을 싸매어 주신다.
4 별들의 수효를 헤아리시고,
그 하나하나에 이름을 붙여 주신다.
5 우리 주님은 위대하시며
능력이 많으시니,
그의 슬기는 헤아릴 수 없다.
6 주님은 불쌍한 사람을 도와주시며,
악인을
땅 바닥까지 낮추시는 분이다.

7 주님께 감사의 노래를 불러드려라.
우리의 하나님께
수금을 타면서 노래 불러드려라.
8 주님은 하늘을 구름으로 덮으시고,
땅에 내릴 비를 준비하시어,
산에 풀이 돋게 하시며,
9 들짐승과,
우는 까마귀 새끼에게
먹이를 주신다.

10 주님은 힘센 준마를
좋아하지 않으시고,
빨리 달리는
힘센 다리를 가진 사람도
반기지 아니하신다.

11 주님은 오직
당신을 경외하는 사람과

ㄱ) 또는 '주님을 찬송하여라'

이스라엘을 위한 하나님의 표준이다. 출 21—23장; 사 58장; 사 61:1-3의 종의 시를 보라. **146:10** 주님은 거룩한 성, 시온에서 영원히 다스리신다 (48:8, 12-14 참조).

147:1-20 노래하라, 부르라, 찬양하라 시온에서 다스리시는 하나님을 찬양하는 아름다운 찬송으로서, 예루살렘이 찬양에 참가할 것을 부름받는다. 이 시편은 다른 구절들에—특히 시 33편과 104편, 그리고 사 35장—나오는 주제에 의존하여 전체 공동체가 다양하게 찬양할 수 있도록 엮어놓은 시편이다. 이 시편은 아마 포로시대 이후의 것일 것이다. 각기 *주님을 찬양하여라*는 명령문으로 틀을 이루어 시편서를 종료하는 다섯 편의 시 중 두 번째로, 시 147편은 146편이 끝난 데에서 시작한다. 예루살렘에서 하나님의 섭리에 대하여 찬양하는 적절한 찬양은 가난한 자에 대한 하나님의 자비와 창조주와 구원자로서의 신뢰할 만하심에 대하여 계속 묵상할 수 있는 자리를 마련해 준다. 본문 구분: 1-6절, 가난한 이를 돌보시는 하나님; 7-11절, 모든 것을 제공하여 주시는 하나님; 12-20절, 하나님을 찬양하라고 부름 받는 예루살렘. **147:1-6 147:2-3** 이스라엘에서 천시받고 멸시받고 상처를 당한 이들이 시온에 모이게 될 것이다 (6절; 사 35장 참조). **147:4-5** 하나님은 능력이 많으신 위대하신 분이신데, 모두는 하나님의 피조물이다 (104:1-9; 사 40:26). **147:7-11** 104:14-30과 33:13-18을 인용하면서, 시인은 온 땅에 대한 하나님의 섭리의 돌보심을, 심지어 땅의 피조물 중 가장 강력한 자들을 하나님이 완전하게 통제하신다는 것을 확인한다. **147:12-20 147:12-14** 비슷한 모양으로 시 122편은 시온을 안전과 평화의 장소로 찬양하고, 반면에 81:16은 하나님께서 고집을 피우는 이들도 "기름진 밀곡식"으로 먹여주기를 원하신다고 말하여 준다. **147:15-20** 33:6-9의 창조하는 하나님의 말씀이 하나님의 백성뿐만 아니라 날씨도 관장한다.

148:1-14 모두 창조자의 이름을 찬양하라 공동체의 찬송은 모든 피조물이 다 함께 주님을 찬양하라고

당신의 한결 같은 사랑을
기다리는 사람을 좋아하신다.

12 예루살렘아, 주님께 영광을 돌려라.
시온아, 네 하나님을 찬양하여라.
13 주님이 네 문빗장을
단단히 잠그시고,
그 안에 있는 네 자녀에게
복을 내리셨다.
14 네가 사는 땅에 평화를 주시고,
가장 좋은 밀로 만든 음식으로
너를 배불리신다.

15 주님이 이 땅에 명령만 내리시면,
그 말씀이 순식간에 퍼져 나간다.
16 양털 같은 눈을 내리시며,
재를 뿌리듯 서리도 내리시며,
17 빵 부스러기같이
우박을 쏟으시는데,
누가 감히 그 추위 앞에
버티어 설 수 있겠느냐?
18 그러나 주님은
말씀을 보내셔서
그것들을 녹이시고,
바람을 불게 하시니,
얼음이 녹아서, 물이 되어 흐른다.

19 주님은 말씀을 야곱에게 전하시고,
주님의 규례와 법도를
이스라엘에게 알려 주신다.
20 어느 다른 민족에게도
그와 같이 하신 일이 없으시니,
그들은 아무도
그 법도를 알지 못한다.

ㄱ)할렐루야.

와서 주님을 찬양하여라

148

1 ㄱ)할렐루야.

하늘에서
주님을 찬양하여라.
높은 곳에서 주님을 찬양하여라.
2 주님의 모든 천사들아,
주님을 찬양하여라.
주님의 모든 군대야,
주님을 찬양하여라.

3 해와 달아, 주님을 찬양하여라.
빛나는 별들아,
모두 다 주님을 찬양하여라.
4 하늘 위의 하늘아,
주님을 찬양하여라.
하늘 위에 있는 물아,
주님을 찬양하여라.

ㄱ) 또는 '주님을 찬송하여라'

초청한다. 찬송은 포로시대의 것이다 (주전 538년 이후). 우주의 여러 가지 부분을 나열하는 시인의 관심의 내용은 메소포타미아와 이집트와 또 다른 성경 본문(시 103—104편을 보라)으로 알려져 있다. 본문 구분: 1-6절, 하늘이 하나님을 찬양하라고 부름을 받는다; 7-12절, 생물이건 무생물이건 땅의 모든 거민이 찬양을 드려야 한다; 13-15절, 모든 창조 그리고 특히 이스라엘이 왜 주님을 찬양해야 하는지에 대한 이유. 시편서의 마지막 다섯 편(시편 146-150)이 모두 그러하듯이, 이 시편은 *주님을 찬양하여라!*는 후렴으로 묶어진다.

148:1-6 *천사*들. 천사의 존재는 초기 이스라엘의 삶에 나타나는 널리 인기가 있는 믿음이다 (창 18; 32장 등). 군대는 하나님이 시키시는 대로 할 준비가 되어 있는 하나님의 *천군*이다. **148:3-4** 해와 달은 하늘의 궁창 아래 하늘에서 움직인다. 하늘의 궁창 위의 물과 땅 밑의 물은 창조 때에 갈라졌다 (창 1:6-8). **148:5-6** 104: 5-9절을 보라. *너희는 그 이름을 찬양하여라* (5a절과 13a절)는 하늘의 존재들에게 하나님을 찬양하라는 간략한 부름이며, 반면 땅의 피조물들은 다음 구절에서 부름을 받는다. **148:7-12 148:7-8** 온 땅의 피조물 중 가장 강력한 것들과, 바다의 *괴물*(히브리어, *탄니님*)들과 불과 우박, 눈과 서리, 세찬 바람은 모두 찬양을 드려야 한다. 이스라엘 밖의 사회에서는 신적인 세력으로 간주될 이 모두는 한 분 하나님의 피조물이다. **148:9-10** 산과 나무와 동물이 땅의 찬양대로 합세한다. **148:11-12** 온 땅의 왕은 그들이 하나님의 권위를 인정하지 않아도 주님의 뜻 아래 있다 (시 2편; 82편; 사 10:5-19; 31:1-3을 보라). 남자와 여자 (히브리어, 바후림과 버툴로트, 재생산을 할 수 있는 힘이 있는 남성과 여성을 다 포함), 젊은이와 늙은이 (두 개 남성형 복수이나 남녀를 포함)-모두가 주님을 찬양하고 하나님의 주권을 인정하라고 명령을 받는다. **148:13-14** 우주의 주권자는 이스라엘을 지목하여 *강하게 하셨으니* (직역하면, "뿔을 높이셨으니"), 여기서 뿔은 힘의 상징이며, 또한 종종 하나님의

5 너희가
주님의 명을 따라서 창조되었으니,
너희는 그 이름을 찬양하여라.
6 너희가 앉을 영원한 자리를
정하여 주시고,
지켜야 할 법칙을 주셨다.

7 온 땅아, 주님을 찬양하여라.
바다의 괴물들과 바다의 심연아,
8 불과 우박, 눈과 서리,
그분이 명하신 대로 따르는
세찬 바람아,

9 모든 산과 언덕들,
모든 과일나무와 백향목들아,
10 모든 들짐승과 가축들,
기어다니는 것과
날아다니는 새들아,

11 세상의 모든 임금과 백성들,
세상의 모든 고관과 재판관들아,
12 총각과 처녀,
노인과 아이들아,

13 모두 주님의 이름을 찬양하여라.
그 이름만이 홀로 높고 높다.
그 위엄이 땅과 하늘에 가득하다.
14 주님이 ㄱ)그의 백성을
강하게 하셨으니,
찬양은
주님의 모든 성도들과,
주님을 가까이 모시는 백성들과,
이스라엘 백성이,
마땅히 드려야 할 일이다.

ㄴ)할렐루야.

새 노래로 찬양하여라

149 1 ㄴ)할렐루야.
새 노래로
주님께 노래하며,
성도의 회중 앞에서 찬양하여라.
2 이스라엘아,
창조주를 모시고 기뻐하여라.

ㄱ) 또는 '그의 백성을 위하여 뿔을 높이셨으니' ㄴ) 또는 '주님을 찬송하여라'

기름부음을 받은 통치자를 지칭하는 말이다. 시 89:17, 24(제3권의 마지막 시편)에서, 뿔은 그의 직을 "물리치시고 내버리신" (89:38) 왕의 한 이미지이다. 시 148편은 전에는 왕에게 주어진 위엄과 능력을 이스라엘 백성에게 준다 (14절).

149:1-9 이스라엘을 위하여 새 노래를 불러라 공동체가 드리는 이 찬양은 또한 이스라엘의 대적을 패배시켜 달라는 기도로 역할을 한다 (6-9절). 이 시편은 주님이 우주의 왕으로 왕좌에 오르는 것을 매년 축하하는 것에 그 기원이 있을지도 모른다 (2절). 본문 구분: 1-3절, 찬양에로의 부름; 4-5절, 하나님을 찬양하는 이유; 6-9절, 행동으로 옮기라는 부름. 이 찬송은 아마 바벨론 포로시대(기원전 587-539년)에 쓰인 것 같다. 이는 모두가 *주님을 찬양하여라! 라*는 후렴으로 틀이 잡힌, 시편서의 마지막 다섯 편의 시편(146—150편) 중에서 네 번째 것이다. **149:1-3** 예배를 드리기 위하여 모인 회중은 노래와 춤과 소구(탬버린)로 하나님을 찬양하라고 부름을 받는다 (탬버린은 로마시대 이전에는 나오지 않았으므로 시대적으로 좀 일은 것 같다; 히브리어 토프는 여성의 "손북"이다; 68:25; 81:2; 150:4를 보라). 새 노래라는 말은 배경이 이스라엘이 새해를 맞이하는 것이라는 제안을 뒷받침할지 모르는데, 이는 하나님이 우주의 왕으로 보좌에 오르는 것을 축하하는 경우이다. **149:1** *성도.* 글자 그대로는 "경건한 자" (히브리어, *하시딤*)로 이들은 하나님의 일에 헌신한 이들이다. **149:4-5** 이스라엘은 전쟁에서의 승리와 대적에게서의 보호를 의미하는 하나님의 호의에 대하여 확신을 얻는다. **149:6-9** 이스라엘의 용사들은 그들의 입술에 하나님께 드리는 찬양의 노래를 가지고, 그들의 손에는 전쟁의 칼을 쥐어야 한다. 대적에게 복수하는 일은 하나님에게 맡기는 것이 가장 좋다 (신 32:35; 롬 12:19; 그리고 1040쪽 추가 설명:"대적과 저주"를 보라). 이스라엘이 왕들과 고관들을 사로잡을 수 있는 형편이 아니므로, 시편의 수사적 표현은 과장된 것이다. **149:9** 그러나, 하나님은 의로운 하나님이시며, 그리고 하나님의 때에 *기록된 판결문*은 분명히 현실이 될 것이다. 하나님이 앞으로 의인의 의로움을 보여주시고 대적은 하나님이 심판하실 것에 대한 신앙으로 희망과 확신이 유지된다.

150:1-6 할렐루야 하나님에게 찬양을 드리는 그러나 어떤 혜택을 이야기하지 아니하며 아무 것도 요구하지 않는 공동체의 찬송으로, 시 150편은 순전한 찬양이다 (이 단어는 여섯 절에 열세 번 나온다). 시인은 누가 찬양을 하여야 하며, 왜 찬양을 하여야 하며, 어떻게 하여야 하는지를 밝히며, 모든 살아 있는 것은 하나님을 흠모하여야 한다고 선포하는 것으로 마무리 짓는다. 이는

시온의 주민아,
너희의 임금님을 모시고
큰소리로 즐거워하여라.
3 춤을 추면서 그 이름을 찬양하여라.
소구 치고 수금을 타면서
노래하여라.

4 주님께서 당신의 백성을 보시고
기뻐하신다.
눌림받는 약한 사람에게
승리의 영광을 안겨 주신다.
5 성도들아,
이 영광을 크게 기뻐하여라.
잠자리에 들어서도
기뻐하며 노래하여라.
6 성도들의 입에는
하나님께 드릴 찬양이 가득하고,
그 손에는
두 날을 가진 칼이 들려 있어,
7 뭇 나라에게 복수하고,
뭇 민족을 철저히 심판한다.
8 그들의 왕들을 족쇄로 채우고,
고관들을 쇠사슬로 묶어서,
9 기록된 판결문대로 처형할 것이니,
이 영광은 모든 성도들의 것이다.

ㄱ)할렐루야.

ㄱ) 또는 '주님을 찬송하여라'

주님을 찬양하여라

150 1 ㄱ)할렐루야.

주님의 성소에서
하나님을 찬양하여라.
하늘 웅장한 창공에서 찬양하여라.

2 주님이 위대한 일을 하셨으니,
주님을 찬양하여라.
주님은 더없이 위대하시니,
주님을 찬양하여라.

3 나팔 소리를 울리면서
주님을 찬양하고,
거문고와 수금을 타면서
주님을 찬양하여라.
4 소구 치며 춤추면서
주님을 찬양하고,
현금을 뜯고 피리 불면서
주님을 찬양하여라.
5 오묘한 소리 나는 제금을 치면서
주님을 찬양하고,
큰소리 나는 제금을 치면서
주님을 찬양하여라.

6 숨쉬는 사람마다
주님을 찬양하여라.

ㄱ)할렐루야.

---

*주님을 찬양하라!*는 후렴으로 틀이 잡힌 마지막 다섯 시편(시 146—150편)의 맨 마지막 것이다. 이는 시편의 강력한 마무리이다. 어떤 해석자들은 이 시편에 정의와 평화에 관한, 또 땅에서의 삶에 관한 의와 평화에 관한 하나님의 행적에 대해 명시되어 있지 않기 때문에 그 영적 특징을 비판하였다. 물론 종교적 찬양은 단순히 열광이나 열매 맺지 못하는 미학이 될 수 있다. 그러나 여기서는 그렇지 않다. 시편 기자는 온 우주가 그 창조주, 섭리자, 생명을 주시는 이에게 찬양을 드리라고 부른다. 시 19편은 조용한 하늘이 하나님의 영광을 선포하는 것을 주지한다; 여기서, 별과 항성과 모든 살아 있는 것이 함께 찬양의 크레센도를 이룬다. **150:1** 하나님의 *성소*는 하늘의 성전이며, 그와 대칭이 되어 시온에 있는 땅의 성전이 아니다. *창공*은 별과 항성을 볼 수 있는 하늘의 궁창이다. 어떤 천체는 하늘의 궁창에 위치가 정하여져 있는 것으로 이해되었으며 다른 천체는 하늘을 가로질러 정규적으로 움직였다 (19:1; 148:1-4 참조). **150:2** *주님이 위대한 일을 하셨으니.* 창조주, 섭리자, 우주의 군주로서의 하나님을 지칭하는 표현이다. **150:3-5** 음악 악기가 하늘과 궁창과 함께 찬양한다: *나팔* (트럼펫, 수양의 뿔), *거문고* (루트)와 *수금* (하프, 현악기), 그리고 *제금* (심벌 즈, 타악기)은 일반적으로 레위인과 연관된다 (대하 5:12-13 참조). 춤과 *탬버린* (히브리어, 토프, 출 15:20; 삼상 18:6-7; 시 68:25; 렘 31:4에 나오는 여성의 손북)은 여성의 연주 장르를 이룬다. 여기서 음악의 합주는, 68:25; 81:2; 149:3에서와 같이, 여성과 남성 악사를 포함한다. **150:6** 마지막으로 모든 숨쉬는 것들(동물과 사람들; 창 7:21-22 참조)은 함께 위대한 합창단을 이룬다. 마무리 짓는 할렐루야는 모인 회중에게 향하여 하는 말이다: "[너희는] *주님을 찬양하라!*"

추가 설명: 아름다움

아름다움이란 보는 이에게 달린 것이며, 시편의 경우에는 조화와 탁월한 예술적 구조와 진실과 정서적인 선명함을 이 시에서 발견하는 사람들의 눈에 달린 것이다. 시편의 문학적 영적 효과는 우주와 질서와 지혜와 올바름에 대한 우리의 언어 자체를 형성하였다. 그들의 이상화와 관습성과 운율이 함께 짜여 우리 사회의 구조를 만들어, 그래서 시편 자체가 미의 척도가 된다. 이 시편들은 우리가 아름답다고 여기고 알고 있는 것을 예시한다. 베네딕트, 세익스피어, 루터, 토마스 머톤, 케스린 노리스와 수많은 다른 저명한 이들 그리고 일반인들이 이를 알고 있다.

기원후 4세기의 주석가 아타나시우스에 따르면, 시편은 거울과 같다: 그것은 우리에게 아름답고 추한 인간 경험의 전체를 보여 준다. 그러나 심지어 포학함도, 또 그 보다 더 적절하게는 그에 대한 애도가 시편에서 시적 증언으로 미를 띤다. 생의 경험에 대하여 이야기하는 것이—숨을 쉬는 행동 자체가 (시 150:6)—하나님을 찬양하는 것이다. 하나님은 "아름답다"고 불린 적이 없지만, 하나님과 연관되는 장소와 사람과 행위는 아름답다고 지칭이 된다.

시편서는 시온 산이 "우뚝 솟은 아름다운 봉우리" (48:2) 라는 표현에서 "아름답다" 라는 말을 쓰며 "주님의 자비로우신 모습"(27:4)을 바라보는 것에 대한 본문에서 "미;" 왕이 "그대의 아름다움"을 바라며 (45:11); "더 없이 아름다운 시온"(50:2)에서; 성전에 하나님의 "권능과 아름다움"이 있다고 주장하는 말(96:6)에서 그 단어를 사용한다. 가장 자주 사용된 히브리어 어근은 *야파*인데, 이 말은 인간의 육체적인 미(45:3,11)와 시온에서의 하나님의 거처와 연관된 선함(48:2; 50:2)을 포함하여 폭이 넓은 의미를 가진 단어이다. 전 5:18에서, "마땅한"으로 번역된 "아름다운"(히브리어 *야페*)과 "좋은" (히브리어 *토브*), 이 두 단어는 하나님이 인간에게 주시는 삶에 대한 동의의이다.

아름다움이 좋음에 포함될 때, 그와 연상되는 의미의 영역이 기하급수적으로 팽창된다. 하나님은 "선"하시다 (25:8; 34:8; 73:1; 86:5; 100:5; 106:1; 107:1; 118:1, 29; 119:68; 135:3; 136:1). 하나님은 "선"을 행하신다 (51:18; 107:9; 119:68; 125:4; 145:9) 그리고 "선"은 하나님의 "이름"에서 (52:9; 54:6), "한결같은 사랑"(69:16; 109:21)에서 "가까이 있는 것"에서 (73:28), "규례"(119:39)에서 그리고 "영"(143:10)에서 흘러나온다. 아주 단순히 인간이 하나님에게 감사와 찬송을 드리는 것이 "좋은" 것이다 (92:1; 147:1). 시편들의 가장 큰 미는 그것들이 찬양, 감사, 신뢰와 확신, 간구와 탄원, 지혜, 예배, 그리고 축복의 노래로 기도하는 모든 이에게 속한 시편이라는 것이다. 이 시편들의 아름다운 미는 관계에 관한 것으로, 새로운 세대에 새로운 의미를 얻게 된다.

잠언

잠언은 구약에 있는 세 개의 지혜문서 중 하나이다: 나머지 둘은 욥기와 전도서이다. 한글 성경에는 들어있지 않지만 외경에 속해 있는 집회서와 솔로몬의 지혜서도 지혜문서에 속하는 것들이다. 이러한 지혜문서들 이외에도, 다수의 시편들이 지혜문서와 유사한 특성을 가지고 있고, 성경 여러 곳에 지혜문서와 유사한 사상과 형식이 나타난다. 지혜문서들은 세상에서 삶의 의미를 어떻게 이해하고 설명할 것인가, 그리고 그런 세상에서 어떻게 행동할 것인가에 대한 교훈과 반성해 볼 것을 다루고 있다.

잠언에서는 교훈하려는 목적이 가장 현저하게 드러난다. 이 교훈은 빈번하게 언급되는 "아이들아" (혹은 내 아들아) 라는 말과 부모의 가르침에 순종할 것을 촉구하는 권면에서 알 수 있는데, 부모가 자녀에게 훈계하는 것과 같은 어조를 띠고 있다. 가족이나 부족이 그 상황의 배경으로 되어 있는 것은 자연, 농업, 가족관계와 관련되어 있는 적절한 격언들을 훈계하기 위함이다.

잠언에 나타난 교훈의 또 다른 특징은 사회의 격식과 전문적인 직업적인 관계들을 다루고 있다는 사실이며, 이것은 또한 왕의 궁정과 관계되어 있기도 하다 (1:1; 10:1; 25:1의 표제들을 보라). 실제로, 가족과 부족과 그 외의 것들과 관계되어 있는 지혜들의 수집과 편집 배후에는 이스라엘의 군주가 중요한 영향을 미친 것으로 보인다. 지혜 전승들은 단순한 자녀 양육에 관한 주제들 이외에도 궁정에서 일하는 대신들의 훈련에 관한 문제까지 다루고 있다. 주변 문화권에서는, 대표적으로 이집트와 메소포타미아, 지혜문학이 특히 서기관 학교와 관련되어 있기도 하다. 비록 이스라엘 왕정시대에 이와 같은 서기관 학교의 존재 가능성에 대한 명확한 증거는 없음에도 불구하고, 이스라엘의 지혜문학의 배경에 역시 이와 같은 영향이 있었을 것으로 주장하기도 한다. 하지만 잠언에 대한 구체적인 배경은 아직도 불분명하다.

잠언의 교훈은 일종의 실용성 있는 실질적인 충고들이 포함되어 있지만, 그것들의 중심적인 관심사는 결국 인격형성에 관한 것이다. 따라서 잠언은 의로운 삶에 대한 강조와 불의한 사람들과 사귀지 말라는 경고와 더불어 "주님을 경외"(1:7)하라는 명령으로 시작하고 있다. 1—9장은 10—29장에서 실행된 훈계에 헌신하도록 촉구하고 있다. 이것들에 대응하는 장들은 30—31장으로, 이 교훈을 마친(졸업한)이가 지속해서 이러한 교훈을 생각하며 연구할 수 있는 자료와 그러한 순종의 결과로 누리게 되는 지혜로운 삶이 (축복된 결혼에 비유로) 제시되고 있다.

잠언의 내부 구조는 일곱 부분으로 구성되어 있다. 이 일곱 부분은 각각 다른 장의 제목들을 다루고 있는데, 그것들은 1:1; 10:1; 22:17; 24:23; 25:1; 30:1; 31:1이다. 이 일곱 부분이 최종적으로 책의 형태로 수집되고 편집된 것을 고려해볼 때, 이것들은 의심할 여지없이 편집된 글들을 모은 것들이다.

잠언에는 두 가지 독특한 기록양식이 나타난다. 한 가지 기록양식은 광범위하게 확장된 형식으로 쓰인 교훈들이다 (1—9장 22:17—24:22; 30:1-6 [이 교훈의 마무리가 어디인지는 명확치 않다]; 그리고 31:1-9). 나머지 대부분의 지혜들은 각각 그 문장 자체가 깊은 의미를 지니고 있는 짧은 문장 형식의 지혜들이다. 이에 부가하여 31:1-31에 나타나는 알파벳에 따라 쓴 시, 그리고 한 문장보다는 길지만 긴 교훈들이라고 보기에는 어려운 지혜들이 (예를 들어, 30:24-28) 있다.

이 교훈들은 일인칭 주어로 "아들아" (혹은 내 아들)와 종종 "자식"으로 불리어지는 청중에게 증거되는 형식을 취하고 있다. 이 교훈들은 또한 이야기 형식을 취하기도 하는데, 그런 경우에는 주로 부도덕한 여인에 대한 경고의 형태로 전달되고 있다 (7:6-23). 잠언의 대다수의 단어들은 명령형이며, 독자/혹은 듣는 이들에게 직선적으로 전달되고 있다. 때로 어떤 독특한 사상의 전개가 나타나는데, 이것은 말하는 사람이 한 주제에서 다른 주제로 옮길 때에 알 수 있으며, 그 부분이 독자가 추측할 수 있는 특정한 단락이나 절로 구별되기도 한다.

한 문장 형식으로 제시된 지혜는 주로 무인칭의 언어를 사용하며, 종종 말하는 "나" 혹은 말이 증거하려는 "너"를 통하여 끝맺어지기도 한다. 그것들은 명령형보다는 상황을 설명하는 식의 격언에 속한다 (문법적인 구조로 보면 말하는 사람이 상황을 단지 설명하는 것처럼 보이도록 표현하고 있음). 비록 일련의 구절들이 특정한 주제나 주요 개념에 의하여 연결되기도 하지만, 그것들은 문단들이라기보다는 개별적인 구절들이라는 인상을 주며, 그 단락 구분은 종종 분명하지 않다.

대부분 문장으로 된 지혜는 두 구절로 이루어져 있다. 많은 경우에 이들은 때로 직접적으로 혹은 간접적으로 대조를 이루는 반대구로 구성되어진다. 어떤 것들은 단순한 병행, 즉 두 구절간에 균등성과 상응성을 강조하거나 혹은 히브리어 "…와 같은"을 사용하여 분명하게 유사성을 드러내는 형태를 띠고 있다. 소수의 경우에 첫 구절의 사상이 두 번째 구절에서 더 전개되거나 완결되어지기도 한다. 더 드물기는 하지만, 중요한 의미를 지닌, "X가 Y보다 낫다"는 단순 구조나 혹은 "A를 포함한 X가 B를 포함한 Y보다 낫다"는 형태의 구조를 띠고 있다. 이와 같은 단순한 형태는 두개의 긍정적이거나 (예를 들어, 16:32) 부정적인 가치를 (21:19) 비교하기도 한다. 복합적인 형태는 최소한 한 쌍의 긍정인 것과 부정적인 것을 포함한다 (15:16). 어떤 경우든 결국은 상관적인 가치를 포현한다고 볼 수 있다.

추가 형태로, 두 문장보다는 길지만 하나의 긴 교훈보다는 짧은 것으로 숫자를 통해 구성된 격언이 있다. 이것은 어떤 사물의 공통이 되는 특정한 수를 진술한 후 (통상 X, X+1 형태로) 그와 연관된 요소들을 열거하기도 한다. 이것은 다른 부분에서 종종 나타나기도 하지만 특히 30장에 주로 사용되고 있다.

고대 근동 주변문화권의 영향이 잠언에 많이 나타나 있는데, 특히 22:17—24:22에 현저하게 나타난다. 이 부분은 이집트 아메네몹프(Amenemope)의 교훈의 영향을 받은 것이다. 게다가 르무엘(31:1-9 교훈의 대상인)은 이스라엘 왕이 아니었다, 그러므로 이 잠언도 이스라엘 밖의 주변국가에서 유래된 것이다. 이집트의 지혜문학은 교훈으로 특징지어지며 메소포타미아의 지혜문학은 짧은 문장으로 된 지혜의 특성을 띠고 있는데, 잠언은 이 두 형태를 둘 다 포함하고 있다.

잠언은 이스라엘이 포로생활을 하는 동안에 기록되기 시작하여, 포로생활이 끝난 이후 시대에 완성된 것으로 보인다. 희랍어 칠십인역에 있는 잠언과 히브리어 성경에 있는 잠언의 구조가 서로 다른 것으로 보아, 특히 장들을 마감하는 데에서, 잠언을 배열하는 과정이 아마도 기원전 3세기까지 완료되어 있지 않았음을 시사해 주는 것 같다.

잠언은 히브리 전통의 다른 지혜문학과 같이 주목할 만한 역사적인 사건들이나 위대한 인물들에 대하여 언급하지 않는다. 따라서 출애굽이나, 시내 산 사건, 가나안 땅에 정착, 특히 이스라엘이나 유다 족속 왕조 (비록 왕들에 대하여 언급하고는 있지만), 예루살렘, 혹은 포로생활 등에 대하여 언급하지 않는다. 이와 같은 주요한 성서신학적인 요소들에 대한 관심의 결여는 많은 신학자들로 하여금, 특히 20세기 후기에, 잠언을 소홀히 여기게 했었다. 그러나 최근에 들어 점점 잠언은 여성신학과 포스트모더니즘의 중요한 자료가 되고 있다.

잠언의 핵심사상은 하나님을 경외하는 것이 지혜와 지식의 근본이라는 주장에 있다. (1:7; 9:10; 1093쪽 추가 설명: "주님(하나님)을 경외하는 것"을 보라). 이와 같은 주장은 잠언에 구조적으로 제시되고 있다. 잠언의 중간 부분인 10—15장에는 의로움이 지혜를 얻는 길이라는 격언들의 수집되어 있다.

잠언의 신학은 8:22-31에 나타나는 것처럼 창조에 근거하고 있다. 잠언은 하나님의 계시가 창조된 세계에 깊이 간직되어 있다고 보고 있다: 창조 질서를 인식하고 (사회질서에 반영된) 이 질서에 따라 사는 법을 배우는 것이 지혜이고 의로움이다.

아마도 잠언의 가장 특이한 신학적인 표현은 지혜를 여성형으로 표현한 것일 것이다. 지혜는 창조에 관여하시는 하나님과 연관되어 있으며 (8:22-31), 사람들을 부르고 있으며 (1:20-33), 죽음으로부터 구원해줄 수 있는 힘이 있고 (8:35-36), 그리고 인류를 초청하는 특별한 역할을 감당하고 있다 (더 자세한 내용은 1094쪽 추가 설명: "인격화된 지혜"를 보라).

잠언은 사람들이 지혜와 의로움을 배울 수 있고 그에 따라 행할 수 있다고 확신하고 있다. 하지만 동시에, 잠언은 인간의 지혜에는 한계가 있다고 주장한다. 오직 유일한 참된 지혜는 하나님께 속해 있다 (예를 들어, 16:1을 보라).

잠언은 근본적으로 인생이 공평한 것으로 본다: 어리석거나, 악하거나, 게으른 자보다는 현명한 사람, 의로운 사람, 그리고 부지런한 사람의 인생이 낫다. 동시에 잠언은 문제들을 양극화시키는 경향이 있다: 특히 시작되는 장들에서는 현명한 사람은 의롭고 근면하며, 어리석은 사람은 악하고 게으른 것으로 보고 있다. 이와 같은 표현은 단순히 풍자적인 것으로 들려질 수 있지만, 이것은 교육적인 목적을 위한 것이다. 그러한 면에서 이 책은 가족/부족 혹은 왕실 상황에서 인격형성을 위하여, 화자가 주장하는 건설적인 교훈들을 따르도록 권면하고 있다.

잠언의 많은 부분이 독자들로 하여금 특정한 행동을 하기에 적합한 시기와 여건을 잘 결정할 수 있도록 돕는 쪽을 지향하고 있다. 개별적인 격언들이 균형 있게 배열되어 있고, 때로는 확연하게 다른 것들과 구분되기도 한다 (예를 들어, 26:4; 26:5; 29:15, 17, 19, 21; 또 13:24; 19:18을 보라). 이와 같이 잠언의 본문들은 이 책의 전체적인 특성을 고려하여 읽혀지고 해석되어야 한다. 특정한 주제들에 대한 다양한 표현들을 고려해 볼 때, 어느 개별적인 격언도 모든 상황에 다 보편적으로 적용되도록 구성되지 않았음을 알 수 있다. 특정한 상황에 적용되도록 쓴 잠언을 모든 상황에 해당되는 것으로 절대화하는 실수를 범하지 않기 위하여 독자들은 (1) 본문들을 주변 구절들이 상황을 더 구체적으로 설명하거나 조화 있게 하는지 문맥을 잘 살펴야 하며, (2) 본문들이 다른 관계된 주제나 문단들에 대하여 언급하고 있는지를 확인해야 한다.

잠언의 내용은 다음과 같다. 성경본문에 따라 세밀하게 조사할 필요가 있는 주석은 이 개요를 따를 것이며, 명확성을 기하기 위하여 더 보충해서 상세하게 설명될 것이다.

Ⅰ. 서론, 1:1—9:18
- A. 서론, 1:1-7
  - 1. 표제, 1:1
  - 2. 책의 목적, 1:2-6
  - 3. 주제, 1:7
- B. 거짓된 약속과 신뢰할 가치가 있는 위협, 1:8-33
- C. 지혜가 주는 혜택, 2:1-22
- D. 의와 지혜, 3:1-35
- E. 대대손손, 4:1-27
- F. 위험한 여인과 안전한 여인, 5:1-23
- G. 지혜는 생명, 6:1-35
- H. 유혹과 사망, 7:1-27
- I. 지혜와 생명, 8:1-36
- J. 두 가지 초청 9:1-18

Ⅱ. 짧은 문장 형식의 지혜, I부, 10:1—22:16
- A. 대조를 통한 가르침: 의로움과 사악함, 10:1—15:33
- B. 사회생활을 하는 가운데 필요한 지혜: 지혜와 공동체, 16:1—22:16

Ⅲ. 중간의 교훈들, 22:17—24:34
- A. 현자의 가르침, 22:17—24:34
- B. 현자의 추가적인 가르침, 24:23-34

Ⅳ. 짧은 문장 형식의 지혜, II부, 25:1—29:27
- A. 지혜와 통찰력, 25:1—27:27
- B. 의로운 삶, 28:1—29:27

V. 끝마치는 교훈들과 묵상, 30:1—31:31
  A. 고도의 지혜, 30:1-33
    1. 아굴의 잠언, 30:1-9
    2. 역설과 유사함, 30:10-33
  B. 지혜와 여인, 31:1-31
    1. 르무엘의 어머니의 교훈, 31:1-9
    2. 유능한 아내, 31:10-31

엘리자베스 휴와일러 (Elizabeth Huwiler)

잠언의 목적과 주제

1 1 이것은 다윗의 아들 이스라엘 왕 솔로몬의
잠언이다.

2 이 잠언은
지혜와 훈계를 알게 하며,
명철의 말씀을 깨닫게 하며,
3 정의와 공평과 정직을
지혜롭게 실행하도록
훈계를 받게 하며,
4 ㄱ)어수룩한 사람을
슬기롭게 하여 주며,
젊은이들에게
지식과 분별력을
갖게 하여 주는 것이니,
5 지혜 있는 사람은 이 가르침을 듣고
학식을 더할 것이요,
명철한 사람은
지혜를 더 얻게 될 것이다.
6 잠언과 비유와
지혜 있는 사람의 말과
그 심오한 뜻을
깨달아 알 수 있을 것이다.

7 주님을 경외하는 것이
지식의 근본이어늘,

ㄱ) '어수룩한 사람'으로 번역된 히브리어 '프타임'은 도덕적 방향감각이 없어서 악으로 기울어질 수 있는 단순한 사람을 일컬음 (22, 32절 참조)

1:1—9:18 광범위한 교훈으로 구성되어 있는 이 부분은 전반적인 지혜문학에 초대하고 있을 뿐만 아니라, 그 다음에 나오는 잠언 전체로 초대하는 역할을 하고 있다. 이야기하는 사람은 아버지, 어머니, 그리고 인격화된 지혜의 권위에 근거하여 청중을 아이들(혹은 내 아들)로 부르고 있다. 이 부분의 주된 관심사는 이야기하는 사람과 다른 인정된 권위에 신뢰성을 확보하며 동시에 다르게 이야기하는 사람들의 허구성을 드러내는 데 있다 (유혹하는 친구들 혹은 호리는 말로 꾀는 여자).

1:1 첫 구절은 잠언 전체에 대한 표제이며, 이와 같은 표제는 잠언 여기저기에서 소개되고 있다 10:1; 22:17; 24:23; 25:1; 30:1; 31:1. 솔로몬을 *다윗의 아들과 이스라엘의 왕*으로 보는 것은 그를 가족관계와 왕실에 설정하려는 것이며, 이 두 상황에서 본 지혜를 훈계했다.

1:2-6 이 책의 목적이 요약되어 있다. 잠언은 주로 아직 학식이 없는 젊은이들을 상대로 한 것이지만, 동시에 이미 충분한 지혜를 가지고 있다고 하는 이들에게도 유익한 것이라고 주장하고 있다. 이 책의 목적은 특정한 마음의 자세와 삶의 행동양식을 심어주는 데 있다. **1:3** 이 목적이 2:9에서는 일종의 복된 길을 깨달을 수 있는 약속이 되고 있다.

추가 설명: 주님(하나님)을 경외하는 것

주님(하나님)을 경외하는 것은 지혜문학에서 반복되는 주제이다 (1:7, 29; 2:5; 8:13; 9:10; 10:27; 14:26-27; 15:16, 33; 16:6; 19:23; 22:4; 23:17). 이것이 지식과 지혜의 시작(혹은 본질)으로 간주되고 있으며, 이런 이유로 이것은 지혜를 얻기 위한 필수로 간주되고 있다.

하나님을 경외한다는 표현이 정확하게 무엇을 의미하는지는 시간과 환경에 따라 다를 수 있다. 이것이 극도의 두려움으로부터 순종을 향한 지극한 존경심에 이르기까지 다를 수 있다. 잠언에서는 한 개인의 전반적인 마음의 자세 혹은 성품을 의미한다. 이것은 또한 악을 미워하는 것(8:13)과 지혜에 대한 가르침(15:33)과 동일시되고 있으며, 하나님을 아는 것 (2:5), 겸손 (15:33; 22:4), 어질고 진실함 (16:6), 왕을 경외함 (24:21)과 연관이 있는 것으로 간주되고 있다. 이것은 교만, 오만, 악한 길, 거짓된 입 (8:13)과 대조되고 있다. 이것은 생명과 아주 밀접하게 관련되어 있다: 수명을 연장시킨다 (10:27), 생명 그 자체이다 (19:23), 그리고 생명의 샘이다 (14:27). 장수에 더하여, 이것은 재산과 영예를 가져온다 (22:4). 이것은 또한 칭찬을 받는 여자의 특성(혹은 정체성 자체)이기도 하다 (31:30).

하나님을 경외하는 것과 제혜의 근본을 동일시하는 것은, 이 지혜의 상당부분이 다른 고대 근동 주변문화에서 빌려왔다는 사실을 고려해볼 때, 아주 획기적인 신학적인 주장이다. 이것은 바른 경건 없이는 지혜가 불가능하며, 바른 경건 그 자체가 지혜의 중요한 요소임을 의미한다. 이와 같은 뜻을 고려해볼 때, 우리는 어떻게 지혜로운 사람들이 지혜를 의로움과 동일시할 수 있었는지를 (특히 10—15장) 좀 더 쉽게 이해할 수 있다.

ㄱ)어리석은 사람은
지혜와 훈계를 멸시한다.

젊은이에게 주는 충고

8 ㄴ)아이들아,
아버지의 훈계를 잘 듣고,
어머니의 가르침을
저버리지 말아라.
9 진정 이것은
머리에 쓸 아름다운 관이요,
너의 목에 걸 목걸이이다.

10 ㄴ)아이들아,
악인들이 너를 꾀더라도,
따라가지 말아라.
11 그들이 너에게 이렇게 말할 것이다.
"함께 가서 숨어 기다렸다가,
이유를 묻지 말고,
죄 없는 사람을 죽이자.
12 ㄷ)스올처럼 그들을 산 채로 삼키고,
무덤이 사람을 통째로 삼키듯이,
그들을 통째로 삼키자.
13 우리는 온갖 값진 것을
얻게 될 것이며,
빼앗은 것으로
우리의 집을 가득 채우게 될 것이다.
14 너도 우리와 함께 제비를 뽑고,
우리 사이에 돈주머니는
하나만 두자."

15 ㄴ)아이들아,
그들이 이렇게 말하더라도,
너는 그들과 함께 다니지 말고,
네 발을 그들이 가는 길에
들여놓지 말아라.
16 그들의 발은 악으로 치달으며,
피 흘리는 일을 서두르기 때문이다.
17 무릇,
새가 보는 앞에서 그물을 치는 것은
헛수고이겠거늘,
18 그들이 가만히 엎드려서
지키고 있으니
제 피나 흘릴 뿐이요,
숨어서 기다리고 있으니
제 목숨이나 잃을 뿐이다.
19 무릇
부당한 이득을 탐하는 자의 길은
다 이러하니,
재물이 목숨을 빼앗는다.

지혜가 부른다

20 지혜가 길거리에서 부르며,
광장에서 그 소리를 높이며,
21 시끄러운 ㄹ)길 머리에서 외치며,
성문 어귀와 성 안에서 말을 전한다.

22 "어수룩한 사람들아,
언제까지 어수룩한 것을
좋아하려느냐?
비웃는 사람들아,
언제까지 비웃기를 즐기려느냐?
ㅁ)미련한 사람들아,
언제까지 지식을 미워하려느냐?

ㄱ) '어리석은 사람'으로 번역된 히브리어 '에빌림'은 잠언 전체와 구약의 여러 곳에서 도덕적 결함이 있는 사람을 가리킴. 단순히 '둔한 사람'과 구별됨 ㄴ) 히, '내 아들아'. 스승이 제자를 부르는 말 ㄷ) 또는 '무덤' 또는 '죽음' ㄹ) 칠십인역에는 '성벽 위에서' ㅁ) '미련한 사람'으로 번역된 히브리어 '크씰림'은 '어리석은 사람'으로 번역된 '에빌림'과 함께 도덕적 결함을 지닌 사람을 뜻함. 1:7의 주를 볼 것

1:7 현인은 지혜와 하나님 신학(9:10을 참조할 것)의 연관성에 관한 신학적인 주장을 하고 있다. 경건 없이는 지혜에 입문하는 것 자체가 불가능하며, 바른 경건은 그 자체가 지혜를 향한 시발점이 된다.

1:8-33 거짓된 약속들이 신뢰할 만한 경고와 대조되고 있다. 이 첫 교훈은 두 개의 대조되는 교훈으로 구성되어 있다: 신뢰해서는 안 될 악을 행하도록 부추기는 악인들의 초대와 지혜의 교훈에 순종하는 이들에게 생명을 보장하고 불순종하는 이들에게는 멸망을 경고하는 인격화된 지혜가 첫 번 등장한다. **1:8** 배우는 사람은 부모로부터 가르침을 받도록 권유받고 있다. *아들아.* 훈계하는 데 사용되는 전형적인 호칭이며, 후에 나타타는 문장 구조에서는 다소 희박하게 사용된다. **1:9** 서론에 해당하는 장들에서는 지혜를 입는 것으로 자주 표현하고 있다. **1:10-19** 잘못된 친구들(악인들, 공동번역은 죄인들)을 선택하는 것에 대한 경고와 그들의 말은 신뢰할 만한 것이 못됨을 강조하는 것은 그들의 초대에 응하는 것이 사망에 이르게 함이기 때문이다. **1:12** 스올 (또는 *무덤*). 이 곳은 죽은 자들이 거하는 곳이며, 거기에 거하는 이들은 그림자로 불리어지고 있다. **1:20-33** 인격화된 지혜는 그녀의 가르침을 듣지 않는 자들에게 재난을 경고하고 있다. 그녀의 신뢰할 만한 경고들이 1:10-19에서 악한 친구들의 공허한 약속과 대조되고 있다.

추가 설명: 인격화된 지혜

성서적인 사고에서 지혜는 일종의 재능, 전반적인 지식, 혹은 하나님의 속성일 수 있다. 잠언에서는 처음 아홉 장에 걸쳐 지혜가 여성과 인격화된 용어로 종종 표현되고 있다. 처음 아홉 장의 세 연장된 단락에서 지혜가 인격으로 소개되고 있다: 1:20-33; 8:1-36; 그리고 9:1-6. 추가적인, 그렇지만 덜 발전된 지혜의 인격화된 것이 3:13-18; 4:5-9; 그리고 7:4에서 나타난다. 이런 인격화의 흔적이 14:1에 나오기도 한다. 잠언에는 이와 관련된 다른 여성적인 표현들이 있다. 위험한 여인에 대한 경고 그리고/혹은 미련한 여인이 상대적인 것으로 인격화되어 있다 (2:16-19; 5:3-14; 6:23-35; 7:1-27; 9:13-18). 바람직한 여인이나 이상적인 아내에 대한 언급들은 지혜를 여성으로 표현하는 상징주의를 더 뒷받침해 준다 (5:15-20; 31:10-31).

주석가들은 인격화된 지혜가 정경 문헌에 존재하는 것을 다각적인 관점에서 설명하려 시도해 왔다. 어떤 학자들은 여성으로서의 지혜를 이스라엘의 여신을 의미하는 것으로, 혹은 최소한 이스라엘의 여신숭배에 대한 호감—예를 들어, 이집트의 지혜의 여신 마아트, 가나안의 여신 아스다롯과 아세라, 그리고 수메르의 여신 이난나 같은 신들—을 표현하는 것으로 보아왔다. 이와는 반대로, 어떤 학자들은 잠언의 인격적인 언어는 시 85:10의 의와 진리가 서로 입맞춤하는 것과 유사한 문학적인 표현 방식에 불과하다고 주장한다. 이 양극 사이에서, 많은 학자들은 그녀를 하나님의 속성들 중의 하나를 표현한 결정체로 보기도 한다. 원래 형용사가 인간 성품을 취한 것으로 표현된 것을 주목하여 봄으로 유래의 여부에 관계없이, 지혜를 일종의 여인으로 표현한 것이 잠언을 듣는 이들에게 호감을 주었을 것이다. 만약 잠언의 저자가, 지혜를 젊은이로 구성된 청중들에게, 바람직하면서도 손에 잡힐 듯한 매력적인 것으로 전달하고자 했다면, 그것을 여성으로 표현하는 것은 아주 적절한 선택이었을 것이다. 결국, 이런 인격적인 표현을 통하여 듣는 이들이 지혜를, 그녀를, 간절히 찾고 만나도록, 더 나아가 그녀를 마치 자기의 아내인 것처럼 소유하도록 격려하고 있는 것이다.

잠언에서는 지혜가 성난 예언자처럼 들리기도 한다 (1:20-33 그러나 여기에서 예언자들은 "하나님께서 말씀하신다" 라기보다는 예언자는 자신의 권위에 입각해서 말하는 것처럼 들린다). 혹은 마치 여신이 스스로의 권능을 선포하는 것처럼 들린다 (8장에서 가장 두드러지게 나타남). 또 다른 경우에는 어떤 특별한 여인이 성대한 잔치를 베푸는 것처럼 들리기도 한다 (9:1-6). 잠언 외에 지혜문학과 가장 밀접한 연관성이 있는 구약은 욥 28장이며, 거기에서는 지혜가 갈망할 만한 것이며, 동시에 구하기에 어려운 것으로 나타나고 있다. 외경이나 위경에서는, 가장 현저한 인격화가 집혜서 24:1-23; 51:13-28; 그리고 솔로몬의 지혜서 1—7장에 등장한다. 솔로몬의 지혜에서는, 그녀(지혜)가 더 분명하게 이스라엘의 전통과 연관되어 있고, 그리고 그리스의 아이시스 종교를 연상시켜 주는 언어로 표현되어 있다.

신약에서 시작되는 기독교 전통에서는, 인격화들이 빈번히 예수를 지칭하는 데 사용되고 있다. 히브리어(*호크마*)와 희랍어(*소피아*)에서 모두 여성으로 표현된 "지혜"가 요 1장에서는 문법적으로 남성형인 "말씀"(희랍어 로고스 [*logos*])으로 변화되고 있다. 고전 1:24에서는 예수님이 직접적으로 지혜로 불리어지고 있다. 잠 8:22-31은 *개정 교회력*의 삼위일체 주일 본문 중의 하나로 읽혀지고 있다. 성서적 전통과 교회력의 전통이 잠언에 나타난 지혜에 대한 인격적인 언어들이 삼위일체의 위들과 관련된 것으로 쓰이도록 구성되고 있는 것이다. 하지만 예수님이 남성이었던 것을 반영할 수 있도록 남성형의 언어로 번역되고 있다.

성서 해석학자들과 신학자들은 하나님을 여성적인 용어로 표현하는 본보기로 잠언에 나타난 지혜의 인격화된 표현양식들을 사용하기 시작했다. 혹자는 이와 같은 언어들을 더 발전시켰으며, 다른 이들은 이런 언어들이 잠언에 나타난 가부장 중심체제 내에서 사용되고 있음을 이유로 배척해 왔다. 지혜를 인격적으로 표현한 구절들이 오늘날의 하나님에 대한 토론에 있어서 얼마만큼 적절한 언어를 제공해 주고 있는가의 여부는 아직도 논란 중에 있다.

23 너희는 내 책망을 듣고 돌아서거라.
보아라,
내가 내 영을 너희에게 보여 주고,
내 말을 깨닫게 해주겠다.
24 그러나 너희는,
내가 불러도 들으려고 하지 않고,
내가 손을 내밀어도
거들떠보려고도 하지 않았다.
25 도리어 너희가
내 모든 충고를 무시하며
내 책망을 받아들이지 않았으니,
26 너희가 재앙을 만날 때에,
내가 비웃을 것이며,
너희에게 두려운 일이 닥칠 때에,
내가 조롱하겠다.
27 공포가 광풍처럼 너희를 덮치며,
재앙이
폭풍처럼 너희에게 밀려오며,
고난과 고통이
너희에게 밀어닥칠 때에,
28 그 때에야 나를 애타게 부르겠지만,
나는 대답하지 않겠고,
나를 애써 찾을 것이지만,
나를 만나지 못할 것이다.
29 이것은 너희가 깨닫기를 싫어하며,
주님 경외하기를
즐거워하지 않으며,
30 내 충고를 받아들이지 않으며,
내 모든 책망을 업신여긴 탓이다.

31 그러므로 그런 사람은
제가 한 일의 열매를 먹으며,
제 꾀에 배부를 것이다.
32 어수룩한 사람은
내게 등을 돌리고 살다가
자기를 죽이며,
ㄱ)미련한 사람은 안일하게 살다가
자기를 멸망시키지만,
33 오직 내 말을 듣는 사람은
안심하며 살겠고,
재앙을 두려워하지 않고
평안히 살 것이다."

지혜가 주는 유익

2 1 ㄴ)아이들아,
내 말을 받아들이고,
내 명령을
마음 속 깊이 간직하여라.
2 지혜에 네 귀를 기울이고,
명철에 네 마음을 두어라.
3 슬기를 외쳐 부르고,
명철을 얻으려고 소리를 높여라.
4 은을 구하듯 그것을 구하고,
보화를 찾듯 그것을 찾아라.
5 그렇게 하면, 너는
주님을 경외하는 길을
깨달을 것이며,
하나님을 아는 지식을
터득할 것이다.

6 주님께서 지혜를 주시고,
주님께서 친히
지식과 명철을 주시기 때문이다.
7 정직한 사람에게는
분별하는 지혜를 마련하여 주시고,
흠 없이 사는 사람에게는
방패가 되어 주신다.
8 공평하게 사는 사람의 길을
보살펴 주시고,
주님께 충성하는 사람의 길을
지켜 주신다.

9 그 때에야 너는 정의와 공평과 정직,
이 모든 복된 길을 깨달을 것이다.

10 지혜가 네 마음 속에 들어가고,
지식이 네 영혼을 즐겁게 할 것이다.
11 분별력이 너를 지켜 주고,
명철이 너를 보살펴 줄 것이다.
12 지혜가 악한 사람의 길에서

ㄱ) '미련한 사람'으로 번역된 히브리어 '크씰림'은 '어리석은 사람'으로 번역된 '에빌림'과 함께 도덕적 결함을 지닌 사람을 뜻함. 1:7의 주를 볼 것
ㄴ) 1:8의 주를 볼 것

2:1-22 이 교훈은 히브리어 22개의 알파벳 숫자와 동일한 수인 22개의 문장으로 구성된 한 편의 시이다. 이것은 지혜가 줄 수 있는 긍정적인 혜택(명철, 경건, 안전)과 부정적인 혜택(위험과 음란한 여자에게서 건져줌)에 대한 상황을 설명하고 있다. **2:4** 지혜가 진귀한 귀금속과 보화에 비유되고 있다 (3:14-15; 8:10-11. 18; 16:16; 20:15). 이와 같은 이미지들은 처음에 주어진 교훈에서 벌써 확립되었으나 본 구절에서 다시 등장하고 있다. 이것은 잠언의 다른 소부분들을 전체로 묶어주는 구실을 하는 문학 요소 중의 하나이다. 마무리 하는 장의 시는 유능한 아내(31:10-31)에 대하여 언급하고 있으며, 본장에 나타난 것과 같은 귀금속과

너를 구하고,
겉과 속이
다르게 말하는 사람에게서
너를 건질 것이다.
13 그들은 바른길을 버리고,
어두운 길로 가는 사람들이다.
14 그들은 나쁜 일 하기를 좋아하며,
악하고 거스르는 일 하기를
즐거워한다.
15 그들의 길은 구부러져 있고,
그들의 행실은 비뚤어져 있다.

지혜와 순결

16 지혜가 너를
음란한 여자에게서 건져 주고,
너를 꾀는 부정한 여자에게서
건져 줄 것이다.
17 그 여자는 젊은 시절의 짝을 버리고,
ㄱ)하나님과 맺은
언약을 잊은 여자이다.
18 그 여자의 집은
죽음에 이르는 길목이요,
그 길은 죽음으로 내려가는 길이다.
19 그런 여자에게 가는 자는
아무도 되돌아오지 못하고,
다시는 생명의 길에 이르지 못한다.

20 그러므로 너는
선한 사람이 가는 길을 가고,
의로운 사람이 걷는 길로만 걸어라.
21 세상은 정직한 사람이 살 곳이요,
흠 없는 사람이
살아 남을 곳이기 때문이다.
22 그러나
악한 사람은 땅에서 끊어지고,
진실하지 못한 사람은
땅에서 뿌리가 뽑힐 것이다.

젊은이에게 주는 충고

3 1 ㄴ)아이들아,
내 가르침을 잊지 말고,
내 계명을
네 마음에 간직하여라.
2 그러면
그것들이 너를 장수하게 하며,
해가 갈수록
더욱 평안을 누리게 할 것이다.

3 인자와 진리를 저버리지 말고,
그것을 목에 걸고 다니며,
너의 마음 속 깊이 새겨 두어라.
4 그러면 하나님과 사람 앞에서
네가 은혜를 입고
귀중히 여김을 받을 것이다.

5 너의 마음을 다하여
주님을 의뢰하고,
너의 명철을 의지하지 말아라.
6 네가 하는 모든 일에서
주님을 인정하여라.
그러면 주님께서
네가 가는 ㄷ)길을 곧게 하실 것이다.
7 스스로 지혜롭다고 여기지 말고,
주님을 경외하며 악을 멀리하여라.
8 그러면 이것이
너의 몸에 보약이 되어,
상처가 낫고 아픔이 사라질 것이다.

9 너의 재산과 땅에서 얻은
모든 첫 열매로
주님을 공경하여라.
10 그러면 너의 창고가 가득 차고,
너의 포도주 통에
햇포도주가 넘칠 것이다.

ㄱ) 또는 '하나님 앞에서 맺은 언약' ㄴ) 히, '내 아들아'. 스승이 제자를 부르는 말 ㄷ) 또는 '길을 인도하실 것이다'

보화의 이미지가 그녀와 연관되어 있다. **2:9** 세 쌍으로 되어 있는 *정의, 공평, 정직* 등에 대한 강조는 본서의 목적을 알려주고 있다 (1:3). **2:16** 음란한 여자(NRSV, 바람둥이 여자)는 빈번한 경고의 대상이며, 독자들을 지혜를 따르지 말도록 유혹하는 모든 그릇된 것들의 상징으로 묘사되고 있다. **2:18** *죽음에 이르는 길목.* 7:27; 9:18; 14:12를 보라.

3:1-35 이 교훈은 지혜가 보호해 줄 수 있는 가치에 대하여 기술하고 있다. 이것은 행복을 가져다 주는 태도와 행위에 대한 진술로 시작되며 (1-12절), 지혜의 가치(13-26절; 16절의 확연한 인격화)를 재확언하여 주며, 부정적인 행위에 대한 경고로 이어지고 있다 (27-25절). **3:4** 지혜가 몸단장하는 것 혹은 옷 입는 것과 (1:9를 보라) 같은 이미지로 묘사된 것은

11 ㄱ)아이들아,
주님의 훈계를 거부하지 말고,
그의 책망을 싫어하지 말아라.
12 주님은,
당신이 사랑하시는 사람을
꾸짖으시니,
마치 귀여워하는 아들을 꾸짖는
아버지와 같으시다.

지혜의 가치

13 지혜를 찾는 사람은 복이 있고,
명철을 얻는 사람은 복이 있다.
14 참으로 지혜를 얻는 것이
은을 얻는 것보다 낫고,
황금을 얻는 것보다 더 유익하다.
15 지혜는 진주보다 더 값지고,
네가 갖고 싶어하는 그 어떤 것도
이것과 비교할 수 없다.
16 그 오른손에는 장수가 있고,
그 왼손에는 부귀영화가 있다.
17 지혜의 길은 즐거운 길이요,
그 모든 길에는 평안이 있다.
18 지혜는,
그것을 얻는 사람에게는
생명의 나무이니,
그것을 붙드는 사람은 복이 있다.

19 주님은
지혜로 땅의 기초를 놓으셨고,
명철로 하늘을 펼쳐 놓으셨다.
20 그분은 지식으로
깊은 물줄기를 터뜨리시고,
구름에서 이슬이 내리게 하신다.

21 ㄱ)아이들아,
건전한 지혜와 분별력을
모두 잘 간직하여
너의 시야에서 떠나지 않게 하여라.
22 그것이 너의 영혼에
생기를 불어넣으며,
너의 목에
우아한 장식물이 될 것이다.
23 그 때에 너는
너의 길을 무사히 갈 것이며,
너의 발은
걸려 넘어지지 않을 것이다.
24 너는 누워도 두렵지 않고,
누우면 곧 단잠을 자게 될 것이다.
25 너는 갑자기 닥치는 두려운 일이나,
악한 사람에게 닥치는 멸망을 보고
무서워하지 말아라.
26 주님께서 네가 의지할 분이 되셔서
너의 발이
덫에 걸리지 않게 지켜 주실 것이다.
27 너의 손에 선을 행할 힘이 있거든,
도움을 청하는 사람에게
주저하지 말고 선을 행하여라.
28 네가 가진 것이 있으면서도,
너의 이웃에게
"갔다가 다시 오시오. 내일 주겠소"
말하지 말아라.
29 너를 의지하며 살고 있는
너의 이웃에게
해를 끼칠 계획은 꾸미지 말아라.
30 너에게 해를 끼치지 않는 사람과는,
까닭없이 다투지 말아라.
31 폭력을 휘두르는 사람을
부러워하지 말고,
그의 행위는
그 어떤 것이든 따르지 말아라.

32 참으로 주님은
미워하시고,
바른길을 걷는 사람과는
늘 사귐을 가지신다.
33 주님은 악한 사람의 집에는
저주를 내리시지만,
의로운 사람이 사는 곳에는
복을 내려 주신다.

ㄱ) 1:8의 주를 볼 것

신 6:6-9와 유사한 표현이다. **3:7** *스스로 지혜롭다고 여기지 말고.* 이것은 공동체의 지혜를 존중하지 않는 이들에 대한 상황을 설명하는 것이다. 또한 26:12, 16을 보라. **3:13-15** 지혜를 진귀한 보화와 귀금속으로 비유하는 것에 대하여는 2:4에 관한 주석을 보라. 3:15의 후반부는 8:11과 거의 동일하다. **3:19** *주님은 지혜로 땅의 기초를 놓으셨고.* 이 표현은 8:22-31에 대한 언급이며 동시에 독자들에게 시 104:24를 상기시켜준다.

34 진실로 주님은,
조롱하는 사람을 비웃으시고,
겸손한 사람에게는 은혜를 베푸신다.
35 지혜있는 사람은 영광을 물려받고,
ㄱ)미련한 사람은 수치를 당할 뿐이다.

지혜가 주는 유익

4 1 ㄴ)아이들아,
너희는 아버지의 훈계를
잘 듣고,
명철을 얻도록 귀를 기울여라.
2 내가 선한 도리를 너희에게 전하니,
너희는 내 교훈을 저버리지 말아라.

3 나도 내 아버지에게는 아들이었고,
내 어머니 앞에서도
하나뿐인 귀여운 자식이었다.
4 아버지는 내게 이렇게 가르치셨다.
"내 말을 네 마음에 간직하고,
내 명령을 지켜라.
네가 잘 살 것이다.
5 지혜를 얻고,
명철을 얻어라.
내가 친히 하는 말을 잊지 말고,
어기지 말아라.

6 지혜를 버리지 말아라.
그것이 너를 지켜 줄 것이다.
지혜를 사랑하여라.
그것이 너를 보호하여 줄 것이다.
7 지혜가 으뜸이니,
지혜를 얻어라.
네가 가진 모든 것을 다 바쳐서라도
명철을 얻어라.
8 지혜를 소중히 여겨라.
그것이 너를 높일 것이다.
지혜를 가슴에 품어라.
그것이 너를 존귀하게 할 것이다.
9 그 지혜가
아름다운 화관을
너의 머리에 씌워 주고,
영광스러운 왕관을
너에게 씌워 줄 것이다."

바른 길, 그른 길

10 ㄷ)아이들아, 들어라.
내 말을 받아들이면,
네가 오래 살 것이다.
11 내가 네게
지혜로운 길을 가르쳐 주었고,
너를 바른길로 이끌어 주었으므로,
12 네가 걸을 때에,
네 걸음이 막히지 않고,
달려가도 넘어지지 않을 것이다.
13 훈계를 놓치지 말고 굳게 잡아라.
그것은 네 생명이니, 단단히 지켜라.
14 악독한 사람의 길에 들어서지 말고,
악한 사람의 길로는
다니지도 말아라.
15 그런 길은 피하고, 건너가지도 말며,
발길을 돌려서, 지나쳐 버려라.
16 그들은 악한 일을 저지르지 않고는
잠을 이루지 못하며,
남을 넘어지게 하지 않고는
잠을 설치는 자들이다.
17 그들은
악한 방법으로 얻은 빵을 먹으며,
폭력으로 빼앗은 포도주를 마신다.
18 의인의 길은 동틀 때의 햇살 같아서,
대낮이 될 때까지 점점 더 빛나지만,
19 악인의 길은 캄캄하여,
넘어져도 무엇에 걸려 넘어졌는지
알지 못한다.

20 아이들아,
내가 하는 말을 잘 듣고,
내가 이르는 말에 귀를 기울여라.
21 이 말에서 한시도 눈을 떼지 말고,
너의 마음 속 깊이 잘 간직하여라.

ㄱ) 1:22의 주를 볼 것 ㄴ) 히, '아들들아' 스승이 제자를 부르는 말
ㄷ) 1:8의 주를 볼 것

4:1-27 이 교훈에서, 현인의 부모로부터 받는 권면(아버지로부터 유산 받아 청중들에게 전수됨)이 지혜를 얻는 것과 동일시되고 있으며, 반면에 악인을 따르는 것과는 대조되고 있다. 4:7은 1:7, 9-10절과 비교해 보라. **4:9** 화관(花冠)으로서의 지혜(1:9를 보라)가 왕관으로서의 지혜가 되고 있다.

5:1-23 지혜를 얻도록 권면하는 이 교훈은 음행하는 여인(2:16을 보라)에게 유혹당하는 것과 자신의 아내에게 충실히 대하는 것을 대조시키고 있으며, 상징적으로 물에 비유하고 있다. **5:5** 스올. 이것에 관하여는 1:12를 보라. **5:15-18** 여기에서 물의 이미지는 아내를 표현하는데 사용되고 있으며, 이것은 10:11;

22 이 말은
그것을 얻는 사람에게 생명이 되며,
그의 온 몸에 건강을 준다.
23 그 무엇보다도
너는 네 마음을 지켜라.
그 마음이 바로
생명의 근원이기 때문이다.
24 왜곡된 말을 네 입에서 없애 버리고,
속이는 말을
네 입술에서 멀리하여라.
25 눈으로는 앞만 똑바로 보고,
시선은 앞으로만 곧게 두어라.
26 발로 디딜 곳을 ㄱ)잘 살펴라.
네 모든 길이 안전할 것이다.
27 좌로든 우로든 빗나가지 말고,
악에서 네 발길을 끊어 버려라.

아내에게 성실하게 하여라

5 1 내 아들아,
너는 내 지혜에
주의를 기울이고
내 명철에 너의 귀를 기울여서,
2 분별력을 간직하고,
네 입술로 지식을 굳게 지켜라.
3 음행하는 여자의 입술에서는
꿀이 떨어지고,
그 말은 기름보다 매끄럽지만,
4 그것이 나중에는 쑥처럼 쓰고,
두 날을 가진 칼처럼 날카롭다.
5 그 여자의 발은
죽을 곳으로 내려가고,
그 여자의 걸음은 ㄴ)스올로 치닫는다.
6 그 여자는
생명의 길을 지키지 못하며,
그 길이 불안정해도
그것을 깨닫지 못한다.

7 내 아들아,
이제 너희는 내 말을 잘 들어라.
내가 하는 말에서 벗어나지 말아라.
8 네 길에서
그 여자를 멀리 떨어져 있게 하여라.
그 여자의 집 문 가까이에도
가지 말아라.
9 그렇지 않으면,
네 영예가 다른 사람에게 넘어가고,
네 아까운 세월을
포학자들에게 빼앗길 것이다.
10 다른 사람이
네 재산으로 배를 불리고,
네가 수고한 것이
남의 집으로 돌아갈 것이다.
11 마침내 네 몸과 육체를 망친 뒤에,
네 종말이 올 때에야 한탄하며,
12 말하기를
"내가 어찌하여
훈계를 싫어하였던가?
내가 어찌하여
책망을 멸시하였던가?
13 내가 스승에게 순종하지 않고,
나를 가르쳐 주신 분에게
귀를 기울이지 않고 있다가,
14 온 회중이 보는 앞에서
이런 처절한 재난을 당하는구나!"
할 것이다.

15 너는 네 우물의 물을 마시고,
네 샘에서 솟아나는 물을 마셔라.
16 어찌하여
네 샘물을 바깥으로 흘러 보내며,
그 물줄기를
거리로 흘러 보내려느냐?
17 그 물은 너 혼자만의 것으로 삼고,
다른 사람들과 나누지 말아라.
18 네 샘이 복된 줄 알고,
네가 젊어서 맞은 아내와 더불어
즐거워하여라.
19 아내는 사랑스러운 암사슴,
아름다운 암노루,

ㄱ) 또는 '평탄하게 하여라' ㄴ) 또는 '무덤' 또는 '죽음'

13:14; 14:27; 16:22의 생명의 샘에 대한 표상을 예기하고 있다.

6:1-35 비록 6장이 아직까지 훈계적인 형식을 취하고 있으나 (호칭, *아이들아* 에서 알 수 있는 것처럼, 명령형의 단어를 사용하고 각각의 의미 단위가 두세 구절로 구성된 사실 등을 고려해 볼 때), 관심사가 이제는 근면과 재정적인 책임감에 관한 것으로 바뀌고 있다. **6:1-5** 남을 위해 *담보서는* 것과 *보증서는* 것의

그의 품을
언제나 만족스럽게 생각하고,
그의 사랑을 언제나 사모하여라.
20 내 아들아,
어찌하여 음행하는 여자를 사모하며,
부정한 여자의 가슴을 껴안겠느냐?
21 주님의 눈은
사람의 길을 지켜 보시며,
그 모든 길을 살펴보신다.
22 악인은 자기의 악에 걸리고,
자기 죄의 올무에 걸려 들어서,
23 훈계를 받지 않아서 죽고,
너무나 미련하여 길을 잃는다.

어리석은 사람이 되지 말아라

6 1 ㄱ)아이들아,
네가 이웃을 도우려고
담보를 서거나,
남의 딱한 사정을 듣고
보증을 선다면,
2 네가 한 그 말에 네가 걸려 들고,
네가 한 그 말에 네가 잡힌다.
3 ㄱ)아이들아,

ㄱ) 1:8의 주를 볼 것

추가 설명: 가족관계

가족은 잠언의 가르침을 위한 상징적인 배경으로 되어 있다. 부모(그들의 상징적인 동격은 지혜를 가르치는 스승)는 권위를 소유한 존재들이다: 어린이나 학생들의 역할은 경청하고 순종하는 데 있다. 특기할 만한 사실은 잠언의 권위자들은 (이집트 가르침과는 대조적으로) 아버지와 어머니 둘 다이다. 그리고 어머니의 "가르침"(히브리의 토라)은 최소한 아버지의 가르침과 동격의 우대를 받는다. 개인적인 가르침들은 아버지 혹은 어머니에게 일임될 수 있다. 비록 4:1-4에서 보면, 아버지라는 인물이 지혜를 그의 선친으로부터 배워 후대에 전승하는 것으로 나타나 있으나, 31:1-9의 경우 르무엘을 가르치는 데 있어서 어머니가 단독으로 가르치는 일을 감당하고 있다. 다른 문서들에서도 역시 어머니가 말하는 사람으로 등장하고 있는데 적절한 성적인 행동거지를 권면하는 데 있어서 특히 그러하다.

부모들은 자기 자녀들을 훈련하도록 강력하게 설득되어 왔다. 이스라엘의 현인들은 체벌이 정상적인 것이며, 더 나아가 자녀들을 훈련하는 데 있어서 정상적인 것이며 꼭 필요한 것이라고 믿던 주변 문화권들과 같은 생각을 가지고 있었다 (13:24; 23:13-14). 안타깝게도, 이런 본문들이 폭력적인 행위들을 옹호하는 데 사용되곤 했다. 자녀들을 바로 가르치기 위한 의도로 적절히 훈계하는 것은 용납될 수 있는 것이지만, 부모들의 분노 표출의 방편으로 혹은 자녀들에게 해를 유발시킬 정도의 폭력은 용납될 수 없는 것이다. 우리 문화에서 대부분의 사람들은 체벌이 일종의 적절한 훈육방법 중의 하나라는 가설에 대하여 대체적으로 동의할 것이다.

암시되어 있는 청중은 남성이다. 비록 듣는 이가 아버지와 어머니 둘 다이긴 하지만, "배우자"는 항상 남편이라기보다는 아내를 의미한다. 배우자에 대한 언급들은 하나님의 선물로서 그녀에게서 즐거움을 찾을 것을 가르치는 것에서부터 "다투기를 좋아하는" 여인에 대한 불평을 호소하는 데까지 이르고 있다. 마감하는 시(31:10-31)는 유능한 여인을 거의 지혜의 화신인 것처럼 동일시하고 있는 것을 보여주고 있다. 유혹하는 여자에 대한 경고들은 항상 위험한 여자에게 유혹당할 여지가 있는 남자들에게 전해지고 있다. 부정한 성행위에 대한 경고들에 있어서 남성 청중들이 유독 미혹의 위험에 대하여 지속적으로 경고를 받고 있다는 사실, 그러나 남자가 여자를 유혹하는 것에 대하여서는 결코 경고하고 있지 않다는 점은 특이할 만한 일이다. 말하자면, 이러한 표현들은 결국 오직 여성들만이 성적인 문제의 주동자라고 제시하고 있는 것이다. 이런 표현은 곧 남성이나 여성 둘 다 성적인 관계에 있어서 주도권을 발휘할 수 있다는 성경에 나오는 이야기들이나 법적 전승과는 대조된다. 지혜에 대한 인격적인 표현들과 그녀의 부정적인 특성에 대한 언급들이 잠언 전체의 여성을 묘사하는 방식을 결정지어 왔다.

잠언에 표현된 계급적이고 가부장적인 가족 이해는 많은 독자들에게 문제가 되어왔다. 잠언은 고대 이스라엘의 젊은이들이 사회에서 직면했던 문제들을 잘 헤치고 나가도록 돕는 역할을 강담했다. 그러나 이것이 현자에 의해 잠언에 추정된 관계들이 오늘날 현저히 다른 문화권속에 있는 이들에게도 동일한 규범적 권위를 갖는다는 것을 의미하지는 않는다.

네가 너의 이웃의 손에 잡힌 것이니,
어서 그에게 가서
풀어 달라고 겸손히 간청하여라.
너는 이렇게 하여 자신을 구하여라.
4 잠을 자지도 말고,
졸지도 말고
5 노루가 사냥꾼의 손에서 벗어나듯,
새가
새 잡는 사람의 손에서 벗어나듯,
어서 벗어나서 너 자신을 구하여라.

6 게으른 사람아,
개미에게 가서,
그들이 사는 것을 살펴보고
지혜를 얻어라.
7 개미는 우두머리도 없고
지휘관도 없고 통치자도 없지만,
8 여름 동안 양식을 마련하고,
추수 때에 먹이를 모아 둔다.
9 게으른 사람아,
언제까지 누워 있으려느냐?
언제 잠에서 깨어 일어나려느냐?
10 "조금만 더 자야지,
조금만 더 눈을 붙여야지,
조금만 더
팔을 베고 누워 있어야지"하면,
11 네게 가난이 강도처럼 들이닥치고,
빈곤이
ㄱ)방패로 무장한 용사처럼
달려들 것이다.

12 건달과 악인은
그릇된 말이나 하며 돌아다닌다.
13 그들은 눈짓과 발짓과 손짓으로
서로 신호를 하며,
14 그 비뚤어진 마음으로
항상 악을 꾀하며,
싸움만 부추긴다.
15 그러므로
갑자기 닥쳐오는 재앙을 만나,
순식간에 망하고, 회복되지 못한다.

16 주님께서 미워하시는 것,
주님께서 싫어하시는 것이
예닐곱 가지이다.
17 교만한 눈과
거짓말하는 혀와
무죄한 사람을 피 흘리게 하는 손과
18 악한 계교를 꾸미는 마음과
악한 일을 저지르려고 치닫는 발과,
19 거짓으로 증거하는 사람과,
친구 사이를 이간하는 사람이다.

부도덕에 대한 경고

20 ㄴ)아이들아,
아버지의 명령을 지키고,
어머니의 가르침을
저버리지 말아라.
21 그것을 항상 네 마음에 간직하며,
네 목에 걸고 다녀라.
22 네가 길을 갈 때 그것이
너를 인도하여 주며,
네가 잠잘 때에 너를 지켜 주고,
네가 깨면
너의 말벗이 되어 줄 것이다.
23 참으로 그 명령은 등불이요,
그 가르침은 빛이며,
그 훈계의 책망은 생명의 길이다.

ㄱ) 또는 '거지처럼' ㄴ) 1:8의 주를 볼 것

위험에 대하여 빈번히 기술하는데, 모르는 사람과 외국인을 위하여 담보나 보증서는 것에 대하여 기술하고 있다 (11:15; 17:18; 20:16; 22:26). 담보서는 것이나 보증서는 일(오늘날 융자를 얻는 데 필요한 연서 같은 것)이 계속 거부되고 있다. 하지만 이와 같은 가르침들은 가난한 이들에 대한 자비를 가르치는 다른 본문들의 연장선에서 이해되어져야 한다 (11:25; 14:21; 19:17; 21:13; 22:9). 요점은 자신의 자산을 위태롭게 하는 것에 관한 것이다: 담보는 반드시 빚이 빚지는 자나 담보서는 이의 재원을 훨씬 초과하는 상황에서만 생긴다는 사실을 고려해볼 때, 이 금지 규정은 분명하게 개인이 지킬 수 없는 약속을 하는 것에 대한 것이다. 이것은 남을 위한 것까지를 포함한 모든 보증을 의미한다. **6:10-11** 이 구절들은 24:33-34에서 다른 비유의 결론으로 다시 나타난다. 20:13에도 유사한 사고가 나타난다.

7:1-27 이 부분은 거의 전부가 음란한 여인에 대한 경고로 구성되어 있으며 (2:16을 보라), 8장의 교훈과는 대조되는 것으로 이 두 장은 한 쌍으로 짝지어져 있다. 이것은 1:8-9에 나타난 악인에 대한 경고를 연상시켜 주며 동시에 지혜의 인격적인 출현과 연관되어 있다. 이 교훈은 스승이 아이들에게 가르치는 것으로 시작

24 이것이
너를 악한 여자에게서 지켜 주고,
음행하는 여자의 호리는 말에
네가 빠지지 않게 지켜 준다.
25 네 마음에
그런 여자의 아름다움을
탐내지 말고,
그 눈짓에 홀리지 말아라.
26 과연 창녀는
사람을 빵 한 덩이만 남게 만들며,
음란한 여자는
네 귀중한 생명을 앗아간다.

27 불을 가슴에 안고 다니는데
옷이 타지 않을 수 있겠느냐?
28 숯불 위를 걸어 다니는데
발이 성할 수 있겠느냐?
29 남의 아내와 간통하는 자가 이렇다.
남의 아내를 범하고서도
어찌 무사하기를 바라겠느냐?
30 도둑이 다만
허기진 배를 채우려고 훔쳤다면,
사람들은 그 도둑을
멸시하지 않을 것이다.
31 그래도 훔치다 들키면
일곱 배를 갚아야 하고,
심하면 자기 집에 있는 모든 재산을
다 내주어야 할 것이다.
32 남의 아내와 간음하는 사람은
생각이 모자라는 사람이다.
자기 영혼을 망치려는 사람만이
그런 일을 한다.
33 그는 매를 맞고 창피를 당할 것이니,
그 수치를
절대로 씻을 수 없을 것이다.
34 그의 남편이 질투에 불타서
복수하는 날,
조금도 동정하여 주지 않을 것이다.
35 어떤 보상도
거들떠보려고 하지 않을 것이며,
아무리 많은 위자료를
가져다 주어도
받으려 하지 않을 것이다.

불신실한 자의 어리석음

7 1 ㄱ)아이들아,
내 말을 지키고,
내 명령을
너의 마음 속 깊이 간직하여라.
2 내 명령을 지켜서 잘 살고
내 교훈을
너의 눈동자를 보호하듯 지켜라.
3 그것을 너의 손가락에 매고,
네 마음 속 깊이 새겨 두어라.
4 지혜에게는
"너는 내 누이"라고 말하고,
명철에게는
"너는 내 친구"라고 불러라.
5 그러면 그것이
너를 음행하는
여자로부터 지켜 주고,
달콤한 말로 호리는
외간 여자로부터 지켜 줄 것이다.

부도덕한 여인

6 나는, 나의 집 창가에서
창살문으로 내다보다가,
7 ㄴ)어수룩한 젊은이들 가운데,
지혜 없는 젊은이가 있는 것을
보았다.
8 그는 거리를 지나
골목 모퉁이로 가까이 가서,
그 여자의 집으로 가는 길로
발걸음을 옮겼다.
9 저녁이 되어 땅거미가 지고,
밤이 되어 어두워진 때였다.

10 한 여자가 창녀 옷을 입고서,
교활한 마음을 품고
그에게 다가갔다.
11 그 여자는 마구 떠들며,
예의 없이 굴며,
발이 집에 머물러 있지를 못한다.

ㄱ) 1:8의 주를 볼 것 ㄴ) 1:4의 주를 볼 것

되고 마무리 지어지고 있다. 그러나 이와 같은 긴 이야기 형식의 시는 주변 문화권에는 잘 알려져 있었으나 히브리 시형에서는 찾아보기 드문 형태이다. **7:14-20** 현인이 상황을 설명하는 장면에서 오직 여성만이 말을 하고 있다. **7:16-17** 여인의 미혹이 국제적인 성격을 띠는 것으로 (이집트제 침대보, 유향, 알로에, 계피 등) 표현

12 때로는 이 거리에서,
때로는 저 광장에서,
길목마다 몸을 숨기고 있다가,
13 그 젊은이를 와락 붙잡고
입을 맞추며,
뻔뻔스러운 얼굴로
그에게 말하였다.
14 "오늘 나는 ㄱ)화목제를 드려서,
서원한 것을 실행하였습니다.
15 그래서 나는 당신을 맞으러 나왔고,
당신을 애타게 찾다가,
이렇게 만나게 되었습니다.
16 내 침대에는 요도 깔아 놓았고,
이집트에서 만든
무늬 있는 이불도 펴놓았습니다.
17 누울 자리에는 몰약과
침향과 육계향을 뿌려 두었습니다.
18 자, 어서 가서 아침이 되도록
한껏 사랑에 빠지고,
서로 사랑하면서 즐깁시다.
19 남편도 먼 여행길을 떠나서
집에 없습니다.
20 돈주머니를 가지고 갔으니,
보름달이 뜰 때라야
집에 돌아올 겁니다."

21 이렇게
여러 가지 달콤한 말로 유혹하고
호리는 말로 꾀니,
22 그는 선뜻
이 여자의 뒤를 따라 나섰다.
마치
도살장으로 끌려가는 소와도 같고,
올가미에 채이러 가는
ㄴ)어리석은 사람과도 같다.
23 마치 자기 목숨을 잃는 줄도 모르고
그물 속으로 쏜살같이 날아드는
새와 같으니,
마침내 화살이
그의 간을 꿰뚫을 것이다.

24 ㄷ)아이들아,
이제 너희는 나의 말을 잘 들어라.
내가 하는 말을 명심하여라.
25 네 마음이
그 여자가 가는 길로
기울지 않게 하고,
그 여자가 가는 길로
빠져 들지 않게 하여라.
26 그 여자에게
상처를 입고 쓰러진 사람이 많고,
그 여자 때문에 죽은 남자도
헤아릴 수 없이 많다.
27 그런 여자의 집은
스올로 트인 길이며,
죽음의 안방으로 내려가는 길이다.

지혜 찬양

8 1 지혜가 부르고 있지 않느냐?
명철이 소리를
높이고 있지 않느냐?
2 지혜가 길가의 높은 곳과,
네거리에 자리를 잡고 서 있다.
3 마을 어귀 성문 곁에서,
여러 출입문에서 외친다.

4 "사람들아, 내가 너희를 부른다.
내가 모두에게 소리를 높인다.
5 ㄹ)어수룩한 사람들아,
너희는 명철을 배워라.
미련한 사람들아,
너희는 지혜를 배워라.
6 너희는 들어라.
나는 옳은 말만 하고,
내 입술로는 바른 말만 한다.
7 내 입은 진실을 말하며,
내 입술은 악을 싫어한다.

ㄱ) 또는 '친교제' ㄴ) 칠십인역과 시리아어역에는 '사슴' ㄷ) 4:1의 주를 볼 것 ㄹ) 1:4의 주를 볼 것

되었으며 이것은 솔로몬의 노래에 나오는 진기한 품목들에 대한 좀 더 긍정적인 표현과는 대조가 되고 있다. **8:1-36** 이 부분은 성경 전체를 통하여 지혜를 가장 폭넓게 (아주 획기적으로) 의인화시켜서 묘사해 주는 부분이다. **8:2-3** 지혜가 다시 공공 장소에서 소리 높여 외치는 것을 보여주고 있다 (1:20과 9:3을 보라). **8:10-11** 지혜는 그녀의 가치가 그 어떤 귀금속이나 보석보다도 값지다고 증거한다 (또한 2:4; 3:14; 8:18; 16:16을 보라). 8:11b에 나타나는 "네가 갖고 싶어 하는 그 어떤 것도 이것과 비교할 수 없다"는 3:15b와 동일한 것이다. **8:12, 14, 17** 지혜는 일인칭 대명사인 *나 지혜*는 식으로 말을 하는데, 이것은 일반적으로 하

8 내가 하는 말은
모두 의로운 것뿐이며,
거기에는 비뚤어지거나
그릇된 것이 없다.

9 총명이 있는 사람은
이 모든 말을 옳게 여기고,
지식이 있는 사람은
이 모든 말을 바르게 여긴다.
10 너희는 은을 받기보다는
내 훈계를 받고,
금을 선택하기보다는
지식을 선택하여라.
11 참으로 지혜는 진주보다 좋으며,
네가 갖고 싶어하는 그 어떤 것도
이것과 비교할 수 없다."

지혜가 하는 말

12 "나 지혜는 명철로 주소를 삼으며,
지식과 분별력을 가지고 있다.
13 주님을 경외하는 것은
악을 미워하는 것이다.
나는 교만과 오만,
악한 행실과 거짓된 입을 미워한다.
14 내게는
지략과 건전한 지혜가 있으며,
명철과 능력이 있다.
15 내 도움으로 왕들이 통치하며,
고관들도 올바른 법령을 내린다.
16 내 도움으로
지도자들이 바르게 다스리고,
고관들 곧 공의로 재판하는 자들도
올바른 판결을 내린다.

17 나는,
나를 사랑하는 사람을 사랑하며,
나를 간절히 찾는 사람을 만나 준다.
18 부귀와 영화도 내게 있으며,
든든한 재물과 의도 내게 있다.
19 내가 맺어 주는 열매는
금이나 순금보다 좋고,
내가 거두어 주는 소출은
순은보다 좋다.

추가 설명: 지혜와 생명

생명은 잠언에서 자주 언급되는 약속들 중의 하나이다. 지혜와 연합된 자들은 장수를 누리며 스올을 피하게 된다. 지혜의 길 혹은 경고에 귀를 기울이는 것은 생명의 길이 된다고 기술하고 있으며, 이것은 음란한 여인의 길과 대조가 된다 (2:19; 5:6; 6:23; 10:17; 15:24).

생명은 종종 물이라는 이미지와, 나아가서는 현저하게 "생명의 근원"과 연관되고 있으며, 의인의 입과 (10:11), 지혜 있는 사람의 가르침(13:14)과, 하나님(주님)을 경외하는 것 (14:27), 그리고 지혜(16:22)와 동일시되기도 한다. 비록 렘 2:13과 17:13에서는 하나님이 생명의 근원으로 기술되고 있기도 하지만, 이런 표현은 잠언 외에는 시 36:9에서만 찾아볼 수 있다. 계 21:6은 생수의 샘에 대하여 언급하고 있다.

"생명의 나무"는 잠언을 에덴의 이야기와 접목시켜 주는 이미지이다 (창 2:9; 3:22, 24). 이 표현은 의인화된 지혜 (3:18), 의인의 열매 (11:30), 성취된 소망 (13:12), 따듯한 혀(15:4)를 표현하는데 사용되고 있다. 과일 나무에 관한 사상은, 그 자체가 여러 해에 걸친 생명의 결실로 남에게 음식과 영양을 공급해주는 것으로써, 지속적인 자양분을 공급해주는 삶을 표현하는 강력한 상징이 되고 있다. 이와 같은 사상은 시 1편과 렘 17:5-8의 배후에서도 발견된다. 기독교적인 전통에서는 이와 같은 표상이 십자가에 적용되고 있다.

나님과 관련되어 있다. **8:13a** "주님을 경외하는 것은 악을 미워하는 것이다"와 "주님을 경외하는 것이 지식의 근본이어늘"(1:7a)을 비교해 보라. **8:15-16** 지혜는 올바른 통치를 가능하게 해 준다. **8:17** *간절히 찾는 사람.* 새번역개정을 포함하여 한글 성경에서는 찾는 사람으로만 표현되어 있지만, 이것은 "찾고, 구하는 사람"을 뜻하는 단어이다. 이것은 지혜를 언급할 때에 종종 사용되고 있다. 예수께서도 이와 같은 한 쌍의 표현을 마 7:7에 사용하셨다 (구하라, 찾아라). **8:18-19** 8:10-11을 보라. **8:20-21** 지혜는 자주 의롭고 공의로운 길과 관련되어 있다. **8:22-31** 천지 창조에서 지혜의 역할을 설명한다. **8:22** *모든 것을 지으시기 전에.* 여

20 나는 의로운 길을 걸으며,
공의로운 길 한가운데를 걷는다.
21 나를 사랑하는 사람에게는
내가 재물을 주어서,
그의 금고가
가득 차게 하여 줄 것이다.

22 주님께서 일을 시작하시던
그 태초에,
주님께서 모든 것을 지으시기 전에,
이미 주님께서는
ㄱ)나를 데리고 계셨다.
23 영원 전, 아득한 그 옛날,
땅도 생기기 전에,
나는 이미 ㄴ)세움을 받았다.
24 아직 깊은 바다가 생기기도 전에,
물이 가득한 샘이 생기기도 전에,
나는 이미 태어났다.
25 아직 산의 기초가 생기기 전에,
언덕이 생기기 전에,
나는 이미 태어났다.
26 주님께서
아직 땅도 들도 만들지 않으시고,
세상의 첫 흙덩이도
만들지 않으신 때이다.
27 주님께서 하늘을 제자리에 두시며,
깊은 바다 둘레에
경계선을 그으실 때에도,
내가 거기에 있었다.
28 주님께서 구름 떠도는 창공을
저 위 높이 달아매시고,
깊은 샘물을 솟구치게 하셨을 때에,
29 바다의 경계를 정하시고,
물이 그분의 명을
거스르지 못하게 하시고,
땅의 기초를 세우셨을 때에,
30 나는 그분 곁에서
창조의 명공이 되어,
날마다 그분을 즐겁게 하여 드리고,
나 또한 그분 앞에서
늘 기뻐하였다.
31 그분이 지으신 땅을 즐거워하며,
그분이 지으신 사람들을
내 기쁨으로 삼았다.

32 그러므로 아이들아,
이제 내 말을 들어라.
내 길을 따르는 사람이 복이 있다.
33 내 훈계를 들어서 지혜를 얻고,
그것을 무시하지 말아라.

34 날마다 나의 문을 지켜 보며,
내 문설주 곁에 지키고 서서,
내 말을 듣는 사람은 복이 있다.
35 나를 얻는 사람은 생명을 얻고,
주님께로부터 은총을 받을 것이다.
36 그러나 나를 놓치는 사람은
자기 생명을 해치는 사람이며,
나를 미워하는 사람은
죽음을 사랑하는 사람이다."

지혜와 어리석음

9 1 지혜가 일곱 기둥을
깎아 세워서
제 집을 짓고,
2 짐승을 잡고, 포도주를 잘 빚어서,
잔칫상을 차린 다음에,

ㄱ) 히, '카나니'. 아퀼라역과 심마쿠스역에는 '나를 소유하고 계셨다'. 칠십인역과 시리아어역과 타르굼에는 '나를 낳으셨다'. '나를 창조하셨다'
ㄴ) 또는 '형성되다' 또는 '만들어지다'

기에 사용된 동사는 종종 "얻음" 혹은 "획득함"으로 번역되기도 한다. "창조"로서의 의미는 단지 소수의 구절에서만 등장하며 종종 논란의 대상이 되어왔다. **8:24** *나는 이미 태어났다.* 출생을 의미한다. **8:30** *창조의 명공.* 이 번역은 칠십인역에서 유래된 것이다. 히브리어 의미는 확실하지 않다. 아마도 "창조의 명공," "아이를 젖먹임 혹은 보육함," 혹은 "자신만만한"을 의미하는 듯하다. (히브리어 의미가 분명하지 않기 때문에 개역개정은 "창조자가 되어 날마다 그의 기뻐하신 바가 되었으며;" 공동번역은 "나는 붙어 다니며 조수 노릇을 했다"고 번역했음.) **8:32** 지혜가 듣는 이들을 *아이들아* 라고 부르는데, 이것은 전형적으로 현인의 호칭방식을 택하는 것이다. 그녀(지혜)의 처음 부름은 *사람들아* 였다 (8:4를 참조). **8:35** 지혜는 생명을 약속하는 반면, 그녀를 거부하는 자들에게는 죽음을 경고하고 있다.

9:1-18 서론의 마지막 부분에 해당하는 9장은 지혜와 어리석음과 어리석은 여인에 대한 두 편의 대조되는 시를 1-6절과 13-18절에 싣고 있는데, 이것은 7-12절이 분리해 주고 있다. 지혜에 의한 가르침과 신뢰할 수 없는 연설가에 의한 가르침을 한 쌍으로 묶어 소개하는 것은 1장과 7—8장에 계속되고 있으나 여기

3 시녀들을 보내어,
성읍 높은 곳에서 외치게 하였다.
4 "ㄱ)어수룩한 사람은 누구나
이리로 발길을 돌려라."
지각이 모자라는 사람도
초청하라고 하였다.
5 "와서 내가 차린 음식을 먹고,
내가 잘 빚은 포도주를 마셔라.
6 ㄱ)어수룩한 길을 내버리고,
생명을 얻어라.
명철의 길을 따라가거라" 하였다.

참 지혜

7 거만한 사람을 훈계하면
수치를 당할 수 있고,
사악한 사람을 책망하면
비난을 받을 수 있다.
8 거만한 사람을 책망하지 말아라.
그가 너를 미워할까 두렵다.
지혜로운 사람은 꾸짖어라.
그가 너를 사랑할 것이다.
9 지혜로운 사람은
훈계를 할수록 더욱 지혜로워지고
의로운 사람은
가르칠수록 학식이 더할 것이다.

10 주님을 경외하는 것이
지혜의 근본이요,
거룩하신 이를 아는 것이
슬기의 근본이다.
11 나 지혜로 말미암아
네가 오래 살 것이요,
네 수명도 길어질 것이다.
12 네가 지혜로우면
그 지혜가 네게 유익하지만,
네가 거만하면
그 거만이 너만 해롭게 할 것이다.

어리석은 여자

13 어리석은 여자는 수다스럽다.
지각이 없으니,
아는 것이 아무것도 없다.
14 그러한 여자는
자기 집 문 앞에 앉거나,
마을 높은 곳에 앉아서,
15 제 갈길만 바쁘게 가는 사람에게
16 "ㄱ)어수룩한 사람은
누구나 이리로 발길을 돌려라"
하고 소리친다.
지각이 모자라는 사람에게도
이르기를
17 "훔쳐서 마시는 물이 더 달고,
몰래 먹는 빵이 더 맛있다"하고
말한다.

ㄱ) 1:4의 주를 볼 것

에서는 지혜가 먼저 가르침을 전하고 있다. 첫머리의 시와 마무리 짓는 시들이 신중하게 균형 잡힌 형식으로 배열되어 있다. 각각 똑같은 언어로 초청하고 있는데, 지혜는 분주히 일하고 있는 반면에 그녀의 부정적인 상대편은 그저 앉아서 소일하고 있다. 지혜의 음식은 그녀의 근면 성실한 노동의 대가로 풍부하고 값비싼 것들인 반면에, 어리석은 여인의 음식은 보잘 것 없는데다가 남의 것을 훔쳐온 것이다. 지혜의 잔치는 생명으로 인도하는 반면에, 어리석은 여인의 잔치는 사망으로 인도하는 것이라고 증거하고 있다. **9:1-6** 지혜가 잔칫상을 차리는 주인으로 인격화되어 있다. **9:1** 여기에서는 1:20과 14:1에서처럼 "지혜"의 복수형 명사가 사용되고 있는데, 이것은 아마도 경의를 유발하기 위한 시도였을 것이다. 잔치 준비를 본인이 손수 집을 짓는 것에서부터 시작하는 것은 예외적인 일이다. *일곱 기둥.* 아마도 세상의 기초 혹은 성전의 기둥들을 지칭하는 것으로 이 숫자는 성서에서 아주 의미심장한 단어이다. **9:4** 이것에 관하여는 9:16의 어수룩한 사람의 초청을 참조하라. **9:6** 여기서는 다시 지혜가 생명과 연관되고 있다. **9:7-12** 격언과 훈계가 두 개의 다른 초청을 구분하고 있다. **9:7-9** 훈계와 가르침에 대한 격언들은 독자에게 마치 스승이 가르치는 것과 같은 형식으로 전달되고 있다. **9:10** 지혜와 하나님을 경외하는 것에 대한 이 책 첫머리의 신학적인 주장이 여기에서 거의 동일하게 반복되고 있다 (1:7을 보라; 4:7을 참조; 또한 욥 28:28을 보라). **9:11** 지혜가 생명을 준다는 주장이 다시 강조되고 있다. **9:12** 지혜나 어리석음을 선택하는 것에 대한 결과가 개인에게 미치는 영향을 설명하고 있다. **9:13-18** 어리석은 여인은 아마도 어수룩한 것이 인격화된 2:16과 7장의 음란한 여인과 연관되어 있는 것 같다. **9:14** 어리석은 여인은 게으르게 앉아 있으나, 지혜로운 여인(지혜)은 성실히 자신의 잔치를 준비한다 (1-3절). **9:17** 어리석은 여인의 식탁은 훔친 물과 빵으로 차려져 있다. 비슷한 이미지가 20:17에도 나타난다. **9:18** 죽음에 대한 경고가 2:18; 7:27, 그리고 14:12를 연결하고 있으며, 9:11 이하의 평행구와는 대조가 되고 있다.

18 그런데도 어리석은 사람은,
죽음의 그늘이
바로 그 곳에
드리워져 있다는 것을 모른다.
그 여자를 찾아온 사람마다
이미
스올의 깊은 곳에 가 있다는 것을,
그 어리석은 사람은 알지 못한다.

솔로몬의 잠언

10 1 이것은 솔로몬의 잠언이다.
지혜로운 아들은
아버지를 기쁘게 하지만,
미련한 아들은
어머니의 근심거리이다.
2 부정하게 모은 재물은
쓸모가 없지만,
의리는 죽을 사람도 건져낸다.
3 주님은
의로운 생명은
주리지 않게 하시지만,
악인의 탐욕은 물리치신다.
4 손이 게으른 사람은 가난하게 되고
손이 부지런한 사람은
부유하게 된다.
5 곡식이 익었을 때에
거두어들이는 아들은
지혜가 있는 아들이지만,
추수 때에 잠만 자고 있으면,
부끄러운 아들이다.
6 의인은 머리에 복을 이고 있으나,
악인은 입에 독을 머금고 있다.
7 의인은 칭찬을 받으며 기억되지만,
악인은
그 이름마저 기억에서 사라진다.
8 마음이 지혜로운 사람은
명령을 받아들이지만,
입을 어리석게 놀리는 사람은
멸망한다.
9 흠 없이 살면 앞길이 평안하지만,
그릇되게 살면
마침내 드러나게 된다.
10 눈을 흘기면 고난이 생기고,
입을 어리석게 놀리는 사람은
멸망한다.
11 의인의 입은 생명의 샘이지만,
악인의 입은 독을 머금고 있다.

12 미움은 다툼을 일으키지만,
사랑은 모든 허물을 덮어 준다.
13 명철한 사람의 입술에는
지혜가 있지만,
지혜가 없는 사람의 등에는
매가 떨어진다.
14 지혜로운 사람은
지식을 간직하지만,
미련한 사람의 입은
멸망을 재촉한다.

15 부자의 재산은
그의 견고한 성이 되지만,
가난한 사람의 빈곤은
그를 망하게 한다.

10:1—22:16 잠언의 첫 격언 부분. **10:1a** "이것은 솔로몬의 잠언이다"는 책의 표제로서 잠언 전체를 요약해 주는 말이다.

10:1—15:33 잠언에서 이 부분은 두 부분으로 이루어진 절들의 첫째와 둘째 줄의 대조를 강조하는 역할을 하고 있다. 이러한 대조들이 종종 정확하게 구분되어 있는 것은 아니지만, 항상 긍정적인 성격들(의로움, 지혜로움, 부지런함)을 언급하는 절을 통해 약속이 보장되며, 반면에 부정적인 성격들과 연관된 경고 혹은 위협이 전해지고 있다 (악하고, 어리석고, 게으른 성격). **10:1** 1b절은 15:20에서 다시 반복된다. 또한 17:25; 23:24-45를 보라. **10:2** 유사한 진술이 11:4에서도 나타난다. **10:11** 1105쪽 추가 설명: "지혜와 생명"을 보라. **10:13** 26:3을 참조하라. **10:15** 15절 상반절은 비록 후반절과 대조가 되기는 하지만, 18:11a와 아주 유사하다. **11:4** 비슷한 진술이 10:2에서도 발견된다. **11:10** 악인의 멸망을 통한 공동체의 안녕이 의로움과 희락 등과 연관되어 있는 격언들이다. 또한 28:12, 28; 29:2, 16을 보라. **11:15** 6:1과 거기 인용된 관련 성구들을 보라.

12:9 서로 상반되는 것을 비교하여 말하는 비슷한 것이 13:7에 나온다. **12:11** 이것은 28:19에 부분

16 의인의 수고는 생명에 이르고,
악인의 소득은 죄에 이른다.

17 훈계를 지키는 사람은
생명의 길에 이르지만,
책망을 저버리는 사람은
잘못된 길로 들어선다.
18 미움을 감추는 사람은
거짓말 하는 사람이요,
남을 중상하는 사람은
미련한 사람이다.
19 말이 많으면
허물을 면하기 어려우나,
입을 조심하는 사람은 지혜가 있다.
20 의인의 혀는 순수한 은과 같지만,
악인의 마음은 아무 가치가 없다.
21 의인의 입술은
많은 사람을 먹여 살리지만,
ㄱ)어리석은 사람은
생각 없이 살다가 죽는다.

22 주님께서 복을 주셔서
부유하게 되는 것인데,
절대로
근심을 곁들여 주시지 않는다.
23 ㄴ)미련한 사람은
나쁜 일을 저지르는 데서
낙을 누리지만,
명철한 사람은
지혜에서 낙을 누린다.
24 악인에게는
두려워하는 일이 닥쳐오지만,
의인에게는
바라는 일이 이루어진다.
25 회오리바람이 지나가면,
악인은 없어져도,
의인은
영원한 기초처럼 끄떡하지 않는다.
26 게으른 사람은 부리는 사람에게,
이에 초 같고, 눈에 연기 같다.

27 주님을 경외하면 장수를 누리지만,
악인의 수명은 짧아진다.
28 의인의 희망은 기쁨을 거두지만,
악인의 희망은 끊어진다.
29 주님의 도가
정직한 사람에게는 힘이 되지만,
악행을 하는 사람에게는
멸망이 된다.
30 의인은 영원히 흔들리지 않지만,
악인은 땅에서 배겨내지 못한다.
31 의인의 입에서는 지혜가 나오지만,
거짓말하는 혀는 잘릴 것이다.
32 의인의 입술은
남을 기쁘게 하는 말이
무엇인지 알지만,
악인의 입은 거짓을 말할 뿐이다.

언행을 조심하라

11 1 속이는 저울은
주님께서 미워하셔도,
정확한 저울추는 주님께서 기뻐하신다.
2 교만한 사람에게는
수치가 따르지만,
겸손한 사람에게는 지혜가 따른다.
3 정직한 사람은 성실하게 살아,
바른길로 가지만,
사기꾼은 속임수를 쓰다가
제 꾀에 빠져 멸망한다.

4 재물은 진노의 날에 쓸모가 없지만,
의리는 죽을 사람도 건져낸다.
5 흠 없는 사람은 그의 옳은 행실로
그가 사는 길을 곧게 하지만,
악한 사람은
자신의 악 때문에 쓰러진다.
6 정직한 사람의 옳은 행실은
그를 구원하지만,
반역하는 사람은
제 욕심에 걸려 넘어진다.
7 악인은 죽을 때에
그들의 희망도 함께 끊어지고,
불의에 걸었던 기대도
물거품이 된다.
8 의인은
재난에 빠져도 구원을 받지만,
악인은
오히려 재난 속으로 빠져들어간다.

9 하나님을 경외하지 않는 사람은
입으로 이웃을 망하게 하지만,
의인은 지식으로 구원을 얻는다.
10 의인이 잘 되면 마을이 기뻐하고,
악인이 망하면 마을이 환호한다.

ㄱ) 1:7의 주를 볼 것 ㄴ) 1:22의 주를 볼 것

11 정직한 사람이 축복하면
마을이 흥하고,
악한 사람이 입을 열면
마을이 망한다.

12 지혜가 없는 사람은
이웃을 비웃지만,
명철한 사람은 침묵을 지킨다.
13 험담하며 돌아다니는 사람은
남의 비밀을 새게 하지만,
마음이 믿음직한 사람은
비밀을 지킨다.
14 지도자가 없으면 백성이 망하지만,
참모가 많으면 평안을 누린다.

15 모르는 사람의 보증을 서면
고통을 당하지만,
보증 서기를 거절하면 안전하다.
16 덕이 있는 여자는 존경을 받고,
부지런한 남자는 재물을 얻는다.
17 인자한 사람은
자기의 생명을 이롭게 하고,
잔인한 사람은 자기의 몸을 해친다.
18 악인에게 돌아오는 삯은
헛것이지만,
정의를 심는 사람은
참 보상을 받는다.
19 정의에 굳게 서는 사람은
생명에 이르지만,
악을 따르는 사람은 죽음에 이른다.

20 주님은
마음이 비뚤어진 사람은
미워하시지만,
올바른 길을 걷는 사람은
기뻐하신다.
21 악인은 틀림없이 벌을 받지만,
의인의 자손은
반드시 구원을 받는다.
22 아름다운 여인이
삼가지 아니하는 것은
돼지코에 금고리 격이다.
23 의인이 바라는 것은
좋은 일뿐이지만,
악인이 기대할 것은 진노뿐이다.

24 남에게 나누어 주는데도
더욱
부유해지는 사람이 있는가 하면,
마땅히 쓸 것까지 아끼는데도
가난해지는 사람이 있다.
25 남에게 베풀기를 좋아하는 사람이
부유해 지고,
남에게 마실 물을 주면,
자신도 갈증을 면한다.
26 곡식을
저장하여 두기만 하는 사람은
백성에게 저주를 받고,
그것을 내어 파는 사람에게는
복이 돌아온다.
27 좋은 일을 애써 찾으면
은총을 받지만,
나쁜 일을 애써 추구하면
나쁜 것을 되받는다.
28 자기의 재산만을 믿는 사람은
넘어지지만,
의인은 푸른 나뭇잎처럼 번성한다.

29 자기 집을 해치는 사람은
바람만 물려받을 것이요,
어리석은 사람은
마음이 지혜로운 사람의
종이 될 것이다.
30 의인이 받는 열매는 생명의 나무요,
폭력을 쓰는 사람은 생명을 잃는다.
31 의인이
이 땅에서 한 대로 보상을 받는데,
악인과 죄인이
그 값을 치르지 않겠는가?

악의 그늘에 못 숨는다

12 1 훈계받기를 좋아하는 사람은
지식을 사랑하지만,
책망받기를 싫어하는 사람은
짐승같이 우둔하다.
2 선한 사람은
주님으로부터 은총을 받지만,
악을 꾀하는 사람은 정죄를 받는다.
3 사람은
악행으로 터를 굳게 세울 수 없지만,
의인의 뿌리는 흔들리지 않는다.
4 어진 아내는 남편의 면류관이지만,
욕을 끼치는 아내는
남편의 뼛속을 썩게 한다.

5 의인의 생각은 곧지만,
악인의 궁리는 속임수뿐이다.
6 악인이 하는 말은
피 흘릴 음모뿐이지만,
정직한 사람의 말은
사람을 구하여 낸다.
7 악인은 쓰러져서 사라지지만,
의인의 집은 든든히 서 있다.
8 사람은 그 지혜대로 칭찬을 받지만
마음이 비뚤어진 사람은
멸시를 받는다.
9 업신여김을 받더라도
종을 부리는 사람은,
스스로 높은 체하면서
먹을 빵이 없는 사람보다 낫다.
10 의인은
집짐승의 생명도 돌보아 주지만,
악인은
자비를 베푼다고 하여도 잔인하다.

11 밭을 가는 사람은
먹을 것이 넉넉하지만,
헛된 것을 꿈꾸는 사람은
지각이 없다.
12 악인은 불의한 이익을 탐하지만,
의인은 그 뿌리로 말미암아
열매를 맺는다.
13 악인은 입술을 잘못 놀려
덫에 걸리지만,
의인은 재난에서 벗어난다.
14 사람은 열매 맺는 말을 하여
좋은 것을 넉넉하게 얻으며,
자기가 손수 일한 만큼
되돌려 받는다.
15 어리석은 사람은
자신의 행실만이 옳다고 여기지만,
지혜로운 사람은
충고에 귀를 기울인다.

16 미련한 사람은 쉽게 화를 내지만,
슬기로운 사람은 모욕을 참는다.
17 진실을 말하는 사람은
정직한 증거를 보이지만,
거짓 증인은 속임수만 쓴다.
18 함부로 말하는 사람의 말은
비수 같아도,
지혜로운 사람의 말은
아픈 곳을 낫게 하는 약이다.
19 진실한 말은 영원히 남지만,
거짓말은 한순간만 통할 뿐이다.
20 악을 꾀하는 사람의 마음에는
속임수가 들어 있지만,
평화를 꾀하는 사람에게는
기쁨이 있다.
21 의인은 아무런 해도 입지 않지만,
악인은 재난에 파묻혀 산다.
22 주님은
거짓말을 하는 입술은
미워하시지만,
진실하게 사는 사람은 기뻐하신다.
23 슬기로운 사람은
지식을 감추어 두어도,
ㄱ)미련한 사람의 마음은
어리석음을 전파한다.

24 부지런한 사람의 손은
남을 다스리지만,
게으른 사람은 남의 부림을 받는다.
25 마음에 근심이 있으면
번민이 일지만,
좋은 말 한 마디로도
사람을 기쁘게 할 수 있다.
26 의인은
ㄴ)이웃에게 바른길을 보여 주지만,
악인은
이웃을 나쁜 길로 빠져 들게 한다.
27 게으른 사람은 사냥한 것도
불에 구우려 하지 않지만,
부지런한 사람은
귀한 재물을 얻는다.
28 의로운 사람의 길에는
생명이 있지만,
미련한 사람의 길은
죽음으로 이끈다.

지혜 있는 친구를 사귀어라

13 1 지혜로운 아들딸들은
아버지의 가르침을 듣지만,
거만한 사람은
꾸지람을 듣지 않는다.
2 선한 사람은 열매 맺는 말을 하여

ㄱ) 1:22의 주를 볼 것 ㄴ) 또는 '친구를 신중하게 사귄다'

좋은 것을 넉넉하게 얻지만,
반역자는 폭행을 당할 뿐이다.
3 말을 조심하는 사람은
자신의 생명을 보존하지만,
입을 함부로 여는 사람은
자신을 파멸시킨다.
4 게으른 사람은
아무리 바라는 것이 있어도
얻지 못하지만,
부지런한 사람의 마음은
바라는 것을 넉넉하게 얻는다.
5 의인은 거짓말하기를 싫어하지만,
악인은
염치도 없이 수치스러운 일을 한다.
6 흠 없이 사는 사람의 의는
그의 길을 지켜 주지만,
죄인의 악은 그를 망하게 한다.

7 부자인 체하나
아무것도 없는 사람이 있는가 하면,
가난한 체하나
많은 재물을 가진 사람이 있다.
8 부유한 사람은
재물로
자기 목숨을 속하기도 하지만,
가난한 사람은
협박을 받을 일이 없다.
9 의인의 빛은 밝게 빛나지만,
악인의 등불은 꺼져 버린다.
10 교만에서는 다툼만 일어날 뿐이다.
지혜 있는 사람은
충고를 받아들인다.

11 쉽게 얻은 재산은 줄어드나,
손수 모은 재산은 늘어난다.
12 소망이 이루어지지 않으면
마음이 병들지만,
소원이 이루어지면
생명나무를 얻는다.
13 말씀을 멸시하는 사람은
스스로 망하지만,
계명을 두려워하는 사람은
상을 받는다.
14 지혜 있는 사람의 가르침은
생명의 샘이니,
죽음의 그물에서 벗어나게 한다.
15 선한 지혜는 은혜를 베푸나,
배신자의 길은
ㄱ)스스로 멸망하는 길이다.
16 영리한 사람은 잘 알고 행동하지만,
미련한 사람은
어리석음만을 드러낸다.
17 못된 전령은
사람을 재앙에 빠지게 하지만,
충직한 사신은
재앙을 물리치는 일을 한다.

18 훈계를 저버리면
가난과 수치가 닥치지만,
꾸지람을 받아들이면
존경을 받는다.
19 소원이 이루어지면
마음이 즐겁지만,
ㄴ)미련한 사람은
악에서 떠나기를 싫어한다.
20 지혜로운 사람과 함께 다니면
지혜를 얻지만,
ㄴ)미련한 사람과 사귀면 해를 입는다.
21 죄인에게는 재앙이 따르지만,
의인에게는 좋은 보상이 따른다.
22 선한 사람의 유산은
자손 대대로 이어지지만,
죄인의 재산은
의인에게 주려고 쌓은 것이다.
23 가난한 사람이 경작한 밭에서는
많은 소출이 날 수도 있으나,
불의가 판을 치면
그에게 돌아갈 몫이 없다.
24 매를 아끼는 것은
자식을 사랑하지 않는 것이다.
자식을 사랑하는 사람은
훈계를 게을리하지 않는다.
25 의인은 배불리 먹지만,
악인은 배를 주린다.

ㄱ) 또는 '험하다' ㄴ) 1:22의 주를 볼 것

적으로 반복되고 있다. **13:7** 비슷한 대조가 12:9의 "보다 낫다" 라는 격언의 주제가 되고 있다. **13:12** 12절 하반절을 13:19a와 비교해 보라. **13:14** 1105쪽 추가 설명: "지혜와 생명"을 보라. **13:19** 19a절을 13:12b절과 대조해 보라. **14:1** 지혜로운 여인은 스스로 그녀의 집을 짓는다. 문자 그대로는 "지혜의 [복수] 여인들"이 집을 짓는다는 의미이다. 이것은 9:1의 지혜와 상응하며, 31:10-31에 나타나는 유능한 아내와

지혜가 주는 유익

14 1 지혜로운 여자는
집을 세우지만,
어리석은 여자는
제 손으로 집을 무너뜨린다.
2 바른길을 걷는 사람은
주님을 경외하지만,
그릇된 길을 걷는 사람은
주님을 경멸한다.
3 미련한 사람의 말은
교만하여 매를 자청하지만,
지혜로운 사람의 말은
그를 지켜 준다.
4 소가 없으면 구유는 깨끗하지만,
소가 힘을 쓰면 소출이 많아진다.
5 진실한 증인은
거짓말을 아니하여도,
거짓 증인은 거짓말을 뱉는다.

6 거만한 사람은
지혜를 구해도 얻지 못하지만,
명철한 사람은
쉽게 지식을 얻는다.
7 미련한 사람의 앞을 떠나라.
네가 그의 말에서
지식을 배우지 못할 것이다.
8 슬기로운 사람의 지혜는
자기가 가는 길을 깨닫게 하지만,
ㄱ)미련한 사람의 어리석음은
자기를 속인다.
9 ㄴ)어리석은 사람은
속죄제사를 우습게 여기지만,
정직한 사람은
하나님의 은총을 누린다.

10 마음의 고통은 자기만 알고,
마음의 기쁨도
남이 나누어 가지지 못한다.
11 악한 사람의 집은 망하고,
정직한 사람의 장막은 흥한다.
12 사람의 눈에는 바른길 같이 보이나,
마침내는 죽음에 이르는 길이 있다.
13 웃어도 마음이 아플 때가 있고,
즐거워도 끝에 가서 슬플 때가 있다.
14 마음이 비뚤어진 사람은
자기가 한 만큼 보응을 받고,
선한 사람도
자기가 한 만큼 보응을 받는다.

15 ㄷ)어수룩한 사람은
모든 말을 다 믿지만,
슬기로운 사람은 행동을 삼간다.
16 지혜 있는 사람은
두려워할 줄 알아서 악을 피하지만,
미련한 사람은
자신만만 해서 조심할 줄을 모른다.
17 성을 잘 내는 사람은
어리석은 일을 하고,
음모를 꾸미는 사람은
미움을 받는다.
18 ㄷ)어수룩한 사람은
어수룩함을 유산으로 삼지만,
슬기로운 사람은
지식을 면류관으로 삼는다.

19 악인은 선한 사람 앞에 엎드리고,
불의한 사람은
의인의 문 앞에 엎드린다.
20 가난한 사람은
이웃에게도 미움을 받지만,
부자에게는 많은 친구가 따른다.
21 이웃을 멸시하는 사람은
죄를 짓는 사람이지만,
가난한 사람에게
은혜를 베푸는 사람은
복이 있는 사람이다.

ㄱ) 1:22의 주를 볼 것 ㄴ) 1:7의 주를 볼 것 ㄷ) 1:4의 주를 볼 것

상징적으로 연결되어 있다. **14:5** 진실한 증인과 거짓 증인은 14:25; 19:5, 9를 보라. **14:12** 죽음에 이르는 길은 다른 곳에서는 위험한 여인과 연관되어 있다. 21:18; 7:27; 9:18을 보라. **14:25** 진실한 증인과 거짓 증인, 14:25; 19:5, 9를 보라. 14:27 1105쪽 추가 설명: "지혜와 생명"을 보라. **14:31** 가난한 사람을 억압하는 것. 22:16과 28:3을 보라. **15:8** 15:29와 21:27을 보라. **15:11** 죽음과 파멸. 히브리어로는 스올과 아바돈으로 되어 있는데, 이것들은 지하 세계의 동의어들이다 (1:12절을 보라). **15:16** 이 부분에서 처음 나오는 "보다 낫다"의 격언이다. 15:16-17을 16:8과 17:1과 대조해 보라. **15:20** 20a절은 10:1을 반복하고 있다: 17:25를 참조하라. **15:27** 뇌물에 대한 견해는 이 절에 나타나는 것 같이 항상 부정적인 것

22 악을 꾀하는 사람은
길을 잘못 가는 것이나,
선을 계획하는 사람은
인자와 진리를 얻는다.
23 모든 수고에는
이득이 있는 법이지만,
말이 많으면 가난해질 뿐이다.
24 ㄱ)지혜는
지혜 있는 사람의 면류관이지만
ㄴ)어리석음은
ㄷ)미련한 사람의 ㄹ)화환이다.
25 증인이 진실을 말하면
남의 생명을 건지지만,
증인이 위증을 하면 배신자가 된다.

26 주님을 경외하면
강한 믿음이 생기고,
그 자식들에게도 피난처가 생긴다.
27 주님을 경외하는 것이
생명의 샘이니,
죽음의 그물에서 벗어나게 한다.
28 백성이 많은 것은 왕의 영광이지만,
백성이 적은 것은
통치자의 몰락이다.
29 좀처럼 성을 내지 않는 사람은
매우 명철한 사람이지만,
성미가 급한 사람은
어리석음만을 드러낸다.
30 마음이 평안하면 몸에 생기가 도나,
질투를 하면 뼈까지 썩는다.
31 가난한 사람을 억압하는 것은
그를 지으신 분을
모욕하는 것이지만,
궁핍한 사람에게
은혜를 베푸는 것은
그를 지으신 분을 공경하는 것이다.
32 악한 사람은
자기의 악행 때문에 넘어지지만,
의로운 사람은
죽음이 닥쳐도 피할 길이 있다.
33 지혜는
명철한 사람의 마음에 머물고,
ㄷ)미련한 사람 마음에는
ㅁ)알려지지 않는다.
34 정의는 나라를 높이지만,
죄는 민족을 욕되게 한다.
35 슬기로운 신하는
왕의 총애를 받지만,
수치스러운 일을 하는 신하는
왕의 분노를 산다.

주님께서 보고 계신다

15 1 부드러운 대답은
분노를 가라앉히지만,
거친 말은 화를 돋운다.
2 지혜로운 사람의 혀는
좋은 지식을 베풀지만,
미련한 사람의 입은
어리석은 말만 쏟아낸다.

3 주님의 눈은 어느 곳에서든지,
악한 사람과 선한 사람을
모두 지켜 보신다.
4 따뜻한 말은 생명나무와 같지만,
가시돋힌 말은 마음을 상하게 한다.
5 어리석은 사람은
자기 아버지의 훈계를
업신여기지만,
명철한 사람은
아버지의 책망을 간직한다.
6 의인의 집에는 많은 재물이 쌓이나,
악인의 소득은 고통을 가져 온다.
7 지혜로운 사람의 입술은
지식을 전파하지만,
ㄷ)미련한 사람의 마음에는
그러한 생각이 없다.

ㄱ) 히, '부요함' ㄴ) 1:7의 주를 볼 것 ㄷ) 1:22의 주를 볼 것 ㄹ) 히, '어리석음' ㅁ) 칠십인역과 시리아어역을 따름. 히, '알려진다'

만은 아니다. 뇌물을 받는 사람에게 초점을 두는 구절들은 부정적인 색채를 띠고 있다 (17:23을 보라). 그러나 뇌물을 주는 자에게 초점을 두고 있는 구절들은 긍정적이거나 혹은 중립적인 경향을 보여준다 (17:8; 18:16; 21:14). 현인은 뇌물 받는 것이 위험하다고 여기고 있는데, 이는 뇌물이 받는 이로 하여금 정의에 관한 그의 시각을 흐리게 만드는 것이라고 보기 때문이다. 그렇지만 현인들이 정의를 변질시키기보다는 그것을 더 효과적으로 실행하기 위한 목적으로 뇌물 주는 것 자체를 부인했다는 증거는 없다. **15:29** 15:8과 21:27을 보라. **15:33** 33b절은 18:12b에서 반복되고 있다.

8 악한 사람의 제사는
주님께서 역겨워하시지만,
정직한 사람의 기도는
주님께서 기뻐하신다.
9 악한 사람의 길은
주님께서 싫어하시지만,
정의를 따르는 사람은
주님께서 사랑하신다.
10 옳은길을 저버리는 사람은
엄한 징계를 받고,
책망을 싫어하는 사람은
죽임을 당할 것이다.

11 ㄱ)'죽음'과 '파멸'도
주님 앞에서 드러나거늘,
사람의 마음이야
더욱 그러하지 않겠는가!
12 거만한 사람은
자기를 책망하는 사람을
좋아하지 않으며,
지혜 있는 사람을
찾아가지도 않는다.
13 즐거운 마음은 얼굴을 밝게 하지만,
근심하는 마음은 너를 상하게 한다.
14 명철한 사람의 마음은
지식을 찾지만,
미련한 사람의 입은
어리석음을 즐긴다.

15 고난받는 사람에게는
모든 날이 다 불행한 날이지만,
마음이 즐거운 사람에게는
모든 날이 잔칫날이다.
16 재산이 적어도
주님을 경외하며 사는 것이,
재산이 많아서
다투며 사는 것보다 낫다.
17 서로 사랑하며
채소를 먹고 사는 것이,
서로 미워하며
기름진 쇠고기를
먹고 사는 것보다 낫다.

18 화를 쉽게 내는 사람은
다툼을 일으키지만,
성을 더디 내는 사람은
싸움을 그치게 한다.
19 게으른 사람의 길은
가시덤불로 덮여 있는 것 같지만,
부지런한 사람의 길은
확 트인 큰길과 같다.
20 지혜로운 아들은
아버지를 기쁘게 하지만,
미련한 아들은 어머니를 업신여긴다.
21 생각이 모자라는 사람은
미련함을 즐기지만,
명철한 사람은 길을 바로 걷는다.

22 의논 없이 세워진 계획은
실패하지만,
조언자들이 많으면
그 계획이 이루어진다.
23 적질한 대답은 사람을 기쁘게 하니,
알맞은 말이 제때에 나오면
참 즐겁다.
24 슬기로운 사람이 걷는 생명의 길은
위쪽으로 나 있어서,
아래로 난 스올 길을 벗어난다.

25 주님은
거만한 사람의 집을
헐어 버리시지만,
과부가 사는 곳의 경계선은
튼튼히 세워 주신다.
26 악한 사람의 꾀는
주님께서 역겨워하시지만,
친절한 사람의 말은
정결한 제물처럼 받으신다.
27 불의한 이익을 탐내는 사람은
자기 집에 해를 끼치지만,
뇌물을 거절하는 사람은 오래 산다.
28 의인의 마음은
대답할 말을 깊이 생각하지만,
악인의 입은 악한 말을 쏟아낸다.

29 주님은 악인을 멀리하시지만,
의인의 기도는 들어주신다.
30 밝은 얼굴은 사람을 기쁘게 하고,
좋은 소식은 사람을 낫게 한다.
31 목숨을 살리는 책망에
귀 기울이는 사람은
지혜로운 사람들 사이에
자리를 잡는다.
32 훈계를 싫어하는 사람은
자기 생명을

ㄱ) 히, '스올과 아바돈'

추가 설명: 결과와 재물의 보상

잠언은 사람들의 성품과 행위와 그들이 경험하는 일의 결과로 나타나는 것에는 서로 관계가 있다고 전제한다. 이 연관성은 여러 가지를 통해 표현되고 있다. 어떤 때는 이야기하는 사람이 사람의 성품과 행위가 충족함 (10:3; 13:25; 28:19) 혹은 풍요(3:9-10; 8:20-21)의 구체적인 결과를 초래한다고 주장한다. 다른 경우에는 미덕이나 악함이 어떤 개인이 물질적인 풍요를 누리는가의 여부를 결정하지는 않으나 그의 소유가 유지되는 여부에 대해서는 영향을 미친다고 보고 있다 (13:22). 종종 이 결과가 삶과 죽음의 문제로 결부되어지곤 한다 (8:35-36; 9:11; 10:2, 27; 11:4, 19; 14:27). 어떤 격언에서는 이 보장이 추상형적인 것으로 나타나기도 한다 (명예, 평화, 안전 혹은 수치, 불화, 폭력; 3:3, 24, 35; 18:3). 이와 같이 현인은 이것이 악인들에게 보다는 의인들에게 유익이 될 것이라는 점을 지속적으로 주장하고 있다. 그렇지만 그 결과가 어떻게 구체적으로 경험되어질 것인가에 대해서는 각각 다르게 표현하고 있다.

부에 대한 견해는 대체적으로 긍정적이고 가난에 대한 것은 부정적이다. 그러나 부에 대한 긍정적인 평가에 예외가 나타나기도 한다: 서둘러 모은 재물 (13:11; 28:22); 부당하게 모았거나 축적한 재물 (10:2; 15:27; 21:6); 무형의 덕스러운 성품들을 대신하려는 것으로서의 부 (11:4; 28:6). "보다 낫다"는 격언들은 부족한 가운데 긍정적인 무형의 것들을 소유하는 것이 부유한 가운데 부정적인 무형의 것들을 소유하는 것보다 귀하다는 사실을 보여주고 있다. 또한 이를 통하여 부는 단지 임시적인 유익만을 가져다 줄 수 있다는 사실을 분명히 천명하고 있다 (15:16-17; 16:19; 17:1; 28:6).

특이하게도, 부자와 가난한 이들에 대한 견해는 부와 가난에 대한 견해와 꼭 일치하고 있지는 않다. 부자들에 대한 일관성 있는 존경심도 혹은 가난한 이들에 대한 일방적인 무시도 없다. 이와는 반대로, 많은 격언들이 단지 악한 학대자와 의로운 가난한 사람이 존재함을 당연시하고 있다 (14:31; 22:16; 28:3, 6; 30:14). 게다가 부도덕한 방법으로 재산을 모으는 것에 대한 경고 혹은 불의한 자들에 대한 부러움(22:16; 23:17; 24:19; 28:8)에 관한 격언들은 실제적으로 악행이 물질적인 풍요를 가져다 줄 수도 있다는 사실을 의미하는 듯이 보인다. 이와 같은 사례들이 잠언에서는 큰 문제꺼리가 되지 않은 듯이 보인다 (전도서에서는 이것이 큰 문제꺼리가 된다).

악한 부자의 존재를 인정하는 것과 궁핍에 처한 이들에 대한 지속적인 관심은 반드시 현인들이 부를 하나님의 축복으로 여겼다거나 반대로 가난을 하나님의 심판으로 여기지 않는 다는 사실을 보여준다. 여기에는 어떤 한 그룹이 다른 그룹보다 도덕적으로 우월하다는 그런 일방적인 견해 같은 것이 없다. 이것은 현인들이 행위—결과의 관계를 거꾸로 뒤집어서 보고 있지 않다는 것을 보여준다. 여기에 가난한 이들은 반드시 악한 삶을 살았기 때문이라거나, 부유한 이들은 꼭 흠모할 만한 모범적인 삶을 산 결과라는 것과 같은 암시는 전혀 찾아볼 수 없다. 반대로, 관용, 친절, 그리고 가난한 이들을 위한 보상 등을 강권하고 있다 (11:24-25; 19:17; 21:13; 22:9; 31:8-9). 개인의 행위와 결과 사이에 상관성에 관한 단언은 가난한 이들에 관한 관심과 연결되어질 때 다른 성경의 본문들의 기초가 되고 있다. 이런 사상은 잠언 이외에 신명기에 분명하게 나타난다.

잠언은 그 목적이 교육적인 것으로서, 젊은이들을 훈육시켜 사회의 긍정적인 일원이 되도록 하는 데 있다. 이것은 결과론적인 언어들을 사용함으로 듣는 자/독자들이 단정한 성품과 적절한 행동양식을 개발해 나가도록 격려하기 위한 것으로 볼 수 있다. 잠언을 통하여 일관성 있게 드러난 사실은, 악이나 정의로움에 대한 결말, 어리석음이나 지혜로움에 대한 일관성이 아니라, 이 같은 결과들에 대한 평가의 일관성에 있다. 악인의 물질적인 상황이 어떻든 간에 부정적인 판단이 주어지고 있다. 이같이 네가 무엇을 하는 것과 네가 소유하고 있는 것 간에 연관성은 동기를 유발하는 역할을 하는 것이지 어떤 설명을 제공해 주기 위한 것이 아니다.

대중들에게 인기가 있는 어떤 신학이나 이념에서는, 가난한 이들은 그들이 받아야 할 합당한 것을 받고 있기에 공동체가 가난한 이들의 경제적인 필요를 돕지 않는 것에 대한 핑계로 그 언어를 사용하여 왔었다. 잠언의 본문들이 이와 같은 그릇된 주장들을 정당화하는데 오용된 것이다. 잠언을 그 같이 악용하는 것은 이 책이 자비와 관용, 또한 불의에 대한 보상 등을 부르짖고 있다는 사실을 무시하는 행위이며, 의도하는 언어를 잘못 해석하는 것이다.

가볍게 여기는 사람이지만,
책망을 잘 듣는 사람은
지식을 얻는 사람이다.
33 ㄱ)주님을 경외하라는 것은
지혜가 주는 훈계이다.
겸손하면 영광이 따른다.

주님께서 결정하신다

16 1 계획은 사람이 세우지만,
결정은 주님께서 하신다.
2 사람의 행위는
자기 눈에는 모두 깨끗하게 보이나,
주님께서는
속마음을 꿰뚫어 보신다.
3 네가 하는 일을 주님께 맡기면,
계획하는 일이 이루어질 것이다.

4 주님께서는 모든 것을
그 쓰임에 알맞게 만드셨으니,
악인은 재앙의 날에 쓰일 것이다.
5 주님께서는
마음이 거만한 모든 사람을
역겨워하시니,
그들은 틀림없이 벌을 받을 것이다.
6 사람이
어질고 진실하게 살면
죄를 용서받고,
주님을 경외하면
재앙을 피할 수 있다.
7 사람의 행실이
주님을 기쁘시게 하면,
그의 원수라도
그와 화목하게 하여 주신다.
8 의롭게 살며 적게 버는 것이,
불의하게 살며
많이 버는 것보다 낫다.
9 사람이 마음으로
자기의 앞길을 계획하지만,
그 발걸음을 인도하시는 분은
주님이시다.
10 왕이 내리는 판결은
하나님의 판결이니,
판결할 때에
그릇된 판결을 내리지 않는다.
11 정확한 저울과 천평은
주님의 것이며,
주머니 속의 저울추도
다 그분이 만드신 것이다.
12 왕은 악행을 하는 것을
역겨워하여야 한다.
공의로만
왕위가 굳게 설 수 있기 때문이다.
13 왕은 공의로운 말을 하는 것을
기쁘게 여겨야 하고,
올바른 말하기를 좋아하여야 한다.
14 왕의 진노는 저승사자와 같지만,
지혜로운 사람은
왕의 진노를 가라앉힌다.
15 왕의 얼굴빛이 밝아야
모두 살 수 있다.
그의 기쁨은
봄비를 몰고 오는 구름과 같다.

16 지혜를 얻는 것이
금을 얻는 것보다 낫고,
명철을 얻는 것이
은을 얻는 것보다 낫다.
17 악을 떠나는 것은
정직한 사람이 가는 큰길이니,
그 길을 지키는 사람은
자기의 생명을 지킨다.

ㄱ) 또는 '지혜는 주님을 경외하라고 가르친다' 또는 '주님을 경외하면 지혜를 배운다'

16:1—22:16 이 부분은, 첫 번째 격언들의 후반부에 속하는 것으로, 종종 "왕의 수집"이라고 불리어지기도 한다. 이것은 사회구조 내에서 각 사람들의 역할을 강조한다. **16:1** 일의 결말에 대한 하나님의 역사하심; 16:9, 33; 19:21; 21:31을 보라. **16:8** 15:15-16과 17:1을 보라. **16:9** 16:1을 보라. **16:11** 20:10-23을 보라. **16:16** 지혜를 값진 보화에 비유하는 것은 2:4; 3:13-15; 8:10-19에도 나타난다. **16:22** 1105쪽 추가 설명: "지혜와 생명"을 보라. **16:33** 16:1 주석을 보라. **17:1** 15:16-17과 16:8을 보라. **17:3** "도가니는 은을, 화덕은 금을 단련하지만"은 27:21a에서 반복된다. 하반절은 아주 다른 양상을 보여준다. **17:25** 10:1; 15:20을 보라. **18:11** "부자의 재산은 그의 견고한 성이 되니"는 10:15a와 아주 유사하지만 후반절의 잠언들은 대조를 보여준다. **18:12** "겸손하면 영광이 뒤따른다"는 15:33을 반복하고 있다. **18:22** 아내와 하나님의 은총에 대하여는 19:14와 1101쪽 추가 설명: "가족관계"를 보라. **19:5, 9** 5절과 9절은 거의 동일하다.

18 교만에는 멸망이 따르고,
거만에는 파멸이 따른다.
19 겸손한 사람과 어울려
마음을 낮추는 것이,
거만한 사람과 어울려
전리품을 나누는 것보다 낫다.
20 말씀에 따라 조심하며 사는 사람은
일이 잘 되고,
주님을 믿는 사람은 행복하다.
21 마음이 지혜로운 사람을
명철하다 한다.
ㄱ)말이 부드러우면,
더욱 많은 지혜를 가르친다.
22 명철한 사람에게는
그 명철함이 생명의 샘이 되지만,
어리석은 사람에게는
그 ㄴ)어리석음이 벌이 된다.
23 마음이 지혜로운 사람은
말을 신중하게 하고,
ㄷ)하는 말에 설득력이 있다.

24 선한 말은 꿀송이 같아서,
마음을 즐겁게 하여 주고,
쑤시는 뼈를 낫게 하여 준다.
25 사람의 눈에는 바른길 같이 보이나,
마침내는 죽음에 이르는 길이 있다.
26 허기진 배가 일하게 만들고
그 입이 사람을 몰아세운다.

27 불량한 사람은 악을 꾀한다.
그들의 말은 맹렬한 불과 같다.
28 비뚤어진 말을 하는 사람은
다툼을 일으키고,
중상하는 사람은
친한 벗들을 이간시킨다.

29 폭력을 쓰는 사람은
그 이웃을 윽박질러서,
좋지 않은 길을 가게 한다.
30 눈짓을 하는 사람은
그릇된 일을 꾀하고,
음흉하게 웃는 사람은
악한 일을 저지른다.

31 백발은 영화로운 면류관이니,
의로운 길을 걸어야 그것을 얻는다.
32 노하기를 더디 하는 사람은
용사보다 낫고,
자기의 마음을 다스리는 사람은
성을 점령한 사람보다 낫다.
33 제비는 사람이 뽑지만,
결정은 주님께서 하신다.

주님께서 우리의 생각을 살피신다

17 1 마른 빵 한 조각을 먹으며
화목하게 지내는 것이,
ㄹ)진수성찬을
가득히 차린 집에서
다투며 사는 것보다 낫다.
2 슬기로운 종은
부끄러운 일을 하는
주인집 아들을 다스리고,
그 집 자녀들과 함께
유산을 나누어 받는다.
3 도가니는 은을,
화덕은 금을 단련하지만,
주님께서는
사람의 마음을 단련하신다.
4 악을 행하는 사람은
사악한 말에 솔깃하고,
거짓말을 하는 사람은
중상하는 말에 귀를 기울인다.
5 가난한 사람을 조롱하는 것은
그를 지으신 분을 모욕하는 것이다.
남의 재앙을 기뻐하는 사람은
형벌을 면하지 못한다.
6 손자는 노인의 면류관이요,
어버이는 자식의 영광이다.

7 ㅁ)거만한 말이
미련한 사람에게는 안 어울린다.
하물며 거짓말이
통치자에게 어울리겠느냐?
8 뇌물을 쓰는 사람의 눈에는
뇌물이 요술방망이처럼 보인다.
어디에 쓰든
안 되는 일이 없다.
9 허물을 덮어 주면 사랑을 받고,
허물을 거듭 말하면
친구를 갈라놓는다.

ㄱ) 또는 '부드러운 말은 사람을 설득시킨다' ㄴ) 1:7의 주를 볼 것 ㄷ) 또는 '그의 입술이 지식을 증진시킨다' 또는 '입술에 지식을 더한다' ㄹ) 또는 '제사음식을' ㅁ) 또는 '유창한 말이'

10 미련한 사람을
백 번 매질하는 것보다
슬기로운 사람을
한 번 징계하는 것이
더 효과가 있다.

11 반역만을 꾀하는 악한 사람은
마침내
잔인한 사신의 방문을 받는다.
12 어리석은 일을 하는
미련한 사람을 만나느니,
차라리 새끼 빼앗긴 암곰을 만나라.
13 악으로 선을 갚으면,
그의 집에서 재앙이 떠나지 않는다.
14 다툼의 시작은
둑에서
물이 새어 나오는 것과 같으니,
싸움은 일어나기 전에 그만두어라.
15 악인을 의롭다고 하거나,
의인을 악하다고 하는 것은,
둘 다 주님께서 싫어하신다.
16 미련한 사람의 손에 돈이 있은들,
배울 마음이 없으니
어찌 지혜를 얻겠느냐?

17 사랑이 언제나 끊어지지 않는 것이
친구이고,
고난을 함께 나누도록 태어난 것이
혈육이다.
18 지각 없는 사람
서약 함부로 하고,
남의 빚 보증 잘 선다.
19 벌받기를 좋아하는 사람은
싸우기를 좋아한다.
패가망신을 원하는 사람은
집을 치장하기를 좋아한다.
20 마음이 비뚤어진 사람은
복을 얻지 못하고,
거짓말만 하는 혀를 가진 사람은
재앙에 빠진다.
21 미련한 자식을 둔 부모는
걱정이 그칠 새가 없고,
어리석은 자식을 둔 부모는
기쁨이 없다.
22 즐거운 마음은 병을 낫게 하지만,
근심하는 마음은 뼈를 마르게 한다.

23 악인은
가슴에 안겨 준 뇌물을 먹고서,
재판을 그르친다.
24 슬기로운 사람의 눈은
지혜를 가까이에서 찾지만,
미련한 사람은 눈을 땅 끝에 둔다.
25 미련한 자식은 아버지의 근심이고,
어머니의 고통이다.
26 의로운 사람을 벌주는 것은
옳은일이 아니다.
존귀한 사람을
정직하다고 하여 때리는 것도
바른일이 아니다.
27 아는 것이 많은 사람은 말을 삼가고,
슬기로운 사람은 정신이 냉철하다.
28 어리석은 사람도 조용하면
지혜로워 보이고,
입술을 다물고 있으면
슬기로워 보인다.

죄를 옹호하는 것은 잘못이다

18 1 다른 사람과
어울리지 못하는 사람은
자기 욕심만 채우려 하고,
건전한 판단력을 가진 사람을
적대시한다.
2 미련한 사람은
명철을 좋아하지 않으며,
오직 자기 의견만을 내세운다.
3 악한 사람이 오면 멸시가 뒤따르고,
부끄러운 일 뒤에는 모욕이 따른다.
4 슬기로운 사람의 입에서
나오는 말은
깊은 물과 같고,
지혜의 샘은
세차게 흐르는 강처럼 솟는다.
5 악인을 두둔하는 것과
재판에서
의인을 억울하게 하는 일은
옳지 않다.

6 미련한 사람의 입술은
다툼을 일으키고,
그 입은 매를 불러들인다.
7 미련한 사람의 입은
자기를 망하게 만들고,
그 입술은
올무가 되어 자신을 옭아맨다.

8 헐뜯기를 잘하는 사람의 말은
맛있는 음식과 같아서,
뱃속 깊은 데로 내려간다.
9 자기 일을 게을리하는 자는,
일을 망치는 자와 형제간이다.

10 주님의 이름은 견고한 성루이므로,
의인이 그 곳으로 달려가면,
아무도 뒤쫓지 못한다.
11 부자의 재산은
그의 견고한 성이 되니,
그는 그것을
아무도 못 오를
높은 성벽처럼 여긴다.

12 사람의 마음이 오만하면
멸망이 뒤따르지만,
겸손하면 영광이 뒤따른다.
13 다 들어 보지도 않고 대답하는 것은,
수모를 받기에 알맞은
어리석은 짓이다.
14 사람이 정신으로
병을 이길 수 있다지만,
그 정신이 꺾인다면,
누가 그를 일으킬 수 있겠느냐?
15 명철한 사람의 마음은 지식을 얻고,
지혜로운 사람의 귀는
지식을 구한다.
16 선물은
사람이 가는 길을 넓게 열어 주고,
그를 높은 사람 앞으로 이끌어 준다.
17 송사에서는
먼저 말하는 사람이 옳은 것 같으나,
상대방이 와 보아야
사실이 밝혀진다.
18 제비를 뽑으면 다툼이 끝나고,
강한 사람들 사이의 논쟁이
판가름 난다.
19 노엽게 한 친척과 가까워지기는
견고한 성을
함락시키는 것보다 어려우니,
그 다툼은 마치
꺾이지 않는 성문의 빗장과 같다.
20 사람의 입에서 나오는 말의 열매가
사람의 배를 채워 주고,
그 입술에서 나오는 말의 결과로
만족하게 된다.
21 죽고 사는 것이 혀의 힘에 달렸으니,
혀를 잘 쓰는 사람은
그 열매를 먹는다.
22 아내를 맞이한 사람은
복을 찾은 사람이요,
주님으로부터
은총을 받은 사람이다.
23 가난한 사람은
간절한 말로 구걸하지만,
부유한 사람은 엄한 말로 대답한다.
24 친구를 많이 둔 사람은
해를 입기도 하지만
동기간보다 더 가까운 친구도 있다.

참는 것이 지혜

19 1 거짓말을 하며 미련하게 사는
사람보다는,
가난해도
흠 없이 사는 사람이 낫다.
2 지식이 없는 열심은
좋은 것이라 할 수 없고,
너무 서둘러도 발을 헛디딘다.
3 사람은 미련해서
스스로 길을 잘못 들고도,
마음 속으로 주님을 원망한다.

4 재물은 친구를 많이 모으나,
궁핍하면 친구도 떠난다.
5 거짓 증인은 벌을 피할 수 없고,
거짓말을 하는 사람도
벌을 피할 길이 없다.
6 너그럽게 주는 사람에게는
은혜 입기를 원하는 사람이 많고,
선물을 잘 주는 사람에게는
모두가 친구이다.
7 가난하면 친척도 그를 싫어하는데,
하물며
친구가 그를 멀리하지 않겠느냐?
뒤따라가며 말을 붙이려 하여도,
아무런 소용이 없다.

거짓 증인에 대하여는 14:5, 25를 보라. **19:12** "왕의 분노는 사자가 소리지르는 것 같고"는 20:2a와 유사하다. 그러나 하반절은 대조를 보여준다. **19:14** 아내와 하나님의 은총에 대하여는 18:22와 1101쪽 추가 설명: "가족관계"를 보라. **19:21** 일의 결말에 대한 하나님의 역사하심에 대해서는 16:1과 인용된 구절들을

8 지혜를 얻는 사람은
자기 영혼을 사랑하고,
명철을 지키는 사람은 복을 얻는다.
9 거짓 증인은 벌을 피할 수 없고,
거짓말을 하는 사람은 망하고 만다.
10 미련한 사람이
사치스럽게 사는 것도
마땅하지 않은데,
하물며
종이 고관들을 다스리는 것이랴?
11 노하기를 더디 하는 것은
사람의 슬기요,
허물을 덮어 주는 것은
그의 영광이다.
12 왕의 분노는
사자가 소리지르는 것과 같고,
그의 은혜는
풀 위에 내리는 이슬과 같다.

13 미련한 아들은
아버지에게 파멸을 가져다 주고,
다투기를 잘하는 아내는
새는 천장에서 떨어지는 물과 같다.
14 집과 재물은
조상에게서 물려받은 유산이지만,
슬기로운 아내는 주님께서 주신다.
15 게으른 사람은 깊은 잠에 빠지고,
나태한 사람은 굶주릴 것이다.

16 계명을 지키는 사람은
제 목숨을 지키지만,
자기 행실을 주의하지 않는 사람은
죽는다.
17 가난한 사람에게
은혜를 베푸는 것은
주님께 꾸어드리는 것이니,
주님께서
그 선행을 넉넉하게 갚아 주신다.
18 네 아들을 훈계하여라.
그래야 희망이 있다.
그러나
그를 죽일 생각은 품지 말아야 한다.
19 성격이 불 같은 사람은 벌을 받는다.
네가 그를 구하여 준다고 해도
그 때뿐,
구하여 줄 일이 또 생길 것이다.
20 충고를 듣고 훈계를 받아들여라.
그리하면 마침내 지혜롭게 된다.
21 사람의 마음에 많은 계획이 있어도,
성취되는 것은 오직 주님의 뜻뿐이다.
22 ㄱ)사람에게서 바랄 것은 성실이다.
거짓말쟁이가 되느니,
차라리 가난뱅이가 되는 것이 낫다.
23 주님을 경외하며 살면
생명을 얻는다.
그는 만족스러운 생활을 하며,
재앙을 만나지 않는다.

24 게으른 사람은
밥그릇에 손을 대고서도,
입에 떠 넣기를 귀찮아한다.
25 오만한 사람을 치면,
ㄴ)어수룩한 사람도 깨닫는다.
명철한 사람을 꾸짖으면,
그가 지식을 얻는다.
26 아버지를 구박하고
어머니를 쫓아내는 자식은,
부끄러움과 수치를 끌어들이는
자식이다.
27 ㄷ)아이들아,
지식의 말씀에서
벗어나게 하는 훈계는
듣지 말아라.
28 악한 증인은 정의를 비웃고,
악인의 입은 죄악을 통째로 삼킨다.
29 오만한 사람에게는
심판이 준비되어 있고,
ㄹ)미련한 사람의 등에는
매가 준비되어 있다.

ㄱ) 또는 '사람의 탐욕은 그의 부끄러움이다' ㄴ) 1:4의 주를 볼 것
ㄷ) 1:8의 주를 볼 것 ㄹ) 1:22의 주를 볼 것

보라. **19:24** 이 구절은 26:15에 거의 동일하게 반복되고 있다. **19:26** 부모를 구박하는 것에 대하여는 28:24와 1101쪽 추가 설명: "가족관계"를 보라. **20:2** 2a절은 19:12a와 흡사하며, 하반절은 대조를 보여준다. **20:8** 왕을 선악을 가려내는 사람으로 보는 개념은 20:26에서 더 확대되어 있다. **20:10** 20:23과 비교해 보라; 16:11을 참조하라. **20:12** "다 주님께서 지으셨다"는 표현은 22:2와 29:13에서도 중복

금보다 귀한 지혜

20 1 포도주는 사람을
거만하게 만들고,
독한 술은
사람을 소란스럽게 만든다.
이것에 빠지는 사람은 누구든지
지혜롭지 않다.
2 왕의 노여움은
사자의 부르짖음과 같으니,
그를 노하게 하면 목숨을 잃는다.
3 다툼을 멀리하는 것이
자랑스러운 일인데도,
어리석은 사람은
누구나 쉽게 다툰다.
4 게으른 사람은
제 철에 밭을 갈지 않으니,
추수 때에
거두려고 하여도 거둘 것이 없다.
5 사람의 생각은 깊은 물과 같지만,
슬기로운 사람은 그것을 길어 낸다.

6 스스로를
성실하다고 말하는 사람은 많으나,
누가
참으로 믿을 만한 사람을
만날 수 있느냐?
7 의인은 흠 없이 살며,
그의 자손이 복을 받는다.
8 재판석에 앉은 왕은
모든 악을 한눈에 가려낸다.
9 누가 "나는 마음이 깨끗하다.
나는 죄를 말끔히 씻었다"
하고 말할 수 있겠느냐?

10 규격에 맞지 않은 저울추와 되는
모두 주님께서 미워하시는 것이다.
11 비록 아이라 하여도
자기 행위로 사람됨을 드러낸다.
그가 하는 행실을 보면,
그가 깨끗한지 더러운지,
올바른지 그른지, 알 수 있다.

12 듣는 귀와 보는 눈,
이 둘은 다 주님께서 지으셨다.
13 가난하지 않으려면
잠을 좋아하지 말고,
먹거리를 풍족히 얻으려면
깨어 있어라.
14 물건을 고를 때는
"나쁘다, 나쁘다" 하지만,
사 간 다음에는 잘 샀다고 자랑한다.
15 세상에
금도 있고 진주도 많이 있지만,
정말 귀한 보배는
지각 있게 말하는 입이다.

16 남의 보증을 선 사람은
자기의 옷을 잡혀야 하고,
모르는 사람의 보증을 선 사람은
자기의 몸을 잡혀야 한다.
17 사람들은
속여서 얻은 빵이 맛있다고 하지만,
훗날에
그 입에 모래가 가득 찰 것이다.
18 계획은
사람들의 뜻을 모아서 세우고,
전쟁은 전략을 세워 놓고 하여라.
19 험담하며 돌아다니는 사람은
남의 비밀을 새게 하는 사람이니,
입을 벌리고 다니는 사람과는
어울리지 말아라.
20 부모를 저주하는 자식은
암흑 속에 있을 때에 등불이 꺼진다.
21 처음부터 빨리 모은 재산은
행복하게 끝을 맺지 못한다.
22 "악을 갚겠다" 하지 말아라.
주님을 기다리면,
그분이 너를 구원하신다.

23 규격에 맞지 않은 저울추는
주님께서 미워하신다.
속이는 저울은 나쁜 것이다.
24 사람의 발걸음은

되고 있다. **20:13** 이것과 똑같은 사상이 생생하게 드러난 예는 6:6-11의 짧은 이야기와 24:30-34를 보라. **20:16** 남에게 보증서는 사람에 관한 구절에 관해서는 6:1-5와 거기 인용된 구절들을 보되, 특히 27:13을 보라. **20:17** "속여서 얻은 빵이 맛있다"와 "몰래 먹는 빵이 더 맛있다"(9:17)를 비교하여 보라. **20:23** 20:10과 같은 것. **20:26** 26절은 20:8에 소개된 이미지를 더 전개시키고 있다. **21:3** 미 6:6-8을

주님으로 말미암은 것이니
사람이 어찌
자기의 길을 알 수 있겠느냐!
25 경솔하게 "이것은 거룩하다" 하여
함부로 서원하여 놓고,
나중에 생각이 달라지는 것은,
사람이 걸리기 쉬운 올가미이다.
26 지혜로운 왕은 악인을 키질하며,
그들 위에 타작기의 바퀴를 굴린다.
27 ㄱ)주님은
사람의 영혼을 환히 비추시고,
사람의 마음 속
깊은 곳까지 살펴보신다.
28 인자와 진리가 왕을 지켜 주고,
정의가 그의 보좌를 튼튼하게 한다.
29 젊은이의 자랑은 힘이요,
노인의 영광은 백발이다.
30 상처가 나도록 때려야
악이 없어진다.
매는
사람의 속 깊은 곳까지 들어간다.

주님께서 이끄신다

21 1 왕의 마음은
흐르는 물줄기 같아서
주님의 손 안에 있다.
주님께서 원하시는 대로
왕을 이끄신다.
2 사람의 행위는
자기의 눈에는 모두 옳게 보이나,
주님께서는 그 마음을 꿰뚫어 보신다.
3 주님께서는
정의와 공평을 지키며 사는 것을
제사를 드리는 일보다 더 반기신다.
4 거만한 눈과 오만한 마음,
이러한 죄는
악인을 구별하는 표지이다.
5 부지런한 사람의 계획은
반드시 이득을 얻지만,
성급한 사람은 가난해질 뿐이다.
6 ㄴ)속여서 모은 재산은,
너를 죽음으로 몰아넣고,
안개처럼 사라진다.
7 악인의 폭력은
자신을 멸망으로 이끄니,
그가
바르게 살기를 거부하기 때문이다.
8 죄인의 길은 구부러졌지만,
깨끗한 사람의 행실은 올바르다.
9 다투기를 좋아하는 여자와
넓은 집에서 함께 사는 것보다,
차라리 다락 한 구석에서
혼자 사는 것이 더 낫다.
10 악인은 마음에 악한 것만을 바라니,
가까운 이웃에게도
은혜를 베풀지 못한다.
11 오만한 사람이 벌을 받으면
ㄷ)어수룩한 사람이 깨닫고,
지혜로운 사람이 책망을 받으면
지식을 더 얻는다.
12 ㄹ)의로우신 하나님은
악인의 집을 주목하시고,
그를 재앙에 빠지게 하신다.
13 가난한 사람의 부르짖음에
귀를 막으면,
자기가 부르짖을 때에
아무도 대답하지 않는다.
14 은밀하게 주는 선물은
화를 가라앉히고,
품 속에 넣어 주는 뇌물은
격한 분노를 가라앉힌다.
15 정의가 실현될 때에,
의인은 기뻐하고,
악인은 절망한다.

ㄱ) 또는 '주님의 등불은 사람의 영혼을 살펴 보신다' 또는 '사람의 영혼은 주님의 등불이다' ㄴ) 칠십인역과 불가타와 몇몇 히브리어 사본을 따름. 히, '재산을 속여서 모으는 것은 죽음을 자초하는 것과 같고 그 재산은 안개와 같다' ㄷ) 1:4의 주를 볼 것 ㄹ) 또는 '의로운 사람'

보라. **21:9, 19** 이 두 구절은 유사성의 요점을 강조한다. 21:9는 문자 그대로 25:24를 반복한다. 또한 27:15와 1101쪽 추가 설명: "가족관계"를 보라. **21:27** 이 구절은 15:8과 15:29를 보라. **21:31** 일의 결과에 대한 하나님의 간섭에 대해서는 16:1, 9, 33; 19:21을 보라. **22:2** 가난한 사람을 착취하는 것을 언급하고 있는 29:13을 참조하라. 20:12b와 22:b는 비슷한 구절이다. **22:13** 게으른 사람의 핑계를 비웃고 있는 것인데, 조금 덜 생생한 표현이기는 하지만 유사한 표현이 26:13에 나타나 있다. **22:16** 가난한 사람을 억압하는 것에 대하여는 14:31과 28:3을 보라.

16 슬기로운 길에서 빗나가는 사람은
죽은 사람들과 함께 쉬게 될 것이다.
17 향락을 좋아하는 사람은
가난하게 되고,
술과 기름을 좋아하는 사람도
부자가 되지 못한다.

18 악인은
의로운 사람 대신에 치르는
몸값이 되고,
사기꾼은
정직한 사람 대신에 치르는
몸값이 된다.
19 다투며 성내는 아내와
함께 사는 것보다,
광야에서 혼자 사는 것이 더 낫다.
20 지혜 있는 사람의 집에는
값진 보물과 기름이 있지만,
미련한 사람은
그것을 모두 탕진하여 버린다.
21 정의와 신의를 좇아서 살면,
생명과 ㄱ)번영과 영예를 얻는다.
22 지혜로운 사람은
용사들이 지키는 성에 올라가서,
그들이 든든히 믿는
요새도 무너뜨린다.
23 입과 혀를 지킬 수 있는 사람은,
역경 속에서도
자기의 목숨을 지킬 수 있다.
24 교만하고 건방진 사람을
오만한 자라고 하는데,
그런 사람은
우쭐대며 무례하게 행동한다.

25 게으른 사람의 욕심이
스스로를 죽이기까지 하는 것은,
어떠한 일도
제 손으로 하기를
싫어하기 때문이다.
26 악인은 온종일 탐하기만 하지만,
의인은 아끼지 않고 나누어 준다.
27 악인의 제물이 역겨운 것이라면,
악한 의도로 바치는 것이야
더욱 그렇지 않겠는가?
28 위증을 하는 사람의 증언은
사라지지만,
사실대로 말하는 사람의 증언은
채택된다.
29 악한 사람은 얼굴이 뻔뻔스러우나,
정직한 사람은
자기의 행실을 잘 살핀다.

30 그 어떠한 지혜도, 명철도, 계략도,
주님을 대항하지 못한다.
31 전쟁을 대비하여 군마를 준비해도,
승리는 오직 주님께 달려 있다.

훈계의 가지…서른 가지 교훈

22 1 많은 재산보다는
명예를 택하는 것이 낫고,
은이나 금보다는
은총을 택하는 것이 낫다.
2 부유한 사람과 가난한 사람이
다 함께 얽혀서 살지만,
이들 모두를 지으신 분은
주님이시다.
3 슬기로운 사람은
재앙을 보면 숨고 피하지만,
ㄴ)어수룩한 사람은
고집을 부리고 나아가다가
화를 입는다.

4 겸손한 사람과
주님을 경외하는 사람이
받을 보상은
재산과 영예와 장수이다.
5 마음이 비뚤어진 사람의 길에는
가시와 올무가 있으나,

ㄱ) 또는 '의' ㄴ) 1:4의 주를 볼 것

22:17—24:22 22—24장들에 있는 부분은 잠언에서 첨가된 교훈하기 위하여 첨가된 부분이이며, 이집트 *아메네몹프의 교훈*(Instruction of Amenemope)을 대충 모방하고 있다. **22:17** 현인의 말씀들이다. 이것은 또 다른 서론이며 (1:1; 10:1; 24:23; 25:1; 30:1; 31:1), 이 부분은 그리 명백하지 않게 이스라엘의 전통과 연결되어 있다. **22:20** 서른 가지의 교훈. 서른이라는 숫자는 분명히 서른 단락으로 이루어진 아메네

자기 영혼을 지키는 사람은
그런 길을 멀리한다.
6 마땅히 걸어야 할 그 길을
아이에게 가르쳐라.
그러면
늙어서도 그 길을 떠나지 않는다.
7 가난하면 부자의 지배를 받고,
빚지면 빚쟁이의 종이 된다.
8 악을 뿌리는 사람은 재앙을 거두고,
분노하여 휘두르던 막대기는
기세가 꺾인다.

9 남을 잘 보살펴 주는 사람이
복을 받는 것은,
그가 자기의 먹거리를
가난한 사람에게
나누어 주기 때문이다.
10 거만한 사람을 쫓아내면
다툼이 없어지고,
싸움과 욕설이 그친다.
11 깨끗한 마음을 간절히 바라며
덕을 끼치는 말을 하는 사람은,
왕의 친구가 된다.

12 주님의 눈은
지식 있는 사람을 지켜 보시지만,
신의가 없는 사람의 말은
뒤엎으신다.
13 게으른 사람은 핑계 대기를
"바깥에 사자가 있다.
거리에 나가면 찢겨 죽는다" 한다.
14 음행하는 여자의 입은
깊은 함정이니,
주님의 저주를 받는 사람이
거기에 빠진다.
15 아이의 마음에는
미련한 것이 얽혀 있으나,
훈계의 매가 그것을 멀리 쫓아낸다.
16 이익을 탐해서,
가난한 사람을 학대하는 사람과,
부자에게 자꾸 가져다 주는 사람은,
가난해질 뿐이다.

17 귀를 기울여서
지혜 있는 사람의 말을 듣고,
나의 가르침을 너의 마음에 새겨라.
18 그것을 깊이 간직하며,
그것을 모두 너의 입술로 말하면,
너에게 즐거움이 된다.
19 이는 네가
주님을 의뢰하며 살도록 하려고
오늘 내가
너에게 특별히 알려 주는 것이다.
20 내가 너에게, 건전한 충고가 담긴
서른 가지 교훈을 써 주지 않았느냐?
21 이는 네가 진리의 말씀을 깨달아서,
너에게 묻는 사람에게
바른 대답을 할 수 있게 하려 함이다.

−1−

22 가난하다고 하여
그 가난한 사람에게서
함부로 빼앗지 말고,
고생하는 사람을
법정에서 압제하지 말아라.
23 주님께서
그들의 송사를 맡아 주시고,
그들을 노략하는 사람의 목숨을
빼앗으시기 때문이다.

−2−

24 성급한 사람과 사귀지 말고,
성을 잘 내는 사람과
함께 다니지 말아라.
25 네가 그 행위를 본받아서
그 올무에 걸려 들까 염려된다.

−3−

26 이웃의 손을 잡고 서약하거나,
남의 빚에 보증을 서지 말아라.

몸프의 교훈에 대한 언급이다. 그렇지만 잠언의 본 장은 서른 개의 요소로 구성되어 있지는 않다. **22:26** 보증. 6:1과 거기 관련된 인용구들을 보라. **22:28** 경계표나 경계선을 옮기는 것은 이웃의 땅을 도적질하는 것과 동일시되고 있다. 23:1-11; 신 19:14; 17:17을 보라. **23:9** 미련한 사람에게 충고하는 것에 관하여는 26:4-5를 보라. **23:10-11** 22:28에 관한 주석을 보라. **23:13-14** 1101쪽 추가 설명: "가족관계"를 보라. **23:18** 미래의 소망에 대한 이와 같은 조건적인 표현이 24:14b에도 있다. 24:20도 참조. **23:24-25** 이

27 너에게 갚을 것이 아무것도 없다면,
네가 누운 침대까지도
빼앗기지 않겠느냐?

—4—

28 너의 선조들이 세워 놓은
그 옛 경계표를 옮기지 말아라.

—5—

29 자기 일에 능숙한 사람을
네가 보았을 것이다.
그런 사람은 왕을 섬길 것이요,
대수롭지 않은 사람을 섬기지는
않을 것이다.

—6—

23 1 네가 높은 사람과 함께 앉아
음식을 먹게 되거든,
너의 앞에
누가 앉았는지를 잘 살펴라.
2 식욕이 마구 동하거든,
목에 칼을 대고서라도 억제하여라.
3 그가 차린 맛난 음식에
욕심을 내지 말아라.
그것은 너를 꾀려는 음식이다.

—7—

4 부자가 되려고 애쓰지 말고,
그런 생각을 끊어 버릴
슬기를 가져라.
5 한순간에 없어질
재물을 주목하지 말아라.
재물은 날개를 달고,
독수리처럼 하늘로 날아가 버린다.

—8—

6 너는
인색한 사람의 상에서 먹지 말고,
그가 즐기는
맛난 음식을 탐내지 말아라.
7 무릇 그 마음의 생각이 어떠하면
그의 사람됨도 그러하니,
그가 말로는 '먹고 마셔라' 하여도,
그 속마음은 너를 떠나 있다.
8 네가 조금 먹은 것조차 토하겠고,
너의 아첨도
헛된 데로 돌아갈 것이다.

—9—

9 미련한 사람의 귀에는
아무 말도 하지 말아라.
그가 너의 슬기로운 말을
업신여길 것이기 때문이다.

—10—

10 옛날에 세워 놓은
밭 경계표를 옮기지 말며,
고아들의 밭을 침범하지 말아라.
11 그들의 구원자는 강한 분이시니,
그분이 그들의 송사를 맡으셔서
너를 벌하실 것이다.

—11—

12 훈계를 너의 마음에 간직하고,
지식이 담긴 말씀에
너의 귀를 기울여라.

—12—

13 아이 꾸짖는 것을 삼가지 말아라.
매질을 한다고 하여서
죽지는 않는다.
14 그에게 매질을 하는 것이,
오히려 그의 목숨을
스올에서 구하는 일이다.

—13—

15 내 아이들아,
너의 마음이 지혜로우면,
나의 마음도 또한 즐겁다.
16 네가 입을 열어 옳은 말을 할 때면,
나의 속이 다 후련하다.

것은 10:1과 거기 인용된 관련 성구들을 보고, 1101쪽 추가 설명: "가족관계"를 보라. **24:3** 지혜가 인격과 건축가로 표현된 것에 대하여는 9:1과 14;1을 보라. 유능한 여자로 표현된 것에 대하여는 31:10-31을 보라. **24:13** 꿀은 유쾌하고 즐거운 이미지로 자주 쓰이는데, 여기서는 지혜를 의미한다. 똑같은 이미지가 25:27의 영예에 관하여 적용되고 있다. 또 25:16과 27:7을 보라. **24:14** 14절과 23:18은 유사하다. 24:20과 대조해 보라. **24:17-18** 원수에게 보복하는 것으로서의 친절에 대하여는 23:21-22를 보라.

24:23-34 이 부분은 간략한 가르침이다. 몇 가지 교훈들(30-34절들이 도덕적인 교훈을 포함한 긴 비유인 반면 27절은 독립된 절이다)과 연설 형식의 내용(27-29절).

–14–

17 죄인들을 보고
마음 속으로 부러워하지 말고,
늘 주님을 경외하여라.
18 그러면, 너의 미래가 밝아지고,
너의 소망도 끊어지지 않는다.

–15–

19 내 아이들아,
너는 잘 듣고 지혜를 얻어서,
너의 마음을 바르게 이끌어라.
20 너는 술을 많이 마시는 사람이나
고기를 탐하는 사람과는
어울리지 말아라.
21 늘 술에 취해 있으면서
먹기만을 탐하는 사람은
재산을 탕진하게 되고,
늘 잠에 빠져 있는 사람은
누더기를 걸치게 된다.

–16–

22 너를 낳아 준 아버지에게 순종하고
늙은 어머니를 업신여기지 말아라.
23 진리를 사들이되 팔지는 말아라.
지혜와 훈계와 명철도
그렇게 하여라.
24 의인의 아버지는
크게 기뻐할 것이며,
지혜로운 자식을 둔 아버지는
크게 즐거워할 것이다.
25 너의 어버이를 즐겁게 하여라.
특히 너를 낳은 어머니를
기쁘게 하여라.

–17–

26 내 아이들아! 나를 눈여겨 보고,
내가 걸어온 길을 기꺼이 따라라.
27 음란한 여자는 깊은 구렁이요,
부정한 여자는 좁은 함정이다.
28 강도처럼 남자를 노리고 있다가,
숱한 남자를 변절자로 만든다.

–18–

29 재난을 당할 사람이 누구며,
근심하게 될 사람이 누구냐?
다투게 될 사람이 누구며,
탄식할 사람이 누구냐?
까닭도 모를 상처를 입을 사람이 누구며,
눈이 충혈될 사람이 누구냐?
30 늦게까지
술자리에 남아 있는 사람들,
혼합주만 찾아 다니는
사람들이 아니냐!
31 잔에 따른 포도주가
아무리 붉고 고와도,
마실 때에 순하게 넘어가더라도,
너는 그것을 쳐다보지도 말아라.
32 그것이 마침내 뱀처럼 너를 물고,
독사처럼 너를 쏠 것이며,
33 눈에는 괴이한 것만 보일 것이며,
입에서는 허튼 소리만 나올 것이다.
34 바다 한가운데 누운 것 같고,
돛대 꼭대기에 누운 것 같을 것이다.
35 "사람들이
나를 때렸는데도 아프지 않고,
나를 쳤는데도 아무렇지 않다.
이 술이 언제 깨지?
술이 깨면, 또 한 잔 해야지"
하고 말할 것이다.

–19–

24 1 너는
악한 사람을
부러워하지 말며,
그들과
어울리고 싶어하지도 말아라.
2 그들의 마음은 폭력을 꾀하고,
그들의 입술은
남을 해칠 말만 하기 때문이다.

–20–

3 집은 지혜로 지어지고,
명철로 튼튼해진다.
4 지식이 있어야, 방마다
온갖 귀하고 아름다운 보화가
가득 찬다.

–21–

5 지혜가 있는 사람은
힘이 센 사람보다 더 강하고,
지식이 있는 사람은
기운이 센 사람보다 더 강하다.
6 전략을 세운 다음에야
전쟁을 할 수 있고,
참모가 많아야 승리할 수 있다.

-22-
7 지혜는 너무 높이 있어서,
어리석은 사람이
거기에 미치지 못하니,
어리석은 사람은
사람이 모인 데서 입을 열지 못한다.

-23-
8 늘 악한 일만 꾀하는 사람은,
이간질꾼이라고 불린다.
9 어리석은 사람은
죄짓는 것만 계획한다.
오만한 사람은
누구에게나 미움을 받는다.

-24-
10 재난을 당할 때에 낙심하는 것은,
너의 힘이 약하다는 것을
드러내는 것이다.

-25-
11 너는
죽을 자리로 끌려가는 사람을
건져 주고,
살해될 사람을 돕는 데
인색하지 말아라.
12 너는 그것이
'내가 알 바 아니라'고 생각하며
살겠지만,
마음을 헤아리시는 주님께서
어찌 너의 마음을 모르시겠느냐?
너의 목숨을 지키시는 주님께서
다 알고 계시지 않겠느냐?
그분은
각 사람의 행실대로 갚으실 것이다.

-26-
13 내 아이들아, 꿀을 먹어라.
그것은 좋은 것이다.
송이꿀을 먹어라.
그것은 너의 입에 달콤할 것이다.
14 지혜도 너의 영혼에게는
그와 같다는 것을 알아라.
그것을 얻으면
너의 장래가 밝아지고,
너의 소망이 끊어지지 않는다.

-27-
15 악한 사람아,
의인의 집을 노리지 말고,
그가 쉬는 곳을 헐지 말아라.
16 의인은 일곱 번을 넘어지더라도
다시 일어나지만,
악인은 재앙을 만나면 망한다.

-28-
17 원수가 넘어질 때에
즐거워하지 말고,
그가 걸려서 쓰러질 때에
마음에 기뻐하지 말아라.
18 주님께서 이것을 보시고
좋지 않게 여기셔서,
그 노여움을 너의 원수로부터
너에게로 돌이키실까 두렵다.

-29-
19 행악자 때문에 분개하지도 말고,
악인을 시기하지도 말아라.
20 행악자에게는 장래가 없고,
악인의 등불은 꺼지고 만다.

-30-
21 내 아이들아,
주님과 왕을 경외하고,
변절자들과 사귀지 말아라.
22 그들이 받을 재앙은
갑자기 일어나는 것이니,
주님이나 왕이 일으킬 재난을
누가 알겠느냐?

추가 교훈

23 몇 가지 교훈이 더 있다.

재판할 때에
얼굴을 보아 재판하는 것은
옳지 않다.
24 악인에게 '네가 옳다' 하는 자는
백성에게서 저주를 받고,
뭇 민족에게서 비난을 받을 것이다.
25 그러나 악인을 꾸짖는 사람은
기쁨을 얻을 것이며,
좋은 복도 받을 것이다.

26 바른말을 해주는 것이,
참된 우정이다.

27 네 바깥 일을 다 해놓고
네 밭 일을 다 살핀 다음에,
네 가정을 세워라.
28 너는 이유도 없이
네 이웃을 치는 증언을 하지 말고,
네 입술로 속이는 일도 하지 말아라.
29 너는
"그가 나에게 한 그대로
나도 그에게 하여,
그가 나에게 한 만큼 갚아 주겠다"
하고 말하지 말아라.

30 게으른 사람의 밭과
지각이 없는 사람의 포도원을
내가 지나가면서 보았더니,
31 거기에는 가시덤불이 널려 있고,
엉겅퀴가 지면을 덮었으며,
돌담이 무너져 있었다.
32 나는 이것을 보고
마음 깊이 생각하고,
교훈을 얻었다.
33 "조금만 더 자야지,
조금만 더 눈을 붙여야지,
조금만 더 팔을 베고 누워 있어야지"
하면,
34 가난이 강도처럼 들이닥치고,
빈곤이 ㄱ)방패로 무장한 용사처럼
달려들 것이다.

솔로몬의 잠언 추가

25

1 이것도 솔로몬의 잠언으로, 유다 왕 히스기야의 신하들이 편집한 것이다.

2 일을 숨기는 것은
하나님의 영광이요,
일을 밝히 드러내는 것은
왕의 영광이다.
3 하늘이 높고 땅이 깊은 것처럼,
왕의 마음도 헤아리기 어렵다.
4 은에서 찌꺼기를 없애라.
그래야 은장색의 손에서
그릇이 되어 나온다.
5 왕 앞에서는 악한 사람을 없애라.
그래야 왕위가 공의 위에 굳게 선다.

6 왕 앞에서 스스로 높은 체하지 말며,
높은 사람의 자리에
끼여들지 말아라.
7 너의 눈 앞에 있는
높은 관리들 앞에서
'저리로 내려가라'는 말을
듣는 것보다,
'이리로 올라오라'는 말을
듣는 것이 더 낫기 때문이다.

8 너는 급하게 소송하지 말아라.
훗날에 너의 이웃이
너를 이겨 부끄럽게 만들 때에,
네가 어떻게 할지가 염려된다.
9 이웃과 다툴 일이 있으면
그와 직접 변론만 하고,
그의 비밀을 퍼뜨리지 말아라.
10 그 말을 듣는 사람이
오히려 너를 비난하면,
그 나쁜 소문이
너에게서 떠나지 않고
따라다닐까 두렵다.

11 경우에 알맞은 말은,
은쟁반에 담긴 금사과이다.
12 지혜로운 사람의 책망은,
들을 줄 아는 사람의 귀에는,
금귀고리요, 순금 목걸이이다.
13 믿음직한 심부름꾼은
그를 보낸 주인에게는
무더운 추수 때의
시원한 냉수와 같아서,
그 주인의 마음을 시원하게 해준다.

ㄱ) 또는 '거지처럼'

25:1—29:27 이 문단들은 마지막 부연 설명된 격언들 을 모은 것이다. 앞의 경우처럼, 몇 가지의 경고(명령형)들이 격언(사실의 진술이나 격언에서 히브리어의 동사형태 없이)과 합해져 나타난다.

25:1—27:27 이 부분은 보기에 분명히 다르고 또한 실제적으로 다른 현상 가운데 비슷한 것들을 강조하고 있다. 이것의 교육적인 기능은 적절한 시간과 상황에 따라 요구되는 다른 행위들을 식별하는 능력을 가르치는 데 있다. 선호된 이미지의 출처는 자연과 농업과 관계된 것이다. 부정적인 인물은 악한 자보다는 대체적으로 어리석거나 게으른 자이다. **25:6-7** 이 구절들은 눅 14:7-11에 반영되어 있다. **25:16** 꿀. 빈

14 선물을 한다고
거짓말로 자랑을 퍼뜨리는 사람은
비를 내리지 못하는
구름과 바람 같다.
15 분노를 오래 참으면
지배자도 설득되고,
부드러운 혀는 뼈도 녹일 수 있다.
16 꿀을 발견하더라도 적당히 먹어라.
과식하면 토할지도 모른다.
17 이웃집이라 하여
너무 자주 드나들지 말아라.
그가 싫증이 나서
너를 미워하게 될지도 모른다.
18 거짓말로 이웃에게
불리한 증언을 하는 사람은,

번히 상징적으로 사용되는데, 16절에 나타나는 문자적인 의미의 충고 대상이 되고 있다. 17절과도 연결되어 있다. 이것은 즐거운 동반자를 나타내는 표상이 된다. 24:13; 25:27; 27:7을 보라. **25:20** 이 구절은 문맥의 중요성을 강조한다. 27:14를 보라. **25:21-22** 원수의 유익을 구하는 것에 대한 더 자세한 내용은 24:17-18을 보라. 이 구절들은 롬 12:20에 인용되고 있다. **25:24** 24절과 21:9는 서로 중복되는 것이다.

추가 설명: 말하기, 듣기, 침묵하기

말 혹은 혀의 사용과 말의 남용은 잠언의 주된 관심사 중의 하나이다. 말하기, 듣기, 침묵하기는 매 장마다 언급되어 있으며, 종종 많은 중요 구절마다 언급되어 있다. 게다가, 잠언 자체는 말을 적절히 사용하는 예로서 제시되고 있으며, 현인은 말이라는 도구를 이용하여 이 잠언을 집대성해서 작성하고 있다.

이 책은 말을 적절히 사용하는 것에 대하여 가르치기 위한 일반적인 원칙을 드러내고 있다. 1—9장에서는 청중들의 역할은 잘 듣고 배워서 신뢰할 만한 말을 하는 사람(아버지, 어머니, 지혜, 그리고 지금 가르치고 있는 현인)과 거짓된 말을 하는 사람(간음하는 여자와 부도덕한 여인)을 식별하는 것이다. 10—15장은 언어와 그것을 사용하는 자들에 대한 기본적인 가치에 대해 말하고 있으며, 동시에 의로운 사람, 그리고 지혜로운 이들의 말을 긍정적인 관계로 상정하고 있으며, 반대로 악인과 어리석은 이들의 말을 부정적인 연관성으로 표현하고 있다. 청중들은 여전히 듣는 사람이며, 책망이 부드럽고 사려 깊은 언어와 더불어, 언어의 긍정적인 사례로 강조되면서, 몇 가지 언어의 부정적인 사례가 언급되어 있다 (거짓 증거, 못된 전령). 나머지 장들에서는 생도들이 지속적으로 좀 더 구체적으로 긍정적이거나 부정적인 가르침에 대하여 배우는 동안에, 훈육이 지속적으로 중요한 자리를 차지한다. 25—27장에서는 특정한 상황에 걸맞은 적절한 말을 사용하는 것에 대하여 강조하고 있다. 어리석은 말이 조롱거리가 되고 있다. 28—29장은 정직성에 대하여 강조한다. 30:5-14는 말의 부정적인 기능에 대하여 언급한다. 그리고 31장은 사회정의에 대하여 강조하고 있으며 (8-9절), 유능한 여인에 대하여 칭찬하고 있다 (29절).

시종일관 되게, 현인은 적절하게 사용된 말에 대한 높은 신뢰를 표현하고 있다. 이것은 말하기 전에 생각하는 것과 그것이 현명한 경우에 침묵을 지키는 것 등을 포함한다. 현인은 또 악하게 쓰인 말의 치명적인 결과에 대하여도 강조한다 (12:6, 18; 16:27; 21:6; 25:18; 26:6, 9, 18-19).

일반적으로, 현인은 절제된 반응, 현명한 말, 기도, 그리고 적절한 침묵을 승인하고 있으며, 반대로 중상, 악한 말, 수군거림, 다툼, 법정 시비, 조급한 말 (서둘러 맹서하는 것을 포함), 문맥과 동떨어진 말 등을 비난하고 있다. 스스로의 말을 절제하는 것에 대한 표현은 이스라엘에서 유래했다기보다는 이집트의 지혜전승에서 현저하게 드러나는 수사학적 표현이다. 이집트의 전승에서는 절제의 중요성과 동시에 말을 하지 말아야 할 때를 아는 것의 중요성을 특별히 강조하고 있다.

종종 이와 같은 격언들은 말을 하는데 사용되는 신체기관들(입, 입술, 혀)을 말 자체를 의미하기 위한 암호처럼 사용한다. 이와 같은 전통은 신약성경 야고보서에서도 계속된다. 신체의 다른 언어관련 기관들이 개념적으로 비교가 가능한 반면, 비유의 궁극적인 선택은 추구하는 표상에 달려있다. 입은 함정으로 쓰이고, 혀는 무기(칼)로 쓰인다.

망치요, 칼이요, 뾰족한 화살이다.
19 환난을 당할 때에,
진실하지 못한 사람을 믿는 것은,
마치 썩은 이와
뼈가 부러진 다리를
의지하는 것과 같다.
20 마음이 상한 사람 앞에서
즐거운 노래를 부르는 것은,
추운 날에 옷을 벗기는 것과 같고,
상처에 초를 붓는 것과 같다.

21 네 원수가 배고파 하거든
먹을 것을 주고,
목말라 하거든 마실 물을 주어라.
22 이렇게 하는 것은,
그의 낯을 뜨겁게 하는 것이며,
주님께서 너에게
상으로 갚아 주실 것이다.

23 북풍이 비를 일으키듯,
헐뜯는 혀는
얼굴에 분노를 일으킨다.
24 다투기를 좋아하는 여자와
넓은 집에서 함께 사는 것보다,
차라리 다락 한 구석에서
혼자 사는 것이 더 낫다.

25 먼 데서 오는 기쁜 소식은
목이 타는 사람에게 주어지는
냉수와 같다.
26 의인이 악인 앞에 무릎을 꿇는 것은,
흐려진 샘물과 같고,
오염된 우물물과 같다.
27 꿀도 너무 많이 먹는 것은
좋지 않듯이,
영예를 지나치게 구하는 것은
좋지 않다.
28 자기의 기분을
자제하지 못하는 사람은,
성이 무너져 성벽이 없는 것과 같다.

미련한 사람이 되지 말아라

26 1 미련한 사람에게는
영예가 어울리지 않는다.
이는 마치
여름에 눈이 내리는 것과 같고,
추수 때에 비가 오는 것과 같다.
2 까닭없는 저주는
아무에게도 미치지 않으니,
이는 마치 참새가 떠도는 것과 같고,
제비가 날아가는 것과 같다.
3 말에게는 채찍, 나귀에게는 재갈,
ㄱ)미련한 사람의 등에는
매가 필요하다.
4 미련한 사람이
어리석은 말을 할 때에는
대답하지 말아라.
너도 그와 같은 사람이 될까 두렵다.
5 미련한 사람이
어리석은 말을 할 때에는
같은 말로 대응하여 주어라.
그가 지혜로운 체할까 두렵다.

6 미련한 사람을 시켜서
소식을 보내는 것은,
제 발목을 자르거나
폭력을 불러들이는 것과 같다.
7 미련한 사람이 입에 담는 잠언은,
저는 사람의 다리처럼 힘이 없다.
8 미련한 사람에게
영예를 돌리는 것은,
무릿매에 돌을 올려놓는 것과 같다.
9 미련한 사람이 입에 담는 잠언은,
술 취한 사람이 손에 쥐고 있는
가시나무와 같다.

10 미련한 사람이나

ㄱ) 1:22의 주를 볼 것

1101쪽에 있는 추가 설명: "가족관계"를 보라. **25:27** 꿀. 이것은 좋은 이미지를 말하는 것이다. 24:14; 25:16; 27:7을 보라. **26:3** "미련한 사람의 등에는 매가 필요하다"는 표현을 10:13과 대조해 보라. **26:4-5** 한 쌍의 절들이 상반되는 충고를 한다. 이렇게 상반되는 두 절을 병렬시키는 것은 상황적인 성격을 띤 지혜를 강조하는 것이다: 현인은 언제 어떤 말이 적용되어야 할지를 안다. 어리석은 자 앞에서 말하는 것에 대하여는 23:9도 참조하라. **26:7-9** 미련한 사람이 잠언을 사용할 경우에 스스로에게(7절)나 타인에게 (9절) 끼칠 위험성에 대 하여 논한다. 이 구절들은 판단력과 특정한 상황에 유의하는 주의력이 이와 같은 형식의 지혜를 적절히 활용하는데 있어서 절대적이라는 개념을 강조하고 있다. **26:12** *너는 스스로 지혜롭다 하는 사람을 보았을*

지나가는 사람을 고용하는 것은,
궁수가
닥치는 대로
사람을 쏘아대는 것과 같다.
11 개가 그 토한 것을 도로 먹듯이,
미련한 사람은
어리석은 일을 되풀이한다.
12 너는 스스로 지혜롭다 하는 사람을
보았을 것이나,
그런 사람보다는
오히려 미련한 사람에게
더 희망이 있다.

13 게으른 사람은 핑계 대기를
"길에 사자가 있다.
거리에 사자가 있다" 한다.
14 문짝이
돌쩌귀에 붙어서 돌아가듯이,
게으른 사람은
침대에만 붙어서 뒹군다.
15 게으른 사람은
밥그릇에 손을 대고서도,
입에 떠 넣기조차 귀찮아한다.
16 게으른 사람은
재치 있게 대답하는 사람 일곱보다
자기가 더 지혜롭다고 생각한다.

17 자기와 관계없는 싸움에
끼어드는 것은,
사람이 개의 귀를 붙잡는 것과 같다.
18 횃불을 던지고 화살을 쏘아서
사람을 죽이는 미친 사람이 있다.
19 이웃을 속이고서도
"농담도 못하냐?"
하고 말하는 사람도 그러하다.
20 땔감이 다 떨어지면 불이 꺼지듯이,
남의 말을 잘하는 사람이 없어지면
다툼도 그친다.
21 숯불 위에 숯을 더하는 것과,
타는 불에 나무를 더하는 것과 같이,
다투기를 좋아하는 사람은
불난 데 부채질을 한다.
22 헐뜯기를 잘하는 사람의 말은
맛있는 음식과 같아서,
뱃속 깊은 데로 내려간다.

23 악한 마음을 품고서
말만 ㄱ)매끄럽게 하는 입술은,
ㄴ)질그릇에다가
은을 살짝 입힌 것과 같다.
24 남을 미워하는 사람은
입술로는 그렇지 않은 체하면서,
속으로는 흉계를 꾸민다.
25 비록 다정한 말을 한다 하여도
그를 믿지 말아라.
그의 마음 속에는 역겨운 것이
일곱 가지나 들어 있다.
26 미운 생각을
교활하게 감추고 있다 하여도,
그 악의는
회중 앞에서 드러나기 마련이다.

27 함정을 파는 사람은
자기가 그 속에 빠지고,
돌을 굴리는 사람은
자기가 그 밑에 깔린다.
28 거짓말을 하는 혀는
흠 없는 사람의 원수이며,
아첨하는 사람은
자기의 신세를 망친다.

ㄱ) 칠십인역을 따름. 히, '열변을 토하는' ㄴ) 마소라 본문에는 '질그릇 위의 은찌꺼기와 같다'. 붙어 있는 히브리 자음 본문을 어떻게 끊어 읽느냐에 따라 뜻이 달라지는 예

것이나. 3:7을 보라. 12b절은 히브리어 본문 29:20에서 동일하게 되어 있다. **26:13** 유사하지만 덜 생생한 표현이 22:13에 나타난다. **26:15** 거의 동일한 반복이 19:24에 있다. **26:16** *제 딴에.* 문자적으로 "자신의 눈에는" 라는 뜻이다. 3:7을 보라. **27:7** 지나친 정도의 꿀에 대하여는 15:16, 27을 보라. 그리고 꿀의 유익에 대하여는 24:13을 보라. **27:13** 이 구절은 6:11과 거기 인용된 성구들을 참조하라. 비록 이 구절은 20:16을 그대로 반복하고 있지만, 27:13의 *모르는 사람*은 히브리어에서는 외국 여인을 지칭한다. **27:14** 문맥의 중요성에 대하여는 25:20을 보라. **27:15** 이 구절에 대하여는 21:9와 1101쪽 추가 설명: "가족관계"를 보라. **27:20** *스올과 멸망의 구덩이* (혹은 *아바돈*). 지하세계를 표현하는 동의어이다 (1:12; 15:11을 보라). **27:21** "도가니는 은을, 화덕은 금을 단련하듯이"는 17:3a를 반복한다. 하지만 후반절은 다르다. *칭찬.* 문자 그대로 "자신의 칭찬에 의하여"를 의미한다. 이 구절의 뜻은 분명하지 않은데, 칭찬해 보아야 사람됨을

내일 일을 자랑하지 말아라

27 1 내일 일을 자랑하지 말아라.
하루 사이에
무슨 일이 생길지 알 수 없다.
2 네가 너를 칭찬하지 말고,
남이 너를 칭찬하게 하여라.
칭찬은 남이 하여 주는 것이지,
자기의 입으로 하는 것이 아니다.
3 돌도 무겁고 모래도 짐이 되지만,
어리석은 사람이
성가시게 구는 것은,
이 두 가지보다 더 무겁다.
4 분노는 잔인하고
진노는
범람하는 물과 같다고 하지만,
사람의 질투를
누가 당하여 낼 수 있으랴?

5 드러내 놓고 꾸짖는 것이,
숨은 사랑보다 낫다.
6 친구의 책망은 아파도
진심에서 나오지만,
원수의 입맞춤은 거짓에서 나온다.
7 배부른 사람은 꿀도 지겨워하지만,
배고픈 사람은 쓴 것도 달게 먹는다.

8 고향을 잃고 떠도는 사람은,
둥지를 잃고 떠도는 새와 같다.
9 향유와 향료가
마음을 즐겁게 하듯이,
친구의 다정한 충고가 그와 같다.
10 너의 친구나 너의 아버지의 친구를
저버리지 말아라.
네가 어렵다고
친척의 집을 찾아 다니지 말아라.
가까운 이웃이 먼 친척보다 낫다.

11 내 아이들아,
지혜를 깨우치고,
나의 마음을 기쁘게 하여라.
그러면 나를 비방하는 사람에게,
내가 대답할 수 있겠다.
12 슬기로운 사람은
재앙을 보면 숨어 피하지만,
ㄱ)어수룩한 사람은
고집을 부리고 나아가다가
화를 입는다.
13 남의 보증을 선 사람은
자기의 옷을 잡혀야 하고,
모르는 사람의 보증을 선 사람은
자기의 몸을 잡혀야 한다.
14 이른 아침에
큰소리로
이웃에게 축복의 인사를 하면,
그것을 오히려 저주로 여길 것이다.
15 다투기를 좋아하는 여자는,
비 오는 날
지붕에서
끊임없이 비가 새는 것과 같다.
16 그런 여자를 다스리려는 것은,
바람을 다스리려는 것과 같고,
손으로 기름을
가득 움켜 잡으려는 것과 같다.

17 쇠붙이는 쇠붙이로 쳐야
날이 날카롭게 서듯이,
사람도 친구와 부대껴야
지혜가 예리해진다.
18 무화과나무를 가꾸는 사람이
그 열매를 먹듯이,
윗사람의 시중을 드는 사람이
그 영화를 얻는다.
19 사람의 얼굴이 물에 비치듯이,
사람의 마음도
사람을 드러내 보인다.
20 스올과 멸망의 구덩이가
만족을 모르듯,
사람의 눈도 만족을 모른다.
21 도가니는 은을,
화덕은 금을 단련하듯이,
칭찬은 사람됨을 달아 볼 수 있다.
22 어리석은 사람은
곡식과 함께 절구에 넣어서
공이로 찧어도,
그 어리석음이 벗겨지지 않는다.

23 너의 양 떼의 형편을 잘 알아 두며,
너의 가축 떼에게 정성을 기울여라.
24 재물은 영원히 남아 있지 않으며,
왕관도
대대로 물려줄 수 없기 때문이다.
25 그러나 풀은
벤 뒤에도 새 풀이 돋아나니,
산에서 꼴을 거둘 수 있다.

ㄱ) 1:4의 주를 볼 것

26 어린 양의 털로는
너의 옷을 지어 입을 수 있고,
숫양으로는 밭을 사들일 수 있으며,
27 염소의 젖은 넉넉하여,
너와 너의 집 식구의
먹을 것뿐만 아니라,
너의 여종의
먹을 것까지 있을 것이다.

율법이 주는 유익

28 1 악인은
뒤쫓는 사람이 없어도
달아나지만,
의인은 사자처럼 담대하다.
2 나라에 반역이 일면,
통치자가 자주 바뀌지만,
슬기와 지식이 있는 사람이
다스리면,
그 나라가 오래간다.
3 가난한 사람을 억압하는
가난한 사람은
먹거리를 남김없이 쓸어 버리는
폭우와 같다.

4 율법을 버린 사람은
악인을 찬양하지만,
율법을 지키는 사람은
악인에게 대항한다.
5 악한 사람은 공의를 깨닫지 못하나,
주님을 찾는 사람은
모든 것을 깨닫는다.
6 부유하나
구부러진 길을 가는 사람보다는
가난해도 흠 없이 사는 사람이 낫다.

7 슬기로운 아들은 율법을 지키지만,
먹기를 탐하는 사람들과
어울리는 아들은
아버지에게 욕을 돌린다.
8 높은 이자로 재산을 늘리는 것은,
마침내,
가난한 사람들에게
은혜로 베풀어질 재산을
쌓아 두는 것이다.
9 귀를 돌리고 율법을 듣지 않으면,
그의 기도마저도 역겹게 된다.
10 정직한 사람을
나쁜 길로 유인하는 사람은
자기가 판 함정에 빠지지만,
흠 없이 사는 사람은 복을 받는다.
11 부자가 자기 보기에는 지혜롭지만,
가난하나 슬기로운 사람은
그 사람의 속을 꿰뚫어 본다.
12 정직한 사람이 이기면
많은 사람이 축하하지만,
악인이 일어나면 사람들이 숨는다.
13 자기의 죄를 숨기는 사람은
잘 되지 못하지만,
죄를 자백하고
그것을 끊어 버리는 사람은
불쌍히 여김을 받는다.
14 늘 두려워하는 마음으로
사는 사람은 복을 받지만,
마음이 완고한 사람은
재앙에 빠진다.

15 가난한 백성을 억누르는
악한 통치자는,
울부짖는 사자요, 굶주린 곰이다.
16 슬기가 모자라는 통치자는
억압만을 일삼지만,
부정한 이득을 미워하는 통치자는
오래도록 살 것이다.
17 사람을 죽인 사람은
함정으로 달려가는 것이니,
아무도 그를 막지 말아야 한다.

18 흠 없이 사는 사람은

알 수 있다는 의미일 수도 있고 칭찬으로 사람의 질을 훈련할 수 있다는 의미일 수도 있다.

28:1—29:27 악하고 먹기를 탐하는 사람은 이 부분에 나타나는 통상적인 악인들이다. **28:3** 가난한 이들을 억압하는 것에 대하여는 14:31과 22:16을 보라. **28:12** 공동체의 안녕과 의로운 혹은 악한 권세자간의 연관성에 관한 격언들 중에 하나이다. 11:10; 28:28; 29:2, 16을 보라. **28:19** 이 구절은 12:11의 부분적인 반복이다. **28:24** 자신의 부모를 학대하는 것에 대하여는 19:26과 1101쪽 추가 설명: "가족관계"를 보라. **28:28—29:2** 28:12의 주석과 거기 인용된 관련 성구들을 보라. **29:13** 유사하지만 덜 가치가 매겨진

구원을 받을 것이지만,
그릇된 길을 따라가는 사람은
언젠가는 한 번 넘어지고야 만다.
19 밭을 가는 사람은
먹을 것이 넉넉하지만,
헛된 것을 꿈꾸는 사람은
찌들게 가난하다.

20 신실한 사람은 많은 복을 받지만,
속히 부자가 되려는 사람은
벌을 면하지 못한다.
21 사람의 얼굴을 보고 재판하는 것은
옳지 않다.
사람은 빵 한 조각 때문에
그런 죄를 지을 수도 있다.
22 죄악에 눈이 어두운 사람은
부자가 되는 데에만 바빠서,
언제 궁핍이 자기에게 들이닥칠지를
알지 못한다.
23 아첨하는 사람보다는
바르게 꾸짖는 사람이,
나중에 고맙다는 말을 듣는다.
24 자기 부모의 것을 빼앗고도
그것이 죄가 아니라고 하는 사람은
살인자와 한패이다.
25 욕심이 많은 사람은
다툼을 일으키지만,
주님을 의뢰하는 사람은
풍성함을 누린다.
26 자기의 생각만을 신뢰하는 사람은
미련한 사람이지만,
지혜롭게 사는 사람은
구원을 받는다.

27 가난한 사람을 도와주는 사람은
모자라는 것이 없지만,
그를 못 본 체하는 사람은
많은 저주를 받는다.
28 악인이 일어나면
사람들은 숨어 버리지만,
그가 망하면 의인이 많이 나타난다.

상식

29 1 책망을 자주 받으면서도
고집만 부리는 사람은,
갑자기 무너져서
회복하지 못한다.
2 의인이 많으면 백성이 기뻐하지만,
악인이 권세를 잡으면
백성이 탄식한다.
3 지혜를 사랑하는 아들은
아버지를 기쁘게 하지만,
창녀에게 드나드는 아들은
재산을 탕진한다.
4 공의로 다스리는 왕은
나라를 튼튼하게 하지만,
뇌물을 좋아하는 왕은
나라를 망하게 한다.
5 이웃에게 아첨하는 사람은
그의 발 앞에
그물을 치는 사람이다.
6 악인이 범죄하는 것은
그 자신에게
올무를 씌우는 것이지만,
의인은 노래하며 즐거워한다.
7 의인은
가난한 사람의 사정을 잘 알지만,
악인은
가난한 사람의 사정쯤은
못 본 체한다.
8 거만한 사람은
성읍을 시끄럽게 하지만,
지혜로운 사람은
분노를 가라앉힌다.

9 지혜로운 사람이
어리석은 사람을 걸어서 소송하면,
어리석은 사람이
폭언과 야유로 맞서므로,
지혜로운 사람은 안심할 수 없다.
10 남을 피 흘리게 하기를
좋아하는 사람은
흠 없는 사람을 미워하지만,

격언들에 대하여 22:2를 보라. "주님은 이들 두 사람에게 똑같이 햇빛을 주신다"는 20:12b와 서로 비슷한 내용이다. **29:16** 이 구절은 28:12와 거기 인용된 성구들을 보라. **29:20** "미련한 사람에게 더 바랄 것이 있다"와 26:12b의 "오히려 미련한 사람에게 더 희망이 있다"는 히브리어 본문에서 똑같은 표현이다.

정직한 사람은
흠 없는 사람의 생명을 보살펴 준다.
11 미련한 사람은
화를 있는 대로 다 내지만,
지혜로운 사람은 화가 나도 참는다.

12 통치자가 거짓말에 귀를 기울이면,
그 신하들이 모두 악해진다.
13 가난한 사람과 착취하는 사람이
다 함께 살고 있으나,
주님은 이들 두 사람에게
똑같이 햇빛을 주신다.
14 왕이 가난한 사람을
정직하게 재판하면,
그의 왕위는
길이길이 견고할 것이다.

15 매와 꾸지람은
지혜를 얻게 만들어 주지만,
내버려 둔 자식은
그 어머니를 욕되게 한다.
16 악인이 많아지면
범죄가 늘어나지만,
의인은
그들이 망하는 것을 보게 된다.
17 너의 자식을 훈계하여라.
그러면 그가 너를 평안하게 하고,
너의 마음에 기쁨을 안겨 줄 것이다.

18 계시가 없으면 백성은 방자해지나,
율법을 지키는 사람은 복을 받는다.
19 말만으로는
종을 제대로 가르칠 수 없으니
다 알아들으면서도
따르지 않기 때문이다.
20 너도
말이 앞서는 사람을 보았겠지만,
그런 사람보다는 오히려
미련한 사람에게 더 바랄 것이 있다.
21 어릴 때부터 종의 응석을 받아 주면,
나중에는 다루기 어렵게 된다.
22 화를 잘 내는 사람은
다툼을 일으키고,
성내기를 잘하는 사람은
죄를 많이 짓는다.

23 사람이 오만하면 낮아질 것이고,
마음이 겸손하면
영예를 얻을 것이다.
24 도둑과 짝하는 사람은
자기의 목숨을
하찮게 여기는 사람이다.
그러므로
자기를 저주하는 소리를 들어도
아무런 반박을 하지 못한다.
25 사람을 두려워하면
올무에 걸리지만,
주님을 의지하면 안전하다.
26 많은 사람이
통치자의 환심을 사려고 하지만,
사람의 일을 판결하시는 분은
주님이시다.
27 의인은 불의한 사람을 싫어하고,
악인은 정직한 사람을 싫어한다.

아굴의 잠언

30 1 ㄱ)이것은 야게의 아들 아굴이 말한 잠
언이다. ㄴ)이 사람이 이디엘에게 말하고,
또 이디엘과 우갈에게 말하였다.

2 참으로 나는,
사람이라기보다는 우둔한 짐승이며,
나에게는 사람의 총명이 없다.
3 나는 지혜를 배우지도 못하였고,
지극히 거룩하신 분을 아는 지식도
깨우치지 못하였다.

4 하늘에 올라갔다가 내려온
사람이 누구며,
바람을 자기 손에 움켜 쥐고 있는
사람이 누구냐?

ㄱ) 또는 '이것은 마싸 사람 야게의 아들 아굴이 한 말이다.' 마싸를 '잠언', '경고'로 이해하지 않고 지명으로 이해한 것임 ㄴ) 또는 "그가 말하였다. '하나님, 저는 피곤합니다. 하나님, 저는 피곤합니다. 제가 어떻게 다시 힘을 되찾을 수 있습니까?'" 히브리어 자음 본문을 어떻게 끊어 읽느냐에 따라 번역이 이렇게 달라질 수 있음

30:1—33:31 교훈들과 이러한 교훈들을 생각해 볼 수 있는 자료들로 책을 끝맺는다. **30:1-33** 이해하기 어려운 질문들이 숫자의 형태로 연장된 격언들로 이어지고 있다. 이 장은 10—29장의 프로그램을 성공적으로 끝낸 이들을 위한 더 높은 수준의 (마치 대학원 수준 정도로) 지혜로 이해될 수 있다. **30:1-9** *아굴의*

물을 그 옷자락으로 싸고 있는
사람이 누구며
땅의 모든 경계선을 그은
사람이 누구인가?
그 사람의 이름은 무엇인지,
그의 아들의 이름은 무엇인지,
정말 네가 아느냐?

5 하나님의 말씀은 모두 순결하며,
그분은 그를 의지하는 사람의
방패가 되신다.
6 그 말씀에 아무것도 더하지 말아라.
그렇지 않으면
그분이 너를 책망하시고,
너는 거짓말을 하는 사람이
될 것이다.

헌신의 잠언

7 주님께 두 가지 간청을 드리니,
제가 죽기 전에
그것을 이루어 주십시오.
8 허위와 거짓말을
저에게서 멀리하여 주시고,
저를 가난하게도 부유하게도
하지 마시고,
오직 저에게 필요한
양식만을 주십시오.
9 제가 배가 불러서,
주님을 부인하면서
'주가 누구냐'고
말하지 않게 하시고,
제가 가난해서, 도둑질을 하거나
하나님의 이름을 욕되게 하거나,
하지 않도록 하여 주십시오.

10 주인에게
그 종을 비방하는 말을 하지 말아라.
그 종이 너를 저주하고
너에게 죄가 돌아갈까 두렵다.

11 아버지를 저주하며
어머니를
축복하지 않는 무리가 있다.
12 더러운 것을
씻지도 않고
깨끗한 체하는 무리가 있다.
13 눈이 심히 높아서,
눈꺼풀을 치켜 올리고
남을 깔보는 무리가 있다.
14 이빨이 긴 칼과 같고
턱이 큰 칼과 같아서,
가난한 사람을
하나도 땅에 남기지 않고 삼키며
궁핍한 사람을 삼켜
씨를 말리는 무리도 있다.

15 거머리에게는
'달라, 달라' 하며 보채는 딸이
둘이 있다.
전혀 배부른 줄 모르는 것이 셋,
만족할 줄 모르는 것
넷이 있으니,

잠언. 이 부분의 범위는 명확하지 않다, 그러나 이 부분은 일련의 낙심된 불평들과 (30:1-3) 질문들(30:4)로 인간 지혜의 한계를 강조하고 있다. 이하는 하나님의 말씀의 신뢰성에 대한 단언들(30:5-6)로서 보다 전통적인 경건성을 띠고 있는 사람의 반응으로 이해될 수 있고, 혹은 1-6절의 화자가 반대에 대한 일종의 한계선을 긋는 것으로 이해될 수도 있다. 30:7-9의 기도는 이 장을 결론짓는 것으로 혹은 단독 단락으로 이해될 수도 있다. 이 부분에서는, 다른 대부분의 잠언과는 달리, *하나님*을 번역한 고유명사가 사용된 대신에 일반적인 용어인 주가 쓰이고 있다, 9절을 보라. **30:1** *이것은.* 개역개정과 NRSV는 "이 말씀"으로 번역했다. 어떤 학자들은 "이것"을 장소 이름으로 번역하기도 한다. 만약 이것이 말씀이라면, 이 말은 예언자적인 발언이다. "무거운 짐"도 가능한 번역이다. *이 사람이 이디엘에게 말하고. 하나님, 저는 피곤합니다,* 혹은 "하나님은 살아 계시지 않으시다." **30:2-3** 이 책 전체의 문맥을 고려해 볼 때, 29장에 해당하는 잠언을 배웠음에도 불구하고 지혜를 얻지 못하고 있다는 고백은 심각한 일이다. 하지만 이것은 인간이 아닌 하나님만이 최종적인 권위와 지혜를 소유하신다는 주장을 상기시켜 주는 것이다 (16:1의 주를 보라). **30:3** *거룩하신 분* (NRSV는 거룩한 이들). 이 본문이 만약 이스라엘 외에 다른 곳에서 유래했다면, 여기 NRSV가 사용한 *이들*의 복수는 판테온(pantheon)을 의미할 수 있다. 잠언의 문맥에서 보면, 여기 복수는 단수 "거룩하신 이"의 의미가 있으며, 9:10에 볼 수 있는 것과 같이 이스라엘의 하나님을 지칭하는 것이다. **30:4** 문학적인 형식을 고려해볼 때, 이 구절은 "누구도 그렇지 않다" 라는 대답을 기대하는 수사적인 효과를 노리는 질문들이다. 하지만 성서적인

16 곧 스올과
아기 못 낳는 태와
물로 갈증을 없앨 수 없는 땅과
만족하다고 말할 줄 모르는 불이다.

17 아버지를 조롱하며
어머니를 멸시하여,
순종하지 않는 사람의 눈은,
골짜기의 까마귀에게 쪼이고
새끼 독수리에게 먹힐 것이다.

18 기이한 일이 셋,
내가 정말 이해할 수 없는 일이
넷이 있으니,
19 곧 독수리가 하늘을 날아간 자취와,
뱀이 바위 위로 지나간 자취와,
바다 위로 배가 지나간 자취와,
남자가
여자와 함께 하였던 자취이다.

20 간음한 여자의 자취도 그러하니,
먹고도 안 먹었다고 입을 씻듯이
"나는 아무런 악행도
한 일이 없다" 한다.

21 세상을 뒤흔들 만한 일이 셋,
세상이 감당하지 못할 일이
넷이 있으니,
22 곧 종이 임금이 되는 것과,
어리석은 자가 배불리 먹는 것과,
23 꺼림을 받는 여자가
시집을 가는 것과,
여종이
그 안주인의 자리를
이어받는 것이다.

24 땅에서 아주 작으면서도
가장 지혜로운 것이 넷이 있으니,
25 곧 힘이 없는 종류이지만
먹을 것을 여름에 예비하는 개미와,
26 약한 종류이지만
바위 틈에 자기 집을 짓는 오소리와,
27 임금은 없으나
떼를 지어 함께 나아가는 메뚜기와,
28 사람의 손에 잡힐 것 같은데도
왕궁을 드나드는 도마뱀이다.

29 늠름하게 걸어 다니는 것이 셋,
위풍당당하게 걸어 다니는 것
넷이 있으니,
30 곧 짐승 가운데서 가장 강하여,
아무 짐승 앞에서도
물러서지 않는 사자와,
31 자랑스럽게 걷는 사냥개와,
숫염소와,
아무도 맞설 수 없는 임금이다.

32 네가 어리석어서 우쭐댔거나
악한 일을 도모하였거든,
너의 손으로 입을 막고
반성하여 보아라.
33 우유를 저으면 굳은 우유가 되고,
코를 비틀면 피가 나오듯,
화를 돋우면 분쟁이 일어난다.

왕에게 주는 충고

31

1 르무엘 왕의 잠언, 곧 그의 어머니가
그에게 교훈한 말씀이다.

2 내 아들아,
내가 무엇을 말할까?

전통에 입각해서 보면 두 번째와 네 번째 질문은 "하나님께서 그렇게 하셨다"는 대답을 내포하고 있다 (욥 38:5-11을 보라). **30:7-8** 허위와 거짓은 심각한 관심거리이다. 필요한 것을 충분히 가지고 있지만 지나치게 가지고 있지 않음에 대해 말한다. 비록 악한 부자들이 잠언 전반에 걸쳐 부정적인 공격의 대상이 되고 있지만, 예외적으로 이 구절들에서는 가난이나 부자 둘 다 경건에 이를 수 있음을 시사하고 있다. **30:10-33** 숫자와 기타 다양한 격언과 훈계들이다. **30:10-17** 부정적인 인물들에 대한 격언들이다. 사회 속에서의 해로운 상호작용이 공통적인 줄거리이다. **30:15c-16** 두세 개의 숫자 격언들의 첫 부분이 다수의 (x, x + 1) 상이한 격언들을 통해 같이 묶여져 있다. 30:18-19, 21-23, 24-28 (x의 요소 없이), 그리고 29:31을 보라.

31:1-31 여인의 이미지가 두드러지게 부각되는 두 부분으로 구성된 장으로 이를 통하여 잠언 전체가 마무리 되고 있다. 1-9절의 교훈은 위험한 여인들에 대하여 경고하는 어머니의 목소리이다. 10-31절의 시는 유능한 여자에 대한 찬미이다. **31:1-9** *르무엘.* 이스라엘 사람이지만 유다의 왕 중 이런 이름으로 알려진

내 태에서 나온 아들아,
내가 무엇을 말할까?
서원을 하고 얻은 아들아,
내가 무엇을 말할까?
3 여자에게 너의 힘을 쓰지 말아라.
여자는 임금도 망하게 할 수 있으니,
여자에게 너의 길을 맡기지 말아라.

4 르무엘아,
임금에게 적합하지 않은 일이 있다.
포도주를 마시는 것은
임금에게 적합한 일이 아니다.
독주를 좋아하는 것은
통치자들에게 적합한 일이 아니다.
5 술을 마시면 법을 잊어버리고,
억눌린 사람들에게
판결을 불리하게 내릴까 두렵다.
6 독한 술은 죽을 사람에게 주고,
포도주는
마음이 아픈 사람에게 주어라.
7 그가 그것을 마시고
자기의 가난을 잊을 것이고,
자기의 고통을
더 이상 기억하지 않을 것이다.
8 너는
벙어리처럼
할 말을 못하는 사람과 더불어,
고통 속에 있는 사람들의
송사를 변호하여 입을 열어라.
9 너는 공의로운 재판을 하고,
입을 열어,
억눌린 사람과
궁핍한 사람들의 판결을 바로 하여라.

유능한 아내

10 누가 유능한 아내를 맞겠느냐?
그 값은 진주보다 더 뛰어나다.
11 남편은 진심으로 아내를 믿으며
가난을 모르고 산다.
12 그의 아내는
살아 있는 동안,
오직 선행으로 남편을 도우며,
해를 입히는 일이 없다.
13 양털과 삼을 구해다가,
부지런히 손을 놀려
일하기를 즐거워한다.

14 또한 상인의 배와 같이,
먼 곳에서
먹거리를 구하여 오기도 한다.
15 날이 밝기도 전에 일어나서
식구들에게는 음식을 만들어 주고,
여종들에게는 일을 정하여 맡긴다.
16 밭을 살 때에는
잘 살펴본 다음에 사들이고,
또 자기가 직접 번 돈으로
포도원도 사서 가꾼다.
17 허리를 단단히 동여매고,
억센 팔로 일을 한다.
18 사업이 잘 되어가는 것을 알고,
밤에도 등불을 끄지 않는다.
19 한 손으로는 물레질을 하고,
다른 손으로는 실을 탄다.
20 한 손은 펴서 가난한 사람을 돕고,
다른 손은 펴서
궁핍한 사람을 돕는다.

왕은 없다. 그러므로 이것은 주변 국가에서 빌려온 교훈일 가능성이 있다. 이 부분은 위험한 여자(2:16-19; 5:3-14; 7:1-27; 9;13-17)와 권력자들의 음주에 관한 연장된 교훈으로 구성되어 있다. **31:8-9** 왕이 약자들을 잘 돌보도록 책임을 부과하는 것은 이스라엘과 그 주변 국가들에서 공통적으로 나타난다. **31:10-31** 유능한 (빼어난, 강한) 여자(아내)에 관한 아크로스틱 (acrostic poem, 각 행의 머릿자를 모으면 말이 되는 유희시) 시이다. 스물두 개의 각 절은 히브리 알파벳의 차례대로 시작된다. 여인은 사람과 동일하게 인격화된 지혜이다. 그녀의 수고는 인간 여인들의 수고이다. 그러나 그녀의 노고 전체를 다 종합해보면, 그 어떤 육체를 입은 여인도 감당할 수 없는 엄청난 것임을 알 수 있다. **31:30** *주님을 경외하는 여자.* 문자적으로는 "한 여인, 주님을 경외하다"이다. 이것은 아마도 주님(하나님)을 경외하는 것이 지혜의 근본(시작)이라는 것이 실현된 모습을 보여주기 위한 시도로 여겨진다.

21 온 식구를
홍색 옷으로 따스하게 입히니,
눈이 와도
식구들 때문에 걱정하는 일이 없다.
22 손수 자기의 이부자리를 만들고,
고운 모시 옷과
자주색 옷을 지어 입는다.

23 남편은 마을 원로들과 함께
마을회관을 드나들며,
사람들의 존경을 받는다.
24 그의 아내는
모시로 옷을 지어 팔고,
띠를 만들어 상인에게 넘긴다.
25 자신감과 위엄이 몸에 배어 있고,
ㄱ)미래에 대한 두려움이 없다.
26 입만 열면 지혜가 저절로 나오고,
혀만 움직이면
상냥한 교훈이 쏟아져 나온다.
27 집안 일을 두루 살펴보고,
일하지 않고 얻은 양식은
먹는 법이 없다.
28 자식들도 모두 일어나서,
ㄴ)어머니 업적을 찬양하고
남편도 ㄷ)아내를 칭찬하여 이르기를
29 "덕을 끼치는 여자들은
많이 있으나,
당신이 모든 여자 가운데
으뜸이오" 한다.
30 고운 것도 거짓되고,
아름다운 것도 헛되지만,
주님을 경외하는 여자는
칭찬을 받는다.
31 ㄹ)아내가 손수 거둔 결실은
ㅁ)아내에게 돌려라.
ㄹ)아내가 이룬 공로가
성문 어귀 광장에서
인정받게 하여라.

ㄱ) 또는 '다가올 날을' ㄴ) 히, '그 여자의' ㄷ) 히, '그 여자를' ㄹ) 히, '그 여자가' ㅁ) 히, '그 여자에게'

전도서

전도서라는 책의 이름은 히브리어 코헬렛(Qohelet)의 희랍어 번역이며, 동시에 이 책의 저자를 의미한다. 히브리어는 카할(qahal, "모이다" 혹은 "집합하다"를 의미)에서 유래되었으며, 케힐라 (qehilla, 회중) 라는 말과 연관되어 있다. 히브리어 형태를 볼 때, 이 말은 고유명사라기보다는 직함(title)을 의미한다. 이와 같이, 코헬렛은 이스라엘 회중에 어떤 특정한 관리(회중을 집합시키는 역할을 감당했던)를 의미하는 것으로 이해되고 있다. 번역본 중에 전도자를 교사로 번역할 때는 코헬렛을 백성을 가르치는 사람(12:9)으로 동일시한 후기의 사상을 반영하는 것이다. 전통적으로 번역해 온 "전도자"도 적절한 번역에 속한다. 전도서는 세상사를 민감하게 인식하고 있으며, 전도서의 가르침은 전통적인 "신학"과 동시대의 삶의 관심사들 사이에 지속적인 대화를 추구하고 있는 것이 특징이다. 이러한 면에서 보면, 전도서 저자는 그야말로 하나님의 길에 대하여 끊임없이 묵상하여 사람들에게 일상생활에서 어떻게 살아가야 할 것인지 가르치려했던 "실천 신학자"였다.

비록 전도서가 저자를 솔로몬 왕과 연관시키고 있기는 하나, 본문들에 나타난 독특한 언어들을 고려해볼 때, 이 책을 솔로몬 왕 당시나 포로생활을 하기 이전과 연관시킬 수는 없다. 이스라엘 역사 후기에 나타나는 히브리어 형식과 문학적인 특성들은 이 책이 포로생활 이후에 작성되었음을 시사해 주고 있다. 물론 학자들은 계속해서 저작 연대에 대하여 논쟁 중에 있다. 그럼에도 불구하고, 언어에서 드러나는 사회경제적인 측면들을 고려해보면 정치 경제적으로 아주 불안정했던 페르시아제국의 상황과 어울린다.

전도서는 *모든 것이 헛되다* 라는 주제의 선언으로 가장 잘 알려져 있다. "헛되다"로 번역된 히브리어는 문자 그대로 "호흡" 혹은 "증기"를 의미하며, 전도자는 이것을 삶의 덧없음, 불가사의 함, 신뢰할 수 없는 삶의 특성을 표현하기 위한 은유로 사용하고 있다. 그는 이 선언을, 인생 제반의 경험과 상황들에 대하여 적용하여, 무려 37번 외치고 있다. 이에 근거하여 대부분의 주석가들은 전도자를 인생에는 그 어떤 선한 것도 찾을 수 없다고 보는 극도의 염세주의자로 보기도 하고, 다른 부류의 학자들은 상대적으로 나타나는 지속적인 기쁨(즐길 것)을 주목하여, 그를 지치지 않는 낙관주의자로 보기도 한다.

이와 같은 대조적인 견해들은 이 책 자체에 내재하고 있는 긴장관계를 반영해 주고 있는 것이다. 종종, 전도서에서 일치하지 않는 것들을 합리화시키려는 시도들이 있어 왔다. 그렇지만, 점점 많은 학자들이 본문에 나타나는 불일치들이 실상 전도서가 전달하려고 하는 메시지의 요점을 포함하고 있다고 보고 있다. 전도서는 하나님에 대한 불가사의함을 강조하기 위하여, 그리고 인간사에 모든 확실성을 부인하기 위하여 세상에 일어나는 모든 모순들을 살피고 있다. 그렇지만 전도자가 무엇이 좋은 것인가를 알아보려는 일을 포기한 것은 아니며, 오히려 그는 삶을 최대한으로 즐기고 하나님을 경외하며 사는 것이 결국 하나님께서 인간들에게 허락하신 "기업"이라고 주장한다.

전도서의 문학적인 구조를 요약하는 것은 쉬운 일이 아니다. 전도서의 묵상들은 결코 조직적이라고 보기는 어려우며, 거의 한 주제에서 다른 주제로 옮겨가는 비비꼬는 형태를 취하고 있다. 이 말은, 전도서가 묵상들을 닥치는 대로 모아 놓은 글이라는 의미는 아니다. 오히려, 전도서는 폭넓은 구성을 보여준다. "헛되도다" 라는 어귀와 (1:2; 12:8) 인생과 죽음에 대한 두 개의 시적인 표현들로 틀이 잡혀져 있다 (1:3-11; 12:3-7). 더욱 전도서는 각각 현저한 후렴구로 구분될 수 있는 두 부분으로 구성되어 있다. 결론에서 주장된 *이것도 헛되다* 그리고 *바람을 쫓는 것과 같다*와 같은 구절들이 초반부 전체에 울려 퍼지고 있다. 그런가 하면 후반부는 *찾을 수 없고* 그리고 *발견할 수 없다*는 구절들로 끝나고 있다. 이 이상의 분명한 문학적인 형식을 찾는 것은 실상 쉬운 일이 아니다. 아마도 이것은 코헬렛(전도가)이 모든 세상 폭넓게 정렬되어 있지만 여전이 알기 어려운 채로 남아 있는 것을 반영하는 것인 듯하다.

전도서의 내용은 다음과 같다. 성경본문에 따라 세밀하게 조사할 필요가 있는 주석은 이 개요를 따를 것이며, 명확성을 기하기 위하여 더 보충하여 상세하게 설명될 것이다.

Ⅰ. 제목, 1:1
Ⅱ. 첫 부분: 모든 것은 헛되며 바람을 쫓는 것과 같음, 1:2—6:9
  A. 서론, 1:2-11
  B. 전도자의 실패, 1:12—2:26
  C. 인간들은 때를 알 수 없음, 3:1-22
  D. 인간관계에 대하여, 4:1-16
  E. 하나님 앞에서의 바른 태도와 행위, 5:1-7
  F. 만족할 줄 모르는 것의 어리석음과
    인생을 즐기는 윤리, 5:8—6:9
Ⅲ. 둘째 부분: 인간은 누구도 진정 유익한 것을 알 수 없음, 6:10—12:8
  A. 교량 역할을 하는 구절들, 6:10-12
  B. 수집된 잠언들: 영구히 선한 것은 없다, 7:1-14
  C. 의와 지혜의 교묘함, 7:15-29
  D. 중재의 문제성, 8:1-17
  E. 죽음과 즐거움의 생명력, 9:1-10
  F. 지혜의 효능과 취약성, 9:11—10:15
  G. 무능한 지도력에 대한 비판, 10:16-20
  H. 자발성과 근면의 가치, 11:1-6
  I. 인생을 즐길 것과 삶의 종점에 대한 최종적인 권면, 11:7—12:8
Ⅳ. 후기, 12:9-14

은니 피 이 (Eunny P. Lee)

세상만사 헛되다

1 1 다윗의 아들 예루살렘 왕 ㄱ)전도자의 말이다.
2 ㄱ)전도자가 말한다. 헛되고 헛되다.
헛되고 헛되다. 모든 것이 헛되다.
3 사람이 ㄴ)세상에서 아무리 수고한들,
무슨 보람이 있는가?
4 한 세대가 가고,
또 한 세대가 오지만,
세상은 언제나 그대로다.
5 해는 여전히 뜨고,
또 여전히 져서,
제자리로 돌아가며,
거기에서 다시 떠오른다.
6 바람은 남쪽으로 불다가
북쪽으로 돌이키며,
이리 돌고 저리 돌다가
불던 곳으로 돌아간다.
7 모든 강물이 바다로 흘러가도,
바다는 넘치지 않는다.
강물은 나온 곳으로 되돌아가,
거기에서 다시 흘러내린다.
8 만물이 다 지쳐 있음을
사람이 말로 다 나타낼 수 없다.
눈은 보아도 만족하지 않으며
귀는 들어도 차지 않는다.
9 이미 있던 것이
훗날에 다시 있을 것이며,
이미 일어났던 일이
훗날에 다시 일어날 것이다.
ㄴ)이 세상에 새 것이란 없다.
10 '보아라,
이것이 바로 새 것이다' 하고
말할 수 있는 것이 있는가?
그것은 이미 오래 전부터 있던 것,
우리보다 앞서 있던 것이다.
11 지나간 세대는 잊혀지고,
앞으로 올 세대도
그 다음 세대가
기억해 주지 않을 것이다.

지혜도 헛되다

12 나 ㄱ)전도자는 예루살렘에서 왕이 되어 이스

ㄱ) 히, '코헬렛'. '설교자' 또는 '교사' 또는 '총회의 인도자' ㄴ) 히, '해 아래'

1:1 이 책은 *전도자(교사)의 말*로 소개되고 있다 (잠 1:1; 10:1을 참조). 이와 같은 표제는 수집된 격언들을 정통성과 권위가 있는 것으로 소개하기 위해 사용된 표현인 것 같다. *다윗의 아들, 예루살렘의 왕.* 이 직함은 이스라엘 지혜의 최고의 지혜의 후원자요, 최고의 지혜와 부와 백성을 소유했던 왕 (왕상 3—11장) 솔로몬을 연상시켜 준다 (1:12를 보라). 하지만, 이 책은 전도자를 솔로몬이라는 이름으로 부르지는 않는다. 오히려 저자는 이후에 따라오는 묵상들에 대한 저자 자신의 신뢰성을 확보하기 위하여 솔로몬과 같은 인물을 사용하고 있다.

1:2—6:9 1:2-11 모든 것이 헛되다는 주제가 선언되고 있다. 수고로 가득 차 있는 이 세상은 인생에게 아무 유익이 없는 것이라는 것을 실례로 들어 묘사하고 있다. 히브리 문법의 형태를 풍부하게 사용하는데, 이 시 전체에서 사용되고 있는 능동형 분사형은 많은 활동들이 이루어지고 있는 듯한 인상을 준다 (1:4-8). 그러나 이후에 나오는 주해들은 (1:9-11) 궁극에 가서는 아무 것도 성취되지 않음을 단언하고 있다. **1:2** *헛되다.* 이 표현에 대하여는 서론을 보라. "모든"이라는 말은 1:3의 모든 수고를 미리 내다보면서 쓰고 있는 것이며, 인생은 세상에서 경험하게 되는 모든 종류의 현실들을 다 포함하고 있다. **1:3** 이 수사적 효과를 노리는 질문은 부정적인 대답을 기대한다. *수고.* 이것은 모든 인간의 활동들을 규정짓는 힘든 노동을 의미한다. **1:4-8** 이 시는 저자의 주된 관심사로 되어 있는 인간의 속성에 대한 언급으로 시작하고, 또한 끝마치고 있다. **1:4** *언제나 그대로다.* 개역개정은 "영원히 있도다"로 번역했는데, 새번역개정이 히브리어 동사의 의미를 더 잘 반영해 주는 번역이다. 이 단어의 요점은 영원성에 있는 것이 아니라 불변성에 있다. **1:5** *해는 여전히 뜨고, 또 여전히 져서, 제자리로 돌아가며.* 히브리어에서 "제자리로 돌아간다"라는 단어가 "숨을 헐떡이다" "숨이 막히다" 등을 의미하는 힘겨운 활동을 의미하는 것으로 되어 있다. 그래서 개역개정과 NRSV는 "빨리 돌아간다" 라고 번역했고, 공동번역은 "숨가삐 가다" 라고 번역했다. **1:8** *만물.* 인간의 "말"에 대한 언급이다. 인간의 활동들은 자연세계의 지친 활동들을 반영해 주는 것이다. **1:9-11** 세상에 새로운 것이 있다는 주장을 반박하는 이 주장은 1:3의 부정적인 판단을 정당화하는 역할을 하고 있다. 여기에는 과거와 미래를 구분하는 것이 없고, 그 어떤 중요한 것도 삶의 지루함을 깨뜨릴 수 없다.

1:12—2:26 전도자는 잘 알려진 장르인 왕의 자

라엘을 다스리는 동안에, 13 하늘 아래에서 되
어지는 온갖 일을 살펴서 알아 내려고 지혜를 짜며
심혈을 기울였다. 괴로웠다. 하나님은 왜 사람을
이런 수고로운 일에다 얽어매어 꼼짝도 못하게 하
시는 것인가? 14 ㄱ)세상에서 벌어지는 온갖 일
을 보니 그 모두가 헛되어 ㄴ)바람을 잡으려는 것과
같다.

15 구부러진 것은 곧게 할 수 없고,
없는 것은 셀 수 없다.

16 나는 장담하였다. "나는 지혜를 많이 쌓
았다. 이전에 예루살렘에서 다스리던 어느 누구도,
지혜에 있어서는 나를 뛰어넘지 못할 것이다. 지
혜와 지식을 쌓는 일에서, 나보다 더 많은 경험을
한 사람은 없다." 17 나는 또 무엇이 슬기롭고
똑똑한 것인지, 무엇이 얼빠지고 어리석은 것인
지를 구별하려고 심혈을 기울였다. 그러나 그처
럼 알려고 하는 그것 또한 바람을 잡으려는 것과
같은 일임을 알게 되었다.

18 지혜가 많으면 번뇌도 많고,
아는 것이 많으면 걱정도 많더라.

즐거움도 헛되다

2 1 나는 혼자서 이런 생각도 해 보았다. "내
가 시험삼아 너를 즐겁게 할 것이니, 너는 네
마음껏 즐겨라." 그러나 이것도 헛된 일이다.
2 알고 보니 웃는 것은 '미친 것'이고, 즐거움은
'쓸데없는 것'이다.

3 지혜를 갈망해 온 나는, 술로 내 육신을 즐
겁게 하고, 낙을 누려 보려고 마음먹은 적도 있다.
참으로 어리석게도, 이렇게 사는 것이 짧은 한평
생을 가장 보람 있게 사는 것이라고 생각하였다.

4 나는 여러 가지 큰 일을 성취하였다.
궁전도 지어 보고,
여러 곳에 포도원도 만들어 보았다.
5 나는 정원과 과수원을 만들고,
거기에
온갖 과일나무도 심어 보았다.
6 나무들이 자라나는 숲에
물을 대려고
여러 곳에 저수지도 만들어 보았다.
7 남녀 종들을 사들이기도 하고,
집에서
씨종들을 태어나게도 하였다.
나는 또한,
지금까지
예루살렘에 살던 어느 누구도
일찍이
그렇게 가져 본 적이 없을 만큼
많은 소와 양 같은
가축 떼를 가져 보았다.
8 은과 금, 임금들이 가지고 있던
여러 나라의 보물도 모아 보았으며,
남녀 가수들도 거느려 보았고,
남자들이 좋아하는
처첩도 많이 거느려 보았다.

9 드디어 나는
일찍이
예루살렘에 살던 어느 누구보다도
더 큰 세력을 가진 사람이 되었다.
지혜가 늘 내 곁에서
나를 깨우쳐 주었다.
10 원하던 것을 나는 다 얻었다.
누리고 싶은 낙은 무엇이든
삼가지 않았다.
나는 하는 일마다 다 자랑스러웠다.

ㄱ) 히, '해 아래' ㄴ) 또는 '바람을 먹고 사는 것과 같다' (호 12:1을 볼 것)

서전과 같은 형식을 이용하여 스스로를 왕으로 소개하며, 세상이 돌아가는 원리(1:13)와 인생에 무엇이 유익한가를 탐구해온 자신의 노력들을 기록하고 있다 (2:3). 왕의 자격으로 그동안 쌓아온 비범한 공적들을 기억하면서 말하고 있다. 그러나 이 본문에서는 전도자의 모든 노력이 허사로 돌아가고 있다. 저자가 상정하고 있는 왕으로서의 정체성은 모든 인간 노력이 허사로 돌아가는 것을 표현하기 위한 문학적인 도구로 사용하려는 것이다. **1:12-18** 전도자는 자기가 살펴서 알아 낸 것들을 알려준다. **1:13** 처음으로 그가 알아 낸 것은 하나님이 주신 불행한 집착이라고 단정한다. **1:16** 저자의 유래 없는 위대한 업적에 대한 주장은 솔로몬의 전설적인 지혜를 연상시켜준다 (왕상 10:7, 23을 보라). 하지만 이 주장은 풍자적으로 결국 지혜가 기껏 고통을 유발할 뿐이라는 결론에 이르게 한다. **2:1-11** 전도자는 왕이 이루어 놓은 업적을 기술하는 식으로 자기가 이룬 업적들의 목록을 기술하고 있다. **2:10** 몫 (*reward*). 몫의 히브리어의 의미는 "분깃"이며 이것은 할당된

이것은 내가 수고하여 얻은
나의 몫인 셈이었다.
11 그러나 내 손으로 성취한 모든 일과
이루려고 애쓴 나의 수고를 돌이켜보니,
참으로 ㄱ)세상 모든 것이 헛되고,
ㄴ)바람을 잡으려는 것과 같고,
아무런 보람도 없는 것이었다.

12 임금 자리를 이어받은 사람이
무엇을 할 수 있는가?
기껏해야 앞서 다스리던 왕이
이미 하던 일뿐이다.

슬기도 어리석음도 다 헛되다

무엇이 슬기로운 일이며,
무엇이 얼빠지고 어리석은 일인지
알려고 애를 써 보기도 하였다.
13 "빛이 어둠보다 낫듯이,
슬기로움이
어리석음보다 더 낫다"는 것,
14 "슬기로운 사람은 제 앞을 보지만,
어리석은 사람은
어둠 속에서 헤맨다"는 것,
이런 것은 벌써부터 알고 있다.
지혜있는 사람에게나
어리석은 사람에게나
똑같은 운명이
똑같이 닥친다는 것도 알고 있다.

15 그래서 나는 스스로 물었다. "어리석은
사람이 겪을 운명을 나도 겪을 터인데, 무엇을 더
바라고, 왜 내가 지혜를 더 얻으려고 애썼는가?"
그리고 나 스스로 대답하였다. "지혜를 얻으려는
일도 헛되다." 16 사람이 지혜가 있다고 해서 오
래 기억되는 것도 아니다. 지혜가 있다고 해도 어
리석은 사람과 함께 사람들의 기억에서 영원히 사
라져 버린다. 슬기로운 사람도 죽고 어리석은 사
람도 죽는다. 17 그러니 산다는 것이 다 덧없는
것이다. ㄱ)인생살이에 얽힌 일들이 나에게는 괴로
움일 뿐이다. 모든 것이 ㄴ)바람을 잡으려는 것처럼
헛될 뿐이다.

수고도 헛되다

18 ㄱ)세상에서 내가 수고하여 이루어 놓은 모
든 것을 내 뒤에 올 사람에게 물려줄 일을 생각하
면, 억울하기 그지없다. 19 뒤에 올 그 사람이
슬기로운 사람일지, 어리석은 사람일지, 누가 안
단 말인가? 그러면서도, ㄱ)세상에서 내가 수고를
마다하지 않고 지혜를 다해서 이루어 놓은 모든
것을, 그에게 물려주어서 맡겨야 하다니, 이 수고
도 헛되다.
20 ㄱ)세상에서 애쓴 모든 수고를 생각해 보
니, 내 마음에는 실망뿐이다. 21 수고는 슬기롭
고 똑똑하고 재능있는 사람이 하는데, 그가 받아
야 할 몫을 아무 수고도 하지 않은 다른 사람이 차
지하다니, 이 수고 또한 헛되고, 무엇인가 잘못된
것이다. 22 사람이 ㄱ)세상에서 온갖 수고를 마다
하지 않고 속썩이지만, 무슨 보람이 있단 말인가?
23 평생에 그가 하는 일이 괴로움과 슬픔뿐이고,
밤에도 그의 마음이 편히 쉬지 못하니, 이 수고 또
한 헛된 일이다.

24 사람에게는
먹는 것과 마시는 것,
자기가 하는 수고에서
스스로 보람을 느끼는 것,
이보다 더 좋은 것은 없다.
알고 보니,
이것도 하나님이 주시는 것,
25 ㄷ)그분께서 주시지 않고서야,
누가 먹을 수 있으며,
누가 즐길 수 있겠는가?

ㄱ) 1:3의 주를 볼 것 ㄴ) 1:14의 주를 볼 것 ㄷ) 칠십인역과 시리아어역을 따름. 히, '나를 떠나서는' 또는 '내가 없이는'

땅의 부분 혹은 유산을 의미한다. 저자는 이것을 비유적인 의미에서 수고의 불가피성과 즐거움의 유한성을 표현하는데 사용하고 있다. 이 말은 왕을 포함한 모든 인간이 복종할 수밖에 없는 시간과 공간의 유한성에 대하여 증거하는 것이다. **2:12-17** 어리석음을 넘어 슬기로움에서 오는 유익에도 한계가 있음을 말한다. 왜냐하면 죽음은 결국 모든 것을 평등하게 만들기 때문이다. **2:18-23** 수고의 문제는 내가 수고하여 이루어 놓은 모든 것을 내 뒤에 올 사람에게 물려주고 갈 수밖에 없다는 측면에서 더 심각해진다고 지적한다. 더욱이 상속자의 사람됨에 대해서는 누구도 보장할 수 없다. **2:24-26** 사람들은 기회가 허락하는 한 인생을 사는 동안 좋은 것을 즐기며 살아야 한다. 이 경구의 신학적인 근거를 제시하기 위해 하나님이 단락 끝에서

26 하나님이, 마음에 드는 사람에게는 슬기와
지식과 기쁨을 주시고, 눈 밖에 난 죄인에게는 모
아서 쌓는 수고를 시켜서, 그 모은 재산을 하나님
마음에 드는 사람에게 주시니, 죄인의 수고도 헛
되어서 ㄱ)바람을 잡으려는 것과 같다.

매사에 때가 있다

3 1 모든 일에는 다 때가 있다. 세상에서 일어
나는 일마다 알맞은 때가 있다.
2 태어날 때가 있고, 죽을 때가 있다.
심을 때가 있고, 뽑을 때가 있다.
3 죽일 때가 있고, 살릴 때가 있다.
허물 때가 있고, 세울 때가 있다.
4 울 때가 있고, 웃을 때가 있다.
통곡할 때가 있고,
기뻐 춤출 때가 있다.
5 돌을 흩어버릴 때가 있고,
모아들일 때가 있다.
껴안을 때가 있고,
껴안는 것을 삼갈 때가 있다.
6 찾아나설 때가 있고,
포기할 때가 있다.
간직할 때가 있고,
버릴 때가 있다.
7 찢을 때가 있고, 꿰맬 때가 있다.
말하지 않을 때가 있고,
말할 때가 있다.
8 사랑할 때가 있고, 미워할 때가 있다.
전쟁을 치를 때가 있고,
평화를 누릴 때가 있다.

9 사람이 애쓴다고 해서, 이런 일에 무엇을
더 보탤 수 있겠는가? 10 이제 보니, 이 모든 것은,
하나님이 사람에게 수고하라고 지우신 짐이다.
11 하나님은 모든 것이 제때에 알맞게 일어나도록
만드셨다. 더욱이, 하나님은 사람들에게 과거와
미래를 생각하는 감각을 주셨다. 그러나 사람은,
하나님이 하신 일을 처음부터 끝까지 다 깨닫지는
못하게 하셨다. 12 이제 나는 깨닫는다.
기쁘게 사는 것,
살면서 좋은 일을 하는 것,
사람에게
이보다 더 좋은 것이 무엇이랴!
13 사람이 먹을 수 있고, 마실 수 있고, 하는
일에 만족을 누릴 수 있다면, 이것이야말로 하나
님이 주신 은총이다. 14 이제 나는 알았다. 하나
님이 하시는 모든 일은 언제나 한결같다. 거기에
다가는 보탤 수도 없고 뺄 수도 없다. 하나님이 이
렇게 하시니 사람은 그를 두려워할 수밖에 없다.

15 지금 있는 것 이미 있던 것이고,
앞으로 있을 것도 이미 있는 것이다.
하나님은 ㄴ)하신 일을 되풀이하신다.

16 나는 ㄷ)세상에서
또 다른 것을 보았다.
재판하는 곳에 악이 있고,
공의가 있어야 할 곳에 악이 있다.
17 나는 마음 속으로 생각하였다.
"의인도 악인도
하나님이 심판하실 것이다.
모든 일에는 때가 있고,
모든 행위는
심판받을 때가 있기 때문이다."

ㄱ) 1:14의 주를 볼 것 ㄴ) 또는 '과거를 다시 불러 오신다' 또는 '지나간 것을 다시 찾으신다' ㄷ) 1:3의 주를 볼 것

다시 소개된다. **2:24** *하나님께서 주시는 것* (9:1, 하나님이 조정하시는 것). 이것은 하나님의 섭리하시는 돌봄과 절대주권 두 가지 다를 의미한다. 개역개정은 "하나님의 손에서 나오는 것;" 공동번역은 "하나님께서 손수 내리시는 것"으로 번역했음. 괴로운 집착을 가져다주시는 하나님은 (1:13) 즐거움을 가져다주실 수도 있다. 요점은 절대주권의 하나님은 선물을 허락하시는 데 있어 온전히 자유로우신 분이시다.

3:1-22 *시간에 대한 열거* (3:1-8). 모든 세상사에는 주기적인 질서가 있다는 인상을 준다. 그러나 다음에 나오는 산문 주해들(3:9-15)은 결국 하나님께서 인간이 헤아릴 수 없는 방식으로 시간을 결정해 가신다는 사실을 분명하게 알려주고 있다. **3:1-8** 1절에 있는 주제 진술이 뚜렷한 대조를 이루는 쌍들로 배열된 28개 항목에 의해 뚜렷하게 비교가 되어 있다. 기술된 사건들이 그 자체만으로 보아도 긍정적이거나 부정적일 수 있다. 그러나 문맥이 예상된 가치들을 뒤바꿔 놓을 수 있다. **3:9-15** 1절에서 제시된 원칙이 여기서는 더 명확한 신학적인 용어로 표현되고 있다. **3:11** 하나님은 모든 것을 제때에 알맞게 지으신 분이시다. 하나님은 또 인간에게 현재를 초월할 수 있는 감각도 허락해주셨다. 하지만 인류는 하나님이 행하신 일 전부를 깨달아 아는 능력은 없다. **3:12-14** 이 관찰은 두 가지 사실을 확신시켜 준다. 첫째는, 이해하기 불가능한 세상을 살아가면서 인간이 할 수 있는 최선의 것은 삶을 최대한으로 즐기는 것이다. 둘째는, 사람을 위한 하나님의 계획은 그들이 겸손하게 경외하는 마음으로 하나님 앞에 서는 것이다. **3:16-22** 전도자는 정의가 실행되지

18 나는 또 마음 속으로 생각하였다. "하나
님은, 사람이 짐승과 마찬가지라는 것을 깨닫게
하시려고 사람을 시험하신다. 19 사람에게 닥치
는 운명이나 짐승에게 닥치는 운명이 같다. 같은
운명이 둘 다를 기다리고 있다. 하나가 죽듯이
다른 하나도 죽는다. 둘 다 숨을 쉬지 않고는
못 사니, 사람이라고 해서 짐승보다 나을 것이 무
엇이냐? 모든 것이 헛되다. 20 둘 다 같은 곳으
로 간다. 모두 흙에서 나와서, 흙으로 돌아간다.
21 사람의 영은 위로 올라가고 짐승의 영은 아래
땅으로 내려간다고 하지만, 누가 그것을 알겠는
가?" 22 그리하여 나는, 사람에게는 자기가 하
는 일에서 보람을 느끼는 것보다 더 좋은 것은 없
다는 것을 알았다. 그것은 곧 그가 받은 몫이기 때
문이다. 사람이 죽은 다음에, 그에게 일어날 일들
을 누가 그를 데리고 다니며 보여 주겠는가?

억압, 수고, 우정

4 1 나는 또 ㄱ)세상에서 벌어지는 온갖 억압을
보았다. 억눌리는 사람들이
눈물을 흘려도,
그들을 위로하는 사람이 없다.
억누르는 사람들은
폭력을 휘두르는데,
억눌리는 사람들을
위로하는 사람이 없다.

2 그래서 나는, 아직 살아 숨쉬는 사람보다는,
이미 숨이 넘어가 죽은 사람이 더 복되다고 말하
였다. 3 그리고 이 둘보다는, 아직 태어나지 않
아서 ㄱ)세상에서 저질러지는 온갖 못된 일을 못 본
사람이 더 낫다고 하였다.

4 온갖 노력과 성취는 바로 사람끼리 갖는 경
쟁심에서 비롯되는 것임을 나는 깨달았다. 그러나
이 수고도 헛되고, ㄴ)바람을 잡으려는 것과 같다.

5 "어리석은 사람은
팔짱을 끼고 앉아서,
제 몸만 축낸다"고 하지만,
6 적게 가지고 편안한 것이,
많이 가지려고 수고하며
ㄴ)바람을 잡는 것보다 낫다.

7 나는 ㄱ)세상에서
헛된 것을 또 보았다.
8 한 남자가 있다.
자식도 형제도 없이 혼자 산다.
그러나 그는
쉬지도 않고 일만 하며 산다.
그렇게 해서 모은 재산도
그의 눈에는 차지 않는다.
그러면서도 그는 가끔,
"어찌하여 나는
즐기지도 못하고 사는가?
도대체 내가 누구 때문에
이 수고를 하는가?" 하고 말하니,

ㄱ) 1:3의 주를 볼 것 ㄴ) 1:14의 주를 볼 것

않는 것을 탄식하고 있다. **3:17** 전도자는 하나님께서 정의로 보복하실 것을 생각하며 자신을 위로하고 있다. 모든 것에 적당한 때가 있는 것처럼, 하나님의 심판에도 때가 있다. **3:18-21** 그러나 그는 인간의 영이 사후에 어떤 미래가 있는지에 대해서는 의문을 남긴 채 그저 죽음이 결국 모든 차이를 무마한다는 사실을 상기시켜 주고 있다. **3:22** 앞부분에 나타난 것처럼, 그는 기회를 포착하고 하나님께서 허락하신 좋은 것들을 즐기라는 교훈으로 결론을 맺는다. 전도서의 신학은 종종 세상에서 일어난 모든 일들에 대한 하나님의 예정이라는 관점에서 이해될 수 있다. 하나님이 삶이라는 연극에서 주인공으로 표현되고 있다. 히브리어 어원 "하는 것," "일하기," "행동함," "만들기" 등을 나타내는 말이 하나님과 연관되어 반복적으로 사용되고 있다. 그러나 이것이 인간의 역할을 전적으로 무시하고 있다는 뜻은 아니다. 사람들 역시 *애쓰는 자/일하는 자*로 불리고 있고 (9절), 그들은 *자기가 하는 일에서* 즐거움을 찾도록 강권받고 있다 (22절). 그들은 자기들에게 닥치는 일들에 적합하게 반응함으로 책임있는 행동을 선택할 수 있다.

4:1-16 4장에는 인간관계에 대한 다양한 측면들이 다섯 단락으로 산만하게 나누어져 있다. 주제어인 "둘"과 "보다 낫다" 라는 말로 이 부분들을 하나로 묶고 있다. **4:1-3** 현인은 억압이 만연한 것을 보고 있다. 억압을 당하는 이들이 억압하는 이들을 불쌍히 여기고 있다. 특별히 전도서 저자를 괴롭히고 있는 것은 억눌림을 당하는 사람들을 동정하거나 위로하는 사람이 없다는 사실이다. **4:4-6** 질투와 경쟁은 인간 매사의 배후에 깔려있는 해로운 충동과 동일시된다. **4:5** 손을 모음은 게으름에 대한 비유이다 (잠언 6:10; 24:33을 보라). 나태의 파괴적인 결과가 자기 살을 뜯어먹는 괴기한 것으로 묘사된다. **4:6** *편안한 것.* 활동이 없음을 의미하는 것이 아니고, 마음의 평정을 의미하는 것이다. 적은 가운데 만족하는 것이 나태함으로 인한 궁핍이나 과도한 노동의 대가로 얻는 많은 소유보다

그의 수고도 헛되고, 부질없는 일이다.
9 혼자보다는 둘이 더 낫다.
두 사람이 함께 일할 때에,
더 좋은 결과를
얻을 수 있기 때문이다.
10 그 가운데 하나가 넘어지면,
다른 한 사람이
자기의 동무를 일으켜 줄 수 있다.
그러나 혼자 가다가 넘어지면,
딱하게도, 일으켜 줄 사람이 없다.
11 또 둘이 누우면 따뜻하지만,
혼자라면 어찌 따뜻하겠는가?
12 혼자 싸우면 지지만,
둘이 힘을 합하면
적에게 맞설 수 있다.
세 겹 줄은 쉽게 끊어지지 않는다.

승진도 헛되다

13 아무리 나이가 많아도
신하의 직언을 듣지 않는 왕은
어리석다.
그보다는
가난할지라도
슬기로운 젊은이가 더 낫다.
14 한 나라의
가난한 집안에서 태어나서
젊어서 감옥살이를 하다가도
임금자리에 오를 수 있다.
15 내가 보니,
ㄱ)세상에서 살아 움직이는
모든 사람이,
왕의 후계자가 된 젊은이를 따른다.
16 한 왕이 다스리는 백성의 수가
셀 수 없이 많다 하여도,
그가 물러나면
어느 누구도
그의 업적을 찬양하지 않으니,
왕으로서 통치하는 것도 헛되며
ㄴ)바람을 잡으려는 것과
다를 바 없다.

하나님을 두려워하여라

5 1 하나님의 집으로 갈 때에,
발걸음을 조심하여라.
어리석은 사람은
악한 일을 하면서도 깨닫지 못하고,
제물이나 바치면 되는 줄 알지만,
그보다는 말씀을 들으러 갈 일이다.
2 하나님 앞에서 말을 꺼낼 때에,
함부로 입을 열지 말아라.
마음을 조급하게 가져서도 안 된다.
하나님은 하늘에 계시고,
너는 땅 위에 있으니,
말을 많이 하지 않도록 하여라.

3 걱정이 많으면 꿈이 많아지고,
말이 많으면
어리석은 소리가 많아진다.

4 하나님께 맹세하여서 서원한 것은
미루지 말고 지켜라.

ㄱ) 1:3의 주를 볼 것 ㄴ) 1:14의 주를 볼 것

낫다. **4:7-8** 그 다음으로 가족이나 공동체로부터 완전히 결별된 불쌍한 사람들에 대해 말한다. 그러한 격리된 상태에서 애써 수고하는 사람들은 상대적으로 즐길 만한 것도 없는 불쌍한 존재들이다. 이 부분에는 유일하게 "하는 것이 낫다" 라는 구절이 없다. **4:9-12** 대조적으로, 함께하는 삶은 많은 유익을 준다. 함께하는 삶은 위험한 여행길에 도움이 되고, 여럿이 합해질 때 힘이 생긴다. **4:13-16** 지혜의 실제적인 유익도 궁극적인 면으로 생각해 보면 일시적이다, 왜냐하면 그것들도 사회정치적인 역학관계에 따라 쉽게 뒤바뀔 수 있는 것들이기 때문이다. **4:15** 왕의 후계자가 된 *젊은이*를 따르는데, 히브리어의 의미는 아마도 다른 젊은이가 처음 젊은이를 계승했다는 의미로 "다음 젊은이"로 번역되어야 할 것이다: 대중은 누구든 왕위에 오르는 자를 따른다.

5:1-7 이 구절은 명령문으로 시작하여 명령문으로 마무리 짓고 있으며 (*발걸음을 조심하여라,* 1절; *하나님 두려운 줄만 알고 살아라,* 7절) , 하나님 앞에서 취하여야할 바람직한 태도에 대한 일련의 훈계를 제시하고 있다. **5:1** *발걸음.* 히브리어로는 "발들"을 의미하며, 이것은 인간의 행위를 은유적으로 표현하는 데 자주 사용되는 표현이다. 예언자들과 전도자는 귀를 기울여 듣는 것(혹은 "순종하는 것")이 재물을 바치는 것보다 중요하다고 가르쳤다 (삼상 15:22; 잠 21:3, 27; 사 1:12-17; 암 5:22-24). **5:2** 슬기로운 사람은 말을 하는 데 있어 신중을 기한다 (잠 10:19). 배후에 깔려 있는 신학적인 근거는 하나님이 가지고 계신 절대주권 사상이다. 시편 기자가 기록하듯이, "우리 하나님은 하늘에 계셔서, 하고자 하시면 어떤 일이든 이루신다"

하나님은 어리석은 자를 좋아하지 않으신다.
너는 서원한 것을 지켜라.
5 서원하고서 지키지 못할 바에는,
차라리 서원하지 않는 것이 낫다.
6 너는 혀를 잘못 놀려서
죄를 짓지 말아라.
제사장 앞에서
"내가 한 서원은 실수였습니다"
하고 말하지 말아라.
왜 너는 네 말로
하나님을 진노하시게 하려 하느냐?
어찌하여 하나님이
네 손으로 이룩한 일들을
부수시게 하려고 하느냐?

7 꿈이 많으면 헛된 것이 많고,
말이 많아도 그러하다.
오직 너는,
하나님 두려운 줄만 알고 살아라.

8 어느 지방에서든지
가난한 사람을 억압하고,
법과 정의를 짓밟아도,
너는 그것을 보고 놀라지 말아라.
높은 사람 위에 더 높은 이가 있어서,
그 높은 사람을 감독하고,
그들 위에는 더 높은 이들이 있어서,
그들을 감독한다.
9 한 나라에서 가장 소중한 것은
왕이다.
왕이 있으므로
백성은 마음놓고 농사를 짓는다.

부자가 된들 무엇하랴

10 돈 좋아하는 사람은,
돈이 아무리 많아도
만족하지 못하고,
부를 좋아하는 사람은,
아무리 많이 벌어도
만족하지 못하니,
돈을 많이 버는 것도 헛되다.

11 재산이 많아지면
돈 쓰는 사람도 많아진다.
많은 재산도 임자에게는 다만
눈요기에 지나지 않으니,
무슨 소용이 있는가?

12 적게 먹든지 많이 먹든지,
막일을 하는 사람은
잠을 달게 자지만,
배가 부른 부자는 잠을 편히 못잔다.

13 나는 ㄱ)세상에서
한 가지 비참한 일을 보았다.
아끼던 재산이, 그 임자에게
오히려 해를 끼치는 경우가 있다.

ㄱ) 1:3의 주를 볼 것

(시 115:3). 이것은 하나님이 우리의 기도를 감지하시지 못하는 일종의 냉담한 독재자라는 뜻이 아니다. 전도자는 하나님 앞에 나아가는 것 자체를 반대하는 것이 아니라, 부주의하게 나아가는 것에 대하여 경고하고 있는 것이다. **5:4-5** 전도자는 하나님께 서원하는 것의 엄중함에 대하여 (신 23:22-24), 그리고 그 서원을 소홀히 하는 것에 대하여 가르치고 있다. **5:6** *실수.* 히브리어는 무심코 범한 죄를 의미한다. (공동번역은 그래서 "경솔"로 번역했다.) *제사장.* 아마도 백성들이 자기들의 실수를 고백하던 성전의 제사장을 의미하는 것으로 보인다. (개역개정과 공동번역에는 "제사장"이라는 단어가 없고 NRSV는 "사자" 라고 번역했다.) 고의가 아니었다는 주장이 죄를 범한 사람을 무고하게 하지는 못 한다. **5:7** "하나님[을] 두려워함"은 고대 근동에서 종교(신앙)를 의미하는 가장 오래된 표현방식에 속하며 전도서를 포함한 지혜문학에 중요한 주제에 해당한다 (3:14; 5:6; 7:18; 8:12-13; 12:13). 이것은 인간을 무기력하게 만드는 공포를 의미하는 것이 아니라, 초월하시는 하나님에 대한 신비한 경외감을 의미한다. 하나님을 적절히 경외하는 사람은 우주 속에서 인간의 위치를 제대로 알고 있으며 스스로의 유한성을 겸허하게 받아들이는 사람이다.

5:8—6:9 이 구절은 전도서 전반부를 결론짓고 있는데, "들쭉날쭉한" 구조를 보여주고 있다. 맨 끝 (5:8-12; 6:7-9) 부분에서는 만족하지 못하는 사람들에 대하여 다루고 있다. 안쪽으로 들어가면서, 전도자는 이런저런 이유로 인생에 있어서 좋은 것들을 제대로 즐기지 못하는 사람들에 대한 사례들을 제시하고 있다 (5:13-17; 6:1-6). 중심 부분(5:18-20)에는 이런 인간의 한계성에 대한 하나님의 응답이 제시되고 있다. 주어진 삶을 즐기며 사는 것의 중요성을 제시한다. **5:8-12** 억압이 만연해 있는 것은 개개인의 지나친 탐욕과 연관되어 있다고 주장한다. **5:8** *높은 사람.* 새번역개정은 전도서의 저자가 공모와 타락을 관료체제의 산물로 보고 있

14 어떤 사람은 재난을 만나서,
재산을 다 잃는다.
자식을 낳지만,
그 자식에게
아무것도 남겨 줄 것이 없다.
15 어머니 태에서 맨몸으로 나와서,
돌아갈 때에도 맨몸으로 간다.
수고해서 얻은 것은
하나도 가져 가지 못한다.
16 또 한 가지 비참한 일을 보았다.
사람이 온 그대로 돌아가니,
바람을 잡으려는 수고를 한들
무슨 보람이 있는가?
17 평생 어둠 속에서 먹고 지내며,
온갖 울분과 고생과 분노에
시달리며 살 뿐이다.

18 그렇다. 우리의 한평생이 짧고 덧없는 것
이지만, 하나님이 우리에게 허락하신 것이니,
ㄱ)세상에서 애쓰고 수고하여 얻은 것으로 먹고 마
시고 즐거워하는 것이 마땅한 일이요, 좋은 일
임을 내가 깨달았다! 이것은 곧 사람이 받은 몫이다.
19 하나님이 사람에게 부와 재산을 주셔서 누리
게 하시며, 정해진 몫을 받게 하시며, 수고함으로
써 즐거워하게 하신 것이니, 이 모두가 하나님이
사람에게 주신 선물이다. 20 하나님은 이처럼,
사람이 행복하게 살기를 바라시니, 덧없는 인생
살이에 크게 마음 쓸 일이 없다.

6 1 나는 ㄱ)세상에서 또 한 가지, 잘못되고, 억
울한 일을 본다. 그것은 참으로 견디기 어려
운 것이다. 2 하나님이 어떤 사람에게는 부와 재
산과 명예를 원하는 대로 다 주시면서도, 그것들
을 그 사람이 즐기지 못하게 하시고, 엉뚱한 사람
이 즐기게 하시니, 참으로 어처구니가 없는 일이
요, 통탄할 일이다.

3 사람이 자녀를 백 명이나 낳고
오랫동안 살았다고 하자.
그가 아무리
오래 살았다고 하더라도,
그 재산으로
즐거움을 누리지도 못하고,
죽은 다음에
제대로 묻히지도 못한다면,
차라리 태어날 때에
죽어서 나온 아이가
그 사람보다 더 낫다.
4 태어날 때에 죽어서 나온 아이는,
뜻없이 왔다가
어둠 속으로 사라지며,
그 속에서 영영 잊혀진다.
5 세상을 보지도 못하고,
인생이 무엇인지 알지도 못한다.
그러나 이 아이는

ㄱ) 1:3의 주를 볼 것

다는 지배적인 견해를 반영하고 있다. 그러나 히브리어의 의미는 약자를 희생삼아 사회경제체제의 성공의 사닥다리를 오르고자 욕망하는 오만한 사람을 의미할 수 있다. **5:11** *눈요기에 지나지 않으니.* 이 표현은 즉각적인 쾌락을 의미한다. **5:13-17** 전도자는 스스로를 위해 재물을 축척하는 인간의 탐욕에 대한 그의 실망을 기록하고 있다. 그러나 격언은 결국에는 잃게 되는 재물을 축척하는 "어리석은 부자"에 대해 증거하고 있다 (눅 12:13-20을 참조하라). **5:14** 재난을 만난 욕심꾸러기에게 자식은 있지만 물려줄 유산은 없다는 것은 극한 비극이다. **5:15-16** 나오고 돌아가는 것은 출생과 죽음을 의미한다. 물질적인 부는 사람이 살아 있는 동안에만 즐길 수 있는 것이다.

5:18-20 중심되는 단락에서 전도자는 인생에 있어서 좋은 것들을 즐기며 살라는 그의 훈계를 반복하고 있다. 이 배후에는 부와 그것을 즐길 수 있는 능력을 주시는 분은 하나님이시라는 신학적인 사상이 내재되어 있다. **5:20** *크게 마음 쓸 일이 없다.* 히브리어 의미는 부정적인 금지 명령으로 이해 될 수도 있다: "그들은 심각하게 생각하지 말아야 한다." *사람이 행복하게 살기를 바라시니.* 히브리어 *마아네*에는 여러 가지 의미가 있다: (1) "분주하거나 몰두됨;" 그러므로, 행복하고 기쁘게 사는 것은 삶의 노고로부터 인간에게 기분전환을 시켜주는 긍정적인 것이다. (2) 다른 가능한 번역은 "응답함"이다. 이것은 삶을 즐기며 사는 것이 의지할 수 없는 인생을 어떻게 살아가야 할 것인지에 대해 질문하는 인간에 대한 하나님의 응답이라고 주장하는 저자의 언어 기교의 사례로 볼 수도 있다. 그래서 새번역개정은 "하나님은 이처럼, 사람이 행복하게 살기를 바라시니" 라고 번역했고, 개역개정은 "하나님이 그의 마음에 기뻐하는 것으로 응답하심이니라"고 번역한 것이다. **6:1-6** 전도자는 하나님이 인간에 대한 선물에 대하여 말하고 있으며 동시에 우리의 신경을 곤두서게 하는 예외적인 경우가 있음을 현실적인 안목으로 제시하고 있다. **6:1-2** 이 구절들은 5:18-20과 극도의 대조를 보여준다. 왜 이 사람이 그의 부를 즐기지 못하는가에 대하여는 명확한 설명이 없고, 엉뚱한 사람들이 부를 즐기고 있다고 우리에게 말해줄 뿐이다. **6:3-6** 모

그 사람보다
더 편하게 안식을 누리지 않는가!
6 비록 사람이
천 년씩 두 번을 산다고 해도,
자기 재산으로
즐거움을 누리지도 못하면
별 수 없다.
마침내는
둘 다 같은 곳으로 가지 않는가!

7 사람이 먹으려고
수고를 마다하지 않지만,
그 식욕을 채울 길은 없다.
8 슬기로운 사람이
어리석은 사람보다
나은 것이 무엇인가?
가난한 사람이
세상 살아가는 법을 안다고 해서,
무슨 소용이 있는가?
9 이것 또한 헛되고,
ㄱ)바람을 잡으려는 것과 같다.
가지고 있는 것으로 만족하는 것이,
욕심에 사로잡혀서
헤매는 것보다 낫다.

10 지금 있는 것은 무엇이든지,
이미 오래 전에 생긴 것이다.
인생이 무엇이라는 것도
이미 알려진 것이다.
사람은 자기보다 강한 이와
다툴 수 없다.

11 말이 많으면 빈 말이 많아진다. 많은 말
이 사람에게 무슨 도움을 주는가? 12 그림자처
럼 지나가는 짧고 덧없는 삶을 살아가는 사람에
게, 무엇이 좋은지를 누가 알겠는가? 사람이 죽은
다음에, ㄴ)세상에서 일어날 일들을 누가 그에게 말
해 줄 수 있겠는가?

지혜

7 1 명예가 값비싼 향유보다 더 낫고, 죽는 날
이 태어나는 날보다 더 중요하다.
2 초상집에 가는 것이
잔칫집에 가는 것보다 더 낫다.
살아 있는 사람은
누구나 죽는다는 것을
명심하여야 한다.
3 슬픔이 웃음보다 나은 것은,
얼굴을 어둡게 하는 근심이
마음에 유익하기 때문이다.
4 지혜로운 사람의 마음은
초상집에 가 있고
어리석은 사람의 마음은
잔칫집에 가 있다.

ㄱ) 1:14의 주를 볼 것 ㄴ) 1:3의 주를 볼 것

든 것을 소유한 사람에 대한 과장된 표현은 그 모든 좋은 것을 소유하고 있다고 해서 즐거움을 누릴 수 있도록 보충해 줄 수 없음을 설명하여 준다. 이 선고는 사생아에 비유되어 예리하게 설명되고 있다. 마지막 문장은 죽음의 불가피성에 대한 생각 때문에 돌발적으로 단축된다. **6:7-9** 현인은 만족해 할 줄 모르는 인간의 탐욕에 대하여 다시 언급한다. **6:7** *식욕.* 히브리 *네페쉬*는 "목구멍" 혹은 "식도"로 번역될 수 있으며, 종종 탐욕을 표현하는 데 사용된다. 이와 같은 표현은 가나안 신화에 나타나는 죽음의 신의 게걸스런 탐욕을 연상시켜 준다. 유사한 표현이 성경에서 약자들의 소유를 기꺼이 먹어치우는 탐욕스런 부자를 묘사하는 데 사용되고 있다 (시 73:9; 합 2:5). 이와 같이 탐욕은 사회, 심지어 우주적으로 치명적인 영향을 미친다는 것을 보여주고 있다. **6:9** *욕심에 사로잡혀서.* 히브리어는 "식욕"과 동일하다 (6:7을 보라).

6:10—11:6 **6:10-12** 이 "교량" 역할을 하는 구절들은 전도서 후반부에서 다시 다루게 될 것임을 알려주고 있다. 10절의 수동태는 간접적으로 하나님의 간섭을 언급하고 있으며, 하나님의 주권적인 결단과 하나님께 대항하는 것의 무익함을 단언하고 있다. 6:11-12의 세 수사적인 효과를 노리는 질문은 인간들이 세상 돌아가는 현상들을 변화시킬 수 없고, 무엇이 선한 것인지 결정할 수 없으며, 그리고 미래에 어떤 일이 일어날지 알 수 없다고 암시하고 있다. 사람들이 결국 알 수 없고, 말할 수도 없고, 밝힐 수도 없다는 주장은 이 책 나머지 부분을 통해 계속 나타난다. **7:1-14** 현인은 잠언의 다양한 수사적인 효과를 노리는 표현들을 동원하여 인생을 여러 각도에서 살펴 거기에 영구적으로 선한 것은 없다고 증명하려하고 있다. 이 글들은 주제가 되는 "좋은"(*토브*)이라는 말로 연결되고 있으며 6:12의 사람에게 무엇이 진정 좋은 것인가를 누구도 알 수 없다는 주장에 비추어 읽어야한다. 7:13-14의 신학적인 결론은 하나님이 번영과 재난을 둘 다 창조하셨다고 단언하고 있다. **7:1-12** 명예에 대한 격언은 사실상 사람이 죽은 이후에만 가능하다는 사실로 그 가치를 약화시키고 있다 (7:1). 이와 같은 풍자적인 설명은 7:2-

5 지혜로운 사람의 책망을 듣는 것이,
어리석은 사람의 노래를 듣는 것보다
더 낫다.
6 어리석은 사람의 웃음소리는
가마솥 밑에서
가시나무 타는 소리와 같다.
이 또한 헛되다.
7 탐욕은 지혜로운 사람을
어리석게 만들고,
뇌물은
지혜로운 사람의 마음을
병들게 한다.
8 일은 시작할 때보다
끝낼 때가 더 좋다.
마음은 자만할 때보다
참을 때가 더 낫다.
9 급하게 화내지 말아라.
분노는
어리석은 사람의 품에
머무는 것이다.
10 옛날이 지금보다
더 좋은 까닭이 무엇이냐고
묻지 말아라.
이런 질문은 지혜롭지 못하다.
11 지혜는
유산을 받는 것만큼이나
좋은 것이니,
ㄱ)이 세상에서 살면서
그 덕을 보기 때문이다.
12 돈이 사람을 보호하듯,
지혜도 사람을 보호한다.
그러나 지혜를 깨우쳐 아는 지식이
더 좋은 까닭은,
지혜가 그 사람의 목숨을
살려 주기 때문이다.

13 하나님이 하시는 일을
생각해 보아라.
하나님이 구부려 놓으신 것을
누가 펼 수 있겠는가?

14 좋은 때에는 기뻐하고,
어려운 때에는 생각하여라.
하나님은 좋은 때도 있게 하시고,
나쁜 때도 있게 하신다.
그러기에 사람은
제 앞일을 알지 못한다.

15 헛된 세월을 사는 동안에,
나는 두 가지를 다 보았다.
의롭게 살다가 망하는
의인이 있는가 하면,
악한 채로 오래 사는 악인도 있더라.
16 그러니 너무 의롭게 살지도 말고,
너무 슬기롭게 살지도 말아라.
왜 스스로를 망치려 하는가?
17 너무 악하게 살지도 말고,
너무 어리석게 살지도 말아라.
왜 제 명도 다 못 채우고,
죽으려고 하는가?
18 하나를 붙잡되,

ㄱ) 1:3의 주를 볼 것

4에서 계속되고 있다. 전도자는 슬픔을 선호해야 할 두 가지 이유에 대하여 설명한다. 죽음은 모든 인간이 겪게 되는 공통적인 한계이다 (7:2b). 참된 기쁨은 필연적으로 슬픔과 같이 온다 (7:3b). 전도서의 포괄적인 기쁨과 죽음에 대한 내용에서 보면, 기쁨이라고 하는 것은 고달픈 인생에 대한 단순한 치유가 아니며, 그것은 인간의 존재를 위한 일부이다. 기쁨과 슬픔은 인간이 경험하는 두 양극을 대변하는 것이다. 다른 쪽을 생각하지 않고 기쁨 혹은 슬픔 하나만을 택하는 것은 불가능하다. **7:5-6** *지혜로운 사람의 책망.* 전도서에서 중요한 주제이며 동시에 전도서를 가르치는 주된 방법이 기도 하다. *어리석은 자의 노래.* 이것은 실속 없이 공허하게 아첨하는 것을 의미한다. **7:7-10** 화를 내게 될 경우나 (7:9), 불운이 따르는 경우나 (7:10), 결과가 불확실한 경우에 직면하게 된다고 하더라도 (7:8) 인내할 것을 격려하는 격언들이다. **7:11** "하는 것보다 낫다" 라는 전달 형식을 깨고, 이 격언은 지혜가 유산을 상속받는 것만큼 좋은 것이라고 주장한다. **7:12** 보호(문자 그대로는 "그늘")는 종국적으로 신뢰할 수 없는 일시적인 구원을 의미한다. **7:13-14** 하나님이 세상에 일어나는 불가사의한 일들의 배후자로 동일시되고 있다. 결국, 인생은 좋은 일과 나쁜 일로 점철되어 있으며, 인간은 일이 일어나는 것에 따라 반응을 보이며 살게 되어 있다. **7:15-29** 이 부분은 두 부분으로 구성되어 있다. 첫 부분은 극도의 의로움이나 지혜는 불필요함을 보여주고 있으며 (7:15-22), 두 번째 부분은 지혜의 교묘함과 어리석음의 위험을 보여주고 있다 (7:29). **7:15-22** 현인은 의가 항상 공평하게 적용되고 있지 않는다는 사실을 주목하면서 이 구절을 시작한다. **7:16** *스스로를 망치려 하는가?* 히브리어 동사의 다른 것도 놓치지 않는 것이 좋다.
하나님을 두려워하는 사람은
극단을 피한다.

19 지혜는
슬기로운 한 사람을,
성읍을 다스리는 통치자 열 명보다
더 강하게 만든다.

20 좋은 일만 하고
잘못을 전혀 저지르지 않는 의인은
이 세상에 하나도 없다.

21 남들이 하는 말에
마음을 쓰지 말아라.
자칫하다가는
네 종이 너를 욕하는 것까지
듣게 된다.
22 너 또한 남을 욕한 일이 많다는 것을
너 스스로 잘 알고 있다.

23 나는 이 모든 것을
지혜로 시험해 보았다.
내가
"지혜 있는 사람이 되어야지" 하고
결심해 보았지만,
지혜가 나를 멀리하더라.
24 지혜라는 것이 무엇인지,
너무도 멀고 깊으니,
누가 그것을 알 수 있겠는가?

25 그래도 나는
한 곳으로만 정신을 쏟아 보았다.
지혜가 무엇인지,
사물의 이치가 어떤 것인지를,
연구하고 조사하고
이해하려고 하였다.
사악이 얼마나 어리석은 일이며,
우매가 얼마나 미친 일인지를
깨닫는 데에
정신을 쏟아 보았다.

26 나는 또,
올가미와 같은 여자
마음이 덫과 같고,
손이 쇠사슬과 같은 여자는
죽음보다 더 쓰다는 것을 알았다.
하나님을 기쁘게 해 드리는 남자는
그런 여자를 피할 수 있지만,
죄인은
그런 여자에게 걸려들고 말 것이다.

27 보아라, ㄱ)전도자가 말한다.
내가 깨달은 것은 이것이다.
사물의 이치를
하나하나씩 찾아가는데,
28 아직도 얻지 못하였지만,
다만 찾으면서 깨달은 것은 오로지,
천 명 가운데서

ㄱ) 히, '코헬렛'. '설교자' 또는 '교사' 또는 '총회의 인도자'

이 뜻에는 지나치게 슬기롭게 살려고 하거나 의롭게 살려는 것은 낙심과 우울증에 빠지게 한다는 의미를 포함하고 있다. **7:17** 동시에, 현인은 어리석은 사람이야말로 제명에 죽지 못한다는 전통적인 지혜를 변호하고 있다. **7:18** 전도자는 "중도" 라는 선상에서의 도덕적인 원칙을 확립해 주고 있는 것이 아니다. 그는 인생은 어떤 종류의 결백 무고하다는 가정도 버려야한다고 주장하며, 이런 측면에서 그는 오히려, *죄인이면서도 동시에 의롭다함을 받았다*는 종교개혁적인 개념을 기대하고 있다. 하나님을 경외하는 사람은 인간의 유한성과 가능성을 둘 다 인정하고 받아들여야 한다. **7:19-20** 지혜의 가치가 인정된다. 하지만 즉시 어떤 인간도 완전하게 의로울 수는 없다는 인식으로 이 가치를 상대화시키려고 한다 (이러한 이미지들에 대해 왕상 8:46; 시 14:1-3; 롬 3:10, 23을 보라). **7:21-22** 남을 헐뜯는 인간의 습성 그리고 남의 비판에 지나치게 신경을 쓰는 것은 인간의 불완전함을 증명하는 실제적인 증거들로 제시되고 있다. **7:23-29** 전도자는 지혜를 추구해온 자신의 여정을 기술한다. **7:23-25** 전도자는 전통적인 방법으로 지혜를 통달해 보려고 했으나, 심사숙고한 그의 탐구를 통해서도 그가 찾고자 했던 것을 발견하지 못했다. **7:26-28** 죽음, 덫, 쇠사슬 등의 이미지는 전통적인 지혜에 있어서 어리석음이 인간에게 미치는 치명적인 해로움을 생각나게 하여 주는 것들이다 (잠언 1—9장을 보라). **7:28b** 이 부분은 명확하지 않는데, 지극히 선한 남자는 간혹 있지만 지극히 선한 여자는 실상 존재하지 않는다고 주장하는 것으로 보인다. 그럼에도 불구하고, 이 구절의 의미가 여자를 상대적으로 낮추려는 의도보다는, 어리석음의 치명적인 위협과 지혜의 교묘함을 강조하려는 것으로 이해되어야 할 것이다.

남자 하나는 찾을 수 있어도,
천 명 가운데서
여자 하나는 찾지 못한다는 것이다.
29 그렇다.
다만 내가 깨달은 것은 이것이다.
하나님은 우리 사람을
평범하고 단순하게 만드셨지만,
우리가 우리 자신을
복잡하게 만들어 버렸다는 것이다.

8 1 어떤 사람이
지혜 있는 사람인가?
사물의 이치를 아는 사람이
누구인가?
지혜는 사람의 얼굴을 밝게 하고
굳은 표정을 바꾸어 준다.

왕에게 복종하라

2 ㄱ)나는 권한다. 왕의 명령에 복종하여라.
그것은 네가 하나님 앞에서 맹세한 것이기 때문
이다. 3 왕이 싫어하는 일은 고집하지 말고, 왕
앞에서는 물러나거라. 왕은 자기 마음대로 할 수
있는 사람이다. 4 왕의 말이 곧 최고의 법인데,
누가 감히 그에게 "왜 그렇게 하십니까?" 하고 말
할 수 있겠는가?
5 왕의 명령을 지키는 이는 안전하다.
지혜 있는 사람은
언제 어떻게
그 일을 하여야 하는지를 안다.
6 우리가 비록 장래 일을 몰라서
크게 고통을 당한다 해도,
모든 일에는 알맞은 때가 있고
알맞은 방법이 있다.
7 무슨 일이 일어날지 아무도 모른다.
앞으로 일어날 일을
말하여 줄 수 있는 사람이 누구인가?
8 ㄴ)바람을 다스려
그치게 할 수 있는 사람이 없듯이,
자기가 죽을 날을
피하거나
연기시킬 수 있는 사람도 없다.
전쟁이 일어나면
벗어날 사람이 없듯이,
악은 행악자를 놓아 주지 않는다.

악한 사람과 올바른 사람

9 나는 ㄷ)이 세상에서 벌어지는 모든 일을 살
펴보다가, 이 세상에는 권력 쥔 사람 따로 있고,
그들에게 고통받는 사람 따로 있음을 알았다.
10 나는, 악한 사람들이 죽어서 무덤에 묻히는
것을 보았다. 그런데 사람들은 장지에서 돌아오
는 길에 그 악한 사람들을 칭찬한다. 그것도 다른
곳이 아닌, 바로 그 악한 사람들이 평소에 악한 일
을 하던 바로 그 성읍에서, 사람들은 그들을 칭찬
한다. 이런 것을 보고 듣노라면 허탈한 마음 가눌
수 없다.
11 사람들은 왜 서슴지 않고 죄를 짓는가?
악한 일을 하는데도 바로 벌이 내리지 않기 때문
이다. 12 악한 사람이 백 번 죄를 지어도 그는
여전히 살아 있다. 사람들은 말한다.
"하나님 앞에 경건하게 살면서
하나님을 두려워하는 사람은
모든 일이 다 잘 되지만

ㄱ) 히, '나는 왕의 명령에 복종한다' ㄴ) 또는 '생기를 주장하여 생기로 머무르게 할 수 있는 사람이 없듯이' ㄷ) 1:3의 주를 볼 것

특별 주석

이 고대 현인이 남성 중심의 고대 사고방식을 반영하고 있다는 사실은 결코 의외가 아니다. 성경의 지혜문학은 종종 여자를, 사회의 긍정적이거나 부정적인 영향력의 상징으로, 위험한 미혹자 혹은 덕 있는 신부로 묘사한다. 주석가들은 여자들을 비인간화 할 여지가 있는 이와 같은 본문들의 유해 가능성을 반드시 인식하고 있어야 한다.

8:1-17 8장은 지혜의 교묘함을 다시 부각시키면서 시작한다 (히브리 본문은 "어떤 사람이 지혜 있는 사람인가?" 라고 읽혀질 수 있도록 모음 부호가 붙여져야 한다). 그 다음으로, 왕 앞에서의 적절한 처신에 대해 가르치는 일련의 전통적인 궁정지혜가 나타난다. 현인은 인간과 하나님의 권세에 대하여 말하려고 이 문학형식을 이용하고 있다 (1b-8절). 권력의 남용에 대한 생각은 (9절) 하나님의 응징이라는 주제에 이르게 한다 (10-14절). 본 장은 시작한 것과 동일한 방식으로 끝나고 있다: 지혜의 유한성에 관하여 (16-17절). **8:1b-8** 현명한 신하는 왕 앞에서 굳은 표정을 짓지 않는다 (1절). 그리고 적절히 행동하기 위하여 자신의 평정을 유지한다 (3절). **8:4-5** 히브리어의 "명령"을 사용하여, 현인은 *"왜 그렇게 하십니까?* 라는 말과 *언제 어떻게 그 일을 하여야 하는지를 안다*에 관한 이야기들을 적절하게 기술하고 있다 (욥 9:12; 시 115:3; 135:6; 전 6:10을

13 악한 자는
하나님을 두려워하지 않으니,
그가 하는 일이 잘 될 리 없으며,
사는 날이 그림자 같고
한창 나이에 죽고 말 것이다."
14 이 세상에서 헛된 일이 벌어지고 있다. 악
한 사람이 받아야 할 벌을 의인이 받는가 하면, 의
인이 받아야 할 보상을 악인이 받는다. 이것을 보
고, 나 어찌 헛되다고 말하지 않을 수 있겠는가?
15 나는 생을 즐기라고 권하고 싶다. 사람에
게, 먹고 마시고 즐기는 것보다 더 좋은 것이 ㄱ)세
상에 없기 때문이다. 그래야 ㄱ)이 세상에서 일하면
서, 하나님께 허락받은 한평생을 사는 동안에, 언
제나 기쁨이 사람과 함께 있을 것이다.
16 내가 마음을 다하여 지혜가 무엇인지를
알고자 하였을 때에, 그리고 땅 위에서 밤낮 쉬지
도 않고 수고하는 사람의 수고를 살펴보았을 때
에, 17 하나님이 하시는 모든 일을 두고서, 나
는 깨달은 바가 있다. 그것은 아무도 ㄱ)이 세상에
서 이루어지는 일을 이해할 수는 없다는 것이다.
그 뜻을 찾아보려고 아무리 애를 써도, 사람은 그
뜻을 찾지 못한다. 혹 지혜 있는 사람이 안다고 주
장할지도 모르지만, 그 사람도 정말 그 뜻을 알 수
는 없는 것이다.

모두 다 겪은 일

9 1 나는 이 모든 것을
마음 속으로 깊이
생각해 보았다.
그리고서 내가 깨달은 것은,
의로운 사람들과
지혜로운 사람들이 하는 일을
하나님이 조종하신다는 것,
그들의 사랑과 미움까지도
하나님이 조종하신다는 것이다.
사람은 아무도
자기 앞에 놓여 있는 일을
알지 못한다.
2 모두가 같은 운명을 타고 났다.
의인이나 악인이나,
착한 사람이나 ㄴ)나쁜 사람이나,
깨끗한 사람이나 더러운 사람이나,
제사를 드리는 사람이나
드리지 않는 사람이나,
다 같은 운명을 타고 났다.
착한 사람이라고 해서
죄인보다 나을 것이 없고,
맹세한 사람이라고 해서
맹세하기를 두려워하는 사람보다
나을 것이 없다.

3 모두가
다 같은 운명을 타고 났다는 것,
이것이 바로 ㄱ)세상에서 벌어지는
모든 잘못된 일 가운데 하나다.
더욱이, 사람들은
마음에 사악과 광증을 품고 살다가
결국에는 죽고 만다.
4 살아 있는 사람에게는,
누구나 희망이 있다.
비록 개라고 하더라도,
살아 있으면 죽은 사자보다 낫다.
5 살아 있는 사람은,
자기가 죽을 것을 안다.
그러나
죽은 사람은 아무것도 모른다.
죽은 사람에게는
더 이상의 보상이 없다.

ㄱ) 1:3의 주를 볼 것 ㄴ) 칠십인역(아퀼라역)과 불가타와 시리아어역을 따름

보라). **8:7-8** 무슨 일이 일어날지 아무도 모르게 지으신 하나님의 시간 계획은 죽음에 대하여 생각해 보도록 인도한다. 죽음은 왕의 권세까지 무기력하게 만든다. **8:10-14** 의인이 버림을 당하는가 하면 악인이 장지에서 칭찬을 받는다. 죽음은 악인과 의인을 구별하는 것을 평준화시켜 줄뿐 아니라, 의인 이 받아야 할 보상을 악인이 받게 한다. **8:11** 지연된 정의의 실현은 불의가 판을 치게 한다. **8:12-14** 응징에 대한 교리가 지지되고 있다, 그러나 이런 사상은 곧 바로 죽음에서 보게 되는 불공정함에 의해 도전받고 있다. **8:15** 모순 가득한 세상에 직면하여 인생을 즐기며 살라고 전도자는 조언하고 있다.

9:1-10 전도자는 죽음의 보편성(1-6절)에 관한 주제와 기쁨(7-10절)의 주제에 대하여 상세하게 가르치고 있다. 침울해지기 쉬운 주제에 대하여 인생을 최대한으로 즐기며 살라는 가르침으로 새로운 활력을 불어넣어 주고 있다. **9:1-3** 인간은 하나님이 하시는 일을 헤아릴 수 없다는 8:16-17의 결론을 반영해 주고 있다. **9:2-3** 전도자는 열두 종류의 사람들을 그들의 성품과 다양한 종교 행위에 따라 정반대되는 여섯 쌍으

사람들은
죽은 이들을 오래 기억하지 않는다.
6 죽은 이들에게는
이미 사랑도 미움도 야망도 없다.
ㄱ)세상에서 일어나는 어떠한 일에도,
다시 끼여들 자리가 없다.

7 지금은 하나님이
네가 하는 일을 좋게 보아 주시니,
너는 가서 즐거이 음식을 먹고,
기쁜 마음으로 포도주를 마셔라.
8 너는 언제나 옷을 깨끗하게 입고,
머리에는 기름을 발라라.
9 너의 헛된 모든 날,
하나님이 ㄱ)세상에서 너에게 주신
덧없는 모든 날에
너는 너의 사랑하는 아내와 더불어
즐거움을 누려라.
그것은 네가 사는 동안에,
ㄱ)세상에서 애쓴 수고로 받는 몫이다.
10 네가 어떤 일을 하든지,
네 힘을 다해서 하여라.
네가 들어갈 ㄴ)무덤 속에는,
일도 계획도 지식도 지혜도 없다.

11 나는 ㄱ)세상에서
또 다른 것을 보았다.
빠르다고 해서
달리기에서 이기는 것은 아니며,
용사라고 해서
전쟁에서 이기는 것도 아니더라.
지혜가 있다고 해서
먹을 것이 생기는 것도 아니며,
총명하다고 해서
재물을 모으는 것도 아니며,
배웠다고 해서
늘 잘되는 것도 아니더라.
불행한 때와 재난은
누구에게나 닥친다.

12 사람은,
그런 때가 언제 자기에게 닥칠지
알지 못한다.
물고기가 잔인한 그물에 걸리고,
새가 덫에 걸리는 것처럼,
사람들도
갑자기 덮치는 악한 때를
피하지 못한다.

어리석음보다 슬기가 낫다

13 나는 ㄱ)세상에서 지혜로운 사람이 겪는
일을 보고서, 큰 충격을 받은 적이 있다. 14 주민

ㄱ) 1:3의 주를 볼 것 ㄴ) 히, '스올'

로 그룹을 지어 열거하고 있다. 그러나 *다 같은 운명을 타고 났다*는 판결이 열거된 목록으로 종결을 짓는다. 궁극적으로, 성품이나 행위는 별 다른 차이를 가져다주지 못하며 모두 죽음으로 끝을 맺게 된다. **9:4-6** 하지만 전도자는 절망하지 않는다. 대신에, 사는 것이 죽는 것보다는 나으며, 의식이 있다는 사실과 의미 있는 열정이 산 자의 세계에만 존재한다는 사실을 강력히 주장하고 있다. **9:7-10** 죽음에 대한 불가피성이 전도자로 하여금 인생을 즐기며 살라는 열정적인 주장을 하도록 유발시키고 있다. 이 *카르퍼 디엄* (carpe diem, 오늘을 즐겨라!)이라는 기쁨이 넘치는 삶에 대한 훈계는 즐거이 음식을 먹는 것, 새 옷으로 단장하는 것, 머리에 기름을 바름, 사랑하는 아내와 더불어 즐거움을 누리는 것 등을 포함한 일련의 명령으로 이루어져 있다. 이 명령은 세 종류의 근거를 갖고 있다. 첫째, 하나님께서 그것을 *허락하셨다* (7절). 하나님께서 우리가 즐길 수 있도록 허락하셨을 뿐 아니라, 우리가 그렇게 하는 것을 기뻐하신다는 획기적인 진술이다. 둘째, 그것은 인간에게 주신 *분깃*이다 (9절). 그리고 마지막으로, 즐길 수 있는 가능성은 종국적으로 죽음과 같이 없어진다 (10절).

9:11—10:15 전도자는 죽음이 모든 도덕적인 차이를 분별하지 않는 것에 대하여 애석하게 생각하고 있다. 그는 이제 인생의 불확실한 특성은 그 어떤 재능이나 지능의 활용을 통해 얻어질 수 있는 유익함도 쉽게 무효화시킬 수 있다고 보고 있다. 이 구절은 변덕스러운 인생에 대한 지혜의 취약성을 다룬 여러 종류의 격언과 일화들을 같이 묶어 전달하고 있다. 이 부분은 인간 지식의 한계성에 대한 언급들로 구성되어 있다 (9:12, 10:14). **9:11-12** 이 구절에서 나타나는 목록들은 종교적인 것과 의식적인 것들의 차이를 포함하고 있다. 이 단락은 좀 더 구체적으로 지혜에 대한 조항들을 다루고 있다. 재능이나 솜씨가 반드시 기대한 결과를 가져오지는 않는다, 왜냐하면 사람은 때를 다스릴 능력이 없기 때문이다. 때와 기회 (불행이 덮치는 경우) 성공을 쉽게 망칠 수 있다. **9:12** 궁극적으로 닥치는 재난인 죽음은 예기치 않은 사람에게도 갑자기 닥칠 수 있다. **9:13—10:4** 이 부분은 지혜의 약점을 예증해 주고 있다. **9:13-16** 지혜는 한 도성에 닥치는 적의 위험에서 구할 수 있다 하지만, 그 지혜가 단지 가난하고 평범한 사람으로부터 나왔다는 이유로 멸시받는 것을

이 많지 아니한 작은 성읍이 있었는데, 한 번은 힘
센 왕이 그 성읍을 공격하였다. 그는 성읍을 에워
싸고, 성벽을 무너뜨릴 준비를 하였다. 15 그 때에
그 성 안에는 한 남자가 살고 있었는데, 그는 가
난하기는 하지만 지혜로운 사람이므로, 그의 지
혜로 그 성을 구하였다. 그러나 어느 누구도 그 가
난한 사람을 오래 기억하지 않았다.

16 나는 늘 "지혜가 무기보다 낫다"고
말해 왔지만,
가난한 사람의 지혜가
멸시받는 것을 보았다.
아무도 가난한 사람의 말에
더 이상 귀를 기울이지 않았다.

17 어리석은 통치자의
고함치는 명령보다는,
차라리 지혜로운 사람의
조용한 말을 듣는 것이 더 낫다.
18 지혜가 전쟁무기보다 더 낫지만,
죄인 하나가
많은 선한 것을 망칠 수 있다.

10 1 향수에 빠져 죽은 파리가
향수에서
악취가 나게 하듯이,
변변치 않은 적은 일 하나가
지혜를 가리고 명예를 더럽힌다.
2 지혜로운 사람의 마음은
옳은 일 쪽으로 기울고,
어리석은 사람의 마음은
그릇된 일 쪽으로 기운다.
3 어리석은 자는 길을 갈 때에도,
생각 없이 자기의 어리석음을
누구에게나 드러낸다.
4 통치자가 너에게 화를 낼 때에,
너는 네 자리를 뜨지 말아라.
침착하면 큰 잘못을 막을 수 있다.

5 내가 ㄱ)세상에서 본 잘못된 일 또 하나는,
역시 통치자에게서 볼 수 있는 크나큰 허물이다.
6 어리석은 사람을 높은 자리에 앉히고, 존귀한
사람을 낮은 자리에 앉히는 것이다. 7 내가 보
니, 종은 말을 타고, 상전은 종처럼 걸어다니는 일
이 있더라.

8 구덩이를 파는 자는
거기에 빠질 수가 있고,
담을 허무는 자는
뱀에게 물릴 수가 있다.
9 돌을 떠내는 자는
돌에 다칠 수가 있고,
나무를 패는 자는
나무에 다칠 수가 있다.
10 도끼가 무딘데도
그 날을 갈지 않고 쓰면,
힘이 더 든다.
그러나 지혜는
사람을 성공하도록 돕는다.
11 뱀을 부리지도 못하고
뱀에게 물리면,
뱀을 부린다는 그 사람은
쓸 데가 없다.

12 지혜로운 사람은
말을 해서 덕을 보고,
어리석은 사람은
제 입으로 한 말 때문에 망한다.
13 어리석은 자의 입에서 나오는 말은,
어리석음으로 시작해서
사악한 광기로 끝난다.
14 그런데도 어리석은 자는
말을 하고 또 한다.
무슨 일이 일어날지
아는 사람은 없다.
앞으로 일어날 일을
말해 줄 수 있는 사람이 누구인가?

ㄱ) 1:3의 주를 볼 것

보았다. **9:18—10:1** 지혜의 유익함은 한 작고 어리석은 실수에도 쉽게 무산된다. **10:2-3** 심지어 슬기로운 사람도 어리석음의 손해에 영향을 받을진대, 하물며 어리석은 사람은 어떨까. 어리석은 사람의 우매함은 결국 모든 사람에게 자명하게 드러난다. **10:5-7** 9:13-15에 나타난 지혜에 대한 예증이 어리석은 사람이 높은 자리에 앉고 존귀한 자가 낮은 자리에 앉혀지는 뒤죽박죽된 세상을 통하여 그 사례가 제시되고 있다. **10:8-11** 위험과 우연은 일상생활에 불가피하게 존재한다. **10:10** 하지만 지혜를 잘 활용하면, 불필요한 수고와 사고의 위험성을 줄일 수 있다. **10:11** 그러나 어떤 문제들은 지혜를 활용해도 도움이 되지 않는 것도 있다. 뱀을 부리는 사람에 대한 언급은 (문자 그대로 "혀를 완전히 다스리는 자") 인간의 말 사용에 관한 주제와 연결되는 것

15 제 집으로 가는 길조차 못 찾는
어리석은 자는,
일을 해도 피곤하기만 하다.

16 왕은 ㄱ)어리고,
대신들은 이른 아침부터
잔치에 빠져 있는 나라여,
너는 저주를 받을 것이다.
17 왕은 출신이 고귀하고,
대신들은 취하려고 해서가 아니라,
건강을 지키려고
제때에 먹는 나라여,
너는 복을 받을 것이다.
18 게으른 자의 집은 들보가 내려앉고,
손이 놀면 지붕이 샌다.
19 잔치는 기뻐하려고 벌이는 것이다.
포도주는 인생을 즐겁게 하고,
돈은 만사를 해결한다.

20 마음 속으로라도 왕을 욕하지 말며,
잠자리에서라도
존귀한 이를 저주하지 말아라.
하늘을 나는 새가 네 말을 옮기고,
날짐승이 네 소리를 전할 것이다.

슬기로운 삶

11 1 돈이 있으면,
무역에 투자하여라.
여러 날 뒤에
너는 이윤을 남길 것이다.
2 이 세상에서 네가
무슨 재난을 만날지 모르니,
투자할 때에는
일곱이나 여덟로 나누어 하여라.
3 구름에 물이 가득 차면,
비가 되어서 땅 위로 쏟아지는 법.
나무가
남쪽으로나 북쪽으로 쓰러지면,
어느 쪽으로 쓰러지든지,
쓰러진 그 곳에 그대로 있는 법.
4 바람이 그치기를 기다리다가는,
씨를 뿌리지 못한다.
구름이 걷히기를 기다리다가는,
거두어들이지 못한다.

5 바람이 다니는 길을 네가 모르듯이
임신한 여인의 태에서
아이의 생명이 어떻게 시작되는지

ㄱ) 또는 '종이고'

이다. **10:12-15** 슬기로운 사람의 덕스러운 말은 어리석은 사람의 지각없는 수다에 압도되기도 한다.

10:16-20 전도자는 전형적인 지혜 형식을 이용하며 존귀한 자의 미덕과 악덕에 대하여 설명한다. 종합적인 효과를 노리는 것은 무능력하고 타락된 지도력에 대하여 비평하려는 것이다. **10:16** *노예.* "노예" 혹은 "어린이"를 의미하는 히브리 단어 *나아르*는 왕의 지도력에 대한 합법성을 문제 삼기 위해 사용된 듯하다. **10:18-19** 이 격언들은 특히 문맥을 통해 읽어야하며 이것들은 계속해서 정치적인 문제에 대하여 언급하고 있다. 왕의 직무를 소홀히 하는 것은 왕권의 몰락을 초래할 수 있다. 돈은 *만사를 해결한다.* 이 표현은 (문자 그대로, "돈은 모든 것에 응답한다") "돈은 모든 사람의 마음을 빼앗는다"로 번역될 수 있다. 개역개정과 NRSV는 "돈은 범사에 이용되느니라;" 공동번역은 "돈이 모든 것을 해결해 준다." 돈에 대하여 이중적인 의미를 갖는 말을 사용함으로 현인은 정치적인 권력자들에 대하여 은근한 비판을 가하고 있다. (개역개정은 "돈은 범사에 이용되느니라.") **10:20** 아이러니컬하게도 권력자들을 공격하는 유해한 언어 사용을 하지 말라는 경고로 마무리되고 있다.

11:1-6 이 단락은 불확실한 시대를 어떻게 살아갈 것인지에 대하여 가르쳐 주고 있다. **11:1-2** 고대 근동 세계의 유사한 문헌들과 비교해볼 때, 이 본문은 자발적인 자선에 대하여 다루고 있음을 알 수 있다. 이집트 문학의 경우에는 "선한 일을 행하고는 그것을 물 위에 던져버려라. 물이 마르면 그것을 다시 발견하게 될 것이다" 라는 표현이 있다. 두 번째 격언(좀 더 정확하게 번역하면 "일부를 일곱 사람 혹은 심지어 여덟 사람에게 나누어 주라")도 역시, 심지어 미래가 불확실한 경우에도 어려운 이들에게 관대히 대할 것을 권면하고 있다. **11:3-4** 자연에서 일어나는 어떤 현상들은 불가피한 것들이다. 사람들은 일들에 대한 절대적으로 완벽한 때가 있다는 기대를 가져서는 안 된다. 절대적으로 완벽한 시간에 대해 병적으로 집착하는 사람들은 기회를 아예 상실할 수 있다. **11:4-5** 전도자의 세상사에 관한 고찰은 종잡을 수 없는 바람의 흔적(*루아흐*)으로부터, 인생의 호흡 (*루아흐*), 종국적으로 하나님의 신비로운 역사하심에 미치고 있다 (또한 요한복음 3:4-8을 보라). **11:6** 이 부분의 첫 머리에, 전도자는 사람들은 어떤 불행이 닥칠지 모른다고 주목하고 있다. 아주 별다른 시각에서지만 결국은 동일한 관점을 다시

네가 알 수 없듯이,
만물의 창조자 하나님이 하시는 일을
너는 알지 못한다.

6 아침에 씨를 뿌리고,
저녁에도 부지런히 일하여라.
어떤 것이 잘 될지,
이것이 잘 될지 저것이 잘 될지,
아니면 둘 다 잘 될지를,
알 수 없기 때문이다.

젊은이에게 주는 충고

7 빛을 보고 산다는 것은
즐거운 일이다.
해를 보고 산다는 것은 기쁜 일이다.

8 오래 사는 사람은
그 모든 날을
즐겁게 살 수 있어야 한다.
그러나
어두운 날들이 많을 것이라는 것도
기억해야 한다.
다가올 모든 것은 다 헛되다.
9 젊은이여,
젊을 때에, 젊은 날을 즐겨라.
네 마음과 눈이 원하는 길을 따라라.
다만, 네가 하는 이 모든 일에
하나님의 심판이
있다는 것만은 알아라.

10 네 마음의 걱정과
육체의 고통을 없애라.
혈기왕성한 청춘은
덧없이 지나가기 때문이다.

12 1 젊을 때에
너는 너의 창조주를 기억하여라.
고생스러운 날들이 오고,
사는 것이 즐겁지 않다고 할 나이가
되기 전에,
2 해와 빛과 달과
별들이 어두워지기 전에,
먹구름이 곧 비를 몰고 오기 전에,
그렇게 하여라.
3 그 때가 되면,
너를 보호하는 팔이 떨리고,
정정하던 두 다리가 약해지고,
이는 빠져서 씹지도 못하고,
눈은 침침해져서
보는 것마저 힘겹고,

언급하고 있다: 사람들은 어떤 좋은 일이 일어날지 모르는 것이다. 인생의 불확실성에 대한 이와 같은 태도는 사람들을 낙담케 하기보다는 해방감을 준다. 이와 같이 전도자는 사람들은 기회가 있을 때에, 그리고 필요에 따라 일하라고 권면하고 있다.

11:7—12:8 전도서 전체를 통하여 저자는 기쁨과 죽음에 대한 주제를 같이 묶어 제시하고 있다. 여기서 전도자는 두 가르침, 즉 죽음은 곧 인생을 즐길 수 있는 모든 가능성을 앗아간다는 사실을 기억하라는 것과 매일 인생을 최대한으로 즐기며 살라는 것을 한 쌍으로 묶어 그의 최종적인 가르침을 전하고 있다. 이 단락의 첫 부분은 할 수 있을 때 삶을 즐기며 살라고 촉구하고 있다 (11:7-10). 두 번째 부분은 연로한 날이 오는 것과 인생이 무덤으로 향하게 되는 불가피한 여정을 묘사해 주고 있다 (12:1-8). 이와 같이 이 단락은 젊은 시절로부터 노년기로, 그리고 궁극적으로 죽음으로 옮겨가고 있다. **11:7-10** 인생은 좋은 것이고, 따라서 사람들은 현재의 순간들을 가능한 최대한으로 즐기며 살아야 한다. 인생의 가치를 최대한으로 감사하며 즐길 수 있도록 하기 위해서 다가올 죽음을 생각하며 살아야한다 (5:20을 참조할 것). **11:9** 인생의 기쁨이 재삼 신학적으로 정의되고 있다. 하나님께서 인간의 기쁨의 윤리에 대하여 궁극적으로 책임을 물으실 것이다. (새번역개정은 "하나님의 심판이 있다는 것만은 알아라" 라고 번역했는데, 개역개정은 "그러나 하나님이…너를 심판하실 줄 알라" 라는 접속 부사를 사용했다. "그러나…알라"를 "그리고 알라"로 변역할 수도 있을 것이다.) **12:1-8** *그러나 너는 너의 창조주를 기억하여라.* 이 명령은 세 개의 시간부로 한정되어 있다: 고된 노년이 이르기 *전에* (12:1b); 어둠과 애곡의 날이 이르기 *전에* (12:2-5); 죽음과 장례 *전에* (12:6-7). **12:2-5** 이 구절들은 다양하게 번역되어 왔다. 노쇠되어 가는 몸에 대한 묘사, 닥쳐오는 비, 허물어져가는 집, 장례 행렬, 종말에 우주의 소멸, 혹은 이 몇 가지 것들의 복합적인 것들을 묘사하고 있다. 비록 소개된 특정한 이미지들의 의미는 불확실하지만 전달하고자 하는 의미는 분명하다. 이 인생의 종말에 대한 날카로운 묘사는 독자들의 상상력을 사로잡아 죽음에 대한 황량함과 공포감을 불러일으켜 준다. 다시 말해서, 현인은 "인생을 즐길 수 있는 가능성이 아주 사라져 버리기 전에 인생을 최대한으로 즐기라"고 말하고 있는 것이다. **12:2** 우주적인 어둠에 대한 불길한 이미지는 종말론적인 의미를 띠고 있다. **12:3** 모든 실내

4 귀는 먹어
바깥에서 나는 소리도 못 듣고,
맷돌질 소리도 희미해지고,
새들이 지저귀는 노랫소리도
하나도 들리지 않을 것이다.

5 높은 곳에는
무서워서 올라가지도 못하고,
넘어질세라
걷는 것마저도 무서워질 것이다.
검은 머리가 파뿌리가 되고,
원기가 떨어져서
보약을 먹어도 효력이 없을 것이다.
사람이 영원히 쉴 곳으로 가는 날,
길거리에는 조객들이 오간다.
6 은사슬이 ㄱ)끊어지고,
금그릇이 부서지고,
샘에서 물 뜨는 물동이가 깨지고,
우물에서 도르래가 부숴지기 전에,
네 창조주를 기억하여라.
7 육체가 원래 왔던 흙으로 돌아가고,
숨이 그것을 주신
하나님께로 돌아가기 전에,
네 창조주를 기억하여라.

8 ㄴ)전도자가 말한다.
헛되고 헛되다. 모든 것이 헛되다.

결론

9 전도자는 지혜로운 사람이기에, 백성에게
자기가 아는 지식을 가르쳤다. 그는 많은 잠언을
찾아내서, 연구하고 정리하였다. 10 전도자는
기쁨을 주는 말을 찾으려고 힘썼으며, 참되게 사는
길을 가르치는 말을 찾으면 그것을 바르게 적어
놓았다.

ㄱ) 시리아어역과 불가타를 따름. 히, '풀리고' ㄴ) 1:1의 주를 볼 것

활동도 할 수 없게 된다. 창밖을 내다보는 여인에 대한 언급은 깨어진 소망을 의미한다 (사사기 5:28삼상 6:16-23; 왕하 9:30). **12:4** 사고파는 일들도 중단된다. 바깥 세상의 새 소리가 집안에서 나는 노래 소리를 대신한다. **12:5** 공포가 모든 곳에 팽배해 있다. 자연이 신음을 한다 (새번역개정과 공동번역에서는 개역개정과 NRSV와 같이 "메뚜기도 짐이 될 것이며" 라는 번역이 없다). 인간들이 다시 돌아올 수 없는 곳으로 행진하여 갈 때, 조문객들이 길을 채우고 있다. **12:6** 토기를 땅에 던져 산산이 부수는 것은 이집트의 장례 관습에서 유래된 것 같으며, 죽음의 최후를 상징해 주는 상징인 것 같다. **12:7** 육체를 구성했던 요소들은 원래 왔던 곳으로 돌아간다. **12:8** 헛되다는 판결은 이 시를 적절하게 종결짓고 있으며, 1:2에서 시작된 문학적인 구조를 결말짓고 있다.

12:9-14 결론. **12:9-11** 주석가들은 이 결론부분에서 3인칭으로 회고하는 식의 스타일에 주목하면서, 이 분은 전도서에 나타나는 문제의 소지가 되어 있는 부분들에 대한 후기 편집자(들)의 반응 혹은 수정이라고 주장하기도 한다. 동시에 편집자는 전도자를 문학적인 인물로 설정함으로써, 이 책을 저술한 바로 그 저자일 수도 있다고 본다. 결론 부분은 전도자의 가르침들을 재삼 뒷받침해 주면서 (9-10절), 많은 지혜 전승 가운데 저자를 확고한 위치에 놓고 있다 (11-12절). 이것은 전도자의 묵상을 정통적인 결론으로 승인하는 추신서로 연결되고 있다 (13-14절). **12:9-10** 전도자가 그 진실성과 정밀함이 뛰어난 격언들을 작성하고 수정하며 대중에게 가르쳤던 바로 그 현인이라고 주장하고 있다. 그는 현인에게 통상적으로 기대한 일들을 정확하게 감당한 사람이다. **12:11** 말을 찌르는 채찍과 소를 모는 막대기에 박혔던 못들은 가축들을 바른 길로 이끄는데 사용되었던 도구들이다. 같은 의미에서, 지혜자의 가르침들은 배우는 학생들을 더 바람직한 삶을 살도록 자극한다. 지혜를 배우는 과정에 고통은 불가피하며 필수적인 것이라고 인정한다. *한 목자* 여기에 *하나*를 나타내는 히브리어는 부정관사로 이해될 수 있으며 "일종의 목자"로 번역될 수 있다. 목축의 이미지가 사용되고 있다. **12:12** 이 가르침은 지나친 지식 추구에 대한 경고이다. 이것은 또한 본문의 신뢰성을 구축하려는 판에 박힌 결론으로 이해할 수도 있다 (신 4:2; 12:32; 계 22:18-19를 보라). **12:13-14** 추신서는 아마 또 다른 편집자의 산물인 것 같다. **12:13a** *할 말은 다 하였다. 결론은 이것이다.* 책 마무리 장식, 혹은 원문의 주석은 전도의 공식적인 마무리를 의미한다 (단 7:28a를 보라). **12:13b-14** 율법적인 경건성에 대한 강조를 고려해볼 때 또 다른 저자의 관점이 여실히 드러난다. 비록 전도자가 하나님을 경외할 것을 강조하고는 있지만, 결코 율법을 준수하는 관점에서 강조되지는 않았다. 그러나 추신서 나머지 부분의 전도서와 모순된다고 볼 수는 없다. 오히려, 이것은, 전도자의 급진적인 지혜가 이스라엘 신앙의 중심적인 사상과 일맥상통하며 공존할 수 있음을 증거하는 아주 놀랄 만큼 자유로운 해석 철학을 보여주고 있다.

11 지혜로운 사람의 말은 찌르는 채찍 같고,
수집된 잠언은 잘 박힌 못과 같다. 이 모든 것은
모두 한 목자가 준 것이다.

12 한 마디만 더 하마. 나의 아이들아, 조심
하여라.

책은 아무리 읽어도 끝이 없고,
공부만 하는 것은
몸을 피곤하게 한다.

13 할 말은 다 하였다. 결론은 이것이다.
"하나님을 두려워하여라.
그분이 주신 계명을 지켜라.
이것이 바로 사람이 해야 할 의무다.
14 하나님은 모든 행위를 심판하신다.
선한 것이든 악한 것이든
모든 은밀한 일을 다 심판하신다."

아가

이 책의 제목, "아가" 혹은 "노래" 혹은 "성가"는 최상급을 나타내는 히브리어 숙어 "최고 중의 최고"에서 유래되었으며, 마치 "왕 중 왕" 같이 아가서가 시들 중에 최고의 것임을 나타낸다. 본문에서 비록 솔로몬이 직접 말하는 것으로 나타나지는 않지만, 아가서는 동시에 솔로몬의 노래로 알려져 있는데, 이는 그의 이름이 본문에 여섯 번 등장하는 것을 통해서 알 수 있다. 고대나 현대 독자들은 이 책을 다수의 의미를 내포한 책으로 해석해 왔다. 이 책 속에서 어떤 통일성을 찾아 볼 수 있는가? 아니면 이 책은 몇 개의 시를 엮어 모은 것인가? 몇 명의 인물이 등장하는가? 어떤 문학 장르를 갖고 있는가? 이 책의 전달하고자 교훈은 무엇인가?

통일성: 아가는 원래 오랜 세월에 걸쳐 쓰인 개별적인 시들을 모은 것으로 이해할 수 있다 (30개의 시가 넘는다). 그러나 현재 성경에 포함된 형태를 보면, 통일성이 있음을 분명하게 알 수 있는데, 아가서는 두 연인간에 대화는 형식을 띠고 있기 때문이다. 통일성이 인정되는 이유는 아가서가 분명하게 사랑이라는 공통된 주제를 다루고 있고, 동시에 많은 반복되는 후렴들을 포함하고 있기 때문이다: 안아 줌 (2:6; 8:3), 부탁 (2:7; 3:6; 8:4), 나의 것, 임의 것 (2:16; 6:3), 꿈의 연속 (3:1-5; 5:2-8). 추가로, 신부에 대하여 설명하면서 확실히 반복되는 것들이 많이 있다 (4:1-7; 6:4-9; 7:1-6). 2:9-17에서처럼 광범위하게 문단의 처음과 끝을 반복하고 있으며 ("노루처럼"), 좁은 범위 내에서 도 반복되는 것들이 있다 (문단의 처음과 끝에 나타나는 반복, 2:10b-13에 있는 "일어나오"를 보라). 이와 같은 반복 구절들에 두세 가지의 통일된 은유와 이미지를 덧붙일 수 있다: 과실, 나무, 정원과 과수원, 동물들 (특히 비둘기), 꽃, 값진 품목들, 이국적인 식물, 향유 (특히 몰약), 그리고 여러 가지로 다양하게 언급된 지명들 (갈멜 산, 길르앗 비탈, 엔게디) 등이 그러한 예이다.

인물들: 대화적인 통일성과 함께 이에 따른 두 인물이 등장한다. 히브리어는 이 인물들이 남성 혹은 여성을 나타내 주지만, 8장의 경우와 같은 소수의 경우에는 인물들이 남성인지 여성인지 분명하지 않은 경우도 있다. 실상 본문에 등장하는 인물들이 남성보다는 여성으로 더 자주 표현되고 있으며, 이에 근거하여 어떤 학자들은 아가서의 저자가 여성이었다고 주장하기도 한다. 제3의 인물인 "예루살렘의 딸들"은 대화의 상대역할을 하는 여성의 열정적인 언어들을 돋보이게 하기 위한 문학적인 표현방식인 듯하다 (예를 들어, 5:8—6:1을 보라). 본문들을 자세히 살펴보면, 솔로몬을 포함하여 왕이 굳이 등장할 필요가 없음을 알 수 있다. 좀 더 명확하게 표현하자면, 저자는 목자인 애인을 왕 같은 인물로 표현한 궁정소설로 보아야 할 것이다. 아가서를 잘 이해하기 위해서는 여기에서 증거하는 사람이 누구인가를 면밀히 살피는 것이 아주 중요하다.

문학 장르: 이 사랑의 시들은 한 남자와 여자 사이의 교제에 대한 것이다. 이들은 성경 전체를 통해 볼 때 아주 독특한 형식을 띠고 있으며, 결과적으로 학자들은 각양각색으로 아가서를 주석해 왔다 (1176쪽 추가 설명: "아가서의 해석사"를 보라).

여러 종류의 시들이 나타난다. 그리움에 대한 노래들, 강한 동경, 놀리는 것, 추억에 대한 회고 등이다 (관련되어 있는 주석에 주목하라). 그러나 이집트의 시들은 본문들에 섞여지기 보다는 구분되어 한 묶음으로 되어 있다. 메소포타미아의 연애시들은 신들간의 사랑에 관한 것으로 잠언과는 거리가 먼 듯하다. 하지만 신적인 수준에서 성행하는 주제들이 인간 수준에서도 나타나는 것은 결코 놀랄 만한 일이 아니다. 결국 사랑은 둘을 하나로 묶는다.

의미: 역사를 통하여 주석가들은 아가서를 두세 가지 다른 의미를 갖고 있는 것으로 해석해 왔다. 역사비평을 옹호하는 학자들은 이 책을 한 남자와 여자 사이에 강렬한 성적인 감정을 표현한 글로 인식해 왔다. 어떤 학자들은 이 책을 결혼식의 정황에서 이해하거나 신들간의 제사적인 축전에서 이해해야 한다고 주장해 왔다. 하지만 이런 구체적인 상황배경을 찾는 것은 다소 무리가 있다. 그런가하면 비유적인 해석 혹은 전통적인 해석의 입장을 취하는 학자들에 의하면, 이 책은 하나님과 그 백성, 그리스도와 교회/성도를 의미한 것으로 해석되곤 했다. 이와 같은 견해는 히브리 예언문학에서 자주 등장하는 주제, 즉 언약관계를 결혼관계로 보는 전통에 근거하고 있다 (예를 들어, 사 62:4-5; 호 1—2장을 보라).

아가서의 내용은 다음과 같다. 성경본문에 따라 세밀하게 조사할 필요가 있는 주석은 이 개요를 따를 것이며, 명확성을 기하기 위하여 더 첨부하여 상세하게 설명될 것이다.

Ⅰ. 표제, 1:1
Ⅱ. 서론, 1:2-6
Ⅲ. 연인간의 대화, 1:7—2:7
Ⅳ. 여자의 회고, 2:8-17
Ⅴ. 찾아서 만남, 3:1-5
Ⅵ. 솔로몬의 행렬, 3:6-11
Ⅶ. 연인간의 대화, 4:1—5:1
Ⅷ. 어머니와 딸들간의 대화, 5:2—6:3
Ⅸ. 연인간의 대화, 6:4-12
Ⅹ. 대화, 6:13 [히브리 성경 7:1]— 8:4
Ⅺ. 부록, 8:5-14

로랜드 이 멀피 (Roland E. Murphy)

포도주보다 나은 사랑

1

1 솔로몬의 가장 아름다운 노래

ㄱ)(여자)

2 나에게 입맞춰 주세요,
숨막힐 듯한 임의 입술로.
임의 사랑은
포도주보다 더 달콤합니다.
3 임에게서 풍기는 향긋한 내음,
사람들은 임을
쏟아지는 향기름이라고 부릅니다.
그러기에
아가씨들이 임을 사랑합니다.
4 나를 데려가 주세요, 어서요.
임금님,
나를 데려가세요,
ㄴ)임의 침실로.

(친구들)
우리는 임과 더불어
기뻐하고 즐거워하며,
포도주보다 더 진한
임의 사랑을 기리렵니다.
아가씨라면
누구나 임을 사랑할 것입니다.

(여자)
5 예루살렘의 아가씨들아,
내가 검어서 예쁘단다.
게달의 장막 같고
ㄷ)솔로몬의 휘장 같다는구나.
6 내가 검다고,
내가 햇볕에 그을렸다고,
나를 깔보지 말아라.
오빠들 성화에 못 이겨서,
나의 포도원은 버려 둔 채,
오빠들의 포도원들을 돌보느라고
이렇게 된 것이다.

7 사랑하는 그대여,
나에게 말하여 주세요.

ㄱ) 히브리어 본문의 대명사를 보고 남녀를 구별하였음. 사랑하는 두 남녀 외에 '친구들'이 등장함. 주석가들에 따라서는 구분을 달리하는 곳도 있음 ㄴ) 히브리어 남성 단수 ㄷ) 또는 '살마의'

1:1 표제는 의심할 여지없이 후에 추가된 것이며, "아가 혹은 노래" 라는 단어는 이하에 등장하는 장들의 통일성을 시도한 것이다. 기록 연대는 불분명하며 추측만이 가능하다 (현대 성경에 나타나는 형태는 아마도 포로생활 이후에 완성된 것으로 보임). 아가서를 솔로몬과 연관시키는 것은 1:5; 3:7, 9, 11; 그리고 8:11-12(또한 왕상 11:1-8을 보라)에 그의 이름이 명시되어 있기 때문이다.

1:2-6 여인이 사랑하는 이를 간절히 찾고 있다. **1:2-4** 서두의 절들은 독자들을 혼돈시키고 있는데, 4절에서 여인의 정체성이 갑자기 일인칭 복수로 바뀌기 때문이다. 2-3절의 3인칭(NRSV, 그로 하여금 나에게 입 맞추게 해 주세요)이 2인칭(임의 사랑)으로 바뀌고 있는 것은 그리 큰 문제가 되지 않는다. 여인은 자기의 애인의 향기로움(*포도주, 향수*)을 찬미하며, 그로부터 애정을 갈망하고 있다. 만약 4절에 *우리가* 3절의 *아가씨*들을 포함하고 있다면, 그녀는 사실상 그녀의 사랑과 흠모의 감정을 다른 아가씨들과 나누는 관대한 여인이다. 하지만 여기 아가씨들이 5절에서 등장하는 딸들과 동일한 인물들인지는 분명치 않다. 3절의 복수는 아마도 여기에 나오는 주인공인 여인과 그녀가 사랑하는 남자(후에 왕실에 있는 그에게 데려다 달라고 간청하는 대상인)를 일컫는 것 같다. "왕을 대상으로 한 구성"은 등장하는 남성을 왕 같은 고귀한 인물로 이상화시킨 좋은 예이다 (또한 1:12를 보라; 그리고 3:11; 6:8; 7:5에도 이와 같은 흔적이 나타난다). 다른 곳에서는 이 사랑의 대상인 남자가 목자로 등장하기도 한다 (8절). 유대 사람들의 사상에서, 사람의 이름은 곧 그 사람 자체를 의미한다. 그리고 사랑을 포도주에 비유한 것은 4:10에서 남자가 그 여인을 칭찬하는 데서 다시 나타난다. **1:5-6** 예루살렘의 아가씨들에게 여인은 스스로 *검어서 예쁘*다고 주장한다. 그녀가 아가씨들에 의해 샅샅이 점검받고 있는 듯하며, 그녀가 검게 그을린 것은 햇빛에 노출됐기 때문이라고 주장한다. 솔로몬의 궁전 휘장에 대하여 우리가 아는 것은 없다. 하지만 *게달의 장막*은 동물 가죽으로 만들어진 베두인 사람들의 장막과 유사했을 것이다. 게달은 사막 족속을 의미한다 (창 25:13). 여인은 자기의 검게 그을린 외모가 자기를 바깥 포도원에 나가 일하도록 만든 오빠들의 탓이라고 주장한다 (8:8-9). 이것은 아가서에 등장하는 많은 이중적인 의미를 가진 상징들 중에 첫 번째 것에 속한다. 포도나무와/포도원은 이스라엘을 의미하거나 (시 80:8-9) 여인을 의미하는 (1:14; 2:15; 7:12; 8:12를 보라) 상징이다. 마지막 절에서 여인은 오빠들로부터의 독립을 선언하며 스스로를 사랑하는 사람에게 선보이고 있다.

1:7—2:7 사랑하는 연인 사이에 오고가는 긴 대화. **1:7-11** 만약 1:2-6이 예루살렘의 아가씨들

임은
어디에서 양 떼를 치고 있습니까?
대낮에는
어디에서 양 떼를 쉬게 합니까?
양 떼를 치는
임의 동무들을 따라다니며,
임이 있는 곳을 물으며
헤매란 말입니까?

(친구들)
8 여인들 가운데서도
빼어나게 아리따운 여인아,
네가 정말 모르겠거든,
양 떼의 발자취를 따라가거라.
양치기들이
장막을 친 곳이 나오거든,
그 곁에서
너의 어린 염소 떼를 치며
기다려 보아라.

(남자)
9 나의 사랑 그대는
바로의 병거를 끄는
날랜 말과도 같소.
10 땋은 머리채가 흘러내린
임의 두 볼이 귀엽고,
구슬목걸이 감긴
임의 목이 아름답소.

(친구들)
11 금사슬에 은구슬을 박은 귀고리를
우리가 너에게 만들어 주마.

(여자)
12 임금님이 침대에 누우셨을 때에,
나의 나도 기름이
향기를 내뿜었어요.
13 사랑하는 그이는 나에게
가슴에 품은 향주머니라오.
14 사랑하는 그이는 나에게
엔게디 포도원의 고벨 꽃송이라오.

(남자)
15 아름다워라, 나의 사랑.
아름다워라,
비둘기 같은 그 눈동자.

(여자)
16 나의 사랑, 멋있어라.
나를 이렇게 황홀하게 하시는 그대!
우리의 침실은 푸른 풀밭이라오.

(남자)
17 우리 집 들보는 백향목이요,
우리 집 서까래는 전나무라오.

과의 대화에 관한 여인의 묵상이라면, 6절은 분명히 그녀가 직접 사랑하는 남자에게 말하는 내용이다. 여인은 남자를 사랑하는 *나의 임*으로 애타게 부르며 (3:1-4에 네 번 반복됨), 밀회의 장소를 알려달라고 간청하고 있다. 그녀의 의견에는, *목자가* 양 떼와 휴식을 취하는 대낮(정오)이 밀회하기에 가장 좋은 시간이라고 제안하고 있다. 그녀의 요청은, 그녀의 목자의 친구들에게 베일을 쓴 상태로 이야기하는 방식을 취함으로, 장난기와 수완을 내포하고 있음을 보여준다. 개역개정에서 "얼굴을 가린 자" 라고 번역한 히브리어가 명확하지 않아 새번역개정은 "헤매란 말입니까?" 라고 번역했고, 공동번역은 "헤매지 않게 해 주셔요" 라고 번역했다. "헤매다"로 번역할 경우에는 여인의 장난기적인 성격이 더 강하게 드러난다. 다른 남자들이, 임의 동무들, 그녀에게 관심을 갖고 있을 수도 있다. 남자의 답변에도 다소의 장난기가 섞여 있다. 그녀가 당연히 그가 있는 곳을, 다른 목자들 주변을, 알고 있다고 암시하고 있다. 이러므로 그는 그녀가 그녀의 양 떼들을 데리고 자기 있는 곳으로 오도록 초청하고 있다. **1:9-11** 남자는 지속적으로 그녀의 아름다음에 대해 찬미하고 있다. 그녀의 외향을 바로의 병거를 *끄는* 날랜 말과 비유하는 것은 그녀가 자기의 임에게 보이려고 멋진 의상들을 입을 것임을 의미한다. 이외에 또 다른 의미로는 바로의 말들이 숫말이었던 것을 고려해 볼 때, 숫말 가운데 암말을 풀어놓는 것은 그들의 관심을 불러일으키기에 충분했을 것이다. 마치 그녀의 출연이 목자들 사이에서 그러했을 것처럼! 11절의 *우리가* 왕실 정황을 의미하지 않는다면, 이 구절은 남자의 친구들이 그녀에게 어울리는 귀금속을 만들어주고 있다고 전한다. **1:12-14** 여인이 대화를 재개하고 있는데, 그녀의 임을 3인칭으로 (2절에서도), 그리고 "왕"(4절)으로 표현하고 있다. 향기가 그윽한 분위기이다. *나도, 향주머니 (몰약), 고벨 (헨나).* 이런 이국적인 향료들은 임의 임재가 유발하는 극도의 기쁨을 의미한다. *엔게디.* 유대 사해 서쪽 연안에 위치하고 있으며, 이것은 마치 이 포도원이 사막 오아시스에 자리하고 있는 것처럼 (1:6), 임이 그녀의 젖가슴 사이에 자

사랑은 모든 것을 아름답게 만든다

(여자)

2 1 나는 샤론의 ㄱ)수선화,
골짜기에 핀 나리 꽃이라오.

(남자)

2 가시덤불 속에 핀 나리꽃,
아가씨들 가운데서도
나의 사랑 그대가 바로 그렇소.

(여자)

3 숲 속 잡목 사이에 사과나무 한 그루,
남자들 가운데서도
나의 사랑 임이 바로 그렇다오.
그 그늘 아래 앉아서,
달콤한 그 열매를 맛보았어요.

4 임은 나를 이끌고
잔칫집으로 갔어요.
임의 사랑이
내 위에 깃발처럼 펄럭이어요.
5 "건포도 과자를 주세요.
힘을 좀 내게요.
사과 좀 주세요. 기운 좀 차리게요.
사랑하다가, 나는 그만 병들었다오."
6 임께서
왼팔로는 나의 머리를 고이시고,
오른팔로는 나를 안아 주시네.
7 "예루살렘의 아가씨들아,
노루와 들사슴을 두고서 부탁한다.
우리가 마음껏 사랑하기까지는,
흔들지도 말고 깨우지도 말아 다오."

겨울은 지나고

8 아, 사랑하는 임의 목소리!
저기 오는구나.
산을 넘고 언덕을 넘어서
달려오는구나.
9 사랑하는 나의 임은 노루처럼,
어린 사슴처럼 빠르구나.
벌써 우리 집 담 밖에 서서
창 틈으로 기웃거리며,
창살 틈으로 엿보는구나.
10 아, 사랑하는 이가 나에게 속삭이네.

(남자)

나의 사랑 그대, 일어나오.
나의 어여쁜 그대, 어서 나오오.
11 겨울은 지나고,
비도 그치고, 비구름도 걷혔소.

ㄱ) 또는 '장미'

리하고 있음을 나타난다. **1:15—2:3** 대화가 열기를 더해간다. 남자가 여인의 아름다움을 찬미한다. 여인의 아름다움을 비둘기에 비유한 것이 색깔을 의미한 것인지, 아니면 모양을 의미한 것인지 확실치 않다 (4:1을 참조). 아니면 비둘기들은 사랑의 메시지를 전달하고 있는가 (이 새들이 고대에 그런 역할을 감당했던 것처럼)? *나의 사랑* (15절). 이 표현은 문자 그대로는 "내 친구"를 의미하며, *누이* 혹은 *신부*와 (4:7) 더불어 친근한 애정을 나타내는데 지속적으로 사용되던 표현이다. 그녀는 그의 찬미에 화답하며 그들의 거처에 대하여 기술하고 있으며 (분명히 야외 7:10-11), 결론적으로 스스로의 아름다움에 대하여 기술하고 있다. 여기에 등장하는 꽃들에 대하여 정확히 알기는 어려우며 크로커스 혹은 연꽃을 의미하는 듯하다. 만약 그녀가 이 것을 통하여 점잖게 스스로의 아름다움을 기술하고 있다면, 임은 그녀의 아름다움을 더 높이 칭찬하고 있다. 그녀는 마치 가시덤불 (모든 다른 여인들) 속에 핀 꽃과 같다. 이 칭찬에 대하여 여인은 임이 보통 나무들 중에 진귀한 *사과나무와* (정확한 열매는 불분명함) 같다고 화답하고 있다. **2:4-7** 계속하여 그녀는 임이 가져다 주는 기쁨에 대하여 3인칭 형식을 빌려 찬미하고 있다. 7절에서 그녀는 예루살렘의 아가씨들에게, 마치 그들이 지금까지 그녀와 쭉 같이 있어왔던 것처럼, 말하고 있다. 그들의 밀회 장소와 정황은 아주 자유롭게 전개된다. 4절에서는 *포도주가 있는 잔치 집*으로 나타난다. 상사병은 많은 문학에 공통적인 주제이다. 6절에서 임이 그녀를 안아줄 것을 갈망하는 것으로 이해하고 있지만, 이 구절은 단순히 두 여인이 서로를 껴안는 것을 표현한 것으로 이해될 수도 있다. 7절의 간청(3:5; 5:8; 8:4에서 반복됨)은 여러 가지 다른 의미로 해석되어 왔다. 어떤 학자들은 이것이 임의 품에 잠들어 있는 여인을 깨우지 말라는 경고로 이해하며, 다른 학자들은 사랑이라는 것은 인공적으로 조작될 수 없는 것이며, 오직 때가 무르익었을 때에 즐겨야한다는 여인의 훈계로 이해한다. *노루와 들사슴*을 두고 부탁하는 것은 히브리어로 하나님을 부르는 "만군의 주" 그리고 "전능하신 하나님" 등을 의미하는 익살스런 표현으로 볼 수 있다.

2:8-17 여인의 임에 대한 추억. **2:8-15** 이 말들은, 특정한 누구에게 말하고 있다기보다는, 여인 혼자서 자기 임의 방문을 회상하고 있는 것으로 보여

12 꽃 피고 새들 노래하는 계절이
이 땅에 돌아왔소.
비둘기 우는 소리, 우리 땅에 들리오.
13 무화과나무에는
푸른 무화과가 열려 있고,
포도나무에는 활짝 핀 꽃이
향기를 내뿜고 있소.
일어나 나오오. 사랑하는 임이여!
나의 귀여운 그대, 어서 나오오.

14 바위 틈에 있는 나의 비둘기여,
낭떠러지 은밀한 곳에 숨은
나의 비둘기여,
그대의 모습,
그 사랑스런 모습을 보여 주오.
그대의 목소리,
그 고운 목소리를 들려 주오.

15 "여우 떼를 좀 잡아 주오.
꽃이 한창인 우리 포도원을
망가뜨리는
새끼 여우 떼를 좀 잡아 주오."

(여자)
16 임은 나의 것, 나는 임의 것.
임은 나리꽃 밭에서 양을 치네.
17 날이 저물고
그림자가 사라지기 전에,
나의 임이여,
노루처럼 빨리 돌아와 주세요.
ㄱ)베데르 산의 날랜 사슴처럼
빨리 오세요.

아름다운 꿈

(여자)
3 1 나는 잠자리에서 밤새도록
사랑하는 나의 임을 찾았지만,
아무리 찾아도
그를 만나지 못하였다.
2 '일어나서 온 성읍을 돌아다니며
거리마다 광장마다 샅샅이 뒤져서
사랑하는 나의 임을 찾겠다'고
마음 먹고,
그를 찾아 나섰지만
만나지 못하였다.
3 성 안을 순찰하는
야경꾼들을 만나서
"사랑하는 나의 임을 못 보셨어요?"
하고 물으며,

ㄱ) '바위 언덕의'

진다. 10, 13절 (*일어나오*) 그리고 9, 17절(*노루, 어린 사슴*)의 행동이 제한되어 있는 것과 반복에 주목하라. 임의 신속한 방문이 노루와 어린 사슴에 비유되고 있다. 아마도 그 집, 그 집의 창문을 통하여 임이 기웃거리는, 집은 그녀의 어머니의 집일 것이다 (3:4; 8:2를 보라). 임의 말들은 (10b-14절) 매서운 날씨가 지나가고 자연에 새 생명이 용솟음치는 "봄의 노래"로 불리어왔다. 그는 그들의 밀회의 장소로 오라고 그녀를 부르고 있다. 바위 틈/낭떠러지는 그들의 밀회의 장소가 바뀌었음을 의미하지 않는다. 이는 사랑의 시들에서 공통적으로 나타나는 것으로 그녀에게 접근하기가 어려움을 상징하고 있는 것이다. 따라서 그는 그녀를 또렷하게 보고 들을 수 있게 해달라고 간청하고 있다 (8:13을 보라). 15절에 나타는 여인의 응답은, 2인칭 복수, 수수께끼와 같이 불가사의하다. 그렇지만 이것은 그녀의 음성을 듣기 원하는 그의 요청에 대한 응답으로 보인다. 이런 경우에, 이것은 어떤 시나 노래를 인용하는 것이거나 혹은 언급하는 것으로 이해될 수 있다. 이 구절은 꽃이 한창인 포도원을 망치는 여우, 통상적인 위험 요소를 언급하고 있다. 하지만 이것이 단순한 비유적인 의미를 띠고 있는가? 만약에 꽃이 한창인 포도원이 여인의 매력을 (1:6절을 참조하라) 의미한다면, 이 구절은 구혼자들(여우들)이 여인의 마음을 사려는 노력을 묘사한 것으로 이해될 수 있다. 여인의 장난기 섞인 반응은 그들의 구애가 받아들여질 수 없음을 의미한 짓궂은 표현일 수 있다. 14절에 나타난 것처럼, 이 여인은 남자들이 생각하는 것처럼 그렇게 쉽게 접근할 수 있는 상대가 아니다. **2:16-17** 임에 대한 회고는 16절의 서로에 대한 애정을 표현한 반복구로 마무리되고 있다 (6:3; 7:11 [히브리 성경 7:10]에 다시 나타난다). 나리 밭에서 노는 것은 4:5와 6:3에도 나타나는데, 이것은 임이 그 사랑하는 여인에게 2:1에서 스스로를 나리꽃이라고 부르면서 관심을 쏟는 것을 의미하는 것으로 보인다. 17절은 그 시간의 길이가 (4:6에 나타나는 것처럼) 하루 종일을 의미하는지 아니면 밤새도록을 의미하는지 명확하지 않다. 시간의 길이가 무엇을 의미하든, 여인은 임이 와서, *베데르 산 = 바위 언덕* (8:13의 동산을 참조하라)으로 비유된, 그녀와의 시간을 즐기도록 초청하고 있는 것으로 보인다.

3:1-5 여인은 임을 찾고 있다. 1-4절이 여인의 꿈 혹은 단순한 환상을 의미하든, 이 구절들은 여인의 임에 대한 깊은 사랑을 나타내주고 있다. 이 단락은

4 그들 옆을 지나가다가,
드디어 사랑하는 나의 임을 만났다.
놓칠세라 그를 꼭 붙잡고,
나의 어머니의 집으로 데리고 갔다.
어머니가 나를 잉태하던
바로 그 방으로 데리고 갔다.

5 예루살렘의 아가씨들아,
노루와 들사슴을 두고서 부탁한다.
우리가 마음껏 사랑하기까지는,
흔들지도 말고 깨우지도 말아 다오.

신랑이 오네

6 거친 들을 헤치며,
연기 치솟듯 올라오는
저 사람은 누구인가?
몰약과 유향 냄새 풍기며,
장사꾼들이 가지고 있는
온갖 향수 냄새 풍기며 오는구나.
7 아, 솔로몬이 탄 가마로구나.
이스라엘 장사 가운데서도
빼어난 용사 예순 명이
그를 호위하는구나.
8 모두들 칼로 무장했구나.
전쟁에 익숙한 군인들이
야간 기습에 대비하여
저마다 허리에 칼을 찼구나.
9 솔로몬 왕은 그 가마를
레바논의 나무로 만들었구나.
10 기둥은 은으로 입히고,
닫집은 금으로 꾸미고,
자리에는 보랏빛 털을 깔았구나.
그 안은 사랑으로 가득 찼구나.
예루살렘의 아가씨들아,
11 시온의 딸들아,
나와서 보아라. 솔로몬 왕이다.
그가 결혼하는 날,
그의 마음이 한껏 즐거운 날,
어머니가 씌워 준
면류관을 쓰고 계시네.

아름다운 신부

(남자)

4 1 아름다워라, 나의 사랑!
아름다워라
너울 속 그대의 눈동자는
비둘기 같고
그대의 머리채는
길르앗 비탈을 내려오는
염소 떼 같구나.

---

*사랑하는 나의 임*이라는 표현을 네 번이나 반복함으로써 극도의 다정다감함을 전하고 있다. 사랑하는 임을 찾아 나서는 것은 아가서에 자주 등장하는 주제에 속하며 5:2-7에 평행구가 등장한다. 2절은 인용구로 표현되고 있으며, 1절에 나타나는 것처럼 밤새도록이라도 임을 찾겠다는 여인의 다짐을 보여주고 있다. 유사하게, 이 이야기는 3절에 야경꾼들에게 수소문하는 여인의 모습을 통하여 더 실감나게 전달되고 있다. 거의 순간적으로 그녀는 임을 만나며 그를 자기의 어머니 집으로 데려가고 있다 (8:2를 보라). 이야기가 단편적으로 제시됨으로 상상적이고 환상적인 효과를 거두고 있다: 그녀가 혼자 밤거리를 헤매고 다닐 수 있었을까? 야경꾼들은 과연 그녀의 임을 알아 볼 수 있었을까? 그녀는 어떻게 그렇게 빨리 임과 마주칠 수 있었을까? **3:5** 이 야밤의 삽화는 7절(2:7에 관한 주석을 보라)에서와 같이 여인의 간청을 듣고 있는 예루살렘의 딸들을 위하여 첨가된 듯하다.

3:6-11 이것은 4:1의 남자의 말들과 그 남자를 찾아 나섰던 여인의 말들과 분명하게 다른 난해한 단락에 속한다. 화자와 청중(아마도 11절의 *시온의 딸들*)의 정체가 둘 다 불분명하다. 이 단락의 주제인 가마 행렬에 대한 기술은 애정관계를 표현하는 것으로 보기는 어렵다. 만약 이 시가 한때 역사적인 인물 솔로몬을 의미했다면, 여기서는 왕정소설의 일부로 사용되고 있을 것이다 (1:4, 12). 이 시의 목자는 진정 솔로몬을 의미한다. **3:6-10** 익명의 화자는 알려져 있지 않은 사막으로부터의 왕실 행렬에 대한 광경에 대하여 증언하고 있다. 솔로몬의 가마와 유사시에 대응할 수 있도록 준비된 용맹스러운 수행원들에 대하여 언급하고 있다. 호화로운 가마, 침대 등은 솔로몬의 명성에 걸맞은 것들이다. **3:11** 솔로몬의 결혼식용 면류관은 이것이 그의 결혼 행렬임을 시사한다. 그러나 왜 6절에 사막이 등장하는지는 불분명하다. 그럼에도 불구하고, 이 구절은 결혼식 날짜를 의미하기보다는 단순히 결혼 면류관을 의미하는 것으로 볼 수 있다. 그렇지 않을 경우, 왕관을 수여하는 왕모의 역할은 설명될 수 없다. 이것이 결혼에 대한 유일한 본문이며 이를 근거로 본문의 문학형태를 결혼 찬가로 주장하기는 어렵다.

4:1—5:1 이 부분에서, 남자는 그의 사랑하는 여인의 몸맵시를 찬미하고 있으며 (4:1-15), 이것에 대한 답변으로 여인은 그 남자를 자기에게로 초청하고

2 그대의 이는
털을 깎으려고 목욕하고 나오는
암양 떼 같이 희구나.
저마다 짝이 맞아서,
빠진 것이 하나도 없구나.
3 그대의 입술은 붉은 실 같고,
그대의 입은 사랑스럽구나.
너울 속 그대의 볼은
반으로 쪼개 놓은 석류 같구나.
4 그대의 목은
무기를 두려고 만든 다윗의 망대,
천 개나 되는 용사들의 방패를
모두 걸어 놓은 망대와 같구나.
5 그대의 가슴은
나리꽃 밭에서 풀을 뜯는
한 쌍 사슴 같고
쌍둥이 노루 같구나.

6 날이 저물고
그림자가 사라지기 전에,
나는 몰약 산으로 가려 하네.
유향 언덕으로 가려 하네.
7 아름답기만 한 그대, 나의 사랑,
흠잡을 데가 하나도 없구나.

8 레바논에서 오너라, 신부야!
레바논에서 오너라, 어서 오너라.
아마나 꼭대기에서,
스닐과 헤르몬 꼭대기에서,
사자들이 사는 굴에서,
표범들이 사는 언덕에서 내려오너라.

9 나의 누이, 나의 신부야!
오늘 나 그대에게
마음을 빼앗기고 말았다.
그대의 눈짓 한 번 때문에,
목에 걸린 구슬 목걸이 때문에,
나는 그대에게
마음을 빼앗기고 말았다.
10 나의 누이, 나의 신부야!
달콤한 그대의 사랑,
그대의 사랑은
포도주보다 더 나를 즐겁게 한다.
그대가 풍기는 향내보다
더 향기로운 향기름이 어디 있느냐!
11 나의 신부야,
그대의 입술에서는
꿀이 흘러 나오고,
그대의 혀 밑에는
꿀과 젖이 고여 있다.
그대의 옷자락에서 풍기는 향내는
레바논의 향기와 같다.
12 나의 누이 나의 신부는
문 잠긴 동산,
덮어놓은 우물,
막아 버린 샘.
13 그대의 동산에서는
석류와 온갖 맛있는 과일,
고벨 꽃과 나도 풀,
14 나도 풀과 번홍꽃,
창포와 계수나무 같은 온갖 향나무,
몰약과 침향 같은
온갖 귀한 향료가 나는구나.
15 그대는 동산에 있는 샘,
생수가 솟는 우물,
레바논에 흐르는 시냇물이다.

(여자)
16 북풍아, 일어라.
남풍아, 불어라.

(4:16), 그는 그 초청을 받아들인다 (5:1). 여인의 몸매의 아름다움을 예찬하는 것(히브리어 *와습*으로 알려진)은 연애시의 공통적인 주제이며, 이와 같은 구절이 6:5-6과 7:4-5에도 등장한다. 근대 서양사고 방식에 입각해 보면, 본문에 등장하는 많은 비유들(예: 1절의 *염소 떼 같은* 머리채 혹은 향료, 동물, 식물, 건물 등)의 의미를 파악하는 것은 결코 쉬운 일이 아니다. **4:1-7** 삽입, 혹은 반복되는 구절—*아름답기만 한 그대, 나의 사랑*—이 여인에 대한 묘사를 관장하고 있다. 그녀의 신체 부분들의 아름다움과 매력에 대하여 기술하고 있다: 머리채, 이 (짝이 맞고 희게 빛나는), 붉은 입술, 붉은 볼, 빛나는 목걸이로 장식된 목, 우아함을 나타내는 가슴. 이 모든 것으로 인하여 임은 여인에게, *몰약 산* (6절 2:17)으로, 끌리고 있다. **4:8-15** 남자가 (신랑이) 여인을 신부로 부르고 있다 (9-12절에 네 번). 신랑이 신부에게 레바논(야생동물들의 거처)로부터 오라고 부르는 것은 접근하기 어렵다는, 심지어 위험하기까지 한, 사실을 (2:14-15에서 볼 수 있는 것처럼) 상기시켜준다. 남자는 그녀의 매력에 대하여 하나하나 열거한다: 그녀의 눈짓, 그녀의 향수, 그리고 포도주 향기 (1:2-3의 이미지를 참조하라), 그녀의 입맞춤의 감미로움, 그녀의 채취의 감미로움. 그는 정원과 물에 관련된 비유를 사용하여

나의 동산으로 불어오너라.
그 향기 풍겨라.
사랑하는 나의 임이
이 동산으로 와서
맛있는 과일을 즐기게 하여라.

(남자)

5 1 나의 누이, 나의 신부야!
나의 동산으로 내가 찾아왔다.
몰약과 향료를 거두고,
꿀과 꿀송이를 따먹고,
포도주와 젖도 마셨다.

(친구들)
먹어라, 마셔라, 친구들아!
사랑에 흠뻑 취하여라.

꿈

(여자)
2 나는 자고 있었지만,
나의 마음은 깨어 있었다.
저 소리,
나의 사랑하는 이가
문을 두드리는 소리.
"문 열어요!
나의 누이, 나의 사랑,
티없이 맑은 나의 비둘기!
머리가 온통 이슬에 젖고,
머리채가 밤이슬에 흠뻑 젖었소."
3 아, 나는 벌써 옷을 벗었는데,
다시 입어야 하나?
발도 씻었는데,
다시 흙을 묻혀야 하나?
4 사랑하는 이가
문 틈으로 손을 들이밀 때에,
아, 설레이는 나의 마음.
5 사랑하는 이를 맞아들이려고
벌떡 일어나서
몰약에 젖은 손으로,
몰약의 즙이 뚝뚝 듣는 손가락으로
문빗장을 잡았지.
6 사랑하는 이를 맞아들이려고
문을 열었지.
그러나 나의 임은
몸을 돌려 가 버리네.
임의 말에 넋을 잃고
그를 찾아 나섰으나,
가버린 그를 찾을 수 없네.
불러도 대답이 없네.
7 성읍을 순찰하는 야경꾼들이
나를 때려서 상처를 입히고,
성벽을 지키는 파수꾼들이
나의 겉옷을 벗기네.

8 부탁하자, 예루살렘의 아가씨들아,
너희가 나의 임을 만나거든,
내가 사랑 때문에
병들었다고 말하여 다오.

그녀의 매력을 계속 칭찬하고 있다. 이 정원은 목자와 같은 그녀의 임을 위해서만 열려져 있으며, 레바논에서 흘러내려오는 시냇물로 가꾸어져 있는 이 정원은 모든 종류의 과일과 향료들로 가득 차 있다. **4:16** 이 구절들은 아마도 여인의 음성인 듯하다. 이 구절에서 여인은, 이 정원(여인 자신)에 임을 초청하기 전에 바람이 불어와서 먼저 *나의 동산의* 향기를 풍겨달라고 부탁하고 있다. **5:1** 이 구절에서, 남자가 6:2에서 나타난 것과 같이 정원을 소유한 주인인 것처럼 등장한다. 이것을 통해 볼 때 이 구절에서는 남자가 강렬한 상징 몰약, 꿀, 포도주 등을 들어 이야기하고 있는 것이 확실하다. *누이와 신부.* 이 부분에서 자주 언급되는 언어이며, 문자 그대로 이해되어야 한다. 이 말들은 애정을 나타내는 표현들이다. 이 구절의 마지막 부분은, 아마도 이 남자와 여자에게, 성교를 즐기도록 부르는 것인 듯하다. 그러나 이 부분의 화자가 구경꾼인지 혹은 하나님 자신인지는 불분명하다.

5:2—6:3 이 부분의 긴 대화는 여인이 먼저 시작하며, 여기에서 여인은 예루살렘의 아가씨들과의 대화를 통하여 그녀의 임을 찾고 있다, 여인의 임의 매력에 대한 기술로 마무리되고 있다. **5:2-8** 이 구절은 3:1-5와 비슷하여 오해를 불러일으킬 여지가 있다. 여인은 임을 찾지 못하게 되고, 예루살렘의 아가씨들에게 부탁하며 끝내고 있다. 그녀는 임의 방문에 대하여 언급하는데, 이것은 실상 현혹적이고 속이 빤히 들여다보이는 구석이 있다 (축축한 야밤에 문틈으로 손을 들이밀고 들어 오려함). 그녀의 첫 반응은 강한 거절이라기보다는 장난기 섞인 반응임을 보여준다 (3절에 그녀는 벌써 침대에 들어가 있다). 그녀의 속생각은 문틈으로 손을 들이미는 임과 그의 채취에, 몰약 향기에 끌리고 있다. 그러나 그는 떠나고 이로 인해 그녀는 안절부절한다. 임을 찾고자하는 그녀의 노력은 허사로 돌아가고, 정확하게 이유는 설명되어 있지 않지만 (3:3을 보라) 그녀는 야경꾼들에게 구타를 당한다. 이번에도 또 다른 예루살렘의 아가씨들에게 부탁하면서 끝나고

(친구들)
9 여인들 가운데서도
빼어나게 예쁜 여인아,
너의 임이 다른 임보다
무엇이 더 나으냐?
너의 임이 어떤 임이기에,
네가 우리에게 그런 부탁을 하느냐?

(여자)
10 나의 임은 깨끗한 살결에
혈색 좋은 미남이다.
만인 가운데 으뜸이다.
11 머리는 정금이고,
곱슬거리는 머리채는
까마귀같이 검다.
12 그의 두 눈은
흐르는 물 가에 앉은 비둘기.
젖으로 씻은 듯,
넘실거리는 못 가에 앉은 모습이다.
13 그의 두 볼은 향기 가득한 꽃밭,
향내음 풍기는 풀언덕이요,
그의 입술은
몰약의 즙이 뚝뚝 듣는 나리꽃이다.
14 그의 손은 가지런하고,
보석 박은 반지를 끼었다.
그의 허리는
청옥 입힌 상아처럼 미끈하다.
15 그의 두 다리는
순금 받침대 위에 선
대리석 기둥이다.
그는 레바논처럼 늠름하고,
백향목처럼 훤칠하다.
16 그의 입 속은 달콤하고,
그에게 있는 것은 모두 사랑스럽다.
예루살렘의 아가씨들아,
이 사람이 바로
나의 임, 나의 친구이다.

(친구들)
6 1 여인들 가운데서도
빼어나게 아리따운 여인아,
너의 임이 간 곳이 어디냐?
너의 임이 간 곳이 어딘지
우리가 함께 임을 찾아 나서자.

(여자)
2 나의 임은,
자기의 동산,
향기 가득한 꽃밭으로 내려가서,
그 동산에서 양 떼를 치면서
나리꽃을 꺾고 있겠지.

3 나는 임의 것, 임은 나의 것.
임은 나리꽃 밭에서 양을 치네.

(남자)
4 나의 사랑 그대는
디르사처럼 어여쁘고,
예루살렘처럼 곱고,
깃발을 앞세운 군대처럼
장엄하구나.
5 그대의 눈이 나를 사로잡으니,
그대의 눈을 나에게서 돌려 다오.
그대의 머리채는
길르앗 비탈을 내려오는
염소 떼 같구나.
6 그대의 이는
털 깎으려고 목욕하고 나오는

있다: *예루살렘의 아가씨들아, 너희가 나의 임을 만나거든…* **5:9–16** 예루살렘의 아가씨들은 도대체 그녀의 임이 뭐 그리 대단하냐고 묻는다. 이에 대하여 여인은 *와습*(육체에 대한 시적인 표현)으로 대답하며, 그의 육체적인 매력에 대하여 머리끝에서 발끝까지 낱낱이 기술한다. 그러나 이것은 그의 감미로운 입맞춤/말에 대한 찬미로 끝나고 있다. 여기에 등장하는 이미지들은 주로 귀금속과 연관이 있으나 (금, 보석, 상아 등), 동시에 부드러움과 감미로운 느낌을 풍겨주고 있다 (13절의 향료와 백합). **6:1–3** 예루살렘의 아가씨들은 이 진술에 매력을 느끼고 (1:4와 대조해 보라) 임을 찾는 일에 협조를 제안한다. 그녀의 반응은 상냥하고 부드럽다. 그들이 그를 찾는 것은 불가능하다. 왜냐하면 실상 그가 자취를 감춘 것은 아니기 때문이다. 그는 *그의 정원* (6:2; 그리고 4:12–15를 보라)에 있으며 오직 그녀의 아름다움만을 즐긴다. 그녀는 이 사실을 둘이 서로를 온전히 소유하고 있음을 선언함으로 단언하고 있다.

6:4–12 남자(임)는 그녀의 아름다움을 찬미하며, 그녀는 이에 화답한다. **6:4–10** *예루살렘처럼 곱고.* 이 표현은 시적인 느낌을 더해 준다. 마치 6:2–3을 확언해 주듯이, 임이 그녀의 아름다움을 찬미한다. 여기의 와습은 4:1–3의 찬미를 빌려 사용하고 있으나, 그녀의 아름다움은 동시에 전율(4–5절 그리고 10절)을 불러일으키기도 한다. *디르사.* 한 때 북왕국의 수도였다. 하지만 어근상의 의미(기분 좋음)를 고려해볼 때,

암양 떼 같이 희구나.
저마다 짝이 맞아서
빠진 것이 하나도 없구나.
7 너울 속 그대의 볼은
반으로 쪼개어 놓은 석류 같구나.
8 왕비가 예순 명이요,
후궁이 여든 명이요,
궁녀도 수없이 많다마는,
9 나의 비둘기,
온전한 나의 사랑은 오직 하나뿐,
어머니의 외동딸,
그를 낳은 어머니가 귀엽게 기른 딸,
아가씨들이 그를 보고 복되다 하고,
왕비들과 후궁들도
그를 칭찬하는구나.

10 "이 여인이 누구인가?
새벽처럼 밝고,
보름달처럼 훤하고,
해처럼 눈부시고,
깃발을 앞세운 군대처럼
장엄하구나."
11 골짜기에서 돋는 움들을 보려고,
포도나무 꽃이 피었는지
석류나무 꽃송이들이 망울졌는지
살펴보려고,
나는 호도나무 숲으로 내려갔다네.
12 나도 모르는 사이에,
나는 어느덧
나의 마음이 시키는 대로
ㄱ)왕자들이 타는 병거에
올라앉아 있네.

(친구들)
13 술람미의 아가씨야,
돌아오너라, 돌아오너라.
눈부신 너의 모습을
우리가 좀 볼 수 있게,
돌아오너라, 돌아오너라.
술람미의 아가씨야.

(남자)
14 그대들은 어찌하여
마하나임 춤마당에서 춤추는
술람미의 아가씨를 보려 하는가?

결혼식 춤

(친구들)
7 1 귀한 집 딸아,
신을 신은 너의 발이
어쩌면 그리도 예쁘냐?

너의 다리는
숙련공이 공들여 만든 패물 같구나.
2 너의 배꼽은,
섞은 술이 고여 있는 둥근 잔 같구나.
너의 허리는
나리꽃을 두른 밀단 같구나.

3 너의 가슴은
한 쌍 사슴 같고
쌍둥이 노루 같구나.
4 너의 목은 상아로 만든 탑 같고,
너의 눈은 바드랍빔 성문 옆에 있는
헤스본 연못 같고,
너의 코는 다마스쿠스 쪽을 살피는
레바논의 망대 같구나.
5 너의 머리는 영락없는 갈멜 산,
늘어뜨린 너의 머리채는

ㄱ) 또는 '암미나답의 병거에' 또는 '백성의 병거에'

이것은 다소 익살스런 표현이다. 그녀의 눈(4:1에서 비둘기로 비유된)은 이제 임에게 아주 매혹적인 힘을 발휘한다. 왕정소설의 특성이 8-9절에 확연히 드러나고 있다. **6:11-12** 12절의 명확한 번역은 사실상 불가능하며 이로 인해 화자를 파악하는 것 또한 용이한 일이 아니다. 아마도 여인이 정원에서의 밀애에 대해 언급하고 있는 것으로 보인다.

6:13—8:4 [히브리 성경 7:1] 이 부분은 두 연인 사이에 오가던 일련의 대화들이며 6:13 [7:1], 아주 난해한 구절들이다. 무리의 사람들이 술람미 (의미가 명확치는 않지만 솔로몬과 같이 *샬롬* 또는 평화와 연관이 있는 듯하다) 라고 불리는 여인에게 말한다. 만약 두 병거 사이에서 춤을 추는 것(불분명한 암시)에 대한 언급의 화자가 여인이라면, 그녀는 남들의 구경꺼리가 되는 것을 꺼려하고 있다는 것을 보여준다. **7:2-5** 또 다른 *와습*이다. 이번에는 여인의 아름다움에 대해 발끝에서 머리끝에 이르기까지 기술하고 있다. 그녀가 춤을 추고 있는 것으로 나타나지는 않는다. 하지만 많은 학자들은 실상 그녀가 춤을 추고 있다고 본다. 이 표현은 상당한 지리적인 암시들로 채워져 있으며 왕정소설적인 암시

한 폭 붉은 공단,
삼단 같은 너의 머리채에
임금님도 반한다.

(남자)
6 오 나의 사랑,
나를 기쁘게 하는 여인아,
그대는 어찌 그리도
아리땁고 고운가?
7 그대의 늘씬한 몸매는
종려나무 같고,
그대의 가슴은 그 열매 송이 같구나.
8 "이 종려나무에 올라가
가지들을 휘어 잡아야지."
그대의 가슴은 포도 송이,
그대의 코에서 풍기는 향내는
능금 냄새,
9 그대의 입은 가장 맛 좋은 포도주.

(여자)
ㄱ)잇몸과 입술을 거쳐서
부드럽게 흘러내리는 이 포도주를
임에게 드려야지.
10 나는 임의 것,
임이 그리워하는 사람은 나.
11 임이여, 가요.
우리 함께 들로 나가요.
나무 숲 속에서 함께 밤을 보내요.
12 이른 아침에 포도원으로 함께 가요.
포도 움이 돋았는지,
꽃이 피었는지,
석류꽃이 피었는지,
함께 보러 가요.
거기에서
나의 사랑을 임에게 드리겠어요.
13 자귀나무가 향기를 내뿜어요.
문을 열고 들어오면
온갖 열매 다 있어요.
햇것도 해묵은 것도, 임이여,
내가 임께 드리려고
고이 아껴 둔 것들이라오.

그대와 나

(여자)
8 1 아, 임께서
어머니 젖을 함께 빨던
나의 오라버니라면,
내가 밖에서 임을 만나 입맞추어도
아무도 나를 천하게 보지 않으련만,
2 우리 어머니 집으로
그대를 이끌어들이고,
내가 태어난 어머니의 방으로
데리고 가서,
향기로운 술,
나의 석류즙을 드리련만.

3 임께서 왼팔로는
나의 머리를 고이시고,
오른팔로는 나를 안아 주시네.

4 예루살렘의 아가씨들아,
우리가 마음껏 사랑하기까지는
제발,
흔들지도 말고 깨우지도 말아 다오.

(친구들)
5 사랑하는 이에게 몸을 기대고,
벌판에서 이리로 오는
저 여인은 누구인가?

ㄱ) 칠십인역과 아퀼라역과 불가타와 시리아어역을 따름. 히, '잠자는 사람들의 입술'

(5절)로 종결되고 있다. 여기에 화자가 명시되어 있지 않지만, 남자가 말하고 있는 것으로 보인다. **7:6-9** 임(남자)은 그녀의 아름다움에 대하여 찬미하며 *종려나무,* 즉 그녀가 가져다주는 기쁨에 대한 갈망을 표현하고 있다. 9절에서 그녀는 임의 입맞춤을 포도주에 비유하는 것을 멈추고 그녀 자신의 입맞춤이 *나의 임을 위하여* 감미롭고 풍성한 것이라고 노래한다. **7:10—8:4** 이 부분에서는 여인이 주도권을 잡고 이끌어간다. **7:10** 여인은 2:16과 6:3에서 스스로 한 말을 뒤엎고 있으며, 또한 창 3:16의 전승을 뒤엎고 있다. 여자가 남자에 대한 욕구에 대해 언급하기보다는, 본문은 남자가 여자에 대한 갈망에 대해 언급한다. 그녀가 임을 포도원 안의 밀회장소로 부른다 (11-13절). 그리고 그녀의 어머니 집에서 그와 사랑을 나누기를 갈망한다 (8:1-3; 그리고 3:4를 보라). 3-4절은 2:6-7을 재현하고 있는데, 이 반복은 7:10에 나타난 그녀의 갈망에 대한 단락을 종결짓는 구실을 하고 있다.

8:5-14 나머지 구절들은 비록 아가서의 특성을 띠고 있기는 하지만 동시에 다른 특징을 보여준다. 이런 면에서 이것들을 부록으로 보는 것이 옳을

(여자)
사과나무 아래에서 잠든 임을
내가 깨워 드렸지요.
임의 어머니가
거기에서 임을 낳았고,
임을 낳느라고 거기에서
산고를 겪으셨다오.
6 도장 새기듯,
임의 마음에 나를 새기세요.
도장 새기듯,
임의 팔에 나를 새기세요.
사랑은 죽음처럼 강한 것,
사랑의 시샘은 저승처럼 잔혹한 것,
사랑은 타오르는 불길,
아무도 못 끄는 ㄱ)거센 불길입니다.
7 바닷물도
그 사랑의 불길 끄지 못하고,
강물도 그 불길 잡지 못합니다.
남자가 자기 집 재산을 다 바친다고
사랑을 얻을 수 있을까요?
오히려 웃음거리만 되고 말겠지요.

(친구들)
8 우리 누이가 아직 어려서
가슴이 없는데,
청혼이라도 받는 날이 되면,
누이에게 우리가 무엇을 해야 하나?
9 누이가 우아한 성벽이라면
우리가 은으로 망대를 세워 주고,
누이가 아름다운 성문이라면
우리가 송백 널빤지로 입혀 주마.

(여자)
10 나는 성벽이요,
나의 가슴은 망대 같습니다.
그래서 그가 날 그토록 좋아합니다.
11 솔로몬은 바알하몬에
포도밭이 있습니다.
그는 그 포도원을
소작인에게 주었지요.
사람마다 도조를
은 천 세겔씩 바치게 하였습니다.
12 나에게도
내가 받은 포도밭이 있습니다.
솔로몬 임금님,
천 세겔은 임금님의 것이고
이백 세겔은
그 밭을 가꾼 이들의 것입니다.

(남자)
13 동산 안에서 사는 그대,
동무들이 귀를 기울이니
그대의 목소리를 들려 주오.

(여자)
14 임이여, 노루처럼 빨리 오세요.
향내 그윽한 이 산의 어린 사슴처럼,
빨리 오세요.

ㄱ) 또는 '주님의 불길 같습니다'

듯하다. **8:5** 5a절은 3:6을 (6:10을 보라) 연상시켜 준다. 그러나 누가 (복수로 어떤 사람들이?) 여기에서 말하고 있는지는 분명치 않다. 5b절의 여인은, 그녀의 어머니의 역할에 대해 막연하게 언급하며, 사과나무 아래서 서로의 애정에 대해 노래한다. 어떤 주석가들은 이 부분을 남자의 말로 본다. **8:6-7** 여인이 이 절정적인 구절들을 노래하고 있다. 아마도 그는 항상 도장을 지니고 다녔을 것이다 도장과 그는 뗄 수 없는 관계이다. 그녀는 사랑을, 그 강력한 힘 때문에, 죽음과 비유하고 있다. 누구도 죽음을 피할 수 없다. 동시에 누구도 사랑의 힘에 대항할 수 없다. 그것은 *거센 불길* (혹은 여호와의 불길 혹은 주님의 불길)이다. **8:8-10** 이 구절들은 아마도 주제넘게 참견하기 좋아하는 오빠들에 대한 언급하는 것 같다 (1:6). 10절에서 그녀는 자기의 성숙함(앞가슴)과 임(이름이 소개되지 않은)이 자기를 좋아한다는 사실을 들어 오빠들의 참견에 대답하고 있다. **8:11-12** 만약 이 구절들에서 말하고 있는 주인공이 여인이라면, 그녀는 자기 혼자만이 포도원인 자신을 임에게 허락할 권리가 있다고 주장한다 (1:6을 보라). 만약 이 구절들을 남자가 이야기하고 있는 것으로 본다면, 그는 그녀가 솔로몬의 *포도원*(왕의 첩들?)보다 더 값진 자기의 *포도원*이라고 자랑하고 있는 것으로 보인다. **8:13-14** 아가서는 수수께끼처럼 시작했듯이 수수께끼 같이 끝나고 있다. 분명하게 남자가 여인에게 (동산에 사는?) 그녀의 목소리를 들려달라고 (2:14에 했던 것처럼) 간청한다. 그녀는 2:9, 17에 사용된 단장으로 응답하며 자기에게 빨리 오라고 부른다.

추가 설명: 아가서 해석사

유대교 전통과 그리스도교 전통은 공통적으로 아가서는 하나님과 그 백성간의 사랑의 관계를 반영해주고 있는 것으로 본다. 주인공은 하나님과 이스라엘, 그리고 그리스도와 교회/개인 영혼이다. 타굼역(구약의 아람어 의역과 주석)은 아가서를 출애굽에서 메시아의 때까지를 다룬, 일종의 하나님과 이스라엘 백성간의 역사로 본다. 오리겐(기원후 185-254년경)은 아가서를 그리스도교적인 입각해서 해석한 첫 학자였다. 문자 그대로 역사적인 해석의 한계성을 인식하여, 그는 아가서를 통해 하나님/인간관계를 기독교적인 시각에서 발견해야 한다고 주장했다. 최근에 이르기까지 이와 같은 전통적인 아가서 본문 이해가, 종종 과장된 은유로 치장되어, 아가서의 해석사를 주장해 왔다. 하지만 오늘날의 학자들은, 학자가 어느 노선을 취하든, 점차 본문의 문자 그대로의 의미, 즉 아가서가 한 남성과 여성 사이에서의 건전한 성관계를 찬미하고 있는 것으로 보고 있다. 아가서는 시적으로 영적인 정절, 상호관계, 그리고 하나님의 창조 질서 안에서(창 1:27-28, 31)의 열정적인 사랑의 고귀함을 주장하고 있다. 전통적인 해석도, 지나치게 세세한 은유적인 해석을 제한한다면, 추가 혹은 부가적인 의미를 이해하는 데 도움이 되는 것으로 여겨질 수 있다.

이사야서

이사야서가 단일 책으로 보이지만, 대부분의 학자들은 이사야서를 서로 다른 책들을 한데 묶어 놓은 것으로 생각하고, 제1이사야, 제2이사야, 그리고 제3이사야로 지칭되는 둘 혹은 세 명의 예언자의 신탁들이 합해진 것으로 생각한다.

제1이사야 ("예루살렘의 이사야" 라고도 불린다): 제1이사야는 기원전 742년에 예루 살렘에서 그의 사역을 시작한 후, 적어도 기원전 701년에서 689년까지 활동했을 것이다. 일반적으로 그의 글들은 이사야서 1—39장의 내용이다. 좀 더 정확하게 말하자면, 1—23장과 28—33장의 글들이다. 24—27장의 내용은 사 56—66장의 글이 쓰인 기원전 6세기 후반의 글로 보인다. 34—35장은 기원전 540년 이후의 제2이사야의 신탁에 속한다. 36—39장의 내용은 왕하 18:13—20:19와 같은 것으로 보아 아마 열왕기하에서 따온 부분일 것이다.

제1이사야의 중심사상 가운데 하나는 예루살렘에서 우주를 지배하고 계시는 강하고 위대하신 하나님이 높임을 받으신다는 사상이다. 그는 또한 예루살렘 왕조를 높게 생각하는데, 예루살렘 왕조는 하나님으로부터 선택을 받았고, 또 영원한 사랑을 받을 것이라는 확신이 있었다. 이와 같은 확신 속에서 이사야가 끊임없이 주장하는 것은 예루살렘과 그의 왕이 죄로 인한 심판의 고난을 당할 수는 있지만, 하나님이 선택하신 성은 절대로 파괴되지 않을 것이며, 다윗 왕조는 결코 무너지지 않을 것이라는 확신이다.

이 신학은 제1이사야의 예언들 속에 가득 차 있다. 이사야의 예언들은 근본적으로 그의 시대의 역사적인 사건들을 다루고 있으며, 특히 그의 나라와 기원전 8세기의 세계의 강대국으로 상징되었던 앗시리아와의 관계를 다루고 있다. 기원전 735-732년까지, 북왕국 이스라엘의 왕들과 아람(시리아)은 남왕국 유다를 공격했다. 이사야는 반복해서 유대 왕 아하스에게, 강한 앗시리아 사람들에게 도움을 청하지 말고, 주님 되시는 이스라엘의 하나님만을 의지함으로써 자신을 지키라고 권면했다. 그는 하나님은 절대로 이스라엘의 파멸을 허락하시지 않을 것이라고 주장했다. 기원전 715-711년 사이에, 제1이사야는 비슷한 주장을 당시 앗시리아의 속국이었던 유다에 강조하였는데, 그것은 다른 속국들과 함께 앗시리아에 대한 반란에 참여하지 말라는 것이었다. 그리고 오직 하나이신 하나님만을 의지하라고 주장했다. 제1이사야는 기원전 705-701년에 앗시리아에 반대했던 히스기야 왕의 정책에도 반대했다. 그리고 그는 하나님이 앗시리아가 유다를 약탈하고, 예루살렘을 포위함으로 믿음이 없는 왕을 심판할 것이라고 믿었다. 그럼에도 불구하고, 앗시리아 사람들이 예루살렘을 함락시키지는 못하고 철수하는 사건을 통해, 제1이사야는 그것이 하나님께서 결코 예루살렘을 완전히 무너뜨리지 않으실 거라는 증거라고 생각했다. 위대한 메시아에 대한 예언의 노래들인 9:1-7과 11:1-9 역시, 비록 히스기야 같은 왕이 그의 반항적 행동으로 인해 징계를 받았지만, 하나님은 절대적으로 예루살렘 왕조를 사랑하신다는 신념을 나타낸다.

제2이사야: 학자들이 이사야서 34—35장과 40—55장에 나타나는 신탁들을 외친 익명의 예언자에게 붙인 이름이다. 이 신탁들의 연대는 기원전 540년부터 예루살렘과 유다가 바빌로니아제국에 무너지고, 많은 이스라엘 백성들이 바빌로니아로 포로로 끌려간 후 약 45년 동안의 기간이라고 본다. 이 포로로 끌려간 공동체는 하나님의 선택된 백성이라는 자신에 대해 의심했고, 하나님의 절대 주권에 대해서까지 의심했다. 제2이사야의 신탁들은 포로로 끌려간 사람들에게 두 가지 중요한 메시지를 주었다. 하나는 하나님은 여전히 이스라엘을 사랑하고 계시다는 것이고, 또 다른 하나는, 비록 바빌로니아가 승리하기는 했지만, 여전히 하나님은 하늘과 역사의 주님이시라는 것이다. 그 증거로 그는 하나님께서 곧 포로로 끌려온 사람들이 집으로 돌아갈 수 있도록 허락하실 것이고, 집으로 돌아가는 그 여정은 이스라엘이 이집트에서 탈출하던 시대보다 더욱 영광스러운 여정이 될 것이라고 주장했다.

"하나님께서는 모든 민족 가운데에서 왜 첫 번째로 이스라엘에게 고난을 요구하시는가?" 제2이사야는 포로생활은 백성들이 지은 죄에 대한 필요한 심판이었다고 말하면서, 이 고난은 나아가서, 모든 나라들에게 하나님의 화해와 평화(shalom)를 주기 위한 대신하여 받는 고난이라고 "고난의 종의 노래"를 통해 말한다. 제2이사야에서 거의 혁명적인 분위기로 나타나고 있는 그의 보편적 구원에 대한 메시지는 절대적이다. 이 예언자는 또한 성경에서 최초로 유일신 사상을 주장하고 있다. 그는 하나님은 천지를 창조하신 유일한 하나님이시며, 모든 나라들이 언젠가 이 하나님께 예배하게 될 것이라고 강하게 주장한다. 이 강력하고, 대담한 메시지는 제2이사야의 메시지의 기반이 되는 묶이지 않은 하나의 거대한 낙천주의 속에서 나온 것이다. 또한 그의 다른 메시지들은 하나님의 선하심과 위대하심, 그리고 이스라엘과 모든 나라에 대한 임박한 구속에 대한 것들이다.

제3이사야: 포로생활을 하다가 귀향이 시작된 기원전 537년 이후의 예루살렘에서의 이야기를 나타내고 있는 24—27장과 56—66장에 붙여진 이름이다. 포로생활에서 돌아온 사람들은 제2이사야를 통해 바라본 영광의 회복을 기대했다. 그러나 그들은 수많은 고통스러운 문제들로 인하여 무너지는 자신들을 바라보아야 했다. 그들은 급속도로 절망해 갔고, 그들의 불행한 상황에 대해 하나님께 기적적인 해결책을 요구하기 시작했다. 이러한 시각에서 현 세대는 크나큰 파멸로 멸망하게 된다는 종말론적 언어를 사용하기 시작했다.

24—27장과 56—66장의 신탁들은 포로생활을 하다 돌아온 희망을 잃어버린 귀향민들의 감정을 매섭게 나타내주고 있다. 이 부분의 저자가 누구인지는 말하기 어렵다. 이 부분의 예언자들은, 제2이사야의 신탁에 대해서 말하고 있다고 본다면, 제2이사야의 제자들과 깊은 관계를 맺고 있을 것이다. 그리고 동시에 이들은 제2이사야의 폭넓은 낙관주의와 포로생활 이후 이스라엘 공동체에 증가하고 있는 비관주의와의 차이를 보여주고 있다. 대부분의 학자들은 이 부분의 저자로 한 명을 지명하기보다는 제2이사야의 신학을 따르는 제자들의 그룹으로 생각한다. 그 저자를 우리는 제3이사야로 가칭한다. 어쩌면, 자신의 주장에 환멸을 느낀 제2이사야인지도 모른다. 34—35장, 40—55장, 그리고 24—27장, 56—66장은 하나님의 우주적 주권에 대한 이해와 이스라엘에 대한 하나님의 긍휼에 대해 서로의 이해를 나누고 있다.

기독교 전통에서의 이사야: 그리스도교 전통에서는 이사야서가 특별히 중요한 위치를 차지한다. 왜냐하면 이사야서는 신약에서 구약의 어느 책보다 (시편을 제외하고) 제일 많이 인용되고 있기 때문이다. 복음서에서 46번, 바울서신에서 30번, 그리고 계시록에서도 다수 인용되고 있다 (J. F. A. Sawyer, *The Fifth Gospel: Isaiah in the History of Christianity* [Cambridge: Cambridge University Press, 1996]). 또한 이 책은 교회의 교부들에게도 매우 높은 평가를 받아 온 책이었다. 4세기의 기독교 교부이자 성경 번역자였던 제롬(Jerome)은 이렇게 말했다. "그(이사야)는 예언자(Prophet)로 불리기보다는 전도자(Evangelist)로 불려야 한다. 왜냐 하면, 그는 그리스도와 교회의 모든 신비함에 대해 너무나 분명하게 기술했기에, 당신은 그가 미래에 일어날 일에 대해 예언했다기보다는 이미 일어난 일에 대한 역사를 기술했다고 생각하게 하기 때문이다" (Sawyer에 의해 인용됨, *The Fifth Gospel*, 1). 그래서 교부들은 특별히 동정녀 탄생에 대한 예언으로 인해, 이사야서를 제5복음서라고 칭하기도 했다. 그리고 중세기 후반까지 이사야서는 근본적으로 고난의 예언자로 간주되었다. 종교개혁 기간 중에는 "우리 하나님의 말씀은 영원히 서 있다" (40:8) 라는 이사야서의 선포가 루터의 성서 중심적 신앙의 기초가 되기도 했다. 18세기와 19세기에 이사야 40—55장에서 나타나는 보편적 포괄적 신앙은 기독교 세계 선교에 특별한 영향을 주었다고 말할 수 있다. 근래에 와서 이사야서는 평화와 정의에 대한 예언자적 위임에 의해, 해방 신학자들로부터 찬양받는 책이 되었다. 40—55장과 56—66장은 여성 신학자들이 주장하는 적극적인 여성 이미지로 인해, 여성 신학에서 하나의 중심이 되었다. 또한, 불행히도 지난 2천년 동안, 이사야서는 고대 이스라엘 사람들 사이에 있었던 불의에 대해 유대교의 비난거리를 찾는 반유대주의 해석자들에 의해 종종 인용되기도

했다. 그들은 자신들의 기독교 신앙의 입장에서 하나님이 유대교를 거부했다고 주장한 것이다. 이 주장은 물론 이사야서에 대한 잘못된 견해라고 말할 수 있다.

이사야서의 내용은 다음과 같다. 성경본문에 따라 세밀히 조사할 필요가 있는 주석은 이 개요를 따를 것이며, 명확성을 기하기 위하여 더 보충하여 상세하게 설명될 것이다.

Ⅰ. 제1이사야의 신탁들, 1:1—23:18; 28:1—33:24
- A. 이스라엘, 특히 예루살렘의 죄에 대해 언급하는 신탁들, 1:1—5:30
- B. 시리아와 에브라임과의 전쟁 (기원전 735-732년) 때의 신탁들, 6:1—8:22
- C. 히스기야 통치시대의 신탁들(기원전 715-687년), 9:1—12:6
- D. 여러 나라에 대한 신탁들, 13:1—23:18
- E. 이사야의 묵시 (기원전 6세기 후반의 신탁들), 24:1—27:13
- F. 앗시리아에 대한 히스기야의 반역시대의 신탁들 (기원전 705-701년), 28:1—33:24

Ⅱ. 제2이사야의 신탁들, 34:1—35:10; 40:1—55:13; 추가적 이야기들, 36:1—39:8
- A. 하나님의 보복과 하나님의 구속에 대한 약속, 34:1—35:10
- B. 제1이사야에 대한 추가적 이야기들 (왕하18:13-20:19에서 복사된 것), 36:1—39:8
- C. 바빌로니아 포로생활에서 해방을 약속하는 신탁들, 40:1—49:13
- D. 예루살렘/시온의 회복에 참여하는 신탁들, 49:14—55:13

Ⅲ. 제3이사야의 신탁들, 바빌로니아 포로지에서부터 돌아오는 이스라엘 사람들에 대한 신탁들, 56:1—66:24

수선 액커만 (Susan Ackerman)

1 이것은, 아모스의 아들 이사야가, 유다 왕 웃시
야와 요담과 아하스와 히스기야 시대에, 유다
와 예루살렘에 대하여 본 이상이다.

하나님께서 백성을 꾸짖으시다

2 하늘아, 들어라!
땅아, 귀를 기울여라!
주님께서 말씀하신다.
"내가 자식이라고 기르고 키웠는데,
그들이 나를 거역하였다.
3 소도 제 임자를 알고,
나귀도 주인이 저를
어떻게 먹여 키우는지 알건마는,
이스라엘은 알지 못하고,
나의 백성은 깨닫지 못하는구나."

4 슬프다!
죄 지은 민족, 허물이 많은 백성,
흉악한 종자, 타락한 자식들!
너희가 주님을 버렸구나.
이스라엘의 거룩하신 분을
업신여겨서,
등을 돌리고 말았구나.
5 어찌하여 너희는
더 맞을 일만 하느냐?
어찌하여 여전히 배반을 일삼느냐?
머리는 온통 상처투성이고,
속은 온통 골병이 들었으며,
6 발바닥에서 정수리까지
성한 데가 없이,
상처난 곳과 매맞은 곳과
또 새로 맞아 생긴 상처뿐인데도,
그것을 짜내지도 못하고,
싸매지도 못하고,
상처가 가라앉게
기름을 바르지도 못하였구나.
7 너희의 땅이 황폐해지고,
너희의 성읍들이
송두리째 불에 탔으며,
너희의 농토에서 난 것을,
너희가 보는 앞에서
이방 사람들이 약탈해 갔다.

1:1 제1이사야의 신탁으로 소개하는 표제 (1—23장, 28—33장); 또한 렘1:1-3; 겔 1:1-3; 호 1:1; 암 1:1; 미 1:1; 습 1:1을 보라. 이사야라는 이름은 "하나님은 구원이시다" 라는 의미이다. 그는 *웃시야* 왕의 통치 말기에 예언활동을 시작했다 (기원전 783-742년경); 그의 활동은 *요담* (기원전 742-735년경)과 *아하스*(기원전 735-715년경)의 시대를 거쳐, *히스기야*(기원전 715-687년경)가 통치한 전체 시기나 혹은 적어도 일부분 시기까지 활동하였다. 이사야의 아버지 *아모스*에 대해서는 별로 알려진 바가 없다.

1:2—12:6 제1이사야의 다양한 신탁들: 시리아와 에브라임 전쟁 당시의 신탁 (기원전 735-732년경), 히스기야 통치의 초기의 신탁(기원전 715년경)과 앗시리아의 유다 침략 당시의 신탁 (기원전 701년경).

1:2-20 하나님께서는 유다와 이스라엘 백성이 언약을 파기한 것으로 인해 법정으로 부르신다. 이 고소의 근본 개념은 예루살렘이 우주의 통치자이신 하나님의 보좌라는 것이다 (예를 들어, 8:18을 보라). 그래서 모든 불의한 사람은 한가운데서 없어져야 한다는 것이다. **1:2** 왜냐하면, 하나님께서 이스라엘과 처음 언약을 맺을 때에 *하늘과 땅이* 증인이 되셨기 때문이다 (신 4:26; 30:19; 31:28). 하늘과 땅은 백성들을 향한 하나님의 고소를 들어 보라고 부름을 받는다 (이스라엘의 아버지로서의 하나님에 관해서는 출 4:22-23; 신 14:1; 렘 3:4; 31:9; 호 11:1-11; 말 1:6을 보라; 또한 이스라엘에 대한 부성과 모성에 대한 이사야의 상징들은 27:11; 30:1; 42:14; 45:9-10; 46:3-4; 49:15; 63:16; 64:8; 66:13을 보라). **1:4** *거룩하신 분* (히브리어, *카도쉬*). 이 호칭은 하나님을 의미하며, 그 의미는 하나님은 절대적으로 거룩하신 존재로서 인간의 오염되고 더러워진 모든 것과 구별되어지는 존재라는 것이다. 이 호칭은 히브리 성경 안에서 특히 제1이사야에서 많이 사용되고 있다 (5:19, 24; 10:17, 20; 12:6; 17:7; 29:19, 23; 30:11, 12, 15; 31:1; 37:23을 보라). 이 호칭은 제1이사야 안에서 하나님에 대한 존귀함에 대한 표현으로 사용되는데, 하나님에 대한 그의 견해는 하나님은 거룩한 성 예루살렘에서 우주를 지배하는 위대하시고 능력이 많으신 존재로 나타난다 (예를 들어, 2:11-17; 6:1-13; 33:5를 보라; 또한 40:25에 관한 주석을 보라). **1:6** 중세 기독교 성서 해석자들은, 이 구절은 예수의 채찍질을 의미한다고 생각했다. **1:7-8** 이 구절들은 1:2-20의 시대가 기원전 701년경 앗시리아 왕 산헤립의 군대가 유다를 황폐케 만든 때였다. 예루살렘 (*시온으로도 불린다*)은 포위당했지만, 함락되지는 않았다. 하나님의 보좌로서의 예루살렘의 궁극적인 거룩함은 제1이사야의 주요 신학적 주장 가운데 하나이다 (1:24-26; 8:9-10; 10:15, 27b-32; 28:16; 29:5-8; 31:4-9; 37:35를 보라). 예루살렘은 여성적 이미지로 표현되기도 한다 (1:21-23; 3:25-26; 14:32; 16:1; 40:1-11; 49:14-26; 51:17—52:2; 54:1-17; 57:3, 6-13; 60:1-22; 62:1-12; 66:6-16). 이러한 주제 (motif)는 히브리 작품들 속에서 전형적으로 나타난다

이방 사람들이
너희의 땅을 박살냈을 때처럼
황폐해지고 말았구나.
8 도성 시온이 외롭게 남아 있는 것이
포도원의 초막과 같으며,
참외밭의 원두막과 같고,
포위된 성읍과 같구나.

9 만군의 주님께서
우리 가운데 얼마라도
살아 남게 하시지 않으셨다면,
우리는 마치 소돔처럼 되고
고모라처럼 될 뻔하였다.

10 너희 소돔의 ㄱ)통치자들아!
주님의 말씀을 들어라.
너희 고모라의 백성아!
우리 하나님의 ㄴ)법에 귀를 기울여라.

11 주님께서 말씀하신다.
"무엇하러 나에게
이 많은 제물을 바치느냐?
나는 이제 숫양의 번제물과
살진 짐승의 기름기가 지겹고,
나는 이제 수송아지와
어린 양과 숫염소의 피도 싫다.
12 너희가 나의 앞에 보이러 오지만,
누가 너희에게
그것을 요구하였느냐?
나의 뜰만 밟을 뿐이다!
13 다시는
헛된 제물을 가져 오지 말아라.
다 쓸모 없는 것들이다.
분향하는 것도 나에게는 역겹고,
초하루와 안식일과 대회로

ㄱ) 또는 '사사들아' ㄴ) 또는 '가르침' 또는 '교훈'

(또한 여성으로서의 예루살렘의 상징이 나타나는 구절들: 렘 4:30; 13:20-27; 22:20-23; 애 1:8-9; 겔 16:1-63; 23:1-4, 11-39를 보라; 또한 이사야서에서 시돈과 바빌론의 도시들을 여성으로 묘사하고 있는 구절들을 보라: 23:4, 12; 47:1-15). 그럼에도 불구하고 이 여성적 이미지로서의 도시는 여러 구절에서 부정적인 이미지를 나타내기도 하는데, 굴욕과 파멸의 제물로 묘사되기도 하고, 혹은 도덕적 부정, 특히 종교적 배신의 죄의 도시로 표현되기도 한다 (1:21-23과 3:25-26). **1:9** *만군의 주님* (*Lord of hosts*). 하늘에 있는 하나님의 측근자들을 함축해서 부르는 호칭이며, 4절의 *거룩하신 분*처럼, 제1이사야가 즐겨 사용하는 하나님에 대한 호칭이다. 이사야는 이 호칭을 그의 신탁에서 46번이나 사용한다. *소돔과 고모라.* 창 18:16—19:29를 보라. **1:10** 9절에서, 소돔과 고모라의 멸망이 예루살렘의 멸망을 가리키는 것이라면, 산헤립 왕의 포위 공격으로 이스라엘이 당하게 될 파멸을 묘사하기 위해 사용되었을 것이다. 11-17절의 내용이 분명하게 말하고 있는

추가 설명: 이사야서의 반유대주의적 해석들

그리스도교가 이사야를 "제5의 복음서"로 받아들이기에 (서론을 참조), 몇몇의 그리스도교 해석자들은 신약에서 복음서를 이해하듯이 이사야를 이해해 왔다. 즉 그들은 이사야서를 그리스도교 신앙의 관점에서 유대교를 거부하는 자료로 받아들인 것이다. 예를 들어, 교부 제롬(Jerome)은 1:2-3의 해석에서, 이 부분은 단지 비난받는 고대 이스라엘 백성에 대한 불의를 말하는 것이 아니라, 유대교 전체에 대한 비난이라고 말했다. 이 주장을 증명하기 위해, 제롬은 황소와 당나귀의 이미지(사 1:3, 그리스도의 탄생의 장면을 위해 그리스도교에 의해 인용된 부분)와 신 22:10(황소와 나귀를 함께 써레를 뿌리는 것을 금지한다)을 비교하면서, 기독교의 등장과 함께 유대교의 율법이 무의미해진 것을 주장했다 (또한 32:20을 참조). 순교자 저스틴(Justin)도 비슷하게 1:10을 사용하여 하나님께서 기독교를 택하시고 유대교를 버리셨다고 주장했다 (바울은 롬 9:29에서 9절을 인용했다). 그리고 존 크리소스톰(John Chrysostom)은 10절을 인용해서 유대 사람과 소돔 사람을 비교했다. 세빌의 이시돌(Isidore of Seville)은 단언하기를, 11절, 13절과 16절은 하나님께서 세례식을 택하시면서 유대교의 안식일과 제사 제도를 거절하신 것이라고 주장했다. 더 깊은 반유대적 해석의 예들을 보기 위해 다음의 주석들을 보라: 6:9-10; 29:13; 41:28; 42:9; 52:4-5; 56:10-12; 그리고 65:1-2. 이 설명들은 이사야의 전반부와 40- 66장의 보편적 주제에 나타나는 도덕적 공의에 대한 메시지와 상충한다.

모이는 것도 참을 수 없으며,
거룩한 집회를 열어 놓고
못된 짓도 함께 하는 것을,
내가 더 이상 견딜 수 없다.
14 나는 정말로
너희의 초하루 행사와
정한 절기들이 싫다.
그것들은
오히려 나에게 짐이 될 뿐이다.
그것들을 짊어지기에는
내가 너무 지쳤다.

15 너희가 팔을 벌리고
기도한다 하더라도,
나는 거들떠보지도 않겠다.
너희가
아무리 많이 기도를 한다 하여도
나는 듣지 않겠다.
너희의 손에는 피가 가득하다.
16 너희는 씻어라.
스스로 정결하게 하여라.
내가 보는 앞에서
너희의 악한 행실을 버려라.
악한 일을 그치고,
17 옳은 일을 하는 것을 배워라.
정의를 찾아라.
ㄱ)억압받는 사람을 도와주어라.
고아의 송사를 변호하여 주고
과부의 송사를 변론하여 주어라."

18 주님께서 말씀하신다.
"오너라! 우리가 서로 변론하자.
너희의 죄가 주홍빛과 같다 하여도
눈과 같이 희어질 것이며,
진홍빛과 같이 붉어도
양털과 같이 희어질 것이다.
19 너희가 기꺼이 하려는 마음으로
순종하면,
땅에서 나는 가장 좋은 소산을
먹을 것이다.
20 그러나 너희가 거절하고 배반하면,
칼날이 너희를 삼킬 것이다."
이것은
주님께서 친히 하신 말씀이다.

죄로 가득 찬 성읍

21 그 신실하던 성읍이
어찌하여 창녀가 되었습니까?
그 안에 정의가 충만하고,
공의가 가득하더니,
이제는 살인자들이 판을 칩니다.

22 네가 만든 은은
불순물의 찌꺼기뿐이고,
네가 만든 가장 좋은 포도주에는
물이 섞여 있구나.
23 너의 지도자들은
주님께 반역하는 자들이요,
도둑의 짝이다.
모두들 뇌물이나 좋아하고,
보수나 계산하면서 쫓아다니고,
고아의 송사를 변호하여 주지 않고,
과부의 하소연쯤은
귓전으로 흘리는구나.

24 그러므로 주 곧 만군의 주,
이스라엘의 전능하신 분께서

ㄱ) 또는 '억압하는 자들을 꾸짖어라'

것처럼, 두 도시는 불쌍하고 가난한 자들에 대해 정의롭게 행하지 못했던 것처럼 (겔 16:49를 보라), 예루살렘도 그렇게 실패했다. **1:11-17** 사람들은 하나님에게 율법이 정하고 있는 *제물들을* 바쳤지만, 하나님은 불의가 존재하는 한 그 제물들에는 아무런 가치가 없음을 말씀하신다 (43:22-28; 58:1-14; 암 4:4-5; 5:21-24; 8:4-8; 미 6:1-8을 보라). 왜냐하면 과부와 고아들에게는 그들에 대한 책임을 지는 가장이 없기에, 이스라엘의 전통은 이들을 특히 약자로 규정한다 (출 22:22를 보라). **1:18** 백성들은 하나님의 고소에 대해 자신을 변호하라는 요청을 받는다. 그러나 그들은 아무 것도 할 말이 없는 것처럼 보인다. 반면에 주님은 판결을 내리신다: 유다가 그의 죄의 길을 벗어나면 축복이요. 그렇지 않으면 심판이다.

1:21-31 하나님은 죄 많은 예루살렘을 보시면서 탄식하면서도 예루살렘의 궁극적인 회복을 약속하신다. **1:21** 삼하 1:19-27; 애 1:1; 2:1; 4:1. 애 1장은 예루살렘을 여성적 이미지로 묘사하면서 예루살렘 도시를 남편 되시는 하나님과의 언약을 파기한 매춘부로 징계한다 (또한 3:25-26; 57:3, 6-13; 렘 4:30; 13:20-27; 22:20-23; 겔 16:1-63; 23:1-4, 11-49를 보라; 그리고 1:7-8에 관한 주석을 보라). **1:23** *고아, 과부.* 1:11-17에 관한 주석을 보라. **1:24** *만군의 주.* 1:9에 관한 주석을 보라. *전능하신 분* (Sovereign).

말씀하신다.
"내가 나의 대적들에게
나의 분노를 쏟겠다.
내가 나의 원수들에게 보복하여
한을 풀겠다.
25 이제 다시 내가 너를 때려서라도
잿물로 찌꺼기를 깨끗이 씻어 내듯
너를 씻고,
너에게서 모든 불순물을 없애겠다.
26 옛날처럼 내가 사사들을
너에게 다시 세우고,
처음에 한 것처럼
슬기로운 지도자들을
너에게 보내 주겠다.
그런 다음에야 너를
'의의 성읍',
'신실한 성읍'이라고 부르겠다."

추가 설명: 예언서와 시편에 나타나는 시온

"시온"이라는 단어에는 적어도 네 가지의 의미가 담겨있다. 첫째로, 시온은 예루살렘의 가장 오래된 지역을 의미하는데, 그 곳은 소위 "다윗의 성" 혹은 오벨(Ophel)이라고 불린다. 그 곳은 기드론 골짜기 동쪽과 티로포이온 (Tyropoeon) 골짜기 서쪽의 남북을 잇는 좁은 산등성이로 되어있다. 둘째로, "시온" 혹은 "시온 산"은 다윗의 아들 솔로몬에 의해 예루살렘의 한 부분으로 된 예루살렘 성전이 자리 잡은 다윗 성 북쪽 언덕을 의미한다. 셋째로, 넓은 의미에서, "시온"은 예루살렘 전체를 언급하는 말이다. 넷째로, 예루살렘의 사람들을 의미하는 말이다. 왜냐하면 그들은 예루살렘과 그 성전을 그들의 종교적 중심지로 간주하기 때문이다. 비록 포로기와 포로기 이후의 자료로서의 사 51:16에서, "시온"이 이스라엘 사람들의 의미로 나타나고 있지만, 예언서와 시편에서는 두 번째와 세 번째의 사용이 지배적이다. 예루살렘의 서쪽 언덕과 높은 언덕으로서의 시온은 성서시대 이후의 이해이다.

시편과 예언서에, 특히 이사야서에, 나타난 시온의 중요성은 지역적이라기보다는 신학적이다. 시온은 이스라엘과 온 우주를 다스리시는 하나님의 보좌로 이해되고 있다. 이 땅에서 하나님의 동반자인 다윗 왕처럼, 하나님은 하나님이 대적과의 전투에서 승리함으로 이 왕권을 주장하는 분으로 이해된다. 다윗과 그의 계승자들이 예루살렘에 그들의 군사적 승리를 기념하는 건물을 건축하듯이, 하나님께서는 시온에 하나님의 승리를 기념하는 하나님의 성전을 건축하신다. 성전은 하나님의 백성들에게 있어서 축제의 중심지가 된다. 그 곳은 또한 왕의 승리 이후, 축복이 흘러나오는 장소가 된다. 그래서 시온 산은 이스라엘의 종교 속에서 하나의 신학적 상징이다. 시온 산은 전쟁시에 하나님을 정복할 수 없는 개념으로 사용되고 있으며, 평화시에는 하나님의 은혜의 개념으로 사용된다. 나아가서 하나님의 하늘의 권좌와 이 땅에서 다윗과 그의 계승자들의 권좌의 연합으로 인해, 시온은 이스라엘의 신념으로 상징된다. 그것은 그들의 왕은 하나님 같이 정복될 수 없는, 그리고 하나님 같이 구원자로 나타나는 신념이다.

기원전 701년에 앗시리아의 왕 산헤립에 의해 예루살렘이 거의 무너질 뻔 했던 사실과, 587년의 바빌로니아에 의한 예루살렘의 함락으로 인하여 이 시온 신학은 심각하게 도전을 받았다. 이사야 예언자 전승에서 우리는 이런 도전에 대한 강하게 대응하는 모습을 볼 수 있다. 기원전 701년의 위기의 원인을 제1이사야는 하나님의 백성들이 하나님의 거룩한 성에서 도덕적으로 바른 기준에 합당한 행동을 하지 못했기 때문으로 보았다. 그래서 그들은 함락의 위협으로 심판을 받았다고 본 것이다. 그러나 시온은 하나님의 보좌로 선택된 성이기에, 하나님은 예루살렘이 완전히 무너지기 전에 앗시리아 사람들의 공격을 멈추게 하신 것이다. 제2이사야에게 있어서, 기원전 587년의 함락은 역시 하나님의 백성들의 죄악에 의한 하나님의 심판으로 나타나고, 그 죄악은 너무 커서 예루살렘과 그 왕조는 버틸 수 없었던 것으로 나타난다. 그럼에도 불구하고, 제2이사야는 심판의 상황에서도 하나님의 은혜는 남아 있음을 주장한다. 그래서 심판 이후의 시온의 회복에 대한 약속들이 40—55장에서, 그리고 56—66장에서 나타난다. 6:1-13; 8:9-10; 9:1-7; 10:15, 27b-32; 28:16; 29:5-8; 31:4-9; 33:5; 37:35; 40:25에 관한 주석들을 보라.

27 시온은 정의로 구속함을 받고,
회개한 백성은
공의로 구속함을 받을 것이다.
28 그러나 거역하는 자들과 죄인들은
모두 함께 패망하고,
주님을 버리는 자들은
모두 멸망을 당할 것이다.

29 너희가 상수리나무 아래에서
우상 숭배를 즐겼으니,
수치를 당할 것이며,
너희가 동산에서
이방 신들을 즐겨 섬겼으므로
창피를 당할 것이다.
30 기어이 너희는
잎이 시든 상수리나무처럼
될 것이며,
물이 없는 동산과 같이
메마를 것이다.
31 강한 자가 삼오라기와 같이 되고,
그가 한 일은 불티와 같이 될 것이다.
이 둘이 함께 불타도
꺼 줄 사람 하나 없을 것이다.

영원한 평화

2 1 이것은 아모스의 아들 이사야가 유다와 예
루살렘을 두고, 계시로 받은 말씀이다.

2 마지막 때에,
주님의 성전이 서 있는 산이
모든 산 가운데서
으뜸가는 산이 될 것이며,
모든 언덕보다 높이 솟을 것이니,
모든 민족이
물밀듯 그리로 모여들 것이다.
3 백성들이 오면서 이르기를
"자, 가자.
우리 모두 주님의 산으로 올라가자.
야곱의 하나님이 계신 성전으로
어서 올라가자.
주님께서 우리에게
주님의 길을 가르치실 것이니,
주님께서 가르치시는 길을 따르자"
할 것이다.

ㄱ)율법이 시온에서 나오며,
주님의 말씀이 예루살렘에서 나온다.

4 주님께서 민족들 사이의 분쟁을
판결하시고,
뭇 백성 사이의 갈등을
해결하실 것이니,
그들이 칼을 쳐서 보습을 만들고
창을 쳐서 낫을 만들 것이며,

ㄱ) 또는 '가르침' 또는 '교훈'

NRSV는 주권자로 이것을 번역했는데, 그 이유는 주권자가 *주*(lord)와 문자적으로 같은 의미를 지니고 있기 때문이다. 제1이사야는 단지 이 곳에서만 하나님을 *전능하신 분*(문자 그대로는 "수소"[bull]의 의미이다)으로 묘사한다. 이것은 하나님에 대해 매우 드물게 나타나는 호칭이다 (창 49:24; 시 132:2, 3; 사 49:26; 60:16을 보라). 히브리어로, *아*(Ah) 라는 감탄사를 *호이* 라고 하는데 일반적으로 "슬프다"는 의미가 담겨 있다. 이 표현은 제1이사야에 많이 나타나는데, 새번역개정에서는 모두 이 표현을 삭제하였다 (5:8-24에 관한 주석을 보라). **1:25-27** 예루살렘이 먼저 다윗 왕 시절의 이스라엘 연합의 한 부분이 될 때, 예루살렘(이 곳에서는 시온으로 쓰임)은 다시 하나님에 의해 성결하게 될 것이며 공의의 도시가 될 것이다. **1:29** *상수리나무 아래에서 우상 숭배를 즐겼으니.* 이것은 풍요 신에게 행했던 종교적 예식을 의미하며, 아마 고대 이스라엘 백성이 주(lord)의 배우자로 섬겼던 가나안의 여신 아세라에게 헌신하는 것을 의미한 것 같다 (17:8, 10-11; 27:9; 57:5; 65:3을 참조). **1:31** *강한 자.* 29절의 상수리나무를 의미한다. *그가 한 일.* 개역개정은 "그의 행위;" 공동번역은 "그가 만든 것;" NRSV는 "그들의 일"로 번역했는데, "그가 만든 것"이 제일 좋은 번역일 것이다.

2:1-4 예루살렘의 미래에 대한 비전. 이것은 미 4:1-3에서도 찾아볼 수 있는데, 예언자 이사야와 미가가 전통적으로 내려온 하나의 신탁을 인용한 것을 암시해 준다. 오늘날 이것은 국제사회의 평화를 지키려는 노력과 관련되어 많이 인용된다. 이것은 또한 UN 건물에 있는 조각 작품의 주제이기도 하다. **2:2** 예루살렘의 성전이 서 있는 산은 사실 낮은 언덕이지만, 미래에 완성될 도성에 있는 그 산은 *모든 산 가운데서 으뜸가는 산이* 될 것이며, 그 곳은 하늘과 땅이 교차하며, 그래서 하나님과 인간이 함께 만나는 장소가 될 것이다 (또한 겔 40:2; 슥 14:10을 보라). **2:3** 모든 민족이 *시온*(예루살렘의 또 다른 이름)에 모일 것이라는 생각은 제1이사야보다 오히려 40—55장과 56—66장의 대표적인 사상이다 (45:14, 22-23; 55:5; 56:3-5; 60:5-13; 61:6; 66:12를 보라). **2:4** 욜 3:10을 참조하라.

나라와 나라가
칼을 들고 서로를 치지 않을 것이며,
다시는
군사훈련도 하지 않을 것이다.

5 오너라, 야곱 족속아!
주님의 빛 가운데서 걸어가자!

주님의 날

6 주님, 주님께서는 주님의 백성
야곱 족속을 버리셨습니다.

그들에게는
동방의 미신이 가득합니다.
그들은
블레셋 사람들처럼 점을 치며,
이방 사람의 자손과 손을 잡고
언약을 맺었습니다.

7 그들의 땅에는 은과 금이 가득하고,
보화가 셀 수 없이 많습니다.
그들의 땅에는 군마가 가득하고,
병거도 셀 수 없이 많습니다.
8 그들의 땅에는 우상들로 꽉 차 있고,
그들은 제 손으로 만든 것과
제 손가락으로 만든 것에게
꿇어 엎드립니다.

9 이처럼 사람들이 천박해졌고
백성이 비굴해졌습니다.
그러니 ㄱ)그들을 용서하지 마십시오.

10 너희는 바위 틈으로 들어가고,
티끌 속에 숨어서,
주님의
그 두렵고 찬란한 영광 앞에서
피하여라.

11 그 날에
인간의 거만한 눈초리가 풀이 죽고,
사람의 거드름이 꺾이고,
오직 주님만
홀로 높임을 받으실 것이다.

12 그 날은
만군의 주님께서 준비하셨다.
모든 교만한 자와 거만한 자,
모든 오만한 자들이
낮아지는 날이다.
13 또 그 날은,
높이 치솟은 레바논의 모든 백향목과
바산의 모든 상수리나무와,
14 모든 높은 산과
모든 솟아오른 언덕과,
15 모든 높은 망대와
모든 튼튼한 성벽과,
16 ㄴ)다시스의 모든 배와,
탐스러운 모든 조각물이
다 낮아지는 날이다.

17 그 날에,
인간의 거만이 꺾이고,
사람의 거드름은 풀이 죽을 것이다.
오직 주님만 홀로 높임을 받으시고,
18 우상들은 다 사라질 것이다.

19 그 때에 사람들이,
땅을 뒤흔들며 일어나시는 주님의
그 두렵고 찬란한 영광 앞에서
피하여,
바위 동굴과 땅굴로 들어갈 것이다.
20 그 날이 오면, 사람들은,
자기들이 경배하려고 만든
은 우상과 금 우상을
두더지와 박쥐에게
던져 버릴 것이다.

ㄱ) 또는 '그들을 일으켜 세우지 마십시오' ㄴ) 또는 '모든 무역선과'

2:5-22 *야곱 족속.* 아마 북왕국 이스라엘을 의미할 것이며, 회개하라고 청하고 있다. **2:6** *동방의 미신.* 점치는 것으로 잘 알려진 메소포타미아 종교에 대한 언급이다 (또한 44:25; 47:8-11을 보라). **2:11-17** 높고 높으신 *만군의 주님* (또한 1:9; 6:1을 보라)은 자신과의 경쟁을 인정하지 않으실 것이다. 이스라엘 북쪽에 있는 *레바논*은 백향목으로 유명했다 (예를 들어, 왕상 5:6; 아 5:15). *바산* (*Bashan*). 갈릴리 바다 동쪽이며, 상수리나무로 유명했다 (겔 27:6). *다시스.* 지중해 서쪽, 그리고 아프리카의 북쪽, 혹은 스페인의 서쪽에 위치한 항구 도시였다. **2:18-20** 제1이사야와 제2이사야는 계속해서 우상숭배를 책망한다 (1:29-31; 2:8; 10:10-

21 땅을 뒤흔들며 일어나시는 주님의
그 두렵고 찬란한 영광 앞에서
피하여,
바위 구멍과 바위 틈으로
들어갈 것이다.

22 "너희는 사람을 의지하지 말아라.
그의 숨이 코에 달려 있으니,
수에 셈할 가치가 어디에 있느냐?"

예루살렘의 혼돈

3 1 주 만군의 주님께서
예루살렘과 유다에서
백성이 의지하는 것을
모두 없애실 것이다.
그들이 의지하는
모든 빵과 모든 물을 없애시며,
2 용사와 군인과 재판관과 예언자,
점쟁이와 장로,
3 오십부장과 귀족과 군 고문관,
능숙한 마술사와 능란한 요술쟁이를
없애실 것이다.

4 "내가 철부지들을
그들의 지배자로 세우고,
어린것들이
그들을 다스리게 하겠다.
5 백성이 서로 억누르고,
사람이 서로 치고,
이웃이 서로 싸우고,
젊은이가 노인에게 대들고,
천한 자가 존귀한 사람에게
예의없이 대할 것이다."

6 한 사람이 제 집안의
한 식구를 붙잡고
"너는 옷이라도 걸쳤으니,
우리의 통치자가 되어 다오.
이 폐허에서 우리를
다시 일으켜 다오"
하고 부탁을 하여도,
7 바로 그 날에,
그가 큰소리로 부르짖을 것이다.
"나에게는 묘안이 없다.
나의 집에는 빵도 없고 옷도 없다.
나를 이 백성의 통치자로
세우지 말아라."

8 드디어 예루살렘이 넘어지고
유다는 쓰러진다.
그들이 말과 행동으로
주님께 대항하며,
하나님의 영광스러운 현존을
모독하였기 때문이다.
9 그들의 안색이
자신들의 죄를 고발한다.
그들이 소돔과 같이
자기들의 죄를 드러내 놓고 말하며,
숨기려 하지도 않는다.
그들에게 화가 미칠 것이다.
그들은 스스로 재앙을 불러들인다.

10 의로운 사람에게 말하여라.
그들에게 복이 있고,
그들이 한 일에 보답을 받고,
기쁨을 누릴 것이라고 말하여라.
11 악한 자에게는 화가 미칠 것이다.
재난이 그들을 뒤덮을 것이다.
그들이 저지른 그대로
보복을 받을 것이다.

12 "아이들이 내 백성을 억누르며,
ㄱ)여인들이 백성을 다스린다.

내 백성아,
네 지도자들이 길을 잘못 들게 하며,
가야 할 길에서 벗어나게 하는구나."

ㄱ) 칠십인역에는 '채권자들이'

11; 17:7-11; 19:1, 3; 30:22; 31:7; 40:18-20; 41:6-7, 21-24, 28-29; 42:8, 17; 44:9-20; 45:16-17, 20-25; 46:1-13).

3:1-15 남왕국 유다에 대한 심판의 신탁. 이 신탁은 북왕국 이스라엘을 징계하는 앞의 신탁과 함께 연결된 신탁이다. **3:1** *주 만군의 주님.* 1:9, 24에 관한 주석을 보라. **3:6-7** 유다의 지도력은 하나님의 심판으로 인하여 혼돈에 빠지게 될 것이다. 사람들은 자신을 보호하려고 누군가를 지명하려고 하지만, 보람이 없는 일을 위해 나서는 사람이 없을 것이다. **3:9** 소돔. 1:9, 10에 관한 주석을 보라. **3:12** *아이들.* 개역개정과 NRSV(공동번역은 "철부지")는 아이들이라고 번역을

주님께서 백성을 심판하시다

13 주님께서 재판하시려고
법정에 앉으신다.
그의 백성을 심판하시려고
들어오신다.
14 주님께서 백성의 장로들과
백성의 지도자들을 세워 놓고,
재판을 시작하신다.

"나의 포도원을 망쳐 놓은 자들이
바로 너희다.
가난한 사람들을 약탈해서,
너희 집을 가득 채웠다.
15 어찌하여 너희는
나의 백성을 짓밟으며,
어찌하여 너희는
가난한 사람들의 얼굴을
마치 맷돌질하듯 짓뭉갰느냐?"
만군의 하나님이신
주님의 말씀이다.

예루살렘 여인들에게 경고하시다

16 주님께서 말씀하신다.
"시온의 딸들이 교만하여
목을 길게 빼고 다니며,
호리는 눈짓을 하고 다니며,
꼬리를 치고 걸으며,
발목에서
잘랑잘랑 소리를 내는구나.
17 그러므로 주님께서
시온의 딸들 정수리에
딱지가 생기게 하며,
주님께서
그들의 하체를 드러내실 것이다."

18 그 날이 오면, 주님께서는 여인들에게서, 발목
장식, 머리 망사, 반달 장식, 19 귀고리, 팔찌,
머리 쓰개, 20 머리 장식, 발찌, 허리띠, 향수병,
부적, 21 가락지, 코걸이, 22 고운 옷, 겉옷,
외투, 손지갑, 23 손거울, 모시 옷, 머릿수건, 너
울들을 다 벗기실 것이다.

24 그들에게서는
향수 내음 대신에 썩는 냄새가 나고,
고운 허리띠를 띠던 허리에는
새끼줄이 감기고,
곱게 빗어 넘기던 머리는
다 빠져서 대머리가 되고,
고운 옷을 걸치던 몸에는
상복을 걸치고,
고운 얼굴 대신에
ㄱ)수치의 자국만 남을 것이다.

25 너를 따르던 남자들이
칼에 쓰러지며,
너를 따르던 용사들이
전쟁터에서 쓰러질 것이다.
26 시온의 성문들이
슬퍼하며 곡할 것이요,
황폐된 시온은
땅바닥에 주저앉을 것이다.

ㄱ) 사해 사본을 따름. 마소라 본문에는 '수치'가 없음

했는데, 아이들이라는 번역보다는 칠십인역 번역에 따라 "수집가" (gleaners) 라고 번역하는 것이 더 좋은 번역인 것 같다. 또한 칠십인역에 따라, 히브리어의 *나심*, 즉 "여인들"이라는 번역보다는 히브리어의 *노심*, 즉 "채권자"로 번역하는 것이 더 좋은 번역인 것 같다. 만일 "여인들"이라는 번역을 고집한다면, 합법적 권위가 남성들에게 있는 이스라엘의 남성 중심적 세계관이 정립되는 것에 의문을 품게 될 수 있다. **3:13-15** 1:2-20처럼 하나님께서는 이스라엘을, 특별히 그의 지도자들을 언약 파기에 관한 법정에 세우신다. *만군의 하나님.* 이 표현에 대해서는 22:5에 관한 주석을 보라.

3:16—4:1 *시온의 딸들*(예루살렘에 대한 다른 이름)과 도시를 비난하는 것에서 예루살렘이 한 여인으로 의인화되어 표현되고 있다. 이 주제들은 예언자의 문헌에서 자주 나타난다 (사 32:9-14; 렘 7:18; 44:15-19, 25; 겔 8:14; 호 1:1—3:5; 4:13; 암 4:1-3; 그리고 1:21에서 인용된 자료들을 보라). **3:17** *그들의 하체.* 24절에서 시온의 딸들이 대머리가 되는 표현을 생각한다면, 그들의 하체를 "앞이마"로 대치하는 것이 더 좋을 것이다. **3:24** 베옷을 입고 머리를 미는 것은 전형적으로 이스라엘 사람들이 회개하는 행위이다 (예를 들어, 렘 48:37을 보라). 예루살렘의 딸들이 이와 같은 종교적 의식을 지탱하고 있는 것은, 회개하는 것에서 고대 이스라엘 여성들이 행한 특별한 역할을 암시한다 (삼하 1:24; 대하 35:25; 렘 9:17-21; 겔 32:16). **3:25** 예루살렘의 여인들과 여성으로서의 도성의 정체성은 매우 간단하게 만들어져서, 예언자는 쉽게 예루살렘의 딸들을 비난하는 것에서 예루살렘 자체로 직접적으로 언급

4 1 그 날이 오면,
일곱 여자가 한 남자를
붙잡고 애원할 것이다.
"우리가 먹을 것은 우리가 챙기고,
우리가 입을 옷도
우리가 마련할 터이니,
다만 우리가 당신을
우리의 남편이라고 부르게만
해주세요.
시집도 못갔다는 부끄러움을
당하지 않게 해주세요."

예루살렘이 회복될 것이다

2 그 날이 오면,
주님께서 돋게 하신 싹이
아름다워지고
영화롭게 될 것이며,
이스라엘 안에
살아 남은 사람들에게는,
그 땅의 열매가 자랑거리가 되고
영광이 될 것이다.

3 또한 그 때에는,
시온에 남아 있는 사람들,
예루살렘에 머물러 있는 사람들,
곧 예루살렘에 살아 있다고
명단에 기록된 사람들은 모두
'거룩하다'고 일컬어질 것이다.

4 그리고 주님께서
딸 시온의 부정을 씻어 주시고,
심판의 영과 불의 영을 보내셔서,
예루살렘의 피를
말끔히 닦아 주실 것이다.

5 그런 다음에 주님께서는,
시온 산의 모든 지역과
거기에 모인 회중 위에,
낮에는 연기와 구름을 만드시고,
밤에는 타오르는 불길로
빛을 만드셔서,
예루살렘을 닫집처럼 덮어서
보호하실 것이다.
6 하나님께서는 예루살렘을
그의 영광으로 덮으셔서,
한낮의 더위를 막는
그늘을 만드시고,
예루살렘으로 폭풍과 비를 피하는
피신처가 되게 하실 것이다.

포도원 노래

5 1 내가 사랑하는 이에게
노래를 해 주겠네.
그가 가꾸는 포도원을
노래하겠네.
내가 사랑하는 사람은
기름진 언덕에서
포도원을 가꾸고 있네.

하는 것으로 변화시킨다. **3:26** 24절의 시온의 딸들처럼 예루살렘은 땅에 앉아 전통적인 회개의식에 참여한다 (47:1-3; 참고: 겔 26:16). **4:1** 수많은 예루살렘의 남자들이 전쟁에서 죽었기 때문에 (3:25) 많은 여성들이 남아있는 남자들을 찾게 될 것이다. 이 여성들은 자원해서 남편이 해야 할 음식과 의복을 제공해 주는 책임도 맡게 될 것이다.

4:2-6 미래에 대한 예루살렘에 관한 비전. 원래는 바로 전에 나온 신탁과는 독립된 것이었는데, 시온의 딸들에 초점을 맞추기 위하여 후에 첨가되었다. **4:2** 2b에 나타나는 영화롭게 살아남은 의인들에 대한 암시는 상반절에 나타난 *싹*이며, 이것은 이스라엘 중에서 의로운 자들을 지칭한다고 볼 수 있다 (그것의 동의어로 60:21의 "나무"[shoot]의 의미와 같다). 이것은 렘 23:5; 33:15; 슥 3:8; 6:12(또한 사 11:1을 보라)에 나타나는 것처럼 미래의 이상적인 왕을 지칭하는 것은 아니다. **4:3** *살아 있다고 명단에 기록된 사람들*. 모든 살아 있는 사람들의 이름이 하나님의 생명의 책에 올라 있게 된다. 그리고 생명의 책에서 이름이 지워지는 것은 사망을 의미한다 (출 32:32; 시 69:28). 그러나 후기의 전통에서는 생명의 책을 구원과 영원한 생명을 위해 예정된 자들의 이름을 기록한 책으로 이해한다 (단 12:1; 계 20:12, 15; 21:27). *시온*. 예루살렘의 또 다른 이름이다. **4:5** *시온 산* 위에 밤과 낮 동안 머물 *구름과 불길*(성전이 있는 산 위와 그 주위에)은 출애굽 기간 동안 하나님의 현존을 상징했던 구름과 불기둥을 연상케 하여 준다 (출 13:21-22; 14:24; 민 14:14).

5:1-7 "포도원의 노래"는 포도 수확에 대한 전통적인 노래 중 하나인데, 제1이사야는 이것을 하나님과 이스라엘과 유다와의 관계를 묘사하기 위해 재해석한다. 마 21:33-46; 막 12:1-12; 그리고 눅 20: 9-19에서, 이 재해석은 그 자체가 재해석되어 악한 소작인들에 대한 비유의 기초가 된다. **5:1** 전통적인 포도 수확에 대한 노래로부터 인용된 것으로, 한 여인이 사랑하는 남자를

2 땅을 일구고 돌을 골라 내고,
아주 좋은 포도나무를 심었네.
그 한가운데 망대를 세우고,
거기에 포도주 짜는 곳도 파 놓고,
좋은 포도가 맺기를 기다렸는데,
열린 것이라고는 들포도뿐이었다네.
3 예루살렘 주민아,
유다 사람들아,
이제 너희는
나와 나의 포도원 사이에서
한 번 판단하여 보아라.
4 내가 나의 포도원을 가꾸면서
빠뜨린 것이 무엇이냐?
내가 하지 않은 일이라도 있느냐?
나는 좋은 포도가
맺기를 기다렸는데
어찌하여 들포도가 열렸느냐?

5 "이제 내가 내 포도원에
무슨 일을 하려는지를
너희에게 말하겠다.
울타리를 걷어치워서,
그 밭을 못쓰게 만들고,
담을 허물어서
아무나 그 밭을 짓밟게 하겠다.
6 내가 그 밭을 황무지로 만들겠다.
가지치기도 못하게 하고
북주기도 못하게 하여,
찔레나무와 가시나무만
자라나게 하겠다.
내가 또한 구름에게 명하여,
그 위에
비를 내리지 못하게 하겠다."

7 이스라엘은
만군의 주님의 포도원이고,
유다 백성은
주님께서 심으신 포도나무다.
주님께서는 그들이
선한 일 하기를 기대하셨는데,
보이는 것은 살육뿐이다.
주님께서는 그들이
옳은 일 하기를 기대하셨는데,
들리는 것은
그들에게 희생된 사람들의
울부짖음뿐이다.

사람이 저지르는 악한 일

8 너희가,
더 차지할 곳이 없을 때까지,
집에 집을 더하고,
밭에 밭을 늘려 나가,
땅 한가운데서
홀로 살려고 하였으니,
너희에게 재앙이 닥친다!

9 만군의 주님께서
나의 귀에다 말씀하셨다.
"많은 집들이 반드시 황폐해지고,
아무리 크고 좋은 집들이라도
텅 빈 흉가가 되어서,
사람 하나 거기에 살지 않을 것이다.
10 또한 열흘 갈이 포도원이
포도주 ㄱ)한 바트밖에 내지 못하며,
ㄴ)한 호멜의 씨가
겨우 ㄷ)한 에바밖에
내지 못할 것이다."

ㄱ) 약 6갈론(약 22리터) ㄴ) 약 12말 ㄷ) 약 1말 2되

향해 부르는 노래이다 (암시적으로 이 여인은 포도원으로 비유된다; 아 8:12를 보라). 여인들은 특별히 고대 사회의 포도원 축제에서 음악을 연주하는 책임을 진 사람들이었다 (삿 21:15-25; 사 32:9-14); 여기서처럼, 그들의 노래는 전형적으로 사랑과 풍요신과 관계되어 있었다. **5:2-6** 전통적으로 포도 수확기에 노래한 2절 마지막까지 계속된다. 포도원을 "일구고," "골라 내고," 그리고 "심었네" 라는 표현들은 은유적으로 남녀의 사랑의 행위를 암시하는 것이다. 얻기를 원했던 것은 포도, 혹은 아이들이었다. 그러나 2절 마지막에서 예언자는 포도원 주인을 하나님으로, 포도원을 이스라엘과 유다로, 그리고 이 두 나라가 원하지 않았던 들포도(문자 그대로 "유해한" 과일)를 냈다고 해석을 변화시킨다. 결론적으로 3-6절에서 1인칭으로 나타나는 하나님은 두 나라를 파멸시켜 버리실 것이다. **5:7** 지혜로운 단어 배열로 *선한 일* (히브리어, *미쉬파트*)과 *살육* (히브리어, *미쉬파아*)과 *옳은 일*(히브리어로, *체다카*)과 *울부짖음*(히브리어로, *체아카*)을 나란히 배열한다. *만군의 주님.* 1:9에 관한 주석을 보라.

5:8-24 이 일련의 신탁들은 첫 자가 모두 "아" (히브리어, *호이*)로 시작되는 제1이사야에 나타난 전형적인 탄식시이다. 새번역개정과 개역개정에서는 "아"가 삭제되어 있다. 그러나 공동번역에서는 "아"로 시작한다. **5:8-10** 첫 번째 탄식시는 다른 사람의 것까지도 빼앗아 부를 축적하는 사람에 대한 것이다. *바트.* 액체를 측정하는 한 단위로 약 5.5 겔론(혹은 약 22

11 아침에 일찍 일어나
독한 술을 찾는 사람과,
밤이 늦도록
포도주에 얼이 빠져 있는 사람에게,
재앙이 닥친다!

12 그들이, 연회에는
수금과 거문고와 소구와 피리와
포도주를 갖추었어도,
주님께서 하시는 일에는
관심이 없고,
주님께서 손수 이루시는 일도
거들떠보지를 않는다.

13 "그러므로 나의 백성은
지식이 없어서 포로가 될 것이요,
귀족은 굶주리고
평민은 갈증으로 목이 탈 것이다."
14 그러므로
ㄱ)스올이 입맛을 크게 다시면서,
그 입을 한없이 벌리니,
그들의 영화와 법석거림과
떠드는 소리와 즐거워하는 소리가,
다 그 곳으로 빠져 들어갈 것이다.

15 그래서 천한 사람도 굴욕을 당하고
귀한 사람도 비천해지며,
눈을 치켜 뜨고
한껏 거만을 부리던 자들도
기가 꺾일 것이다.
16 그러나
만군의 주님께서는 공평하셔서
높임을 받으시고,
거룩하신 하나님은 의로우셔서
거룩하신 분으로
기림을 받으실 것이다.

17 그 때에 어린 양들이 그 폐허에서
마치 초장에서처럼
풀을 뜯을 것이며,
ㄴ)낯선 사람들이,
망한 부자들의 밭에서
그 산물을 먹을 것이다.

18 거짓으로 끈을 만들어
악을 잡아당기며,
수레의 줄을 당기듯이
죄를 끌어당기는 자들에게
재앙이 닥친다!
19 기껏 한다는 말이
"하나님더러 서두르시라고 하여라.
그분이 하고자 하시는 일을
빨리 하시라고 하여라.
그래야 우리가 볼 게 아니냐.
계획을 빨리 이루시라고 하여라.
이스라엘의 거룩하신 분께서
세우신 계획이
빨리 이루어져야
우리가 그것을 알 게 아니냐!"
하는구나.

20 악한 것을 선하다고 하고
선한 것을 악하다고 하는 자들,
어둠을 빛이라고 하고
빛을 어둠이라고 하며,
쓴 것을 달다고 하고
단 것을 쓰다고 하는 자들에게,
재앙이 닥친다!

21 스스로 지혜롭다 하며,
스스로 슬기롭다 하는 그들에게,
재앙이 닥친다!

ㄱ) 또는 '무덤' 또는 '죽음' ㄴ) 칠십인역에는 '어린 양 떼가'

리터)이며, 10에이커 (40,468m²) 포도원에서 생산되는 상상할 수 없이 적은 양이다. *에바*(22리터)는 한 *호멜*(2.2리터)의 십 분지 일이며, 호멜은 건조한 곡물을 재는 단위로 한 당나귀에 실을 수 있는 곡물의 양이다 (겔 45:11-14). **5:11-13** 두 번째는 술 취한 사람들과 게으르고 방탕한 생활을 즐기는 사람들에 대한 탄식시이다 (암 6:4-7). **5:14-17** 단편적 신탁을 연속적인 탄식시 사이에 넣은 것이다. 스올. 지하세계이다. 탐욕적 식욕을 가지고 있다는 개념은 가나안 신화의 이야기에서 유래된 것이다. 그 신화에서 죽음의 신 못(Mot)이 삼키기 위해 입을 벌리고 은유적으로 그의 적인 폭풍의 신 *바알*을 죽인다 (25:7-8에 관한 주석을 보라). *만군의 주님.* 1:9에 관한 주석을 보라. **5:18-19** 세 번째 탄식시는 고집이 센 죄인(18절)과 회의론자(19절)에 대한 것이다. **5:20** 네 번째 탄식시는 거짓을 말하는 자들에 대한 것이다. **5:21** 다섯 번째 탄식시는 스스로 의롭

22 포도주쯤은 말로 마시고,
온갖 독한 술을 섞어 마시고도
끄떡도 하지 않는 자들에게,
재앙이 닥친다!

23 그들은 뇌물을 받고
악인을 의롭다고 하며,
의인의 정당한 권리를 빼앗는구나.

24 그러므로
지푸라기가 불길에 휩싸이듯,
마른 풀이 불꽃에 타들어 가듯,
그들의 뿌리가 썩고,
꽃잎이 말라서,
티끌처럼 없어질 것이다.

그들은
만군의 주님의 율법을 버리고,
이스라엘의 거룩하신 분의 말씀을
멸시하였다.

25 그러므로
주님께서 백성에게 진노하셔서
손을 들어 그들을 치시니,
산들이 진동하고,
사람의 시체가
거리 한가운데 버려진
쓰레기와 같다.

그래도 주님께서는
진노를 풀지 않으시고,
심판을 계속하시려고
여전히 손을 들고 계신다.

26 주님께서 깃발을 올리셔서
먼 곳의 민족들을 부르시고,
휘파람으로 그들을
땅 끝에서부터 부르신다.
그들이 빠르게 달려오고 있다.

27 그들 가운데 아무도
지쳐 있거나 비틀거리는 사람이 없고,
졸거나 잠자는 사람이 없으며,
허리띠가 풀리거나
신발끈이 끊어진 사람이 없다.

28 그들의 화살은
예리하게 날이 서 있고,
모든 활시위는 쏠 준비가 되어 있다.
달리는 말발굽은
부싯돌처럼 보이고,
병거 바퀴는
회오리바람과 같이 구른다.

29 그 군대의 함성은
암사자의 포효와 같고,
그 고함 소리는
새끼 사자의 으르렁거림과 같다.
그들이 소리 치며
전리품을 움켜 가 버리나,
아무도 그것을 빼앗지 못한다.

30 바로 그 날에,
그들이 이 백성을 보고서,
바다의 성난 파도같이 함성을 지를 것이니,
사람이 그 땅을 둘러보면,
거기에는 흑암과 고난만 있고,
빛마저 구름에 가려져 어두울 것이다.

하나님이 이사야를 예언자로 부르시다

6 1 웃시야 왕이 죽던 해에, 나는 높이 들린 보
좌에 앉아 계시는 주님을 뵈었는데, 그의 옷
자락이 성전에 가득 차 있었다. 2 그분 위로는

다고 생각하는 사람들에 대한 것이다. **5:22-23** 마지막으로 나타나는 여섯 번째 탄식시는 술주정뱅이와 정의를 악용하는 자들에 대한 것이다. **5:24** 심판에 대한 결론이다. *만군의 주님과 거룩하신 분.* 이것에 대해서는 1:4, 9에 관한 주석을 보라.

5:25-30 심판에 관한 신탁. 25b는 9:12, 17, 21과 10:4에서 반복된다. 이것은 이 구절이 원래 9:8—10:4의 한 부분이었다는 것을 암시해 준다 (9:12에 관한 주석을 보라). **5:26** 백성들이 계속 죄를 지어 왔기 때문에, 하나님께서는 앗시리아 사람을 보내어 그들을 심판하실 것이다 (7:17-20; 8:5-8; 9:8—10:4; 10:5-6). **5:27-30** 앗시리아 군대는 참으로 강하다.

6:1-13 제1이사야의 처음 취임신탁. 예언자가 되는 그의 소명을 서술하고 있다 (다른 취임신탁을 위해 다음을 참조하라: 삼상 3:1—4:1a; 사 40:1-11; 렘 1:4-10; 겔 1:1—3:11; 암 7:14-15). 이 신탁 이야

스랍들이 서 있었는데, 스랍들은 저마다 날개를
여섯 가지고 있었다. 둘로는 얼굴을 가리고, 둘로는
발을 가리고, 나머지 둘로는 날고 있었다. 3 그
리고 그들은 큰소리로 노래를 부르며 화답하였다.

"거룩하시다, 거룩하시다,
거룩하시다.
만군의 주님!
온 땅에 그의 영광이 가득하다."

4 우렁차게 부르는 이 노랫소리에 문지방의
터가 흔들리고, 성전에는 연기가 가득 찼다.
5 나는 부르짖었다. "재앙이 나에게 닥치겠
구나! 이제 나는 죽게 되었구나! 나는 입술이 부정
한 사람인데, 입술이 부정한 백성 가운데 살고 있
으면서, 왕이신 만군의 주님을 만나 뵙다니!"
6 그 때에 스랍들 가운데서 하나가, 제단에서
타고 있는 숯을, 부집게로 집어, 손에 들고 나에게
날아와서, 7 그것을 나의 입에 대며 말하였다.
"이것이 너의 입술에 닿았으니, 너의 악은 사라지
고, 너의 죄는 사해졌다."
8 그 때에 나는 주님께서 말씀하시는 음성을
들었다. "내가 누구를 보낼까? 누가 우리를 대신
하여 갈 것인가?" 내가 아뢰었다. "제가 여기에 있
습니다. 저를 보내어 주십시오."

9 그러자 주님께서 말씀하셨다.
"너는 가서 이 백성에게
ㄱ)'너희가 듣기는 늘 들어라.
그러나 깨닫지는 못한다.
너희가 보기는 늘 보아라.
그러나 알지는 못한다'
하고 일러라.
10 ㄴ)너는 이 백성의 마음을
둔하게 하여라.
그 귀가 막히고,
그 눈이 감기게 하여라.
그리하여 그들이 볼 수 없고,
들을 수 없고
또 마음으로 깨달을 수 없게 하여라.
그들이 보고 듣고 깨달았다가는
내게로 돌이켜서
고침을 받게 될까 걱정이다."

11 그 때에 내가 여쭈었다.
"주님!
언제까지 그렇게 하실 것입니까?"

ㄱ) 칠십인역에는 '너희가 듣기는 들어도 깨닫지는 못하고, 너희가 보기는 늘 보아도 알지는 못한다' ㄴ) 칠십인역에는 '이 백성의 마음은 둔해졌다. 그들은 귀가 막혀 듣지 못하고, 눈은 아예 감아 버렸다. 그들이 눈으로 보거나 귀로 듣거나 마음으로 깨달았다가는 내게로 돌이켜서 고침을 받게 될까 걱정이다'

기가 책의 시작 부분에 놓이지 않고 이 곳에 놓인 이유는 이 이야기가 7:1—8:18에 나타나는 시로-에브라임 (Syro-Ephraimite) 전쟁에 관한 신탁과 깊은 관련되어 있기 때문이다. **6:1** 예언자 에스겔과 미가(겔 1:1—3:11; 왕상 22:19)와 같이 제1이사야는 장엄하게 보좌에 앉아 계신 하나님을 본다. 또 하나의 그가 하늘에서 보좌에 앉으신 거룩하신 분의 환상을 보는 동안, 제1이사야는 예루살렘 성전의 지성소에서 하나님을 본다. 그 이미지는 변함없는 예언자의 확신을 보여주는데, 그것은 예루살렘은 하나님의 우주적 통치의 보좌가 되었다는 것이다 (1:2-20에 관한 주석을 보라. 그리고 1183쪽 추가 설명: "예언서와 시편에 나타나는 시온"을 보라). 성전의 지성소에 제1이사야가 있다는 것은 그가 제사장이었으며 또한 예언자였다는 것을 암시하거나, 혹은 적어도 성전의 종교 단체의 한 멤버였다는 것을 암시해 주는 것이다 (또한 렘 1:1; 겔 1:3을 보라). *웃시야.* 웃시야 왕은 기원전 742년에 죽었다. **6:2** *스랍.* 이것들은 천상의 존재들이며, 아마 뱀의 형태를 가졌고, 불과 연관되었을 것이다 (14:29; 30:6을 보라). 그들은 하나님을 보지 않기 위해 스스로의 얼굴을 가린다 (출 33:20; 삿 13:22를 보라). *발.* 발은 생식기의 완곡어법이다. **6:3** 영가조의 찬양 (chant), *거룩하시다, 거룩하시다, 거룩하시다*는 모든 오염되고 불결한 것들로부터 구별되는 전적으로 거룩한 하나님의 본질을 나타낸다 (1:4에 관한 주석을 보라). 이것은 계 4:8에서 반복된다. 초대교회는 그 안에서 삼위일체 교리의 증거를 찾았고, 그것과 성만찬의 기도를 연결시켰다. 이것은 또한 유대교 제의에서도 자주 사용되었다. *만군의 주님.* 1:9를 보라. **6:5** 하나님을 보았기에 예언자는 그의 생명에 대한 두려움을 갖는다 (2절을 보라). **6:6-7** 제1이사야의 입술은 성전 제단 중 하나에서 취한 숯으로 정결케 된다 (렘 1:9-10과 겔 2:8—3:3 에서 나타난 비슷한 이미지를 참조하라. 그 구절에서는 하나님께서 거룩한 말씀을 그 입에 담아 주신다. 또한 50:4-5에 관한 주석을 보라). **6:8** 실제로 예언자로 위임함. 하나님이 물으신다. *"누가 우리를 대신하여 갈 것인가?"* 하나님의 거룩한 집합체에 대한 언급이다 (40:1-11을 보라). 제1이사야는 대답한다. *"제가 여기에 있습니다"* (하나님의 부르심에 비슷하게 반응한 모세: 출3:4; 사무엘: 삼상 3:4를 보라. 또한 사 40:6을 보라). **6:9-10** 제1이사야의 과제는 백성을 완고한 고집쟁이로 만드는 것이다. 왜냐하면 하나님께서 이미 특별히 열거하지 않은 죄로 인해 그들을 심판할 것을 결정하셨기 때문이다. **6:11-13** 다가올 심판에 대한 설명이다.

그러자 주님께서 대답하셨다.
"성읍들이 황폐하여
주민이 없어질 때까지,
사람이 없어서
집마다 빈 집이 될 때까지,
밭마다 모두 황무지가 될 때까지,
12 나 주가 사람들을 먼 나라로 흩어서
이 곳 땅이 온통 버려질 때까지
그렇게 하겠다.
13 주민의 십분의 일이
아직 그 곳에 남는다 해도,
그들도 다 불에 타 죽을 것이다.
그러나
밤나무나 상수리나무가 잘릴 때에
그루터기는 남듯이,
거룩한 씨는 남아서,
그 땅에서 그루터기가 될 것이다."

아하스 왕에게 내린 경고

7 1 웃시야의 손자요 요담의 아들인 유다 왕 아
하스가 나라를 다스릴 때에, 시리아 왕 르신
이 르말리야의 아들 이스라엘 왕 베가와 함께 예
루살렘을 치려고 올라왔지만, 도성을 정복할 수
없었다.

2 시리아 군대가 ㄱ)에브라임에 주둔하고 있
다는 말이 다윗 왕실에 전해 지자, 왕의 마음과 백
성의 마음이 마치 거센 바람 앞에서 요동하는 수풀
처럼 흔들렸다.
3 그 때에 주님께서 이사야에게 말씀하셨다.
"너는 너의 아들 ㄴ)스알야숩을 데리고 가서,
아하스를 만나거라. 그가 '세탁자의 밭'으로 가는
길, 윗못 물 빼는 길 끝에 서 있을 것이다. '남은
자가 돌아올 것이다' 4 그를 만나서, 그에게, 정
신을 바짝 차리고, 침착하게 행동하라고 일러라.
시리아의 르신과 르말리야의 아들이 크게 분노한다
하여도, 타다가 만 두 부지깽이에서 나오는 연기
에 지나지 않으니, 두려워하거나 겁내지 말라고
일러라. 5 시리아 군대가 아하스에게 맞서, 에브
라임 백성과 그들의 왕 르말리야의 아들과 함께
악한 계략을 꾸미면서 6 '올라가 유다를 쳐서 겁을
주고, 우리들에게 유리하도록 유다를 흩어지게
하며, 그 곳에다가 다브엘의 아들을 왕으로 세워
놓자'고 한다.
7 주 하나님께서 말씀하신다.
이 계략은 성공하지 못한다.
절대로 그렇게 되지 못한다.

ㄱ) 또는 '에브라임과 동맹을 맺었다는 말이'
ㄴ) '남은 자가 돌아올 것이다'

특별 주석
이 구절은 예수님을 따르기로 결심하지 못하는 사람들에 대한 설명으로 네 복음서에서 다 인용되었다 (마 13:14-15; 막 4:12; 눅 8:10; 요 12:40). 행 28:26-27에서, 이 사악한 자들은 복음을 받아들이는 이방 사람과 대조하여 (롬 9장을 보라), 특별히 유대 사람으로 규정된다. 이 감정적인 생각은 많은 교회의 교부들의 반유대주의 성명에서 반복되고 있다 (예를 들면, 순교자 저스틴 (Justin), 터툴리안 (Tertullian), 오리겐 (Origen), 유세비우스 (Eusebius), 아다나시우스 (Athanasius), 암부로스 (Ambrose), 존 크로소스톰 (Chrysostom), 제롬 (Jerome), 그리고 어거스틴 (Augustine)). 1181쪽 추가 설명: "이사야서의 반유대주의적 해석들"을 보라.

7:1—8:18 시로-에브라임 (Syro-Ephraimite, 기원전 735-732년) 전쟁 당시부터의 신탁들로 제1이사야의 아이들의 상징적인 이름들을 둘러싸고 정리되어있다.

7:1-9 스알야숩(남은 자가 돌아올 것임)의 징조 부분. **7:1** 기원전 735년에 다마스쿠스(아람 혹은 시리아의 수도)의 왕 르신(Rezin)은 반앗시리아 연맹을 조직했는데, 그 연맹에는 이스라엘의 왕 베가(기원전 736-732년 동안 다스림)가 포함되어 있었다. 이 두 왕은 유다 왕 아하스(기원전 735-715년 동안 다스림)에게 자신들과 동조할 것을 강요하기 위해 공격했다. 아하스는 베가와 르신의 적인 앗시리아와 연맹을 맺음으로 이들로부터 자신을 보호하려고 했다. **7:2** *다윗 왕실.* 아하스는 다윗 왕조를 대표한다. *에브라임.* 북왕국의 또 다른 이름이다. **7:3** 하나님은 제1이사야와 그의 아들을 아하스와 상의하도록 보내신다. *스알야숩.* 이름의 의미는 "남은 자가 돌아올 것이다"이다 (상징적 이름의 사용에 관해서는 34:12, 호 1:4, 6, 8을 보라; 또한 1194쪽 추가 설명: "예언자들과 상징적 행동"을 보라). 이것은 아하스에게 베가와 르신은 이번 공격에서 절대로 성공할 수 없을 것이고, 그들 백성 중에 남은 자만이 살아남을 것이라는 것을 의미한다 (10:20-23을 보라). 그와는 반대로 그 이름은 아하스에게 비록 베가와 르신이 부분적 승리를 즐긴다 해도, 아하스의 유다 왕조에서 남은 사람들은 여전히 참고 있을 것이라는 것을 의미한다고 볼 수도 있다. 어느 경우에서나 아하스에 대한 이사야의 메시지는 그에게 앗시리아의 보호를 요청할 필요가 없다는 것이다. *세탁자의 밭.* 세탁자의 밭

8 시리아의 머리는 다마스쿠스이며,
다마스쿠스의 머리는 르신이기 때문이다.

에브라임은 육십오 년 안에 망하고,
뿔뿔이 흩어져서,
다시는 한 민족이 되지 못할 것이다.

9 에브라임의 머리는 사마리아이고,
사마리아의 머리는 고작해야
르말리야의 아들이다.

너희가
믿음 안에 굳게 서지 못한다면,
너희는 절대로 굳게 서지 못한다!"

임마누엘의 징조

10 주님께서 아하스에게 다시 말씀하셨다.
11 "너는 주 너의 하나님에게 징조를 보여 달라
고 부탁하여라. 저 깊은 곳 스올에 있는 것이든,
저 위 높은 곳에 있는 것이든, 무엇이든지 보여 달
라고 하여라."
12 아하스가 대답하였다. "아닙니다. 저는
징조를 구하지도 않고, 주님을 시험하지도 않겠
습니다."
13 그 때에 이사야가 말하였다.

"다윗 왕실은 들으십시오. 다윗 왕실은 백성의
인내를 시험한 것만으로는 부족하여, 이제 하나
님의 인내까지 시험해야 하겠습니까? 14 그러
므로 주님께서 친히 다윗 왕실에 한 징조를 주실
것입니다. 보십시오, ㄱ)처녀가 잉태하여 아들을
낳을 것이며, 그가 그의 이름을 ㄴ)임마누엘이라고
할 것입니다. 15 그 아이가 잘못된 것을 거절하
고 옳은 것을 선택할 나이가 될 ㄷ)때에, 그 아이는
버터와 꿀을 먹을 것입니다. 16 그러나 그 아이가
잘못된 것을 거절하고 옳은 것을 선택할 나이가
되기 전에, 임금님께서 미워하시는 저 두 왕의

ㄱ) 칠십인역을 따름. 히, '젊은 여인이' ㄴ) '하나님이 우리와 함께 계신다' ㄷ) 또는 '때까지'

(엔 로겔)의 장소는 예루살렘의 남쪽에 있는 저수지장소로 양털 옷을 빨던 곳으로 사용되었다.

7:4-7 하나님은 스알야숩이라는 이름의 의미를 설명하신다. 스알야숩은 "남은 자가 돌아올 것이다"라는 뜻이다. *에브라임.* 북왕국의 또 다른 이름이다. 북왕국의 수도는 *사마리아*이다 (9절). *르말리야.* 베가의 아버지였다. *다브엘.* 두로의 왕 투바일을 의미할 것이며, 그는 베가와 르신이 아하스 대신 세우려고 했던 이름을 알 수 없는 꼭두각시의 아버지이다. **7:8** 앗시리아 사람들은 기원전 722년에 북왕국을 멸망시켰다. 여기서 말하는 65년 이전에 그 일이 일어났다. **7:9** 이 말은 간결하게 제1이사야의 다른 나라들에 대한 정책을 특징지어 준다. 그것은 예루살렘 왕은 이방 세력들과 동맹을 맺으려하지 말고, 오직 하나님만을 의지해야 한다는 것이다. **7:10-25** 임마누엘의 징조. **7:10-12** 하나님은 아하스에게 징조를 구하라고 요청한다. 3절에서 스알야숩의 징조와 같은 의미를 상징하는 징조를 구하라고 한 것이다. 아하스는 거절한다. *스올.* 지하세계이다. **7:13** 아하스는 무척 공손하게 거절하였지만, 제1이사야는 아하스가 앗시리아 사람들과 동맹에 들어갈 것을 알아차리고 계속해서 그의 계획을 무산시키기 위해 징조를 구하라고 권한다 (7:1에 관한 주석을 보라). *다윗 왕실.* 아하스가 대표하는 다윗 왕조를 의미한다. **7:14** 아하스의 거절에도 불구하고 하나님은 징조를 주실 것이다. *임마누엘.* 이 이름은 "하나님이 우리와 함께 하시다"는 의미이다. 스알야숩의 이름처럼, 이것은 아하스에게 하나님이 유다와 예루살렘과 함께 하시기에, 앗시리아와 동맹을 맺을 필요가 없다는 것을 확신시키려 한다. 임마누엘을 잉태할 *처녀*는 아마 8:3에서 언급되는 예언자의 아내일 것이다. 그러나 사람들은 그녀를 아하스 왕의 아내, 왕비 아비 혹은 아비야(왕하 18:2; 대하 29:1)로 이해한다. 이 해석은 가나안의 비교 문법에 의한 것으로, 히브리어 *알마* ('almah), "젊은 여인"은 왕비를 가리키는 어원을 갖고 있다.

특별 주석

칠십인역은 히브리어 알마(*'almah*)를 희랍어 파테노스 (parthenos), 즉 "처녀"(혹은 동정녀)로 번역하였다. 마태가 예수의 동정녀 탄생에 대한

추가 설명: 예언자들과 상징적 행동

고대 이스라엘의 예언자들은 그들의 예언 메시지를 극적으로 표현하기 위해 상징적 행위들을 취했다. 분명히 그것은 자신들의 메시지를 보다 효과적으로 청중들에게 확신을 시켜주기 위한 노력이었다. 그래서 이사야는 그의 메시지의 관점을 설명하기 위해 자신의 아이들에게 상징적인 이름들을 지어주었다 (7:3, 14; 8:1, 8). 예레미야는 바빌론에 항복하라는 자신의 사명을 상징하기 위해 멍에를 맸다 (렘 27—28장). 그리고 에스겔은 예루살렘의 파멸에 대한 하나님의 슬픔을 상징하기 위해 자신의 아내의 죽음 앞에서 자신의 슬픔을 이용하였다 (겔 24:15-27).

땅이 황무지가 될 것입니다. 17 에브라임과 유다가 갈라진 때로부터 이제까지, 이 백성이 겪어 본 적이 없는 재난을, 주님께서는 임금님과 임금님의 백성과 임금님의 아버지 집안에 내리실 것입니다. 주님께서 앗시리아의 왕을 끌어들이실 것입니다.

18 그 날에 주님께서 휘파람을 불어 이집트의 나일 강 끝에 있는 파리 떼를 부르시며, 앗시리아 땅에 있는 벌 떼를 부르실 것입니다. 19 그러면 그것들이 모두 몰려와서, 거친 골짜기와 바위틈, 모든 가시덤불과 모든 풀밭에 내려앉을 것입니다.

20 그 날에 주님께서 유프라테스 강 건너 저편에서 빌려 온 면도칼 곧 앗시리아 왕을 시켜서 당신들의 머리털과 발털을 미실 것이요, 또한 수염도 밀어 버리실 것입니다.

21 그 날에는, 비록 한 농부가 어린 암소 한 마리와 양 두 마리밖에 기르지 못해도, 22 그것들이 내는 젖이 넉넉하여, 버터를 만들어 먹을 수 있을 것입니다. 그 땅에 남아 있는 사람들이 모두 버터와 꿀을 먹을 수 있을 것입니다.

23 그 날에는, 은 천 냥 값이 되는 천 그루의 포도나무가 있던 곳마다, 찔레나무와 가시나무로 덮일 것입니다. 24 온 땅이 찔레나무와 가시나무로 덮이므로, 사람들은 화살과 활을 가지고 그리로 사냥을 갈 것입니다. 25 괭이로 일구던 모든 산에도 찔레나무와 가시나무가 덮이므로, 당신은 두려워서 그리로 가지도 못할 것이며, 다만 소나 놓아 기르며, 양이나 밟고 다니는 곳이 되고 말 것입니다."

징조가 된 이사야의 아들

8 1 주님께서 나에게 말씀하셨다. "너는 큰 서판을 가지고 와서, 그 위에 두루 쓰는 글자로 ㄱ)'마헬살랄하스바스'라고 써라. 2 내가 진실한 증인 우리야 제사장과 여베레기야의 아들 스가랴를 불러 증언하게 하겠다."

3 그런 다음에 나는 ㄴ)예언자인 나의 아내를

ㄱ) '노략이 속히 올 것이다' ㄴ) 또는 '여자 예언자' 또는 '예언자의 아내'

이야기(마1:23)를 인용한 것이 바로 이 번역이다. 불가타 성경(Vulgate)도 이 해석을 따른다. 그리고 그의 글: "동정녀를 보라!"(Ecce virgo)는 중세의 마리아 숭배의 중심이 되었고, 이사야는 그에 의해 동정녀 탄생을 예언한 예언자로 칭송받게 되었다.

7:15-16 임마누엘이 잘못된 것을 거절하고 옳은 것을 선택할 나이가 될 때에, 이스라엘과 아람은 더 이상 아하스를 위협하지 못하게 될 것이다. *버터와 꿀.* 이러한 음식이 아이들을 위해 예루살렘에 수입될 것이다. (개역개정은 "젖과 꿀"로 번역했고; 공동번역은 "양젖과 꿀"로 번역했음.) **7:17** 만일 아하스가 그의 유일한 동맹으로 하나님을 받아들이는 것을 거절한다면, 하나님은 아하스의 소원대로, 앗시리아 사람들이 쳐들어오도록 하겠다고 위협하신다. 그들은 보호해 주기 위해 오는 것이 아니라, 적군으로서 오실 것이다. *에브라임* (북왕국). 기원전 932년 이스라엘이 분열된 이후 유다와 전쟁을 해왔다. **7:18** 거친 앗시리아 사람들은 오히려 이집트와 동맹을 맺을 것이다. **7:20** *강 건너.* 유프라테스 강 북동쪽 지역 (앗시리아). "머리털과 발털을 미실 것"은 겔 5:1-4에서 파멸을 의미한다. *발.* 생식기의 완곡어법이다. **7:21-24** 앗시리아의 침략 이후, 농지는 황폐하게 될 것이고, 소수의 살아남은 자들은 양을 모는 목자나 소를 모는 자가 될 것이다. 그리고 짐승의 젖을 먹으며 생계를 유지하게 될 것이다.

8:1-4 *마헬살랄하스바스*(노략이 속히 올 것이다)의 징조. **8:1** 스알야숩(7:3)과 임마누엘(7:14)처럼, *마헬살랄하스바스*는 상징적인 이름으로, 그 의미는 "신속하게 껍질을 벗긴다, 노략이 속히 올 것"이다. 결국 이 이름이 의미하는 것은 르신 왕과 베가 왕은 그들의 적인 앗시리아 사람에 의해 빠르고 신속하게 멸망당한다는 것이다. **8:2** *우리야.* 아하스 시대의 대제사장이었다 (왕하 16:10-11, 15-16). *스가랴.* 아하스의 아내인 아비(아비야 라고도 불림)의 아버지인 것 같다 (왕하 18:2; 대하 29:1). **8:3** 마헬살랄하스바스를 잉태하고 해산한 (*여자*) *예언자*는 제1이사야의 아내이며; 그녀는 또한 스알야숩(7:3)과 임마누엘(7:14)의 어머니일 것이다. 성경에 등장하는 다른 여예언자들과는 다르게—미리암 (출 15:20-21), 드보라 (삿 4:4), 훌다 (왕하 22:14-20), 그리고 노아댜 (느 6:14)—마헬살랄하스바스는 어떤 정치적이나 종교적 권위를 가지고 있지 않다. 그녀의 남편의 사역에 의해, 그녀에게는 단지 명예로운 호칭만 붙어 있었다. **8:4** 임마누엘의 경우처럼, 하나님께서 말씀하시기를, 마헬살랄하스바스가 아직 어릴 때, *사마리아*(북왕국의 수도)와 *다마스쿠스*(아람의 수도)의 위협은 사라질 것이고, 그들의 재산은 보복하는 앗시리아에 의해 전리품으로 빼앗길 것이라고 하신다.

8:5-18 최후 심판의 선포 **8:5-7** 아하스가 하나님을 의지하기보다는 앗시리아와의 동맹을 고집하기 때문에 하나님은 아하스를 조약의 파트너로서가 아니라 패배자로, 앗시리아에게 줄 것이다. *실로아.* 예루살렘의 기드론 계곡의 서쪽에 있는 실로암 연못의 물이며, 이

가까이하였다. 그러자 그 예언자가 임신하여 아
들을 낳았는데, 그 때에 주님께서 나에게 이렇게
말씀하셨다. "그의 이름을 '마헬살랄하스바스'라
고 하여라. 4 이 아이가 '아빠, 엄마'라고 부를
줄 알기도 전에, 앗시리아 왕이 다마스쿠스에서
빼앗은 재물과 사마리아에서 빼앗은 전리품을 가져
갈 것이다."

앗시리아 왕의 침략

5 주님께서 또 나에게 말씀하셨다.
6 "이 백성이
고요히 흐르는 실로아 물은
싫어하고,
르신과 르말리야의 아들을 좋아하니,
7 나 주가,
저 세차게 넘쳐 흐르는
유프라테스 강물
곧 앗시리아 왕과 그의 모든 위력을,
이 백성 위에 뒤덮이게 하겠다.
그 때에 그 물이 온 샛강을 뒤덮고
둑마다 넘쳐서,
8 유다로 밀려들고,
소용돌이치면서 흘러,
유다를 휩쓸고,
유다의 목에까지 찰 것이다."

임마누엘!
(하나님께서 우리와 함께 계신다!)
하나님께서 날개를 펴셔서
이 땅을 보호하신다.

9 너희 민족들아!
어디, ㄱ)전쟁의 함성을 질러 보아라.
패망하고 말 것이다.
먼 나라에서 온 민족들아,
귀를 기울여라.
싸울 준비를 하여라.
그러나 마침내 패망하고 말 것이다.
싸울 준비를 하여라.
그러나 마침내 패망하고 말 것이다.
10 전략을 세워라.
그러나 마침내 실패하고 말 것이다.
계획을 말해 보아라.
마침내 이루지 못할 것이다.
ㄴ)하나님께서
우리와 함께 계시기 때문이다.

주님께서 예언자에게 경고하시다

11 주님께서 그 힘센 손으로 나를 붙잡고, 이
백성의 길을 따라가지 말라고, 나에게 이렇게 경
고의 말씀을 하셨다.

12 "너희는
이 백성이 ㄷ)모의하는 음모에
가담하지 말아라.
그들이 두려워하는 것을
두려워하지 말며,
무서워하지도 말아라.

ㄱ) 또는 '너희 마음대로 행하여 보아라' ㄴ) 히, '임마누엘'
ㄷ) 또는 '맺는 맹약에'

것은 수로를 따라 조용히 흐른다. *르말리야*. 7:4 주석을 보라. *강물*. 7:20에 관한 주석을 보라. **8:8** *임마누엘* (하나님이 우리와 함께 하신다). 유다와 동맹으로 함께 하시는 하나님을 상징한 것이다. 그러나 아하스가 이 징조를 거절했기에, 하나님은 지금 유다를 심판하시는 것이다. **8:9-10** 7:14와 8:8에서처럼, *하나님이 우리와 함께 하신다*(임마누엘)는 약속은 앗시리아가 어떤 파멸을 가져올지라도, 하나님은 궁극적으로 유다와 예루살렘을 구원하실 것을 강조한다 (1:24-26; 10:15, 27b-32; 28:16; 29:5-8; 31:4-9; 37:35를 보라; 이 구절들은 예루살렘의 궁극적인 신성불가침성을 말하고 있고, 제1이사야의 중요한 신학적 전제 중 하나이다). **8:11-15** 이전 신탁들의 요약. 아하스와 예루살렘의 사람들이 넘어지고 심판을 받는 동안, 그 예언자와 같은 사람들은 *만군의 주님*(1:9에 관한 주석을 보라)을 경외하며, 그들의 성소로서의 하나님을 섬길 것이다. 바울은 14절의 몇 부분을 롬 9:33에서 인용한다 (28:16에 관한 주석을 보라). **8:16** 아하스가 제1이사야의 아이들로 보여준 징조들을 거절하였기에, 예언자는 일시적으로 그의 공생애를 철수한다. **8:17-18** "하나님은 구원이시다"의 의미를 가진 제1이사야 자신의 이름은 그의 자녀들의 이름처럼 상징적이다. *만군의 주님*. 1:9에 관한 주석을 보라. *시온 산*. 예루살렘에 성전이 있는 산이다. 히 2:13은 이 구절들을 인용한 것이다.

8:19-22 죽은 사람의 영혼으로 미래를 보는 점을 비난하는 독립적인 신탁. 추가적으로 그것의 초점이 *교훈*(히브리어, *토라*)에 있음으로 인해 8:16-18과 연결된다. **8:20** *자기들의 신들, 죽은 자* (개역개정, 공동번역, NRSV는 이 내용이 19절에 속해 있는데, 새번

13 너희는 만군의 주 그분만을
거룩하다고 하여라.
그분만이
너희가 두려워할 분이시고,
그분만이
너희가 무서워할 분이시다.
14 그는 성소도 되시지만,
이스라엘의 두 집안에게는
거치는 돌도 되시고
걸리는 바위도 되시며,
예루살렘 주민에게는
함정과 올가미도 되신다.
15 많은 사람이 거기에 걸려서
넘어지고 다치며,
덫에 걸리듯이 걸리고
사로잡힐 것이다."

이사야와 그의 제자들

16 나는 이 증언 문서를 밀봉하고, 이 가르
침을 봉인해서, 나의 제자들이 읽지 못하게 하겠다.
17 주님께서 비록 야곱의 집에서 얼굴을 돌리셔도,
나는 주님을 기다리겠다. 나는 주님을 의지하겠다.
18 내가 여기에 있고, 주님께서 나에게 주신 이
아이들이 여기에 있다. 나와 아이들은, 시온 산에
계시는 만군의 주님께서 이스라엘에게 보여 주
시는, 살아 있는 징조와 예표다.
19-20 그런데도, 사람들은 너희에게 말할
것이다. "속살거리며 중얼거리는 신접한 자와 무
당에게 물어 보아라. 어느 백성이든지 자기들의
신들에게 묻는 것은 당연하다. 산 자의 문제에 교
훈과 지시를 받으려면, 죽은 자에게 물어 보아야
한다."

이렇게 말하는 자들은 결코 동트는 것을 못
볼 것이다! 21 그들은 괴로움과 굶주림으로 이
땅을 헤맬 것이다. 굶주리고 분노한 나머지, 위를
쳐다보며 왕과 신들을 저주할 것이다. 22 그런
다음에 땅을 내려다 보겠지만, 보이는 것은 다만
고통과 흑암, 무서운 절망뿐일 것이니, 마침내 그
들은 짙은 흑암 속에 떨어져서, 빠져 나오지 못할
것이다.

9 1 어둠 속에서 고통받던 백성에게서 어둠이
걷힐 날이 온다. 옛적에는 주님께서 스불론
땅과 납달리 땅으로 멸시를 받게 버려두셨으나,
그 뒤로는 주님께서 서쪽 지중해로부터 요단 강
동쪽 지역에 이르기까지, 그리고 이방 사람이
살고 있는 갈릴리 지역까지, 이 모든 지역을 영화
롭게 하실 것이다.

역개정은 이 내용을 20절에서 다룬다). 고대 근동 지역에서와 고대 이스라엘 사회(삼상 28:13)에서는 죽은 사람들이 종종 신적인 존재로 숭배를 받아왔었다. 죽은 사람의 영혼을 속살거리고, 중얼거리는 존재로 조롱함으로써, 예언자는 사람들의 이 믿음을 비웃는다. **8:22** *땅* (히브리어, *에레츠*). 지하세계를 의미한다 (삼상 28:13; 욥 10:21-22; 시 88:12; 143:3; 사 29:4; 겔 26:20). 19절에서처럼, 신탁은 죽은 자를 섬기고 그로부터 도움을 받으려고 하는 사람들의 경향을 비웃는다 (또한 14:9-11; 57:9; 65:4를 보라).

9:1-7 그리스도교의 전통에서, 이 신탁은 일반적으로 오실 메시아에 대한 서술로 간주되었다 (1204쪽 추가 설명: "이상적 왕을 노래한 이사야의 찬송에 대한 그리스도교의 해석들"을 보라). 그러나 본래의 자료에서는, 그것은 제1이사야 시대의 왕의 대관식을 축하한 것으로, 그 왕은 아마 히스기야 (기원전 715-687년 동안 다스린) 왕일 것이다. 다른 성경의 예언자들이 왕권제도를 미심쩍은 눈으로 보는 동안 (예를 들어, 호 8:4를 보라), 제1이사야는 이곳저곳에서 (가장 주목할 만한 곳은 11:1-9; 또한 16:4b-5; 32:1-8을 보라) 유대 왕조에 대해 긍정적으로 말한다. 이사야는 하나님이 하늘에서 존귀하게 여김을 받는 것을 상상하면서, 같은 모습으로 이 땅에서는 왕이 존귀하게 여김을 받는 존재로 말한다 (1:4에 관한 주석을 보라). 예언자는 하나님이 예루살렘을 영원한 하나님의 보좌와 그의 주권으로 선택하셨듯이, 같은 방법으로 다윗의 자손을 하나님이 영원히 선택하셨다고 생각한다 (1:7-8에 관한 주석을 보라. 그리고 1183쪽 추가 설명: "예언서와 시편에 나타나는 시온"을 보라). **9:1-2** *스불론, 납달리.* 앗시리아 왕 디글랏빌레셀에 의해 기원전 733-732년에 점령되었다. *이 모든 지역* (개역개정, 공동번역, NRSV는 "해변길" 혹은 "바다로 가는 길"로 번역되어 있다). 갈멜산 남쪽 해안지역이다. *요단 강 동쪽 지역.* 갈릴리 동쪽 지역. 이 지역들도 디글랏빌레셀에게 점령당했다. 그러나 제1이사야는 히스기야를 위해 예언된 영광스런 통치 동안, 그들은 회복될 것이고, 이전에 나뉜 북왕국과 남왕국이 다시 연합될 것을 말한다. **9:4** *미디안.* 사사시대에 이스라엘을 점령했다가 패배당했다 (삿 6:1-8:28). **9:6** 제1이사야는 분명하게 모범적인 이상적 왕을 *한 아기* 라는 단어로 말한다. 그 왕은 그의 대관식 때에, 하나님의 아들로 다시 태어나게 될 것이다 (삼하 7:14; 시 2:7-9; 89:19-29). *'놀라우신 조언자' '능하신 하나님,' '영존하시는 아버지,' '평화의 왕.'* 이 비슷한 명칭들은 이집트의 바로의 대관식에서 주어졌

전쟁은 그치고

2 어둠 속에서 헤매던 백성이
큰 빛을 보았고,
ㄱ)죽음의 그림자가 드리운
땅에 사는 사람들에게 빛이 비쳤다.

3 "하나님,
주님께서 그들에게
큰 기쁨을 주셨고,
그들을 행복하게 하셨습니다.
사람들이 곡식을 거둘 때 기뻐하듯이,
그들이 주님 앞에서 기뻐하며,
군인들이
전리품을 나눌 때 즐거워하듯이,
그들이 주님 앞에서 즐거워합니다.

4 주님께서 미디안을 치시던 날처럼,
그들을 내리누르던
멍에를 부수시고,
그들의 어깨를 짓누르던 통나무와
압제자의 몽둥이를
꺾으셨기 때문입니다.

5 침략자의 군화와 피묻은 군복이
모두 땔감이 되어서,
불에 타 없어질 것이기 때문입니다."

한 아기가 태어났다

6 한 아기가 우리를 위해 태어났다.
우리가 한 아들을 모셨다.

그는 우리의 통치자가 될 것이다.
그의 이름은 ㄴ)'놀라우신 조언자',
'전능하신 하나님',
ㄷ)'영존하시는 아버지',
'평화의 왕'이라고 불릴 것이다.

7 그의 왕권은 점점 더 커지고
나라의 평화도
끝없이 이어질 것이다.
그가 다윗의 보좌와
왕국 위에 앉아서,
이제부터 영원히,
공평과 정의로
그 나라를 굳게 세울 것이다.

만군의 주님의 열심이
이것을 반드시 이루실 것이다.

주님께서 이스라엘을 벌하실 것이다

8 주님께서 야곱에게
심판을 선언하셨다.
그것이 이스라엘 백성에게
이를 것이다.

9 모든 백성
곧 에브라임과 사마리아 주민은,
하나님께서 그들을 심판하신 것을
마침내는 알게 될 터인데도,
교만하고 오만한 마음으로
서슴지 않고 말하기를

10 "벽돌집이 무너지면
다듬은 돌로 다시 쌓고,
뽕나무가 찍히면
백향목을 대신 심겠다" 한다.

ㄱ) 또는 '어둠의 땅에' ㄴ) 또는 '놀라운 자, 조언자'
ㄷ) 또는 '권좌에 앉으신 이'

던 것들이다. 유대 왕을 이집트와 고대 근동지역의 다른 왕들처럼 거룩한 존재로 보는 (또한 시 45:6을 보라. 그 곳에서 왕이 '하나님'으로 언급된다) 제1이사야의 개념은 절대적이다. **9:7** *만군의 주님.* 1:9에 관한 주석을 보라.

9:8—10:4 기원전 722년의 이스라엘의 멸망에 대한 묘사로, 유다에 대한 하나님의 경고이다. 하나님은 유다가 죄악의 길에서 떠나지 않으면, 이와 비슷한 심판을 유다에게도 내리실 것이다. **9:9** *에브라임.* 북왕국 이스라엘의 또 다른 이름이다. *사마리아.* 북왕국의 수도이다. **9:12** 이 절의 마지막 부분들은 이 신탁 전반에 걸친 후렴구이다 (9:17, 21; 10:4). 이 후렴구는 5:25의 마지막에서도 나타난다. 이것은 5:25-30이 원래 이 부분에 속한 것임을 암시해 주는 것이다. **9:15** *거짓을 가르치는 예언자들.* 아마 하나님은 절대로 북왕국을 멸망시키지 않으실 것이라고 주장하는 예언자들일 것이다 (렘 28:1-17에 나타난 하나냐의 예언을 참조). **9:20-21** *제 팔뚝의 살점.* 칠십인역과 공동번역은 "제 이웃의 살점"으로 번역하였다. 전적인 무정부상태가 되며, 이스라엘 사람들은 북이스라엘의 마지막 날이 올 때까지, 서로를 향해서 싸우게 된다. *므낫세, 에브라임.* 북쪽의 대표적 부족들이다.

11 이 때문에 주님께서
그들을 치시려고
르신의 적을 일으키셨고,
그들의 원수를 부추기셨다.

12 동쪽에서는 시리아 사람들이,
서쪽에서는 블레셋 사람들이,
그 입을 크게 벌려서
이스라엘을 삼켰다.

그래도 주님께서는
진노를 풀지 않으시고,
심판을 계속하시려고
여전히 손을 들고 계신다.

13 그런데도 이 백성은
그들을 치신 분에게로
돌아오지 않았고,
만군의 주님을 찾지도 않았다.

14 그러므로 주님께서
이스라엘의 머리와 꼬리,
종려가지와 갈대를
하루에 자르실 것이다.
15 머리는 곧 장로와 고관들이고,
꼬리는 곧
거짓을 가르치는 예언자들이다.
16 이 백성을 인도하는 지도자들이
잘못 인도하니,
인도를 받는 백성이
멸망할 수밖에 없다.

17 그러므로 주님께서
그들의 젊은이들에게
ㄱ)자비를 베풀지 않으실 것이며,
그들의 고아와 과부를
불쌍히 여기지 않으실 것이다.
그들은 모두가 불경건하여
악한 일을 하고,
입으로는 어리석은 말만 한다.

그래서 주님께서는
진노를 풀지 않으시고,
심판을 계속하시려고
여전히 손을 들고 계신다.

18 참으로 악이 불처럼 타올라서
찔레나무와 가시나무를
삼켜 버리고,
우거진 숲을 사르니,
이것이 연기 기둥이 되어
휘돌며 올라간다.

19 만군의 주님의 진노로
땅이 바싹 타버리니,
그 백성이
마치 불을 때는 땔감같이 되며,
아무도 서로를 아끼지 않을 것이다.

20 오른쪽에서 뜯어먹어도
배가 고프고,
왼쪽에서 삼켜도 배부르지 않아,
각각 제 ㄴ)팔뚝의 살점을
뜯어먹을 것이다.

21 므낫세는 에브라임을 먹고,
에브라임은 므낫세를 먹고,
그들이 다 함께 유다에 대항할 것이다.
그래서 주님께서는
진노를 풀지 않으시고,
심판을 계속하시려고
여전히 손을 들고 계신다.

10 1 불의한 법을 공포하고,
양민을 괴롭히는 법령을

ㄱ) 사해 사본을 따름. 마소라 본문에는 '기뻐하지' ㄴ) 또는 '자식의'

10:1-4 이 부분은 "아"(히브리어, *호이*)로 시작되는 애도시인데, 새번역개정과 개역개정에는 "아"가 생략되어있다. 공동번역은 "아"로 시작한다. 5:8-24에 관한 주석을 보라. 그 곳에서 예언자는 만일 남왕국이 그의 불의한 행동을 그치지 않는다면, 북왕국과 같은 운명을 맞게 될 것이라고 선포한다. *과부와 고아.* 이것에 대해서 1:11-17에 관한 주석을 보라.

10:5-19 앗시리아를 심판하는 신탁. **10:5-7** 앗시리아 사람들이 죄악의 나라들인 이스라엘과 유다를 심판하는 하나님의 도구로 사용되지만 (5:26; 7:17-20; 8:5-8; 9:8—10:4), 앗시리아는 예루살렘을 멸망시키려고 함으로 그에게 주어진 명령의 한도를 넘어서게 된다. **10:8-9** 앗시리아는 그의 힘을 자랑한다. *갈로* (Calo) (혹은 갈네)로 불리기도 했던 도시는 기원전

제정하는 자들아,
너희에게 재앙이 닥친다!
2 가난한 자들의 소송을 외면하고,
불쌍한 나의 백성에게서
권리를 박탈하며,
과부들을 노략하고,
고아들을 약탈하였다.

3 주님께서 징벌하시는 날에,
먼 곳으로부터
재앙을 끌어들이시는 날에,
너희는 어찌하려느냐?
누구에게로 도망하여
도움을 청할 것이며,
너희의 재산을
어디에 감추어 두려느냐?
4 너희는
포로들 밑에 깔려 밟혀 죽거나,
시체 더미 밑에 깔려 질식할 것이다.

그래도 주님께서는
진노를 풀지 않으시고,
심판을 계속하시려고,
여전히 손을 들고 계신다.

하나님의 도구인 앗시리아 왕

5 앗시리아에게 재앙이 닥쳐라!

그는 나의 진노의 몽둥이요,
그의 손에 있는 몽둥이는
바로 나의 분노다.
6 내가 그를
경건하지 않은 민족에게 보내며,
그에게 명하여
나를 분노하게 한 백성을 치게 하며
그들을
닥치는 대로 노략하고
약탈하게 하며,
거리의 진흙같이 짓밟도록 하였다.

7 앗시리아 왕은
그렇게 할 뜻이 없었고,
마음에 그럴 생각도 품지 않았다.
오직 그의 마음 속에는,
'어떻게 하면
많은 민족들을 파괴하고,
어떻게 하면 그들을 멸망하게 할까'
하는 생각뿐이었다.

8 그는 이런 말도 하였다.
"나의 지휘관들은 어디다 내놓아도
다 왕이 될 수 있는 사람들이
아니냐?
9 갈로는 갈그미스처럼
망하지 않았느냐?
하맛도 아르밧처럼 망하지 않았느냐?
사마리아도 다마스쿠스처럼
망하지 않았느냐?
10 내가 이미
우상을 섬기는 나라들을
장악하였다.
예루살렘과 사마리아가 가진
우상보다
더 많은 우상을 섬기는 왕국들을
장악하였다.
11 내가 사마리아와 그 조각한 우상들을
손에 넣었거늘,
예루살렘과 그 우상들을
그렇게 하지 못하겠느냐?"

738년에 앗시리아에게 멸망당한 북시리아의 도시이다. *갈그미스.* 시리아 북쪽에 위치한 또 다른 도시인데, 기원전 717년에 앗시리아에 멸망당했다. *하맛.* 알레포(Aleppo)와 다마스쿠스 사이에 있던 시리아의 도시인데, 기원전 720년 앗시리아에 의해 멸망당했다. *아르밧* (Arpad). 기원전 740년에 앗시리아의 땅이 된 북쪽에 있던 시리아의 도시이다. 사마리아는 북왕국의 수도로 기원전 722년에 무너졌다. 다마스쿠스는 남쪽에 있던 시리아의 도시이었으며, 아람의 수도이었다. 다마스쿠스는 기원전 732년에 앗시리아제국에 합병되었다. **10:10-11** 앗시리아가 묻는다. 유다보다 더 큰 나라들을 손에 넣었거늘, "예루살렘과 그 우상들을 그렇게 하지 못하겠느냐?" **10:12** 하나님이 앗시리아의 교만함을 꾸짖으신다. 시온 산은 성전이 있는 산이다. **10:13-14** 8-11절에서처럼, 앗시리아는 자신의 업적에 대해 교만하게 말한다. **10:15** 하나님이 대답하신다. 앗시리아는 하나님의 뜻에 의해 무너질 것이라고 주장하신다. 나아가서 제1이사야에서 더욱 분명한 것은 궁극적으로 예루살렘은 무너지지 않게 할 것이라는 하나님의 결심이다 (1:7-8에 관한 주석을 보라. 그리고 1183쪽 추가 설명: "예언서와 시편에 나타나는 시온"을 보라). **10:16-17** *이스라엘의 빛.* 이 곳에서만 사용된

12 그러므로 주님께서 시온 산과 예루살렘에서
하실 일을 다 이루시고 말씀하실 것이다. "내가 앗
시리아 왕을 벌하겠다. 멋대로 거드름을 피우며,
모든 사람을 업신여기는 그 교만을 벌하겠다."

13 그는 말한다.
"내가 민족들의 경계선을 옮겼고,
그들의 재물도 탈취하였으며,
ㄱ)용맹스럽게 주민을 진압하였다.
나는 내 손의 힘과 내 지혜로
이것을 하였다.
참으로 나는 현명한 사람이다.
14 내 손이 민족들의 재물을
새의 보금자리를 움키듯 움켰고,
온 땅을
버려진 알들을 모으듯
차지하였으나,
날개를 치거나,
입을 벌리거나,
소리를 내는 자가 없었다."

15 도끼가 어찌 찍는 사람에게 뽐내며,
톱이 어찌
켜는 사람에게 으스대겠느냐?
이것은 마치 막대기가
막대기를 잡은 사람을
움직이려 하고,
몽둥이가
나무 아닌 사람을
들어 올리려 하는 것과
같지 않으냐!

16 그러므로 만군의 주 하나님께서
질병을 보내어
살진 자들을 파리하게 하실 것이다.

생사람의 가슴에 불을 질러
횟병에 걸려 죽게 하실 것이다.
그의 재물은 화염 속에
태워 버리실 것이다.
17 이스라엘의 빛은 불이 되며
'이스라엘의 거룩하신 분'은
불꽃이 되셔서,
가시나무와 찔레나무를
하루에 태워서 사르실 것이다.
18 그 울창한 숲과 기름진 옥토를
ㄴ)모조리 태워서,
폐허로 만드실 것이다.
마치 병자가 기력을 잃는 것과
같게 하실 것이다.

19 숲 속에는
겨우 몇 그루의 나무만 남아서,
어린 아이도
그 수를 기록할 수 있을 것이다.

살아 남은 소수가 돌아올 것이다

20 그 날이 오면,
이스라엘 가운데서 남은 사람들과
야곱 겨레 가운데서
살아 남은 사람들이

ㄱ) 또는 '용맹스러운 자들을 진압하였다' ㄴ) 히, '영혼과 육체를 아울러'

하나님에 관한 호칭이다. *만군의 주 하나님* (Sovereign, Lord of hosts), *거룩하신 분*. 1:4, 9, 24를 보라.

10:20-23 앗시리아가 북왕국을 점령했음에도 불구하고 나타난 약속: 북왕국의 남은 자는 구원을 받게 될 것이다 (7:3을 보라). **10:20** *거룩하신 분*. 1:4에 관한 주석을 보라. **10:22-23** 바울이 롬 9:27에 인용하였다.

10:24-27a 유다를 향한 구원의 약속으로, *주 만군의 하나님*이라는 이름을 주로 사용한 이전 신탁과 연결된 것이다 (22:5에 관한 주석을 보라). **10:24** *시온*. 예루살렘의 또 다른 이름이다. *이집트가 그랬듯이*. 모세시대에 히브리 노예들에 대한 이집트의 압제에 대한 언급이다. **10:26** *오렙 바위에서*. 미디안을 치신 하나님에 대해서 삿 7:25를 보라. *이집트에서…하신 것 같이*. 출애굽을 언급한 것이다.

10:27b-32 적의 군대가 접근해 오는 것을 서술하는 신탁. 아마 시로-에브라임 전쟁 때, 아람인(시리아인)과 이스라엘 군대일 것이다 (7:1에 관한 주석을 보라). **10:28** *리몬* (Rimmon). 히브리어에는 리몬이 없다. 그래서 개역개정과 공동번역에는 새번역개정이 다룬 상반절이 없다. 보다 나은 번역은 "사마리아"일 것이다. 리몬에 관한 언급이 공동번역과 NRSV는 27b절에서 언급되는데, 새번역개정에서는 28절에서 언급된다. 이 곳에서 아람과 이스라엘 군대가 유다를 향해 출발했다. **10:28-29** *아얏*. 베델 동쪽에 있는 마을이다. *미그론, 믹마스, 게바, 라마*, 그리고 *기브아*. 유다의 고지에 위치한 마을들로, 예루살렘 북쪽 5마일 내에 위치하고 있었다. **10:30** *갈림과 라이사의* 정확한 위치는 불분명하다. 그러나 예루살렘 북쪽 어딘가에 있었을 것이다. *아나돗*. 예루살렘에서 3마일 떨어진

다시는 그들을 친 자를
의뢰하지 않고,
오직 '이스라엘의 거룩하신 분'인
주님만을
진심으로 의지할 것이다.

21 ㄱ)남은 사람들이 돌아올 것이다.
야곱의 자손 가운데서 남은 사람들이
전능하신 하나님께 돌아올 것이다.'

22 이스라엘아,
네 백성이 바다의 모래처럼
많다고 하여도,
그들 가운데서 오직
ㄱ)남은 사람들만이 돌아올 것이다.

너의 파멸이
공의로운 판결에 따라서
이미 결정되었다.
23 파멸이 이미 결정되었으니,
주님, 곧 만군의 주님께서
온 땅 안에서
심판을 강행하실 것이다.

주님께서 앗시리아를 벌하신다

24 그러므로 주 만군의 하나님께서
이렇게 말씀하신다.
"시온에 사는 나의 백성아,
앗시리아가
몽둥이를 들어 너를 때리고,
이집트가 그랬듯이
철퇴를 들어 너에게 내리친다 하여도,
두려워하지 말아라.
25 너에게는 머지않아
내가 분노를 풀겠으나,
그들에게는 내가 분노를 풀지 않고,
그들을 멸망시키겠다."

26 만군의 주님께서
오렙 바위에서
미디안 사람을 치신 것 같이
채찍을 들어 앗시리아를 치시며,
또한 이집트에서
바다를 치신 것 같이
몽둥이를 들어서
그들을 치실 것이다.
27 그 날이 오면, 주님께서,
앗시리아가 지워 준 무거운 짐을
너의 어깨에서 벗기시고,
앗시리아의 멍에를
너의 목에서 벗기실 것이다.
ㄴ)네가 살이 쪄서
멍에가 부러질 것이다.

침략자들의 공격

28 앗시리아 왕이
리몬에서부터 올라가서
그가 아얏으로 들어갔다.
미그론을 지나서,
믹마스에다가
그의 군수품을 보관하였다.

29 험한 길을 지나서,
게바에서 하룻밤을 묵겠다고 하니,
라마 사람들은 떨고,
사울의 고향 기브아 사람들은
도망하였다.

30 딸 갈림아, 큰소리로 외쳐라.
라이사야, 귀를 기울여라.
가련한 아나돗아, 대답하여라.

ㄱ) 히, '스알야숩' ㄴ) 칠십인역에는 '네 어깨에서'

마을이다. **10:31** *맛메나, 게빔.* 예루살렘에서 북쪽으로 약간 떨어진 알려지지 않은 마을들이다. **10:32** 적군은 놉에서 멈췄다. 그 곳은 아마 오늘날 스코푸스 산(Scopus)으로 예루살렘에서 북동쪽으로 1마일 떨어진 곳이다 (시온이라고 불렸다). 비록 유다가 죄를 지었고, 그래서 벌을 받는 것이지만, 제1이사야는 하나님은 절대로 거룩한 하나님의 성이 무너지는 것을 허락하지 않으실 것이라고 믿었다 (1:7-8에 관한 주석을 보라. 그리고 1183쪽 추가 설명: "예언서와 시편에 나타나는 시온"을 보라).

10:33-34 하나님께서는 교만한 나라들을 대항하여 싸우신다. **10:33** *주님, 곧 만군의 주님.* 1:9, 24에 관한 주석을 보라. **10:34** *레바논.* 이스라엘의 북쪽에 위치한 곳으로 목재로 유명했다.

11:1-9 이상적 왕권에 대한 신탁으로 예루살렘 왕조가 존귀하게 여김을 받는다는 관점에서 9:1-7과 깊은 연관이 있다. 이 관점은 하나님께서 예루살렘 왕조를 선택하시고 사랑하신다는 제1이사야의 믿음을 말한다. 9:1-7과 같이 이 신탁은 히스기야 왕을 위한 대관식 예식의 한 부분이었을 것이다. **11:1** *이새.* 이새는

31 맛메나 사람이 도망 친다.
게빔 주민이 그 뒤를 따른다.

32 바로 그 날,
벌써 적들이 놉 마을에 들어왔다.
딸 시온 산에서, 예루살렘 성 안에서
주먹을 휘두른다.

33 그러나 주님, 곧 만군의 주님께서
그들을 나뭇가지 치시듯
요란하게 치실 것이니,
큰 나무들이 찍히듯,
우뚝 솟은 나무들이 쓰러지듯,
그들이 그렇게 쓰러질 것이다.
34 빽빽한 삼림의 나무를
도끼로 찍듯이,
그들을 찍으실 것이다.
레바논이 전능하신 분 앞에서
쓰러질 것이다.

평화의 나라

11 1 이새의 줄기에서 한 싹이 나며
그 뿌리에서
한 가지가 자라서
열매를 맺는다.
2 주님의 영이 그에게 내려오신다.
지혜와 총명의 영,
모략과 권능의 영,
지식과 주님을 경외하게 하는 영이
그에게 내려오시니,

3 그는 주님을 경외하는 것을
즐거움으로 삼는다.
그는 눈에 보이는 대로만
재판하지 않으며,
귀에 들리는 대로만
판결하지 않는다.
4 가난한 사람들을 공의로 재판하고,
세상에서 억눌린 사람들을
바르게 논죄한다.
그가 하는 말은 몽둥이가 되어
잔인한 자를 치고,
그가 내리는 선고는
사악한 자를 사형에 처한다.

5 그는 정의로 허리를 동여매고
성실로 그의 몸의 띠를 삼는다.
6 그 때에는,
이리가 어린 양과 함께 살며,
표범이 새끼 염소와 함께 누우며,
송아지와 새끼 사자와 살진 짐승이
함께 풀을 뜯고,
어린 아이가
그것들을 이끌고 다닌다.
7 암소와 곰이 서로 벗이 되며,
그것들의 새끼가 함께 눕고,
사자가 소처럼 풀을 먹는다.
8 젖먹는 아이가
독사의 구멍 곁에서 장난하고,
젖뗀 아이가
살무사의 굴에 손을 넣는다.

9 "나의 거룩한 산 모든 곳에서,
서로 해치거나 파괴하는 일이 없다."

다윗의 아버지이었다. 그래서 이 구절은 다윗의 혈통에서 새로운 자손이 나타날 것을 말한다. *가지* (branch). 가지는 렘 23:5; 33:15; 그리고 슥 3:8; 6:12에서 미래에 나타날 이상적 왕을 언급할 때 사용되었다 (4:2에 관한 주석을 보라). **11:2** *주님의 영.* 하나님이 선택하신 왕위에 임한다 (또한 삼상 10:6의 사울과 16:13의 다윗을 보라). **11:4** 고대 근동에서 진실하고 정의로운 왕의 모습은 *가난한 사람들과* 그의 나라에서의 소외된 사람들, 특히 과부들과 고아들을 의지적으로 보호하는 모습이다 (1:11-17에 관한 주석을 보라). **11:6-8** 이상적인 왕이 정의로운 사회에 취임할 때, 평화와 조화는 자연 속으로까지 퍼지게 될 것이다 (65:25를 보라). 퀘이커 목사요, 예술가였던 에드워드 힉스(Edward Hicks)가 표현한 "평화의 왕국"에 대한 이미지는 19세기와 20세기 미국에서 강하게 퍼져나갔다. **11:9** 하나님의 *거룩한* 산은 예루살렘의 성전이 있는 산을 말한다.

11:10-16 이스라엘과 유다의 미래적 회복에 대한 비전. 이 신탁은 기원전 722년에 북왕국이 무너진 이후에 기록되었고, 산헤립 왕이 기원전 701년에 유다를 침공했다 철수한 후에 기록된 것이다. **11:10** *이새의 뿌리.* 다윗 왕조; 이새는 다윗의 아버지이다. 9:1-7과 11:1-9처럼, 이 구절은 제1이사야의 하나님께 대한 확신을 보여주는데, 그것은 하나님께서 다윗 왕조와 그들이 거하는 예루살렘을 선택하시고 영원토록 사랑하신다는 확신이다. **11:11** *다시* (a secondtime, 히브리어, *스니트*). "일어나다"(히브리어, 스에트)라는 동사였을 것이다.

물이 바다를 채우듯,
주님을 아는 지식이
땅에 가득하기 때문이다.

포로된 백성이 돌아올 것이다

10 그 날이 오면, 이새의 뿌리에서 한 싹이
나서, 만민의 깃발로 세워질 것이며, 민족들이 그
를 찾아 모여들어서, 그가 있는 곳이 영광스럽게
될 것이다.
11 그 날이 오면, 주님께서 다시 손을 펴시
어서, 그의 남은 백성들, 곧 앗시리아와 하 이집
트와 ㄱ)상 이집트와 ㄴ)에티오피아와 엘람과 ㄷ)바빌
로니아와 하맛과 바다 섬들에서 남은 사람들을,
자기의 소유로 삼으실 것이다.

12 주님께서, 뭇 나라가 볼 수 있도록
깃발을 세우시고,
쫓겨난 이스라엘 사람들이
그 깃발을 보고 찾아오게 하시며,
흩어진 유다 사람들이 땅의 사방에서
그 깃발을 찾아오도록 하실 것이다.

13 그 때에는
에브라임의 증오가 사라지고,
유다의 ㄹ)적개심이 없어질 것이니,
에브라임이 유다를 증오하지 않고,
유다도 에브라임에게
적개심을 품지 않을 것이다.
14 그들이
서쪽으로는 블레셋을 공격하고,
함께 동쪽 백성을 약탈하며,
에돔과 모압을 장악할 것이다.
암몬 사람들도 굴복시킬 것이다.

ㄱ) 히, '바드로스' ㄴ) 히, '구스', '나일' 강 상류지역 ㄷ) 히, '시날'
ㄹ) 또는 '원수들'

추가 설명: 이상적 왕을 노래한 이사야의 찬송에 대한 그리스도교의 해석들

이사야 9:1-7과 11:1-9는 그리스도교 전통에서 매우 중요하다. 그리스도교의 전통은 전형적으로 이사야의 이상적인 왕에 대한 비전이 예수님 안에서 완성되었다고 본다. 사 9:1-7과 11:1-9의 몇 부분은 그리스도교의 예식(특히 강림절)에서 매우 친숙하지만, 그러나 놀랍게도 신약의 다른 문헌에서는 언급되지 않았다. 9:1-7 중에서 신약에서 인용된 부분은 1절과 2절뿐이며, 마 4:15-16에서 갈릴리(이방 지역으로 나타난)가 예수님의 사역의 중심이 된 이유를 설명하기 위해 인용되었다. 분명하게 빠진 부분들은 (9:6-7처럼) 후대 그리스도교 신학의 중심이 되었는데, 이 부분을 통해 그리스도교는 기름부음 받은 이스라엘의 탄생에 대해서, 그리고 그들에게 주어진 평화의 왕이라는 칭호에 대해 선포하게 되었고, "전능하신 하나님" 같은 거룩성을 메시아의 모습으로 나타내게 되었다. 비슷하게 11:1에서 "가지"(히브리어, *넷처*)에 대한 언급이 마태의 신학의 자료가 되었다. 마태는 예수님이 나사렛 사람(2:23)으로 불린 예언자로 예언을 완성했다고 주장한다. 그러나 이 암시는 분명하지 않지만, 후기 그리스도교 전통에서 이 부분("이새의 줄기에서 한 싹이 나고")은 기독교 신앙의 중심사상이 되었다. 불가타 성경에서는 히브리어 *호터*, 싹(shoot)이 비르가 (virga), "가지"(rod)로 번역되었고, 후기 주석자들은 이것을 "비르고" (virgo), "처녀"(virgin)와 연결시켰다. 그리고 이것은 동정녀 탄생에 대한 예언(7:14와 함께)으로 이해했다. 그루터기와 뿌리의 상징은 나아가서 "이새의 계보"의 일반적인 중세 표현의 근원이 되었다. 이새의 계보는 이새가 자라고 있는 다윗의 계보에 속한 것을 보여준다. 그 계보의 위에는 영광의 그리스도의 이미지가 있다. 마찬가지로, 11:2가 신약에서 언급되지 않는 동안, 후기 기독교 전통은 이것을 예수 그리스도에게 부여된 일곱 가지의 은사로 이해했다 (칠십인역에 기초해서, 칠십인역은 일곱 가지의 영적 속성을 말하는데, 마소라사본은 여섯 가지만 말한다). 이 모티브는 예술적으로 예수님의 머리 위로 내려오는 일곱 마리의 비둘기를 묘사한다.

신약과 후기 그리스도교 전통과의 차이점에 대한 가능한 설명은, 이사야에 대한 초기 그리스도교 해석자들(신약의 저자들)은 이방 사람에 대한 선교에 권위를 부여해 주는 것에 가장 큰 관심을 가졌다는 것이다. 그래서 그들은 그들의 관심을 9:1-2와 이방 사람 집중지역인 갈릴리에 집중시킨 것이다. 그리고 초기 그리스도교의 교부들과 중세 해석자들은, 이사야에 나타난 예수의 메시아 속성에 깊은 관심을 가졌고, 9:6-7과 11:1-2를 그들의 글과 교회의 제의적 전통에서 많이 인용하였다.

15 주님께서
ㄱ)이집트 바다의 큰 물굽이를
말리시고,
뜨거운 바람을 일으키셔서,
ㄴ)유프라테스 강 물을 말리실 것이다.
주님께서 그것을 쳐서
일곱 개울을 만드실 것이니,
누구나
신을 신고 건널 수 있을 것이다.
16 주님께서, 남은 백성
곧 앗시리아에 남은 자들이
돌아오도록
큰길을 내실 것이니,
이스라엘이
이집트 땅에서 올라오던 날과
같게 하실 것이다.

감사 찬송

12 1 그 날이 오면,
너는 이렇게 찬송할 것이다.

"주님, 전에는 주님께서
나에게 진노하셨으나,
이제는 주님의 진노를 거두시고,
나를 위로하여 주시니,
주님께 감사드립니다.

2 하나님은 나의 구원이시다.
나는 주님을 의지한다.
나에게 두려움 없다.
ㄷ)주 하나님은
나의 힘,
나의 노래,
나의 구원이시다."

3 너희가 구원의 우물에서
기쁨으로 물을 길을 것이다.
4 그 날이 오면,
너희는 또 이렇게 찬송할 것이다.

"주님께 감사하여라.
그의 이름을 불러라.
그가 하신 일을 만민에게 알리며,
그의 높은 이름을 선포하여라.

ㄱ) 또는 '수에즈 만의' ㄴ) 히, '그 강' ㄷ) 히, '야'

상 이집트 (히브리어, *바드로스*). 남부 이집트의 위쪽에 위치한 지역이다. *엘람*. 21:2에 관한 주석을 보라. 바빌로니아 (히브리어, *시날*이라고 불리기도 한다). *하맛*. 시리아 중앙에 위치한 도시로 엘리포와 다마스커스 사이에 있었다. **11:12** 하나님께서는 43:5-6과 49:12에서 이와 비슷하게 각지에 흩어져있는 이스라엘 백성을 다시 모을 것을 약속하신다. **11:13** 회복된 유다와 에브라임(북왕국의 또 다른 이름)은 다시는 분열되지 않고 서로 경쟁하지 않게 될 것이다. **11:14** 연합된 이스라엘과 유다는 주변의 모든 민족들을 정복할 것이다: 서쪽으로는 블레셋을 점령하고, 동쪽으로는 아람을, 그리고 요단 지역의 국가들인 *에돔*, *모압*, 그리고 암몬을 점령할 것이다. **11:15** 하나님은 이스라엘 백성의 강적인 이집트와 앗시리아도 멸망시키실 것이다 (*강물*, 7:20에 관한 주석을 보라). **11:16** 기원전 722년, 북이스라엘이 멸망당할 때, 앗시리아로 잡혀간 이스라엘 사람들의 귀향은 고대 이스라엘의 이집트를 나올 때 경험한 출애굽과 같을 것이다. 12절처럼 이 주제는 제2이사야의 신탁에 나타나는 중요한 주제이다 (35:5-7에 관한 주석을 보라).

12:1-6 감사시이며, 앞에서 발견되는 이상적 왕권과 회복에 대한 약속에 후기 편집자가 적절하게 추가한 부분이다. **12:2b** 출 15:2; 시 118:14에 관한 주석을 보라. **12:3** 교회의 교부들은 세례에 대한 언급으로 이 구절을 이해했다. 불가타 성경에서는 "구원"보다는 "구원자"로 언급하는데, 이것은 분명한 기독론적으로 해석한 것이다. **12:6** *시온*. 예루살렘의 또 다른 이름으로, 제1이사야의 의하면, 이것은 거룩한 자의 보좌가 된다 (1:4, 7-8에 관한 주석을 보라).

13:1—23:18 이방 국가들을 향한 일연의 신탁들 (또한 렘 46:1—51:58; 겔 25:1—32:32; 암 1:3—2:3을 보라).

13:1-22 *바빌론*을 벌하는 신탁. 이 신탁은 제1이사야 이후에 기록되었을 것이고, 기원전 6세기 중반에, *메데스*가 바빌로니아제국을 위협할 때 씌어졌을 것이다 (17절을 보라). 다른 해석은 만일 이것이 제1이사야의 글이라면, 이것은 바빌론이 앗시리아와 그의 속국들에게 기원전 689년에 패배당했던 것을 언급하는 신탁일 것이다. **13:3** 하나님은 적군을 성별하셔서 바빌론에 대한 하나님의 심판을 실행하도록 하셨다 (죄를 지은 이스라엘을 심판하기 위하여 앗시리아를 사용하시는 하나님의 계획은 5:26; 7:17-20; 8:5-8; 9:8—10:4를 참조하라). **13:4** *만군의 주님*. 1:9에 관한 주석을 보라. **13:6** *전능하신 분*. 하나님에 대한 이 호칭은 이 곳에만 나타나 있다. 이 단어는 히브리어 샤다이를 번역한 것으로, 그 의미는 "높이 계신 분" 혹은 "산 위에

5 주님께서
영광스러운 일을 하셨으니,
주님을 찬송하여라.
이것을 온 세계에 알려라.
6 시온의 주민아!
소리를 높여서 노래하여라.
너희 가운데 계시는
이스라엘의 거룩하신 분은
참으로 위대하시다."

하나님께서 바빌론을 벌하실 것이다

13 1 다음은 아모스의 아들 이사야가 바빌
론을 두고 받은 엄한 경고의 예언이다.

2 "너희는 벌거숭이가 된 산 위에
공격 신호 깃발을 세우고,
소리를 높여서
용사들을 소집하여라.
바빌론의 존귀한 자들이 사는 문들로
그 용사들이 쳐들어가도록,
손을 들어 공격 신호를 보내라.
3 나는 이미
내가 거룩히 구별한 사람들에게
명령을 내렸고,
나의 분노를
원수들에게 쏟아 놓으려고,
사기가 충천한
나의 용사들을 불렀다."

4 저 소리를 들어 보아라.
산 위에서 웅성거리는 소리다.
저 소리를 들어 보아라.
무리가 떠드는 소리다.
저 소리를 들어 보아라.
나라들이 소리 치고
나라들이 모여서 떠드는 소리다.
만군의 주님께서, 공격을 앞두고,
군대를 검열하실 것이다.
5 주님의 군대가 먼 나라에서 온다.
하늘 끝 저 너머에서 온다.
그들이 주님과 함께
그 진노의 무기로
온 땅을 멸하려 온다.

6 슬피 울어라!
주님께서 오실 날이 가깝다.
ㄱ)전능하신 분께서 오시는 날,
파멸의 날이 곧 이른다.
7 날이 가까이 올수록,
사람들의 손이 축 늘어지고,
간담이 녹을 것이다.
8 그들이 공포에 사로잡히고
괴로워하고 아파하는 것이,
해산하는 여인이
몸부림 치듯 할 것이다.
그들은 놀라 서로 쳐다보며,
공포에 질릴 것이다.

9 주님의 날이 온다.
무자비한 날,
진노와 맹렬한 분노의 날,
땅을 황폐하게 하고
그 땅에서 죄인들을 멸절시키는,
주님의 날이 온다.
10 하늘의 별들과 그 성좌들이
빛을 내지 못하며,
해가 떠도 어둡고,
달 또한 그 빛을 비치지 못할 것이다.

11 "내가 세상의 악과
흉악한 자들의 악행을 벌하겠다.
교만한 자들의 오만을 꺾어 놓고,
포학한 자들의 거만을
낮추어 놓겠다.
12 내가 사람들의
수를 순금보다 희귀하게 만들고,
오빌의 금보다도 드물게 만들겠다.

ㄱ) 히, '샤다이'

계신 분"이라는 뜻이다. **13:6-10** *주님께서 오실 날*. 여러 민족을 향한 하나님의 진노의 날 (렘 46:10; 겔 30:3; 욜 2:31; 암 5:8; 옵 15절). **13:12** *오빌*. 아라비아 반도의 한 지역이었으며, 순금으로 유명했다 (왕상 9:28; 욥 22:24; 시 45:10) **13:16** 추행은 전쟁에서 패한 나라의 여인들이 당하는 피할 수 없는 운명이다 (애 5:11). **13:17** *메데 사람들*. 앗시리아 동쪽 지역에서 온 사람들이다. **13:19** *바빌로니아 사람*. 갈대아의 또 다른 이름이다. (개역개정, 공동번역, NRSV는 모두 "갈대아"를 사용하였는데, 새번역개정은 "바빌로니아 사람"을 택했다.) *소돔과 고모라*. 창 18:16—19:29를 보라. **13:21-22** *들짐승*. 산양(goat-demons)을 포함해서 이런 짐승들은 34:11, 13-15에서 포악한 에돔을 제압하기 위해 사용된다.

13 하늘이 진동하고
땅이 흔들리게 하겠다."
만군의 주님께서 진노하시는 날에
그 분노가 맹렬히 불타는 날에
이 일이 이루어질 것이다.

14 바빌론에 사는 외국 사람들은
마치 쫓기는 노루와 같이,
모으는 이 없는 양 떼와 같이,
각기 제 민족에게로 돌아가고,
제 나라로 도망 칠 것이다.
15 그러나 눈에 띄는 자마다
모두 창에 찔리고,
잡히는 자마다
모두 칼에 쓰러질 것이다.
16 그들의 어린 아이들은
그들이 보는 데서 메어쳐져
갈기갈기 찢어지고,
그들의 집은 약탈을 당하며,
그들의 아내는
강제로 추행을 당할 것이다.

17 "내가 메대 사람들을 불러다가
바빌론을 공격하게 하겠다.
메대 군인들은
은 따위에는 관심도 없고,
금 같은 것도 좋아하지 않는다.
18 그들은 활로 젊은이들을 쏘아
갈기갈기 찢어 죽이며,
갓난아기를 가엾게 여기지 않고,
아이들을 불쌍히 여기지 않는다."

19 나라들 가운데서
가장 찬란한 바빌론,
ㄱ)바빌로니아 사람의 영예요
자랑거리인
바빌론은,
하나님께서 멸망시키실 때에,
마치 소돔과 고모라처럼 될 것이다.

20 그 곳에는
영원토록 사람이 살지 못하며,
오고오는 세대에도
사는 사람이 없을 것이다.
떠돌아다니는 아랍 사람도
거기에는 장막을 치지 않으며,
목자들도 거기에서는
양 떼에게 풀을 뜯기지 않을 것이다.
21 거기에는 다만
들짐승들이나 뒹굴며,
사람이 살던 집에는
부르짖는 짐승들이 가득하며,
타조들이 거기에 깃들이며,
산양들이
그 폐허에서 뛰어 놀 것이다.
22 화려하던 궁전에서는
승냥이가 울부짖고,
화려하던 신전에서는
늑대가 울 것이다.

포로에서 돌아오다

그 때가 다가오고 있다.
그 날은 절대로 연기되지 않는다.
14 1 주님께서
야곱을 불쌍하게 여기셔서,
이스라엘을
다시 한 번 선택하시고,

ㄱ) 또는 '갈대아'

14:1-2 짧은 산문으로 된 신탁으로, 야곱으로 불리는 이스라엘의 회복을 약속하는 신탁이다. 이 신탁은 기원전 722년 앗시리아에 의해 북왕국이 무너진 후에 언급된 것으로 보인다. **14:2** 60:10; 61:5를 보라.

14:3-23 조롱하는 노래이며, 앞의 산문시와 결론에 의하면, 바빌론 왕을 조롱하는 노래다. 추가된 것이 아닌 원래의 노래라면, 이 신탁의 시대는 기원전 539/538년 바빌로니아제국이 무너진 이후이다. 만일 왕의 신분에 대한 것이 후기에 첨가된 것이라면, 이 신탁은 앗시리아가 무너질 것을 고대하고 있는 제1이사야의 작품으로 볼 수 있다. **14:3-4** 만일 이 신탁이 제1이사야 시대의 것이라면, *너희는* 앞의 신탁에서 회복할 것이라는 약속을 받은 북왕국 사람들이 된다. *"웬 일이냐, 폭군이 꼬꾸라지다니!"* (감탄문의 첫 구절). 탄식시에서 종종 시작하는 부분으로 사용된다 (1:21 주석을 보라). **14:8** 앗시리아나 바빌로니아제국은 그들이 강성할 때 *레바논*에서부터 나무를 가져왔다. 35:1-2; 44:23; 49:13; 55:12에서 자연은 이스라엘의 적에 대한 하나님의 승리를 축하하는 노래를 부른다. **14:9-11** 스올. 지하세계다. 그 곳에 사는 자들은 *망령*들(*shades*)이다. 8:19-22처럼, 죽은 자가 신적인 능력을 가진다는 고대 근동지역의 신념은 조롱당하는데, 과거의 지배자들,

그들을
고향 땅에서 살게 하실 것이다.

그 때에
외국 사람들도 그들에게 와서,
야곱의 겨레와 함께 살 것이다.
2 여러 민족이
이스라엘 사람의 귀향을
도울 것이며,
이스라엘 백성은,
주님께서 주신 땅에서
외국 사람을
남종과 여종으로 부릴 것이다.
이스라엘은
자기들을 사로잡았던 자들을
사로잡고,
자기들을 억누르던 자들을
다스릴 것이다.

지하로 내려간 바빌론 왕

3 주님께서 너희에게서 고통과 불안을 없애
주시고, 강제노동에서 벗어나서 안식하게 하실
때에, 4 너희는 바빌론 왕을 조롱하는, 이런 노
래를 부를 것이다.

"웬일이냐, 폭군이 꼬꾸라지다니!
ㄱ)그의 분노가 그치다니!
5 주님께서 악한 통치자의 권세를
꺾으셨구나.
악한 통치자의 지팡이를 꺾으셨구나.
6 화를 내며 백성들을 억누르고,
또 억눌러 억압을 그칠 줄 모르더니,
정복한 민족들을 억압해도
막을 사람이 없더니,
7 마침내 온 세상이
안식과 평화를 누리게 되었구나.
모두들 기뻐하며 노래부른다.

8 향나무와 레바논의 백향목도
네가 망한 것을 보고 이르기를
'네가 엎어졌으니,
이제는 우리를 베러 올라올 자가
없겠구나'
하며 기뻐한다.

9 땅 밑의 ㄴ)스올이,
네가 오는 것을 반겨
맞으려고 들떠 있고,
죽어서 거기에 잠든
세상 모든 통치자의 망령을 깨우며,
한때 세상을 주름잡던
그 왕들을 깨운다.
10 그 망령들이
너에게 한 마디씩 할 것이다.
'너도 별 수 없이
우리처럼 무력해졌구나.
우리와 똑같은 신세가 되었구나.'
11 너의 영화가
너의 거문고 소리와 함께
스올로 떨어졌으니,
구더기를 요로 깔고,
지렁이를 이불로 덮고 있구나!

12 웬일이냐,
너, 아침의 아들, 새벽별아,
네가 하늘에서 떨어지다니!
민족들을 짓밟아

ㄱ) 히브리어 본문이 불확실하여 사해 사본과 칠십인역과 시리아어역을 따름 ㄴ) 또는 '무덤' 또는 '죽음'

곧 그들 중에 가장 위대한 자들이 악한 자로 표현됨으로 조롱당한다 (57:9; 65:4를 보라). **14:12-15** 폭군이 무너지는 것을 서술하는 가나안 모티브는 이 구절들에서 분명하게 사용되고 있다. 가나안 신화에서는, 다양한 신들이 최고의 신, 바알의 보좌에 도전한다. 그 보좌는 *사본* ("신들이 모여 있는 산") 산 북쪽 끝에 있다. 그 곳에서 신들의 회합이 있었다. *맨 밑바닥* (pit). 스올 혹은 이스라엘의 전통에 의하면, 모든 죽은 자들이 거하는 지하세계의 또 다른 이름이다. 그러나 기독교 해석에 의하면, 스올은 불의한 사람들이 가는 장소, 즉 지옥을 의미한다. 사탄은 존귀하신 하나님의 권위에 도전했다가 그 곳으로 떨어졌다 (불가타 성경에서는 새벽별 [Day Srar] 혹은 헬렐[Helel]을 새벽별로 혹은 빛을 주는 자 [Lightgiver]로 번역한다). **14:19** 멸시당한 폭군은 정당한 매장지도 얻지 못하고, 전쟁터의 전사자들과 함께 버려져 있다. *오물* (carrion). 조금 과장된 번역이며 칠십인역을 따른 표현이다. 히브리어의 마소라사본은 "보기 싫은 나뭇가지"처럼 표현되어 있다 (4:2; 11:1을 보라). **14:23** *고슴도치.* 야생동물로 최근에 패망당한 나라에서 산다 (또한 34:11을 보라).

맥도 못추게 하던 네가,
통나무처럼 찍혀서
땅바닥에 나뒹굴다니!
13 네가 평소에 늘 장담하더니
'내가 가장 높은 하늘로 올라가겠다.
하나님의 별들보다 더 높은 곳에
나의 보좌를 두고,
저 멀리 북쪽 끝에 있는 산 위에,
신들이 모여 있는 그 산 위에
자리잡고 앉겠다.
14 내가 저 구름 위에 올라가서,
가장 높으신 분과 같아지겠다'
하더니,
15 그렇게 말하던 네가 스올로,
땅 밑 구덩이에서도
맨 밑바닥으로 떨어졌구나.

16 너를 보는 사람마다,
한때 왕노릇하던 너를 두고
생각에 잠길 것이다.
'이 자가 바로 세상을 뒤흔들고,
여러 나라들을 떨게 하며,
17 땅을 황폐하게 만들며,
성읍을 파괴하며,
사로잡힌 사람들을
제 나라로 돌려보내지 않던
그 자인가?' 할 것이다.

18 다른 나라의 왕들은 모두
화려한 무덤에 누워 있는데,
19 너는 무덤도 없이 ㄱ)오물처럼 버려져,
칼에 찔려 죽은
군인들의 시체 더미 밑에
깔려 있다가,
지하 세계의 밑바닥으로
내려갈 것이다.
너의 시체를
사람들이 짓밟을 것이다.
20 네가 너의 나라를 황폐하게 하고,
너의 백성을 죽였으니,
너는 왕들과 함께
묻히지 못할 것이다.

너의 자손도
이 세상에서 살아 남지 못할 것이다.
21 사람들아,
조상들의 죄를 물어야 하니,
그 자손을 학살할 준비를 하여라.
그들이 일어나
땅을 차지하지 못하도록 막아라.
그들이 이 땅 위에
성읍의 기초를 놓지 못하도록
막아라."

하나님께서 바빌론을 멸하실 것이다

22 만군의 주님께서 말씀하신다.
"내가 일어나 바빌론을 치겠다.
내가 바빌론을 멸하겠다.
그 명성도 없애고,
살아 남아서
바빌론의 이름을 이어갈 자도
하나도 남기지 않고 멸종시키겠다."
주님께서 하신 말씀이다.
23 "또 내가 그 도성 바빌론을
고슴도치의 거처가 되게 하고,

ㄱ) 칠십인역 참조. 마소라 본문에는 '보기 싫은 나뭇가지처럼'

14:24-27 앗시리아에 대한 신탁. **14:24** *만군의 주님.* 1:9에 관한 주석을 보라. **14:25** 하나님께서 죄지은 이스라엘을 심판하기 위해 앗시리아를 사용하셨다 해도 (5:26; 7:17-20; 8:5-8; 9:8—10:4), 하나님은 이제 이스라엘 땅을 점령하고 있는 앗시리아를 대항해서 움직이실 것이다. 이것은 아마 기원전 722년 이후의 북왕국을 지배했던 앗시리아에 대한 언급일 것이다. 혹은 기원전 701년 예루살렘을 포위했던 산헤립 왕에 대한 언급일 것이다. **14:26-27** 하나님께서는 모든 역사에 대한 계획을 가지고 계시고, 모든 민족이 하나님의 뜻에 의해 움직인다는 개념은 제2이사야에서 놀랍게 발전된다 (40:27-31에 관한 주석을 보라).

14:28-32 블레셋을 치는 신탁. **14:28** 아하스는 기원전 715년에 죽었다. **14:29** 블레셋을 치던 부러진 몽둥이는 기원전 734년에 블레셋을 속국으로 만든 앗시리아일 것이다. 기원전 715년에 앗시리아가 잠시 동안 약해졌을 때, 블레셋은 반역을 생각했다. *날라다니는 불뱀.* 문자 그대로 *스랍* (seraph)이다 (6:2; 30:6을 보라). **14:31** 29절처럼, "북쪽에서부터 강한 군대"가 오는 것은 아마 앗시리아일 것이다. **14:32** 블레셋은 유다를 앗시리아에 대항하는 동맹으로 여겼지만, 제1이사야에 의하면, 나라는 블레셋의 사신에게 자신은 오직 하나님만을 의지하고, 시온, 예루살렘에 대한 영원한 보장을 믿을 것이라고 그 의사를 전달해야만 했다

물웅덩이로 만들며,
멸망의 빗자루로
말끔히 쓸어 버리겠다.
만군의 주님께서 하신 말씀이다."

하나님께서 앗시리아를 치실 것이다

24 만군의 주님께서
맹세하여 말씀하신다.
"내가 계획한 것을 그대로 실행하며,
내가 뜻한 것을 그대로 이루겠다.
25 내가 나의 땅에서
앗시리아 사람들을 으스러뜨리고,
나의 산 위에서
그들을 밟아 버리겠다.
그들이 나의 백성에게 메운 멍에를
내가 벗겨 주겠다."

그가 씌운 멍에가
그들에게서 벗겨지고
그가 지운 짐이
그들의 어깨에서 벗겨질 것이다.

26 이것이 주님께서
온 세계를 보시고 세우신 계획이다.
주님께서 모든 민족을 심판하시려고
팔을 펴셨다.
27 만군의 주님께서 계획하셨는데,
누가 감히 그것을 못하게 하겠느냐?
심판하시려고 팔을 펴셨는데,
누가 그 팔을 막겠느냐?

하나님께서 블레셋을 치실 것이다

28 아하스 왕이 죽던 해에 주님께서 다음과 같은 경고의 말씀을 하셨다.

29 "모든 블레셋 사람들아,
너를 치던 몽둥이가 부러졌다고
기뻐하지 말아라.
뱀이 죽은 자리에서
독사가 나오기도 하고,
그것이 낳은 알이,
날아다니는 불뱀이 되기도 한다.
30 나의 땅에서는
가난한 사람들이 배불리 먹고,
불쌍한 사람들이
평안히 누워 쉴 것이다.
그러나 내가
너희 블레셋 사람을
모조리 굶어 죽게 하고,
너희 가운데서 남은 자는
ㄱ)내가 칼에 죽게 하겠다."

31 성문아, 슬피 울어라!
성읍아, 울부짖어라!
너 블레셋아, 녹아 없어져라!
북쪽에서부터
강한 군대가 진군하여 올 것이니,
너희 군인 가운데서
그것을 피하여 벗어날 자가
없을 것이다.

32 블레셋 특사들에게는
무엇이라고 답변할 것인가?

'주님께서 시온을 세우셨으니,
고통당하던 그의 백성이
그리로 피한다' 하고 답변하여라.

ㄱ) 사해 사본과 불가타에는 '내가', 마소라 본문에는 '그가'

(1:7-8; 7:9; 20:6; 22:9-11; 28:11-13; 30:15; 39:5-7; 그리고 1183쪽 추가 설명: "예언서와 시편에 나타나는 시온"을 보라).

15:1—16:14 모압을 치는 것에 대한 신탁 (렘 48:1-47을 보라).

15:1 알, *기르.* 모압의 도시들이거나, 아니면 한 도시의 두 다른 이름일 것이다. **15:2-3** *디본, 느보, 메드바.* 역시 모압의 도시들이다. *산당.* 제사의 장소였다 (왕상 11:7; 렘 48:35; 65:3에 관한 주석을 보라). 머리를 밀고, 수염을 깎고, 베옷을 입는 것은 종교적으로 애통을 나타내는 상징들이다 (3:24에 관한 주석을 보라). **15:4** *헤스본, 엘르알레, 야하스.* 모압의 도시들이다. **15:5-8** *소알, 에글랏슬리시야, 루힛, 호로나임, 니므림, 버드나무 개울, 에글라임, 브엘엘림.* 모두 모압에 있는 마을들. **15:9** *디몬.* 15:2를 보라. **16:1** 마소라사본은 해석하는데 어려움이 있다. NRSV는 타르굼(Targum)을 따라, 성소를 요구하는 것을 예견하여 (16:3-4a), 모압 사람들이 셀라(에돔의 한 지역)로부터 예루살렘(시온으로도 불린다. 그리고 여성으로 부르기도 한다. 1:7-8에 관한 주석을 보라)으로 제물을 보내는

하나님께서 모압을 치실 것이다

15 1 이것은 모압을 두고 내리신 엄한 경고의 말씀이다.

알이 망하는 그 밤에 모압이 망한다.
길이 망하는 그 밤에 모압이 망한다.
2 바잇과 디본 사람들이
산당에 올라가 통곡하고,
모압 사람들이
느보와 메드바의 멸망을 보고
통곡한다.
모두 머리를 밀고,
수염을 깎는다.
3 그들이 굵은 베로 허리를 동이고,
길거리에 나앉아 울고,
지붕 위에 올라가 통곡하며,
광장에서도 통곡하니,
볼에 눈물이 마를 날이 없다.
4 헤스본과 엘르알레에서
부르짖는 소리가
저 멀리 야하스에까지 들리니,
모압의 용사들이
두려워 떨며 넋을 잃는다.

5 가련한 모압아,
너를 보니, 나의 마음까지 아프구나.
사람들이 저 멀리
소알과 에글랏슬리시야까지
도망 치고,
그들이 슬피 울면서
루힛 고개로 오르는 비탈길을
올라가고,
호로나임 길에서
소리 높여 통곡하니,
그들이 이렇게 망하는구나.
6 니므림 샘들이 말라서
메마른 땅으로 바뀌고,
풀이 시들고,
초목이 모조리 사라지고,
푸른 것이라고는
하나도 볼 수가 없구나.
7 그러므로 그들이
남겨 놓은 것과
쌓아 놓은 재물을 가지고,
버드나무 개울을 건넌다.
8 그 곡하는 소리가
모압 땅 사방에 울려 퍼지고,
그 슬피 우는 소리가
에글라임에까지 들리며,
그 울부짖는 소리가
브엘엘림에까지 이른다.
9 ㄱ)디몬의 물이 피로 변하였다.

"내가 또 다른 재앙 하나를
더 내리겠다.
모압에서 도피한 자들과
그 땅의 남은 자들에게
사자를 보내어서,
그들을 찢게 하겠다."

모압의 절망 상태

16 1 모압 백성아,
예루살렘의 통치자에게

ㄱ) 마소라 본문을 따름. 사해 사본과 몇몇 칠십인역 사본과 불가타에는 '디본'

것으로 이해한다. 그러나 마소라사본을 따른 번역은 다음과 같다: "땅(혹은 세상)의 통치자에게 어린 양을 보내라. 사막에 있는 바위(히브리어, *셀라*)로부터 딸 시온의 산으로 보내라." 기독교적 해석에 의하면, 통치하는 "어린 양"을 예수로 생각했다 (계 5:6; 14:1; 21:23). 그리고 그가 사막의 바위로부터 왔다는 것은 그의 모압 조상인 룻(마 1:5)으로 이해했다. **16:2** *모압의 여인들.* 모압의 작은 마을들을 의미하며, 이것들은 이 신탁 전반에서 언급되어진 모압의 도시들로 둘러싸여 있었을 것이다 (민 21:25; 수 15:45; 삿 11:26을 보라). *아르논.* 모압을 통과하여 사해로 흘러 들어가는, 동쪽에서 서쪽으로 흐르는 강이다. **16:3-4a** 모압의 마을에서부터 모인 피난민들이 예루살렘으로 피하기를 원한다. **16:4b-5** 모압에 있는 피난민들은 언젠가 다윗 왕조가 다시 그들을 다스리게 될 것이라는 약속을 믿는다. 아니면, 이것은 종말론적인 약속으로, 의로운 왕이 언제가 예루살렘에서부터 와서 이스라엘을 다스릴 것을 말한다. **16:6** *우리는.* 여기서는 유대 백성을 말한다. **16:7** *건포도빵.* 포도가 재배되는 지역의 맛있는 음식이다 (아 2:5). *길하레셋.* 15:1에서 언급된, 오늘날의 케렉으로, 기르의 본명일 것이다. **16:8-9** *헤스본.* 15:4에 관한 주석을 보라. *십마, 야스엘, 엘르알레.* 헤스본 지역에 있는 마을들. **16:10** 가을철 포도 수확기의 축제는 크게 기뻐하는 시간이며, 특별히 여인들의 축제의 노래로 유명하다 (5:1에 관한 주석을 보라). 그러나 여기서는 모압의 파멸 때문에, 축제의 노래는 또 다른

어린 양들을
조공으로 보내라.
셀라에서 광야를 거쳐,
나의 딸 시온 산으로 조공을 보내라.
2 있을 곳이 없어 날아다니는
새들처럼,
털린 둥지에서 흩어진
새끼 새들처럼,
모압의 ㄱ)여인들이
아르논의 나루터에서 헤맨다.

3 그들이 유다 백성에게 애원한다.
'우리가 어떻게 하여야 할지
말하여 주십시오.
우리를 위하여 중재하여 주십시오.
뜨거운 대낮에
시원한 그늘을 드리우는 나무처럼,
우리가
그대의 그늘에서 쉴 수 있도록
보호하여 주십시오.
우리는 피난민입니다.
아무도 우리를 해치지 못할 곳에
우리를 숨겨 주십시오.
4 우리가 이 땅에서 살도록
허락하여 주십시오.
우리를 죽이려고 하는 자들에게서
우리를 보호하여 주십시오.'

(폭력이 사라지고,
파괴가 그치고,
압제자들이
이 땅에서 자취를 감출 것이다.
5 다윗의 ㄴ)가문에서 왕이 나와
신실과 사랑으로
그 백성을 다스릴 것이다.
옳은 일이면 지체하지 않고 하고,
정의가 이루어지는 것을
보여 줄 것이다.)

6 유다 백성이 대답한다.
'우리는 모압이 교만하다는
소문을 들었다.
그들이 매우
교만하고 오만하고 거만하여
화를 잘 내지만,
사실 그들은 허풍뿐이라는 것도
들어서 알고 있다.'
7 그러면 모압 백성은
그들이 당하는 고통을 못이겨서
통곡할 것이다.
길하레셋에서 늘 먹던
건포도빵을 그리워하며,
슬피 울 것이다.
8 헤스본의 밭과 십마의 포도원이
황무지가 되다니!
여러 나라의 군주들이 즐겨 마시던
포도주의 산지가 아니던가!
한때는 포도나무 가지가
저 멀리 야스엘에까지 뻗어 나가고,
동쪽으로는
광야에까지 퍼져 나가고,
서쪽으로는 그 싹이 자라서
사해 너머로까지 뻗어 가더니!

9 야스엘이 울듯이, 내가 통곡한다.
말라 비틀어진
십마의 포도나무를 두고
통곡한다.
헤스본아, 엘르알레야,
나의 눈물이 너를 적신다.

ㄱ) 여러 성읍의 주민을 뜻함 ㄴ) 히, '장막'

여인들의 노래인 슬픔의 노래로 바뀌어졌다 (삼하 1:24; 대하 35:25; 렘 9:17-21; 겔 32:16). **16:11** *길하레셋* (길하레셋은 "길하레스" 혹은 "기르"(Kir)로 불리기도 했다 (15:1; 16:7). **16:12** *산당*. 이것에 대해서는 15:2에 관한 주석을 보라.

17:1-7 다마스쿠스를 치는 신탁. 다마스쿠스는 아람(시리아)의 수도이며, 이 신탁의 시기는 시로-에브라임 전쟁 때부터일 것이다 (7:1에 관한 주석을 보라). **17:3-4** 시로-에브라임 전쟁기간 동안, 에브라임(이스라엘의 다른 이름)과 아람(시리아)은 유다와 대항하여 싸우기 위해 동맹을 맺었다. 제1이사야는 그들은 성공하지 못할 것이라고 예언하였다 (7:1—8:18을 보라). *만군의 주님*. 1:9 주석을 보라. **17:5** *르바임*. 풍요로운 골짜기로 예루살렘 남서쪽에 있다. **17:7-11** 우상숭배에 대한 단편적 신탁 (2:18-20에 관한 주석을 보라). **17:7** *지으신 분* (Maker). 제1이사야는 이 이름을 오직 이 곳에서만 사용하였다 (45:11 주석을 보라). *거룩하신 분*. 1:4에 관한 주석을 보라. **17:8** *아세라*

여름 과일과 농작물을 거두는
너의 흥겨운 소리가
너에게서 그쳤구나.

10 "이제 기름진 밭에서
기쁨도 사라지고
즐거움도 사라졌다.
포도원에서 노랫소리가 나지 않고,
기뻐 떠드는 소리도 나지 않고,
포도주틀에는
포도를 밟는 사람도 없다.
내가 그 흥겨운 소리를
그치게 하였다."

11 모압을 생각하니,
나의 심장이 수금 줄이 튀듯 떨리고,
길하레셋을 생각하니,
나의 창자가 뒤틀린다.

12 모압 백성이
산당에 올라가서 제사를 드리고,
그 성소에 들어가서 기도해도,
아무 소용이 없을 것이다.

13 이것이 전에 주님께서 모압을 두고 하신
말씀이다. 14 그러나 이제 주님께서 다시 이렇게
말씀하신다. "삼 년 기한으로 머슴살이를 하게 된
머슴이 그 햇수를 세듯이, 이제 내가 삼 년을 센다.
삼 년 안에 모압의 영화가 그 큰 무리와 함께 모두
능욕을 당할 것이며, 남은 사람이라야 얼마 되지
않아, 보잘 것이 없을 것이다."

하나님이 시리아와 이스라엘을 치시리라

17 1 이것은 다마스쿠스를 두고 하신 엄한
경고의 말씀이다.

"다마스쿠스는
성읍 축에도 들지 못하고,
허물어진 무더기가 될 것이다.
2 또한 아로엘의 성읍들이
황무지가 될 것이다."

그 성읍들은 양 떼의 차지가 되며,
양 떼가 누워도
그들을 놀라게 할 자가
하나도 없을 것이다.

3 "에브라임은 무방비 상태가 되고,
다마스쿠스는 주권을 잃을 것이다.
이스라엘 자손에게서
영광이 사라지듯이,
시리아의 남은 백성도
수치를 당할 것이다."
만군의 주님께서 하신 말씀이다.

4 "그 날이 오면,
야곱의 영화가 시들고,
건강하던 몸이 야윌 것이다.
5 그들은 곡식을 거두고 난
텅 빈 들처럼 될 것이다.
곡식을 거두는 자가
곡식을 다 거두어 버린 그 들판,
사람들이 이삭마저 다 줍고
내버린 그 들판,
이삭을 다 줍고 난

상들과 태양 신상 (공동번역은 "아세라 목상과 분향제단"으로 번역했음; NRSV에서는 *거룩한 기둥*[sacred poles]으로 번역되었음). 일정한 양식에 조화시킨 기둥과 나무들이며, 가나안의 여신 아세라에게 받쳐진 것들이다. 모든 아세라가 그러한 것은 아니지만, 고대 이스라엘 사람들은 아세라를 신의 배우자로 숭배하였다 (1:29; 27:9; 57:5; 65:3을 보라). **17:9** 히브리어가 이해하기 어렵게 되어 있다. *히위 족과 아모리 족의 성읍들.* (개역개정에는 "히위 족과 아모리 족"이라는 표현이 없고, 단지 성읍이라고만 번역되어 있음.) 이것은 칠십인역에서 온 것이다. 이 성읍들은 이스라엘이 가나안에 들어갈 때, 멸망당한 성읍들이다 (예를 들어, 출 23:23). **17:10-11** 1:29와 '신성한 동산'에 대한 비난을 보라. **17:12-14** 하나님께서는 이스라엘의 적들을 하룻밤 안에 사라지도록 징계하실 것이다. 이 단편적 신탁은 시로-에브라임 동맹이나 아니면 앗시리아에 대해 직접적으로 말하고 있는 것 같다.

18:1-7 고대 누비아(Nubia)로 알려진 에티오피아를 심판하는 신탁. **18:2** 기원전 714년에 이집트를 지배하던 누비아 사람들이 앗시리아에 반역하기 위해 블레셋, 모압 그리고 에돔과 동맹을 맺었다. 그들은 유다에게도 그들의 동맹에 참여할 것을 강요하였다 (14:28-32를 보라). 누비아 사람은 *매끄러운* 백성으로 묘사되었는데, 이유는 남자들이 깨끗이 면도를 하고

르바임 들판처럼 될 것이다.
6 그들은
열매를 따고 난
올리브 나무처럼 될 것이다.
마치 올리브 나무를 흔들 때에,
가장 높은 가지에 있는
두세 개의 열매나,
무성한 나무의 가장 먼 가지에 남은
네다섯 개의 열매와 같이 될 것이다."
주 이스라엘의 하나님께서
하신 말씀이다.

7 "그 날이 오면, 사람들은
자기들을 지으신 분에게
눈길을 돌리고
'이스라엘의 거룩하신 분'을
바라볼 것이다.
8 자기들의 손으로 만든 제단들은
거들떠보지도 않고,
자기들의 손가락으로 만든
아세라 상들과 태양 신상은
생각도 하지 않을 것이다."

9 그 날이 오면,
그 견고한 성읍들이
폐허가 될 것이다.
마치 이스라엘 자손 앞에서 도망 친
히위 족과 아모리 족의 성읍들처럼,
황폐하게 될 것이다.
10 이스라엘아,
네가 하나님 너의 구원자를
잊어버리고,
네가 피할 견고한 반석을
기억하지 않고,
이방 신을 섬기려고
이방의 묘목으로
'신성한 동산'을 만들었구나.
11 나무를 심는 그 날로
네가 울타리를 두르고,
그 다음날 아침에
네가 심은 씨에서 싹이 났다 하여도,
네가 그것을 거두어들일 무렵에는
흉작이 되어,
너의 슬픔이 클 것이다.

적국이 멸망하다

12 가련하다!
저 많은 민족의 요란한 소리가
마치 바다에 파도 치는 소리처럼
요란하고,
많은 백성들이 몰려오는 소리가
마치 거대한 물결이
밀려오는 소리 같구나.
13 비록 많은 백성이,
거대한 물결이 밀려오는 것 같이
소리를 내어도,
주님께서 그들을 꾸짖으시리니,
그들이 멀리 도망 칠 것이다.
그들은 산에서 바람에 흩어지는 겨와 같고,
폭풍 앞에 흩날리는
티끌과 같을 것이다.
14 그들이 저녁때에
두려운 일을 당하고,
아침이 오기 전에 사라질 것이니,
이것이 바로
우리를 노략한 자가 받을 몫이고,
우리를 약탈한 자가 받을
마땅한 값이다.

하나님께서 에티오피아를 벌하실 것이다

18 1 ㄱ)에티오피아의 강 건너편,
벌레들이 날개 치는

ㄱ) 히, '구스', '나일' 강 상류지역

다니던 풍습 (고대 근동지역에서는 전형적인 모습이다) 때문이거나, 아니면 그들의 몸이 기름을 칠한 것처럼 매끄러웠기 때문일 것이다. **18:4-6** 하나님께서 말씀하신다. 아직은 아니지만, 앗시리아에 대항하여 관여하실 것이라고 하신다. **18:7** 산문적 결론부분: 구체적으로는 에티오피아, 그리고 일반적으로는 모든 나라가 시온 산(성전이 있는 산)으로 선물을 가져올 것이라는 생각은 사 40—55장에 더 강하게 나타나고, 56—66장에도 나타난다 (45:14; 60:5-13; 61:6; 66:12를 보라). *만군의 주님.* 1:9에 관한 주석을 보라.

19:1-15 이집트를 심판하는 신탁. **19:2** 이집트는 기원전 8세기 후반에 내란으로 인하여 곤역을 치루고 있었다. 그 곤역은 에티오피아 사람(누비안)이었던 바로 피안히(Pharaoah Piankhi)가 25번째 왕조를 세운 715년까지 계속되었다. **19:4** 폭군. 피안히나 그의 계승자 사바카(Shabaka)를 말할 것이다. 주님,

소리가 나는 땅에
재앙이 닥칠 것이다.
2 그들이 갈대 배를 물에 띄우고,
뱃길로 사절단을 보낸다.
너희 민첩한 사절들아, 가거라.
강물이 여러 갈래로 나뉘어
흐르는 땅으로 가거라.
거기에 사는 민족,
곧 키가 매우 크고
근육이 매끄러운 백성,
멀리서도 두려움을 주고
적을 짓밟는
강대국 백성에게로 가거라.

3 이 세상 사람들아,
땅에 사는 주민들아,
산 위에 깃발이 세워지면
너희가 보게 되고,
또 나팔 소리가 나면
너희가 듣게 될 것이다.

4 주님께서 나에게
이렇게 말씀하신다.
ㄱ)"내가 나의 처소에서
조용히 내려다보겠다."

추수철 더운 밤에
이슬이 조용히 내려앉듯이,
한여름 폭염 속에서
뙤약볕이 고요히 내리쬐듯이,
5 곡식을 거두기 전에,
꽃이 지고 신 포도가 영글 때에,
주님께서 연한 가지들을
낫으로 자르시고,
뻗은 가지들을 찍어 버리실 것이다.
6 산의 독수리들과 땅의 짐승들이
배불리 먹도록
그것들을 버려 두실 것이니,
독수리가 그것으로 여름을 나고,
땅의 모든 짐승이
그것으로 겨울을 날 것이다.

7 그 때에 만군의 주님께서
예물을 받으실 것이다.
강물이 여러 갈래로 나뉘어
흐르는 땅,
거기에 사는 민족,
곧 키가 매우 크고
근육이 매끄러운 백성,
멀리서도 두려움을 주고
적을 짓밟는
강대국 백성이
만군의 주님께 드릴 예물을 가지고,
만군의 주님의 이름으로 일컫는 곳
시온 산으로 올 것이다.

하나님께서 이집트를 벌하실 것이다

19 1 이것은 이집트를 두고 하신 엄한 경고의 말씀이다.

주님께서 빠른 구름을 타고
이집트로 가실 것이니,

이집트의 우상들이 그 앞에서 떨고,
이집트 사람들의 간담이
녹을 것이다.

2 "내가 이집트 사람들을 부추겨서,
서로 맞서 싸우게 하겠다.
형제와 형제가,
이웃과 이웃이,
성읍과 성읍이,

ㄱ) 또는 '내가 나의 처소에서 조용히 내려다 봄이 쬐이는 뙤약볕 같고 가을 더위에 내리는 이슬 같다'

곧 만군의 주님. 1:9, 24 주석을 보라. **19:11-15** 제1이사야에 의하면, 이집트는 어리석게 행동한다. 이사야가 그렇게 생각하는 이유는 아마 이집트의 에티오피아 지배자들이 앗시리아에 대항하는 블레셋과의 동맹을 맺었기 때문일 것이다 (14:28-32; 18:1-7). *소안* (Zoan, 희랍어로 *타니스*). 나일 강 삼각주의 주요 도시 중 하나이다. *멤피스.* 옛 이집트의 수도로 현재 카이로 부근에 있다.

19:16-25 19:1-15에는 잘 다듬어진 다섯 개의 산문이 있으며, 미래에는 이집트가 하나님께 예배하게 될 것이라는 약속이 들어 있다. **19:16-17** 첫 번째 내용. 패배당한 나라가 받는 굴욕은 종종 여성적 이미지로 표현된다 (예를 들어, 47:1-15를 보라). *만군의 주님.* 1:9에 관한 주석을 보라. **19:18** 두 번째 내용. *가나안 말.* 히브리어이며, 가나안의 방언을 의미한다. *멸망의 성읍*(사해사본과 불가타와 몇몇 마소라사본

왕권과 왕권이,
서로 싸우게 하겠다.
3 그래서 이집트 사람들의
기를 죽여 놓겠다.
내가 그들의 계획을
무산시켜 버리면,
그들은 우상과 마술사와
신접한 자와 무당을 찾아가
물을 것이다.
4 내가 이집트를
잔인한 군주의 손에 넘길 것이니,
폭군이 그들을 다스릴 것이다."
주님, 곧 만군의 주님께서
하신 말씀이다.

5 나일 강이 마를 것이다.
강바닥이 바싹 마를 것이다.
6 강에서는 악취가 나며,
이집트 시냇물의 물 깊이가
얕아져 마르겠고,
파피루스와 갈대도
시들어 버릴 것이다.
7 나일 강 가와 어귀의 풀밭과
강변에 심은 모든 나무가 말라서,
바람에 날려 사라지고 말 것이다.
8 나일 강에서 고기를 잡는 어부들이
슬퍼하며 통곡하고,
나일 강에 낚시를 던지는
모든 낚시꾼과
강에 그물을 치는 사람들이
잡히는 것이 없어서
고달파 할 것이다.
9 가는 베를 짜는 사람이
베 짜는 일을 그만두고,
흰 천을 짜는 사람도 실망하여
천 짜는 일을 그칠 것이다.
10 옷 만드는 사람들이 낙심하니,
모든 품꾼의 마음에도
병이 들 것이다.

11 소안의 지도자인 너희는
어리석기만 하고,
지혜롭다고 하는
바로의 참모인 너희도
어리석은 제안만을 하고 있으니,
어찌 바로에게
너희가 옛 현인들과 옛 왕들의 후예라고
감히 말할 수 있겠느냐?
12 이집트의 임금아,
너를 섬기는 현인이 어디에 있느냐?
그들을 시켜서,
만군의 주님께서 이집트에 대하여
무엇을 계획하셨는지를 알게 하여
너에게 보이라고 하여라.

13 소안의 지도자들은
어리석은 사람들이다.
ㄱ)멤피스의 지도자들은
제 꾀에 속고 있다.
이집트의 주춧돌들인 지파들이
이집트를 그릇된 길로 이끌었다.
14 주님께서 친히 그들에게
마음을 혼란시키는 영을 부으셔서,
그들이 이집트를
잘못 다스리게 하셨다.
그래서 마치
취한 자가 토하면서 비틀거리듯,
이집트를 그 꼴로 만들었다.
15 그러므로
이집트에서는 되는 일이 없고,
우두머리나 말단에 있는 사람이나
종려나무처럼 귀한 자나
갈대처럼 천한 자나 가릴 것 없이,
모두 쓸모가 없이 될 것이다.

ㄱ) 히, '놉'

에는 "태양의 성읍"으로 되어 있음. 공동번역은 "하헤레스" 라고 번역했고; NRSV는 "태양의 성읍"으로 번역했음). 이 성읍은 아마도 헬리오폴리스일 것이고, 이 곳은 현재 카이로의 북쪽에 있다. **19:19-22** 세 번째 내용. 신 16:22에서 하나님을 위해 기둥 세우는 것이 금지되어 있지만, 이곳저곳에서 (예를 들어, 창 28:18), 그것이 묵과되고 있다. **19:23** 네 번째 내용. **19:24-25** 다섯 번째 내용. 미래에는 이스라엘, 이집트와 앗시리아가 함께 하나님에게 제사를 드리게 될 것이며, 이집트와 앗시리아처럼, 이스라엘도 세계적인 강한 능력의 국가로 인정을 받게 될 것이다. 이 나라들 사이의 대립은 주님께서 이 세 나라에 복을 주심으로 사라지게 될 것이다.

20:1-6 제1이사야는 앗시리아에 대항하여 블레셋이 주도해서 인도하는 동맹을 비난한다. **20:1** 기원전 713-711년에 앗시리아의 왕 사르곤 2세가 보낸 장군이 블레셋과 그의 동맹들의 저항을 성공적으로 진압했다

이집트 사람이 주님께 경배할 것이다

16 그 날이 오면,
이집트 사람이
마치 겁 많은 여인처럼 되어,
만군의 주님께서 그들 위에
팔을 펴서 휘두르시며
심판하시는 것을 보고서,
두려워하며 떨 것이다.

17 이집트 사람은
유다 땅을 무서워할 것이다.
만군의 주님께서
그들을 치려고 세우신
계획을 상기할 때마다
'유다'라는 이름만 들어도
모두 무서워할 것이다.

18 그 날이 오면,
이집트 땅의 다섯 성읍에서는
사람들이 가나안 말을 하며,
만군의 주님만을 섬기기로
충성을 맹세할 것이다.
그 다섯 성읍 가운데서 한 성읍은
ㄱ)'멸망의 성읍'이라고 불릴 것이다.

19 그 날이 오면,
이집트 땅 한가운데
주님을 섬기는 제단 하나가
세워지겠고,
이집트 국경지대에는
주님께 바치는 돌기둥 하나가
세워질 것이다.
20 이 제단과 이 돌기둥이,
만군의 주님께서
이집트 땅에 계시다는
징표와 증거가 될 것이다.
그래서 그 곳 백성이
압박을 받을 때에,
주님께 부르짖어서
살려 주실 것을 간구하면,
주님께서 한 구원자를 보내시고,
억압하는 자들과 싸우게 하셔서,
백성을 구원하실 것이다.
21 주님께서는 이렇게
자신을 이집트 사람에게
알리실 것이며,
그 날로 이집트 사람은
주님을 올바로 알고,
희생제물과 번제를 드려서,
주님께 예배하고,
또 주님께 서원하고
그대로 실천할 것이다.
22 주님께서 이집트를 치시겠으나,
치시고 나서는 곧바로 어루만져
낫게 하실 것이므로,
그들이 주님께로 돌아오고,
주님께서는
그들의 간구를 들으시고,
그들을 고쳐 주실 것이다.

23 그 날이 오면,
이집트에서 앗시리아로 통하는
큰길이 생겨,
앗시리아 사람은 이집트로 가고
이집트 사람은 앗시리아로 갈 것이며,
이집트 사람이 앗시리아 사람과 함께
주님을 경배할 것이다.

ㄱ) 사해 사본과 불가타와 몇몇 마소라 본문에는 '태양의 성읍', 곧 '헬리오폴리스'

(14:28-32; 18:1-7; 19:1-15). *아스돗.* 블레셋의 도시로 역모의 중심지였다. **20:2-4** 제1이사야는 상징적인 행동을 보여준다 (비슷한 행동에 대해 다음을 참조: 왕상 11:29-32; 렘 13:1-11; 28:1-17; 겔 3:22—5:17; 호 1:2-8; 3:1-5). 그는 3년 동안 벌거벗고, 맨발로 다니면서 이집트와 에티오피아 (누비아) 등 역모에 가담했던 나라들이 당할 수치를 상징적으로 보여준 것이다. **20:6** 예언자의 이런 저항은 유다에게 가장 효과적인 동맹은 다른 나라들과의 동맹이 아니라, 오직 하나님과의 동맹이라고 주장한 것이다 (7:9; 14:32; 22:9-11; 28:11-13; 30:15를 보라).

21:1-10 바빌론을 심판하는 신탁. 13:1-22처럼, 이 신탁은 기원전 6세기 중반, 바빌로니아제국이 메데스에게 위협을 받을 때(2절에서 파괴하는 자로 표현된다)의 시대적 배경을 갖는다. 그러나 2절에서 *엘람에* 대하여 언급하는 것을 보면, 그 시대가 기원전 689년경, 앗시리아가 자신에게 반역하는 동맹국들, 즉 엘람, 바빌론, 아라비아의 부족 국가들 (21:11-12; 21:13-16을 보라), 그리고 아마 메데스를 정복한 때일 수도 있다. **21:2** *엘람.* 바빌로니아 동쪽에 위치한 왕국으로 수사(Susa)를 중심으로 하여 있었을 것이다. *메대* (Media). 13:17에 관한 주석을 보라. 만일 이 신탁의

24 그 날이 오면,
이스라엘과 이집트와 앗시리아,
이 세 나라가 이 세상 모든 나라에
복을 주게 될 것이다.
25 만군의 주님께서
이 세 나라에 복을 주며 이르시기를
"나의 백성 이집트야,
나의 손으로 지은 앗시리아야,
나의 소유 이스라엘아,
복을 받아라" 하실 것이다.

벌거벗은 예언자의 징조

20 1 앗시리아 왕 사르곤이 보낸 다르단 장
군이 아스돗으로 와서, 아스돗을 점령하
였다. 2 그 해에 주님께서 아모스의 아들 이사야를
시켜서 말씀하셨다. 주님께서 이사야에게 말씀
하시기를, 허리에 두른 베 옷을 벗고, 발에서 신을
벗으라고 하셨다. 그래서 이사야는, 말씀대로,
옷을 벗고 맨발로 다녔다.

3 그 때에 주님께서 말씀하셨다.
"나의 종 이사야가 삼 년 동안 벗은 몸과 맨
발로 다니면서, 이집트와 에티오피아에게 표징과
징조가 된 것처럼, 4 앗시리아 왕이, 이집트에서
잡은 포로와 에티오피아에서 잡은 포로를, 젊은
이나 늙은이 할 것 없이 모두 벗은 몸과 맨발로
끌고 갈 것이니, 이집트 사람이 수치스럽게도
그들의 엉덩이까지 드러낸 채로 끌려갈 것이다."
5 그리하여 에티오피아를 의지하던 자들과, 이집
트를 그들의 자랑으로 여기던 자들이, 두려워하고
부끄러워할 것이다. 6 그 날이 오면, 이 해변에
사는 백성이 이렇게 말할 것이다. "우리가 의지하던
나라, 앗시리아 왕에게서 구해 달라고, 우리를 살
려 달라고, 도움을 청한 나라가 이렇게 되었으니,
이제 우리가 어디로 피해야 한단 말이냐?"

바빌론의 멸망에 관한 환상

21 1 이것은 ㄱ)해변 광야를 두고 하신 엄한
경고의 말씀이다.

남쪽 광야에서 불어오는
회오리바람처럼
침략자가 광야에서 쳐들어온다.
저 무서운 땅에서 몰아쳐 온다.

2 나는 끔찍한 계시를 보았다.

배신하는 자가 배신하고
파괴하는 자가 파괴한다!

엘람아, 공격하여라!
메대야, 에워싸거라!

"내가 바빌론의 횡포를 그치게 하고
억압받는 사람들의 탄식소리를
그치게 하겠다."

ㄱ) 바빌로니아

연대가 기원전 6세기라면, 이 국가들은 바빌로니아를 대항하여 싸울 것을 요청받았을 것이고 (47:1-15를 보라), 바빌로니아를 패망시켰을 것이다. 만일 이 신탁이 제1이사야의 시대의 것이라면, 2절에서 바빌론으로 표현한 것은, 엘람과 메대를 지칭하는 집합적 표현으로 한 것이 될 것이고, 이들은 앗시리아에 대항하는 전쟁에 참여할 것을 요청받은 것이 되고, 바빌론과 함께 패망 당했을 것이다. **21:3-4** 예언자의 계시적 체험은 하나의 고뇌로 비록 남성적 계시였지만, *아기를 낳는 산모의* 고통 같은 괴로움이었을 것이다. 그 고통은 비전 그 자체가 주는 무서움에 기인했을 것이다. 왜냐하면 (만일 이 신탁이 기원전 689년경의 신탁이라면) 그 비전은 예언자가 희망하는 것 같이, 바빌론에 대한 것이라기보다는 앗시리아가 무너지는 비전일 것이다. 그렇지 않으면 신과의 어떤 계시적 만남을 창자를 뒤트는 고통으로 표현했을 수도 있을 것이다. **21:5** *사람들이.* 이 사람들은 바빌로니아의 사령관들이다. 가죽 방패에는 기름이 발라져 있었다 (새번역개정은 "방패를 들어라" 라고 번역했지만, 개역개정과 NRSV는 "방패에 기름을 바르라"고 번역했다. 삼하 1:21에서와 같이 아마 방패에 유연성을 주기 위해 기름을 사용한 것 같다). **21:6-8** 예언자는 파수꾼이다 (11절을 보라). **21:9** 바빌론이 함락되었다고 소리치는 자는 하나님이거나 예언자일 것이다. 요한계시록 18:2에서는 천사가 로마가 무너졌다고 외친다. **21:10** *만군의 주님.* 1:9 주석을 보라.

21:11-12 *두마에* 대한 짧고 불가사의한 신탁. 두마는 아라비아의 북쪽 중앙에 위치한 도시이며, 앗시리아 왕 산헤립에 의해 기원전 7세기 초에 점령당한 도시이다. **21:11** *세일* (Seir). 에돔과 동의어이다. 파수꾼은 예언자이다 (6-8절을 보라).

21:13-16 이 신탁은 *데마* (아라비아 북쪽에 거대한 오아시스가 있던 도시)의 거주민들에게, 기원전 7세기 초에 이름 모를 적들(아마 앗시리아일 것이다)에게 패배당한 *드단의 행상*들 (아라비아 북서쪽에 위치한 부족)에게 구조물을 주라고 강요하는 것처럼 보인다. **21:16** *게달* (Kedar). 아라비아 북쪽에 위치한 부족으로 기원전 689년에 앗시리아 왕 산헤립에 의해 점령된 곳이다.

3 그러자 나는,
허리가 끊어지는 것처럼 아팠다.
아기를 낳는 산모의 고통이
이런 것일까?
온 몸이 견딜 수 없이 아팠다.
그 말씀을 듣고 귀가 멀었으며,
그 광경을 보고 눈이 멀었다.
4 나의 마음은 갈피를 잡지 못하고,
공포에 질려 떨었다.
내가 그처럼 보고 싶어한
희망찬 새벽빛은,
도리어 나를 무서워 떨게 하였다.

5 내가 보니,
사람들이 잔칫상을 차려 놓고,
방석을 깔고 앉아서,
먹고 마신다.
갑자기 누가 명령한다.
"너희 지휘관들아, 일어나거라.
방패를 들어라."

6 주님께서 나에게
이렇게 말씀하셨다.
"너는 가서 파수꾼을 세우고
그가 보는 대로 보고하라고 하여라.
7 기마병과 함께 오는 병거를 보거나,
나귀나 낙타를 탄 사람이 나타나면,
주의하여 살펴보라고 하여라."

8 ㄱ)파수꾼이 외친다.
"지휘관님,
제가 온종일
망대 위에 서 있었습니다.
밤새 경계 구역을
계속 지키고 있었습니다."
9 그런데, 갑자기 병거가 몰려오고,
기마병이 무리를 지어 온다.
누가 소리친다.

"바빌론이 함락되었다!
바빌론이 함락되었다!
조각한 신상들이
모두 땅에 떨어져서 박살났다!"

10 아, 짓밟히던 나의 겨레여,
타작 마당에서 으깨지던
나의 동포여,
이스라엘의 하나님 만군의 주님께서
나에게 말씀하신 것을,
이렇게 내가 그대들에게 전한다.

에돔에 대한 경고

11 이것은 ㄴ)두마를 두고 하신 엄한 경고의 말씀이다.

세일에서 누가 나를 부른다.
"파수꾼아, 밤이 얼마나 지났느냐?
파수꾼아, 날이 새려면
얼마나 더 남았느냐?"

12 파수꾼이 대답한다.
"아침이 곧 온다.
그러나 또다시 밤이 온다.
묻고 싶거든, 물어 보아라.
다시 와서 물어 보아라."

아라비아에 대한 경고

13 이것은 아라비아를 두고 하신 엄한 경고의 말씀이다.

ㄱ) 사해 사본과 시리아어역을 따름. 마소라 본문에는 '사자가' ㄴ) '침묵'. 두마는 에돔에 대한 어희, 두 히브리어 사본과 칠십인역에는 '에돔'

22:1-14 유다를 향한 신탁이다. 유다의 백성들이 몇 번에 걸쳐 구원 받은 것에 대해 열광하는 것은 미성숙한 태도라고 경고한다. **22:1** 5절에서도 반복되는 *'환상 골짜기'* 라는 표현은 불분명하다. **22:4** *내 딸 내 백성* (공동번역과 NRSV은 "내 백성"이라고만 번역했음). 유다 백성을 의미한다. 다가올 재앙은 기원전 701년의 산헤립 왕의 공격이다. **22:5** *만군의 주님* (1:9에 관한 주석을 보라). 이 호칭은 이 신탁 전반에서 쓰인다 (12절, 14절, 15절). 그러나 다른 곳에서는 단지 3:15; 10:23, 24; 28:22에서만 나타난다. **22:6** *엘람* (Elam). 21:2에 관한 주석을 보라. *기르* (Kir). 아람 사람들의 고향이다. 아람 사람들은 기원전 8세기, 7세기에 앗시리아에 대항하여 엘람 사람들과 동맹을 맺었다. **22:8** *수풀 궁* (House of the Forest). 예루살렘에 있는 왕궁으로 유대의 군사들의 집결지였다 (왕상 7:2; 10:17, 21). **22:9-11** 예루살렘은 *다윗 성* (예루살렘의 남동쪽으로 다윗에게 점령된 지역이다. 대하 32:5를 보라)의 성벽을 보강하면서, 앗시리아의 맹공격을

드단 사람들아,
아라비아의 메마른 덤불 속에서
밤을 지새우는 드단의 행상들아,
14 목마른 피난민들에게
마실 물을 주어라.
데마 땅에 사는 사람들아,
아라비아의 피난민들에게
먹거리를 가져다 주어라.
15 그들은
칼을 피하여 도망다니는
사람들이다.
칼이 그들을 치려 하고,
화살이 그들을 꿰뚫으려 하고,
전쟁이 그들의 목숨을 노리므로,
도망다니는 신세가 되었다.

16 주님께서 나에게
이렇게 말씀하셨다.
"일 년 기한으로
머슴살이를 하게 된 머슴이
날 수를 세듯이,
이제 내가 일 년을 센다.
일 년 만에
게달의 모든 허세가 사라질 것이다.
17 게달의 자손 가운데서
활 쏘는 용사들이
얼마 남는다고 하여도,
그 수는 매우 적을 것이다."
주 이스라엘의 하나님께서
이렇게 말씀하셨다.

예루살렘에 대한 경고

22 1 이것은 '환상 골짜기'를 두고 하신 엄한 경고의 말씀이다.

너희가 무슨 변을 당하였기에,
모두 지붕에 올라가 있느냐?

2 폭동으로 가득 찬 성읍,
시끄러움과 소동으로
가득 찬 도성아,

이번 전쟁에 죽은 사람들은
칼을 맞아 죽은 것도 아니고,
싸우다가 죽은 것도 아니다.

3 너희 지도자들은
다 도망 치기에 바빴고,
활도 한 번 쏘아 보지 못하고
사로잡혔다.

사로잡힌 너희들도,
아직 적군이 멀리 있는데도,
지레 겁을 먹고 도망 가다가
붙잡혀서 포로가 되었다.

4 그러므로 내가 통곡한다.
다들 비켜라!
혼자서 통곡할 터이니,
나를 내버려 두어라!
내 딸 내 백성이 망하였다고,
나를 위로하려고 애쓰지 말아라.
5 주 만군의 하나님께서 친히
'환상 골짜기'에,
혼란과 학대와
소란을 일으키시는 날을
이르게 하셨다.
성벽이 헐리고,
살려 달라고 아우성 치는 소리가
산에까지 사무쳤다.

대비한다. 그리고 도시의 물 시스템도 보강한다. 이것은 아마 히스기야가 완성한 실로암 터널을 언급하는 것 같다 (왕하 20:20). 그러나 백성들은 제1이사야가 언급한 그들의 유일한 동맹으로서의 하나님을 바라보는 데에는 실패했다 (7:9; 14:32; 20:6; 28:11-13; 30:15에 관한 주석들을 보라). **22:12** *머리털을 밀고, 상복.* 3:24에 관한 주석을 보라. **22:13** 바울은 이 부분을 고전 15:32에서 인용하였다.

22:15-22 히스기야 왕을 섬기는 총책임자 셉나에 대한 비난. **22:16** 고고학자들이 예루살렘의 기드온 골짜기에 있는 실완 경사에서 기원전 8세기 후반의 무덤을 발견하였는데, 이것은 어느 총집사의 것이었다. 이 무덤은 셉나의 것으로 추정하고 있다. **22:18-20** 히스기야에 대한 셉나의 죄는 특별히 열거되지는 않지만, 너무 중대해서 강등시켰다. 그리고 기원전 701년 산헤립의 침공 전에 엘리야킴이 그 대신 일하게 되었다 (36:3, 22; 37:2). **22:22** *다윗의 집의 열쇠.* 히브리어 성경에서는 오직 이 곳에서만 언급되는 표현으로, 왕권을 상징하는 것으로 보인다 (계 3:7을 보라). **22:25** 셉나처럼, 엘리야킴도 그의 직무를 만족할 만하게 수행하지 못한 것을 보인다. *만군의 주님.* 1:9에 관한 주석을 보라.

6 엘람 군대는 화살통을 메고 왔고,
기마대와 병거대가
그들과 함께 왔으며,
기르 군대는 방패를 들고 왔다.
7 너의 기름진 골짜기들은
병거부대의 주둔지가 되었고,
예루살렘 성문 앞 광장은
기마부대의 주둔지가 되었다.
8 유다의 방어선이 뚫렸다.

그 때에, 너희는
'수풀 궁'에 있는
무기를 꺼내어 오고,
9 '다윗 성'에
뚫린 곳이 많은 것을 보았고,
'아랫못'에는 물을 저장하였다.
10 예루살렘에 있는
집의 수를 세어 보고는,
더러는 허물어다가,
뚫린 성벽을 막았다.
11 또한 '옛 못'에 물을 대려고
두 성벽 사이에
저수지를 만들기도 하였다.
그러나 너희는
일이 이렇게 되도록 하신 분을
의지하지 않고,
이 일을
옛적부터 계획하신 분에게는
관심도 없었다.

12 그 날에,
주 만군의 하나님께서 너희에게
통곡하고 슬피 울라고 하셨다.
머리털을 밀고,
상복을 몸에 두르라고 하셨다.
13 그런데 너희가 어떻게 하였느냐?
너희는 오히려 흥청망청
소를 잡고 양을 잡고,
고기를 먹고 포도주를 마시며
"내일 죽을 것이니,
오늘은 먹고 마시자" 하였다.

14 그래서 만군의 주님께서
나의 귀에 대고 말씀하셨다.
"이 죄는
너희가 죽기까지 용서받지 못한다."
주 만군의 하나님께서
이렇게 말씀하셨다.

셉나에게 경고하시다

15 주 만군의 하나님께서
이렇게 말씀하신다.
"너는 궁중의 일을 책임진
총책임자 셉나에게 가서,
나의 말을 전하여라.
16 '네가 이 곳과 무슨 상관이 있기에,
이 곳에 누가 있기에,
여기에다 너의 무덤을 팠느냐?'"

높은 곳에 무덤을 파는 자야,
바위에 누울 자리를 쪼아 내는 자야!

17 그렇다! 너는 권세가 있는 자다.
그러나 주님께서
너를 단단히 묶어서
너를 세차게 내던지신다.
18 너를 공처럼 둥글게 말아서,
넓고 아득한 땅으로 굴려 버리신다.
네가 거기에서 죽을 것이다.
네가 자랑하던
그 화려한 병거들 옆에서
네가 죽을 것이다.
그리하여 너는 너의 상전의 집에
수치거리가 될 것이다.

23:1-18 베니게의 항구 도시인 *두로와 시돈*을 심판하는 신탁. 기원전 701년 앗시리아의 왕 산헤립의 침략에 대한 것과 시돈 왕 루리가 키프로스로 건너간 것에 대한 내용이다 (12절). **23:1** 다시스와 키프로스는 베니게가 무역을 하던 도시들이다 (2:11-17에 관한 주석을 보라). **23:3** *시홀 (Shihor).* 나일 강 삼각주에 있는 수역. **23:4** *시돈.* 이사야에서 다른 도시들처럼 (특히 예루살렘), 시돈은 여성으로 묘사된다 (1:7-8에 관한 주석을 보라). 나아가서 전쟁으로 황폐해진 예루살렘은 49:21과 54:1에서 임신하지 못하는 여인으로 묘사되었으며, 시돈도 그렇게 묘사되었다. **23:9-12** 가나안으로 불린 베니게를 향한 앗시리아의 전쟁은 하나님의 뜻에 따라 이루어진 것이다 (5:26; 7:17-20; 8:5-8; 9:8—10:4; 13:3을 보라). *만군의 주님.* 1:9에 관한 주석을 보라. 시돈을 처녀 딸로 표현한 것은 4절과 37:22; 47:1 주석을 보라. **23:13** *들짐승.* 13:21-22에서 바빌로니아의 운명과 34:11, 13-15에서 에돔의 운명을 보라. **23:15-17** *두로는* 징계를 당할 때, 예루살렘이 *매춘부로* 묘사된 것 같이, 창녀로 분류된다 (1:21-23에 관한 주석을 보라). 그러나 예루살렘과

19 내가 너를
너의 관직에서 쫓아내겠다.

그가 너를
그 높은 자리에서 끌어내릴 것이다.

20 그 날이 오면, 내가 힐기야의 아들인 나
의 종 엘리야김을 불러서, 21 너의 관복을 그에
게 입히고, 너의 띠를 그에게 띠게 하고, 너의 권
력을 그의 손에 맡길 것이니, 그가 예루살렘에 사
는 사람들과 유다 집안의 아버지가 될 것이다.
22 내가 또 다윗 집의 열쇠를 그의 어깨에 둘 것
이니, 그가 열면 닫을 자가 없고, 그가 닫으면 열
자가 없을 것이다. 23 단단한 곳에 잘 박힌 못같
이, 내가 그를 견고하게 하겠으니, [ㄱ]그가 가문의
영예를 빛낼 것이다. 24 그의 가문의 영광이 그
에게 걸릴 것이다. 종지에서 항아리에 이르기까
지, 모든 작은 그릇들과 같은 그 자손과 족속의 영
광이, 모두 그에게 걸릴 것이다.

25 만군의 주님의 말씀이다. "그 날이 오면,
단단한 곳에 잘 박힌 못이 삭아서 부러져 떨어질
것이니, 그 위에 걸어 둔 것들이 산산조각이 날 것
이다." 이것은 주님께서 하신 말씀이다.

베니게에 대한 경고

23 1 이것은 두로를 두고 하신 엄한 경고
의 말씀이다.

다시스의 배들아,
너희는 슬피 울어라.
두로가 파멸되었으니,
들어갈 집도 없고,
닻을 내릴 항구도 없다.
[ㄴ]키프로스에서
너희가 이 소식을 들었다.

2 항해자들이 부유하게 만들어 준
너희 섬 백성들아,
시돈의 상인들아, 잠잠하여라!
3 시홀의 곡식 곧
나일의 수확을
배로 실어 들였으니,
두로는 곧 뭇 나라의 시장이 되었다.

4 그러나 너 시돈아,
너 바다의 요새야,
네가 수치를 당하였다.
너의 어머니인 바다가 너를 버리고
이렇게 말한다.
"나는 산고를 겪지도 않았고,
아이를 낳지도 못하였다.
아들들을 기른 일도 없고,
딸들을 키운 일도 없다."
5 두로가 파멸되었다는 소식이
이집트에 전해지면,
이집트마저도 충격을 받고
낙심할 것이다.

6 베니게의 주민아,
[ㄷ]스페인으로 건너가거라.
섬나라 백성아,
슬피 울어라.

7 이것이
너희가 그렇게 좋아하던
도성 두로냐?
그토록 오랜 역사를 가지고
저 먼 곳에까지 가서
식민지를 세우던 도성이냐?

8 빛나는 왕관을 쓰고 있던 두로,
그 상인들은 귀족들이요,

ㄱ) 히, '그가 그의 아버지 집의 영광의 자리가 될 것이다' ㄴ) 히, '깃딤'
ㄷ) 히, '다시스'

다른 것은, 두로의 매춘행위는 주께 받칠 물질적인 무엇인가를 가져오기 위한 것이다. 예루살렘의 매춘행위는 그녀를 하나님으로부터 이간시키는 것이었다. *70년*은 한 인생의 연수로 (시 90:10) 황폐한 기간이다. 13절처럼 이 구절들은 23:1-12보다 후기의 것으로 추정된다.

24:1—27:12 이사야식 종말론으로, 연대는 제1이사야의 시대라기보다는 기원전 6세기 후반이고, 56—66장에 연관된 자료들로 구성된 신탁들이다. 무르익은 종말론적 자료들은 성서적 전통에 있어서 후기에 (기원전 2세기나 그 이후) 나타나지만, 24—27장 같은 종말론적 주제를 가진 자료들은 기원전 6세기 후반에 나타났다. 이것은 고대 이스라엘 사람들이 기원전 587년 바빌로니아에 점령당한 후, 예루살렘과 유다를 재건하려는 상황에서 겪은 어려움에 대한 반응으로 나타나게

그 무역상들은
세상이 우러러보던 사람들이었는데,
두로를 두고
누가 이런 일을 계획하였겠느냐?

9 그 일을 계획하신 분은
만군의 주님이시다.
온갖 영화를 누리며 으스대던
교만한 자들을
비천하게 만드시고,
이 세상에서 유명하다는 자들을
보잘 것 없이 만드시려고,
이런 계획을 세우셨다.

10 ㄱ)스페인의 ㄴ)딸아,
ㄷ)너의 땅으로 돌아가서
땅이나 갈아라.
이제 너에게는 항구가 없다.
11 주님께서 바다 위에 팔을 펴셔서,
왕국들을 뒤흔드시고,
ㄹ)베니게의 요새들을
허물라고 명하셨다.
12 그래서 주님께서
이렇게 말씀하셨다.
"처녀, 딸 시돈아, 너는 망했다.
네가 다시는 우쭐대지 못할 것이다.
일어나서
ㅁ)키프로스로 건너가 보아라.
그러나 거기에서도 네가
평안하지 못할 것이다."

13 (ㅂ)바빌로니아 사람의 땅을 보아라.
백성이 없어졌다.
앗시리아 사람이 그 곳을
들짐승이 사는 곳으로 만들었다.
그들이 도성 바깥에 흙 언덕을 쌓고,
성을 공격하여,
궁전을 헐어 황폐하게 하였다.)

14 다시스의 배들아,
너희는 슬피 울어라.
너희의 요새가 파괴되었다.

15 그 날이 오면,
한 왕의 수명과 같은 칠십 년 동안
두로가 잊혀지겠으나,
칠십 년이 지난 뒤에는,
두로가 창녀의 노래에 나오는
주인공처럼 될 것이다.
16 망각 속으로 사라졌던
너 가련한 창녀야,
수금을 들고 성읍을 두루 다니며,
감미롭게 수금을 타고
노래나 실컷 불러라.
남자들마다 네 노랫소리를 듣고,
다시 너를 기억하여
모여들게 하여라.
17 칠십 년이 지나가면,

ㄱ) 히, '다시스' ㄴ) 또는 '주민아' ㄷ) 사해 사본과 칠십인역 사본들을 따름. 마소라 본문에는 '다시스의 딸아, 나일 강처럼 땅 위에 넘쳐 흘러라. 너를 속박하던 것은 이미 없어졌다' ㄹ) 히, '가나안' ㅁ) 히, '깃딤' ㅂ) 또는 '갈대아'

되었다. 그리고 나아가서 많은 유대 사람들의 바빌로니아 포로에 대한 반응이었다. 이런 어려움에 의해 생겨난 위기의식은 하나의 신념을 낳았는데, 그것은 현재의 세상은 너무 악해서 결국 끝나게 될 것이고, 오직 의인만이 살게 될, 새롭고 영광된 우주로 바뀌게 될 것이라는 신념이었다.

24:1-23 긴박한 종말에 대한 비전. **24:2** 다가올 파멸로 인해 사회의 모든 계층은 똑같이 무너지게 될 것이다 (욜 2:28-29를 참조하라. 회복시기에는 하나님의 자비로운 영이 모든 이에게 부어질 것이다). **24:5-6** 다가올 종말의 이유는 이 땅에 사는 자들의 죄악된 본성 때문이다. **24:7-12** 전통적으로 포도 수확기와 연관된 기쁨의 노래들은 재앙과 폐허 앞에서 잠잠해질 것이다 (5:1-7; 16:10; 32:9-14를 보라). *무너진 성읍*(*city of chaos*). (개역개정은 "약탈을 당한 성읍;" 공동번역은 "도시는 무너져 온통 혼란에 빠지고" 라고 번역했음.) 이 표현은 완전히 무너진 사회를 의미한다. **24:13** 파괴된 이후에, 생존자들은 거의 남지 않을 것이고, 이것은 마치 감람나무와 포도나무에서 수확하고 남은 것이 없는 것과 같을 것이다. **24:14-16** 이 땅에 살아남은 모든 자들이 하나님께 영광을 돌리지만, 악을 행하는 자들은 여전히 만연할 것이라고 예언자는 주장한다 (1:11-17; 43:22-28; 58:1-14; 또한 미 6:1-8; 암 4:4-5; 5:21-24; 8:4-8을 보라). **24:18-20** 종말론적 파멸은 지진이 나고, 홍수가 임하게 되는데, 그 홍수는 노아의 홍수와 견줄 수 있는 홍수로서, 하나님께서는 *하늘의 홍수의 문*들을 여시어, 이 땅을 파멸시키기 위하여 물을 쏟아 부으실 것이다 (창 7:11). 하나님은 또한 지진의 파괴적인 힘을 사용하시고, 삿 5:4-5에 나오는 이스라엘의 적들과 싸우기 위하여 폭풍도 사용하신다. **24:21** 이사야서는 곳곳에서 하나님의 하늘의 군대(heavenly host)가 천사들의 모임을 의미하지만 (1:9; 40:1-2, 26

주님께서 두로를 돌보아 주셔서
옛날처럼
다시 해상무역을 하게 하실 것이다.
그 때에 두로는
다시 제 몸을 팔아서,
땅 위에 있는
세상의 모든 나라의 돈을
끌어들일 것이다.

18 그러나
두로가 장사를 해서 벌어들인 소득은
주님의 몫이 될 것이다.
두로가 제 몫으로 간직하거나
쌓아 두지 못할 것이다.
주님을 섬기며 사는 사람들이,
두로가 벌어 놓은 것으로,
배불리 먹을 양식과
좋은 옷감을 살 것이다.

주님께서 땅을 벌하실 것이다

24 1 주님께서
땅을 텅 비게 하시며,
황폐하게 하시며,
땅의 표면을 뒤엎으시며,
그 주민을 흩으실 것이니,

2 이 일이
백성과 제사장에게
똑같이 미칠 것이며,
종과 그 주인에게,
하녀와 그 안주인에게,
사는 자와 파는 자에게,
빌려 주는 자와 빌리는 자에게,
이자를 받는 자와
이자를 내는 자에게,
똑같이 미칠 것이다.

3 땅이 완전히 텅 비며,
완전히 황무하게 될 것이다.
주님께서
그렇게 된다고
선언하셨기 때문이다.

4 땅이 메마르며 시든다.
세상이 생기가 없고 시든다.
땅에서 높은 자리를 차지한 자들도
생기가 없다.

5 땅이 사람 때문에 더럽혀진다.
사람이 율법을 어기고
법령을 거슬러서,
영원한 언약을 깨뜨렸기 때문이다.

6 그러므로 땅은 저주를 받고,
거기에서 사는 사람이
형벌을 받는다.

그러므로 땅의 주민들이 불에 타서,
살아 남는 자가
얼마 되지 않을 것이다.

7 새 포도주가 마르며,
포도나무가 시든다.
마음에 기쁨이 가득 찼던 사람들이
모두 탄식한다.

8 소구를 치는 흥겨움도 그치고,
기뻐 뛰는 소리도 멎고,
수금 타는 기쁨도 그친다.

9 그들이 다시는
노래하며
포도주를 마시지 못할 것이고,
독한 술은
그 마시는 자에게 쓰디쓸 것이다.

10 무너진 성읍은 황폐한 그대로 있고,
집들은 모두 닫혀 있으며,
들어가는 사람이
하나도 없을 것이다.

에 관한 주석을 보라), 여기에 있는 *하늘의 군대*는 하나님과 대항하는 신적인 별들을 의미한다. **24:23** *달과 해*는 천상의 신들이다 (신 4:19; 17:3을 보라). *시온 산.* 예루살렘의 성전이 있는 언덕을 말한다.

25:1-5 일반적으로 계시문학에서는 의인의 구원을 찬양하는 자료가 나온 후에는 멸망과 파멸을 나타내는 예언이 따라서 나타난다. **25:2** 이 도성이 어떤 특별한 도성을 의미하는지 분명하지 않지만, 어떤 특별한 도성을 의미한다면, 그 도성이 어디인지는 알 수 없다. **25:4-5** 종말론적 파멸은 이 땅에서 흉악한 자들을 제거하고, *가난한 사람들과 불쌍한 사람들이* 살 환경을 만들게 된다 (14:28-32를 보라).

11 거리에서는
포도주를 찾아 아우성 치고,
모든 기쁨은 슬픔으로 바뀌고,
땅에서는 즐거움이 사라진다.

12 성읍은 폐허가 된 채로 버려져 있고,
성문은 파괴되어 조각 난다.

13 이 땅에 이러한 일이 일어나고
거기에 사는 백성에게
이러한 일이 일어날 것이니,
마치 올리브 나무를 떤 다음과 같고,
포도나무에서 포도를 걷은 뒤에
남은 것을 주울 때와 같을 것이다.

14 살아 남은 사람들은 소리를 높이고,
기뻐서 외칠 것이다.
서쪽에서는 사람들이
주님의 크신 위엄을 말하고,

15 동쪽에서는 사람들이
주님께 영광을 돌릴 것이다.
바다의 모든 섬에서는 사람들이
주 이스라엘의 하나님의 이름을
찬양할 것이다.

16 땅 끝에서부터 노래하는 소리
"의로우신 분께 영광을 돌리세!"
하는 찬양을 우리가 들을 것이다.

그러나 갑자기 나는
절망에 사로잡혔다.
이런 변이 있나!
이런 변이 또 어디에 있단 말인가!
나에게 재앙이 닥쳤구나!
약탈자들이 약탈한다.
약탈자들이 마구 약탈한다.

17 땅에 사는 사람들아,
무서운 일과 함정과 올가미가
너를 기다리고 있다.

18 무서운 소리를 피하여
달아나는 사람은
함정에 빠지고,
함정 속에서 기어 나온 사람은
올가미에 걸릴 것이다.

하늘의 홍수 문들이 열리고,
땅의 기초가 흔들린다.
19 땅덩이가 여지없이 부스러지며,
땅이 아주 갈라지고,
땅이 몹시 흔들린다.
20 땅이 술 취한 자처럼
몹시 비틀거린다.

폭풍 속의 오두막처럼 흔들린다.
세상은
자기가 지은 죄의 무게에
짓눌릴 것이니,
쓰러져서
다시는 일어나지 못할 것이다.

21 그 날이 오면, 주님께서,
위로는 하늘의 군대를 벌하시고,
아래로는
땅에 있는 세상의 군왕들을
벌하실 것이다.
22 주님께서 군왕들을
죄수처럼 토굴 속에 모으시고,

25:6-10a 25:1-5처럼, 계시에 따라 나타나는 구원의 때를 찬양하는 시이며, 특별히 하나님이 주관하시는 즐거운 축제를 노래한다 (55:1-13을 보라). 가나안의 신화에서는, 폭풍의 신 바알이 혼돈의 물의 신 (바다의 신) 얌을 무너뜨리고 축제와 모든 신의 왕으로서의 대관식을 주관한다. **25:6** 축제는 *시온 산* 위에서 한다 (예를 들어, 예루살렘의 성전이 있는 산). 이 산은 하나님의 보좌로서, 그리고 하늘과 땅이 만나는 곳으로 나타난다 (2:2에 관한 주석을 보라). **25:7-8** 가나안의 신화에서는, 바알이 바다의 신 얌을 물리침으로 정복한 혼돈의 세력은 바알의 대관식 이후에 다시 풀려난다. 죽음의 신 못(Mot)은 그의 입을 벌리고 바알을 삼킨다. 그리고 그를 지하세계로 데리고 가 죽음에 던져버린다 (5:14-17에 관한 주석을 보라). 그러나 완전한 세계는 종말을 향해 가며, 소생하는 혼돈의 세력은 없다. 오히려 창조와 질서의 하나님은 죽음을 영원히 삼켜버리실 것이다 (*주님께서 죽음을 영원히 멸하신다*). 바울은 이 구절을 고전 15:54에서 부활을 설명하면서 인용한다. 계 7:17에서는 어떻게 종말론적 왕국에서는 모든 눈물이 씻길 것인가를 설명하면서, 8절의 상반절을 인용한

오랫동안 감옥에 가두어 두셨다가
처형하실 것이다.

23 만군의 주님께서 왕이 되실 터이니,
달은 볼 낯이 없어 하고,
해는 부끄러워할 것이다.
주님께서 시온 산에 앉으셔서
예루살렘을 다스릴 것이며,
장로들은 그 영광을 볼 것이다.

찬양

25 1 주님,
주님은 나의 하나님이십니다.
내가 주님을 높이며,
주님의 이름을 찬양하겠습니다.
주님께서는
놀라운 일들을 이루시고,
예전에 세우신 계획대로
신실하고 진실하게 이루셨습니다.
2 주님께서는
성읍들을 돌무더기로 만드셨고,
견고한 성읍들을
폐허로 만드셨습니다.
우리의 대적들이 지은 도성들을
더 이상 도성이라고 할 수 없게
만드셨으니,
아무도 그것을
재건하지 못할 것입니다.

3 그러므로 강한 민족이
주님을 영화롭게 할 것이며,
포악한 민족들의 성읍이
주님을 경외할 것입니다.
4 참으로 주님께서는
가난한 사람들의 요새이시며,
곤경에 빠진 불쌍한 사람들의
요새이시며,
폭풍우를 피할 피난처이시며,
뙤약볕을 막는 그늘이십니다.

흉악한 자들의 기세는
성벽을 뒤흔드는 폭풍과 같고,
5 사막의 열기와 같습니다.
그러나 주님께서는
이방 사람의 함성을
잠잠하게 하셨습니다.
구름 그늘이
뙤약볕의 열기를 식히듯이,
포악한 자들의 노랫소리를
그치게 하셨습니다.

하나님께서 잔치를 베푸시다

6 만군의 주님께서
이 세상 모든 민족을
여기 시온 산으로 부르셔서,
풍성한 잔치를 베푸실 것이다.
기름진 것들과 오래된 포도주,
제일 좋은 살코기와
잘 익은 포도주로
잔치를 베푸실 것이다.
7 또 주님께서 이 산에서
모든 백성이 걸친 수의를
찢어서 벗기시고,
모든 민족이 입은
수의를 벗겨서 없애실 것이다.

8 주님께서 죽음을 영원히 멸하신다.

다. "주 하나님께서 모든 사람의 얼굴에서 눈물을 말끔히 닦아 주신다."

25:10b-12 모압을 비난하는 신탁으로, 이 곳에서는 멸망하는 악의 모습으로 묘사된다.

26:1-6 25:1-5와 깊이 연관되어 있는 시이며, 의인이 악인들의 종말론적 멸망 후에 경험하게 될 평화(구원)를 찬양한다. **26:2** 고대 근동지역의 문헌들과 성경의 여러 곳에서 승리의 행렬에 대한 서술은, 축제의 서술과 같은 (25:6-10a를 보라), 가끔 군사적 승리에 대하여 서술하는 형식을 따른다. **26:4** *반석* (rock). 17:10; 30:29를 보라. **26:5** *견고한 성의* 이미지는 25:2의 상징 속에서 메아리처럼 깔린다. 그리고 그것은 26:1과 그 *견고한 성* (strong city)의 이미지와 대조된다 (예를 들어, 구속된 예루살렘). **26:6** 25:4-5를 보라.

26:7—27:1 의인들이 주께 간청하기를, 악인에 대한 종말론적 멸망을 진행해 주시어서, 자신들의 구원이 속히 올 수 있게 해달라고 간구한다. **26:7** *의로우신 주님.* 이 표현은 성경에서 오직 여기에서만 나타난다. 이것은 종말론적 확신을 암시하는 것인데, 하나님이 궁극적으로 의로우시지만, 이 의로움은 타락한 현실 세계

주 하나님께서
모든 사람의 얼굴에서
눈물을 말끔히 닦아 주신다.

그의 백성이
온 세상에서 당한 수치를
없애 주신다.

이것은 주님께서 하신 말씀이다.

9 그 날이 오면,
사람들은 이런 말을 할 것이다.

바로 이분이 우리의 하나님이시다.
우리가 하나님을 의지하였으니,
하나님께서 우리를 구원하신다.

바로 이분이 주님이시다.
우리가 주님을 의지한다.
우리를 구원하여 주셨으니
기뻐하며 즐거워하자.

하나님께서 모압을 벌하실 것이다

10 주님께서
시온 산은 보호하시겠지만,
모압은,
마치 지푸라기가
거름 물구덩이에서 짓밟히듯이,
제자리에서 짓밟히게 하실 것이다.

11 헤엄 치는 사람이
팔을 휘저어서 헤엄을 치듯이,
모압이 그 거름 물구덩이에서
두 팔을 휘저어
빠져 나오려고 하여도,
주님께서는 모압의 팔을
그의 교만과 함께
가라앉게 하실 것이다.

12 튼튼한 모압의 성벽을 헐어 내셔서,
땅의 먼지바닥에
폭삭 주저앉게 하실 것이다.

하나님이 백성에게 승리를 주시리라

26 1 그 날이 오면, 유다 땅에서 이런 노래를 부를 것이다.

우리의 성은 견고하다.
주님께서 친히
성벽과 방어벽이 되셔서
우리를 구원하셨다.

2 성문들을 열어라.
믿음을 지키는
의로운 나라가 들어오게 하여라.

3 주님, 주님께 의지하는 사람들은
늘 한결같은 마음을 가진
사람들이니,
그들에게 평화에 평화를
더하여 주시기 바랍니다.

에서는 나타나지 않는다. 그래서 이 우주는 멸망당하게 될 것이며, 새로운 창조로 대치될 것이다. 그리고 정의는 그 곳에서 보상을 받게 될 것이다. **26:10-11** 의인은 악인이 번성하지만, 정의가 지배하게 될 때, 악은 처벌을 받게 될 것이라고 주장한다. **26:13-14** 이스 라엘을 지배한 *다른 권세자들* (other lords)은 과거에 이스라엘을 지배했던 앗시리아와 바벨론의 왕들이다. 이 왕들과 그들의 추종자들은 죽음을 당하게 될 것이며, 그들의 나라는 다시는 서지 못하게 될 것이다 (19절에서 나타나는 이스라엘에 대한 약속과 대조가 된다). **26:19** 이 구절은 고대 이스라엘의 개인적 부활에 대한 교리를 증명하는 것으로 자주 사용되었지만, 현재에 와서는 겔 37:1-14가 주장하는 것처럼, 이것은 재앙의 경험 후에 이스라엘 공동체가 다시 태어나는 것으로 이해된다 (또한 53:11-12를 보라). **26:20-21** 시인이 노래하는 종말론적 멸망과 구속된 창조는 속히 이루어지기 희망하지만, 아직 이루어지지 않았다. **27:1** *리워야단* (Leviathan). 하나님께서 창조의 과정 속에서 (욥 3:8; 26:12; 41:1; 시 74:14; 89:10), 정리하신 혼돈의 물 속에 사는 원시적 용으로, 하나님께서 옛 창조를 폐하시고 새롭고 완전한 우주로 변화시키실 때, 선을 위하여 리워야단은 다시 패하게 될 것이다. 더 자세한 설명을 위해 51:9-11을 보라.

27:2-6 미래의 이스라엘은 하나님의 풍성한 포도원이 될 것이다. 5:1-7 참조하라. 그 곳에서 하나님께서는 이스라엘과 유다를 포도원처럼 돌보실 것이다. 그러나 오직 먹을 수 없는 열매만 얻게 될 것이다.

27:7-12 이스라엘이 겪은 어려움에 대해 묵상하는 불분명한 신탁. **27:7-8** 이스라엘이 그들의 죄로 인해 고통을 받았지만, 하나님께서 전적으로 파멸시키

4 너희는 영원토록
주님을 의지하여라.
ㄱ)주 하나님만이
너희를 보호하는
영원한 반석이시다.
5 주님께서는
교만한 자들을 비천하게 만드신다.
교만한 자들이 사는
견고한 성을 허무신다.
먼지바닥에 폭삭 주저앉게 하신다.
6 전에 억압받던 사람들이
이제는 무너진 그 성을 밟고 다닌다.
가난한 사람들이
그 성을 밟고 다닌다.
7 주님, 주님께서는
의로운 사람의 길을
곧게 트이게 하십니다.
의로우신 주님, 주님께서는
의로운 사람의 길을
평탄하게 하십니다.
8 주님,
우리는 주님의 ㄴ)율법을 따르며,
주님께 우리의 희망을 걸겠습니다.
우리가 주님의 이름을 사모하고
주님을 기억하겠습니다.
9 나의 영혼이
밤에 주님을 사모합니다.
나의 마음이 주님을
간절하게 찾습니다.
주님께서 땅을 심판하실 때에,
세상에 사는 사람들이
비로소 의가 무엇인지
배우게 될 것입니다.
10 비록 주님께서
악인에게 은혜를 베푸셔도,
악인들은
옳은일 하는 것을
배우려 하지 않습니다.
의인들이 사는 땅에 살면서도,
여전히 옳지 않은 일만 합니다.
주님의 위엄 따위는
안중에도 두지 않습니다.
11 주님, 주님께서 심판하시려고
팔을 높이 들어 올리셨으나,
주님의 대적은 그것을 모릅니다.
주님께서 주님의 백성을
얼마나 뜨겁게 사랑하시는지를
주님의 대적에게 보여 주셔서,
그들로 부끄러움을 당하게
하여 주십시오.
주님께서 예비하신 심판의 불로
그들을 없애 주십시오.

12 주님, 주님께서 우리에게
평화를 주실 것을 확신합니다.
우리가 성취한 모든 일은
모두 주님께서 우리에게
하여 주신 것입니다.
13 주 우리의 하나님,
이제까지는 주님 말고
다른 권세자들이
우리를 다스렸습니다.
그러나 앞으로는 우리가 오직
주님의 이름만을 기억하겠습니다.
14 주님께서 그들을 벌하시어
멸망시키시고,
그들을 모두
기억에서 사라지게 하셨으니,
죽은 그들은 다시 살아나지 못하고,
사망한 그들은
다시 일어나지 못할 것입니다.
15 주님, 주님께서 이 민족을
큰 민족으로 만드셨습니다.
주님께서 이 나라를
큰 나라로 만드셨습니다.
주님께서 이 땅의 모든 경계를
확장하셨습니다.

ㄱ) 히, '야' ㄴ) 또는 '판결'

시는 대상은 단지 이스라엘의 적이다. **27:9** 이스라엘 사람들은 여신 아세라를 상징하는 신상에 향을 태우고, 작은 입방형의 분향단에서 향을 태우는 그들의 잘못된 종교행위를 버릴 때, 그들의 죄를 용서받게 될 것이다 (아세라는 이스라엘의 한 부류에 의해 하나님의 배우자로 인정받기도 했다. 1:29; 17:8, 10-11; 57:5; 65:3을 보라). 태우는 향과 왜 이것이 비난받아야 하는지에 대한 해석이 분명치 않다. 이스라엘에서는 원래 번제향이 받아들여지고 있었기 때문이다. 아마 그 제단이 금지된 곳에 있었을 것이다 (65:3). **27:10-11a** *아무도*

이 일로 주님께서는
영광을 받으셨습니다.

16 그러나 주님,
주님께서 그들을 징계하실 때에,
주님의 백성이 환난 가운데서
주님을 간절히 찾았습니다.
그들이 간절히 주님께
기도하였습니다.
17 마치 임신한 여인이
해산할 때가 닥쳐와서,
고통 때문에 몸부림 치며
소리 지르듯이,
주님,
우리도 주님 앞에서
그렇게 괴로워하였습니다.
18 우리가 임신하여 산고를 치렀어도,
아무것도 낳지 못하였습니다.
우리는 이 땅에
구원을 베풀지 못하였고,
이 땅에서 살 주민을
낳지도 못하였습니다.

19 그러나 주님의 백성들 가운데서
죽은 사람들이 다시 살아날 것이며,
그들의 시체가
다시 일어날 것입니다.
무덤 속에서 잠자던 사람들이
깨어나서,
즐겁게 소리 칠 것입니다.
주님의 이슬은
생기를 불어넣는 이슬이므로,
이슬을 머금은 땅이
오래 전에 죽은 사람들을
다시 내놓을 것입니다.
땅이 죽은 자들을
다시 내놓을 것입니다.

심판과 회복

20 "나의 백성아!
집으로 가서, 방 안으로 들어가거라.
들어가서 문을 닫고,
나의 진노가 풀릴 때까지
잠시 숨어 있어라."

21 주님께서 그 처소에서 나오셔서
땅 위에 사는 사람들의 죄악을
벌하실 것이니,
그 때에 땅은
그 속에 스며든 피를 드러낼 것이며,
살해당한 사람들을
더 이상 숨기지 않을 것이다.

27 1 그 날이 오면, 주님께서
좁고 예리한 큰 칼로
벌하실 것이다.
매끄러운 뱀 ㄱ)리워야단,
꼬불꼬불한 뱀 리워야단을
처치하실 것이다.

곧 바다의 괴물을 죽이실 것이다.

2 그 날이 오면,
저 아름다운 포도원을 두고,
너희는 이런 노래를 불러라.

3 "나 주는
포도나무를 돌보는 포도원지기다.
나는 때를 맞추어서
포도나무에 물을 주며,
아무도 포도나무를 해치지 못하도록
밤낮으로 돌본다.
4 나는 포도원에 노여워할 일이
전혀 없다.

ㄱ) 전설적인 바다 괴물. 여기에서는 이스라엘을 억압하는 민족들을 상징함

살지 않는 도시 (forsaken city)는 아마 예루살렘을 의미했을 것이고, 하나님께서 그 도시를 황폐하게 만드신 이유는 그 백성들이 하나님께서 그들에게 요구하신 것들을 분별하지 못했기 때문일 것이다. **27:11b** *만드신, 지으신.* 이 동사들은 성경의 다른 곳에서는 하나님의 활동을 설명하기 위해 사용된 동사들이고, "불쌍히"(히브리어, *레함*)는 "자궁"(히브리어, *레헴*)과 연관이 있는 단어이기 때문에, 여성적 이미지가 하나님과 관련하여 분명하게 나타난다. 이런 이미지는 종종 다른 곳에서도 나타난다 (민 11:12; 신 32:18; 욥 38:8, 29). 그러나 사 40—55장과 이것과 관련된 장들 24—27장; 56—66장에서 더욱 분명하게 나타난다 (42:14; 45:9-10; 46:3-4; 49:15; 66:13). **27:12-13** 보리를 타작하듯이, 하나님은 나라들을 타작할 것이다. 특히 앗시리

거기에서
찔레와 가시덤불이 자라서,
나를 대항하여 싸우려고 한다면,
나는 그것들에게 달려들어,
그것들을 모조리
불살라 버릴 것이다.
5 그러나 나의 대적들이
내가 보호하여 주기를 원한다면,
나와 화친하여야 할 것이다.
그렇다.
나와 화친하여야 할 것이다."

6 앞으로 야곱이 뿌리를 내릴 것이다.
이스라엘이 싹을 내고
꽃을 피울 것이니,
그 열매가 땅 위에 가득 찰 것이다.

7 야곱을 친 자들을 치신 것처럼,
주님께서
그렇게 혹독하게
야곱을 치셨겠느냐?
야곱을 살육하던 자들을
살육하신 것처럼,
주님께서 그렇게 많이
야곱을 살육하셨겠느냐?
8 그렇지 않다.
주님께서 이스라엘을
포로로 보내셔서
적절히 견책하셨고,
거센 동풍이 불 때에,
거기에 좀더 거센 바람을 보내셔서
이스라엘을 쫓아내셨을 뿐이다.
9 그렇게 해서
야곱의 죄악이 사함을 얻으며,
이렇게 함으로써
죄를 용서받게 될 것이니,
곧 야곱이
이교 제단의 모든 돌을 헐어
흰 가루로 만들고,
아세라 여신상과 분향단을
다시는 세우지 않을 것이다.

10 견고한 성읍이 적막해지고
집터는 버려져서
아무도 살지 않으니,
마치 사막과 같을 것이다.

거기에서는
송아지가 풀을 뜯을 것이며,
송아지가 거기에 누워서,
나뭇가지들을
모두 먹어 치울 것이다.
11 나뭇가지가 말라 꺾어지면,
여인들이 와서,
그것들을 땔감으로 주워다가
불을 피울 것이다.

이 백성이 이렇게 지각이 없으니,
그들을 만드신 조성자 하나님께서
그들을

아와 이집트를 *타작할* 것이다. 그리고 이스라엘의 흩어진 의로운 자들을 모아 예루살렘으로 돌아오게 하실 것이다. *이집트 강* (The Wadi of Egypt). 이스라엘의 남서쪽 경계가 되는 엘아리쉬 (el-Arish) 강이다.

28:1—33:24 제1이사야의 신탁으로, 이 신탁의 대부분은 앗시리아에 대항하던 히스기야 시대인 기원전 705-701년부터 시작된다.

28:1-29 히스기야가 반역하던 시대부터의 신탁으로 (7-29절), 기원전 722년에 앗시리아에 의해 당했던 고통이 지금 유다를 위협하고 있다는 것을 말하기 위해, 북왕국의 마지막 시대의 신탁부터 시작된다. **28:1** 1절은 "아"(히브리어, *호이*)로 시작하는 북왕국에 대한 예언자의 탄식시이다. 그러나 새번역개정과 개역개정에서는 "아"가 삭제되어 있고, 공동번역은 "아"를 번역했다); 5:8-24에 관한 주석을 보라. 에브라임은 북왕국의 다른 이름이다; 그들의 지도자들은 술에 빠진 주정꾼들이다. **28:2** 주님은 이스라엘을 심판하기 위하여, 8:7-8에서 급류와 같이 표현되는 앗시리아 사람들을 이용하실 것이다 (5:26; 7:17-20; 8:5-8; 9:8—10:4를 보라). **28:5** *만군의 주님.* 1:9에 관한 주석을 보라. **28:7** 1-6절에서 이스라엘의 지도자들, 특히 제1이사야를 반대했던 제사장과 예언자들이 징계를 받는 것처럼 (렘 28:1-17; 암 7:10-17을 보라), 유다의 지도자들은 징계를 받는다. **28:9-10** 예언자는 그의 반대자들이 그를 비웃기 위해 한 말을 인용한다. 특히 10절의 해석이 불확실하다. 히브리어에서 "차브 라차브 차브 라차브/카브 라카브 카브 라카브/제에르 샴 제에르 샴." 이것은 예언자의 말을 흉내 내는 뜻없는 소리일 수도 있다. 요점은 제1이사야가 엉터리로 가르친다고 고소당했다는 내용의 것이다. **28:11-13** 제1이사야는 그에 대해 험담을 퍼뜨리는 자에게 대답한다. 이사야의 주장은, 백성들이 그의 휴식과 평화에 대한 간결한 메

불쌍히 여기지 않으실 것이며,
그들을 지으신
창조주 하나님께서 그들에게
은혜를 베풀지 않으실 것이다.

12 너희 이스라엘 자손아.
그 날이 오면,
주님께서 ㄱ)유프라테스 강으로부터
이집트 강에 이르기까지,
너희를
알곡처럼 일일이
거두어들이실 것이다.

13 그 날이 오면,
큰 나팔 소리가 울릴 것이니,
앗시리아 땅에서 망할 뻔한 사람들과
이집트 땅으로 쫓겨났던 사람들이
돌아온다.

그들이 예루살렘의 거룩한 산에서
주님을 경배할 것이다.

북왕국을 두고서 한 경고

28 1 술 취한 자,
에브라임의 교만한 면류관인
너 사마리아야,
너에게 재앙이 닥칠 것이다.
술에 빠진 주정꾼의 도성,
기름진 평야의 높은 언덕에,
화려한 왕관처럼
우뚝 솟은 사마리아야,
시들어 가는 꽃 같은 너에게
재앙이 닥칠 것이다.

2 주님께서
강하고 힘 있는 이를 보내신다.
그가 마치 쏟아지는 우박처럼,
파괴하는 광풍처럼,
거센 물결을 일으키는 폭풍우처럼,
너를 잡아 땅에 쓰러뜨리실 것이다.

3 술 취한 자,
에브라임의 교만한 면류관인
너 사마리아야,
네가 짓밟힐 것이다.
4 기름진 평야의 제일 윗자리에
화려하게 피어 있는 꽃과 같은
사마리아야,
시들어 가는 꽃과 같은 사마리아야,
너는 여름이 오기 전에 맨 먼저 익은
무화과와 같아서,
사람들이 너를 보자마자
얼른 따먹는구나.

5 그 날이 오면, 만군의 주님께서 친히
주님의 남은 백성에게
아름다운 면류관이 되시며,
영화로운 왕관이 되실 것이다.
6 주님께서는 재판관이 된 사람들에게
공평의 영을 주시고,
용사들에게는
성읍 문으로 쳐들어온 적을 막는
용기를 주실 것이다.

독한 술에 취한 예언자들

7 유다 사람이
포도주에 취하여 비틀거리고,

ㄱ) 히, '그 강'

시지를 거부했기 때문에 (이사야의 주장은 하나님 안에서 안식과 평화, 그리고 신뢰를 가져야 한다는 것이다. 7:9; 14:32; 20:6; 22:9-11; 30:15를 보라), 결국 그들은 주님의 가르침을 이해하지 못하고 (*알아듣지 못할 말씨와 다른 나라 말로*), 결론적으로 심판받을 것이라는 것이다 (6:1-13을 보라). 바울은 11-12절을 그의 방언에 대한 설명에 인용한다 (고전 14:21). **28:15** 제1이사야는 그의 반대자들인 유대의 지도자들을 조롱한다. 유대의 지도자들은 앗시리아(새번역개정에서는 "위기"로 번역되어 있는 단어가 개역개정은 "넘치는 재앙"; 공동번역은 "부서뜨리는 채찍"으로 번역되었음)에 대항하기 위해 이집트와 동맹을 맺었다. 제1이사야는 이 동맹은 가나안의 죽음의 신 못(Mot)과 그의 지하세계, 스올과 동맹을 맺은 것처럼, 유다의 파멸을 가져올 뿐이라고 조롱한다. **28:16** 하나님께서 시온(예루살렘의 다른 이름)을 그의 보좌로 선택했기 때문에, 시온은 결코 무너지지 않을 것이다. 그러므로 외국과 동맹을 맺는 것은 필요치 않으며, 그것은 잘되든 잘못되든 정당한 믿음이 부족한 것을 보여 줄 뿐이다 (1:7-8과 7:1—8:18에 관한 주석을 보라. 그리고 1183쪽 추가 설명: "예언서와 시편에 나타나는 시온"을 보라). 롬 9:33에서 바울은 앞부분과 8:14의 부분들을 연결하는데, 이것은 구원에

독한 술에 취하여 휘청거린다.
제사장과 예언자가
독한 술에 취하여 비틀거리고,
포도주 항아리에 빠졌다.
독한 술에 취하여 휘청거리니,
환상을 제대로 못 보며,
판결을 올바로 하지 못한다.
8 술상마다 토한 것이 가득하여,
더럽지 않은 곳이 없다.

9 제사장들이 나에게 빈정거린다.
"저 자가 누구를 가르친다는 건가?
저 자의 말을 들어야 할 사람이
누구란 말인가?
젖뗀 아이들이나
가르치라고 하여라.
젖을 먹지 않는
어린 아이들이나
가르치라고 하여라.
10 저 자는 우리에게,
ㄱ)한 자 한 자,
한 절 한 절,
한 장 한 장 가르치려고 한다."

11 그러므로 주님께서는
알아듣지 못할 말씨와
다른 나라 말로
이 백성을 가르치실 것이다.
12 주님께서 전에
백성에게 말씀하셨다.
"이 곳은 평안히 쉴 곳이다.
고달픈 사람들은 편히 쉬어라.
이 곳은 평안히 쉴 곳이다."
그러나 그들은 들으려 하지 않았다.

13 그래서 주님께서는
그들에게 말씀하신다.
ㄴ)"차브 라차브, 차브 라차브,
카브 라카브, 카브 라카브,
제에르 샴, 제에르 샴."
그래서 그들이 가다가
뒤로 넘어져서 다치게 하시고,
덫에 걸려서
잡히게 하려 하신 것이다.

시온의 모퉁잇돌

14 그러므로 주님의 말씀을 들어라.
너희, 조롱하기를 좋아하는 자들아,
예루살렘에 사는 이 백성을 다스리는
지도자들아,
15 너희는 자랑하기를
"우리는 죽음과 언약을 맺었고
ㄷ)스올과 협약을 맺었다.

ㄱ) 히브리어 본문의 뜻이 불확실하다. 히, '차브 라차브 차브 라차브/카브 라카브 카브 라카브/제에르 샴 제에르 샴' 예언자의 말을 흉내내는 뜻없는 소리일 수도 있다. 번역판에 따라서는 '경계에 경계를 더하며 경계에 경계를 더하며, /교훈에 교훈을 더하며 교훈에 교훈을 더하며, /여기서도 조금 저기서도 조금' 또는 '명령에 또 명령을 명령에 또 명령을/규칙에 또 규칙을 규칙에 또 규칙을/여기서도 조금 저기서도 조금' ㄴ) 28:10의 주를 보라 ㄷ) 또는 '무덤' 또는 '죽음'

대한 탐구에 있어서 돌에 걸려 넘어지는 유대인을 묘사하기 위함이었다. 그러나 롬 10:11-13에서 바울은 구원이 모든 사람에게 열려 있다는 것을 약속하기 위해 마지막 부분을 인용한다. **28:17** 하나님은 예루살렘의 정확한 기초를 위해 정의와 공의를 나타내는 건축자의 다림추를 사용하실 것이다 (34:11, 17). 2절에서처럼, 거센 물결은 앗시리아 사람을 의미한다. 그들은 유다가 포함되어 있는 앗시리아에 대항하는 동맹을 맺은 나라들을 쓸어버릴 것이다. **28:18-20** 앗시리아의 힘 앞에서, 유다가 앗시리아를 반대하여 이집트와 맺은 조약은 지켜지지 않을 것이다. **28:21** 하나님께서 다윗을 도와 바알브라심에서 블레셋과의 전투에서 승리케 하신 것처럼 (삼하 5:17-21), 그리고 기브온에서 여호수아를 도와 블레셋을 물리쳤던 것처럼 (수 10:1-15), 하나님께서는 이제 앗시리아 사람들을 도와 유다와 싸우게 하실 것이다. 하나님이 그의 백성에 대항하여 싸우는 것이 이상하게 보일지라도, 그것은 유다가 하나님을 신뢰하지 않은 것에 대한 심판이다. **28:22** *만군의 주님.* 22:5에 관한 주석을 보라. **28:23-29** 농부가 씨를 뿌리고, 경작하고, 추수하고, 낟알들을 적절하게 타작하는 것을 알듯이, 하나님께서는 세계의 각 나라들을 역사의 다양한 관점에서 어떻게 적절하게 다룰 것인지를 아신다.

29:1-8 하나님께서 기원전 701년에 예루살렘을 포위하기 위해 앗시리아 사람들을 보내신다. 그러나 궁극적으로 이 도시는 구원을 받게 될 것이다. **29:1-2** *아리엘.* 이 곳에서만 발견되는 예루살렘의 또 다른 이름이며, 다윗이 진을 쳤던 성읍이라는 구절의 의미를 분명하게 해준다. *아리엘*은 암사자(히브리어, *아리*)와 하나님(히브리어, *엘*)의 합성어다. 다른 곳에서 이 단어는 본제단(alter hearth)을 의미하는 것으로 나타난다 (겔

거짓말을 하여
위기를 모면할 수도 있고,
속임수를 써서
몸을 감출 수도 있으니,
재난이 닥쳐와도
우리에게는 절대로 미치지 않는다."

16 그러므로 주 하나님께서
이렇게 말씀하신다.
"내가 시온에 주춧돌을 놓는다.
얼마나 견고한지
시험하여 본 돌이다.
이 귀한 돌을 모퉁이에 놓아서,
기초를 튼튼히 세울 것이니,
이것을 의지하는 사람은
불안하지 않을 것이다.
17 내가 공평으로 줄자를 삼고,
공의로 저울을 삼을 것이니,
거짓말로 위기를 모면한 사람은
우박이 휩쓸어 가고,
속임수로 몸을 감춘 사람은
물에 떠내려 갈 것이다.
18 그래서 죽음과 맺은
너희의 언약은 깨지고,
ㄱ)스올과 맺은 너희의 협약은
파기될 것이다.
재앙이 닥쳐올 때에,
너희가 그것을 피하지 못하고,
꼼짝없이 당하고 말 것이다.
19 재난이 유행병처럼 퍼질 때에,
너희가 피하지 못할 것이다.
그 재난이 아침마다 너희를 치고,
밤낮을 가리지 않고
너희를 엄습할 것이다."

ㄴ)이 말씀을 알아듣는 것이
오히려 두려움이 될 것이다.
20 너희는 마치 침대가 짧아서
다리를 펴지 못하는 것 같이 되고,
이불이 작아서
몸을 덮지 못하는 것 같이 될 것이다.

21 주님께서는 계획하신 일,
그 신기한 일을 하시려고,
브라심 산에서 싸우신 것처럼
싸우실 것이다.
작정하신 일,
그 신비한 일을 하시려고,
기브온 골짜기에서 진노하신 것처럼
진노하실 것이다.

22 그러니 너희는,
내가 경고할 때에 비웃지 말아라.
그렇게 하다가는
더욱더 궁지에 몰리고 말 것이다.
만군의 주님께서 온 세상을
멸하시기로 결정하셨다는 말씀을,
내가 들었다.

하나님의 지혜

23 너희는 귀를 기울여서,
나의 목소리를 들어라.
주의 깊게 내가 하는 말을 들어라.
24 씨를 뿌리려고 밭을 가는 농부가,
날마다 밭만 갈고 있겠느냐?
흙을 뒤집고 써레질만 하겠느냐?
25 밭을 고르고 나면,
소회향 씨를 뿌리거나
대회향 씨를 뿌리지 않겠느냐?
밀을 줄줄이 심고,
적당한 자리에
보리를 심지 않겠느냐?
밭 가장자리에는
귀리도 심지 않겠느냐?

ㄱ) 또는 '무덤' 또는 '죽음' ㄴ) 또는 '소문만 들어도'

43:15). 그래서 2절은 일종의 언어기교처럼, 이 도시는 앗시리아의 포위에 의해, 번제단처럼 불탈 것이라는 의미이다. **29:3** 다윗이 예루살렘을 점령할 때처럼, 하나님께서 흙을 쌓아올려 예루살렘을 공격하실 것이다 (삼하 5:6-9). **29:4** 앗시리아의 공격은 예루살렘을 지하세계로 떨어뜨려 버릴 것이다 (28:15를 보라). **29:5-8** 하나님께서는 예루살렘을 구원하시기 위해 결국 앗시리아와 예루살렘 사이에 개입하실 것이다 (1:7-8에 관한 주석을 보라. 그리고 1183쪽 추가 설명: "예언서와 시편에 나타나는 시온"을 보라). *만군의 주님.* 1:9에 관한 주석을 보라. 시온 산은 성전이 있는 산을 의미한다.

29:9-16 29:1-8이 예루살렘을 비난하지만, 궁극에는 구원을 받을 것을 주장하는 것처럼, 히스기야의 반역의 시기(기원전 705-701년)의 신탁인 이 부분도 유다의 지도자들을 비난하지만, 결국은 이들의 회복을

26 농부에게 밭농사를 이렇게 짓도록
일러주시고 가르쳐 주신 분은,
바로 하나님이시다.

27 소회향을
도리깨로 쳐서 떨지 않는다.
대회향 위로는
수레바퀴를 굴리지 않는다.
소회향은
작대기로 가볍게 두드려서 떨고,
대회향도
막대기로 가볍게 두드려서 떤다.
28 사람이 곡식을 떨지만,
낟알이 바스러지도록
떨지는 않는다.
수레바퀴를 곡식 위에 굴릴 때에도,
말발굽이 그것을 으깨지는 않는다.
29 이것도 만군의 주님께서
가르쳐 주신 것이다.
주님의 모략은 기묘하며,
지혜는 끝없이 넓다.

예루살렘의 운명

29 1 너에게 재앙이 닥칠 것이다.
ㄱ)아리엘아, 아리엘아,
다윗이 진을 쳤던 성읍아,

"해마다 절기들은 돌아오련만,
2 내가 너 ㄱ)아리엘을 포위하고 치겠다.
ㄴ)'나의 번제단'이라고 불리던 너를
칠 터이니,
네가 슬퍼하고 통곡할 것이다.
3 내가 너의 사면을 둘러 진을 치며,
너를 삥 둘러서 탑들을 세우고,
흙더미를 쌓아 올려
너의 성을 치겠다."

4 그 때에 너는 낮아져서
땅바닥에서 말할 것이며,
너의 말소리는
네가 쓰러진 먼지바닥에서 나는
개미 소리와 같을 것이다.

너의 목소리는 땅에서 나는
유령의 소리와 같을 것이며,
너의 말은 먼지 바닥 속에서 나는
중얼거리는 소리와 같을 것이다.

5 그러나 너를 친 원수의 무리는
가는 먼지처럼 되어 날아가며,
그 잔인한 무리는
겨처럼 흩날릴 것이다.

갑자기, 예기치 못한 순간에
6 만군의 주님께서 너를 찾아오시되,
우레와 지진과
큰 소리를 일으키시며,
회오리바람과 폭풍과
태워 버리는 불길로
찾아오실 것이다.

7 ㄱ)아리엘을 치는 모든 나라의 무리와
그의 요새들을 공격하여
그를 괴롭히는 자들 모두가,

ㄱ) '하나님의 암사자', 예루살렘을 가리킴 ㄴ) 히, '아리엘(번제단)'. '하나님의 암사자'와 '번제단'이 히브리어로 발음이 같음

약속한다. **29:9-11** 28:7에서 제사장들과 예언자들을 술주정뱅이로 비난한 것과 비슷하게, 유다의 지도자들이 비난을 받는다. 여기서 그들의 이해하지 못하는 우둔함은 하나님에게 책임이 있다. 왜냐하면 거룩한 말씀이 그들에게는 밀봉되어 있어 열어서 읽지 못하기 때문이다. 6:1-13에서 제1이사야는 유다의 백성들이 하나님의 말씀을 알지 못하게 하라는 명령을 받는다. 왜냐하면 이미 그 나라는 심판을 받기로 되어 있었기 때문이다 (28:11-13).

특별 주석

1:1-17에서처럼, 백성들은 종교적인 의무를 수행하는 것 같이 행동하지만, 하나님이 요구하시는 공의로운 도덕적 기준에는 도달하지 못한다. 이 구절은 마 15:8-9 그리고 막 7:6-7에서 외식을 비난하기 위해 인용된다. 그리고 저스틴(Justin Martyr)과 이시돌(Isidore of Seville)의 글에서 하나님이 유대 사람을 거절한다는 논쟁에 이용된다. 바울은 롬 11:8 에 정확하진 않지만, 10절을 인용한다. 그리고 마틴 루터는 유대인을 술주정뱅이와 장님으로 비난하면서 9절을 인용한다. 나아가서 루터는 주장하기를, 11절에서 유대의 랍비들이 비록 히브리어를 알고 있었다고 해도, 성경을 정확하게 번역하지 못했다고 주장한다 (아마 그리스도에 대한 언급이었을 것이다). 1181쪽 추가 설명: "이사야서의 반유대주의적 해석들"을 보라.

마치 꿈을 꾸는 것처럼,
밤의 환상을 보는 것처럼,
헛수고를 할 것이다.

8 마치 굶주린 자가 꿈에 먹기는 하나,
깨어나면 더욱 허기를 느끼듯이,
목마른 자가 꿈에 마시기는 하나,
깨어나면 더욱 지쳐서
갈증을 느끼듯이,
시온 산을 치는 모든 나라의 무리가
그러할 것이다.

무시된 경고

9 너희는 놀라서, 기절할 것이다.
너희는 눈이 멀어서,
앞을 못 보는 사람이 될 것이다.
포도주 한 모금도 마시지 않았는데,
취할 것이다.
독한 술 한 방울도 마시지 않았는데,
비틀거릴 것이다.
10 주님께서는 너희에게
잠드는 영을 보내셔서,
너희를 깊은 잠에 빠지게 하셨다.

너희의 예언자로
너희의 눈 구실을 못하게 하셨으니,
너희의 눈을 멀게 하신 것이요,
너희의 선견자로
앞을 내다보지 못하게 하셨으니,
너희의 얼굴을 가려서
눈을 못 보게 하신 것이다.

11 이 모든 묵시가 너희에게는 마치
밀봉된 두루마리의 글처럼
될 것이다.
너희가 그 두루마리를
유식한 사람에게 가지고 가서
"이것을 좀 읽어 주시오"
하고 내주면,
그는
"두루마리가 밀봉되어 있어서
못 읽겠소"
하고 말할 것이다.
12 너희가 그 두루마리를
무식한 사람에게 가지고 가서
"이것을 좀 읽어 주시오"하면,
그는 "나는 글을 읽을 줄 모릅니다"
하고 말할 것이다.

13 주님께서 말씀하신다.
"이 백성이
입으로는 나를 가까이하고,
입술로는 나를 영화롭게 하지만,
그 마음으로는 나를 멀리하고 있다.
그들이 나를 경외한다는 말은,
다만, 들은 말을
흉내내는 것일 뿐이다.
14 그러므로 내가

29:14 바울은 고전 1:19에서 이 구절을 인용했다. **29:15-16** 유다의 지도자들은 하나님이 그들의 계획을 허락하지 않으실 것을 알고, 이집트와 반앗시리아 동맹을 맺는 계획을 이사야와 하나님에게 숨기려 한 것처럼 보인다 (28:15 주석을 보라). 하나님은 창조에서처럼, 그들은 창조자를 떠나 독립적으로 존재할 수 없다는 것을 일깨워주시면서 그들을 비난한다. 하나님을 토기장이로 묘사한다 (46:9-10을 보라). **29:17** *레바논.* 2:11-17에 관한 주석을 보라. 그리고 32:15에서 유다의 회복을 위해 사용된 용어들을 보라. **29:18** 심판의 때가 지나간 후, 하나님이 눈이 멀게 만든 자들은 다시 보게 될 것이며 (9절), 귀머거리로 만든 자들은 다시 듣게 될 것이다 (11절). **29:19** 연약하고 부족한 자에 대한 제1이사야의 관심에 대해서 10:2; 11:4를 보라. *거룩하신 분.* 1:4에 관한 주석을 보라. **29:20** 28:4에 표현된 조롱하는 사람으로 표현된 "비웃는 사람"은 제1이사야를 비웃던 사람들이다. **29:22** 제1이사야에서는 오직 이 곳에서 아브라함이 언급된다, 그러나 제2이사야에서는 41:8과 51:2에서 언급된다.

30:1-5 히스기야가 반역하던 때의 신탁이며 (기원전 705-701년), 이집트와 합세하여 앗시리아를 반대하는 동맹을 맺으려는 왕을 비난한다. **30:1-2** 히스기야가 동맹 강대국과 동맹을 맺는 것은 하나님을 향한 반역이다 (28:14-22; 29:15-26; 30:6-7). 이스라엘의 부모로서의 하나님에 대해서는 1:2에 관한 주석을 보라. **30:4** 이 구절은 히스기야가 기원전 703년에 이집트의 바오 사바카에게 사신을 보낸 것을 언급한 것 같다. 히스기야는 아무런 도움을 줄 수 없는 이집트 사람에게, 즉 이집트의 관리들에게 도움을 청했다 (제1이사야의 의하면). 비록 이집트의 군대들이 *소안* (Zoan)에, 나일 강 삼각지대에, 그리고 멤피스에서부터 50마일 남쪽에 위치한 하네스에 주둔해 있다고 해도 그것은 어려운 일이다 (이 위치에 대해서는 19:11-15 주석을 보라).

다시 한 번 놀랍고 기이한 일로
이 백성을 놀라게 할 것이다."

지혜로운 사람들에게서
지혜가 없어지고,
총명한 사람들에게서
총명이 사라질 것이다.

장래에 대한 희망

15 주님 몰래
음모를 깊이 숨기려는 자들에게
재앙이 닥칠 것이다.
그들은 어두운 곳에서
남 몰래 음모를 꾸미는 자들이다.

"누가 우리를 보랴!
누가 우리를 알랴!" 한다.

16 그들은 매사를
거꾸로 뒤집어 생각한다.
진흙으로 옹기를 만드는 사람과
옹기장이가 주무르는 진흙을
어찌 같이 생각할 수 있느냐?
만들어진 물건이
자기를 만든 사람을 두고
"그가 나를 만들지 않았다"
하고 말할 수 있느냐?
빚어진 것이
자기를 빚은 사람을 두고
"그는 기술이 없어!"
하고 말할 수 있느냐?

17 레바논의 밀림이
기름진 밭으로 변하고,
그 기름진 밭이
다시 밀림으로 변하는 것은,
시간 문제이다.
18 그 날이 오면,
듣지 못하는 사람이
두루마리의 글을 읽는 소리를 듣고,
어둠과 흑암에 싸인 눈 먼 사람이
눈을 떠서 볼 것이다.
19 천한 사람들이
주님 안에서 더없이 기뻐하며
사람들 가운데 가난한 사람들이
이스라엘의 거룩하신 분 안에서
즐거워할 것이다.
20 포악한 자는 사라질 것이다.
비웃는 사람은 자취를 감출 것이다.
죄 지을 기회를 엿보던 자들이
모두 끝장 날 것이다.
21 그들은 말 한 마디로
사람에게 죄를 뒤집어씌우고,
성문에서 재판하는
사람을 올무에 걸리게 하며,
정당한 이유 없이
의로운 사람의 권리를 박탈하던
자들이다.

22 그러므로
아브라함을 구속하신 주님께서,
곧 야곱 족속의 주 하나님께서
이렇게 말씀하신다.
"이제 야곱이 다시는
부끄러움을 당하지 않을 것이고,

30:6-7 30:1-5에서처럼, 이 신탁은 히스기야가 앗시리아를 반대하여 이집트와 맺은 동맹에 대해 비난한다 (또한 28:14-22; 29:15-26을 보라). **30:6** 제1이사야는 히스기야가 뇌물을 가지고 이집트에 간 사절단에게 경고한다. 히스기야는 이집트와의 동맹을 원했지만, 사절단은 동맹은 커녕, 유다 남쪽의 건조한 네겝과 사막을 지나면서, *두려운 들짐승*들을 만날 것이다. *날아다니는 불뱀* (serpent). 문자 그대로 스랍을 의미한다 (6:2; 14:29를 보라). **30:7** *라합.* 원시적인 혼돈의 짐승으로, 하나님께서 창조의 과정 속에서 물리쳤다고 알려졌다 (27:1과 51:9-10에 관한 주석을 보라). *맥 못쓰는* (개역개정은 "가만히 앉은"). 이 표현보다는 "파멸될" (who will be destroyed) 이라는 표현이 더 좋은 표현이다.

30:8-17 참 예언자와 거짓 예언자에 대한 신탁 부분. **30:8** 제1이사야의 주장이 현실적으로 무시를 당하고 있기 때문에, 하나님께서 예언자에게 예비적으로 미래의 독자들을 (그들의 정당성을 인정하게 될) 위해 그의 신탁을 기록하라고 명령하신다 (8:16-18에 관한 주석을 보라). 30:9 30:1을 보라. **30:10-11** 유다가 직면한 위험에 대해 진실하게 예언하고 있던 제1이사야와 부드럽고 입에 맞는 예언만 하는 거짓 예언자의 갈등에 대해서는 28:7-13과 29:9-10을 보라 (또한 렘 28:1-17을 보라). **30:12** *거룩하신 분.* 1:4를 보라. **30:15** 외국과 동맹을 맺는 것보다, 유다는 오직 하나님만 의지해야만 한다 (7:9; 14:32; 20:6; 22:9-11; 28:11-13; 39:5-7을 보라).

30:18-26 하나님께서 유다 백성을 심판하시지만

이제 그의 얼굴이 다시는
수모 때문에 창백해지지는
않을 것이다.
23 야곱이 자기의 자손
곧 그들 가운데서
내가 친히 만들어 준
그 자손을 볼 때,
그들은 내 이름을
거룩하게 할 것이다."

'야곱의 거룩한 분'을
거룩하게 받들며,
이스라엘의 하나님을 경외할 것이다.

24 그래서 마음이 혼미하던 사람이
총명해지고,
거스르던 사람이
교훈을 받을 것이다.

이집트와 맺은 쓸모 없는 조약

30 1 주님께서 말씀하신다.
"거역하는 자식들아,
너희에게 화가 닥칠 것이다.
너희가 계획을 추진하지만,
그것들은
나에게서 나온 것이 아니며,
동맹을 맺지만,
나의 뜻을 따라 한 것이 아니다.
죄에 죄를 더할 뿐이다.
2 너희가 나에게 물어 보지도 않고,
이집트로 내려가서,
바로의 보호를 받아 피신하려 하고,
이집트의 그늘에 숨으려 하는구나."

3 바로의 보호가
오히려 너희에게 수치가 되고,
이집트의 그늘이
오히려 너희에게 치욕이 될 것이다.

4 유다의 고관들이 소안으로 가고,
유다의 사신들이 하네스로 가지만,
5 쓸모 없는 백성에게
오히려 수치만 당할 것이다.
너희는 이집트에게서
아무런 도움도 유익도 얻지 못하고,
오히려 수치와 치욕만 얻을 것이다.

6 이것은 네겝의 들짐승들에게 내리신 경고의
말씀이다.

유다의 사절단이
나귀 등에 선물을 싣고,
낙타 등에 보물을 싣고,
거친 광야를 지나서, 이집트로 간다.
암사자와 수사자가 울부짖는 땅,
독사와 날아다니는 불뱀이
날뛰는 땅,
위험하고 곤고한 땅을 지나서,
아무런 도움도 주지 못할 백성에게
선물을 주려고 간다.

7 "이집트가
너희를 도울 수 있다는 생각은
헛된 망상일 뿐이다.
이집트는
'맥 못쓰는 라합'일 뿐이다."

(28:7-29; 29:1-4, 9-16; 30:1-7, 8-17), 종국에 가서는 유다 백성을 구원하시고 치료하실 것이다 (29:5-8, 17- 24). **30:19** *시온.* 예루살렘의 또 다른 이름이다. **30:20** 숨어 계시는 하나님에 대하여는 1:15; 8:16을 보라. 하나님은 욥 36:22에서 스승으로 불리기도 한다. **30:22** 2:8, 18-20; 10:10-11; 31:7을 보라. **30:26** 60:19에서 달빛은 하나님의 축복의 징조로 나타난다 (또한 13:10을 보라. 거기서 어둠은 하나님의 진노의 상징이다).

30:27-33 30:18-26 같은 유다의 구원에 대한 확신으로 특히 기원전 701년에 있었던 앗시리아 침략으로부터 구원에 대한 확신이다. **30:28** 8:7-8과 28:22에서 앗시리아는 유다를 향해 달리는 거친 급류로 묘사된다. 하나님의 진노가 앗시리아를 가라앉힐 것이라고 말한다. **30:29** *이스라엘의 반석이신 분.* 17:10; 26:4를 보라. **30:30, 32** 주님의 *팔에* 대해서 51:5에 관한 주석을 보라. **30:33** *'불타는 곳.'* 문자 그대로 도벳으로 어린이들을 희생제물로 바쳤던 곳의 이름이다. 이사야는 여기서 앗시리아와 그의 왕은 주님께 희생제물로 받쳐질 것이라고 제안한다.

31:1-3 히스기야가 앗시리아를 반대하여 이집트와 맺은 동맹을 비난하는 부분이다 (28:14-22; 29:15-26; 30:1-5, 6-7을 보라). **31:1** *거룩하신 분.* 1:4에 관한 주석을 보라.

복종하지 않는 백성

8 이제 너는 가서,
유다 백성이 어떤 백성인지를
백성 앞에 있는 서판에 새기고,
책에 기록하여서,
오고오는 날에
영원한 증거가 되게 하여라.

9 이 백성은 반역하는 백성이요,
거짓말을 하는 자손으로서,
주님의 율법은
전혀 들으려 하지 않는 자손이다.
10 선견자들에게 이르기를
"미리 앞일을 내다보지 말아라!" 하며,
예언자들에게 이르기를
"우리에게 사실을 예언하지 말아라!
우리를 격려하는 말이나 하여라!
가상현실을 예언하여라!
11 그 길에서 떠나거라!
그 길에서 벗어나거라.
'이스라엘의 거룩하신 분' 이야기는
우리 앞에서 제발 그쳐라"
하고 말한다.

12 그러므로
'이스라엘의 거룩하신 분'께서
이렇게 말씀하신다.
"너희가 이 말을 업신여기고,
억압과 사악한 일을
옳은 일로 여겨서,
그것에 의지하였으니,
13 이 죄로,
너희가 붕괴될 성벽처럼 될 것이다.
높은 성벽에 금이 가고,
배가, 불룩 튀어나왔으니,
순식간에 갑자기
무너져 내릴 것이다.
14 토기장이의 항아리가 깨져서
산산조각이 나듯이,
너희가 그렇게 무너져 내릴 것이다.
아궁이에서 불을 담아 낼 조각 하나
남지 않듯이,
웅덩이에서 물을 퍼낼 조각 하나
남지 않듯이,
너희가 사라질 것이다."

15 주, 이스라엘의 거룩하신 하나님께서
이렇게 말씀하신다.
"너희는 회개하고
마음을 편안하게 하여야
구원을 받을 것이며,
잠잠하고 신뢰하여야
힘을 얻을 것이다.
그러나 너희는
그렇게 하기를 바라지 않았다."

16 오히려 너희는 이렇게 말하였다.
'그렇게 하지 않겠습니다.
우리는 차라리
말을 타고 도망 가겠습니다.'
너희가 이렇게 말하였으니,
정말로, 너희가 도망 갈 것이다.
너희는 또 이렇게 말하였다.
'우리는 차라리
날랜 말을 타고 달아나겠습니다.'
너희가 이렇게 말하였으니,
너희를 뒤쫓는 자들이
더 날랜 말을 타고 쫓아올 것이다.

17 적군 한 명을 보고서도
너희가 천 명씩이나 도망 가니,
적군 다섯 명이 나타나면,
너희는 모두 도망 갈 것이다.
너희가 도망 가고 나면,
산꼭대기에는 너희의 깃대만 남고,
언덕 위에서는
깃발만이 외롭게 펄럭일 것이다.

18 그러나 주님께서는
너희에게 은혜를 베푸시려고
기다리시며,
너희를 불쌍히 여기시려고
일어나신다.

31:4-9 하나님께서 앗시리아의 포위 공격으로부터 예루살렘을 구원하여 주실 것이다 (1:24-26; 8:9-10; 10:15, 27b-32; 28:16; 29:5-8; 37:35를 보라. 궁극적으로 거룩하고 신성불가침한 예루살렘에 대한 언급은 제1이사야의 주요한 신학적 전제이다). **31:4-5** *시온 산.* 성전이 있는 산이다. *만군의 주님.* 1:9에 관한 주석을

참으로 주님께서는
공의의 하나님이시다.

주님을 기다리는 모든 사람은
복되다.

하나님께서 백성에게 복을 주실 것이다

19 예루살렘에 사는 시온 백성아,
이제 너희는 울 일이 없을 것이다.
네가 살려 달라고 부르짖을 때에,
주님께서 틀림없이
은혜를 베푸실 것이니,
들으시는 대로
너에게 응답하실 것이다.

20 비록 주님께서 너희에게
환난의 빵과 고난의 물을 주셔도,
다시는 너의 스승들을
숨기지 않으실 것이니,
네가 너의 스승들을 직접 뵐 것이다.

21 네가 오른쪽이나 왼쪽으로
치우치려 하면,
너의 뒤에서 '이것이 바른길이니,
이 길로 가거라' 하는 소리가
너의 귀에 들릴 것이다.

22 그리고 너는,
네가 조각하여 은을 입힌 우상들과,
네가 부어 만들어
금을 입힌 우상들을,
부정하게 여겨, 마치 불결한 물건을
내던지듯 던지면서
'눈 앞에서 없어져라'
하고 소리 칠 것이다.
23 네가 땅에 씨앗을 뿌려 놓으면,
주님께서 비를 내리실 것이니,
그 땅에서
실하고 기름진 곡식이 날 것이다.
그 때에 너의 가축은
넓게 트인 목장에서
풀을 뜯을 것이다.

24 밭 가는 소와 나귀도
아무것이나 먹지 않고,
키와 부삽으로 까부르고
간을 맞춘 사료를 먹을 것이다.

25 큰 살육이 일어나고
성의 탑들이 무너지는 날에,
높은 산과 솟은 언덕마다
개울과 시냇물이 흐를 것이다.

26 주님께서 백성의 상처를
싸매어 주시고,
매 맞아 생긴 그들의 상처를
고치시는 날에,
달빛은 마치 햇빛처럼 밝아지고,
햇빛은 일곱 배나 밝아져서
마치 일곱 날을
한데 모아 놓은 것 같이
밝아질 것이다.

하나님께서 앗시리아를 벌하실 것이다

27 주님의 이름 곧 그 권세와 영광이
먼 곳에서도 보인다.
그의 진노가 불처럼 타오르며,
노기가 치솟는 연기처럼
하늘을 찌른다.
그의 입술은 분노로 가득하고,
혀는 마치 태워 버리는 불과 같다.
28 그의 숨은 범람하는 강물
곧 목에까지 차는 물과 같다.
그가 파멸하는 키로
민족들을 까부르시며,
미혹되게 하는 재갈을
백성들의 입에 물리신다.

보라. **31:7** 2:8, 18-20; 10:10-11; 30:22를 보라. **32:1-8** 이상적 왕권에 대한 신탁으로 9:1-7과 11:1-9 같이 이상적인 왕권이 가져올 정의와 공의가 있는 평화로운 시대에 대한 언급이다. 그러나 이런 신탁과는 다르게, 여기에서는 다윗 왕조나 예루살렘 왕조에 대한 특별한 초점은 없다. **32:1** 9:7; 11:4-5를 보라. **32:9-14** 임박한 재앙을 앞두고 자기만족에 빠져있는 유다의 *여인들에* 대해 비난하는 부분이다. 3:16—4:1을 참조하라. **32:10** 제1이사야는 여기서 포도원의 이미지를 사용한다. 그는 가을철 포도 수확기의 축제에서 음악을 연주하던 여인의 특별한 역할을 암시한다 (5:1-7과 16:10 주석을 보라). **32:11-12** *베옷을*

29 그러나 너희는
거룩한 절기를 지키는 밤처럼,
노래를 부르며, 피리를 불며,
주님의 산으로,
이스라엘의 반석이신 분에게로
나아가는 사람과 같이,
마음이 기쁠 것이다.

30 주님께서 맹렬한 진노와,
태워 버리는 불과,
폭풍과 폭우와,
돌덩이 같은 우박을 내리셔서,
주님의 장엄한 음성을 듣게 하시며,
내리치시는 팔을 보게 하실 것이다.

31 주님께서 몽둥이로 치실 것이니,
앗시리아는
주님의 목소리에 넋을 잃을 것이다.

32 주님께서
그들을 치시려고 예비하신
그 몽둥이를
그들에게 휘두르실 때에,
주님의 백성은
소구 소리와 수금 소리로
장단을 맞출 것이니,
주님께서 친히
앗시리아 사람들과 싸우실 것이다.

33 이미 오래 전에
ㄱ)'불타는 곳'을 준비하셨다.
바로 ㄴ)앗시리아 왕을 태워 죽일 곳을
마련하셨다.
그 불구덩이가 깊고 넓으며,
불과 땔감이 넉넉하다.
이제 주님께서 내쉬는 숨이
마치 유황의 강물처럼
그것을 사르고 말 것이다.

31 1 도움을 청하러
이집트로 내려가는 자들에게
재앙이 닥칠 것이다.
그들은 군마를 의지하고,
많은 병거를 믿고
기마병의 막강한 힘을 믿으면서,
이스라엘의 거룩하신 분은
바라보지도 않고,
주님께 구하지도 않는다.

2 그러나 주님께서는 지혜로우셔서,
재앙을 내리실 것이다.
이미 하신 말씀은
취소하지 않으신다.
주님께서 일어나셔서,
악을 일삼는 자의 집을 치시며,
악한 일을 돕는 자를 치실 것이다.

3 이집트 사람은 사람일 뿐이요,
하나님이 아니며,
그들의 군마 또한
고기덩이일 뿐이요,
영이 아니다.
주님께서 손을 들고 치시면,
돕던 자가 넘어지고,
도움을 받던 자도 쓰러져서,
모두 함께 멸망하고 말 것이다.

4 주님께서 나에게
이런 말씀을 하셨다.
"사자가 으르렁거릴 때에,
힘센 사자가
먹이를 잡고 으르렁거릴 때에,
목동들이 떼지어 몰려와서
소리 친다고
그 사자가 놀라느냐?

ㄱ) 또는 '도벳' ㄴ) 또는 '몰렉'을

입고 (3:24를 보라), *가슴을 치는* (느 2:7을 보라) 것은 전통적인 회개의 행위이다; 이 부분은 탄식의 종교적 행위에 나타난 여인의 특별한 모습을 암시한다 (16:10에 관한 주석을 보라).

32:15-20 궁극적으로 하나님과 유대 백성은 화해하게 될 것이며, 일치된 행동과 정의를 실천하는 시대가 열리게 될 것이다. 이 자료(특히 17절은 평화를 정의와의 관계에서 이해한다)는 억압으로부터의 자유를 추구하는 자들의 사랑을 받는다. **32:15** 29:17을 보라. **32:20** 소와 나귀. 1:3을 보라.

33:1-24 앗시리아를 심판하는 신탁. **33:1** *약탈하기만 한 자.* 앗시리아를 말한다. **33:2** 하나님의 능력. 51:5에 관한 주석을 보라 (개역개정, 공동번역, NRSV는 "능력"을 "팔"로 번역하였다). **33:5-6** 제1

목동들이 몰려와서 고함 친다고
그 사자가
먹이를 버리고 도망가느냐?"
그렇듯, 만군의 주님께서도
그렇게 시온 산과 언덕들을
보호하신다.

5 새가 날개를 펴고
둥지의 새끼를 보호하듯이,
만군의 주님께서
예루살렘을 보호하신다.
감싸 주고 건져 주며,
다치지 않게 뛰어넘어서,
그 도성을 살리신다.

6 이스라엘의 자손아,
너희가 그토록 거역하던
그분께로 돌이켜라.

7 너희 각 사람이 너희 손으로 직접
은 우상과 금 우상을 만들어
죄를 지었으나,
그 날이 오면,
그 우상을 다 내던져야 할 것이다.

8 "앗시리아가 칼에 쓰러지겠으나,
사람의 칼에 쓰러지는 것이 아니고,
칼에 멸망하겠으나,
인간의 칼에 멸망하는 것이 아니다.
그가 칼 앞에서 도망할 것이요,
그 장정들이
강제노동을 하는 신세가 될 것이다.
9 그의 왕은 두려워서 달아나고,
겁에 질린 그의 지휘관들은
부대기를 버리고 도망할 것이다."
시온에 불을 가지고 계시며
예루살렘에 화덕을 가지고 계신
주님께서,
이렇게 말씀하셨다.

공의로 다스릴 왕

32 1 "장차 한 왕이 나와서
공의로 통치하고,
통치자들이
공평으로 다스릴 것이다."

2 통치자들마다
광풍을 피하는 곳과 같고,
폭우를 막는 곳과 같게 될 것입니다.
메마른 땅에서 흐르는
냇물과 같을 것이며,
사막에 있는
큰 바위 그늘과 같을 것입니다.

3 "백성을 돌보는 통치자의 눈이
멀지 않을 것이며,
백성의 요구를 듣는 통치자의 귀가
막히지 않을 것이다.
4 그들은 경솔하지 않을 것이며,
사려 깊게 행동할 것이며,
그들이 의도한 것을
분명하게 말할 것이다."

5 아무도 어리석은 사람을 더 이상
고상한 사람이라고 부르지
않을 것이며,
간교한 사람을
존귀한 사람이라고 말하지
않을 것입니다.

6 어리석은 사람은
어리석은 말을 하며,
그 마음으로 악을 좋아하여
불경건한 일을 하며,

이사야에 의하면, 시온이나 혹은 예루살렘은 하나님의 보좌이다 (1:7-8 주석을 보라. 그리고 1183쪽 추가 설명: "예언서와 시편에 나타나는 시온"을 보라). **33:7-8** 이 구절들은 아마 기원전 701년의 사건을 가리킬 것이다. 그 시기에 유대가 다른 나라들과 합세하여 맺은 동맹은 산헤립 왕의 침략으로부터 나라를 지키는 데에 실패했다. **33:9** *레바논, 바산.* 2:11-17에 관한 주석을 보라. *샤론.* 65:10에 관한 주석을 보라. *갈멜.* 현대 하이파(Haifa)의 동남쪽에 있는 산들과 언덕들을 칭하는 것이다. **33:11-12** *너희.* 앗시리아를 언급하는 것이다. **33:14** 앗시리아에 대한 하나님의 강력한 행위에 시온(예루살렘의 또 다른 이름)에서 죄인들은 두려움에 떤다. **33:15-16** 오직 의인들은 구원받은 성 예루살렘에서 살게 될 것이다. **33:17** 9:1-7; 11:1-9; 32:1-8을 보라. **33:18-19** 무서운 앗시리아 사람들 (그들은 유대에 공물을 요구하고, 예루살렘을 공격하며,

주님께 함부로 말을 하고,
굶주린 사람에게
먹거리를 주지 않고,
목마른 사람에게
마실 물을 주지 않습니다.
7 우둔한 사람은 악해서,
간계나 꾸미며,
힘 없는 사람들이
정당한 권리를 주장해도,
거짓말로 그 가난한 사람들을
파멸시킵니다.

8 그러나 고귀한 사람은
고귀한 일을 계획하고,
그 고귀한 뜻을 펼치며 삽니다.

심판과 회복

9 안일하게 사는 여인들아,
일어나서 나의 목소리를 들어라.
걱정거리가 없이 사는 딸들아,
내가 하는 말에 귀를 기울여라.
10 걱정거리가 없이 사는 딸들아,
일 년이 채 되지 못하여
몸서리 칠 일이 생길 것이다.
포도농사가 망하여
거둘 것이 없을 것이다.
11 안일하게 사는 여인들아,
몸부림 쳐라.
걱정거리가 없이 사는 여인들아,
몸서리 쳐라.
맨몸이 되도록 옷을 다 벗어버리고
베로 허리를 둘러라.

12 밭농사와 포도농사를 망쳤으니,
가슴을 쳐라.
13 나의 백성이 사는 땅에
가시덤불과 찔레나무가
자랄 것이니,
가슴을 쳐라.

기쁨이 넘치던 모든 집과
흥겨운 소리 그치지 않던 성읍을
기억하고,
가슴을 쳐라.
14 요새는 파괴되고,
붐비던 도성은 텅 비고,
망대와 탑이
영원히 돌무더기가 되어서,
들나귀들이 즐거이 뛰노는 곳,
양 떼가 풀을 뜯는 곳이 될 것이다.

15 그러나 주님께서
저 높은 곳에서부터
다시 우리에게 영을 보내 주시면,
황무지는 기름진 땅이 되고,
광야는 온갖 곡식을 풍성하게 내는
곡창지대가 될 것이다.
16 그 때에는, 광야에 공평이 자리잡고,
기름진 땅에 의가 머물 것이다.

17 의의 열매는 평화요,
의의 결실은
영원한 평안과 안전이다.
18 나의 백성은 평화로운 집에서 살며,
안전한 거처,
평온히 쉴 수 있는 곳에서
살 것이다.

19 (비록 삼림이 우박에 쓰러지고
성읍이 완전히 무너져 내려도,)
20 씨를 뿌리는 곳마다
댈 물이 넉넉하고,
어디에서나
안심하고 소와 나귀를 놓아
키울 수 있으니,
너희는 복이 있다.

이방의 언어로 말했다)은 더 이상 사람들을 위협하지 못할 것이다. **33:20** 제1이사야는 하나님의 보좌로서 *시온*을 불렀고, *예루살렘*은 *장막* (tent)으로 불렀다. 왜냐하면 출애굽 이후 거룩하신 분이 머무는 곳이 장막이었기 때문이다 (삼하 7:6을 보라). 출애굽 기간 동안 하나님의 장막이 이동했지만, 그 장막은 영원히 회복된 성 예루살렘에 고정될 것이다. **33:21** 겔 47:1-12는 비슷하게 강과 시내가 있는 예루살렘에 대한 미래를 마음속에 그려본다. **33:22** 제1이사야는 하나님을 6:5에서 *왕*으로 부르지만, 단 여기에서는 *재판관*과 *법을 세워주시*는 분으로 불린다. **33:23** 이 구절의 대상은 11-12절처럼 앗시리아이다.

도움을 구하는 기도

33 1 약탈 한 번 당하지 않고,
남을 약탈하기만 한 자야,
너에게 재앙이 닥칠 것이다.
배반 한 번 당하지 않고,
남을 배반하기만 한 자야,
너에게 재앙이 닥칠 것이다.
너의 약탈이 끝나면,
이제 네가 약탈을 당할 것이며,
너의 배반이 끝나면,
이제 네가 배반을 당할 것이다.

2 주님,
우리에게 은혜를 베풀어 주십시오.
우리가 주님을 기다립니다.
아침마다
우리의 능력이 되어 주시고,
어려울 때에
우리의 구원이 되어 주십시오.

3 주님의 우렁찬 소리에
백성이 도망 치며,
주님께서 일어나셔서
우리편이 되어 싸우시니,
민족들이 흩어집니다.
4 민족들아,
사람들이 황충이 떼처럼
몰려들어서,
너희가 약탈한 전리품을
빼앗을 것이다.
메뚜기 떼가 뛰어오르듯,
사람들이 그 탈취물 위에
달려들 것이다.

5 주님은 참으로 위대하시다!
저 높은 곳에 계시면서도,
시온을 공평과 의로
충만하게 하실 것이다.
6 주님께서 너로
안정된 시대를 누리게 하실 것이다.
주님께서 늘 백성을 구원하시고,
지혜와 지식을 주신다.
주님을 경외하는 것이
가장 귀중한 보배다.

7 용사들이 거리에서
살려 달라고 울부짖고,
평화협상에 나섰던 사절이
슬피 운다.
8 큰길마다 위험하여 행인이 끊기며,
적이 평화조약을 파기하며,
ㄱ)증인들이 경멸을 받으며,
아무도 존경을 받지 못한다.

9 땅이 ㄴ)통곡하고 고달파 하며,
레바논이 부끄러워하고 메마르며,
샤론은 아라바 사막과 같으며,
바산과 갈멜은
나뭇잎이 모조리 떨어진다.

주님께서 적들에게 경고하시다

10 주님께서 말씀하신다.
"이제는 내가 활동을 시작하겠다.
이제는 내가 일어나서,
나의 권능이 얼마나 큰지를
나타내 보이겠다.
11 너희는 겨를 잉태하여
지푸라기를 낳는다.
너희는 제 꾀에 속아 넘어간다.
12 뭇 민족은 불에 탄 석회같이 되며,
찍어다가 태우는 가시덤불같이
될 것이다.
13 너희 먼 곳에 있는 자들아,
내가 무슨 일을 하였는지

ㄱ) 사해 사본을 따름. 마소라 본문에는 '그 성읍들이' ㄴ) 또는 '마르고'

특별 주석

이사야 34:1—35:10은 1—23장, 28—39장의 제1이사야의 글이라기보다는 기원전 6세기의 제2이사야의 신탁으로 보는 것이 낫다. 제2이사야는 사 40—55장의 예언자일 것이다 (아마 56—66장까지도). 만일 36—39장이 제1이사야에 추가적으로 첨가된 부분으로 돌출된다면 (36:1—39:8에 관한 주석을 보라), 34:1—35:10은 40—55장과 함께 묶을 수 있으며, 이들의 기본적 주제를 설명한다고 볼 수 있다: 기본적 주제는 바빌로니아에서 포로생활을 하던 이스라엘 사람들의 귀향, 그리고 여호와와의 언약관계의 회복이다.

들어 보아라!
너희 가까운 곳에 있는 자들아,
나의 권능을 깨달아라!"

14 시온에서는 죄인들이 공포에 떨고
경건하지 않은 자들이
두려움에 사로잡힌다.
"우리들 가운데 누가
사르는 불을 견디어 내겠는가?
우리들 가운데 누가
꺼지지 않는 불덩이를
견디어 내겠는가?"
하고 말한다.
15 의롭게 사는 사람,
정직하게 말하는 사람,
권세를 부려
가난한 사람의 재산을
착취하는 일은
아예 생각하지도 않는 사람,
뇌물을 거절하는 사람,
살인자의 음모에 귀를 막는 사람,
악을 꾀하는 것을 보지 않으려고
눈을 감는 사람,
16 바로 이런 사람들이
안전한 곳에 산다.
돌로 쌓은 견고한 산성이
그의 은신처가 될 것이다.
먹거리가 끊어지지 않고,
마실 물이 떨어지지 않는다.

찬란한 미래

17 네가 다시 한 번
왕의 장엄한 모습을 볼 것이며,
백성은 사방으로 확장된 영토를
볼 것이다.
18 너는 지난날 무서웠던 일들을
돌이켜보며,
격세지감을 느낄 것이다.
서슬이 시퍼렇던 이방인 총독,
가혹하게 세금을 물리고,
무리하게 재물을 빼앗던
이방인 세금 징수관들,
늘 너의 뒤를 밟으며 감시하던
정보원들,
모두 옛날 이야기가 될 것이다.

19 악한 백성,
곧 네가 알아듣지 못하는 언어로
말을 하며
이해할 수도 없는 언어로 말하던
그 악한 이방인을,
다시는 더 보지 않을 것이다.
20 우리가 마음껏 절기를 지킬 수 있는
우리의 도성 시온을 보아라.
옮겨지지 않을 장막,
예루살렘을 보아라.
우리가 살기에
얼마나 안락한 곳인가?
다시는 옮겨지지 않을
장막과도 같다.

34:1-2 모든 나라들에게 주어진 비슷한 명령들이 41:1; 43:9; 44:11; 45:20에서 나타난다. 각 나라들은 그들의 우상숭배에 대해서 말해보라는 명령을 받는다. 여기에서는 여호와께서 그들을 불러, 기원전 587년의 바빌론이 유다를 파괴한 것과 유대 사람들을 바빌로니아에 포로로 잡아간 것에 대해 각 나라들에게 유죄 판결을 내리신다. **34:4** 모든 민족에 대한 벌은 너무나 광범위해서 온 우주가 혼돈에 빠지게 될 것이다 (51:6을 참조. 나라들이 하나님을 붙잡음으로 해서 얻게 될 질서들을 뒤집어 버림으로써, 우주는 용해되어 버릴 것이다. 또한 65:17을 보라). 계 6:14는 일곱 봉인의 종말론적 환상에서, 하늘이 두루마리처럼 말리는 이미지를 이용한다. **34:5-6** *보스라.* 에돔의 수도이다. 에돔 사람들은 특별히 심판의 대상이 된다. 왜냐하면, 이스라엘 사람들이 생각하기를 에돔 사람들이 바빌로니아 사람들과 동맹을 맺어 기원전 587년에 유대가 무너지는데 조력했다고 생각했기 때문이다 (시 137:7; 애 4:1-2; 겔 25:12; 35:3, 15; 욜 3:19; 말 1:2-5). *어린 양, 염소, 숫양.* 전통적인 제사에 받쳐지는 동물들이다 (예를 들어, 사 1:11을 보라). 이 동물들처럼, 에돔 사람들도 하나님 앞에 받쳐질 것이다. **34:8** 시온은 예루살렘의 또 다른 이름이다. **34:11** 기록된 동물들은 모두 광야의 짐승들로, 문화를 가진 에돔이 멸망할 것을 의미한다. 왕하 21:13 과 암 7:7-9에서 하나님께서도 심판을 받을 나라를 결정하기 위해 다림줄을 사용하신다. **34:12** *나라를 세울 통치자들이 없을 것이며.* 상징적 이름이다. 7:3, 14; 8:1-4; 호 1:4, 6, 8을 참조하라. 상징적인 표현이기 때문에 번역 또한 다양하다. 개역개정은 "그들이

그 말뚝이
영원히 뽑히지 않을 것이며,
그 줄이
하나도 끊어지지 않을 것이다.

21 거기에서는 주님께서
우리의 능력이 되시니,
그 곳은 마치
드넓은 강과 시내가 흐르는 곳
같겠지만,
대적의 배가 그리로 오지 못하고,
적군의 군함이 들어올 엄두도
못낼 것이다.

22 주님께서는 우리의 재판관이시며,
주님께서는 우리에게
법을 세워 주시는 분이시며,
주님께서는 우리의 왕이시니,
우리를 구원하실 분이시다.

23 그리로 들어오는 배마다,
돛대 줄이 느슨하여
돛대를 똑바로 세우지 못하고,
돛을 펴지도 못할 것이다.

우리는 많은 탈취물을 얻을 것이다.
다리를 저는 사람들까지도
많이 탈취할 것이다.

24 거기에서는 아무도
"내가 병들었다"고 말하지 않겠고,
거기에서 사는 백성은
죄를 용서받을 것이다.

하나님께서 원수들을 벌하실 것이다

34 1 민족들아,
가까이 와서 들어라.
백성들아, 귀를 기울여라.
땅과 거기에 가득한 것들아,
세상과 그 안에서 사는 모든 것들아,
들어라.

2 주님께서
모든 민족에게 진노하시고,
그들의 모든 군대에게 분노하셔서
그들을 ㄱ)진멸시키시려고 하신다.
그들이 살해당하도록
버려 두시기로 작정하셨다.
3 죽은 자들이 내동댕이쳐져서,
그 시체에서는 악취가 솟아오르며,
홍수처럼 흐르는 피에
산들이 무너져 내릴 것이다.
4 해와 달과 별들이 떨어져서
가루가 되고,
하늘은 마치 두루마리처럼
말릴 것이다.
포도나무의 잎이 말라 떨어지듯이,
무화과나무의 잎이
말라 떨어지듯이,
하늘에 있는 별들이 떨어질 것이다.

5 "나의 칼이
하늘에서 흡족하게 마셨으니,
그 칼이 이제 에돔을 칠 것이다.
내가 나의 칼에게,

ㄱ) '진멸'로 번역된 히브리어 헤렘은 진멸하여 하나님께 바치는 물건이나 짐승이나 사람을 일컬음. 사람이 가질 수 없음

국가를 이으려 하여 귀인들을 부르되 아무도 없겠고;" 공동번역은 "귀족들은 얼씬도 못하는 곳이 되리라;" NRSV는 "나라가 없을 것이며" (No Kingdom There) 라고 번역했다. **34:13-15** 야생 짐승들과 나무들이 계속 나타난다. 숫염소. 레 17:7; 대하 11:15; 사 13:21을 보라. 13:21에서는 여기처럼, 이들이 파괴된 장소와 연관되어 나타난다. *밤짐승* (Lilith). 성경에서 오직 이 곳에만 나타나지만, 메소포타미아와 후기 유대 자료들에서는 여성적 악마로 나타난다. **34:16** *주님의 책* (The book of the Lord). 하나님이 이미 나라의 운명을 조정하고 계신다고 말한다. **34:17** 11절에서 에돔의 멸망을 측정했던 줄은 11절, 13-15절에서 지금 짐승들에게 에돔 땅을 나누어 주고 있다. *나누어 준다*는 표현은 "제비를 뽑는다"는 표현이다. 이 표현은 신적 결정을 위한 고대의 방법이다 (욘 1:7). 개역개정, 공동번역, NRSV는 모두 "제비를 뽑는다"고 번역했는데 새번역개정만 "나누어 준다"고 번역했다. **35:1-2** 에돔과 나머지 이스라엘의 적들을 무너뜨리는 심판으로 이스라엘의 구속은 가능하게 된다. *광야*는 노래로 축제를 벌이고 (44:23; 49:13; 그리고 55:12), 물 좋은 지역의 초목을 냄으로 축제를 벌인다 (41:19-20; 55:13). 바빌론과 유다 사이에 위치한 *사막*은 포로생활을 하던 이스라엘 사람들이 고향으로 돌아가는 것을 준비하는 것이다. **35:4** 이스라엘 백성은 제2이사야 전체를 통해

에돔을 심판하여 ㄱ)진멸시키라고
명하였다."

6 제물을 잡은 주님의 칼이
어린 양과 염소의 피에 흥건히 젖고,
숫양의 콩팥에서 나온 기름이
그 칼에 엉겨붙듯이,
주님의 칼이
그들의 피에 흥건히 젖고,
그 기름이 그 칼에 엉겨붙었다.

주님께서 보스라에서
그 백성을 희생제물로 잡으시고
에돔 땅에서
그 백성을 크게 살육하신 것이다.

7 백성이 들소처럼 쓰러질 것이다.
송아지와 황소처럼 쓰러질 것이다.
땅이 핏빛으로 물들고,
흙이 기름에 엉길 것이다.

8 이 때가 바로,
주님께서 복수하시는 날이니,
시온을 구하여 주시고
대적을 파멸시키시는 해,
보상하여 주시는 해이다.
9 에돔의 강들이 역청으로 변하고,
흙이 유황으로 변하고,
온 땅이 역청처럼 타오를 것이다.
10 그 불이 밤낮으로 꺼지지 않고 타서,
그 연기가 끊임없이 치솟으며,
에돔은 영원토록 황폐하여,
영원히
그리로 지나가는 사람이
없을 것이다.
11 펠리컨과 고슴도치가
그 땅을 차지하겠고,
부엉이와 까마귀가
거기에서 자리를 잡을 것이다.
주님께서 에돔을
'혼돈의 줄'과 '황무의 추'로
재실 터이니,
에돔을 창조 전처럼
황무하게 하실 것이다.

12 거기에는,
나라를 세울 통치자들이
없을 것이며,
백성을 다스릴 지도자도
없을 것이다.
13 궁궐이 있던 곳마다
가시나무가 돋아나고,
그 요새에는
쐐기풀과 엉겅퀴만 무성할 것이다.
그 곳은 승냥이 떼의 굴이 되고,
타조들의 집이 될 것이다.

14 거기에서는
들짐승들이 이리 떼와 만나고,
숫염소가 소리를 내어

ㄱ) '진멸'로 번역된 히브리어 헤렘은 진멸하여 하나님께 바치는 물건이나 짐승이나 사람을 일컬음. 사람이 가질 수 없음

서 *두려워하지 말아라* 는 격려를 받는다 (40:9; 41:10, 13, 14; 43:1, 5; 44:2, 8; 54:4, 14). **35:5-7** 3-4절에서처럼, 허약해진 사람들은 강해지고, 치유 받게 될 것으로 약속되어 있고, 1-2절처럼, 광야는 이스라엘 사람들이 바빌론에서 고향으로 돌아갈 때 지날 사막을 준비하기 위해 변화될 것이다 (출애굽을 재현하는 것이다: 40:3-5; 41:14-16, 17-20; 42:15-16; 43:2-3, 14-21; 48:21; 49:9-11; 50:2; 51:9-11; 52:11-12를 보라). 고대의 출애굽은 길을 따라 목마름 같은 시련의 길이었지만 (출 15:22-27; 17:1-7; 민 20:2-13), 새로운 출애굽은 물이 풍부한 땅을 지나게 될 것이다. **35:8-9** 사막을 통과하는 출애굽의 길은 성별되어질 것이다. 5-7절처럼 이스라엘인들은 그들이 여행에는 시련이 없을 것을 확신하게 된다. **35:10** 시온은 예루살렘의 또 다른 이름이다. 이 구절은 똑같은 말로 51:11에서 반복된다. 52:8은 예루살렘의 거주자들이 성의 회복에 대해서 기쁨으로 노래하는 것을 비슷하게 말하고 있다. 그러나 52:9와 54:1은 도시 자체가 노래로 축제를 벌이라고 명을 받는다.

특별 주석

이사야 36:1—39:8은 기원전 705-701년 사이에 히스기야 왕과 제1이사야 사이에 있었던 상호관계에 대한 역사적인 이야기들을 포함하고 있다. 38:9-20을 제외하고, 이 자료는 왕하 18:13—20:19에서도 나타나는 것으로 보아 분명히 열왕기하에서 온 것 같다.

서로를 찾을 것이다.
밤짐승이 거기에서
머물러 쉴 곳을 찾을 것이다.
15 부엉이가 집을 만들어
거기에 깃들고,
그 알을 낳아 까서,
제 몸으로
그늘을 만들어 덮을 것이다.
솔개들도 제 짝과 함께
그리로 모일 것이다.

16 주님의 책을 자세히 읽어 보아라.
이 짐승들 가운데서
어느 것 하나 빠지는 것이 없겠고,
하나도 그 짝이 없는 짐승은
없을 것이다.
주님께서 친히 입을 열어
그렇게 되라고 명하셨고
주님의 영이 친히
그 짐승들을
모으실 것이기 때문이다.
17 주님께서 친히 그 짐승들에게
땅을 나누어 주시고,
손수 줄을 그어서
그렇게 나누어 주실 것이니,
그 짐승들이
영원히 그 땅을 차지할 것이며,
세세토록 거기에서 살 것이다.

거룩한 길

35 1 광야와 메마른 땅이
기뻐하며,
사막이 백합화처럼 피어
즐거워할 것이다.
2 사막은 꽃이 무성하게 피어,
크게 기뻐하며,
즐겁게 소리 칠 것이다.
레바논의 영광과
갈멜과 샤론의 영화가,
사막에서 꽃 피며,
사람들이 주님의 영광을 보며,
우리 하나님의 영화를 볼 것이다.

3 너희는 맥풀린 손이
힘을 쓰게 하여라.
떨리는 무릎을 굳세게 하여라.
4 두려워하는 사람을 격려하여라.
"굳세어라. 두려워하지 말아라.
너희의 하나님께서
복수하러 오신다.
하나님께서 보복하러 오신다.
너희를 구원하여 주신다"
하고 말하여라.

5 그 때에 눈먼 사람의 눈이 밝아지고,
귀먹은 사람의 귀가 열릴 것이다.
6 그 때에
다리를 절던 사람이 사슴처럼 뛰고,
말을 못하던 혀가

36:1—37:20 앗시리아의 왕 산헤립은 예루살렘을 포위한다. **36:1** 왕하 18:1, 9에 의하면, 히스기야 왕은 기원전 729년에 즉위했고, 기원전 715년, 즉 즉위한 지 *제 십사년에* 공격이 있었다. 그러나 앗시리아의 기록에 의하면, 산헤립의 출정은 기원전 701년에 있었다. 아마 이 기록이 더욱 신빙성이 있을 것이다. 또한 앗시리아의 기록에 의하면, 산헤립이 히스기야의 도성 46개를 취했다. **36:2** *랍사게.* 이 용어의 문자 그대로의 의미는 "술 맡은 관원"이며, 앗시리아의 관료 중에서 매우 높은 위치에 있었다. 그는 *라기스*에서부터 왔으며, 라기스는 유대의 주요 도시 중 하나로서 예루살렘의 서남쪽 25마일 떨어진 곳에 위치해 있었다. 그는 *윗저수지* 혹은 "실로암 연못" 옆에서 주둔하며 히스기야에게 말하기 위해서 왔다 (7:3에 관한 주석을 보라). 라기스의 점령을 축하하는 기념비가 니느웨에 있는 산헤립의 궁에 기원전 701년에 세워졌다. **36:3** *엘리야김, 셉나.* 22:15-25를 보라. *요아.* 이 사람은 오직 이 곳과 또 이 곳과 같은 자료인 왕하 18장에서만 언급되고, 기록관이라는 그의 직무에 대해서는 확실하지 않다. **36:6** 히스기야의 이집트와 맺은 반앗시리아 동맹에 대한 언급 (28:14-22; 29:15-26; 30:1-5, 6-7을 보라). **36:7** 왕하 18:3-6에 의하면, 히스기야는 계속 종교개혁을 시도했는데, 그의 종교개혁 속에는 불법적인 예배장소였던 산당을 제거하는 것이 포함되어 있었다 (65:3에 관한 주석을 보라). 그러나 랍사게는 히스기야의 개혁이 하나님에게 등을 돌리는 행위로 추정했다. **36:9** 유다는 자신을 위해서 싸울 훈련된 군사조차 없는 이집트를 의지하고 있다고 말한다. **36:11** 아람은 기원전 8세기에 정치적으로 강세한 위치에 있었기 때문에, 아람어(시리아어)가 이웃 나라에서 외교적 언어로 되어 있었다. 그러나 보통 히브리 사람들은 그 말을 알아듣지는 못했다. **36:12-13** 랍사게는 예루살렘의 거주자들을

노래를 부를 것이다.
광야에서 물이 솟겠고,
사막에 시냇물이 흐를 것이다.
7 뜨겁게 타오르던 땅은 연못이 되고,
메마른 땅은
물이 솟아져 나오는 샘이 될 것이다.
승냥이 떼가 뒹굴며 살던 곳에는,
풀 대신에 갈대와 왕골이 날 것이다.

8 거기에는 큰길이 생길 것이니,
그것을 '거룩한 길'이라고
부를 것이다.
깨끗하지 못한 자는
그리로 다닐 수 없다.
그 길은 오직
그리로 다닐 수 있는
사람들의 것이다.
악한 사람은 그 길로 다닐 수 없고,
어리석은 사람은 그 길에서
서성거리지도 못할 것이다.

9 거기에는 사자가 없고,
사나운 짐승도
그리로 지나다니지 않을 것이다.
그 길에는
그런 짐승들은 없을 것이다.
오직 구원받은 사람만이
그 길을 따라 고향으로 갈 것이다.

10 주님께 속량받은 사람들이
예루살렘으로 돌아올 것이다.
그들이 기뻐 노래하며
시온에 이를 것이다.
기쁨이 그들에게 영원히 머물고,
즐거움과 기쁨이 넘칠 것이니,
슬픔과 탄식이 사라질 것이다.

앗시리아가 예루살렘을 협박하다

(왕하 18:13-27; 대하 32:1-19)

36 1 히스기야 왕 제 십사년에, 앗시리아 왕
산헤립이 올라와서, 견고한 유다의 모든
성읍을 공격하여 점령하였다. 2 그래서 앗시리아
왕은 라기스에서 랍사게에게 많은 병력을 주어,
예루살렘의 히스기야 왕에게로 보냈다. 그는 빨
래터로 가는 큰 길 가 윗저수지의 수로 옆에 주둔
하였다. 3 그 때에, 힐기야의 아들 궁내대신 엘
리야김과 서기관 셉나와 아삽의 아들 역사 기록관
요아가, 그를 맞으러 나갔다.
4 랍사게가 그들에게 말하였다. "히스기야에
게 전하여라. 위대한 왕이신 앗시리아의 임금님
께서 이렇게 말씀하신다. '네가 무엇을 믿고 이렇
게 자신만만 하냐? 5 전쟁을 할 전술도 없고, 군
사력도 없으면서, 입으로만 전쟁을 할 수 있다고
생각하느냐? 네가 지금 누구를 믿고 나에게 반역
하느냐? 6 너는 부러진 갈대 지팡이 같은 이 이
집트를 의지한다고 하지만, 그것을 믿고 붙드는

그의 위협에서부터 보호해 줄 의도는 없었다. 그는 포위된 예루살렘 사람들에게 결국 그들의 배설물을 먹게 될 것이라고 위협했다. **36:17** 앗시리아는 정복한 사람들을 그들 각자가 살고 있는 나라에서 데려다가 앗시리아제국 전역으로 이주시키는 것이 정책으로 되어 있었다 (왕하 17:6을 보라). **36:19** *하맛, 아르밧, 사마리아.* 10:8-9에 관한 주석을 보라. *스발와임.* 아마 기원전 722년에 앗시리아에 정복된 시리아의 도시, 사바라인일 것이다. **36:22** 옷을 찢는 행위는 애통의 표현이다 (삼하 3:31을 보라). **37:1** 베옷에 대해서는 3:24에 관한 주석을 보라. **37:7** 제1이사야가 주장하는 것은 하나님이 앗시리아 사람들에게 자신의 고향에서 문제가 발생했다는 소문을 듣게 하신 것이다. 그래서 그들은 예루살렘에서 그들의 고향으로 돌아갈 수밖에 없었다. **37:8** *립나.* 유다 세펠라에 있는 도시로, 정확한 위치는 알려져 있지 않다. **37:9** 앗시리아 사람의 기록에 의하면, 산헤립 왕은 에티오피아(누비아)와 기원전 701년에 전투를 했지만, 디르하가는 기원전 690년까지는 에티오피아의 왕이 아니었다. **37:12** *고산, 하란, 레셉. 에덴*에 있는 도시들이며, 유프라테스 강과 발리흐 강 사이에 있는 메소포타미아 북쪽에 위치해 있다. *들라살* (Telassar). 아마 에덴의 수도인 틸바십(Til Barsip)일 것이다. 이 모든 도시들은 기원전 8세기 중반에 앗시리아 사람들에 의해 점령되었다. **37:13** *하맛, 아르밧, 스발와임.* 36:19에 관한 주석을 보라. *헤나, 이와.* 이 지역들의 위치는 알 수 없는데, 아마 이 구절에 있는 다른 지역들처럼, 메소포타미아 북쪽에 위치해 있었을 것이다. **37:16** *그룹들 위에 계시는.* 예루살렘 성전의 지성소 안에 두 그룹이라고 불리는 초자연적 짐승의 조각이 있는데, 이들은 그들의 안쪽 날개를 서로 펴서, 눈에 보이지 않는 하나님의 보좌의 형태를 만든다.

37:21-35 하나님께서는 제1이사야를 통해서 히스기야의 기도에 응답하신다. **37:22** *시온으로도 불리는 예루살렘.* 이사야에서는 이 도시가 자주 여인으로 상징된다 (1:7-8에 관한 주석을 보라). 그러나 이 도시가 아이 없는 *처녀*로 불린 곳은 이 곳뿐이다. 왜냐하면 그 도시에 사는 수많은 거주자들이 앗시리아 사람의 침략에 의해 죽임을 당했기 때문이다. 23:12를 보

자는 손만 찔리게 될 것이다. 이집트 왕 바로를 신
뢰하는 자는 누구나 이와 같이 될 것이다. 7 너는
또 나에게, 너희가 주 너희의 하나님을 의지한다고
말하겠지마는, 유다와 예루살렘에 사는 백성에게,
예루살렘에 있는 이 제단 앞에서만 경배하여야 한
다고 하면서, 산당과 제단들을 다 헐어 버린 것이,
바로 너 히스기야가 아니냐!' 8 자, 이제 나의 상
전이신 앗시리아의 임금님과 겨루어 보아라. 내가
너에게 말 이천 필을 준다고 한들, 네가 그 위에
탈 사람을 내놓을 수 있겠느냐? 9 네가 나의
상전의 부하들 가운데서 하찮은 병사 하나라도 물
리칠 수 있겠느냐? 그러면서도, 병거와 기병의 지
원을 얻으려고 이집트를 의존하느냐? 10 이제
생각하여 보아라. 내가 이 곳을 멸망시키려고 오
면서, 어찌, 너희가 섬기는 주님의 허락도 받지
않고 왔겠느냐? 주님께서 친히 나에게 말씀하시
기를, 이 땅을 치러 올라가서, 그 곳을 멸망시키
라고 이르셨다."

11 엘리야김과 셉나와 요아가 랍사게에게 말
하였다. "성벽 위에서 백성이 듣고 있으니, 우리에
게 유다 말로 말씀하지 말아 주십시오. 이 종들에
게 시리아 말로 말씀하여 주십시오. 우리가 시리아
말을 알아듣습니다."

12 그러나 랍사게는 그들에게 대답하였다.
"나의 상전께서 나를 보내셔서, 이 말을 하게 하신
것은, 다만 너희의 상전과 너희만 들으라고 하신
것이 아니다. 너희와 함께, 자기가 눈 대변을 먹고
자기가 본 소변을 마실, 성벽 위에 앉아 있는 저
백성에게도 이 말을 전하라고 나를 보내셨다."

13 랍사게가 일어나서, 유다 말로 크게 외쳤
다. "너희는, 위대한 왕이신 앗시리아의 임금님께서
하시는 말씀을 들어라! 14 임금님께서 이렇게 말
씀하신다. '히스기야에게 속지 말아라. 그는 너희
를 구원하여 낼 수 없다. 15 히스기야가 너희를
속여서, 주님께서 너희를 구원하실 것이며, 이 도
성을 앗시리아 왕의 손에 절대로 넘겨 주지 않으실
것이라고 말하면서, 너희로 주님을 의지하게 하려
하여도, 너희는 그 말을 믿지 말아라. 16 히스기
야의 말을 듣지 말아라.' 앗시리아의 임금님께서
이렇게 말씀하신다. '나와 평화조약을 맺고, 나에
게로 나아오라. 그리하면, 너희는 각각 자기의 포
도나무와 자기의 무화과나무에서 난 열매를 따먹게
될 것이며, 각기 자기가 판 샘에서 물을 마시게 될
것이다. 17 이제 곧 내가 가서, 너희의 땅과 같은
땅, 곧 곡식과 새 포도주가 나는 땅, 빵과 포도원
이 있는 땅으로, 너희를 데려갈 터이니, 18 히스
기야가 너희를 꾀어, 주님께서 틀림없이 너희를
구원하실 것이라고 말하더라도, 너희는 속지 말
아라. 뭇 민족의 신들 가운데서, 그 어느 신이 앗
시리아 왕의 손에서 자기 땅을 구원한 일이 있느
냐? 19 하맛과 아르밧의 신들은 어디에 있으며,
스발와임의 신들은 또 어디에 있느냐? 그들이 사
마리아를 나의 손에서 건져내었느냐? 20 여러
민족의 신들 가운데서 그 어느 신이 나의 손에서
자기 땅을 구원한 일이 있기에, 너희의 주 하나님이
나의 손에서 예루살렘을 구원할 수 있겠느냐?'"

21 백성은 한 마디도 대답하지 않고 조용히
있었다. 그에게 아무런 대답도 하지 말라는 왕의
명령이 있었기 때문이다. 22 힐기야의 아들 궁
내대신 엘리야김과 서기관 셉나와 아삽의 아들 역
사 기록관 요아는, 울분을 참지 못하여, 옷을 찢
으며 히스기야에게 돌아와서, 랍사게의 말을 그
대로 전하였다.

왕이 이사야의 충고를 듣고자 하다
(왕하 19:1–7)

37 1 히스기야 왕도 이 말을 듣고, 울분을
참지 못하여, 자기 옷을 찢고, 베옷을 두
르고, 주님의 성전으로 들어갔다. 2 그는 궁내대

라. 거기서 도시 시돈을 처녀로, 억압받는 자로 부르며, 23:4에서는 전쟁에서 패한 이후에 거주자가 없는 도시로 부른다. 47:1을 보라. 그 곳에서는 패망한 바빌론이 "처녀"로 불리고, 애 2:13에서는 전쟁에 황폐해진 예루살렘을 "처녀" 라고 부른다. **37:23** *거룩하신 분*. 1:4에 관한 주석을 보라. **37:24** *레바논*. 2:11-17에 관한 주석을 보라. **37:26-27** 앗시리아의 강력한 행위는 역사를 위하여 하나님께서 계획하셨던 것들이 이루어진 것들이다 (14:26-27을 보라). **37:29** 앗시리아는 생포된 짐승 같이 될 것이다. **37:30** *증거*. 7:1-8; 38:7-8을 보라. 이것이 의미하는 것은 산헤립 왕이 3년 이내에 철군할 것이라는 것이다. **37:32** *시온 산*. 성전이 있는 산이다. **37:35** 제1이사야는 끝까지 하나님의 권력의 보좌로서의 예루살렘과 그의 선택하신 왕으로서의 예루살렘은 결코 무너지지 않을 것이라는 주장이다 (1:7-8에 관한 주석과 1183쪽 추가 설명: "예언서와 시편에 나타나는 시온"을 보라).

37:36-38 산헤립 왕이 패배당함. **37:36** 예언자는 앗시리아가 대량 학살을 당하고 무너질 것을 예견한다. 하나님의 죽음의 사자들이 앗시리아의 군사 185,000명을 쳤다. 이 거대한 도살은 아마 성경을 기록하는 사람에게는 기록하기 불편한 내용이었을 것이

신 엘리야김과 서기관 셉나와 원로 제사장들에게
베옷을 두르게 한 뒤에, 이 사람들을 아모스의 아들
예언자 이사야에게 보냈다. 3 그들은 이사야에게
가서, 히스기야 왕의 말씀이라고 하면서, 이렇게
말하였다. "오늘은 환난과 징계와 굴욕의 날입니다.
아이를 낳으려 하나, 낳을 힘이 없는 산모와도 같
습니다. 4 주 그대의 하나님께서는 랍사게가 한
말을 다 들으셨을 것입니다. 랍사게는, 살아 계신
하나님을 모욕하려고, 그의 상전인 앗시리아 왕이
보낸 자입니다. 주 그대의 하나님께서 그가 하는
말을 들으셨으니, 그를 심판하실 것입니다. 그대는
여기에 남아 있는 우리들이 구원받도록 기도하여
주십시오."

5 히스기야 왕의 신하들이 이사야에게 가서
이렇게 말하니, 6 이사야가 그들에게 대답하였다.
"그대들의 왕에게 이렇게 전하십시오. 주님께서
이렇게 말씀하십니다. '앗시리아 왕의 부하들이
나를 모욕하는 말을 네가 들었다고 하여, 그렇게
두려워하지 말아라. 7 내가 그에게 한 영을 내려
보내어, 그가 뜬소문을 듣고 자기 나라로 돌아가게
할 것이며, 거기에서 칼에 맞아 죽게 할 것이다.'"

앗시리아가 또 다른 협박을 하여 오다

(왕하 19:8-19)

8 랍사게는, 자기 왕이 라기스를 떠났다는
소식을 듣고 후퇴하여, 립나를 치고 있는 앗시리
아 왕과 합세하였다. 9 그 때에 앗시리아 왕은,
ㄱ)에티오피아 왕 디르하가가 자기와 싸우려고 출
전하였다는 말을 들었다. 그는 이 말을 듣고, 히
스기야에게 사신들을 보내어, 이렇게 말하였다.
10 "우리의 임금님께서 유다 임금 히스기야에게
이렇게 전하라고 하셨습니다. '네가 의지하는 너의
하나님께서 예루살렘을 앗시리아 왕의 손에 넘어
가게 하지 않으실 것이라고 하여도, 너는 그 말에
속지 말아라. 11 너는, 앗시리아 왕들이 다른 모든
나라를 멸하려고 어떻게 하였는지, 잘 들었을 것
이다. 그런데 너만은 구원받을 것이라고 믿느냐?
12 나의 선왕들이 멸망시킨, 고산과 하란과 레셉
과, 들라살에 있는 에덴 족을, 그 민족들의 신들
이 구하여 낼 수 있었느냐? 13 하맛의 왕, 아르
밧의 왕, 스발와임 도성의 왕, 그리고 헤나 왕과
이와 왕들이 모두 어디로 갔느냐?'"

14 히스기야는 사신들에게서 이 편지를 받아
읽었다. 그런 다음에 주님의 성전으로 올라가서,
주님 앞에 편지를 펴놓은 뒤에, 15 주님께 기도
하였다.

16 그룹들 위에 계시는
이스라엘의 하나님, 만군의 주님,
주님만이
이 세상의 모든 나라를 다스리시는
오직 한 분뿐이신 하나님이시며,
하늘과 땅을 만드신 분이십니다.
17 주님, 귀를 기울여 들어주십시오.
주님, 눈여겨 보아 주십시오.
살아 계신 하나님을
모욕하는 말을 전한
저 산헤립의 망언을 잊지 마십시오.
18 주님, 참으로 앗시리아 왕들이
여러 나라와 그 땅을
마구 짓밟아 버렸습니다.
19 여러 민족이 믿는 신들을
모두 불에 던져 태웠습니다.
그러나, 그들은 참 신들이 아니라,
나무와 돌로 만든 것들이기에,
앗시리아 왕들에게
멸망당할 수밖에 없었습니다마는,
20 주 우리의 하나님,
이제 그의 손에서
우리를 구원하여 주셔서,
세상의 모든 나라가,
오직 주님만이 홀로
ㄴ)주 하나님이심을
알게 하여 주십시오.

ㄱ) 히, '구스', '나일' 강 상류지역 ㄴ) 사해 사본에는 '하나님이심을', 마소라 본문에는 '주님이심을'

다. 그래서 7절에서 하나님께서 예루살렘을 구원하기 위해 산헤립을 자기 나라의 문제를 해결하기 위해 돌려보내실 계획을 가지고 계시다고 말했다. 실제적으로 히스기야는 조건부 항복과 조공을 받치기로 함으로써 앗시리아 사람들의 포위 공격에서 벗어났다 (왕하 18:14-16). **37:37** *니느웨.* 티그리스 강 북쪽에 있으며, 산헤립의 수도이다. **37:38** *니스록.* 이 신에 대한 앗시리아의 기록은 없다. *아라랏* (Ararat) 혹은 우랄투(Urartu)로 불린 곳은 앗시리아의 북동쪽 지역이다. 산헤립은 그의 아들에 의해 기원전 681년에 암살을 당했다.

38:1-22 히스기야의 병과 회복. **38:1** *그 무렵에.* 히스기야는 기원전 705년에 바벨로니아 왕 므로닥발라단과 외교 관계를 맺고 있었다 (39:1). **38:3** 히스기야의 눈물은 그의 고통으로 인한 것일 수 있고, 아니면 그의 기도에 응답해 달라는 하나님께 간구하는 종교적인 행위일 수도 있다 (삼하 12:21을 보라). **38:5** 히스기야에게 약속된 15년은 왕하 18:1, 9의 연대기 자료가

이사야가 왕에게 전한 말 (왕하 19:20-37)

21 아모스의 아들 이사야가 히스기야에게 사람을 보내어, 이렇게 말하였다. "주 이스라엘의 하나님께서는, 임금님께서 앗시리아 왕 산헤립의 일 때문에 주님께 올린 그 기도를 들으셨다고 말씀하셨습니다. 22 앗시리아 왕을 두고, 주님께서 다음과 같이 말씀하셨습니다."

"처녀 딸 시온이
너 산헤립을 경멸하고 비웃는다.
딸 예루살렘이 오히려
물러나는 너의 뒷모습을 보며,
머리를 흔든다.
23 네가 감히 누구를 모욕하고
멸시하였느냐?
네가 누구에게 큰소리를 쳤느냐?
이스라엘의 거룩하신 분께,
네가 감히 너의 눈을 부릅떴느냐?
24 네가 종들을 보내어서
나 주를 조롱하며 말하였다.
'내가 수많은 병거를 몰아,
높은 산 이 꼭대기에서
저 꼭대기까지,
레바논의 막다른 곳까지
깊숙히 들어가서,
키 큰 백향목과
아름다운 잣나무를 베어 버리고,
울창한 숲 속 깊숙히 들어가서,
그 끝간 데까지 들어갔고,
25 그리고는 땅을 파서
ㄱ)다른 나라의 물을 마시며,
발바닥으로 밟기만 하고서도,
이집트의 모든 강물을 말렸다.'
26 산헤립아, 너는 듣지 못하였느냐?
그런 일은 이미
내가 오래 전에 결정한 것들이고,
아득한 옛날부터
이미 내가 계획한 것들이다.
이제 내가 그것을 이루었을 뿐이다.
그래서 네가
견고한 요새들을 돌무더기로 만들고
27 여러 민족의 간담을 서늘하게 하고,
공포에 질리게 하고,
부끄럽게 하였다.
민족들은 초목과 같고,
자라기도 전에 말라 버리는
풀포기나
지붕 위의 잡초와 같았다.
28 나는 다 알고 있다.
네가 앉고 서는 것,
네가 나가고 들어오는 것,
네가 나에게 분노를 품고 있는 것도,
나는 모두 다 알고 있다.
29 네가 나에게 품고 있는
분노와 오만을,
이미 오래 전에 내가 직접 들었기에,
내가 너의 코를 갈고리로 꿰고,
너의 입에 재갈을 물려,
네가 왔던 그 길로
너를 되돌아가게 하겠다."

30 "히스기야 임금님, 주님께서 임금님께 다음과 같은 증거를 보이실 것입니다. 금년에는 백성이, 들에서 저절로 자라난 곡식을 먹고, 내년에도 들에서 저절로 자라난 곡식을 먹을 것입니다. 그

ㄱ) 사해 사본을 따름 (왕하 19:24에서도)

되는데, 이것은 히스기야가 기원전 715년이 아니라, 729년에 즉위한 것을 주장한다 (36:1에 관한 주석을 보라). **38:7** 태양의 그림자가 뒤로 물러가는 것처럼, 히스기야의 쇠퇴가 역전된다 (수 10:12-14에서 태양이 저무는 것을 멈추게 하신 하나님을 보라.) *증거에* 관해서는 7:1—8:18; 37:30을 보라. **38:9** 이 감사의 노래는 왕하 20:1-11에 나오는 같은 자료에서는 나타나지 않는다. **38:10** *한창 나이에.* 인생의 중간(혹은 중년)에라는 뜻이다. 스올. 지하세계. **38:17-18** *구덩이.* 스올(지하세계)의 또 다른 이름이며, 가나안의 전통에서는 죽음의 신 못이 지배하는 곳이다. **38:21-22** 이 구절은 원래 6절과 7절 사이에 위치해 있었다 (왕하 20:6-9를 보라).

39:1-8 므로닥발라단의 사절단. **39:1** 기원전 705년 앗시리아의 사르곤 2세의 죽음 후에 바빌로니아의 왕 므로닥발라단은 히스기야 왕과 동맹을 맺고 반앗시리아 반역의 정치를 폈다. **39:5-7** 제1이사야는 변함없이 유대의 가장 중요한 동맹은 하나님뿐임을 주장한다 (30:15를 참조하라).

특별 주석

이사야 40:1—55:13은 익명의 예언자, 제2이사야의 신탁으로 이루어졌다. 제2이사야의 사역은 바빌론에서 포로기 마지막 때에 이루어졌다 (기원전 540년경). 주요 주제는 이스라엘과 하나님과의 화해이며, 이스라엘 땅에서 이스라엘 백성이 회복되는 것이다.

러나 그 다음 해에는, 백성이 씨를 뿌리고 곡식을
거둘 것이며, 포도밭을 가꾸어서 그 열매를 먹을
것입니다. 31 유다 사람들 가운데서 난을 피하여
살아 남은 사람들이, 다시 땅 아래로 깊이 뿌리를
내리고, 위로 열매를 맺을 것입니다."

32 '남은 사람들이
예루살렘에서부터 나오고,
환난을 피한 사람들이
시온 산에서 나올 것이다.'

만군의 주님께서 정열을 가지고서
이 일을 이루실 것입니다.

33 그러므로 앗시리아 왕을 두고,
주님께서 이렇게 말씀하십니다.
"그는 이 도성에 들어오지 못하며,
이리로 활도 한 번
쏘아 보지 못할 것이다.
방패를 앞세워 접근하지도 못하며,
성을 공격할 토성을 쌓지도
못할 것이다.
34 그는 왔던 길로 되돌아갈 것이고,
이 도성 안으로는
절대로 들어오지 못한다.
이것은 나 주의 말이다.
35 나는 나의 명성을
지키려 하여서라도
이 도성을 보호하고,
나의 종 다윗을 보아서라도
이 도성을 구원하겠다."

36 그런 다음에 주님의 천사가 나아가서, 앗
시리아 군의 진영에서 십팔만 오천 명을 쳐죽였다.
다음날 아침이 밝았을 때에, 그들은 모두 죽은 시
체로 발견되었다. 37 앗시리아 왕 산헤립은 그
곳을 떠나, 니느웨 도성으로 돌아가서 머물렀다.
38 그러던 어느 날, 그가 자기 신 니스록의 신전
에서 예배하고 있을 때에, 그의 두 아들 아드람멜
렉과 사레셀이 그를 칼로 쳐죽이고, 아라랏 땅으로
도망하였다. 그 뒤를 이어 그의 아들 에살핫돈이
왕이 되었다.

히스기야 왕의 발병과 회복

(왕하 20:1-11; 대하 32:24-26)

38 1 그 무렵에 히스기야가 병이 들어서 거의
죽게 되었는데, 아모스의 아들 예언자 이
사야가 그에게 와서 말하였다. "주님께서 이렇게
말씀하십니다. '네가 죽게 되었으니, 너의 집안 모
든 일을 정리하여라. 네가 다시 회복되지 못할 것
이다.'" 2 이 말을 듣고서 히스기야는, 그의 얼
굴을 벽쪽으로 돌리고, 주님께 기도하여, 3 이렇게
아뢰었다. "주님, 주님께 빕니다. 제가 주님 앞에서
진실하게 살아온 것과, 온전한 마음으로 순종한
것과, 주님께서 보시기에 선한 일 한 것을, 기억
하여 주십시오." 이렇게 기도하고 나서, 히스기야
는 한참 동안 흐느껴 울었다. 4 그 때에 주님께
서 이사야에게 말씀하셨다. 5 "너는 되돌아가서,
히스기야에게 일러라. '너의 조상 다윗의 하나님
이신 주님께서 이렇게 말씀하신다. 네가 기도하는
소리를 내가 들었고, 네가 흘리는 눈물도 내가 보
았다. 내가 너의 목숨을 열다섯 해 더 연장시키고,
6 너와 이 도성을 앗시리아 왕의 손에서 구하고,
이 도성을 보호하겠다. 7 나 주는 약속한 것을
그대로 이룬다. 그 증거를 나 주가 너에게 보여 주
겠다. 8 아하스의 해시계에 비친 그림자가 십 도
뒤로 물러갈 것이니, 해도 내려갔던 데서 십 도 올
라갈 것이다.'"

9 다음은, 유다 왕 히스기야가 병이 들었다가
그 병에서 회복된 다음에 읊은 시이다.

10 나는 한창 나이에
ㄱ)스올의 문으로 들어가는가 싶었다.
남은 여생을 빼앗긴다는
생각도 들었다.

ㄱ) 또는 '무덤' 또는 '죽음'

40:1-11 제2이사야에 주신 하나님의 명령으로, 그의 신탁은 34—35장에서와 40—55장에서 찾아볼 수 있으며, 56—66장도 그의 신탁일 가능성이 있다. 다른 예언자적 소명 이야기를 위해 6:1-13에 관한 주석을 보라. 여기에서처럼, 제2이사야도 천상회의에서 하나님 앞에서 명령을 받는다 (또한 겔 1:1—3:11을 보라). **40:1-2** *위로하여라, 일러주어라.* 이 동사들은 둘 다 복수형이다 (히브리어, *나하무; 다베루*). 하나님께서 그의 천사들에게 말씀하시는 것처럼, 천상의 존재들을 포함하여, 그들에게 명령하시기를, 자신의 죄 때문에 견디어야 했던, 복역의 때가 끝난 황폐된 이스라엘을 위로하라고 명령하신다 (42:23-25; 43:26-27; 44:22; 48:9-11; 50:1). 그러나 이스라엘이 그들의 죄에 비해 갑절의 벌을 받았다는 것은 47:5-7에 나타나는

11 나는 또 이런 생각도 들었다.
'내가 다시는
주님을 뵙지 못하겠구나.
사람이 사는 땅에서는
다시는 주님을 뵙지 못하겠구나.
내가 다시는,
세상에 사는 사람 가운데서
단 한 사람도 볼 수 없겠구나.'
12 목동이 장막을 거두어서
자리를 옮기듯이,
나의 생명도 장막처럼 뜯겨서
옮겨질 것이다.
베 짜는 사람이 베를 다 짜면
베틀에서 베를 거두어서 말듯이,
나도 나의 목숨을
다 짠 베처럼 말아야 할 것이다.
주님께서 조만간에
내 목숨을 끊으실 것이다.
13 마치 사자가
나의 뼈를 바수어 먹기라도 하듯이,
나는 날이 샐 때까지 울부짖었다.
주님께서 조만간에
내 목숨을 끊으실 것이다.
14 나는 제비처럼 학처럼
애타게 소리 지르고,
비둘기처럼 구슬피 울었다.
나는 눈이 멀도록 하늘을
우러러보았다.
'주님, 저는 괴롭습니다.
이 고통에서 저를 건져 주십시오!'

15 주님께서 말씀하셨고,
주님께서 그대로 이루셨는데,
내가 무슨 말을 더 하겠는가?
나의 영혼이 번민에 싸여 있으므로,
내가 잠을 이룰 수 없다.

16 주님, 주님을 섬기고 살겠습니다.
주님만 섬기겠습니다.
저를 낫게 하여 주셔서,
다시 일어나게 하여 주십시오.
이 아픔이 평안으로 바뀔 것입니다.
17 주님께서 이 몸을
멸망의 구덩이에서 건져 주시고,
주님께서 저의 모든 죄를
용서하십니다.
18 ㄱ)스올에서는 아무도
주님께 감사드릴 수 없습니다.
죽은 사람은 아무도
주님을 찬양할 수 없습니다.
죽은 사람은 아무도
주님의 신실하심을
의지할 수 없습니다.
19 제가 오늘 주님을 찬양하듯,
오직 살아 있는 사람만이
주님을 찬양할 수 있습니다.
부모들이 자녀들에게
주님의 신실하심을 일러줍니다.
20 주님,

ㄱ) 또는 '무덤' 또는 '죽음'

지나친 고난에 대한 암시를 주며 (그리고 아마 54:4-8; 62:4), 52:13—53:12의 종의 노래에서 분명하게 나타나는 것 같다. **40:3-4** 천상 회의의 한 참석자가 하나님의 명령에 따라 반응한다. 그는 이스라엘의 포로생활을 하던 사람들이 바빌론에서 그들의 고향으로 돌아오기 위해 사용할 광야에 큰길을 내라고 외친다. 그것은 이집트를 나올 때와 같은 탈출이 재현될 것이다. 이 두 번째 탈출은 첫 번째와 같은 고통은 없을 것이다. 바빌론과 예루살렘 사이의 수많은 산들은 놀랍게도 평지가 될 것이다 (35:5-10; 41:14-16, 18-20; 42:15-16; 43:19-20; 49:9-11; 52:11-12). 신약의 각 복음서 저자들은 (마 3:3; 막 1:2-3; 눅 3:4-6; 요 1:23) 3절을 인용한다. 그러나 칠십인역에 따라, 소리의 내용보다는 외치는 소리에 더 강조를 둔다. 사해사본의 저자들 역시 3절을 그들의 공동체에 적용했는데, 자신들은 "주의 길을 예비하라고 광야로 간 괴팍한 사람들의 무리"로부터 구별되었다고 주장한다 (공동체의 정책, IQS, [Community Rule] 8:12-14). **40:6-7** 3절에서처럼, 천상 회의의 한 참석자가 명령을 전달한다. 대답하는 자는 예언자로 그는 이스라엘에게 하나님의 위로의 말씀을 외친다. 그것은 그가 천상회의에 참석해서 들어왔던 메시지였다 (왕상 22:19-22). 그러나 예언자는 포로기의 파괴적인 사건들을 통해 *이 백성은 풀에 지나지 않는다*는 사실을 절망스럽게 말해야 했다. **40:8** 하나님의 대언자는 하나님이 정하신 약속은 영원하다는 재확신을 준다. 벧전 1:23-25에서 이 영원한 *하나님의 말씀*은 그리스도교 복음이 되었다. 마틴 루터에게 성경은 성경 전체가 부족함이 없는 하나님의 말씀이었다 (말씀을 전파하라는 6절에서의 명령과 함께). 그것은 성경이 교황청의 권위에 대항하는 우선임을 증거하는 것이 되었다. 그러나 로마 가톨릭 개혁 전통도 성서적 권위의 지지 로 40:8을 사용했으며, 제2바티칸 의회의 "거룩한 계시에 대한 교리적 헌장"으로 사용해 왔다. **40:9** *예루살렘* (또한 *시온*)은 예언자와 함께 *아름다운 소식*을 전하라 주님께서 저를 낫게 하셨습니다.
우리가 수금을 뜯으며,
주님을 찬양하겠습니다.
사는 날 동안,
우리가 주님의 성전에서
주님을 찬양하겠습니다.

21 이사야가 왕에게 "무화과 빵을 가져다가
종기에 붙이시면 임금님께서 나으실 것입니다"
하고 말하였을 때에, 22 히스기야는 "내가 주님의
성전에 다시 올라갈 것이라는 증거가 무엇이오?"
하고 물었다.

바빌로니아에서 온 사절단

(왕하 20:12-19)

39 1 그 때에 발라단의 아들 바빌로니아
왕 므로닥발라단이, 히스기야가 병들었
다가 나았다는 소식을 듣고서, 그에게 친서와 예
물을 보내 왔다. 2 히스기야는 그들을 반가이 맞
아들이고, 보물 창고에 있는 은과 금과 향료와 향
유와, 무기고와 창고 안에 있는 모든 것을, 다 보여
주었다. 히스기야는 그들에게, 궁궐과 나라 안에
있는 것을 하나도 빠짐없이 다 보여 주었다.
3 그 때에 예언자 이사야가 히스기야 왕에게
와서 물었다. "이 사람들이 무슨 말을 하였습니
까? 이 사람들은 어디에서 온 사람들입니까?"
히스기야가 대답하였다. "그들은 저 먼 나라 바빌
로니아에서 온 사람들이오." 4 이사야가 또 물
었다. "그들이 임금님의 궁궐에서 무엇을 보았습
니까?" 히스기야가 대답하였다. "그들은 나의
궁궐 안에 있는 모든 것을 보았고, 나의 창고에
있는 것 가운데, 그들에게 보여 주지 않은 것이 하
나도 없소."
5 이사야가 히스기야에게 말하였다. "만군의
주님의 말씀을 들으십시오. 6 '그 날이 다가오고
있다. 그 날이 오면, 너의 왕궁 안에 있는 모든
것과 오늘까지 너의 조상이 저장하여 놓은 모든
보물이, 남김없이 바빌론으로 옮겨 갈 것이다.' 주
님께서 또 말씀하십니다. 7 '너에게서 태어날
아들 가운데서 더러는 포로로 끌려가서, 바빌론
왕궁의 환관이 될 것이다.'"
8 히스기야가 이사야에게 말하였다. "그대가
전하여 준 주님의 말씀은 지당한 말씀이오." 히스
기야는, 자기가 살아 있는 동안만이라도 평화와
안정이 계속되면 다행이라고 생각하였다.

희망의 말씀

40 1 "너희는 위로하여라!
나의 백성을 위로하여라!"
너희의 하나님께서
말씀하신다.
2 "예루살렘 주민을 격려하고,
그들에게 일러주어라.
이제 복역 기간이 끝나고,
죄에 대한 형벌도 다 받고,
지은 죄에 비하여

는 명령을 받는다 (61:10을 보라). **40:10-11** 하나님은 이스라엘의 적들에게 복수를 하려는 투사이며, 이스라엘의 양무리를 먹이는 위로자이시다. 후자의 이미지는 예수를 선한 목자로 나타내는 기독교의 이미지를 만드는 데 도움을 주었다 (요 10:11-18을 보라).

40:12-31 전능하신 창조자로서의 하나님을 찬양하고, 무능력한 이방신들을 무너뜨리는 노래이다.

특별 주석

이사야 40:12-14는 창조주 하나님의 비교될 수 없는 능력을 나타내고 있으며, 이것은 욥 38—41장을 생각나게 해주는 수사적 효과를 노리는 질문들로 구성되어 있다. 바울은 롬 11:34-35에서 욥 41:11의 의역인 칠십인역의 13절을 인용하면서 분명하게 하나의 연결점을 만들었다. 바울은 고전 2:16에서 다시 칠십인역의 13절을 인용한다. 초대교회는 12절을 삼위일체의 교리를 주장하기 위해 사용하였다. 왜냐하면 "누가 온 땅의 티끌을 되로 되어 보고"에서 "되어본다" (measure; 히브리어로, 샬리쉬) 라는 말은 "셋" (three: 히브리어로, 샬로쉬) 라는 말에서 파생된 말이기 때문이다. 6:3; 48:15-16; 61:1-2를 보라; 그리고 1260쪽 추가 설명: "그리스도교 전통에서의 종의 노래들"을 보라.

40:15-17 하나님의 능력 앞에서 보잘 것 없는 나라들의 모습을 보여준다. **40:18-20** 누가 하나님과 비교될 수 있는가를 질문하는 수사적 질문은 출애굽의 이미지와 비슷하다 (35:5-7에 관한 주석을 보라). 특히 출 15:11, "주님, 신들 가운데서 주님과 같은 분이 어디에 있겠습니까?"의 이미지와 비슷하다. 그러나 출 15:11이 주님과 비교할 다른 신들은 없다고 말하지만, 18-19절에서는 다른 신들을 단지 우상들로 바꾸어버린다 (41:6-7, 21-24, 28-29; 42:8, 17; 44:9-20; 45:16-17; 46:6을 보라; 또한 2:18-20에 관한 주석을 보라). **40:25** *거룩하신 분.* 이 호칭은 제1이사야나

갑절의 벌을
주님에게서 받았다고 외쳐라."
3 ㄱ)한 소리가 외친다.
"광야에 주님께서 오실 길을 닦아라.
사막에
우리의 하나님께서 오실 큰길을
곧게 내어라.
4 모든 계곡은 메우고,
산과 언덕은 깎아 내리고,
거친 길은 평탄하게 하고,
험한 곳은 평지로 만들어라.
5 주님의 영광이 나타날 것이니,
모든 사람이 그것을 함께 볼 것이다.
이것은 주님께서
친히 약속하신 것이다."

6 한 소리가 외친다.
"너는 외쳐라."
그래서 내가
"무엇이라고 외쳐야 합니까?"
하고 물었다.
"모든 육체는 풀이요,
그의 모든 아름다움은
들의 꽃과 같을 뿐이다.
7 주님께서 그 위에 입김을 부시면,
풀은 마르고 꽃은 시든다.
그렇다.
이 백성은 풀에 지나지 않는다.
8 풀은 마르고 꽃은 시드나,
우리 하나님의 말씀은
영원히 서 있다."

9 ㄴ)좋은 소식을 전하는 시온아,
어서 높은 산으로 올라가거라.
ㄷ)아름다운 소식을 전하는
예루살렘아,
너의 목소리를 힘껏 높여라.
두려워하지 말고 소리를 높여라.
유다의 성읍들에게
"여기에 너희의 하나님이 계신다"
하고 말하여라.

10 만군의 주 하나님께서 오신다.
그가 권세를 잡고
친히 다스리실 것이다.
보아라, 그가
백성에게 주실 상급을
가지고 오신다.
백성에게 주실 보상을
가지고 오신다.

11 그는 목자와 같이
그의 양 떼를 먹이시며,
어린 양들을 팔로 모으시고,
품에 안으시며,
젖을 먹이는 어미 양들을
조심스럽게 이끄신다.

비교할 수 없는 하나님

12 누가 바닷물을

ㄱ) 또는 "광야에서 한 소리가 외친다. '주님께서 오실 길을 닦아라'"
ㄴ) 또는 '시온에 좋은 소식을 전하는 사람아' ㄷ) 또는 '예루살렘에 아름다운 소식을 전하는 사람아'

제2이사야에서 흔히 등장하지만, 다른 곳에서는 잘 나타나지 않는 호칭이다. 이 호칭은 두 책의 연속성에 대한 암시를 준다 (1:4에 관한 주석을 보라). **40:26** *이름을 불러.* 이 표현은 40—55장에서 많이 나타난다 (43:1; 44:5; 45:3, 4; 48:1); 이름을 부르는 자는 하나님이며, 이름을 짓는 행위를 통해, 이름을 받는 존재에 대한 지배력과 40:1-11의 천상의 주재로서의 지배력을 갖는다. **40:27-31** 12절에서 26절의 요점은 분명해진다: 하나님의 존귀함과 비교될 수 없는 본질에 대한 설명은 해방된 이스라엘 백성에게 증명되어야 한다. 이 이스라엘 백성은 하나님의 현존에 대해 실망해 왔기에, 하나님께서는 그들을 포기하지 않으셨고, 그들에게 대신 더 넓은 구원을 허락하실 것이라는 것이 증명되어야 한다. 분명한 신학적 확신은 제2이사야에서 절대적인데, 그것은 이스라엘의 하나님은 우주의 창조와 역사를 주관하는데 책임이 있다는 것이다. 창조적 과정에서 드러나는 존엄성은 세상의 문제를 다루는 하나님의 능력을 알린다 (42:5-6; 44:24-26; 45:7; 45:12-13; 51:13-14를 보라).

41:1-16 각 나라들의 장래에 일어날 재앙과 이스라엘의 회복에 대한 신탁. **41:1** 하나님께서 각 나라들(그리고 그들의 신들)에게 어떤 신이 진실로 거룩한 신인지 결정하고자 법정에 모일 것을 명령하신다 (41:21-29; 43:8-13; 45:20-25; 또한 34:1-2를 보라). **41:2-4** *동방에서 한 정복자를.* 페르샤의 고레스 2세이다 (또한 41:25; 44:28; 45:1을 보라). 그는 기원전 539년/538년에 바빌론을 점령했고, 포로생활을 하던 이스라엘 사람들에게 고향으로 돌아가라는 법령

손바닥으로 떠서 헤아려 보았으며,
뼘으로 하늘을 재어 보았느냐?
누가 온 땅의 티끌을 되로 되어 보고,
산들을 어깨 저울로 달아 보고,
언덕들을 손저울로 달아 보았느냐?

13 누가 주님의 영을
헤아릴 수 있겠으며,
주님의 조언자가 되어
그를 가르칠 수 있겠느냐?
14 그가 누구와 의논하시는가?
누가 그를 깨우쳐 드리며,
공평의 도리를 가르쳐 드리는가?
누가 그에게 지식을 가르쳐 드리며,
슬기로운 처세술을
가르쳐 드리는가?

15 그에게는 뭇 나라가,
고작해야,
두레박에서 떨어지는
한 방울 물이나,
저울 위의 티끌과 같을 뿐이다.
섬들도 먼지를 들어 올리듯
가볍게 들어 올리신다.
16 레바논의 삼림이
제단의 장작으로 충분하지 않고,
그 곳의 짐승들도
번제물로 드리기에 충분하지 않다.
17 그 앞에서는 모든 민족이
아무것도 아니며,
그에게는 사람이란
전혀 없는 것이나 다름이 없다.

18 그렇다면, 너희가 하나님을
누구와 같다 하겠으며,
어떤 형상에 비기겠느냐?
19 우상이란 대장장이가 부어 만들고,
도금장이가 금으로 입히고,
은사슬을 만들어 걸친 것이다.
20 금이나 은을 구할 형편이
못되는 사람은
썩지 않는 나무를 골라서
구하여 놓고,
넘어지지 않을 우상을 만들려고
숙련된 기술자를 찾는다.

21 너희가 알지 못하였느냐?
너희가 듣지 못하였느냐?
태초부터
너희가 전해 들은 것이 아니냐?
너희는 땅의 기초가
어떻게 세워졌는지
알지 못하였느냐?
22 땅 위의 저 푸른 하늘에 계신 분께서
세상을 만드셨다.
땅에 사는 사람들은
하나님 보시기에는
메뚜기와 같을 뿐이다.
그는 하늘을,
마치 엷은 휘장처럼 펴셔서,
사람이 사는 장막처럼 쳐 놓으셨다.

23 그는 통치자들을
허수아비로 만드시며,
땅의 지배자들을
쓸모 없는 사람으로 만드신다.

을 발표했다. 하나님은 고레스를 불러서 이 일을 시키셨고, 하나님은 역사의 처음부터 (*태초부터*) 마지막까지 (*끝날까지*) 주관하시는 그의 거룩한 능력을 나타내신다. 하나님은 다른 나라의 신들 사이에서 뛰어난 탁월성을 가진 자로 주장하며, 나아가서 44:6-8; 45:5-6, 14 18, 22; 46:9에서 유일신에 대한 분명한 확신을 주장한다. **41:5** 하나님의 논쟁은 두려움에 떠는 나라들이 모여 나오는 것을 확신시킨다. **41:6-7** 우상숭배에 대한 단편적 시들이며, 40:18-20에 연결되는 것 같다. 요점은 같다: 우상들은 가치 없는 것들이다 (41:21-24, 28-29; 42:8, 17; 44:9-20; 45:16-17, 20-25를 보라; 그리고 46:1-13; 또한 2:18-20에 관한 주석을 보라). **41:8-10** 하나님 앞에서 멀리 땅 끝에 있는 나라들이 두려워 떠는 동안 (5절), 이스라엘은 두려워하지 않는다 (35:4에 관한 주석을 보라). 아브라함은 문자 그대로 하나님의 "연인"으로 불렸다 (히브리어, *오헤비*). 이 단어는 그들의 언약관계에 연결된 의미로, 성경의 여러 곳에서와 고대 근동(43:4에 관한 주석을 보라)에서는 "사랑"의 의미로 사용되었다 (예를 들어, 왕상 5:1). 하나님의 종으로 묘사되는 이스라엘(44:1-2, 21; 45:4; 48:20; 49:3)은 "종의 노래"를 해석하는데 매우 중요한 암시를 준다 (42:1-4; 49:1-6; 50:4-9; 52:13—53:12; 그리고 42:1과 44:1-2에 관한 주석을 보라). **41:11-13** 8-10절에서처럼, 다른 나라들에 대한 심판의 선포에 대해서 이스라엘은 두려워할 필요가 없다는 것을 확증해 준다. **41:14** 10절과 13절에서 그리고 이 곳에서 발견되는 두려워하지 말라는 명령은 41:8-16 전체에서 후렴구처럼 나타난다. 야곱과 이스

24 이 세상의 통치자들은
풀포기와 같다.
심기가 무섭게,
씨를 뿌리기가 무섭게,
뿌리를 내리기가 무섭게,
하나님께서 입김을 부셔서
말려 버리시니,
마치 강풍에 날리는 검불과 같다.

25 거룩하신 분께서 말씀하신다.
"그렇다면,
너희가 나를 누구와 견주겠으며,
나를 누구와 같다고 하겠느냐?"

26 너희는 고개를 들어서,
저 위를 바라보아라.
누가 이 모든 별을 창조하였느냐?
바로 그분께서 천체를
수효를 세어 불러내신다.
그는 능력이 많으시고 힘이 세셔서,
하나하나,
이름을 불러 나오게 하시니,
하나도 빠지는 일이 없다.

27 야곱아,
네가 어찌하여 불평하며,
이스라엘아,
네가 어찌하여 불만을 토로하느냐?
어찌하여
"주님께서는 나의 사정을 모르시고,
하나님께서는 나의 정당한 권리를
지켜 주시지 않는다" 하느냐?

28 너는 알지 못하였느냐?
너는 듣지 못하였느냐?
주님은 영원하신 하나님이시다.
땅 끝까지 창조하신 분이시다.
그는 피곤을 느끼지 않으시며,
지칠 줄을 모르시며,
그 지혜가 무궁하신 분이시다.

29 피곤한 사람에게 힘을 주시며,
기운을 잃은 사람에게
기력을 주시는 분이시다.
30 비록 젊은이들이 피곤하여 지치고,
장정들이 맥없이 비틀거려도,
31 오직 주님을 소망으로 삼는 사람은
새 힘을 얻으리니,
독수리가 날개를 치며 솟아오르듯
올라갈 것이요,
뛰어도 지치지 않으며,
걸어도 피곤하지 않을 것이다.

하나님께서 이스라엘에게 보증하시다

41 1 "섬들아,
나의 앞에서 잠잠하여라.
백성들아,
송사를 가져 오너라.
가까이 와서 말하여 보아라.
와서 함께 판가름하여 보자.
2 누가 동방에서
한 정복자를 일으켰느냐?
누가 그를

라엘에 대한 *벌레* (더 정확한 번역은 "곤충") 라는 표현은 탄식의 수사학적 표현에서 온 것이다 (예를 들어, 시 22:6; 또한 119:141을 보라). 이 표현은 버림받았다고 느끼는 사람이 자신의 낮은 위치를 언급하기 위해서 사용하는 것이다. 하나님에 대한 형용구 *구속자*(새번역개정은 "너를 속량한다"로 번역했는데, 개역개정과 NRSV는 "구속자," 공동번역은 "구원하는 이"로 번역하였다)는 다른 곳에서는 드물게 발견된다 (욥 19:25; 시 19:14; 78:35; 렘 50:34). 그러나 40—55장, 56—66장에서는 구원적 주제와 함께 열 번이나 사용된다. *거룩한 하나님.* 40:25에 관한 주석을 보라. **41:15** *산과 언덕.* 문자 그대로 다루기보다는 상징적인 의미로 다루어야 한다. 이들의 상징적인 의미는 40:4; 42:15-16; 49:9-11에서도 나타나는데, 바빌론에서부터 고향으로 돌아가는 이스라엘 백성의 평탄한 여행을 의미한다 (또한 41:18-20; 43:19-20; 52:11-12를 보라). **41:16** *두려워하지 말라* 라는 구절(8-10절, 11-13절과 14-16절)들은 이스라엘의 적들에 대한 승리로 극에 달하고 하나님을 찬양하는 것이 뒤를 따른다.

41:17-20 하나님의 구원을 기대하며 바빌로니아에서부터 고향으로 돌아가는 이스라엘의 새로운 출애굽을 위해 온 자연이 변화될 것을 선포하는 신탁 (다음을 비교하라: 35:5-10; 40:3-5; 42:15-16; 43:19-20; 49:9-11; 52:11-12; 그리고 55:13). **41:18-19** 옛 출애굽에서 이스라엘 백성은 물이 없어 고통을 당했다 (출 15:22-27; 17:1-7; 민 20:2-13). 그러나 바빌론을 탈출하는 새롭고, 보다 나은 출애굽에서는 건조한 사막이 물로 채워질 것이며, 충분한 나무로 덮일 것이다. **41:20** 41:1-5처럼, 이스라엘을 위해 행하시는 하나님의 놀라운 역사의 초점은 열방을 다스리시는 하

ㄱ)가는 곳마다 승리하게 하였느냐?
누가 민족들을
그에게 굴복하게 하였느냐?
누가 그를
왕들의 통치자로 만들었느냐?
그의 칼은 그들을 쳐서
티끌처럼 만들고,
그의 활은 그들을 흩어서
검불처럼 날리게 하였다.
3 그가 거침없이 질주하여
그들을 추격하니,
미처 발이 땅에 닿지도 않는다.
4 누가 이런 일을 일어나게 하였느냐?
누가 역사의 흐름을 결정하였느냐?
태초부터 나 주가 거기에 있었고,
끝 날에도 내가
거기에 있을 것이다."

5 섬들이 주님께서 하신 일을 보고
두려워한다.
저 멀리 땅 끝에 있는 나라들이
무서워서 떤다.
사람들이 함께 모여서 나온다.
6 그들은 서로 손발이 맞아서,
서로 힘을 내라고 격려한다.
7 대장장이는 도금장이를 격려하고,
망치로 고르게 하는 자는
모루를 치는 자를
격려하여 이르기를
'잘했다. 잘했다' 하며,
못을 박아서
우상이 기우뚱거리지 않게 한다.

8 "그러나 나의 종 너 이스라엘아,
내가 선택한 야곱아,
나의 친구 아브라함의 자손아!
9 내가 땅 끝에서부터
너를 데리고 왔으며,
세상의 가장 먼 곳으로부터
너를 불러냈다.
그리고 내가 너에게 말하였다.
너는 나의 종이니,
내가 너를 선택하였고,
버리지 않았다고 하였다.
10 내가 너와 함께 있으니,
두려워하지 말아라.
내가 너의 하나님이니,
떨지 말아라.
내가 너를 강하게 하겠다.
내가 너를 도와주고,
내 승리의 오른팔로
너를 붙들어 주겠다.
11 너에게 화를 낸 모든 자들이
수치를 당하며 당황할 것이다.
너와 다투는 자들이

ㄱ) 또는 '의로 불러서 그를 섬기게 하였느냐?'

나님의 주권을 증명하는 것이다. *거룩하신 하나님.* 40:25에 관한 주석을 보라.

41:21-29 민족들은 만일 그들이 자신들의 신들의 거룩성을 증명할 수 있다면, 하나님의 법정으로 나오라는 초청을 받는다 (또한 41:1-16; 43:8-13; 45:20-25를 보라; 34:1-2 참조하라). **41:21** *야곱의 왕.* 43:15에 관한 주석을 보라. **41:22-23** 많은 민족의 우상들은 하나님께서 이스라엘을 위해 하신 역사 같은 일을 할 수 있는지 도전받는다; 과거의 약속들이 이루어졌는지 말해 보아라. 미래의 일들을 예견해 보아라. 이 땅에 복을 내리든지, 벌을 내리든지 해 보아라. **41:24** 물론, 우상들은 패한다 (40:18-20; 41:6-7, 28-29; 42:8, 17; 44:9-20; 45:16-17; 46:1-2, 6-7; 또한 2:18-20에 관한 주석을 보라). **41:25** 41:2-4에서처럼, 페르시아의 왕 고레스 2세(이스라엘을 바빌로니아 포로생활에서 해방시킨 자)에 대한 하나님의 호출 명령은 이스라엘의 하나님이 모든 민족의 우상들이 할 수 없는, 온 나라를 주관한다는 증거로 인용된다. *해 뜨는 곳에서* 온다는 고레스에 대한 표현은 41:2에서도 언급되었고 역사적으로 정확하다. "북쪽에서" 라는 언급은 더 은유적이고, 북쪽에서 오는 위대한 군대에 대한 출애굽의 예언들에서 나타나는 주제를 회상시켜 준다 (렘 1:11-19; 4:5—10:25; 13:20; 15:12; 47:2; 50:9, 41; 겔 38:1—39:29). **41:26-28** 이스라엘의 하나님은 미래를 예견하실 수 있다. 그래서 고레스가 예루살렘, 곧 시온에 오는 것을 예견한다. 이 생생한 묘사는 아무것도 말하지 못하는 우상들과 대조가 된다. 반유대주의적 해석에 있어서, 28절의 침묵하는 자들은 27절에서 구원에 대해 들은 유대 사람들이다 (예를 들어, 그리스도를 따를 기회). 그러나 그렇게 하는 것에 실패했다. 더 자세한 것을 위해 1181쪽 추가 설명: "이사야서의 반유대주의적 해석들"을 보라. **41:29** 공판의 장면은 우상을 무가치한 것으로 발표함으로써 절정에 달한다 (40:18-20; 41:6-7, 21-24; 42:8, 17; 44:9-20;

아무것도 아닌 자들처럼 되어서
멸망할 것이다.
12 네가 아무리 찾아보아도
너에게 대적하는 자들은
만나지 못할 것이며,
너와 싸우는 자들이
아무것도 아닌 것 같이,
허무한 것 같이 될 것이다.
13 나는 주 너의 하나님이다.
내가 너의 오른손을 붙잡고 있다.
내가 너에게 말한다.
두려워하지 말아라.
내가 너를 돕겠다."

14 너 지렁이 같은 야곱아,
벌레 같은 이스라엘아,
두려워하지 말아라.
주님께서 말씀하시기를
'내가 너를 돕겠다.
나 이스라엘의 거룩한 하나님이
너를 속량한다'고 하셨다.

15 "내가 너를
날이 날카로운
새 타작기로 만들 터이니,
네가 산을 쳐서
부스러기를 만들 것이며
언덕을 겨로 만들 것이다.
16 네가 산들을 까불면,
바람이 그 가루를 날려 버릴 것이며,
회오리바람이
그것들을 흩을 것이다.
그러나 너만은
나 주와 더불어 기뻐할 것이며,
나 이스라엘의 거룩한 하나님을
찬양할 것이다.
17 가련하고 빈궁한 사람들이
물을 찾지 못하여 갈증으로
그들의 혀가 탈 때에,
나 주가 그들의 기도에 응답하겠고,
나 이스라엘의 하나님이
그들을 버리지 않겠다.
18 내가 메마른 산에서
강물이 터져 나오게 하며,
골짜기 가운데서
샘물이 솟아나게 하겠다.
내가 광야를 못으로 바꿀 것이며,
마른 땅을 샘 근원으로 만들겠다.
19 내가 광야에는 백향목과 아카시아와
화석류와 들올리브 나무를 심고,
사막에는
잣나무와 소나무와 회양목을
함께 심겠다."

20 사람들이 이것을 보고,
주님께서 이 일을
몸소 하셨다는 것을
알게 될 것이다.
이스라엘의 거룩하신 하나님께서
이것을 창조하셨다는 것을
깨닫게 될 것이다.

45:16-17, 20-25; 46:1-13; 2:18-20절에 관한 주석을 보라).

42:1-4 첫 번째 "종의 노래들" (42:1-4; 49:1-6; 50:4-9; 52:13—53:12). **42:1** 정의를 가져오도록 하나님에게 선택된 종의 정체에 대해서는 논쟁이 있다. 제2이사야 다른 곳에서는, 이스라엘(야곱이라고도 불림)은 하나님의 종으로 하나님의 선택된 종으로 불린다 (41:8-9; 44:1-2, 21; 45:4; 48:20). 이런 단어는 "종의 노래들" 안에서도 찾아볼 수 있다 (49:3). 그러나 49:5-6에서는 종을 이스라엘/야곱과 다른 존재로 구별하기도 한다. 그리고 56—66장과 연결시켜, 하나님의 종은 모세(63:11)로 정의하기도 한다. 그러나 다음의 설명은 종을 이스라엘로 이해하기도 한다. 이스라엘은 하나님의 부름을 받아 이스라엘 백성에게, 모세를 통하여 계시되었고, 그리고 예언자들을 통하여 지켜진 언약의 교훈을 열방에 전달하라고 명령을 받았기 때문이다. **42:2-3** 주님의 종은 설교(2절)나 호전적인 태도(3절)를 통해서 그의 사을 완수하려고 하지 않는다. 후에 나타나는 "종의 노래"들은, 특히 49:6 (42:6을 보라), 이스라엘이 하나의 본으로 정의를 가져올 것을 말한다. **42:4** 종의 사명이 어려울 것이라는 암시는 뒤에 나오는 "종의 노래들"에, 특히 52:13—53:12, 나타난다(또한 49:7을 보라).

42:5-9 하나님을 우주의 창조자이시요, 이스라엘의 보존자로 찬양하는 노래 (40:12-31을 보라). 이 노래는 또한 민족들을 향한 이스라엘의 사명을 서술하며 "종의 노래"를 상세하게 설명한다. **42:5-6** 5절에서는 창조자로서의 하나님의 모습들을 설명하고, 6절에서는 역사를 통해 이스라엘에게 행하신 하나님의 활동을 설명한다 (40:27-31에 관한 주석을 보라).

주님께서 거짓 신들에게 도전하시다

21 주님께서 말씀하신다.
"민족의 신들아,
소송을 제기하여 보아라."
"너희는
확실한 증거를 제시하여 보아라."
야곱의 왕께서 말씀하신다.

22 이리 와서,
장차 무슨 일이 일어날 것인지,
우리에게 말하여 보아라.
지난날에 있었던 일들이
어떤 것이었는지,
말하여 보아라.
그러면 우리가 그것들을 살펴
그 결과를 알아보겠다.

추가 설명: 그리스도교 전통에서의 종의 노래들

"종의 노래"들은 그리스도교 전통에서 매우 중요하다. 이 종의 노래들은 1세기부터 계속해서 예수 그리스도와 특별히 그의 사역과 죽음에 나타난 고난에 대한 언급으로 해석되어 왔다. 예를 들어, 42:1의 부분은 시 2:7과 함께 신약에 나타나는 예수님의 세례 후에 하늘에서 울려 퍼진 선포와 변화 산에서의 변화 후의 선포에서 인용되었다 (마 3:17; 17:5; 막 1:11; 9:7; 눅 3:22; 9:35; 벧후 1:17). 나아가서 마 12:18-21은 거의 자유롭게 42:1-4를 사용하고 있으며, 특히 42:2의 침묵의 개념을 사용하여, 왜 예수께서 그를 따르는 자들에게 자신에 대해 알리지 말라고 하셨는지 그 이유를 설명하고 있다. 초대 교부들의 해석에 의하면, 42:1의 언어에서 삼위일체의 암시를 얻는다. 왜냐하면, 그 안에서 하나님(아버지)은 거룩한 종(아들로 받아들여진, 예수)에게 말씀하신다. 그리고 그 위에 하나님의 신(성령으로 이해됨)이 머물러 있다 (6:3; 40:12-14; 48:15-16; 61:1-2에 관한 주석을 보라). 복음적인 기독교는 열방에 정의를 전파하라는 42:1의 언어를 통해 선교활동을 정당화한다.

두 번째 "종의 노래"(49:1-6)는 특별히 바울에게 영향을 준 것으로 나타나는데, 모태에서부터 자신을 불러 세우셨다는 (갈 1:15) 바울의 표현은 49:1에서부터 영향을 받았다. 그리고 '헛수고'에 대한 그의 표현들(고전 15:58; 갈 2:2; 4:11; 빌 2:16; 살전 3:5)은 49:4에서 영향을 받았다. 행 13:47에서 바울은 또한 49:6을 인용하여, 그의 이방인 선교를 정당화한다. 추가적으로 계 1:16에서는 입의 이미지(the image of the mouth)를 날카로운 칼로 표현하는데, 이것도 49:2에서 유래된 것이다.

세 번째 "종의 노래"(50:4-9)에서 6절은 그리스도교 성서학자들에게 매우 중요하다. 복음서들의 그리스도의 고난에 대한 설명, 즉 침 뱉음, 채찍에 맞음 등이 이 6절의 언어에서 유래된 것이라 본다 (마 26:67; 27:30; 막 10:34; 15:19-20; 눅 18:32). 후에 기독교는 세 번째 종의 노래로부터 그리스도의 박해자들이 그리스도의 턱수염을 잡아당겼다고 상상하게 되었다.

마틴 루터는 고난의 종을 예수님으로, 고난받는 메시아로 해석하면서, "네 번째 종의 노래(52:13—53:12)는 그리스도의 수난과 부활에 대한 최초의 설명 부분"이라고 말한다. 이 부분은 신약에서 그리스도의 고난에 관계되어 10번이나 이용되어지고, 암시되어 있다 (마 8:17; 눅 22:37; 23:32; 24:26-27, 44-45; 요 12:38; 행 8:32-33; 롬 10:16; 15:21; 벧전 2:22). 기독교 학자들은 53:7-9를 특별히 중요한 부분으로 간주한다. 추가적으로 대신 받는 고난(죽음에 대한 고난, 53:8-9)이라는 주제에 초점을 맞추면서, 그리스도인들은 가야바 앞에서 예수의 침묵을 강조하고 (53:7; 마 26:63); 그의 거룩한 기원을 (53:8, "그 세대 사람들 가운데서 어느 누가… 그것이 바로 형벌을 받아야 할 내 백성의 허물 때문이라고 생각하였느냐?"로 번역하면서); 그리고 그의 죄없음(53:9)에 대하여; 그리고 아리마대 요셉에 의해 장사되는 것에 대해 (53:9에서 부자에 대한 언급) 강조한다. 이 해석에 의하면, 53:11-12는 부활을 언급하는 것으로 볼 수 있다. 기독론적 해석은 흔히 53:2의 언급을 인용하는데, 제롬은 "연한 순"을 예수님에 대한 언급으로 보았고 (11:10; 롬 15:12를 보라), 연한 순이 나오는 마른 땅을 예수님의 어머니 동정녀 마리아로 해석하였다. 중세에서는 53:2의 "고난받는 사람"(좀 더 전통적으로 "슬픔의 사람"으로 언급할 수 있다)에 대한 언급이 예수님의 비천하게 보이는 겸손함을 강조하는 기본적인 이미지였다. 중세 신학자들은 비슷하게 그들의 개념을 가져왔는데, 그들의 개념은 예수는 짐승처럼 시련을 받았고, 양손과 양발에 못이 박혔고, 십자가에 달리기 전, 머리가 찔렸다는 것이다. 그들은 53:7의 언급에서 털 깎이는 양 같은 종의 모습을 강조하였다.

아니면, 앞으로 올 일들을
우리에게 말하여 보아라.
23 장차 올 일들을 말하여 보아라.
그러면 우리가
너희들이 신이라는 것을
알 수 있을 것이다.
복을 내리든 화를 내리든,
좀 하여 보아라.
그러면 우리가
모두 놀라며 두려워하게 될 것이다.
24 참으로 너희는 아무것도 아니며,
너희가 하는 일도 헛것이니,
너희를 섬겨 예배하는 자도
혐오스러울 뿐이다.

25 "내가 북쪽에서 한 사람을 일으켜
오게 하였다.
나의 이름을 부르는 그 사람을
해 뜨는 곳에서 오게 하였다.
그가 와서,
토기장이가 진흙을 밟아 이기듯,
통치자들을 진흙처럼 밟을 것이다."

26 너희 우상들 가운데서,
어떤 우상이 처음부터 이 일을
우리에게 일러주어 알게 하였느냐?
누가 이전부터 우리에게 일러주어서,
우리가 '그것이 옳다'
하고 말하게 한 일이 있느냐?
일러준 자도 없고,
들려준 자도 없었다.
우리는 너희 말을 들어본 일이
전혀 없다.

27 "나 주가 비로소
처음부터 시온에게 알렸다.
'이런 일들을 보아라'
하고 말하였다.
내가 기쁜 소식을 전할 사람을
예루살렘에 보냈다.
28 내가 우상들을 둘러보았다.
그들 가운데
말을 하는 우상은 하나도 없었다.
어떤 우상도
내가 묻는 말에 대답하지 못하였다.

종 이스라엘은 또한 두 번째 "종의 노래"에서 (49:6) 이방의 빛으로 불린다. 또한 이 구절에서도 분명하게 그의 행위를 통하여, 이스라엘은 민족들에게 정의의 의미를 밝혀주어야 한다 (42:1, 3, 4). 49:8에서 반복되는 *백성의 언약*은 두 번째 "종의 노래"를 따른 것이다 (49:1-6). 아마 이스라엘이 언약의 충실성에 대한 본이 되는 것을 의미하는 것 같다. 눅 2:32에서, 시몬은 42:6을 인용하며, 그것을 예수에게 적용한다. **42:7** *뜨게 하고, 이끌어내고.* 주체는 아마 이스라엘이라기보다는 하나님일 것이다 (다음과 같이 번역할 수 있을 것이다; "열기 위하여," "끌어내기 위하여"). 이것은 두 번째 "종의 노래"와 그 다음 노래에서 대조된다 (49:5-6, 8에 관한 주석을 보라). **42:8** 우상의 무가치에 대해서는 또한 40:18-20; 41:6-7, 21-24, 28-29; 42:17; 44:9-20; 45:16-17, 20-25; 46:1-13; 또한 2:18-20에 관한 주석을 보라. **42:9** *전에 예고한 일들과 새로 일어날 일들.* 또한 43:18-19에서도 찾아볼 수 있다. *새로 일어날 일들.* 바빌론에서 나오는 새로운 출애굽이다. 그러나 반유대주의적 해석(Isidore of Seville)은 42:9와 43:18-19를 이해하기를, 새로운 그리스도교 언약은 유대교의 토라와 율법을 대체하는 것으로 이해했다. 1181쪽 추가 설명: "이사야서의 반유대주의적 해석들"을 보라.

42:10-17 하나님을 찬양하는 노래로, 거룩한 전사(warrior)는 전쟁에서 그의 용맹스러운 행위로 이스라엘의 적들을 물리쳤으며 (13절), 자연의 세계를 이스라엘 사람들의 이익을 위해 변화시킬 것이다 (15-16절). **42:10-12** 거룩한 전쟁에서의 승리를 찬양하는 노래들은 자연의 현상이나 민족들의 합창이 아니라, 일반적으로 여인들에 의해 불려졌다 (출 15:20-21; 삿 5:1-31; 11:34; 삼상 18:6-7; 삿 15:13; 16:1-17). *게달* (Kedar). 북쪽 아랍의 부족이다. *셀라.* 에돔의 성으로, 아마 나바테아 페트라(Nabatean Petra)일 것이다. **42:13-14** 거룩한 용사로서의 하나님은 13절에서 남자 군인으로 묘사되어 있다 (출 15:3에서, 문자 그대로, 하나님은 전쟁의 남자 용사로 나타난다). 그러나 14절에서는 이 전사는 명백하게 여성의 울부짖음을 들려준다 (해산하는 여인의 소리). 삿 5:1-31을 보라. 하나님께서 여선지자 드보라와 함께 서서 싸우신다. 하나님의 여성적 이미지에 대해서 27:11에 관한 주석을 보라. **42:15-16** 하나님께서 산을 평지로 만들기 위해 자연과 싸우시고 (40:3-5; 41:14-16; 49:9-11을 참조), 강을 건널 수 있는 물을 만드신다. 그리고 포로생활을 하던 이스라엘 백성에게 다시 고향으로 돌아가게 될 것이라고 약속하신다. 그러나 처음의 출애굽과는 달리 이번 출애굽은 고통이 없을 것이다. **42:17** 40:18-20; 41:6-7, 21-24, 28-29; 42:8; 44:9-20; 45:16-17, 20-25; 46:1-13; 또한 2:18-20에 관한 주석을 보라.

42:18-25 제2이사야의 기본 주제인 회복과 화해가 아닌, 이스라엘을 비난하는 신탁. **42:18-22** 이전의 노래에서, *눈먼 자*로 묘사된 이스라엘에 대한 표현은 동정적으로 억압된 나라로 묘사되었었다. 그러나 여기서 *귀먹은 자와* 함께 등장하는 눈먼 자는 경멸적으로 이스라엘이 하나님의 역사를 이해하는데 실패했고, 하나님의 가르침을 뭇 나라에 전하는 것에 실패했다는 것

29 보아라,
이 모든 우상은 쓸모가 없으며,
그것들은 아무것도 할 수 없다.
부어 만든 우상은 바람일 뿐이요,
헛것일 뿐이다."

주님의 종

42 1 "나의 종을 보아라.
그는 내가
붙들어 주는 사람이다.
내가 택한 사람,
내가 마음으로 기뻐하는 사람이다.
내가 그에게 나의 영을 주었으니,
그가
뭇 민족에게 공의를 베풀 것이다.
2 그는 소리 치거나
목소리를 높이지 않으며,
거리에서는
그 소리가 들리지 않게 할 것이다.
3 그는 상한 갈대를 꺾지 않으며,
꺼져 가는 등불을 끄지 않으며,
진리로 공의를 베풀 것이다.
4 그는 쇠하지 않으며,
낙담하지 않으며,
끝내 세상에 공의를 세울 것이니,
먼 나라에서도
그의 가르침을 받기를
간절히 기다릴 것이다."
5 하나님께서
하늘을 창조하여 펴시고,
땅을 만드시고,
거기에 사는 온갖 것을 만드셨다.
땅 위에 사는 백성에게
생명을 주시고,
땅 위에 걸어다니는 사람들에게
목숨을 주셨다.

주 하나님께서 이렇게 말씀하신다.
6 "나 주가 의를 이루려고 너를 불렀다.
내가 너의 손을 붙들어 주고,
너를 지켜 주어서,
너를 백성의 언약과 이방의 빛이
되게 할 것이니,
7 네가 눈먼 사람의 눈을 뜨게 하고,
감옥에 갇힌 사람을 이끌어 내고,
어두운 영창에 갇힌 이를
풀어 줄 것이다.
8 나는 주다. 이것이 나의 이름이다.
나는, 내가 받을 영광을
다른 사람에게 넘겨 주지 않고,
내가 받을 찬양을
우상들에게 양보하지 않는다.
9 전에 예고한 일들이 다 이루어졌다.
이제 내가
새로 일어날 일들을 예고한다.
그 일들이 일어나기 전에,
내가 너희에게 일러준다."

을 말하는데 사용된다 (42:1, 3-4, 6; 49:6, 8). 오히려 포로생활을 하던 이스라엘 백성은 감옥 안에서 묶이고, 힘없는 모습으로 앉아 있다. **42:24-25** 포로는 이스라엘의 죄악된 행위와 민족들이 하나님의 말씀을 드러내지 않은 것에 대한 하나님의 심판으로 서술된다 (21절). 이 주제가 40:2; 43:26-28; 44:22; 48:9-11; 50:1에서 발견되는 동안, 제2이사야는 다른 점에서 이스라엘이 이 고통을 지나치게 받았다고 주장한다 (40:2; 47:6; 54:6-8; 62:4; 52:13—53:12의 토의와 1289쪽 추가 설명: "대신하여 받는 고난"을 보라).

43:1-7 42:18-25에서 혼을 내주는 것들은 제2이사야에서 더 일반적인 회복에 대한 약속으로 인하여 뒤에 나타나게 된다. **43:1** *두려워하지 말라.* 이 권면은 이 곳과 5절에서 찾아볼 수 있는데, 이것은 41:1-16에서도 발견되는, 같은 구절을 반복해서 사용하는 후렴구처럼 보인다 (35:4에 관한 주석을 보라). *속량하셨으니.* 이것은 구속자이며, 41:14에 관한 주석을 보라. *지명하여 불렀으니.* 이것에 대해서는 40:26에 관한 주석을 보라. **43:2-3** 40—55장과 56—66장에서 하나님은 가끔 *거룩하신 분*으로 불린다 (40:25에 관한 주석을 보라). 그리고 *구원자*로 불린다 (43:11; 45:15, 21; 49:26; 60:16; 63:8). *나는 주, 너의 하나님.* 이 표현은 제2이사야에서 흔히 나타나는 표현이 아니다 (48:17; 51:15). 그러나 이것은 제1계명의 머리말로 잘 알려져 있고 (출 20:2), 여기서는 출애굽 전통을 암시해 주고 있다. 또한 *네가 물 가운데로 건너갈 때에* 라는 표현은 출애굽을 암시해 주고 있다 (35:5-7에 관한 주석을 보라). *쓰바 (Seba).* 에티오피아나 아라비아 남부에 위치한 지역일 것이다. 왜냐하면 이 곳이 에티오피아와 이집트의 동료로 묘사되기 때문이다. 아프리카의 위치도 지명된다. **43:4** 성경은 이스라엘에 대한 하나님의 사랑을 수시로 언급하지만, 어디에서도 이것을 날카롭고 강하게 표현한 적은 없었다. 하지만, 이 곳에서의 사랑은, 단순한 애정을 넘어서 41:8에서처럼, 언약

찬양의 노래

10 새 노래로 주님을 찬송하여라.
땅 끝에서부터 그를 찬송하여라.
항해하는 사람들아,
바다 속에 사는 피조물들아,
섬들아, 거기에 사는 주민들아,
11 광야와 거기에 있는 성읍들아,
게달 사람들이 사는 부락들아,
소리를 높여라.
셀라의 주민들아,
기쁜 노래를 불러라.
산 꼭대기에서 크게 외쳐라.
12 주님께 영광을 돌려라.
주님을 찬양하는 소리가
섬에까지 울려 퍼지게 하여라.

13 주님께서 용사처럼 나서시고,
전사처럼 용맹을 떨치신다.
전쟁의 함성을 드높이 올리시며,
대적들을 물리치신다.

구원의 약속

14 "내가 오랫동안 조용히
침묵을 지키며 참았으나,
이제는 내가 숨이 차서 헐떡이는,
해산하는 여인과 같이 부르짖겠다.
15 내가
큰 산과 작은 산을 황폐하게 하고,
그 초목들을 모두 시들게 하겠다.
강들을 사막으로 만들겠고,
호수를 말리겠다.
16 눈 먼 나의 백성을
내가 인도할 것인데,
그들이 한 번도 다니지 못한 길로
인도하겠다.
내가 그들 앞에 서서,
암흑을 광명으로 바꾸고,
거친 곳을 평탄하게 만들겠다.
이것은 내가 하는 약속이다.
반드시 지키겠다."

17 깎아 만든 우상을 믿는 자와,
부어 만든 우상을 보고
'우리의 신들이십니다'
하고 말하는 자들은,
크게 수치를 당하고 물러갈 것이다.

이스라엘이 깨닫지 못하다

18 "너희 귀가 먹은 자들아, 들어라.
너희 눈이 먼 자들아,
환하게 보아라.
19 누가 눈이 먼 자냐?
나의 종이 아니냐!
누가 귀가 먹은 자냐?
내가 보낸 나의 사자가 아니냐!"

누가 눈이 먼 자냐?
주님과 언약을 맺은 자가 아니냐!
누가 눈이 먼 자냐?

관계자들이 서로 지켜야 하는 충성을 언급하는 것처럼 보인다. **43:5-6** 동쪽에 있는 바빌론의 포로들을 회복시키실 뿐 아니라, 온 땅에 흩어져 있는 이스라엘을 회복시키실 것이다 (49:12). **43:7** 43:21을 보라.

43:8-13 모든 민족에 대한 심판. **43:8** *눈이 먼 자와 귀가 먹은 자.* 이 주제는 앞에서 억압당하는 이스라엘을 묘사하는데 사용되었고 (42:16), 통찰력이 부족한 이스라엘 (42:18-20)을 묘사하고, 그리고 무지하게 자신들의 우상을 숭배하는 여러 민족을 묘사하는데 사용되었다 (또한 42:7을 보라). **43:9-10** 증인들은 재판에 불림을 받는다 (34:1-2, 41:1-16, 21-29; 그리고 45:20-25를 보라). 그 곳에서 여러 민족은 그들의 신이 역사를 이끈다고 하는 그 어떤 증명도 하지 못하게 된다. 하나님의 선택된 종인 이스라엘(41:8-9; 42:1에 관한 주석을 보라)은 하나님은 그렇게 할 수 있다는 사실을 증명한다. 하나님의 초월적 능력을 주장하기 위해 *오직 나만이 하나님* (I am He)이라는 표현이 제2이사야에서는 자주 사용된다 (43:13, 25; 46:4, 48:12; 51:12). 그러나 다른 곳에서는 오직 신 32:39 한 곳에서만 사용되었다. **43:11-13** 하나님만이 우주를 지배하는 신이라는 강한 주장들. *구원자* 라는 하나님의 칭호는 43:3; 45:15, 21; 60:16; 63:8에서도 사용된다, 그러나 상대적으로 다른 곳에 비해 일반적이라고 보기 어렵다 (삼하 22:3; 시 17:7; 106:21; 렘 14:8; 호 13:4).

43:14-21 하나님께서 바빌로니아로부터 귀향하게 될 것을 약속하신다. **43:14-15** 현재의 상황이 34—35장, 40—55장에서 *바빌론의* 포로기임에도 불구하고, 바빌론(갈대아라고도 불린다)이란 이름은 오직 여기에서와 47:1; 48:14, 20에서만 불려진다. 새번역개정에서는 *속량자시요, 이스라엘의 거룩하신 분*으로 개역개정은 구속자요 이스라엘의 거룩한 이로 되어있다. 이것에 대해서는 40:25와 41:14에 관한 주석을 보라.

주님의 종이 아니냐!
20 그는 많은 것을 보았으나,
마음에 새기지 않았다.
귀가 열려 있었으나,
귀담아 듣지 않았다.
21 주님은 백성을 구원하셔서,
의를 이루려고 힘쓰시는
하나님이시다.
그리하여 주님께서는
율법과 교훈을 높이셨고,
백성이 율법과 교훈을
존중하기를 바라셨다.

22 그러나 지금
그의 백성은
약탈과 노략을 당하였으며,
그들은 모두 구덩이 속에 갇혀 있고,
감옥에 갇혀 있다.
그들이 약탈을 당하였으나,
구하여 주는 자가 없고,
노략을 당하였으나,
노략자들에게 '돌려주어라'
하고 말해 주는 자가 없다.

23 너희 가운데 누가
이 일에 귀를 기울이겠느냐?
누가 앞으로 일어날 일을
주의하여 듣겠느냐?
24 야곱이 노략을 당하게
버려 둔 이가 누구였으며,
이스라엘을 약탈자에게
넘겨 준 이가 누구였느냐?

바로 주님이 아니시냐?
우리가 주님께 죄를 지었다.
백성이 주님의 길로
걸으려 하지 않았으며,
그의 법을
순종하려 하지 않았으므로,
25 주님께서,
불타는 진노와 참혹한 전화를,
이스라엘 위에 쏟으셨다.
사방에서 불이 야곱을 덮었으나,
이것이 무슨 일인지 알지 못하였고,
불이 그를 태웠으나,
아무것도 깨닫지 못하였다.

구원의 약속

43 1 그러나 이제 야곱아,
너를 창조하신 주님께서
말씀하신다.
이스라엘아,
너를 지으신 주님께서 말씀하신다.
"내가 너를 속량하였으니,
두려워하지 말아라.
내가 너를 지명하여 불렀으니,
너는 나의 것이다.
2 네가 물 가운데로 건너갈 때에,
내가 너와 함께 하고,
네가 강을 건널 때에도
물이 너를 침몰시키지 못할 것이다.
네가 불 속을 걸어가도,
그을리지 않을 것이며,
불꽃이 너를 태우지 못할 것이다.
3 나는 주, 너의 하나님이다.
이스라엘의 거룩한 하나님이다.
너의 구원자다.
내가 이집트를 속량물로 내주어
너를 구속하겠고,
너를 구속하려고, 너 대신에

하나님은 또한 *왕*으로 41:21; 44:6에서 불린다. 40:28에서는 *창조하신 분*으로 불린다. 뿐만 아니라 창조주라는 하나님에 대한 이미지는 40:12-31과 42:5-9에 스며들어 있다. **43:16-17** 포로생활에서부터 귀향하는 것을 주장하기 위해, 제2이사야 전반에서 출애굽 이야기를 빗대어 말하고 있다 (35:5-7에 관한 주석을 보라). **43:18** 42:9에 관한 주석을 보라. **43:19-20** 16-17절처럼, 이집트에서의 출애굽에 대한 암시는 바빌론에서의 출애굽에 대한 약속과 함께 나타난다. 바벨론에서의 출애굽은, 이스라엘이 출애굽 기간 동안 계속해서 당했던 어려움과 같은 고난 (물이 없어 당한 고난) 없이 이루어질 것이다 (35:5-10; 41:18-20; 49:9-11을 보라). **43:22-28** 법정 장면으로 41:1-16, 21-29; 43:8-13; 45:20-25와 다소 비슷하다, 그러나 여기서 여러 나라 대신에 이스라엘이 법정에 서 있다. 포로가 된 이스라엘이 그들을 포기하신 하나님에게 죄가 있다고 주장하는 동안, 하나님께서는 이스라엘의 하나님을 대항했던 죄에 의해 그 대가를 치루고 있다고 말씀하신다. 42:18-25와 48:1-22처럼, 이스라엘을 비난하는 이 신탁은 제2이사야에서는 일반적인 것이 아니다. 제2이사에티오피아와 쓰바를 내주겠다.
4 내가 너를 보배롭고 존귀하게 여겨
너를 사랑하였으므로,
너를 대신하여
다른 사람들을 내주고,
너의 생명을 대신하여
다른 민족들을 내주겠다.
5 내가 너와 함께 있으니
두려워하지 말아라.
내가 동쪽에서
너의 자손을 오게 하며,
서쪽에서 너희를 모으겠다.
6 북쪽에다가 이르기를
'그들을 놓아 보내어라' 하고,
남쪽에다가도
'그들을 붙들어 두지 말아라.
나의 아들들을
먼 곳에서부터 오게 하고,
나의 딸들을
땅 끝에서부터 오게 하여라.
7 나의 이름을 부르는 나의 백성,
나에게 영광을 돌리라고
창조한 사람들,
내가 빚어 만든 사람들을
모두 오게 하여라'
하고 말하겠다."

이스라엘은 주님의 증인

8 백성을 법정으로 데리고 나오너라.
눈이 있어도 눈이 먼 자요,
귀가 있어도 귀가 먹은 자다!
9 모든 열방과, 뭇 민족도
함께 재판정으로 나오너라.
그들의 신들 가운데서
어느 신이
미래를 예고할 수 있느냐?
그들 가운데서 누가
이제 곧 일어날 일을
예고할 수 있느냐?
그 신들이 증인들을 내세워서,
자신들의 옳음을 증언하게 하고,
사람들 앞에서 증언하게 하여서,
듣는 사람들마다
'그것이 사실'이라고
말하게 하여 보아라.
10 주님께서 말씀하신다.
"너희는 나의 증인이며,
내가 택한 나의 종이다.
이렇게 한 것은,
너희가 나를 알고
믿게 하려는 것이고,
오직 나만이 하나님임을
깨달아 알게 하려는 것이다.
나보다 먼저 지음을 받은 신이
있을 수 없고,
나 이후에도 있을 수 없다.
11 나 곧 내가 주이니,
나 말고는 어떤 구원자도 없다.
12 바로 내가 승리를 예고하였고,
너희를 구원하였고,
구원을 선언하였다.
이방의 어떤 신도
이렇게 하지 못하였다.
이 일에 있어서는
너희가 나의 증인이다.

야의 주된 메시지는 이스라엘을 회복시키시는 하나님에 있다. **43:23-24** 하나님은 이스라엘에게 비싼 것을 요구하지도 않으셨지만, 그들이 정당한 제물을 받치지도 않았다고 주장하신다. 또한 비록 정당한 제물을 받칠 때에도, 그들의 다른 죄로 인해, 그들은 만족을 느끼지 못했다고 주장하신다 (1:11-17; 58:1-14; 암 4:4-5; 5:21-24; 8:4-8; 미 6:1-8을 보라). **43:25** 이스라엘의 죄에도 불구하고, 하나님은 그 백성을 용서하실 것이다. *나는…하나님이다* (I am He); 이 선포에 대해서는 43:9-10에 관한 주석을 보라. **43:27-28** 그들의 죄가 커져감에 따라, 하나님은 이스라엘은 징계하셨다. *첫 조상*(히브리어, *아브*는 아버지란 뜻임)은 아담을 의미하는 것 같지는 않다. 아담의 원죄에 대한 개념이 히브리 성경에서는 잘 나타나 있지 않기 때문이다. 아마 여기서는 야곱을 의미하는 것 같다. 제2이사야에서는 야곱이 이스라엘로 묘사되고 있다. 호 12:2-4에서는 이 족장의 죄를 자세히 말하고 있다. *지도자들* (개역개정은 "어른들;" NRSV는 "해설자들"[interpreters]로 번역했음)은 제사장들과 예언자들일 것이다. 이스라엘은 죄를 지었고, 포로기는 당연한 심판이었다 (40:2; 42:23-25; 44:22; 48:9-11; 50:1을 보라). 그러나 40:2는 이스라엘의 심판은 넘치도록 받았다고 말한다 (47:6; 54:6-8; 62:4; 또한 52:13—53:12도 비슷하게 주장한다).

44:1-8 42:18-25에서 이스라엘에 대한 심판이 43:1-8에서 뒤집어지는 것처럼, 이 부분도 이스라엘에 대한 비난을 구원으로 바꾸어 놓는다. **44:1-2** 41:8-9; 44:21; 45:4; 48:20, 그리고 49:3에서처럼, 이스라엘은

내가 하나님이다."
주님께서 하신 말씀이다.
13 "태초부터 내가 바로 하나님이다.
내가 장악하고 있는데,
빠져 나갈 자가 누구냐?
내가 하는 일을,
누가 감히 돌이킬 수 있겠느냐?"

바빌론으로부터 빠져 나오다

14 너희들의 속량자시요,
'이스라엘의 거룩하신 분'이신
주님께서 이렇게 말씀하신다.
"내가 바빌론에 군대를 보내어
그 도성을 치고
너희를 구하여 내겠다.
성문 빗장을 다 부수어 버릴 터이니,
ㄱ)바빌로니아 사람의 아우성이
통곡으로 바뀔 것이다.
15 나는 주, 너희의 거룩한 하나님이며,
이스라엘의 창조자요,
너희의 왕이다.

16 내가 바다 가운데 길을 내고,
거센 물결 위에 통로를 냈다.
17 내가 병거와 말과 병력과 용사들을
모두 이끌어 내어 쓰러뜨려서,
다시는 일어나지 못하게 하고,
그들을 마치
꺼져 가는 등잔 심지같이 꺼버렸다.
나 주가 말한다.

18 너희는 지나간 일을
기억하려고 하지 말며,
옛일을 생각하지 말아라.
19 내가 이제 새 일을 하려고 한다.
이 일이 이미 드러나고 있는데,
너희가 그것을 알지 못하겠느냐?
내가 광야에 길을 내겠으며,
사막에 강을 내겠다.
20 들짐승들도 나를 공경할 것이다.
이리와 타조도 나를 찬양할 것이다.
내가 택한 내 백성에게
물을 마시게 하려고,
광야에 물을 대고,
사막에 강을 내었기 때문이다.
21 이 백성은,
나를 위하라고 내가 지은 백성이다.
그들이 나를 찬양할 것이다."

ㄱ) 또는 '갈대아'

하나님의 종으로 나타난다. 하나님께서는 모태에서부터 그의 종을 만드셨다고 두 번째 "고난의 노래"(49:5)에서 말씀하신다. 그리고 예레미야도 비슷하게 하나님께서 *모태에서부터* 예언자로 세우셨다고 말한다 (렘 1:5). 이러한 이미지들은 고난의 노래 가운데 나오는 종이 한 예언자로 하나님께로부터 세우심을 받은 이스라엘이라는 것을 확신케 한다 (42:1에 관한 주석을 보라). *여수룬.* 이것은 거의 사용되지 않는 이스라엘의 이름이다 (신 32:15; 33:5, 26). **44:3-4** 메마른 땅에 물을 가져오는 하나님의 이미지는 제2이사야의 여러 곳에서, 하나님께서는 이스라엘이 고향으로 돌아가는 동안, 사막을 옥토로 만든다는 것을 설명하기 위해 사용되었다. 이 이미지는 보다 은유적으로, 이스라엘이 고향으로 돌아가는 것이 힘들고 어렵다고 해도, 이스라엘은 하나님의 구원의 역사 같이, 물이 풍성한 나무처럼 번창하게 될 것을 일깨워준다. **44:5** *이름을 써서.* 이 구절에 대해서는 40:26에 관한 주석을 보라.

44:6-7 *속량자* (혹은 구속자). 하나님을 부르는 이 명칭은 제2이사야가 사용하는 특별한 표현이며, 성경에서 사용하는 전형적인 명칭인 왕과 함께 쌍벽을 이루는 명칭이다 (41:14, 21 그리고 43:14-15에 관한 주석을 보라). *처음과 나중.* 이 하나님의 주장은 48:12에서 찾아볼 수 있고, 또 41:4에서 다른 형태로 찾아볼 수 있다. 이 주장들은 하나님이 뭇 나라의 신들 가운데서 가장 뛰어난 존재임을 주장하기 위해 사용된다 (계 1:17; 22:13을 보라). 마찬가지로, *나를 누구와 견줄 수 있느냐?* 라는 질문은 다른 변화된 형태로 40:18과 46:5에서 나타나며, 하나님의 뛰어난 능력을 주장하는 방법으로 사용된다. 7절에서 다른 나라의 신들에게 도전하기를, 하나님 자신처럼, 장차 올 일을 예언해 보라고 한다. 이것은 41:22-23, 26-28; 그리고 43:9에서 하나님의 초월적인 능력을 드러내기 위하여 사용되어졌다 (또한 46:8-11을 보라). 그러나 6절은 이 구절들보다 더 깊이 하나님의 유일신 사상을 선포하는 것으로 나아간다—*나 밖에 다른 신은 없다.* 이것은 45:5, 6, 14, 18, 22; 46:9와 함께 성경에 나타나는 최초의 유일신 사상에 대한 분명한 고백이다 (더 오래된 자료인 출 20:2-3과 신 32:8-9에서는 여호와를 단지 이스라엘의 하나님으로 말하고 있다).

특별주석

유일하신 하나님에 관한 신념을 선포하는데 있어서, 제2이사야는 하나의 혁명적인 신학사상을

이스라엘의 죄

22 "야곱아,
너는 나를 부르지 않았다.
이스라엘아,
너는 오히려 나에게 싫증을 느낀다.
23 너는 나에게
양의 번제물을 가져 오지 않았고,
제물을 바쳐서
나를 높이지도 않았다.
내가 예물 때문에
너를 수고롭게 하지도 않았고,
유향 때문에
너를 괴롭게 하지도 않았다.
24 너는 나에게 바칠 향도
사지 않았으며,
제물의 기름으로
나를 흡족하게 하지도 않았다.
도리어 너는
너의 죄로 나를 수고롭게 하였으며,
너의 악함으로 나를 괴롭혔다.
25 그러나 나는
네 죄를 용서하는 하나님이다.
내가 너를 용서한 것은
너 때문이 아니다.
나의 거룩한 이름을
속되게 하지 않으려고
그렇게 한 것일 뿐이다.
내가 더 이상
너의 죄를 기억하지 않겠다.
26 나에게 상기시키고 싶은
일이 있느냐?
함께 판가름을 하여 보자.
네가 옳다는 것을
나에게 증명하여 보여라.
27 너의 첫 조상부터
나에게 죄를 지었고,
너의 지도자들도 나를 반역하였다.
28 그래서 내가
성소의 지도자들을
속되게 하였으며,
야곱이 ㄱ)진멸을 받게 버려 두었고,
이스라엘이
비방거리가 되게 버려 두었다."

주님만이 하나님이시다

44 1 "그러나 나의 종 야곱아,
내가 택한 이스라엘아,
이제 너는 들어라."

2 너를 지으신 분
네가 태어날 때부터
'내가 너를 도와주마' 하신
주님께서 말씀하신다.
"나의 종, 야곱아,
내가 택한 ㄴ)여수룬아,
두려워하지 말아라.

ㄱ) '진멸'로 번역된 히브리어 헤렘은 진멸하여 하나님께 바치는 물건이나 짐승이나 사람을 일컬음. 사람이 가질 수 없음 ㄴ) 이스라엘의 애칭

소개한다. 그것은 34—35장, 40—55장에 나타난 다른 혁명적인 신학들과의 연결하여 이해되어져야 한다. 그 이해는 유일하신 하나님은 모든 면에 있어서 우주에 대한 책임을 지고 계시며, 자연의 창조자로서 또한 역사의 주관자로서 (40:27-31에 관한 주석을 보라), 그리고 모든 민족이 풍성한 삶을 살기를 원한다는 하나님의 보편적 관심에 대한 이해이다 (42:6; 45:5-7, 22-23; 49:6; 55:5).

44:8 두려워하지 말라는 명령은 유일신 사상을 반복해서 선포하는 것과 함께, 이 신탁의 시작이었고, 또 마지막이 된다. 하나님이 최고지배자라는 것에 대한 증인으로서의 이스라엘에 대해서는 43:10을 보라.

44:9-20 이 부분은 산문형식으로 되어 있으며 우상숭배를 비난하는 부분이다 (40:18-20; 41:6-7, 21-24, 28-29; 42:8, 17; 45:16-17, 20-25; 46:1-13을 보라; 또한 2:18-20에 관한 주석을 보라). **44:9** 우상의 힘을 증명하려는 이들은 실패할 수밖에 없지만, 이스라엘은 하나님의 능력을 입증할 수 있다 (43:10; 44:8). **44:18-19** 예언자는 우상을 숭배하는 것이 상식에서 벗어난 행위라고 주장한다. **44:20** 논쟁적 결론: 우상숭배자들은 속은 것이고, 그들의 우상들은 다 거짓된 것들이다 (41:29를 보라).

44:21-28 하나님이 구원자이심을 찬양하는 일련의 노래들 (21-22, 23, 24-28절). **44:21** 41:8-9; 44:1-2; 45:4; 48:20; 그리고 49:3에서처럼, 이스라엘은 하나님의 종으로 묘사되어 있다. 하나님에 의해 지음을 받은 종이라는 표현은 44:2와 49:5에서도 찾아볼 수 있다. **44:22** 전체적인 분위기는 구속이 아닌 심판이지만, 용서와 비슷한 언어가 43:25에서도 발견된다. 이스라엘은 죄를 지었고, 포로기가 그들의 죄에 대한 심판이라는 생각은 40:2에서도 찾아볼 수 있다 (42:23-25; 43:26-27; 48:9-11; 그리고 50:1). 그러나 40:2는

3 내가 메마른 땅에 물을 주고
마른 땅에 시내가 흐르게 하듯이,
네 자손에게 내 영을 부어 주고,
네 후손에게 나의 복을 내리겠다.
4 그들은 마치 시냇물 가의 버들처럼,
풀처럼 무성하게 자랄 것이다.
5 그 때에는
'나는 주님의 것이다'
하고 말하는 사람도 있고,
'야곱'의 이름을 써서
그의 자손임을 자칭하는 사람도
있을 것이며,
팔에다가 '나는 주님의 것'이라고
쓰는 사람도 있을 것이며,
'이스라엘 사람'이라고 불리는 것을
영광으로 여기는 사람도
있을 것이다."

6 이스라엘의 왕이신 주,
이스라엘의 속량자이신
만군의 주님께서 말씀하신다.
"ㄱ)나는 시작이요, 마감이다.
나 밖에 다른 신이 없다.
7 누가 나처럼 선언할 수 있으며,
미래를 예고할 수 있느냐?
나를 누구와 견줄 수 있느냐?
만일 있다면,
내가 옛날 사람들에게
미래를 예고했듯이,
그들에게 다가올 일들을
미리 말하여 보라고 하여라.
8 너희는 떨지 말아라.
겁내지 말아라.
내가 예전부터 너희에게
이미 예고하여 주지 않았느냐?
나는 예고하였고,
너희는 이것을 증언할
나의 증인들이다.
나 밖에 다른 신이 또 있느냐?
다른 반석은 없다.
내가 전혀 아는 바 없다."

우상숭배 조롱

9 우상을 만드는 자들은 모두
허망한 자들이다.
그들이 좋아하는 우상은
아무 쓸모가 없는 것들이다.
이런 우상을
신이라고 증언하는 자들은
눈이 먼 자들이요,
무지한 자들이니,
마침내 수치만 당할 뿐이다.

10 아무런 유익도 없는 신상을 만들고
무익한 우상을
부어 만드는 자가 누구냐?

11 그런 무리는
모두 수치를 당할 것이다.
대장장이들은 사람일 뿐이다.

그들을 모두 불러모아
법정에 세워라.
그들은 두려워 떨며,
수치만 당할 것이다.

ㄱ) 또는 '시작하는 것도 나요, 마감하는 것도 나다'

또한 포로기의 심판은 너무 지나친 것이었다고 말하기도 한다 (47:6; 54:6-8; 62:4. 또한 52:13—53:12를 보라). **44:23** 49:13처럼, 하늘과 땅과 산들은 찬양하라는 명령을 받는다 (55:12를 보라). **44:24-26** 40:27-31; 42:5-6; 45:7, 12-13; 그리고 51:13-14에서, 창조자(24절)로서의 하나님의 이미지는, 역사를 주관하시는 하나님의 모습과 함께 나타난다. 이것은 그의 종에게 계시하신 것이지만 (26절), 다른 신들의 숭배자들이나, 무당들에게는 알려지지 않은 것이다 (25절; 더 자세한 것을 위해 47:8-15를 보라). 구속자로서의 하나님에 대해서는 41:14에 관한 주석을 보라. 21절에 나타난, 이스라엘을 지으신 하나님에 대한 표현은 24절에서 *태어날 때부터* 라는 표현과 함께 더욱 상세하게 설명되어 있다 (44:2; 49:5). **44:27-28** 제2이사야가 하나님은 역사를 주관하시는 위대하신 분이라는 확신을 갖게 하는 하나님의 두 개의 역사가 있다. 하나는 홍해를 가르고 이스라엘을 이집트로부터 탈출시키신 것이고, 또 하나는 페르시아의 고레스를 부르셔서 바빌론을 무너뜨리시고, 이스라엘을 그들의 고향으로 돌아가게 하신 일이다. 26절에서 유대와 이스라엘이 구속될 것이라는 총괄적인 약속은 28절에서 성전이 (솔로몬 시절에 세워진 성전으로 바빌론에 의해 무너졌다) 새롭게 세워질 것이라는 약속을 통해 더욱 분명해진다 (예루살렘 성전을 다시 세우라는 고레스의 칙령을 보라, 라 1:2-4; 6:3-5).

12 철공은 그의 힘센 팔로
연장을 벼리고,
숯불에 달구어 메로 쳐서,
모양을 만든다.
이렇게 일을 하고 나면,
별 수 없이 시장하여 힘이 빠진다.
물을 마시지 않으면,
갈증으로 지친다.

13 목공은 줄을 늘여 나무를 재고,
석필로 줄을 긋고,
대패질을 하고,
걸음쇠로 줄을 긋는다.
그렇게 해서
사람의 아름다운 모습을 따라,
우상을 만들어 신전에 놓는다.

14 그는, 용도에 따라
숲에서 백향목을 찍어 오기도 하고,
삼나무와 상수리나무를
베어 오기도 한다.
그러나 그 나무들은
저절로 튼튼하게 자란 것이지,
그들이 키운 것이 아니다.
하늘에서 내리는 비를 머금고
자라는 것이지,
그들이 자라게 하는 것이 아니다.
15 이 나무는 사람들에게
땔감에 지나지 않는다.
목공 자신도
그것으로 몸을 따스하게 하고,
불을 피워 빵을 굽기도 한다.
그런데 그것으로 신상을 만들어서
그것에게 절하며,
그것으로 우상을 만들어서
그 앞에 엎드린다!
16 우상을 만드는 것과 꼭 같은 나무
반 토막으로는 불을 피우고,
그 불덩이 위에 고기를 구워 먹고,
그것으로 배를 불리며,
또 몸을 따스하게 하며
'아, 불을 보니 따뜻하다' 하고
말한다.
17 불을 때고 남은 토막으로는
신상 곧 우상을 만들고,
그 앞에 엎드려 숭배하고,
그것에게 기도하며
'나의 신이여,
나를 구원하여 주십시오'
하고 빈다.

18 백성이
알지도 못하고
깨닫지도 못하는 것은
그들의 눈이 가려져서
볼 수 없기 때문이며,
마음이 어두워져서
깨달을 수 없기 때문이다.
19 그런 사람에게는
생각도 없고 지식도 없고
총명도 없다.
고작 한다는 말이
'내가 그 나무의 반 토막으로는
불을 피워,
그 불덩이 위에 빵을 굽고
고기를 구워 먹었지.
불을 때고 남은 나무로는

45:1-8 모든 민족의 주님이 되시는 하나님께서 고레스를 부르신다. **45:1** *기름부어 세우신.* 문자 그대로는 메시아 (히브리어, *마시아*), 그들은 일반적으로 이스라엘의 왕들과 제사장들로 특히 하나님을 섬기도록 성별된 대제사장 계열의 제사장들이다. 그러나 제2이사야의 보편적 신학의 입장에서 (44:6-7 주석을 보라), 이방 지도자인 페르시아의 고레스는 기원전 539/538년에 바빌론을 정복하고, 포로생활을 하던 이스라엘 사람들을 해방시킴으로 하나님을 섬기도록 선택받은 자가 된다. 하나님께서는 이스라엘을 위하여 선택된 왕으로 고레스의 오른손을 잡으신다. 시 110:5를 보라. **45:2** 산들을 평지로 만드는 이미지는 40:4와 41:15에서도 찾아볼 수 있고, 포로생활을 하던 이스라엘 사람들에게 준 약속의 부분으로, 그들이 고향으로 돌아갈 때, 평탄한 길을 보장받게 된다. 여기에서는 고레스가 페르시아로부터 바빌론으로 가는 행진을 언급한다. **45:3-4** 고레스의 부르심은 이스라엘에게 구원을 가져다주는 것이고, 페르시아 통치자에게 하나님의 선택된 자로서의 그의 역할을 통해, 이스라엘의 거룩하신 자에 대해 새로운 깨달음을 가져다주게 되는 것이다. "지명하여 부른다"는 표현에 대해서는 40:26에 관한 주석을 보라. **45:5-7** 고레스와 같은 이방 사람이 이스라엘의 하나님을 예배하게 될 것이라는 제2이사야의 생각은 예언자의 하나님에 대한 이해와 깊은 조화를 이룬다. 하나님에 대한 제2이사야의 이해는, 하나님은 40:18; 41:4; 42:8-13; 48:12에 깊은 관계가 있는, 우

가증한 우상을 만들었지.
이제 나는 그 나무 토막 앞에 절한다'
하는구나.

20 타고 남은 재로나
배를 채우려는 자들,
그들은 어리석은 마음에 미혹되어서,
도움마저 받지 못한다.
손에 쥐고 있는 우상이
참 신이 아니라는 것을
받아들이려 하지 않는다.

창조자와 구원자이신 주님

21 "야곱아,
이런 일들을 기억하여 두어라.
이스라엘아, 너는 나의 종이다.
내가 너를 지었다.
너는 나의 종이다.
이스라엘아,
내가 너를 절대로 잊지 않겠다.
22 내가 너의 죄를,
짙은 구름을 거두듯 없애 버렸으며,
너의 죄를
안개처럼 사라지게 하였으니,
나에게로 돌아오너라.
내가 너를 구원하였다."

23 주님께서 이런 일을 하셨으니,
하늘아, 기쁘게 노래하여라.

땅의 깊은 곳들아, 함성을 올려라.
산들아, 숲아,
그리고 그 속에 있는 모든 나무들아,
소리를 높여 노래하여라.
주님께서 야곱을 구원하심으로써,
주님께서
이스라엘을 구원하심으로써,
영광을 나타내셨다.

24 너의 구원자,
너를 모태에서 만드신
주님께서 말씀하신다.
"내가 바로 만물을 창조한 주다.
나와 함께 한 이가 없이,
나 혼자서 하늘을 폈으며,
땅도 나 홀로 넓혔다."

25 하나님께서는
거짓말하는 자들의 징조를
쓸모 없게 하시며,
점쟁이들을 혼란스럽게 만드시며,
지혜로운 자들을 물리쳐서
그들의 지식을 어리석게 하신다.
26 하나님께서는
당신의 종이 한 말을

주에 홀로 계신 신이라는 것이다. 이 생각은 5-6절에서 분명히 선포되고 있으며, 또한 44:6-8; 45:14, 18, 22; 그리고 46:9에서도 강하게 나타나고 있다. 또한 제2이사야의 신학들인 보편주의와 유일신 사상과 깊은 관계를 맺고 있는 사상은 7절의 우주의 모든 것에 책임을 지고 계시는 주가 되신다는 것으로, 하나님은 자연세계의 기원(*나는 빛도 만들고 어둠도 창조하며*)이 되시며, 인간 역사의 주가 되신다는 것이다 (*평안도 주고 재앙도 일으킨다*). 더 자세한 것을 위해서 40:27-31; 42:5-6; 44:24-26; 45:12-13; 51:13-14를 보라. **45:8** 하늘과 땅을 향한 결론적 명령 (44:23과 49:13에서 이들을 향해 언급하는 명령들을 보라). 중세의 동정녀 경배에 있어서, 하늘에게 이슬을 내리라(이것은 *비처럼 쏟아지게 하여라* 보다 정확한 문자 그대로의 해석이다. 개역개정에는 이슬을 내리라는 표현이 없음)는 하나님의 명령은, 성령이 이슬처럼 마리아에게 내려, 그녀를 임신케 하라는 명령으로 이해되었다.

45:9-13 계속되는 고레스의 부름과 하나님의 본질에 대한 성찰. **45:9-10** 연속적인 수사적 질문들로, 하나님을 *토기장이로, 아버지로*, 또 어머니의 모습으로 비유한다. 또한 이 세 모습 속에서 신적인 모습을 암시한다. 하나님이 어머니로서 묘사되는 이미지는 다음에서도 나타난다: 27:11; 42:14; 46:3-4; 49:15; 66:13; 그러나 성경의 다른 곳에서는 별로 나타나지 않는다 (민 11:12; 신 32:18; 욥 38:8, 29에서만 나타난다). 하나님의 이미지가 토기장이 아버지의 이미지로 29:16; 렘 18:1-11에 나타난다. 바울은 이것을 롬 9:20-21에 인용하였다. **45:11** *거룩하신 하나님.* 40:25에 관한 주석을 보라. *지으신 주님.* 이 호칭은 제1이사야에서 한 번 사용되었다 (17:7). 그리고 제2이사야에서는 여기와 51:13과 54:5에서 사용되었다. **45:12-13** 40:27-31; 42:5-6; 44:24-26; 45:5-7; 51:13-14에서처럼, 창조주로서의 하나님의 역사는 역사 속에서 구원자로 활동하시는 것으로 나타난다. 고레스에게 준 사명은 매우 특별하게 나타난다. 그것은 예루살렘을 재건하고, 포로생활을 하던 이스라엘을 해방시키라는 것이다. *만군의*

이루어지게 하시며,
당신의 사자들이 계획한 것을
이루어지게 하시며,
예루살렘을 보시고는
'여기에 사람이 살 것이다' 하시며,
유다의 성읍들을 보시고는
'이 성읍들이 재건될 것이다.
내가 그 허물어진 곳들을
다시 세우겠다' 하신다.
27 하나님께서는
깊은 물을 보시고는
'말라라. 내가 너의 강물을
모두 마르게 하겠다' 하시며,
28 고레스를 보시고는
'너는 내가 세운 목자다.
나의 뜻을 모두 네가 이룰 것이다'
하시며,
예루살렘을 보시고는
'네가 재건될 것이다' 하시며,
성전을 보시고는
'너의 기초가 놓일 것이다' 하신다.

주님께서 고레스를 세우시다

45 1 "나 주가 기름 부어 세운
고레스에게 말한다.
내가 너의 오른손을
굳게 잡아,
열방을 네 앞에 굴복시키고,
왕들의 허리띠를 풀어 놓겠다.
네가 가는 곳마다
한 번 열린 성문은
닫히지 않게 하겠다.
고레스는 들어라!
2 내가 너보다 앞서 가서
ㄱ)산들을 평지로 만들고,
놋쇠 성문을 부수며,
쇠빗장을 부러뜨리겠다.
3 안보이는 곳에 간직된 보화와
감추어 둔 보물을 너에게 주겠다.
그 때에 너는,
내가 주인 줄을 알게 될 것이고,
이스라엘의 하나님이
너를 지명하여 불렀다는 것을
알게 될 것이다.
4 내가 너를 지명하여 부른 것은,
나의 종 야곱, 내가 택한 이스라엘을
도우려고 함이었다.
네가 비록 나를 알지 못하였으나,
내가 너에게
영예로운 이름을 준 까닭이
바로 여기에 있다.
5 나는 주다.
나 밖에 다른 이가 없다.

ㄱ) 사해 사본과 칠십인역을 따름. 마소라 본문에는 그 뜻이 불확실함

주 라는 호칭은 제1이사야에서는 매우 흔하게 나타나지만, 40—55장에서는 단지 여섯 번만 사용되고 있다.

45:14-19 하나님의 본성을 계속함. **45:14** *이집트, 에티오피아, 스바* (에티오피아의 한 지역), 이 주요 세 나라는 43:3에서도 찾아볼 수 있다. 거기에서는 하나님께서 이 나라들을 이스라엘의 대속물로 준다는 약속을 하신다. 여기서는 그들의 부와 충성이 이스라엘에게 주어진다 (60:5-13; 61:6; 66:12를 보라). 왜냐하면 이 나라들이 주는 한 분이신 하나님이며, 45:3-4에 따라 고레스가 이루게 될 것들을 깨닫게 되기 때문이다. 여기와 44:6-8; 45:5, 6, 18, 22, 그리고 46:9에서 나타나는 분명한 유일신 사상에 대한 선포에 대해서는 44:6-7에 관한 주석을 보라. **45:15** 자신을 숨기시는 하나님에 대한 서술이 온 민족들이 하나님을 알게 된다는 선포를 따라 나온다는 것이 이상한 느낌을 준다. 아마 요점은 하나님이 이스라엘의 포로기 동안 보이지 않았지만, 이제는 그의 구속의 역사를 통해 보게 되었다는 것을 의미하는 것 같다. *구원자.* 구원자에 대해서는 43:3, 11-13에 관한 주석을 보라. **45:16** 40:18-20; 41:6-7, 21-24, 28-29; 42:8-17; 44:9-20을 참조하라; 또한 2:18-20에 관한 주석을 보라. **45:18** 하나님이 창조자라는 서술은 (40:12-31; 42:5-9; 44:24; 45:7; 45:12를 보라) 유일신 사상에 대한 분명한 고백과 함께 시작되고, 또 끝난다 (나는 주다, 나 밖에 다른 신은 없다). *다른 신은 없다* 라는 선포는 45:5, 6, 14, 21; 46:9에서도 나타난다 (또한 44:8을 보라). **45:19** 14절처럼, 이 구절은 15절의 '숨으시는 하나님'이란 주장에 반대되는 것처럼 보인다.

45:20-25 *다른 신은 없다* 는 유일신 사상의 후렴구를 통해 45:1-19와 연결되어, 하나님의 본성에 대해 계속해서 이야기하고 있다 (45:5, 6, 14, 18). 하지만, 이 부분은 독립적인 부분으로 보는 것이 합당하다. **45:20-21** 모든 민족에게 하나님의 법정으로 나아와 자신들의 신의 능력을 증명하라는 비슷한 명령으로, 41:1 그리고 43:9에서도 찾아볼 수 있다 (34:1; 41:21-29; 44:11). 물론 제2이사야에 따르면, 모든 민족은 완전하게 따르지 못한다. 주 하나님이 오직 유일하신 하나님이시기 때문이다. *구원자에* 대해서는 43:3,

나 밖에 다른 신은 없다.
네가 비록 나를 알지 못하였으나,
나는 너에게 필요한 능력을 주겠다.
6 그렇게 해서,
해가 뜨는 곳에서나,
해가 지는 곳에서나,
나 밖에 다른 신이 없음을
사람들이 알게 하겠다.
나는 주다.
나 밖에는 다른 이가 없다.
7 나는 빛도 만들고 어둠도 창조하며,
평안도 주고 재앙도 일으킨다.
나 주가 이 모든 일을 한다."

8 너 하늘아, 위에서부터 의를 내리되,
비처럼 쏟아지게 하여라.
너 창공아, 의를 부어 내려라.
땅아, 너는 열려서,
구원이 싹나게 하고,
공의가 움돋게 하여라.

"나 주가 이 모든 것을 창조하였다."

창조의 주, 역사의 주

9 질그릇 가운데서도
작은 한 조각에 지나지 않으면서,
자기를 지은 이와 다투는 자에게는
화가 닥칠 것이다.
진흙이 토기장이에게
'너는 도대체
무엇을 만들고 있는 거냐?'
하고 말할 수 있겠으며,
네가 만든 것이 너에게
'그에게는 손이 있으나마나다!'
하고 말할 수 있겠느냐?
10 아버지에게 말하기를
'나를 자식이라고 낳았습니까?'
하는 자와,
자기 어머니에게
'무슨 해산의 고생을
했다는 겁니까?'
하고 말하는 자식에게
화가 닥칠 것이다.

11 이스라엘의 거룩하신 하나님
곧 이스라엘을 지으신 주님께서
말씀하신다.
"내가 낳은 자녀를 두고,
너희가 나에게 감히 물으려느냐?
내가 한 일을
너희가 나에게 감히 명령하려느냐?
12 바로 내가 친히 이 땅을 만들었으며,
바로 내가
그 위에 인류를 창조하였다.
내가 손수 하늘을 폈으며,
그 모든 별에게 명령을 내렸다.
13 바로 내가 ㄱ)그를
의의 도구로 일으켰으니,

ㄱ) 고레스를

11-13에 관한 주석을 보라. **45:22-23** 주는 유일하신 하나님이시기 때문에, 열방들은 하나님의 거룩함 앞으로 나아와야 한다 (42:6; 45:5-7; 49:6; 56:3-8을 보라). 23절의 마지막 부분은 롬 14:1에서 바울의 이방인 선교를 지지하기 위해 사용되었다. 빌 2:6-11에서 나타나는 시적 부분들에서, 모든 무릎은 예수의 이름 앞에 무릎을 꿇어야 하고, 모든 입은 예수 그리스도의 주되심 앞에 고백되어야 한다고 주장한다. **45:24-25** 모든 민족에게 하나님께로 나아오라는 요청이 주어지지만, 이스라엘은 여전히 특별한 위치를 차지하고 있다 (45:14와 45:1-8에서 비슷한 것을 본다. 그 곳에서 하나님께서 고레스를 부르시는 주요 요점은 페르시아의 지도자를 교화시킴이 아니라 이스라엘의 해방에 있는 것이다).

46:1-13 바빌로니아의 신들에 대한 비판 (40:12-31; 41:1-16, 21-29; 42:8, 17; 44:9-20; 45:16-17, 20-25를 보라). **46:1-2** *벨* (Bel). "주" 라는 뜻이며, 바빌로니아 사람들의 대표적 신인 마르둑(Marduk)의 별명이기도 하다. *느보* (Nebo, 바빌로니아 발음으로는 *나부* [Nabu]). 마르둑의 아들이며, 보시파 (Borsippa) 도시의 신이다. 그들의 우상들을 운반하는 짐승들에 대한 표현은 실제적으로 일어난 역사적 사건을 묘사하는 것으로, 바빌로니아 사람들이 페르시아 사람들에 의한 임박한 패망을 생각하며 그들의 우상들을 보호하기 위해 성전에서부터 이동시키던 것을 말한다. 그렇지 않으면, 축제 기간 동안에 도시의 길을 행진했던 우상들의 행진을 의미할 수도 있다. **46:3-4** 바빌로니아의 짐승들은 그들의 우상들을 품고 다닐 힘이 없다. 그러나 하나님은 이스라엘을 낳으셨고, 영원히 품고 다니실 것이다. 이 분명한 대조는 제2이사야의 우상숭배에 대한 비판을 넘어 발전해 간다 (40:12-31; 41:1-16, 21-29; 42:8, 17; 44:9-20; 45:16-17, 20-25). 이 분명한 대

그의 모든 길을 평탄하게 하겠다.
그가 나의 도성을 재건하고,
포로된 나의 백성을
대가도 없이, 보상도 받지 않고,
놓아 줄 것이다."
만군의 주님이 하신 말씀이다.

14 주님께서 말씀하신다.
"이집트가 수고하여 얻은 재물과
에티오피아가 장사하여 얻은 이익이
너에게로 넘어오고,
키 큰 쓰바 사람들이
너에게로 건너와서
네 밑으로 들어와
너를 따를 것이며,
사슬에 매여 와서
네 앞에 엎드리고,
너에게 기도하는 것처럼 이르기를
'과연 하나님께서
당신과 함께 계십니다.
그 밖에 다른 이가 없습니다.
다른 신은 없습니다' 할 것이다."
15 구원자이신 이스라엘의 하나님,
진실로 주님께서는
자신을 숨기시는 하나님이십니다.
16 우상을 만드는 자들은
모두 한결같이 부끄러움을 당하고,
창피한 일을 당할 것이며,
치욕으로 물러갈 것입니다.
17 그러나 이스라엘은
주님 안에서 안전할 것입니다.
이스라엘의 구원은 영원할 것입니다.

너희 이스라엘아,
너희가 영원토록
부끄러움을 당하지 않고,
창피한 일을 당하지 않을 것이다.
18 하늘을 창조하신 주,
땅을 창조하시고 조성하신 하나님,
땅을 견고하게 하신 분이
말씀하신다.
그분은 땅을 혼돈 상태로
창조하신 것이 아니라,
사람이 살 수 있게 만드신 분이다.
"나는 주다. 나 밖에 다른 신은 없다.
19 나는 어두운 곳에서
은밀하게 말하지 않았으며,
야곱의 자손에게
'나를 허무하게 찾아라'
하지도 않았다.
나 주는 옳은 것을 말하고,
바른 것을 알린다."

세상의 주님과 바빌론의 우상

20 이방 나라에서 살아 남은 자들아,
모여 오너라.
다 함께 가까이 오너라.

조가 주장하는 것은, 하나님은 다른 신들이 하지 못하는 것들을 하실 뿐만 아니라, 다른 신들이 자신들을 숭배하는 자들에게 요구하는 것들을 하나님은 친히 그의 백성 이스라엘을 위해 행하신다는 것이다. 27:11처럼, *모태* (womb) 라는 단어가 *짓다* (to make) 라는 단어와 함께 하나님은 어머니와 같은 속성을 가지고 계시다는 것을 암시한다 (42:14; 45:9-10; 49:15; 66:13). 더 나아가 하나님은 모태에서부터 이스라엘을 받아낸 산파로 묘사되며 (66:9) 또한 이스라엘을 출생부터 돌보아 온 간호사처럼 묘사되고 있다. **46:5** 하나님은 누구와 같다고 하겠는가? 라는 질문은 40:18-20에서, 그리고 44:6-7에서도 찾아볼 수 있다. **46:6-7** 1-2절에서 언급된 짐 진 짐승들 같은 바빌로니아 사람들은 그들의 어깨에 자신들의 우상들을 짊어진다. 그들은 3-4절의 대조를 분명히 한다. 그것은 그들의 신들은 자신들을 숭배하는 자들이 자신들을 옮겨 주어야 하지만, 하나님은 처음부터 그의 백성들을 태어나게 하셨고, 그들이 늙을 때가지 그들을 짊어지고 가실 것이기 때문이다. **46:9-11** *나 밖에 다른 신은 없다.* 이 분명한 유일신 사상에 대한 선포는 45:1-25 여러 곳에서 찾아볼 수 있는데 (5, 6, 14, 18, 22절), 이 유일신 선포는 반복되고 있다. 이 선포에 대한 증거로써 하나님은 역사의 과정을 결정하시지만, 우상들은 그럴 수 없다는 것을 말한다 (41:21-29; 42:9; 43:8-13; 44:6-7). 특별히, 하나님은 페르시아의 고레스에게 동방으로부터 (먼 나라) 와서, 하나님의 백성을 포로에서 구원하라고 명령하신다. **46:13** *시온* (예루살렘의 또 다른 이름)을 향한 구원에 대한 암시는 *그 날이 멀지 않다*는 구절을 통해 제2이사야의 신탁기간인 기원전 540년대, 즉 기원전 539/538년 고레스가 바빌론을 점령하기 전으로 본다.

47:1-15 바빌론은 이스라엘을 억누른 것에 대해 부끄러움을 당하게 될 것이다. 이 신탁은, 제2이사야에서는 익숙하지 않은 형태로, 13—23장에서 발견되는 모든 민족에 대한 신탁들과 비슷하다. **47:1-3** *갈대아*라고도 불리는 *바빌론*은 영광의 자리에서 물러나 벗은

"나무 우상을 들고 다니는 자들과,
구원하지도 못하는 신에게
기도하는 자들은, 무지한 자들이다.
21 너희는 앞 일을 말하고
진술하여 보아라.
함께 의논하여 보아라.
누가 예로부터
이 일을 들려주었으며,
누가 이전부터
이 일을 알려 주었느냐?
나 주가 아니고 누구냐?
나 밖에 다른 신은 없다.
나는 공의와 구원을 베푸는
하나님이니,
나 밖에 다른 신은 없다."

22 땅 끝까지 흩어져 있는 사람들아!
모두 나에게 돌아와서
구원을 받아라.

"내가 하나님이며,
나 밖에 다른 신은 없기 때문이다.
23 내가 나를 두고 맹세한다.
나의 입에서
공의로운 말이 나갔으니,
그 말이 거저 되돌아오지는 않는다."

모두가 내 앞에 무릎을 꿇을 것이다.
모두들 나에게
충성을 맹세할 것이다.
24 '참으로 주님께만
공의와 능력이 있다'고
사람들이 나에게 고백할 것이다.

사람들이 그에게 올 것이나,
그에게 대항하던 자들은
모두 부끄러움을 당할 것이다.
25 그러나 이스라엘 자손은 모두
주 안에서 의롭다는 인정을 받고,
영예를 얻을 것이다.

46 1 벨 신이 고꾸라졌고,
느보 신이 넘어졌다.
짐승과 가축이
그 우상들을 싣고 간다.
힘겹게 떠메고 다니던 것들이,
피곤한 짐승에게
무거운 짐이 되었다.

2 우상들은
한꺼번에 넘어지고 고꾸라졌다.
우상들은
자기들을 싣고 가는 자들에게서
도망쳐 나오지도 못한다.
오히려 우상들은
포로가 되어 잡혀 간다.

3 "야곱의 집안아,
이스라엘 집안의 모든 남은 자들아,
내 말을 들어라.

몸으로 재 위에 앉게 될 것이다. 그 곳에서 자신의 양식을 위해 연자맷돌을 갈게 될 것이다 (삿 16:21). 그러나 3:24-26에서는 대조적으로 예루살렘의 여인들은 그들을 보며, 그들은 좋은 옷을 벗기고, 베옷을 입고, 머리를 밀고, 땅 위에 앉아 자신의 죄의 대가를 받는다고 말하게 될 것이다. 이것은 모두 전통적인 회개의 행위들이다. **47:4** *속량자 만군의 주님, 이스라엘의 거룩하신 하나님*에 대해서는 40:25; 41:14; 45:13의 설명을 보라. **47:6** 하나님은 주장하시기를, 바빌론이 하나님의 뜻을 따라 이스라엘에게 심판을 베풀 때, 바빌로니아 사람들은 이스라엘에게 긍휼을 베풀지 않음으로 그들의 역할을 넘어갔다 (40:2를 보라. 이것은 포로생활 동안 혹심하게 받은 벌을 말하기도 한다. 또한 54:6-8; 62:4를 보라. 그리고 52:13—53:12에 나오는 이스라엘의 고난을 대신하여 받는 고난으로 표현하는 것을 보라). **47:8-11** 바빌론의 여인들은 자신들이 안전한 곳에 앉았다고 생각하지만, 그들은 남편과 자녀들을 잃게 될 것이다. 여기서 남편은 그들의 보호자인 마르둑 신을 의미할 것이다 (49:18; 54:4-8; 62:4-5를 보라. 예루살렘의 여인들에게 보호자는 하나님이다. 예루살렘의 아이들은 이스라엘 백성들로 볼 수 있고, 바벨론의 아이들은 바빌로니아 백성들로 볼 수 있다: 49:21-26; 50:1; 51:18, 20; 54:1-3, 13; 60:4, 9; 66:7-8, 11-12를 보라). *마술과 여러 가지 주술.* 바빌로니아의 발달된 점치는 예식으로 제물로 받쳐진 짐승의 내장 속에서 신의 뜻이 계시되어 있다고 생각되었다 (44:25를 보라). **47:13** 점치는 예식에 추가적으로, 바빌로니아 사람들의 발달된 점성술도 비판되었다. **47:14-15** *그들.* 바빌론의 점치는 자들과 점성술자들을 지칭하며, 그들은 바빌로니아의 사람들을 구원하지도 못하면서, 속이기만 하던 자들이었다.

48:1-22 42:18-25와 43:22-28 같은 이스라엘을 징계하는 시로, 화해를 강조하는 제2이사야의 신탁에서는 특이한 내용이다. **48:1-2** *이스라엘이라 일컬음을*

너희가 태어날 때부터
내가 너희를 안고 다녔고,
너희가 모태에서 나올 때부터
내가 너희를 품고 다녔다.
4 너희가 늙을 때까지
내가 너희를 안고 다니고,
너희가 백발이 될 때까지
내가 너희를 품고 다니겠다.
내가 너희를 지었으니,
내가 너희를 품고 다니겠고,
안고 다니겠고, 또 구원하여 주겠다.
5 너희가 나를 누구와 견주겠으며,
나를 누구와 같다고 하겠느냐?
나를 누구와 비교하여
'서로 같다' 하겠느냐?

6 사람들이
주머니에서 금을 쏟아내며,
은을 저울에 달고,
도금장이들을 사서
신상을 만들게 하고,
그것에게 엎드려 경배한다.
7 사람들이 우상을 어깨에 메고,
우상을 둘 자리에 내려놓으면,
우상은 내려놓은 그 곳에 서서
꼼짝도 하지 못한다.
사람들이 그것에게 부르짖어도
전혀 응답하지 못하며,
고난당하는 사람을
구원하지도 못한다.
8 너희 죄인들아, 이것을 기억하여라.
그리고 확고하게 서라.
너희 반역한 죄인들아,
이 일을 가슴 깊이 간직하여라.
9 너희는
태초부터 이루어진 일들을
기억하여라.
나는 하나님이다.
나 밖에 다른 신은 없다.
나는 하나님이다.
나와 같은 이는 없다.
10 처음부터 내가
장차 일어날 일들을 예고하였고,
내가, 이미 오래 전에,
아직 이루어지지 않은 일들을
미리 알렸다.
'나의 뜻이 반드시 성취될 것이며,
내가 하고자 하는 것은
내가 반드시 이룬다'고 말하였다.
11 내가 동방에서 독수리를 부르고,
먼 나라에서
나의 뜻을 이룰 사람을 불렀다.
내가 말하였으니,
내가 그것을 곧 이루겠으며,
내가 계획하였으니,
내가 곧 그것을 성취하겠다.

12 내가 승리할 것을 믿지 않는
너희 고집 센 백성아,
내가 하는 말을 들어라.
13 내가 싸워서 이길 날이 가까이 왔다.
그 날이 멀지 않다.

받은 유다. 야곱의 집안인 이스라엘과 유다는 제2이사야에서 일반적으로 한 짝이 되어 나타난다 (51:1—52:2; 그리고 59:20에 관한 주석을 보라). 또한 유다의 자손으로 묘사되는데, 이것은 제2이사야에서는 오직 이 곳에서만 발견되는 호칭이다. 이스라엘 백성이 스스로 거룩한 성읍 백성이라고 자랑하는 동안, 하나님께서는 그들의 공의롭지 못한 행동을 날카롭게 지적하신다 (43:22-28을 보라, 올바른 공의의 정신은 없이, 단순히 형식적으로 제물을 받치는 사람들이 지적받는다; 또한 58:1-14를 보라). **48:3-5** 여러 곳에서 하나님께서는 과거와 미래에 일어날 사건에 대해서 말씀하셨다. 그 이유는 여호와가 하나님임을 알게 하기 위함이었다 (41:21-24; 42:5-9; 43:8-13; 46:8-11). 그러나 이 부분에서 하나님이 주장하시는 것은, 오래 전에 한 계시들은 완고한 이스라엘 백성들을 확신시키기 위함이었다는 것이다. **48:6-8** 하나님은 새로운 계시를 선포하신다. 그것은 이스라엘은 포로에서 해방될 것이라는 것이다. 이스라엘은 이전에 이런 말씀을 듣지 못했다. 왜냐하면 그들의 반역적인 본성이 그들의 귀를 막고 있었기 때문이다. **48:9-11** 이스라엘은 포로생활을 통해 당연히 받아야 할 심판을 받았다 (42:23-25; 43:26-27; 44:22; 50:1을 보라; 그리고 약간의 차이는 있지만, 40:2와 47:6을 보라). 그러나 하나님은 이스라엘을 구원하시기로 결정하셨는데, 그 이유는 다른 곳에서 언급되는 단순한 동정심에서가 아니라, 하나님의 이름을 찬미하기 위해서였다. **48:12-13** 하나님의 구원의 행위에 대한 신학적으로 함축된 표현이 나타난다: 하나님은 창조자시며, 처음이요 나중이 되시는 분으로 우주의 지배자라는 것이다 (40:18; 41:4, 42:8; 43:8-13; 44:6; 계 1:17; 22:13을 보라). *내가 바로 그다* 라는 선포에 대해서는 43:9-10에 관한 주석을 보라. **48:14** *함께 모여라* 혹은 "가까이 나오라" 라는 명령은 다른 곳에서는

내가 이기는 그 날은
지체되지 않는다.
내가 시온을 구원하고,
이스라엘 안에서
나의 영광을 나타내겠다."

바빌론 심판

47 1 "처녀 딸 바빌론아,
내려와서 티끌에 앉아라.
딸 ㄱ)바빌로니아야,
보좌를 잃었으니, 땅에 주저앉아라.
너의 몸매가 유연하고
맵시가 있다고들 하였지만,
이제는
아무도 그런 말을 하지 않을 것이다.
2 맷돌을 잡고 가루를 빻아라.
얼굴을 가린 너울을 벗고,
치마를 걷어 올려
다리를 드러내고 강을 건너라.
3 알몸을 드러내고,
네 부끄러운 곳까지도
드러내 보여라.
내가 복수할 터이니,
어느 누구도
나를 막지 못할 것이다."

4 우리의 속량자는
그 이름이 만군의 주님,
이스라엘의 거룩하신 하나님이시다.

5 "딸 ㄱ)바빌로니아야,
잠잠히 앉아 있다가
어둠 속으로 사라져라.
사람들이 이제부터는 너를
민족들의 여왕이라고
부르지 않을 것이다.
6 전에 내가 나의 백성에게 진노하여,
나의 소유, 나의 백성이
곤욕을 치르게 하고,
그들을 네 손에 넘겼다.
그런데 네가 나의 백성을
가엾게 여기지 아니하고,
노인에게도 무거운 멍에를 메웠다.
7 ㄴ)너는 언제까지나
네가 여왕으로
군림할 것이라고 믿고,
이런 일들을
네 마음에 두지도 않았으며,
이후에 일어날 일은
생각조차 하지 않았다.

8 그러나, 방탕한 여인아,
이제 너는 이 말을 들어 보아라.
네가 평안히 앉아서
마음 속으로 이르기를
'나보다 더 높은 이가 없다.
나는 과부가 되지 않을 것이며,
자식을 잃는 일도 없을 것이다'
하였지만,
9 자식을 잃고 과부가 되는
이 두 가지 일이
한 날에 갑자기 닥쳐올 것이다.
너의 주술이 아무리 능하고
너의 마술의 힘이
아무리 세다 하여도,
이 일이 너에게 반드시 닥친다.

10 네가 악한 일에 자신만만 하여
'아무도 나를 감시하지 않는다'
하였다.
너의 지혜와 너의 지식이
너를 잘못된 길로 들어서게 하였고,

ㄱ) 또는 '갈대아' ㄴ) 또는 '너는 네가 권좌의 여왕으로'

다른 민족들을 향해서 언급되었다 (34:1; 43:9; 44:11; 45:20; 또한 41:1-16, 21-29를 보라). 그러나 여기서는 하나님께서 이스라엘에게 명령하시고, 이스라엘은 여호와 하나님이 진실한 하나님이시며, 우상들은 아무런 힘도 없다는 것을 깨닫게 된다 (43:26). 그 증거는 하나님께서 페르시아의 고레스를 부르신 것이며, 주님께서 부르신 (사랑하신다는 표현보다 어울린다) 그가 바빌론 (갈대아 라고도 부른다)을 기원전 539/538년에 무너뜨린 것이다. **48:15-16** 하나님께서 계속해서 고레스를 부르신다. 그리고 일반적으로 역사를 주관하시는 하나님의 능력에 대해 16절 마지막까지 언급한다. 마지막 부분에서 예언자의 말이 등장한다. 42:1에서처럼 (40:12-14의 설명을 보라), 초대교회는 이 부분을 삼위일체를 가리키는 자료로 보았고, 이 부분이 하나님과 하나님의 영과 하나님께서 보내신 자(예수 그리스도)에 대한 언급으로 보았다. **48:17-19** 9-11절에서 찾아 볼 수 있는 이스라엘의 죄악에 대한 주제가 되풀이되고 있다. *속량자, 거룩하신 분, 나는 주, 네 하나님이다.*

너의 마음 속으로
'나보다 더 높은 이가 없다'고
생각하게 하였다.
11 불행이 너에게 닥쳐와도
너의 점술이
그것을 막지 못할 것이며,
너에게 재난이 덮쳐도
네가 거기에서
벗어나지 못할 것이다.
네가 생각하지도 못한 파멸이,
순식간에 너에게 이를 것이다.
12 자, 네가 젊어서부터 부리던
마술과 여러 가지 주술을
가지고 버티어 보아라.
혹시 그것들이 너에게
도움이 될지도 모르고,
아니면 너의 대적들이 그것을 보고,
너를 두려워할지도 모르지 않느냐!
13 너는 오히려
너의 많은 조언자들 때문에 지쳤다.
자, 하늘을 살핀다는 자들,
별을 보고서 점친다는 자들,
매달 초하루마다
너에게 닥쳐올 일을
알려 준다는 자들,
그들을 일으켜서
너를 구원하라고 하여라.

14 보아라,
그들은 검불같이 되어서,
불에 타고 말 것이다.
그 불은 빵이나 굽는 숯불이 아니고,
손이나 따뜻하게 하는
화롯불도 아니다.
그 불은 너무나도 뜨거워서,
그들 스스로를 그 불에서
구하여 내지 못할 것이다.
15 바로 네가 애써서 공들였던 자들이
너에게 이렇게 되며,
네가 젊었을 때부터
너와 거래하던 자들도
각자 뿔뿔이 도망 칠 것이니,
너를 구원할 자가 없을 것이다."

하나님께서 새 일을 약속하시다

48 1 야곱의 집안아,
이스라엘이라 일컬음을 받는
유다의 자손아,
주님의 이름을 두고 맹세를 하고
이스라엘의 하나님을
섬긴다고는 하지만,
진실이나 공의라고는
전혀 없는 자들아, 이 말을 들어라.

2 스스로 거룩한 성읍 백성이라고
자처하는 자들아,
그의 이름 만군의 주
이스라엘의 하나님을 의지한다고
자랑하는 자들아,
너희는 이 말을 들어라.

3 "내가, 이미 옛적에,
장차 일어날 일들을 알려 주었다.
내가 직접 나의 입으로
그것을 예고하였고,
내가 그것을 직접 들려주었으며,
그 일을 내가 홀연히 이루었다.
4 내가 알기에, 너는 완고하다.
네 목 힘줄은 쇠붙이요,
네 이마는 놋쇠나 다름없다.

이러한 표현들에 대해서 40:25; 41:14; 43:2-3에 관한 주석을 보라. **48:20** 9-11절에서처럼, 바빌론에서 탈출하는 이스라엘은 하나님의 능력과 존귀함을 드러낸다. **48:21** *물이 솟아나게 하셨다.* 출 17:1-7과 민 20:2-13에서 이스라엘 백성이 이집트를 출애굽한 후에 바위에서부터 흘러나왔다. 이 출애굽의 이미지는 다른 곳에서처럼 (35:5-7에 관한 주석을 보라), 바빌론에서 탈출이 새로운 출애굽이 될 것이라는 것을 암시해 준다. **48:22** 이 구절은 57:21에서도 반복되는데, 현대인을 위한 금언의 자료가 될 수 있다: "악인들에게는 평화가 없다."

49:1-6 두 번째 "종의 노래" (42:1-4; 49:1-6; 50:4-9; 52:13-53:12). 첫 번째 "종의 노래"에서는 말하는 자는 하나님이었지만 (42:1-4), 여기서는 모든 나라를 언급하면서, 종이 직접 말한다. **49:1** 종은 어머니의 모태에 있을 때 이미 하나님의 사역을 위해 부름을 받았다 (5절을 보라); 렘1:5와 비교해 보라. 렘 1:5에서는 예언자 예레미야가 모태로부터 부름을 받았고, 이것은 종의 예언자로서의 특징을 설명하는데 도움을 준다 (42:1; 44:1-2에 관한 주석을 보라). 종은 이스라엘 나라를 대표하기 때문에, 49:21-26; 50:1; 51:18, 20; 54:1-3, 13; 60:4, 9; 66:7-8, 11-12에서처럼, 그의

5 옛적부터 내가 네게 알리고,
아직 그 일이 일어나기도 전에
네게 들려준 까닭은, 네가
'내 우상이 이 일을 이루었으며,
내가 조각한 신상과
부어 만든 신상이
이 일을 명령한 것이다'
하고 말하지 못하게
하려는 것이었다.
6 네가 이미 들었으니,
이 모든 것을 똑똑히 보아라.
네가 인정하지 않겠느냐?
이제 내가 곧 일어날 새 일을
네게 알려 줄 터이니,
이것은 내가 네게 알려 주지 않은
은밀한 일이다.
7 이것은 이제 내가 창조한 일이다.
옛적에 일어난 것과는 다르다.
지금까지 네가
들어 본 일이 없는 일이다.
네가 전에 이것을 들었더라면
'아, 바로 그 일,
내가 이미 알고 있었다!'
하고 말할 수 있겠지만,
이번 일만은 그렇지 않다.
8 나는 알고 있었다.
네가 성실하지 못할 것임을
잘 알고 있었다.
네가 모태에서부터
반역자라고 불러 마땅한 자로
태어날 것을
나는 알고 있었다.
그러기에 내가 너를,
듣지도 못하게 하였고,
알지도 못하게 하였으며,
옛적부터 네 귀가
트이지도 못하게 한 것이다.
9 내 이름 때문에 내가 분노를 참고,
내 영예 때문에 내가 자제하여,
너를 파멸하지 않겠다.
10 보아라, 내가 너를 단련시켰으나,
은처럼 정련하지 않고,
오히려 ㄱ)고난의 풀무질로 달구어
너를 시험하였다.
11 나를 위하여,
바로 나를 위하여
내가 그렇게 하는 것이다.
어찌 내 이름을 욕되게 하겠느냐?
내 영광이
남에게 돌아가게 할 수는 없다.
12 야곱아, 내가 불러낸 이스라엘아,
내가 하는 말을 들어라.
내가 바로 그다.
ㄴ)내가 곧 시작이요 마감이다.
13 내 손으로 땅의 기초를 놓았고,
내 오른손으로 하늘을 폈다.
내가 하늘과 땅을 부르기만 하면,
하늘과 땅이
하나같이 내 앞에 나와 선다."

주님께서 고레스를 선택하시다

14 너희는 모두 함께 모여서
들어 보아라.
우상들 가운데서

ㄱ) 또는 '고난의 화덕에 넣어서' ㄴ) 또는 '시작하는 것도 나요, 마감하는 것도 나다'

어머니는 예루살렘으로 볼 수 있다. **49:2** 종을 숨기셨다는 표현은 42:2-3에 있는 침묵의 이미지를 회상시켜 준다. 종의 입(혹은 가르침)의 힘을 강조하는 것은 그의 예언자적 본성을 증명하는 것이다. **49:3** 이스라엘로 나타나는 종의 정체성은 분명하게 나타난다. 그러나 종의 노래들 중에서 이 정체성이 나타나는 것은 이 곳뿐이고, 사실 자료가 정확하다고 보기 어렵다 (칠십인역에서는 이스라엘이라는 단어가 빠져있다). **49:4-6** 1절에서처럼, 개인적인 예언자로 나타난 암시들은 예언자의 나라 이스라엘로 융화되어 버린다. 그래서 모세, 제1이사야, 예레미야와 같은 예언자들처럼, 이스라엘도 자신이 가치없는 존재라고 주장한다. 하나님께서 이 세 예언자에게 확신을 주시듯, 이 종에게도 확신을 주신다 (출 4:10-17; 사 6:5-7; 렘 1:6-10). 종은 *뭇 민족의 빛이다* (이미 42:1-4에서 암시되었다), 이것은 언약적 정의에 입각한 교훈을 가르치라는 명령이다. 그러나 종은 5-6절에서 말하는 것처럼, 이스라엘을 회복시키라고 부름을 받지는 않았고, 오히려 이 절들의 주제는 5절에서 나타나는 것처럼, "야곱을 주님께로 돌아오게 하시고 흩어진 이스라엘을 다시 불러모으시려고, …주님께서 내게 말씀하신다." 강조점은 하나님이고, 6절의 내용처럼, 내가 (하나님이) "야곱의 지파들을 일으키고, 이스라엘 가운데서 살아남은 자를 돌아오게" 하실 것이다. 핵심은 하나님이시다.

49:7-13 42:1-4와 연결되어서, 42:5-9가 "종의 노래"를 설명하는 것처럼, 49:7-13은 49:1-6을 부연

누가 이런 일들을
알려 준 일이 있었느냐?
주님께서 그를 사랑하시니,
그가 바빌론을 공격하여
주님의 뜻을 이루어 드리고,
그의 능력을
ㄱ)바빌로니아 사람 앞에서
드러낼 것이다.
15 "내가 말하였고,
내가 그를 불러냈다.
내가 그를 오게 하였으니,
내가 그 길을 형통하게 하겠다.
16 너희는 나에게 가까이 와서,
이 말을 들어라.
처음부터 나는
은밀하게 말하지 않았다.
이 일이 생길 때부터
내가 거기에 있었다."

이제 주 하나님께서 나를 보내셨고
그분의 영도 함께 보내셨다.

백성을 보살피시는 하나님의 계획

17 주, 너의 속량자,
'이스라엘의 거룩하신 분'께서
이르시기를
'나는 주, 네 하나님이다.
네게 유익하도록 너를 가르치며,
네가 마땅히 걸어야 할 길로
너를 인도하는 하나님이다' 하셨다.

18 "네가 나의 명령에
귀를 기울이기만 하였어도,
네 평화가 강같이 흐르고,
네 공의가 바다의 파도같이
넘쳤을 것이다.
19 네 자손이 모래처럼 많았을 것이며,
네 몸에서 태어난 자손도
모래알처럼 많았을 것이며,
그 이름이
절대로 내 앞에서 끊어지거나,
없어지지 않았을 것이다."

20 너희는 바빌론에서 나오너라.
ㄱ)바빌로니아 사람들에게서
도망하여라.
그리고 '주님께서
그의 종 야곱을 속량하셨다'
하고, 즐겁게 소리를 높여서 알려라.
이 소식이
땅 끝까지 미치도록 들려주어라.

ㄱ) 또는 '갈대아'

설명한다. 50:4-9에 따라 나타나는 50:10-11의 짧은 구절을 비교해 보아라. **49:7** 모든 민족에 의해 멸시받은 종(히브리어, *에베드*)은 49:1-6의 하나님의 종이다; 하나님의 종 (Servant) 이스라엘은 53:3에서도 멸시받은 종으로 묘사되어진다. *속량자, 거룩하신 분.* 40:25; 41:14에 관한 주석을 보라. **49:8** 42:7과 49:5-6처럼, 이 구절의 주도적인 주체는 하나님이며, 하나님께서 나라를 세울 땅을 찾으셨고, 황량한 땅을 분배하셨다 (이스라엘을 그들의 고향으로 돌아오게 하는 것에 대한 것). 언약의 백성이 되라는 요청에 대해서는 42:6에 관한 주석을 보라. 바울은 고린도후서 6:2에서 8절 전반부를 인용하였다 (49장에 대한 전반적인 바울의 인용에 대해서는 1260쪽 추가 설명: "그리스도교 전통에서의 종의 노래들"을 보라). **49:9-11** *말하는 이*는 하나님이시다. 하나님께서 말씀하시는 *죄수*들은 포로생활을 하던 이스라엘 백성이며, 하나님께서 그들의 조상들을 이집트에서 이끌어 내셨듯이, 그들은 하나님으로부터 고향으로 돌아가게 해주겠다는 약속을 받는다. 그러나 첫 출애굽과는 달리, 이번 출애굽은 배고픔과 목마름이 없을 것이고 (출 15:22-25; 16:1-36; 17:1-7; 민 11:1-35; 20:2-13을 보라), 지형적인 어려움도 없을 것이다. 35:5-10; 40:4; 41:14-16 18-20; 42:15-16; 43:19-20을 보라. **49:12** 43:5에서처럼, 바빌론에서 포로생활을 하던 사람들과 세상으로 흩어진 이스라엘 사람들이 다시 고향으로 돌아오게 될 것이라는 약속을 받는다. *아스완 땅*은 이집트의 남부로 나일의 첫 번째 폭포가 있는 곳이다. (개역개정, 공동번역, NRSV는 이 지역을 "시님 땅"이라고 하는데, 그 이유는 마소라사본을 따르기 때문이고, 새번역개정의 "아스완"은 사해사본을 따른 것이다.) 여기에서 언급된 것은, 기원전 5세기에 엘리판타인(Elephantine, 이스완 반대쪽에 있는 나일 섬 중에 하나)에서 번성했던 유대인 유배지를 의미하며, 이 곳은 이미 오래 전에 형성되어 있었고, 제2이사야의 시대에는 잘 알려져 있었다. **49:13** 44:23; 45:8; 그리고 55:12에 관한 주석을 보라.

49:14-26 예루살렘의 회복을 노래하는 시로, 포로생활이 곧 끝날 것을 노래한다. 이 신탁은 49—55장에 나타나는 시온이라고도 불리는 *예루살렘*을 언급하는 여러 신탁 중에 하나이다 (49:14-26; 50:1-3; 51:1-8, 9-11; 51:17—52:2; 52:7-12; 54:1-17).

21 주님께서
그들을 사막으로 인도하셨으나,
그들이 전혀 목마르지 않았다.
주님께서는 바위에서 물을 내셔서
그들로 마시게 하셨고,
바위를 쪼개셔서
물이 솟아나게 하셨다.
22 주님께서 말씀하신다.
"악인들에게는 평화가 없다."

만방에 비치는 빛 이스라엘

49 1 너희 섬들아,
내가 하는 말을 들어라.
너희 먼 곳에 사는 민족들아,
귀를 기울여라.
주님께서 이미 모태에서부터
나를 부르셨고,
내 어머니의 태 속에서부터
내 이름을 기억하셨다.
2 내 입을 날카로운 칼처럼 만드셔서,
나를 주님의 손 그늘에 숨기셨다.
나를 날카로운 화살로 만드셔서,
주님의 화살통에 감추셨다.
3 주님께서 내게 말씀하셨다.
"이스라엘아, 너는 내 종이다.
네가 내 영광을 나타낼 것이다."
4 그러나 나의 생각에는,
내가 한 것이 모두 헛수고 같았고,
쓸모 없고 허무한 일에
내 힘을 허비한 것 같았다.
그러나 참으로
주님께서 나를
올바로 심판하여 주셨으며,
내 하나님께서 나를
정당하게 보상하여 주셨다.

5 내가 태어나기도 전부터
주님께서는 나를
그의 종으로 삼으셨다.
야곱을 주님께로 돌아오게 하시고
흩어진 이스라엘을
다시 불러모으시려고,
나를 택하셨다.
그래서 나는
주님의 귀한 종이 되었고,
주님은 내 힘이 되셨다.
주님께서 내게 말씀하신다.
6 주님께서 이렇게 말씀하신다.
"네가 내 종이 되어서,
야곱의 지파들을 일으키고
이스라엘 가운데 살아 남은 자들을
돌아오게 하는 것은,
네게 오히려 가벼운 일이다.
땅 끝까지
나의 구원이 미치게 하려고,
내가 너를
'뭇 민족의 빛'으로 삼았다."

7 이스라엘의 속량자,

40—48장의 신탁들은 주로 이스라엘/야곱에 대한 것들이다. **49:14** 시온을 언급하기 위해 여성 동사가 사용되었는데 (히브리어, *와트오머*), 이것은 15절에서의 하나님을 표현하는 어머니의 이미지와 함께, 시온의 이미지를 고뇌하는 하나님의 딸로 묘사한다. 그녀는 하나님께 버림받았다는 생각에 고통 속에서 고뇌하고 있는 것이다. 여성으로서의 예루살렘에 대해서 1:7-8에 관한 주석을 보라. **49:15** 어머니의 긍휼이 약해질지라도, 어머니로서의 하나님의 긍휼과 사랑은 약해지지 않을 것이다 (27:11에 관한 주석을 보라). **49:18** 예루살렘의 회복을 찬양하기 위해 예루살렘은 신부로 묘사된다 (62:4-5와 52:1, 54:11-12를 보라). 62:5에서 신랑을 하나님으로 묘사하고, 54:4-8은 하나님을 예루살렘의 남편으로 묘사한다. 하나님의 배우자로서의 예루살렘에 대한 사상은 제1이사야에서도 발견되었지만, 그곳에서 예루살렘은 부정한 아내로 징계를 받았다 (1:21-23에 관한 주석을 보라). **49:19-20** 54:2-3을 보라. **49:21** 15절에서 적용된 어머니로서의 하나님 이미지는 이제 예루살렘에 적용된다 (50:1; 51:18, 20; 54:1-3, 13; 60:4, 9; 66:7-8, 11-12). 누가 이 아이들을 낳아 주었는가? 자식을 낳을 수 없는 상황이었는데 누가 낳아 주었는가? 예루살렘은 궁금해 할 것이다. **49:22-23** 21절의 질문에 대한 대답은 뭇 민족이 예루살렘의 자손들을 양부모처럼 돌보았다는 것이다. 이들은 자비심을 갖고 행동해 왔지만, 이 양부모들은 여전히 친어머니(예루살렘)보다는 못하며, 그들은 예루살렘에 절하며 그의 발을 핥을 것이다 (45:14; 49:7; 60:10-11을 보라). 시 72:9에서 이것은 능력의 왕에 대한 경외의 표현이다. **49:24-26** 결론적인 구원에 대한 약속으로 하나님이 선포하시는 것은 비록 불가능해 보이는 것도 (강한 자에게서 전리품을 빼앗는 것, 압제자에게서 포로를 구원해 내는 것) 어머니이며, 예루살렘의 구원자 그리고 속량자 되시는 하나님에 의해 이루어질 것이라는 것이다 (41:14; 43:3, 11-13에 관

거룩하신 주님께서,
남들에게 멸시를 받는 사람,
여러 민족들에게 미움을 받는 사람,
통치자들에게
종살이하는 사람에게 말씀하신다.
"왕들이 너를 보고 일어나서
예를 갖출 것이며,
대신들이 또한 부복할 것이니,
이는 너를 택한
이스라엘의 거룩한 하나님,
신실한 나 주 하나님 때문이다."

예루살렘의 회복

8 주님께서 그의 백성에게
이렇게 말씀하신다.
"너희를 구원해야 할 때가 되면,
내가 너희에게 은혜를 베풀겠고,
살려 달라고 부르짖는 날에는,
내가 그 간구를 듣고 너희를 돕겠다.
내가 너희를 지키고 보호하겠으며,
너를 시켜서
뭇 백성과 언약을 맺겠다.
너희가 살던 땅이 황무해졌지마는,
내가 너희를
다시 너희 땅에 정착시키겠다.
9 감옥에 갇혀 있는 죄수들에게는
'나가거라.
너희는 자유인이 되었다!'
하고 말하겠고,
어둠 속에 갇혀 있는 사람들에게는
'밝은 곳으로 나오너라!'
하고 말하겠다.
그들이 어디로 가든지
먹거리를 얻게 할 것이며,
메말랐던 모든 산을
그들이 먹거리를 얻는
초장이 되게 하겠다.
10 그들은 배고프거나 목마르지 않으며,
무더위나 햇볕도
그들을 해치지 못할 것이니,
이것은 긍휼히 여기시는 분께서
그들을 이끄시기 때문이며,
샘이 솟는 곳으로
그들을 인도하시기 때문이다.
11 내가, 산에서 산으로 이어지는
큰길을 만들고,
내 백성이 자유스럽게 여행할
큰길을 닦겠다.
12 보아라, 내 백성이
먼 곳으로부터도 오고,
또 더러는 북쪽에서도 오고,
서쪽에서도 오고,
ㄱ)아스완 땅에서도 올 것이다."
13 하늘아, 기뻐하여라!
땅아, 즐거워하여라!
산들아, 노랫소리를 높여라.
주님께서 그의 백성을 위로하셨고,

ㄱ) 사해 사본을 따름. 마소라 본문에는 '시님'

한 주석을 보라). 모든 사람에 의해 알게 될 이 구원은 다음 구절들에서 발견되는 유일신 사상에 대한 고백을 회상시켜준다: 44:6-8; 45:5, 6, 14, 18, 22; 46:9. *전능자.* 이것에 대해서는 1:24를 보라.

50:1-3 하나님께서 예루살렘을 구원하시리라는 것을 약속하시는 짧은 시. **50:1** 하나님은 이스라엘의 아버지로 여겨진다. 하나님의 배우자, 그들의 어머니는 예루살렘이다 (49:21-26; 51:18, 20; 54:1-3, 13; 60:4, 9; 66:7-8, 11-12). 포로생활을 하는 동안 이 결혼이 무의미해져 버렸다고 해도, 이혼한 것은 아니다. 이것은 단지 예루살렘의 죄로 인한 일시적으로 떨어져 있었던 것이다. 포로기는 또한 40:2; 42:23-25; 43:26-27; 44:22 그리고 48:9-11에서 죄에 대한 심판으로 묘사되어진다. 그러나 40:2; 47:6 그리고 54:6-8을 보라. 모두 충분한 대가를 치렀다고 말한다 (또한 52:13—53:12를 보라). **50:2** 마른 홍해의 암시가 말하는 것은, 포로된 땅으로부터 고향으로 돌아가는 것은 새로운 출애굽이 될 것이라는 것이다 (35:5-7에 관한 주석을 보라). **50:3** 베옷은 애통하는 자가 입는 전통적인 옷이다.

50:4-9 세 번째 "종의 노래" (42:1-4; 49:1-6; 50:4-9; 52:13—53:12). 두 번째 노래에서처럼, 말하는 자는 예언자다. 그러나 49:1-6과는 다르게 청중은 이스라엘 백성이다. 특별히 하나님에게서 떨어져 나간 백성이다. "이상적" 이스라엘로서의 종은 포로생활을 하면서 기가 죽은 이스라엘 사람들의 실체와 대조가 된다. **50:4-5** 처음 두 노래에서 암시된 종의 예언자적 특성은 여기서 더욱 분명해진다. 종은 자신을 하나님의 말씀을 받은 자로 묘사하면서, 자신은 그 말씀을 다른 자들에게 드러내야 한다고 말한다 (렘 1:9-10; 겔 2:8—3:3을 보라). 4절에 있는 *지친 사람은* 낙담한 포로민들이다. **50:6** 종의 고난은 42:4에서 징조를 보이고, 49:7에서 그리고 52:13—53:12에서 잘 나타난다. 여기서 종에게 고통을 주는 자들은 이스라엘 백성 중

또한 고난을 받은 그 사람들을
긍휼히 여기셨다.

14 그런데 시온이 말하기를
"주님께서 나를 버리셨고,
주님께서 나를 잊으셨다" 하는구나.

15 "어머니가
어찌 제 젖먹이를 잊겠으며,
제 태에서 낳은 아들을
어찌 긍휼히 여기지 않겠느냐!
비록
어머니가 자식을 잊는다 하여도,
나는 절대로 너를 잊지 않겠다.
16 보아라, 예루살렘아,
내가 네 이름을 내 손바닥에 새겼고,
네 성벽을 늘 지켜 보고 있다.
17 너를 건축할 사람들이 곧 올 것이니,
너를 파괴하는 사람과
황폐하게 하는 사람이
너를 곧 떠날 것이다.
18 네 눈을 들어 주위를 둘러보아라.
네 백성이 모두 모여 너에게로 온다.
나 주가 내 삶을 걸고 맹세한다.
신부가
패물을 몸에 치장하고 자랑하듯,
너는 네 백성을 자랑할 것이다.
19 내가 네 땅을 쳤고,
황폐하게 하였고,
파괴하였지만,
이제는 백성이 너무 많아서
네 땅이 비좁다.
너를 삼키던 자들은
너에게서 멀리 떠날 것이다.
20 한때 네가
잃은 줄로만 알았던 자녀들이
다시 네 귀에 속삭이기를
'이 곳이 너무 비좁으니,
내가 살 수 있도록
자리를 넓혀 주십시오'
할 것이다.
21 그 때에 너는 마음 속으로 이르기를
'누가 나에게
이 아이들을 낳아 주었는가?
나는 자식을 잃고
더 낳을 수도 없었는데,
포로가 되어 버림을 받았는데,
누가 이 아이들을 키워 주었는가?
나 홀로 남지 않았던가!
도대체 이 아이들이
다 어디에서 왔는가?'
할 것이다."
22 주님께서 이렇게 말씀하신다.
"내가 뭇 민족을 손짓하여 부르고,
뭇 백성에게 신호를 보낼 터이니,
그들이 네 아들을 안고 오며,
네 딸을 업고 올 것이다.
23 왕들이 네 아버지처럼 될 것이며,
왕비들이 네 어머니처럼 될 것이다.
그들이 얼굴을 땅에 대고
네게 엎드릴 것이며,
네 발의 먼지를 닦아 줄 것이다.
그 때에 너는,
내가 주인 줄을 알 것이다.

그의 반대자들로, 다른 예언서(특히 예레미야서)들과 비교되어 분명해진다 (렘 20:7-13에서, 예레미야는 그의 메시지를 받아들이지 않는 이스라엘 사람들에게 조롱당한다). **50:7-9** 예레미야처럼, 종이 확신하는 것은 하나님께서 그의 곁에 서서 그를 붙잡아주신다는 것이다. 하지만 예레미야가 자신이 태어난 날을 저주하면서 고통스럽게 부르짖는 동안 (렘 20:14-18), 종은 냉정하게 자신의 고통을 받아들인다.

50:10-11 이 구절들은 계속해서 종에 대해 언급하고 있지만, 종을 3인칭으로 다루고 있다. 따라서 이 구절들을 50:4-9에서 나타나는 1인칭 설명 부분에 추가적으로 붙여진 것으로 볼 수 있다. 그러나 연속성이 있다. 여기서 언급되는 너희는 이스라엘 백성 중에서 불의한 자들이고, 종의 고난에 대한 주제는 다시 등장한다.

51:1—52:2 52:7-12 이것들은 서로 관계있는 신탁들이며 (51:1-8; 51:9-11; 51:17—52:2; 52:7-12) 이 신탁들은 또한 49:14-26; 50:1-3;, 54:1-17에서도 또한 찾아볼 수 있다. 이 신탁들은 예루살렘의 구속에 초점을 맞추고 있다 (40:1—49:13을 보라. 이 곳은 일반적으로 이스라엘/야곱의 구원에 대해 말하고 있다).

51:1-8 하나님께서 예루살렘을 회복하여 주겠다고 약속해 주하는 신탁. **51:1-2** 50:6, 10-11에서처럼, 이스라엘 안에서의 의로운 자들과 부정한 자들의 구별이 서술된다. 그러나 아브라함과 사라를 예로 들면서, 초점을 의로운 자들에게 둔다. 구약성경에서 창세기를 제외하고 사라가 언급된 곳은 이 곳뿐이다 (아브라함은 자주 언급되는 것에 비해). **51:3** 구원이 아브라함과 사라에게 베풀어졌던 것처럼, 그렇게 *시온* (예루살렘의 또 다른 이름)에도 베풀어질 것이다. 회복된 시온은 새로운 *에덴*으로 65:20-24; 66:6-16에서도 소개된

나를 믿고 기다리는 사람은
수치를 당하지 않는다."

24 적군에게서
전리품을 빼앗을 수 있느냐?
ㄱ)폭군에게서
사로잡힌 포로를 빼내 올 수 있느냐?

25 주님께서 이렇게 말씀하신다.
"내가 적군에게서
포로를 빼어 오겠으며,
ㄱ)폭군에게서
전리품도 빼앗아 오겠다.
나는 나와 맞서는 자들과 겨루고,
네 자녀들을 구원하겠다.
26 너를 억압하는 자들로
서로 쳐죽이게 하고,
새 포도주에 취하듯이,
저희들끼리 피를 나누어 마시고
취하게 하겠다.
그리고 나면, 모든 사람이,
나 주가 네 구원자요,
네 속량자요,
'야곱의 전능자'임을
알게 될 것이다."

50 1 주님께서 이렇게 말씀하신다.
"내가 너희 어머니를
쫓아내기라도 하였느냐?
내가 너희 어머니에게 써 준
이혼증서가 어디에 있느냐?
내가 너희를 채권자에게
팔아 넘기기라도 하였느냐?
이것 보아라,
너희가 팔려 간 것은
너희의 죄 때문이다.
너희 어머니가 쫓겨난 것은
너희의 죄 때문이다.
2 내가 왔을 때에 왜 아무도 없었으며,
내가 불렀을 때에
왜 아무도 대답하지 않았느냐?
내 손이 짧아서
너희를 속죄하지 못하겠느냐?
내게 힘이 없어서
너희를 구원하지 못하겠느냐?
내가 꾸짖어서 바다를 말리며,
강을 광야로 바꾼다.
그러면,
물고기들이
물이 없어서 죽을 것이며,
썩은 고기들이 악취를 낼 것이다.
3 내가 흑암으로 하늘을 입히며,
굵은 베로 하늘을 두르겠다."

주님의 종의 순종

4 주 하나님께서 나를
학자처럼 말할 수 있게 하셔서,
지친 사람을
말로 격려할 수 있게 하신다.
아침마다 나를 깨우쳐 주신다.
내 귀를 깨우치시어
학자처럼 알아듣게 하신다.

ㄱ) 사해 사본과 불가타와 시리아어역을 따름. 마소라 본문에는 '의로운 자에게서'

다. **51:4** 1절에서 *들어라* 라고 시작되는 것처럼, 여기서도 이스라엘에게 *귀담아 들어라* 라는 명령으로 시의 두 번째 절을 시작한다. 하나님으로부터 시작되는 *법과 의에* 대한 약속이 첫 번째 "종의 노래"(42:1-4)의 언어를 생각나게 해주며, 하나님의 종은 하나님의 법과 의를 드러내며, *만백성의 빛이* 된다. **51:5** *구원은* 예루살렘/시온에만 베풀어지는 것은 아니고, 구원을 고대하는 모든 백성에게 베풀어진다. *내가 능력으로.* 이 곳과 49—55장의 *시온* 시들에서 나타나는 이 용어는 주님의 팔을 "내가 능력으로" 라고 번역한 것이다. (개역개정, 공동번역, NRSV는 "주님의 팔"로 번역했다.) 전쟁에서 나타내는 하나님의 능력을 언급하는 표현이다 (51:9-11; 52:10). **51:6** 모든 백성이 하나님께로 나아오는 것은 드라마틱한 세상 질서의 변화를 의미하며, 세상 질서의 변화는 옛 하늘과 땅이 사라지고, 새로운 창조가 시작되는 것이다 (34:4를 보라). **51:7-8** *들어라* 라는 명령이 다시 나타난다 (1절과 4절에서처럼). 이것은 이 시의 세 번째 절이 시작되는 것을 의미한다. 8절의 마지막은 6절의 마지막과 비슷하게 반복된다.

51:9-11 포로생활을 하는 이스라엘 사람들을 깨우고 해방시키기 위한 준비를 위하여 강한 *주님의 팔* (51:5를 보라)을 원함. **51:9-10** 전쟁을 위해 하나님을 깨우는 것이 시 7:6; 44:23; 그리고 59:5에서도 비슷하게 나타난다. 이 명령은 드보라에게도 나타나는데, 삿 5:12에서 드보라에게 가나안 장군인 시스라와 싸우라는 명령이 주어진다. 또한 슥 13:7에서도 주의 칼에 명령이 주어진다. *라합.* 리워야단의 다른 이름으로 전설적인 혼돈을 상징하는 용이다. 이 혼돈의 세력은 물로 나타나며, 하나님께서 창조의 과정에서 물리치셨다 (욥 3:8; 26:12; 41:1; 시 74:14; 89:10; 또한 사 27:1).

5 주 하나님께서
내 귀를 열어 주셨으므로,
나는 주님께 거역하지도 않았고,
등을 돌리지도 않았다.
6 나는 나를 때리는 자들에게
등을 맡겼고,
내 수염을 뽑는 자들에게
뺨을 맡겼다.
내게 침을 뱉고 나를 모욕하여도
내가 그것을 피하려고
얼굴을 가리지도 않았다.
7 주 하나님께서 나를 도우시니,
그들이 나를 모욕하여도
마음 상하지 않았고,
오히려 내가 각오하고
모든 어려움을 견디어 냈다.
내가 부끄러움을
당하지 않겠다는 것을
내가 아는 까닭은,
8 나를 의롭다 하신 분이
가까이에 계시기 때문이다.
누가 감히 나와 다투겠는가!
함께 법정에 나서 보자.
나를 고소할 자가 누구냐?
나를 고발할 자가 있으면
하게 하여라.
9 주 하나님께서
나를 도와주실 것이니,
그 누가 나에게
죄가 있다 하겠느냐?
그들이 모두 옷처럼 해어지고,
좀에게 먹힐 것이다.

10 너희 가운데 누가 주님을 경외하며,
누가 그의 종에게 순종하느냐?
어둠 속을 걷는,
빛을 모르는 사람이라도,
주님의 이름을 신뢰하며,
하나님께 의지하여라.
11 너희가 모두 불을 피우고,
횃불을 들고 나섰지만,
너희가 피운 그 불에
너희가 탈 것이며,
너희가 들고 나선 그 횃불에
너희가 소멸될 것이다.
내가 직접
이 형벌을 너희에게 내리고,
너희는
이 고문을 견디어야 할 것이다.

위로의 말씀

51 1 구원을 받고자 하는
사람들아,
내가 하는 말에
귀를 기울여라.
도움을 받으려고
나 주를 찾는 사람들아,

이 주제는 고대 가나안의 신화에서 온 것으로, 가나안의 신화에서 폭풍의 신 바알이 바다의 신 얌(Yamm)을 물리친 것으로 나타난다. 이것이 이스라엘의 전통에서 받아들여져서, 신화적인 용, 라합은 이집트로 표현되었다 (30:7; 겔 29:3; 32:2). 물의 괴물을 물리친 하나님의 우주적인 승리는, 10절에서처럼, 홍해에서 이집트의 군인들을 물리친 여호와의 승리로 나타난다. **51:11** 35:10과 거의 동일한 표현으로 반복되는 이 구절은 52:10에서는 출애굽의 이미지를 사용하여, 이스라엘의 바빌론으로부터 고향으로 돌아가는 여정을 표현하고 있다. "새로운 출애굽"의 주제는 제2이사야 (35:5-7에 관한 주석을 보라) 어디서나 볼 수 있는 주제이고, 이 주제는 설득력 있게 창조와 연결되어 있다.

51:12-26 하나님께서 예루살렘을 회복시켜 주시겠다고 더 약속하는 것들. **51:12** 죽을 *인간*. 이스라엘의 압제자들인 바빌론이다 (13-14절을 보라). *한갓 풀에 지나지 않는*. 이 표현에 대해서는 40:6-8을 보라. **51:13-14** 창조자 하나님은 이스라엘을 구원하기 위해 역사 속에서 역사하실 것이다 (40:27-31; 42:5-6; 44:24-26; 45:5-7, 12-13에 관한 주석을 보라). *지으신 하나님* 이란 호칭에 대해서는 45:11에 관한 주석을 보라. *핏* (Pit)은 스올의 또 다른 이름이고, 지하세계를 의미하기도 한다. (개역개정과 NRSV는 그들은 "죽지도 아니할 것이요 구덩이로 내려가지도 아니할 것이며;" 공동번역은 "땅굴에서 살아 나오며" 라고 번역했다.) **51:15** 51:9-11에서처럼, 바다를 향한 우주적 전쟁의 이미지. *나는 주 너의 하나님이다, 만군의 주*에 대해서는 43:2-3과 45:13에 관한 주석을 보라. **51:16** 13-14절의 메아리처럼 들리는 부분으로, 창조자 하나님은 또한 이스라엘의 구원자이시다. 시온이 예루살렘에서 성전이 있는 산을 의미하거나, 혹은 도시 전체를 의미하지만, 이 구절에서는 이스라엘 백성을 의미하고 있다 (1183쪽 추가 설명: "예언서와 시편에 나타나는 시온"을 보라).

내가 하는 말을 들어라.
저 바위를 보아라.
너희가 거기에서 떨어져 나왔다.
저 구덩이를 보아라.
너희가 거기에서 나왔다.
2 너희 조상 아브라함을
생각하여 보고,
너희를 낳아 준 사라를
생각하여 보아라.

"내가 아브라함을 불렀을 때에는
자식이 없었다.
그러나 내가 그에게 은혜를 내려서,
그 자손을 수없이 많게 하였다."

3 주님께서 시온을 위로하신다!
그 모든 황폐한 곳을 위로하신다.

주님께서
그 광야를 에덴처럼 만드시고,
그 사막을
주님의 동산처럼 만드실 때에,
그 안에 기쁨과 즐거움이 깃들며,
감사의 찬송과 기쁜 노랫소리가
깃들 것이다.

4 나의 백성아, 나에게 귀를 기울여라.
나의 백성아, 내 말을 귀담아 들어라.
법은 나에게로부터 비롯될 것이며,
나의 의는 만백성의 빛이 될 것이다.
5 나의 의가 빠르게 다가오고 있고,
나의 구원이 이미 나타났으니,
내가 능력으로
뭇 백성을 재판하겠다.
섬들이 나를 우러러 바라보며,
나의 능력을 의지할 것이다.
6 눈을 들어 하늘을 쳐다보아라.
그리고 땅을 내려다보아라.
하늘은 연기처럼 사라지고,
땅은 옷처럼 해어지며,
거기에 사는 사람들도
하루살이 같이 죽을 것이다.
그러나 내 구원은 영원하며,
내 의는 꺾이지 않을 것이다.
7 의를 아는 사람들아,
마음 속에
내 율법을 간직한 백성들아,
내가 하는 말을 들어라.
사람들이 비난하는 것을
두려워하지 말고
그들이 비방하는 것에
놀라지 말아라.

51:17—52:2 예루살렘은 포로의 절망에서부터 일어나, 회복을 기뻐하라고 명령을 받는다. **51:17** 51:9에서 하나님을 깨우는 소리가 예루살렘을 깨우는 소리로 메아리쳐 온다. "깨어라!" (도시는 전쟁 준비를 위해서가 아니라, 축제를 위해 스스로 기운을 차리라고 부르고 있다; 52:1; 60:1을 참조하라). **51:18, 20** 예루살렘은 49:21-26; 50:1; 54:1-3, 13; 60:4, 9; 66:7-8, 11-12에서 이스라엘의 어머니로 나타난다. 이 구절들에서는 도시의 자녀들이 포로생활에서 마지막으로 경험하게 될 영광의 백성들이 당했던 고난보다 더 강조되고 있다. **51:21-22** 하나님의 진노의 잔은 이 시에 있어서는 구원의 이미지를 갖는다 (17절, 20절, 23절). *너의 주* (Sovereign) 라는 호칭은 제2이사야에서는 이 곳에서만 사용된다 (1:24에 관한 주석을 보라. 여기서는 "전능하신 분"으로 번역되었음). 52:1 51:17에서처럼 (또한 60:1을 보라), *예루살렘/시온을* 깨우는 외침. 51:17의 소리처럼, 51:9에서 하나님을 깨우는 소리를 흉내 내고 있다. 그러나 그 목적은 축제를 위해 깨우는 것으로 차이가 있다. 신부로서의 예루살렘의 이미지가 비슷한 구원의 신탁들에서 사용되어졌기 때문에 (49:18; 62:4-5), *아름다운 옷은* 결혼을 위한 옷으로 이해될 수 있다 (54:11-12를 보라). **52:2** 하나님의 구속된 딸 예루살렘이 먼지를 털고 일어나는 표현은 47:1과 연관해서 읽어야 한다. 그 곳에서 바빌론은 보좌에서 내려와 땅 위에 앉는다. **52:3-6** 이스라엘을 향한 산문 형태의 신탁으로, 51:1-8, 9-11, 12-16; 51:17– 52:2; 그리고 52:7-12에서 찾아볼 수 있는 "시온" 신탁 안에 억지로 밀어붙이고 있다 (51:1—52:2; 52:7-12에 관한 주석을 보라). **52:3** 43:3에서 이집트, 에티오피아, 그리고 시바는 이스라엘을 위한 속량물로 주어진다. 그러나 45:13은 여기처럼, 감정적인 표현을 쓰고 있다. **52:4-5** 이스라엘의 고난이 이유가 없다는 것은 네 번째 "종의 노래"에서 알 수 있는 개념의 전조가 된다—포로생활은 정의가 왜곡된 것이다—(53:8) 그러나 40:2—42:23-25; 43:26-27; 44:22; 47:5-7; 48:9-11; 50:1에 반대되는 것이다. 이 구절들은 포로생활이 이스라엘의 죄에 대한 심판임을 주장한다. 5절에서, 하나님의 이름이 모독받았다는 표현은 하나님이 선택하신 이스라엘이 열방에 의해 억압을 받았다는 것을 언급하는 것이다. 그러나 롬 2:24에서 바울은 이것을

8 좀이 옷을 먹듯이
그들을 먹을 것이며,
벌레가 양털을 먹듯이
그들을 먹을 것이다.
그러나 나의 의는 영원하며,
나의 구원은 세세에 미칠 것이다.

9 깨어나십시오! 깨어나십시오!
힘으로 무장하십시오,
주님의 팔이여!
오래 전 옛날처럼 깨어나십시오!
ㄱ)라합을 토막 내시고 용을 찌르시던
바로 그 팔이 아니십니까?
10 바다와 깊고 넓은 물을 말리시고,
바다의 깊은 곳을 길로 만드셔서,
속량받은 사람들을 건너가게 하신,
바로 그 팔이 아니십니까?
11 주님께 속량받은 사람들이
예루살렘으로 돌아올 것입니다.
그들이 기뻐 노래하며
시온에 이를 것입니다.
기쁨이 그들에게 영원히 머물고,
즐거움과 기쁨이 넘칠 것이니,
슬픔과 탄식이 사라질 것입니다.

12 "너희를 위로하는 이는 나,
바로 내가 아니냐?
그런데 죽을 인간을 두려워하며,
한갓 풀에 지나지 않는
사람의 아들을 두려워하는,
너는 누구냐?"

13 너희는 잊었다.
너희를 지으신 하나님,
하늘을 펴시고 땅을 세우신
주님을 잊었다.

압박자들이
너희를 멸망시키려고 한다 해서,
압박자들의 그 분노가 두려워서,
너희는 날마다 떨고 있다.
그러나 압박자들의 분노가
어디에 있느냐?
14 갇혀 있는 포로들이
이제 곧 풀려 난다.
그들은 오래오래 살 것이며,
먹거리가 모자라지도 않을 것이다.

15 "나는 주 너의 하나님이다.
바다에 물결을 일으키고,
거친 파도를 일으키는 하나님이니,
나의 이름은 만군의 주다.
16 내가 나의 말을 너의 입에 맡기고,
나의 손 그늘에 너를 숨겨 준다.
나는 하늘을 폈으며,
땅의 기초를 놓았고,
시온에게
'너는 나의 백성'이라고 말하였다."

예루살렘의 고통이 끝나고

17 깨어라, 깨어라,
일어나거라, 예루살렘아!
너, 주님의 손에서
그 진노의 잔을 받아 마신
예루살렘아!
비틀거리게 하는 잔을,
네가 바닥까지 다 들이마셨다.

ㄱ) 전설적인 바다 괴물, 혼돈과 악의 세력을 상징함. 때로는 이집트의 상징

유대 사람이 모든 민족 사이에서 하나님의 이름을 모욕했다는 의미로 사용한다. 순교자 저스틴은 이 부분을 확대하여 해석하면서, 지배적이고 가장 치명적인 반유대교적 기독교 주제는, 유대인들이 하나님의 아들을 죽임으로 하나님을 모독했다는 비난이라고 말한다. 더 자세한 설명을 위해서 1181쪽 추가 설명: "이사야서의 반유대주의적 해석들"을 보라.

52:7-12 예루살렘에 구원이 선포됨. **52:7** 40:9를 보라. 그 곳에서 시온(예루살렘의 다른 이름)은 구원을 선포하기 위해 산으로 올라간다. 롬 10:15에서, 바울은 이 구절의 전하는 이를 복수로 언급하면서, 복음을 전하는 초대교회의 선교사들로 이것을 해석한다. 이 구절은 이와 같은 형태로, 영국 국교회의 예배문에 들어 있으며, 그것으로부터 잘 알려진 헨델의 메시아의 아리아 중에서 한 자료가 되었다: "평화의 복음을 전하기 위하여 산을 넘는 자의 아름다운 발이여!" **52:9** 예루살렘은 54:1에서도 비슷하게 기쁜 노래를 부르라는 명령을 받는다. **52:10** *당신의 거룩하신 능력* 51:5에 관한 주석을 보라. *모든 이방 나라들이 보는 앞에서* 라는 표현은 눅 2:31에서 예수님을 찬양하는 시므온의 찬미에 사용되었다. **52:11** 라 6:5에 따르면, 페르시아의 고레스는 포로생활을 하던 이스라엘 사람들을 해방시키라는 법령에서, 바벨론이 예루살렘 성전에서 탈취했던 주님의 그릇들을 다시 돌려주라고 명령했다. **52:12** 옛 출애굽은 급하게 이루어졌다 (출 10:16; 12:33-34; 신 16:3). 그러나 이스라엘이 바빌론을 나오는 새롭고 더

18 네가 낳은 모든 아들 가운데
너를 인도하여 줄 아들이
없을 것이며,
네가 기른 모든 아들 가운데
너의 손을 이끌어 줄 아들이
없을 것이다.
19 전쟁으로 땅은 황폐해지고
백성은 굶주려 죽었다.
이 두 가지 재난이 너에게 닥쳤으나,
누가 너를 두고 슬퍼하겠느냐?
폐허와 파괴,
기근과 칼뿐이니,
ㄱ)누가 너를 위로하겠느냐?

20 너의 자녀들은,
주님의 진노와 하나님의 책망을
하도 많이 받아서,
그물에 걸려 있는 영양처럼,
거리 모퉁이 모퉁이마다
쓰러져 있다.

21 고통받는 자야,
마치 포도주라도 마신 듯이
비틀거리는 자야,
이 말을 들어라.
22 너의 주,
그의 백성을 지키려고 싸우는
너의 하나님 주님께서
이렇게 말씀하신다.
"내가 너의 손에서,
비틀거리게 하는 그 잔
곧 나의 진노의 잔을 거두었으니,
다시는 네가
그것을 마시지 않을 것이다.
23 이제 내가 그 잔을
너를 괴롭힌 자들의 손에
쥐어 주겠다.
그들은, 바로 너에게
'엎드려라, 우리가 딛고 건너가겠다'
하고 말한 자들이다.
그래서 너는
그들더러 밟고 지나가라고
땅바닥에 엎드려서 길을 만들고,
허리를 펴고 엎드려서
그들이
너의 등을 밟고 다니게 하였다."

하나님께서 예루살렘을 건지실 것이다

52 1 너 시온아, 깨어라, 깨어라!
힘을 내어라.
거룩한 성 예루살렘아,
아름다운 옷을 입어라.
이제 다시는
할례받지 않은 자와 부정한 자가
너에게로 들어오지 못할 것이다.

ㄱ) 사해 사본과 칠십인역과 시리아어역과 불가타를 따름. 마소라 본문에는 '내가 어떻게 너를 위로하겠느냐?'

나은 이번 출애굽에서는 그럴 필요가 없을 것이다 (35:5-10; 40:3-5; 41:14-16, 18-20; 42:15-16; 49:9-11).

52:13—53:12 종의 노래로 불리는 것들 중에 가장 긴 마지막 네 번째 "종의 노래"(42:1-4; 49:1-6; 50:4-9; 52:13—53:12)는 가장 어려운 노래이다. 그 이유는 이 노래는 대신하여 받는 고난에 대한 분명한 신학과, 신약과 후기 기독교에서의 인용 때문이다 (1260쪽 추가 설명: "그리스도교 전통에서의 종의 노래들"과 1289쪽 "대신하여 받는 고난"을 보라). **52:13-15** 비록 포로생활 때 받은 고뇌를 통해 품위는 손상되었지만, 종 이스라엘은 높임을 받고, 많은 이방 나라는 모두 놀라게 될 것이라고, 하나님은 약속하신다. 바울은 칠십인역에서 15절을 인용하여 그의 이방선교를 정당화한다 (롬 15:21). **53:1-3** 많은 이방 나라는 이스라엘의 별 볼일 없는 모습과 그들 곁에서 당하는 고난에 대해서 반응하고 있다. 마른 땅에서 나온 싹 같은 이스라엘의 모습은 얼마나 볼품이 없는 나라인가를 보여준다. **53:4-6** 그들은 한때, 하나님께서 이스라엘을 버리셨다는 징조로 그들의 고난을 받아들였지만, 이제는 이스라엘에 대한 새로운 이해를 선포한다. 이스라엘의 고난은 그들의 죄를 대속하기 위함이었고, 그것으로 인해, 그들이 의롭게 되고, 하나님과의 관계 속으로 들어가게 되었다는 것이다.

53:7-9 이스라엘이 대신하여 받는 고난에 대한 설명이 추가된 동정심과 함께 계속된다. 고난은 정당하지 않았다. *그것이 바로 형벌을 받아야 할* 것이라는 것이었다. (공동번역은 이것을 의역하여 "우리의 반역죄를 쓰고 사형을 당하였다"고 번역하였음.) 이와 같은 동기를 정확하게 말하는 것은 아니지만, 40:2를 회상시켜 준다. 40:2는 포로생활이 예루살렘이 갚아야 할 것이지만, 예루살렘은 갚아야 할 대가보다 더 많은 고난의 대가를 치렀다고 말한다. 54:6-8을 보라 (62:4도 해당될 것이다). 이 구절은 하나님께서 이스라엘의 배신에 대

2 예루살렘아,
먼지를 털고 일어나서
보좌에 앉아라.
포로된 딸 시온아,
너의 목에서 사슬을 풀어 내어라.

3 주님께서 이렇게 말씀하신다.
"너희가 값없이 팔려 갔으니,
돈을 내지 않고 속량될 것이다."
4 주 하나님께서 이렇게 말씀하신다.
"나의 백성이 일찍이
이집트로 내려가서,
거기에서 머물러 살려고 하였으나,
앗시리아가
까닭없이 그들을 억압하였다."
5 주님께서 말씀하신다.
"여기 바빌로니아에서도
똑같은 일이 일어났다.
나의 백성이
까닭도 없이 여기로 사로잡혀 왔고,
지배자들은 ㄱ)그들을 조롱한다.
날마다 쉬지 않고
나의 이름을 모독하고 있으니,
지금 내가
무슨 일을 하여야 하겠느냐?"
주님께서 하신 말씀이다.
6 "반드시 나의 백성이
나의 이름을 알게 될 것이다.
그 날이 오면,
반드시 나의 백성은
내가 하나님이라는 것과
내가 그들에게 말한
하나님이었다는 것을
알게 될 것이다."

7 놀랍고도 반가워라!
희소식을 전하려고
산을 넘어 달려오는 저 발이여!
평화가 왔다고 외치며,
복된 희소식을 전하는구나.
구원이 이르렀다고 선포하면서,
시온을 보고 이르기를
"너의 하나님께서 통치하신다"
하는구나.

8 성을 지키는 파수꾼들의 소리를
들어 보아라.
그들이 소리를 높여서,
기뻐하며 외친다.
주님께서 시온으로 돌아오실 때에,
오시는 그 모습을 그들이
직접 눈으로 볼 수 있을 것이다.

9 너희 예루살렘의 황폐한 곳들아,
함성을 터뜨려라. 함께 기뻐 외쳐라.
주님께서
당신의 백성을 위로하셨고,
예루살렘을 속량하셨다.
10 주님께서
모든 이방 나라들이 보는 앞에서,

ㄱ) 사해 사본과 불가타를 따름. 마소라 본문에는 '그들을 보고 울부짖는다'

해 지나치게 행동하셨다고 지적한다. 마찬가지로 47:6에서 바빌론은 하나님께서 생각하셨던 것보다 더 거칠게 이스라엘을 대했다고 지적한다. **53:10** 4-9절의 중심 주제들은 더욱 분명하게 언급된다. 포로생활을 하는 동안의 이스라엘이 겪은 고난은 많은 이방 나라의 죄를 대속하기 위해 하나님께서 계획하신 것이다. 이제 많은 이방 나라를 위해 이스라엘이 고난을 견디었기 때문에 그들은 보상을 받게 될 것이다. **53:11-12** 이 노래를 시작하신 하나님은 다시 결론을 말씀하신다. 포로생활의 아픔 때문에 이스라엘이 죽은 것처럼 보이지만, 이스라엘은 다시 일어나게 될 것이라고 약속하신다. 26:19를 보라.

54:1-17 예루살렘의 회복을 약속하는 일연의 신탁들이며, "시온" 시들 중에 마지막 시이다 (49:14-26; 50:1-3; 51:1-11; 51:17—52:2; 52:7-12; 54:1-17). **54:1** 49:21-26; 50:1; 51:18, 20; 54:13; 60:4, 9; 66:7-8, 11-12에서처럼, 예루살렘이 어머니로 묘사된다. 포로기의 황폐함으로 인해 49:11에서는 아기를 낳지 못하는 여인으로 표현되었다. 아이를 낳지 못하는 여인에게 노래하라는 명령은 한나가 아이를 갖게 되었을 때, 불렀던 기쁨의 찬가를 연상시켜 준다 (삼상 2:1-10; 또한 사 52:9를 보라). 이 노래는 갈 4:27에서 아이를 갖지 못하는 사라에 대한 함축적인 암시와 함께 나타난다. **54:2-3** 49:19-20을 참조하라. **54:4-6** 예루살렘을 어머니로 묘사하는 시의 주된 이미지는 이 도시를 하나님의 아내로 묘사하는 것이 된다 (비슷한 내용으로 49:18; 62:4-5 그리고 52:1; 54:11-12를 보라). 예루살렘이 과부로 묘사된 포로생활 동안 배우자와의 결혼생활이 매우 힘들어졌지만, 이제는 하나님께서 다시 부르신다. *지으신 분, 만군의 주, 거룩하신 분, 그리고 구속하신 분에* 대해 40:25; 41:14; 45:11, 12-13에 관한 주석을 보라. **54:7-8** 예루살렘을 *잠시…버렸으나*

당신의 거룩하신 능력을
드러내시니,
땅 끝에 있는 사람들은 모두
우리 하나님의 구원을 볼 것이다.

11 너희는 떠나거라,
그 곳에서 떠나 나오너라.
부정한 것을 만지지 말아라.
그 가운데서 나오너라.
주님의 그릇을 운반하는 사람들아,
너희는 스스로 정결하게 하여라.

12 그러나 이제는
주님께서 너희 앞에 가시며,
이스라엘의 하나님께서
너희 뒤를 지켜 주시니,
너희가 나올 때에
황급히 나오지 않아도 되며,
도망 치듯 달아나지 않아도 된다.

고난받는 종

13 "나의 종이 매사에 ㄱ)형통할 것이니,
그가 받들어 높임을 받고,
크게 존경을 받게 될 것이다.

14 전에는 그의 얼굴이
남들보다 더 안 되어 보였고,
그 모습이
다른 사람들보다 더욱 상해서,
ㄴ)그를 보는 사람마다 모두 놀랐다.

15 이제는 그가 많은 이방 나라를
ㄷ)놀라게 할 것이며,
왕들은 그 앞에서 입을 다물 것이다.
왕들은 이제까지 듣지도 못한 일들을
볼 것이며,
아무도 말하여 주지 않은 일들을
볼 것이다."

ㄱ) 또는 '슬기롭게 행동할 것이다' ㄴ) 히, '너를' ㄷ) 히, '뿌릴 것이며'

라고 묘사한 언어가 암시하는 것은, 하나님께서 결혼을 파기하신 것을 후회하신다는 것 같다. "북받쳐서" 라는 하나님의 진노에 대한 묘사는 하나님의 지나친 반응으로 지적될 수 있다. 최소한, 하나님께서 후회하시는 것으로는 보인다. 겔 16:1-63; 23:1-4, 11-49 같은 구절들에서 찾아볼 수 있는 것과는 매우 다른 예루살렘과 하나님의 결혼관계를 볼 수 있다. 이런 구절들에서는 예루살렘은 간음한 아내로 묘사되어진다. **54:9** 홍수에 대한 언급은 창 8:21-22, 9:8-17을 보라. **54:11-12** 4-8절에서 사용된 결혼에 대한 이미지 와 49:18과 62:4-5에서 발견되는 예루살렘을 신부로 묘사한 이미지 때문에, 이 구절에서 나오는 보석들은 도시의 결혼 장식품으로 이해하게 된다. 49:18은 특별히 보석으로 꾸민 신부 예루살렘을 말한다; 52:1을 보라. **54:13** 1-3절의 어머니로서의 이미지가 다시 나타난다. 도시의 아이들은 도시의 거주자들이다. 이 구절의 첫 번째 줄은 요 6:45에서 인용되었다. 마틴 루터는 이 구절을 사용하여 모든 믿는 자들은 성서에서 지도를 받아야 한다는 그의 확신

추가 설명: 대신하여 받는 고난

다른 사람들을 위해 받는 고난의 개념은 53:4-6에서 찾아볼 수 있는데, 이것은 포로생활을 하던 시기의 다른 예언서에서도 다소 찾아볼 수 있다. 예레미야는 하나님으로부터 결혼하지 말고, 공동체의 종교 행위에도 참여하지 말라는 명령받는다. 이것은 그의 소외된 모습이 이스라엘에게 주는 하나의 상징적인 교훈으로, 이스라엘이 그들의 죄를 청산하지 않는 한 이렇게 소외되고 버림받게 될 것이라는 교훈이다 (렘 16:1-4). 비슷하게 에스겔도 하나님께 두려움 속에서 먹고 마시라는 명령을 받는다. 이것은 이스라엘이 그들의 죄에 대한 심판으로 인해 무서움에 빠질 것을 상징한다 (겔 12:17-20). 그러나 이와 같은 괴로운 체험은 4-6절에 나타나는 종의 고난과는 현저하게 다르다. 왜냐하면 종은 고난에 동참하거나, 고난을 보여주는 것이 아니라, 다른 사람의 고난을 대신 당하는 것이기 때문이다. 나아가서 종이 대신 당하는 고난은 사랑하는 이스라엘 백성을 위해서가 아니라, 모든 민족을 위해서 당하는 것이다. 이스라엘 백성이 그 고난의 초점이며, 이 구절들은 그들에게 포로기의 고난을 설명하는 혁명적인 신학을 제공한다. 이 신학이 이스라엘에게 가져다 준 것은, 포로기와 이 고난은 견디어야만 하는 것이고, 이 고난을 하나님을 섬기는 방법으로 받아들여야 하며, 하나님은 그들의 속죄의 제물을 통해서, 만민을 구원하실 것이라는 확신이다.

53

1 ㄱ)우리가 들은 것을
누가 믿었느냐?
주님의 능력이
누구에게 나타났느냐?
2 그는 주님 앞에서,
마치 연한 순과 같이,
마른 땅에서 나온 싹과 같이 자라서,
그에게는 고운 모양도 없고,
훌륭한 풍채도 없으니,
우리가 보기에
흠모할 만한 아름다운 모습이 없다.

3 그는 사람들에게 멸시를 받고,
버림을 받고, 고통을 많이 겪었다.
그는 언제나 병을 앓고 있었다.

사람들이 그에게서 얼굴을 돌렸고,
그가 멸시를 받으니,
우리도 덩달아 그를
귀하게 여기지 않았다.

4 그는 실로
우리가 받아야 할 고통을 대신 받고,
우리가 겪어야 할 슬픔을
대신 겪었다.
그러나 우리는,
그가 징벌을 받아서
하나님에게 맞으며,
고난을 받는다고 생각하였다.

5 그러나 그가 찔린 것은
우리의 허물 때문이고,
그가 상처를 받은 것은
우리의 악함 때문이다.
그가 징계를 받음으로써
우리가 평화를 누리고,
그가 매를 맞음으로써
우리의 병이 나았다.

6 우리는 모두 양처럼 길을 잃고,
각기 제 갈 길로 흩어졌으나,
주님께서 우리 모두의 죄악을
그에게 지우셨다.

7 그는 굴욕을 당하고
고문을 당하였으나,
아무 말도 하지 않았다.
마치 도살장으로 끌려가는

ㄱ) 또는 '우리가 전한 것을'

을 주장한다. **54:17** 제2이사야에서 사용되는 이스라엘을 의미하는 단수 "종"의 변형체로, 여기에서 이스라엘 민족은 집합적인 하나님의 종들로 정의된다 (41:8-10에 관한 주석을 보라).

55:1-13 이스라엘 백성들은 스스로 와서 하나님의 말씀의 양식을 얻어 자신을 보존하라는 초청을 받는다. **55:1-3** 하나님의 계약은 거대한 잔치와 비교되는데, 그 잔치에 이스라엘은 초대를 받았고, 그들은 자유롭게 참여하게 된다. *영원한 언약* 이라는 표현은 포로생활 시기의 예언자들의 여러 글에서 발견된다. 그 글들은 61:8; 렘 32:40; 50:5; 겔 16:60 등이다. 겔 37:26은 또한 사 54:10에서는 *평화의 언약* 이라는 구절을 사용한다. 반면에 *다윗은* 34—35장; 40—55장; 그리고 24—27장; 56—66장에서는 언급되어 있지 않다. 그 이유는 아마 기원전 587년에 예루살렘 왕조가 바빌론에 패망당하는 것을 목격한 당시의 청중들에게 다윗 왕조의 전통은 별로 의미가 없었기 때문일 것이다. 행 13:34는 칠십인역에 있는 3절을 인용한다. **55:5** 42:6; 45:5-7, 22-23; 49:6; 56:3-8을 참조. **55:7** 이스라엘 안에 부정한 자들이 있다는 생각은 제2이사야에서는 거의 나타나지 않는다 (단지 50:6, 10-11에만 보라). **55:10-11** 1-3절에서처럼 하나님의 말씀은 생명을 유지하는 것과 비교된다. **55:12** 44:23; 49:13을 참조. **55:13** 41:19를 참조.

특별 주석

이사야 56:1—66:24는 포로생활에서 귀환한 직후인 기원전 535-520년부터의 신탁들을 묶어 놓은 것이다. 이 귀환이 제2이사야가 약속한 거대하고 영광스러운 회복이 아니었다는 사실은 56—66장을 34—35장 그리고 40—55장보다 더 비관적으로 만든다. 이 장들은 안식일의 중요성과 다른 제의 문제들 같은 새로운 주제들을 소개한다. 그럼에도 불구하고, 34—35장; 40—55장; 그리고 56—66장은 밀접한 연관성을 가지고 있다. 이 연관성은 56—66장이 제2이사야의 제자나 그의 제자들의 그룹에 속한 것임을 지적하고 있고, 이 장들은 오래되고, 현실과 맞지 않는 제2이사야에 귀속된 것임을 지적한다.

56:1-8 모든 민족에게 하나님의 구원이 다가온다고 약속하는 신탁이다. **56:1** 34—35장과 40—55장에서 구원의 약속은 페르시아의 고레스의 도래와 그가 이스라엘을 바빌론으로부터 해방시켜 주는 것에 의존 된다. 56—66장에 따르면, 이러한 사건들은 실제로 일어났지만, 다시 일어나는 이스라엘 공동체의 회복으로서의 *구원은* 아직 일어나지 않았다. 결론적으로 56—66장의 내용처럼, 이 구절은 하나님께서 구원

어린 양처럼,
마치 털 깎는 사람 앞에서
잠잠한 암양처럼,
끌려가기만 할 뿐,
아무 말도 하지 않았다.
8 그가 체포되어 유죄판결을 받았지만
그 세대 사람들 가운데서 어느 누가,
그가 사람 사는 땅에서
격리된 것을 보고서,
그것이 바로 형벌을 받아야 할
내 백성의 허물 때문이라고
생각하였느냐?
9 그는 폭력을 휘두르지도 않았고,
거짓말도 하지 않았지만,
사람들은 그에게
악한 사람과 함께 묻힐
무덤을 주었고, ㄱ)죽어서
부자와 함께 들어가게 하였다.

10 주님께서 그를 상하게 하고자 하셨다.
주님께서 그를 병들게 하셨다.

그가 그의 영혼을
속건제물로 여기면,
그는 자손을 볼 것이며,
오래오래 살 것이다.

주님께서 세우신 뜻을
그가 이루어 드릴 것이다.

11 "고난을 당하고 난 뒤에,
ㄴ)그는 생명의 빛을 보고
만족할 것이다.
나의 의로운 종이 자기의 지식으로
많은 사람을 의롭게 할 것이다.
그는
다른 사람들이 받아야 할 형벌을
자기가 짊어질 것이다.

12 그러므로 나는 그가
존귀한 자들과 함께
자기 몫을 차지하게 하며,
강한 자들과 함께
전리품을 나누게 하겠다.
그는 죽는 데까지
자기의 영혼을 서슴없이 내맡기고,
남들이 죄인처럼 여기는 것도
마다하지 않았다.
그는 많은 사람의 죄를
대신 짊어졌고,
죄 지은 사람들을 살리려고
중재에 나선 것이다."

이스라엘을 향하신 주님의 사랑

54 1 임신하지 못하고
아기를 낳지 못한 너는
노래하여라.
해산의 고통을
겪어 본 적이 없는 너는
환성을 올리며 소리를 높여라.
아이를 못 낳아 버림받은 여인이
남편과 함께 사는 여인보다
더 많은 자녀를 볼 것이다.
주님께서 하신 말씀이다.

2 너의 장막 터를 넓혀라.
장막의 휘장을 아끼지 말고 펴라.

너의 장막 줄을 길게 늘이고
말뚝을 단단히 박아라.
3 네가 좌우로 퍼져 나가고,
너의 자손이
이방 나라들을 차지할 것이며,
황폐한 성읍들마다
주민들이 가득할 것이다.

4 두려워하지 말아라!
네가 이제는
수치를 당하지 않을 것이다.
당황하지 말아라!
네가 부끄러움을 당하는 일이
없을 것이다.
젊은 시절의 수치를 잊으며,
과부 시절의 치욕을
네가 다시는 기억하지 않을 것이다.

ㄱ) 사해 사본에는 '부자와 함께 들어 갈 묘실을 마련하였다' ㄴ) 사해 사본과 칠십인역을 따름. 마소라 본문에는 '그는 고난의 결과를 보고 만족할 것이다'

을 가져오기를 기대한다 (예를 들어, 64:1-12를 보라); 예언자는 하나님이 그렇게 하실 것이라고 약속하지만, 구원은 이스라엘 백성이 정의롭게 행동하는 것에 달려 있다고 말한다. **56:2** 안식일을 철저하게 지키는 것이

5 너를 지으신 분께서
너의 남편이 되실 것이다.
그분의 이름은 만군의 주님이시다.
너를 구속하신 분은
이스라엘의 거룩하신 하나님이시다.
그분은 온 세상의 하나님으로
불릴 것이다.

6 버림을 받아서 마음이 아픈 너를,
주님께서 부르신다.
젊은 나이에 아내가 되었다가
버림받은 너를,
주님께서 부르신다.

너의 하나님께서 말씀하신다.
7 "내가 잠시 너를 버렸으나,
큰 긍휼로 너를 다시 불러들이겠다.
8 분노가 북받쳐서
나의 얼굴을 너에게서
잠시 가렸으나
나의 영원한 사랑으로
너에게 긍휼을 베풀겠다.
너의 속량자인 나 주의 말이다.
9 노아 때에,
다시는 땅을
홍수로 멸망시키지 않겠다고
내가 약속하였다.
이제, 나는 너에게
노하지 않겠다고 약속한다.
너를 꾸짖거나 벌하지 않겠다.
10 비록 산들이 옮겨지고
언덕이 흔들린다 하여도,
나의 은총이
너에게서 떠나지 않으며,
평화의 언약을 파기하지 않겠다."
너를 가엾게 여기는 주님께서
하시는 말씀이다.

미래의 예루살렘

11 너, 고난을 당하고 광풍에 시달려도
위로를 받지 못한 예루살렘아,
이제 내가 홍옥으로 벽을 쌓고,
청옥으로 성벽 기초를 놓겠다.
12 홍보석으로 흉벽을 만들고,
석류석으로 성문을 만들고,
보석으로 성벽 둘레를 꾸미겠다.
13 나 주가 너의 모든 아이를
제자로 삼아 가르치겠고,
너의 아이들은
번영과 평화를 누릴 것이다.
14 네가 공의의 터 위에 굳게 설 것이며,
억압이 너에게서 멀어질 것이니
너에게서는 두려움이 사라지고
공포 또한 사라져,
너에게 접근하지 못할 것이다.
15 ㄱ)너를 공격하는 자들이
반드시 있겠지만,
그것은 내가 허락한 것이 아니다.
ㄴ)너를 공격하는 자는
누구든 너에게 패할 것이다.

16 "나는 대장장이를 창조하였다.
그는 숯불을 피워서
자기가 쓸 연장을 만든다.
군인도 내가 창조하였다.
그는 무기를 가지고 사람을 죽인다."

17 그러나 어떤 무기도
너를 상하게 하지 못하고,
너에게 맞서서 송사하려고 일어나
혀를 놀리는 자를
네가 모두 논박할 것이다.

ㄱ) 또는 '그들이 분쟁을 일으키겠지만' 또는 '그들이 모이겠지만'
ㄴ) 또는 '분쟁을 일으키는 자는'

58:13에서도 강조되어 있고, 포로기 이후의 관심사를 보여준다. 안식일은 34—35장; 40—55장에서는 언급되지 않는다. **56:3-4** 45:14, 24-25와 49:22-23과 대조해 볼 때, 이 구절들에서는 이스라엘에 귀화한 이방 사람들은 이스라엘보다 열등한 자로 묘사되어 있지만, 여기서는 이방 사람들을 받아들이고 있으며, 고자라도 미래의 이스라엘 안에서는 차별받지 않을 것이다. 42:6; 45:5-7, 22-23; 49:6; 55:5를 보라. **56:5** 이스라엘의 홀로코스트 기념관의 이름은 야드 바쉠 (Yad VaShem)인데, 문자 그대로 "그들의 이름이 잊혀지지 않도록" [A Monument and a Name]), 이 구절에서 채택된 것이다. **56:7** 하나님의 거룩한 산은 예루살렘의 성전이 있는 산이다. 이 문장 전체는 제의적 관습을 강조한다. 마 12:31; 막 11:17; 그리고 눅 19:46에 따르면, 예수께서 성전을 청결케 하실 때, 이 구절의 마지막 부분을 인용하셨다.

56:9—57:2 이 부분은 포로생활 이후의 이스라엘 공동체의 지도자들에 대한 비판. **56:9** 들짐승들

"나의 종들을
내가 이렇게 막아 주고,
그들이 승리를 차지하도록 하겠다."
주님께서 하신 말씀이다.

하나님의 자비

55 1 너희 모든 목마른 사람들아,
어서 물로 나오너라.
돈이 없는 사람도 오너라.
너희는 와서 사서 먹되,
돈도 내지 말고 값도 지불하지 말고
포도주와 젖을 사거라.

2 어찌하여 너희는
양식을 얻지도 못하면서
돈을 지불하며,
배부르게 하여 주지도 못하는데,
그것 때문에 수고하느냐?

"들어라, 내가 하는 말을 들어라.
그리하면 너희가 좋은 것을 먹으며,
기름진 것으로
너희 마음이 즐거울 것이다.
3 너희는 귀를 기울이고,
나에게 와서 들어라.
그러면 너희 영혼이 살 것이다.
내가 너희와
영원한 언약을 맺겠으니,
이것은 곧 다윗에게 베푼
나의 확실한 은혜다.

4 내가 그를
많은 민족 앞에 증인으로 세웠고,
많은 민족들의
ㄱ)인도자와 명령자로 삼았다."

5 네가 알지 못하는 나라를
네가 부를 것이며,
너를 알지 못하는 나라가
너에게 달려올 것이니,
이는 주 너의 하나님,
이스라엘의 거룩하신 하나님께서
너를 영화롭게 하시기 때문이다.

6 너희는,
만날 수 있을 때에 주님을 찾아라.
너희는,
가까이 계실 때에 주님을 불러라.

7 악한 자는 그 길을 버리고,
불의한 자는 그 생각을 버리고,
주님께 돌아오너라.
주님께서 그에게
긍휼을 베푸실 것이다.
우리의 하나님께로 돌아오너라.
주님께서
너그럽게 용서하여 주실 것이다.

8 "나의 생각은 너희의 생각과 다르며,
너희의 길은 나의 길과 다르다."

ㄱ) 또는 '왕과'

은 이스라엘을 공격하라고 부름을 받은 나라들이다. 아마 그들이 정의롭게 행동하지 못했던 것 같다 (56:1을 보라). **56:10-12** *파수꾼* (sentinels)과 *지도자들* (shepherds)은 포로생활 이후의 이스라엘 공동체의 지도자들로서 게으르고, 탐욕스러운 주정뱅이들로 비난받는다. 현대의 해석자들은 이 비난을 포로생활이 끝난 이후의 종교 분파의 증거로 본다. 과거의 해석가들은 이 구절이 자신들의 공동체 안에서의 분열을 언급 하는 것으로 보았다. 존 크리소스톰(John Chrysostom)은 10절의 개들은 그에게 반대하는 안디옥의 유대 사람들이라고 주장했고; 마틴 루터의 추종자들은 로마 가톨릭의 고위 성직자들이라고 주장했다. 1181쪽 추가 설명: "이사야서의 반유대주의적 해석들"을 보라. **57:1-2** *의인*은 자신의 생애 동안에는 인정받지 못해도, 죽음 후에 평화를 얻게 될 것이다 (성서 이후의 신학에서 약속된 행복한 영생은 아니라고 해도). *침상.* 무덤을 의미한다.

57:3-13 포로생활 동안 예루살렘에 남아서 부적절한 방법으로 하나님께 제사를 드렸던 사람들에 대해 비난하는 시이다. **57:3** 백성들의 음탕한 어머니는 예루살렘으로, 49:22-26; 50:1; 51:18, 20; 54:1-3, 13; 60:4, 9; 66:7-8, 11-12에서 이스라엘 백성들의 어머니로 묘사되었다. 그러나 이 구절들에서는, 이 도시는 훌륭하고 사랑스러운 어머니로 묘사되었다. 하지만, 예언자들의 문헌에서는 일반적으로 예루살렘은 하나님을 배반한 창녀의 모습으로 나타난다 (1:21-23에 관한 주석을 보라). **57:5** *상수리 나무 사이에서…정욕에 불타 바람을 피우며.* 이 부분은 성적 행위가 포함된 제의를 의미하는 것이며, 그것은 풍요를 가져다주는 신들을 (여호와와 가나안의 여신 아세라; 1:29; 17:8, 10-11; 27:9; 65:3을 참조하라) 자극하는 행위라고 생각되었

주님께서 하신 말씀이다.
9 "하늘이 땅보다 높듯이,
나의 길은 너희의 길보다 높으며,
나의 생각은 너희의 생각보다 높다.
10 비와 눈이 하늘에서 내려서,
땅을 적셔서
싹이 돋아 열매를 맺게 하고,
씨뿌리는 사람에게 씨앗을 주고,
사람에게 먹거리를 주고 나서야,
그 근원으로 돌아가는 것처럼,
11 나의 입에서 나가는 말도,
내가 뜻하는 바를 이루고 나서야,
내가 하라고 보낸 일을
성취하고 나서야,
나에게로 돌아올 것이다."

12 참으로 너희는
기뻐하면서 바빌론을 떠날 것이며,
평안히 인도받아 나아올 것이다.
산과 언덕이 너희 앞에서
소리 높여 노래하며,
들의 모든 나무가 손뼉을 칠 것이다.

13 가시나무가 자라던 곳에는
잣나무가 자랄 것이며,
찔레나무가 자라던 곳에는
화석류가 자랄 것이다.
이것은 영원토록 남아 있어서,
주님께서 하신 일을 증언할 것이다.

모든 민족이 하나님의 백성이 될 것이다

56 1 주님께서 말씀하신다.
"너희는 공평을 지키며
공의를 행하여라.
나의 구원이 가까이 왔고,
나의 의가 곧 나타날 것이다."

2 공평을 지키고
공의를 철저히 지키는 사람은
복이 있다.

안식일을 지켜서
더럽히지 않는 사람,
그 어떤 악행에도
손을 대지 않는 사람은
복이 있다.

3 이방 사람이라도
주님께로 온 사람은
'주님께서 나를
당신의 백성과는 차별하신다'
하고 말하지 못하게 하여라.

고자라도
'나는 마른 장작에 지나지 않는다'
하고 말하지 못하게 하여라.

4 이러한 사람들에게
주님께서 이렇게 말씀하신다.
"비록 고자라 하더라도,
나의 안식일을 지키고,
나를 기쁘게 하는 일을 하고,
나의 언약을 철저히 지키면,
5 그들의 이름이
나의 성전과 나의 성벽 안에서
영원히 기억되도록 하겠다.

었다. 아이를 제물로 받치는 행위는 성경의 전통에서는 비난되어 왔다 (레 18:21; 20:2-5; 신 12:31; 18:10-12). 그러나 몇 경우에는 이스라엘의 종교 속에서 인정되어지기도 했는데 (왕하 16:3; 17:16-17; 21:6을 참조하라), 그것은 아이를 제물로 받치는 것이 여호와의 가나안 동료, 엘 (El) 신의 제의로 인정받았기 때문일 것이다. 도살의 장소로서의 골짜기의 표현은 예루살렘에 있는, 힌놈의 골짜기로 (왕하 23:10; 대하 28:3; 33:6; 렘 7:31-32; 19:2, 6; 32:35), 어린아이 제사의 장소를 암시하는 것이고, 또한 일반적으로는 매장지로서의 골짜기(왕상 18:40; 왕하 23:6; 렘 31:40)를 의미한다. *골짜기* (히브리어, *나할* [nahal]). 이 단어는 "무덤"을 의미할 수도 있다 (욥 21:33). **57:6** *매끈한 돌*들은 "골짜기의 죽은 자들"이라는 의미이다. (공동번역은 "매끈한 돌기둥"이라고 번역했음.) 이 신탁을 듣는 자들은 죽은 자들에게 술을 받치고, 곡식을 제물로 받침으로 비난을 받는다. 신 26:14에 보면, 이런 의식은 메소포타미아와 가나안에서부터 알려진 것으로 언급된다. **57:7-8** *우뚝 솟은 높은 산.* 성전이 있던 산일 것이다. *자리를 깔았다.* 이 표현은 5절에서 언급된 풍요를 위한 제의적 행위를 의미할 것이다. 단어 문과 문설주의 비슷한 발음처럼, 단어 자리(히브리어, *미쉬카브*)와 사당(히브리어, *미쉬칸*)의 유사점이 의미하는 것은 청중들이 무너진 성전의 폐허 위에 성소를 세웠다는 것일 것이다. 세워놓은 우상(히브리어, *지카론*)은 아마 남근숭배 사상의 (남성을 히브리어, *자칼*) 우상일 것이

아들딸을 두어서
이름을 남기는 것보다
더 낫게 하여 주겠다.
그들의 이름이 잊혀지지 않도록,
영원한 명성을 그들에게 주겠다."

6 주님을 섬기려고 하는
이방 사람들은,
주님의 이름을 사랑하여
주님의 종이 되어라.

"안식일을 지켜 더럽히지 않고,
나의 언약을 철저히 지키는
이방 사람들은,
7 내가 그들을
나의 거룩한 산으로 인도하여,
기도하는 내 집에서
기쁨을 누리게 하겠다.
또한 그들이
내 제단 위에 바친
번제물과 희생제물들을
내가 기꺼이 받을 것이니,
나의 집은
만민이 모여 기도하는 집이라고
불릴 것이다."

8 쫓겨난 이스라엘 사람을 모으시는
주 하나님께서 말씀하신다.
"내가 이미 나에게로 모아 들인
사람들 외에
또 더 모아 들이겠다."

지도자들을 규탄하시다

9 들짐승들아,
와서 나의 백성을 잡아먹어라.
숲 속의 짐승들아,
와서 나의 백성을 삼켜라.
10 백성을 지키는 파수꾼이라는 것들은
눈이 멀어서 살피지도 못한다.
지도자가 되어
망을 보라고 하였더니,
벙어리 개가 되어서
야수가 와도 짖지도 못한다.
기껏 한다는 것이 꿈이나 꾸고,
늘어지게 누워서
잠자기나 좋아한다.

11 지도자라는 것들은
굶주린 개처럼 그렇게 먹고도
만족할 줄을 모른다.
백성을 지키는 지도자가 되어서도
분별력이 없다.
모두들 저 좋을 대로만 하고
저마다 제 배만 채운다.

다. 이 구절의 마지막 단어, *알몸* (히브리어, *야드* 의미는 손)은 셈족의 완곡어법이고, 남자의 성기를 의미한다. **57:9** *너는 또 몰렉에게 가려고 몸에 기름을 바르고.* 몰렉이라는 신에게 바칠 관제를 가지고 갔다는 의미로, 이것은 메라크 (mulk) 제물에 기름을 부었다는 뜻이고, 메라크는 셈족 언어에 있어서 제사에서 제물로 받쳐진 아이를 뜻한다. 예루살렘과 그 안에 살던 백성들은 아이를 제물로 받치는 행위로 인해 5절과 같이 비난을 받았다. 스올. 지하세계이다. 이 구절의 후반부는 5절처럼, 죽은 자의 제의를 언급하며, 좀 더 구체적으로 말하면, 죽은 자의 영혼을 통해 점을 치는 행위를 언급한다. 8:19-22, 65:4를 참조하라. **57:13** *너의 우상들에게 살려달라고 부르짖어 보아라.* 이 구절은 다음과 번역하는 것이 좋을 것이다: "네가 모은 영혼들(죽은 자의 영혼으로 9절에서 명령받은)은 너를 구원하지 못할 것이다." 오히려 유령들은 바람에 날려갈 것이며, 미약한 입김에 조차 날아가게 될 것이다.

57:14-21 현재 당하는 고난이 어떤 것이라고 해도, 의인들은 궁극적으로 보상받게 될 것이라는 약속하는 신탁이다. **57:14** 40:3-5처럼, 하나님의 천상 회의에 참석했던 자가 거룩한 자들에게 명령하기를 구속받은 이스라엘을 위해 광야에 길을 내라고 외친다. 여기서 "돋우어서" 낸 길은 이스라엘이 따라야 할 정의로운 길을 의미한다. **57:15** 1-2절처럼, 겸손한 사람(회개하고 겸손한 사람)은 축하를 받는다. 또한 축하받는 것은 하나님의 탁월함과 죄악 된 본성이 제거되었기 때문이다. 이것은 56—66장에서 반복되어 나타나는 주제이고 (예를 들어, 63:15; 64:1-2; 66:1-2), 이것은 하나님과의 거리를 느끼며, 갈등하고 있는 공동체에 적절한 것이다. 그러나 이것은 34—35장 그리고 40—55장의 언약적인 그리고 밀접한 관계의 하나님에 대한 사상과 주목할 만한 대조를 보여준다. **57:17-20** 34—35장과 40—55장에서처럼, 포로생활은 이스라엘이 지은 죄로 인한 심판으로 언급된다 (40:2; 42:23-25; 43:26-27; 44:22; 48:9-11; 50:1); 56—66장에서 다른 점은 그러한 심한 심판 앞에서도 이스라엘 백성은 계속해서 죄를 짓고 있다는 생각이다. 아직도 하나님은 궁극적인 화해의 역사가 있을 것을 약속하지만, 그것은 악인을 위한 것은 아니다. 19절은 엡 2:17에서 예수에게 적용되었다. **57:21** 48:22에 관한 주석을 보라.

12 그 도적들이 입은 살아서
"오너라,
ㄱ)우리가 술을 가져 올 터이니,
독한 것으로 취하도록 마시자.
내일도 오늘처럼 마시자.
아니, 더 실컷 마시자" 하는구나.

우상숭배를 규탄하시다

57 1 의인이 ㄴ)망해도
그것을
마음에 두는 자가 없고,
ㄷ)경건한 사람이 이 세상을 떠나도
그 뜻을 깨닫는 자가 없다.
의인이 세상을 떠나는 것은,
실상은 재앙을 피하여 가는 것이다.

2 그는 평화로운 곳으로
들어가는 것이다.
바른길을 걷는 사람은
자기 침상 위에 편히 누울 것이다.

3 너희 점쟁이의 자식들아,
간통하는 자와 창녀의 씨들아,
이리 가까이 오너라.
4 너희가 누구를 조롱하는 거냐?
너희가 누구에게 입을 크게 벌리고
혀를 내미느냐?
너희는 거역하는 자의 자식,
거짓말쟁이의 종자가 아니냐?

5 너희는 ㄹ)상수리나무 사이에서,
모든 푸른 나무 아래에서,
정욕에 불타 바람을 피우며,
골짜기 가운데서,
갈라진 바위 밑에서,
자식들을 죽여 제물로 바쳤다.

6 너는 골짜기의
매끈한 돌들을 가져다가,
그것들을 신으로 떠받들었다.
네가 그것들에게 술을 부어 바치고,
또 곡식제물을 바쳤다.

"내가 너희의 그런 꼴을 보았으니,
내가 어찌 기뻐하겠느냐?"
7 너는 또 저 우뚝 솟은
높은 산 위에 올라가서,
거기에다 자리를 깔았다.
거기에서 제사를 지냈다.

8 "너의 집 문과 문설주 뒤에는
우상을 세워 놓았다.
너는 나를 버리고 떠나서,
옷을 다 벗고,
네가 좋아하는 자들과 함께
알몸으로 침상에 올라가
자리를 넓게 폈다.
너는 그들과 함께 자려고
화대를 지불하고,
거기에서 정욕을 불태웠다.

ㄱ) 사해 사본과 시리아어역과 불가타와 타르굼을 따름. 마소라 본문에는 '내가' ㄴ) 또는 '죽어도' ㄷ) 또는 '자비한 사람이' ㄹ) 또는 '우상으로 더불어'

58:1-14 바른 제사와 바르지 못한 제사가 서로 반대되는 것 대한 신탁. **58:1** 하나님께서 직접 예언자에게 말씀하신다. 그리고 심판의 메시지를 드러내신다. **58:2-4** 포로생활 이후의 공동체가 금식하며, 그것을 바른 정의로운 행위로 보는 반면에, 하나님은 억압(3절)과 싸움(4절)을 하는 금식을 거부하신다. 제2이사야(43:23-24)에서 하나님은 이스라엘이 부정직한 행동을 하는 동안, 그들에게 받치는 제물을 비난하셨다. 또한 1:11-17; 43:22-28; 암 4:4-5; 5:21-24; 8:4-8; 미 6:1-8을 보라. **58:5** 베옷을 입고 재에 앉는 것은 금식과 함께 통회하는 종교적 행위이다 (느 9:1; 단 9:3; 욘 3:5). **58:6-12** 두 개의 병행하는 구절로 (6-9a절과 9b-12절), 하나님은 종교적인 금식을 넘어 정의롭게 행동하는 자를 좋아하신다. 억압받는 자를 괴롭히는 죄를 뒤집는 정의로운 행동이 포함된 금식을 좋아하신다. 이스라엘이 이런 부정한 행위를 끝냄으로써 받을 보상은, 오래 전에 파괴된 것, 즉 예루살렘과 그 성전의 회복이다. 더욱 일반적인 메시지는 포로기가 끝났다고 해도, 이스라엘의 공동체가 그들의 죄를 버리지 않는 한 약속된 하나님의 구원은 임하지 않을 것이다 (56:1을 보라). 눅 4:18-19에서 나사렛의 회당에서 예수께서 읽으신 이사야의 부분은 6절에서 발췌한 것이다 (61:1-2의 부분과 함께). **58:13** 제2이사야에서는 언급되지 않았지만, 안식일 준수는 여기서와 56:1-8에서 강조되었다. 그리고 나아가서 이것은 포로기 이후의 관심사였다. 안식일 준수는 자신의 이익보다는 다른 사람에 대한 긍휼을 요구한다는 사상은 포로기 이전의 아모스 8:4-8의 신탁을 회상시킨다.

59:1-15a 이스라엘을 심판하는 신탁. **59:1-2** 포로생활 이후의 이스라엘의 공동체는 그들이 만난 어려움 때문에 하나님을 원망하였다. 또한 하나님은 너무나 약해서 그들을 구원할 수 없고, 하나님의 귀는 너무나 둔

9 너는 또 ㄱ)몰렉에게 가려고,
몸에 기름을 바르고
향수를 듬뿍 뿌렸다.
섬길 신들을 찾느라고
먼 나라에 ㄴ)사신들을 보내고,
ㄷ)스올에까지 사절을 내려 보냈다.
10 신들을 찾아 나선 여행길이
고되어서 지쳤으면서도,
너는 '헛수고'라고 말하지 않는구나.
오히려 너는
우상들이 너에게 새 힘을 주어서
지치지 않았다고 생각하는구나.

11 네가 그처럼 무서워하는
신들이 누구냐?
도대체 그 신들이 얼마나 무서우면,
나를 속이면서까지,
나를 까마득히 잊어가면서까지,
그 신들에게 매달리느냐?
내가 오랫동안 침묵하고 있었다고,
네가 나를 경외하지 않는 것이냐?
12 너는 네가 하는 일이
다 옳다고 생각하겠지만,
네가 한 일을 내가 다 폭로할 것이니,
너의 우상들이
너를 돕지 못할 것이다.
13 너의 우상들에게
살려 달라고 부르짖어 보아라.
오히려 바람이
우상들을 날려 버릴 것이며,
입김이 그것들을 쓸어 버릴 것이다.
그러나
나에게로 피하여 오는 사람은,
땅을 차지하여 거기에서 살고,
나의 거룩한 성전에서
나를 예배할 것이다."

도우시고 고치시겠다고 하신 약속

14 "내가 말한다.
땅을 돋우고 돋우어서 길을 내어라.
나의 백성이 걷는 길에
거치는 것이 없게 하여라."

15 지극히 높으신 분,
ㄹ)영원히 살아 계시며,
거룩한 이름을 가지신 분께서,
이렇게 말씀하신다.
"내가 비록 높고 거룩한 곳에 있으나,
겸손한 사람과도 함께 있고,
잘못을 뉘우치고
회개하는 사람과도
함께 있다.
겸손한 사람과 함께 있으면서
그들에게 용기를 북돋우어 주고,
회개하는 사람과 같이 있으면서
그들의 상한 마음을
아물게 하여 준다.
16 나는 사람들과
끝없이 다투지만은 않는다.
한없이 분을 품지도 않는다.
사람에게 생명을 준 것이 나인데,
내가 그들과 끝없이 다투고

ㄱ) 또는 '왕에게' ㄴ) 또는 '우상들을' ㄷ) 또는 '무덤' 또는 '죽음'
ㄹ) 또는 '보좌에 앉아 계시는 이'

해서 그들의 외침을 듣지 못한다고 불평하였다. 하나님께서는 공동체의 고난은 그들 자신의 죄 때문이라고 대응하신다 (56:1과 58:6-12의 주석을 보라). **59:3-8** 공동체의 죄가 자세하게 소개되고 있다. 58:6-14에서처럼, 사람들은 그들 안에서 형벌을 받아야 할 것에 대해 비난을 받는다. 바울은 롬 3:12-17에서 7-8절의 부분들을 인용한다. **59:11-15a** 이스라엘 백성은 구원받기를 원하나, 그들이 부정한 행동을 하기 때문에 구원이 주어지지 않는다. 그러나 공동체가 그들의 죄를 인정하면서도 회개할 의향을 보이지 않고 있다. 오히려 죄로부터 돌아서는 자들이 만연해 있는 불의에 의해 고통을 당한다.

59:15b-20 앞에 등장하는 시와 불의라는 주제로 연결되는 신탁. 그러나 이 구절에서는 불의에 대해 비난받는 자들은 이스라엘의 적들이고, 이스라엘은 구속의 약속을 받는다. 이런 예언은 제2이사야의 메시지를 회상시킨다. 그 약속이 강조된 것은 이스라엘이 포로지에서 돌아오는 직후, 포로기 이후의 어려움이 나타나기 전이었다. **59:15b-17** 하나님께서는 거룩한 전사로서 이스라엘의 적들과 대적하기 위해 앞으로 나아가신다 (42:10-17; 52:7-12). *당신의 능력.* 글자 그대로 하나님의 팔을 의미하며, 전쟁에서의 힘을 언급하는 것이다 (51:5, 9-11; 52:10). 17절의 하나님의 갑옷에 대한 묘사는 엡 6:13-17을 기억나게 한다. **59:18-19** 이스라엘에 대한 하나님의 구원이 *주님의 영광*을 만민에게 증거할 것이라는 생각은 제2이사야에서도 자주 찾아볼 수 있다. *주님의 영* (wind)으로 강물 같은 원수들을 몰아내는 전사로서의 하나님의 이미지는 이웃 가나안에서도 사용되었다. 바알의 무기가 풍랑과 바람이기도

한없이 분을 품고 있으면,
사람이 어찌 견디겠느냐?
17 사람의 탐욕스러운 죄 때문에
내가 노하여 그들을 쳤고,
내가 노하여 나의 얼굴을 가렸다.
그래도 그들은 끝내 나를 거역하고
제 마음에 내키는 길로 가버렸다.
18 사람의 소행이 어떠한지,
내가 보아서 다 알고 있다.
그러나 나는 그들을 고쳐 주겠다.
그들을 인도하여 주며, 도와주겠다.
슬퍼하는 사람들을
위로하여 주겠다.
19 이제 내가 말로 평화를 창조한다.
먼 곳에 있는 사람과
가까운 곳에 있는 사람에게
평화, 평화가 있어라."
주님께서 약속하신다.
"내가 너를 고쳐 주마."

20 그러나 악인들은
요동하는 바다와 같아서
고요히 쉬지 못하니,
성난 바다는
진흙과 더러운 것을
솟아 올릴 뿐이다.

21 나의 하나님께서 말씀하신다.
"악인들에게는 평화가 없다."

참 금식

58 1 "목소리를 크게 내어
힘껏 외쳐라.
주저하지 말아라.
너의 목소리를
나팔 소리처럼 높여서
나의 백성에게
그들의 허물을 알리고,
야곱의 집에 그들의 죄를 알려라.
2 그들이 마치
공의를 행하고
하나님의 규례를
저버리지 않는 민족이나 되듯이,
날마다 나를 찾으며,
나의 길을 알기를 좋아한다.
그들은 무엇이 공의로운 판단인가를
나에게 묻고,
하나님께 가까이 나가기를
즐거워한다고 한다."

3 주님께서 보시지도 않는데,
우리가 무엇 때문에 금식을 합니까?
주님께서 알아 주시지도 않는데,
우리가 무엇 때문에
고행을 하겠습니까?

너희들이 금식하는 날,
너희 자신의 향락만을 찾고,
일꾼들에게는
무리하게 일을 시킨다.

4 너희가 다투고 싸우면서,
금식을 하는구나.
이렇게 못된 주먹질이나 하려고
금식을 하느냐?
너희의 목소리를
저 높은 곳에 들리게 할
생각이 있다면,
오늘과 같은
이런 금식을 해서는 안 된다.

5 "이것이 어찌
내가 기뻐하는 금식이겠느냐?
이것이 어찌 사람이
통회하며 괴로워하는 날이
되겠느냐?"

했다. **59:20** 이 신탁에서는 *시온*이라는 이름(예루살렘의 다른 이름)과 *야곱*이라는 이름을 병행시킨다. 그러나 제2이사야에서는, 34—35장과 40—55장에서, 예루살렘/시온과 이스라엘/야곱을 병행시킨다 (48:1-2; 49:14-26; 51:1—52:2; 52:7-12에 관한 주석들을 보라). 구원을 경험하지 못할 부정한 이스라엘에 대한 강조는 56—66장에서 강하게 나타난다 (57:20을 보라). 칠십인역은 속량자가 "시온에"서 (to) 온다는 표현이 아니라 "…으로부터" (from) 라는 표현을 쓴다. 바울은 이 형태를 롬 11:26에서 이용하였고, 여기서 주어가 예수님이시라고 이해하였다.

59:21 짧은 산문적 신탁으로 하나님께서 이스라엘과의 언약관계를 새롭게 갱신할 것이라는 약속이다 (렘 31:31-34를 참조하라). 바울은 롬 11:27에서 이 구

머리를 갈대처럼 숙이고
굵은 베와 재를 깔고 앉는다고 해서
어찌 이것을 금식이라고 하겠으며,
주님께서 너희를
기쁘게 반기실 날이라고
할 수 있겠느냐?

6 "내가 기뻐하는 금식은,
부당한 결박을 풀어 주는 것,
멍에의 줄을 끌러 주는 것,
압제받는 사람을 놓아 주는 것,
모든 멍에를 꺾어 버리는 것,
바로 이런 것들이 아니냐?"

7 또한 굶주린 사람에게
너의 먹거리를 나누어 주는 것,
떠도는 불쌍한 사람을
집에 맞아들이는 것이 아니겠느냐?

헐벗은 사람을 보았을 때에 그
그에게 옷을 입혀 주는 것,
너의 골육을 피하여
숨지 않는 것이 아니겠느냐?
8 그리하면 네 빛이
새벽 햇살처럼 비칠 것이며,
네 상처가 빨리 나을 것이다.

네 의를 드러내실 분이
네 앞에 가실 것이며,
주님의 영광이
네 뒤에서 호위할 것이다.

9 그 때에 네가 주님을 부르면
주님께서 응답하실 것이다.

네가 부르짖을 때에,
주님께서 '내가 여기에 있다'
하고 대답하실 것이다.

네가 너의 나라에서
무거운 멍에와 온갖 폭력과 폭언을
없애 버린다면,
10 네가 너의 정성을
굶주린 사람에게 쏟으며,
불쌍한 자의 소원을 충족시켜 주면,
너의 빛이 어둠 가운데서 나타나며,
캄캄한 밤이 오히려
대낮같이 될 것이다.

11 주님께서 너를 늘 인도하시고,
메마른 곳에서도
너의 영혼을 충족시켜 주시며,
너의 뼈마디에 원기를 주실 것이다.

너는 마치 물 댄 동산처럼 되고,
물이 끊어지지 않는 샘처럼
될 것이다.
12 너의 백성이
해묵은 폐허에서 성읍을 재건하며,
대대로 버려 두었던 기초를
다시 쌓을 것이다.

사람들은 너를 두고
"갈라진 벽을 고친 왕!"
"길거리를 고쳐
사람이 살 수 있도록 한 왕!"
이라고 부를 것이다.

안식일을 지키는 보상

13 "유다야,
네가 안식일에 발길을 삼가
여행을 하지 않으며,
나의 거룩한 날에
너의 쾌락을 일삼지 않으며,
안식일을
'즐거운 날'이라고 부르며,

절을 사용하여 논쟁한다. 그가 주장하는 것은 지금은 하나님께서 이방 사람을 위한 구원을 확장시켜 가시지만, 결국에 가서는 이스라엘을 구원하실 것이라는 것이다.

60:1—62:12 세 개의 신탁이 연결되어 있는 것으로 (60:1-22; 61:1-11; 62:1-12), 59:15b-20에서와 같이, 34—35장과 40—55장을 회상시켜 주며, 구원에 대한 무한한 약속과 시온이라고도 불리는 예루살렘에 대한 그들의 초점을 회상시켜 준다 (49:14—50:3; 51:1-11; 51:17—52:2; 52:7-12; 54:1-17을 참조하라). 이들의 긍정적인 분위기는 이 시들이 새로운 정착 시기에서 어려움을 만나기 전, 포로생활 하던 곳에서 고향으로 돌아온 직후에 쓰인 것으로 이해된다.

60:1-22 하나님께서 예루살렘의 구속을 약속하시는 신탁. **60:1** 14절까지 예루살렘/시온이라는 이름이 언급되어 있지 않지만, 명령형인 *일어나서 빛을 비추어라* 라는 예루살렘을 이사야서 전체에서 (1:21-

주의 거룩한 날을
'존귀한 날'이라고 한다면,
그리고 이 날을 귀하게 여겨서,
네 멋대로 하지 않으며,
너 자신의 쾌락을 찾지 않으며,
함부로 말하지 않으면,
14 그 때에
너는
주 안에서 즐거움을 얻을 것이다.
내가 너를 땅에서 영화롭게 하고,
너의 조상 야곱의 유산을 먹고
살도록 하겠다."
이것은
주님께서 친히 하신 말씀이다.

예언자가 백성의 죄를 규탄하다

59 1 주님의 손이 짧아서
구원하지 못하시는 것도
아니고,
주님의 귀가 어두워서
듣지 못하시는 것도 아니다.

2 오직, 너희 죄악이
너희와 너희의 하나님 사이를
갈라놓았고,
너희의 죄 때문에
주님께서
너희에게서 얼굴을 돌리셔서,
너희의 말을 듣지 않으실 뿐이다.

3 너희의 손이 피로 더러워졌으며,
너희의 손가락이
죄악으로 더러워졌고,
너희의 입술이 거짓말을 하며,
너희의 혀가
악독한 말을 하기 때문이다.

4 공의로써 소송을 제기하는 사람이
아무도 없고,
진실되게 재판하는 사람이
하나도 없다.

헛된 것을 믿고 거짓을 말하며,

해로운 생각을 품고서, 죄를 짓는다.

5 그들은 독사의 알을 품고,
거미줄로 옷감을 짠다.
그 알을 먹는 사람은 죽을 것이요,
그 알이 밟혀서 터지면,
독사가 나올 것이다.

6 그들이 거미줄로 짠 것은
옷이 되지 못하고,
그들이 만든 것으로는
아무도 몸을 덮지 못한다.
그들이 하는 일이란
죄악을 저지르는 것뿐이며,
그들의 손에는 폭행만 있다.

7 그들의 발은
나쁜 일을 하는 데 빠르고,
죄 없는 사람을 죽이는 일에 신속하다.
그들의 생각이란
죄악으로 가득 차 있을 뿐이며,
그들이 가는 길에는
황폐와 파멸이 있을 뿐이다.

8 그들은 안전한 길을 알지 못하며
그들이 가는 길에는 공평이 없다.
스스로 길을 굽게 만드니,
그 길을 걷는 모든 사람에게
안전이 없다.

백성이 죄를 고백하다

9 그러므로 공평이 우리에게서 멀고,
공의가 우리에게 미치지 못한다.
우리가 빛을 바라나, 어둠뿐이며,

23; 3:25-26; 40:1-11; 51:17—52:2; 54:1-17; 57:3, 6-13; 62:1-12; 66:6-16) 여성으로 묘사하고 있는 것으로 보아, 이 도시에 대한 언급으로 볼 수 있다. 예루살렘에 대한 명령형의 요청은 제2이사야에서 찾아볼 수 있는 깨어 일어나라는 요청에 (51:17; 52:1) 대한 반복으로 보인다. 51:17과 52:1에서는 도시는 여기처럼, 일어나서 자신의 구원을 축하한다. 이것은 제2이사야와 이 신탁과의 분명한 연속성을 보여준다 (60:1—62:12에 관한 주석을 보라). **60:2-3** 1절에서처럼, 언어와 주제는 제2이사야를 회상시켜 준다. 하나님은 이스라엘의 적들을 물리치실 것이며, 이스라엘을 구원하실 것이다 (34:1—35:10). 그 때 이방 나라들은

밝음을 바라나,
암흑 속을 걸을 뿐이다.
10 우리는 앞을 못 보는 사람처럼
담을 더듬고,
눈먼 사람처럼 더듬고 다닌다.
대낮에도
우리가
밤길을 걸을 때처럼 넘어지니,
몸이 건강하다고 하나
죽은 사람과 다를 바 없다.
11 우리 모두가 곰처럼 부르짖고,
비둘기처럼 슬피 울며,
공평을 바라지만 공평이 없고,
구원을 바라지만
그 구원이 우리에게서 멀다.

12 주님,
주님께 지은 우리의 죄가
매우 많습니다.
우리의 죄가 우리를 고발합니다.
우리가 지은 죄를
우리가 발뺌할 수 없으며,
우리의 죄를 우리가 잘 압니다.
13 우리가 죄를 짓고
주님을 부정하였습니다.
우리의 하나님께 등을 돌리고
물러가서,
포학한 말과 거역하는 말을 하면서,
거짓말을 마음에 품었고,
또 실제로 거짓말을 하였습니다.
14 그래서 공평이 뒤로 밀려나고
공의가 멀어졌으며,
성실이 땅바닥에 떨어졌고,
정직이 발붙이지 못합니다.
15 성실이 사라지니,
악에서 떠난 자가
오히려 약탈을 당합니다.

주님께서 백성을 건져내려고 하시다

주님께서 이것을 보셨다.
공평이 없는 것을 보시고
슬퍼하셨다.

16 압박받는 사람을 도우려는 사람이
없음을 보시고,
중재자가 없음을 보시고,
주님께서는 놀라셨다.
주님께서는 직접,
억압받는 사람들을 구원하시려고,
반드시 공의를 이루시려고,
당신의 능력을
친히 발휘하실 것이다.

17 주님께서
공의를 갑옷으로 입으시고,
구원의 투구를 머리에 쓰셨다.

예루살렘에 모여들 것이다 (45:14). 이방 나라들이 예루살렘의 빛 아래로 몰려들 것이라는 생각은 42:6 그리고 49:6에서 뭇 민족을 위한 빛으로 섬기라는 이스라엘을 향한 명령이 떠오르게 한다. **60:4** 2-3절에서처럼, 다시 제2이사야와 비슷한 주제가 나타난다; 43:5-6; 49:12, 22-23을 보라. 이 구절의 상반절은 49:18의 하반절의 형용구를 반복하고 있다. **60:5** 45:14에서 제2이사야는 이방 나라들이 이스라엘을 구속하기 위해 그들의 재산을 가져올 것이라는 생각을 소개한다. 이 신탁 전반에 걸쳐 이 희망이 나타난다. 61:6; 66:12를 보라. **60:6-7** *미디안, 에바, 스바, 느바욧.* 모두 아라비안 지파들의 이름이다. 마 2:11에서 동방박사들이 받친 선물을 참조해 보라. **60:9** 예루살렘으로 오는 이방 나라들에 대한 이야기로, 이 시의 배경 안에서 이해되어져야 하지만, 18세기, 19세기의 복음주의자들은 하나님을 사모하는 섬들의 표현을 자신들이 세상에 선교하여야 할 명령이라고 생각했다. *다시스.* 2:11-17 주석을 보라. 제2이사야에서 흔히 나타나는 *거룩하신 분*이라는 표현이 (40:25 주석을 보라) 56—66장에서는 오직 이 곳과 14절에서만 나타난다. **60:10** 신탁 전반에서처럼, 제2이사야에서 발견된 주제들이 나타난다. 49:22-23에서는 예루살렘에게 이방 나라의 왕들이 예루살렘에게 절을 할 것이 라고 말한다. 그러나 이방 사람들이 이스라엘을 대신 하여 일할 것이라는 것은 56—66장에서 더 강하게 나타난다. 61:5를 보라. **60:11** 이 구절은 계 21:24-26에서 종말의 예루살렘을 묘사하기 위해 사용되었다. **60:13** 이스라엘 북쪽에 있는 레바논의 높은 산들은 거기서 나오는 목재로 유명한데, 이것들은 과거에 여호와의 성전을 지을 때 사용되었던 것처럼 (왕상 5:6), 다시 사용될 것이다. **60:14** 이 시의 수신인으로 예루살렘(또한 시온이라고 불리기도 함)을 생각해 온 것이 분명해진다. **60:16** 고대 근동지역의 신화에서 위대한 왕들은 여신들의 젖을 먹었다. 여기서 이 전통이 이스라엘의 유일신 사상 속에서 받아들여지며,

응징을 속옷으로 입으셨다.
열심을 겉옷으로 입으셨다.

18 그들이 한 대로 갚으신다.
적들에게 진노하시며,
원수들에게 보복하신다.

섬들에게도 보복하신다.
19 해 지는 곳에서
주님의 이름을 두려워하며,
해 뜨는 곳에서
주님의 영광을 두려워할 것이다.

원수가 강물처럼 몰려오겠으나,
주님의 영이
그들을 물리치실 것이다.
20 주님께서 시온에 속량자로 오시고,
야곱의 자손 가운데서
죄를 회개한 사람들에게 오신다.
주님께서 하신 말씀이다.

21 주님께서 말씀하신다.
"내가 그들과 맺은 나의 언약은
이러하다.
너의 위에 있는 나의 영과
너의 입에 담긴 나의 말이,
이제부터 영원토록,
너의 입과 너의 자손의 입과
또 그 자손의 자손의 입에서
떠나지 않을 것이다."
주님께서 하신 말씀이다.

예루살렘이 장차 받을 영광

60 1 예루살렘아,
일어나서 빛을 비추어라.
구원의 빛이
너에게 비치었으며,
주님의 영광이 아침 해처럼
너의 위에 떠올랐다.

2 어둠이 땅을 덮으며,
짙은 어둠이 민족들을 덮을 것이다.
그러나 오직 너의 위에는
주님께서 아침 해처럼 떠오르시며,
그의 영광이 너의 위에
나타날 것이다.

3 이방 나라들이
너의 빛을 보고 찾아오고,
뭇 왕이 떠오르는 너의 광명을 보고,
너에게로 올 것이다.

4 눈을 들어 사방을 둘러보아라.

이스라엘은 열방의 젖을 먹는다. 66:11을 보라. 하나님에 대한 세 가지의 호칭; *구원자, 속량자, 야곱의 전능자.* 이 표현들은 49:26에서도 나타난다. "전능자"에 대해서는 1:24 주석을 보라. **60:17** 초대교회에서는 이 구절을 감독과 집사의 제도에 권위를 주기 위해 사용하였다. **60:18** 예루살렘의 벽들과 문들에 주어진 상징적인 이름들에 대해서는 62:4를 보라. **60:19-20** 이 구절들은 종말론적 예루살렘이 태양과 달을 필요치 않을 것이라는 요한계시록 21:23의 주장에 대한 근거가 된다. **60:22** 초기 시온주의 조직인 빌루(Bilu)가 1822년 러시아에서 대학생들에 의해 조직되었는데, 팔레스타인 농부들과 협력하기 위한 목적으로 조직되었다. 이 조직은 이 구절에서 그들이 좌우명(motto)을 선택했다 (빌루 라는 이름도 2:5의 처음 네 단어의 첫 글자를 따서 만들었다: "야곱의 족속아! 주님의 빛 가운데서 걸어가자!").

61:1-11 이스라엘 백성에게 주어진 구원의 약속. **61:1-2** 이 신탁에서 예언자가 말하고 주장하는 것은 자신은 하나님에 의해 기름부음을 받았다는 것이다. 45:1에 관한 주석을 보라. 기름부음을 받은 또 다른 예언자는 엘리사이다 (왕상 19:16). 이 신탁은 하나님께서 예언자에게 위로와 안위의 메시지를 전달하라는 명령을 주셨다고 말한다. 40:6-8을 보라. 그 곳에서 제2이사야는 역시 위로의 메시지를 전달하라는 명령을 받는다. 그러나 58:1에서는 하나님께서 예언자에게 이스라엘에게 그들의 죄를 알게 하라고 명령하신다. 이것은 56—66장의 전형적인 메시지이다. 눅 4:18-19에서 예수께서 나사렛의 회당에서 읽으신 이사야의 부분은 이 구절들에서 발췌한 것들이다 (58:6에서도 발췌된 것). 후기 교회에서는 1절을 해석할 때, 하나님과 성령, 그리고 하나님의 성령으로 기름부음 받은 자를 말하면서, 삼위일체의 교리로 설명한다 (40:12-14; 48:15-16에 관한 주석을 보라). 해방 신학자들이 주장하는 것은, 억압받는 자들을 해방하기 위해서는 현대사회에서 경제적, 정치적 부정의를 제거해야 한다는 것이다. **61:3** 예언자의 사명에 대한 좀 더 구체적으로 표현해 주는 것이다. 시온. 예루살렘의 또 다른 이름이다. 도시의 거주자들이 재를 쓴다는 것은 전통적인 애통의 표현이다 (58:3에 관한 주석을 보라). 이스라엘 백성은 또한 제2이사야 44:3-4에서와 56—66장 사이에서는 60:21에서, 하나

그들이 모두 모여
너에게로 오고 있다.
너의 아들들이 먼 곳으로부터 오며,
너의 딸들이 팔에 안겨서 올 것이다.

5 그 때에
이것을 보는 너의 얼굴에는
기쁨이 넘치고,
흥분한 너의 가슴은 설레고,
기쁨에 벅찬 가슴은
터질 듯 할 것이다.
풍부한 재물이
뱃길로 너에게로 오며,
이방 나라의 재산이
너에게로 들어올 것이다.

6 많은 낙타들이
너의 땅을 덮을 것이며,
미디안과 에바의 어린 낙타가
너의 땅을 뒤덮을 것이다.
스바의 모든 사람이
금과 유향을 가지고 와서,
주님께서 하신 일을 찬양할 것이다.

7 게달의 모든 양 떼가
다 너에게로 모여들며,
네가 느바욧의 숫양들을
제물로 쓸 것이다.

"내가 내 성전을
이전보다 더욱 영화롭게 할 때에,
이것들이 내 제단 위에
합당한 제물로 오를 것이다."

8 저기, 구름 떼처럼 몰려오는
저 사람들이 누구냐?
제 보금자리로 돌아오는
비둘기처럼 날아오는
저 사람들이 누구냐?

9 너의 자녀들이 온다.
섬들이 나를 사모하며,
다시스의 배들이 맨 먼저
먼 곳에 있는
너의 자녀들을 데리고 온다.
그들이,
주 너의 하나님의 이름을 높이려고,
이스라엘의 거룩하신
하나님께 드리려고,
은과 금을 함께 싣고 온다.
주님께서 너를
영화롭게 하셨기 때문이다.
10 이방 자손이 너의 성벽을 쌓으며,
그들의 왕들이 너를 섬길 것이다.

"비록 내가 진노하여 너를 쳤으나,
이제 내가 은혜를 베풀어서
너를 불쌍히 여기겠다."

11 너의 성문은 언제나 열려 있어서,
밤낮으로 닫히지 않을 것이다.
이방 나라의 재물이
이 문을 지나 너에게로 오며,
이방 왕들이
사로잡혀서
너에게로 끌려올 것이다.
12 너를 섬기지 않는 민족과 나라는
망하고,
그런 이방 나라들은
반드시 황폐해질 것이다.

님의 나무로 묘사되고 있다. 53:2도 보라. **61:5** 60:10과의 관계에서처럼, 이방 사람들이 이스라엘 백성을 위해 일하게 될 것이다. **61:6** 제2이사야의 "종의 노래들"에서처럼 (42:1-4에 관한 주석을 보라), 이스라엘은 부여된 예언자의 사명보다, 제사장 나라로 부름을 받았다고 말한다. 출 19:6을 참조하라. 45:14; 60:5-13; 66:12에서처럼, 열방의 재물은 이스라엘을 위해 약속되어졌다. **61:7** *수치를 갑절이나 보상받으며.* 이 표현은 40:2를 회상시켜 준다. 그 곳에서 예루살렘은 포로생활의 심판을 통해서, 그들이 갚아야 할 것보다 갑절을 갚았다. 제2이사야에서, 이스라엘은 이 고난을 열방을 위해 견디었다 (52:13—53:12). 여기에서는, 갑절의 고난은 이스라엘에게 이익으로 돌아온다. 이스라엘은 보상으로 갑절의 축복을 받게 될 것이다. **61:8-9** 이 구절들에서는 예언자보다 하나님께서 말씀하신다. 영원한 언약에 대해서는 59:21을 보라. **61:10** 1-7절에서처럼, 예언자가 말하고 있으며, 신랑과 신부가 비교되고 있다. 신랑 신부의 아름다운 패물은 *구원과 공의*를 의미하며, 하나님께서는 예언자에게 그 패물로 단장시키신다. 40—55장과 56—66장의 다른 곳에서도, 이와 같은 결혼의 이미지가 예루살렘/시온을 가리키고 있다 (49:18; 62:4-5; 그리고 52:1과 54:11-12도 이와

13 "레바논의 자랑인
잣나무와 소나무와 회양목이
함께 너에게로 올 것이다.
그 나무가
나의 성전 터를
아름답게 꾸밀 것이니,
이렇게 하여서
내가 나의 발 둘 곳을
영화롭게 하겠다."

14 너를 괴롭히던 자들의 자손이
몸을 굽히고 너에게 나아오며,
너를 멸시하던 자들이
모두 너의 발 아래에 엎드려서,
너를 '주님의 도성'이라고 부르고,
'이스라엘의 거룩하신 분의 시온'
이라고 부를 것이다.

15 "비록 네가 전에는
버림을 받고 미움을 받아서,
너의 옆으로 오는 사람이 없었으나,
이제는 내가 길이길이 너를 높이고,
너를 오고오는 세대 사람들에게
기쁨이 되게 하겠다.
16 네가 이방 나라들의 젖을 빨며,
뭇 왕의 젖을 빨아먹을 것이니,
이것으로써,
너는 나 주가 너의 구원자이며,
너의 속량자요,
야곱의 전능자임을 알게 될 것이다."

17 내가 놋쇠 대신 금을 가져 오며,
철 대신 은을 가져 오며,
나무 대신 놋쇠를 가져 오며,
돌 대신 철을 가져 오겠다.
"내가 평화를 너의 감독자로 세우며,
의를 너의 지배자로 세우겠다."

18 다시는 너의 땅에서
폭행 소문이 들려 오지 않을 것이며,
너의 국경 안에서는
황폐와 파괴 소문이
들려오지 않을 것이다.
너는 너의 성벽을
'구원'이라고 부르고,
너의 성문을
'찬송'이라고 부를 것이다.

19 해는 더 이상
낮을 밝히는 빛이 아니며,
달도 더 이상
ㄱ)밤을 밝히는 빛이 아닐 것이다.
오직 주님께서
너의 영원한 빛이 되시고,
하나님께서
너의 영광이 되실 것이다.

20 주님께서 몸소
너의 영원한 빛이 되시며,
네가 곡하는 날도 끝이 날 것이므로,
다시는 너의 해가 지지 않으며,
다시는 너의 달이
이지러지지 않을 것이다.

21 너의 백성이 모두 시민권을 얻고,
땅을 영원히 차지할 것이다.

ㄱ) 사해 사본과 칠십인역과 고대 라틴어역과 타르굼을 따름. 마소라 본문에는 '밤을'이 없음

비슷한 구절들일 것이다); 40:6, 9를 참조하라. 여기서 제2이사야의 예언자와 예루살렘/시온은 보고자로서의 기능을 병행하고 있음을 추측케 한다. **61:11** 정원지기의 이미지로서의 하나님에 대해서, 44:3-4; 60:21; 61:3을 보라.

62:1-12 예루살렘을 옹호하며, 계속되는 회복을 찬양하는 시. **62:1** 하나님은 기원전 587년에 바빌론 사람들에게 멸망당한 거룩한 도시로서의 회복에 대한 약속을 말씀하신다. 시온. 예루살렘의 또 다른 이름이다. **62:2** 성경에서 새로운 이름이 주어진다는 것은 새로운 위치에 대한 변화를 의미하며, 하나님과의 새로운 관계가 시작되었다는 것을 의미한다. 창 17:5, 15를 보라. 또한 제2이사야에서 등장하는 "이름을 불러" 라는 표현에 대해서 40:26에 관한 주석을 보라. **62:4-5** 예루살렘의 오래된 이름, *'버림 받은 자'*와 *'버림 받은 아내'*는 포로기의 이스라엘의 상태를 의미한다. 첫 번째 새로운 이름, *하나님께서 좋아하시는 여인*은 그들이 고대해 왔던 하나님과의 화해가 이루어졌다는 기쁨을 의미하며, 또한 이사야의 다른 곳에서처럼 (1:7-8에 관한 주석을 보라), 이 도시를 분명하게 여성으로서 이해하고 있다. 두 번째 새 이름, *결혼한 여인*은 예루살렘과 하나님의 화해가 하나의 결혼의 연합처럼 표현한다. 여기서 도시는 신부로 특별히 5절에서는 하나님을 신랑으로 묘사하고 있다. 하나님과 예루살렘에 대한 이와 비슷한 표현이 54:4-8과 50:1에서도 찾아볼 수 있다. 예루살렘은 49:19와 52:1에서, 또한 54:11-12에서도 신부로

그들은 주님께서 심으신 나무다.
주님의 영광을 나타내라고 만든
주님의 작품이다.

22 그들 가운데서 가장 작은 이라도
한 족속의 조상이 될 것이며,
가장 약한 이가
강한 나라를 이룰 것이다.

"때가 되면,
나 주가 이 일을
지체없이 이루겠다."

구원의 기쁜 소식

61 1 주님께서 나에게
기름을 부으시니,
주 하나님의 영이
나에게 임하셨다.
주님께서 나를 보내셔서,
ㄱ)가난한 사람들에게
기쁜 소식을 전하고,
상한 마음을 싸매어 주고,
포로에게 자유를 선포하고,
ㄴ)갇힌 사람에게 석방을 선언하고,
2 주님의 은혜의 해와
우리 하나님의 보복의 날을
선언하고,
모든 슬퍼하는 사람들을
위로하게 하셨다.
3 시온에서 슬퍼하는 사람들에게
재 대신에 화관을 씌워 주시며,
슬픔 대신에
기쁨의 기름을 발라 주시며,
괴로운 마음 대신에
찬송이 마음에 가득 차게 하셨다.

그리하여 사람들은 그들을 가리켜,
의의 나무,
주님께서
스스로 영광을 나타내시려고
손수 심으신 나무라고 부른다.

4 그들은
오래 전에 황폐해진 곳을 쌓으며,
오랫동안 무너져 있던 곳도
세울 것이다.
황폐한 성읍들을 새로 세우며,
대대로 무너진 채로
버려져 있던 곳을
다시 세울 것이다.

5 낯선 사람들이 나서서
너희 양 떼를 먹이며,
다른 나라 사람들이 와서
너희의 농부와 포도원지기가
될 것이다.

6 사람들은 너희를
'주님의 제사장'이라고 부를 것이며,

ㄱ) 또는 '겸손한 사람' ㄴ) 칠십인역에는 '눈먼 사람'

표현된다. 이 모든 구절은 예루살렘을 향한 하나님의 무제한적이고 무조건적인 사랑을 나타내며, 하나님과 이스라엘 사이에 어떤 갈등이 있었다고 해도, 하나님은 현재 그 관계가 회복될 것을 희망하신다는 것을 나타낸다. **62:6** 56:10에서 포로생활 이후의 *파수꾼*들 혹은 지도자들은 짖지 못하는 "잠잠한 개"로 조롱당했다. 그러나 이 긍정적인 신탁에서는 (60:1—62:12에 관한 주석을 보라), 하나님께서 그들에게 계속 말하라고 권면하신다. 예루살렘이 회복될 때까지 계속 하나님을 상기시켜 드리려야 한다고 강조하신다. **62:8** 하나님의 능력의 팔에 대한 주제는 제2이사야의 시온의 시들 중에서 자주 볼 수 있고, 59:16; 63:5에서도 볼 수 있다. 51:5 주석을 보라. **62:10** 구속받은 이스라엘을 위해 대로를 수축하라는 명령은 35:8과 40:3-5에서 나타나는 제2이사야의 이미지를 회상시켜 준다; 57:14에서 이 언어를 은유적으로 사용하는 것을 보라. **62:11** 이 구절에서 발췌된 부분이 마 21:5에서 인용되었다.

63:1-6 하나님께서 에돔을 심판하셨다는 것을 언급하시는 하나님과 예언자의 대화. **63:1** 예언자는 누가 에돔(이스라엘의 동남쪽에 있다)으로부터 오느냐고 묻는다. 하나님께서 말씀하신다. 그는 *바로 나다. 보스라*. 에돔의 고대 수도였다. **63:2-3** 1절에서처럼, 예언자가 하나님께 묻는다. 하나님은 자신이 피 묻은 옷을 입고 있는 이유가, 하나님께서 이스라엘의 적들에게 복수했기 때문이라고 설명하신다. 에돔 사람들은 복수의 표적이 되었다. 그 이유는 그들이 기원전 587년에 바빌로니아 사람들을 도와 유다를 공격했기 때문이다. 그러나 하나님께서 에돔을 방문했던 그런 공격적인 관계는 하나님께서 모든 이방 나라와 맺는 화해의 주제와는 차이를 보인다. 이 화해의 주제는 40—55장 그리고 56—66장 (42:6; 45:5-7, 22-23; 49:6; 55:5)에서 강하게 나타났다. 다른 곳에서도 포도주 틀을 밟는 하나님의 진노의 이미지를 찾아볼 수 있는데, 그 곳은 애 1:15; 욜 3:13; 계 14:19; 19:15 등이다. 중세 기독교에서는 이

'우리 하나님의 봉사자'
라고 일컬을 것이다.
열방의 재물이 너희 것이 되어
너희가 마음껏 쓸 것이고,
그들의 부귀영화가
바로 너의 것임을
너희가 자랑할 것이다.
7 너희가 받은 수치를
갑절이나 보상받으며,
부끄러움을 당한 대가로 받은 몫을
기뻐할 것이다.
그러므로 너희가
땅에서 갑절의 상속을 받으며,
영원한 기쁨을 차지할 것이다.
8 "나 주는 공평을 사랑하고,
불의와 약탈을 미워한다.
나는 그들의 수고를
성실히 보상하여 주고,
그들과 영원한 언약을 세우겠다.
9 그들의 자손이 열방에 알려지며,
그들의 자손이
만민 가운데 알려질 것이다.
그들을 보는 사람마다,
그들이 나 주의 복을 받은 자손임을
인정할 것이다."

10 신랑에게 제사장의 관을 씌우듯이,
신부를 패물로 단장시키듯이,
주님께서 나에게
구원의 옷을 입혀 주시고,
의의 겉옷으로 둘러 주셨으니,
내가 주님 안에서 크게 기뻐하며,
내 영혼이 하나님 안에서
즐거워할 것이다.
11 땅이 싹을 내며,
동산이 거기에 뿌려진 것을
움트게 하듯이,
주 하나님께서도 모든 나라 앞에서
의와 찬송을
샘 솟듯이 솟아나게 하실 것이다.

62 1 시온의 의가 빛처럼 드러나고,
예루살렘의 구원이
횃불처럼 나타날 때까지,
시온을 격려해야 하므로,
내가 잠잠하지 않겠고,
예루살렘이 구원받기까지
내가 쉬지 않겠다.

2 이방 나라들이 네게서
의가 이루어지는 것을 볼 것이다.
뭇 왕이 네가 받은 영광을 볼 것이다.

사람들이 너를 부를 때에,
주님께서 네게 지어 주신
새 이름으로 부를 것이다.

3 또한 너는 주님의 손에 들려 있는
아름다운 면류관이 될 것이며,
하나님의 손바닥에 놓여 있는
왕관이 될 것이다.

4 다시는 어느 누구도 너를 두고
ㄱ)'버림받은 자'라고
하지 않을 것이며,

ㄱ). 히, '아주바'

포도주 틀을 밟는 이미지는 고난의 그리스도를 상징했다. 그리스도가 십자가를 지고 가다가, 쓰러지면서, 군인들에게 끌려가는 모습을 상징하거나, 채찍질 형을 받으면서, 자신의 피로 옷을 적신 채로 서 있는 모습을 상징했다. 중세 화가들은 포도주 틀의 이미지를 사용하여, 죽어가는 그리스도의 피와 함께 십자가형을 묘사했다. 그리스도는 "포도나무"(요 15:1)로 묘사되며, 포도주처럼, 믿음으로 흘러간다. **63:5** 제2이사야와 56—66장에서 여러 번 사용되었던 주제인, 하나님의 능력의 팔에 대해서 51:5; 59:16; 62:8에 관한 주석을 보라.

63:7—64:12 시편에서 잘 알려진 장르인 공동체적 탄식시이다 (예를 들어, 시편들: 44; 74; 79; 80; 94). 이런 탄식시들처럼, 이 시도 적들에게 둘러싸여 괴롭힘을 당하는 상태를 나타내며 (63:15-19), 하나님에게 구원을 호소하고 있다 (64:1-12). 또한 간구자들의 간구에 응답하신다는 하나님에 대한 확신은 있지만, 현재의 상태는 아직 아니다.

63:7-14 이 구절에서 말하는 *나*는 이스라엘 공동체이며, 과거 하나님의 구원의 행위를 회상하므로 탄식시를 시작한다. 구체적인 하나님의 구원의 행위는 출애굽(8-9절)과, 광야에서의 반역과 해결 (10-13a절), 그리고 약속의 땅에서의 정착에서(13b-14절)에서 나타난다. 요점은 공동체의 불만의 이유를 말하는 것이고 (우리 구원의 하나님은 어디에 계시는가?) 어떻게 나가야 할 것인가에 대한 제안이다 (과거에 그렇게 하셨던 것처럼, 우리를 구원하소서!). **63:15** 사라진 하나님의 긍휼에 대한 표현은 분명하게 두 가지 주제를 대조시키고 있다. 그 두 가지 주제 중 하나는 하나님의 위로와 평안

다시는 너의 땅을 일컬어
ㄱ)'버림받은 아내'라고
하지 않을 것이다.

오직 너를
ㄴ)'하나님께서 좋아하시는 여인'
이라고 부르고,
네 땅을 ㄷ)'결혼한 여인'
이라고 부를 것이니,
이는 주님께서 너를 좋아하시며,
네 땅을 아내로 맞아 주는
신랑과 같이 되실 것이기 때문이다.

5 총각이 처녀와 결혼하듯이,
ㄹ)너의 아들들이 너와 결혼하며,
신랑이 신부를 반기듯이,
네 하나님께서 너를 반기실 것이다.

6 예루살렘아,
내가 너의 성벽 위에
파수꾼들을 세웠다.
그들은 밤이나 낮이나
늘 잠잠하지 않을 것이다.

주님께서 하신 약속을
늘 주님께
상기시켜 드려야 할 너희는,
가만히 있어서는 안 된다.
늘 상기시켜 드려야 한다.

7 주님께서 예루살렘을 세우실 때까지
쉬시지 못하게 해야 한다.

또 예루살렘이
세상에서 칭송을 받게 하시기까지,
주님께서 쉬시지 못하게 해야 한다.

8 주님께서 그의 오른손 곧
그의 능력 있는 팔을 들어
맹세하셨다.

"내가 다시는 네 곡식을
네 원수들의 식량으로
내주지 않겠다.
다시는
네가 수고하여 얻은 포도주를
이방 사람들이 마시도록
내주지 않겠다."

9 곡식을 거둔 사람이,
곡식을 빼앗기지 않고
자기가 거둔 것을 먹고,
주님을 찬송할 것이다.
"거둔 사람이 자기가 거둔 것을
내 성소 뜰에서 마실 것이다."

10 나아가거라,
성 바깥으로 나아가거라.
백성이 돌아올 길을 만들어라.
큰길을 닦고 돌들을 없애어라.
뭇 민족이 보도록 깃발을 올려라.

11 보아라,
주님께서 땅 끝까지 선포하신다.
딸 시온에게 일러주어라.
보아라, 너의 구원자가 오신다.

그가 구원한 백성을 데리고 오신다.

ㄱ) 히, '셰마마' ㄴ) 히, '헵시바' ㄷ) 히, '쁄라' ㄹ) 히브리어 자음 본문의 발음을 달리하여 '너를 지으신 분께서'로 번역하는 역본들이 있음

에 대한 제2이사야의 메시지이고 (40:1-2), 또 다른 하나는 56—66장의 신탁들이다. 이 신탁들은 34—35장 그리고 40—55장의 약속들이 아직 이루어지지 않았다는 것을 강조한다. 여기에서 표현되는 하나님의 초월적 본질은 제2이사야에 나타나는 하나님의 본질과 다르다; 57:15의 설명을 보라. **63:16** 제2이사야에서 *아브라함은 이스라엘의* 아버지로 불린다 (51:2). 그러나 포로기 이후의 고난은 아브라함과 이스라엘(야곱의 이름)이 그들을 버렸다는 생각을 갖게 하였다. *속량자*로서의 하나님에 대해서는 41:14에 관한 주석을 보라. 이사야에서 하나님을 *아버지* 라고 부르는 이 호칭은 오직 여기와 64:8에서만 나타난다. 이것은 히브리 성경 전체에서 매우 드문 호칭이다. 또한 오직 이 신탁에서 *우리의 아버지* 라는 표현이 사용되고 있다. 어떤 학자들은 이것이 마 6:9의 주기도문에서 하나님을 부르는 호칭의 자료가 되었다고 생각하는 사람들도 있다. **63:17** 이스라엘 백성은 자신들이 공의롭지 못했다는 것을 인정한다 (59:12-13 참조). 그러나 그들은 하나님께서 그들의 마음을 굳게 하셨다고 불평한다. 다른 곳에서, 하나님께서 바로로 하여금 고집을 부리게 하셨고, 이집트인들과 헤스본 왕 시혼이 고집을 부리게 하셨다 (예를 들어, 출 4:21; 신 2:30). 신약에서 요 12:40; 롬 9:18을 보라. **63:18** 56—66장이 포로생활 이후의 이스라엘 공동체의 분열(56:10-12에 관한 주석을 보라)을 말하고 있다고 주장하는 주석가들은, 이 구절이 이스라엘의 분열이 성전 재건축을 막고 있다고 본다. **64:1-2** 57:17

그가 찾은 백성을
앞장 세우고 오신다.

12 사람들은 그들을
'거룩한 분의 백성'이라 부르며
'주님께서 속량하신 백성'이라
부를 것이다.

사람들은 너 예루살렘을
'하나님께서 사랑한 도성'
이라고 부르며,
'하나님께서 버리지 않은 도성'
이라고 부를 것이다.

주님의 승리

63 1 에돔에서 오시는
이분은 누구신가?
붉게 물든 옷을 입고
보스라에서 오시는
이분은 누구신가?

화려한 옷차림으로
권세 당당하게 걸어오시는 이분은
누구신가?

그는 바로 나다.
의를 말하는 자요,
구원의 권능을 가진 자다.

2 어찌하여 네 옷이 붉으며,
어찌하여 포도주 틀을 밟는 사람의
옷과 같으냐?

3 나는 혼자서
포도주 틀을 밟듯이
민족들을 짓밟았다.
민족들 가운데서
나를 도와 함께 일한 자가
아무도 없었다.
내가 분내어 민족들을 짓밟았고,
내가 격하여 그들을 짓밟았다.
그들의 피가 내 옷에 튀어
내 옷이 온통 피로 물들었다.
4 복수할 날이 다가왔고,
구원의 해가 이르렀다는
생각이 들었으나,
5 아무리 살펴보아도
나를 도와서
나와 함께 일할 사람이 없었다.
나를 거들어 주는 사람이 없다니,
놀라운 일이었다.
그러나 분노가 나를 강하게 하였고,
나 혼자서 승리를 쟁취하였다.
6 내가 분노하여
민족들을 짓밟았으며,
내가 진노하여
그들이 취하여 비틀거리게 하였고,
그들의 피가 땅에 쏟아지게 하였다.

이스라엘에게 베푸신 주님의 선하심

7 나는 주님께서 베풀어 주신
변함없는 사랑을 말하고,
주님께서 우리에게 하여 주신 일로
주님을 찬양하였습니다.
주님께서
우리 모두에게 베푸신 은혜,
그의 긍휼과
그의 풍성한 자비를 따라서

과 63:15에서 나타나는 높고 거룩하신 하나님에게 요구하는 것은, *하늘을 가르시고* 놀라운 힘과 능력을 과시하면서 내려오시는 것이다. **64:3** 삿 5:5; 시 18:7 (삼하 22:8); 68:8; 나 1:5; 합 3:6, 10을 보라. **64:4** 제2이사야에서 강하게 나타나는 유일신 사상은 (44:6-8; 45:5-6, 14, 18, 22; 46:9) 56—66장에서는 이 곳에서만 나타난다. 이 구절은 고전 2:9에서 인용되었다. **64:6** *더러운 옷.* 이것은 언어적으로는, 종교적으로 부정한 (레 15:19-24) 여성의 생리현상에 의한 피가 묻은 옷을 의미한다. **64:8** 토기장이로서의 하나님에 대해서는 45:9-10에 관한 주석을 보라. 아버지로서의 하나님에 대해서는 63:16에 관한 주석을 보라. **64:10** 시온. 예루살렘의 또 다른 이름이다. **64:11** 솔로몬에 의해 세워진 성전은 기원전 586년에 바빌로니아 사람들에 의해 무너졌다. **64:12** 이 탄원시를 끝맺는 질문은 사 56—66장 전체가 갖는 질문이다. 바빌론의 침략과 포로생활의 고통을 당한 후에도, 제2이사야에 의해서 하나님의 구원이 약속되어졌음에도 불구하고, 왜 이스라엘에게 하나님의 구원의 역사가 찾아오지 않는 것인가?

65:1-7 이 부분은 57:3-13과 깊이 연관되어 있는 신탁으로 포로생활 동안 예루살렘에 남아있던 사람이 부정한 방법으로 하나님께 드린 제사에 참여해 온 것을

이스라엘 집에 베푸신
크신 은총을 내가 전하렵니다.

8 주님께서 이르시기를
"그들은 나의 백성이며,
그들은 나를 속이지 않는
자녀들이다" 하셨습니다.
그런 다음에
그들의 구원자가 되어 주셨습니다.
9 주님께서는,
그들이 고난을 받을 때에
주님께서도 친히
고난을 받으셨습니다.
천사를 보내셔서
그들을 구하게 하시지 않고
주님께서 친히
그들을 구해 주셨습니다.
사랑과 긍휼로
그들을 구하여 주시고,
옛적 오랜 세월 동안
그들을 치켜들고 안아 주셨습니다.
10 그러나 그들은 반역하고,
그의 거룩하신 영을
근심하게 했습니다.
그러므로 그는 도리어
그들의 대적이 되셔서,
친히 그들과 싸우셨습니다.
11 그들은, 지난날 곧
주님의 종 모세의 날을 생각하며
물었습니다.
"그의 백성 곧 양 떼의 목자들을
바다로부터 올라오게 하신 그분이,
이제는 어디에 계시는가?
그들에게
그의 거룩한 영을 넣어 주신 그분이,
이제는 어디에 계시는가?
12 그의 영광스러운 팔로,
모세를 시켜서,
오른손으로 그들을 이끌게 하시며,
그들 앞에서 물을 갈라지게 하셔서,
그의 이름을
영원히 빛나게 하신 그분이
이제는 어디에 계시는가?
13 말이 광야에서 달리듯이,
그들을 깊은 바다로
걸어가게 하신 그분이,
이제는 어디에 계시는가?
14 주님의 영이 그들을,
마치 골짜기로 내려가는
가축 떼처럼,
편히 쉬게 하시지 않았던가?"
주님께서 이렇게
주님의 백성을 인도하셔서,
주님의 이름을
영광스럽게 하셨습니다.

자비와 도움을 구하는 기도

15 하늘로부터 굽어 살펴 주십시오.
주님이 계시는

언급하고 있다. **65:1-2** 바울은 이 구절들을 롬 10:20-21에서 인용한다. 바울은 1절을 이방 사람에게, 2절을 유대 사람에게 인용한다. 후기 기독교 해석자들은(저스틴, 어거스틴, 세빌의 이시돌)은 이 구절들을 3절과 함께 유대 사람들의 고집과 무지를 비난하기 위해 사용하였다. 1181쪽 추가 설명: "이사야서의 반유대주의적 해석들"을 보라. **65:3** *동산에서 우상에게 제사하며.* 이 표현은 가나안의 여신 아세라와 연결된 풍요의 신 의식에 대한 언급이다 (1:29; 17:8, 10-11; 27:9; 57:5를 보라). 이스라엘 사람들은 하나님과 함께 아세라에게 제사를 드리곤 했다. *분향.* 일반적으로 합법적인 제의행위이지만, 7절에 보면 이 제의는 산과 언덕에서 행하여졌는데, 그 곳은 이따금씩 구약에서 비난받는 산당에서 행해졌다고 볼 수 있다. **65:4** *밤마다 무덤 사이를 다니는* 사람들. 꿈속에서 그들에게 나타날 신을 부르고 그들에게 도움을 구하는 사람들이다. 이런 제의적 행위들은 묵인되기도 했었다 (솔로몬은 꿈속에서 지혜를 구했다; 왕상 3:4-15). 그러나 여기서 이들은 점치는 것과 연결되어있다 (*무덤 사이로 다니며*는 아마 죽은 영혼으로부터 도움을 구하는 것으로 볼 수도 있을 것이다); 8:19-22; 57:9를 참조하라. *돼지고기.* 레 11:17과 신 14:18에서 금지된 음식이다. 여기서 뼈가 없는 것은, 고고학자들 사이에서는, 이스라엘 대부분의 사람들이 이 금지법을 지켰다는 것으로 의미한다고 본다. **65:7** 65:3에 관한 주석을 보라.

65:8-25 이스라엘의 의인들은 구원을 받게 될 것이며 회복된 예루살렘에서 평화와 조화를 누리며 살게 될 것이다. **65:8-9** 제2이사야에서 모든 이스라엘 사람들은 하나님의 종으로 선택되어졌다 (41:8-10; 42:1에 관한 주석을 보라). 그러나 여기서 선택된 종들은 단지 이스라엘의 의인들뿐이다. **65:10** *샤론.* 남부 욥바에서부터 북부 갈멜 산까지의 해안평야를 말한다. 이 곳은 가끔 황폐한 지역으로 묘사되기도 한다 (33:9). *아골 골짜기.* 이 지역은 유다의 북쪽 경계 지

거룩하고 영화로우신 곳에서
굽어보아 주십시오.

주님의 열성과 권능은
이제 어디에 있습니까?
이제 나에게는
주님의 자비와 긍휼이 그쳤습니다.

16 주님께서는 우리의 아버지이십니다.
아브라함은 우리를 모르고,
이스라엘은 우리를
인정하지 않는다 하여도,
오직 주 하나님은
우리의 아버지이십니다.
옛적부터 주님의 이름은
'우리의 속량자'이십니다.

17 주님, 어찌하여
우리를 주님의 길에서
떠나게 하시며,
우리의 마음을 굳어지게 하셔서,
주님을 경외하지 않게 하십니까?

주님의 종들 곧 주님의 유산인
이 지파들을 보셔서라도
돌아와 주십시오.

18 주님의 거룩한 백성이
주님의 성소를 잠시 차지하였으나,
이제는 우리의 원수들이
주님의 성소를 짓밟습니다.

19 우리는 오래 전부터
주님의 다스림을
전혀 받지 못하는 자같이 되었으며,
주님의 이름으로 불리지도 못하는
자같이 되었습니다.

64 1 주님께서 하늘을 가르시고
내려오시면,
산들이 주님 앞에서
떨 것입니다.

2 마치 불이 섶을 사르듯,
불이 물을 끓이듯 할 것입니다.
주님의 대적들에게
주님의 이름을 알게 하시고,
이방 나라들이
주님 앞에서 떨게 하여 주십시오.

3 주님께서 친히 내려오셔서,
우리들이 예측하지도 못한
놀라운 일을 하셨을 때에,
산들이 주님 앞에서 떨었습니다.

4 이런 일은 예로부터
아무도 들어 본 적이 없습니다.
아무도 귀로 듣거나
눈으로 본 적이 없습니다.
주님 말고 어느 신이
자기를 기다리는 자들에게
이렇게 할 수 있었겠습니까?
5 주님께서는,
정의를 기쁨으로 실천하는 사람과,
주님의 길을 따르는 사람과,
주님을 기억하는 사람을
만나 주십니다.
그러나 주님, 보십시오.
주님께서 진노하신 것은
우리가 오랫동안
죄를 지었기 때문입니다.
우리가 어찌 구원을 받겠습니까?
6 우리는 모두 부정한 자와 같고
우리의 모든 의는
더러운 옷과 같습니다.

역이다. 그 이름은 "문제의 골짜기"란 뜻이다. 그러나 이 신탁은 이 골짜기도 샤론과 같이 변하게 될 것이라고 약속하고 있다 (호 2:15). **65:11** *거룩한* 산. 성전이 있는 산을 말한다. *갓* (히브리어, *가드* [gad]). 행운의 신이다. *므니* (히브리어, *므니* [meni]). 운명의 신이다. **65:13-14** 종들. 종들에 대해서는 65:8-9를 보라. 56:10-12와 63:18에서처럼, 몇몇 학자들은 여기에서 포로생활 이후의 이스라엘 공동체의 정치적 분열의 모습을 본다. **65:17** 이스라엘의 의로운 자들에 대한 하나님의 구원으로 인해 현실은 바뀌고, 새 하늘과 새 땅이 창조되며, 과거의 것들은 잊혀지게 될 것이다. 이 주제들은 42:9; 43:18; 51:6(34:4 참조)에서 따온 것이다. 그러나 42:9와 43:18에서는 이 구원은 단지 살아남은 의로운 남은 자들에게 국한된 것이 아니라, 이스라엘 전체에 대한 것이다. 그리고 51:6에서는 제2 이사야의 보편적 신학과 함께, 우주를 변화시키는 하나님과 열방과의 관계의 변화를 나타낸다. 계 21:1에서 이 구절은 종말 이후에 재창조를 언급하는데 사용되었

우리는 모두
나뭇잎처럼 시들었으니,
우리의 죄악이 바람처럼
우리를 휘몰아 갑니다.
7 아무도 주님의 이름을
부르지 않습니다.
주님을 굳게 의지하려고
분발하는 사람도 없습니다.
그러기에 주님이 우리에게서
얼굴을 숨기셨으며,
우리의 죄악 탓으로
우리를 소멸시키셨습니다.
8 그러나 주님,
주님은 우리의 아버지이십니다.
우리는 진흙이요,
주님은 우리를 빚으신
토기장이이십니다.
우리 모두가
주님이 손수 지으신 피조물입니다.
9 주님,
진노를 거두어 주십시오.
우리의 죄악을
영원히 기억하지 말아 주십시오.
주님,
보십시오.
우리는 다 주님의 백성입니다.
10 주님의 거룩한 성읍들이
광야가 되었습니다.
시온은 광야가 되었고,
예루살렘은 황폐해졌습니다.
11 우리의 조상이
주님을 찬송하던 성전,
우리의 거룩하고 영광스럽던 성전이
불에 탔고,
우리에게 즐거움을 주던 곳들이
모두 황폐해졌습니다.
12 주님, 형편이 이러한데도,
주님께서는 그저 가만히 계십니까?
그렇게 잠잠히 계셔서,
우리가 극심한 고통을 받도록
하시렵니까?

하나님께서 반역자를 벌하시다

65 1 "나는 내 백성의 기도에
응답할 준비를
하고 있었지만,
내 백성은 아직도 내게
요청하지 않았다.
누구든지 나를 찾으면,
언제든지 만나려고
준비를 하고 있었지만,
아무도 나를 찾지 않았다.
내 이름을 부르지도 않던 나라에게,
나는
'보아라, 나 여기 있다.
보아라, 나 여기 있다'
하고 말하였다.
2 제멋대로 가며 악한 길로 가는
반역하는 저 백성을 맞이하려고,

다; 벧후 3:13을 보라. **65:19** 이 구절은 계 21:4에서 알기 쉽게 바꾸어 인용되었다.

65:20-24 새로운 창조가 이루어진 예루살렘은 에덴과 같을 것이고, 그 곳의 거주자들은 장수의 축복, 풍성한 음식의 축복, 그리고 하나님과의 친밀한 관계를 맺게 될 것이다. 이 생각은 제2이사야에서 어렴풋이 나타났지만 (51:3), 여기와 66:1-16에서 상세하게 나타나고 있다. **65:25** 과거의 에덴에서는 아담과 이브의 범죄 이후에 *뱀이* 흙을 먹을 것이라는 저주를 받았지만 (창 3:14), 새로운 에덴에서는 이 저주는 처음부터 뱀에게서 지워진다. 그리고 새로운 에덴은 뱀의 교활함의 제물이 되었던 조상들의 운명에 의해 고통당하지 않는다. 11:6-9를 보라.

66:1-4 예배의 문제에 대해 언급하는 신탁 (성전의 재건축과 부정한 희생제물). **66:1-2** 57:15에서처럼, 하나님께서는 *겸손한 사람과 회개하는 사람을* 사랑하신다는 것이 모든 것을 초월하시는 하나님의 본성과 함께 강조된다. 1절에서 언급되는 *집*은 예루살렘 성전을 의미한다. 당시 성전은 재건축 과정에 있었다. 예언자는 전체적인 과정에 대해서 혹은 현재 다루어지고 있는 것에 대해서 불만을 나타내고 있다. 63:18을 참조하라. 이 구절을 통해 몇몇 주석가들은 포로생활 이후의 이스라엘 공동체 안에서 성전 재건축에 대한 분열이 있었다고 믿는다. 56:10-12와 65:13-14에 관한 주석을 보라. 신약성경에서 이 구절들은 행 7:49-50에 나타나는 스데반의 설교에서 인용된다. **66:3** 종교적으로 인정되는 네 종류의 제물들(소, 양, 부어드리는 제물, 유향)이 부정한 것으로 주장되는 제물들과 비교되고 있다 (개의 목을 부러뜨리는 것에 대한 정확한 중요성에 대해서는 알려지지 않았다). 사람들이 제안하는 것은, 전체적인 희생제도가 여기에서 거부되고 있다는 것이다. 그러나 히브리 성경에서 "같다"(like)는 표현이 없

내가 종일 팔을 벌리고 있었다.
3 이 백성은 동산에서
우상에게 제사하며,
벽돌 제단 위에 분향하여,
내 앞에서
늘 나를 분노하게 만드는 백성이다.
4 그들은 밤마다
무덤 사이로 다니면서,
죽은 자의 영들에게 물어 본다.
돼지고기를 먹으며,
이방 제삿상에 올랐던
고기 국물을 마신다.
5 그러면서도 그들은
다른 사람들에게
'멀찍이 서 있어라,
우리는 거룩하니,
너희가 우리에게 닿아서는 안 된다.
가까이 오지 말아라'
하고 말하는 백성이다.
이런 자들을 내가 참지 못한다.
그들을 향한 나의 분노는
꺼지지 않는 불처럼 타오른다.
6 보아라,
이 모든 것이
내 앞에 기록되어 있으니,
내가 갚고야 말겠다.
그들의 품에 갚을 때까지는,
내가 절대로 잠잠하지 않겠다."
7 주님께서 말씀하신다.
"산에서 분향하며
언덕에서
나를 모독한 자들의 죄악과,
그 조상의 죄악을
내가 모두 보응하겠다.
내가 먼저 그 행위를 헤아리고,
그들의 품에 보응하겠다."
8 주님께서 말씀하신다.
"포도송이에 즙이 들어 있으므로,
사람들이,
'그것을 없애지 말아라.
그 속에 복이 들어 있다'
하고 말한다.
나도 이와 같이
나의 종들을 생각하여,
그들을 다 멸하지는 않겠다.
9 내가 야곱으로부터
자손이 나오게 하며,
유다로부터
내 산을 유업으로 얻을 자들이
나오게 하겠다.
내가 택한 사람들이
그것을 유업으로 얻으며,
내 종들이 거기에 살 것이다.
10 샤론 평야는
나를 찾는 내 백성이
양 떼를 치는 목장이 되고,
아골 골짜기는
소들이 쉬는 곳이 될 것이다.
11 그러나 나 주를 떠나서,
내 거룩한 산을 잊고,
ㄱ)갓에게 상을 차려 놓으며,
ㄴ)므니에게
섞은 술을 가득히 부어
바치는 자들아!
12 내가 너희를
칼에 죽는 신세가 되게 하겠다.
너희 모두가
살육하는 자에게
몸을 구부리게 될 것이다.
이는 내가 불러도
너희가 대답하지 않으며,
내가 말하여도 너희가 듣지 않으며,
너희가 내 눈에

ㄱ) 행운의 신 ㄴ) 운명의 신

기 때문에, 여기서의 요점은 부정직한 방법으로 예배를 드리는 자들이, 비록 어떤 부분에 있어서는 적절한 제의를 드린다고 해도, 징계를 받아야 한다는 것이다.

66:5-16 이스라엘과 예루살렘의 의로운 자들에게 주어지는 미래에 있을 회복에 대한 찬양. **66:5** 56:10-12; 63:18; 65:13-14; 그리고 66:1 같이 이 구절은 포로생활 이후의 이스라엘 공동체의 분열을 말하고 있다. **66:7-8** 어머니 *시온*(예루살렘의 다른 이름)은 새로운 나라를 해산할 것이다. 어머니로서의 예루살렘에 대해서는 49:21-26; 50:1; 51:18, 20; 54:1-3, 13; 60:4를 보라. 예루살렘의 해산은 고통 없이 이루어질 것이다. 그러나 여인들은 에덴에서 쫓겨난 이후로 죄에 대한 저주로 해산의 고통을 겪어야만 했다 (창 3:16). 약속된 회복은 낙원으로 돌아가는 것으로 나타난다 (51:3; 65:20-24를 보라) **66:9** 이스라엘을 구속하실 하나님은 산파로 묘사된다 (46:3-4를 참조). **66:11** *풍요로운 젖.* 영광스럽다기보다는 풍성함으로 묘사된다. 요점은 새로운 에덴은 과거의 에덴처럼, 그 곳의 거주

악하게 보이는 일만을 하며,
내가 좋아하지 않는 일만을
골라서 하기 때문이다."
13 그러므로
주 하나님께서 말씀하신다.
"보아라,
내 종들은 먹겠지만,
너희는 굶을 것이다. 보아라,
내 종들은 마시겠지만,
너희는 목이 마를 것이다.
보아라,
내 종들은 기뻐하겠지만,
너희는 수치를 당할 것이다.
14 보아라,
내 종들은 마음이 즐거워
노래를 부르겠지만,
너희는 마음이 아파 울부짖으며,
속이 상하여 통곡할 것이다.
15 너희의 이름은,
내가 택한 백성이
저주할 거리로 남을 것이다."

내 주 하나님께서 너희를
죽게 하실 것이다.
그러나 주님께서 주님의 종들은
다른 이름으로 부르실 것이다.

16 땅에서 복을 비는 사람은
ㄱ)진리이신 하나님을 두고 빌며,

땅에서 맹세하는 사람도
진리이신 하나님을 두고
맹세할 것이다.
"지난날의 괴로운 일들을,
내가 다시 기억하지 않고,
지나간 과거를,
내가 다시 되돌아보지
않기 때문이다."

새 창조

17 "보아라,
내가 새 하늘과 새 땅을
창조할 것이니,
이전 것들은
기억되거나 마음에 떠오르거나
하지 않을 것이다.
18 그러니 너희는
내가 창조하는 것을
길이길이 기뻐하고 즐거워하여라.
보아라,
내가 예루살렘을
기쁨이 가득 찬 도성으로 창조하고,
그 주민을
행복을 누리는 백성으로
창조하겠다.
19 예루살렘은 나의 기쁨이 되고,
거기에 사는 백성은
나의 즐거움이 될 것이니,
그 안에서 다시는
울음 소리와 울부짖는 소리가
들리지 않을 것이다."

20 거기에는
몇 날 살지 못하고 죽는 아이가
없을 것이며,
수명을 다 채우지 못하는 노인도
없을 것이다.

ㄱ) 히, '아멘'

자를 위한 풍성한 음식으로 채워질 것이라는 것이다 (창 2:16). 분명한 것은 하나님과 함께 하는 예루살렘의 정체성이다 (비슷한 것으로 49:15, 22를 보라). 이것은 하나님께서 에덴에서 생각하셨던 제공자의 역할이다. **66:12** 45:14; 60:5-13; 61:6; 66:12를 보라. **66:13** 하나님과 함께 하는 어머니로서의 예루살렘의 정체성은 계속 강조되며, 하나님이 이 도시와 함께 이스라엘의 기적적인 재탄생을 위해 계속 역사하신다는 사실도 함께 강조된다. 어머니의 이미지를 가진 하나님에 대해서는 27:11 주석을 보라. **66:14** *종들.* 65:8-9에 관한 주석을 보라. **66:17-24** 56—66장들의 주제들을 요약하는 산문체로 된 신탁. **66:17** 65:3-4를 보라. **66:19** 59:18-19를 보라. *스페인* (히브리어, *다시스*에 따라 개역개정, 공동번역, NRSV는 "다시스" 혹은 "다르싯"이라 번역했음). 이것에 대해서는 2:11-17에 관한 주석을 보라. *뿔* (Put). 리비아이다 (개역개정도 "뿔"로 번역했으나, 공동번역과 NRSV는 발음나는 대로 풋트라고 번역했음.) *룻.* 북아프리카의 어느 지역으로 아마 소아시아 중서부에 위치한 리디아 지방일 것이다. *두발.* 소아시의 동쪽에 위치한 지역이다.

백 살에 죽는 사람을
젊은이라고 할 것이며,
백 살을 채우지 못하는 사람을
저주받은 자로 여길 것이다.

21 집을 지은 사람들이
자기가 지은 집에 들어가 살 것이며,
포도나무를 심은 사람들이
자기가 기른 나무의
열매를 먹을 것이다.
22 자기가 지은 집에
다른 사람이 들어가
살지 않을 것이며,
자기가 심은 것을
다른 사람이 먹지 않을 것이다.

"나의 백성은 나무처럼 오래 살겠고,
그들이 수고하여 번 것을
오래오래 누릴 것이다."

23 그들은 헛되이 수고하지 않으며,
그들이 낳은 자식은
재난을 당하지 않을 것이다.
그들은 주님께 복 받은 자손이며,
그들의 자손도
그들과 같이 복을 받을 것이다.

24 "그들이 부르기 전에
내가 응답하며,
그들이 말을 마치기도 전에
내가 들어주겠다.
25 이리와 어린 양이 함께 풀을 먹으며,
사자가 소처럼 여물을 먹으며,
뱀이 흙을 먹이로 삼을 것이다.
나의 거룩한 산에서는
서로 해치거나 상하게 하는 일이
전혀 없을 것이다."
주님의 말씀이시다.

주님께서 민족들을 심판하시다

66 1 주님께서 이렇게 말씀하신다.
"하늘은 나의 보좌요,
땅은 나의 발 받침대다.
그러니 너희가 어떻게
내가 살 집을 짓겠으며,
어느 곳에다가
나를 쉬게 하겠느냐?"
2 주님의 말씀이시다.
"나의 손이 이 모든 것을 지었으며,
이 모든 것이 나의 것이다.
겸손한 사람,
회개하는 사람,
나를 경외하고 복종하는 사람,
바로 이런 사람을 내가 좋아한다."

3 소를 죽여 제물로 바치는 자는
사람을 제물로 바치는 자와 같다.

양을 잡아 희생제물로 바치는 자는
개의 목을 부러뜨리는 자와 같다.

부어 드리는 제물을 바치는 자는
돼지의 피를 바치는 자와 같다.

분향을 드리는 자는
우상을 찬미하는 자와 같다.

"이러한 제사장들은
나의 뜻을 묻지 않고
제 뜻대로 한 자들이다.
오히려 가증한 우상숭배를 즐겼다.
가증한 우상들을
진정으로 좋아하였다.
4 그러기에, 나도 나의 뜻대로
그들을 혹독하게 다루어,
그들이 겁내는 것을

야완. 이오니아이며 소아시아 남서쪽에 위치한 그리스 정착민들의 지역이다. **66:20** 60:4를 보라. **66:21** 61:6을 보라. **66:22** 65:17-25를 보라. **66:24** 이해할 수 없이 지나치게 잔인하게 끝나는 이 부분은 많은 편집자들이 부수적인 부분으로 제외시키고 있다. 그리고 유대 종교 전통에서는 회당에서 이 부분을 읽을 때, 앞 절까지만 반복해서 읽음으로 이사야서의 결론을 맺는다. 그러나 이 구절은 66:15-16의 몇몇 단어들을 떠오르게 한다. 막 9:48은 이 구절을 지옥(Gehenna)을 묘사할 때 사용하였고, 후에 이 구절은 지옥의 불(hell-fire)의 개념을 설명하는 교회의 중요한 자료가 되었다.

그들에게 들이닥치게 하겠다.
내가 그렇게 불렀으나
그들이 응답하지 않았으며,
내가 그렇게 말하였으나
그들이 듣지 않았으며,
오히려 내가 보는 데서
악한 일을 하며,
내가 좋아하지 않는 일을
골라 하였기 때문이다."

5 주님의 말씀을
떨리는 마음으로 받아들이는
사람들아,
너희는 그의 말씀을 들어라.

"너희를 미워하는 백성은
너희가 나의 이름을 부른다고 해서
너희를 따돌리며, 이르기를
'주가 영광을 드러내어
너희들이 기뻐하는 모습을
우리가 한 번 볼 수 있게
하여 보아라'
하고 말하나,
그들은 수치를 당할 것이다."

6 성읍에서 요란한 소리가 나오며,
성전으로부터 소리가 들려 온다.

이것은 바로
주님께서
주님의 대적들에게 보응하시는
주님의 목소리이다.

7 시온은 진통이 오기도 전에
해산한다.

해산의 고통이 오기도 전에
아이를 낳는다.

8 누가 이런 일을 들은 적이 있느냐?
누가 이런 일을 본 적이 있느냐?

나라가 어찌 하루에 생길 수 있으며,
민족이 어찌
한 순간에 태어날 수 있겠느냐?

그러나 시온은
진통이 오자마자 아이들을 낳았다.

9 "바로 내가
아이를 모태에서 나오게 하거늘,
어찌 내가
아이를 낳게 할 수 없겠느냐?"

주님께서 말씀하신다.
"아이를 낳게 하는 이가 나이거늘,
어찌 내가 아이를 못 나오게 막겠느냐?"
너의 하나님께서 말씀하신다.

10 "예루살렘을 사랑하는 사람들아,
그 성읍과 함께
기뻐하고 즐거워하여라.

예루살렘을 생각하며
슬퍼하던 사람들아,
너희는 모두
그 성읍과 함께 크게 기뻐하여라.

11 이는, 너희로 하여금,
위로를 주는 예루살렘의 품에서
젖을 빨아 배부르게 하고,
또한 너희로 하여금,
풍요한 젖을 빨아들여
기쁨을 누리게 하려 함이다."

12 주님께서 이렇게 말씀하신다.
"내가 예루살렘에
평화가 강물처럼 넘치게 하며,
뭇 나라의 부귀영화가
시냇물처럼 넘쳐서
흘러 오게 하겠다."

너희는 예루살렘의 젖을 빨며,
그 팔에 안기고,
그 무릎 위에서
귀여움을 받을 것이다.

13 "어머니가 그 자식을 위로하듯이,
내가 너희를 위로할 것이니,

너희가 예루살렘에서
위로를 받을 것이다."

14 너희가 이것을 보고
마음이 기쁠 것이며
너희의 뼈들이
무성한 풀처럼 튼튼할 것이다.

그리고 주님의 권능이
종들에게 알려지며,
주님께서 원수들에게
진노하실 것이다.

15 보아라,
주님께서 화염에 싸여 오시며,
그의 병거는 마치
회오리바람처럼 올 것이다.
그의 노여움이 진노로 바뀌고,
그의 질책이
타는 불길이 되어 보응하려 하신다.
16 주님께서 불로
온 세상을 심판하시며,
주님의 칼로
모든 사람을 심판하실 것이니,
주님께 죽음을 당할 자가
많을 것이다.

17 "스스로를 거룩하게 구별하며,
몸을 깨끗하게 하고,
이교 제사를 바치는 동산으로
들어가서,
우상을 가운데 놓고 둘러서서
돼지고기와 부정한 짐승과
쥐고기를 먹는 자들은,
모두 다 망할 것이다."
주님의 말씀이시다.
18 "내가 그들의 일과 생각을 알기에,
언어가 다른 모든 민족을
모을 때가 올 것이니,
그들이 와서 나의 영광을 볼 것이다.
19 그리고 내가 그들 가운데
징표를 두어서,
살아 남은 자들을
ㄱ)스페인, 뿔, 활을 잘 쏘는 룻,
두발, 야완 민족들과
나의 명성을 들은 적도 없고,
나의 영광을 본 적도 없는
먼 섬들에게 보낼 것이며,
그들이 나의 영광을
모든 민족에게 알릴 것이다.
20 마치 이스라엘 자손이
주의 성전에 바칠 예물을
깨끗한 그릇에 담아서
가져 오는 것과 같이,
그들이 또한 모든 민족들로부터
너희의 모든 동포를
나 주에게 바치는 선물로
말과 수레와 가마와 노새와
낙타에 태워서,
나의 거룩한 산 예루살렘으로
데려올 것이다."
주님께서 말씀하신다.
21 "그리고 나도 그들 가운데서
제사장과 레위 사람으로 삼을 자를
택하여 세우겠다."
주님께서 말씀하신다.
22 "내가 지을 새 하늘과 새 땅이
내 앞에 늘 있듯이,
너희 자손과 너희 이름이
늘 있을 것이다."
주님의 말씀이시다.
23 "매달 초하루와 안식일마다,
모든 사람이,
내 앞에 경배하려고 나올 것이다."
24 주님께서 말씀하신다.
"그들이 나가서
나를 거역한 자들의 시체들을
볼 것이다."

그들을 먹는 벌레가 죽지 않으며,
그들을 삼키는 불도
꺼지지 않을 것이니,
모든 사람이 그들을 보고
소름이 끼칠 것이다.

ㄱ) 히, '다시스'

예레미야서

예레미야서는 영혼을 그을리며, 양심을 자극하고, 영육간에 상처를 입은 사람에게 소망을 약속해준다. 주요 주제는 생존이다. 이 책은 세 번에 걸친 바빌로니아의 침략으로 인해 유다와 주요 도시인 예루살렘(기원전 597-582년)이 파괴당한 것을 받아들이고 극복하려고 노력한다. 이 시기에 관한 역사적 정보는 희박하지만, 예레미야서가 나온 시기는 격변과 혼란의 시기였다. 이 시대의 정치와 군사적인 사건으로 인해 야기된 인간에 대한 지식과 신학적인 혼란은 이 책을 이해하는 데 도움이 된다.

기원전 7세기 말 앗시리아제국이 약해진 이후 신바빌로니아제국(갈대아)은 시리아-팔레스타인 지역을 지배하게 되었으며, 심지어는 이집트를 패망시키기까지 하였다. 그 결과로 유다에 내분이 일어나게 되었다. 지배 계급의 많은 사람들은 친이집트였던 반면에 예레미야와 그의 추종자들은 바빌로니아를 지지했다. 기원전 597년 유다는 바빌로니아에 반란을 일으킴으로써, 세 차례에 걸친 침략 중에서 첫 번째 침략(기원전 587, 582년에 다시 일어남)을 야기시켰다. 포위된 지 오랜 후인 587년, 수도 예루살렘이 바빌로니아에게 함락되었다. 침략기간 동안 바빌로니아 사람들은 성벽을 허물고, 많은 사람을 죽이고, 왕궁을 부수며, 성전을 파괴시켰다. 나라가 침략당하고, 성읍이 파괴되는 현상은 평상적인 가정생활과 사회와 경제를 와해시켰다. 무엇보다도 국가의 붕괴는 유다의 하나님과의 관계에 의문을 제기하게 되었다.

포로기(기원전 597-537년)는 유다에게 있어서 신학적으로 대혼란기였다. 공동체를 구성하고 있는 일상생활이 파괴되었을 뿐만 아니라, 삶을 지탱해 주는 상징적인 세계도 함께 파괴되었다. 이 혼란 속에서 심각한 질문들이 제기되었다. 국가의 정치적 군사적 몰락이 하나님이 선택받은 민족을 잊으셨다는 것을 의미하는가? 어떻게 하나님께서 선민들의 황폐함을 허락하실 수 있는가? 하나님께서 시내 산에서 맺은 언약을 저버리셨는가? 하나님께서는 전쟁에 이긴 바빌로니아의 신들보다 무력하신 것인가? 닥친 재앙을 공동체가 어떻게 이겨내며 생존해 나갈 것인가? 생존자들에게는 미래가 있는 것인가? 미래가 다가오는 가운데, 회복된 공동체에서는 누가 권력을 잡게 되는가? 이런 관심사들이 예레미야서에 끊임없이 나온다. 이 책의 최종본은 아마도 포로들이 이스라엘로 돌아온 후, 그 곳에 남아 있던 사람들과 땅을 다시 차지하려고 시도하던 시기에 확정된 것으로 보인다.

예레미야는 이 책에서 큰 역할을 감당한다. 본문에 배경으로 되어있는 역사적 사건들이 무엇이든지 간에 (이것은 커다란 논쟁거리이다) 기록된 인물로서의 예레미야는 이 책의 여러 복잡한 예언 자료들을 하나로 묶어주는 끈이 되고 있다. 예레미야는 사건들이 전개되는 중심에 서 있는 주인공이다. 예레미야는 1장의 소명이야기에 등장하며, 여러 개의 신탁들과 설교들을 하는 사람이고, 소위 일인칭으로 "고백" 기도들을 한 사람으로, 증거는 없지만 확신을 가지고 추측하거나 혹은 확인된 화자(話者)이다. 동시에 이 책에 등장하는 수많은 설화체로 된 이야기들의 주제이다. 심지어 그가 백성들과 그들의 불순종에 대항하고 있을 때조차도 그의 운명은 백성들의 삶을 구체적으로 나타내고 있다.

예레미야의 삶은 국가의 소멸과 회복에 대한 풍부한 상징을 창출해 낸다. 그에게 일어난 일들은 백성에게 일어날 일들이다. 그가 끝내 결혼하지 않고 자녀를 낳지 않는 것은 그 땅에서의 백성들의 삶의 마지막을 나타내 주는 표징이다. 그는 체포되고 감옥살이를 하며 물웅덩이에서 죽도록 버려지고 가까스로 살아난다. 동족들처럼 그는 모든 것을 잃지만 살아남는다.

그는 미래에 올 새로운 삶을 상징하기 위해 땅을 산다. 비록 공동체가 그의 말을 듣지는 않았지만, 사람들은 그가 고난을 겪으며 충성을 다하는 이야기들을 통해 소망을 얻는다.

이 책의 이름을 따온 예레미야가 이 책의 중심인물이기는 하지만 저자는 알려져 있지 않고 있다. 여러 저자들과 편집자들이 포로기 말과 포로기 후 초기의 독자들의 필요를 채워주기 위해 예레미야에 관한 전승(傳承)을 모으고 정리했다. 이 책의 저자들, 편집자들, 그리고 청중이 다양하게 섞여 있다는 이론(아래를 보라)은 이 책을 읽기가 어려운 이유를 설명하는 데 도움을 준다. 이 책 전체에 수록된 개별적인 시들과 이야기들은 굉장히 분명하고 일관적이지만 전체를 일괄하여 볼 때에는 독자들을 쉽게 혼란스럽게 한다.

예레미야서에는 여러 문학형식들이 포함되어 있는데, 신탁이라 불리는 짧은 예언 시들과 산문식 설교들과 자서전적 이야기들이 포함되어 있다. 이 책 여러 곳에 방대하게 흩어져 있는 사건들의 연대는 순서대로 기록되어 있지 않다. 시적 이미지들과 은유들은 자주, 그리고 예기치 않게 변하곤 한다. 시 안에서 여러 다른 목소리들이 중복되기도 하고, 자주 서로간에 분간할 수 없기도 하다. 오늘날 한쪽 방향으로만 읽는 독서방식은 이러한 자료를 이해하는 데는 전혀 도움을 주지 못한다.

이 엄청난 자료를 설명하기 위해서 20세기 학자들은 이 책이 여러 시대에 걸쳐 여러 작가들에 의해서 씌어졌다고 주장했고, 적어도 세 가지 자료나 혹은 서로 다른 세 이야기를 하나로 모아 편찬된 것이라고 주장했다. 그들의 주장에 따르면, 1—20장에 주로 등장하는 예레미야 자신의 시가 먼저 수집되었다고 주장한다. 그 다음에는, 예레미야의 서기인 바룩이 예레미야의 전기체(傳記體)의 이야기들을 추가한 것이라고 주장했다 (주로 30—33장을 제외한 28—45장). 그리고 마지막으로 책의 편집자는 산문식 설교를 추가했다고 주장했다. 편집자들은 이스라엘 백성이 오직 하나님의 음성에 순종할 때만 땅을 유지할 수 있다는 신명기 신학에 크게 영향을 받았다. 이러한 견해는 설교들에서 명백하게 들어난다 (7:1—8:3의 예레미야 성전설교를 보라). 이 견해에 따르면, 이 책이 복잡한 이유는 이미 존재하던 여러 자료들을 편집하는 오랜 과정에서 온 결과로 인한 것이다.

최근의 학들은 이 책이 구성된 오랜 과정과 신명기의 영향에 대해서는 계속 관심을 쏟으면서도, 본문의 배후에 있는 자료에 대해서는 더 이상 관심을 쏟지 않는다. 대신, 그들은 본문 전반에 걸쳐 존재하는 연결된 부분과 분리된 부분들을 찾으며 본문의 최종 형태에 대한 연구에 관심을 돌리고 있다. 예를 들어, 시에서 "말하는 음성들"은 역사적 사건들에 대한 신학적 반응의 "교향곡"을 만들어 낸다. 시와 산문으로 된 부분들을 사용하여 은유들을 만들기 위해 그룹을 짓는다. 산문 이야기들은 시로 된 부분들을 설명하며 부드럽게 하기도 한다. 연결과 분리는 원문에서 나타나는데 이것은 우리가 살고 있는 이 시대의 혼란과 갈등을 반영하는 가능성을 제공해준다.

예레미야서는 아마도 국가가 당한 비극으로 인해 생긴 문제를 조사하면서 그 문제에 정면으로 대처하려는 많은 공동체가 제기하는 견해들과 대화하는 책으로 가장 잘 이해될 것이고, 그리고 공동체의 삶 대부분을 파괴시킨 국가의 비극을 극복해 보려는 책으로 가장 잘 이해될 것이다. 이 책은 시적, 상징적 형태를 사용하여 그들이 겪었던 파괴에 대해서 표현한다. 이 책은 과거를 마음에 그리며, 하나님만이 여실 수 있는 새로운 이상향적인 미래의 비전을 제시한다. 이런 내용이 담긴 자료들은 시간과 공간에 대한 현대식 이해와는 상관없이 엮어진 것이다. 기술과학이 지배하는 사회에서 살아가는 사람들은 과거, 현재, 미래를 차례대로 이어지는 잇따라 일어나는 순서로 이해하는 경향이 있다. 대조적으로 고대인들은 과거, 현재, 미래가 동시에 진행되는 것으로 이해했다. 그들에게 과거는 현재를 만들 뿐 아니라 계속 살아 있으며, 미래의 축복과 저주가 현재에 달려있다.

이 책은 한 가지 중요한 신학적 관심사를 보여준다. 국가의 멸망으로 인해 생겨난 하나님에 대한 불의나 무능성을 비난하는 것으로부터 하나님을 변호하려고 시도하려는 관심이다. 이 책은 나라가 겪은 국가적 포로기의 파국을 설명하고, 그 이후의 세상을 재구성하려고 노력한다. 이 책은 부분적으로 국가의 비극이 하나님의 변덕이나 무능 때문이라기보다 인간의 죄의 결과라고 이것을 해석한다. 이스라엘이 선지자들의 말을 "듣지" 않았다는 주제가 책 전반에 걸쳐 깔려 있다. 왕들, 제사장들, 현인들, 다른 예언자들, 그리고 온 민족이 하나님의 참된 사자들, 특히 예레미야의 말을 거부한 것이다.

예레미야의 예언적 발언은 매우 정치적이다. 이 책은 이집트와 바빌로니아의 세상 권력과 유다와의 관계에 대해 보여준다. 매번, 예레미야는 바빌로니아의 정복자를 지지하는 추종자들을 찾기 위해 노력하며, 궁극적으로 이 책은 이집트로 도망한 생존자나 고국에 남은 사람들보다 포로로 잡혀간 사람들에게 특권을 부여한다. 예레미야는 그의 예언을 통하여 포로된 사람들과 생존자들을 구하기를 원하지만 그들은 듣지 않을 것이다. 공동체의 죄에도 불구하고 이 책은 후반에 가서 하나님께서 그들에게 희망에 찬 미래를 주실 것이라고 확언한다.

예레미야서는 다른 대예언서인 이사야와 에스겔, 그리고 다른 열두 소예언서와 함께 묶여있으며, 정경에서 뚜렷한 위치에 있다. 이 책은 초기의 형성기에 어느 시점에서 서로 다른 두 방향으로 발전되었다. 결과적으로, 몇 가지 중요한 차이점을 지닌 두 개의 원본이 공존하고 있다. 히브리어 마소라사본(MT)과 칠십인역(LXX)을 비교해 볼 때 전자가 더 길며 내용도 다르게 배열되어 있다.

이 책은 쉽게 두 부분 혹은 두 "책"으로 나눠진다. 성경본문에 따라 세밀하게 조사할 필요가 있는 주석은 이 개요를 따를 것이며, 명확성을 기하기 위하여 더 보충하여 상세하게 설명될 것이다.

Ⅰ. 왜 국가가 바빌로니아에게 멸망당했는가, 1:1—25:38
- A. 하나님께서 세상을 파괴하신다, 1:1—10:25
- B. 하나님께서 언약을 깨뜨리신다, 11:1—20:18
- C. 파괴의 결과, 21:1—25:38

Ⅱ. 국가가 어떻게 살아남을 수 있는가, 26:1—52:34
- A. 고발과 소망, 26:1—36:32
- B. 예레미야의 감금과 석방, 37:1—45:5
- C. 여러 민족에 대한 신탁, 46:1—51:64
- D. 맺는 글, 52:1-34

캐스린 엠 오카너 (Kathleen M. O'Connor)

1 이 책에 기록되어 있는 것은 예레미야가 한 말
이다. 그는 베냐민 땅 아나돗 마을의 제사장 출
신인 힐기야의 아들이다. 2 아몬의 아들 요시야
가 유다 왕이 되어 다스린 지 십삼 년이 되었을 때
에, 주님께서 예레미야에게 말씀하셨다. 3 요시야
의 아들 여호야김이 유다 왕으로 있을 때에도 주
님께서 그에게 말씀하시고, 그 뒤에도 유다 왕 요
시야의 아들 시드기야 제 십일년까지 주님께서 그
에게 여러 번 말씀하셨다. 시드기야 왕 십일년, 그
해 다섯째 달에 예루살렘 주민이 포로로 잡혀 갔
다.

예레미야의 소명

4 주님께서 나에게 말씀하셨다.

5 "내가 너를 모태에서 짓기도 전에
너를 선택하고,
네가 태어나기도 전에
너를 거룩하게 구별해서,
뭇 민족에게 보낼 예언자로 세웠다."

6 내가 아뢰었다.
"아닙니다. 주 나의 하나님,
저는 말을 잘 할 줄 모릅니다.
저는 아직 너무나 어립니다."

7 그러나 주님께서
나에게 말씀하셨다.
"너는 아직 너무나 어리다고
말하지 말아라.
내가 너를 누구에게 보내든지
너는 그에게로 가고,
내가 너에게 무슨 명을 내리든지
너는 그대로 말하여라.
8 너는 그런 사람들을
두려워하지 말아라.
내가 늘 너와 함께 있으면서
보호해 주겠다.
나 주의 말이다."

9 그런 다음에, 주님께서 손을 내밀어 내 입에
대시고, 내게 말씀하셨다.

1—10장은 이 책의 첫 주요 단원이며, 유다와 예루살렘을 향한 선지자의 경고와 심판에 관한 것이다. 11—20장은 경고가 더욱 강해지고 침략이 매우 임박해진 것을 강조한다. 21—25장에서 침략이 이미 일어난 일로 간주하지만, 침략은 실제로 39:1-10과 52장 이전에는 열거되지 않고 있다. 이 책의 전반부에 있는 시와 산문의 주요 관심은 나라가 멸망한 이유를 받아들일 수 있는 용어로 설명하는 것이다.

하나님께서 세상을 멸하신다 (1—10장). 이 책은 예레미야가 예언자로 소명받는 것에 관한 이야기로 시작한다. 이 소명 이야기는 하나님께서 유다와 이스라엘과 결혼하는 은유에 관한 산문과 시의 모음으로 이어진다 (2:1—3:25). 이 수집된 글은 상징적으로 결손가족 (缺損家族) 혹은 부분적으로 회복된 가족 이야기로 이스라엘과 유다의 역사를 다룬다. 그리고 회개하지 않는 유다와 예루살렘을 공격하라고 하나님께서 북쪽에서 보내신 알려지지 않은 적과의 전쟁 이미지로 느슨하게 연결된 자료들의 모음이 나온다 (4:1—6:30). 예레미야의 "성전설교"(7:1—8:3)가 시의 흐름을 차단시키는 것 같이 보이나, 사실, 시에 대해 해설을 하고 있는 것이다. 8:4—10:25에서는 *죽음이 우리의 창문을 넘어서 들어왔고* (9:21) 그로 인해 슬픔과 탄식에서 나온 시들이 수반된 아직 알려지지 않은 전쟁에 대한 시가 계속 되고 있다.

1:1-3 이 책의 표제에 의할 것 같으면, 이 책 전체의 저자는 아나돗 출신 예언자이며, 제사장의 아들인 예레미야로 되어있다. 그의 출신지의 중요성은 그를 예루살렘의 정치적 종교적 권력구조의 밖에 둔 것이다. 요시야 왕 13년(기원전 627년)부터 시드기야 왕 7년까지 (기원전 587년) 40년간 예언이 예레미야에게 임했다. 예레미야의 40년간의 사역은 40년 동안 광야를 헤매던 모세를 연상시켜 준다. **1:3** 예레미야는 여호야김과 시드기야의 통치기간 동안에 가장 활동적이었지만, 기원전 587년 예루살렘의 몰락 후에도 그의 사역은 계속되었다.

1:4-19 예레미야의 소명은 시 (1:4-10) 속에서 하나님의 음성이 들려지는 것으로 확인되며, 또 이어지는 두 개의 환상(1:11-19)을 통해 확인된다. 이 책의 많은 중요한 주제들이 여기서 발견된다. 예레미야를 향한 하나님의 위임에 대한 강조는 예언자로서 예레미야의 역할을 입증하고 지지해 준다. 나중에 나오는 이야기들은 예레미야에게 이러한 도움이 얼마나 절실했는지를 보여준다. **1:4-10** 하나님은 예레미야를 모태에서 짓기도 전에 부르셔서, 그를 *뭇 민족에게 보낼 예언자*로 세우셨다. **1:5** 모태에서 짓기도 전에 그를 부르셨다는 것은 그가 스스로 사자(使者)가 된 것이 아님을 가리켜 주는 것이다. 하나님께서 그를 모태에서 부르셨으므로 예레미야에게는 선택의 여지가 없었다. 뭇 민족에게 보내질 예언자로서 그가 맡은 일은 유다의 국경을 초월하는 중요성을 가진다. 이러한 위임은 예레미야의 하나님께서 여러 민족을 지배하신다는 것을 가르치는 것이다. **1:6** 모세처럼 (출 3:11, 4:1, 10) 예레미야도 부르심에 저항한다. **1:8-9** 모세의 경우처럼 (출 3:12) 하나님께서는 예레미야와 함께 하실 것을 약속

"내가 내 말을 네 입에 맡긴다.
10 똑똑히 보아라.
오늘 내가
뭇 민족과 나라들 위에 너를 세우고,
네가 그것들을 뽑으며 허물며,
멸망시키며 파괴하며,
세우며 심게 하였다."

살구나무 가지와 끓는 가마솥 환상

11 주님께서 또 나에게 말씀하셨다. "예레미
야야, 너는 무엇을 보고 있느냐?" 내가 대답하였
다. "저는 ㄱ)살구나무 가지를 보고 있습니다."
12 주님께서 나에게 말씀하셨다.
"네가 바로 보았다.
내가 한 말이
그대로 이루어지는 것을
내가 ㄴ)지켜 보고 있다."

13 주님께서 나에게 두 번째로 말씀하셨다.
"너는 무엇을 보고 있느냐?" 내가 대답하였다.
"물이 끓는 솥이 있습니다. 그 솥의 물이 북쪽에
서부터 넘쳐 흐르고 있습니다."

14 주님께서 나에게 말씀하셨다.
"북쪽에서
재앙이 넘쳐 흘러
이 땅에 사는
모든 사람에게 내릴 것이다.
15 내가 북쪽에 있는
모든 나라의 백성들을
이 땅으로 불러들이겠다.
그러면 그들이 모두 몰려와서,
예루살렘 모든 성문 바로 앞에
자리를 잡고,
사방에서 그 성벽을 공격하고,
유다의 모든 성읍을 칠 것이다.
나 주의 말이다.

16 내가 이렇게
내 백성을 심판하는 까닭은,
그들이 나를 버리고 떠나서
다른 신들에게 향을 피우고,
손으로 우상을 만들어서
그것들을 숭배하는 죄를
저질렀기 때문이다.

17 그러므로 너는 이제
허리에 띠를 띠고 준비하여라.
일어나거라.
내가 너에게 명하는 모든 말을
그들에게 전하여라.
너는 그들을 두려워하지 말아라.
네가 그들을 두려워하면,
오히려 내가 너를
그들 앞에서 무서워 떨게 하겠다.
18 그러므로 내가 오늘 너를,
튼튼하게 방비된 성읍과
쇠기둥과 놋성벽으로 만들어서,
이 나라의 모든 사람, 곧

ㄱ) 히, '샤케드' ㄴ) 히, '쇼케드'. '살구나무(샤케드)'와 '지켜보다'라는 두 히브리어의 발음이 비슷함

하신다. 하나님은 예레미야가 말해야 할 것을 가르쳐 주신다. **1:10** 예레미야가 할 일이 10절에 요약되어 있다. 이 요약은 이 책의 내용을 간략하게 기술하여 준다. 예레미야는 파괴하는 사람일뿐만 아니라, 재건하는 사람이다.

1:11-12 예레미야의 첫 번째 환상은 그가 사명을 완수할 수 있도록 확신시켜준다. 이 환상은 언어기법을 사용하고 있다. 예레미야는 하나님께 그가 *살구나무 가지*(히브리어, 샤케드 [shaqed])를 보고 있다고 말한다. 하나님께서 거의 동음어로 대답하신다. *내가 한 말이 그대로 이루어지는 것을 내가 지켜 보고* (히브리어, 쇼*케드*) 있다. 예레미야의 사명을 수행하거나 성취하리라는 하나님의 약속은 청중들에게 이 책의 시작 부분에서 예레미야의 말이 신뢰할 만하고 이루어질 것으로 확신시켜준다. 예레미야의 예언에는 심판과 소망이 들어있다. 포로된 자나 이제 막 귀환한 사람들에게 예레미야의 예언의 말은 왜 포로생활을 하게 되었는지 설명해 주며, 앞으로 새로운 미래가 올 것이라는 소망을 준다.

1:13-16 두 번째 환상은 끓는 솥과 연관되어 있다. *그 솥의 물이 북쪽에서부터 넘쳐흐르고* 있다. 이것은 물이 흘러넘쳐 땅을 파괴하는 재앙을 상징한다. 가나안 신화에서 북쪽은 초인적인 적이 오는 지역으로, 나라를 위협하고 압도하는 미확인 종족들의 근원지이다. 예레미야가 상상하는 파멸은 아마도 그 당시 널리 알려진 이러한 생각을 반영해 주는 것으로 보인다. 예레미야는 이 적들이 하나님의 징벌의 도구로 사용될 것이라고 이해한다. **1:16** 유다 백성은 이러한 징벌을 받아 마땅한데, 그 이유는 그들이 하나님을 저버리고 다른 신들을 섬겼기 때문이다. 이것은 그 당시 우상을 숭배하는 죄에 대한 관습적 표현이었다.

유다의 왕들과 관리들에게 맞서고,
제사장들에게 맞서고,
이 땅의 백성에게 맞서게 하겠다.
19 그들이 너에게 맞서서
덤벼들겠지만,
너를 이기지는 못할 것이다.
내가 너를 보호하려고
너와 함께 있기 때문이다.
나 주의 말이다."

하나님께서 돌보시다

2 1 주님께서 또 나에게 말씀하셨다. 2 "너는
가서 예루살렘 사람들이 들을 수 있게 이렇게
외쳐라.

'나 주가 말한다.
네가 젊은 시절에
얼마나 나에게 성실하였는지,
네가 신부 시절에
얼마나 나를 사랑하였는지,
저 광야에서,
씨를 뿌리지 못하는 저 땅에서,
네가 어떻게 나를 따랐는지,
내가 잘 기억하고 있다.
3 이스라엘은
나 주에게 거룩하게 구별된
나의 수확 중 첫 열매다.
누구든지 그것을 가져다 먹으면,
벌을 받고 재앙을 만났다.
나 주의 말이다.'"

조상의 죄

4 야곱의 백성아,
이스라엘 백성의 모든 가족아,
너희는 주님의 말씀을 들어라.

5 "나 주가 말한다.
너희의 조상이
나에게서
무슨 허물을 발견하였기에,
나에게서 멀리 떠나가서
헛된 우상을 쫓아다니며,
자신들도 허무하게 되었느냐?
6 '이집트 땅에서
우리를 이끌고 올라오신 분,
광야에서 우리를 인도하신 분,

1:17-19 하나님께서는 자신의 말씀이 널리 퍼져나가게 하기 위하여 예레미야에게 적들에 대해 경고하고 공격에 대항할 수 있도록 담대하게 만들어 줄 것을 약속해 주신다.

2:1—3:25 이 부분의 주제는 결손가족이 주제인데, 하나님께서 두 아내와 실패한 결혼에 관해서 쓰인 시와 산문 자료가 모아진 것들이다. 도입부분 (2:1-3) 후에는 두 개의 결혼 장면(2:4—3:5와 3:6-25)이 나온다. 결손가족에 대한 이야기는 이스라엘 역사에 대한 은유이다. 이것은 하나님의 아내된 유다에 대한 사랑과, 그녀의 부정, 그리고 이혼을 이야기한다. 이것은 일찍이 하나님의 아내이었던 이스라엘과의 실패한 결혼과 그녀가 다시 돌아오기를 바라는 하나님의 권유에 대해서 이야기한다. 그녀는 돌아오지 않지만 자녀들은 돌아온다. 그러므로 가족은 부분적으로나마 회복되었다. 여기서 자녀들이란 아마도 조상들의 우상숭배로 말미암아 단절된 관계를 회복하기를 소망하는 포로기 세대를 나타내는 것으로 보인다.

첫 번 장면에서는 (2:4—3:5) 아내에 대한 시들 (2:17-25; 2:33—3:5)이 남성 인물들, 야곱/이스라엘 (2:4-16; 2:26-32)에 대해 언급하는 시들과 번갈아 나온다. 기록된 이 두 인물은 모두 하나님을 저버리고 우상들을 따르는 비슷한 일들로 책망받는다. 하나님께서는 여성인 유다만 성적 부정행위를 고발하신다.

두 인물이 교대로 나타나는 것은 아내의 이미지로 이 책을 읽는 남성 독자를 부끄럽게 하려는 것이다. 남성 이스라엘은 신실하지 않을 뿐만 아니라, 마치 간음하는 아내가 남편을 배신하는 것처럼 은연중에 부끄러운 방법으로 하나님을 배신한다. 본문은 여성을 사용하여 남성 독자들을 회개로 인도하기를 원하며, 그들을 수치스럽게 한다 (3:20). 동시에 본문은 하나님을 사랑하는 아내를 빼앗긴 상심한 남편으로 등장시켜 독자들로 하여금 하나님 편에 서게 한다. 마지막으로 이 부분은 예배적인 언어로 자녀들이 회개하고 아버지에게 돌아올 때 제 기능을 다하지 못한 가정이 부분적으로 회복됨을 보여준다 (3:22-25). 자녀들의 경건한 회개는 예레미야의 독자들에게 어떻게 그들이 하나님께 응답해야 할 것인가에 대해 그 본보기를 제공해준다.

2:1-3 서론은 신부(2절)와 남성 이스라엘(3절)을 짝지워준다. 둘은 모두 주님께 특별하다. **2:2** 신부는 여기서 신혼여행으로 간주되는 광야에서 방황하는 동안의 이스라엘을 상징한다 (호 11:1-9를 보라).

2:4-16 하나님께서 남성 이스라엘에게 말씀하신다. 하나님은 그들에게 베푼 선한 일들을 회상시켜

그 황량하고 구덩이가 많은 땅에서,
ㄱ)죽음의 그림자가 짙은
그 메마른 땅에서,
어느 누구도 지나다니지 않고
어느 누구도 살지 않는 그 땅에서,
우리를 인도하신 주님은,
어디에 계십니까?'
하고 묻지도 않는구나.

7 내가 너희를
기름진 땅으로 인도해서,
그 땅의 열매를 먹게 하였고,
가장 좋은 것을 먹게 하였다.
그러나 너희는
들어오자마자 내 땅을 더럽히고,
내 재산을 부정하게 만들었다.
8 제사장들은
나 주가 어디에 있는지를
찾지 않으며,
법을 다루는 자들이
나를 알지 못하며,
ㄴ)통치자들은
나에게 맞서서 범죄하며,
예언자들도
바알 신의 이름으로 예언하며,
도움도 주지 못하는
우상들만 쫓아다녔다."

주님께서 백성을 규탄하시다

9 "그러므로 내가 너희를
다시 법대로 처리하겠다.
나 주의 말이다.
내가 너희 자손의 자손들을
법대로 처리하겠다.
10 너희는 한 번 ㄷ)키프로스 섬들로
건너가서 보고,
ㄹ)게달에도 사람을 보내어서,
일찍이 그런 일이 일어났던가를
잘 살피고 알아 보아라.
11 비록 신이라 할 수 없는
그런 신을 섬겨도,
한 번 섬긴 신을
다른 신으로 바꾸는 민족은
그리 흔하지 않다.
그런데도 내 백성은
ㅁ)그들의 영광을
전혀 쓸데 없는 것들과
바꾸어 버렸다.
12 하늘아, 이것을 보고,
너도 놀라고 떨다가,
새파랗게 질려 버려라.
나 주의 말이다.
13 참으로 나의 백성이
두 가지 악을 저질렀다.
하나는,
생수의 근원인 나를 버린 것이고,
또 하나는,
전혀 물이 고이지 않는,
물이 새는 웅덩이를 파서,
그것을 샘으로 삼은 것이다."

신실하지 못한 결과

14 "이스라엘이 노예냐?
집에서 태어난 종이냐?
그런데 어찌하여 잡혀 가서,
원수들의 노예가 되었느냐?
15 원수들이 그를 잡아 놓고,
젊은 사자처럼
그에게 으르렁거리며,
큰소리를 질렀다.
그들이 이스라엘 땅을
황폐하게 만들었다.
성읍들은 불에 타서,
아무도 살지 않는다.
16 ㅂ)멤피스와 다바네스의 자손도
너의 머리에 상처를 주었다.

ㄱ) 또는 '깊은 흑암의 땅에서' ㄴ) 히, '목자' ㄷ) 히, '깃딤'
ㄹ) 시로 아라비아 사막에 있는 베두인 족의 고향
ㅁ) 고대 히브리 서기관 전통에서는 '나의 영광을' ㅂ) 히, '놉'

주시면서 조상들의 배신행위와 지도자들이 하나님과 친밀한 관계를 갖지 못한 것을 책망하신다. **2:8** *바알 신.* 사악한 예언자들이 하나님을 대체한 풍요의 신이다. **2:10** 하나님께서는 이스라엘 백성에게 먼 곳들을 방문하여 다른 나라들도 그토록 부정했는가 살피고 알아보라고 지시하신다. **2:13** 이스라엘은 두 가지 악을 저질렀는데, 하나는 생수의 근원이신 하나님을 버린 것이고, 다른 하나는 물이 새는 웅덩이로 상징된 잘못된 신으로 하나님을 대체하였다. **2:16** *멤피스*(개역개정은 "놉")와 *다바네스*는 이집트에 있는 도시이다.

17 주 너의 하나님이
길을 인도하여 주는데도,
네가 주를 버리고 떠났으니,
너 스스로 이런 재앙을
자청한 것이 아니냐?
18 그런데도 이제 네가
ㄱ)시홀 강 물을 마시려고
이집트로 달려가니,
그것이 무슨 일이며,
유프라테스 강 물을 마시려고
앗시리아로 달려가니,
이 또한 무슨 일이냐?
19 네가 저지른 악이 너를 벌하고,
너 스스로 나에게서 돌아섰으니,
그 배신이 너를 징계할 것이다.
그러므로
주 너의 하나님을 버린 것과
나를 경외하는 마음이
너에게 없다는 것이,
얼마나 악하고 고통스러운가를,
보고서 깨달아라.
나 만군의 주 하나님의 말이다."

이스라엘이 주님 섬기기를 거절하다

20 "참으로 너는 옛적부터,
너의 멍에를 부러뜨리고,
너를 묶은 줄을 모두 끊어 버리면서
'나는 신을 섬기지 않겠다'
하고 큰소리를 치더니,
오히려 높은 언덕마다 찾아 다니며
음행을 하고,
또 푸른 나무 밑에서마다
너의 몸을 눕히고,
음행을 하면서 신들을 섬겼다.
21 나는 너를 종자가 아주 좋은,
제일 좋은 포도나무로 심었는데,
어떻게 하여 네가
엉뚱하게 들포도나무로 바뀌었느냐?
22 네가 잿물로 몸을 씻고,
비누로 아무리 몸을 닦아도,
너의 더러운 죄악은
여전히 내 앞에 남아 있다.
나 주 하나님의 말이다.
23 네가
스스로의 몸을 더럽히지 않았고,
바알 신들을 따라가지도 않았다고,
감히 말할 수 있느냐?
네가 골짜기에서 한 일을
생각해 보아라.
네가 무엇을 했는지 깨달아라.
너는 이리저리 날뛰는,
발이 빠른 암낙타와 같았다.
24 너는 사막에 익숙한
야생 암나귀와 같았다.
암내만 나면 헐떡이는 그 짐승,
그 짐승이 발정하면
누가 그것을 가라앉힐 수 있겠느냐?
그런 암컷을 찾아 다니는 수컷은
어느 것이나
힘들이지 않고서도
발정기가 된 암컷을 만나게 된다.
25 너는 너의 발을 돌보아,
맨발로 다니지 말고,
너의 목을 돌보아,
목타게 다니지 말라고 일렀건만,
너는 말하였다.
'아닙니다. 공연한 말씀이십니다.
오히려 나는 이방 신들이 좋으니,
그들을 쫓아다녀야 하겠습니다.'"

형벌을 받아 마땅한 유다

26 "도둑이 붙잡히면 수치를 당하듯이,
이스라엘 백성 곧
왕들과 고관들과
제사장들과 예언자들이
수치를 당하였다.

ㄱ) 나일 강의 지류

2:17-25 하나님이 계속 책망하신다. 남편되시는 하나님이 2:2의 아내에게 말하고 있다는 것을 가리키기 위해 히브리어는 여성 단수형을 사용한다. 배신행위와 우상숭배의 죄과는 이스라엘에 대한 죄과와 비슷하지만, 여기서 그녀의 배신행위는 성적이고, 정치적이며, 국제적인 것이다. **2:18** 그녀는 도움을 얻기 위해 이집트와 앗시리아로 돌아선다. **2:23-25** 그녀 역시 풍요의 신들을 쫓는다. 인용문은 그녀의 연인들을 버리는 것에 대한 고집스런 거부나 혹은 그녀의 무능함을 보여준다.

2:26-36 하나님은 남성 이스라엘에게 더 많은 배신행위에 대한 죄과를 물으시고 이스라엘을 다시 얻기 위해 노력하신다.

27 그들은 나무를 보고
'나의 아버지'라고 하고,
돌을 보고
'나의 어머니'라고 하였다.
그들은 나에게 등을 돌리면서도,
얼굴은 돌리지 않고 있다가,
환난을 당할 때에는
'오셔서, 우리를 구하여 주십시오'
하고 부르짖는다.
28 네가 스스로 만들어 섬긴 신들이
지금 어디에 있느냐?
네가 환난을 당할 때에는,
네 신들이 일어나서
너를 도와주어야 옳지 않겠느냐?
유다야, 너는 네 성읍의 수만큼
많은 신들을 만들어 놓았구나.

29 그런데도 너희가
어떻게 나와 변론할 수 있겠느냐?
너희가 모두
나를 배신하고 떠나갔다.
나 주의 말이다.
30 내가 너희 자녀들을 때렸으나
헛수고였다.
옳게 가르치는 것을
그들은 받아들이지 않았다.
너희의 칼은
사람을 삼키는 사자처럼,
너희의 예언자들을 죽였다.

31 이 세대의 사람들아,
너희는 그래도,
나 주의 말을 명심하여 들어라.
내가 이스라엘 백성에게
막막한 광야가 되었느냐?
어둡고 캄캄한 땅이 되었느냐?
어찌하여 나의 백성이
우리가
자유롭게 돌아다니게 되었으니,
다시는 주께로 돌아가지 않겠다'
하고 말하느냐?
32 처녀가 어찌
자기의 보석을 잊으며,
신부가 어찌
결혼식에 입을 예복을
잊을 수 있느냐?
그런데도 나의 백성은
이미 오래 전에 나를 잊었다.
얼마나 오래 되었는지
셀 수도 없구나."

33 "너는
연애할 남자를 호리는 데 능숙하다.
경험 많은 창녀도
너에게 와서 한 수 더 배운다.
34 너의 치맛자락에는
가난한 사람들의
죄없는 피가 묻어 있다.
그들이 담을 뚫고 들어오다가
너에게 붙잡힌 것도 아닌데,
너는 그들을 죽이고서도
35 '나에게는 아무런 죄가 없다!
하나님이 진노하실 일은
하지 않았다' 하고 말한다.
네가 이렇게
죄가 없다고 말하기 때문에,
내가 너를 심판하겠다."

외세가 유다를 구하여 낼 수 없다

36 "간에 붙었다 쓸개에 붙었다 하다니,
너는 어쩌면 그렇게 지조도 없느냐?

2:37—3:5 다시, 하나님은 아내를 책망하신다. 하나님은 그녀에게 다른 여인들에게 자신의 방식을 가르치고 불쌍한 이들을 파멸시키는 것에 대해 책망하신다. 하나님께서 그녀를 조롱하신다. **3:1-5** 수사적 효과를 노리는 질문들로 남편이 그녀와의 이혼을 발표한다. 남편이 이혼하고 재혼한 아내에게 돌아갈 것인가? 아니다. 관계는 영원히 끝났고 몹시도 더러워진 것이다. 그는 그녀에게 돌아가지 않을 것이다. 땅조차도 그녀의 단절된 하나님과의 관계에 영향을 받는다 (호 4:1-3을 보라). 하지만 이렇게 중요한 관계에서조차 독자들은 그녀 쪽의 이야기를 결코 듣지 못한다.

3:6-25 이 부분은 이혼 이후에 오는 여파에 대해 묘사하며, 산문을 시와 섞어 놓고 있다 (3:6-11, 15-18). **3:6-12a** 예레미야는 남편되시는 하나님의 믿을 만한 친구 역할을 한다. 유다는 주님께서 역시 배신행위로 인해 이혼하게 된 자매 이스라엘의 경우로부터 배우지 못했다. 이스라엘은 기원전 721년 앗시리아의 침공으로 멸망당했는데, 이 사건은 여기서 북왕국의 배신 행위의 결과로 해석된다. 그녀는 또한 하나님이신 남편으로부터 쫓겨났다. 그녀가 아내 유다만큼 타락하지 않았기 때문에 하나님께서는 예레미야에게 자신을 위해 이 첫 부인과의 관계를 중재해 주기를 부탁하신다.

그러므로 너는,
앗시리아에게서
수치를 당했던 것처럼,
이집트에게서도 수치를 당할 것이다.
37 너는 거기에서도
두 손으로
얼굴을 가리고 나올 것이다.
네가 의지하는 것들을
나 주가 버렸으니,
그들이 너를 도와주어도,
네가 형통하지 못할 것이다."

신실하지 못한 유다

3 1 "세상 사람들은 말하기를
'어떤 남자가
아내를 버릴 때에,
그 여자가 남편에게서 떠나서
다른 남자의 아내가 되면,
그 여자가 본남편에게로
다시 되돌아갈 수 있느냐?
그렇게 되면, 그 땅이
아주 더러워지지 않느냐?' 한다.
그런데 너는
수많은 남자들과 음행을 하고서도,
나에게로 다시 돌아오려고 하느냐?
나 주의 말이다."

2 "두 눈을 뜨고,
저 벌거숭이 언덕들을 바라보아라.
네가 음행을 하여
더럽히지 않은 곳이
어디에 있느냐?
사막에 숨어서 사람을 기다리다가
물건을 터는 ㄱ)유목민처럼,
너는 길거리마다 앉아서
남자들을 기다렸다.
너는 이렇게 네 음행과 악행으로
이 땅을 더럽혀 놓았다.
3 그러므로 이른 비가 오지 않고,
늦은 비도 내리지 않는데,
너는 창녀처럼
뻔뻔스러운 얼굴을 하고,
부끄러워하지도 않았다.
4 지금 너는 나를
'아버지'라고 부르면서,
'오랜 친구'라고 하면서,
5 '하나님은
끝없이 화를 내시는 분이 아니다.
언제까지나
진노하시는 분이 아니다' 하면서,
온갖 악행을 마음껏 저질렀다."

회개해야 할 이스라엘과 유다

6 요시야 왕 때에 주님께서 또 나에게 말씀
하셨다.
"너는 저 배신한 이스라엘이 한 일을 보았느
냐? 그가 높은 산마다 올라가서 음행을 하였고,
또 푸른 나무가 있는 곳마다 그 밑에서 음행을 하
였다. 7 그래도 나는, 그가 이 모든 음행을 한 다
음에 다시 나에게로 돌아오려니, 하고 생각하였
다. 그러나 그는 끝내 돌아오지 않았다. 신실하지
못한 그의 아우 유다까지도 언니의 변절을 보았
다. 8 ㄴ)유다는, 이스라엘이 나를 배신하고 음행
을 하다가, 바로 그것 때문에 나에게서 내쫓기는
것과, 이혼장을 쥐고 내쫓기는 것을 보았다.
그러나 이 신실하지 못한 아우 유다가 두려운 줄도 모르고, 오히려 자기도 가서 음행을 하였다.
그것을 내가 직접 보았다. 9 그는 음행하는 것을
가벼운 일로 여겨, 그 땅을 더럽히고, 심지어 돌과
나무를 음란하게 섬겼다. 10 이런 온갖 음행을
하면서도, 배신한 자매 유다는, 건성으로 나에게
돌아온 척만 하고, 진심으로 돌아오지는 않았다.
나 주의 말이다."

11 주님께서 또 나에게 말씀하셨다. "비록
이스라엘이 나를 배신하였다고 하지만, 신실하지
못한 유다보다는 낫다. 12 너는 북쪽으로 가서,
이 모든 말을 선포하여라.

ㄱ) 히, '아랍 사람' ㄴ) 사해 사본과 칠십인역과 시리아어역을 따름. 마소라 본문에는 '나는'

3:12b-14 예레미야는 아내 이스라엘이 돌아오기를 정중하게 요구한다. 히브리어에서 "돌리다" 또는 "돌아오다"(*슈브*)는 사람이 삶의 방향을 바꾸고 하나님께로 돌아가는 것을 의미하는데, 이것은 예레미야서의 중요한 주제 가운데 하나이다. 하나님은 그녀가 회개하면 받아주실 것을 약속하신다. 그녀가 응답하지 않자 하나님은 자녀들에게 조건 없이 돌아올 것을 요청하신다. **3:15-18** 산문으로 된 이 구절은 자녀들의 귀환을 위하여 동기부여를 더해준다. 하나님은 왕의 이미지인 *선한 목자*들을 보내실 것이다. 예루살렘은 정절의

배신한 이스라엘아, 돌아오너라!
나 주의 말이다.
내가 다시는 노한 얼굴로
너를 대하지 않겠다.
나는 자비로운 하나님이다.
나 주의 말이다.
내가 노를 영원히 품지는 않겠다.
13 다만, 너는 너의 죄를 깨달아라.
너는 너의 주 하나님을
배반하고 떠나서,
푸른 나무마다 찾아 다니며,
그 밑에서 다른 신들에게
너의 몸을 내맡겼으며,
나에게 순종하지 않았다.
너는 이것을 깨달아라.
나 주의 말이다."

14 "나를 배신한 자녀들아, 돌아오너라!
나 주의 말이다.
내가 너희의 보호자다.
내가 성읍마다 한 사람씩,
가문마다 두 사람씩 택하여,
너희를 시온 산으로 데려오겠다.
15 그 때에 내가
마음에 맞는 목자들을
너희에게 세워 주겠다.
그러면 그들이 지식과 훈계로
너희를 양육할 것이다.

16 그 때가 이르러서,
너희가 이 땅에서
번성하여 많아지면,
아무도 다시는 주의 언약궤를
말하지 않을 것이다.
나 주의 말이다.
그것을 다시는
마음 속에 떠올리지도 않을 것이며,
기억하거나
찾지도 않을 것이다.
그것이 필요도 없을 것이다.
17 그 때에는 누구나 예루살렘을
주의 보좌라고 부를 것이며,
뭇 민족이 그리로,
예루살렘에 있는
주 앞으로 모일 것이다.
그들이 다시는
자기들의 악한 마음에서 나오는
고집대로 살지 않을 것이다.
18 그 때에는
유다 집안과 이스라엘 집안이
하나가 되어서,
다 같이 북녘 땅에서 나와서,
내가 너희 조상에게
유산으로 준 땅으로
들어갈 것이다."

이스라엘의 배신

19 "나는 스스로 이렇게 생각하였다.
내가 너희를
나의 자녀로 삼고,
너희에게 아름다운 땅을 주어서,
뭇 민족 가운데서
가장 아름다운 유산을 받게 하면,
너희가 나를 '아버지!'라고 부르며

장소가 될 것이며, 유다와 이스라엘은 그 들의 땅으로 회복될 것이다. **3:19-20** 하나님이신 남편은 얼마나 아내에게 특별한 상속을 주고 싶었는지를 생각하며 다시 한 번 아내를 향해 말한다. 그리고 이 가족사의 의미를 선포한다. 남성 이스라엘은 *정절을 지키지 않는 여인*과 같다.

3:21—4:2 자녀들은 그들의 어머니와는 달리 돌아오고, 사전의 아무 조건 없이 하나님이신 남편과 가장에게로 돌아온다. 놀랍게도, 그들은 회개하고 순종하며 하나님을 예배한다. **3:22b-23** 그들 회개의 예배 언어는 포로기의 독자들에게 하나님과 새로운 관계를 가지고 땅에 살기 위하여 따라야 할 절차의 모범을 제공해 준다.

4:1—6:30 이 단락에 모아놓은 산문과 시는 북쪽에서 재앙을 몰고 온 초인간적인 적이 예루살렘 도성과 유다의 땅을 공격하는 알려져 있지 않은 전쟁에 휩싸인다. 예루살렘은 공격의 대상인 *딸 시온*이라는 여주인공으로 등장한다. 그녀는 거룩한 도성으로 버려진 하나님의 사랑이다. 여성이라는 도성의 상태는 고대 근동의 도성을 여성화하는 공통적인 관습에서 비롯된 것이다. 하지만 여기 딸 시온의 정체성은 가상적인 군대가 다가오는 것에 맞서 상처받기 쉽고 무력한 여성으로서의 도성을 강조하는 것이다. 하나님은 임박한 전쟁을 통제하는 유일한 분이시다. 전쟁 장면들은 경고들과 현재 상황에서 공동체가 회개할 것을 강조하는 역할을 한다. 그들은 역시 하나님의 공의를 지지하고 변호한다. 신이 세워준 장군은 파멸을 피할 방법들을 찾으려고 계속 노력한다.

나만을 따르고,
나를 떠나가지 않을 것이라고
생각하였다.
20 그런데, 이스라엘 백성아!
마치 남편에게
정절을 지키지 않은 여인처럼,
너희는 나를 배신하였다.
나 주의 말이다."

백성이 죄를 고백하다

21 애타는 소리가
벌거숭이 언덕에서 들린다.
이스라엘 자손이
울부짖으면서 간구하는 소리다.
그들이 올곧은 길에서 벗어나고,
자기들의 하나님이신 주님을
잊었기 때문이다.

22 "너희 변절한 자녀들아,
내가 너희의 변절한 마음을
고쳐 줄 터이니
나에게로 돌아오너라."

"우리가 지금 주님께 돌아옵니다.
주님만이
주 우리의 하나님이십니다.
23 언덕에서 드리는
이교 제사가 쓸데없고,
산 위에서 드리는 축제의 제사가
우리를 구원하지 못합니다.
이스라엘의 구원은 진실로
주 우리의 하나님께만 있습니다.

추가 설명: 하나님의 결손가족 (缺損家族)

결손가족의 은유는 이스라엘이 포로로 잡혀가기 전까지의 역사를 상징적으로 나타내는 것이다. 이는 이스라엘과 유다의 두 왕국을 부정한 아내로 의인화하고 배신행위를 회개하지 않는 간음한 아내들을 반드시 버리는 화나고 상심한 남편으로서의 하나님을 의인화한다. 자녀들은 "암암리에 암시되는 독자들"로서 땅으로 돌아오기로 요청된 세대들을 상징한다. 이 불행한 결손가족의 이야기는 독자들로 하여금 하나님의 편이 되도록 의도되어있다. 하나님은 열렬하고 배타적인 연인이시다. 하나님은 배신행위로 인한 어떤 벌도 받아 마땅한 불륜의 여인들로부터 크게 상처를 입으신 분이시다

결손가족과 관련되어있는 구절들은 감정적인 표현이 풍부하며, 친밀한 사귐과 관련되어 있기 때문에 많은 사람들은 흥미를 느낀다. 하지만 그것들을 사용하는 데에는 주의할 필요가 있다. 예레미야는 하나님이 간음하는 아내와 어머니와 결혼하는 은유를 호세아 1—3장에서 모방하지만, 예레미야는 그 은유를 상당히 변형하여 사용한다. 예레미야는 안정을 위해 다른 연인을 찾는 여인(호 1:5)에서 동물적인 욕구에 이끌려 간음하는 여인으로 (렘 2:23-24) 아내를 변형시킨다. 예레미야에서 간음하는 여인은 변절하고 다른 신들을 쫓는 유다를 나타낸다. 본문은 남자 이스라엘을 부끄럽게 만들기 위해 여성 인물을 사용한다."이스라엘 백성아! 마치 남편에게 정절을 지키지 않은 여인처럼, 너희는 나를 배신하였다" (3:20). 오직 상처를 입은 남편만 이야기하고 아내는 자신 쪽의 이야기를 결코 하지 않는다.

예레미야의 결손가족 이야기는 위험한 결과를 초래할 수 있는 상징적인 시이다. 본문은 그들이 "여인과 같다" 라고 표현하고, 그냥 여인이 아니라 배신하고 성적으로 미쳐있는 여인이라고 표현하면서 남성 독자들을 수치스럽게 한다. 이 방법으로 은유적 이야기는 성적으로 위험한 여인들에 대한 고정관념과 아내를 다스리는 우월한 남편에 대한 틀에 박힌 생각을 강화한다. 하나님을 남편으로 묘사함으로써 본문은 남편들을 신들의 역할로 잠재적으로 높인다. 이 책에서 이 본문과 뒤에 나오는 다른 본문들은 배우자의 폭력을 지지하거나 적어도 방해하지는 않는 것으로 나타난다. 그러나 조심스럽게 사용되면 이 장들은 상관적인 정절과 친밀한 사귐에서 권력의 문제를 다시 생각하게 하는 기본 역할을 감당한다. 본문은 독자들을 전 인류공동체에 대한 친밀하고 사랑하는 관계에 대한 하나님의 열정을 생각해 보도록 요청한다.

24 옛부터 우리 조상이
애써서 얻은 모든 것을,
그 수치스러운 우상이
삼켜 버렸습니다.
우리 조상이 애써 모은
양 떼와 소 떼와 아들과 딸들을
모두 삼켜 버렸습니다.
25 그러므로 이제 우리는
수치를 요로 깔고,
부끄러움을 이불로 덮겠습니다.
우리 조상이
아득한 옛날부터 오늘날까지,
주 우리 하나님께
죄를 지었기 때문입니다.
주 우리 하나님께
순종하지 않았기 때문입니다."

회개를 촉구하시다

4 1 "이스라엘아,
정말로 네가 돌아오려거든,
어서 나에게로 돌아오너라.
나 주의 말이다.
내가 싫어하는 그 역겨운 우상들을
내가 보는 앞에서 버려라.
네 마음이 흔들리지 않게 하여라.
2 네가 '주님의 살아 계심을 두고'
진리와 공평과 정의로 서약하면,
세계 만민이 나 주를 찬양할 것이고,
나도 그들에게 복을 베풀 것이다."
3 "참으로 나 주가 말한다.
유다 백성과 예루살렘 주민아,
가시덤불 속에 씨를 뿌리지 말아라.
묵은 땅을 갈아엎고서 씨를 뿌려라.
4 유다 백성과 예루살렘 주민아,
너희는 나 주가 원하는 할례를 받고,
너희 마음의 포피를 잘라 내어라.
그렇지 않으면,
너희의 악한 행실 때문에,
나의 분노가 불처럼 일어나서
너희를 태울 것이니,
아무도 끌 수 없을 것이다."

유다의 침략 위협

5 "너희는 유다에 알리고,
예루살렘에 선포하여라.
너희는 이 땅 방방곡곡에
나팔을 불어서 알리고,
큰소리로 외쳐서 알려라.
'어서 모여서,
견고한 성으로 들어가자!' 하여라.
6 시온으로 가는 길에 깃발을 세우며,
지체하지 말고 대피하여라.

내가 북쪽에서 재앙을 몰아와서,
크나큰 파멸을 끌어들이겠다.
7 사자가 일어나서
숲 속에서 뛰쳐 나오듯이,
세계 만민을 멸망시키는 자가

4:1-4 결손가족과 알려져 있지 않은 전쟁을 잇는 이 구절에서 하나님은 남성형으로 표현된 이스라엘에게 돌아오실 뿐만 아니라, 회개할 것을 강력히 요구하신다. **4:1** *역겨운* 것은 우상들이다. (개역개정은 이것을 "가증한 것;" 공동번역은 "망측한 우상"으로 번역했다.) **4:3-4** 하나님은 이제 밭을 경작하는 이미지와 종교 의식의 이미지를 사용하여 *유다와 예루살렘*에게 말씀하신다. 남자들은 할례를 그들의 가슴에 영향을 주는 의식으로 만들어야 한다. 비록 "마음의 할례"는 남자들에게 제한된 경험으로 그려지지만, 성을 초월해서 육체적인 관례보다는 영적인 것으로 여자를 포함시킨다.

4:5-31 전쟁에 대한 경고들로 이 시들을 하나로 일치시켜 놓고 있다. **4:5-8** 음성은 유다와 예루살렘 방방곡곡에 전쟁을 선포하라고 명한다. 나팔은 다가오는 군대를 알린다. 깃발은 전투기를 말하는 것이다. 주민들은 사자가 모두를 공격하고 죽이기 전에 도망가야 한다. **4:9-12** 산문에서 지도자들은 안정에 대하여 잘못된 인식을 심어준 것에 대해 공격당하며, 하나님은 지도자들의 거짓말을 대체하기 위해 키질하는 심판을 말씀하신다. **4:13-18** 전쟁에 대한 경고는 사람들이 다가오는 적군으로 인하여 공포에 싸여 울부짖고 있는 동안 계속된다. 적은 초인적인 군대의 힘을 가지고 구름 몰려오듯 몰려온다. **4:14** 화자는 예루살렘에게 악을 씻어 버리라고 경고한다. **4:15** 지금은 없어진 북왕국과 *단과 에브라임* 산으로부터 누구의 것인지 알 수 없는 목소리가 *소리 친다.* **4:16-17** 공격자들이 이름 없는 먼 땅에서 몰려오고 있다. **4:18** 하나님은 직접 말씀하며 시온을 책망하신다. **4:19-21** 시온의 딸은 전쟁의 함성이 들려오고 재난에 재난이 꼬리를 물고 일어나므로 슬퍼한다. 그녀의 거주지인 장막은 파괴되고 있다. **4:22** 하나님은 *"나를 알지 못하는"* 사람들의

길을 나섰다.
그가 너의 땅을 황무지로 만들려고
제자리를 떴다.
이제 곧 너의 모든 성읍이
폐허가 되어,
주민이 없을 것이다."

8 그러므로 너희 이스라엘 백성아,
굵은 베 옷을 허리에 두르고
'과연 주님의 맹렬한 분노가
아직도 우리에게서
떠나가지 않았구나!'
하고 탄식하며,
슬피 울어라.

9 "그 날이 오면,
왕이 용기를 잃고,
지도자들도 낙담하고,
제사장들도 당황하고,
예언자들도
소스라치게 놀랄 것이다.
나 주의 말이다."

10 그 때에 내가 이렇게 아뢰었다. "아, 주
나의 하나님, 진실로 주님께서 이 백성과 예루살
렘을 완전하게 속이셨습니다. '예루살렘은 안전
하다' 하셨으나, 이제는 칼이 목에 닿았습니다."

11 그 때가 오면,
이 백성과 예루살렘이
이런 말을 들을 것이다.

"소용돌이치는 열풍이
사막에서 불어온다!
나의 딸 나의 백성이 사는 곳으로
불어온다.
이 바람은
곡식을 키질하라고
부는 바람도 아니고,
알곡을 가려내라고
부는 바람도 아니다.
12 그것보다 훨씬 더 거센 바람이
나 주의 명을 따라
불어 닥칠 것이다."
백성에게 심판을 선언하시는 분은
바로 주님이시다.

유다의 포위

13 "적군이
먹구름이 몰려오듯 몰려오고,
그 병거들은
회오리바람처럼 밀려오며,
그 군마들은
독수리보다도 더 빨리 달려온다."

"이제 우리는 화를 당하게 되었다.
우리는 망하였다."

14 예루살렘아, 네가 구원을 받으려면,
너의 마음에서 악을 씻어 버려라.
네가 언제까지 흉악한 생각을
너의 속에 품고 있을 작정이냐?

15 "이미 단이 소리 친다.
에브라임 산이
재앙의 소식을 전하여 이르기를
16 '이 소식을 여러 나라에 알리고,
예루살렘에 전하여라.
적군이
먼 땅에서 몰려와서 에워싸고,
유다의 성읍들 쪽으로
전쟁의 함성을 지른다.
17 적군이 논밭지기들처럼,
사방으로 예루살렘을 둘러싼다.
그 도성이
주님께 반역하였기 때문이다' 한다.
나 주의 말이다."

어리석음을 슬퍼하신다. 히브리 동사 "알다"(*야다*)는 남편과 아내 사이의 친밀하게 아는 것을 가리키는 단어이다.

4:23-28 이 부분에서 주제가 군대의 공격에서 모든 피조물의 파괴로 바뀌는 듯하지만, 두 부분은 앞으로 올 재앙과 연관된 국면들을 보여주는 것이다. 본문은 화자가 온 *땅이 혼돈하고 공허*(히브리어, *토후 와보후*, 창 1:2)한 상태로 돌아가는 것을 보고 있음을 극적으로 표현한다. 창조된 세계가 방대한 생태계의 재앙으로 변했다. 세상의 파멸은 땅의 생명의 파멸과 침략으로 도성들에 일어난 일을 상징한다. 하나님은 이 재앙이 정해진 것이며, 세계는 슬퍼할 것이라 알려주신다. **4:28** 하나님의 의도는 파괴하려는 것으로 확고부동하다.

18 "너의 모든 길과 행실이
너에게 이러한 재앙을 불러왔다.
바로 너의 죄악이
너에게 아픔을 주었고,
그 아픔이
너의 마음 속에까지 파고들었다."

예언자의 탄식

19 아이고, 배야.
창자가 뒤틀려서 견딜 수 없구나.
아이고, 가슴이야.
심장이 몹시 뛰어서,
잠자코 있을 수가 없구나.
나팔 소리가 들려 오고,
전쟁의 함성이 들려 온다.
20 재난에 재난이
꼬리를 물고 일어난다.
온 나라가 황무지가 된다.
홀연히 나의 천막집도 무너지고,
순식간에 나의 장막집도 찢긴다.
21 저 전쟁 깃발을
언제까지
더 바라보고 있어야 하는가?
저 나팔 소리를
언제까지
더 듣고 있어야만 하는가?

22 "나의 백성은 참으로 어리석구나.
그들은 나를 알지 못한다.
그들은 모두 어리석은 자식들이요,
전혀 깨달을 줄 모르는 자식들이다.
악한 일을 하는 데에는
슬기로우면서도,
좋은 일을 할 줄 모른다."

혼돈의 환상

23 땅을 바라보니,
온 땅이 혼돈하고 공허하다.
하늘에도 빛이 전혀 보이지 않는다.
24 산들을 바라보니,
모든 산이 진동하고,
모든 언덕이 요동한다.
25 아무리 둘러보아도
사람 하나 없으며,
하늘을 나는 새도
모두 날아가고 없다.
26 둘러보니,
ㄱ)옥토마다 황무지가 되고,
이 땅의 모든 성읍이 주님 앞에서,
주님의 진노 앞에서,
허물어졌다.

27 "나 주가 말한다.
내가 온 땅을 황폐하게는 하여도
완전히 멸망시키지는 않겠다.
28 이 일 때문에 온 땅이 애곡하고,
하늘이 어두워질 것이다.
나 주가 말하였으니,
마음을 바꾸지 않고,
취소하지 않겠다."

29 "기병들과 활 쏘는 군인들의 함성에,
성읍마다 사람들이 도망하여
숲 속에 숨고,
바위 위로 기어올라간다.
이렇게 모두 성읍을 버리고 떠나니,
성읍에는 주민이 한 사람도 없다.

ㄱ) 히, '갈멜'

4:29-31 전쟁 장면들은 피난하는 것을 생생하게 묘사해준다. 화자는 딸 시온에게 그녀의 유혹행위를 책망하며, 그녀에게 사랑하는 사람들이 그녀를 떠난 것을 알려준다. **4:31** 화자는 시온을 인용한다. 그녀는 출산하듯 소리를 치지만, 새생명을 낳기보다는 죽음을 선포하고, 죽이려는 자 앞에 엎드린다.

5:1-6 이 시는 도성에 임한 공격을 피할 수 없는 이유를 말하고 있는데, 그것은 그 도성 안에 의인이 하나도 없기 때문이다. 소돔과 고모라의 경우처럼, 하나님은 예레미야를 부자든 기난히든 공의를 행하고 진리를 말하는 한 사람을 찾아보라고 보내신다. 만일 그런 사람이 하나라도 있으면, 하나님은 그 도성을 용서할 수 있으시다. 그러나 예루살렘은 사악한 다른 두 도성보다 나은 것이 하나도 없다 (창 18-19장). **5:6** 짐승들은 도성을 공격할 적들을 상징해준다.

5:7-9 하나님은 섭섭해 하시며 시온에게 *내가 너*(여성 단수)*를 어떻게 용서하여 줄 수가 있겠느냐?"* 질문하신다. 그녀의 자녀들은 음행하고 하나님을 버리고 떠나서 배신행위의 죄를 저질렀다. 질문은 시온과 그 자녀들을 징벌해야하는 하나님의 슬픔을 암시해

30 그런데 너 예루살렘아,
네가 망하였는데도,
네가 화려한 옷을 입고,
금패물로 몸단장을 하고,
눈화장을 짙게 하다니,
도대체 어찌된 셈이냐?
너의 화장이 모두 헛일이 될 것이다.
너의 연인들은 너를 경멸한다.
그들은 오직 너를 죽이려고만 한다."

31 나는 해산하는 여인의
진통 소리를 이미 들었다.
첫 아이를 낳는 여인처럼
신음하는 소리,
딸 시온이 몸부림 치는 소리다.
딸 시온이 손을 휘저으며
신음하는 소리다.
'이제 나는 망하였구나.
그들이
나를 죽이려고 달려든다'
하는구나.

예루살렘의 죄

5 1 "예루살렘에 사는 사람들아,
예루살렘의 모든 거리를
두루 돌아다니며,
둘러보고 찾아보아라.
예루살렘의 모든 광장을
샅샅이 뒤져 보아라.
너희가 그 곳에서,
바르게 일하고
진실하게 살려고 하는 사람을
하나라도 찾는다면,
내가 이 도성을 용서하겠다."

2 그들이
주님께서 살아 계심을 두고 맹세하고,
주님을 섬긴다고 말하지만,
말하는 것과 사는 것이 다르다.

3 주님,
주님께서는 몸소
진실을 찾고 계셨습니다.
주님께서 그들을 때리셨어도
그들은 정신을 차리지 않으며,
주님께서 그들을
멸망시키신 것인데도
그들은 교훈받기를 거절합니다.
그들은
얼굴을 바윗돌보다도 더 굳게 하고,
주님께로 돌아오기를 거절합니다.

4 나는 이러한 생각도 해보았다.
'가난하고 무식한 사람들은
주님의 길도 모르고
하나님께서 주신 법도 모르니,
그처럼
어리석게 행동할 수밖에 없겠지.
5 이제
부유하고 유식한 사람들에게 가서,
그들에게 이야기를 해보자.
그들이야말로
주님의 길과 하나님께서 주신 법을
알고 있을 것이다.'
그러나 그들도 한결같이
고삐 풀린 망아지들이다.
멍에를 부러뜨리고,
결박한 끈을 끊어 버린 자들이다.
6 그러므로
사자가 숲 속에서 뛰쳐 나와서,
그들을 물어 뜯을 것이다.
사막의 늑대가
그들을 찢어 죽일 것이다.

준다. **5:10-19** 하나님은 이스라엘과 유다가 하나님을 배반하고 떠난 행위로 인하여 그들을 파멸시키라고 명령하신다. **5:12-14** 선지자들은 어떤 재앙도 덮치지 않을 것이라는 거짓말을 해왔지만 예레미야에게 예언의 말씀은 고통의 말씀이 될 것이다. **5:15-17** 그 말은 이름 없는 적이 와서 그 전에 모든 것을 파멸할 것을 약속하는 말씀이다. **5:18-19** *그러나 그럴 때에도.* 이것은 후대 전승에서 사람들은 완전히 멸망하지 않을 것이라는 것을 밝혀주기 위해 개입된 산문 해설이다.

5:20-31 하나님은 유다 백성과 이스라엘 자손(야곱)을 말리고 보호하려는 노력 앞에 그들의 눈이 멀고 귀가 먹음을 책망하신다. **5:22** 바다와 달리 그들은 그들이 지나치면 안 되는 경계선들과 범위를 모르고 있다. **5:24** 그들은 땅과 그것을 유지하는 데 필요한

표범이 성읍마다 엿보고 있으니,
성 바깥으로 나오는 자마다
모두 찢겨 죽을 것이다.
그들의 죄가 아주 크고
하나님을 배반한 행위가
매우 크구나.

7 "예루살렘아, 내가 너를
어떻게 용서하여 줄 수가 있겠느냐?
너의 자식들이 나를 버리고 떠나서,
신도 아닌 것들을 두고
맹세하여 섬겼다.
내가 그들을 배불리 먹여 놓았더니,
그들은 창녀의 집으로 몰려가서,
모두가 음행을 하였다.
8 그들은 살지고 정욕이 왕성한
숫말과 같이 되어서,
각기 이웃의 아내를 탐내어
울부짖는다.
9 이런 일을 내가
벌하지 않을 수가 있겠느냐?
나 주의 말이다.
이런 백성에게 내가
보복하지 않을 수가 있겠느냐?"
10 "이스라엘의 대적들아,
너희는 저 언덕으로 올라가서
내 포도원을 망쳐 놓아라.
전멸시키지는 말고,
그 가지만 모두 잘라 버려라.
그것들은 이미 나 주의 것이 아니다.
11 이스라엘과 유다가
완전히 나를 배반하고 떠나갔다.
나 주의 말이다."

주님께서 백성을 버리시다

12 이 백성이
주님을 부인하며
말한다.
"그는 아무것도 아니다.
어떤 재앙도
우리를 덮치지 않을 것이다.
우리는 전란이나 기근을
당하지 않을 것이다."

13 "그러나 예레미야야,
이러한 예언자들에게는,
내가 아무런 예언도 준 일이 없다.
그들의 말은 허풍일 뿐이다."

14 "그들이 그런 말을 하였으니,
보아라,
내가 너의 입에 있는 나의 말을
불이 되게 하고,
이 백성은 장작이 되게 하겠다.
불이 장작을 모두 태울 것이다."

"그러므로
나 만군의 주 하나님이 말한다.
15 이스라엘 백성아,
내가 먼 곳에서 한 민족을 데려다가,
너희를 치게 하겠다.
나 주의 말이다.
그 민족은 강하며,
옛적부터 내려온 민족이다.
그 민족의 언어를 네가 알지 못하며,
그들이 말을 하여도
너는 알아듣지 못한다.
16 그들의 화살은 모두
열린 무덤과 같고,
그들은 모두 용사들이다.
17 네가 거둔 곡식과 너의 양식을
그들이 먹어 치우고,
너의 아들과 딸들도 그들이 죽이고,
너의 양 떼와 소 떼도
그들이 잡아먹고,
너의 포도와 무화과도
그들이 모두 먹어 치울 것이다.
네가 의지하고 있는 견고한 성들도
그들이 모두 칼로 무너뜨릴 것이다."

것을 공급하시는 하나님에게 두려워하는 마음을 보여 주지 못하고, 또 바른 관계를 갖지 못한다. **5:26** 이름 없는 흉악한 사람들을 비난한다. **5:29** 하나님은 보복할 수밖에 없음을 관객들을 설득하시듯 5:9의 질문들을 반복하신다. **5:30-31** 하나님은 거짓 선지자들과 그들의 거짓을 사랑하는 공동체를 책망하신다.

특별 주석

예레미야 5:30-31은 거의 개선할 수 없을 정도로 부패한 사회 지도자의 너무도 익숙한 모습을 보여준다. 도덕적인 본을 보이도록 위임된 예언자들과 제사장들은 부패한 정권을 지지 협력해 왔고, 사람들은 그러한 지도자들에게 감사했으며,

하나님께서 백성에게 경고하시다

18 "그러나 그럴 때에도, 내가 너희를 완전
히 멸망시키지는 않겠다. 나 주의 말이다. 19 예
레미야야, 그들이 '무엇 때문에 주 우리의 하나님
께서 우리에게 이런 모든 일을 하셨는가?' 하고
너에게 물으면, 너는 그들에게 말하여 주어라.

'너희가 너희 땅에서
나를 버리고 다른 신들을 섬겼으니,
이제는 너희가 남의 나라 땅에서
다른 나라 사람을
섬겨야 할 것이기 때문이다.'"

20 "너는 이 말을
야곱의 자손에게 전하고,
유다 백성에게 들려주어라.

21 이 어리석고
깨달을 줄 모르는 백성아,
눈이 있어도 볼 수가 없고,
귀가 있어도 들을 수가 없는 백성아,
너희는 이제
내가 하는 말을 잘 들어라.
22 너희는 내가 두렵지도 않으냐?
나 주의 말이다.
너희는 내 앞에서 떨리지도 않느냐?
나는 모래로
바다의 경계선을 만들어 놓고,
바다가 넘어설 수 없는
영원한 경계선을 그어 놓았다.
비록 바닷물이 출렁거려도
그 경계선을 없애지 못하고,
아무리 큰 파도가 몰아쳐도
그 경계선을 넘어설 수가 없다.
23 그러나 너희는
목이 곧아 고집이 세고
반역하는 백성이어서,
나에게서 돌아서서
멀리 떠나고 말았다.
24 너희는 마음 속으로라도
'주 우리의 하나님은 두려운 분이다.
그분은 제때에 비를 주고,
이른 비와 늦은 비를 철따라 내리며,
곡식을 거두는 일정한 시기를
정하여 주었다'
하고 말한 적이 없다.
25 바로 너희의 모든 죄악이
이러한 것들을
누리지 못하게 하였고,
너희의 온갖 범죄가
그 좋은 것들을 가로막아,
너희에게 이르지 못하게 하였다."

26 "나의 백성 가운데는
흉악한 사람들이 있어서,
마치 새 잡는 사냥꾼처럼,
허리를 굽히고 숨어 엎드리고,
수많은 곳에 덫을 놓아,
사람을 잡는다.
27 조롱에 새를 가득히 잡아넣듯이,
그들은 남을 속여서 빼앗은 재물로
자기들의 집을 가득 채워 놓았다.
그렇게 해서, 그들은 세도를 부리고,
벼락부자가 되었다.
28 그들은 피둥피둥 살이 찌고,
살에서 윤기가 돈다.
악한 짓은 어느 것 하나
못하는 것이 없고,
자기들의 잇속만 채운다.
고아의 억울한 사정을
올바르게 재판하지도 않고,
가난한 사람들의 권리를 지켜 주는
공정한 판결도 하지 않는다.

이익을 얻었고, 또 얻은 결과를 즐겨왔다. 선지자 엘리야(왕상 18—19장; 21장)와 미가(왕상 22)는 그 때에 선지자들 사이에서 외로운 목소리였고, 이사야는 (사 30:10) 선지자들에게 "우리에게 사실을 예언하지 말아라! 우리를 격려하는 말이나 하여라!" 라고 말한 그 세대의 사람들을 신랄하게 비난했다.

6:1-30 침략은 가까이 다가오고 있다. **6:1-9** 도피하라는 말을 들은 백성들에게는 긴박감이 증대된다. 외부 지역에서는 북쪽에서 오는 알려져 있지 않은 적이 딸 시온을 곧 공격할 것이기 때문에 경고 나팔이 울릴 것이다. **6:2** 하나님은 그녀의 사랑스럽고 아름다움을 기억하신다. **6:4-5** 적들은 시간을 종잡을 수 없이 공격할 것이라는 그들의 공격계획을 말한다. **6:7-9** 만군의 주가 되시는 하나님께서는 예루살렘의 사악함을 책망하시고, 들에 있는 포도를 추수할 것이 없도록 파괴하라고 명령하신다. **6:10-11** 예레미야는 파멸이 다가올 것이라고 외치는 그의 분노의 메시지를 백성들이 듣지 않으려고 하는 것에 대하여 슬퍼한다.

29 이런 일들을
내가 벌하지 않을 수 있겠느냐?
나 주의 말이다.
이러한 백성에게
내가 보복하지 않을 수 있겠느냐?"

30 "지금 이 나라에서는,
놀랍고도 끔찍스러운 일들이
일어나고 있다.
31 예언자들은 거짓으로 예언을 하며,
제사장들은
거짓 예언자들이
시키는 대로 다스리며,
나의 백성은 이것을 좋아하니,
마지막 때에
너희가 어떻게 하려느냐?"

예루살렘이 포위되다

6 1 "너희 베냐민 자손아,
예루살렘에서
도망쳐 나와서 피하여라.
너희는 드고아에서 나팔을 불고,
벳학게렘에서는 봉화불을 올려라.
재앙과 파멸이 북쪽에서 밀려온다.
2 딸 시온은 아름답고 곱게 자랐으나,
이제 내가 멸망시키겠다.
3 이방 왕들이 군대를 몰고
도성으로 접근하여,
성읍 사방에 진을 칠 것이다.
제각기 원하는 자리에
진을 칠 것이다.
4 그런 다음에, 이르기를
'모두 공격 준비를 하여라.
만반의 준비를 해 놓고 기다려라.
공격 개시 시각은
정오 정각이다' 하는구나.
그러다가 갑자기
야간 공격으로 바꾸면서
'너무 늦었다. 날이 저문다.
저녁 그림자가 점점 길어진다.
5 야간 공격을 해서
시온의 궁전들을
헐어 버리자!' 한다."

6 "나 만군의 주가 이미
적군에게 이렇게 명하였다.

'너희는 나무를 모두 자르고,
예루살렘을 점령할
흙 언덕을 쌓아라.
예루살렘은
심판을 받아야 할 도성이다.
그 도성 안에서는
탄압이 자행되고 있다.
7 샘이 물을 솟구쳐 내듯이
그 도성은 죄악을 솟구쳐 내고 있다.
그 도성에서 들리는 것은
폭행과 파괴의 소리뿐이다.
나의 눈 앞에 언제나 보이는 것은,
병들고 상처 입은 사람들뿐이다.'

8 예루살렘아,
이 고난을 경고로 받아들여라.
그렇지 않으면,
나의 마음이
너에게서 떠나갈 것이다.
그래도 받아들이지 않으면,
내가 너를 황무지로 만들고,
아무도 살 수 없는 땅이
되게 하겠다."

반역하는 백성

9 "나 만군의 주가 말한다.
농부가 포도나무에서

6:13-15 백성 모두에게 죄가 있다. 지도자들은 외치기를 *백성이 상처를 입어 앓고 있을 때에, "괜찮다! 괜찮다! 하고 말하지만, 괜찮기는 어디가 괜찮으냐?"* (5:30-31에 관한 거짓 선지자들을 보라). 지도자들은 정세에 대해 백성들에게 거짓말 하고 있다. **6:17** 침략을 경고하는 나팔이 다시 울린다. **6:22-25** 전쟁을 위해 잘 무장된 무서운 적이 바로 가까이에 있다. 전쟁을 하기 위해 중무장한 초인간적인 적이 연약한 여인, 딸 시온을 공격한다. 백성들은 공포에 싸여 울부짖으며 숨을 계획을 한다. **6:26** 하나님은 *나의 백성*(여성 단수)에게 자녀를 잃은 것처럼 통곡하라고 다그치신다. 그녀의 멸망은 눈앞에 있다. **6:27-30** 하나님은 철물을 제련하는 사람이 찌끼를 버리듯 예언자를 모든 사람을 거부해야 하는 제련사로 명명하신다.

포도송이를 다 따내듯이,
적군이 이스라엘의 남은 자들을
샅샅이 뒤져서 끌어 갈 것이다.
그러니 예레미야야,
아직 시간이 있을 때에,
포도 따는 사람이
포도덩굴을 들추어보는 것처럼,
네가 구할 수 있는 사람들을
구해야 한다."

예레미야의 분노

10 제가 말하고 경고한들
누가 제 말을 듣겠습니까?
그들은 ㄱ)귀가 막혀
주님의 말씀을 들을 수 없습니다.
주님께서 하신 말씀을 전하면
그들은 저를 비웃기만 합니다.
말씀 듣기를 좋아하지 않습니다.
11 그들을 향하신 주님의 진노가
제 속에서도 부글부글 끓고 있어서,
제가 더 이상 주님의 진노를
품고 있을 수도 없습니다.

주님의 분노

"그러면 나의 분노를
길거리의 아이들에게 쏟아라.
젊은이들이 모인 곳에다가 쏟아라.
결혼한 남자들과 결혼한 여자들이
잡혀 갈 것이다.
청년이 잡혀 가고,
죽을 날을 기다리는 노인도
잡혀 갈 것이다.
12 그들의 집은
다른 사람들에게로 넘어가고,
밭과 아내들도 다 함께
다른 사람들의 차지가 될 것이다.
내가 손을 들어서
이 땅에 사는 사람들을
칠 것이기 때문이다.
나 주의 말이다."

13 "힘 있는 자든 힘 없는 자든,
모두가 자기 잇속만을 채우며,
사기를 쳐서 재산을 모았다.
예언자와 제사장까지도
모두 한결같이 백성을 속였다.
14 백성이 상처를 입어 앓고 있을 때에,
'괜찮다! 괜찮다!' 하고 말하지만,
괜찮기는 어디가 괜찮으냐?
15 그들이 그렇게
역겨운 일들을 하고도,
부끄러워하기라도 하였느냐?
천만에!
그들은 부끄러워하지도 않았고,
얼굴을 붉히지도 않았다.
그러므로 그들이 쓰러져서
시체더미를 이룰 것이다.
내가 그들에게 벌을 내릴 때에,
그들이 모두 쓰러져 죽을 것이다.
나 주의 말이다."

유다 백성이 하나님의 길을 떠나다

16 "나 주가 말한다.
나는 너희에게 일렀다.
가던 길을 멈추어서 살펴보고,
옛길이 어딘지,
가장 좋은 길이 어딘지 물어 보고,
그 길로 가라고 하였다.
그러면 너희의 영혼이
평안히 쉴 곳을
찾을 것이라고 하였다.
그런데도 너희는 여전히
그 길로는 가지 않겠다고 하였다.
17 나는 또 너희를 지키려고
파수꾼들을 세워 놓고,
나팔 소리가 나거든
귀담아 들으라고 가르쳐 주었으나,
너희는
귀담아 듣지 않겠다고 하였다."

ㄱ) 히, '귀에 할례를 받지 못하여'

7:1—8:3 예레미야의 성전 설교는 다가오는 침략을 경고하는 시들을 방해하듯 등장한다. 그러나 산문식의 설교는 공동체가 행한 배신행위를 더 추가하여 제공한다. 예레미야는 예루살렘 성전 문 앞에 서서 공동체가 이 땅에서 살아남으려면 회개하고, 순종하고, 올바른 예배를 드릴 것을 강력하게 요구한다. 다윗 왕 때

18 "뭇 민족아, 들어라.
온 회중아, 똑똑히 알아 두어라.
내 백성에게
어떤 일이 일어날지를 보아라.
19 땅아, 너도 들어라.
내가 지금
이 백성에게 재앙을 내린다.
그들이
이처럼 사악한 생각을 하였으니,
이것은 그들이 받아 마땅한 벌이다.
그들이
나의 말을 귀담아 듣지 않으며,
나의 율법도 무시하였기 때문이다."

20 "스바에서 들여 오는 향과
먼 땅에서 가져 오는 향료가,
나에게 무슨 소용이 있느냐?
너희가 바치는 온갖 번제물도 싫고,
온갖 희생제물도
마음에 들지 않는다."

21 "그러므로 나 주가 말한다.
내가 이 백성 앞에
걸림돌들을 숨겨 놓아서,
모두 돌에 걸려 넘어지게 하겠다.
아버지와 아들이
다 함께 넘어지고,
이웃과 그 친구가
다 함께 멸망할 것이다."

북쪽에서 오는 침략자

22 "나 주가 말한다.
한 백성이 북녘 땅에서 오고 있다.
큰 나라가 온다.
저 먼 땅에서 떨치고 일어났다.
23 그들은 활과 창으로 무장하였다.
난폭하고 잔인하다.
그들은
바다처럼 요란한 소리를 내며,
군마를 타고 달려온다.
딸 시온아,
그들은 전열을 갖춘 전사와 같이
너를 치러 온다."

24 "우리는 그 소식을 듣고,
두 팔에 맥이 풀렸습니다.
해산의 진통을 하는 여인처럼
불안하여 괴로워합니다."

25 "너희는 들녘으로 나가지도 말고,
거리에서 돌아다니지도 말아라.
너희의 원수가
칼로 무장하고 있으니,
너희의 사방에 공포가 있을 뿐이다."

26 나의 딸, 나의 백성아,
너는 굵은 베 옷을 허리에 두르고,
잿더미 속에서 뒹굴어라.
외아들을 잃은 어머니처럼
통곡하고, 슬피 울부짖어라.
멸망시키는 자가 갑자기
우리를 덮쳐 올 것이다.

27 "예레미야야,
내 백성을 시험해 보아라.
금속을 시험하듯 시험해서
도대체 그들의 정체가 무엇인지
밝혀 보아라.

28 그들은 모두 반항하는 자들이다.
모함이나 하고 돌아다니며
마음이 완악하기가
놋쇠나 무쇠와 같다.
모두 속속들이 썩은 자들이다.
29 풀무질을 세게 하면,
불이 뜨거워져서
그 뜨거운 불 속에서 납이 녹으련만,
불순물도 없어지지 않으니,
금속을 단련하는 일이
헛수고가 되고 만다.
그들의 죄악이
도무지 제거되지 않는다.

부터 왕권과 성전은 서로 분리될 수 없도록 연결되어있다. 예언자 나단은 하나님께서 다윗의 가문(왕조)을 영원토록 세우실 것이고, 다윗의 아들이 하나님의 집, 성전을 건축할 것이라고 다윗에게 보증하였다 (삼하 7장). 예레미야 시대보다 한 세기 전 예루살렘이 앗시리아에게 침략을 당했을 때 이사야는 다윗의 언약이 예루살렘 안전의 무조건적 보장이라고 해석했다. 그 당시 예루살렘이 파멸을 피했기 때문에 이사야의 예언은 명백히, 민족의식 속에서, 성전, 군주, 땅, 그리고 전체 종교제도에 대한 영원한 안전의 약속이 되었다. 예레미야는,

30 이제 그들은,
불순물을 제거할 수 없는
'내버린 은'일 뿐이다.
나 주가 그들을 내버렸기 때문이다."

예레미야의 성전 설교

7 1 주님께서 예레미야에게, 2 주님의 성전
문에 서서, 주님께 예배하려고 문으로 들어
오는 모든 유다 사람에게 주님의 말씀을 큰소리로
일러주라고 하셨다.

3 "나 만군의 주 이스라엘의 하나님이 말한다.
너희의 모든 생활과 행실을 고쳐라. 그러면 내가
이 곳에서 너희와 함께 머물러 살겠다. 4 '이것이
주님의 성전이다, 주님의 성전이다, 주님의 성전
이다' 하고 속이는 말을, 너희는 의지하지 말아라.
5 너희가, 모든 생활과 행실을 참으로 바르게
고치고, 참으로 이웃끼리 서로 정직하게 살면서,
6 나그네와 고아와 과부를 억압하지 않고, 이 곳
에서 죄 없는 사람을 살해하지 않고, 다른 신들을
섬겨 스스로 재앙을 불러들이지 않으면, 7 내가
너희 조상에게 영원무궁 하도록 준 이 땅, 바로 이
곳에서 너희가 머물러 살도록 하겠다.

8 그런데도 너희는 지금 전혀 무익한 거짓말을
의지하고 있다. 9 너희는 모두 도둑질을 하고,
사람을 죽이고, 음행을 하고, [ㄱ]거짓으로 맹세를
하고, 바알에게 분향을 하고, 너희가 알지 못하는
다른 신들을 섬긴다. 10 너희는 이처럼 내가 미
워하는 일만 저지르고서도, 내 이름으로 불리는
이 성전으로 들어와서, 내 앞에 서서 '우리는 안전
하다' 하고 말한다. 너희는 그런 역겨운 모든 일들을
또 되풀이하고 싶어서 그렇게 말한다. 11 그래,
내 이름으로 불리는 이 성전이, 너희의 눈에는
도둑들이 숨는 곳으로 보이느냐? 여기에서 벌
어진 온갖 악을 나도 똑똑히 다 보았다. 나 주의
말이다.

12 너희는 내가 처음으로 내 이름을 두었던
실로에 있는 내 처소로 가서, 내 백성 이스라엘의
죄악 때문에 내가 그 곳을 어떻게 하였는지 보아라.

13 너희가 온갖 죄를 지었으므로, 내가 너희
에게 서둘러서 경고하였으나, 너희는 듣지 않았
다. 내가 불렀으나, 너희는 대답도 하지 않았다.
나 주의 말이다. 14 그러므로 내가 실로에서 한
것과 똑같이, 내 이름으로 불리며 너희가 의지하
는 이 성전, 곧 내가 너희와 너희 조상에게 준 이
장소에, 내가 똑같이 하겠다. 15 내가 너희의 모
든 친척 곧 에브라임 자손 모두를 내 앞에서 쫓아
버렸던 것과 똑같이, 너희도 내 앞에서 멀리 쫓아
버리겠다."

ㄱ) 또는 '거짓 신들로'

그에 앞서 미가처럼 (미 3:9-12), 공동체의 세계관에 도전하는 무서운 말로 이 관점을 고쳐나간다. 설교는 하나님이 끝없이 진노하심을 보여주며, 종교제도가 얼마나 부패되어 왔는가를 지적한다. 이는 국가의 몰락이 하나님의 변덕이 아닌 사람들의 죄악의 결과라는 해석을 제공해 준다.

7:1-15 잘못된 예배를 드리는 것은 사회에 불의를 초래하게 된다. **7:4** 예레미야는 유다의 성전 신학의 잘못된 확신을 조롱하면서, *주님의 성전이다, 주님의 성전이다, 주님의 성전이다* 라는 구절을 세 번 반복한다. **7:5-7** 미신적인 풍습으로 발전된 성전에 대한 오래된 신학의 거만한 확신대신 백성들은 공의와 권리가 박탈된 이방인, 고아, 과부를 돌보는 일을 해야 한다.

7:8-11 유다의 성전 신학은 사회의 죄악상을 위장하려는 신학이고, 이웃 가나안이 숭배하는 풍요의 신 바알을 숭배하는 것을 위장하는 신학이다. 예배 공동체는 하나님의 집을 훗날 부정과 돈벌이로 사용하여 예수님께 책망을 당하게 되는 *강도의* 소굴로 바꾸었다 (마 21:13; 막 11:17; 눅 19:46을 보라). **7:12-14** 성전의 운명은 하나님의 거룩한 이름이 거하기 위해 만든 다른 "처소"인 실로와 같아지게 될 것이다 (7:12, 15). 실로는 중요한 예배처소였고, 제사장이 권세를 행사하는 처소였다. 구약은 그 소멸을 묘사하지 않지만, 예레미야는 그것을 가정하고 있다. **7:15** 유다는 북왕국(여기서는 그의 가장 큰 족속 에브라임으로 불린다)처럼 땅에서 쫓겨나게 될 것이다. **7:16** 하나님은 예레미야에게 예언자의 의무인 백성을 대변하지 못하도록 하신다. 그것은 너무 늦었기 때문이다. **7:18** 온 가족들이 하늘의 여신(개역개정과 공동번역과 NRSV는 "하늘의 여왕"으로 번역)을 숭배한다 (렘 44장 참조). **7:21-29** 하나님은 그들에게 희생번제를 요구하지 않으셨지만, 그들은 지나치게 희생번제를 바친다. 대신 하나님께서 그들을 이집트에서 구했을 때 하나님은 그들에게 "듣고" 하나님의 말에 순종하기를 요청했다. 설교는 이스라엘이 "듣는 것"에 실패한 것이 땅을 잃은 주된 이유임을 강조한다.

7:30-31 예레미야는 여전히 더 극악한 죄 때문에 백성들을 비난한다. 그들은 자녀를 도벳 산당에 희생제로 바쳤다. "산당"은 다른 신들을 위한 제단이고, 도벳(예루살렘의 서쪽, 왕하 23:10)은 다른 신들에게 자녀를 희생하여 바치는 장소이다 (왕하 16:3; 21:6).

백성의 불순종

16 "그러므로 너 예레미야는 이 백성을 보살
펴 달라고 기도하지 말아라. 너는 그들을 도와달
라고 나에게 호소하거나 간구하지도 말고, 나에
게 조르지도 말아라. 나는 이제 너의 말을 들어주
지 않을 것이다. 17 너는 지금 그들이 유다의 성
읍들과 예루살렘의 모든 거리에서 하는 일들을 보
고 있지 않느냐? 18 자식들은 땔감을 줍고, 아
버지들은 불을 피우고, 어머니들은 하늘 여신에
게 줄 빵을 만들려고 가루로 반죽을 하고 있다. 또
그들은 나의 노를 격동시키려고, 다른 신들에게
술을 부어 바친다. 19 그러나 그들이 그렇게 함
으로 나를 격노하게 하는 것으로 그치느냐? 그렇
지 않다. 오히려 그들 스스로가 낯뜨거운 수치를
당하는 것이 아니냐? 나 주의 말이다.
20 그러므로 나 주 하나님이 말한다. 나의 무
서운 분노가 바로 이 땅으로 쏟아져서, 사람과 짐
승과 들의 나무와 땅의 열매 위로 쏟아져서, 꺼지지
않고 탈 것이다."

소용 없는 제사

21 "나 만군의 주 이스라엘의 하나님이 말한
다. 내가 너희에게 받고 싶은 것은 제사가 아니다.
너희가 번제는 다 태워 내게 바치고 다른 제물은
너희가 먹는다고 하지만, 내가 허락할 터이니, 번
제든 무슨 제사든 고기는 다 너희들이나 먹어라.
22 내가 너희 조상을 이집트 땅에서 데리고
나왔을 때에, 내가 그들에게 번제물이나 다른 어떤
희생제물을 바치라고 했더냐? 바치라고 명령이
라도 했더냐? 23 오직 내가 명한 것은 나에게 순
종하라는 것, 그러면 내가 그들의 하나님이 되고,
그들은 나의 백성이 될 것이라는 것, 내가 그들에
게 명하는 그 길로만 걸어가면, 그들이 잘 될 것
이라고 한 것뿐이지 않았더냐? 24 그러나 그들은
내게 순종하지도 않고, 내 말에 귀를 기울이지도
않았다. 오히려 자기들의 악한 마음에서 나오는
온갖 계획과 어리석은 고집대로 살고, 얼굴을 나
에게로 돌리지 않고, 오히려 등을 나에게서 돌렸다.
25 너희 조상이 이집트 땅에서 나온 날로부터 오
늘까지, 내가 나의 종 예언자들을 너희에게 보내고
또 보냈지만, 26 나에게 순종하지도 않고, 귀를
기울이지도 않았다. 오히려 너희는 조상보다도
더 고집이 세고 악하였다."

살육 골짜기에서 저지른 죄

27 "그래서 네가 그들에게 이 모든 말을 전하
더라도, 그들은 여전히 듣지 않을 것이다. 또 네가
그들에게 외치더라도, 그들이 너에게 아무런 반
응도 보이지 않을 것이다. 28 그들은 자기들의
하나님인 나 주의 말에 순종하지도 않고, 어떤 교
훈도 받아들이지 않는 백성이다. 진실이 아주 없
어졌다. 그들의 입에서 진실이 사라진지 이미 오
래다. 그러므로 너는 그들에게 이렇게 전하여라.
29 '예루살렘아,
너는 긴 머리채를 잘라서 던지고,
메마른 언덕 위에 올라가서
슬피 울어라.
주님께서는 이 세대를 보시고
진노하셔서,
이 세대를 물리쳐 버리셨다.'"

30 "나 주의 말이다. 참으로 유다 백성은, 내가
보기에 악한 일들을 하였다. 그들은, 나의 이름을
찬양하려고 세운 성전 안에다가, 자기들이 섬기
는 역겨운 것들을 세워 놓아서 성전을 더럽혔다.
31 또 그들은 자기들의 아들과 딸들을 불태워 제
물로 바치려고 '힌놈의 아들 골짜기'에 도벳이라는
산당을 쌓아 놓았는데, 그런 것은 내가 명하지도
않았고, 상상조차도 하여 본 적이 없다.

7:32—8:3 예레미야는 시체가 흩뿌려진 광경과, 결혼이나 온갖 삶의 평범한 기쁨이 빼앗긴 사회의 모습을 보여준다. 나라는 이제 황무지가 되었다. 죽은 지도자의 뼈가 그들을 구원하지 못하는 해, 달, 별 등 하늘의 신들 앞에 뿌려졌다. 살아남는 것보다 차라리 죽는 것이 나을 것이다.

8:4—10:25 흐느끼고 신음하는 애가는 북쪽에서 쳐들어오는 적들의 침략이 가까워지면서 이 장들의 지배적인 주제가 된다. 최소한의 산문 해설과 함께 이 부분에서 시 형태로 책망하는 것이 계속된다 (9:12-16, 23-26). 예배의식적인 연설(10:1-6)이 책망하는 것을 중단하지만, 임박한 침략에 대한 시로 이 부분은 마무리 된다 (10:17-25).

8:4-17 고발하는 시들은 다가오는 전쟁을 더욱 더 알리며 고조시킨다. **8:4-7** 이 고발하는 시는 "돌다" 또는 "돌아오다"(*슈브*)의 히브리어 단어로 언어기법을 사용한다. 하나님께서 놀라서 물으신다. *"누구나 [백성] 떠나가면 (shub), 다시 돌아오지(shub) 않겠느냐?"*

32 그러므로 보아라, 그 날이 오면, 다시는
이 곳을 도벳이나 '힌놈의 아들 골짜기'라고 부르지
않고, 오히려 '살육의 골짜기'라고 부를 것이다.
나 주의 말이다. 그 때에는 매장할 자리가 더 이
상 없어서, 사람들이 도벳에 와서 시체를 묻을 것
이다. 33 그 때에는 이 백성의 시체가 공중의 새와
땅에 사는 짐승의 먹이가 될 것이며, 아무도 그것
을 쫓아 줄 사람이 없을 것이다. 34 그 때에는
내가 유다의 성읍들과 예루살렘의 모든 거리에서,
흥겨워하는 소리와 기뻐하는 소리, 즐거워하는
신랑 신부의 목소리를 사라지게 하겠다. 온 나라가
황무지로 바뀔 것이기 때문이다."

8 1 "나 주의 말이다. 그 때에는 사람들이 유다
왕들의 뼈와, 유다 지도자들의 뼈와, 제사장
들의 뼈와, 예언자들의 뼈와, 예루살렘 주민의
뼈를, 그들의 무덤에서 꺼내다가, 2 그들이 좋아
하고 노예처럼 섬기고 뒤쫓아 다니고, 뜻을 물어
보면서 찾아 다니고 숭배하던, 해와 달과 하늘의
모든 천체 앞에 뿌릴 것이다. 그래도 그 뼈들을 모
아다가 묻어 주는 사람이 아무도 없을 것이니, 그
것들은 이제 땅바닥에서 거름이 되고 말 것이다.
3 그리고 이 악한 백성 가운데서 남아 있는
자들은, 내가 쫓아 보낸 여러 유배지에서 사느니
보다는, 차라리 죽는 쪽을 택할 것이다. 나 만군
의 주가 하는 말이다."

죄와 벌

4 "너는 그들에게 전하여라.
나 주가 말한다.
누구나 넘어지면,
다시 일어나지 않겠느냐?
누구나 떠나가면,
다시 돌아오지 않겠느냐?
5 그런데도 예루살렘 백성은,
왜 늘 떠나가기만 하고,
거짓된 것에 사로잡혀서
돌아오기를 거절하느냐?
6 내가 귀를 기울이고 들어 보았으나,
그들은 진실한 말을 하지 않았다.
'내가 이런 일을 하다니!'
하고 자책은 하면서도
자신의 악행을 뉘우치는 사람은
하나도 없었다.
그들은 모두
자기들의 그릇된 길로 갔다.
마치 전쟁터로 달려가는 군마들처럼
떠나갔다.
7 하늘을 나는 학도 제 철을 알고,
비둘기와 제비와 두루미도
저마다 돌아올 때를 지키는데,
내 백성은 주의 법규를 알지 못한다.
8 너희가 어떻게
'우리는 지혜를 가진 사람들이요,
우리는 주님의 율법을 안다'
하고 말할 수가 있느냐?
사실은 서기관들의 거짓된 붓이
율법을 거짓말로 바꾸어 놓았다.
9 그러므로 지혜 있는 사람들이
부끄러움을 당하고,
공포에 떨며 붙잡혀 갈 것이다.
그들이 주의 말을 거절하였으니,
이제 그들에게
무슨 지혜가 있다고 하겠느냐?
10 그러므로 내가 그들의 아내들을

(4c절). *백성은, 왜 늘 떠나가기만 (shub) 하고 (5a절)…돌아오기를 거절하느냐?* (5b절). 그들은 모두 짐승들이 본능에 끌리듯이 "떠난다" (shub). 그들의 떠남은 그들이 하나님을 알지 못함을 의미한다. 이 비난은 2:1—3:5에 나타난 하나님의 아내 이스라엘에 대한 죄과와 비슷하다.

8:8-9 백성들은 지혜를 가진 사람들이라고 주장하면서, 지혜를 가지고 있는 사람들의 말을 거부하였다. **8:10-12** 그들이 어리석은 결과로 하나님은 정복자의 손에 그들의 아내들과 밭을 넘겨주는 것으로 이스라엘 남자들의 생명을 해치실 것이다. 다시 한 번, 히브리어 원문의 남성 청중들이 명확해진다. 이 비난은 6:13-15의 후렴을 반복하는 것인데, 이것으로 인해 전체 인구에게 화나게 만드는 말을 할 뿐만 아니라, 지도자들이 안전에 대하여 겉발림하는 식으로 진실을 왜곡하여 말하는 것을 힐책한다. **8:13** 파괴된 포도원의 이미지가 다시 다가오는 멸망을 전해준다 (5:17; 6:9를 보라). **8:14** 시는 운명에 사로잡혀 죄를 늦게 고백하는 절망적인 사람들을 인용한다. 그들은 평화와 치유를 원하지만, 그들이 원하는 것과는 반대의 것들을 깨닫고 보게 된다. **8:16-17** 침략하는 군대가 너무 가까이 와 있어서 그들의 말소리가 북쪽 도성으로부터 들려온다. 그들의 말발굽 소리에 땅이 진동한다. 하나님은 공격자들을 독사에 비유하신다.

다른 남자들에게 넘겨 주고,
그들의 밭도
다른 사람들에게 주어
차지하게 하겠다."

"힘 있는 자든 힘 없는 자든,
모두가 자기 잇속만을 채우며,
사기를 쳐서 재산을 모았다.
예언자와 제사장까지도
모두 한결같이 백성을 속였다.
11 백성이 상처를 입어 앓고 있을 때에,
그들은
'괜찮다! 괜찮다!' 하고 말하지만,
괜찮기는 어디가 괜찮으냐?
12 그들이
그렇게 역겨운 일들을 하고도,
부끄러워하기라도 하였느냐?
천만에!
그들은 부끄러워하지도 않았고,
얼굴을 붉히지도 않았다.
그러므로 그들이 쓰러져서
시체 더미를 이룰 것이다.
내가 그들에게 벌을 내릴 때에,
그들이 모두 쓰러져 죽을 것이다.
나 주의 말이다.
13 나 주의 말이다.
그들이 거둘 것을
내가 말끔히 거두어 치우리니,
포도덩굴에 포도송이도 없고,
무화과나무에 무화과도 없고,
잎까지 모두 시들어 버릴 것이다.
ㄱ)그러므로 내가 그들에게 준 것들이
모두 사라져 버릴 것이다."

백성이 받을 형벌

14 "모두 모여라.
그냥 앉아서 죽을 수는 없다.
견고한 성읍들을 찾아 들어가서,
죽어도 거기에서 죽자.
우리가 주님께 범죄하였기 때문에,
주 우리의 하나님께서
우리에게
독이 든 물을 마시게 하여서,
우리를 죽이려 하신다.
15 우리가 고대한 것은 평화였다.
그런데
좋은 일이라고는 하나도 없다.
우리는 이 상처가 낫기만을
고대하였는데,
오히려 무서운 일만 당하고 있다.
16 적군의 말들이 내는 콧소리가
이미 단에서부터 들려 오고,
그 힘센 말들이 부르짖는 소리에
온 땅이 진동한다.
적군이 들어와서,
이 땅과 그 안에 가득 찬 것을
휩쓸고,
성읍과 그 안에 사는 사람들을
다 삼킨다."

17 "보아라,
내가 뱀을 너희에게 보내겠다.
어떤 술법으로도 제어할 수 없는
독사들을
너희에게 보낼 것이니,

ㄱ) 또는 '그들을 진멸할 자를 내가 이미 정하였다'

8:18—9:25 여러 명의 말하는 사람이 함께 울부짖는 것으로 시집은 시작한다. **8:18—9:3** 이 시는 슬픔에 대하여 대화하는 것이다. **8:18-21** 일인칭 형식으로 말하는 사람은 기쁨이 사라진 것을 알려준다. 상심 가운데 말하고 있는 사람은 예언자인지 하나님이신지 명확하지는 않지만, 하나님이라면 2:1—3:25의 하나님이신 남편의 연민의 정을 반복하는 것이다. 말하는 사람은 "나의 백성, 나의 딸"(히브리어, *바트 암미*)의 울부짖음을 듣는다. 이는 하나님의 이혼한 아내, 시온이다. *"이제 주님께서는 시온을 떠나셨단 말인가?"* 하나님의 임재가 그녀의 안전을 뜻하는 것이며, 그녀는 확신을 가지고 있는 듯 거만하게 묻는다. 하나님은 백성들의 우상숭배가 하나님이 분노하신 원인이 되었다고 대답하신다. **8:20** 백성들은 다시금 재앙으로부터 구원받기를 기대하지만, 철이 다 지났는데도 아무도 그들을 구원해 주지 않았다. **8:21-22** 일인칭으로 말하는 사람은 "나의 백성, 나의 딸"의 입장에 선다. 그는 그녀의 아픔을 나누고 슬픔에 압도된다. 그는 흑인영가에서 잘 알려진 질문을 한다. *"길르앗에는 유향이 떨어졌느냐? 그 곳에는 의사가 하나도 없느냐?"* (길르앗은 치료를 위한 연고로 유명했다.) 화자는 "나의 백성, 나의 딸"(*바트 암미*)이 왜 치료받지 못하는지 궁금해 한다. **9:1-3** 말하는 사람은 그녀의 다가오는 죽음을 매우 슬퍼하며 *살해된 나의 백성*을 위해서 영원히 울기를 소망한다.

그것들이 너희를 물 것이다.
나 주의 말이다."

예언자의 탄식

18 나의 기쁨이 사라졌다.
나의 슬픔은 나을 길이 없고,
이 가슴은 멍들었다.
19 저 소리,
가련한 나의 백성,
나의 딸이 울부짖는 저 소리가,
먼 이국 땅에서 들려 온다.

(백성이 울부짖는다.)
"이제 주님께서는
시온을 떠나셨단 말인가?
시온에는 왕도 없단 말인가?"

(그러나 주님께서 말씀하신다.)
"어쩌자고
조각한 신상과 헛된 우상을
남의 나라에서 들여다가,
나를 노하게 하였느냐?"
20 (백성이 또 울부짖는다.)
"여름철이 다 지났는데도,
곡식을 거둘 때가 지났는데도,
우리는 아직
구출되지 못하였습니다."

21 나의 백성, 나의 딸이,
채찍을 맞아 상하였기 때문에,
내 마음도 상처를 입는구나.
슬픔과 공포가 나를 사로잡는구나.

22 "길르앗에는 유향이 떨어졌느냐?
그 곳에는 의사가 하나도 없느냐?"

어찌하여 나의 백성, 나의 딸의 병이
낫지 않는 것일까?

9 1 살해된 나의 백성,
나의 딸을 생각하면서,
내가 낮이나 밤이나
울 수 있도록,
누가 나의 머리를 물로 채워 주고,
나의 두 눈을
눈물 샘이 되게 하여 주면 좋으련만!
2 누군가가 저 사막에다가
내가 쉴 나그네의 휴식처를
마련하여,
내가 이 백성을 버리고
백성에게서 멀리 떠나,
그리로 가서
머물 수 있게 하여 주면 좋으련만!
참으로 이 백성은
모두 간음하는 자들이요,
배신자의 무리이다.

주님의 대답

3 "내 백성이라는 것들은
활을 당기듯 혀를 놀려
거짓을 일삼는다.
진실은 없고,
그들의 폭력만이
이 땅에서 판을 친다.
참으로 그들은
악에 악을 더하려고 돌아다닐 뿐,
내가 그들의 하나님인 줄은
알지 못한다.
나 주의 말이다."

4 "친척끼리 서로
거침없이 사기를 치고,
이웃끼리 서로
비방하며 돌아다니니,
너희는 서로 이웃을 조심하고,
어떤 친척도 믿지 말아라!
5 누구나 이렇게 자기 이웃을 속이며,
서로 진실을 말하지 않고 있다.
그들의 혀는 거짓말을 하는 데
길들여져 있다.
죄 짓는 일을 그치려 하지 않는다.
6 서로 속고 속이는 일을
되풀이하면서

9:4-9 경고들은 하나님에 대한 백성들의 지식 부족의 결과를 보여주는 것들이다. 공동체는 하나님과 관계가 있는 체한다. 이웃들과 친척들은 믿을 수가 없다. 그들은 하나님을 알지 못하기 때문에 비방하고, 속이고, 억압한다. **9:7** 하나님은 위선으로 인해 그들을 쇠처럼 정제하실 것이다. **9:9** 5:29의 후렴이 반복됨. 하나님은 이러한 일들 후에는 징벌이 따라야 하지 않겠냐고 물으신다. 이 후렴은 하나님이 사람들을 징벌하는 것이 잔인한 것이라고 비난하는 사람들로부터 하나님을 변호한다. 왜냐하면 사람들은 벌 받기에 합당하기 때문이다.

기만 가운데 살기 때문에,
아무도 나를 알려고 하지를 않는다.
나 주의 말이다.

7 나 만군의 주가 말한다.
보아라, 내가 내 백성을
금속 단련하듯 단련하며,
시험하여 보겠다.
내 백성이 악을 저질렀으니,
죄 많은, 이 가련한 백성을,
내가 달리 어떤 방법으로
다룰 수 있겠느냐?
8 내 백성의 혀는 독이 묻은 화살이다.
입에서 나오는 말은 거짓말뿐이다.
입으로는
서로 평화를 이야기하지만,
마음 속에서는
서로 해칠 생각을 품고 있다.
9 이러한 자들을
내가 벌하지 않을 수가 있겠느냐?
나 주의 말이다.
이러한 백성에게
내가
보복하지 않을 수가 있겠느냐?"

예레미야가 백성 때문에 울다

10 나는 산들을 보고 울며 탄식합니다.
광야의 초원을 바라보고,
슬픈 노래를 읊겠습니다.
그처럼 무성하던 곳들이
모두 황무지가 되었고,
지나다니는 사람이
하나도 없습니다.
가축 떼의 울음 소리도
들려 오지 않습니다.
공중의 새에서부터
들의 짐승에 이르기까지,
다 다른 곳으로 도망하여
사라졌습니다.

11 "내가 예루살렘을
돌무더기로 만들어서
여우들이 우글거리는
소굴이 되게 하고,
유다의 성읍들을
황무지로 바꾸어 놓아
아무도 살 수 없게 하겠다."

땅이 황폐한 까닭

12 이 땅이 왜 망하였는지,
왜 사막처럼 황폐해졌는지,
왜 행인마저 끊어졌는지,
이것을 알아낼 만큼
지혜 있는 사람이 누구인가?
이 까닭을 말할 수 있도록,
주님의 입에서
직접 말씀을 받은 사람이
누구인가?

13 주님께서 대답하셨다. "나는 이 백성에게
나의 율법을 주면서 지키라고 하였다. 그러나 그
들이 그것을 버리고, 나의 말을 순종하지 않고, 실
천하지 않았다. 14 그들은 오히려 자기들의 고
집대로 살고, 조상이 섬기라고 가르쳐 준 바알 신
들을 따라다녔다.
15 그러므로 나 만군의 주 이스라엘의 하나
님이 말한다. 내가 이 백성에게 쓴 쑥을 먹이며,
독을 탄 물을 마시게 하겠다. 16 또 내가, 그들
도 모르고 그들의 조상도 알지 못하던 이방 민족
가운데 그들을 흩어 놓고, 내가 그들을 전멸시킬
때까지 칼이 그들을 뒤쫓게 하겠다."

9:10-25 이 시와 산문은 곧 침략당할 민족에게 계속해서 말한다. 탄식의 주제는 침략의 정당성과 그 필요성에 대한 하나님의 실망을 강조한다. 탄식시들은 9:10-11과 9:17-22에 등장한다. 산문 해설은 침략(9:12-16)에 대한 이해의 어려움을 강조하며 회개(9:23-25)를 요청하는 지혜 주제들을 소개한다.

9:10-11 하나님의 음성은 땅 자체를 위하여 눈물 흘리고 통곡하라고 요청한다. 4:23-28을 회상하며 이 시는 하나님께서 유다와 예루살렘을 멸하시는 것처럼 온 세상도 멸하실 것을 가정한다. **9:12-16** 이 산문 부분은 파괴는 이미 일어난 일이라 여기고 생존자들에게 "왜?"라고 묻는다. **9:14** 그 답은 백성들이 하나님을 버렸고, 이웃의 신들인 바알 신들을 따라다녔기 때문이다. 하나님께서는 여러 민족들 사이에 그들을 흩으실 것이다.

9:17-22 백성들이 직업적으로 *곡하는 여인*들을 불러달라고 요청한다. 그들의 임무는 곡하는 것을 인도하는 것이다. *"우리의 눈에서 눈물이 흘러 내리고, 우리의 눈시울에서 눈물이 쏟아지게 하여 다오!"* 시온은 이미 파괴되었다. 여인들은 *죽음이 우리의 창문을 넘어서 들어 왔으므로* 딸들과 이웃들에게 슬퍼할 것을 가르친다. 그 이유는 죽음이 우리의 창문을 넘어 들어왔기 때문

곡하는 여인들

17 "나 만군의 주가 말한다.
너희는 잘 생각하여 보고,
곡하는 여인들을 불러들이고,
장송곡을 부를 여인들을
데리고 오너라."

18 "서둘러 와서,
우리를 도와서 조가를 불러 다오.
우리의 눈에서 눈물이 흘러 내리고,
우리의 눈시울에서
눈물이 쏟아지게 하여 다오!"

19 시온에서
통곡하는 소리가 들려 온다.
'어쩌다가
우리가 이렇게 망하였으며,
이토록 수치를 당하게 되었는가?
적군이 우리의 거처를
모조리 부수었으니,
우리는 이제
우리의 땅을 떠나야만 한다.'

20 "여인들아,
너희는 주님의 말씀을 들어라.
너희는 귀를 기울여서,
그의 입에서 나오는 말씀을
받아들여라.
딸들에게 애도하는 법을 가르치고,
너희도
장송곡 부르는 법을 서로 익혀라.
21 죽음이
우리의 창문을 넘어서 들어왔고,
우리의 왕궁에까지 들어왔으며,
거리에서는 어린 아이들이
사정없이 죽어 가고,
장터에서는 젊은이들이 죽어 간다."

22 "나 주의 말이다.
너는 이렇게 전하여라.
'사람의 시체가 들판에
거름 더미처럼 널려 있다.
거두어 가지 않은 곡식단이
들에 그대로 널려 있듯이,
시체가 널려 있다.'"

주님이 좋아하시는 것

23 "나 주가 말한다.
지혜 있는 사람은
자기의 지혜를 자랑하지 말아라.
용사는
자기의 힘을 자랑하지 말아라.
부자는
자기의 재산을 자랑하지 말아라.
24 오직 자랑하고 싶은 사람은,
이것을 자랑하여라.
나를 아는 것과,
나 주가 긍휼과 공평과 공의를
세상에 실현하는 하나님인 것과,
내가
이런 일 하기를 좋아한다는 것을,
깨달아 알 만한 지혜를
가지게 되었음을,
자랑하여라.
나 주의 말이다."

25 "나 주의 말이다. 그 날이 이르면, ㄱ)몸
에만 할례를 받은 사람들에게, 내가 모두 벌을
내리겠다. 26 이집트와 유다와 에돔과 암몬 자
손과 모압과, 관자놀이의 머리카락을 짧게 깎은,
광야에 사는 모든 사람에게도 내가 벌을 내리
겠다. 이 모든 민족은, 이스라엘 백성 전체와 마
찬가지로, 마음에 할례를 받지 않은 자들이기 때
문이다."

ㄱ) 또는 '할례를 받은 자와 할례를 받지 못한 자에게'

이다. **9:23-24** 이 두 번째 산문은 독자들이 하나님을 알고 지혜로워지기를 요구한다. **9:25** 하나님께서 미래에 할례를 받은 사람들 중에서 유다와 이스라엘을 포함하여 *마음에 할례를 받지 못한 자*들을 벌하실 것이라 약속하신다.

10:1-25 예레미야서의 처음 큰 단락은 모은 시들로 끝을 맺는다. 우상숭배에 대한 경고(10:1-5)는 완전히 헤어지지 않은 부모들(3:22-25)에게 자녀들이 충성하겠다고 선언하는 식으로 된 예배식의 기도로 이어진다 (10:6-16). 또한 찬양(10:6-16)은 독자들이 포로생활 하는 동안에 어떻게 하나님께 응답해야 하는지를 보여준다. 그들은 회개해야 한다. 10장은 더 추가된 침략에 대한 선포와 다가올 침략에 대한 반응으로 마감된다.

우상 숭배와 참 예배

10 1 이스라엘 백성아,
주님께서 너희에게 하시는 말씀을
들어라.

2 "나 주가 말한다.
너희는 이방 사람의 풍습을
배우지 말아라.
이방 사람이
하늘의 온갖 징조를 보고
두려워하더라도,
너희는 그런 것들을
두려워하지 말아라.
3 이방 사람이 우상을 숭배하는 풍속은
허황된 것이다.
그들의 우상은
숲 속에서 베어 온 나무요,
조각가가 연장으로 다듬어서 만든
공예품이다.
4 그들은 은과 금으로 그것을
아름답게 꾸미고,
망치로 못을 박아 고정시켜서,
쓰러지지 않게 하였다.

5 그것들은
논에 세운 허수아비와 같아서,
말을 하지 못한다.
걸어 다닐 수도 없으니,
늘 누가 메고 다녀야 한다.
그것들은
사람에게 재앙을 내릴 수도 없고,
복도 내릴 수가 없으니,
너희는 그것들을
두려워하지 말아라."

예레미야가 주님을 찬양함

6 주님, 주님과 같으신 분은
아무도 없습니다.
주님은 위대하시며,
주님의 이름은 크시고,
권능을 지니셨습니다.
7 세계 만민의 임금님,
누가 주님을
두려워하지 않을 수가 있겠습니까?
주님은
공경받아 마땅한 분이십니다.
세계 만민의
모든 지혜 있는 자들 가운데에도,
모든 나라의 왕들 가운데에도,
주님과 같으신 분은
아무도 없기 때문입니다.
8 그들은 모두가 한결같이
어리석고 미련합니다.
나무로 만든 우상에게서
배운다고 한들,
그들이 무엇을 배우겠습니까?
9 그 우상에게 얇게 펴서 입힌 그 은은
ㄱ)스페인에서 들여온 것이며,
그 금도
우바스에서 들여온 것입니다.
우상들은 조각가가 새긴 것,
은장이가 만든 공예품입니다.
그것에다가
청색 옷과 자주색 옷을
걸쳐 놓은 것이니,
모두가
솜씨 좋은 사람들이
만들어 놓은 것입니다.

ㄱ) 히, '다시스'

10:1-5 하나님께서는 이스라엘에게 비록 그들이 우상들을 장식하고 예배하고 있지만 논에 세운 허수아비처럼 생명 없는 나무로 만들어진 그것들을 피하라고 경고하신다. **10:6-16** 우상들에 대한 경고의 응답으로 나타난 일인칭 복수 음성은 하나님의 유일성을 선포하고 찬양하며 다른 신들의 어리석음을 공포한다. 오직 주님만이 참 하나님이시다. **10:11** 산문으로 쓰인 이 찬양시의 중간 절은 우상들이 소멸될 것이라고 주장한다. 우상숭배에 대해 비슷한 풍자적인 공격은 사 44:9-20; 46:1-2(벨 신과 용)를 보라. **10:12-16** 이 구절들은 권능으로 창조하신 하나님이 호령을 하시면, 하늘에서 물이 출렁이게 되고, 사물을 다스리시는 권능의 창조주이신 하나님을 찬양한다. 대조적으로 우상들은 아무 소용도 없다. **10:16** 창조자의 특별한 유산은 이스라엘이다 (신 32:8-9).

10:17-25 하나님께서 여성에게 말씀하시는데, 의심할 것 없이 딸 시온이다. 하나님이 백성들을 흩으실 것이기 때문에 그녀는 떠나기 위해 짐을 꾸려야

10 오직 주님만이
참되신 하나님이시요,
주님만이
살아 계시는 하나님이시며,
영원한 임금이십니다.
주님이 진노하시면,
땅이 지진을 일으키고,
그 진노는
세계 만민이 감당할 수가 없습니다.

11 ㄱ)너희는 우상들에 대하여 이렇게 선언하
여라. 하늘과 땅을 만들지 않은 신들은 이 땅에서
사라지고, 저 하늘 아래에서도 없어질 것이라고
선언하여라.

하나님 찬양

12 권능으로 땅을 만드시고,
지혜로 땅덩어리를 고정시키시고,
명철로 하늘을 펼치신 분은
주님이시다.
13 주님께서 호령을 하시면,
하늘에서 물이 출렁이고,
땅 끝에서 먹구름이 올라온다.
주님은 번개를 일으켜
비를 내리시며,
바람 창고에서 바람을 내보내신다.

14 사람은 누구나 어리석고
지식이 모자란다.
은장이는
자기들이 만든 신상 때문에
모두 수치를 당한다.
그들이
금속을 부어서 만든 신상들은
속임수요,
그것들 속에는
생명이 없기 때문이다.
15 그것들은 허황된 것이요,
조롱거리에 지나지 않아서,
벌을 받을 때에는
모두 멸망할 수밖에 없다.

16 그러나 야곱의 유산이신 주님은,
그런 것들과는 전혀 다르시다.
그분은 만물을 지으신 분이시요,
이스라엘을
당신의 소유인 지파로
삼으신 분이시다.
그분의 이름은 '만군의 주'이시다.

백성의 탄식

17 포위된 성읍에 사는 자들아,
이제 이 땅을 떠날 터이니
짐을 꾸려라.
18 주님께서 말씀하시기를 "내가 이번에는
이 땅에 사는 백성을 먼 곳으로 내던지고, 그들이
자신의 죄를 깨달아 알도록, 내가 직접 그들에게
고통을 주겠다" 하셨기 때문이다.

19 "아!
우리가 이렇게 심하게 다쳤으니,
우리의 상처가 나을 것 같지 않구나.
이런 고통쯤은
참을 수 있다고 생각하였는데!
20 우리의 장막이 부서졌다.
장막을 잡고 있던 줄도
모두 끊어졌다.
우리의 자녀들도 모두 떠나가고,
아무도 남아 있지 않아서,
우리의 장막을 다시 칠 사람도 없고,
휘장을 달 사람도 없다."

21 백성의 목자들이 미련하여,
주님께서 인도해 주시기를
간구하지 않더니,
일이 이렇듯 뒤틀려서,

ㄱ) 11절은 아람어로 기록되어 있음

한다. **10:19-21** 딸 시온은 자기를 비하시키고 탄식하며 응답한다. 그녀는 자신에게 임한 징벌이 스스로 몰고 온 것임을 알고 있다. 그녀의 장막, 즉 관습적으로 말하는 시온의 집은 파괴되었고, 자녀들은 흩어졌고, 그 누구도 그녀의 재건을 도울 만한 사람이 없다. **10:21** 백성의 목자들은 왕들이다. 그들은 양떼들 이 모두 흩어지게 만들었다. **10:22** 한 음성이 다가오는 침략의 소란을 알려준다. **10:23-25** 시온이 분노의 극단이 아니라 공평한 잣대로 그녀를 고쳐 주도록 하나님께 간청하며 다시 말한다. 대신에 하나님을 알지 못하는 이스라엘을 파멸시키는 이방 백성에게 분노를 쏟으시라고 간청한다.

우리 백성이
모두 흩어지게 되었구나!

22 "들려 오는 저 소식!
보아라, 이미 이르렀다.
북녘 땅에서 올라오는
요란한 소리다.
유다의 성읍들을 무너뜨려서,
여우 떼의 소굴로 만들어 놓으려고
진군해 오는 소리다."

예레미야의 기도

23 "주님,
사람이 자기 운명의
주인이 아니라는 것을,
제가 이제 깨달았습니다.
아무도 자기 생명을
조종하지 못한다는 것도,
제가 이제 알았습니다.
24 주님,
형벌로 주님의 백성을
채찍질하여 주시되,
주님의 진노대로 하지 마시고,
너그럽게 다스려 주십시오.
우리가 죽을까 두렵습니다.
25 주님의 진노는 주님을 알지 못하는
이방 백성에게 쏟으십시오.
주님의 이름을
부르지 않는 사람들에게
쏟으십시오.
그들이
야곱 자손을 삼켜 버렸습니다.
삼켜서 아주 없애고,
그 거처까지도
황무지로 만들었기 때문입니다."

예레미야와 언약

11 1 이것은 주님께서 예레미야에게 하신
말씀이다.
2 "이 언약의 말을 듣고, 유다 사람과 예루살
렘 주민에게 선포하여라. 3 그들에게 이렇게 전
하여라. 나 주 이스라엘의 하나님이 말한다. '이
언약의 말에 순종하지 않는 사람은 저주를 받을
것이다. 4 이 언약은, 쇠를 녹이는 용광로와 같
은 이집트 땅에서 너희 조상을 데리고 나올 때에,
내가 그들에게 지키라고 명한 것이다. 내가 그들
에게 이르기를, 나에게 순종하고, 내가 명하는 모
든 것을 실천하면 그들은 나의 백성이 되고, 나는
그들의 하나님이 되어서, 5 내가 그들의 조상에게
젖과 꿀이 흐르는 땅을 주겠다고 맹세한 약속을
지키겠다고 하여, 오늘에 이르렀다.'" 주님께서
이렇게 말씀하실 때에, 나는 "주님, 참으로 그렇
습니다" 하고 대답하였다.

이 책의 처음 열 장은 이스라엘의 몰락과 예루살렘이 침략당하게 된 것이 하나님께서 내리신 벌의 결과 때문이라는 비난에 대항하여 하나님을 변호하려고 노력한다. 이스라엘과 유다는 부정한 아내가 남편을 떠나가는 것처럼, 다른 신들을 따르느라 하나님을 버렸다. 하나님은 그들의 배신행위로 인해 그들을 내버리시고, 딸 시온에게 북쪽으로부터 적을 보내기를 결심하신다. 울부짖음은 이미 시작되었다. 예레미야는 성전설교에서 사람들의 배신행위를 더 연장하여 선포한다. 이 모두를 통해 고대 독자들을 하나님 편으로 올 수 있었다. 하나님은 그들의 사악함으로 인해 그들을 징벌하신다. 고대 사람들은 그들에게 벌어진 재앙을 인간사에 대한 하나님의 개입으로 보는 것 외에 다른 방법이 없었다. 하나님은 시온을 멸하기 원치 않으시지만 마지못해 멸하신다.

역사적인 인과관계로 복잡하게 이해하고 있는 현대 서양 문화는 이러한 역사관에 도전할 것이다. 하지만 고대 이스라엘은 인간이 개입되었다 할지라도 모든 역사적 사건들의 직접적인 원인은 하나님이라고 이해했다.

11:1—20:18 언약의 와해. 대부분 시 형식으로 모아진 이 자료는 하나님의 말씀을 듣지 못하고 언약 지키기를 거부한 사람들에 대한 저주의 발표로 시작한다. 그들이 듣기를 거부하면 재앙이 그들 위에 임할 것이다. 예레미야 자신의 이야기는 자기의 출생을 저주하는 것으로 마무리하며 장의 이곳저곳에서 문학적인 틀을 만들고 있다. 예언을 말하는 것에 덧붙여 그는 그의 말을 구체적으로 보여주는 상징적인 행동을 하며 (13장과 19장), 자신의 어려운 소명을 묘사하는 "고백문"이라 불리는 자신만의 탄식을 기도한다 (11:18—12:6; 15:1-21; 17:14-18; 18:18-23; 20:7-13). 예레미야는 백성들에게 회개할 것을 여러 차례 요청하지만, 그들은 결정적으로 그 요청을 거부한다 (18:1-12). 그 거부는 민족의 파멸을 초래하게 된 상징이 되며, 언약의 저주를 성취하게 된다 (19— 20장).

11:1-17 예레미야의 언약설교와는 대조적으로, 신 27:11-28은 백성들이 앞으로 순종하고 불순종하는 보상에 대한 대가로 축복과 저주를 언약에 첨부한다.

6 그런 다음에, 주님께서 나에게 또 말씀하
셨다. "너는 이 모든 말을 유다의 여러 성읍과 예
루살렘의 거리에서 외쳐라. '너희는 이 언약의 말
씀을 듣고 실천하여라. 7 이것은 내가 너희 조상을
이집트 땅에서 데리고 나온 날에 확실히 경고하
였고, 나에게 순종하라는 것을 오늘에 이르기까지
거듭거듭 경고하였기 때문이다. 8 그러나 그들은
듣지도 않고, 귀를 기울이지도 않았다. 오히려 그
들은 자기들의 악한 마음에서 나오는 고집대로 살
았다. 그래서 나는 지키라고 명한 이 모든 언약의
말씀대로 그들에게 벌을 내린 것이다. 그런데도
그들은 지키지 않았다.'"

9 주님께서 또 나에게 말씀하셨다. "유다
사람과 예루살렘 주민이 나를 대적하여 음모를 꾸
미고 있다. 10 그들도 자기들의 옛 조상이 저지
른 죄악으로 되돌아가고 말았다. 그 조상이 나의
말을 들으려 하지 않고, 다른 신들을 쫓아다니면서
섬기더니, 이제는 이스라엘 백성과 유다 백성도,
내가 그들의 조상과 맺은 언약을 파기하였다.

11 그러므로 나 주가 말한다. 보아라, 그들이
벗어날 수 없는 재앙을, 내가 그들에게 내리겠다.
그들이 나에게 도움을 간청해도, 내가 응답하지
않겠다. 12 그 때에 유다의 여러 성읍에 사는 사
람과 예루살렘 주민은, 분향하며 섬기던 신들을
찾아가서 도움을 간청하겠지만, 그 재앙의 날에
그 신들은 절대로 그들을 구하여 주지 못할 것이다.
전혀 도와줄 수 없을 것이다. 13 유다 사람들아,
너희가 섬기는 신들은 너희가 사는 성읍 수만큼이
나 많고, 너희가 바알에게 분향하려고 세운 그
부끄러운 제단은 예루살렘의 골목길 수만큼이나
많구나!

14 예레미야야, 너는 이런 백성을 보살펴 달
라고 나에게 기도하지 말아라. 너는, 그들을 도와
달라고 나에게 호소하거나 간구하지 말아라. 그
들이 재앙을 당할 때에, 네가 나에게 부르짖어도,
내가 들어주지 않겠다."

15 "ㄱ)내가 사랑하는 유다가
악한 음모나 꾸미더니,
내 성전에 들어와서
어쩌자는 것이냐?
살진 짐승을
희생제물로 바친다고 해서,
재난을 피할 수 있겠느냐?
구원의 기쁨을 누릴 수 있겠느냐?
16 유다야, 한때에 나 주도 너를
'잎이 무성하고 열매가 많이 달린
올리브 나무'라고 불렀으나,
이제는 요란한 천둥소리와 함께
내가 그 잎을 불로 사르고,
그 가지를 부러뜨리겠다."

17 이스라엘과 유다를 나무처럼 심어 주신
만군의 주님께서, 너희에게 재앙을 선포하셨다.
"이스라엘 백성과 유다 백성은, 내 마음을 상하게
하려고 바알에게 분향하였으니, 저지른 그 죄악
때문에 그들에게 재앙을 내리겠다."

아나돗 사람들의 예레미야 암살 계획

18 주님께서 저에게 알려 주셔서,
제가 깨닫게 되었습니다.
그 때에 주님께서
그들의 모든 행실을
저에게 보여 주셨습니다.
19 저는 도살장으로 끌려가는
순한 어린 양과 같았습니다.
사람들이 저를 해치려고
"저 나무를,
열매가 달린 그대로 찍어 버리자.
사람 사는 세상에서 없애 버리자.
그의 이름을 다시는

ㄱ) 히브리어 본문의 뜻이 분명하지 않으므로 칠십인역을 따름

그는 저주가 이미 시작된 것처럼 오직 불순종에 따르는 저주에만 집중한다. 저주는 언약의 말씀을 듣지 못하는 모든 사람에게 임할 것이다. 본문은 히브리어 관용구에서는 듣는 것이 곧 순종하는 것이기 때문에 "듣다"(히브리어, *쉐마*)의 단어로 기교적인 언어를 사용한다. 이 설교는 재앙이 오는 것과 하나님께서 그를 듣지 않는 자들을 듣지 않으신다는 약속이 선포되었으므로 회개의 소망이 없음을 가정한다. 이 설교의 목적은 무서운 말들로 회개를 불러일으키기 위함이거나, 만약 침략 후에 쓰였다면 하나님이 불공평하다는 비난에서 변호하기 위해 계획된 것이다. 백성들은 언약에 대한 배신행위로 스스로가 저주를 초래했다. **11:4** 여기서 하나님은 예레미야를 통해 *용광로*와 같은 이집트의 노예생활에서 데리고 나올 당시의 시내 산 언약을 상기시켜 주신다. 그들은 반드시 귀를 기울여야 하고, 하나님은 그들에게 땅을 주시리라는 약속을 지키실 것이다. **11:8** 그러나 백성들이 순종하지 않아서 하나님은 그들을 이미 벌하셨다. **11:9-10** 유다의 백성은 듣기를 거부하고 우상을 쫓았던 그들의 조상과 같다. **11:11-13** 그러므로 유다와 예루살렘에 재앙이 임할 것이다. 백성들의 배신행

기억하지 못하게 하자" 하면서
음모를 꾸미고 있는 줄을
전혀 몰랐습니다.
20 그러나 만군의 주님,
주님은 의로운 재판관이시요,
사람의 생각과 마음을
감찰하시는 분이십니다.
저의 억울한 사정을
주님께 아뢰었으니,
주님께서 제 원수를
그들에게 갚아 주십시오.
제가 그것을 보기를 원합니다.

21 그러므로 주님께서 아나돗 사람들을 두
고서 이렇게 말씀하신다. "그들이 너의 목숨을 노
려서 이르기를 '너는 주님의 이름으로 예언하지
말아라. 주님의 이름으로 예언을 계속하다가는
우리 손에 죽을 줄 알아라' 한다. 22 그러므로 나
만군의 주가 말한다. 내가 그들을 벌할 것이니,
그들의 장정들은 칼에 찔려 죽고, 그들의 아들과
딸들은 굶어 죽을 것이다. 23 내가 아나돗 사람
들을 벌할 때가 되어 그들에게 재앙을 내리면, 그들
가운데서 살아 남을 자가 하나도 없을 것이다."

예레미야의 질문

12 1 주님,
제가 주님과 변론할 때마다,
언제나 주님이 옳으셨습니다.
그러므로 주님께
공정성 문제 한 가지를
여쭙겠습니다.
어찌하여 악인들이 형통하며,
배신자들이 모두 잘 되기만 합니까?
2 주님께서 그들을,
나무를 심듯이 심으셨으므로,
뿌리를 내리고 자라며,
열매도 맺으나,
말로만 주님과 가까울 뿐,
속으로는
주님과 멀리 떨어져 있습니다.

3 그러나 주님,
주님께서는 저를 아십니다.
주님은 저의 속을 들여다보시고,
저의 마음이 주님과 함께 있음을
감찰하여 알고 계십니다.
그러므로 그들을
도살할 양처럼 끌어내시고,
죽일 날을 정하셔서
따로 갈라내 두십시오.

4 이 땅이 언제까지 ㄱ)슬퍼하며,
들녘의 모든 풀이
말라 죽어야 합니까?
이 땅에 사는 사람의 죄악 때문에,
짐승과 새도
씨가 마르게 되었습니다.
사람들은
자기들이 무슨 일을 하든지,
하나님께서 내려다보시지 않는다고
말하고 있습니다.

ㄱ) 또는 '마르며'

위에 대한 혐의는 주님의 부정한 아내에 대한 비난과 비슷하다 (2:1—3:25). **11:14-17** 하나님은 예레미야에게 사람들을 위해 기도하는 예언자의 역할을 중지하라고 명령하신다. 그들이 선지자들의 말을 듣지 않은 것처럼 하나님도 그들의 말을 듣지 않으실 것이다. 예레미야나 하나님이 실패하는 것이 아니다. 다만 백성들이 실패하는 것이다.

11:18—12:6 예레미야의 고백문은 예언 문학에서는 특이한 것이며, 여기에서 처음 나온다. 이 시들 (15:1-21; 17:14-18; 18:18-23; 20:7-13)에서 예언자는 일인칭으로 말하고 있다. 그는 하나님께 그의 예언자적 소명과 예언이 더디 이루어짐을 불평한다. 그 자신의 고통이 하나님의 말씀에 대한 백성들의 거부와 심판 말씀의 성취로 그들이 당할 고난의 상징이 된다. 소명 이야기처럼 (1:4-10) 고백문들은 예레미야가 스스로 임명된 예언자가 아님을 보여준다. 그는 그의 소명이나 예언을 선택하지 않았다. 그는 스스로 큰 값을 지불하면서 예언을 말했고, 그의 임무에서 계속 도망치려고 노력했다.

11:18-23 예레미야는 하나님께서 적들의 행실을 그에게 보여주신 것을 알고 이해할 수 없다는 듯이 시작한다. 그는 그들의 손에 *도살장으로 끌려가는 순한 어린 양*이라고 자신을 묘사한다. 그는 적들의 사악한 의도들을 보여주려고 구체적으로 증거를 댄다. 적들은 그를 죽임으로써 예언의 말씀을 말살하려고 애쓴다. **11:20** 예레미야는 그들을 심판하라고 하나님께 간청한다. **11:20-23** 산문 해설은 그의 적이 고향 아나돗에서 온 사람들임을 확인해 준다. 그들의 예언에 대한 거부로 하나님은 그들을 칼과 기근으로 징벌하실 것이다. 살아남는 자는 아무도 없을 것이다.

주님의 대답

5 "네가
사람과 달리기를 해도 피곤하면,
어떻게 말과 달리기를 하겠느냐?
ㄱ)네가 조용한 땅에서만
안전하게 살 수 있다면,
요단 강의 창일한 물 속에서는
어찌하겠느냐?
6 그렇다. 바로 네 친척,
네 집안 식구가 너를 배신하고,
바로 그들이 네 뒤에서 소리를 질러
너를 욕한다.
그러므로 그들이
너에게 다정하게 말을 걸어와도,
너는 그들을 믿지 말아라."

주님의 슬픔

7 "나는 내 집을 버렸다.
내 소유로 택한
내 백성을 포기하였다.
내가 진정으로 사랑한 백성을
바로 그들의 원수에게 넘겨 주었다.
8 내 소유로 택한 내 백성이
내게 반항하였다.
숲 속의 사자처럼,
내게 으르렁거리며 덤벼들었다.

9 내 소유로 택한 내 백성은
사나운 매들에게 둘러싸인
새와 같다.
모든 들짐승아, 어서 모여라.
몰려와서, 이 새를 뜯어먹어라."
10 "이방 통치자들이
내 포도원을 망쳐 놓았고,
내 농장을 짓밟아 버렸다.
그들은 내가 아끼는 밭을
사막으로 만들어 버렸다.
11 그들이 내 땅을
황무지로 바꾸어 놓았다.
황무지가 된 이 땅이
나를 보고 통곡한다.
온 땅이 이렇게
황무지가 되었는데도,
걱정하는 사람이 하나도 없구나.

12 강도 떼가
사막의 모든 언덕을 넘어서
몰려왔다.
내가, 땅 이 끝에서 저 끝까지
칼로 휩쓸어,
어느 누구도
평온하게 살 수 없게 하였다.

13 사람들이 밀을 심어도
가시만을 거두었고,
그들이 수고해도
아무런 소득이 없었다.
그들은 나의 맹렬한 분노 때문에,
아무런 소출도 없이
수치만 당하였다."

주님께서 유다의 이웃 백성에게 하신 약속

14 "나 주가 말한다. 내가 내 백성 이스라엘

ㄱ) 또는 '네가 안전한 땅에서도 비틀거린다면'

12:1-6 예레미야는 다시 불평하지만, 언약의 법적 용어를 사용하여 하나님의 공정성 문제를 변론한다 (히브리어, *리브*. 공동번역은 "변론"을 "여쭙겠습니다"로 번역했음). 그는 왜 하나님께서 그들의 위선에도 불구하고 사악한 이들의 길을 형통하게 하시고, 그들을 심고 양육하시는지에 대해 물어본다. **12:3** 예레미야는 그의 무죄를 주장한다. 그는 적들이 자기를 죽이려는 것처럼 하나님께서 그들을 양처럼 도살하실 것을 요구한다 (11:19). **12:4** 그는 그가 인용한 사람들의 사악함 때문에 얼마나 오랫동안 땅이 슬퍼하고 말라 죽을지 알기 원한다. **12:5-6** 하나님은 상황이 더 악화될 것임을 알리는 수수께끼와 같은 질문들로 대답한다. 공격하는 사람들은 예언자와 가장 가까운 사람들이 될 것이다. 그에게는 고향까지도 안전한 곳은 아무 데도 없다.

12:7-13 예레미야가 슬퍼한 후에, 하나님도 슬퍼하신다. 하나님은 *집, 소유, 진정으로 사랑한 백성*을 포기하는 이유를 설명하시는데, 이것은 결손가족을 암시해 주는 것이다 (2:1—3:25; 1328쪽 추가 설명: "하나님의 결손가족"을 보라). **12:8** 사랑하는 백성은 하나님을 대적하고, 하나님은 그녀를 미워하신다. 맹수들은 침략해 오는 나라들을 상징한다. **12:10-11** *목자*들은 왕들이다. 그들은 하나님의 포도밭, 이스라엘을 짓밟았고 온 땅을 황무지로 만들었다. **12:12-13** 하나님께서는 분노에서 흘러나오는 파멸로 강도떼를 보내실 것이다.

에게 유산으로 준 땅을 침범한, 모든 악한 이웃 백
성을 두고 말한다. 내가 그 악한백성들을 그들의
고향 땅에서 쫓아내고, 유다 백성을 그들 가운데서
구하여 내겠다. 15 그러나 내가 그들을 쫓아낸
다음에는, 다시 그들을 불쌍히 여겨서, 제 땅, 제
고향으로 되돌려 보내겠다. 16 비록 그들이 내
백성에게, 바알의 이름을 부르며 맹세하도록 가르
쳤지만, 그들이 내 백성의 도를 확실하게 배우고,
내 이름을 부르며 '주님의 살아 계심을 두고' 맹세하
면, 그들도 내 백성 가운데 들게 될 것이다. 17 그
러나 그들이 복종하지 않으면, 내가 그 민족을 완
전히 뿌리째 뽑아 멸망시키겠다. 나 주의 말이다."

허리띠

13 1 주님께서 나에게 이렇게 말씀하셨다.
"너는 가서 베로 만든 띠를 사서 너의 허
리에 띠고, 물에 적시는 일이 없도록 하여라."
2 그래서 나는 주님의 말씀대로, 베 띠를 사서 허
리에 띠었다.

3 주님께서 다시 나에게 말씀하셨다. 4 "네가
사서 허리에 띤 그 띠를 들고 일어나, 유프라테스
강 가로 가서, 그 곳의 바위 틈에 그 띠를 숨겨 두
어라." 5 그래서 나는 주님께서 명하신 대로, 가서
유프라테스 강 가에 그것을 숨겨 두었다.

6 또 여러 날이 지난 다음에, 주님께서 나에게
말씀하셨다. "너는 일어나서 유프라테스 강 가로
가서, 내가 그 곳에 숨겨 두라고 너에게 명한 그
띠를, 그 곳에서 가져 오너라." 7 그래서 내가 유
프라테스 강 가로 가서, 띠를 숨겨 둔 곳을 파고,
거기에서 그 띠를 꺼내 보니, 그 띠는 썩어서 전혀
쓸모가 없게 되었다.

8 그 때에 주님께서 나에게 말씀하셨다.
9 "나 주가 말한다. 내가 유다의 교만과 예루살
렘의 큰 교만을 이렇게 썩게 하겠다. 10 이 악한
백성은 나의 말 듣는 것을 거부하고, 자기들의 마
음에서 나오는 고집대로 살아가고, 다른 신들을
쫓아가서 그것들을 섬기며 경배하므로, 이제 이
백성은 전혀 쓸모가 없는 이 띠와 같이 되고 말 것
이다. 11 띠가 사람의 허리에 동여지듯이, 내가
이스라엘의 온 백성과 유다의 온 백성을 나에게
단단히 동여매어서, 그들이 내 백성이 되게 하고,
내 이름을 빛내게 하고, 나를 찬양하게 하고, 나
에게 영광을 돌릴 수 있게 하였으나, 그들은 듣지
않았다. 나 주의 말이다."

포도주 항아리

12 "그러므로 너는 그들에게 이 말을 전하여
라. '나 주 이스라엘의 하나님이 말한다. 항아리마
다 포도주로 가득 찰 것이다!' 하면 그들이 너에게
묻기를 '항아리에 포도주가 담긴다는 것을 우리가
어찌 모르겠느냐?' 할 것이다. 13 그러면 너는
그들에게 이렇게 대답하여라. '나 주가 말한다.
내가, 이 땅의 모든 주민과, 다윗의 왕위에 앉은
왕들과, 제사장들과, 예언자들과, 예루살렘의 모든
주민을, 술에 잔뜩 취하게 하여, 14 그들이 서로
부딪쳐서 깨지게 하고, 아버지와 자녀 사이에도
서로 부딪쳐서 깨지게 하겠다. 나는 그들을 불쌍히
여기지도 않으며, 동정도 하지 않으며, 사정없이
멸망시킬 것이다. 나 주의 말이다.'"

교만에 대한 죄우의 경고

15 주님께서 말씀하셨으니,
너희는 들어라.
그리고 귀를 기울여라.
교만하지 말아라.

12:14-17 산문 해설은 막 선포된 위협을 바꾸어 놓는다. 하나님의 유산을 건드리는 *악한 이웃 백성*과 유다는 그들의 땅에서 뽑아버림을 당할 것이다. 하지만 그 후에 만일 그들이 하나님의 *이름을 부르면,* 하나님이 그들을 그들의 땅으로 회복시켜 주실 것이다. 만일 그렇지 않으면, 그들은 완전히 파멸당하게 될 것이다. 듣고 순종하라는 요청은 이 책의 포로생활 이후의 청중들에게 직접 요구하는 것이다. 그들이 살아남기 위해서는 들어야 한다.

13:1-14 예레미야는 예언의 말씀이 담긴 두 사건을 행동으로 보여준다. 상징적 행동은 그의 예언을 극적으로 표현하는 것이다. 극적으로 표현하는 이 상징적인 행동은 하나님의 메시지가 그의 행동을 통하여 나타나는 것으로 이해되었을 것이다. **13:1-11** 하나님께서는 예레미야에게 베로 만든 허리띠를 사서 두른 후, 그 띠를 *유프라테스 강* 근처에 묻으라고 명하신다. 유프라테스 강이 매우 멀리 있기 때문에 어떤 번역들은 그 히브리어 단어가 가까운 성읍을 의미한다고 생각하기도 한다. 그러나 묻는 장소는 본문의 행동을 해석하는 만큼 중요하지 않다. **13:8-11** 이스라엘 백성은 허리띠처럼, 그것을 동여매는 사람에 가까이 붙어 있을 것이다. 그들이 하나님께 붙어 있기를 거부하면, 띠처럼 썩게 될 것이다. **13:12-14** 두 번째 상징적 행동은 왕과 온 백성이 취할 포도주 항아리를 채우는 하나님의 약속과

16 너희는
주님께서
날을 어두워지게 하시기 전에,
너희가
어두운 산 속에서 실족하기 전에,
주 너희 하나님께 영광을 돌려라.
그 때에는 너희가 빛을 고대해도,
주님은 빛을 어둠과 흑암으로
바꾸어 놓으실 것이다.
17 너희가 이 말을 듣지 않으면,
너희의 교만 때문에
내 심령은 숨어서 울고,
끝없이 눈물을 흘릴 것이다.
주님의 양 떼가
포로로 끌려갈 것이므로,
내 눈에서
하염없이 눈물이 흐를 것이다.

18 "너는 저 왕과 왕후에게 전하여라.
왕의 자리에서 내려와서
낮은 곳에 앉으라고 하여라.
그들의 영광스러운 면류관이
머리에서 벗겨져
떨어졌기 때문이라고 하여라.
19 유다의 남쪽 성읍들이 포위되었으나,
그 포위망을 뚫어 주는 사람이
아무도 없어서,
온 유다가 포로로 끌려가되,
남김없이 모두 잡혀 가고 말았다."

20 "예루살렘아, 눈을 뜨고,
북녘에서 오는 적들을 보아라.
네가 돌보던 양 떼,
네가 그처럼 자랑하던 네 백성이,
지금은 어디에 있느냐?
21 네가 손수 기른 자들이
너를 공격하고 지배하면,
네 심정이 어떠하겠느냐?
너는 해산하는 여인처럼,
온갖 진통에 사로잡히지 않겠느냐?

22 그 때에 너는
'어찌하여 내가
이런 신세가 되었는가?'
하고 물을 것이다.
내가 대답하마.
네 치마가 벗겨지고
네 몸이 폭행을 당한 것은,
바로
네가 저지른 많은 죄악 때문이다."

23 "ㄱ)에티오피아 사람이
자기의 피부 색깔을 바꿀 수 있느냐?
표범이 자기의 반점들을
다르게 바꿀 수 있느냐?
만약 그렇게 할 수만 있다면,
죄악에 익숙해진 너희도
선을 행할 수가 있을 것이다.

24 그러므로 내가 너희를
사막의 바람에 나부끼는 검불처럼,
산산이 흩어 놓겠다.
25 이것은 너의 몫이며,
내가 너에게 정하여 준 배당이다.
나 주의 말이다.

ㄱ) 히, '구스 사람'. 나일 강 상류지역 사람

관련된다. 하나님은 그들의 가득한 죄악으로 인해 무자비하게 서로 부딪쳐서 깨지게 하실 것이다.

13:15-27 두 편의 시가 어두운 포로생활을 경고한다. 예레미야는 백성들을 향하여 연설하고 (15-19절), 이어서 하나님이 여인으로 의인화된 예루살렘에게 연설하신다 (18-27절). **13:15-19** 예레미야는 백성들에게 하나님께서 날을 어두워지게 하시기 전에 교만을 버리고 그들이 하나님을 찬양할 수 있을 때에 그를 차양하라고 명령한다. 그러나 그들이 듣지 않으면, 포로생활은 당연하기에 예레미야는 울게 될 것이다. 침략자들이 네겝이라 불리는 사막 지역을 정복했으므로 왕과 그 어머니는 영광의 자리에서 내려올 것이다. 유다의 포로생활은 시작되었다.

13:18-27 본문은 예루살렘을 향하여 하나님께서 말씀하시는 것을 소개하기 위해 히브리어의 여성형 단수 형태를 사용한다. 적은 북쪽에서 다가오고 있다. 수사적 효과를 노리는 질문들로 하나님은 이방 사람들이 왕좌에 있을 때 그녀가 어떻게 대접받을 것인가 물으신다. **13:22** 그녀에게 어찌하여 고통이 찾아왔는지 물을 때, 그 대답은 그녀의 죄가 고통을 몰아왔다는 것이다. 그녀의 치마는 들려질 것이고, 그녀는 수치를 당할 것이다. 여인이 폭행을 당하는 것은 도성의 침략을 비유하는 것이다. **13:23** 하나님이 도전하시기를 아프리카의 *에티오피아* (누비아, 오늘의 수단) 사람이 자신의 피부 색깔을 바꿀 수 없고, 표범이 반점을 바꿀 수 없듯이, 그녀의 성품도 바뀌지 않을 것이다. 이 구절은

너는 나를 잊어버리고,
헛된 것을 믿었다.
26 그래서 내가 너의 치마를
얼굴까지 들어 올려서,
너의 수치가 드러나게 하겠다.
27 너는 음란하게 소리를 지르며
간음하고,
부끄러운 일들을 하였다.
나는 언덕과 들녘에서,
네가 저지른 역겨운 일들을 보았다.
부정한 예루살렘아,
너에게 화가 미칠 것이다.
언제까지 네가 그렇게 지내려느냐?"

극심한 가뭄

14 1 주님께서 계속되는 가뭄을 두고 예레미야에게 말씀하셨다.
2 "유다가 슬피 울고,
성읍마다 백성이 기력을 잃고,
땅바닥에 쓰러져 탄식하며,
울부짖는 소리가
예루살렘에서 치솟는다.
3 귀족들이 물을 구하려고
종들을 보내지만,
우물에 가도 물이 없어서
종들은 빈 그릇만 가지고 돌아온다.
종들이 애태우며
어찌할 바를 모른다.

4 온 땅에 비가 내리지 않아서
땅이 갈라지니,
마음 상한 농부도 애태우며
어찌할 바를 모른다.
5 들녘의 암사슴도 연한 풀이 없어서,
갓낳은 새끼까지 내버린다.
6 들나귀도 언덕 위에 서서
여우처럼 헐떡이고,
뜯어먹을 풀이 없어서
그 눈이 흐려진다."

백성의 기도

7 "주님, 비록 우리의 죄악이
ㄱ)우리를 고발하더라도,
주님의 이름을 생각하셔서
선처해 주십시오.
우리는 수없이 반역해서,
주님께 죄를 지었습니다.
8 주님은 이스라엘의 희망이십니다.
이스라엘이 환난을 당할 때에
구하여 주시는 분이십니다.
그런데 어찌하여 이 땅에서
나그네처럼 행하시고,
하룻밤을 묵으러 들른
행인처럼 행하십니까?
9 어찌하여,
놀라서 어쩔 줄을 모르는
사람처럼 되시고,
구해 줄 힘을 잃은
용사처럼 되셨습니까?
주님, 그래도 주님은
우리들 한가운데에 계시고,
우리는 주님의 이름으로 불리는
백성이 아닙니까?
우리를 그냥 버려 두지 마십시오."

ㄱ) 히, '우리에게 (불리한) 증언을 하더라도'

피부색으로 바뀔 수 없는 본질을 묘사하며, 그녀의 바뀔 수 없는 사악함과 비교한다. 피부색은 고대 문화에서 차별하는 이유가 아니었다. 성경의 대부분의 사람들은 피부가 검었고 백인이 아니었다.

13:24-27 놀라운 발전으로 독자들은 하나님이 그 치마를 들어 올려서 모욕했다는 것을 배우게 된다 (이것은 아마도 강간을 묘사하는 시적 어법일 것이다). (1377쪽 추가 설명: "예레미야서에 나타나는 하나님의 속성"을 보라.) 하나님은 그녀의 간음에 대한 징벌로 고난을 일으키실 것이다. 본문은 예루살렘의 부정을 강조하며 백성들의 죄의 결과로 도성의 파괴를 설명한다. 신과 인간과의 관계가 비록 이런 이미지로 묘사되지만 본문의 시적 은유들은 여인들에 대한 폭력이 묵인되도록 역겹게 사용되지 않는다.

14:1-22 가뭄의 이미지들(1-6, 22절)은 회개의 시(7-10절, 19-22절)의 틀을 만들어주고, 산문은 거짓 선지자에 대한 해설(1-16절)과 상처 입은 시온에 대한 시를 해설하여준다 (7-18절). 이 장은 하나님과 백성간의—그리고 민족의 파멸이 논쟁되는 사건이라는 하나님과 예언자 간의 대화를 담고 있다. 하나님의 관점과 공동체의 관점은 쉽게 일치될 수 없다.

14:1-6 가뭄이 온 땅과 주민들과 동물들을 괴롭히기 때문에 온 나라와 성읍에 울부짖는 소리가 치솟는다. **14:3** 실제 가뭄이 시에 적혀있지만 빈 물통은

주님의 대답

10 주님께서 이 백성을 두고 이렇게 말씀하
신다. "그들은 이리저리 방황하기를 좋아하고, 어
디 한 곳에 가만히 서 있지를 못한다. 그러므로 나
주가 그들을 좋아하지 않으니, 이제 그들의 죄를
기억하고, 그들의 죄악을 징벌하겠다."

거짓 예언자

11 주님께서 또 나에게 말씀하셨다. "너는
이 백성에게 은총을 베풀어 달라고 나에게 기도
하지 말아라. 12 그들이 금식을 하여도, 나는 그
들의 호소를 들어주지 않겠다. 또 그들이 번제물
과 곡식제물을 바쳐도, 나는 그것을 받지 않겠다.
나는 오히려 칼과 기근과 염병으로 그들을 전멸
시켜 버리겠다."
13 그래서 내가 아뢰었다. "그렇지만 주 하
나님, 저 예언자들이 이 백성에게 주님의 말씀이
라고 하면서 '전쟁이 일어나지 않는다. 기근이 오지
않는다. 오히려 ㄱ)주님께서 이 곳에서 너희에게 확
실한 평화를 주신다' 합니다."
14 주님께서 나에게 말씀하셨다. "그 예언자
들은 내 이름으로 거짓 예언을 하고 있다. 나는 그
들을 예언자로 보내지도 않았고, 그들에게 명하
지도 않았고, 그들에게 말하지도 않았다. 그들이
이 백성에게 예언하는 것은, 거짓된 환상과 ㄴ)허황
된 점괘와 그들의 마음에서 꾸며낸 거짓말이다."
15 주님께서 그 예언자들을 두고 이렇게 말
씀하신다. "그들은 내가 보내지도 않았는데, 내
이름으로 거짓 예언을 하였다. '이 땅에는 전쟁과
기근이 없을 것이다' 하고 말한 예언자들은 전쟁과
기근으로 죽을 것이다. 16 그 예언을 들은 이 백
성도, 기근과 전쟁에 시달리다가 죽어서, 예루살
렘 거리에 내던져질 것이며, 그들을 묻어 줄 사람이
아무도 없을 것이다. 그들뿐만 아니라 그들의 아
내들과 아들딸들도 그와 같이 될 것이니, 이것은
내가 그들 위에 재앙을 퍼부을 것이기 때문이다."

17 "너는 이제 그들에게
이렇게 전하여라.
'내 눈에서 밤낮,
하염없이 눈물이 흘러 내릴 것이다.
처녀 딸, 내 사랑스러운 백성이,
참혹하게 얻어맞아
죽을 지경에 이르렀기 때문이다.
18 들녘으로 나가 보면,
거기에는
칼에 찔려 죽은 사람들이 있고,
도성으로 들어가 보면,
거기에는
기근으로 고통받는 사람들뿐이다.
그렇다.
예언자도 제사장도
어찌할 바를 모르는 채로
온 나라를 헤맬 뿐이다.'"

예레미야의 기도

19 "주님은
유다를 완전히 내버리셨습니까?
아니면 주님께서 진정으로
시온을 미워하십니까?
어찌하여 주님께서는,
우리가 낫지도 못하게
이렇게 심하게 치셨습니까?
우리가 기다린 것은 평화였습니다.
그런데 좋은 일이라고는
하나도 없습니다.
우리는 이 상처가
낫기만을 기다렸는데,
오히려
무서운 일만 당하고 있습니다.
20 주님, 우리는 우리의 사악함과
우리 조상의 죄악을 인정합니다.

ㄱ) 히, '내가' ㄴ) 또는 '우상 숭배와'

상징적 의미를 가지고 있다. 백성들이 빈 물통을 위해 생명 샘을 버린 것처럼, 그들의 우상숭배가 세상에 영향을 주었다 (2:13; 또한 호 4:1-3 을 보라).

14:7-10 일인칭 복수형으로 되어있는 이 시는 가뭄과 백성들의 죄악이 관계가 있다는 것을 확인시켜 준다. 결손가족의 자녀들(3:22-25)과 10:2-16의 정체불명의 공동체의 목소리의 예배형식에서, 목소리는 다시 죄를 고백하고 그들을 버리지 말라고 하나님께 요청한다. **14:8-9** 하나님은 나그네, 놀라서 어쩔 줄을 몰라 하는 사람, 그리고 구해 줄 힘을 잃은 용사처럼 보인다. **14:10** 하나님은 다른 신들을 따라 방황하는 그들을 거절하신다.

14:11-16 하나님과 예언자간의 산문으로 된 대화는 하나님께서 백성을 대신한 예레미야의 중재를 금지하는 것으로 시작된다. 하나님은 그들의 희생제물을 받지 않으실 것이다. 이 문장은 회개하기에 너무 늦었고 예언자를 변호하는 방법으로 민족이 몰락한다는 10장부터 20장까지의 암시와 일치한다. 예레미야는 그의

우리는 주님께 죄를 지었습니다.
21 그러나
주님의 이름을 생각하셔서라도
우리를 박대하지 마시고,
주님의 영광스러운 보좌가
욕되지 않게 하여 주십시오.
주님께서 우리와 맺은 언약을
기억하시고,
그 언약을 깨뜨리지 말아 주십시오.
22 이방 사람이 섬기는
허황된 우상들 가운데
비를 내리는 신들이 있습니까?
하늘인들 스스로
소나기를 내려 줄 수가 있습니까?
주 우리의 하나님,
그런 분은 바로 주님이 아니십니까?
그러므로 우리는 오직
주님께만 희망을 걸고 있습니다.
주님께서 이 모든 것을
지으셨기 때문입니다."

유다 백성의 심판

15 1 그 때에 주님께서는 나에게 말씀하셨다. "비록 모세와 사무엘이 내 앞에 나와 빈다고 해도, 내가 이 백성에게 마음을 기울이지 않을 것이다. 이 백성을 내 앞에서 쫓아내라! 2 그들이 너에게 '어디로 가야 하느냐' 하고 묻거든, 너는 그들에게 이렇게 대답하여라. 나 주가 말한다.

'어디를 가든지,
염병에 걸려 죽을 자는
염병에 걸려 죽고,
칼에 맞아 죽을 자는
칼에 맞아 죽고,
굶어 죽을 자는
굶어 죽고,
포로로 끌려갈 자는
포로로 끌려갈 것이다.'
3 나는 이렇게 네 가지로
그들을 벌할 것이다.
그들을 칼에 맞아 죽게 하며,
개가 그들을 뜯어먹게 하며,
공중의 새가
그들의 시체를 쪼아먹게 하며,
들짐승이
그들을 먹어 치우게 할 것이다.
나 주의 말이다.
4 내가 이렇게 하여
ㄱ)그들로 세상 만국을
놀라게 할 것이니,
이는 히스기야의 아들 므낫세가
유다 왕으로서 예루살렘에서
죄를 지었기 때문이다."
5 "예루살렘아,
누가 너를 불쌍히 여기겠느냐?
누가 너를 생각하여
위로의 눈물을 흘리며,
누가 네 안부라도 물으려고
들러 보겠느냐?

6 네가 바로 나를 버린 자다.
나 주의 말이다.
너는 늘 나에게
등을 돌리고 떠나갔다.
나는 이제 너를
불쌍히 여기기에도 지쳤다.
너를 멸망시키려고
내가 손을 들었다."

ㄱ) 또는 '그들을 세상 만국에 흩을 것이니'

중재하는 의무를 저버리지 않았다. 하나님은 이미 백성들에게 칼과 기근과 염병을 보내기로 결심하셨다.

14:17-18 눈물의 시는 상처 받은 *처녀 딸,* 시온을 주목한다. 정체불명의 화자는 도성의 몰락을 묘사하면서, 종교 지도자들이 하나님의 지시에 대해 올바르게 이해하지 못한 것을 의미하는 어찌할 바를 모르는 죄과를 묻는다. **14:19-22** 공동체는 침략이 이미 일어난 것처럼 하나님께 다시 말한다. *"어찌하여 주님께서는…이렇게 심하게 치셨습니까?"* 라고 그들은 묻는다. 그들은 자신들의 죄를 인정하고, 하나님께 보좌(성전이나 신이 쉬는 장소)를 기억하시기를 요청하며, 비를 내리지 못하는 우상들을 숭배한 배신행위를 인정한다.

15:1-21 하나님은 예레미야에게 백성을 향한 파멸이 임할 것이라고 확신시켜주시고 (15:1-3), 의인화된 예루살렘이 파괴되는 것을 확실하게 말씀해 주신다. 그 후에 예레미야는 그의 두 번째 애가 또는 고백문을 말한다 (15:10-21).

15:1-9 하나님은 예레미야에게 말씀하시기를 잘 알려진 중재자 모세와 사무엘이 중재하여 빈다고 해도 내가 백성에게 마음을 기울이지 않겠다고 말씀하

7 "내가 이 땅의 모든 성문 앞에서,
내 백성들을 키질하여
흩어 버리겠다.
모두들 자식을 잃고 망할 것이다.
그들이 그릇된 길에서
돌이키지 않으려 하기 때문이다.
8 내가 이 백성 가운데서 과부를
바닷가의 모래보다도
더 많게 하겠다.

내가 대낮에 침략군을 끌어들여
갑자기 그들을 치게 하고,
젊은이들과
그들의 어머니들을 치게 하고,
모두들 놀라고 두려워하며
떨게 하겠다.
9 아들을 일곱이나 둔 여인도
아들을 잃고 기절할 것이다.
그 여인에게 대낮은 이미
칠흑 같은 밤이다.
그 여인은 비천한 신세가 될 것이다.

살아 남은 자식들은,
원수들이 보는 앞에서
칼에 맞아 죽게 하겠다.
나 주의 말이다."

예레미야의 탄식과 주님의 응답

10 아! 어머니 원통합니다.
왜 나를 낳으셨습니까?
온 세상이 다 나에게
시비를 걸어오고,
싸움을 걸어옵니다.
나는 아무에게도 빚을 진 일도 없고,
빚을 준 일도 없는데,
모든 사람이 다 나를 저주합니다.

11 주님께서 말씀하셨다.
"내가 분명히 너를 강하게 해주고,
네가 복을 누리게 하겠다.
네 원수가 재앙을 당하여
궁지에 빠질 때에,
그가 너를 찾아와서
간청하게 하겠다."

노예가 될 백성

12 "누가
쇠 곧 북녘에서 오는 쇠와 놋쇠를
부술 수 있겠느냐?
13 유다 백성아,
너희가 나라 구석구석에서 지은
모든 죄 값으로,
너희의 재산과 보물을
아무런 값도 못받는 약탈품으로
원수에게 내주겠다.
14 ㄱ)나는 너희를,
너희가 알지도 못하는 땅으로
끌고가서,
너희 원수들을 섬기게 하겠다.
내 분노가 불처럼 타올라
너희를 사를 것이다."

예레미야의 탄식

15 주님, 주님께서는 저를 아시니,
저를 잊지 말고 돌보아 주십시오.
저를 핍박하는 사람들에게
원수를 갚아 주십시오!
주님께서
진노를 오래 참으시다가 그만,

ㄱ) 몇몇 히브리어 사본과 칠십인역과 시리아어역을 따름.(17:4 참조) 대다수의 히브리어 사본들은 '내가 너희 원수들을 시켜 너희를 너희가 알지 못하는 땅으로 끌고 가게 하겠다'

신다 (15:1). 대신 그들은 염병과 칼과 기근과 포로 생활로 벌을 받게 될 것이다. 그들의 파괴자는 인간과 동물을 포함할 것이다. **15:4** 앞으로 올 파괴의 이유는 사악한 므낫세 왕의 죄로 인한 징벌이다 (왕하 21:1-11, 16). 므낫세는 그의 아버지 히스기야 왕의 선행과 비교하여 한층 더 사악하고 우상을 숭배하는 왕으로 여겨졌다. **15:5-9** 하나님은 결손가족(2:1-3:25)과 비슷한 연설의 형태로 예루살렘을 향하여 말씀하신다. 5절에 있는 질문들은 예루살렘이 다가오는 재난에 버려지게 될 것임을 암시해 준다. **15:6** 하나님은 그녀의 버림을 비난하시면서 용서하기 힘든 사실을 인정하신다. **15:7-9** 하나님은 백성의 종말을 생생한 이미지로 묘사하시며, 많은 자녀를 둔 어머니가 그들을 잃게 될 것에 주목하신다. 그녀는 후손을 빼앗긴 예루살렘이다.

15:10-21 예레미야는 어머니에게 처음으로

저를 잡혀 죽게 하시는 일은
없게 하여 주십시오.
제가 주님 때문에
이렇게 수모를 당하는 줄을,
주님께서 알아 주십시오.
16 만군의 주 하나님,
저는 주님의 이름으로
불리는 사람입니다.
주님께서 저에게
말씀을 주셨을 때에,
저는 그 말씀을 받아먹었습니다.
주님의 말씀은
저에게 기쁨이 되었고,
제 마음에 즐거움이 되었습니다.
17 저는, 웃으며 떠들어대는 사람들과
함께 어울려
즐거워하지도 않습니다.
주님께서 채우신
분노를 가득 안은 채로,
주님의 손에 붙들려
외롭게 앉아 있습니다.

18 어찌하여 저의 고통은
그치지 않습니까?
어찌하여 저의 상처는
낫지 않습니까?
주님께서는,
흐르다가도 마르고
마르다가도 흐르는
여름철의 시냇물처럼,
도무지
믿을 수 없는 분이 되셨습니다.

주님의 대답

19 "나 주가 말한다.
네가 돌아오면,
내가 너를 다시 맞아들여
나를 섬기게 하겠다.
또 네가 천박한 것을 말하지 않고,
귀한 말을 선포하면,
너는 다시 나의 대변자가 될 것이다.
너에게로 돌아와야 할 사람들은
그들이다.
네가 그들에게 돌아가서는 안 된다.
20 내가 너를
튼튼한 놋쇠 성벽으로 만들어서
이 백성과 맞서게 하겠다.
그들이 너에게 맞서서
덤벼들겠지만,
너를 이기지는 못할 것이다.
내가 반드시 너와 함께 있어서,
너를 도와주고,
너를 구원하여 주겠다.
나 주의 말이다.
21 내가 너를
악인들의 손에서도 건져내고,
잔악한 사람들의 손에서도
구하여 내겠다."

예레미야의 생애에 대한 주님의 뜻

16 1 주님께서 나에게 말씀하셨다. 2 "너는
이 곳에서 아내를 맞거나, 아들이나 딸을
낳거나, 하지 말아라. 3 나 주가, 이 곳에서 태
어날 아들딸과, 이 땅에서 아들딸을 임신할 어머
니들과, 아들딸을 낳을 아버지들이, 어떻게 될 것
인지를 말하여 주겠다. 4 사람들이 혹독한 질병
으로 죽을지라도, 울어 줄 사람도 없고, 묻어 줄
사람도 없어서, 죽은 사람들은 땅 위에 뒹구는 거
름덩이처럼 될 것이다. 전쟁에서 죽거나 굶주려
서 죽은 사람들의 시체는, 공중의 새와 들짐승의
먹이가 될 것이다."

불만을 토로한다. **15:10** 그는 그가 태어났기 때문에 예언자가 되고, 또 그 땅에서 문제를 일으키는 사람이 된 것에 대하여 불평한다. 그가 꾸고 꿔주지 않겠다는 항의는 아마도 다른 예언자들의 예언의 영향을 받지 않고 오직 하나님께서 그에게 말씀하라고 주신 것만 말했음을 의미하는 것 같다. **15:12-14** 이 구절들에 나오는 히브리어는 이해하기가 어렵다. 하나님은 침략과 약탈과 백성들이 포로로 끌려가게 될 것이라는 사실을 암시해 주신다. **15:15-18** 예레미야는 하나님께 직접 이야기하며 그를 박해하는 사람들에게 보복해 주실 것을 간청한다. 하나님의 말씀은 기쁨뿐만 아니라 고통까지도 그의 일부가 된다. 그의 소명을 완수하기 위해 그는 혼자 앉는다. 예레미야는 신실하게 살아왔지만, 하나님은 그러지 않으시다. **15:19-21** 하나님은 "돌아오다" 또는 "향하다"(히브리어, *슈브*)의 동사를 네 번 사용하면서 대답하신다. 예레미야가 하나님께로 향하면 하나님은 예레미야에게로 향하실 것이고, 그들의 관계는 새롭게 될 것이다. 예레미야가 다른 이들의 행위에 피해

5 "그렇다. 나 주가 말한다.
너는 초상집에 가지 말아라.
가서 곡하지도 말고,
유가족을 위로하여 주지도 말아라.
이것은 내가
이 백성에게 베푼
평화와 사랑과 자비를,
다시 거두어들였기 때문이다.
나 주의 말이다.
6 이 땅에서는
높은 사람이나 낮은 사람이나
다 죽을 것이다.
그러나 그들을 묻어 줄 사람도 없고,
그들의 죽음을
곡하여 줄 사람도 없고,
그들이 죽어서 슬프다고
자신의 몸에 상처를 내거나
머리를 밀어
애도할 사람도 없을 것이다.
7 그 때에는
죽은 사람의 유가족을 위로하려고
그들과 함께 음식을 나누는 사람도
없을 것이며,
친부모를 잃은 사람에게도
위로의 잔을
건넬 사람이 없을 것이다."

8 "너는
사람들이 함께 앉아서 먹고 마시는
잔칫집에도 들어가지 말아라!"

9 "나 만군의 주 이스라엘의 하나님이 말한다.
나는 너희들이 흥겨워하는 소리와 기뻐하는 소리와
즐거워하는 신랑 신부의 목소리를, 너희들이 보는
앞에서 너희 시대에 이 곳에서 사라지게 하겠다.

10 그러나 네가 이 백성에게 이 모든 말을 전
달하면, 그들이 너에게 묻기를 '무엇 때문에 주님
께서 이토록 무서운 재앙을 모두 우리에게 선포하
시는가? 우리가 주 우리의 하나님께 무슨 죄를
짓고, 무슨 잘못을 저질렀단 말인가?' 하고 물을
것이다.

11 그러면 너는 이렇게 대답하여라. '나 주의
말이다. 너희 조상이 나를 버리고 다른 신들을 쫓
아가서, 그들을 섬기며 경배하였다. 너희 조상이
나를 버리고 내 율법을 지키지 않았다. 12 그런데
너희는 너희 조상들보다도 더 악한 일을 하였다.
너희는 각자 자신의 악한 마음에서 나오는 고집대
로 살아가며, 내 명령을 따라 순종하지 않았다.
13 그러므로 내가 너희를 이 땅에서 쫓아내어,
너희가 알지 못하는 땅, 너희 조상도 알지 못하던
땅에 이르게 하겠다. 그러면 너희가 거기에서, 낮
이나 밤이나 다른 신들을 섬길 것이며, 나는 너희
에게 다시는 긍휼을 베풀지 않을 것이다.'"

포로의 귀환

14 "그러므로 보아라, 나 주의 말이다. 그 날이
지금 오고 있다. 그 때에는 사람들이 더 이상 '이
스라엘 백성을 이집트 땅에서 이끌어 내신 주'의
살아 계심을 두고 맹세하지 않고, 15 '이스라엘
백성이 쫓겨가서 살던 북녘 땅과 그 밖의 모든 나
라에서 그들을 이끌어 내신 주'의 살아 계심을 두고
맹세할 것이다. 나는 그들의 조상에게 주었던
고향 땅에 그들을 다시 데려다 놓을 것이다."

임박한 심판

16 "내가 많은 어부를 보내서,
이 백성을 고기 잡듯 잡아 내겠다.
나 주의 말이다.

자가 되었다고 주장하였기에 그가 무엇으로부터 돌아서야만 하는지는 분명하지 않다. 하나님의 대언자가 되기 위해서 예레미야는 거짓 예언이 아니라는 의미의 오직 *귀한 말*을 선포해야 한다. 그러면 하나님이 그를 적들로부터 보호해 주실 것이다. 아이러니컬하게도 예레미야는 참을 수 없게 된 똑같은 행동을 계속 해야만 한다.

16:1-21 이 장은 예배형식의 작은 시이다 (16:19-20). 하나님은 예레미야에게 사람들에게 닥칠 재앙의 표시로 결혼하지 말라고 명하신다 (16:1-14). 미래의 회복의 짧은 약속이 (16:14-18) 찬양에 이어지며 회복을 위해서 필요한 실례로써 충성이 추가된다 (16:19-20).

16:1-13 하나님은 예레미야에게 독신(16:1-4)으로 남아서, 보통 사회 관습에 따라 초상집이나 잔칫집에 가는 것도 절제하라고 명령하신다 (16:5-9). 예레미야 자신의 삶은 민족의 운명의 상징이 된다. 이 땅의 평범한 삶이 끝나게 되기 때문에 그는 결혼하거나, 죽은 자를 묻거나 애도할 수도, 먹고 마시는 잔칫집에도 갈 수 없다. 이 땅에는 더 이상 평범한 사회생활도 없고, 결혼도 없으며, 더 이상의 기쁨이 없다. 예레미야의 삶은 그의 예언 말씀이 담긴 삶이다.

16:14-18 이 구절은 미래에 있을 하나님의 행동을 *그 날이 지금 오고 있다*는 평범한 문구로 시작한다.

그런 다음에, 많은 사냥꾼을 보내서
모든 산과 모든 언덕과 바위 틈을
샅샅이 뒤져서,
그들을 사냥하듯 잡아내겠다.

17 내가 그들의 모든 행실을
똑똑히 지켜 보고 있기 때문에,
그들도 내 앞에서 숨을 수가 없고,
그들의 죄악도
내 눈 앞에서 감추어질 수가 없다.
18 그들이 시체 같은 우상으로
내 땅을 더럽히고,
내가 그들에게 물려준 땅을
역겨운 우상들로
가득 채워 놓았으니,
나는 이렇게 우선
그들의 죄악과 허물을
갑절로 보복하겠다."

예레미야의 확신의 기도

19 주님, 내가 환난을 당할 때에,
주님은
나의 힘과 요새와
피난처가 되십니다.
세상 만민이 모든 땅 끝에서,
주님을 찾아와 아뢸 것입니다.
'우리의 조상이 물려준 것은,
거짓되고 헛되며,
전혀 쓸모가 없는 것뿐입니다.
20 사람이 어찌
자기들이 섬길 신들을
만들 수 있겠습니까?
그런 것들이 어찌
신들이 될 수 있겠습니까?'

21 "그러므로 보아라,
내가 그들에게 알리겠다.
이번에는 나의 권세와 능력을
그들에게 알려서,
나의 이름이 '주'라는 것을
그들이 깨닫게 하겠다."

유다의 죄와 벌

17 1 "유다의 죄는
그들의 마음 판에
철필로 기록되어 있고,
금강석 촉으로 새겨져 있다.
그들의 제단 뿔 위에도
그 죄가 새겨져 있다.
2-3 자손은 그 기록을 보고서,
조상이 지은 죄를 기억할 것이다.
온갖 푸른 나무 곁에,
높은 언덕에,
들판에 있는 여러 산에,
그들의 조상이 쌓은 제단과
만들어 세운 ㄱ)아세라 목상들을
기억할 것이다.
네가 나라 구석구석에서 지은
죄의 값으로,
내가 네 모든 재산과 보물을
약탈품으로 원수에게 넘겨 주겠다.
4 그리고 너는,
네 몫으로 받은 땅에서
쫓겨날 것이며,
네가 알지도 못하는 땅으로
끌려가서,
네 원수를 섬기게 될 것이다.

ㄱ) 아세라 여신의 상징

그 명시되지 않은 시간에 하나님께서 예레미야를 임명하는 비전(1:14-15)에서 언급된 신비한 *북쪽에 있는 모든 나라의 백성에게* 쫓겨나갔던 사람들을 구해주실 것이다. 이 구출은 이집트의 노예생활에서 이스라엘의 탈출과 같은 것이다 (출 1—15장). 하나님은 우상으로 땅을 더럽혔기 때문에 그들을 쫓을 어부들과 사냥꾼을 이미 보내셨다. 오늘날 서방세계의 독자들은 일관성 없는 시간의 변화에 혼동할 것이다. 본문은 현재 이야기(6:1-13)에서 종말론적인 미래로 옮겨간다 (16:14-18). 하지만 고대의 사람들과 오늘날의 많은 문화에서 과거, 현재, 그리고 미래는 함께 공존할 수 있다. 만약 원래의 독자들이 포로생활을 하고 있다면, 조금 전 과거의 예레미야의 독신 설화는 자신들에게 일어난 일을 보여주는 것이 될 것이고, 미래에 관한 하나님의 약속은 그들의 현재의 삶에 이미 영향을 미치고 있을 것이다.

16:19-20 일인칭 복수로 된 음성은 하나님을 향한 충성과 우상숭배의 어리석음(3:21-25; 10:1-16 참조)을 선포하는 예배형식으로 하나님께 직접 말한다. 아마도 이 기도는 포로들에게 어떻게 하나님께 돌아가며 새로운 미래를 향해 가는지 보여주는 것일 것이다.

16:21 하나님은 그들을 가르치기로 약속하는 것으로 응답하시며, 교대로 하나님의 이름을 그들이 *깨닫*

너희가 나의 분노를
불처럼 타오르게 하였으니,
이 분노의 불이
영원히 꺼지지 않을 것이다."

주님을 의지하라

5 "나 주가 말한다.
나 주에게서 마음을 멀리하고,
오히려 사람을 의지하며,
사람이 힘이 되어 주려니
하고 믿는 자는,
저주를 받을 것이다.
6 그는 황야에서 자라는
가시덤불 같아서,
좋은 일이 오는 것을
볼 수 없을 것이다.
그는,
소금기가 많아서
사람이 살 수도 없는 땅,
메마른 사막에서 살게 될 것이다."

7 그러나
주님을 믿고 의지하는 사람은
복을 받을 것이다.
8 그는 물가에 심은 나무와 같아서
뿌리를 개울가로 뻗으니,
잎이 언제나 푸르므로,
무더위가 닥쳐와도 걱정이 없고,
가뭄이 심해도, 걱정이 없다.
그 나무는 언제나 열매를 맺는다.

9 "만물보다 더 거짓되고
아주 썩은 것은
사람의 마음이니,
누가 그 속을 알 수 있습니까?"

10 "각 사람의 마음을 살피고,
심장을 감찰하며,
각 사람의 행실과 행동에 따라
보상하는 이는 바로 나 주다."

11 불의로 재산을 모은 사람은
자기가 낳지 않은 알을 품는
자고새와 같아서,
인생의 한창때에
그 재산을 잃을 것이며,
말년에는
어리석은 사람의 신세가 될 것이다.

예레미야의 기도

12 우리의 성전은
영광스러운 보좌와 같다.
처음부터
높은 산 위에 자리를 잡았다.

13 주님, 이스라엘의 희망은
주님이십니다.
주님을 버리는 사람마다
수치를 당하고,
주님에게서 떠나간 사람마다
생수의 근원이신 주님을
버리고 떠나간 것이므로,
그들은 땅바닥에 쓴 이름처럼
지워지고 맙니다.

14 주님, 저를 고쳐 주십시오.
그러면 제가 나을 것입니다.
저를 살려 주십시오.
그러면 제가 살아날 것입니다.
주님은 제가 찬양할 분이십니다.

게 될 것이다. 이 구절은 31:31의 새로운 언약의 약속을 예상하며 하나님과 공동체간의 회복된 관계를 말한다.

17:1-27 17장은 침략과 포로생활 전에 오는 징벌의 위협으로 다시 돌아간다. 문학작품들이 서로 느슨하게 연결되어 있다. 한 산문 해설이 포로생활을 경고하고 있으며 (17:1-4), 시편 1편과 유사한 저주와 축복의 시가 담겨있고 (17:5-8), 인간의 변덕에 대한 시 (17:9-11), 예레미야의 세 번째 고백문 (17:14-18), 그리고 안식일 준수에 대한 설교가 서로 연결되어 있다.

17:1-4 산문의 서론은 유다의 죄가 매우 굳어서 *금강석* 촉으로 그들의 마음 판과 제단에 새겨졌다고 극적으로 비난한다. 하나님은 불타는 분노로 그들을 포로로 끌려가게 하실 것이다. **17:5-8** 이 시는 문학적인 방향이 불확실하지만 시 1편을 본뜬 것 같다. 가시덤불과 나무의 이미지로 저주는 주님으로부터 등 돌린 사람들에게 선포되고, 축복은 주를 믿는 사람들에게 공포된다. 이 본문이 포로생활을 하고 있는 독자들에게 말하고 있는 것이라면, 이는 *무더위가 닥쳐와도* (8절) 주님을 의지하고 믿을 것을 격려하는 것이다. **17:9-11** 이 구절들은 하나님을 불성실한 인간의 마음을 시험하시는 공정한 재판관으로 설정하지만, 오직 사악한 자는 탐욕스럽거나 기회주의적인 자고새와 비교하면서 거론한다.

15 백성이 저에게 빈정거리는 말을
들어 보십시오.
"주님께서는 말씀으로만
위협하시지,
별 것도 아니지 않으냐!
어디 위협한 대로
되게 해보시지!" 합니다.

16 그러나 저는
목자가 되지 않으려고
도망을 가거나,
주님 섬기기를 피하려고
하지도 않았습니다.
재앙의 날을 오게 해달라고
간구하지도 않았습니다.
주님께서 보시는 앞에서
제가 아뢰었으므로,
주님께서는
제가 무엇을 아뢰었는지를
알고 계십니다.
17 저를 무섭게 하지 마십시오.
주님은 재앙의 날에
저의 피난처이십니다.
18 저를 박해하는 사람들이
수치를 당하게 하시고,
제가 수치를 당하지는 않게
하여 주십시오.
그들이 무서워 당황하게 하시고,
제가 무서워 당황하지는 않게
하여 주십시오.
이제는 그들에게
재앙의 날이 오게 하시며,
갑절의 형벌로
그들을 멸망시켜 주십시오.

안식일을 거룩하게 지켜라

19 주님께서 나에게 이렇게 말씀하셨다. "너는
가서, 유다의 왕들이 출입하는 '백성의 문'과 예루
살렘의 모든 성문에 서서, 20 그들에게 전하여라.
'이 모든 성문으로 들어오는 유다의 왕들과 유다의
모든 백성과 예루살렘의 모든 주민아, 너희는 나
주의 말을 들어라.
21 나 주가 말한다. 너희가 생명을 잃지 않
으려거든, 안식일에는 어떠한 짐도 옮기지 말고,
짐을 가지고 예루살렘의 성문 안으로 들어오지도
말아라. 22 안식일에는 너희의 집에서 짐도 내
가지 말아라. 어떠한 일도 해서는 안 된다. 너희는,
내가 너희 조상에게 명한 대로, 안식일을 거룩하게
지켜야 한다. 23 그러나 너희 조상은 아예 듣지도
않았고 귀를 기울이지도 않았다. 그들은 나에게
순종하지도 않았고, 교훈을 받아들이지도 않았으
며, 고집을 꺾지도 않았다. 24 나 주의 말이다.
너희가 이제 나의 말에 잘 순종해서, 안식일에
이 도성의 성문 안으로 어떠한 짐도 가져 오지 않고,
안식일을 거룩하게 지키면서, 그 날에는 어떠한
일도 하지 않으면, 25 다윗의 보좌에 앉은 왕들이,
병거와 군마를 타고, 대신들을 거느리고, 유다 사
람과 예루살렘 주민까지 거느리고, 이 도성의 성
문 안으로 들어올 것이다. 이 도성에서는 영원히
사람이 살 것이다. 26 유다의 성읍들과 예루살
렘 주변과 베냐민 땅과 ㄱ)평원지대와 산간지역과
남방에서부터 사람들이 번제물과 희생제물과 곡
식제물과 유향을 가지고 와서, 주의 성에서 감사
의 제물로 바칠 것이다.
27 그러나 너희가 안식일을 거룩하게 지키
라는 나의 말을 듣지 않고, 안식일에 짐을 옮기며,
예루살렘의 성문 안으로 짐을 가지고 들어오면,

ㄱ) 히, '스펠라'

17:12-13 이 예배문의 기도는 찬양과 다른 신뢰의 선언으로 응답한다 (3:21-25; 10:1-16). 화자들은 하나님을 등지고 생명수를 저버린 우상숭배자들의 수치를 공포한다 (2:13). 이 기도는 포로들에게 그들이 하나님께 어떻게 응답해야 하는 본보기를 제공하여 준다.

17:14-18 예레미야의 세 번째 고백문은 애가 속에 표현된 분노가 가라앉는 것을 보여준다. 하나님을 공격하기보다 예레미야는 치유를 구하고 하나님에 대한 그의 충성을 선언한다. **17:15** 그의 적들은 그의 예언의 진실성을 의심한다. 하지만 예레미야는 신실하였고 그 예언이 이루어지기를 구한다.

17:19-27 앞에서 나온 성전설교(7:1-8:3)와 언약설교(11:1-17)와 같은 양식의 산문설교는 안식일을 바르게 준수하도록 요구한다. 만약 그들이 안식일 법을 "듣고" (히브리어, *샤마으*) 순종하면, 다윗 자손의 왕이 예루살렘에 거하며 거기에서 예배가 계속될 것이다. **17:27** 만일 그들이 듣지 않으면, 하나님께서 도성을 불사르실 것이다. 이 설교는 예루살렘의 몰락이 공동체가 안식일 법을 버린 결과라고 해석한다. 도성의 몰락은 인간의 범법행위에 대한 하나님의 징벌이다. 예루살렘은 다윗 왕족과 하나님이 거주하는 장소이다. 그것의 파괴는 유다에서 삶에 의미를 주는 신학적, 상징적 조직의 종말을 의미한다.

내가 이 성문에 불을 질러, 예루살렘의 궁궐을 태워 버릴 것이다. 아무도 그 불을 끄지 못할 것이다.'"

토기장이의 비유

18 1 이것은 주님께서 예레미야에게 하신
말씀이다. 2 "너는 어서 토기장이의 집
으로 내려가거라. 거기에서 내가 너에게 나의 말을
선포하겠다."
3 그래서 내가 토기장이의 집으로 내려갔더니,
토기장이가 마침 물레를 돌리며 일을 하고 있었다.
4 그런데 그 토기장이는 진흙으로 그릇을 빚다가
잘 되지 않으면, 그 흙으로 다른 그릇을 빚었다.
5 그 때에 주님께서 나에게 이렇게 말씀하셨다.
6 "'이스라엘 백성아, 내가 이 토기장이와 같
이 너희를 다룰 수가 없겠느냐? 나 주의 말이다.
이스라엘 백성아, 진흙이 토기장이의 손 안에 있
듯이, 너희도 내 손 안에 있다. 7 내가 어떤 민
족이나 나라의 뿌리를 뽑아내거나, 그들을 부수
거나 멸망시키겠다고 말을 하였더라도, 8 그 민
족이 내가 경고한 죄악에서 돌이키기만 하면 나는
그들에게 내리려고 생각한 재앙을 거둔다.
9 그러나 내가 어떤 민족이나 나라를 세우고
심겠다고 말을 하였더라도, 10 그 백성이 나의
말을 순종하지 않고, 내가 보기에 악한 일을 하기만
하면, 나는 그들에게 내리기로 약속한 복을 거둔다.'
11 그러므로 너는 이제 유다 사람과 예루살
렘 주민에게 전하여라. '나 주가 말한다. 내가 너
희에게 내릴 재앙을 마련하고 있으며, 너희를 칠
계획도 세우고 있다. 그러므로 너희는 어서, 각기
자신의 사악한 길에서 돌이키고, 너희의 행동과
행실을 고쳐라.'
12 네가 이렇게 말하면, 그들은 이르기를 '그
럴 필요 없다. 우리는 우리 생각대로 살아가겠다.
우리는 각자 자신의 악한 마음에서 나오는 고집대
로 행동하겠다' 할 것이다."

이스라엘 백성이 주님을 거역하다

13 "그러므로 나 주가 말한다.
누가 이와 같은 말을 들어 보았는지,
세상 만민에게 물어 보아라.
처녀 이스라엘은
너무 역겨운 일을 저질렀다.

14 레바논 산의 험준한 바위 봉우리에
눈이 없는 때가 있더냐?
거기에서 흘러 내리는
시원한 물줄기가
마르는 일이 있더냐?
15 그러나 내 백성은 나를 잊어버리고,
헛된 우상들에게 분향을 한다.
옛부터 걸어온 바른길을 벗어나서,
이정표도 없는 길로 들어섰다.

16 그들이 사는 땅을 황폐하게 만들어
영영 비웃음거리가 되게 하니,
그 곳을 지나가는 사람마다
놀라서 머리를 흔들며 비웃는다.
17 내가 그들을
원수 앞에서 흩어 버리기를
동풍으로 흩어 버리듯 할 것이며,
그들이 재난을 당하는 날,
내가 그들에게 등을 돌리고,
내 얼굴을 보이지 않을 것이다."

18:1—20:18 산문과 시는 유다의 몰락에 대하여 느슨하게 연결된 상징적 설화를 설정하여 준다. 이 자료는 예레미야의 토기장이 집 방문, 백성들의 회개 거부 (18:1-12), 우상숭배의 죄과 (18:13-17), 예레미야의 네 번째 고백문 (18:18-23), 민족의 파괴를 상징하는 옹기의 깨짐 (19:1-15), 예레미야를 성전에 감금 (20:1-6), 예레미야의 마지막 고백문 (20:7-13), 그리고 출생에 대한 예레미야의 저주(20:14-18)를 담고 있다. 이 장들에서 민족의 운명은 알 수 없고 그 형편은 예레미야 자신의 운명에 담겨 있다.

18:1-12 산문설화에서 하나님은 예레미야에게 *토기장이의 집*을 방문하라고 명령하시며, 그에게 일하는 토기장이를 보여주신다. **18:3-7** 토기장이가 그릇을 빚다가 잘 되지 않으면, 그 흙으로 다른 그릇을 만든다. 하나님은 *민족이나 나라의 뿌리를 뽑아내거나, 그들을 부수거나 멸망시키겠다고* 말씀하시는 것은 능력이 있음을 주장하시는 것이다. 하지만 하나님의 계획은 아직 수정되지 않았다. **18:11** 만약 유다의 백성들이 그들의 사악한 길에서 "돌이키면" (히브리어, *슈브*) 다른 가능성이 나타나게 될지도 모른다. **18:12** 본문은 백성들의 단호한 회개 거부를 인용한다. 포로생활은 이 거부로 인한 피할 수 없는 결과가 될 것이다.

18:13-17 일련의 수사적 효과를 노리는 질문들을 사용하여 하나님께서는 *처녀 이스라엘의* 역겨운 행동을 비난하신다. **18:15** 백성들은 하나님의 길에서 벗어나 헛된 우상의 길로 빠졌다. 백성들은 죄를 범했고 하나님은 그들을 흩으시고 그들에게서 돌이키실 것이다.

예레미야의 암살 음모

18 백성이 나를 두고 이르기를 "이제 예레미야를 죽일 계획을 세우자. 이 사람이 없어도 우리에게는 율법을 가르쳐 줄 제사장이 있고, 지혜를 가르쳐 줄 현자가 있으며, 말씀을 전하여 줄 예언자가 있다. 그러니 어서 우리의 혀로 그를 헐뜯자. 그가 하는 모든 말을 무시하여 버리자" 합니다.

예레미야의 기도

19 주님, 저의 호소를 들어주십시오.
원수들이 저를 두고 하는 말을
들어 보십시오!
20 선을 악으로 갚아도 되는 겁니까?
그런데도 그들은
제 목숨을 노려서 함정을 팠습니다.
제가 주님 앞에 나서서
그들을 변호한 것,
주님께서
그들을 보시고 진노하셨지만,
주님의 진노를 풀어드리려고
그들을 생각하면서,
주님의 은혜를 간구한 것을,
기억하여 주십시오.
21 그들이 이렇게 배은망덕하니,
그들의 아들딸들이
굶어 죽거나
전쟁에서 죽게 하여 주십시오.
그들의 아내들이
아들딸들을 잃게 하시고,
남편들을 잃어
과부가 되게 하여 주십시오.
장정들은 전쟁터에서
칼에 찔려 죽게 하여 주십시오.
22 그들이 저를 잡으려고 함정을 팠고,
제 발을 걸리게 하려고
올가미들을 숨겨 놓았으니,
주님께서 그들에게
약탈하는 자들을
졸지에 보내 주셔서,
그들의 집집마다
울부짖는 소리가 터져 나오게
하여 주십시오.
23 주님, 저를 죽이려는
그들의 모든 흉계를
주님께서는 다 아시니,
그들의 죄악을 용서하지 마시고,
그들의 허물을
가볍게 다루지도 마십시오.
주님께서 진노하시는 날에,
그들이 주님 앞에서
거꾸러져 죽게 하여 주십시오.

깨진 항아리

19 1 주님께서 나에게 말씀하셨다. "너는
토기장이를 찾아가서 항아리를 하나 산
다음에, 백성을 대표하는 장로 몇 사람과 나이든
제사장 몇 사람을 데리고, 2 ㄱ)'하시드 문' 어귀
곁에 있는 ㄴ)'힌놈의 아들 골짜기'로 나아가서, 내
가 너에게 일러주는 말을 거기에서 선포하여라.
3 너는 이렇게 말하여라. '너희 유다 왕들과
예루살렘 모든 주민아, 너희는 나 주의 말을 들어
라. 나 만군의 주 이스라엘의 하나님이 말한다. 내
가 이 곳에 재앙을 내릴 터이니, 이 재앙은 그 소
식을 듣는 모든 사람의 귀가 얼얼해질 만큼 무서
운 재앙이 될 것이다. 4 이것은, 그들이 나를 저
버리고 이 곳을 남의 나라처럼 만들어 놓고, 그들
자신뿐만 아니라 그들의 조상이나 유다 왕들도 전
혀 알지 못하던 다른 신들에게 분향하고, 이 곳을
죄 없는 사람들의 피로 가득 채워 놓았기 때문이다.

ㄱ) 또는 '질그릇 조각의 문' ㄴ) 또는 '벤한놈 골짜기'

18:18-23 예레미야의 고백문은 그의 적들을 인용하는 산문으로 시작한다. 그들은 종교 지도자들이 영적으로 쇠약하다는 그의 예언을 듣고 그에 대한 음모를 꾸미고 있는 중이다. 예언자는 하나님에게 그와 원수들의 말을 들어달라고 요청한다. 그는 자신이 하나님 앞에 서서 적들을 대신하여 중재했던 참된 선지자라고 항변한다. **18:21-23** 그리고 그는 원수들을 복수해 달라고 요구한다. 그는 하나님께 그의 예언을 믿지 않는 적들에게 선포해야했던 하나님의 징벌의 예언을 이루어 달라고 요청한다. 예레미야에 대한 거부는 하나님을 거부하는 것이기 때문에 예레미야의 원수는 하나님의 원수이다. 공동체의 회개 거부(18:12)는 하나님이 징벌을 내리게 하신다. 그 징벌은 여기서 선지자가 그의 예언 성취를 위해 기도할 때 힘을 얻는다.

19:1-15 민족의 멸망을 이 산문으로 된 19장에서 상상해 보고 있다. 예레미야는 장로들과 선지자들을 예루살렘 밖으로 데려와 상징적 행위를 목격하게 한다. **19:3-9** 그는 풍요의 신 바알 때문에 하나님을

5 그리고 그들은 제 자식들을 바알에게 번제물로
불살라 바치려고, 바알의 산당들을 세움으로써,
내가 그들에게 명한 적도 없고, 말한 적도 없는,
내가 상상조차도 하여 본 적이 없는 죄를 저질렀기
때문이다. 6 그러므로 보아라, 그날이 오면, 다
시는 '도벳'이나 '힌놈의 아들 골짜기'라고 부르지
않고, 오히려 '살육의 골짜기'라고 부를 것이다.
나 주의 말이다.
7 내가 이 곳에서 유다와 예루살렘의 계획을
ㄱ)좌절시키고, 그들이 전쟁할 때에 원수들의 칼에
찔려 죽게 하고, 그들의 목숨을 노리는 사람들의
손에 죽게 하고, 그들의 시체는 공중의 새와 들짐
승의 먹이가 되게 하겠다. 8 내가 이렇게 이 도
성을 폐허로 만들 것이며, 비웃음거리가 되게 하
겠다. 그러면 이 도성을 지나가는 사람마다, 이 곳
에 내린 모든 재앙을 보고 놀라며, 비웃을 것이다.
9 그리고 그들은 목숨을 노리는 원수에게 포위되
어 곤경에 빠지면, 그들은 제 자식들을 잡아먹고,
이웃끼리도 서로 잡아먹을 것이다.'
10 이렇게 말하고 나서 너는 데리고 간 사람
들이 보는 앞에서 그 항아리를 깨뜨리고, 11 그들
에게 이렇게 전하여라.
'만군의 주가 말한다. 토기 그릇은 한번 깨지면
다시 원상태로 쓸 수 없다. 나도 이 백성과 이 도
성을 토기 그릇처럼 깨뜨려 버리겠다. 그러면 더
이상 시체를 묻을 자리가 없어서, 사람들이 도벳
에까지 시체를 묻을 것이다. 12 내가 이 곳과 여
기에 사는 주민을 이처럼 만들어 놓겠다. 반드시
이 도성을 도벳처럼 만들어 놓겠다. 나 주의 말이다.
13 예루살렘의 집들과 유다 왕궁들이 모두 도벳의
터처럼 불결하게 될 것이다. 이는 집집마다 사람
들이 지붕 위에서 온갖 천체에게 향을 피워 올리고,
이방 신들에게 술을 부어 제물로 바쳤기 때문이다.'"

14 예레미야는, 주님께서 예언하라고 보내
신 도벳에서 돌아와, 주님의 성전 뜰에 서서, 모
든 백성에게 말하였다. 15 "나 만군의 주 이스라
엘의 하나님이 말한다. 이 백성이 고집을 부려, 나
의 말에 순종하지 않았으므로, 이제 내가 이미 선
포한 그 모든 재앙을, 이 도성과 거기에 딸린 모
든 성읍 위에 내리겠다."

예레미야와 바스훌의 충돌

20 1 임멜의 아들로서, 제사장이면서 주님의
성전에서 총감독으로 일하는 바스훌이,
이렇게 예언하는 예레미야의 모든 말을 듣고서,
2 예언자 예레미야를 때리고, 그에게 차꼬를 채
워서 주님의 성전 위쪽 '베냐민 대문' 근처에다가
가두었다. 3 다음날 아침에 바스훌이 예레미야의
차꼬를 풀어 줄 때에, 예레미야가 그에게 이렇게
말하였다.
"주님께서 이제는 당신의 이름을 바스훌이라
부르시지 않고, ㄴ)마골밋사빕이라고 부르실 것이오.
4 당신을 두고, 주님께서 나에게 이렇게 말씀하
셨소. '내가 너를 너와 네 모든 친구에게 두려움이
되게 할 것이니, 너는 네 친구들이 원수의 칼에
찔려 쓰러지는 것을 네 눈으로 직접 볼 것이다. 또
내가 유다 백성을 모두 바빌로니아 왕의 손에 넘겨
주면, 그 왕은 백성을 더러는 바빌로니아로 사로
잡아 가고, 더러는 칼로 죽일 것이다. 5 또 내가
이 도성의 모든 재물과 그 모든 재산과 그 모든
귀중품과 유다 왕들의 모든 보물을 원수의 손에 넘
겨 주어서, 그들이 모두 약탈하고 탈취하여, 바빌
로니아로 가져 가게 하겠다. 6 그리고 바스훌아,

ㄱ) '좌절시키다(히, 바카)'라는 말과 '항아리(히, 바크부크)'의 발음이 비슷함 (1, 10절을 볼 것) ㄴ) '사방으로 두려움' 또는 '사면초가'

저버린 백성을 비난하는 설교를 한다. **19:6** *도벳.* 자녀를 희생하는 장소이며, 도벳은 수치의 상징(7:31)이고, 살육의 골짜기로 바뀌었다. **19:8** 예루살렘은 멸망될 것이다. **19:10-15** 하나님은 예레미야에게 토기 그릇을 깨도록 명령하고 그 상징적 행위의 의미를 설명해 주신다. 도성과 백성은 같은 방법으로 파멸될 것이다. 사실상 유다와 예루살렘의 멸망은 이미 이루어졌다.

20:1-6 상징적 사건들은 대제사장 바스훌이 예레미야를 성전에서 차꼬를 채울 때 계속된다. **20:3** 예레미야는 그를 "마골밋사빕" (사면초가) 이라고 개명한다. 대제사장으로 바스훌은 예언자가 말하는 하나님의 말씀을 듣고 보호해야할 사람이다. 대신에 그는 선지자와 그 메시지를 성전에 가둔다. **20:4** 하지만 *바빌로니아가* 대제사장과 그 친구들을 사로잡아 갈 것이다. 처음으로 본문은 역사적 나라인 바빌로니아를 거론하고 북쪽에서 오는 알 수 없는 적에게 역사적 내용을 부여한다. **20:6** 예레미야는 바스훌과 그의 친구들이 포로로 끌려갈 것을 예언한다. 예레미야의 감금과 석방은 또한 포로로 잡혀가서 언젠가 해방될 백성의 운명일 것이라고 재현한다.

20:7-13 예레미야의 마지막 고백문은 고통으로 시작하여 찬양으로 끝맺는다. 이 글은 그의 예언의 승리를 알려주고 있다. 민족은 멸망할 것이다. 예레미야는 그를 유혹하시는 하나님 (히브리어, *파타*), 그를 설득하시는 하나님 (히브리어, *하자크*), 아마도 히브리 동사들이 제시하듯 그를 유혹하고 강간까지 하는 하나님을

너와 네 집에 사는 모든 사람은 포로가 되어서, 바빌로니아로 끌려갈 것이니, 너는 네 거짓 예언을 들은 네 모든 친구와 함께 거기에서 죽어, 그 곳에 묻힐 것이다.'"

예레미야가 주님께 불평하다

7 주님, 주님께서 나를 ㄱ)속이셨으므로,
내가 주님께 ㄴ)속았습니다.
주님께서는 나보다 더 강하셔서
나를 이기셨으므로,
내가 조롱거리가 되니,
사람들이 날마다 나를 조롱합니다.
8 내가 입을 열어 말을 할 때마다
'폭력'을 고발하고 '파멸'을 외치니,
주님의 말씀 때문에,
나는 날마다
치욕과 모욕거리가 됩니다.
9 '이제는 주님을 말하지 않겠다.
다시는 주님의 이름으로
외치지 않겠다'
하고 결심하여 보지만,
그 때마다, 주님의 말씀이
나의 심장 속에서 불처럼 타올라
뼛속에까지 타들어 가니,
나는 견디다 못해
그만 항복하고 맙니다.
10 수많은 사람이 수군거리는 소리를
나는 들었습니다.
'예레미야가 겁에 질려 있다.
너희는 그를 고발하여라.
우리도 그를 고발하겠다' 합니다.
나와 친하던 사람들도 모두
내가 넘어지기만을 기다립니다.
'혹시 그가 실수를 하기라도 하면,
우리가 그를 덮치고
그에게 보복을 하자' 합니다.

11 그러나 주님,
주님은 내 옆에 계시는
힘센 용사이십니다.
그러므로 나를 박해하는 사람들이,
힘도 쓰지 못하고 쓰러질 것입니다.
이처럼 그들이 실패해서,
그들은 영원히 잊지 못할
큰 수치를 당할 것입니다.

12 만군의 주님,
주님은 의로운 사람을 시험하시고,
생각과 마음을
감찰하시는 분이십니다.
내 억울한 사정을
주님께 아뢰었으니,
주님께서 그들에게
내 원수를 갚아 주십시오.
내가 그것을 보기를 원합니다.

13 "주님께 노래하여라!
주님을 찬양하여라!
주님께서는 억압받는 사람들을
악인들의 권세에서 건져 주신다."

ㄱ) 또는 '설득하셨으므로' 또는 '유혹하셨으므로'
ㄴ) 또는 '설득당했습니다' 또는 '유혹당했습니다'

비난한다. 이 동사들은 하나님이 그를 강요하여 의지와는 반대로 예언하게 한 것을 보여준다. 그 때문에 예레미야는 자신의 말을 가지고 스스로 보내진 사람이 아니라 참된 예언자됨을 주장한다. **20:8** 하나님이 설교하라고 주신 메시지는 파괴적이며 폭력적이다. **20:9** 그는 예언하기를 멈추려 노력하지만 예언은 불과 같아서 억제할 수 없다. **20:10** 그는 대제사장에게 사용한 마골밋사빕 (사면초가, 20:3) 이라는 같은 용어를 이름을 알지 못하는 대적들이 그에게 사용하는 것으로 인용한다. **20:11-13** 처음으로 예레미야는 몇몇의 다른 애가들의 특색을 띤 확신의 말과 찬양의 글(시 22편을 보라)로 고백문을 맺는다. 예레미야는 하나님의 약속들이 그와 함께 하심(1:17-19, 15:20)을 상기하고 하나님에게 공정한 심판을 요청한다. 그의 찬양 요청은 하나님께서 예언 말씀을 이루어주실 것이라는 확신을 표현한다 (1:12). 하지만 그 예언의 성취는 또한 예레미야 자신의 백성의 멸망을 의미한다.

20:14-18 예레미야는 고백문에 이어 욥이 했던 유사한 저주(욥 3장)를 흉내 내는 자신의 생일에 대한 저주를 말한다. 예레미야의 출생과 그 출생을 알리는 사자에 대한 저주는 그의 예언자적 삶과 관련하는 참으로 절망의 울부짖음이다. 그는 모태에서 부름을 받았다 (1:5). **20:17-18** 선지자의 분노는 그로 하여금 그 때문에 어머니도 같은 운명에 처하도록 모태가 무덤이었기를 바라도록 이끈다. 이제 그의 예언은 성취될 것이고 그는 괴롭다. 18—20장의 전체에 걸쳐 이 저주는 민족의 종말을 가리키는 상징적인 역할을 한다. 다음 장들에서 민족의 몰락이 가정되고 있다.

14 내가 태어난 날이
저주를 받았어야 했는데.
어머니가 나를 낳은 날이
복된 날이 되지 말았어야 했는데.
15 나의 아버지에게
'아들입니다, 아들!'
하고 소식을 전하여,
아버지를 기쁘게 한 그 사람도
저주를 받았어야 했는데.
16 바로 그 사람은
주님께서 사정없이 뒤엎어 놓으신
성읍들처럼 되어서,
아침에는 울부짖는 고통 소리를 듣고,
대낮에는 전쟁의 함성을
들었어야 했는데.
17 내가 모태에서 죽어,
어머니가 나의 무덤이
되었어야 했는데,
내가 영원히 모태 속에
있었어야 했는데.
18 어찌하여 이 몸이 모태에서 나와서,
이처럼 고난과 고통을 겪고,
나의 생애를 마치는 날까지
이러한 수모를 받는가!

예루살렘의 멸망 예고

21 1 시드기야 왕이 말기야의 아들 바스훌과
마아세야의 아들 스바냐 제사장을 예레
미야에게 보냈을 때에, 주님께서 그들에게 전할
말씀을 예레미야에게 주셨다.
2 그 때에 그들이 와서 이렇게 말하였다. "제발
우리가 멸망하지 않도록 주님께 간절히 기도하여
주십시오. 바빌로니아 왕 느부갓네살이 우리를
포위하여 공격하고 있습니다. 행여 주님께서, 예
전에 많은 기적을 베푸신 것처럼, 우리에게도 기
적을 베풀어 주시면, 느부갓네살이 우리에게서
물러갈 것입니다."
3 예레미야가 그들에게 대답하였다. "시드
기야 왕에게 가서 이렇게 전하시오. 4 '주 이스
라엘의 하나님이 말한다. 너희는, 지금 성벽을 에
워싸고 공격하는 ㄱ)바빌로니아 왕과 갈대아 군대
에게 맞서서 싸우려고 무장을 하고 있으나, 내가,
너희가 가지고 있는 모든 전쟁무기를 회수하여,
이 도성 한가운데 모아 놓겠다. 5 내가 직접 너
희를 공격하겠다. 이 분노, 이 노여움, 이 울화를
참을 수가 없어서, 내가 팔을 들고, 나의 손과 강
한 팔로 너희를 치고, 6 사람이나 짐승을 가리지
않고, 이 도성에 사는 모든 것을 칠 것이니, 그들
이 무서운 염병에 걸려 몰살할 것이다. 7 나 주의
말이다. 그런 다음에, 염병과 전쟁과 기근에서 살아
남은 이 도성의 사람들, 곧 유다 왕 시드기야와
그의 신하들과 백성을, 바빌로니아 왕 느부갓네
살의 손과, 그들의 원수들의 손과, 그들의 목숨을
노리는 사람들의 손에, 포로로 넘겨 주겠다. 느부
갓네살은 포로를 조금도 가련하게 여기지 않고,
조금도 아끼지 않고, 무자비하게 칼로 쳐죽일
것이다.'"

8 "너는 이 백성에게 이렇게 전하여라. '나
주가 말한다. 내가 너희 앞에 생명의 길과 죽음의
길을 둔다. 9 이 도성 안에 머물러 있는 사람은

ㄱ) 또는 '갈대아'

21:1—25:38 이 자료들의 모음집은 침략 이후의 생존과 그 원인에 대한 해석과 관련되어 있다. 산문설교는 왕과 백성들에게 바빌로니아에 항복하기를 조언한다 (21:1-10). 시와 산문은 자기만족에 빠져, 공의로운 판결을 내리지 못하는 유다의 왕들을 비난한다 (21:11—22:30). 중간에 삽입된 이 산문은 미래의 왕권 회복을 약속한다 (23:1-8). 산문과 시는 유다의 몰락에 대해 예언자들을 비난한다 (23:9-40). 예레미야는 포로생활을 하고 있는 사람들을 상징하는 좋은 무화과와 땅에 남아 있는 사람들을 상징하는 나쁜 무화과의 비전을 본다 (24:1-4). 산문 설교는 70년의 포로생활을 선언한다 (25:1-14). 하나님과 예레미야는 여러 민족에게 분노의 잔을 보내는 상징적 행위를 행한다 (25:15-29). 그리고 여러 나라에 대한 시는 예레미야서의 첫 번째 "책"을 끝맺는다 (25:30-38).

21:1-10 제1차 포로생활은 시작되었고 (왕하 24장), 여호야긴 왕은 바벨론에 있고, 시드기야는 바빌로니아의 만족도에 따라 통치한다. 시드기야 왕은 예레미야에게 그를 변호하여 하나님과 중재하도록 요청하는 사절들을 보낸다. 바빌로니아의 느부갓네살 (여기서는 느부갓네살의 이름이 다르게 표기되어 있다) 왕이 침략하고 있고 시드기야는 히스기야 때로부터 기억된 것(왕하 19장; 사 37장)과 같은 또 하나의 기적이 일어나기를 소망하고 있다. **21:4** 하나님의 응답은 정반대의 일이 일어날 것이라는 것이다. 하나님은 또한 갈대아인이라 불리는 바빌로니아 사람들의 편에서 싸우실 것이다. 침략 후 하나님은 살아남은 사람들을 갈대아인의 손에 붙이실 것이다. **21:8** 이 설교는 백성들에게 생명과 죽음의 길에서 선택하라고 요청한다. 신 30:15-20과 유사한 말로 하나님은 생명을 택하는 것이 바빌로니아 사람

전쟁이나 기근이나 염병으로 죽을 것이다. 그러나
지금 너희를 에워싸고 있는 ㄱ)바빌로니아 군대에
게 나아가서 항복하는 사람은, 죽지 않을 것이다.
그 사람은 적어도 자신의 목숨만은 건질 것이다.
10 나는 복을 내리려고 해서가 아니라, 재앙을 내
리려고 이 도성을 마주 보고 있는 것이다. 이 도
성은 바빌로니아 왕의 손에 들어갈 것이고, 그는 이
도성을 불질러 버릴 것이다. 나 주의 말이다.'"

유다 왕실에 내린 심판

11 "이제 유다 왕실에 말한다.
너희는 나 주의 말을 들어라.
12 다윗의 왕가는 들어라.
나 주가 말한다.
아침마다 공의로운 판결을 내려라.
너희는
고통받는 사람들을 구하여 주어라.
억압하는 자들의 손에서
그들을 건져 주어라.
그렇지 않으면,
그들의 악행 때문에
나의 분노가
불처럼 일어나서 불탈 것이니,
아무도 끌 수 없을 것이다."

13 "골짜기로 둘러싸인
우뚝 솟은 바위 산에서 사는 자들아
'우리를 습격할 자가 누구며,
우리가 숨은 곳에까지
쳐들어올 자가 누구냐?' 한다마는,
이제 내가 너희를 치겠다.
나 주의 말이다."
14 "나는 너희의 행실에 따라
너희를 벌하겠다. 나 주의 말이다.
내가 바로
예루살렘의 숲에 불을 질러,
그 주변까지 다 태워 버리겠다."

유다 왕실에

22 1 "나 주가 말한다. 너는 유다 왕궁으로
내려가서, 그 곳에서 이 말을 선포하여라.
2 너는 이렇게 말하여라. '다윗의 보좌에 앉은
유다의 왕아, 너는 네 신하와 이 모든 성문으로
들어오는 네 백성과 함께 주가 하는 말을 들어라.
3 나 주가 말한다. 너희는 공평과 정의를 실천
하고, 억압하는 자들의 손에서 고통받는 사람들을
구하여 주고, 외국인과 고아와 과부를 괴롭히거
나 학대하지 말며, 이 곳에서 무죄한 사람의 피를
흘리게 하지 말아라.
4 너희가 이 명령을 철저히 실천하면, 다윗의
보좌에 앉는 왕들이 병거와 군마를 타고, 신하와
백성을 거느리고, 이 왕궁의 대문 안으로 들어올
것이다. 5 그러나 내가 스스로 맹세하지만, 너희가
이 명에 순종하지 않으면, 바로 이 왕궁은 폐허가
될 것이다.' 나 주의 말이다.
6 이것은 나 주가
유다 왕실을 두고 하는 말이다.
네가 나에게 길르앗과도 같고
레바논 산 꼭대기와 같았으나,
이제는 내가 너를 사막으로 만들고
아무도 살지 않는 성읍으로
만들겠다.

ㄱ) 또는 '갈대아'

들에게 항복하는 것임을 의미한다고 공포한다. 다른 선택은 죽음을 택하는 것을 암시한다. **21:10** 하나님은 예루살렘과 맞서기로 이미 결심하셨다. 이 구절은 바빌론에게 항복한 사람들의 편에 서며 예루살렘에 남은 사람들과 맞선다. 이런 이유로 본문은 민족의 몰락 이후 누가 진정한 유다 사람들인가 하는 갈등을 나타내는 정치적 논쟁이다.

21:11—22:30 시와 산문은 왕들의 자기만족과 불의에 대하여 공격한다.

21:11-14 하나님은 유다의 이름 모를 왕과 전체 왕족, *다윗의 왕가*를 명하여 공의를 행하고, 고통 받는 자를 구원하며, 올바르게 다스릴 것을 명령하신다. 그렇지 않으면 하나님의 징벌이 그들과 잘못된 안도감 속에 살아가는 주민들 위에 불처럼 임하실 것이다.

22:1-9 산문 해설은 왕의 의무들을 자세하게 설명한다. 공평과 정의를 실천하고, 고통 받는 자를 구하고, 과부와 나그네, 그리고 고아에게 해를 끼치지 말고, 무고한 피를 흘려서는 안 된다. 만일 왕들이 말씀에 순종하면, 다윗의 왕가는 계속 통치하게 될 것이다. 그렇지 않으면, 그 가문은 파멸될 것이다. **22:6-9** 유다가 아름다운 *길르앗*과 이웃하는 *레바논*처럼 하나님께 귀중할지라도 하나님은 유다를 파멸의 장소로 바꾸실 것이다. 지나가는 사람이 하나님께서 왜 이런 파멸을 가져다 주셨는지 궁금하도록 대적들이 그런 파멸을 가져온다. 그

7 내가 너를 무너뜨릴
사람들을 불러다가,
그들에게
연장을 마련하여 줄 것이니,
그들이
너의 가장 좋은 백향목들을
찍어 내어,
불 속으로 집어 던질 것이다.

8 그러면 많은 민족이 이 도성을 지나갈 때에,
서로 묻기를 '주님께서 무엇 때문에 이 큰 도성을
이렇게 폐허로 만들어 놓으셨는가?' 하면, 9 그
들이 또한 서로 대답하기를 '그들이 주 그들의 하
나님과 맺은 언약을 깨뜨리고, 다른 신들을 경배
하면서 섬겼기 때문이다' 할 것이다."

살룸 왕에 대한 예언

10 너희는 죽은 왕 때문에 울지 말며,
그의 죽음을 슬퍼하지 말아라.
오히려, 너희는
잡혀 간 왕을 생각하고 슬피 울어라.
그는 절대로 다시 돌아오지 못한다.
다시는 고향 땅을 보지 못한다.

11 부왕 요시야의 대를 이어서, 유다 왕이 되
어 다스리다가, 이 곳에서 포로가 되어 잡혀 간,
유다 왕 요시야의 아들 ㄱ)살룸을 두고 주님께서 말
씀하신다. "그는 영영 이 곳으로 돌아오지 못할 것
이다. 12 그는 잡혀 간 곳에서 죽을 것이며, 이
땅을 다시는 보지 못할 것이다."

여호야김 왕에 대한 예언

13 "불의로 궁전을 짓고,
불법으로 누각을 쌓으며,
동족을 고용하고도,
품삯을 주지 않는 너에게
화가 미칠 것이다.
14 '내가 살 집을 넓게 지어야지.
누각도 크게 만들어야지' 하면서,
집에 창문을 만들어 달고,
백향목 판자로 그 집을 단장하고,
붉은 색을 칠한다.

15 네가 남보다 백향목을 더 많이 써서,
집 짓기를 경쟁한다고 해서,
네가 더 좋은 왕이 될 수 있겠느냐?
네 아버지가 먹고 마시지 않았느냐?
법과 정의를 실천하지 않았느냐?
그 때에 그가 형통하였다.
16 그는
가난한 사람과
억압받는 사람의 사정을
헤아려서 처리해 주면서,
잘 살지 않았느냐?
바로 이것이
나를 아는 것이 아니겠느냐?
나 주의 말이다.
17 그런데 너의 눈과 마음은
불의한 이익을 탐하는 것과
무죄한 사람의
피를 흘리게 하는 것과
백성을 억압하고 착취하는 것에만
쏠려 있다."

18 그러므로 주님께서 유다 왕 요시야의 아
들 여호야김을 두고 이렇게 말씀하신다.
"아무도 여호야김의 죽음을
애도하지 않을 것이다.

ㄱ) 일명 '여호아하스' (왕하 23:34; 대상 3:15에서도)

이유는 그들이 언약을 깨뜨리고 다른 신들을 섬겼기 때문이다.

22:10-30 이 구절은 일반적인 다윗의 가문으로부터 왕 개개인으로 관심을 돌린다. **22:10** 죽은 왕은 요시야 왕이고, 그는 므깃도 전투에서 비극적이지만 당당하게 죽었다. 애통해야 할 사람은 이집트로 잡혀간 요시야의 아들, 여호아하스이다 (왕하 23:34; 대상 3:15). **22:11** 살룸(Shallum)은 여호아하스의 다른 이름이다. **22:13-19** 이 시는 요시야의 다른 아들인 여호야김이 자신의 왕궁을 불의로 지은 것을 고발하는 시이다. **22:15-16** 이 구절은 여호야김이 사치스럽게 사는 것을 비웃는다. 대조적으로 그의 아버지는 잘 살았을 뿐만 아니라 공의도 실천하였다. *바로 이것이 나를 아는 것이 아니겠느냐?* 그의 바른 언약관계와 하나님을 아는 지식은 가난한 자들과 도움이 필요한 자들에게 공의를 베푸는 것으로 나타난다. **22:17-19** 폭력적인 압제자 여호야김은 그의 아버지처럼 애도되지 않을 것이다. 그에게 명예로운 장례식은 없을 것이다.

22:20-23 다른 시가 아마도 예루살렘 여인에 대한 재앙을 약속하는 것 같다. 그녀는 헛되이 울부짖

남자들도 '슬프다!' 하지 않고
여자들도 '애석하다!'
하지 않을 것이다.
'슬픕니다, 임금님!
슬픕니다, 폐하!' 하며
애곡할 사람도 없을 것이다.
19 사람들은 그를 끌어다가
예루살렘 성문 밖으로
멀리 내던지고,
마치 나귀처럼 묻어 버릴 것이다."

예루살렘에 대한 탄식

20 "예루살렘아,
너는 레바논 산에 올라가서
통곡하여라.
바산 평야에서 소리를 지르고,
아바림 산등성에서 통곡하여라.
너의 모든 동맹국이 멸망하였다.
21 네가 평안하였을 때에는
내가 너에게 경고를 하여도
'나는 듣지 않겠다!'
하고 거부하였다.
너는 어렸을 때부터
이런 버릇이 있어서,
언제나 나의 말을 듣지 않았다.
22 너의 목자들은 모두
바람에 휩쓸려 가고,
너의 동맹국 백성은
포로가 되어 끌려갈 것이다.
참으로 그 때에는,
너의 온갖 죄악 때문에,
네가 수치와 멸시를 당할 것이다.
23 네가 지금은
ㄱ)레바논 산 위에
터를 잡고 사는 듯하고,
백향목 나무 위의 보금자리에
깃들이고 있는 것 같지만,
해산하는 여인의 진통 같은 아픔이
너에게 덮쳐 오면,
너의 신음이 땅을 뒤흔들 것이다."

하나님께서 여호야긴 왕을 심판하시다

24 "나 주의 말이다. 내가 내 삶을 두고 맹세
한다. 여호야김의 아들 유다 왕 ㄴ)고니야야, 네가
내 오른손에 낀 옥새 가락지라고 하더라도, 내가
너를 거기에서 빼버리겠다. 25 네 목숨을 노리
는 사람들의 손과, 네가 무서워하는 사람들의
손과, 바빌로니아 왕 느부갓네살의 손과, 바빌로
니아 사람들의 손에, 내가 너를 넘겨 주겠다.
26 나는 너와 네 친어머니를, 너희가 태어나지
않은 곳인 이국 땅으로 쫓아내어, 거기에서 죽게
할 것이다. 27 마침내 그들은 그처럼 돌아가고
싶어하던 고향으로 영영 돌아갈 수가 없을 것
이다."

28 이 사람 ㄴ)고니야는
깨져서 버려진 항아리인가?
아무도 거들떠보려고 하지 않는
질그릇인가?
어찌하여 그는
자신도 모르는 낯선 땅으로
가족과 함께 쫓겨나서,
멀리 끌려가게 되었는가?

29 땅이여, 땅이여, 땅이여,
주님의 말씀을 들어라.

30 "나 주가 말한다.
너희는 이 사람을 두고
'그는 자녀도 없고,
한평생 낙을 누리지도
못할 사람'이라고 기록하여라.
다윗의 왕위에 앉아서
유다를 다스릴 자손이,
그에게서는 나지 않을 것이다."

ㄱ) 레바논에서 가져 온 나무로 예루살렘에다 지은 궁전을 말함 (왕상 7:2)
ㄴ) 일명 '여호야긴' (왕하 24:6, 8에서도) 또는 '여고냐' (대상 3:16; 렘 24:1에서도)

도록 레바논과 바산으로 보내진다. 그녀의 사랑하는 이들은 죽었고 그녀는 듣기(히브리어, *샤마으* [shm'])를 거부한다. **22:22** 왕들을 나타내는 단어인 *목자*들은 바람에 휩쓸려 갈 것이다. **22:23** 예루살렘은 해산하는 여인처럼 신음하지만 아이를 낳지는 못한다.

22:24-30 여호야긴으로 알려진 고니야는 여호야김의 아들이다. 이 산문 서론에서 하나님은 바빌로니아 느부갓네살 왕의 손에 고니야를 넘겨줄 것을 격렬하게 맹세하신다 (왕하 24장). 인장 반지는 권세의 소중한 표시지만 하나님은 던져 버리실 것이고 고니야는 땅으로

미래의 왕 메시아

23 1 "내 목장의 양 떼를 죽이고 흩어 버린
목자들아, 너희는 저주를 받아라. 나 주의
말이다. 2 그러므로 나 주 이스라엘의 하나님이
내 백성을 돌보는 목자들에게 말한다. 너희는 내
양 떼를 흩어서 몰아내고, 그 양들을 돌보아 주지
아니하였다. 너희의 그 악한 행실을 내가 이제 벌
하겠다. 나 주의 말이다.
3 이제는 내가 친히 내 양 떼 가운데서 남은
양들을 모으겠다. 내가 쫓아냈던 모든 나라에서
모아서, 다시 그들이 살던 목장으로 데려오겠다.
그러면 그들이 번성하여 수가 많아질 것이다.
4 내가 그들을 돌보아 줄 참다운 목자들을 세워
줄 것이니, 그들이 다시는 두려워하거나 무서워
떠는 일이 없을 것이며, 하나도 잃어버리는 일이
없을 것이다. 나 주의 말이다.

5 내가 다윗에게서
의로운 가지가 하나 돋아나게 할
그 날이 오고 있다.
나 주의 말이다.
그는 왕이 되어
슬기롭게 통치하면서,
세상에 공평과 정의를
실현할 것이다.
6 그 때가 오면
유다가 구원을 받을 것이며,
이스라엘이 안전한 거처가
될 것이다.
사람들이 그 이름을
'주님은 우리의 구원이시다'라고
부를 것이다.

7 그러므로 보아라, 그 날이 지금 오고 있다.
나 주의 말이다. 그 때에는 사람들이 다시는 '이스
라엘 백성을 이집트 땅에서 이끌어 내신 주'의 살아
계심을 두고 맹세하지 않고, 8 그 대신에 '이스
라엘 집의 자손이 쫓겨가서 살던 북녘 땅과 그 밖
의 모든 나라에서 그들을 이끌어 내신 주'의 살아
계심을 두고 맹세할 것이다. 그 때에는 그들이 고향
땅에서 살 것이다."

예언자들에 대한 예레미야의 경고

9 예언자들아, 들어라.

내 심장이 내 속에서 터지고,
내 모든 뼈가 떨리며,
내가 취한 사람처럼 되고,
포도주에 곯아떨어진
사람처럼 되었으니,
이것은 주님 때문이요,
그의 거룩한 말씀 때문이다.
10 진실로 이 땅에는
음행하는 자들이 가득 차 있다.
진실로 ㄱ)이런 자들 때문에
땅이 슬퍼하며,
광야의 초장들은 ㄴ)메마른다.
그들이 하는 일이 악하며,
그들이 힘쓰는 일도 옳지 못하다.

ㄱ) 또는 '저주 때문에' 또는 '이런 일들 때문에' ㄴ) 또는 '슬퍼한다'

돌아오지 못할 것이다. **22:28-30** 시는 왜 고니야가 버려졌는지 묻는다. 하나님은 고니야의 자녀 중 누구도 다윗의 왕위에 앉지 못하기 때문에 그는 자식이 없는 것과 마찬가지라고 땅이 고한다고 말씀하신다.

23:1-8 이 산문 해설은 왕들이나 목자들이 포로기 중에 하나님의 양 떼를 흩어버린 것에 대해 비난받아야 함을 설명하지만, 하나님은 백성을 위한 새로운 미래를 창조하실 것이다. **23:1-2** 유다의 실패한 지도자는 민족의 몰락에 대해 책임이 있다. **23:3** 미래에 하나님은 남은 양들을 모으실 것이고 그들 위에 목자들을 임명하실 것이다. **23:5-8** 이 부분은 미래에 *의로운 가지가 하나* 왕위에 앉게 될 것을 약속하는 것으로 끝맺는다 (슥 6:12를 보라). 다윗 왕조는 다시 열매를 많이 맺는 나무로 불린다. 33:14-16의 논의를 보라. 왕은 현명하고 공평할 것이다. **23:6** 그는 다시 통일된 이스라엘과 유다를 다스릴 것이다. 하나님께서 이집트의 노예생활에서 백성을 구하신 것처럼, 하나님이 이제 바빌로니아 역사 속에 구체화된 신비로운 장소인 "북녘 땅"으로부터 그들을 구하실 것이다.

23:9-40 산문과 시는 유다의 몰락으로 인해 예언자들을 비난하고, 때가 지나감에 따라 예레미야를 하나님의 말씀을 전하지도 순종하지도 않는 *거짓* 또는 *거짓말을 하는 예언자들에* 대해 절대적으로 우위에 둔다. 시에서 예레미야와 하나님은 예언자들이 그들의 임무를 실현하지 못한 것을 슬퍼하신다 (23:9-22). 산문에는 하나님이 거짓말을 하는 예언자들을 공격하신다 (23:23-40). 다른 예언자들도 예언의 말씀을 가졌다는 것을 보여준다고 해도 이 자료의 간접적인 주장은 예레미야만이 참 예언자라는 것이다.

23:9-22 예레미야의 몸은 하나님의 말씀 때문에

11 "예언자도 썩었고,
제사장도 썩었다.
심지어, 나는 그들이
나의 성전 안에서도,
악행을 저지르는 것을 보았다.
나 주의 말이다.
12 그러므로 그들의 길이
미끄럽고 캄캄한 곳이 될 것이며,
그들이 그 곳에서 떠밀려
넘어지게 될 것이다.
내가 정한 해가 되면,
그들에게 재앙을 내리겠다.
나 주의 말이다.

13 나는 일찍이
사마리아의 예언자들에게서
못마땅한 일들을 보았다.
그들은 바알의 이름으로 예언하여,
내 백성 이스라엘을
그릇된 길로 인도하였다.
14 그런데 이제
내가 예루살렘의 예언자들에게서
끔찍한 일들을 보았다.
그들은 간음을 하고
거짓말을 한다.
악행을 저지르는 자들을 도와서,
어느 누구도
죄악에서 떠날 수 없게 한다.
내가 보기에 그들은
모두 소돔 사람들과 같이 되었고,
예루살렘의 주민은
고모라 백성과 같이 되었다."

15 "그러므로, 이런 예언자들을 두고,
나 만군의 주가 말한다.
내가 그들에게 쓴 쑥을 먹이며,
독을 탄 물을 마시게 하겠다.
죄악이
예루살렘의 예언자들에게서
솟아 나와서,
온 나라에 퍼졌기 때문이다."

16 "나 만군의 주가 말한다.
스스로 예언자라고 하는 자들에게서
예언을 듣지 말아라.
그들은
헛된 말로 너희를 속이고 있다.
그들은 나 주의 입에서 나온 말을
전하는 것이 아니라,
자기들의 마음 속에서 나온 환상을
말할 뿐이다.
17 그들은
나 주의 말을 멸시하는 자들에게도
말하기를
'만사가 형통할 것이다.
주님의 말씀이다' 한다.
제 고집대로 살아가는
모든 사람에게도
'너희에게는 어떠한 재앙도
내리지 않을 것이다!' 하고 말한다.
18 그러나 그 거짓 예언자들 가운데서
누가 나 주의 회의에 들어와서,
나를 보았느냐?
누가 나의 말을 들었느냐?
누가 귀를 기울여
나의 말을 들었느냐?
19 보아라, 나 주의 분노가
폭풍처럼 터져 나온다.
회오리바람처럼 밀려와서
악인들의 머리를 후려칠 것이다.
20 나 주는 나의 마음 속에 뜻한 바를
시행하고 이룰 때까지,
분노를 풀지 않을 것이다.
마지막 날이 오면,

떨리고 있다. **23:10** 그 땅의 주민들의 음행이나 우상숭배는 땅을 괴롭게 한다. **23:11** 제사장들과 예언자들은 비난을 당할 것이다. **23:12** 하나님은 그들에게 재앙을 내리실 것이다. **23:13-15** *사마리아의* 예언자들과 *예루살렘의* 예언자들 간의 비교는 북왕국의 역겨운 부정이 남왕국의 간음보다 덜 놀라운 것이라고 보여준다 (겔 23장을 보라). 그들은 환대해 준 것을 배신하고 불의로 인해 멸망당한 소돔과 고모라와 같다 (창 19장). **23:15** 하나님은 독이 있는 덤불, 즉 쓴 쑥으로 그들을 독살하실 것이다. **23:16-17** 산문 해설이 사람들의 행위와 상관없는 안전을 설교하는 예언자들의 말을 듣지 말 것을 독자들에게 말한다.

23:8-22 하나님은 시적 연설로 거짓 예언자들이 신임장이 필요하다고 말하지만, 이 예언자들은 하나님이 위임하신 예언자들이 아니라고 선포하신다. 참 예언자는 하늘 법정에서 하나님의 회의에 반드시 서야 한다 (왕상 22장을 보라). 그것은 그들의 메시지가 반드시 하나님과의 만남에서 나와야 하며 자기 스스로 만들어서는

너희가 이것을
분명히 깨달을 것이다."

21 "이런 예언자들은
내가 보내지 않았는데도
스스로 달려나갔으며,
내가 그들에게
말을 하지 않았는 데도
스스로 예언을 하였다.
22 그들이 나의 회의에 들어왔다면,
내 백성에게 나의 말을 들려주어서,
내 백성을
악한 생활과 악한 행실에서
돌아서게 할 수 있었을 것이다."

23 "내가 가까운 곳의 하나님이며,
먼 곳의 하나님은 아닌 줄 아느냐?
나 주의 말이다.
24 사람이
제아무리 은밀한 곳에
숨는다고 하여도,
그는 내 눈에서 벗어날 수 없다.
나 주의 말이다.
내가 하늘과 땅 어디에나 있는 줄을
모르느냐?"

25 "나의 이름을 팔아 거짓말로 예언하는 예
언자들이 있다. '내가 꿈에 보았다! 내가 꿈에 계
시를 받았다!' 하고 주장하는 말을 내가 들었다.
26 이 예언자들이 언제까지 거짓으로 예언을 하
겠으며, 언제까지 자기들의 마음 속에서 꾸며낸
환상으로 거짓 예언을 하겠느냐? 27 그들은, 조
상이 바알을 섬기며 내 이름을 잊었듯이, 서로 꿈
이야기를 주고받으면서, 내 백성이 내 이름을 잊
어 버리도록 계략을 꾸미고 있다. 28 꿈을 꾼 예
언자가 꿈 이야기를 하더라도, 내 말을 받은 예언
자는 충실하게 내 말만 전하여라. 알곡과 쭉정
이가 서로 무슨 상관이 있느냐? 나 주의 말이다.
29 내 말은 맹렬하게 타는 불이다. 바위를 부수
는 망치다. 나 주의 말이다.
30 그러므로 보아라, 내 말을 도둑질이나 하
는 이런 예언자들을, 내가 대적하겠다! 나 주의 말
이다. 31 하나님의 말씀을 전한다고 제멋대로
혀를 놀리는 예언자들을, 내가 대적하겠다! 나 주
의 말이다. 32 허황된 꿈들을 예언이라고 떠들
어대는 자들은 내가 대적하겠다. 나 주의 말이다.
그들은 거짓말과 허풍으로 내 백성을 그릇된 길로
빠지게 하는 자들이다. 나는 절대로 그들을 보내
지도 않았으며, 그들에게 예언을 하라고 명하지
도 않았다. 그러므로 그들은 이 백성에게 아무런
유익도 끼칠 수 없는 자들이다. 나 주의 말이다."

부담이 되는 주님의 말씀

33 "이 백성 가운데 어느 한 사람이나 예언
자나 제사장이 너에게 와서 ㄱ)'부담이 되는 주님의
말씀'이 있느냐고 묻거든, 너는 그들에게 대답
하여라. '부담이 되는 주님의 말씀'이라고 하였
느냐? 나 주가 말한다. 너희가 바로 나에게 부담
이 된다. 그래서 내가 이제 너희를 버리겠다 말하
였다고 하여라.
34 또 '부담이 되는 주님의 말씀'이라는 말을
사용하는 예언자나 제사장이나 백성이 있으면,
내가 그 사람과 그 집안에 벌을 내리겠다고 하여라.
35 친구나 친척끼리 서로 말할 때에는 '부담이 되
는 주님의 말씀'이라고 말하는 대신에 '주님께서
무엇이라고 대답을 하셨느냐?' '주님께서 무슨 말
씀을 하셨느냐?' 하고 물어야 한다고 일러주어라.
36 '부담이 되는 주님의 말씀'이라는 표현을 너
희가 다시는 써서는 안 된다. 누구든지 그런 말을
쓰는 사람에게는 그 말이 그에게 정말 부담이 될
것이라고 하여라. '그렇게 말하는 것은 살아 계신
하나님, 우리의 하나님, 만군의 주의 말씀을 왜곡
하는 것이기 때문'이라고 말하여라.

ㄱ) 히브리어 '맛사'는 '말씀'이라는 뜻과 '부담'이란 뜻을 둘 다 지니고 있음

안 된다는 것을 의미한다. 그들은 반드시 말씀을 들어야 한다 (왕상 22장의 주석과 620쪽 추가 설명: "참 예언자들과 거짓 예언자들"을 보라). **23:19-20** 이 폭풍은 예언자가 반드시 전달해야 할 메시지의 내용을 지시하는 것일 수 있다. **23:21-22** 하나님은 이 예언자들을 보내지 않으셨지만, 하나님의 회의에 들어가지 않아 사람들을 악으로부터 돌리지 못한 것은 예언자들의 잘못이다.

23:23-40 이 산문 설교는 거짓 예언자에 대한 하나님의 분노를 묘사한다. 하나님은 하나님의 이름을 팔아 사람들로 하여금 하나님의 이름을 잊게 만들려고 노력하는 거짓 예언자들을 보신다. **23:26** 하나님은 고통당하는 자의 "언제까지?" 라는 울부짖음에 대하여 말씀하신다. **23:28** 예언자들은 그들의 꿈을 말해야 하지만, 유일한 계시는 충실하게 전해진 하나님의 말씀이다. 하나님은 서로서로 말씀을 도둑질하는 예언자들을 대적하신다. 그들은 자기 스스로 임명하였고, 하나

37 이제 예언자에게 물을 때에는 '주님께서 무엇이라고 대답을 하셨느냐? 주님께서 무슨 말씀을 하셨느냐?' 하고 물어라. 38 내가 사람을 보내서 '부담이 되는 주님의 말씀'이라는 말을 쓰지 말라고 했는데도 내 명령을 어기고 '부담이 되는 주님의 말씀'이라는 말을 써서 말한다면, 너는 그들에게 이르기를, 반드시 39 내가 그들을 뽑아서, 멀리 던져 버리겠다 하더라고 전하여라. 그들뿐만 아니라 그들과 그들의 조상에게 준 이 도성도 함께 뽑아서, 멀리 던져 버리겠다 하더라고 전하여라. 40 내가 이와 같이 하여, 그들이 잊을 수 없는 영원한 수치와 영원한 치욕들을 당하게 하겠다 말했다고 전하여라."

무화과 두 광주리

24 1 주님께서 나에게 이런 것을 보여 주셨다. 내가 보니, 주님의 성전 앞에 무화과 광주리 두 개가 놓여 있었다. 이것은 바빌로니아 왕 느부갓네살이 여호야김의 아들 유다 왕 ㄱ)여고냐와 유다의 고관들을 비롯하여 기술자들과 대장장이들을 함께 예루살렘에서 포로로 사로잡아 바빌로니아로 데려간 뒤에 있었던 일이다. 2 그런데 한 광주리에는 맏물 무화과처럼 아주 좋은 무화과가 담겨 있었고, 다른 한 광주리에는 너무 나빠서 먹을 수도 없는 아주 나쁜 무화과가 담겨 있었다.

3 그 때에 주님께서 나에게 물으셨다. "예레미야, 네가 무엇을 보느냐?" 내가 대답하였다. "무화과입니다. 좋은 무화과는 아주 좋고, 나쁜 무화과는 아주 나빠서, 먹을 수가 없습니다."

4 그러자 주님께서 나에게 이렇게 일러주셨다. 5 "나 주 이스라엘의 하나님이 말한다. 내가 이 곳에서 ㄴ)바빌로니아 사람의 땅으로 내쫓은 유다의 포로들을 이 좋은 무화과처럼 잘 돌보아 주겠다. 6 내가 그들을 지켜 보면서 잘 되게 하고, 다시 이 땅으로 데려오겠다. 내가 그들을 세우고 헐지 않겠으며, 내가 그들을 심고 뽑지 않겠다. 7 이제는 내가 그들에게 나를 그들의 주로 알아볼 수 있는 마음을 주겠다. 그러면 그들이 온전한 마음으로 나에게 돌아와서 나의 백성이 되고, 나는 그들의 하나님이 될 것이다.

8 그러나, 유다 왕 시드기야와 그의 대신들을 비롯하여, 예루살렘에 남은 사람들과 이 땅에 남은 사람들과 이집트 땅으로 간 사람들은, 아주 나빠서 먹을 수가 없는, 나쁜 무화과처럼 만들어 버리겠다. 나 주가 분명히 말한다. 9 내가 ㄷ)그들을 세계 만국으로 흩어 놓아, 혐오의 대상이 되게 하겠다. 그러면 내가 쫓아 보낸 그 모든 곳에서, 그들이 수치와 조롱을 당하고, 비웃음과 저주를 받게 될 것이다. 또는 '그들로 세계 만국에 두려움이 되게 하여' 10 그리고 내가 그들과 그들의 조상에게 준 땅에서 그들이 멸절될 때까지, 나는 계속 그들에게 전쟁과 기근과 염병을 보내겠다."

북쪽의 적

25 1 요시야의 아들 유다 왕 여호야김 제 사 년 곧 바빌로니아 왕 느부갓네살 원년에, 예레미야는 온 유다 백성에게 일러줄 말씀을 받았다. 2 예언자 예레미야는 이 말씀을 온 유다 백성과 예루살렘 주민에게 전하였다.

ㄱ) 일명 '여호야긴' ㄴ) 또는 '갈대아' ㄷ) 또는 '그들로 세계 만국에 두려움이 되게 하여'

님은 그들을 보내지 않으셨다. **23:33-40** 이 구절들은 히브리어로 언어기법을 사용하는 것들이다. *"부담이 되는 주님의 말씀"* (히브리어 마세트 [ms'] "가지다" 또는 "들다")에 해당되며, 명사로는 "부담"을 뜻하는 히브리어 언어기법이다. **23:33** 백성들이 하나님의 계시, 또는 "부담이 되는 주님의 말씀"(히브리어 *맛사*)을 물을 때, 그들은 그들이 하나님이 버리실 "부담"(히브리어, *맛사*)이라는 것을 듣게 될 것이다.

24:1-10 하나님은 예레미야에게, 하나는 아주 좋고 먹을 수 있으며 다른 하나는 아주 나빠서 먹을 수 없는 무화과 광주리 두 환상을 보여주신다. 좋은 무화과는 유다로부터 갈대아 또는 바빌로니아 땅으로 잡혀간 포로들을 나타낸다. **24:6** 하나님은 거기서 그들을 지켜보면서 잘 되게 하실 것이며, 그들을 본국으로 데리고 가실 것이며, *그들을 세우고 헐지 않으실* 것이다. **24:7** 본문은 31:33에서 언약 형태를 사용하지만 (또한 출 19:5를 보라), 여기서는 언약 상대들의 순서가 반대이다. *그들은 나의 백성이 될 것이며, 나는 그들의 하나님이 될 것이다.* 그 때에 그들은 하나님께 전심으로 돌아올 것이다. **24:8-10** 대조적으로 시드기야 왕, 백성들, 그리고 유다에 남거나 이집트로 떠난 다른 관료들은 칼의 저주 아래 먹을 수 없는 썩은 무화과와 같다. 그들은 파멸될 것이다. 좋고 나쁜 무화과의 이분법적 구분은 땅으로의 귀환 때의 권력 다툼을 암시한다. 바빌로니아로 잡혀간 포로들에 대한 하나님의 승인을 주장함으로써, 이 구절은 이집트 땅으로 간 사람이나 유다에 남은 사람들보다 그들을 더 유효하게 한다.

25:1-38 이 긴 장은 세계 정황 속에서 유다의 몰락을 배경으로 한다. 이 장은 70년간의 포로생활(25:1-14)을 알리는 산문설교와 하나님과 예레미야가 여러

3 "아몬의 아들 요시야가 유다 왕이 되어, 십삼 년이 되던 해부터 오늘에 이르기까지, 이십삼 년 동안, 주님께서 나에게 계속하여 말씀하셨고, 나는 그것을 여러분에게 열심히 전하였으나, 여러분은 그 말을 전혀 듣지 않았습니다.
4 주님께서는 여러분에게 주님의 종 예언자들을 보내시되 꾸준히 보내셨으나, 여러분은 예언자의 말도 듣지 않았습니다. 여러분들은 들으려 하지도 않았고, 귀를 기울이지도 않았습니다.
5 주님께서는 예언자들을 시켜 여러분에게 이렇게 말씀하셨습니다.

'너희는 각기 자신의 악한 삶과 온갖 악행을 그치고 어서 돌아오너라. 그러면, 나 주가 너희와 너희 조상에게 준 땅에서 너희가 길이길이 살 것이다.
6 또 너희는 다른 신들을 쫓아다니며 섬기거나 경배하지도 말고, 손으로 만든 우상을 섬겨서 나의 분노를 격발시키지도 말아라. 그러면, 나도 너희에게 재앙을 내리지 않겠다고 하였다.
7 그런데도 너희는 나 주의 말을 듣지 않았고, 오히려 손으로 만든 우상을 섬겨서, 나 주를 격노케 하였으며, 너희는 재앙을 당하고 말았다' 하셨습니다.
8 그래도 듣지 않으니, 이제 만군의 주님께서 이렇게 말씀하십니다. '너희가 나의 말을 듣지 않았기 때문에,
9 내가 나의 종 바빌로니아 왕 느부갓네살을 시켜서 북녘의 모든 민족을 데려오겠다. 나 주의 말이다. 내가 이렇게 그들을 데려다가, 이 땅과 그 주민을 함께 치게 하며, 그 주위의 모든 민족을 치게 하겠다. 내가 그들을 완전히 ㄱ)진멸시켜, 영원히 놀라움과 빈정거림과 조롱거리가 되게 하고, 이 땅을 영원한 폐허 더미로 만들겠다.
10 내가 그들에게서 흥겨워하는 소리와 기뻐하는 소리, 즐거워하는 신랑 신부의 목소리, 맷돌질하는 소리, 등불 빛을 모두 사라지게 하겠다.
11 이 땅은 깡그리 끔찍한 폐허가 되고, 이 땅에 살던 민족은 칠십 년 동안 바빌로니아 왕을 섬길 것이다.
12 이렇게 칠십 년이란 기한이 다 차면, 내가 바빌로니아 왕과 그 민족과 바빌로니아 땅의 죄를 벌하며, 그 곳을 영원한 황무지로 만들어 버리겠다. 나 주의 말이다.
13 내가 그 땅을 치겠다고 한 나의 모든 약속을 실천할 터이니, 이는 뭇 민족이 받게 될 벌을 예레미야가 예언한 대로, 이 책에 모두 기록된 대로 성취하는 것이다.
14 참으로 이번에는 바빌로니아 사람들이 많은 강대국들과 대왕들을 섬길 것이다. 이와 같이 나는 바빌로니아 사람들이 직접 행하고 저지른 일을 그대로 갚아 주겠다.' 이렇게 주님께서 말씀하셨습니다."

세계 만민에게 내리는 진노의 잔

15 주 이스라엘의 하나님께서 나에게 이렇게 말씀하신다. "너는 내 손에서 이 진노의 포도주 잔을 받아라. 내가 너를 뭇 민족에게 보낼 터이니,

ㄱ) '진멸'로 번역되는 히브리어 헤렘은 물건이나 짐승이나 사람을 완전히 진멸하여 하나님께 바치는 제물로 삼는다는 것을 가리킴. 진멸하여 바칠 물건은 사람이 가질 수 없음

민족에게 분노의 잔을 보내는 상징적 행위(25:15-29)와 여러 민족을 대적하는 시들을 포함한다 (25:30-38). 이 장은 칠십인역이 25:13에 여러 나라를 대적하는 신탁을 삽입하기 때문에 예레미야의 칠십인역과 현저하게 다르다. 히브리어나 마소라사본에서는 여러 민족을 대적하는 계시는 책의 말미에 나온다 (46—51장). 25장과 1장 사이에는 많은 연결고리가 있다. 여기서 예레미야는 드디어 "뭇 민족에게 보낼 예언자"로 활약한다. 이 장은 예레미야의 첫 구분 또는 "책"을 마감한다. 이 장은 또한 예레미야가 다시 여러 나라의 선지자로서 역할을 다하는 장소인, 열방에 대적하는 신탁을 기대한다.

25:1-4 3인칭으로 말하는 사람은 이 장에서 여호야김 왕 4년과 느부갓네살 왕 1년으로 거슬러 올라간다. 이 해는 기원전 605년으로 바빌로니아가 고대 근동을 다스릴 때이다. 연대는 예레미야가 앞서서 유다의 몰락을 잘 예언했음을 보여준다. 이것은 포로생활 말기에 관한 그의 예언도 동일하게 믿을 만하다는 것을 암시한다. **25:3** 예레미야는 요시야 왕 13년에 예언 활동을 시작하여 (1:2) 23년간 계속 예언 말씀을 전했으나, 백성들이 계속 그 말씀을 듣지 않은 것으로 요약한다. **25:5** 다른 예언자들 또한 백성들에게 조상에게 준 땅에 남기 위해 돌아서기를 지시했다. 그들은 그렇게 하지 않았다. 하나님의 변덕이 아니라, 그것이 그들이 땅을 잃어버린 이유이다. **25:8-10** 그들을 바빌로니아 왕 느부갓네살의 손에 보내신다는 하나님의 약속이 다시 선포되고, 하나님은 여기서 적의 통치자를 *나의 종*(또한 사 44:28-45:7을 보라)이라 부르신다. 다시 예레미야서는 바벨론을 *북녘의 모든 민족*으로 명백하게 확인한다. 하나님은 일상생활에서 기쁨의 환호성이 사라지게 하실 것이다 (16:9). **25:11** 예레미야는 포로생활이 70년 동안 계속 될 것이라고 예언한다.

포로생활을 50년 동안만 했기 때문에, 나머지 20년은 언뜻 보기에 당황스럽다. 그러나 숫자 7은 온전함과 완전함을 상징하는 매우 긴 시간이다. 7 곱하기 10은 긴 포로생활을 가리킨다. 비록 이 장이 시간적으로 포

그들 모두에게 그 잔을 마시게 하여라. 16 그들
은 모두 이 잔을 마신 다음에, 내가 일으킨 전쟁
때문에 비틀거리며 미칠 것이다."

17 그래서 내가 주님의 손에서 그 잔을 받아
가지고, 주님께서 나를 보내신 모든 민족에게 마
시게 하였다. 18 우선 예루살렘과 유다 성읍의
주민으로부터 시작하여, 그 땅의 왕들과 고관들
에게 마시게 하였다. 그래서, 그 땅이 오늘날과 같
이 폐허가 되었고, 사람들의 놀라움과 빈정거림
과 저주의 대상이 된 것이다. 19 그리고 이집트
왕 바로와 그의 신하와 고관과 그의 모든 백성과,
20 이집트에 사는 여러 족속과, 우스 땅의 모든
왕과, 블레셋 땅의 모든 왕과, 아스글론과 가사와
에그론의 주민과, 아스돗에 남아 있는 주민과,
21 에돔과 모압과 암몬 백성과 22 두로의 모든
왕과, 시돈의 모든 왕과, 지중해 건너편 해안지방의
왕들과, 23 드단과 데마와 부스의 주민과, 관자놀
이의 머리카락을 짧게 깎은 모든 족속과, 24 아라
비아의 모든 왕과, 사막에 사는 여러 족속의 모든
왕과, 25 시므리의 모든 왕과, 엘람의 모든 왕
과, 메대의 모든 왕과, 26 북녘에 있는 원근 각
처의 모든 왕에게 주어서, 차례로 마시게 하였다.
이렇게 내가 세상에 있는 모든 나라에 마시게 하
였다. 마지막에는 ㄱ)세삭 왕이 마시게 될 것이다.

27 "너는 이스라엘의 하나님 만군의 주가 하
는 말이라고 하면서 이들 민족들에게 전하여라.
'내가 너희 사이에 전쟁을 일으킬 것이니, 너희는
마시고, 취하고, 토하고, 쓰러져서 죽어라.'

28 그러나 그들이 네 손에서 그 잔을 받아 마
시기를 거절하면, 너는 그들에게 이렇게 전하여라.
'나 만군의 주가 말한다. 너희는 그 잔을 마시지
않을 수가 없을 것이다. 29 보이지 않느냐? 내가
내 이름으로 불리는 저 도성에서부터 재앙을 내리기
시작하였는데, 너희가 무사하게 넘어갈 수 있겠
느냐? 너희는 절대로 무사하게 넘어가지 못한다.
이는 내가 온 세계에 전쟁을 일으켜서, 모든 주민을
칠 것이기 때문이다. 나 만군의 주가 하는 말이다.'

30 그러므로 너는 이 모든 말로
그들을 규탄하여 예언하여라.
너는 그들에게 이렇게 말하여라.

'주님께서
저 높은 곳에서 고함 치신다.
그의 거룩한 처소 하늘 꼭대기에서
벽력 같은 목소리를 내신다.
그의 목장에다 대고
무섭게 고함 치신다.
포도를 밟는 자들처럼
이 땅의 모든 주민을 규탄하여
큰소리를 내신다.
31 주님께서 만민을 신문하실 것이니,
그 우렁찬 소리가
땅 끝에까지 퍼질 것이다.
모든 사람을 심판하실 것이니,
악인들을 칼로 쳐서
죽게 하실 것이다.
나 주의 말이다.'"

ㄱ) 바빌론을 가리키는 암호. 칠십인역은 '바빌론'으로 번역함

로기 이전으로 되어 있지만, 원래의 독자들은 아마도 포로기에 있었을 것이다. 이 본문은 인내의 필요성과 고통에서 빨리 벗어나는 길이 없다는 것을 인정하라고 강조한다. **25:12** 오랜 후에 포로생활을 하던 사람들은 명예를 회복하게 될 것이고, 바빌로니아는 하나님의 징벌을 받게 될 것이다. **25:13** 형세가 역전되어 바빌로니아 또한 다른 나라들의 노예가 될 것이다.

25:15-29 이 구절은 바로 앞에 나온 구절들에서 한 설교를 상징적으로 재현하는 것이다. 하나님은 이방 사람들에게 전할 진노의 잔을 예레미야에게 내미신다. 유다로부터 시작하여 그 이웃들에게 순서대로 전달될 것이다. 진노의 포도주 잔(4:26-27, 12:11-12에 이미 거론되었다)은 여러 민족이 마시게 될 하나님의 분노를 상징한다. 비록 포도주 잔을 마시는 것이 자주 축제와 잔치를 상징하지만, 여기서는 정반대를 표시하는 것이다. **25:16** 그 잔을 마시는 사람들은 취해서가 아니라 하나님 심판의 가혹함으로 인해 *비틀거리며 미칠 것이다.* **25:17-26** *예루살렘과 유다의* 성읍들이 진노의 잔을 마신 후에, 이 잔은 처음에 이집트로부터 시작하여 이웃 나라들과 성읍들을 거쳐서 *세삭*이라 부르는 바빌론에게 보내질 것이다. **25:27** 마시는 사람들이 그 잔을 마심으로써, 스스로를 파멸시키고 잔의 황폐함은 점점 강화된다. **25:28** 하나님께서 그들 여러 민족 위에 이미 재앙 내리기를 시작하셨음으로 그들은 마시기를 거절할 수 없다.

진노의 잔 환상은 하나님께서 내리시는 정의의 징벌을 요청하는 것이다. 비록 유다가 지금은 바빌로니아의 손에서 고통을 받고 있지만, 유다의 적들은 곧 그들의 범죄로 인하여 징벌을 당하게 될 것이다. 하나님은 세상의 모든 나라들에게 징벌을 나누어주신다. 이 환상은 만일 옛날의 삶으로 영화롭게 돌아가지 못한다고 해도 적어도 적들에 대한 공정하고 균등한 잣대로 인해, 유다 사람들이 견디도록 확실하게 격려한다.

25:30-38 25장은 여러 민족을 향해 말하는 시적

재앙이 닥쳐온다

32 "나 만군의 주가 말한다.
보아라, 재앙이 이 민족에서
저 민족에게로 퍼져 나가고,
땅의 사방 끝에서
큰 폭풍이 일 것이다.

33 그 날에는 땅 이 끝에서 저 끝에 이르기
까지 나 주에게 죽임을 당한 시체들이 널려 있을
것이며, 그들이 죽었다고 하여 울어 줄 사람도 없
고, 그들을 모아다가 묻어 줄 사람도 없어서, 마
치 땅 위에 뒹구는 거름덩이처럼 될 것이다."

34 "목자들아,
너희는 울부짖으며 통곡하여라.
양 떼의 인도자들아,
너희는 재 위에서 뒹굴어라.
너희가 살육을 당할 날이 다가왔다.
귀한 그릇이 떨어져 깨지듯이
너희가 부서질 것이다.
35 목자들은 도피처도 없으며,
양 떼의 인도자들은
도망할 곳도 없을 것이다."

36 목자들이 울부짖는 소리와
양 떼의 인도자들이
통곡하는 소리를 들어 보아라.
주님께서 그들의 목장을
파괴하셨기 때문이다.
37 주님께서 맹렬히 진노하시니,
평화롭던 초장들이
황무지가 되었다.
38 사자가 굴을 버리고 떠나가듯이,
주님께서 떠나가셨다.
압박하는 자의 ㄱ)칼과
주님의 분노 때문에
그 땅이 폐허가 되었다.

예레미야의 성전 설교

26 1 요시야의 아들 여호야김이 유다 왕이
되어 다스리기 시작할 무렵에, 주님께서
예레미야에게 이렇게 말씀하셨다.
2 "나 주가 말한다. 너는 주의 뜰에 서서, 내가
너에게 전하라고 명한 모든 말을, 유다의 모든 성
읍에서 주의 성전에 경배하러 오는 사람에게, 한
마디도 빼놓지 말고 일러주어라. 3 혹시 그들이
그 말을 듣고서, 각자 자신의 악한 길에서 돌아설
수도 있지 않겠느냐? 그러면 내가, 그들의 악한
행실 때문에 그들에게 내리기로 작정한 재앙을,
거둘 것이다.
4 너는 나 주가 한 말을 그들에게 이렇게 일
러주어라. '너희가, 내가 너희에게 준 법에 따라서
순종하여 살지 않으면, 5 내가 거듭하여 보내고
너희에게 서둘러서 보낸 내 종 예언자들의 말을
너희가 듣지 않으면, 6 내가 이 성전을 실로처럼
만들어 버리고, 이 도성을 세상 만민의 저줏거리가
되게 하겠다.'"

7 제사장들과 예언자들과 온 백성은 예레
미야가 주님의 성전에서 선포한 이 말씀을 다 들
었다. 8 이와 같이 예레미야가 주님의 명대로,
모든 백성에게 주님의 모든 말씀을 선포하니, 제

ㄱ) 몇몇 히브리어 사본과 칠십인역(렘 46:16; 50:16에서도)을 따름. 대다수의 히브리어 사본에는 '분노'

신탁으로 끝맺는다. 거칠고 성난 사자로 묘사되는 하나님이 전체 중앙에 서 계시다. 다른 선지자들도 하나님을 울부짖는 사자(lion)로 말하지만 (호 11:10; 암 1:2; 3:8;) 지금은 유다에서가 아니라 (암 3:8), 하늘의 거하시는 곳에서 벽력같은 목소리를 내신다. **25:30-31** 시는 무서운 하나님의 음성을 강조한다. 그 음성은 *그의 목장에다 대고 무섭게 고함 치신다.* 포도를 밟는 사람들처럼 이 땅의 모든 주민을 규탄하여 큰소리를 내신다. 죄인들을 칼로 치실 것이기 때문에 하나님의 심판은 매우 무서운 것이다. 그러나 죄의 내용은 이 시에서 명확하게 나타나 있지는 않다. 이 구절은 하나님이 선지자들에게 귀 기울이지 않는 유다를 징벌하시고, 유다를 학대한 여러 민족에게 잔을 돌리시는 25장 전반부에 나타난 부분으로부터 의미를 알 수 있다. **25:33** 산문 해설은 주님의 심판 날에 죽임당한 이들의 시체들을 가리킨다. 그들은 경멸 받을 것이며, 매장과 애도도 허용되지 않을 것이며, 장례식도 취소될 것이다. 이는 사회의 모든 관례가 완전히 상실하게 됨을 암시해 주는 것이다.

25:34-38 화자는 목자들, 또는 왕들에게 그들의 폭력적 종말이 이르렀기 때문에 자신들을 위한 애도와 장례를 거행하라고 명령한다. 그들의 울부짖음은 땅이 빼앗기면서 들린다. 군주제의 파멸과 왕들이 살육을 당한 원인은 "주의 맹렬한 진노" 때문이다. 주님은 침략군의 칼의 힘을 빌려 성난 사자처럼 그들 위에 임하셨다.

여기서 끝이 났다. 옛 세상도 끝났고, 그것을 붙드는 상징적 세계관도 하나도 남아있지 않다. 이 책의 처음 스물다섯 장은 여러 형식으로 이 땅 위의 삶의 종말을 알려왔고, 회개와 하나님을 향해 백성들의 마음이 돌아

사장들과 예언자들과 모든 백성이 그를 붙잡고 소
리를 질렀다. "너는 반드시 죽고 말 것이다. 9 어
찌하여 네가 주님의 이름을 빌려, 이 성전이 실로처
럼 되고, 이 도성이 멸망하여 여기에 아무도 살 수
없게 된다고 예언하느냐?" 그러면서 온 백성이,
주님의 성전 안에 있는 예레미야를 치려고, 그 주
위로 몰려들었다.
10 유다의 고관들은 이 소문을 듣고, 왕궁에
서 주님의 성전으로 올라가, 주님의 성전 '새 대문'
어귀에 앉았다. 11 제사장들과 예언자들이 그 고
관들과 온 백성에게 말하였다. "이 사람은 사형 선
고를 받아야 마땅합니다. 여러분이 직접 귀로 들
으신 바와 같이, 그는 이 도성이 멸망한다고 예언을
하였습니다."

추가 설명: 예레미야에 나타나는 하나님의 속성

처음 25장은 하나님의 공의로우신 심판을 변호하면서, 그것이 하나님의 신성과 모순되지 않는다고 변론한다 (신의론). 고대의 독자들에 대한 하나님의 역사를 변호하는 과정에서 이 책은 우리에게 사랑과 진노가 상반되는 감정을 떠오르게 하는 여러 면을 가진 신학적인 하나님의 모습을 소개해준다. 하나님은 상심하고 폭력적인 남편으로 도성의 공격을 관할하는 군대장관으로, 백성을 대신하는 예레미야나 어떤 중재자도 듣지 않을 사람들에게 예언자를 보내는 사람으로 보인다. 이 책의 후반부에서 하나님은 덜 두드러진 문학적 인물로 나타난다. 산문설화는 예레미야에게 집중되지만, 하나님의 존재가 등한시되지는 않는다. 하나님은 여전히 예언자 예언의 근원과 민족 몰락의 설계자이시며, 바빌로니아 사람들의 편에 확고히 남으신다. 그러나 이 책의 후반부에서 하나님은 또한 세우시고, 심으시고, 회복시키시고, 용서하시는 분으로 나온다. "화해의 작은 책자" (30—33장)에서 하나님은 백성들을 본국으로 부르시고, 새 삶과 곧 천국처럼 될 예루살렘의 회복을 약속하신다. 놀랍게도 하나님은 이전의 장들에서 회개를 요구하셨음에도 불구하고 이런 변화의 실천을 위해 선행되는 회개를 요구하지 않으신다. 이제 하나님은 풍성한 은혜로 새롭게 하시고 재건하신다. 그리고 "이방 민족에 대한 예언"(46—51장)이라 불리는, 이 책을 마무리하는 시에서 하나님은 난폭하고 복수심에 가득한 분으로 돌아간다. 그러나 이 때 하나님의 진노는 유다의 적들을 향한 것이다.

종교 전통들은 여러 방식으로 이 긴장관계에 응답한다. 많은 사람들은 진노와 사랑의 성향을 가진 하나님의 모습으로 단순하게 받아들인다. 다른 이들은 그들이 예배하는 긍휼의 하나님과 상관없는 진노를 전적으로 거부하거나 생략한다. 여전히 다른 이들은 본문이 기록될 당시의 문화적 환경에서 이해가 되는 말로 하나님을 나타낸 것이라고 제안한다. 시적 이미지는 온전하거나 체계적인 신학을 제공하지 못한다. 이는 모든 성경본문이 그렇듯 문화적으로 한정되고 신의 진노와 사랑에 대한, 그리고 우리에게 가입하고 연장할 신성의 본질을 살피는 대화를 시작한다.

하나님을 이스라엘 죄악의 징벌자로 보는 본문의 강한 흐름은 모든 사건이 하나님에게 직접 기인한다고 가정하는 고대의 세계관으로부터 나온 것이다. 근대 과학의 사회에서는 몇몇 사람만이 역사적 재앙들을 인간의 죄에 대한 징벌로 하나님이 일으키신 것이라고 본다. 20세기 중반의 유대인 대학살은 이런 신학을 싫어하게 만든다.

예레미야의 포로기 청중들은 다른 이해를 가진다. 만일 하나님께서 바빌로니아에게 승리를 주지 않으셨다면, 바빌로니아의 신들은 하나님보다 더 강하게 보였을 것임에 틀림없다. 예레미야에서 본문은 비록 역사적 사건들이 그렇지 않음을 제안해도 하나님의 주권, 권세, 최고의 공의에 대한 믿음을 포기하지 않는다. 예레미야서는 신의 징벌을 부르는 인간의 죄악됨을 강조함으로 불공평하다는 비난으로부터 하나님을 변호한다. 이 책은 동시대의 신자들을 현재 세상에서 하나님이 누구신지에 대하여 대화하도록 초청한다. 이 책은 우리에게 완전한 신학을 주지 않는다. 하나님에 대하여 풍성하게 둘러싸인 이미지와 상징으로 인간의 언어로는 표현하기 어려운 분을 묘사하려고 시도한다. 예레미야의 현대 독자들은 그들의 역사적 상황 속에서 성서적 언어를 가지고 신학적 모험에 참여하도록 강요된다.

12 그러나 예레미야는 모든 고관과 온 백성
에게 이렇게 대답하였다. "여러분이 들으신 모든
말씀대로, 이 성전과 이 도성에 재앙을 예언하라고,
주님께서 나를 보내셨습니다. 13 그러므로 이제
여러분은 자신의 행동과 행실을 바르게 고치고, 여
러분의 하나님이신 주님의 말씀에 순종하십시오.
그러면 주님께서도 여러분에게 내리시겠다고 말
씀하신 재앙을 거두실 수도 있을 것입니다.

14 나는 여러분의 손에 잡혀 있으니, 여러분
이 보시기에 좋으신 대로, 옳다고 생각되는 대로,
나를 처리하십시오. 15 그러나 이것만은 분명히
알아 두십시오. 여러분이 나를 죽인다면, 자신과,
이 도성과, 이 도성의 주민은 무죄한 사람의 피를
흘린 죄값을 받을 것이니, 이는 이 모든 말씀을 여
러분의 귀에 전하도록 나를 보내신 이가 바로 주
님이시기 때문입니다."

16 그러자 고관들과 온 백성이 제사장들과
예언자들에게 말하였다. "이 사람에게는 사형 선
고를 받아야 할 만한 죄가 없습니다. 그는 주 우
리 하나님의 이름으로 우리에게 말씀을 전하였기
때문입니다."

17 이 때에 지방의 장로들 가운데서 몇 사람
이 일어나서, 거기에 모인 백성의 온 회중에게 이
렇게 말하였다. 18 "유다 왕 히스기야 시대에 모
레셋 사람 미가가 유다 온 백성에게 이와 같이 예
언하였습니다.

ㄱ)'나 만군의 주가 말한다.
시온이 밭 갈듯 뒤엎어질 것이며,
예루살렘이 폐허 더미가 되고,
성전이 서 있는 이 산은
수풀만이 무성한
언덕이 되고 말 것이다.'

19 그 때에 유다 왕 히스기야와 온 유다 백성이
그를 죽였습니까? 그들이 오히려 주님을 두려워
하고, 주님의 은혜를 간구하니, 주님께서도 그들
에게 내리겠다고 말씀하신 재앙을 거두시지 않았
습니까? 그런데 지금 우리는 그 큰 재앙을 우리
자신들에게 불러들이려 하고 있습니다."

20 (그 당시에 주님의 이름으로 예언한 사람
이 또 한 명 있었는데, 그가 바로 기럇여아림 사
람 스마야의 아들 우리야였다. 그도 예레미야와
같은 말씀으로, 이 도성과 이 나라에 재앙이 내릴
것을 예언하였다. 21 그런데 여호야김 왕이,
자기의 모든 용사와 모든 고관과 함께 그의 말을
들은 뒤에, 그를 직접 죽이려고 찾았다. 우리야가
이 소식을 듣고 두려워하여 이집트로 도망하였다.
22 그러자 여호야김 왕이 악볼의 아들 엘라단
에게 몇 사람의 수행원을 딸려서 이집트로 보냈다.

ㄱ) 미 3:12

오기를 요청해 왔다. 시와 산문의 음성은 백성들을 책망해왔고 그들에게 협박과 간청을 시도해왔다. 그러나 백성들은 완강하게 거절했고 스스로 파멸을 가져왔다. 하나님은 그의 사랑하는 아내 유다/예루살렘과 이혼을 바라지 않으셨다. 하나님은 이 땅에 재앙을 가져오기를, 또는 백성들과 언약을 깨뜨리길 바라지 않으셨지만, 하나님의 노력은 반대와 거절에 계속 부딪혔다. 이 장들에 따르면, 민족의 몰락은 하나님께서 피하려고 하셨지만 어쩔 수 없는 죄에 대한 징벌의 결과였다. 한 단원으로 이 장들은 불공평하다는 비난에서 하나님을 변호한다. 민족의 몰락이나 바빌로니아의 승리에 대하여 죄를 범한 것은 하나님이 아니다.

이 장들에서 예레미야는 마지못해 하지만, 하나님의 말씀을 대언하는 사람으로 등장한다. 눈물의 선지자인 그의 모습은 대항하는 메시지를 가진 그의 동료 예언자들과는 구별이 된다. 1—25장은 예레미야가 그의 사명을 거부했던 것을 보여줌으로써 그의 예언을 유효하게 만든다. 그는 태어나기 전부터 말씀에 사로잡혔고, 대언하는 것 외에는 다른 선택이 없었다. 비록 그가 듣지 않는 백성들에게 보내졌지만, 그는 그들에게 전달해야 하는 메시지로 인해 슬픔에 잠겼다. 그의 운명은 그들에게 준비된 것을 재현하는 것이다. 그들에게 일어날 것처럼, 그는 사로잡힌다. 그는 살아서 이런 고통을 보느니 차라리 태어나지 않았으면 한다.

26:1—52:34 예레미야의 두 번째 두루마리 또는 책은 여러 면에서 책의 전반부와 다르다. 책의 전반부에서는 주로 시로 되어 있는 반면에, 후반부에는 주로 산문설화의 문학형식으로 되어있다. 예레미야의 삶은 후반부에 더욱 집중되어 있으며 (37—44장), 미래의 안녕과 회복에 대한 예언들이 더욱 명백해진다 (30—33장). 후반부에 있는 장들에서 3인층으로 말하는 박식한 사람(주로 예레미야의 필사자로 알려진 바룩)은 많은 사건을 말해 준다. 예레미야의 첫 번째 "책"에서 선지자는 혼자 활동하는 것으로 보였다. 그는 대적들로부터 고립되었다. 두 번째 "책"에서 예레미야는 많은 지지자들과 그를 어려움에서 구출해 주는 사람들을 만난다.

26—52장은 공동체 안에서 생존과 갈등의 문제들을 발전시킨다. 그들은 또한 여러 민족의 미래를 위한 하나님의 계획 속에서 유다의 비극을 생각한다. 책의 후반부의 압도하는 질문은 더 이상 유다가 재앙을 피하기 위해 회개할 것인가가 아니다. 책의 후반부의 모든 장들은 이런저런 방법으로 공동체의 생존과 관련된다. 그들은 공동체에게 회개하라고 다그치고, 피할 수 없는

23 그들이 이집트에서 우리야를 붙잡아 여호야
김 왕에게 데려오자, 왕은 그를 칼로 죽이고, 그
시체를 평민의 공동 묘지에 던졌다.)
24 그러나 예레미야는 사반의 아들 아히감이
보호하여 주었으므로, 그를 죽이려는 백성의 손
에서 벗어날 수 있었다.

거짓 예언자들과 싸우는 예레미야

27 1 요시야의 아들 [ㄱ]시드기야가 유다 왕이
되어 다스리기 시작할 무렵에, 주님께서
예레미야에게 말씀하셨다.
2 주님께서 나에게 이렇게 말씀하셨다. "너
는 나무 멍에들을 만들어 밧줄을 달고, 그 멍에들
을 네 목으로 메어다가, 3 지금 유다 왕 시드기
야를 만나려고 예루살렘에 와 있는 사절들에게 나
누어 주어, 그것들을 에돔 왕과 모압 왕과 암몬 사
람의 왕과 두로 왕과 시돈 왕에게로 보내어라.
4 너는 또 그들에게 이렇게 명령하여, 각자 상전
에게 전하게 하여라.

'나 만군의 주, 이스라엘의 하나님이 말한다.
너희는 각자 상전에게 전하여라.

ㄱ) 소수의 히브리어 사본과 시리아어역을 따름.(렘 27:3; 28:1에서도) 대다수의 히브리어 사본에는 '여호야김'으로 되어 있음. 대다수의 칠십인역 사본에는 1절이 없음

고통 속에서 인내를 장려하고 그들을 위한 미래를 준비하시는 하나님 안에서 확신을 가지고 초청한다.

책의 후반부에서 시가 드문 것은, 따로 구분하여 두드러지게 하여, 시가 등장할 때 많은 관심을 끌어낸다. 시는 생존보다 더한 것을 약속한다. 시는 빛나는 미래와 (30—33장) 하나님의 적국을 타도하는 것을 약속한다 (46—51장). 그러므로 책의 후반부는 소리 없고 멀리 있지만, 책의 초반부의 비극처럼 명확하고 피할 수 없는 소망과 관련짓는다.

26:1—36:32 26장과 36장은 예언자의 갈등 (27—29장), "화해의 작은 책자" (30—33장), 그리고 신실한 삶의 예와 신실한 삶에 반대되는 예에 전념하는 보조적 단위를 아우르는 문학적 틀을 마련해 준다 (34—33장).

26:1-24 이 예언의 말씀들은 책의 두 번째 부분을 소개하며, 두 번째 임명 또는 소명설화(1장)의 수사적 효과를 노리는 역할을 한다. 이 책은 또한 성전설교를 조금 더 발전시킨다 (7:1—8:3). 26장은 세 부분으로 나눌 수 있다: 재판 (26:1-16), 장로들의 중재 (26:17-23), 그리고 위험에서 벗어남 (26:24).

26:1-16 26장에 나타나 있는 설화는 처음부터 예언의 말씀을 거부했던 여호야김 왕이 통치하기 시작한 것을 배경으로 이야기하고 있다. **26:2** 하나님은 예레미야에게 그의 메시지를 줄이거나 다듬지 말고 성전에서 설교하라고 사명을 주어 보내신다. 이 명령은 모세에게 메시지에 추가하는 것을 금지한 것만 빼고는 모세의 임명식(신 4:2; 13:1)과 비슷하다. 예레미야는 그가 메시지에 추가했기 때문에 이런 명령을 받지 못한다. **26:4-6** 성전설교의 요약본이 잇따른다 (7장). 그 설교의 예배와 관련하는 모든 자료들은 여기서 생략되고 오직 백성들이 듣기를 거부하는 것과 그 거부의 결과만이 기록되었다. 이 책의 후반부에서 성전은 이미 실로처럼 되었다 (7:14).

26:7-16 예레미야의 메시지에 대한 여러 그룹의 반응들이 잇따른다. **26:7-9** 제사장들과 선지자들은 그를 죽음으로 위협한다. **26:10-11** 고관들은 자리를 잡고, 제사장들과 선지자들은 예레미야를 고소하고, 사형을 선고해야 한다고 주장한다. **26:12-15** 그에 대한 고소에 직면하면서 예레미야는 하나님께서 그를 보내셨다고 주장하면서 자신을 변호한다. 그는 회개를 요구하고 앞에 놓인 어떤 운명이라도 받아들인다 (620쪽 왕상 22장에 관한 주석을 위한 추가 설명: "참 예언자들과 거짓 예언자들"을 보라). *내가 너를 뭇 민족에게 보낼 터이니*라는 선언은 어느 시대를 막론하고 신실한 예언자들을 위한 좌우명으로 내세울 수 있다. **26:16** 재판은 고관들과 모든 백성이 예레미야가 무죄임을 선언할 때 끝난다.

26:17-23 그리고 예레미야가 마치 혐의가 풀리지 않은 것처럼 장로들은 예루살렘의 몰락을 예언한 다른 두 선지자와 그 당시 왕들이 수용한 대조적인 사례를 제시하면서 논쟁을 계속한다. **26:17-19** 히스기야 왕은 선지자 미가의 메시지를 회개의 요청으로 받아들였다 (미 3:12). **26:20-23** 그와는 대조적으로, 여호야김 왕은 우리야의 메시지를 거부했고, 그를 잡기 위해 암살단을 이집트로 보냈고, 그를 죽였고, 그의 시신을 욕보였다. 그의 통치의 시작부터 (26:1), 여호야김은 제사장들과 선지자들과 함께 예언의 말씀을 업신여기는 일에 하나가 되었다.

26:24 신비스럽게도, 사반의 아들, 아히감이 예레미야를 구해 준다. 사반의 가족은 왕과 관련되어 있고, 예레미야를 돕고 지지한다. 그러나 아히감은 무엇으로부터 예레미야를 구출하고 있는가? 백성들과 고관들이 이미 예레미야의 무죄를 선언하였으므로 구출은 필요 없어 보인다. 그러나 이 구출은 36장의 예레미야의 위태함과 구출의 이야기와 유사점들을 만들어낸다. 두 장에서 예레미야의 예언 메시지가 그의 삶을 위험에 빠뜨린다. 두 장에서 모두 그는 거짓 예언을 고발하고 그의 명예는 회복된다. 그 때문에 26장과 36장은 새로운 가능성을 열어준다. 26장은 지도자들이 예언을 거부하는 주제들을 소개한다. 이것은 독자들에게 회개하도록 요구하고, 그의 지지자들이 그랬던 것처럼 예레미야의 말을 경청하도록 요청한다. 예레미야는 처음으로 그의 청중

5 내가 큰 권능과 편 팔로 이 땅을 만들고,
이 땅 위에 있는 사람과 짐승도 만들었다. 그러므
로 나의 눈에 드는 사람에게 이 땅을 맡기겠다.
6 지금 나는 이 모든 나라를 나의 종 바빌로니아
왕 느부갓네살의 손에 맡겼으며, 들짐승도 그에
게 맡겨서, 그가 부리게 하였다. 7 그러므로 모
든 민족이 느부갓네살과 그의 아들과 그의 손자를
섬길 것이다. 물론 바빌로니아도 망하고 느부갓
네살도 망할 때가 올 것이다. 그 때가 되면, 그의
나라도 강한 족속들과 위대한 왕들을 섬길 것이다.

8 그러나 바빌로니아 왕 느부갓네살을 섬기지
않으며, 바빌로니아 왕의 멍에를 목에 메지 않는
민족이나 나라가 있으면, 나는 그 민족을 전쟁과
기근과 염병으로 처벌해서라도, 그들을 바빌로니
아 왕의 손에 멸망당하게 하겠다. 나 주의 말이다.
9 그러므로 너희에게 있는 예언자들이나 점쟁이
들이나 해몽가들이나 박수들이나 마술사들이 너
희에게 바빌로니아 왕을 섬기지 않게 될 것이라고
말해도, 너희는 듣지 말아라. 10 그들의 예언은
거짓이다. 너희가 그들의 말을 듣게 되면, 너희는
고향 땅에서 멀리 쫓겨나게 될 것이다. 내가 너희를
내쫓아 멸망하게 할 것이다. 11 그러나 바빌로
니아 왕의 멍에를 목에 메고, 그를 섬기는 민족에
게는 내가 고향 땅에 남아 농사를 지으며, 그대로
살 수 있게 하겠다. 나 주의 말이다.'"

12 나는 유다 왕 시드기야에게도 이와 똑같은
말을 전하였다. "여러분들은 바빌로니아 왕의 멍
에를 메고, 그와 그의 백성을 섬겨서 살아 남도록
하십시오. 13 주님께서, 바빌로니아 왕을 섬기지
않는 백성은 전쟁과 기근과 염병으로 죽이겠다고
말씀하셨는데, 어찌하여 임금님과 임금님의 백성은
그와 같이 죽으려고 하십니까? 14 그러므로 여
러분에게, 바빌로니아 왕을 섬기지 않게 될 것이
라고 예언하는 자들의 말을 듣지 마십시오. 그들이
여러분에게 하는 예언은 거짓입니다. 15 주님께
서는 이렇게 말씀하셨습니다. '나는 그들을 보내
지 않았는데, 그들은 거짓으로 내 이름을 팔아 예
언한다. 너희가 그 말을 들으면, 내가 너희를 쫓
아낼 것이며, 너희는 그러한 예언자들과 함께 멸
망하고 말 것이다' 하셨습니다."

16 그리고 나는 제사장들과 이 모든 백성에
게 이렇게 말하였다. "나 주가 말한다. 너희는, 주
의 성전의 기구들이 이제 곧 바빌로니아에서 되돌
아올 것이라고 하는 너희 예언자들의 말을 듣지
말아라. 그들이 너희에게 하는 예언은 거짓이다.
17 너희는 그들의 말을 듣지 말고, 바빌로니아
왕을 섬겨서 살아 남도록 하여라. 어찌하여 이 도
성이 폐허가 되어야 하겠느냐? 18 그러므로 그
들이 예언자들이라고 한다면, 정말로 그들이 주
의 말씀을 받은 사람들이라면, 차라리 그들은 주
의 성전과 유다 왕궁과 예루살렘에 아직 남아 있
는 기구들을 더 이상 바빌로니아에 빼앗기지 않게
해 달라고, 만군의 주에게 호소해야 옳을 것이다.

들에게 포로생활에 대응하는 방법을 보여준다. 그의 구출은 그들에게 가능성이 있는 미래에 있을 신비로운 구출을 상징한다.

27:1—28:17 이 두 장은 예언 활동의 갈등들과 그러한 갈등들이 예레미야가 예언한 대로 성취되는 것을 묘사해 준다. 이 장들은 짐을 나르는 동물을 길들이고 조종하기 위해 쓰이는 기구인 멍에의 상징적 착용과 부서뜨림에 초점을 둔다. 멍에는 포로생활을 하는 사람들의 속박을 상징한다. 이 장들은 예언에 대한 더욱 편협한 싸움들의 세 단원을 담고 있다. 국제적인 의견 차이에서 포로생활을 하는 사람들의 상황과 관련하여 대립하는 예언을 가진 두 선지자 사이의 개인적인 논쟁으로 눈길을 돌린다. 예레미야는 다른 나라들의 선지자들에 도전하고 (27:1-11), 유다의 선지자들에 반대하고 (27:12-22), 하나냐를 반대한다 (28:1-17).

27:1-11 이야기는 597년 시드기야 왕이 유다 왕이 되어 다스리기 시작할 무렵부터 시작한다. 그 때가 바빌로니아가 첫 번째로 유다를 침략한 해였다. 그러므로 시일은 미래에 대한 예레미야의 예언이 사실임을 확인해 준다. 그는 바빌로니아의 승리에 대해 정확했다. 그러므로 그의 예언은 바빌로니아의 통치 기간과 바빌로니아의 궁극적인 파멸에 관련하여 대등하게 신뢰할 만한 것이다. 본문에 깔려있는 문제점은 바빌로니아의 통치를 따를 것인지 혹은 따르지 말아야 할 것인지에 관한 것이고, 또 얼마나 오랫동안 통치를 받아야 하는 것인가이다. **27:2-3** 하나님은 예레미야에게 멍에를 만들어 메고 시드기야와 바빌로니아의 통치 아래 이웃하는 여러 민족의 사절들에게도 메시지를 전하라고 명령하신다. **27:6** 창조주 하나님은 이 모든 땅을 느부갓네살의 통치에 맡기셨다. 놀랍게도 하나님은 침략하는 세력의 이방 통치자를 나의 종이라고 부르신다 (또한 25:9를 보라). 이 싸움에서 예레미야의 편은 바벨론 지지자이다. **27:8-10** 예레미야는 그후 부정적인 단어로 동일한 메시지를 전한다. 여러 민족은 반드시 바빌로니아의 멍에를 감수해야만 하고, 그렇지 않으면 그들은 완전히 파멸될 것이다. **27:9** 선지자들과 다른 중재자들—점쟁이들, 해몽가들, 박수들, 마술사들—은 거짓말을 하고 있다. **27:11** 바빌로니아의 멍에에 대한 복종은 땅에서 생존을 보증한다.

27:12-22 예레미야는 그의 관심을 여러 민족에서 유다로 좁힌다. 메시지는 유사하다. **27:14** 먼저 시드기야 왕은 거짓 예언자들의 말을 들은 것에 대해

19 (나 만군의 주가 기둥과 놋바다와 받침대와
아직 이 도성에 남아 있는 기구, 20 곧 바빌로니아
왕 느부갓네살이 유다 왕 여호야김의 아들 ㄱ)여고
냐와, 유다와 예루살렘의 모든 귀족을 예루살렘
에서 바빌로니아로 붙잡아 갈 때에 남겨 두었던
것들에 관하여 말하겠다.)
21 참으로 주의 성전과 유다 왕궁과 예루살
렘에 남아 있는 그 기구를 두고, 나 만군의 주, 이
스라엘의 하나님이 말한다. 22 그것들도 바빌로
니아로 실려 가서, 내가 찾아올 때까지 그냥 그 곳
에 남아 있을 것이다. 나 주의 말이다. 그리고 그 후
에 내가 그것들을 이 곳으로 다시 옮겨 올 것이다."

예레미야와 하나냐

28 1 같은 해, 곧 시드기야가 유다 왕이 되
어 다스리기 시작한 지 사 년째가 되던 해
다섯째 달에 일어난 일이다. 기브온 사람 앗술의
아들 하나냐라는 예언자가 있었는데, 그가 주님
의 성전에서 제사장들과 온 백성이 보는 앞에서
나에게 이렇게 말하였다. 2 "나 만군의 주, 이스
라엘의 하나님이 말한다. 내가 바빌로니아 왕의
멍에를 꺾어 버렸다. 3 바빌로니아 왕 느부갓네
살이 이 곳에서 탈취하여 바빌로니아로 가져 간
주의 성전의 모든 기구를, 내가 친히 이 년 안에
이 곳으로 다시 가져 오겠다. 4 또 유다 왕 여호
야김의 아들 ㄱ)여고냐와 바빌로니아로 잡혀 간 유
다의 모든 포로도 내가 이 곳으로 다시 데려오겠
다. 나 주의 말이다. 내가 반드시 바빌로니아 왕
의 멍에를 꺾어 버리겠다."
5 그러자 예언자 예레미야가 주님의 성전에
서 있는 제사장들과 온 백성이 보는 앞에서, 예언
자 하나냐에게 대답하였다. 6 그 때에 예언자 예
레미야는 이렇게 말하였다. "아멘. 주님께서 그렇
게만 하여 주신다면, 오죽이나 좋겠소? 당신이 예
언한 말을 주님께서 성취해 주셔서, 주님의 성전
기구와 모든 포로가 바빌로니아에서 이 곳으로 되
돌아 올 수 있기를, 나도 바라오. 7 그러나 당신
은 이제 내가 당신의 귀와 온 백성의 귀에 이르는
이 말을 들으시오. 8 옛날부터 우리의 선배 예언
자들은 많은 나라와 큰 왕국에 전쟁과 기근과 염
병이 닥칠 것을 예언하였소. 9 평화를 예언하는
예언자는, 그가 예언한 말이 성취된 뒤에야, 비로
소 사람들이 그를 주님께서 보내신 참 예언자로
인정하게 될 것이오."
10 예언자 하나냐가 예언자 예레미야의 목에
서 나무 멍에를 빼앗아 꺾어 버렸다. 11 그리고
하나냐는 온 백성이 보는 앞에서 이렇게 말하였
다. "나 주가 말한다. 내가 이 년 안에 바빌로니아
왕 느부갓네살의 멍에를 모든 민족의 목에서 벗겨
서 이와 같이 꺾어 버리겠다." 예언자 예레미야는
그 자리를 떠났다.
12 예언자 하나냐가 예언자 예레미야의 목에
서 나무 멍에를 빼앗아 꺾어 버린 뒤에, 주님께서
예레미야에게 이렇게 말씀하셨다. 13 "너는 가
서 하나냐에게 이렇게 전하여라. '나 주가 말한다.
너는 나무로 만든 멍에를 꺾어 버렸으나, 오히려
그 대신에 쇠로 멍에를 만들고 말았다. 14 진실로
나 만군의 주 이스라엘의 하나님이 말한다. 내가
이 모든 민족의 목에 쇠로 만든 멍에를 메워 놓고,
바빌로니아 왕 느부갓네살을 섬기게 하였으니,
그들이 그를 섬길 수밖에 없다. 나는 심지어 들짐
승도 그에게 넘겨 주었다.'"

ㄱ) 일명 '여호야긴'

경고를 받는다. 여러 민족에 대한 연설에서 거론된 많은 예언 역할들은 그들의 대부분이 유다에서 금지되었기 때문에 여기서 생략되었다. 오직 하나님께로부터 보냄을 받은 참 예언자들만을 믿어야 한다. 유다의 다른 예언자들은 하나님으로부터 임명되지 않았다. **27:16** 그 후 예레미야는 제사장들과 모든 백성에게 거짓 예언자들도 주의하라고 연설한다. 논쟁의 핵심은 기원전 597년 예루살렘 침공 당시 바빌로니아 사람들이 약탈한 예배도구인 성전 기구들과 관련된다. 유다의 예언자들은 기구들이 빨리 회복될 것을 약속한다. **27:19** 이 기구들은 솔로몬 성전의 대표작들이다 (왕하 7:15-37). **27:22** 예레미야는 이 기구들이 바벨론으로 옮겨질 것이고 하나님께서 이것을 돌보고 예루살렘으로 반환할 때까지 묶여있을 것이다. 암시적으로 백성들도 역시 불명확한 기간 동안 바빌로니아의 통치 아래 남아 있게 될 것이다.

28:1-17 이 본문은 두 예언자, 예레미야와 하나냐 간에 일어난 갈등을 묘사해 주며, 바빌로니아의 통치에 대응하는 방법을 놓고 생긴 그들의 갈등을 나타내 주고 있다. 하나냐는 상반되는 메시지를 가지고 같은 해에 등장한다. **28:2** 그는 예언자들이 사용하는 동일한 말을 하면서, *나 만군의 주, 이스라엘의 하나님이 말한다* 라고 말하면서, 하나님께서 바빌로니아 왕의 멍에를 꺾어 버렸다고 말한다. **28:4** 하나님은 다른 포로들과 마찬가지로, 여기서 여고냐 (여호야긴) 라고 불리는 추방된 왕을 돌아오게 하신다. **28:6** 예레미야는 신앙심이 깊은 답을 한다. 예레미야는 "아멘"이라 말하지만 경고의 조건을 덧붙인다. **28:8-9** 옛 선지자들이 슬픈 소식을

15 예언자 예레미야는 예언자 하나냐에게 말하였다. "하나냐는 똑똑히 들으시오. 주님께서는 당신을 예언자로 보내지 않으셨는데도, 당신은 이 백성에게 거짓을 믿도록 하였소. 16 그러므로 주님께서 이렇게 말씀하셨소. '내가 너를 이 지면에서 영영 없애 버릴 것이니, 금년에 네가 죽을 것이다. 네가 나 주를 거역하는 말을 하였기 때문이다.'" 17 예언자 하나냐가 바로 그 해 일곱째 달에 죽었다.

포로에게 보낸 예레미야의 편지

29 1 이것은 예언자 예레미야가 예루살렘에서 보낸 편지로서, 포로로 잡혀 간 장로들 가운데서 살아 남은 사람들을 비롯하여, 느부갓네살이 예루살렘에서 바빌로니아로 잡아간 제사장들과 예언자들과 온 백성에게 보낸 것이다. 2 이 때는 ㄱ)여고냐 왕과 그의 어머니와 내시들과 유다와 예루살렘의 고관들과 기술자들과 대장장이들이 예루살렘에서 떠난 뒤이다. 3 이 편지는, 유다 왕 시드기야가 바빌로니아 왕 느부갓네살에게 보낸 사반의 아들 엘리사와 힐기야의 아들 그마랴를 시켜 바빌로니아로 전달하였다. 다음은 편지의 내용이다.

4 "나 만군의 주, 이스라엘의 하나님이 말한다. 내가 예루살렘에서 바빌로니아로 잡혀 가게 한 모든 포로에게 말한다. 5 너희는 그 곳에 집을 짓고 정착하여라. 과수원도 만들고 그 열매도 따먹어라. 6 너희는 장가를 들어서 아들딸을 낳고, 너희 아들들도 장가를 보내고 너희 딸들도 시집을 보내어, 그들도 아들딸을 낳도록 하여라. 너희가 그 곳에서 번성하여, 줄어들지 않게 하여라. 7 또 너희는, 내가 사로잡혀 가게 한 그 성읍이 평안을 누리도록 노력하고, 그 성읍이 번영하도록 나 주에게 기도하여라. 그 성읍이 평안해야, 너희도 평안할 것이기 때문이다. 8 나 만군의 주, 이스라엘의 하나님이 분명히 말한다. 너희는 지금 너희 가운데 있는 예언자들에게 속지 말고, 점쟁이들에게도 속지 말고, 꿈쟁이들의 꿈 이야기도 곧이듣지 말아라. 9 그들은 단지 나의 이름을 팔아서 너희에게 거짓 예언을 하고 있을 뿐이다. 그들은 내가 보낸 자들이 아니다. 나 주의 말이다.

10 나 주가 분명히 말한다. 너희가 바빌로니아에서 칠십 년을 다 채우고 나면, 내가 너희를 돌아보아, 너희를 이 곳으로 다시 데리고 오기로 한 나의 은혜로운 약속을 너희에게 그대로 이루어 주겠다. 11 너희를 두고 계획하고 있는 일들은 오직 나만이 알고 있다. 내가 너희를 두고 계획하고 있는 일들은 재앙이 아니라 번영이다. 너희에게 미래에 대한 희망을 주려는 것이다. 나 주의 말이다. 12 너희가 나를 부르고, 나에게 와서 기도하면, 내가 너희의 호소를 들어주겠다. 13 너희가 나를 찾으면, 나를 만날 것이다. 너희가 온전한 마음으로 나를 찾기만 하면, 14 내가 너희를 만나 주겠다. 나 주의 말이다. 내가 너희를 포로생활에서 돌아

ㄱ) 일명 '여호야긴'

전했다. 예레미야는 예언자가 평화의 소식을 전할 때, 그 말이 하나님께로 왔는지 아는 유일한 기준은 그것이 성취될 때 알게 된다고 주장한다. 예레미야는 하나님으로부터 오는 말씀에 늘 귀를 기울이지만, 하나냐가 확신을 가지고 예언한 것을 의심한다. **28:10** 그후 하나냐는 예레미야가 지고 있던 멍에를 꺾어 버리면서 그의 예언을 상징적으로 재현한다. **28:11** 하나냐는 모든 백성이 보는 앞에서 하나님께서 이 년 안에 여러 민족을 향한 바빌로니아의 권력을 꺾으실 표적으로 해석한다. **28:13** 나중에 예레미야는 반대되는 소식을 가지고 되돌아온다. 하나냐는 나무 멍에를 꺾어 버렸지만, 하나님은 모든 민족 위에 쇠 멍에로 바꾸실 것이다. **28:14** 그들은 하나님께서 들짐승까지 다스리도록 맡기신 느부갓네살 왕을 섬기게 될 것이다. 그 상세함은 여러 민족에 대한 바빌로니아의 통치가 얼마나 대단할 것인가 강조한다. **28:15** 예레미야는 이제 하나냐를 백성들에게 거짓으로 말했던 거짓 예언자로 대면한다. **28:16-17** 신 18:20에서 하나님은 누구든지 거짓으로 증거하는 자는 죽을 것이라고 말씀하신다. 하나냐를 거짓 예언자로, 예레미야를 참 예언자로 보여주면서 바로 그 해에 하나냐는 죽는다. 바빌로니아의 통치에 대한 예언은 믿을 만한 것이다.

29:1-32 29장은 유다에 있는 예레미야와 바빌로니아에 있는 포로들 사이에 교환된 두 개의 편지 형식으로 되어있다 (29:1-23; 24—32장). 편지들의 문학 형태는 예레미야가 포로생활을 하는 이들에게 예언 활동을 할 수 있도록 허가하는 식으로 되어 있으며, 그들 사이에서 예레미야가 하나님의 일을 하고 있다는 권위가 부여되고 있다. 편지들은 예언 메시지에 대한 갈등을 계속 반영해 주고 있다.

29:1-23 예레미야는 기원전 597년 왕과 왕의 어머니와 다른 이들이 포로로 끌려간 후, 포로생활을 하는 이들에게 첫 번째로 편지를 보낸다. **29:3** 예레미야의 지지자들 가운데 있던 급사들이 편지를 전한다. **29:4** 편지는 포로생활을 하는 이들이 바빌로니아에 정착하여 집들을 짓고, 과수원을 만들고, 결혼하라고

오게 하겠다. 내가 너희를 쫓아 보냈던 세상의 모든 나라, 모든 지역에서 너희를 모아 오겠다. 내가 너희를 포로로 보냈으나, 나는 ㄱ)너희를 그 곳에서 너희의 고향으로 다시 데려오겠다. 나 주의 말이다.

15 너희는 '주님께서는 바빌로니아에서도 우리에게 예언자들을 보내 주시지 않았느냐?' 하고 말한다.

16 그렇기 때문에 나 주가 지금 다윗의 보좌에 앉아 있는 왕에게, 그리고 지금 이 도성에 살고 있는 모든 백성, 곧 너희와 함께 포로로 잡혀 가지 않은 너희의 친척에게 말한다. 17 나 만군의 주가 말한다. 내가 그들에게 전쟁과 기근과 염병을 보내어, 그들을 아무도 먹을 수 없는 썩은 무화과처럼 만들겠다. 18 내가 칼과 기근과 염병으로 그들을 뒤쫓아가서 칠 것이니, 세상의 모든 나라들이 이것을 보고 놀라게 하고, 그들은 나에게 쫓겨가서 사는 모든 민족들 사이에서, 저주와 놀라움과 조롱과 조소거리가 되게 하겠다. 19 나 주의 말이다. 이것은, 내가 그들에게 나의 종 예언자들을 서둘러서 보내어 나의 말을 전하였으나, 그들이 나의 말을 듣지 않아서 내리는 벌이다. 그들이 듣지 않았기 때문이다. 나 주의 말이다.

20 그러므로 내가 예루살렘에서 바빌로니아로 쫓아 보낸 너희 포로들아, 이제 너희는 모두 나 주의 말을 들어라. 21 나 만군의 주, 이스라엘의 하나님이 말한다. 지금 나의 이름을 팔아 너희에게 거짓 예언을 하고 있는 골라야의 아들 아합과, 마아세야의 아들 시드기야를 두고 말한다. 내가 그들을 바빌로니아 왕 느부갓네살의 손에 넘겨주어, 너희가 보는 앞에서 그 왕이 그들을 죽이도록 하겠다. 22 그리고 그들 때문에, 바빌로니아에 사는 모든 유다의 포로 사이에서는 '너도 주님께 형벌을 받아, 시드기야와 아합처럼 바빌로니아 왕에게 화형이나 당해라' 하는 저주가 생길 것이다. 23 이것은, 그들이 이스라엘 사람으로서 절대로 해서는 안 될 망측한 일을 하였기 때문이다. 그들은 자기 이웃의 아내들과 간음하였고, 나의 이름을 팔아, 내가 시키지도 않은 거짓말을 하였다. 이것을 내가 안다. 내가 바로 그 증인이다. 나 주의 말이다."

스마야의 편지

24-25 만군의 주 이스라엘의 하나님께서 느헬람 사람 스마야에게 전하라고 하시면서 나에게 말씀하셨다. 스마야는 이미 자기의 이름으로 예루살렘에 있는 모든 백성과 마아세야의 아들 스바냐 제사장과 모든 제사장에게 편지를 보냈었다. 스바냐에게 보낸 편지의 내용은 다음과 같다. 26 "스바냐 제사장님, 주님께서 여호야다 제사장을 대신하여 제사장님을 주님의 성전 감독관으로 세우셨을 때에는, 제사장님께서 예언자 행세를 하는 미친 자들을 다 붙잡아 차꼬를 채우거나, 목에 칼을 씌우는 일을 맡기시려고 그렇게 하셨습니다. 27 그런데 지금 제사장님께서는 어찌하여, 아나돗 사람 예레미야가 여러 사람 앞에서 예언자처럼 행세하는 것을 책망하지 않았습니까? 28 그는 바빌로니아에 있는 우리에게 아직 때가 멀었다고 하면서, 이 곳에서 정착할 집도 짓고, 과일을 따 먹을 수 있도록 과수원도 만들라는 전갈까지 보내 왔습니다."

ㄱ) 또는 '너희의 운명을 회복시켜 주겠다'

지시한다. 유다에서 중지된 가정생활이 포로생활을 하는 지역에서 다시 시작된다. **29:7** 포로들은 바빌로니아에서 살며 협조해야 할 뿐 아니라, 그들이 이제 살아가는 도성의 복지를 위해 열심히 노력해야 한다. 이 본문은 다양한 정치적 상황 속에 있는 많은 유대교와 기독교 단체들에게 지침을 제공해 왔다. **29:8** 다른 예언자들과 점쟁이들은 포로기가 빨리 끝날 것이라고 그들에게 말하는 것같이 백성들에게 거짓말하고 있는 중이다. **29:10** 예레미야는 포로기간이 20년 더 지속될 것이라고 알려 준다 (25:11을 보라). 포로기간이 단지 약 50년만 지속되었기 때문에 이 숫자는 혼란을 빚어준다. 70년은 성경 수비학(數秘學)에서 완전한 상태와 풍성함을 나타내는 숫자 7의 배수이다. 이 숫자는 고난으로부터 도망칠 수 없음을 나타내 주는 것이다. 구원이 올 것이지만 먼저 바빌로니아가 하나님의 대리인으로 활동하기 때문에 포로생활을 하는 이들은 반드시 그들과 협력해야만 한다. **29:11** 그 때가 지나면 하나님은 포로들에게 다르게 응답하실 것이고 그들을 땅으로 회복시키실 것이다.

29:15-23 포로들은 행운아들이다. 땅에 남은 자들은 썩은 무화과 같을 것이다 (24:8-10). **29:19** 그들은 선지자의 예언을 "듣지" (히브리어, *샤마으*) 않았기 때문에 각각 재난을 겪게 될 것이다. **29:21-22** 편지는 거짓 선지자들에 대해 저주의 집행으로 상징되는 두 명의 거짓 선지자, 아합과 시드기야의 이름을 말한다. 그들은 바빌로니아 왕의 손에 불타 죽는다. **29:23** 예레미야는 간음을 포함한 괘씸한 범죄로 그들을 고소하지만, 그들이 지은 큰 죄는 거짓 예언이다. 그들은 하나님의 이름으로 말했지만, 하나님께서 예레미야를 통해 개인적으로 증언하시는 것처럼, 하나님께서는 그들을 보내

29 스바냐 제사장은 이 편지를 나 예언자 예
레미야에게 읽어 주었다. 30-32 그 때에 주님께
서는 스마야에 관한 다음과 같은 예언을 바빌론에
있는 모든 포로에게 보내라고 나에게 말씀하셨다.
"나 주가 느헬람 사람 스마야와 그의 자손에게 벌을
내리겠다. 나는 그를 예언자로 보내지 않았는데,
그는 마치 자기가 예언자라도 되기나 한 것처럼
예언하였고, 너희에게 그 거짓 예언을 믿게 하였다.
그러므로 나 주가 말한다. 스마야가 그들에게 나
주를 거역하게 하는 말을 하였으니, 그는 자손을
보지 못할 것이다. 이 백성과 함께 어울려 살 자
손이 없을 것이다. 또 내가 지금 내 백성에게 베풀
복을 마련하고 있지만 그의 자손 가운데는 그 복을
누릴 사람이 없을 것이다. 나 주의 말이다."

이스라엘의 회복에 대한 약속

30
1 주님께서 예레미야에게 말씀하셨다.
2 "주 이스라엘의 하나님이 말한다. 너는
내가 너에게 한 말을 모두 책에 기록하여라. 3 나
주의 말이다. 보아라, 반드시 그 때가 올 터이니,
그 때가 되면, 내가 ㄱ)포로로 잡혀 간 나의 백성을
다시 이스라엘과 유다로 데려오겠다. 나 주가 말
한다. 내가 그들의 조상에게 준 땅으로 그들을 돌
아오게 하여, 그들이 그 땅을 차지하게 하겠다."

4 이 말씀은 주님께서 이스라엘과 유다를 두
고 일러주신 말씀이다.

5 "나 주가 말한다.
무서워서 울부짖는 소리가
들려 온다.
평화는 없고, 폭력뿐이다.
6 너희는
남자도 해산을 하는지 물어 보아라.
어찌하여 남자들이 모조리
해산하는 여인처럼
배를 손으로 움켜 잡고 있으며,
모두
얼굴빛이 창백하게 변하였느냐?
7 슬프다, 그 날이여!
무엇과도 비교할 수 없는
무서운 날이다.
야곱이 당하는 환난의 때이다.
그러나 야곱은 구원을 받을 것이다.

8 나 만군의 주가 하는 말이다.
그 날이 오면,
내가 그의 목에서 멍에를 꺾고,

ㄱ) 또는 '내 백성 이스라엘과 유다의 운명을 회복시켜 주겠다'

지 않으셨다. 그러므로 이 편지는 예레미야의 예언과 다른 메시지를 가진 모든 선지자들을 믿지 못하게 하려고 한다. 이는 또한 바빌로니아로 포로로 끌려가지 않은 사람들을 믿지 못하게 한다.

편지는 포로로 잡혀간 사람들이 그들의 땅을 떠나게 되었을 별다른 선택의 여지가 없었음에도 불구하고 더 나은 사람들로 보여준다. 땅에 남았던 사람들 중 많은 이들 또한 선택의 여지가 없었다. 편지는 포로로 잡혀간 사람들에 대한 하나님의 선호도를 주장하며, 그 주장은 그들이 귀환하게 될 때 우세하게 될 것임을 말한다.

29:24-32 포로생활을 하던 사람 중에 스마야 라는 사람이 예루살렘의 대제사장에게, 포로들에게 보낸 예레미야의 편지 때문에, 제사장들이 미친 예레미야를 조용하게 해 달라고 요구하는 편지를 쓴다 (29:1-23). 대제사장이 스마야의 편지를 크게 읽을 때, 예레미야는 스마야와 그의 가족을 거짓 예언 때문에 저주한다. 싸움은 바빌로니아의 침략으로부터 생존한 사람들과 바빌로니아와 이스라엘의 관계를 해석하는 선지자들 사이에 격심해진다. 이 편지들은 하나님을 바빌로니아 사람들의 편에 연합시킨다. 그러므로 바빌로니아의 지배에 반항하는 것은 하나님에 대해 반항하는 것이다. 반항을 주장하거나 바빌로니아의 통치의 빠른 종식을 기대하는 사람들은 단순히 틀린 것이 아니라 악하다. 선지자들 간에 서로 충돌하는 이야기들은 어조가 일정하지 않고, 다음 넉 장에서 지켜보게 된다.

30:1—33:26 시의 모음(30—31장)과 산문(32—33장)은 자주 "작은 위로의 책자"라고 불린다. 여기서 하나님은 예레미야에게 이스라엘과 유다의 새로운 미래의 환상들을 기록하라고 명령한다 (30:1-3). 이 책의 앞부분의 주제들과 동기들을 사용하면서 이 장들은 치유, 회복, 그리고 하나님과 사람 사이의 새롭게 형성된 미래의 관계를 상상한다. 이 장들에 대해 가장 혼동되는 것은 히브리어 마소라사본(MT)의 중앙에 놓였다는 것이다. 책망하는 구절들과 언쟁하는 구절들이 작은 책자를 둘러싸고 있다. 마치 이 장들이 감명을 주는 열정을 약화시키려는 듯이 큰 책 전체를 통해서 소망은 고난의 구름 속에 가려있는 것처럼 보인다. 그러나 책의 배열은, 애가를 배열한 것처럼, 바빌로니아에서 포로생활을 하는 사람들을 위한 소망을, 그들의 회복은 당장 가능성이 없을지도 모르기 때문에, 완화시키는 것이다. 이 장들은 탈출을 위한 아무런 계획도 제공하지 않는다. 대신 그들은 과거를 다시 생각해 보며 새로운 미래를 보여준다. 그들은 독자들에게 앞에 놓인 삶을 받아들이는 새로운 방법을 제공하여 준다.

그의 사슬을 끊어서,
이방 사람들이 그를 더 이상
종으로 부리지 못하게 하겠다.
9 그러면 그들이 나 주를
자기들의 하나님으로 섬기며,
내가 그들에게 일으켜 줄
다윗의 자손을
자기들의 왕으로 섬길 것이다."

10 "나의 종 야곱아,
너는 두려워하지 말아라.
이스라엘아,
너는 무서워하지 말아라.
나 주의 말이다.
보아라, 내가 너를
먼 곳에서 구원하여 데려오고,
포로로 잡혀 있는 땅에서
너의 자손을 구원할 것이니,
야곱이 고향으로 돌아와서
평안하고 안정되게 살 것이며,
아무런 위협도 받지 않고 살 것이다.
11 내가 너에게로 가서
너를 구원하겠다.
나 주의 말이다.
내가 너를 쫓아
여러 나라로 흩어 버렸지만,
이제는 내가
그 모든 나라를 멸망시키겠다.
그러나 너만은 멸망시키지 않고,
법에 따라서 징계하겠다.
나는 절대로
네가 벌을 면하게 하지는 않겠다.

12 나 주가 말한다.
네 상처는 고칠 수 없고,
네가 맞은 곳은 치유되지 않는다.
13 네 송사를 변호하여 줄 사람이
아무도 없고,
네 종기에는 치료약이 없으며,
너는 절대로 치유되지 않는다.
14 그래서 너를 사랑하던 사람들은
모두 너를 잊고,
더 이상 너를 찾아오지 않는다.
네 죄악이 크고 허물이 많기 때문에,
내가 원수를 치듯이 너를 치고,
잔악한 자를 징계하듯이
너를 징계하였다.
15 그런데 어찌하여 너는

30:1—31:40 시로 된 이 구절에서 말씀하시는 분은 하나님이시다. 하나님의 음성, 소망과 관련된 신탁들, 조화와 새로운 삶과 관련된 주제들은 이 장들을 둘러싸고 있는 자료들과 구별하며 책의 중심부에서 주의를 그들에게로 끌어준다. 하나님의 결손가정의 이야기처럼 (2:1—3:25), 이 시들은 이스라엘과 야곱의 이름들을, 그리고 유다와 시온의 이름도 사용한다. 그러므로 몇몇 해석자들은 이 시들이 원래는 이스라엘의 북왕국을 향해 예언한 것이었다고 주장하기도 한다. 그러나 북왕국과 남왕국의 이름들의 혼합은 하나님의 품 안에 이스라엘 백성 전체의 그림으로 통일과 화합의 수사적인 효과를 노리는 것이다.

서론 (30:1-4) 다음으로 시들은 운명이 바뀌게 되는 것을 묘사하며 (30:5-17), 축제 (30:18-24), 고향으로의 여정 (31:1-4), 기쁨의 정원 (30:10-14), 그리고 시와 산문으로 라헬을 위로하는 것과 결손가정의 회복을 묘사한다 (31:15-40).

30:1-4 예레미야의 소망에 대한 환상들은 하나님의 명령 아래 "책"에 적혀 있다. 환상들은 약속된 땅을 향한 이스라엘과 유다의 회복을 약속한다. 전체 부분은 하나님과의 새로운 언약 안에서 흩어지고 포로로 잡혀간 북과 남의 공동체들이 화목하게 다시 살아가는, 다가올 황금시대를 묘사하고 있다. 30장과 31장의 시들은 결손가족 은유 형식으로 민족과 도성을 나타내는 남성과 여성의 시적 인물 사이를 왔다갔다한다 (2:1—3:25).

30:5-17 이 부분에 있는 두 시는 삶이 재앙에서 새로운 복된 삶으로 뒤바뀌는 것을 묘사한다 (30:5-11과 12-17). 두 시에서, 역전은 야곱이나 시온 안에서의 어떤 변화 때문이 아니라 하나님 안에서의 변화 때문에 일어난다. **30:5-11** 무서워서 울부짖는 소리가 해산하는 여인의 울부짖음처럼 커진다. 그러나 울부짖는 소리가 야곱에게 미쳤기 때문에 남자들이 울고 있는 것이다. 전에 남자의 고통을 묘사하기 위해 해산이라는 여성의 경험으로 심판, 침략, 또는 재난의 때를 알렸다 (4:31; 6:24; 13:21; 20:14-18; 22:23). **30:8** 그러나 곧 일어날 비극적 결말은 하나님께서 노예들의 목에서 멍에를 꺾는다고 약속하실 때 불가사의한 역전이 일어난다 (27—28장을 참조). 그들은 이방 사람들 대신에 하나님, 다윗, 그들의 왕을 섬길 것이다. **30:10** 하나님은 야곱(남성 이스라엘)에게 두려워하지 말라고 재촉하시면서 직접 말씀하신다. 하나님은 그와 그의 자손을 구원하여 주실 것이다. **30:11** 하나님은 그들을 징벌하실 뿐만 아니라, 구원하실 것이고, 하나님께서 그들을 여러 나라로 흩어버렸던 나라들을 징벌하실 것이다.

30:12-17 여성 인물에게 이야기하는 이 시에서 본문은 하나님을 전에 불륜의 아내들을 묘사하기 위해

상처를 입었다고 부르짖고,
고통이 가시지 않는다고
호소하느냐?
네 죄악이 크고 허물이 많아서,
내가 이런 벌을
너에게 내린 것이다."

16 "그러나 이제는
너를 삼켰던 사람들도
모두 삼킴을 당하고,
네 원수들이 모두
포로로 잡혀 갈 것이다.
이제는 너를 약탈한 사람들이
약탈을 당하며,
너를 탈취한 모든 사람이
탈취를 당하게 하겠다.
17 비록 사람들이 너를 보고
'시온은 쫓겨난 여자요,
찾아오는 사람이
아무도 없는 여인이다!'
할지라도,
진정 내가 너를 고쳐 주고,
네 상처를 치료하여 주겠다.
나 주의 말이다."

18 "나 주가 말한다.
내가 야곱의 장막들을
회복하여 놓고,
야곱의 거처를 불쌍하게 여겨,
폐허의 언덕에 다시 성읍을 세우고,
궁궐도
다시 제자리에 세우게 하겠다.
19 그러면 그들로부터
감사의 노래가 터져 나오고,
기쁨의 목소리가 퍼져 나올 것이다.
내가 그들을 번창하게 할 것이니,
그들의 수가 줄지 않을 것이며,
내가 그들을 영화롭게 할 것이니,
그들이 멸시를 당하지 않을 것이다.

20 그 자손이 옛날과 같이 회복되고,
그 회중이
나의 앞에서 굳건해질 것이다.
그를 억압하는 모든 사람을
내가 벌하겠다.
21 그들의 지도자가
같은 겨레 가운데서 나오고,
그들의 통치자가
같은 민족 가운데서 나올 것이다.
내가 그를 부를 때에,
그는 나에게 가까이 올 것이다.
그렇지 않으면
누가 감히 목숨을 걸고,
나에게 가까이 올 수가 있겠느냐?
나 주의 말이다.
22 너희는 나의 백성이 되고,
나는 너희의 하나님이 될 것이다!"

23 주님의 진노가
폭풍처럼 터져 나온다.
휘몰아치는 바람처럼
악인들의 머리를 후려친다.
24 주님께서는
마음 속에서 뜻하신 바를
시행하고 이루실 때까지,
그 맹렬한 진노를 그치지 않으신다.
마지막 날에야
너희가 이것을 깨달을 것이다.

사용했던 말을 사용하며 설명한다. **30:12-13** 그녀의 치유될 수 없는 상처는 자신의 죄의 결과이다. 그를 위한 어떤 약도 없다 (9:21-22). **30:14** 그녀의 사랑하는 사람들은 그녀를 버렸다 (2:20-25, 33). **30:15** 야곱처럼, 여성 이스라엘은(시온 17절) 또한 고통 속에 울부짖지만 그녀만이 유죄이며 그녀만이 주로부터 은연중에 직접 공격을 받는다. *내가 이런 벌을 너에게 내린 것이다.* **30:16** 설명할 수 없이, 그리고 어떤 문학적인 대비가 없이, 주님은 그녀의 원수들을 징벌하실 것이라고 약속한다. **30:17** 하나님은 방랑자 시온의 건강을 회복시켜 주실 것이다.

30:18-24 이 시에서 하나님은 야곱에 대해서 말씀하시고, 또 그에게 직접 말씀하신다. 이 시는 미래에 현재의 실재가 뒤바뀌게 될 것을 널리 알린다. **30:18** 하나님께서 야곱의 장막을 회복시키실 것이고, 야곱의 거처를 불쌍하게 여기실 것이고, 시온이나 예루살렘 도성을 재건하실 것이다. 야곱이 전 이스라엘 선조의 아버지이고 예루살렘이 유다의 수도이기 때문에 회복된 북과 남은 이 시에서 기쁨으로 통일을 이루게 될 것이다. **30:19-21** 즐거워하는 자들은 감사의 노래와 기쁨의 목소리가 퍼져 나올 것이다. 그들은 수가 줄어들지 않고 많아질 것이다. 그들은 멸시를 당하지 않고 영화롭게 될 것이다. 그들과 그들의 자녀들은 다시 예배

북왕국 포로민의 귀환

31 1 "나 주의 말이다.
때가 오면,
나는 이스라엘 모든 지파의
하나님이 되고,
그들은 나의 백성이 될 것이다.
2 나 주가 말한다.
전쟁에서
죽지 않고 살아 남은 백성이,
광야에서 은혜를 입었다.
이스라엘이
자기의 안식처를 찾아 나섰을 때에,
3 나 주가 ㄱ)먼 곳으로부터 와서
이스라엘에게 나타나 주었다.

나는 영원한 사랑으로
너를 사랑하였고,
한결같은 사랑을 너에게 베푼다.
4 처녀 이스라엘아,
내가 너를 일으켜 세우겠으니,
네가 다시 일어날 것이다.
너는 다시 너의 소구를 들고,
흥에 겨워
춤을 추며 나오게 될 것이다.
5 내가 너로 다시 사마리아 산마다
포도원을 만들 수 있게 하겠다.
포도를 심은 사람이
그 열매를 따 먹게 하겠다.
6 에브라임 산에서 파수꾼들이
'어서 시온으로 올라가
주 우리의 하나님 앞으로 나아가자!'
하고 외치는
날이 반드시 올 것이다."

7 "참으로 나 주가 말한다.
너희는 기쁨으로 야곱에게 환호하고
세계 만민의 머리가 된 이스라엘에게
환성을 올려라.
'주님,
주님의 백성을 구원해 주십시오.
이스라엘의 남은 자를
구원해 주십시오.'
이렇게 선포하고 찬양하여라.

8 내가 그들을
북녘 땅에서 데리고 오겠으며,
땅의 맨 끝에서 모아 오겠다.
그들 가운데는
눈 먼 사람과
다리를 저는 사람도 있고,
임신한 여인과
해산한 여인도 있을 것이다.
그들이 큰 무리를 이루어
이 곳으로 돌아올 것이다.
9 그들이
눈물을 흘리면서 돌아올 것이며,
그들이 간구할 때에
내가 그들을 인도하겠다.
그들이 넘어지지 않게
평탄한 길로 인도하여,
물이 많은 시냇가로 가게 하겠다.
나는 이스라엘의 아버지이고,
에브라임은
나의 맏아들이기 때문이다."

10 "뭇 민족들아,

ㄱ) 또는 '과거에'

하는 회중이 될 것이고, 그들의 통치자는 외국인이 아니라 그들 중에 하나가 통치자가 될 것이다. **30:22** 이 시의 절정은 하나님께서 *너희는 나의 백성이 되고, 나는 너희의 하나님이 될 것이다* 라고 하는 전통적인 전형문구를 사용하실 때 언약이 갱신된다 (또한 출 19:5를 보라). **30:23-24** 시는 사악한 자들을 향한 하나님의 진노를 다시 주장하면서 마무리된다. 하나님의 진노의 폭풍이 이미 언약 백성을 거스르는 길로 갔는지 아니면 유다의 원수들을 향해 여전히 가고 있는지 명확하지 않다. 독자들은 마지막 날에 알게 될 것이다.

31:1-14 여기에 있는 시의 세 부분은 이스라엘의 온 백성이 이상적으로 회복됨으로써 포로생활에서 고향으로 돌아가는 여정을 널리 알려 준다 (31:2-6, 7-9, 10-14). **31:1** 산문 표제는 계속되는 언약의 말로 앞에 있는 장과 31장을 연결시켜준다. *"나는 이스라엘 모든 지파의 하나님이 되고, 그들은 나의 백성이 될 것이다."* **31:2-6** 이 구절들은 미래의 북왕국과 남왕국이 통일될 것을 상상한다. 하나님은 이스라엘에게 말씀하시기 위해 2인칭 여성단수 형태를 사용하신다. 시는 하나님의 결손가족(2:1—3:25)의 이야기를 불러내지만 오직 여기서 하나님은 그의 영원한 사랑의 속성을 주장하신다. 하나님은 이스라엘을 재건하실 것이고, 마치 그녀가 간음하는 과거가 없이 여전히 신부가 되는 것처럼, 성읍과 나라들에게 대한 처녀라는 평범한 칭호로 부르실

너희는 나 주의 말을 듣고,
먼 해안지역 사람들에게
이 말을 전하여라.
'이스라엘을 흩으신 분께서
그들을 다시 모으시고,
목자가 자기 양 떼를 지키듯이
그들을 지켜 주신다.'
11 그렇다.
나 주가 야곱을 속량하여 주고,
야곱보다 더 강한 자의 손에서
그를 구원해 냈다.
12 그들은 돌아와서
시온 산 꼭대기에서 찬송을 부르고,
주의 좋은 선물, 곧
곡식과 새 포도주와 기름과
양 새끼와 송아지들을 받고
기뻐할 것이며,
그들의 마음은 물 댄 동산과 같아서,
다시는 기력을 잃지 않을 것이다.
13 그 때에는
처녀가 춤을 추며 기뻐하고,
젊은이와 노인들이
함께 즐거워할 것이다.
내가 그들의 슬픔을
기쁨으로 바꾸어 놓고,
그들을 위로하여 주겠다.
그들이
근심에서 벗어나서 기뻐할 것이다.
14 그 때에는 내가 기름진 것으로
제사장들의 마음을
흡족하게 할 것이며,
내 좋은 선물로
내 백성을 만족하게 하겠다.
나 주의 말이다."

라헬의 탄식과 하나님의 위로

15 "나 주가 말한다.
라마에서 슬픈 소리가 들린다.
비통하게 울부짖는 소리가 들린다.
라헬이 자식을 잃고 울고 있다.
자식들이 없어졌으니,
위로를 받기조차 거절하는구나.
16 나 주가 말한다.
이제는 울음소리도 그치고,
네 눈에서 눈물도 거두어라.
네가 수고한 보람이 있어서,
네 아들딸들이 적국에서 돌아온다.
나 주의 말이다.
17 너의 앞날에는 희망이 있다.
네 아들딸들이
고향 땅으로 돌아온다.
나 주의 말이다."

18 "에브라임이 탄식하는 소리를
내가 분명히 들었다.
'주님,
우리는 길들지 않은
짐승 같았습니다.
그러나 주님께서
우리를 가르쳐 주셨고,
순종하게 하셨습니다.
우리가 돌아갈 수 있게
이끌어 주십시오.
이제 우리가 주 우리의 하나님께
돌아갈 준비가 되었습니다.
19 주님을 떠난 다음에
곧 뉘우쳤습니다.
잘못을 깨달은 다음에

것이다 (3:6-10). 바다를 건넌 후의 미리암처럼, 처녀 이스라엘은 구원으로 인하여 들떠 춤추는 자들을 이끌 것이다 (출 15:20-21). 농경생활이 북왕국으로 알려진 사마리아와 에브라임에서 시작될 것이며, 거기서부터 백성들은 시온으로 나아갈 것이다. 예루살렘은 가족이 다시 만나는 장소가 될 것이다.

31:7-9 고향으로 돌아가는 여정이 곧 시작될 것이기 때문에, 하나님은 이름 모르는 청중에게 야곱을 위하여 기뻐하고 남은 자들을 대신하여 중재하라고 명령하신다. 살아남은 자들은 튼튼하고 건장한 사람만이 아니라, 가장 연약한 맹인, 다리를 저는 사람, 그리고 임신한 여인과 해산한 여인들도 포함할 것이다. 여인들은 임신하게 될 것이고, 백성들에게는 미래가 있을 것이다. **31:9** 하나님은 그들을 이끌어 돌아오실 것이고 장자인 이스라엘과 에브라임에게 아버지가 되실 것이다. 3:22-25에서 예고된 자녀들과 그들 아버지의 재회는 하나님께서 그들의 가족관계를 정식으로 인정하심에 따라 곧 실현될 것이다.

31:10-14 그리고 하나님은 여러 민족에게 다가오는 재회를 널리 전하라고 명령하신다. 하나님은 백성을 흩으신 것의 책임을 지시고 이제 목자처럼 그들을 모으시기로 약속하신다. 하나님은 그들을 사로잡은 자에게 보상하셨다. 바빌로니아가 이름으로 거론되지 않았지만 하나님은 구원받은 사람들이 시온으로 돌아올 것이며 큰 축제를 즐길 것이라고 약속하신다. 그들은 땅의 소산으로, 가축의 풍요로움으로, 그리고 그들의

가슴을 치며 뉘우쳤습니다.
그리고
저의 젊은 시절의 허물 때문에
저는 수치와 수모를 겪어야 했습니다.'

20 에브라임은 나의 귀한 아들이다.
내가 가장 사랑하는 자식이다.
그를 책망할 때마다 더욱 생각나서,
측은한 마음이 들어
불쌍히 여기지 않을 수 없었다.
나 주의 말이다."

21 "너는 길에 푯말을 세우고,
길표를 만들어 세워라.
네가 전에 지나갔던 길과 대로를
잘 생각하여 보아라.
처녀 이스라엘아, 돌아오너라.
너희가 살던
이 성읍들로 돌아오너라.
22 너 방종한 딸아,
네가 언제까지 방황하겠느냐?
주님께서
이 땅에 새 것을 창조하셨으니,
그것은 곧
여자가 남자를 ㄱ)안는 것이다."

유다의 회복에 대한 약속

23 "나 만군의 주, 이스라엘의 하나님이 말
한다. ㄴ)내가 포로로 잡혀 간 사람들을 돌아오게
할 때에, 사람들은 유다 땅과 유다의 성읍에서 이
런 말을 다시 하게 될 것이다.

'너 정의의 보금자리,
거룩한 산이여,
주님의 복을 받아라.'

24 그 때에는 유다와 그 모든 성읍에 사람들
이 이주하여 살고, 농부들도 농촌에 모여 살고, 유
랑하는 목자들도 가축 떼를 몰고 다닐 것이다.
25 나는 지친 사람들에게 새 힘을 주고, 굶주려
서 허약해진 사람들을 배불리 먹이겠다. 26 그
때에 백성은 '잠에서 깨어나 눈을 떠 보니, 나에게
아주 단잠이었다' 하고 말할 것이다."

27 "그 때가 오면, 내가 이스라엘 집과 유다
집에 사람의 씨와 짐승의 씨를 뿌리겠다. 나 주의
말이다. 28 내가 전에 그들을 뽑아내고 부수고
무너뜨리고 멸망시키고 재앙에 빠뜨리려고, 감시를
늦추지 않았으나, 이제는 내가 그들을 세우고 심
으려고, 감시를 늦추지 않겠다. 나 주의 말이다.
29 그 때가 오면, 사람들이 더 이상 '아버지가 신
포도를 먹었기 때문에, 자식들의 이가 시게 되었
다'는 말을 하지 않을 것이다. 30 오직 각자가 자
기의 죄악 때문에 죽을 것이다. 신포도를 먹는 그
사람의 이만 실 것이다."

새 언약

31 "그 때가 오면, 내가 이스라엘 가문과 유
다 가문에 새 언약을 세우겠다. 나 주의 말이다.
32 이것은 내가 그들의 조상의 손을 붙잡고 이집트

ㄱ) 또는 '보호하는' ㄴ) 또는 '내가 그들의 운명을 회복시켜 줄 때에'

삶의 만족감으로 *기뻐할 것*이다. 기쁨은 슬픔을 대신할 것이며 젊은이와 노인들이, 여자들과 남자들, 평신도와 목자 사이에 퍼질 것이다. 모두가 만족하게 될 것이다. **31:15-21** 이 잊을 수 없는 아름다운 시에서 하나님은 어머니 라헬을 위로하고, 에브라임을 아들이라 부르시고, 아내 이스라엘에게 가정으로 돌아오기를 요청하신다. 라헬은 야곱이 가장 사랑하는 아내였고 (창 29—30장), 에브라임의 할머니였다. 에브라임이 북왕국에서 가장 큰 족속이었기 때문에 북왕국을 나타내는 이름으로 자주 쓰였다. 라헬이 잃었다가 기적적으로 자녀들을 다시 얻은 모국을 상징하고 있기 때문에 그녀는 이제 돌아오라고 요청된 (3:11-13) 주님의 버려진 아내 이스라엘로 상징되기도 한다. **31:15** 자식을 잃고 라마에서 눈물을 흘리고 있는 어머니 라헬은 위로받을 수 없다. **31:16-17** 하나님은 그녀를 위로해 주기 위해 직접 말씀해 주시고, 가슴이 멎는 것 같은 강한 힘으로 그녀의 아이들이 살아있을 뿐만 아니라, 집으로 돌아올 것이라고 확신시켜주신다. **31:18-20** 하나님은 그의 아들 에브라임을 받아들이는 것에 대해 크게 갈등하신다. 하나님은 에브라임의 회개를 회상하신다 (3:22-25를 보라). 그리고 하나님은 에브라임이 *내가 가장 사랑하는 자식*이라고 감동을 받으신다. 하나님은 측은한 마음이 들어 *불쌍히 여기지 않을 수 없었다*고 말씀하신다. **31:21-22** 그리고 2인칭 여성단수 형식으로, 하나님께서 여성 이스라엘에게 말씀하신다. 아마도 그 여성은 3:12-13에서 돌아오라는 요청에 대답하지 않았던 아내일 것이다. 기적이 곧 일어날 것이기 때문에 그녀는 고향으로 오는 여정을 출발할 것이고, 주저하지 않을 것이다. 곧 벌어질 변화는 3:13에서 요구된, 그녀의 회개에 의한 것이 아니라, 여자가 남자를 안는 (히브리어, *사바브*) 하나님의 새로운 창조의 결과이다. 이 새 창조의 정확한 의미는 불명확하다. 히브리어 동사 사바브는

땅에서 데리고 나오던 때에 세운 언약과는 다른
것이다. 내가 그들의 ㄱ)남편이 되었어도, 그들
은 나의 언약을 깨뜨려 버렸다. 나 주의 말이다.
33 그러나 그 시절이 지난 뒤에, 내가 이스라엘
가문과 언약을 세울 것이니, 나는 나의 율법을 그
들의 가슴 속에 넣어 주며, 그들의 마음 판에 새
겨 기록하여, 나는 그들의 하나님이 되고, 그들은
나의 백성이 될 것이다. 나 주의 말이다. 34 그
때에는 이웃이나 동포끼리 서로 '너는 주님을 알
아라' 하지 않을 것이니, 이것은 작은 사람으로부
터 큰 사람에 이르기까지, 그들이 모두 나를 알 것
이기 때문이다.

내가 그들의 허물을 용서하고,
그들의 죄를
다시는 기억하지 않겠다.
나 주의 말이다."

35 낮에는 해를 주셔서
빛을 밝혀 주시고,
밤에는 달과 별들이
빛을 밝히도록 정하여 놓으시고,
바다를 뒤흔들어
파도가 소리 치게 하시는 분,
그 이름은 만군의 주님이시다.
주님께서 이렇게 말씀하신다.

36 "이 정해진 질서가
내 앞에서 사라지지 않는 한,
이스라엘 자손도
내 앞에서 언제까지나
한 민족으로 남아 있을 것이다.
나 주의 말이다.
37 나 주가 말한다.
누가 위로 하늘을 다 재고,
아래로 땅의 기초를
다 측정할 수 있다면,
나도 이스라엘의 모든 자손이 한
온갖 일들 때문에
그들을 버릴 수 있을 것이다.
나 주의 말이다.

38 그 때가 오면, 이 도성이 나 주의 것으로 재
건될 것이다. 나 주의 말이다. 하나넬 망대에서부
터 모퉁이 성문에 이르기까지 이어지고, 39 거기
서 측량줄이 가렙 언덕에 이르기까지 곧게 앞 으로
나갔다가 고아 쪽으로 돌아가고, 40 그 다음에 시
체와 잿더미로 가득 찬 골짜기 전역과, 기드론 시
냇가에서 동쪽의 밭들의 모퉁이에 이르는 모든 평
지가 나 주의 거룩한 땅이 되고, 절대로 다시는 뽑
히거나 허물어지는 일이 없을 것이다."

ㄱ) 히브리어 바알은 '주' 또는 '남편'

"보호", "안음", 또는 "둘러쌈"을 의미할 수 있다. 회복된 가정에 대한 시의 정황에서 여인이 남자를 안는 것은 어머니 라헬의 잃어버린 아들 에브라임의 포옹을 의미할 수 있다. 선택적으로, 이 구절은 자녀를 잃은 라헬이 성적으로 남자를 안아 새로운 세대를 낳는 것으로 민족의 생물학적 존속을 약속할 수 있다. 또는 여인은 돌아오는 포로들을 안는 예루살렘일 수 있다. 사람이 이 구절을 어떻게 번역하던지 새로운 세상이 가까운 데 있다.

31:23-30 이 부분은 31:15-22와 나란히 놓음으로 세 개의 산문 조각들(31:23-26, 27-28, 29,30)은 남자를 안는 여인을 해석하고, 다가오는 날들에 대한 약속들을 계속 말한다. 라헬보다는 31:22의 정확한 의미를 지적하여 주며 산문 해설들은 여러 가지 해석들을 보여준다. **31:23-26** 이 구절들에는 예루살렘에 정의의 보금자리가 회복되는 꿈의 계시를 담고 있다. 3:22의 계시로 이 구절들은 남자를 안는 여인이 돌아온 자들과 의로운 남은 자를 보호하는 시온의 딸, 예루살렘을 상징하는 것이라고 제안한다. **31:27-29** 하나님은 여인이 성적으로 남자를 안는 것처럼, 사람의 씨와 짐승의 씨를 뿌리시겠다고 약속하신다. 회복된 사람의 씨와 짐승의 씨는 살아남은 백성들에게 소망을 준다. **31:29-30** 부모들이 신 포도를 먹었기 때문에, 자식들의 이가 시게 되었다는 유명한 속담(겔 18:2를 보라)이 여기서 받아들여지지 않는다. 이것은 역시, 부모가 그들의 자손의 고난을 야기했다는 견해를 거부함으로, 남자를 안는 여인을 해설한다. 여인은 그녀의 아들의 죄를 안지 않는다. 자녀들의 죄는 그들의 것이다.

시가 함축하고 있는 정확한 의미가 무엇이건 간에, 산문은 그것을 잘 다듬어 그 의미를 확대시키려고 노력한다. 시는 책의 앞부분에서 나타난 성을 비유해서 묘사한 것을 뒤집는다. 라헬—어머니, 처녀 딸, 불성실한 자—는 그녀와 이혼한 (3:1-5) 남편, 하나님에 의해 집으로 초청된다. 그녀는 새로운 미래를 상징한다. 자녀들을 두르고 감싸 안고 그들을 미래로 이끈다. 이어지는 새 언약의 구절은 그런 미래를 그린다.

31:31-34 하나님의 새로운 언약은 회복된 가정 안에서 서로 관계하는 새로운 방법을 선포한다. 예레미야서에 있는 이 새 언약은 아마도 그리스도인들에게 가장 잘 알려져 있기도 하고, 또한 잘못 이해되는 본문이기도 하다. 새 언약은 미래의 그리스도인들을 위하여 하나님께서 유대교와 맺은 언약을 취소하는 것이 아니다. 물론 그리스도인들은 예수님 안에 있는 믿음이 하나님

회복의 상징으로 아나돗의 밭을 사다

32 1 유다 왕 시드기야 제 십년에 주님께서
예레미야에게 말씀하셨다. 그 해는 느부
갓네살 제 십팔년이었다. 2 그 때에 예루살렘은
바빌로니아 왕의 군대에게 포위되어 있었고, 예
언자 예레미야는 유다 왕궁의 근위대 뜰 안에 갇
혀 있었다. 3 유다 왕 시드기야는 예레미야를 그
곳에 가두면서 그에게 이렇게 책망하였다.

"그대가 어찌하여 이런 예언을 하였소? '주님
께서 이렇게 말씀하신다. 보아라, 내가 이 도성을
바빌로니아 왕의 손에 넘겨 주어서, 그가 이 도성을
점령하게 하겠다. 4 유다 왕 시드기야도 ㄱ)바빌
로니아 군대의 손에서 벗어나지 못하고, 꼼짝없이
바빌로니아 왕의 손에 넘겨져서, 그 앞에 끌려 나가,
그가 보는 앞에서 직접 항복할 것이다. 5 그러면
그가 시드기야를 ㄱ)바빌로니아로 끌고 갈 것이며,
시드기야는 내가 그를 찾아올 때까지 그 곳에 머
물러 있을 것이다. 너희는 ㄱ)바빌로니아 군대와 싸
워도 절대로 이기지 못할 것이다. 주님께서 하시는
말씀이다.' 이렇게 예언하였다면서요?"

6 주님께서 나에게 말씀하셨다.
7 "너의 숙부 살룸의 아들 하나멜이 너에게
와서, 아나돗에 있는 그의 밭을 너더러 사라고 하
면서, 그 밭을 유산으로 살 우선권이 너에게 있기
때문에, 네가 그것을 사야 한다고 말할 것이다."
8 과연 주님의 말씀대로, 숙부의 아들 하나
멜이 근위대 뜰 안으로 나를 찾아와서, 내게 부탁
하였다. 베냐민 지방의 아나돗에 있는 그의 밭을
나더러 사라고 하였다. 그 밭을 소유할 권리도 나
에게 있고, 그 밭을 유산으로 사들일 권리도 나에
게 있으니, 그 밭을 사서 내 밭으로 삼으라고 하
였다. 그 때에 나는 이것이 바로 주님의 명령임을
깨달았다.

9 나는 숙부의 아들 하나멜에게서 아나돗에
있는 그 밭을 사고, 그 값으로 그에게 은 열일곱
세겔을 달아 주었다. 10 그 때에 나는 매매계약
서에 서명을 하고, 그것을 봉인하고, 증인들을
세우고, 은을 저울에 달아 주었다. 11 그리고
나는 법과 규례에 따라서 봉인된 매매계약서를 봉
인되지 않은 계약서와 함께 받았다. 12 그리고
나는, 숙부의 아들 하나멜과 그 매매계약서에
서명한 증인들과 근위대 뜰 안에 앉아 있던 모든
유다 사람이 보는 앞에서, 그 매매계약서를 마세
야의 손자이며 네리야의 아들인 바룩에게 넘겨
주고, 13 또한 그들이 모두 보는 앞에서, 바룩에
게 부탁하였다. 14 "나 만군의 주, 이스라엘의
하나님이 말한다. 이 증서들 곧 봉인된 매매계약
서와 봉인되지 않은 계약서를 받아서, 옹기그릇
에 담아 여러 날 동안 보관하여라. 15 참으로 나
만군의 주, 이스라엘의 하나님이 말한다. 사람들
이 이 나라에서 다시 집과 밭과 포도원을 살 것
이다."

ㄱ) 또는 '갈대아'

께서 이스라엘과 맺은 언약의 연속이라는 것을 지적하는 이 말을 사용하여, 이 짧은 구절에 중요한 의미를 둔다. 그러나 예레미야가 새 언약을 말할 때, 그는 이스라엘과 하나님 사이의 새롭게 된 관계를 이야기하는 것이다.

산문 구절은 미래의 날 하나님께서 시내에서 만든 깨진 것(출 19장—민 11장)과는 다른 새 언약을 만드실 것이라고 약속한다. 하나님께서 그들의 남편임에도 불구하고 백성들은 그 언약을 깨뜨려 버렸다. 이 말은 다시 주님과 아내 이스라엘 사이의 이혼으로 소급해 간다. **31:33** 새 관계는 하나님께서 율법(토라 또는 바른 가르침)을 그들의 마음에 새기실 것이기 때문에 더욱 튼튼할 것이다. **31:34** 백성들이 아니라 하나님께서 사랑과 충성을 창조하셔서 가장 작은 자로부터 가장 큰 자까지 모든 사람이 주님을 알게 될 것이다. 새 언약은 모든 사람이 동등하게 하나님을 알게 될 평등주의 사회를 만든다. 새 언약은 깨진 결혼을 회복하고, 상처 입은 가정을 치유하고, 포로생활을 하고 있는 사람들과 그 이상의 사람들을 위해 새로운 미래를 창조한다. 새 언약은 불의의 공격들로부터 하나님을 변호한다. 이스라엘의 죄는 여전히 민족이 파멸한 이유가 되었지만, 하나님은 이제 백성들을 용서하시고 그들을 거룩한 존재로 회복시키신다.

31:35-37 죄로 인하여 파괴된 세상(4:23-28)이 완전히 뒤집어져, 이 시는 하나님께서 창조해 주신 세상에서, 이스라엘의 자손이 하나님께서 영원히 용납해 주심을 받게 될 것이라는 확신을 깨닫게 된다. 창 1장과 욥 38:2-4를 되풀이하는 말로, 창조 질서가 없어지고 우주가 측량될 수 있다면, 창조자가 이스라엘의 자손을 거부하라고 협박한다. 이것이 결코 일어나지 않을 것이기 때문에 하나님은 회복된 이스라엘에게 영원한 언약을 약속하고 계신다.

31:38-40 에스겔의 측량하는 천사(40—48장; 또한 슥 2:1-5; 히 2:5-9를 보라)를 기대하면서 이 산문 구절들은 회복된 예루살렘의 지형을 상상해 본다. 도성은 폭발하는 인구를 수용할 수 있도록 예전의 경계들로 재건될 것이다.

32:1—33:23 32장과 33장에서는 시 대신에 이야기로 대치되고, 하나님 대신에 예레미야가 주인공이

예레미야의 질문

16 나는 네리야의 아들 바룩에게 그 매매계
약서를 넘겨 주고 나서, 주님께 이렇게 기도드렸다.
17 "아, 주 하나님, 보십시오, 크신 권능과 펴신
팔로 하늘과 땅을 지으신 분이 바로 주님이시니,
주님께서는 무슨 일이든지 못하시는 일이 없으십
니다. 18 주님께서는, 은혜는 수천 대에 이르기
까지 베풀어 주시지만, 조상의 죄는 반드시 자손이
치르게 하시는 분이시며, 위대하시고 전능하신
하나님이시요, 만군의 주님으로 이름을 떨치시는
분이십니다. 19 주님께서는 계획하는 일도 크시
고, 실천하는 힘도 강하시며, 사람들의 모든 삶을
감찰하시고, 각자의 행동과 행실의 결실에 따라서
갚아 주십니다.

20 주님께서는 이집트 땅에서 많은 징조와
기적들을 나타내 보이셨고, 오늘날까지 이스라엘
안에서뿐만 아니라 모든 사람에게 그와 같이 하
셔서, 주님의 이름을 오늘날과 같이 드높게 하셨
습니다. 21 주님께서는 강한 손과 편 팔로, 적들
이 무서워 떨게 하는 많은 징조와 기적들을 나
타내시면서, 주님의 백성 이스라엘을 이집트 땅
에서 이끌어 내셨습니다. 22 주님께서는, 그들
에게 주겠다고 그들의 조상에게 맹세하신 이 땅,
곧 젖과 꿀이 흐르는 이 땅을 그들에게 주셨습
니다.
23 그래서 그들이 들어와 이 땅을 차지하였
습니다. 그러나 그들은 주님께 순종하지도 않고,
주님의 율법에 따라서 살지도 않고, 주님께서 그
들에게 실천하라고 분부하신 모든 것을 실천하지
않았습니다. 그래서 주님께서는 그들에게 이 모
든 재앙을 당하게 하셨습니다. 24 이 도성을 점
령하려고 쌓은 토둔들을 보십시오. 이 도성은 전
쟁과 기근과 염병을 보았습니다. ㄱ)바빌로니아 군
대가 이 도성으로 쳐들어와서 이 도성을 점령하였
습니다. 주님께서 말씀하신 일이 그대로 들이닥
쳤으며, 주님께서는 이루어진 이 일을 친히 보고
계십니다.

25 주 하나님, 어찌하여 주님께서는 이 도성
이 이미 ㄱ)바빌로니아 군대의 손에 들어가게 되었
는데, 저더러 돈을 주고 밭을 사며, 증인들을 세
우라고 말씀하셨습니까?"

주님의 대답

26 주님께서 예레미야에게 말씀하셨다.
27 "나는 주다. 모든 사람을 지은 하나님이다.
내가 할 수 없는 일이 어디 있겠느냐? 28 나 주
가 말한다. 그러므로 보아라, 내가 이 도성을 ㄱ)바
빌로니아 사람의 손에 넘겨 준다. ㄱ)바빌로니아 왕

ㄱ) 또는 '갈대아'

된다. 두 장 모두는 포로생활을 하고 있는 사람들에게 좋은 큰 변화가 일어날 것을 기대하고 있으며, 각 장에 기록된 사건들은 갈대아(바빌로니아)가 예루살렘을 침략하는 동안 예레미야가 억류된 상태에서 벌어진다. 이 두 장은 앞에 나온 두 장에서 언급된 소망 가득한 시적 환상들을 구체적으로 언급하는 것이다. 그들 안에서 선지자는 소망을 바라보면서 포로생활을 하면서 살아가는 방법을 보여준다.

32:1-44 예레미야는 바빌로니아가 땅을 점령하고 있는 동안 조상들의 밭을 사들인다. 예레미야의 동반자, 바룩은 매매계약의 증인으로 처신한다. 예레미야서에서 바룩의 역할은 예레미야 전승들의 증인과 전달자이다. 그를 포함하는 이야기들은 예레미야의 믿을 만하고 권위 있는, 그래서 후대의 청중들에게 예레미야의 예언을 해석할 수 있는 추종자로 그를 보여준다. 32장은 세 부분으로 나눌 수 있다: 예레미야의 상징적 구입 (32:1-15), 설교 같은 기도 (32:16-25), 그리고 백성으로부터의 응답 (32:26-44).

32:1-15 이야기는 유다의 왕 시드기야와 바빌로니아의 느부갓네살 왕의 통치기간(기원전 588년)을 배경으로 하여 일어난다. 이 시기는 나라가 침략당해서, 땅을 구입하는 것이 어리석은 일로 보일 때인 유다의 역사에서 거의 몰락하는 시기에 예레미야가 밭을 구매하는 것으로 되어 있다. 그러나 예레미야의 행동은 그 땅에 미래가 있을 것이라는 그의 확신을 드러내 주는 것이다. **32:2** 예레미야를 감금시키는 이는 곧 감금될 유다의 왕이다. **32:3-5** 예언자에 대한 책망은 그가 바빌로니아가 도성을 정복하고, 시드기야를 직접 붙잡고 주께서 그를 찾아올 것을 결심하실 때까지 그의 감금을 계속 유지한다고 예언했던 것이다. 예레미야는 바빌로니아와의 협력이 하나님의 뜻과 일치하는 오직 가능한 선택이라고 말해 왔다. **32:6-8** 예레미야는 그의 사촌 하나멜이 예레미야가 그의 고향 아나돗에서 그의 밭을 사달라는 요청을 가지고 예레미야를 방문할 것이라는 하나님의 메시지를 받는다. 유대 사람의 율법에 따르면, 가장 가까운 친척이 빚이 있는 경우에는 가족의 소유를 구할 책임이 있다 (레 25:23-38; 룻 4:1-10). 침략을 당하고 있음에도 불구하고 이렇게 행동하는 것은 어리석게 보인다. **32:9-15** 이야기는 법적인 매매계약과 금전적인 면에 집중한다. 이런 세밀한 묘사는 예레미야의 상징적인 행동의 공적, 그리고 법적 본질을 강조한다. 법적 증서들을 보관하기 위해 바룩은 그것을 단지 속에 넣

느부갓네살의 손에 넘겨 줄 터이니, 그가 이 도성
을 점령할 것이다. 29 그러므로 지금 이 도성을
치고 있는 저 ㄱ)바빌로니아 군대가 들어와서, 이
도성을 불태워 버릴 것이다. 이 도성 사람들이 지
붕으로 올라가서, 바알에게 제물을 살라 바치고,
다른 신들에게 술 제물을 바쳐서, 나를 노하게 하
였으니, 내가 그 집들을 태워 버리겠다.
30 이스라엘 백성과 유다 백성은 젊은 시절
부터 내가 보기에 악한 일만을 하였다. 참으로 이
스라엘 백성은 자기들의 손으로 만든 우상으로 나
를 화나게만 하였다. 나 주의 말이다. 31 진정 이
도성은 사람들이 세울 때부터 오늘날까지 나의 분
노와 노여움만을 일으켜 놓았기 때문에, 이제는 내
가 그것을 내 눈 앞에서 치워 버리겠다. 32 이스
라엘 백성과 유다 백성이 왕들이나 고관들이나 제
사장들이나 예언자들이나 유다 사람이나 예루살
렘 주민이나 가릴 것 없이, 모두 온갖 죄악을 저
질러서 나를 노하게 하였다. 33 그들은 나에게
등을 돌려 나를 외면하였다. 내가 그들을 쉬지 않
고 가르쳐 주고 또 가르쳐 주었으나, 그들은 나의
교훈을 받아들이지 않았다. 34 오히려 그들은,
내 이름을 찬양하려고 세운 성전 안에 자기들이
섬기는 역겨운 것들을 세워 놓아서, 성전을 더럽
혔다. 35 또 그들은 자기들의 아들딸들을 ㄴ)불태워
몰렉에게 제물로 바치려고 '힌놈의 아들 골짜기'
에 바알의 산당을 쌓아 놓았는데, 나는 절대로 유
다 백성을 죄악에 빠뜨리는 이 역겨운 일은 명하
지도 않았고, 상상조차도 해본 적이 없다."

희망의 약속

36 "이제 나 주 이스라엘의 하나님이 말한다.
너희는 이 도성을 두고, 전쟁과 기근과 염병을 만
나서 바빌로니아 왕의 손에 들어간 도성이라고 말
하지만,
37 똑똑히 들어라. 내가 분노와 노여움과
울화 때문에 그들을 여러 나라로 내쫓아 버렸다.
그러나 이제 내가 그들을 이 모든 나라에서 모아
다가, 이 곳으로 데려와서 안전하게 살게 하겠다.
38 그러면 그들이 나의 백성이 되고, 나는 그들의
하나님이 될 것이다. 39 그 때에 내가 그들에게
한결같은 마음과 삶을 주어, 그들이 언제나 나를
경외하여 그들 자신뿐만 아니라, 그들의 자손들
까지도 길이 복을 받게 하겠다. 40 그 때에는
내가 그들과 영원한 언약을 맺고, 내가 그들에게
서 영영 떠나지 않고, 그들을 잘되게 할 것이며,
그들의 마음 속에 나를 경외하는 마음을 넣어
주어서, 그들이 나에게서 떠나가지 않게 하겠다.

ㄱ) 또는 '갈대아' ㄴ) 또는 '불 속으로 지나가게 하려고'

는다. **32:15** 이 구절은 구입에 대한 의미를 설명한다. 이것은 정상적인 가정생활과 상업생활이 땅에서 다시 시작할 것이라는 미래에 대한 하나님의 계획이다. 이야기는 침략자 바빌론과 협력하여 생존하며 포로들을 지지해주며 그들에게 큰 소망의 근거를 제공해 준다.

32:16-25 예레미야는 밭을 구입한 직후에, 바빌로니아가 예루살렘을 점령한 한가운데서 기도한다. 구입의 대한 인용들은 기도(32:16, 25)를 짜 맞춰서 기도가 구매를 해석하도록 한다. 기도는 과거에 하나님께서 이스라엘 백성을 대신하여 하신 활동을 길게 나열하고 있으며 (32:17-23a), 이스라엘이 하나님께 순종하지 않은 것을 고발하고 있다 (32:23b). 그리고 하나님께서 하신 말씀이 침략의 과정을 통하여 성취되고 있음을 보시라고 하나님께 간구하고 있다 (32:24). 기도는 유다의 배신행위를 책망하고, 그들의 불순종으로 인하여 오는 결과를 경고하신 하나님을 변호하고, 하나님의 능력과 신실하심을 강조한다. **32:17** 예레미야는 크신 능력으로 세상을 지으시고, 무슨 일이든지 못하시는 일이 없으신 창조주 하나님께 간구한다. **32:18** 하나님은 수천 대에 이르기까지, 아마도 셀 수 없을 만큼, 자비하시지만, 하나님은 죄를 벌하시고, 그들의 자손에게 영향을 끼치신다 (창 34:5-7). 하나님은 위대하고 행위에서 강하며 인간들의 행동들을 살피신다. **32:20-22** 예레미야는 하나님께서 이스라엘을 위해 강한 손과 펼친 팔, 그리고 적들이 무서워 떨게 하는 징조와 기적들을 강조하면서, 이집트에서 출애굽한 이야기를 회상시켜 준다. 강한 손과 펼친 팔은 하나님의 능력을 이야기하는 전통적인 방법이지만, 여기서 예레미야는 무서워 떨게 하는 것을 추가한다. **32:23** 하나님은 그들에게 땅을 주셨지만, 그들의 불순종은 침략을 초래했다. **32:24** 친밀하게 대화하는 식으로 예레미야는 하나님께 도성을 빼앗으려고 바빌로니아 사람들이 만든 길을 보라고 요청한다. 하나님께서 말씀하신 일 그대로, 도성은 갈대아 사람들의 손에 넘어갔다. **32:25** 예레미야의 기도에 함축된 것은 하나님께서 이러한 상황들 속에서 밭의 구입을 명하신다는 당혹이다. 그러나 예레미야의 기도는 하나님께서 소망의 상징적 행위를 성취하실 능력을 가지고 계시는 것을 지적한다. 그 신의 약속이 징벌의 말씀과 같이 동일하다는 것이 증명될 것이다.

32:26-44 예레미야의 기도에 대한 하나님의 응답은 능력, 죄의 고발, 새 미래의 약속의 동일한 주제들을 계속 이어간다. **32:27** 하나님은 그가 인간을 통치하신다는 사실을 주장하시고, 하나님께서 성취하시는 것 이상의 것은 아무것도 없다고 주장하는 수사적 질

41 나는 그들을 잘되게 함으로 기뻐할 것이며, 나의 온 마음과 정성을 다하여 그들이 이 땅에 뿌리를 굳게 내리고 살게 하겠다."

42 "나 주가 말한다. 내가 이 백성에게 이토록 큰 모든 재앙이 미치게 하였으나, 이제 내가 이에 못지않게 그들에게 약속한 모든 복을 베풀어 주겠다. 43 너희는 지금 이 땅을 두고 '사람도 없고 짐승도 없는 황무지이며, ㄱ)바빌로니아 군대의 손에 들어간 땅'이라고 말하지만, 바로 이 땅에서 사람들이 밭을 살 것이다. 44 앞으로는 베냐민 땅에서만 아니라, 예루살렘의 사방과 유다의 성읍들과 산간지역의 성읍들과 ㄴ)평지의 성읍들과 남쪽의 성읍들에서도, 사람들이 돈을 주고 밭을 사서 매매계약서를 쓰고, 봉인하고, 증인들을 세울 것이다. ㄷ)포로로 잡혀 간 사람들을, 내가 돌아오게 할 것이기 때문이다. 나 주의 말이다."

예루살렘과 유다의 회복에 대한 약속

33 1 예레미야가 여전히 근위대 뜰 안에 갇혀 있을 때에, 주님께서 그에게 두 번째로 말씀하셨다.
2 땅을 지으신 주님,
그것을 빚어서
제자리에 세우신 분께서
나에게 말씀하셨다.
그 이름이 '주'이신 분께서
말씀하셨다.
3 "네가 나를 부르면,
내가 너에게 응답하겠고,
네가 모르는 크고 놀라운 비밀을
너에게 알려 주겠다."

4 "바빌로니아 사람들이 흙 언덕을 쌓고 쳐들어와 무너뜨린 이 도성과 도성 안의 건물들과 유다 왕궁들을 두고, 나 주 이스라엘의 하나님이 말한다. 5 유다가 뭉쳐서 ㄱ)바빌로니아 사람들과 대항하여 전쟁을 감행하였지만, 마침내, 나는 이 도성을 나의 분노와 노여움으로 죽은 사람들의 시체로 가득히 채웠다. 나는 그들의 모든 죄악 때문에 이 도성을 외면하였다.
6 그러나 보아라, 내가 이 도성을 치료하여 낫게 하겠고, 그 주민을 고쳐 주고, 그들이 평화와 참된 안전을 마음껏 누리게 하여 주겠다. 7 ㄹ)내가

ㄱ) 또는 '갈대아' ㄴ) 히, '스펠라'. 산과 해변 사이의 경사진 평지 ㄷ) 또는 '내가 그들의 운명을 회복시켜 줄 것이기 때문이다' ㄹ) 또는 '내가 유다와 이스라엘의 운명을 회복시켜 놓겠다'

문으로 시작하신다. "내가 할 수 없는 일이 어디 있겠느냐?" **32:28-35** 하나님은 바빌로니아 사람들에게 도성을 넘기신 그의 의도를 간단하게 알려 주시면서 도성의 멸망에 관한 이유들에 관하여 집중적으로 말씀하신다. 하나님은 도성 사람들이 지붕으로 올라가서 바알을 숭배하고, 그들은 젊은 시절부터 악한 일만하고, 하나님을 화나게만 하였다. **32:33** 하나님께서 가능한 모든 방법을 사용하여 가르쳐 주시고 또 고쳐 주셨음에도 불구하고 그들은 의도적으로 하나님께로부터 돌아섰다. **32:34-35** 그들은 하나님의 집, 예루살렘의 성전을 더럽혔고, 바알을 위한 산당들을 지었고, 몰렉에게 자녀를 희생제물로 바쳤다. 이 우상숭배의 행위들은 성전설교(7:1-8:3)에서의 예레미야의 책망들을 반복한다.

32:36-44 불길한 운명에서 확신으로의 갑작스런 전환에서 하나님은 미래의 안전과 번영, 그리고 새 삶을 약속하신다. **32:37** 하나님은 포로로 잡혀간 사람들을 모아 그들이 안전하게 돌아오게 할 것을 약속하신다. **32:38** 하나님은 다시 한 번 전통적인 양식으로 언약을 말씀하신다. 하나님과 그의 백성간의 언약이 갱신될 것이다. 이 갱신된 언약은 자녀들이 잘 되게 하기 위해 그들이 영원히 하나가 되게 할 것이다. **32:40** 하나님이 하시는 역할이 이 언약의 중심이다. 하나님은 그를 경외하는 마음을 그들의 마음에 넣어 주시면서 시작하실 것이다. *나(하나님)를 경외하는 마음*이란 말은 번역하기 어려운 지혜문학에 자주 등장하는 문구이다. 그것은 신앙, 바른 관계, 순종의 삶을 의미한다. 이 구절의 핵심은 하나님께서 그들에게 바른 관계의 삶을 위한 믿음을 주실 것이라는 것이다. **32:41-44** 하나님께서 그들을 잘되게 함으로, "나의 온 마음과 정성을 다하여" (신 6:5를 보라) 그들이 이 땅에 뿌리를 내리도록 하심으로써 기뻐하실 것이다. 마지막으로, 그들 위에 재앙을 내리셨던 하나님께서 그들이 밭을 사고, 평범한 상업을 하고, 유다의 여러 지역에서 새롭게 시작될 농경생활을 또한 회복시켜 주실 것이다.

33:1-26 운명을 바꾸어 놓는 것에 관한 33장은 세 단위로 나뉘어져 있다 (33:1-9, 10-13, 14-26). 예레미야가 여전히 시위대 뜰에 감금되어 있는 동안 하나님께서는 예언 신탁에 대한 이전의 금지들을 번복하신다 (11:14; 15:1-15). 하나님께서 예레미야로부터의 어떤 요청도 대답하실 것이고 감춰진 일들을 보이실 것이다. 이 초청은 신과 사람간의 의사소통을 다시 여는 것이고 새로운 계시들은 예레미야 전승의 더한 발전을 제시한다. **33:4-5** 새로운 계시는 바빌로니아가 예루살렘을 침략한 원인에 대해 명확하게 해석한다. 분노와 노여움으로 하나님은 적들에 대해 무방비한 상태로 도성을 버려두시고, 그 곳에서 얼굴을 숨기셨다. **33:6-9** 이제

유다의 포로와 이스라엘의 포로를 돌아오게
하여, 그들을 옛날과 같이 다시 회복시켜 놓겠다.
8 나는 그들이 나에게 지은 모든 죄악에서 그들
을 깨끗이 씻어 주고, 그들이 나를 거역하여 저지
른 그 모든 죄를 용서하여 주겠다. 9 그러면 세
상 만민이 내가 예루살렘에서 베푼 모든 복된 일
들을 듣게 될 것이며, 예루살렘은 나에게 기쁨과
찬양과 영광을 돌리는 이름이 될 것이다. 그리고
내가 이 도성에 베풀어 준 모든 복된 일과 평화를
듣고, 온 세계가 놀라며 떨 것이다.
10 나 주가 말한다. 너희들은 '이 곳이 황폐
하여 사람도 없고 짐승도 없다'고 말하지만, 지금
황무지로 변하여, 사람도 없고 주민도 없고 짐승
도 없는 유다의 성읍들과 예루살렘의 거리에 또다
시, 11 환호하며 기뻐하는 소리와 신랑 신부가
즐거워하는 소리와 감사의 찬양 소리가 들릴 것이
다. 주의 성전에서 감사의 제물을 바치는 사람들
이 이렇게 찬양할 것이다.

'너희는 만군의 주님께 감사하여라!
진실로 주님은 선하시며,
진실로 그의 인자하심
영원히 변함이 없다.'

내가 이 땅의 포로들을 돌아오게 하여 다시
옛날과 같이 회복시켜 놓겠다. 나 주의 말이다.
12 나 만군의 주가 말한다. 지금은 황폐하여 사
람도 없고 짐승까지 없는 이 곳과 이 땅의 모든 성
읍에, 다시 양 떼를 뉘어 쉬게 할 목자들의 초장
이 생겨날 것이다. 13 산간지역의 성읍들과 ㄱ)평
지의 성읍들과 남쪽의 성읍들과 베냐민 땅과 예루
살렘의 사방과, 유다의 성읍들에서, 목자들이 그
들이 치는 양을 셀 것이다. 나 주의 말이다."

주님의 약속

14 "나 주의 말이다. 보아라, 내가 이스라엘
가문과 유다 가문에 약속한 그 복된 약속을 이루
어 줄 그 날이 오고 있다.

15 그 때 그 시각이 되면,
한 의로운 가지를
다윗에게서 돋아나게 할 것이니,
그가 세상에
공평과 정의를 실현할 것이다.
16 그 때가 오면,
유다가 구원을 받을 것이며,
예루살렘이
안전한 거처가 될 것이다.
사람들이 예루살렘을
'주님은 우리의 구원이시다'
하는 이름으로 부를 것이다.

17 나 주가 말한다. 이스라엘 민족의 왕좌에
앉을 사람이 다윗에게서 끊어지지 않을 것이다.

ㄱ) 히, '스펠라'. 산과 해변 사이의 경사진 평지

하나님은 도성을 치유하시고, 안전과 번영을 주시고, 예전처럼 유다와 이스라엘을 재건하실 것이다. 잃었던 과거를 생각해 보도록 간구하는 이 이상적인 환상에 따르면, 하나님께서 그들의 죄를 씻으실 것이고 다시 한 번 예루살렘의 도성을 자랑의 원천으로 만드실 것이다.

33:10-14 이 구절들은 땅을 아무 것도 없는 황무지로 묘사하고 있다. 침략 이후 이 땅은 결코 비어있지 않았기 때문에, 어떤 해석자들은 황무지라고 말하는 이유가 포로생활에서 돌아오는 사람들에게 땅을 독점할 수 있는 권리를 부여하기 위한 선전이었다고 주장하는 사람들이 있었다. 그들만이 유다의 남은 자들이기 때문에 그들은 이스라엘의 참된 계승자들이다. 땅에 남아있던 자들은 보이지 않게 된다. 그러나 이 산문의 정확한 역사적인 참고들은 확실하지가 않다. 대신 땅의 황폐함은 보이기에 소망 없는 현실 상황과 분주하고 시끄러운 국내의 미래 사이의 대조를 단순히 선명하게 보여준다. **33:11** 결혼하고 예배하는 평범한 일상생활이 다시 시작된다. 그들은 하나님의 선하심과 변치 않는 그의 사랑으로 인해 찬송을 부르게 될 것이다. **33:13** 전과 같은 동일한 범위 안에서 그들의 목축들은 하나님의 인도하심 아래 번성하게 될 것이다.

33:14-16 "작은 위로의 책자"는 다윗 왕조가 회복될 것이라는 약속으로 끝을 맺는다. 책의 앞부분(23:5-6)에서 온 하나님의 약속을 확대시킴으로써, 이 구절은 새로운 다윗 가문에서 나온 왕이 공평과 정의로 다스리게 될 것을 약속한다. 왕조는 다스리는 이의 이름과 통치가 일치하는 철두철미한 정의의 왕조가 될 것이다. **33:17** 다윗의 가문이 영원히 다스릴 것이고 레위 조상의 제사장들이 영원히 제사를 드리게 될 것이다. **33:19-22** 새 언약은 창조처럼 영원할 것이며, 다시는 하나님께서 이스라엘과 유다의 두 가정을 거절하지 않으실 것이다. 하나님께서 창시자들의 자손을 택하시고, 그들에게 복을 베풀어주시고, 그들에게 자비를 베풀기를 계속 하실 것이다. 자비와 회복과 새롭게 된 관계의 이 모든 약속들은 정해지지 않은 미래에 일어날 것이다.

18 레위 지파의 제사장 가운데서도, 나에게 번제물을 바치며 곡식제물을 살라 바치고 희생제물을 바칠 사람이 끊어지지 않을 것이다."

19 주님께서 예레미야에게 이렇게 말씀하셨다. 20 "나 주가 말한다. 낮에 대한 나의 약정과 밤에 대한 나의 약정을 너희가 깨뜨려서, 낮과 밤이 제시간에 오지 못하게 할 수 있겠느냐? 21 그런 일이 있을 수 없다면, 나의 종 다윗에게 세운 나의 언약도 깨지는 일이 없고, 다윗에게도 그의 왕좌에 앉아서 다스릴 자손이 끊어지는 일이 없고, 나를 섬기는 레위 지파의 제사장들에게 세운 나의 언약도 깨지는 일이 없을 것이다. 22 셀 수 없이 많은 하늘의 별처럼, 측량할 수 없이 많은 바다의 모래처럼, 내가 나의 종 다윗의 자손과 나를 섬기는 레위 사람들을 불어나게 하겠다."

23 주님께서 예레미야에게 이렇게 말씀하셨다. 24 "너는 이 백성이 '주님께서는 자신이 택하신 두 족속을 버리셨다'고 말하는 것을 듣지 못하였느냐? 그래서 사람들이 내 백성을 멸시하고, 다시는 나라를 이루지 못할 것으로 여기고 있다.

25 나 주가 말한다. 나의 주야의 약정이 흔들릴 수 없고, 하늘과 땅의 법칙들이 무너질 수 없는 것과 마찬가지로, 26 야곱의 자손과 나의 종 다윗의 자손도, 내가 절대로 버리지 않을 것이며, 아브라함과 이삭과 야곱의 자손을 다스릴 통치자들을 다윗의 자손들 가운데서 세우는 나의 일도, 그치지 않을 것이다. 이제는 참으로 내가 이 백성을 불쌍히 여겨서, 그들 가운데서 ㄱ)포로가 된 사람들을 돌아오게 하겠다."

시드기야 왕에 대한 예언

34 1 이 말씀은, 바빌로니아 왕 느부갓네살이, 자기의 모든 군대와 자기의 통치를 받고 있는 땅의 모든 왕국과 모든 백성을 이끌고, 예루살렘과 그 주변의 모든 성읍들을 공격하고 있을 때에, 주님께서 예레미야에게 하신 말씀이다.

2 "나 주 이스라엘의 하나님이 말한다. 너는 어서 유다 왕 시드기야에게 가서, 나의 말을 전하여라. 나 주가 말한다. 내가 이 도성을 바빌로니아 왕의 손에 넘겨 주어서, 그가 이 도성에 불을 지르게 하겠다. 3 너도 그의 손에서 벗어나지 못하고, 꼼짝없이 붙잡혀서 그의 손아귀에 들어갈 것이다. 너는 바빌로니아 왕 앞에 끌려 나가, 그의 얼굴을 직접 보게 될 것이며, 그는 너에게 항복을 요구할 것이다. 너는 바빌로니아로 끌려갈 것이다. 4 유다 왕 시드기야야, 나 주의 약속을 들어라. 내가 너에게 말한다. 시드기야야, 너는 칼에 찔려 죽지 않고, 5 평안히 죽을 것이다. 그리고 사람들은 네 조상 곧 너보다 먼저 살았던 선왕들의 죽음을 슬퍼하며 향불을 피웠던 것처럼, 네 죽음도 슬퍼하여 향불을 피우며 '슬픕니다, 임금님' 하면서, 너를 애도하여 조가를 부를 것이다. 이것은 내가 친히 약속하는 말이다. 나 주가 하는 말이다."

6 예언자 예레미야가 예루살렘에서 유다 왕 시드기야에게 이 모든 말씀을 전하였다. 7 그 때에 바빌로니아 왕의 군대는 예루살렘과 유다의 남은 성읍들을 공격하고 있었는데, 그 당시 유다의 요새화된 성읍들 가운데서 남은 것이라고는 라기스와 아세가뿐이었다.

ㄱ) 또는 '내가 그들의 운명을 회복시켜 주겠다'

34:1—35:22 두 산문으로 된 34장과 35장은 서로 관계가 없어 보이지만, 그들은 함께 신앙심 없는 왕(34:1-22)과 신실한 공동체 (35:1-19) 사이에서 대조를 이루고 있다. 두 장 모두는 바빌로니아가 점령하고 있는 동안에 일어난 사건들이지만, 그들이 묘사하고 있는 행동은 포로생활을 하고 있는 현재 생존하는 것에 관심을 갖고 있다.

34:1-22 34장은 시드기야 왕이 신실하지 못한 것과 온 백성들이 마음을 다하여 하나님의 말씀에 순종하지 못하는 것을 묘사한다. 하나님께 순종하지 못한 사람들에게 다가올 결과를 강조한다. 왕이 구속당하는 내용이 이 장에 있다 (34:1-7, 21-22). 그 중심 내용은 노예들의 해방(34:8-22)과 관련된 왕의 배신을 말한다.

34:1-7 바빌로니아가 예루살렘을 침략하고 있는 동안 예레미야는 시드기야에게 가서 하나님의 계획을 전하여 주라는 명령을 받는다. 예언의 일시가 중요하다. 이는 예레미야가 도성의 몰락과 왕이 포로로 잡혀갈 것을 예언했을 뿐만 아니라, 그러한 일들이 일어나기 훨씬 전에 포로생활을 하는 그 곳에서 그가 죽으리라는 것을 예언했다는 사실을 말해준다. 하나님께서는 도성을 바빌로니아에게 주실 것이며, 시드기야 왕은 사로잡혀 바빌로니아로 이송될 것이다. **34:4-5** 시드기야는 명예롭게 매장될 것이지만, 그 매장지가 예루살렘이 아닐 것이다. **34:7** 바빌로니아의 침략은 거의 성취되었으며, 유다의 두 성읍, *라기스와 아세가*만 자유로운 성읍들로 남아있었다.

종들에 대한 약속 위반

8 주님께서 예레미야에게 말씀하셨는데, 그
때에는 이미 유다 왕 시드기야가 종들에게 자유를
줄 것을 선포하는 언약을 예루살렘에 있는 모든
백성과 맺은 뒤였다. 9 이 언약은, 누구나 자기
의 남종과 여종이 히브리 남자와 히브리 여자일
경우에, 그들을 자유인으로 풀어 주어서, 어느 누
구도 동족인 유다 사람을 종으로 삼는 일이 없도
록 한다는 것이었다. 10 모든 고관과 모든 백성
은 이 계약에 동의하여, 각자 자기의 남종과 여종
을 자유인으로 풀어 주고, 아무도 다시는 그들을 종
으로 삼지 않기로 하고, 그들을 모두 풀어 주었다.
11 그러나 그 뒤에 그들은 마음이 바뀌어, 그
들이 이미 자유인으로 풀어 준 남녀 종들을 다시
데려다가, 남종과 여종으로 부렸다.
12 그 때에 주님께서 예레미야에게 이렇게
말씀하셨다. 13 "나 주 이스라엘의 하나님이 말
한다. 내가 너희 조상을 이집트 땅 곧 그들이 종
살이하던 집에서 데리고 나올 때에, 그들과 언약을
세우며, 이렇게 명하였다. 14 ㄱ)'동족인 히브리
사람이 너에게 팔려 온 지 칠 년째가 되거든, 그를
풀어 주어라. 그가 육 년 동안 너를 섬기면, 그 다음
해에는 네가 그를 자유인으로 풀어 주어서, 너에
게서 떠나게 하여라.' 그러나 너희 조상은 나의
말을 듣지도 않았으며, 귀를 기울이지도 않았다.
15 그런데 최근에 와서야 너희가 비로소 마음을
돌이켜서, 각자 동족에게 자유를 선언하여 줌으
로써, 내가 보기에 올바른 일을 하였다. 그것도
나를 섬기는 성전으로 들어와서, 내 앞에서 언약
까지 맺으며 한 것이었다. 16 그러나 너희가 또
돌아서서 내 이름을 더럽혀 놓았다. 너희가 각자
의 남종과 여종들을 풀어 주어, 그들이 마음대로
자유인이 되게 하였으나, 너희는 다시 그들을 데
려다가, 너희의 남종과 여종으로 부리고 있다.
17 그러므로 나 주가 말한다. 너희는 모두 너
희의 친척, 너희의 동포에게 자유를 선언하라는
나의 명령을 듣지 않았다. 그러므로 보아라, 나도
너희에게 자유를 선언하여 너희가 전쟁과 염병과
기근으로 죽게 할 것이니, 세상의 모든 민족이 이
것을 보고 무서워 떨 것이다. 나 주가 하는 말이다.
18 송아지를 두 조각으로 갈라 놓고, 그 사
이로 지나가 내 앞에서 언약을 맺어 놓고서도, 그
언약의 조문을 지키지 않고 나의 언약을 위반한
그 사람들을, 내가 이제 그 송아지와 같이 만들어
놓겠다. 19 유다의 지도자들이나 예루살렘의 지
도자들이나, 내시들이나 제사장들이나, 이 땅의
백성이나 할 것 없이, 갈라진 송아지 사이로 지나간
자들은 모조리 20 내가 그들의 목숨을 노리는 원
수들의 손에 넘겨 주겠다. 그러면 그들의 시체가
공중의 새들과 들짐승들의 먹이가 될 것이다.

ㄱ) 신 15:2를 볼 것

34:8-22 시드기야는 침략을 당하는 동안 예루살렘 백성들과 언약을 맺는다. 분명히 그는 히브리 노예들을 위한 해방의 율법을 따르고 있다 (레 25:10). 이 이야기의 법적이고 역사적인 근거는 애매하지만, 이야기의 핵심은 백성들과 왕이 듣는 (히브리어, *샤마으*) 데에 실패한 것을 고발하는 것이다. 이야기는 또한 그들 자신의 해방이 그들이 들을 때에만 이루어진다는 것을 암시하면서, 자신들의 구속으로부터 포로생활까지의 이유를 제시한다. **34:8** 언약은 빚을 갚기 위해 종이 되었던 히브리 노예를 해방시키기로 왕과 백성들이 서로 합의한 것을 의미한다. **34:10** 처음에는 모두가 이 계약을 따랐다. **34:11** 본문은 그들의 마음이 바뀐 것에 대해 아무런 이유를 제기하지 않는다. **34:13-17** 그후 예레미야는 그들 행위에 대한 하나님의 해석을 보여준다. 하나님은 이집트의 노예생활에서 그들의 조상을 데리고 나오셨을 때, 그들과 언약을 맺으셨다. **34:14** 오직 해방의 율법만이 그 언약의 내용으로 명명된다. 그들의 조상과 달리 유다의 백성들은 회개했고, 율법에 순종했고, 그들의 마음을 바꾸었다. **34:16** 노예를 다시 부리는 행위는 하나님의 이름을 더럽히는 것이다. **34:17** 언어기교를 사용하여 하나님은 그들이 재앙에 놓이게 될 것임을 알려주신다.

34:18-19 변덕스런 공동체의 운명은, 두 조각으로 갈라져 그 가운데로 의식에 참석한 자들이 지나가는, 희생된 송아지의 도살됨과 같을 것이다 (창 15:7-17을 보라). 이 의식은 언약에 대한 서약을 표명하고 언약의 위반은 저주를 부른다.

34:20-21 이야기에 따르면, 시드기야 왕이 잘 해보려고 시도했음에도 불구하고, 이 구절들은 그의 운명과 도성의 운명을 바꾸어 말한다.

35:1-19 34장의 왕과 백성들과는 대조적으로 레갑 사람들은 전적으로 신실하다. 이 공동체의 정체성은 분명하지 않지만, 그들은 그들의 조상 요나답의 종교적 규율에 열심인 단체로 등장한다. 이것은 포도주를 삼가는 것을 포함하고 있다. **35:1** 이 사건은 여호야김의 통치 기간 동안, 34장의 사건들보다 일찍 일어난다. 시간의 순서가 아니라 정절의 문제가 이 이야기들을 함께 묶어 준다. 이야기의 사건들은 상징적 행위의 형식을 따른다. 예레미야는 레갑 사람들을 성전으로 데리고 가서 그들에게 포도주를 마시게 하여 보라는 명령에

21 유다 왕 시드기야와 그 고관들도 그들의
목숨을 노리는 원수들의 손에 넘겨 주고, 너희에
게서 떠나가 있는 바빌로니아 왕의 군대의 손에
넘겨 주겠다. 22 보아라, 내가 명령을 내려서,
바빌로니아 왕의 군대를 이 도성으로 다시 불러
다가, 그들이 이 도성을 공격하여 점령하게 하고
불을 지르게 하겠다. 내가 유다의 성읍들을 황무
지로 만들어서, 아무도 살 수 없는 곳으로 만들겠다.
나 주의 말이다."

35 1 요시야의 아들 여호야김이 유다 왕이
었을 때에, 주님께서 예레미야에게 이렇게
말씀하셨다. 2 "너는 레갑 사람들을 찾아가서 그
들에게 말하고, 그들을 주의 성전으로 데려다가,
어느 한 방으로 안내하여, 그들에게 포도주를 마
시게 하여 보아라."

3 그래서 내가, 하바시냐의 손자요 예레미야
라고 하는 사람의 아들인 야아사냐와 그의 형제들과
모든 아들과 레갑 가문을 모두 데려왔다. 4 나는
그들을 주님의 성전으로 안내하여, 익다랴의 아들
로서 하나님의 사람인 하난의 아들들이 쓰는 방으로
들어가게 하였다. 그 방은 고관들의 방 곁에 붙어
있고, 살룸의 아들, 문지기 마아세야의 방 위에
있었다.

5 거기에서 내가 레갑 가문 사람들에게 포도
주가 가득 찬 단지와 잔들을 내놓고 "포도주를 드
시지요" 하며, 그들에게 권하였다.

6 그러나 그들은 이렇게 대답하였다. "우
리는 포도주를 마시지 않습니다. 우리의 조상 레
갑의 아들 요나답께서 우리에게 분부하셨습니다.
'너희는 포도주를 마시지 말아라. 너희뿐만 아니
라 너희 자손도 절대로 마셔서는 안 된다. 7 너
희는 집도 짓지 말고, 곡식의 씨도 뿌리지 말고,
포도나무도 심지 말고, 포도원도 소유하지 말아
라. 너희는 언제까지나 장막에서만 살아라. 그래
야 너희가 나그네로 사는 그 땅에서 오래오래 살
것이다.'

8 그래서 우리는 우리의 조상 레갑의 아들
요나답께서 우리에게 명령하신 모든 말씀에 순종
하여, 우리와 우리 아내와 우리 아들과 딸이 일평생
포도주를 마시지 않았습니다. 9 우리는 거처할
집도 짓지 않고, 포도원이나 농토나 곡식의 씨도
소유하지 않았습니다. 10 우리는 오직 우리의
조상 요나답께서 우리에게 명령하신 모든 말씀에
순종하여, 그대로 실천하면서, 장막에서 살았습
니다. 11 그런데 바빌로니아 왕 느부갓네살이
이 나라에 쳐들어왔을 때에, 우리는 ㄱ)바빌로니아
군대와 시리아 군대를 피하여 예루살렘으로 들어
가야 하겠다고 결정하였습니다. 그래서 우리가
지금 예루살렘에 살고 있는 것입니다."

12 그 때에 주님께서 예레미야에게 이렇게
말씀하셨다.

13 "나 만군의 주 이스라엘의 하나님이 말
한다. 너는 유다 사람과 예루살렘의 주민에게 나
가서, 이렇게 말하여라. '너희는 교훈을 받아들일
수도 없고, 나의 말에 순종할 수도 없느냐? 나 주
의 말이다. 14 레갑의 아들 요나답이 자손에게,
포도주를 마시지 말라고 명령한 것이 이렇게 엄수
되고 있다. 그 자손은 조상이 내린 명령에 순종해서,
이 날까지 전혀 포도주를 마시지 않는다. 그러나
너희들은, 내가 직접 말하고, 또 거듭하여 말했으나,
내 말을 듣지 않았다. 15 나는 내 종 예언자들을
모두 너희에게 보내고, 또 거듭하여 보내면서 권
고하였다. 각자 자신의 악한 길에서 돌아서고, 행
실을 고치고, 다른 신들을 섬기려고 쫓아다니지
말라고 하였고, 그래야만 내가 너희와 너희 조상
에게 준 땅에서, 너희가 살게 될 것이라고 하였다.
그러나 너희는 나에게 귀를 기울이지도 않았고,
나의 말을 듣지도 않았다.

16 레갑의 아들 요나답의 자손은 조상이 자
기들에게 명령한 분부를 그렇게 엄수하는데, 이
백성은 나의 말을 듣지 않았다. 17 그러므로 만

ㄱ) 또는 '갈대아'

순종한다. **35:6** 그들은 포도주를 거절하고 이것이 그들의 조상 요나답과 그의 관습들에 대한 충절을 저버리는 것이라고 알려준다. **35:7** 오직 조상들의 종교적 열정에 대하여 신실하게 사는 것만이 땅에서 그들의 장수를 보장하는 길이 될 것이다. **35:11** 그들이 예루살렘에 있는 유일한 이유는 침공하는 군대들의 공포에서 벗어나는 것이다.

35:12-16 이 구절들은 유다 백성들에게 교훈을 주고 있다. 레갑 사람들은 단지 조상들과의 믿음을 깨는 것을 거부한다. 대조적으로 유다 사람들은 선지자들을 통해 그들에게 말씀하시는 하나님의 노력에도 불구하고 하나님께 지속적으로 불순종한다. **35:17** 그들의 듣는 것에 대한 실패는 재앙을 초래한다. **35:18-19** 레갑 사람들은 하나님의 임재 속에 영원히 살아남을 것이다. 회개와 신실함이 살아남는 유일한 길이다.

36:1-32 36장과 26장의 병행 구조는 27장부터

군의 하나님이요 이스라엘의 하나님인 나 주가 말
한다. 내가 유다와 예루살렘의 모든 주민에게 예
고한 모든 재앙을 그대로 내리겠다. 내가 그들에
게 말을 해도 그들이 듣지 않고, 내가 그들을 불
러도 그들이 대답하지 않았기 때문이다."
18 그런 다음에, 예레미야가 레갑 사람들에
게 이렇게 말하였다.
"나 만군의 주, 이스라엘의 하나님이 말한다.
너희는 조상 요나답의 명령에 순종하고, 그의 모든
교훈을 엄수하고, 그가 너희에게 명령한 모든 것을
그대로 실천하였다. 19 그러므로 나 만군의 주,
이스라엘의 하나님이 말한다. 레갑의 아들 요나
답의 자손 가운데서 나를 섬길 사람이 영원히 끊
어지지 않을 것이다."

바룩이 성전에서 두루마리를 읽다

36 1 요시야의 아들 여호야김이 유다 왕이
된 지 사 년째 되는 해에, 주님께서 예레
미야에게 말씀하셨다.
2 "너는 두루마리를 구해다가, 내가 너에게
말한 날로부터 곧 요시야의 시대부터 이 날까지 내
가 이스라엘과 유다와 세계 만민을 두고 너에게 말
한 모든 말을, 그 두루마리에 기록하여라. 3 내가
유다 백성에게 내리기로 작정한 모든 재앙을 그들이
듣고, 혹시 저마다 자신의 악한 길에서 돌아선다
면, 나도 그들의 허물과 죄를 용서하여 주겠다."
4 그래서 예레미야가 네리야의 아들 바룩을
불렀다. 바룩은 예레미야가 불러 주는 대로, 주님
께서 그에게 하신 모든 말씀을 두루마리에 기록
하였다.
5 그런 다음에, 예레미야가 바룩에게 이렇게
지시하였다. "나는 감금되어 주님의 성전에 들어
갈 수 없는 몸이 되었으니, 6 그대가 금식일에
주님의 성전으로 들어가서, 내가 불러 준 대로
기록한 두루마리에서, 주님의 말씀을 백성에게
낭독하여 들려주시오. 유다의 여러 성읍에서 온
모든 사람에게 그 말씀을 낭독하여 들려주시오.
7 그러면, 그들이 주님 앞에 엎드려 기도드리면서,
저마다 악한 길에서 돌아올는지도 모르오. 주님
께서 이 백성에게 쏟으시겠다고 말씀하신 진노와
노여움이 너무 크기 때문이오."
8 네리야의 아들 바룩은, 예언자 예레미야가
자기에게 부탁한 대로, 주님의 성전으로 가서 두
루마리에 있는 주님의 말씀을 읽었다. 9 요시야의
아들 여호야김이 유다 왕이 된 지 오년째 되는 해
아홉째 달에, 예루살렘의 모든 주민과 유다의 여러
성읍에서 예루살렘으로 들어온 모든 백성에게, 주

35장 사이의 문학적인 틀을 만들어 준다. 이 유사점들은 시간, 선지자의 청중, 지지자들의 목록, 예레미야의 생명에 대한 위협, 신비스러운 구출, 그리고 여호야김 왕의 죄악을 고발하는 것들이다. 36장은 26장에서 시작된 나중 청중을 위한 예레미야의 메시지를 전개시키는 것을 인정한다. 바룩은 그 메시지를 전개시키는 대리인이다. 그는 성전에서 예레미야의 메시지를 충실하게 보여주면서 선포한다. 예레미야에 의해 기획된 그의 행동의 목적은 공동체가 회개하도록 이끌어내려는 것이다.

바룩을 예언자로 인정하는 것 이외에 36장은 독자들을 회개시키려고 만든 이 책의 기술이 진실이라는 사실을 증명한다. 두루마리는 예언 사역을 거부하는 왕실을 고발하고, 왕이 듣지 못해 실패를 초래한 결과로 민족이 몰락한 것으로 해석하며, 왕조의 몰락을 설명한다. 이 장은 네 장면으로 나뉜다: 바룩이 성전에서 두루마리를 낭독한다 (36:1-10); 바룩이 왕궁에서 두루마리를 낭독한다 (36:11-19); 왕이 두루마리를 태운다 (36:20-26); 그리고 예레미야와 바룩이 또 다른 두루마리를 쓴다 (36:27-32). 다양한 청중들을 향한 두루마리의 낭독을 둘러싼 상세한 묘사들은 왕이 선지자의 말을 듣게 하려는 관심과 이 말에 대한 왕의 거부를 강조하려는 것이다.

36:1-10 이야기는 믿음이 없는 왕, 여호야김이 통치하는 기간에 일어난다. **36:2** 하나님은 예레미야에게 *이스라엘과 유다와 세계 만민을 두고 너에게 말한 모든 말을, 그 두루마리에 기록하여라* 라고 명령하신다. **36:4-6** 예레미야는 바룩에게 말씀을 받아쓰게 한다. 예레미야가 감금되어 주님의 성전에 들어갈 수 없는 몸이 되었기 때문에 바룩이 그의 대변자가 된다. 두루마리의 낭독은 모든 사람이 참석한 금식일에 벌어진다. **36:8-10** 낭독은 성전 뜰에 있는 예레미야의 지지자인 서기관 사반의 아들 방에서 읽혀졌다 (26:24를 참조).

36:11-19 온 백성에게 낭독한 후, 사반의 손자 미가야는 모든 고관들에게 그들 또한 반드시 두루마리를 들어야 한다고 설득한다. **36:14** 고관들은 바룩을 데려와 두루마리를 낭독시키려고 사자들을 보낸다. **36:16** 그들이 말씀을 다 듣고 나서, 놀라서 서로 쳐다보며, 왕이 이 말씀을 반드시 들어야 한다고 확신하였다. **36:17-19** 고관들이 그 말씀이 예레미야의 것이라는 것을 알게 된 후에 그들은 왕의 분노를 예상했기 때문에 바룩과 예레미야를 숨으라고 한다.

36:20-26 갈팡질팡한 후에 왕의 고관들인 엘리사마와 여후디는 마침내 왕에게 두루마리를 낭독해 준다. **36:23** 그의 경멸을 보여주기 위해, 상징적으로

님 앞에서 금식하라는 선포가 내렸다. 10 바룩은 주님의 성전으로 들어가서, 모든 백성에게 예레미야가 한 주님의 말씀을 기록한 두루마리를 낭독하였다. 그가 낭독한 곳은 서기관 사반의 아들 그마랴의 방이었고, 그 방은 주님의 성전 '새 대문' 어귀의 위 뜰에 있었다.

바룩이 고관들 앞에서 두루마리를 읽다

11 그 때에 사반의 손자요 그마랴의 아들인 미가야가 두루마리에 있는 하나님의 말씀을 다 듣고, 12 왕궁에 있는 서기관의 방으로 들어갔다. 마침 그 곳에는 모든 고관이 모여 있었다. 곧 서기관 엘리사마와, 스마야의 아들 들라야와, 악볼의 아들 엘라단과, 사반의 아들 그마랴와, 하나냐의 아들 시드기야 등 모든 고관이 앉아 있었다. 13 미가야는, 바룩이 백성에게 책을 낭독하여 들려줄 때에 들은 모든 말을, 그들에게 전달하였다.

14 모든 고관은, 구시의 증손이요 셀레먀의 손자요 느다냐의 아들인 여후디를 바룩에게 보내어, 바룩이 백성에게 낭독하여 들려준 그 두루마리를 가지고 오게 하였다. 네리야의 아들 바룩이 그 두루마리를 가지고 그들에게로 가니, 15 그 고관들이 바룩에게 말하였다. "그대는 앉아서, 우리에게 그 두루마리를 낭독하여 들려주시오." 바룩이 그들에게 낭독하여 들려주니, 16 그들은 그 말씀을 다 듣고 나서, 놀라 서로 쳐다보며, 바룩에게 말하였다. "우리가 이 말씀을 모두 임금님께 꼭 아뢰어야 하겠소." 17 그들은 바룩에게, 그가 어떻게 그러한 말씀을 모두 기록하였는지, 자기들에게 알려 달라고 말하였다. 18 바룩이 그들에게 대답하였다. "예레미야 예언자께서 저에게 이 말씀을 모두 불러 주셨고, 저는 그것을 받아서, 먹으로 이 두루마리에 받아 썼습니다." 19 고관들이 바룩에게 부탁하였다. "그대는 가서 예레미야와 함께 숨으시오. 그대들이 어디에 있는지 아무도 모르게 숨으시오." 20 그리고 고관들은 그 두루마리를 서기관 엘리사마의 방에 보관하여 두고, 왕궁의 뜰로 들어가서, 왕에게 이르러, 그 말을 모두 왕에게 전하였다.

왕이 두루마리를 태우다

21 전하는 말을 들은 왕은 여후디를 보내어 그 두루마리를 가져 오게 하였다. 여후디가 서기관 엘리사마의 방에서 그 두루마리를 가져다가, 왕과 왕의 곁에 서 있는 모든 고관들 앞에서 낭독하여 들려주었다. 22 그 때는 아홉째 달이어서, 왕이 겨울 별관에 머물렀으며, 왕 앞에는 불피운 난로가 놓여 있었다. 23 그런데 여후디가 그 두루마리에서 서너 칸을 읽어 내려갈 때마다, 왕은 읽은 부분을 서기관의 칼로 잘라 내어서, 난로에 던져 넣었다. 이렇게 왕은 온 두루마리를 다 난로 불에 태웠다. 24 그런데 왕과 그의 신하들 모두가, 이 말씀을 다 듣고 나서도, 두려워하거나 슬퍼하면서 자기들의 옷을 찢지 않았다. 25 엘라단과 들라야와 그마랴가 왕에게 그 두루마리를 태우지 말도록 간청까지 했었으나, 왕은 그들의 말을 듣지 않았다.

26 왕은 오히려, 왕자 여라므엘을 비롯하여 아스리엘의 아들 스라야와 압디엘의 아들 셀레먀에게 명령하여, 서기관 바룩과 예언자 예레미야를 체포하라고 하였다. 그러나 주님께서 그들을 숨기셨다.

예레미야가 예언을 다시 쓰다

27 예레미야가 불러 주고 바룩이 받아 쓴 그 두루마리를 왕이 태운 뒤에, 주님께서 예레미야에게 28 다시 다른 두루마리를 구해다가, 유다 왕 여호야김이 태워 버린 첫째 두루마리에 기록하였던 먼젓번 말씀을 모두 그 위에 다시 적고, 29 유다 왕 여호야김에게 주님의 말을 전하라고 하셨다. "나 주가 말한다. 너는 예레미야에게 '왜

예언 작업의 능력을 최소화하기 위해 왕은 낭독되는 두루마리를 칼로 잘라내고 그것을 불태운다. **36:25** 고관들이 그를 말렸지만 왕은 듣지 않을 것이다. **36:26** 왕은 바룩과 예레미야의 체포를 명령하지만, 재판하는 장면에서처럼 예레미야와 바룩은 신비스럽게 구출된다. 여기에 하나님의 보호하심이 있다.

36:27-32 이야기의 마지막 장면은 첫 장면 (36:1-10)과 같은 형식을 취하고 있다. 예언 말씀을 보여주는 것은 인간의 행동에 의해 취소되지 않고, 하나님은 예레미야와 바룩에게 또 다른 두루마리를 쓰라고 명령하신다. 이것은 이전 두루마리의 모든 말씀을 포함할 것이다. **36:29** 여호야김은 두루마리를 태우는 그의 행위와 바빌로니아의 지배에 대한 그의 거부로 인해 이례적인 주목을 받는다. 여호야김의 이 비판은 두루마리의 내용에 관한 유일한 단서이다. 두루마리의 메시지에 관심을 보이지 않는 것은 내용이 왕의 거부보다 덜 중요하다는 것을 제시해 준다. **36:30** 여호야김은 다윗의 왕좌에 놓인 어떤 상속도 받지 못할 것

두루마리에다가, 바빌로니아 왕이 틀림없이 와서
이 땅을 멸망시키고 사람과 짐승을 이 땅에서 멸
절시킬 것이라고 기록하였느냐' 하고 묻고는, 그
두루마리를 태워 버렸다. 30 그러므로 유다 왕
여호야김을 두고서 나 주가 말한다. '그의 자손 가
운데는 다윗의 왕좌에 앉을 사람이 없을 것이요,
그의 시체는 무더운 낮에도 추운 밤에도, 바깥에
버려져 뒹굴 것이다. 31 나는 이렇게, 여호야김
과 그의 자손에게만이 아니라 그의 신하들에게
도, 그들이 저지른 죄를 벌하겠다. 그들뿐만 아니
라 예루살렘 주민과 유다 사람에게, 내가 경고하
였으나 그들이 믿지 않았으므로, 내가 모든 재앙
을 그들에게 내리겠다.'"

32 그래서 예레미야가 다른 두루마리를 구해
다가 네리야의 아들 서기관 바룩에게 주었다. 바
룩은 예레미야가 불러 주는 대로, 유다 왕 여호야
김이 불에 태운 두루마리에 기록한 말씀을 모두
기록하였는데, 이번에는 그와 비슷한 말씀이 더
많이 추가되었다.

시드기야는 허수아비 왕이다

37 1 바빌로니아 왕 느부갓네살은 여호야
김의 아들 [ㄱ]고니야를 대신하여 요시야의
아들 시드기야를 유다 땅의 왕으로 앉혔다. 2 그
런데 왕이나 그의 신하들이나 그 땅의 백성이나
할 것 없이 모두가, 주님께서 예언자 예레미야를
보내셔서 전한 말씀에 순종하지 않았다.

3 그 때에 시드기야 왕이 셀레마의 아들 여
후갈과 마아세야의 아들 제사장 스바냐를 예언자
예레미야에게 보내어서, 자기들을 도와 그들의
주 하나님께 기도를 드려 달라고 청하였다. 4 그
때는 예레미야가 아직 감옥에 갇히지 않았기 때문에
그 백성 사이에서 자유롭게 활동하던 때였으며,
5 바로의 군대가 이미 이집트에서 출동했고, 예
루살렘을 포위했던 [ㄴ]바빌로니아 군인들은 그 소
식을 듣고 예루살렘에서 퇴각한 때였다.

6 그 때에 주님께서 예언자 예레미야에게 이
렇게 말씀하셨다. 7 "나 주 이스라엘의 하나님이
말한다. 너희를 보내어 나에게 물어 보도록 한
유다 왕에게 너희는 이렇게 전하여라. '너희를 도
우려고 출동한 바로의 군대는 제 나라 이집트로
돌아갈 것이다. 8 그러나 [ㄴ]바빌로니아 군대는
다시 와서 이 도성을 공격하여 점령하고 불질러
버릴 것이다. 9 나 주가 말한다. 너희는 [ㄴ]바빌로
니아 군대가 틀림없이 너희에게서 떠나갈 것이라
고 생각함으로써, 너희 자신을 속이지 말아라. 그
들은 절대로 철수하지 않을 것이다. 10 너희를
공격하는 [ㄴ]바빌로니아 군대 전체를 너희가 물리
쳐서 오직 부상병들만 남긴다 하여도, 그들은 각
자의 장막에서 떨치고 일어나 나와서, 이 도성을
불질러 버릴 것이다.'"

ㄱ) 일명 '여호야긴' ㄴ) 또는 '갈대아'

이다. 그 자신은 죽을 것이고 바람직한 매장이 거부될 것이다. **36:31** 왕의 죄악은 그들을 거스르는 것으로 밝혀진 예언 말씀을 또한 받게 될 백성들의 죄악도 된다. **36:32** 예레미야와 바룩은 두루마리를 다시 썼고 더 많은 내용의 말씀을 추가했다.

37:1—45:5 이 장들은 종종 "바룩의 이야기" 라고 불리기도 한다. 이 이야기에서 바룩(45:1)은 바빌로니아가 땅을 침략하던 당시에 일어난 사건들과 그 이후에 일어난 사건들을 말한다. 37—38장은 예레미야가 왕궁에 감금되어 있는 이야기와 침략 당시 시드기야 왕과 이야기한 것을 기록하고 있기 때문에, 어떤 해석자들은 같은 이야기를 두 가지 다른 견해로 생각했었다. 39장은 침략당한 자체와 예레미야가 감금으로부터의 풀려나는 것을 묘사한다. 40—41장은 바빌로니아에서 임명된 그달리야 총독 당시의 정치적 무정부 상태를 말한다. 42—44장은 이집트로 향한 예레미야와 바룩의 강제 추방을 둘러싼 사건들과 관련한다. 바룩의 임명이 이 부분을 마감한다 (45장).

바룩은 이 장들에서 미성숙한 인물이지만 45장에서 그는 고난당하는 자, 살아남는 자, 공동체의 전통과 소망의 전달자로서 예레미야의 뒤를 잇는다. 바룩 이야기의 해석은 바룩의 저작권과 바벨론의 침공에 대한 역사적 문제들에 집중한다. 그러나 무엇이 그들의 역사적인 내용이건 간에 이야기들은 매우 상징적이다. 이 장들은 독자들에게 바빌로니아의 침략과 점령이 가져온 고난을 이기는 방법을 보여준다. 생존은 오직 바빌로니아에 굴복함으로써만 가능하다. 땅에 남은 자들이나 이집트로 도망한 자들은 살아남지 못한다.

예레미야는 여기서 성실한 복종자의 본보기로 절망 속에서 거의 죽어가지만 마침내 살아서 도망하는 생존자로서 등장한다. 그는 아프리카 환관 에벳멜렉과 바빌로니아의 침략자들의 도움으로 살아난다. 예레미야의 고난은 포로생활을 하던 사람들에게 본보기가 된다. 그들처럼 예레미야는 붙잡히고 포로가 된다. 그는 바빌로니아에 협력함으로 살아남는다. 고난 속의 그의 예언과 행동은 생존에 대한 그들의 소망을 또한 나타낸다.

37:1—39:18 37—39장에는 예레미야가 감금되어 있는 두 이야기가 있고 (37—38장), 그가 침략 당시 풀려나는 이야기가 있다 (39장). 37—38장은 둘 다 예레미야가 감금당하고 히스기야 왕과 대화하는 것을 기술

예레미야의 투옥

11 ㄱ)바빌로니아 군대가 바로의 군대 때문에
예루살렘에서 철수하였을 때에, 12 예레미야는
집안의 상속재산을 물려받을 일이 있어서, 예루
살렘을 떠나 베냐민 땅으로 가려고 길을 떠났다.
13 그가 '베냐민 문'에 이르렀을 때에, 그 곳에 한
수문장이 있었는데, 그는 하나냐의 손자이며 셀
레먀의 아들로서, 이리야라고 하는 사람이었다.
그가 예언자 예레미야를 붙들고 말하였다. "당
신은 지금 ㄱ)바빌로니아 군인들에게 투항하러
가고 있소."
14 이 말을 듣고, 예레미야가 "그렇지 않소.
나는 ㄱ)바빌로니아 진영으로 투항하러 가는 사람
이 아니오" 하고 해명하였으나, 이리야는 그 말을
듣지 않고, 예레미야를 체포하여 고관들에게로
데려갔다. 15 고관들은 예레미야에게 화를 내며,
그를 때린 다음에, 서기관 요나단의 관저에 있는
구치소에 예레미야를 감금시켰다. 그 때에는 그
집이 감옥으로 사용되었기 때문이다. 16 그 곳
에는 지하 감옥이 있었는데, 예레미야는 거기에
들어가서 오랫동안 갇혀 있었다.

ㄱ) 또는 '갈대아'

하고 있기 때문에 어떤 해석자들은 같은 이야기에 대한 두 다른 견해를 말하는 것으로 보기도 한다. 두 이야기 다 예레미야가 감금되어 있고, 나라를 배신하는 행위로 고발당했으며, 시드기야 왕이 그를 찾아왔다. 그러나 현재 예레미야서에 있는 그대로의 두 장은 두 가지 중요한 면에서 서로 다르다. 38장에서는 시드기야 왕과 예레미야 사이의 불신이 증가되어 가면서 예언의 말씀이 성취되어 간다.

37:1-21 표제에 이어서 (37:1-2), 37장은 두 부분으로 나눠지는데 (37:3-10과 17-21), 이 두 부분은 서로의 모습을 반영해 준다 . 두 부분은 왕과 선지자간의 대화와 예레미야가 감금되는 장면이다 (37:21). 왕이 예레미야로부터 듣기 원하는 예언을 강요하기 때문에, 이야기의 문학적 구조는 예언자에 대한 왕의 압력을 되풀이한다. **37:1-2** 표제는 두 장을 시드기야 왕의 통치기간 동안 바빌로니아가 포위하고 있는 기간으로 시기를 정한다. 그 시대는 시드기야가 그의 통치 처음부터 무력하고 신앙심 없는 왕이었음을 보여준다. 그는 예언자의 예언 말씀에 순종하지도 않고, 사람들로 하여금 그 예언 말씀을 듣도록 (히브리어, *샤마으*) 이끌지도 않는다.

37:3 예레미야가 감금되기 전에 시드기야 왕은 예레미야에게 백성을 위해서 기도해 줄 것을 요청하기 위해 두 명의 사절을 보낸다. 시드기야는 현재의 군사 상황과 관련된 듣기 원하는 예언의 말씀만 얻기 위해 예언자의 중재를 찾고 있었다. **37:5** 이집트의 군대는 바빌로니아 사람들을 쫓아버리려고 예루살렘에 왔고 바빌로니아 사람들은 물러났다. 왕의 관점에서 보면, 미래는 가망이 있어 보이고, 시기는 위로의 말씀에 적당해 보인다. **37:6-8** 예레미야의 응답은 이집트, 바빌로니아, 그리고 유다에 대한 하나님의 의도에 대해 질문의 여지를 남기지 않는다. 이집트의 주둔은 바빌로니아가 전진하는 것을 잠시 멈춘 것뿐이다. 바로의 군대는 이집트로 돌아갈 것이고, 갈대아의 군대가 그들의 공격을 다시 시작할 것이다. **37:9** 그들은 도성을 파괴할 것이다. 그와 다르게 생각하는 것은 속으며 사는 것이다. **37:10** 시드기야가 바빌로니아 군대 전체를 무찌르는 상상할 수 없는 위업을 이루었다고 해도 부상당한 군사들이 기적적으로 일어나 도성을 태울 것이다. 하나님께서는 이렇게 결심하셨고 이와 다르게 생각하는 것은 헛된 것이다.

37:11-16 이집트 사람들의 접근에 도성을 떠난 바빌로니아 사람들처럼 예레미야는 그가 베냐민의 땅에서 구입한 소유지를 찾아갔다 (32장). 그러나 그가 도성의 문을 지나갈 때 문지기는 예레미야가 바빌로니아 사람들과 함께 하기 위해 도망한다고 생각해서 그를 체포한다. **37:14** 예레미야는 그가 도망하고 있었다는 사실을 부인하지만, 문지기도 고관들도 믿지 않는다. **37:15** 그들은 그를 때리고, 집을 감옥으로 만든 곳에 그를 감금시킨다.

37:17-21 시드기야 왕은 그가 듣기 원하는 예언의 메시지를 비밀리에 예레미야와 이야기하기 위해 그를 왕궁으로 데리고 왔다. 예레미야는 그에게 메시지를 주지만, 그것은 왕이 듣기 원하는 메시지가 아니다. 왕은 바빌로니아의 포로가 될 것이다. **37:18-19** 예레미야는 그가 감금된 이유를 왕에게 감히 물으며 바빌로니아가 유다를 대적해서 이기지 못한다는 거짓 소망을 예언했던 선지자들에 대해 물으며 왕에게 도전한다. **37:20** 심지어 이 대면 이후에도 예레미야는 정중하게 도움을 요청한다. 그는 거기서 죽을 것이라는 두려움 때문에 같은 감옥으로 돌아가기를 원하지 않는다. **37:21** 왕은 빵이 떨어질 때까지 매일 배당을 받을 수 있는 군대의 보호관리 아래 그를 보내는 것으로 대답한다. 그래서 예레미야는 다시 한 번 기대하지 못한 사람, 즉 저항하는 왕 자신으로부터 도움을 받아 살아남는다.

38:1-28 38장은 감금당한 예레미야의 이야기로 끝나는 앞부분과 매끈하게 연결되지 않는다. 여기서 예레미야는 백성들에게 설교하며 자유롭게 움직이다가 다시 포로로 잡힌다. 비록 38:9가 사건들 사이에 경과한 시간이 맞지 않는다고 하더라도 사건의 정확한 시간이 이 장들의 중심 목적이 아니다. 38장에는 다음의 세

17 하루는 시드기야 왕이 사람을 보내어, 예
레미야를 왕궁으로 데려와서, 그에게 은밀히 물어
보았다. "주님께서 무슨 말씀을 하신 것이 없습니
까?" 그 때에 예레미야가 대답하였다. "있습니다."
예레미야가 계속해서 말하였다. "임금님께서는
바빌로니아 왕의 손아귀에 들어가실 것입니다."
18 예레미야는 시드기야 왕에게 호소하였다. "제가
임금님이나 임금님의 신하들에게나 이 백성에게
무슨 죄를 지었다고 저를 감옥에 가두어 두십니까?
19 바빌로니아 왕이 우리 나라를 치러 오지 않을
것이라고 임금님께 예언하던 임금님의 예언자들은,
지금 어디에 있습니까? 20 그러니 이제 부디 저의
소원을 들어주시기 바랍니다. 높으신 임금님, 부디
저의 간구를 받아 주셔서, 저를 다시 서기관 요나
단의 집으로 돌려보내지 말아 주십시오. 거기에
가면 살아 나올 수 없습니다."

21 시드기야 왕은 사람들에게 명령을 내려,
예레미야를 근위대 뜰에 가두고, 그 도성에서 양
식이 모두 떨어질 때까지 빵 만드는 사람들의 거
리에서 빵을 매일 한 덩이씩 가져다가 예레미야에
게 주게 하였다. 이렇게 해서, 예레미야는 근위대
뜰 안에서 지내게 되었다.

예레미야가 물 없는 웅덩이에 갇히다

38 1 맛단의 아들 스바댜와 바스훌의 아들
그달리야와 셀레먀의 아들 [ㄱ]유갈과 말기
야의 아들 바스훌이, 예레미야가 온 백성에게 이
렇게 전하는 말씀을 들었다. 2 "나 주가 말한다.
이 도성 안에 머물러 있는 사람은 전쟁이나 기근
이나 염병으로 죽을 것이다. 그러나 [ㄴ]바빌로니아
군인들에게 나아가서 항복하는 사람은 죽지 않을
것이다. 적어도 자기의 목숨만은 건질 것이며, 계속
살아 남게 될 것이다. 3 나 주가 말한다. 이 도
성은 반드시 바빌로니아 왕의 군대에게 넘어간다.
그들이 이 도성을 점령한다."

4 대신들이 왕에게 말하였다. "이 사람은 마
땅히 사형에 처해야 합니다. 그가 이런 말을 해서,
아직도 이 도성에 남아 있는 군인들의 사기와 온
백성의 사기를 떨어뜨리고 있습니다. 이 사람은
참으로 이 백성의 평안을 구하지 않고, 오히려 재
앙을 재촉하고 있습니다."

5 시드기야 왕이 대답하였다. "그가 여기에
있소. 죽이든 살리든 그대들 뜻대로 하시오. 나에
게 무슨 힘이 있다고 그대들에게 반대하겠소."

6 그래서 그 고관들이 예레미야를 붙잡아서,
왕자 말기야의 집에 있는 물웅덩이에 집어 넣었
다. 그 웅덩이는 근위대의 뜰 안에 있었으며, 사
람들은 예레미야를 밧줄에 매달아 웅덩이 속으로
내려 보냈는데, 그 물웅덩이 속에는 물은 없고, 진
흙만 있어서, 예레미야는 진흙 속에 빠져 있었다.

7 왕궁에 [ㄷ]에티오피아 사람으로 에벳멜렉이
라고 하는 한 환관이 있었는데, 그는, 사람들이 예레
미야를 물웅덩이에 집어 넣었다는 소식을 들었다.
그 때에 왕은 '베냐민 문' 안에 머물러 있었다.
8 에벳멜렉은 왕궁에서 바깥으로 나와 왕에게
가서, 이렇게 아뢰었다. 9 "높으신 임금님, 저 사
람들이 예언자 예레미야에게 한 일들은 모두 악한
것뿐입니다. 그들이 예레미야를 물웅덩이 속에
집어 넣었으니, 그가 그 속에서 굶어 죽을 것입니다.
이래서야 되겠습니까? 성 안에는 더 이상 먹을 것이
없습니다."

10 그 때에 왕은 에티오피아 사람 에벳멜렉
에게 이렇게 명령하였다. "너는 여기 있는 군인들
가운데서 [ㄹ]삼십 명을 데리고 가서, 예언자 예레미
야가 죽기 전에, 어서 그를 그 물웅덩이 속에서
끌어올려라." 11 에벳멜렉이 그 사람들을 데리고
왕궁의 의복 창고로 들어가서, 해어지고 찢어진

ㄱ) 또는 '예후갈' ㄴ) 또는 '갈대아' ㄷ) 히, '구스'. 나일 강 상류지역
ㄹ) 다른 히브리어 사본에는 '세 명'

장면이 나온다: 예레미야가 잡히는 장면 (38:1-6), 구출되는 장면 (38:7-13), 그리고 회의하는 장면이다 (38:14-28).

38:1-6 네 명의 고관이 백성을 향한 예레미야의 훈계를 듣게 된다. **38:2** 예루살렘에 남은 자들은 죽게 될 것이지만, 항복한 자들은 그들의 생명을 전리품처럼 *자기의 목숨만은 건질* 것이다. **38:4** 고관들은 예레미야가 백성들의 평안을 구하지 않고, 오히려 재앙을 재촉하고 있다고 비난한다. 이것으로 예레미야는 사형에 처하게 될 것이다. **38:5** 시드기야 왕은 그들에 비하면 자신은 힘이 없다고 주장하며, 예레미야를 고관들의 손에 넘겨준다. **38:6** 고관들은 예레미야를 물이 없는 진흙 물웅덩이 바닥에 내려놓고 그를 죽으라고 내버려 둔다. 예레미야의 생명을 빼앗으려는 수고는 그가 선포하는 예언 말씀의 능력을 취소하려고 시도된다. 물웅덩이에서 예레미야가 진흙 속으로 빠져 들어가는 상세한 문학적 묘사는 예레미야가 고난과 치욕의 정점에 다다랐음을 보여주는 것이다. 예레미야는 모든 것을 잃고 죽음이 그를 기다리고 있다.

38:7-13 이해할 수 없을 정도로 문학적인 형태를

옷조각들을 거기에서 꺼내다가, 밧줄에 매달아서, 물웅덩이 속에 있는 예레미야에게 내려 주었다.
12 에티오피아 사람 에벳멜렉이 예레미야에게 말하였다. "해어지고 찢어진 옷조각들을 양쪽 겨드랑이 밑에 대고, 밧줄에 매달리십시오." 예레미야가 그대로 하였다.
13 사람들이 밧줄을 끌어 당겨서 예레미야를 물웅덩이 속에서 끌어올렸다. 이렇게 해서, 예레미야는 근위대 뜰 안에서 지내게 되었다.

시드기야가 예레미야에게 충고를 구하다

14 시드기야 왕은 사람을 보내어서, 예언자 예레미야를 주님의 성전 셋째 문 어귀로 데려왔다. 그리고 왕은 예레미야에게 말하였다. "내가 그대에게 한 가지를 묻겠으니, 아무것도 나에게 숨기지 마시오."
15 그러자 예레미야가 시드기야에게 대답하였다. "제가 만일 숨김없이 말씀드린다면, 임금님께서는 저를 죽이실 것입니다. 또 제가 임금님께 말씀을 드려도, 임금님께서는 저의 말을 들어주시지 않을 것입니다."
16 시드기야 왕은 예레미야에게 이렇게 은밀히 맹세하였다. "우리에게 목숨을 주신 주님의 살아 계심을 두고 맹세하오. 나는 그대를 죽이지도 않고, 그대의 목숨을 노리는 저 사람들의 손에 넘겨 주지도 않겠소."
17 그러자 예레미야가 시드기야에게 말하였다. "주 만군의 하나님, 이스라엘의 하나님께서 임금님에게 이렇게 말씀하십니다. '너는 바빌로니아 왕의 고관들에게 항복하여야 한다. 그러면 너는 너의 목숨을 구하고, 이 도성은 불에 타지 않을 것이다. 그리고 너와 너의 집안이 모두 살아남게 될 것이다.
18 그러나 네가 ㄱ)바빌로니아 왕의 고관들에게 항복하지 않으면, 이 도성이 ㄱ)바빌로니아 군대의 손아귀에 들어가고, 그들은 이 도성에 불을 지를 것이고, 너는 그들의 손에서 벗어날 수가 없을 것이다.'"
19 그런데도 시드기야 왕은 예레미야에게 이렇게 대답하였다. "나는 ㄱ)바빌로니아 군대에게 투항한 유다 사람들이 두렵소. ㄱ)바빌로니아 군대가 나를 그들의 손에 넘겨 주면, 그들이 나를 학대할지도 모르지 않소?"
20 예레미야가 말하였다. "그들의 손에 넘어가지 않을 것입니다. 부디 제가 임금님께 전하여 드린 주님의 말씀에 순종하십시오. 그래야 임금님께서 형통하시고, 임금님의 목숨도 구하실 것입니다.
21 그러나 임금님께서 항복하기를 거부하시면, 주님께서 저에게 보여주신 일들이 그대로 일어날 것입니다.
22 보십시오, 유다의 왕궁에 남아 있는 여인들이 모두 바빌로니아 왕의 고관들에게로 끌려가면서 이렇게 탄식할 것입니다.

ㄱ) 또는 '갈대아'

사용하지 않고 에벳멜렉이라는 이름의 에티오피아 환관이 등장하는데, 그가 예레미야를 죽음에서 구출해 낸다. 왕궁의 의복 창고에서 나온 해어지고 찢어진 옷조각들을 꺼내서 밧줄을 만들어 에벳멜렉과 다른 이들은 예레미야를 물웅덩이에서 꺼내 올린다. 예레미야는 자유를 얻지 못하지만, 그는 살아서 도망한다. "왕의 신하"(환관)를 의미하는 에벳멜렉의 이름은 이 이야기에서 아마도 풍자적일 것이다. 그는 어떤 왕의 신하인가, 시드기야인가? 아니면 주님이신가? 이스라엘 사람이 아니고 아프리카 노예로서 그는 예레미야를 구하는 것에 자신의 생명을 건다. 그의 용감한 행동은 포로생활을 하고 있는 이들도 기대하지 않은 구출자들의 도움을 찾아야 하는 것을 의미한다.

38:14-28 다시 예언자와 왕은 비밀리에 만난다. 두 사람 모두 위험에 처해 있다. 예레미야는 시드기야에게서, 시드기야는 침략자들에게서. **38:16** 시드기야는 예레미야의 생명을 보호하겠다고 맹세한다. **38:17-18** 예레미야는 시드기야가 만약 항복하면, 그의 생명과 도성은 구할 수 있을 것이라고 약속한다. **38:19-20** 시드기야는 바빌로니아 사람들이 두렵지만 예레미야는 만일 그가 항복한다면 그에게 그의 안전을 보증한다. **38:21** 예레미야는 왕이 바빌로니아에게 항복하기를 거부하는 데에서 오는 결과들을 주님께서 보여주신 대로 전하여준다. 이 환상은 예레미야가 석방되고, 왕이 붙잡히는 39:11-18에서 일어나는 운명의 전환을 예시해 주는 것이다. 시드기야는 사로잡힌다. 예레미야의 환상에서 그와 시드기야는 처지가 바뀐다. **38:22** 왕의 집의 여인들은 사로잡힐 것이고 왕을 꾸짖을 것이다. 그들이 네 친구들이 너를 속이고 라고 말할 때 그들의 시의 언어는 예레미야의 적들의 언어를 반복하는 것이다 (20:7-11). 그들의 시에서 왕의 발은 진흙에 빠진다. 회의는 막다른 궁지로 끝난다.

38:24-28 왕은 예레미야에게 그들의 만남을 비밀로 하라고 명하고 예레미야는 만남에 대해 알고 있는 고관들에게 거짓말 하는 정도까지 순종한다. 미래에 대한 예레미야의 지식은, 비록 비밀 회담에서 알려졌지만, 시드기야의 운명과 그의 가족들과 도성에 대한 하나님의 말씀을 그것이 모두 일어나기 전에 예언했다는

'믿던 도끼에 발 찍혔다.
친구들이
너를 속이고 멋대로 하다가,
네가 진창에 빠지니,
너를 버리고 떠났다.'

23 임금님의 모든 아내와 자녀들도 ㄱ)바빌로
니아 군대에 끌려갈 것이고, 임금님께서도 그들의
손에서 벗어나지 못하고, ㄱ)바빌로니아 왕의 손에
붙잡히실 것입니다. 그리고 이 도성도 불에 타버릴
것입니다."
24 그런데도 시드기야는 예레미야에게 이렇게
말하는 것이었다. "이런 이야기를 아무에게도 발
설하지 마시오. 그렇지 않으면 그대는 목숨을 부
지하지 못할 것이오. 25 나하고 이야기했다는
것을 고관들이 알면, 그들이 그대에게 와서, 나하
고 무슨 말을 하였으며, 또 내가 무슨 말을 하였
는지 자기들에게 사실대로 말하라고 할 것이오.
그들이 그대를 죽이지 않겠다고 하면서 아무것도
숨기지 말고 말하라고 할 것이오. 그러면 26 그
대는, 그대가 요나단의 집으로 돌아가면 죽게 될
터이니, 그 곳으로 돌려보내지 말아 달라고 임금
님에게 간청하였다고만 대답하시오."
27 과연 고관들이 모두 예레미야에게 와서
물어 보았다. 그 때에 예레미야는 왕이 자기에게
명령한 그 말대로만 그들에게 대답하였다. 그 이
야기의 내용은 전혀 탄로나지 않았고, 대신들은
예레미야에게 더 이상 할 말이 없었다. 28 이렇게
해서, 예레미야는 예루살렘이 함락되는 날까지
근위대 뜰 안에 머물러 있게 되었다.

예루살렘의 함락 (왕하 25:1-12; 렘 52:4-16)

39 1 유다 왕 시드기야 제 구년 열째 달에
바빌로니아 왕 느부갓네살이 그의 모든
군대를 거느리고 예루살렘을 치러 올라와서, 도
성을 포위하였는데, 2 시드기야 제 십일년 넷째
달 구일에 마침내 성벽이 뚫렸다.
3 (바빌로니아 왕의 고관들이 모두 성 안으로
들어와서 '중앙 대문'에 앉았다. 네르갈사레셀과
삼갈르보와 살스김 곧 랍사리스와 다른 네르갈사
레셀 곧 랍막과 바빌로니아 왕이 보낸 다른 고관
들이, 모두 앉아 있었다.)

4 유다 왕 시드기야와 그의 모든 군인들은 쳐
들어오는 적군을 보고서, 모두 도망하였다. 그들은
밤에 왕의 동산 길을 통과하여, 두 성벽을 잇는 통
로를 지나, 아라바 쪽으로 도망하였다. 5 그러나
바빌로니아 군대가 그들을 추격하여, 여리고 평
원에서 시드기야를 사로잡아, 하맛 땅의 리블라로
끌고 가서, 바빌로니아 왕 느부갓네살 앞에 세워
놓았다. 바빌로니아 왕이 시드기야를 신문하였다.
6 바빌로니아 왕은 리블라에서 시드기야의 아들
들을 시드기야가 보는 앞에서 처형하였다. 바빌
로니아 왕은 유다의 귀족들도 모두 처형하였다.
7 그리고 왕은 시드기야의 두 눈을 뺀 다음에, 바
빌론으로 끌고 가려고, 그를 쇠사슬로 묶었다.
8 바빌로니아 군인들은 왕궁과 민가에 불을
지르고, 예루살렘의 성벽들도 허물어 버렸다. 9 그
런 다음에, 근위대장 느부사라단은 아직도 성 안

ㄱ) 또는 '갈대아'

것을 지적하면서 여기서 드러난다. 그러나 왕은 듣지 않는다. **38:28** 도성의 몰락은 예레미야의 석방과 그의 예언 말씀의 성취로 결과가 나타난다. 그가 사로잡힌 것은 예언의 말씀 자체가 상징적으로 속박된 것이다.

39:1-18 39장은 바빌로니아 사람들에게 예루살렘이 함락된 것을 기록하고 있다. 이는 시간적인 면에서나 주제적인 면에서 앞장을 따르는 것이다. 편집자의 해설 없이 이 장은 바빌로니아가 도성을 침략한 결과들, 특별히 시드기야(39:1-10)와 예레미야(39:11-18)에 대한 결과들을 묘사한다. 앞장에서 예지된 것처럼 두 인물은 역할이 바뀐다.

39:1-10 이것은 바빌로니아가 예루살렘을 점령한 이야기와 시드기야의 운명에 관한 이야기가 드문드문 나타난다. 이것과 관련된 완전한 이야기는 왕하 25장과 대하 36장에 나온다. **39:1-2** 표제는 도성을 공격한 것이, 시드기야 왕 통치 9년부터 11년까지, 즉 2년간 계속되었음을 나타내 준다. **39:3** 도성의 함락은 바빌로니아의 중요 고관들이 성안에 들어와서 상징적으로 '중앙 대문'에 앉아 있는 것으로 표현한다. **39:4** 그들의 목전에서 시드기야와 병사들은 도성에서 도망한다. **39:5** 바빌로니아 병사들이 그들을 잡고, 시리아의 하맛에 있던 느부갓네살에게 데리고 간다. 잔인하게 느부갓네살은 시드기야를 눈멀게 하고 그의 아들들을 살해한다. 다윗의 왕좌는 오직 눈먼 왕이라는 인물 속에만 존재한다. **39:8** 예루살렘에서는 침략하는 군대가 왕궁과 사람들의 집들을 불사른다. **39:9-10** 바빌로니아 근위대장 느부사라단은 빈민을 제외한 모두를 포로로 잡아가고 땅에 남은 자들에게 그들의 소유를 나누어 주었다. 이 구절들은 많은 수의 사람들이 포로로 잡혀갔다는 것을 나타내 준다. 그것은 바빌로니아 사람들이 땅에 남은 자들에게 소유를 주었다는 주장으로 역사적으로 있을 법하지 않지만, 본문은 포로생활을 하다

에 남아 있는 백성과 자기에게 투항한 사람과 그
밖에 남은 백성을 바빌로니아로 잡아갔다. 10 그
리고 근위대장 느부사라단은 가진 것이라고는 아
무것도 없는 일부 빈민을 유다 땅에 남겨 두고, 그
들에게 포도원과 농토를 나누어 주었다.

예레미야의 석방

11 바빌로니아 왕 느부갓네살은 근위대장 느
부사라단에게 예레미야의 처우를 두고, 이렇게
명령하였다. 12 "너는 그를 데려다가 잘 보살펴
주어라. 너는 그를 조금도 해치지 말고, 오직 그가
너에게 요구하는 대로 그에게 해주어라."
13 근위대장 느부사라단과, 느부사스반 곧
랍사리스와, 네르갈사레셀 곧 랍막과, 바빌로
니아 왕이 보낸 다른 고관들 모두가 사람을 보내어,
14 근위대 뜰에서 예레미야를 데려다가, 사반의
손자요 아히감의 아들인 그달리야에게 맡겨서,
그를 집으로 돌아가게 하였다. 그래서 예레미야는
백성과 함께 살 수가 있었다.

주님께서 에벳멜렉에게 구원을 약속하시다

15 예레미야가 여전히 근위대 뜰 안에 갇혀
있을 때에, 주님께서 그에게 이렇게 말씀하셨다.
16 "너는 저 에티오피아 사람 에벳멜렉에게 가서,
이와 같이 전하여라. '나 만군의 주, 이스라엘의
하나님이 말한다. 보아라, 내가 이 도성에 복이 아
니라 재앙을 내리겠다고 선포하였는데, 이제 내가
한 그 말을 이루겠다. 이 일이 바로 그 날에, 네가
보는 앞에서 일어날 것이지만, 17 바로 그 날에
내가 너를 건져내어, 네가 두려워하는 사람들의
손아귀에 들어가지 않도록 하겠다. 나 주의 말이다.
18 오히려 내가 너를 반드시 구해서, 네가 칼에
죽지 않게 하겠다. 네가 나를 의지하였기 때문에,
내가 너의 생명을 너에게 상으로 준다. 나 주의
말이다.'"

40 1 근위대장 느부사라단이 라마에서 예
레미야를 석방한 뒤에, 주님께서 예레미
야에게 말씀하셨다. 그 때에 예레미야는 바빌로
니아로 포로로 끌려가는 예루살렘과 유다의 모든
포로와 함께 수갑을 차고 끌려가고 있었다.
2 근위대장은 예레미야를 데려다 놓고 이렇게
말하였다. "그대의 하나님이신 주님께서 이 곳에
이런 재앙을 내리시겠다고 말씀하셨는데, 3 이제
그대로 하셨소. 주님께서 말씀하신 그대로 하신
것이오. 그대들이 주님께 죄를 짓고 그분의 말씀에
순종하지 않았기 때문에, 그대들이 이런 재앙을
당한 것이오. 4 그러나 이제 보시오. 내가 지금
그대의 두 팔에 채워진 수갑을 풀어 주겠소. 그대가
만일 나와 함께 바빌로니아로 가는 것을 좋게 여
기면, 함께 가십시다. 내가 그대를 보살펴 주겠소.
그러나 나와 함께 바빌로니아로 가는 것을 좋게
여기지 않으면, 가지 않아도 괜찮소. 이 땅 어디
든지, 그대가 보기에 적당하고 마음에 드는 곳이
있으면, 그 곳으로 가시오."

돌아오는 사람들의 땅에 대한 소유권을 지지해 주는 것이다.

39:11-18 예레미야는 느부갓네살로부터 자유와 보호를 받는다. **39:14** 바빌로니아 고관들은 감금상태에 있는 그를 놓아주고, 그달리야의 보호 아래 그를 맡긴다. 그달리야는 예레미야의 동맹자가 되었고, 그달리야는 유다에서 친바빌로니아파였던 사반 가족의 일원이다 (26:24; 36:10-19를 참조). **39:15-18** 예레미야가 포로로 잡혀 있던 동안 그는 그를 구해 주었던 (38:7-13) 에티오피아 사람 에벳멜렉이 그의 충성심으로 인하여 보상을 받게 될 것이라고 예언하였다. 그의 목숨은 살아남을 것이다.

예레미야와 에벳멜렉은 생존의 길을 상징한다. 바빌로니아에게 협력하는 것은 정치적으로 감정이 격앙되어 있는 본문에서는 충성행위이다.

40:1—42:18 이 장들은 바빌로니아 침략의 여파에서 생긴 사건들을 보여준다. 이 장들은 바빌로니아에 항복할 것을 촉구하는 것과 점령지의 혼란을 표현하는 것으로 이야기를 계속한다.

40:1-6 비록 이 구절들이 예레미야의 석방 이야기를 다시 하지만 (39:11-14), 이 이야기는 여기서 아주 다르게 언급되고 있다. 이 40장의 이야기에서는 예레미야가 근위대 뜰(39:14)에서가 아니라, 라마의 유대인 포로들 중에서 석방되었다. **40:2** 느부사라단은 그가 예레미야인 것처럼 말하며, 예레미야를 마치 민족의 몰락에 대해 책임 있는 범죄자들 중 하나인 것처럼 대한다. **40:4-5** 느부사라단은 예레미야에게 땅에 남아 있을 것인지 유배를 갈 것인지 선택하라고 한다. 만일 그가 땅에 남으면, 그는 반드시 정복한 땅에 파견된 바빌로니아 총독 그달리야에게 충성해야만 한다. **40:6** 예레미야는 24장의 그의 상황평가와는 대조적으로 땅에 남는 자들과 있기로 선택한다. 남은 자들은 "못된 무화과"로 불렸다. 그러나 바빌로니아에 복종하는 것은 생존을 위한 계속적인 필요조건이 되는 것이다.

40:7-12 가난한 사람들이나 유명한 사람들, 군대에 남아 있던 사람들은 그달리야의 보호를 받게 된다. **40:9** 포로로 잡혀간 사람들에 대한 예레미야 편지를 연상시켜주며 (29:4-5), 그달리야는 살아남은

5 예레미야가 아직 돌아가려고 하지 않으니까, 그는 말을 계속하였다. "그대가 이 곳에 머물기를 원하면, 사반의 손자요 아히감의 아들인 그달리야에게로 돌아가서, 그와 함께 동족과 더불어 사시오. 그는 바빌로니아 왕께서 유다 땅의 총독으로 세우신 사람이오. 그것도 싫으면, 어디든지, 그대가 보기에 적당한 곳으로 찾아가시오."

이렇게 말하면서, 근위대장은 예레미야에게 길에서 먹을 양식과 선물을 주어서 보냈다. 6 예레미야는 미스바로 가서, 아히감의 아들 그달리야를 찾아가, 그와 함께 그 땅에 남아 있는 동족과 더불어 살았다.

유다 총독 그달리야 (왕하 25:22-24)

7 들판에서 부하들과 함께 있는 군지휘관들은, 바빌로니아 왕이 아히감의 아들 그달리야를 이 땅의 총독으로 삼고, 남자와 여자와 어린 아이들뿐 아니라, 그 땅의 빈민 가운데서 바빌로니아로 끌려가지 않은 사람들을 그에게 맡겼다는 소식을 듣고, 8 미스바로 와서 그달리야를 만났다. 그들은 느다니야의 아들 이스마엘, 가레아의 두 아들 요하난과 요나단, 단후멧의 아들 스라야, 느도바 사람 에배의 아들들, 마아가 사람의 아들 여사냐와, 그들 각자가 거느린 부하들이다.

9 그 때에 사반의 손자요 아히감의 아들인 그달리야가, 지휘관들과 그들의 부하들에게 이렇게 맹세하였다. "여러분은 바빌로니아 사람 섬기는 것을 두려워하지 마시오. 여러분은 이 땅에 살면서 바빌로니아 왕을 섬기시오. 그러면 모든 일이 다 잘될 것이오. 10 나는 미스바에 머물면서 우리를 찾아오는 바빌로니아 사람 앞에서 여러분의 대표자로 나서겠소. 그러니 여러분은 어느 성읍이든지 차지하고 거기에서 포도주와 여름 과일과 기름을 모아, 여러분의 그릇에 저장하면서 살도록 하시오."

11 모압과 암몬의 자손과 에돔과 그 밖에 여러 나라에 흩어져 있는 모든 유다 사람도 바빌로니아 왕이 유다 땅에 사람들을 남겨 두었으며, 사반의 손자요 아히감의 아들인 그달리야를 그들의 대표자로 세워 놓았다는 소문을 들었다. 12 그래서 흩어져 있는 유다 사람들도, 모두 자기들이 살던 곳에서 돌아와서, 유다 땅 미스바의 그달리야에게로 갔다. 그리고 그들은 포도주와 여름 과일을 아주 많이 모았다.

총독의 암살 (왕하 25:25-26)

13 그런데 가레아의 아들 요하난을 비롯하여 들판에 있는 군지휘관들이, 모두 미스바의 그달리야에게 와서, 14 그에게 이렇게 말하였다. "암몬 사람의 왕 바알리스가 총독님의 목숨을 빼앗으려고 느다니야의 아들 이스마엘을 보냈다는 것을, 전혀 모르고 계십니까?" 그러나 아히감의 아들 그달리야는 그들의 말을 믿지 않았다. 15 그 뒤에 가레아의 아들 요하난은 미스바의 그달리야에게 은밀히 이렇게까지 말하였다. "제가 아무도 모르게 가서, 느다니야의 아들 이스마엘을 죽이겠습니다. 허락해 주십시오. 그가 총독님을 살해하면, 지금 총독님께 모여 있는 모든 유다 사람이 다시 흩어지고, 이렇게 살아 남은 유다 사람들마저 멸망하고 말 것입니다."

자들에게 두려움 없이 바빌로니아 사람들을 섬기라고 권면한다. **40:10-12** 이웃 나라들에서 돌아온 사람들은 미스바에서 그달리야의 보호를 받게 된다. 그들은 많은 양의 포도주와 여름 과일을 가지고 있다. 다시 한 번 생존은 바빌로니아의 지배에 협력하는 데에 달려있다.

40:13-16 왕족의 후계자 이스마엘은 그 땅에서 살아남은 자들 간의 가능성이 있었던 화평한 관계를 깨뜨린다. **40:13-14** 군지휘관들이 미스바에 있는 그달리야에게 와서 그에게 그의 생명을 위협하는 암몬 왕의 음모가 시작되었고, 그것이 이스마엘에 의해 수행될 것이라고 경고한다. **40:16** 그달리야는 의심할 줄 모르는 사람으로 그들을 믿지 않았고, 이스마엘을 해치지 못하게 한다.

41:1-17 41장은 40장에서 시작된 이야기를 계속하며, 민족의 몰락 이후 유대 공동체 안에서 일어나는 배반, 대립, 그리고 배신행위를 묘사한다. 비록 예레미야가 그달리야의 보호를 얻으려고 해왔지만, 그는 이 장에서 빠져있고, 42장까지 등장하지 않는다. 이 일련의 사건들 속에서 예레미야가 죽었다면 본문은 그를 살아서 도망하는 생존자로 묘사하지 못할 뿐만 아니라, 그가 포로생활을 하는 사람들을 위한 명백한 본보기가 되지 못한다. 이야기 속에 깔린 역사적 사실들이 무엇이든지 간에 그 목적은 살아남은 왕족의 반바빌로니아주의자들을 욕하고 예레미야의 메시지에 대한 이스마엘의 사악한 저항을 보여주는 것이다.

41:2-3 이스마엘과 열 명의 공범들은 *미스바*에서 그달리야와 그의 지지자들과 몇 명의 바빌로니아 군인들을 암살한다. 이 공격은 바빌로니아의 통치에 대한 폭력적인 저항을 묘사한다. 이야기를 상세하게 묘사하는 것은 이스마엘의 사악함을 드러내 주는 것이다. 이스마엘과 그의 사람들에게 베풀어진 저녁에서 그는 사람을 의심할 줄 모르는 주인을 공격한다. **41:4-5** 그리고

16 그러나 아히감의 아들 그달리야는 가레아
의 아들 요하난에게 이렇게 대답하였다. "그대는
그런 일을 해서는 안 되오. 그대가 이스마엘에 대
하여 한 말은 사실일 리가 없소."

41 1 그 해 일곱째 달이 되었을 때에, 엘리
사마의 손자이며 느다니야의 아들로서,
왕족이며 왕의 대신이기도 한 이스마엘이, 부하
열 사람과 함께 아히감의 아들 그달리야를 만나러
미스바로 왔다. 그리하여 그들은 미스바에서 그
달리야와 함께 식사를 하였는데, 2 느다니야의
아들 이스마엘이 자기가 데리고 온 부하 열 명과
함께 일어나서, 사반의 손자이며 아히감의 아들
인 그달리야를 칼로 쳐죽였다. 이스마엘은, 바빌
로니아 왕이 그 땅의 총독으로 세운 그를 이렇게
죽였다. 3 이스마엘은 또, 그달리야와 함께 식탁
에 있는 모든 유다 사람들과, 그 곳에 와 있는 바
빌로니아 군인들도 죽였다.

4 그달리야가 살해된 다음날, 아직 아무도
그것을 알지 못할 때에, 5 수염을 깎고 몸에 상
처를 낸 사람들 여든 명이, 세겜과 실로와 사마리
아로부터 곡식제물과 향료를 들고 와서, 주님의
성전에 바치려고 하였다. 6 그런데 느다니야의
아들 이스마엘이 그들을 맞으려고 미스바에서 나
와서, 계속 울면서 걸어가다가, 마침내 그들을 만
나자 이렇게 말하였다. "아히감의 아들 그달리야
에게로 갑시다." 7 그리하여 그들이 미스바 성
안으로 들어오니, 느다니야의 아들 이스마엘이
자기와 같이 있는 부하들과 함께 그들을 살해하여,
물웅덩이 속에 던져 넣었다.

8 그런데 그들 가운데 열 사람이 이스마엘에게
애걸하였다. "우리가 밀과 보리와 기름과 꿀을 밭에
숨겨 두었으니, 제발 살려 주십시오." 그래서 이
스마엘이 그들을 일행과 함께 죽이지 않고 살려
주었다. 9 이스마엘이 사람들을 쳐죽이고서 그
시체를 모두 던져 넣은 물웅덩이는, 아사 왕이 이
스라엘 왕 바아사를 저지하려고 파 놓은 물웅덩이
인데, 느다니야의 아들 이스마엘이 그 곳을 송장
으로 가득 채웠다. 10 그런 뒤에 이스마엘은 미
스바에 남아 있는 모든 백성과 공주들을 포로로
사로잡았다. 그들은 모두, 근위대장 느부사라단
이 아히감의 아들 그달리야에게 맡겨 놓은, 미스
바에 남아 있는 백성이다. 그런데 느다니야의 아들
이스마엘은 그들을 포로로 사로잡아서, 암몬 사
람에게로 넘어가려고 하였다.

11 가레아의 아들 요하난과 그와 함께 있는
모든 군대장관은, 느다니야의 아들 이스마엘이
저지른 범죄 소식을 모두 전하여 듣고, 12 부하를
다 거느리고 느다니야의 아들 이스마엘을 치러 뒤
쫓아갔다. 그들은 기브온에 있는 큰 못 근처에서
그를 만났다. 13 이스마엘에게 끌려가던 사람들이
모두 가레아의 아들 요하난과 그와 함께 온 모든
군지휘관들을 보고서 기뻐하였다. 14 그리고 미
스바에서부터 이스마엘에게 포로로 끌려가던 사
람들이 모두 뒤돌아서, 가레아의 아들 요하난에
게로 넘어갔다. 15 그러나 느다니야의 아들 이
스마엘은 부하 여덟 명과 함께 요하난 앞에서 도
주하여, 암몬 사람에게로 넘어갔다.

16 아히감의 아들 그달리야를 살해한 뒤에,
느다니야의 아들 이스마엘이 남아 있는 모든 백성을
사로잡아 미스바에서 포로로 끌고 가려고 하였으나,

그는 성전 터에서 예배를 드리려는 여든 명의 순례자들을 살육한다. 비록 성전 터는 더럽혀졌지만, 순례자들은 계속 축제와 금식일에 제물을 가져간 것으로 보인다. **41:7** 그들은 순례자들을 물웅덩이에 버림으로써 그들의 시체를 모독한다. **41:8** 기회주의자 이스마엘은 음식을 감춰두었던 사람들만 목숨을 살려준다. **41:10** 남은 생존자들을 인질로 만든 후에 이스마엘은 암몬에 있는 그의 이방 지지자들에게 도망하려고 시도한다. **41:13** 요하난은 이스마엘을 추적하여 인질들을 구출한다. **41:15** 이스마엘이 도망한다. **41:17** 생존자들은 이집트로 도망할 작정이다. **41:18** 이스마엘의 살육은 생존자들에게 혼돈과 두려움을 남겨주었다. 그들은 그달리야 암살에 대한 바빌로니아의 보복을 예상한다. 이 이야기는 다음 장의 사건들과 연결시켜준다.

42:1—44:30 폭력을 피해 이집트로 이주하는 것에 대해 하나님께서 반대하시는 것이 이 장들을 하나로 묶어준다. 이집트를 반대하는 주제는 아마도 땅으로 돌아오는 포로들의 관심을 도왔을 것이다. 오직 그들만 하나님의 축복을 받고, 반면에 이집트로 도망한 자들은 하나님의 저주를 받는다. 놀랍게도 이집트로 도망한 이주민들은 예레미야와 바룩에게 그들과 함께 하기를 강요한다. 이 장들은 민족의 몰락 이전의 이집트 망명자의 운명과 유다 사람의 운명을 나란히 보여주고 있다. 42장은 살아남은 자들의 예언 말씀에 대한 거부를, 그리고 43장은 예레미야의 강제 이주를 그리며, 44장은 이집트에서 우상숭배를 고발한다.

42:1-22 처음 여섯 구절이 42장의 주제를 설정해 준다. *가장 낮은 사람으로부터 가장 높은 사람에 이르기까지* 생존자들 모두는 예레미야에게 그들의 계획된 이집트에로의 탈출에 관해 그들을 위해 중재해 줄 것을 요청한다. **42:4** 예레미야는 그들을 대신하여 하

가레아의 아들 요하난은 자기가 데리고 있는 모든
군지휘관을 거느리고 가서, 포로로 끌려가는 군
인들과 남자와 여자와 어린 아이들과 내시들을 기
브온에서 데리고 왔다. 17 그들은 다 같이 이집
트로 들어갈 작정으로 도망치다가, 베들레헴 근
처에 있는 ㄱ)게룻김함에서 쉬었다. 18 바빌로니아
왕이 아히감의 아들 그달리야를 그 땅의 총독으로
세워 놓았는데, 느다니야의 아들 이스마엘이 그를
죽였기 때문에, 그들은 바빌로니아 사람들이 두
려웠던 것이다.

백성이 예레미야에게 기도를 부탁하다

42 1 모든 군지휘관과 가레아의 아들 요하
난과 호사야의 아들 ㄴ)여사냐와, 가장
낮은 사람으로부터 가장 높은 사람에 이르기까지,
온 백성이 모여서, 2 예언자 예레미야에게 간구
하였다. "예언자께서는 부디 우리의 간구를 받아
주시고, 여기에 남아서, 우리 모두를 위하여, 예
언자님의 하나님이신 주님께 기도를 드려 주십시오.
예언자께서 지금 보시는 바와 같이, 많은 사람 가
운데서, 이제는 우리만 겨우 남아 있을 뿐입니다.
3 그러니 예언자님의 하나님이신 주님께서, 우리가
가야 할 길과 우리가 해야 할 일을, 우리에게 알려
주시도록 해주십시오."

4 예언자 예레미야가 그들에게 대답하였다.
"잘 알아들었습니다. 여러분의 간청대로, 내가 여
러분의 하나님이신 주님께 기도를 드리고, 주님
께서 응답하시는 것을 아무것도 숨기지 않고, 모
두 여러분에게 알려 드리겠습니다."

5 그들도 예레미야에게 약속하였다. "진실
하고 신실한 증인이신 주님을 두려워하면서 맹세
합니다. 우리는 정말로, 예언자님의 하나님이신
주님께서 예언자님을 보내셔서 우리에게 전하여
주시는 말씀대로 행동할 것입니다. 6 우리가 예
언자님을 주 우리의 하나님께 보내는 것은, 그분의
응답이 좋든지 나쁘든지 간에, 우리가 그 말씀에
순종하려 하기 때문입니다. 주 우리 하나님의 말
씀에 순종하면, 우리가 복을 받을 것입니다."

주님의 응답

7 열흘이 지난 뒤에 주님께서 예레미야에게
말씀하셨다. 8 예레미야가, 가레아의 아들 요하
난과 그와 함께 있는 모든 군지휘관과 가장 낮은
사람부터 가장 높은 사람에 이르기까지, 온 백성을
부르고, 9 그들에게 이렇게 말하였다.

ㄱ) '김함의 여관' ㄴ) 43:2에는 '아사랴'

나님이신 주님께 기도하기로 동의하고 그가 터득한 것 어떤 것도 숨기지 않기로 약속한다. **42:5-6** 생존자들은, 차례로, 하나님의 목소리가 그들에게 하라고 하는, 그것이 "좋건 나쁘건", 아무것이라도 순종하겠다고 극적인 맹세를 한다.

42:7-22 열흘 후에 예레미야는 하나님의 응답을 가지고 돌아온다. **42:8** 그는 온 백성을 불러 모아 하나님께서 그에게 말씀하신 것을 알려준다. **42:10** 하나님은 만일 그들이 땅에 남아 있으면 그가 그들을 세우시고, 심으시고, 뽑아내지 않으실 것이라고 약속하신다 (1:10을 보라). 이 주장은 이전의 많은 구절에서 나온 것과는 달리 하나님이 그들이 당한 재앙에 책임이 있고, 그들이 당한 징벌에 대해 하나님께서 슬픔을 표현하신다. 이제 땅에 남아 사는 것이 이집트로 도망하는 것보다 좋은 선택이 된다. 생존자들은 오직 바빌로니아에서만 번성할 것이라고 예레미야가 전에 주장했었기 때문에 이것은 혼동되는 조언이다. 10절은 이 책에 또 다른 새로운 요소를 추가한다. 하나님은 "내가 너희에게 내린 재앙에 대해" 사과하신다. **42:11** 바빌로니아에 대한 복종이 앞으로 남아있다. 하나님께서 바빌로니아 왕으로부터 그들을 구하시고, 회복시키실 것이기 때문에, 그들은 두려워해서는 안 된다. **42:13-15** 만약 그들이 이집트로 안전의 잘못된 희망을 안고 떠난다면, 그들은 거기서 칼에 맞아 죽게 될 것이다.

42:18-22 이 구절들은 이집트로 가는 것에 대한 치명적인 실수에 대한 하나님의 경고를 단호하게 반복한다.

43:1-7 갑자기 42장에서 이스마엘로부터 유다 사람들을 구했던 요하난이 오만하게 말한다. **43:2** 그와 살아남은 자들의 다른 지도자들은 예레미야를 거짓말을 하고 있다고 고소하고, 바룩을 예레미야가 그들을 배반하도록 자극하였다고 고발한다. **43:5-7** 요하난은 예레미야와 바룩을 포함하는 모든 생존자들을 이집트의 *다바네스* 도시로 가라고 강요한다. 다시 한 번 이야기는 하나님의 말씀을 듣는 것에 대한 요하난의 실패를 강조한다. 예레미야는 자신의 메시지와는 정반대로, 마치 포로들이 바빌로니아로 강제로 끌려간 것처럼, 그의 의지와는 반대로 사로잡히게 된다. 두 선지자는 그들의 백성이 당하는 그 어떤 고통에서도 헤어나지 못한다.

43:8-13 이집트에서 예레미야는, 바룩이라고 가정되는, 누군가가 재현할 상징적인 행위를 지시한다. 이것은 다시 바룩이 예레미야의 메시지를 믿을 만하게 해석한 사람이라는 것을 제시하는 것이다. 예레미야는 재현자에게 다브네스의 바로의 궁정 문에 돌을 묻으라

"여러분이 나를 주 이스라엘의 하나님께 보내서 여러분의 간구를 전하게 하였습니다. 주 이스라엘의 하나님께서 이렇게 말씀하셨습니다. 10 '너희가 이 땅에 그대로 머물러 살면, 내가 너희를 허물지 않고 세울 것이며, 내가 너희를 뽑지 않고 심겠다. 내가 너희에게 재앙을 내렸으나, 이제 내가 뜻을 돌이켰다. 11 너희가 지금 두려워하고 있는 그 바빌로니아 왕을 두려워하지 말아라. 내가 너희와 함께 있으면서 너희를 구원하여 주고, 그의 손에서 너희를 건져내려고 하니, 너희는 그를 두려워하지 말아라. 나 주의 말이다. 12 내가 너희에게 자비를 베풀어서, 바빌로니아 왕이 너희를 불쌍히 여겨, 너희를 고향 땅으로 되돌려 보내게 하겠다.

13 그런데도 너희가 나 주 너희 하나님의 말에 순종하지 않고, 이 땅에 머물러 살지 않겠다는 것이냐? 14 그것만은 안 되겠다는 것이냐? 오직 이집트 땅으로 들어가야만 전쟁도 겪지 않고, 비상 나팔 소리도 듣지 않고, 먹을 것이 없어서 굶주리지 않아도 되니, 그리로 가서 거기에서 살겠다는 것이냐?

15 유다의 살아 남은 자들아, 너희는 이제 나 주의 말을 들어라. 나 만군의 주, 이스라엘의 하나님이 말한다. 너희가 이집트로 들어가려고 하고, 그 곳에서 살려고 내려가면, 16 너희가 두려워하는 전쟁이 거기 이집트 땅으로 너희를 쫓아갈 것이며, 너희가 무서워하는 기근이 거기 이집트에서 너희에게 붙어 다닐 것이다. 너희는 거기에서 죽을 것이다. 17 마침내 이집트 땅에서 머물려고 그 곳에 내려가기로 작정한 모든 사람은, 거기에서 전쟁과 기근과 염병으로 죽을 것이다. 내가 그들에게 내리는 재앙에서 아무도 벗어나거나 빠져 나가지 못할 것이다.

18 나 만군의 주, 이스라엘의 하나님이 말한다. 너희가 이집트로 들어갈 경우에는 내가 예루살렘 주민에게 큰 분노를 쏟아 부었던 것처럼, 너희에게도 나의 분노를 쏟아 붓겠다. 그러면 너희는 원망과 놀라움과 저주와 조소의 대상이 되고, 다시는 이 곳을 볼 수 없을 것이다.'

예레미야의 경고

19 유다에 살아 남은 여러분, 주님께서 여러분에게, 이집트로 가지 말라고 말씀하셨습니다. 여러분이 분명히 아시는 대로 나도 오늘 여러분에게 같은 경고를 하였습니다. 20 여러분은 나를 여러분의 하나님이신 주님께 보내면서, 나에게 간구하였습니다. '주 우리의 하나님께 우리를 위하여 기도를 드려 주십시오. 그리고 주 우리의 하나님께서 말씀하시는 것이면 무엇이든지 우리에게 알려 주십시오. 우리가 그대로 실천하겠습니다' 하고 간구하였습니다. 그러나 여러분은 이 일로 치명적인 실수를 저질렀습니다. 21 나는 오늘 여러분에게 이 모든 것을 다 알려 드렸습니다. 그런데, 여러분은 나에게 청해서, 여러분의 하나님 주님의 말씀을 들었는데도, 그대로 따르지 않았습니다. 22 그러므로 이제 여러분이, 가서 정착하기를 바라는 그 곳에서, 전쟁과 기근과 염병으로 죽는다는 것을 확실히 알아 두십시오."

예레미야가 이집트로 가다

43 1 주 하나님께서 그의 백성에게 지시하신 모든 말씀, 곧 그들의 하나님이신 주님께서 예레미야를 보내셔서 그들에게 이르게 하신 이 모든 말씀을, 예레미야가 온 백성에게 다 일러주었을 때에, 2 호사야의 아들 아사랴와 가레아의 아들 요하난과 고집이 센 모든 사람이, 예레미야에게 말하였다. "당신은 거짓말을 하고 있소. 주

고 지시한다. **43:10-13** 이 행위의 설명은 느부갓네살이 이집트에 올 것이고, 이 묻힌 돌들 위에 그의 왕좌를 세울 것이라는 것이다. 염병, 포로, 그리고 칼(42:15-17)은 맹렬한 공격으로 이집트의 신들을 멸할 것이다.

44:1-14 그 주민들의 거듭된 죄악 때문에 예루살렘과 유다가 몰락했다고 설명하면서 예레미야는 이집트에 남은 자들에게 마지막 메시지를 전한다. **44:5** 비록 하나님께서 우상숭배를 금지하셨음에도 불구하고 그들은 듣기(히브리어, *샤마으*)를 거부했다. **44:7-10** 일련의 수사적 효과를 노리는 질문들은 그들 조상의 죄를 잇는 이집트 땅에서의 더한 죄악으로 백성들을 정죄한다. **44:11-14** 그들의 죄는 몇몇을 제외한 모두의 죽음으로 끝날 것이다. 많은 이들이 그들의 죄에 대한 징벌로 죽을 것이고 땅으로 돌아가려는 그들의 소원은 결코 이루어지지 않을 것이다.

44:15-30 이 구절들은 이집트 피난민들의 파멸을 초래한 우상숭배의 예를 제공하고 듣는 것에 대한 백성들의 거부를 보여준다. 예레미야는 성전 설교에서 하늘의 여신을 예배하는 예루살렘의 백성들을 고발했다. (7:1—8:3) 하늘의 여신은 아마도 풍요의 여신들일 것이다. 성전설교에서 예레미야는 그녀의 예배에 참석한 모든 가족을 정죄하였다. 여기서 우상숭배를 할

우리의 하나님께서 당신에게, 우리가 이집트로
가서 머무르게 해서는 안 된다는 말씀을 전하게
하셨을 리가 없소. 3 이것은 틀림없이, 네리야의
아들 바룩이 우리를 바빌로니아 사람의 손에 넘겨
주어서 그들이 우리를 죽이거나 바빌로니아로 잡
아가도록 하려고, 당신을 꾄 것이오."

4 가레아의 아들 요하난과 모든 군지휘관과
온 백성은, 유다 땅에 머물러 살라는 주님의 말씀을
듣지 않았다. 5 마침내 가레아의 아들 요하난과
모든 군지휘관은 여러 나라에 흩어져 살다가 유다
땅에서 살려고 돌아온 유다의 살아 남은 사람들을
모두 데리고, 6 남자와 여자와 어린 아이들과 공
주들과, 근위대장 느부사라단이 사반의 손자요
아히감의 아들인 그달리야에게 맡겨 놓은 모든 사
람과, 예언자 예레미야와 네리야의 아들 바룩까지
데리고서, 7 이집트 땅으로 들어갔다. 이처럼 그
들은 주님께 순종하지 않았다.

그들이 다바네스에 이르렀을 때에, 8 주님
께서 예레미야에게 말씀하셨다. 9 "너는 너의 손
으로 큰 돌들을 날라다가, 다바네스에 있는 바로의
궁 대문 앞 포장된 광장을 파고, 유다 사람들이 보는
앞에서 그 돌들을 묻어라. 10 그런 다음에 너는
유다 사람들에게 이렇게 전하여라. '나 만군의 주,
이스라엘의 하나님이 말한다. 내가 사람을 보내어,
나의 종 바빌로니아 왕 느부갓네살을 데려오겠다.
그러면 그는 내가 묻어 놓은 이 돌들 위에 자기의
보좌를 차려 놓고, 그 위에 차일을 칠 것이다.
11 그가 와서 이집트 땅을 치면,
염병에 걸려 죽을 자는
염병에 걸려 죽고,
포로로 끌려갈 자는
포로로 끌려가고,
칼에 맞아 죽을 자는
칼에 맞아 죽을 것이다.

12 그리고 ㄱ)그는 이집트의 신전들에 불을 놓
아서 신상들을 태우거나 전리품으로 가져 갈 것이
다. 그는 마치, 목동이 자기 옷에서 벌레를 잡아내
듯이 이집트 땅을 말끔히 털고, 아무런 저항도 받
지 않고, 그 곳에서 평안히 떠나갈 것이다. 13 그
는 이집트 땅에 있는 ㄴ)태양 신전의 돌기둥들을 부
수고, 이집트의 신전들을 불살라 버릴 것이다.'"

이집트의 이스라엘 사람에게 하신 말씀

44 1 이 말씀은 주님께서, 이집트 땅에 사
는 모든 유다 사람들, 곧 믹돌과 다바네
스와 ㄷ)멤피스와 ㄹ)상 이집트에 사는 유다 사람들
에게 전하라고 예레미야에게 하신 말씀이다.
2 "나 만군의 주, 이스라엘의 하나님이 말한
다. 내가 예루살렘과 유다의 모든 성읍에 내린 모
든 재앙을 너희가 분명히 보았다. 보아라, 그 성
읍들은 오늘날 아무도 살지 않는 폐허가 되었다.
3 그것은 그들이, 자기들도, 너희도, 너희 조상도
알지 못하는 다른 신들에게 제물을 살라 바치며
섬김으로써, 나를 노하게 한 죄를 저질렀기 때문
이다. 4 나는 나의 종 예언자들을 너희에게 모두
보내고, 또 거듭하여 보내면서 경고하였다. 제발
이렇게 역겨운 일을 하지 말라고 하였다. 그것은
내가 미워하는 일이라고 하였다. 5 그런데도 그
들은 듣지 않고, 귀를 기울이지 않았다. 그들은 여
전히 다른 신들에게 제물을 살라 바치면서, 악에
서 돌아서지 않았다. 6 그래서 내가 나의 타오르
는 분노를 퍼부어서, 유다의 성읍들과 예루살렘
의 거리들을 불태웠고, 그래서 그 곳들이 모두 오
늘날과 같이 폐허와 황무지로 바뀌어 버렸다."
7 "그러므로 이제, 만군의 하나님이며 이스

ㄱ) 칠십인 역과 시리아어역과 불가타를 따름. 히, '나는' ㄴ) 또는 '헬리오폴리스에 있는 돌기둥들을' ㄷ) 히, '놉' ㄹ) 히, '바드로스에'

뿐만 아니라, 그것을 지지해서 고발된 사람들은 오직 여인들뿐이다. 이것은 우상숭배 사상을 보여주는 것이지만 또한 그들의 생각과 그들이 굳게 붙잡으려고 하는 영적인 수단들을 여인으로 묘사하는 것이다. **44:15** 남자들은 그들의 아내들이 우상에게 제물을 살라 바치고 있던 것을 알았다. 그들과 여인들은 예레미야에게 항의하려고 모인다. **44:16-19** 평범하지 않은 장면으로 여인들은 그들의 행위를 변명한다. 그들이 하늘의 여신에게 술을 바치고 절을 했을 때 그들은 먹을 양식이 풍부했다. 그들이 그녀 예배하기를 멈추자 그들은 모든 것이 부족했고 전쟁과 기근을 겪었다. 그러므로 그들은 여신에게 바칠 빵 만들기를 계속 할 것이다. 그 행위는 그들의 남편들이 알고 있었고 또 꾸준히 그들을 도왔다.

이 구절은 여인들을 연약한 공범인 남편들과 함께 서 있는 우상숭배자로 묘사한다. 여기서 예레미야가 여인들만 비난하는 이유는 분명하지 않다. 아마도 여인들이 여신의 예배자들로 더 많이 관련했거나, 또는 여성들이 민족의 죄에 대한 희생양이었을 것이다.

44:20-30 예레미야는 예루살렘을 파멸로 이끈 것이 이 우상숭배의 역사라고 대답한다. 저주가 그들을 따라 이집트로 올 것이며 그들의 보호자로 가정되는, 바로는 바빌로니아의 손에서 시드기야와 같은 동일한

라엘의 하나님인 나 주가 말한다. 어찌하여 너희는
그렇게 큰 악을 행하여, 너희 자신을 해치고 있느
냐? 너희는 유다 백성 가운데서 남자와 여자와 어
린 아이와 젖먹이들까지 다 죽게 하여서, 너희 가
운데 살아 남는 사람이 아무도 없게 할 작정이냐?
8 너희는 왜 너희 손으로 만든 우상으로 나를 노
하게 하며, 너희가 머물려고 들어간 이집트 땅에
서까지 다른 신들에게 제물을 살라 바쳐서 너희
자신을 멸절시키며, 세상 만민에게 저주와 조롱
의 대상이 되려고 하느냐? 9 너희는 유다 땅과
예루살렘 거리에서 저지른 너희 조상의 죄를 벌써
잊어버렸느냐? 그리고 유다 왕들의 죄와 왕비들
의 죄와 너희의 죄와 너희 아내들의 죄를 다 잊었
느냐? 10 그들은 이 날까지 뉘우치지도 않고, 두
려워하지도 않으며, 내가 너희와 너희 조상에게
준 나의 율법과 율례를 지키지도 않았다.

11 그러므로 나 만군의 주, 이스라엘의 하나
님이 말한다. 내가 너희에게 재앙을 내리기로 작
정하였다. 내가 유다 백성을 모두 멸종시키겠다.
12 유다에서 살아 남은 사람 가운데서, 이집트
땅에 가서 머물기로 작정한 자들을 내가 없애 버
리겠다. 그들은 모두 이집트 땅에서 멸망할 것이다.
전쟁과 기근으로 망할 것이다. 가장 낮은 사람부터
가장 높은 사람에 이르기까지, 모두 죽을 것이다.
그들은 전쟁과 기근으로 죽을 것이며, 원망과 놀라
움과 저주와 조소의 대상이 될 것이다. 13 내가
전쟁과 기근과 염병으로 예루살렘을 벌한 것과
같이, 이집트 땅에 사는 사람들에게도 똑같은 벌을
내리겠다. 14 유다에서 살아 남은 사람들 가운
데서 이집트 땅에 머물려고 들어간 자들 가운데는,
살아 남거나 죽음을 모면할 사람이 하나도 없을
것이다. 그들이 돌아가서 살기를 갈망하는 유다
땅으로는, 돌아갈 사람이 아무도 없을 것이다. 그
렇다. 몇 명의 피난민들을 제외하고는, 아무도 돌
아가지 못할 것이다."

15 자기 아내들이 다른 신들에게 제물을
살라 바친다는 것을 아는 모든 남편들과 그 곳
에서 있던 모든 여인들, 곧 ㄱ)하 이집트와 상 이집
트에 사는 온 백성의 큰 무리가 예레미야에게
항의하였다.

16 "당신이 주님의 이름으로 우리에게 무슨
말을 하든지 간에, 우리는 당신의 말을 듣지 않겠소.
17 우리는 우리의 입으로 맹세한 대로 할 것이오.
우리와 우리 조상과 우리 왕들과 우리 고관들이
유다 성읍들과 예루살렘 거리에서 하던 대로, 우
리도 하늘 ㄴ)여신에게 제물을 살라 바치고, 그에게
술 제물을 바치겠소. 하늘 여신을 섬길 때에는 우리
에게 먹을 양식이 풍족하였고, 우리가 잘 살았으
며, 재앙을 만나지도 않았는데, 18 우리가 하늘
여신에게 제물을 살라 바치는 일을 그치고 그에게
술 제물 바치는 일을 그친 뒤부터는, 우리에게 모
든 것이 부족하게 되었고, 우리는 전쟁과 기근으
로 죽게 되었소." 19 여인들도 이렇게 말하였다.
"우리가 하늘 ㄴ)여신에게 제물을 살라 바치고 그에
게 술 제물을 바칠 때에, 우리가 남편들도 모르게
그것을 했겠습니까? 그리고 ㄷ)그 여신의 모습대로
빵을 만들어 바치며 술 제물을 바칠 때에, 우리가
남편들도 모르게 그것을 했겠습니까?"

20 예레미야가 온 백성 곧 자기에게 그렇게
말한 남자와 여자와 온 백성에게 말하였다. 21 "여
러분과 여러분의 조상, 여러분의 왕들과 여러분의
고관들, 그리고 일반 백성 모두가 유다의 성읍들
과 예루살렘 모든 거리에서 제물을 불살라 바친
그 분향을, 주님께서 기억하지 않으셨겠습니까?
바로 그런 일이 주님의 마음 속에 떠오르지 않으
셨겠습니까? 22 주님께서는 여러분의 악한 소
행을 보시다가 더 이상 참을 수가 없으셨고, 여러
분이 한 역겨운 일을 보시다가 더 이상 견딜 수가
없으셨습니다. 그래서 여러분의 나라가 오늘날과
같이 주민이 없는 폐허로 바뀌고, 놀라움과 저주의
대상이 되고 말았습니다. 23 여러분이 다른 신
들에게 제물을 살라 바쳐서, 주님께 죄를 짓고, 주
님께 순종하지 않고, 주님의 율법과 율례와 규정
대로 살지 않았기 때문에, 오늘날과 같이 여러분
에게 이런 재앙이 닥쳐 온 것입니다."

ㄱ) 히, '이집트와 바드로스에' ㄴ) 또는 '황후' ㄷ) 또는 '그 여신을 예배하는 빵을'

운명에 처하게 될 것이다. **44:26** 하나님의 이름이 결코 다시는 그들의 입술에 있지 않을 것이므로, 신앙의 공동체는 사라질 것이다. 그들은 듣기를 거부했고 우상숭배의 후계자들이 되었다. 하나님이 아니라, 그들이 그들의 역사를 종식시켰다.

45:1-5 이 짧은 장은 26장부터 44장을 결론으로 이끌어 준다. 이 장은 예언의 말씀이 살아남을 것이라고 주장한다. 이 장은 예레미야의 권위를 *전쟁의 포상처럼* 그의 생명을 구할 바룩에게 양도한다. **45:1** 연대는 예레미야의 사역 초기인 여호야김 4년이다. 바룩은 말씀을 두루마리에 적었다 (36:32). 이는 민족의 멸망이 닥쳐오기 오래 전에 예레미야가 바룩을 임명하는 것을 보여준다. **45:2-3** 바룩은 예레미야처럼 슬퍼한다. 그는 슬픔에 차 있고 피곤하고 평안이 없다. 바룩의 슬

24 예레미야가 온 백성에게 특히 모든 여인
에게 말하였다. "이집트 땅에 있는 온 유다 백성
여러분, 주님의 말씀을 들으십시오. 25 만군의
주 이스라엘의 하나님께서 이렇게 말씀하십니다.
'너희와 너희 아내들은 입으로 서약한 것은 꼭 실
천하는 자들이다. 너희는 서약한 그대로 하고야
말겠다고 했고, 너희는 하늘 여신에게 제물을 살
라 바치고, 또 그에게 술 제물을 바치겠다고 했으니,
너희의 서약을 지킬 테면 지키고, 너희의 서약을
실천할 테면 해보려무나!

26 그러나 이집트 땅에 사는 유다 사람들아,
너희는 모두 나 주의 말을 들어라. 나 주가 말한다.
내가 나의 큰 이름을 걸고 맹세한다. 이집트 온
땅에 있는 어떤 유다 사람이든지, 이제는, 주님의
살아 계심을 두고 맹세한다 하면서 나의 이름을
부르지 못하게 하겠다. 27 이제는 내가, 그들을
지켜 보겠다. 복을 내리려고 지켜 보는 것이 아니
라 재앙을 내리려고 지켜 보겠다. 그래서 이집트
땅에 있는 모든 유다 사람이 멸종될 때까지, 전쟁과
기근으로 그들을 죽이겠다. 28 전쟁을 피하여
이집트 땅을 벗어나 유다 땅으로 돌아갈 사람의
수는, 매우 적을 것이다. 이집트 땅에 머물려고 내
려간 유다의 살아 남은 모든 사람이, 나의 말과 저
희들의 말 가운데서 누구의 말대로 되었는가를
알게 될 것이다.

29 나 주가 하는 말이다. 내가 이 곳에서 너
희를 벌하고, 너희에게 재앙을 내리겠다고 한 약
속이 반드시 이루어진다는 것을 증명하는 표징은
이것이다. 30 나 주가 말한다. 내가 유다 왕 시
드기야를, 그의 목숨을 노리고 있던 그의 원수인
바빌로니아 왕 느부갓네살의 손에 넘겨 주었던
것과 같이 이집트 왕 바로호브라를, 그의 목숨을
노리고 있는 그의 원수들의 손에 넘겨 주겠다.'"

주님께서 바룩에게 구원을 약속하시다

45 1 요시야의 아들 여호야김이 유다 왕이
되어 다스린 지 사 년째가 되던 해에, 예
언자 예레미야는 네리야의 아들 바룩에게, 주님
께서 하신 말씀을 불러 주어, 책에 받아쓰게 하였다.
그 때에 예언자 예레미야가 바룩에게 말하였다.

2 "주 이스라엘의 하나님께서 그대 바룩에게
전하라고 하시면서, 나에게 이런 말씀을 하셨소.
3 주님께서는 그대가 언젠가 '주님께서 나의
고통에 슬픔을 더하셨으니, 나는 이제 꼼짝없이
죽게 되었구나. 나는 탄식으로 기진하였고, 마음
평안할 일이 없다' 라고 말한 것을 기억하고 계시오.
4 주님께서는 나더러, 그대 바룩에게 전하라고
하시면서, 이렇게 말씀하셨소. '나 주가 말한다.
나는, 내가 세운 것을 헐기도 하고, 내가 심은 것을
뽑기도 한다. 온 세상을 내가 이렇게 다스리거늘,
5 네가 이제 큰일을 찾고 있느냐? 그만 두어라.
이제 내가 모든 사람에게 재앙을 내릴 터인데 너
만은 내가 보호하여, 네가 어디로 가든지, 너의 목
숨만은 건져 주겠다. 나 주의 말이다.'"

이집트 심판의 예언

46 1 이것은 이방 민족들에게 전하라고, 예
언자 예레미야에게 하신 주님의 말씀이다.
2 이것은 이집트에게 한 말씀으로서, 요시야의
아들 여호야김이 유다 왕이 되어 다스린 지 사 년
째가 되던 해에, 유프라테스 강 근처의 갈그미스
까지 원정을 갔다가 바빌로니아 왕 느부갓네살에게
격파된 이집트 왕 바로 느고의 군대를 두고 하신
말씀이다.

픔은 예레미야의 몇몇 저주와 같이, 그의 백성들에 대한 저주로 이어진다. **45:4** 이 책의 중요한 동기를 사용하면서 주님은 대답하신다: "나는, 내가 세운 것을 헐기도 하고, 내가 심은 것을 뽑기도 한다." 유다가 알았던 삶의 파멸과 상징적 세계관의 몰락은 이집트에서조차 피하지 못할 것이다. **45:5** 바룩은 자신을 위해 큰일을 찾지 말라는 하나님의 경고는 아마도 그 자신이 예레미야를 대체하는 사람이 아니고 전달자로 여겨야한다는 것을 의미할 것이다. 그는 살아남을 것이다. 이 책의 주요 부분이 여기서 음울하게 암시되면서 마감된다.

바룩이 생존을 보상으로 받은 것은 포로생활을 하는 이들의 소망에 본보기가 된다. 빠른 시일 내에 귀환한다는 약속도 없고 30—33장에서처럼 눈에 보이는 운명의 회복도 없다. 오직 어려움들을 지나는 인내만이 그들 앞에 놓여 있다. 신의 분노가 지나간 후 거기에는 재건하거나, 파종하거나, 웃거나, 춤출 힘이 아직 없다. 거기에는 오직 기다림만이 있다.

46:1—51:64 히브리어 마소라사본에 있는 예레미야서의 마지막 부분 직전의 본문은 여러 민족을 심판하는 신탁으로 되어있다. 칠십인역은 이 부분의 시를 이스라엘과 여러 민족이 독잔을 마시게 되는 책의 한가운데에 놓는다 (25:13). 더구나 마소라사본은 칠십인역과는 아주 다른 시의 순서를 따른다. 가장 눈에 띄는 것은 마소라사본은 바빌로니아에 대한 신탁을 칠십인역(27장)에서처럼 시작부분에 놓는 것이 아니라, 모음집의 마지막에 놓음으로써, 이 시를 다르게 배열시킨다. 여러

3 (이집트의 장교들이 외친다.)
"크고 작은 방패로 무장하고
싸움터로 나아가거라!
4 말에 안장을 얹고, 올라타거라!
투구를 쓰고 대열을 정돈하여라.
창을 날카롭게 갈고,
갑옷을 입어라."

5 주님께서 말씀하신다.
"내가 보고 있는 것이 무엇이냐?
그들이 모두 놀라서
뒤로 도망하고 있구나.
그들의 용사들마저도 격파되어,
겁에 질려서,
뒤도 돌아보지 않고,
정신없이 도망한다."
6 발이 빠른 사람도 달아나지 못하고,
용사도 도망하지 못한다.
그들은
저 북녘 유프라테스 강 가에서,
비틀거리다가 쓰러져 죽는다.

7 나일 강 물처럼 불어 오르는
저것이 무엇이냐?
범람하는 강물처럼 불어 오르는
저것이 무엇이냐?
8 이집트가 나일 강 물처럼
불어 올랐다.
범람하는 강물처럼 불어 올랐다.
이집트는 외쳤다.
'내가 강물처럼 불어 올라서
온 땅을 덮고,
여러 성읍과 그 주민을
멸망시키겠다.

9 말들아, 달려라.
병거들아, 돌격하여라.
용사들아, 진격하여라.
ㄱ)에티오피아의 군대와
리비아의 군대도
방패를 들고 진격하여라.
리디아의 군대도
활을 당기며 진격하여라.'

10 오늘은 만군의 주 하나님께서
원수들에게 복수하시는 날이다.
오늘은 주님께서
원수를 갚으시는 날이다.

ㄱ) 히, '구스'. 나일 강 상류지역

민족에 대한 신탁에서 먼저 유다의 이웃들에게 (46—49장), 그리고 바빌로니아(50—51장)를 향하여 선포한다. 여러 민족에 대한 신탁의 주요 취지는 유다를 징벌하는 데 하나님의 도구가 되어온 이방 나라들이 곧 징계를 받을 것이라는 것을 선포하는 것이다. 그러므로 여러 민족을 심판하는 신탁은 포로생활을 하는 사람들에게 소망과 인내를 격려해 주기 위해서 하나님은 심판하실 뿐만 아니라, 공평하심을 주장하기 위해 만들어졌다.

오늘날의 독자들은 예레미야서의 많은 다른 본문에서 폭력과 복수를 발견하고 문제에 봉착하게 된다. 이 본문은 폭력과 복수에 대하여 도전하지 않고, 폭력과 복수 둘 다 하나님께 남겨둔다. 고대 세계에서, 그리고 특별히 정복당한 백성들의 생각 속에서는 하나님의 폭력적인 힘이 침략하는 나라들의 군사력을 타도할 필요가 있다고 보았다. 물론 예레미야서가 복잡하게 만드는 요소는 하나님의 능력이 또한 하나님 자신의 백성들을 벌하기 위해 사용되었다는 것이다.

46:1—49:39 이 시들의 압도적인 은유는 알려져 있지 않은 전투를 사용하여 연결하여 준다. 북쪽에서 오는 적은 이스라엘의 적들을 몰래 추적할 것이다.

46:1-25 46장은 이집트에 대한 신탁(36:3-12, 14:24)과 이스라엘과 관련된 신탁(46:27-28)을 포함한다. 산문 해설들은 시와 연결된다 (46:2, 13, 25-26). 시들은 이집트로 도망한 유다의 남은 자들(43—44장)에 대한 예레미야의 예언들에서 온 주제들을 되풀이한다. **46:1** 이 절은 여러 민족에 대한 계시의 전체 모음집을 소개한다. **46:2** 이집트를 반대하는 첫 시는 여호야김 4년을 배경으로 한다. 이 해는 기원전 605년으로 바빌로니아가 갈그미스에서 이집트를 무찔렀고 시리아 팔레스타인에서 이집트의 세력을 격파했던 해이다. 연도는 오래도록 알려지고 예언된 하나님의 계획들은 이스라엘의 구출과 여러 민족을 징벌하는 것으로 끝날 것이다.

46:3-12 군대에게 전투를 준비하라는 음성이 들려온다. 이집트의 군대가 바빌로니아의 방어를 위해 부름을 받은 것인지 공격을 위해 부름을 받은 것인지 명확치 않다. **46:5-6** 하나님이 이집트의 진정한 적이기 때문에 이 시에서는 바빌로니아의 이름이 나타나지 않아도, 바빌로니아와 관련되어 있는 유프라테스 강을 거론하는 것으로 알 수 있다. 그 소리는 북에서 공격해 오는 것으로 인해 쓰러져 죽는 이집트 사람들이 두려워하는 소리를 가리킨다. **46:7-8** 널리 알려진 나일 강의 범람은 이집트의 흥망의 상징이 된다. **46:9** 이집트와 그 주변 나라들은 전쟁을 준비한다. **46:10** 주님의 날은

주님의 칼이
그들을 삼켜서 배부를 것이며,
그들의 피로 흠뻑 젖을 것이다.
오늘은 만군의 주 하나님께서
북녘 땅 유프라테스 강 가로 오셔서,
희생제물을 잡으시는 날이다.
11 처녀, 딸 이집트야,
길르앗 산지로 올라가서
유향을 가져 오너라.
네가 아무리 많은 약을 써 보아도
너에게는 백약이 무효다.
너의 병은 나을 병이 아니다.
12 이제는 너의 수치스러운 소문이
세계 만민에게 퍼졌고,
너의 용사들마저 서로 부딪쳐
함께 쓰러져 죽었으므로,
너의 울부짖는 소리가
온 땅에 가득하다.

느부갓네살의 이집트 원정을 예언하다

13 주님께서 예언자 예레미야에게, 바빌로
니아 왕 느부갓네살이 이집트 땅을 치려고 올 것을
말씀하셨다.

14 "너희는 믹돌에서 외치고,
ㄱ)멤피스와 다바네스에서도 외쳐서
온 이집트에 알려라.
너희는 이렇게 전하여라.
'너희는 어서 방어 태세를 갖추어라.
사방에서 전쟁이 일어나서
너를 삼킬 것이다' 하여라.
15 어찌하여
너의 힘센 황소가 꺼꾸러졌느냐?
주님께서 그를 메어치셨기 때문에,
그가 서서 견딜 수가 없었다.
16 너희의 많은 군인들이
비틀거리고 쓰러져 죽으면서
서로 말하기를
'어서 일어나서,
우리 민족에게로 돌아가자.
이 무서운 전쟁을 피하여
우리의 고향 땅으로 돌아가자'
하였다."
17 "이제는 이집트 왕 바로를
'기회를 놓친 떠벌이'라고 불러라."

18 "나는 왕이다.
나의 이름은 '만군의 주'다.
나의 삶을 두고 맹세한다.
너를 공격하는 군대의 힘은
산들 사이에 우뚝 솟은
다볼 산과 같고,
바닷가에 높이 솟은 갈멜 산과 같다.
19 딸 이집트의 백성아,

ㄱ) 히, '놉'

하나님 군대가 하나님의 적들에 대항하여 승리하는 것을 의미한다. 이집트의 군대의 힘은 하나님이 휘두르시는 칼과 맞설 수 없다. **46:11** 유다의 상처(8:22)를 조롱하는 시에서, 이집트는 치료하는 유향을 위해 길르앗으로 갈 것이지만, 거기에는 이집트를 위한 아무것도 없다.

46:13-25 이 산문은 이집트의 적을 느부갓네살로 명명한다 (46:13, 25). 전쟁은 하나님의 영역 안에 있기 때문에, 인간의 대리인인 바빌로니아가 시와 산문의 변두리에 남아있다. **46:14** 이집트의 도성들에 다가오는 전쟁을 알리는 명령으로 시를 연다. **46:15** 하나님께서 이미 이집트 황소 신 아피스를 물리치셨다. 그러므로 이집트의 패배는 분명하다. **46:17-19** "호헌장담"이라 불리던 이집트의 오만한 바로도 그에게 파멸의 대리자를 보내는 참 왕이신 주님에게는 상대가 되지 않는다. **46:20-24** 여성과 동물의 형상이 나라를 부끄럽게 하기 위해 다시 사용되고 나라의 연약함을 묘사한다. 이집트는 아름다운 암송아지다. 이집트는 적들로부터 미끄러져 도망치는 뱀과 같다. 그러나 도망쳐도 소망이 없다. 적들은 딸 이집트를 잘라 버릴 것이고 그녀를 북쪽에서 오는 백성들에게 넘겨줄 것이다. 이집트의 신들은 거짓이라고 선포되지 않지만, 세상을 다스리시는 하나님에 비해 단지 덜 강하다.

46:27-28 이 시는 야곱/이스라엘의 남은 자들에게 위로, 회복, 그리고 미래에 두려움이 없음을 약속한다. 그들은 하나님이 취하실 행동 때문에 돌아올 것이다. 시는 하나님과 이스라엘 사이의 언약관계의 회복을 가정하고 민족의 몰락을 곧 끝나게 될 하나님의 징계로 해석한다. 한때 하나님의 징계의 도구들이었던 여러 민족은 이제 그들 자신의 징계를 받을 만하고 또 받게 될 것이다.

47:1-7 블레셋이 이스라엘의 대적들의 명단에 포함된 이유는 명확하지 않다. 분명한 것은 공격은 하나님으로부터 임한다는 것이다. **47:2** 침략은 길 위에 있는 모든 것을 파괴하는 범람하는 강물과 같다. **47:3** 전쟁 소리가 들려온다. **47:4** 하나님은 블레셋을 파괴하신다. **47:6-7** 이 "칼의 노래"는 마치 하나님의 칼이 사람인양 칼에게 말하고 공격하라고 요청한다.

너희는 짐을 꾸려서
잡혀 갈 준비를 하여라.
ㄱ)멤피스는 황무지로 바뀌어서,
아무도 살 수 없는
폐허가 될 것이다.
20 예쁘디예쁜 암송아지 이집트가,
이제는 북녘에서 마구 몰려오는
쇠파리 떼에 시달리는
암송아지가 될 것이다.
21 사서 들여온 용병들은
살진 송아지들이다.
파멸의 날이 다가오고
징벌의 시각이 다가오면,
그들마저도 버티지 못하고 돌아서서
다 함께 달아날 것이다.
22 적들이
군대를 거느리고 밀어닥치며,
그들이 벌목하는 사람들처럼
도끼를 들고
이집트를 치러 들어오면,
이집트는
소리를 내며 도망 치는 뱀처럼
달아날 것이다.
23 나 주의 말이다.
그 숲이
들어설 수 없이 빽빽하다 하여도,
그들의 수가 메뚜기 떼보다도 많고,
헤아릴 수 없이 많으므로,
그들이 그 숲의 나무들을
모두 잘라 버릴 것이다.
24 딸 이집트의 백성이 수치를 당하고,
북녘 백성의 손에 넘어갈 것이다."

25 "나 만군의 주 이스라엘의 하나님이 말
한다. 보아라, 내가 ㄴ)테에베의 신 아몬에게 벌을
내리고, 바로와 이집트와 그 나라의 신들이나 왕
들에게도 벌을 내리고, 바로뿐만 아니라 그를 의
지하는 사람들에게도 벌을 내리겠다. 26 내가
그들의 목숨을 노리는 바빌로니아 왕 느부갓네살과
그 부하들의 손에 그들을 넘겨 주겠다. 그러나 그런
다음에도 그 땅에는 다시 예전처럼 사람이 살게
될 것이다. 나 주의 말이다."

이스라엘 백성을 위로하는 말씀

27 "나의 종 야곱아,
너는 두려워하지 말아라.
이스라엘아,
너는 무서워하지 말아라.
내가 너를
먼 곳에서 구원하여 데려오고,
포로로 잡혀 간 땅에서
너의 자손을 구원할 것이니,
야곱이 고향으로 돌아와서
평안하고 안정되게 살 것이며,
아무런 위협도 받지 않고 살 것이다.
28 나 주의 말이다.
나의 종 야곱아,
너는 두려워하지 말아라.
내가 너와 함께 있다.
내가 너를 쫓아
여러 나라로 흩어 버렸지만,
이제는 내가
그 모든 나라를 멸망시키겠다.
그러나 너만은
내가 멸망시키지 않고,
법에 따라서 징계하겠다.
나는 절대로,
네가 벌을 면하게 하지는 않겠다."

블레셋 심판의 예언

47 1 이것은, 바로가 가사를 치기 전에, 주
님께서 블레셋 사람을 두고 예언자 예레
미야에게 하신 말씀이다.

2 "나 주가 말한다.
보아라,
북녘에서부터 물이 불어 올라서,
범람하는 강물이 되었다.
강물이 땅과 땅 위에 있는
모든 것을 휩쓸며 흐르고,
성읍과 그 주민을

ㄱ) 히, '놉' ㄴ) 히, '노의'

48:1-47 사 15-16장과 많은 유사점을 가진 이 긴 시는 이스라엘 전통의 적인 모압과 관련되어 있다. 이집트의 범죄와 같이, 모압의 범죄는 이스엘이 저질렀던 우상숭배의 죄가 아니라, 다른 나라들을 다스리려고 노력하는 그들의 자만과 오만에서 생겨난다. **48:1-2** 하나님께서 모압의 주요 성읍들의 침략과 나라에 대항하는 계획들과 칼에 의한 파멸을 알리신다. **48:3-6** 폐허로 인해 울부짖는 소리가 모압의 여러 성읍에서 들려

다 같이 휩쓸고 지나갈 것이다.
모든 사람이
살려 달라고 울부짖으며,
그 땅의 모든 주민이 통곡할 것이다.
3 군마들의 요란한 말발굽소리,
덜컹거리며 달려오는 병거들의
소란한 바퀴소리에,
아버지들은 손이 풀려서
자식들을 돌볼 겨를도 없을 것이다.
4 블레셋 사람들을 모두 파멸시키고,
두로와 시돈에서 올 수 있는
최후의 지원군들을 모두 멸절시킬
그 날이 왔다.
ㄱ)크레타 섬에서 살아 남은
블레셋 사람들을
나 주가 멸망시키겠다.
5 가사는 슬픔에 겨워 머리털을 밀고
아스글론은 말문이 막힌다.
아낙의 살아 남은 자들아,
너희가 언제까지
몸에 상처를 내며 통곡하려느냐?
6 너희가 '아! 주님께서 보내신 칼아,
네가 언제까지
살육을 계속하려느냐?
제발 너의 칼집으로 돌아가서
진정하고
가만히 머물러 있거라' 한다마는,
7 내가 그 칼을 보냈는데,
그 칼이 어떻게
가만히 쉬고 있겠느냐?
그 칼은
아스글론과 해변지역을 치라고
내가 보낸 것이다."

모압의 멸망

48 1 이것은 모압을 두고 하신 주님의 말씀이다.
"나 만군의 주
이스라엘의 하나님이 말한다.
불쌍하다, 느보야.
그 성읍이 파멸되었구나.
기랴다임도
수치를 당하고 점령되었다.
그 ㄴ)요새가 수치를 당하고 붕괴되었다.
2 이제 모압의 영화는 사라졌다.
헤스본에서 그들은
모압을 멸망시킬 ㄷ)작전을 세웠다.
'자, 우리가 모압을 멸망시켜서,
나라를 아주 없애 버리자' 한다.
맛멘아, 너도 ㄹ)적막하게 될 것이다.
칼이 너를 뒤쫓아갈 것이다.

3 호로나임에서
울부짖는 소리가 들려 온다.
'폭력이다, 파괴다' 하고 외친다."

4 '모압이 파괴되었다' 하고 울부짖는
어린 아이들의 소리가 들린다.
5 사람들이 슬피 울면서,
루힛 고개로 오르는
비탈길을 올라간다.
호로나임으로 내려가는 길에서,
사람들은
'망하였다!' 하고
울부짖는 소리를 듣는다.
6 너희는 도망하여 목숨이나 건져라.
사막의
ㅁ)떨기나무와 같은 신세나 되어라.

7 "모압아,
네가 너의 손으로 만든 것들과
너의 많은 보물을 의지하였으므로,
너도 정복당할 것이다.
그모스 신도
자기를 섬기던 제사장들과
고관들과 함께
포로로 끌려갈 것이다.

ㄱ) 히, '갑돌' ㄴ) 또는 '에스갑' ㄷ) 히브리어에서 '작전을 세웠다(하슈부)'의 발음과 '헤스본'의 발음이 비슷함 ㄹ) 히브리어에서 '적막하게 되다(티도미)'의 발음과 '맛멘'의 발음이 비슷함 ㅁ) 또는 '아로엘'

온다. **48:7** 권력과 보물에 대한 민족의 잘못된 확신이 그의 신 그모스와 그의 제사장들과 함께 포로가 되는 결과를 초래하게 될 것이다. **48:9** 거기서는 도망칠 수 없을 것이다. 소금이 나라를 뒤덮어 황무지로 만들 것이다. **48:11-12** 모압이 포도주의 생산으로 유명하기 때문에 시는 모압의 몰락을 포도주가 곧 쏟아질 것이라는 말로 묘사한다.

48:14-27 용사들이 전투에 능한 군인들이라고 말하지만, 만군의 주인 하나님께서 그들을 비웃으시고 다른 이들에게 모압의 멸망을 위해 슬퍼하라고 말씀하신다. **48:18-20** 모압의 중요한 성읍인 딸 디본 역시 파괴될 것이고 사람들은 도망칠 것이다. **48:21-27** 이 절들은 모압의 멸망한 성읍들의 이름을 부르고 신의 분노의 잔으로부터 모압이 취함을 묘사한다.

8 멸망시키는 자가
성읍마다 쳐들어올 것이며,
어떤 성읍도
이것을 피할 수 없을 것이다.

골짜기는 폐허가 되고,
고원도 황폐하게 될 것이다.
나 주의 말이다."

9 "ㄱ)너희는 모압에게 날개를 달아 주어
마음껏 도망치게 하여라.
모압의 성읍들은
이제 아무도 살 수 없는
황무지가 되고 말 것이다."
10 (주님의 일을 정성을 다하여 하지 않는 사
람은 저주를 받을 것이다. 칼을 휘둘러 모압 사람
을 죽이지 않는 사람은 저주를 받을 것이다.)

모압의 성읍들이 멸망되다

11 "모압은
일찍부터 안전하게 살았으며,
포로가 되어 끌려가 본 적이 없었다.
이 그릇 저 그릇에 옮겨 담지 않아서
찌끼가 곱게 가라앉은,
맑은 포도주와 같았다.
맛이 그대로 남아 있고
향기가 변하지 않은
포도주와 같았다."

12 "나 주의 말이다.
내가 이제
술 거르는 사람들을 보낼 터이니,
포도주를 쏟아 버릴 날이 온다.
그들은 포도주를 모두 쏟아 버리고,
그릇들을 비우고,
병들을 깨뜨려 버릴 것이다.
13 이스라엘 백성이
베델을 의지하다가
수치를 당하였듯이,
모압이 그모스 신 때문에
수치를 당할 것이다."

14 "어떻게 너희가
'우리는 용사들이요,
전투에 능한 군인들이다'
하고 말할 수 있느냐?
15 모압과 그 성읍들을 멸망시킬 자가
쳐들어오면,
모압의 젊은이들 가운데서
뽑힌 용사들이
살육을 당할 것이다.
나는 왕이다.
그 이름 '만군의 주'인
내가 말하였다.
16 모압의 멸망이 가까이 왔고,
모압에 내릴 재앙이 다가왔다.

17 모압의 모든 이웃 민족아,
모압의 명성을 아는 모든 사람아,
너희는 모압의 멸망을 슬퍼하며,
이렇게 부르짖어라.
'그 막강하던 규,
그 화려하던 지휘봉이,
어찌하여 이렇듯 꺾이고 말았는가!'"

18 "딸 디본의 주민아,
너희는
그 영광스러운 곳에서 내려와서,
메마른 맨 땅에 앉아라.
모압을 멸망시키는 자가
너 디본을 치러 올라와서,
너의 요새들을 무너뜨렸다.

ㄱ) 또는 '모압에 소금을 뿌려 황폐하게 하여라'

48:28-47 하나님께서 모압 사람들에게 파멸로부터 도망칠 것을 설득하시고, 그들의 오만을 꾸짖으시고, 그들의 죽음에 대하여 통곡하신다. **48:34-39** 이 산문 구절들은 재앙의 기간 동안 울부짖는 도성들의 이름을 부름으로써 하나님의 애가를 다듬는다. **48:40-47** 시에서 주님은 독수리가 오만으로 인해서 그 먹이, 모압을 낚아채실 것이라고 알리신다. **48:47** 이 절은 모압에 대한 심판의 신탁에 놀라운 결말을 가져온다. 하나님께서 그들의 운명을 회복시키실 것이다. 이 약속은 민족이 살아남는 것은 사실이지만, 신학적으로는 모든 열방의 복지에 대한 하나님의 소원을 확인해 주는 것이다.

특별 주석

이사야 15—16장과 렘 48장에서 모압에 대한 심판의 신탁을 보여주는 통곡에 대한 기록은 이스라엘/유다와 모압의 애매모호한 관계를 보여준다. 창 19장은 이스라엘과 모압의 조상이 같

19 아로엘의 주민아,
너희는 길가에 서서 살펴보다가
도망 쳐서 피하여 보려는
남녀들에게
무슨 일이 일어났는지 물어 보아라.
20 그러면 그들이 대답할 것이다.
'모압이 수치를 당하였다.
모압이 어이없게도 함락되었다.
통곡하며 울부짖으며,
아르논 강 가 사람들에게,
모압이 멸망하였다고 알려라'
할 것이다.

21 재앙이 밀이닥친 곳은,
모압의 고원지대와
홀론과 야사와 메바앗과
22 디본과 느보와 벳디블라다임과
23 기랴다임과 벳가물과 벳므온과
24 그리욧과 보스라와
모압 땅의 원근 각처에 있는
모든 성읍들이다.

25 이렇게 모압의 ㄱ)뿔이 잘리고,
모압의 팔이 부러졌다!
나 주의 말이다."

모압이 비천해질 것이다

26 "모압이
나 주를 거슬러 자만하였으니,
모압에게 취하도록 술을 먹여,
마침내 그가 토하고
그 토한 것 위에 뒹굴어,
스스로 조롱거리가 되게 하여라.
27 모압아, 이제까지는 네가
이스라엘을
조롱거리로 삼지 않았느냐?
네가 이스라엘을 말할 때마다,
너는 마치
이스라엘이 도둑질이나 하다가
들킨 것처럼,
머리를 흔들며 조롱하지 않았느냐?
28 모압 백성아,
너희는 성읍들을 떠나서,
바위 틈 속에서 자리를 잡고 살아라.
깊은 협곡의 어귀에
불안정하게 둥지를 틀고 사는
비둘기처럼 되어라."

29 "우리는
모압이 교만하다는 소문을 들었다.
모압이 매우 교만하여
우쭐대고 빼기며,
오만하고 거만을 떤다는 것을,
우리는 들었다.
30 나 주의 말이다.
나는 모압의 교만함을 안다.
그의 자랑도 허풍뿐이며,
그가 이루었다는 일도 거짓말이다.
31 그러므로 내가
모압 때문에 통곡하고,
모압의 모든 백성을 생각하여
애곡하겠다.
길헤레스의 주민을 생각하여
슬피 울겠다.

32 십마의 포도나무야,
나는 야스엘을 생각하여 우는 것보다
너를 생각하여 더 많이 울고 있다.

ㄱ) '뿔'은 힘의 상징임

다는 사실을 지적한다. 다윗의 조상이 모압 사람 룻이므로 그는 사울과 갈등관계에 있는 동안 그의 어머니와 아버지의 안전을 위해 그들을 모압에 남겨둔다 (삼상 22:3-4). 모압은 또한 정확한 장소는 하나님만이 아시지만 (신 34장), 모세가 매장된 곳이다. 또한 모압은 민 21—24장과 다른 곳에서 강하게 비난을 받는다. 사 15—16장과 렘 48장에 나타난 모압에 대한 심판의 신탁들의 감정은 구약성경에서 모압과 관련된 모호함을 잘 반영해 준다.

49:1-39 49장은 암몬 (49:1-6), 에돔 (49:7-22), 다메섹 (49-23-27), 게달과 하솔 (49:28-33), 그리고 엘람(49:34-39)을 심판하는 신탁들이 있다.

49:1-6 암몬과 이스라엘과 이웃관계에 관한 역사는 씁쓸하다. 예레미야는 암몬 사람들을 이스마엘의 그달리야 암살에 연류시킨다(40:13—43:3). **49:1-2** 암몬의 죄악은 땅을 차지하고 있음이고 (또한 암 1:13-15를 보라), 이 죄악으로 인해 하나님께서 암몬의 성읍 랍바를 침략하실 것이고, 그 땅을 이스라엘에게 돌려주실 것이다. **49:4** 암몬의 자존심이 *방종한 딸 암몬*에게 재앙을 가지고 올 것이다. 다시 여인의 이미지는

너의 덩굴은 사해를 건너
야스엘에까지 뻗어 나갔다.
그런데 파멸시키는 자가
너의 여름 과일과
포도송이에 밀어닥쳤다.

33 모압의 과수원과 옥토에는 이제,
기쁨도 사라지고
즐거움도 사라졌다.
술틀에서 포도주가 사라졌다.
환호성을 지르며
포도를 밟던 사람도 없고,
그들의 외침은
더 이상 즐거운 환호가 아니다.
34 헤스본과 엘르알레에서
부르짖는 소리가
야하스에까지 들린다.
소알에서부터
호로나임에 이르기까지,
다시 거기에서
에글랏셀리시야에 이르기까지,
모두들 아우성을 치고 있다.
니므림 샘들도
메마른 땅으로 바뀌었기 때문이다.

35 나는 모압의 산당에 올라가서
신들에게
제물을 살라 바치는 자들을
완전히 없애 버리겠다.
나 주의 말이다.
36 그러므로 나의 마음이
모압 때문에
슬픈 소리가 나는 피리처럼
탄식하며,
나의 마음이
길헤레스의 주민 때문에도
슬픈 소리가 나는 피리처럼
탄식한다.
모압이 남겨 놓은 재물이
사라졌기 때문이다.

37 과연 모압 사람들이 모두
머리털을 밀고,
수염을 자르고,
손마다 상처를 내고,
허리에 굵은 베를 걸치고 있다.
38 모압의 모든 지붕 위에서
슬피 우는 소리가 들린다.
모압의 모든 광장에서
슬피 우는 소리가 들린다.
나 주의 말이다.
내가,
전혀 마음에 들지 않는 그릇처럼,
모압을 깨뜨려 버렸다.
39 어쩌다가 모압이 이렇게 망하였는가!
그들이 통곡한다!
어쩌다가 모압이 이렇게 수치스럽게
등을 돌리고 달아나게 되었나?
이처럼 모압은 자기의 모든 이웃에게
조롱과 놀라움의 대상이
되어 버렸다."

심판을 피할 수 없는 모압

40 "나 주가 말한다.
보아라, 적이 독수리처럼 날아와서,
모압 위에 두 날개를 펼칠 것이니,
41 ㄱ)성읍들이 점령당하고,
산성들이 함락당할 것이다.
그 날에는,
모압 용사들의 마음이
해산하는 여인의 마음과 같이
공포에 사로잡힐 것이다.

ㄱ) 또는 '그리욧이'

공격당할 사람들의 두려움과 무력함을 강조하는 것이다. **49:6** 모압처럼 (48:47), 암몬의 운명도 회복될 것이다. 암몬도 이스라엘과 조상이 같다 (창 19장).

49:7-22 이 신탁은 오바댜서와 유사한 점이 많이 있다. 창 36장을 볼 것 같으면, 에돔 사람들은 야곱의 형 에서의 자손들이다. **49:7-10** 하나님은 에돔에게 더 이상 지혜가 없느냐고 물으시고 에돔 사람들을 완전히 멸하신다고 위협하시지만 이 구절들은 결코 에돔의 죄를 지적하지 않는다. **49:11** 오직 고아들과 과부들만 남을 것이고, 백성들에게는 어떤 미래도 없을 것이다. **49:12-13** 이 산문 해설은 그 잔을 마셔야만 하는 예언으로 에돔에 관한 심판의 신탁과 연결짓고 있다 (렘 25:15-21). 만일, 죄 없는 유다도 그 잔을 마셔야 하는 것이라면, 어떻게 에돔이 그 잔을 면할 수 있기를 기대하는가? **49:14-16** 아마도 하나님께서 예레미야를 보내신 것은 그로 하여금 여러 민족 중에 에돔을

42 모압이 주를 거슬러 자만하였으니,
이렇게 멸망하여
다시는 나라를 세우지 못할 것이다.
43 모압 백성아,
무서운 일과 함정과 올가미가
너를 기다리고 있다.
나 주의 말이다.
44 무서운 일을 피하여 달아난 사람은
함정에 빠지고,
함정에서 기어 나온 사람은
올가미에 걸릴 것이다.
내가 모압 백성에게
징벌을 내리는 해가 오면,
내가 이런 징벌을
그들에게 내릴 것이다.
나 주의 말이다.

45 도피하는 자들이 기진하여
헤스본 성벽의 그늘 속에
머물러 선다 해도
헤스본 성 안에서 불이 나오고,
시혼의 왕궁에서
불꽃이 뿜어 나와서,
모압 사람들의 이마와
소란 피우는 자들의 정수리를
살라 버릴 것이다.

46 모압아, 너에게 화가 미쳤다.
그모스 신을 믿는 백성아,
너는 이제 망하였다.
마침내,
네 아들들도 포로로 끌려가고,
네 딸들도 사로잡혀 끌려갔구나.

47 그러나 훗날에 나는 사로잡혀 간 모압의
포로를 돌아오게 하겠다. 나 주의 말이다."
모압을 심판하는 말씀이 그치다.

암몬 심판의 예언

49 1 이것은 암몬 백성을 두고 하신 주님의 말씀이다.

"나 주가 말한다.
이스라엘은 자식도 두지 못하고,
상속자도 두지 못하였느냐?
어찌하여 ㄱ)몰렉 신이 갓을 차지하고,
몰렉의 백성이
갓의 성읍들에서 자리잡고 사느냐?
2 보아라, 그 날이 온다.
나 주의 말이다.
그 때에는 내가
암몬 백성이 사는 랍바에
전쟁의 함성이 들리게 하겠다.
그러면 랍바가 폐허 더미로 변하고,
그에 딸린 성읍들은 불에 타버리고,
이스라엘은 빼앗겼던 자기 땅을
다시 돌려 받게 될 것이다.
나 주의 말이다."

ㄱ) 또는 '그들의 왕이'. 히, '말감'

가장 작은 자로 만드실 가상적인 전투를 알리기 위한 대언자로 삼기 위함인 것 같다. **49:17-22** 에돔은 사악한 소돔과 고모라 같이, 사자 앞에 있는 가축처럼, 멸망당할 것이다 (창 19장). 공격하고 파괴하시는 분은 주님이시다.

49:23-27 이 구절들은 아람의 수도인 다마스쿠스가 불로 파멸당하고, 약하고, 공포에 떨고, 그리고 슬픔에 잠겨 있는 것을 강조하기 위해 해산하는 임신한 여인으로 묘사하고 있지만, 이 시는 도성의 죄를 지적하지는 않는다.

49:28-33 이 구절에서 하나님은 느부갓네살에게 게달 왕국과 하솔 왕국을 공격하라고 명령하신다. 이 두 왕국은 그들의 낙타들과 목축을 잃게 될 것이고, 백성들은 흩어지게 될 것이다. **49:31** 그들에게 지적된 유일한 범죄는 태평하게 살아가는 것이다.

49:34-39 시드기야가 다스리기 시작할 무렵에 바빌로니아가 예루살렘을 침략하는 것이 배경으로 되어있는 이 산문은 바빌로니아 제국주의로 인하여 빚어진 혼란을 해석한다. 군사들이 아니라, 사방에서 불어온 하늘의 바람이 엘람의 몰락을 위한 하나님의 도구가 될 것이다. 이후에 하나님은 그들의 운명을 회복시키실 것이다.

50:1—51:64 바빌로니아는 예레미야서 전체를 통해 유다와 여러 민족에게 파멸을 가져다 준 하나님의 대리인이 되었다. 본래 북녘에서 오는 알려져 있지 않은 적으로 불리고 (1:13-15), 나중 특별히 열아홉 장 (20:4-6)에서 이름이 불리어진 바빌론은 이 책의 마지막 두 장에서 자신의 징계에 대한 약속을 받는다. 책의 앞 장들은 바빌론을 하나님의 징벌의 대리인으로 이해하지만, 여기서 바빌로니아 사람들은 죄 없는 사람들의

3 "아이 성이 멸망하였으니,
헤스본아, 통곡하여라.
랍바의 딸들아, 울부짖어라.
굵은 베 옷을 몸에 걸치고
애곡하여라.
이리 뛰고 저리 뛰며 몸부림 쳐라.
너희의 신 ㄱ)몰렉이 포로로 끌려가고,
몰렉을 섬기던 제사장들과 고관들도
다 함께 포로로 끌려갈 것이다."

4 "너 방종한 딸 암몬아,
네가 어찌하여
너의 비옥한 골짜기들을
자랑하느냐?
너의 골짜기들은 이미 고갈되었다.
네가 어찌하여 재물을 의지하며
'누가 나를 치러 올 수가 있느냐?'
하고 뽐내었느냐?
5 보아라, 내가 너의 사방에서
무서운 적들을 데려다가,
너를 치겠다!
나 만군의 주 하나님의 말이다.
그러면 너의 백성이
제각기 흩어져 도망할 것이고,
아무도
도주하는 사람들을
모을 수 없을 것이다.
6 그러나 그렇게 한 뒤에는,
내가 사로잡혀 간 암몬의 포로를
돌아오게 하겠다.
나 주의 말이다."

에돔 심판의 예언

7 이것은 에돔을 두고 하신
주님의 말씀이다.
"나 만군의 주가 말한다.
이제 데만에 더 상 지혜가 없느냐?
명철한 사람들에게서
좋은 생각이 다 사라져 버렸느냐?
그들의 슬기가 끝이 났느냐?
8 드단의 주민아,
너희는 어서 도피하여라.
너희는 거기에서 떠나서,
깊은 은신처로 들어가서 숨어라.
내가 에서에게 재앙을 내려
그를 벌할 때가 되었다.
9 포도 서리를 하는 사람들이
들이닥쳐도
남기는 것이 더러 있으며,
밤에 도둑이 들어도
마음에 드는 것만 가져 간다.
10 그러나, 나는 에서를 샅샅이 뒤지고,
그가 숨을 수 있는 곳들을
다 들추어내었으니,
그는 숨을 곳이 없다.
그의 자손이 다 망하고,
그의 친족이 모두 망하고,
그의 이웃이 모두 망하고,
에돔마저도 살아 남지 못할 것이다.
11 네 고아들은 내게 남겨 두어라.
내가 그들을 돌보아 주겠다.
네 과부들도
나를 의지하고 살 수가 있을 것이다.

12 진실로 나 주가 말한다. 보아라, 이 잔을
마시도록 판결을 받지 않은 백성도 꼼짝없이 이
잔을 마셨는데, 하물며 너 에돔이 벌을 받지 않고
벗어나려고 하느냐? 너는 절대로 벌을 면할 수가
없다. 너는 그 잔을 마셔야만 한다. 13 참으로
내가 나를 두고 맹세한다. 나 주의 말이다. 보스
라는 폐허가 되어, 놀라움과 조소와 저주의 대상이
되며, 거기에 딸린 모든 성읍도 영원히 폐허로 남을
것이다."

ㄱ) 또는 '그들의 왕이'. 히, '말감'

악한 압제자들이다. 이 장들은 유다의 죄악을 거의 기록하지 않는다 (50:7; 51:5). 그 대신 하나님은 유다에 대한 불공평함에 관한 바른 회복을 약속하신다. 이 장들은 더 이상 민족이 몰락하는 이유를 설명하지 않고, 그 몰락 너머에 있는 미래를 바라본다. 현 세상의 고통이 현실을 피폐하게 만들지 않고, 지평선 너머에 바로 하나님의 공의가 머문다는 소망이 그 안에 표현된다.

이 두 장에서 산문과 시는 쉽게 세분할 수 없다. 그들은 바빌로니아에 다가오는 파멸의 묘사에 대한 군사적 공격을 준비하는 것으로 바꾸어야 느슨하게 연결된 내용으로 잘 이해될 수 있다. 가상적인 전투는 이 때 북쪽에서 오는 적과 바빌로니아 사이, 그리고 주님과 벨과 마르둑으로 알려진 바빌로니아 신들 사이에 있다. 연대를 알 수 없는 표제가 두 장을 소개한다 (50:1).

50:2-10 하나님께서 바빌론이 함락되고 그들의 신들이 수치를 당했다고 선포하신다. **50:3** 북쪽에서

14 주님께서 세계 만민에게
특사를 파견하시면서 하시는 말씀을
내가 들었다.
'너희는 모여서 에돔으로 몰려가서
그를 쳐라.
너희는 일어나서 싸워라' 하셨다.

15 "에돔아, 보아라,
이제 내가 너를
세계 만민 가운데서
가장 하찮은 자로 만들어서,
사람들에게서 멸시를 받게 하겠다.
16 네가 바위 틈 속에 자리잡고 살며,
산꼭대기를 차지하고 산다고,
누구나 너를 무서워한다고
생각하지 말아라.
그러한 너의 교만은
너 스스로를 속일 뿐이다.
네가 아무리 독수리처럼 높은 곳에
네 보금자리를 만들어 놓아도,
내가 너를 거기에서 끌어내리겠다.
나 주의 말이다."
17 "에돔이 참혹하게 파괴되어,
그 곳을 지나는 사람마다
그 곳에 내린 모든 재앙을 보고
놀라며, 비웃을 것이다.
18 소돔과 고모라와 그 이웃 성읍들이
멸망하였을 때와 마찬가지로,
더 이상
그 땅에 자리잡고 사는 사람이
없을 것이며,
그 땅에 머무르는 사람도
없을 것이다.
나 주가 말한다.
19 보아라,
사자가 요단 강 가의
깊은 숲 속에서 뛰어나와서,
푸른 목장으로 달려들듯이,
나도 갑자기 에돔으로 달려들어서,
그 주민을 몰아내고,
내가 택한 지도자를
그 곳에 세우겠다.
누가 나와 같다는 말이냐?
감히 나에게 따지며
대들 수 있는 자가 누구이며,
나에게 맞설 수 있는
목자가 누구냐?
20 그러므로 너희는 나, 주가
에돔을 두고 세운 계획을 듣고,
데만 주민에 대한
나의 생각을 들어 보아라."

"양 떼 가운데서
아주 어린 것들까지 끌려갈 것이니,
온 목장이 황무지가 될 것이다.
21 에돔이 쓰러지는 소리가
땅을 흔들고,
그들의 울부짖는 소리가
ㄱ)홍해에까지 들릴 것이다.
22 보아라,
적이 독수리처럼 날아와서,
보스라 위에 두 날개를 펼칠 것이니,
그 날에는 에돔 용사들의 마음이
해산하는 여인의 마음과 같이
공포에 사로잡힐 것이다."

다마스쿠스 심판의 예언

23 이것은 다마스쿠스를 두고 하신
주님의 말씀이다.
"하맛과 아르밧이
불길한 소식을 듣고,
어쩔 줄 몰라 한다.
그들이 낙담하였고,
걱정이 파도처럼 몰아치니,
평안을 잃었다.
24 다마스쿠스가 용기를 잃고
몸을 돌이켜 달아나려 하지만,
공포가 그를 사로잡고
해산하는 여인의 고통과 슬픔처럼
그를 사로잡았다.

ㄱ) 히, '얌 쑤프'

오는 적은 바빌론을 황무지로 바꾸어 놓을 이름 모를 적이다. **50:4-5** 이스라엘과 유다는 시온으로 돌아갈 수 있는 것과 하나님과 언약을 새롭게 맺는 기쁨으로 인하여 눈물을 흘리게 될 것이다. **50:6** 하나님께서는 목자들/통치자들이 그릇된 길로 인도하여 *길 잃은 양 떼*에게 말씀하시고, 범죄하여 적들로부터 공격을 당했음에도 자신들은 죄가 없다고 생각하는 이들에게 말씀하신다. **50:8** 이제 하나님은 바빌로니아에서 포로생활을 하던 이들에게 양 떼 앞에서 걸어가는 숫염소처럼 앞장서서 일어나 도망치라고 명하신다. **50:9-10** 바빌론은 알 수 없는 세력, 북쪽에서 오는 *강대국들의 연합군*의 공격을 받을 것이다.

25 칭찬을 받던 도성,
나의 기쁨이었던 성읍이,
이처럼 버림을 받게 되었다.
26 그러므로 그 날에는
그 도성의 젊은이들이
광장에서 쓰러져 죽고,
모든 군인이 전멸을 당할 것이다.
나 만군의 주의 말이다.
27 그 때에 내가
다마스쿠스의 성벽에 불을 질러
벤하닷의 궁궐을 태워 버릴 것이다."

게달과 하솔 심판의 예언

28 바빌로니아 왕 느부갓네살이 멸망시킨 게
달과 하솔 왕국을 두고, 주님께서 하신 말씀이다.

"나 주가 말한다.
너희는 일어나 게달로 쳐올라가서,
저 동방의 백성을 멸망시켜라.
29 그들의 장막과 양 떼를 빼앗고,
그들의 휘장과 세간도
모조리 빼앗아라.
그들에게서 낙타도 빼앗아라.
그리고 그들에게 이르기를
'너희 사방에는
무서운 적들만 있다' 하여라."

30 "하솔 주민아,
너희는 어서 도피하고 도주하여,
깊은 곳에 들어가 숨어 살아라.
나 주의 말이다.
바빌로니아 왕 느부갓네살이
너희를 칠 계획을 세웠고,
너희를 칠 뜻을 굳혔다."

31 "바빌로니아야,
저렇게 마음을 놓고
태평하게 살아가는 민족에게
어서 쳐올라가거라.
그들은 성문도 없고 빗장도 없이
멀리 떨어져 홀로 살고 있다.
나 주의 말이다."

32 "그들의 낙타 떼가 노략을 당하고,
가축 떼가 전리품이 될 것이다.
ㄱ)관자놀이의 머리카락을
짧게 깎고 사는 이 백성을,
내가 사방으로 흩어 버리겠다.
나 주의 말이다."

33 "하솔은 영영 황폐한 곳이 되어
이리 떼의 소굴로 변할 것이며,
그 곳에 다시는
정착하는 사람이 없을 것이며,
그 곳에
머무르는 사람도 없을 것이다."

엘람 심판의 예언

34 이것은 시드기야가 유다 왕이 되어 다스
리기 시작할 무렵에, 엘람을 두고 주님께서 예언
자 예레미야에게 하신 말씀이다.

35 "나 만군의 주가 말한다.
엘람의 주력 무기인
활을 꺾어 버리겠다.
36 하늘의 네 끝에서 나온
사방의 바람을 엘람으로 몰아다가,

ㄱ) 또는 '먼 곳에서 사는'

50:11-16 이제 하나님은 바빌론에게 *나의 백성을 노략한* 나라라고 말하신다. 바빌론이 지금은 *즐거워하고 기뻐서 뛰지만* 곧 수치와 치욕을 당하게 될 것이다. 알려져 있지 않은 군대는 자리를 잡을 것이고 사람들은 이미 바빌로니아의 몰락을 말하고 있다. **50:16** 바빌론의 파괴는 시에서 성취되었다. 곧 역사 속에서 이루어질 것이다. **50:17-20** 여기 하나님은 이스라엘의 역사를 사자들에게 쫓기는 양으로 해석하신다. 먼저 앗시리아와 다음은 바빌로니아이다. 하나님께서 이스라엘과 유다의 죄를 용서하실 것이다. 아무도 그들에게서 아무 잘못도 찾지 못할 것이다. 하나님의 용서는 유다와 이스라엘의 미래 앞에 있던 죄의 영원한 파괴적인 결과에 대한 이전의 해석들을 무효로 만든다.

50:21-34 전쟁 준비가 계속됨. **50:23-24** *온 세상을 쳐부수던 쇠망치*인 바빌로니아는 꺾였고, 그 민족은 스스로 놓은 올무에 걸렸다. **50:25-27** 하나님께서 계획을 조정하시고, 분노의 무기 창고를 여시고, 곡식 창고를 열어젖히고 곡물과 동물을 진멸시키라고 명령하신다. **50:28** 그러는 동안, 바빌로니아에서 도망하여 빠져 나온 사람들이 하나님께서 바빌론을 복수해주셨다는 소식을 전하기 위해 시온으로 돌아오고 있다. **50:29-32** 전쟁은 하나님께서 이스라엘의 거

그들을 사방으로 흩어 버리겠다.
그러면 엘람에서 쫓겨난 사람들이
여러 나라로 유배되어 갈 것이다.
37 나는 엘람 사람들을,
그들의 원수들,
곧 그들의 목숨을
노리는 자들 앞에서
두려워 떨게 하겠다.
내가 이렇게 타오르는 분노로
그들에게 재앙을 내리고,
군대를 보내어서
그들을 뒤쫓게 하겠다.
나 주의 말이다.
38 나는
엘람 왕과 고관들을
그 땅에서 멸절시키고,
엘람에 나의 보좌를 놓겠다.
나 주의 말이다.

39 그러나 훗날에는 내가
사로잡혀 간 엘람의 포로를
돌아오게 할 것이다.
나 주의 말이다."

바빌론 심판의 예언

50 1 이것은 ㄱ)바빌로니아 사람의 땅 곧 바
빌론 도성을 두고, 주님께서 예언자 예레
미야를 시켜서 선포하신 말씀이다.

2 "너희는 세계 만민에게
이 소식을 선포하고
이 소식을 전하여라.
봉화불을 올려서
이 소식을 전하여라.
숨기지 말고 전하여라.

'바빌론이 함락되었다.
ㄴ)벨 신이 수치를 당하였다.
마르둑 신이 공포에 떤다.
바빌론의 신상들이 수치를 당하고,
우상들이 공포에 떤다.'

3 북녘에서
한 민족이 침략하여 왔으니,
바빌로니아를 쳐서
그 땅을 황무지로 만들 것이니,
거기에는
사는 사람이 아무도 없을 것이다.
사람과 짐승이 사라질 것이다."

이스라엘 백성의 귀환

4 "그 날이 오고, 그 때가 되면, 이스라엘 백
성과 유다 백성이 다 함께 돌아올 것이다. 나 주의
말이다. 그들은 울면서 돌아와서, 그들의 하나님
나 주를 찾을 것이다. 5 그들은 시온으로 가는
길을 물어 보며, 이 곳을 바라보며 찾아올 것이다.
돌아온 그들은 나 주와 언약을 맺을 것이다. 절대로

ㄱ) 또는 '갈대아 사람' ㄴ) 바빌론의 수호신인 마르둑의 다른 이름

룩한 하나님 앞에서 바빌론이 오만하게 행동한 것을 꾸짖기 위해 활 쏘는 사람들을 불러오는 것으로 계속되고 있다. **50:33-34** 초점은 다시 이스라엘과 유다를 그들의 손아귀에 잡고 있는 압제자들에게 맞추어진다. 구원자는 그들의 소원을 들으시고 땅에 평화를 주실 것이지만, 바빌로니아에게는 소란이 일게 하실 것이다.

50:35-40 "칼의 노래"(또한 겔 21:14-19를 보라)에서는 *칼이…를 친다* 라는 구절이 다섯 번 사용되고 있다. 이것들은 항상 바빌로니아 사람들의 삶의 중심부를 친다: 주민들, 고관들, 점쟁이들, 용사들, 그리고 재물들. **50:38** 마지막 절은 무기를 칼에서 가뭄으로 바꾸고, 우상들과 이미지들을 미친 듯이 추구하는 장소로 그 땅을 묘사한다. **50:39-40** 바빌로니아의 파괴는 소돔과 고모라의 파괴처럼 총체적일 것이다.

50:41-46 이 시에서 칼은 하나님께서 딸 바빌로니아에게 말씀하실 때 다가간다. 50장 앞부분에서 알려진 것처럼 적은 북녘에서 온다 (50:3). 그들은 요란한 소리를 내며, 잔인하고 무자비하고, 전쟁 준비가 되어 있다. **50:43** 왕은 두려움에 떨고 해산하는 여인처럼 고통에 사로잡혀 있다. **50:44-46** 하나님이 사자처럼 오는 파괴의 대리인이시다. 하나님은 사납고 억제할 수 없다. 하나님의 계획은 세상을 떨게 만들 것이다.

51:1-5 이 절들은 하나님께서 바빌로니아를 치시기 위하여 하나님께서 개입하시는 것을 일인칭으로 말함으로써 하나님의 계획을 강조한다. *"내가…를 치기 위하여", "내가 …를 보내어"* 우주적이고 인간적인 요소들을 모두 사용하여 침략하는데 참여시키실 것이다. **51:5** 이스라엘과 유다의 죄가 가득 찼음에도 불구하고 하나님께서 그들을 버리지 않으셨다.

51:6-10 두려움과 긴박감은 포로생활을 하던 사람들이 하나님의 공격에서 그들의 생명을 구하기 위해 바빌로니아를 탈출하라는 것으로 특성을 나타

파기하지 않을 영원한 언약을 맺고, 나와 연합할
것이다. 6 나의 백성은 길 잃은 양 떼였다. 목자
들이 그들을 그릇된 길로 인도하여, 그들이 산 속
에서 헤맸다. 양 떼가 산과 언덕에서 방황하며, 쉬
던 곳을 잊어버렸다. 7 그들을 보는 자마다 그들
을 잡아 먹었다. 양 떼를 잡아먹은 원수들은 이르
기를 '그들이 그들의 주, 곧 의로운 처소이며 조상
의 희망인 그들의 주에게 범죄하였으니, 우리에
게는 죄가 없다' 하고 말하였다."

8 "너희는 바빌로니아에서 탈출하여라.
ㄱ)바빌로니아 사람들의 땅에서 떠나라.
양 떼 앞에서 걸어가는
숫염소처럼 앞장서서 나오너라.
9 보아라, 내가 북녘 땅에서
강대국들의 연합군을 일으켜서,
바빌로니아를 쳐들어가게 하겠다.
그들이 바빌로니아 쪽으로
진을 치고 있다가,
바빌로니아를 정복할 것이다.
그들의 화살은
절대로 빈손으로 돌아오지 않는
노련한 용사와 같을 것이다.
10 ㄴ)바빌로니아가 약탈당할 것이니,
약탈하는 자들이
모두 흡족하게 털어 갈 것이다.
나 주의 말이다."

바빌론의 멸망

11 "나의 소유, 나의 백성을 노략한
바빌로니아야,
너희는 그저 즐거워하고
기뻐서 뛰는구나.
너희는 그저 초원의 송아지처럼
뛰어다니고,
힘센 말처럼 소리를 지르는구나.
12 그러므로
너희의 어머니 바빌론 도성이
크게 수치를 당할 것이며,
너희를 낳은 여인이
치욕을 당할 것이다.
보아라, 이제 바빌로니아는
온 세상에서 가장 뒤떨어진 나라,
메마르고 황량한 사막이 될 것이다.
13 나 주의 분노 때문에,
바빌론 도성은
아무도 살 수 없는 땅이 되고,
온 나라가 황무지로 뒤바뀔 것이다.
그러면 그 곳을 지나는 사람마다
그 곳에 내린 모든 재앙을 보고,
놀라며 조롱할 것이다."

14 "활을 당기는 모든 사람들아,
너희는 바빌론 도성을 에워싸고
진을 쳐라.
그 도성에 활을 쏘아라.
화살을 아끼지 말고 쏘아라.
그 도성은 나에게 범죄하였다.
15 너희는 그 도성을 에워싸고
함성을 올려라.
그 도성이 손들고 항복하였다.
성벽을 받친 기둥벽들이 무너지고,
성벽이 허물어졌다.
내가 원수를 갚는 것이니,
너희는 그 도성에 복수하여라.
그 도성이 남에게 한 것과 똑같이
너희도 그 도성에 갚아 주어라.
16 너희는 바빌로니아에서
씨뿌리는 사람도 멸절시키고,
추수 때에 낫을 든 사람도
멸절시켜라.
바빌로니아에서 살고 있는
외국 사람들은,
공격하여 오는

ㄱ) 또는 '갈대아 사람' ㄴ) 또는 '갈대아'

낸다. **51:7-8** 바빌로니아는 하나님의 손에 들린 분노의 금잔이 되었고 (25:15-29), 이제 바빌로니아는 몰락했다. **51:9-10** 포로생활을 하던 사람들은 바빌론을 치유하려고 노력해왔다고 주장하지만, 바빌론은 치유될 수가 없다. 이제 그들은 바빌론을 저버리고 본향으로 돌아가야만 한다. 그들은 자신들이 어서 시온으로 가서 하나님께서 하신 일을 선포하자고 서두른다.

51:11-14 4—10장의 유다에 대한 전쟁을 묘사하는 시들을 흉내 내면서, 이 구절들은 전쟁 준비를 계속한다. 군대들은 화살촉을 갈고, 보초를 세우고, 깃발을 올리고, 복병을 매복시킨다. 바빌로니아가 하나님의 성전을 파괴시켰기 때문에, 메대 사람들이 바빌로니아를 파괴시킬 것이다. **51:14** 승리는 이미 선포되었다.

51:15-19 이 찬양은 포로생활을 하던 사람들이

저 무서운 군대를 피하여
저마다 자기 민족에게로 돌아가고,
누구나 자기 나라로 도망할 것이다."

이스라엘의 회복

17 "이스라엘은
사자들에게 쫓겨서 흩어진 양이다.
처음에는 앗시리아 왕이
이스라엘을 양처럼 잡아먹었고,
그 다음에는 바빌로니아 왕이
마침내 그 뼈까지 먹어 치웠다.
18 그러므로 나 만군의 주,
이스라엘의 하나님이 말한다.
내가 앗시리아 왕에게
벌을 내렸듯이,
바빌로니아 왕과 그의 나라에도
벌을 내리겠다.
19 그러나 이스라엘은,
내가 그의 초장으로
데려다 놓을 것이니,
그들이 갈멜과 바산에서 풀을 뜯고,
에브라임 산지와 길르앗에서
마음껏 먹을 것이다."

20 "그 날이 오고 그 때가 되면,
내가 살아 남게 한 사람들을
용서할 터이니,
이스라엘의 허물을
아무리 찾아도 찾지 못하고,
유다의 죄를
아무리 찾아도
발견하지 못할 것이다.
나 주의 말이다."

하나님께서 바빌로니아를 심판하시다

21 "너는 ㄱ)므라다임 땅으로 쳐올라가고,
ㄴ)브곳 주민이 사는 곳으로
쳐올라가거라.
너는 그들을 칼로 쳐죽이고,
뒤쫓아가서 ㄷ)남김없이 진멸시켜라.
내가 너에게 명한 모든 것을
그대로 하여라.
나 주의 말이다.
22 바빌로니아 땅에서 이미
전쟁의 소리와
큰 파괴의 소리가 들려 온다.
23 세상을 쳐부수던 쇠망치가
어쩌다가 이렇게
깨지고 부서지게 되었는가?
바빌로니아가 어쩌다가 이렇게
세계 만민이 놀라도록
비참하게 되었는가?
24 바빌로니아야,
내가 너를 잡으려고
올무를 놓았는데
네가 그것도 모르고
거기에 걸리고 말았구나.
네가 나에게 대항하였기 때문에,
피하지 못하고 붙잡힌 것이다.
25 나는 내 무기 창고를 열고,
분노의 무기들을 꺼내 놓았다.
이제 나 주 만군의 하나님이
ㄹ)바빌로니아 사람들의 땅에서
할 일이 있기 때문이다.
26 너희는 바빌로니아로 오너라.
멀리서부터 몰려오너라.
그 나라의 곡식 창고들을
열어 젖혀라.
전리품을 낟가리처럼 쌓아 놓고,
ㄷ)완전히 진멸시켜라.
그 나라에
아무것도 남겨 놓지 말아라.
27 황소 같은 자들을 모조리 쳐죽여라.
그들을 도살장으로 데려가거라.

ㄱ) '갑절의 패역' ㄴ) '벌 받음' ㄷ) 25:9의 주를 볼 것
ㄹ) 또는 '갈대아 사람'

불렀을 것이다. 하나님의 전쟁 대리인은 지혜로우시고 명철하시며, 그가 우렁찬 목소리로 호령하면 우주가 뒤흔들리는 소동이 일어나는 창조자이시다. 이와는 대조적으로 우상들은 쓸데없는 망상이다 (3:23; 10:15를 보라). 하나님은 우상들과의 전쟁에서 이미 이기셨다.

51:20-23 이 시는 *"나는 너를 시켜서…산산이 부수고"* 라는 구절을 파괴의 쇠뭉치로 울리는 박자로 여덟 번 반복한다. 이스라엘이 산산이 부수는 하나님의 무기인지, 아니면 책의 앞부분에서 증언하는 것처럼 바빌로니아가 그 무기인지는 확실하지가 않다.

51:24-33 일인칭으로 하나님은 온 *세상을 파괴한 멸망의 산* 바빌론을 반대하는 내용을 선포하신다. 여러 민족은 전쟁을 위해 모이고, 바빌론은 놀람과 두려움에 떨게 된다.

그들에게 화가 미쳤다.
그들의 날,
그들이 벌 받을 때가
닥쳐왔기 때문이다."
28 (저 소리를 들어 보아라.
바빌로니아 땅에서 도망하여
빠져 나온 사람들이,
주 우리의 하나님께서
복수하셨다고,
그의 성전을 부순 자들에게
복수하셨다고,
시온에 소식을 전하고 있다.)

29 "너희는 활 쏘는 사람들을 불러다가
바빌론을 쳐라.
그들이 이스라엘의 거룩한 하나님,
주 앞에서 오만하게 행동하였으니
너희는
바빌론 도성을 포위하고 쳐라.
아무도 빠져 나가지 못하게 하여라.
너희는 그들의 소행대로
보복하여 주어라.
그들이 하였던 것과 똑같이
너희도 그들에게 갚아 주어라.
30 그러므로 그 날에는
바빌로니아의 젊은이들이
광장에서 쓰러져 죽고,
모든 군인이 전멸을 당할 것이다.
나 주의 말이다.
31 나 만군의 주, 주의 말이다.
너 오만한 자야, 내가 너를 치겠다.
너의 날
곧 네가 벌을 받을 때가 왔다.
32 오만한 자가
비틀거리다가 쓰러져도,
일으켜 줄 사람이
아무도 없을 것이다.
그 때에 내가
바빌로니아의 성읍에 불을 질러,
바빌로니아의 주변까지
다 태워 버리겠다."

33 "나 만군의 주가 말한다.
이스라엘 자손과 유다 자손이
다 함께 억압을 받고 있다.
그들을 포로로 잡아간 자들이 모두
그들을 단단히 붙잡아 두고,
보내 주기를 거절하였다.
34 그러나 그들의 구원자는 강하니,
그 이름은 '만군의 주'다.
내가 반드시
그들의 탄원을 들어주어서
이 땅에 평화를 주고,
바빌로니아 주민에게는
소란이 일게 하겠다."

35 "나 주의 말이다.
칼이 ㄱ)바빌로니아 사람을 친다.
바빌로니아 주민을 친다.
그 땅의 고관들과
지혜 있는 자들을 친다.
36 칼이 점쟁이들을 치니,
그들이 어리석은 자들이 된다.
칼이 그 땅의 용사들을 치니,
그들이 공포에 떤다.
37 칼이 그들의 말과 병거와
그들 가운데 있는
모든 외국 군대를 치니,
그들이 모두 무기력해진다.
칼이 그 땅의 보물 창고를 치니,
보물이 모두 약탈을 당한다.
38 ㄴ)가뭄이 땅의 물을 치니,
물이 말라 버린다.
바빌로니아는

ㄱ) 또는 '갈대아 사람' ㄴ) 또는 '칼이'. 같은 자음 본문을 어떻게 발음하느냐에 따라 '가뭄'도 되고 '칼'도 됨

51:34-44 시온의 주민들이 바빌론을 비난하는 소리가 느부갓네살 왕이 그들에게 가한 폭행을 나열해 가면서 점점 더 커진다. **51:36-44** 하나님은 바빌론의 바다와 샘물을 말려서, 오만에 취하게 해서, 사자 같은 공격자들을 보내서, 그리고 게걸스러운 바빌론의 신 벨을 눌러서, 그들에게 복수하실 것을 약속하신다.

51:48-53 하나님은 포로들에게 바빌로니아에서 탈출하여 목숨을 건지라고 다그치신다. **51:45-46** 그들은 반드시 그들을 낙심시키고 두렵게 만드는 소문들을 무시해야만 한다. **51:47-48** 그 날이 오면 하나님께서 우상을 숭배하는 바빌로니아를 징벌하실 것이고 온 세상은 기뻐할 것이다. **51:49** 바빌론은 그 나라가 이스라엘과 다른 사람들을 살해한 것처럼 죽임을 당할 것이다. **51:50-51** 하나님께서 포로들에게 예루살렘을 생각하고 성전을 더럽히는 것을 기억하라고 촉구하심에 따라 다가오는 파괴를 피하라는 긴박감이 증가

온갖 우상을 섬기는 나라이니,
그 땅에 사는 사람들이
그 끔찍스러운 우상들 때문에
미쳐 버릴 것이다.
39 그러므로 바빌론 도성에서는
사막의 짐승들과 이리들이
함께 살고,
타조들도 그 안에서 살 것이다.
그 곳에는
다시는 사람이 살지 않을 것이며,
그 곳에는 영영
정착하는 사람이 없을 것이다.
40 소돔과 고모라가 그 이웃 성읍들과 함께
멸망하였을 때와 같이, 바빌론 도성에도 다시는
정착하여 사는 사람이 없을 것이며, 그 곳에 머무
르는 사람이 없을 것이다. 나 주의 말이다."

41 "보아라,
한 백성이 북녘에서 오고 있다.
큰 나라가 온다.
수많은 왕들이
저 먼 땅에서 떨치고 일어났다.
42 그들은
활과 창으로 무장하였다.
잔인하고 무자비하다.
그들은
바다처럼 요란한 소리를 내며,
군마를 타고 달려온다.
딸 바빌로니아야,
그들은 전열을 갖춘 전사와 같이
너를 치러 온다.
43 바빌로니아 왕이 그 소식을 듣고,
두 팔에 맥이 풀린다.
해산의 진통을 하는 여인처럼
불안으로 괴로워한다."

44 "사자가 요단 강 가의 숲 속에서 뛰쳐 나
와서 푸른 목장으로 달려 들듯이, 나도 갑자기 바
빌로니아로 달려들어서, 그 주민을 몰아내고, 내
가 택한 지도자를 그 곳에 세우겠다. 나와 같은 자
가 누구며, 나로 더불어 다툴 자가 누구며, 나에
게 맞설 목자가 누구냐? 45 그러므로 너희는, 나
주가 바빌론 도성을 두고 세운 계획을 듣고, ㄱ)바
빌로니아 사람들의 땅을 두고 생각한 나의 구상을
들어 보아라."

"양 떼 가운데서
아주 어린 것들까지 끌려갈 것이니,
온 목장이 황무지가 될 것이다.
46 바빌론 도성이 함락되는 소리가
땅을 흔들고,
그들의 소리가
세계 만민에게 들릴 것이다."

바빌로니아의 심판자이신 주님

51 1 "나 주가 말한다.
내가 바빌로니아를 치고
ㄴ)레브 카마이의 백성을
치기 위하여,
멸망시키는 원수를 일으키겠다.
2 내가 바빌로니아로
키질하는 외국 군대를 보내어서,
그 땅을 키질하여
말끔히 쓸어내게 하겠다.
재앙의 날이 오면,
그들이 사방에서 몰려와서
그 땅을 칠 것이다.
3 바빌로니아의 군대가
활을 당기지 못하게 하고,
갑옷을 입지 못하게 하여라.
너희는 바빌로니아의 젊은이를
무자비하게 죽이고,
그 모든 군대를 ㄷ)진멸시켜라.
4 ㄱ)바빌로니아 사람들이
자기들의 땅에서 칼에 쓰러져 죽고,
자기들이 사는 거리에서
창에 찔려 죽을 것이다."

5 비록 이스라엘과 유다가
이스라엘의 거룩하신 분을 거역해서,
ㄹ)그들의 땅에 죄가 가득 찼으나,
자기들의 하나님 만군의 주에게
버림을 받은 것이 아니다.
6 너희는 바빌로니아에서 탈출하여,
각자 자기의 목숨을 건져라.
바빌로니아의 죄악 때문에
너희까지 함께 죽지 말아라.
이제 주님께서 바빌로니아를
그가 받아야 마땅한 대로
보복하실 때가 되었다.

ㄱ) 또는 '갈대아 사람' ㄴ) 레브 카마이는 갈대아 곧 바빌로니아를 가리키는 암호문자임. 칠십인역에는 '갈대아'라고 번역하였음. 역본에 따라 '마음으로 내게 대적하는'이라고 번역하기도 함 ㄷ) 25:9의 주를 볼 것 ㄹ) 또는 '바빌로니아 사람의 땅에'

7 바빌로니아는
주님의 손에 들린 금잔이었다.
거기에 담긴 포도주가
온 세상을 취하게 하였다.
세계 만민이
그 포도주를 마시고 미쳐 버렸다.
8 바빌로니아가
갑자기 쓰러져서 망하였다.
그를 애도하고 통곡하여라.
혹시 그가 낫지 않는지,
유향을 가져다가
그 상처에 발라 보아라.
9 우리가 바빌로니아를
치료하려고 하였으나,
낫지 않으니,
이제는
바빌로니아를 내버려 두고,
각자 고향 땅으로 돌아가자.
바빌로니아의 재앙이
하늘에까지 닿았고,
창공에까지 미쳤다.
10 주님께서
우리의 의로움을 밝혀 주셨으니,
어서 시온으로 가서
주 우리의 하나님께서 하신 일을
선포하자.

11 너희는 화살촉을 갈고,
방패를 잡아라.
주님께서
메대 왕의 마음을 움직이셔서
바빌로니아를 멸하기로
뜻을 세우셨다.
이것은 주님께서
주님의 성전을
무너뜨린 자들에게 하시는
복수다.
12 너희는
바빌론 도성의 성벽을 마주 보며
공격 신호의 깃발을 올려라.
경계를 강화하여라.
보초를 세워라.
복병을 매복시켜라.
주님께서는
바빌로니아 백성에게 하기로
계획하신 것을
말씀하신 그대로 이루실 것이다.

13 큰 물 가에 사는,
보물을 많이 가진 자야,
너의 종말이 다가왔다.
너의 목숨이 끊어질 때가 되었다.
14 만군의 주님께서
그의 삶을 두고 맹세하셨다.
"내가 메뚜기 떼처럼 많은 군대로
너를 공격하게 할 것이니,
그들이 너를 이겨
승리의 환호를 할 것이다."

하나님 찬양 (렘 10:12-16)

15 권능으로 땅을 만드시고,
지혜로 땅덩어리를 고정시키시고,
명철로 하늘을 펼치신 분은
주님이시다.
16 주님께서 호령을 하시면,
하늘에서 물이 출렁이고,
땅 끝에서 먹구름이 올라온다.
주님은 번개를 일으켜
비를 내리시며,
바람 창고에서 바람을 내보내신다.

17 사람은 누구나 어리석고 무식하다.
금속을 부어서 만든 신상들은
거짓이요,
그것들 속에 생명이 없으니,
은장이들은
자기들이 만든 신상 때문에
모두 수치를 당하고야 만다.
금속을 부어서 만든 신상들은
속임수요,
그것들 속에는 생명이 없으니,
18 그것들은 허황된 것이요,
조롱거리에 지나지 않아서,
벌 받을 때에는
모두 멸망할 수밖에 없다.
19 그러나 야곱의 분깃이신 주님은
그런 것들과는 전혀 다르시다.
그분은 만물의 조성자이시요,
이스라엘을 당신의 소유로
삼으신 분이시다.
그분의 이름은 '만군의 주'이시다.

바빌로니아는 주님의 철퇴

20 "너는 나의 철퇴요,

나의 무기다.
나는 너를 시켜서
뭇 민족을 산산이 부수고,
뭇 나라를 멸망시켰다.
21 나는 너를 시켜서
말과 기병들을 산산이 부수고,
병거와 병거대를 산산이 부수었다.
22 나는 너를 시켜서
남자와 여자를 산산이 부수고,
늙은이와 어린 아이도
산산이 부수고,
처녀와 총각도 산산이 부수었다.
23 나는 너를 시켜서
목자와 양 떼도 산산이 부수고,
농부와 소도 산산이 부수고,
총독과 지방장관들도
산산이 부수었다."

바빌로니아가 받는 형벌

24 "그러나 이제는 내가
ㄱ)바빌로니아 땅과
바빌로니아 백성에게
원수를 갚겠다.
그들이 시온에 와서 저지른
모든 죄악을,
너희들이 보는 앞에서,
내가 그들에게 갚아 주겠다.
나 주의 말이다.
25 온 세상을 파괴한 멸망의 산아,
보아라,
이제 내가 너를 치겠다.
나 주의 말이다.
내가 너에게 손을 뻗쳐서
너를 바위 꼭대기에서 굴려 내리고,
너를 불탄 산으로 만들어 버리겠다."

26 "네가 영원히 황무지가 되어
사람들이 너에게서 모퉁잇돌 하나,
주춧돌 하나도 얻을 수 없을 것이다.
나 주의 말이다."

27 "너희는 온 땅에
공격 신호의 깃발을 올려라.
만방에 나팔을 불어서,
바빌로니아를 치는 싸움에
세상 만민을 동원하여라.
아라랏과 민니와
아스그나스와 같은 나라들을
불러다가,
바빌로니아를 쳐라.
너희는
바빌로니아를 칠 사령관을 세우고,
군마들을 메뚜기 떼처럼
몰고 오게 하여라.
28 너희는 세상 만민을 동원하여,
바빌로니아를 쳐라.
메대의 왕들과, 그 땅의 총독들과,
모든 지방장관과,
그들이 지배하는
모든 속국들을 동원하여,
바빌로니아를 쳐라.
29 바빌로니아 땅을
아무도 살지 못할
황무지로 만들려는
나의 계획이,
그대로 이루어지니,
땅이 진동하고 뒤틀린다.
30 바빌로니아의 용사들은
싸우는 것을 포기하고,
그저 산성에 들어앉아 있다.
그들은 힘이 빠져서,
여인들처럼 되어 버렸다.
바빌로니아의 집들은 불에 타고,
성문의 빗장들도 부러졌다.
31 보발꾼과 보발꾼이
서로 뒤를 이어 달려가고,
전령과 전령이
서로 뒤를 이어 달려가서,
바빌로니아 왕에게
왕의 도성 사방이
함락되었다고 보고한다.
32 강나루들도 점령되었으며,
갈대밭도 불에 탔으며,
군인들은 겁에 질려 있다고
보고한다.
33 나 만군의 주
이스라엘의 하나님이 말한다.
딸 바빌로니아는 타작 마당이다.
농부가 타작 마당의 곡식을 밟듯이,
군대가 들어가서
그들을 짓밟을 것이다.
이제 곧 그 마당에서
타작을 할 때가 온다."

ㄱ) 또는 '갈대아'

바빌로니아에게 갚아 주십시오!

34 "바빌로니아 왕 느부갓네살이
나를 먹었습니다.
그가 나를 멸망시켰습니다.
그가 나를 빈 그릇처럼
만들어 놓았습니다.
그는 바다의 괴물처럼
나를 삼켜 버렸습니다.
맛있는 음식처럼 나를 먹어
제 배를 채우고는
나를 버렸습니다.
35 내가 당한 폭행을
그대로 ㄱ)바빌로니아에게
갚아 주십시오."
시온의 백성이
이렇게 호소할 것이다.

"바빌로니아 백성이
나의 피를 흘렸으니
그들에게 그대로 갚아 주십시오."
예루살렘이 이렇게 호소할 것이다.

주님께서 이스라엘을 도우시다

36 "그러므로 나 주가 말한다.
보아라,
내가 너의 호소를 들어주며,
너의 원수를 갚아 주겠다.
내가 바빌로니아의 바다를 말리고,
그 땅의 샘들도 말려 버리겠다.
37 그러면 바빌로니아가
폐허 더미로 변하고,
여우 떼의 굴혈이 되어,
아무도 살 수 없는 곳이 될 것이다.
그 참혹한 형상을 보고
사람들은 놀라서 빈정거릴 것이다.
38 바빌로니아 사람들은
모두 사자처럼 으르렁거리고,
어미 사자에게 매달리는 새끼들처럼
부르짖을 것이다.
39 그래서, 그들이 목이 타고
배가 고플 때에,
나는 그들에게 잔치를 베풀어서,
그들이 모두 취하여 흥겨워하다가
마침내 모두 기절하고 쓰러져서,
영영 깨어날 수 없는 잠에
빠지게 하겠다.
나 주의 말이다."
40 "내가 그들을 어린 양처럼,
숫양이나 숫염소처럼,
도살장으로 끌고 가겠다."

바빌론의 멸망을 풍자한 조가

41 "어쩌다가 ㄴ)세삭이 함락되었는가!
어쩌다가 온 세상의 자랑거리가
정복되었는가!
어쩌다가 바빌론이
세상 만민 앞에
참혹한 형상을 보이게 되었는가!
42 바빌론으로 바닷물이 밀려오고,
요란하게 밀려오는 파도 속에
바빌론이 잠기고 말았구나.
43 성읍들이 황무지로 변하여
메마르고 삭막한 땅이 되었구나.
아무도 살 수 없고,
지나다니는 사람도 없는 땅이
되었구나.
44 내가 직접
바빌로니아의 신 벨에게
벌을 내리고,
그가 삼켰던 것을
그의 입으로 토하여 내게 하겠다.
뭇 민족이 다시는 그에게
몰려들지 않을 것이다."

"바빌론 도성의 성벽이 무너졌다.
45 나의 백성아,
너희는 바빌로니아에서 탈출하여,
목숨을 건져라.
주의 무서운 분노 앞에서 벗어나라.
46 너희는
이 땅에서 들리는 소문에
낙담하거나 두려워하지 말아라.
이 해에는 이런 소문이 떠돌고,
저 해에는 저런 소문이 떠돌 것이다.
온 나라에 폭력이 판을 치고,
통치자들이 서로 싸운다는 소문도
들릴 것이다.
47 그러므로 보아라,
내가 바빌론의 신상들에게
벌을 내릴 날이 다가왔다.
그 날에 온 나라가 수치를 당하고,
칼에 찔려 죽은 모든 사람이
그 한가운데 널려 있을 것이다.

ㄱ) 또는 '갈대아' ㄴ) 바빌론을 가리키는 암호. 칠십인역은 '바빌론'으로 번역함

48 바빌론을 멸망시키는 자들이
북녘에서 밀려올 것이니,
하늘과 땅과 그 안에 있는 모든 것이
바빌론의 파멸을 보며
기뻐서 노래할 것이다.
나 주의 말이다."

49 "세상 사람들이
바빌로니아 때문에
칼에 죽은 것과 같이,
이제는 바빌로니아가
이스라엘 사람을 칼로 죽인 죄로
쓰러져 죽을 차례이다."

주님께서 바빌로니아에 복수하시다

50 "칼을 모면한 이스라엘 사람들아,
서성거리지 말고 어서 떠나거라.
너희는 먼 곳에서라도
주님을 생각하고,
예루살렘을 마음 속에 두어라."

51 나는 욕을 먹고
수치를 당하였다.
이방 사람들이 주님 성전의
거룩한 곳들을 짓밟았으므로,
나는 부끄러워
얼굴을 들 수가 없었다.

52 "그러므로 보아라,
그 날이 오고 있다.
나 주의 말이다.
그 날에 내가
바빌론의 신상들에게
벌을 내릴 것이며,
온 나라에서
칼에 찔린 자들이 신음할 것이다.
53 바빌론이 비록 하늘까지 올라가서,
그 높은 곳에
자기의 요새를 쌓아 놓는다 하여도,
내가 파괴자들을 보내어
그것을 부수겠다.
나 주의 말이다."

바빌론의 멸망

54 바빌론에서
울부짖는 소리가 들려 온다.
ㄱ)바빌로니아 사람들의 땅에서
파멸을 탄식하는 통곡이 들려 온다.
55 참으로 주님께서
바빌론을 파괴하시고,
그들의 떠드는 소리를
사라지게 하신다.
그 대적이 거센 파도처럼 밀려와서
요란한 소리를 내면서 공격한다.
56 바빌론을 파괴하는 자가
바빌론으로 쳐들어오니,
바빌론의 용사들이 사로잡히고,
그들의 활이 꺾인다.
주님은 보응하시는 하나님이시니,
반드시 보복하실 것이다.

57 "내가 바빌로니아의 고관들과,
지혜 있는 자들과,
총독과 지방장관들과,
용사들까지 술에 취하게 하여,
그들을
영영 깨어날 수 없는 잠에
빠지게 하겠다.
나의 이름은 '만군의 주'다.
나는 왕이다.
이것은 내가 하는 말이다.

ㄱ) 또는 '갈대아'

한다. **51:52-53** 바빌론이 얼마나 강해지던간에 하나님은 우상숭배 하는 민족을 징벌하실 것이다.

51:54-58 포위된 것을 상상하면서 이 책의 시를 마감한다. 바빌론을 파괴하는 자가 쳐들어오니 거기에는 파멸을 탄식하는 통곡이 들려온다. 지도자들은 취할 것이고 (또한 25:26을 보라), 잠을 잘 것이고, 결코 일어나지 못할 것이다. 바빌론은 땅에 쓰러질 것이다.

51:59-64 이 산문에서 바룩의 형제 스라야는 예레미야의 명령에 상징적인 행위를 취한다. 스라야는 바빌론에 대한 예언이 담긴 두루마리를 가지고 바빌론으로 간다. 스라야는 두루마리의 내용을 크게 낭독하고, 돌을 매달고, *유프라테스 강 물에* 두루마리를 던질 것이다. 가라앉는 두루마리는 바빌론 자체가 그 높은 곳에서부터 가라앉는 것을 묘사해 주는 것이다. 바빌론을 위한 하나님의 의지는 명백하다. 다만 성취만이 필요하다. 바룩에 대한 전설들은 묵시문학에서 계속된다.

58 나 만군의 주가 말한다.
바빌론 도성의 두꺼운 성벽도
완전히 허물어지고,
그 높은 성문들도
불에 타 없어질 것이다.
이렇게 뭇 민족의 수고가
헛된 일이 되고,
뭇 나라의 노고가 잿더미가 되어
모두 지칠 것이다."

예레미야가 스라야에게 두루마리를 주다

59 이것은 마세야의 손자요 네리야의 아들인
스라야가 유다 왕 시드기야 제 사년에 왕과 함께
바빌로니아로 갈 때에, 예언자 예레미야가 스라
야에게 명령한 말이다. 스라야는 왕의 수석 보좌
관이었다. 60 예레미야는, 바빌로니아에 내릴
모든 재앙 곧 바빌로니아를 두고 선포한 이 모든
말씀을, 한 권의 책으로 기록하였다. 61 그리고
예레미야가 스라야에게 말하였다. "수석 보좌관
께서 바빌론 도성으로 가거든, 이 말씀을 반드시
다 읽고 62 '주님, 주님께서 친히 이 곳을 두고
말씀하시기를, 이 곳에는 아무것도 살 수 없도록
멸망시켜서, 사람도 짐승도 살 수 없는, 영원한 폐
허로 만들겠다고 하셨습니다' 하고 기도하십시오.
63 수석 보좌관께서 이 책을 다 읽은 다음에는,
책에 돌을 하나 매달아서, 유프라테스 강 물에 던
지십시오. 64 그런 다음에 '주님께서 이 곳에
내리는 재앙 때문에 바빌로니아도 이렇게 가라앉
아, 다시는 떠오르지 못하고 쇠퇴할 것이다' 하고
말하십시오."

여기까지가 예레미야의 말이다.

예루살렘의 함락 (왕하 24:18–25:7)

52 1 시드기야가 왕이 되었을 때에, 그는 스
물한 살이었다. 그는 예루살렘에서 열한
해 동안 다스렸다. 그의 어머니 하무달은 리블라
출신으로 예레미야의 딸이다. 2 그는 여호야김이

52:1–34 이 책의 마지막 부분은 유다 민족의 마지막에 대하여 기록하고 있는데, 하나님과 예레미야가 등장하지 않는다. 이 산문으로 되어 있는 52장의 지리적 시간적 배경은 포로생활을 하는 시기이다. 앞장에서 예고된 바빌론의 종말은 보이지 않는다. 이 장은 열왕기하의 마지막 장(왕하 24:18–25:30)과 아주 유사하다. 예레미야는 그달리야 총독과 그가 암살당하는 것 대신(왕하 25:22–26, 하지만 렘 40:5–41:8을 보라)에 포로로 잡혀간 숫자(28–30절)로 대치한다.

얼핏 보기에 이 장은 불필요한 것처럼 보이지만, 이는 실제로 예레미야의 심판 메시지의 완성을 보여주는 것이다. 이 장은 거룩한 도성의 침략, 왕의 눈멀음, 왕좌 계승자의 죽음, 그리고 성전의 파괴에서 민족의 상징적인 멸망을 묘사해준다. 이야기에 어떤 역사적 정보가 있다 해도 이 장은 민족의 몰락을 예레미야가 약속했던 것으로 보여주는 것이다. 아마도 예레미야의 소망의 예언이 동등하게 믿을 만하다는 사실로 증명될 것이다.

이야기는 민족의 멸망을 묘사하는 여섯 가지 장면을 포함한다. 왕들의 실패 (52:1–3), 시드기야의 도주 실패 (52:3b–11), 포로로 잡혀감 (52:12–16), 성전 기구들을 빼앗김 (52:17–23), 고관들의 처형 (52:23–27), 포로들의 숫자 (52:28–30), 그리고 여호야긴의 살아남음 (52:31–34). 유다 공동체를 지탱해 주었던 삶의 모든 상징적 면이 재앙으로 파괴되었다. 예레미야의 소명(1장)의 약속들이 성취되었다.

마지막으로 가냘픈 희망의 빛이 남아있다. 그렇지 않으면, 암울한 장이 남아있을 뿐이다. **52:31–34** 에벳멜렉, 예레미야, 그리고 바룩처럼 여호야긴 왕은 그들의 목숨만은 건진다. 그는 감옥에서 석방되고 바빌로니아 왕과 한 식탁에서 먹었고, 왕으로부터 매일 생계비를 받는다. 그는 살아남는다. 책은 예루살렘으로 돌아오는 승리의 행진으로 끝내지 않지만 열왕기하처럼 위엄있는 속박으로 끝낸다.

이 책의 주제는 비극의 한가운데에서 살아남았다. 이 책의 많은 대립하는 음성들, 경고와 책망, 더 나은 미래의 짧은 약속, 모두는 공동체가 미래의 날을 위해 살아남는 것을 돕기 위해 집중한다. 예레미야의 예언은 민족이 파멸되는 것이 필요한 이유를 말한다. 곧 같은 예언이 그들의 재건과 파종을 도울 것이다.

하였던 것과 똑같이, 주님께서 보시기에 악한 일을
하였다. 3 예루살렘과 유다가 주님을 그토록 진
노하시게 하였기 때문에, 주님께서는 마침내 그
들을 주님 앞에서 쫓아내셨다.
시드기야가 바빌로니아 왕에게 반기를 들었
으므로, 4 시드기야 왕 제 구년 열째 달 십일에
바빌로니아 왕 느부갓네살이 그의 모든 군대를 거
느리고 예루살렘을 치러 올라와서, 도성을 포위
하고, 도성 안을 공격하려고 성벽 바깥 사방에 흙
언덕을 쌓았다. 5 그리하여 이 도성은 시드기야
왕 제 십일년까지 포위되어 있었다. 6 그 해 넷째
달 구일이 되었을 때에, 도성 안에 기근이 심해져서,
그 땅 백성이 먹을 양식이 다 떨어지고 말았다.
7 드디어 성벽이 뚫리니, 이것을 본 왕은,
ㄱ)바빌로니아 군대가 도성을 포위하고 있는데도,
밤을 틈타서 모든 군사를 거느리고, 왕의 정원 근
처, 두 성벽을 잇는 통로를 지나 도성 바깥으로 빠
져 나와 아라바 쪽으로 도망하였다. 8 그러나 바
빌로니아 군대가 시드기야 왕을 추격하여, 여리
고 평원에서 그를 사로잡으니, 시드기야의 군사
들은 모두 그를 버리고 흩어졌다. 9 바빌로니아
군대가 시드기야 왕을 체포해서, 하맛 땅의 리블
라에 있는 바빌로니아 왕에게 끌고 가니, 그가
시드기야를 신문하고, 10 또 바빌로니아 왕은
시드기야의 아들들을 그가 보는 앞에서 처형하고,
역시 리블라에서 유다의 고관들도 모두 처형하였다.
11 그리고 바빌로니아 왕은 시드기야의 두 눈을
뺀 다음에, 쇠사슬로 묶어서, 바빌론으로 끌고
가서, 그가 죽는 날까지 감옥에 가두어 두었다.

성전 붕괴 (왕하 25:8-17)

12 바빌로니아 왕 느부갓네살 제 십구년 다
섯째 달 십일에, 바빌로니아 왕의 부하인 근위대
장 느부사라단이 예루살렘으로 왔다. 13 그는
주님의 성전과 왕궁과 예루살렘의 모든 건물 곧
큰 건물은 모두 불태워 버렸다. 14 근위대장이
지휘하는 바빌로니아의 모든 군대가 예루살렘의
사면 성벽을 모두 헐어 버렸다. 15 근위대장 느
부사라단은 백성 가운데서 가장 가난한 사람들
과, 도성 안에 남은 나머지 사람들과, 바빌로니아
왕에게 투항한 사람들과, 나머지 기술자들을 모
두 포로로 잡아갔다. 16 그러나 근위대장 느부
사라단은, 그 땅에서 가장 가난한 백성 가운데 일
부를 남겨 두어서, 포도원을 가꾸고 농사를 짓게
하였다.
17 바빌로니아 군대는 주님의 성전에 있는
놋쇠 기둥과 받침대, 또 주님의 성전에 있는 놋바
다를 부수어서, 모든 놋쇠를 바빌론으로 가져 갔
다. 18 또 솥과 부삽과 부집게와, 대야와 향 접
시와 제사를 드릴 때에 쓰는 놋쇠 기구를 모두 가
져 갔다. 19 근위대장은 잔과 화로와 대야와 솥
과 등잔대와 향 접시와 부어 드리는 제사 때 쓰는
잔을 모두 가져 갔다. 금으로 만든 것은 금이라고
하여 가져 갔고, 은으로 만든 것은 은이라고 하여
가져 갔다. 20 솔로몬 왕이 주님의 성전에 만들
어 놓은 놋쇠로 만든 두 기둥과, 놋바다 하나와,
놋받침대 밑에 있는 놋쇠로 만든 소 모형 열둘을
모두 가져 갔다. 그가 가져 간 이 모든 기구의 놋
쇠는, 그 무게를 달아 볼 수 없을 정도로 많았다.
21 기둥 한 개의 높이는 열여덟 자이고, 둘레가
열두 자이고, 기둥 속은 비었지만, 놋쇠 두께는 손
가락 네 개의 너비이다. 22 그 위에는 놋쇠로 된
기둥머리가 있고, 각 기둥머리의 높이는 다섯 자
이다. 그리고 놋쇠로 된 기둥머리 위 사방에는 그
물과 석류 모양의 장식이 얹혀 있다. 다른 기둥도
석류 모양을 하고 있어서, 똑같이 장식되어 있다.
23 그물에 사방으로 매달린 석류는 모두 백 개인
데, 밖에서 보이는 것은 아흔여섯 개이다.

유다 백성이 바빌로니아로 잡혀 가다
(왕하 25:18-21; 27-30)

24 근위대장은 대제사장 스라야와 부제사장
스바냐와 세 명의 성전 문지기를 체포하였다.
25 이 밖에도 그가 도성 안에서 체포한 사람은,
군대를 통솔하는 내시 한 사람과, 도성 안에 그대
로 남은 왕의 시종 일곱 사람과, 그 땅의 백성을
군인으로 징집하는 권한을 가진 군대 참모장과,
도성 안에 남은 그 땅의 백성 예순 명이다. 26 근
위대장 느부사라단은 그들을 체포하여, 리블라에
머물고 있는 바빌로니아 왕에게 데리고 갔다.
27 바빌로니아 왕은 하맛 땅 리블라에서 그들을
처형하였다.
이렇게 유다 백성은 포로가 되어서 그들의 땅
에서 쫓겨났다. 28 느부갓네살이 포로로 끌고
간 유다 백성의 수는 이러하다. 그의 통치 제 칠
년에는 삼천이십삼 명이었다. 29 느부갓네살의
통치 제 십팔년에는 예루살렘에서 팔백삼십이 명
을 포로로 잡아갔다. 30 느부갓네살의 통치 제
이십삼년에는 근위대장 느부사라단이 유다 사람

ㄱ) 또는 '갈대아'

칠백사십오 명을 포로로 잡아 갔다. 잡혀 간 포로
의 수는 모두 사천육백 명이다.
31 유다 왕 여호야긴이 포로로 잡혀 간 지 서
른일곱 해가 되는 해 곧 바빌로니아 왕 에윌므로
닥이 왕위에 오른 그 해 열두째 달 이십오일에, 그
가 유다 왕 여호야긴에게 특사를 베풀어서, 그를
옥에서 석방하였다. 32 그는 여호야긴에게 친절
하게 대접하여 주면서, 그와 함께 바빌로니아에
있는 다른 왕들의 자리보다 더 높은 자리를 그에
게 주었다. 33 그래서 여호야긴은 죄수복을 벗
고, 남은 생애 동안 늘 왕과 한 상에서 먹었다.
34 여호야긴의 생계비는, 그가 죽을 때까지 매일
일정하게, 그의 일생 동안 끊이지 않고, 바빌로니
아 왕이 그에게 대주었다.

예레미야 애가

예레미야 애가는 기원전 586년 신바빌로니아에게 멸망당한 예루살렘을 슬퍼하는 다섯 편의 시를 모은 시집이다. 이 애가는 그 비참한 멸망의 사건을 기념하기 위하여 대중들이 금식하는 날에 암송하는 기도문을 대표하는 것들이며, 예루살렘이 회복되기 전 유다에서 씌어졌다 (슥 7:2-3; 8:18-19). 이 시들은 시편의 많은 부분들, 욥기, 그리고 예언서들과 공통된 애가의 주제와 단어들을 공유하고 있지만, 어느 것과도 비교할 수 없는 전형적인 애가의 형태를 유지하고 있다. 예레미야 애가는 므길롯 (Megilloth), 즉, 구약의 다섯 "두루마리" 중의 하나인데, 예루살렘이 몰락한 날인 아브월 9일(다섯째 달, 7-8월)을 기념하는 유대교 연중행사에 할당되어 읽혀진다. 책의 여러 부분은 또한 그리스도교 고난주간의 테네브레(전통적인 성금요일 기도문)에 포함되어 있기도 하다.

예레미야 애가는 각 행의 첫 글자 또는 마지막 글자를 짜서 맞추면 하나의 말이 되는 알파벳 시(遊回詩, acrostic)로 완벽하게 짜 맞추어져 있다. 예레미야 애가 1장과 2장은 3절 또는 3연으로 씌어졌으며, 각각의 첫 단어는 히브리어 알파벳 22자의 순서로 시작한다. 그리고 예레미야 애가 4장은 두 절로 씌어졌으며 똑같은 알파벳 모양으로 배열되어 있다. 예레미야 애가 3장은 3절로 씌어졌고, 알파벳 배열 구성이 각 줄로까지 확장되며, 그 정도가 한층 강해지고 있다. 그래서 히브리어 *알렙*(א)로 세 줄씩, *베트*(ב)로 세 줄씩, *기멜*(ג)로 세 줄씩 등으로 시작한다. 예레미야 애가 5장은, 아마도 시집의 결론, 또는 최종 장면으로 기획된 것으로, 알파벳 배열 구성을 따르지는 않지만, 히브리어 알파벳 숫자와 일치하는 정확하게 22줄로 알파벳 시의 구성을 충실히 모방하고 있다.

알파벳 시 형태는 어휘와 단어의 순서를 포함하며 절대적인 슬픔의 규모(말하자면 A-Z까지)를 표현하기 위해서, 애가들 사이로 흐르는 감정의 흐름을 압축하여 전달하는 것을 강요한다. 알파벳 순서 형태의 규칙은 첫 네 편의 시를 22개의 간결하고 인상적인 묘사로 나눈다. 이 단편은 화자와 관점, 서술의 연속성, 감정, 그리고 미학적 매력을 나타내기 위한 방향으로 알파벳 시의 절들이 연결되도록 능숙하게 서로 보완되어 있다.

예레미야 애가에는 네 개의 주요한 음성이 있다. 장송곡 같은 시인의 음성으로 된 처음 네 편의 시는 도성의 처지를 비탄하듯 옛날을 회고하는 장송곡을 부르는 시인의 음성이다. 둘째 음성은 처음 두 편의 시와 아마도 세 번째 시에 화답하는 의인화된 시온(시온의 딸, 즉 사랑하는 시온)의 음성으로 남편과 수많은 자녀를 잃고 개인적으로 애가를 부르는 과부의 모습으로 노래한다. 셋째 음성은 셋째 시를 전담하는 이름 없는 남자로 사랑하는 시온처럼 개인이 애도하는 형식으로 자신의 고난을 밝힌다. 넷째 음성은 세 번째와 네 번째, 그리고 마지막 애가에 나타나는 공동체의 음성이다. 애가의 감정적인 능력의 대부분은 대단한 고통에 개인적인 의미를 부여하는 이 세 가지 "나" 라는 화자들을 사용하는 방법에서 유래된다.

역대하 35:25가 잘못 이해한 관계로 예레미야가 예레미야 애가의 저자라는 전통이 그를 "눈물의 선지자" 라고 보는 잘 알려진 견해가 생기게도 했다. 이렇게 생각하는 것에는 증거가 불충분할 뿐만 아니라, 예레미야 애가의 생각들을 따른다면, 예레미야는 예루살렘 멸망 후에 바로 이집트로 끌려가게 되기 때문에 몇 십 년간 유다의 예배와 관계가 없게 된다. 예레미야 애가를 쓴 저자는 예배의식을 위한 혹은 예배를 인도하는 사람들의 모임에서, 제사장이거나 평신도이건 간에, 일정한 예배의식을 위하여 공적 애가를 제공하는 책임을 지고 알파벳 시를 만들어 낸 사람들로 보인다. 예루살렘의 몰락으로 유다의 제사장직 정규 계보가 단절되었으므로, 이 예배를 인도하던 사람들은 예전 제사장 계열에서 탈락된 사람들이었거나 유다의 파멸을 예언한 선지자들과 공감한 평신도들의 모임에서 나왔을 것이다.

예레미야 애가에서 상반되고 있는 사상과 감정의 대혼란을 유다의 신학적 흐름들 중 하나로 생각하는 것은 지나치게 단순화시키는 것이다. 유다의 "죄"가 파국을 재촉했다는 굳은 믿음은 예언자적 사상과 신명기적 사상을 공유하는 것이다. 이는 부패한 제사장들과 동조하여 선량한 사람들을 살해하고 나라의 정책을 수동적으로 받아들이도록 대중을 안심시키는데 동조한 "거짓" 선지자들의 위선적인 애국 안전을 고발하는 것이다. 유다 회복의 전제조건은 백성들로 하여금 죄를 뉘우치는 고백이 있기를 요청하고, 또한 전심을 다하여 회개하기를 요청한다. 왕실 전통들은 그들의 다윗 같은 통치자와 국가 제도들에 대한 불가침성에 대한 유다 백성들의 지나친 확신을 증명해 주지만, 이 확신은 유다의 지배계급이 사회, 정치, 종교적 타락으로 왕실 특권이 약화되었다는 것을 인정함으로써 취소된다. 3:25-39에는 하나님의 모든 것을 초월하는 공의와 자비의 신비가 유다의 미래에 소망의 안전한 근거가 됨을 선포하는 격언들이 있다. 그럼에도 불구하고 예레미야 애가는 하나님의 인내가 "다하여" 유대의 회개가 "너무 적거나 너무 늦게" 오는 것은 아닌가 하는 불안하고 동요하는 불확실함을 반영해 준다. 애가는 회복의 구슬픈 외침으로 마무리된다. "주님께서 우리를 아주 버리셨습니까? 우리에게서 진노를 풀지 않으시렵니까?" (5:22).

더욱이 이 책은 유다의 범죄행위의 결과로 엄청난 고통이 오는 것에 대한 대단한 놀라움을 표현한다. 정말 하나님의 계산에는 죄와 징벌이 공정하게 일치되어 일어나고 있는가? 유다가 살인과 자녀를 잡아먹는 것을 정당화할 수 있는 범죄행위에 대한 욥과 같은 질문이 있다. 책에 나타나는 다른 음성들은 유다가 벌을 받기에 마땅하다는 확신에 반격을 가하기도 하고, 하나님의 자비로운 속성 때문에 언젠가 하나님이 마음을 푸실 것이라는 확신에 반격을 가하기도 한다. "지나친 고통"은 하나님의 공평하심에 의문을 던진다. 그러나 예레미야 애가는 공의와 자비 사이의 이해할 수 없는 관계를 신학적인 개념으로 해결하여 주지 못한다.

본래 예레미야 애가는 "공동체의 슬픔"을 기념하기 위한 의식을 집행하는 것이었다. 이것은 예루살렘의 몰락에 대한 근본적인 슬픔과 격분, 축적된 윤리적 신학적 규범들, 유대 백성이 자신들의 평범한 삶을 해석하는 기대들 사이의 틈을 메우는 다리역할을 제공해 준다. 문학 형태들과 중요한 역사적 위기에 대한 애가의 주제들을 연결해 줌으로써, 예레미야 애가는 고난의 의미를 제공하여 주고, 유대인과 그리스도인이 세계를 뒤흔드는 대혼란을 헤쳐 나가며 삶을 살아갈 수 있도록 전략을 생각할 수 있는 방식을 제공해 준다. 이처럼 예레미야 애가는 오늘날 세계의 전쟁들과 대학살에까지 영향을 미친다.

이 책은 다음과 같은 음성들로 단위를 나눌 수 있다. 성경본문에 따라 세밀하게 조사할 필요가 있는 주석은 이 개요를 따를 것이며, 명확성을 기하기 위하여 더 보충하여 상세하게 설명될 것이다.

Ⅰ. 시인과 의인화된 도성(처녀 시온)의 애도시, 1:1-22
- A. 시인의 음성, 1:1-11
- B. 아름다운 시온의 음성, 1:12-22

Ⅱ. 시인과 의인화된 도성(처녀 시온)의 추가된 애도시, 2:1-22
- A. 시인의 음성, 2:1-19
- B. 아름다운 시온의 음성, 2:20-22

Ⅲ. 애도시의 모음집, 3:1-66
- A. 의인화된 이스라엘(남자)의 음성, 3:1-24
- B. 의인화된 이스라엘의 계속된 음성 또는 시인의 음성, 3:25-39
- C. 공동체의 음성, 3:40-47
- D. 시인의 음성, 3:48-51
- E. 의인화된 도성 (시온) 또는 이스라엘(남성)의 음성, 3:52-66

Ⅳ. 시인과 공동체의 애도시, 4:1-22
  A. 시인의 음성, 4:1-16
  B. 공동체의 음성, 4:17-20
  C. 시인의 음성, 4:21-22
Ⅴ. 공동체의 애도시, 5:1-22

놀먼 곳트월드 (Norman Gottwald)

1 1 아, 슬프다.
예전에는
사람들로 그렇게 붐비더니,
이제는 이 도성이
어찌 이리 적막한가!
예전에는 뭇 나라 가운데
으뜸이더니
이제는 과부의 신세가 되고,
예전에는 모든 나라 가운데
여왕이더니
이제는 종의 신세가 되었구나.

2 이 도성이 여인처럼
밤새도록 서러워 통곡하니,
뺨에 눈물 마를 날 없고,
예전에 이 여인을 사랑하던
남자 가운데
그를 위로하여 주는 남자
하나도 없으니,
친구는 모두 그를 배반하여
원수가 되었는가!

3 유다가 고통과 고된 노역에
시달리더니,
이제는 사로잡혀
뭇 나라에 흩어져서
쉴 곳을 찾지 못하는데,
뒤쫓는 모든 자들이
막다른 골목에서
그를 덮쳐 잡는구나.

4 시온으로 가는 길이
이렇게 쓸쓸하다니!
명절이 되었는데도 순례자가 없고,
시온 성으로 들어가는 모든 문에도
인적이 끊어지니,
제사장들은 탄식하고,
처녀들은 슬픔에 잠겼구나.
시온이 이렇게 괴로움을 겪는구나.

5 대적들이 우두머리가 되고,
원수들이 번영한다.
허물이 많다고,
주님께서 그에게 고통을 주셨다.
아이들마저 원수들이 보는 앞에서
사로잡혀 끌려갔다.

6 ㄱ)도성 시온이 누리던
모든 영광이 사라지고,
지도자들은
뜯을 풀을 찾지 못한
사슴처럼 되어서,
뒤쫓는 자들에게 힘 한 번 못쓴 채
달아나고 말았구나.

7 예루살렘이 고통과 고난을
겪는 날에,
지난 날의 그 모든 찬란함을
생각하는구나.
백성이 대적의 손에 잡혀도
돕는 사람이 없고,
대적은 그가 망하는 것을 보며
좋아한다.

8 예루살렘이 그렇게 죄를 짓더니,
마침내 조롱거리가 되었구나.
그를 떠받들던 자가 모두
그 벌거벗은 모습을 보고서
그를 업신여기니,
이제 한숨지으며
얼굴을 들지 못한다.

ㄱ) 히, '딸'

1:1-22 1장에는 시인이 애도하는 것(1-11절)과 의인화된 도성(12-22절)이 애도하는 것이 균형 있게 나뉘어져 있다. **1:1-11** 시인이 강조하는 내용은 도성 어디에서도 위로받을 수 없다는 것이다. 하나님으로부터 버림받은 "아내"(딸)의 처지가 된 도성은 지배자들에게 굴욕을 당하고, 전(前)동맹국들에게 배신을 당하고, 대적들은 경멸하는 것이 흡족한 듯 바라보고 있으며, 지도자들과 대중이 대량 살해당할 뿐만 아니라, 그들이 추방당하고, 성전을 더럽히고 종교행사가 중단되고, 그리고 극심한 식량부족 등의 언어로 무시무시하게 묘사되고 있다. **1:1** *과부의 신세가 되고.* 이 표현은 하나님께서 죽으신 것이 아니라, 하나님이 도성을 버리셨고, "이혼"으로 위협하시는 것을 표현하는 의미한다. **1:6** 이 책에서 예루살렘을 위하여 자주 사용된 *도성 (딸) 시온/예루살렘/유다* 라는 은유에는 "처녀/사랑하는/사랑받는 시온"이라는 뜻이 있다. **1:8-9** 도성이 몰락된 것은 죄를 지은 탓 이다. **1:12-22** 의인화된 도성은 비교할 수 없는 고통으로 인하여 하나님의 자비를

9 그의 더러움이 치마 속에 있으나,
자기의 앞날을 생각하지 않는다.
그렇게 비참해져도
아무도 위로하는 이가 없다.

"주님, 원수들이 우쭐댑니다.
나의 이 고통을 살펴 주십시오.

10 대적들이 손을 뻗어
보물을 빼앗습니다.
이방인이 주님의 공회에
들어오지 못하도록
주님께서 이미 금하셨으나,
그들이 성소에 침입하는 것을
예루살렘이 보았습니다.

11 예루살렘 온 백성이 탄식하며,
먹거리를 찾습니다.
목숨을 이으려고,
패물을 주고서 먹거리를 바꿉니다.
주님,
이 비천한 신세를 살펴 주십시오."

12 길 가는 모든 나그네들이여,
이 일이 그대들과는 관계가 없는가?
주님께서 분노하신 날에
내리신 이 슬픔,
내가 겪은 이러한 슬픔이,
어디에 또 있단 말인가!

13 주님께서 저 높은 곳에서
불을 보내셔서
내 뼈 속 깊이 들어가게 하시고,
내 발 앞에 덫을 놓아서
걸려 넘어지게 하셨으며,
나를 폐인으로 만드셔서
온종일 힘이 없게 하셨다.

14 주님께서 내가 지은 죄를
묶고 얽어서
멍에를 만드시고,
그것을 내 목에 얹어서
힘을 쓸 수 없게 하셨다.
주님께서 나를
내가 당할 수 없는
사람의 손에 넘기셨다.

15 주님께서 내 청년들을 무찌르시려고
내게서 용사들을 모두 몰아내시고,
나를 칠 군대를 일으키셨다.
주님께서 처녀 유다를
술틀에 넣고 짓밟으셨다.

16 이 일로 내가 우니,
눈에서 눈물이 물처럼 흐른다.
내게 생기를 되돌려 주고
위로하여 줄 이가 가까이에 없다.
원수들이 우리를 이기니,
나의 아들딸들이 처량하게 되었다.

17 시온이 손을 들어 빌었으나,
그를 위로하는 사람 아무도 없구나.
주님께서 사방에 있는
적들을 시켜서
야곱을 치게 하셨으니,
사람들은 예루살렘을
더러운 성으로 여기는구나.

18 주님께서 하신 일은 옳으나,
나는 주님의 말씀을 거역하였다.
모든 백성아, 들어라.
이 고통을 보아라.
처녀 총각들이
사로잡혀서 끌려갔다.

19 내가 애인들을 불렀으나
그들은 나를 배신하였고,
제사장들과 장로들은
목숨을 이으려고 먹을 것을 찾다가,
성 안에서 기절하였다.

20 "주님, 나의 절망을 살펴 주십시오.

간구하면서, 화려한 문체로 분노하시는 하나님의 이미지를 묘사하고 있다. **1:12** 구약에서는 유일하게도 애가는 일반적으로 미래 지향적인 주님의 날이나 하나님(야훼)의 심판의 날을 과거의 사건과 연결시키고 있다. 이와 같은 끔찍한 "날"이 차차 유다의 대적에게까지 확장될 것이다 (1:21; 4:21-22를 보라). **1:17** 이스라엘의 조상인 야곱은 도성의 상징이 된다. 이 남성상은 *시온이 (그녀의) 손을 들어 빌었으나* 에 쓰인 여성상을 보완해 준다. **1:18-20** 도성은 하나님을 대적한 "거역"이 재앙의 원인임을 고백한다.

애간장이 다 녹습니다.
내가 주님을
얼마나 자주 거역하였던가를
생각하면,
심장이 터질 것 같이 아픕니다.
거리에는 칼의 살육이 있고,
집안에는 사망이 있습니다.

21 사람들은 나의 신음을 듣지만,
아무도 나를 위로하지 않습니다.
내 모든 원수들이,
내가 재앙을 받는다는 소식을 듣고,
이것이 바로
주님께서 하신 일임을 알고서
즐거워합니다.
주님께서 선포하신 그 날이
이르게 해주셔서,
그들이 나와 같은 꼴이
되게 해주십시오.

22 그들의 모든 사악함이
주님 앞에 드러나게 해주시고,
그들을 엄하게 다스려 주십시오.
주님께서 내 모든 죄를
다스리신 것처럼,
그들의 죄도 다스려 주십시오.
끝없는 이 한숨소리,
심장이 다 멎을 듯 합니다."

2 ㄱ) 1 아, 슬프다.
주님께서 어찌 이렇게
ㄴ)진노하셔서
도성 시온의 앞길을
캄캄하게 하셨는가?
어찌하여 이스라엘의 영광을
하늘에서 땅으로 던지셨는가?
진노하신 날에,
주님께서 성전조차도
기억하지 않으시다니!'

2 주님께서 노하셔서,
야곱의 모든 보금자리를
사정없이 불사르시고,
유다의 도성 성채들을 무너뜨려
땅에 엎으시고,
나라와 통치자들을 욕보이셨다.

3 주님께서 타오르는 진노로
이스라엘의 ㄷ)힘을 모두 꺾으시더니,
원수 앞에서
이스라엘을 지키시는
오른손을 거두시고,
주위의 모든 것을 삼키는 불꽃처럼
야곱을 불사르셨다.

4 우리가 원수나 되는 것처럼
활을 당기시고,
대적이나 되는 것처럼
오른손을 들고 나서시더니,
보기에 건장한 사람을 다 죽이시고,
도성 시온의 장막에
불같은 노여움을 쏟으셨다.

5 주님께서 이스라엘의
원수라도 되신 것처럼,
그를 삼키시고,
모든 궁을 삼키시고
성채를 부수시어,
유다의 도성에
신음과 애통을 더하셨다.

6 주님께서는 성막을
들에 있는 원두막처럼 부수시고,
회막도 그렇게 허무셨다.
주님께서 시온에서
명절과 안식일을 없애셨다.
진노하셔서
왕과 제사장을 멸시하셨다.

ㄱ) 각 절 첫 글자가 히브리어의 알파벳 순서로 되어 있는 알파벳 시 ㄴ) 또는 '진노의 구름으로 도성 시온을 덮으셨는가? ㄷ) 또는 '뿔을' 또는 '왕을'

2:1-22 2장은 시인의 긴 애도시(1-19절)와 짧지만 뒤이어 마음을 찌르는 듯한 의인화된 도성을 애도하는 시로 구성되어 있다 (20-22절). **2:1-12** 시인은 도성이 파괴된 것과 고립된 것을 상세하게 묘사하고, 하나님께서 정정당당한 분노로 폭행을 감행하셨다는 사실을 거듭 강조하면서 생각에 잠겨있다. **2:2-3** *야곱/유다.* 시인은 도성의 파괴를 묘사하기 위해 성별과 관계된 이미지를 다시 사용한다 (1:17을 보라). **2:6-7** 하나님은 *왕과 제사장을* 멸시하시고, 하늘이 내리는 벌로 잔인한 "잔치"를 베풀기 위해 성전을 선택하셨다 (2:22를

7 주님께서 당신의 제단도 버리시고,
당신의 성소도 역겨워하셨다.
궁전 성벽을
원수들의 손에 넘기시니,
그들이 주님의 성전에서
마치 잔칫날처럼 함성을 지른다.

8 주님께서
도성 시온의 성벽을
헐기로 작정하시고,
다림줄을 대시고,
성벽이 무너질 때까지
손을 떼지 않으셨다.
주님께서 망대와 성벽들을
통곡하게 하시며
한꺼번에 허무시니,

9 성문들이 땅바닥으로
무너져 내렸다.
주님께서 빗장들을 꺾으셨다.
왕과 지도자들은
뭇 민족 가운데로 흩어지고,
율법이 없어지고,
예언자들도 주님께
계시를 받지 못한다.

10 도성 시온의 장로들은
땅에 주저앉아 할 말을 잃고,
머리 위에 흙먼지를 뒤집어쓰고,
허리에 굵은 베를 둘렀다.
예루살렘의 처녀들은
땅에 머리를 떨군다.

11 내 백성의 도성이 망하였다.
아이들과 젖먹이들이
성 안 길거리에서 기절하니,
나의 눈이 눈물로 상하고,
창자가 들끓으며,
간이 땅에 쏟아진다.

12 아이들이
어머니의 품에서 숨져 가면서,
먹을 것 마실 것을 찾으며
달라고 조르다가,
성 안 길거리에서
부상당한 사람처럼 쓰러진다.

13 도성 예루살렘아,
너를 무엇에 견주며,
너를 무엇에 맞대랴?
도성 시온아,
너를 무엇에 비겨서 위로하랴?
네 상처가 바다처럼 큰데,
누가 너를 낫게 할 수 있겠느냐?

14 예언자들은
네게 보여 준다고 하면서
거짓되고 헛된 환상을 보고,
네 죄를 분명히 밝혀 주지 않아서
너를 사로잡혀 가게 하였으며,
거짓되고 허황된 예언만을
네게 하였다.

15 지나가는 모든 나그네들이
너를 보고서 손뼉을 치며,
도성 예루살렘을 보고서
머리를 내저으며 빈정거리며,
"이것이 바로 그들이
'더없이 아름다운 성이요
온 누리의 기쁨이라'
하던 그 성인가?"
하고 비웃는다.

16 네 모든 원수들이 이를 갈며,
너를 보고서 입을 열어 빈정거린다.
"우리가 그를 삼켰다.
이것이 바로
우리들이 기다리던 그 날이 아닌가!
우리가 이제 드디어
그것을 보았구나."

17 주님께서는 뜻하신 것을 이루셨다.
주님께서는
오래 전에 선포하신 심판의 말씀을

보라). **2:9** 율법이 없어진 후에 거짓되고 헛된 환상(2:14를 보라)을 제공하던 예언자들은 더 이상 아무 계시를 받지 못하게 된다. **2:11-12** 굶주린 아이들의 죽음은 가슴이 찢어지는 듯한 광경이다. **2:13-17** 시온에게 직접 이야기하면서, 시인은 버림받은 도성에 대하여 감정적으로나 사상적으로 동정에 빠져든다. **2:15-16** 시온의 적들의 비웃음은 패자에게 쓰라린 고통이다. **2:17** 어안이 벙벙해질 정도로

다 이루셨다.
주님께서 너를 사정없이 부수시고,
네 원수가
너를 이기고 즐거워하게 하시며,
ㄱ)네 대적이 한껏 뽐내게 하셨다.

18 도성 시온의 성벽아,
ㄴ)큰소리로 주님께 부르짖어라.
밤낮으로 눈물을 강물처럼 흘려라.
쉬지 말고 울부짖어라.
네 눈에서 눈물이
그치게 하지 말아라.

19 온 밤 내내 시간을 알릴 때마다
일어나 부르짖어라.
물을 쏟아 놓듯,
주님 앞에 네 마음을 쏟아 놓아라.
거리 어귀어귀에서,
굶주려 쓰러진
네 아이들을 살려 달라고,
그분에게 손을 들어 빌어라.

20 "주님, 살펴 주십시오.
주님께서 예전에
사람을 이렇게 다루신 적이
있으십니까?
어떤 여자가
사랑스럽게 기른 자식을
잡아먹는단 말입니까?
어찌 주님의 성전에서,
제사장과 예언자가
맞아 죽을 수 있습니까?

21 젊은이와 늙은이가
길바닥에 쓰러지고,
처녀와 총각이
칼에 맞아 넘어집니다.
주님께서 분노하신 날에,
그들을
사정없이 베어 죽이셨습니다.

22 주님께서는 내가 두려워하는 것을,
마치 명절에 사람을 초대하듯,
사방에서 불러들이셨습니다.
그래서 주님께서 분노하신 날에,
피하거나 살아 남은 사람이
아무도 없습니다.
내가 사랑으로 고이 기른 것들을
내 원수들이 모두 죽였습니다."

3 ㄷ) 1 나는 하나님의
진노의 몽둥이에 얻어맞고,
고난당하는 자다.
2 주님께서 나를 이끄시어,
빛도 없는 캄캄한 곳에서
헤매게 하시고,
3 온종일 손을 들어서
치고 또 치시는구나.

4 주님께서 내 살갗을 약하게 하시며,
내 뼈를 꺾으시며,
5 가난과 고생으로 나를 에우시며,
6 죽은 지 오래 된 사람처럼
흑암 속에서 살게 하신다.
7 내가 도망갈 수 없도록
담을 쌓아 가두시고,
거운 족쇄를 채우시며,

ㄱ) 또는 '네 대적의 뿔을 높이셨다' ㄴ) 히, '그들의 마음이 주님께 부르짖었다' ㄷ) 각 연의 첫 글자가 히브리어 알파벳으로 시작되는 시 119편과 같은 종류의 알파벳 시

슬픔을 당한 시인은 그럼에도 불구하고 단호하게 하나님께서 경멸하시는 적에게 명하셔서 도성을 파괴하도록 하셨다는 논쟁을 고집한다. **2:18-19** 시인은 죽어가는 아이들을 위해서 하나님께 울부짖으라고 시온에게 애원한다. **2:20-22** 시온은 하나님을 향해 가련하게 애원하며, 하나님의 징벌의 잔인한 난국을 자세하게 설명한다. 어머니들이 죽은 아이들의 시체를 먹고, 제사장과 예언자들이 성전 뜰에서 살해당하며 사람들이 거리에서 학살당한다. **2:20** 시온은 하나님께 파괴의 무력한 피해자들을 살펴달라고 애원한다.

3:1-66 이 시집의 중간에 아주 강화된 알파벳 시를 삽입함으로써, 이 애가의 편집자는 그것을 비극적인 결말을 위하여 추상적인 이미지의 하나로 의도하였을 것이다. 이 장에서 말하는 음성들의 숫자와 정체는 지금도 논쟁되고 있다. 설명에 도움이 되는 제목, 낭송하는 억양, 몸의 동작과 손짓, 그리고 다른 말하는 목소리들은 여러 음성이나 등장인물들을 가리켰을 것이기 때문에, 이 문제는 구두로 낭송되었을 때는 존재하지 않았을 것이다. **3:1-18** *나는…고난당하는 자다.* 하나님께서 집행하시는 가혹한 고통의 익명의 대상을 소개

8 살려 달라고
소리를 높여 부르짖어도
내 기도를 듣지 않으시며,
9 다듬은 돌로 담을 쌓아서
내 앞길을 가로막아,
길을 가는 나를 괴롭히신다.

10 주님께서는,
엎드려서 나를 노리는 곰과 같고,
몰래 숨어서
나를 노리는 사자와 같으시다.
11 길을 잘못 들게 하시며,
내 몸을 찢으시며,
나를 외롭게 하신다.
12 주님께서 나를 과녁으로 삼아서,
활을 당기신다.

13 주님께서 화살통에서 뽑은 화살로
내 심장을 뚫으시니,
14 내 백성이 모두 나를 조롱하고,
온종일 놀려댄다.
15 쓸개즙으로 나를 배불리시고,
쓴 쑥으로 내 배를 채우신다.
16 돌로 내 이를 바수시고,
나의 얼굴을 땅에 비비신다.
17 내게서 평안을 빼앗으시니,
나는 행복을 잊고 말았다.
18 나오느니 탄식뿐이다.
이제 내게서는 찬란함도 사라지고,
주님께 두었던
마지막 희망마저 사라졌다.

19 내가 겪은 그 고통,
쓴 쑥과 쓸개즙 같은 그 고난을
잊지 못한다.
20 잠시도 잊을 수 없으므로,
울적한 마음을 가눌 길이 없다.
21 그러나 마음 속으로
곰곰이 생각하며
오히려 희망을 가지는 것은,

22 ㄱ)주님의 한결같은 사랑이
다함이 없고
그 긍휼이 끝이 없기 때문이다.
23 "주님의 사랑과 긍휼이
아침마다 새롭고,
주님의 신실이 큽니다."
24 나는 늘 말하였다.
"주님은 내가 가진 모든 것,
주님은 나의 희망!"

25 주님께서는,
주님을 기다리는 사람이나
주님을 찾는 사람에게 복을 주신다.
26 주님께서 구원하여 주시기를
참고 기다리는 것이 좋다.
27 젊은 시절에
이런 멍에를 짊어지는 것이 좋고,
28 짊어진 멍에가 무거울 때에는
잠자코 있는 것이 좋고,
29 어쩌면 희망이 있을지도 모르니
ㄴ)겸손하게 사는 것이 좋다.
30 때리려는 사람에게 뺨을 대주고,
ㄷ)욕을 하거든 기꺼이 들어라.

31 주님께서는 우리를
언제까지나 버려 두지는 않으신다.
32 주님께서 우리를 근심하게 하셔도,
그 크신 사랑으로
우리를 불쌍히 여기신다.

ㄱ) 시리아어역과 타르굼을 따름. 히, '우리는 끊어지지 않았고'
ㄴ) 히, '먼지에 입을 대는 것이' ㄷ) 히, '굴욕으로 배를 채워라'

한다. 이 고통당하는 자의 정체는 남성으로 되어 있다 (또한 3:27-30, 35-36, 39를 보라). 어떤 사람들은 그 자가 아마도 예레미야 선지자나, 모욕당한 왕이나, 자서전적으로 이야기하는 시인 등의 특정한 인물을 모델로 사용했다고 받아들이기도 한다. 1, 2, 4장에서 아름다운 시온을 여성으로 의인화한 것을 보충하면서 전체 공동체를 남성으로 의인화했다는 것이 가능성이 더 많다. **3:19-24** 가장 황량한 때의 욥처럼 하나님으로부터 끊어졌다 할지라도 고통당하는 자는 *주님의 한결같은 사랑이 다함이 없고 그 긍휼이 끝이 없*는 사랑과 신실하심에 확신을 두고 소망의 노래를 불완전하게 결론짓는다. **3:25-29** 이 구절들은 21-24절에 나오는 일시적인 소망을 변함없는 하나님의 속성에 근거를 두어 훈계할 수 있는 신학적인 확신을 제공해 준다. 그것들은 고통당하는 사람에 대하여 깊이 생각하는 것인가? 아니면 시인이 고통당하는 이의 소망 안에 담긴 하나님의 개념을 확장하고 있는 것인가?

욥의 친구들의 신학과는 달리 이 고귀한 "지혜 같

33 우리를 괴롭히거나
근심하게 하는 것은,
그분의 본심이 아니다.

34 세상에서 옥에 갇힌 모든 사람이
발 아래 짓밟히는 일,
35 가장 높으신 주님 앞에서
인권이 유린되는 일,
36 재판에서 사람이
억울한 판결을 받는 일,
이러한 모든 일을
주님께서 못 보실 줄 아느냐?

37 말씀으로 명령하시고
그것을 이루시는 분이 누구냐?
주님이 아니시더냐?
38 궂은 일도 좋은 일도,
가장 높으신 주님께서 말씀하셔서
일어나는 것이 아니냐?
39 어찌하여 살아 있는 사람이,
자기 죄값으로 치르는 벌을
불평하느냐?

40 지나온 길을 돌이켜 살펴보고,
우리 모두 주님께로 돌아가자.
41 하늘에 계신 하나님께
우리의 마음을 열고,
손을 들어서 기도하자.

42 "우리가 주님을 거슬러 죄를 지었고,
주님께서는 우리를
용서하지 않으셨습니다.

43 주님께서 몹시 노하셔서,
우리를 쫓으시고,
사정없이 죽이셨습니다.
44 주님께서 구름을 두르셔서,
우리의 기도가
주님께 이르지 못하게 하셨습니다.

45 주님께서 우리를 뭇 민족 가운데서
쓰레기와 오물 더미로
만드셨으므로,

46 우리의 모든 대적이 우리를 보고서
입을 열어 놀려댔습니다.
47 우리에게 남은 것이라고는
두려움과 함정과
파멸과 폐허뿐입니다.
48 내 백성의 도성이 파멸되니,
나의 눈에서
눈물이 냇물처럼 흐릅니다.

49 눈물이 걷잡을 수 없이
쉬지 않고 쏟아집니다.
50 주님께서 하늘에서 살피시고,
돌아보시기를 기다립니다.
51 도성에 사는
모든 여자가 겪은 일을 보니,
내 마음은
슬픔을 달랠 길이 없습니다.

52 까닭없이 내 대적이 된 자들이
새를 사냥하듯 나를 쫓습니다.
53 그들이 나를
산 채로 구덩이에 처넣고,
돌로 막아서 못 나오게 하였습니다.
54 물이 내 머리 위로 넘쳤으므로,
'나는 이제 죽었구나'
하고 생각하였습니다.

55 주님,
그 깊디 깊은 구덩이 밑바닥에서
주님의 이름을 불렀습니다.
56 '살려 주십시오.
못들은 체 하지 마시고,
건져 주십시오'
하고 울부짖을 때에,
주님께서

은" 신학의 요점은 하나님은 전능하시고, 공의로우시며, 자비하시고, 훈련과 회복을 위해 죄를 벌하시는 분이시다. 고통당하는 자의 옳은 자세는 참고 회개하며, 장차 올 구원을 위해 하나님을 믿는 것이다. 애가의 상황에서 암시하는 것은 유다 공동체는 *언제까지나 버려 두지는 않으실* (31절) 하나님을 믿고 의지해야 할 것이다. **3:40-47** 흥분된 어조로 되어 있는 공동체의 애도시는 하나님께서 다시 한 번 사람들의 기도를 들어주실 것이라는 소망을 가지고 하나님께로 돌아가자고 사람들에게 간청한다. **3:48-51** 시인은 눈물에 목멘 소리로 하나님께서 *내 백성*을 구하시려고 개입하실 때까지 슬퍼하기를 약속한다. **3:52-66** 개인의 애도시가 내 간구를 들어 주셨습니다.
57 내가 주님께 부르짖을 때에,
주님께서 내게 가까이 오셔서
두려워하지 말라고 격려하셨습니다.

58 주님,
주님께서 내 원한을 풀어 주시고,
내 목숨을 건져 주셨습니다.
59 주님,
주님께서 내가 당한
억울한 일을 보셨으니,
내게 바른 판결을 내려 주십시오.
60 주님께서는
나를 치려는 그들의 적개심과
음모를 아십니다.

61 주님,
주님께서는, 그들이 나를 두고 하는
모든 야유와 음모를 들으셨습니다.
62 내 원수들이 온종일
나를 헐뜯고 모함합니다.
63 그들은 앉으나 서나,
늘 나를 비난합니다.

64 주님,
그들이 저지른 일을
그대로 갚아 주십시오.
65 그들의 마음을 돌같이 하시고,
저주를 내려 주십시오.
66 진노로 그들을 뒤쫓아,
주님의 하늘 아래에서
살 수 없게 하여 주십시오."

4 [ㄱ] 1 아, 슬프다.
어찌하여 금이 빛을 잃고,
어찌하여 순금이 변하고,
성전 돌들이
거리 어귀마다 흩어졌는가?

2 순금만큼이나 고귀한
시온의 아들들이,
어찌하여 토기장이들이 빚은
질그릇 정도로나 여김을 받는가?

3 들개들도 제 새끼에게
젖을 물려 빨리는데,
내 백성의 도성은 사막의 타조처럼
잔인하기만 하구나.

4 젖먹이들이 목말라서
혀가 입천장에 붙고,
어린 것들이
먹을 것을 달라고 하여도
한 술 떠주는 이가 없구나.

5 지난 날 맛있는 음식을
즐기던 이들이
이제 길거리에서 처량하게 되고,
지난 날 색동 옷을 입고
자라던 이들이
이제 거름 더미에 뒹구는구나.

6 예전에는 저 소돔 성이
사람이 손을 대지 않아도
순식간에 무너지더니,
내 백성의 도성이 [ㄴ]지은 죄가
소돔이 [ㄴ]지은 죄보다 크구나.

7 예전에는 귀하신 몸들이
눈보다 깨끗하며 우유보다 희고,
그 몸이 산호보다 붉고,
그 모습이 청옥과 같더니,

8 이제 그들의 얼굴이 숯보다 더 검고,
살갗과 뼈가 맞붙어서

ㄱ) 각 절 첫 글자가 히브리어의 알파벳 순서로 되어 있는 알파벳 시
ㄴ) 또는 '받은 심판' 또는 '받은 벌'

화자의 무죄와 하나님께서 애원하는 자를 지키시고 보호하실 것이라는 굳은 확신을 역설한다. 말하는 사람은 의인화된 유다/예루살렘일 것이다. **3:58-59** "원한"과 "판결"로 번역된 법적 용어와 비슷한 두 단어는 히브리어에서 다른 뉘앙스가 있다. 58절의 *원한*(*리브*)은 "법적 사례 또는 기소" 라는 특성이 있고, 59절의 *판결*(*미쉬파트*)은 "공정한 혹은 바른 판결"을 의미한다. **3:60-66** 고통당하는 이가 해명되는 것의 특이한 점은 그것이 적의 범죄와 비웃음에 대한 앙갚음이 될 것이라는 것이다 (또한 1:21-22; 4:21-22를 보라).

4:1-22 이 애도시는 파괴된 예루살렘의 생존자들 사이에서, 도성 상류층의 육체적 허약함과, 사회정치적, 윤리적 허약함을 가슴에 사무치게 대하고 있으며, 어려움과 치욕의 생생한 대목들로 가득 차 있다.

막대기처럼 말랐으니,
거리에서
그들을 알아보는 이가 없구나.

9 굶어 죽은 사람보다는 차라리,
칼에 죽은 사람이 낫겠다.
다쳐서 죽은 사람이,
먹거리가 없어서
서서히 굶어 죽어가는 사람보다
더 낫겠다.

10 내 백성의 도성이 망할 때에,
자애로운 어머니들이
제 손으로 자식들을 삶아서 먹었다.

11 주님께서 진노하셔서,
타오르는 분노를 퍼부으셨다.
시온에 불을 지르고,
그 터를 사르셨다.

12 예루살렘 성문으로
대적과 원수가 쳐들어갈 것이라고,
세상의 어느 왕이,
세상의 어느 민족이 믿었는가!

13 그러나 이런 일이
일어나고 말았으니,
이것은 예언자들이 죄를 짓고
제사장들이 악한 일을 하여서,
성 안에서
의로운 사람들이
살해되었기 때문이다.

14 지도자들이
맹인들처럼 거리를 헤매지만,
피로 부정을 탄 몸이라서
아무도 그들의 옷자락을
만지지 않는다.

15 사람들이 그들을 보고,
"비켜라, 더럽다! 비켜라, 비켜!
물러서라!"
하고 소리친다.
"그들은 가 버렸다.
그들은 떠돌이가 되어야 한다.
뭇 민족 가운데서,
다시는 안주할 곳을
찾지 못할 것이다"
하고 말한다.

16 주님께서 진노하셔서,
그들을 흩으시고
돌보아 주지 않으신다.
침략자들은
제사장들을 대우하지도 않고,
장로들을 대접하지도 않았다.

17 우리를 도와줄 사람을,
우리가 눈이 빠지도록 기다렸으나,
허사였다.
우리를 구하여 주지도 못할 나라를,
우리는 헛되이 바라보고만 있었다.

18 가는 곳마다 침략자들이
우리를 엿보니,
나다닐 수가 없었다.
우리의 끝이 가까이 왔고,
우리의 날이 다하였고,
우리의 마지막이 이르렀다.

19 우리를 쫓는 자들은
하늘의 독수리보다도 빨라,
산 속까지 우리를 쫓아오며,
사막에 숨어서 우리를 노린다.

20 우리의 힘,
곧 주님께서 기름 부어 세우신 이가
그들의 함정에 빠졌다.
그는 바로,
"뭇 민족 가운데서,
우리가 그의 보호를 받으며
살 것이다"
하고 우리가 말한 사람이 아니던가!

정치, 종교 지도자들은 직무태만의 죄가 있다. 주요한 음성은 시인의 것이며, 살아남은 대중의 애도로 중단된다. **4:1-11** 예루살렘의 특권층의 뒤바뀐 행운들은 가뭄과 자식들을 잡아먹음으로 특별히 강조되며 구슬프게 묘사된다 (또한 1:11, 19; 2:11. 19-20; 5:9-10을 보라). **4:12-16** 불성실한 예언자들과 제사장들 (2:6, 9, 14)은 피를 흘리게 한 것에 대해 죄가 있으며, 그들은 나병환자처럼 추방되었다. **4:17-20** 이 혼란

21 우스 땅에 사는 딸 에돔아,
기뻐하며 즐거워 할테면 하려무나.
이제 네게도 잔이 내릴 것이니,
너도 별 수 없이
취하여 벌거벗을 것이다.

22 도성 시온아,
이제 네가 지은 죄의 형벌을
다 받았으니,
주님께서 다시는,
네가 사로잡혀 가지 않게
하실 것이다.
에돔의 도성아,
주님께서 네 죄악을 벌하시며,
네 죄를 밝혀 내실 것이다.

5
1 "주님,
우리가 겪은 일을
기억해 주십시오.
우리가 받은 치욕을 살펴 주십시오.
2 유산으로 받은 우리 땅이
남에게 넘어가고,
우리 집이
이방인들에게 넘어갔습니다.
3 우리는 아버지 없는 고아가 되고,
어머니는 홀어미가 되었습니다.
4 우리 물인데도 돈을 내야 마시고,
우리 나무인데도
값을 치러야 가져 옵니다.
5 우리의 목에 ㄱ)멍에가 메여 있어서,
지쳤으나 쉬지도 못합니다.
6 먹거리를 얻어서 배불리려고,
이집트와도 손을 잡고
앗시리아와도 손을 잡았습니다.
7 조상들이 죄를 지었으나,
이제 그들은 가고 없고,
우리가 조상들의 죄를
짊어지고 있습니다.
8 종들이 우리의
통치자가 되었습니다.
그들 손에서 우리를
구해 줄 이가 없습니다.
9 먹거리를 얻으려고,
쫓는 자의 칼날에 목숨을 내겁니다.
10 굶기를 밥먹듯 하다가,
살갗이 아궁이처럼
까맣게 탔습니다.
11 시온에서는 여인들이 짓밟히고,
유다 성읍들에서는
처녀들이 짓밟힙니다.
12 지도자들은 매달려서 죽고,
장로들은 천대를 받습니다.
13 젊은이들은 맷돌을 돌리며,
아이들은 나뭇짐을 지고
비틀거립니다.
14 노인들은 ㄴ)마을 회관을 떠나고,
젊은이들은 노래를 부르지 않습니다.
15 우리의 마음에서 즐거움이 사라지고,
춤이 통곡으로 바뀌었습니다.
16 머리에서 면류관이 떨어졌으니,
슬프게도 이것은

ㄱ) 심마쿠스역을 따름. 히브리어 본문에는 '멍에'가 없음 ㄴ) 히, '성문'

함에서 깨어난 생존자들은 그들이 동맹국(이집트?)의 도움에 잘못 의존한 것을 고백하고, 그들의 왕, *우리의 힘이* 자기들을 보호해줄 것이라고 잘못 믿었다고 고백한다. **4:21-22** 시인은 시온을 구원하고 에돔을 징벌하는 선포를 삽입한다. 아마도 예루살렘의 약탈에 에돔 사람들이 참여한 것에 대한 보복일 것이다. 이 강조된 선언, *도성 시온아, 이제 네가 지은 죄의 형벌을 다 받았으니*는 사 40:2의 "이제 복역 기간이 끝나고, 죄에 대한 형벌도 다 받고, 지은 죄에 비하여 갑절의 벌을 주님에게서 받았다"와 유사하다. 유배의 끝을 알리는 것은 바빌로니아로 끌려간 자들에게만 국한되는 것이 아니라, 온 유다 백성이 경험한 정치적, 영적 "포로"에도 관련된다.

5:1-22 마무리하는 공동체의 애도시는 사람들이 한 목소리로 이야기하는 것으로 특색을 이루고 있다. 그들은 경제적 몰락, 사회적 혼란, 그리고 정치적 제한으로 삶의 가치를 비하시킨 것이 신바빌로니아 제국주의 통치가 안겨 준 문제들이라고 비난한다. 그들은 그들이 지은 죄를 인정할 뿐만 아니라, 억압과 치욕에서 벗어나야 하는 것을 간청해야 한다고 인정한다. **5:4** 이 구절은 생필품에 이용세가 매겨져 있음을 암시해 준다. **5:6-7** 현 세대는 이집트와 앗시리아에게 의존하는 변덕스러운 외교정책을 좇은 *우리 조상들*(렘31:29; 겔 18:1-3을 보라)의 죄로 인하여 고통당하고 있는 것이다. **5:8** 뒤집힌 사회정치적 계급은 이전 노예—종과 사회의 "약자들"—들이 권세 있는 통지자의 자리로 올라가도록 허락했다. **5:11-13** 여인들이 짓밟히고, 지도자들이 고문당하고, 그리고 젊은

우리가 죄를 지었기 때문입니다.
17 바로 이것 때문에
우리의 가슴이 아프고,
바로 이런 것들 때문에
우리의 눈이 어두워집니다.
18 시온 산이 거칠어져서,
여우들만 득실거립니다.

19 주 하나님, 영원히 다스려 주십시오.
주님의 보좌는 세세토록 있습니다.
20 어찌하여 주님께서는 우리를
전혀 생각하지 않으시며,
어찌하여 우리를
이렇게 오래 버려 두십니까?
21 주님, 우리를
주님께로 돌이켜 주십시오.
우리가 주님께로 돌아가겠습니다.
우리의 날을 다시 새롭게 하셔서,
옛날과 같게 하여 주십시오.
22 ㄱ)주님께서 우리를
아주 버리셨습니까?
우리에게서 진노를
풀지 않으시렵니까?"

ㄱ) 또는 '주님께서 우리를 아주 버리시고 우리에게서 진노를 풀지 않으십니다'

이들과 아비들이 강제노동을 당해야 하는 것이 고발된다. **5:19-22** 3:31-36 또는 4:20-22의 명확한 소망이 없이, 하나님께 간구하는 탄원은 대치되는 생각들과 감정들로 끓어오른다. *주 하나님, 영원히 다스려 주십시오.* 왜 우리를 "잊으시고" "버리십니까?" *주님, 우리를 주님께로 돌이켜 주십시오. 우리가 주님께로 돌아가겠습니다. 우리의 날을 다시 새롭게 하셔서, 옛날과 같게 하여 주십시오.* 이것이 정말 가능한 것인가? *주님께서 우리를 아주 버리셨습니까? 우리에게서 진노를 풀지 않으시렵니까?* 이것이 가능한 것일까?

에스겔서

에스겔은 이스라엘 백성이 바빌로니아에서 포로생활을 하는 동안에 하나님을 대언한 제사장이었다. 바빌로니아가 이스라엘을 침공한 이후, 에스겔은 기원전 597년에 강제로 이송되었고, 기원전 593년에 제사장으로 위임받아 적어도 기원전 571년까지 제사장으로서 사역했다. 하나님의 영광에 대한 놀라운 환상을 본 후에 (1:4-28), 그는 유린당하고 타락한 이스라엘 사람들에게 임박한 위험을 알리는 파수꾼으로 부름받았다 (3:16-21). 하나님이 말씀하신 것만 선포하도록 명령받은 (3:26-27) 에스겔은 *온갖 조가와 탄식과 재앙의 글이 적혀* 있는 (2:10) 두루마리를 먹도록 훈령받았다. 쓰면서도 달콤한 거룩한 말씀을 스스로 구체적으로 나타내면서 (3:3, 14), 예언자는 그 앞에 놓여 있는 저항할 수 없는 과제를 발견하게 된다. 이스라엘이 소중히 여기는 성전제도와 왕권의 종말을 고하는 것, 예루살렘 파괴의 선포, 그리고 주님의 땅과 맺어진 이스라엘의 관계가 끝났음을 선언하는 것. 에스겔의 심판 계시가 이스라엘이 주님과 맺고 있는 언약관계의 종말을 암시하고 있을지라도, 이스라엘을 회복시키려는 신성한 의지는 계속 나타난다. 이 세상에서 거룩한 명성을 위해, 하나님은 모든 권세들이 하나님을 유일신으로 인정할 수 있도록 이스라엘을 회복시키고 변화시킬 것을 결심했다.

에스겔이 살고 있던 시대는 강대국 정치와 소규모의 인종을 중심으로 한 민족주의 군사동맹, 폭력 범죄, 그리고 경제적인 억압 정책이 정당화되는 맹목적인 관행들이 지지를 받고 있었다. 독립과 정체성을 잃어가는 국면에서 이스라엘 사람들은 옛 신학의 확실성이 전쟁, 파괴, 그리고 국외추방이라는 엄청난 충격에 직면해 있었다. 제국주의적 테러로 인해 추방당하고 고통당하는 사람들 속에서, 에스겔은 바빌로니아 포로생활이 초래한 정신적 상처에 대한 기억을 불러일으켜주고, 불안하게 하고, 기괴한 행위와 독창적인 반응을 쏟아 붓는다. 에스겔의 목적은 삶의 모습이 하나님의 거룩하심과 일치하는 원상태로 돌아가게 하려는 것이고, 백성들 사이에 하나님의 의로우심과 정의를 선언하는 자기정체성을 갖춘 사람들로 돌아가게 하려는 것이다.

에스겔서는 포로생활 경험에서 생겨난 다양한 질문들에 대해 언급하였다. 이스라엘은 왜 포로가 되었는가? 하나님은 정의롭지 않으신가? (또한 18:25, 29; 33:17, 20을 보라). 왜 하나님은 약속의 땅을 보호할 수 없으신가? 이 상황에서 하나님이 하실 수 있는 일은 무엇인가? 이런 질문들은 깊은 절망으로 빠져들게 했다: "그 때에 그가 내게 말씀하셨다. 사람아, 이 뼈들이 바로 이스라엘 온 족속이다. 그들이 말하기를 '우리의 뼈가 말랐고, 우리의 희망도 사라졌으니, 우리는 망했다' 한다." (겔 37:11).

포로생활은 에스겔로 하여금 이스라엘이 패망당한 것과 예루살렘이 파괴된 것과 많은 사람들이 강제로 추방당하는 것에 대하여 하나님의 영광에 비추어 설명하지 않을 수 없었다. 하나님의 영광이 심판으로 변한 것과 평화롭고 정의로운 땅에서 다시 살 수 있다는 희망에 대하여 설명하지 않을 수 없었다. 옛 조직과 체제들은 그들의 의도된 기능을 다할 수 있도록 새롭게 될 것이다. 의도된 기능은 하나님이 이 세상의 주권자라는 사실을 모든 사람이 알고 하나님께 영광을 돌리는 것이다. 새로운 마음에서부터 결실이 풍부한 땅에 이르기까지 하나님의 변화시키는 사역이 미치지 않는 곳이 없다. 하나님이 임재하시는 곳이 새롭게 되는 것으로 시작해서 새로운 세상이 도래하고 있다.

기원전 593년에서 587년까지의 일들을 다루고 있는 이 책의 첫 부분(1—24장)은 하나님으로부터 멀어져서 다른 민족들과 같이 된 이스라엘을 징계하고 있다. 이스라엘은 하나님의 거룩한 현존을 모독했다. 성전과 그 땅 전역에 이르기까지 이스라엘의 경제적인 불의와 폭력과 우상숭배로 인해 더럽혀졌다. 하나님은 참으셨지만, 그 상황은 더 참을 수 없게 되었다. 하나님은 스스로 신성함을 지키기 위해 성전을 떠나야만 하셨다. 1—11장은 예루살렘에서 하나님이 떠나시는 것을 묘사하고 있다. 12—24장에서는 예루살렘 파괴의 원인과 그 직전의 상황들을 제공하여 준다. 에스겔은 생생한 이미지와 기존의 것과는 아주 다른 방법을 사용하여 경쟁을 허용하지 않고, 변화를 원하지만 조롱당하시지 않는 하나님을 대변하여 말하고 행동한다. 비록 1—24장 사이의 이곳저곳에 희망에 찬 변화의 말들이 강조되고 있지만 (11:16-20; 16:60-63; 20:33-44), 본문은 바빌로니아가 또 다시 침략하리라는 것을 가정하고 있다. 이 책의 전환점인 임박한 예루살렘의 파괴에 대하여 예고하면서 이 책의 긴 첫 단락을 마무리 짓는다 (24:25-26).

하나님은 세상에서 거룩한 하나님 명성이 회복되길 원하고, 변화된 공동체에 거하길 원하신다. 이러한 목적들을 달성하기 위하여 하나님은 여러 민족들의 자존심과 그들의 난폭한 착취와 폭력을 다루어야만 하신다. 25—32장 사이에 여러 민족들에 대한 예언은 스스로 신성하다고 주장하는 모든 제국들에 대한 하나님의 심판을 묘사한다. 예루살렘이 바빌로니아에 의해 파멸될 것이라는 두 번 예고한 것 (24:25-26; 33:21-22) 사이에 이상하게 위치되어 있는 이 장들은 예루살렘이 당면하고 있는 혼란까지도 하나님의 통치영역 밖에 있는 것이 아니라는 희망을 제공하여 준다.

33장은 이야기의 방향이 새롭게 열리기 시작하는 장이다. 예루살렘의 파괴가 예고되고, 에스겔은 파괴된 세상이 회복하게 되고, 새로워지게 될 것을 자유롭게 말한다. 34—37장은 하나님이 기꺼이 사람들의 의지를 변화시키고, 약자들을 돌보고, 외롭고 낙담해 있는 사람들에게 사기를 북돋아 주고, 땅에 평화를 창조하는 것을 묘사한다. 이 모든 것에 나타나는 것은 하나님이 사람들 사이에 영원히 거하기 원하신다는 것이다 (37:26-27).

38—39장은 종말론적 시나리오로 독자들의 기대를 가로막는데, 평화에 대한 하나님의 의지를 파괴하는 지구의 한쪽 끝에서 갑자기 일어난 제국들이라 할지라도 하나님의 심사와 심판을 피할 수 없다고 주장한다. 그들의 무기는 파괴될 것이고, 하나님의 의도가 널리 퍼져나가게 될 것이다.

하나님이 악의 세력을 단호히 처단하시고 나면, 백성들 사이에 다시 거하시게 될 것이다. 40—48장은 하나님이 거하실 새 성전, 새 땅, 새 성읍에 대한 환상을 보여준다. 독자들은 변형된 사회에 대한 꿈으로 안내된다. 비옥한 땅은 공평하게 나뉘고, 관리들은 백성들의 권리를 침해하지 않고 공평하게 다스릴 것이다. 이 환상 안에 분명히 나타나는 거룩한 패턴에 따라 살아가는 모든 사람들은 성소에서 환영받게 될 것이다. 여러 민족 가운데 하나님의 영광을 위해 집을 지을 변화된 사람들을 다시 세움으로써, 하나님의 거룩하심이 보존되고 신성한 명성이 온 땅에 알려지게 될 것이다.

에스겔서는 다음과 같은 두 가지 흐름으로 요약될 수 있다: (1) 성전을 떠나시는 하나님과 돌아오시는 하나님 (1단락과 5단락), 그리고 (2) 예루살렘 파괴와 예상된 백성과 땅의 회복 (2단락과 4단락). 그리고 중간에서 여러 민족들에 대한 예언이 이 두 부분을 연결하고 있다 (3단락). (에스겔의 내용은 다음과 같다. 성경본문에 따라 세밀하게 조사할 필요가 있는 주석은 이 개요를 따를 것이며, 명확성을 기하기 위하여 더 보충하여 상세하게 설명될 것이다.)

I. 하나님 현존과 떠나심에 관한 환상, 1:1—11:25
- A. 바빌론에서의 첫 번째 환상과 예언자의 부름, 1:1—3:27
- B. 상징 행위와 예고: 심판의 이유, 4:1—7:27
- C. 성전모독의 환상과 성전으로부터 하나님이 떠나심, 8:1—11:25

II. 예루살렘 파괴의 이유와 예고: 백성들의 행위를 묘사하는 비유와 예고들, 12:1—24:27
- A. 예루살렘의 소멸을 묘사하는 상징 행위들, 12:1-20
- B. 거룩한 환상들에 대한 반응과 거짓 예언자들의 비판, 12:21—13:23
- C. 책임과 하나님의 정의에 대한 항변에 초대, 14:1-23

D. 타버린 포도나무처럼 쓸모없게 된 이스라엘에 대한 은유, 15:1-8
E. 창녀가 된 고아로 비유적으로 묘사된 이스라엘이
하나님에 의해 사랑받고, 심판받고, 회복됨, 16:1-63
F. 이스라엘 왕들의 정치적 우화들과 그들의 정치적 술책들, 17:1-24
G. 세대간의 책임, 회개, 그리고 하나님의 정의에 대한 논쟁, 18:1-32
H. 이스라엘의 왕자들에 대한 애가와 비유, 19:1-14
I. 수정론자가 이스라엘의 이야기를 다시 말하고
이스라엘의 변화를 예고함, 20:1-44
J. 하나님의 불과 칼에 대한 예언, 20:45—21:32
K. 피의 도성에 대한 예언, 22:1-31
L. 이스라엘의 정치적 동맹에 대한 비유적 심판, 23:1-49
M. 예루살렘의 희망을 꺾고,
에스겔의 사별과 예루살렘 파괴를 예고하는 광범위한 은유, 24:1-27

III. 일곱 민족에 대한 예언, 25:1—32:32
A. 다섯 민족에 대한 예언, 25:1-17
B. 여섯 번째 민족에 대한 예언: 두로와 두로의 왕자, 26:1—28:23
C. 이스라엘에 대한 희망의 선언, 28:24-26
D. 일곱 민족에 대한 일곱 가지 예언들: 이집트와 바로, 29:1—32:32

IV. 하나님의 백성들의 변화에 대한 기대와 이유, 33:1—39:29
A. 에스겔의 소명의 반복, 청중들의 반응,
그리고 예루살렘 함락의 예고, 33:1-33
B. 하나님의 왕권의 회복에 대한 기대, 백성과 땅의 변화,
그리고 하나님 현존의 회복, 34:1—37:28
C. 하나님의 백성들에 맞선 모든 세력들에 대한 주님의 예고된 승리, 38:1—39:20
D. 하나님의 현존을 회복하려는 하나님의 의도의 요약, 39:21-29

V. 변화된 땅의 성소로 귀환하시는 주님에 대한 환상들, 40:1—48:35
A. 새 성전의 환상과 주님의 영광의 회복, 40:1—43:11
B. 순결, 거룩, 정의, 그리고 경제적 평등으로 특징되는 주님의 현존 안에서의
삶에 대한 훈계, 43:12—46:24
C. 모든 피조물들에게 생명을 주고, 모든 사람들이 공평하게 공유하는 비옥한
땅에 대한 환상, 47:1—48:29
D. "여호와께서 거기 계심"이라고 다시 명명된 하나님의 임재 장소로 적합한 도성,
48:30-35

골든 마티스 (Gordon Matties)

하나님의 보좌

1 1 때는 제 삼십년 넷째 달 오일이었다. 그 때
에 내가 포로로 잡혀 온 사람들과 함께 그발
강 가에 있었다. 나는 하나님이 하늘을 열어 보여
주신 환상을 보았다. 2 여호야긴 왕이 포로로 잡혀
온 지 오 년째가 되는 그 달 오일에, 3 주님께서
ㄱ)바빌로니아 땅의 그발 강 가에서 ㄴ)부시의 아들
인 나 에스겔 제사장에게 특별히 말씀하셨으며,
거기에서 주님의 권능이 나를 사로잡았다.
4 그 때에 내가 바라보니, 북쪽에서 폭풍이
불어오는데, 큰 구름이 밀려오고, 불빛이 계속 번
쩍이며, 그 구름 둘레에는 광채가 나고, 그 광채
한가운데서는 불 속에서 빛나는 금붙이의 광채와
같은 것이 반짝였다. 5 그러더니 그 광채 한가운
데서 네 생물의 형상이 나타나는데, 그들의 모습
은 사람의 형상과 같았다. 6 얼굴이 각각 넷이
요, 날개도 각각 넷이었다. 7 그들의 다리는 모
두 곧고, 그 발바닥은 송아지의 발바닥과 같고, 광
낸 놋과 같이 반짝거렸다. 8 그 생물의 사면에
달린 날개 밑에는 사람의 손이 있으며, 네 생물에
게는 얼굴과 날개가 있었다. 9 그들의 날개 끝은
서로 닿아 있으며, 앞으로 나아갈 때에는 몸을 돌
리지 않고, 각각 앞으로 곧게 나아갔다.
10 그 네 생물의 얼굴 모양은, 제각기, 앞쪽
은 사람의 얼굴이요, 오른쪽은 사자의 얼굴이요,
왼쪽은 황소의 얼굴이요, 뒤쪽은 독수리의 얼굴

ㄱ) 또는 '갈대아' ㄴ) 또는 '부시 제사장의 아들 나 에스겔에게'

1:1—3:27 에스겔의 예언자적 소명이 책 첫 부분에서 강조되고 있는데, 역사를 움직이는 분은 하나님이시고, 에스겔은 하나님의 말씀을 대언하는 종이라고 선포하고 있다. 에스겔의 시대와 장소를 분명하게 소개해 주는 짧은 서문 (1:1-3) 후에, 1장은 에스겔의 불가해한 환상을 대강 훑어본다 (1:4-28a). 에스겔의 응답 (1:28b)은 거룩하게 기록된 몇몇 장면에서 나타나는 위임 (1:28b—3:11), 준비 (3:12-15), 훈시 (3:16-21), 그리고 취임 (3:22-27) 순으로 이어진다.

1:1-3 두 부분으로 된 서문(1, 2-3절)은 몇 개의 함축적 질문들에 대하여 답을 해준다: 우리는 어디에 있는가? 무엇이 잘못되어 있는가? 어떻게 고칠 수 있는가? 하나님은 환상을 보여주고 원수의 나라에 있는 난민들에게 말씀하시는데, 그 말씀은 그들이 소중히 여기는 신학적 가정들을 도전하고 그들의 정체성과 사명을 다시 생각해 보도록 한다. 신약성경 벧전 1:1; 2:11은 포로생활을 지배 문화와의 관계가 끊기는 것으로 해석한다. **1:1** 에스겔 자신에 대한 자서전적인 이야기는 *하나님의 환상*을 기록하고 있다 (오직 에스겔에서만 볼 수 있다; 또한 8:3; 40:2를 보라). 에스겔이 하나님의 실재와 부재의 신비를 잠깐 보기 위해 배경을 살필 때, 하나님의 모습이 드러난다. *삼십년 넷째 달.* 에스겔의 탄생한 달이거나 (서른 살이 되는 해에 제사장으로 취임케 하는 민 4:30을 보라), 요시야가 성전에서 두루마리를 발견한 달을 뜻한다 (왕하 22장). **1:2-3** 3인칭으로 말하는 사람은 에스겔을 하나님 손에 이끌리는 제사장으로 묘사한다. 기원전 593년에 에스겔은 부정하다고 생각되는 땅에서 하나님의 말씀을 받아 모든 것을 잃어버린 사람들에게 대언하도록 위임받았다.

1:4-28a 에스겔의 환상은 하나님의 임재와 부재를 소개해 주는 신학적인 징표가 이 책의 주된 주제로 되어 있다. 이 환상은 성전으로부터 떠나시는 하나님의 환상 (8—11장)에서 정점에 이르는 커다란 단위를 소개해 준다. 4—7장은 하나님이 떠날 수밖에 없도록 한 범죄들을 밝히고 있다. 에스겔서에서 이동하시는 하나님은 영역과 땅을 초월한다. 에스겔의 많은 직유(similes)들은 그가 보는 것을 표현하기 위해 적절한 말을 찾기 위해 애쓰는 모습을 반영하여 준다. 이 환상은 성서시대에 비슷한 것들을 묘사하는 데 틀을 마련해 주었고, 성서시대 이후에도 비슷한 것들을 묘사하는 데 틀을 마련해 주었다 (단 10:5-6; *에녹전서*; 쿰란안식일노래 12; 유대 [전차 바퀴] 신비주의; 그리고 계 4:2-9). 서론(1:4)과 결론(1:28a)은 이 폭풍과 같은 하나님의 현현의 틀이 되는데, 이것은 *네 생물* (1:5-14), *바퀴*들의 모음 (1:15-21), 연단 위의 *보좌*(1:22-27)에 대해 묘사함으로써 점진적으로 전개된다.

1:4 상황을 묘사하는 용어들은 강열한 경험과 무한한 공간에 나타나시는 하나님의 모습을 강조한다. 심판과 구원을 위해 하나님이 등장하실 때에 폭풍이 동반한다 (왕상 19:11-13; 욥 38:1; 40:6; 시 18:7-15; 29:3-5; 합 3장). 구름과 불은 이스라엘 백성이 광야에서 경험한 것을 반영하여 준다. 이 폭풍은 성전에서 시작된 것이 아니라 (또한 시 18:6을 보라), 북쪽 폭풍에서 시작되었다. 우주에 거하시는 하나님은 에스겔이 포로생활을 하는 동안에 하나님의 현존을 다시 구성하는 것의 기초가 되고, 40—48장에서 새롭게 된 성전에 현존하는 이미지를 구성하기 전에 나타난다.

1:5-14 네 생물의 형상은 앗시리아와 바빌로니아의 신전과 궁전을 호위하는 생물들을 닮았다. 이 환상이 예루살렘의 언약궤 전통을 엄격하게 나타내는 것은 아니다 (10:15, 20에 나타나는 것들은 그룹들이다. 또한 시 18:10을 보라). 이 생물들은 하나님의 왕권을 예루살렘에 국한시키는 것이 아니라, 하나님의 자유를 강조하는 것이다.

1:5-8a *…와 같았다.* 이러한 표현을 반복하는 것은 하나님에 대한 묘사를 허락하지 않는 것을 암시한다.

이었다. 11 이것이 그들의 얼굴 모양이었다. 그
들의 날개는 위로 펼쳐져 있는데, 두 날개로는 서로
끝을 맞대고 있고, 또 두 날개로는 그들의 몸을 가
리고 있었다. 12 그들은 ㄱ)영이 가고자 하는 곳
으로 갈 때에는, 각각 앞으로 곧게 나아갔다. 그
들은 몸을 돌리지 않고 앞으로 나아갔다.

13 그 생물들의 모양은 마치 활활 타는 숯불
이나 횃불과 같이 보였다. 그 불은 그 생물들 사
이를 오가며 빛을 냈고, 불 속에서는 번개가 튀어
나오고 있었다. 14 그 생물들은 이쪽 저쪽으로
번개처럼 빠르게 달렸다.

15 그 때에 내가 그 생물들을 바라보니, 그
생물들의 곁 땅 위에는 바퀴가 하나 있는데, 그 바
퀴는 네 얼굴을 따라 하나씩 있었다. 16 그 바퀴의
형상과 구조를 보니, 그 형상은 빛나는 녹주석과
같고 네 바퀴의 형상이 모두 똑같으며, 그 구조는
마치 바퀴 안에 바퀴가 들어 있는 것처럼 보였다.
17 그 바퀴들은 사방 어디로 가든지, 방향을 돌
이키지 않고서도 앞으로 나아갔다. 18 그 바퀴의
둘레는 모두 높고, 보기에도 무서우며, 그 네 둘
레로 돌아가면서, 눈이 가득하였다. 19 그 생물
들이 나아가면, 바퀴들도 생물들의 곁에서 함께
나아갔고, 생물들이 땅에서 떠오르면, 바퀴들도
함께 떠올랐다. 20 그 생물들은 어디든지, 영이
가고자 하면, 그 영이 가고자 하는 곳으로 갔다.
바퀴들도 그들과 함께 떠올랐는데, 생물들의 영이
바퀴 속에 들어 있었기 때문이다. 21 생물들이
나아가면 그 바퀴들도 나아갔고, 생물들이 멈추
어 서 있으면, 바퀴들도 멈추어 서 있었다. 또 생
물들이 땅에서 떠오르면, 바퀴도 그들과 똑같이
떠올랐는데, 생물들의 영이 바퀴들 속에 들어 있
었기 때문이다.

22 그 생물들의 머리 위에는 창공 모양의 덮
개와 같은 것이 있는데, 수정과 같은 빛을 내서,
보기에 심히 두려웠으며, 그 생물들의 머리 위에
펼쳐져 있었다. 23 그런데 창공 모양의 덮개 밑
에는 그 생물들이 펼친 날개가 서로 맞닿아 있었
다. 이쪽 생물들이 두 날개로 자기의 몸을 가리고
있고, 저쪽 생물들도 두 날개로 자기의 몸을 가리
고 있었다. 24 그들이 움직일 때에는, 나는, 그
들이 날개치는 소리를 들었다. 그 소리는 마치 힘
찬 물소리와도 같고, ㄴ)전능하신 분의 천둥소리와
도 같고, 떠드는 소리 곧 군인들의 진영에서 나는
함성과도 같았다. 그들은 멈추어 서 있을 때에는
날개를 드리웠다. 25 그들의 머리 위에 있는 창
공 모양의 덮개 위에서 소리가 들렸다. 그들은 멈
추어 서 있을 때에는 날개를 드리웠다.

26 또 그들의 머리 위에 있는 창공 모양의
덮개 위에는, 청옥처럼 보이는 보석으로 만든 보좌
형상을 한 것이 있었고, 그 보좌 형상 위에는,
사람의 모습과 비슷한 형상이 있었다. 27 또 나는
그의 허리처럼 보이는 그 위쪽에서 금붙이의 광채와
같은 것이 불꽃처럼 안팎으로 그를 둘러싼 것을
보았는데, 그의 허리처럼 보이는 그 아래쪽에서도,
나는 불꽃과 같은 모양을 보았다. 이렇게 그는 광
채로 둘러싸여 있었다. 28 그를 둘러싼 광채의
모양은, 비 오는 날 구름 속에 나타나는 무지개
같이 보였는데, 그것은 주님의 영광이 나타난 모
양과 같았다. 그 모습을 보고, 나는 얼굴을 땅에
대고 엎드렸다. 그 때에 말씀하시는 이의 음성을
내가 들었다.

ㄱ) 히, '하루아흐' ㄴ) 히, '샤다이'

요한계시록은 만유의 주제이신 하나님을 강조하기 위해 에스겔의 환상을 발전시킨다 (계 4:11). **1:8b-10** 하나님의 보좌를 뒷받침하고 있는 합성된 생물들은 (인간, 야수, 가축, 그리고 새) 모든 생물들의 장엄한 표상이다. 고대 도상학(圖像學)에서 이런 이미지들은 힘, 속도, 생산성, 그리고 하나님의 생물들에 내재하고 있는 이성을 나타낸다. **1:11-14** 날개는 영적 추진력 아래서의 움직임을 가리킨다 (히브리어, *루아흐*; 또한 20-21절을 보라). 에스겔은 빠른 빛과 불의 광채에 매혹당한다.

1:15-21 바퀴에는 세 가지 특징이 나타나는데, 어느 방향으로나 나갈 수 있는 능력과 생물들과의 조화, 형상과 구조의 눈부신 아름다움 (눈은 눈과 같이 생긴 보석), 그리고 바퀴 속에 있는 *생물들의 영*이 그 특징들이다. 다른 어떤 예언서보다 에스겔서는 영의 신학을 묘사한다. 이것은 1:4의 "바람" (히브리어, *루아흐*), 에스겔을 일으켜 세운 영 (2:2; 3:24), 그를 지탱시켜 준 영 (3:12, 14), 그리고 11:19와 36:26의 변화시키는 영과 관계된다. 에스겔에게 영은 강력하고 생명을 주는 하나님의 임재이다.

1:22-27 이미지가 생물의 아래와 옆에서부터 생물의 위로 움직인다. **1:22-25** *창공 모양의 덮개.* 이 덮개는 보좌를 위한 강단과 같은 것이다 (26절). 날개와 천둥의 소리는 (24절) 천둥 속에 나타나는 하나님의 소리와 같다 (25절; 또한 시 18:13; 29:3-9; 계 1:15를 보라). **1:26-27** 모습은 사람과 같다 (히브리어, *아담*). "비슷함" 그리고 "모습"과 같은 언어를 반복하는 것은 환상에 대하여 자세하게 묘사하기를 거부하고 있음을 암시한다. 나아가서, *형상*(*체렘*, 창 1:26-27에서 "이미지"로 번역)이 아니라 "비슷함"(*데무트*)이라는 히브리어 단어를 사용하는 것은 에스겔이 우상숭배와 관

에스겔을 예언자로 부르시다

2 1 그가 나에게 말씀하셨다. "ㄱ)사람아, 일어서라. 내가 너에게 할 말이 있다." 2 그가 나에게 이 말씀을 하실 때에, 한 영이 내 속으로 들어와서, 나를 일으켜 세웠다. 나는 그가 나에게 하시는 말씀을 계속 듣고 있었다. 3 그가 나에게 말씀하셨다.

"사람아, 내가 너를 이스라엘 자손에게, 곧 나에게 반역만 해 온 한 반역 ㄴ)민족에게 보낸다. 그들은 그들의 조상처럼 이 날까지 나에게 죄만 지었다. 4 얼굴이 뻔뻔하고 마음이 굳을 대로 굳어진 바로 그 자손에게, 내가 너를 보낸다. 너는 그들에게 '주 하나님께서 이와 같이 말씀하신다' 하고 말하여라. 5 그들은 반역하는 족속이다. 듣든지 말든지, 자기들 가운데 예언자가 있다는 것만은 알게 될 것이다.

6 너 사람아, 비록 네가 가시와 찔레 속에서 살고, 전갈 떼 가운데서 살고 있더라도, 너는 그들을 두려워하지 말고, 그들이 하는 말도 두려워하지 말아라. 그들이 하는 말을 너는 두려워하지 말고, 그들의 얼굴 앞에서 너는 떨지 말아라. 그들은 반역하는 족속이다. 7 그들이 듣든지 말든지 오직 너는 그들에게 나의 말을 전하여라. 그들은 반역하는 족속이다.

8 너 사람아, 내가 너에게 하는 말을 들어라. 너는 저 반역하는 족속처럼 반역하지 말고, 입을 벌려, 내가 너에게 주는 것을 받아 먹어라." 9 그래서 내가 바라보니, 손 하나가 내 앞으로 뻗쳐 있었고, 그 손에는 두루마리 책이 있었다. 10 그가 그 두루마리 책을 내 앞에 펴서 보여 주셨는데, 앞뒤로 글이 적혀 있고, 거기에는 온갖 조가와 탄식과 재앙의 글이 적혀 있었다.

3 1 그가 또 나에게 말씀하셨다. "사람아, 너에게 보여 주는 것을 받아 먹어라. 너는 이 두루마리를 먹고 가서, 이스라엘 족속에게 알려 주어라."

2 그래서 내가 입을 벌렸더니, 그가 그 두루마리를 먹여 주시며, 3 나에게 말씀하셨다.

ㄱ) 또는 '사람의 아들아'. 히, '벤 아담'. 에스겔서 전체에서 '벤 아담'은 '사람'으로 번역됨 ㄴ) 시리아어역을 따름. 히, '민족들'

계된 단어를 꺼리고 있음을 암시해 준다. 이런 종류의 장대함은 오직 하나님에게만 귀속되지만, 풍자적이게도 베일에 싸인 인간의 모습으로 묘사된다 (또한 출 24:9-18을 보라).

1:28a *주님의 영광*(히브리어, *카보드*). 에스겔은 포로경험에서 오는 광야와 같은 삶을 산산이 부셔 없어지게 한다 (또한 출 40:34-38을 보라). 이 영광은 출애굽기에 나타나는 제사장적 영광의 신학보다 더 장엄하고 이해하기 어렵다. 메소포타미아 지역의 예술적 표현에 나타나는 것처럼, 이 취임식과 같은 언어 묘사는 주님의 초월적인 거룩성을 밝혀주고, 거룩한 주권을 선언하며, 포로로 잡혀간 사람들 사이에 하나님이 함께 하고 계시다는 사실을 확증해 준다. 이 영광의 환상은 독자들로 하여금 책 후반부에서 심판이 나타나게 될지 혹은 희망의 변형이 나타나게 될지 궁금하게 만든다.

1:28b—3:11 겔 1:4-28a는 환상(1:1)을 소개하고, 1:28b는 말씀의 차원을 소개한다 (또한 1:2를 보라). 하나님의 말씀이 처음부터 우세하다. 하나님만이 처음 시작하고 예언자에게 사명을 내리신다. 전문(1:28b—2:2)은 사명을 내리는 두 말씀으로 이어지는데 (2:3-7; 3:4-11), 이것은 두루마리 환상을 구성한다 (2:8—3:3). 두 말씀의 조화는 두 단계의 사명을 확인해 주는데, 하나는 경고를 강조하는 것이고, 다른 하나는 약속을 확증해 주는 것이다.

1:28b—2:2 환상과 사명 사이를 연결시켜 주는 에스겔의 경건한 반응이 3:23에서 되풀이된다. 이 단락은 하나님의 현존에 대한 에스겔의 경외와 그의 사명에 대한 복종을 나타낸다. 환상에 기초해서 그의 사명의 내용이 무엇인지 말씀 안에 나타난다. 정체가 밝혀지지 않은 "나"는 더 소개될 필요가 있다. **2:1-2** 책 전반에 걸쳐 죽을 수밖에 없는 사람(히브리어, *벤 아담*)으로 언급되고 있는 에스겔의 정체성은 분명하다: 그는 거룩한 왕으로부터 일어서도록 허락받은 대리자이다. 일어서도록 명령받았지만 (1절) 에스겔은 하나님이 주시는 호흡 혹은 영(히브리어, *루아흐*)에 의해서만 일어설 수 있다. 말씀과 영이 하나가 되는 것은 사명을 이행하기 위하여 권한을 부여받는 것일 뿐만 아니라, 우리가 나중에 읽게 될 말씀을 구체적으로 표현하는 것을 암시해 준다 (2:8—3:3).

2:3-7 이 첫 번째 예언의 말씀은 네 가지 주제를 소개한다: 보내심 (3-4절); 이스라엘의 변덕스러운 성격 (3-4절); 세 번에 걸친 두려워하지 말라는 명령 (6절); 그리고 *반역하는* 족속(5, 7, 8절)으로서의 이스라엘. **2:3-5** 에스겔은 하나님과 맺은 언약에 반역하는 사람들에게 전할 사명을 받는다. *이스라엘 자손*(3절)은 반역하는 민족으로 다시 명명되는데, 그들이 비록 경청하지는 않을지라도 예언자의 말씀(따라서 하나님의 말씀)의 실재가 그들 사이에 존재하고 있음을 인정하게 될 것이다. **2:6-7** 권고와 경고가 뒤따른다. 에스겔은 하나님으로부터 사명을 부여받은 사람에게 상황, 사람들의 반응, 그리고 그 효력은 아무런 관계가 없음을 깨닫는다. 모세와 예레미야와는 다르게 에스겔은

"사람아, 내가 너에게 주는 이 두루마리를
먹고, 너의 배를 불리며, 너의 속을 그것으로 가
득히 채워라." 그래서 내가 그것을 먹었더니, 그
것이 나의 입에 꿀같이 달았다.
4 그가 또 나에게 말씀하셨다.
"사람아, 어서 이스라엘 족속에게 가서, 내가
하는 바로 이 말을 그들에게 전하여라. 5 나는
너를 이스라엘 족속에게 보낸다. 어렵고 알기 힘
든 외국말을 하는 민족에게 내가 너를 보내는 것
이 아니다. 6 알아들을 수 없는 말, 알기 힘든 외
국어를 사용하는 여러 민족에게 내가 너를 보내는
것이 아니다. 차라리 너를 그들에게 보내면, 그들
은 너의 말을 들을 것이다. 7 그러나 이스라엘
족속은 너의 말을 들으려고 하지 않을 것이다. 온
이스라엘 족속은 얼굴에 쇠가죽을 쓴 고집센 자들
이어서, 나의 말을 들을 생각이 없기 때문이다.
8 내가 네 얼굴도 그들의 얼굴과 맞먹도록 억세게
만들었고, 네 얼굴에도 그들의 얼굴과 맞먹도록
쇠가죽을 씌웠다. 9 내가 네 이마를 바윗돌보다
더 굳게 하여, 금강석처럼 만들어 놓았다. 그들은
반역하는 족속이니, 너는 그들을 두려워하지 말고,
그들의 얼굴 앞에서 떨지도 말아라."

10 그런 다음에, 그가 나에게 말씀하셨다. "사
람아, 내가 너에게 하는 모든 말을 마음 속에 받아
들이고, 귀를 기울여 들어라. 11 그리고 가서, 포
로로 끌려간 네 민족의 자손에게 이르러, 그들에게
전하여라. 그들이 듣든지 말든지 '주 하나님께서
이렇게 말씀하신다' 하고 그들에게 말하여라."
12 그 때에 주님의 영이 나를 들어 올리시는
데, 주님의 영광이 그 처소에서 나타날 때에, 내
뒤에서 지진이 터지는 것같이 크고 요란한 소리가
들렸다. 13 생물들의 날개가 서로 부딪히는 소
리와, 생물들의 곁에 달린 바퀴들의 소리가, 그렇
게 크고 요란하게 들렸다. 14 주님의 영이 나를
들어 올려서 데리고 가실 때에, 나는 괴롭고 분통
이 터지는 심정에 잠겨 있었는데, 주님의 손이 나
를 무겁게 짓눌렀다. 15 나는 델아빕으로 갔다.
그 곳 그발 강 가에는 포로로 끌려온 백성이 살고
있었다. 나는 그들과 함께 이레 동안 머물러 있었
는데, ㄱ)얼이 빠진 사람처럼 앉아 있었다.

ㄱ) 또는 '그가 본 것과 들은 것 때문에'

아무런 항변을 하지 않는다. 가시와 찔레와 전갈 등은 에스겔의 예언을 듣는 사람들을 의미하는 것 같다. 그것들은 또한 두려워하지 말 것을 권고하는 보호의 벽을 묘사하는 것 같다.

2:8—3:3 사명을 전하는 두 말씀 사이에 환상을 보여주는 상징적인 행위가 있다. **2:8-10** 이스라엘이 언약을 어긴 것에 대한 경고로서 에스겔(*사람*)은 하나님이 그에게 준 두루마리를 먹도록 권유받는다. 재난과 고통과 비탄이 에스겔의 사명에 대한 감정적 경향을 분명하게 한다. **3:1-3** 하나님은 에스겔이 먹도록 두 번씩이나 명하시는데, 그 사이에는 말하라는 명령이 있다. 환상과 실재 사이의 분명한 구분은 계획적인 것이다. 에스겔이 먹는 것은 하나님의 말씀이 구체화되는 것을 뜻한다. 두루마리는 예언 설화의 새로운 "본문적"(textual) 요소를 소개한다. 우선 발언은 말로 하고 있지만, 의사소통 행위는 문서로 묘사된다. 입에서 꿀 같았다는 표현은 기쁨과 양육을 암시한다. 본문은 에스겔의 (거룩한) 글을 읽고 구체화하는 모든 사람은 에스겔과 마찬가지로 양육될 것이라는 점을 암시해 준다. 그러나 두루마리의 비참한 내용(2:10)이 입에서 꿀 같았다는 것은 이상한 일이다 (또한 3:14; 시 19:10; 119:103; 계 10:8-11을 보라).

3:4-11 사명을 위한 첫 번째 부분은 말을 전하는 직무(4-9절)와 권고할 직무가 하나님의 약속으로 강화된다 (10-11절). **3:4** 에스겔은 하나님의 말만 해야 한다. **3:5-7** 에스겔은 몹시 슬퍼할 것인데, 하나님께서 이미 경험한 일을 그도 경험하게 될 것이기 때문이다. 공교롭게도 청중은 외국인들이 아니고 *이스라엘 족속*이다. **3:8-9** 에스겔은 이들과 대면을 준비하는데, 두려움으로 인하여 위압을 받지 않는다. **3:10-11** 다른 곳에서 *이스라엘 족속*(5절)으로 묘사된 청중은 여기서 처음으로 포로로 끌려간 민족으로 묘사된다. 에스겔은 하나님의 말씀을 듣고 받아들여서 그것을 가감하지 않고 전하도록 부름 받았다.

3:12-15 하나님으로부터 불어오는 "바람"(히브리어로 바람이 *루아흐*인데, 이것은 바람도 되고 영도 됨)이 에스겔을 일시에 포로상황으로 몰아넣는다 (또한 1:1-3을 보라). **3:12** *영광과 영.* 이것은 1장의 환상과 연결된다. 마소라사본은 영광의 찬양을 포함하고 있지만, 고대 역본은 *"주님의 영광이 축복했다"* (마소라사본, 히브리어, *바루크*)보다는 새번역개정처럼 *"주님의 영광이 나타났다"* (히브리어, *베룸*)이라는 원형을 보존했을 것이다. **3:13** 날개가 서로 부딪히는 소리와 바퀴들의 소리는 지진의 소리이다. **3:14-15** 하나님의 손이 에스겔의 괴롭고 분통이 터지는 심정을 두루마리의 달콤한 맛(3:3)으로 바꾸어 놓았다. 자주 사용되는 "분노/격노" 라는 주제(에스겔에서 31번 사용된다)가 여기서 "분통이 터지는 심정"으로 나타난다. 현실에 직면하여 에스겔은 충격을 받는다. 이레 동안의 괴로움을 짐작할 수 있다. 델아빕이란 지명은 메소포타미아의 말로, "홍수의 제방" 혹은 "부서진 제방"(함무라비 법전, 27:79-80)에서 파생된 것이다. 유대 사람들은 바빌론 사람들

파수꾼 에스겔 (겔 33:1-9)

16 이레가 지난 다음에 주님께서 나에게 말씀하셨다.

17 "사람아, 내가 너를 이스라엘 족속의 파수꾼으로 세웠다. 그러므로 너는 내가 하는 말을 듣고, 나를 대신하여 그들에게 경고하여라. 18 가령 내가 악인에게 말하기를 '너는 반드시 죽을 것이다' 할 때에, 네가 그 악인을 깨우쳐 주지 않거나, 그 악인에게 말로 타일러서 그가 악한 길을 버리고 떠나 생명이 구원 받도록 경고해 주지 않으면, 그 악인은 자신의 악한 행실 때문에 죽을 것이지만 그 사람이 죽은 책임은 내가 너에게 묻겠다. 19 그러나 네가 악인을 깨우쳐 주었는데도, 그 악인이 그의 악한 행실과 그릇된 길을 버리고 돌아서지 않았다면, 그는 자신의 악행 때문에 죽을 것이다. 그러나 너는 네 목숨을 보존할 것이다.

20 또 만약 의인이 지금까지 걸어온 올바른 길에서 떠나서 악한 일을 할 때에는, 내가 그 앞에 올무를 놓아, 그 의인 역시 죽게 할 것이다. 네가 그를 깨우쳐 주지 않으면, 그는 자기가 지은 그 죄 때문에 죽을 것이다. 그리고 그가 이미 행한 의로운 행실은 하나도 기억되지 않을 것이다. 그러나 그 사람이 죽은 책임은 내가 너에게 묻겠다. 21 그러나 의인이 범죄하지 않도록 네가 깨우쳐 주어서, 그 의인이 범죄하지 않았으면, 그는 경고를 달게 받았기 때문에 반드시 살게 되고, 너도 네 목숨을 보존할 것이다."

에스겔이 벙어리가 되다

22 거기서 주님의 능력이 내 위에 내렸다. 주님께서 나에게 말씀하셨다.

"일어나서 들로 나가거라. 거기에서 너에게 할 말이 있다."

23 그래서 내가 일어나 들로 나가서 보니, 그곳에는 주님의 영광이 머물러 있었는데, 전에 그발강 가에서 보던 영광과 똑같았다. 나는 땅에 엎드렸다. 24 그 때에 주님의 영이 나의 마음 속으로 들어오셔서 나를 일으켜 세우시고, 나에게 이렇게 일러주셨다.

"너는 집으로 가서 문을 잠그고 집 안에 있거라. 25 너 사람아, 사람들이 너를 밧줄로 묶어 놓아서, 네가 사람들에게로 나가지 못할 것이다. 26 더욱이 내가 네 혀를 입천장에 붙여 너를 말 못하는 사람으로 만들어서, 그들을 꾸짖지도 못하게 하겠다. 그들은 반역하는 족속이기 때문이다. 27 그러나 내가 너에게 다시 말할 때에, 네 입을 열어 줄 것이니, 너는 '주 하나님이 이렇게 말씀하신다' 하고 그들에게 말하여라. 들을 사람은 들을 것이고, 듣기를 거절하는 사람은 거절할 것이다. 그들은 반역하는 족속이기 때문이다."

에 의해 보다 빨리 점령되고 파괴된 지역에 거주했을 것이다.

3:16-21 하나님은 에스겔을 파수꾼으로 임명하셨는데, 그의 임무는 임박한 재난을 경고하고 (또한 사 56:10; 58:1; 렘 6:17; 호 9:8을 보라), 하나님과의 언약을 어기는 것에 대한 치명적 위험을 경고하는 것이다 (33:1-9도 보라). 법률적 양식, "돌이킴"의 주제, 의로운 것과 사악한 것의 대비, 도덕적 책임의 강조 등은 18장에서 33장까지 나타난 특징이다. 3:16 에스겔이 이레 동안 사색하고 회복한 후에 주님의 말씀이 그에게 임한다. **3:17** 이스라엘의 원수가 될 하나님께서 에스겔에게 파수꾼의 임무를 부여하신다. 에스겔은 예루살렘에 있는 사람들을 위한 파수꾼이 아니라, 포로로 잡혀간 사람들을 위한 파수꾼이다. **3:18-21** 하나님은 각 절에서 하나씩 네 개의 가상적 시나리오를 소개하신다. 악인들은 규범에 따라 언약을 맺은 약속대로 살기를 거부함으로써 하나님과의 언약관계를 범한다. 의로운 사람들은 언약을 충실히 지킴으로써 언약관계를 잘 보존한다. 18절과 20절의 경우에는 예언자가 경고를 하지 않고, 19절과 21절의 경우에는 예언자가 경고를 한다. 이 단락은 에스겔을 이레 동안 인사불성 상태로 내몰았던 사명의 심각성을 강조한다. 그러나 본문은 심판은 피할 수 없고 예루살렘이 저지른 행동의 결과가 있을 것이라는 것과 회개하는 포로집단에게는 생명이 주어질 것이라는 점을 확언해 준다. 죽음이 아니라 생명이 목적이다. 그리고 예언자는 이 양자의 중개자인데, 그의 임무에 충실하고 그가 듣는 말만 충실히 전하도록 부름받았다.

3:22-27 에스겔의 소명은 그가 부자유스러워지는 것으로 결말을 짓는다. **3:22** 에스겔은 *주님의 능력에* 다시 이끌려 들판으로 나가고 거기서 말씀을 기다려야 한다. **3:23** 예언자는 홀로 그 곳으로 가는데 (또한 3:14를 보라), 거기서 그는 세 번째로 하나님의 말씀을 듣게 된다. 그는 다시 한 번 경외감에 휩싸이게 된다. **3:24-27** 하나님의 영은 몇 가지 상징적인 행위("거리의 극장"과 유사하다)를 명하는데, 모두 구속을 상징하는 것들이다. 첫째는 문을 잠그고 집 안에 있는 것 (24b); 둘째는 밧줄로 묶는 것 (25절); 셋째는 말을 못하게 하는 것 (26절; 다시 말하게 되는 것에 관해서는 24:27; 33:22를 보라). 에스겔은 더 이상 스스로 말하거나 행동하지 못한다. 에스겔이 말하고 행동하는

예루살렘이 포위될 것을 예고하시다

4 1 "너 사람아, 너는 이제 흙벽돌을 한 장 가
져다가 네 앞에 놓고, 한 성읍 곧 예루살렘을
그 위에 새겨라. 2 그 다음에 그 성읍에 포위망
을 쳐라. 그 성읍을 공격하는 높은 사다리를 세우
고, 흙 언덕을 쌓고, 진을 치고, 성벽을 부수는 무
기를 성 둘레에 설치하여라. 3 너는 또 철판을
가져다가 너와 그 성읍 사이에 철벽을 세워라. 그
도성을 포위하고 지켜보아라. 네가 그 도성을 포
위하고 있거라. 이것이 이스라엘 족속에게 보여
주는 징조다.

4 너는 또 왼쪽으로 누워서, 이스라엘 족속
의 죄악을 ㄱ)네 몸에 지고 있거라. 옆으로 누워 있
는 날 수만큼, 너는 그들의 죄악을 떠맡아라. 5 나
는 그들이 범죄한 햇수대로 네 날 수를 정하였다.
그러니 네가 삼백구십 일 동안 이스라엘 족속의
죄악을 떠맡아야 할 것이다. 6 이 기간을 다 채
운 다음에는, 네가 다시 오른쪽으로 누워서, 유다
족속의 죄악을 사십 일 동안 떠맡고 있거라. 나는
너에게 일 년을 하루씩 계산하여 주었다.

7 너는 이제 예루살렘의 포위망을 응시하면
서, 네 팔을 걷어붙이고, 그 성읍을 심판하는 예
언을 하여라. 8 내가 너를 줄로 묶어서, 네가 갇
혀 있는 기한이 다 찰 때까지, 네가 몸을 이쪽 저
쪽으로 돌려 눕지 못하도록 하겠다.

9 너는 밀과 보리와 콩과 팥과 조와 귀리를
준비하여 한 그릇에 담고, 그것으로 빵을 만들어
네가 옆으로 누워 있는 삼백구십 일 동안 내내 먹
어라. 10 너는 음식을 하루에 이십 세겔씩 달아
서, 시간을 정해 놓고 먹어라. 11 물도 되어서
하루에 육분의 일 힌씩, 시간을 정해 놓고 따라 마
셔라. 12 너는 그것을 보리빵처럼 구워서 먹되,
그들이 보는 앞에서, 인분으로 불을 피워서 빵을
구워라."

ㄱ) 또는 '네 옆에'

것은 나머지 책에서 자명하다. 그러나 그의 말과 행동은 오직 하나님이 허락하실 때만 하게 된다. *사람인* 에스겔이 하나님의 입이 되는데, 이것은 고대 의례에서 신의 영이 주입될 때, 우상이 변형되는 것과 같다. 그것이 언제이든, 하나님이 말씀하실 것이 있을 때만 에스겔은 말한다.

4:1—11:25 4장은 에스겔서에서 재판과 관계된 자료가 시작되는 장인데, 에스겔은 포로로 잡혀간 사람들에게 *예루살렘이* 어떻게 될 것인지에 대해서 (4—11장), 그리고 *이스라엘에* 임할 심판(12—24장)과 여러 민족에 임한 심판에 대하여 쓰고 있다 (25—32장). 이 전체 단락은 3:16-21과 33:1-20의 파수꾼 주제로 시작되고 끝맺고 있으며 포로로 잡혀간 사람들의 반응을 다양하게 촉구하고 있다. 이 본문의 목적은 포로로 잡혀간 사람들이 하나님의 심판에 동의하게 하고 언약의 파트너에게 충성하도록 촉구하는 것이다. 이것이 4—11장에서 예루살렘 심판과 회개의 촉구가 언급되는 이유이다. 4—11장은 독자들을 하나님의 실재의 환상(1—3장)에서 하나님의 부재의 환상 (8—11장)으로 인도한다. 에스겔은 마침내 포로로 잡혀간 사람들에게 그들의 정체성과 소명(11:14-25)에 관한 대안적 이미지에로 초대한다.

4:1—5:17 거리의 극장 공연(4:1—5:4)과 구두로 공포(5:5-17)하는 것에 관한 (연속적이 아니라) 반복적인 소개는 예루살렘의 공격과 멸망; 그리고 백성들이 포로가 되는 것을 묘사한다. 이런 행동들은 포로가 된 청중들의 현실 이해를 구성하고 주님을 만유의 주제로 인정하도록 하는 구체화된 메시지이다 (5:13).

4:1-3 흙벽돌은 전쟁에서 포위당한 것을 묘사해 주는 것이다. 하나님은 예루살렘과 하나님의 임재 사이의 방해물로 철판을 배치하신다. 하나님은 스스로 예루살렘의 원수가 되신다. 이것은 전쟁의 *징조*(3b절)일 뿐만 아니라, 하나님의 성읍에서 하나님이 떠나신 것을 뜻한다.

4:4-8 에스겔의 제사장 역할. **4:4-6** 에스겔은 에스겔서 전체에서 *이스라엘과 유다를* 서로 구분하지 않고 사용한다. 여기서 *이스라엘 족속은* 유다를 포함한 전체 이스라엘을 의미한다. 남은 날/해의 수는 당황스럽다 (특히 칠십인역은 다른 수를 기록하고 있는데, 4절에 150년을 더하고 5절에서 390일이 아니라 190일로 기록하고 있기 때문이다). 4절의 "죄악"은 히브리어로 *아온*(4-6절)이라고 하는데, 이것은 부정한 행동 혹은 심판을 모두 뜻할 수 있다. 390일은 솔로몬의 통치 시작부터 기원전 587년 성전이 파괴되었을 때까지 절정에 달했던 성전숭배에 나타난 부정한 행위를 뜻할 가능성이 있다. 시간적으로 이 기간이 성전 신학의 범위 안에서 이스라엘 백성들의 부정함과 맞아 떨어진다. 40년은 하나님의 심판의 결과들을 체험한 포로기간의 세대를 뜻한다. **4:7-8** 역설적이게도 "걷어붙인 팔"은 하나님의 구원의 역사를 의미하는 것이다 (사 52:10). 에스겔은 하나님의 징표를 마음대로 바꿀 수 없다.

4:9-17 이 징표들은 포위공격과 포로기간 동안 먹은 음식을 나타낸다. **4:9-11** 공격기간 동안 소량의 음식을 먹는다: 8온스 (약 227g) 씩의 곡식과 소량의 콩과 식물, 그리고 물 2/3 쿼트 (1쿼트는 약 0.95리터, 또한 16-17절의 설명을 보라). **4:12-15** 인분으로 보리빵을 굽는 행위는 포로생활 경험의 불순함을 묘사하는 것이다 (인간 배설물의 불순함에 대해서 기록하고

13 주님께서 또 말씀하셨다.
"내가 이스라엘 자손을 다른 민족들 속으로
내쫓으면, 그들이 거기에서 이와 같이 더러운 빵
을 먹을 것이다."
14 그래서 내가 아뢰었다. "주 하나님, 저는
이제까지 저 자신을 더럽힌 일이 없습니다. 어려
서부터 지금까지 저절로 죽거나 물려 죽은 짐승의
고기를 먹은 적이 없고, 부정한 고기를 제 입에 넣
은 적도 없습니다."
15 그러자 주님께서 나에게 말씀하셨다.
"좋다! 그렇다면, 인분 대신에 쇠똥을 쓰도록 허
락해 준다. 너는 쇠똥으로 불을 피워 빵을 구워라."
16 주님께서 또 나에게 말씀하셨다.
"사람아, 내가 예루살렘에서 사람들이 의지
하는 빵을 끊어 버리겠다. 그들이 빵을 달아서 걱
정에 싸인 채 먹고, 물을 되어서 벌벌 떨며 마실
것이다. 17 그들은 빵과 물이 부족하여 누구나
절망에 빠질 것이며, 마침내 자기들의 죄악 속에서
말라 죽을 것이다."

머리카락과 수염을 깎는 상징 행위

5 1 "너 사람아, 너는 날카로운 칼을 한 자루
가져 와서, 그 칼을 삭도로 삼아 네 머리카락과
수염을 깎고, 그것을 저울로 달아 나누어 놓아라.
2 그리고 그 성읍의 포위 기간이 끝난 다음에, 그
털의 삼분의 일을 성읍 한가운데서 불로 태우고,
또 삼분의 일은 성읍 둘레를 돌면서 칼로 내려치고,
또 삼분의 일은 바람에 날려 흩어지게 하여라.
그러면 내가 칼을 빼어 들고, 그 흩어지는 것들을
뒤쫓아 가겠다. 3 그러나 너는 그것들 가운데서
조금을 남겨 두었다가 네 옷자락으로 싸매어라.
4 너는 또 그것들 가운데서 얼마를 꺼내서 불 한
가운데 집어 던져서 살라 버려라. 그 속에서 불이
나와서 온 이스라엘 족속에게 번질 것이다."
5 주 하나님이 이렇게 말씀하신다. "이것이
예루살렘이다. 내가 그 성읍을 이방 사람들 한가
운데 두고, 나라들이 둘러 있게 하였다. 6 그런
데도 그 성읍은 다른 민족들보다 더 악하여 내 규
례를 거스르고, 둘러 있는 이방 사람들보다 더 내
율례를 지키지 않았다. 그들은 내 규례를 거역하고,
내 율례를 지키지 않았다.
7 그러므로 나 주 하나님이 이렇게 말한다.
너희는 너희를 둘러 있는 이방 사람들보다 더 거
스르는 사람이 되어서, 내 율례를 따르지도 않고,
내 규례를 지키지도 않고, 심지어는 너희를 둘러
있는 이방 사람들이 지키는 ㄱ)규례를 따라 살지도
않았다.
8 그러므로 나 주 하나님이 이렇게 말한다.
내가 친히 너희를 대적하겠다. 그리고 뭇 이방 사

ㄱ) 대다수의 히브리어 사본을 따름. 몇몇 히브리어 사본과 시리아어역에는 '규례를 따라 살았다'

있는 신 23:12-14를 보라). 에스겔의 응답은 의례적 청결을 유지해야 하는 제사장으로서의 걱정과 함께 그의 감정적 반응의 일단을 보여준다. 요점은 이방 나라에서의 모욕이다. 하나님의 타협은 예언자가 아직도 주님과 대화할 수 있고 설득할 수 있다는 짐을 함축한다. **4:16-17** 언약의 저주(레 26:26, 39)를 반영해 주는 것은 공격기간 동안 먹을 것이 부족한 것과 외국 땅에서의 고달픔을 나타내는 것이다.

5:1-4 이 상징적 행위는 파괴와 보존을 모두를 강조한다. **5:1** 하나님은 군사 무기로서 *날카로운 칼*을 지니고 계신다 (또한 적을 *날카로운 칼*로 묘사하는 사 7:20을 보라). 레 21:5에 따르면, 제사장은 이런 방법으로 수염과 머리를 깎을 수 없다. 털의 무게를 저울로 다는 것은 바빌로니아의 주술을 위한 텍스트에서 유래된 것이다. **5:2** 심판은 가혹하다. 다치지 않을 자가 한 명도 없다. **5:3-4** 예언자는 아직도 털을 모아 옷자락에 싸매어 두거나 불에 던지기도 한다. 포로가 된 사람들이 은혜롭게도 보호되었지만, 여전히 불에 던져질 수도 있다.

5:5-17 예루살렘에 대한 이 단락은 이스라엘의 산들에 내릴 심판에 대해 말하는 6장과 땅의 사방 구석에 내릴 심판에 대해 말하는 7장으로 이어진다. 이것은 상징 행위에 대한 다양한 해석들을 종합한다. 이스라엘의 적으로서의 주님의 행위는 폭력적인 언어로 묘사되고 있다. 이런 언어는 하나님에 대한 전형적인 생각을 여지없이 꺾어버린다. 심지어 하나님이 모든 폭력을 주도하고 있는 것으로 해석할 수 있을 정도다. 죄과가 언급되고 (5-6절) 두 가지 심판을 선언하는 것이 뒤따라온다 (7-10절, 11-17절).

5:5-6 법정 용어를 사용하면서 피고인들이 소개되고 힐책을 받는다. 하나님이 거하시는 이 땅의 중심에 있는 *예루살렘*은 다른 이방 민족처럼 되어 정체성을 상실하고 주님을 배반했다 (이것은 5-17절에서 일곱 번 언급되고 있다). 따라서 언약에 따른 보호를 더 이상 기대할 수 없다. (하나님이 거하시는 곳이고, 우주의 중심이고, 다른 민족의 징표로서의 예루살렘에 대해서는 시 46편; 48편; 132:13-14; 왕상 8:41-43; 겔 38:12 등을 보라.)

5:7-10 심판 내용을 청중들에게 직접 말하고 있는데, "그러므로…때문에" 라는 형식의 문장을 사용한다. **5:7b-8** 이방 사람들처럼 됨으로써 (또한 삼상 8:5를 보라) 이스라엘은 언약의 조항을 준수하지 못했다. 그 결과로 하나님이 언약 백성의 원수가 되신다고 공공

람이 보는 앞에서 내가 너희 가운데 벌을 내리겠다.
9 너희의 온갖 역겨운 일들 때문에, 전에도 없었
고 앞으로도 다시는 없을 그런 일을, 내가 너희 가
운데서 일으키겠다. 10 너희 가운데서 아버지가
자식을 잡아 먹고, 자식이 아버지를 잡아 먹을
것이다. 나는 너희 가운데 벌을 내리고, 너희에게
남은 사람들을 사방으로 흩어 버리겠다.

11 그러므로 내가 나의 삶을 두고 맹세한다.
나 주 하나님의 말이다. 진실로 너희가 온갖 보기
싫은 우상과 역겨운 일로 내 성소를 더럽혀 놓았기
때문에, ㄱ)내가 너희를 넘어뜨리겠고, 너희를 아
끼지 않겠으며, 너희를 불쌍하게 여기지도 않겠다.
12 너희 가운데서 삼분의 일은 전염병에 걸려 죽
거나 굶어 죽을 것이며, 또 삼분의 일은 성읍의 둘
레에서 칼에 맞아 쓰러질 것이며, 나머지 삼분의
일은 내가 사방으로 흩어 버리고, 칼을 빼어 들고
그들의 뒤를 쫓아가겠다.

13 이렇게 나의 분을 다 쏟아야, 그들에게 품
었던 분이 풀려서, 내 마음도 시원하게 될 것이다.
내가 내 분을 그들에게 다 쏟을 때에, 그들은
비로소 나 주가 질투하기 때문에 그와 같이 말하
였다는 것을 알게 될 것이다. 14 또 내가, 둘러
있는 이방 사람 가운데서 너를 폐허 더미와 웃음
거리로 만들어, 지나다니는 사람마다 너를 비웃게
하겠다.

15 그래서 내가 분과 노를 품고 무서운 형벌
을 내리면서 너를 심판할 때에는, 너를 둘러 있는
이방 사람에게 ㄴ)네가 수치와 조롱을 당하고, 네가
받은 심판은 그들에게 두려움과 경고가 될 것이다.
나 주가 말하였다.

16 내가 너희에게 쏘는 기근의 화살과 재난의
화살 곧 멸망시키는 화살은, 너희를 죽이려고 쏘
는 것이다. 나는 너희에게 기근을 더 심하게 하여,
너희가 의지하는 빵을 끊어 버리겠다. 17 내가
너희에게 기근과 사나운 짐승들을 보내어, 너희
자식들을 앗아가도록 하겠다. 너희는 전염병과
유혈사태를 너희 한가운데서 겪을 것이다. 내가
너희에게 전쟁이 들이닥치게 하겠다. 나 주가 말
하였다."

주님께서 우상숭배를 심판하시다

6 1 주님께서 나에게 말씀하셨다. 2 "사람아,
너는 이스라엘의 산들을 바라보면서, 그것들
에게 내릴 심판을 예언하여라. 3 너는 이렇게 외
쳐라. 이스라엘의 산들아, 너희는 주 하나님의 말
씀을 들어라. 산과 언덕에게, 계곡과 골짜기에게,
주 하나님이 이렇게 말씀하신다. 보아라, 내가 너
희에게 전쟁이 들이닥치게 하여 너희의 산당을 없
애 버리겠다. 4 또 번제물을 바치는 너희의 제단
이 폐허가 되고, 너희가 분향하는 제단이 부서질
것이다. 너희 가운데서 칼에 맞아 죽은 사람들을,
너희의 우상들 앞에 던져 버리겠다. 5. 또 나는

ㄱ) 또는 '내가 물러서겠고' ㄴ) 칠십인역과 시리아어역과 불가타와 타르굼을 따름. 히, '그것이'

연하게 발표한다. **5:9-10** 온갖 역겨운 일들이 (히브리어, *토에바*가 에스겔서에 45번 나온다) 이전에도 없었고 앞으로도 다시는 없을 하나님의 행위를 초래했다. (개역개정은 토에바를 "가증한 일"로 번역했음; NRSV는 "혐오감을 주는 행위, abomination.") 아버지가 자식을 잡아먹고, 자식이 아버지를 잡아먹는 소름끼치는 행위는 레 26:29와 신 28:53-57의 언약의 저주를 반영해 준다 (또한 포위공격 동안의 예로 왕하 6:24-31을 보라).

5:11-17 처음으로 성전을 모욕하는 것이 심판의 이유가 된다. **5:11b-13** 이 모욕은 하나님의 현존의 위기에 의하여 판명된다. 하나님이 살아 계시고 이스라엘의 반항적 행위 때문에 이스라엘의 생명이 몰수당한다. 동정심이 전혀 없다. 심판이 계획대로 진행될 것이다. 심판을 면할 사람이 있으리란 암시도 없다 (또한 5:3-4를 보라). 주님의 행위는 언약관계를 잘 보존하려는 거룩한 열정 때문이고, 이스라엘과 다른 민족 안에서 거룩한 명성을 되찾으려는 욕구 때문이다 (출 1—15장에 많이 나타나고 있는 하나님을 인식할 수 있도록 도와주는 내용들을 참조하라. 거룩하신 왕에 대한 인식은 출 15:11, 18에서 그 절정을 이룬다). **5:14-15** 아이러니컬하게도 이스라엘은 더 이상 이방 민족의 중심에 서 있는 모델이 아니라 (또한 5:5를 보라) 조롱거리이다. **5:16-17** 기근과 사나운 짐승들, 전염병과 유혈사태는 신 32:23-25를 암시해 준다 (에스겔의 변화된 세상도 보라. 34:25-31). 1절에서 소개된 상징적 칼은 이제 하나님의 손에서 치명적 도구가 된다. 하나님이 전쟁이 들어 닥치게 하겠다고 하자 바빌로니아 군대가 파괴하러 온다. 이 본문은 포로 공동체가 스스로를 여러 민족 중에 하나로 보고 있으며, 따라서 전에 심판을 면한 적이 있었지만, 이 심판에서는 자유롭지 못하다는 것을 가정하고 있다.

6:1-14 이스라엘의 산들을 향한 이 신탁은 *산당, 제단,* 그리고 *우상*들의 파괴에 초점이 맞춰져 있고 (1-10절), 일반적으로 이스라엘 족속에 대한 것이다 (11-14절). 산들은 용납 할 수 없는 예배의 장소와 대상을 나타낸다 (36:1-5에서 산들에 대한 소망도 보라). 이 장은 레 26장의 언약의 저주를 모방하고 있다.

6:1-7 칼은 6장과 5장을 연결하여 준다. 우상들

이스라엘 백성의 시체를 가져다가 그들의 우상 앞에 놓고, 너희의 해골을 모든 제단의 둘레에 흩어 놓겠다. 6 너희가 거주하는 모든 성읍마다 황무지로 변하고, 산당들도 황폐하게 될 것이다. 너희의 제단들도 무너져 못쓰게 되고, 너희의 우상들이 산산조각으로 깨어져 사라지고, 너희가 분향하는 제단들이 파괴되고, 너희가 손으로 만든 것들이 모두 말끔히 없어지게 하려는 것이다. 7 너희 한가운데서는 칼에 맞아 죽은 사람들이 널려 있을 것이니, 그 때에야 비로소 너희는 내가 주인 줄 알게 될 것이다.

8 그러나 나는 너희 가운데서 얼마를 남겨, 전쟁을 모면하게 하고 여러 나라에 흩어져 여러 민족들 사이에서 살아가게 하겠다. 9 전쟁을 모면한 사람들은 포로가 되어 끌려가, 이방 사람들 속에서 살면서, 비로소 나를 기억할 것이다. 그들이 음란한 마음으로 내게서 떠나갔고, 음욕을 품은 눈으로 그들의 우상들을 따라 가서, 내 마음을 상하게 하였으므로, 그들은 자기들이 저지른 악행과 그 모든 혐오스러운 일을 기억하고, 스스로 몸서리를 칠 것이다. 10 그 때에야 그들이 비로소 내가 주인 줄 알게 될 것이다. 내가 그들에게 이런 재앙을 내리겠다고 공연히 말한 것이 아님도 알게 될 것이다.

11 나 주 하나님이 이렇게 말한다. 너는 손뼉을 치고, 발을 구르면서 외쳐라. 아, 이스라엘 족속이 온갖 흉악한 일을 저질렀으니, 모두 전쟁과 기근과 전염병 때문에 쓰러질 것이다. 12 먼 곳에 있는 사람은 전염병에 걸려서 죽고, 가까운 곳에 있는 사람은 전쟁에서 쓰러지고, 아직도 살아 남아서 포위된 사람들은 굶어서 죽을 것이다. 내가 이와 같이 나의 분노를 그들에게 모두 쏟아 놓겠다. 13 그리하여 그들 가운데서 전쟁에서 죽은 시체들은 그들의 우상들 사이에서 뒹굴고, 그들의 제단들 둘레에서도 뒹굴고, 높은 언덕마다, 산 봉우리마다, 푸른 나무 밑에마다, 가지가 무성한 상수리나무 밑에마다, 자기들이 모든 우상에게 향기로운 제물을 바치던 곳에는, 어디에나 그 시체들이 뒹굴 것이다. 그 때에야 비로소 내가 주인 줄, 너희가 알게 될 것이다.

14 내가 그렇게 나의 손을 펴서 그들을 치고, 그 땅을 남쪽의 광야에서부터 북쪽의 ㄱ)디블라에 이르기까지, 그들이 거주하는 모든 곳을 황무지로 만들어 버리겠다. 그 때에야 비로소 내가 주인 줄 그들이 알게 될 것이다."

ㄱ) 몇몇 히브리어 사본에는 '리블라'

에 대한 에스겔의 혐오는 예언적인 논쟁을 반영해 준다 (왕상 18:1-40; 호 4:12-13; 암 7:9; 또한 시 135:15-18을 보라). *이스라엘의 산들*. 이 표현은 에스겔서에만 나온다. 에스겔서는 "우상들"(히브리어, *길루림*은 에스겔서에 39번 나온다)이란 말을 주로 6, 8, 14, 18, 20장, 그리고 23장에서 소개한다. 구약성경의 다른 곳들에서는 아홉 번만 사용되고 있다. 이 단어는 "구르다"는 뜻의 히브리어 *가랄*에서 유래한 것으로 인간의 배설물 모양을 함축한 단어이다 (이 말의 다른 형식은 4:12, 15에서 똥을 말한다). 에스겔은 우상들에 대해 말할 때 신들을 총칭하는 히브리 단어 *엘로힘*을 전혀 사용하지 않는다. 이렇게 함으로써, 그는 우상들의 신성성과 그들의 실재성을 동시에 부정한다. 우상들이 거룩한 현존이 아니라고 부정함으로써 에스겔은 현존할 수 있는 유일한 실재인 (당장은 부재하고 계신 것 같은) 하나님의 자리를 열어 놓는다. 우상들은 인간 상상력의 허구이기 때문에, 하나님을 인식할 수 있도록 도와주는 내용에 나타난 것처럼 오직 주님만이 언약 백성들의 주인이심을 주장할 수 있다 (7b절).

6:8-10 그와는 정반대로 하나님은 비록 이스라엘 족속이 흩어져 살게 되겠지만, 그들의 일부를 심판에서 면하게 하겠다고 선포하신다. *너희*와 그들의 대비적 사용은 포로 공동체에게 하나님의 심판의 정당성을 밝혀주고 주님의 감정에 대한 묘사를 통해서 관계적 호감을 끌어낸다. 여전히 문제는 마음(혹은 의지)의 결단에 의해 결정된다. "혐오"의 결과는 20:43; 36:31에서 다시 나타나는데, 여기서 혐오는 그들의 잘못을 기억하는 것 (9a절) 혹은 되새기는 것(9b절)에서 일어난다. 하나님을 인식하는 내용(10절)은 주님의 행동이 정의로운 것임을 강조한다.

6:11-14 분노와 비탄의 소리는 멀리 있든 가까이 있든 모든 사람이 심판의 대상임을 분명하게 한다. 하나님을 인식하는 내용이 2인칭(13절)으로 바뀌는데, 이것은 포로 공동체가 심판을 면했다고 스스로 생각할 수도 있음을 나타낸다. 그렇다 할지라도 심판을 완전히 면할 수는 없다 (12절; 또한 8절을 보라). 13b의 목록은 신 12: 2와 호 4:13을 반복하는 것이다. 주님의 손을 펴면 북쪽 끝에서 남쪽 끝까지 닿는다 (14절). 북과 남의 축은 다음 장에서 *사방 구석구석*으로 확대된다 (7:2).

7:1-27 *이스라엘 땅*에 말하는 설교 같은 이 본문은 주님의 심판의 날에 바빌로니아 군대가 쳐들어올 뿐만 아니라 이스라엘과 이스라엘이 땅과 맺은 관계가 완전히 끝나 버릴 것이란 사실을 포로 공동체에게 주지시키려 한다. 다른 예언자들이 *심판의 날*을 종말과 연결짓는 것을 볼 수 있다 (3, 6, 7, 10, 12절; 암 5:18-20; 8:2; 사 2:12-22; 13:1-16; 습 1:7-18). 각각 하

이스라엘의 종말이 다가오다

7 1 주님께서 나에게 말씀하셨다. 2 "너 사람
아, 이스라엘에게 전하여라. 나 주 하나님이
이스라엘 땅을 두고 말한다.

끝이 왔다.
이 땅의 사방 구석구석에 끝이 왔다.
3 이스라엘아,
이제는 너희에게 끝이 왔다.
나는 이제 너희에게 내 분노를 쏟고,
너희 행실에 따라 너희를 심판하며,
너희의 역겨운 일들을 너희에게 보응하겠다.
4 내가 너희를 아끼지도 않고,
불쌍히 여기지도 않겠다.
오히려 나는
너희의 모든 행실에 따라
너희를 벌하여,
역겨운 일들이
바로 너희의 한가운데서
벌어지게 하겠다.
그 때에야 비로소
내가 주인 줄
너희가 알게 될 것이다."

5 주 하나님이 이렇게 말씀하신다.
"ㄱ)재앙이다.
너희가 들어보지 못한 재앙이다.
이미 다가왔다.
6 끝이 왔다.
너희를 덮치려고 일어났다.
이미 다가왔다.
7 이 땅에 사는 사람들아,
정해진 멸망이
너희에게 들이닥쳤다.
그 시각이 왔고, 그 날이 다가왔다.
산에서 즐겁게 환호하지 못할
당황할 날이 가까이 왔다.

8 나는 이제 너희에게 내 분노를,
나의 분을 너희에게 쏟아서,
너희 행실에 따라 너희를 심판하며,
너희의 역겨운 일들을
너희에게 갚아주겠다.
9 내가 너희를 아끼지도 않고,
불쌍히 여기지도 않겠다.
오히려 나는
너희의 모든 행실에 따라
너희를 벌하여,
역겨운 일들이
바로 너희의 한가운데서
벌어지게 하겠다.
그 때에야 비로소
주가 이렇게 치는 것임을,
너희가 알게 될 것이다.

10 그 날이다.
보아라, 들이닥쳤다.
정해진 멸망이 시작되었다.
매질할 몽둥이가 꽃을 피우고
교만을 꺾을 채찍이 싹터 나왔다.
11 ㄴ)폭력이 일어나서

ㄱ) 몇몇 히브리어 사본과 시리아어역에는 '재앙에 재앙이 겹쳐 온다!'
ㄴ) 또는 '광포한 자가'

나님을 인식시켜 주는 내용(4, 9, 27절)으로 끝나는 세 선포에는 에스겔이 강조하는 이스라엘의 행실(3, 8-9, 27절)에 대한 책망이 담겨 있다.

7:1-4 *끝이 왔다*고 세 번 언급하는 것으로 시작하는 (2-3절; 또한 암 8:2를 보라) 이 장의 주제는 네 번에 걸쳐서 언급된 책임감으로 강조된다. *너희 행실*과 *너희의 역겨운 일*들은 각각 3-4절에 두 번씩 나온다. 종말은 하나님을 알게 되리라는 것을 전제로 한다 (4b).

7:5-9 *끝이 왔다*(6절)는 너희 행실과 너희의 역겨운 일들(8-9절에서 두 번씩)이 하나님의 분노와 분(8절)을 재촉하여 *재앙이* (5절) 오게 되었다고 기록되어 있다. 하나님을 인식하는 내용은 하나님은 심판하시는 하나님이시라는 사실을 분명하게 한다.

7:10-27 *그 날이다.* 그 날이 드디어 왔고, 앞의 언급에서 암시된 결과들이 뚜렷해진다. 그 날이 왔음을 선언한 후 (10-12a), 경제적 상황의 원인과 결과에 대해 언급하며 (12b-22절) 그 결과를 분명히 하기 위해서 연쇄적인 결과들을 적고 있다 (22-27절).

7:10-12a *그 날*에 대한 언급들이 뼈대를 이루고 있는데, 그림을 보는 것 같은 비유를 들어 행동과 결과의 관계를 묘사하고 있다. 폭력이 폭력을 낳는다. 에스겔은 이스라엘 안의 폭력과 억압을 말하기 위해서 혹은 느부갓네살 왕이 *그 몽둥이*를 백일하에 드러낸 사람이라는 사실을 간접적으로 말하기 위해 기억을 되살리기 위해 긍정적 이미지로 바꾸어놓는다 (민 17:8).

7:12b-22 재물과 풍요(7:11b)는 종종 폭력의 핵심이 된다. 이제 선고문은 어떻게 "그 날" (10절) 경제활동에 파문을 일으킬 것인가에 대해 말한다. 신약

죄악을 징벌하는 몽둥이가 되었다.
이 백성 가운데서
한 사람도 남지 않고,
이 백성의 무리들 가운데서도
더 이상 남을 사람이 없고,
그들의 재물이나
그들이 가진 것들 가운데서
눈에 띌 만한 것은 하나도
남아 있지 않을 것이다.

12 그 시각이 왔고,
그 날이 이르고야 말았다.
사는 사람도 기뻐하지 말고,
파는 사람도 슬퍼하지 말아라.
이 땅의 모든 무리에게
진노가 내릴 것이기 때문이다.

13 판 사람이 아직 살아 있다 하여도, 팔린
것을 되찾으려고 돌아갈 수가 없을 것이니, 이 땅의
모든 무리에게 보여 준 묵시는 돌이킬 수가 없기
때문이다. 죄를 짓고서는, 어느 누구도 자기 목숨을
굳게 부지할 수가 없다.
14 그들이 나팔을 불고
모든 장비를 갖춘다 하여도,
전쟁에 나갈 사람이
아무도 없는 것은,
내 진노가 이 땅의 모든 무리에게
미쳤기 때문이다."

이스라엘이 받는 형벌

15 "거리에는 전쟁이 있고,
집 안에는 전염병과 기근이 있다.
들녘에 있는 사람은 칼에 찔려 죽고,
성읍 안에 있는 사람은
기근과 전염병으로 죽는다.
16 더러는 살아 남아서,
계곡에서 놀란 비둘기처럼
산으로 피하겠지만,
저지른 죄를 생각하며
슬피 울 것이다.
17 사람들은 모두 손에 맥이 풀리고,
무릎을 떨 것이다.
18 굵은 베 옷을 입고,
두려워서 온 몸을 떨 것이다.
모든 얼굴에는
부끄러움이 가득할 것이요,
모든 머리는 대머리가 될 것이다.
19 그들은 은을 길거리에
내던질 것이며,
금을 오물 보듯 할 것이다.
내가 진노하는 날에,
은과 금이
그들을 건져 줄 수 없을 것이다.
은과 금이
그들의 마음을 흡족하게 못하고,
허기진 배를 채워 주지 못할 것이다.
오히려 은과 금은
그들을 걸어서 넘어뜨려,
죄를 짓게 하였을 뿐이다.
20 그들이 자랑하던
아름다운 보석으로,
역겹고도 보기 싫은
우상들을 만들었으므로,
내가 보석을 오물이 되게 하겠다.
21 또 내가 그 보석을
외국 사람에게 넘겨 주어
약탈하게 하고,
세상의 악인들에게 넘겨 주어
약탈하고 더럽히게 하겠다.
22 내가 간섭하지 않을 것이니,
외국 사람들이

성경에서, 골 3:5-6은 탐욕과 자만을 우상숭배로 보고 있으며, 약 5:1-5는 경제적 폭력을 심판과 연결시킨다. **7:12b-13** 모든 상인은 사고파는 것을 기뻐하겠지만, 이런 경제활동을 열심히 하는 모든 사람은 슬퍼하게 될 것이라고 권고한다. 13a절은 희년을 암시할 수도 있다. 부정행위가 상업행위의 생명을 주는 영을 말살해 버렸기 때문에 아무도 생명을 보존할 수 없다. **7:14-18** 경고의 나팔이 울려도 아무도 그것에 반응할 수가 없다. 재난으로 인한 심리적 영향은 외상후의 스트레스의 심각한 경우를 보여준다. **7:19-22** 이 단락은 재물이 무가치해 질 때 일어나는 비이성적인 행동들을 묘사하는 것으로 끝을 맺는다 (19절). 특히, 우상들을 만들기 위해 사용된 금과 은(19절)은 전쟁의 전리품이 될 것이다 (21절). 아이러니컬하게도 이 침략자들이 (*세상의 악인들*, 21절) 성전에서 전리품을 챙기는 것을 보지 않기 위해 하나님은 그 곳을 떠나야만 한다.

7:23-27 22절의 도둑들의 약탈은 아래 절들과 연결된다. (개역개정과 공동번역은 "약탈"을 "더럽히는" 것으로 번역했음) **7:23-24** 23절의 쇠사슬은 포로생활과 이스라엘의 행위들의 맞물리는 영향을 의

나의 ㄱ)은밀한 성소를 더럽히고,
도둑들이 그 곳에 들어가서
약탈할 것이다.
23 너는 쇠사슬을 만들어라.
이 땅에 살육이 가득 차 있고,
이 도성에는
폭력이 가득 차 있기 때문이다.
24 나는 세상에서 가장 악한
이방 사람들을 데려다가
그들의 집들을 차지하게 하겠다.
강한 사람들의 교만을 꺾고,
그들의 성소들이
모두 더럽혀지게 하겠다.
25 파멸이 이미 이르렀다.
그들이 평안을 찾지만,
전혀 없을 것이다.
26 재앙에 재앙이 겹치고,
불길한 기별이 꼬리를 물 것이다.
그 때에는 사람들이 예언자에게
묵시를 구하여도 얻지 못할 것이며,
제사장에게는
가르쳐 줄 율법이 없어질 것이고,
장로들에게서는
지혜가 사라질 것이다.
27 왕은 통곡하고,
지도자들은 절망에 빠지고,
이 땅의 백성은
무서워서 벌벌 떨 것이다.
내가 그들의 행실대로
그들에게 갚아 주고,
그들이 심판받아야 하는 그대로
그들을 심판하겠다.
그 때에야 그들이 비로소
내가 주인 줄 알게 될 것이다."

예루살렘의 우상숭배

8 1 제 육년 여섯째 달 오일에 나는 집에 앉아
있고, 유다 장로들은 내 앞에 앉아 있을 때에,
주 하나님의 능력이 거기에서 나를 사로잡으셨다.
2 내가 바라보니, ㄴ)사람의 형상이 보였는데,
허리 밑으로는 모양이 불처럼 보이고, 허리 위
로는 환하게 빛나는 금붙이의 광채처럼 보였다.
3 그 때에 그 형상이 손처럼 생긴 것을 뻗쳐서,

ㄱ) 또는 '보물을 쌓아 둔 곳을' ㄴ) 칠십인역을 따름. 히, '불 같은 형상이'

미한다. 살인과 폭력으로 짓는 범죄는 강한 자들의 행위를 특징짓는다 (8:17; 12:19; 19:3, 6; 22:6, 27; 45:9). 창 6:11의 *"무법천지"*를 모방하여 에스겔은 세상에서 가장 악한 이방 사람들이 (24절) 침공하여 집들과 성소들을 더럽힐 것을 말한다. **7:25-27** 마지막 날에 평화(히브리어, *샬롬*)는 없을 것이다. 이스라엘의 지도자들은 교만하여 (24절) 아무도 변화를 초래할 수 없고, 백성들에게 희망을 주지도 못한다 (27a절). 선고는 *그들의 행실*을 반복해 말하는 것으로 끝난다 (*너희의 행실*도 보라, 3, 8절). 에스겔은 사람들이 결단하기 전에 있는 그대로 행사하시는 하나님의 정의의 표준을 확신 있게 증거한다 (27b절).

8:1—11:25 이 두 번째 환상은 성소로부터 하나님이 떠날 수밖에 없도록 한 유다의 상황을 강조한다. 메소포타미아의 글들도 비슷한 이유로 성전을 떠나는 신들에 대해 묘사가 있다 (예를 들어, 에살핫돈의 연대기는 바빌론을 떠났다가 다시 귀환하는 마르둑을 묘사한다; 또한 사 46:1-2; 렘 48:7을 보라). 하나님이 떠나시는 것은 성전과 성읍의 파괴의 서곡이다 (33장에서 예고되었다). 하나님께서 백성들 사이에 거하기 원하신다는 것을 분명히 한 것에 비추어 볼 때 (또한 출 29:45; 왕상 6:13을 보라), 하나님께서 성전을 떠난다는 것은 상상할 수도 없는 일이다. 이 비전은 잘못된 예배와 그 잘못된 예배의 힘이 성격을 형성하여 파괴로 이끄는 것에 대한 경고이다. 하나님은 여전히 역사의 주인이고, 거룩한 명성을 유지할 수 있고, 성소를 포함한 모든 장소 혹은 인간의 이념적 구성물에 의해 제한받지 않으신다. 이 환상은 도입부분(8:1-4)과 결론 부분(11:22-25)이 분명하다. 이 환상은 하나의 주제로 이루어져 있는데, 그것은 예루살렘으로부터 떠난 영광이다. 구체적으로 살펴보면 다음과 같다: 성전에서의 혐오 (8:5-18), 하나님의 반응 (9:1-11), 예루살렘의 불탐과 성전을 떠나시는 하나님 (10:1-22), 가마솥 비유 (11:1-13), 그리고 이스라엘 회복의 약속 (11:14-21).

8:1-4 이 서문은 여호야김이 망명생활을 하는 해에 환상을 본 것으로 시작하며 (기원전 592년 9월 18일), 에스겔이 본 환상의 경험을 기술하고, 다음에 계속 환상으로 나타날 사건들의 방향을 잡아준다. **8:1** 장로들이 에스겔과 정기적으로 회합했다 (또한 14:1; 20:1; 33:31을 보라). *머리채를 잡은* 하나님의 손은 3:22보다 더 강력하게 주도하시는 하나님을 뜻할 것이다. **8:2-3** 이것은 그 *손과 영이* 환상을 본 경험을 구성하는 1:26-28에 소개된 모호한 형상을 생각나게 해준다. 이 "형상"(히브리어, *스멜*)은 낯선 용어이다. 신 4:16은 이런 표상들을 금한다 (왕하 21:7; 대하 33:7, 15를 참조). 하나님의 감정적 반응은 전적으로 충성하는 것과 일치한다 (또한 신 4:15-24의 논쟁에서 질투의 주제를 보라). **8:4** 하나님의 "영광"(히브리어, *카보*

내 머리채를 잡았다. 하나님이 보이신 환상 속에서,
주님의 영이 나를 들어서 하늘과 땅 사이로 올리
셔서, 나를 예루살렘으로 데려다가, 안뜰로 들어
가는 북쪽 문 어귀에 내려 놓으셨다. 그 곳은 질
투를 자극시키는 질투의 우상이 자리잡고 있는 곳
이다. 4 이스라엘 하나님의 영광이 거기에 있는데,
내가 전에 들에서 본 환상과 같았다.

5 그 때에 ㄱ)하나님께서 나에게 말씀하셨다.
"사람아, 너는 어서 눈을 들어 북쪽을 바라보아
라." 내가 눈을 들어 북쪽을 바라보니, 문의 북쪽에
제단이 있고, 문 어귀에 바로 그 질투의 우상이
있었다.

6 그가 또 나에게 말씀하셨다. "사람아, 이스
라엘 족속이 무슨 일을 하고 있는지 보이느냐? 그
들은 여기서 가장 역겨운 일을 하여, 나의 성소에
서 나를 멀리 떠나가게 하고 있다. 그러나 너는 더
역겨운 일들을 보게 될 것이다."

7 그는 나를 이끌고, 뜰로 들어가는 어귀로
데리고 가셨다. 내가 거기에서 바라보니, 담벽에
구멍이 하나 있었다. 8 그가 나에게 말씀하셨다.
"사람아, 어서 그 담벽을 헐어라." 내가 그 담벽을
헐었더니, 거기에 문이 하나 있었다. 9 그가 나
에게 말씀하셨다. "너는 들어가서, 그들이 거기서
하고 있는 그 흉악하고 역겨운 일들을 보아라."
10 내가 들어가서 보니, 놀랍게도, 온갖 벌레와
불결한 짐승들과 이스라엘 족속의 모든 우상이 담
벽 사면으로 돌아가며 그려져 있었다. 11 그런
데 이스라엘 족속의 장로들 가운데서 일흔 명이
그 우상들 앞에 서 있고, 사반의 아들 야아사냐는
그들의 한가운데 서 있었다. 그들은 각각 손에 향
로를 들고 있었는데, 그 향의 연기가 구름처럼 올
라가고 있었다. 12 그가 나에게 말씀하셨다. "사
람아, 너는 이스라엘 족속의 장로들이 각각 자기
가 섬기는 우상의 방에서, 그 컴컴한 곳에서 무슨
일을 하고 있는지 보았느냐? 그들은 '주님께서 우
리를 돌보고 있지 않으시며, 주님께서 이 나라를
버리셨다'고 말하고 있다."

13 그가 나에게 말씀하셨다. "너는, 그들이
하고 있는 더 역겨운 일을 보게 될 것이다."
14 그리고 나서 그는 나를 주님의 성전으로 들어
가는 북문 어귀로 데리고 가셨다. 그런데 이것이
웬일인가! 그 곳에는 여인들이 앉아서 담무스 신
을 애도하고 있지 않은가!

15 그가 나에게 말씀하셨다. "사람아, 너는
잘 보았느냐? 이것들보다 더 역겨운 일을 또 보게
될 것이다." 16 그가 나를 주님의 성전 안뜰로
데리고 가셨는데, 주님의 성전 어귀에, 바로 그 현
관과 제단 사이에 사람이 스물다섯 명이나 있었
다. 그들은 주님의 성전을 등지고, 얼굴을 동쪽으
로 하고 서서, 동쪽 태양에게 절을 하고 있었다.

ㄱ) 히, '그가'

드)은 낯선 *형상*(image)과 계속 증가하는 혐오(하나님께 불쾌한 행위들을 말하는 에스겔의 표현)에 맞선다.

8:5-18 네 개의 환상은 각각 성전 안에 있는 거룩함 한가운데로 움직여 나간다. 이스라엘이 언약관계를 범한 것에 대한 증거들을 에스겔에게 보여준다: 첫 두 계명에 대한 불순종 (출 20:3-6; 신 4:1-20; 5:7-12). 이 단락은 5:11에서 소개된 성전 주제로 돌아간다.

8:5-6 눈을 강조하면서 이 단락은 인간의 행위와 나의 성소에서 하나님이 어쩔 수 없이 떠나시는 것을 소개한다. 질투의 우상이 문제다. 하나님이 그들의 하나님이신가?

8:7-13 깊숙이 들어가면서, 에스겔은 환상을 경험한다. 그는 장면 안으로 들어가서 컴컴한 우상의 비밀 방을 노출시킨다. **8:10** 에스겔은 신 4:16-24에 기록되어 있는 금지사항들을 생각나게 하는 벽의 그림을 보게 되는데, 이것들은 모두 *우상*들을 특징짓는 것들이다 (6:1-7에 관한 주석을 보라). **8:11** 중요한 가족의 구성원을 포함한 장로들은 (왕하 22:3-14; 대하 34:8-20; 렘 26:24; 29:3; 36:10; 40:5, 9, 11; 41:2; 43:6) 바빌론에 대항해서 은밀히 이집트에 협조할 것을 옹호하는 사람들을 암시할 수도 있다. 일흔 명은 예루살렘을 치리하는 장로들 전체를 뜻한다 (또한 출 24:1, 9; 민 11:16을 보라). **8:12-13** 우상 (*마스키트, 이미지*). 이 흔하지 않은 표현은 금지된 가나안의 우상들을 말하는 것이다 (또한 레 26:1; 민 33:52를 보라). 추측하건데, 이런 행위들이 가능할 수 있는 것은 주님이 백성들의 곤궁함과 땅을 더 이상 돌보지 않기 때문이다. 역설적이게도 백성들이 숨어 버려서 하나님이 못 보시는 것이 아니라, 그들의 행동들 때문에 하나님께서 숨으신다 (하나님이 볼 수 있는 능력에 관해서는 신 4:28; 시 115:4-8; 135:15-18; 사 44:12-20을 보라).

8:14-15 수메르 왕 목록에서 알려진 것으로, 담무스는 그의 죽음과 지하세상으로 떠나가는 그에 대한 신화로 알려져 있는 신이다. 역설적이지만, 풍요의 신이 떠나가는 것을 애곡하는 것은 이스라엘의 하나님의 떠남을 예시해 주는 것이다.

8:16-18 마침내, 에스겔이 성전 안뜰에 도착한다. 사람들이 성전을 등지고 있는 것은 그들이 하나님을 거역하고 태양신을 섬기는 것을 뜻한다 (태양과 별을 숭배하는 것에 대해서는 다음을 보라. 왕하 21:5; 23:11-12; 신 4:19; 17:2-5). 인간성에 대한 폭력적 범죄는 (17절) 우상숭배의 역겨운 일보다 더 모욕적이다. 물론, 둘 다 신성을 모독하는 일이다. 창 6:11을 모방하여, 이 장면은 겔 7:23과 9:9를 연결한다. *나뭇가지*를 *자*

17 그가 나에게 말씀하셨다. "사람아, 네가
잘 보았느냐? 유다 족속이 여기서 하고 있는, 저
렇게 역겨운 일을 작은 일이라고 하겠느냐? 그런
데도 그들은 온 나라를 폭력으로 가득 채워 놓으
며, 나의 분노를 터뜨리는 일을 더 하였다. 그들
은 나뭇가지를 자기들의 코에 갖다 대는 이교 의
식까지 서슴지 않고 하였다. 18 그러므로 나도
이제는 내 분노를 쏟아서, 그들을 불쌍히 여기지
도 않고, 조금도 가엾게 여기지도 않겠다. 그들이
큰소리로 나에게 부르짖어도, 내가 그들의 말을
듣지 않겠다."

예루살렘이 심판을 받다

9 1 또 그가 큰소리로 외치시는데 그 소리가 내
귀에까지 들렸다. "이 성읍을 벌할 사람들아,
각자 사람을 죽이는 무기를 손에 들고, 가까이 나
오너라." 2 그러자 여섯 사람이 북쪽으로 향한
윗문 길에서 오는데, 각자가 부수는 연장을 손에
들고 있었으며, 그들 가운데 한 사람은 모시 옷을
입고, 허리에는 서기관의 먹통을 차고 있었다. 그
들이 들어와서 놋으로 만든 제단 곁에 섰다.
3 이스라엘 하나님의 영광이 이제까지 머물
러 있던 그룹에서 떠올라 성전 문지방으로 옮겨갔
다. 그는 모시 옷을 입고 허리에 서기관의 먹통을
찬 그 사람을 부르셨다. 4 주님께서 그에게 말씀
하셨다. "너는 저 성읍 가운데로 곧 예루살렘으로
두루 돌아다니면서, 그 안에서 일어나는 모든 역
겨운 일 때문에 슬퍼하고 신음하는 사람들의 이마
에 표를 그려 놓아라."
5 또 그는, 내가 듣는 앞에서, 다른 사람들에게
말씀하셨다. "너희는 저 사람의 뒤를 따라 성읍
가운데로 돌아다니면서 사람들을 쳐서 죽여라.
불쌍히 여기지도 말고, 가엾게 여기지도 말아라.
6 노인과 젊은이와 처녀와 어린 아이와 부녀들을
다 죽여 없애라. 그러나 이마에 표가 있는 사람에
게는 손을 대지 말아라. 너희는 이제 내 성소에서
부터 시작하여라." 그러자 그들은 성전 앞에 서 있
던 장로들부터 죽이기 시작하였다.
7 그가 또 그들에게 말씀하셨다. "너희는 성
전을 더럽혀라. 모든 뜰을 시체로 가득 채워라. 이
제 나가 보아라." 그러자 그들이 성읍 가운데로 나
가서, 사람들을 죽였다.
8 살육이 계속되는 동안, 나는 혼자 거기에
있었다. 나는 엎드려 얼굴을 땅에 대고, 부르짖으
며 아뢰었다. "주 하나님, 예루살렘에다가 이렇듯
주님의 진노를 쏟으시다니, 이스라엘의 남은 사
람들을 주님께서 친히 다 멸하실 작정입니까?"

기들의 코에 갖다 대는. 이 행위는 주님께 반역하는 모욕적인 행위일 것이다. 결과적으로 18절은 하나님이 더 이상 인내하지 않는다고 선언한다. 장로들이 부르짖어도 주님은 듣지 않으신다.

9:1-11 9장에서 백성들을 처형하는 끔찍한 장면은 8장의 하나님의 선고와 10장에서 계속되는 역겨운 일들에 대한 주제를 연결시킨다. **9:1-2** 주님의 큰 소리는 8:18과 대조를 이룬다. 무기를 들고 처형하는 사람들은 분명하지 않다. 모시옷을 입은 사람은 천사 같은 서기관이다. 그들은 북동쪽으로부터 들어와서 놋으로 만든 제단 곁에 선다 (아하스 왕에 의해 옮겨졌음, 왕하 16:14). **9:3a** 하나님의 영광이 다시 나타난다 (또한 8:4를 보라). 이번엔 하나님이 거하시는 (삼상 4:4; 삼하 6:2) 지성소의 그룹에서 문지방을 통하여 옮겨간다 (출 25:18-22; 37:7-9). 이 움직임은 주님의 떠나심과 임박한 심판을 연결한다 (또한 10:4를 보라). **9:3b-4** 성읍에서 행해진 악행들에 애곡하는 사람들의 이마에 X 표를 그릴 (*타브*의 고대어를 흘려 쓴 모양) 사람들인 서기관들에게 첫 말씀이 주어진다. 이것은 보호해 주기 위한 표시이거나 믿음의 표일 수 있다 (또한 출 12:23을 보라). **9:5-6** 처형하는 이들에 대한 지시내용은 8:18을 반영해주고 있다. 이것은 그들이 하나님의 심판의 도구라는 것을 뜻한다. 이마에 표가 있는 사람들이 심판을 면하지만, 이상하게도 (어린이들을 포함해서) 가장 힘없는 이들이 죽임을 당한다. 여기 나타난 부조화는 이 본문이 단지 앞으로 일어날 일들의 환상이 아니라, 그 이상의 것이라는 것을 암시해 주는 것이다. 즉 점령군이 늘 행할 일을 묘사하고 있다. 이런 유혈사태는 사람들이 모이는 거룩한 장소에서 먼저 일어난다. 여기서 요점은 또한 신학적이다. 성소는 역설적이게도 배교의 근원이다 (또한 8:6의 *"나의 성소"*를 보라). **9:7** 성전에서 흘러나오는 폭력(8:17)은 다시 성소를 더럽힌다. 누구도 구원받을 수 있다는 징후가 없다. 본문은 이해하기가 어렵다. 어떤 사람들은 심판을 면하지만 (9:4), 동시에 누구도 처형자의 심판을 면할 수 없다고 한다 (9:6-7). **9:8** 이런 살육에 직면하여 에스겔은 얼굴을 땅에 대고 예루살렘을 위해 간청한다 (또한 1:28b; 3:23을 보라). 이것이 하나님의 백성이 생존할 수 있는 유일한 희망이다 (또한 암 7:1-6을 보라). **9:9-10** 불의, 학살, 옹고집에 대한 하나님의 짤막한 네 개의 응답은 그 핵심이 백성을 무시해 버리겠다는 것이다. 악한 행실들은 예루살렘을 넘어서 모든 땅으로 확대된다. 역설적이지만, 주님은 백성들의 행실을 보고 있고 (10절), 그 결과가 어떨지 분명히 밝히고 있다. **9:11** 마지막 보고는 첫 번째 위임받은 행동인 (3-4절) 서기관의 임무를 강조함으로써 행동의 뼈대를 갖춘다. 그의 행동은

9 그가 나에게 말씀하셨다. "이스라엘과 유다
족속의 죄악이 너무나 크고, 땅은 피로 가득 차
있고, 이 성읍은 불법으로 꽉 차 있다. 그들은 '내
가 이 땅을 버렸으며, 쳐다보지도 않는다'는 말이
나 하고 있다. 10 그렇기 때문에 나도 그들을 불
쌍히 여기지 않으며, 가엾게 여기지 않을 것이다.
나는 그들의 행실을 따라서, 그들의 머리 위에 그
대로 갚아 줄 뿐이다."

11 그런데 모시 옷을 입고 허리에 먹통을 찬
사람이 와서 보고하였다. "주님께서 저에게 명하신
대로, 제가 다 수행하였습니다."

주님께서 성전을 떠나시다

10 1 내가 보니, 그룹들의 머리 위에 있는
창공 모양의 덮개 위에 청옥과 같은 것이
있는데, 그 모양은 보좌의 형상과 비슷하였다.
2 그 때에 주님께서 모시 옷을 입은 사람에게 이
렇게 말씀하셨다. "너는 그룹들 밑에 있는 저 바
퀴들 사이로 들어가서, 숯불을 두 손 가득히 움켜
쥐어서, 이 성읍 위에 뿌려라." 그러자 그 사람은,
내가 보는 앞에서 그 곳으로 들어갔다. 3 그 사
람이 들어갈 때에, 그룹들은 성전의 오른쪽에 서
있고, 안뜰에는 구름이 가득 차 있었다. 4 그 때
에 주님의 영광이 그룹들에게서 떠올라 성전 문지
방으로 옮겨갔고, 성전에는 구름이 가득 차고, 안
뜰은 주님의 영광에서 나오는 광채로 가득 찼다.
5 그리고 그룹들이 날개치는 소리가 바깥 뜰에까
지 들리는데, 그 소리는 [ㄱ]전능하신 하나님께서 말
씀하시는 음성과 같았다.

6 주님께서 모시 옷을 입은 사람에게 명하셨
다. "저 바퀴들 사이 곧 그룹들 사이에서 불을 가져
가거라." 그는 안으로 들어가서 바퀴 옆에 섰다.
7 그 때에 한 그룹이 자기 손을 그룹들 사이에서
내뻗어, 그룹들 사이에 있는 불을 집어서, 모시 옷
을 입은 사람의 두 손에 넘겨 주니, 그는 그것을
받아 들고 바깥으로 나갔다. 8 그룹들의 날개 밑
에는 사람의 손과 같은 것이 보였다.

9 내가 또 보니, 네 바퀴가 그룹들 곁에 있는

ㄱ) 히, '엘 샤다이'

하나님의 정의에 대해 염려하게 한다. 이 거룩한 수행자는 포로 공동체에게 주님의 역사적 심판이 임의적인 것이 아니라는 점을 분명히 한다 (또한 18:25, 29; 33:17을 보라).

10:1-22 우리는 포로로 잡혀온 사람들 사이에서 에스겔에게 나타난 *영광*(1장)이 성전에서부터 나온 것이라는 사실을 알고 있다. 이 환상은 9:3에서 시작되고 11:22-3에서 끝나는 영광의 움직임을 다시 보여준다. 8장은 죄과를, 9장은 심판을, 10장은 신학적 관점을 나타내고 있다. 역사적으로 바빌로니아 침공은 신학적으로 하나님이 성전을 떠나는 것과 같다. 하나님의 부재를 강조함으로써, 그리고 영광(히브리어, *카보드*)이 움직일 수 있는 것을 보여 줌으로써, 에스겔의 환상은 하나님의 초월성을 유지해 주고, 주님은 물리적 장소에 얽매이지 않는다는 것을 포로 공동체로 하여금 깨닫게 한다. 이렇게 함으로써 포로 공동체가 하나님의 현존을 느낄 수 있게 해준다. 10장은 세 부분으로 나뉜다: 10:1-8은 하나님이 성전을 떠난 것을 묘사하는 부분; 10:9-17은 바퀴 속에 내재한 이동성을 묘사하는 부분; 10:18-22는 다시 하나님이 성전을 떠난 이야기를 계속하는 부분.

10:1-8 (1장의) 보좌-병거 바퀴는 이 환상을 9:11과 연결시켜 준다. **10:1** 1:26의 *살아있는 생물*이 여기서는 *그룹*이다 (또한 9:3의 "그룹"을 보라). 에스겔은 이 환상을 시온 전통과 동일시하는 것에 대해 침묵을 지키고, 그룹에 대하여 전통적으로 알려져 있는 것에 대해서도 침묵을 지킨다 (또한 출 25:18-22; 37:7-9; 삼상 4:4; 삼하 6:2; 왕상 6:23; 사 37:16을 보라). 대상 28:18만이 그룹을 병거 바퀴와 연결시킨다. 시 104:3에서, 구름은 주님의 병거이다. 에스겔의 그룹은 하나님의 보좌를 묘사하는데, 이것은 예루살렘에 한정되지 않고 원하는 대로 이동한다. **10:2** 1:13의 숯불은 여기서 정화시키는 심판의 도구가 된다 (출 24:17과 신 4:24에서, 주님은 또한 "타오르는" 불로 나타난다). 10:3-5 9:3a의 실마리를 푸는 것으로써, *구름과 영광*은 출 40:34-38의 예리한 반전을 나타내고 독자들에게 시내 산(출 24:15-18)과 솔로몬의 성전(왕상 8:10-11)에서의 하나님의 현현을 상기시켜 준다. 하나님이 "살 집 혹은 계시는 곳"으로서의 성전(왕상 6:13; 8:30)과 달리, 에스겔의 영광은, 신전과 같이, 이동할 수 있다. 광택은 움직일 때 천둥소리를 동반하는데, 이것은 하나님의 말씀에 비유된다 (출 25:22에서 명령하시는 하나님의 현존도 보라). **10:6-8** 행동이 재개되지만 2절에 함축된 결론은 없다.

10:9-17 에스겔은 그가 1장에서 본 것과 비슷한 것으로 바퀴를 묘사한다. 15절에서 그 모습을 분명히 한다. 초현실적 묘사가 *그룹과 바퀴들의* 이미지를 섞어 버린다. **10:12** 바퀴와 그룹은 완전히 보석(눈)으로 덮여 있다. **10:14** 여기서 1:10의 황소의 얼굴은 그룹의 얼굴(이것은 메소포타미아 예술에서 발견되는 날개달린 황소와 비슷하다)로 바뀌질 수 있다.

10:18-22 마치 영광이 별안간 떠나가는 것 같이

데, 이 그룹 곁에도 바퀴가 하나 있고, 저 그룹 곁
에도 바퀴가 하나 있었으며, 그 바퀴들의 모습은
빛나는 녹주석 같았다. 10 그 바퀴들의 모양은
넷이 똑같이 보여서, 마치 바퀴 안에 다른 바퀴가
있는 것과 같았다. 11 그들이 출발할 때에는, 네
방향으로 나아가는데, 그들이 어느 방향으로 출
발하든지 돌 필요가 없었다. 어느 방향이든지 그
곳으로 머리를 두면, 모두 그 뒤를 따라갔다. 그
래서 그들은 돌지 않고서도 어느 방향으로든지 다
녔다. 12 그들의 등과 손과 날개 할 것 없이, 그
들의 온 몸과 네 바퀴의 온 둘레에 눈이 가득 차
있었다. 13 내가 들으니, 그 바퀴들의 이름은 '도
는 것'이라고 하였다.

14 그룹마다 얼굴이 넷이 있는데, 첫째는 그
룹의 얼굴이요, 둘째는 사람의 얼굴이요, 셋째는
사자의 얼굴이요, 넷째는 독수리의 얼굴이었다.
15 그룹들이 치솟았다. 그들은 내가 그발 강 가
에서 보았던 바로 그 생물들이었다. 16 그룹들
이 나아가면 바퀴들도 그 곁에서 함께 갔고, 그룹
들이 땅에서 떠올라 가려고 그들의 날개를 펼칠
때에도, 그 바퀴들이 그룹들의 곁에서 떨어져
나가지 않았다. 17 그룹들이 멈추면 바퀴들도
멈추고, 그룹들이 치솟으면 바퀴들도 그들과
함께 치솟았다. 그 생물의 영이 그 바퀴들 속에
있기 때문이었다.

18 주님의 영광이 성전 문지방을 떠나, 그룹
들 위로 가서 머물렀다. 19 그룹들이 내가 보는
데서 날개를 펴고 땅에서 떠올라 가는데, 그들이
떠날 때에, 바퀴들도 그들과 함께 떠났다. 그룹
들은 주님의 성전으로 들어가는 동문에 머무
르고, 이스라엘 하나님의 영광이 그들 위에 머물
렀다. 20 그들은, 내가 그발 강 가에서 환상을 보
았을 때에 본 것으로, 이스라엘 하나님을 떠받들
고 있던 생물들이다. 나는, 그들이 그룹임을 알 수
있었다.

21 그룹마다 얼굴이 넷이요, 날개가 넷이었다.
그리고 그들의 날개 밑에는 사람의 손과 같은 것이
있었다. 22 또 그들의 얼굴 형상은, 내가 그발
강 가에서 본 바로 그 얼굴이었다. 그들은 각각 앞
으로 곧게 나아갔다.

예루살렘이 심판받다

11 1 그 때에 주님의 영이 나를 들어 올리
셔서, 주님의 성전 동쪽으로 난 동문으로
데리고 가셨다. 그 문의 어귀에는 사람 스물다섯
명이 있었다. 나는 그들 가운데 백성의 지도자들
인 앗술의 아들 야아사냐와 브나야의 아들 블라댜가
있는 것을 보았다.

2 주님께서 나에게 말씀하셨다. "사람아, 이
사람들은 이 성읍에서 포악한 일을 꾸며 내며 악
독한 일을 꾀하는 자들이다. 3 그들은 모두 '[ㄱ]집을
지을 때가 가까이 오지 않았다. 이 성읍은 가마솥
이고, 우리는 그 안에 담긴 고기다' 하고 말한다.
4 그러므로 너는 그들을 규탄하여 예언하여라.
사람아, 예언하여라."

ㄱ) 또는 '집을 지을 때가 곧 오지 않겠느냐?'

나타나는데 (9:3; 10:15a; 11:22-23), 이것은 이 환상을 묶어 주는 기술적인 표현 같다. **10:18-19** 영광은 이제 이미 동쪽 문 지역에 위치해 올라갈 준비를 하고 있는 보좌-바퀴로 움직인다. 영광의 떠남은 하나님 임재 장소에 관한 400년간의 신학이 획기적으로 반전되는 것이다. **10:20-22** 마지막 절도 이 환상을 1장과 연결시킨다. 거룩한 영광은 살 집과 주님의 집으로 알려진 성읍을 막 떠나려 한다. 1:28에서 비유로 말했던 모호한 단어는 이제 *이스라엘의 하나님*(10:20)으로 분명해진다. 이렇게 함으로써, 본문은 장소를 떠나는 것이 백성까지 떠나는 것을 의미하는 것은 아니라는 점을 암시한다.

11:1-13 두 개의 예언적 반박문 중에 첫 번째 것은 보좌-바퀴가 움직이는 것을 가로 막는다. 동문에서 시작된 (10:19) 이 단락은 9:7-9에서 알려진 잘못된 행위들을 더 자세하게 열거한다. **11:1** *주님의 성전*이란 말은 여기서 마지막으로 사용되고 44:4까지 다시 사용되지 않는다 (또한 8:16; 10:19를 보라). **11:2-3** 포악한 일을 꾸며 내며 악독한 일을 꾀하는 지도자들은 그들이 불의하게 취한 것들을 위해 그들에게 주어진 새로운 권력을 오용할 음모를 꾸미는 것으로 묘사된다 (22:27을 보라). 다소 모호한 두 개의 인용문이 그들의 태도를 보여준다. 첫 번째 것은 최근에 예루살렘에서 강제로 추방당한 사람들의 집을 취하고 만족해하는 것을 나타낸다. 두 번째 것은 독선을 암시한다. 나쁜 고기는 추방되고 남은 것은 좋은 고기인데, 이것은 예루살렘 내부에서 안전하게 보호받는다 (또한 11:15를 보라). **11:4-6** 하나님의 논박은 영적으로 충만한 대변인을 통해 두 가지 날카로운 실격사유를 말하는 것으로 나타난다: 첫째, 하나님은 인간의 "마음"(*루아흐*)을 알고 계신다 (5절); 둘째, 그들의 생각은 그들의 폭력 행위들에서 분명해진다 (6절; 또한 19:3, 6; 22:6, 27을 보라). **11:7-12** 각각 하나님을 인식하는 내용을 갖고 있는 두 문장 속에서 (10b, 12a) 주님의 법적

5 그 때에 주님의 영이 내 위에 내리셔서, 내게
말씀하셨다.
"너는 이스라엘 족속에게 일러라. '나 주가 이
렇게 말한다. 이스라엘 족속아, 너희가 하는 말과
너희 마음 속에 품은 생각을 나는 잘 안다. 6 너
희는 이 성읍에서 수많은 사람을 죽여서, 그 모든
거리를 시체로 가득히 채워 놓았다' 하여라.
7 그러므로 나 주 하나님이 할 말은 바로 이
것이다. 너희가 이 성읍 가운데서 죽인 시체들은
고기요, 이 성읍은 가마솥이다. 그러나 나는 너희를
이 성읍에서 내쫓겠다. 8 너희가 두려워하는
것이 칼이므로, 내가 너희에게 칼을 보내겠다. 나
주 하나님의 말이다. 9 내가 너희를 이 성읍 가
운데서 끌어내어, 타국인의 손에 넘겨 주어서, 너
희에게 온갖 형벌을 내릴 것이니, 10 너희가 칼에
쓰러질 것이다. 내가 너희를 이스라엘의 국경에서
심판하겠다. 그 때에야 비로소 너희는, 내가 주인
줄 알게 될 것이다. 11 이 성읍은 너희를 보호하
는 가마솥이 되지 않을 것이며, 너희도 그 속에서
보호받는 고기가 되지 않을 것이다. 내가 너희를
이스라엘의 국경에서 심판하겠다. 12 그 때에야
비로소 너희는, 내가 주인 줄 알게 될 것이다. 너
희는, 내가 정하여 둔 율례대로 생활하지 않았으
며, 내가 정하여 준 규례를 지키지 않고, 오히려
너희의 주위에 있는 이방 사람들의 규례를 따라
행동하였다."
13 내가 예언하는 동안에, 브나야의 아들 블
라댜가 죽었다. 그래서 내가 엎드려 얼굴을 땅에
대고, 큰소리로 부르짖어 아뢰었다. "주 하나님,
이스라엘의 남은 사람들마저 완전히 없애 버리려고
하십니까?"

이스라엘의 회복을 약속하시다

14 그 때에 주님께서 나에게 말씀하셨다.
15 "사람아, 예루살렘의 주민이 네 모든 친척,
ㄱ)네 혈육, 이스라엘 족속 전체를 두고 하는 말이
'그들은 주님에게서 멀리 떠나 있다. 이 땅은 이제
우리의 소유가 되었다' 한다.
16 그러므로 너는 그들에게 일러라.
'나 주 하나님이 이렇게 말한다. 비록 내가 그
들을 멀리 이방 사람들 가운데로 쫓아 버렸고, 여러
나라에 흩어 놓았어도, 그들이 가 있는 여러 나라
에서 내가 잠시 그들의 성소가 되어 주겠다' 하여라.
17 그러므로 너는 포로가 된 동포들에게 이
르기를 '나 주 하나님이 이렇게 말한다. 내가 여러
민족 속에서 너희를 모아 들이고, 너희가 흩어져
살고 있는 그 여러 나라에서 너희를 모아, 이스라엘
땅을 너희에게 주겠다' 하여라. 18 그들이 그
곳으로 가서, 그 땅의 보기 싫고 역겨운 우상들을

ㄱ) 칠십인역과 시리아어역에는 '포로가 된 네 동포'

판례는 가마솥 이미지를 역전시킨다 (7-12절). 피해자들은 고기가 되고 폭도들은 이제 침략군들의 칼 앞에 노출된다 (9, 11절; 또한 렘 52:7-10, 24-27을 보라). 이것은 그들이 언약의 의무를 범했고, 다른 민족들의 도덕적 기준에 의해 그들의 특성이 좌우되었기 때문이다 (12b). **11:13** 브나야, "주님이 구원하셨다"와 블라댜, "주님이 세우셨다"는 이름들은 풍자적이다. 9:8에서 나왔던 비슷한 굴복과 질문에 대한 응답이 여기 있다: *이스라엘의 남은 사람들마저 완전히 없애 버리려고 하십니까?* 다시 말해서, 끝은 정말 끝을 의미한다 (7:6).

11:14-21 11:1-13에서 예루살렘이 더 이상 특혜적 장소가 아니라는 점을 강조하고 있다면, 이 단락에서는 포로 공동체를 새로운 시작의 출발점으로 동일시한다. 8:5—10:7에 나타났던 주제들을 다시 거론하면서 이 두 번째 논박은 에스겔에게 과거와 미래의 단절, 그리고 육체적 회복과 영적 회복 사이의 심오한 관계를 분명히 한다. **11:14-15** *이스라엘 족속 전체.* 전적으로 포로 공동체를 말한다. 예루살렘에서 소송을 당하여 시민의 권리를 빼앗기고 해를 당했던 포로가 된 사람들은 *주님에게서 멀리 떠나* 있는 것으로 묘사되고 있다 (역설적으로 8:6, 12와 9:9에서는 주님이 성전으로부터 멀리 떠나 있다). 예루살렘에 살고 있는 사람들은 그들의 선조가 물려주고 정복하여 얻은 *이 땅은 이제 우리의 소유가 되었다고* 주장한다. 그들은 이 땅에서 살려면 반드시 주님과 가까이 있어야 한다고 주장한다. **11:16** 비록 그 땅에서 쫓겨나고 흩어졌어도 (또한 레 26:33을 보라) 주님은 포로생활을 하는 사람들을 위해 *성소가 되어주겠다고* 말씀하신다. 성소에 해당하는 말이 40—48장에서는 성전으로 사용된다. "잠시" 라는 단어는 히브리어에서 두 가지 뜻으로 나타나는데, 하나는 일시적("잠시")이라는 뜻이고, 다른 하나는 질적 차이("어느 정도")의 뜻을 나타낸다. 어떤 것이든지 간에 예루살렘 성전이 텅 빈 것보다는 훨씬 낫다. 따라서 하나님의 임재는 새로운 미래의 출발점일 뿐이다. **11:17-20** 짧지만 뚜렷한 2인칭 대명사로의 변화는 포로 공동체의 청중들을 두드러지게 한다. 다른 나라로부터 모이고 땅을 주는 것은 고대 계약의 반복이다 (17절; 창 15:18; 수 1:2). 우상숭배에 매력을 끌게 하는 함정과 역겨운 행위들은 모두 제거될 것이다 (18절). 19-20절은 주님의 목적이 영적으로 각성되어 하나님의 계명을 잘 지키고 믿음을 잘 보존할 수 있는 하나님의

그 땅에서 다 없애 버릴 것이다. 19 그 때에 내가
그들에게 ㄱ)일치된 마음을 주고, 새로운 영을 그들
속에 넣어 주겠다. 내가 그들의 몸에서 돌같이 굳은
마음을 없애고, 살같이 부드러운 마음을 주겠다.
20 그래서 그들은 나의 율례대로 생활하고, 나의
규례를 지키고 그대로 실천하여, 내 백성이 되고,
나는 그들의 하나님이 될 것이다. 21 그러나 마
음 속으로 보기 싫고 역겨운 우상을 따르는 사람
들에게는, 내가 그들의 행실대로 그들의 머리 위
에 갚아 주겠다. 나 주 하나님의 말이다."

주님께서 예루살렘을 떠나시다

22 그 때에 그룹들이 날개를 펼치고, 바퀴
들은 그들 곁에 있었는데, 이스라엘 하나님의
영광이 그들 위에 머물렀다. 23 그리고 주님의
영광이 그 성읍 가운데서 떠올라, 성읍 동쪽에 있는
산꼭대기에 머물렀다. 24 주님의 영이 나를
높이 들어 올려, 하나님의 영으로 환상 가운데 나를,
ㄴ)바빌로니아에 포로로 끌려온 사람들에게로 데리
고 오셨다. 그런 다음에, 내가 본 환상이 내게서
떠나갔다. 25 그래서 나는, 주님께서 내게 보여
주신 모든 일을, 포로로 끌려온 사람들에게 이야
기하였다.

망국에 대한 상징적인 행위

12 1 주님께서 나에게 말씀하셨다. 2 "사
람아, 너는 반역하는 백성 가운데 살고
있다. 그들은 볼 눈이 있어도 보려고 하지 않고,
들을 귀가 있어도 들으려고 하지 않는다. 그들은
반역하는 족속이기 때문이다.

3 그러므로 너 사람아, 그들이 보는 앞에서
포로로 끌려가는 사람처럼, 대낮에 짐을 싸 가지고
길을 떠나거라. 그들이 보는 앞에서, 포로로 끌려
가는 것처럼, 네가 살고 있는 그 곳에서 다른 곳
으로 떠나가거라. 그들이 반역하는 백성이기는
하지만, 혹시 그것을 보고서 깨달을 수도 있을 것
이다. 4 또 너는, 그들이 보는 앞에서, 네 짐은
포로로 끌려가는 사람의 짐처럼 대낮에 내다 놓고,
너는 저녁때에 그들이 보는 앞에서 포로로 끌려가
듯 나가거라. 5 너는, 그들이 보는 앞에서 성벽
에 구멍을 뚫고, 네 짐을 그 곳으로 내다 놓아라.
6 너는 그들이 보는 앞에서 어깨에 짐을 메고, 어
두울 때에 나가거라. 너는 얼굴을 가리고, 다시는
더 그 땅을 보지 말아라. 내가 너를 이스라엘 백
성에게 주는 징조로 삼았기 때문이다."

ㄱ) 또는 '새 마음' ㄴ) 또는 '갈대아'

사람들로 도덕적 공동체를 재구성하는 것이라는 점을 나타낸다. *마음*(히브리어로, *레브* [lebb])은 의지의 성격을 나타낸다 (6:9; 14:3; 20:16과 대조). 이 보기 싫고 역겨운 우상들을 그 땅에서 다 없애버리는 것은 유일하게 규제된 의지와 반응하는 영/정신(ruakh)이 생기게 한다. 이런 주제들로의 복귀를 위해 18:31과 36:26-27을 보라. 그 결과는 새롭게 된 관계이고 여기서는 언약 양식으로 표현된다 (창 17:7-8; 출 6:2-7; 레 26:11; 고후 6:16; 계 21:3. 심판 후 갱신에 관해서는 레 26:40-45를 보라). **11:21** 이 단락의 마지막 말은 포로로 잡혀 온 사람들에게 갱생된 관계를 유지하기 위해서 방심하면 안 된다는 것을 깨닫게 해준다. 변화는 자동적으로 일어나는 것이 아니다 (겔 18:31은 이것을 분명히 하고 있다).

11:22-25 성전 환상의 마지막은 성전의 동문으로부터 기드론 계곡을 통과해서 동쪽으로 올리브 산꼭대기로 보좌-바퀴가 떠나는 것으로 끝맺는다 (22-23절). 영광의 목적지는 예언자가 영에 이끌려 포로 공동체로 끌려온 것을 뜻하고 있을 것이다. *이스라엘 하나님의영광*은 43:1-5에서 완전하게 돌아온다. 이 환상은 에스겔이 현실로 돌아와서 포로 공동체에게 이야기하는 것으로 끝난다.

12:1-20 마치 무언극을 연기하는 사람처럼, 에스겔은 포로 공동체에게 두 가지 상징 행위를 보여준다 (같은 맥락에서 1—5장에 나타나는 환상/상징 행위들도 보라). 이런 행위들은 4—5장에서처럼, 분명히 해주는 신탁이 뒤따른다 (12:21-28). 보는 것에 관한 이미지가 첫째 상징 행위에 모두 나타나는데 (12:2, 4-7, 12-13), 이것은 12:21-28의 신탁에서 환상을 강조하는 것과 연결된다.

12:1-2 이 단락은 심판 신탁으로 시작되고 상징-행위의 길을 열어 준다. 주님의 말씀은 포로 공동체를 *반역하는* 족속으로 묘사하는데 (12:2, 3, 9, 25), 이것은 소명 설화를 모방한 것이다 (2:6-8; 3:9, 26-27). 이전 환상에서 예루살렘의 행위에 초점을 맞추고 11:14-21에서 포로로 잡혀온 사람들에게 희망의 말이 전해진 것을 생각할 때, 지적은 충격적이다. 여기서 포로로 잡혀 온 사람들은 듣지도 보지도 못하는 것으로 묘사된다 (또한 사 6:9; 43:8; 렘 5:21을 보라).

12:3-7 놀랍게도 에스겔 자신이 예언의 메시지가 된다. 그는 "상징"이다 (히브리어, *모페트*, 7절; 또한 24:24, 27). 그는 두 가지 역할을 한다: 침략자처럼, 그는 외부에서 집의 벽을 파낸다; 망명자처럼 (도망자가 아니다), 그는 밤에 짐을 꾸려서 나간다. 포로로 잡혀온 사람들이 보고 깨달을 수 (문자 그대로는 "본다"는 뜻) 있도록 행위들이 *그들이 보는 앞에서* 행해졌다.

7 그래서 나는 명을 받은 그대로 하였다. 내
짐을, 포로로 끌려가는 사람의 짐처럼, 대낮에 내다
놓았다. 그리고 저녁때에 손으로 성벽에 구멍을
뚫고, 어두울 때에 나가서 그들이 보는 앞에서 어
깨에 짐을 메었다.
8 이튿날 아침에 주님께서 나에게 말씀하셨다.
9 "사람아, 저 반역하는 족속 이스라엘 족속
이 '네가 지금 무슨 일을 하고 있느냐?' 하고 너에
게 묻지 않았느냐? 10 너는, 그들에게 이르기를
'주 하나님께서 이렇게 말씀하신다. 이 짐은 예루
살렘에서 다스리는 왕과 그 도성 가운데 사는 이
스라엘 족속 전체에 대한 징조다' 하여라. 11 너
는 또 그들에게, 네가 그들의 징조라고, 네가 하
는 것과 똑같은 일을 그들이 하게 될 것이라고, 그
들이 추방되어 이렇게 짐을 메고 포로로 끌려갈
것이라고, 12 왕도 그들과 함께 어깨에 짐을 메
고, 어두울 때에 성 바깥으로 나가게 될 것이라고,
ㄱ)사람들이 성벽에 구멍을 뚫고, 짐을 내다 놓을
것이며, 왕은 눈으로 그 땅을 안 보려고 얼굴을 가
릴 것이라고 말하여라. 13 내가 그물을 쳐서 왕
을 망으로 옭아 그를 바빌로니아 백성의 땅 바빌
론으로 끌어 가겠다. 그러나 그는 거기에서 그 땅
도 못 보고 죽을 것이다. 14 내가 왕의 경호원과
경호부대를 다 사방으로 흩어 버리고, 뒤에서 내
가 칼을 빼어 들고 쫓아가겠다.
15 내가 그들을 이방 사람들 가운데로 흩어
지게 하며, 모든 나라 가운데로 쫓아 버릴 그
때에야 그들이 비로소, 내가 주인 줄을 알게 될
것이다. 16 그러나 나는 그들 가운데서 몇 사람
을 남겨서 전쟁과 굶주림과 전염병으로 죽지 않게
하고, 그들이 이르는 이방 사람들 가운데서 자기
들이 전에 저지른 역겨운 일을 모두 자백하게 할
것이다. 그 때에야 비로소 그들이, 내가 주인 줄
알 것이다."

떨면서 먹고 마시는 상징 행위

17 주님께서 나에게 말씀하셨다.
18 "사람아, 너는 떨면서 네 음식을 먹고, 두려
움과 근심에 싸여 물을 마셔라. 19 그리고 너는
이 땅 백성에게 말하여라. 나 주 하나님이 예루살
렘과 이스라엘 땅의 주민이 당하게 될 일을 말한다.
그들이 근심에 싸여 음식을 먹고, 놀라움에 싸여
물을 마실 것이다. 이 땅의 모든 주민이 저지른
폭행 때문에, 이 땅의 풍요가 다 사라지고, 황폐
하게 될 것이기 때문이다. 20 사람들이 거주하
던 성읍도 적막해지고, 땅은 황무지가 되어 버릴
것이다. 그 때에야 비로소 그들이, 내가 주인 줄 알
것이다."

ㄱ) 칠십인역에는 '그가'

12:8-14 여기서 에스겔은 하나님으로부터 받은 분명한 지시를 해석한 것을 상징-행위로 응답한다 (또한 3:26-27을 보라). **12:10-12** 첫 번째 설명은 포로로 잡혀온 사람들과 그들의 왕자에 관한 것이다 (에스겔은 "왕"이란 단어를 피하려고 한다; 35:23-24에 관한 주석을 보라). 히브리어 *마싸*는 "신탁"을 뜻하기도 하고 "무거운 짐"을 뜻하기도 한다. 따라서 이것은 언어유희이다. 이 "신탁"에서 포로로 잡혀온 사람들과 왕자는 모두 "무거운 짐"이다. 시드기야를 암시하면서 (그의 비극적 종말은 왕하 25:3-7; 렘 39:1-7; 52:6-11에 나온다) 에스겔은 그의 선입관을 넌지시 말한다. 유다의 왕들은 이스라엘의 주권자이신 하나님과는 비교가 안 된다. 비록 무언극이 예루살렘에 관한 것이지만, 에스겔은 포로로 잡혀온 사람들에게 자신이 그들에게 징조가 된다는 것을 깨닫게 해준다 (11절). 밤에 눈을 가리는 것은 그 땅을 다시는 못 보게 될 것이라는 점을 상징한다. **12:13-14** 하나님의 행동이 초점이다. 하나님의 대리인은 바빌로니아 군대이다. 13b는 렘 22:10-12를 말하는 것일 것이고, (6, 12절에서와 같이) 이스라엘 땅을 다시 못 보게 될 것과 먼 곳에서 죽게 될 것을 말할 것이다. 칼은 5장과 6장으로부터 주제를 끌어 온 것이다.

12:15-16 사람들을 흩어 버리고 몇 사람을 남겨두는 것은 (또한 6:8; 14:22를 보라) 백성들을 향한 하나님의 목적이 두 가지라는 점을 강조하는 것이다: 그들이 역겨운 일에 연루된 것을 자인하게 하는 것과 하나님의 주권과 관계가 있다는 것을 인정하는 것.

12:17-20 희생자들과 동일시하면서, 역설적이게도 에스겔은 *이 땅의 백성*(포로로 잡혀 온 사람들)에게 *이스라엘 땅*의 예루살렘 주민들에 대해 말한다. 상징행위는 침략의 공포에 떨고 있는 백성들의 반응을 염려하지만, 그 해석은 땅과 성읍들에 대한 침략의 결과를 설명한다 (또한 레 26:43을 보라). 여기서도 폭력이 근원적 문제이다 (또한 7:23; 8:17; 45:9를 보라).

12:21—13:23 이 단락은 "환상"이라는 단어를 반복해 사용하는 것으로 단일화되어 있다. 이 단락은 에스겔에 대한 거짓 증거와 현실을 있는 그대로 보지 못하게 하는 양자택일적인 예언적 메시지를 염려한다. 두 반박문은 환상에 대한 대중적 속담에 대한 반응인데 (12:21-25; 12:26-28), 이것들은 *자기들의 마음대로* 예언하는 사람들에 대한 유효성에 대한 두 가지 신탁으로 이어진다 (13:1-16, 17-23).

12:21-25 첫 번째 냉소적인 속담은, 시간의 흐

속담과 예언

21 주님께서 나에게 말씀하셨다.
22 "사람아, 이스라엘 땅에서 너희가 말하는
'세월이 이만큼 흐르는 동안, 환상으로 본 것치고
그대로 이루어진 것이 있더냐' 하는 속담이 어찌
된 일이냐? 23 그러므로 너는, 그들에게 말하여
라. '나 주 하나님이 말한다. 내가 이 속담을 그치
게 할 것이니, 이스라엘에서 다시는 이 속담을 말
하지 못할 것이다' 하여라. 오히려 너는 그들에게
일러라. '환상으로 본 것이 이루어질 그 날이 가까
이 왔다. 24 이스라엘 족속 가운데서 다시는 헛
된 환상이나 아첨하는 점괘가 없을 것이다.
25 나는 주다. 내가 말하는 그 말은 무엇이든지
그대로 이루어지고, 더 이상 지체하지 않을 것이
다. 너희 반역하는 족속아, 너희가 살아 있는 동
안에 내가 말한 것을 그대로 이루겠다. 나 주 하
나님의 말이다.'"
26 주님께서 나에게 말씀하셨다.
27 "사람아, 이스라엘 족속이 하는 말을 들
어 보아라. 네가 보는 환상은 먼 훗날에나 이루어
질 것이며, 네가 예언하는 말은 아득히 먼 훗날을
두고 한 것이라고 한다. 28 그러므로 너는, 그들
에게 일러라. '주 하나님이 말한다. 나의 모든 말
은 더 지체하지 않는다. 내가 한 번 말한 것은 이
루어지고 만다. 나 주 하나님의 말이다.'"

거짓 예언자들의 종말

13 1 주님께서 나에게 말씀하셨다. 2 "사
람아, 너는, 예언한다고 하는 이스라엘의
예언자들을 규탄하여 예언하여라. 자기들의 마음
대로 예언하는 사람들에게, 나 주가 하는 말을 들
으라고 하여라.
3 나 주 하나님이 말한다. 내가 보여 준 환상
을 보지도 못하고 저희들의 생각을 따라서 예언하
는, ㄱ)어리석은 예언자들에게 화가 있을 것이다.
4 이스라엘아, 너희 예언자들은 폐허 더미에 있
는 여우와 같다. 5 너희의 성벽이 무너졌는데도,
너희 예언자들은 성벽 무너진 곳에 올라가지도 않
았으며, 이스라엘 족속을 위하여 주의 날에 전쟁
에 대비하려고 성벽을 보수하지도 않았다. 6 그
들은 헛된 환상을 보고, 속이는 점괘를 보며, 내
가 그들을 보내지도 않았는데 내가 일러준 말이라
고 하면서 예언을 하고 또 그 말이 이루어지기를
기다리고 있다! 7 나는 너희에게 전혀 말한 일이
없는데, 너희는 나에게 받은 말씀이라고 하면서,
헛된 환상과 속이는 점괘를 말한 것이 아니냐?
8 그러므로 나 주 하나님이 말한다. 너희가
헛된 것을 말하고 속이는 것을 보았기 때문에, 내
가 너희를 치겠다. 나 주 하나님의 말이다. 9 헛
된 환상을 보고 속이는 점괘를 말하는 그 예언자

ㄱ) 또는 '악한'

름에 따라, 예언적 환상이 공허하고 무력하다는 것을 함축한다 (또한 사 5:19를 보라). 반응은 속담이 *환상으로 본 것 치고* 라고 말하는 투를 모방하고 있고, 모든 환상이 곧 이루어질 것일 뿐만 아니라 모든 무익한 환상들과 아첨하는 점괘들이 끝날 것이라고 예고한다. 25절은 요약하면서 신학적 판결을 내린다: 주님의 말씀은 언제나 유효하고 이루어진다.

12:26–28 두 번째 냉소적인 속담은 에스겔의 예언이 터무니없다고 생각하는 포로로 잡혀온 사람들의 조급함을 함축한다. 반응은 25절의 대답을 반복하고 강조한다.

13:1–16 거짓 예언자들의 활동에 관한 두 신탁 중 첫 번 것은 에스겔의 심판 예언에 반하는 평화와 안전을 예언하는 남자 예언자들에 관한 것이다 (13:1–7, 8–16).

13:1–7 참된 말씀을 받은 에스겔은, 2–3절에서 자기 마음대로 예언하는 예언자들을 책망한다. 환상의 근거가 자기 자신들의 마음과 영인 거짓 예언자들은 (렘 23:16도 보라) 애곡하게 될 것이다. 그들은 사실 아무것도 보지 못했기 때문에 어리석다. **13:4–7** 청중들과 예언자들에게 번갈아 말하는 에스겔의 예언은 건설적으로 행동하지 못한 것과 눈속임을 환기시킨다. 예언자들은 주님이 보낸 것도 아니고 하나님이 그들에게 말씀한 것도 아니다. 포로 공동체에게 누가 하나님을 대변하는가 하는 질문은 침략과 추방의 위기 앞에서 아무도 관심하지 않는 것이 아니라 매우 중요한 질문이다. 하나님을 대변한다고 주장하면서도 거짓 예언자들은 공동체의 당면한 문제를 숙고하는 일에 실패한다.

13:8–16 이 부분은 거짓 예언자들에 관한 두 개의 심판문이다. **13:8–9** 첫 번째 심판문은 하나님을 적대자로 이름을 붙인 죄과를 반복한다. 세 가지 결과가 뒤따르는데, *그들은 내 백성의 공회에 들어올 수도 없고, 이스라엘 족속의 호적에 등록될 수도 없고, 이스라엘 땅으로 들어갈 수도 없을 것이다.* **13:10** 두 번째 심판문은 속임과 깔보는 죄과에 초점을 맞춘다. 그들은 그릇된 안정과 행복감을 조장하고 그럴듯한 겉치장(회칠)으로 은폐한다. **13:11–12** 비가 내리면 불완전한 공사의 실체가 드러난다. 부패, 타락, 우상숭배, 그리고 폭력들은 다른 신탁들을 드러내 준다. **13:13–14** 은유는 주님의 행동이 된다. 담은 성읍이 되고 완전히 파괴 된다 (14절의 동사는 정복된 성읍의 파괴를 반영한다. 또한 미 1:6을 보라). 예언자들에게 삶의 원상복구의 책임이

들을 내가 직접 치겠다. 그들은 내 백성의 공회에 들어올 수도 없고, 이스라엘 족속의 호적에 등록될 수도 없고, 이스라엘 땅으로 들어갈 수도 없을 것이다. 그 때에야 비로소 너희는, 내가 주 하나님인 줄 알게 될 것이다.

10 내가 이렇게 그들을 치는 까닭은, 그들이 내 백성을 잘못 인도하였기 때문이다. 무엇하나 잘 되는 것이 없는데도 잘 되어 간다고 하여 백성을 속였기 때문이다. 내 백성이 담을 세우면, 그들은 그 위에 회칠이나 하는 자들이다. 11 그러므로 너는, 회칠하는 자들에게, 그 담이 무너질 것이라고 말하여라. 내가 소나기를 퍼붓고, 우박을 쏟아내리고, 폭풍을 일으킬 것이니, 12 그 담이 무너질 때에, 그들이 발랐던 그 회칠이 다 어찌되었느냐고, 비난하여 추궁할 것이라고 하여라.

13 그러므로 나 주 하나님이 말한다. 내가 분노하여 폭풍을 일으키고, 내가 진노하여 폭우를 퍼붓고, 내가 분노하여 우박을 쏟으면, 그 담이 무너질 것이다. 14 너희가 회칠한 그 담을, 내가 허물어서 땅바닥에 쓰러뜨리고, 그 기초가 드러나게 하겠다. 그 담이 무너지면, 너희가 그 밑에 깔려서 죽을 것이다. 그 때에야 비로소 너희는, 내가 주인 줄 알 것이다.

15 내가 이렇게 그 담과 그것을 회칠한 자들에게 내 분노를 다 쏟고 나서, 너희에게 말할 것이다. '그 담은 사라졌고, 그것을 회칠한 자들도 사라졌다. 16 예루살렘을 두고 예언한 이스라엘의 예언자들과, 전혀 평화가 없는데도 예루살렘에 대하여 평화의 환상을 본 사람들이 사라졌다' 할 것이다. 나 주 하나님의 말이다."

거짓 예언자들 (여자)

17 "너 사람아, 네 백성 가운데서 자기들의 마음대로 예언하는 여자들을 주목해 보고, 그들을 규탄하여 예언하여라. 18 너는 전하여라. '주 하나님이 말한다. 사람의 영혼을 사냥하려고 팔목마다 부적 띠를 꿰매고, 각 사람의 키에 맞도록 너울을 만들어 머리에 씌워 주는 여자들에게 화가 있을 것이다. 너희가 내 백성의 영혼을 사냥하여 죽이려고 하면서도, 자신의 영혼은 살아 남기를 바라느냐? 19 너희는 몇 줌의 보리와 몇 조각의 빵 때문에, 내 백성이 보는 앞에서 나를 욕되게 하였다. 너희는 거짓말을 곧이 듣는 내 백성에게 거짓말을 함으로써, 죽어서는 안 될 영혼들은 죽이고 살아서는 안 될 영혼들은 살리려고 한다.

20 그러므로 나 주가 말한다. 새 잡듯이 사람의 영혼을 사냥하는 데 사용하는 너희의 부적 띠를, 내가 물리치겠다. 내가 그것을 너희의 팔목에서 떼어 내고, 너희가 새 잡듯이 사냥한 영혼들을 풀어 놓겠다. 21 또 내가 너희의 너울을 찢어서, 너희 손에서 내 백성을 구해 내고, 그들이 다시는 너희 손에 사냥감이 되지 않게 하겠다. 그 때에야 비로소 너희는, 내가 주인 줄 알 것이다.

22 나는 의인의 마음을 슬프게 하지 않았으나, 너희가 거짓말로 그를 괴롭혔으며, 악인의 손을 너희가 강하게 만들어 주어서, 그가 자신의 악한 길에서 돌아서서 살 길을 찾을 수 없게 하였기 때문에, 23 너희 여자들이 다시는 헛된 환상을 못 보게 하며, 점괘를 말하지도 못하게 할 것이다. 내가 내 백성을 너희 손에서 구해 낼 것이다. 그 때에야 비로소 너희는, 내가 주인 줄 알 것이다.'"

돌려진다. **13:15-16** 결과는 담과 그 위에 회칠한 사람들의 파멸이다.

13:17-23 두 번째 신탁은 교묘한 말로 주술 행위로 의인들을 죽게 하고 악한 자들을 살게 하는 여자 예언자들에 관한 것이다. 앞에서 행한 무차별적 심판과는 다르게 (예를 들어, 9:9-10), 이 신탁은 하나님이 희생당한 사람들 편에서 중재하고 계시다.

13:17-19 죄과. **13:17** 남자 예언자들과 마찬가지로 (13:2), 여자 예언자들도 *자기 마음대로 예언*한다. **13:18** 주술 행위(magical acts)로 다른 사람들의 삶을 착취하고 통제한다. 그들은 자신들의 사리에 따라 다른 사람들을 제물로 삼는다. 하나님은 희생자들과 함께 하시는데, 이 본문에 *내 백성*이란 말이 다섯 번 나온다. **13:19** 다른 사람들을 침해함으로써 그들은 주님의 이름을 더럽히고 사리를 취한다. 신성한 영역을 교묘하게 주술적으로 그리고 폭력적으로 사용하면서 힘없는 사람들을 착취하여 자신의 이득을 취한다.

13:20-23 두 개의 심판문에 거룩한 구원의 언어가 섞여있다. **13:20-21** 하나님은 여자 예언자들에 반대하고 (또한13:8을 보라), 희생자들의 편에서 역사하시어 희생자들이 *구해냄*을 받게 하실 것이고 (21절), *살 길을 찾을 수* 있게 하실 것이다 (22절). 희생당하는 사람이 없게 되고 사람들은 하나님을 알게 될 것이다. **13:22-23** 새 죄목은 의로운 사람들이 희생당할 것을 암시한다. 변화를 추구하는 것이 아니라 (3:16-21; 18:30-32; 33:1-20도 보라), 이 여자들은 악인들을 키웠다. 결과: 하나님은 악인의 손에서 희생자들을 (*내 백성*) 구원하실 것이다 ("구원"에 관하여는 또한 출 3:8; 5:23; 6:6; 18:8-10을 보라).

14:1-23 14:1의 장로들은 8:1과 20:1과 평행을 이룬다. 14장은 독자에게 책임을 촉구하는 다음 여섯 장(14—19장)의 시작이다. 14장은 인간의 책임, 회개의 촉구, 그리고 주님의 적절한 심판에 초점을 맞추고 있다. 이 장의 결론은 (*공연한 것이 아님*은, 23절) 이하 장들의 주제로 하나님의 정의(신정론)를 소개해 준다.

하나님께서 우상숭배를 심판하시다

14 1 이스라엘의 장로들 가운데서 몇 사람
이 내게로 와서, 내 앞에 앉았다. 2 그
때에 주님께서 나에게 말씀하셨다.
3 "사람아, 이들은 여러 우상을 마음으로 떠
받드는 사람들이며, 걸려 넘어져서 죄를 짓게 하
는 올가미를 자기들 앞에 둔 사람들인데, 내가 과
연 이런 사람들에게 질문을 받을 수가 있겠느냐?
4 그러므로 네가 그들에게 말하고, 그들에게
일러주어라. '나 주 하나님이 말한다. 이스라엘 족
속 가운데서 누구든지, 우상들을 마음으로 떠받
들고, 걸려 넘어져서 죄를 짓게 하는 그 올가미를
자기들 앞에 두고, 예언자에게 오면, 나 주가 직
접, 그 많은 우상에 걸맞게 그에게 답변하겠다.
5 이스라엘 족속이 모두 우상 때문에 나에게서
떠났으니, 이제는 내가 직접 그들의 마음을 사로
잡겠다' 하여라.
6 그러므로 너는, 이스라엘 족속에게 말하여라.
'나 주 하나님이 말한다. 너희는 회개하여라.
너희의 우상들에게서 돌아서라. 너희의 모든 역
겨운 것에서 얼굴을 돌려라.'
7 이스라엘 족속 가운데서나 이스라엘에 머
무는 외국 사람들 가운데서 누구든지, 나를 떠나서
우상들을 마음으로 떠받들며, 걸려 넘어져서 죄를
짓게 하는 올가미를 자기들 앞에 두고, 예언자를
찾아와 나에게 물어 본다면, 나 주가 직접 그에게
답변하겠다. 8 내가 이 사람을 정면으로 보고,
그를 징표와 속담거리로 만들며, 마침내 나는 그를
내 백성 가운데서 끊어 버릴 것이다. 그 때에야 비
로소 너희는, 내가 주인 줄 알 것이다.
9 그런데 예언자가 만약 꾀임에 빠져 어떤
말을 선포하면, 나 주가 친히 그 예언자를 꾀임에
빠지도록 버려 둘 것이다. 내가 내 손을 그에게
뻗쳐, 그를 내 백성 이스라엘 가운데서 멸망시키
겠다. 10 물어 보는 사람의 죄나 예언자의 죄가
같기 때문에, 그들이 저마다 자기의 죄값을 치를
것이다. 11 그래서 이스라엘 족속이 다시는 나를
떠나서 길을 잃지도 않고, 다시는 온갖 죄악으로
더러워지지도 않게 하여, 그들은 나의 백성이
되고, 나는 그들의 하나님이 되게 하려는 것이다.
나 주 하나님의 말이다."

막을 수 없는 하나님의 심판

12 주님께서 나에게 말씀하셨다.
13 "사람아, 만약 어떤 나라가 가장 불성실
하여 나에게 죄를 지으므로, 내가 그 나라 위에 손

14:1-11 에스겔서에서 처음으로 에스겔은 그가 위임 받은 대로 행동한다 (3:16-21). 그는 불법 행위자들에게 경고한다. **14:1-2** *이스라엘의 장로들.* 이들은 포로생활을 하는 모든 하나님의 백성을 대변한다 (8:1에서 *유다의 장로*들도 보라). 그들 또한 반역하는 족속이다 (12:2). **14:3** 그들의 생각과 의지는 우상을 숭배하는 위험한 진로에 서 있다. 이런 부적합한 행동에 하나님께서 응답할 필요가 있는지를 물으신다. **14:4-5** 하나님은 그들의 질문을 무시하고 전체 포로 공동체의 마음을 회복시킬 것을 결심하신다. **14:6** 세 번에 걸쳐서 *회개하라 / 돌아서라* 라고 말한 것은 포로 공동체가 반드시 심판을 무시하지 말고 미래를 위하여 창을 열 것을 결심해야 한다는 것이다. **14:7-8** 4절과 같은 내용으로, 우상숭배로부터 돌아서지 않는 사람들에 대한 하나님의 대답은 하나님과 *나의 백성*으로부터 더 멀어진다는 것이다. 역설적이지만, 그것이 하나님을 인정하게 만드는 다른 방법이다. **14:9-10** 7절의 예언자가 하나님께서 그를 통해서만 말씀하시는 예언자인 것에 반하여 (4b, 7b절), 여기서의 초점은 뻔뻔한 예언자이다. 신성을 빙자하는 문제는 간단히 해결되지 않는다 (신 13:2-6; 사 4:10; 렘 20:7; 왕상 22장을 보라). 이 본문은 궁극적인 인과응보의 관계의 문제가 아니라, 시적으로 정의를 표현하는 것이다. 이랬다저랬다 하는 요청에 대한 대답은 이랬다저랬다 할 수밖에 없다. 예언자와 백성들은 모두 듣고자 했던 것을 듣기 때문에 운명도 같다 (또한 8절을 보라). **14:11** 5절의 의향을 상기시키며 주님은 심판의 부정적이고 적극적인 결과들을 선언한다. 11:20b에서처럼, 언약의 내용은 포로 공동체에 희망을 제공한다. 이것은 또한 회개할 것을 촉구하는 것에 따르는 책임(6절)과 관계를 새롭게 하는 하나님의 솔선 사이의 긴장을 소개한다 (5, 11절).

14:12-23 시험해 보는 형식으로, 하나님의 정의와 이스라엘의 심판이 막을 수 없는 하나님의 일반적인 행동 양식으로 되어 있다. 12-20절의 가상적 상황은 21-23절에서 예루살렘에 적용된다. **14:12-20** 13절의 말이 이스라엘의 불신앙을 유형화하고 있다 할지라도, 그 의향은 보편적 정의의 문제를 다루고자 함이다 (12절). 이 부분은 네 단락으로 되어 있다 (13-14, 15-16, 17-18, 19-20절). 각 단락에는 파괴의 대행자가 있는데 (모두 다섯 대행자, 5:17을 회상케 한다. 또한 렘 15:2-3을 보라) 하나님이 분명히 선언한 심판의 되돌릴 수 없음을 강조하고 세 사람의 전형적인 의인들을 소개하며 (노아, 다니엘, 그리고 욥; 다니엘에 대해서는 28:3에 관한 주석을 조라) 구원(13:23도 보라)은 오직 하나님의 인격에 일치하는 의롭고 (히브리어, *체다카* [tsedaqa]) 도덕적으로 하자가 없는 사람들에게만 주

을 펴서 그들이 의지하는 양식을 끊어 버리고, 그
나라에 기근을 보내며, 그 나라에서 사람과 짐승을
사라지게 한다고 하자. 14 비록 그 나라 가운데
노아와 ㄱ)다니엘과 욥, 이 세 사람이 있다 하더라도,
그 세 사람은 자신의 의로 말미암아 자신의 목숨만
겨우 건질 것이다. 나 주 하나님의 말이다.

15 가령 내가 그 나라에 사나운 짐승들이 돌
아다니게 하여, 아이들까지 없애 버리고, 또 그 짐
승들이 무서워서 그 땅에 돌아다니는 사람이 없기
때문에 그 땅이 황무지가 된다고 하자. 16 내가
나의 삶을 두고 맹세하건대, 비록 이 세 사람이 그
가운데 있다 하더라도, 그들은 아들이나 딸도 건져
내지 못하고, 그들 자신만 겨우 구출할 것이며, 그
땅은 황무지가 될 것이다. 나 주 하나님의 말이다.

17 가령 내가 그 나라에 전쟁의 칼이 들이닥
치게 하고, 명령을 내려 '칼아, 이 땅을 돌아다니
며 휘둘러라' 하여, 내가 그 땅에서 사람과 짐승을
사라지게 한다고 하자. 18 비록 이 세 사람이 그
가운데 있다 하더라도, 내가 나의 삶을 두고 맹세
하건대, 그들은 아들이나 딸도 건지지 못하고 그들
자신의 목숨만 겨우 건질 것이다. 나 주 하나님의
말이다.

19 가령 내가 그 땅에 전염병을 퍼뜨리고, 내
분노를 그 땅에 쏟아 부어, 거기에서 사람과 짐승이
피투성이가 되어 사라진다고 하자. 20 비록 노
아와 ㄱ)다니엘과 욥이 그 가운데 있을지라도, 내가
나의 삶을 두고 맹세하건대, 그들은 아들이나 딸
도 건지지 못할 것이다. 그들마저도 자신의 의로
말미암아 그들의 목숨만 겨우 건질 것이다. 나 주
하나님의 말이다.

21 나 주 하나님이 이렇게 말한다. 내가 예
루살렘에서 사람과 짐승이 사라지게 하려고 나의
네 가지 맹렬한 재앙들 곧 전쟁과 기근과 사나운
짐승과 전염병을 거기에 보낼 때에, 그 해가 얼마나
크겠느냐! 22 그러나 그 속에서도 재앙을 피한
사람들이 있어서 아들딸들을 데리고 나올 것이다.
그들이 너희에게로 나올 때에, 너희가 그들의 그
악한 행실과 행동을 보면, 내가 예루살렘에 내린
재앙 곧 내가 그 곳에 내린 모든 것에 대하여 너
희가 위로를 받을 것이다. 23 너희가 그들의 악
한 행실과 행동을 보면 너희가 위로를 받고, 내가
예루살렘에서 한 모든 일이 공연한 것이 아님을
알게 될 것이다. 나 주 하나님의 말이다."

예루살렘은 타 버린 포도나무

15 1 주님께서 나에게 말씀하셨다.
2 "사람아,
포도나무
곧 삼림 가운데 있는 그 덩굴이,

ㄱ) 히, '다넬'. 히브리어의 자음 표기가 예언자 다니엘과는 다르므로, 서로 다른 인물일 수도 있음

어진다고 결론을 맺는다 (또한 3:17-21을 보라). 이 모범적인 성서의 인물들은 포로 공동체가 "회개"하고 "돌아서도록" 초대하는 좋은 예가 된다 (또한 14:6; 18:30-32를 보라). **14:21-23** *"그 해가 얼마나 크겠느냐!"* 라는 말이 네 가지 심판의 대행자들(5:17)을 반복하고 사람과 동물들의 죽음을 더하면서 초점을 예루살렘으로 옮긴다. *재앙을 피한 사람*들은 비록 그들이 아들딸들 (또한 16, 18, 20절을 보라)이라고 불려진다해도 *구원받은* (12-20절의 중심 단어) 것이 아니다. *그들의 악한 행실과 행동* 때문에 그들도 포로가 되었는데, (22, 23절에 두 번 나옴) 이것은 누구에게나 자명하다. 에스겔은 그의 청중들에게 예루살렘의 범죄함에서 재앙을 피한 사람들이 자유롭지 못하다는 것과 주님의 행동은 임의적이지 않다는 것을 인정하도록 촉구한다. 이렇게 함으로써 청중은 수사학적으로 주님의 편에 서도록 계속 촉구된다.

15:1-7 [8절] (개역개정, 공동번역, 그리고 NRSV는 "그들이 크게 배신하였기 때문에, 내가 그 땅을 황무지가 되게 하겠다. 나 주 하나님의 말이다"를 8절로 취급하는데, 새번역개정은 이 부분을 7절로 취급하여 새번역개정에는 8절이 없다.) 예루살렘을 다른 땅들과 비교하고 (14:13, 21), "배신/불성실한 죄" 라는 표현을 반복하면서 (14:13, 15:8), 15장의 은유적 비유는 이스라엘이 이방 땅들보다 더 가치가 있는지 묻는다. 그림을 보는 듯한 이 단락은 두 부분으로 되어 있다: 은유를 확대시킨 것(2-5절)과 그 해석 (6-8절; 포도나무 이미지에 관해서 시 80:8-19; 사 5:1-7; 요 15장을 보라). **15:1-5** 요점은 나무의 잠재적 가치가 아니라, 그 유용성에 달려 있다. 참된 가치는 땔감인데, 타고 남은 것은 더더욱 소용이 없다. **15:6-8** 끔찍한 생각일지 모르지만, 하나님은 예루살렘을 버리셨다. 포도나무처럼 성읍과 그 거주민, 그리고 탈출한 사람들도 불에 타버릴 것이다. 주님의 얼굴은 일반적으로 자비롭고 신성한 현존이지만, 여기서는 하나님의 주권을 인정하도록 하는 파괴적인 현존으로 묘사되고 있다. 하나님과 영적으로나 도덕적으로 하나님과의 관계를 범한 포로로 잡혀온 사람들은 백성들과 하나님과 땅과의 완전한 관계를 무효화시켰다. 포로 공동체는 이 쓸모없는 포도

다른 모든 나무에 비해
나은 점이 있느냐?
3 거기에서
무슨 물건을 만들 목재가 나오느냐?
그것으로 나무 못을 만들어서
무슨 물건을 거기에다
걸어 둘 수 있느냐?
4 그것은 땔감으로
불 속에나 던져 버릴 것이다.
그 양쪽 끝은 타 없어졌고,
그 가운데 부분도 그을었는데,
그것이 물건을 만드는 데
무슨 소용이 있겠느냐?
5 그 포도나무가 온전할 때에도
무슨 물건을 만드는 데
쓰일 수 없었거늘,
하물며 그것이
불에 타고 그을었으니,
무슨 쓸모가 더 있겠느냐?
6 그러므로 나 주 하나님이 말한다. 삼림 가
운데 있는 포도나무를 내가 불 속에 땔감으로 던
져 넣듯이, 예루살렘의 주민을 불 속에 던지겠다.
7 내가 그들을 대적하겠다. 비록 그들이 불 속에
서 피하여 나온다 해도, 불이 다시 그들을 삼킬 것
이다. 내가 그들을 대적하면, 그 때에야 비로소 너
희는, 내가 주인 줄 알 것이다. 그들이 크게 배신
하였기 때문에, 내가 그 땅을 황무지가 되게 하겠
다. 나 주 하나님의 말이다."

음녀와 같은 예루살렘

16 1 주님께서 나에게 말씀하셨다. 2 "사
람아, 너는 예루살렘 사람들에게, 그들이
얼마나 역겨운 일을 저질렀는지를 알려 주어라.
3 이렇게 말하여 주어라.
'나 주 하나님이 예루살렘을 두고 말한다. 너
의 고향, 네가 태어난 땅은 가나안이고, 네 아버
지는 아모리 사람이고, 네 어머니는 헷 사람이다.
4 네가 태어난 것을 말하자면, 네가 태어나던 날,
아무도 네 탯줄을 잘라 주지 않았고, 네 몸을 물
로 깨끗하게 씻어 주지 않았고, 네 몸을 소금으로
문질러 주지 않았고, 네 몸을 포대기로 감싸 주지
도 않았다. 5 이 모든 것 가운데서 한 가지만이
라도 너에게 해줄 만큼 너를 불쌍하게 여기고 돌
보아 준 사람이 없다. 오히려 네가 태어나던 바로
그 날에, 사람들이 네 목숨을 천하게 여기고, 너
를 내다가 들판에 버렸다.
6 그 때에 내가 네 곁으로 지나가다가, 핏덩

나무, 즉 심판받은 예루살렘과 동일시하지 않음으로써 희망을 되찾을 수 있을지도 모른다.

특별 주석

놀랍게도 이스라엘을 창녀가 되어 버린 고아로, 그리고 하나님을 사랑하는 아버지에서 복수심에 불타는 연인으로 묘사하는 이 악명 높은 16장은 거의 문학적인 폭력이라고 할 수 있다. 이 과격한 이미지는 하나님의 정의를 수호하기 위한 관심에서 비롯된 것이다. 기소는 인간의 성을 격하시키거나 성적 학대를 인정하기 위한 것이 아니다. 하지만 여전히 신학적 질문이 남아 있다: 어떻게 하나님을 자비로운 아버지와 원한을 품은 배후자로 동시에 묘사할 수 있는가?

16:1-63 이 단락은 법정 언어를 사용하는 논쟁이다. 형식적 도입(1-3a)이 있은 후, 이 장은 네 부분으로 나뉜다: 기소 (3b-34절); 선고 (35-43절); 새로운 기소 (44-52절); 희망적 변화와 언약의 갱신 (53-63절).

16:1-3a 이 법적 기소는 *역겨운 일*(에스겔에서 자주 사용되는 단어로, 이 장에서만 11번 사용됨)을 알려 주라는 것으로 시작한다: 이웃 강국들에 대한 정치적 희롱이다.

16:3b-34 핏덩이의 비유 속에 나타난 예루살렘의 기소는 예루살렘의 절망적인 기원 (3b-5절), 하나님의 자비로운 행동 (6-14절), 그리고 예루살렘의 터무니없는 반응(15-34절)을 강조한다.

16:3b-5 예루살렘은 세 가지 불리한 상황으로 인해 고난을 당한다: 잘못된 장소에서 태어남 (*가나안*), 잘못된 부모 (*아모리와 헷* 사람들은 이스라엘에 앞서 이 땅에 거주하고 있었다), 그리고 사랑받지 못함. 4절은 탄생의례를 묘사한다. 갓난아이를 가엾게 여기는 대신에, 부모는 그들의 의무를 저버리고 유아살해를 시도한다 (5b).

16:6-14 하나님께서 두 번 지나가신다 (6-7, 8-14절). **16:6-7** 하나님의 행위는 부모의 행위의 반대이다. 고대 근동지방의 관습에 따라, 하나님은 문자 그대로 "제발 살아만 달라"고 함으로써 법적 양자로 삼는다. 그러나 이 생명을 주는 행위는 사춘기 이후의 벌거벗은 상태에 의해 위협을 받는다. **16:8-14** 하나님은 이제 성적으로 성숙한 상처받기 쉬운 젊은 여자를 보호하신다. 하나님의 여러 행위는 이 여자가 신부에서 왕비로 바뀌어 가는 것을 묘사한다: 겉옷을 펴서 몸을 가리는 것 (이것은 결혼의 의향을 상징한다, 8a; 또한 룻 3:9를 보라); 언약으로서의 결혼 (8b절); 부부관계 후 목욕을 시키고 기름을 발라 줌 (9절); 왕족에 어울리는 비단옷 (10절); 세련된 보석 (11-13a절); 그리고 훌륭한 음식 (13b절). 이 목록은 이 여자의 아름다움, 명성,

이로 버둥거리는 너를 보고, 핏덩이로 누워 있는 너에게, 제발 살아만 달라고 했다. ㄱ)(핏덩이로 누워 있는 너에게, 제발 살아만 달라고 했다.) 7 그리고서 내가 너를 키워 들의 풀처럼 무성하게 하였더니, 네가 크게 자라 ㄴ)보석 가운데서도 가장 아름다운 보석처럼 되었고, 네 가슴이 뚜렷하고, 머리카락도 길게 자랐는데, 너는 아직 벌거벗고 있었다.

8 그 때에 내가 네 곁으로 지나가다가 너를 보니, 너는 한창 사랑스러운 때였다. 그래서 내가 네 몸 위에 나의 겉옷 자락을 펴서 네 벗은 몸을 가리고, 너에게 맹세하고, 너와 언약을 맺어서, 너는 나의 사람이 되었다. 나 주 하나님의 말이다.

9 내가 너를 목욕을 시켜서 네 몸에 묻은 피를 씻어 내고, 기름을 발라 주었다. 10 수 놓은 옷을 네게 입혀 주었고, 물개 가죽신을 네게 신겨 주고, 모시로 네 몸을 감싸 주고, 비단으로 겉옷을 만들어 주었다. 11 내가 온갖 보물로 너를 장식하여, 두 팔에는 팔찌를 끼워 주고, 목에는 목걸이를 걸어 주고, 12 코에는 코걸이를 걸어 주고, 두 귀에는 귀고리를 달아 주고, 머리에는 화려한 면류관을 씌워 주었다. 13 이렇게 너는 금과 은으로 장식하고, 모시 옷과 비단 옷과 수 놓은 옷을 입었다. 또 너는, 고운 밀가루와 꿀과 기름으로 만든 음식을 먹어서, 아주 아름답게 되고, 마침내 왕비처럼 되었다. 14 네 아름다움 때문에 네 명성이 여러 이방 나라에 퍼져 나갔다. 내가 네게 베푼 화려함으로 네 아름다움이 완전하게 된 것이다. 나 주 하나님의 말이다.

15 그런데 너는 네 아름다움을 믿고, 네 명성을 의지하여, 음행을 하였다. 지나가는 남자가 원하기만 하면, 누구하고나 음행을 하여, ㄷ)네 이름을 그의 것이 되게 하였다. 16 너는 네 옷을 가져다가, 가지각색의 산당들을 꾸미고, 그 위에서 음행을 하였다. 이런 일은 전에도 없었고, 앞으로도 없을 것이다. 17 너는, 내가 네게 준 나의 금과 은으로 만든 장식품들을 가져다가 남자의 형상들을 만들어 놓고, 그것들과 음행을 하였다. 18 너는, 수 놓은 옷을 가져다가 그 형상들에게 입혀 주고, 내가 준 기름과 향을 그것들 앞에 가져다 놓았다. 19 또 너는, 내가 너에게 준 음식 곧 내가 너를 먹여 살린 고운 밀가루와 기름과 꿀을 그것들 앞에 가져다 놓고, 향기 나는 제물로 삼았다. 네가 정말로 그렇게 하였다. 나 주 하나님의 말이다.

20 또 너는, 우리 사이에서 태어난 아들들과 네 딸들을 데려다가, 우상들에게 제물로 바쳐 불사르게 하였다. 너의 음욕이 덜 찼느냐? 21 네가 내 아들딸마저 제물로 바쳤다. 또 네가 그들을 불 속으로 지나가게 하였다. 22 너는, 핏덩이로 버둥거리던 때와 벌거벗은 몸으로 지내던 네 어린 시절을 기억하지 않고, 온갖 역겨운 일과 음행을 저질렀다.'"

ㄱ) 일부 히브리어 사본과 칠십인역과 시리아어역에는 묶음표 안의 본문이 없다 ㄴ) 또는 '성숙하였고' ㄷ) 한 히브리어 사본과 칠십인역에는 '그런 일은 있어서는 안 될 일이었다'

그리고 완전함을 두드러지게 하는 것으로 끝맺는다. 마지막 줄의 강조는 아름다움은 주님의 선물이고 주님의 광채의 반영이라는 것을 나타낸다.

16:15-34 여성의 아름다움을 언급하다가, 반대로, 이 비유는 여자가 영적으로나 정치적으로 음행하는 것을 묘사한다. 충절을 잃고 매춘하는데, 첫째는 주님의 선물을 이방신을 섬기는 데 사용하고 (15-22절), 둘째는 그녀 자신을 정치적 동맹의 편의로 내어준다 (23-34절). **16:15-22** 20-21절에서 아이들을 제물로 바치는 것을 제외하고 (20절에서 *먹어 치우게 되다*라는 말로 강조되고 있음) 이 모든 하위 단락은 6-14절과 일치된다. 아름다움(14-15절)은 두 단락을 연결한다. 문제는 제공자를 기억하지 못하는 것이다 (22절). **16:23-34** 적극적인 음행은 정치적 동맹의 은유가 된다. 정치적 편의주의는 이웃 민족들과 동맹을 맺지 말라는 신명기의 계명과 타협하게 한다 (또한 신 7:2; 사 30:1-17; 31:1-3을 보라).

16:35-43 비록 법적 선고가 비참한 결과들을 초래하는 것으로 묘사할지라도 이것들은 공평한 것으로 묘사된다. **16:35-36** 죄과를 다시 말함. **16:37-42** 함께 음행했던 사람들 앞에서의 이혼의례는 주님이 예루살렘을 제국들의 권세에 맡겨 버린 것을 나타낸다. 음행한 것에 대해 보복하고 사형을 집행할 사람들은 바로 그들이다 (또한 신 22:23-24를 보라). 역사 속의 권세들이 주님의 대리인이 된다. **16:43** 여기서 다시 과거를 기억하지 못하는 것이 불충한 음행으로 나가게 하고 그 결과는 가해자들이 희생자가 되는 것이다.

16:44-52 전략이 바뀌어 예루살렘을 향한 죄의 내용에 대한 기소가 유다 안에서 가장 악한 죄인들로 간주되는 사람들과 비교하면서 망신을 준다. **16:44-46** 비유는 형제자매로 확대되고, *예루살렘은 사마리아와* 소돔과 비교된다. 북이스라엘의 수도가 유다와 비교되는 것은 놀랄 일이 아니지만, 소돔을 예루살렘의 형제자매로 보는 것은 놀라운 것이다 (소돔에 대해서는 창 19장을 보라). **16:47-52** 소돔의 죄만 기록되고 있다: 모두 교만에 근거한 사회적 경제적 불의에 관한 것이다. 예루살렘은 적어도 세 번 소돔보다 더 타락한 것으

창녀 예루살렘

23 "나 주 하나님의 말이다. 네게 재앙이 닥
친다. 재앙이 닥친다. 네가 그 모든 악행을 저지
른 다음에도 24 너는, 길거리마다 네가 올라갈
누각을 짓고, 네가 누울 높은 단을 만들었다.
25 너는, 길 머리마다 높은 단을 만들어 놓고, 네
아름다움을 흉측하게 더럽히고, 지나가는 모든
남자에게 네 두 다리를 벌려, 음행을 많이 하였다.
26 너는, 이집트 남자들 곧 하체가 큰 이웃 나라
남자들과 음행을 하였다. 너는, 수도 없이 아주 음
란하게 음행을 하여, 내 분노를 터뜨렸다.
27 그러므로 내가 내 손을 펴서 너를 치고,
네가 날마다 먹을 양식을 줄이고, 또 너를 미워하는
블레셋 여자들 곧 네 추잡한 행실을 보고 역겨워
하는 여자들에게 너를 넘겨 주어서, 마음대로 하게
하였다.
28 그런데도 너는 음욕이 차지 않아서, 앗시
리아 남자들과 음행을 하였다. 그들과 음행을 한
다음에도 네 음욕이 차지 않아서, 29 너는 저 장
사하는 나라 ㄱ)바빌로니아 남자들과 더 많이 음행을
하였다. 그래도 너의 음욕은 차지 않았다.
30 나 주 하나님의 말이다. 네가 방자한 창
녀와 똑같이 이 모든 일을 했으면서도, 너는 마음이
왜 그렇게 약하냐! 31 네가 길 머리마다 높은 단을
만들어 놓고, 길거리마다 누각을 세워 놓고, 몸을
팔면서도, 네가 화대를 받지 않으니, 너는 창녀와
같지도 않구나! 32 너는 제 남편이 아닌 다른 남
자들과 간통하는 음란한 유부녀로구나. 33 창녀
들은 화대를 받는 법이다. 그러나 너는 네 모든 정
부에게 선물을 주어 가며 사방에서 불러다가, 너
와 음행을 하자고, 남자들에게 돈까지 주었다.
34 이렇게 너는 다른 여자들과는 정반대로 음행
을 하였다. 정부들이 너를 따라다니는 것도 아니
고, 네가 몸값을 받는 것도 아니고, 오히려 네가
몸값을 주어 가면서 음행을 하니, 너는 다른 여자
들과는 정반대다."

주님께서 예루살렘을 심판하시다

35 "그러므로 창녀야, 너는 나 주의 말을 들
어라.
36 나 주 하나님이 말한다. 네가 정부들과
음행을 하고, 네 모든 역겨운 우상과 음행을 할
때에, 너는 ㄴ)재산을 쏟아 붓고, 네 벗은 몸을 드
러내었다. 너는 온갖 가증한 우상들에게 네 자식
들의 피를 바쳤다. 37 그러므로 네가 함께 즐기
던 네 정부들과 네가 좋아하던 모든 남자뿐 아
니라, 네가 미워하던 남자도, 내가 모두 모아서 너
를 치게 하겠다. 내가 그들을 사방에서 모아 너를
치게 하고, 네 벌거벗은 몸을 드러내 놓아, 그들이
모두 네 벌거벗은 몸을 보게 하겠다. 38 그리고
나는 너를, 간음을 하고 살인을 한 여인을 재판하
듯이 재판하며, 내 분노와 질투로 네게 살인죄의
벌을 내리겠다. 39 내가 너를 그들의 손에 넘겨
주면, 그들이 네 누각을 헐고, 네 높은 단을 무너
뜨릴 것이며, 네 옷을 벗겨 버리고, 네 모든 장식
품을 빼앗은 다음에, 너를 벌거벗겨 알몸으로 버려
둘 것이다.
40 그들은 너를 대항하여 한 무리를 끌고 와서
너를 돌로 치고, 칼로 찔러 죽일 것이다. 41 그
들은 네 집을 불사르고, 많은 여인이 보는 앞에서
너에게 벌을 내릴 것이다. 내가 이렇게 네 음행을
끝장 내서, 네가 다시는 그들에게 선물을 줄 수
없게 하겠다. 42 그제야 너에 대한 내 분이 풀리
고, 내 질투가 사그라지고, 마음이 평온해져서,
다시는 화를 내지 않게 될 것이다.
43 네가 어린 시절을 기억하지 않고, 이
모든 일로 내 분노를 터뜨려 놓았으니, 나도 네
행실대로 네게 그대로 갚을 것이니, 네가 다시는
역겨운 우상을 섬기는 일에다가 음행까지 더
하는 일을 하지 못할 것이다. 나 주 하나님의
말이다."

ㄱ) 또는 '갈대아' ㄴ) 또는 '음욕을'

로 기록되고 있다. 다른 사람들은 상대적으로 의롭다 (다말에 대한 유다의 말을 보라, 창 38:26).

16:53-63 예루살렘뿐만 아니라 (59-63절), 세 자매의 운명이 갑자기 바뀐다 (53-58절). **16:53-58** 하나님은 모두 이전 상태로 회복시키려 하신다 ("회복"이란 표현에 대해서 신 30:1-10; 렘 29:14; 33:6-9; 겔 39:25-26을 보라). 비유에서 소돔을 이용한 요점은 분명하다: 소돔의 터무니없는 악함. 그런데 이제 예루살렘이 소돔처럼 되었고 비도덕적 행위에 연루된 것을 알게 된다. 주님이 예루살렘을 회복시킨다면, 다른 성읍들도 회복시킨다; 예루살렘도 다른 성읍들처럼 악하기 때문이다. **16:59-63** 기소 내용에도 불구하고 (59절) 하나님은 "그러나 나는"(60절)이라고 말씀하신다. 예루살렘은 그렇지 않았지만 (22절), 하나님은 언약관계를 기억하고 소생시키신다. 이것은 새로운 것이 아니고 옛 언약관계를 복원시키는 것이다 (비슷한 상황에서 "새 언약"을 보라. 렘 31:31-34). 회복은 예루살렘의 기억을 촉진시키고, 두 자매는 딸들이 되며, 예루살렘은 겸손

그 어머니에 그 딸

44 "사람들마다 너를 비꼬아서 '그 어머니에
그 딸'이라는 속담을 말할 것이다. 45 네가 바로
남편과 자식들을 미워하던 네 어머니의 딸이며,
네가 바로 남편과 자녀들을 미워하던 네 언니들의
동생이다. 너희의 어머니는 헷 사람이며, 아버지는
아모리 사람이다.
46 그리고 네 언니는 그 딸들을 데리고 북쪽에
사는 사마리아이고, 네 동생은 딸들을 데리고 남
쪽에 사는 소돔이다. 47 너는, 그들의 행실만을
따라 가거나 그들의 역겨운 일들만을 따라 하는
것만이 아니라, 그것도 오히려 부족한 듯이, 네
모든 행실이 그들보다 더 타락하였다.
48 나 주 하나님의 말이다. 내가 나의 삶을
두고 맹세한다. 네 동생 소돔 곧 그와 그 딸들은
너와 네 딸들처럼 행동하지는 않았다. 49 네 동
생 소돔의 죄악은 이러하다. 소돔과 그의 딸들은
교만하였다. 또 양식이 많아서 배부르고 한가하여
평안하게 살면서도, 가난하고 못 사는 사람들의
손을 붙잡아 주지 않았다. 50 오히려 그들은 교
만하였으며, 내 눈 앞에서 역겨운 일을 하였다. 그
러므로 내가 그것을 보고는, 그들을 없애 버렸다.
51 사마리아는 네가 저지른 모든 죄의 반 만
큼도 죄를 짓지 않았다. 네가 그들보다 역겨운 일
들을 더 많이 하였기 때문에, 네가 저지른 그 온
갖 역겨운 일들로, 너는 네 언니와 아우의 죄가 없
는 것처럼 보이게 하였다. 52 네가 네 언니와 아
우보다 더 역겨운 죄를 지으므로, 네 언니와 아우
가 유리한 판단을 받았으니, 너는 마땅한 수치를
당해야 할 것이다. 너 때문에 그들이 의로운 것처
럼 보이게 되었다. 네가 이렇게 네 언니와 아우를
의롭게 보이게 하였으니, 너도 부끄러운 줄 알아라.
네가 마땅한 수치를 당할 것이다."

소돔과 사마리아도 회복될 것이다

53 "내가 그들을 다시 잘 살게 해주겠다. 소
돔과 그 딸들을 다시 잘 살게 해주고, 사마리아와
그 딸들을 다시 잘 살게 해주겠다. 또 내가 그들
과 함께 너도 다시 잘 살게 해주겠다. 54 그제야
너는 네 치욕을 감당하고, 네가 저지른 모든 죄를
부끄러운 줄 알게 될 것이다. 네 언니와 아우는
네가 당하는 수치를 보고, 자신들이 얼마나 유복
한지를 알게 될 것이다. 55 네 아우 소돔과 그
딸들이 예전 상태로 회복되고, 네 언니 사마리아와
그 딸들이 예전 상태로 회복될 때에, 너와 네 딸
들도 예전 상태로 회복될 것이다. 56 네가 교만
하던 시절에는, 네가 네 아우 소돔의 추문을 들을
때에 그를 비웃었다. 57 그러나 그것은 네 죄악
이 드러나기 전에 있었던 일이다. 오히려 이제는
네가 그들의 놀림감이 되었다. 사방에서 너를 멸
시하는 사람들 곧 ㄱ)에돔의 딸들과 그 모든 이웃이
너를 비웃고, 블레셋 딸들이 너를 조롱한다.
58 네가 음행을 저지르고, 또 그처럼 역겨운 일
들을 저질렀으니, 그 벌을 면할 것이라고는 생각
하지 말아라. 나 주의 말이다."

영원한 언약

59 "나 주 하나님이 말한다. 너는, 네가 한
맹세를 하찮게 여겨, 그 언약을 깼으니, 나도 네가
한 것과 똑같이 너에게 하겠다. 60 그러나 나는
네 젊은 시절에 내가 너와 맺은 언약을 기억해서,
너와 영원한 언약을 세우겠다. 61 비록 이것은
너와 나 사이에 세운 언약 속에 들어 있는 것은
아니라 하더라도, 내가 너보다 더 큰 네 언니와

ㄱ) 많은 히브리어 사본과 시리아어역을 따름. 대다수의 히브리어 사본과 칠십인역과 불가타에는 '아람'

해지고 은총에도 불구하고 *부끄러워한다.* 61절의 마지막은 몇 가지 해석을 가능케 하는데, 그 중 두 가지가 설득력이 있다: 사마리아와 소돔은 예루살렘의 딸들이 되고, 비록 예루살렘의 언약적 파트너가 아니었지만, 주님이 자비를 베푸신다; 혹은 주님과 예루살렘이 맺은 언약관계를 깨뜨리지 않으면서 사마리아와 소돔이 예루살렘의 자매가 된다. 따라서 하나의 언약이 사마리아와 소돔도 포함한다. 62절은 엄청난 변화를 요약한다: 언약의 강화, 주님의 인정, 겸손한 반응과 진정한 자기 이해, 주님에게 반역한 것을 지적하기를 멈춤, 그리고 하나님이 예루살렘을 완전히 정화시키신다.

17:1-24 왕과 정치적 사건에 초점을 맞춘 몇 개의 우화들 혹은 정치적 풍자들은 몇 가지 수준에서 해석될 수 있다. 에스겔의 다른 곳에서도 나타나는 알레고리(히브리어, *마샬*)는 속담이다 (12:23; 16:44; 18:2); 여기서는 확대시킨 은유이다. 이 장은 비유 (1-10절), 역사적 그리고 신학적 해석 (11-21절), 그리고 미래에 대한 개정된 비유이다 (22-24절). 포로로 잡혀온 사람들에게 신탁은 바빌로니아에 대한 시드기야의 반란 속에서 어떠한 희망적 전망도 찾지 못하게 한다.

17:1-10 비유는 상상하는 가운데 몇 가지 장면들로 바뀌어 간다: *독수리* 한 마리가 백향목을 심는다

너보다 작은 네 아우를 모두 네 딸로 삼아 주면,
너는 네가 저지른 악한 행실을 기억하고, 부끄러
워할 것이다. 62 이렇게 내가 직접 너와 언약을
세우면, 그 때에야 비로소 너는, 내가 주인 줄 알
것이다. 63 내가 이렇게 하는 까닭은, 네가 저지른
모든 악한 일을 용서받은 다음에, 네가 지난 일들
을 기억하고, 놀라고, 그리고 부끄러워서 다시는
입도 열지 못하게 하려는 데 있는 것이다. 나 주
하나님의 말이다."

독수리와 포도나무의 비유

17 1 주님께서 나에게 말씀하셨다. 2 "사
람아, 너는 이스라엘 족속에게 수수께끼
를 내고, 비유를 들어 말하여라. 3 너는 그들에
게 말하여라. '나 주 하나님이 말한다.

큰 독수리 한 마리가
레바논으로 갔다.
큰 날개, 긴 깃,
알록달록한 깃털을 가진
그 독수리는
백향목 끝에 돋은 순을 땄다.
4 독수리는 그 연한 햇순을 잘라서,
상인들의 땅으로 물고 가서,
상인들의 성읍에 놓아 두었다.
5 그리고
그 땅에서 난 씨앗을 가져다가
옥토에 심었다.
시냇가에다가 버드나무를 심듯,
물이 많은 시냇가에
그 씨앗을 심었다.
6 그 씨앗은 싹이 나고,
낮게 퍼지며 자라서,
무성한 포도나무가 되었다.
그 가지들은
독수리에게로 뻗어 올라갔고,
그 뿌리는 땅에 박고 있었다.
그 씨가 포도나무가 되어,
가지를 내뻗고, 덩굴손을 뻗쳤다.

7 다른 큰 독수리 한 마리가 나타났다.
날개가 크고 깃이 많은 독수리다.
그런데 보아라,
이 포도나무가 뿌리를
그 독수리에게로 뻗고,
가지도
그 독수리에게로 뻗는 것이 아닌가!
이 포도나무는
새로 나타난 그 독수리를 보고
옥토에서 멀리 떨어진 곳에
물을 대달라고 하였다.
8 그 포도나무를 옥토
곧 물이 많은 곳에 심은 것은,
가지를 뻗고 열매를 맺어서
아름다운 포도나무가
되도록 한 것인데,
이 모양이 되고 말았다.'

9 그러므로 너는 그들에게 전하여라.
'나 주 하나님이 말한다.
그 포도나무가
무성해질 수 있겠느냐?

(3-4절); 그 독수리가 연한 가지를 심고 그것은 포도나무가 된다 (5-6절); 다른 독수리가 나타나고 포도나무는 이 독수리로부터 자양분을 공급받는다 (7-8절). 해석을 하는 대신에, 9-10절의 질문은 번성하고 성장할 수 있는 가능성에 대해 묻는다. 추측컨대, 청중은 포도나무가 자랄 수 없도록 만든 앞잡이로 첫째 독수리를 동일시하고 있다.

17:11-21 두 가지 설명이 나타나는데, 첫째 설명은 역사적 비유이고 (12-18절), 둘째 설명은 신학적 관점이다 (19-21절). **17:11-12a** *반역하는* 족속(또한 2:5; 12:2를 보라)에게 하는 말은 해석상의 질문을 제기하기도 한다. 독수리는 누구인가? 백향목은 누구인가? 포도나무는 누구인가? 포도나무의 행위는 무엇을 의미하는가? **17:12b** 큰 독수리는 기원전 597년에 침공한 느부갓네살 왕이다. 백향목의 가지는 추방당한 여호야김 왕이다 (그는 잘 대우 받았다. 5절). **17:13-14** 느부갓네살 왕은 상류층이었던 시드기야왕을 새 왕으로 세우고 조약에 서명하고 충성을 맹세하게 했다. **17:15** 시드기야는 친이집트 정책을 채택하고 (또한 렘 27:1—28:1을 보라) 사머티쿠스 2세(Psammetichus II)로부터 군사적 원조를 받기를 희망하여 반역한다. 15b절의 질문들은 이집트가 원조를 꺼려할 뿐만 아니라, 원조해 줄 능력이 없음을 암시해 준다 (렘 37:5-7). **17:16-18** 시드기야가 느부갓네살과 맺은 협약을 파기했으므로 그 결과는 자명하다: 그는 바빌론에서 죽게 될 것이고 이집트 군대는 돕지 않을 것이다 (또한 왕하 25:1-7을 보라). **17:19-21** 느부갓네살이 예루살렘을 정복하고, 왕을 강제로 추방하고, 시드기야 군대를 물리친 것은 시드기야가 언약을 어긴 것에 대한 하나님의 응징과 다름없다. 기묘하게도, 정치적 조약을 어긴 것은 여기서

그 뿌리가 뽑히지 않겠느냐?
그 열매가 떨어지거나,
그 새싹이 말라 죽지 않겠느냐?
그 뿌리를 뽑아 버리는 데는,
큰 힘이나 많은 군대를
동원하지 않아도 될 것이다.
10 그러므로
그것을 심어 놓았지만
무성해질 수가 있겠느냐?
동쪽 열풍이 불어 오면
곧 마르지 않겠느냐?
자라던 그 밭에서
말라 버리지 않겠느냐?'"

비유의 해석

11 주님께서 나에게 말씀하셨다.
12 "너는 저 반역하는 족속에게, 이 비유가
무엇을 뜻하는지 알지 못하겠느냐고 물어 보고,
그들에게 일러주어라. 바빌로니아 왕이 예루살렘
으로 와서, 왕과 지도자들을 붙잡아 바빌로니아로
끌어 갔고, 13 이 나라의 왕족 가운데서 한 사람을
선택하여, 그와 언약을 맺고, 그에게 맹세를 시킨
다음에, 이 나라의 유능한 사람들을 붙잡아 갔다.
14 이것은 바빌로니아가 이 나라를 굴복시켜 독
립하지 못하게 하고, 그 언약을 지켜야만 명맥을
유지해 나가도록 하려 한 것이다.
15 그런데도 그는 바빌로니아 왕에게 반역
하여, 이집트로 사람을 보내서, 자기에게 많은 군
마와 군인을 파견해 달라고 요청하였다. 그가 성
공할 수 있겠느냐? 그런 일을 한 사람이 죽음을
피할 수 있겠느냐? 언약을 어긴 사람이 죽음을 피
할 수 있겠느냐?
16 나 주 하나님의 말이다. 내가 나의 삶을
두고 맹세한다. 그는 분명히 죽을 것이다. 바빌로
니아 왕이 그를 왕으로 세워 주었는데, 그 왕에게
한 맹세를 무시하고, 그와 맺은 언약을 깨뜨렸으
니, 왕의 땅인 바빌로니아에서 그와 함께 있다가
죽을 것이다. 17 바빌로니아 군대가 많은 사람을
죽이려고, 그의 성읍 옆에 흙 언덕을 쌓고 높은 사
다리를 세울 때에는, 이집트의 바로가 강력한 군
사력과 많은 군사로도 전쟁에서 그를 도울 수가
없을 것이다. 18 그가 맹세를 무시하고 언약을
깨뜨렸다. 그가 언약을 어기고 이런 모든 일을 하
였기 때문에, 죽음을 피할 수 없을 것이다.
19 그러므로 나 주 하나님이 말한다. 내가
나의 삶을 두고 맹세한다. 그는 나의 이름을 두고
한 맹세를 업신여겼으며, 나의 이름을 걸고 맺은
언약을 깨뜨렸으므로, 내가 벌을 주어서, 그 죄를
그의 머리로 돌리겠다. 20 내가 그물을 쳐서
그를 망으로 옭아 바빌로니아로 끌고 가서, 거기
에서 내가 나를 반역한 그의 반역을 심판하겠다.
21 그의 모든 군대 가운데서 ㄱ)도망한 사람들은
모두 칼에 쓰러질 것이며, 살아 남은 사람들은 모
두 사방으로 흩어질 것이다. 그 때에야 비로소 너
희는, 이렇게 말한 것이 나 주인 줄 알게 될 것이다."

ㄱ) 또는 '정예병들'

느부갓네살이 하나님의 심판의 대행자이기 때문에 주님에 반역하는 것과 같다. 그러나 분명히 해두어야 할 것이 있다: 느부갓네살은 예루살렘에서 승리를 거두었고, 주님의 심판은 바빌론에 떨어졌다. 다시 말해서, 포로로 잡혀 온 사람들은 주님을 인정하게 될 것이다 (21b).

17:22-24 3-4절의 동사들과 앞에서 사용된 이미지들을 다시 사용하는 이 마지막 단락은 완료되지 않고 남아 있는 앞 절들을 보충해 준다. **17:22** 백향목의 연한 가지의 운명은 왕조의 계속적인 번성을 나타낸다 (또한 사 11:1; 렘 23:5; 33:15; 슥 3:8; 6:12를 보라). **17:23** 백향목은 하나님의 높은 산에서 멋진 나무가 되는데, 모든 생물들이 이것으로 인하여 혜택을 받는다. 이러한 이미지는 시온 시편들(예를 들어, 46편; 48편)의 이미지를 반영해 주고 있는 것이지만, 에스겔은 신중하게 이 산을 시온(이 단어는 에스겔에서 한 번도 사용되지 않는다)과 동일시하는 것을 회피한다. 포로 공동체는 이 새 환상을 옛 예루살렘과 동일시하면 안 된다. **17:24** 여호야김을 편애하고 시드기야를 내치는 것이 다윗과의 언약을 상기시키지만 (삼하 7장), 다윗 왕조는 새 예루살렘이 나타나지 않았다는 점에서 마찬가지로 경시된다. 오히려 여러 민족은 땅의 권세들 중에서 유일한 주권자인 하나님만을 인정하게 될 것이다 (또한 삼상 2:7; 시 75:7; 147:6을 보라). 역사 속에서 하나님의 말씀만이 진실로 결과를 가져오는 대행 역할을 하게 된다.

18:1-32 14:1-11이 과거와 단절하는 것이 필요하다고 주장하는데 반하여, 18장은 그것이 가능하다고 말한다. 반박문의 법적 용어를 사용하면서 에스겔은 하나님이 도덕적 질서를 어떻게 치리하는가에 대한 일반적인 의견들에 이의를 제기함으로써, 그리고 포로 공동체가 올바른 길, 정의로운 길, 생명의 길을 선택할 것을 촉구함으로써, 포로 공동체가 거듭날 것을 주장한다. 원인과 결과의 운명적 개념을 담고 있는 잘 알려진 속담을 인용하면서, 에스겔은 반대의견을 내고 (3-4절), 구체적으로 반박하고 (5-18절), 이의제기에 대해 반응

희망의 약속

22 "주 하나님이 말한다.
내가 백향목 끝에 돋은 가지를
꺾어다가 심겠다.
내가 그 나무의 맨 꼭대기에 돋은
어린 가지들 가운데서
연한 가지를 하나 꺾어다가,
내가 직접
높이 우뚝 솟은 산 위에 심겠다.
23 이스라엘의 높은 산 위에
내가 그 가지를 심어 놓으면,
거기에서 가지가 뻗어 나오고,
열매를 맺으며,
아름다운 백향목이 될 것이다.
그 때에는
온갖 새들이 그 나무에 깃들이고,
온갖 날짐승들이 그 가지 끝에서
보금자리를 만들 것이다.
24 그 때에야 들의 모든 나무가,
나 주가,
높은 나무는 낮추고
낮은 나무는 높이고
푸른 나무는 시들게 하고
마른 나무는 무성하게 하는 줄을,
알게 될 것이다.
나 주가 말하였으니,
내가 그대로 이루겠다."

개인의 책임

18 1 주님께서 나에게 말씀하셨다. 2 "너
희가 어찌하여 이스라엘 땅에서 아직도
'아버지가 신 포도를 먹으면, 아들의 이가 시다'
하는 속담을 입에 담고 있느냐?
3 나 주 하나님의 말이다. 내가 나의 삶을 두고
맹세한다. 너희 가운데서 어느 누구도 다시는 이
스라엘에서 이런 속담을 입에 담지 못할 것이다.
4 모든 영혼은 나의 것이다. 아버지의 영혼이나
아들의 영혼이 똑같이 나의 것이니, 범죄하는 그
영혼이 죽을 것이다.
5 어떤 사람이 의로워서 법과 의를 실천한다고
하자. 6 그가 산 위에서 우상에게 바친 제물을
먹지 않으며, 이스라엘 족속의 우상들에게 눈을
팔지 않으며, 이웃의 아내를 범하지 않으며, 월경
을 하고 있는 아내를 가까이 하지 않으며, 7 사
람을 학대하지 않으며, 빚진 사람의 전당물을 돌
려 주며, 아무것도 강제로 빼앗지 않으며, 굶주린
사람에게 먹을 것을 주며, 헐벗은 사람에게 옷을
입혀 주며, 8 돈놀이를 하지 않으며, 이자를 받
지 않으며, ㄱ)흉악한 일에서 손을 떼며, 사람과 사
람 사이에서 공정한 판결을 내리며, 9 나의 모든
율례대로 살아 가며, 나의 모든 규례를 지켜서 진
실하게 행동하면, 그는 의로운 사람이니, 반드시
살 것이다. 나 주 하나님의 말이다.

ㄱ) 칠십인역을 따름. 히, '가난한 사람에게서'

하고 (19-24절, 25-29절), 생명의 삶으로 돌아설 것을 초청한다 (30-32절).

18:1-2 잘 알려진 이 속담의 인용은 (2절) 부모의 죄에 대한 자녀들의 심판에 관한 말뿐만이 아니다 (또한 렘 31:29를 보라). 이 속담은 도덕적 질서에 대한 운명론적 관점에 근거해서 희망을 포기했을 뿐만 아니라 희망을 상실한 것을 반영해 준다. 이 속담은 *이스라엘 땅*에 관한 것이지만, 3절의 "너희"는 포로 공동체를 가리키는 것이다.

18:3-4 거룩한 언약의 양식으로 시작하면서, 하나님은 세대간에 도덕적인 계산의 유효성을 부정하고 새로운 명제를 제시한다. 4절에 히브리어 단어 *네페쉬* ("사람" 혹은 "생명")가 네 번 나타난다. 모든 영혼은 냉혹한 운명의 손에 맡겨진 것이 아니라 하나님의 손 안에 있다고 강조한다. 에스겔은 "세대"를 포함하는 잘 알려진 본문들(출 20:5; 신 24:16)을 사용하면서 도덕적 책임이 세대간에 전가될 수 없음을 강조한다.

18:5-18 세 개의 가상적인 법률 사례는 잘못을 논증한다 (5-9, 10-13, 14-18절). 각 사례는 "조건 부사절," 즉 범죄 목록과 (대부분은 출애굽기, 레위기 혹은 신명기에 나타난다. 또한 겔 22:6-12, 25, 29; 33:15를 보라) 판결, 그리고 그 결과(생명 혹은 죽음)를 포함하고 있다. 이 목록은 성전에 들어갈 수 있는 자격 (고대 이집트로부터 알려짐; 시 15편; 24편; 사 33:14-16도 보라) 혹은 왕족의 임무와 관련된 기대가 반영되어 있다 (렘 22:1-5, 13-19; 겔 45:9의 통치자의 법칙; 또한 왕들인 목자들에 대한 비판이 기록된 겔 34:1-10을 보라). **18:5-9** 첫 사례는 의로운 사람에 관한 것으로 (3:20을 보라), 그는 정의와 공의를 행해야 한다는 대중의 기대에 부응한다 (19, 21, 27절; 33:14-16, 19; 45:9; 렘 22:3, 13도 보라). 이것이 왕족에 대한 이상이라고 한다면, 에스겔은 이것을 모든 공동체에 적용한다. 목록은 우상숭배와 정치적, 경제적, 그리고 법적 권한의 남용을 지적하고, 긍정적 그리고 부정적 말들을 모두 포함하고 있다. 삶에 미치는 영향은 하나님의 심판으로부터 자유롭게 되는 것과 포로로 잡혀왔지만 공동체 안에서 계속되는 삶의 미덕이다. **18:10-13** 첫째 세대와 반대되는 둘째 세대는 피로 언급된다. 이 인물

10 그런데 그가 아들을 하나 낳았다고 하자.
그 아들이 이 모든 선은 하나도 행하지 않고, 이들
악 가운데서 하나를 범하여 폭력을 휘두르거나,
사람을 죽여 피를 흘리게 하거나, 11 아버지와는
반대로 산 위에서 우상에게 바친 제물을 먹거나,
이웃의 아내를 범하거나, 12 가난하고 어려운
사람을 학대하거나, 강제로 빼앗거나, 전당물을
돌려 주지 않거나, 온갖 우상들에게 눈을 팔거나,
역겨운 일을 하거나, 13 돈놀이를 하거나, 이자를
받거나 하면, 그가 살 수 있겠느냐? 그는 절대로
살지 못할 것이니, 이 모든 역겨운 일을 하였으므
로, 죽을 수밖에 없다. 자기의 피가 자기에게로 돌
아갈 것이다.

14 그런데 이 의롭지 못한 그가 아들을 하나
낳았다고 하자. 그 아들이 자기 아버지가 지은 모든
죄를 보고 두려워하여서, 그대로 따라 하지 않고,
15 산 위에서 우상에게 바친 제물을 먹지도 않
으며, 이스라엘 족속의 우상들에게 눈을 팔지도
않으며, 이웃의 아내를 범하지도 않으며, 16 아
무도 학대하지 않으며, 전당물을 잡아 두지도
않으며, 강제로 빼앗지도 않고, 굶주린 사람에게
먹을 것을 주며, 벗은 사람에게 옷을 입혀 주며,
17 ㄱ)흉악한 일에서 손을 떼고, 가난한 자를 압제
하지 않으며, 돈놀이를 하지 않으며, 이자를 받지
않으며, 나의 규례를 실천하고, 나의 율례대로 살
아가면, 이 사람은 자기 아버지의 죄악 때문에 죽
지 않고, 반드시 살 것이다. 18 그렇지만 그의
아버지는 심히 난폭하여 동족을 학대하고, 친척
의 것을 강제로 빼앗고, 자기 민족 가운데서 좋지
않은 일을 하였으므로, 그는 자신의 죄악 때문에
죽을 것이다.

19 그런데 너희는, 왜 그 아들이 아버지의
죄에 대한 벌을 받지 않느냐고 묻는다. 그러나 그
아들은 법과 의를 실천하며, 나의 율례를 다 지키
고 그것들을 실천하였으므로, 그는 반드시 살 것
이다. 20 죄를 지은 영혼 바로 그 사람이 죽을
것이며, 아들은 아버지의 죄에 대한 벌을 받지 않
을 것이며, 아버지가 아들의 죄에 대한 벌도 받지
않을 것이다. 의인의 의도 자신에게로 돌아가고,
악인의 악도 자신에게로 돌아갈 것이다.

21 그러나 악인이라도 자기가 저지른 모든
죄악에서 떠나 돌이켜서, 나의 율례를 다 지키고
법과 의를 실천하면, 그는 반드시 살고, 죽지 않을
것이다. 22 그가 지은 모든 죄악을, 내가 다시는
더 기억하지 않을 것이다. 그는 자신이 지킨 의 때
문에 살 것이다. 23 나 주 하나님의 말이다. 악
인이 죽는 것을, 내가 조금이라도 기뻐하겠느냐?
오히려 악인이 자신의 모든 길에서 돌이켜서 사는
것을, 내가 참으로 기뻐하지 않겠느냐?

24 그러나 의인이 자신의 의를 버리고 돌아
서서 죄를 범하고, 악인이 저지르는 모든 역겨운
일을 똑같이 하면, 그가 살 수가 있겠느냐? 그가
지킨 모든 의는 전혀 기억되지 않을 것이다. 그는
자신의 불성실과 자신이 지은 죄 때문에 죽을
것이다.

25 그런데 너희는, 내가 일을 처리하는 방법
이 공평하지 못하다는 말을 하는구나. 이스라엘
족속아, 너희는 잘 들어라. 내가 일하는 방법이 어
찌 공평하지 않으냐? 너희가 하는 행실이 오히려

ㄱ) 칠십인역을 따름. 히, '가난한 사람에게서'

묘사는 첫째 세대에 비해서 기소내용이 더 많다. 12절은 *가난하고 어려운 사람* (신 15:11; 24:14; 렘 22:15-16)을 추가하고 *학대*라는 표현을 사용한다 (이것은 8장과 16장에서 일반적인 표현이다). **18:14-18** 셋째 사례는 손자가 아버지의 길을 세밀히 관찰하고 그 길을 받아들이지 않았음을 강조함으로써, 그리고 할아버지의 길을 모방하고 따름으로써 그 자신의 생명을 보존하고 아버지(18절에서 아버지의 행실이 잠깐 다시 소개된다)와 같은 운명에 처하지 않게 되었다고 강조함으로써 죄의 논박을 막아버린다.

18:19-24 2절에 나타난 속담이 희망의 상실을 반영한다면, 19a절은 그 점을 명확히 한다: 누구도 (경험에 근거해서) 부모의 행실 때문에 자녀들이 고난을 받는다는 사실을 바꿀 수 없다. 대답은 세대간의 단절을 강조하면서 (신 24:16에서는 순서가 바뀌기도 한다) 3-18절의 주장을 되풀이 한다. 20절은 3-18절까지의 내용을 반영하면서, 그리고 각 사람 혹은 세대에 돌아가는 행동과 결과의 관계를 소개하면서 이 장의 두 부분을 연결시켜 준다. **18:21-24** 악인과 의인은 서로 상반된 자리에 서 있다 (21, 24절). *돌이켜서* (회개하고) 법과 의를 실천하는 악인은 (21절; 또한 5절을 보라) 죽지 않을 것이다. 중요한 것은 과거의 행위가 아니라 현재의 삶이다 (22절). 수사학적 질문이 끼어들고, 청중은 생명을 긍정하는 주님의 확언에 의해 도전받는다 (23절). 전에 의로웠던 사람의 사례는 오직 현재의 삶만이 중요한 것이라는 점을 강조하는 주장을 확고히 한다. 본문은 의인이든 악인이든 서로에게 도움이 되거나 불리하게 작용할 수 없다는 것을 분명히 한다.

18:25-29 이 두 번째 이의제기와 반응은 하나님의 정의에 관한 것이다. 하나님이 임의적이라는 비난이 일어난다. 21-24절을 반복하면서 이 단락은 살고 죽는 것은 각 사람의 책임이라는 것을 강조한다 (27b절). 25절과 29절의 반복은 청중이 마치 자기들 눈 속의 들보는 못 보고 주님의 눈 속의 티를 문제 삼는 것과 같다.

공평하지 않은 것이 아니냐? 26 의인이 자신의
의를 버리고 돌아서서, 죄를 짓다가, 그것 때문에
죽는다면, 그는 자신이 지은 죄 때문에 죽는 것이
다. 27 그러나 악인이라도, 자신이 저지른 죄에
서 떠나 돌이켜서, 법대로 살며, 의를 행하면, 자
기의 목숨을 보전할 것이다. 28 그가 스스로 깨
닫고, 자신이 지은 모든 죄에서 떠나 돌이켰으니,
그는 반드시 살 것이요, 죽지 않을 것이다.

29 그런데도 이스라엘 족속은, 내가 일하는
방법이 공평하지 않다는 말을 하는구나. 이스라
엘 족속아, 내가 일하는 방법이 어찌 공평하지 않
으냐? 너희가 하는 행실이 오히려 공평하지 않은
것이 아니냐?

30 나 주 하나님의 말이다. 그러므로 이스라
엘 족속아, 나는 너희 각 사람이 한 일에 따라서
너희를 심판하겠다. 너희는 회개하고, 너희의
모든 범죄에서 떠나 돌이켜라. 그렇게 하면, 죄가
장애물이 되어 너희를 넘어뜨리는 일이 없을 것
이다. 31 너희는, 너희가 지은 죄를 모두 너희
자신에게서 떨쳐내 버리고, 마음과 영을 새롭게
하여라. 이스라엘 족속아, 너희가 왜 죽고자 하느
냐? 32 죽을 죄를 지은 사람이라도, 그가 죽는 것
을 나는 절대로 기뻐하지 않는다. 그러므로 너희는
회개하고 살아라. 나 주 하나님의 말이다."

애가

19 1 "너는 이스라엘의 지도자들에게 불러
줄 애가를 지어라. 2 너는 이렇게 불러라.

'너의 어머니는 누구였느냐?
사자들 가운데 엎드려 있으면서,
젊은 사자들 틈에서
제 새끼들을 기르던 암사자였다.
3 그 새끼들 가운데서
하나를 키웠더니,
젊은 사자가 되었다.
그가 사냥하는 것을 배워,
사람을 잡아 먹으니,
4 이방 민족들이 이 소식을 듣고,
함정을 파서 그를 잡아
갈고리로 꿰서,
이집트 땅으로 끌어 갔다.
5 암사자는 새끼를 기다리다가
희망이 끊어진 것을 깨닫고,
제 새끼들 가운데서
다른 것을 하나 골라,
젊은 사자로 키웠더니,
6 그가 사자들 가운데서 어울리며,
젊은 사자가 되었다.
그가 사냥하는 것을 배워,

18:30-32 18장은 전형적인 심판문으로 끝난다 (30a절). 이것은 표면적으로 회개를 촉구하는 것과 상충된다 (30b절). 절대 명령의 수사학적 충격은 하나님의 심판이 기계적으로 일어나는 것이 아니라, 인간의 반응에 달려있다는 사실을 암시한다. 11:19와 36:26에서 선물로 주어졌지만, 이제는 악인들이 스스로 그들의 정향, 충동, 그리고 의지를 바꿀 것을 요구한다. 결국 하나님은 모든 사람이 살기를 원하신다 (또한 23절을 보라). 이런 하나님의 자비로 모든 사람은 법과 의가 실천되는 새로운 공동체를 창조하는 하나님의 일에 동참하도록 초청된다.

19:1-14 이 애가 혹은 장송곡의 풍자적 시문 (parody)은 그 목적이 유다 왕조의 마지막 장의 커튼을 내리는 것으로 (17장과 같이) 하나의 수수께끼이다. 정치세력과 자기과장으로 떠받쳐진 왕조는 더 이상 다윗의 언약신학의 확실성을 주장할 수 없게 되었다 (또한 신 17:14-20; 삼하 7장을 보라). 18장은 유다 왕들의 마지막 세대에 대한 심판을 강조하기 위해 두 개의 광대한 은유 사이에 위치하고 있었을지도 모른다. 19장은 두 개의 이미지를 포함하고 있는데, 하나는 사자와 새끼들(1-9절)이고, 다른 하나는 포도나무와 포도원이다 (10-14절).

19:1-9 이 장은 지도자들을 염려한다 (에스겔은 "왕"이라는 단어를 사용하려 하지 않는다). 17장과 다르게, 여기엔 설명이 없다. *암사자.* 이스라엘 혹은 다윗 왕조이다 (또한 창 49:8-9를 보라). 새끼들은 "사람을 잡아먹는" 것으로 묘사된다 (3, 6절; 22:25도 보라). 7a의 마소라사본은 이전 왕비들과의 간통을 의미할 수 있다. 역설적이게도, 침략자들(8-9a)은 지도자들의 공포로부터 (9b) 이스라엘을 해방시켜주는 하나님의 대행자로서 행동한다. 포로들을 갈고리로 꿰는 것은 (4, 9절) 에살핫돈의 석비(Esarhaddon's stele)로부터 알려졌다. 첫 번째 젊은 사자는 이집트로 잡혀간 유일한 왕인 (4절; 또한 왕후 23:34도 보라) 여호아하스(기원전 609년)이다. 둘째 사자가 누구인지는 일부러 밝히지 않는다: 여호야김 (기원전 609-587년), 여호야긴 (기원전 598년), 혹은 시드기야 (기원전 598-587년). 이것이 여호야김이라면, 왕하 24:4에 보고된 폭력사태와 상응하고 대하 36:6의 기록과도 어울린다. 이것은 또한 두 번째 비유 속에 나오는 왕들의 순서가 역사적 순서와 맞도록 해준다: 여호야긴과 시드기야.

19:10-14 옮겨 심겨진 포도나무(10절)와 왕권(11, 14절)의 이미지는 이 장을 창 49:8-12에서 야곱이 유다를 축복한 것과 명백하게 연결시켜 주고, 따라서

사람을 잡아 먹으며
7 그들의 거처를 모두 ㄱ)파괴하니,
성읍들이 황량해지고
그의 으르렁대는 소리에
땅과 그 안에 가득 찬 것이
황폐해졌다.
8 그러자 이방 민족들이 그를 치려고
사방 여러 지역에서 와서,
그의 위에 그물을 치고
함정을 파서 잡아
9 갈고리로 그의 코를 꿰어
철창에 넣어서,
바빌로니아 왕에게로 데리고 갔다.
그들은 그의 으르렁대는 소리가
다시는 이스라엘의 모든 산에
들리지 않게,
그를 감옥에 가두었다.

10 네 어머니는 ㄴ)네 포도원 안에 있는
물가에 심은 포도나무 같아서,
물이 많으므로
열매가 많고 가지가 무성하며,
11 그 가지 가운데 가장 센 가지가
통치자의 통치 지팡이가 되었다.
그 하나가
굵고 큰 가지들보다 더 높이 솟았고
많은 가지 가운데서 우뚝 솟았으나
12 그 포도나무가 분노 가운데 뽑혀서
땅바닥에 던져지니,
그 열매가 동풍에 마르고,
그 튼튼한 가지들은 꺾이고 말라서,
불에 타 버렸다.
13 이제는 그 나무가 광야에,
가물고 메마른 땅에 심겨 있다.
14 그 가운데 ㄷ)큰 가지에서
불이 솟아 나와
그 가지와 열매를 태워 버리니,
통치자들의 통치 지팡이가 될 만한
튼튼한 가지가
하나도 남지 않았다.'"

이것은 애가인데, 사람들이 부르고 또 불렀다.

하나님의 뜻, 사람의 반역

20 1 제 칠년 다섯째 달 십일에 이스라엘의
장로들 가운데서 몇 사람이, 주님의 뜻을
물으려고 나에게 와서, 내 앞에 앉았다. 2 그 때에
주님께서 나에게 말씀하셨다. 3 "사람아, 너는
이스라엘의 장로들에게 이야기하고, 그들에게 전
하여라. '나 주 하나님이 말한다. 너희가 나의 뜻
을 물으려고 와 있느냐? 내가 나의 삶을 두고 맹
세한다. 나는 너희가 묻는 것을 허락하지 않겠다.
나 주 하나님의 말이다' 하고 말하여라.
4 너 사람아, 오히려 네가 그들을 심판해야
하지 않겠느냐? 사람아, 네가 그들을 심판해야 하
지 않겠느냐? 그들의 조상이 저지른 역겨운 일을
그들에게 알려 주어라. 5 너는 '주 하나님께서
이렇게 말씀하신다' 하고 그들에게 일러주어라.

ㄱ) 타르굼과 칠십인역을 따름. 히, '그가 알았다' ㄴ) 두 개의 히브리어 사본을 따름. 히, '네 핏줄 안에 있는' ㄷ) 또는 '그 큰 가지 밑에서'

왕가의 소멸을 특징짓는다. 어머니 *포도나무*는 유다이고, 거기서부터 통치자(왕권)가 싹이 튼다. *가지*(11절)는 바빌로니아로 강제 이주된 여호야긴 (13절; 또한 왕하 24:15를 보라) 혹은 시드기야일 것이다. 13절은 포도나무가 (아마도 바빌론) 옮겨 심어진 것을 나타내고 왕과 백성들이 기소된 것을 암시한다. 14절은 왕조의 마지막 왕, 시드기야가 다 타버린 것을 함축한다. 메시지는 매우 분명하다. 약속은 다 소멸되었다. 다윗 왕조는 더 이상 존재하지 않는다. 포로 공동체는 없어진 다윗의 왕조를 인정해야만 희망이 찾아 올 수 있다.

20:1-44 에스겔은 포로 공동체에게 놀랍게 변경된 역사를 제시하는데, 이것의 목적은 예루살렘의 심판은 피할 수 없고 정당한 것이며 하나님의 변화시키는 비전에 동참해야 한다고 설득하기 위함이다. 에스겔은 "구원사"에 주목하면서, 이스라엘의 과거는 구원의 역사가 아니라 우상숭배의 역사라고 말한다. 이 장은 오직 신성한 명예만 (9, 14, 22, 40, 44절) 지키기 위해 행동하는 것을 주님의 특성으로 강조한다. 도입부분 (1-4절)이 끝난 후에, 이 장은 이집트에서의 이스라엘의 경험 (5-9절); 광야에서의 첫 세대 (10-17절); 광야에서의 다음 세대 (18-26절); 맹세한 땅에서의 그들의 행위 (27-29절); 그리고 포로기 상황(30-31절)을 개괄한다. 주님의 반응(32절)이 새로운 출애굽-광야 경험 (32-38절)과 그 땅에서 진정한 예배의 새로운 현실 (39-44절)을 통해서 표현된다.

20:1-4 8:1의 날짜보다 1년 뒤인, 기원전 591년 8월 14일에 장로들이 주님의 뜻을 물으러 에스겔(또한 8:1; 14:1을 보라)을 찾아온다 (또한 신 4:29를 보라). 기대했던 긍정적 응답대신 장로들의 요구는 거절되고 에스겔은 그들이 심판받을 것이란 말을 듣는다. 질문 (4a절)은 에스겔의 동의를 구하고, 포로 공동체가 심판을 인지할 것을 촉구한다 (22:2; 23:36도 보라).

내가 옛날에 이스라엘을 선택하고, 야곱 집의 자
손에게 손을 들어 맹세하고, 이집트 땅에서 나 자
신을 그들에게 알려 주고, 그들에게 손을 들고 맹세
할 때에 내가 그들의 주 하나님이라고 일러주었다.
6 그 날에 나는 그들에게 손을 들어 맹세하기를,
그들을 이집트 땅에서 이끌어 내서, 내가 이미 그
들에게 주려고 골라 두었던 땅, 곧 젖과 꿀이 흐
르는 땅이요, 모든 땅 가운데서 가장 아름다운 땅
으로 인도하겠다고 하였다.
7 내가 또 그들에게 일러주었다. 각자 눈을
팔게 하는 우상들을 내던지고, 이집트의 우상들로
그들 자신을 더럽히지 말라고 하였다. 나는 주 그
들의 하나님이라고 말하였는데도 8 그들은 나에
게 반역하고, 나의 말을 들으려고 하지 않았다.
어느 누구도 그들을 현혹시키는 우상들을 내던지
지 않았고, 이집트의 우상들도 버리지 않았다. 그
래서 나는 이집트 땅의 한복판에서 그들 위에 나의
진노를 쏟아 부어, 그들에게 나의 분노를 풀겠다
고 말하였다. 9 그러나 나는 나의 이름 때문에,
이방 민족의 한가운데 살던 이스라엘이, 그 모든
이방 민족이 보는 앞에서 나의 이름을 더럽히지
않게 하였으니, 바로 그 여러 민족이 보는 앞에
서, 내가 그들을 이집트 땅에서 이끌어 냄으로써,
나 자신을 그들에게 알려 주었었다.
10 그래서 나는 그들을 이집트 땅에서 이끌어
내서, 광야로 데리고 나갔다. 11 나는 그들에게,
누구나 그대로 실천하면 살 수 있는 율례를 정하여
주고, 내 규례를 알려 주었다. 12 또 나는 그들
에게 안식일도 정하여 주어서, 이것이 나와 그들
사이에 표징이 되어, 내가 그들을 거룩하게 하는
주인 줄 알게 하였다. 13 그러나 이스라엘 족속
이 광야에서 나에게 반역하였다. 누구나 그대로
실천하면 살 수 있는 내 율례를 그들은 지키지 않
았고, 내 규례를 배척하였다. 그들은 내 안식일도
크게 더럽혔다. 그래서 내가 이르기를, 광야에서
그들의 머리 위에 내 진노를 쏟아, 그들을 모두 멸
망시키겠다고 하였다. 14 그러나 나는, 내 이름
에 욕이 될까봐, 그렇게 하지 못하였다. 이방 민
족들이 보는 앞에서 이스라엘을 이끌어 냈는데,
바로 그 이방 사람들의 눈 앞에서, 내 이름을 더
럽히고 싶지 않았다. 15 또 나는 광야에서 그들
에게 손을 들어 맹세하기를, 내가 그들에게 주기
로 한 땅, 젖과 꿀이 흐르는 땅, 모든 땅 가운데서
가장 아름다운 땅으로, 그들을 데리고 들어가지
않겠다고 하였다. 16 그것은 그들이 자기들의
마음대로 우상을 따라가서 나의 규례를 업신여기
며, 나의 율례를 지키지 않으며, 나의 안식일을
더럽혔기 때문이다. 17 그런데도 나는 그들을
불쌍하게 여기어, 그들을 죽이지 않고, 광야에서
그들을 멸하여 아주 없애지 않았다.

20:5-9 5-9절에서 사용되는 단어들은 10-17절과 18-26절에서 반복되는데, 반복하는 것에서 가장 중요한 사실은 하나님을 인식해야 하는 내용(7절, 12절, 20절)을 반복하는 것이고, 그리고 여러 민족 앞에서 하나님의 이름이 훼손되는 것(9, 14, 22절)을 방지하려는 의도가 중요한 것이다. **20:5** 이스라엘의 선택신학을 반영하고 있는 단어 *선택*이란 말은 에스겔서 중에서 이 곳에서만 나타난다 (또한 신 7:6-10을 보라). **20:6-7** 하나님의 주도적 행위는 이미 이집트에서 행해지고 있던 우상숭배를 하면 안 된다는 언약에 의한 것이다. 우상들의 효력이나 존재를 인정하지 않기 위해 에스겔은 고의적으로 십계명에 사용된 우상이란 히브리 단어를 쓰지 않는다 (7-8절). **20:8-9** 눈에 보이는 것에 대한 이스라엘의 집착과 우상숭배를 포기하지 못하는 것은 신성한 명예를 마음속에 그리는 하나님의 의도에 의해 균형잡혀 있다 (9, 14, 22, 40, 44절; 36:22도 보라). 이스라엘의 본래적 선함 혹은 이상화된 광야 경험에 대한 낭만적 개념들은 여기서 존재하지 않는다 (또한 렘 2:2-3을 보라).

20:10-17 5-9절에 나타나는 주제들에 더하여 광야세대에 대한 첫 번째 묘사는 생명을 주는 훈시(11, 13절; 또한 18:9, 19, 21-23; 레 18:5; 신 4:6-8; 30:15-19도 보라)와 하나님께서 성결케 하시는 징표로써 안식일(겔 22:8, 26; 23:38도 보라)을 강조하는데, 이스라엘은 이 둘을 모두 거부한다. 15-17절은 이스라엘의 마음을 꾀는 우상숭배를 다시 강조하면서 이스라엘의 행위를 반복해 말하고 하나님의 심판을 설명한다 ("마음"은 악한 행위를 뜻한다; 또한 14:3-4, 7을 보라). 17절에 주님의 눈은 8절의 *그들의 눈*과 대비된다. 이것은 에스겔서에서 주님의 눈이 그들을 불쌍히 여겨 아주 멸하지 않았다고 기록된 유일한 곳이다 (또한 5:11; 7:4; 7:9; 8:18; 9:5, 10을 보라; "눈"이 없는 24:14를 보라).

20:18-26 경고에도 불구하고 광야의 2세들도 부모들의 잘못을 답습한다 (18장과 19장의 반복). 본문은 세 가지 견해를 소개하는데, 그 논조는 매우 가혹하다: 주님은 이미 이스라엘을 열방 중에 흩어 버리겠다는 결심을 했다는 생각 (23절), *옳지 않은* 규례와 목숨을 살리지 못하는 규례를 줌으로써 율법의 살리는 특성을 역전시킴 (25절), 그리고 맏아들을 제물로 바치도록 승인함 (26절). 에스겔은 "어떻게 하나님이 나쁜 율례를 준 것으로 묘사하는가?"에 대한 응답으로써, 25-26절은 반율법적 혹은 반유대주의적 논박의 한 부분으로써, 초대교부들의 시대로부터 인용되었다. 대답은 에스겔의 신학적 의도와 수사학적 방법 안에 놓여 있다. 오경이

18 나는 광야에서 그들의 자손에게 말하기를
'너희는, 너희 조상의 율례를 따르지 말고, 그들의
규례를 지키지 말며, 그들의 우상으로 너희 자신
을 더럽히지 말아라. 19 나는 주 너희의 하나님
이다. 너희는, 나의 율례를 따르고, 나의 규례를
지켜, 그대로 실천하여라. 20 너희는, 나의 안식
일을 거룩하게 지켜서, 그것이 나와 너희 사이에
맺은 언약의 표징이 되어, 내가 주 너희의 하나님
인 줄 알게 하여라' 하였다.
21 그런데 그 자손도 나에게 반역하였다. 누
구나 그대로 실천하면 살 수 있는 나의 율례를 따
르지 않았고, 나의 규례를 지키지 않았고, 나의 안
식일을 더럽혔다. 그래서 나는 광야에서 그들의
머리 위에 나의 진노를 쏟아 부어, 그들에게 나의
분노를 풀겠다고 말하였다. 22 그러나 나는 내
이름 때문에, 그렇게 하지 못하였다. 이방 민족들
이 보는 앞에서 그들을 이끌어 냈는데, 바로 그 이
방 사람들의 눈 앞에서 내 이름을 더럽히고 싶지
않아서, 내 손을 거두었던 것이다. 23 그러면서
도 그들을 이방 민족들 가운데 흩어 놓고, 여러
나라 가운데 헤치겠다고 내가 광야에서 또 한번
손을 들어 맹세한 것은, 24 그들의 눈이 자기 조
상의 우상에게 팔려서, 나의 규례대로 살지 않고,
나의 율례를 배척하며, 나의 안식일을 더럽혔기
때문이다.
25 그래서 내가 그들에게, 옳지 않은 율례와,
목숨을 살리지 못하는 규례를, 지키라고 주었다.
26 나는 그들이 모두 맏아들을 제물로 바치도록
시켰고, 그들이 바치는 그 제물이 그들을 더럽히
게 하였다. 내가 이렇게 한 것은, 그들을 망하게
하여 내가 주인 줄 그들이 알게 하려는 것이었다.
27 그러므로 사람아, 너는 이스라엘 족속에게
말하여라. 그들에게 일러주어라. '나 주 하나님이
말한다. 너희 조상은 이런 일을 저질러 나를 배반
함으로써, 나를 모독하였다. 28 내가 일찍이 그
들에게 주겠다고 손을 들어서 맹세한 땅으로 그들
을 데리고 들어왔더니, 그들은 모든 높은 언덕과
잎이 무성한 나무를 보고, 그 곳에서 짐승을 잡아
우상에게 제물로 바치고, 거기서 나를 분노하게
하는 제물을 바쳤다. 그들은 거기서 우상에게 향
기로운 제물을 바치며, 부어 드리는 제물을 바쳤
다. 29 그래서 내가, 그들이 찾아 다니는 그 산
당이 무엇이냐고 그들에게 꾸짖었다.' (그런 곳의
이름을 오늘날까지 ㄱ)바마라고 부른다.)
30 그러므로 너는 이스라엘 족속에게 전하여
라. '나 주 하나님이 말한다. 너희도 너희 조상들의
행실을 따라 너희 자신을 더럽히고, 그들의 역겨운
우상을 따라 다니며 음행을 하느냐? 31 또 너희는

ㄱ) '높은 곳'

실제로 광야의 2세대들에게 내려진 율법을 기록하고 있지 않기 때문에, 에스겔은 실제의 역사적 사건을 묘사하기보다는 충격을 주기 위한 의도를 가지고 역사의 해석을 시도한다. 이스라엘이 (여러 민족들처럼 되어, 32절) 그런 행동을 하게 될 기질이 있기 때문에 그는 하나님이 그들의 욕망을 간파하고 거룩한 규제율례를 주었다고 암시한다 (롬 1:23-25에서 우상숭배에 대한 바울의 비슷한 수사학적 묘사를 보라).

20:26-27 유대 "율법주의"의 실패를 논증하기 위해 이 절들을 사용하는 후대 기독교는 포로 공동체가 더 깊이 사고하고 행동하도록 하기 위해 충격을 주고 도전을 주었던 에스겔이 자주 사용했던 언어용법을 간과했다. 다른 예로써 16장과 23장을 보라. 에스겔이 가장 강조하는 점은 이스라엘 전 역사 속에 나타나는 하나님의 현존과 (종종 드러나지 않는) 인도하심이다.

20:27-29 이스라엘 족속에게 전하라는 새 명령은 그 땅에서의 생명에 대해 언급한다. 일찍이 그들에게 주겠다고 맹세한 땅으로 데리고 왔지만, 이스라엘은 계속해서 우상에게 제물을 바치며 주님을 모독하고 반역한다. "산당"(히브리어, *바마*)과 "찾아다님"(히브리어, *바임*)이란 단어를 사용하는 언어유희는 "오늘날까지"란 전통적 양식에 지적된 현 세대의 행위를 강조한다.

20:30-31 이 단락은 3절에서 장로들이 걱정하여 묻는 질문에 부정적으로 대답하는 것으로 끝난다. 30-31a절의 수사학적 질문들은 포로 공동체가 이전 세대들이 해왔던 잘못들을 계속 반복하는 것에 대한 책임을 인정하도록 하기 위한 것이다.

20:32 이 장의 주된 두 부분을 연결하는 곳과 마찬가지로, 32절은 우상숭배가 계속 되지 못하도록 하려는 하나님의 의도를 표현한다. 에스겔은 여기서도 우상들을 그들이 만들어 낸 것으로 칭하면서 완전히 종교로부터 분리시킨다 (또한 신 4:28; 28:36을 보라).

20:33-38 하나님은 새 출애굽과 새 광야의 경험을 선포하신다. **20:33** 역설적으로 화려한 꾸밈을 사용하여, 하나님은 기대를 심판(격노, 또한 겔 7:8; 9:18; 14:19 등을 보라)의 언어로 꺾어버리며 새 출애굽(또한 신 4:34; 5:15; 7:19 등을 보라)을 선언한다. 여전히, (34장의 목자 이미지는 별문제로 하고) 신성한 왕권 이미지에 대한 선언은 에스겔서에서 특이하다. 출 15:18을 반복하지만 뒤엎으면서, 주님은 이스라엘을 심판하기 위해 포로들을 해방시킨다. **20:34-38** *내가* 라는 말로 강조하면서, 심판의 새 출애굽은 목자의 구별하는 행위(37절)를 통해 성약을 회복시키고 (5절도 보라) 반역하는 사람들을 없애 버린다 (38절). 그러나 땅으로 들어간다는 언급은 없다.

온갖 제물을 바치고 너희 아들들을 불 가운데로 지나가게 하여 제물로 바침으로써, 너희가 오늘날까지 우상들을 섬김으로써, 너희 자신을 더럽히고 있다. 그런데도 내가, 너희가 나에게 묻는 것을 허락할 수 있겠느냐? 이스라엘 족속아, 내가 나의 삶을 두고 맹세한다. 나는 너희가 나에게 묻는 것을 허락하지 않겠다. 나 주 하나님의 말이다.'"

주님께서 이스라엘을 회복하시다

32 "너희가 스스로 이르기를 '우리가 이방 사
람 곧 여러 나라의 여러 백성처럼 나무와 돌을 섬
기자' 하지만, 너희 마음에 품고 있는 생각대로는
절대로 되지 않을 것이다. 33 내가 나의 삶을 두
고 맹세한다. 나 주 하나님의 말이다. 내가 반드
시 능한 손과 편 팔로 분노를 쏟아, 너희를 다스
리겠다. 34 내가 능한 손과 편 팔로 분노를 쏟
아, 너희를 여러 나라에서 데리고 나오며, 너희가
흩어져 살고 있는 여러 나라에서 너희를 모아 오
겠고, 35 내가 너희를 인도하여 '민족의 광야'로
데리고 나가서, 거기에서 너희와 대면하여 너희
를 심판하겠다. 36 내가 이집트 땅 광야에서 너
희 조상을 심판한 것과 똑같이, 너희를 심판하겠
다. 나 주 하나님의 말이다.

37 내가 너희를 목자의 지팡이 밑으로 지나
가게 하여, 너희의 숫자를 세며, 언약의 띠로 맬
것이다. 38 나는 너희 가운데서 나에게 반역하
고 범죄한 사람들을 없애 버리겠다. 그들이 지금
거주하는 땅에서, 내가 그들을 데리고 나오기는
하겠으나, 그들이 이스라엘 땅으로 들어가지는
못할 것이다. 그 때에야 비로소 너희는, 내가 주
인 줄 알게 될 것이다.

39 나 주 하나님이 말한다. 너희 이스라엘 족
속아, 너희는, 각자 너희의 우상들을 섬길테면 섬
겨라. 너희가 지금은 내 말을 듣지 않으나, 이 다
음에 다시는, 너희의 온갖 예물과 우상숭배로 나
의 거룩한 이름을 더럽히지 않을 것이다. 40 나
주 하나님의 말이다. 나의 거룩한 산, 이스라엘의
그 높은 곳에서, 이스라엘 온 족속이, 그 땅에 사
는 모든 사람들이, 나를 섬길 것이다. 거기에서 내
가 그들을 기쁘게 맞아들이며, 거기에서 내가 너
희의 제물과 ㄱ)가장 좋은 예물을 온갖 거룩한 제물
과 함께 요구할 것이다. 41 내가 여러 민족 속에
서 너희를 데리고 나오며, 너희가 흩어져 살던 그
모든 나라에서 너희를 모아 올 때에, 나는 아름다
운 향기로 너희를 기쁘게 맞이하겠다. 이방 사람
들이 보는 앞에서, 너희를 통하여 나의 거룩함을
드러낼 것이다. 42 내가 이렇게 너희를 이스라
엘 땅으로, 곧 내가 너희 조상에게 주겠다고 손을
들어 맹세한 땅으로 데리고 들어가면, 그 때에야 비
로소 너희는, 내가 주인 줄 알게 될 것이다. 43 거
기에서 너희가 자신을 더럽히며 살아온 길과 모든
행실을 기억하고, 너희가 저질렀던 그 온갖 악행 때
문에 너희가 스스로를 미워하게 될 것이다. 44 이
스라엘 족속아, 내가 이렇게 너희의 악한 길과 타
락한 행실에 따라, 그대로 너희에게 갚았어야 했
지만, 내 이름에 욕이 될까봐 그렇게 하지 못하였
으니, 그 때에야 비로소 너희는, 내가 주인 줄 알
게 될 것이다. 나 주 하나님의 말이다."

불타는 숲의 비유

45 주님께서 나에게 말씀하셨다.

ㄱ) 또는 '너희의 첫 열매의 예물을'

20:39-44 수사적 효과를 노리는 잘 꾸며진 또 다른 문구로 시작하면서, 하나님은 그 땅에서 새로운 예배를 선언하신다. **20:39** 역설적 명령으로 하나님은 우상을 섬기고 싶으면 그렇게 하라고 명령하신다. 그러나 그것이 끝이 아니다. 하나님은 다른 의도를 가지고 계신다. **20:40-41** *나의 거룩한* 산은 예루살렘이 아니다. 왜냐하면, 에스겔은 시온 신학과 그것의 거짓된 희망을 회피하려고 하며, 심판 아래 놓여 있는 옛 것으로부터 예상된 하나님의 새로운 것으로 부터 구별하기를 원하기 때문이다. *모든 사람들*. 39절의 각자와 비교가 된다. 이 비교는 40b절에서 그들에 대해 말하는 것에서 강조된다. 주님의 인격과 평판이 이스라엘에 달려 있음으로, 주님은 "나의 거룩함"이 여러 민족 사이에서 인정될 것이라고 선언한다 (또한 28:22, 25; 36:23; 38:16, 23; 29:27을 보라). **20:42-44** 약속한 땅으로 돌아옴으로써, 사람들은 그들이 살아 온 길과 악한 행실들을 기억하고 (16:61을 참조), 이스라엘은 하나님의 행위가 악행들 때문에 벌을 주려는 것이 아니라, 변화를 열망하고 관계를 개선하려는 신성한 평판을 지키려는 것이라는 점을 깨닫게 된다 (38, 42, 44절).

20:45—21:32 불/칼에 대한 네 개의 하나님의 신탁은 에스겔의 메시지의 긴박성을 강조한다. 이 단락은 (히브리어로는 모두 한 장에 포함되어 있음) 네 부분으로 구성된다: 예루살렘을 포함해서 모든 땅에 불/칼로 임하시는 주님 (20:45— 21:7); 칼의 능력에 대한 시 (21:8-17); 주님의 칼을 휘두르는 바벨로니아 왕 (21:18-27); 그리고 칼의 심판 (21:28-32).

20:45—21:7 이 두 부분은 불타는 숲이 확대된

46 "사람아, 너는 얼굴을 남쪽으로 돌려라.
남쪽을 규탄하여 외치고, 남쪽 네겝의 숲을 규탄
하여 예언하여라. 47 너는 네겝의 숲에게 말하
여라. '너는 주의 말을 들어라. 나 주 하나님이 말
한다. 내가 숲 속에 불을 지르겠다. 그 불은 숲 속
에 있는 모든 푸른 나무와 모든 마른 나무를 태울
것이다. 활활 치솟는 그 불꽃이 꺼지지 않아서, 남
쪽에서 북쪽까지 모든 사람의 얼굴이 그 불에 그
을릴 것이다. 48 그 때에야 비로소 육체를 지닌
모든 사람이, 나 주가 그 불을 질렀다는 것을 알게
될 것이다. 그 불은 절대로 꺼지지 않을 것이다.'"
49 내가 아뢰었다. "주 하나님, 그들은 저를
가리켜 말하기를 '모호한 비유나 들어서 말하는
사람'이라고 합니다."

주님의 칼

21 1 주님께서 나에게 말씀하셨다. 2 "사
람아, 너는 얼굴을 예루살렘 쪽으로 돌리
고, 그 곳의 성전을 규탄하여 외치고, 이스라엘 땅
을 규탄하여 예언하여라. 3 너는 이스라엘 땅에
전하여라. '나 주가 말한다. 내가 너를 대적한다.
칼집에서 칼을 뽑아, 너희 가운데 있는 의인과 악
인을 다 쳐죽이겠다. 4 내가 너희 가운데서 의인과
악인을 다 쳐죽일 것이므로, 칼을 칼집에서 빼어
서, 무릇 육체를 가진 모든 사람을 남쪽에서 북쪽
에까지 칠 것이니, 5 그 때에야 비로소, 육체를
지닌 모든 사람이 내가 칼집에서 칼을 빼어 든 줄
을 알 것이다. 그 칼은 절대로 칼집에 다시 꽂히
지 않을 것이다.'
6 너 사람아, 탄식하여라. 그들이 보는 앞에
서 허리가 끊어지는 듯이 괴로워하면서, 슬피 탄
식하여라. 7 사람들이 무엇 때문에 탄식하느냐
고 물으면, 너는 그들에게 '재앙이 다가온다는 소
문 때문이다. 사람마다 간담이 녹으며, 두 손에 맥
이 빠지며, 모두들 넋을 잃으며, 모든 무릎이 떨
것이다. 재앙이 닥쳐 오고 있다. 반드시 이룰 것
이다. 나 주 하나님의 말이다' 하고 말하여라."
8 주님께서 나에게 말씀하셨다.
9 "사람아, 예언을 전하여라. '나 주가 말한다.

칼이다!
칼에 날이 섰다.
칼이 번쩍거린다.
10 사정없이 죽이려고
칼에 날을 세웠으며,
번개처럼 휘두르려고
칼에 광을 냈다.
내 백성이
모든 경고와 심판을 무시하였으니,
어찌 기쁨이 있을 수 있겠는가?
11 그 사람의 손에 쥐어 주려고
칼에 광을 내었다.
살육자의 손에 넘겨 주려고

은유(20:45-49)로써 서로를 모방하고 예루살렘을 향한 칼을 해석하는 부분으로 이어진다. **20:45-47** 하나님이 모든 파괴의 주체이다. 불을 끌 수가 없다. 그리고 *육체를 지닌 모든 사람들*(즉, 모든 피조물)이 하나님을 알아보게 될 것이다. **20:48** 에스겔은 심각성을 깨닫지 못한 것을 불평한다. **21:1-5** 여기서도 하나님이 칼을 빼든 원수이다. 이상하게도 의인과 악인들이 모두 칼의 영향을 받는다 (9:4-6; 14:12-20; 18장; 창 18:25와 대조하라). 그렇지만 또한 *모든 사람들이* 무슨 일이 일어나고 있는지를 *안다*: 하나님의 목적이 달성될 때까지 칼은 절대로 칼집에 꽂히지 않을 것이라는 것은 심판이 취소될 수 없다는 것을 뜻한다. 따라서 칼은 청중에게 위험을 알리기 위한 은유로서 행동과 전쟁의 무차별적 영향을 나타낸다. **21:6-7** 상징 행위는 상황을 요약해 준다: 긴박한 상실에 대해 슬피 탄식하는 것은 불/칼의 신탁에 대한 적절한 반응이라는 것을 에스겔이 보여준다.

21:8-17 히브리 본문상의 문제 때문에 해석하기 어려운 칼에 대한 극단적인 시적 표현은 앞의 신탁의 초점을 강하게 나타내 준다. **21:8-11** 전쟁을 수행하기 위해 무기들이 만들어진다. 다른 것은 기대하지 말라. **21:12-13** 극적인 행위는 *내 백성*과 이스라엘의 모든 왕족에 대한 생각할 수 없고 되돌릴 수 없는 비극이 곧 일어나리라는 것을 강조한다. **21:14-17** 에스겔(14절)과 하나님(17절)은 큰 무리를 심판하기 위하여 칼을 여러 번 휘두르는 행동 속에서 함께 손뼉을 친다. (*성문*은 법정을 의미한다.) 17절이 칼을 들고 있고 황폐케 하는 결과를 장담하는 사람으로서 "나"를 드러내는 것처럼, 16절은 칼을 직접적으로 언급한다.

21:18-27 에스겔은 바빌론 왕에 대하여 상징적으로 행동한다. 이 상징 행위는 이스라엘의 왕족을 놓고 적용하는 행동이다. **21:18-23** 상징 행위는 *암몬의* 수도와 *유다의* 수도인 두 성읍을 가리키기 위해 계획적으로 행하는 행동이다. 칼은 군대를 거느리고 *아람*(시리아)을 가로질러 행군하는 바빌로니아의 왕에게 속한 것으로 해석된다. 느부갓네살은 세 가지를 놓고 점을 친다: 화살 고르기, 숭배대상/신들에게 자문 구하기, 동물의 간에 난 자국을 살피기. 예루살렘 주민에게는

그렇게 시퍼렇게 날을 세우고
광을 냈다.
12 사람아,
너는 부르짖으며 통곡하여라.
그 칼이 내 백성을 치고,
이스라엘의 모든 지도자를 칠 것이다.
지도자들과 나의 백성이
함께 칼에 찔려 죽을 것이다.
그러므로 너는 가슴을 치며
통곡하여라.
13 내가 내 백성을 시험하겠다.
내 백성이 회개하기를 거절하면,
이 모든 일들이
그들에게 닥칠 것이다.
나 주 하나님의 말이다.

14 너 사람아, 예언을 전하여라.
손뼉을 쳐라.
그 칼이 두세 번 휘둘릴 것이다.
그것은 사람을 죽이는 칼이요,
큰 무리를 학살하는 칼이다.
사람들 주위를 빙빙 도는 칼이다.
15 사람들의 간담이 녹고,
많은 사람이 쓰러져 죽을 것이다.
내가 성문마다
ㄱ)살육하는 칼을 세워 놓았다.
번개처럼 번쩍이는 칼,
사람을 죽이려고
날카롭게 간 칼이다.
16 칼아, 날을 세워 오른쪽을 치며
방향을 잡아 왼쪽을 쳐라.
어느 쪽이든지 너의 날로 쳐라.
17 나도 손뼉을 치겠다.
나의 분노도 풀릴 것이다.
나 주가 말한다.'"

바빌로니아 왕의 칼

18 주님께서 나에게 말씀하셨다.
19 "너 사람아, 바빌로니아 왕이 칼을 가지고
올 수 있는 두 길을 그려라. 그 두 길은 같은 나라
에서 시작되도록 그려라. 길이 나뉘는 곳에는 안
내판을 세워라. 20 칼이 암몬 자손의 랍바로 갈
수 있는 길과, 유다의 견고한 성읍인 예루살렘으
로 갈 수 있는 길을 그려라. 21 바빌로니아 왕이
그 두 길이 시작되는 갈림길에 이르러서는, 어느
길로 가야 할지 알아보려고 점을 칠 것이다. 화살
들을 흔들거나, 드라빔 우상에게 묻거나, 희생제
물의 간을 살펴보고, 점을 칠 것이다. 22 점괘는
오른쪽에 있는 예루살렘으로 가서, 성벽을 허무는
쇠망치를 설치하고, 입을 열어 죽이라는 명령을
내리며, 전투의 함성을 드높이고, 성문마다 성벽을
허무는 쇠망치를 설치하고, 흙 언덕을 쌓고, 높은
사다리를 세우라고 나올 것이다. 23 예루살렘
주민에게는 이것이 헛된 점괘로 보이겠지만, 이
점괘는 예루살렘 주민에게 자신들의 죄를 상기시
킬 것이며, 예루살렘 주민이 바빌로니아 왕의 손에
잡혀 갈 것임을 경고할 것이다. 24 그러므로
나 주 하나님이 말한다.

너희의 죄가 폭로되었다. 너희가 얼마나 범죄하였는지, 이제 모두 알고 있다. 너희의 행실에서 너희의 온갖 죄가 드러났으니, 너는 벌을 면할 수 없다. 나는 너를 너의 적의 손에 넘겨 주겠다.
25 너, 극악무도한 이스라엘 왕아,
네가 최후의 형벌을 받을
그 날이 왔고,
그 시각이 되었다.

ㄱ) 칠십인역을 따름. 히브리어 본문의 뜻이 불확실함

놀라운 일이지만, 예루살렘이 선택되고 그들의 침략자들에 의해서 그들의 죄목이 상기된다. 풍자를 놓치지 않는 게 중요하다. 하나님은 신성한 목적을 이루기 위해 금지된 방법을 사용하신다.

21:24-27 23b절을 다시 자세히 말한 후, 하나님은 *극악무도한 이스라엘 왕*(아마도 시드기야)에게 "최후"의 형벌을 받을 "날"(25절; 또한 두 단어의 사용을 7장에서 살펴보라)이 도래했음을 선언하신다. 권력구조가 바뀔 것이지만 (26절), 불길한 변화가 될 것이다. 창 49:10을 암시하지만, 그 기대를 바꿔 놓는 이 사람은 바로 하나님으로부터 권리를 부여받고 하나님의 칼로 행동하는 느부갓네살이다.

21:28-32 마지막 "칼" 신탁은 앞에서 사용된 시적 구절들에서 (9-10절, 23절, 25절) 파생된 이미지를 가지고 심판을 모면한 암몬 사람들에 관한 것이다. 두 절이 선포된 후, 신탁은 칼에게 심판을 멈추라는 명령으로 중단된 것처럼 보인다. 이제 그만. 칼 신탁은 칼 자체, 즉 느부갓네살에 대한 심판을 말하는 주님으로 끝난다 (30-32절). 느부갓네살이 심판을 목적으로 지음 받았다는 것이 그 자신의 폭력을 정당화할 수는 결코 없다 (31-32절). 큰 불 (20:47)은 이제 그 대행자를 태워버린다 (21:31).

22:1-31 세 신탁은 예루살렘을 기소하고 (1-16절), 예루살렘에 선고를 내리고 (17-22절), 그리고 사

26 나 주 하나님이 말한다.
왕관을 벗기고,
면류관을 제거하여라.
이대로 있어서는 안 될 것이다.
낮은 사람은 높이고,
높은 사람은 낮추어라!
27 내가 무너뜨리고,
무너뜨리고,
또 무너뜨릴 것이다.
그러나 이런 일도
다시는 있지 않을 것이다.
다스릴 권리가 있는 그 사람이 오면,
나는 그것을 그에게 넘겨 주겠다."

암몬을 치는 칼

28 "너 사람아, 나 주 하나님이 암몬 자손과
그들이 받을 질책을 말하니, 너는 이 예언을 전하
여라. 이것을 너는 암몬 자손에게 전하여라.
'칼이다. 칼이 뽑혔다.
무찔러 죽이려고 뽑혔다.
다 없애 버리고,
번개처럼 휘두르려고 광을 냈다.
29 점쟁이들이
너에게 보여 주는 점괘는
헛된 것이요,
너에게 전하여 주는 예언도
거짓말이다.
네가 죄를 지었으니, 네가 악하니,
그날이 온다.
최후의 심판을 받을 날이 온다.
칼이 네 목 위에 떨어질 것이다.

30 칼은 다시 칼집으로 돌아가거라.
암몬 자손아,
네가 지음을 받은 곳,
네가 자라난 곳에서
내가 너를 심판하겠다.
31 나의 분노를 너에게 쏟아 붓고,
타오르는 진노의 불길을
너에게 내뿜고,
사람 죽이는 데 능숙한
짐승 같은 사람들의 손에
너를 넘겨 주겠다.
32 너는 불의 땔감이 될 것이며,
너는 네 나라의 한복판에
피를 쏟을 것이다.
너는 더 이상
기억에 남지 않을 것이다.
나 주가 말한다.'"

피의 도성 예루살렘

22 1 주님께서 나에게 말씀하셨다. 2 "너
사람아, 심판할 준비가 되었느냐? 저 피
흘린 ㄱ)성읍을 심판할 준비가 되었느냐? 너는 먼
저, 그 성읍 사람들이 저지른 모든 역겨운 일을,
그들이 깨닫게 하여라. 3 그들에게 전하여라. '나
주 하나님이 말한다. 많은 백성을 죽이고 우상들
을 만들어 스스로를 더럽힌 성읍아, ㄱ)네가 심판
받을 때가 다가온다. 4 너는 살인죄를 저질렀고,
우상을 만들어 숭배하였으므로, 너 자신을 더럽
혔다. 그러므로 네가 심판받을 날이 다가온다. 너
의 때가 다 되었다. 내가 너를, 이방 사람들의 치
욕거리가 되게 하고 모든 나라의 조롱거리가 되게
한 까닭도, 바로 여기에 있다. 5 이미 이름을 더
럽히고, 소란스러운 일로 가득 찬 성읍아, 너에게
가까이 있는 사람들이나, 너에게서 멀리 떨어져
있는 사람들이나, 그들이 모두 너를 조롱할 것이다.
6 이스라엘의 지도자들은 제각기 자신의 권력
을 믿고,네 안에서 살인을 서슴지 않았다. 7 성읍

ㄱ) 예루살렘을 일컬음

회의 전 영역에서 어떻게 죄를 지었는지 구체적으로 설명한다 (23-31절). 21장에서는 칼에 초점을 두고, 22장은 피흘림이 강조되는데, 이것은 심판의 칼의 (우상숭배와 함께) 주된 이유들 중에 하나이다.

22:1-16 심판에 관한 신탁은 피흘리는 것과 우상 만들기로 특성을 나타내고 있다. 우상숭배는 하나님의 형상을 부적절하게 사용하는 것이고, 피흘림은 인간이 하나님의 형상을 침해하는 것이다. 이 신탁은 포로생활이라는 심판으로 이끈 사회적 혼란과 분열을 묘사한다. **22:1-5** 강한 어조의 질문을 던지며 동의를 구하는 것으로 (또한 20:4; 23:36을 보라) 시작하는 에스겔은 스스로 모독적이고 조롱거리가 되는 비난받을 만한 행동들을 폭로함으로써 *피의 도성*을 신랄히 비판한다. 우상숭배와 피흘림은 하나님과 인류에 반하는 악함의 전형이다. 다른 모든 범죄들도 이것들로부터 유래한다. **22:6-12** 이스라엘의 지도자들과 모든 권력을 휘두르는 자들은 죄 없는 사람들의 피를 묻혔다 (6, 9, 12절). 다른 범죄들의 목록은 이스라엘의 법적

아, 네 안에서 살고 있는 그들이 아버지와 어머니
를 업신여기며, 네 한복판에서 나그네를 학대하
고, 네 안에서 고아와 과부를 구박하였다. 8 너는
내 거룩한 물건들을 업신여겼으며 내 안식일을 더
럽혔다.
9 네 안에는 살인을 하려고 남을 헐뜯는 사
람들이 있으며, 네 안에는 산에서 우상의 제물을
먹는 사람들이 있으며, 네 한복판에서 음행을 하는
사람들이 있다. 10 네 안에는 아버지의 아내인
계모와 관계하는 자식이 있고, 네 안에는 월경을
하고 있는 부정한 여자와 관계하는 남편이 있다.
11 또 이웃 사람의 아내와 더러운 죄를 짓는 남
자가 있으며, 음행으로 자기의 며느리를 욕보이
는 시아버지가 있으며, 아버지의 딸인 자기 누이
를 욕보이는 아들도 네 안에 있다. 12 돈을 받고
살인을 하는 자도 있고, 고리대금업을 하는 자, 모
든 이웃을 억압하고 착취하는 자도, 네 안에 있다.
그러면서도 너는 나를 잊고 있다. 나 주 하나님의
말이다.
13 네가 착취한 불의한 이익과 네 한복판에
서 벌어진 살인 때문에, 내가 분노하여 두 주먹을
불끈 쥐고 벼르고 있다. 14 내가 너를 해치우는
날에, 너의 심장이 배겨 나겠느냐? 네 두 손에 계
속 힘이 있겠느냐? 나 주가 말하였으니, 내가 반
드시 이루겠다. 15 내가 너의 주민을 이방 사람
들 속에 흩으며, 여러 나라로 흩뿌려서, 네게서 더
러운 것을 소멸시키겠다. 16 너는 이방 사람들
이 보는 앞에서 스스로 수치를 당할 것이다. 그 때
에야 비로소 너는, 내가 주인 줄 알게 될 것이다.'"

용광로에 들어간 이스라엘

17 주님께서 나에게 말씀하셨다.
18 "사람아, 이스라엘 족속이 내게는 쓸모도
없는 쇠찌꺼기이다. 그들은 모두가 은을 정련하고,
용광로 속에 남아 있는 구리와 주석과 쇠와 납의
찌꺼기이다. 19 그러므로 나 주 하나님이 말한다.
너희가 모두 쇠찌꺼기가 되어 버렸기 때문에, 바로
그렇기 때문에, 내가 너희를 예루살렘의 한가운
데 모으고, 20 사람이 은과 구리와 쇠와 납과 주
석을 모두 용광로에 집어 넣고 거기에 풀무질을
하듯이, 나도 내 분노와 노여움으로 너희를 모두
모아다가, 용광로에 집어 넣고 녹여 버리겠다.
21 내가 너희를 모아 놓고, 내 격노의 불을 너희
에게 뿜어 대면, 너희가 그 속에서 녹을 것이다.
22 은이 용광로 속에서 녹듯이, 너희도 그 속에서
녹을 것이다. 그 때에야 비로소 너희는, 나 주가
너희에게 분노를 쏟아 부은 줄 알 것이다."

이스라엘 지도층의 죄

23 주님께서 나에게 말씀하셨다.
24 "사람아, 너는 유다 땅에 이렇게 말하여
라. '유다 땅아, 너는 진노의 날에 더러움을 벗지
못한 땅이요, 비를 얻지 못한 땅이다. 25 그 가
운데 있는 ㄱ)예언자들은 음모를 꾸미며, 마치 먹이
를 뜯는 사자처럼 으르렁댄다. 그들이 생명을 죽
이며, 재산과 보화를 탈취하며, 그 안에 과부들이
많아지게 하였다. 26 이 땅의 제사장들은 나의

ㄱ) 칠십인역에는 '제사장들'

전통을 끌어들인다: 부모에 대한 대우 (출 20:12; 레 19:3; 신 5:16), 나그네/외국인에 대한 대우 (출 22:21-22; 23:9; 레 19:33-34), 고아와 과부에 대한 대우 (출 22:22-24; 신 16:11), 안식일을 범함 (레 19:30; 출 20:11; 신 5:15; 아마도 안식년을 포함해서, 레 25장; 신 15장); 중상하여 살인하는 것 (레 19:16); 이방음식, 근친상간을 포함한 성적 범죄 (레 18:7-20; 20:11-14); 그리고 뇌물, 과도한 이자, 강탈 등에 관한 경제적 범죄 (출 23:8; 레 25:36-37; 19:13; 또한 겔 18:8, 13, 17을 보라). 이런 행위들이 법을 잊고 사는 포로로 잡혀온 사람들의 징후이다 (12b). **22:13-16** 누적된 두 범죄를 증거로 대면서 선고가 내려진다 (13절). 추방이 그 결과인데 (레 26:33-39; 신 28:64도 보라) 이것을 통해서 사람들이 공공연히 불경해 질 것이고 (마소라사본 16a를 보라), 또 주님을 알게 될 것이다.

22:17-22 이스라엘은 금속을 용해하는 과정에서 생겨나는 불순물에 지나지 않는다. 그들 모두(18절)를 강조하고 불순물로써 은을 특별히 언급하는 것은 (18, 20, 22절) 자신들을 고상하게 (마치 자신들이 잘 제련된 금속인 것처럼) 생각하는 사람들에 대한 경고이다. 자신들이 불순물이라는 것을 깨달을 때에야 비로소 (22b) 그들은 주님을 인정한다.

22:23-31 땅의 백성들을 포함해서 모든 지도자들이, 예루살렘의 심판에 대한 이유로 규탄받는다 (또한 습 3:3-4를 보라). 권세자들이 특별히 심판의 홍수와 불의 원인이 된다. **22:23-24** 정결케 하는 비의 홍수가 필요한 때이다 (13:11, 13도 보라). **22:25-29** 이스라엘의 지도자들(칠십인역은 "왕자들"로 표현)은 백성들을 탈취하여 (또한 19:3, 6을 보라) 과부들을 많이 남기고 자신들의 지위를 강화한다. 왕자들은 모든 거룩한 것들을 좌지우지함으로써 주님의 훈계를 범한다. 법관들을 포함해서 지위가 낮은 관리들은 자신들에게 경제적

율법을 위반하고, 나의 거룩한 물건들을 더럽혔다.
그들은 거룩한 것과 속된 것을 구별하지 않으며,
부정한 것과 정한 것을 구별하도록 깨우쳐 주지도
않으며, 나의 안식일에 대하여서는 아주 눈을 감
아 버렸으므로, 나는 그들 가운데서 모독을 당하
였다. 27 그 가운데 있는 지도자들도 먹이를 뜯는
이리 떼와 같아서, 불의한 이득을 얻으려고 사람을
죽이고, 생명을 파멸시켰다. 28 그런데도 그 땅의
예언자들은 그들의 죄악을 회칠하여 덮어 주며,
속임수로 환상을 보았다고 하며, 그들에게 거짓
으로 점을 쳐 주며, 내가 말하지 않았는데도 나 주
하나님이 한 말이라고 하면서 전한다. 29 이 땅의
백성은, 폭력을 휘두르고 강탈을 일삼는다. 그들은
가난하고 못 사는 사람들을 압제하며 나그네를 부
당하게 학대하였다. 30 나는 그들 가운데서 한
사람이라도 이 땅을 지키려고 성벽을 쌓고, 무너
진 성벽의 틈에 서서, 내가 이 땅을 멸망시키지 못
하게 막는 사람이 있는가 찾아 보았으나, 나는 찾지
못하였다. 31 그래서 나는 그들에게 내 분노를
쏟아 부었고, 내 격노의 불길로 그들을 멸절시켰다.
나는 그들의 행실을 따라 그들의 머리 위에 갚아
주었다. 나 주 하나님의 말이다.'"

사마리아와 예루살렘의 죄

23 1 주님께서 나에게 말씀하셨다. 2 "사
람아, 두 여인이 있는데, 그들은 한 어머
니의 딸들이다. 3 그들은 이집트에서부터 이미
음행을 하였다. 젊은 시절에 벌써 음행을 하였다.
거기서 이미 남자들이 그들의 유방을 짓눌렀고,
거기서 이미 남자들이 그 처녀의 젖가슴을 어루만
졌다. 4 그들의 이름은, 언니는 오홀라요, 동생
은 오홀리바다. 그들은 내 사람이 되어, 나와의 사
이에서 아들딸을 낳았다. 그들을 좀 더 밝히자면,
오홀라는 사마리아이고, 오홀리바는 예루살렘이
다. 5 그런데 오홀라는 나에게 속한 여인이었으
면서도, 이웃에 있는 앗시리아의 연인들에게 홀
려서 음행하였다. 6 그들은 모두 자주색 옷을 입
은 총독들과 지휘관들이요, 모두 말을 잘 타는 매
력 있는 젊은이들과 기사들이었다. 7 그들은 모
두가 앗시리아 사람들 가운데서도 빼어난 사람들
이었는데, 오홀라가 그들과 음행을 하였으며, 또
누구에게 홀리든지 그들의 온갖 우상으로 자신을
더럽혔다. 8 오홀라는 이집트에서부터 음란한
행실을 버리지 않았다. 그는 젊은 시절에 이미

이득을 가져오는 폭압적 행위들로 가득 차 있다. 예언자는 하나님이 말씀하지 않을 때 하나님을 대언한다고 주장한다. 그들은 우주론적 선언을 하는 것으로 만족하기로 선택한다 (13:10-16도 보라). 끝으로, 땅의 백성들도 약한 자들을 강탈하고 약탈하고 억압하고 착취하는 것으로 정죄된다. **22:30-31** 하나님은 어느 누구도 부정의와 억압에 대해 잘못을 지적하는 사람을 찾을 수 없기 때문에 (또한 렘 5:1-6을 보라) 신성한 불로 모두 태워버린다. 그러나 그 심판은 그들을 따라 다니며 괴롭히기 위해 되돌아오는 그들 자신들의 행위라고 해석될 수도 있다.

23:1-49 23장은 *사마리아와 예루살렘*의 비정상적 행위에 초점을 맞춘 비유적 심판신탁이다. 사마리아와 예루살렘의 죄는 남편(주님)이 아닌 다른 연인들과 음행한 것을 포함한다. 비록 성적 이미지가 다른 나라들과 정치적 연대를 맺는 것으로 묘사되지만, 여기서 기록된 범죄는 인내할 수 없는 것이다 (또한 16장을 보라). 심판의 묘사는 복잡한 혼합; 음행에 대한 심판을 군사적 정복의 묘사와 연결하는 것을 포함한다. 비유를 시작한 후 (1-4절), 이 장은 범죄의 내용과 각각에 대한 심판의 내용(5-35절)을 포함해서 두 자매의 역사적 배경을 보여준다. 이것은 법적 판결문으로 이어진다 (36-49절).

23:1-4 비유는 두 자매가 이집트에서 한 어머니의 딸들로 태어난 것, 그들의 성적 행위, 그들의 이름, 그리고 하나님과의 관계를 밝히는 것으로 시작한다. 두 자매와 결혼할 수 없다는 금지법(레 18:18)은 여기서 문제가 안 된다. 오홀라와 오홀리바라는 이름은 이스라엘과 유다에서 신당의 역사를 반영하고 있을 것이다 (또한 신 12:5; 왕상 12:25-33을 보라).

23:5-35 역사적 개요는 오홀라의 죄과(5-8절)와 그에 대한 선고를 말하고 (9-10절), 이어서 오홀리바의 죄과(11-21절)와 선고(22-35절)로 이어진다.

23:5-8 오홀라의 죄과는 창녀가 되었다는 것이다. 그녀의 앗시리아 연인에 대한 묘사는 정치 지도자와 군인들을 의미한다. 이스라엘은 기원전 9세기 중엽까지 앗시리아의 정치적 지배에 압도되었다. 살만에셀 3세의 검은 방첨탑은 그에게 굴복한 예후 왕을 묘사한다 (기원전 841년). 므나헴은 기원전 738년에 디글랏빌레셀 3세와 연합했다 (또한 왕하 15:19-20을 보라). *온갖 우상*(7절)은 앗시리아의 신들을 뜻하거나 앗시리아 남자들의 이미지를 뜻할 수도 있다 (또한 14절을 보라).

23:9-10 이 문장은 기원전 722-721년에 앗시리아가 이스라엘을 정복하는 것을 묘사한다. 이스라엘은 패망당했고 백성들은 추방되었다 (왕하 17:6).

23:11-21 그녀의 언니보다 더 비열하게 행동하는 오홀리바는 세 명의 연인을 취한다. **23:11-13** 사마리아와 마찬가지로 예루살렘은 앗시리아 사람들에게 홀렸다 (또한 왕하 16:7-8을 보라). **23:14-18** 벽에 그려진 바빌로니아 사람들의 모습에 자극받아 예루살

이집트의 젊은이들과 잠자리를 같이 하여서, 그
들이 그의 처녀 젖가슴을 만졌고, 그에게 정욕을
쏟아 부었다. 9 그래서 내가 그를 그의 연인들
곧 그가 홀린 앗시리아 사람의 손에 넘겨 주었더니,
10 그들이 그의 하체를 드러내고 그의 아들딸들
을 붙잡아 갔으며, 끝내는 그를 칼로 죽였다. 그는
심판을 받아 여인들의 입에 오르내리게 되었다.
11 그의 동생 오홀리바는 이것을 보고서도,
자기 언니의 음란한 행실보다 더 음란하여, 자기
언니보다 더 많이 홀리고 타락하였다. 12 그는
앗시리아의 사람들에게 홀렸는데, 그들은 모두
화려한 옷을 입은 총독들과 지휘관들이며, 모두
말을 잘 타는 기사요, 매력 있는 젊은이들이었다.
13 내가 보니, 그도 자신을 더럽혔다. 그 두 자매가
똑같은 길을 걸었다.
14 그런데 오홀리바가 더 음탕하였다. 그는
남자들의 모양을 벽에다가 새겨 놓고 쳐다보았는
데, 붉은 색으로 새겨진 [ㄱ]바빌로니아 사람들의
모양이었다. 15 그들의 허리에는 띠를 동이고,
머리에는 감긴 수건이 늘어져 있다. 그들은 모두
우두머리들과 같아 보이고, 갈대아가 고향인
바빌로니아 사람들과 같은 모습이었다. 16 오홀
리바는 그런 모습을 보고, 그들에게 홀려서, 바빌
로니아로 사람들을 보내어 그들을 불러왔다.
17 바빌로니아 사람들이 그에게 와서, 연애하는
침실로 들어가, 음행을 하여 그를 더럽혔다. 그가
그들에게 더럽혀진 뒤에는 그의 마음이 그들에게서
멀어졌다. 18 오홀리바는 이렇게 드러내 놓고
음행을 하며, 자신의 알몸을 드러냈다. 그래서 내
마음이 그의 언니에게서 멀어진 것과 같이, 그에
게서도 멀어지게 되었다. 19 그런데도 그는 음
행을 더하여, 이집트 땅에서 음란하게 살던 자신
의 젊은 시절을 늘 회상하였다. 20 그는, 정욕이
나귀와 같이 강하고 정액이 말과 같이 많은 이집
트의 사내들과 연애를 하였다."

예루살렘이 받은 심판

21 "너는 젊은 시절의 음란한 생활을 그리워
한다. 너의 처녀 시절에 이집트의 사내들이 [ㄴ]너의
유방을 만지고 너의 젖가슴을 어루만지던 것을,
너는 그리워한다. 22 그러므로 오홀리바야, 나
주 하나님이 말한다. 나는 네가 정을 뗀 네 정부
들을 충동시켜서, 그들이 사방에서 와서 너를 치
게 하겠다. 23 그들은 바빌로니아 사람과 갈대
아의 모든 무리 곧 브곳과 소아와 고아 사람들과
또 그들과 함께 있는 모든 앗시리아 사람들이다.
그들은 모두 하나같이 매력 있는 젊은이들이요,
총독들과 지휘관들이요, 모두가 우두머리들과 유
명한 사람들이요, 말을 잘 타는 기사들이다.
24 그들이 무기와 병거와 수레와 대군을 거느리고
너를 치러 올 것이다. 그들은 크고 작은 방패와 투
구로 무장을 하고, 사방에서 너를 치러 올 것이다.
나는 심판권을 그들에게 넘겨 줄 것이고, 그들은
자기들의 관습에 따라서 너를 심판할 것이다.
25 내가 질투하여 너희에게 분노를 터트리면, 그
들이 너를 사납게 다룰 것이다. 그들이 너의 코와
귀를 잘라낼 것이며, 남은 사람들도 칼로 쓰러뜨릴

ㄱ) 또는 '갈대아' ㄴ) 시리아어역을 따름. 히, '네 가슴이 젊다고 하여 네 유방을 만지던 것을'

렘은 그들과 음행하여 더럽혀졌다. 바빌로니아에 대한 유다의 역사는 정치적 동맹을 맺고 끝내는 것을 포함한다 (왕하 20:12-21; 24:1—25:21; 사 39장을 보라). **23:19-21** 하나님이 그녀로부터 멀어졌지만, 그녀는 이전에 음행했던 이집트 사람들과 다시 연애했다 (렘 37:5를 보라).

23:22-35 오홀리바에 대한 선고는 두 부분으로 나눠진다. **23:22-27** 바로 하나님이 정부들을 충동시켜서 예루살렘을 치게 한다. 11-21절의 묘사는 22-24절에서 역전된다. 백성들에게 행해진 잔악행위들은 (25-27절) 앗시리아측 군사 정복사에 기록되어 있다. **23:28-35** 사랑에서 증오로 풍자적 반전이 일어나는데, 오홀리바가 증오했던 사람들이 이제는 그녀를 증오하고 공개적으로 모독을 준다. 선고는 언니의 잔을 마시는 것을 포함하는데, 이것은 신성한 심판의 상징이다 (렘 25:15-29; 사 51:17-22). 이 심판은 예루살렘이 의도적으로 하나님을 버린 결과를 담고 있다 (35절).

23:36-49 이 장의 마지막 단락은 두 자매에게 새롭게 내려진 기소 내용과 판결이다. **23:36** 하나님은 에스겔로 하여금 마지막 심판을 선언하도록 하신다. 질문은 에스겔과 포로 공동체 둘 다 반드시 선택을 해야 한다는 뜻을 내포하고 있다. **23:37-44** 기소 내용은 우상숭배, 피흘림, 아동 희생제와 정치적 연대를 통한 성전과 안식일을 더럽힌 것을 포함한다 (아마도 시드기야의 통치기간, 기원전 589-587년). **23:45** 기소와 판결 사이의 이음매는 주님을 신뢰하지 못한 것(음행, 정치적 음모, 그리고 무차별적 폭력)에 대한 판결을 선언할 *의인*들이다. **23:46-49** 16장을 반복하는 이 마지막 구절들은 맹렬한 군사적 침공을 묘사한다. 모든 *여인들*(48b절)에 대한 경고는 포로 공동체에 대한 경고일 것이다. 물론, 모든 사람이 이 경고를 심각히 받아

것이다. 너의 아들과 딸은 붙잡혀 가고, 너에게서
남은 것들은 불에 타 죽을 것이다. 26 그들이 너의
옷을 벗기고, 화려한 장식품들을 빼앗아 갈 것이다.
27 이렇게 해서, 나는, 네가 이집트 땅에서부터
하던 음란한 생활과 행실을 그치게 하겠다. 그러
면 네가 다시는 그들에게 눈을 들 수도 없고, 이
집트를 다시 기억할 수도 없을 것이다.
28 참으로 나 주 하나님이 말한다. 나는, 네가
미워하는 사람들의 손에, 곧 네 마음이 멀어진 사
람들의 손에 너를 넘겨 주겠다. 29 그들이 미워
하는 마음을 품고 너를 다루며, 네가 수고한 것을
모두 빼앗아 가며, 너를 벌거벗겨 알몸으로 버려
두어, 음행하던 네 알몸, 곧 네 음행과 음탕한 생
활을 드러낼 것이다. 30 네가 그런 형벌을 당하게
될 것이니, 이는 네가 이방 사람들을 쫓아다니며
음행을 하고, 그들의 여러 우상으로 네 몸을 더럽
혔기 때문이다. 31 네가 네 언니의 길을 그대로
따라갔으니, 나는 네 언니가 마신 잔을 네 손에
넘겨 주겠다.
32 나 주 하나님이 말한다.

네 언니가 마신 잔을
너도 마실 것이다.
우묵하고 넓은 잔에
가득 넘치도록 마시고,
웃음거리와 우롱거리가 될 것이다.
33 너는 잔뜩 취하고
근심에 싸일 것이다.
그것은 공포와 멸망의 잔이요,
네 언니 사마리아가 마신 잔이다.
34 너는 그 잔을 다 기울여
말끔히 비우고,
그 잔을 조각내어 씹으며,
네 유방을 쥐어뜯을 것이다.

내가 이렇게 말하였으니,
반드시 그렇게 될 것이다.
나 주 하나님의 말이다.

35 그러므로 나 주 하나님이 말한다. 네가
나를 잊었고, 나를 네 등 뒤로 밀쳐 놓았으니,
이제는 네가 음란한 생활과 음행에 대한 벌을 받
아야 한다."

오홀라와 오홀리바가 받은 심판

36 주님께서 또 나에게 말씀하셨다.
"사람아, 네가 오홀라와 오홀리바를 심판하지
않겠느냐? 두 자매의 역겨운 일들을, 네가 그들에게
알려 주어라. 37 그들은 간음을 하였으며, 손으
로 피를 흘렸으며, 우상들과도 간음을 하였으며,
또 나에게 낳아 준 제 아들딸들마저 불 속으로 지
나가게 하여 태워 죽였다. 38 더욱이 그들은 나
에게까지 이런 일을 하였다. 바로 같은 날에, 그
들은 내 성소를 더럽히고, 내 안식일을 범하였다.
39 그들은 자기 자식들을 잡아 죽여서 우상들에
게 바친 바로 그 날에, 내 성소에 들어와서 더럽
혔으니, 그들이 내 성전의 한가운데서 그런 일을
하였다.
40 그들이 사람을 보내어 먼 곳에서 사내들을
초청하였더니, 그들이 왔다. 두 자매는 그들을 맞
으려고 목욕을 하고 눈썹을 그리고 패물로 장식을
하고, 41 화려한 방석을 깔고 앉아, 앞에 상을
차려 놓고, 그들은 그 상 위에 내가 준 향과 기름
까지 가져다 놓고, 42 그 사내들과 지껄이고 즐
겼다. 광야에서 잡된 무리와 술취한 무리를 데려
오니, 그들은 그 두 자매의 손에 팔찌를 끼워 주고,
머리에 화려한 관을 씌워 주었다. 43 이것을 보고,
나는 '별 잡된 무리가 다 있구나. 두 자매가 음행
으로 시들어 빠진 다 늙은 창녀인 줄 알았는데, 아
직도 찾아오는 얼빠진 녀석들이 있구나' 하는 생
각이 들었다. 44 광야에서 온 잡된 무리와 취객
들은 창녀에게 드나들듯 두 자매에게 드나들었다.
과연 그들은 음란한 여인 오홀라와 오홀리바에게
드나들었다. 45 그러나 의인들이 있어서, 바로
그들이 간음한 여인들과 살인한 여인들을 심판하
듯이, 그 두 자매를 심판할 것이다. 그 두 자매가

들일 것이다. 마지막 선고는 이전의 모든 행위를 *우상들을 섬기다가 지은 죄*(여기서도 에스겔은 그가 좋아하는 "우상"을 뜻하는 히브리 단어 *길루림*을 사용하는데, 이것은 배설물을 암시한다)로 간주한다. 이에 대한 심판이 있고 난 후에 하나님을 인정하게 된다.

24:1-27 가마솥 비유로 예고되는 예루살렘의 종말(1-14절)과 아내의 죽음에 대한 에스겔의 반응(15-27절). 책의 전반부가 끝나는 이 장은 느부갓네살이 예루살렘을 침략한 날짜로 시작하고 (기원전 588년 1월 15일), 예루살렘의 종말을 다시 선포하는 것으로 끝난다. 그리고 다시 말을 못하게 될 날이 임박했다는 선언으로 끝난다 (27절; 또한 3:26-27을 보라).

24:1-14 에스겔은 비유를 들어 말하라고 명령을 받는다. **24:3b-5** 여러 가지 고깃점들로 가득한 가마솥에서 예루살렘 거주민들은 미래에 대한 희망을 보았을 수도 있다. **24:6-8** 기대와는 달리 이 산문시

간음을 하였고, 그들의 손에 피가 묻어 있기 때문
이다.
46 나 주 하나님이 말한다.
회중을 소집하여 그 자매들을 치게 하여라.
그들이 겁에 질려 떨면서 약탈을 당하게 하여라.
47 회중이 그 자매들에게 돌을 던지고, 그들을
칼로 쳐서 죽이고, 그 자매들의 아들딸들도 죽이
고, 그들의 집도 불태울 것이다. 48 나는 이렇게
해서, 음란한 행위를 이 땅에서 없애 버려, 모든
여인이 경고를 받아, 너희의 음행을 본받지 않게
하겠다. 49 너희가 음행을 저지른 이유로 형벌
을 받고 나면, 그리고 너희가 우상들을 섬기다가
지은 죄에 대한 징벌을 받고 나면, 그 때에야 너
희는 내가 주 하나님인 줄 알게 될 것이다."

씻어도 소용없는 솥 예루살렘

24 1 제 구년 열째 달 십일에, 주님께서 내게
말씀하셨다.
2 "사람아, 너는 오늘 날짜, 바로 오늘 날짜를
기록하여 두어라. 바빌로니아 왕이 바로 오늘 예
루살렘을 치기 시작하였다. 3 너는 저 반역하는
족속에게 한 가지 비유를 들어 그들에게 말하여라.

'나 주 하나님이 말한다.
가마솥을 마련하여 걸고,
물을 부어라.
4 그 속에 고깃점들을 넣어라.
좋은 살코기와 넓적다리와
어깨를 골라서
모두 집어 넣고,
모든 뼈 가운데서
좋은 것들을 골라서 가득 넣어라.
5 양 떼 가운데서
가장 좋은 것을 잡아 넣어라.
아궁이에 장작불을 지펴라.
그 고기를 잘 삶되
가마솥 안의 뼈까지
무르도록 삶아라.

6 그러므로 나 주 하나님이 말한다.
죄 없는 사람을 죽인
살인자의 성읍아,
속이 시뻘건 녹을
한 번도 씻지 않은 녹슨 가마솥아,
너에게 화가 미칠 것이다.
제비를 뽑을 것도 없이,
그 안에 든 고기를
하나하나 다 꺼내어라.
7 죄 없는 사람을 죽인 피가
그 성읍 한가운데 그대로 남아 있다.
피가 흙으로 덮이지도 못하였다.
그 피가 흙 위에 쏟아지지 않고
맨바위 위에 쏟아졌기 때문이다.
8 그 피가 흙에 덮이지 않게
맨바위에 쏟아 놓은 것은 바로 나다.
내가 분노를 일으켜
호되게 보복하려고 한 것이다.

9 그러므로 나 주 하나님이 말한다.
죄 없는 사람을 죽인
살인자의 성읍아,

는 가마솥 비유를 *피가 묻은 성읍*으로 해석한다 (또한 7:23; 9:9; 22:1-12를 보라). 이미지는 녹슨 가마솥의 붉은 색과 피의 붉은 색을 교차시키는 것이다. 가마솥은 녹슬지 않는 놋쇠이기 때문에 (11절), 이 뜻은 신성한 것이지만 요리하기 전에 완전히 빼버려야 하는 피가 고기를 부정하게 했다는 것일 수 있다. 성읍에서 흘린 피는 흙으로 스며들지 않고 고의적으로 바위 위에 쏟아지도록 했고, 앞으로도 그럴 것이다 (또한 창 4:10-11; 9:4; 레 17:1-14; 신 12:23-24를 보라). **24:9-13** 이 시는 다시 가마솥 비유로 돌아가는데, 가마솥을 뜨거워지게 하여 그 안에 있는 모든 더러운 것들을 녹여버린다. 불길한 단어인 "뼈"(10b절)는 에스겔서에서 언제나 사람의 뼈를 뜻한다. 13절에서 성읍에 대해 직접 언급하는 것은 정결 개념에 대한 각성을 암시한다. 파괴는 불가피하다. **24:14** 결심을 분명히 하면서, 하나님은 파멸에 대한 신성한 의도를 요약한다 (용서하지 않는 것에 대해 또한 5:11; 7:4, 9; 8:18; 9:5, 10; 16:5; 20:17을 보라). 여전히 정의는 임의적이고 심판은 행위에 상응한다.

24:15-27 마지막 상징 행위는 모든 것 중에 가장 비극적인 것이다. 왜냐하면 아내의 죽음에 대한 에스겔 자신의 경험에서 유래하기 때문이다. **24:15-19** 에스겔은 그의 아내가 곧 죽게 되어도 탄식의 표를 보이지 말고 애도의식에도 참여하지 말도록 지시받는다. 청중은 드디어 감추어진 중요성을 당연한 일로 생각한다 (19절). 이것은 이 책에서 주님이 말씀 이외에 청중인 인용된 유일한 부분이다. 그들은 이제 에스겔을 *표징*으로 간주한다 (또한 24, 27절; 12:6을 보라). **24:20-24** 비유에 대한 에스겔의 설명은 예루살렘에서 (21절) *"나의 성소"*를 더럽히고 파괴시킨 것과 관계된다. 희망은 하나님이 성소에 현존하는 신학에 근거할 수 없다.

너에게 화가 미칠 것이다.
내가 장작 더미를 높이 쌓아 놓겠다.
10 나무를 많이 쌓고 불을 지펴서,
고기를 푹 삶아서 녹이고,
고기 국물을 바싹 졸이고,
뼈는 태워 버려라.
11 그 빈 가마솥을 숯불 위에 올려 놓아,
가마솥을 뜨거워지게 하며,
가마솥의 놋쇠를 달궈서,
가마솥 안의 더러운 것을 녹이며,
가마솥의 녹을 태워 없애라.
12 ㄱ)이 성읍이 온갖 고생으로 지쳤으나,
그 많은 녹이 가마솥에서
없어지지 않으며,
불로 아무리 달구어도
녹이 없어지지 않는다.
13 너의 더러운 죄 가운데는
음행이 있다.
음행으로 더러워진 너의 몸을
내가 깨끗하게 하려 하였으나,
네가 너 자신의 더러움에서
깨끗하게 되려고 하지 않았으니,
내가 너에게
분노를 다 쏟을 때까지는,
네가 다시
깨끗하게 되지 못할 것이다.
14 나 주가 말하였으니,
반드시 이루어진다.
내가 그대로 하겠다.
내가 돌이키지 않으며,
아끼지도 않으며,
뉘우치지도 않겠다.
너의 모든 행실과
너의 모든 행위대로
네가 심판을 받을 것이다.
나 주 하나님의 말이다.'"

에스겔의 아내가 죽다

15 주님께서 나에게 말씀하셨다.
16 "사람아, 나는 너의 눈에 들어 좋아하는
사람을 단번에 쳐죽여, 너에게서 빼앗아 가겠다.
그래도 너는 슬퍼하거나 울거나 눈물을 흘리지 말
아라. 17 너는 고요히 탄식하며, 죽은 사람을 두
고 슬퍼하지 말고, 오히려 머리를 수건으로 동이
고, 발에 신을 신어라. 또 수염을 가리지도 말고,
초상집 음식을 차려서 먹지도 말아라."
18 아침에 내가 백성에게 이 이야기를 하였
는데, 나의 아내가 저녁에 죽었다. 나는 그 다음
날 아침에 지시를 받은 대로 하였다. 19 그러자
백성이 나에게 물었다. 내가 하고 있는 일이 자기
들에게 무엇을 뜻하는지 알려 주지 않겠느냐는 것
이었다.
20 그래서 나는 '주님께서 나에게 이렇게 말
씀하셨다'고 하면서 그들에게 대답하였다. 21 '너
는 이스라엘 족속에게 전하여라. 나 주 하나님이
말한다. 너희 권세의 자랑이요, 너희 눈에 들어 좋
아하는 것이요, 너희가 마음으로 사모하는 내 성
소를 이제 내가 더럽히겠다. 너희가 이 성읍에 남
겨 둔 너희의 아들과 딸들도 칼에 쓰러질 것이다.
22 그래도 너희는 에스겔이 한 것과 똑같이 하게
될 것이다. 너희는 수염을 가리지도 못하고, 초상
집 음식을 차려서 먹지도 못할 것이다. 23 너희
는 머리에 수건을 동이고, 발에 신을 신은 채로 그
대로 있을 것이며, 탄식하지도 못하고 울지도 못
할 것이다. 오히려 너희는 너희 자신의 죄로 망하
는 줄 알고 서로 마주 보며 탄식할 것이다. 24 에
스겔이 이와 같이 너희에게 표징이 될 것이다. 너
희도 그가 한 것과 똑같이 하게 될 것이다. 이 일
이 이루어질 때에야, 너희는 비로소 내가 주 하나
님인 줄 알게 될 것이다.'

ㄱ) 12절의 히브리어 본문의 뜻이 불확실함

포로 공동체는 에스겔의 반응을 모방하도록 초대된다: 탄식하지 말고 애도 의례에 참여하지 말 것. 그 대신 그들은 예루살렘을 하나님이 심판하시는 것에 대한 에스겔의 선고와 그들의 죄를 인정하는 것에 동의해야 한다. **24:25-27** 이 장은 세 문장으로 끝을 맺는데, 각 문장은 이 책에서 한결같은 전환점으로써 그 날을 언급한다: 성전이 파괴되고, 포로 공동체는 그 소식을 듣고, 에스겔의 입을 연다. 지금까지 에스겔은 말하라고 지시받을 때에만 말할 수 있었다 (3:26-27). 이제 에스겔은 희망에 찬 변화의 메시지를 선포한다. 여기서 시작된 메시지는 33:21-22까지 계속된다.

25:1—32:32 다른 예언서들에서처럼, 에스겔서에도 이스라엘의 적국들에 대한 신탁이 포함되어 있다 (사 13—23장; 렘 46—51장; 암 1:3—2:3). 에스겔은 상징적으로 일곱 민족을 선택한다 (또한 신 7:2를 보라). 에스겔은 작은 민족부터 언급하면서 (암몬, 모압, 에돔, 그리고 블레셋, 25:1-17) 강대국들로 옮겨 간다: 두로 (26:1—28:18), 시돈 (28:20-23), 그리고 이집트 (29:1—32:32). 기원전 598년에 암몬과 모압은 느부갓네살과 연합하여 여호야김에게 앙갚음을 했다 (왕하 24:1-2). 나중에 에돔, 모압, 암몬, 두로 그리고 시돈은 시드기야와 연합하여 느부갓네살에 대항하는

25 "그러나 너 사람아, 내가 그들에게서, 그
들의 요새, 그들의 기쁨과 영광과 그들의 눈에
들어 좋아하며 마음으로 사모하는 것을 빼앗고,
그들의 아들딸들을 데려가는 날, 26 그 날에는
탈출한 사람이 너에게 와서, 네 귀에 소식을 전하여
줄 것이다. 27 그 날에 네 입이 열려 그 탈출한
사람에게 이야기를 하고, 다시는 말을 못하는 사
람이 되지 않을 것이다. 네가 이와 같이 그들에게
표징이 되면, 그 때에야 그들이 비로소, 내가 주인
줄 알게 될 것이다."

암몬에 대한 심판 예언

25 1 주님께서 나에게 말씀하셨다. 2 "사
람아, 암몬 자손이 있는 쪽으로 얼굴을
돌리고, 그들을 규탄하는 예언을 하여라. 3 너는
암몬 자손에게 전하여라. '그들에게 나 주 하나님
의 말을 들으라고 하여라. 나 주 하나님이 말한다.
내 성전이 더럽혀졌을 때에, 너는 그것을 보고
잘 되었다고 하였고, 이스라엘 땅이 황폐하게 되
었을 때에, 너희는 그것을 보고도 잘 되었다고 하
였고, 유다 백성이 포로로 잡혀 끌려갔을 때에도,
그들을 보고 잘 되었다고 소리쳤다. 4 그러므로
내가 너를 동방 사람들의 소유로 넘겨 주겠다. 그
들이 네 땅에 들어와서 진을 치고, 네 땅 가운데
자기들이 살 장막을 칠 것이다. 그들이 네 땅에서
나는 열매를 먹고, 네 땅에서 나는 젖을 마실 것
이다. 5 내가 랍바를 낙타의 우리로 만들고, 암몬
족속이 사는 곳을 양 떼가 눕는 곳으로 만들겠다.
그 때에야 너희가 비로소, 내가 주인 줄을 알게 될
것이다.
6 나 주 하나님이 말한다. 이스라엘 땅이 황폐
해졌을 때에, 너는 이것을 고소하게 여겨, 손뼉을
치고 발을 구르며 좋아하였고, 경멸에 찬 마음으
로 기뻐하였으므로, 7 내가 내 손을 뻗쳐서 너를
치고, 네가 여러 민족에게 약탈을 당하도록 너를
넘겨 주겠다. 내가 이렇게 너를 만민 가운데서 끊어
버리며, 여러 나라 가운데서 너를 망하게 하겠다.
내가 너를 망하게 놓아 두겠다. 그 때에야 너는 비
로소, 내가 주인 줄 알 것이다.'"

모압에 대한 심판 예언

8 "나 주 하나님이 말한다. ㄱ)모압이 말하기를,
유다 족속도 모든 이방 백성이나 다름이 없다고
한다. 9 그러므로 내가 모압의 국경지역에 있는
성읍들 곧 그 나라의 자랑인 벳여시못과 바알므온
과 기랴다임이 적의 공격을 받도록 허용하겠다.
10 나는 암몬 족속과 함께 모압도 동방 사람들의
소유로 넘겨 주어, 이방 백성 가운데서 암몬 족속이
다시는 기억되지 않게 하겠다. 11 이렇게 내가
모압을 심판하면, 그 때에야 그들이 비로소 내가
주인 줄 알 것이다."

ㄱ) 칠십인역과 고대 라틴어역을 따름. 히, '모압과 세일'

반란을 일으켰다 (렘 27:3). 일곱 민족은 반으로 나뉘는데, 첫 여섯 민족은 28:24-26에서 이스라엘에 대한 희망의 말에 의해서 이집트에 대항하는 일곱 신탁으로부터 분리된다. 바빌론은 전혀 언급되지 않는데, 에스겔이 느부갓네살을 하나님의 심판의 도구로 간주하고 있기 때문이다 (그러나 21:30-32를 보라). 이 신탁들은 포로 공동체에게 말해진 것이고 다른 민족들에 대한 외교적 임무의 일부로 이해되지 않았다. 이 신탁들은 (유다뿐만 아니라) 국제정치 세계에서 하나님의 주권을 확언함으로써, 이스라엘을 겨냥한 심판을 초월하는 도덕적 질서를 주장함으로써, 군사력과 경제력에 의한 오만함에 도전함으로써, 그리고 그런 세력들을 지원하는 우상들을 훼손시킴으로써, 이스라엘에게 희망의 말씀을 주기 위한 것으로 사용되었다 (또한 28:24-26을 보라).

25:1-7 요단 강 동쪽과 모압 북쪽에 위치하고 있는 암몬은 성전의 파괴와 유다의 추방을 기뻐한 것 때문에 기소된다 (3절). 에스겔은 동쪽으로부터 유목민들의 침략을 암몬과 그 수도 랍바가 파괴되는 것으로 그리고 농경사회의 자원들이 약탈되는 것으로 묘사한다. 파괴의 주체는 거룩한 "나"의 반복과 두 번에 걸친 인지양식(5b, 7b절)에 나타난다.

25:8-11 사해의 동쪽으로 맞닿아 있는 *모압*은 유다를 특별한 신분이 없는 열방 중에 하나로 (*여러 나라의 여러 백성처럼*, 20:32; 삼상 8:5) 간주한 것 때문에 기소된다. 고대 전통에 의하면, 암몬과 모압은 이스라엘과 동족이다 (창 19:37-38).

25:12-14 모압 남쪽에 있는 *에돔*은 사해의 남쪽 끝에서부터 아쿠바 만까지 펼쳐있다. 에돔 사람들은 야곱의 형, 에서의 자손들로 간주되었다 (창 25:21-34; 36:8). 다른 성경본문들도 그들 사이의 적대감을 기록하고 있다 (시 137:7; 사 34장; 렘 49:7-22; 애 4:21-22; 옵 1-14절; 말 1:2-5; 또한 긍정적으로 묘사하고 있는 창 33:1-17; 민 20:15; 신 23:7-8을 보라). 시적 정의는 에돔의 복수를 하나님의 복수로 생각한다. (*내 백성 이스라엘*의 손으로) 이상하게도 중재된 복수는 신 32:35에서 하나님의 전적인 특권으로 선언된 원수 갚기와 상충된다.

25:15-17 복수는 해안평야를 따라 자리 잡은 블

에돔에 대한 심판

12 "나 주 하나님이 말한다. 에돔이 지나친
복수심을 품고 유다 족속을 괴롭히며, 그들에게
지나치게 보복함으로써 큰 죄를 지었다. 13 그
러므로 나 주 하나님이 말한다. 내가 손을 뻗쳐서
에돔을 치고, 그 땅에서 사람과 짐승을 없애 버리
며, 그 땅을 데만에서부터 드단에 이르기까지 황
무지로 만들어 버리겠고, 백성은 모두 전화를 입
고 죽을 것이다. 14 내가 내 백성 이스라엘의 손
으로 에돔에게 원수를 갚겠다. 그들이 내 노여움
과 분노에 따라서 보복하면, 그 때에야 에돔이 비
로소, 내가 보복하였음을 알 것이다. 나 주 하나
님의 말이다."

블레셋에 대한 심판 예언

15 "나 주 하나님이 말한다. 블레셋 사람이
옛날부터 품어 온 원한으로 이스라엘을 멸망시키
려고, 복수심에 불타서, 마음 속에 앙심을 품고,
지나치게 보복하였다. 16 그러므로 나 주 하나
님이 말한다. 내가 손을 펴서 블레셋 사람들을 치
고, 그렛 사람들을 없애 버리며, 바닷가에 살아 남
은 사람들까지도 멸망시키겠다. 17 내가 노하여
무섭게 벌하며 그들에게 크게 보복하겠다. 내가
그들에게 나의 원한을 갚으면, 그 때에야 그들은
비로소, 내가 주인 줄 알 것이다."

두로에 대한 심판 예언

26 1 제 십일년 어느 달 초하루에 주님께서
나에게 말씀하셨다.

2 "사람아, 두로가 예루살렘을 두고 '아하,
뭇 백성의 관문이 부서지고, 성의 모든 문이 활짝
열렸구나. 예루살렘이 황무지가 되었으니, 이제
는 내가 번영하게 되었다'고 말하였다. 3 그러므
로 나 주 하나님이 말한다.

두로야, 내가 너를 쳐서,
바다가 물결을 치며
파도를 일으키듯이,
여러 민족들이 밀려와서
너를 치게 하겠다.
4 그들이 두로의 성벽을 무너뜨리고,
그 곳의 망대들을
허물어뜨릴 것이다.
내가 그 곳에서
먼지를 말끔히 씻어 내고
맨바위만 드러나도록 하겠다.
5 그러면 두로가 바다 가운데서
그물이나 말리는 곳이 될 것이다.
내가 한 말이니, 그대로 될 것이다.

레셋에 대한 신탁의 주된 주제로 계속된다. 이 이웃은 옛 적에게 깊이 뿌리박고 있는 원한(15a절)을 영속시키는 것 때문에 힐난을 받는다. 심판은 여기서도 시적 정의의 용어로 묘사된다 (신 32:35도 보라).

26:1—28:19 이 부분은 *두로에* 대하여 집중하는데, 두로는 레바논 남부 연안에 섬으로 되어 있는 도시 국가이다. 두로는 13년에 걸친 느부갓네살의 공격을 (기원전 587년부터 시작됨; 또한 29:18을 보라) 면할 수 있었다. 두로는 왕성한 해상교역을 통해 번창하는 상업도시였다. 신탁은 ABAB 형태를 따른다: 두로에 대한 심판 (26:1-21), 패망에 대한 애가 (27:1-36); 두로의 왕에 대한 심판 (28:1-10); 그의 패망에 대한 애가 (28:11-19).

26:1-21 두로에 대한 심판의 선언은 네 부분으로 나뉜다 (1-6, 7-14, 15-18, 19-21절). 이 시는 폭풍과 군사적 이미지를 혼합한다.

26:1-6 아마도 예루살렘이 멸망했던 해의 (기원전 587년) 날짜(1절)를 언급하는 것으로 이 부분을 시작하면서, 신탁은 예루살렘의 종언을 기뻐하는 인용구를 사용한 것 같다 (2절). *예루살렘은* 두로의 상업적 독점에 방해가 되는 것으로 이해된다. 이 신탁은 두로의 적들을 폭풍으로 묘사하는데, 폭풍이 밀려와 두로가 통제하는 성읍과 마을들을 바다 속으로 삼켜 버리고 파괴해 버린다.

26:7-14 느부갓네살은 대량의 군사장비로 무장한 왕들 가운데 으뜸가는 *왕*이다 (7절). 8-14절은 공격과 정복을 매우 자세히 기록하고 있는데, 두로는 결코 다시 일어나지 못할 것이라고 결론짓는다 (29:17-20도 보라). 그러나 두로는 기원전 4세기에 알렉산더 대왕에 의해 정복될 때까지 패망하지 않았다.

26:15-18 두로의 교역상대와 식민지와 경쟁자들은 두로가 패망당한 소식을 듣고 (15절), 하던 일을 멈추고 (16절), 애가를 암송하며 큰 세력의 사라짐을 애도한다 (17-18절). 이 경제적 강대국의 패망은 두로에 대한 애도뿐만 아니라, 자신들의 안녕과 번영에 대한 두려움을 불러 온다.

26:19-21 이 네 개의 장면들 가운데 첫 번째 장면에서처럼, 이 구절들은 황폐한 성읍을 죽음의 세계로 보내는 신성한 "나"를 강조한다: 구덩이 (20-21절). 19절의 *깊은 물결*은 신비적 힘이 아니라 주님의 심판의 대행자이다 (또한 창 6—8장을 보라. 죽음의 세계에 대

나 주 하나님의 말이다.
두로가 여러 민족에게
약탈을 당할 것이다.
6 해변에 있는 두로의 ㄱ)성읍들도
칼에 죽을 것이다.
그 때에야 그들이 비로소,
내가 주인 줄 알 것이다.

7 나 주 하나님이 말한다. 내가 왕들 가운데
으뜸가는 왕, 바빌로니아 왕 느부갓네살을 북쪽
에서 데려다가 두로를 치겠다. 그가 말과 병거와
기병과 군대와 많은 백성을 이끌고 올 것이다.

8 네 땅에 자리잡고 있는
네 딸 성읍들을
그가 칼로 죽일 것이다.
그가 너를 치려고
높은 사다리를 세운다.
너를 공격하려고 흙 언덕을 쌓고,
방패를 갖춘다.
9 쇠망치로 네 성벽을 허물고,
갖가지 허무는 연장으로
네 망대들을 부술 것이다.
10 그의 군마들이 많아서,
너는 그들의 먼지에 묻힐 것이다.
그가 마치
무너진 성읍 안으로 들어오듯이,
네 모든 성문 안으로 들어오면,
그의 기병과 병거의 바퀴 소리에
네 모든 성벽이 진동할 것이다.
11 그가 말발굽으로
네 거리를 짓밟을 것이고,
칼로 네 백성을 죽일 것이며,
네 튼튼한 돌기둥들도
땅바닥에 쓰러뜨릴 것이다.
12 그의 군인들이 너에게 와서
재산을 강탈하고,
상품들을 약탈하고,
성벽들을 허물고,
마음에 드는 집들을 무너뜨리고,
모든 석재와 목재와 흙덩이까지도
바다 속으로 집어 던질 것이다.
13 내가,
네 모든 노랫소리를 그치게 하며,
네 수금 소리가
다시는 들리지 않게 하겠다.
14 내가 너를 맨바위로 만들겠고,
너는 그물이나 말리는 곳이 되고,
다시는 아무도 너를
새로 짓지 못할 것이다.
내가 한 말이니,
그대로 될 것이다.
나 주 하나님의 말이다.

15 나 주 하나님이 두로를 두고 말한다.
네가 쓰러지는 소리가 들리고, 네 한가운데서
부상 당한 자들이 신음하고, 놀라운 살육이 저질
러질 때에, 섬들이 진동하지 않을 수 있겠느냐?
16 그 때에는 해변 주민의 왕들이 그들의 왕좌에서
내려오고, 그들의 왕복을 벗고, 수 놓은 옷들도 벗
어 버릴 것이다. 그들은 두려움에 사로잡혀 땅바
닥에 앉아서, 때도 없이 떨며, 너 때문에 놀랄 것
이다. 17 그들은 너를 두고 애가를 지어 부를 것
이다.

너 항해자들이 머물던 성읍아,
네가 어쩌다가 이렇게 망하였느냐,
그렇게도 이름을 날리던 성읍,

ㄱ) 히, '딸들도'

해서는 또한 31:14-18; 32:17-32를 보라; 시 69:15를 보라).

27:1-36 두로에 대해 조롱하는 듯한 애가는 두로의 멋진 자랑거리로 시작한다 (3절). 에스겔은 두로를 화물을 가득 실은 웅장한 배로 묘사하지만 폭풍에 의해 파괴된다. 풍자적인 것은 두로의 *바다 한 가운데*에서의 강력한 위치가 또한 죽음의 자리가 된다는 점이다 (4, 25, 27절). 세 부분으로 된 이 시는 배의 아름다움(1-11절)을 묘사하고, 두로의 교역상대와 교역품을 말하고 (12-25절), 배의 침몰과 그것에 대한 반응을 다시 설명한다 (25a-36절).

27:1-11 들어가는 말 (1-3a절) 후에, 신탁은 두로의 교만함을 지적한다. *너는 흠없이 아름답다* (3b절; 또한 16:14; 28:12; 렘 2:15를 보라). 이것은 시의 마지막 구절에서 반복된다 (11c절). 배와 항구와 성읍의 아름다움은 만든 사람들의 작품인데 (4b절), 그 자세한 내용(5-8절)이 선원들의 신분 (8-9a절), 거래인들 (9b절), 그리고 여러 나라에서 온 고용인들과 (10-11절) 함께 다음 구절들에 나타난다.

27:12-25a 산문 부분은 두로의 사업 장소와 상품들의 목록을 보여준다. 스페인에 있는 가장 먼 항구인 *다시스*(12절, 25a)로 시작하고 끝나는데, 목록은 *그리스*와 *아나톨리아*(터어키)와 *시리아—팔레스타인, 아*

바다에서 세력을 떨치던 그 성읍,
그 주민과 그 성읍이,
온 육지를 떨게 하지 않았던가!
18 오늘 네가 쓰러지니,
섬들이 떨고 있다.
바다에 있는 섬들이,
네 종말을 지켜 보며 놀라고 있다.

19 나 주 하나님이 말한다. 내가 너를, 사람
이 살지 않는 성읍처럼, 황폐한 성읍으로 만들고,
깊은 물결을 네 위로 끌어올려서 많은 물이 너를
덮어 버리게 하고, 20 너를, 구덩이로 내려가는
사람들과 함께 내려가 옛날에 죽은 사람들에게로
가게 하겠다. 그리고 내가 너를, 구덩이로 내려간
사람들과 함께 저 아래 깊은 땅 속, 태고적부터 황
폐하여진 곳으로 들어가서 살게 하여, 네가 다시는
이전 상태로 회복되거나 ㄱ)사람들이 사는 땅에서
한 모퉁이를 차지하지 못하게 하겠다. 21 내가
너를 완전히 멸망시켜서 없애 버리겠다. 사람들이
너를 찾아도, 다시는 영원히 만날 수 없을 것이다.
나 주 하나님의 말이다."

두로에 대한 애가

27 1 주님께서 나에게 말씀하셨다.
2 "너 사람아, 두로를 두고 애가를 불러라.

3 저 바다 어귀에 자리잡고
해안 민족들과 무역하는 자야,
나 주 하나님이 하는 말을
들어 보아라.
두로야, 너는 스스로 말하기를
너는 흠없이 아름답다고 하였다.
4 네 경계선들이
바다의 한가운데 있고,
너를 만든 사람들이
너를 흠없이 아름다운 배로
만들었다.
5 ㄴ)스닐 산의 잣나무로
네 옆구리의 모든 판자를 만들고,
레바논의 산에서 난 백향목으로
네 돛대를 만들었다.
6 바산의 상수리나무로
네 노를 만들었고,
ㄷ)키프로스 섬에서 가져 온 ㄹ)회양목에
상아로 장식하여,
네 갑판을 만들었다.
7 이집트에서 가져 온 수 놓은 모시로
네 돛을 만들고,
그것으로 네 기를 삼았다.
엘리사 섬에서 가져 온
푸른 색과 자주색 베는,
너의 차일이 되었다.
8 시돈과 아르왓 주민이
너의 노를 저었다.
두로야,
너의 노련한 이들이
네 선장이 되었다.
9 ㅁ)그발의 장로들과
지혜 있는 사람들이
배의 틈을 막아 주었다.
바다의 모든 배와 선원들이
네 안에서
너의 물품들을 거래하였다.

ㄱ) 칠십인역을 따름. 히, '내가 사람들이 사는 땅에 영광을 주었다'
ㄴ) 헤르몬을 가리킴 ㄷ) 히, '깃딤' ㄹ) 타르굼을 따름. 마소라 본문은 자음 본문을 다르게 구분함. 히, '앗시리아의 딸아' ㅁ) 비블로스를 가리킴

라비아, 그리고 *메소포타미아의 파트너*들로 이어진다. *유다*와 *이스라엘*은 11지역들의 중심에 있다. 두로는 사치품으로 가득하고 성읍의 경제적 특전은 힘과 긍지의 근원이 되었다.

27:25b-36 시의 마지막 부분은 물건을 가득 실은 배에 대한 불길한 기록으로 시작된다. 이 배는 *바다 한 가운데서* 가라앉는다 (26-27절). 목격자들의 반응(28-32a절)이 애가로 표현된다 (32b-36절). 32b절의 수사적 효과를 노리는 질문, *두로처럼 파멸된 사람이 누구냐?*는 부정적 대답을 예측한다: 아무도 없다. 애가는 진정한 놀라움과 두려움을 반영하고 있는데, 두로의 재산은 모든 사람들의 번영을 의미했기 때문이다 (33절). 두로는 자신의 힘의 근원에 의해 파멸되었다 (34절). 두로가 사라졌으니 세계 경제가 어떻게 될 것인가 (35-36절)?

28:1-19 심판과 애가를 담고 있는 두 풍자시는 두로 왕을 강조한다. (창 1—3장을 포함해) 고대 근동 지방의 창조 설화에서 주제를 따오면서 에스겔은 아름답고, 부유하고, 지혜로운 사람이 교만 때문에 모든 것을 잃어버리고 아무것도 아닌 자가 되고 마는 역전을 강조한다 (또한 사 14:12-20을 보라). 이 장은 두 부분으로 나뉘는데, 첫 부분은 심판문(1-10절)이고, 둘째 부분은 또 다른 애가(11-19절)이다.

28:1-10 두로의 왕은 교만으로 기소되고 (1-5

10 페르시아와 리디아와
리비야의 용병들이
네 군대에 들어와 전사가 되었다.
그들이 배 안에
방패와 투구를 걸어 놓아,
그들마저도 네 영화를 빛냈다.
11 아르왓 사람들과 네 군대가
네 사면 성벽 위에 있고,
용사들이 네 망대들 속에 있어서,
네 사면 성벽에
그들의 방패를 걸어 놓았으니,
그들마저도 네 아름다움을
온전하게 하였다.

12 너에게는 온갖 물건이 많기 때문에 ㄱ)스
페인이 너와 무역을 하였다. 그들은 은과 쇠와 주
석과 납을 가지고 와서 너의 물품들과 바꾸어 갔다.
13 야완과 두발과 메섹이 바로 너와 거래한 사람
들이다. 그들이 노예와 놋그릇들을 가지고 와서,
네 상품들과 바꾸어 갔다. 14 도갈마 족속은 부
리는 말과 군마와 노새를 끌고 와서, 네 물품들과
바꾸어 갔다. 15 ㄴ)드단 사람들도 너와 거래한
사람들이다. 많은 섬이 너와 무역을 하였다. 그들
은 상아와 흑단을 가져다가, 물건 값으로 네게 지
불하였다. 16 네가 물품이 많기 때문에, ㄷ)시리
아도 너와 무역을 하였다. 남보석과 자주색 베와
수 놓은 천과 가는 베와 산호와 홍보석을 가지고
와서, 네 물품들과 바꾸어 갔다. 17 유다와 이스
라엘 땅 사람들도 너와 거래를 하였다. 그들은 민
닛에서 생산한 밀과 과자와 꿀과 기름과 유향을
가지고 와서, 네 물품들과 바꾸어 갔다. 18 너는
물건이 많고, 생산한 물품도 많기 때문에, 다마스
쿠스도 헬본의 포도주와 자하르의 양 털을 가지고
와서, 너와 무역을 하였다. 19 워단과 야완도
우잘에서 쇠와 계피와 창포를 가지고 와서, 네 물
품들과 바꾸어 갔다. 20 드단은 말을 탈 때에,
안장에 깔아 놓는 천을 가지고 와서, 네 물품들과
바꾸어 갔다. 21 아라비아 사람들과 게달의 모
든 지도자가, 너와 무역을 하였는데, 새끼 양과
숫양과 숫염소들을 가지고 와서, 무역을 하였다.
22 스바와 라아마의 상인들도 너와 거래를 하였다.
그들이 최상품의 각종 향료와 각종 보석과 황금을
가지고 와서, 네 물품들과 바꾸어 갔다. 23 하란과
간네와 에덴과 스바와 앗시리아와 길맛 상인들이
너와 거래를 하였다. 24 그들은 화려한 의복과,
청색 겉옷과, 수 놓은 옷감과, 다채로운 양탄자와,
단단히 꼰 밧줄을 가지고 와서, 네 물품들과 바꾸
어 갔다. 25 다시스의 배들도 네 물품들을 싣고
항해하였다.

너는 화물선에
무겁게 물건을 가득 싣고
바다 한가운데로 나갔다.
26 너의 선원들이 너를 데리고
바다 깊은 데로 나갔을 때에,
동풍이 바다 한가운데서
너를 파선시켰다.
27 네가 멸망하는 날에
재물과, 상품과, 무역품과,
네 선원과, 네 선장과,
배의 틈을 막아 주는 사람과,
무역품을 거래하는 사람과,
배에 탄 모든 군인과,
배에 탄 사람들이 모두
바다 한가운데에 빠진다.
28 네 선장들의 울부짖는 소리에
해변 땅이 진동한다.

ㄱ) 히, '다시스' ㄴ) 칠십인역에는 '로단' ㄷ) 몇몇 히브리어 사본과 시리아어역에는 '에돔'

절) 사형을 선고받는다 (6-10절). **28:1-2** *통치자*(히브리어, *나기드*. 시 76:13을 보라. 개역개정은 통치자를 "왕;" 공동번역은 "우두머리;" NRSV는 "왕자"로 번역했음)는 *마음이 교만한 자*이다 (또한 5, 17절을 보라). 그는 그의 섬을 *신의 자리*로 신격화한다. 자기자신도 신격화 하면서 신성한 힘과 지혜가 있는 것처럼 뽐낸다.

28:3-5 다니엘(혹은 우가리 설화의 다니엘)보다 더 슬기로운 왕, 이 왕의 재산은 그를 교만하게 만든다. **28:6-10** 선고는 처음 기소 내용(6절)을 반복하고 잔인한 이방 사람들과 외국 사람들이 모든 아름다운 상품(7절)을 파괴하고 더럽히는 것을 묘사한다. 그가 신이라는 어떤 주장도 (9a절) 광포한 죽음을 면하게 해 주지 못한다. 그가 바다 한가운데 신의 자리에 앉아 있던 왕좌(2절)는 이제 그의 죽음의 자리(8절)가 된다.

28:11-19 애가 형식으로 표현된 심판문에서 두로의 왕은 흠없이 창조되었으나, 교만 때문에 동산에서 추방된 (창 2—3장) 아담에 비교된다. **28:11-14** 은유는 왕의 장대함을 묘사한다: 흠잡을 데 없이 아름다운 도장 (12b절); 에덴 동산 (또한 창 2장을 보라); 온갖 보석으로 치장함 (13절; 창 2:11-12; 출 28:17-20; 39:10-

29 노 젓는 사람이 모두 배에서 내린다.
선원들과, 사람들이 모두
뭍으로 올라와서,
30 파선된 너를 애석해 하면서,
큰소리로 목놓아 울고,
비통하게 울부짖는다.
머리에 티끌을 끼얹으며,
재 속에서 뒹군다.
31 네 죽음을 애도하여,
그들이 머리를 빡빡 밀고
굵은 베 옷을 입으며,
너 때문에 마음이 아파 울고
슬피 통곡할 것이다.
32 그들이 너를 애도하여
애가를 부르며,
네 죽음을 이렇게 슬퍼할 것이다.

바다 한가운데서
두로처럼 파멸된 사람이 누구냐?
33 네가 무역품을 싣고
여러 바다로 나갈 때에,
너는 여러 백성을 충족시켜 주었다.
네 많은 재물과 무역품으로
세상의 왕들을
풍부하게 만들어 주었다.
34 그러나 이제 네가 파선되어,
깊은 바다에 잠기니,
네 무역품과 너와 함께 있는 선원이
너와 함께 깊이 빠져 버렸다.
35 섬에 사는 사람들이
네 소식을 듣고 놀라며,
그들의 왕들이 크게 두려워하여
얼굴에 수심이 가득했다.
36 뭇 민족의 상인들이
너를 비웃는다.
멸망이 너를 덮쳤으니,
너는 이제 아무것도 아니다."

두로 왕에 대한 심판 예언

28 1 주님께서 나에게 말씀하셨다.
2 "사람아, 두로의 통치자에게 전하여라.

나 주 하나님이 이렇게 말한다.
너의 마음이 교만해져서 말하기를
너는 네가 신이라고 하고
네가 바다 한가운데
신의 자리에 앉아 있다고 하지만,
그래서, 네가 마음 속으로
신이라도 된듯이 우쭐대지만,
너는 사람이요, 신이 아니다.
3 너는, ㄱ)다니엘보다 더 슬기롭다.
아무리 비밀스러운 것이라도
네게 드러나지 않는 것이 없다.
4 너는 지혜와 총명으로

ㄱ) 히, '다넬'. 히브리어의 자음 표기가 예언자 다니엘과는 다르므로, 서로 다른 인물일 수도 있음

13에 나타나는 보석도 보라); 신들의 산에 사는 그룹 (14절; 또한 사 14:13; 시 48:1을 보라). **28:15-19** 이 묘사는 "창조하다"는 단어(15절)를 창 1장에서처럼 사용한다. 이 왕은 흠이 없다 (14b절의 *드나들었다* 라는 동사에 이어지면서, 이것은 창 6:9의 노아 그리고 창 17:1의 아브라함의 묘사를 모방한다). 이 왕의 타락은 (15b절) 폭력적 경제 행위에서 비롯되고 (16a절) 그 결과는 하나님의 산(동산)에서 추방되는 것이다 (16b절). 교만 때문에 쓰러지고 구경거리가 된다 (17절). 경제적 불의가 성소를 더럽혔다는 (18절) 에스겔의 말은 놀라운 것이다.

28:20-23 시돈을 심판하는 짧은 신탁은 여러 민족을 심판하는 에스겔의 예언 중 전반부를 종결짓는 신탁이다. *시*돈은 두로 북쪽으로 25마일 지역 페르시아 연안에 있다. 선고가 전형적이지만 (23절), 모든 신탁의 목적은 22절에 잘 요약되어 있다. 주님은 열방 중에 하나님의 영광과 거룩함을 드러내어 모든 사람이 하나님이 우주적 주권자임을 인정하게 될 것임을 선언하신다.

28:24-26 이 희망에 찬 구절들이 여섯 민족에 대한 신탁(25:1—28:23)과 이집트에 대한 신탁(29:1—32:32)의 이음매 역할을 한다. 이 구절들은 포로 공동체에게 여러 민족에 대한 신탁의 기능을 해석해 준다. 하나님이 여러 민족의 주권자이기 때문에 그들의 미래는 하나님의 손에 달려 있다. **28:24** 이스라엘에 대한 주변 민족들의 대우는 앞에 나온 신탁들의 한 양상을 강조한다 (또한 25:3, 8; 26:2를 보라). 가시는 일반적인 이미지이다 (민 33:35; 수 23:13; 삿 8:7). (개역개정은 "가시와 아프게 하는 가시;" 공동번역은 "가시로 찌르지 아니하고 갈대로 할키지 아니하리라;" NRSV는 thorn and brier 라고 번역한 이유는 원어에서 두 개의 다른 식물 이름을 사용하기 때문이다. 두 식물의 기능이 비슷하여 새번역개정은 그 식물 이름들을 다 언급하지 않은 것 같다.)

28:25-26 야곱에게 한 약속에 근거하여 (창 28:13; 35:12) 땅의 회복과 안전에 대한 희망은 11:17과 20:41의 반복이고 34:13, 25-31; 37:25; 39:26-

재산을 모았으며,
네 모든 창고에
금과 은을 쌓아 놓았다.
5 너는, 무역을 해도
큰 지혜를 가지고 하였으므로,
네 재산을 늘렸다.
그래서 네 재산 때문에
네 마음이 교만해졌다.

6 그러므로 나 주 하나님이 말한다.
네가 마음 속으로
신이라도 된듯이 우쭐대니,
7 내가 이제 이방 사람들 가운데서도
가장 잔인한 외국 사람들을
데려다가,
너를 치게 하겠다.
그들이 칼을 빼서
네 지혜로 성취한
아름다운 상품을 파괴하고,
네 영화를 더럽힐 것이다.
8 그들이 너를 구덩이에 내던지면,
너는 맞아 죽는 사람처럼
바다 한가운데서 죽을 것이다.
9 너를 죽이는 사람들 앞에서도
네가 신이라고
네가 감히 말할 수 있겠느냐?
네가 사람들의 손에
찔려 죽을 것이다.
너는 사람이요 신이 아니다.
10 네가 외국 사람들의 손에
할례 받지 못한 사람과 같이
죽을 것이다.
내가 말하였기 때문이다.
나 주 하나님의 말이다."

두로 왕에 대한 애가

11 주님께서 나에게 말씀하셨다.
12 "사람아, 너는 두로 왕을 두고 애가를 불러라. 너는 그에게 전하여라.

'나 주 하나님이 말한다.
너는 정교하게 만든 도장이었다.
지혜가 충만하고
흠잡을 데 없이
아름다운 도장이었다.
13 너는 옛날에
하나님의 동산 에덴에서 살았다.
너는 온갖 보석으로
네 몸을 치장하였다.
홍보석과 황보석과 금강석과
녹주석과 홍옥수와 벽옥과 청옥과
남보석과 취옥과 황금으로
너의 몸을 치장하였다.
네가 창조되던 날에 이미
소구와 비파도 준비되어 있었다.
14 나는 그룹을 보내어,
너를 지키게 하였다.
너는 하나님의 거룩한 산에 살면서,
불타는 돌들 사이를 드나들었다.
15 너는 창조된 날부터,
모든 행실이 완전하였다.
그런데 마침내 네게서
죄악이 드러났다.
16 물건을 사고 파는 일이
커지고 바빠지면서
너는 폭력과 사기를 서슴지 않았다.
그래서 내가 너를 더럽게 여겨,
하나님의 거룩한 산에서 쫓아냈다.
너를 지키는 그룹이,
너를 불타는 돌들 사이에서
추방시켰다.
17 너는 네 미모를 자랑하다가
마음이 교만하여졌고,
네 영화를 자랑하다가
지혜가 흐려졌다.
그래서 내가 너를
땅바닥에 쓰러뜨려
왕들 앞에 구경거리가 되게 하였다.
18 너는 죄를 많이 짓고
부정직하게 무역을 함으로써,
네 성소들을 더럽혔다.
그러므로 내가
네 한가운데 불을 질러
너를 삼키도록 하였으며,
너를 구경하는

29를 기대한다. 거룩함의 표명은 주님의 궁극적 목적이다 (또한 22절; 20:41; 36:23; 38:16, 23; 29:27을 보라). 이것은 *"나 주가 자기들의 하나님임을 알게 될 것이다"* 라는 계속되는 하나님을 인식하는 내용에 표현되고 있다 (특히 여기서는 22b, 23b, 24b절).

29:1—32:32 29:17의 신탁은 기원전 571년

모든 사람의 눈 앞에서,
네가 땅바닥의 재가 되도록 하였다.
19 뭇 민족 가운데서
너를 아는 모든 사람이
네 모습을 보고 깜짝 놀랐다.
멸망이 너를 덮쳤으니,
이제 너는 아무것도 아니다.'"

시돈에 대한 심판 예언

20 주님께서 나에게 말씀하셨다.
21 "사람아, 너는 얼굴을 돌려 시돈을 바라
보고, 그 성읍을 규탄하여 예언을 하여라.
22 너는 전하여라.

'나 주 하나님이 말한다.
시돈아, 내가 너를 치겠다.
내가 네 가운데서
내 영광을 드러내겠다.

내가 너를 심판하고,
내가 거룩함을
네 가운데서 나타낼 때에야
비로소 사람들이
내가 주인 줄 알 것이다.
23 내가 네게 전염병을 보내고,
너의 거리에
피가 냇물처럼 흐르게 하겠다.
사방에서 적들이 몰려와서
칼로 너를 치면,
사람들이 네 한가운데서
쓰러질 것이다.
그 때에야 비로소 그들이,
내가 주인 줄 알게 될 것이다.'"

이스라엘이 복을 받을 것이다

24 "이스라엘 족속을 멸시하는 사방의 모든
사람이, 다시는 이스라엘을 가시로 찌르거나 아
프게 하지 않을 것이다. 그 때에야 비로소 그들이,
내가 주인 줄을 알 것이다."
25 주 하나님께서 이렇게 말씀하신다.
"내가 이스라엘 족속을 그들이 흩어져 살던
여러 민족 가운데서 모아 오고, 이방 사람들이 보
는 앞에서 내가 거룩한 하나님임을 그들에게 나타
낼 때에, 그들이 자기들의 땅, 곧 내가 내 종 야곱
에게 준 땅에서 살게 될 것이다.
26 그들이 집을
짓고, 포도나무를 심고, 평안히 그 땅에서 살 것
이다. 내가, 그들을 멸시하는 사람들을 모두 심판
하면, 그들이 평안히 살 것이다. 그 때에야 비로
소 그들이, 나 주가 자기들의 하나님임을 알게 될
것이다."

이집트에 대한 심판 예언

29 1 제 십년 열째 달 십이일에 주님께서 나
에게 말씀하셨다.
2 "사람아, 너는 이집트 왕 바로에게 예언하
여라. 바로와 전 이집트를 규탄하여 예언하여라.
3 너는 이렇게 말하여 전하여라.

4월로 기록되어 있다. 다른 모든 신탁은 기원전 587년 1월(29:1)에서 기원전 585년 3월 (32:1, 17) 사이의 기록이다. *이집트*는 이스라엘에게 수세기 동안 위협적인 존재이거나 유혹이었다. 이사야는 이집트로부터 군사원조를 받는 것을 경고했다 (30:1-2; 31:1). 느부갓네살이 예루살렘을 포위 공격할 때 바로호브라(Pharaoh Hophra)가 중재했지만 (렘 37:5-8), 예레미야는 이집트로 피난하는 것을 경고하고 (렘 42:1-22) 바로호브라가 느부갓네살에게 체포될 것을 예언했다 (렘 44:30).

29:1-16 에스겔은 바로호브라의 오만함을 혹평하면서 시작한다. 신탁의 두 부분 다 바로가 나일 강을 만들었다는 주장으로 시작한다 (3, 9b절). **29:1-2** 바로호브라가 바빌로니아의 예루살렘 침공에 개입한 후인 기원전 587년 1월에 에스겔은 바로와 모든 이집트를 규탄하여 예언한다 (2절). **29:3-9a** 바로는 나일 강을 만들었다고 자랑하는 *커다란 용* 혹은 신비적인 악어이다 (32:1-8도 보라). 다른 구약 본문들은 라합 (예를 들어, 시 87:4; 시 89:10; 사 30:7) 그리고 리워야단(예를 들어, 시 74:14; 시 89:10; 시 104:26; 사 27:1)으로 언급한다. 하나님은 그 괴물을 다른 고기들과 함께 잡아 (바로와 그의 백성들) 나일 강으로부터 끌어내어 다른 짐승들의 먹이로 내어주신다 (4-5절). 하나님에 대한 인식은 바로 왕을 신뢰할 수 없고 의지할 수 없다는 사실을 깨닫는 것에 달려있다 (6-7절; 또한 사 36:5; 렘 37장을 보라). **29:9b-16** 하나님은 북쪽 경계에서 (믹돌) 남쪽 경계(수에네)에 이르기까지 모든 땅이 버려진 땅이 될 것이고, 한 세대 동안 백성들을 흩어버릴 것이라는 심판을 말한다 (9b-12절; 40년간에 대해서는 민 14:34를 보라). 이집트의 회복은 삼각주 지역의 장대하고 힘있는 지역에서 멀리 떨어진 남쪽 끝(바드로스)에서 작고 힘없는 나라가 될 것이고 (13-15절) 이스라엘이 의지할 나라가 되지 못할 것이다 (16a절). 이집트에 대한 심

'나 주 하나님이 말한다.
이집트 왕 바로야,
내가 너를 치겠다.
나일 강 가운데 누운 커다란 악어야,
네가 나일 강을 네 것이라고 하고
네가 만든 것이라고 한다마는,
4 내가 갈고리로 네 아가미를 꿰고,
네 강의 물고기들이
네 비늘에 달라붙게 해서,
네 비늘 속에 달라붙은
강의 모든 물고기와 함께 너를
강 한복판에서 끌어내서,
5 너와 물고기를 다 함께
멀리 사막에다 던져 버릴 것이니,
너는 허허벌판에
나뒹그러질 것이다.
내가 너를 들짐승과 공중의 새에게
먹이로 주었으니,
다시는 너를 주워 오거나
거두어 오는 사람이 없을 것이다.
6 그 때에야 비로소
이집트에 사는 모든 사람이,
내가 주인 줄 알게 될 것이다.
너는 이스라엘 족속을 속이는
갈대 지팡이밖에 되지 못하였다.
7 이스라엘 족속이
손으로 너를 붙잡으면,
너는 갈라지면서
오히려 그들의 어깨를 찢었다.
너를 의지하면,
너는 부러지면서
ㄱ)그들이 몸도 못 가누고
비틀거리게 하였다.

8 그러므로 나 주 하나님이 말한다. 내가 칼을
가져다가 너를 치겠다. 사람과 짐승을 너에게서
멸절시키겠다. 9 그러면 이집트 땅이 황폐한 땅
곧 황무지가 될 것이니, 그 때에야 비로소 그들이,
내가 주인 줄 알 것이다.

네가 말하기를 나일 강은 네 것이고, 네가 만
들었다고 하였으니, 10 내가 너와 네 강을 쳐서,
이집트 땅을 믹돌에서부터 수에네까지와, ㄴ)에티
오피아의 국경선에 이르기까지, 황폐한 땅 곧 황
무지로 만들어 버리겠다. 11 그 땅에는 사람의
발길도 끊어지고, 짐승들까지도 그 땅으로는 지나
다니지 않을 것이다. 그래서 사십 년 동안, 사는 사
람이 없을 것이다. 12 내가 이집트 땅을 황폐한
땅 가운데서도 가장 황폐한 땅으로 만들겠고, 이
집트의 성읍들도 사십 년 동안은, 황폐한 성읍 가
운데서도 가장 황폐한 성읍으로 만들어 버리겠다.
나는 이집트 사람들을 여러 민족 속에 흩어 놓고,
여러 나라 속에 헤쳐 놓겠다.

13 나 주 하나님이 말한다. 사십 년이 지나
면, 여러 민족 속에 흩어져 있는 이집트 사람을,
내가 다시 이집트 땅으로 모아들이겠다. 14 내
가 포로가 된 사람들을 이집트로 돌아가게 하여,
그들의 고향 땅 곧 ㄷ)상 이집트 땅으로 내가 그들
을 데려다 놓겠다. 그들은 거기에서 힘없는 나라

ㄱ) 시리아어역과 칠십인역과 불가타를 따름. 히, '그들이 허리를 세우게 하였다' ㄴ) 히, '구스'. 나일 강 상류지역 ㄷ) 히, '바드로스'

판에서 이스라엘은 *주님*만을 신뢰하지 못한 그들의 잘못을 깨닫고 주님의 주권을 인정하게 될 것이다 (16b절).

29:17-21 느부갓네살은 두로를 수중에 넣는 것으로 그의 실패를 만회하려 한다 (또한 26:7-14를 보라). **29:17** 기원전 571년은 느부갓네살이 두로를 공격하고 난 직후이다. **29:18-20** 두로를 심판하는 신탁이 그대로 이행되지 않은 것에 대하여 어떤 사람들은 에스겔과 하나님의 말씀의 신빙성에 대해 문제를 제기할 수 있다고 보지만, 여기서 예언적 확실성이 이슈가 될 필요는 없다. 인간의 힘의 사용에 대한 예언은 언제나 본질적인 것이 아니다. 더욱이, 인간의 제도와 구조로부터 완전히 자유로운 하나님의 말씀이 그 자체의 이행 여부에 제한될 수는 없다. 상황이 바뀌면 하나님은 언제나 예언을 바꿀 수 있으시다. 특히 하나님의 정의의 대행자인 느부갓네살에 관한 예언인 경우는 말할 것도 없다 (20절). **29:21** 자라는 뿔은 힘을 상징한다: 이것은 다윗 자손의 왕에 대한 희망 (또한 시 132:17을 보라), 혹은 단순히 느부갓네살의 군사 행동의 힘을 나타낼 수 있다 (또한 30:1-9, 10을 보라). 신탁의 날짜를 볼 때, 에스겔의 입술을 열겠다는 뜻은 예언적 과제를 갱신하는 것을 뜻하는 것이 아니라 (또한 24:25-27; 33:21-22를 보라), 하나님을 대신해 말하는 예언자의 역할에 대한 권위를 재확인하는 것이다 (또한 2:5; 33:33을 보라). 마지막 인지양식에서 하나님의 궁극적 주권이 확증된다.

30:1-19 29:21에 언급된 날짜는 이집트에 대한 심판신탁의 주제이고 (1-9절; 또한 7:10-12를 보라), 이것은 이집트를 대항하는 느부갓네살 왕의 군사행동 (10-12절)과 하나님께서 이집트를 소탕하시는 심판의 포괄적 결과를 포함한다 (12-19절). **30:1-9** *주의 날* (3a, 9b절, 암 5:18-20). 이집트에 대한, 특히 부자들 (4b절)과 거만한 권세자들(6절; 또한 18절을 보라)에

밖에 되지 못할 것이다. 15 나라들 가운데서 가장
힘없는 나라가 되어서, 다시는 다른 민족들보다
높아지지 못할 것이다. 내가 그들을 작게 만들어
서, 그들이 다른 백성들을 다스릴 수 없게 하겠다.
16 이집트는 다시는 이스라엘 족속이 의지할 나
라가 되지 못할 것이다. 이스라엘은 이집트가 당한
것을 보고서, 이집트에 의지하려 한 것이 얼마나
잘못된 것이었는가를 상기하고, 그 때에야 비로소
그들이, 내가 주 하나님인 줄 알 것이다.'"

느부갓네살이 이집트를 정복할 것이다

17 제 이십칠년 첫째 달 초하루에 주님께서
나에게 말씀하셨다. 18 "사람아, 바빌로니아의
느부갓네살이 두로를 공격하려고 큰 군대를 동원
하였다. 그러나 무리한 작전으로 그의 군인들은
머리털이 다 빠져서 대머리가 되고, 어깨가 벗겨
지기까지 하였으나, 그와 그의 군대가 두로를 치
려고 애쓴 수고에 대한 보상을 두로에서 받지 못
하였다. 19 그러므로 나 주 하나님이 말한다. 내가
바빌로니아 왕 느부갓네살에게 이집트 땅을 주겠
다. 그가 이집트에서 물건을 가져가고, 이집트를
약탈하고 노략할 터이니, 그것이 그의 군대에게
주는 보수가 될 것이다. 20 그들이 수고한 것은
나를 도와서 한 것이었으므로, 내가 그 보수로 이
집트 땅을 바빌론 왕에게 주었다. 나 주 하나님의
말이다.
21 그 날이 오면, ㄱ)내가 이스라엘이 새 힘을
가지게 하고, 너의 입이 열려서 그들 한가운데서 외
칠 수 있도록 말할 수 있는 능력을 네게 주겠다. 그
때에야 비로소 그들이, 내가 주인 줄 알 것이다."

주님께서 이집트를 심판하실 것이다

30 1 주님께서 내게 말씀하셨다.
2 "사람아, 예언하여 전하여라.

'나 주 하나님이 말한다.
너희는 오늘 슬퍼하고 통곡하여라.
3 그 날이 가까이 왔다.
주의 날이 가까이 왔다.
어둡게 구름이 낀 날,
여러 민족이 멸망하는 그 때가 왔다.
4 이집트에 전쟁이 휘몰아치고,
ㄴ)에티오피아는
큰 고통을 당할 것이다.
이집트에서
많은 사람이 칼에 쓰러지고
재산을 약탈당할 때에,
이집트는 그 기초가 파괴될 것이다.
5 ㄴ)에티오피아와 ㄷ)리비아와
ㄹ)리디아와, 아라비아와 굽과
모든 동맹국의 백성들이
이집트 사람들과 함께
칼에 쓰러질 것이다.

6 나 주가 말한다.
이집트를 지지하는 사람들이
쓰러질 것이며,
이집트의 거만하던 권세가
꺾일 것이고,

ㄱ) 또는 '내가 이스라엘 집에 한 뿔이 자라게 하고' ㄴ) 히, '구스'. 나일강 상류지역 ㄷ) 히, '붓' ㄹ) 히, '룻'

대한 심판을 뜻한다. 그 영향은 에티오피아(아마도 누비아일 것이다)에까지 이르고 이집트가 북아프리카에서 모집한 용병들도 포함한다 (5절; 또한 27:10-11을 보라). **30:10-12** 느부갓네살은 잔인한 군대를 이끌고 땅을 황폐하게 하고, 백성들을 죽이고, 강을 마르게 하며 (또한 사 19:5를 보라), 땅을 악한 사람들에게 팔아넘길 것이다 (29:19). **30:13-19** 이 지명목록은 이집트의 중심 도시 중에 하나인 *멤피스*로 시작한다. 멤피스는 에스겔이 경멸적으로 배설물 이미지를 사용하고 (13절; 또한 겔 6장을 보라) 왕이 아니라 *왕자*(13절)로 축소시켜버리는 바로의 거대한 상이 있는 곳이다. 이집트의 이름들, 성읍들, 그리고 지역들의 목록은 각각에 대한 예언으로 계속되거나 (예를 들어, 사 15:1-9; 렘 48:1-5) 이집트의 무덤이나 성전의 벽에 새겨진 정복된 도시의 목록을 조롱한다.

30:20-26 기원전 587년 4월로 기록된 이 네 번째 신탁은 아마도 바로호브라가 느부갓네살을 중재하려다가 그에게 패한 것을 말하는 것 같다 (렘 37:5). 바로호브라의 팔이 부러졌고 아직 낫지 않았는데, 하나님이 그의 팔을 강하게 한 바빌로니아의 왕은 호브라의 다른 팔도 부러뜨리려 한다. 반어적으로, 강한 팔 혹은 손의 이미지는 출애굽 이야기 속에 자주 나타난다 (손: 출 3:19; 13:3, 14, 16; 32:11; 신 3:14; 6:21; 9:26; 팔: 출 15:16; 5:5; 신 9:29; 26:8). 이제 하나님은 바로를 대적하신다 (22절). 바로의 칼을 빼앗아 느부갓네살에게 주고 그는 이집트 사람들을 여러 나라로 흩어 버리고 이집트의 신들에 대한 하나님의 주권을 드러낸다.
31:1-18 서론이 있은 후에 (1-2a절), 이집트에 대한 다섯 번째 신탁은 대단한 나무의 비유 (2b-9절), 나무에 대한 심판 (10-14절), 그리고 나무의 후손들이

믹돌에서부터 수에네에 이르기까지,
사람들이 칼에 쓰러질 것이다.
나 주 하나님의 말이다.
7 이집트는 황폐한 땅 가운데서도
가장 황폐한 땅이 될 것이며,
이집트의 성읍들도
황폐한 성읍들 가운데서도
가장 황폐한 성읍이 될 것이다.
8 내가 이집트에 불을 지르고
그 돕는 자들을 멸절시키면,
그 때에야 비로소 그들이,
내가 주인 줄 알 것이다.
9 그 날이 오면, 내가 보낸 사자들이 배를 타
고 가서, 안심하고 있는 ㄱ)에티오피아 사람들을 놀
라게 할 것이다. 이집트가 고통을 받는 바로 그 날
에, ㄱ)에티오피아 사람들이 고통을 당할 것이다.
정말 그 일이 닥쳐오고 있다.
10 나 주 하나님이 말한다.
내가 바빌로니아 왕
느부갓네살을 보내어
이집트의 무리를 없애 버리겠다.
11 그 나라를 멸망시키려고,
그가 민족들 가운데서도
가장 잔인한 군대를
이끌고 갈 것이다.
그들이 칼을 뽑아 이집트를 쳐서,
칼에 찔려 죽은 사람들을
그 땅에 가득 채울 것이다.
12 내가 강을 마르게 하고,
그 땅을
악한 사람들의 손에 팔아 넘기고,
그 땅과 그 안에 풍성한 것을
다른 나라 사람이
황폐하게 만들게 하겠다.
나 주가 말하였다.

13 나 주 하나님이 말한다.
내가 우상들을 멸절시키며,
ㄴ)멤피스에서
신상들을 없애 버리겠다.
이집트 땅에
다시는 지도자가 나지 않을 것이다.
내가 이집트 땅을
공포에 사로잡히게 하겠다.
14 내가 ㄷ)상 이집트 땅을
황무지로 만들어 버리고,
소안에 불을 지르고,
ㄹ)테베를 심판하겠다.
15 또 내가
이집트의 요새인 ㅁ)펠루시움에
내 분노를 쏟아 붓고,
테베의 무리들을 멸하겠다.
16 내가 이집트에 불을 지르면
ㅁ)펠루시움의 요새가
고통으로 몸부림칠 것이고,
테베는 적에게 뚫릴 것이며,
멤피스에는 날마다 적들이
쳐들어갈 것이다.
17 ㅂ)헬리오폴리스와 ㅅ)부바스티스의
젊은이들은
칼에 쓰러질 것이며,
주민은 포로로 끌려갈 것이다.
18 내가 이집트의 권세를
꺾어 버릴 때에,
드합느헤스는
대낮에 캄캄해질 것이다.
그 교만하던 권세를 끝장낼 때에,
이집트 땅은 구름에 뒤덮일 것이고,
이집트의 딸들은
포로로 끌려갈 것이다.
19 내가 이렇게
이집트를 심판할 때에야
비로소 그들은
내가 주인 줄 알게 될 것이다.'"

ㄱ) 히, '구스'. 나일 강 상류지역 ㄴ) 히, '놉' ㄷ) 히, '바드로스'
ㄹ) 히, '노' ㅁ) 히, '신' ㅂ) 히, '아웬' ㅅ) 히, '비베셋'

스올로 내려갈 것(15-18절)이라는 예언을 포함하고 있다. 각 단락은 앞에 나온 구절들로부터 주제를 발전시켜 나간다. **31:1-2a** 기원전 587년 6월 21일로 기록된 이 신탁은 바로와 그의 군대에게 말한다 (이집트에 관한 신탁들 중에 13번 사용되는 히브리어 *하몬* [hamon]은 29:19에서 "물건"으로 번역되고, 32:12에서는 "자랑하던 것"과 관계된다. 개역개정은 "교만"으로 번역했다). **31:2b-9** 2a절의 질문에 대한 대답을 기다리지 않고 에스겔은 앗시리아를 비교의 대상으로 언급한다. 그 다음에 풍자적으로 앗시리아는 깊은 물줄기에서 양분을 공급받는 (4절; 창 7:11; 8:2도 보라) 우주적 백향목으로 묘사된다 (3b; 17:1-10, 22-24; 단 4:10-12를 보라). 비유는 역설적이게도 제국주의적 권세의 그늘 아래서 살기를 좋아하는 *모든 큰 민족*(6절)

이집트 왕의 부러진 팔

20 제 십일년 첫째 달 칠일에 주님께서 나에게
말씀하셨다. 21 "사람아, 내가 이집트 왕 바로의
한쪽 팔을 부러뜨렸다. 치료하고 싸매야 그 팔이
나아서 칼을 잡을 수 있을 터인데, 치료도 못하고
싸매지도 못하고 약도 못 바르고 붕대를 감지도
못하였으니, 그가 칼을 쥘 수 없다. 22 그러므로
나 주 하나님이 말한다. 내가 이집트 왕 바로를 대
적하여, 성한 팔마저 부러뜨려 두 팔을 다 못 쓰게
하고서, 그가 칼을 잡을 수 없게 하겠다. 23 내가
이집트 사람들을 여러 민족 가운데 흩어 놓고, 여러
나라로 헤쳐 놓겠다. 24 내가 바빌로니아 왕의
두 팔을 강하게 하고, 내 칼을 그의 손에 쥐어 주
겠지만, 바로의 두 팔은 부러뜨릴 터이니, 바로가
바빌로니아 왕 앞에서, 칼에 찔린 사람처럼 크게
신음할 것이다. 25 내가 바빌로니아 왕의 두 팔을
강하게 하면, 바로의 두 팔은 떨어져 나갈 것이다.
내가 바빌로니아 왕의 손에 내 칼을 쥐어 주고,
그가 그 칼을 뽑아서 이집트 땅을 칠 때에야, 비
로소 그들은 내가 주인 줄 알 것이다. 26 내가
이집트 사람들을 여러 민족 가운데 흩어 놓고, 그
들을 뭇 나라로 헤쳐 놓겠다. 그 때에야 비로소 그
들은, 내가 주인 줄 알 것이다."

한 때 백향목 같았던 이집트

31 1 제 십일년 셋째 달 초하루에 주님께서
내게 말씀하셨다.
2 "사람아, 너는 이집트 왕 바로와 그의 무리
에게 이렇게 전하여라.

'너의 위엄찬 모습을
누구와 비할 수 있겠느냐?
3 앗시리아는 한 때
레바논의 백향목이었다.
그 가지가 아름답고,
그 그늘도 숲의 그늘과 같았다.
그 나무의 키가 크고,
그 꼭대기는
구름 속으로 뻗어 있었다.

4 너는 물을 넉넉히 먹고
큰 나무가 되었다.
깊은 물줄기에서 물을 빨며
크게 자랐다.
네가 서 있는 사방으로는
강물이 흐르고, 개울물이 흘러,
들의 모든 나무가 물을 마셨다.
5 너는 들의 모든 나무보다
더 높게 자랐다.
흐르는 물이 넉넉하여
굵은 가지도 무수하게 많아지고,
가는 가지도 길게 뻗어 나갔다.
6 너의 큰 가지 속에서는
공중의 모든 새가
보금자리를 만들고,
가는 가지 밑에서는
들의 모든 짐승이 새끼를 낳고,

을 새와 짐승들로 묘사하는 정치적 의도를 드러낸다. 놀랍게도 이 나무는 하나님의 동산의 나무를 능가한다 (또한 창 28:13을 보라). 사실, 그 나무를 아름답게 키운 분은 하나님이시다 (9a절). **31:10-14** 문제: 교만 (또한 28:17을 보라). 극적인 반전 속에서 이 나무는 베어지고 (11-12절), 버려져서 짐승들의 피난처로 더 이상 기능하지 못한다 (13절). 오히려 그것의 소멸은 그와 같이 되려는 모든 것에 대한 경고가 될 것이다 (14절). 정치적 의제가 암암리에 느부갓네살, 그의 군대, 그리고 *세상의 모든 백성*(11-12절; 6b절도 보라)으로부터 버림받는 것에서 다시 나타난다. **31:15-18** 하나님께서 영양분의 출처를 차단하심으로써 나무는 죽게 된다. 모든 민족(그리고 모든 나무)은 죽음이 모든 것을 평등하게 하는 것이란 점을 깨달으면서 슬퍼한다. 도입 부분의 질문(2b절)이 18절에서 반복되지만, 이번엔 대답이 없다. *모든 나무*들, 바로를 포함한 모든 제국의 권세는 모두 같은 장소로 돌아간다.

32:1-16 서론 이후 (1-2a절), 바로를 두고 부른 이 애가는 비난으로 시작하고 (2b절), 우주적 심판으로 계속되며 (3-10절), 이집트에 대한 적용으로 (11-16절) 이어진다. 애가의 주제가 32장의 틀을 이룬다 (2a, 16절). **32:1-2a** 기원전 585년 3월로 기록된 이 애가는 바로가 고대 신화의 우주적 갈등 (시 74:12-14; 시 89:8-10도 보라) 속에 나오는 (29:3의 용의 이미지와는 다른) 물속의 괴물이라고 힐난하는 것으로 시작한다. 태고적 혹은 종말론적 갈등을 묘사하는 대신에, 이 장면은 주님과 바로 사이의 역사적 갈등을 나타내기 위해 신화적 주제를 사용한다 (물을 더럽히는 왕들에 대해서 34:18-19를 보라). **32:3-10** (마르둑이 티아마트를 생포하는 것 혹은 바알이 얌을 잡는 이야기가 나오는) 바빌로니아와 가나안의 신화 속의 장면처럼, 하나님은 용을 잡아 죽일 것이다 (3절). 이 처부수는 규모는 우주적이어서 (5-6절) 하늘에까지 영향을 미치고 (7-8절) 이것은 다시 출 10:21-24에서 이집트 전역을 어

그 나무의 그늘 밑에서는
모든 큰 민족이 자리잡고 살았다.
7 네가 크게 자라서 아름다워지고,
그 가지들이 길게 자라 뻗친 것은,
네가 물 많은 곳에
뿌리를 내렸기 때문이다.
8 하나님의 동산에 있는 백향목들도
너에 비하면 아무것도 아니다.
잣나무들도 네 굵은 가지들과는
비교가 되지 않고,
단풍나무들도
네 가는 가지들만 못하다.
하나님의 동산에 있는 어떤 나무도
너처럼 아름답지는 못하였다.
9 내가 네 가지들을 많게 하고,
너를 아름답게 키웠더니
하나님의 동산에 있는
에덴의 나무들이
모두 너를 부러워하였다.

10 그러므로 나 주 하나님이 말한다. 그 나
무의 키가 커지고, 그 꼭대기가 구름 속으로 뻗치
면서, 키가 커졌다고 해서, 그 나무의 마음이 교
만해졌다. 11 그러므로 나는 그 나무를 민족들의
통치자에게 넘겨 주고, 그는 그 나무가 저지른 악에
맞는 마땅한 벌을 내릴 것이다. 나는 그 나무를 내
버렸다. 12 그래서 뭇 민족 가운데서 잔인한 다
른 백성들이 그 나무를 베어서 버렸다. 그 가는 가
지들은 산과 모든 골짜기에 쓰러져 있고, 굵은 가
지들은 그 땅의 모든 시냇물 가에 부러져 있고, 세
상의 모든 백성이 그 나무의 그늘에서 도망쳐 버
렸다. 사람들이 이렇게 그 나무를 떠나 버렸다.
13 그 쓰러진 나무 위에
공중의 모든 새가 살고,
그 나무의 가지 사이에서는
들의 모든 짐승이 산다.

14 그것은 물가의 나무들이 다시는 키 때문에 교
만하지 못하게 하며, 그 꼭대기가 구름 속으로 치
솟아 오르지도 못하게 하며, 물을 빨아들이는 모
든 나무가 자신의 교만에 머물지 못하게 한 것이
었다.
그것들은 모두 죽음에 넘겨져서,
지하로 내려가고,
깊은 구덩이로 내려가는
사람들 속에
들어 있게 하였기 때문이다.

15 나 주 하나님이 말한다. 그 나무가 ㄱ)스올로
내려갈 때에, 내가 지하수를 말리고, 강물을 막고,
흐르는 큰 물을 모두 멈추게 하겠다. 또 내가 레
바논 산으로는 그 나무를 애도하여 통곡하게 하겠
고, 온 누리의 모든 나무는 그 나무를 애도하여 시
들어 죽게 하겠다. 16 내가 그 나무를 ㄱ)스올로
내려 보낼 때에는, 깊은 구덩이로 내려가는 사람
들과 함께 그 나무를 그리로 보낼 것이니, 그 나
무가 ㄱ)스올로 떨어지는 큰소리를 듣고서, 뭇 민족
이 벌벌 떨 것이다. 이미 ㄱ)스올에 가 있는 에덴의
모든 나무와, 물을 흠뻑 먹으며 자란 레바논 산의
가장 좋은 나무들이, 그 나무가 이렇게 심판을 받는
것을 보고는, ㄱ)스올에서 큰 위로를 받을 것이다.
17 나무들도 그 나무와 함께 ㄱ)스올로 내려가서,
이미 거기에 먼저 와 있던 나무들, 곧 칼에 찔려서
살해된 자들, 살아 생전에 그 나무의 그늘 밑에서
살다가 ㄱ)스올로 들어온 자들에게로 갈 것이다.

18 에덴의 나무들 가운데서 어떤 나무가 너
처럼 화려하고 컸더냐? 그러나 너도 이제는 에덴
의 나무들과 함께 ㄱ)스올로 끌려가서, 할례받지 못
한 사람들 가운데 섞여, 칼에 찔려 죽은 사람들과
함께 누울 것이다. 바로와 그의 백성 모두가 이렇
게 될 것이다. 나 주 하나님의 말이다."

ㄱ) 또는 '무덤' 또는 '죽음'

둠으로 뒤덮는다 (욜 2:10; 3:15; 습 1:15의 종말론적 이미지를 또한 보라). 9-10절에서 역사적 현실로 돌아오는데, 이것은 다른 민족들이 분명히 두려움을 느끼고 있는 것을 묘사한다. **32:11-15** 이집트의 오만함은 바빌론 왕에 의해 박살난다 (또한 29:19를 보라). 더럽혀진 우주적 물(2절)이 정화되는데, 더럽히는 발들을 모두 제거함으로써 주님이 물을 다시 깨끗하게 한다 (13-14절). 기름(14절)은 번영의 상징이다 (창 27:28; 욥 29:6도 보라). 이집트가 황폐하게 되는 것만(15절)이 다른 나라들이 번영할 수 있는 희망이다. **32:16** 여러 민족의 여자들이 *이집트와 그 나라의 온 무리를* (혹은 "재물"을) 애도하는 전문적으로 조가를 부르는 사람들로 묘사된다 (또한 렘 9:17-18을 보라).

32:17-32 앞에 나온 본문들(28:17; 31:14-18)에서 주제를 따오면서 이 마지막 신탁은 이집트가 죽음의 세계인 스올로 내려가는 것을 묘사한다. 서론과 첫 번째 외침이 있은 후 (17-18절), 에스겔은 이집트에 대한 심판을 말하고 (19-21절), 스올에 이미 가 있는 다른 나라들을 열거하며 (22-30절), 바로의 소멸을 해석한다 (31-32절).

32:17-18 기원전 585년 "첫째 달"로 기록된 이 부분은 (마소라사본은 달이 없다. 달을 사용하는 것은 칠십인역을 따르는 것이다.) 에스겔에게 이집트가 저승

악어와 같았던 이집트

32 1 제 십이년 열두째 달 초하루에, 주님께서 나에게 말씀하셨다.

2 "사람아, 너는 이집트 왕 바로를 두고 애가를 불러라. 너는 그에게 알려 주어라.

'너는 스스로 네가
만방의 사자라고 생각하지만,
너는 나일 강 속에 있는 악어이다.
뾰족한 코로 강물을 흩뿌리고
발로 강물을 휘저으면서
강물을 더럽혔다.

3 그러므로 나 주 하나님이 말한다.
내가 많은 백성을 불러와서,
그들이 보는 앞에서
그물을 던져 너를 잡고,
예인망으로 너를 끌어올려서,
4 땅바닥에 내던지고
들판에 내동댕이치겠다.
공중의 새를 데려다가
네 몸 위에 내려앉게 하며,
온 땅의 들짐승들이
너를 뜯어먹고 배부르게 하겠다.
5 너의 살점을
이산 저산에 흩어 놓으면
골짜기마다 ㄱ)네 시체로
가득 찰 것이다.
6 내가 네 피로 땅을 적시고,
산꼭대기까지 적실 것이니,
시내마다 네 피가
철철 넘쳐 흐를 것이다.
7 내가 네 빛을 꺼지게 할 때에,
하늘을 가려 별들을 어둡게 하고,
구름으로 태양을 가리고,
달도 빛을 내지 못하게 하겠다.
8 하늘에서 빛나는 광채들을
모두 어둡게 하고,
네 땅을 어둠으로 뒤덮어 놓겠다.
나 주 하나님의 말이다.

9 ㄴ)네가 망했다는 소식을
내가 뭇 민족에게 알리면,
뭇 민족이
네가 알지도 못하던 그 나라들이
네가 망했다는 소식을 듣고,
불안에 떨 것이다.
10 많은 백성이 보는 앞에서
내가 칼을 휘둘러 너를 치면,
그들은 소스라쳐 놀라고,
또 내가 그들의 왕 앞에서
나의 칼을 휘둘러 너를 치면,
네가 받은 형벌을 보고
모두 벌벌 떨 것이며,
네가 쓰러지는 그 날에는,
왕들마다 목숨을 잃을까봐
떨 것이다.

11 나 주 하나님이 말한다.
바빌로니아 왕의 칼이
네게 미칠 것이다.
12 내가 용사들의 칼로
너의 무리를 쓰러뜨리겠다.
그들은 뭇 민족 가운데서
가장 잔인한 사람들이다.
이집트가 자랑하던 것을
그들이 박살내며,
이집트의 온 무리를

ㄱ) 심마쿠스역과 시리아어역과 불가타를 따름. 히, '네 높은 키'
ㄴ) 칠십인역에는 '내가 너를 뭇 민족 가운데 포로로 잡혀가게 하면'

으로 내려갈 것이라고 말하게 한다. *열강의 딸들*은 아마도 전문적으로 조가를 부르는 사람들이거나 (16절과 같은 사람들) 이전에는 열강이었지만 이제는 22-30절에서 앗시리아가 지하로 내려가는 것을 환영하는 사람들일 것이다. **32:19-21** 앗시리아의 아름다움(19a절)은 이제 아무것도 아닌데, 스올이 모든 군사력을 평등하게 하기 때문이다 (19b-20절). 스올에는 *칼에 찔려 죽은 사람*들을 위한 자리가 있는 것으로 생각된다 (20-21절과 그 이하). **32:22-30** 에돔을 제외하고 모든 민족들이 스올에 *살아 있는 사람들의 세상에서 사람들에게 겁주는 자*들을 가지고 있다. 이 표현은 22-32절 사이에 일곱 번 나온다. **32:31-32** 바로 또한 겁주는 자다. 바로와 그의 군대는 스올에 있는 다른 사람들과 함께 그들의 운명에 대해 동정을 받는다. 주님이 모든 민족을 심판하시기 때문에 억압적인 군사력의 종말은 에스겔의 포로 공동체에게 희망을 주기 위한 수사학적 묘사이다.

33:1—39:29 12:1—24:27까지가 하나님 부재의 결과인 예루살렘 파괴(1:1—11:25)를 준비한 것이라면, 이 장들은 하나님 임재의 회복(40:1—48:35)을 준비한다. 33장은—우상숭배 하던 이스라엘(12:1—24:27)과 억압적인 주변국들과 맺었던

그들이 멸망시킬 것이다.
13 내가 그 큰 물 가에서
모든 짐승을 없애 버리면,
다시는 사람의 발이
그 물을 흐리게 하지 못하고,
짐승의 발굽도
그 물을 흐리게 하지 못할 것이다.
14 그리고 나서
내가 그 강물을 맑게 하여,
모든 강물이
기름처럼 흐르게 하겠다.
나 주 하나님의 말이다.

15 내가 이집트 땅을 황무지로 만들면,
그래서 그 땅에 가득 찬
풍요가 사라지면,
내가 그 땅에 사는 모든 사람을 치면,
그 때에야 비로소 그들이,
내가 주인 줄 알 것이다.
16 이것이 그들이 부를 애가다.
여러 민족의 딸들이
이것을 애가로 부를 것이다.
그들은 이것을
이집트와
그 나라의 온 무리를 애도하는
조가로 부를 것이다.
나 주 하나님의 말이다.'"

죽은 자들의 세계

17 제 십이년 ㄱ)첫째 달 십오일에 주님께서 나에게 말씀하셨다.

18 "사람아, 너는
이집트의 무리를 애도하여
슬피 울고,
이집트와 열강의 딸들을,
깊은 구덩이로 내려가는
사람들과 함께,
지하로 보내면서 일러라.
19 '도대체 네가
누구보다 더 아름답다는 거냐?
너는 아래로 내려가서
할례받지 못한 자들과 함께 누워라'
하여라.

20 그들은 칼에 찔려 죽은 사람들 한가운데
로 떨어질 것이다. 칼이 이미 이집트의 목을 겨누
고 있으니, 이집트와 그의 온 군대를 지하로 내려
보내라. 21 그러면 스올에 있는 강한 용사들이
부하들과 함께 바로의 무리에게 이르기를 '저 할
례받지 못한 자들이, 저 칼에 찔려 죽은 자들이,
이 곳 아래로 떨어져 눕는다' 할 것이다.
22 그 곳에는 앗시리아가 묻혀 있고, 그의 군
대가 함께 묻혀 있다. 사방에 그들의 무덤이 있다.
그들은 모두 칼에 찔려 죽은 전사자들이요, 칼에
쓰러진 자들이다. 23 앗시리아의 무덤은 구덩이
의 가장 깊은 밑바닥에 마련되었고, 그 무덤의 둘
레에는 앗시리아의 군대가 묻혀 있는데, 그들은
모두가 칼을 맞고 쓰러진 자들로서, 칼에 찔려 죽
은 전사자들, 살아 있는 사람들의 세상에서 사람
들에게 겁을 주던 자들이다.
24 그 곳에는 엘람이 묻혀 있고, 그 무덤 둘
레에는 엘람의 온 군대가 묻혀 있다. 그들은 모두

ㄱ) 칠십인역을 따름. 히브리어 본문에는 '첫째 달'이 없음

(25:1—32:32)—옛 일들의 종말과 새로운 실재의 가능성 사이에 위치한다. 새로운 현실 안에서 이스라엘은 반역적인 행위를 버리고 새로워진 언약백성이 되고 공의와 정의 안에서 하나님을 예배한다. 주님이 과거를 끝내 버린 것처럼, 미래도 하나님이 주도적으로 펼쳐나간다. 하나님의 임재의 회복을 준비하면서, 34—37장은 이스라엘의 변화에 초점을 맞춘다. 38—39장은 주님의 길에 방해가 되는 어떤 우주적 악과 제국주의적 군사력도 제거해 버리는 것을 신화적 용어로 묘사함으로써 하나님의 영광의 현현을 준비한다.

33:1-33 이 장은 이 책의 첫 부분을 재검토하고 청중의 수사적 효과를 노리는 상황으로 변화시킨다. 이 책의 첫 부분에서 포로 공동체는 예루살렘이 파괴되기 전에 예언자가 유다 공동체를 향해 말하는 것으로 생각했음이 틀림없다. 그러나 이제 예루살렘이 함락되었다는 소식을 들은 청중들은 그 말이 직접적으로 포로가 된 자기 자신들에게 향한 것으로 받아들인다. 본문은 예루살렘의 함락(21-22절)을 전하기 전에 파수꾼(1-9절)과 개인들의 책임(10-20절)을 되풀이 한다. 예루살렘 함락 후에 남아 있는 두 공동체를 염두에 두고, 이 장은 예루살렘 거주민들에 대한 논의와 (23-29절) 에스겔의 청중인 포로 공동체의 특성을 분석하는 것(30-33절)으로 끝맺는다. 이 장은 아무도 하나님이 주도적으로 이끄는 미래의 변화에 자동적으로 참여할 수 없다고 단언한다.

33:1-9 이 단락은 몇 가지 차이는 있지만 3:16-21과 평행을 이룬다. **33:1-6** 이 부분은 백성들이 파수꾼을 선택하고, 백성과 파수꾼이 모두 그들의 행동에 책임이 있는 전쟁 시나리오를 묘사하는 것으로 시작

가 칼을 맞고 쓰러진 자들, 칼에 찔려 죽은 전사자들이다. 그들은 할례를 받지 못한 자들로서, 지하에 내려갔다. 그들은 살아 있는 사람들의 세상에서 사람들에게 겁을 주던 자들이었으나, 이제는 깊은 구덩이로 내려간 자들과 함께 자신들의 수치를 뒤집어쓰고 있다. 25 엘람의 침상은 칼에 찔려 죽은 전사자들 한가운데 놓여 있고, 그 무덤의 둘레에는 엘람의 군대가 모두 묻혀 있다. 그들은 모두 할례를 받지 못한 자들이요, 칼에 찔려 죽은 전사자들이요, 살아 있는 사람들의 세상에서 사람들에게 겁을 주던 자들이었으나, 이제는 깊은 구덩이로 내려간 자들과 함께 자신들의 수치를 뒤집어쓰고 있다. 이제는 칼에 찔려 죽은 전사자들과 함께 누워 있다.

26 그 곳에는 메섹과 두발이 묻혀 있고, 그 무덤의 둘레에는 그들의 군대가 모두 묻혀 있다. 그들은 모두 할례를 받지 못한 자들이요, 칼에 찔려 죽은 전사자들이요, 살아 있는 사람들의 세상에서 사람들에게 겁을 주던 자들이었다. 27 그러나 그들은, 전쟁 무기를 가지고 스올로 내려가 칼을 베개로 삼아 베고 ㄱ)방패를 이불로 삼아 덮고 자는 고대의 전몰 용사들과 함께 눕지는 못하였다. 그들은 살아 있는 사람들의 세상에서는 사람들에게 겁을 주던 자들이었다.

28 이제 너 이집트는 패망하여, 칼에 찔려 죽은 자들과 함께, 할례를 받지 못하고 죽은 자들과 함께 누울 것이다. 29 그 곳에는 에돔 곧 에돔의 왕들과 그 모든 지도자가 묻혀 있다. 그들은 용맹스러웠으나, 지금은 칼에 찔려 죽은 전사자들과 함께 누워 있고, 할례를 받지 못하고 무덤으로 내려간 자들과 함께 누워 있다. 30 그 곳에는 북쪽의 모든 우두머리와 모든 시돈 사람이 묻혀 있다. 그들은 칼에 찔려 죽은 전사자들과 함께 지하로 떨어졌다. 그들이 세상에서는 두려움을 떨치고 힘을 자랑하였으나, 이제는 수치를 당하게 되고, 할례를 받지 못하고 죽은 자들, 칼에 찔려 죽은 전사자들과 함께 누워 있고, 깊은 구덩이로 내려간 사람들과 함께 수치를 뒤집어쓰고 있다.

31 바로와 그의 온 군대가 칼에 찔려 죽었지만, 지하에 내려가서, 이미 거기에 와 있는 군대를 모두 보고서는, 그들이 위로를 받을 것이다. 나 주 하나님의 말이다.

32 살아 있는 사람들의 세상에서 바로가 사람들에게 겁을 준 것은, 사실은, 내가 그렇게 하도록 시킨 것이다. 그러나 이제는 바로가 자기의 모든 군대와 함께 할례받지 못한 자들과 섞여, 칼에 찔려 죽은 전사자들과 함께 무덤에 눕게 될 것이다. 나 주 하나님의 말이다."

하나님이 에스겔을 파수꾼으로 세우시다

(겔 3:16-21)

33 1 주님께서 나에게 말씀하셨다.
2 "사람아, 너는 네 민족의 자손 모두에게 전하여라. 너는 그들에게 말하여라. 만일 내가 어떤 나라에 전쟁이 이르게 할 때에, 그 나라 백성이 자기들 가운데서 한 사람을 뽑아서, 파수꾼으로 세웠다고 하자. 3 이 파수꾼은 자기 나라로 적군이 접근하여 오는 것을 보고 나팔을 불어, 자기 백성에게 경고를 하였는데도 4 어떤 사람이 그 나팔 소리를 분명히 듣고서도 경고를 무시해서, 적군이 이르러 그를 덮치면, 그가 죽은 것은 자기 탓이다. 5 그는 나팔 소리를 듣고서도 그 경고를 무시하였으니, 죽어도 자기 탓인 것이다. 그러나 파수꾼의 나팔 소리를 듣고서 경고를 받아들인 사람은 자기의 목숨을 건질 것이다. 6 그러나 만일 그 파수꾼이, 적군이 가까이 오는 것을 보고서도 나팔을 불지 않아서, 그 백성이 경고를 받지 못하고,

ㄱ) 히, '죄를'

한다. **33:7-9** 이 부분은 파수꾼의 임무에 초점을 맞추는 것으로 끝난다. 3:16-21에선 그릇된 길을 버리고 돌아서는 악인에게 목숨을 보존할 희망이 있지만, 7-9절에선 악인의 운명은 죽음뿐이다. 예루살렘이 돌이키기엔 이미 너무 늦었다. 포로 공동체가 돌아서기에도 너무 늦은 것인가?

33:10-20 이 대화체의 이야기들은 18장의 주제들을 다시 들추어 11:14-21과 14:12-23에서 언급된 심판을 암시해 준다. **33:10-16** 백성들의 질문은 자신들의 죄를 인정하고 생존에 대한 두려움으로 떨고 있는 사기가 저하되고 희망이 없는 공동체를 반영하고 있다 (10절). "돌이키다"라는 말을 세 번 사용하고 있는 것은 (11절) 주님의 살리려는 의도(또한 18:23, 32를 보라)와 행동양식을 바꾸는 인간의 책임을 강조한다 (또한 18:14-27을 보라). 11절과 16절은 주님이 생명을 선호하는 것을 강조한다. **33:17-20** 이 절들은 18:25-30의 논쟁을 반복한다. 생명을 끌어안는 대신에 (10절의 질문도 보라), 주제가 비껴간다. 예언자는 인간이 해명할 수 있는 것과 하나님의 정의는 양립될 수 없다고 단언한다.

적군이 이르러 그들 가운데 어떤 사람을 덮쳤다
면, 죽은 사람은 자신의 죄 때문에 죽은 것이지만,
그 사람이 죽은 책임은 내가 파수꾼에게 묻겠다.
7 너 사람아, 내가 너를 이스라엘 족속의 파
수꾼으로 세웠다. 그러므로 너는 내가 하는 말을
듣고, 나를 대신하여 그들에게 경고하여라. 8 내가
악인에게 말하기를 '너는 반드시 죽을 것이다' 하
였는데도, 네가 그 악인에게 말하여 그가 악한 길을
버리고 떠나도록 경고하지 않으면, 그 악인은 자
신의 죄가 있어서 죽을 것이지만, 그 사람이 죽은
책임은 내가 너에게 묻겠다. 9 네가 악인에게,
그의 길에서 떠나서 거기에서 돌이키도록 경고하
였는데도, 그가 자신의 길에서 돌이키지 않으면,
그는 자신의 죄 때문에 죽지만, 너는 목숨을 보존
할 것이다."

개인의 책임

10 "그러므로 너 사람아, 너는 이스라엘 족
속에게 전하여라. 그들이 말하기를 '우리의 온갖
허물과 우리의 모든 죄악이 우리를 짓눌러서, 우
리가 그 속에서 기진하여 죽어 가고 있는데, 어떻
게 우리가 살 수 있겠는가?' 하였다. 11 너는 그
들에게 전하여라. '나 주 하나님의 말이다. 내가
내 삶을 두고 맹세한다. 나는, 악인이 죽는 것을
기뻐하지 않고, 오히려 악인이 그의 길에서 돌이
켜 떠나 사는 것을 기뻐한다. 너희는 돌이켜라. 너
희는 그 악한 길에서 돌이켜 떠나거라. 이스라엘
족속아, 너희는 왜 죽으려고 하느냐?' 하여라.
12 너 사람아, 네 민족의 자손 모두에게 전
하여라. 의인이라고 해도 죄를 짓는 날에는 과거의
의가 그를 구원하지 못하고, 악인이라고 해도 자
신의 죄악에서 떠나 돌이키는 날에는 과거의 악이
그를 넘어뜨리지 못한다고 하여라. 그러므로 의
인도 범죄하는 날에는 과거에 의로웠다는 것 때문
에 살 수는 없다. 13 내가 의인에게 말하기를
'그는 반드시 살 것이다' 하였어도, 그가 자신의
의를 믿고 악한 일을 하면, 그가 행한 모든 의로운
행위를 내가 전혀 기억하지 않을 것이다. 그는 그가
범한 바로 그 죄 때문에 죽을 것이다. 14 그러나
내가 악인에게 말하기를 '너는 반드시 죽을 것이
다' 하였어도, 그가 자기의 죄에서 떠나 돌이켜서,
법과 의를 행하여, 15 전당물을 돌려 주고, 탈취
한 물건을 보상하여 주며, 생명으로 인도하는 규
정들을 따라 살아, 악한 일을 하지 않으면, 그는
죽지 않고 반드시 살 것이다. 16 그가 저지른 모든
죄악을 내가 기억하지 않을 것이다. 그는 법과 의를
따라서 사는 사람이니, 반드시 살 것이다.
17 그런데도 네 민족 모두가 '주님께서는 하
시는 일이 공평하지 못하다!' 하고 말한다. 그러나
공평하지 못한 것은 오히려 너희가 하는 일이다.
18 의인이 의로운 행실을 버리고 돌아서서 악한
일을 하면, 그것 때문에 그는 죽을 것이다. 19 그
러나 악인도 자신이 저지른 죄악에서 떠나, 돌이켜
법과 의를 따라서 살면, 그것 때문에 그는 살 것
이다. 20 그런데도 너희는 '주님께서 하시는 일이
공평하지 못하다' 하고 말한다. 이스라엘 족속아,
나는 너희 각 사람이 한 일에 따라서 너희를 심판
하겠다."

예루살렘의 함락 소식

21 우리가 포로로 잡혀 온 지 십이년째가 되
는 해의 열째 달 오일에, 예루살렘에서 도망하여
온 사람이 내게로 와서, 그 성읍이 함락되었다고
말하였다. 22 도망하여 온 그 사람이 오기 전날
저녁에, 주님의 권능이 나를 사로잡아서, 나의 입
을 열어 주셨다. 그 사람이 아침에 나에게로 올 즈
음에는 내 입이 열려 있었으므로, 나는 이제 말을
못하는 사람이 아니다.

백성의 죄

23 주님께서 나에게 말씀하셨다.
24 "사람아, 이스라엘 땅의 저 폐허 더미에
사는 사람들이 이런 말을 하고 있다. '아브라함은
한 개인인데도 이 땅을 차지하였는데, 하물며 수가
많은 우리들이야 더 말해 무엇하겠느냐?' 한다.
또 하나님께서 이 땅을 자기들의 소유로 주었다고
말한다.

33:21-22 에스겔서에서 기원전 586년 1월이 전환점인데, 이 때 예루살렘의 함락이 예고되고, 기원전 587년 7월에 실제로 함락되었다. 요점은 24:27에 기록된 예언이 성취된 것을 강조하는 것이다. 하나님의 지시에 따라 에스겔이 이미 말한 것이지만, 이 새 가능성은 에스겔이 포로 공동체와 미래의 희망에 대하여 대화할 수 있도록 해준다. 예루살렘과 성전에 하나님께서 임재하신다는 거짓 상징들이 남아 있는 한, 그 희망은 명확하게 표현될 수 없다.

33:23-29 유다의 거주민들에 대한 이 논쟁은 이

25 그러므로 너는 그들에게 전하여라.
'나 주 하나님이 말한다. 너희는 피를 빼지 않은 고기를 먹고, 온갖 우상에게 눈을 팔고, 사람들이 피를 흘리게 하였다. 그러면서도 너희가 그 땅을 차지하려고 하느냐? 26 너희는 칼을 의지하였고, 역겨운 일을 저질렀다. 너희는 서로 이웃 사람의 아내를 더럽혀 놓았다. 그러면서도 너희가 그 땅을 차지하려고 하느냐?'

27 너는 그들에게 또 전하여라.
'나 주 하나님이 말한다. 내가 나의 삶을 두고 맹세한다. 폐허 더미 속에 있는 사람들은 칼에 쓰러질 것이요, 들판에 있는 사람들은, 내가 들짐승들에게 잡혀 먹도록 하겠으며, 산성과 동굴에 있는 사람들은 전염병에 걸려서 죽게 하겠다.
28 내가 그 땅을 황무지와 폐허로 만들어 놓으면, 그 거만하던 권세도 끝장이 날 것이고, 이스라엘의 모든 산은 메말라서, 사람이 얼씬도 하지 않을 것이다.
29 그들이 저지른 그 모든 역겨운 일 때문에, 내가 그 땅을 황무지와 폐허로 만들어 놓으면, 그 때에야 비로소 그들이, 내가 주인 줄 알게 될 것이다.'"

예언자의 말

30 "너 사람아, 네 민족의 자손 모두가 담 밑이나 집 문간에서 네 이야기를 하며, 자기들끼리 서로 말하기를 '어서 가서, 주님께서 그에게 무슨 말씀을 하셨는지 들어나 보자' 하면서,
31 마치 호기심 많은 사람들이 무슨 구경거리를 보러 오듯이 너에게 올 것이다. 그러나 그들은, 네가 하는 말을 듣기만 할 뿐, 그 말에 복종하지는 않을 것이다. 그들이 입으로는 달갑게 여기면서도, 마음으로는 자기들의 욕심을 따르기 때문이다.
32 그들은 너를, 악기를 잘 다루고 듣기 좋은 목소리로 ㄱ)사랑의 노래나 부르는 가수쯤으로 생각한다. 그래서 그들은, 네가 하는 말을 듣기만 할 뿐, 그 말에 복종하지는 않는다.
33 그러나 내가 너에게 시켜서 한 그 말은 반드시 이루어진다. 그 말씀이 이루어지면, 그 때에야 비로소 그들 가운데 예언자가 있었다는 것을, 그들이 알게 될 것이다."

ㄱ) 히, '사랑의 노래쯤으로'

스라엘의 조상 아브라함에게 한 약속을 암시한다 (23-24절; 또한 창 17:1-7; 사 51:2를 보라). 전형적인 비난과 심판을 말함으로써 (또한 18:1-20; 22:1-16을 보라), 에스겔의 반응은 살아남은 사람들에게조차 희망의 여지를 남기지 않는다 (25-28절). 어떤 신학적 신조도 하나님의 목적에 반해서는 소용이 없고 어떤 땅도 엄격한 의로움의 요구로부터 자유롭지 않다 (26b절). 땅이 황무지가 되고 나서야 비로소 주님을 인정하게 된다 (29절).

33:30-33 포로로 잡혀온 에스겔의 청중들에 대해 말하면서 하나님은 그들을 오직 듣기만 하려는 사람들로 묘사하신다 (또한 8:1; 14:1; 20:1을 보라). 그들은 듣기만할 뿐 행동하지 않는다. 그들의 입은 육감적인 말만 하고 싶어 하고, 그들의 마음은 무차별적으로 이득만 취하는 일에 몰두해 있다 (31절). 2:1—3:15로부터 듣고 안 듣는 주제를 반복하면서 본문은 (고집 센) 포로 공동체를 이 책의 우선적인 청중으로 특징짓는다 (또한 3:11을 보라). 이 장은 그들이 에스겔의 심판의 말을 듣고 돌이킬 때까지 (33:1-20; 18:30-32) 하나님의 새로운 일에 참여할 수 없다고 주장한다.

34:1-31 이스라엘의 변화에 대해 말하면서, 에스겔은 지도력의 문제를 언급하면서 시작한다. 목자와 그의 양들의 이미지를 통해서 하나님은 이스라엘에 대한 주권을 거듭 주장한다. 이 장은 이스라엘의 왕들에 대한 기소와 심판 (1-10절), 희생된 양들 편에서 행동하시려는 하나님의 의도 (11-16절), 비유적인 심판신탁 형식 안에 나타나는 양들을 안심시키는 말 (17-22절), 그리고 하나님의 언약에 대한 재확증 (23-31절). 이 장은 하나님과 백성과 땅 사이에 새로워진 통합적 관계를 소개하고; 하나님의 주권을 확증하고; 하나님의 종으로서의 고귀한 사명감을 재발견한다.

34:1-10 에스겔은 이스라엘의 지도자들을 대항하여 비통한 신탁을 퍼붓고 (1-6절), 그들에 대한 심판을 예언한다 (7-10절). **34:1-6** *목자*들은 그들의 지위를 이용해서 자신들의 배를 채우느라고 사회의 약자들을 보호해야 할 그들의 의무를 다하지 못했고, 오히려 억압적으로 그들을 지배했다 (또한 렘 23:1-6을 보라). 목자 이미지는 고대 근동지방에서 왕족을 가리키는 이데올로기의 공통된 주제이다 (또한 민 27:16-17; 왕상 22:17을 보라). 이스라엘의 왕들은 궁극적으로 이스라엘이 패망한 데에 책임이 있다. 더 나가서, 그들은 주님을 위한 섭정직의 역할을 제대로 수행하지 못했다 (*내 양*, 6절). **34:7-10** 양들에 대한 심판은 *내 양*이란 단어를 여섯 번 반복해 사용함으로써 강조되고 있다.

34:11-16 하나님은 흩어진 양들을 찾아서 돌보아 주려고 하신다 (11절). 12-16절은 하나님이 찾고, 구하고, 모으고, 먹이고, 치유하고, 그리고 양육하는 동사들을 포함한다. 양들은 좋은 목장을 갖게 될 것이고 약하고 상처받은 사람들은 원기를 회복하게 될 것이다. 하나님만이 목자가 될 것이다 (15절; 또한 시 23; 사 40:11; 요 10:1-18을 보라). 결과는 공적 정의의 새로워진 경험이 될 것이다. 16절은 4절을 반영해 주는 것이고 17-22절의 심판을 예기한다.

이스라엘의 목자들

34 1 주님께서 나에게 말씀하셨다.
2 "사람아, 너는 이스라엘의 목자들을
쳐서 예언하여라. 너는 그 목자들을 쳐서 예언하
여라.
'나 주 하나님이 이렇게 말한다. 자기 자신만
을 돌보는 이스라엘의 목자들에게 화가 있을 것이
다! 목자들이란 양 떼를 먹이는 사람들이 아니냐?
3 그런데 너희는 살진 양을 잡아 기름진 것을 먹고,
양털로 옷을 해 입기는 하면서도, 양 떼를 먹이지는
않았다. 4 너희는 약한 양들을 튼튼하게 키워
주지 않았으며, 병든 것을 고쳐 주지 않았으며, 다
리가 부러지고 상한 것을 싸매어 주지 않았으며,
흩어진 것을 모으지 않았으며, 잃어버린 것을 찾지
않았다. 오히려 너희는 양 떼를 강압과 폭력으로
다스렸다. 5 목자가 없기 때문에, 양 떼가 흩어
져서 온갖 들짐승의 먹이가 되었다. 6 내 양 떼
가 모든 산과 모든 높은 언덕에서 헤매고, 세계 각
처에까지 흩어지게 되었는데도, 그 양 떼를 찾으
려고 물어 보는 목자가 하나도 없었다.
7 그러므로 너희 목자들아, 너희는 나 주의
말을 들어라. 8 나 주 하나님의 말이다. 내가 나의
삶을 두고 맹세한다. 내 양 떼가 약탈을 당하고,
참으로 내 양 떼가 온갖 들짐승에게 공격을 당하고
살육당하여 그것들의 먹이가 된 것은, 목자가 없기
때문이다. 내 목자들이라고 하는 자들은 내 양 떼
를 찾으려고 나서지 않았다. 그 목자들은 양 떼를
잡아서 자기들의 배만 채우고, 내 양 떼는 굶겼다.
9 그러므로 목자들아, 너희는 나 주의 말을 들어라.
10 나 주 하나님이 말한다. 내가 그 목자들을 대
적하여 그들에게 맡겼던 내 양 떼를 되찾아 오고,
다시는 그들이 내 양을 치지 못하게 하겠다. 그러면
그 목자들이 다시는 양 떼를 잡아서 자기들의 배나
채우는 일은 못할 것이다. 내가 이렇게 그들의 입
에서 내 양 떼를 구출해 내면, 내 양 떼가 다시는
그들에게 잡아 먹히지 않을 것이다.'"

하나님은 선한 목자

11 "참으로 나 주 하나님이 말한다. 내가 나의
양 떼를 찾아서 돌보아 주겠다. 12 양 떼가 흩어
졌을 때에 목자가 자기의 양들을 찾는 것처럼, 나
도 내 양 떼를 찾겠다. 캄캄하게 구름 낀 날에, 흩
어진 그 모든 곳에서, 내 양 떼를 구하여 내겠다.
13 내가 여러 민족 속에서 내 양 떼를 데리고 나
오고, 그 여러 나라에서 그들을 모아다가, 그들의
땅으로 데리고 들어가서, 이스라엘의 산과 여러
시냇가와 그 땅의 모든 거주지에서 그들을 먹이
겠다. 14 기름진 초원에서 내가 그들을 먹이고,
이스라엘의 높은 산 위에 그들의 목장을 만들어
주겠다. 그들이 거기 좋은 목장에서 누우며, 이스
라엘의 산 위에서 좋은 풀을 뜯어 먹을 것이다.
15 내가 직접 내 양 떼를 먹이고, 내가 직접 내 양
떼를 눕게 하겠다. 나 주 하나님의 말이다.
16 헤매는 것은 찾아오고, 길 잃은 것은 도
로 데려오며, 다리가 부러지고 상한 것은 싸매어
주며, 약한 것은 튼튼하게 만들겠다. 그러나 살진
것들과 힘센 것들은, 내가 멸하겠다. 내가 이렇게
그것들을 공평하게 먹이겠다.

34:17-22 이제 전체 양 떼에게 말하고 (*내 양 떼*, 22절) 은유를 조금 더 확장하면서, 하나님은 지배계급과 그들이 다른 사람들을 대하는 것에 초점을 맞춘다. 그들은 양 떼가 음식을 구할 수 없게 했고 (18절) 잔인하게 그들을 흩어버렸다 (21절).

34:23-31 희생된 사람들을 위해 하나님이 주도적으로 개입하고 나서, 주님은 회복시키고, 축복하고, 그리고 언약관계를 회복하는 긍정적인 행동을 예고하신다. **34:23-24** 새 다윗과 같은 인물은 37:24-28을 기대한다 (또한 렘 23:5; 30:8-10; 33:17-26; 사 9:6-7; 호 3:5: 암 9:11을 보라). 이 인물은 에스겔서에서 종이면서 왕자로 (히브리어로, *나기드*) 동시에 나타나는 것이 일반적이다 (삼하 7:8; 왕상 11:34도 보라). 그보다 앞선 사람들과는 달리, 그의 역할은 목자이신 하나님이 먼저 행한 일을 따라가는 것이다 (15절도 보라). **34:25-30** 변화된 *평화의 계약*은 레 26:4-13에 나타난 축복의 반향이다. 하나님은 *사나운 짐승들* (심판의 도구; 5:17; 14:15, 21; 33:27도 보라)을 쫓아냄으로써, 땅을 다시 기름지게 함으로써, 그리고 외국의 억압자들로부터 해방시킴으로써, 안전을 다시 확보할 것이다. 개정된 인지양식은 성약관계의 갱신과 하나님의 현존의 확실성을 강조한다 (30절). **34:31** 변화는 온전히 그들의 목자요 하나님이신 주님에 달려있다는 것을 확인하면서, 본문은 목자와 양의 원래 은유로 돌아온다.

35:1—36:15 하나님의 주권을 확언하고 백성들은 당연히 하나님께 속한다고 주장한 후에, 이 일련의 신탁들은 땅도 하나님의 정당한 영역이라고 주장하며 반환을 요구한다. 35:1-15의 *에돔의 산*들에 대한 신탁과 36:1-15의 *이스라엘의 산*들에 대한 신탁을 나란히 놓음으로써, 누가 땅을 소유했는가에 대한 질문이 강조된다. 산들에 대한 강조는 6장에서 산들에 대한 심판을 대조해 주고, 동시에 예루살렘에만 국한한 것이 아니라 전체 땅에 주목하도록 한다.

35:1-15 *세일 산*(사해의 남동쪽에 위치하며 에

17 나 주 하나님이 말한다. 내 양 떼야, 내가 양과 양 사이와, 숫양과 숫염소 사이에서 심판하겠다. 18 살진 양들아, 좋은 초원에서 뜯어 먹는 풀이 만족스럽지 않아서, 먹다 남은 풀을 발로 짓밟느냐? 너희가 마시는 맑은 물이 만족스럽지 않아서, 마시고 남은 물을 발로 더럽혀 놓느냐? 19 내 양 떼는 너희가 짓밟은 풀을 뜯어 먹으며, 너희가 발로 더럽혀 놓은 물을 마시고 있다.

20 그러므로 나 주 하나님이 그들을 두고 이렇게 말한다. 내가 직접 살진 양과 여윈 양 사이에서 심판하겠다. 21 너희가 병든 것들을 다 옆구리와 어깨로 밀어내고, 너희의 뿔로 받아서, 그것들을 바깥으로 내보내어 흩어지게 하였다. 22 그러므로 내가 내 양 떼를 구해 주어서, 그것들이 다시는 희생을 당하지 않도록 하겠다. 그리고 내가 양과 양 사이에서 심판하겠다. 23 내가 그들 위에 목자를 세워 그들을 먹이도록 하겠다. 그 목자는 내 종 다윗이다. 그가 친히 그들을 먹이고 그들의 목자가 될 것이다. 24 그 때에는 나 주가 그들의 하나님이 되고, 내 종 다윗은 그들의 왕이 될 것이다. 나 주가 말하였다.

25 내가 그들과 평화의 언약을 세우고, 그 땅에서 해로운 짐승들을 없애 버리겠다. 그래야 그들이 광야에서도 평안히 살고, 숲 속에서도 안심하고 잠들 수 있을 것이다.

26 내가 그들과 내 산 사방에 복을 내려 주겠다. 내가 때를 따라 비를 내릴 것이니, 복된 소나기가 내릴 것이다. 27 들의 나무가 열매를 맺고, 땅은 그 소산을 내어 줄 것이다. 그들이 자기들의 땅에서 평안히 살 것이다. 그들이 멘 멍에의 나무를 내가 부러뜨리고, 그들을 노예로 삼은 사람들의 손에서 그들을 구하여 주면, 그 때에야 비로소 그들이, 내가 주인 줄 알게 될 것이다. 28 그들이 다시는 다른 나라에게 약탈을 당하지 않으며, 그 땅의 짐승들에게 잡혀 먹히지도 않을 것이다. 그들이 평안히 살고, 놀랄 일이 전혀 없을 것이다. 29 내가 그들에게 기름진 옥토를 마련하여 줄 것이니, 그들이 다시는 그 땅에서 흉년으로 몰살을 당하지도 않고, 다른 나라에게 다시 수모를 당하지도 않을 것이다. 30 그 때에야 비로소 그들이 나 주 그들의 하나님이 그들과 함께 있다는 것과, 그들이 내 백성 이스라엘 족속이라는 것을 알게 될 것이다. 나 주 하나님의 말이다.

31 너희는 내 양 떼요, 내 목장의 양 떼다. ㄱ)너희는 사람이요, 나는 너희의 하나님이다. 나 주 하나님의 말이다."

에돔에 대한 심판

35 1 주님께서 나에게 말씀하셨다. 2 "사람아, 너의 얼굴을 세일 산 쪽으로 돌리고, 그 곳을 규탄하여 예언하여라. 3 너는 그 곳을 규탄하여 말하여라.

'나 주 하나님이 이렇게 말한다.
세일 산아!
내가 너를 대적한다.
내가 내 손을 펴서 너를 치고,
너를 황무지와 폐허로 만들겠다.
4 내가 네 성읍들을 폐허로 만들면
너는 황무지가 될 것이다.
그 때에야 비로소 너는,
내가 주인 줄 알게 될 것이다.

ㄱ) 칠십인역과 고대 라틴어역에는 '너희는 사람이요'가 없음

돔 안에 있음)에 대한 신탁은 네 패널로 나눠진다. 6장에서 이스라엘에 대한 심판이 이제 에돔에게 적용된다. 에돔에 대한 신탁이 25:12-14에 나오지만, 전통적인 원수에 대한 이 대표적인 신탁은 36:1-15와 대조를 이룬다. **35:1-4** 에돔을 폐허로 만드는 것(7, 9, 12, 14-15절)에 대해 강조함으로써 6:4와 33:28-29에서 이스라엘의 산들에 적용된 말들을 찾아낸다. **35:5-9** 기소 내용은 야곱과 에서의 오랜 경쟁을 반영한다 (창 25:22-23; 27:41-45; 32:4-22; 33:1-16; 암 1:11-12; 신 23:7을 참조하라). 에돔은 이스라엘의 파괴에 참여했다 (5절). 이것은 오바댜서 1:10-14에 자세히 기록되어 있다. 그들이 피 흘리는 것을 증오하지 않았기 때문에, 그들이 피를 흘리게 될 것이다 (피의 보복에 관해서 민 35:16-21; 신 19:6-13을 보라). **35:10-12a** 두 번째 기소 내용은 유다의 백성이 감소한 후 에돔의 탐욕을 강조한다. 주목할 것은 10b절에서 주님이 거기 있었다는 말이다. 기대와는 달리, 강제추방과 성전의 파괴는 땅으로부터 주님이 떠나는 것을 의미하지 않는다. 주님은 한 장소에 제한되는 것을 거부한다. **35:12b-15** 이 단락은 땅에 대한 원수들의 탐욕스런 주장을 주님이 들었다는 것으로 시작한다. 유다의 황폐는 (12b절) 이제 에돔의 황폐가 된다 (12, 14, 15절, 그리고 4, 7, 9절도 보라). 15절은 에스겔서에서 처음으로 땅을 이스라엘 소유라고 말한다 (36:12도 보고, 44장, 46장, 47장에서 종종 이렇게 기록된다). 땅은 하나님에게 속하고 이스라엘은 관리자이다.

36:1-15 이 신탁은 이스라엘의 산들에게 축복을 선언한다. **36:1-7** 원수들이 좋아 하는 것(2절)은 땅이 희생된 것(3-5절)과 심판문(6-7절)을 다시 언급하는 선언으로 이끈다. 주님의 응답에 대한 신학적 기조는

5 네가 옛날부터 이스라엘에 한을 품고 있더니,
이스라엘 백성이 재난을 당할 때에, 그들이 그 지
은 죄로 심판을 받을 때에, 너는 그들 위에 칼을
휘둘렀다. 6 나 주 하나님의 말이다. 그러므로
내가 내 삶을 두고 맹세한다. 내가 너를 피투성이
가 되게 하며, 피 비린내 나는 일이 너를 뒤쫓아
다니게 하겠다. 네가 남 죽이기를 좋아하니, 피 비
린내 나는 일이 너를 뒤쫓아 다닐 것이다. 7 내
가 세일 산지를 황무지와 폐허로 바꾸어 놓고, 그
곳을 지나다니는 사람이 없게 하겠다. 8 내가 세
일의 모든 산을, 칼에 찔려 죽은 자들로 가득 채
워 놓겠다. 네 언덕과 골짜기와 모든 시냇물에는,
칼에 찔려 죽은 자들이 널려 있을 것이다. 9 내
가 너를 영영 황무지로 만들어 버리고, 네 성읍들
에서 다시는 사람이 살 수 없게 하겠다. 그 때에
야 비로소 너희는, 내가 주인 줄 알 것이다.

10 너는, 나 주가 유다와 이스라엘을 돌보는
데도 감히 말하기를, 그 두 민족과 그 두 나라가
네 것이 되고 네 소유가 될 것이라고 하였다.
11 나 주 하나님의 말이다. 그러므로 내가 나의
삶을 두고 맹세한다. 네가 그들을 미워하여 분노를
터뜨리고 질투를 한 것과 똑같이, 나도 네게 보복
하겠다. 내가 너를 심판할 때에야 비로소, 내가 누
구인지 모두 알게 될 것이다. 12 그 때에야 비로
소 너는, 내가 주인 줄 알게 될 것이다. 네가 또 이
스라엘의 산을 가리켜 말하기를, 저 산들이 황폐
해졌으니 너희의 것이 되었다고 말하며 조롱하였
지만, 내가 너에게 보복하는 날, 너는 네가 조롱
하는 소리를 내가 다 들었다는 것을 알게 될 것이다.
13 너희가 입을 벌려 나를 거슬러 허풍을 떨고,
나를 거슬러 빈정대는 말을 내가 직접 들었다.

14 그러므로 나 주 하나님이 이렇게 말한다.
내가 너를 황폐하게 만들 때에, 온 땅이 기뻐할 것
이다. 15 이스라엘 족속의 소유가 황폐하게 되
었다고 네가 기뻐했던 것과 똑같이, 나도 너를 그
렇게 만들어 놓겠다. 세일 산과 에돔 온 땅아, 네가
황폐하게 될 것이다. 그 때에야 비로소 그들이,
내가 주인 줄 알 것이다.'"

이스라엘이 받는 복

36 1 "너 사람아, 너는 이스라엘의 산들에
게 이렇게 예언하여 일러라. '이스라엘의
산들아, 너희는 나 주의 말을 들어라. 2 나 주 하
나님이 말한다. 너희의 원수가 너희를 차지할 생
각을 하면서 옛적부터 있던 고지대가 이제 자기들
의 소유가 되었다고 좋아한다.' 3 너는 이스라엘의
산들에게 이렇게 예언하여 일러라. '나 주 하나님이
이렇게 말한다. 그 원수들이 너희를 황폐하게 만
들었고, 사방에서 너희를 삼켜 버려서, 너희가 다른
민족의 소유가 되었으므로, 너희가 사람들의 입에
오르내리며, 조롱거리가 되었다. 4 그러므로 너희
이스라엘의 산들아, 너희는 나 주 하나님의 말을
들어라. 나 주 하나님이 말한다. 산과 언덕에게,

땅에 대한 하나님의 열정이다 (5-6절). 주님이 말하고 (6절); 제국의 권세는 아무 것도 할 수 없다. **36:8-15** 이제 하나님은 이스라엘의 산들에 축복을 선언한다. 창세기를 되풀이하는 (창 1:22; 28; 9:1, 7) 축복과 다산의 언어를 사용하면서, 산들이 다시 *내 백성 이스라엘*의 집이 될 것이라고 한다. 하나님이 산들을 향해 호의적으로 대할 의도를 선언하면서 "내가 너를 대적한다"는 표현이 "내가 너희에게로 얼굴을 돌린다"는 표현으로 바뀐다 (9절; 또한 레 26:9를 보라). 그 어느 때보다도 많은 미덕을 베풀겠다는 선언은 새 창조와 새 낙원을 암시한다 (11절; 또 창세기 1장에서 미덕의 선언을 보라). 35:15의 중요한 단어인 소유를 반복함으로써 산들의 성격 자체가 주님의 백성인 이스라엘에게 호의적으로 바뀐다 (12절). 따라서 산들에 대한 저주가 (6장) 파기된다 (13-15절).

36:16-38 에스겔에서 이 부분은 에스겔이 어느 것보다 중요하게 생각하는 하나님의 거룩한 이름을 회복하려는 민족 신학을 제시하는 중요한 부분이다. 본문은 이스라엘의 역사를 개관하는 것으로 시작하고 (16-21절), 변화의 신탁과 (22-32절), 두 가지 하나님의 의도에 대한 선언(33-36절, 37-38절)으로 이어진다. 본문은 레 26:42-45에 나타난 계약의 실행을 확인한다.

36:16-21 이스라엘의 역사를 신성모독의 역사로 암송하는 이 부분은 20장의 언어와 관심을 되풀이한다. 하나님의 행동의 동기는 순전히 하나님의 특성(*거룩한 이름*, 20:9, 14, 22도 보라)에 대한 명성을 지키려는 것이다. 20장에서 백성들은 그 땅에서 하나님의 이름을 더럽혔다; 여기서는 그들이 다른 곳으로 흩어져 가는 곳마다 하나님의 이름을 더럽혔다고 말한다. 어떻게 하나님이 백성들을 강제로 땅에서 쫓아 낼 수 있는가? 그리고 그 백성들이 어떤 사람들이었기에 그렇게 했을까? 20-21절은 포로 공동체가 하나님의 거룩한 이름을 회복하는 새로운 역사의 출발점에 서 있는 사람들이라는 점을 강조한다. 이 새로운 역사(work)는 하나님의 거룩하심을 증명하고 회복하는 역사이다.

36:22-32 *너희를 생각해서가 아니라*는 표현으로 시작하고 끝나는 이 신탁은 하나님의 특성에 근거한 민족 신학을 분명히 한다. 하나님의 신망은 오직 충실한 언약 공동체, 즉 하나님의 훈계를 철저히 따르고, 전적으로 그것에 따라 살아가는 도덕 공동체의 갱신으로만

시냇물과 골짜기에게, 황폐해진 황무지에게, 그
리고 사방에 남아 있는 성읍들, 곧 다른 민족들이
약탈하여 조롱거리가 된 버림받은 성읍들에게
말한다.
5 나 주 하나님이 이렇게 말한다. 진실로 내
가 나의 맹렬한 질투를 그대로 쏟아서, 남아 있는
이방 민족들과 에돔 온 땅을 쳐서 말한다. 그들은
내 땅을 자기들의 소유로 만들면서 기뻐하였고,
내 땅의 주민을 멸시하면서 내쫓고, 내 땅의 목초
지를 약탈하고 차지하였다.' 6 그러므로 너는 이
스라엘 땅을 두고 예언하고, 산과 언덕에게, 시냇
물과 골짜기에게 전하여라. '나 주 하나님이 이렇
게 말한다. 너희가 뭇 민족에게 수치를 당하였기
때문에, 내가 질투와 분노를 그대로 쏟으면서 말
한다. 7 그러므로 나 주 하나님이 이렇게 말한
다. 내가 직접 내 손을 들고 맹세하였다. 진실로
너희의 사방에 있는 이방 민족들이 스스로 수치를
당하게 될 것이다.
8 내 백성 이스라엘이 곧 고국으로 돌아올 터
이니, 너희 이스라엘의 산들아, 너희는 내 백성을
위하여 나뭇가지를 내어 뻗고, 열매를 맺어라.
9 내가 너희의 편을 들겠다. 내가 너희에게로 얼
굴을 돌리면, 사람들이 너희 산악지대를 갈아서
씨를 뿌릴 것이다. 10 그리고 내가 너희 이스라
엘 족속의 인구가 늘게 하여, 성읍들에 사람이 다
시 살고, 폐허를 다시 건설할 것이다. 11 내가
너희 산들 위에 사람과 짐승을 많게 하여, 그들의
숫자가 많아지고 번창할 것이다. 산들아, 내가 너
희를 예전처럼 사람들이 살도록 하고, 전보다 더
좋아지게 해주겠다. 그 때에야 비로소 너희는, 내
가 주인 줄 알 것이다. 12 내가 너희 산들 위에
사람들이, 곧 내 백성 이스라엘이 다시 다니게 하
겠다. 그들이 너희를 차지하고, 너희는 그들의 소
유가 될 것이다. 너희는 내 백성 이스라엘이 또
다시 자식을 빼앗기지 않게 할 것이다.
13 나 주 하나님이 이렇게 말한다. 사람들이
너를 두고 사람을 삼키는 땅이요, 제 백성에게서
자식을 빼앗아 간 땅이라고 말하지만, 14 네가
다시는 사람을 삼키지 않고, 다시는 네 백성에게서
자식을 빼앗아 가지 않을 것이다. 나 주 하나님의
말이다. 15 내가 다시는 이방 나라들이 너를 비
웃지 못하게 하며 뭇 민족이 다시는 너를 조롱하지
못하게 하겠다. 너도 다시는 네 백성을 넘어지게
하지 않을 것이다. 나 주 하나님의 말이다.'"

이스라엘을 정결하게 하시다

16 주님께서 나에게 말씀하셨다.
17 "사람아, 이스라엘 족속이 자기들의 땅에
살 때에 그 행위로 그 땅을 더럽혔다. 내가 보기에
그 소행이 월경 중에 있는 여자의 부정함과 같았다.
18 그들이 죄 없는 사람들의 피를 흘려 그 땅을
더럽혔으며, 온갖 우상을 섬겨 그 땅을 더럽혔으
므로, 그들에게 내 분노를 쏟아 부었다. 19 내가
그들을 그 행위대로 심판하여 그들을 여러 나라들
속으로 쫓아 보내며, 여러 나라에 흩어지게 하였다.
20 그들은 여러 나라에 흩어져서, 가는 곳마다
내 거룩한 이름을 더럽혔다. 그래서, 이방 사람들
은 그들을 보고 '주의 백성이지만 주의 땅에서 쫓
겨난 자들'이라고 하였다. 21 나는, 이스라엘 족
속이 여러 나라에 흩어져서, 가는 곳마다 더럽혀
놓았지만, 내 거룩한 이름이 더럽혀지는 것을 그
대로 둘 수 없다.
22 그러므로 너는 이스라엘 족속에게 전하
여라. '나 주 하나님이 이렇게 말한다. 이스라엘
족속아, 내가 이렇게 하려고 하는 까닭은 너희들
을 생각해서가 아니라, 너희가 여러 나라에 흩어
져서, 가는 곳마다 더럽혀 놓은 내 거룩한 이름을
회복시키려고 해서다. 23 너희가 여러 나라에
흩어져 살면서 내 이름을 더럽혀 놓았으므로,

복원될 것이다. 변화된 공동체에 주님의 특성이 반영되면, 주님-백성-땅의 관계적 삼각관계가 완전히 재구성될 것이다. 정치적 회복과 영적 변화의 연대기적 연속은 없다. **36:22-23** 하나님은 거룩한 이름을 회복할 것이라는 점을 분명히 한다. 이스라엘을 통해서 거룩한 이름이 더럽혀진 것처럼, 그것은 이스라엘을 통해서 다시 회복될 것이다. **36:24-30** 하나님의 활동은 다음의 것들을 포함한다: 이방 민족들 가운데서 그들을 모음 (24절; 신 30:4도 보라); 죄를 씻어줌 (25절); 그들의 열정, 의지, 생각의 변화 (26-27절; 또한 11:19-20; 신 30:6-8; 시 51:10; 렘 31:31-34를 보라), 언약관계의 회복 (28절; 14:11; 37:23, 27; 출 6:7; 렘 31:33; 호 2:23; 슥 8:8도 보라), 그리고 풍성한 소출 (29-30절, 레 26:3-5도 보라). 포로 공동체에게 *마음과 영을 새롭게 하라는* 18:31의 훈계를 취소하지 않으면서, 이 본문은 하나님의 주도적 행위를 기록한다. 바로 하나님이 복종할 수 있도록 새로운 마음을 주시고 새로운 영을 부어 주신다. **36:31-32** 20:41-44를 되풀이하는 이 구절은 거룩한 이름을 회복하려는 의도에서 하나님이 친절하게 주도적으로 행동하고 계시다는

거기에서 더럽혀진 내 큰 이름을 내가 다시 거룩하게 하겠다. 이방 사람들이 지켜 보는 앞에서, 너희에게 내가 내 거룩함을 밝히 드러 내면, 그 때에야 비로소 그들도, 내가 주인 줄 알 것이다. 나 주 하나님의 말이다. 24 내가 너희를 이방 민족들 가운데서 데리고 나아오며, 그 여러 나라에서 너희를 모아다가, 너희의 나라로 데리고 들어가겠다. 25 그리고 내가 너희에게 맑은 물을 뿌려서 너희를 정결하게 하며, 너희의 온갖 더러움과 너희가 우상들을 섬긴 모든 더러움을 깨끗하게 씻어 주며, 26 너희에게 새로운 마음을 주고 너희 속에 새로운 영을 넣어 주며, 너희 몸에서 돌같이 굳은 마음을 없애고 살갗처럼 부드러운 마음을 주며, 27 너희 속에 내 영을 두어, 너희가 나의 모든 율례대로 행동하게 하겠다. 그러면 너희가 내 모든 규례를 지키고 실천할 것이다. 28 그 때에는 내가 너희 조상에게 준 땅에서 너희가 살아서, 너희는 내 백성이 되고, 나는 너희의 하나님이 될 것이다.

29 내가 너희를 그 모든 더러운 곳에서 구원하여 낸 다음에는, 곡식의 소출을 풍성하게 하여, 다시는 너희에게 흉년이 들지 않게 하며, 30 나무에 과일이 많이 맺히고 밭에서 소출이 많이 나게 하여, 너희가 다시는 굶주림 때문에 다른 여러 나라의 조롱을 받지 않게 하겠다. 31 그 때에 너희가 너희의 악한 생활과 좋지 못했던 행실들을 기억하고, 너희의 온갖 악과 역겨운 일들 때문에 너희 자신을 미워하게 될 것이다. 32 내가 이렇게 하는 것은 너희 때문이 아니라는 것을 너희가 알아야 한다. 나 주 하나님의 말이다. 이스라엘 족속아, 너희의 행실을 부끄러워하고, 수치스러운 줄 알아라!

33 나 주 하나님이 말한다. 내가 너희에게서 그 모든 죄를 깨끗이 씻어 주는 날에는, 너희의 성읍에도 사람이 살게 하며, 폐허 위에도 집을 짓게 하겠다. 34 이전에는 지나가는 사람들이 황폐한 땅을 보며 지나다녔으나, 이제는 그 곳이 묵어 있지 않고, 오히려 잘 경작된 밭이 될 것이다. 35 그래서 사람들이 말하기를, 황폐하던 바로 그 땅이 이제는 에덴 동산처럼 되었고 무너져서 폐허와 황무지가 되었던 성읍마다 성벽이 쌓여 올라가서 사람 사는 땅이 되었다고 할 것이다. 36 그 때에야 비로소 너희의 사면에 남아 있는 여러 나라들이, 바로 나 주가 무너진 것을 다시 세우며, 황폐한 땅에 다시 나무를 심는 줄을 깨달아 알 것이다. 나 주가 말하였으니, 내가 이룰 것이다!

37 나 주 하나님이 말한다. 이제 나는 다시 한 번 이스라엘 족속을 시켜서 내게 도움을 간청하게 하겠고, 그들의 인구를 양 떼처럼 불어나게 하겠다. 38 성회 때마다 거룩한 제물로 바칠 양 떼가 예루살렘으로 몰려들듯이, 폐허가 된 성읍들이 사람들로 가득 차게 하겠다. 그 때에야 비로소 그들이, 내가 주인 줄 알 것이다."

사실을 깨달을 때 이스라엘 백성 자신들의 행실들에 대한 반응을 기술한다.

36:33-36 하나님께서 죄를 씻어주시는 사역은 땅을 회복하고 백성을 다시 거주시키는 것뿐만 아니라 지나가는 사람들과 모든 나라들이 이 땅이 에덴 동산과 같이 되었음을 깨닫게 한다 (사 51:3도 보라).

36:37-38 이 장은 양 떼 이미지(34장)로 돌아감으로써, 백성들의 자문에 응하는 하나님(14:3; 20:3도 보라)의 새로운 개방성을 확인하면서 끝난다.

37:1-28 이 장은 죽은 이스라엘 안에 하나님의 말씀이 어떻게 새로운 생명을 불어 넣는지 묘사함으로써 (1-14절; 다음도 보라. 11:19; 36:26) 그리고 11절의 *이스라엘 온* 족속이 무엇을 뜻하는지 (15-28절) 설명함으로써 34—36장에서 시작된 변화를 계속 이어간다.

37:1-14 에스겔이 주님의 영(1절; 1:3; 8:1을 참조)에 이끌려 나간 골짜기(3:22도 보라)에서 마른 뼈들의 환상이 시작된다. 본문에는 환상(1-10절)과 그 해석(11-14절)이 포함되어 있다. 전체 단락은 죽음에서 생명으로 변화되는 것을 예증함으로써 11절에 응답한다. 생명을 일으키는 것은 주님의 생기/영이다 (1, 5, 6, 8, 9, 10, 14절). **37:1-10** 환상은 바빌로니아 침략 이후 사망한 이스라엘을 나타내는 전쟁터를 묘사한다 (1-2절). 에스겔에게 던져진 질문은 임시적 반응을 이끈다 (3절). 그는 반문한다. 질문은 내세나 부활에 관한 것이 아니라 살아 있는 자들의 세계로 돌아갈 수 있는지에 관심한다. 더 나가서, 이것은 개인의 부활에 관한 것이 아니라 죽은 사람이 다시 살아날 수 있는가에 관한 것이다. 지시에 응답하고 난 후에 (4-7절), 에스겔은 생기(히브리어, *루아흐*)가 없는 시체들을 본다 (8절). 생기에 대한 두 번째 지시는 시체들이 살아나게 한다 (9-10절). 두 단계의 소생은 창 2:7에 두 단계로 언급된 것을 반영하고 있는지도 모른다. 혹은 예언자적 사역의 과정을 반영하고 있을 것이다. 예언자가 사람들을 모으는 사역을 시작한 것처럼, 예언적 말씀은 주님의 영에 의해 성취된 생명을 주는 변화를 계속해 나갈 것이다. **37:11-14** 죽음과 희망 없음에 대한 인용은 땅(*너희의 땅*)에서의 생명을 주님의 영에 의해 강화된 생명으로 동일시하는 해석을 가능케 한다. 역전된 인지 양식(14b절)은 하나님의 목적의 불가피성을 강조한다 (또한 36:36을 보라).

37:15-28 37장의 두 번째 부분은 이스라엘의 온 족속을 *너희의 땅*에서 하나가 되게 하려는 주님의 의도를 설명하면서 11절과 14절을 발전시킨다. 상징

마른 뼈들이 살아나는 환상

37 1 주님께서 권능으로 나를 사로잡으셨
다. 주님의 영이 나를 데리고 나가서, 골
짜기의 한가운데 나를 내려 놓으셨다. 그런데 그
곳에는 뼈들이 가득히 있었다. 2 그가 나를 데리고
그 뼈들이 널려 있는 사방으로 다니게 하셨다. 그
골짜기의 바닥에 뼈가 대단히 많았다. 보니, 그것
들은 아주 말라 있었다. 3 그가 내게 물으셨다.
"사람아, 이 뼈들이 살아날 수 있겠느냐?" 내가 대
답하였다. "주 하나님, 주님께서는 아십니다."
4 그가 내게 말씀하셨다.
"너는 이 뼈들에게 대언하여라. 너는 그것들
에게 전하여라. '너희 마른 뼈들아, 너희는 나 주
의 말을 들어라. 5 나 주 하나님이 이 뼈들에게
말한다. 내가 너희 속에 ㄱ)생기를 불어넣어, 너희
가 다시 살아나게 하겠다. 6 내가 너희에게 힘줄
이 뻗치게 하고, 또 너희에게 살을 입히고, 또 너
희를 살갗으로 덮고, 너희 속에 ㄱ)생기를 불어넣
어, 너희가 다시 살아나게 하겠다. 그 때에야 비
로소 너희는, 내가 주인 줄 알게 될 것이다.'"
7 그래서 나는 명을 받은 대로 대언하였다. 내가
대언을 할 때에 무슨 소리가 났다. 보니, 그것은
뼈들이 서로 이어지는 요란한 소리였다. 8 내가
바라보고 있으니, 그 뼈들 위에 힘줄이 뻗치고, 살
이 오르고, 살 위로 살갗이 덮였다. 그러나 그들
속에 ㄱ)생기가 없었다.
9 그 때에 그가 내게 말씀하셨다.
"사람아, 너는 ㄱ)생기에게 대언하여라. ㄱ)생기
에게 대언하여 이렇게 일러라. '나 주 하나님이 너
에게 말한다. 너 ㄱ)생기야, 사방에서부터 불어와서
이 살해당한 사람들에게 불어서 그들이 살아나게
하여라.'"
10 그래서 내가 명을 받은 대로 대언하였더니,
ㄱ)생기가 그들 속으로 들어갔고, 그래서 그들이 곧
살아나 제 발로 일어나서 서는데, 엄청나게 큰
군대였다.
11 그 때에 그가 내게 말씀하셨다.
"사람아, 이 뼈들이 바로 이스라엘 온 족속이
다. 그들이 말하기를 '우리의 뼈가 말랐고, 우리의
희망도 사라졌으니, 우리는 망했다' 한다. 12 그
러므로 너는 대언하여 그들에게 전하여라. '나 주
하나님이 말한다. 내 백성아, 내가 너희 무덤을 열
고, 무덤 속에서 너희를 이끌어 내고, 너희를 이
스라엘 땅으로 들어가게 하겠다. 13 내 백성아,
내가 너희의 무덤을 열고 그 무덤 속에서 너희를
이끌어 낼 그 때에야 비로소 너희는, 내가 주인 줄
알 것이다. 14 내가 내 영을 너희 속에 두어서
너희가 살 수 있게 하고, 너희를 너희의 땅에 데
려다가 놓겠으니, 그 때에야 비로소 너희는, 나 주
가 말하고 그대로 이룬 줄을 알 것이다. 나 주의
말이다.'"

남북 왕국의 통일

15 주님께서 내게 말씀하셨다.
16 "너 사람아, 너는 막대기 하나를 가져다가,
그 위에 '유다 및 그와 연합한 이스라엘 자손'이라고

ㄱ) 또는 '바람' 또는 '영'

행위(15-19절)는 회복에 대한 기대의 요약(20-28절)으로 이어진다. **37:15-19** 두 막대기는 기원전 922년부터 분열된 두 왕국, *이스라엘*(에브라임/요셉)과 *유다*의 통일을 나타낸다. **37:20-28** 상징 행위는 구원에 대한 기대를 불러일으킨다 (또한 36:25-30을 보라): 땅으로 돌아옴 (21절); 한 임금이 다스리는 통일왕국 (22절); 다시 하나님의 백성이 될 수 있도록 깨끗하게 씻음을 받음 (23절); 새로운 종 다윗이 하나님의 율례를 잘 지킬 수 있는 분위기를 만들어 가는 통치 (24-25절; 또한 34:23-24를 보라); 그리고 천지를 축복하는 것 (26절, 창 1:28도 보라)과 함께 평화의 새 계약 (또한 16:60; 34:25; 창 9:16; 17:7을 보라). "내 성소"와 "내가 살 집"을 언급하는 것은 (26-27절) 8장에서 11장까지의 역전을 기대하게 하고 (또한 20:40을 보라), 40—48장의 성전환상을 준비하게 하며, 출 29:45-46에 표현된 하나님의 의도의 회복을 반영해 준다. 임재의 회복은 오직 하나님이 하시는 일이고, 이로 말미암아 만민이 하나님의 주권을 인정할 것이다 (28절).

38:1—39:29 38-39장들에 나타나는 문학적 풍자는 34—37장의 희망찬 신탁과 40—48장에 나타나는 새로워진 성전과 땅에 대한 환상 사이의 중심 역할을 한다. 37:26-28로부터 하나님의 임재와 성전에 대한 약속을 가지고 직접 40장으로 이동하는 대신에, 줄거리는 폭압적 제국주의의 권세와 백성을 착취하는 탐욕에 대한 하나님의 승리를 기대케 하는 이야기로 주의를 돌린다. 이 장들은 땅에서 안전하게 살 수 있는 (38:8; 11-12, 14) 이스라엘의 회복을 가정하고 있기 때문에, 그 의도는 회복된 이스라엘은 두려워할 필요가 없다는 것을 분명히 강조하는 것이다. 땅에서 안전하게 살 것이라는 약속(34:25)은 신뢰할 수 있다. 이제 이스라엘은 회복되었고, 누구도 백성에 대한, 그리고 하나님의 신망의 회복에 대한 주님의 주권적 목적을 방해할 수 없다. 그러나 신비적이고 종말론적 언어의 사용은, 현재적이든

써라. 막대기를 또 하나 가져다가 그 위에 '에브라임의 막대기 곧 요셉 및 그와 연합한 이스라엘 온 족속'이라고 써라. 17 그리고 두 막대기가 하나가 되게, 그 막대기를 서로 연결시켜라. 그것들이 네 손에서 하나가 될 것이다.

18 네 민족이 네게 묻기를 '이것이 무슨 뜻인지 우리에게 일러주지 않겠느냐?' 하면, 19 너는 그들에게 말해 주어라. '나 주 하나님이 말한다. 내가 에브라임의 손 안에 있는 요셉과 그와 연합한 이스라엘 지파의 막대기를 가져다 놓고, 그 위에 유다의 막대기를 연결시켜서, 그 둘을 한 막대기로 만들겠다. 그들이 내 손에서 하나가 될 것이다' 하셨다고 하여라.

20 또 너는, 글 쓴 두 막대기를 그들이 보는 앞에서 네 손에 들고, 21 그들에게 말해 주어라. '나 주 하나님이 말한다. 이스라엘 백성이 들어가 살고 있는 그 여러 민족 속에서 내가 그들을 데리고 나오며, 사방에서 그들을 모아다가, 그들의 땅으로 데리고 들어가겠다. 22 그들의 땅 이스라엘의 산 위에서 내가 그들을 한 백성으로 만들고, 한 임금이 그들을 다스리게 하며 그들이 다시는 두 민족이 되지 않고, 두 나라로 갈라지지 않을 것이다. 23 그들이 다시는 우상과 역겨운 것과 온갖 범죄로 자기들을 더럽히지 않을 것이다. ㄱ)그들이 범죄한 그 모든 곳에서, 내가 그들을 구해 내어 깨끗이 씻어 주면, 그들은 내 백성이 되고 나는 그들의 하나님이 될 것이다.

24 내 종 다윗이 그들을 다스리는 왕이 되어, 그들 모두를 거느리는 한 목자가 될 것이다. 그들은 내 규례를 지키며 살고, 내 율례를 지켜 실천할 것이다. 25 그 때에는 내가 내 종 야곱에게 준 땅 곧 그들의 조상이 살던 땅에서 그들이 살게 될 것이다. 그 땅에서 그들과, 그 자자손손이 영원히 거기에서 살 것이며, 내 종 다윗이 그들의 영원한 왕이 될 것이다. 26 내가 그들과 평화의 언약을 세워서, 영원한 언약을 삼을 것이다. 내가 그들을 튼튼히 세우며, 번성하게 하며, 내 성소를 그들 한가운데 세워서 영원히 이어지게 하겠다.
27 내가 살 집이 그들 가운데 있을 것이며, 나는 그들의 하나님이 되고 그들은 내 백성이 될 것이다.
28 내 성소가 영원히 그들 한가운데 있을 그 때에야 비로소 세계 만민이, 내가 이스라엘을 거룩하게 하는 주인 줄 알 것이다.'"

하나님의 도구 곡

38 1 주님께서 나에게 말씀하셨다.
2 "사람아, 너는 마곡 땅 쪽으로 얼굴을 돌리고, 로스와 메섹과 두발의 왕 곡을 규탄하여 예언하여라. 3 너는 전하여라. '나 주 하나님이 말한다. 너 로스와 메섹과 두발의 왕 곡아, 내가 너를 대적한다. 4 내가 너를 돌려 세우고, 갈고리로 네 아가미를 꿰고 너와 네 모든 군대, 곧 군마와 기마병과, 곧 완전무장을 한 군대, 큰 방패와 작은 방패를 들고 칼을 잡은 대 병력을, 내가 끌어내겠다. 5 방패와 투구로 무장을 한 페르시아와 에티오피아와 리비아를 끌어내고, 6 고멜과 그의 모든 군대와, 북쪽 끝에 있는 도갈마 족속과 그의 모든 군대와, 수많은 백성을 너와 함께 끌어내겠다. 7 너는 네게로 집결된 온 군대와 함께, 만반의 준비를 하고, 그들을 잘 지휘하여라.
8 네가 공격 명령을 받기까지는 오랫동안 기다리고 있어야 한다. 여러 해가 지난 다음에 때가 되면, 너는, 오래 걸려 전쟁의 상처를 다 씻은 한 나

ㄱ) 몇몇 히브리어 사본과 칠십인역에는 '그들이 범한 온갖 범죄에서'

내세적이든, 모든 원수를 인간의 수단으로 물리칠 수 있는 것이 아니라, 하나님의 개입으로만 그렇게 할 수 있다는 것을 강조한다 (계 19:11—20:10에 각색된 곡[Gog] 모티브도 마찬가지임). 각 장은 곡에 대한 네 패널로 되어 있다: 네 개의 곡에 대한 규탄 (38:2-9, 10-13, 14-16, 17-23), 네 개로 된 곡의 패망에 대한 패널 (39:1-8, 9-10, 11-16, 17-20), 그리고 신학적 결언(39:21-29)이 이어진다.

38:1-9 비록 곡(Gog)이 루디아의 긱스(Gyges of Lydia)를 나타낼 수도 있지만, 곡은 아마도 제국의 무용과 군사적 동맹을 대표하는 소원한 상징적 인물로 선택되었을 것이다. 갈등은 분명히 하나님과 곡, 그리고 곡의 동맹국들 사이에 존재한다. 본문은 전쟁준비를 명한다. 마곡과 로스와 메섹(2절)은 창 10:2의 국가 목록에 포함되어 있다 (27:13; 32:26도 보라). 일곱 동맹국들은 여러 민족에 대한 신탁(25—32장)에서 언급된 일곱 국가를 반영한다. 알려진 세상의 외부로부터 온 사람들은 군사적으로 잘 무장되었다 (4-6절); 그들은 전쟁으로부터 회복된 땅에서 안전하게 살고 있는 사람들에게 대적한다 (8절; 또한 11, 14절; 39:26; 레 26:5-6을 보라). 역설적으로 하나님은 곡과 전쟁을 하기 위해 곡에게 전쟁준비를 명하신다.

38:10-13 이 부분은 13절의 수사학적 질문에 의해 초점을 맞춰진 곡 자신의 의도를 보고한다. 여기서 다른 사람들의 탐욕은 곡의 사람들에게 부합한다. 12b절의 *땅의 중심*의 의미는 모호하다. 이스라엘이 여러

라를 침략하게 될 것이다. 그 나라는, 여러 민족
가운데 흩어져 살다가 돌아온 사람들이, 오랫동안
폐허로 남아 있던 이스라엘의 산지에 다시 세운
나라다. 그 나라 백성은 타국 백성들 사이에서 살
다가 돌아온 뒤에, 그 때쯤에는 아주 안전하게 살고
있을 것이다. 9 그 때에 네가 쳐올라갈 것이며,
너와 네 모든 군대와 너와 함께 한 많은 나라의 연
합군이 폭풍처럼 몰려들고, 구름처럼 그 땅을 덮을
것이다.

10 나 주 하나님이 말한다. 그 날이 오면, 네
마음 속에서 온갖 생각이 떠올라, 네가 흉악한 생
각을 꾀하게 될 것이다. 11 그래서 너는 혼자 속
으로, 성벽이 없이 사는 마을로 쳐올라가겠다고,
평안히 살고 있는 저 평화로운 사람들에게로 쳐들
어가겠다고, 성벽도 없고 성문도 없고 문빗장도
없이 사는 사람들을 덮쳐서 12 물건을 약탈하며
노략하겠다고 하는, 악한 생각을 품게 될 것이다.
그러나 네가, 여러 나라에 흩어져서 살다가 돌아
와서 오랫동안 폐허로 남아 있던 땅에 다시 정착
하여 가축과 재산을 늘려 가며 살고 있는 백성을,
손을 들어 칠 때에, 13 스바와 드단과 ㄱ)스페인
의 상인들과 ㄴ)젊은 용사들이 너를 비난할 것이다.
네가 노략질이나 하려고 가는 것이냐고, 네가 강
탈이나 하려고 군대를 동원하였느냐고, 은과 금
을 탈취해 가려고, 가축과 재산을 빼앗아 가려고,
엄청난 전리품을 약탈해 가려고 원정길에 나섰느
냐고 비난할 것이다.'

14 사람아, 너는 예언하여 곡에게 전하여라.
'나 주 하나님이 말한다. 내 백성 이스라엘이 안전
하게 사는 그 날을 네가 어찌 알지 못하겠느냐?
15 그 때가 되면, 너는 네 나라 북쪽 끝에서 원정
길에 나설 것이다. 그 때에 너는 대군을 이끌고 떠
날 것이다. 놀라운 규모를 지닌 기마대와 많은 보
병을 이끌고 정복길에 오를 것이다. 16 마치 구
름이 땅을 덮는 것같이, 네가 내 백성 이스라엘을
칠 것이다. 곡아, 오랜 세월이 지난 뒤에, 때가 되
면 내가 너를 끌어들여서, 내 땅을 치게 하겠다.
뭇 민족은, 내가 내 거룩함을 밝히 나타내려고 너
를 이렇게 부리고 있는 것을 보고 나서야, 내가 누
구인지를 알 것이다.

17 나 주 하나님이 말한다. 곡아, 내가 옛날
에 내 종 이스라엘의 예언자들을 시켜서 말하여
둔 사람들 가운데 하나가 바로 너다. 예언자들이
여러 해 동안 예언하기를, 내가 너를 끌어들여서,
이스라엘을 치게 할 것이라고 말하였다.'"

곡의 심판

18 "곡이 이스라엘 땅을 쳐들어오는 그 날에는,
내가 분노를 참지 못할 것이다. 19 그 때에 내가
질투하고 격노하면서 심판을 선언하여 이스라엘
땅에 큰 지진이 일어나게 할 것이다. 20 바다의

ㄱ) 히, '다시스' ㄴ) 히, '젊은 사자들이'

나라 사이에 살고 있다는 뜻이거나 (5:5를 보라), 우주의 중심이라는 것을 묘사한다. 이 표현은 이전 이스라엘의 지역적 중심지였던 중요한 도시 세겜을 가리키는 삿 9:37에서만 발견된다.

38:14-16 하나님은 곡에게 *내 백성 이스라엘*을 치기 위해 북쪽 끝에서 곡이 군사를 일으킨다고 선언하는데, 그것은 하나님이 여러 민족 사이에서 하나님의 특성을 드러내기 위해 주도적으로 한 것이다 (16절).

38:17-23 이 부분은 부정적 대답을 기대하는 수사적 질문들로 시작한다. 곡은 하나님의 심판의 도구가 아니다. 창 1장의 언어와 폭풍 속에 나타나는 하나님 묘사의 언어를 사용하는데, 모든 피조물이 충돌에 의해 영향을 받을 것이다 (19-20, 22절; 또한 합 3장; 시 68:7-10을 보라). 하나님이 곡을 칠 칼—모두 일곱 개의 심판의 대행자들을 불러들인다. 그러나 그들은 저희끼리 죽일 것이다 (21-22절). 비록 전쟁터가 "나의 산" (사 14:25; 슥 14:5도 보라)이지만, 이스라엘은 충돌에 개입되지 않는다. 하나님만이 전쟁에 개입하시고 하나님만이 뭇 민족들 앞에서 밝히 나타날 것이다 (23절).

39:1-8 곡의 패망은 38:2-3의 반복하는 것으로 시작된다. **39:2-3** 36:1-15에서 *이스라엘의 산*들을 축복한 것에 비추어 역설적이게도 하나님은 곡을 이끌어내서 그 산들을 치게 하실 것이다 (2절). 그러나 그 공격은 실현되지 않는다. 하나님이 그의 손에서 무기들을 떨어뜨리신다 (3절). 패배는 시 46:8-9에서 기술된 것처럼 전쟁을 그치게 하고 활을 부러뜨리고 창을 꺾고 방패를 불사르는 하나님을 회상하게 해준다. **39:4-6** 곡의 패망은 바로의 죽음과 공통점이 있다 (29:5; 32:4). 두로와 다른 해안의 동맹국들이 심판에 포함될 것이다 (26:15, 18; 27:3도 보라). 불에 의한 심판은 민족들에 대한 아모스의 신탁에 암시된다 (암 1:4,7, 10, 12; 2:5). **39:7-8** 6b절에서 하나님을 인정하는 것은 거룩한 특성을 강조하는 것(이름; 다음도 보라. 20:39; 36:20-23)과 이사야 전체에서 공통으로 쓰이는 이름인 *거룩하신 분*(예를 들어, 사 1:4; 5:19; 10:17; 12:6; 43:3; 55:5; 60:9, 14)의 사용으로 두 번에 걸쳐 강조되는 것에 의해 발전된다. 이 심판의 날(8절)은 (38:17과 관련된 것이 아니라) 주님이 개입하는 날이다.

39:9-10 하나님 홀로 곡을 물리칠 것이기 때문에 이스라엘 백성은 뒤처리만 하면 된다. 일곱 종류의 무

물고기와 공중의 새와 들의 짐승과, 땅에 기어 다
니는 모든 벌레와, 땅 위에 있는 모든 사람이 내
앞에서 떨 것이며, 산이 무너지고, 절벽이 무너지
고, 모든 성벽이 허물어질 것이다. 21 그리고 내
가 곡을 칠 칼을 내 모든 산으로 불러들이겠다. 나
주 하나님의 말이다. 칼을 든 자가 저희끼리 죽일
것이다. 22 내가 전염병과 피 비린내 나는 일로
그를 심판하겠다. 또 내가, 억수 같은 소나기와 돌
덩이 같은 우박과 불과 유황을, 곡과 그의 모든 군
대와 그와 함께 한 많은 연합군 위에 퍼붓겠다.
23 내가 이렇게 뭇 민족이 보는 앞에서 내 위엄
을 떨치고 나서 거룩함을 밝히 나타내면, 그 때에
야 비로소 그들이, 내가 주인 줄 알 것이다."

침략자 곡의 멸망

39 1 "너 사람아, 곡을 규탄하여 예언하여라.
'나 주 하나님이 말한다. 너 로스와 메섹
과 두발의 왕 곡아, 내가 너를 대적한다. 2 내가
너를 돌려 세우고 이끌어 내겠다. 너를 북쪽 끝에서
이끌어 내서 이스라엘의 산지를 침략하게 하겠다.
3 그렇게 해 놓고서, 나는 네 왼손에서는 활을 쳐서
떨어뜨리고, 네 오른손에서는 네 화살을 떨어뜨
리겠다. 4 너는 네 모든 군대와, 너와 함께 한 연
합군과 함께 이스라엘의 산지 위에서 쓰러져 죽을
것이다. 나는 날개 돋친 온갖 종류의 사나운 새들
과 들짐승들에게 너를 넘겨 주어서, 뜯어 먹게 하
겠다. 5 내가 말하였으니, 너는 틀림없이 들판에
서 쓰러져 죽을 것이다. 나 주 하나님의 말이다.
6 내가 또 마곡과 여러 섬에서 평안히 사는 사람
들에게 불을 보내겠다. 그 때에야 비로소 그들이,
내가 주인 줄 알 것이다. 7 내가 내 백성 이스라
엘 가운데 내 거룩한 이름을 알려 주어서, 내 거
룩한 이름이 다시는 더럽혀지지 않게 하겠다. 그
때에야 비로소 뭇 민족이, 내가 주인 줄, 곧 이스
라엘의 거룩한 하나님인 줄 알 것이다.

8 그대로 되어 가고, 그대로 이루어질 것이
다. 그 날이 바로 내가 예고한 날이다. 나 주 하나
님의 말이다. 9 그 때에는 이스라엘에서 성읍마
다 주민이 바깥으로 나가서, 버려진 무기들을 땔
감으로 주울 것이다. 큰 방패와 작은 방패, 활과
화살, 몽둥이와 창을 모아 땔감으로 쓰면, 일곱 해
동안은 넉넉히 쓸 것이다. 10 그 무기들을 땔감
으로 쓰기 때문에, 들에 나가서 나무를 주워 오지
않아도 될 것이며, 숲에서 나무를 베어 올 필요도
없을 것이다. 그들은 또 전에 자기들에게서 약탈
해 간 사람들을 약탈하고, 노략질해 간 사람들을
노략질할 것이다. 나 주 하나님의 말이다.'"

곡의 무덤

11 "그 날에는 내가 이스라엘 땅, ㄱ)사해의
동쪽, 'ㄴ)아바림 골짜기'에 곡의 무덤을 만들어 주
겠다. 이스라엘 사람들이 곡과 그의 모든 군대를
거기에 묻으면, 여행자들이 그리로는 못 다니게
될 것이고, 그 곳 이름은 'ㄷ)하몬곡 골짜기'라고 불릴
것이다. 12 이스라엘 족속이 그들의 시체를 다
거두어다 묻어서 땅을 깨끗하게 하는 데는, 일곱
달이 걸릴 것이다. 13 그 땅 온 백성이 모두 나
서서 시체를 묻을 것이며, 내가 승리하는 날에는
그들이 매장한 일로 영예를 떨칠 것이다. 나 주 하
나님의 말이다. 14 일곱 달이 지난 다음에도, 백
성은 시체를 찾아 묻는 일을 전담할 사람들을 뽑
아서, 그 땅을 늘 돌아다니게 할 것이며, 그들은

ㄱ) 히, '바다의' ㄴ) '나그네' ㄷ) '곡의 무리, 군대'

기들을 7년간 태우는 것은 전쟁이 끝났음을 상징한다 (또한 시 46:8-9; 사 9:5를 보라).

39:11-16 곡과 곡의 군대를 장사지내는데 일곱 달이 걸린다는 것은 하나님의 귀환을 준비하기 위해서는 완전한 정화가 요구된다는 것을 상징한다 (12, 16절). 비록 하몬곡 골짜기와 하모나 성읍이 군사적 제국주의와 연관된 모든 화려함을 담고 있는 상징적 이름들이지만 (대군, 자만), 장사지낸 곳은 알려지지 않고 있다.

39:17-20 마지막의 충격적인 풍자는 잔치에로의 초대이다 (39:4를 보라). 하나님이 잔치의 주인이고 부정한 육식 동물들과 새들이 손님이며, 원수가 이 잔치를 위해 제물로 희생된다 (또한 사 34:6-8; 습 1:7을 보라). 백성은 기름과 피를 먹을 수 없다. 이것들은 하나님을 위해서 저장된다 (레 3:16-17). 메뉴에는 군사요원들과 지배계급이 포함된다. 잔치의 희생제의적 성격은 전쟁의 끝남과 하나님의 목적을 위협했던 사람들의 종말을 뜻한다.

39:21-29 33—37장의 내용을 요약하고 있는 이 마지막 부분은 과거 하나님의 의도(21-24절)와 미래 하나님의 의도 (25-29절)를 조망한다. **39:21-24** 이 절들은 하나님의 영광, 정의, 그리고 권능(21절)을 목격하게 되는 여러 민족과 하나님을 알게 되는 이스라엘 (22절)을 확인하는 과도기 이후의 이스라엘의 잘못과 심판(23-24절)을 회상한다. 곡과의 충돌의 종말론적 중요성은 이스라엘이 *그 날로부터 영원히* (22b절) 하나님의 주권을 인정하는 순간으로 모아진다. 하나님의 포기에 대한 이스라엘의 경험은 하나님이 얼굴을 감추는 것으로 묘사된다 (또한 8:12; 9:9; 신 31:16-18; 시 13:1; 44:24; 88:14를 보라).

시체를 묻는 사람들과 함께 돌아다니면서, 지면에
남아 있는 시체들을 샅샅이 찾아 묻어서, 그 땅을
깨끗하게 할 것이다. 15 그들이 그 땅을 돌아다니
다가, 누구라도 사람의 뼈를 발견하여 그 곁에 표
시를 해 두면, 시체를 묻는 사람들이 그 표시를 보고
시체를 찾아, 그것을 가져다가 '하몬곡 골짜기'에
묻을 것이다. 16 그 부근에는 'ㄱ)하몬곡 골짜기'
라는 이름을 딴 ㄴ)하모나라는 성읍이 생길 것이다.
그들이 이렇게 그 땅을 깨끗하게 할 것이다."

17 나 주 하나님이 말한다. "너 사람아, 날개
돋친 온갖 종류의 새들과 들의 모든 짐승에게 전
하여라. '너희는 모여 오너라. 내가, 너희들이 먹을
수 있도록 이스라엘의 산 위에서 희생제물을 잡아
서, 큰 잔치를 준비할 터이니, 너희가 사방에서 몰
려와서, 고기도 먹고 피도 마셔라. 18 너희는 용
사들의 살을 먹고, 세상 왕들의 피를 마셔라. 바
산에서 살지게 기른 가축들, 곧 숫양과 어린 양과
염소와 수송아지들을 먹듯이 하여라. 19 너희는
내가 너희에게 주려고 준비한 잔치의 제물 가운데
서 기름진 것을 배부르도록 먹고, 피도 취하도록
마셔라. 20 또 너희는 내가 마련한 잔칫상에서
군마와 기병과 용사와 모든 군인을 배부르게 뜯어
먹어라. 나 주 하나님의 말이다.'"

이스라엘의 회복

21 "내가 이와 같이 여러 민족 가운데 내 영
광을 드러낼 것이니, 내가 어떻게 심판을 집행하
며, 내가 어떻게 그들에게 내 권능을 나타내는지,
여러 민족이 직접 볼 것이다. 22 그 때에야 비로소
이스라엘 족속이, 나 주가 그들의 하나님임을 그
날로부터 영원히 알게 될 것이다. 23 그 때에야
비로소 여러 민족은, 이스라엘 족속도 죄를 지었기
때문에 포로로 끌려갔다는 것을 알게 될 것이다.
그들이 나를 배반하였기 때문에 내가 그들을 모른
체 하고 그들을 원수의 손에 넘겨 주어, 모두 칼에
쓰러지게 했다는 것을 알게 될 것이다. 24 나는
그들의 더러움과 그들의 온갖 범죄에 따라서 그들을
벌하였고, 그들을 외면하였다."

25 "그러므로 나 주 하나님이 말한다. 이제는
내가 ㄷ)포로된 야곱의 자손을 돌아오게 하고, 이스
라엘 온 족속을 불쌍히 여기며, 내 거룩한 이름을
열심을 내어 지키겠다. 26 이스라엘이 고국 땅
으로 돌아와서 평안히 살고, 그들을 위협하는 사
람이 없게 될 때에, 그들은 수치스러웠던 일들과
나를 배반한 모든 행위를 부끄러워하며 뉘우칠 것
이다. 27 내가 그들을 만민 가운데서 돌아오게
하고, 원수들의 땅에서 그들을 모아 데리고 나올
때에, 뭇 민족이 보는 앞에서, 내가 그들로 말미
암아 내 거룩함을 나타낼 것이다. 28 그 때에야
비로소 뭇 민족이 나 주 이스라엘 하나님이 이스
라엘을 여러 민족에게 포로가 되어 잡혀 가게 하
였으나, 그들을 고국 땅으로 다시 모으고, 그들 가
운데서 한 사람도 다른 나라에 남아 있지 않게 한
줄을 알 것이다. 29 내가 이스라엘 족속에게 내
영을 부어 주었으니, 내가 그들을 다시는 외면하지
않겠다. 나 주 하나님의 말이다."

새 예루살렘과 새 성전

40 1 우리가 포로로 잡혀온 지 이십오 년째
가 되는 해, 예루살렘 도성이 함락된 지
십사 년째가 되는 해의 첫째 달, 그 달 십일 바로
그 날에, 주님의 권능이 나를 사로잡아, 나를 이스
라엘 땅으로 데리고 가셨다. 2 하나님께서 보여

ㄱ) '곡의 무리, 군대' ㄴ) '무리' ㄷ) 또는 '야곱의 운명을 회복시키고'

39:25-29 초점은 하나님이 이스라엘의 운명을 회복시키려고 하는 현재에 모아지고 (16:53-58; 29:14), 이것은 여기서 심판의 취소로 묘사된다. 두 가지 동기가 분명해진다: 불쌍히 여기는 것(에스겔서에서 히브리어 *라함*이 긍정적으로 쓰이는 유일한 곳이다)과 거룩한 이름에 대한 뜨거운 관심 (25절). 16:54와 비슷한 상황과 내용으로, 26b절은 "수치를 뒤집어쓰고" 있다고 읽혀져야 한다 (32:24-25, 30; 34:29; 36:6-7, 15; 44:13). 회복은 이스라엘이 범죄한 것을 깨닫게 되었고 (26절), 또 동시에, 만민 가운데서 주님의 거룩함을 나타내는 도구가 된다는 것을 뜻한다 (27절). 단 한 사람도 다른 나라에 남아 있지 않게 될 것이라고 포로 공동체에게 말한다 (28절). 하나님의 얼굴이 다시 감춰지는 일은 없을 것이다 (29a절; 또한 23절을 보라). 진노를 쏟아 내는 대신 (또한 7:8; 9:8; 20:8; 30:15; 36:18을 보라), 하나님은 *내 영*을 부어주신다 (또한 36:27; 욜 2:28; 슥 12:10; 사 32:15; 44:1-5를 보라). 이것은 새 언약을 봉인하는 것이고, 하나님의 임재와 평화의 약속이다. 곡 그리고 곡과 연대했던 민족들은 하나님의 백성에 더 이상 위협이 되지 않을 것이다 (26b).

40:1—48:35 에스겔서의 마지막 부분은 새 이스라엘과 변화된 백성들에 관한 환상이다. 하나님 임재의 회복은 8—11장에서 성전으로부터 떠나는 것을 역전시킨다. 이 장들은 20:40-44와 37:23-28에서 기대된 영원한 하나님의 임재가 기록되고, 출 29:43-46과 40:34-38에서 표현된 것처럼, 백성들 가운데 거하려는

주신 환상 속에서 나를 이스라엘 땅으로 데려다가
아주 높은 산 위에 내려 놓으셨는데, 그 산의 남
쪽에는 성읍 비슷한 건축물이 있었다. 3 그가 나
를 그 곳으로 데리고 가셨는데, 그 곳에는 어떤 사
람이 있었다. 그는 놋쇠와 같이 빛나는 모습이었
고, 그의 손에는 삼으로 꼰 줄과 측량하는 막대기
가 있었다. 그는 대문에 서 있었다. 4 그 때에 그
사람이 내게 말하였다. "사람아, 내가 네게 보여
주는 모든 것을 네 눈으로 잘 보고, 네 귀로 잘 듣
고, 네 마음에 새겨 두어라. 이것을 네게 보여 주
려고, 너를 이 곳으로 데려 왔다. 네가 보는 모든
것을 이스라엘 족속에게 알려 주어라."

동쪽으로 난 문

5 성전 바깥에는 사방으로 담이 있었다. 그
사람의 손에는 측량하는 장대가 있었는데, 그 장
대의 길이는, 팔꿈치에서 가운데 손가락 끝에 이
르고, 한 손바닥 너비가 더 되는 자로 여섯 자였
다. 그가 그 담을 측량하였는데, 두께가 한 장대
요, 높이가 한 장대였다. 6 그가 동쪽으로 난 문
으로 들어가, 계단으로 올라가서 문간을 재니, 길
이가 한 장대였다.ㄱ) 7 그 다음에는 문지기의 방
들이 있었는데, 각각 길이가 한 장대요, 너비가 한

ㄱ) 칠십인역을 따름. 히, '첫째 문간의 길이도 한 장대였다'가 더 있음

하나님의 의도를 반영한다. 광야의 모세처럼, 에스겔도 바빌로니아 포로생활의 상황 속에서 하나님의 왕권을 단언하는 환상을 제공하고 왕의 존재에 의해 다스려지는 미래 사회질서를 만들어가는 꿈을 꾼다. 그러나 고대 중동지방의 왕들과는 다르게, 에스겔은 성전을 지으라는 구체적인 지시를 받지 않는다. 그 대신 에스겔은 새로운 사회적 실재를 반영하고 예기하는 거룩하게 재구성된 공간을 본다. 그의 환상은 원래의 선함이 회복된 땅에서 거룩한 백성들의 재구성이다. 하나님이 백성들 중에 왕으로 거하기 위해서 (43:1-11), 성전은 재건되어야 하고 (40:1—42:20), 백성은 하나님의 현존과 함께 살기 위해 준비하고 훈련받아야 하며 (43:12—46:24), 땅은 폭력과 불의로부터 회복되어야 하고 (47:1—48:29), 도성은 하나님의 임재의 장소로 다시 그려져야 한다 (48:30-35). 바울이 하나님의 백성을 하나님이 거하는 곳으로 혹은 성전으로 생각하도록 (고전 3:16; 고후 6:16) 감동시킨 것은 아마도 변화된 백성에 관한 에스겔의 환상이었을 개연성이 매우 높다. 번역자가 증언하는 것처럼, 에스겔서의 이 부분은 다양한 사본들로 존재한다.

40:1—43:11 8—9장의 역전으로 에스겔은 성전을 한 바퀴 돌아본다. 성전 바깥쪽 벽으로부터 시작해서 안쪽 뜰에서 끝나는 이 환상은 신성모독 하는 어떤 것으로부터 하나님의 거룩함을 보호하기 위해 기획된 신성한 공간을 새롭게 묘사한다 (42:20에 관한 주석을 보라). 이 긴 단락은 서언과 결언의 구조를 갖고 있는데, 여기서 죽을 수밖에 없는 운명으로서의 예언자를 말하고 그가 본 모든 것을 백성에게 전하라고 한다 (40:1-4; 43:10-11). 본문에서의 강조점은 주님의 거룩함을 보호하기 위해 설계된 신성한 수평적 공간(수직적 차원이 아님)과 주님의 영광(40:5—42:20)이 성전에 드시는 것(43:1-9)에 놓여 있다.

40:1-4 날짜를 말하는 서언은 이 책 중에서 가장 복잡하다. 포로생활의 시작(기원전 598년)과 예루살렘의 함락(기원전 587년)에 견주어 볼 때 환상을 본 날짜는 기원전 573년 4월 28일이다. 서언은 1:1-3과 8:1-3과 비슷하다. 에스겔은 산과 성읍(2절)을 밝히지 않는데, 이것은 환상을 8:3의 예루살렘으로부터 떼어놓는 것에 대한 논쟁적 방법일 것이다. 안내자이기도 한 감독자는 그가 본 것에 주목하고 다 말하도록 지시한다 (4절; 또한 43:10-11을 보라).

40:5—42:20 에스겔이 성전을 돌아보는 것은 바깥쪽으로부터 시작해서 (40:5-27) 안쪽으로 이어지며 (40:28-46) 성소를 구체적으로 묘사하면서 끝난다. 성소의 묘사는 안 뜰에 있는 제단으로부터 시작한다 (40:47—42:20). 계단의 점증하는 숫자는 입장할수록 높아지는 거룩함의 정도에 상응한다: 바깥 뜰 문에는 일곱 개, 안 뜰 문에는 여덟 개, 그리고 성전의 현관에는 열 개(칠십인역에만)로 모두 25개. 성전 안의 통로는 지성소에 가까워질수록 좁아진다.

40:5-46 에스겔이 바깥 뜰과 안 뜰의 문들을 돌아다녀 본다. **40:5** 담은 제일 처음과 제일 나중에 돌아보는 것이다 (42:20). 담의 치수는 규빗(장대)으로 측량된다. 긴 장대는 약 52cm 혹은 20인치 정도 된다 (팔꿈치에서 가운데 손가락 끝까지). 짧은 장대와 긴 장대의 비율은 6 대 7이다. 그렇다면 담은 두께와 높이가 10ft (3m) 정도 된다. 이것이 수직적 치수에 대한 유일한 언급이다. 다른 모든 측량은 수평적이고 벽의 바깥쪽을 측량한 것이 아니라 내포할 수 있는 공간만을 측량한다. **40:6-16** 성전은 동쪽을 향해 있다. 바깥 동쪽으로 난 문은 거룩한 영광이 돌아오는 것을 두드러지게 묘사하고 있다 (43:1). 문은 고대 도시의 전형적인 문으로, 양쪽에 행랑방이 세 개씩 있고 끝에는 좀 더 큰 객실이 있다. 전체 폭의 치수는 25 x 50 장대이다 (대략 43 x 85ft.). 성전과 관련시켜 볼 때, 이런 문들은 내부 공간의 신성함을 보호하는 역할을 한다. **40:17-19** 북쪽 문으로 이동하기 전에 에스겔은 행랑방들과 돌이 깔린 길이 동문 안쪽에서부터 보인다는 것을 깨닫고 그 문으로부터 안뜰까지의 거리를 기록한다 (백 자, 대략 170ft. 혹은 51m). **40:20-27** 북문과 남문은 동문과 비슷

장대였다. 방들 사이의 벽은 두께가 다섯 자이고, 성전으로 들어가는 현관 다음에 있는 안 문의 통로는 길이가 한 장대였다. 8 ㄱ)또 그가 문 통로의 안쪽 현관을 재니, 9 길이가 여덟 자요, 그 기둥들의 두께가 두 자였다. 그 문의 현관은 성전 쪽으로 나 있었다. 10 동문에 있는 문지기 방들은 양쪽으로 각각 셋씩 있었다. 그 세 방의 크기는 모두 같았으며, 양쪽에 있는 벽기둥들의 크기도 같았다.

11 그가 문 어귀의 너비를 재니, 열 자였고, 그 문 어귀의 길이는 열석 자였다. 12 또 그 방들 앞에는 칸막이 벽이 양쪽으로 하나씩 있었는데, 높이가 한 자, 두께도 한 자였다. 방들은, 양쪽에 있는 것들이 다같이 길이와 너비가 저마다 여섯 자가 되는 정사각형이었다. 13 또 그가 이쪽 문지기 방의 지붕에서 저쪽 문지기 방의 지붕까지 재니, 너비가 스물다섯 자였다. 방의 문들은 서로 마주 보고 있었다. 14 또 그가 현관을 재니, 너비가 스무 자이고, 바깥 뜰의 벽기둥이 있는 곳에서는 사방으로 문과 통하였다. 15 바깥 문의 통로에서부터 안 문의 현관 전면까지는 쉰 자였다. 16 또 문지기 방에는 모두 사면으로 창이 나 있고, 방의 벽기둥에도 창이 나 있었다. 현관의 사면에도 창이 있었다. 창들은 모두 바깥에서 보면 좁고 안에서 보면 안쪽으로 들어오면서 점점 좌우로 넓게 넓어지는, 틀만 있는 창이었다. 양쪽의 벽기둥에는 각각 종려나무가 새겨져 있었다.

바깥 뜰

17 그런 다음에 그 사람이 나를 데리고 바깥 뜰로 들어갔는데, 그 바깥 뜰에는 사방으로 행랑 방들이 있고, 길에는 돌을 깔아 놓았는데, 그 돌이 깔린 길을 따라, 서른 채의 행랑이 붙어 있었다. 18 그 돌이 깔린 길은 대문들의 옆에까지 이르렀고, 그 길이는 문들의 길이와 같았다. 그것은 아래쪽의 길이었다. 19 또 그가 아랫문의 안쪽 정면에서부터 안뜰의 바깥 정면에 이르기까지의 너비를 재니, 백 자가 되었다. 이 길이는 동쪽과 북쪽이 같았다.

북쪽으로 난 문

20 또 그 사람이 나를 바깥 뜰에 붙은 북쪽으로 난 문으로 데리고 가서, 그 문의 길이와 너비를 재었다. 21 문지기 방들이 이쪽에도 셋, 저쪽에도 셋이 있는데, 그 벽기둥이나 현관이 모두 앞에서 말한, 동쪽으로 난 문의 크기와 똑같이 이 대문의 전체 길이가 쉰 자요, 너비가 스물다섯 자였다. 22 그 현관의 창과 벽기둥의 종려나무도 동쪽으로 난 문에 있는 것들과 크기가 같았다. 일곱 계단을 올라가서, 문간 안으로 들어가도록 되어

ㄱ) 8, 9절은 많은 히브리어 사본과 칠십인역과 불가타와 시리아어역을 따름. 히, '8. 또 그가 성전으로 들어가는 문 통로의 안쪽 현관을 재니 길이가 한 장대였다. 9. 그가 또 문 통로의 안쪽 현관을 재니 길이가 여덟 자요……'

하다. **40:28-37** 안뜰에 있는 문들에 대한 측량이 시작된다. 남쪽 문으로 시작해서 (28-31절) 동쪽 문(32-34절)과 북쪽 문으로 이어진다 (35-37절). 이 문들의 크기는 바깥쪽 벽의 문들과 같다. 모든 문들은 바깥쪽 벽의 문들과 마주보며 돌이 깔린 길을 향해 바깥쪽을 향하고 있다. **40:38-43** 북쪽으로 난 문에는 세 종류의 희생제를 준비할 수 있는 행랑방이 있다. **40:44-46** 안쪽 벽의 북문 안에서 에스겔은 문 양쪽으로 노래하는 사람들을 위한 작은 방이 있는 것을 본다. 그 다음 절에서 안내자는 처음으로 이 방들이 성전과 지성소를 지키는 제사장들을 위한 것이라고 분명하게 말한다 (45—46장). 그들은 신성모독을 방지하도록 신성한 공간의 거룩함을 보호할 임무가 있다 (비슷한 임무에 관해 민 18:5를 보라).

40:47—42:20 이 부분은 안뜰로부터 시작해서 성전과 성전 내부의 규모를 측량하고 바깥 담의 규모를 요약하면서 끝난다. **40:47—41:4** 성전 앞의 제단이 있는 안뜰은 백 자 (약 170ft. 혹은 51m) 평방이다. 성전은 세 부분으로 되어 있다: 20 x 11자(약 35 x 21 ft.)의 현관, 40 x 20자(약 35 x 70ft.)의 회중석/성소, 그리고 20 x 20자(35 x 35ft.)의 가장 거룩한 장소인 "지성소." 에스겔은 그를 안내하는 사람이 지성소로 들어가 측량하는 동안 침묵을 지키고 있다가 가장 깊숙한 곳의 밀실을 명명하며 두 번째로 말한다 (4b절; 또한 40:45-46을 보라. 솔로몬 성전의 유사성에 관해서는 왕상 6—7장을 보라). **41:5-12** 골방들이 성전의 세 면(동쪽, 서쪽, 남쪽)을 둘러싸고 있다. 이것들은 삼층으로 되어 있고 각 층마다 30개의 골방이 있다 (5-11절; 또한 왕상 6:5-10을 보라). 또 다른 큰 건물이 성전 서쪽에 있다 (12절). 이 건물의 목적은 알려지지 않았다. **41:13-15a** 성전 외부의 깊이와 성전 주위의 공간이 측량된다. **41:15b-26** 성전 내부를 다시 묘사하기 시작하는데, 이번엔 장식물들과 가구들과 나무문들에 초점을 맞춘다 (또한 왕상 6:14-36을 보라). 안내자는 지성소 앞의 탁자에 대해 세 번째로 말한다 (또한 출 25:23-30을 보라). 종려나무는 번영을, 그룹들은 안전을 나타낸다. **42:1-14** 묘사된 건물들의 외관과 위치

있으며, 현관은 안쪽에 있었다. 23 이 문도 동쪽
으로 난 문과 마찬가지로 안뜰에 붙은 중문을 마주
보고 있었다. 그가 중문에서 북쪽으로 난 문까지의
거리를 재니, 백 자였다.

남쪽으로 난 문

24 또 그 사람이 나를 데리고 남쪽으로 갔는
데, 거기에도 남쪽으로 난 문이 있었다. 그가 그
문의 벽기둥과 현관을 재니, 크기가 위에서 본 다른
두 문과 같았다. 25 이 문과 현관에도 양쪽으로
창이 있었는데, 위에서 본 다른 두 문에 있는 창과
같았다. 그 문간은, 길이는 쉰 자요, 너비는 스물
다섯 자였다. 26 일곱 계단을 올라서 문으로 들
어가도록 되어 있고, ㄱ)현관은 안쪽에 있었다. 양
쪽의 벽기둥 위에는 종려나무가 한 그루씩 새겨져
있었다. 27 안뜰의 남쪽에도 중문이 하나 있었다.
그가 두 문 사이의 거리를 재니, 백 자였다.

안뜰의 남쪽 문

28 또 그 사람이 나를 데리고 남쪽 문을 지나
안뜰로 들어갔다. 그가 남쪽 문을 재니, 크기가
다른 문들과 같았다. 29 그 문지기 방과 기둥과
현관이 모두 다른 문의 것과 크기가 같았다. 그 문
과 현관에도 양쪽으로 창문이 있었다. 그 문간도
길이는 쉰 자요, 너비는 스물다섯 자였다. 30 사
방으로 현관이 있었는데, 길이는 스물다섯 자요,
너비는 다섯 자였다. 31 그 대문의 ㄱ)현관은 바
깥 뜰로 나 있고, 그 벽기둥 위에는 종려나무가 새
겨져 있고, 그 중문으로 들어가는 어귀에는 여덟
계단이 있었다.

안뜰의 동쪽 문

32 그 사람이 나를 데리고 동쪽으로 난 안뜰
로 들어가서, 거기에 있는 중문을 재니, 그 크기
가 다른 문과 같았다. 33 문지기 방과 기둥과 현
관이 모두 다른 문의 것들과 크기가 같았다. 그 중
문과 현관에도 양쪽으로 창문이 있었다. 그 문의
문간은 길이가 쉰 자요, 너비가 스물다섯 자였다.
34 그 중문의 ㄱ)현관은 바깥 뜰로 나 있으며, 문
양편의 벽기둥들 위에는 종려나무가 새겨져 있었
다. 그 중문으로 들어가는 어귀에는 여덟 계단이
있었다.

안뜰 북쪽 중문

35 또 그 사람이 나를 데리고 북쪽으로 들어
가서 재니, 그 크기가 다른 문과 같았다. 36 문
지기 방과 벽기둥과 현관들이 모두 다른 문의 것
과 크기가 같았다. 그 중문에도 사방으로 창문이
있었다. 이 문간의 길이는 쉰 자요, 너비도 스물
다섯 자였다. 37 그 중문의 ㄱ)현관도 바깥 뜰을
향하고 있으며, 중문 양쪽의 벽기둥들 위에는 종
려나무가 새겨져 있었다. 그 중문으로 들어가는
어귀에는 여덟 계단이 있었다.

안뜰 북쪽 중문의 부속 건물들

38 안뜰 북쪽 중문 곁에는 문이 달린 방이 하
나 있었는데, 그 방은 번제물을 씻는 곳이었다.
39 그리고 그 중문의 현관 어귀에는 양쪽에 각각
상이 두 개씩 있었는데, 그 위에서는 번제와 속죄
제와 속건제에 쓸 짐승을 잡았다. 40 이 북쪽 문
의 어귀, 현관의 바깥 쪽으로 올라가는 양쪽에도
상이 각각 두 개씩 있었다. 41 이렇게 북쪽 중문
의 안쪽에 상이 네 개, 바깥 쪽에 네 개가 있어서,
제물로 바치는 짐승을 잡는 상이 모두 여덟 개였
다. 42 또 돌을 깎아서 만든 것으로서 번제물을
바칠 때에 쓰는 상이 넷이 있는데, 각 상의 길이
는 한 자 반이요, 너비도 한 자 반이며, 높이는 한
자였다. 그 위에 번제와 희생제물을 잡는 기구가
놓여 있었다. 43 그 방 안의 사면에는 손바닥만
한 갈고리가 부착되어 있으며, 상 위에는 제물로
바치는 고기가 놓여 있었다.
44 ㄴ)또 안뜰의 바깥쪽에는 방 두 개가 있는
데, 하나는 북쪽 중문의 한쪽 모퉁이 벽 곁에 있

ㄱ) 칠십인역과 불가타를 따름. 히, '벽기둥들' ㄴ) 칠십인역을 따름. 히, '안문 통로의 바깥쪽으로 안뜰 안에 노래하는 사람들이 쓰는 두 방이 있는데, 북쪽 중문의 한쪽……'

는 분명하지 않다. 이것들은 제사장의 방들인데, 제사장들이 먹고, 의복을 걸어 두고, 희생제의에 사용될 물건들을 보관해 두는데 사용했다. 출입구와 문들에 대한 강조는 성전으로 출입하기 위한 정확한 수단을 분명히 한다. 안내자는 그 지역의 거룩함을 강조하기 위해, 제물로 바쳐진 음식을 조심스럽게 다루고 (구체적인 제물에 관해서는 40:39를 보라), 거룩한 곳으로 들어가는 제사장들이 청결을 보호하기 위해 네 번째로 말한다 (13-14절). **42:15-20** 성전을 돌아보는 것은 마지막으로 외부를 측량하는 것으로 끝난다 (각 면은 500자,

어서 남쪽을 향해 있고, 다른 하나는 ㄱ)남쪽 중문
의 한쪽 모퉁이 벽 곁에 있어서 북쪽을 향하여 있
었다. 45 그 사람이 나에게 일러주었다. "남쪽을
향한 이 방은 성전 일을 맡은 제사장들의 방이요,
46 북쪽을 향한 저 방은 제단 일을 맡은 제사장
들의 방이다. 그들은 레위 자손 가운데서도, 주께
가까이 나아가 섬기는 사독의 자손이다."

안뜰과 성전 건물

47 그가 또 안뜰을 재니, 길이가 백 자요 너
비도 백 자인 정사각형이었다. 제단은 성전 본당
앞에 놓여 있었다.
48 그 사람이 나를 데리고 성전 현관으로 들
어가서, 현관 벽기둥들을 재니, 양쪽에 있는 것이
각각 두께가 다섯 자였다. 문 어귀의 너비는 열넉
자이고 ㄴ)문의 양 옆 벽의 두께는 석 자였다.
49 그 현관의 너비는 스무 자였고, 길이는 열한
자였다. 현관으로 들어가는 어귀에는 계단이 있
었다. 그리고 문간 양쪽으로 있는 벽기둥 외에 기
둥이 양쪽에 하나씩 있었다.

41 1 그런 다음에 그가 나를 데리고 성전으
로 들어가서 벽을 재니, 그 벽 두께가 양
쪽이 각각 여섯 자였다.ㄷ) 2 그 문의 통로는 너비가
열 자이고, 그 문의 통로 옆의 벽 너비는 양쪽이
각각 다섯 자였다. 그가 성소를 재니, 길이가 사십
자요, 너비가 스무 자였다.
3 또 그가 지성소로 들어가서 문 통로의 벽을
재니, 그 두께가 두 자였다. 그 문의 통로는 너비가
여섯 자이고, 그 벽의 너비는 양쪽이 각각 일곱 자
였다. 4 그가 지성소의 내부를 재니, 길이가 스
무 자이고, 너비도 스무 자였다. 그가 나에게 "이
곳이 지성소다!" 하고 일러주었다.

성전과 지성소의 골방들

5 또 사람이 성전의 벽을 재니, 두께가 여섯
자였다. 성전에는 삼면으로 돌아가며 방들이 있
는데, 너비가 각각 넉 자였다. 6 그 곁방들은 방
위에 방이 있어서 삼 층을 이루고 있으며, 층마다
방이 서른 개씩 있었다. 그런데 그 곁방들은 성전
을 돌아가면서 성전의 벽에 부착되어 있어서, 성
전의 벽 자체를 파고 들어가지는 않았다. 7 그
둘러 있는 곁방들은, 그 층이 위로 올라갈수록 넓
어졌다. 이 곁방의 건물이 성전의 주위로 올라가
며 위층까지 건축되었다. 그래서 이 건물은 아래
층에서 중간층을 거쳐 맨 위층으로 올라가게 되어
있었다. 8 내가 또 보니, 성전의 둘레에 지대가
더 높이 솟아 있었는데, 곧 곁방들의 기초의 높이
였다. 그 높이는 한 장대인 여섯 자였다. 9 곁방
들의 외부에도 담이 있었는데, 그 두께가 다섯 자
였다. 또 성전의 곁방들 밖에는 빈 터가 있는데,
10 그 너비는 스무 자이며, 성전을 빙 돌아가는
뜰이었다. 11 그 곁방 건물의 문이 이 공간쪽으
로 났는데, 하나는 북쪽으로 났고, 또 하나는 남
쪽으로 났다. 둘러 있는 이 빈 터의 너비는 다섯
자였다.

성전의 서쪽 건물

12 또 성전의 서쪽 뜰 뒤로 건물이 있는데,
그 너비가 일흔 자였다. 그 건물의 벽은 사방으로
두께가 다섯 자였다. 그 건물 자체의 길이는 아흔
자였다.

ㄱ) 칠십인역을 따름. 히, '동쪽' ㄴ) 칠십인역을 따름. 히, '문 어귀는 석 자였다' ㄷ) 히브리어 본문에는 절 끝에 '장막의 두께가 이러하였다'라는 말이 더 있음

약 854ft.). 20절은 담의 목적을 강조한다: 거룩한 곳과 속된 곳을 갈라놓고, 인간의 불결함으로 신성한 지역이 오염되지 않도록 보호하기 위해, 그리고 거룩함으로 접근하는 일에 사람들이 차별을 당하지 않도록 보호하기 위해. 이렇게 함으로써, 22:26의 문제가 해결될 것이다. 성전을 둘러보는 일은 중심을 향해 문들과 좁은 길들을 통해 점점 더 가운데로 나가는 움직임을 통해, 새 입구마다 높아지는 계단을 통해, 그리고 아주 중요한 입구에 제사장들의 방호물을 배치시킴으로써, 거룩함으로 향해 나가는 방향을 가리킨다.

43:1-11 환상은 하나님의 영광이 성전으로 돌아오는 것에서 정점을 이룬다. 이것은 10—11장에서 하나님께서 성전에서 떠나셨던 방향이 바뀌는 것이다. 이 부분은 하나님의 영광이 머무를 구조를 따르는 출애굽기의 마지막 부분(40:34-38)과 놀랍게 평행을 이루고 있다. **43:1-5** 성전 돌아보기가 끝났고 (42:15) 하나님의 영광이 떠났던 (11:23) 동쪽으로 난 문에서 시작해서, 에스겔은 동쪽으로부터 (1-2절) 하나님이 임재하시는 것과, 성전 안으로 들어가시는 것과 (4절), 그리고 성전이 하나님의 영광으로 가득 차는 것을 본다 (5절; 또한 39:21; 출 40:34; 사 6:3을 보라). 이 절들에서 *영광*이란 단어가 네 번 나타난다. 주님이 도착할

성전의 종면적과 내부시설

13 그가 성전을 재는데, 그 길이가 백 자이고,
서쪽 뜰과 건물과 그 양쪽 벽까지 합해서 또 길이가
백 자였다. 14 성전의 정면 너비와 동쪽 뜰의 너
비도 각각 백 자였다. 15 그가 이어서 성전 뒤뜰
너머에 있는 건물을 그 양편의 다락까지 함께 재니,
그 길이도 백 자였다.
성전 지성소와 성전 뜰 현관과 16 문 통로의
벽과 창문과 삼면에 둘러 있는 다락에는, 바닥에
서 창문에 이르기까지, 돌아가며 나무 판자를
대 놓았다. 그러나 창문은 틀만 있는 것이었다.
17 문 통로의 위와 성전 내부와 외부의 벽까지
재어 본 곳에는, 다 판자를 대 놓았다. 18 그 판
자에는 그룹과 종려나무들을 새겼는데, 두 그룹
사이에 종려나무가 하나씩 있고, 그룹마다 두 얼
굴이 있었다. 19 사람의 얼굴은 이쪽에 있는 종
려나무를 바라보고, 사자의 얼굴은 저쪽에 있는
종려나무를 바라보고 있었다. 성전 벽 전체가 이와
같았다. 20 성전 바닥에서 문의 통로의 윗부분
에 이르기까지, 모든 벽에 그룹과 종려나무들을
새겨 두었다. 21 성전 본당의 문 통로는 네모가
나 있었다. 그리고 지성소 앞에도 이와 비슷한 모
습을 한 것이 있었다. 22 나무로 만든 제단이 있
는데, 그 높이는 석 자요, 그 길이는 두 자였다. 그
모퉁이와 그 받침대와 옆 부분도 나무로 만든 것
이었다. 그가 나에게 일러주었다. "이것이 주님
앞에 차려 놓는 상이다."

성전의 문들

23 성전 본당과 지성소 사이에는 문을 두 번
열고 들어가야 하는 겹문이 있었다. 24 문마다
좌우로 문짝이 둘이 있고, 각 문짝에는 아래 위로
두 개의 돌쩌귀가 붙어 있었다. 25 네 개의 문짝
에는 모두 그룹들과 종려나무들이 새겨져 있어서,
성전의 모든 벽에 새겨진 모습과 같았다. 성전 바
깥의 정면에는 나무 디딤판이 있었다. 26 또 현
관의 양쪽 벽에는 곳곳에 틀만 있는 창과 종려나
무의 그림이 있고, 성전의 곁방과 디딤판에도 모두
같은 장식이 되어 있었다.

제사장 방

42 1 그 사람이 나를 데리고 북쪽으로 길이
난 바깥 뜰로 나가서, 두 방으로 나를 데
리고 들어갔는데, 방 하나는 성전 뜰을 마주하고
있고, 또 하나는 북쪽 건물을 마주하고 있었다.
2 북쪽을 마주한 그 방을 재니, 길이가 백 자이고,
너비가 쉰 자였다. 3 스무 자 되는 안뜰의 맞은
쪽과 돌을 깔아 놓은 바깥 뜰의 맞은쪽에는, 삼 층
으로 된 다락이 있었다. 4 또 그 방들 앞에는, 내
부와 연결된 통로가 있었는데, 그 너비가 열 자요,
그 길이가 ㄱ)백 자였다. 그 문들은 북쪽으로 나 있
었다. 5 삼 층의 방들은 가장 좁았는데, 일 층과
이 층에 비하여, 삼 층에는 다락들이 자리를 더 차
지하였기 때문이다. 6 이 방들은 삼 층이어서,
바깥 마당의 현관에 있는 기둥과 같은 기둥이 없
었으므로, 삼 층은 일 층과 이 층에 비하여 더 좁
게 물려서 지었다.
7 이 방들 가운데 한 방의 바깥 담, 곧 바깥
뜰 쪽으로 이 방들과 나란히 길이 쉰 자가 되는 바
깥 담이 있었다. 8 바깥 뜰을 마주하고 있는 방
들의 길이는 쉰 자였고, 성전을 마주하고 있는 방
들의 길이는 백 자였다. 9 이 방들 아래층에는
동쪽에서 들어오는 문이 있었는데, 바깥 뜰에서
그리로 들어오게 되어 있었다. 10 뜰을 둘러 싼
벽이 바깥 뜰에서 시작되었다. 건물 앞 빈 터 ㄴ)남
쪽으로도 방들이 있었다. 11 이 방들 앞에도 통
로가 있는데, 그 모양이 북쪽에 있는 방들과 같은
식으로 되어 있고, 길이와 너비도 같고, 출입구
모양과 구조도 같고, 문들도 모두 마찬가지였다.
12 이 남쪽에 있는 방들 아래, 안뜰 담이 시작하
는 곳에 출입구가 있었다. 동쪽에서 들어오면, 빈
터와 건물 앞에 이 출입구가 있었다.
13 그 사람이 나에게 일러주었다.
"빈 터 맞은쪽에 있는 북쪽 방들과 남쪽 방들은
거룩한 방들로서, 주께 가까이 나아가는 제사장
이 가장 거룩한 제물을 먹는 방이다. 그 방들은 거

ㄱ) 칠십인역과 시리아어역을 따름. 히, '한 자였다' ㄴ) 칠십인역을 따름. 히, '동쪽으로도'

때 수반한 소리(1:24도 보라)와 광채(1:4, 13)는 에스겔이 이전 환상들을 (1:4-28; 9:8) 회상하게 한다. 그 때와 마찬가지로 에스겔은 땅에 엎드린다. **43:6-9** 성전 안쪽에서 들리는 소리는 두 가지를 분명히 한다: 이 곳에서 하나님이 다스리고, 이 곳은 하나님이 영원히 살 곳이다 (7a, 9b절; 또한 37:27; 출 29:45-46을 보라). 이미지는 성전 안에만 하나님을 제한해 둘 수 없다는 것을 인정한다. 하나님의 권좌의 발판이 될 뿐이다 (또한 왕상 8:27; 시 99:5; 132:7; 사 60:13; 애 2:1을 보라). 7b절에서 9절까지의 훈계는 하나님의 다스리는 임재는 하나님에 대한 분열되지 않은 충성과 신성한 공간으로 나갈 때 조심할 것과 이스라엘의 신성한 주권자의 특성(거룩한 이름)

룩하기 때문에, 제사장은 가장 거룩한 제물과, 제물로 바친 모든 음식과, 속죄제물과, 속건제의 제물을, 모두 그 방에 두어야 한다. 14 제사장이 그 거룩한 곳으로 들어가면, 그 거룩한 곳에서 직접 바깥 뜰로 나가서는 안 된다. 그들이 주님을 섬길 때에 입은 옷이 거룩하기 때문에, 그 곳에서 자기들의 예복을 벗어 놓고 다른 옷을 입은 다음에, 백성이 모여 있는 바깥 뜰로 나가야 한다."

성전의 사면 담을 측량하다

15 그 사람이 성전의 내부 측량을 마친 다음에, 나를 데리고 바깥 동쪽 문으로 나와서, 사면의 담을 측량하였다. 16 그가 장대로 동쪽 담을 재니, 그 장대로 재어서 오백 ㄱ)자였다. 17 북쪽 담을 재니, 그 장대로 오백 자였다. 18 남쪽 담을 재니, 그 장대로 오백 자였다. 19 그가 서쪽으로 와서 서쪽 담을 재니, 그 장대로 오백 자였다. 20 그가 이렇게 성전의 사방을 재니, 사방으로 담이 있어서, 길이가 각각 오백 자였다. 그 담은 거룩한 곳과 속된 곳을 갈라 놓았다.

주님께서 성전에 드시다

43 1 그 뒤에 그가 나를 데리고 동쪽으로 난 문으로 갔다. 2 그런데 놀랍게도 이스라엘 하나님의 영광이 동쪽에서부터 오는데, 그의 음성은 많은 물이 흐르는 소리와도 같고, 땅은 그의 영광의 광채로 환해졌다. 3 그 모습이, 내가 본 환상, 곧 주님께서 예루살렘 도성을 멸하러 오셨을 때에 본 모습과 같았으며, 또 내가 그발 강가에서 본 모습과도 같았다. 그래서 내가 얼굴을 땅에 대고 엎드렸다. 4 그러자 주님께서 영광에 싸여서, 동쪽으로 난 문을 지나 성전 안으로 들어가셨다. 5 그 때에 주님의 영이 나를 들어 올려, 안뜰로 데리고 갔는데, 주님의 영광이 성전을 가득 채웠다!

6 그 사람이 내 곁에 서 있는데, 나는 성전에서 들려 오는 소리를 들었다. 7 나는 말하는 소리를 들었다. "사람아, 이 곳은 내 보좌가 있는 곳, 내가 발을 딛는 곳, 내가 여기 이스라엘 자손과 더불어 영원히 살 곳이다. 그래서 이스라엘 자손이 내 거룩한 이름을 다시는 더럽히지 못할 것이다. 백성이나 왕들이 음란을 피우거나, 죽은 왕들의 시체를 근처에 묻어서, 내 거룩한 이름을 더럽히는 일이, 다시는 없을 것이다. 8 그들이 왕궁의 문지방을 내 성전의 문지방과 나란히 만들고, 그들의 문설주를 내 성전의 문설주와 나란히 세워 놓아, 나와 왕들 사이에는 벽 하나밖에 없도록 만들었다. 그들이 저지른 역겨운 일들로 내 거룩한 이름을 더럽혀 놓았기 때문에, 내가 내 분노로 그들을 멸망시켰다. 9 그러나 이제 그들은 음란한 행실을 멀리하고, 시체들을 내 앞에서 치워 버려야 할 것이다. 그러면 내가 그들과 더불어 영원히 살겠다.

10 너 사람아, 너는 이스라엘 족속에게 이 성전을 설명해 주어서, 그들이 자기들의 온갖 죄악을 부끄럽게 여기게 하, 성전 모양을 측량해 보게 하여라. 11 그들이 저지른 모든 일을 스스로 부끄러워하거든, 너는 이 성전의 설계를 그들에게 가르쳐 주어라. 성전의 배치도, 성전의 출입구, 이 성전의 건축 양식 등 모든 규례와 법도와 모든 율례를 그들에게 알려 주고, 그들이 보는 앞에서 글로 써 주어서, 그들이 이 성전의 건축 설계의 법도와 규례를 지키고 행하게 하여라. 12 성전의 법은 이러하다. '성전이 자리잡고 있는 산꼭대기 성전터 주변은 가장 거룩한 곳이어야 한다.' 이것이 '성전의 법'이다."

ㄱ) 칠십인역을 따름. 히, '장대'

에 걸맞은 하나님의 백성들의 도덕적 삶을 계속해서 요구한다. 죽은 *왕들의 시체* (7, 9절)는 죽은 왕들에 대한 종교적인 숭배를 나타낼 것 이다. **43:10-11** 40:3을 반영하는, 구술적 의사소통과 문서적 의사소통의 조합은 수사적 과제를 강조한다. 성전의 설계를 설명해 주는 것은 청중들이 악과 연루되어 있음을 깨닫게 하기 위한 것이다 (10절). 11b절의 훈계는 단지 성전 안에서 규칙에 복종하는 것에 관한 것이 아니라, 성전 안에서 (그들 가운데서) 주님의 거룩함을 경외하는 것처럼 성전 밖에서도 그렇게 살아야 한다는 것이다. 수사학적 과제는 이 환상의 목적에 따라 사람들이 살아가기 시작하도록 하는 것이다: 그들 가운데 하나님의 거룩한 현존.

43:12—46:24 12절은 40:1—43:12의 성전 환상과 그 이후에 나오는 삶의 재구성을 연결해 준다. 성전에 속한 모든 것은 거룩함으로 특색을 이루고 있다. 이 책의 마지막 장들이 보여주는 것처럼, 이것은 순결, 거룩함, 정의, 그리고 경제적 평등으로 특색을 이루는 삶을 반영하는 장소가 될 것이다.

43:13-27 40:47에서 소개된 제단은 이제 제일 중요한 첫 번째 사물이 된다 (또한 출 20:22-26을 보라). 물리적 묘사(13-17절)와 봉헌(18-26절)은 하나님이 받아들이는 것으로 이어진다 (27절). **43:13-17** 이 묘사는 바빌로니아 신전 탑 혹은 지구라트(ziggurat)의 작은 변형(평방 열네 자 x 여섯 자 높이)을 암시해

번제단의 모양과 크기

13 자로 잰 제단의 크기는 다음과 같다. (한 자는 팔꿈치에서부터 손가락 끝에다 손바닥 너비만큼 더한 것이다.) 제단 밑받침의 높이는 한 자이고, 그 사방 가장자리의 너비도 한 자이다. 그 가에는 빙 돌아가며, 높이가 한 뼘 되는 턱이 있는데, 이것이 제단의 밑받침이다. 14 이 땅바닥에 있는 밑받침의 표면에서 아래층의 높이는 두 자요, 너비는 한 자이다. 이 아래층의 표면에서 이 층의 높이는 넉 자요, 너비는 한 자이다. 15 그 제단 화덕의 높이는 넉 자요, 화덕의 네 모서리에는 뿔이 네 개 솟아 있다. 16 그 제단 화덕은 길이가 열두 자요, 너비도 열두 자여서, 사면으로 네모가 반듯하다. 17 그 화덕의 받침인 아래층의 길이와 너비는 열넉 자로서, 사면으로 네모가 반듯하다. 그 받침을 빙 두른 턱의 너비는 반 자이고, 그 가장자리의 너비는 한 자이다. 제단의 계단들은 동쪽으로 나 있다.

번제단의 봉헌

18 그가 나에게 또 말씀하셨다.
"사람아, 나 주 하나님이 말한다. 번제물을 바치고 피를 뿌릴 제단을 만들 때에 지킬 번제단의 규례는 이러하다. 19 나 주 하나님의 말이다. 너는 사독의 자손 가운데서, 나를 섬기려고 나에게 가까이 나오는 레위 지파의 제사장들에게, 어린 수송아지 한 마리를 주어서, 속죄제물로 삼게 하여라. 20 그리고 너는 그 피를 가져다가, 제단의 네 뿔과 아래층의 네 귀퉁이와 사방의 가장자리에 발라서 속죄하여, 제단을 정결하게 하고, 21 또 속죄제물로 바친 수송아지를 가지고 가서, 성소 바깥, 성전의 지정된 곳에서 그것을 태워라.

22 이튿날에는 네가 흠 없는 숫염소 한 마리를 속죄제물로 바쳐서, 수송아지의 제물로 제단을 정결하게 한 것처럼, 그 제단을 정결하게 하여라. 23 네가 정결하게 하기를 마친 다음에는, 흠 없는 수송아지 한 마리와 양 떼 가운데서, 흠 없는 숫양 한 마리를 바쳐라. 24 네가 그것들을 주 앞에 바칠 때에는, 제사장들이 그 짐승들 위에 소금을 뿌려서, 나 주에게 번제물로 바치게 하여라. 25 너는 이레 동안 매일 염소 한 마리를 속죄제물로 마련하여 놓고, 어린 수송아지 한 마리와 양 떼 가운데서 숫양 한 마리를, 흠 없는 것으로 마련하여 놓고, 26 이레 동안 제단의 부정을 벗기는 속죄제를 드려서, 제단을 정결하게 하며 봉헌하도록 하여라.

27 이 모든 날이 다 찬 뒤에는, 여드렛날 이후부터는 제사장들이 그 제단 위에 너희의 번제와 ㄱ)감사제를 드리게 하여라. 그러면 내가 너희를 기쁘게 받아들이겠다. 나 주 하나님의 말이다."

ㄱ) 또는 '친교제'

준다. **43:18-26** 이레 동안 제단을 정결케 하고 봉헌하라는 지시는 독자들의 관점을 시각적인 것에서 실제적인 것으로 옮긴다 (다음에서 비슷한 명령을 보라. 출 29:36-37; 레 8:14-15; 사독의 제사장들에 관해서는 44:10-16을 보라). **43:27** 제단이 정결하게 되고 봉헌되고 나면 예배가 시작된다. 제물은 모든 번제(또한 레 1:1-17을 보라)와 식사 때 먹는 모든 것을 포함한다 (화목제; 또한 레 3:1-17을 보라). 여기서 받아들이겠다는 개념은 중요한데, 이 단어는 전체 에스겔서에서 다른 한 곳에서만 더 사용되었기 때문이다 (또한 20:40; 레 1:4를 보라). 36:26-27의 새로운 마음과 새로운 영의 기대를 포함해서, 34—37장에서 묘사된 도덕적 그리고 사회적 변화는 희생제의의 두 가지 기능을 제거하지 않는다: 속죄와 친교.

44:1-3 동쪽 문은 하나님이 성전을 떠나고 다시 돌아오는 환상에서 중요한 위치를 차지한다 (11:1; 43:1). 사람들이 출입하지 못하도록 문이 잠겼다는 것은 주님이 그리로 들어갔다는 것과 어떤 일이 있어도 성전에서 떠나지 않을 것이라는 점을 상기시켜 준다 (43:7, 9를 확인해줌). 문 안쪽은 왕이 희생제의를 드리고 그 음식을 먹을 수 있는 곳이 된다.

44:4-31 하나님이 성전에 대하여 이것저것 지시하실 것이다. **44:4-5** 하나님의 영광과 대면하여 에스겔은 다시 땅에 엎드린다 (또한 1:28; 3:23; 43:3을 보라). 40:4에서 에스겔은 안내자가 그에게 보여주는 것에 주목하라고 지시받는다. 여기서는 하나님이 그에게 보여주는 것에 주목하라고 지시받는다. 주제는 거룩한 경내에 입장하는 것에 관한 것이다. **44:6-8** 심판신탁을 생각나게 하는 언어는 과거의 잘못을 되풀이하지 말라는 훈계로, 잘못된 일들 중에 중요한 하나는 이방 사람들이 성전에 들어오게 하고 그들에게 직분을 맡긴 것이다 (또한 레 22:25를 보라). 요점은 에스겔이 이방 사람들을 제외하는 것이 아니라 (또한 47:21-23; 사 56:3-8을 보라), 제외된 사람들은 주님의 특성과는 거리가 먼 의지를 가지고 있는 "마음에 할례를 받지 않은" 이방 사람들이다 (또한 이스라엘의 비슷한 비판에 대해서 레 26:41; 렘 9:25-26; 그리고 신 10:16; 렘 4:4의 권고도 보라). **44:9-16** 예배 공동체의 일원이 아닌 이방 사람들은 제외된다 (9절). 레위 사람들은 (야곱의 한 아들의 후손; 창 34:25-30, 49:5; 신 33:9-11) 성전에서 몇 가지 제한된 기능을 수행하기 위해 직무를

성전 동쪽 문의 용도

44 1 또 그가 나를 동쪽으로 난 성소의 바깥
문으로 다시 데리고 가셨는데, 그 문은
잠겨 있었다. 2 주님께서 나에게 말씀하셨다.
"이 문은 잠가 두어야 한다. 이 문은 열 수 없다.
아무도 이 문으로 들어가서는 안 된다. 주 이스라
엘의 하나님이 이 문으로 들어오셨으므로, 이 문
은 잠가 두어야 한다. 3 그러나 왕은, 그가 왕이
므로, 주 앞에서 음식을 먹을 때에 이 문 안에 앉
을 수가 있다. 왕은 문 현관 쪽으로 들어왔다가,
다시 그 길로 나가야 한다."

주님의 영광이 성전에 가득 차다

4 또 그가 나를 데리고 북쪽 문으로 들어가
서, 성전 앞에 이르렀는데, 거기에서 내가 보니,
주님의 영광이 주님의 성전에 가득 차 있었다. 그
래서 내가 얼굴을 땅에 대고 엎드렸다. 5 주님께서
나에게 말씀하셨다.
"사람아, 내가 너에게 일러주는 주의 성전에
대한 모든 규례와 그 모든 율례를 너는 명심하고,
네 눈으로 확인하고, 귀담아 들어라. 그리고 성전
으로 들어가는 어귀와 성소의 모든 출구들을 잘
기억해 두어라.
6 너는 저 반역하는 자들 곧 이스라엘 족속
에게 전하여라. 나 주 하나님이 말한다. 이스라엘
족속아, 너희는 역겨운 일을 해도 너무 많이 했다.
7 너희가 내 음식과 기름과 피를 제물로 바치며,
마음에 할례를 받지 않고, 육체에도 할례를 받지
않은 이방 사람들을, 내 성소 안에 데리고 들어옴
으로써, 내 성전을 이렇게 더럽혀 놓았다. 너희가
저지른 온갖 역겨운 일들 때문에, 너희는 나와 세
운 언약을 어겼다. 8 또 너희가 나의 거룩한 물
건들을 맡은 직분을 수행하지 않고, 그 일을 이방
사람들에게 맡겨서, 그들이 내 성소에서 너희 대
신에 나를 섬기는 일을 하게 하였다.
9 그러므로 나 주 하나님이 말한다. 마음에
할례를 받지 않고 육체에도 할례를 받지 않은 이
방 사람은 어느 누구도 내 성소에 들어올 수 없다.
이스라엘 자손과 함께 사는 이방 사람도 들어올
수 없다."

레위 사람들의 제사장 직무 박탈

10 "특별히 이스라엘 족속이 나를 버리고 떠
나서, 우상들을 따라 잘못된 길로 갔을 때에, 레
위 제사장들도 내게서 멀리 떠나갔기 때문에, 레
위 제사장들은 자신들이 지은 죄의 벌을 받아야
할 것이다. 11 그들은 이제 제사장이 아니라 내

부여 받는다 (10-14절). 레위 사람들의 기능은 민 18:1-7, 21-23에서 그 기원을 찾아볼 수 있을 것이다. 레위 사람들은 성전이 더럽혀 지는 것을 막아야 한다. 이 일을 잘 못하면 책임을 져야 할 것이다. 사실, 그들은 우상숭배를 장려함으로써 책임을 다하지 못한 적이 있다 (10, 12절). 그들의 임무는 과거의 잘못을 되풀이하지 않고, 성전의 신성함을 철저히 지키는 것이다. 15-16절은 사독의 자손들은 과거에 믿음을 잘 지켰고, 따라서 성소에 들어 와서 하나님을 가까이에서 섬길 수 있다고 기록하고 있다 (사독에 관해서 삼하 20:25; 왕상 1:5-8, 41-45; 2:26-27, 35를 보라). 그러나 제사장 전체에 대한 에스겔의 비판에 주목하라 (22:26). 이 본문에서 유래된 레위 사람들과 사독의 후손들 간에 불화가 있다는 역사적 이론들은 분명하지 않다. **44:17-27** 의무와 책임에 대한 목록에는 의복 (17-19절), 머리 (20절; 또한 레 21:5를 보라), 음료 (21절; 또한 레 10:9를 보라), 결혼 (22절; 또한 레 21:14를 보라), 그리고 죽은 사람에게 접근하는 것(25-27절; 또한 레 21:1-3을 보라)에 관한 것을 포함한다. 공동체 안에서 그들의 중요한 의무는 거룩한 것과 속된 것을 구별하도록 가르치는 것과 정의를 실천하고, 주님의 훈계에 따라 믿음의 본을 보이는 것을 포함한다 (23-24절; 또한 레 10:10-11에서 아론의 임무, 그리고 말 2:4-7에서 레위 사람들의 임무를 보라). 신약성경은 전체 신앙공동체가 제사장도 되고 (벧전 2:5, 9) 성전도 된다는 (엡 2:21-22; 고전 3:16; 고후 6:16) 이해에 도달하지만, 더럽혀지는 것으로부터 구별되는 것으로써 거룩함에 대한 요구는 여전히 남아 있다 (고후 6:16-18). **44:28-31** 제사장들의 유일한 유산은 주님뿐이다 (45:1-5를 보라). 제사장들에게는 땅의 소유권이 주어지지 않았기 때문에 몇 가지 특권이 주어진다 (42:13을 보라; 또한 민 15:20-21; 18:8-24의 법규를 보라). 제사장에게 주는 선물은 또한 백성을 축복하는 선언으로 나타난다 (30절; 또한 민 6:22-27을 보라).

45:1-8a 하나님의 거룩한 곳을 보호하기 위해, 이 절들은 성전 바깥 땅에 대한 물리적인 지도를 그린다. 이 땅 중에서 어떤 부분은 제사장과 레위 사람들을 위해서 (1-5절), 성읍을 위해서 (6절), 그리고 왕을 위해서 (7-8b절) 예비되어 있다. 땅 전체는 25,000자 평방 (약 8스퀘어 마일)이다. 이 간략하게 기록된 땅의 지정은 제사장들에 대한 훈계(44:5-31)와 왕들의 책임과 한계에 대한 훈령 (45:8b—46:18) 사이에 이음매로 존재한다. 이것은 지파별로 토지를 분배하는 48:8-22에 더 자세히 기록된다. 토지의 분배는 주님이 거하는 거룩한 지역의 신성함을 강조하면서 주님이 땅의 주인

성소에서 성전 문지기가 되고, 성전에서 시중드
는 일을 하게 될 것이다. 그들은, 백성이 바치는
번제물이나 희생제물을 잡고, 백성 앞에서 시중
을 들게 될 것이다. 12 나 주 하나님의 말이다.
그들이 전에 우상을 섬기는 백성들 앞에서 시중을
들면서, 이스라엘 족속이 죄를 범하게 하였으므
로, 이제 내가 손을 들어 그들을 쳐서, 그들이 지
은 죄의 벌을 받게 하겠다. 13 그들은 이제 내
앞에 가까이 나오지 못하고, 제사장의 직무를 맡
지 못한다. 그들은 가장 거룩한 것 뿐만이 아니라,
다른 모든 거룩한 물건에도 가까이 가지 못한다.
이처럼 그들은, 자기들이 저지른 수치스러운 일
과, 자기들이 저지른 그 역겨운 일 때문에, 벌을
받아야 한다. 14 그래도 나는 그들에게, 성전 안
에서 해야 할 모든 일들 곧 성전에서 시중드는 일
들을 맡아 보게 할 것이다."

제사장들

15 "그러나 이스라엘 자손이 나에게서 떠나
잘못된 길로 갔을 때에도, 레위 지파 가운데서 사
독의 자손 제사장들은 내 성소에서 맡은 직분을
지켰으므로, 그들은 내게 가까이 나아와서 나를
섬길 수 있고, 내 앞에 서서 내게 기름과 피를 바
칠 수 있다. 나 주 하나님의 말이다. 16 그들이
내 성소에 들어올 수가 있으며, 그들이 내 상에 가
까이 와서 나를 섬길 수가 있으며, 또 내가 맡긴
직책을 수행할 수 있다.

17 그러나 제사장들이 안뜰 문으로 들어올
때에나, 안뜰 문 안에서나, 성전 안에서 직무를 수
행할 때에는, 양털로 만든 옷을 입어서는 안 되고,
반드시 모시 옷을 입어야 한다. 18 머리에도 모
시로 만든 관을 써야 하고, 모시 바지를 입어야 한
다. 허리에도 땀이 나게 하는 것으로 허리띠를 동
여서는 안 된다. 19 그들이 바깥 뜰에 있는 백성
에게로 나갈 때에는, 내 앞에서 직무를 수행할 때
에 입은 옷을 벗어서 거룩한 방에 두고, 다른 옷
을 갈아 입어야 한다. 백성이 제사장의 거룩한 예
복에 닿아 해를 입는 일이 있어서는 안 된다.

20 제사장들은 머리카락을 바싹 밀어서도 안
되고, 머리카락을 길게 자라게 해서도 안 된다. 그
들은 머리를 단정하게 잘 깎아야 한다. 21 어떤
제사장이든지, 안뜰로 들어갈 때에는 포도주를
마셔서는 안 된다. 22 그들은, 일반 과부나 이혼
한 여자와는 결혼을 할 수가 없고, 다만 이스라엘
족속의 혈통에 속하는 처녀나, 또는 제사장의 아
내였다가 과부가 된 여자와 결혼을 할 수가 있다.

23 제사장들은 내 백성이 거룩한 것과 속된
것을 구별하도록 백성을 가르치고, 부정한 것과
정한 것을 분별하도록 백성을 깨우쳐 주어야 한
다. 24 소송이 제기되면, 제사장들이 판결을 내
려 주어야 한다. 그들은, 내가 정하여 준 법대로
재판하여야 하며, 또 내 모든 성회를 지킬 때마다
내 모든 법도와 율례를 지켜야 하고, 내 안식일은
거룩하게 지켜야 한다.

25 제사장들은 죽은 사람에게 접근하여 제
몸을 더럽혀서는 안 된다. 오직 아버지나 어머니,
아들이나 딸, 형제나 시집 가지 않은 누이가 죽었
을 경우에는, 제사장들도 제 몸을 더럽힐 수 있다.
26 그 때에는 제사장이 제 몸을 정하게 한 다음
에도, 이레를 지내야 한다. 27 그런 다음에 성소
에서 직무를 수행하려고 안뜰에 들어갈 때에는,
자신의 몫으로 속죄제를 드려야 한다. 나 주 하나
님의 말이다.

28 제사장들에게도 유산이 있다. 내가 바로
그들의 유산이다. 이스라엘에서는 그들에게 아무
산업도 주지 말아라. 내가 바로 그들의 산업이다.
29 그들은 곡식제사와 속죄제와 속건제로 바친
제물을 먹을 것이며, 이스라엘에서 ㄱ)구별하여 바
친 모든 예물이 제사장들의 차지가 될 것이다.
30 온갖 종류의 첫 열매 가운데서도 가장 좋은 것
과, 너희가 들어 바친 온갖 제물은 다 제사장들의
몫으로 돌리고, 또 너희는 첫 밀가루를 제사장에
게 주어서, 제사장으로 말미암아 너희 집안에 복
을 내리게 하여라. 31 제사장들은 새나 짐승들
가운데서 저절로 죽었거나 찢겨서 죽은 것을 먹어
서는 안 된다."

ㄱ) 히, '헤렘'. 주님께 바친 사람이나 물건으로서 취소할 수 없는 제물

임을 확인하고, 구체적인 관리들의 특정한 기능을 규정한다. **45:1-5** 땅의 분배(*유산*)는 민 26:53-56; 수 14:1-5를 반영한다. 첫 번 분배의 몫은 거룩하다. 이것은 하나님께 바쳐야 한다 (1절). 제사장들은 거룩한 지역 안에 분배받는다. 제사장들이 살 수 있는 곳을 허락함으로써 44:28을 보충하는 성전을 위한 분배는 (3절) 48:8-10에 더 자세히 기록되어 있다. 그 지역은 25,000 x 20,000자(약 8마일 x 6.5마일)인데, 제사장들을 위한 지역과 레위 사람들을 위한 지역으로 나뉜다. 각각은 25,000 x 10,000자이다. 칠십인역에 따르면, 레위 사람들의 몫은 민 35:1-8에 지정된 대로 레위 사람들에게 준 성읍들도 포함된다. **45:6** 성읍의 이름은 고의적으로 밝

주님의 거룩한 땅

45 1 "너희가 제비를 뽑아 땅을 나누어 유
산을 삼을 때에, 한 구역을 거룩한 땅으
로 삼아 주께 예물로 바쳐야 한다. 그 땅의 길이
는 이만 오천 자요, 너비는 ㄱ)이만 자가 되어야 한
다. 이 구역 전체는 사방으로 어디나 거룩하다.
2 그 한가운데 성소로 배정된 땅은, 길이가 오백
자요 너비도 오백 자로서, 사방으로 네모 반듯 하
여야 하고, 그 둘레에는 사방으로 너비가 쉰 자인
빈 터를 두어야 한다. 3 재어 놓은 전체 구역의
한가운데, 너희는 길이가 ㄴ)이만 오천 자요 너비가
ㄷ)만 자 되는 땅을 재어 놓고, 그 한가운데는 성소
곧 가장 거룩한 곳이 되게 하여라. 4 이 곳은 그
땅에서 거룩한 구역이다. 이 땅은 성소에서 직무
를 수행하는 제사장들의 몫이 될 것이다. 그들은
직무를 수행하려고 주께 가까이 나아가는 사람들
이다. 그 곳은 그들이 집 지을 자리와 성소를 앉
힐 거룩한 구역이 될 것이다. 5 길이가 이만 오
천 자에 너비가 만 자 되는 나머지 땅을, 성전에
서 시중드는 레위 사람들에게 재산으로 나누어 주
어서, 그 안에 ㄹ)성읍을 세우게 하여라. 6 너희는
거룩하게 구별하여 예물로 바친 구역 옆에, 너비
가 오천 자요 길이가 이만 오천 자인 땅을, 그 성
읍의 재산으로 지정하여라. 그 땅은 이스라엘 사
람 전체의 몫이 될 것이다."

왕의 차지

7 "거룩하게 구별하여 예물로 바친 땅과 그
성읍의 소유지의 양쪽으로 펼쳐진 구역은, 왕의
몫이다. 이 구역은 서쪽으로 서쪽의 해안선까지
이고, 동쪽으로 동쪽의 국경선에 이르기까지이
다. 그 길이는, 서쪽의 경계선에서 동쪽의 경계선
에 이르기까지, 들의 구역과 같아야 한다. 8 이
땅이 이스라엘에서 왕이 차지할 땅이 될 것이다.
그러면 내가 세운 왕들이 더 이상 땅 때문에 내 백
성을 탄압하지 않을 것이며, 이스라엘 족속에게
도 그들의 각 지파에 따라서 땅을 차지하게 할 것
이다."

통치자들의 통치 법칙

9 "나 주 하나님이 말한다. 너희 이스라엘의
통치자들아, 이제는 그만 하여라. 폭행과 탄압을
그치고, 공평과 공의를 실행하여라. 내 백성 착취
하는 일을 멈추어라. 나 주 하나님의 말이다.
10 너희는 정확한 저울과 정확한 ㅁ)에바와
정확한 ㅂ)밧을 써라.
11 에바와 밧은 용량이 같아야 한다. 한 밧은
ㅁ)호멜의 십분의 일을 담고, 한 에바도 호멜의 십

ㄱ) 칠십인역을 따름. 히, '만 자' ㄴ) 약 12킬로미터 ㄷ) 약 5킬로미터
ㄹ) 칠십인역을 따름. 히, '스무 개의 방을' ㅁ) 건량 단위 ㅂ) 액량 단위

히지 않는다 (독자들은 48:35에서 이름이 밝혀질 때까지 기다려야만 한다). 이 성읍의 크기는 25,000 x 5,000자 (약 8마일 x 1.6마일)이다. **45:7-8a** 왕의 영토는 25,000 자의 넓이로 펼쳐진 성읍 양쪽으로 위치하는데, 서쪽으로는 해안선까지 동쪽으로는 국경선까지 이른다.

45:8b-17 통치자들의 제한적인 역할이 이하 계속되는 다양한 훈계에 포함된다. **45:8b-9** 백성을 쫓아내고 땅을 빼앗는 대신에, 왕은 정의와 공의를 행해야 한다 (또한 삼상 8:14; 시 72:1-2; 왕상 21:1-16; 사 5:8을 보라). 에스겔의 환상은 대담하게 미래를 상상하며 현 시점에서 변화될 것을 요구한다. 청중들이 듣는 것에 관해 무슨 일을 행할 것을 가정하면서, 9절은 통치자들에게 날카롭게 도전한다. **45:10-12** 실용적인 공평성은 장터에서 측량하고 무게를 다는 것에 적용된다 (또한 레 19:35-36; 신 25:13-16; 암 8:5-6; 호 12:7; 미 6:10-11을 보라). 통일되지 않은 척도의 기준은 오용될 여지를 제공한다. 비록 *호멜*(당나귀 한 마리가 질 수 있는 양)의 치수가 명시되지는 않았지만, 에스겔은 척도를 표준화시킨다. 이것이 220리터라면, 에바는 22리터(5.8 갤런)이다. *에바*는 마른 것을, *밧*은 액체를 측량한다. *게라*는 약 0.57그램이고 *세겔*은 약 11.4그램 (0.4온스)이다. 한 *마네*는 60세겔이다. **45:13-17** 제물에 대한 구체적인 기록은 제물의 양을 정확하게 규정해 놓음으로써 공평(9절)과 정확한 측량(10절)을 연결시킨다 (13-15절). 백성들이 사기를 당하면 안 되는 것처럼, 주님도 사취를 당하면 안 된다. 16절은 왕이 제물을 모으는 책임이 있고 백성들은 왕을 신뢰해야 한다는 것을 암시한다 (16절). 17절은 왕이 그 자신의 자원으로부터 혹은 그가 모아들인 것들로부터 구체적인 제물들을 공급해야 한다는 것을 암시한다. 그는 분명히 예배를 인도하는 자이고 주님의 몫을 보호하고 후원하는 자이다. 모든 이스라엘은 그와 함께 예배드린다.

45:18—46:15 45:17에서 절기 때 왕의 역할에 대해 언급한 후에, 하나님은 유월절(45:18-25)과 다른 절기들(46:1-5)에 관한 규칙을 제시한다.

45:18-25 성소와 예배자들을 정결케 하기 위한 지시로 시작해서 (18-20절) 이 부분은 유월절(45:21-24; 출 12:1-28; 민 28:16-25)과 또 다른 이름이 밝혀지지 않은 절기(45:25; 아마도 초막절일 것이다: 민 29:12-38)에 초점을 맞춘다. 관심의 초점은 절기 중에

분의 일을 담도록 하여야 한다. 호멜을 표준으로 삼고, 에바와 밧을 사용해야 한다

12 너희는 한 ㄱ)세겔이 이십 게라가 되게 하고, 이십 세겔 짜리와 이십오 세겔 짜리와 십오 세겔 짜리를 합하여 한 ㄴ)마네가 되게 해야 한다."

13 "너희가 마땅히 거룩하게 구별하여 바칠 제물들은 다음과 같다. 밀은 한 호멜 수확에 육분의 일 에바를 바치고, 보리도 한 호멜 수확에 육분의 일 에바를 바쳐야 한다. 14 기름에 대한 규례를 말하면, 기름은 한 고르 수확에 십분의 일 밧을 바쳐야 한다. 한 고르가 한 호멜 또는 열 밧과 같은 것은, 열 밧이 한 호멜이기 때문이다. 15 이스라엘의 물이 넉넉한 초장에서, 양 떼의 수가 이백 마리가 될 때마다, 백성은 어린 양을 한 마리씩 바쳐서, 그들을 속죄하는 곡식제물과 번제물과 ㄷ)화목제물로 삼도록 하여야 한다. 나 주 하나님의 말이다.

16 거룩하게 구별하여 바치는 이 제물은 이스라엘의 백성 전체가 이스라엘 왕에게 넘겨 주어야 한다. 17 왕은, 절기와 월삭과 안식일과 이스라엘 족속의 모든 성회 때마다, 번제물과 곡식제물과 부어 드리는 제물을 공급할 책임을 진다. 그는 속죄제물과 곡식제물과 번제물과 ㄷ)화목제물을 공급하여, 이스라엘 족속이 속죄를 받도록 해야 한다."

유월절 (출 12:1-20; 레 23:33-43)

18 "나 주 하나님이 말한다. 너는 첫째 달 초하루에는 언제나 소 떼 가운데서 흠 없는 수송아지 한 마리를 골라다가 성소를 정결하게 하여라.
19 제사장은 그 속죄제물의 피를 받아다가 성전의 문설주들과 제단 아래층의 네 모서리와 안뜰 문의 문설주에 발라라. 20 너는 그 달 초이렛날에도, 고의가 아닌 사람이나 알지 못해서 범죄한 사람을 속죄할 때에, 그와 같이 하여라. 이렇게 성전을 속죄하여라.

21 첫째 달 열나흗날에는 너희가 유월절을 지켜라. 이 절기에는 이레 동안 누룩을 넣지 않은 빵을 먹어야 한다. 22 그 날 왕은 자기 자신과 이 땅의 모든 백성을 위하여 송아지 한 마리를 속죄제물로 바쳐야 한다. 23 그는 이 절기를 지내는 이레 동안 주님께 바칠 번제물을 마련해야 하는데, 이레 동안 날마다 흠 없는 수송아지 일곱 마리와, 숫양 일곱 마리를 번제물로 바치고, 숫염소 한 마리를 날마다 속죄제물로 바쳐야 한다. 24 곡식제물을 함께 갖추어서 바쳐야 하는데, 수송아지 한 마리에는 밀가루 한 에바이고, 숫양 한 마리에도 밀가루 한 에바이고, 또 밀가루 한 에바마다 기름 한 ㄹ)힌씩을 바쳐야 한다."

초막절

25 "그는 일곱째 달 보름에 시작되는 초막절에도 이레 동안 똑같이 하여, 속죄제물과 번제물과 곡식제물과 기름을 바쳐야 한다."

ㄱ) 약 11.5그램 ㄴ) 약 60세겔, 일반 마네는 50세겔
ㄷ) 또는 '친교제물' ㄹ) 약 4리터

예배자의 모범으로서 왕의 역할에 맞춰진다. (에스겔 시대에 3월 중에 있는) 새해 첫날의 절기는 구약성서 어디에도 나타나지 않는다 (18절). 하나님의 현존 앞에 모인 새 공동체 안에서도 죄에 대한 관심이 계속된다는 사실은 새로운 마음과 새로운 영(11:19; 36:26)으로 그려진 복종이 완전하지 않음을 암시한다. 따라서 복종은 주님의 도덕적 지침을 어긴 것에 대한 속죄와 거룩한 임재로 접근하는 것에 관한 제사 규례들을 포함한다.

46:1-15 안식일 (또한 민 28:9-10을 보라), 월삭 (또한 민 28:11-15를 보라), 그리고 다른 축제들과 관계된 이 구절들은 (민수기와는 약간 다르지만) 제물과 출입 규정들에 대해 명기하고 있다. **46:1** 안 뜰의 동쪽 중문은 안식일과 매달 초하루에 열 수 있다. **46:2-3** 안뜰 문 안쪽으로 들어가는 것에 대해, 왕은 문지방 앞에 엎드려야 하고 그 안으로 더 들어갈 수 없다. 하나님의 신실한 예배 공동체의 멤버들인 백성들도 문어귀에서 반드시 엎드려 경배해야 한다. **46:4-8** 왕의 제물들에 대한 열거는 그가 들어온 문으로 반드시 나가야 한다는 것을 분명히 하는 것으로 끝난다. **46:9-10** 백성과 왕이 성전에 함께 들어오고 나가는 것은 왕과 백성의 결속을 강조하고 성전에 출입하는 것에 어떤 특권도 방지한다. **46:11-12** 왕은 재량에 따라 특별 제물을 바칠 수 있지만, 늑장 부리는 일은 허락되지 않는다. **46:13-15** 왕은 매일 드리는 제사의 제물을 준비할 책임이 있다.

46:16-18 왕의 영토를 관리하는 것은 (45:7; 48:21-22) 착취와 압류를 방지하기 위한 것 (18b; 또한 45:8b-9; 삼상 8:12-14; 왕상 21장을 보라), 그리고 아마도 다른 사람들이 왕과의 친분을 이용해 이득을 보는 일을 방지하기 위한 것으로 제한된다. 왕은 자식들에게 땅을 물려 줄 수 있다. 그러나 다른 사람들에게 땅을 주었을 경우 그 땅은 희년에 다시 왕에게 되돌려져야 한다 (레 25:1-22).

안식일과 월삭

46 1 "나 주 하나님이 말한다. 안뜰의 동쪽
중문은 일하는 엿새 동안 잠가 두었다가
안식일에 열고, 또 매달 초하루에도 열어야 한다.
2 왕은 바깥 마당에서 이 문의 현관으로 들어와
서, 문설주 곁에 서 있어야 한다. 제사장들이 그
의 번제물과 [ㄱ]화목제물을 바치는 동안에는, 그가
그 대문의 문지방 앞에서 엎드려 경배하고 바깥으
로 나가야 한다. 그 문은 저녁때까지 닫지 말아야
한다. 3 이 땅의 백성도 안식일과 매월 초하루에
는 이 문 어귀에서 주 앞에 엎드려 경배해야 한다.
4 왕이 안식일에 주께 바쳐야 할 번제물은,
흠 없는 어린 양 여섯 마리와 흠 없는 숫양 한 마
리이다. 5 곡식제물은, 숫양 한 마리에는 밀가루
한 [ㄴ]에바를 곁들여 바치고, 어린 숫양에는 밀가루
를 원하는 만큼 곁들여 바쳐야 하고, 밀가루 한 에
바에는 기름 한 [ㄷ]힌을 곁들여 바쳐야 한다. 6 매
달 초하루에는 흠 없는 수송아지 한 마리와, 어린
양 여섯 마리와 숫양 한 마리를 흠 없는 것으로 바
쳐야 한다. 7 또 곡식제물로는 수송아지 한 마리
에는 밀가루 한 에바를, 숫양 한 마리에도 밀가루
한 에바를, 어린 양에는, 그가 원하는 만큼 곁들
여 바칠 것이며, 밀가루 한 에바에는 기름 한 힌
을 곁들여 바쳐야 한다.
8 왕이 성전에 들어올 때에는, 중문의 현관
으로 들어왔다가, 나갈 때에도 그 길로 나가야 한
다. 9 그러나 이 땅의 백성이 성회 때에 주 앞에
나아올 경우에는, 북쪽 문으로 들어와서 경배한
사람은 남쪽 문으로 나가고, 남쪽 문으로 들어온
사람은 북쪽 문으로 나가야 한다. 누구든지 들어
온 문으로 되돌아 나가서는 안 되며, 반드시 똑바
로 앞쪽으로 나가야 한다. 10 백성이 들어올 때
에 왕도 그들과 함께 들어왔다가, 그들이 나갈 때
에 왕도 나가야 한다. 11 모든 절기와 성회 때에
바칠 곡식제물은 수송아지 한 마리에는 밀가루 한
에바를 곁들이고, 숫양 한 마리에도 밀가루 한 에
바를 곁들이고, 어린 숫양에는 원하는 만큼 곁들
여 바치고, 밀가루 한 에바에는 기름 한 힌을 곁
들여 바쳐야 한다.
12 왕이 스스로 하고 싶어서 번제물이나 [ㄱ]화
목제물을 주에게 바치려고 하면, 그에게 동쪽으
로 난 대문을 열어 주어야 한다. 그는 안식일에 자
신의 번제물이나 화목제물을 바친 것과 같이 하
고, 밖으로 나간 다음에는 그 문을 닫아야 한다."

매일 바치는 제사

13 "또 너는 매일 주에게 일 년 된 흠 없는
어린 양 하나를 번제물로 바쳐야 한다. 너는 아침
마다 그것을 바쳐야 한다. 14 아침마다 바치는
번제물에는 밀가루 육분의 일 에바와 그것을 반죽
할 기름 삼분의 일 힌을 곁들여 바쳐야 한다. 이
것이 주에게 바치는 곡식제물로서 영원히 지킬 규
례이다. 15 이렇게 제사장들은, 아침마다 어린
양과 곡식제물과 기름을 준비하여, 정규적으로
드리는 번제물로 바쳐야 한다."

ㄱ) 또는 '친교제물' ㄴ) 약 22리터 ㄷ) 약 4리터

46:19-24 거룩한 것과 속된 것의 구분을 보호하기 위해 (20절; 또한 44:19를 보라) 제사장들이 요리하고 음식을 먹는 곳(19-20절; 또한 42:13을 보라)과 레위 사람들이 백성들의 음식을 준비하는 곳(21-24절)이 특별히 정해져 있다.

47:1—48:29 40—46장의 초점이었던 예배하는 공동체의 삶과 성전의 가까운 곳에서부터 이동해서, 47장은 하나님이 땅에 임재한 결과를 소개한다. 성전으로부터 흘러나온 생명을 주는 강에 대한 놀라운 묘사로 시작해서 (47:1-12), 이 부분은 땅의 공평한 배분을 계속해서 묘사한다 (47:13-23; 48:1-29).

47:1-12 성전에 다시 거하시는 하나님과 함께, 성전 밑에서 물이 솟아 나와 강을 이루는 이 환상은 땅을 유지하고 바꿔 놓을 희망에 대한 시각적인 비유이다. 실제적인 지시가 있은 후에, 본문은 변화되고 변화시키는 진정한 예배 공동체에 하나님께서 임재하심으로써 땅이 치유되고 축복과 갱신이 일어난다는 것을 암시하는 시각적 양식으로 다시 돌아간다. 침략 받았던 땅이 제 기능을 회복한다. 이 이미지는 창 2:10-14에 근원을 두고 있고, 시 46:4; 욜 3:17-18; 슥 13:1; 14:8; 요 7:38에서 공유되며, 땅에 대한 저주가 사라졌다는 점을 나타내기 위해 계 22:1-3에 적용되었다 (땅의 변화를 상상하는 다른 에스겔 본문들도 보라: 34:26-27; 36:8-11). **47:1-2** 에스겔은 성전 문지방 밑에서 아주 작은 물줄기가 솟아나는 것을 알아차린다. **47:3-5** 성전에서 (아마도 기드론 계곡을 따라) 동쪽으로 향하는데, 안내자는 1,000자마다 깊이를 잰다. 졸졸 흐르는 물줄기가 그렇게 깊어지는 것은 놀랍다. 하류로 갈수록 얼마나 깊어질지는 상상할 수 있을 뿐이다. **47:6-7** 에스겔은 나무들을 보게 되고 안내자는 물 흐름의 방향과 사해에 미치는 물의 영향에 대해 말한다. **47:8-12** 안내자가 환상을 해석한다: 이것은 만물에 생명을 줄 것

왕과 그의 토지

16 "나 주 하나님이 말한다. 만일 왕이 자신의
아들들 가운데서 어떤 아들에게 유산을 떼어서 선물
로 주면, 그것은 아들의 재산이 된다. 이런 것은
유산으로서 아들의 재산이 된다. 17 그러나 만일
왕이 어떤 신하에게 유산을 떼어서 선물로 주면,
그것은 희년까지만 그 신하의 소유가 되고, 희년이
지나면 왕에게로 되돌아 간다. 왕의 유산은 그의
아들들의 것으로서, 오직 그들의 차지가 되어야
한다. 18 왕은 백성의 유산을 빼앗고 그들을 폭
력으로 내쫓아서, 그들의 유산을 차지해서는 안
된다. 왕은 자신의 재산만을 떼어서, 자식들에게
유산으로 나누어 주어야 한다. 그래서, 내 백성 가
운데서는 아무도, 자신의 재산을 잃고 멀리 흩어져
다니는 일이 없게 하여라."

성전 부엌

19 그런 다음에 그가 나를 데리고 중문 곁에
있는 통로로, 북쪽에 있는 제사장들의 거룩한 방에
이르렀는데, 거기에서 보니, 그 거룩한 방들의 뒤편
서쪽에 빈 터가 하나 있었다. 20 그가 나에게 일
러주었다. "여기가 제사장들이 속건제물과 속죄
제물을 삶으며, 곡식제물을 굽는 장소다. 그들이
그 제물을 바깥 뜰로 들고 나갔다가 그 거룩한 제
물에 백성이 해를 입게 하는 일이 없게 하려고 한
것이다." 21 또 그가 나를 바깥 뜰로 데리고 나
가서, 그 뜰의 네 구석으로 나를 데리고 다녔는데,
보니, 구석마다 뜰이 하나씩 있었다. 22 그 뜰
의 네 구석에는 담으로 둘린 작은 뜰들이 있었고,
그 길이는 마흔 자요 너비는 서른 자였다. 이렇게
네 뜰의 크기가 같았다. 23 그 작은 네 뜰에는
돌담이 둘러쳐 있었고, 그 돌담 밑으로 돌아가며,
고기를 삶는 솥이 걸려 있었다. 24 그가 내게 일
러주었다. "이 곳은 성전에서 시중드는 사람들이
백성의 희생제물을 삶는 부엌이다."

성전에서 흘러 나오는 물

47 1 그가 나를 데리고 다시 성전 문으로 갔
는데, 보니, 성전 정면이 동쪽을 향하여
있었는데, 문지방 밑에서 물이 솟아 나와, 동쪽으로
흐르다가, 성전의 오른쪽에서 밑으로 흘러 내려
가서, 제단의 남쪽으로 지나갔다. 2 또 그가 나를
데리고 북쪽 문을 지나서, 바깥으로 나와, 담을
돌아서, 동쪽으로 난 문에 이르렀는데, 보니, 그
물이 동쪽 문의 오른쪽에서 솟아 나오고 있었다.
3 그가 줄자를 가지고 동쪽으로 재면서 가다가,
[ㄱ]천 자가 되는 곳에 이르러, 나더러 물을 건너 보
라고 하기에, 건너 보니, 물이 발목에까지 올라왔
다. 4 그가 또 재면서 가다가, 천 자가 되는 곳
에 이르러, 나더러 물을 건너 보라고 하기에, 건
너 보니, 물이 무릎까지 올라왔다. 그가 또 재면
서 가다가, 천 자가 되는 곳에 이르러, 나더러 물
을 건너 보라고 하기에, 건너 보니, 물이 허리까
지 올라왔다. 5 그가 또 재면서 가다가 천 자가
되는 곳에 이르렀는데, 거기에서는 물이 내가 건
널 수 없는 강이 되었다. 물이 불어서, 헤엄을 쳐
서나 건널까, 걸어서 건널 수 있는 물은 아니었다.
6 그가 나에게 말하였다. "사람아, 네가 이것을
자세히 보았느냐?" 그런 다음에, 그가 나를 강가
로 다시 올라오게 하였다.

7 내가 돌아올 때에는, 보니, 이미 강의 양쪽
언덕에 많은 나무가 있었다. 8 그가 나에게 일러
주었다. "이 물은 동쪽 지역으로 흘러 나가서,
[ㄴ]아라바로 내려갔다가, [ㄷ]바다로 들어갈 것이다.
이 물이 바다로 흘러 들어가면, 죽은 물이 살아날
것이다. 9 이 강물이 흘러가는 모든 곳에서는,
온갖 생물이 번성하며 살게 될 것이다. 이 물이 사
해로 흘러 들어가면, 그 물도 깨끗하게 고쳐질 것
이므로, 그 곳에도 아주 많은 물고기가 살게 될 것
이다. 강물이 흘러가는 곳이면 어디에서나, 모든

ㄱ) 약 450미터 ㄴ) 또는 '요단 계곡' ㄷ) 사해를 일컬음

이다. 모든 것을 살리는 영향은 두 번째로 언급된다 (9절). 소금이 계속 나오지만, 사해에서 사람들이 고기를 잡을 수 있게 될 것이다. 나무들은 모든 사람이 먹을 수 있는 과일을 낼 것이다. 이 강의 생명력의 기원은 성전이기 때문에 과일은 음식이 되고 잎은 약재가 될 것이다. 이것이 주님의 임재의 결과이다.

47:13-23 생명을 주는 땅의 풍성함의 근원이 확립되었음으로, 이제는 열두 지파 사이에 공평하게 나눌 차례이다 (또한 45:1-8을 보라). **47:13-14** 분배는 하나님에게 속한 땅, 그리고 조상들에게 주기로 약속한 땅의 유산을 나타낸다 (또한 20:28; 42; 레 25:23; 창 13:14-17; 수 11:23을 보라). 레위는 생략되어, 요셉의 두 몫은 두 아들 에브라임과 므낫세에게 돌아갈 수 있게 된다 (또한 창 48:8-22를 보라). 여기서 "너희"는 백성을 지칭하는 복수이다. 여호수아가 땅을 나눈 것처럼 (수 13—21장), 주님의 새로운 공동체도 땅을 나눈다.

것이 살 것이다. 10 그 때에는 어부들이 고기를
잡느라고 강가에 늘 늘어설 것이다. 어부들이 엔
게디에서부터 에네글라임에 이르기까지, 어디에
서나 그물을 칠 것이다. 물고기의 종류도 ㄱ)지중해에
사는 물고기의 종류와 똑같이 아주 많아질 것이다.
11 그러나 사해의 진펄과 개펄은 깨끗하게 고쳐
지지 않고, 계속 소금에 절어 있을 것이다. 12 그
강가에는 이쪽이나 저쪽 언덕에 똑같이 온갖 종류
의 먹을 과일 나무가 자라고, 그 모든 잎도 시들지
않고, 그 열매도 끊이지 않을 것이다. 나무들은 달
마다 새로운 열매를 맺을 것인데, 그것은 그 강물이
성소에서부터 흘러 나오기 때문이다. 그 과일은
사람들이 먹고, 그 잎은 약재로 쓸 것이다."

땅의 경계선과 분배

13 "나 주 하나님이 말한다. 너희가 이스라
엘의 열두 지파에 따라서 유산으로 나누어 가져야
할 땅의 경계선은 다음과 같다. 요셉은 두 몫이다.
14 나머지 지파들은 그 땅을 서로 똑같이 유산으로
나누어 가져야 한다. 그 땅은 내가 너희의 조상에
게 주기로 맹세하였으므로, 그 땅을 이제 너희가
유산으로 차지하게 될 것이다.
15 그 땅의 북쪽 경계선은 다음과 같다. ㄱ)지
중해에서 헤들론을 거쳐 르모하맛에 이르렀다가
스닷, 16 브로다, 시브라임에 이른다. (시브라임
은 다마스쿠스 지역과 하맛 지역의 중간에 있다.)
거기에서 하우란의 경계선에 있는 하셀 핫디곤에까
지 이른다. 17 이렇게 북쪽 경계선은 ㄱ)지중해에서
동쪽으로 하살에논에까지 이르는데, 다마스쿠스와
하맛에 접경하고 있다. 이것이 북쪽 경계선이다.
18 동쪽은 하우란과 다마스쿠스 사이에서 시
작하여, 길르앗과 이스라엘 땅 사이의 경계인 요단
강을 따라, 멀리 사해의 다말에까지 이른다. 이것이
동쪽 경계선이다.
19 남쪽은 다말에서 시작하여 므리봇가데스의
샘을 지나 이집트 시내를 거쳐 ㄱ)지중해에 이른다.
이것이 남쪽 경계선이다.
20 서쪽 경계선은 ㄱ)지중해이다. 이 바다가
경계가 되어 르보하맛으로 건너편에까지 이른다.
이것이 서쪽의 경계선이다.
21 이 땅을 너희가 이스라엘의 모든 지파 별로
나누어 가져라.
22 너희는 말할 것도 없고, 너희 가운데 거
류하는 외국 사람들, 곧 너희들 가운데서 자녀를
낳으면서 몸붙여 사는 거류민들도 함께 그 땅을
유산으로 차지하게 하여라. 너희는 거류민들을
본토에서 태어난 이스라엘 족속과 똑같이 여겨라.
그들도 이스라엘 지파들 가운데 끼어서 제비를
뽑아 유산을 받아야 한다. 23 거류민에게는 그
들이 함께 살고 있는 그 지파에서 땅을 유산으로
떼어 주어야 한다. 나 주 하나님의 말이다."

ㄱ) 히, '큰 바다'

이번엔 땅이 공평하게 분배된다. **47:15-20** 이 목록은 땅 전체의 경계를 규정한다. 민 34:1-12에 근거하고 아마도 이상화된 것으로서, 이 묘사는 여호수아서에서 할당된 요르단 동편의 부족들은 제외한다 (민 34:10-12도 그들을 제외하고 있다). **47:21-23** 21절의 요약 이후에 추가적인 언급은 가족이 있고 정착해 사는 외국 사람들을 위한 *유산* 규정을 포함하고 있다 (또한 22:7, 29; 레 19:33-34를 보라). 이 새로운 규정은 외국 사람들이 이스라엘 안에서 모든 경제적 사회적 특권을 누리도록 한다 (또한 사 56:3-8을 보라). 이 외국 사람들은 44:7, 9의 "마음에 할례 받지 않은" 이방 사람들이 아니다.

48:1-29 각 지파는 동에서 서로 길게 펼쳐진 좁고 긴 땅을 똑같이 할당받는다 (또한 45:1-8a를 보라). **48:1-7, 23-29** 거룩한 지역에 있는 북쪽의 땅이 주어진 일곱 지파는 제사장, 레위 사람들, 그리고 통치자들에게 헌신한다 (1-7절). 다섯 지파는 거룩한 지역 남쪽의 땅이 주어진다 (23-29절). 야곱이 총애한 아내 라헬의 아들들인 유다와 베나민의 역사적 배치가 역전된다 (7, 23절). 그리고 라헬과 레아의 아들들이 거룩한 지역으로 더 가까이 배치된다. 지파의 분배는 어떤 전통적이거나 지역적인 경계도 따르지 않는다. 관심은 온전히 공평함에 있다 (또한 47:14를 보라). 계급제도가 있지만, 그 목적은 신성한 지역에 거하는 하나님의 신성함을 보호하는 데 있다 (8, 10절). 이 단락의 중심부분은 제사장들 (8-14절), 성읍 (15-20절), 그리고 통치자들에게 할당된 땅들에 대해 더 자세히 언급하고 있다 (21-22절). **48:8-14** 하나님의 지역은 제사장들과 레위 사람들에게 영구히 준 땅을 포함한다. 본문은 레위 사람들이 신앙을 지키지 못했던 과거가 있음을 상기시켜 준다 (11절; 또한 44:10, 12를 보라). **48:15-20** 성읍을 위한 자리는 공동으로 이용하기 위한 것이다. 성읍 양쪽 땅은 농산물 재배를 위한 것이다. **48:21-22** 왕의 영토는 성전지역에 접해 있지 않고 지파지역 안에 위치한 거룩한 지역에 접해 있지도 않다 (또한 45:7-8을 보라). 오직 주님만이 이스라엘의 왕이기 때문에, 목록은 신정정치적 이상을 보호하고 이스라엘의 군주적 역사에 대한 비판을 제공한다. **48:30-35** 이 책의 마지막

지파의 토지 분배

48 1 "지파들의 이름은 다음과 같다. 가장
북쪽에서부터 시작하여, 헤들론 길을 따
라, 르보하맛을 지나서 다마스쿠스와 하맛에 접
경한 경계선을 타고 하살에논에까지, 곧 북쪽으
로 하맛 경계선에 이르는 땅의 동쪽에서 서쪽까지
의 땅은 단 지파의 몫이다.
2 단 지파의 경계선 다음으로 동쪽에서 서쪽
까지는 아셀 지파의 몫이다.
3 아셀 지파의 경계선 다음으로 동쪽에서 서
쪽까지는 납달리 지파의 몫이다.
4 납달리 지파의 경계선 다음으로 동쪽에서
서쪽까지는 므낫세 지파의 몫이다.
5 므낫세 지파의 경계선 다음으로 동쪽에서
서쪽까지는 에브라임 지파의 몫이다.
6 에브라임 지파의 경계선 다음으로 동쪽에
서 서쪽까지는 르우벤 지파의 몫이다.
7 르우벤 지파의 경계선 다음으로 동쪽에서
서쪽까지는 유다 지파의 몫이다."

거룩하게 바친 땅

8 "유다 지파의 경계선 다음으로 동쪽에서
서쪽까지는, 너희가 거룩하게 바쳐야 할 땅이다.
그 너비는 [ㄱ]이만 오천 자이고, 그 길이는 다른 지
파들의 몫과 같이 동쪽에서 서쪽까지이고, 그 한
가운데 성소를 세워야 한다. 9 너희가 주께 거룩
하게 바쳐야 할 땅은, 길이가 이만 오천 자요,
너비가 [ㄴ]만 자이다. 10 거룩하게 바친 이 땅은
제사장들에게 주어야 한다. 그들에게 줄 땅은,
북쪽으로 길이가 이만 오천 자, 서쪽으로 너비가
만 자, 동쪽으로 너비가 만 자, 남쪽으로 길이가
이만 오천 자이다. 그 한가운데 주의 성소가 있어
야 한다. 11 이 땅은 거룩히 구별된 제사장들 곧
사독의 자손에게 주어야 한다. 그들은 이스라엘
자손이 잘못된 길로 갔을 때에, 레위 지파의 자손이
잘못된 길로 간 것처럼 하지 않고, 내가 맡겨 준
직책을 지킨 사람들이다. 12 그러므로 그들은
거룩하게 바친 땅 가운데서도 가장 거룩한 땅을
받아야 하고, 레위 지파의 경계선과 인접해 있어야
한다. 13 레위 지파가 차지할 땅도 제사장들의
경계선 옆에 그 길이가 이만 오천 자요, 너비가 만
자이다. 그 전체의 길이는 이만 오천 자요, 너비는
이만 자이다. 14 그들은 이 땅을 팔거나 다른 땅
과 바꿀 수가 없고, 또 가장 좋은 이 부분을 다른
사람의 손에 넘겨 주어서도 안 된다. 그것은 주의
거룩한 땅이기 때문이다.
15 너비가 오천 자요 길이가 이만 오천 자인
나머지 땅은, 성읍을 세울 속된 땅이다. 그 한가
운데 있는 땅은 성읍을 세워서 거주지로 사용하고,
그 나머지는 빈 터로 사용하여라. 16 그 성읍의
크기는 다음과 같다. 북쪽의 길이도 사천오백 자,
남쪽의 길이도 사천오백 자, 동쪽의 길이도 사천
오백 자, 서쪽의 길이도 사천오백 자이다. 17 이
성읍 빈 터의 크기는 북쪽의 너비가 이백오십 자,
남쪽의 너비가 이백오십 자, 동쪽의 너비가 이백
오십 자, 서쪽의 너비가 이백오십 자이다. 18 거룩
하게 바친 땅과 인접한 나머지 땅의 길이는 동쪽
으로 만 자이고, 서쪽으로도 만 자이다. 그 땅은
거룩하게 바친 땅과 인접하여야 하며, 그 농산물은
성읍에서 일하는 사람들의 먹거리가 되어야 한다.
19 이스라엘의 모든 지파에서 뽑혀 와서 성읍에서
일하는 사람들만이 그 땅을 경작할 수가 있다.
20 거룩하게 바친 땅 전체는 길이도 이만 오천
자요, 너비도 이만 오천 자이다. 너희는 이렇게,
그 성읍의 소유지를 포함하여 거룩하게 바친 땅을
네모 반듯하게 구별해 놓아야 한다. 21 거룩하게

ㄱ) 약 12킬로미터 ㄴ) 약 5킬로미터

환상은 성읍의 문들을 묘사하고, 주목할 만한 것으로, 성읍을 다시 명명하는 것으로 끝난다. 성읍의 문들은 이스라엘의 열두 지파의 이름을 따라서 명명되는데, 이것은 모든 이스라엘 사람들이 성전에서 똑같이 하나님의 임재를 경험할 수 있다는 것을 암시한다. 성읍은 어떤 지파에도 속하지 않으며, "주님이 거기 계심"으로 명명된다 (또한 왕하 23:27을 보라). 마지막 환상에서 예루살렘을 언급하지 않는데, 이 이름은 이제 다시 백성들 사이에 거하고 있는 하나님의 영광의 귀환과 함께 일어난 갱신을 나타낸다. 새 성전은 주님의 왕권을 정당화하고, 거룩한 지역 주변에 보호적 경계를 설정함으로써 공간을 재구성한 것은 어떤 것도 새롭게 복원된 백성들로부터 하나님의 영광을 떠나게 할 수 없다는 점을 보증한다. 백성들 사이에 거하겠다는 하나님의 약속이 이제 실현된다 (또한 37:26-28; 출 29:45-46을 보라). 34—48장에 표현된 희망은 억압, 폭력, 우상숭배, 그리고 제국주의적 물질주의 등이 더 이상 백성들 사이에 거하는 하나님에 의해 계획된 평화와 번영을 위협할 수 없는 현실이 된다.

구별하여 바친 땅의 양 옆과 성읍에 딸린 소유지의 양 옆에 있는 나머지 땅은 왕에게 돌아갈 몫이다. 거룩하게 바친 땅, 곧 이만 오천 자가 되는 지역에서 동쪽 국경까지와 이만 오천 자가 되는 지역에서 서쪽 국경까지 다른 지파들의 몫과 평행되게 뻗어 있는 나머지 땅이 왕의 몫이다. 거룩하게 구별하여 바친 땅과 성전의 성소가 그 땅의 한가운데 있어야 한다.
22 그래서 레위 지파의 유산과 성읍에 딸린 소유지는 왕의 소유지의 한가운데 있게 된다. 왕의 소유지는 유다 지파의 경계선과 베냐민 지파의 경계선 사이에 있다."

나머지 지파들의 토지 분배

23 "나머지 지파들이 차지할 땅은 다음과 같다. 동쪽에서 서쪽까지는 베냐민 지파의 몫이다.
24 베냐민 지파의 경계선 다음으로 동쪽에서 서쪽까지는 시므온 지파의 몫이다.
25 시므온 지파의 경계선 다음으로 동쪽에서 서쪽까지는 잇사갈 지파의 몫이다.
26 잇사갈 지파의 경계선 다음으로 동쪽에서 서쪽까지는 스불론 지파의 몫이다.
27 스불론 지파의 경계선 다음으로 동쪽에서 서쪽까지는 갓 지파의 몫이다.
28 갓 지파의 경계선은, 남쪽의 국경선이 다말에서부터 시작하여 므리바가데스 샘에 이르고, 거기서 이집트 시내를 따라 ㄱ)지중해에 이른다.
29 이것이 너희가 제비를 뽑아 유산으로 이스라엘의 지파들에게 나누어 주어야 할 땅이다. 이 땅들이 바로 그 지파들의 몫이다. 나 주 하나님의 말이다."

예루살렘의 성문들

30 "그 성읍의 문들은 다음과 같다. 북쪽 성벽은 너비가 사천오백 자이다.
31 이 성읍의 문들은 이스라엘 지파들의 이름에 따라 부른 것이다. 북쪽에 문이 셋 있는데, 하나는 르우벤 문, 하나는 유다 문, 하나는 레위 문이다.
32 동쪽 성벽도 너비가 사천오백 자이고, 문이 셋 있는데, 하나는 요셉 문이고, 하나는 베냐민 문이고, 하나는 단 문이다.
33 남쪽 성벽도 너비가 사천오백 자이고, 문이 셋 있는데, 하나는 시므온 문이고, 하나는 잇사갈 문이고, 하나는 스불론 문이다.
34 서쪽 성벽도 너비가 사천오백 자이고, 문이 셋 있는데, 하나는 갓 문이고, 하나는 아셀 문이고, 하나는 납달리 문이다.
35 이렇게 그 둘레가 만 팔천 자이다. 이 성읍의 이름이 이제부터는 ㄴ)'여호와샤마'라고 불릴 것이다."

ㄱ) 히, '큰 바다' ㄴ) 히, '아도나이 샤마 '(주님께서 거기에 계심)'

다니엘서

다니엘서는 구약성경 가운데 유일하게 묵시문학의 모든 특성을 갖춘 책이다 (묵시문학이란 천상의 왕국 그리고/또는 역사에 대한 하나님의 성취라는 환상을 담고 있는 문학). 다니엘서의 본문은 기본적으로 두 부분, 곧 문학적인 부분과 언어적인 부분으로 나뉘어져 있다. 이야기의 흐름으로 보아도, 다니엘서는 두 부분으로 나뉘어져 있다: 다니엘서 1—6장에 나오는 다니엘과 그의 친구들에 관한 여섯 개의 이야기를 모은 것과, 그 뒤에 나오는 다니엘서 7—12장의 네 개의 묵시적 환상이 그것들이다. 이 두 부분은 몇 가지 점에서 서로 구별된다. 가장 명백한 차이는 장르의 차이이다. 다니엘서의 후반부는 환상을 본 다니엘에 의해서 보도되는 묵시적 환상을 담고 있는 반면, 전반부는 정의로운 궁정 신하인 다니엘에 관한 궁정 설화들을 담고 있다. 설화들은 다니엘을 소개하며, 이 책의 후반부에서 받게 될 환상의 합법적 수신자로서 그를 인정한다. 두 부분은 이방 왕들에 대한 묘사에 있어서 더욱 차이가 난다. 다니엘서 전반부에서 다니엘은 자신이 섬기고 있는 군주들과 친밀한 관계를 보이고 있다. 그와는 정반대로 후반부 종말론적 환상에서는 전쟁 언어와 제국의 박해로 가득 차 있다.

이와 같은 현격한 대조를 근거로, 대부분의 주석가들은 다니엘서의 두 부분은 제2성전기 (기원전 537년-기원후 70년) 동안 여러 시기에 걸쳐, 여러 사람들에 의해서 씌어졌다고 보고 있다. 이 설화들은 일정한 문학적인 양식을 따르는 문구로 되어 있다: 유대의 현인(賢人)과 이방의 궁정 신하 사이의 충돌 가운데 이야기가 전개되고, 그리고 각 이야기의 끝 부분에 이르러서는 군주가 이스라엘의 하나님에게로 개종함으로써 충돌이 해결된다. 이야기는 더 높은 관직으로 올라가는 영웅의 이야기로 끝을 맺지만, 새롭게 개종한 왕에 대한 송가에서 찬양되어지는 것은 영웅들의 하나님이다. 다른 궁정 설화인 요셉 (창 41:39-41), 에스더 (에 10:2-3), 그리고 아히카(Ahiqar: 죽음에서 탈출한 궁정 신하에 관한 메소포타미아 지역의 이야기)의 경우처럼, 영웅 그 자체를 찬양하지는 않는다. 이러한 설화들을 수집하고 배열하여 하나의 문학작품을 만들면서, 다니엘서의 처음 부분에서 유대 사람을 박해만 하던 이방 군주 가 마지막에 가서는 스스로 유대교로 개종하여 대의명분을 받아들이는 이야기로 끝을 맺는다. 그러므로 처음에는 따로 독립된 설화로 전해내려 오던 이야기들이 다니엘이라 불리는 현명하고, 정의롭고, 전설적 인물을 중심으로 새롭게 설화가 구성된다 (겔 14:14; 28:3을 보라). 본문의 구성연대들이 역사적으로 믿을 만한 정보를 포함하고 있다 하더라도, 대부분의 학자들은 그 시기를 기원전 3세기로 보고 있다. 엘리야/엘리사의 설화들(왕상 17장—왕하 10장)이나, 성인들에 대한 기독교의 전설들의 경우처럼 후대에 이르러서야 수집, 정리되어 문학작품으로 만들어졌다는 것이다.

이와 대조적으로, 종말론적 환상들은 그 기원에 관하여 꽤 많은 단서들을 제공하여 준다. 이미 기원후 3세기에 철학자이며 반기독교 저자였던 포르피리(Porphyry)는 다니엘 7—12장의 환상이 팔레스타인과 시리아 지역의 그리스 통치자였던 안티오쿠스 에피파네스 4세(기원전 167-164년)의 종교적 박해 동안 씌어졌다고 보았으며, 이 이론은 현재 성서학에서 널리 용납되고 있다. 다니엘서의 저자는 이 박해에 대해서 알고 있었으면서도, 안티오쿠스의 죽음(단 11:40-45)에 대해서는 잘못 설명하고 있는데, 그것은 그 환상에 대하여 쓰고 있을 당시 안티오쿠스가 아직 죽지 않았기 때문일 수도 있다. 다니엘서 7—12장 배후의 그룹은 이 책의 최종형태를 책임지고 있다. 즉 그들은 다니엘과 그의 세 친구에 관한 설화를 수집하여 자신들의 묵시적 환상을 결합시킨 사람들이었다. 그러나 지금 우리가 가지고 있는 다니엘서가 여러 이야기들이 합하여 된 것이라 할지라도, 다니엘서는 하나의 통일체라고 말할 수 있는 정당성을 보여주고 있다. 다니엘서의 두 부분은 일련의 바빌로니아, 메대, 그리고 페르시아의 통치자들을 묘사하고 있다. 더욱이 단 7장은 단 2장에 이미 소개된 네 왕국에 관한 예언을 반복한다. 3장과 6장은 기적적인 구원에 관한 이야기이며, 4장과 5장은 왕들을 비판한다. 그러므로 다니엘서는 명확한 통일성을 보여주고 있다.

이러한 문학적 구분 외에도, 두 번째 특징은 다니엘서는 근본적으로 언어가 구분되어 있다. 단 1:1—2:4a와 8—12장은 히브리어로 씌어져 있는가 하면, 단 2:4b—7:28은 히브리어와 밀접하게 관련이 있는 아람어로 씌어져 있다. 다니엘서의 문학적 구조가 히브리어와 아람어로 나뉘는 언어적 구조와 일치하지 않는다는 점은 이해하기가 어려운 부분이다. 예를 들어, 1장은 그것이 비록 설화이지만 히브리어로 씌어져 있다. 이 부분은 전체 다니엘서의 도입부 역할을 하고 있으며, 다니엘서가 그 최종 형태로 이르렀을 때에 가장 늦게 구성된 마지막 설화들이었을 것이다. 비슷하게 7장은, 묵시적 환상이라 할지라도, 아람어로 구성되어 있다. 그것은 다니엘서의 최종 본문 형태로서나 연대적으로나 모두 가장 초기의 환상들이며, 다니엘서의 두 부분 사이를 연결하는 하나의 다리 역할을 하고 있다: 장르와 가상적 시대의 환상과 관련 있지만 (그것은 두 번째로 일련의 바빌론, 메대, 그리고 페르시아의 왕들의 가능성을 열어준다), 동시에 언어와 내용에 의한 이야기들과도 관련 있다 (네 왕 구조는 이미 단 2장에서 소개되었다).

다니엘은 고대로부터 이미 예언자의 한 사람으로 여겨져 왔다 (마 24:15를 보라; 요세푸스 고전 10.11.7문단 266과 1567쪽 추가 설명: "쿰란에서의 다니엘"을 보라). 다니엘서는 칠십인역에서 대예언서들 중 가장 마지막에 기록되어 있지만, 히브리 성경에서는 성문서에 속해 있다. 칠십인역은 더욱이 세 개의 긴 "추가된 문서"인 수잔나 이야기, 벨과 용 이야기, 아자리아(Azariah)의 기도와 (풀무 속에 던져진) 세 명의 유대 사람의 송가를 포함하고 있다는 점에서 히브리어 성경과 다르다.

단 11장은 다니엘서의 본래의 장소와 시기를 결정한다는 점에서 매우 중요하다. 저자는 "지혜자" 라는 칭호로 다니엘서의 마지막 부분에서 반복되어 언급되고 있는 종말을 기다리는 그룹의 일원이다. 더욱이, 11장에서 언급된 사실상의 예언은 안티오쿠스의 시대까지 정확하다. 그러나 기원전 164년의 그의 죽음의 예언은 틀리다. 그러므로 그 시기 직전에 씌어졌음이 틀림없다.

다니엘서의 내용은 다음과 같다. 성경본문에 따라 세밀하게 조사할 필요가 있는 주석은 이 개요를 따를 것이며, 명확성을 기하기 위하여 더 보충하여 상세하게 설명될 것이다.

Ⅰ. 궁정 이야기, 1:1—6:28
- A. 다니엘과 그의 세 친구가 느부갓네살의 궁에 소개됨, 1:1-21
- B. 느부갓네살의 혼합신상에 관한 꿈, 2:1-49
- C. 불타는 화덕 속의 젊은이들, 3:1-30
- D. 느부갓네살의 실성, 4:1-37
- E. 벨사살의 잔치, 5:1-31
- F. 사자굴 속의 다니엘, 6:1-28

Ⅱ. 환상들, 7:1—12:13
- A. 네 짐승과 인자(人子)에 관한 환상, 7:1-28
- B. 숫양과 숫염소에 관한 환상, 8:1-27
- C. 예레미야의 일흔 이레에 관한 해석, 9:1-27
- D. 최후의 계시, 10:1—12:13

마티아스 헨즈(Matthias Henze)

느부갓네살 왕궁의 젊은이들

1 1 유다의 여호야김 왕이 왕위에 오른 지 삼
년이 되는 해에, 바빌로니아의 느부갓네살 왕
이 예루살렘으로 쳐들어와서 성을 포위하였다.
2 주님께서 유다의 여호야김 왕과 하나님의 성전
기물 가운데서 일부를 느부갓네살의 손에 넘겨 주
셨다. 그는 그것들을 ㄱ)바빌로니아 땅, 자기가 섬
기는 신의 신전으로 가지고 가서 그 신의 보물 창
고에 넣어 두었다.
3 그 때에 왕은 아스부나스 환관장에게 명령
하여, 이스라엘 백성, 특히 왕과 귀족의 자손 가
운데서, 4 몸에 흠이 없고, 용모가 잘생기고, 모
든 일을 시혜롭게 처리할 수 있으며, 지식이 있고,
통찰력이 있고, 왕궁에서 왕을 모실 능력이 있는
소년들을 데려오게 하여서, 그들에게 ㄴ)바빌로니
아의 언어와 문학을 가르치게 하였다. 5 또한 왕
은 왕궁에서 날마다 일정한 양을 정해서 음식과
포도주를 그들에게 공급하도록 해주면서, 삼 년
동안 교육시킨 뒤에, 왕을 모시도록 하였다. 6 그
들 가운데는 유다 사람인 다니엘과 하나냐와 미사
엘과 아사랴가 있었다. 7 환관장이 그들에게 이
름을 새로 지어 주었는데, 다니엘은 벨드사살이
라고 하고, 하나냐는 사드락이라고 하고, 미사엘
은 메삭이라고 하고, 아사랴는 아벳느고라고 하
였다.
8 다니엘은 왕이 내린 음식과 포도주로 자기
를 더럽히지 않겠다고 마음을 먹고, 환관장에게
자기를 더럽히지 않을 수 있도록 해 달라고 간청
하였다. 9 하나님은 다니엘이 환관장에게서 호
의와 동정을 받도록 해주셨다. 10 환관장이 다
니엘에게 말하였다. "너희가 먹고 마실 것을 정해
주신 분은 나의 상전이신 임금님이시다. 임금님
께서, 너희의 얼굴이 너희와 같은 나이의 젊은이
들보다 더 상해 있는 것을 보시게 될까 두렵다. 그
렇게 되면, 너희 때문에 내 목숨이 임금님 앞에서
위태롭게 될 것이다."
11 다니엘은 감독관에게로 갔다. 그 감독관은
환관장이 임명한 사람으로서, 다니엘과 하나냐와
미사엘과 아사랴를 감독하는 일을 맡은 사람이다.
다니엘이 그 감독관에게 요청하였다. 12 "부디 이
종들을 열흘 동안만 시험하여 보시기 바랍니다.
우리에게 채소를 주어 먹게 하고, 물을 주어 마시게
하여 보시기 바랍니다. 13 그런 다음에, 우리의

ㄱ) 히, '시날' ㄴ) 또는 '갈대아'

1:1-21 첫 장은 다니엘과 그의 세 친구를 소개하고 있으며, 그들이 어떻게 바빌로니아 궁정에 소개되고 있는지를 설명한다. 성전 그릇의 유실에 관한 첫 번째 언급(단 5:2; 라 1:7-11을 보라)과 유대 음식 규례를 준수하는 것에 관한 강조(8-16절; 왕하 25:29와 비교하라)는 다른 어떤 설화들보다 바빌로니아 포로생활에 대하여 많은 것을 알 수 있게 해주고, 유대 디아스포라(흩어져 사는 유대인)에 대한 구체적인 문제들을 반영해 주고 있다. 히브리어로 쓰인 유일한 부분인 이 설화는 기원전 2세기 다니엘서가 최종형태에 이르렀을 때, 전체 이야기의 틀을 위한 도입부로 쓰인 것으로 보인다 (서문을 보라).

그 설화들은 "디아스포라의 생활양식"을 보여주는 듯하다. 유대 사람들이 자신을 포로로 잡아간 성읍의 평안을 구하면서도 (렘 29:7을 보라), 유대 율법에 충실히 한다면, 하나님은 그들에게 안녕과 지혜와 각광을 받는 지위로 이방의 궁정에서 보답해 주실 것이다. 그러나 이야기들의 기능에 대한 이러한 대중적인 설명은 성경본문을 매우 문자 그대로 해석하는 것이고, 이야기 속의 인물을 간과하는 격이 된다: 이야기의 이상화된 세계는 저자들이나 설화가 의도한 대로 독자들에 대한 현실성을 반영해주기기 어렵다.

1:1-2 여호야김이 왕위에 오른 3년 동안 (기원전 606년; 왕하 23:34를 보라), 느부갓네살은 (기원전 605-562년) 예루살렘에서 꽤 멀리 떨어진 시리아 북쪽에 출정해 있었다. 이렇게 역사적으로 정확하지 않은 사실들은 후기 바빌로니아 포로기의 유대 소설(외경 유딧 1:1을 보라)에서도 흔히 볼 수 있다. 이러한 것들은 우리가 역사적 기록을 다루는 것이 아니라, 문학작품을 다루고 있음을 깨닫게 해준다. 느부갓네살은 성전 기물의 일부를 바빌론으로 가지고 갔다. 바빌론의 전통적인 옛 명칭은 시날이었다 (창 10:10; 11:2; 슥 5:11; 대하 36:7-10을 보라. 새번역개정은 "시날"을 "바빌론"으로 번역했고, 개역개정과 공동번역과 NRSV는 "시날"로 번역했다.) **1:3-7** 젊은 청년들은 포로로 잡혀간 왕과 귀족의 자손 중 흠이 없는 이들 가운데서 선발되었다 (사 39:7을 보라). 3년간의 훈련기간 전에도 그들은 "모든 일을 지혜롭게 처리할 수" 있다 (또한 11:33-35; 12:3, 9-10의 "지혜 있는 사람들"을 보라). 갈대아 사람들은 전문적으로 꿈을 해몽하는 이들이었다 (2:2; 왕하 25:4; 렘 24:5; 25:12; 겔 1:3의 인종적 명칭을 보라. 여기서 새번역개정과 공동번역은 "바빌론 사람"으로 번역했고; 개역개정과 NRSV는 "갈대아 사람"으로 번역했다). 요셉(창 41:45)과 에스더(에 2:7)처럼, 젊은 청년들은 그들에게 제공된 음식은 먹지 않지만, 새롭게 지어준 이름들은 아무런 저항 없이 받아들인다. 다니엘("하나님은 나의 심판자이시다")은 벨드사살("그의 생명을 보호한다")이 되었다. **1:8-17** 하나님이 원하시기

얼굴빛과 왕이 내린 음식을 먹는 젊은이들의 얼굴
빛을 비교하여 보시고, 이 종들의 요청을 처리하여
주시기 바랍니다."
14 그래서 감독관은 그 말을 따라서, 열흘
동안 시험해 보았다. 15 열흘이 지났을 때에
보니, 그들의 얼굴빛이 왕이 내린 음식을 먹은
젊은이들의 얼굴빛보다 좋고 건강하여 보였다.
16 감독관은 그들에게 지정된 음식과 마실 포도
주를 주지 않고, 채소를 계속 주어서 먹게 하였다.
17 하나님은 이 네 젊은이들이 지식을 얻게
하시고, 문학과 학문에 능통하게 하셨다. 그 밖에
도 다니엘에게는 환상과 온갖 꿈을 해석하는 능력
까지 주셨다.
18 왕이 정하여 놓은 삼 년 동안의 교육이 끝
나는 날, 환관장은 교육을 받은 젊은이들을 모두
느부갓네살 앞으로 데리고 갔다. 19 왕이 그들과
말하여 보니, 그들 가운데서 다니엘과 하나냐와
미사엘과 아사랴가 가장 뛰어났으므로, 그들로
왕을 모시게 하였다. 20 왕은 그들에게 온갖 지
혜나 지식에 관한 문제를 물어 보고서, 그들이 전
국에 있는 어떤 마술사나 주술가보다도, 열 배는 더
낫다는 것을 알았다. 21 다니엘은 고레스 왕 일
년까지 왕궁에 머물러 있었다.

느부갓네살의 꿈

2 1 느부갓네살은 왕위에 오른 지 이 년이 되는
해에, 꿈을 꾸고서, 마음이 답답하여 잠을 이
루지 못하였다. 2 그래서 왕은 꾼 꿈을 알아내려
고 마술사와 주술가와 점쟁이와 ㄱ)점성가들을 불
러들이라고 명령하니, 그들이 와서 왕 앞에 섰다.
3 왕이 그들에게 말하였다. "내가 꿈을 하나 꾸었
는데, 그 꿈을 알 수 없어서 마음이 답답하다."
4 ㄱ)점성가들이 아람 말로 왕에게 아뢰었다.
ㄴ)"임금님의 만수무강을 빕니다. 그 꿈을 종들에게
말씀하여 주시면, 해몽하여 드리겠습니다."
5 그러자 왕이 ㄱ)점성가들에게 말하였다.
ㄷ)"나의 명령은 확고하다. 너희가 그 꿈의 내용과
해몽을 나에게 말해 주지 못하면, 너희의 몸은 토
막이 날 것이며, 너희의 집은 쓰레기 더미가 될 것
이다. 6 그러나 너희가 그 꿈의 내용과 해몽을
말해 주면, 내가 너희에게 선물과 상과 큰 명예를
주겠다. 그러니 그 꿈과 그 해몽을 나에게 말하여
라." 7 그들이 다시 아뢰었다. "임금님께서 그 꿈
을 종들에게 말씀하여 주시면, 해몽해 드리겠습
니다."
8 왕이 호령하였다. "과연 내가 생각한 대로
구나! ㄹ)나의 명령이 확고한 것을 알고서, 너희는
지금 시간을 벌려고 한다. 9 너희가 그 꿈을 나
에게 말해 주지 못하면, 너희는 모두 같은 벌을 받
게 될 것이다. 너희가 시간이 지나면 사태가 바뀌
겠거니 하면서, 내 앞에서 터무니없는 거짓말을
하기로 함께 모의한 줄을, 내가 모를 듯 싶으냐?
이제 그 꿈을 나에게 말하여라. 그러면 너희가 나
에게 해몽도 하여 알려 줄 수 있을 것으로 알겠다."
10 ㄱ)점성가들이 왕에게 아뢰었다. "임금님
께서 아시고자 하시는 그 일을 임금님께 알려 드
릴 수 있는 사람은 세상에 아무도 없습니다. 일찍
이 그 어떤 위대한 왕이나 통치자도 마술사나 주
술가나 점성가들에게, 이와 같은 일을 물어 본 적
이 없습니다. 11 임금님께서 물으신 것은 너무
어려워서, 육체를 가진 사람과 함께 살지 않는 신
들이라면 몰라도, 아무도 그 일을 임금님께 알려
드릴 수 없습니다."
12 이 말을 듣자, 왕은 성이 나서, 크게 화를
내며, 바빌론의 지혜자를 모두 죽이라는 명령을
내렸다. 13 명령이 공포되니, 지혜자들이 죽게
되었다. 사람들은 다니엘과 그의 친구들도 지혜
자들과 함께 죽이려고 찾았다.

ㄱ) 또는 '갈대아 사람들' ㄴ) 여기에서부터 7장까지 아람어로 기록되어 있음 (2:4하반-7:28) ㄷ) 또는 '내가 명령한다' ㄹ) 또는 '내가 명령을 내린 것을'

때문에 다니엘이 호의를 받는다는 반복되는 언급(9, 17절)은 젊은이들의 건강이 그들의 특이한 채식위주의 식이요법 때문이 아니라, 하나님의 신실하심의 결과라는 것을 강조한다. **1:8-21** 고레스가 왕위에 오른 첫 해는 기원전 538년으로 (라 1:1을 보라), 다니엘이 바빌론으로 이송(1:1)된 후 거의 70년이 지난 때이다.

2:1-49 이 궁정설화는 왕궁에서 펼쳐지는 다니엘과 바빌로니아의 점쟁이들 사이에서, 또는 (오히려) 다니엘의 하나님과 바빌로니아의 신들 사이의 경쟁과 관련되어 있다. 그 설화는 4장의 느부갓네살의 *두 번째* 꿈과 많은 면에서 관련되어 있으며, 이 곳에 언급된 네 왕국의 구조를 반복하는 7장에 있는 다니엘의 첫 번째 환상을 미리 내다보며 쓰고 있다 (서문을 보라). **2:1** 느부갓네살(기원전 605-562년)은 그의 두 번째 해에 아직 예루살렘을 정복하지 않았으며, 유대 사람들은 아직 포로상태가 아니었다. 또한 젊은 청년들은, 바빌로니아의 궁정에서 3년간의 훈련을 받았는데 (1:5-18을 보라), 그것은 그들이 느부갓네살 왕에게 데려가기 이전의 일이었으므로, 다니엘은 왕의 두 번째 해에 그 꿈을 해몽하는 것이 불가능했을 것이다. 저자는 그의 신학적 메시지를

하나님이 다니엘에게 꿈을 일러주시다

14 다니엘은 바빌론의 지혜자들을 죽이려고
나온 왕의 시위대 장관 아리옥에게 가서, 슬기로
운 말로 조심스럽게 15 물어 보았다. "임금님의
명령이 어찌 그렇게 가혹합니까?" 아리옥이 다니
엘에게 그 일을 설명해 주었다.

16 다니엘이 곧 왕에게로 가서 아뢰었다.
"임금님께 임금님의 꿈을 해몽해 드릴 수 있는
ㄱ)시간을 저에게 주십시오." 17 그 다음에 다니
엘은 집으로 돌아가서, 자기의 친구 하나냐와 미
사엘과 아사랴에게 그 사실을 알려 주고, 18 그
친구들에게 말하였다. "너희와 나는 다른 바빌론의
지혜자들과 함께 죽지 않도록, 하늘의 하나님이
긍휼을 베풀어 주셔서 이 비밀을 알게 해주시기를
간구하자." 19 바로 그 날 밤에 다니엘은 환상을
보고, 그 비밀을 밝히 알게 되었다. 다니엘은 하
늘의 하나님을 찬송하였다. 20 다니엘은 다음과
같이 찬송하였다.

"지혜와 권능이 하나님의 것이니,
영원부터 영원까지
하나님의 이름을 찬송하여라.
21 때와 계절을 바뀌게 하시고
왕들을 폐하기도 하시고,
세우기도 하신다.
지혜자들에게 지혜를 주시고,
총명한 사람들에게 지식을 주신다.
22 심오한 것과 비밀을 드러내시고,
어둠 속에 감추어진 것도 아신다.
그분은 빛으로 둘러싸인 분이시다.

23 나의 조상을 돌보신 하나님,
나에게 지혜와 힘을 주시며
주님께 간구한 것을 들어주시며
왕이 명령한 것을 알게 해주셨으니,
주님께 감사하며
찬양을 드립니다."

다니엘이 꿈을 해몽하다

24 그런 다음에, 다니엘은 아리옥에게로 갔다.
그는 바빌론의 지혜자들을 죽이라는 왕의 명령을
받은 사람이다. 다니엘이 그에게 이렇게 말하였다.
"바빌론의 지혜자들을 죽이지 마시고, 나를 임금
님께 데려다 주십시오. 임금님께 꿈을 해몽해
드리겠습니다."

25 아리옥은 다니엘을 왕 앞으로 급히 데리고
가서, 왕에게 이렇게 아뢰었다. "유다 포로 가운
데서, 임금님께 꿈을 해몽해 드릴 사람을 찾았습
니다."

26 그러자 왕이 벨드사살이라고도 하고 달리
다니엘이라고도 하는 그에게 물었다. "너는 내가
꾼 꿈을 말하고 해몽까지 할 수 있느냐?"

27 다니엘이 왕에게 대답하였다. "임금님이
물으신 비밀은, 어떤 지혜자나 주술가나 마술사
나 점성가도 임금님께 알려 드릴 수 없습니다.
28 비밀을 알려 주시는 분은 오직 하늘에 계시는
하나님뿐이십니다. 하나님은 느부갓네살 임금님께
앞으로 일어날 일이 무엇이라는 것을 알려 주셨습
니다. 임금님의 꿈, 곧 임금님께서 침대에 누워
있을 때에 머리 속에 나타난 환상은 이러합니다.

29 임금님, 임금님이 잠자리에 드셔서 앞날의
일을 생각하고 계실 때에, 비밀을 밝히시는 분께서
임금님께 앞으로 일어날 일을 알려 주신 것입니다.
30 저에게 이 비밀을 드러내신 것은, 제가 다른
사람보다 지혜가 더 있어서가 아니라, 임금님께
그 꿈을 해몽해 드려서, 임금님의 마음 속에 있는
생각들을 임금님께서 아시도록 하시려는 것입니다.

31 임금님, 임금님은 어떤 거대한 신상을 보
셨습니다. 그 신상이 임금님 앞에 서 있는데, 그
것은 크고, 그 빛이 아주 찬란하며, 그 모습이 무시
무시하였습니다. 32 그 신상의 머리는 순금이고,
가슴과 팔은 은이고, 배와 넓적다리는 놋쇠이고,
33 그 무릎 아래는 쇠이고, 발은 일부는 쇠이고
일부는 진흙이었습니다. 34 또 임금님이 보고

ㄱ) 또는 '기한을 늦추어 주십시오'

전달하는 데 있어서 정확한 역사적인 기록에 관심을 두고 있지 않았다. **2:2-12** 요셉은 자신에게 들려준 꿈을 해몽하는 반면 (창 40—41장), 다니엘은 먼저 그 꿈의 내용을 말한 후에 그 꿈을 해몽해야 했다. 죽음의 위협(12절)을 극단적으로 강조한 해결이 불가능해 보이는 임무는 설화의 전설적이고 초자연적인 성격을 강조하고 있다. **2:13-23** 이 곳에서 하나님의 계시가 두 단계의 과정으로 되어 있다: 꿈은 "불가사의한 것"이고 (또한 18, 19, 27-30, 47절; 4:9를 보라), 꿈 해석은 하나님의 영감에 의하지 않으면 불완전하게 남아 있게 된다. 다니엘은 꿈의 해석을 밤중의 환상이라는 형태로 받게 된다 (19, 30절; 7:2를 보라). 아람어 페샬(peshar)은 "해몽"(4-7절; 또한 4:18-19; 5:12, 15, 17, 26; 7:16)이라는 전문용어이다. **2:24-45** 금속

계시는 동안에, 아무도 돌을 떠내지 않았는데, 돌
하나가 난데없이 날아들어 와서, 쇠와 진흙으로
된 그 신상의 발을 쳐서 부서뜨렸습니다. 35 그
때에 쇠와 진흙과 놋쇠와 은과 금이 다 부서졌으며,
여름 타작 마당의 겨와 같이 바람에 날려 가서 흔
적도 찾아볼 수 없게 되었습니다. 그러나 그 신상을
친 돌은 큰 산이 되어, 온 땅에 가득 찼습니다.
36 이것이 그 꿈인데, 우리가 그것을 풀이하여
임금님께 말씀드리겠습니다. 37 임금님, 임금
님은 왕들 가운데서도 으뜸가는 왕이십니다. 하
늘의 하나님이 임금님께 나라와 권세와 힘과 영광
을 주셨습니다. 38 사람과 들의 짐승과 공중의
새를, 그들이 어디에 있든지 임금님의 손에 넘겨
주시고, 이 모두를 다스리는 통치자로 세우셨습
니다. 임금님은 바로 그 금으로 된 머리이십니다.
39 임금님 뒤에는 임금님의 나라보다 못한 다른
나라가 일어날 것입니다. 그 뒤에 놋쇠로 된 셋째
나라가 온 땅을 다스릴 것입니다. 40 넷째 나라
는 쇠처럼 강할 것입니다. 쇠는 모든 것을 으깨고
박살 냅니다. 쇠가 모든 것을 부서뜨리는 것처럼,
그 나라는 뭇 나라를 으깨고 부서뜨릴 것입니다.
41 임금님이 보신 발과 발가락의 일부는 토기장
이의 진흙이고 일부는 쇠였던 것 같이, 그 나라는
나누어질 것입니다. 그러나 임금님이 진흙과 쇠
가 함께 있는 것을 보신 것 같이, 그 나라는 쇠처
럼 강한 면도 있을 것입니다. 42 그 발가락의 일
부가 쇠이고 일부가 진흙인 것 같이, 그 나라의 일
부는 강하고 일부는 쉽게 부서질 것입니다. 43 임
금님께서 진흙과 쇠가 함께 있는 것을 보신 것 같
이, 그들이 다른 인종과 함께 살 것이지만, 쇠와
진흙이 서로 결합되지 못하는 것처럼, 그들이 결
합되지 못할 것입니다. 44 이 왕들의 시대에, 하
늘의 하나님이 한 나라를 세우실 터인데, 그 나라
는 영원히 망하지 않을 것이며, 다른 백성에게 넘
어가지 않을 것입니다. 그 나라가 도리어 다른 모
든 나라를 쳐서 멸망시키고, 영원히 설 것입니다.
45 아무도 돌을 떠내지 않았는데, 돌 하나가 난
데없이 날아들어 와서 쇠와 놋쇠와 진흙과 은과
금을 으깨는 것을 임금님이 보신 것은, 위대하신
하나님이 앞으로 일어날 일을 임금님께 알려 주신
것입니다. 이 꿈은 그대로 이루어질 것이고, 이 해
몽도 틀림없습니다."

왕이 다니엘을 높이다

46 느부갓네살 왕이 엎드려서 다니엘에게 절
하고, 예물과 향품을 그에게 주도록 명령을 내렸다.
47 왕이 다니엘에게 말하였다. "그대들의 하나님
은 참으로 모든 신 가운데서 으뜸가는 신이시요,
모든 왕 가운데서 으뜸가는 군주이시다. 그대가
이 비밀을 드러낼 수 있었으니, 과연 그대의 하나
님은 비밀을 드러내는 분이시다." 48 왕은 다니
엘의 지위를 높이고, 귀한 선물을 많이 주며, 그
를 바빌론 지역의 통치자와 바빌론 모든 지혜자의
어른으로 삼았다. 49 또 왕은 다니엘의 요구를
받아들여서, 사드락과 메삭과 아벳느고를 세워,
바빌론 지방의 일을 맡아서 다스리게 하였다. 다
니엘은 왕의 궁전에 머물렀다.

금 신상 숭배

3 1 느부갓네살 왕이 금으로 신상을 만들어서,
바빌론 지방의 두라 평지에 세웠는데, 그 신
상은 높이가 예순 자, 너비가 여섯 자였다. 2 느
부갓네살 왕이 전령들을 보내서, 지방장관들과
대신들과 총독들과 고문관들과 재무관들과 판사
들과 법률가들과 지방 모든 관리들을 느부갓네살
왕이 세운 신상의 제막식에 참석하게 하였다.
3 그래서 지방장관들과 대신들과 총독들과 고문
관들과 재무관들과 판사들과 법률가들과 지방 모든
관리들이 느부갓네살 왕이 세운 신상의 제막식에
모여서, 느부갓네살 왕이 세운 그 신상 앞에 섰다.

들이 쇠퇴해 가는 의미는 네 왕국을 상징하는 것인데, 그것은 바빌론 (느부갓네살), 메대 (메대의 다리우스), 페르시아 (페르시아의 고레스), 그리고 그리스 (10:20의 "그리스의 천사장") 임을 쉽게 알 수 있다.

특별 주석

온 땅에 가득 찬 돌은 전통적으로 최후의 하나님 나라에서의 메시아를 예언하는 것으로 여겨져 왔다. 고대의 랍비들에게, 돌은 이스라엘 백성이나 메시아를 나타낸다. 비슷하게 기독교인들에게 돌은 교회나 그리스도(마 21:44와 눅 20:18에서 시 118편과 결합된)를 나타낸다.

2:46-49 하나님의 심판을 전하는 다니엘의 메시지에 대한 느부갓네살의 반응은 어처구니없어 보인다. 왕은 다니엘에게 예물과 향품을 주도록 명령을 내린다. 다니엘이 이러한 영예를 받아들였을 것을 암시해 주는 대목은 유대교 주석가와 기독교 주석가 모두를 상당히 당황하게 만든다. 47절의 왕의 찬가는 이 설화의 신학적 메시지를 요약해 주고 있다.

4 그 때에 전령이 큰소리로 외쳤다. "민족과 언
어가 다른 뭇 백성들은 들으시오. 뭇 백성에게 하달
되는 명령이오. 5 나팔과 피리와 거문고와 사현
금과 칠현금과 풍수 등 갖가지 악기 소리가 나면,
느부갓네살 왕이 세운 금 신상 앞에 엎드려서 절을
하시오. 6 누구든지, 엎드려서 절을 하지 않는
사람은, 그 즉시 불타는 화덕 속에 던져 넣을 것
이오." 7 그리하여 민족과 언어가 다른 뭇 백성
들은, 나팔과 피리와 거문고와 사현금과 칠현금
과 풍수 등 갖가지 악기 소리가 울려 퍼지자, 느
부갓네살 왕이 세운 금 신상 앞에 엎드려서 절을
하였다.

다니엘의 세 친구

8 그 때에 이 일과 관련하여, 어떤 ㄱ)점성가
들이 나서서, 유다 사람들을 고발하였다. 9 그들
이 느부갓네살 왕에게 일러바쳤다. "임금님, 만수
무강 하시기를 바랍니다. 10 임금님, 임금님이
명령을 내리시기를, 나팔과 피리와 거문고와 사현
금과 칠현금과 풍수 등 갖가지 악기 소리가 나면,
누구나 금 신상 앞에 엎드려서 절을 하라고 하셨고,
11 엎드려서 절을 하지 않는 사람은 누구나 불타
는 화덕 속에 던져 넣을 것이라고 하셨습니다.
12 임금님께서는 유다 사람인 사드락과 메삭과
아벳느고를 임명하여, 바빌론 지방의 행정을 관
리하도록 하셨습니다. 임금님, 그런데 그들은 임
금님께 경의를 표하지 않으며, 임금님의 신들을
섬기지도 않고, 임금님이 세우신 그 신상에게 절을
하지도 않습니다."
13 이 말을 듣고서 느부갓네살 왕은 노하여
사드락과 메삭과 아벳느고를 데려오라고 명령하니,
그들이 왕 앞에 붙들려 왔다. 14 느부갓네살 왕이
그들에게 물었다. "사드락과 메삭과 아벳느고는
들어라. 너희가 참으로 나의 신을 섬기지 않고, 내
가 세운 금 신상에게 절을 하지 않았느냐? 15 지
금이라도 너희가 나팔과 피리와 거문고와 사현금
과 칠현금과 풍수 등 갖가지 악기 소리가 날 때에,
내가 만든 신상에게 엎드려 절을 할 마음이 되어
있으면 괜찮다. 그러나 그렇지 않으면, 즉시 불타
는 용광로 속에 던져 넣을 것이다. 어느 신이 너
희를 내 손에서 구해 낼 수 있겠느냐?"
16 사드락과 메삭과 아벳느고가 왕에게 대답
하여 아뢰었다. "굽어살펴 주십시오. 이 일을 두
고서는, 우리가 임금님께 대답할 필요가 없는 줄
압니다. 17 불 속에 던져져도, 임금님, 우리를
지키시는 우리 하나님이 우리를 활활 타는 화덕
속에서 구해 주시고, 임금님의 손에서도 구해 주
실 것입니다. 18 비록 그렇게 되지 않더라도, 우
리는 임금님의 신들은 섬기지도 않고, 임금님이
세우신 금 신상에게 절을 하지도 않을 것입니다.
굽어살펴 주십시오."

세 친구가 사형선고를 받다

19 그러자 느부갓네살 왕은 잔뜩 화가 나서,
사드락과 메삭과 아벳느고를 보고 얼굴빛이 달라
져, 화덕을 보통 때보다 일곱 배나 더 뜨겁게 하
라고 명령하였다. 20 그리고 그의 군대에서 힘센
군인 몇 사람에게, 사드락과 메삭과 아벳느고를
묶어서 불타는 화덕 속에 던져 넣으라고 명령하
였다. 21 그러자 사람들은 그들을, 바지와 속옷
등 옷을 입고 관을 쓴 채로 묶어서, 불타는 화덕

ㄱ) 또는 '갈대아 사람들'

3:1-30 불타는 화덕 (풀무불) 이야기의 요점은 하나님께서 그의 세 젊은이를 기적으로 *구하신* 것이다. 마지막에 나타나는 찬송(28-29절)은 이것이 인간의 충성에 대한 시험만큼이나 하나님의 능력에 대한 시험이었음을 명백하게 한다. 이야기는 과장과 희극적인 요소로 가득 차 있다: 신상 크기의 기괴한 비율 (1절), 전형적으로 반복되는 두 개의 목록, 즉 이방의 모든 관리들 (2, 3절)과 악기들 (5, 7, 10, 15절), 그리고 충성과 헌신으로 가득 찬 호화스러운 축제는 의도적으로 왕과 거짓 신을 섬기는 것에 대해 유머러스한 풍자를 나타내고 있다. 칠십인역은 23절 뒤에 두 편의 시인 아자리아의 기도와 세 명의 유대 사람의 송가를 삽입하는데 (이와 비슷한 단 9:4-19의 기도를 보라), 짧은 이야기체로 연결된다. **3:1-7** 느부갓네살은 금으로 씌운 신상(사 40:19; 렘 10:3-4를 보라)을 알려지지 않은 장소인 두라 평지에 세웠다. 이러한 규례에 대한 충성을 다짐하는 의식은 고대 세계에서 널리 입증되었다 (왕상 8:63; 느 12:27을 보라). **3:8-18** 몇몇 점성가들(갈대아 사람들, 1:4; 2:2)이 나와서 세 젊은이를 고발한다. **3:8-12** 전형적인 순교자 전설처럼, 고발된 청년들은 군주에게 직접 심문을 받고, 왕 앞에서 진술하도록 허락을 받는다. 15절의 느부갓네살의 마지막 질문인 "어느 신이…?" (사 36:9-10; 37:11-12를 보라) 라는 말은 그의 거만함을 간명하게 드러내며 젊은이들의 고백을 준비해주는 역할을 한다. **3:16-18** *우리를 지키시는 우리의 하나님이…비록 그렇게 되지 않더라도…* 라는 조건문 형태로 된 그들의 대답은 세 젊은이 자신들은 시련의 결과에 대해서 의심하지 않고 있음을 분명히 보여준다. 그들은

속에 던졌다. 22 왕의 명령이 그만큼 급하였다. 화덕은 매우 뜨거웠으므로, 사드락과 메삭과 아벳느고를 붙든 사람들도 그 불꽃에 타서 죽었다. 23 사드락과 메삭과 아벳느고 세 사람은 묶인 채로, 맹렬히 타는 화덕 속으로 떨어졌다. 24 그 때에 느부갓네살 왕이 놀라서 급히 일어나, 모사들에게 물었다. "우리가 묶어서 화덕 불 속에 던진 사람은, 셋이 아니더냐?" 그들이 왕에게 대답하였다. "그러합니다, 임금님." 25 왕이 말을 이었다. "보아라, 내가 보기에는 네 사람이다. 모두 결박이 풀린 채로 화덕 안에서 걷고 있고, 그들에게 아무런 상처도 없다! 더욱이 넷째 사람의 모습은 신의 아들과 같다!"

세 친구가 풀려 나다

26 느부갓네살 왕이 활활 타는 화덕 어귀로 가까이 가서 소리쳐 말하였다. "가장 높으신 하나님의 종 사드락과 메삭과 아벳느고는 이리로 나오너라!" 그러자 사드락과 메삭과 아벳느고가 불 가운데서 나왔다. 27 지방장관들과 대신들과 총독들과 왕의 측근들이 모여서 이 사람들을 보니, 그 몸이 불에 상하지 않고, 머리털도 그을리지 않고, 바지 색깔도 변하지 않고, 그들에게서 불에 탄 냄새도 나지 않았다.

28 느부갓네살 왕이 말하였다. "사드락과 메삭과 아벳느고를 돌보신 하나님을 찬송하여라. 그는 천사를 보내서 그의 종들을 구하셨다. 이 종들은 저희의 하나님을 의뢰하여, 저희의 몸을 바치면서까지 왕의 명령을 거역하고, 저희의 하나님 말고는, 다른 어떤 신도 절하여 섬기지 않았다.

29 그러므로 내가 이제 조서를 내린다. 민족과 언어가 다른 뭇 백성은, 사드락과 메삭과 아벳느고의 하나님을 두고서 경솔히 말하는 일이 없도록 하여라. 이 명령을 어겼다가는 그 몸이 조각날 것이며, 집이 쓰레기 더미가 될 것이다. 이와 같이 자기를 믿는 사람을 구원할 수 있는 신은 다시 없을 것이다."

30 왕은 사드락과 메삭과 아벳느고를, 바빌론 지방에서 번영을 누리면서 살게 하였다.

느부갓네살 왕의 두 번째 꿈

4 1 느부갓네살 왕이 전국에 사는, 민족과 언어가 다른 뭇 백성에게 다음과 같은 조서를 내렸다.

"백성에게 평강이 넘치기를 바란다. 2 가장 높으신 하나님이 나에게 보이신 표적과 기적을 백성에게 기꺼이 알리고자 한다.

3 크도다, 그 이적이여!
능하도다, 그 기사여!
그 나라 영원하고,
그 통치 대대에 이를 것이다.

4 나 느부갓네살이 집에서 편히 쉬며 궁에서 평화를 누릴 때에, 5 꿈을 꾸었는데, 그 꿈이 나를 두렵게 하였다. 침대에 누워 있어도 생각이 번거로웠고, 머리 속에 받은 환상 때문에 나는 번민하였다. 6 그래서 나는 그 꿈의 해몽을 들어 보려고, 바빌론의 모든 지혜자를 다 내 앞으로 불러오도록 명령을 내렸다. 7 마술사들과 주술가들과 ㄱ)점성가들과 점쟁이들이 나에게로 왔을 때에, 내가 그들에게 꿈 이야기를 하였으나, 그들은 나에게 그 꿈을 해몽해 주지 못하였다. 8 마침내

ㄱ) 또는 '갈대아 사람들'

도덕적 원칙에 입각하여 행동하는데, 그들이 자신의 구원에 대해서 확신하고 있기 때문은 아니다. 이런 점에서 볼 때, 그들의 대답은 11장과 12장의 구원에 관한 신앙과는 중요한 차이가 있다. **3:19-23** 젊은이들에 대한 판결이 내려지고, 기괴한 과장법(19절: 화덕을 일곱 배나 뜨겁게 하였다; 22절: 집행자들이 그 불꽃에 타서 죽었다)이 나타나고, 이야기는 절정에 이른다. **3:24-30** 이야기는 젊은이들의 기적적인 구원으로 끝난다. **3:28-29** 궁중설화의 기본적인 요소인 송가(2:47; 4:37; 6:27을 보라)는 짧고, 상황을 설명하는 찬양시이다.

4:1-37 느부갓네살의 실성에 관한 이야기는 원래 신바빌론 왕국의 마지막 왕이었던 나보니두스(기원전 556-539년)에 관한 전승으로부터 나왔다. 이 이야기는 매우 왜곡된 방법으로 아라비아 사막의 테이마(Teima)에서 자신을 스스로 유배시켰던 나보니두스의 이야기를 반영한 것이다. 이 이야기의 강조점은 다니엘의 역할 없이 개종한 느부갓네살에게 두고 있다. 그러므로 다니엘서 4장은 회심 설화라고 불릴 수 있을 것이다. **4:1-3** 도입부는 느부갓네살이 백성들에게 보내는 편지의 형태로 전체 이야기를 조감하고 있다. 이 부분은 일인칭 화자에 의해서 설명된다. 이 이야기는 송영의 형태로 이루어져 있는데 (2-3, 34-35, 37절), 다니엘에 의해서 선포되었던 *가장 높으신 분이 인간의 나라를 다스리신다는 것과, 누구든지 그의 뜻에 맞는 사람에게 나라를 주신다는* (4:25; 5:21을 보라)

다니엘이 내 앞에 나타났는데, 그는 내 신의 이름을
따라서 이름을 벨드사살이라고 고친 사람이다.
그는 거룩한 ㄱ)신들의 영을 지닌 사람이어서, 내가
꾼 꿈을 그에게 말해 주었다.

9 "마술사의 우두머리인 벨드사살아, 네 안
에는 거룩한 신들의 영이 있으니, 어떤 비밀도 네
게는 어렵지 않을 줄을 내가 안다. 내가 꾼 꿈을
해몽하여 보아라.

10 내가 침대에 누워 있을 때에, 나의 머리
속에 나타난 환상은 이러하다. 내가 보니, 땅의 한
가운데 아주 높고 큰 나무가 하나 있는데, 11 그
나무가 점점 자라서 튼튼하게 되고, 그 높이가 하
늘에 닿으니, 땅 끝에서도 그 나무를 볼 수 있었다.
12 나무는 잎이 무성하여 아름답고, 열매는 온
세상이 먹고도 남을 만큼 풍성하였다. 들짐승이
그 그늘 아래에서 쉬고, 그 큰 나무의 가지에는 하
늘의 새들이 깃들며, 모든 생물이 그 나무에서 먹
이를 얻었다.

13 내가 침대 위에서 나의 머리 속에 나타난
환상을 또 보니, 거룩한 감시자가 하늘로부터 내
려와서, 14 큰소리로 외치며 이렇게 명령하였다.

'이 나무를 베고서 가지를 꺾고,
잎사귀를 떨고서 열매를 헤쳐라.
나무 밑에 있는 짐승들을
쫓아 버리고,
가지에 깃든 새들을 쫓아내어라.
15 다만,
그 뿌리의 그루터기만
땅에 남겨 두고,
쇠줄과 놋줄로 동이고
들풀 속에 버려 두어라.
하늘의 이슬에 젖게 하고,
땅의 풀 가운데서
들짐승과 함께 어울리게 하여라.
16 또 그의 마음은 변하여서
사람의 마음과 같지 않고,
짐승의 마음을 가지고서
ㄴ)일곱 때를 지낼 것이다.
17 이것은 감시자들이 명령한 것이며,
거룩한 이들이 말한 것이다.
이것은 가장 높으신 분이
인간의 나라를 지배하신다는 것과,
뜻에 맞는 사람에게
나라를 주신다는 것과,
가장 낮은 사람을
그 위에 세우신다는 것을,
사람들이 알도록 하려는 것이다.'

18 나 느부갓네살 왕이 이런 꿈을 꾸었으니,
너 벨드사살은 이 꿈을 해몽하여라. 내 나라의 모
든 지혜자가 그 꿈을 해몽하여 나에게 알려 주지
못하였으나, 너는 네 안에 거룩한 ㄱ)신들의 영이
있으니, 할 수 있을 것이다."

다니엘의 꿈 해몽

19 왕의 말이 끝났을 때에, 일명 벨드사살이
라고 하는 다니엘은 한동안 놀라서 몹시 당황하였
다. 왕이 그에게 말하였다. "벨드사살아, 이 꿈과
그 해몽이 어떠하든지 번민하지 말아라."
벨드사살이 아뢰었다. "임금님, 이 꿈은 임금
님의 원수들이 꾸었더라면 좋았을 뻔 했습니다.
해몽도 임금님의 원수들에게나 해줄 수 있으면 좋
겠습니다. 20 임금님이 보신 그 나무는 점점 자
라서 튼튼해지고, 그 높이가 하늘에까지 닿아서,
땅 끝 어디에서나 그 나무를 볼 수 있었고, 21 그
잎이 무성하여 아름답고, 그 열매가 아주 많아서,
온 세상 피조물의 먹거리가 되었고, 그 나무 아래
에서 들짐승이 쉬었으며, 그 가지에는 하늘의 새
들이 깃들었다고 하셨습니다.
22 임금님, 그 나무는 바로 임금님이십니다.
임금님은 강대해지셨습니다. 임금님의 강대함이
하늘에 닿았고, 임금님의 통치가 땅 끝까지 이르
렀습니다. 23 임금님이 보시니, 거룩한 감시자가

ㄱ) 또는 '하나님' ㄴ) 또는 '일곱 해'

이 이야기의 중심 주제를 느부갓네살 왕이 반복하고 있다. **4:4-8** 바빌로니아의 어떤 *지혜자*도 꿈을 풀어낼 수 없었다. 느부갓네살 왕은 포로로 잡혀온 유대 사람 다니엘과 그의 하나님께 꿈을 해몽해 달라고 부탁할 수밖에 없었다. **4:9-18** 느부갓네살 왕이 밤에 본 환상은 온 땅에 퍼진 *아주 높고 큰 나무*였는데, 이러한 것은 고대 중동사회에서 흔히 사용되던 주제로서 (겔 17:23-24; 31:4-9를 보라), 느부갓네살 자신의 통치권을 보여주는 것이다. 천사와 같은 존재인 *거룩한 감시자* (13, 17, 23절)는 유대의 비정경 문서에서 그 존재가 다양하게 입증되어 왔다 (가장 유명한 "파수꾼의 책," 에녹서, 사해사본 등과 같은 책들). 꿈의 해몽이

하늘로부터 내려와서, 이렇게 말하였습니다. '이
나무를 베어 없애되, 다만 뿌리의 그루터기는 땅에
남겨 두고, 쇠줄과 놋줄로 동여서 들풀 속에 버려
두고, 하늘에서 내리는 이슬에 젖게 하고, 들짐승
과 함께 어울리게 하여라. 이렇게 ㄱ)일곱 때를 지
내도록 하여라.'

24 임금님, 그 해몽은 이러합니다. 가장 높
으신 분이 내리신 명령이, 임금님께 미칠 것입니다.
25 임금님은 사람에게서 쫓겨나셔서, 들짐승과
함께 사시며, 소처럼 풀을 뜯고, 하늘에서 내리는
이슬에 젖으실 것입니다. 이렇게 ㄱ)일곱 때가 지나
간 뒤에, 임금님은 비로소, 가장 높으신 분이 인
간의 나라를 다스리신다는 것과, 누구든지 그의
뜻에 맞는 사람에게 나라를 주신다는 것을 깨달으
실 것입니다. 26 또 나무 뿌리의 그루터기를 남
겨 두라고 명령하신 것은, ㄴ)하나님이 세상을 다스
리신다는 것을 임금님이 깨달으신 다음에야, 임
금님의 나라가 굳게 선다는 뜻입니다. 27 그러니
임금님은 저의 조언을 받아 주시기를 바랍니다.
공의를 행하셔서 임금님의 죄를 속하시고, 가난
한 백성에게 자비를 베푸셔서 죄를 속하시기 바랍
니다. 그렇게 하시면 임금님의 영화가 지속될 수
있을지도 모릅니다."

28 이 모든 일이 다 느부갓네살 왕에게 그대
로 일어났다. 29 열두 달이 지난 뒤에, 어느 날,
왕이 바빌론 왕궁 옥상에서 거닐면서 30 혼자 중
얼거렸다. "내가 세운 이 도성, 이 거대한 바빌론
을 보아라! 나의 권세와 능력과 나의 영화와 위엄
이 그대로 나타나 있지 않느냐!"

31 이 말이 왕의 입에서 채 떨어지기도 전에,
하늘로부터 내려오는 말소리가 들렸다. "느부갓
네살 왕아, 너에게 선언한다. 왕권이 너에게서 떠
났다. 32 너는 사람 사는 세상에서 쫓겨나서 들
짐승과 함께 살면서 소처럼 풀을 뜯어먹을 것이다.
이와 같이 ㄱ)일곱 때를 지낸 다음에야, 너는 가장
높으신 분이 인간의 나라를 다스리신다는 것과,
그의 뜻에 맞는 사람에게 나라를 주신다는 것을
알게 될 것이다."

33 바로 그 순간에 이 말이 느부갓네살 왕
에게 이루어져서, 그가 사람 사는 세상에서 쫓
겨나서, 소처럼 풀을 뜯어먹었으며, 몸은 하늘
에서 내리는 이슬에 젖었고, 머리카락은 독수리
의 깃털처럼 자랐으며, 손톱은 새의 발톱같이 자
랐다.

느부갓네살 왕의 하나님 찬양

34 "정해진 기간이 다 되어, 나 느부갓네살
은 하늘을 우러러보고서 정신을 되찾았고, 그리
고 가장 높으신 분을 찬송하고, 영원하신 분을 찬
양하며, 그에게 영광을 돌렸다.

그의 통치 영원하고
그의 나라 대대로 이어진다.
35 그는 땅의 모든 거민을
없는 것 같이 여기시며
하늘의 군대와
이 땅의 모든 거민에게
뜻대로 하시지만,
아무도 그가 하시는 일을
막지 못하고,
무슨 일을 이렇게 하셨느냐고
그에게 물을 사람이 없다.

36 내가 정신을 되찾았을 때에, 나의 명예와
위엄과 나라의 영화가 회복되었고, 나의 고문관
들과 대신들이 나를 찾아왔으며, 나는 이전보다
더 큰 영예를 받으면서 왕위를 회복하였다.
37 이제 나 느부갓네살은 하늘의 왕을 찬양하고
높이며, 그분에게 영광을 돌리는 바이다.

과연
그가 하시는 일은 모두 참되며,
그의 모든 길은 공의로우니,
그는 교만한 이를 낮추신다."

ㄱ) 또는 '일곱 해' ㄴ) 아람어 본문, '하늘이'

다니엘에게 주어진 반면, 감시자의 유일한 임무는 이미 결정된 판결을 선포하는 것이다. **4:19-27** 다니엘이 왕이 나쁜 운명을 맞이하게 될 것이라는 해몽을 말하기를 주저한 것은 바빌론의 전제 군주에 대한 연민 때문이다. 다니엘은 느부갓네살 왕의 꿈에 당황할 뿐 아니라 (19절), 꿈에 대한 해몽을 말한 뒤에 그 형벌을 지연시킬 수 있는 방법에 대해서 조언한다 (27절). **4:28-33** 느부갓네살 왕이 짐승으로 변해버린 것에 대한 우화적 설명은 여러 가지 해석이 가능하다. 랍비문학에서 느부갓네살 왕의 변신은 바빌로니아 포로 정책을 구상한 왕에 대한 하나님의 심판으로 본다. 초기 기독교 해석은 그와는 반대로 느부갓네살이 스스로 참회함으로써 다시 왕이 될 수 있었다는 사실을 들어 참회자의 모형으로 삼고 있다. 대부분의 일화는 고대 신화에 근거하고 있다.

벨사살 왕이 잔치를 베풀다

5 1 벨사살 왕이 귀한 손님 천 명을 불러서 큰
잔치를 베풀고, 그 천 명과 더불어 술을 마셨다.
2 벨사살 왕은 술을 마시면서 명령을 내려서, 그의
ㄱ)아버지 느부갓네살 왕이 예루살렘 성전에서 가져
온 금그릇과 은그릇들을 가져 오게 하였다. 왕과
귀한 손님과 왕비들과 후궁들이 모두 그것으로
술을 마시게 할 참이었다. 3 그래서 예루살렘에
있는 하나님의 집 성전에서 가져 온 금그릇들을
꺼내서, 왕과 귀한 손님과 왕비들과 후궁들이 그
것으로 술을 마셨다. 4 그들은 술을 마시고서,
금과 은과 동과 철과 나무와 돌로 만든 신들을 찬
양하였다.
5 그런데 바로 그 때에 갑자기 사람의 손이
나타나더니, 촛대 앞에 있는 왕궁 석고 벽 위에다가
글을 쓰기 시작하였다. 왕은 그 손가락이 글을 쓰
는 것을 보고 있었다. 6 그러다가 왕의 얼굴빛이
창백해지더니, 공포에 사로잡혀서, 넓적다리의
힘을 잃고 무릎을 서로 부딪치며 떨었다. 7 왕은
큰소리로 외쳐서, 주술가들과 점성술가들과 ㄴ)점성
가들을 불러오게 하였다. 그들이 들어왔을 때에,
그는 바빌론의 지혜자들에게 말하였다. "누구든지
이 글자를 읽고서, 그 뜻을 나에게 알려 주는
사람은 자색 옷을 입히고, 금 목걸이를 목에 걸어
주며, 이 나라에서 셋째 가는 통치자로 삼겠다."
8 왕궁 지혜자들이 모두 나왔으나, 아무도 그 글
자를 읽는 사람이 없었고, 그 뜻을 왕에게 알려 주
는 사람도 없었다. 9 벨사살 왕은 크게 낙심하여
얼굴빛이 변하였고, 손님들도 당황하였다.
10 왕과 귀한 손님들의 고함 소리를 듣고서,
ㄷ)왕의 어머니가 연회장으로 들어왔다. ㄷ)왕의 어
머니가 왕에게 말하였다. "임금님, 임금님의 만수
무강을 빕니다. 임금님은 너무 번민하지 마시고,
얼굴에서 근심을 떨쳐 버리시기 바랍니다. 11 임
금님의 나라에 거룩한 ㄹ)신들의 영을 받은 한 사람이
있습니다. 그는 임금님의 아버지 때에, 명철과 총
명과 신들의 지혜와 같은 지혜를 가진 사람으로
알려진 인물입니다. 임금님의 아버지 느부갓네살
왕께서는 그 사람을 마술사들과 주술가들과 점성
술가들과 ㄴ)점성가들의 우두머리로 세우셨습니다.
12 그의 이름은 다니엘입니다. 그에게는 탁월한
정신과 지식과 꿈을 해몽하는 총명이 있어서, 수
수께끼도 풀었고, 어려운 문제도 해결했습니다.
느부갓네살 왕은 그의 이름을 벨드사살이라고 부
르셨습니다. 이제 다니엘을 불러 보십시오. 그러
면 그가 그 글자를 풀어서, 임금님께 알려 드릴 것
입니다."

다니엘이 글자를 해독하다

13 다니엘이 왕 앞에 나아오니, 왕이 다니엘
에게 물었다. "그대가 바로 나의 부왕께서 유다에서
데려온 유다 포로 가운데 하나인 그 다니엘이란
사람이오? 14 나는 그대의 이야기를 들었소. 그
대에게는 신들의 영이 있고, 명철과 총명과 탁월
한 지혜가 있다고 들었소. 15 내가 지혜자들과
주술가들을 이리로 불러와서, 이 글자를 읽고서
내 앞에서 그 뜻을 알아내라고 하였으나, 그들이
이 글자의 뜻을 나에게 풀이하여 주지 못하였소.
16 그러나 나는, 그대가 글자를 해석할 수 있고,
어려운 문제도 풀 수 있다고 들었소. 지금 그대가
이 글자를 읽고, 나에게 뜻을 풀이하여 주면, 그
대에게 자색 옷을 입히고, 목에 금 목걸이를 걸어
주고, 이 나라에서 셋째 가는 통치자로 삼겠소."
17 다니엘이 왕 앞에서 아뢰었다. "임금님이
주시겠다는 선물은 거두시고, 임금님이 내리실
상급은 다른 사람에게 주시기 바랍니다. 그렇지

ㄱ) 또는 '조상' 또는 '선왕' ㄴ) 또는 '갈대아 사람들' ㄷ) 또는 '왕비'
ㄹ) 또는 '하나님'

초원지대의 야만인과 바빌로니아의 왕은 문명화된 범주 내에서 나타나는 극단의 양극이다 (길가메쉬 서사시에 나오는 엔키두[Enkidu]의 점진적인 인간화 과정과 비교해 보라). 성경의 저자는 이 이미지를 사용하여 앞과 뒤를 뒤바꿔서 느부갓네살 왕에게 적용시키고 있다. 문명화의 극치이며 바빌로니아 포로 정책을 구상한 바빌로니아의 위대한 왕이 짐승과 같은 야만인으로 변했다는 역설이다. **4:34-37** 이야기는 시작 부분처럼 송영으로 끝맺는다. 느부갓네살 왕은 그의 이전 지위로 회복되는데, 나보니두스 왕이 바빌론으로 돌아왔음을 반영하는 듯하다.

5:1-31 벨사살의 잔치를 묘사하고 있는 이 설화는 그 당시의 상황을 잘 조화시켜주고 있다: 벨사살의 성전기물에 대한 신성모독적인 행동은 1:2에 언급된 느부갓네살 왕의 성물절취가 사실이었음을 생각나게 해준다 (사 52:11; 렘 51:7; 라 1:7-11을 보라); 왕의 어머니는 이미 느부갓네살이 인정한 다니엘의 놀라운 능력을 알고 있었다 (12절); 다니엘의 연설(8-21절)은 전장의 느부갓네살의 실성까지 거슬러 올라가 언급된다. 그리고 마지막 31절은 그 다음 장의 왕인 다리우스를 소개한다. 단 1—6장에서의 궁중설화와는 달리, 벨사살의 잔치는 왕의 회심이나 송가로 끝나는 게 아니라 그의

라도 저는 이 글자를 읽고서, 그 뜻을 풀이하여 임
금님께 알려 드리겠습니다.
18 임금님, 가장 높으신 하나님이 임금님의
아버지 느부갓네살 왕께 나라와 큰 권세와 영광과
위엄을 주셨습니다. 19 하나님이 그에게 큰 권
세를 주셨으므로, 민족과 언어가 다른 뭇 백성들이
그 앞에서 떨면서 무서워하였으며, 부친께서는
마음대로 사람을 죽이기도 하고, 마음대로 사람을
살리기도 하고, 마음대로 사람을 높이기도 하고,
마음대로 사람을 낮추기도 하셨습니다. 20 그러나
부친께서 마음이 높아지고 생각이 거만해지셔서,
교만하게 행동을 하시다가, 왕위에서 쫓겨나셔서,
명예를 잃으신 일이 있었습니다. 21 사람 사는
세상에서 쫓겨나시더니, 그의 마음은 들짐승처럼
되셨고, 들나귀와 함께 사셨으며, 소처럼 풀을 뜯
으셨고, 몸은 하늘에서 내리는 이슬로 젖으셨습
니다. 그 때에야 비로소 부친께서는, 가장 높으신
하나님이 인간의 나라를 다스리시고, 하나님의
뜻에 맞는 사람을 그 자리에 세우시는 줄을 깨닫게
되셨습니다.
22 느부갓네살의 ㄱ)아드님이신 벨사살 임금
님은 이 모든 일을 아시면서도, 마음을 겸손하게
낮추지 않으시고, 23 하늘의 임금님이시요 주님
이신 분을 거역하시고, 스스로를 높이시며, 하나
님의 성전에 있던 그릇들을 가져 오게 하셔서, 임
금님과 귀한 손님과 왕비들과 후궁들이 그것으로
술을 마시게 하셨습니다. 그리고 임금님은 보거
나 듣거나 알지도 못하는, 금과 은과 동과 쇠와 나
무와 돌로 만든 신들은 찬양하시면서도, 임금님
의 호흡과 모든 길을 주장하시는 하나님께는, 영
광을 돌리지 않으셨습니다. 24 그러므로 하나님
이 손을 보내셔서, 이 글자를 쓰게 하신 것입니다.
25 기록된 글자는 바로 'ㄴ)메네 메네 ㄷ)데겔'과
ㄹ)'바르신'입니다. 26 그 글자를 해석하면, 이러
합니다. '메네'는 하나님이 이미 임금님의 나라의
시대를 계산하셔서, 그것이 끝나게 하셨다는 것
이고, 27 '데겔'은, 임금님이 저울에 달리셨는데,
무게가 부족함이 드러났다는 것이고, 28 ㅁ)'바르
신'은 임금님의 왕국이 둘로 ㅂ)나뉘어서 메대와
ㅅ)페르시아 사람에게 넘어갔다는 뜻입니다."
29 벨사살이 곧 명령을 내려서, 다니엘에게
자색 옷을 입히고 그의 목에 금 목걸이를 걸어
주었으며, 그를 그 나라에서 셋째 가는 통치자로
삼았다.
30 바로 그 날 밤에 ㅇ)바빌로니아의 벨사살
왕은 살해되었고, 31 메대 사람 다리우스가 그
나라를 차지하였다. 다리우스의 나이는 예순두
살이었다.

사자 굴 속의 다니엘

6 1 다리우스는 자기의 뜻대로 나라 안에 지방
장관 백스무 명을 세워서, 나라를 다스리게
하였다. 2 또 그들 위에 정승 세 사람을 세웠는
데, 다니엘도 그 가운데 한 사람이었다. 그리고 지
방장관들이 정승들에게 업무를 보고하게 하여,
왕에게 피해를 끼치는 일이 없도록 하였다. 3 그
런데 다니엘이 다른 정승들이나 지방장관들보다
더 우수하였으므로, 왕이 그를 나라의 통치자로
임명하고자 하였다. 4 그러자 다른 정승들과 지

ㄱ) 또는 '후계자' 또는 '자손' ㄴ) '계산이 되다' 또는 '(화폐 단위인) 미나' ㄷ) '저울에 달림' 또는 '(화폐 단위인) 세겔' ㄹ) 페레스의 복수. '페르시아' 또는 '반 미나' 또는 '반 세겔' ㅁ) 아람어, '페레스' ㅂ) 아람어, '페리삿' ㅅ) 아람어, '파라스'. '나뉘다'라는 말과 '페르시아'라는 이름이 아람어에서는 발음이 비슷함 ㅇ) 또는 '갈대아'

죽음으로 끝난다. **5:1-9** 벨사살은 신바빌론의 마지막 황제였던 그의 아버지 나보니두스(Nabonidus)가 테이마(Teima)에 가 있었을 때 (단 4장을 보라) 바빌로니아에서 부왕(副王, viceroy)으로 있었다. 엄청난 양의 술을 필요로 한 벨사살의 잔치에 대한 묘사와 이방 신들에 대한 음주 연회는 바빌론의 신년 축제를 연상시켜 준다. 그러나 이것은 분명히 꾸며진 이야기로서 역사적으로 믿을 만한 설명이 되지 않는다. **5:10-16** 왕의 어머니는 왕에게 잊혀졌던 지혜자(출 1:8의 요셉을 보라; 아히카[Akhikar]의 이야기를 또한 보라)를 상기시켜 준다. **5:17-28** 왕이 주는 물질적 보상을 거절한 후, 다니엘은 신비하게 벽에 쓰이는 글자에 대한 알레고리적 *해석*(12, 15, 17, 26절; 2:13-23을 보라)을 시작하는데, 벨사살은 느부갓네살의 운명을 떠올린다. **5:25** 다니엘이 처음 읽은 세 글자는 화폐나 무게 단위와 관련되어 있는 명사들이다: *메네*는 "미나," *데겔*은 "세겔," 그리고 *바르신*(개역개정은 "우바르신")은 "반 미나"를 의미한다. **5:26-28** 다니엘의 해석으로 글자들은 "세어 보는," "저울에 달리는," "나뉜"이라는 과거분사 형태로써 바벨론의 마지막 왕들에 대한 상징을 나타낸다. 학자들은 바벨론의 어느 왕이 각각의 문자와 관련되는지에 대해 논쟁을 벌이지만 (예를 들어 느부갓네살, 나보니두스, 그리고 그의 부왕[副王]인 벨사살), 그 메시지는 명확하다: 바빌로니아 왕국은 헤아려지고, 저울에 달리고, 나뉘어서 페르시아에게 멸망당할 것이라는 것이다. **5:28** *바르신*은 "나뉘다"와 "페르시아" 라는 두 가지 의미의 언어적 유희이다. 그 화폐가치가 세겔보다 단위가 클지라도 페르시아 언어이기 때문에 맨

방장관들이, 다니엘이 나라 일을 잘못 처리한 것을 찾아내려 하였다. 그러나 그들은 그에게서 아무런 실책이나 허물을 발견하지 못하였다. 다니엘이 임무에 충실하여, 아무런 실책이나 허물이 없었기 때문이다. 5 그래서 그들은 서로 말하였다. "다니엘이라는 자는 그가 믿는 신의 법을 문제삼지 않고는, 고발할 근거를 찾을 수 없다."

6 그리하여 총리들과 방백들은 왕에게로 나아가서 아뢰었다. "다리우스 임금님, 만수무강하시기를 빕니다. 7 이 나라 정승들과 대신들과 지방장관들과 고문관들과 총독들이 모두 의논한 바가 있습니다. 임금님이 법을 한 가지 만드셔서, 금령으로 내려 주시도록 요청하기로 하였습니다. 그 법은, 앞으로 삼십 일 동안에, 임금님 밀고, 다른 신이나 사람에게 무엇을 간구하는 사람은, 누구든지 사자 굴에 집어 넣기로 한다는 것입니다. 8 바라옵기는, 임금님이 이제 금령을 세우시고, 그 문서에 임금님의 도장을 찍으셔서, 메대와 페르시아의 고치지 못하는 법을 따라서, 그것을 다시 고치지 못하게 하시기를 바랍니다." 9 그리하여 다리우스 왕은 금령의 문서에 왕의 도장을 찍었다. 10 다니엘은, 왕이 금령 문서에 도장을 찍은 것을 알고도, 자기의 집으로 돌아가서, 다락방으로 올라갔다. 그 다락방은 예루살렘 쪽으로 창문이 나 있었다. 그는 늘 하듯이, 하루에 세 번씩 그의 하나님께 무릎을 꿇고 기도하며, 감사를 드렸다.

11 그 때에 다니엘을 모함하는 사람들이 들이닥쳐, 다니엘이 그의 하나님께 기도하며 간구하는 것을 목격하였다. 12 그들이 왕에게로 나아가서, 다니엘을 고발하려고, 왕에게 금령을 상기시켰다. "임금님, 임금님이 금령에 도장을 찍으시고, 앞으로 삼십 일 동안, 임금님 외에, 다른 신이나 사람에게 무엇을 간구하는 사람은, 누구든지 사자 굴에 던지기로 하지 않으셨습니까?" 왕이 대답하였다. "그 일은 고칠 수 없다. 그것은 메대와 페르시아의 법을 따라 확정된 것이다."

13 그들이 왕에게 아뢰었다. "임금님, 유다에서 잡혀 온 다니엘이 임금님을 무시하고, 또 임금님의 도장이 찍힌 금령을 무시하여, 하루에 세 번씩 기도를 드리고 있습니다."

14 왕은 이 고발을 듣고 몹시 괴로워하고, 다니엘을 구원하려고 마음을 쓰며, 해가 질 때까지 온갖 노력을 다 하였다. 15 그 때에 이 사람들이 왕에게 다가와서 말하였다. "임금님, 메대와 페르시아의 법은 임금님이 한 번 금령이나 법률을 세우시면, 그것을 바꾸실 수 없다는 사실을 기억하시기 바랍니다."

16 그래서 왕이 명령을 내리니, 그들이 다니엘을 끌어다가 사자 굴에 던져 넣었다. 왕이 다니엘에게 말하였다. "그대가 늘 섬기는 그대의 하나님이 그대를 구하여 주시기를 비오." 17 사람들이 돌 하나를 굴려다가 어귀를 막았고, 왕이 그 위에 자기의 도장과 귀인들의 도장을 찍어서 봉하였다. 이렇게 하여서 다니엘에게 내린 조치를 변경할 수 없게 하였다. 18 그 뒤에 왕은 궁전으로 돌아가서, 그 날 밤을 뜬 눈으로 지새우며, 먹지도 마시지도 않고, 즐거운 일은 아무것도 하지 못하게 하였다.

19 이튿날 동이 틀 때에, 왕은 일어나는 길로 곧 사자 굴로 갔다. 20 그 굴 가까이에 이르러서, 왕은 슬픈 목소리로 외치며, 다니엘에게 말하였다. "살아 계신 하나님의 종 다니엘은 들으시오,

---

마지막에 놓였다. **5:29-31** **5:31** "메대 사람 다리우스" 라는 역사적 인물은 없었다. 더욱이, 바빌로니아 왕국은 페르시아 왕 고레스(스 1:1-4를 보라)에 의해 멸망되었다. 6장에서 다리우스는 "메대 사람"으로 불리지 않는다 (9:1; 11:1). 메대를 포함시킨 것은 네 개의 왕국 구조(렘 51:11을 보라)에 의한 것이다.

6:1-28 사자 굴에 관한 이야기는 다니엘서 궁중 설화 수집물 중 마지막 부분이다. 다리우스와 고레스의 궁중에서 다니엘이 형통했다는 결론적 언급은 원래는 독립되어 있던 설화들을 수집한 마지막 부분에 쓰였던 것 같다 (서문을 보라). *내 나라에서 나의 통치를 받는 모든 백성은 반드시 다니엘이 섬기는 하나님을 공경하고, 두려워하여야 한다* (26절) 라는 마지막 부분의 다리우스의 법령은 이 이야기의 중심 주제를 분명히 나타내고 있다. *공경하고 두려워하다* (5:19를 보라)의 의미는 궁정대신들의 음모나 사자굴과 같은 극적인 동기를 통하여 일깨워진다. **6:1-9** 고대 그리스의 역사가 헤로도투스(*Histories* 3.89)는 페르시아의 다리우스 1세가 20개의 관할구역 또는 행정구역 망을 만들었다고 하였다. 그러나 다니엘서가 말하는 숫자는 과장된 숫자인 것 같다 (에 1:1; 8:9를 보라). 세 명의 정승 또한 역사적인 사실이 아니다; 다른 문서들은 일곱 명의 왕의 보좌관을 이야기한다 (에 1:14; 라 7:14를 보라). **6:7** 다른 신에게 기도를 드리는 것을 금하는 기간 동안 왕에게 신적인 지위를 부여해야 한다는 음모자들의 이중적 요구는 역사적으로 선례가 없다. 특히 페르시아의 통치자들은 외국의 종교적 전통에 대해 매우 관대하였다. **6:8** 돌로 입구를 막는 구덩이로 여겨지는 사자굴(17, 23, 24절을 보라)은 겔 19:4, 8-9; 시 57:5-7; 91:13 등에서 영감을 받았을 것이다. **6:10-18** 집에

그대가 늘 섬기는 그대의 하나님이 그대를 사자들
로부터 구해 주셨소?"
21 다니엘이 왕에게 아뢰었다. "임금님의 만수
무강을 빕니다. 22 나의 하나님이 천사를 보내
셔서 사자들의 입을 막으셨으므로, 사자들이 나를
해치지 못하였습니다. 그것은, 하나님 앞에서 나
에게는 죄가 없다는 사실이 드러났기 때문입니다.
임금님, 나는 임금님께도 죄를 짓지 않았습니다."
23 왕이 매우 기뻐하면서, 다니엘을 굴에서
끌어올리도록 명령하니, 사람들이 다니엘을 굴에서
끌어올렸다. 그가 자기 하나님을 신뢰하였기 때
문에, 그에게서는 아무런 상처도 찾아볼 수 없었다.
24 왕이 명령을 내려서, 다니엘을 헐뜯은 사람들
을 데려오게 하고, 그들과 그 자식들과 아내들을
사자 굴에 던져 넣으니, 그들이 굴 밑바닥에 닿기도
전에 사자들이 그들을 움켜서, 그 뼈까지 부서
뜨렸다.
25 그 때에 다리우스 왕은 전국에 사는 민족과
언어가 다른 뭇 백성에게 조서를 내렸다.
"내 백성에게 평화가 넘치기를 바란다.
26 내가 다음과 같이 법령을 공포한다. 내 나라에
서 나의 통치를 받는 모든 백성은 반드시 다니엘이
섬기는 하나님을 공경하고, 두려워하여야 한다.

살아 계신 하나님이
영원히 다스리신다.
그 나라는 멸망하지 않으며,
그의 권세 무궁하다.
27 그는 구원하기도 하시고
건져내기도 하시며,
하늘과 땅에서
표적과 기적을 행하시는 분,
다니엘을 사자의 입에서
구하여 주셨다."

28 바로 이 사람 다니엘은 다리우스 왕이 다
스리는 동안과 페르시아의 고레스 왕이 다스리는
동안 잘 살았다.

네 마리 짐승 환상

7 1 벨사살이 바빌론 왕이 된 첫 해에, 다니엘은
잠자리에서 꿈을 꾸면서, 머리 속으로 환상을
보고, 그 꿈을 적었다. 그가 적은 내용의 줄거리는
다음과 같다. 2 다음은 다니엘이 한 말이다.

내가 밤에 환상을 보았는데, 동서남북 사방
에서, 하늘로부터 바람이 큰 바다에 불어 닥쳤다.
3 그러자 바다에서 모양이 서로 다르게 생긴 큰
짐승 네 마리가 올라왔다. 4 첫째 짐승은 사자와
같이 보였으나, 독수리의 날개를 가지고 있었다.
내가 살펴보고 있는 동안에, 그 날개들이 뽑혔다.
그 짐승은 몸을 일으키더니, 사람처럼 발을 땅에
디디고 섰는데, 사람의 마음까지 지니고 있었다.
5 또 살펴보니, 다른 짐승 곧 둘째 짐승은 곰과
같았는데, 뒷발로 서 있었다. 그 짐승은 갈빗대 세
개를 물고 있었는데, 누군가가 그에게 이렇게
말하였다. '일어나서 고기를 많이 먹어라.'
6 그 뒤에 내가 또 살펴보고 있는데, 또 다른
짐승이 나왔다. 그것은 표범처럼 생겼으나, 등에
는 새의 날개가 네 개나 있었고, 머리도 네 개나
달려 있었으며, 아주 권위가 있어 보였다.
7 그 뒤에 내가 밤의 환상을 계속 살펴보고
있는데, 넷째 짐승이 나왔다. 그것은 사납고 무섭
게 생겼으며, 힘이 아주 세었다. 이 짐승은 쇠로
된 큰 이빨을 가지고 있어서, 그것으로 먹이를
잡아 먹고, 으스러뜨리며, 먹고 남은 것은 발로
짓밟아 버렸다. 이 짐승은 앞에서 말한 짐승들과
는 달리, 뿔을 열 개나 달고 있었다. 8 내가 그
뿔을 유심히 살펴보고 있자니, 다른 작은 뿔 하나
가 그 뿔들 사이에서 돋아났다. 먼저 나온 뿔
가운데서 셋이 새로 돋아난 그 뿔에 밀려서 뿌리
째 뽑혔다. 새로 돋아난 뿔은 사람의 눈과 같은
눈을 가지고 있었고, 입이 있어서 거만하게 떠들
었다.

있는 다락방(삿 3:20; 왕상17:19; 왕하 1:2; 4:10을 보라)은 다니엘에게 조용한 기도처를 제공한다 (마 6:6; 행 1:13; 9:37, 39; 20:8을 보라). 하루에 세 번 기도하는 다니엘의 습관(시 55:17을 보라)은 그의 시대에 관례이었던 것으로 보인다. **6:14** 다니엘의 안위에 대한 다리우스의 진심어린 걱정은 단 1—6장에서 일반적으로 나타나는 군주의 자비로운 모습을 한 예로 보여주지만, 다니엘서의 후반부에 나타나는 이방 민족들의 폭력적인 모습과는 대조를 이룬다. **6:19-24** 사람의 힘이 아닌, 하나님의 능력의 개입은 다니엘을 구원으로 이끌어낸다 (3장의 화덕 속의 넷째 사람과 비교하라). 사자 굴 속에서 다니엘은 순교자에 가까운 본보기가 되었고, 다니엘서를 주석해온 역사 속에서 예외적인 인기를 누려왔다 (히 11:33-34를 보라). **6:25-28** 왕의 법령, 송가, 그리고 화자가 마지막으로 언급하면서 끝나는 이야기는 다니엘서 중에서도 더 일찍 쓰인 부분이었음을

영원하신 분

9 내가 바라보니,
옥좌들이 놓이고,
한 옥좌에
옛적부터 계신 분이 앉으셨는데,
옷은 눈과 같이 희고,
머리카락은
양 털과 같이 깨끗하였다.
옥좌에서는 불꽃이 일고,
옥좌의 바퀴에서는
불길이 치솟았으며,
10 불길이
강물처럼 그에게서 흘러 나왔다.
수종 드는 사람이 수천이요,
모시고 서 있는 사람이 수만이었다.
심판이 시작되는데,
책들이 펴져 있었다.

11 내가 보고 있는 동안에, 작은 뿔이 크게
떠드는 소리를 들을 수 있었다. 내가 살펴보니,
넷째 짐승이 살해되고, 그 시체가 뭉그러져서, 타는
불에 던져졌다. 12 그리고 그 나머지 짐승들은
그들의 권세를 빼앗겼으나, 그 생명은 얼마 동안
연장되었다.

13 내가 밤에
이러한 환상을 보고 있을 때에
인자 같은 이가 오는데,
하늘 구름을 타고 와서,
옛적부터 계신 분에게로 나아가,
그 앞에 섰다.
14 옛부터 계신 분이
그에게 권세와 영광과
나라를 주셔서,
민족과 언어가 다른 뭇 백성이
그를 경배하게 하셨다.

그 권세는 영원한 권세여서,
옮겨 가지 않을 것이며,
그 나라가 멸망하지 않을 것이다.

환상 해석

15 "나 다니엘은 마음 속이 괴롭고, 머리의
환상들이 나를 번민하게 해서, 16 거기에 서 있는
천사들 가운데 하나에게 가까이 가서, 이 모든 일
을 두고 참 뜻을 물었다. 그가 나에게 설명하면서,
그 일을 풀이하여 알려 주었다. 17 '이 큰 짐승
네 마리는 앞으로 땅에서 일어날 네 왕이다.
18 그러나 가장 높으신 분의 성도들이 나라를
얻을 것이며, 영원히 영원히 영원히 그것을 누릴
것이다.'

19 그 때에 나는 넷째 짐승의 참 뜻을 더 알
고 싶었다. 이 짐승은 다른 모든 짐승과 달랐으며,
매우 사납고, 쇠 이빨과 놋쇠 발톱으로 먹이를 잡
아먹고, 으스러뜨리고, 그 나머지 짐승들을 발로
짓밟아 버렸다. 20 나는 또 그 짐승의 머리에 있
던 열 뿔과, 새로 돋아난 다른 뿔 하나도 알고 싶
었다. 그 다른 뿔 앞에서 세 뿔이 빠졌다. 그 뿔에
는 눈들이 있고, 크게 떠드는 입이 있었으며, 그
모습이 다른 뿔들보다 강하게 보였다.

21 내가 보고 있을 때에, 새로 돋은 그 뿔이
성도들에 맞서서 전쟁을 일으키고, 그들을 이겼

암시하며 (예를 들어, 6:25와 4:1; 6:28과 1:21) 전체적으로 설화들 가운데 결론 역할을 하고 있다.

7:1-28 네 마리의 짐승에 관한 환상은 다니엘서의 전반부(1—6장)의 설화 모음에서 후반부(7—12장, 서문을 보라)의 묵시적 환상의 모음집으로 전환하는 역할을 한다. 단 7장은 역사적 사실과 관련이 있는데, 그것은 기원전 167년 안티오쿠스 에피파네스 4세의 유대인 박해이며, 그것이 묵시적 꿈의 형태로 보도되고 있다. 안티오쿠스는 여기에서 입이 있어서 거만하게 떠들어대는 작은 뿔(8절; 8:9를 보라)로 나타난다. 단 1—6장에서의 이방 군주에 대한 호의적인 대우는 네 마리의 짐승으로 묘사되는 제국들이라는 악몽에 의해 무너진다. **7:1-14** 벨사살 통치 첫해에 이루어진 꿈으로 배경을 삼는 것은 이야기의 시간이 바뀌고 (5:30-31을 보라), 새로운 이야기의 시기가 설정되는 것이었다 (8:1을 보라). **7:2-8** 네 개의 제국이 사나운 짐승으로 묘사되고 있다: 사자는 바빌로니아를 상징하고 (4:33-36을 보라), 곰은 메대를, 표범은 페르시아를, 용은 헬라를 상징한다. 그리고 용의 열 개의 뿔은 알렉산더 대왕의 후계자들이다. 이러한 상징적 이미지들은 다른 성경본문들(욥 26:12-13; 사 27:1; 51:9-11; 계 13:1을 보라)에 가깝고, 이 상징들의 기원은 폭풍의 신인 바알(Baal)이 바다의 신인 얌(Yamm)을 물리친다는 가나안/우가릿 신화에서 나온 것 같다. 이 고대 신화가 이제는 이방 왕국들의 역사적 장면에 적용되고 있다. 안티오쿠스 에피파네스 4세에 의한 현재의 박해는 이 신화들 사이에서 일어난 원시적 전투를 재현하는 것과 마찬가지이다. **7:9-14** 하나님의 심판장면(12:1-3

으나, 22 옛적부터 계신 분이 오셔서, 가장 높으
신 분의 성도들의 권리를 찾아 주셔서, 마침내 성
도들이 나라를 되찾았다.

23 그 천사가 이렇게 말하였다.
'넷째 짐승은
땅 위에 일어날 넷째 나라로서,
다른 모든 나라와 다르고,
온 땅을 삼키며
짓밟고 으스러뜨릴 것이다.
24 그 열 뿔은
이 나라에서 일어날 열 왕이다.
그 뒤에
또 다른 왕이 일어날 것인데,
그 왕은 먼저 있던 왕들과 다르고,
또 전에 있던 세 왕을
굴복시킬 것이다.
25 그가 가장 높으신 분께
대항하여 말하며,
가장 높으신 분의 성도들을
괴롭히며,
정해진 때와 법을
바꾸려고 할 것이다.
성도들은
ㄱ)한 때와 두 때와 반 때까지
그의 권세 아래에 놓일 것이다.
26 그러나 심판이 내려서,
그는 권세를 빼앗기고,
멸망하여 없어질 것이다.
27 나라와 권세와
온 천하 열국의 위력이
가장 높으신 분의
거룩한 백성에게로 돌아갈 것이다.
그의 나라는 영원한 나라다.
권세를 가진 모든 통치자가
그를 섬기며 복종할 것이다.'

28 이것이 그 환상의 끝이다. 나 다니엘은 이
생각 때문에 고민하여, 얼굴색이 변하였지만, 이
일을 마음에 간직하였다."

숫양과 숫염소의 환상

8 1 ㄴ)벨사살이 왕위에 오른 지 삼 년이 되는
해에, 나 다니엘은 처음 본 것에 이어 두 번째
로 환상을 보았다. 2 환상 속에서 보니, 나는 엘람
지방 수산 성 을래 강 가에 서 있었다. 3 내가
눈을 들어 보니, 숫양 한 마리가 강가에 서 있는데,
그 숫양에게는 뿔이 둘 있고, 그 뿔이 둘 다 길었
는데, 한 뿔은 다른 뿔보다 더 길었다. 그 긴 것이
나중에 나온 것이다. 4 내가 보니, 그 숫양이 서
쪽과 북쪽과 남쪽으로 들이받는데도, 아무 짐승도
그 앞에서 대항하지 못했으며, 그 손에서 구해 낼
수 있는 이가 아무도 없었다. 그 숫양은 자기 마
음대로 하며 더욱 강해졌다.
5 이것이 무엇을 뜻하는지 알아 보려고 생각
에 잠겨 있을 때에, 숫염소 한 마리가 서쪽으로
부터 올라와서 땅에 두루 다니는데, 얼마나 빨리
달리는지, 발이 땅에 닿지 않았다. 두 눈 사이에
는 뿔 하나가 뚜렷이 보였다. 6 이 숫염소가 두
뿔을 가진 숫양, 곧 내가 강가에 서 있는 것을 본
그 숫양에게 다가가서, 성난 힘으로 달려들었다.

ㄱ) 또는 '일 년과 이 년과 반 년' ㄴ) 여기에서부터 다시 히브리어로 기록됨

을 보라)은 긴장을 풀어간다. **7:9-10** 하나님은 불타는 보좌에 앉아 계신다 (왕상 22:19; 겔 3:22-24; 10:1을 보라). **7:11-12** 헬라제국이 멸망한다. **7:13-14** *인자 같은 이*에게 권세가 주어진다. 인자에 대한 전통적인 해석은 메시아이다. 그러나 현대학자들 가운데는 인자를 신실한 유대 사람들, 더 가깝게는 천사와 같은 존재로 보거나, 가브리엘 (8:15-16; 10:16-18을 보라), 더 가깝게는 미가엘 (10:13, 21; 12:1을 보라)로 보고 있다. **7:15-18** 1—6장에서 다니엘이 탁월한 꿈 해몽자로 나왔던 것과 대조적으로, 이제는 한 천사가 꿈의 알레고리적 해몽을 하고 있다. **7:18** 다니엘서의 *가장 높으신 분의* 성도들은 거룩한 천사들(4:10, 14, 20; 8:13을 보라)을 가리키며 박해받는 유대 사람들을 상징한다.

7:19-27 다니엘은 네 번째 짐승의 형상의 의미를 알지 못한다. 천사는 안티오쿠스의 범죄를 간단하게 열거하면서 대답한다: *정해진 때와 법을 바꾸려고 할 것* 이라함은 제의적인 제사가 없어지고, 전통적인 유대 규례를 지키지 못하도록 박해받고 있음을 의미한다. **7:28** 다니엘은 놀랐지만, 그 일을 마음속에 간직한다 (8:27; 12:4; 창 37:11을 보라).

8:1-27 숫양과 숫염소에 관한 이야기는 앞 장에서 보도한 꿈을 반복하는 것이다. 이 이야기는 7장(7:8, 18)에서부터 여기까지 반복되어 온 *작은 뿔과 가장 높으신 분의 성도*들이라는 주요 상징들을 포함하고 있다. 단 7장과 같이 8장은 최근의 역사적 사건들을 언급하고 있다. 형상은 안티오쿠스 에피파네스 4세를 다시 상징한다: *그분에게 매일 드리는 제사마저 없애 버리고, 그분의 성전도 파괴한 작은 뿔*은 기원전 167년 12월 예루살렘 성전에 대한 안티오쿠스의 신성모독 행위를

7 내가 보니, 그 숫염소가 숫양에게 가까이 가서
몹시 성을 내며, 그 숫양을 쳐서 두 뿔을 부수어
버렸다. 그 숫양은 숫염소와 맞서서 싸울 힘이 없
었다. 숫염소가 숫양을 땅에 집어 던지고 짓밟았
으나, 그 손에서 숫양을 구해 낼 사람이 없었다.
8 숫염소가 매우 강해지고 힘이 세어졌을 때
에, 그 큰 뿔이 부러지고, 그 자리에 뚜렷하게 보
이는 뿔 넷이 ㄱ)하늘 사방으로 뻗으면서 돋아났다.
9 그 가운데의 하나에서 또 다른 뿔 하나가 작게
돋기 시작하였으나 남쪽과 동쪽과 영광스러운 땅
쪽으로 크게 뻗어 나갔다. 10 그것이 하늘 군대
에 미칠 만큼 강해지더니, 그 군대와 별 가운데서
몇을 땅에 떨어뜨리고 짓밟았다. 11 그것이 마
치 하늘 군대를 주관하시는 분만큼이나 강해진 듯
하더니, 그분에게 매일 드리는 제사마저 없애 버
리고, 그분의 성전도 파괴하였다. 12 반역 때문
에 성도들의 군대와 매일 드리는 제사가 그 뿔에
게로 넘어갔다. 그 뿔은 하는 일마다 형통하였고,
진리는 땅에 떨어졌다.
13 내가 들으니, 어떤 거룩한 천사가 말하는
데, 또 다른 거룩한 천사가 먼저 말한 그 거룩한
천사에게 물었다. "환상 속에서 본 이 일들이 언
제까지나 계속될까? 언제까지나 계속해서, 매일
드리는 제사가 폐지되고, 파멸을 불러올 반역이
자행되고, 성소를 빼앗기고, 백성이 짓밟힐까?"
14 다른 천사가 ㄴ)나에게 말하였다. "밤낮 이천삼
백 일이 지나야 성소가 깨끗하게 될 것이다."

가브리엘 천사가 환상을 풀이하다

15 나 다니엘이 그 환상을 보고 그 뜻을 이해
하려고 하는데, 내 앞에 사람 모습을 한 것 같은
이가 서 있었다. 16 그 때에 내가 을래 강의 두
언덕 사이에서 사람이 외치는 소리를 들었다. "가
브리엘아, 이 사람에게 그 환상을 알려 주어라."
17 그러자 그는, 내가 서 있는 곳으로 가까이
왔는데, 그가 올 때에 나는 무서워서 엎드렸다.
그가 나에게 말하였다. "이 사람아, 그 환상은
세상 끝에 관한 것임을 알아라." 18 그가 나에게
말할 때에, 나는 얼굴을 땅에 대고 깊이 잠이 들
었다. 그러나 그는 나를 어루만지면서 일으켜 세
웠다. 19 그리고 그는 말하였다. "보아라, 하나
님의 분노가 마지막 때에 어떻게 일어날 것인가
를, 내가 너에게 알려 주겠다. 이 환상은 끝 날의
정한 때에 일어날 일에 관한 것이다.
20 네가 본 숫양의 두 뿔은 메대와 페르시아
의 왕들이다. 21 그 숫염소는 그리스 왕이고, 눈
사이에 있던 큰 뿔은 그 첫째 왕이다. 22 그 뿔
이 꺾이고 그 자리에서 생긴 네 뿔은, 그 나라가
분열되어 일어날 네 나라다. 그 네 나라의 힘은 첫
번째 나라와 같지는 않을 것이다.

23 그들의 통치가 종말에 이를 때에,
그들의 죄악이 극도에 이를 때에,
뻔뻔스런 임금,
흉계에 능숙한 임금이
일어날 것이다.
24 그는 힘이 점점 세어질 터인데,
그 힘은 제 힘이 아니다.
그가 놀라운 힘으로 파괴하고,
하는 일마다 형통하며,
강한 사람과 거룩한 백성을
파멸시킬 것이다.
25 그는 음흉하여서
매사에 속이는 데 능숙하고,
마음이 방자하여서
평화롭게 사는 사람을 많이 죽이며,
만왕의 왕을 대적할 것이다.
그러나 사람이 손을 대지 않아도,
그는 끝내 망할 것이다.

ㄱ) 또는 '하늘의 네 바람' ㄴ) 칠십인역과 테오도션역과 시리아어역과 불가타에는 '그에게'

언급한 것이다. 그 보도의 생생함은 환상이 그러한 사건이 일어난 지 얼마 안 되어 씌어졌음을 암시해 준다. **8:1-2** 머리말 역할을 하는 1-2절은 벨사살이 왕위에 오른 지 삼년이 되는 해 (1:1을 보라), 즉 네 마리의 짐승이라는 이전의 환상 (7:1을 보라) 이후 2년이 지나서 다시 보게 되는 환상의 연대를 설정해 준다. 이 부분은 *내가 처음 본* 환상에 대해 분명히 이야기하고 있다. 이야기는 여전히 바빌로니아 시대를 배경으로 하고 있지만, 다니엘은 마음속으로는 페르시아 아키메니드 왕조의 왕실거주지인 수산성에 가있었다 (겔 8:3; 11:24; 40:2를 보라). **8:3-14** 환상은 이미 알려진 일련의 세계 강대국들의 모습들(2장과 7장을 보라)과 관련되어 나타나며, 안티오쿠스의 성전모독 사건에서 그 절정을 이루고 있다: 숫양의 두 뿔은 메대와 페르시아를 상징하며 (20절), 숫염소의 큰 뿔 (21절)은 알렉산더 대왕을 상징하고 (21절), 알렉산더가 죽은 후 그의 네 장군들에 의해 이어진다 (11:4를 보라). 안티오쿠스 에피파네스 4세는 셀류시드 왕조에 속한다. **8:10** 뿔 하나가 작게 돋아서 별들에게 미친다는 구절은 사 14:12-15와 비슷하다. **8:13-14** 1,150일로 나타나는

26 내가 너에게 설명한
아침과 저녁 제사 환상은,
반드시 이루어진다.
그러나 아직 멀었으니,
너는 환상의 비밀을
잘 간직해 두어라.

27 그 때에 나 다니엘은 몹시 지쳐서, 여러
날 동안을 앓았다. 얼마 뒤에 일어나서, 왕이 맡긴
일을 계속하였으나, 내가 본 그 환상 때문에 나는
몹시 놀랐고, 그 뜻을 이해하지 못하였다.

다니엘의 기도

9 1 메대 족속 아하수에로의 아들 다리우스가
[ㄱ]바빌로니아 나라의 왕이 된 첫 해, 2 곧 그가
통치한 첫 해에, 나 다니엘은 거룩한 책들을 공부
하면서, 주님께서 예레미야 예언자에게 하신 [ㄴ]말
씀, 곧 예루살렘이 칠십 년 동안 황폐한 상태로
있을 것을 생각하여 보았다. 3 응답을 들으려고,
나는 금식을 하면서, 베옷을 걸치고, 재를 깔고
앉아서, 하나님께 기도를 드리면서 간구하였다.
4 나는 주 나의 하나님께 기도하면서, 백성의 죄를
고백하고 아뢰었다.

"위대하시고 두려우신 주 하나님, 하나님을
사랑하며 하나님의 계명을 지키는 사람들에게 언
약과 인자를 베푸시는 하나님!

5 우리가 죄를 짓고 잘못을 저질렀습니다.
악한 일을 저지르며, 반역하며, 주님의 계명과 명
령을 떠나서 살았습니다. 6 우리는, 주님의 종
예언자들이 주님의 이름으로 우리의 왕과 지도자
와 조상과 모든 백성에게 말하는 것을 듣지 않았
습니다. 7 주님, 주님께서는 언제나 의로우십니다.
그러나 우리는 오늘처럼 낯뜨거운 수치를 당합니
다. 유다에 사는 사람이나 예루살렘에 사는 주민
이나, 가까운 데나 먼 데, 곧 이스라엘 사람으로서
흩어져 사는 사람이, 주님께서 쫓아내신 그 모든
땅에서 수치를 당하고 있습니다. 이것은 그들이
주님께 죄를 지었기 때문입니다. 8 주님, 우리와
우리의 왕과 지도자와 조상이 낯뜨거운 수치를 당
한 것은 우리가 주님께 죄를 지었기 때문입니다.
9 주 우리 하나님은 우리를 긍휼히 여겨 주시고
용서하여 주셨으나, 우리는 하나님께 반역하였
습니다. 10 우리가 우리 주 하나님께 순종하
지도 않고, 하나님의 종 예언자들을 시키셔서 우리
에게 말씀하여 주신 율법도 따르지 않았습니다.
11 참으로 온 이스라엘이 주님께 순종하지 않고,
주님의 율법을 어기고 벗어났으므로, 하나님의
종 모세의 율법에 기록된 벌과 저주가 우리에게
내렸습니다. 이것은 우리가 주님께 죄를 지었기
때문입니다. 12 주님은 우리에게 큰 재앙을 내
리셔서, 우리와 우리를 다스리는 통치자들에게
하신 말씀들을 이루셨습니다. 예루살렘에 내린
것과 같은 재앙은 하늘 아래 그 어느 곳에서도 없
던 것입니다. 13 모세의 율법에 기록된 대로 이
모든 재앙이 우리에게 미쳤습니다. 그런데 아직
도 우리는 죄의 길에서 돌아서지 않았습니다. 하
나님의 진리를 따라 살지 않았습니다. 이렇게 우
리는 주 우리 하나님께 은혜를 구하려 하지 않습
니다. 14 주님께서 재앙을 간직해 두셨다가 우
리에게 미치게 하신 것은, 주 우리 하나님이 하시
는 모든 일은 의로우신데, 우리가 말씀에 순종하
지 않은 까닭입니다.

ㄱ) 또는 '갈대아' ㄴ) 렘 25:11–12; 29:10 참조

성전모독의 기간(슥 2:7–8을 보라)은 7:25의 3년 반이라는 기간보다 짧지만, 마카비상 4:52–54의 3년보다는 약간 길다. **8:15–26** 이 환상을 풀이하는 것은 그 자체가 두 번째 환상이 된다. 7장에서처럼, 상징들은 비유적이면서도 (작은 뿔은 안티오쿠스를 상징한다) 신화적이다 (성도들은 천사들이다). **8:17–19** 환상은 *끝날의 정한 때*에 관한 것이다 (9:26; 11:27, 35, 40; 12:4, 9, 13을 보라; 합 2:3도 보라). **8:23–25** 가브리엘의 해석은 안티오쿠스를 강조한다: 그는 그 일을 예상치 못했던 *사람을 많이 죽이는데,* 그 일이란 예루살렘에 대한 불의의 공격을 말하는 것이다; 그는 심지어 하나님이신 *만왕의 왕을 대적*할 것이다 (11절을 보라). *사람이 손을 대지 않아*도 안티오쿠스는 죽게 될 것이라는 결론적 언급을 통해서 저자는 마카비 일가가 안티오쿠스에 대항하여 일으킨 유대 반란을 적극적으로 지지하고 있지 않는 듯하다.

9:1–27 9장은 본문에서 벗어나는 것처럼 보이는데, 그 이유는 역사적 사실인 바빌로니아, 메대, 페르시아, 그리고 헬라 왕국과 관련 있는 7장과 8장의 묵시적 환상의 흐름을 중단시키기 때문이다. 더욱이 단 9장에 나타나는 계시의 내용은 꿈이 아니라, 예레미야서 성경본문에 대한 해석이다. 즉 바빌로니아의 통치가 70년 동안 계속 될 것이라는 예레미야의 예언(9:2; 원래의 본문은 렘 25:11–12와 29:10)에 대한 해석인 것이다. 마지막으로 이 장의 반 이상은 자신의 백성들의 죄를 용서해 달라는 다니엘의 긴 기도에 할애하고 있다. 이러한 기도들은 제2성전기 문학에서 일반적인 것이었으나, 다니엘서 안에서는 특이한 것이다. **9:1–4** 메대 족속의

15 강한 손으로 주님의 백성을 이집트 땅에
서 인도하여 내시고, 오늘과 같은 명성을 얻으신
주 우리 하나님, 우리가 죄를 짓고, 악한 일을 저
질렀습니다. 16 주님, 주님께서 지난 날에 우리를
구하여 주셨으니, 이제 주님의 성 예루살렘 곧 주
님의 거룩한 산으로부터 주님의 분노를 떠나게 해
주십시오. 우리의 죄와 우리 조상의 죄악 때문에,
예루살렘과 주님의 백성이 우리 주위에 있는 민족
들에게 멸시를 받습니다. 17 우리의 하나님,
이제 주님의 종의 기도와 간구를 들어 주십시오.
무너진 주님의 성전을 복구하여 주십시오. 성전
을 복구하셔서, 주님만이 하나님이시라는 것을
모두가 알게 해주십시오. 18 나의 하나님, 귀를
기울이시고 들어 주십시오. 눈을 크게 뜨시고,
우리가 황폐해진 것과 주님의 이름을 빛내던 이
도성의 고통을 굽어보아 주십시오. 우리가 이렇
게 주님께 간구하는 것은, 우리가 잘나서가 아니
고, 주님께서 자비하시기 때문입니다. 19 주님,
들어 주십시오. 주님, 용서하여 주십시오. 주님께
서 들어 주시고, 이루어 주십시오. 나의 하나님,
만민이 주님께서 하나님이심을 알아야 하니, 지
체하지 마십시오. 이 도성과 이 백성이 주님의 것
이기 때문입니다."

가브리엘이 예언을 설명하다

20 내가 아직 아뢰어 기도하면서, 나의 죄와
이 백성 이스라엘의 죄를 자백하고, 나의 하나님
의 거룩한 산 성전을 다시 회복시켜 주시기를 주
나의 하나님께 간구할 때에, 21 내가 이렇게 기
도드리면서 아뢸 때에, 지난번에 환상에서 본 가
브리엘이, 내가 있는 곳으로 급히 날아왔다. 저녁
제사를 드릴 때였다. 22 그가 나에게 [ㄱ]와서 설
명해 주었다. "다니엘아, 내가 이제 너에게 지혜와
통찰력을 주려고 한다. 23 네가 간구하자 마자,
곧 응답이 있었다. 그 응답을 이제 내가 너에게 알
려 주려고 왔다. 네가 크게 사랑을 받고 있기 때
문이다. 그러므로 그 말씀을 잘 생각하고, 그 환
상의 뜻을 깨닫도록 하여라.

24 하나님께서 너의 백성과 거룩한 도성에
일흔 [ㄴ]이레의 기한을 정하셨다. 이 기간이 지나가
야, 반역이 그치고, 죄가 끝나고, 속죄가 이루어
지고, 하나님이 영원한 의를 세우시고, 환상에서
보이신 것과 예언의 말씀을 이루시고, [ㄷ]가장 거룩
한 곳에 기름을 부으며, 거룩하게 구별하실 것이
다. 25 그러므로 너는 다음과 같은 사실을 깨달
아 알아야 한다. 예루살렘을 보수하고 재건하라
는 [ㄹ]말씀이 내린 때로부터 [ㅁ]기름을 부어서 세운
왕이 오기까지는 일곱 [ㄴ]이레가 지나갈 것이다. 그
리고 예순두 [ㄴ]이레 동안 예루살렘이 재건되어서,
거리와 성곽이 완성될 것이나, 이 기간은 괴로운
기간일 것이다. 26 예순두 [ㄴ]이레가 지난 다음
에, [ㅁ]기름을 부어서 세운 왕이 부당하게 살해되
고, 아무도 그의 임무를 이어받지 못할 것이다. 한
통치자의 군대가 침략해 들어와서, 성읍과 성전
을 파괴할 것이다. 홍수에 침몰되듯 성읍이 종말
을 맞을 것이다. 피할 수 없는 전쟁이 끝까지 계
속되어, 성읍이 황폐하게 될 것이다. 27 침략하
여 들어온 그 통치자는 뭇 백성과 더불어, 한 [ㄴ]이
레 동안의 굳은 언약을 맺을 것이다. 그리고 한
[ㄴ]이레의 반이 지날 때에, 그 통치자는 희생제사와
예물드리는 일을 금할 것이다. 그 대신에 성전의
가장 높은 곳에 흉측한 우상을 세울 것인데, 그것
을 거기에 세운 사람이 하나님이 정하신 끝 날을
맞이할 때까지, 그것이 거기에 서 있을 것이다."

ㄱ) 칠십인역과 시리아어역을 따름 ㄴ) 또는 '주간' ㄷ) 또는 '가장 거룩한 것' 또는 '가장 거룩한 분' ㄹ) 또는 '명령' ㅁ) 또는 '메시아'

다리우스에 관해서는 5:31을 보라. 아하수에로에 관해서는 라 4:5-6을 보라. **9:2** 70년이란 기간은 렘 25:11, 12와 29:10에 언급되어 있다 (슥 1:12; 대하 36:20-22를 보라). 예레미야의 예언에 대해서, 다니엘은 그 의미를 묻는 것이 아니라, 그의 백성들을 대신하여 용서를 비는 기도를 드린다. **9:4-19** 죄에 대한 공동체적 고백의 성격을 띠는 다니엘의 기도는 전통적인 성서의 구절들을 유려하게 모아 놓았다. 그것은 전통적이거나 소위 신명기 신학을 따르고 있는데, 신명기 신학에 따르면, 성소로부터의 격리와 예루살렘의 파괴는 유대인들의 죄를 심판하는 형벌로 여겨진다. 그러나 그들이 자신의 죄를 고백하고 회개하면 하나님은 하나님 자신을 위해서 그들의 운명을 돌이키실 것이다 (17-19절). 이렇게 전통적 형태의 기도를 삽입하는 것은 포로 후기 문학의 전형적인 특징이다 (라 9:6-15; 느 1:5-11; 9:5-37). **9:20-27** 가브리엘의 계시는 예레미야의 일흔 이레 라는 처음의 문제로 되돌아간다. **9:24** 일흔 이레는 사실 칠십 주간 또는 490년을 의미한다. (공동번역은 "칠십 주간"으로 번역했음.) 그 시기는 *반역이 그치고, 죄가 끝나고…가장 거룩한 곳에 기름을 부으며, 거룩하게 구별하실 것*이 선포되는 때이다. 이러한 역사에 대한 묵시적 시각은 신명기 신학의 기도와 날카롭게 대조가 된다: 성소로부터의 격리 기간은 유대 사람의 회개나 기도와 관계없이 하나님에 의해 미리 결정

티그리스 강변에서의 환상

10 1 페르시아의 고레스 왕 제 삼년에, 일명
벨드사살이라고 하는 다니엘이 계시로
말씀을 받았다. 그 말씀은 참된 것이었는데, 환상
을 보는 가운데, 심한 고생 끝에 겨우 그 뜻을 깨
달았다.

2 그 때에 나 다니엘은 세 이레 동안 고행하
였다. 3 세 이레 내내 좋은 음식을 삼가고, 고기와
포도주도 입에 대지 않았으며, 몸에 기름을 전혀
바르지 않았다.
4 ㄱ)첫째 달 스무나흗날에 나는 큰 강 티그리스
강 둑에 와 있었다. 5 그 때에 내가 눈을 떠서
보니, 한 사람이 모시 옷을 입고 우바스의 금으로
만든 띠로 허리를 동이고 있었다. 6 그의 몸은
녹주석 같이 빛나고, 그의 얼굴은 번갯불 같이 환
하고, 눈은 횃불 같이 이글거리고, 팔과 발은 빛
나는 놋쇠처럼 뻔쩍였으며, 목소리는 큰 무리가
지르는 소리와도 같았다.
7 나 다니엘만 이 환상을 보고, 나와 같이 있는
다른 사람들은 그 환상을 보지 못하였다. 그들은
두려워하며, 도망쳐서 숨었으므로, 8 나 혼자만
남아서, 그 큰 환상을 보았다. 그 때에 나는 힘이
빠지고, 얼굴이 죽은 것처럼 변하였으며, 힘을 쓸
수 없었다. 9 나는, 그가 말하는 소리를 들었는데,
그의 말소리를 들었을 때에, 나는 정신을 잃고 땅에
쓰러졌다.
10 그런데 갑자기 한 손이 나를 어루만지면서,
떨리는 손과 무릎을 일으켰다. 11 그가 내게 말
하였다. "하나님께 큰 사랑을 받은 사람 다니엘
아, 이제 내가 네게 하는 말을 주의해서 들어라.
너는 일어서라. 지금 나를 네게로 보내셔서 이렇게
왔다." 그가 내게 이 말을 할 때에, 나는 일어섰으나
여전히 떨렸다.
12 그가 내게 말하였다. "다니엘아, 두려워
하지 말아라. 네가 이 일을 깨달으려고 하나님 앞
에서 스스로 겸손하여지기로 결심한 그 첫날부터,
하나님은 네가 간구하는 말을 들으셨다. 네가 간
구하는 말에 응답하려고 내가 왔다. 13 그러나
페르시아 왕국의 천사장이 스무하루 동안 내 앞을
막았다. 내가 페르시아에 홀로 남아 있었으므로,
천사장 가운데 하나인 미가엘이 나를 도와주었다.
14 이제 내가 마지막 때에 네 백성에게 일어날
일을 깨닫게 해주려고 왔다. 이 환상은 앞으로 일
어날 일을 보여 주는 것이다."
15 그가 내게 이런 말을 할 때에, 나는 얼굴을
땅에 대고, 벙어리처럼 엎드려 있었다. 16 그런데
갑자기 ㄴ)사람처럼 생긴 이가 나의 입술을 어루만
졌다. 내가 입을 열어서, 내 앞에 서 있는 이에게
말하였다. "천사님, 제가 환상을 보고 충격을 받고,
맥이 모두 빠져 버렸습니다. 17 이제 힘이 다 빠져
버리고, 숨도 막힐 지경인데, 천사님의 종인 제가
감히 어떻게 천사님께 말씀을 드리겠습니까?"

ㄱ) 양력 삼월 중순 이후 ㄴ) 대다수의 마소라 본문을 따름. 하나의 마소라 본문과 사해 사본과 칠십인역에는 '사람의 손처럼 생긴 것이'

되었다. 전형적인 묵시적 방식에 의하면, 역사는 시대에 따라 나눠지며 (레 25장의 희년을 보라), 저자 자신은 이미 선포된 기간의 마지막 즈음에 속해 있다. **9:25** *기름을 부어서 세운 왕* (히브리어, *메시아*)은 아마 대제사장 여호수아일 것이다. 스룹바벨과 함께 그는 *기름부은 두 사람* 중 하나였다 (슥 4:14; 라 3:2). **9:26** *기름을 부어서 세운 왕*이 부당하게 살해된다는 것은 기원전 171년에 대제사장 오니아스 3세의 살해를 가리키는 것이다 (단 11:22). *한 통치자*는 안티오쿠스로서 예루살렘을 파괴시키기 위해서 그의 군대를 파병한다. **9:27** 안티오쿠스는 헬라화한 유대 사람들과 조약을 맺었으며 예루살렘 성전을 더럽혔다. 9장의 마지막은 그 통치자가 죽게 될 것이라는 잘못된 예언으로 끝맺는다 (8:25; 11:45를 보라).

10:1—12:13 다니엘서의 마지막 계시인 이 장들은 다니엘서에서 가장 긴 단락이며, 다니엘서가 절정을 이루는 끝부분이다. 그것은 장래에 일어날 사건을 천사를 통해 환상으로 다니엘에게 보여주는 단 9장과 매우 비슷하다 (겔 1:8-10; 계 1:13-15를 보라). 11장에서는 사후 예언들이 사용되고 있는데, 이것이 계시가 되면서 전체적으로 다니엘서의 연대를 추정케 해준다. 저자는 안티오쿠스 4세의 예루살렘 성전모독 사건을 알고 있었지만, 성전정화와 안티오쿠스의 죽음에 대해서는 모르고 있다. 그러므로 단 10—12장은 기원전 167-164년 사이에 기록되었으며, 아직 박해 중이었을 것이라고 추측할 수 있다. **10:1** 세 번째 인물을 간단히 언급하면서 시작되는 도입부(7:1)는 페르시아의 고레스 왕의 통치기간에 나타난 환상임을 추정할 수 있다; 10:20의 그리스의 천사장으로 인해 네 왕국의 구조는 완성된다. 다니엘은 계시를 통해서 *마지막 때* (10:14) 그의 백성들의 운명을 *깨닫게 된다*. **10:2-9** 앞 장에서 다니엘의 금식은 참회의 의미였는데 반해 (9:3), 여기에서 그의 금식의 목적은 아마 곧 받게 될 환상을 위해서일 것이다. 그 내용은 에스겔의 환상과 비슷한데, 특히 다니엘이 와 있는 *큰 강 티그리스 강* 둑이라는 위치가 그러하다 (8:1 또한 보라; 겔 1:1을 보라). 천사의 현현을

18 사람처럼 생긴 이가 다시 나를 어루만지시며, 나를 강하게 하였다. 19 그리고 그가 말하였다. "하나님이 사랑하는 사람아, 두려워하지 말아라. 평안하여라. 강건하고 강건하여라."

그가 내게 하는 말을 들을 때에, 내게 힘이 솟았다. 내가 말하였다. "천사님이 나를 강하게 해 주셨으니, 이제 내게 하실 말씀을 해주시기 바랍니다."

20 그가 말하였다. "너는, 내가 왜 네게 왔는지 아느냐? 나는 이제 돌아가서, 페르시아의 천사장과 싸워야 한다. 내가 나간 다음에, 그리스의 천사장이 올 것이다. 21 나는 '진리의 책'에 기록된 것을 네게 알려 주려고 한다. (너희의 천사장 미가엘 외에는, 아무도 나를 도와서 그들을 대적할 이가 없다.

11 1 내가 메대 사람 다리우스 일년에, 그를 강하게 하고 보호하려고 일어섰다.)"

이집트와 시리아

2 "이제 내가 진실을 너에게 말하겠다. 보아라, 페르시아에 또 세 왕이 일어날 것이며, 그 뒤에 넷째는 다른 누구보다 큰 재물을 모을 것이다. 그가 재물을 모으고 권세를 쥐게 되면, 모든 사람을 격동시켜서 그리스를 칠 것이다.

3 그러나 그리스에서는 용감한 왕이 일어나서, 큰 권력을 쥐고 다스리면서, 자기 마음대로 할 것이다. 4 그러나 그의 권세가 끝날 때가 되면, 그의 나라가 깨어져서, 천하 사방으로 나뉠 것이다. 그의 자손도 그 나라를 물려받지 못한다. 그의 자손은 그가 누리던 권세도 누리지 못할 것이다. 그의 나라가 뽑혀서, 그의 자손이 아닌 다른 사람들에게 넘어갈 것이기 때문이다.

5 남쪽 ㄱ)왕이 강해질 것이나, 그의 장군 가운데 하나가 그보다 더 강해져서, 더 큰 나라를 다스릴 것이며, 그의 권세는 매우 클 것이다. 6 몇 년 뒤에 ㄴ)그들은 동맹을 맺을 것이며, ㄷ)남쪽 왕은 자기 딸을 ㄹ)북쪽 왕과 결혼시켜서, 서로 화친할 것이다. 그러나 그 여인은 아무런 권세도 쥐지 못하고, ㅁ)왕자를 낳아도 세자가 되지 못할 것이다. 그 여인과, 그 여인을 호위하여 온 이들과, ㅂ)그 여인을 낳은 이와, 그 여인을 편들어 돕던 모든 사람이, 다 버림을 받을 것이다. 7 그러나 그 여인의 뿌리에서 난 자손 가운데서 한 사람이 왕의 자리를 이어받을 것이다. 그가 북쪽 왕의 군대를 공격할 것이며, 요새에 들어가 그들을 쳐서 이길 것이다. 8 그가 그들의 신들과 그들이 부어서 만든 신상들과 귀중한 은그릇과 금그릇들을 노획하여, 이집트로 가져 갈 것이다. 평화가 몇 해 동안 이어간 다음에, 9 북쪽 왕이 남쪽 왕의 나라를 치겠지만, 결국 자기의 땅으로 후퇴할 것이다.

10 북쪽 왕의 아들들이 전쟁을 준비하면서, 많은 병력을 모을 것이다. 그들 가운데 하나가 물밀듯이 내려가서, 남쪽 왕의 요새를 쳐부술 것이다. 11 남쪽 왕이 크게 격분하여, 나아가서 북쪽 왕과 싸울 것이다. 이 때에 북쪽 왕이 많은 군대를 일으킬 것이나, 그 큰 군대는 남쪽 왕의 손에 넘어가 포로가 될 것이다. 12 남쪽 왕이 그 큰 군대를 사로잡을 때에, 그의 마음이 교만해져서, 수많은 사람을 쓰러뜨리고도 승리는 차지하지 못할 것이다.

ㄱ) 이집트의 왕 ㄴ) 이집트 왕과 시리아 왕 ㄷ) 이집트 ㄹ) 시리아
ㅁ) 또는 '그와 그의 권세가 계속되지 못할 것이다' ㅂ) 또는 '그 여인이 낳은 아들' (불가타와 시리아어역)

묘사하는 대목 또한 주목할 것 (10:5 모시옷을 입고, 겔 9:2-3, 11; 10:2, 6, 7). 전통적으로 그 천사는 가브리엘로 생각되어 지지만, 여기서는 그 천사가 누구인지 드러나 있지 않는다 (8:16; 9:21을 보라). 다니엘만이 이 환상을 보도록 선별되었다 (출 20:18; 신 4:12; 행 9:7). **10:10—11:1** 계시 자체는 두 개의 주요 부분으로 이루어져 있다: 이름을 알 수 없는 천사와 미가엘이 페르시아와 그리스의 천사장과 천상에서 싸우게 될 것이라는 천사의 보고(10:10—11:1)와 그러고 나서 지상에서 펼쳐지는 헬라제국의 전쟁의 전개 과정이다 (11:2—12:3). 저자가 현재 겪고 있는 지상에서의 충돌은 천상에서 이루어지는 전투를 반영할 뿐이다. 각 나라는 천사장 또는 천사로 상징되며, 이스라엘을 보호하는 천사는 미가엘 천사이다 (10:21; 계 12:7을 보라). **11:2-45** 다니엘에게 보여준 천사의 계시는 다니엘서 10:1—12:13에 나타나는 마지막 계시의 반 이상을 차지하고 있다. 천사는 헬라제국의 역사를 매우 자세히 설명하고 있다. 이 헬라 전쟁의 역사는 이스라엘을 보호하는 천사인 가브리엘과 페르시아와 그리스 천사장 사이에서 계속되는 천상의 전쟁에 해당하는 인간세계의 대응물로 이해되고 있다 (10:10-14를 보라). 계시는 두 개의 주요한 부분으로 이루어져 있다: 남쪽 왕, 즉 프톨레미우스 왕국과 북쪽 왕, 즉 셀류시드 왕국 (11:2b-20) 사이의 전쟁이다; 안티오쿠스 4세의 통치에 관한 것이다 (11:21-45).

11:2-4 네 명의 페르시아 왕이 성경에 등장한다: 즉 고레스, 다리우스,아하수에로, 아닥사스다이다 (라 4:5-7을 보라). 용감한 왕은 알렉산더 대왕이며, 그의 왕국은 넷으로 나뉜다 (8:8을 보라). **11:5-6** 남쪽 왕은 프톨레미 1세 소테르(Ptolemy I Soter)이었고 그는 이집

13 북쪽 왕은 돌아가서, 처음보다 더 많은 군
대를 일으킬 것이며, 몇 해가 지난 다음에, 큰 군
대와 장비를 이끌고 갈 것이다. 14 그 때에 많은
사람이 일어나서, 남쪽 왕을 칠 것이다. 너희 백성
가운데서도, 난폭한 사람들이 나서서 환상에서
본 대로 이루려고 하겠지만, 그들은 실패할 것이다.
15 그 때에 북쪽 왕이 와서 흙 언덕을 쌓고, 요새
화된 성읍을 빼앗을 것이다. 남쪽 군대는 북쪽 군
대를 당해 낼 수 없을 것이다. 남쪽의 정예부대도
북쪽 군대를 당해 낼 힘이 없을 것이다. 16 북쪽
침략자들은 남쪽 사람들을 자기들의 뜻대로 억압
할 것이나, 아무도 그들을 당해 내지 못할 것이다.
그들은 영광스런 땅, 약속의 땅에 우뚝 설 것이며,
그 땅을 완전히 장악할 것이다.

17 북쪽 왕은 자기 나라의 군사력을 이용하여
남쪽 왕과 화친할 것이며, 남쪽 왕에게 딸을 주어
그 왕국을 멸망시키려고 할 것이다. 그러나 그 일은
이루어지지 않고 그에게 도움도 되지 못할 것이다.
18 그 뒤에 그는 해변 땅 쪽으로 방향을 돌려서,
많은 곳을 점령할 것이다. 그러나 한 장군이 나타나
그를 꺾어 버려서 그가 더 이상 행패를 부리지 못
하게 하고, 오히려 북쪽 왕이 부리던 행패가 자신
에게로 되돌아가게 할 것이다. 19 그 뒤에 그가
자기의 땅에 있는 요새지로 돌아가겠지만, 비틀
거리다가 넘어져서, 사라지고 말 것이다.

20 다른 왕이 그의 뒤를 이어서 왕이 될 것
이다. 새 왕은 백성을 억압하는 세금 징수원들을
전국 각 지방에 보내고, 세금을 많이 거두어서 나
라의 영화를 유지하려고 하겠지만, 얼마 안 가서,
아무도 모르게 살해되고 말 것이다."

시리아의 악한 왕

21 "뒤를 이어 어떤 비열한 사람이 왕이 될
것이다. 그는 왕이 될 권리도 없는 악한 사람인
데도, 왕위를 차지할 것이다. 그는 은밀하게 술책을
써서, 왕권을 잡을 것이다. 22 홍수와 같은 힘을
가진 군의 세력도 그의 앞에서는 패하여 깨질 것
이며, 동맹을 맺고 왕위에 오른 왕도 그렇게 될 것
이다. 23 다른 나라들과 동맹을 맺으나, 끝내는
그 나라들을 속이고, 비록 그가 소수의 백성을 다
스리는 통치자이지만, 점점 세력을 확장하여 패
권자로 군림하게 될 것이다. 24 그는 선전포고
도 하지 않고 부유한 지방을 침략하여, 그의 조상
이나 그 조상의 조상도 하지 못한 일을 할 것이다.
그가 추종자들에게 전리품과 노략물과 재물을 나
누어 주고, 요새지역을 공격할 음모를 계획할 것
인데, 그의 통치 기간은 얼마 되지 않을 것이다.
25 그는 남쪽 왕을 치려고, 용기를 내서 큰 군대를
일으킬 것이다. 남쪽 왕도 매우 크고 강한 군대를
일으켜서 맞서서 싸우지만, 대항하지 못할 것이
다. 북쪽 왕이 음모를 꾸며서 남쪽 왕을 칠 것이
기 때문이다. 26 남쪽 왕과 함께 왕실 음식을 먹
는 사람들이 왕을 멸망시킬 것이다. 그의 군대가
패할 것이고, 많은 군인이 쓰러져 살해될 것이다.
27 그 때에 그 두 왕이 함께 먹으려고 한 식탁에
앉지만, 그 동기가 악하므로, 서로 거짓말을 주고
받을 것이다. 그러나 하나님께서 정하신 때가 오
지 않았으므로, 그들은 원하는 바를 얻지 못할 것
이다. 28 북쪽 왕은 전리품을 많이 가지고 그의
본토로 돌아갈 것이다. 그러나 그에게는 거룩한
언약을 거역하려는 마음이 있어서, 자기 마음대
로 하고서야 그의 땅으로 돌아갈 것이다.

29 정한 때에 그가 다시 남쪽으로 내려가서
이집트를 치지만, 그 때에는 전번과 다를 것이다.
30 서쪽 해안의 배들이 그를 치러 올 것이고, 그
때문에 그는 낙심할 것이다.

그는 퇴각하는 길에, 거룩한 언약을 맺은 사
람들에게 분풀이를 할 것이고, 자기 나라로 돌아
가서는, 거룩한 언약을 저버린 사람을 뽑아서 높이

트를 통치하고 있는 동안 그의 장군인 셀류쿠스 1세 니카토르는 바빌로니아를 통치하고 있었다. 기원전 250년경, 셀류쿠스의 손자인 안티오쿠스 2세 테오스는 프톨레미우스 2세의 딸인 베레니케와 결혼을 하였다. 베레니케와 그녀의 측근과 그녀의 아들은 셀류쿠스의 어머니인 라오디케의 음모로 죽게 된다. **11:7-9** 베레니케와 남매인 프톨레미 3세 유르게테스는 기원전 264년 프톨레미 왕조를 장악하고 막대한 영토를 차지하게 된다. **11:9** 라오디케의 아들 셀류쿠스 2세 칼리니쿠스(Seleucus II Callinicus)를 가리킨다. **11:10** 칼리니쿠스의 아들들은 셀류쿠스 3세(기원전 227-223년)와 안티오쿠스 3세이다 (기원전 223-187년). **11:11-13** 프톨레미 4세는 기원전 217년, 라피아 (Raphia) 전투에서 안티오쿠스를 물리치지만, 안티오쿠스는 그의 제국의 동쪽 지역을 다시 회복하게 된다. **11:14** 프톨레미 4세는 기원전 204년에 죽고, 프톨레미 4세가 여섯 살의 나이로 왕위에 오르게 된다. **11:15-17** 안티오쿠스 3세는 기원전 200년 이집트를 치러 출정하여 유다를 자신의 지배하에 두게 된다 (그 후 유다는 수년 동안 셀류시드 왕국의 지배를 받게 된다). **11:18-19** 그 기간 동안 안티오쿠스는 소아시아로 출정하여 그리스의 여러 섬들은 점령했지만, 기원전 191년 로마 사람들이 안티

앉힐 것이다. 31 그의 군대가 성전의 요새지역
을 더럽힐 것이며, 날마다 드리는 제사를 없애고,
흉측한 파괴자의 우상을 그 곳에 세울 것이다.
32 그는 속임수를 써서, 언약을 거역하여 악한
짓을 하는 자들의 지지를 받을 것이지만, 하나님
을 아는 백성은 용기 있게 버티어 나갈 것이다.
33 백성 가운데서 지혜 있는 지도자들이 많은 사
람을 깨우칠 것인데, 얼마 동안은, 그 지혜 있는
지도자들 가운데 얼마가 칼에 쓰러지고, 화형을
당하고, 사로잡히고, 약탈을 당할 것이다. 34 학
살이 계속되는 동안에, 하나님의 백성이 조금은
도움을 받을 것이나, 많은 사람은 술책을 쓰며 적
군과 한패가 될 것이다. 35 또한 지혜 있는 지
도자들 가운데 얼마가 학살을 당할 것인데, 이 일로
백성은 단련을 받고, 순결하게 되며, 끝까지 깨끗
하게 남을 것이다. 하나님이 정하신 그 끝 날이
올 때까지, 이런 일이 계속될 것이다.

36 북쪽 왕은 자기 좋을대로 하며, 스스로를
높이고, 모든 신보다 자기를 크다고 하며, 괴상한
말로, 가장 높으신 하나님을 대적할 것이다. 하나
님의 진노가 끝날 때까지는, 그가 형통할 것이다.
하나님은 정하신 것을 반드시 이루시기 때문이다.
37 그는 자기 조상이 섬기던 신들이나, 여자들
이 사모하는 신들을 섬기지 않으며, 그 밖에 어느
신도 섬기지 않을 것이다. 자신을 그 모든 것보다
더 높이기 때문이다. 38 그러나 그 대신에 그는
요새를 지키는 신을 공경할 것이요, 그의 조상이
알지 못하던 신을, 금과 은과 보석과 진귀한 것들
을 바치면서 섬길 것이다. 39 그는 요새를 수비
하려고, 이방 신을 섬기는 사람들을 용병으로 쓸
것이다. 자기를 통치자로 받아들이는 사람을 크게
예우하여서, 높은 관직을 주고, 토지도 보상으로
나누어 줄 것이다.

40 북쪽 왕의 마지막 때가 올 무렵에, 남쪽
왕이 그를 공격할 것이다. 그러면 북쪽 왕은, 병
거와 기마병과 수많은 해군을 동원하여, 홍수처럼
그를 칠 것이며, 여러 지역으로 쳐들어가서, 휩쓸고
지나갈 것이다. 41 그 바람에 그는 영광스러운
땅, 곧 약속의 땅까지 쳐들어와서, 수많은 사람을
죽일 것이다. 그러나 에돔과 모압과 암몬 백성의
지도자들은, 그의 손에서 피할 것이다. 42 그가
그의 손을 뻗어 이처럼 여러 나라를 치면, 이집트
도 피하지 못할 것이다. 43 그는 이집트의 금과
은이 있는 보물 창고와 모든 귀한 것을 탈취할 것
이며, 리비아와 에티오피아도 정복할 것이다.
44 그러나 그 때에 동쪽과 북쪽에서 들려온 소식
이 그를 당황하게 할 것이다. 그러므로 그가 크게
노하여, 많은 사람을 죽이고 멸망시킬 것이다.
45 그가 자기의 왕실 장막을, 바다와 거룩하고
아름다운 산 사이에 세울 것이다. 그러나 그의 끝이
이를 것이니, 그를 도와줄 사람이 없을 것이다."

세상 끝 날

12 1 "그 때에 너의 백성을 지키는 위대한
천사장 미가엘이 나타날 것이다. 그리고
나라가 생긴 뒤로 그 때까지 없던 어려운 때가 올
것이다. 그러나 그 때에 그 책에 기록된 너의
백성은 모두 피하게 될 것이다. 2 그리고 땅 속
티끌 가운데서 잠자는 사람 가운데서도, 많은 사
람이 깨어날 것이다. 그들 가운데서, 어떤 사람은
영원한 생명을 얻을 것이며, 또 어떤 사람은 수치
와 함께 영원히 모욕을 받을 것이다. 3 지혜 있
는 사람은 하늘의 밝은 빛처럼 빛날 것이요, 많은
사람을 옳은 길로 인도한 사람은 별처럼 영원히
빛날 것이다.

4 그러나 너 다니엘아, 너는 마지막 때까지
이 말씀을 은밀히 간직하고, 이 책을 봉하여 두어
라. 많은 사람이 이러한 지식을 얻으려고 왔다
갔다 할 것이다."

오쿠스를 몰아내자, 그는 철수하여 엘리마이스(Elymais)에 있는 벨 (Bel) 신전에서 약탈을 하다가, 기원전 187년 죽는다. **11:20** 셀류쿠스 4세 필로파토르(Philopator, 기원전 187-175년)는 안티오쿠스 3세의 뒤를 잇는다. 20절은 예루살렘 성전을 약탈하려 했던 헬리오도로스에 대해서 이야기하고 있다. **11:21-45** 11장의 나머지 부분은 안티오쿠스 4세 에피파네스(*작은 뿔*, 단 7—8장)에 할애하고 있다. **11:22-28** 대제사장 오니아스 3세는 안티오쿠스에게 살해당한다. 기원전 170년, 안티오쿠스는 이집트를 공격하였는데, 1년 뒤에 철수하였다. 그리고 그는 돌아오는 길에 예루살렘 성전을 약탈한다. **11:29-31** 안티오쿠스는 이집트를 치기 위해서 기원전 168년 두 번째 출정을 시작하지만, 로마 사람들 때문에 철수해야만 했다 (*깃딤*은 사이프러스의 키티움에서 나온 말로, 일반적으로 서쪽에서 온 로마사람들을 가리킨다). 기원전 168-167년에 그는 다시 예루살렘을 공격하고, 기원전 167년 12월에 예루살렘 성전을 더럽힌다. **11:32-35** *백성 가운데서 지혜 있는 지도자들*(유대 관습을 포기하기 보다는 자신들의 유대 전통에 충실하고자 했던 사람들)은 자신의 목숨을 버리는 편이 더 낫다고 여겼던 반면에, 일부 헬라화된 유대 사람들(그리스의 생활방식을 받아들인 유대 사람들)은 안티

5 그 때에 나 다니엘이 보니, 다른 두 사람이
서 있는데, 한 사람은 강 이쪽 언덕에 서 있고, 다른
한 사람은 강 저쪽 언덕에 서 있었다. 6 한 사람이,
모시 옷을 입은 사람 곧 강물 위쪽에 서 있는 사
람에게 말하였다. "이런 놀라운 일들이 끝나기까지,
얼마나 더 오래 있어야 합니까?"
7 내가 들으니, 모시 옷을 입고 강물 위쪽에
있는 사람이, 그의 오른손과 왼손을 하늘로 쳐들고,
영원히 살아 계신 분에게 맹세하면서 말하였다.
"한 때와 두 때와 반 때가 지나야 한다. 거룩한 백
성이 받는 핍박이 끝날 때에, 이 모든 일이 다 이
루어질 것이다."
8 나는, 듣기는 하였으나, 이해할 수가 없어
서 물었다. "천사님, 이 모든 일의 결과가 어떠하
겠습니까?"
9 그가 말하였다. "다니엘아, 가거라. 이 말
씀은 마지막이 올 때까지 은밀하게 간직되고 감추
어질 것이다. 10 많은 사람이 깨끗해질 것이다.
그러나 악한 사람들은 이해하지 못하고, 계속 악해
질 것이다. 지혜 있는 사람들만이 이해할 것이다.
11 날마다 드리는 제사가 없어지고, 혐오감을
주는 흉측한 것이 세워질 때부터, 천이백구십 일이
지나갈 것이다. 12 천삼백삼십오 일이 지나가기
까지, 기다리면서 참는 사람은 복이 있을 것이다.
13 너, 다니엘아, 너는 끝까지 신실하여라.
너는 죽겠지만, 끝 날에는 네가 일어나서, 네게 돌
아올 보상을 받을 것이다."

오쿠스의 편에 섰다. 다니엘서 저자는 *지혜 있는* 지도자들의 범주 안에 속해 있었던 것 같다. **11:36-40** 박해기간 동안, 안티오쿠스는 매우 오만해져 간다: 그는 조상이 섬기던 신들을 버리고 올림푸스의 제우스를 숭배한다. **11:41-45** 이러한 일이 있은 후에 마지막 단락은 예언에서 안티오쿠스의 죽음이라는 잘못된 예언으로 옮겨간다. 안티오쿠스는 기원전 165년 페르시아에 출정하여 거기서 죽게 된다. **12:1-3** 이 단락은 구약성경에서 유일하게 부활 신앙을 분명하게 언급하고 있는 부분이다 (사 26:19; 겔 37장의 은유적인 사용을 참조하라). 종말론적인 예언은 심판장면의 형태로 *나타난다* (7:10; 12:1을 보라; 또한 10:21을 보라): 이스라엘을 보호하는 천사인 미가엘은 하나님의 사자를 도와주는 천상적인 존재이다 (10:13, 21). 법정소송의 논쟁자들이 *나타난다* (12:1의 나타난다의 반복에 주목하라). 슥 3장에서도, 이름을 알 수 없는 *주의 천사*가 하나님과 고발자 앞에 서 있다. **12:2** 많은 사람이 일어날 것이지만, 모든 사람은 아니며, *어떤 사람은 영원한 생명을 얻을 것이며, 또 어떤 사람은 수치와 모욕을 영원히 받을 것이다.* 이들은 성경에 쓰여 진 대로, 선한 자들과 악한 자들일 것이다. 지혜 있는 사람은 죽음 가운데서 일으킴을 받은 사람들 사이에 있다. *밝은 빛처럼 빛난다*는 것은 천사장들과 함께 한다는 의미이다 (8:10; 막 12:25를 보라). 천사들과 함께 살아난다는 소망은 안티오쿠스의 박해를 받는 사람들에 대한 위로이다.

12:5-13 다니엘서의 후기(後記)에 해당하는 마지막 부분은 독특한 환상을 보여주는데, 마지막 때까지 남아있는 시간들에 대한 이해하기 어려운 설명들이다. 10:4-5에서 소개되는 천사에 이어, 두 명의 다른 인물이 등장하는데, 그들은 어떤 강가에 서 있다. 맹세를 하기 위해서 양손을 들고 (신 32:40; 계 10:5-6을 보라), 10:5에 언급된 첫 번째 천사가 마지막 3년 반이라는 시간을 예언한다 (7:25를 보라; 9:27도 볼 것). **12:8-12** 그 대답을 이해하지 못한 (8:27을 보라) 다니엘은 성전이 더럽혀진 때에서부터 마지막 때까지의 기간에 관한 두 개의 또 다른 설명을 듣게 된다: 즉 천이백구십 (1,290) 일과 천삼백삼십오 (1,335) 일이다. 그 숫자들에 대한 계산이 예루살렘 성전이 더럽혀진 때에서부터 회복될 때까지의 기간에 근거로 이루어졌다 하더라도, 이 두 숫자는 8:14에 제시되는 1,150일보다 더 많다. 대조적인 두 숫자는 주석처럼 보이지만, 후대에 수정된 것일 수도 있다. 예언된 시간들이 지나가고 12:7의 *이 모든 일이 다 이루어질 것이다* 라는 예언이 성취되지 않게 되자, 더 긴 기간의 숫자가 첨가되었을 것이다. **12:13** 다니엘서는 *끝 날에는* 다니엘이 부활의 현장에 참여하여 그에게 돌아올 *보상을 받을 것*이라는 약속으로 끝을 맺는다.

추가 설명: 쿰란에서의 다니엘

다니엘서 12장에 있는 본문과 함께 다니엘서가 정경이 될 수 있었던 여덟 개나 되는 사본의 단편들이 사해사본에서 발견되었다. 사해사본들 중에서 다니엘서는 스물한 개의 사본들과 함께, 이사야의 뒤를 이어서, 예언자들 가운데 서열 2위의 예언자로 여겨진다. 가장 오래된 다니엘서의 사본인 4QDanc는 기원전 2세기 것으로 추정되는데, 그것은 다니엘서가 최종적으로 현재의 형태가 된 때로부터 반세기 정도 지나서이다 (서문을 보라). 그러므로 사해동굴에서 발견된 사해사본 중 다니엘서는 알려진 다른 어떤 성경의 사본들보다 원본에 더 가깝다. 이 사본의 단편에 쓰인 본문은 불완전하기는 해도, 마소라사본(현대 구약성경의 기초가 된 히브리어 본문)의 내용과 매우 가까운데, 쿰란동굴의 다니엘서가 현재 우리가 알고 있는 다니엘서와 거의 같다는 사실이 그것을 뒷받침해 준다.

성경에 속해 있는 단편들뿐만 아니라, 사해사본은 다니엘서와 관련된 작품들 중에 지금까지 알려져 있지 않은 다수의 사본들을 포함하고 있다. 이러한 사본들 중에서 가장 잘 알려진 것은 나보니두스의 기도(4QPrNab)로서 7년 동안 병으로 고통받았다고 전해지는 신바빌론 왕국의 마지막 황제(기원전 556-539년)인 나보니두스에 관한 단서의 사본인 4QDanc는 기원전 2세기 것으로 추정되는데, 그것은 다니엘서가 최종적으로 현재의 형태가 된 때로부터 반세기 정도 지나서이다 (서문을 보라). 그러므로 사해동굴에서 발견된 사해사본 중 다니엘서는 알려진 다른 어떤 성경의 사본들보다 원본에 더 가깝다. 이 사본의 단편에 쓰인 본문은 불완전하기는 해도, 마소라사본(현대 구약성경의 기초가 된 히브리어 본문)의 내용과 매우 가까운데, 쿰란동굴의 다니엘서가 현재 우리가 알고 있는 다니엘서와 거의 같다는 사실이 그것을 뒷받침해 준다.

성경에 속해 있는 단편들뿐만 아니라, 사해사본은 다니엘서와 관련된 작품들 중에 지금까지 알려져 있지 않은 다수의 사본들을 포함하고 있다. 이러한 사본들 중에서 가장 잘 알려진 것은 나보니두스의 기도(4QPrNab)로서 7년 동안 병으로 고통받았다고 전해지는 신바빌론 왕국의 마지막 황제(기원전 556-539년)인 나보니두스에 관한 단편적인 기록이다. 그 때 익명의 유대 예언자가 나보니두스에게 말하기를, 나보니두스 왕의 병은 왕의 죄 때문에 이스라엘 하나님이 내리신 것이라고 하였다. 이 본문은 나보니두스가 그의 통치기간 중 10년을 스스로 테이마라는 아라비아의 오아시스에 유랑하며 보냈다는 바빌로니아의 전승과 직접적인 관련이 있다. 그 기도는 당시, 이러한 역사적 사건에 대한 바빌로니아의 관점과 성서적 이야기로 만들어지는 지점의 중간적 위치를 차지하고 있었을 것이다. 다니엘서와 관계된 또 다른 본문은 "하나님의 아들"이라 불리는 본문, 혹은 이해하기 어려운 단 7:13-14에 근거한 최후 메시아 전투에 관한 설명인 아람어 묵시(4Q246)이다. 마지막으로, 다니엘 위경 (僞經) 단편(4Q243-45)으로 알려진 세 개의 단편 사본들이 있는데 모두 다니엘이라는 이름을 언급하고 있다. 이것들 역시 성서에 기록된 역사를 회고하고 종말에 일어날 사건들을 예언하는 묵시적인 본문들이다.

희랍어 성경 (칠십인역) 안에 있는 *다니엘의 추가서* (*Additions to Daniel*)와 비슷한 쿰란사본의 작품들은 문체와 내용 면에서 히브리어/아람어 다니엘서와 비슷하지만, 독립적으로 보존되어 있다. 희랍어로 된 추가서들은 쿰란사본에서는 찾아볼 수 없으며, 쿰란사본에서 발견된 것들은 그 밖의 어느 곳에서도 알려져 있지 않다. 다니엘서가 정경의 최종적 형태에 이르게 된 기원전 2세기 동안, 다니엘에 관한 작품 모음집은 마소라사본, 칠십인역, 그리고 쿰란사본에서 각각 다른 형태로 존재했을 것으로 추측된다.

현존하는 다니엘서와 쿰란 동굴에서 발견된 알려지지 않은 다니엘 본문들은 성경의 정경화 과정과 성서해석의 기원에 대한 여러 가지 흥미로운 질문을 야기시킨다. 다니엘서는 쿰란 공동체에서 권위를 가진, 혹은 "정경적" 위치를 가졌던 것으로 보이며, 쿰란 공동체의 독특한 신학과 신학 용어에 많은 영향을 미쳤다. 근대세계의 로마 가톨릭 교회와 동방 정교회는 추가서들을 포함한 칠십인역의 정경 전통을 따르고 있으며, 유대교와 개신교는 마소라사본을 따르고 있다.

호세아서

호세아서는 브에리의 아들 호세아의 예언으로, 그는 기원전 8세기 중엽, 북왕국 이스라엘의 요아스의 아들 여로보암 왕(기원전 786-746년경)의 정책들을 반대하는 의사를 밝혔다. 호세아의 비판은 여로보암의 증조부인 님시의 아들 예후(기원전 842-815년경)의 통치기간 중에 시작된 이스라엘과 앗시리아제국의 동맹에 초점을 맞추고 있다. 예후는 예언자 엘리야와 엘리사의 도움으로 오므리 왕조를 무너뜨린 쿠데타를 통해 권좌에 오르게 된다 (왕상 19장; 왕하 9—10장). 처음에는 아람(시리아)과 동맹을 맺었지만, 아람 사람들이 이스라엘을 공격하자 예후는 앗시리아와 동맹을 맺는다 (왕하 10:32-33). 예후 왕조의 통치기간 (기원전 842-746년) 동안, 앗시리아와 이스라엘이 맺은 동맹은 이스라엘의 국력과 번영을 보장해 주는 중요한 역할을 하였다 (특히 왕하 14장을 보라). 기원전 746년 여로보암의 아들 스가랴가 암살당하자, 이스라엘은 아람과 동맹을 맺게 되었다 (왕하 15—20장; 사 7—8장). 그 결과 앗시리아는 아람(기원전 734-732년)과 이스라엘(기원전 722-721년)을 멸망시킨다.

호세아는 이스라엘의 장래와 관련된 여러 논쟁에 깊이 관련되어 있었으며, 그는 여로보암이 앗시리아와 동맹을 맺은 것에 대해 혹평하였다. 그는 그 동맹이 하나님을 버리는 것으로 보았으며, 이스라엘이 앗시리아와 관계를 맺고, 교역을 위한 파트너로서 이집트와 거래를 하는 것은 우상숭배로 보아야 한다고 주장하였다. 그는 이스라엘의 왕과 제사장이 하나님에 관한 참된 지식을 가르치지 않았기 때문에 백성들이 길을 잃고 있다고 비난하였다. 예언자는 이스라엘이 하나님을 버리고 다른 신들을 섬겼음을 상징하는 수단으로써 자신이 스스로 디블라임의 딸 고멜과 결혼하였다. 자신의 아내의 음행을 비난하면서, 그는 하나님과 이스라엘 사이의 깨어진 관계를 자신의 자녀들을 들어 상징하였다. 그들의 첫아들의 이름인 이스르엘("하나님이 씨를 뿌리시다")은 예후가 오므리 왕조 아합의 아들 요람과 그의 어머니이자 페니키아의 공주 이세벨을 죽인 현장을 떠올리게 한다 (왕하 9장). 그들의 딸의 이름인 로루하마는 "자비가 없음"(혹은 불쌍히 여김을 받지 못하는 딸)이라는 의미로, 하나님께서 이스라엘을 불쌍히 여기시지 않음을 상징한다. 그들의 세 번째 자녀인 로암미 라는 아들의 이름은 "내 백성이 아니다" 라는 의미로, 하나님께서 북이스라엘을 버렸음을 상징한다. 호세아는 고멜의 음행에 대해서 비난하는데, 이것은 모든 창조물의 다산을 책임지는 아스다롯 여신과 가나안의 신인 바알과의 결혼이라는 관행을 겨냥한 것이다. 그 대신에 호세아는 하나님은 모든 창조물과 인류의 주님이 되시며, 이스라엘은 하나님께로 되돌아가서 이스라엘의 장래를 보장하기 위해서 아람과 동맹을 맺어야 한다고 주장한다. 그는 자신이 전하는 바를 강조하기 위해서, 출애굽 사건을 통하여 이스라엘을 이집트의 속박에서 구원하셨던 사실과, 야곱이 아람과 밀접한 관계를 맺었으며, 그 곳에서 그가 사랑했던 라헬과 결혼했음을 지적한다.

호세아서는 기본적으로 세 부분으로 구성되어 있다. 첫 부분 1:1은 표제로서, 이스라엘의 요아스의 아들 여로보암의 통치기간(기원전 786-746년)과 유다 왕 웃시야 (기원전 783-742년), 요담 (기원전 742-735년), 아하스 (기원전 735-715년), 그리고 히스기야(기원전 715-687/6년)의 통치기간 동안 이루어진 호세아의 예언이다. 유다 왕들에 대한 언급으로 미루어 볼 때, 호세아는 이스라엘에서 피하여 유다에서 그의 책을 완성했을 것이다.

두 번째 부분은 호세아서의 본론으로서, 1:2—14:8[히브리어 성경은 1:2—14:9]까지이다. 이 단락은 1:2-11[히브리성경 1:2—2:2]에서 내레이터가 보고하는 형식으로 시작하는데, 하나님께서 호세아에게 한 창녀와 결혼하여 그들의 자녀들에게 상징적인 이름을 지어주라고 하시는 말씀이다. 2:1—14:8[히브리성경 2:3—14:9]에서 예언자의 설화들은 앗시리아와 동맹을 맺고 하나님을 버린 이스라엘에 대한 심판에 관한 윤곽을 보여주며, 이스라엘이 하나님에게로 돌아갈 것에 대해서 이야기 하고 있다. 호세아는 그의 자녀들에게 그들의 어머니가 되돌아오도록 호소하는 것으로 시작한다 (2:1—3:5 [히브리성경 2:3—3:5]). 이어지는 단락은 이스라엘에 대한 하나님의 주된 비난들 (4:1-19); 호세아와 하나님이 번갈아 가며 진술하는 구체적인 비난들 (5:1—13:16 [히브리성경 5:1—14:1]); 그리고 하나님께 돌아오라는 이스라엘에 대한 호소 (14:1-8 [히브리어 성경 14:2-9]) 등을 포함한다.

호세아서의 세 번째 부분은 14:9[히브리성경 14:10]의 결론적인 권고로서, 독자들에게 이스라엘에 대한 하나님의 심판은 하나님의 정의롭고 공의로운 행위임을 깨닫도록 요청하고 있다. 그러므로 호세아서는 신정론(神正論)에 대한 관심을 드러낸다. 즉 악에 대응하여 하나님의 정의로움을 정당화하려는 시도인 것이다. 신정론에 대한 관심은 특히 오늘날의 독자들에게 중요한 의미가 있는데, 유태인 대학살, 핵전쟁과 생물학적 전쟁의 가능성, 테러리즘, 그리고 다른 여러 이슈 등이 하나님의 현존이나 정의에 대해서 의문을 제기하고 있다. 궁극적으로 호세아서는 인간들로 하여금 세계의 장래에 대한 책임을 질 것을 요청하고 있다.

호세아서의 내용은 다음과 같다. 성경본문에 따라 세밀하게 조사할 필요가 있는 주석은 이 개요를 따를 것이며, 명확성을 기하기 위하여 더 보충하여 상세하게 설명될 것이다.

- I. 제목, 1:1
- II. 호세아서의 본론: 이스라엘이 돌이킬 것을 호소,
  1:2—14:8 (히브리성경, 1:2—14:9)
  - A. 화자의 보고 : 창녀와 결혼하여 그들의 자녀에게 상징적인 이름을
    지어주라고 호세아에게 하나님이 말씀하심,
    1:2-11 (히브리성경, 1:2—2:2)
  - B. 이스라엘에 대한 호세아의 설화들,
    2:1—14:8 (히브리성경, 2:3—14:9)
    1. 호세아가 그의 자녀들에게 그들의 어머니가 되돌아오도록 호소함,
       2:1—3:5 (히브리성경, 2:3—3:5)
    2. 이스라엘에 대한 하나님의 주된 비난들: 하나님을 버림, 4:1-19
    3. 이스라엘에 대한 하나님의 구체적인 비난들,
       5:1—13:16 (히브리성경, 5:1—14:1)
    4. 주 하나님께로 돌아올 것을 이스라엘에게 호소,
       14:1-8 (히브리성경, 14:2-9)
- III. 하나님의 정의에 대한 결론적 권고,
  14:9 (히브리성경, 14:10)

각 (角) 괄호 안에 쓰인 성경구절은 히브리어 본문(마소라사본)에 있는 장과 절이다.

마빈 에이 스위니 (Marvin A. Sweeney)

1 1 주님께서 브에리의 아들 호세아에게 주신
말씀이다. 때는 웃시야와 요담과 아하스와 히
스기야 왕이 이어서 유다를 다스리고, 요아스의
아들 여로보암 왕이 이스라엘을 다스리던 때이다.

호세아의 아내와 아이들

2 주님께서 처음으로 호세아를 시켜 이스라엘
사람들에게 말씀하실 때에, 주님께서는 호세아에게
다음과 같이 말씀하셨다.

"너는 가서
음란한 여인과 결혼하여,
음란한 자식들을 낳아라!
이 나라가 주를 버리고 떠나서,
음란하게 살고 있기 때문이다."

3 호세아가 가서, 디블라임의 딸 고멜과 결혼
하였다. 고멜이 임신하여, 호세아의 아들을 낳았다.
4 주님께서 호세아에게 말씀하셨다.

"그의 이름을
ㄱ)이스르엘이라고 하여라.
이제 곧
내가 예후의 집을 심판하겠다.
그가 이스르엘에서
살육한 죄를 물어서
이스라엘 왕조를 없애겠다.
5 또 그 날에
내가 이스르엘 평원에서
이스라엘의 활을 꺾겠다."

6 고멜이 다시 임신하여 딸을 낳았다. 이 때
에 주님께서 호세아에게 말씀하셨다.

"그 딸의 이름은
ㄴ)로루하마라고 하여라.
내가 다시는 이스라엘 족속을
불쌍히 여기지도 않고,
용서하지도 않겠다.

ㄱ) '하나님이 씨를 뿌리시다' ㄴ) '불쌍히 여김을 받지 못하는 딸'

1:1 책의 표제는 일반적으로 성경책 맨 앞부분에 나타나는데, 저자로 알려진 사람, 작품의 주제, 문학양식, 역사적 배경, 그리고 다른 여러 정보를 확인시켜 주는 역할을 한다 (예를 들어, 잠 1:1, 30:1; 전 1:1, 사 1:1; 렘 1:1-3; 암 1:1). 1절은 하나님의 예언의 말씀을 전달하기 위해서 (예를 들어, 렘 1:4; 겔 3:16; 슥 4:8) 여러 예언서의 표제에서 나타나는 전형적인 양식을 채택하고 있다 (욜 1:1; 미 1:1 습 1:1). 호세아는 유다의 웃시야 (기원전 783-742년), 요담 (기원전 742-735년), 아하스 (기원전 735-715년), 히스기야 (기원전 715-687/6년), 그리고 이스라엘의 요아스의 아들 여로보암 (기원전 786-746년)의 통치기간에 활동했다. 여로보암의 증조부인 예후(기원전 842-815년)가 세운 왕조는 그의 아들 스가랴(기원전 746년)의 암살과 여로보암의 죽음 후에 곧 끝났다. 호세아는 예후의 집안을 비판했기 때문에, 반란이 일어나기 전에 이스라엘에서 피난하여, 유다에서 계속 반대하는 의사를 보였을 것이다.

1:2—14:8 [1:2—14:9] 호세아서의 본론은 예언자가 북왕국 이스라엘이 하나님에게로 돌아오라고 호소하는 이야기이다. 예언자는 종교적인 언어로 호소하고 있지만, 그 호소 자체는 정치적인 것을 암시해 주고 있는데, 이스라엘이 앗시리아와 동맹을 맺은 것을 반대하면서 하나님의 뜻을 드러내기 위해서 아람과 동맹 맺을 것을 요구하고 있기 때문이다 (특히 12:1-8 [12:2-9]; 14:1-8[14:2-9]를 보라). 호세아서의 본론은 두 부분으로 되어 있다: (1) 제3자가 이야기하는 형식으로 하나님께서 호세아에게 한 창녀와 결혼하여 그들의 자녀들에게 상징적인 이름을 지어 주라는 첫 번째 지시 (1:2-11 [1:2—2:2]), (2) 이스라엘을 향하여 호세아가 말하는 것으로서, 하나님을 버린 이스라엘을 심판하는 윤곽을 묘사하면서 하나님께로 돌아올 것을 호소한다 (2:1—14:8 [2:3—14:9]).

1:2-11 [1:2—2:2] 이야기를 하는 사람은 호세아에게 고멜이라는 음란한 여인과 결혼하여 그들의 자녀들에게 하나님께서 이스라엘과 예후 왕조의 통치를 기뻐하시지 않음을 표현해주는 상징적인 이름을 지어 주라고 하나님께서 지시하시는 이야기이다 (이와 비슷한 예언자들의 상징적인 행동으로는, 왕상 11:30-31; 사 7:3, 14, 8:1, 8; 10:20-23; 렘 27—28장; 겔 4:1—5:4; 24:15-27을 보라. 1194쪽 추가 설명: "예언자들과 상징적 행동"을 보라) **1:2-3** *디블라임의 딸 고멜.* 고멜은 흔히 가나안의 풍요 신을 의미하는 바알신과 아스다롯 신을 숭배하는 데 있어서 성적인 행위를 했던 가나안 제의의 성전 창기로 알려져 있다. 남편과 아내의 관계처럼 이러한 신들의 성적인 연합은 가나안 종교 내에서 땅의 풍요로움을 보장해주었다. 공교롭게도, 이러한 이야기 속에서 호세아의 아내인 고멜이나 이스라엘의 이야기를 들어 볼 기회가 전혀 없다. 독자들은 고멜의 관점을 들을 수가 없다. 그녀는 정말 창녀였을까? 아니면, 그녀의 남편이 그녀를 단지 그렇게 묘사한 것에 불과한 것일까? **1:4-5** *이스르엘.* 이스르엘이라는 남자 아이의 이름은 예후의 집안이 이스르엘에서 흘린 피에 대한 하나님의 징계를 상징하는 것이다. 요아스의 아들 여로보암 왕의 증조부 예후는 이스라엘의 아합의 아들 요람 왕과 그의 어머니 이세벨, 그리고 다른 가족들과 그 이전에 이스라엘이 다스렸던 오므리 왕조의 지지자들을 죽였다 (왕하 9—10장을 보라). 예언자는 예후의 집안이 앗시리아와 이집트와의 동맹(12:1

7 그러나 유다 족속은 내가 불쌍히 여기겠다.
그들의 주 나 하나님이 직접 나서서 그들을 구출하
겠다. 그러나 내가 그들을, 활이나 칼이나 전쟁이나
군마나 기마병으로 구출하는 것이 아니다."
8 로루하마가 젖을 뗄 때에, 고멜이 다시 임
신하여 아들을 낳았다. 9 주님께서 말씀하셨다.
"그의 이름을 ㄱ)로암미라고 하여라.
너희가 나의 백성이 아니며,
나도 너희의 하나님이
아니기 때문이다."

이스라엘이 회복될 것이다

10 "그러나 이스라엘 자손의 수가
바닷가의 모래처럼 많아져서,
얼마나 되는지,
아무도 되어 보거나
세어 볼 수 없을 때가
올 것이다.
그 때가 되면,
사람들이 너희를
로암미라고 부른 땅에서,
'살아 계신 하나님의 자녀'라고
부를 것이다.
11 그 때가 되면,
유다 자손과 이스라엘 자손이
통일을 이룩하여,
한 통치자를 세우고,
땅에서 번성할 것이다.
그렇다.
이스르엘의 날이
크게 번창할 것이다.

2 1 이제 너희는 형제를 ㄴ)암미라고 하고, 자매를
ㄷ)루하마라고 하여라."

성실하지 않은 고멜, 성실하지 않은 이스라엘

2 "고발하여라.
너희 어머니를 고발하여라.
그는 이제 나의 아내가 아니며,
나는 그의 남편이 아니다.
그의 얼굴에서 색욕을 없애고,
그의 젖가슴에서
음행의 자취를 지우라고 하여라!

ㄱ) '내 백성이 아니다' ㄴ) '내 백성이다' ㄷ) '불쌍히 여김을 받는 딸'

[12:2]; 14:1-8 [14:2-9]를 보라)을 하나님을 버린 것으로 보았다. **1:5-7** *로루하마.* 이 여자 아이의 이름은 히브리어로 "자비가 없음"(혹은 불쌍히 여김을 받지 못하는 딸)이라는 의미이다. 이 이름은 하나님이 이스라엘에게 자비를 보이지 않으실 것을 분명히 드러내지만, 신탁은 하나님이 유다를 그들의 적으로부터 구원해 낼 것이라는 사실 역시 드러낸다.

1:8-11 [1:8—2:2] *로암미.* 이 남자 아이의 이름은 히브리어로 "내 백성이 아니다" 라는 의미이다. 이 이름은 하나님과 이스라엘의 관계를 나타내며 하나님이 북왕국을 심판하시겠다는 의지를 표현하기 위해서 사용했던, "나는 너희의 하나님이 되고, 너희는 나의 백성이 될 것이다" (예를 들어, 출 6:6-7; 레 26:12; 신 26:17-19) 라는 전통적인 양식의 표현을 뒤집는 것이다. 하나님의 말씀은 이스라엘의 조상에게 하셨던 약속, 특히 아브라함(창 22:17)과 야곱(창 32:13)에게 징계가 끝나면 관계를 회복시키시겠다고 말씀하셨던 전통적인 언어를 사용한다. 주님의 말씀은 북쪽 지파들이 반란을 일으키기 전인 다윗과 솔로몬 시대처럼 한 왕 아래 이스라엘과 유다가 재통일 될 것을 묘사하고 있다 (삼하 2장; 왕상 1—12장을 보라; 그리고 그 왕은 다윗의 집안에서 나올 것임을 이야기하고 있는 호 3:5를 참조하라).

2:1—14:8 [2:3—14:9] 호세아가 연설하는 내용은 이스라엘이 하나님께 돌아오라고 호소하는 것이다. 이 단락에서는 호세아가 화자이며, 4:1; 5:1; 6:1; 9:1은 서론 부분들이고, 그리고 14:2는 이스라엘이 호세아의 연설을 듣는 자이다. 예언자의 연설은 이스라엘에 대한 심판의 진술들로 가득 차 있지만, 이스라엘의 돌이킴과 회복을 요구하고 있는 이러한 수사적 효과를 노린 목적은 자녀들 이름의 의미가 반대로 뒤바뀌고 있는 시작과 마지막 부분에서 명백히 드러난다 (2:1—3:5 [2:3—3:5]; 14:1-8 [14:2-9]). 이어지는 도입부의 명령적 진술들은 이 곳의 본문이 네 부분으로 되어 있음을 보여준다: (1) 어머니가 돌아올 것을 호소하는 호세아 (2:3—3:5 [2:1—3:5]); (2) 하나님께서 이스라엘과 변론하심 (4:1-19); (3) 구체적인 하나님의 변론들 (5:1—13:6 [5:1—14:1]; (4) 이스라엘에게 하나님께 돌아오라는 부름 (14:1-8 [14:2-9]). 전반적으로, 이 본문의 목적은 청중들에게 하나님과 이스라엘 사이의 화해의 가능성을 확신시켜 주기 위한 것이다.

2:1—3:5 [2:3—3:5] 호세아의 연설들은 그의 자녀들이 그들의 어머니가 돌아오기를 간청하는 예언자적 호소로 시작된다. "내 백성"이라는 *암미와* "자비"라는 *루하마를* 사용하여 (2:1) 예언자는 회복이라는 주제를 나타내고 있다. 예언자는 그의 아내의 음행을

3 그렇게 하지 않으면,
그가 처음 태어나던 날과 같이,
내가 그를 발가벗겨서
내버릴 것이다.
그리하여 내가 그를
사막처럼 메마르게 하고,
메마른 땅처럼 갈라지게 하여,
마침내 목이 타서 죽게 하겠다."

4 "그가 낳은 자식들도,
내가 불쌍히 여기지 않겠다.
그들도
음행하는 자식들이기 때문이다.
5 그는 자랑하기를
'나는 나의 정부들을 따라가겠다.
그들이 나에게
먹을 것과 마실 것을 대고,
내가 입을 털옷과 모시옷과,
내가 쓸 기름과
내가 마실 술을 댄다' 하는구나.
그렇다!
그들의 어머니가 음행을 하였다.
그들을 배었던 여인이
부끄러운 일을 저질렀다.
6 그러므로 내가 이제
가시나무로 그의 길을 막고,
담을 둘러쳐서
그 길을 찾지 못하게 하겠다.
7 그가 정부들을 쫓아다녀도,
그들을 따라잡지 못할 것이다.
그들을 찾아다녀도,
어디에서도 만나지 못할 것이다.
그제서야 그는
'이제는 발길을 돌려서
나의 남편에게로 돌아가야지.
나의 형편이 지금보다
그 때가 더 좋았다' 할 것이다."
8 "바로 내가 그에게
곡식과 포도주와 기름을 주었으며,
또 내가 그에게 은과 금을
넉넉하게 주었으나,
그는 그것을 전혀 모르고
그 금과 은으로
바알의 우상들을 만들었다.
9 그러므로 곡식이 익을 때에는
내가 준 그 곡식을 빼앗고,
포도주에 맛이 들 무렵에는
그 포도주를 빼앗겠다.
또 벗은 몸을 가리라고 준
양털과 모시도 빼앗겠다.
10 이제 내가
그의 정부들이 보는 앞에서
부끄러운 곳이 드러나도록
그를 벗겨도,
내 손에서 그를 빼낼 사내가
하나도 없을 것이다.
11 또 그가 즐거워하는 모든 것과,
그의 온갖 잔치와,
초하루와 안식일과
모든 절기의 모임들을,
내가 끝장 내겠다.
12 정부들이 저에게 준
몸값이라고 자랑하던
포도나무와 무화과나무들을
내가 모조리 망쳐 놓을 것이다.
내가 그것들을 수풀로 만들어서,
들짐승들이
그 열매를 따먹도록 할 것이다.
13 또 바알 신들에게 분향하며

비난하면서, 그녀가 다시는 그들의 자녀들을 보지 못하도록 하겠다고 다짐한다. 본문이 *호세아와 고멜이* 주된 등장인물이라는 전제로 시작되지만, 바알을 섬겼다거나 곡식과 포도주 등을 준 남편에 대한 언급을 통해서 하나님께서 이스라엘과 맺은 관계를 비유적으로 명확히 묘사하고 있다. 그러나 고멜에게 남편의 비난에 대해서 해명할 기회가 주어져 있지 않은 것처럼, 이스라엘에게도 그 관계에 대한 그들 자신이 이해하고 있는 바를 드러낼 기회가 없었음에 주목하라. 예를 들어, 하나님은 아람 사람들이 이스라엘을 공격하던 예후 통치 초기에서부터 어쩌면 이스라엘을 버리셨던 것일까? (왕하 10:32-33을 보라; 13:22-25를 참조하라). 성경은 이에 대한 언급이 없지만, 여러 고대의 기록들은 예후와 그의 손자 요아스가 아람의 통제로부터 벗어나기 위해서 앗시리아와 동맹을 맺었다고 지적한다.

특별 주석

본문은 이스라엘이 하나님에게 충성하지 못함을 명확하게 이야기하고 있지만, 남편인 호세아와 아내인 고멜에 대한 거친 언어는 여러 세기에 걸쳐서 여성들에게 끔직한 결과들을 보여주었다. 일부 학대성향이 있는 남편들은 그러한 하나님의

귀고리와 목걸이로 몸단장을 하고,
정부들을 쫓아다니면서
나를 잊어버린 그 세월만큼,
내가 이제
그에게 모든 벌을 내릴 것이다.
나 주의 말이다."

백성을 향한 주님의 사랑

14 "그러므로 이제 내가 그를 꾀어서,
빈 들로 데리고 가겠다.
거기에서 내가 그를
다정한 말로 달래 주겠다.
15 그런 다음에, 내가 거기에서
포도원을 그에게 되돌려 주고,
ㄱ)아골 평원이
희망의 문이 되게 하면,
그는 젊을 때처럼,
이집트 땅에서 올라올 때처럼,
거기에서 나를 기쁘게 대할 것이다.

16 그 날에
너는 나를
'나의 남편'이라고 부르고,
다시는
ㄴ)'나의 주인'이라고
부르지 않을 것이다.
나 주의 말이다.

17 그 때에 나는 그의 입에서
바알 신들의 이름을 모두 없애고,
바알 신들의 이름을 부르는 자들이
다시는 없도록 하겠다.
18 그 날에는
내가 이스라엘 백성을 생각하고,
들짐승과 공중의 새와
땅의 벌레와 언약을 맺고,
활과 칼을 꺾어버리며
땅에서 전쟁을 없애어,
이스라엘 백성이
마음 놓고 살 수 있게 하겠다.

19 그 때에
내가 너를
영원히 아내로 맞아들이고,
너에게 정의와 공평으로 대하고,
너에게 변함없는 사랑과
긍휼을 보여 주고,
너를 아내로 삼겠다.
20 내가 너에게 성실한 마음으로
너와 결혼하겠다. 그러면 너는
나 주를 바로 알 것이다.

21 그 날에 내가 응답할 것이다.
나 주의 말이다.
나는 하늘에 응답하고,
하늘은 땅에 응답하고,
22 땅은
곡식과 포도주와
올리브 기름에 응답하고,
이 먹거리들은
이스르엘에 응답할 것이다.

23 그 때에 내가
이스라엘을 이 땅에 심어서
ㄷ)나의 백성으로 키우고,
로루하마를 사랑하여
루하마가 되게 할 것이다.
로암미에게
'이제 너는 암미다!' 하고
내가 말하면,
그가 나에게
'주님은 나의 하나님이십니다!'
하고 대답할 것이다."

ㄱ) '고통' ㄴ) 히, '나의 바알' ㄷ) 히, '암미'

언어와 이미지로부터 영향을 받았을 것이고, 또한 결혼 상대자에게 육체적으로 학대를 가하는 잘못된 남편이 하나님의 이미지인양 정당화 시키는 길을 모색했을 것이다. 이와 비슷한 이미지를 사용하고 있는 에스겔 16장과 23장을 보라. 공교롭게도, 이 곳과 에스겔 16장은 상반된 모습을 계속해서 보여주고 있다: 아낌없는 사랑의 약속과 부정(不貞)한 배우자에 대한 용서이다 (2:23; 겔 17:50-63).

2:14-23 [2:16-25] 그의 아내의 정부들 앞에서 그녀를 모욕함으로써, 남편은 그녀를 되찾을 준비를 한다. **2:15** *아골 평원이 희망의 문이 되게 하면.* 이것은 방황하던 이스라엘의 광야생활과 가나안 땅의 정복을 상기시켜 준다. 아골 골짜기는 갈미의 아들인 아간이 여리고를 정복하고 나서 하나님께 바친 전리품의 일부를 훔쳤던 여리고 근처의 넓은 평야이다 (수 7장). 이스라엘 백성이 아이 성을 물리칠 수 있었던 때는 아간이 처벌된 뒤였다. "고통의 골짜기" 라는 이름이

호세아와 성실하지 않은 여인

3 1 주님께서 나에게 또 말씀하셨다. "너는 다
시 가서, 다른 남자의 사랑을 받고 음녀가 된
그 여인을 사랑하여라. 이스라엘 자손이 다른 신
들에게로 돌아가서 건포도를 넣은 빵을 좋아하더
라도, 나 주가 그들을 사랑하는 것처럼 너도 그 여
인을 사랑하여라!" 2 그래서 나는 은 열다섯 세
겔과 보리 한 호멜 반을 가지고 가서, 그 여인을
사서 데리고 왔다. 3 나는 그 여인에게 말하였다.
"당신은 많은 날을 나와 함께 살면서, 창녀가 되
지도 말고, 다른 남자와 관계를 맺지도 말고, 나를
기다리시오. 그 동안 나도 당신을 기다리겠소."
4 이스라엘 자손도 많은 날을 이렇게 왕도 통치
자도 없이, 희생제물도 돌기둥도 없이, 에봇도 드
라빔도 없이 살 것이다. 5 그런 다음에야 이스라
엘 자손이 돌이켜서, 주 그들의 하나님을 찾으며,
그들의 왕 다윗을 찾을 것이다. 마지막 날에는 이
스라엘 자손이 떨면서 주님 앞에 나아가, 주님께서
주시는 선물을 받을 것이다.

주님께서 이스라엘을 규탄하시다

4 1 이스라엘 자손아,
주님의 말씀을 들어라.
주님께서
이 땅의 주민들과 변론하신다.
"이 땅에는
진실도 없고, 사랑도 없고,
하나님을 아는 지식도 없다.
2 있는 것이라고는
저주와 사기와 살인과 도둑질과
간음뿐이다.
살육과 학살이 그칠 사이가 없다.
3 그렇기 때문에 땅은 탄식하고,
주민은 쇠약해질 것이다.
들짐승과 하늘을 나는 새들도
다 야위고,
바다 속의 물고기들도
씨가 마를 것이다."

주님께서 백성과 제사장을 심판하시다

4 "그러나 서로 다투지 말고,
서로 비난하지도 말아라.
ㄱ)제사장아, 이 일로
네 백성은 너에게 불만이 크다.
5 그래서 낮에는 네가 넘어지고,
밤에는 예언자가
너와 함께 넘어질 것이다.
내가 너의 어머니 이스라엘을
멸하겠다.

ㄱ) 또는 '제사장아, 나는 네게 불만이 있다' 또는 '제사장아, 네 백성이 제사장과 다투는 자들과 같이 되었다'

"희망의 문"이라는 이름으로 바뀜으로써, 신탁은 하나님과 이스라엘의 관계가 회복됨을 나타낸다. 은유적으로 묘사되는 이러한 관계는 하나님이 회복시킨 아내와 자녀들이라는 이스라엘의 이미지로 이어진다. 언약은 *너는 나의 백성이며 나는 너의 하나님이라*는 진술을 통하여 완전히 회복된다 (호 1:9를 참조하라). **3:1-5** 호세아는 음녀가 된 여인을 사랑하라는 하나님의 명령을 따른다. 이 진술이 고멜을 언급하고 있는지에 대해서는 아주 분명하지 않지만, 하나님께서 이스라엘과의 관계를 회복시키겠다는 앞에서 언급한 실체가 그녀라는 사실을 암시한다. **3:2** *그 여인을 사서 데리고 왔다.* 출 22:16-17을 보라. 창 24:22; 29:15-30; 신 22:29를 참조하라. **3:4** 호세아가 돈을 주고 산 고멜은 정치적인 상징임이 분명해진다: 이스라엘의 왕과 제사장의 멸망은 다윗 왕조의 통치가 회복되면 궁극적으로 해결될 것이라는 것이다. **3:5** *마지막 날에는.* 이 구절은 종종 종말론적으로 이해하고 있지만—예를 들어, 마지막 때에 하나님의 개입을 언급하는 것이다—여기서는 단순히 미래를 언급하는 것이다.

4:1-19 예언자는 이스라엘을 꾸짖으시며 타락한 제사장과 우상숭배의 제의 현장을 거부하라고 호소하시는 하나님을 나타내 보인다. 이 구절들은 흔히, 하나님께서 언약을 파기한 이스라엘을 꾸짖으시기 위해서 법정 용어로 표현된 "언약 소송"의 한 예로 이해되고 있다 (사 1장; 렘 2장; 미 6장을 보라).

4:1-3 신탁은 하나님의 꾸짖음에 귀 기울이라는 예언자의 설교로 시작된다. *변론.* 히브리어 *리브(rib)*라는 전문용어는 두 당사자간에 법적으로 논쟁하는 것을 뜻한다 (출 23:2; 신 21:5; 삼하 15:2). (개역개정은 "변론"하는 것을 "논쟁"으로; 공동번역은 "논고"를 펴는 것으로; NRSV는 죄를 "기소"하는 것으로 번역했음.) 하나님은 그 백성들이 *진실, 사랑,* 그리고 *하나님을 아는 지식*이 없다고 꾸짖으신다. *진실.* 재판관에게 기대되는 신뢰를 뜻한다 (출 18:21). *사랑.* 인간관계에서 서로간의 "충성"을 뜻한다 (삼상 20:15). *지식.* 부부 사이와 같은 관계의 친밀함을 뜻한다 (창 4:1; 24:16). 꾸짖음은 이스라엘이 주 하나님과 맺는 관계의 기본적인 원칙을 담고 있는 십계명을 위반한 것으로 이어진다 (출 20장;

6 내 백성이
나를 알지 못하여 망한다.
네가 제사장이라고 하면서
내가 가르쳐 준 것을 버리니,
나도 너를 버려서
네가 다시는
나의 성직을 맡지 못하도록 하겠다.
네 하나님의 율법을
네가 마음에 두지 않으니,
나도 네 아들딸들을
마음에 두지 않겠다.

7 제사장이 많아지면 많아질수록,
나에게 짓는 죄도 더 많아지니,
내가 그들의 영광을
수치로 바꾸겠다.
8 그들은 내 백성이 바치는
속죄제물을 먹으면서 살고,
내 백성이
죄를 더 짓기를 바라고 있다.
9 그러므로 백성이나 제사장이
똑같이 심판을 받을 것이다.
내가 그 행실대로 벌하고,
한 일을 따라서 갚을 것이니,
10 아무리 먹어도 배부르지 않고,
아무리 음행을 하여도
자손이 불어나지 않을 것이다.
이 백성이 다른 신들을 섬기려고
나 주를 버렸기 때문이다."

이교 예배를 책망하시다

11 "나의 백성은
음행하는 일에 정신을 빼앗기고,
묵은 포도주와 새 포도주에
마음을 빼앗겼다.
12 나무에게 묻고,
그 요술 막대기가 그들을 가르치니,
그들의 마음이
음심에 홀려서 곁길로 가고,
하나님의 품을 떠나서 빗나간다.
13 산꼭대기에서
희생제물을 잡아서 바친다.
언덕 위에서 분향한다.
참나무와 버드나무와
상수리나무의 그늘이 좋다고,
거기에서도
제물을 잡아서 불살라 바친다.
너희의 딸들이 음행을 하고,
너희의 며느리들이 간음을 한다.
14 너희 남자들도
창녀들과 함께 음행을 하고,
창녀들과 함께
희생제사를 드리는데,
너희 딸들이 음행을 한다고
벌하겠느냐?
너희 며느리들이 간음을 한다고
벌하겠느냐?
깨닫지 못하는 백성은 망한다.
15 이스라엘아,
너는 비록 이방 신을 섬겨
음행을 하여도,
유다는 죄를 짓지 못하게 하여라.
너희는 길갈로 가지 말아라.
ㄱ)벳아웬으로 올라가지 말아라.
주의 살아 계심을 걸고
맹세하지 말아라."

16 그렇다. 이스라엘이,
고집 센 암송아지처럼
말을 듣지 않으니,
어찌 주님께서 그들을
어린 양을 치듯
넓은 초장에서 먹이시겠느냐?
17 에브라임은
우상들과 한 패가 되었으니,
그대로 버려 두어라.
18 그들은
술잔치를 한바탕 벌인 다음에,
언제나 음행을 한다.
대신들은
수치스러운 일 하기를 즐긴다.

ㄱ) '악한 자의 집'. '하나님의 집'을 뜻하는 베델을 비꼬아 하는 말

신 5장; 레 19장도 보라). 언약에는 모든 창조물을 포함하고 있기 때문에, 땅과 그 곳의 동 물들도 고통을 받는다 (레 26장; 신 28—30장; 습 1:2-3). **4:4-14** 하나님은 이스라엘이 언약을 지키지 못한 책임 당사자로 이스라엘의 제사장을 직접 지목하신다. 제사장은 백성들을 가르칠 책임이 있기에 (레 10:10-11), 예언자와 하나님께서 제사장들이 그들의 의무를 게을리 한 것에 대해 비난하고 있다. 그 결과는 우상숭배, 이방신 숭배, 제의적

19 그러므로
거센 바람이
그 날개로 그들을 에워싸고
휩쓸어 갈 것이다.
그들이 바친 희생제물이
그들을 수치스럽게 할 것이다.

5 1 "너희 제사장들아,
이 말을 들어라!
너희 이스라엘 백성아,
똑똑히 들어라!
너희 왕족들아, 귀를 기울여라!
너희가 심판을 받아야 할 것이다.
너희는 미스바에 놓은 덫이고,
다볼 산 위에 펼쳐 놓은 그물이다.
2 ㄱ)반역자들이
살상에 깊이 빠져들었다.
그러므로
내가 너희를 모두 징벌하겠다.

3 나는 에브라임을 잘 안다.
내 앞에서는
이스라엘이 숨지 못한다.
에브라임이 몸을 팔고 있고,
이스라엘이 몸을 더럽히고 있다."

호세아가 우상숭배를 경고하다

4 그들의 온갖 행실이 그러하니,
하나님께로 되돌아가지 못한다.
음란한 생각이
그들 속에 가득 차서,
주님을 알지 못한다.

5 이스라엘의 교만이
이스라엘에게 불리하게 증언한다.
ㄴ)이스라엘 곧 에브라임은
저의 죄에 걸려서 넘어질 것이다.
유다도 그들과 함께 넘어질 것이다.
6 양 떼와 소 떼를 몰고
주님을 찾아 나선다고 하여도,
주님께서 이미
그들에게서 떠나셨으니,
그들이 주님을 만나지 못할 것이다.
7 그들이 주님께 정조를 지키지 않고
사생아를 낳았으니,
그들이 지키는 ㄷ)새달 절기가
밭과 함께 그들을 삼킬 것이다.

ㄱ) 또는 '너희는 싯딤 땅에 깊이 파놓은 함정이다' ㄴ) 히, '이스라엘과 에브라임' 또는 '이스라엘, 심지어 에브라임도' ㄷ) 또는 '초하루 축제'

음행인 것이다. **4:15-19** 예언자는 *길갈*과 베델의 성소를 비판한다. 여리고 근처의 요르단 계곡(수 4:19)에 있는 길갈은 전통적으로 여호수아 시대이래, 이스라엘에서 첫 번째 성소로 여겨지는 곳으로 (수 3—5장; 10장), 사울이 왕으로 세움 받은 곳이다 (삼상 11:14-15). "악한 자의 집"이란 의미의 *벳아웬*은 야곱이 세운 베델에 있는 성소를 비꼬아 하는 말이며 (창 28장), 나중에 느밧의 아들 여로보암이 북왕국의 왕립 성소를 세운 곳이다 (왕상 12—13장; 암 7:10-17). *고집 센 암송아지처럼.* 이 구절은 베델의 금송아지를 암시하는 것 같다.

5:1—14:1 장문으로 된 호세아의 신탁은 총괄적인 법정 진술을 담고 있는 4장을 기초로 한다. 여기에는 하나님께서 이스라엘을 꾸짖으시는 구체적인 근거들이 자세히 나타나며, 하나님께 돌아오라는 예언자의 호소의 기초가 된다. 여기에는 각각 명령문 또는 2인칭 연설 형태로 시작되는 일련의 연설들을 포함하고 있는데, 이는 청중들로 하여금 하나님과 이스라엘 사이의 변론 속에서 나타나는 문제들에 주의를 기울이도록 하기 위함이다.

5:1-7 예언자는 하나님께서 이스라엘을 꾸짖는다는 사실을 보여주기 위하여, 앞서 행한 대로 고멜과의 결혼이라는 비유를 이용한다. 이스라엘은 창녀처럼 행동하여 이방의 자식을 낳았다. 그는 백성들을 잘못된 길로 인도한 이스라엘의 지도자들, 즉 제사장들, 이스라엘의 모든 족속들, 그리고 왕족들을 향하여 연설을 시작한다 (1-2절). *미스바, 다볼,* 그리고 *반역자들(싯딤)*은 이스라엘과 하나님과의 관계에서 문제점 혹은 결점을 나타낸다. *미스바.* 이스라엘이 그들의 첫 번째 왕으로 사울을 선택한 베냐민 지파의 성읍이며 (삼상 10:17-27), 하나님을 거역하였다 (삼상 8—12장). *다볼.* 이것은 이스르엘 계곡의 북동쪽 끝에 있는 산으로, 그곳은 초기 이스라엘 지파들이 드보라의 지도 아래 하솔의 왕 야빈과 그의 장군 시스라와 싸우기 위해서 모인 장소이다 (삿 4—5장). *싯딤* (이 히브리어는 그 뜻이 난해하며 본문의 맥락에서 이해될 수 있는 표현 방법 중의 하나이다). 싯딤은 요르단에 있는 장소이며, 그 곳에서 백성들이 약속의 땅을 향하여 가는 도중에 바알 브올을 음란하게 섬기는 데 연합하여 하나님을 배반하고 우상숭배를 범했던 곳이다 (민 25:1-5). 예언자는 하나님의 책망을 드러내기 위해서 3-7절에 음행과 이혼이라는 이미지를 사용한다. 백성들이 새달 절기나 매월 초하루에 바알에게 바친 희생물을 먹은 것에 대해, 호세아는

유다와 이스라엘 사이의 전쟁

8 "기브아에서
전쟁을 알리는 나팔을 불어라!
라마에서도 비상 나팔을 불어라!
벳아웬에서도 전쟁이 터졌다고
경보를 알려라!
베냐민아, 적군이 네 뒤를 쫓는다.
9 에브라임이 벌을 받는 날에는,
온 나라가 황무지가 될 것이다.
이스라엘의 모든 지파에게
이미 확정된 일을 내가 선포한다.

10 유다의 통치자들은
경계선을 범하는 자들이니,
내가 그들 위에
나의 분노를
물처럼 쏟아 부을 것이다.
11 에브라임이 도움을 구하러
허무한 것을 뒤쫓아갔으니,
에브라임이 심판을 받아,
억압을 당하고 짓밟혔다.
12 그러므로 나는
에브라임에게는 좀으로
유다 가문에게는
썩이는 것으로 칠 것이다.

13 에브라임이 자기의 중병을 깨닫고
앗시리아로 가고,
유다는 제 몸에 난 상처를 보고
그 나라의 ㄱ)대왕에게
특사를 보냈다.
그러나 그 대왕이
너희의 중병을 고치지 못하고,
그가 너희의 상처를
치료하지 못한다.
14 내가 사자처럼
에브라임에게 달려들고,
젊은 사자처럼
유다 가문에 달려들어
그들을 물어다가
갈기갈기 찢을 것이니,
아무도 내 입에서
그들을 빼내어
건져 주지 못할 것이다.

ㄱ) 히, '야렙 왕' 또는 '싸우는 왕'

백성들의 자녀와 밭들이 우상숭배의 대가로 모두 사라져 버릴 것이라고 엄중히 책망한다.

5:8—7:16 하나님께서 이스라엘과 유다에게 응답하기를 꺼려하고 계심을 길게 말하는 부분이다. 그 중심되는 주제는 이스라엘이 징계 받는 이유가 외국 세력과 동맹을 맺기 때문이라는 것이다. 이집트와 앗시리아와 동맹을 맺음으로써 (5:13-14; 7:11-12), 이스라엘과 유다는 언약을 깨뜨리고 하나님을 배반하였다. **5:8-9a** 예언자는 *쇼파* (*shofar* 양각 나팔)를 불어서 베냐민 사람들에게 적군이 뒤쫓아옴을 경고한다 (민 10:9; 삿 3:27; 렘 4:5). *기브아, 라마, 벳아웬.* 이 도시들은 예루살렘의 북쪽에서 북왕국에 이르는 경로에 위치한 베냐민 지파 영토 안에 있는 도시들이다. 이것은 그들에게 닥친 위협이 자신의 성전을 예루살렘에 두신 하나님께로부터 나온 것이지 외국 세력으로부터 나온 것이 아님을 암시해 준다. 많은 주석가들은 이 구절이 이스라엘과 아람이 유다를 공격해서 유다에게 반앗시리아 동맹에 가담하도록 강요한 시리아-에브라임 전쟁을 전제한다고 주장한다 (왕하 16장; 사 7장을 보라). 그보다는 본문의 관점은 이스라엘이 아람(시리아)에서 앗시리아로 그 동맹을 바꾼 시기를 전제한다고 볼 수 있으며, 유다를 위협적인 존재로 보았던 것 같다 (삼상 10:26; 11:4). *라마.* 사무엘이 사울을 왕으로 기름부은 장소이다 (삼상 9:1—10:16). *벳아웬.* "악한 자의 집"이라는 뜻으로 이스라엘의 왕립성소가 있던 장소(창 28장; 왕상 12—13장)이며, 베델을 의미한다 (수 7:2; 18:12; 삼상 13:5; 14:23).

5:9b-14 하나님은 에브라임(북왕국)이 압박을 당할 것을 말씀하시는데, 그것은 유다가 이스라엘의 경계선(지계표)을 옮겼기 때문이다 (신 19:14의 경계선을 옮기는 것에 관한 금령을 보라). 하나님이 유다를 벌할 것을 약속하셨더라도, 하나님은 에브라임이 그들의 경계선을 보호하기 위해서 스스로가 선택한 것이기 때문에 고통을 당하는 것이라고 말씀하신다 (11절의 *허무한 것을 뒤쫓아 갔으니* 는 "[경계]선을 따라가다"로 번역되어야만 한다. 번역하기 어려운 이 구절은 다양하게 번역되었다. 개역개정은 이 부분을 "사람의 명령 뒤따르기를 좋아하므로;" 공동번역은 "우상을 따르다가"로 번역했음). **5:12-14** 두 나라 사이의 긴장의 근원은 에브라임이 스스로 앗시리아와 동맹을 맺었으며, 그것은 명백히 예후 통치 초기에 이스라엘을 공격했던 아람 사람들로부터 스스로를 보호하기 위한 조처였다 (왕상 10:32-33) **5:14** *내가 사자처럼 에브라임에게 달려들고.* 유다 지파의 상징인 힘이 뻗친 사자의 이미지는 (창 49:9) 에브라임과 유다 모두가 하나님을 두려워해야 함을 강조하고 있다. **5:15—6:3** 저자는 계속

15 나는 이제 내 곳으로 돌아간다.
그들이 지은 죄를 다 뉘우치고,
나를 찾을 때까지 기다리겠다.
환난을 당할 때에는,
그들이 애타게
나를 찾아 나설 것이다."

백성들의 불성실한 회개

6 1 이제 주님께로 돌아가자.
주님께서 우리를 찢으셨으나
다시 싸매어 주시고,
우리에게 상처를 내셨으나
다시 아물게 하신다.
2 이틀 뒤에 우리를
다시 살려 주시고,
사흘 만에 우리를
다시 일으켜 세우실 것이니,
우리가 주님 앞에서 살 것이다.
3 우리가 주님을 알자.
애써 주님을 알자.
새벽마다 여명이 오듯이
주님께서도
그처럼 어김없이 오시고,
해마다 쏟아지는
가을비처럼 오시고,
땅을 적시는 봄비처럼 오신다.
4 "에브라임아,
내가 너를 어떻게 하면 좋겠느냐?
유다야,
내가 너를 어떻게 하면 좋겠느냐?
나를 사랑하는 너희의 마음은
아침 안개와 같고,
덧없이 사라지는 이슬과 같구나.
5 그래서 내가 예언자들을 보내어
너희를 산산조각 나게 하였으며,
나의 입에서 나오는 모든 말로
너희를 죽였고,
나의 심판이 너희 위에서
번개처럼 빛났다.
6 내가 바라는 것은
변함없는 사랑이지,
제사가 아니다.
불살라 바치는 제사보다는
너희가
나 하나님을 알기를 더 바란다.

7 그런데 이 백성은 ㄱ)아담처럼
언약을 어기고 나를 배반하였다.
8 길르앗은 폭력배들의 성읍이다.
발자국마다 핏자국이 뚜렷하다.
9 강도 떼가 숨어서 사람을 기다리듯,

ㄱ) 또는 '아담에서' 또는 '사람처럼'

해서 사자의 은유를 사용하여 하나님이 도울 수 있도록 에브라임과 유다가 돌아오기를 기다리고 계심을 드러낸다. **6:2** *사흘 만에.* 기독교적 해석은 이 부분을 예수님의 부활과 관련하여 종종 이해한다. 그보다는 비와 도움을 가져오시는 분은 하나님이라는 사실을 나타내기 위해서 풍요의 신이 비를 일으킨다는 가나안 신화의 테마를 채택하고 있다고 보는 것이 더 적절한 해석이다. **6:4—7:16** 6:4-6 수사적 효과를 노린 질문들은 에브라임과 유다에 대한 실망과 곤경에 처한 그들에게 마지못해 응답하심을 나타내고 있다. 주 하나님이 원하시는 것은 충성이다. 그러나 그들은 덧없이 사라지는 아침 안개와 이슬 같이 하나님을 버렸다.

특별 주석

호세아는 희생제물보다는 언약에 충실할 것을 원하고 있다. 많은 성경의 증언자들처럼, 그는 하나님이 가장 원하시는 것은 이웃과 함께 나눔(사 1:10-17; 렘 7:21-23, 암 5:21-25), 인애와 자비 (본문과 같이), 그리고 통회하는 마음(시 51:16-17)이라는 것이다. 희생제물은 이스라엘 예배의 한 부분이지만, 하나님의 도덕적 요구를 지키고자 하는 이스라엘 전체와 개인의 헌신이 없다면 제물은 아무 의미가 없다.

6:7—7:16 하나님이 이스라엘 백성을 주저하시는 이유. 하나님은 이스라엘이 언약을 깨뜨린 것을 보여주기 위해서 초기 정복 전통으로까지 거슬러 올라가신다. **6:7** *아담.* 일부에서는 이것을 에덴 동산에서의 아담의 원죄(창 3장)를 언급한다고 이해하기도 하지만, 본문은 이스라엘의 땅에 들어가기 위해서 이스라엘이 요단 강을 건넌 지역을 언급하고 있다 (수 3:16). 요단 강물이 건널 수 있도록 홍해처럼 갈라졌지만 (출 14—15장을 보라), 이스라엘은 주 하나님을 버리기 시작했다. **6:8** *길르앗.* 이스라엘의 산간지방에서 모반을 꾀했던 요단 건너편에 거주하는 부족들의 본거지이며 (수 22장), 예후가 세운 오므리 왕조를 폐하는 데 중요한 역할을 했던 예언자 엘리야와 엘리사의 고향이기도 하다 (왕상 17장—왕하 13장). **6:9** *세겜.* 북왕

제사장 무리가
세겜으로 가는 길목에 숨었다가
사람들을 살해하니,
차마 못할 죄를 지었다.
10 내가 이스라엘 집에서
소름 끼치는 일들을 보았다.
거기에서 에브라임이 몸을 팔고,
이스라엘이 몸을 더럽힌다.
11 유다야,
너를 심판할 시기도 정하여 놓았다.

내가 내 백성의 운명을
바꾸어 주고자 할 때마다,
7 1 내가 이스라엘을
치료하여 주고자 할 때마다,
에브라임이 지은
범죄가 드러나고
사마리아가 저지른
죄악이 드러난다.
서로 속이고,
안으로 들어가서 도둑질하고,
밖으로 나가서 떼지어 약탈한다.
2 내가 그들의 죄악을
모두 기억하고 있다는 것은,
그들이 전혀 마음에 두지도 않는다.
이제는 그들이 저지른 모든 잘못이
그들을 에워싸고
바로 내 눈 앞에 있으니,
내가 안 볼 수 없다."

왕궁 안의 반란

3 "왕을 갈아치울 자들이
악한 음모를 품고서도
겉으로는 왕을 기쁘게 하며,
온갖 기만으로
대신들을 속여 즐겁게 한다.
4 그들은 성욕이 달아오른 자들이다.
그들은 화덕처럼 달아 있다.
빵 굽는 이가 가루를 반죽해 놓고서,
반죽이 발효될 때를 제외하고는
늘 달구어 놓은 화덕과 같다.
5 드디어 우리 왕의 잔칫날이 되면,
대신들은
술에 만취되어 곯아 떨어지고
왕은 거만한 무리들과 손을 잡는다.
6 새 왕을 세우려는 자들의 마음은
빵 굽는 화덕처럼 달아 오르고,
그들은 음모를 품고
왕에게 접근한다.
밤새 그들의 열정을 부풀리고 있다가
아침에
맹렬하게 불꽃을 피워 올린다.
7 그들은 모두
빵 굽는 화덕처럼 뜨거워져서,
그들의 통치자들을 죽인다.
이렇게 왕들이
하나하나 죽어 가는데도
어느 누구도
나 주에게 호소하지 않는다."

이스라엘과 열강들

8 "에브라임은
다른 민족들 속에 섞여서
튀기가 되었다.
에브라임은
뒤집지 않고 구워서 한쪽만 익은
빵처럼 되었다.
9 온갖 외세가 국력을 삼키는데도
에브라임은 그것을 깨닫지 못하고,
죽을 날이 얼마 남지 않은 것도
깨닫지 못한다.

10 이스라엘의 교만이
이스라엘에게 불리하게 증언한다.
이 모든 일을 겪고도,
주 하나님에게로 돌아오지 않는다.
나를 찾지도 않는다.

11 에브라임은 어리석고,
줏대 없는 비둘기이다.
이집트를 보고
도와 달라고 호소하더니,

국 이스라엘이 다윗 왕조에 반란을 일으켜 그들 자신의 왕을 세웠던 장소이다 (왕상 11—12장). 하나님은 이스라엘의 수도, 사마리아에 있는 에브라임의 지도자들(왕상 16:24)이 타락하고 민족을 약하게 만들었다고 비난하신다. **7:4-11** 에브라임은 뒤집으면 부서져 버리고 마는 반쪽만 구운 빵과 같다; 외국 세력에게 사로잡혀 있다; 허약한 노인이 되어버렸고, 도움을 찾아 여러 민족 사이에서 헤매고 다니는 어리석은 비둘기와 같은 신세

어느새 앗시리아에게 달려간다.
12 내가 그들이 가는 곳에
그물을 던져서,
하늘에 나는 새를 잡듯
그들을 모조리 낚아챌 것이다.
그들이 저지른 죄악 그대로
내가 그들을 징계하겠다.

13 나를 떠나서 그릇된 길로 간 자들은
반드시 망한다!
나를 거역한 자들은
패망할 것이다.
건져 주고 싶어도,
나에게 하는 말마다 거짓말투성이다.
14 그들이 나에게 부르짖으나,
거기에 진실이 없다.
ㄱ)오히려 침상에 엎드려 통곡한다.
곡식과 포도주를 달라고 빌 때에도
ㄱ)몸을 찢어 상처를 내면서
빌고 있으니,
이것은 나를 거역하는 짓이다.
15 그들의 두 팔을
힘있게 기른 것은 나였지만,
그들은 나를 해치려고
음모를 꾸몄다.
16 ㄴ)허망한 것에 정신이 팔린 자들,
느슨하게 풀어진 활처럼
쓸모 없는 자들,
대신들은 함부로 혀를 놀렸으니,
모두 칼에 찔려 죽을 것이다.
이것이 이집트 땅에서
조롱거리가 될 것이다."

주님께서 우상숭배를 책망하시다

8 1 "나팔을 불어서
비상 경보를 알려라!
이스라엘 백성이
나의 언약을 깨뜨리고,
내가 가르쳐 준 율법을 어겼으므로,
적군이 독수리처럼
나 주의 집을 덮칠 것이다.
2 '우리의 하나님,
우리 이스라엘이 주님을 압니다'
하고 나에게 호소하면서도,
3 복된 생활을 뿌리치니
적군에게 쫓길 것이다.
4 이스라엘이 왕들을 세웠으나,
나와는 관계가 없는 일이다.
통치자들을 세웠으나,
그 또한 내가 모르는 일이다.
은과 금을 녹여서
신상들을 만들어 세웠으나,
마침내 망하고야 말 것이다.
5 사마리아 사람들아,
나는 너희의 송아지 우상을
인정하지 않는다.
그것들 때문에
나의 분노가 활활 타오른다.
너희가 언제 깨끗해지겠느냐?
6 이스라엘에서 우상이 나오다니!
송아지 신상은
대장장이가 만든 것일 뿐,
그것은 신이 아니다.
사마리아의 신상 송아지는
산산조각이 날 것이다.

7 이스라엘이 바람을 심었으니,
광풍을 거둘 것이다.
곡식 줄기가 자라지 못하니,
알곡이 생길 리 없다.
여문다고 하여도,
남의 나라 사람들이
거두어 먹을 것이다.

ㄱ) 이방인의 풍속 ㄴ) 또는 '가장 높으신 분께 돌아오지 않는다'

이다. 하나님은 그들을 잡아 가두시며, 도움을 요청하는 그들의 비명을 듣지 않으시며, 스스로의 몸에 상처를 내어 바알을 섬김으로써 (왕상 18:28; 신 14:1) 그들의 창조자를 거역한 것에 대해서 벌을 내리실 것이다.

8:1-14 이스라엘이 그들의 언약을 어겼음을 명확히 비난하고 있다. 비난의 중심은 이스라엘의 왕들과 제단은 결코 인정하지 않으신다는 하나님의 말씀에 있다.

특별 주석

성경본문들은 북왕국의 통치자들에 대한 긴장 관계를 보여준다. 예를 들어, 삼상 8장은 이스라엘이 왕을 요구하는 모습을 그리고 있는데, 이는 주 하나님에 대한 거절을 의미한다. 그럼에도 불구하고 하나님은 허락하신다. 왕상 11—13장은 실로의 아히야 예언자가 느밧의

8 이스라엘은 이미 먹히고 말았다.
이제 그들은 세계 만민 속에서
깨어진 그릇처럼 쓸모 없이 되었다.
9 외로이 떠돌아다니는 들나귀처럼,
앗시리아로 올라가서
도와 달라고 빌었다.
에브라임은 연인들에게
제 몸을 팔았다.
10 이스라엘이 세계 열방 사이에서
몸을 팔아서 도움을 구하였지만,
이제 내가 이스라엘을
한 곳에 모아서 심판하겠다.
외국 왕들과 통치자들의
억압에 짓눌려서
이스라엘이 야윌 것이다.

11 에브라임이 죄를 용서받으려고
제단을 만들면 만들수록,
늘어난 제단에서
더욱더 죄가 늘어난다.
12 수만 가지 율법을 써 주었으나,
자기들과는
아무런 관계도 없는 것처럼 여겼다.
13 희생제물을 좋아하여
짐승을 잡아서 제물로 바치지만,
그들이 참으로 좋아하는 것은
먹는 고기일 따름이다.
그러니 나 주가
어찌 그들과 더불어 기뻐하겠느냐?
이제 그들의 죄악을 기억하고,
그들의 허물을 벌하여서,
그들을 이집트로
다시 돌려보내겠다.
14 이스라엘이 궁궐들을 지었지만,
자기들을 지은 창조주를 잊었다.
유다 백성이
견고한 성읍들을 많이 세웠으나,
내가 불을 지르겠다.
궁궐들과 성읍들이
모두 불에 탈 것이다."

호세아가 이스라엘에 형벌을 선언하다

9 1 이스라엘아,
너희는 기뻐하지 말아라.
이방 백성들처럼
좋아 날뛰지 말아라.
너희는 하나님에게서 떠나서
음행을 하였다.
너희는 모든 타작 마당에서
창녀의 몸값을 받으며
좋아하고 있다.
2 그러나 타작 마당에서는
먹거리가 나오지 않고,
포도주 틀에서는
새 포도주가 나지 않을 것이다.
3 에브라임이
주님의 땅에서 살 수 없게 되어
다시 이집트로 돌아가고,
앗시리아로 되돌아가서
부정한 음식을 먹을 것이다.
4 이방 땅에서는,
주님께 포도주를
제물로 부어 드릴 수 없고,
그들이 바치는 제물이
주님을 기쁘게 해드릴 수도

여로보암을 왕으로 인정하지만, 여로보암은 나중에 단과 베델에 금송아지를 만듦으로써 우상숭배를 범한다는 내용을 전한다. 왕상 19:16은 엘리야와 엘리사가 예후를 왕으로 세우지만, 왕하 10:28-31에서는 예후가 여로보암이 행한 죄를 범했기 때문에 주 하나님의 선의를 거두어들이신다. 여로보암의 금송아지가 단과 베델의 제단에 있었지만 (왕상 12:26-30), 그것들은 이스라엘의 수도인 사마리아와 관련이 있으며 (왕상 16:24), 북왕국 지도자들이 타락한 것을 보여주고 있다.

8:9b 호세아는 이스라엘이 앗시리아와 동맹을 맺기 위해 찾아 간 것을 정욕에 찬 들나귀(렘 2:23-25 또한 보라)에, 에브라임은 손님에게 몸을 파는 창녀에 비유하고 있다. **8:13** 그 결과로, 하나님은 그들의 희생제물을 거절할 것이며, 그들을 이집트로 돌려보내겠다고 경고하고 있다. **8:14** 내가 불을 지르겠다. 궁궐과 성읍들이 모두 불에 탈 것이다. 암 1:4, 7, 10을 보라.

9:1—13:16 [9:1—14:1] 예언자는 역사 속에서의 하나님과 이스라엘의 관계를 긴 연설을 통하여 개관적으로 설명하고 있다. 예언자의 말은 하나님의 말씀과 교대로 나타난다. 저자는 하나님의 목소리를 빌려 현 위기상황의 원인이 된 역사를 통해 나타난 이스라엘의 배교의 일화들을 언급하고 있다. 그 관계의 결과는 알 수 없지만, 하나님은 이스라엘에게 회개할 것을 요청하

없을 것이다.
그들이 먹는 것은
초상집에서 먹는 음식과 같아서,
그것을 먹는 사람들마다
부정을 타게 될 것이다.
그들이 먹는 것은
허기진 배나 채울 수 있을 뿐,
주님께서 계신 집으로 가져다가
바칠 것은 못 된다.

5 절기가 오고,
주님께 영광을 돌릴
잔칫날이 돌아와도,
무엇을 제물로 드릴 수 있겠느냐?
6 재난이 닥쳐와서
백성들이 흩어지는 날,
이집트가 그 피난민을 받아들여도,
끝내,
멤피스 땅에 묻히는 신세가
되고 말 것이다.
가지고 간 귀중한 금은 보화는
잡초 속에 묻히고,
살던 곳은 가시덤불로 덮일 것이다.

7 이스라엘은 알아라.
너희가 보복을 받을 날이 이르렀고,
죄지은 만큼
벌받을 날이 가까이 왔다.
너희는 말하기를
"이 예언자는 어리석은 자요,
영감을 받은 이 자는 미친 자다"
하였다.
너희의 죄가 많은 만큼,
나를 미워하는
너희의 원한 또한 많다.

8 ㄱ)하나님은 나를
예언자로 임명하셔서
에브라임을 지키는
파수꾼이 되게 하셨다.
그러나 ㄴ)너희는
예언자가 가는 길목마다
덫을 놓았다.
하나님이 계신 집에서마저,
너희는 예언자에게 원한을 품었다.
9 ㄷ)기브아 사건이 터진
그 때 못지않게,
이 백성이 더러운 일을 계속한다.
주님께서
이 백성의 죄악을 기억하시고,
그릇된 행실을 다 벌하실 것이다.

이스라엘의 죄와 그 결과

10 "내가 이스라엘을 처음 만났을 때에,
광야에서 만난 포도송이 같았다.
내가 너희 조상을
처음 보았을 때에,
제 철에 막 익은
무화과의 첫 열매를 보는 듯하였다.
그러나 바알브올에 이르자,
그들은 거기에서
그 부끄러운 우상에게 몸을 바치고,
우상을 좋아하다가
우상처럼 추악해지고 말았다.
11 이제 에브라임은
새와 같은 꼴이 될 것이다.

ㄱ) 또는 '그 예언자는 내 하나님의 백성 에브라임을 지키는 파수꾼이다' 또는 '그 예언자는 내 하나님과 함께 에브라임을 지키는 파수꾼이다'
ㄴ) 또는 '예언자는 가는 길목마다 덫을 놓았다. 하나님이 계신 집에서마저, 예언자는 원한을 품었다' ㄷ) 삿 19-21장; 삼상 10:26-11:4를 볼 것

신다. 두 가지 주요 동기가 이 담화에서 함께 나타난다: (1) 이 세상에서 생육하고 번성함은 바알이 아닌 창조주 하나님이시며, (2) 역사 속에서 하나님은 이스라엘의 배교를 경험하셨다. **9:1-9** 예언자의 연설은 일곱째 달 보름부터 이레 동안 즐기는 초막절(숙곳, 장막 또는 회막)을 전제하고 있다 (티스리[Tishiri]월, 9/10월; 레 23:39-42를 보라). 이 축제 전에 로쉬 하샤나(Rosh ha-Shanah, 신년)와 욤 키퍼(Yom Kippur, 속죄일)가 먼저 행해진다. 이것은 추수기, 특히 과실과 올리브의 수확이 우기의 시작과 함께 끝남을 의미한다. 백성들은 추수를 하는 동안 임시 거주지나 초막에 거하면서 성전에 바쳐진 포도주나 물을 마신다. 초막절이 자연세계와 풍요로움을 주관하시는 창조자로서의 하나님의 역할을 축하하는 것이지만, 하나님의 말씀은 이스라엘이 이집트와 앗수르와 맺은 동맹 때문에 숙곳은 심판의 때가 될 것이라는 것이다. 사울 왕 때의 수도였던 (삼상 10:26) 기브아에 대한 결론적인 언급은, 하나님께서 이스라엘의 왕들을 기뻐하지 않으심을 나타낸다. **9:10-13** 하나님은 광야시절 동안 *바알브올*에서 이스라엘이 머무르던 때를 회상하신다 (민 25장). 이 구절은 이스라엘을

에브라임의 영광은
새처럼 날아갈 것이다.
아기가 태어나는 일도 없고,
여인들이 임신하는 일도 없고,
아기를 낳는 일도 없을 것이다.
12 이미 낳아서 기르는 자식들은,
내가 빼앗을 것이다.
한 아이도 살려 두지 않을 것이다.
내가 이 백성을 버리는 날에,
재앙이 이 백성에게 닥칠 것이다."

13 "내가 보기에 에브라임은
아름다운 곳에 심긴
두로와 같습니다만,
에브라임이 제 자식들을
살인자에게
끌어다 주게 되었습니다.
14 주님,
그들에게 벌을 내리십시오!
주님께서는
무슨 벌을 내리시고자 하십니까?
아이 배지 못하는 태를 주시고,
젖이 나지 않는 가슴을 주십시오."

이스라엘에 대한 주님의 심판

15 "이 백성의 온갖 죄악은
길갈에서 시작된다.
내가 그들을 미워하기 시작한 것도
길갈에서다.
하는 짓이 악하니,
그들을 나의 집에서 쫓아내겠다.
다시는 그들을
사랑하지 않을 것이다.
대신이라는 것들도
모조리 나를 거슬렀다.
16 에브라임은 그 밑동이 찍혀서
뿌리가 말라 버렸으니,
열매를 맺지 못할 것이다.
그들이 자식을 낳는다 하여도,
그들이 낳은 귀여운 자식들을
내가 죽게 할 것이다."

하나님의 심판에 대한 예언자의 경고

17 백성이
하나님의 말씀을 듣지 않으니,
나의 하나님이
백성을 버리실 것이다.
그 백성은 만민 사이에서
떠도는 신세가 될 것이다.

10 1 이스라엘은
열매가 무성한 포도덩굴,
열매가 많이 맺힐수록
제단도 많이 만들고,
토지의 수확이 많아질수록
돌기둥도 많이 깎아 세운다.
2 그들의 마음이
거짓으로 가득 차 있으니,
이제는 그들이 죄값을 받는다.
하나님이
그들의 제단들을 파괴하시고,
돌기둥들을 부수실 것이다.
3 "우리가

---

*광야에서 만난 포도송이*로 비유하면서, 숙곳(초막절)의 의미를 체계화해 나가지만, 이스라엘 남자들이 모압과 미디안 여자들과 함께 바알 신에게 성적으로 문란한 예배를 드리는 일에 참여했던 사건을 묘사하기도 한다. 아론의 손자요, 엘르아살의 아들인 비느하스는 성관계를 맺은 어떤 남녀를 죽임으로써 바알을 섬기는 일을 멈추게 한다. 그리하여 하나님은 그의 자손들이 이스라엘에서 영원히 제사장으로서 일할 수 있도록 그와 영원한 언약을 맺으신다. 이스라엘이 배교행위를 한 결과로 하나님은 그의 자손들이 죽게 될 것이라고 말씀하신다. **9:14** 예언자는 이스라엘이 아이를 낳지 못하게 함으로써 고통당하게 해 달라고 요청한다—예를 들어, 아이의 유산이나 *젖이 나지 않은 가슴.* **9:15-16** 하나님은 *길갈*에서 있었던 이스라엘의 역사를 회상하신다. 정복에 관한 전통들은 길갈을 백성들이 이스라엘 땅에 들어갔을 때 머물렀던 요단강 근처의 장소로 여기고 있지만 (수 4:19—5:15), 그 곳은 또한 여호수아가 기브온 주민이었던 가나안 족속과 처음으로 동맹을 맺은 장소이기도 하다 (수 9—10장). 그 후에 길갈은 사울이 길르앗의 야베스를 암몬 사람으로부터 구해낸 뒤에 사울의 왕됨을 새롭게 선포한 곳이 되었다 (삼상 11장). 저자는 이혼을 의미하는 기술적 용어인 "쫓아내다" (레 21:7, 14; 민 30:9 [30:10]; 겔 44:22를 보라) 라는 동사를 사용하여 이스라엘에 대한 거절을 표현한다. 이 구절은 불임을 이야기하면서 끝맺는다. **9:17—10:8** 예언자는 하나님이 이스라엘을 심판하여 만민들 사이에서 떠도는 신세가 되게 할 것이라고 선언한다.

주님 두려운 줄 모르고 살다가,
임금도 못 모시게 되었지만,
이제 임금이 있은들
무엇에다가 쓰랴?"
하며 한탄할 날이 올 것이다.
4 그들은 빈 약속이나 일삼고,
거짓 맹세나 하며,
쓸모 없는 언약이나 맺는다.
그러므로
밭이랑에 돋아난 독초처럼
불의가 퍼진다.
5 사마리아 주민은
벳아웬의 금송아지를 잃고
두려워하고,
그 우상을 잃고 슬퍼할 것이다.
그것을 즐겨서 섬긴
ㄱ)이교의 제사장들은,
우상의 영화가
자기들에게서 떠난 것 때문에
탄식할 것이다.
6 사람들이
금송아지를 앗시리아로 가지고 가서
ㄴ)대왕에게 선물로 바칠 것이다.
그러나 에브라임이
대가로 받아 오는 것은
수치뿐일 것이다.
끝내 이스라엘은 우상을 섬긴 일로
수치를 당하고야 말 것이다.
7 사마리아는 멸망하게 되었다.
왕은 물 위로 떠내려가는
나무토막과 같다.
8 이제 이스라엘의 죄악인
아웬 산당들은 무너지고,
가시덤불과 엉겅퀴가 자라 올라서
그 제단들을 뒤덮을 것이다.
그 때에 백성들은 산들을 보고
"우리를 숨겨 다오!"
또 언덕들을 보고
"우리를 덮어 다오!"
하고 호소할 것이다.

주님께서 이스라엘에게 심판을 선언하시다

9 "이스라엘아, 너는
기브아에 살던 때부터
죄를 짓기 시작해서
이제까지 죄를 짓고 있다.
거기에서부터
나에게 반항하였으니,
어찌 전쟁이
기브아에서 죄짓는 자에게
미치지 않겠느냐?
10 내가 원하는 그 때에
이 백성을 쳐서 벌하겠다.
이방 나라들도 나와 함께
이 백성을 칠 것이다.
나 주를 떠나고 우상을 섬긴
이 두 가지 죄를 벌하겠다.

11 한때 에브라임은
길이 잘 든 암소와 같아서,
곡식을 밟아서 잘도 떨었다.
그러나 이제 나는
그 아름다운 목에 멍에를 씌워
에브라임은 수레를 끌게 하고,
유다는 밭을 갈게 하고,
야곱은 써레질을 하게 하겠다.
내가 일렀다.
12 '정의를 뿌리고
사랑의 열매를 거두어라.
지금은 너희가 주를 찾을 때이다.
묵은 땅을 갈아 엎어라.
나 주가 너희에게 가서
정의를 비처럼 내려 주겠다.'

13 그러나 너희는
밭을 갈아서 죄악의 씨를 뿌리고,
반역을 거두어서
거짓의 열매를 먹었으니,

ㄱ) 히, '크마림'. 주님의 제사장은 '코헨, 코하님' ㄴ) 히, '야렙 왕'

특별 주석

후대 기독교 교회는 이 "떠돌아다니는 유대인"이라는 이미지를 이용하여 유대 사람들이 예수를 인정하지 않기 때문에 박해를 받는다는 부당한 주장을 정당화하고 있다.

예언자는 다시 풍요로움의 은유를 사용하여 이스라엘의 왕정과 제의제도를 비판한다. 그는 포도밭에 잡초가 자라는 것을 (사 5:1-7을 참조하라) 수도 사마리아에서 지도자들이 빈 약속을 일삼는 것에 비유하고, 여기 본문에서는 *벳아웬*으로 불리는 왕립 성소인 베델에서

이는 네가
병거와 많은 수의 군인을 믿고
마음을 놓은 탓이다.
14 그러므로 네 백성을 공격하는
전쟁의 함성이 들려 올 것이다.
벳아벨이 살만에게 공격을 받고
파괴된 날과 같이,
너의 요새들이
모조리 파괴될 것이다.
그 날에
자식들이 박살 난
바로 그 바위 위에서
어머니들마저 박살 나지 않았느냐?
15 베델아,
내가 그것과 똑같이
너희들에게 하겠다.
너희가 지은
심히 무서운 죄악 때문에 그렇다.
이스라엘 왕은
전쟁이 시작되는 새벽녘에
틀림없이 잡혀 죽을 것이다."

하나님이 반역한 백성을 사랑하시다

11 1 "이스라엘이
어린 아이일 때에,
내가 그를 사랑하여
내 아들을 이집트에서 불러냈다.
2 그러나 내가 부르면 부를수록,
이스라엘은
나에게서 멀리 떠나갔다.
짐승을 잡아서
바알 우상들에게
희생제물로 바치며,
온갖 신상들에게
향을 피워서 바쳤지만,
3 나는 에브라임에게
걸음마를 가르쳐 주었고,
내 품에 안아서 길렀다.
죽을 고비에서
그들을 살려 주었으나,
그들은 그것을 깨닫지 못하였다.
4 나는 인정의 끈과 사랑의 띠로
그들을 묶어서 업고 다녔으며,
그들의 목에서 멍에를 벗기고
가슴을 헤쳐 젖을 물렸다.

5 ㄱ)이스라엘은
이집트 땅으로
되돌아가게 될 것이다.
이스라엘은
앗시리아의 지배를 받게 될 것이다.
그들이 나에게로 돌아오기를
거부하기 때문이다.
6 전쟁이 이스라엘의 성읍을
휩쓸고 지나갈 때에,
ㄴ)성문 빗장이 부서질 것이다.
그들이 헛된 계획을 세웠으니
칼이 그들을 모조리 삼킬 것이다.
7 내 백성이 끝끝내 나를 배반하고,
ㄷ)바알을 불러 호소하지만,
그가 그들을
일으켜 세우지 못할 것이다.

8 에브라임아,
내가 어찌 너를 버리겠느냐?

ㄱ) 또는 '이스라엘이 내게로 돌아오기를 거부하였으니 그들이 이집트로 되돌아가지 않겠느냐? 앗시리아가 그들을 지배하지 않겠느냐?' ㄴ) 또는 '그들의 제사장들이 죽어 없어지고' ㄷ) 또는 '가장 높은 자'

금송아지를 섬기는 이교의 제사장들에 비유한다 (5:8-9a를 보라). 예언자는 앗수르가 왕과 성소를 파괴할 것이며, 금송아지를 전리품으로 가져갈 것이라고 예언한다. **10:9-11** 곡식을 밟아서 떨고 쟁기질 하는 암소의 은유는 되돌아가야 할 이스라엘의 책임을 강조하고 있다. 사울 왕의 수도였던 *기브아*는 레위인 처의 강간 사건을 떠올리게 한다 (삿 19—21장). **10:12-15** 예언자는 이스라엘에게 정의로움을 요구하기 위해서 씨 뿌리는 은유를 사용한다. 그는 전쟁이 일어날 징조를 말한다. 앗수르의 왕 살만에셀 5세(기원전 727-722년)가 기원전 722년에 사마리아를 멸망시켰지만, 여기에서 예언자는 살만에셀 3세(기원전 858-824년)를 언급하고 있는 것 같다. 예후가 살만에셀 3세에게 굴복함으로써 이스라엘은 앗수르와 동맹을 맺기 시작한다. 정확하지 않은 장소인 벳아벨이 살만(에셀)에 의해 파괴된다는 사실은 앗수르가 이스라엘을 멸망시킬 날이 가까이 왔음을 나타내는 것이다. **11:1-9** 부모와 자녀의 관계를 나타내는 비유는 출애굽 후에 이스라엘 백성이 광야에서 유랑하였던 시절을 떠올리게 한다. 하나님이 이스라엘을 어린아이처럼 사랑하고 돌보았지만, 이스라엘 백성은 애굽으로 돌아갈 것이다. 하나님은 이스라엘이 앗수르와 동맹을 맺음으로써 하나님을 거절했다고 비난하신다. 부모와 같은 주 하나님의 역할은 *내가 어찌 너를 버리겠느냐?* 라는 수사학적 질문을 하게 한다. 아

이스라엘아,
내가 어찌 너를
원수의 손에 넘기겠느냐?
내가 어찌 너를 아드마처럼 버리며,
내가 어찌 너를
스보임처럼 만들겠느냐?
너를 버리려고 하여도,
나의 마음이 허락하지 않는구나!
너를 불쌍히 여기는 애정이
나의 속에서
불길처럼 강하게
치솟아 오르는구나.
9 아무리 화가 나도,
화나는 대로 할 수 없구나.
내가 다시는
에브라임을 멸망시키지 않겠다.
나는 하나님이요, 사람이 아니다.
나는 너희 가운데 있는
거룩한 하나님이다.
나는 너희를
위협하러 온 것이 아니다."

10 주님께서 사자처럼 부르짖으신다.
이스라엘 사람들이
주님의 뒤를 따라 진군한다.
주님께서 친히 소리 치실 때에,
그의 아들딸들이
서쪽에서
날개 치며 빨리 날아올 것이다.
11 이집트 땅에서
참새 떼처럼 빨리 날아오고,
앗시리아 땅에서
비둘기처럼 날아올 것이다.
"내가 끝내 그들을
고향집으로 돌아오게 하겠다.
나 주의 말이다."

이스라엘과 유다가 규탄을 받다

12 에브라임은
거짓말로 나를 에워싸며,
이스라엘 가문은
온갖 음모로 나를 옥죄고 있다.
유다 족속도
신실하고 거룩하신 하나님을
거역하고 있다.

12 1 에브라임은 바람을 먹고 살며,
종일 열풍을 따라서 달리고,
거짓말만 하고
폭력만을 일삼는다.
앗시리아와 동맹을 맺고
이집트에는
기름을 조공으로 바친다.

2 주님께서 유다를 심판하시고,
야곱을 그의 행실에 따라
처벌하실 것이다.
그가 한 일들을 따라
그대로 그에게 갚으실 것이다.
3 야곱이 모태에 있을 때에는
ㄱ)형과 싸웠으며,
다 큰 다음에는
하나님과 대결하여 싸웠다.
4 야곱은 천사와 싸워서 이기자,
울면서 은총을 간구하였다.
하나님은 베델에서 그를 만나시고,
거기에서 우리에게 말씀하셨다.
5 주님은 만군의 하나님이다.
'주님'은 우리가 기억해야 할
그분의 이름이다.
6 그러니 너희는

ㄱ) 히, '형의 발꿈치를 잡았으며'

드마와 스보임은 소돔과 고모라와 함께 사라진 두 도시이다 (창 14:2; 신 29:23 [29:22]를 보라; 창 19:24-28을 참조하라). 이 구절들은 하나님 본연의 성품은 사랑과 연민이라는 출 34:6-7의 선언을 강조한다. 자비와 공의는 하나님 안에서 분리되지 않고 함께 있는 것이지만, 자비가 먼저이다. (160쪽 추가 설명: "이스라엘 하나님의 특징"을 보라) **11:10-11** 예언자는 이스라엘이 이집트와 앗수르로부터 하나님에게 돌아오는 모습을 묘사하기 위해서 사자와 새들의 이미지를 사용한다. **11:12a [12:1a]** 하나님은 이스라엘의 음모를 비난하신다. **11:12b [12:1b]** 예언자는 유다 족속은 주 하나님께 신실해야 한다고 말한다. **12:1 [12:2]** 하나님은 앗시리아와 동맹을 맺고, 그 결과 이집트와 무역을 하게 된 이스라엘의 범죄를 비난한다 (신 17:16을 참조). **12:2-8 [12:3-9]** 예언자는 되돌아오라는 자신의 호소를 뒷받침하기 위해서, 이전의 이스라엘 역사를 열거한다. 이스라엘의 조상 야곱은 그의 형제 에서와 싸웠기 때문에 이스라엘 땅을 떠났으나, 레아와 라헬과 결혼한 뒤에 다시 돌아온다 (창 25—35장). 야곱은 얍복강가에서 *한 천사와* 씨름을 하게 되고, 그가 "하나님"과

하나님께로 돌아오너라.
사랑과 정의를 지키며,
너희 하나님에게만
희망을 두고 살아라.

에브라임의 사회 경제적인 범죄

7 "에브라임은,
거짓 저울을 손에 든
장사꾼이 되어서,
사람 속이기를 좋아한다.
8 그러면서도 에브라임은 자랑한다.
'아, 내가 정말 부자가 되었구나.
이제는 한 밑천 톡톡히 잡았다.
모두 내가 피땀을 흘려서
모은 재산이니,
누가 나더러
부정으로 재산을 모았다고
말하겠는가?'

9 그러나 나는,
ㄱ)너희가 이집트 땅에 살 때로부터
너희의 주 하나님이다.
내가 광야에서
너희를 찾아갔을 때에
너희가 장막에서 살았던 것처럼,
나는, 너희가 다시
장막에서 살게 하겠다.

10 내가 예언자들에게 말할 때에,
여러 가지 환상을 보였으며,
예언자를 시켜서
백성에게 내 계획을 알렸다.

11 길르앗이 악하냐?
그렇다. 그들은 거짓되다.
길갈에서는 사람들이
황소를 잡아서 제물로 바치고 있다.
그들의 제단이
들녘의 돌더미처럼 많다."

12 우리 조상 야곱은
ㄴ)메소포타미아 평야로
달아나야 했다.
이스라엘은 아내를 얻으려고
종살이를 하였다.
아내를 얻으려고 목자가 되었다.

13 주님께서는
예언자 한 사람을 시키셔서
이스라엘을
이집트에서 이끌어 내시고,
예언자 한 사람을 시키셔서
그들을 지켜 주셨다.
14 에브라임이
주님을 몹시 노엽게 하였으니
죽어 마땅하다.
주님께서 에브라임을 벌하시고,
받으신 수모를
에브라임에게 되돌려 주실 것이다.

이스라엘에 대한 최후의 심판

13 1 "에브라임이 말만 하면
모두 떨었다.
온 이스라엘이
그렇게 에브라임을 우러러보았는데,
바알 신을 섬겨
죄를 짓고 말았으므로,
이제 망하고 말았다.

ㄱ) 또는 '너희를 이집트 땅에서 데리고 나온 때로부터' ㄴ) 히, '아람'

사람으로 더불어 겨루어 이겼기 때문에 그의 이름을 "이스라엘"로 불리게 된다 (창 32:22-32). 야곱은 하나님의 환상을 보고 그 장소를" 베델"이라고 부른다 (창 28장). 야곱이 베델로 돌아왔을 때, 하나님은 그와 새롭게 계약을 맺으시고, 그의 이름을 이스라엘로 부르신다. 그러나 라헬은 죽는다 (창 35장). *주는 만군의 하나님이다. '주'는 우리가 기억해야 할 그분의 이름이다* 는 예배에 사용되는 후렴구이다 (출 15:3, 암 4:13; 5:27).

12:9-11 [12:10-12] 이스라엘의 절기(초막절, 장막절)인 숙곳을 제의와 관련시킴으로써 이스라엘이 하나님께 다시 돌아올 것을 요청한다. 새번역개정과 공동번역은 10절을 "내 계획"을 알리는 것으로 번역했고, NRSV는 *내가 멸망시킬 것이다* 라고 번역했는데, 이 구절은 개역개정과 같이 내가 "비유를 베풀었노라" 라고 번역하는 것이 좋다. 11절은 문자 그대로 읽으면 "만약 길르앗이 악하다면, 그들은 (예언자들은) 아무 소용이 없다"로 읽을 수 있다. (공동번역은 "길르앗이 온통 헛된 것으로 찼는데도 죄가 없다 하겠느냐?"로 번역했다.) 앗수르와 동맹을 맺기 위해서 이스라엘이 깨뜨렸던 아람과의 동맹을 떠오르게 한다. *길르앗은* 이스라엘인이

2 그런데도 그들은
거듭 죄를 짓고 있다.
은을 녹여 거푸집에 부어서
우상들을 만든다.
재주껏 만든 은 신상들,
그것들은 모두
세공업자들이 만든 것인데도,
그들은,
이 신상 앞에
제물을 바치라고 하면서,
송아지 신상들에게 입을 맞춘다.
3 그러므로 그들은
아침 안개처럼 되고,
이른 새벽에 사라지는
이슬처럼 될 것이다.
타작 마당에서 바람에 날려 나가는
쭉정이처럼 되고,
굴뚝에서 나오는
연기처럼 될 것이다.

4 그러나 나는,
ㄱ)너희가 이집트 땅에 살 때로부터
주 너희의 하나님이다.
그 때에 너희가 아는 하나님은
나밖에 없고,
나 말고는 다른 구원자가 없었다.
5 나는 저 광야에서,
그 메마른 땅에서,
너희를 먹이고 살렸다.
6 그들을 잘 먹였더니
먹는 대로 배가 불렀고,
배가 부를수록
마음이 교만해지더니,
마침내 나를 잊었다.
7 그래서 내가 그들에게
사자처럼 되고,
이제는 표범처럼 되어서,
길목을 지키겠다.
8 새끼 빼앗긴 암곰처럼
그들에게 달려들어,
염통을 갈기갈기 찢을 것이다.
암사자처럼,
그 자리에서
그들을 뜯어먹을 것이다.
들짐승들이 그들을
남김없이 찢어 먹을 것이다.

9 ㄴ)이스라엘아,
네가 나를 대적하니,
너를 돕는 자를 대적하니,
너는 이제 망했다.
10 왕과 대신들을
세워 달라고 조르더니,
도대체, 너의 왕이 지금
어디에 있느냐?
너를 구원하라고 하여라.
대신들이 지금 어디에 있느냐?
너의 모든 성읍에서
샅샅이 찾아보아라.
너를 궁지에서 건져 달라고 하여라.
11 내가 홧김에 너에게 왕을 주었으나,
분을 참을 수 없어서
너의 왕을 없애 버렸다.

ㄱ) 또는 '너희를 이집트 땅에서 데리고 나온 때로부터' ㄴ) 또는 '이스라엘아, 내가 너를 멸망시키기로 작정하였는데, 이제 누가 너를 도울 수 있겠느냐'

었던 야곱이 아람인이었던 라반 사이의 경계를 구분하는 돌무더기를 쌓으면서 계약을 맺었던 장소이다 (창 31:44-46). *길갈*은 여호수아가 이스라엘의 땅으로 들어가기 위해서 머물렀던 장소이며 (수 3—5장), 예언자 엘리야가 이스라엘의 예후와 아람의 하사엘이 맺은 동맹을 지지하였고 (왕상 19:15-16), 하늘로 올라갔던 장소이다 (왕하 2:1-4).

12:12—13:3 [12:13-13:3] 예언자는 야곱이 아람으로 간 여정을 회상한다. 그 곳에서 야곱은 그가 사랑했던 라헬과 결혼한다 (창 29—31장). 예언자는 또한 모세를 통하여 이스라엘 백성이 출애굽한 사건을 회상한다 (출 1—15장). 두 사건은 모두 이스라엘을 대신하여 하나님이 행하신 일들을 예증하여 주고 있는데도, 이스라엘은 하나님을 거절하고 베델에서 바알과 금송아지를 섬겼다고 예언자는 비난하고 있다. **13:3** 타작마당에서 *바람에 날려 나가는 쭉정이처럼 되고.* 고대 사원은 제물로 가져온 곡식을 바치기 위해서 타작마당 근처에 흔히 있었다. **13:4-14** 하나님은 이스라엘에게 베풀었던 과거의 일들을 보여주기 위해서 출애굽과 광야생활을 회상하신다. 이제 하나님은 그의 미련한 아들에게 심판과 죽음을 내리실 것이다 (신 21:18-21을 참조). **13:14** 스올. 모든 죽은 사람들이 존재하는 지하세계이다 (사 5:14; 14:9-18).

특별 주석

히브리어로 노함의 의미는 애매하다. 그 의미는 NRSV가 번역한 것처럼 "동정심"을 의미할 수도 있으며, NJB에서 번역한 것처럼, "복수"를

12 에브라임의 허물을 적은 문서를
모두 모았고,
죄상을 적은 기록을
모두 보관하고 있다.
13 에브라임이
다시 태어나는 진통을 겪고 있다.
그러나 그는,
때가 되었는데도
태를 열고 나올 줄 모르는
미련한 아들과도 같다.
14 ㄱ)내가 그들을 스올의 권세에서
속량하며
내가 그들을 사망에서 구속하겠다.
사망아, 네 재앙이 어디 있느냐?
스올아, 네 멸망이 어디 있느냐?
이제는 내게 동정심 같은 것은 없다.
15 이스라엘이
비록 형제들 가운데서 번성하여도,
사막에서
동풍이 불어오게 할 터이니,
주의 바람이 불면
샘과 우물이 모두 말라 버리고,
귀중한 보물상자들도
모두 빼앗길 것이다.

16 사마리아가 저의 하나님에게
반항하였으니,
이제는
그 죄값을 치를 수밖에 없다.
사람들은 칼에 찔려 쓰러지고,
어린 아이들은 박살 나고,
아이 밴 여인들은
배가 찢길 것이다."

이스라엘을 향한 호세아의 호소

14 1 이스라엘아,
주 너의 하나님께로
돌아오너라.
네가 지은 죄가
너를 걸어 거꾸러뜨렸지만,
2 너희는 말씀을 받들고
주님께로 돌아와서
이렇게 아뢰어라.
"우리가 지은 모든 죄를
용서하여 주십시오.
우리를 자비롭게 받아 주십시오.
수송아지를 드리는 대신에
우리가 입술을 열어
주님을 찬양하겠습니다.
3 다시는 앗시리아에게
우리를 살려 달라고
호소하지 않겠습니다.
군마를 의지하지도 않겠습니다.
다시는
우리 손으로 만들어 놓은 우상을
우리의 신이라고
고백하지도 않겠습니다.
고아를 가엾게 여기시는 분은
주님밖에 없습니다."

주님께서 이스라엘에게 새 삶을 약속하시다

4 "내가 그들의 반역하는 병을
고쳐 주고,
기꺼이 그들을 사랑하겠다.
그들에게 품었던 나의 분노가
이제는 다 풀렸다.
5 내가 이스라엘 위에
이슬처럼 내릴 것이니,
이스라엘이 나리꽃처럼 피고,
레바논의 백향목처럼
뿌리를 내릴 것이다.
6 그 나무에서 가지들이 새로 뻗고,
올리브 나무처럼 아름다워지고,
레바논의 백향목처럼
향기롭게 될 것이다.
7 그들이 다시 내 그늘 밑에 살면서,
농사를 지어서 곡식을 거둘 것이다.

ㄱ) 또는 '나더러 그들의 몸값을 갚아 주고 그들을 스올의 세력에서 빼내란 말이냐? 나더러 그들의 몸값을 치르고 그들을 죽음에서 살려내란 말이냐?'

의미할 수도 있다. 이 히브리어 단어는 두 가지 의미 다 사용되고 있다. 여기에서는 예언자가 의도적으로 하나님께서 은혜를 베푸실 것인가, 아니면 계속에서 징벌을 베푸실 것인가의 문제에 대한 대답을 열어놓고 있는 듯하다.

13:15-16 [13:15—14:1] 예언자는 사마리아의 멸망을 예언한다. **13:15** 동풍. 출애굽 때에 홍해를 갈랐던 바람 (출 14—15장). **14:1-8 [14:2-9]** 예언자는 이스라엘이 하나님께로 돌아갈 것을 호소하면서 예언을 마무리 짓는다. 종합하여 볼 때, 호세아서는

포도나무처럼 꽃이 피고,
레바논의 포도주처럼
유명해질 것이다.

8 에브라임이 고백할 것이다.
'나는 이제 우상들과
아무 상관이 없습니다.'
그러면 나는 그에게 응답할 것이다.
'내가 너를 지켜 주마.'
나는 무성한 잣나무와 같으니,
너는 필요한 생명의 열매를
나에게서
언제나 얻을 수 있을 것이다."

맺는 말

9 지혜로운 사람은
여기에 쓴 것을 깨달아라.
총명한 사람은
이것을 마음에 새겨라.
주님의 길은 올바르다.
의로운 백성은
그 길을 따라 살아가지만
죄인은 비틀거리며 넘어질 것이다.

이스라엘을 설득하여 그 행위에서 돌이키게 하기 위해서 쓰였다고 할 수 있다. 하나님께로 되돌아가기 위해서는 우상숭배뿐 아니라 이스라엘이 앗수르와의 동맹을 거부하는 것이 요구된다.

특별 주석

믿음으로 의롭다 하심을 받는다는 바울의 교리(롬 5장)는 이스라엘에 대한 무조건적인 은혜와 용서하심이라는 이 곳의 약속에 이미 나타나 있는 듯하다. 창조와 풍요로움의 자연의 은유들, 특히 이슬, 꽃, 그리고 올리브 나무의 이미지들은 이스라엘의 회복을 묘사하는 데 사용된다(또한 아가서 전체에 나타나 있는 하나님과 이스라엘의 관계, 그리고 남자와 여자의 관계에 묘사되어 있는 비슷한 은유도 보라).

14:9 [14:10] 본문은 독자들에게 하나님의 정의를 이해하기를 요청하는 간곡한 권유로서 마무리 짓는다. 지혜로운 자는 이스라엘에 대한 하나님의 경고가 하나님의 정의와 관련된 것임을 알게 된다는 것이다.

특별 주석

이 마지막 진술은 이스라엘에 대한 하나님의 징벌은 정당하다고 단언함으로써, 하나님의 정의에 대한 의문을 명확하게 언급한다. 하나님의 정의에 대한 이러한 묘사는 육백만 명의 유태인과 수백만 명의 사람들이 그들의 죄가 아닌 그들의 정체성 때문에 살해당한 대학살(*Shoah*)처럼 수많은 의문을 자아내게 한다.

요엘서

요엘서는 메뚜기 떼로 인하여 받을 치명적인 영향과 백성들이 예언자의 호소에 귀를 기울이고 하나님께로 되돌아갈 것을 전하고 있다. 하나님께로 돌아가면 이로 인해 하나님은 메뚜기 떼의 재앙을 제거하여 주시고, 저주가 완전히 변하여 축복이 되는 것을 전하고 있다. 이러한 회복은 온 세계를 심판하시겠다는 언약과 함께 이루어지는데, 예후드(유다)의 작은 지방에 하나님의 영을 부어주신다는 것이 그 징조이다. 행 2:17-18에서 누가는 성령강림을 고대 예언의 성취로 보고 있다.

요엘("주님은 하나님이시다" 라는 뜻)이라는 인물에 대한 이스라엘의 역사 기록은 찾아볼 수 없지만, 요엘이라는 이름을 가진 몇 명의 예언자들에 대한 기록은 있다. 요엘은 역사적인 사건들을 묵시적인 이미지로 변형시킨 사람으로 가장 잘 기억되고 있다. 예루살렘을 향해 오는 메뚜기 떼는 강력한 하나님의 군대이며, 하나님의 에너지의 분산은 마지막 때인 놀라운 주님의 날이 오는 것을 드러내고 있다. 최후의 심판이 "여호사밧 골짜기"에 열리게 되며, 모든 민족들이 이 최후의 심판을 거쳐 가야만 한다.

요엘이 고대 전승들을 사용하여 선포하는 내용이 성격상 특이함으로 인해 일부 학자들은 그를 학식이 높은 성경 해석자로 보기도 한다. 그는 출 34:6-7에 기록된 하나님의 자기선포를 인용하는데, 이것은 욘 4:2를 회상하는 방식으로 하나님의 열세 가지 특징을 언급하고 있는데, 암 1:2와 사 13장을 반영해주고 있다. 그는 사 2:2-4와 미 4:1-4의 세계 평화를 바라는 아름다운 희망의 표현을 뒤집어 말하는 만용을 부리기도 한다. 욜 3:18[히브리어 성경은 4:18]의 생명이 흘러나오는 거룩한 성에 대한 환상은 겔 47:1-12와 슥 14:8을 연상시켜 준다. 요엘서는 성경본문들을 인용함으로써, 요엘서에서 드물게 나타나는 "나 주가 말한다" 라는 예언자의 공식 표현(본문에서는 두 번 나타남, 2:12와 3:8[히브리어 성경은 4:8])을 대신하고 있다.

요엘의 활동시기를 나타내주는 역사적 배경은 정확하게 결정할 수 없지만, 기원전 5세기가 가장 가능성이 높다. 그 이유로는 (1) 예루살렘에서 제의가 행하여지고 있다는 점, (2) 예루살렘을 "거룩한 산"이라고 가리키는 구절을 사용한다는 점, (3) 성전에 날마다 바치는 곡식제물과 포도주가 언급되고 있다는 점, (4) 제사장들이 하나님을 모시는 자들로 표현되고 있다는 점, (5) 유다와 이스라엘이 단일국가인 점, (6) 성벽이 시온을 둘러싸고 있다는 점, (7) 에돔과 페니키아의 동맹으로 인해 포로생활을 하는 유다 자손들에 대해 구체적으로 언급하고 있다는 점, (8) 이오니아 사람, 그리스 사람, 그리고 스바의 노예 거래에 관해 언급하고 있다는 점, (9) 앗시리아, 바빌론, 그리고 페르시아에 대한 언급이 없는 점, (10) 언어의 사용법, (11) 하나님의 직접 통치에 대한 바램, (12) 성경본문을 잘 알고 있는 듯한 인용 등을 들 수 있다.

시인이 수사적인 효과를 노리는 목적은 청중들의 신경을 긁어 행동으로 옮길 수 있게 만드는 명령법, 하나님의 은혜에 대한 호소, 사회 부정의와 제의와 관련된 죄로 인한 심각한 결과들에 대한 위협, 하나님이 유다의 주권자라는 완전한 지식을 규정하는 신적 현존의 약속 등을 포함한다. 수미쌍관법 (首尾雙關法, 한 단어가 두 가지 뜻을 가지게 하는 방법, 1:8), 은유 (4:13), 반복 (4:14), 두운법 (頭韻法, 시문의 일련의 몇 단어를 같은 음 또는 같은 자로 시작하는 방법, 1:15), 교차대구법 (交叉對句法, 1:10), 수사적 효과를 노린 질문 (4:4), 그리고 의인화 (1:10) 등을 포함하여 세련된 스타일의 표현이 풍부하다.

이 책의 많은 논쟁이 되고 있는 구조는 두 부분으로 되어있는 구조와 1:1과 관련되어 있는 표제이다. 요엘서의 내용은 다음과 같다. 성경본문에 따라 세밀히 조사할 필요가 있는 주석은 이 개요를 따를 것이며, 명확성을 기하기 위하여 더 보충하며 상세하게 설명될 것이다.

Ⅰ. 유다에 대한 하나님의 심판과 그 반응, 1:2—2:17
- A. 깊이 뉘우치며 하나님께 돌아갈 것을 권고, 1:2-20
- B. 하나님의 능력 있는 군대, 2:1-11
- C. 하나님께 돌아가서 깊이 뉘우칠 것을 호소, 2:12-17

Ⅱ. 유다의 회복과 이방 민족들에 대한 하나님의 심판, 2:18—3:21
- A. 메뚜기 떼의 진멸과 회복, 2:18-27
- B. 징조와 전조, 2:28-32
- C. 하나님이 다른 민족들을 심판하시는 이유, 3:1-3
- D. 노예거래에 대한 하나님의 심판의 특별한 예들, 3:4-8
- E. 다른 민족들에 대한 하나님의 심판, 3:9-16
- F. 유다의 안전을 확증함, 3:17-21

제임스 크렌쇼 (James L. Crenshaw)

1

1 이것은 주님께서 브두엘의 아들 요엘에게 하신 말씀이다.

농사를 망친 백성의 통곡

2 나이 많은 사람들아,
들어라!
유다 땅에 사는 사람들아,
모두 귀를 기울여라!
너희가 살고 있는 지금이나
너희 조상이 살던 지난 날에,
이런 일이 일어난 적이 있느냐?
3 너희는 이것을 자녀들에게 말하고,
자녀들은 또
그들의 자녀들에게 말하게 하고,
그들은 또
그 다음 세대에 말하게 하여라.

4 ㄱ)풀무치가 남긴 것은
메뚜기가 갉아 먹고,
메뚜기가 남긴 것은
누리가 썰어 먹고,
누리가 남긴 것은
황충이 말끔히 먹어 버렸다.

5 술을 즐기는 자들아,
깨어나서 울어라.
포도주를 좋아하는 자들아,
모두 다 통곡하여라.
포도 농사가 망하였으니,
새 술을 만들 포도가 없다.

6 셀 수 없이 많고 강한
메뚜기 군대가
우리의 땅을 공격하였다.
그들의 이빨은 사자의 이빨과 같고,
날카롭기가
암사자의 송곳니와 같다.
7 그들이
우리의 포도나무를 망쳐 놓았고,
우리의 무화과나무도
그루터기만 남겨 놓았다.
나무 껍질을 다 벗겨서
그 줄기가 모두 하얗게 말랐다.

8 백성아, 울어라!
ㄴ)약혼자를 잃고
슬퍼하는 ㄷ)처녀처럼,
굵은 베 옷을 걸치고 울어라.
9 성전에 날마다 바치는
곡식제물도 동나고
부어 드리는 제물도 떨어지니,
주님을 모시는
제사장들이 탄식한다.
10 밭이 황폐하구나.
곡식이 다 죽고,

ㄱ) 여기에서 진술된 것이 메뚜기의 종류를 말하는 것인지, 메뚜기의 성장 과정 네 단계를 말하는 것인지는 알 수 없음 ㄴ) 또는 '남편' ㄷ) 또는 '젊은 여인'

1:1 이 표제는 예언자와 그의 아버지에 관해서만 언급하고 있다. 삼상 8:2를 제외하고, "요엘"이라는 이름은 역대기의 족보 목록에서만 나타난다.

1:2—2:17 요엘서의 첫 부분은 재앙; 순수한 뉘우침; 하나님의 연민; 그리고 하나님께서 재앙을 거두어들이시는 것에 초점을 맞추고 있다. 폭염으로 인한 가뭄을 더욱 악화시킨 메뚜기 떼 재앙의 치명적인 영향을 묘사하고 있는 예언자의 생생한 묘사는 곤충 떼를 침략하는 군대로 비유했을 때 더욱 더 그림을 보는 듯하다. 이러한 공포를 자아내는 설명을 통해 이스라엘 백성은 애통하며 회개하여 하나님께로 돌아오라는 요엘의 요청을 받아들일 준비를 하게 된다.

1:2-20 메뚜기 떼의 침입은 심지어 동물들까지 포함하여 전체 인구를 황폐케 만든다. 전례 없는 이 사건은 다가오는 세대에게 중요한 정보를 전해주는 한 사건이며, 제사장들을 불러 모아 공동체와 하나님 사이에서 중재 역할을 하도록 한다. **1:2** *나이 많은 사람*들은 유다의 집단적 경험에 호소한다. **1:4** 메뚜기를 나타내는 네 가지의 다른 이름(*풀무치, 메뚜기, 누리, 황충*)은 곤충의 일생의 다양한 단계와 (또는) 곤충의 먹는 방식을 나타내는 것처럼 보인다. 어원을 살펴보면 갉아 먹고, 떼 지어 모여들고, 뛰어오르고, 다 먹어버렸음을 나타내고 있다. **1:5** *"술을 즐기는 자들"*은 "포도주를 좋아하는 자들"이라는 평행구에서 포도주는 보통 음식임을 인정하고 있기 때문에 개역개정에서 "취하는 자들," 혹은 공동번역에서 "포도주에 취한 자들"처럼 "취하는 자"들로 번역하는 것이 본문을 이해하기 쉽다. **1:8** 일부 학자들은 이 구절에서 가나안 종교로부터 받은 영향을 찾아내는데, 풍요의 신인 바알의 죽음을 애통하는 제의를 암시하고 있다고 보기도 한다. 은유의 표현으로 본다면, 이러한 해석을 필요로 하지 않는다. 사랑하는 약혼자를 잃은 사무치는 슬픔을 암시한다. **1:10** 고대 이스라엘 백성은 자연이 인간의 행동으로 인하여 해로운 영향을 받는다고 믿었다 (반대의 경우도 그러하다. 즉, 동물들

포도송이가 말라 쪼그라들고,
올리브 열매가 말라 비틀어지니,
ㄱ)땅이 통곡하는구나.

11 농부들아, 슬퍼하여라.
포도원 일꾼들아, 통곡하여라.
밀과 보리가 다 죽고,
밭 곡식이 모두 죽었다.
12 포도나무가 마르고,
무화과나무도 시들었다.
석류나무, 종려나무,
사과나무 할 것 없이,
밭에 있는 나무가
모두 말라 죽었다.
백성의 기쁨이 모두 사라졌다.
13 제사장들아,
굵은 베 옷을 입고 슬피 울어라.
제단 앞에서 섬기는 자들아,
통곡하여라.
하나님을 섬기는 제사장들아,
굵은 베 옷을 입고 성전으로 가서,
밤을 새워 통곡하여라.
너희가 날마다 아침 저녁으로
하나님의 성전에 바칠 곡식제물과
부어 드릴 제물이 떨어졌다.

14 거룩한 금식을 선포하고,
성회를 열어라.
장로들과 유다 땅에 사는
모든 백성을 불러
주 너희 하나님의 성전에 모으고,
주님께 부르짖어라.

15 슬프다, 그 날이여!
주님께서 심판하실 날이 다가왔다.
ㄴ)전능하신 분께서 보내신
바로 그 파멸의 날이 다가왔다.
16 곡식이라고는 구경조차 할 수 없다.
우리 하나님의 성전에는
기쁨도 즐거움도 없다.

17 씨앗이 흙덩이 속에서
모두 말라 죽고,
광마다 텅텅 비고,
가물어, 거두어들일 곡식이 없어서,
창고는 폐허가 된다.
18 풀밭이 없어,
가축들이 울부짖고,
소 떼가 정신없이 헤매며,
양 떼도 괴로워한다.

19 "주님, 제가 주님께 부르짖습니다.
불볕에 광야의 풀이 모두 타 죽고,
들의 나무가
이글거리는 불꽃에
모두 타 버렸습니다.
20 시내에도 물이 마르고
광야의 초원이 다 말라서,
들짐승도 주님께 부르짖습니다."

주님의 날을 경고하는 메뚜기 떼

2 1 너희는 시온에서
뿔나팔을 불어라.
하나님의 거룩한 산에서
경보를 울려라.
유다 땅에 사는 백성아,
모두 떨어라.
주님의 날이 오고 있다.
그 날이 다가오고 있다.
2 그 날은 캄캄하고 어두운 날,
먹구름과 어둠에 뒤덮이는 날이다.

ㄱ) 또는 '땅이 말라 버렸다' ㄴ) 히, '샤다이'

도 인간이 올바르게 행동했을 때 잘 지낼 수 있다는 것이다). **1:17** 요엘서의 히브리어 본문은 눈에 띄게 다른 성경본문들에 비해 문제가 되는 부분이 없지만, 이 절은 이해하기 매우 어렵다. 이것은 농부들이 추수에 대한 모든 희망을 포기하고, 창고의 포도주가 비어서 절망의 상태가 되며, 땅이 가물어서 식물을 다시 심을 수 없는 상태를 암시한다. **1:20** 들짐승들은 하나님을 그들의 생명의 근원으로 인식하고 있으며, 그들의 부르짖음은 굵은 베옷을 입고 애통하는 예언자, 지도자격의 제사장들과 백성들이 함께 한다 (욘 3:8에는 동물들까지도 금식하고 굵은 베옷을 입는 것으로 나타나 있다).

2:1-11 예언자는 그 도시에 임박한 위험을 경고하기 위해 *뿔나팔* (*쇼파르*, 염소의 뿔)을 불도록 파수병을 재촉한다. 또한 이러한 메뚜기 군대의 침공을 하나님께서 지휘하시는 것으로 묘사한다. **2:1-2** 처음에는 구원과 희망의 날이었던 주의 날이 아모스의 선포로 인해 가혹한 위협이 되었다. 이제 요엘은 그 날이 가까웠음을 알리면서 변해버린 주의 날을 집행한다. **2:3** 고대 낙원에

셀 수 없이 많고 강한
메뚜기 군대가 온다.
마치 어둠이
산등성이를 넘어오듯이
새까맣게 다가온다.
까마득한 옛날까지
거슬러 올라가 보아도,
이런 일은 없었다.
앞으로 천만 대에 이르기까지도
다시는 이런 일이 없을 것이다.

3 그들이 불처럼
초목을 삼키고 지나가면,
지나간 자리에서는
불꽃이 활활 타오른다.
그들이 오기 전에는
이 땅이 에덴 동산 같으나,
한 번 지나가고 나면
황량한 사막이 되어 버린다.
그 앞에서는
살아 남은 것이 하나도 없다.
4 그들은 떼지어 몰려오는 말과 같고
달려오는 군마와 같다.
5 이 봉우리에서 저 봉우리로
달리는 소리는
병거의 굉음과도 같고,
불꽃이
검불을 태우는 소리와도 같다.
그들은 막강한 군대가
공격 명령을 기다리는 것 같이
전열을 갖춘다.

6 그들이 접근하면
모두들 자지러지고,
모두들 얼굴빛이 하얗게 질린다.
7 그들은 용사처럼 공격하고,
군인처럼 성벽을 기어오른다.
제각기 줄을 맞추어
똑바로 전진하고
아무도 진로를 벗어나지 않는다.
8 서로 밀치지도 않고,
제각기 줄을 맞추어 진군한다.
빗발치듯 쏟아지는 투창을 뚫고
전진한다.
그들의 행렬은 끊어지지 않는다.
9 드디어 성 안으로 들어간다.
성벽을 뛰어넘고,
건물을 기어오르고,
도둑처럼 창문을 넘어
집 안으로 쳐들어간다.

10 전진할 때에는 땅이 진동하고,
온 하늘이 흔들린다.
해와 달이 어두워지고,
별들이 빛을 잃는다.
11 주님께서 큰 음성으로
당신의 군대를 지휘하신다.
병력은 헤아릴 수 없이 많고,
명령을 따르는 군대는 막강하다.
주님의 날은 놀라운 날,
가장 무서운 날이다.
누가 감히 그 날을 견디어 낼까?

회개를 촉구하다

12 "지금이라도 너희는
진심으로 회개하여라.
나 주가 말한다.
금식하고 통곡하고 슬퍼하면서,
나에게로 돌아오너라.

있던 에덴 동산의 이야기는 시온으로 전진하는 군대가 도착하기 전과 군대가 지나간 후의 광경을 대조적으로 보여주고 있다. **2:5** 불가능한 일들(봉우리를 달리는 병거의 광음)과 일어날 만한 일들(불꽃이 검불을 태우는 소리)이 결합되어 공포를 자아낸다. **2:6-9** 줄을 맞춰 전진하는 군대의 이미지는 도둑처럼 창문을 넘어 집안으로 쳐들어가는 메뚜기 떼의 모습을 보여주고 있다. 나훔과 달리 요엘서에는 최후의 순간까지 방어를 준비하는 공포에 질린 시민들의 모습이 보이지 않는다. **2:10-11** 우주의 차원에서 나타나는 증거들에는 지진, 하늘의 흔들림, 해와 달과 별들이 어두워지는 것을 포함한다. 그러나 무엇보다도 하나님의 큰 음성을 빼놓을 수 없다. 예언자는 주의 날을 누구도 견딜 수 없는 가장 무서운 날로 여기고 있다.

2:12-17 백성들로 하여금 돌아오도록 재촉하며, 그들의 제사장들로 하여금 자비를 구하도록 요청하는 하나님의 예언자에 따르면, 기회의 문은 여전히 열려 있다. **2:12** *지금이라도* 라는 히브리 표현은 종종 완전한 돌이킴에 대한 상징이 된다. 그것은 유일한 두 개의 예언 공식 표현 중에서 첫 번째 공식 ("나 주가 말한다")에 의해서 강화된다. **2:13** 대개 여덟 가지 송영으로 표현되는 것들(160쪽 추가 설명: "이스라엘 하나

13 옷을 찢지 말고, 마음을 찢어라."

주 너희의 하나님께로 돌아오너라.
주님께서는
은혜롭고 자비로우시며,
오래 참으시며,
한결같은 사랑을 늘 베푸시고,
불쌍히 여기는 마음이 많으셔서,
뜻을 돌이켜
재앙을 거두기도 하신다.
14 행여 주님께서
마음과 뜻을 돌이키시고
오히려 복까지 베푸셔서,
너희가 주 하나님께
곡식제물과 부어 드리는 제물을
바칠 수 있게까지 하실는지
누가 아느냐?

15 너희는 시온에서 뿔나팔을 불어라.
거룩한 금식을 선포하고,
성회를 열어라.
16 백성을 한데 모으고,
회중을 거룩하게 구별하여라.
장로들을 불러모으고,
어린 아이들과
젖먹이들도 불러모아라.
신랑도 신방에서 나오게 하고,
신부도 침실에서 나오게 하여라.
17 주님을 섬기는 제사장들은
성전 현관과 번제단 사이에서,
울면서 호소하여라.
"주님, 주님의 백성을
불쌍히 여겨 주십시오.
주님의 소유인 이 백성이
이방인들에게 통치를 받는 수모를
당하지 않게 하여 주십시오.
세계 만민이
'그들의 하나님이 어디에 있느냐?'
하면서
조롱하지 못하게 하여 주십시오."

하나님이 땅을 비옥하게 하시다

18 그 때에 주님께서
땅이 당한 일로 마음 아파하시고,
당신의 백성을 불쌍히 여기셨다.
19 주님께서 백성에게 대답하셨다.

"내가 너희에게
곡식과 포도주와
올리브 기름을 주어서
아쉬움이 없도록 하겠다.
다시는 다른 나라가 너희를
조롱거리로 만들지 못하게 하겠다.
20 북쪽에서 온 메뚜기 군대를
멀리 쫓아 버리겠다.

님의 특징"을 보라) 중의 하나인 출 34:6의 인용은 성경의 구절들이 여러 본문을 넘나들며 사용될 수 있다는 보편적인 원칙을 예증하여 주고 있다. 유다와 이스라엘에 관련된 출 34:7에서 하나님의 부정적 속성을 인용하지 않은 것은 그러한 인용들이 선택적이었음 보여준다. **2:14** 하나님께서 이스라엘 백성에게 자비를 베푸실 가능성이 희박함을 이야기하는 아모스와 같이 (암 5:14-15), 요엘도 이러한 희박한 가능성을 하나님께 간청하는 근거로 삼고 있다. **2:16** 신 20:7과 24:5에 나타나는 주의 군대 징병에서 제외되는 원칙들 중 한 경우와 반대로, 요엘은 막 결혼한 부부뿐 아니라, 나이 많은 사람이나 젖먹이를 포함하여 모든 백성을 모이게 하라고 촉구한다. **2:17** 하나님께서 불쌍히 여기시기를 바라는 호소는 사실상 명성이 자자한 능력 있는 하나님의 이름을 전제하므로, 결과적으로 이기적인 의도를 가지고 있다고 볼 수 있다. 이방 사람들의 조롱에 대한 혐오는 시편 탄원시의 주제들 가운데 하나이다 (시 42:3, 10; 79:10; 115:2). 비록 주석가들이 유다 지파의 죄들에 대하여 아래에서처럼 비난했을지라도 요엘은 백성이 지은 어떤 죄에 대해서도 자세하게 언급하고 있지 않다. 즉 신실하지 못한 예배, 종교 혼합주의, 과도한 의례와 제의 중심의 자기 만족성, 언약의 파기, 실패한 지도력, 하나님의 선택된 백성이라는 교만함, 그리고 무력한 신성과 동일시의 거부 등과 같은 죄들을 이야기하지 않는다.

2:18—3:21 하나님께서는 땅과 백성을 불쌍히 여기신다는 주장을 시작으로, 요엘은 완전히 역전되는 상황, 저주가 축복으로 변하는 승리 등을 세밀한 부분까지 자세하게 묘사한다. 그러고 나서 그는 미래에 관한 이야기로 전환하여 유다/이스라엘의 행복과 시 82편의 다른 신들처럼 비난받게 되고 구체적인 죄로 인해 심판받게 될 민족들의 불행을 이야기한다. 그것을 바탕으로 요엘은 해안에 위치한 이웃 국가들인 두로, 시돈, 블레셋을 비판한다. 우주적 심판에 관하여, 그는 묵시적 이미지로 심판을 묘사한다. 마지막 부분은 예루살렘에서 실현되는 유토피아를 묘사한다.

2:18-27 하나님은 풍요롭게 추수하는 것에 열의를 보이시고, 메뚜기 떼로 추정되는 북쪽의 군대를 바다로 몰아넣으며, 수확의 시기에 기쁨을 가져다주

메마르고 황량한 땅으로
몰아내겠다.
전위부대는 ㄱ)사해에 몰아넣고
후위부대는 ㄴ)지중해에 몰아넣겠다.
시체 썩는 냄새,
그 악취가 코를 찌를 것이다."

주님께서 큰 일을 하셨다!
21 땅아, 두려워하지 말아라.
기뻐하고 즐거워하여라.
주님께서 큰 일을 하셨다.
22 들짐승들아, 두려워하지 말아라.
이제 광야에 풀이 무성할 것이다.
나무마다 열매를 맺고,
무화과나무와 포도나무도
저마다 열매를 맺을 것이다.

23 시온에 사는 사람들아,
주 너희의 하나님과 더불어
기뻐하고 즐거워하여라.
ㄷ)주님께서 너희를 변호하여
가을비를 내리셨다.
비를 흡족하게 내려주셨으니,
옛날처럼
가을비와 봄비를 내려 주셨다.
24 이제 타작 마당에는
곡식이 가득 쌓이고,
포도주와 올리브 기름을
짜는 틀마다
포도주와 기름이 넘칠 것이다.
25 "메뚜기와 누리가 썰어 먹고
황충과 풀무치가 삼켜 버린
그 여러 해의 손해를,
내가 너희에게 보상해 주겠다.
그 엄청난 메뚜기 군대를
너희에게 보내어 공격하게 한 것은
바로 나다.

26 이제 너희가
마음껏 먹고, 배부를 것이다.
너희에게 놀라운 일을 한
주 너희의 하나님의 이름을
너희가 찬양할 것이다.
나의 백성이
다시는 수치를 당하지 않을 것이다.
27 이스라엘아,
이제 너희는 알게 될 것이다.
내가 너희 가운데 있다는 것과,
내가 주 너희의 하나님이라는 것과,
나 말고는 다른 신이 없다는 것을
깨닫게 될 것이다.
나의 백성이
다시는 수치를 당하지 않을 것이다."

주님께서 심판하시는 날

28 "그런 다음에, 내가 모든 사람에게
나의 영을 부어 주겠다.

ㄱ) 히, '동쪽 바다' ㄴ) 히, '서쪽 바다' ㄷ) 또는 '주님께서 너희에게 의의 교사를 보내셨다'

신다. **2:19** 민족들은 비어있던 곡식창고와 포도주 통이 가득 차게 되는 것을 보게 될 것이기에 수치는 과거의 일이 될 것이다. **2:20** 신화처럼 표현된 북쪽에서 몰려오는 위험에 대한 의미는 이스라엘과 유다를 파괴하려는 앗시리아, 바빌로니아, 그리고 페르시아 군대의 진격에서 비롯되었다. 메뚜기 떼에 대한 암시 뒤에는 이러한 의미가 들어있다. 메뚜기 떼가 그들의 잘못에 비해 지나치게 심하다 할지라도—하나님의 분노의 막대기를 맞은 앗시리아처럼 (사 10:5)—그들은 값비싼 대가를 지불하게 될 것이다. **2:21-26** 곡식, 포도주, 그리고 올리브기름이 부족하여 고통 받았던 모든 것들이 땅에서부터 시작하여 동물과 사람에 이르기까지 즐거워하게 될 것이다. *두려워하지 말아라* 라는 표현은 고대 중동 지역 문학에서 광범위하게 나타나며, 하나님의 신성은 왕들, 예언자들, 그리고 일반 시민들이 두려워 떨며 도망갈 필요가 없음을 확증해 준다. 왕이신 만군의 주님(사 6:5)을 만나 뵙게 되었을 때 이사야의 부르짖음은 인간이 거룩함을 더럽히지 않도록 물러나면서도 동시에 나아가는 신비를 보여주고 있다. **2:27** 요엘서에서 하나님을 인식하는 내용의 양식은 에스겔서에서 흔히 나타나듯이, 다른 모든 신성을 부인하는 것과 함께 나타난다.

2:28-32 미래에 부어질 하나님의 생명력 넘치는 힘은 사람들을 분리시키는 사회 안의 모든 장벽을 무너뜨릴 것이다. 나이, 성별, 그리고 사회계급에 의한 차별은 이 기념할 만한 사건으로 인해 사라지게 될 것이다. **2:28-29** 예언자 집단 내에서 발견되던 하나님의 뜻을 식별하는 세 가지 수단인 예언, 꿈, 환상이 나이나 성별에 관계없이 보통사람들에게도 가능하게 된다. 노예들 역시 이러한 특별한 능력을 가질 수 있게 된다. **2:30-32** 이스라엘의 성스러운 경험은 흔히 기적과 징조들을 이야기하는데, 그것들은 긍정적인 것이

너희의 아들딸은 예언을 하고,
노인들은 꿈을 꾸고,
젊은이들은 환상을 볼 것이다.
29 그 때가 되면,
종들에게까지도
남녀를 가리지 않고
나의 영을 부어 주겠다.

30 그 날에 내가 하늘과 땅에
징조를 나타내겠다.
피와 불과 연기 구름이 나타나고,
31 해가 어두워지고
달이 핏빛 같이 붉어질 것이다.
끔찍스럽고 크나큰
주의 날이 오기 전에,
그런 일이 먼저 일어날 것이다."

32 그러나 주님의 이름을 불러 구원을 호소
하는 사람은 다 구원을 받을 것이다. 시온 산 곧
예루살렘 안에는 피하여 살아 남는 사람이 있을
것이라고, 주님께서 부르신 사람이 살아 남아 있
을 것이라고, 주님께서 말씀하셨다.

하나님이 민족들을 심판하시다

3 1 "때가 되어 그 날이 오면,
내가 유다와 예루살렘을
회복시켜서
번영하게 하겠다.
2 그 때에 내가
모든 민족을 불러모아,
그들을 ㄱ)여호사밧 골짜기로
데리고 내려가서,
그들이 나의 백성이요 나의 소유인
이스라엘에게 저지른 일을 두고서,
내가 거기에서 그들을 심판하겠다.
그들이 나의 백성을
여러 민족 속에 흩어 놓고,
또 나의 땅을 나누어 가지고,
3 제비를 뽑아
나의 백성을
나누어 가졌기 때문이다.
소년을 팔아서 창녀를 사고,
소녀를 팔아서
술을 사 마셨기 때문이다.

4 두로와 시돈과 블레셋의
모든 지역아,
너희가 나에게
무엇을 하려고 하느냐?
너희는,
내가 한 일을 보복할 셈이냐?
너희가 나에게 무슨 보복을 한다면,
너희가 한 그대로 내가 당장
너희에게 갚아 주겠다.
5 너희가 나의 은과 금을
약탈해 갔으며,
나의 가장 귀한 보물을
너희의 ㄴ)신전으로 가져 갔으며,
6 유다 백성과 예루살렘 시민을
그리스 사람에게 팔아 넘기며,
나라 밖 먼 곳으로 보냈다.

ㄱ) '주님께서 심판하시다' ㄴ) 또는 '궁전'

될 수도 있고, 부정적인 것이 될 수도 있다. 이집트에서의 경험과 광야에서의 유랑은 하나님께서 함께 하시고 역사하신다는 사실을 깊이 깨닫게 하는 사건들이었다. 요엘서에서 사용되는 무서운 상황의 출현, 특히 버섯모양으로 퍼지는 연기는 현대의 핵무기 대량학살의 위협의 결과로서 나타나는 강력하고 두려움을 자아내는 힘으로 여겨지기도 한다. 요엘의 관점에서, 예루살렘은 안전한 천국이 된다.

3:1-3 하나님 백성의 회복에는 외국 땅으로 팔려간 사람들이 돌아오는 것도 포함될 것이다. 요엘은 모든 민족이 여호사밧 골짜기에 불러 모이게 될 것이라고 생각했다. 여호사밧 골짜기란 "하나님이 심판하실 것이다" 라는 의미를 가지고 있는 상상의 장소로서, 성적인 즐거움을 위해서 소년과 소녀를 거래한 이방 민족들의 잔인함이 대가를 치르게 될 곳이다. 아모스가 선택된 민족의 개념에 새로운 의미의 책임을 부가했다 할지라도 (암 3:2), 유다와 관련하여 옛 이름인 "이스라엘"을 사용한 것과 하나님과의 특별한 관계를 주장한 것은 초기 이야기들과 일치한다.

3:3-8 탈리오법(lex talionis)이라는 재판 원칙, 즉 눈에는 눈이라는 동태복수법 (同態復讐法)이 단락을 강화하고 있으며, 그것은 *팔다* 라는 단어로부터 유발된 듯하다. 요엘은 여기에서는 주요 도시들로 대표되는 페니키아의 범죄 행위, 즉 하나님과 유다 백성에 대한 범죄행위를 고발하고 있다. 그들은 성전을 약탈하여 그 곳의 귀한 보물들의 자신의 궁전과 신전으로 가지고 갔다. 더욱이 그들의 노예무역과 연관되어있으며, 유다 백성을 그리스인들에게 팔았으며, 나라 밖의 비참한 생활로

7 너희가 그들을 멀리 팔아 넘겼지만,
내가 그들을
거기에서 돌아오게 하고,
너희에게는
너희가 그들에게 한 그대로
갚아 주겠다.
8 이제는 내가 유다 사람을 시켜서,
너희의 아들딸들을 팔겠다.
유다 사람은
너희 자녀를
먼 나라 스바 사람에게 팔 것이다.
나 주의 말이다."

9 너희는 모든 민족에게
이렇게 선포하여라.
"전쟁을 준비하여라!
용사들을 무장시켜라.
군인들을 모두 소집하여
진군을 개시하여라!
10 보습을 쳐서 칼을 만들고,
낫을 쳐서 창을 만들어라.
병약한 사람도
용사라고 외치고 나서라.
11 사방의 모든 민족아,
너희는 모두 서둘러 오너라.
이 평원으로 모여라."
"주님, 주님의 군대를 보내셔서,
그들을 치십시오!"

12 "민족들아, 출발하여라.
ㄱ)여호사밧 골짜기로 오너라.
내가 거기에 머물면서
사방의 민족들을 모두 심판하겠다.
13 거두어들일 곡식이 다 익었으니,
너희는 낫을 가지고 와서
곡식을 거두어라.
포도주 틀이 가득히 차고
포도주 독마다 술이 넘칠 때까지
포도를 밟듯이,
그들을 짓밟아라.
그들의 죄가 크기 때문이다."

14 판결의 골짜기에
수많은 무리가 모였다.
판결의 골짜기에서
주님께서
심판하실 날이 가까이 왔다.
15 해와 달이 어두워지고,
별들이 빛을 잃는다.

ㄱ) '주님께서 심판하시다'

그들을 몰아넣었다. 동일한 복수 행위로써, 하나님은 페니키아 사람들의 자녀들을 사막 민족인 스바 사람들에게 팔겠다고 위협하신다. 두 번째이자 마지막으로 요엘서에서 예언자 공식은 이러한 하나님의 위협을 강화시킨다.

3:9-16 요엘은 다른 민족들에 대한 마지막 심판 사상으로 되돌아 와서, 이스라엘 민족들은 시온에서 피난처를 찾게 될 것임을 확신하면서 하나님께 하늘의 군대를 다른 민족들에게 보내달라고 요청한다. 거룩한 전쟁이라는 오래된 사상은 특별한 조처들을 수반하며, 심지어는 소중한 희망을 역설적으로 만든다. 농기구는 파괴의 도구로 바뀌어져야 하며, 병약했던 사람도 용사라고 외치고 나설 수 있게 된다. 그것은 치료자로서의 하나님을 이야기하는 출 15:26과 놀라울 정도로 균형을 이루고 있는 출 15:3의 모세가 하나님을 묘사하는 것과 비슷하다. **3:12-14** 심판의 무대는 골짜기이다. 왜냐하면 결정적인 전투는 으레도 평원과 같은 장소에서 일어났기 때문이다. 여기에 근거하여 에스겔은 "아마겟돈"(겔 38—39장)이라는 구절을 만들어 내었다. 비슷하게, 요엘은 동음이의어를 이용한 언어유희("주 하나님이 심판하신다" 라는 의미의 *여호사밧*과 "판결"이라는 의미의 *헤카루스*를 통하여 골짜기에서의 전투를 묘사하고 있다. 시 82:1에서, *하나님(Elohim)*은 다른 신들을 재판하는 동안 서서 주재하시는데, 단 7:9-10에서는 옛적부터 계신 분은 옥좌에 앉으셔서 하나님의 법정을 다스리고 계신다. 요엘이 사용한 추수와 관련된 이미지는 전쟁과 관련된 폭력을 그려내어 전달한다 (사 17:5; 63:1-3; 계 14:14-20을 참조하라). 사 63:1-3에서의 잔인한 장면은 흔히 전쟁의 여신인 아낫(Anat)을 묘사하고 있는 가나안 문서와 비교되어 왔다. 에돔에 대한 증오는 기원전 586년 사건을 둘러싼 배신에 의해서 더욱 심해졌으리라 추측되며, 이사야의 마지막 본문과 요엘의 마지막 언급을 인용하면서 극에 달한다. 어원상 의성어(擬聲語)인 "사람이 많음이여, 판결의 골짜기에 사람이 많음이여"는 포도주처럼 피가 흘러내리는 전장의 혼란한 상황을 포착하여 그려내고 있다. **3:15-16** 새로운 시대를 만들어내는 사건은 우주적 징조와 잠정적으로 어두운 시대를 거치게 되는데, 시온에서 외치시는 큰소리로 인해 더욱 두려워하게 될 것이다 (암 1:2를 참조).

하나님이 백성에게 복을 주시다

16 주님께서 시온에서 외치시고
예루살렘에서 큰소리를 내시니,
하늘과 땅이 진동한다.
그러나 주님께서는,
당신의 백성에게
피난처가 되실 것이다.
이스라엘 자손에게
요새가 되실 것이다.

17 "이스라엘아, 그 때에 너희는,
내가 주 너희의 하나님임을
알아야 한다.
나는 거룩한 산 시온에서 산다.
예루살렘은 거룩한 곳이 되고,
다시는 이방 사람이
그 도성을 침범하지 못할 것이다.

18 그 날이 오면,
산마다 새 포도주가
넘쳐 흐를 것이다.
언덕마다 젖이 흐를 것이다.
유다 개울마다 물이 가득 차고
주의 성전에서 샘물이 흘러 나와,
ㄱ)싯딤 골짜기에
물을 대어 줄 것이다.

19 그러나 이집트는 황무지가 되고,
에돔은 황량한 사막으로 바뀐다.
그들이 유다 땅에 들어와서
백성을 폭행하고,
죄 없는 사람을 죽였기 때문이다.
20 유다 땅은 영원히 있겠고,
예루살렘도 대대로 그러할 것이다.
21 사람들이 학살을 당하여도
내가 그 원수를
갚아 주지 않았으나,
이제는 원수를 갚아 주겠다.
나 주는 시온에서 산다."

ㄱ) 또는 '아카시아 골짜기'

3:17-21 예언자 에스겔은 하나님이 예루살렘의 성산을 출발하여 포로 된 유다 사람들과 함께 바빌로니아에 거하신다고 믿었다. 그러나 겔 40—48장의 회복된 공동체에 대한 비전은 "하나님께서 거기에 (시온에) 계신다 : 여호와 샤마" (겔 48:35) 라는 외침으로 절정에 달하게 된다. 요엘은 에스겔의 사상의 일부분, 특히 하나님의 인식해내는 공식과 성전으로부터 흘러나오는 샘물과 같은 개념을 공유하고 있지만, 산마다 단 포도주가 흘러나오는 유토피아를 꿈꾸는 아모스의 묘사와 궤를 같이 한다 (암 9:13). **3:17** 매우 역설적이게도 거룩한 산에서 이방 사람을 배제한다는 표현은 "히브리 사람"이라는 어원을 가진 히브리어 동사 *"바라"*를 사용한다. 이방인을 배제시키는 외국인 혐오에 대한 다양한 설명이 있을 수 있겠지만, 성경은 단 하나의 개념으로 설명하지 않는다 (룻기와 요나서의 중심 주제를 참조하라). **3:18** *싯딤*은 기드론 골짜기와 그와 연결되어 있는 와디 엔 나르(Wadi' en Nar)를 의미하거나 상징의 의미일 것이다. *아카시아 나무.* 이 나무는 특정한 제의를 만드는 재료로써 사용된다. **3:19** 유다의 안전은 적대관계인 두 나라, 즉 이집트와 에돔의 안위에 달려 있었다. 풍부한 수원으로 축복받은 이집트는 황무지가 될 것이며, 물을 공급하는 위치를 잘 발견해 내던 에돔은 예루살렘으로 물이 넘쳐 흘러나는 동안 황량한 사막으로 변할 것이다. 요엘은 무죄한 피를 흘리게 한 두 적국의 배반 행위를 언급한다. **3:21** 19절의 자연스런 결론은 21절 상반절이 되며, 20절의 논리적 결론은 21절 하반절이 된다. 요엘서는 하나님이 시온에 영원히 거하신다는 약속과 함께 복수에 대한 언급으로 끝을 맺는다.

아모스서

아모스서는 예언자를 통해 선포된 하나님의 말씀을 모아놓은 선집(選集)이다. 예언의 많은 부분은 아모스 자신이 기록한 것으로 여겨지며, 아모스는 기원전 750년경에 유다의 웃시야 왕과 이스라엘의 여로보암 2세의 통치기간 동안 활동했던 예언자이다 (아모스의 서문에 해당하는 1:1, 1:1-2에 관한 주석을 보라). 아모스서는 분명히 편집과정을 거쳤으며, 현재의 본문형태는 바빌로니아 포로생활 (기원전 587-539년) 동안에 편집된 것으로 보인다. 각각의 부분들은 신중하게 고려된 배열 순서를 보이지만 (예를 들어, 도입부인 1:3—2:3의 이방 민족들에 대한 예언들), 전체로 보았을 때는 연대순이나 주제별로 배열했다는 단서는 거의 없다.

아모스는 남왕국 (유다) 사람이며, 예루살렘에서 10마일 정도 떨어진 드고아 출신이다. 그러나 오직 몇 개의 예언들(2:4-5; 6:1)만이 유다에 대한 언급이고, 그의 대부분의 예언 활동은 북이스라엘의 베델에서 제의의 성격을 띠는 큰 절기 축제 동안에 이루어진 듯하다. 그의 예언은 주로 가난하고 사회의 도움을 필요로 하는 사람들을 억압하는 북왕국의 지배 계급에 대한 비판이었으며, 하나님의 심판, 즉 군사 침략을 받고 패망하게 될 것이라는 이스라엘에 대한 비판이었다. 대부분의 주석가들은 아모스가 신흥 앗시리아의 세력을 언급하면서, 강력한 권력을 가졌던 디글랏빌레셀 3세(기원전 744-727년)의 통치 하의 앗시리아의 재기에 대해서 이야기하고 있다고 생각한다. 아모스가 활동하던 시대에 북왕국은 아람 왕국의 다마스쿠스(6:13을 보라)의 위협을 물리치는데 성공했기 때문에 비교적 번영을 누리고 있었다. 이 시기는 앗시리아의 위협이 가시화되기 십여 년 전이지만, 아모스는 정확히 앗시리아의 위협을 예상하고 있었다. 그는 참회의 때가 이미 왔거나 지나가 버렸다고 확신하고 있었지만, 이 민족이 "주님을 찾음"으로써 (5:4, 6, 14) 구원받을 수도 있다는 희미한 희망을 제시하고 있다. 그러한 참회는 실제적인 실천을 요구하게 될 것이다. 즉 사회의 부당한 권력 행사를 바로 잡는 것이다. 그보다 어린 동시대의 호세아와는 달리, 아모스는 신뢰할 수 없는 대외정책에 의지하는 이스라엘을 비난하지 않는다. 오히려 그는 사회의 다양한 계층에 대한 치유에 관심을 기울인다.

아모스가 오늘날의 독자들에게 매우 중요한 예언자가 될 수 있었던 것은 사회정의가 필요하다는 급진적인 메시지 때문이었다. 우리는 그에게서 스스로를 보호할 수 없는 사람들(2:6-7; 5:10-12; 6:3-7, 12; 8:4-6)을 보호하지 않고 범법으로 다스리는 권력자들을 비판하는 국가의 양심으로서의 예언자의 역할을 찾아 볼 수 있다. 더욱이 아모스에 의하면, 그러한 사회의 부정의는 범법자들에 대한 하나님의 심판뿐만 아니라 이스라엘 전체 민족이 버림받는 심판에 이르게 된다. 지배자들의 범죄의 상당 부분이 정치권력을 이용하여 자신들의 타락에 죄없는 사람들까지 연루시켰다는 사실이다. 하나님께서 죄 있는 자와 죄 없는 자를 구별하실 것이라는 생각은 아모스서에서는 아직 나타나지 않고 있다 (겔 9:4-5를 보라). 일부 학자들은 아모스가 이스라엘의 지배자들이 파기했다고 지적한 사회정의 원칙들이 "언약서"(출 21—23장)나 신명기의 중심단락(신 4:44—30:20)과 같은 법전에 기록되어 있기 때문에, 아모스의 가르침의 이면에는 하나님과 이스라엘이 맺은 언약이 나타나 있다고 여긴다. 그러한 본문 속에는, 사회정의에 대한 원칙들이 나타나 있는데, 그것은 우리가 언약이라고 부르는 하나님과 이스라엘 사이의 특별한 계약 관계로부터 비롯된다. 그러나 언약 사상이 아모스의 시대보다 더 오래되었는가는 분명하지 않지만, 그를 기원전 8세기의 다른 예언자들(호세아, 미가, 이사야)과 함께, 언약 사상을 개념화하기 시작했다고 볼 수도 있다. 확실히 아모스는 하나님과 이스라엘의 특별한 관계로 인해 이스라엘 민족의 죄는 이방 민족들이 저지르는 죄(3:2)보다 더 심각하게 되었다고 생각하였다. 그러나 동시에 그는 법이 이스라엘의 범죄 행위를 제대로 수용해 내지 못한다는 사실 (예를 들면, 지나친 사치, 4:1-3; 6:4-6), (법이 용인하고 있는) 제의 행위, 이스라엘은 전혀 개입되어 있지 않은 (2:1-3) 이방 국가들의 전쟁 행위조차도 비판한다. 요약하자면, 아모스는 출애굽과 가나안 정착에서부터 나타났던 하나님과 이스라엘의 관계가 다른 민족들을 인도하시는 하나님의 원칙과 전혀 다를 것이 없다고 여기면서 하나님과 이스라엘 민족의 특별한 관계를 부정하는 듯하다 (9:7). 이 모든 것으로 미루어 볼 때, 아모스는 하나님은 온 세계의 하나님이시며, 이스라엘의 땅이나 이스라엘 민족에만 제한되는 분이 아니라 모든 민족을 다스리시는 분이시라고 믿었다. 아모스 이전의 성서 저자들은 예언자의 종교를 "윤리에 바탕을 둔 유일신론"(ethical monotheism)으로 그려내고 있으며, 이 용어는 아모스에게도 매우 잘 적용된다.

오늘날 아모스의 예언이 어떻게 문서로 남게 되었는지에 대해서는 알 수 없지만, 일단은 그의 제자들의 작업에 의해서 이루어졌을 것으로 보고 있다. 9:11-12에서 다윗 왕조와 함께 남왕국 유다가 멸망했음을 암시하므로, 아모스서는 분명히 추가로 편집되었을 것이다. 그러므로 아모스서는 포로생활 이후에 기록되었다고 보기는 어렵다. 또한 여기에는 북왕국이라기보다는 (아모스의 경우처럼) 남왕국 유다의 저자들의 작품으로 여겨지는 유다 왕국을 비판하는 예언들이 포함되어 있다. 대부분의 다른 예언서와 마찬가지로, 아모스서는 오늘날의 형태로 자리 잡기까지 몇 번의 편집 단계를 거쳤을 것이다. 가장 최근에 이루어진 편집은 히브리 성경에서 소예언서로 알려져 있는 "열두 책"으로 통합되었을 때이었다. 정경에서 요엘 다음에 위치하는 아모스서는 요엘과 몇몇 단락을 공유하고 하고 있다 (욜 3:16과 암 1:2; 욜 3:18과 암 9:13을 참조하라). 이것은 아모스가 열두 책으로 통합되는 시기에 마지막 편집 과정을 거쳤음을 의미한다.

매우 느슨한 구조로 되어 있는 아모스서의 내용은 다음과 같다. 성경본문에 따라 세밀하게 조사할 필요가 있는 주석은 이 개요를 따를 것이며, 명확성을 기하기 위하여 더 보충하여 상세하게 설명하게 될 것이다.

Ⅰ. 표제 1:1-2
Ⅱ. 이방 민족들에 대한 예언과 이스라엘에 대한 비난, 1:3—2:16
Ⅲ. 다가올 재난에 대한 예언, 3:1– 4:3
Ⅳ. 제의에 대한 비난, 4:4-5
Ⅴ. 과거의 하나님의 심판에 대한 회상, 4:6-13
Ⅵ. 더 심각해진 비판과 심판의 징후들, 5:1—6:14
Ⅶ. 아모스와 그의 환상에 대한 연대 기록, 7:1—8:3
Ⅷ. 더 심각해진 비판, 8:4-14
Ⅸ. 마지막 환상, 9:1-4
Ⅹ. 이스라엘의 운명에 대한 예언, 9:5-8
Ⅺ. 구원에 대한 예언, 9:9-15

존 바튼 (John Barton)

1

1 드고아의 목자 아모스가 전한 말이다. 그가 이스라엘에 일어난 일의 계시를 볼 무렵에, 유다의 왕은 웃시야이고, 이스라엘의 왕은 요아스의 아들 여로보암이었다. 그가 계시를 본 것은, 지진이 일어나기 이 년 전이다. 2 아모스가 선포하였다.

"주님께서 시온에서 부르짖으시며
예루살렘에서 큰소리로 외치시니,
목자의 초장이 시들고
갈멜 산 꼭대기가 마른다."

이스라엘 이웃 나라에 내리신 심판

3 "ㄱ)나 주가 선고한다.
다마스쿠스가 지은 서너 가지 죄를,
내가 용서하지 않겠다.
그들이 쇠도리깨로 타작하듯이,
길르앗을 타작하였기 때문이다.
4 그러므로
내가 하사엘의 집에 불을 보내겠다.
그 불이
벤하닷의 요새들을 삼킬 것이다.
5 내가 다마스쿠스의
성문 빗장을 부러뜨리고,
ㄴ)아웬 평야에서는
그 주민을 멸하고,
ㄷ)벳에덴에서는
왕권 잡은 자를 멸하겠다.
아람 백성은 기르로 끌려갈 것이다."
주님께서 말씀하신다.

6 "나 주가 선고한다.
가사가 지은 서너 가지 죄를,
내가 용서하지 않겠다.
그들이 사로잡은 사람들을
모두 끌어다가,
에돔에 넘겨 주었기 때문이다.
7 그러므로 내가 가사 성에
불을 보내겠다.
그 불이 요새들을 삼킬 것이다.

ㄱ) 예언 서두에 나오는 이 말은 예언을 전달하는 전령의 말이기도 하고, 예언을 전하라고 시키는 '주' 자신의 말이기도 함. 전령이 말할 때에는 '주님께서 (이렇게) 말씀하신다'라고 하였음 ㄴ) '악' ㄷ) '에덴의 집'

1:1-2 1:1 다른 예언서들의 표제의 서문과 같이 1절은 예언자의 정체를 밝힌다. 그는 "목자"(히브리어로, *노케드*)였는데, 노케드는 단순히 양을 치는 목자라기보다는 성경의 다른 부분에서 말하듯 (왕하 3:4) 양을 키우거나 소유했던 목자이다. 이러한 사실은 아모스가 재산을 많이 소유하고 있었거나, 유명한 사람이었을 가능성을 제시해 준다. 그가 예언자로 활동했던 시기에 일어났던 지진에 관한 연대를 알 수 없지만, 지진이 어느 해 특정한 날짜를 언급한 것으로 미루어 아모스가 짧은 시기, 아마도 베델의 어느 한 절기 동안에 예언했었을 것으로 보인다. **1:2** 이 구절과 같은 구절이 욜 3:16에서도 나타난다. 아모스서와 요엘서 가운데 어느 것이 원본인지는 알기 어렵다. 아모스는 예루살렘에 대해 거의 언급하지 않으며 (오직 6:1에서 *시온*을 언급함), 예루살렘에 거하시는 하나님의 이름으로 예언을 하고 있지 않는 것처럼 보인다. 그는 하나님을 남왕국 뿐만 아니라, 북왕국의 하나님으로 분명하게 다루고 있다. 그럼에도, 그는 하나님을 유다 전통의 상징(3:8)인 사자로 비유하고 있다. 아마 그 구절은 예언자 전승에서 전해져 내려오는 선집에서 아모스와 요엘이 가져온 것이지 그들 자신의 작품은 아닐 것이다. 아모스는 거친 언어로 심판자로서의 하나님을 적절히 요약하고 있다.

1:3—2:16 이 단락에 아모스는 이스라엘을 둘러싼 민족들이 전쟁을 통해 행한 잔혹한 행위들을 비난하고 있다. 그리고 난 뒤 자신들을 오래 전부터 괴롭혀 온 적들을 심판하시는 하나님을 기뻐하는 이스라엘을 향하여 심판을 선포한다. 이스라엘의 경우, 하나님께 지은 죄는 전쟁이 아니라, 민족 내에서 저지른 사회의 부정의에 관한 것이다. 이러한 죄들은 이방 민족의 죄들과 같거나, 더 나쁜 죄일 것이다. 이러한 사실은 아모스가 그의 청중들에게 1:3—2:3에서 열거한 잔혹한 행위들을 함께 미워하기를 기대하고 있으며, 하나님은 그들을 심판하실 의지와 능력을 가지고 계심을 암시한다. 전혀 기대하지 않은 이스라엘에 대한 비난으로 미루어 볼 때, 이방 민족들에 대한 탄핵은 아모스가 여기서 강조한 대로 예언자의 중요한 임무이었을 것이다. 모든 예언은 문자로 쓰인 예언자 공식인 "나 주가 선고한다"로 시작되며 예언자들은 스스로를 하나님의 사절로 동일시한다. **1:3-5** 다마스쿠스의 아람은 기원전 8세기 초에 이스라엘의 최고 적이었다 (왕상 22장; 왕하 6:8—7:20). 6:13에서 아모스는 요르단 지역에서 거둔 최근의 승리에 대해서 언급하고 있다. 길르앗에 대한 아람의 잔혹한 행위는 이 전투 기간에 일어났을 것이다. 불로 심판할 것이라는 위협은, 자연의 재앙을 의미할 수도 있겠지만, 군대 침략에서 생긴 결과들을 언급하는 것 같다. 아람 민족은 메소포타미아 지역의 본토로 알려진 기르(9:7)로 추방될 것이다. **1:6-8** *가사.* 가사는 유다의 남서쪽에 정착한 팔레스타인 민족을 의미하며 (삼상 4—6장; 17장), 아모스는 다섯 도시 중에서 네 도시만을 언급한다 (갓은 빠져 있음). *그들이 사로잡은 사람들.* 이들이 누구인지 여기서는 알 수

8 내가 아스돗에서 그 주민을 멸하고,
아스글론에서
왕권 잡은 자를 멸하고,
손을 돌이켜 에그론을 치고,
블레셋 족속 가운데서
남은 자를 모조리 멸하겠다."
주 하나님이 말씀하신다.

9 "나 주가 선고한다.
두로가 지은 서너 가지 죄를,
내가 용서하지 않겠다.
그들이 형제의 언약을
기억하지 않고
사로잡은 사람들을 모두 끌어다가,
에돔에 넘겨 주었기 때문이다.

10 그러므로
내가 두로 성에 불을 보내겠다.
그 불이 요새들을 삼킬 것이다."

11 "나 주가 선고한다.
에돔이 지은 서너 가지 죄를,
내가 용서하지 않겠다.
그들이 칼을 들고서
제 ㄱ)형제를 뒤쫓으며,
형제 사이의 정마저 끊고서,
늘 화를 내며,
끊임없이
분노를 품고 있기 때문이다.
12 그러므로
내가 데만에 불을 보내겠다.
그 불이 보스라의 요새들을
삼킬 것이다."
13 "나 주가 선고한다.
암몬 자손이 지은 서너 가지 죄를,
내가 용서하지 않겠다.
그들이 땅을 넓히려고
길르앗으로 쳐들어가서
아이 밴 여인들의
배를 갈랐기 때문이다.
14 그러므로 내가
랍바 성벽에 불을 놓겠다.
그 불이 요새들을 삼킬 것이다.
그 때 거기에
전쟁 터지는 날의 함성 드높고,
회리바람 부는 날의 폭풍처럼
싸움이 치열할 것이다.
15 그들의 왕은 신하들과 함께
포로가 되어서 끌려갈 것이다."
주님께서 말씀하신다.

2 1 "나 주가 선고한다.
모압이 지은 서너 가지 죄를,
내가 용서하지 않겠다.
그들이 에돔 왕의 뼈를 불태워서,
재로 만들었기 때문이다.
2 그러므로 내가
모압에 불을 보내겠다.
그 불이
그리욧 요새들을 삼킬 것이다.
함성과 나팔 소리가
요란한 가운데서,
모압이 멸망할 것이다.
3 모압의 통치자를 멸하고,
모든 신하들도
그와 함께 죽이겠다."
주님께서 말씀하신다.

ㄱ) 이스라엘의 조상 야곱과 에돔의 조상 에서는 한 형제

없다. **1:9-12** 다소 짧은 이 두 예언은 이방 민족들을 비판하는 예언의 원형을 후대에 첨가한 것으로 보인다. 9절의 잔혹한 행위는 팔레스타인 사람들에 대한 비난을 반복한다. 에돔의 죄는 (칼을 들고) 그의 *형제*의 뒤를 쫓은 것인데 히브리어 성경에서 *형제*는 보통 이스라엘을 의미한다. 에돔 민족에 대한 적의는 주로 기원전 587년 예루살렘을 점령했던 사실에서 유래된 듯하며 (오바댜를 보라), 따라서 아모스서보다 후대의 이야기일 것이다. **1:13-15** 아모스는 고대 전쟁에서 흔히 행해지는 잔혹한 행위를 들어 암몬 족속을 비난하고 있다 (왕하 8:12). *랍바.* 이 도시는 오늘날 요르단의 수도인 암만이다. 여기에서 예언된 *불*은 승리한 군대가 정복한 도시를 불태우는 행위를 의미한다. **2:1-3** 모압을 심판하는 예언은 놀랄 만한데, 예언자가 비판하고 있는 잔혹한 행위가 이스라엘 민족이 아닌 에돔 민족에게 행해진 것(그 시기가 언제인지는 모른다)이기 때문이다. 하나님의 윤리적인 명령은 이스라엘에게만 호의를 베푸시는 명령이 아니라 모든 민족을 향한 것이다. 하나님은 모든 세계의 하나님이시며, 모든 인류에게 이스라엘의 법전 밖에 있는 문제들까지도 포함하는

유다에 내리신 하나님의 심판

4 "나 주가 선고한다.
유다가 지은 서너 가지 죄를,
내가 용서하지 않겠다.
그들이 주의 율법을 업신여기며,
내가 정한 율례를 지키지 않았고,
오히려
조상이 섬긴 거짓 신들에게 홀려서,
그릇된 길로 들어섰기 때문이다.
5 그러므로
내가 유다에 불을 보내겠다.
그 불이 예루살렘의 요새들을
삼킬 것이다."

이스라엘에 내리신 하나님의 심판

6 "나 주가 선고한다.
이스라엘이 지은 서너 가지 죄를,
내가 용서하지 않겠다.
그들이 돈을 받고
의로운 사람을 팔고,
신 한 켤레 값에
빈민을 팔았기 때문이다.
7 그들은 힘없는 사람들의 머리를
흙먼지 속에 처넣어서 짓밟고,
힘 약한 사람들의 길을
굽게 하였다.
아버지와 아들이
같은 여자에게 드나들며,
나의 거룩한 이름을 더럽혔다.
8 그들은 전당으로 잡은 옷을
모든 제단 옆에 펴 놓고는,
그 위에 눕고,
저희가 섬기는 하나님의 성전에서
벌금으로 거두어들인 포도주를
마시곤 하였다.

9 그런데도 나는
그들이 보는 앞에서
아모리 사람들을 멸하였다.
아모리 사람들이 비록
백향목처럼 키가 크고
상수리나무처럼 강하였지만,
내가 위로는 그 열매를 없애고
아래로는 그 뿌리를 잘라 버렸다.
10 내가 바로
너희를 이집트 땅에서 이끌어내어,
사십 년 동안 광야에서 인도하여
아모리 사람의 땅을
차지하게 하였다.
11 또 너희의 자손 가운데서
예언자가 나오게 하고,
너희의 젊은이들 가운데서
ㄱ)나실 사람이 나오게 하였다.
이스라엘 자손아,
사실이 그러하지 않으냐?"
주님께서 하신 말씀이다.

ㄱ) 주님께 몸바친 사람들, 거룩하게 구별된 사람들 (민 6:1-8)

도덕 명령을 내리신다. 시체를 모독하는 행위는 대부분의 고대 (그리고 현대) 문화에서 혐오스런 일로 여겨진다. **2:4-5** 이 예언은 아모스가 남왕국 유다에 대하여 예언을 했다는 유일한 증거이다. 대부분의 주석가들은 이것을 후대 사람들이 첨가한 것으로 본다. 여기서는 전쟁의 범죄 행위(이방 민족들에 대한 예언들처럼)나 사회의 부정행위(앞으로 나올 이스라엘에 대한 예언들처럼)를 비판하는 것이 아니라, 우상숭배—거짓 신들은 다른 우상들을 의미—와 하나님의 율법과 율례를 지키지 않은 것을 비판하고 있다. **2:6-16** 이스라엘에 대한 예언은 이전의 예언들처럼 죄를 나열하는 것으로 시작하여, 하나님의 보살핌과 이스라엘의 불순종의 역사를 회고하는 것으로 확장되고 있으며 (9-12절), 군대도 멸하시겠다는 무서운 경고로 끝맺는다 (13-16절). **2:6** *그들이 돈을 받고 의로운 사람을 팔고, 신 한 켤레 값에 빈민을 팔았기 때문*이라는 구절은 사소한 빚(신 한 켤레 값)을 갚게 하기 위해서 가난한 사람을 팔아서 노예로 만든 것이나, 유죄 판결을 반도록 해달라고 주는 뇌물을 받는 것을 가리킨다. **2:7** 이 구절은 가난한 사람들에 대한 압제(본문은 다소 뒤섞여 있다)를 좀 더 일반화시키면서, 한 집안에서 아버지와 아들의 첩 역할을 해야만 하는 여자 노예들에 대한 성적인 착취도 이야기하고 있다 (여기서 사용된 여자, 즉 *나아라*는 이것에 대한 암시일 것이다. 개역개정은 "젊은 여자"로 번역). 8절은 주연(酒宴)에 필요한 자금의 조성을 위해서 벌금을 남용하거나, 부채 상환을 서약하는 의미로 전당잡힌 옷을 그러한 술잔치에서 오용하는 것을 비판하고 있다 (출 22:25-27을 참조하라). **2:9-11** 이 단락은 이집트에서 이스라엘을 구원하시고 40년간의 광야생활을 통하여 약속의 땅으로 인도하신 하나님의 섭리를 설명하는 가장 오래된 부분일 것이다. 11절은 *예언자와 나실인*이라는 두 가지 성직 제도를 언급하고 있으며, 나실인은 하나님에 대한 헌신을 금욕생활을 통해 실천하면서 이루어가는 사람들이다 (민 6:1-21). 아모

12 "그러나 너희는
나실 사람에게 포도주를 먹이고,
예언자에게는
예언하지 말라고 명령하였다.

13 "곡식단을 가득히 실은 수레가
짐에 짓눌려 가듯이,
내가 너희를 짓누르겠다.
14 아무리 잘 달리는 자도
달아날 수 없고,
강한 자도 힘을 쓰지 못하고,
용사도
제 목숨을 건질 수 없을 것이다.
15 활을 가진 자도 버틸 수 없고,
발이 빠른 자도 피할 수 없고,
말을 탄 자도
제 목숨을 건질 수 없을 것이다.
16 용사 가운데서 가장 용감한 자도,
그 날에는
벌거벗고 도망갈 것이다."
주님께서 하신 말씀이다.

선택과 처벌

3 1 "이스라엘 자손아,
이 말을 들어라.
이것은 나 주가
너희에게 내리는 심판의 말이다.
이집트 땅에서 데리고 올라온
모든 족속에게,
내가 선언한다.
2 나는 이 땅의 모든 족속들 가운데서
오직 너희만을 선택하였으나,
너희가 이 모든 악을 저질렀으니
내가 너희를 처벌하겠다."

예언자의 소명

3 두 사람이 미리 약속하지 않았는데,
그들이 같이 갈 수 있겠느냐?
4 사자가 먹이를 잡지 않았는데,
숲 속에서 부르짖겠느냐?
젊은 사자가 움켜잡은 것이 없는데,
굴 속에서 소리를 지르겠느냐?
5 덫을 놓지 않았는데,
새가 땅에 놓인 덫에 치이겠느냐?
아무것도 걸린 것이 없는데,
땅에서 새 덫이 튀어오르겠느냐?
6 성읍 안에서 비상나팔이 울리는데,
사람들이 두려워하지 않겠느냐?
어느 성읍에 재앙이 덮치면,
그것은 주님께서 하시는 일이
아니겠느냐?
7 참으로 주 하나님은, 당신의 비밀을
그 종 예언자들에게
미리 알리지 않고서는,
어떤 일도 하지 않으신다.

8 사자가 으르렁거리는데,
누가 겁내지 않겠느냐?
주 하나님이 말씀하시는데,
누가 예언하지 않을 수 있겠느냐?

스가 자신을 예언자의 한 사람으로 생각했는지는 확실하지 않다 (7:14를 보라). 이전 시기의 불순종은 예언자나 나실인들이 자신들의 특별한 소명으로부터 벗어나려는 시도였다 (12절). 하나님의 심판은 13-16절에 예언되어 있으며, 아모스가 이 군사적 심판을 기원전 720년경 북이스라엘을 침략하여 정복한 앗시리아를 염두에 두고 예언했다고 여겨진다. 그렇지만 아모스가 다시 시작된 아람의 공격을 염두에 두었을 가능성도 있다.

3:1—4:3 이 부분은 저주와 심판에 관한 여러 가지 예언들을 담고 있다. 이스라엘에 대한 멸절에 가까운 예언(3:12)을 담고 있는데, 이는 선택받은 하나님의 백성이기 때문에 하나님 앞에서 다른 민족들보다 더 많은 죄가 있다는 것이다 (3:2).

3:1-2 *나는 이 땅의 모든 족속들 가운데서 오직 너희만을 선택하였으나.* 이 구절은 "친밀하게 알다," "특별하게 인식한다" 라는 의미인 *알다*와 더불어 하나님이 이스라엘 민족을 구별하여 선택하셨음을 이야기하고 있다. 아모스는 "그러므로 내가 너희를 축복한다"와 같은 말로 이어지는 예전적 용어를 인용하고 있는 듯하다. 그는 사람들이 예언자로부터 듣기 원하는 것과 반대되는 예언, 즉 *너희가 이 모든 악을 저질렀으니 내가 너희를 처벌하겠다* 라고 선포하는데, 그것은 이스라엘의 입장을 매우 곤란케 하였다 (1:3—2:16).

3:3-8 질문과 대답형식으로 된 이 단락은 모든 결과에는 원인이 있음을 말하여 주고 있다. 이스라엘의 수도인 사마리아에서 일어날 재난이 어떤 도시에서 일어난다면, 그것은 분명히 하나님께서 일으키시는 것이다. **3:7** 다소 다른 어조인 이 구절은 하나님은 임박한 심판에 대해서 미리 예고하시는 분임을 지적하고 있다. **3:8** 모든 예언자(특히 예레미야)는 하나님으로부터 오는 영감을 받았을 때, 그것을 이야기하지 않을 수 없었다.

사마리아에 내리신 심판

9 "너희는 아스돗의 요새들과
이집트 땅의 요새들에게 전하여라.
사마리아의 산 위에 모여서,
그 도성 안에서 일어나는
저 큰 혼란과,
그 속에서 자행되는
억압을 보라고 하여라.
10 나 주가 하는 말이다.
그들은 올바른 일을 할 줄 모른다.
그들은,
폭력과 강탈로 탈취한 재물을
저희들의 요새 안에 쌓아 놓는다.

11 그러므로
나 주 하나님이 선고한다.
적군이 이 나라를 포위하고,
너의 방어벽을 허물고,
너의 요새들을 약탈할 것이다.

12 "나 주가 선고한다.
목자가 사자 입에서
ㄱ)양의 두 다리나
귀 조각 하나를 건져내듯이,
사마리아에 사는 이스라엘 자손도
구출되기는 하지만
침대 모서리와
안락의자의 다리 조각만
겨우 남는 것과 같을 것이다.
13 이 말을 듣고서,
야곱 가문에 전하여라.
나 주 하나님,
만군의 하나님이 하는 말이다.
14 내가 이스라엘의 죄를 징벌하는 날,
베델의 제단들도 징벌하겠다.
그 때에 제단의 뿔들을 꺾어,
땅에 떨어뜨리겠다.
15 또 내가
겨울 별장과 여름 별장을
짓부수겠다.
그러면
상아로 꾸민 집들이 부서지며,
많은 저택들이 사라질 것이다."
주님께서 하신 말씀이다.

4 1 사마리아 언덕에 사는
너희 바산의 암소들아,
이 말을 들어라.
가난한 사람들을 억압하고,
빈궁한 사람들을 짓밟는 자들아,
저희 남편들에게
마실 술을 가져 오라고
조르는 자들아,
2 주 하나님이
당신의 거룩하심을 두고
맹세하신다.
"두고 보아라. 너희에게 때가 온다.
사람들이 너희를
갈고리로 꿰어 끌고 갈 날,
너희 남은 사람들까지도
낚시로 꿰어 잡아갈 때가 온다.
3 너희는
무너진 성 틈으로
하나씩 끌려 나가서
하르몬에 내동댕이쳐질 것이다."
주님께서 하신 말씀이다.

ㄱ) 양이 잡아먹혔다는 증거물을 주인에게 보이려고

3:9-11 블레셋과 이집트 사람들이 이스라엘 내에서 행해지는 악한 행위들(*혼란과 억압*)을 목격하도록 초대된다. 이러한 악 때문에 재앙이 임박해 왔다.

3:12 산문체로 되어 있는 이 짧은 구절에서 아모스는 이스라엘에 닥칠 운명을 요약한다. 목자는 자신이 치는 양이 들짐승에게 잡아 먹혔다는 증거를 보여주기 위해서 (출 22:13) 그 찢겨진 일부를 제시해야 하는 것처럼, 이스라엘 역시 한 때 존재했었다는 흔적만 남게 될 것이다. 사마리아에 사는 이스라엘 자손이 구출된다는 것은 그런 의미에서일 것이다.

3:13-15 여기서 아모스는 (그가 예언하고 있는 장소로 여겨지는) 베델의 제단에서 이스라엘 성전, 지배 계급들이 살고 있는 호화스러운 궁전과 저택들의 파괴를 예견하고 있다. 19세기에 니므롯 성전을 발굴하면서 발견된 상아 더미(앗시리아가 사마리아로부터 약탈한 상아)로 미루어 보아 아모스가 *상아로 꾸민 집*이라고 부를 만큼, 이스라엘의 상류 계층들은 자신들의 집을 이러한 비싼 재료들로 장식했음을 알 수 있다. *단의 뿔들*. 이 뿔들은 성전 네 구석에 있는 돌출된 부분을 말한다. 희생제의의 한 순서로서 제단의 뿔을 잡을 필요가 있는 사람이 단의 뿔을 잡는다 (왕상 2:28).

4:1-3 이 구절들은 사마리아의 통치자들의 화려한 생활을 더 자세하게 묘사하고 있다. 그들의 아내들은 *바산의 암소*들이라고 불렸는데, 바산 지역의 암소들은

깨닫지 못하는 백성 이스라엘

4 "너희는 베델로 몰려가서
죄를 지어라.
길갈로 들어가서
더욱더 죄를 지어라.
아침마다 희생제물을 바치고,
사흘마다 십일조를 바쳐 보아라.
5 또 누룩 넣은 빵을
감사제물로 불살라 바치고,
큰소리로 알리면서
자원예물을 드려 보아라.
이스라엘 자손아,
바로 이런 것들이
너희가 좋아하는 것이 아니냐?"
주 하나님이 하신 말씀이다.

6 "내가,
너희가 사는 모든 성읍에서
끼닛거리를 남기지 않고,
너희가 사는 모든 곳에서
먹거리가 떨어지게 하였다.
그런데도 너희는
나에게로 돌아오지 않았다."
주님께서 하신 말씀이다.

7 "그래서 추수하기 석 달 전에 내리는 비도
너희에게는 내리지 않았다. 또 내가 어떤 성읍에
는 비를 내리고, 어떤 성읍에는 비를 내리지 않았
다. 어떤 들녘에는 비를 내리고, 어떤 들녘에는 비
를 내리지 않아서 가뭄이 들었다. 8 두세 성읍의
주민들이 물을 마시려고, 비틀거리며 다른 성읍
으로 몰려갔지만, 거기에서도 물을 실컷 마시지
는 못하였다.
그런데도 너희는
나에게로 돌아오지 않았다."
주님께서 하신 말씀이다.

9 "내가
잎마름병과 깜부기병을 내려서
너희를 치고,
너희의 정원과 포도원을
황폐하게 하였다.
너희의 무화과나무와
올리브 나무는,

지방이 많고 건강한 것으로 유명했기 때문이다 (바산은 팔레스타인 지역 북쪽에 있는 요르단을 가로지르는 기름진 땅으로, 오늘날 골란 고원에 해당될 것이다). 아모스에 의하면, 그들이 지금은 술에 취해 시간을 보내고 있지만, 다가올 침공에는 갈고리에 꿰어 끌려가게 될 것이다. 벽을 띠 모양으로 장식한 앗시리아의 벽에서 볼 수 있듯이, 앗시리아 사람들은 죄인들의 코에 갈고리를 꿰어서 소처럼 끌고 가곤 했었다. 그러므로 아모스가 불쾌할 정도로 자세히 묘사한 이미지는 타당성이 있다.

4:4-5 이 짧은 단락은 아모스서에서 유일하게 예언자가 고발하거나 위협하는 것이 아니라, 그의 청중들에게 구체적으로 지침을 내리는 부분이다. 그 지침은 의도를 가지고 역설적으로 이야기한다. 한 제사장이 백성들을 성소로 찾아오라고 부르는 것 같지만, 아모스는 "주 하나님께 예배하라"와 같은 말을 하는 것이 아니라, *베델로 몰려가서 죄를 지어라!* 하고 외친다. 이 부분에서 포로기 이전에 일반적으로 나타났던 주제가 처음으로 나타나게 되는데, 하나님은 죄를 지은 (피로 물들은) 손으로 드리는 제사를 원하지 않는다는 것이다. 사회 부정의를 행한 사람들이 드리는 의례적인 예물은 주 하나님께서 받으시지 않는다는 것이다. 아모스는 계속해서 빈정대는 조로 어리석게 (쓸모없는) 희생제물을 쌓아대는 백성들을 훈계한다. *아침마다 희생제물을 바치고, 사흘마다 십일조를 바쳐 보아라.* 사람들은 하나님을 기쁘시게 하는 것이 아니라, 자신을 기쁘게 하기 위해서 희생제물을 바쳤는데, 하나님은 죄인들이 바치는 희생제의를 미워하신다. 여기서는 속죄제를 비난하고 있는 것이 아니라 감사제나 축제와 같이 먹고 마시면서 음식을 소진하는 제의를 의미할 것이다. 아모스는 국가의 멸망이 눈앞에 닥친 상황에서 (아모스 외에는 그 때가 언제인지 알 수 없었다) 그러한 행동은 너무나도 부적절한 것으로 생각하였다.

4:6-13 구약성경에 있는 여러 본문(예를 들어, 시 135편과 136편)은 이스라엘을 위하여 하나님이 행하신 위대한 "구원의 역사"를 기록하고 있다. 이와 반대로 아모스는 하나님께서 이스라엘 백성에게 내리는 재앙에 대해서 열거하고 있는데, 그 재앙들은 이스라엘 백성의 죄를 경고하고 그들이 잘못된 길에서 나오라는 (*나에게로 돌아오라*) 의미로 해석된다. 왜냐하면 이러한 잘못된 행위는 결국 실패하게 될 것이며, 하나님의 심판 외에는 남는 것이 아무것도 없기 때문이다 (12절). **4:6** *끼닛거리를 남기지 않고.* 이 구절은 그 다음에 나오는 구절이 말해주고 있는 것처럼 기근, 즉 굶주림을 의미하는 것이다. **4:7-8** 바로 이전 세기에 잘 알려진 기근이 엘리야 시대에 있었지만 (왕상 17—18장), 이 시기에 어떤 가뭄이 있었는지는 알 수 없다. **4:9-11** 그밖에 괴로움들은 해충들, 메뚜기 떼의 공격, 전염병, 그리고 군사 침략으로 인한 패배 등이다. 전쟁의 패배가 아모스 시대에 다마스쿠스의 아람

메뚜기가 삼켜 버렸다.
그런데도 너희는
나에게로 돌아오지 않았다."
주님께서 하신 말씀이다.
10 "내가 옛날 이집트에
전염병을 내린 것처럼,
너희에게도 내렸다.
내가 너희의 젊은이들을
칼로 죽였으며,
너희의 말들을 약탈당하게 하였다.
또 너희 진에서
시체 썩는 악취가 올라와서,
너희의 코를 찌르게 하였다.
그런데도 너희는
나에게로 돌아오지 않았다."
주님께서 하신 말씀이다.

11 "나 하나님이 옛날에
소돔과 고모라를 뒤엎은 것처럼,
너희의 성읍들을 뒤엎었다.
그 때에 너희는
불 속에서 끄집어낸
나뭇조각처럼 되었다.
그런데도 너희는
나에게로 돌아오지 않았다."
주님께서 하신 말씀이다.

12 "그러므로 이스라엘아, 내가 너에게 다시
그렇게 하겠다. 바로 내가 너에게 이렇게 하기로
작정하였으니, 이스라엘아, 너는 너의 하나님을
만날 준비를 하여라."

13 산을 만드시고,
바람을 창조하시고,
하시고자 하는 것을
사람에게 알리시고,
여명을 어둠으로 바꾸시고,
땅의 높은 곳을
밟고서 걸어다니시는 분,
그분의 이름은
'주 만군의 하나님'이시다.

애가

5 1 이스라엘 가문아, 이 말을 들어라. 이것은
너희를 두고, 내가 지은 애가다.

2 "처녀 이스라엘이 쓰러져서,
다시 일어날 수 없구나.
제 땅에서 버려졌어도,
일으켜 줄 사람이 하나도 없구나!"

3 주 하나님이 이렇게 말씀하신다.
"이스라엘 가문 가운데서
천 명이 싸우러 나간 성읍에는
백 명만이 살아 남고,
백 명이 싸우러 나간 성읍에는
열 명만이 살아 남을 것이다."

회개를 재촉하다

4 "나 주가 이스라엘 가문에 선고한다.
너희는 나를 찾아라. 그러면 산다.
5 너희는 베델을 찾지 말고,
길갈로 들어가지 말고,
브엘세바로 넘어가지 말아라.
길갈 주민들은
반드시 사로잡혀 가고,
베델은 폐허가 될 것이다."

사람들과의 전쟁에서의 패배를 언급하고 있기는 하지만, 이러한 사건들에 관한 자료들이 어디에서 나왔는지 알 수 없다. 소돔과 고모라에 대한 언급으로 미루어 보아, 여기에서 불은 전쟁이라기보다는 지진이나 벼락과 같은 자연재해의 결과로 보인다. 왜냐하면 그 도시들이 어떻게 멸망했는지를 설명해주기 때문이다 (창 19:24-25를 보라). **4:12** *그러므로.* 반복되어 나오는 같은 말의 반복이 아니라, 어떤 몸짓과 함께 나오는 말이었을 것이다. 그러나 그 의미는 멸망을 의미하는 것이었음에 틀림없다. 예배로의 부름으로 사용되었을 *너는 너의 하나님을 만날 준비를 하여라*가 여기서는 두려운 위협으로 변한다. **4:13** 이 구절은 흔히 송영(頌榮)으로 사용되는 짧은 세 절의 가사 (나머지 두 절은 5:8-9와 9:5-6이다) 중의 첫 부분이다. 여기에서 송영은 창조주이신 하나님을 찬양하지만 5:9에는 파괴자이신 하나님을 찬양한다. 이 송영은 한 때 하나의 연결된 짧은 찬양으로 불려졌을 것이다. 아모스서의 최종 형태를 편집한 편집자는 이 구절을 전략적으로 집어넣었다. *여명을 어둠으로 바꾸시고.* 이 표현이 하나님의 심판하시는 능력을 암시한다 할지라도 이 송영은 독자들이 만나기를 두려워하는 하나님은 또한 영광의 창조주시라는 사실을 상기시켜 준다.

5:1—6:14 이 부분은 저주와 위협과 회개하거나 돌이키라는 세 가지 권고가 섞여 있는 부분이다 (5:4, 6, 14).

5:1-3 이 절들은 (그 운율로 볼 때) *처녀 이스라*

6 너희는 주님을 찾아라.
그러면 산다.
그렇지 않으면,
주님께서
요셉의 집에 불같이 달려드시어
베델을 살라버리실 것이니,
그 때에는
아무도 그 불을 끄지 못할 것이다.

7 너희는 공의를
쓰디쓴 소태처럼 만들며,
정의를
땅바닥에 팽개치는 자들이다.
8 묘성과 삼성을 만드신 분,
어둠을 여명으로 바꾸시며,
낮을 캄캄한 밤으로 바꾸시며,
바닷물을 불러 올려서
땅 위에 쏟으시는 그분을 찾아라.
그분의 이름 '주님'이시다.
9 그분은
강한 자도 갑자기 망하게 하시고,
견고한 산성도 폐허가 되게 하신다.

10 사람들은 ㄱ)법정에서
시비를 올바로 가리는 사람을
미워하고,
바른말 하는 사람을 싫어한다.
11 너희가 가난한 사람을 짓밟고
그들에게서 곡물세를 착취하니,
너희가
다듬은 돌로 집을 지어도
거기에서 살지는 못한다.
너희가
아름다운 포도원을 가꾸어도
그 포도주를 마시지는 못한다.
12 너희들이 저지른
무수한 범죄와 엄청난 죄악을
나는 다 알고 있다.
너희는 의로운 사람을 학대하며,
뇌물을 받고
법정에서
가난한 사람들을 억울하게 하였다.
13 그러므로 신중한 사람들이
이런 때에 입을 다문다.
때가 악하기 때문이다.

14 너희가 살려면,
선을 구하고,
악을 구하지 말아라.
너희 말대로 주 만군의 하나님이,
참으로 너희와 함께 계실 것이다.
15 행여 주 만군의 하나님이
남아 있는 요셉의 남은 자를
불쌍히 여기실지 모르니,
악을 미워하고,
선을 사랑하여라.
법정에서 올바르게 재판하여라.

16 그러므로,
나의 주 만군의 하나님,
주님께서 이렇게 말씀하신다.
"광장마다 통곡 소리가 들리고,

ㄱ) 히, '성문'. 문루에 간이법정과 같은 마을 회관이 있음

엘이 이미 죽은 것처럼 그녀를 애도하는 애가이다. 3절은 이스라엘 군대가 싸우러 전장에 나가지만 많은 사람이 죽어서 돌아올 것임을 예언하고 있다. 이 부분에서 아모스는 앗시리아의 침공보다는 아람군을 치기 위한 이스라엘의 출정이 더 심각한 재난이 될 것임을 암시하는 듯하다.

5:4-7 이 단락은 사회의 정의 실현을 통하여 "주님을 찾는 것"과 "베델, 길갈, 브엘세바를 찾는 것"이 대조를 이루고 있다. 예를 들면, 예언자는 이러한 신들의 사원에서 예배를 드리는 것을 멸망으로 가는 길로 믿었다.

5:8-9 이 절들은 하나님의 창조의 능력뿐 아니라 파괴의 능력을 강조하는 찬양의 한 부분(4:13에 관한 주석을 보라)이다.

5:10-13 이 본문은 2:6-8의 주제로 다시 돌아가서 이스라엘이 행한 사회 부정의에 대해서 비판한다. 즉 과도한 십일조를 받아서 가난한 사람들을 착취하고, 뇌물을 받고 법정에서 사람들을 억울하게 하는 행위들이다. *법정에서.* 문자 그대로의 히브리어는 "성문 앞에서"인데, 고대 중동 지역에서 재판은 종종 성읍 입구에서 이루어졌기 때문이다. (개역개정은 "성문에서;" 공동번역은 "성문 앞에서" 라고 번역했음. "법정에서"는 의역한 것임.) **5:13** 이 절은 무서운 예언을 읽게 될 초기의 독자들이 첨가한 주석일 것이다. 결국 이 예언은 본문의 한 부분으로 통합되었을 것이다.

5:14-15 아모스는 예언을 듣는 청중들이 그들의 악한 길에서 돌이켜 선을 행한다면 재앙을 면하게 될 것이라는 희망을 제시한다. 그러나 이 부분을 빼고 아모스는 이스라엘이 이러한 권고에 귀를 기울이기에는 시간이 너무 늦었다고 여기고 있는 듯하다. 요셉의 남은 자가 재앙이 닥친 후에 (3절을 참조하라) 살아남은 자를

거리마다 '아이고, 아이고' 하며
우는 소리가 들릴 것이다.
사람들은 농부들을 불러다가
울게 하고,
울음꾼을 불러다가
곡을 하게 할 것이다.
17 포도원마다
통곡 소리가 진동할 것이다.
내가 너희 가운데로 지나가는 날,
이 모든 일이 일어날 것이다."
주님께서 말씀하신다.

18 너희는 망한다!
주님의 날이 오기를 바라는 자들아,
왜 주님의 날을 사모하느냐?
그 날은 어둡고 빛이라고는 없다.
19 사자를 피하여 도망가다가
곰을 만나거나,
집 안으로 들어가서
벽에 손을 대었다가,
뱀에게 물리는 것과 같다.
20 주님의 날은 어둡고
빛이라고는 없다.
캄캄해서, 한 줄기 불빛도 없다.

21 "나는, 너희가 벌이는
절기 행사들이 싫다.
역겹다.
너희가 성회로 모여도
도무지 기쁘지 않다.
22 너희가 나에게
번제물이나 곡식제물을
바친다 해도,
내가 그 제물을 받지 않겠다.
너희가 화목제로 바치는
살진 짐승도
거들떠보지 않겠다.
23 시끄러운 너의 노랫소리를
나의 앞에서 집어치워라!
너의 거문고 소리도
나는 듣지 않겠다.
24 너희는, 다만
공의가 물처럼 흐르게 하고,
정의가 마르지 않는 강처럼
흐르게 하여라.

25 이스라엘 가문아,
사십 년을 광야에서 사는 동안에,
너희가 나에게
희생제물과 곡식제물을
바친 일이 있느냐?

26 이제는 너희가 왕으로 떠받드는
식굿의 신상들과
너희의 별 신 기윤의 신상들을
너희가 짊어지고 갈 것이다.
그것들은
너희가 만들어서 섬긴 우상들이다.
27 그러므로 내가 너희를
다마스쿠스 저 너머로
사로잡혀 가게 하겠다."

언급한다고 한다면, 여기서 희망이란 재난을 피할 수 있다는 것보다는 다가오는 멸망에서 살아남은 자들에게만 해당되는 것이다.

5:16-17 이 단락은 예언자가 여러 곳에서 제시하고 있는 미래에 대한 어두운 모습을 확인하는 듯하다. 성읍과 시골에는 울부짖고 애곡하는 소리 이외에는 들리지 않게 될 것이다.

5:18-20 이 절들은 백성들이 반드시 보기를 원하는 다가올 어떤 사건으로써 구약성경에서 언급해 온 *주님의 날*에 대한 것이다. 일부 학자들은 주님의 날을 하나님이 이스라엘을 대신하여 전쟁에서 싸워 승리하실 날을 의미한다고 주장하기도 하며, 또 다른 학자들은 하나님의 축복을 특별히 기대할 수 있는 다가올 축제를 의미한다고 주장하기도 한다. 또 다른 경우로는 아모스가 대중적으로 받아들여지고 있는 기대를 뒤집고 있다고 보기도 한다. 즉 주님의 날은 기대할 만한 어떤 날이 아니라, 그 날에 하나님의 백성들이 멸망하기 때문에 두려워해야 할 날이라는 것이다. 그러므로 그 날은 *어둡고 빛이라고는 없는* 날이다.

5:21-27 아모스는 이스라엘 백성이 지금까지 지켜온 희생제사 제도와 절기들을 귀에 거슬리게 비판하고 있다. 호세아(6:6)와 이사야(1:10-15)처럼, 아모스는 하나님께 바쳐진 희생제물들이 그것을 바친 백성들이 지은 죄로 인하여 오염된 이상 어떤 것도 받아들여지지 않을 것이라고 여긴다. **5:25** 이 절은 이스라엘이 하나님께 순종했을 때, 즉 광야를 방황했던 시기에는 어떤 제사도 없었음을 암시한다. **5:26-27** 그러나 이제 이스라엘은 다른 신들에게 예배하고 있으며, 포로가 되어 *다마스쿠스 저 너머*로 붙잡혀가게 될 것임을 예언자는 밝힌다.

주님께서 말씀하신다.
그분의 이름은
만군의 하나님이시다.

이스라엘의 멸망

6 1 너희는 망한다!
시온이 안전하다고 생각하고
거기에서 사는 자들아,
사마리아의 요새만 믿고서
안심하고 사는 자들아,
이스라엘 가문이 의지하는
으뜸가는 나라, 이스라엘의
고귀한 지도자들아!
2 너희는 갈레로 건너가서
살펴보아라.
거기에서 다시
큰 성읍 하맛으로 가 보아라.
그리고 블레셋 사람이 사는
가드로도 내려가 보아라!
그들이 너희보다 더 강하냐?
그들의 영토가
너희 것보다 더 넓으냐?
3 너희는
재난이 닥쳐올 날을
피하려고 하면서도,
너희가 하는 일은, 오히려
폭력의 날을
가까이 불러들이고 있다.

4 너희는 망한다!
상아 침상에 누우며
안락의자에서 기지개 켜며
양 떼에서 골라 잡은
어린 양 요리를 먹고,
우리에서 송아지를 골라
잡아먹는 자들,
5 거문고 소리에 맞추어서
헛된 노래를 흥얼대며,
다윗이나 된 것처럼
악기들을 만들어 내는 자들,
6 대접으로 포도주를 퍼마시며,
가장 좋은 향유를 몸에 바르면서도
요셉의 집이 망하는 것은
걱정도 하지 않는 자들,
7 이제는 그들이
그 맨 먼저 사로잡혀서
끌려갈 것이다.
마음껏 흥청대던 잔치는
끝장나고 말 것이다.
8 주 하나님이
스스로를 두고 맹세하신다.
만군의 하나님
주님께서 하시는 말씀이다.
"나는 야곱의 교만이 밉다.
그들이 사는 호화로운 저택이 싫다.
그들이 사는 성읍과
그 안에 있는 모든 것들을
내가 원수에게 넘겨 주겠다.

9 그 때에 가서는, 비록 한 집에 열 사람이
남아 있다고 하여도, 끝내 모두 죽을 것이다.
10 시체들을 불살라 장례를 치르는 친척이 와서,
그 집에서 시체들을 내가면서, 집 안에 있는 사람
에게, 옆에 아직 시체가 더 있느냐고 물으면, 남아
있는 그 사람이 '없다'고 대답할 것이다. 그러면
그 친척이 '조용히 하라'고 하면서 '주님의 이름을
함부로 불러서는 안 된다'고 말할 것이다.
11 나 주가 명한다.
큰 집은 허물어져서 산산조각 나고,
작은 집은 부서져서
박살 날 것이다.

12 말들이 바위 위에서
달릴 수 있느냐?
ㄱ)사람이 소를 부려
바다를 갈 수 있느냐?

ㄱ) 또는 '사람이 소를 부려 바위를 갈 수 있느냐?'

6:1-11 이 단락은 이스라엘(그리고 1절의 시온에서 아모스가 한 말이라면)은 적들에게 멸망당한 다른 왕국들(아마 앗시리아일 것이다)과 다를 것이 없음을 지적하고 있다. 이 부분은 반복해서 상아로 장식한 침상에서 호화로운 생활을 하고 다가올 국가의 멸망과 그로 인해 생존자가 거의 없음(9-10절)을 애도해야 할 시기에 축제에 빠져 있는 이스라엘 백성을 비난하고 있다.

6:12-14 여기서 아모스는 이스라엘 내에서 행해지고 있는 부정의를 어리석은 것으로 묘사하여 비난하고 있다. 그것은 마치 바다에서 쟁기를 끄는 것과 같은 행위이다! (예레미야는 이러한 표현을 최대한으로 발전시키고 있다. 렘 2:10-11; 13:23을 보라.) 최근의 승리에 대해서 만족하는 것은 곧 이스라엘이 반대로 정복을 당할 때 그치게 될 것이다.

그런데도 너희는
공의를 뒤엎어 독약을 만들고,
정의에서 거둔 열매를
쓰디쓴 소태처럼 만들었다.

13 너희가 ㄱ)로드발을 점령하였다고 기뻐하
며 'ㄴ)가르나임을 우리의 힘만으로 정복하지 않았
느냐'고 말하지만, 14 이스라엘 가문아, 내가 한
나라를 일으켜서 너희를 치겠다. 만군의 하나님,
나 주의 말이다. 그들이 하맛 어귀에서 아라바 개
울에 이르는 온 지역에서 너희를 억압할 것이다."

첫째 환상, 메뚜기 재앙

7 1 주 하나님이 나에게 다음과 같은 것을 보
여 주셨다. 주님께서 재앙에 쓰실 메뚜기 떼
를 만드신다. 두벌갈이의 씨가 움돋을 때, 곧 왕
에게 바치는 곡식을 거두고 나서, 다시 두 번째 뿌
린 씨가 움돋을 때이다. 2 메뚜기 떼가 땅 위의
푸른 풀을 모두 먹어 버리는 것을 내가 보고서 "주
하나님, 용서하여 주십시오! 야곱이 어떻게 견디
어 낼 수 있겠습니까? 그는 너무 어립니다" 하고
간청하니, 3 주님께서 이에 대하여 뜻을 돌이키
셨다. 그리고 주님께서 말씀하셨다. "이것이 이루
어지지 않게 하겠다."

둘째 환상, 가뭄

4 주 하나님이 나에게 다음과 같은 것을 보
여 주셨다. 보니, 주 하나님이 불을 불러서 징벌
하신다. 그 불이 깊이 흐르는 지하수를 말리고, 농
경지를 살라 버린다. 5 이 때에 내가 "주 하나님,
그쳐 주십시오! 야곱이 어떻게 견디어 낼 수 있겠
습니까? 그는 너무 어립니다" 하고 간청하니,
6 주님께서 이에 대하여 뜻을 돌이키셨다. 그리
고 주 하나님이 말씀하셨다. "이것도 이루어지지
않게 하겠다."

셋째 환상, 다림줄

7 주님께서 나에게 다음과 같은 것을 보여 주
셨다. 다림줄을 드리우고 쌓은 성벽 곁에 주님께
서 서 계시는데 손에 다림줄이 들려 있었다. 8 주
님께서 나에게 "아모스야, 네가 무엇을 보느냐?"
하고 물으시기에, 내가 대답하기를 "다림줄입니
다" 하니, 주님께서 선언하신다.

"내가 나의 백성
이스라엘의 한가운데,
다림줄을 드리워 놓겠다.
내가 이스라엘을
다시는 용서하지 않겠다.
9 이삭의 산당들은 황폐해지고
이스라엘의 성소들은
파괴될 것이다.
내가 칼을 들고 일어나서
여로보암의 나라를 치겠다."

아모스와 아마샤의 대결

10 베델의 아마샤 제사장이 이스라엘의 여로
보암 왕에게 사람을 보내서 알렸다. "아모스가 이
스라엘 나라 한가운데서 임금님께 대한 반란을 선
동하고 있습니다. 그가 하는 모든 말을 이 나라가
더 이상 참을 수 없습니다. 11 아모스는 '여로보
암은 칼에 찔려 죽고, 이스라엘 백성은 틀림없이
사로잡혀서, 그 살던 땅에서 떠나게 될 것이다' 하
고 말합니다."
12 아마샤는 아모스에게도 말하였다. "선견
자는, 여기를 떠나시오! 유다 땅으로 피해서, 거기
에서나 예언을 하면서, 밥벌이를 하시오. 13 다
시는 ㄷ)베델에 나타나서 예언을 하지 마시오. 이
곳은 임금님의 성소요, 왕실이오."

ㄱ) '아무것도 없다'는 뜻을 지닌 지명 ㄴ) 힘을 상징하는 '두 뿔'이라는 뜻을 지닌 지명 ㄷ) '하나님의 집'

7:1—8:3 7:1-9 전기(傳記)적인 자료로 이루어진 이 부분은 이 곳에서 처음 나타나며, 아모스의 소명이 예언자이었음을 말해주고 있다. 다가올 멸망에 대한 상징으로 된 환상을 본 뒤 아모스가 두 번 기도하자 하나님께서 뜻을 누그러뜨리지만, 세 번째의 기회도 지나가자 완전한 멸망이 예언된다. *다림줄*(*아나크*)로 번역되는 단어는 그 의미가 명확하지 않다. 만약 *다림줄이* 옳다면, 하나님은 이스라엘을 시험하여 재어보니 원래 가야할 길에서 비뚤어져 (벗어나) 있다는 의미일 것이다. **7:10-17** 아모스의 사역에 대한 설명은 베델의 제사장과 맞서는 장면으로 이어진다. 14절은 하나님으로부터 특별 소명을 받기까지 그는 예언자가 아니었음을 이야기하고 있는지, 그는 여전히 예언자는 아니지만 특별한 임무가 있음을 이야기하고 있는지 분명하지 않다. 둘 중에서 어떤 경우이든 그는 여전히 대부분의 "전통파" 예언자들이 그랬던 것처럼 자신을 평범한 예언자들과 구별 짓는다. 아마샤는 아모스에게 예언을 하지 못하게 한 대가로 비참하고 어두운 장래에 대한 예언을 듣게

14 아모스가 아마샤에게 대답하였다. "나는 예언자도 아니고, 예언자의 ㄱ)제자도 아니오. 나는 집짐승을 먹이며, 돌무화과를 가꾸는 사람이오. 15 그러나 주님께서 나를 양 떼를 몰던 곳에서 붙잡아 내셔서, 주님의 백성 이스라엘에게로 가서 예언하라고 명하셨소. 16 이제 그대는, 주님께서 하시는 말씀을 들으시오. 그대는 나더러 '이스라엘을 치는 예언을 하지 말고, 이삭의 집을 치는 설교를 하지 말라'고 말하였소. 17 그대가 바로 그런 말을 하였기 때문에, 주님께서 이렇게 말씀하시오.

'네 아내는
이 도성에서 창녀가 되고,
네 아들딸은 칼에 찔려 죽고,
네 땅은 남들이 측량하여
나누어 차지하고,
너는 사로잡혀 간 그 더러운 땅에서
죽을 것이다.
이스라엘 백성은 꼼짝없이 사로잡혀
제가 살던 땅에서 떠날 것이다.'"

넷째 환상, 여름 과일 한 광주리

8 1 주 하나님이 나에게 다음과 같은 것을 보여 주셨다. 보니, ㄴ)여름 과일 한 광주리가 있었다. 2 주님께서 물으신다. "아모스야, 네가 무엇을 보느냐?" 내가 대답하였다. "여름 과일 한 광주리입니다." 주님께서 나에게 말씀하신다.

"나의 백성 이스라엘이 ㄷ)끝장났다.
내가 이스라엘을
다시는 용서하지 않겠다.
3 그 날이 오면,
궁궐에서 부르는 노래가
통곡으로 바뀔 것이다."
주 하나님이 하시는 말씀이다.
"수많은 시체가 온 땅에 널리고,
아무 소리도 들리지 않을 것이다."
4 빈궁한 사람들을 짓밟고,
이 땅의 가난한 사람을
망하게 하는 자들아,
이 말을 들어라!
5 기껏 한다는 말이,
"ㄹ)초하루 축제가 언제 지나서,
우리가 곡식을 팔 수 있을까?
안식일이 언제 지나서,
우리가 밀을 낼 수 있을까?
ㅁ)되는 줄이고, ㅂ)추는 늘이면서,
가짜 저울로 속이자.
6 헐값에 가난한 사람들을 사고
신 한 켤레 값으로
빈궁한 사람들을 사자.
찌꺼기 밀까지도 팔아먹자"
하는구나.

7 주님께서
야곱의 자랑을 걸고 맹세하신다.
"그들이 한 일 그 어느 것도
내가 두고두고 잊지 않겠다.
8 그들이 이렇게 죄를 지었는데,
어찌 땅이
지진을 일으키지 않겠으며,
어찌 땅 위에 사는 자들이
모두 통곡을 하지 않겠느냐?
온 땅이 강물처럼 솟아오르다가,
이집트의 강물처럼 불어나다가,
가라앉지 않겠느냐?

9 나 주 하나님이 하는 말이다.
그 날에는 내가
대낮에 해가 지게 하고,
한낮에 땅을 캄캄하게 하겠다.

ㄱ) 히, '아들' ㄴ) 히, '카이츠 (과일)' ㄷ) 히, '케츠 (끝)'. '과일'과 '끝'을 뜻하는 히브리어의 발음이 비슷함 ㄹ) 또는 '새 달' 축제 ㅁ) 히, '에바' ㅂ) 히, '세겔'

된다. **8:1-3** 네 번째 환상에서 아모스는 어떤 것을 보게 되는데, 2절에서는 언어기법을 시용하여 그것이 재난임을 암시하고 있다. 히브리어로 *여름 과일*은 *카이츠*인데 *끝장났다*를 의미하는 히브리어는 *케츠*이다.

8:4-14 8:4-6 반복해서 아모스는 상인들이 시장에서 *추*(*세겔* [무게를 측정])와 *되*(*에바* [부피를 측정])를 변경하여 가난한 사람들을 속이는 잘못된 관행을 비난한다. **8:7-14** 이 단락은 어느 누구도 피할 수 없는 심판과 재난에 대한 예언으로 군대의 패배뿐 아니라, 지진(8절)과 일식(9절)까지 포함하는 듯하다. 이스라엘은 하나님의 말씀을 들을 수 없게 될 것이기 때문에 예언은 그치게 될 것이다 (11-12절). 어떤 희망의 흔적도 찾을 수 없기 때문에 아모스가 이러한 철저한 폐허 뒤에 긍정의 어떤 것을 보고 있다고는 믿기 어렵다.

10 내가 너희의 모든 절기를
통곡으로 바꾸어 놓고,
너희의 모든 노래를
만가로 바꾸어 놓겠다.
내가 모든 사람에게
굵은 베 옷을 입히고,
머리를 모두 밀어서
대머리가 되게 하겠다.
그래서 모두들
외아들을 잃은 것처럼
통곡하게 하고,
그 마지막이
비통한 날이 되게 하겠다.

11 그 날이 온다.
나 주 하나님이 하는 말이다.
내가 이 땅에 기근을 보내겠다.
사람들이 배고파 하겠지만,
그것은 밥이 없어서 겪는
배고픔이 아니다.
사람들이 목말라 하겠지만,
그것은 물이 없어서 겪는
목마름이 아니다.
주의 말씀을 듣지 못하여서,
사람들이
굶주리고 목말라 할 것이다.
12 그 때에는 사람들이
주의 말씀을 찾으려고
이 바다에서 저 바다로 헤매고,
북쪽에서 동쪽으로 떠돌아다녀도,
그 말씀을 찾지 못할 것이다.

13 그 날에는
아름다운 처녀들과 젊은 총각들이
목이 말라서 지쳐 쓰러질 것이다.
14 사마리아의 부끄러운 우상을
의지하고 맹세하는 자들,
'단아, 너의 신이 살아 있다',
'브엘세바야, 너의 신이 살아 있다'
하고 맹세하는 자들은 쓰러져서
다시는 일어나지 못할 것이다."

다섯째 환상, 성전의 붕괴와 민족 전멸

9 1 내가 보니, 주님께서
제단 곁에 서 계신다.
주님께서 말씀하신다.

"성전 기둥 머리들을 쳐서,
문턱들이 흔들리게 하여라.
기둥들이 부서져 내려서,
모든 사람들의 머리를 치게 하여라.
거기에서 살아 남은 자들은,
내가 칼로 죽이겠다.
그들 가운데서
아무도 도망할 수 없고,
아무도 도피할 수 없을 것이다.

2 비록 그들이
ㄱ)땅 속으로 뚫고 들어가더라도,
거기에서 내가 그들을
붙잡아 올리고,
비록 그들이 하늘로 올라가더라도,
거기에서 내가 그들을 끌어내리겠다.
3 비록 그들이
갈멜 산 꼭대기에 숨더라도,
거기에서 내가 그들을
찾아 붙잡아 오고,
비록 그들이 내 눈을 피해서
바다 밑바닥에 숨더라도,
거기에서 내가 ㄴ)바다 괴물을 시켜
그들을 물어 죽이게 하겠다.
4 비록 그들이
적군에게 사로잡혀 끌려가더라도,
거기에서 내가 그들을
칼에 찔려 죽게 하겠다.
그들이 복을 받지 못하고
재앙을 만나도록,
내가 그들을 지켜 보겠다."

5 주 만군의 하나님이
땅에 손을 대시면,

ㄱ) 히, '스올' ㄴ) 또는 '바다 뱀'

9:1-4 이 부분은 아모스의 다섯 번째이자 마지막 환상으로서, 더 이상 심판의 상징은 없지만 하나님을 직접 (이와 비슷한 환상은 사 6장을 보라) 보는 것인데 실제로 제단 (베델?) 위에 서 계시면서 심판을 명령하신다. 사람들은 이 심판을 피할 어떤 장소도 찾을 수 없을 것이다. 심지어 하나님과 관계가 단절된 죽은 사람들이 살고 있는 스올조차도 어떤 피난 장소도 제공하지 않으며, 깊은 바다는 말할 것도 없다. 하나님의 능력은 어느 곳에서나 현존하신다. 하나님이 모든 곳을 둘러싸시고 현존하심에 대한 확증(시 139편)은 여기에서 충격이 될 만큼 두려운 것으로 바뀌게 된다.

9:5-8 조금 더 송영이 있은 후에 (5-6절) 나

땅이 녹아 내리고
그 땅의 모든 주민이 통곡하며,
온 땅이 강물처럼 솟아오르다가
이집트의 강물처럼 가라앉는다.
6 하늘에 높은 궁전을 지으시고,
땅 위에 푸른 하늘을 펼치시며,
바닷물을 불러 올려서
땅 위에 쏟으신다.
그분의 이름은 '주님'이시다!

7 "이스라엘 자손아,
나에게는 너희가
에티오피아 사람들과 똑같다.
나 주가 하는 말이다.
내가 이스라엘을 이집트 땅에서,
블레셋 족속을 크레테에서,
시리아 족속을 기르에서,
이끌어 내지 않았느냐?

8 나 주 하나님이
죄 지은 이 나라 이스라엘을
지켜 보고 있다.
이 나라를 내가 땅 위에서 멸하겠다.
그러나 야곱의 집안을
모두 다 멸하지는 않겠다."
주님께서 하시는 말씀이다.

9 "똑똑히 들어라.
내가 이제 명령을 내린다.
곡식을 체질하여서,
돌멩이를 하나도 남김없이
골라 내듯이,
세계 만민 가운데서,
이스라엘 집안을 체질하겠다.
10 나의 백성 가운데서
'재앙이 우리에게 덮치지도 않고,
가까이 오지도 않는다'
하고 말하는 죄인은
모두 칼에 찔려 죽을 것이다."

이스라엘의 회복

11 "그 날이 오면,
내가 무너진 다윗의 초막을
일으키고,
그 터진 울타리를 고치면서
그 허물어진 것들을 일으켜 세워서,
그 집을
옛날과 같이 다시 지어 놓겠다.
12 그래서
에돔 족속 가운데서 남은 자들과,
나에게 속해 있던 모든 족속을,
이스라엘 백성이 차지하게 하겠다."
이것은 이 일을 이루실
주님의 말씀이다.

타나는 이 단락은 이스라엘은 하나님의 백성이 아니라는 아모스의 이전의 예언보다 더 심해진다. 그들의 "선택"이 취소된 것은 단순한 문제가 아니다. 예언자는 그 선택이 영원히 존재할 것이냐고 묻는다! 주 하나님은 이스라엘을 이집트에서 구출해낸 것은 사실이지만 이것은 블레셋과 아람 사람들을 지금 그들이 살고 있는 땅으로 데리고 왔던 것과 다를 것이 없다는 것이다. 죄를 범한 어떤 국가도 심판을 면할 수는 없으며, 다른 나라의 백성보다 이스라엘에게 더 많은 면책을 줄 수는 없다는 것이다. 아모스의 마지막 예언은 8절 하반절에 나타난다. 초기의 편집자는 두 번째 줄—*그러나 야곱의 집안을 모두 다 멸하지는 않겠다*—을 덧붙임으로써 최고조에 이른 두려운 결말에 흠집을 내고 있다.

9:9-15 이 예언은 후대의 편집자가 아모스의 예언에 더 첨가시킨 것인데, 완전한 멸망을 예언하는 예언자의 예언을 조금 완화시켜서 이스라엘은 여전히 미래가 있다고 이야기한다. **9:9-10** 이 부분은 하나님께서 사람들 사이의 선과 악을 구분하시어 오직 죄인만을 심판하시는데, 이는 아모스가 완전한 심판을 예언하는 데에서는 분명히 묘사되어 있지 않다. 마음속으로 살아남을 것이라고 안심하는 사람은 두려워 떨게 될 것이며, 의로운 자는 목숨을 구하게 될 것이다 (겔 9장). **9:11-12** 포로기 후기의 편집자는 몰락한 다윗 왕조의 부활을 예언하면서 다른 민족들을 다시 다스리게 될 것으로 보았다 (사 55:3-5). 이것은 그 후에 모두가 갖게 될 희망이다. **9:13-15** 마지막 예언은 새롭게 된 땅에서 기적과 같이 풍성하게 열매 맺음을 예언하는 후대의 예언들과 비슷하다 (이와 비슷한 예언인 사 65:17-25; 욜 3:18을 보라). 이러한 부분은 아모스가 썼다고 보기는 힘들지만 아모스서의 최종 형태에 남아 있으므로 예언자 자신의 말이 아니라는 문자적 사실 때문에 이 부분을 삭제할 수는 없다. 그들은 기원전 8세기 예언자들이 예언한 대격변 너머에서도 존재하시는 하나님의 변함없는 신실하심을 이야기하고 있는 것이다.

13 주님께서 하시는 말씀이다.
"그 때가 되면,
농부는 곡식을 거두고서,
곧바로 땅을 갈아야 하고,
씨를 뿌리고서,
곧바로 포도를 밟아야 할 것이다.
산마다 단 포도주가 흘러 나와서
모든 언덕에 흘러 넘칠 것이다.
14 내가,
사로잡힌 내 백성 이스라엘을
데려오겠다.
그들이 허물어진 성읍들을
다시 세워,
그 안에서 살면서
포도원을 가꾸어서
그들이 짠 포도주를 마시며,
과수원을 만들어서
그들이 가꾼 과일을 먹을 것이다.
15 내가 이 백성을
그들이 살아갈 땅에 심어서,
내가 그들에게 준 이 땅에서
다시는
뿌리가 뽑히지 않게 하겠다."
주 너의 하나님이 말씀하신다.

오바댜서

구약성경에서 가장 짧은 오바댜서는 사해 건너편 유다의 남동쪽에 위치한 땅에 사는 에돔 민족에 대한 명확한 심판의 메시지를 담고 있다 (창 36장). 이 예언들은 예언자 전통에 있어서 중요한 신학적 전통을 담고 있다. 야곱의 형 에서는 구약 초기시대의 에서와 관련이 있다 (창 36장; 신 2장). 이스라엘과 에돔의 관계는 바빌로니아 포로기(기원전 587-586년)에 극적으로 변했다. 에돔은 피난을 가는 유다 사람들을 붙잡아서 바빌로니아 사람들에게 넘겨주었는데 (12-14절과 또한 사 21:11-17; 렘 49:7-22; 암 1:11-12를 보라), 그것은 같은 피를 나누었던 형제에 대한 배신행위이었다.

오바댜는 기원전 587-586년, 예루살렘의 멸망 이후 그 곳에 남아 있던 공동체에 속했던 것으로 보이며, 기원전 6세기 초에 예루살렘에 살았던 예언자 공동체와 관련이 있는 듯하다. 그의 이름의 의미는 "주 하나님의 종"이란 뜻이며, 예언자의 이름인 동시에 상징의 의미를 가지고 있기도 하다.

오바댜서의 내용은 다음과 같다. 성경본문에 따라 세밀하게 조사할 필요가 있는 주석은 이 개요를 따를 것이며, 명확성을 기하기 위하여 더 보충하여 상세하게 설명될 것이다.

Ⅰ. 서문, 1a절
Ⅱ. 에돔에 대한 하나님의 심판, 1b-14절
Ⅲ. 유다에 대한 하나님의 약속, 15-21절

사무엘 파간 (Samuel Pagan)

1 1 이것은 오바댜가 받은 계시이다. 주 하나님이 에돔을 두고 하신 말씀이다.

주님께서 에돔을 심판하시다

주님께서 여러 민족에게
천사를 보내시면서
"너희는 일어나라.
에돔을 쳐부수러 가자!" 하신
말씀을
우리가 들었다.

2 ㄱ)"나는 여러 민족 가운데서 ㄴ)너를
가장 보잘것없이 만들겠다.
모든 사람이 너를 경멸할 것이다.
3 네가 바위 틈에 둥지를 틀고,
높은 곳에 집을 지어 놓고는,
'누가 나를 땅바닥으로
끌어내릴 수 있으랴'
하고 마음 속으로 말하지만,
너의 교만이 너를 속이고 있다.
4 네가 독수리처럼
높은 곳에
보금자리를 꾸민다 하여도,
네가 별들 사이에
둥지를 튼다 하여도,
내가 너를
거기에서 끌어내리고야 말겠다.
나 주의 말이다."

에돔의 멸망

5 "너에게 도둑 떼가 들거나
밤중에 강도 떼가 들이닥쳐도,
자기들에게 필요한 만큼만
빼앗아 간다.
포도를 털어가는 사람들이
들이닥쳐도,
포도송이 얼마쯤은 남겨 놓는다.
6 그런데 ㄷ)에서야,
너는 어찌 그처럼 샅샅이 털렸느냐?
네가 깊이 숨겨 둔 보물마저
다 빼앗기고 말았다.
7 너와 동맹을 맺은 모든 나라가
너를 나라 밖으로 쫓아내고,
너와 평화조약을 맺은 나라들이
너를 속이고 너를 정복하였다.
너와 한 밥상에서 먹던 동맹국이
너의 발 앞에 올가미를 놓았다.
너의 지혜가 어디에 있느냐?

8 나 주가 말한다.
그 날에는 내가 에돔에서
슬기로운 사람을 다 없애고,
에서의 방방곡곡에
지혜있는 사람을 남겨 두지 않겠다.
9 데만아, 너의 용사들이 기가 꺾이고,

ㄱ) 주님의 말씀 ㄴ) 에돔을 두고 말함 ㄷ) 에돔의 조상, 여기에서는 에돔

1a절 *계시.* 1절 상반절은 오바댜가 일종의 황홀경 속에서 예언을 받은 것으로 보인다. 이 서문은 특이한 형태를 보이고 있는데, 예언자나 그의 아버지에 대한 어떤 내용도 없으며, 예언의 시기도 나와 있지 않기 때문이다.

1b-14절 하나님의 심판은 에돔에 대항하는 것이다. 하나님으로부터 받은 예언자의 말은 예언자 자신에게만 해당되는 말이 아니라, 주변의 민족들에게도 전해진 말씀인데, 하나님은 와서 에돔을 공격하라고 말씀하신다. **3-4절** 에돔 민족은 홍해의 동쪽 지류에서부터 다마스쿠스까지, 그리고 그 너머에 이르는 대상(隊商)들의 길을 통제하여 번창하였다. 세일 산의 고원과 깊은 산 속에 숨어있는 계곡들은 이 약탈자들에게 숨을 수 있는 장소를 제공해 주었다. *셀라*는 "바위" 라는 의미를 가지고 있는 히브리어로서 에돔의 수도를 가리키는 말이기도 하다. 에돔의 교만은 심판받게 될 것이다 (교만한 해상민족에 대한 예언자들의 고발에 대해서는 겔 28장을 보라). **5-6절** 이 부분은 잔인하게 예루살렘을 약탈한 에돔의 행위와 에돔이 겪게 될 약탈을 동시에 언급하고 있는 듯하다. 밤에 남의 집에 들어가 물건을 훔치는 도둑도 집안에 있는 모든 물건을 가져가지는 않으며, 추수를 하는 농부도 포도밭을 완전히 걷어가지는 않는다. 그러나 에돔은 유다에게 아무것도 남겨놓지 않은 채 약탈해 갔으며, 에돔 역시 그렇게 약탈당할 것이다. 에서는 에돔의 또 다른 이름이다 (창 36:1, 8, 18-19를 보라). **8절** 에돔은 옛날부터 지혜로운 교사 라고 불리는 현인들이 많이 살고 있던 곳이었다 (렘 49:7). **9절** *데만.* 지리를 나타내는 용어로써 에돔의 북쪽 지역을 이야기하는 듯하다 (암 1:12). **10-14절** 에돔의 범죄가 생생히 묘사되어 있다. 이스라엘과 혈연관계가 있는 에돔이 무서운 재앙이 닥쳤을 때에 이스라엘에 대적하여 이스라엘의 적들의 편에 서서 형제애를 잊어버렸다.

에서의 온 땅에
군인은 한 사람도 남지 않고
모두 다 칼에 쓰러질 것이다."

에돔의 죄

10 "네 아우 야곱에게 저지른
그 폭행 때문에
네가 치욕을 당할 것이며,
아주 망할 것이다.
11 네가 멀리 서서 구경만 하던 그 날,
이방인이 야곱의 재물을 늑탈하며
외적들이 그의 문들로 들어와서
제비를 뽑아
예루살렘을 나누어 가질 때에,
너도 그들과 한 패였다.
12 네 형제의 날,
그가 재앙을 받던 날에,
너는 방관하지 않았어야 했다.
유다 자손이 몰락하던 그 날,
너는 그들을 보면서
기뻐하지 않았어야 했다.
그가 고난받던 그 날,
너는 입을 크게 벌리고
웃지 않았어야 했다.
13 나의 백성이 패망하던 그 날,
너는 내 백성의 성문 안으로
들어가지 않았어야 했다.
나의 백성이 패망하던 그 날,
너만은 그 재앙을 보며
방관하지 않았어야 했다.
나의 백성이 패망하던 그 날,
너는 그 재산에
손을 대지 않았어야 했다.
14 도망가는 이들을 죽이려고,
갈라지는 길목을
지키고 있지 않았어야 했다.
그가 고난받던 그 날,
너는 살아 남은 사람들을
원수의 손에
넘겨 주지 않았어야 했다."

주님께서 세계 만민을 심판하실 날

15 "내가 모든 민족을 심판할
주의 날이 다가온다.
ㄱ)네가 한 대로 당할 것이다.
네가 준 것을
네가 도로 받을 것이다.
16 ㄴ)너희가 ㄷ)내 거룩한 산에서
쓴 잔을 마셨다.
그러나 이제 온 세계 모든 민족이
더욱더 쓴 잔을 마실 것이다.
마지막 한 방울까지 다 마시고
망하여 없어질 것이다."

이스라엘의 승리

17 "그러나 더러는 시온 산으로 피하고
시온 산은 거룩한 곳이 될 것이다.
그 때에 야곱의 집은
다시 유산을 차지할 것이다.
18 야곱의 집은 불이 되고,
요셉의 집은 불꽃이 될 것이다.
그러나 에서의 집은
검불이 될 것이니,
그 불이 검불에 붙어
검불을 사를 것이다.

ㄱ) 에돔을 두고 말함 ㄴ) 이스라엘을 두고 말함 ㄷ) 시온 산을 가리킴

15-21절 하나님의 백성을 위한 약속

15a절 예언자는 다가올 하나님의 심판의 예언 말씀을 이스라엘 주변의 모든 이방 민족들에게로 확장시킨다. **15b절** 이 부분은 에돔에 대한 예언들을 결론짓는 부분으로 14절 뒤에 있었을 것이다. **16-21절** 예언자는 에돔에 대적하는 심판을 곧 다가올 좀 더 일반적인 의미로서의 하나님의 심판과 연결시킨다. 하나님의 뜻은 모든 이스라엘의 적들을 물리치고 그 지역의 이스라엘의 소유물들을 회복시킬 것이다. **16절** *너희가 내 거룩한 산에서 쓴 잔을 마셨다.* "너희" 라는 복수대명사는 이스라엘을 의미한다. *온 세계 모든 민족이 더욱 더 쓴 잔을 마실 것이다.* 적들은 하나님의 분노의 잔을 마시게 될 것이다 (사 51:17). **17절** *더러는 시온 산으로 피하고.* 에돔은 한 때 예루살렘이 파괴당하던 당시 도망가던 사람들을 포위했었지만, 하나님의 심판의 날인 지금은 이스라엘은 그들로부터 벗어나서 그들의 땅으로 되돌아가게 될 것이다. **19-21절** 이스라엘이 다시 정착하고 있는 모습을 그린 이 부분은 특이하다. 겔 40—48장에 있는 이스라엘의 재정착과 비교해 보라. **19절** 남서쪽에 사는 사람들은 한 때 블레셋 사람들이 차지했던 연안으로 이동하는 반면, 남쪽(네겝)에 위치한 유다 사람들은 에돔 사람들이 살던 땅에 정착하게

에서의 집안에서는
아무도 살아 남지 못할 것이다.
나 주가 분명히 말한다."

새 이스라엘

19 "네겝 지방에서 올라온 내 백성이
에서의 산악지대를 차지하고,
평지에서 올라온 내 백성은
블레셋 땅을 차지할 것이다.
그들은 에브라임의 영토와
사마리아의 영토를 차지할 것이다.
베냐민은 길르앗을 차지할 것이다.
20 잡혀 갔던 이스라엘 포로는
돌아와서 가나안 족속의 땅을
사르밧까지 차지하고,
예루살렘에서
스바랏으로 잡혀 갔던 사람들은
남쪽 유다의 성읍들을 차지할 것이다.
21 ㄱ)구원자들이 시온 산에 올라와서
에서의 영토를 다스릴 것이다.
나라가 주의 것이 될 것이다."

ㄱ) 또는 '구원받은 사람들이……'

될 것이다. **20절** 이 부분은 그 의미가 모호하다. 분명히, 북쪽 끝의 일부 정착민들은 페니키아의 일부분을 차지하게 될 것이며, 예루살렘에서 알려지지 않은 땅 스바랏으로 사로잡혀 갔던 자들 중 일부는 네겝의 어떤 성읍을 얻게 될 것이다. **21절** 하나님께서 개입하신 결과, 시온 산에서 모든 민족을 다스리시게 된다. 그것은 예언자가 예언하고 있는 시대와 정반대의 상황일 것이다. 당시의 최강 국가인 바빌로니아는 에돔과 같은 작은 동맹국의 힘을 빌려 많은 땅을 정복하고 파괴하였다. 이제 바빌론의 동맹국들은 하나님의 백성에게 자신의 땅을 내놓게 될 것이다. 그러나 그 땅의 진정한 통치자는 하나님이시며, 하나님은 예언자들이 늘 대언해 온 공동체의 회복을 명령하고 계신다. 공동체의 회복은 하나님과 맺은 언약을 지켜 행하고, 공의로써 이웃을 대하고, 하나님의 목적이 이루어지실 날을 소망하며, 모든 세상에 하나님의 축복을 전하는 것이다.

특별 주석

오바댜서는 개인 또는 집단 속에서 드러날 수 있는 깊은 차원의 증오감을 생생하게 묘사하여 준다. 여기에서는 또한 뿌린 대로 거둔다는 사실을 상기시켜 준다.

요나서

요나서는 예언자의 예언보다는 예언자의 행위에 중심을 두고 있다는 점에서, 다른 소예언서들과 구별된다 (암 7:10-17, 호 1:2—3:5를 참조하라). 요나서 저자는 왕하 14:25b에서 영감을 받은 듯하나, 그 내용은 좁은 의미에서 실제의 역사는 아니다. 요나서는 전체가 4장(총 48절)으로 되어 있는데, 물고기에게 삼켜진 요나가 물고기 뱃속에서 사흘 밤낮을 보낸 뒤 살아남게 되고, 예언자의 다섯 마디 예언을 들은 니느웨의 모든 백성들이 회개를 하게 되고, 성읍 내의 모든 백성들과 동물까지 굵은 베옷을 입고 금식을 하고, 그 후에 요나의 머리 위로 박 넝쿨이 빠른 속도로 자라게 된다. 학자들은 요나서를 은유로 된 이야기, 전설, 소설, 비유, 풍자로 이해해 왔으나, 이러한 이야기 속에 예언자의 모험담을 그려내고 있다는 관점은 포함되어 있지 않다.

요나의 이야기는 성서문학에 있어서 주옥같은 문학 작품이다. 좌우 대칭, 균형, 언어유회, 풍자, 의외성 등과 같은 특징을 보이고 있는 이 책은 다른 민족들도 공평하게 대하시는 하나님에게 화를 내는 (4:1-5를 보라) 요나에게 (그리고 모든 독자들에게) 세상의 모든 사람들을 용납하고 받아들이시는 하나님의 은혜를 가르치고 있다 ("구원은 오직 주님에게서만 옵니다" 라고 요나는 2:9에서 말하고 있다). 요나는 그의 하나님은 은혜스로우시며 자비로우시며 좀처럼 노하지 않으시며 사랑이 한없는 분이셔서, 내리시려던 재앙마저 거두실 것임을 알면서도 분노한다 (4:2; 출 34:6-7을 보라).

요나서의 내용은 다음과 같다. 성경본문에 따라 세밀하게 조사할 필요가 있는 주석은 이 개요를 따를 것이며, 명확성을 기하기 위하여 더 보충하여 상세하게 설명될 것이다.

Ⅰ. 요나의 소명과 도망, 1:1-16
- A. 요나는 소명을 받지만 여호와를 피하여 달아남, 1:1-3
- B. 바다의 풍랑, 1:4-5
- C. 제비뽑기에서 요나가 뽑힘, 1:6-16

Ⅱ. 요나의 기도와 구원, 1:17—2:10
- A. 하나님께서 물고기를 준비하셔서 요나를 삼키게 함, 1:17—2:2a
- B. 요나의 기도, 2:2b-9
- C. 하나님께서 요나를 육지로 돌려보내심, 2:10

Ⅲ. 요나와 니느웨, 3:1-10
- A. 요나가 니느웨로 감, 3:1-3a
- B. 요나의 선포와 니느웨 성읍 사람들의 회개, 3:3b-10

Ⅳ. 요나의 체험과 하나님과의 대화, 4:1-11
- A. 요나의 불평, 4:1-3
- B. 하나님이 응답하심, 4:4-11

케네스 엠 크레이그 (Kenneth M. Craig, Jr.)

요나가 주님을 피하여 달아나다

1 1 주님께서 아밋대의 아들 요나에게 말씀하
셨다. 2 "너는 어서 저 큰 성읍 니느웨로 가서,
그 성읍에 대고 외쳐라. 그들의 죄악이 내 앞에
까지 이르렀다." 3 그러나 요나는 주님의 낯을
피하여 ㄱ)스페인으로 도망가려고, 길을 떠나 욥바
로 내려갔다. 마침 스페인으로 떠나는 배를 만나
뱃삯을 내고, 사람들과 함께 그 배를 탔다. 주님의
낯을 피하여 스페인으로 갈 셈이었다.
4 주님께서 바다 위로 큰 바람을 보내시니,
바다에 태풍이 일어나서, 배가 거의 부서지게 되
었다. 5 뱃사람들은 두려움에 사로잡혀 저마다
저희 신들에게 부르짖고, 저희들이 탄 배를 가볍게
하려고, 배 안에 실은 짐을 바다에 내던졌다. 요
나는 벌써부터 배 밑창으로 내려가 누워서, 깊이
잠들어 있었다. 6 마침 선장이 그에게 와서, 그를
보고 소리를 쳤다. "당신은 무엇을 하고 있소?
잠을 자고 있다니! 일어나서 당신의 신에게 부르
짖으시오. 행여라도 그 신이 우리를 생각해 준다면,
우리가 죽지 않을 수도 있지 않소?"
7 ㄴ)뱃사람들이 서로 말하였다. "우리가 어서
제비를 뽑아서, 누구 때문에 이런 재앙이 우리에게
내리는지 알아봅시다." 그들이 제비를 뽑으니, 그
제비가 요나에게 떨어졌다. 8 그들이 요나에게
물었다. "우리에게 말하시오. 누구 때문에 이런
재앙이 우리에게 내렸소? 당신은 무엇을 하는 사람
이며, 어디서 오는 길이오? 어느 나라 사람이오?
어떤 백성이오?" 9 그가 그들에게 대답하였다.
"나는 히브리 사람이오. 하늘에 계신 주 하나님,
바다와 육지를 지으신 그분을 ㄷ)섬기는 사람이오."
10 요나가 그들에게, 자기가 주님의 낯을 피하여
달아나고 있다고 말하니, 사람들이 그 사실을 알고,
겁에 질려서 그에게 소리쳤다. "어쩌자고 당신은
이런 일을 하였소?"

ㄱ) 히, '다시스' ㄴ) 히, '그들이' ㄷ) 히, '경외하는'

1:1-16 요나의 서문은 여러 일들이 빨리 일어나고 있으며, 하나님으로부터 받은 신탁을 전해야 하는 예언자로서의 의무를 저버리고 말없이 도망가는 예언자의 모습을 묘사하고 있다. 요나는 하나님께 말로 응답하지 않고, 선원들과 이야기를 나누지도 않는다. 내레이터는 요나에게 동쪽의 니느웨로 가라는 하나님의 명령에서 서쪽의 스페인(다시스)으로 향하는 고집스런 예언자의 모습으로 옮겨간다. 내레이터는 또한 하나님께서 의뢰하시는 일로부터 도망가는 요나를 강조한다. 그는 욥바(3절)로 *내려가고* (히브리어, *예라드*), 선창(船倉)으로 *내려가고* (히브리어, *예라드*) (5절), 배 밖으로 던져져 바다 아래로 내려간다 (15절).

1:1-3 요나서가 시작하는 부분에서는 요나가 하나님께 계속 반복해서 반항하는 모습의 주제를 소개하고 있으며, 이러한 주제는 이 책의 결론 부분에서 완전히 무르익게 된다. 요나는 요나서에서 유일하게 이름을 가지고 있는 등장인물이다. 그의 이름은 "비둘기"를 의미하는데, 하나님으로부터 벗어나려는 이 예언자의 모습을 적절하게 그려내고 있다. 그의 이름은 연속되는 세 개의 에피소드(물고기, 짐승, 벌레)에 나타나는 동물의 주제를 전해주고 있기도 하다. **1:2** 앗시리아의 수도인 니느웨를 이야기함으로써 요나의 청중들은 앗시리아의 길고 고통스러웠던 지배를 즉각 떠올리게 될 것이다. **1:3** 빠르게 연이어 나타나는 동사로 이어지는 행동들은 (*일어나다, 도망가다, 내려가다, 만나다, 떠나가다, [뱃삯을] 내다, 내려가다, 가다*) 요나가 서둘러서 도망가고 있음을 잘 반영하여준다.

1:4-5 여기에서 중심 단어는 *내던지다, 두려워하다, 바다*인데, 후반부에서 그 개념이 발전되어 나갈 것이다. 하나님은 요나의 반항에 대해, 태풍을 일으키셔서 배를 위험에 빠지게 하고, 선원들을 두려움에 사로잡히게 하는 것으로 응답하신다. **1:5** 저자는 그들의 신을 부르짖으며 짐을 바다로 내던지는 활기 있는 뱃사람들과 몰아치는 태풍 속에서도 잠이 든 활기 없는 요나를 대조시키고 있다. 히브리 예언자와 이방 사람들 사이의 대조는 이 책의 중요한 동기가 된다.

1:6-16 "일어나서 당신의 신에게 부르짖으시오." 선장의 명령은 1:2에서 하나님이 요나에게 말씀했던 원래의 명령을 그대로 비춰주고 있다. 부사 "행여라도"는 바람이나 희망을 표현하고 있으며 3:9에 나타나는 하나님의 성품: *"하나님께서 마음을 돌리고 노여움을 푸실지 누가 아느냐?"* 에 관한 왕의 질문과 비슷하다. 두 경우 모두, 히브리 사람이 아닌 사람들과 요나가 대조되고 있다. **1:7** 제비를 뽑는 것은 고대 사람들이 점을 치는 한 형태이며, 신으로부터 명백한 응답을 얻기 위해서 행해졌었다. **1:8** 네 개의 쏟아져 나오는 질문들은 이 이야기를 여러 개의 일들을 빠르게 전개시키고 있으며, 뱃사람들의 혼란을 강조하고 있다. **1:9** 예언자는 뱃사람들의 마지막 질문에 대한 대답만 한다. 예상치 못한 히브리 단어 순서로 대답함으로써, 저자는 요나의 하나님의 이름인 주 하나님을 강조한다. *하늘에 계신 주 하나님*은 최고의 신이며, 궁극적으로 능력의 근원이신 신과 동일시하는 표현이다. 요나는 하나님으로부터 벗어나기 위해서 육지에서 바다로 피했기 때문에 그의 고백은 역설적이다. **1:10** *겁에 질려서.* 이 두려워하는 모습은 16절에서 다시 강조되는데, 이 두 부분은 뱃사람들과 요나와의 대화와 다른 뱃사람들이 하나님께 드리는 청원과 관련되어 있다. *"어쩌자고 당신은 이*

11 바다에 파도가 점점 더 거세게 일어나니,
사람들이 또 그에게 물었다. "우리가 당신을 어떻
게 해야, 우리 앞의 저 바다가 잔잔해지겠소?"
12 그가 그들에게 대답하였다. "나를 들어서 바
다에 던지시오. 그러면 당신들 앞의 저 바다가 잔
잔해질 것이오. 바로 나 때문에 이 태풍이 당신들
에게 닥쳤다는 것을, 나도 알고 있소." 13 뱃사람
들은 육지로 되돌아가려고 노를 저었지만, 바다에
파도가 점점 더 거세게 일어났으므로 헛일이었다.
14 그들은 주님을 부르며 아뢰었다. "주님, 빕니
다. 우리가 이 사람을 죽인다고 해서 우리를 죽이
지 말아 주십시오. 주님께서는 뜻하시는 대로 하
시는 분이시니, 우리에게 살인죄를 지우지 말아
주십시오." 15 그들은 요나를 들어서 바다에 던
졌다. 폭풍이 일던 바다가 잔잔해졌다. 16 사람
들은 주님을 매우 두려워하게 되었으며, 주님께
희생제물을 바치고서, 주님을 섬기기로 약속하
였다.

요나의 기도

17 주님께서는 큰 물고기 한 마리를 마련하
여 두셨다가, 요나를 삼키게 하셨다. 요나는 사흘
밤낮을 그 물고기 뱃속에서 지냈다.

2 1 요나가 물고기 뱃속에서 주 하나님께 기도
드리며 2 아뢰었다.

"내가 고통스러울 때
주님께 불러 아뢰었더니,
주님께서 내게 응답하셨습니다.
내가 스올 한가운데서
살려 달라고 외쳤더니,
주님께서
나의 호소를 들어주셨습니다.
3 주님께서 나를
바다 한가운데,
깊음 속으로 던지셨으므로,
큰 물결이 나를 에워싸고,
주님의 파도와 큰 물결이
내 위에 넘쳤습니다.
4 내가 주님께 아뢰기를
ㄱ)'주님의 눈 앞에서 쫓겨났어도,
내가 반드시 주님 계신 성전을
다시 바라보겠습니다' 하였습니다.
5 물이 나를 두르기를
영혼까지 하였으며,

ㄱ) 또는 '주님의 눈 앞에서 쫓겨났으니, 주님 계신 성전을 어떻게 다시 바라보겠습니까?'

런 일을 하였소?" 이것은 질문이라기보다는 충격으로 인한 외침이다 (창 3:13). **1:11** 뱃사람들이 나누는 한 쌍의 대화(10-11절)는 그 앞의 다른 한 쌍의 대화(7-8절)와 일치한다. **1:13-14** 선원들은 요나의 충고를 따르게 되면 사람을 죽였다는 죄책감을 갖게 될 것을 알고 있었다. 그 죄책감은 무죄한 피를 흘린 사람들을 심판하시는 하나님의 정의이다 (또한 렘 26:11을 보라). 죄 없는 뱃사람들은 주를 부르며, 하나님께 불순종한 예언자가 흘린 무죄한 피의 대가를 자기들에게만 지우지 말라고 간청하고 있다. 극도로 역설적인 상황이다.

1:17—2:10 배 밖으로 던져지고, 큰 물고기에 삼키게 된 후에야, 요나는 구해달라고 기도를 하고, 그 기도의 응답을 받게 된다. 그 기도는 특이해 보이지만, 실제적으로 모든 구절들이 시편 어디엔가 들어있는 것들이다. 그 기도는 복잡한 형식으로 반복되는 동기와 관용구로 결합되어 있다. 시편의 감사시에 찾아볼 수 있는 네 가지 기본 요소가 세 행으로 된 시 안에 각각 들어 있다 (2b-4절, 5-7절, 8-9절): 기도 응답에 대한 고백, 개인이 겪는 곤경, 하나님의 도움, 그리고 찬양을 드리겠다는 서원 등이다. **1:17—2:2a** 간결하게 시작되는 시편구절의 이야기식 도입은 중요한 것을 설명해 준다. 즉 물고기는 하나님이 보내신 것이고, 그 물고기가 요나와는 달리, 하나님의 명령을 수행하고 있다.

특별 주석

사흘 밤낮. 요나는 부활의 상징이 되었는데, 초기 그리스도교인들은 요나서의 이 구절이 예수의 죽음, 사흘 동안 무덤에 머묾, 그리고 부활이라는 사실과 상징적으로 평행을 이룬다고 보았다. 이런 이유로 요나는 종종 초기 기독교 예술 작품에 나타나곤 했다. 마 12:38-40의 "요나의 표적"을 보라.

2:1-2a 기도와 하나님을 부르는 주제는 이 책에서 반복되는 주제들이다 (1:5, 6b, 14; 2:2b-9; 3:8; 4:2-3). **2:2b-9** 2인칭과 3인칭으로 언급되는 주 하나님—번역된 구문으로 보면 어색하겠지만—은 시편의 감사시에 자주 나타난다. 요나는 자신이 죽음의 세계인 스올에 갇혀 있다고 느낀다 (잠 1:12; 사 5:14). *스올 한가운데서.* 이 표현은 요나서의 특이한 표현이다. (새번역개정은 "스올 한가운데서" 라고 번역했지만, 개역개정과 NRSV는 "스올의 뱃속에서;" 공동번역은 "죽음의 뱃속에서" 라고 번역했음.) **2:4** 시의 1절과 2절 (2b-4절, 5-7절)은 모두 *주님 계신 성전에* (4절과 7절) 라는 후렴구로 끝맺는다. 하나님의 "거룩한 성전"은 예루살렘 (시 79:1) 또는 하늘에 있는 (시 11:4) 것이 될 수 있다. 감사시의 각 절들은 주제에 따라 연결되어

깊음이 나를 에워쌌고,
바다풀이 내 머리를 휘감았습니다.
6 나는 땅 속 멧부리까지
내려갔습니다.
땅이 빗장을 질러
나를 영영 가두어 놓으려
했습니다만,
주 나의 하나님,
주님께서 그 구덩이 속에서
내 생명을 건져 주셨습니다.
7 내 목숨이 힘없이 꺼져 갈 때에,
내가 주님을 기억하였더니,
나의 기도가 주님께 이르렀으며,
주님 계신 성전에까지
이르렀습니다.
8 헛된 우상을 섬기는 자들은,
ㄱ)주님께서 베풀어 주신 은혜를
저버립니다.
9 그러나 나는 감사의 노래를 부르며,
주님께 희생제물을 바치겠습니다.
서원한 것은
무엇이든지 지키겠습니다.
구원은 오직 주님에게서만 옵니다."
10 주님께서 그 물고기에게 명하시니,
물고기가 요나를 뭍에다가 뱉어 냈다.

니느웨 사람들의 회개

3 1 주님께서 또다시 요나에게 말씀하셨다.
2 "너는 어서 저 큰 성읍 니느웨로 가서, 이
제 내가 너에게 한 말을 그 성읍에 외쳐라." 3 요
나는 주님께서 말씀하신 대로, 곧 길을 떠나 니느
웨로 갔다. 니느웨는 둘러보는 데만 사흘길이나
되는 아주 큰 성읍이다. 4 요나는 그 성읍으로
가서 하룻길을 걸으며 큰소리로 외쳤다. "사십 일
만 지나면 니느웨가 무너진다!"
5 그러자 니느웨 백성들은 하나님의 말씀을
믿고, 금식을 선포하고, 그들 가운데 가장 높은 사
람으로부터 가장 낮은 사람에 이르기까지 모두 굵
은 베 옷을 입었다. 6 이 소문이 니느웨의 왕에
게 전해지니, 그도 임금의 의자에서 일어나, 걸치
고 있던 임금의 옷을 벗고, 굵은 베 옷을 입고 잿
더미에 앉았다. 7 왕은 니느웨 백성에게 다음과
같이 선포하여 알렸다.

ㄱ) 또는 '주님께 바쳐야 할 충성을 저버립니다'

있다. 즉, 기도의 응답, 엄청난 시련, 깊은 구덩이와 같은 스올으로의 추방, 그리고 새로운 삶으로의 확증이 그것이다. **2:5-7** 감사시의 각 절은 하나님이 요나를 구출해 내셨음을 강조하기 위해서 이전의 혹독한 시련을 다시 한 번 설명한다. 히브리어 단어 *네페쉬*는 "생명," "영혼" 또는 "내면세계" 등으로 번역되곤 하는데, 이 곳에서는 머리나 목을 의미한다 (예를 들어, 시 69:1; 105:18; 사 5:14를 보라). 저자는 6절에서 서로 반대되는 의미를 가진 한 쌍의 히브리어 동사를 사용하여 효과적으로 대조를 시키고 있다. 즉 요나는 *내려가*(*야라드*)지만, 주 하나님은 *그를 건져내준다* (*타알*). 6절은 심리학의 측면에서 볼 때 기도문의 중심이 된다. 예언자가 내려가는 것은 그의 불순종에서부터 비롯된 것임을 설명하고 있다 (1:3, 5, 12, 15를 참조하라). 하나님의 구원의 은혜를 경험한 요나는 물리적으로나 심리적으로 방향을 전환하게 된다. 단어 *에르츠*['erets, "육지"]는 "저(低)세상"과 잘 대조를 이루고 있다 (전 3:21; 사 26:19; 렘 17:13). **2:8-9** 반어법을 사용한 대조에 주목하라. 요나는 자신의 행동을 치켜 올리면서 다른 사람의 행위를 비난하고 있다 (4장의 그의 행동 및 인격을 참조하라). *주께서 베풀어 주신 은혜를 저버리고, 헛된 우상을 섬기는 자*들은 누구인가? 1장의 뱃사람들은 아니다. 그들은 *주께 희생제물을 바치고서, 주를 섬기기로 약속하였다* (1:16). 요나의 기도에서 이미 예상되었던 마음의 변화는 1인칭 화법을 통하여 명백히 드러난다. 즉, "나는…희생제물을 바치겠습니다," "서원한 것은 무엇이든지 지키겠습니다." **2:10** 쉬운 언어로 내레이터는 창조물을 통하여 행하시는 하나님에 주의를 환기시키고 있다.

3:1-10 1:1-16과 평행을 이루고 있다. 요나는 다시금 히브리 사람이 아닌 사람들 사이에 있게 된다. 요나는 1장에서처럼 간단명료하게 히브리어 다섯 단어로 예언을 전하기 시작한다 (4절). 마지막 부분에서 니느웨 사람들의 말과 행동은 앞서 나온 뱃사람들의 경우와 비슷하며, 이는 분명 히브리 사람들과 다를 바가 없다.

3:1-3a 1절은 1:2a에 나오는 하나님의 명령을 히브리어로 씌어 있는 그대로 다시 반복한다. 그러나 이번에 요나는 순종하고 니느웨로 향한다. 바람, 바다, 그리고 물고기가 그랬던 것처럼, 요나는 하나님의 뜻에 순종한다. **3:2** 그러나 그 예언의 내용이 무엇인지 알 수 없다. 저자는 독자들에게 그 내용을 알려주지 않음으로써 긴장감을 조성한다. 그 도시는 무너지고, 심판받을 것인가? 아니면 용서함을 받을 것인가? **3:3b** 그 도시의 어마어마한 규모와 인구(4:11과 비교하라)는 예언자가 맡은 임무의 무게와 니느웨의 반응의 중요성을 보여준다. **3:4-5** 니느웨 사람들에게 외친 요나의 짧은 메시지는 제한을 두고 있지 않다. 어떤 조건도 선포에 덧붙여지지 않으며, 예언자는 백성들이 무엇을 해야 하

"왕이 대신들과 더불어 내린 칙명을 따라서,
사람이든 짐승이든 소 떼든 양 떼든, 입에 아
무것도 대서는 안 된다. 무엇을 먹어도 안 되
고 물을 마셔도 안 된다. 8 사람이든 짐승이
든 모두 굵은 베 옷만을 걸치고, 하나님께 힘
껏 부르짖어라. 저마다 자기가 가던 나쁜 길
에서 돌이키고, 힘이 있다고 휘두르던 폭력을
그쳐라. 9 하나님께서 마음을 돌리고 노여
움을 푸실지 누가 아느냐? 그러면 우리가 멸
망하지 않을 수도 있다."

요나의 분노와 하나님의 자비

10 하나님께서 그들이 뉘우치는 것, 곧 그들이
저마다 자기가 가던 나쁜 길에서 돌이키는 것을
보시고, 뜻을 돌이켜 그들에게 내리시겠다고 말
씀하신 재앙을 내리지 않으셨다.

4 1 요나는 이 일이 매우 못마땅하여, 화가 났다.
2 그는 주님께 기도하며 아뢰었다. "주님, 내가
고국에 있을 때에 이렇게 될 것이라고 이미 말씀
드리지 않았습니까? 내가 서둘러 ㄱ)스페인으로
달아났던 것도 바로 이것 때문입니다. 하나님은
은혜로우시며 자비로우시며 좀처럼 노하지 않으
시며 사랑이 한없는 분이셔서, 내리시려던 재앙
마저 거두실 것임을 내가 알고 있었기 때문입니다.
3 주님, 이제는 제발 내 목숨을 나에게서 거두어
주십시오! 이렇게 사느니, 차라리 죽는 것이 낫겠
습니다."
4 주님께서는 "네가 화를 내는 것이 옳으
냐?" 하고 책망하셨다.
5 요나는 그 성읍에서 빠져 나와 그 성읍
동쪽으로 가서 머물렀다. 그는 거기에다 초막을

ㄱ) 히, '다시스'

는지를 지시하지 않는다. 니느웨 사람들은 자신들이 용서받을 것이라는 희망을 가질 수 있었을까? 금식이라는 뜻을 가진 히브리어 *춤*은 애도와 회개의 의미까지 포함하고 있다. **3:6** 1장에서 나오는 배의 선장과 같은 역할을 하는 왕은 그의 위엄을 상징하는 자신의 왕관과 조복을 벗고 굵은 베옷을 입고 잿더미에 앉아서 요나의 하나님을 만난다. **3:7-9** 왕의 선포는 5절의 백성들의 행동을 반복하지만, *짐승이든, 소 떼든, 양 떼든* 금식에 참여해야 한다고 덧붙인다. 저자는 문학적 효과를 노리면서 과장해서 계속 표현한다. 그리하여 사람이나 짐승이나 모두 애통하는 표시로 베옷을 입어야 한다는 것이다. 누가 아느냐? 라는 왕의 물음은 1:6b에 나오는 선장의 "행여라도" 라는 말과 평행을 이룬다 (출 32:30; 애 3:29; 암 5:15; 습 2:3). 그들의 *돌이킴*이 용서를 보장하지는 않는다. 그것은 요나에게 그 도시의 멸망을 예언하라 하신 하나님에게 달려있다. **3:10** 왕의 기대는 이제 이루어진다. "저마다 자기가 가던 나쁜 길에서 돌이키는 것을 보시고" → *하나님께서 … 곧 그들이 저마다 자기가 가던 나쁜 길에서 돌이키는 것을 보시고;* "하나님께서 마음을 돌리고 노여움을 푸실지 누가 아느냐?" → 하나님은 마음을 바꾸셨다; "그러면 우리가 멸망하지 않을 수도 있다" → *재앙을 내리지 않으셨다.* 비슷한 유형의 위협과 재난, 참회, 그리고 하나님의 개입 (4b-10절)은 성경의 많은 곳에서 나타난다 (삼상 7:3-14; 삼하 24장; 라 8:21-23; 에 4장; 욜 1:1—2:27). 이 구절은 이전에 언급되던 하나님의 모습을 뒤집는다. 지금까지 하나님은 순종치 않는 예언자를 무자비하게 찾아가 벌하시는 모습으로 보였다. 그러나 니느웨 백성이 스스로 겸비하고 금식하고 베옷으로 갈아입는 등 *나쁜 길*(히브리어, *라아*)에서 돌이키는 모습을 보이자 이제 하나님은 그들에게 내리시겠다고 말씀하신 *재앙*에 대해서 마음을 바꾸신다. 중요한 것은 내레이터가 하나님께서 그들의 외적인 행동을 "보셨다"고 보고하는 것이 아니라, 하나님께서 그들의 *악*(히브리어, *라아*)으로부터 돌이킨 것을 보셨다고 이야기하고 있는 것이다. 그들의 외적인 행동은 그들의 마음의 상태를 보여준다. 성경에서 이러한 유형의 인간 행동에 대한 하나님의 응답을 전통적으로 표현한 곳은 렘 18:7-8이 있다 (또한 출 32:12; 삼상 7:8; 삼하 24:16; 라 8:23; 시 90:13; 렘 36:3, 7을 보라). 이와 같은 역전으로 인해 다음 장면(4장)에서는 하나님께서 요나에게 관용을 베푸신다 (심지어 요나를 우스꽝스럽게 만드신다).

4:1-11 이 네 번째 장면은 서술 (1절), 대화 (2-4절), 서술 (5-8a절), 대화 (8b-11절) 식으로 이루어져 있다. **4:1-3** 니느웨 사람들(3:8b, 10a)과 하나님(3:10b)은 *악한 길*(히브리어, *라아*)과 재앙으로부터 돌이킨다. 그러나 요나는 니느웨 사람들과 하나님의 행하심에 불만을 터뜨린다 (*라아*, 1절). **4:2** 다시 한 번, 요나는 기도한다. 그의 기도는 2장의 기도에서 나오는 요나의 생명과 하나님의 자비라는 중심 개념을 반영한다 (그러나 4:3을 보라). 그의 하나님 묘사는 전통적 언어를 사용하고 있다 (출 34:6; 느 9:17; 시 86:15; 103:8; 145:8; 나 1:3). **4:3** 앞서 나온 기도와는 반대로, 요나는 구원이 아닌 죽음을 위한 기도를 하고 있다. 죽여 달라는 그의 요청은, 문맥은 전혀 다르지만, 왕상 19:4의 엘리야의 기도를 상기시켜준다. 엘리야는 바알 종교에 맞서 싸운 뒤 온 몸에 힘이 빠졌으나, 요나는 자신의 임무를 성공적으로 완수한 후에, 실망을 느끼게 된다!

짓고, 그 그늘 아래에 앉았다. 그 성읍이 어찌 되
는가를 볼 셈이었다. 6 주 하나님이 ㄴ)박 넝쿨을
마련하셨다. 주님께서는, 그것이 자라올라 요나
의 머리 위에 그늘이 지게 하여, 그를 편안하게 해
주셨다. 박 넝쿨 때문에 요나는 기분이 무척 좋았
다. 7 그러나 다음날 동이 틀 무렵, 하나님이 벌
레를 한 마리 마련하셨는데, 그것이 박 넝쿨을 쏠
아 버리니, 그 식물이 시들고 말았다. 8 해가 뜨
자, 하나님이 찌는 듯이 뜨거운 동풍을 마련하셨
다. 햇볕이 요나의 머리 위로 내리쬐니, 그는 기
력을 잃고 죽기를 자청하면서 말하였다. "이렇게
사느니 차라리 죽는 것이 더 낫겠습니다." 9 하
나님이 요나에게 말씀하셨다. "박 넝쿨이 죽었다
고 네가 이렇게 화를 내는 것이 옳으냐?" 요나가
대답하였다. "옳다뿐이겠습니까? 저는 화가 나서
죽겠습니다." 10 주님께서 말씀하셨다. "네가 수
고하지도 않았고, 네가 키운 것도 아니며, 그저 하
룻밤 사이에 자라났다가 하룻밤 사이에 죽어 버린
이 식물을 네가 그처럼 아까워하는데, 11 하물
며 좌우를 가릴 줄 모르는 사람들이 십이만 명도
더 되고 짐승들도 수없이 많은 이 큰 성읍 니느웨
를, 어찌 내가 아끼지 않겠느냐?"

ㄴ) 히, '키카욘'. 덩굴 종류의 식물. '아주까리'로 알려지기도 함

특별 주석

히브리 사람들은 하나님을 은혜로우시고, 자비가 많으시고, 노하기를 더디 하시며, 사랑이 풍부하시며, 예배에서 믿음의 대상으로 고백되는 분으로 묘사한다 (시 78:38; 86:15; 103:8; 111:4; 116:5; 145:8-9). 성경의 다른 곳에서도 나타나고 있는 (출 34:6-7; 민 14:18; 신 4:31; 대하 30:9; 느 9:17, 31; 욜 2:13; 나 1:3) 하나님의 자비에 대한 노래가 욘 4:2에서도 나타난다. 이 기도문은 심판이나 폭력에 능한 구약의 하나님에 대한 보편적인 견해는 한쪽 면만을 보여주는 불완전한 것임을 분명히 보여준다. 더욱이, 요나서가 말하는 주된 맥락은, 하나님의 자비는 히브리인들에게만 한정되어 있지 않다는 것이다.

4:4-11 4:4 하나님은 요나가 화내는 것이 정당한 것인지 대한 의문을 제기하신다. **4:5** 요나가 지었다는 초막은 히브리어로 숙카로서, 초막절에 나뭇가지로 만든 초막을 지칭하는 단어이기도 하다 (레 23:40-42). **4:6** 하나님은 1:17에 큰 물고기를 "준비하셨던 것"처럼 넝쿨을 준비하신다. 하나님은 곧 이어 벌레(7절)와 뜨거운 동풍(8절)을 마련하신다. 아주까리나 조롱박을 가리키는 것으로 보이는 "박 넝쿨"은 이 곳 외에는 성서 어디에도 나타나지 않는다. **4:7-9** 요나의 생명에 대한 열망은 하나님께서 요나를 깨닫게 하기 위하여 사용하신 파괴적인 수단들 (벌레, 태양, 바람) 앞에서 무력해진다. 요나의 반복되는 죽여 달라는 요청은 감정의 궤도를 따라 반복된다: 죽여 달라는 요청, 극도의 행복감, 죽여 달라는 요청. 예언자는 화가 나서 그늘이 없는 뜨거운 태양 아래 있는 것보다 죽는 것이 더 낫다고 생각한다. **4:10-11** 하나님이 예언자에게 하신 마지막 말씀은 하나님과 인간의 연민 또는 관심사를 대조시킨다. 요나는 박 넝쿨에 관심을 가지고 있는데, 그것은 그 식물이 만들어 주는 그늘이 없어졌기 때문이다. 하나님은 니느웨의 백성들과 짐승들을 염려하신다. 이러한 관심사의 차이는 요나의 행동을 돌이켜 볼 때, 더 명백히 드러난다. 즉 4:1 이후에 강조되는 요나의 감정 변화들(분노, 실망, 극도의 행복감, 좌절)은 모든 창조물에 대한 하나님의 연민과 대조를 이룬다.

추가 설명: 하나님과 요나서에 나타나는 자연

요나서의 저자는 자연의 세계를 묘사할 때, "큰 바람," 바다의 "태풍," "큰" 물고기와 같은 과장된 언어를 사용한다. 요나서에는 자연현상들을 과장되게 묘사하는 몇 가지 방법이 있다. 우선, 몰아치는 바람, 식물들, 동물들, 그리고 물고기는 요나의 모험 이야기 속에서, 자연에 거하시면서 바다와 그 안에 살고 있는 생물들, 식물과 곤충들, 태양과 바람에게 명령하시는 창조주 하나님과 관련되어 있다.

두 번째로 자연은 예언자를 깨닫게 하기 위한 하나님의 도구로서 기능한다. 태풍, 고요해진 바다, 그리고 하나님이 마련하신 커다란 물고기 등은 요나에게 자신이 예언자로서, 소명에 순복해야 하고 결코 하나님을 벗어날 수 없음을 가르치기 위해서 등장한다. 4장에서 하나님은 박 넝쿨을 마련하시고, 그 다음에는 벌레, 마지막으로 뜨거운 동풍 (4:6-8)을 보내시는데 이들은 예언자에게 하나님의 방법을 깊게 깨닫게 한다. 즉 "네가 화를 내는 것이 옳으냐?" (4:4), "박 넝쿨이 죽었다고 네가 이렇게 화를 내는 것이 옳으냐?" (4:9) 라고 묻고 계시는 것이다.

셋째로, 저자는 자연을 통해서 요나의 말과 행동을 대조시키고 있다. 요나가 니느웨 백성들에게 한 말과 행동, 그리고 요나가 하나님께 한 말과 행동을 비교하고 있다. 요나가 자신을 "하늘에 계신 주 하나님, 바다와 육지를 지으신" (1:9) 분을 섬기는 사람이라고 인정하는 것은 빈정대는 듯한 언어이다. 그의 행동은 그것과 완전히 반대이기 때문이다. 결과적으로 요나를 좌절시킨 니느웨 사람들은 동물과도 창조물로서의 일체감을 가지고 있었다 (3:7-8). 반면에 뜨거운 태양 아래서 힘을 잃고 그늘을 만들어 주던 식물이 사라져 버리자 화를 내던 예언자는 살기보다는 죽는 편이 낫다고 이야기 한다 (4:8-9; 4:3을 참조하라). 요나의 식물에 대한 "염려"나 "연민"(히브리어, *후스*)은 사실상 식물이 제공해 준 그늘에 관한 것으로, 이 "염려"는 하나님의 *연민*(*후스*)과 대비된다 (4:10-11). 이 책의 끝에서 주 하나님은 요나와 그의 백성뿐 아니라 다른 민족과 동물들 역시 불쌍히 여기시는 분으로 나타난다. 수사적 질문—"하물며…사람들이 십이만 명도 더 되고 짐승들도 수없이 많은 이 큰 성읍 니느웨를, 어찌 내가 아끼지 않겠느냐?"—으로 끝나는 이 책의 결말은 회개보다는 (동물들과 인간 모두의) 우주적 차원의 창조에 대해서 다루고 있다.

미가서

기원전 8세기 예언자인 미가는 초기 "문서" 예언자들 중의 한 명이다. 다른 초기 문서 예언자들로는 아모스, 호세아, 이사야가 있다. 미가서에 나오는 예언들은 주로 유다의 수도인 예루살렘에 살고 있는 사람들을 상대로 한 것이다. 시골에서 자란 미가는 가난하고 힘없는 사람들의 고통에 대해서 특별히 민감했으며, 그가 이러한 사람들을 옹호하고 있다는 사실을 그의 예언의 말씀에서 찾아 볼 수 있다. 미 1:1에 따르면, 그는 예루살렘의 남서쪽에 있는 유다의 낮은 골짜기에 살던 모레셋 사람이다. 그 지역의 정확한 이름은 모레셋 가드(1:14)로서, 팔레스타인의 도시였던 가드의 교외지역 가운데 하나이었음이 밝혀졌다.

그가 말씀을 선포한 연대 배경을 설정하기 위해 미 1:1에서 언급되는 세 명의 왕은 기원전 742년에서부터 기원전 686년까지 대를 이어 예루살렘을 통치했던 왕들이다. 그 뒤에 미가의 말씀 선포는 두 시대로 이어지는데, 분열된 두 왕조의 마지막 몇 해와 유다 왕국만 존재했던 첫 몇 해이다. 그는 북왕국의 사마리아가 (1:2-7) 앗시리아제국의 한 지역으로 편입되기까지 (기원전 722년경) 북왕국이 패망당하는 심한 고통을 목격했고, 또 그것에 관해서 말씀을 전했다. 그는 남왕국 유다가 암담한 상황에 처해 있었음을 알고 있었다. 앗시리아가 계속해서 남쪽으로 정복해 내려 왔을 때, 예언자는 기원전 720-701년에 일어난 블레셋에서 사르곤에 의하여 폐허가 된 모습과 유다의 한 낮은 골짜기에서 산헤립에 의하여 폐허가 된 모습을 목격했다 (1:8-16).

미가서는 다양한 문체로 쓰인 예언의 신탁들을 모아놓은 모음집으로써, 여러 시대에 걸친 시대적 배경을 나타내고 있는 듯하다. 많은 학자들은 미가의 초기 예언문서는 기원전 8세기에 이루어졌다고 생각하며, 나머지 예언문서는 후대의 어휘로 수정되거나 (예를 들어, 4:10의 "바빌론"), 구절이 첨가되고 (예를 들어, 1:5b), 부분적으로 전체 예언문서가 추가되었다고 (예를 들어, 7:8-20) 생각한다. 그러나 세부사항에 있어서 학자들 사이에 다양한 의견이 있을지라도, 전체 모음집에 대한 서문(1:1)이 미가서의 전체를 개괄하고 있기 때문에 내용의 일관성을 위해서, 본 주석은 저자의 진위 (眞僞) 문제보다는 미가서가 의미하는 것에 더 관심을 기우릴 것이다.

미가서에 나오는 세 이름을 통해서 일부 주제를 소개해 보기로 한다.

(1) "이스라엘." 왕조가 분열된 이후 "이스라엘"은 흔히 북왕국을 이야기할 때 사용되었으며, "유다"는 남왕국을 가리켰다. 그러나 미가의 경우에 일반적으로 "이스라엘"은 남왕국을 의미할 때 사용된다. 그는 그의 청중들 모두가 하나의 통일된, 하나님의 언약 백성임을 깨닫길 원했다. 엄밀히 말해서 "이스라엘"은 그 수도 사마리아가 앗시리아 사람들에 의해 무너진 기원전 722년 이후에는 더 이상 존재하지 않지만, 미가에게 있어서 "이스라엘"은 하나님의 언약 안에 남왕국으로 존재하고 있다. 유다는 다윗 왕이 만든 이름이 아니고, 고대 이스라엘 백성을 통합하는 명칭이었다. 일시적이지만, 미가는 다윗과 예루살렘이 맺은 무조건적인 언약 (삼하 7장; 시 89:3-4, 19-37)보다는 모세와 이스라엘이 맺은 조건적인 언약에 더 관심을 가지고 있다. 다윗과 맺은 언약을 잘못 이해함으로써 예루살렘은 절대 망하지 않는다는 생각 (3:9-11)이 만연하게 되었다. 이에 비해 미가는 다윗의 도성이 적들에 의해 무너질 것임을 예언하는데, 정확히 말하자면, 유다는 모세가 전해준 바, 이스라엘과 맺은 언약을 지키지 않았기 때문에 멸망했다는 의미이다. 그 언약은 이스라엘 백성이 이집트의 노예에서 해방된 후에

맺어진 것으로, 이스라엘 백성에게 정의를 요구하는데, 이는 이스라엘이 이집트에서 매우 심각한 불의를 경험했기 때문이다.

(2) "야곱." 히브리 시 구절들은 여러 가지 동의어를 많이 사용하는데, 미가 역시 유다를 "야곱"으로 부르고 있다 (야곱과 이스라엘을 언급하는 3:1, 8-9, 시온과 예루살렘을 언급하는 3:10, 12를 참조). 야곱은 아브라함의 손자이며, 그는 "이스라엘"로 이름을 바꾸었다 (창 32:28; 미 7:20). "이스라엘"이 미가의 청중들에게 모세와 맺은 하나님의 언약을 상기시키는 것처럼, "야곱"은 창세기에 그들이 조상과 맺은 하나님의 언약을 상기시켜 준다. 모세의 언약이 중요한 만큼, 아브라함, 이삭, 그리고 야곱과 맺은 약속이 더욱 기본이 되고 있음을 보여준다. 그러므로 이스라엘의 불순종으로 야기된 심판 뒤에는 고집 센 야곱이 경험했던 것과 같은 은총의 회복이 뒤따른다. 예루살렘은 결국 성전과 다윗 왕조의 회복으로 인해 기뻐하게 될 것이다 (4:1-2, 7-10, 13; 5:2-3). 더 선한 이스라엘이 회복될 것이며, 하나님의 백성들은 요단 강 동쪽까지 거주하게 될 것이다 (7:14).

(3) "미가야." 이것은 미가의 정식 이름이다. 미가야라는 이름은 "누가 하나님과 같은가?" 라는 의미이다. 그의 이름으로 쓰인 미가서의 예언들은 "그와 같은 분은 어느 누구도 없다! 이스라엘의 심판과 회복 앞에 서 있는 분은 오직 하나님이시다" 라고 대답하고 있다.

아래의 개요를 통해서 우리는 저주, 심판, 그리고 희망이 예언 모음집에 섞여 있음을 알 수 있다. 성경본문에 따라 세밀하게 조사할 필요가 있는 주석은 이 개요를 따를 것이며, 명확성을 기하기 위하여 더 보충하여 상세하게 설명될 것이다.

예언 모음집의 서문, 1:1

Ⅰ. (희망과 함께 나타나는) 고발과 멸망, 1:2—3:12
- A. 사마리아의 멸망, 1:2-7
- B. 유다 성읍들의 멸망, 1:8-16
- C. 탐욕과 압제, 2:1-11
- D. 남은 자들에 대한 희망, 2:12-13
- E. 예루살렘의 멸망, 3:1-12

Ⅱ. (비난과 멸망과 함께 나타나는) 희망, 4:1—7:20
- A. 새 예루살렘, 4:1-5
- B. 새로운 출애굽, 4:6-13
- C. 새로운 다윗, 5:1-6
- D. 새로운 야곱, 5:7-15
- E. 박해자와 심판자이신 하나님, 6:1-5
- F. 예배자로서의 이스라엘, 6:6-8
- G. 좌절과 고립, 6:9-16
- H. 하나도 남지 않음, 7:1-7
- I. 사랑의 하나님 안에서의 소망, 7:8-20

쥬디스 이 샌더슨 (Judith E. Sanderson)

1 1 이것은 주님께서, 사마리아와 예루살렘이
어찌 될 것인지를, 모레셋 사람 미가에게 보여
주시면서 하신 말씀이다. 때는 유다의 왕 요담과
아하스와 히스기야가 대를 이어 가면서 유다를 다
스리던 기간이다.

사마리아와 예루살렘을 애도하다

2 뭇 민족아, 너희는 모두 들어라.
땅과 거기에 있는 만물들아,
귀를 기울여라.
주 하나님이 너희의 죄를 밝히신다.
주님께서
하늘의 성전에서 말씀하신다.
3 주님께서 그 거처에서 나오시어
땅의 높은 곳을 짓밟으시니,
4 뭇 산이 그 발 밑에서 녹고
평지가 갈라진다.
불 앞의 밀초처럼 녹아 내리고,
비탈길로 쏟아져 내리는
급류 같구나.

5 이 모든 일이 일어나는 것은
야곱의 죄 때문이며,
이스라엘 집의 범죄 때문이다.
야곱의 죄가 무엇이냐?
사마리아가 아니더냐?
유다의 산당이 무엇이냐?
예루살렘이 아니더냐?

6 ㄱ)"내가 사마리아를 빈 들의 폐허로,
포도나 가꿀 밭으로 만들겠다.
그 성의 돌들은 골짜기에 쏟아 붓고,
성의 기초가 드러나게 하겠다.
7 새겨서 만든 우상을 모두 박살내고,
몸을 팔아서 모은 재물을
모두 불에 태우고,
우상을 모두 부수어서
쓰레기 더미로 만들겠다.
몸을 팔아서 화대로 긁어 모았으니,
이제, 모든 것이
다시 창녀의 몸값으로 나갈 것이다."

8 ㄴ)그러므로 내가 슬퍼하며 통곡하고,
맨발로 벌거벗고 다니며,
여우처럼 구슬피 울며,
타조처럼 목놓아 울 것이니,
9 이것은, 사마리아의 상처가
고칠 수 없는 병이 되고,
그 불치병이 유다에까지 전염되고,
기어이 예루살렘에까지,
내 백성의 성문에까지 이르렀기 때문이다.

ㄱ) 주님의 말 ㄴ) 미가의 말

1:1 편집자는 서문에서 미가서에 선택되어 실린 모든 말씀은 미가에게 주신 하나님의 말씀임을 알려 주고 있다. 다시 말해서, 미가는 하나님의 진정한 예언자라는 것이다. "환상"이라는 단어는 나타나지 않지만 (사 1:1을 참조), 미가가 선택한 단어는 "보았다"이다 (암 1:1을 참조하라). 지명과 인명을 설명해 놓은 서론을 보라.

1:2—3:12 (희망과 함께 나타나는) 고발과 멸망 **1:2-7** 심판에 대한 이 메시지는 모든 백성에게 하나님의 말씀을 들으라는 외침으로 시작된다 (2절; 6:1-2를 참조). 미가는 사마리아의 멸망을 하나님의 현현(나타나심)으로 묘사한다. 북왕국 이스라엘의 악으로 인해 하나님은 땅을 짓밟을 것이며, 멸망시키실 것이다 (3-4절). 그들의 죄는 왕국의 수도인 사마리아에 있으며 (사마리아는 오므리 왕조에 의해 세워졌다, 왕상 16:23-24), 심판은 구체적으로 사마리아를 상대로 하여 이루어질 것이다 (6-7절). 오므리 왕조의 석조 궁전을 포함한, 그 도시의 위압적인 건물들이 언덕 위에 당당하고 안전하게 세워져 있다고 하더라도, 하나님은 커다란 돌들을 계곡으로 쏟아 부을 것이며 도성의 기초가 드러나게 될 것이다. 새겨 만든 우상과 목상을 부수고, "몸을 팔아서 모은 재물"은 불태워질 것이다. 사마리아는 창녀로 묘사되고 있다. 그녀의 손님들은 야웨 하나님이 아닌 다른 신들이며, 그녀가 몸을 팔아서 모은 재물로 도시는 번창하게 된다 (1646쪽 추가 설명: "결혼으로서의 언약"을 보라). **1:3** *땅의 높은 곳.* 예배드리는 곳을 높여 표현한 것이다. **1:5** 미가서에서 유일하게 사마리아를 대상으로 하여 선포한 이 심판의 말씀 부분에, 후대에 누군가가 남왕국의 수도인 예루살렘에 관한 구절을 첨가했을 것이다. 미가는 남왕국에서 말씀 선포를 했던 것으로 알려졌다. 이 첨가된 부분은 잘 들어맞는데, 미가에게 있어서 사마리아의 운명은 예루살렘의 전조가 되었기 때문이다.

1:8-16 이 심판의 예언은 백성들에 대한 애도로 시작하여 (8절) 유다 백성들 스스로 슬퍼하라는 외침으로 끝맺는데 (16절), 이는 산헤립 군대에 의해 폐허가 되었기 때문이다 (기원전 701년). 군대의 공격을 받은 마을들은 유다의 서쪽 지역으로서, 미가의 고향인 모레셋도 그 곳에 위치해 있다 (1, 14절). 이 부분의 일반적인 의

예루살렘의 멸망

10 "가드에 알리지 말며,
울지 말아라.
베들레아브라에서는
티끌에 묻어라.
11 사빌에 사는 사람들아,
벌거벗은 몸으로 부끄러움을 당하며
사로잡혀 가거라.
사아난에 사는 사람들은
감히 그 성읍에서
나오지도 못할 것이다.
벳에셀이 통곡하여
너희로 의지할 곳이 없게 할 것이다.
12 나 주가 예루살렘 성문에까지
재앙을 내렸으므로,
마롯에 사는 사람들은
고통을 받으면서
거기에서 벗어나기를 기다린다.
13 라기스에 사는 사람들아,
너희는 군마에 병거를 매어라.
라기스는 딸 시온의 죄의 근본이니,
이는
이스라엘의 허물이
네게서 보였기 때문이다.

14 그러므로 ㄱ)너는
모레셋 가드 백성에게는
작별의 선물을 주어라.
악십의 집들이
이스라엘 왕들을 속일 것이다.
15 마레사에 사는 사람들아,
내가 너희 대적을
너희에게 데려올 것이니,
ㄴ)이스라엘의 영광인 그가
아둘람으로 피할 것이다.
16 너희는
사랑하는 아들딸을 생각하며,
머리를 밀고 애곡하여라.
머리를 밀어
독수리처럼 대머리가 되어라.
너희의 아들딸들이
너희의 품을 떠나서,
사로잡혀 갈 것이다."

가난한 이를 억누르는 사람이 받을 형벌

2 1 악한 궁리나 하는 자들,
잠자리에 누워서도
음모를 꾸미는 자들은
망한다!
그들은 권력을 쥐었다고 해서,
날이 새자마자
음모대로 해치우고 마는 자들이다.
2 탐나는 밭을 빼앗고,
탐나는 집을 제 것으로 만든다.
집 임자를 속여서 집을 빼앗고,
주인에게 딸린 사람들과
유산으로 받은 밭을
제 것으로 만든다.

ㄱ) 유다 백성을 두고 말함 ㄴ) 또는 '이스라엘의 영광이 아둘람에 숨을 것이다'

미는 매우 명확하다 할지라도, 그 세부적 묘사는 어려움을 제기한다. 그 이유는 이 본문이 부분적으로 전승되는 과정에 어려움이 있었기 때문이기도 하고, 또 다른 부분으로는 미가가 마을의 이름을 가지고 히브리 언어기법을 사용하였는데, 그것들을 다른 언어로 번역하여 전달하는데 어려움이 있기 때문이다. 좀 더 이해하기 쉬운 부분들이 여기에서 설명되고 있다. 그 논지는 12절에서 매우 쉽게 설명되고 있다. 즉 유다 백성들은 주 하나님으로부터 축복을 기대하지만, 심판을 받게 될 것이며, 오직 예루살렘만이 살아남게 될 것이다 (9절을 참조). **1:10** *가드.* 이 도시는 유다의 서쪽에 있는 팔레스타인의 한 도시이다. 유다의 고난이 알려지면, 적들은 유다의 손실을 기뻐할 구실을 갖게 될 것이다 (삼하 1:20). *베들레아브.* 이 단어는 *티끌*이라는 의미의 히브리 단어와 비슷하게 들린다. **1:11** *사아난.* 이 도시는 *나오다* 는 뜻을 의미하지만, 역설적으로 사아난에 사는 사람들은 그 도시가 의미하는 것과 달리 빠져 나오지 못한다. **1:13** *라기스.* 이 명칭은 그 도시가 (주 하나님 대신에) 의존했던 군마와 병거를 떠올리게 하는데, 역설적으로 이제 그 군마와 병거들이 피난을 위한 도구로 사용되어야만 할 것이다. **1:14** *악십.* 이것은 "속임"을 뜻하는 히브리어처럼 들린다. **1:15** *대적* (개역개정은 "소유할 자;" 공동번역은 "침략자;" NRSV는 "정복자"). *마레사*의 이름을 의미한다.

2:1-11 1:2-7이 예배에서 행해지는 죄악에 중점을 두고 있는 것처럼, 2장은 경제 영역에서 이루어지는 죄악에 초점을 맞추고 있다. 1-5절은 *악한* 궁리를 하다라는 단어를 여러 의미로 반복해서 표현하고 있다. 즉

3 "그러므로 나 주가 말한다.
내가 이 백성에게
재앙을 내리기로 계획하였으니,
이 재앙을
ㄱ)너희가 피할 수 없을 것이다.
너희가
거만하게 걸을 수도 없을 것이다.
그처럼 견디기 어려운
재앙의 때가 될 것이다.

4 그 날이 오면,
사람들이 너희를 두고서
이러한 풍자시를 지어서
읊을 것이다.
슬픔에 사무친 애가를 지어서
부를 것이다.
'우리는 알거지가 되었다.
주님께서 내 백성의 유산의 몫을
나누시고,
나에게서 빼앗은 땅을
반역자들의 몫으로 할당해 주셨다.'

5 그러므로 주님의 총회에서
줄을 띄워 땅을 나누고
제비 뽑아 분배할 때에
너희의 몫은 없을 것이다.

6 그들의 예언자들이 말한다.
'너희는 우리에게 예언하지 말아라.
이 모든 재앙을 두고
예언하지 말아라.
하나님이 우리를
망신시키실 리가 없다.'
7 야곱 족속아, 너희가 어찌하여
'주님의 영도 분노하시느냐?
주님께서 정말 그런 일을 하시느냐?'
하고 말하느냐?
나의 말이
행위가 정직한 사람에게
유익하지 않으냐?
8 요즈음에 내 백성이
대적처럼 일어났다.
전쟁터에서 고향으로 돌아가는
장정들처럼
안심하고 지나가는 사람들에게서,
너희는 그들의 옷을 벗겨 갔다.
9 너희는 내 백성의 아내들을
그 정든 집에서 쫓아냈고,
그들의 자녀들에게서 내가 준 복을
너희가 영영 빼앗아 버렸다.
10 썩 물러가거라.
여기는 너희의 안식처가 아니다.
이 곳은 더러워졌고,
끔찍한 멸망을 당할 수밖에 없다.
11 거짓말쟁이나 사기꾼이 와서
'너희에게 포도주와 독한 술이
철철 넘칠 것이다'
하고 예언하면,
그 사람이야말로
이 백성의 예언자가 될 것이다!

12 야곱아,
내가 반드시 너희를 다 모으겠다.
남아 있는 이스라엘 백성을
다 모으겠다.
내가 너희를
ㄴ)우리로 돌아오는 양 떼처럼
모으겠다.
양 떼로 가득 찬 초장과도 같이,
너희의 땅이 다시
백성으로 가득 찰 것이다.

13 길을 여는 자가 그들 앞서 올라가고
그들은 성문들을 부수고,
바깥으로 나갈 것이다.

ㄱ) 히, '너희 목이' ㄴ) 히, '보스라'

탐욕은 다른 사람들을 착취하기 위해서 악한 음모를 꾸미며 밤에도 깨어 있게 만들며 (1-2절), 하나님은 그들에게 재앙을 내리기로 계획하신다 (3-5절). 하나님은 동족의 재산을 탈취한 사람들의 재산을 빼앗으셔서 이방 사람들에게 나눠 주실 것이다. 그러므로 (3절, 비교 1:6; 2:5; 3:6, 12를 참조) 라는 단어가 강조하는 것처럼, 심판은 그들의 범죄에 맞는 것일 것이다.

6-11절은 (예언자들이) *말한다* 라는 단어를 여러 의미로 반복해서 표현한다. 압박자들은 심판을 예언하는 미가를 못 마땅히 여기며 반대한다 (6절). 미가는 압박자들의 착취(8-9절)와 그들이 인정하고 받아들이는 예언자들의 모습을 냉소적으로 묘사하고 있다 (11절).

2:12-13 심판의 분위기는 살아남은 자를 다시 모으실 것이라는 두 구절에 의해서 중단된다. 목자처럼 하나님은 양떼를 모으시고 왕처럼 그들을 고향으로 이끄신다.

그들의 왕이 앞장 서서 걸어가며
나 주가 선두에 서서
그들을 인도할 것이다."

미가가 이스라엘 지도자들을 고발하다

3 1 그 때에 ㄱ)내가 말하였다.

야곱의 우두머리들아,
이스라엘 집의 지도자들아,
내가 하는 말을 들어라.
정의에 관심을 가져야 할 너희가,
2 선한 것을 미워하고,
악한 것을 사랑한다.
너희는 내 백성을
산 채로 그 가죽을 벗기고,
뼈에서 살을 뜯어낸다.
3 너희는 내 백성을 잡아 먹는다.
가죽을 벗기고,
뼈를 산산조각 바수고,
고기를 삶듯이,
내 백성을 가마솥에 넣고 삶는다.

4 살려 달라고 주님께 부르짖을 날이
그들에게 온다.
그러나 주님께서 그들의 호소를
들은 체도 하지 않으실 것이다.
그들이 그렇듯 악을 저질렀으니,
주님께서 그들의 기도를
들어주지 않으실 것이다.

5 ㄴ)"예언자라는 자들이
나의 백성을 속이고 있다.
입에 먹을 것을 물려 주면
평화를 외치고,
먹을 것을 주지 아니하면
전쟁이 다가온다고 협박한다.
6 예언자들아,
너희의 날이 끝났다.
이미 날이 저물었다.
내 백성을 곁길로 이끌었으니
너희가 다시는 환상을 못 볼 것이고
다시는 예언을 하지 못할 것이다."

7 선견자들이 부끄러워하며,
술객들이 수치를 당할 것이다.
하나님께서 응답하지 않으시니,
그들이 얼굴을 들지 못할 것이다.

8 ㄷ)그러나 나에게는,
주님께서
주님의 영과 능력을 채워 주시고,
정의감과 함께,
야곱에게 그의 죄를 꾸짖고
이스라엘에게 그의 범죄를 꾸짖을
용기를 주셨다.
9 야곱 집의 지도자들아,
이스라엘 집의 지도자들아,
곧 정의를 미워하고,
올바른 것을
모두 그릇되게 하는 자들아,
나의 말을 들어라.
10 너희는 백성을 죽이고서,
그 위에 시온을 세우고,
죄악으로 터를 닦고서,
그 위에 예루살렘을 세웠다.

ㄱ) 미가 ㄴ) 주님의 말 ㄷ) 미가의 말

3:1-12 예언자의 관심은 이제 부패한 지도자들에게로 향한다. 그 부패한 지도자들은 정치 지도자들 (1-4, 9-11절), 예언자들 (5-7, 11절), 그리고 제사장들이다 (11절). 이러한 대중을 위한 지도자들이, 정확하게 말하자면 정의를 인정하고 평가해야 할 그들이, 실제로는 정의를 미워하고 있는 것이다 (9절). 그들은 돌보고 다스리도록 위임받은 사람들인데 잡아먹는 살육자로 그려지고 있다 (2-3절). 당연히 하나님은 고난이 닥칠 때 도와달라는 그들의 요청에 응답하지 않으실 것이다 (4절).

당시의 예언자들은 예언을 듣는 청중들이 가져오는 (5, 11절) 돈(11절)과 음식(5절)의 양에 따라 예언의 내용을 변경하였다. *그러므로* (6절) 그들이 전할 메시지를 더 이상 받지 못한다는 사실은 당연한 것이었다. 그들이 어떤 취향의 예언을 해 왔느냐에 상관없이—그들이 예언자이건, 선견자이건, 점술가이건—그들은 모두 불명예스럽게 침묵을 지켜야 할 것이다.

이와는 대조적으로 미가는 하나님께서 자신을 참 예언자로 구별하여 주고 예언의 은사로 채워준 자임을 선포한다 (8절, 1:1의 미가의 예언자로서의 지위와 7:1-7의 하나님 앞에 홀로 깨어 있는 미가를 참조하라). 스스로 참된 예언자임을 인정하면서 미가는 예루살렘 지도자들의 죄를 요약해 준다. 지도자들은 힘없는 사람들을 착취하여 예루살렘을 세우며 부유하게 만든다 (9-10절). 지도자, 제사장, 그리고 예언자들은 하나

11 이 도성의 지도자들은
뇌물을 받고서야 다스리며,
제사장들은
삯을 받고서야 율법을 가르치며,
예언자들은
돈을 받고서야 계시를 밝힌다.
그러면서도, 이런 자들은 하나같이
주님께서 자기들과 함께 계신다고
큰소리를 친다.
'주님께서 우리와 함께 계시니,
우리에게
재앙이 닥치지 않는다'고 말한다.
12 그러므로 바로 너희 때문에
시온이 밭 갈듯 뒤엎어질 것이며,
예루살렘이 폐허더미가 되고,
성전이 서 있는 이 산은
수풀만이 무성한
언덕이 되고 말 것이다.

주님의 통치로 이룰 우주적 평화

4 1 그 날이 오면,
주님의 성전이 서 있는
주님의 산이
산들 가운데서 가장 높이 솟아서,
모든 언덕을 아래로 내려다 보며,
우뚝 설 것이다.
민족들이 구름처럼
그리로 몰려올 것이다.
2 민족마다 오면서 이르기를
"자, 가자.
우리 모두 주님의 산으로 올라가자.
야곱의 하나님이 계신 성전으로
어서 올라가자.
주님께서 우리에게
주님의 길을 가르치실 것이니,
주님께서 가르치시는 길을 따르자"
할 것이다.

율법이 시온에서 나오며,
주님의 말씀이 예루살렘에서 나온다.

3 주님께서
민족들 사이의 분쟁을 판결하시고,
원근 각처에 있는
열강 사이의
갈등을 해결하실 것이니,
나라마다 칼을 쳐서 보습을 만들고
창을 쳐서 낫을 만들 것이며,
나라와 나라가
칼을 들고 서로를 치지 않을 것이며,
다시는
군사 훈련도 하지 않을 것이다.
4 사람마다
자기 포도나무와 무화과나무 아래
앉아서,
평화롭게 살 것이다.
사람마다
아무런 위협을 받지 않으면서
살 것이다.
이것은 만군의 주님께서
약속하신 것이다.

5 다른 모든 민족은
각기 자기 신들을 섬기고
순종할 것이다.
그러나 우리는 언제까지나,
주 우리의 하나님만을 섬기고,
그분에게만 순종할 것이다.

님이 자신들과 함께 계시며 보호해 주신다고 큰 소리치면서 백성들의 최고 지도자로서 군림한다. *그러므로 바로 너희 때문에* 하나님의 성전(집)과 왕의 궁전으로 불렸던 시온의 성읍은 완전히 파괴될 것이며, 건물 하나 남지 않게 될 것이다 (12절). **3:12** 이 구절은 렘 26:18을 인용한 것이다.

4:1—7:20 비난과 멸망과 함께 나타나는 희망.

4:1-5 성경에 나타나는 장(章)의 숫자들은 후대에 붙여진 것들이다. 수세기 동안 사람들은 모든 산중에 뛰어난 산으로 높임을 받고 민족들이 몰려오던 성전이 숲만 무성한 언덕이 된 것(3:12)을 보았고 들어왔다 (4:1-2). 심판 한가운데서도 *야곱의 하나님*에 대한 생각은 완전한 화해에 대한 희망을 가지게 한다.

이 본문은 특히 다양한 민족과 함께 살고 있는 그리스도인들에게 소중한 것인데, 가르침과 윤리 (2절), 정의와 평화(3-4절)의 근거를 하나님과 고대 이스라엘 사람들과의 관계 속에서 찾아볼 수 있기 때문이다. 모든 것을 재활용하여 쓰던 농경시대에는 평화의 시기에 무기는 더 이상 필요하지 않기 때문에 농기구로 바뀌어야 하며 (3절, 욜 3:10을 참조하라), 사람들은 무화과나무와 포도밭에서 안전하고 풍요롭게 살아가게 될 것이다 (4절). **4:1-3** 이 구절들은 사 2:2-4에도 나타난다.

이스라엘이 포로에서 돌아올 것이다

6 "나 주가 선언한다.
그 날이 오면,
비틀거리며 사는 백성을
내가 다시 불러오고,
사로잡혀 가서 고생하던
나의 백성을
다시 불러모으겠다.
7 그들이 이역만리 타향에서
비틀거리며 살고 있으나,
거기에서 살아 남은 백성이
강한 민족이 될 것이다.
그 때로부터 영원토록,
나 주가
그들을 시온 산에서 다스리겠다.
8 너 양 떼의 망대야,
도성 시온의 산아,
너의 이전 통치가 회복되고
도성 예루살렘의 왕권이
네게로 돌아올 것이다."

9 어찌하여 너는
그렇게 큰소리로 우느냐?
왕이 없기 때문이냐?
어찌하여 너는
아이를 낳는 여인처럼 진통하느냐?
자문관들이 죽었기 때문이냐?
10 도성 시온아,
이제 네가 이 도성을 떠나서,
빈 들로 가서 살아야 할 것이니,
아이를 낳는 여인처럼,
몸부림치면서 신음하여라.
너는 바빌론으로 가야 할 것이다.
거기에서 주님께서 너를 건지시고,
너의 원수에게서
너를 속량하실 것이다.

11 그러나 이제 많은 민족이 연합하여
너를 칠 것이다.
그들은 이르기를
"시온은 망해야 한다.
이제 곧 우리는
이 도성이 폐허가 되는 것을
보게 될 것이다" 한다.

12 그러나 그들은, 나 주가 마음 속으로
무엇을 생각하고 있는지를
알지 못한다.
한꺼번에
같은 방법으로 벌을 주려고,
곡식을
타작 마당으로 모아서 쌓듯이,
그들을 한데 모았다는 것을
미처 깨닫지 못한다.

13 도성 시온아,
네 원수에게 가서, 그들을 쳐라!
내가 네 뿔을 쇠 같게 하고,
네 굽을 놋쇠 같게 할 것이니,
너는 많은 민족을 짓밟고,
그들이 폭력을 써서 착취한
그 재물을 빼앗아다가,
온 세상의 주
곧 나에게 가져 올 것이다.

4:6-13 본문은 추방(6-7a, 9-10a, 11절)과 회복(6-8, 10b, 12-13절)에 대한 내용이다. 2:12-13에서 이집트에서의 해방의 기억은 새로운 출애굽에 대한 희망을 준다. 회복의 순서는 연대순이 아니라 문학적인 시처럼 묘사되며 예루살렘의 여성적 이미지들을 보여주는 세 부분으로 나타난다 (1646쪽 추가 설명: "결혼으로서의 언약"을 보라). 6-7절이 추방, 다시 불러들임, 그리고 시온 산에서의 하나님의 통치를 강조하는 반면, 8절은 딸이라고 두 번씩이나 언급하는 예루살렘의 통치를 강조한다. 9-10절에서 시온의 딸은 출산을 위한 진통 가운데 있다. 이것은 진통을 주며, 생명을 위협하는 진통(렘 4:31)에 대한 예언자의 가장 강력한 은유 중의 하나이다. 출산의 진통은 남성들에게 스스로 통제할 수 없는 상황을 보여주는 최상의 예가 되었을 것이다. 사실, 이 두 구절 속에는 예루살렘의 능력에 대한 어떤 암시도 찾을 수 없으며, 오히려 예루살렘은 구원받고 다시 회복되어야 한다. 11-13절에서는 이미지가 변한다. 이제 (사람의) 딸은 많은 민족들의 공격 앞에 놓이게 되지만, 그 후에 (갑자기 주어진 강력한 뿔과 굽을 가지게 된) 그녀는 민족들을 쭉정이처럼 탈곡하여 알곡만 하나님께 드리게 될 것이다. **4:10** 바빌론에 대한 언급은 후대에 새롭게 첨가되었을 것이다. 미가가 활동하던 시대의 적은 앗시리아였다.

5:1-6 예루살렘이 포위되어 왕이 모욕을 당하는 장면으로 시작한다. 그러나 도움이 베들레헴으로부터 올 것이다. 베들레헴은 예루살렘으로부터 남쪽으로 몇 마일 떨어진 작은 마을로 다윗의 출생지이기 때문에 유명해졌다. 때가 이르러 새로운 다윗이 태어나면, 그의 통치로 인

5 1 ㄱ)군대의 도성아,
군대를 모아라!
우리가 포위되었다!
침략군들이 몽둥이로
이스라엘의 통치자의 뺨을
칠 것이다.

베들레헴에서 통치자가 나올 것이다

2 "그러나 너 베들레헴 에브라다야,
너는 유다의 여러 ㄴ)족속 가운데서
작은 족속이지만,
이스라엘을 다스릴 자가
네게서 내게로 나올 것이다.
그의 기원은 아득한 옛날,
태초에까지 거슬러 올라간다."

3 그러므로 주님께서는
해산하는 여인이
아이를 낳을 때까지,
당신의 백성을 원수들에게
그대로 맡겨 두실 것이다.
그 뒤에 그의 동포,
사로잡혀 가 있던 남은 백성이,
이스라엘 자손에게로 돌아올 것이다.

4 그가 주님께서 주신 능력을 가지고,
그의 하나님이신
주님의 이름이 지닌 그 위엄을
의지하고 서서
그의 떼를 먹일 것이다.
그러면 그의 위대함이
땅 끝까지 이를 것이므로,
그들은
안전하게 살아갈 수 있을 것이다.
5 그리고 그는 그들에게
'평화'를 가져다 줄 것이다.

구원과 심판

앗시리아 사람이
우리 땅을 침략하여,
우리의 방어망을 뚫고 들어올 때에,
우리는
일곱 목자, 여덟 장군들을 보내서,
침략자들과 싸우게 할 것이다.
6 그들은
칼로 앗시리아 땅을 정복하고,
빼 칼로 ㄷ)니므롯 땅을
황무지로 만들 것이다.
앗시리아의 군대가
우리의 땅을 침략하여,
우리의 국경선 너머로 들어올 때에
그가 우리를 앗시리아 군대의 손에서
구원하여 낼 것이다.

7 많은 민족들 사이에
살아 남은 야곱 백성은,
주님께서 내려 주시는
아침 이슬과 같이 될 것이며,
푸성귀 위에 내리는
비와도 같게 되어서,
사람을 의지하거나
인생을 기다리지 않을 것이다.
8 살아 남은 야곱 백성은
여러 민족과 백성 사이에
흩어져서 살 것이며,
숲 속 짐승들 가운데 서 있는
사자처럼,
양 떼의 한가운데 서 있는 사자처럼,
걸을 때마다,
먹이에게 달려들어
밟고 찢을 것이니,
그에게서는 아무도

ㄱ) 또는 '성벽으로 둘러싸인 성읍아, 네 성벽을 튼튼하게 하여라'
ㄴ) 히, '천 천' 또는 '통치자들' ㄷ) 또는 '니므롯을 그 성문 어귀에서'

해 회복된 이스라엘은 번영하게 되고 안전하게 될 것이다. 수세기가 지나도록 다윗 왕조는 다시 세워지지 않았기 때문에, 이 본문은 예수님과 연결되는 해석으로 이해될 수 있는 훌륭한 본보기이기도 하다 (마 2:6). **5:2** *에브라다.* 아마 베들레헴이 속해 있는 유다 지파 내의 한 씨족이었을 것이다. **5:4-5** *그의 떼를 먹일 것이다…일곱 목자.* 이 구절은 왕을 목자로 비유하던 성서시대의 가장 흔한 비유일 것이다 (겔 34장). **5:5-6** *니므롯* (창 10:8-12). 앗시리아의 네 개의 큰 도시를 세운 창시자로 알려져 있다. 앗시리아가 이스라엘을 먼저 침공한 후에야 이스라엘이 앗시리아를 이기게 될 것이다.

5:7-15 이 단락의 관심사는 새로운 다윗 왕조의 왕으로부터, 새로운 왕조의 힘(8-9절)과 그 힘의 근원(7, 10-15절)으로 전환된다. 비록 야곱(이스라엘)만이 살아남아 적들에게 포위당하겠지만, 그 힘은 사자처럼 강력할 것이다 (7-8절). 이러한 강력한 힘은 어디서

그 짐승을 건져 낼 수 없을 것이다.
9 네가 네 대적 위에 손을 들고
네 원수를
모두 파멸시키기를 바란다.
10 "나 주가 선언한다.
그 날이 오면,
너희가 가진 군마를 없애 버리고
말이 끄는 병거를 부수어 버리겠다.
11 너희 땅에 세운 성곽들을
부수어 버리고,
요새들은 모두 파괴하여 버리겠다.
12 너희가 쓰던 마법을 없앨 것이니,
너희가
다시는 점을 치지 않을 것이다.
13 너희가 새긴 우상을
파괴하여 버리고,
신성하게 여긴 돌 기둥들도
부수어 버려서,
다시는 너희가 만든 그런 것들을
너희가 섬기지 못하게 하겠다.
14 너희 가운데서
아세라 여신상을 모두 뽑아 버리고,
너희가 사는 성읍들을 파괴하겠다.
15 나에게 복종하지 않은
모든 민족에게,
화가 나는 대로,
분노를 참지 않고 보복하겠다."

주님께서 이스라엘을 고발하시다

6 1 주님께서 하시는 말씀을 들어라.
"ㄱ)너는 일어나서 산 앞에서
소송 내용을 샅샅이 밝혀라.
산과 언덕이 네 말을 듣게 하여라.
2 너희 산들아,
땅을 받치고 있는 견고한 기둥들아,
나 주가 상세히 밝히는
고발을 들어 보아라.
나 주의 고소에 귀를 기울여라.
나 주가 내 백성을 상대하여서,
고소를 제기하였다.
내가 내 백성을 고발하고자 한다.
3 내 백성은 들어라!
내가 너희에게 어떻게 하였느냐?
내가 너희에게
짐이라도 되었다는 말이냐?
어디, 나에게 대답해 보아라.
4 나는 너희를
이집트 땅에서 데리고 나왔다.
나는 너희의 몸값을 치르고서,
너희를
종살이하던 집에서 데리고 나왔다.
모세와 아론과 미리암을 보내서,
너희를
거기에서 데리고 나오게 한 것도
바로 나다.
5 내 백성아,
모압의 발락 왕이
어떤 음모를 꾸몄으며,
브올의 아들 발람이
발락에게 어떻게 대답하였는지를
기억해 보아라.
싯딤에서부터 길갈에 이르기까지,
행군하면서 겪은 일들을
생각해 보아라.

ㄱ) 예언자를 가리킴

나오게 될까? 이스라엘이 흔히 기대한 것처럼 무기, 요새, 마법, 섬기기 위해서 새긴 우상에서 나오는 것이 아니라 (10–14절), 첫 절과 마지막 절이 단언하는 것처럼, 하나님의 능력으로부터 나온다 (7, 15절). **5:13–14** *우상, 돌기둥, 아세라 여신상.* 이것들은 하나님과 다른 신들을 섬길 때 사용되던 도구들이지만, 예언자들로부터 공공연하게 규탄 받아왔다.

6:1–5 본문은 미래의 영광에서부터 현재의 고난으로 전환된다. 이스라엘과 언약을 세우신 하나님은 그들에게 절대적인 충성과 사랑을 요구하신다. 충성과 사랑이 전제되지 않으면, 하나님은 이스라엘을 법정과 같은 데에 세우셔서 기소자와 재판관의 역할을 동시에 수행하신다. 이스라엘이 스스로를 변호하게 하고, 땅 위의 산들과 땅을 지탱하는 주춧돌들이 증인이 되는 동안, 하나님은 기소된 재판을 진행하신다. 당연한 사실을 물어본 뒤 (3절), 기소자는 피고에게 주 하나님의 *구원하려고 한 일들*, 즉 출애굽과 광야생활 (4절), 그리고 약속의 땅에서 받은 축복(5절)을 상기시킨다. 이 곳을 기점으로 기소자는 사라지고 장면은 바뀐다.

6:4 *모세와 아론과 미리암.* 하나님께서 선물로 주신 이 세 지도자는 구약의 오래된 전통을 보여주고 있는 것이다. 출애굽기와 민수기에서 미리암의 역할은 미가가 암시하고 있는 것보다 작거나 그리 긍정적이지 않다. **6:5** *발락과 발람.* 민 22—24장을 보라. 싯딤.

너희가 이 모든 일을 돌이켜보면,
나 주가 너희를
구원하려고 한 일들을,
너희가 깨닫게 될 것이다."

주님께서 요구하시는 것

6 내가 주님 앞에 나아갈 때에,
높으신 하나님께 예배드릴 때에,
무엇을 가지고 가야 합니까?
번제물로 바칠
일 년 된 송아지를
가지고 가면 됩니까?
7 수천 마리의 양이나,
수만의 강 줄기를 채울
올리브 기름을 드리면,
주님께서 기뻐하시겠습니까?
내 허물을 벗겨 주시기를 빌면서,
내 맏아들이라도
주님께 바쳐야 합니까?
내가 지은 죄를
용서하여 주시기를 빌면서,
이 몸의 열매를
주님께 바쳐야 합니까?

8 너 사람아,
무엇이 착한 일인지를
주님께서 이미 말씀하셨다.
주님께서 너에게
요구하시는 것이 무엇인지도
이미 말씀하셨다.
오로지 공의를 실천하며
인자를 사랑하며
겸손히 네 하나님과
함께 행하는 것이 아니냐!

9 들어라!
주님께서 성읍을 부르신다.
(주님의 이름을 경외하는 것이
지혜다.)
"너희는 매를 순히 받고
그것을 정한 나에게 순종하여라.
10 악한 자의 집에는,
속여서 모은 보물이 있다.
ㄱ)가짜 되를 쓴 그들을,
내가 어떻게 용서할 수 있겠느냐?
11 틀리는 저울과 추로 속인 사람들을,
내가 어떻게 용서할 수 있겠느냐?
12 도성에 사는 부자들은
폭력배들이다.
백성들은 거짓말쟁이들이다.
그들의 혀는 속이는 말만 한다.
13 그러므로 내가 너희에게
견디기 어려운 형벌을 내린다.
너희가 망하는 것은,
너희가 지은 죄 때문이다.
14 너희는
먹어도 배가 부르지 않을 것이며,
먹어도 허기만 질 것이며,
너희가 안전하게 감추어 두어도
하나도 남지 않을 것이며,
남은 것이 있다 하여도
내가 그것을 칼에 붙일 것이며,

ㄱ) 히, '축소시킨 에바'. 에바는 곡물과 같은 마른 물건의 양을 되는 단위

요르단 동쪽 최전방에 있는 이스라엘의 진영이었으며 (수 3:1), 길갈은 요르단 서안에 첫 번째 세운 진영이다 (수 4:19). 그러므로 두 지역의 연결선은 요단 강을 건너 여호수아의 지도력 아래 약속의 땅으로 들어가기 위해 머무른 첫 기착지를 보여준다.

6:6-8 이 장면은 재판의 현장에서 예배의 현장으로 바뀐 것 같다. 예배자로서 이스라엘은 하나님을 기쁘게 하기 위해서 무엇을 바쳐야 하는지 물으며 (시 15; 24; 사 33:14-16), 엄청난 양의 제물을 바칠 것을 제안하면서 마지막으로 맏아들을 바치겠다고 한다. 이러한 물질들은 거절되며 (8절), 이스라엘에게 너무나 부족한 정직과 공의의 실천을 요구하신다 (사 1:11-17; 렘 6:20; 7:1-15; 호 6:6; 암 5:21-24를 참조하라). **6:7** *맏아들.* 아이들을 신들에게 희생제물로 바치는 일은 주변나라와 이스라엘에서도 가끔 행해졌었다. 창 22장; 삿 11:29-40; 왕하 3:26-27; 16:1-4; 21:6을 보라. 이러한 관행을 하나님께서 인정하지 않으셨음은 창 22:12-14; 레 18:21; 20:2-5; 신 18:9-14; 왕하 16:3; 렘 7:30-31에 분명히 나타난다. **6:8** *겸손히.* "현명하게"로 번역하는 것이 더 좋은 번역일 것이다 (공동번역은 "조심스레"로 번역했음).

6:9-16 이 단락은 하나님께서 예루살렘에 직접 말씀하시는 것으로 나타나고 있다. 10-12절은 상인들의 정직하지 못함과 부자들의 폭력을 묘사한다. 하나님은 그들의 모든 행동을 좌절시킴으로써 심판하실 것이다 (13-15절). 그들이 먹든지 쌓아 놓든지—또는 일을 하더라도!—더 이상 번성하지 못할 것이다. 이러한 거짓과 폭력의 상황 속에서 오므리와 *아합의 율례와 전통이*

15 너희가 씨를 뿌려도,
거두어들이지 못할 것이며,
올리브 열매로 기름을 짜도,
그 기름을 몸에 바르지 못할 것이며,
포도를 밟아 술을 빚어도,
너희가 그것을 마시지 못할 것이다.
16 너희가 오므리의 율례를 따르고,
아합 집의 모든 행위를 본받으며,
그들의 전통을
그대로 이어 받았으니,
내가 너희를 완전히 멸망시키고,
너희 백성이 경멸을 받게 하겠다.
너희가 너희 백성의 치욕을
담당할 것이다."

이스라엘의 부패

7 1 아, 절망이다!
나는,
가지만 앙상하게 남은
과일나무와도 같다.
이 나무에 열매도 하나 남지 않고,
이 포도나무에
포도 한 송이도 달려 있지 않으니,
아무도 나에게 와서,
허기진 배를 채우지 못하는구나.
포도알이 하나도 없고,
내가 그렇게도 좋아하는
무화과 열매가,
하나도 남지 않고 다 없어졌구나.
2 이 땅에 신실한 사람은
하나도 남지 않았다.
정직한 사람이라고는
볼래야 볼 수도 없다.
남아 있는 사람이라고는 다만,
사람을 죽이려고
숨어서 기다리는 자들과,
이웃을 올가미에 걸어서 잡으려고
하는 자들뿐이다.
3 악한 일을 하는 데는
이력이 난 사람들이다.
모두가 탐욕스러운 관리,
돈에 매수된 재판관,
사리사욕을 채우는 권력자뿐이다.
모두들 서로 공모한다.
4 그들 가운데서
제일 좋다고 하는 자도
쓸모 없는 잡초와 같고,
가장 정직하다고 하는 자도
가시나무 울타리보다 더 고약하다.

너희의 파수꾼의 날이 다가왔다.
하나님께서
너희를 심판하실 날이 다가왔다.

이제 그들이
혼란에 빠질 때가 되었다.

5 너희는 이웃을 믿지 말아라.
친구도 신뢰하지 말아라.
품에 안겨서 잠드는 아내에게도
말을 다 털어놓지 말아라.
6 이 시대에는,
아들이 아버지를 경멸하고,
딸이 어머니에게 대들고,
며느리가 시어머니와 다툰다.
사람의 원수가 곧
자기 집안 사람일 것이다.

라는 풍자적 암시는 포도원을 빼앗기 위해서 나봇을 죽인 (왕상 21장) 사실에서 알 수 있듯이, 권력의 남용을 이야기하고 있다. **6:16** *오므리, 아합.* 북왕국의 군주들로서 아버지와 아들의 관계이다 (왕상 16:15—22:40).

7:1-7 미가서에서 현실을 가장 냉혹하게 묘사하고 있는 부분으로서, 예언자는 추수 후에 포도와 무화과를 찾아내줄 선한 사람을 찾고 있다 (1절). 그러나 단 한 명도 찾아내지 못하였다. 3-4절은 (3장에서처럼) 지도자들을 비난한다. 그러나 3장과 다른 점은 믿음이 있거나 정직한 사람은 한 명도 없어서 (2절), 심지어 친구와 가족들도 믿을 수 없다는 것이다 (5-6절). 이제 듣고 구원해 줄 분은 오직 주 하나님밖에 남아있지 않다 (7절).

7:8-20 이 마지막 부분에서, 여성으로 묘사되는 예루살렘은 그녀의 적들에게 이야기하고 있다 (1646쪽 추가 설명: "결혼으로서의 언약"을 보라). 그녀(이스라엘)의 죄에도 불구하고, 그녀는 하나님의 용서와 회복을 기대하고 있으며, 예루살렘을 조롱했던 원수들은 스스로 모욕을 당하게 될 것이다 (10절). 다른 민족들이 그들의 악으로 인해 황폐해지는 동안 이스라엘은 땅을 넓혀가게 될 것이다 (11-13절).

예언자는 하나님께 목자와 같은 왕이 되어달라고 요청하면서, 풍요로움으로 잘 알려진 요단 동쪽의 *바산*과 *길르앗*을 이스라엘에게 회복시켜 주시기를 바란다 (14절; 시 22:12; 사 2:13; 렘 50:19). 그는 출애굽과 같은

7 그러나 나는 희망을 가지고
주님을 바라본다.
나를 구원하실 하나님을 기다린다.
내 하나님께서 내 간구를 들으신다.

주님께서 구원하여 주심

8 내 원수야,
내가 당하는 고난을 보고서,
미리 흐뭇해 하지 말아라.
나는 넘어져도 다시 일어난다.
지금은 어둠 속에 있지만,
주님께서 곧 나의 빛이 되신다.
9 내가 주님께 죄를 지었으니,
이제 나는
주님의 분노가 가라앉기까지
참고 있을 뿐이다.
마침내,
주님께서는 나를 변호하시고,
내 권리를 지켜 주시고,
나를 빛 가운데로 인도하실 것이니,
내가
주님께서 행하신 의를 볼 것이다.
10 그 때에 내 원수는
내가 구원 받은 것을 보고
부끄러워할 것이다.
"주 너의 하나님이 어디 있느냐?"
하면서
나를 조롱하던 그 원수가
얼굴을 들지 못할 것이다.
내 원수가
거리의 진흙처럼 밟힐 것이니,
패배당한 원수의 모습을
보게 될 것이다.

11 ㄱ)네 성벽을
다시 쌓아야 할 때가 온다.
네 지경을 넓혀야 할 때가 온다.
12 그 때에 네 백성이
사방으로부터 네게로 되돌아온다.
앗시리아로부터,
이집트의 여러 성읍으로부터,
심지어 이집트에서부터
유프라테스 강에 이르기까지
이 바다에서 저 바다까지
이 산에서 저 산까지
네 백성이 네게로 되돌아올 것이다.
13 그들이 살던 땅은,
거기에 사는 악한 자들의 죄 때문에,
사막이 되고 말 것이다.

기도와 찬양

14 주님, 주님의 지팡이로
주님의 백성을 인도하시는 목자가
되어 주십시오.
이 백성은
주님께서 선택하신
주님의 소유입니다.
이 백성은
멀리 떨어진 황무지에 살아도,
그 주변에는
ㄴ)기름진 초장이 있습니다.
옛날처럼 주님의 백성을
바산과 길르앗에서 먹여 주십시오.

15 ㄷ)"네가 이집트에서 나올 때처럼
내가 그들에게 기적을 보이겠다."

16 민족들이 그 기적을 보면,
제 아무리 힘센 민족이라도,
기가 꺾이고 말 것입니다.
간담이 서늘해서 입을 막을 것이며
귀는 막힐 것이며,

ㄱ) 예루살렘 도성에게 하는 말 ㄴ) 또는 '갈멜' ㄷ) 주님의 말

놀라운 일이 다시 일어나며 (15절; 6:4-5), 동시에 다른 민족들이 치욕을 당하게 되기를 바란다 (16-17절). 왕이신 하나님을 강조한다 (5:2-6을 참조하라).

이 책의 결론 부분은 가장 희망찬 단어들로 마무리된다. 18-20절은 독자들이, 흔히 잘못 이해하듯이 하나님께서 인과응보의 심판을 내리신다는 오류에 빠지지 않게 만들며, 그 반대로 용서하시고 평화를 이루어 가시는 예수의 하나님이심을 보여준다. 이 예언자의 하나님은 죄를 용서하시며, *자비*를 베푸시기를 기뻐하신다. 예언자는 하나님이 그들의 옛 조상인 *아브라함과 야곱의* 하나님이며, 그들이 경험했던 변함없는 보살핌을 기대한다.

17 그들이 뱀처럼 티끌을 핥으며,
땅에 기는 벌레처럼 무서워 떨면서
그 좁은 구멍에서 나와서
두려워하며
주 우리의 하나님께로 돌아와서
주님 때문에 두려워할 것입니다.
18 주님, 주님 같으신 하나님이
또 어디에 있겠습니까.
주님께서는 죄악을 사유하시며
살아 남은 주님의 백성의 죄를 용서하십니다.
진노하시되,
그 노여움을
언제까지나 품고 계시지는 않고,
기꺼이
한결같은 사랑을 베푸십니다.
19 주님께서 다시 우리에게
자비를 베푸시고,
우리의 모든 죄를
주님의 발로 밟아서,
저 바다 밑 깊은 곳으로 던지십니다.
20 주님께서는 옛적에
우리의 조상에게 맹세하신 대로,
야곱에게 성실을 베푸시며,
아브라함에게
인애를 더하여 주십니다.

추가 설명: 결혼으로서의 언약

유다와 이스라엘과 그 성읍들은 두 가지 이유에서 쉽게 여성으로 의인화된다. 첫째로, "성읍"과 "땅"이 의미하는 히브리어 단어들은 문법적으로 여성으로 표기된다 (예를 들어, 여성으로 표기되는 1:6의 "그 성의 돌들," 4:10의 "도성 시온아 아이를 낳는 여인처럼, 몸부림치면서 신음하여라"). 둘째로, 이스라엘 예언자들이 흔히 채택하는 이미지는 하나님과 백성들 간의 결혼이라는 이미지이다. 매우 엄격한 가부장 사회였던 이스라엘에서, 하나님을 남편이 아닌 다른 모습으로 그려낸다는 것은 생각조차 할 수 없었던 일이었으며, 이스라엘(또는 다른 도시)을 아내로 그려내는 것은 당연하였다. 하나님은 먼저 솔선하여 이스라엘을 찾아내어 "그녀"(이스라엘)를 "그 자신"(하나님)에게로 이끌어내며 (렘 2:2; 겔 16:3-14; 23:1-4; 호 2:3, 8, 14-15, 19-20), 그녀를 "취하여" ("결혼하다"라는 의미의 유일한 히브리어이다) 그의 소유물로 삼으며 (출 19:3-6), 시내 산 언약으로 말미암아 결혼서약과 유사한 상호의무의 체계를 세워나가게 된다. 하나님은 율법서가 상세히 지시하는 대로 예배를 받으셔야 할 분뿐만 아니라, 이스라엘의 유일한 동반자가 되어야 한다. 그러므로 창 1:1에서, 성적 존재로서가 아니고 말씀으로 세상을 창조하신 하나님이, 예언자들의 비유에서 인간적 존재가 되어버린 것이다. 동시에 이스라엘과 유다, 사마리아와 예루살렘은 그 관계가 칭찬받을 만한 것이든, 비난받을 만한 것이든 신부로서 (렘 2:2; 호 2:19-20), 음녀로서 (호 3:1), 창녀로서 (1:7; 렘 3:1-3; 겔 16:15) 성적인 용어들로 묘사된다.

예언자는 하나님과 이스라엘을 사랑과 친밀감과 고도의 감성주의나 질투를 불러일으키는 절대성과 같이 불평등한 언약관계로 묘사하고 있다. 성적인 은유는 예언자들이 경험하고 이해한 결혼의 속성에 근거하여 그 관계를 성공적으로 묘사한다. 그러한 은유는 부모와 자녀(호 11:1-4)의 관계보다 더 성공적으로 묘사하고 있는 것이다. 그러나 성적 관심, 성별, 정의(正義)에 대한 생각이 변해왔음에도 불구하고 이러한 은유가 수세기 동안 과도하게 사용되고 오용되어져 왔다. 힘에 의해서 만연되어 온 이미지와 실제의 모습 사이의 피할 수 없는 혼란 때문에 은유는 여성들의 이미지를 손상시켰으며, 남녀 사이의 관계뿐 아니라 하나님과의 관계에도 해를 끼치게 되었다.

나훔서

나훔서는 간략하면서도 이해하기 어려운 책이다. 세 장으로 되어 있는 이 짧은 책은 저자, 기록연대, 처음으로 말씀이 선포되고 쓰인 장소에 대해 학문적으로 논의되고 있다. 나훔서는 황당한 신학적인 질문들을 놓고 독자들이 생각해 보도록 한다. 즉, 이 곳에서 하나님은 어떤 모습으로 묘사되고 있는가? 어떤 이유로 정경으로 채택된 성경에서 복수를 명백한 언어로 찬양하고 있는가? 성도들은 이러한 본문을 가지고 기도할 수 있을까?

나훔서는 엘고스 사람 나훔의 저작이라는 명시 하에 알려져 있다. 엘고스는 성경 어디에서도 언급되지 않은 지명이다. 나훔은 "위로" 라는 뜻이며, 이 이름 역시 이 곳 외에는 성경 어디에도 나타나지 않는다. 책이 쓰인 시기에 대한 몇몇 단서가 있기는 하지만, 그 시기에 대해서는 논란이 되고 있다. 테베(*노아몬*, '아몬의 성읍'을 의미하는 히브리어)의 몰락은 나 3:8에 언급되어 있다. 이 이집트의 도시는 기원전 663년 앗시리아에게 점령당했고, 앗시리아의 영토 확장 정책상 최남단에 해당하는 지점에 있었다. 그러므로 나훔서는 분명히 기원전 663년 이후에 씌어졌을 것이다. 이 책은 앗시리아의 수도인 니느웨가 기원전 612년 바빌로니아와 메대의 연합군에 의해 패망당했음을 묘사한다. 그 묘사가 너무 생생하고, 니느웨의 몰락을 노골적으로 기뻐하고 있기 때문에, 기록연대는 아마 이 사건이 끝난 후가 될 것이다. 앞으로 십년 내에 바빌론이 유다를 위협하게 된다는 사실에 대해서는 모르고 있는 듯하다. 그러므로 나훔은 기원전 612년 유다에서 하나님의 말씀을 선포하였으며, 이 책은 그 후에 곧 씌어졌을 것이다.

나훔서는 "이방 민족들에 대한 예언"의 범주에 속한다 (사 13—23장; 렘 46—51장을 보라). 나훔서는 다양한 이미지와 소리를 이용한 기발한 언어기법으로 표현된 시적인 걸작이다. 시의 형식을 띄는 몇몇의 본문에는 알파벳 시(acrostic: 각 행의 머리글자나 끝 글자를 이으면 말이 되는 유희시)와 화 (禍) 신탁(woe oracle)을 포함하고 있다 (3:1-7에 관한 주석을 보라).

나훔서의 메시지는 처음에는 증오스러운 적국인 앗시리아의 수도 니느웨의 몰락을 기뻐하는 것처럼 보인다. 그러나 상징들을 좀 더 자세히 살펴보면, 어떤 주제를 암시하고 있다. 즉 유다의 백성들이 그들의 죄로부터 돌아서서 하나님께로 돌아가지 않으면, 니느웨의 운명은 유다의 운명이 될 것이라는 것이다. 위로의 메시지도 있다. 하나님을 신뢰하는 사람들을 위해서 하나님께서 자신의 대적을 물리치실 것이라는 기대도 포함되어 있다. 이러한 메시지는 오늘날에도 유효하다. 우리가 하나님을 신뢰한다면, 어떤 대적도 우리를 무너뜨릴 수 없지만, 우리가 하나님을 떠나서 우리 자신의 힘을 믿는다면, 우리는 죽음의 위험에 처하게 된다는 것이다.

나훔서의 내용은 다음과 같다. 성경본문에 따라 세밀하게 조사할 필요가 있는 주석은 이 개요를 따를 것이며, 명확성을 기하기 위하여 더 보충하여 상세하게 설명될 것이다.

- Ⅰ. 표제, 1:1
- Ⅱ. 하나님의 심판, 1:2-15 [히브리어 성경 2:1]
  - A. 원수를 갚으시는 하나님, 1:2-8
  - B. 의심하는 자들을 격려, 1:9-15
- Ⅲ. 니느웨의 몰락, 2:1—3:19 [히브리어 성서 2:2—3:19]
  - A. 니느웨에 대한 공격, 2:1-13 [히브리어 성서 2:2-14]
  - B. 화(禍)와 심판의 신탁, 3:1-7
  - C. 최후의 몰락, 3:8-19

아이린 노웰 (Irene Nowell)

1 1 이것은 엘고스 사람 나훔이, 니느웨가 형벌을 받을 것을 내다보고 쓴 묵시록이다.

니느웨를 향한 주님의 분노

2 주님은 질투하시며
원수를 갚으시는 하나님이시다.
주님은
원수를 갚으시고 진노하시되,
당신을 거스르는 자에게
원수를 갚으시며,
당신을 대적하는 자에게
진노하신다.
3 주님은 좀처럼 노하지 않으시고
권능도 한없이 많으시지만,
주님은 절대로, 죄를 벌하지 않은 채
내버려 두지는 않으신다.
회오리바람과 폭풍은
당신이 다니시는 길이요,
구름은 발 밑에서 이는 먼지이다.
4 주님께서는
바다를 꾸짖어 말리시고,
모든 강을 말리신다.
바산과 갈멜의 숲이 시들며,
레바논의 꽃이 이운다.
5 주님 앞에서 산들은 진동하고,
언덕들은 녹아 내린다.
그의 앞에서 땅은 뒤집히고,
세상과 그 안에 있는 모든 것은
곤두박질한다.
6 주님께서 진노하실 때에
누가 감히 버틸 수 있으며,
주님께서 분노를 터뜨리실 때에
누가 감히 견딜 수 있으랴?
주님의 진노가 불같이 쏟아지면,
바위가 주님 앞에서 산산조각 난다.
7 주님은 선하시므로,
환난을 당할 때에
피할 피난처가 되신다.
주님께 피하는 사람은
주님께서 보살펴 주시지만,
8 니느웨는
범람하는 홍수로 쓸어 버리시고,
원수들을 흑암 속으로 던지신다.

9 ㄱ)그들이 아무리 주님을 거역하여
음모를 꾸며도
주님께서는 그들을
단번에 없애 버리실 것이니,
두 번까지
수고하지도 않으실 것이다.
10 그들은 가시덤불처럼 엉클어지고,
술고래처럼 곯아떨어져서,
마른 검불처럼 다 타 버릴 것이다.
11 주님을 거역하며 음모를 꾸미는 자,
흉악한 일을 부추기는 자가,
바로 너 니느웨에게서
나오지 않았느냐?

ㄱ) 또는 '너희가 주님께 대항하여 무엇을 꾀하느냐?'

1:1 표제에서는 예언자의 이름과 이 책이 담고 있는 내용을 밝혀주고 있다. 예언자의 메시지는 이방 민족들을 향한 예언 안에서 자주 사용되며 (사 13:1; 15:1; 17:1을 보라), "묵시"의 의미를 가지고 있기도 한 "신탁"(*마싸*, "무거운 짐"이라는 뜻)으로 정의된다. 독자들은 이 책의 생생한 이미지들을 통하여 임박한 니느웨의 몰락을 보게 된다.

1:2-8 이 구절들은 압제당하는 사람들의 원수를 갚으시는 하나님의 능력을 알파벳 시(acrostic: 각 행의 머리글자나 끝 글자를 이으면 말이 되는 유희시)의 형태로 묘사하고 있다. 시의 각 행들은 처음에 나오는 열한 개의 히브리어의 알파벳 순서 중에서 아홉 개의 문자로 시작된다. 네 번째 알파벳이 빠져 있고, 일곱 번째 알파벳이 각 행의 두 번째 단어로 나타난다. 여기에 나타나는 이미지들은 다른 곳에서도 나타나는 하나님의 모습을 보여주고 있다. 즉 질투하시며 (출 20:5; 34:14), 원수를 갚으시는 분이시다 (신 32:35, 43, 사 1:24). 하나님의 능력은 우리를 압도한다. 하나님은 회오리바람처럼 밀려오며, 그 분노가 폭풍처럼 터져 나오며 (렘 23:19; 30:23) 바다를 꾸짖으신다 (시 106:9). 하나님 앞에서 산이 흔들리고 땅들이 녹는다 (시 18:7; 46:6; 렘 4:24; 암 9:5). 그러나 대부분의 다른 구절들에서 경고의 대상은 바로 하나님의 백성인 이스라엘이지만, 여기에서 예언자는 니느웨가 경고의 대상이 된다.

1:9-15 의심하는 자들에게 (앗시리아 사람이건 유대 백성이건) 하나님은 대적을 물리쳐 압제자들의 손에서 구원하는 분이심을 확증시켜 준다. 이 단락은 앗시리아의 도시인 니느웨(9-10, 14절)와 유다 민족(11-13, 15절)에게 행해진 예언이다. **1:11** *흉악한 일* (*벨리야알*). 이 단어는 가끔 음역(音譯)되어 ("벨리알" (Belial)) 사탄이나 앗시리아의 왕과 같은 인격화된 악으로 이해되기도 하지만, 여기에서는 단순히 "쓸모없음" 또는 "가치없음"을 의미한다. 이 부분은 하나님의 일하심을 믿지 않거나, 앗시리아가 유다를 떠날 것이라는

12 "나 주가 말한다.
그들의 힘이 막강하고
수가 많을지라도,
잘려서 없어지고 말 것이다.

비록 내가 ㄱ)너를 괴롭혔으나,
다시는 너를 더 괴롭히지 않겠다.
13 나 이제 너에게서
그들의 멍에를 꺾어 버리고,
너를 묶은 사슬을 끊겠다."

14 주님께서
ㄴ)너를 두고 명하신 것이 있다.
"너에게서는 이제,
네 이름을 이을 자손이
나지 않을 것이다.
네 산당에서
새겨 만든 신상과 부어 만든 우상을
다 부수어 버리며,
네가 쓸모 없게 되었으니,
내가 이제 네 무덤을 파 놓겠다."

15 보아라, 좋은 소식을 전하는 사람,
평화를 알리는 사람이
산을 넘어서 달려온다.
유다야, 네 절기를 지키고,
네 서원을 갚아라.
악한 자들이 완전히 사라졌으니,
다시는 너를 치러 오지 못한다.

니느웨의 멸망

2 1 침략군이 ㄴ)너를 치러
올라왔다.
성을 지켜 보려무나.
길을 지켜 보려무나.
허리를 질끈 동이고
있는 힘을 다하여 막아 보려무나.

2 (약탈자들이
야곱과 이스라엘을 약탈하고,
포도나무 가지를 없애 버렸지만,
주님께서 야곱의 영광을
회복시키시며,
이스라엘의 영광을
회복시키실 것이다.)

3 적군들은 붉은 방패를 들고,
자주색 군복을 입었다.
병거가 대열을 지어 올 때에
그 철갑이 불꽃처럼 번쩍이고,
ㄷ)노송나무 창이 물결 친다.
4 병거들이 질풍처럼 거리를 휩쓸고,
광장에서 이리저리 달리니,
그 모양이 횃불 같고,
빠르기가 번개 같다.

5 정예부대를 앞세웠으나,
거꾸러지면서도 돌격한다.
벼락같이 성벽에 들이닥쳐
성벽 부수는 장치를 설치한다.
6 마침내 강의 수문이 터지고,
왕궁이 휩쓸려서 떠내려간다.
7 ㄹ)왕후가 벌거벗은 몸으로 끌려가고,
시녀들이 비둘기처럼
구슬피 울면서 가슴을 치는 것은
정해진 일이다.

8 니느웨는 생길 때로부터,
물이 가득 찬 연못처럼
주민이 가득하였으나,
이제 모두 허겁지겁 달아나니,
"멈추어라, 멈추어라!" 하고
소리를 치나,
뒤돌아보는 사람이 없다.

ㄱ) 유다를 두고 말함 ㄴ) 니느웨를 두고 말함 ㄷ) 칠십인역과 시리아어역에는 '기마병이 질주해 온다' ㄹ) 또는 '도성(사람들)이 모두 포로로 잡혀 가고'

희망의 선포를 믿지 않는 유다 왕국 내의 반대자들을 향한 경고이다. 또한 15절도 보라.

특별 주석

좋은 소식을 전하는 사람의 이미지는 기원전 6세기 후반의 한 예언자(사 52:7)에 의해 다시 나타나고, 그 후에 바울(롬 10:15)에 의해서 또 다시 인용된다. 이것은 성경의 한 저자가 사용한 이미지가 성경의 문학적 전통 안에서 생명력을 가지고 발전하는 과정을 보여주고 있다.

2:1-13 니느웨를 대항한 공격을 생생하게 묘사하고 있다. 성을 지켜내려는 사람들을 경고하는 명령들이 이어진다. 그 공격은 하나님의 언약 백성들의 참된

9 은을 털어라! 금을 털어라!
얼마든지 쌓여 있다.
온갖 진귀한 보물이 많기도 하구나!
10 털리고 털려서 빈털터리가 되었다.
떨리는 가슴,
후들거리는 무릎,
끊어질 것같이 아픈 허리,
하얗게 질린 얼굴들!

11 그 사자들의 굴이 어디에 있느냐?
사자들이 그 새끼들을 먹이던 곳이
어디에 있느냐?
수사자와 암사자와 새끼 사자가
겁없이 드나들던
그 곳이 어디에 있느냐?
12 수사자가 새끼에게
먹이를 넉넉히 먹이려고,
숱하게 죽이더니,
암컷에게도 많이 먹이려고,
먹이를 많이도 죽이더니,
사냥하여 온 것으로
바위 굴을 가득 채우고,
잡아온 먹이로
사자굴을 가득 채우더니.

13 "내가 너를 치겠다.
나 만군의 주의 말이다.
네 병거를 불살라서
연기와 함께 사라지게 하겠다.
너의 새끼 사자들은
칼을 맞고 죽을 것이다.
이 세상에
네 먹이를 남겨 놓지 않겠다.
네가 보낸 전령의 전갈이
다시는 들리지 않을 것이다."

3

1 너는 망한다! 피의 도성!
거짓말과 강포가 가득하며
노략질을 그치지 않는 도성!
2 찢어지는 듯한 말채찍 소리,
요란하게 울리는 병거 바퀴 소리.
말이 달려온다.
병거가 굴러온다.
3 기병대가 습격하여 온다.
칼에 불이 난다.
창은 번개처럼 번쩍인다.
떼죽음, 높게 쌓인 시체 더미,
셀 수도 없는 시체.
사람이
시체 더미에 걸려서 넘어진다.
4 이것은 네가,
창녀가 되어서 음행을 일삼고,
마술을 써서 사람을 홀린 탓이다.
음행으로 뭇 나라를 홀리고,
마술로 뭇 민족을 꾀었기 때문이다.

5 "이제 내가 너를 치겠다.
나 만군의 주가 선언한다.
내가 네 치마를
네 얼굴 위로 걷어 올려서
네 벌거벗은 것을
뭇 나라가 보게 하고,
네 부끄러운 곳을
뭇 왕국이 보게 하겠다.
6 오물을 너에게 던져서
너를 부끄럽게 하고,
구경거리가 되게 하겠다.
7 너를 보는 사람마다
'니느웨가 망하였다만,
누가 그를 애도하랴?'하면서
너를 피하여 달아나니,
너를 위로할 자들을,
내가 어디에서 찾아올 수 있겠느냐?"

8 네가 ㄱ)테베보다 나은 것이 무엇이냐?
나일 강 옆에 자리 잡은 테베,

ㄱ) 히, '노아몬'

삶을 회복시키기 위한 것이기 때문이다. 니느웨는 말라버린 저수지와 먹잇감이 되어버린 사자로 묘사된다. **2:10** 이 구절을 히브리어로 읽으면 (*부카 우메부카 우메불라카* [*buqah umebuqah umebullaqah*]) 전쟁의 북소리와 공포감으로 고동치는 심장소리처럼 들린다. **2:13** *만군의 주.* 언약궤와 관련되어 나타나는 하나님에 대한 명칭이며 (삼상 1:3, 11; 삼하 6:2, 18), 하나님은 언약 백성을 위하여 전투를 행하시는 하나님의 군대 지휘관으로 상징된다 (민 10:35; 14:44-45; 삼상 4:4-8). **3:1-7** 화 (禍) 신탁(*호이* [*hoy*], 더 적절한 번역은 "아!")은 장례식의 애도나 장송곡과 관련되어 있다. *니느웨가 망하였다만, 누가 그를 애도하랴?* 성읍을 공격하는 묘사가 계속되지만, 이제 죽음의 냄새가 어디에나 스며있다. 니느웨는 모욕을 당하는 운명을

강물에 둘러 싸여
그 큰 물이 방어벽이 되고
그 큰 물이 성벽이 된 그 성읍,
9 ㄱ)에티오피아와 이집트가
얼마든지 힘이 되어 주고
붓과 리비아가 도와주었다.
10 그러나 그러한 성읍의 주민도
사로잡혀 가고,
포로가 되어서 끌려갔다.
어린 아이들은
길거리 모퉁이 모퉁이에서
나동그라져서 죽고,
귀족들은 제비 뽑혀서 잡혀 가고,
모든 지도자가
사슬에 묶여서 끌려갔다.
11 너 또한 술에 취해서 갈팡질팡하고,
원수를 피하여 숨을 곳을 찾아,
허둥지둥 할 것이다.

12 네 모든 요새가
무화과처럼 떨어질 것이다.
흔들기만 하면
먹을 이의 입에 떨어지는,
처음 익은 무화과처럼 될 것이다.
13 ㄴ)네 군인들을 보아라.
그들은 모두 여자들이다!
밀어닥치는 대적들 앞에서
네 땅의 성문들은 모두 열리고,
빗장은 불에 타 버렸다.
14 이제 에워싸일 터이니,
물이나 길어 두려무나.
너의 요새를
탄탄하게 해 두어야 할 것이니,
수렁 속으로 들어가서
진흙을 짓이기고,
벽돌을 찍어 내려무나.
15 느치가 풀을 먹어 치우듯이,
거기에서 불이 너를 삼킬 것이고,
칼이 너를 벨 것이다.

느치처럼 불어나 보려무나.
메뚜기처럼 불어나 보려무나.
16 네가 상인들을
하늘의 별보다 더 많게 하였으나,
느치가 땅을 황폐하게 하고
날아가듯이
그들이 날아가고 말 것이다.
17 너희 수비대가 메뚜기 떼처럼 많고
너의 관리들이 느치처럼 많아도,
추울 때에는 울타리에 붙어 있다가
해가 떠오르면
날아가고 마는 메뚜기 떼처럼,
어디론가 멀리 날아가고 말 것이다.

ㄱ) 또는 '누비아', 히, '구스' ㄴ) 또는 '네 군인들은 모두 힘없는 여자와 같다'

가진 창녀로 묘사된다. 이 이미지는 위의 본문과 그 밖의 여러 곳에서 이스라엘의 압제자를 상징하는데 사용되었지만 (사 23:15-17; 47:1-3을 보라; 그리고 초대교회를 박해한 로마, 계 17—18장), 보통 이스라엘 자신의 부정을 묘사하는데 더 많이 사용되었다 (사 1:21; 렘 3:1; 겔 16장; 호 2:5를 보라). 나훔의 청중들은 이 예언 속에서 자신의 죄와 운명을 어렴풋이 알게 되었을 것이다. "너를 위로할 자들을, 내가 어디서 찾아올 수 있겠느냐?" (애 1:2, 9, 16-17, 21). **3:8-19** 본문의 마지막 부분에서 급박함이 감소된다. 막으려고 힘써 봤자 소용이 없으며, 전투는 사실상 끝났다. 성읍은 무너졌으며, 살아남은 자들은 다 숨어버렸다. 앗시리아의 압제에서 고통 받았던 자들은 이제 기뻐한다. 치욕을 당하는 성읍을 상징하는 이미지가 새롭게 나타난다. 니느웨는 한때 강력했지만, 앗시리아에게 멸망한 테베에 비유된다. 앗시리아가 테베에게 저질렀던 일들이 이제 그들 자신에게로 돌아갈 것이다. 병사들은 고대 사회에서 치명적인 모욕으로 여겨지는 여자로 불려진다. 공격을 막아내기 위해서 취하는 모든 행위들은 태양 아래서 흩어지는 윙윙거리는 메뚜기 떼처럼 덧없고 소용이 없다. 지휘관은 일해야 할 시간에 잠들어버린 나쁜 목자이다. 성읍과 그 성읍의 백성들은 구원받지 못한다.

이미지는 다시금 기원전 587년 바빌로니아 사람들에 의해 비참하게 황폐해진 유다를 묘사한 것에 가깝다. 어린아이들이 길거리에 던져지며 (사 51:20; 애 2:19; 4:1-2), 그들의 지도자들은 신실하지 못한 목자들이며 (렘 23:1-2; 겔 34:2-10), 예루살렘의 멸망을 보고 손뼉을 치던 나그네들이다 (애 2:15). 나훔의 예언은 두려움에 떨게 하며 곧 실현될 것이다. 앗시리아는 테베의 멸망을 보고 기뻐하였으나, 이제 그 멸망은 자신들에게 다가온다. 유다는 니느웨의 몰락을 보면서 기뻐한다. 이제 하나님의 백성들은 무엇을 기다리고 있는가?

18 앗시리아의 왕아,
네 ㄱ)목자들이 다 죽고
네 귀족들이 영영 잠들었구나.
네 백성이
이 산 저 산으로 흩어졌으나,
다시 모을 사람이 없구나.
19 네 상처는 고칠 길이 없고,
네 부상은 치명적이다.
네 소식을 듣는 이들마다,
네가 망한 것을 보고
기뻐서 손뼉을 친다.
너의 계속되는 학대를
받지 않았다고 생각하는 사람이
어디에 있느냐?

ㄱ) 또는 '지도자들'

하박국서

하박국서에는 예언자 자신에 관한 정보가 나타나 있지 않다. 후대에 유대 저술가들과 그리스도교 저술가들에 의해, 이스라엘 왕인 므낫세(기원전 687-642년)의 통치시기 또는 예레미야와 동시대 (약 기원전 640-586년경 후) 등 다양한 역사적 정황 속에서 살았던 인물로 추측되어진다. 합 1:6의 갈대아 (바빌로니아) 사람을 일으키겠다는 언급과 하나님께서 갈대아 사람들을 심판하실 것이라는 전반에 걸쳐 있는 기대 등을 이유로, 대부분의 학자들은 본서를 유다 왕국의 여호야김(기원전 609-598년)의 통치시대나 그의 아들 여호야긴(기원전 597년)의 시대로 추정하고 있다. 기원전 609년 요시야가 바로 느고(Pharaoh Neco)의 손에 죽음을 당한 뒤 (왕하 23:28-30; 대하 35:20-27), 유다 왕국은 이집트의 속국이 되었다. 그러나 기원전 605년 바빌로니아는 갈그미스에서 이집트를 격파하게 되면서 유다 왕국의 통제권을 갖게 된다. 요시야의 죽음에 앞서 수세기 동안 좋은 관계를 유지해 왔던 동맹관계를 종결짓게 되었지만, 여호야김의 친이집트 성향은 바빌로니아 사람들을 자극하여 유다 왕국을 동맹국이라기보다는 정복한 적국으로 여기게 되었을 것이다. 여호야김이 죽고 난 후, 뒤를 이은 열여덟 살의 여호야긴과 많은 유대 귀족들은 기원전 597년 제1차 포로기(왕하 24:1-17; 대하 36:5-10을 보라)에 포로로 잡혀 갔다. 하박국서는 부당하게 받는 고통과 악의 문제를, 예언자의 호소와 함께, 유다 왕국을 배반한 바빌로니아에 대한 하나님의 대답을 제시함으로써 서술해 나간다. 합 1:1의 표제와 3:1은 이 책이 두 주요 부분으로 나뉘어져 있음을 보여준다. 1—2장은 예언자와 하나님과의 대화이다. 이 땅에서 폭력을 종식시켜 달라는 예언자의 첫 번째 호소에 뒤이어, 하나님께서 우선 갈대아 사람을 유다로 이끈 것에 대한 책임은 바로 자신에게 있다고 주장하신다 (1:5-11). 하박국은 1:13에서 "어찌하여 배신자들을 보고만 계십니까? 악한 민족이 착한 백성을 삼키어도, 조용히만 계십니까?" 라고 하나님께 예리하게 묻는다. 그런 후에 예언자는 하나님의 응답을 기다리는데, 그 대답은 악인을 저주하는 일련의 화 (禍) 신탁 및 악인은 죽고 의인은 살 것이라는 진술로써 2:2-20에 나타난다. 이 책의 두 번째 부분에 해당하는 3장은 예배를 위한 시편으로서 하나님께서 악인을 물리치신다는 상상력이 풍부한 묘사를 빌어, 하나님께서 예언자의 호소에 응답하심을 보여준다.

적은 분량의 책임에도 불구하고, 하박국서는 유대교와 그리스도교 모두에서 중요한 역할을 하고 있다. 사해사본에 있는 합 1—2장에 대한 주석(*페세르*)이 발견되었는데, 하박국의 예언을 초기 쿰란 공동체와 연관시킨 해석이다. 바울은 합 2:4를 그의 칭의 신학의 교리를 뒷받침해 줄 주요 성경본문으로 인용하고 있다 (롬 1:17; 갈 3:11을 보라; 히 10:38-39를 참조하라). 또한 랍비 시믈라이(Similai)는 합 2:4를 인용하여 토라의 총 613개의 율법의 요약으로 보고 있다 (*b. Makkot 23b-24a*). 현대에 이르러서는, 하박국이 하나님께 제기한 이야기들은 유대인 대학살(홀로코스트 [Holocaust])이나 잔학행위와 관련시켜 하나님의 부재라는 질문을 야기하기도 한다.

하박국서의 내용은 다음과 같다. 성경본문에 따라 세밀하게 조사할 필요가 있는 주석은 이 개요를 따를 것이며, 명확성을 기하기 위하여 더 보충하여 상세하게 설명될 것이다.

Ⅰ. 하나님의 정의에 대한 하박국의 확증, 1:1—2:20
  A. 이 땅에서 이루어지는 갈대아 사람들의 폭력에 대하여 하나님과 대화하는 하박국, 1:1—2:20
    1. 표제, 1:1
    2. 하박국의 호소, 1:2—2:20
Ⅱ. 악인을 물리치시는 하나님의 현현을 노래한 시편, 3:1-19
  A. 표제, 3:1
  B. 시편: 악인을 물리치시는 하나님의 현현을 노래함, 3:2-19a
    1. 하나님께서 역사하시길 바라는 시편 기자/예언자의 청원, 3:2
    2. 하나님이 적들에게 다가가심, 3:3-7
    3. 악을 이기시는 하나님, 3:8-15
    4. 하나님을 신뢰하는 시편 기자, 3:16-19a
  C. 찬양 지휘자에 맞춰 부르는 노래, 3:19b

마빈 스위니 (Marvin Sweeney)

1 1 이것은 예언자 하박국이 묵시로 받은 말씀
이다.

하박국의 호소

2 살려 달라고 부르짖어도
듣지 않으시고,
"폭력이다!" 하고 외쳐도
구해 주지 않으시니,
주님, 언제까지 그러실 겁니까?
3 어찌하여
나로 불의를 보게 하십니까?
어찌하여
악을 그대로 보기만 하십니까?
약탈과 폭력이 제 앞에서 벌어지고,
다툼과 시비가
그칠 사이가 없습니다.
4 율법이 해이하고,
공의가 아주 시행되지 못합니다.
악인이 의인을 협박하니,
공의가 왜곡되고 말았습니다.

주님의 대답

5 "너희는 민족들을 눈여겨 보아라.
놀라고 질겁할 일이 벌어질 것이다.
너희가 살아 있는 동안에,
내가 그 일을 벌이겠다.
너희가 듣고도,
도저히 믿지 못할 일을 벌이겠다.
6 이제 내가
ㄱ)바빌로니아 사람을 일으키겠다.
그들은 사납고 성급한 민족이어서,
천하를 주름 잡고 돌아다니며,
남들이 사는 곳을
제 것처럼 차지할 것이다.

7 그들은 두렵고 무서운 백성이다.
자기들이 하는 것만이
정의라고 생각하고,
자기들의 권위만을
내세우는 자들이다.
8 그들이 부리는 말은
표범보다 날쌔고,
해거름에 나타나는
굶주린 늑대보다도 사납다.
그들의 기병은 쏜살같이 달린다.
먼 곳에서 그렇게 달려온다.
먹이를 덮치는 독수리처럼
날쌔게 날아온다.
9 그들은 폭력을 휘두르러 오는데,
폭력을 앞세우고 와서,
포로를
모래알처럼
많이 사로잡아 갈 것이다.
10 그들은 왕들을 업신여기고,
통치자들을 비웃을 것이다.
견고한 성도 모두 우습게 여기고,
흙언덕을 쌓아서
그 성들을 점령할 것이다.

ㄱ) 또는 '갈대아'

1:1—2:20 이 책의 첫 번째 중심 부분이 1:1의 표제에서 소개되고 있다. 이 표제는 하박국서에서 전개될 내용이 *묵시로 받은 말씀* (*마싸*), 즉, 신탁임을 알리고 있다. 신탁은 인간의 사건들 속에서 하나님의 역사하심을 분명히 밝혀내는 특별한 형태의 선포이다 (사 13—23장; 슥 9—11, 12—14장을 보라). 1—2장은 신정론 (神正論, theodicy), 악의 존재라는 견지에서 하나님의 선하심을 다루고 있는 예언자와 하나님 사이의 대화를 제시하고 있다. 이 대화는 하나님께서 유다 왕국에 야기된 악에 대해서 부분적으로 책임이 있다고 본다. 본문은 하나님의 목적이 성취되면 하나님께서 오만한 바빌론을 심판하시기를 고대한다.

1:1 서문의 표제는 전형적으로 예언자의 책, 또는 다른 형태의 성서문학의 첫머리에 나타나서 저자와 작품의 주제, 장르, 역사적 배경 등을 밝힌다 (예를 들어, 잠 1:1; 30:1; 31:1; 아 1:1; 사 1:1; 2:1; 암 1:1; 나 1:1). "보다" 라는 단어(히브리어, *하자*)는 묵시(환상)의 시각과 청각의 두 측면을 모두 언급하는 단어이다.

1:2-4 하박국이 하나님께 드리는 첫 번째 호소에서는 알려지지 않는 "악한" 상대방이 일으킨 도덕과 사회질서의 파괴를 전형적 언어로 하소연한다 (욥 19:1-7; 시 18:6, 41을 보라). 하나님께 부여된 질문은 신정론을 더욱 강조한다. 많은 사람들이 율법의 약화나 "정의"의 실패를 "악인"이 유대인으로 언급되고 있다는 점을 들어 유대 사람의 탓으로 보기도 하지만, 이어지는 단락에서 분명히 악인은 바빌론 사람임을 밝힌다.

1:5-11 하나님은 하박국에게 민족들 사이에서 하나님의 역사하신 일, 즉 바빌론을 일으켜서 유다로 이끄신 일을 분별해내라고 말씀하신다. 그러나 하나님은 바빌론의 잘못은 폭력을 일삼고 그들의 적들을 오만

11 그러나
제 힘이 곧 하나님이라고 여기는
이 죄인들도 마침내
바람처럼 사라져서 없어질 것이다."

하박국이 다시 호소하다

12 주님,
주님께서는
옛날부터 계시지 않으셨습니까?
나의 하나님, 나의 거룩하신 주님,
ㄱ)우리는 죽지 않을 것입니다.
주님, 주님께서는
우리를 심판하시려고
ㄴ)그를 일으키셨습니다.
반석이신 주님께서는
우리를 벌하시려고
그를 채찍으로 삼으셨습니다.
13 주님께서는 눈이 맑으시므로,
악을 보시고 참지 못하시며,
패역을 보고
그냥 계시지 못하시는 분입니다.
그런데 어찌하여
배신자들을 보고만 계십니까?
악한 민족이 착한 백성을 삼키어도,
조용히만 계십니까?
14 주님께서 백성들을
바다의 고기처럼 만드시고
다스리는 자가 없는
바다 피조물처럼 만드시니,
15 ㄷ)악한 대적이
낚시로 백성을 모두 낚아 올리며,
그물로 백성을 사로잡아 올리며,
쟁이로 끌어 모으고는,
좋아서 날뜁니다.
16 그러므로 ㄷ)그는
그 그물 덕분에 넉넉하게 살게 되고
기름진 것을 먹게 되었다고 하면서,
그물에다가 고사를 지내고,
쟁이에다가 향을 살라 바칩니다.
17 그가 그물을 떨고 나서,
곧 이어 무자비하게
뭇 백성을 죽이는데,
그가 이렇게 해도 되는 것입니까?

주님의 응답

2 1 내가 초소 위에 올라가서
서겠다.
망대 위에 올라가서
나의 자리를 지키겠다.
주님께서 나에게
무엇이라고 말씀하실지
기다려 보겠다.
내가 호소한 것에 대하여 ㄹ)주님께서
어떻게 대답하실지를
기다려 보겠다.

2 주님께서 나에게 대답하셨다.
"너는 이 묵시를 기록하여라.
판에 똑똑히 새겨서,

ㄱ) 고대 히브리 전통에서는 '주님은 영원히 살아계시는 분이십니다'
ㄴ) 바빌로니아 ㄷ) 바빌로니아 사람 ㄹ) 시리아어역을 따름. 히, '내가'

하게 업신여겼기 때문이라고 말씀하신다. 결국, 그들은 자신을 섬기는 죄를 초래한 것이다.

1:12-17 하박국서의 두 번째 하소연은 하나님의 응답이 만족스럽지 않다는 것이다. 하나님을 창조자와 정의로운 재판관으로 묘사하는 전통을 인용하면서 (예를 들어, 욥 38—41장; 시 74편; 82편; 104편), 예언자는 하나님께서 어떻게 악에 직면하여 침묵하고 계시는지 질문을 직접 던짐으로써 하나님께 도전한다. 하박국은 백성들을 물고기처럼 만들어서 (바빌론의) 어부에게 잡히게 한 책임을 하나님께로 돌림으로써 하나님께 도전하는 것을 멈추지 않는다. 일부 독자들은 하박국의 도전에 대해서 의아하게 생각할지도 모르지만, 성경의 전통은 하나님께서 인간 스스로가 주 하나님께 정의를 요구하기를 바라고 계심을 예증하고 있다 (예를 들어, 창 18장의 아브라함; 출 33장과 민 18장의 모세; 욥기를 참조하라).

2:1-20 하박국서는 성전의 성소를 보호하고 지키는 제사장 계열의 문지기와 유사하게, 하나님의 응답을 기다리며 지켜 서 있다 (대상 9:10-34; 겔 3:16-21; 33:1-9를 참조하라).

2:2-4 하나님은 환상을 적어서 (사 8:1-4; 29:11-12를 보라) 그것이 성취될 때까지 기다리라고 지침을 내림으로 응답하신다. 중심 메시지는 4절에 나타나는데, "교만한" 자의 삶은 곧지 않고 굽어 있으며, 따라서 위태롭다는 것이다. 의인은 하나님의 신실하심을 믿음으로써 살 수 있다. 그러므로 하나님은 하박국에게 바빌로니아가 멸망할 때까지 기다리라고 말씀하신다.

ㄱ)누구든지
달려가면서도 읽을 수 있게 하여라.
3 이 묵시는,
정한 때가 되어야 이루어진다.
끝이 곧 온다는 것을 말하고 있다.
이것은 공연한 말이 아니니,
비록 더디더라도 그 때를 기다려라.
반드시 오고야 만다.
늦어지지 않을 것이다.

4 마음이 한껏 부푼
교만한 자를 보아라.
그는 정직하지 못하다.
그러나 의인은 믿음으로 산다.

5 ㄴ)부유한 재산은 사람을 속일 뿐이다.
탐욕스러운 사람은 거만하고,
탐욕을 채우느라고 쉴 날이 없다.
그러나 탐욕은 ㄷ)무덤과도 같아서,
그들이 스올처럼
목구멍을 넓게 벌려도,
죽음처럼 성이 차지 않을 것이다.
그들이 모든 나라를 정복하고
모든 민족을 사로잡지만,

6 정복당한 자 모두가
빈정대는 노래를 지어서
정복자를 비웃으며,
비웃는 시를 지어서
정복자를 욕하지 않겠느냐?
그들이 너를 보고
'남의 것을 긁어 모아
네 것을 삼은 자야,
너는 망한다!' 할 것이다.
빼앗은 것으로 부자가 된 자야,
네가 언제까지 그럴 것이냐?
7 빚쟁이들이
갑자기 들이닥치지 않겠느냐?
그들이 잠에서 깨어서,
너를 괴롭히지 않겠느냐?
네가 그들에게 털리지 않겠느냐?
8 네가 수많은 민족을 털었으니,
살아 남은 모든 민족에게
이제는 네가 털릴 차례다.
네가 사람들을 피 흘려 죽게 하고,
땅과 성읍과 그 안에 사는 주민에게
폭력을 휘두른 탓이다.

9 그들이 너를 보고
'네 집을 부유하게 하려고
부당한 이득을 탐내는 자야,
높은 곳에 둥지를 틀고
재앙에서 벗어나려 하지만,
너는 망한다!' 할 것이다.
10 네가 뭇 민족을 꾀어서
망하게 한 것이
너의 집안에 화를 불러들인 것이고,
너 스스로 죄를 지은 것이다.
11 담에서 돌들이 부르짖으면,
집에서 들보가 대답할 것이다.

12 그들이 너를 보고
'피로 마을을 세우며,
불의로 성읍을 건축하는 자야,
너는 망한다!' 할 것이다.
13 네가 백성들을 잡아다가 부렸지만,
그들이 애써 한 일이
다 헛수고가 되고,
그들이 세운 것이
다 불타 없어질 것이니,
이것이 바로
나 만군의 주가 하는
일이 아니겠느냐?
14 바다에 물이 가득하듯이,
주의 영광을 아는 지식이
땅 위에 가득할 것이다.

ㄱ) 또는 '전령이 그것을 가지고 달려가게 하여라' ㄴ) 히브리어 사본 가운데 일부는 '포도주' ㄷ) 히, '스올'

특별 주석

이 부분은 바울의 칭의 교리를 뒷받침해주는 중요한 성경본문이 되었다 (롬 1:17; 갈 3:11; 그리고 비바울계 신약성경인 히 10:38-39를 보라. 또한 창 15:6을 보라). 사도 바울은 율법의 행함 없이 하나님께서는 은혜만으로 죄인을 의롭게 하신다고 주장하였다 (예를 들어, 그들을 의롭다고 선포하심). 로마서와 갈라디아서의 주석을 보라. 야고보서(2:14-26)는 상반되는 관점을 제시한다.

2:5-20 이 구절들은 4절에 진술된 기본 원리를 자세히 설명하고 있다. 신탁은 은유적으로 악인을, 탐욕스럽게 많은 나라들을 삼켜버리는 술주정꾼으로

15 그들이 너를 보고
'홧김에 이웃에게 술을 퍼 먹이고
술에 취하여 곯아떨어지게 하고는,
그 알몸을 헤쳐 보는 자야,
너는 망한다!' 할 것이다.
16 영광은 커녕,
실컷 능욕이나 당할 것이다.
이제는 네가 마시고 곯아떨어져
네 알몸을 드러낼 것이다.
주의 오른손에 들린 심판의 잔이
네게 이를 것이다.
더러운 욕이 네 영광을 가릴 것이다.
17 네가 레바논에서 저지른 폭력이
이제, 네게로 되돌아갈 것이다.
네가 짐승을 잔인하게 죽였으나,
이제는 그 살육이 너를 덮칠 것이다.
사람들을 학살하면서,
땅과 성읍과
거기에 사는 주민에게
폭력을 휘둘렀기 때문이다.

18 우상을 무엇에다 쓸 수 있겠느냐?
사람이 새겨서 만든 것이 아니냐?
거짓이나 가르치는,
부어 만든 우상에게서
무엇을 얻을 수 있겠느냐?
그것을 만든 자가
자신이 만든 것을
의지한다고 하지만,
그것은 말도 못하는 우상이 아니냐?
19 나무더러 '깨어나라!' 하며,
말 못하는 돌더러
'일어나라!' 하는 자야,
너는 망한다!
그것이 너를 가르치느냐?
기껏 금과 은으로 입힌 것일 뿐,
그 안에 생기라고는
전혀 없는 것이 아니냐?

20 나 주가 거룩한 성전에 있다.
온 땅은 내 앞에서 잠잠하여라."

하박국의 기도

3 1 이것은 시기오놋에 맞춘 예언자 하박국의
기도이다.

2 주님,
내가 주님의 명성을 듣습니다.
주님,
주님께서 하신 일을 보고 놀랍니다.
주님의 일을
우리 시대에도
새롭게 하여 주십시오.
우리 시대에도 알려 주십시오.
진노하시더라도,
잊지 마시고
자비를 베풀어 주십시오.

3 하나님이 데만에서 오신다.
거룩하신 분께서

묘사한다. 과음하는 술 취한 사람들처럼, 교만한 자도 결국 넘어질 것이다. 6-19절의 화 (禍) 신탁은 몰락한 압제자를 조롱하는 시를 담고 있다. 다섯 가지의 "화"(禍)는 압제자가 심판받게 될 (사 5:8-30을 참조하라) 범죄들이다. 약탈, 뇌물 요구, 피흘림, 많은 민족들의 삶을 무너뜨림, 우상숭배가 포함된다. 마지막 "화"(禍)는 바빌론이 심판 받아야 할 근본적 이유를 설명하고 있다. 하나님을 인정하지 않았다는 것이다 (1:11, 16; 2:4, 13b를 참조하라). 여기에는 하나님 앞에서 잠잠하라는 명령이 나타나는데, 성전에서 성물이 바쳐질 때 침묵하는 관행을 반영해 주고 있다 (레 1—7장; 시 46:10; 습 1:7; 슥 2:13을 참조하라).

3:1-19 서문에서는 이 부분이 이 책의 두 번째 중심 단락이며, "예언자 하박국의 기도"임을 밝히고 있다 (시 17:1; 86:1; 90:1; 102:1; 142:1을 보라). 이 기도는 하나님께 적들로부터의 구원을 청원하는 예배 시편이다. 하나님께서 적들을 물리치시는 모습을 전형적인 표현들을 빌려 그려내는데, 하나님께서 나아가실 때, 자연의 대변동과 같은 현상이 일어나고 적들은 정복당한다는 것이다. 셀라라는 용어(1, 3, 9, 13, 19절)는 음악의 후렴구를 의미한다.

3:1 "시기오놋"은 "비탄"을 의미하는 아카디아어와 관련이 있다. 이 단어는 탄원시로 소개되는 시 7:1에도 나타난다.

3:2 도입부는 하나님께서 세상에서 일하심을 나타내 달라는 시편 기자의 청원을 담고 있다 (1:5를 참조하라). 이 부분은 환상으로 보인 바빌론의 몰락을 이루어 달라는 예언자의 요청이다.

3:3-7 하나님의 다가오심은 하나님의 신적 능력을 상징하는 태양과 지진과 같은 전형적인 이미지로 그려

바란 산에서 오신다. (셀라)
하늘은 그의 영광으로 뒤덮이고,
땅에는 찬양 소리가 가득하다.
4 그에게서 나오는 빛은,
밝기가 햇빛 같다.
두 줄기 불빛이
그의 손에서 뻗어 나온다.
그 불빛 속에 그의 힘이 숨어 있다.
5 질병을 앞장 세우시고,
전염병을 뒤따라오게 하신다.
6 그가 멈추시니 땅이 흔들리고,
그가 노려보시니 나라들이 떤다.
언제까지나 버틸 것 같은
산들이 무너지고,
영원히 서 있을 것 같은
언덕들이 주저앉는다.
그의 길만이 영원하다.
7 내가 보니,
구산의 장막이 환난을 당하고,
미디안 땅의 휘장이
난리를 만났구나.

8 주님,
강을 보고 분히 여기시는 것입니까?
강을 보고 노를 발하시는 것입니까?
바다를 보고 진노하시는 것입니까?
어찌하여 구원의 병거를 타고
말을 몰아오시는 것입니까?
9 주님께서
활을 꺼내시고, 살을 메우시며,
힘껏 잡아당기십니다. (셀라)
주님께서 강줄기로
땅을 조각조각 쪼개십니다.
10 산이 주님을 보고 비틀거립니다.
거센 물이 넘칩니다.
지하수가 소리를 지르며,
높이 치솟습니다.

11 주님께서 번쩍이는 화살을 당기고,
주님께서
날카로운 창을 내던지시니,
그 빛 때문에
해와 달이 하늘에서 멈추어 섭니다.
12 주님께서 크게 노하셔서
땅을 주름 잡으시며,
진노하시면서
나라들을 짓밟으십니다.
13 주님께서 주님의 백성을
구원하시려고 오십니다.
친히 기름 부으신 사람을
구원하시려고 오십니다.
악한 족속의 우두머리를 치십니다.
그를 따르는 자들을
뿌리째 뽑아 버리십니다. (셀라)
14 그들이 우리를 흩으려고
폭풍처럼 밀려올 때에,

진다 (왕상 19장을 보라). 데만(에돔)과 바란에서 오시는 하나님은 시내 산에서 나타났던 하나님(신 33:2; 삿 5:4-5)의 이름을 상기시켜 주며, 매일 아침 동쪽에서 해가 뜰 때 드려진 매일의 의례를 떠오르게 한다. 이러한 의례는 매일 아침 성전에서 일어나는 새로운 창조를 상징한다. 이러한 이미지들은 또한 광야에서 미디안의 심판을 떠올리게 한다 (민 25장; 31장).

3:8-15 하나님께서 적들을 물리치고 승리하심을 묘사하는 장면은 창조와 이스라엘의 적들에 대한 승리를 이야기하는 전통적 언어 및 이미지와 관련이 있다 (예를 들어, 출 15장; 삿 5장). 이러한 이미지들은 창조가 이루어진 바다와 다른 피조물들에 대한 묘사로 시작되는데, 우주에 가득한 혼돈은 세계에 질서가 부여되는 것처럼, 극복되어져야만 한다 (욥 38—39장; 시 74편; 104편). 이어서 묘사는 피조물을 둘러싸고 있는 산, 태양, 달로 옮겨진다. 기름 부은 왕을 구원하러 오시는 하나님에 대한 언급은 자연세계를 창조하신 하나님과 이스라엘 왕정의 성립과 상관관계가 있다 (시 2편; 89편).

3:6-19a 이 시편은 산등성이를 뛰어다니는 사슴의 이미지로 결론을 맺는다. 이러한 표현은 주 하나님께서 약속하신 구원을 이루실 것이라는 시편 기자의 신뢰를 나타낸다.

3:19b 음악지휘자의 지위에 따라서 현악기를 사용하여 노래를 부른다 (시 4:1; 6:1; 54:1; 55:1; 61:1; 67:1; 76:1; 사 38:20을 참조하라).

특별 주석

예언자는 하나님께서 세상에 오셔서 정의를 실현하고 이스라엘과 세계를 위하여 변호하실 것이라는 비전에 사로잡혀 있다. 이러한 비전으로 인해 하나님의 구원의 날을, 희망을 가지고 기다릴 준비가 되어 있는 것이다. 그러나 기다림의 성격은 매우 특별하다. 하나님의 변론이 지연될지라도 (2:1-4를 보라), 하나님에 대한 전적인 신뢰를 가지고 기다려야 한다는 것이다. 이러한 기다림은 이미 승리를 바라보면서 오늘을 사는 것이며, 반드시 실현될 미래에서 힘을 얻는 것이다.

숨어 있는 가엾은 사람을
잡아먹으려고
그들이 입을 벌릴 때에,
주님의 화살이
그 군대의 지휘관을 꿰뚫습니다.
15 주님께서는
말을 타고 바다를 밟으시고
큰 물결을 휘저으십니다.

16 그 소리를 듣고
나의 창자가 뒤틀린다.
그 소리에 나의 입술이 떨린다.
나의 뼈가
속에서부터 썩어 들어간다.
나의 다리가 후들거린다.
그러나 나는,
우리를 침략한 백성이
재난당할 날을
참고 기다리겠다.

17 무화과나무에 과일이 없고
포도나무에 열매가 없을지라도,
올리브 나무에서 딸 것이 없고
밭에서 거두어들일 것이
없을지라도,
우리에 양이 없고
외양간에 소가 없을지라도,
18 나는 주님 안에서 즐거워하련다.
나를 구원하신
하나님 안에서 기뻐하련다.
19 주 하나님은 나의 힘이시다.
나의 발을 사슴의 발과 같게 하셔서,
산등성이를 마구 치닫게 하신다.

이 노래는 음악 지휘자를 따라서, 수금에 맞추어 부른다.

스바냐서

이 책은 구시의 아들 스바냐에게 주어진 특별하게 내린 하나님 말씀으로 소개되고 있다 (습 1:1). 스바냐서는 글을 읽을 수 있는 사람들은 낭독하여 읽고, 글을 읽지 못하는 사람들에게는 낭독하여 읽어 줄 수 있도록 구성되었다. 서문은 본문의 시대 배경을 열왕기서와 역대기서에 근거하여 유다 왕국의 가장 위대하고 정의로웠던 요시야 왕 시대로 밝히고 있다. 따라서 스바냐서의 독자와 청중들은 이러한 배경을 염두에 두고 본문을 이해해야 할 것이다. 그러나 스바냐서가 묘사하고 있는 상황은 위대함이나 정의로움과는 거리가 멀다.

본서의 주석가들은 예언자의 것으로 추정되는 말과 후대의 편집자에 의해서 쓰인 부분을 구별하려고 하였다. 전자는 요시야 왕의 첫 해와 관련이 있고, 후자는 후기 군주시대와 관련되어 있다. 스바냐서가 몇 번의 편집을 거쳤다 할지라도, 예언자의 말씀을 재구성해내려는 모든 시도는 가설에 의한 추론일 뿐이다. 더욱이 이 책의 어떤 부분에도 그러한 구별점을 찾아낼 수 없다. 오히려, 저자는 그의 독자들이 본서의 모든 부분이 스바냐에게 주신 하나님의 말씀으로 이해하기를 원할 것이다.

성경의 모든 책들은 한 가지 이상의 독법(讀法)이 가능하도록 구성되어 있으며, 스바냐서도 예외는 아니다

스바냐서의 많은 주석가들은 "주님의 날"을 본서의 주요 동기로 보고 있다. 일부 학자들은 그 날과 관련된 심판의 측면에 초점을 맞추는가 하면, 다른 학자들은 미래의 구원의 날로 이끌어 주는 그 날에 초점을 맞추고 있다. 많은 해방 신학자들은 스바냐서를 가난한 자들에 대한 편애의 개념을 발전시키는 본문으로 보고 있으며, 권력을 가진 엘리트 집단(3:12-13을 보라)에 반대하고 있다고 본다. 일부 학자들 사이에서는 스바냐의 조상이 에티오피아 사람, 즉 아프리카 사람인가에 대해서 논란이 있다. 서문 (1:1) 이하의 본문의 개요는 다양하게 나눠볼 수 있을 것이다. 아래에 제시된 개요는 그 중의 하나이다 (성경본문에 따라 세밀하게 조사할 필요가 있는 주석은 이 개요를 따를 것이며, 명확성을 기하기 위하여 더 보충하여 상세하게 설명될 것이다. 세분화된 개요는 ABAB'C'의 대칭형태를 보여주고 있다).

Ⅰ. 유다에 대한 심판의 선포, 1:2—2:3
Ⅱ. 주변 민족들에 대한 심판의 선포, 2:4-15
Ⅲ. 유다에 대한 심판의 두 번째 선포, 3:1-5
Ⅳ. 주변 민족들에 대한 두 번째 심판의 선포, 3:6-8
Ⅴ. 구원의 선포, 3:9-20

성경의 다양한 이해를 제시하는 다른 형태의 개요 역시 가능하며 타당하다.

에후드 벤 즈비 (Ehud Ben Zvi)

1 1 아몬의 아들 유다 왕 요시야 때에, 주님께서
스바냐에게 하신 말씀이다. 그의 아버지는 구
시이고, 할아버지는 그달리야이고, 그 윗대는 아
마랴이고, 그 윗대는 히스기야이다.

심판의 날

2 "땅 위에 있는 모든 것을
내가 말끔히 쓸어 없애겠다.
나 주의 말이다.
3 사람도 짐승도 쓸어 없애고,
공중의 새도 바다의 고기도
쓸어 없애겠다.
남을 넘어뜨리는 자들과
악한 자들을 거꾸러뜨리며,
땅에서 사람의 씨를 말리겠다.
나 주의 말이다.

4 내가 손을 들어서,
유다와 예루살렘의
모든 주민을 치겠다.
이 곳에 남아 있는
바알 신상을 없애고,
이방 제사장을 부르는
ㄱ)그마림이란 이름도 뿌리 뽑겠다.
5 지붕에서 하늘의 뭇 별을
섬기는 자들,
주에게 맹세하고 주를 섬기면서도
ㄴ)밀곰을 두고 맹세하는 자들,

ㄱ) 이교의 제사장을 가리키는 말 ㄴ) 히, '말감'

1:1 표제는 책의 서론 역할을 하는데, 독자들에게 해석을 위한 중요한 단서를 제공해 준다. 책을 읽으려는 독자들에게 이 책이 어떤 종류의 책이며, 책의 권위를 알려주며, 책의 사상에 영향을 준 과거의 특정 시기를 알려준다. "주님의 말씀"이라는 표현은 문자 그대로 이해되지 않는다. 본문이 오직 하나님의 말씀만으로 구성되었다고 주장하는 것이 아니라, 하나님을 이야기하는 하나님의 책이라는 것이다. 또 다른 표현으로 "하나님 사건"이라고 할 수 있을 것이다.

네 세대에 걸친 특이한 긴 족보, 그리고 그 첫 대와 네 번째 대의 이름에 관해서는 많은 논란을 일으켜 왔다. 히스기야는 잘 알려진 유다 왕국의 왕을 말하는가? 구시는 에티오피아 사람인 구시 족을 의미하는가? 본문은 이러한 질문들에 대해 확실하게 대답을 하고 있지 않다. 이 곳의 구시는 한 개인을 호칭하는 이름이고 (시 7:1; 렘 36:14), 히스기야라는 이름을 가진 사람은 두 명이 있었다. 그러나 본문은 또 다른 문제에 대해서는 분명한 대답을 하고 있다. 스바냐의 조상 중 세 명은 그들의 이름 안에 하나님의 이름을 담고 있다는 것이다.

특별 주석

새번역개정, 개역개정, 공동번역, NRSV에서 땅으로 번역되는 단어는 "나라"로 변역될 수도 있을 것이다. 후자로 번역될 경우 재난은 전면적이지만, 특정 지역에 한정된 것이 될 것이다. 즉 이스라엘의 영토가 될 것이다. 본문은 두 개의 다른 의미로 해석될 수 있지만, 적어도 성경 안의 불일치가 아닌 상호 보충의 관계로 이해될 수 있을 것이다. 또한 3:10을 보라.

1:2-3 *악한 자들을 거꾸러뜨리며* (개역개정은 "악인들을 아울러 진멸할 것이라"). 히브리어 본문에는 나타나 있지 않는 문장이다. 본문의 가장 적절한 번역은 "악인을 넘어뜨리는 자들을 모두 쓸어버리며"이지만, "악인과 함께 남을 넘어뜨리는 자들을 모두 쓸어버리며"로 번역될 수 있을 것이다. 어떤 경우이든 본문은 스바냐가 선포한 심판의 이면에 존재하는 윤리 문제를 다루고 있다. 고대 아람어로 번역된 구약성경인 탈굼에 나타난 스바냐서의 주석에는 1:7, 18; 3:18에 모든 악한 자들이라는 구절을 첨가하여, 이 땅의 모든 사람을 멸망시키는 하나님 윤리의 딜레마를 직면하고 있다.

1:5 *밀곰.* 히브리어 본문은 "그들의 왕"이라는 표현을 쓰고 있다. 이 경우에 그들의 왕은 누구인가? 많은 학자들은 원래의 본문은 "몰렉"(Molech)으로 읽혀져야 한다고 생각한다 (레 18:21; 20:2-5; 왕하 23:10; 렘 32:35를 보라).

1:7-18 이 구절들은 *주님의 날*과 그 날에 심판받게 될 사람들에 대한 특성을 묘사하고 있다. 여기에 사용된 언어는 기억을 불러일으켜 주며, 강력하고, 동시에 한 가지 이상의 의미를 지니고 있다. *제물을 먹을 사람을 부르셔서* (7절) 성결케 한 것은 그들이 성물을 나누어 먹을 것이기 때문인가, 아니면 그들이 제물로 바쳐지기 때문인가? 히브리어 본문은 두 가지 의미를 모두 나타내어, 독자들로 하여금 두 가지 관점을 읽어내고 재해석하도록 요청한다. 비슷하게, "땅"으로 읽어내던, "나라"로 읽던 간에 이 구절들에서 두 가지 의미는 모두 모호하다.

스바냐서 1:12에 근거하여 등불을 들고 있는 스바냐의 이미지는 예술 작품에 많이 사용되었다. 그러나 본문에서 등불을 들고 예루살렘을 살피는 것은 하나님이다. 본문은 빛과 어둠이라는 흔한 은유를 사용하고 있지만 둘 다 관련이 있다. 하나님의 역사하심은 빛을 가져오고 어둠을 없애며, 어둠 아래에 그 어느 누구도 숨을 수 없다. 그러나 이러한 빛 가운데서는 죄가 드러나기 때문에, 죄인들은 주님의 날의 암흑을 경험하게 될 것이다 (15절). 그들은 하나님을 거스른 죄 때문에 시각 장애인처럼 빛을 보지 못하게 될 것이다 (17절).

6 주를 등지고 돌아선 자들,
주를 찾지도 않고
아무것도 여쭙지 않는 자들을
내가 없애 버리겠다."

7 주님께서
심판하시는 날이 다가왔으니,
주 하나님 앞에서 입을 다물어라.
주님께서는
제물을 잡아 놓으시고서,
제물 먹을 사람들을 부르셔서
성결하게 하셨다.

8 "나 주가 제물을 잡는 날이 온다.
내가 대신들과 왕자들과,
ㄱ)이방인의 옷을 입은 자들을
벌하겠다.
9 그 날이 오면,
ㄴ)문지방을 건너뛰는 자들을
벌하겠다.
폭력과 속임수를 써서,
ㄷ)주인의 집을 가득 채운 자들을
내가 벌하겠다.

10 그 날이 오면,
'물고기 문'에서는 곡성이,
'둘째 구역'에서는 울부짖는 소리가,
산 위의 마을에서는
무너지는 소리가 날 것이다.
나 주의 말이다.
11 막데스에 사는 너희는 슬피 울어라.
장사하는 백성은 다 망하고,
돈을 거래하는 자들은 끊어졌다.
12 그 때가 이르면,
내가 등불을 켜 들고
예루살렘을 뒤지겠다.
마음 속으로
'주는 복도 내리지 않고,
화도 내리지 않는다'고 말하는
술찌꺼기 같은 인간들을
찾아서 벌하겠다.
13 그들은
재산을 빼앗기고 집도 헐릴 것이다.
그들은 집을 지으나,
거기에서 살지 못할 것이며,
포도원을 가꾸나,
포도주를 마시지 못할 것이다."
14 주님께서 심판하실
그 무서운 날이 다가온다.
득달같이 다가온다.
들어라!
주님의 날에 부르짖는
저 비탄의 소리,
용사가 기운을 잃고 부르짖는
저 절규.
15 그 날은
주님께서 분노하시는 날이다.
환난과 고통을 겪는 날,
무너지고 부서지는 날,
캄캄하고 어두운 날,
먹구름과 어둠이 뒤덮이는 날이다.
16 나팔이 울리는 날,
전쟁의 함성이 터지는 날,
견고한 성읍이 무너지는 날,
높이 솟은 망대가 무너지는 날이다.

ㄱ) 이방 종교의 제사에서 입는 옷 ㄴ) 이방 종교의 풍속 (삼상 5:5)
ㄷ) 또는 '그 신들의 신전을 가득 채운'

오늘날의 독자들은 본문의 일부 묘사는 현대 사회에 특히 적합하다고 느낄 것이다. 예를 들어, (1) 자기만족으로 가득 차서 냉담한 사람들 (12절), (2) 하나님은 복도 내리지 않고, 악도 내리지 않기 때문에 심판은 없다고 믿는 사람들, (3) 물질적인 부가 자신을 심판으로부터 구원해 줄 것이라고 믿는 사람들을 찾아낼 수 있을 것이다.

2:1-3 이 구절에서 주님의 날은 여전히 불안하게 다가오고 있는 중이지만, 예언되고 있는 혼동과 멸망의 날 한가운데서 *이 땅의 모든 겸손한 사람*들 이라는 특별한 무리는 구원받게 될 가능성이 강조되고 있다. 그것은 그들이 하나님을 찾는다는 전제하에 가능하다. "이 땅의 모든 겸손한 사람들"이라는 표현은 사회 안의 낮은 사회, 경제 계급을 가리킬 것이다 (사회의 지배계층을 언급하는 1장에 관한 주석을 보라). 또한 주님 앞에서 스스로 겸비한 자들을 가리키기도 하고 (1:3도 보라), 둘 다를 가리킬 수도 있을 것이다.

2:4-15 이 구절들은 멀리 또는 가까이에 있는 몇몇 민족들의 심판에 대한 예언을 포함한다. 심판의 근거로는 하나님의 심판을 비웃으며, 하나님의 백성 앞에서 거만을 떨고 (10절), *'세상에는 나 밖에 없다'* (15절) 면서 으쓱거리며 세속적으로 살아간 것 등이다.

17 "내가 사람들을 괴롭힐 것이니,
그들은 눈먼 사람처럼
더듬거릴 것이다.
이것은
그들이 나 주에게 죄를 지은 탓이다.
그들의 피가 물처럼 흐르고,
시체가 오물처럼 널릴 것이다.

18 사람들이 가지고 있는 은과 금이
그들을 건질 수 없다."

주님께서 분노하시는 날,
주님의 불 같은 질투가
온 땅을 활활 태울 것이다.
땅에 사는 모든 사람을
눈 깜짝할 사이에 없애실 것이다.

회개의 탄원

2 1 함께 모여라.
함께 모여라.
창피한 줄도 모르는 백성아!
2 ㄱ)정해진 때가 이르기 전에
세월이 겨처럼 날아가기 전에,
주님의 격렬한 분노가
너희에게 이르기 전에,
주님께서 진노하시는 날이
너희에게 이르기 전에,
함께 모여라.
3 주님의 명령을 따르면서 살아가는
이 땅의 모든 겸손한 사람들아,
너희는 주님을 찾아라.
올바로 살도록 힘쓰고,
겸손하게 살도록 애써라.
주님께서 진노하시는 날에,
행여 화를 피할 수 있을지도 모른다.

이스라엘 주변 나라들이 받는 벌

4 가사는 버림을 받을 것이며,
아스글론은 폐허가 될 것이다.
아스돗은 대낮에 텅 빌 것이며,
에그론은 뿌리째 뽑힐 것이다.

5 바닷가에서 사는 자들아,
그렛 섬에서 사는 민족아,
너희에게 재앙이 닥칠 것이다.
블레셋 땅 가나안아,
주님께서 너희에게
판결을 내리신다.

"내가 너희를 없애 버려서
아무도 살아 남지 못하게 하겠다."
6 바닷가의 땅은 풀밭이 되고,
거기에 목동의 움막과
양 떼의 우리가 생길 것이다.
7 바닷가 일대는,
살아 남은
유다 가문의 몫이 될 것이다.
거기에서
양 떼를 먹이다가 해가 지면,
아스글론에 있는
집으로 가서 누울 것이다.
주 그들의 하나님이
그들을 돌보셔서
ㄴ)사로잡혀 있는 곳에서
돌아가게 하실 것이다.

8 "모압이 욕을 퍼붓는 것과,
암몬 자손이 악담을 퍼붓는 것을,
내가 들었다.
그들이 나의 백성에게 욕을 퍼붓고,
국경을 침범하였다.

ㄱ) 히, '명령이 내리기 전에' ㄴ) 또는 '그들의 운명을 회복시켜 주실 것이다'

3:1-13 이 단락은 예루살렘에 대한 심판에서 다른 민족들에 대한 심판(1-8절)들에 대한 묘사로 넘어간다. 하나님의 성소와 이스라엘의 살아남은 자들(9-13절)이 중심이 되는 아름다운 미래에 대한 묘사이다. 예루살렘의 지도계층은—한 번도 언급되지 않은 왕을 제외하고—엄청난 비난을 받는 반면에, 살아남은 자들은 겸손하고 낮은 계층의 사람(혹은 가난하고 비천한, 혹은 압제받는 가난한 사람)이 될 것이다. 그들은 하나님에게서 피난처를 찾는 사람들이다. 이 구절들은 입술이 깨끗하고 정직함을 강조하고 있으며 (9, 13절), 그 반대로, 거만을 떠는 성격은 부정적으로 묘사된다 (11절). 이 본문은 심판과 구원을 베푸시는 하나님을 공공연히 (5절), 그리고 암시적으로 찬양하고 있다.

특별 주석

"에티오피아 강 저 너머에서 나를 섬기는 사람들, 내가 흩어 보낸 사람들이, 나에게 예물을 가지고 올 것이다" 는 히브리 본문에 대한 적절한

9 그러므로
나는 나의 삶을 두고 맹세한다.
이스라엘의 하나님,
만군의 주가 선언한다.
이제 곧 모압은 소돔처럼 되고,
암몬 자손은 고모라처럼 될 것이다.
거친 풀이 우거지고,
둘레가 온통 소금 구덩이가 되고,
영원히 황무지가 될 것이다.
살아 남은 나의 백성이 그들을 털며,
살아 남은 나의 겨레가
그 땅을 유산으로 얻을 것이다."

10 이것은, 그들이 거만을 떤 것에 대한 보복
이다. 그들이 만군의 주님의 백성에게 욕을 퍼부은
탓이다. 11 주님께서 땅의 모든 신을 파멸하실
때에, 사람들은, 주님이 무서운 분이심을 알게 될
것이다. 이방의 모든 섬 사람이 저마다 제 고장에서
주님을 섬길 것이다.

12 "ㄱ)에티오피아 사람아,
너희도 나의 칼에 맞아서
죽을 것이다."

13 주님께서 북녘으로 손을 뻗으시어
앗시리아를 멸하며,
니느웨를 황무지로 만드실 것이니,
사막처럼 메마른 곳이 될 것이다.
14 골짜기에 사는 온갖 들짐승이
그 가운데 떼를 지어 누울 것이며,
갈가마귀도 올빼미도
기둥 꼭대기에 깃들 것이며,
창문 턱에 앉아서 지저귈 것이다.
문간으로 이르는 길에는
돌조각이 너저분하고,
송백나무 들보는 삭아 버릴 것이다.

15 본래는 한껏 으스대던 성,
안전하게 살 수 있다던 성,
'세상에는 나밖에 없다' 하면서,
속으로 뽐내던 성이다.
그러나 어찌하여
이처럼 황폐하게 되었느냐?
들짐승이나 깃드는 곳이 되었느냐?
지나가는 사람마다
비웃으며 손가락질을 할 것이다.

예루살렘의 죄와 구원

3 1 망하고야 말 도성아,
반역하는 도성,
더러운 도성,
억압이나 일삼는 도성아,
2 주님께 순종하지도 않고,
주님의 충고도 듣지 않고,
주님을 의지하지도 않고,
하나님께 가까이 가지도 않는구나.
3 그 안에 있는 대신들은
으르렁거리는 사자들이다.
재판관들은
이튿날 아침까지
남기지 않고 먹어 치우는
저녁 이리 떼다.
4 예언자들은 거만하며
믿을 수 없는 자들이고,
제사장들은 성소나 더럽히며
율법을 범하는 자들이다.
5 그러나
그 안에 계신 주님께서는
공평하시어,
부당한 일을 하지 않으신다.
아침마다 바른 판결을 내려 주신다.

ㄱ) 나일 강 상류지역 백성

번역이다. 이 본문은 한 가지 이상의 의미를 가지고 있다 (1:2-3을 보라). 또는 "내게 구하는 백성들 곧 내가 흩은 자의 딸이 구스 강 건너편에서부터 예물을 가지고 와서 내게 바칠지라" (개역개정), 그리고 은유적으로는, "내게 구하는 자들, 내가 흩은 자들은 [특정의 이방 민족들은] 나에게 예물을 가지고 올 것이다"로 번역할 수 있을 것이다 (사 66:20을 보라).

3:14-20 이 책은 예루살렘의 기쁨의 노래로 끝을 맺고 있다. 본문은 하나님이 성읍 한복판에 계시는 분(3:5를 보라)이심을 암시하면서 하나님을 찬양하고 있지만, 하나님의 현존은 이제 구원을 가져오게 된다. 주 하나님은 이스라엘을 다스리는 왕임을 모든 사람 이 인정한다 (시 44:6을 보라). **3:18** 히브리어 본문은 이해하기가 매우 어렵기 때문에 성경마다 다양하게 번역된다. 개역개정은 "내가 절기로 말미암아 근심하는 자들을 모으리니 그들은 네게 속한 자라 그들에

아침마다 어김없이
공의를 나타내신다.
그래도 악한 자는
부끄러운 줄을 모르는구나!

6 "내가 뭇 나라를 칼로 베었다.
성 모퉁이의 망대들을 부수고,
길거리를 지나다니는 자를 없애어,
거리를 텅 비게 하였다.
성읍들을 황폐하게 하여서
사람도 없게 하고,
거기에 살 자도 없게 하였다.
7 내가 너에게 일렀다.
너만은 나를 두려워하고,
내가 가르치는 대로 하라고 하였다.
그러면
내가 벌하기로 작정하였다가도
네가 살 곳을
없애지는 않겠다고 하였는데도
너는 새벽같이 일어나서
못된 일만 골라 가면서 하였다.
8 그러므로 나를 기다려라.
나 주의 말이다.
ㄱ)내가 증인으로 나설 날까지
기다려라.
내가 민족들을 불러모으고,
나라들을 모아서,
불같이 타오르는 나의 이 분노를
그들에게 쏟아 놓기로 결정하였다.
온 땅이
내 질투의 불에 타 없어질 것이다.

9 그 때에는 내가
뭇 백성의 입술을 깨끗하게 하여,
그들이 다 나 주의 이름을 부르며
어깨를 나란히 하고
나를 섬기게 할 것이다.
10 에티오피아 강 저너머에서
나를 섬기는 사람들,
내가 흩어 보낸 사람들이,
나에게 예물을 가지고 올 것이다.

11 그 날이 오면,
너는 나를 거역한 온갖 잘못을
부끄러워하지 않아도 될 것이다.
그 때에 내가
거만을 떨며 자랑을 일삼던 자를
이 도성에서 없애 버리겠다.
네가 다시는 나의 거룩한 산에서
거만을 떨지 않을 것이다.
12 그러나 내가 이 도성 안에
주의 이름을 의지하는
온순하고 겸손한 사람들을
남길 것이다.
13 이스라엘에 살아 남은 자는
나쁜 일을 하지 않고,
거짓말도 하지 않고,
간사한 혀로
입을 놀리지도 않을 것이다.
그들이 잘 먹고 편히 쉴 것이니,
아무도
그들을 위협하지 못할 것이다."

기뻐서 부르는 노래

14 도성 시온아, 노래하여라.
이스라엘아, 즐거이 외쳐라.
도성 예루살렘아,
마음껏 기뻐하며 즐거워하여라.

ㄱ) 칠십인역과 시리아어역을 따름. 히, '내가 일어나서 약탈할 때까지'

게 지워진 짐이 치욕이 되었느니라;" 공동번역은 "나는 너에게 내리던 재앙을 거두어 들여 다시는 수모를 받지 않게 하리라." NRSV와 새번역개정의 번역은 비슷하다. 사실상 다르게 번역되고 있지만, 모든 번역은 예루살렘의 구원을 시사하고 있다.

3:19-20 예언서는 희망에 대해서 분명하게 언급하면서 끝을 맺는다. 이 구절들은 포로된 자를 모으고 회복시키시는 미래에 뒤바뀌게 될 운명을 강조한다.

15 주님께서 징벌을 그치셨다.
너의 원수를 쫓아내셨다.
이스라엘의 왕 주님께서
너와 함께 계시니,
네가 다시는
화를 당할까
두려워하지 않을 것이다.

16 그 날이 오면,
사람들이 예루살렘에게 말할 것이다.
"시온아, 두려워하지 말아라.
힘없이
팔을 늘어뜨리고 있지 말아라.
17 주 너의 하나님이
너와 함께 계신다.
구원을 베푸실
전능하신 하나님이시다.
너를 보고서 기뻐하고 반기시고,
너를 사랑으로 ㄱ)새롭게 해주시고
너를 보고서
노래하며 기뻐하실 것이다.

18 축제 때에 즐거워하듯 하실 것이다."
"내가 너에게서
두려움과 슬픔을 없애고,
네가
다시는 모욕을 받지 않게 하겠다.

19 때가 되면,
너를 억누르는 자들을
내가 모두 벌하겠다.
없어진 이들을 찾아오고,
흩어진 이들을 불러모으겠다.
흩어져서 사는 그 모든 땅에서,
끄러움을 겪던 나의 백성이
칭송과 영예를 받게 하겠다.

20 그 때가 되면, 내가 너희를 모으겠다.
그 때에 내가 너희를
고향으로 인도하겠다.
사로잡혀 갔던 이들을
너희가 보는 앞에서 데려오고,
이 땅의 모든 민족 가운데서,
너희가 영예와 칭송을 받게 하겠다.
나 주가 말한다."

ㄱ) 칠십인역과 시리아어역을 따름. 히, '그는 잠잠할 것이다'

학개서

학개의 짧은 기간의 사역은 기원전 520년, 페르시아의 왕인 다리우스 1세의 두 번째 해에 이루어졌다. 이 시기는 바빌로니아에서 포로생활을 했던 일부 유대 사람들이 예루살렘으로 돌아간 때이기도 하다. 학개와 함께 예루살렘 성전을 재건축하도록 부름 받은 유대 사람으로는 예후드 (유대) 지방의 총독으로 지명된 스알디엘의 아들 스룹바벨과 여호사닥의 아들 여호수아 대제사장이 있다 (학 1:1). 당시 예루살렘의 상황은 성전을 건축하는 데 호의적이지 않았다. 가뭄, 빈곤한 경제상황, 사람들의 이기심 등으로 성전의 재건축은 지연되고 있었다 (1:6-11).

예언자들 사이에서 학개의 위치는 특별하다. 학개의 희망에 찬 언어 표현은 백성들의 행동을 변화시켜, 예언자의 말에 귀 기울이게 했을 뿐 아니라, 그 말에 순종하게 하였다. 예언자의 말을 경청하면서, 그들은 자신들의 운명이 변하여서 절망의 어두운 날들이 풍요로움과 축복으로 바뀔 것으로 믿었다. 이러한 관점에서 볼 때, 학개의 언어 표현은 신명기 어법에 의존한다. 마지막 예언(2:20-23)에서 학개는 유다 왕조인 다윗의 자손들이 회복되는 것이 하나님의 종말론적 성취라는 결론을 내린다. 학개의 미래에 대한 희망을 군주제의 회복에 두고 있지만, 임시적이긴 하지만 총독과 제사장이라는 양두 (兩頭) 체제를 받아들인 것이 현 체제에 대한 그의 행동방식임을 보여준다. 이러한 구도 아래 예언자 스스로는 보다 중요한 역할을 맡고 있다. 그의 제사장 통치에서 부정함을 논의하는 과정은 (2:10-14) 사실상 더 이상의 부정(不淨)을 초래하지 않는 방식으로 성전을 재건축하려는 급박한 요청으로 보인다.

학개서와 스가랴서 1—8장 작품은 세트로 되어있다. 그 시기는 기원전 520년 8월 29일에서 기원전 518년 12월 7일로 매우 짧다. 학개서의 언어들은 일이 시작되는 단계와 성전의 실제적 재건축에 주의를 집중한다. 스가랴서의 언어들은 예언자의 비전과 일어난 사건에 대한 반응을 그려내고 있다. 이 두 개의 합작품은 성전 재건축 봉헌 예식이 기원전 520년 12월 8일에 이루어지긴 했지만, 성전의 재봉헌을 염두에 두고 쓰였음이 분명하다. 이 봉헌 예식이 학개-스가랴 합작품의 중심 부분이 된다.

학개서의 내용은 다음과 같다. 성경본문에 따라 세밀하게 조사할 필요가 있는 주석은 이 개요를 따를 것이며, 명확성을 기하기 위하여 더 보충하여 상세하게 설명될 것이다.

Ⅰ. 성전의 회복, 1:1-15
- A. 성전 건축으로 예언자의 부름, 1:1-11
- B. 지도자들과 백성들의 응답, 1:12-15

Ⅱ. 성전 건축의 격려, 2:1-23
- A. 하나님께서 함께 하신다는 확신, 2:1-9
- B. 제사장 통치, 예언자의 해석, 2:10-19
- C. 미래에 대한 희망, 2:20-23

에릭 마이어스 (Eric Meyers)

성전을 건축하라는 주님의 말씀

1 1 다리우스 왕 이년 여섯째 달, 그 달 초하루
에, 학개 예언자가 주님의 말씀을 받아서, 스
알디엘의 아들 스룹바벨 유다 총독과 여호사닥의
아들 여호수아 대제사장에게 전하였다. 2 만군의
주님께서 이렇게 말씀하신다. "이 백성이 말하기를
'때가 되지 않았다. 주님의 성전을 지을 때가 되지
않았다'고 한다."

3 학개 예언자가
주님의 말씀을 받아 전한다.
4 "성전이 이렇게 무너져 있는데,
지금이 너희만
잘 꾸민 집에 살고 있을 때란 말이냐?
5 나 만군의 주가 말한다.
너희는 살아온 지난날을
곰곰이 돌이켜 보아라.
6 너희는 씨앗을 많이 뿌려도
얼마 거두지 못했으며,
먹어도 배부르지 못하며,
마셔도 만족하지 못하며,
입어도 따뜻하지 못하며,
품꾼이 품삯을 받아도,
구멍 난 주머니에
돈을 넣음이 되었다.

7 나 만군의 주가 말한다.
너희는 각자의 소행을 살펴 보아라.
8 너희는
산에 올라가서 나무를 베어다가
성전을 지어라.
그러면 내가
그 성전을 기껍게 여기고,
거기에서 내 영광을 드러내겠다.
나 주가 말한다.
9 너희가 많이 거두기를 바랐으나
얼마 거두지 못했고,
너희가 집으로 거두어 들였으나
내가 그것을 흩어 버렸다.
그 까닭이 무엇이냐?
나 만군의 주의 말이다.
나의 집은 이렇게 무너져 있는데,
너희는 저마다 제집 일에만
바쁘기 때문이다.
10 그러므로 너희 때문에
하늘은 이슬을 그치고,
땅은 소출을 그쳤다.
11 내가 땅 위에 가뭄을 들게 하였다.
산 위에도,
곡물과 새 포도주와 기름 위에도,
밭에서 나는 모든 것 위에도,
사람과 짐승 위에도,
너희가 애써서 기르는
온갖 것 위에도
가뭄이 들게 하였다."

1:1-15 학개서는 석 달 반이라는 짧은 기간을 다루고 있지만, 1-15절의 연대별 표제와 2장의 네 개의 통보문(1, 10, 18, 20절)을 통해서 많은 역사적 사건들을 찾아 볼 수 있다. 5절에서 시작하여 10절로 끝나는 성전 재건축에 대한 부름은 예언자의 말이 제3자가 쓴 작품에서 어떻게 재구성되는지 보여주고 있다. 예언자의 부름이 총독, 제사장, 그리고 백성들에게 직접 전해진다는 것도 주목할 만하다 (12절). 이중적 지도체제는 왕이 부재하는 후기 포로기 상황에서 체제가 얼마나 급격히 변했는지를 보여준다.

학개의 부름에 대한 반응은 즉각적이면서 이의가 없다. 1장의 두 번째 부분에서 (12-15절), 학개마저도 3인칭으로 표현되는 것으로 보아 편집자의 작품으로 여겨진다. 하나님의 이름인 야웨(3절 반 동안 여덟 번 언급)를 반복해서 언급함으로써, 편집자는 사람의 변화를 불러일으키는 원천이 되는 하나님의 주권을 강조하고 있다.

1:1 *스알디엘의 아들 스룹바벨.* 스룹바벨이라는 이름은 초기 아키메니드 시대의 비문에서 발견된다. 스룹바벨은 "바빌론의 자손" 이라는 뜻이며, 그 이름은 학개에서 여덟 번 언급된다. 스룹바벨은 포로로 잡혀간 여호야긴 왕의 직계로서 다윗의 자손이며, 후기 포로기에 총독직을 맡은 마지막 남자 후손이 되었다. 그의 딸 슬로밋(Selomith)은 기원전 5세기에 권력을 가졌던 것으로 보인다 (대상 3:19). 학개의 마지막 예언은 스룹바벨에게 직접 전달된다 (2:20-23). 그 예언에서 많은 사람들은 스룹바벨을 자신들의 지도자가 되어 총독제도가 군주제로 회복되어 이어지기를 기대하였다.

여호사닥의 아들 여호수아. 이 사람은 대제사장이며, 총독인 스룹바벨과 함께 유대 지방을 다스렸다. 그의 아버지인 여호사닥은 포로기 동안의 지침서가 되었던 모세오경과 전기예언서 편집과 관련되었을 것이다. 여호수아의 지도력이 확장되어 가는 것은 슥 3:1-10의 대제사장 수여 장면에서 다루어지고 있다.

1:6-11 학개에 의하면, 귀환한 유대 공동체에 닥쳐있는 고난은 그들의 불순종과 관련 있다는 것이다. 그 결과 하나님께서 이 땅에 주시는 모든 축복이 철회되었다는 것이다.

성전 건축을 격려하다

12 스알디엘의 아들 스룹바벨과 여호사닥의
아들 여호수아 대제사장과 남아 있는 모든 백성
이, 주 그들의 하나님이 하신 말씀과, 주 하나님
이 보내신 학개 예언자가 한 말을 따랐다. 백성은
주님을 두려워하였다. 13 주님의 특사 학개는,
주님께서 하신 말씀을 백성에게 전하였다.

"내가 너희와 함께 있겠다.
나 주의 말이다."

14 주님께서 스알디엘의 아들 스룹바벨 유다
총독의 마음과 여호사닥의 아들 여호수아 대제사
장의 마음과 남아 있는 모든 백성의 마음을 감동
시키셨다. 그래서 백성이 와서 그들의 하나님 만
군의 주님의 성전을 짓는 일을 하였다.
15 때는 다리우스 왕 이년 여섯째 달, 그 달
이십사일이다.

2 1 그 해 일곱째 달, 그 달 이십일일에, 학개
예언자가 주님의 말씀을 받아서 전하였다.
2 "너는 스알디엘의 아들 스룹바벨 유다 총독과
여호사닥의 아들 여호수아 대제사장과 남아 있는
백성에게 전하여라.

3 '너희 남은 사람들 가운데,
그 옛날 찬란하던 그 성전을
본 사람이 있느냐?
이제 이 성전이
너희에게 어떻게 보이느냐?
이것이,
너희 눈에는 하찮게 보일 것이다.
4 그러나 스룹바벨아,
이제 힘을 내어라.
나 주의 말이다.
여호사닥의 아들
여호수아 대제사장아,
힘을 내어라.
이 땅의 모든 백성아,
힘을 내어라.
나 주의 말이다.
내가 너희와 함께 있으니,
너희는 일을 계속하여라.
나 만군의 주의 말이다.

5 너희가 이집트에서 나올 때에,
내가 너희와 맺은 바로 그 언약이
아직도 변함이 없고,
나의 영이
너희 가운데 머물러 있으니,
너희는 두려워하지 말아라.
6 나 만군의 주가 말한다.
머지 않아서 내가 다시
하늘과 땅, 바다와 뭍을
뒤흔들어 놓겠다.
7 또 내가 모든 민족을
뒤흔들어 놓겠다.
그 때에, 모든 민족의 보화가
이리로 모일 것이다.
내가 이 성전을
보물로 가득 채우겠다.
나 만군의 주가 말한다.
8 은도 나의 것이요,
금도 나의 것이다.
나 만군의 주의 말이다.
9 그 옛날 찬란한 그 성전보다는,
지금 짓는 이 성전이
더욱 찬란하게 될 것이다.
나 만군의 주가 말한다.
내가 바로 이 곳에
평화가 깃들게 하겠다.
나 만군의 주의 말이다.'"

10 다리우스 왕 이년 아홉째 달 이십사일에,
주님께서 학개 예언자에게 말씀하셨다. 11 "나

1:12-15 백성들의 절망스런 고난은 성전 건축이 다시 시작되었을 때 바뀌게 된다.

2:1-9 2장은 학개가 처음으로 성전 건축을 호소했을 때, 사람들이 응답한 기원전 520년 10월 17일로부터 한 달 후의 장면이다 (1절). 학개는 공동체의 가장 나이 많은 사람에게 호소를 하는데, 그는 "그 옛날 찬란하던" (3절) 성전에 대해서 알고 있었을 것이다. 하나님의 십계명과 말씀, 즉 언약이 유효하다는 사실은 히브리어 본문 5절을 기억나게 해주며, 하나님께서 성전 안에 거하는 거룩한 영으로 돌아오신다는 사실은 회복된 성전의 풍요로움과 이제 그 안에 가득 차게 될 하나님의 영광으로 상징되고 있다 (6-9절).

2:10-19 예언자의 해석과 함께 이루어지는 제사장 통치는 학개의 예언들 중에서 가장 이해하기 어려운

만군의 주가 말한다. 너는 제사장들에게 율법의
가르침이 어떠한지 물어 보아라. 12 어떤 사람
이 거룩하게 바쳐진 고기를 자기 옷자락에다가 쌌
는데, 그 옷자락이 빵이나 국이나 포도주나 기름
이나 다른 어떤 음식에 닿았다고 하여 이러한 것
들이 거룩하여지느냐고 물어 보아라."

학개가 물어 보니, 제사장들이 그렇지 않다고
대답하였다. 13 학개가 또다시 시체에 닿아서
더러워진 사람이, 이 모든 것 가운데서 어느 것에
라도 닿으면, 그것이 더러워지는 지를 물어 보니,
제사장들이 그렇다고 대답하였다.

14 이에 학개가 외쳤다.

"이 백성은 정말 더러워졌다.
이 민족은 내 앞에서 정말 그렇다.
나 주의 말이다.
그들이
손으로 하는 모든 일이 그렇고,
그들이 제단에 바치는 것도
모두 더러워졌다.

15 그러므로 이제, ㄱ)너희는 오늘에 이르기까
지, 최근에 일어난 일들을 돌이켜 보아라. 주의 성
전을 아직 짓지 않았을 때에, 16 ㄴ)너희 형편이
어떠하였느냐? 스무 섬이 나는 밭에서는 겨우 열
섬밖에 못 거두었고, 쉰 동이가 나는 포도주 틀에
서는 겨우 스무 동이밖에 얻지 못하였다. 17 내가
너희를 깜부기병과 녹병으로 쳤다. 너희 손으로
가꾼 모든 농작물을 우박으로 쳤다. 그런데도 너희
가운데서 나에게로 돌아온 사람은 아무도 없다.
나 주의 말이다. 18 너희는 부디 오늘, 아홉째
달 이십사일로부터 주의 성전 기초를 놓던 날까지
지나온 날들을, 마음 속으로 곰곰이 돌이켜 보아라.
19 곳간에 씨앗이 아직도 남아 있느냐? 이제까
지는, 포도나무나 무화과나무나 석류나무나 올리브
나무에 열매가 맺지 않았으나, 오늘부터는, 내가
너희에게 복을 내리겠다."

20 그 달 이십사일에, 주님께서 다시 학개에
게 말씀하셨다.

21 "너는 스룹바벨 유다 총독에게
이렇게 전하여라.
'내가 하늘과 땅을 뒤흔들겠다.
22 왕국들의 왕좌를 뒤집어엎겠다.
각 민족이 세운 왕국들의 권세를
내가 깨뜨리겠다.
병거들과 거기에 탄 자들을
내가 뒤집어엎겠다.
말들과 말을 탄 자들은,
저희끼리
칼부림하다가 쓰러질 것이다.
23 나 만군의 주의 말이다.
스알디엘의 아들,
나의 종 스룹바벨아,
그 날이 오면,
내가 너를 높이 세우겠다.
나 주의 말이다.
너를 이미 뽑아 세웠으니,
내가 너를 내 옥새로 삼겠다.
나 만군의 주의 말이다.'"

ㄱ) 또는 '너희는 오늘부터 무슨 일이 생길지 잘 생각해 보아라'
ㄴ) 히, '그 때 이후로'

것들 중의 하나이다. 예언자의 메시지를 전달하는 도구로 이해하기 어려운 정함과 부정함의 문제를 사용한다. 학개가 처음으로 성전 건축을 격려한 지 두 달이 흘렀다 (2:1-9). 학개가 직접 제사장에게 질문을 던진 것으로 미루어 보아 일상생활에서 예언자뿐 아니라 제사장이 깊게 관여되어 있음을 알 수 있다. 부정함이 얼마나 쉽게 옮겨지는가를 보여줌으로써, 예언자는 정함은 그렇지 않다는 것을 간접적으로 보여준다. "그들이 손으로 하는 모든 일"(14절)은 부정하다고 결론내림으로써, 학개는 사람들이 자신의 집이나 농작물을 수확하기 위해서 성전을 재건축하는 일을 게을리 했음을 지적하고 있다. 그들의 이기적인 행동으로 나라와 그들 자신은 부정하게 되었다. 그러므로 제사장 통치는 성전 재건축을 지속시키기 위한 수사적 도구이다. 부정한 시체에 관한 상징(13절)은 전체 단락에 긴급한 상황이라는 느낌을 주게 된다.

2:20-23 이 마지막 예언은 페르시아를 도왔던 유다의 역할(22절)이 끝나게 됨을 암시하는 듯하다. 특히 "각 민족이 세운 왕국들"과 "병거들과 거기에 탄 자들"을 뒤엎는다는 상징적 의미에서 암시된다. 그러나 이것은 최고로 고양된 형태의 종말론이며, 먼 미래의 희망을 고대하게 만든다. 그럼에도 불구하고, 군주제가 회복될 가능성은 현실적으로 불가능한 다윗의 자손 스룹바벨이 "내 옥새" 라고 함으로써 군주제는 언젠가 회복될 것이라는 최종적 상징을 보여주고 있다. 학개가 자신의 미래에 대한 희망이나 비전을 구체화하기 위해서 살아있는 인물을 특이하면서도 독특하게 사용하는 것은 현재와 미래 사이에 있는 간격을 연결시켜 주는 가장 효과 있는 문학적인 장치이다. 23절의 "높이 세우다" 라는 의미의 *바하르*는 시 78:70의 다윗의 언약과 관련이 있으며, 여기에서는 "옥새"와 "종"이라는 단어의 적합성을 강조한다.

스가랴서

스가랴서는 최소한 두 개의 작품으로 구성되어 있다. 제1스가랴서로 알려져 있는 전반부 1—8장은 한동안 학개서와 한 세트 형식으로 유포되었을 것이다. 이것은 기원전 515년 제2성전의 봉헌보다 앞서 저술되었고, 편집된 것으로 보인다. 여러 개의 다른 신탁을 수집한 9—14장은 제2스가랴서로 알려져 있다. 이것은 기원전 5세기 중반 정도까지 수집되고 편집되었을 것이다.

스가랴서는 명백히 다양한 저자들의 작품이다. 9—14장의 자료는 특별히 복잡하고, 제1스가랴서의 저자를 따르던 제자들이 선포한 것들을 모았을 가능성이 있다. 7—8장에 있는 신탁 선포조차도 앞선 모음집의 일부로 보인다. 1—8장의 많은 주제들은 9—14장의 주제와 깊은 연관이 있으며, 9—14장을 형성하는데 도움을 준다. 이러한 모든 자료들이 하나의 정경적인 작품으로 합해질 수 있었던 것은 신성한 전승들을 보존하고 그것들에 의존하려는 포로생활 후기의 현상 중의 일부였다. 스가랴서 전체를 통해, 성전이 중심이라는 주제가 본서를 하나로 묶어 주고 있다.

1—8장은 이야기 (설화), 환상 (visions), 신탁 등 매우 다양한 문학 장르로 이루어져 있지만, 본서의 뒷부분에서도 앞쪽 부분들에서 볼 수 있는 본문과 주제를 한 곳으로 엮고, 반복해서 사용함으로써, 두 개의 저작들은 긴밀한 통합성을 보여준다. 적어도 후기 편집자는 통일성을 염두에 두고 전체 본문을 편집하였을 것이다.

제1스가랴서의 예언들은 임박한 성전 완성에서 비롯된 것이며, 성전을 재건축하고 복원식을 하는 생각이 그의 상징적인 구성요소(슥 4:6b-10)의 필수 부분으로 되어 있다. 대제사장으로서의 여호수아의 직무와 제사장 임명식을 위한 준비는 본서의 중간에 위치하고 있는데 (3:1-10), 스룹바벨이 궁극적으로 총독으로서의 영향력을 잃는 과정을 보여주는 것으로 보인다. 메시아, 혹은 미래의 기름부음 받은 유다 왕에 대한 스가랴의 이해는 수동적이고 온건하며 (4:1-4, 11-14; 6:9-15), 또한 왕정 회복에 대한 학개의 좀 더 과격한 환상(학 2:20-23)을 대체한다. 역사적인 환경들이 이러한 변화에 영향을 미쳤는지의 여부는 말하기가 어렵다. 이 부분의 마지막 장들(7—8장)은 인류에 대한 보편적인 환상을 제공하여 주는 동시에, 예루살렘이 그러한 환상의 중심이다.

제1스가랴서는 다음과 같이 요약될 수 있다.

Ⅰ. 회상을 하며 복종을 요청함, 1:1-6

Ⅱ. 신탁으로 보강한 환상들, 1:7—6:15

- A. 첫 번째 환상: 땅을 순찰하는 말들, 1:7-13
- B. 첫 번째 환상의 주제에 대한 부연, 1:14-17
- C. 두 번째 환상: 4개의 뿔과 4명의 대장장이, 1:18-21 [2:14]
- D. 세 번째 환상: 측량줄을 가진 남자, 2:1-5 [2:5-9]
- E. 첫 세 환상의 주제에 대한 부연, 2:6-13 [2:10-17]
- F. 여호수아와 제의: 예언적 환상, 3:1-10
- G. 네 번째 환상: 등잔대와 두 올리브 나무, 4:1-14
- H. 다섯 번째 환상: 날아가는 두루마리, 5:1-4
- I. 여섯 번째 환상: 에바 (Ephah), 5:5-11
- J. 일곱 번째 환상: 4개의 병거, 6:1-8
- K. 대관식, 6:9-15

Ⅲ. 베델에서 온 대표들을 향한 예언과 신탁의 종결, 7:1—8:23
A. 서론, 7:1-6
B. 베델에서 온 대표들을 향한 연설: 신적 정의에 대한 더 심화된 회상, 7:7-14
C. 회복된 시온과 유다: 일곱 개의 신탁, 8:1-17
D. 유다와 여러 나라: 세 개의 신탁, 8:18-23

제2스가랴서의 시기는 거의 기원전 5세기 중반의 그리스-페르시아 전쟁에서부터 기원전 450년대의 이집트 총독의 반란까지로 본다. 이로 인해, 페르시아 사람들과 그들이 유다를 포함한 서쪽 지역에 좀 더 큰 영향력을 끼쳤던 사실과 관련이 있다. 그 결과 페르시아의 요새들 간의 효과적인 네트워크의 구성과 페르시아 내부와 지중해를 연결하는 수비대를 구축할 수 있었다. 또한, 유다의 재정착 속도는 상대적으로 지연되어 기원전 515년에서 450년에 걸쳐 이루어졌는데, 이는 또한 이 기간 중에 경제적인 회복 속도 또한 느렸다는 것을 반영해 준다. 이렇게 성전의 재건축과 봉헌의 시기와는 뚜렷이 대비되는 변화된 환경들은 제2이사야서의 신탁들에 나타나는 고조된 긴장을 설명하는데 도움을 준다.

학자들은 제2스가랴서의 편집자가 제1스가랴서를 모방하고, 반복하여 사용한 부분들이 있으며, 또한 제1스가랴서의 주제들을 발전시켰다는 설득력 있는 증거들을 보여준다. 더군다나, 제2스가랴서는 이사야서, 예레미야서, 에스겔서 등 세 명의 대예언자와 소위 신명기적 전승(신명기—열왕기하)에서 많은 것을 받아들였다. 스가랴서 9—14장에 포함된 장르와 내용, 그리고 문체의 복잡성의 측면에서는 통일성이 부족하다고 지적할 수 있다. 그럼에도 불구하고, 이 작품의 저자와 편집자들이 공통된 관점을 가졌다는 것을 보여줄 충분한 통일된 주제들과 개념들이 있는데, 이 저자와 편집자들은 예언자 스가랴 자신의 직계 제자들 중에 속했던 것으로 여겨진다.

제2스가랴서는 두 부분으로 구성되어 있는데, 각각 9:1과 12:1에 있는 "주님의 말씀"이라는 표현으로 나눠진다. 원래의 시문(9:1-8)은 한때는 독립적으로 유포되었지만 후에 확장되고, 교정되어, 10장과 11장에 첨가된 것으로 보인다. 비슷하게, 12—14장은 또 다른 신탁들의 모음집의 형태를 보이는데, 반복적으로 사용되는 "그 날에" 라는 구절로 구분할 수 있다. 본서의 제2에스라서는 아래와 같이 요약될 수 있다. 성경본문에 따라 세밀하게 조사할 필요가 있는 주석은 이 개요를 따를 것이며, 명확성을 기하기 위하여 더 보충하여 상세하게 설명될 것이다.

Ⅰ. 1부, 9:1—11:17
A. 땅의 회복, 9:1-8
B. 왕의 예루살렘 입성, 9:9-10
C. 하나님의 중재로 인한 백성의 회복, 9:11-17
D. 주께서 유다에게 힘을 주시고, 에브라임을 구원하심, 10:1-12
E. 신탁의 개시: 나무들과, 목자들과, 사자들의 통곡, 11:1-3
F. 목자 이야기, 11:4-16
G. 쓸모없는 목자에 대한 재앙의 신탁, 11:17
Ⅱ. 2부, 12:1—14:21
A. 도입: 창조자이신 하나님, 12:1
B. 여러 나라와 유다와 관련된 주님의 말씀들, 12:2-11
C. 애도자의 목록, 12:12-14
D. 주님의 말씀들: 지도층의 정화, 13:1
E. 거짓 예언의 결국에 대한 주님의 말씀들, 13:2-6
F. 많은 이가 멸망하고, 일부가 살아남음, 13:7-9
G. 예루살렘의 멸망과 구원, 14:1-5
H. 회복된 예루살렘, 14:6-11
I. 예루살렘의 대적자들의 운명, 14:12-15
J. 예루살렘/유다와 여러 나라의 미래, 14:16-21

에릭 마이어스 (Eric Meyers)

주님께서 백성들에게 돌아오라고 명하시다

1 1 다리우스 왕 이년 여덟째 달에, 주님께서,
잇도의 손자이며 베레갸의 아들인 스가랴 예
언자에게 말씀하셨다. 2 "나 주가 너희 조상들
에게는 크게 화를 내었다. 3 그러므로 너는 백성
들에게 알려라.
'만군의 주가 말한다.
너희는 나에게로 돌아오너라.
만군의 주가 말한다.
나도 너희에게로 돌아간다.
만군의 주가 말한다.'

4 너희는 너희 조상을 본받지 말아라. 일찍
이 예언자들이, 만군의 주님께서 말씀하신다고
하면서, 너희의 조상에게, 악한 길과 악한 행동을
모두 버리고 어서 돌이키라고 외쳤다. 그러나 너희
조상은 나의 말을 듣지 않았다. 나의 말에 귀도 기
울이지 않았다. 나 주의 말이다.

5 너희의 조상,
그들은 지금 어디에 있느냐?
그 때의 예언자들,
ㄱ)그들이 아직 살아 있느냐?

6 내가 나의 종 예언자들을 시켜서 너희 조
상에게 명한 나의 말과 규례를 그들이 듣지 않더니,
마침내 형벌을 받지 않았느냐? 그제서야 그들이
돌아와서 고백하기를, 만군의 주님께서는, 우리가
살아온 것과 우리가 행동한 것을 보시고서, 결심
하신 대로 우리가 마땅히 받아야 할 벌을 내리셨
다고 하였다."

화석류나무 사이에 선 사람

7 다리우스 왕 이년 열한째 달에, 곧 스밧월
스무나흗날에, 주님께서 잇도의 손자이며 베레갸의
아들 스가랴 예언자에게 말씀하셨다.

8 지난밤에 내가 환상을 보니, 붉은 말을 탄
사람 하나가 골짜기에 있는 화석류나무 사이에 서
있고, 그 사람 뒤에는 붉은 말들과 밤색 말들과 흰
말들이 서 있었다. 9 그래서 내가 물었다. "천사님,
이 말들은 무엇입니까?" 내게 말하는 천사가 대답
하였다. "이 말들이 무엇을 하는지, 내가 너에게
보여 주겠다." 10 그 때에, 화석류나무 사이에
서 있는 그 사람이 말하였다. "이 말들은 주님께서,
온 땅을 두루 다니면서 땅을 살펴보라고 보내신
말들이다." 11 그리고 말에 탄 사람들이 화석류
나무 사이에 서 있는 주님의 천사에게 직접 보고
하였다. "우리가 이 땅을 두루 다니면서 살펴보니,
온 땅이 조용하고 평안하였습니다." 12 주님의
천사가 주님께 아뢰었다. "만군의 주님, 언제까지
예루살렘과 유다의 성읍들을 불쌍히 여기지 않으
시렵니까? 주님께서 그들에게 진노하신 지 벌써
칠십 년이나 되었습니다." 13 주님께서는 내게
말하는 천사를 좋은 말로 위로하셨다.
14 내게 말하는 천사가 내게 일러주었다.
"너는 외쳐라. 만군의 주님께서 이렇게 말씀하
신다. '나는 예루살렘과 시온을 몹시 사랑한다.
15 그러나 안일한 생활을 즐기는 이방 나라들에
게는, 크게 화가 난다. 나도 내 백성에게는 함부로
화를 내지 않는데, 이방 나라들은 내 백성을 내가

ㄱ) 히, '그들이 영원히 사느냐?'

1:1-6 스가랴의 예언활동은 학개가 그의 마지막 예언 말씀을 마치기 한 달 전에 시작된다 (기원전 520년 12월 18일, 학 2:10-20을 보라). 스가랴의 환상들(1:7—6:15)은 두 달 후에 시작된다 (519년 2월 15일). 그 환상들은 물론 14개월 후 (521년 12월), 성전 복원식이라는 형태로 응답된다. **1:4** *일찍이 예언자들이.* 이것은 점차 권위를 인정받는 포로생활을 하기 전의 예언자들을 일컬어 하는 말이다. **1:6** *돌아와서 고백하기를.* 이 표현은 성전 재건에 대한 백성들의 태도가 변한 것을 의미한다 (학 1:12). 이 신탁은 학개의 마지막 신탁 전에 있었던 것이기 때문에, 스가랴 역시 백성들의 마음을 바꾸는데 어느 정도 역할을 했다 (라 5:1; 6:14는 성전 재건축의 공을 두 예언자 모두에게 돌리고 있다).

1:7 이 날은 그 환상들이 새해의 시작에 가까울 때 있었다는 것을 보여주는데, 새해는 성전의 회복이라는 이상적인 의견을 낼만한 길조의 시기이다.

1:8-13 첫 번째 사람에 대한 밤에 본 환상은 예언자와 천사와의 대화체로 이루어져 있고, 페르시아제국 시대를 그 배경으로 한다. 말과 말을 탄 사람은 어디든지 갈 수 있고, 마지막 환상(6:1-7)을 예상하며, 하나님의 보편적인 권능을 강조한다. **1:12** 예레미야가 선포했던 (렘 25:11-12; 29:10) 70년간의 포로생활의 종결이 가까워졌다. **1:13** 하나님의 천사에게 *좋은 말로 위로하신* 것으로 미루어 예루살렘을 향한 동정심을 가지고 계심을 알 수 있다. 시대가 변한 것이다.

1:14-17 세 개의 신탁들이 첫 번째 환상(1:8-13)의 주제들을 묘사하고 있고, 처음 것을 참조하지

벌주는 것보다 더 심하게 괴롭힌다. 16 그러므로
나 주가 이렇게 선언한다. 나는 예루살렘을 불쌍히
여기는 심정으로 이 도성에 돌아왔다. 그 가운데
내 집을 다시 세우겠다. 예루살렘 위에 측량줄을
다시 긋겠다. 나 만군의 주의 말이다.'
17 너는 또 외쳐라. '나 만군의 주가 말한다.
내 성읍마다 좋은 것들로 다시 풍성하게 될 것이다.
나 주가 다시 한 번 시온을 위로하겠다. 예루살렘은
다시 내가 택한 내 도성이 될 것이다.'"

네 뿔과 네 대장장이

18 내가 고개를 들어서 보니, 뿔 네 개가 내
앞에 나타났다. 19 나는 내게 말하는 천사에게
물었다. "이것은 무슨 뿔들입니까?" 그가 나에게
대답하였다. "이것들은 유다와 이스라엘과 예루
살렘을 흩어 버린 뿔이다." 20 그 때에 주님께서
나에게 대장장이 네 명을 보여 주셨다. 21 내가
여쭈었다. "이 사람들은 무슨 일을 하려고 온 사
람들입니까?" 주님께서 나에게 대답하셨다. "이
뿔 넷은 유다 사람을 뿔뿔이 흩어지게 하여, 유다
사람이 감히 머리도 쳐들지 못하게 만든 나라들
이다. 그러나 대장장이 넷은, 곧 유다 땅을 뿔로
들이받아 백성을 흩어 버린 이방 나라들을 떨게
하고, 그 이방 나라들의 뿔을 꺾으려고 온 사람
들이다."

측량줄을 손에 잡은 사람

2 1 내가 고개를 들어 보니, 측량줄을 가진 사
람이 하나 나타났다. 2 내가 그에게 물었다.
"어디로 가십니까?" 그가 나에게 대답하였다. "예
루살렘을 재서, 그 너비와 길이가 얼마나 되는지
알려고 간다." 3 그 때에 내게 말하는 천사가 앞
으로 나아가자 다른 천사가 그를 맞으려고 나아
와서, 4 그에게 말하였다. "너는 저 젊은이에게
달려가서 이렇게 알려라.

'예루살렘 안에
사람과 짐승이 많아져서,
예루살렘이
성벽으로 두를 수 없을 만큼
커질 것이다.
5 바깥으로는 내가
예루살렘의 둘레를
불로 감싸 보호하는
불 성벽이 되고,
안으로는 내가 그 안에 살면서
나의 영광을 드러내겠다.
나 주의 말이다.

6 어서 너희는
북쪽 땅에서 도망쳐 나오너라!
나 주의 말이다.

않고는 신탁들을 이해할 수 없다. **1:16** *측량줄* 혹은 좀 더 문자적으로 "수준기"(level)는 세 번째 환상에서 측량줄을 가지고 등장하는 사람(2:1-5)을 예상하는 것이다.

1:18-21 두 번째 환상은 네 개의 뿔과 네 명의 대장장이에 관한 것이다. 환상의 초점은 바빌론에 의한 유다와 예루살렘의 군사적인 분쇄로 좁혀지며, *네 개의 뿔*과 그들의 계승자, 즉 페르시아 사람들과 그들을 멸망시키는 *네 명의 대장장이*로 상징하였다. **1:21** *뿔뿔이 흩어진 유다 사람.* 이것은 바벨론의 강제 이주 정책을 의미하는데, 그 언어가 또한 예언자가 언젠가 유다에 해로운 영향을 미칠 페르시아의 엄청난 힘을 인식하고 있다는 것을 보여주기도 한다.

2:1-5 예루살렘을 재기 위하여 나가려 하는 *측량줄을 가진 사람*은 1:16의 모습을 다시 이야기하고 있다. 예루살렘의 너비와 길이를 잰다는 개념 배후에는 그 도성이 언젠가는 채워질 것이며, 다시 사람들이 거주하게 되며, 복원된 성전과 함께 재건될 것이라는 생각이 깔려 있다. **2:5** *불 성벽과 영광.* 이 두 이미지는 예루살렘을 향한 하나님의 사랑을 보여주는 것이다. *불 성벽.* 하나님이 함께 하며 보호하시는 것(출 3:2-4)을 상징한다. 하나님의 *영광*은 보통 재건된 성전에서 명백히 드러나게 될 하나님의 특별한 현존을 상징하지만, 여기서 *불 성벽*은 또한 거룩한 도성에 있는 하나님의 현존을 상징하기도 한다 (학 2:3, 7, 9를 보라). 이렇게 전체 도시로 하나님의 현존이 확장됨으로써 예루살렘을 세계의 중심도시로 만든다.

2:6-13 이 신탁들은 처음 세 환상의 주제를 확대시키고 있다: 이스라엘이 이방 나라들로 흩어짐, 시온으로 귀환할 것에 대한 희망, 예루살렘에 하나님의 현존이 다시 임함, 그리고 현재 유다의 적들이 주를 따르는 자들이 될 장소로서 예루살렘이 최종적으로 선택됨 등으로 나타난다.

3:1-7 하늘 법정에서 여호수아가 대제사장으로 임명받는 것이 환상들의 중심부가 되어 있으며, 이 앞에는 세 개의 환상이 등장하고, 뒤에는 네 개의 환상이 등장한다. **3:4** 여호수아가 그의 과거의 *더러운* 옷을 벗고 새로운 옷을 입는 것은 그가 회복된 공동체 안에서 섬길 준비가 되어있다는 것을 상징한다. 그의 변형은 *사탄* (문자 그대로 봤을 때 "고발자")에 대한 책망 후에

내가 너희를 하늘 아래에서
사방으로 부는 바람처럼
흩어지게 하였지만,
이제는 어서 나오너라.
나 주의 말이다.
7 ㄱ)바빌론 도성에서 살고 있는
시온 백성아,
어서 빠져 나오너라!'"

8 "만군의 주님께서
이렇게 말씀하신다.
주님께서 나에게
영광스러운 임무를 맡기시고,
너희를 약탈한 민족에게로
나를 보내시면서 말씀하신다.
'너희에게 손대는 자는
곧 주님의 눈동자를 건드리는 자다.
9 내가 손을 들어 그들을 치면,
그들은 저희가 부리던 종에게
노략질을 당할 것이다.'

그 때에야 비로소 너희는
만군의 주님께서
나를 보내셨음을 알게 될 것이다."

10 "도성 시온아,
기뻐하며 노래를 불러라.
내가 간다.
내가 네 안에 머무르면서 살겠다.
나 주의 말이다."

11 그 날에,
많은 이방 백성들이 주님께 와서
그의 백성이 될 것이며,
주님께서 예루살렘에 머무르시면서,
너희와 함께 사실 것이다.
그 때에야 너희는,
만군의 주님께서
나를 너희에게 보내셨음을
알게 될 것이다.

12 주님께서는 그 거룩한 땅에서
유다를
특별한 소유로 삼으실 것이며,
예루살렘을
가장 사랑하는 도성으로
선택하실 것이다.

13 육체를 지닌 모든 사람은
주님 앞에서 잠잠하여라.
주님께서
그 거룩한 거처에서 일어나셨다!

주님의 사자 앞에 선 대제사장

3 1 주님께서 나에게 보여 주시는데, 내가 보
니, 여호수아 대제사장이 주님의 천사 앞에
서 있고, 그의 오른쪽에는 그를 고소하는 ㄴ)사탄이
서 있었다. 2 ㄷ)주님께서 사탄에게 말씀하셨다.
"사탄아, 나 주가 너를 책망한다. 예루살렘을
사랑하여 선택한 나 주가 너를 책망한다. 이 사람은
불에서 꺼낸 타다 남은 나무토막이다."
3 그 때에 여호수아는 냄새 나는 더러운 옷을
입고 천사 앞에 서 있었다. 4 천사가 자기 앞에
서 있는 다른 천사들에게, 그 사람이 입고 있는
냄새 나는 더러운 옷을 벗기라고 이르고 나서, 여
호수아에게 말하였다. "보아라, 내가 너의 죄를
없애 준다. 이제, 너에게 거룩한 예식에 입는 옷을
입힌다."
5 그 때에 내가, 그의 머리에 깨끗한 관을 씌워
달라고 말하니, 천사들이 그의 머리에 깨끗한 관을
씌우며, 거룩한 예식에 입는 옷을 입혔다. 그 동안
주님의 천사가 줄곧 곁에 서 있었다. 6 주님의
천사가 여호수아에게 경고하였다.
7 "만군의 주님께서 이렇게 말씀하신다.
'네가 내 도를 준행하며
내 율례를 지키면
네가 내 집을 다스릴 것이요

ㄱ) 히, '바빌론의 딸과 함께 살고 있는' ㄴ) '고발자' ㄷ) 고대역에는 '주님의 천사가'

나타나는데, 이 단어는 구약성경에서 욥 1—2장과 대상 21:1에서만 찾아볼 수 있는 단어이다. 이러한 구절들 중에서 "고발자"는 독립적인 힘을 가진 것으로 보는 곳은 전혀 없고, 오히려 그는 주께서 주권을 행사하시는 천상 회의의 회원일 뿐이다. 사탄이 책망 받음으로써 여호수아의 대제사장으로서의 확대된 역할을 준비하게 되고 또 승인된다. 그의 새로운 임무들은 하나님의 계명과 제의를 지키는 것과 법적인 판단을 하는 것과, 성전 안 뜰을 관리하는 것 (예를 들어, 토라를 가르치고, 적당한 수입을 모으는 것) 등으로, 이 모든 것이 그가 신적인 것과의 연결점을 가질 수 있도록 하는 것이다 (7절).

내 뜰을 지킬 것이며
여기에서 섬기는 사람들 사이를
자유로이 출입하게 할 것이다.

8 여호수아 대제사장은 들어라. 여기 여호수아
앞에 앉아 있는 여호수아의 동료들도 함께 잘 들
어라. 너희는 모두 앞으로 나타날 일의 표가 되는 사
람들이다. 내가 이제 새싹이라고 부르는 나의 종을
보내겠다. 9 나 만군의 주가 말한다. 내가 여호
수아 앞에 돌 한 개를 놓는다. 그것은 일곱 눈을
가진 돌이다. 나는 그 돌에 내가 이 땅의 죄를 하루
만에 없애겠다는 글을 새긴다. 10 나 만군의 주가
말한다. 그 날이 오면, 너희는 서로 자기 포도나
무와 무화과나무 아래로 이웃을 초대할 것이다.'"

순금 등잔대와 두 올리브 나무

4 1 내게 말하는 천사가 다시 와서 나를 깨우
는데, 나는 마치 잠에서 깨어난 사람 같았다.
2 그가 나에게 무엇을 보느냐고 묻기에, 내가 대답
하였다. "순금으로 만든 등잔대를 봅니다. 등잔대
꼭대기에는 기름을 담는 그릇이 있고, 그 그릇 가
장자리에는 일곱 대롱에 연결된 등잔 일곱 개가
놓여 있습니다. 3 등잔대 곁에는 올리브 나무 두
그루가 서 있는데, 하나는 등잔대 오른쪽에 있고
다른 하나는 등잔대 왼쪽에 있습니다." 4 나는
다시 내게 말하는 천사에게 물었다. "천사님, 이
것들이 무엇입니까?" 5 내게 말하는 천사가 나
에게, 그것들이 무엇을 가리키는지 모르겠느냐고
묻기에, 천사에게 모르겠다고 대답하였다. 6 그가
내게 이렇게 말해 주었다.
"이것은 주님께서
스룹바벨을 두고 하신 말씀이다.
'힘으로도 되지 않고,
권력으로도 되지 않으며,
오직 나의 영으로만 될 것이다.'
만군의 주님께서 말씀하신다.
7 큰 산아, 네가 ㄱ)무엇이냐?
스룹바벨 앞에서는 평지일 뿐이다.
그가 머릿돌을 떠서 내올 때에,
사람들은 그 돌을 보고서
'아름답다, 아름답다!' 하고
외칠 것이다."

8 주님께서 나에게 말씀하셨다.
9 "스룹바벨이
이 성전의 기초를 놓았으니,
그가 이 일을 마칠 것이다."

그 때에야 비로소 너희는
만군의 주님께서 나를
너희에게 보내셨다는 것을
알게 될 것이다.

10 "시작이 미약하다고
비웃는 자가 누구냐?
스룹바벨이
돌로 된 측량추를 손에 잡으면,
사람들은 그것을 보고
기뻐할 것이다.
이 일곱 눈은
온 세상을 살피는 나 주의 눈이다."

ㄱ) 또는 '누구냐?'

3:8-10 두 개의 신탁이 미래에 올 *새싹*을 선포한다. (*새싹*은 히브리어로 *체마흐*인데, 메시아적인 다윗 왕가 인물이다. 이 단어는 슥 6:12에서도 사용되었으며, "나의 종"이 "옥새"와 함께 쓰인 학 2:23에서도 암시되어 있다). **3:9** 이 절은 종종 4:6b-10의 신탁(스룹바벨의 등장이라고 알려져 있음)과 연결되곤 하는데, 이는 일곱 눈을 가진 돌(3:9—4:10b)에 대한 언급 때문이다. 미래의 다윗 왕가가 지도할 것을 명백히 함으로써, 저자는 총독과 대제사장이라는 현재의 조직 구조를 잠정적으로 인정하고 있다. *죄*를 없애겠다는 것은 4절에서 여호수아가 정결하게 되는 것과 평행을 이룬다. 미래에, 즉 *새싹*이 올 때, 온 땅의 죄는 사라질 것이다. **3:10** 그 날에 이 땅 가운데 진정한 평화가 있을 것이다.

4:1-6a, 10b-14 네 번째 환상은 성전의 *등잔대와 올리브 나무 두 그루*에 초점을 두고 있다. 등잔대는 이 환상에서 유일한 정적인 요소이며, 비슷한 첫 번째 환상과 일곱 번째 환상들은 성전과 예루살렘에서의 하나님의 지속적인 임재를 아마도 상징하는 것 같다. 등잔대 양 옆에는 올리브 나무가 각각 서 있는데, 이 나무들은 그 기름을 등불에 붓는다 (12절). 그 나무들은 온 *세상을 다스리시는 주님을 섬기도록 주께서 기름 부어서 거룩히 구별하신 두 사람*(문자 그대로는 "기름의 아들들")과 동일시된다. 다른 말로 하자면, 이 환상은 스룹바벨과 여호수아의 이중적인 지휘권을 보여주는데, 둘 다 하나님으로부터 책임을 부여받은 자들이고, 또한 회복된 공동체를 다스릴 자인 것이다.

4:6b-10 소위 스룹바벨의 등장에 대한 신탁은

11 나는 그 천사에게 물었다. "등잔대의 오
른쪽과 왼쪽에 있는 올리브 나무 두 그루는 무엇
을 뜻합니까?" 12 나는 또 그에게 물었다. "기름
담긴 그릇에서 등잔으로 금빛 기름을 스며들게 하
는 금대롱 두 개가 있고, 그 옆에 올리브 나무 가
지가 두 개 있는데, 이 가지 두 개는 무엇을 뜻합
니까?" 13 그 천사가 나에게, 그것들이 무엇을
가리키는지 모르겠느냐고 묻기에, 나는 천사에게
모르겠다고 대답하였다. 14 그 천사는, 올리브
나무 두 그루와 가지 두 개는, 온 세상을 다스리
시는 주님을 섬기도록, 주님께서 기름 부어서 거
룩히 구별하신 두 사람이라고 말해 주었다.

날아가는 두루마리

5 1 내가 또 고개를 들고 보니, 내 앞에서 두루
마리가 날아가고 있었다. 2 그 천사는 내가
무엇을 보고 있느냐고 물었다. 내가 대답하였다.
"두루마리가 날아가는 것을 보고 있습니다. 길이
는 스무 자이고, 너비는 열 자입니다." 3 그는 나
에게 이렇게 말하였다. "이것은 온 땅 위에 내릴
저주다. 두루마리의 한 쪽에는 '도둑질하는 자가
모두 땅 위에서 말끔히 없어진다'고 씌어 있고, 두
루마리의 다른 쪽에는 '거짓으로 맹세하는 자가
모두 땅 위에서 말끔히 없어진다'고 씌어 있다."

4 만군의 주의 말이다.
"내가 저주를 내보낸다.
모든 도둑의 집과
내 이름을 두고 거짓으로 맹세하는
모든 자의 집에 저주가 들어가서,
그 집에 머무르면서,
나무 대들보와 돌로 쌓은 벽까지,
그 집을 다 허물어 버릴 것이다."

뒤주 속의 여인

5 내게 말하는 천사가 앞으로 나와서, 나에
게 고개를 들고서, 가까이 오는 물체를 주의해 보
라고 말하였다. 6 그것이 무엇이냐고 내가 물으
니, 그는, 가까이 오는 그것이 곡식을 넣는 ㄱ)뒤주
라고 일러주면서, 그것은 온 땅에 가득한 죄악을
나타내는 것이라고 하였다. 7 그 뒤주에는 납으
로 된 뚜껑이 덮여 있었다. 내가 보니, 뚜껑이 들
리고, 그 안에 여인이 앉아 있는 것이 보였다.
8 천사는 나에게, 그 여인이 죄악의 상징이라고
말해 주고는, 그 여인을 뒤주 속으로 밀어 넣고,
뒤주 아가리 위에 납뚜껑을 눌러서 덮어 버렸다.
9 내가 또 고개를 들고 보니, 내 앞에 두 여
인이 날개로 바람을 일으키면서 나타났다. 그들
은 학과 같은 날개를 가지고 있었다. 그들은 그 뒤
주를 들고 공중으로 높이 날아갔다. 10 내가 내게
말하는 천사에게, 저 여인들이 그 뒤주를 어디로
가져 가는 것이냐고 물었다. 11 그가 나에게 대답
하였다. "ㄴ)바빌로니아 땅으로 간다. 거기에다가
그 뒤주를 둘 신전을 지을 것이다. 신전이 완성되면,
그 뒤주는 제자리에 놓일 것이다."

병거 네 대

6 1 내가 또 고개를 들고 바라보니, 내 앞에 두
산 사이에서 병거 네 대가 나왔다. 두 산은 놋
쇠로 된 산이다. 2 첫째 병거는 붉은 말들이 끌고
있고, 둘째 병거는 검은 말들이, 3 셋째 병거는
흰 말들이, 넷째 병거는 얼룩말들이 끌고 있었다.
말들은 모두 건장하였다. 4 내가 내게 말하는 천사
에게, 그것이 무엇들이냐고 물었다. 5 그 천사가
나에게 대답하였다. "그것들은 하늘의 네 ㄷ)영이다.

ㄱ) 히, '에바' ㄴ) 히, '시날' ㄷ) 또는 '바람'

4:1-14의 등잔대에 대한 환상을 방해하고 있다. 이는 성전을 재건하는데 있어서 스룹바벨의 역할에 대한 정적주의 (靜寂主義) 관점을 보여주는데, 그의 역할은 평화로우며 페르시아의 권위에 대해 도전도 배제되어 있다. 즉 *힘으로도 되지 않고, 권력으로도 되지 않으며, 오직 나의 영으로만 될 것이다*(6b절)는 것이다.

4:7-10 성전 복원식은 학개 2:10, 20에 암시되어 있는데, 여기서는 다윗 가문의 후손이자 통치자인 스룹바벨이 중심적인 역할을 감당한다. 이렇게 중요한 행사에 특별히 힘과 권력을 제외하고 스룹바벨을 중용하는 것은 다윗 왕조의 상실의 결과로 생겨난 회복된 공동체가 겪는 엄청난 변화를 강조하는 것이다.

5:1-4 날아가는 큰 두루마리에 대한 특이한 이미지는 *온 땅 위에* (3절) 성서적인 율법이 다시 복구될 것을 표현하는 것이다. 이 법은 페르시아가 그들의 지방 공동체들을 관리함에 있어서 피지배 민족들의 법의 권위를 인정해 주는 정책에 따른 것이다. 이 법은 명백히 유다에 머무는 주의 백성들을 위해 제정된 것 이다. **5:3** 천사가 사용하는 *저주* 라는 용어는 그 두루마리를 언약(신 29:9-20)과 동일하게 여기게 하는 문자적 열쇠이다. 언급된 언약을 어기는 행위는, 도둑과 거짓 맹세하는 자(4절)이며, 이를 통해서 사회에서 언약법을 지키는 것의 중요성을 역설하는 것이다.

5:5-11 *뒤주* (히브리어, *에바*; 개역개정은 그대

온 세상을 다스리시는 주님을 뵙고서, 지금 떠나는
길이다. 6 검은 말들이 끄는 병거는 북쪽 땅으로
떠나고, 흰 말들이 끄는 병거는 ㄱ)서쪽으로 떠나고,
얼룩말들이 끄는 병거는 남쪽 땅으로 떠난다."
7 그 건장한 말들이 나가서 땅을 두루 돌아다니
고자 하니, 그 천사가 말하였다. "떠나거라. 땅을
두루 돌아다녀라." 병거들은 땅을 두루 돌아다녔다.
8 천사가 나를 보고, 소리를 치면서 말하였다.
"북쪽 땅으로 나간 말들이 북쪽 땅에서 내 마음을
시원하게 하였다."

여호수아에게 왕관을 씌우라는 명령

9 주님께서 나에게 말씀하셨다. 10 "너는
사로잡혀 간 사람들, 곧 헬대와 도비야와 여다야
에게서 예물을 받아라. 그들이 바빌론에서 와서,
지금 스바냐의 아들 요시야의 집에 와 있으니, 너는
오늘 그리로 가거라. 11 너는 은과 금을 받아서,
그것으로 왕관을 만들고, 그것을 여호사닥의 아들
여호수아 대제사장의 머리에 씌워라. 12 너는 그
에게 이렇게 말하여라.

'나 만군의 주가 이렇게 말한다.
이 사람을 보아라.
그의 이름은 '새싹'이다.
그가 제자리에서
새싹처럼 돋아나서,
주의 성전을 지을 것이다.
13 그가 주의 성전을 지을 것이며,
위엄을 갖추고,
왕좌에 앉아서 다스릴 것이다.
한 제사장이 그 왕좌 곁에 설 것이며,
이 두 사람이
평화롭게 조화를 이루며,
함께 일할 것이다.'

14 그 ㄴ)왕관은, ㄷ)헬대와, 도비야와, 여다야
와, 스바냐의 아들 헨 곧 요시야를 기념하려고, 주
님의 성전에 둘 것이다."

15 먼 곳에 사는 사람들이 와서, 주님의 성
전 짓는 일을 도울 것이다. 그 때에야 너희가, 만
군의 주님께서 나를 너희에게 보내셨다는 것을 알
게 될 것이다. 너희가 주 너희 하나님께 진심으로
순종하면, 이 일이 이루어질 것이다.

하나님은 금식보다 순종을 원하신다

7 1 다리우스 왕 사년 아홉째 달, 곧 기슬래월
나흗날에, 주님께서 스가랴에게 말씀하셨다.
2 베델 사람이 사레셀과 레겜멜렉에게 하인들을
딸려 보내어, 주님께 은혜를 간구하면서, 3 만군의
주님의 성전에 속한 제사장들과 예언자들에게 물어
왔다. "ㄹ)우리가 지난 여러 해 동안에 해 온 그대로,
다섯째 달에 애곡하면서 금식해야 합니까?"

ㄱ) 히, '그 뒤를 따르고' ㄴ) 칠십인역과 시리아어역을 따름. 히, '왕관들'
ㄷ) 시리아어역을 따름. 히, '헬렘' ㄹ) 히, '내가'

로 "에바;" 공동번역은 "말;" NRSV는 basket). 이것은 곡식을 담는 용기로, 약 5갤런 (1.15ml) 정도의 크기이다. 그 안에 앉아있는 *여인*은 작은 우상의 조각일 것이다. 에바 라는 용어는 메소포타미아에 있는 신전과 연관되어 있었고, 따라서 돌아온 사람들 가운데 일부는 메소포타미아의 신들을 섬겼다는 것을 암시해 준다. 그 뒤주의 목적지가 *바빌로니아* 땅이기 때문에 (11절) 우상의 신전은 궁극적으로 유다에서 제거될 것이다. **5:8** "죄악의 상징"이라는 단어가 이 환상을 이해하는 핵심이 된다. (개역개정은 "죄악의 상징"을 "악"으로 번역했고, 공동번역은 "몹쓸 것"으로 번역했고, NRSV는 "사악한 짓"으로 번역했음.) 뒤주 속으로 밀어 넣고 그 아가리를 납 뚜껑으로 덮어 버리는 것으로 보아 죄악의 상징의 인물은 우상숭배를 암시한다. 봉인되고 멀리 보내지는 것은 땅의 정화를 나타낸다. **5:9** 근동지방 예술에서 자주 나타나는 뒤주를 바빌로니아로 운반하는 날개달린 여성 인물은 넓게 뻗친 날개가 방주와 주님의 왕좌를 보호하는 그룹에 대한 유비이다 (출 25:18-22).

6:1-8 마지막 일곱 번째 환상은 놀라운 환상순환의 정점을 이루며 첫 번째 환상의 말에 관한 이미지를 반복하는데, 병거를 추가하면서 첫 번 환상의 덮개를 이룬다. 힘과 전쟁의 상징인 병거는 네 쌍의 말들과 짝을 이루는데, 이것은 속도와 힘을 상징한다. 이 상징은 *북쪽 땅* (6절, 8절)의 페르시아도 *온 세상을 다스리시는 주님*(5절)의 영토가 되는 것이 하나님의 뜻이라는 점을 보여주기 위한 것이다. 따라서 페르시아 아래서 유다의 제한된 자치권의 행사는 하나님의 뜻이다.

6:9-15 메시아적 신탁이며, 전반부 스가랴서의 두 번째 부분을 결론지어 준다. 시작하는 말이 4:6b-10과 동일한데, 이것은 이들이 연결되어 있음을 암시해 준다. **6:11** *왕관* (개역개정과 공동번역은 "면류관"으로 번역했음). 히브리어에서는 실제로 "왕관들"로 읽는다. 복수로 읽는 것이 3:1-10과 4:1-14의 이미지들과 일치된다. 두 개의 왕관이 있을 것이다: 하나는 여호수아를 위한 것이고 (11b절) 두 번째 것은 주님의 성전에 둘 것인데 (14절), 후일에 왕국을 재건할 다윗의 후손을

4 이 때에 만군의 주님께서 나에게 말씀하셨다.
5 "너는 이 땅의 온 백성과 제사장에게
이렇게 말하여라.
'너희가 지난 칠십 년 동안,
다섯째 달과 일곱째 달에
금식하며 애곡하기는 하였으나,
너희가 진정,
나를 생각하여서
금식한 적이 있느냐?
6 너희가 먹고 마실 때에도
너희 스스로 만족하려고
먹고 마신 것이 아니냐?'"
7 그 때에 예루살렘과 그 주위의 여러 성읍
에는, 거주하는 사람의 수가 불어나고, 사람들이
마음을 놓고 살았다. 남쪽 네겝과 스불라 평원에도
사람의 수가 불어났다. 바로 이 무렵에 주님께서
이전 예언자들을 시키셔서 이 말씀을 선포 하셨다.

사로잡혀 가게 된 까닭

8 주님께서 스가랴에게 말씀하셨다.
9 "나 만군의 주가 이렇게 말한다.
너희는 공정한 재판을 하여라.
서로 관용과 자비를 베풀어라.
10 과부와 고아와 나그네와
가난한 사람을 억누르지 말고,
동족끼리 해칠 생각을 하지 말아라."
11 주님께서 이렇게 말씀하셨으나, 사람들
은 듣지 않고, 등을 돌려 거역하였다. 귀를 막고
들으려고도 하지 않았다. 12 사람들은 마음이
차돌처럼 굳어져서, 만군의 주님께서, 이전 예언
자들에게 당신의 영을 부어 전하게 하신 율법과
말씀을 듣지 않았다. 그래서 만군의 주님께서
크게 노하셨다. 13 주님께서 부르셨으나, 그들은
듣지 않았다. "그렇다. 이제는 그들이 부르짖어도,
내가 결코 듣지 않겠다. 나 만군의 주가 말한다.
14 나는 그들이 알지도 못하는 모든 나라로, 그
들을 폭풍으로 날리듯 흩었고, 그들이 떠난 땅은
아무도 오가는 사람이 없어서, 폐허가 되고 말았다.
그들이 아름다운 이 땅을 거친 땅으로 만들었다."

예루살렘 회복에 대한 약속

8 1 만군의 주님께서
나에게 말씀하셨다.
2 "나 만군의 주가 말한다.
나는 시온을 열렬히 사랑한다.
누구라도 시온을 대적하면
용서하지 못할 만큼
나는 시온을 열렬히 사랑한다.
3 나 주가 말한다.
내가 시온으로 돌아왔다.
내가 예루살렘에서 살겠다.
예루살렘은
'성실한 도성'이라고 불리고,
나 만군의 주의 산은
'거룩한 산'이라고 불릴 것이다.
4 나 만군의 주가 말한다.

위해 예비된 것이다. **6:12** *새싹.* 왕족의 메시아 (3:8을 보라). **6:13** 스가랴는 여기서도 두 사람—대제사장과 통치자—이 협력하여 다스리는 일에 그가 헌신하는 것을 보여주며, 대제사장의 특별한 지도력을 강조한다.

7:1—8:23 7:1-6 베델로부터 파견된 사람들이 정확하게 기원전 518년 12월 7일에 (7:1) 금식에 대하여 논의하기 위해 예루살렘에 도착한다. **7:3** *제사장들과 예언자들에게 물어 왔다.* 예루살렘은 성전이 완성되기 이전부터 종교문제에 대한 재판권을 가지고 있었다. 스가랴의 응답은 파견된 사람들이 지난 70년간 금식과 축제가 무엇을 의미했는지 생각해 보도록 촉구하며 질문의 방향을 바꾸어 놓는다.

7:7-14 하나님의 정의에 대해 간략히 되돌아보는 것은 이전 예언자들이 남겨준 유산에 대하여 스가랴가 알고 있음을 나타내 주는 것이다 (1:3-6을 참조). **7:9-10** 사 1:16-17; 암 5:14-15, 21-24; 미 6:8; 말 3:5를 보라. **7:11-13** 이 절들은 8장의 신탁에서 계시된 하나님의 궁극적 계획을 위한 무대를 마련해 준다. 스가랴는 그의 청중들에게 과거에 예언자들의 메시지를 무시한 것과 그 결과가 무엇이었는지 상기시켜준다: 백성은 포로가 되었고 여러 나라 중에 흩어졌으며 그들의 땅은 폐허가 되었다 (14절).

8:1-17 시온과 유다에 대한 일곱 개의 신탁으로 된 첫 그룹은 시온으로 돌아온 하나님이 어떻게 희망과 화해를 이루는지 보여준다 (3절). 예루살렘은 *성실한 도성*(문자 그대로는 "진리의 도성," 3절)으로 불릴 것이고, 노인들은 예루살렘의 열린 공간에 다시 거주할 수 있게 될 것이고 (4절), 어린이들은 그 곳에서 놀게 될 것이다 (5절). 모든 포로로 잡혀갔던 사람들이 다시 모일 것이다 (7-8절). 식물은 충분한 음식을 제공할 것이고, 하늘은 비를 충분히 줄 것이다 (12절). 하나님이 백성에게 요구하시는 것은 그들이 서로 진실을 말하고, 서로 공의롭게 재판하는 것이며 (16절), 서로에게 어떤 악도 행하지 않는 것이다 (17절).

예루살렘 광장에는 다시,
남녀 노인들이
한가로이 앉아서 쉴 것이며,
사람마다 오래 살아
지팡이를 짚고 다닐 것이다.
5 어울려서 노는 소년 소녀들이
이 도성의 광장에 넘칠 것이다.

6 나 만군의 주가 말한다.
그 날이 오면,
살아 남은 백성이
이 일을 보고 놀랄 것이다.
그러나 그것이
나에게야 놀라운 일이겠느냐?
나 만군의 주가 말한다.

7 나 만군의 주가 말한다.
내가 내 백성을 구해
동쪽 땅과 서쪽 땅에서
구원하여 내겠다.
8 내가 그들을 데리고 와서,
예루살렘에서 살게 하겠다.
그들은 나의 백성이 될 것이며,
나는 그들의 하나님이 되어
성실과 공의로 다스리겠다.

9 나 만군의 주가 말한다.
너희는 힘을 내어라!
만군의 주의 집,
곧 성전을 지으려고 기초를 놓던
그 때에 일어난
그 예언자들이 전한 바로 그 말을,
오늘 너희는 듣는다.
10 그 이전에는
사람이 품삯을 받을 수 없었고,
짐승도 제 몫을 얻을 수 없었다.
해치는 사람들 때문에,
문 밖 출입도 불안하였다.
내가 이웃끼리 서로 대적하게
하였기 때문이다.
11 그러나 이제
살아 남은 이 백성에게는,
내가 이전같이 대하지 않겠다.
나 만군의 주가 말한다.
12 뿌린 씨는 잘 자라며,
포도나무는 열매를 맺고,
땅은 곡식을 내고,
하늘은 이슬을 내릴 것이다.
살아 남은 백성에게, 내가,
이 모든 것을 주어서 누리게 하겠다.
13 유다 집과 이스라엘 집은 들어라.
이전에는 너희가 모든 민족에게서
저주받는 사람의 표본이었다.
그러나 이제
내가 너희를 구원할 것이니,
너희는 복 받는 사람의
표본이 될 것이다.
두려워하지 말아라!
힘을 내어라!

8:18-23 제1스가랴서에 적절한 결론 부분이다. **8:19** 유다가 자주권을 잃은 것을 기억하기 위한 행사와 연관되는 금식일이 제시되는데 기원전 518년의 상황과는 매우 비교가 된다. 이는 7:4-5에서 금식과 관련된 질문에 대한 답이다. 예전에 금식하던 날이 이제는 축제의 날이 되었다. **8:20-23** 세상 여러 나라에서 수많은 민족 들과 주민들이 그들의 지도자들과 함께 예루살렘으로 몰려올라와 모든 인류를 하나로 만드시는 한 분이신 하나님의 주권을 알게 된다는 마지막 시대에 대한 생생한 보편주의적인 환상이다. **8:23** *하나님이 너희와 함께 계신다.* 비유대 사람들은 그들이 유대 사람들을 통해 하나님께로 다가갈 수 있다는 것을 알게 될 것이다.

9:1—14:21 9:1-8 이 부분을 시작하는 시 형식의 신탁에는 포로생활 하기 전의 역사가 있다. 이 구절들은 지리적인 것에 중점을 두고 있는데, 이스라엘의 역사적인 본향과 앞으로의 이상적인 이스라엘에 대한 개략적인 모습을 그려내고자 하는 것이다. 또한 역사에 나타난 세 나라의 적들이 언급되고 있는데, *페니키아, 블레셋, 시리아/아람*이 바로 그들이다. 페니키아는 그 대표적인 도시인, *두로와 시돈*(2-4절)으로 나타나고, 시리아/아람은 *다마스쿠스와 하맛* (1-2절), 그리고 블레셋은 그 다섯 도시 중에 네 도시의 이름, 아스글론, 가사, 에그론, 아스돗으로 나타난다 (5절).

9:1 9—11장과 12—14장(그리고 말 1—3장)의 시작 부분에 "주님의 말씀"이라는 단어를 사용하는 것은 이 본문들이 서로 연관되었거나 적어도 열두 권의 책(소예언서)의 최종 편집과 연관되어 있다는 점을 시사한다. 각각의 경우에 주님의 말씀이라는 단어는 신적인 권위를 더 강하게 주장하기 위해 맨 앞부분에 사용되고 있다. **9:3** 어떤 이들은 *요새가* 알렉산더 대왕이 두로를 포위했던 사건을 언급하고 있는 것이라고 보기도 한다. **9:9-10** 이것은 성경 전체에서는 아닐지 몰라도 스가랴서 전체를 통해 가장 기억할 만한 시구들

14 나 만군의 주가 말한다.
너희 조상들이 나를 노하게 하였을 때에, 나
는 너희에게 재앙을 내리기로 작정하고, 또 그 뜻
을 돌이키지도 않았다. 나 만군의 주가 말한다.
15 그러나 이제는, 내가 다시 예루살렘과 유다
백성에게 복을 내려 주기로 작정하였으니, 너희
는 두려워하지 말아라. 16 너희가 해야 할 일은
이러하다.

서로 진실을 말하여라.
너희의 성문 법정에서는
참되고 공의롭게 재판하여,
평화를 이루어라.
17 이웃을 해칠 생각을
서로 마음에 품지 말고,
거짓으로 맹세하기를
좋아하지 말아라.
이 모든 것은,
내가 미워하는 것이다.
나 주가 말한다."

금식에 관한 질문에 답하다

18 만군의 주님께서 나에게 말씀하셨다.
19 "나 만군의 주가 말한다. 넷째 달의 금식일과,
다섯째 달의 금식일과, 일곱째 달의 금식일과,
열째 달의 금식일이 바뀌어서, 유다 백성에게
기쁘고 즐겁고 유쾌한 절기가 될 것이다. 너희는
마땅히 성실을 사랑하고, 평화를 사랑해야 한다.

20 나 만군의 주가 말한다.
이제 곧 세상 여러 나라에서
수많은 민족들과 주민들이
몰려올 것이다.
21 한 성읍의 주민이
다른 성읍의 주민에게 가서
'어서 가서 만군의 주님께 기도하고,
주님의 은혜를 구하자' 하면,
다른 성읍의 주민들도 저마다
'나도 가겠다' 할 것이다.
22 수많은 민족과 강대국이,
나 만군의 주에게 기도하여
주의 은혜를 구하려고,
예루살렘으로 올 것이다.

23 나 만군의 주가 말한다. 그 때가 되면, 말이
다른 이방 사람 열 명이 유다 사람 하나의 옷자락을
붙잡고 '우리가 너와 함께 가겠다. 하나님이 너희와
함께 계신다는 말을 들었다' 하고 말할 것이다."

이다. 이 절들은 9장 전체의 중심부를 형성하고 있는데, 이스라엘의 회복된 땅에 관심이 있는 부분(1-8절)과 이스라엘의 회복된 백성에 관한 부분 (11-17절) 사이에 위치한다. 당연히 메시아적인 왕은 이러한 회복의 드라마에서 중심적인 역할을 한다.

장차 올 의로운 왕에 대한 묘사는 정적이고 수동적인 제1스가랴서의 메시아에 대한 이해(3:8; 4:6; 6:12)와 매우 밀접하게 결합되며, *공의로운* 이라는 명칭은 다윗 왕가의 후손을 가리키는 데 적절한 것이다. *구원을 베푸시*는 이란 용어는 하나님이 왕의 적들에 대하여 거둔 승리가 그를 구원하고, 이로 인해 그가 힘이 있는 것처럼 보이게 된다는 것을 강조한다. 온순*하셔서*는 왕이 가져야할 가장 중요한 요소 중 하나인 겸손을 강조하고 고대 근동의 왕의 행렬을 구성하던 부분이었던 *나귀를 탄* 왕의 모습을 보완한다.

특별 주석

신약성경의 기자(마 21:5; 요 12:15를 보라)는 스갸라의 예언의 형식과 그 원래의 취지를 둘 다 이용한다.

10절의 군사적인 어조 때문에 10절과 9절은 어울리지 않는 것처럼 보이지만, 사실 이것은 장차 전쟁이 사라질 것을 주장하고 있다. 전쟁 도구의 제거(사 2:2-4, 미 4:1-4를 보라)는 장차 올 통치가 그 앞의 것들과 어떻게 다른지를 생생하게 선언하는 것이다.

9:11-17 일단 거룩한 도시의 왕이 지위에 오르면, 하나님은 이스라엘을 구원하시고 복원하실 것이다. **9:11-12** 이스라엘은 포로 상태에서 풀려나게 된다. **9:13-15** 하나님은 이스라엘의 적들 앞에 전사로 나타나셔서 이스라엘을 해방시켜 주신다. 이러한 형상은 포로가 된 자들, 그리고 옥에 갇힌 자들에게 그들의 상황이 반전될 수 있다는 소망을 안겨준다. **9:13** *그리스*는 아마도 이 시기에 있었던 그리스-페르시아의 전쟁에 대한 반영일 것이다. **9:16-17** 일단 하나님이 이스라엘을 구원하신 후에는 엄청난 번영이 이어질 것이다.

10:1-12 온 백성이 시온으로 돌아오게 될 것이라는 도전은 이 장의 핵심사항이다. 의심할 여지없이 유대 사람들의 부분적인 귀환은 예언자가 포로들 중에 남아있는 자들, 특히 북쪽에 거주하던 자들을 구하는데 중요한 역할을 하게 되었다. **10:3-5** 유다는 보통 하나님을 거룩한 전사로 묘사하는 표현법을 가지고 있다. **10:4** *모퉁잇돌*(삿 20:2; 시 118:22; 사 19:13)*과 같은 사람* 그리고 *장막 기둥과 같은 사람* (사 20:20-25). 모퉁잇돌과 장막 기둥과 같은 사람이라는 표현은

이스라엘 이웃 나라들에 대한 심판 경고

9 1 주님께서 경고하신 말씀이다. 주님의 말씀이
하드락 땅에 내리고, 다마스쿠스에 머문다.
이방 사람들과 이스라엘의 모든 지파들이 주님을
바라본다. 2 하드락 가까이에 있는 하맛에도,
매우 지혜롭다고 하는 두로와 시돈에도, 그 말씀
이 내린다. 3 두로가 저를 지킬 요새를 짓고, 티
끌처럼 은을 긁어 모으고, 길거리의 진흙같이 금을
쌓아 놓았지만, 4 주님께서 그들을 쫓아내시며
바다에서 떨치던 그의 힘을 깨뜨리시고, 성읍을
불에 태워 멸하실 것이다. 5 아스글론이 그것을
보고 두려워할 것이며, 가사도 무서워서 벌벌 떨
것이며, 에그론도 희망을 잃고 떨 것이다. 가사에
서는, 왕의 대가 끊길 것이고 아스글론에는 사는
사람이 없어질 것이다. 6 아스돗은 낯선 외국인
들이 차지할 것이다. 주님께서 말씀하신다. "내가
블레셋의 교만을 꺾겠다. 7 내가 그들의 입에
묻은 희생제물의 피를 닦아 주고, 그들이 씹는 역
겨운 제물을 그 입에서 꺼내 주겠다. 그들 가운데
서 남은 자들은, 내 백성이 되어서 유다와 한
가족처럼 되며, 에그론은 여부스 사람처럼 될 것
이다. 8 내가 내 집에 진을 둘러쳐서, 적군이
오가지 못하게 하겠다. 내가 지켜 보고 있으니,
압제자가 내 백성을 침범하지 못할 것이다."

앞으로 올 왕

9 도성 시온아, 크게 기뻐하여라.
도성 예루살렘아, 환성을 올려라.
네 왕이 네게로 오신다.
그는 공의로우신 왕,
구원을 베푸시는 왕이시다.
그는 온순하셔서,
나귀 곧 나귀 새끼인
어린 나귀를 타고 오신다.

10 "내가 에브라임에서 병거를 없애고,
예루살렘에서 군마를 없애며,
전쟁할 때에 쓰는 활도 꺾으려 한다.
그 왕은 이방 민족들에게
평화를 선포할 것이며,
그의 다스림이
이 바다에서 저 바다까지,
유프라테스 강에서
땅 끝까지 이를 것이다.

11 너에게는 특별히,
너와 나 사이에
피로 맺은 언약이 있으니,
사로잡힌 네 백성을
내가
물 없는 구덩이에서 건져 낼 것이다.
12 사로잡혔어도
희망을 잃지 않은 사람들아,
이제 요새로 돌아오너라.

오늘도 또 말한다.
내가 네게 두 배로 갚아 주겠다.
13 유다는 내가 당긴 활이다.
에브라임은 내가 먹인 화살이다.
시온아, 내가 네 자식을 불러 세워서,
그리스의 자식을 치게 하겠다.
내가 너희를 용사의 칼로 삼겠다."

14 주님께서
그의 백성에게 나타나셔서
그의 화살을 번개처럼 쏘실 것이다.
주 하나님이 나팔을 부시며,
남쪽에서
회리바람을 일으키며 진군하신다.
15 만군의 주님께서
백성을 보호하실 것이니,
그 백성이 원수를 섬멸하여
무릿매 돌 던지는 자들을
짓밟을 것이다.
ㄱ)백성은 그들의 피를

ㄱ) 칠십인역을 따름. 히, '백성은 마실 것이며 포도주에 취한 것처럼 소리를 지를 것이다'

모두 새로운 왕에 대한 은유로, 이 왕은 유다—예를 들어, 다윗의 집안—출신일 것이다. **10:8** 하나님이 아브라함에게 하셨던 약속(창 13:14-17)을 암시한다. 풍요로움은 복과 하나님의 임재의 궁극적인 표상이다. **10:9** 북쪽 사람들, 즉 에브라임 사람들은 그들이 많은 다른 민족들 가운데 정착했던 먼 곳에서 구원을 받게 될 것이다. **10:10** 그들은 땅에 성공적으로 정착할 수 있게 됨으로써 살기에 비좁게 되어 이스라엘의 경계 지역을 넘게 될 것이다. **10:11** *고난의 바다를 지나올 때.* 포로들에 대한 하나님의 구원은 새로운 출애굽(출 14:1—15:21)이 될 것이다.

포도주처럼 마실 것이며,
그들은 피가 가득한 동이와도 같고
피로 흠뻑 젖은
제단 뿔과도 같을 것이다.
16 그 날에 주 그들의 하나님이
백성을 양 떼같이 여기시고
구원하셔서,
그들을 주님의 땅에 심으시면,
그들은
왕관에 박힌 보석같이 빛날
17 아, 그들이 얼마나 좋고,
얼마나 아름다운가!
총각들은 햇곡식으로 튼튼해지고
처녀들은
새 포도주로 피어날 것이다

주님께서 구원을 약속하시다

10 1 너희는 봄철에
비를 내려 달라고
주님께 빌어라.
비구름을 일게 하시는 분은
주님이시다.
주님께서
사람들에게 소나기를 주시며,
각 사람에게 밭의 채소를 주신다.
2 드라빔 우상은 헛소리나 하고,
점쟁이는 거짓 환상을 본다.
그들은 꾸며낸 꿈 이야기를 하며,
헛된 말로 위로하니,
백성은 양 떼같이 방황하며,
목자가 없으므로 고통을 당한다.

3 "나의 분노가
목자들에게 불처럼 타오른다.
내가 지도자들을 벌하겠다."

만군의 주님께서
그의 양 무리인
유다 백성을 돌보시고,
전쟁터를 달리는
날랜 말같이 만드실 것이다.
4 유다에서
모퉁잇돌과 같은 사람이 나오고,
그에게서
장막 기둥과 같은 사람이 나온다.
그에게서
전투용 활 같은 사람이 나오고,
그에게서 온갖 통치자가 나온다.
5 그들은 모두 용사와 같이,
전쟁할 때에 진흙탕 길에서
원수를
밟으면서 나아가는 사람들이다.
주님께서 그들과 함께 계시니,
원수의 기마대를
부끄럽게 할 것이다.
6 "내가 유다 족속을 강하게 하고,
요셉 족속을 구원하겠다.
내가 그들을 불쌍히 여기고,
그들을 모두
고향으로 돌아오게 할 것이니,
나에게 버림받은 적이 없는
사람들같이 될 것이다.
나는 주 그들의 하나님이다.
그들이 기도를 할 때마다
응답하겠다.
7 에브라임 사람들은 용사같이 되며,
그들의 마음은
포도주를 마신 듯이 기쁠 것이다.
그들의 아들딸들도
구원을 보고 기뻐할 것이며,
나 주가 한 일을 본 그들의 마음이
즐거울 것이다.
8 내가 휘파람을 불어서
그들을 모으겠다.
내가 이미 그들을 구원하였으니,

11:1-17 9—10장의 희망적인 주제와는 다른 어조의 분명한 변화가 있다. 이러한 점을 볼 때, 극단적으로 말해서 11장이 이 곳에 배치된 것을 이해하기란 어렵다. 11장의 사건들은 9—10장보다 먼저 일어났거나 혹은 전혀 일어나지 않은 것일 것이다. 어쩌면 이러한 국가적인 상처로 인하여 예언적인 비판이 일어났을지도 모른다. **11:1-3** 이 시문으로 된 신탁은 숲의 파괴를 애도하며, 마지막의 시문으로 된 신탁과 균형을 이루게 된다 (11:17에 관한 주석을 보라). 왜 멸망에 관한 비관적인 그림이 나타나는가? 나무들과 목자들의 울부짖음과 사자의 포효소리를 포함하고 있는 이 자료는 애도를 비웃는 것처럼 보인다. 인간인 목자들과 나무들과 사자들 사이의 대조는 드라마틱하게 11:4-16의 지배적인 목자의 상을 예시하게 된다.

11:4-16 이 단락은 11:1-3과 11:17을 보충해 주는 신탁들로 구성되어 있고, 성경 전체에서 보아도

그들이 옛날처럼
다시 번성할 것이다.
9 내가 그들을, 씨를 뿌리듯이,
여러 백성들 가운데 흩어 버려도,
그들은 멀리서도
나를 기억할 것이며,
아들딸과 함께 살아 있다가
돌아오게 될 것이다.
10 내가 그들을
이집트 땅에서 돌아오게 하고,
앗시리아에서도 돌아오게 하겠다.
내가 그들을
길르앗 땅과 레바논으로
데려올 것이니,
그 땅이 살기에 비좁을 것이다.
11 그들이 고난의 바다를 지나올 때에
나 주가
바다 물결의 기세를 꺾을 것이니,
나일 강이
그 바닥까지 다 마를 것이다.
앗시리아의 교만이 꺾일 것이며,
이집트의 왕권도 사라질 것이다.
12 내 백성이
나 주를 힘입어서
강해지도록 하겠다.
그들이 내 이름을 앞세우고,
늠름하게 나아갈 것이다.
나 주의 말이다."

폭군의 멸망

11 1 레바논아, 네 문을 열어라.
불이 네 백향목을
사를 것이다.
2 잣나무야, 통곡하여라.
백향목이 넘어지고,
큰 나무들이 찍힌다.
바산의 상수리나무들아,
통곡하여라.
무성한 삼림이 쓰러진다.
3 목자들이 통곡하는 소리를 들어라.
목자들이 자랑하는
푸른 풀밭이 거칠어졌다.
어린 사자들이
울부짖는 소리를 들어라.
요단 강이 자랑하는
밀림이 거칠어졌다.

두 목자

4 주 나의 하나님이 이렇게 말씀하신다. "너는
잡혀 죽을 양 떼를 먹여라. 5 사람들이 그것들을
사다가 잡아도, 벌을 받지 않을 것이다. 그것들을
팔아 넘긴 자도 '주님을 찬양하세, 내가 부자가 되
었네!' 하고 좋아할 것이다. 그것들을 먹이는 목자
들마저도 그것들을 불쌍히 여기지 않을 것이다.
6 내가 다시는, 이 땅에 사는 사람들을 불쌍히 여
기지 않겠다. 나 주의 말이다. 내가 이 사람들을

매우 이해하기 어려운 단락이다. 제2스가랴서는 보통 정치적인 상징을 위해 목자의 상을 사용하는데, 이는 포로생활 이후의 예언자들이 전통적인 자료를 가지고 재해석할 때 사용하는 전형적인 방법이다. 목자의 모습은 13:7-9에서 그 속편을 찾아볼 수 있다. **11:7** 예언자들은 두 지팡이를 취하는데, 의심할 여지없이 목자가 다닐 때 쓰는 지팡이(겔 37:15-23을 참조하라)이며, 상징적인 행동으로 사용되고 있다. 첫 번째 지팡이는 은총(개역개정도 "은총," NRSV는 "favor, 은혜;" 공동번역은 "귀염둥이")이지만 이는 또한 "기쁨"이라고도 해석할 수 있다. 두 번째 지팡이는 *연합*(공동번역은 "단짝"으로 번역)이며 이것 역시 "일치"라고 해석될 수 있다. "묶인 것들"을 의미하는 두 번째는 종종 *연합*이나 "일치"로 해석된다. 더 선호되는 "연합"이라는 해석은 "우호 관계" 라는 뜻의 어근인 *하발*의 의미에 근거하고 있는데, 이는 서약하는 것과 묶는 것을 포함하며 연합이 깨어졌다는 인식을 강조하는 것이다. **11:10-11** 예언자는 첫 번째 지팡이를 부러뜨리는데, 어쩌면 이는 신적인 은총이 하나님으로부터 거두어졌다는 것을 의미할 것이다. **11:12-13** 목자로서의 예언자는 양을 거래하는 상인에게 품삯을 요구하고 그들은 그에게 이를 지불한다. 그리고 그는 그 돈을 성전에 맡긴다. 그의 양 떼와 백성을 지켜야 하는 목자/예언자가 오히려 그들을 도살되도록 팔았다는 것은 풍자가 된다. **11:13** 은 *삼십 개.* 이는 노예가 소에 받혀 죽었을 때 그 보상으로 노예 주인이 받게 되는 것(출 21:32)과 같은 양이다.

특별 주석

마태는 그의 수난설화(마 26:14-16; 27:3-10)에서 이 예화를 암시해 준다. 은 삼십 개가 유다에게 지급되는데, 그는 이것을 성전에 던져버린다. 성전의 제사장들은 이 돈으로 "토기장이의 밭"을 사는 데 사용한다. *금고* (*treasury*)라고 해석된 단어는 히브리어로 "토기장이"를 의미한다.

이웃 나라와 그 이웃 왕에게 넘겨 주겠다. 이웃 나라가 그 땅에 사는 사람들을 쳐부수어도, 내가 그들을 이웃 나라의 손에서 구출하지 않겠다."

7 나는 잡혀 죽을 양 떼를 돌보았다. 특별히 떼 가운데서도 억압을 당하고 있는 양 떼를 돌보았다. 나는 지팡이 두 개를 가져다가, 하나는 '은총'이라고 이름을 짓고, 다른 하나는 '연합'이라고 이름을 지었다. 나는 양 떼를 돌보기 시작하였다.
8 나에게는 목자 셋이 있는데, 나는 그들이 하는 일을 더 이상 참고 볼 수 없었다. 그들도 또한 나를 미워하였으므로, 나는 한 달 안에 그 세 목자를 다 해고하였다. 9 그런 다음에 나는 양 떼에게 말하였다. "나는 더 이상, 너희를 돌보는 목자 노릇을 하지 않겠다. 죽을 놈은 죽고, 망할 놈은 망하여라. 그러고도 남는 것들은 서로 잡아먹어라."

10 그런 다음에 나는 '은총'이라고 부르는 지팡이를 가져다가 둘로 꺾어서, 내가 모든 민족과 맺은 언약이 취소되게 하였다. 11 그 언약은 바로 그 날로 취소되었다. 양 떼 가운데서 괴로움을 당하던 양들은 나의 행동을 보고서, 주님께서 말씀하고 계시다는 것을 깨달았다.

12 내가 그들에게 말하였다. "너희가 좋다고 생각하면, 내가 받을 품삯을 내게 주고, 줄 생각이 없으면, 그만두어라." 그랬더니 그들은 내 품삯으로 은 삼십 개를 주었다.

13 주님께서 내게 말씀하셨다. "그것을 토기장이에게 던져 버려라." 그것은 그들이 내게 알맞은 삯이라고 생각해서 쳐 준 것이다. 나는 은 삼십 개를 집어, 주의 성전에 있는 토기장이에게 던져 주었다. 14 그런 다음에 나는 둘째 지팡이 곧 '연합'이라고 부르는 지팡이를 꺾어서, 유다와 이스라엘 사이에 형제의 의리가 없어지게 하였다.

15 주님께서 다시 나에게 말씀하셨다. "너는 이번에는 쓸모 없는 목자로 분장하고, 그 구실을 하여라. 16 내가 이 땅에 한 목자를 세우겠다. 그는 양을 잃어버리고도 안타까워하지 않으며, 길 잃은 양을 찾지도 않으며, 상처받은 양을 고쳐 주지도 않으며, 튼튼한 양을 먹이지 않아서 야위게 하며, 살진 양을 골라서 살을 발라 먹고, 발굽까지 갉아 먹을 것이다.

17 양 떼를 버리는 쓸모 없는 목자에게
재앙이 닥칠 것이다.
칼이 그의 팔과 오른 눈을
상하게 할 것이니,
팔은 바싹 마르고,
오른 눈은 아주 멀어 버릴 것이다."

11:14 예언자는 그가 두 번째 지팡이를 부러뜨리는 것을 통해 북왕국 이스라엘과 남왕국 유다 사이의 분열을 상징한다.

11:17 이 결론은 하나님의 계획이 진행되도록 하지 않는 타락한 예언자들의 탐탁치 못한 현실을 묘사하고 있다. 이렇게 탐탁치 못함에도 불구하고, 그 전망은 낙관적인데 이는 사회의 병적 현상에 대해 책임 있는 자들이 힘을 잃게 될 것이라는 것이 선포되고 있기 때문이다. 그가 돌보는 무리에 관심을 갖지 않는 목자/예언자/정치적 지도자는 반드시 눈이 멀 것이며, 그의 권력은 시들어버릴 것이다.

12:1—14:21 **12:1** 9:1을 보라. **12:2-11** 이방 민족과 유다에 관한 이러한 신탁들에 대한 해석에는 문제가 있다. 예언자 자신의 사회정치적 세계가 그의 말들에 영향을 준다. 한편, 본문의 미래적 경향성은 *그 날에*라는 표현의 반복적 사용(12:3-4, 6, 8-9, 11)을 통해 고조되지만 이로 인해 유다의 역사적인 과거, 특히 다윗의 집안(7-8, 10절)에 관련된 참고 자료들은 여기저기 흩어지게 되었다. 기원전 5세기 작은 규모의 유다 왕국을 고려해 보았을 때, 이 다듬어지지 않은 거친 언어들은 그 당시의 반란과 연관되어 있을 것이다. 반면에, 유다와 예루살렘은 큰 힘을 가진 사람의 손에 있는 *잔* (2절)과 무거운 *바위* (3절)이다.

다윗 가문은 스룹바벨이나 혹은 그의 딸 슬로밋(기원전 510-490년)과 함께 다시 재개되었으나, 다윗의 집안은 더 이상 유다를 통치하는데 관여하지 않았다. 이것은 7-10절에서 정해져 있지 않은 미래에 유다가 통치하게 될 종말론적으로 강조하는 것을 설명하는 것 같다. **12:10-11** 앞으로의 왕정 관료정치는 인도적이고 너그러운 통치로 변할 것이며, 과거에 예언자들을 학대했던 통치자들은 깊은 후회를 하게 될 것이다. **12:10** 포로생활 후기 유다에서는 정치적 당파주의에 기초하여 *그들이 찔러 죽인 그가* 역사적으로 누구인지에 관한 여러 이론들이 많이 있었지만, 이러한 긴장은 예언자 집단들 사이에서도 역시 존재했다 (13:3에서 "찔러 죽일 것"이 사용된 것을 보라). **12:11** *하다드 림몬*. 아마도 전통적으로 전해져 내려오는 이야기, 즉 풍요의 신 바알/하다드가 여름이 끝나면서 지하세계로 들어가는 것을 애도하는 의례와 관련 있을 것이다. 애도의 의례는 이른 비에 이어서 다가오는 가을에 바알이 귀환하도록 하는데 도움을 주는 것이었던 같다.

12:12-14 *나단의 집안*. 다윗의 아들을 대표하던 나단(삼하 5:14; 대상 3:5; 14:4)은 다윗의 집안, 즉 왕의 혈통과 관련된다. *레위 집안의 가족들과 시므이 집안의 가족들*. 이들은 제사장 혈통과 관련된다 (출 6:17; 민 3:21). *그 집안 여인들*. 이 여인들에 대한 특정한

예루살렘의 구원

12 1 주님의 말씀이다. 이것은 이스라엘을
두고 하신 주님의 경고의 말씀이다. 하늘
을 펴신 분, 땅의 기초를 놓으신 분, 사람 안에 영
을 만들어 주신 분께서 말씀하신다.
2 "이제, 내가 예루살렘을 잔으로 만들어 주
변의 모든 민족을 취하게 하고, 비틀거리게 하겠
다. 예루살렘이 포위를 당하는 날에는, 유다의 여
러 성읍들도 다 포위를 당할 것이다. 3 그 날에,
세상 모든 이방 민족이 예루살렘에 대항하여 집결
할 때에, 내가 예루살렘을 바위가 되게 할 것이니,
모든 민족이 힘을 다하여 밀어도 꿈쩍도 하지 않
을 것이다. 그 바위를 들어올리려고 하는 자는, 누
구든지 상처를 입을 것이다. 4 그 날에, 내가 모
든 말을 쳐서 놀라게 하며, 말탄 자를 쳐서 미치
게 할 것이다. 나 주가 하는 말이다. 내가 유다 백
성은 지켜 돌보겠지만, 모든 이방 민족이 부리는
말들은 쳐서 눈이 멀게 하겠다. 5 그러면 유다의
지도자들은 속으로 '예루살렘에 사는 사람들이,
그들의 하나님 만군의 주님을 힘입어서 강하게 되
었다' 할 것이다. 6 그 날에 내가, 유다의 지도
자들을, 나뭇단 사이에 놓인 과열된 도가니처럼,
곡식단 사이에서 타는 횃불처럼 만들겠다. 그들이
주변의 모든 민족을 좌우로 닥치는 대로 불사를
것이다. 그러나 예루살렘은 다치지 않고 제자리에
그대로 남아 있을 것이다.
7 나 주가 유다의 거처를 먼저 구원해 주겠다.
다윗 집안의 영광과 예루살렘에 사는 주민의 영광
이 아무리 크다 하여도, 유다의 영광보다 더 크지는
않을 것이다. 8 그 날에 나 주가 예루살렘에 사는
주민을 보호할 것이니, 그들 가운데 가장 연약한 사
람도 그 날에는 다윗처럼 강하게 될 것이다. 다윗
집안은 하나님처럼, 곧 백성을 인도하는 주의 천사
처럼, 그렇게 백성을 인도할 것이다.
9 그 날이 오면, 내가, 예루살렘을 치러 오는
모든 이방 나라를 멸망시키고 말겠다. 10 그러
나 내가, 다윗 집안과 예루살렘에 사는 사람들에
게 '은혜를 구하는 영'과 '용서를 비는 영'을 부어
주겠다. 그러면 그들은, 나 곧 그들이 찔러 죽인
그를 바라보고서, 외아들을 잃고 슬피 울듯이 슬
피 울며, 맏아들을 잃고 슬퍼하듯이 슬퍼할 것이
다. 11 그 날이 오면, 예루살렘에서 슬프게 울
것이니, 므깃도 벌판 하다드 림몬에서 슬퍼한 것
처럼 기막히게 울 것이다. 12 온 나라가 슬피 울
것이다. 가족마다 따로따로 슬피 울 것이다. 다윗
집안의 가족들도 따로 슬피 울 것이며, 그 집안 여
인들도 따로 슬피 울 것이다. 나단 집안의 가족들
도 따로 슬피 울 것이며, 그 집안의 여인들도 따
로 슬피 울 것이다. 13 레위 집안의 가족들이 따
로 슬피 울 것이며, 그 집안 여인들도 따로 슬피
울 것이다. 시므이 집안의 가족들이 따로 슬피 울
것이며, 그 집안 여인들도 따로 슬피 울 것이다.
14 그 밖에 남아 있는 모든 집안의 가족들도 따
로 슬피 울 것이며, 각 집안의 여인들도 따로 슬
피 울 것이다."

13 1 "그 날이 오면, 샘 하나가 터져서, 다
윗 집안과 예루살렘에 사는 사람들의 죄
와 더러움을 씻어 줄 것이다.
2 그 날이 오면, 내가 이 땅에서 우상의 이름
을 지워서, 아무도, 다시는 그 이름을 기억하지 못
하도록 하겠다. 나 만군의 주가 하는 말이다. 나
는 또 예언자들과 더러운 영을 이 땅에서 없애겠

언급은 그들의 역할이 전문적으로 애도하는 사람들이 었음을 나타내 주는 것이다. 그들은 또한 국가 지도층의 악행에 대한 주의를 환기시킨다.

13:1 왕의 집안에 대한 정결과 정화는 다가올 세대에 그것이 회복될 것을 준비하는 것이다. 예루살렘에 있는 *샘*은 예루살렘에 대한 신화적인 인식, 즉 전 우주의 중심으로 여기도록 이끄는데, 그 곳의 물은 미래의 지도층은 더 이상 부패하지 않을 것을 확증하는 것(시 46; 겔 47)이기 때문이다.

13:2-6 이 절들은 거짓 예언의 종말을 선언하고, 이것이 제2스가랴서에서 제일 큰 문제가 되었던 중심 주제임을 다시 한 번 보여준다 (10:1-2; 11; 12:10-11). **13:2** 두 종류의 거짓 예언이 있는데, 우상은 예언자들이 다른 신들에게 부르짖도록 하는 것이고, 주의 진실한 뜻이 담기지 않고 오히려 *더러운 영*을 만들어내는 예언이다. 하나님은 이러한 행태들을 끝내실 것이다. **13:3** 아버지들과 어머니들은 거짓으로 예언하는 그의 자손을 *찌르도록* (12:10을 보라) 요청받을 것이다. 거짓 예언에 대한 제2스가랴서의 통렬한 비난은 그 시대를 향한 것으로, 제2성전의 후기에는 그러한 예언자들이 많았다.

13:7-9 **13:7** 이 절은 살해되거나 폭행당한 목자에 대한 이미지로 돌아가고 있다 (11:17을 보라). 사용하는 단어가 11:17과 다르기 때문에, *목자에* 대한 다른 의미가 있을 가능성이 있다. 여기서 사용하는 *목자*는 아마도 다윗 계열의 통치자(만약 13:1과 연관된다면)를 나타내는 것일 것이다. **13:8-9** 그 땅에 남아서 포로생활을 하지 않았던 자들(13:8, 삼분의 일)은 금속이

다. 3 그런데도 누가 예언을 하겠다고 고집하면,
그를 낳은 아버지와 어머니가 그 자식에게 말하기
를 '네가 주님의 이름을 팔아서 거짓말을 하였으
니, 너는 살지 못한다' 한 다음에, 그를 낳은 아버
지와 어머니는, 아들이 예언하는 그 자리에서 그
아들을 찔러 죽일 것이다. 4 그 날이 오면, 어느
예언자라도, 자기가 예언자 행세를 하거나 계시
를 본 것을 자랑하지 못할 것이다. 사람들에게 예
언자처럼 보이려고 걸치는, 그 거친 털옷도 걸치
지 않을 것이다. 5 그러고는 기껏 한다는 소리가
'나는 예언자가 아니다. 나는 농부다. 젊어서부터
남의 머슴살이를 해왔다' 할 것이다. 6 어떤 사
람이 그에게 '가슴이 온통 상처투성이인데, 어찌
된 일이오?' 하고 물으면, 그는 '친구들의 집에서
입은 상처요' 하고 대답할 것이다."

하나님의 목자를 죽이라는 명령

7 "칼아, 깨어 일어나서,
내 목자를 쳐라.
나와 사이가 가까운 그 사람을 쳐라.
나 만군의 주가 하는 말이다.
목자를 쳐라.
그러면 양 떼가 흩어질 것이다.
나 또한 그 어린 것들을 칠 것이다.
8 내가 온 땅을 치면,
삼분의 이가 멸망하여 죽고,
삼분의 일만이 살아 남게 될 것이다.
나 주가 하는 말이다.
9 그 삼분의 일은
내가 불 속에 집어 넣어서
은을 단련하듯이 단련하고,
금을 시험하듯이 시험하겠다.
그들은 내 이름을 부르고,
나는 그들에게 응답할 것이다.
나는 그들을
'내 백성'이라고 부르고,
그들은 나 주를
'우리 하나님'이라고 부를 것이다."

예루살렘과 이방 나라들

14 1 주님의 날이 온다.
그 날이 오면,
약탈자들이
너희 재산을 약탈하여다가,
너희가 보는 앞에서
그것을 나누어 가질 것이다.

2 "내가 모든 이방 나라를 모아서,
예루살렘과 싸우게 하겠다.
이 도성이 함락되고,
가옥이 약탈당하고,
여자들이 겁탈당하고,
이 도성의 주민이
절반이나 사로잡혀 갈 것이다.
그러나 이 도성 안의 나머지 백성은
살아 남을 것이다."
3 주님께서 나아가셔서,
이방 나라들과 싸우실 것이다.
전쟁 때에
싸우시던 것처럼 하실 것이다.
4 그 날이 오면,
주님께서 예루살렘 맞은편 동쪽,
올리브 산 위에
발을 디디고 서실 것이다.

단련되듯이 정결케 될 것이고, 하나님과 이스라엘의 특별한 관계에 대하여 알게 될 것이다.

14:1-5 초점이 되고 있는 부분은 이제 앞선 신탁들에서 초점이 되었던 이스라엘의 다른 다양한 공동체라기보다는 예루살렘 자체이다. **14:1** *주님의 날이 온다.* 파괴의 날은 13:7-9에서 채택되었던 주제이다. 이 날은 의심할 여지없이 종말론적인 사건의 무대가 된 파괴와 포로생활이라는 상처와 연관되어 있다. 실제적인 귀환과 성전의 재건을 경험한 제1스가랴서의 긍정적인 관점은 이방 나라에 의해 통치를 받는 지속적인 현실을 인정하는 방향으로 변했다. **14:2** 새로운 미래는 대지진이 나타날 것이며, 하나님이 거룩한 도성을 보호하실 마지막 때가 올 것을 기대하게 될 것이다.

14:6-11 예루살렘의 회복은 하나님이 충분한 물과 풍족한 작물을 얻는데 필요한 다른 조건들을 공급하심으로써 분명히 확실하게 이루어질 것이다. **14:9** 예전적인 부분으로, 이러한 변화들이 바로 하나님의 보편적인 통치와 연결되어 있다는 것을 암시한다.

14:12-15 마지막 때에 적의 군대(12절)와 그들의 가축들(15절)을 파멸시킬 전염병에 대한 묘사가 자세하게 나와 있다. 게다가, 공황은 사람들을 압도할 것이며 (13절), 혼란으로 인해 군대가 서로가 서로를 죽일 것이다. 적의 도시들은 약탈당하게 되며, 그들은 패배할 것이다 (14절).

14:16-21 마지막 전투에서 살아남은 자들이 궁극적으로 해야 하는 것은 하나님께 나아가 그에게 경배

그러면 올리브 산은
한가운데가 갈라져서
동서로 뻗은
깊고 넓은 골짜기가 생길 것이다.
산의 반쪽은 북쪽으로
다른 반쪽은
남쪽으로 옮겨질 것이다.

5 그 산 골짜기는 아셀까지 미칠 것이다.
너희는 유다 왕 웃시야 때에, 지진을 만나 도망간
것 같이, 주님의 산 골짜기로 도망할 것이다.

주 나의 하나님이 오신다.
모든 천군을 거느리시고
너희에게로 오신다.

6 그 날이 오면,
햇빛도 차가운 달빛도 없어진다.
7 낮이 따로 없고 밤도 없는
대낮만이 이어진다.
그 때가 언제 올지는
주님께서만 아신다.
저녁때가 되어도,
여전히 대낮처럼 밝을 것이다.
8 그 날이 오면,
예루살렘에서 생수가 솟아나서,
절반은 ㄱ)동쪽 바다로,
절반은 ㄴ)서쪽 바다로 흐를 것이다.
여름 내내, 겨울 내내,
그렇게 흐를 것이다.

9 주님께서
온 세상의 왕이 되실 것이다.
그 날이 오면,
사람들은 오직
주님 한 분만을 섬기고,
오직 그분의 이름 하나만으로
간구할 것이다.

10 게바에서 예루살렘 남쪽 림몬까지, 온 땅
이 아라바처럼 평평해질 것이다. 그러나 예루살
렘은 우뚝 솟아 있으므로, '베냐민 문'에서부터 '첫
대문'이 서 있는 지점을 지나서 '모퉁이 문'까지,
또 '하나넬 망대'에서 왕실의 포도주 짜는 곳까지,
제자리에 그대로 남을 것이다. 11 백성이 다시
예루살렘에 자리 잡을 것이다.

다시는 멸망하는 일이 없을 것이다. 예루살렘
은 안전하게 살 수 있는 곳이 될 것이다.

12 예루살렘을 치러 오는 모든 민족을, 주님
께서 다음과 같은 재앙으로 치실 것이다. 그들이
제 발로 서 있는 동안에 살이 썩고, 눈동자가 눈
구멍 속에서 썩으며, 혀가 입 안에서 썩을 것이다.

13 그 날이 오면,
주님께서 보내신 크나큰 공포가
그들을 휩쌀 것이다.
그들은 서로 손을 잡고,
저희들끼리 손을 들어서 칠 것이다.

ㄱ) 또는 '사해' ㄴ) 또는 '지중해'

하는 것(8:20-23의 주제의 반복)이며 초막절을 지키는 것이다 (16절). 초막절이 지켜야 할 특별한 절기라고 강조하는 것은 이것이 순례가 이루어지는 세 절기 중에서도 중요한 위치를 차지하고 있음을 보여주는 것이다. 이 절기와 주께 예배하는 것에 이교도들이 포함된다는 것은 하나님의 보편적인 통치를 강조하는 것이다. 17-19절은 하나님이 이러한 것들에 참여하지 않는 이방인들을 벌하실 것을 시사한다.

특별 주석

제1스가랴서와 같이 제2스가랴서도 모든 민족을 보편적으로 포용하고 받아들이는 것에 대한 기록으로 끝난다. 마지막 때에, 거룩함은 이스라엘의 땅에 충만하게 퍼져서 남아있던 가나안 사람들 모두 이스라엘 사람들처럼 될 것이다. 두 가지 세속적인 대상들이 마지막 시대의 근본적인 변화를 보여준다. 권력의 상징인 말은 *주께 거룩하게 바친 것*이라는 문구가 말방울에 새겨지게 될 것이며, 모든 백성은 몰려와 요리를 할 것이다 (20-21절). 이제 더 이상 성스러운 것과 세속적인 것 사이의 경계는 없을 것이다. 모든 것이 그리고 모든 사람이 주를 향한 보편적인 예배에 참여하게 된다.

14 유다 사람들도 예루살렘을 지키려고,
침략자들과 싸울 것이다.
그들은 주변 모든 이방 나라의 재물
곧 은과 금과 의복을
마구 차지할 것이다.
15 말과 노새와 낙타와 나귀 할 것 없이,
적진에 있는 모든 짐승에게도,
적군에게 내린 이같은 재앙이
내릴 것이다.
16 예루살렘을 치러 올라온
모든 민족 가운데서
살아 남은 사람들은,
해마다 예루살렘으로 올라와서
왕이신 만군의 주님께 경배하며,
초막절을 지킬 것이다.

17 이 세상의 어느 백성이라도, 예루살렘에
올라와서 왕이신 만군의 주님께 경배하지 않으
면, 그들의 땅에는 비가 내리지 않을 것이다.
18 이집트 백성이 예루살렘으로 올라와서 어울
리지 않으면, 그들의 땅에도 비가 내리지 않을 것
이다. 주님께서는 초막절을 지키러 올라오지 않
은 이방 나라들에게 내리실, 그 똑같은 재앙을 그
들에게도 내리실 것이다. 19 이것은 초막절을
지키러 올라오지 않은 이집트 사람과 모든 이방
민족이 받을 벌이다.

20 그 날이 오면, 말방울에까지 '주님께 거
룩하게 바친 것'이라고 새겨져 있을 것이며, 주님
의 성전 안에 있는 모든 솥이, 제단 앞에 있는 그
릇들과 같이 거룩하게 될 것이다. 21 예루살렘
과 유다에 있는 모든 솥도 만군의 주님께 거룩하
게 바친 것이 되어, 제사를 드리는 사람들이 와서,
그 솥에 제물 고기를 삶을 것이다. 그 날이 오면,
만군의 주님의 성전 안에 다시는 ㄱ)상인들이 없을
것이다.

ㄱ) 히, '가나안 사람들이'

말라기서

유대교 성경과 그리스도교 성경에서는 말라기서가 예언서 중에서 맨 마지막에 배치되어 있다. 세 부분으로 구분되어 있는 유대교 성경에서는 말라기서 다음에 성문서가 이어지지만, 그리스도교의 정경의 순서(예언서들은 구약의 마지막에 위치하는데 이는 예언자들이 예수님에 대하여 예시를 한 것을 강조하기 위함이다)에 따르면, 말라기서 다음에는 마태복음이 이어진다. 기독교 성경에서 4:1-6으로 표시된 부분이 히브리어 성경에서는 3:19-24로 표시되어 있다.

말라기서에는 저자에 대한 어떠한 정보도 없다. "나의 사자" 라는 의미를 지닌 말라기라는 이름조차도 3:1에 묘사된 인물로부터 나온 것 같다. 말라기가 명확한 연대의 단서를 제공해 주지는 않지만, 보통 페르시아 시대에 기록된 것으로 여겨지는데, 말라기가 성전이 기능하고 있음을 가정하고, "통치자"(1:8)를 언급하며, 대부분의 학자들의 의견에 따르면, 에스라와 느헤미야가 관심을 두었던 혼혈혼인에 대해 다루고 있기 때문이다. 본서는 올바른 제사를 주장하며 레위 족속에 대하여 높은 관심을 표명하는데 (2:4-6), 이는 성전이 그들의 공동체에서 새로운 중요성을 확보했던 포로 후기 시대와 잘 들어맞는다.

말라기서의 문체에 대해서는 논쟁이 많다. 종종 속사포 같은 대화 속에서 하나님과 백성은 그들 상호간에 맺은 언약의 의무를 간과하거나 무시했다고 서로를 고발한다. 백성들이 하려고 하는 질문은 '공의롭게 재판하시는 하나님이 어디에 계시는가?'(2:17)로, 이 질문은 3:1에서 앞으로 올 특사에 대한 약속으로 답변이 이루어진다. 앞으로 올 시대에 대해 옹호하는 목소리를 내는 예언자적 전통에서, 말라기서는 하나님이 제사장직을 회복하시고, 3:18에서 의인과 악인을 구분하는 때를 묘사하고 있다.

말라기서의 내용은 다음과 같다. 성경본문에 따라 세밀하게 조사할 필요가 있는 주석은 이 개요를 따를 것이며, 명확성을 기하기 위하여 더 보충하여 상세하게 설명될 것이다.

Ⅰ. 표제, 1:1
Ⅱ. 백성과 하나님이 사랑에 대하여 논쟁함, 1:2-5
Ⅲ. 제사장과 하나님이 공경에 대하여 논쟁함, 1:6—2:9
Ⅳ. 백성과 하나님이 "조상들의 언약을 욕되게 함"에 대하여 논쟁함, 2:10-16
Ⅴ. 백성과 하나님이 하나님의 공의에 대하여 논쟁함, 2:17—3:5
Ⅵ. 백성과 하나님이 빈곤함과 풍요로움에 대하여 논쟁함, 3:6-12
Ⅶ. 백성과 하나님이 하나님을 섬기는 일의 가치에 대하여 논쟁함, 3:13—4:3 [히브리 성경 3:13-21]
Ⅷ. 율법과 예언자와 연결되는 종언, 4:4-6 [히브리 성경 3:22-24]

줄리아 엠 오브라이언 (Julia M. O'Brien)

1 1 다음은 주님께서 ㄱ)말라기를 시켜 이스라엘
백성에게 경고하신 말씀이다.

주님께서 이스라엘을 사랑하시다

2 "나는 너희를 사랑한다.
나 주가 말한다.
그러나 너희는,
'주님께서
우리를 사랑하신다는 증거가
어디에 있습니까?' 하고 묻는다.
에서는 야곱의 형이 아니더냐?
나 주가 말한다.
그런데도 내가 야곱은 사랑하고,
3 에서는 미워하였다.
에서가 사는 언덕은
벌거숭이로 만들고,
그가 물려받은 땅은
들짐승들에게 넘겨 주었다.
4 에서의 자손인 에돔이,
'비록 우리가 쓰러졌으나,
황폐된 곳을 다시 세우겠다'
하고 장담하지만,
나 만군의 주가 말한다.
세울 테면 세워 보라고 하여라.
내가 기어이 헐어 버리겠다.
'악한 나라,
주에게 영원히 저주받은 백성'
이라고 불릴 것이다.
5 너희가 이것을 직접 보고,
'주님은 이스라엘 나라 밖에서도
높임을 받으신다' 하고
고백할 것이다."

제사장들의 죄

6 "아들은 아버지를 공경하고
종은 제 주인을 두려워하는 법인데,
내가 너희 아버지라고 해서
너희가 나를
공경하기라도 하였느냐?
내가 너희 주인이라고 해서
너희가 나를
두려워하기라도 하였느냐?
나 만군의 주가 말한다.
제사장들아, 너희가 바로
내 이름을 멸시하는 자들이다.
그러나 너희는,
'우리가 언제
주님의 이름을 멸시하였습니까?'
하고 되묻는다.
7 너희는 내 제단에
더러운 빵을 바치고 있다.
그러면서도 너희는,
'우리가 언제
제단을 더럽혔습니까?'
하고 되묻는다.
너희는 나 주에게
아무렇게나 상을 차려 주어도
된다고 생각한다.
8 눈먼 짐승을 제물로 바치면서도
괜찮다는 거냐?
절뚝거리거나 병든 짐승을
제물로 바치면서도 괜찮다는 거냐?
그런 것들을

ㄱ) '나의 특사'

1:1 다른 예언서들과 같이, 말라기서는 예언자와 앞으로 나올 자료를 제시하는 표제로 시작하는데, 구체적인 정보는 거의 없다. 여기서 "주님께서 하신 말씀"으로 번역되는 단어는 히브리어로 *마싸*인데, 마싸는 문자 그대로 "무거운 짐"을 의미한다. 똑같은 용어를 합 1:1; 슥 9:1; 12:1; 그리고 이방 나라들에 대한 확장된 비판을 하고 있는 사 13—23장 등에서 예언자에게 주신 말씀들 속에서 찾아볼 수 있다.

1:2-5 하나님께서 자신을 사랑하지 않는다는 백성의 주장에 대해서, 하나님은 역사적으로 유다의 적이었던 에돔이 이제는 황폐해졌다는 사실을 지적한다. 에돔과 유다는 그들의 조상, 즉 경쟁하던 쌍둥이 에서와 야곱(창 25장)으로 연결되어 있다. 롬 9:13을 통해 이어지는 것과 같이, 일부 그리스도인들은 말 1:2-3을 예정설을 지지하는 구절로 본다.

1:6—2:9 부모로서의 이미지가 앞에서부터 계속 이어지면서, 예언자는 하나님께서 제사장들에 대하여 불만을 가지고 있음을 전하고 있다. 제사장들은 하나님의 자녀로서 존경받을 수 없다는 것이다. 제사장들이 성전의 제단 위에 정결하지 못한 부정한 제물(레 22:22와 신 17:1에서 금지된 것)을 바친다는 것은 그들이 페르시아의 통치자에 비해 하나님을 그리 두려워하고 있지 않음을 시사한다.

1:11 그리스도교 해석사에서, 이 단락은 때때로 이방 민족 가운데서 하나님을 높이는 것으로 이해되곤 했다. 그러나 문학적인 정황으로 볼 때, 하나님의 보편

너희 총독에게 바쳐 보아라.
그가 너희를 반가워하겠느냐?
너희를 좋게 보겠느냐?
나, 만군의 주가 말한다.

9 제사장들아,
이제 너희가 하나님께
'우리에게 은혜를 베풀어 주십시오'
하고 간구하여 보아라.
이것이 너희가 으레 하는 일이지만,
하나님이 너희를 좋게 보시겠느냐?"

백성이 하나님을 배신하다

"나 만군의 주가 말한다.
10 너희 가운데서라도 누가
성전 문을 닫아 걸어서,
너희들이 내 제단에
헛된 불을 피우지
못하게 하면 좋겠다!
나는 너희들이 싫다.
나 만군의 주가 말한다.
너희가 바치는 제물도
이제 나는 받지 않겠다.

11 해가 뜨는 곳으로부터 해가 지는 곳까지,
내 이름이 이방 민족들 가운데서 높임을 받을 것
이다. 곳곳마다, 사람들이 내 이름으로 분향하며,
깨끗한 제물을 바칠 것이다. 내 이름이 이방 민족
들 가운데서 높임을 받을 것이기 때문이다. 나 만
군의 주가 말한다. 12 그런데 너희는, '주님께
차려 드리는 상쯤은 더러워져도 괜찮아!' 하면서,
너희들도 싫어하는 음식을 제물이라고 그 위에 바
치니, 너희는 지금 내 이름을 더럽히고 있다.
13 너희는 또 '이 얼마나 싫증나는 일인가!' 하고
말하며, 제물을 멸시한다. 나 만군의 주가 말한
다. 너희가 훔쳤거나 절뚝거리거나 병든 짐승을
제물이라고 가지고 오니, 내가 그것을 너희에게
서 달갑게 받겠느냐? 나 주가 말한다.
14 자기 짐승 떼 가운데 좋은 수컷이 있어서,
그것을 바치기로 맹세하고서도, 흠 있는 것으로
바치며 속이는 자는 저주를 받을 것이다. 나는 큰
임금이다. 나 만군의 주가 말한다. 이방 민족들까
지도 내 이름을 두려워한다."

제사장들에 대한 훈계의 말씀

2 1 "제사장들아,
이제 이것은 너희에게 주는
훈계의 말이다.
2 너희가 나의 말을 명심하여 듣지 않고서,
내 이름을 존귀하게 여기지 않으면, 내가 너희에
게 저주를 내려서, 너희가 누리는 복을 저주로 바
꾸겠다. 나 만군의 주가 말한다. 너희가 받은 복
을 내가 이미 저주로 바꾸었으니, 이것은 너희가
내 말을 명심하지 않았기 때문이다.

3 나는, 너희 때문에
너희 자손을 꾸짖겠다.
너희 얼굴에 똥칠을 하겠다.
너희가 바친 희생제물의 똥을
너희 얼굴에 칠할 것이니,
너희가 똥무더기 위에
버려지게 될 것이다.
4 내가 레위와 맺은 언약을
파기하지 않으려고
이 훈계를 주었다는 것을,
그 때에 가서야
너희가 비로소 알게 될 것이다.
나 만군의 주가 말한다.
5 내가 레위와 맺은 언약은,
생명과 평화가 약속된 언약이다.
나는 그가 나를 경외하도록
그와 언약을 맺었고,
그는 과연 나를 경외하며
나의 이름을 두려워하였다.
6 그는 늘 참된 법을 가르치고
그릇된 것을 말하지 않았다.

적인 능력과 권세를 보여줌으로써 제사장들이 대충 아무렇게나 하나님을 섬기는 것이 얼마나 어리석은 일인지를 강조하고 있다. **2:1-3** 그들의 행위와 태도 때문에, 제사장들은 곧 그들의 직임을 상실하게 될 것이다. 하나님은 그들이 축복을 하고 저주를 승인할 자격(민 6:23-27; 신 10:8)을 박탈할 것이고, 또한 그들은 그들의 얼굴에 똥을 칠하게 됨(출 29:14; 레 4:11)으로 모욕과 함께 제의적 불순함을 모두 경험하게 될 것이다. 성전에서 쫓겨나게 되므로, 그들은 하나님의 임재로부터 멀리 떨어지게 될 것이다. **2:4-6** 현재 제사장들이 존경받지 못하는 행위가 과거 이스라엘의 이상적인 제사장이었던 레위 사람들과 비교되고 있다. 비록 구약성경 어떤 부분에서도 레위 사람과의 언약을 언급하고 있는 곳은 없지만, 레위 사람을 교사이자 제사장으로 묘사함으로써 비슷한 사상을 보여주는 신 33:8-11과 영구적인 제사장직을 비느하스에게 부여하는 민 25:11-13

그는 나를 불편하게 하지 않고
나에게 늘 정직하였다.
그는 또한 많은 사람들을 도와서,
악한 길에서 돌아서게 하였다.

7 제사장의 입술은
지식을 지켜야 하겠고,
사람들이 그의 입에서
율법을 구하게 되어야 할 것이다.
제사장이야말로
만군의 주 나의 특사이기 때문이다.
8 그러나 너희는 바른 길에서 떠났고,
많은 사람들에게
율법을 버리고
곁길로 가도록 가르쳤다.
너희는
내가 레위와 맺은 언약을 어겼다.
나 만군의 주가 말한다.
9 그러므로 나도,
너희가 모든 백성 앞에서,
멸시와 천대를 받게 하였다.
너희가 나의 뜻을 따르지 않고,
율법을 편파적으로 적용한 탓이다."

성실하지 못한 유다

10 우리는 모두
한 아버지를 모시고 있지 않느냐?
한 하나님이
우리를 창조하시지 않았느냐?
그런데 어찌하여,
우리가 서로 배신하느냐?
어찌하여 우리는,
주님께서 우리 조상과 맺으신
그 언약을
욕되게 하고 있느냐?
11 유다 백성은 주님을 배신하였다.
예루살렘과 이스라엘 온 땅에서,
추악한 일이 일어나고 있다.
유다 백성은
주님께서 아끼시는 ㄱ)성소를
더럽히고,
남자들은
이방 우상을 섬기는 여자와
결혼까지 하였다.
12 이런 일을 하는 사람은,
그가 어떤 사람이든지,
만군의 주님께
제사를 드리는 사람이라고 하여도,
주님께서 그를
야곱의 가문에서 쫓아내실 것이다.
13 너희가 잘못한 일이 또 하나 있다.
주님께서 너희 제물을 외면하시며
그것을 기꺼이 받지 않으신다고,
너희가 눈물과 울음과 탄식으로
주님의 제단을 적셨다.
14 그러면서 너희는 오히려,
'무슨 까닭으로 이러십니까?'
하고 묻는다.
그 까닭은,
네가 젊은 날에 만나서 결혼한
너의 아내를
배신하였기 때문이며,
주님께서
이 일에 증인이시기 때문이다.
그 여자는 너의 동반자이며,
네가 성실하게 살겠다고
언약을 맺고 맞아들인 아내인데도,
네가 아내를 배신하였다.

ㄱ) 또는 '성결'

등은 주목할 만하다. 주석가들은 이 곳에서의 레위가 전체 제사장 지파(민 26:57-59에서와 같이)인지 몇몇 성서 단락에서 제단 제사장과 엄격하게 구분되는 성전을 섬기는 사람인지의 (민 3:5-10처럼) 여부에 있어서 서로 일치점을 찾지 못하고 있다. **2:7-9** 제사장의 가르치는 의무를 강조하고 제사장을 *만군의 주 나의 특사* 라고 부르는 것은 이 책이 제사장직에 대하여 높은 관심을 가지고 있음을 보여주고 있는 것이다.

2:10-16 대다수의 학자들은 이 단락을 유다 남자들이 이방 여인들과 결혼하기 위해 자신의 부인들과 이혼을 하는 것을 저주하는 것으로 이해하는데, 이 정황은 포로생활 이후의 공동체에서 혼혈혼인을 취소하도록 한 라 10장의 기록과 일치한다고 여겨진다. 그러나 성소 모독에 대한 관심과 "추악한 일"이라는 용어(보통 수용될 수 없는 예배 행위들을 의미한다; 신 7:25-26; 12:31; 12; 사 1:13)들이 은유로 사용되었다면, 여기에서 논란이 되고 있는 것은 우상숭배라고 추론할 수도 있다. **2:11-15** 이 단락이 만약 혼혈혼인을 언급하고 있다면, *이방 우상을 섬기는 여자*는 최근에 결혼한 이방 여인을 말하는 것이고, *젊은 날에 만나서*

15 ㄱ)한 분이신 하나님이
네 아내를 만들지 않으셨느냐?
육체와 영이 둘 다 하나님의 것이다.
한 분이신 하나님이
경건한 자손을
원하시는 것이 아니겠느냐?
너희는 명심하여,
젊어서 결혼한 너희 아내를
배신하지 말아라.

16 "나는 이혼하는 것을 미워한다.
주 이스라엘의 하나님이 말한다.
아내를 학대하는 것도
나는 미워한다.
나 만군의 주가 말한다.

그러므로 너희는 명심하여,
아내를 배신하지 말아라."

심판의 날이 다가온다

17 "너희는 말로 나 주를 괴롭혔다.
그런데도 너희는
'우리가 어떻게 주님을
괴롭게 해 드렸습니까?'
하고 묻는다. 너희는
'주님께서는 악한 일을 하는 사람도
모두 좋게 보신다.
주님께서 오히려
그런 사람들을 더 사랑하신다'
하고 말하고,
또 '공의롭게 재판하시는 하나님이
어디에 계시는가?' 하고 말한다."

3 1 "내가 나의 특사를 보내겠다.
그가 나의 갈 길을
닦을 것이다.
너희가 오랫동안 기다린 주가,
문득 자기의 궁궐에 이를 것이다.
너희가 오랫동안 기다린,
그 언약의 특사가 이를 것이다.
나 만군의 주가 말한다.
2 그러나 그가 이르는 날에,
누가 견디어 내며,
그가 나타나는 때에,
누가 살아 남겠느냐?
그는 금과 은을 연단하는
불과 같을 것이며,
표백하는 잿물과 같을 것이다.
3 그는,
은을 정련하여
깨끗하게 하는 정련공처럼,
자리를 잡고 앉아서
레위 자손을 깨끗하게 할 것이다.
금속 정련공이
은과 금을 정련하듯이,
그가 그들을 깨끗하게 하면,
그 레위 자손이 나 주에게
올바른 제물을 드리게 될 것이다.
4 유다와 예루살렘의 제물이
옛날처럼, 지난날처럼,
나 주를 기쁘게 할 것이다.

ㄱ) 또는 '(주님께서) 그들을 하나가 되게 하지 않으셨느냐? 육체와 영에 있어서 그들은 주님의 것이다. 왜 하나냐? 주님께서 경건한 자손을 찾고 계셨기 때문이다.'

결혼한 너의 아내(15절)는 남자의 조강지처인 유대인 아내를 말하는 것이다. 이 단락을 은유적으로 읽는다면, 이 구절들은 이스라엘의 하나님 야웨 대신 여신에게 예배하는 유다를 고발하는 것일 수 있다. 다른 곳에서 예언자들은 *젊은 날에 얻은 아내*를 일찍이 언약관계를 맺은 하나님과 이스라엘(사 54:6; 렘 2:2; 겔 16:60; 호 2:15)을 묘사하는데 사용했다. **2:16** *나는 이혼하는 것을 미워한다.* 보통 구약에서 이혼을 반대하기 위해 가장 강력한 의견을 낼 때 사용되는 표현이다 (이혼은 비록 규제를 받기는 했지만 허용되었다, 신 24:1-4). 히브리어를 문자 그대로 번역해야 하는지 (문자 그대로 "보내는"), 아니면 은유적인 언어로 번역해야 하는지의 가능성(바로 앞의 절들에서 그랬던 것과 같이)에 관해서는 합의를 보지 못하고 있다.

2:17—3:5 백성들이 하나님의 공의에 대하여 물을 때, 하나님은 성전의 제사장들을 정결하게 할 특사를 보낼 것이라고 말씀하신다. 후에 그리스도교 전통에서는 이 단락을 메시아와 관련된 의미로 받아들인다. 말 3:1-3과 사 40:3을 결합한 막 1:2는 세례 요한을 이 특사로 여긴다. 헨델의 *메시아*는 말 3:1-3이 가리키고 있는 것과 같이 예수님을 장차 오실 언약의 특사와 동일한 인물로 본다. 본서의 정황 속에서, 특사는 메시아적 인물이라기보다는 제사장직이 올바른 역할을 수행하고 그 존엄성을 갖도록 정화하고 회복할 사람으로 보인다. **3:2-3** 렘 9:7과 슥 13:9에서와 같이, 정결은 불순물을 제거하고 순수한 금속만 남도록 금속을 단련하는 과정과 비교가 된다.

5 내가 너희를 심판하러 가겠다. 점 치는 자
와, 간음하는 자와, 거짓으로 증언하는 자와, 일
꾼의 품삯을 떼어먹는 자와, 과부와 고아를 억압
하고 나그네를 학대하는 자와, 나를 경외하지 않
는 자들의 잘못을 증언하는 증인으로, 기꺼이 나
서겠다. 나 만군의 주가 말한다."

십일조

6 "나 주는 변하지 않는다.
그러므로 너 야곱의 자손아,
너희는 멸망하지 않는다.

7 너희 조상 때로부터,
너희는 내 규례를 떠나서
지키지 않았다.
이제 너희는 나에게로 돌아오너라.
나도 너희에게로 돌아가겠다.
나 만군의 주가 말한다.
그러나 너희는
'돌아가려면,
우리가 무엇을 하여야 합니까?'
하고 묻는구나.
8 사람이
하나님의 것을 훔치면 되겠느냐?
그런데도 너희는
나의 것을 훔치고서도
'우리가
주님의 무엇을 훔쳤습니까?'
하고 되묻는구나.
십일조와 헌물이
바로 그것이 아니냐!
9 너희 온 백성이 나의 것을 훔치니,
너희 모두가 저주를 받는다.
10 너희는 온전한 십일조를
창고에 들여 놓아,
내 집에
먹을거리가 넉넉하게 하여라.
이렇게 바치는 일로 나를 시험하여,
내가 하늘 문을 열고서,
너희가 쌓을 곳이 없도록
복을 붓지 않나 보아라.
나 만군의 주의 말이다.
11 나는 너희 땅의 소산물을
해로운 벌레가
먹어 없애지 못하게 하며,
너희 포도밭의 열매가
채 익기 전에 떨어지지 않게 하겠다.
나 만군의 주가 말한다.
12 너희 땅이 이처럼 비옥하여지므로,
모든 민족이 너희를
복되다고 할 것이다.
나 만군의 주가 말한다."

이스라엘을 귀하게 만들고 아끼시다

13 "너희가 불손한 말로
나를 거역하였다.
나, 주가 말한다.
'우리가 무슨 말을 하였기에,
주님을 거역하였다고 하십니까?'
하고 너희는 묻는다.
14 너희가 말하기를
'하나님을 섬기는 것은 헛된 일이다.
그의 명령을 지키고,
만군의 주 앞에서
그의 명령을 지키며
죄를 뉘우치고 슬퍼하는 것이
무슨 유익이 있단 말인가?
15 이제 보니,
교만한 자가 오히려 복이 있고,
악한 일을 하는 자가 번성하며,
하나님을 시험하는 자가
재앙을 면한다!' 하는구나."

16 그 때에 주님께서는, 주님을 경외한 사람
들이 서로 주고받는 말을 똑똑히 들으셨다. 그 가
운데서도 주님을 경외하며, 주님의 이름을 존중하
는 사람들을 당신 앞에 있는 비망록에 기록하셨다.

3:6-12 하나님은 백성들이 경험하는 현재의 화(禍)가 하나님의 관심이 변해서 그런 것이 아니라, 백성들이 성전의 금고에 십일조를 바치는 것(레 27:30; 민 18:21-31, 느 13:10-13)에 실패했기 때문이라고 하신다. **3:10-11** (메뚜기 떼로 인해서?) 궁핍했던 시기에 백성들은 십일조 내는 것을 보류했을 것이다. 하나님은 그들에게 하나님의 관대하심을 시험해보라고 도전하신다. 백성들은 궁핍에 대한 두려움 때문에 그들의 재산을 쌓아 두지만, 하나님은 풍요로움을 약속하신다.

3:13—4:3 하나님을 섬기는 자들이 보상을 받는다는 아무런 증거도 볼 수 없자, 백성들은 다시 하

17 "나 만군의 주가 말한다.
내가 지정한 날에,
그들은 나의 특별한 소유가 되며,
사람이 효도하는 자식을 아끼듯이,
내가 그들을 아끼겠다.
18 그 때에야 너희가 다시
의인과 악인을 분별하고,
하나님을 섬기는 자와
섬기지 않는 자를
비로소 분별할 것이다."

주의 날이 온다

4 1 "나 만군의 주가 말한다.
용광로의 불길같이,
모든 것을 살라 버릴
날이 온다.
모든 교만한 자와
악한 일을 하는 자가
지푸라기같이 타 버릴 것이다.
그 날이 오면,
불이 그들을 살라서,
그 뿌리와 가지를
남김없이 태울 것이다.
2 그러나
내 이름을 경외하는 너희에게는,
ㄱ)의로운 해가 떠올라서
치료하는 광선을 발할 것이니
너희는
외양간에서 풀려 난 송아지처럼
뛰어다닐 것이다.
3 내가 이 일을 이루는 그 날에,
악한 자들은 너희 발바닥 밑에서
재와 같이 될 것이니,
너희가 그들을 짓밟을 것이다.
나 만군의 주가 말한다.

4 너희는 율법,
곧 율례와 법도를 기억하여라.
그것은 내가 호렙 산에서
내 종 모세를 시켜서,
온 이스라엘이 지키도록
이른 것이다.

5 주의 크고 두려운 날이 이르기 전에,
내가 너희에게
엘리야 예언자를 보내겠다.
6 그가 아버지의 마음을
자녀에게로 돌이키고,
자녀의 마음을
아버지에게로 돌이킬 것이다.
돌이키지 아니하면,
내가 가서
이 땅에 저주를 내리겠다."

ㄱ) 또는 '의로운 해가 떠올라서 그 날개로 치료할 것이니'

나님의 공의를 의심한다 (2:17을 보라). **3:16** 악행을 저지르는 자가 심판 받지 않는 사실에 대한 답변은 역사적으로 다루어 온 담화를 간결하게 요약해 주고 있다. 시대나 관련자를 밝히지 않으면서, 이 절은 의인이 하나님의 말씀을 마음에 두었고, 그로 인해 하나님의 특별한 것을 선물로 받았다는 사실(출 19:5)과 관련이 있다. **3:17** 부모의 형상으로 돌아와서, 하나님은 악인과 의인이 참으로 구분될 것이라고 약속한다.

4:1-3 의인과 악인을 구분하는 것은 그 날이 오면 마무리 지어질 것이다. 다른 예언서에서는 "그 날" 혹은 "주의 날"(암 5:18; 8:9; 욜 1:15)로 알려졌지만, 이 날은 평가를 최후 결산하는 것으로 묘사된 날이며, 악인은 멸망하고, 의인은 상을 받는 때이다.

4:4-6 이렇게 결론적으로 언급한 것들은 본서가 예언서 다음에 배치된 후에 본서에 첨가되었을 것이다. **4:4** 이 절은 말라기서와 예언서 전체와 모세오경의 가르침을 연결하고 있는 듯하다. 시내 산이라고도 알려진 호렙 산은 하나님이 모세와 엘리야에게 (왕상 19:8-18) 나타나셨던 곳이다.

4:5 4:1에 나타나는 (또한 3:1에 암시되었을 수도 있는) 주의 날에 대한 이상은 여기서는 엘리야를 선구자로서 포함시키는 데까지 확장된다. 말 3:1; 4:1; 그리고 사 40:1-3에서 연결된 마 11:2-15는 세례 요한을 선각자라는 점에서 엘리야와 동일시한다. 막 9:11-13은 또한 돌아온 엘리야와 세례 요한을 관련짓는다. **4:6** 부모의 형상을 마지막으로 사용하면서, 이 책은 징벌에 대한 경고로 끝을 맺는다.

신약전서

표준새번역 개정판

마태복음서

기원: 마태라는 이름은 마태복음서가 쓰인 지 약 100년 후인 기원후 2세기 후반에 이르러 마태복음서와 연결되었다. 사도 마태의 이름은 이 복음서에서 단 두 번만 언급된 것으로 보아 (9:9; 10:3), 이러한 연결은 아주 놀라운 일이다. 마태라는 이름은 아마도 마태라는 사람이 복음서의 가르침을 체계적으로 형성하는 역할을 하였거나 혹은 이 복음서가 유래된 공동체에서 중요한 지도자 역할을 담당하였음을 암시해주는 것 같다. 마태라는 이름은 "하나님의 선물"이라는 뜻인데, 아마도 이 복음서의 가르침을 요약해 주는 이름인 것 같다. 마태라는 이름이 희랍어 단어의 "제자"와 "배우다"와 유사한 것으로 보아서, 마태는 아마도 예수님에게서 배운 제자로서 이 복음서의 이상적인 독자를 묘사해주는 것 같다.

마태복음서를 저작한 때와 장소도 분명하지 않다. 이 복음서는 아마도 기원후 70년경에 쓰인 마가복음서를 수정하여 쓴 복음서인 것 같다. 마태복음서는 기원후 70년에 로마제국이 예루살렘을 파괴한 것을 언급한다 (21:41; 22:7; 24:2, 15-16). 기원후 2세기 초의 문서들이 (예를 들어, *디다케*; 이그나시우스의 편지들) 마태복음서를 인용한 것으로 보아, 기원후 75-100년 사이에 이 복음서가 쓰인 시기임을 알 수 있다. 마태복음서에 나타난 회당에 대한 반감은 그 저술 시기가 기원후 80년경임을 말해준다. 이 복음서가 저술된 장소는 아마도 갈릴리 아니면 시리아의 안디옥인 것 같다. 안디옥 설은 시리아와 안디옥 사람들과의 관련을 가진 *디다케*와 이그나시우스가 뒷받침해주고 있다.

양식: 마태복음서의 양식은 예수님의 생애를 목격한 사람의 기술이 아니라, 전기 (傳記) 형식으로 되어 있다. 고대의 전기들은 사람의 일생, 활동, 가르침, 중요한 인물의 죽음 등을 기술하기 위하여 연대기 형식과 에피소드식 구조를 사용한다. 이러한 본문들은 그 사람에 대한 기억을 상기시켜주면서, 독자들을 인도하고, 즐겁게 하며, 칭찬하기도 하며, 훌륭한 모델을 독자들에게 제시하기도 한다. 이러한 전기체의 본문과 같이 마태복음서는 예수님을 따르는 공동체의 정체를 묘사하려고 애쓰며, 그들의 삶을 바른 길로 인도해 보려고 노력한다.

상황: 마태복음서의 본래 독자이었던 대부분의 유대 사람들에게는 정체성과 생활양식이 특별히 중요한 요소들이었다. 이는 회당(6:2-18; 10:17-18)과 유대 지도자들(12:14; 15:12-14; 21:45-46; 23장), 특히 바리새파 사람들에 대한 적대심과 거리감이 있었음을 말해준다. 유대 사람을 적대시하여 자주 언급하는 마음 아픈 행위와 태도를 우리는 어떻게 설명할 수 있을까?

여러 성서학자들은 마태복음서가 기원후 70년에 있었던 예루살렘 파괴로 인하여 심적으로 고민하고 있던 유대 사람들이 서로 논쟁에 개입되어 있었을 때, 예수님을 따르는 사람들을 대상으로 기록되었다고 본다. 예루살렘 성전의 파괴로 그들의 중대한 핵심이 사라져 버렸고, 이는 또한 하나님의 신실성, 하나님의 뜻, 하나님의 임재, 하나님의 용서 등에 관하여 질문을 하면서, 신실하게 사는 방법에 관하여 토론하도록 만들었다. 안디옥지방 회당에 속한 사람들과 또는 그 지역 소수민족의 일부 중에 예수님을 따르는 사람들은 예수님을 가리켜 죄를 사하여 주시는 하나님의 대행자 메시아 (1:21; 9:1-8; 26:28), 하나님이 함께 하심 (1:23; 18:20; 28:20), 그리고 하나님의 뜻을 확실하게 가르치며 성경을 해석하는 분이라고 선포했다 (5:17-48; 6—7장; 10장; 13장; 18장; 24—25장). 그러나 그들은 그 논쟁에서 이기지 못하고, 많은 어려움과 심한 알력 때문에 회당에서 탈퇴하게 되었다. 마태복음서는 1세기 후반의 다양한 유대주의 그룹들 안에서 자기들의 정체성을 다시 규정하고, 신실한 삶의 길을 모색하려고 분리되어 생활하고 있는 공동체를 돕고 있다.

그러나 여기에는 또 다른 중요한 요소가 있다. 이 공동체는 로마제국의 권력이 통치하는 세계에서 살 길을 찾아가고 있다는 것이다. 그들은 로마가 십자가에 못 박은 예수님을 추종하고 있다. 로마제국은 아주 적은 수의 엘리트 그룹들과 지방 군주들과 지도자들의 협력을 얻어 통치하고 있었다. 로마 사람들은 정치, 경제, 군사체제를 이용하여 다른 사람들을 희생시켜 가며 자기들의 이익을 취하면서 통치하고 있었다. 제국주의 신학이 이러한 통치체제에 도움을 주었다. 이 신학은 적절한 예식과 더불어 로마와 황제는 신의 뜻에 따라 통치하고 있다고 주장했다. 로마의 황제는 자기들의 존재를 인식시켰고, 자기들의 의지와 땅에서의 이득을 분명히 했다.

마태복음서는 독자들이 로마정부가 이러한 주장과 정책을 수행해 나가는 가운데서도 전통문화의 가치관을 거부하고 다른 방도로 살아가려는 사람들에게 도움을 주려는 다른 종류의 설화문학이다. 마태복음서에서는 세상이 하나님의 것이지 로마의 것이 아니다 (11:25; 28:18). 하나님의 통치와 하나님의 현존은 예수 그리스도 안에 나타난 것이지 황제 안에 나타난 것이 아니다 (1:23; 4:17). 하나님의 축복은 모든 사람에게 베푸는 것이지 엘리트들에게만 주어진 것이 아니다 (5:3-12). 하나님의 뜻은 로마가 아니라, 예수님이 보여주신 것이라고 주장한다. 로마는 예수님의 재림이 절정에 달하여 (24:27-31; 25:41) 하나님의 왕국이 이루어질 때, 하나님이 정복할 마귀의 대행자이다 (4:8). 착취로 가득한 오늘날의 죄악된 세상에 사는 사람들은 지금 예수님이 하고 계신 사역을 통하여, 그리고 그가 재림할 때에 모두 구원되어야 한다. (1:21; 24:27-31)

예수님을 따르는 사람들이 끊임없는 박해 가운데 생활하는 것은 아니지만, 언제나 박해와 위험 속에서 살고 있다 (10:17-18; 16:21-24). 그들은 하나님의 것을 가이사에게 바쳐서도 안 되고 (22:15-22를 보라), 이방 통치자들의 오만한 습관을 흉내 (20:25-26) 내어서도 안 된다. 오히려 그리스도인들은 사랑하고, 자비롭고, 포괄적이고, 기도하고, 특별 임무가 있는 종이고, 하나님의 목표의 완성을 기대하는 적극적이며 성실한 대안의 공동체가 되어야 한다 (5:43-48; 6:1-18; 9:9-13; 12:7; 18장; 22:37-39).

이러한 환경에서 형성된 마태복음서는 오늘날까지도 계속하여 예수님의 제자들의 삶을 형성하고 지도하고 있다.

본문은 여섯 개의 중요한 부분으로 나눠질 수 있을 것이다. 성경본문에 따라 세밀하게 조사될 필요가 있는 주석은 이 개요를 따를 것이며, 명확성을 기하기 위하여 더 보충하여 상세하게 설명될 것이다.

Ⅰ. 예수님: 잉태되심, 사명 받으심, 저항 받으심, 증언하심, 확인되심, 충실하심, 1:1—4:16
- A. 하나님의 구원 목적의 배경: 예수님의 족보, 1:1-17
- B. 예수님의 잉태와 하나님의 대행자로서 탄생 전의 사명, 1:18-25
- C. 하나님의 계획에 대한 헤롯의 저항, 2:1-23
- D. 예수님의 오심에 대한 요한의 증언, 3:1-12
- E. 하나님이 예수님을 자기의 사자로 확인하심, 3:13-17
- F. 예수님이 사탄의 유혹을 물리치심, 4:1-11
- G. 예수님이 갈릴리로 가심, 4:12-16

Ⅱ. 예수님의 사역의 시작, 4:17—11:1
- A. 예수님이 하나님의 통치와 구원의 현존을 선포하심, 4:17
- B. 예수님이 제자들을 부르심, 4:18-22
- C. 예수님이 치유하심, 4:23-25
- D. 예수님이 가르치심: 산상수훈, 5:1—7:28
- E. 예수님이 하나님의 명령을 수행하심, 8:1—9:38
- F. 예수님이 선교에 관하여 가르치심, 10:1—11:1

Ⅲ. 예수님의 사역에 대한 두 가지 반응, 11:2—16:20
    A. 예수님의 정체를 깨달음, 11:2—12:50
    B. 하나님의 역사와 인간의 반응을 설명하는 비유, 13:1-58
    C. 예수님 안에 이루어지는 하나님의 통치, 14:1—16:12
    D. "사람들은 나를 누구라 하느냐?," 16:13-20
Ⅳ. 예루살렘과 십자가로 향한 예수님의 여정, 16:21—20:34
    A. 예수님이 자기의 주검을 예고하고 제자들에게 십자가의 길을 경고하심, 16:21-28
    B. 하나님이 예수님의 예고를 확인하심, 17:1-13
    C. 예수님이 제자도에 관하여 가르치고 예루살렘을 향하여 가심, 17:14—20:34
Ⅴ. 예루살렘에 계신 예수님: 로마제국의 반격, 21:1—27:66
    A. 예수님의 예루살렘 입성과 회당을 공격하심, 21:1—23:39
    B. 예수님이 로마 통치하의 죄악된 세상의 종말과 예수님이 재림하실 때 설립될 하나님의 통치를 예고하심, 24:1—25:46
    C. 권력을 잡은 지배자들의 보복과 예수님을 십자가에 못박음, 26:1—27:66
Ⅵ. 하나님이 통치자들을 좌절시키심, 28:1-20
    A. 하나님에 의해 부활된 예수님에 대한 선포와 그의 출현, 28:1-10
    B. 지배자들이 거짓 이야기를 꾸며댐, 28:11-15
    C. 예수님이 제자들에게 사명을 주심, 28:16-20

워런 카터 (Warren Carter)

예수의 계보 (눅 3:23-38)

1 1 아브라함의 자손이요 다윗의 자손인 예수
ㄱ)그리스도의 ㄴ)계보는 이러하다.
2 아브라함은 이삭을 낳고, 이삭은 야곱을
낳고, 야곱은 유다와 그의 형제들을 낳고, 3 유
다는 다말에게서 베레스와 세라를 낳고, 베레스는
헤스론을 낳고, 헤스론은 람을 낳고, 4 람은 아
미나답을 낳고, 아미나답은 나손을 낳고, 나손은
살몬을 낳고, 5 살몬은 라합에게서 보아스를 낳고,
보아스는 룻에게서 오벳을 낳고, 오벳은 이새를
낳고, 6 이새는 다윗 왕을 낳았다.
다윗은 우리야의 아내였던 이에게서 솔로몬을
낳고, 7 솔로몬은 르호보암을 낳고, 르호보암은
아비야를 낳고, 아비야는 ㄷ)아삽을 낳고, 8 ㄷ)아
삽은 여호사밧을 낳고, 여호사밧은 요람을 낳고,
요람은 웃시야를 낳고, 9 웃시야는 요담을 낳고,
요담은 아하스를 낳고, 아하스는 히스기야를 낳고,
10 히스기야는 므낫세를 낳고, 므낫세는 ㄹ)아모
스를 낳고, ㄹ)아모스는 요시야를 낳고, 11 예루
살렘 주민이 바빌론으로 끌려갈 무렵에, 요시야는
여고냐와 그의 형제들을 낳았다.
12 예루살렘 주민이 바빌론으로 끌려간 뒤
에, 여고냐는 스알디엘을 낳고, 스알디엘은 스룹
바벨을 낳고, 13 스룹바벨은 아비훗을 낳고, 아
비훗은 엘리야김을 낳고, 엘리야김은 아소르를
낳고, 14 아소르는 사독을 낳고, 사독은 아킴을
낳고, 아킴은 엘리웃을 낳고, 15 엘리웃은 엘르
아살을 낳고, 엘르아살은 맛단을 낳고, 맛단은 야
곱을 낳고, 16 야곱은 마리아의 남편 요셉을 낳았
다. 마리아에게서 ㄱ)그리스도라고 하는 예수가 태어
나셨다.

ㄱ) 또는 '메시아'. 그리스도는 그리스어이고 메시아는 히브리어임. 둘 다 '기름부음 받은 사람'을 뜻함 ㄴ) 또는 '나심은' ㄷ) 다른 고대 사본들에는 '아사' ㄹ) 다른 고대 사본들에는 '아몬'

1:1—4:16 마태복음서의 시작 부분은 이스라엘 역사적 배경에서 하나님이 예수님의 생애의 사건들을 시작하고 인도하시는 것을 설정해준다. 마태복음은 죄 많은 세상과 권세를 추구하는 세상에서 하나님의 구원을 분명하게 드러내도록 하나님으로부터 선택받고, 사명을 받은 대행자로 예수님을 소개한다.

1:1-17 이 족보는 생물학적인 관계보다는 하나님의 목적을 더 강조한다. 이 족보는 예수님을 포함해서 마태복음서 안에 나타나는 모든 이야기가 이해될 수 있는 해석학적 구조를 마련해준다. 이 세상을 위한 하나님의 목적은 하나님께서 이스라엘과 맺으신 언약관계에 드러나 있다. 하나님의 목적은 이스라엘과 예수님을 통하여 계속되고 있는 것이지, 로마와 같은 강대국을 통하여 계속되는 것이 아니다. 예수님과 그를 따르는 사람들은 하나님이 이스라엘과 맺은 언약과 밀접하게 관련되어 있다. **1:1** 예수님은 "기름부음을 받음" 혹은 "사명을 받음"의 뜻을 가진 *그리스도* (희랍어) 혹은 *메시아*(히브리어)이시다. 그리스도 라는 용어는 왕 (시 2:2), 예언자 (왕상 19:16), 제사장(레 4:5)들에게 사용된 용어이며, 하나님을 대신하여 하나님의 뜻을 이루기 위해서 하나님이 보내주신 대행자였던 이방 통치자 고레스에게도 이 용어가 사용되었다 (사 44:28—45:1). 예수님은 *아브라함의 자손*으로서 하나님이 아브라함과 약속하신 일을 계속하신다. 하나님은 (주피터가 아니고) 재산이 많은 로마의 귀족이나 그들의 친척들뿐만 아니라, 이 땅의 모든 나라의 생명을 축복해 주실 것이다 (창 12:1-3). 예수님은 다윗 왕의 (1:6) 자손으로서 권세를 부리거나 착취하는 분이 아니라, 모든 사람을 위한 정의와 공의가 실현되는 통치와 나라를 계승하는 분이시다 (시 72편) **1:2-6** 이 부분(대상 1—2장에서 온 이름들)은 14대씩 나누어진 세 부분으로 된 족보 중에서 첫 번째 부분이다 (1:17). 역사를 이렇게 배열하는 것은 하나님이 의도적으로 다스리고 계시다는 것을 강조하려는 것이다. 14라는 숫자는 다윗이라는 이름의 숫자적인 가치가 14이니까 아마도 이는 예수님과 다윗과의 관계를 강조하려는 것 같다. 각 개인의 이름은 모두 하나님의 목적과 관련이 있는 사람을 상기시켜준다. 아브라함과 다윗은 이스라엘의 역사에서 크게 알려진 사람들이지만, 그 두 사람도 완전한 사람은 아니었다. 아브라함은 하나님을 신뢰하기 위하여 많이 노력하였고, 다윗은 간통과 살인죄를 범했었다. 이와 같이 하나님은 목적을 달성하기 위하여 이방 사람들도 (아브라함, 바빌론), 유대 사람들도 (다윗), 유명한 사람과 이름 없는 사람도 (1:3b-4?의 베레스와 살몬), 장자와 장자 아닌 사람도 (이스마엘이 아니고 이삭, 에서가 아니고 야곱) 청렴한 사람과 부도덕한 사람도, 권세 있는 사람과 권세가 없는 사람도, 여자와 남자도 다 사용하신다. 여기에 여자 다섯 명도 포함되어 있다: *다말* (3절, 또한 창 38장을 보라), *라합* (수 2장), 룻 (5절), *밧세바* (삼하 11—12장), *마리아* (16절). 여기서 마리아만 제외하고는 모두가 이방 출신이거나 이방 사람과 관계가 있는 사람들이다. 더 중요한 것은 그들은 변두리 인생을 사는 사람들이고, 또한 그들은…을 *낳고* (*was the father of*) 라는 표현이 39곳에 나오는 것으로 보아 전통적인 가부장제의 결혼 양식으로 되어 있는 것 같은데, 그러한 문화를 서서히 약화시키고 있다. 하나님은 문화적 규범을 넘어서도 일하신다. 이 여인들은 권세는 없으나 적극적인 믿음을 보여주며, 그들을 통하여 하나님의 목적이 달성되었다. **1:6-11** 두 번째 14대는 *다윗*에서부터 바빌로니아 포로생활(기원전 597/87-539년)까지이다.

17 그러므로 그 모든 대 수는 아브라함으로
부터 다윗까지 열네 대요, 다윗으로부터 바빌론
에 끌려갈 때까지 열네 대요, 바빌론으로 끌려간
때로부터 ㄱ)그리스도까지 열네 대이다.

예수의 탄생 (눅 2:1-7)

18 예수 그리스도의 태어나심은 이러하다.
그의 어머니 마리아가 요셉과 약혼하고 나서, 같이
살기 전에, 마리아가 성령으로 잉태한 사실이
드러났다. 19 마리아의 남편 요셉은 의로운 사
람이라서 약혼자에게 부끄러움을 주지 않으려고,
가만히 파혼하려 하였다. 20 요셉이 이렇게 생각
하고 있는데, 주님의 천사가 꿈에 그에게 나타나서
말하였다. "다윗의 자손 요셉아, 두려워하지 말고,
마리아를 네 아내로 맞아 들여라. 그 태중에 있는
아기는 성령으로 말미암은 것이다. 21 마리아가
아들을 낳을 것이니, 너는 그 이름을 ㄴ)예수라고
하여라. 그가 자기 백성을 그들의 죄에서 구원하
실 것이다." 22 이 모든 일이 일어난 것은, 주님
께서 예언자를 시켜서 이르시기를,
23 ㄷ)"보아라, 동정녀가 잉태하여
아들을 낳을 것이니,
그의 이름을
임마누엘이라고 할 것이다"
하신 말씀을 이루려고 하신 것이다. (임마누엘은
번역하면 '하나님이 우리와 함께 계시다'는 뜻이
다.) 24 요셉은 잠에서 깨어 일어나서, 주님의
천사가 말한 대로, 마리아를 아내로 맞아들였다.
25 그러나 ㄹ)아들을 낳을 때까지는 아내와 잠자
리를 같이하지 않았다. 아들이 태어나니, 요셉은
그 이름을 예수라고 하였다.

ㄱ) 1:1의 주를 볼 것 ㄴ) 예수는 '주님께서 구원하신다'는 뜻을 지닌 히브리어 이름 여호수아의 그리스어 형태 ㄷ) 사 7:14 (칠십인역) ㄹ) 다른 고대 사본들에는 '첫 아들을'

여기서의 초점은 그들 대부분의 통치에 관하여 열왕기상하와 역대기상하에 서술되고 평가되어 있는 막강한 왕들에게 맞추어져 있다. 그들 대부분은 하나님을 대신하여 통치하는 사람들로 실패한 사람들이다. 그래서 그들은 예수님의 신실한 왕권과 대조가 된다. 성경의 전통들은 하나님의 징벌을 이행하는 대행자로 바빌로니아를 생각하고 있으며, 또한 바빌로니아 자체도 하나님의 징벌을 받았다 (렘 25:8-14). 성경의 전통들은 하나님께서 이 세상의 권세를 대할 때에 보통 이러한 방법으로 역사하신다고 이해한다. 마태복음서는 로마를 기원후 70년대에 사람들을 징벌하는 도구로 진술하고 있다. 그러나 로마 자체도 예수님이 다시 오실 때에 징벌을 받게 될 것이다 (22:7; 24:27-31). 이 세상의 권력은 반항하지만, 하나님께서 목적하시는 것에 순종하게 되어 있다. **1:12-16** 세 번째 부분(13세대 뿐)은 포로시기로부터 예수님의 이야기까지 계속된다. 1:13-15에 나오는 여러 이름들은 잘 알려지지 않은 이름들이며, 이들은 그 시기를 다 채우기에는 그 수가 부족하다. 바빌로니아 이후 이야기의 계속은 세상의 권세와 인간의 불성실 가운데서도 하나님의 약속과 목적에 대한 신실함을 증명해 준다. 1:16에서는 예수님이 요셉의 아들이 아니라 마리아의 아들로 신원이 확인되어 있다. 1:18-25에서 통상적인 패턴이 중단된 것에 관하여 설명될 것이다. **1:17** 이러한 아주 인위적인 패턴은 하나님의 목적을 달성하는 것을 강조하려는 것이다.

1:18-25 확고한 것이 없는 사회 속에 확고부동한 것이 있다. 그것은 하나님과 이스라엘과의 언약관계인데, 이제 새로운 관계가 형성된다. 하나님은 예수님을 잉태케 하신다. 이 구절은 예수님이 탄생하게 된 그 자체보다도 그가 탄생하게 된 기원 또는 계보 (1절과 같은 단어), 그리고 그가 탄생하는 목적에 초점을 둔다. 하나님은 예수님에게 하나님의 구원의 임재를 드러내도록 사명을 주신다. 새로운 창조의 역사가 일어나고 있다. **1:18-19** 마치 하나님의 목적에 생명을 부여하는 *하나님의 영*이 세계를 창조할 때에 (창 1:2) 움직이셨던 것과 같이, 지금 마리아의 잉태에도 *성령*(하나님의 영)이 움직이고 계시다. 알렉산더 대왕이나 아우구스투스와 같은 거물들도 신적인 존재에 의하여 잉태되었다고 말한다. 그러나 예수님의 위대하심은 군사적인 권세가 아니라, 생명을 주는 섬기는 자세에서 (20:25-28) 이루어질 것이다. 약혼한 처녀가 다른 남자와 성관계를 갖는다는 것은 간통이며, 장차 할 결혼에 대한 약속을 배신하는 것이다. 순결에 관한 법(집행한다면)을 어긴 사람은 공판을 통하여 사형집행을 받게 되어 있다 (신 22:23-27). 요셉은 율법을 준수하는 의로운 사람이지만, 마리아에게 부끄러움을 주지 않으려고, (아마도 두 사람의 증인을 들어) 가만히 파혼하려는 자비로운 사람이었을 것이다. **1:20-21** 이 이야기는 남성이 행할 책임이 있기에 요셉에게 초점을 맞추고 있는 것이다. 하나님의 뜻을 선포하는 하나님의 사자인 천사는 마리아가 잉태한 사실을 하나님이 하신 일로 확인해 주고 있으며, 요셉에게 마리아와 결혼하는 것이 사회적인 관습에서 어긋나고 수치스러운 일이지만 받아들이도록 요구한다. 그 천사는 예수라고 그 아기의 이름(*예수*: 히브리어로는 *예수아*)을 지어 주고 그 이름의 뜻을 설명해 줌으로써, 예수님의 탄생이 하나님의 뜻임을 드러낸다. 예수님은 죄에서 사람들을 구원하신다. 이것이 예수님이 하실 "직무 내용 설명서"이다. 이것이 예수님이 하시는 전체 사역의 중심 내용이다. **1:22** 마태복음서는 구약성경을 인용하는 것으로 하나님의 목적을 강조하

동방박사들이 아기에게 경배하러 오다

2 1 헤롯 왕 때에, 예수께서 유대 베들레헴
에서 나셨다. 그런데 동방으로부터 ㄱ)박사들이
예루살렘에 와서 2 말하였다. "유대인의 왕으로
나신 이가 어디에 계십니까? 우리가 동방에서 그의
별을 보고, 그에게 경배하러 왔습니다." 3 헤롯
왕은 이 말을 듣고 당황하였고, 온 예루살렘 사람
들도 그와 함께 당황하였다. 4 왕은 백성의 대제
사장들과 율법 교사들을 다 모아 놓고서, ㄴ)그리스
도가 어디에서 태어나실지를 그들에게 물어 보았다.
5 그들이 왕에게 말하였다. "유대 베들레헴입니다.
예언자가 이렇게 기록하여 놓았습니다.
6 ㄷ)'너 유대 땅에 있는 베들레헴아,
너는 유대 고을 가운데서
아주 작지가 않다.
너에게서 통치자가 나올 것이니,
그가 내 백성 이스라엘을
ㄹ)다스릴 것이다.'"

7 그 때에 헤롯은 그 ㄱ)박사들을 가만히 불러
서, 별이 나타난 때를 캐어묻고, 8 그들을 베들
레헴으로 보내며 말하였다. "가서, 그 아기를 샅
샅이 찾아보시오. 찾거든, 나에게 알려 주시오.
나도 가서, 그에게 경배할 생각이오." 9 그들은
왕의 말을 듣고 떠났다. 그런데 동방에서 본 그
별이 그들 앞에 나타나서 그들을 인도해 가다가,
아기가 있는 곳에 이르러서, 그 위에 멈추었다.
10 그들은 ㅁ)그 별을 보고, 무척이나 크게 기뻐하
였다. 11 그들은 그 집에 들어가서, 아기가 그의
어머니 마리아와 함께 있는 것을 보고, 엎드려서
그에게 경배하였다. 그리고 그들의 보물 상자를
열어서, 아기에게 황금과 유향과 몰약을 예물로
드렸다. 12 그리고 그들은 꿈에 헤롯에게 돌아
가지 말라는 지시를 받아, 다른 길로 자기 나라에
돌아갔다.

ㄱ) 또는 '점성가들'. 그, '마고스' ㄴ) 1:1의 주를 볼 것 ㄷ) 미 5:2
ㄹ) 또는 '먹일' ㅁ) 또는 '그 별이 멈춘 것을 보고'

면서 "이루어지다" 라는 단어를 사용하였다 (예를 들어, 1:22-23; 2:5-6, 15, 17-18, 23; 3:3; 4:14-16; 8:17; 12:17-21; 13:35; 21:4-5; 26:31, 54, 56; 27:9-10). 마태복음서는 하나님의 목적이 예수님 안에서 이루어지는 것을 뒷받침해 주기 위하여 구약을 인용하여 예수님의 생애에 적용한다. **1:23** 23절의 인용구는 원래 시리아로부터 위협을 받았을 때 희랍어판 칠십인역에서 사용된 사 7:14를 인용한 것이다. 사 7—9장은 하나님이 죄를 벌하기 위하여 시리아제국을 들어 쓰시지만, 후에 하나님께서 시리아를 심판하시는 것을 보여준다. 약속의 아들은 그 나라가 심판받은 후에 올 미래의 구원을 알려주는 사람이다. 사 7:14를 인용한 구절은 비슷한 말로 로마제국의 세력을 설명하려는 것이다. 여기서 하나님의 역사를 강조하기 위하여 히브리어 사본은 *젊은 여인*(*알마, 처녀*)이라는 단어로 표현했고, 희랍어 번역은 하나님의 역사를 특별하게 강조하기 위하여 신분을 나타내는 단어인 *동정녀*(*파테노스*)라는 단어를 사용했다. 예수님은 자신의 사명을 의미하는 또 하나의 이름을 얻는다. 예수님은, 로마의 황제가 아니라, 하나님의 목적을 달성할 때까지 하나님의 구원의 임재를 드러내는 분이시다 (28:20). **1:24-25** 요셉은 천사가 그에게 말한 대로 충실하게 복종한다. 여기서 성적 교제의 부재는 하나님의 역사인 것을 계속 강조하는 것이다.

2:1-23 죄 많은 세상에 하나님의 대행자로 오신 예수님의 탄생에 대하여 이 세상은 두 가지 다른 반응을 보인다. 권력층에서는 그를 배격한다. 권세를 선호하는 세상은 유대 땅을 지배하는 로마의 분봉왕 헤롯(기원전 4-기원후 40년)을 통하여 왕으로 오신 예수님을 죽이려 한다. 반면에, 이방 사람들인 "동방 박사들"과 마리아와 요셉 같은 소외된 사람들은 하나님이 시도하시는 것을 받아들인다. **2:1** 하나님의 뜻이 이루어진다. 천사가 예고한 대로 예수님이 탄생하신다 (1:20-21). 다윗은 베들레헴에서 왕으로 기름부음을 받았다 (삼상 16장; 마 1:1). "유대인의 왕"(*Josephus Antiquities of the Jews* 15.387; 16.311)으로 불린 잔인한 헤롯 왕은 로마에 협력하며 통치한다. 박사들은 아마도 동방에 있는 로마의 적국인 바대(Parthia)에서 온 이방 사람들일 것이다. 동방 박사들은 왕들이 아니지만, 권력층과 접할 수 있는 성직자들이다. 전승들은 위협적인 예언으로 권력층을 불안하게 만드는 능력이 그들에게 있다고 기록한다. 천문학적 징조가 어떤 사람들에게는 중요하며, 그것이 어떤 때에는 중요한 인물이 탄생하는 것을 암시하는 것으로 이해되었다. 그러나 어떤 사람들은 그러한 조짐을 무시해 버렸다. 박사들은 권력의 중심지일 뿐만 아니라, 하나님의 목적을 이루기 위해서 아주 중요한 도시인 권력의 중심지 *예루살렘*을 향하여 간다. **2:2-3** 박사들이 *유대인의 왕으로 나신 이가 어디에 계십니까?* 라고 던진 질문과 그들이 예수님(헤롯 왕이 아니라)을 경배하겠다는 의도를 보인 것은 위협적인 행위인 것이다. 예루살렘의 지배자들은 갑자기 두려워진다. "경배하다" 라는 동사는 종종 정치 세력이나 황제에게 복종함을 표현하는 말이다. **2:4-6** 이 사람들은 종교 지도자일 뿐만 아니라, 정치 지도자들이며 또한 로마의 협력자들이다 (23:23, 27:1-2, 62-66; 또한 3:7-10을 보라). 헤롯은 메시아가 출생한 곳을 알아내기 위해 *대제사장들과 율법 교사들*(율법 전문가)을 협력자로 이용한다. 그들은 실제로 "그리스도나 메시아" 라는 말은 사용하지는 않았지만, 많은 나라의 제국주의적인 야망을 종식하고

예수의 가족이 이집트로 피신하다

13 ㄱ)박사들이 돌아간 뒤에, 주님의 천사가
꿈에 요셉에게 나타나서 말하였다. "헤롯이 아기를
찾아서 죽이려고 하니, 일어나서, 아기와 그 어머
니를 데리고 이집트로 피신하여라. 그리고 내가
너에게 말해 줄 때까지 거기에 있어라." 14 요셉이
일어나서, 밤 사이에 아기와 그 어머니를 데리고
이집트로 피신하여, 15 헤롯이 죽을 때까지 거
기에 있었다. 이것은 주님께서 예언자를 시켜서
말씀하신 바,

ㄴ)"내가 이집트에서
내 아들을 불러냈다"

하신 말씀을 이루시려는 것이었다.

헤롯이 어린 아이들을 죽이다

16 헤롯은 ㄱ)박사들에게 속은 것을 알고, 몹
시 노하였다. 그는 사람을 보내어, 그 ㄱ)박사들에
게 알아 본 때를 기준으로, 베들레헴과 그 가까운
온 지역에 사는, 두 살짜리로부터 그 아래의 사내
아이를 모조리 죽였다. 17 이리하여 예언자 예
레미야를 시켜서 하신 말씀이 이루어졌다.

18 ㄷ)"라마에서 소리가 들려왔다.
울부짖으며, 크게 슬피 우는 소리다.
라헬이 자식들을 잃고 우는데,
자식들이 없어졌으므로,
위로를 받으려 하지 않았다."

예수의 가족이 이집트에서 돌아오다

19 헤롯이 죽은 뒤에, 주님의 천사가 이집트
에 있는 요셉에게 꿈에 나타나서 20 말하였다.
"일어나서, 아기와 그 어머니를 데리고 이스라엘
땅으로 가거라. 그 아기의 목숨을 노리던 자들이
죽었다." 21 요셉이 일어나서, 아기와 그 어머니
를 데리고 이스라엘 땅으로 들어왔다. 22 그러
나 요셉은, 아켈라오가 그 아버지 헤롯을 이어서
유대 지방의 왕이 되었다는 말을 듣고, 그 곳으로
가기를 두려워하였다. 그는 꿈에 지시를 받고, 갈
릴리 지방으로 물러가서, 23 나사렛이라는 동네
로 가서 살았다. 이리하여 예언자들을 시켜서 말씀
하신 바, "그는 나사렛 사람이라고 불릴 것이다"
하신 말씀이 이루어졌다.

ㄱ) 또는 '점성가들'. 그, '마고스' ㄴ) 호세아 11:1 ㄷ) 렘 31:15

이방 사람들이 예배드릴 수 있게 하는 하나님의 통치를 예기하는 미 5:2를 인용한다. 예수님이 통치자가 되시는 것이다. 목자는 "통치자"를 뜻하는 은유였다 (겔 34장을 참조). 메시아에 대한 어떤 특정한 기본적 대망이 있었던 것은 아니다. 마태복음서는 예수님과 다윗과의 관계를 강조한다 (1-17절; 또한 삼하 7:14를 보라). **2:7-12** 종교 지도자들은 성경에 대한 지식은 있지만, 이것을 예수님과 관련지어 읽거나 베들레헴으로 여행할 때 어떻게 행동해야 하는지 모른다. 헤롯은 거짓으로 자기도 경배할 뜻을 밝히며, 박사들에게 비밀리에 조사하도록 보낸다 (2:8-9). 박사들은 하나님의 정의와 통치의 실현의 비전이 보일 때에 이방 사람들이 하듯이 예수님에게 값진 선물을 바친다 (시 72:10-11; 미 4:1-4; 사 2:1-4; 60:4-11). 그러나 하나님의 간섭 (또한 1:20)을 암시해 주는 꿈은 그들이 헤롯에게로 돌아가지 않도록 경고한다. 하나님은 헤롯의 계획을 좌절시키신다. **2:13-15** 천사는 하나님의 뜻(2:13)에 저항하는 헤롯 왕의 참 목적을 밝힌다. 하나님은 예수님을 보호하기 위하여 개입하신다. 그러나 불행하게도 다른 아기들은 보호를 받지 못한다 (2:16-18). 이집트로의 여행은 요셉의 이야기(창 46장)와 하나님이 백성들을 이집트의 노예생활에서 구해내는 이야기(출 1—15장)를 회상시켜 준다. 뜻밖에도 이집트는 이제 안전한 곳이 된다. 여기에 호 11:1에 나오는 하나님의 성취에 대한 인용 (1:22) 하나가 예수님에게 적용된다 (이스라엘 백성을 하나님의 아들/자녀로 언급함). 아들/자녀는 하나님과 가까운 관계를 가졌거나 하나님의 뜻을 대행하는 사자들인 이스라엘, 왕 (시 2:7), 그리고 박사들을 말한다. **2:16-17** 헤롯의 살인마적인 폭행은 통치자들이 위협을 느낄 때에 흔히 보이는 반응이다. 이는 이집트의 바로 왕을 모방하고 있다 (출 1—2장). **2:18** 18절은 렘 31:15를 인용한 것인데, 이 인용구는 목적(…하기 위하여)을 설명하기 위한 삽입구가 아니라, 일시적인 때(그 때)를 가리키는 것이다. 하나님은 이러한 죽음을 원하지 않으신다. 그러나 하나님의 나라가 온전히 임할 때까지 통치자들은 이러한 짓들을 범할 것이다. 렘 31:15는 두 가지 큰 비극에 대해서 언급한다: 앗시리아에 의한 패망(기원전 722년)과 바빌로니아 포로생활이다 (기원전 587년). 그러나 이 사건들이나 헤롯이나 로마정부도 하나님의 목적을 (1:6-16) 무너뜨리지 못한다. **2:19-23** 하나님은 헤롯 왕이 살인하려는 의도를 좌절시키시고, 그 죽음에서 예수님을 보호하신다 (2:15, 20). 그러나 *아켈라오*는 억압하는 통치를 계속한다. 아우구스투스는 기원후 6년에 아켈라오를 왕 자리에서 해고시키고, 그의 자리에 로마의 총독으로 대치시켰다. 예수님은 갈릴리 지방의 작은 마을 나사렛에 정착하신다. **2:23** 구약성경에는 직접 23절에 해당되는 "그는 나사렛 사람이라고 불릴 것이다" 라는 구절이

세례자 요한의 전도

(막 1:1-8; 눅 3:1-9; 15-17; 요 1:19-28)

3 1 그 무렵에 ㄱ)세례자 요한이 나타나서, 유대
광야에서 선포하여 2 말하기를 "회개하여라.
하늘 나라가 가까이 왔다" 하였다. 3 이 사람을
두고 예언자 이사야는 이렇게 말하였다.

ㄴ)"광야에서 외치는 이의
소리가 있다.
'너희는 주님의 길을 예비하고,
그의 길을 곧게 하여라.'"

4 요한은 낙타 털 옷을 입고, 허리에는 가죽 띠를
띠었다. 그의 식물은 메뚜기와 들꿀이었다. 5 그
때에 예루살렘과 온 유대와 요단 강 부근 사람들
이 다 요한에게로 나아가서, 6 자기들의 죄를 자
백하며, 요단 강에서 그에게 ㄷ)세례를 받았다.
7 요한은 많은 바리새파 사람과 사두개파 사
람들이 ㄷ)세례를 받으러 오는 것을 보고, 그들에게
말하였다. "독사의 자식들아, 누가 너희에게 닥쳐
올 징벌을 피하라고 일러주더냐? 8 회개에 알맞은
열매를 맺어라. 9 그리고 너희는 속으로 주제넘
게 '아브라함이 우리 조상이다' 하고 말할 생각을
하지 말아라. 내가 너희에게 말한다. 하나님께서는
이 돌들로도 아브라함의 자손을 만드실 수 있다.
10 도끼를 이미 나무 뿌리에 갖다 놓았으니, 좋
은 열매를 맺지 않는 나무는 다 찍어서, 불 속에
던지실 것이다. 11 나는 너희를 회개시키려고
물로 ㄷ)세례를 준다. 내 뒤에 오시는 분은 나보다
더 능력이 있는 분이시다. 나는 그의 신을 들고 다
닐 자격조차 없다. 그는 너희에게 성령과 불로
ㄷ)세례를 주실 것이다. 12 그는 손에 키를 들고
있으니, 타작 마당을 깨끗이 하여, 알곡은 곳간에
모아들이고, 쭉정이는 꺼지지 않는 불에 태우실
것이다."

ㄱ) 또는 '침례자' ㄴ) 사 40:3 (칠십인역) ㄷ) 또는 '침례'

없다. 어떤 학자들은 하나님을 섬긴 나실 사람(삿 13:5-7)이거나, 사 11:1에 나오는 다윗 왕조의 한 왕이라고 제안했다.

3:1-17 3장은 예수님이 받으신 사명을 두 가지 방법으로 설명한다. 3:1-12에서 요한은 사람들에게 하나님께서 예수님을 통하여 행하시려는 길을 준비하라고 촉구하고, 예수님이 하시는 일을 증거한다. 3:13-17에서는 장성하신 예수님이 세례를 받으시고 하나님께서 성령으로 그에게 임하신다.

3:1-12 **3:1-2** *요한*은 사람들에게 장래에 올 하나님의 통치에 대비하여 회개할 것을 열심히 권하는 예언자이다. *광야*는 도심지 지배자들의 통제에서 멀리 떨어져 있으며, 이집트에서 해방된 이스라엘 백성의 보호지역이었다. 요한이 회개를 외친 것은, 어떤 이들이 주장하는 대로, 1세기의 유대 사람들은 특별히 죄 많은 사람들이라거나 하나님으로부터 버림받은 사람들이라는 뜻이 아니다. 요한은 모든 사람이 회개하고 신실한 삶으로 돌아올 것을 촉구한다. 그는 사회의 변화를 요구한다. 하나님 나라에 관하여 말할 때, 요한은 예수님이 사용하실 같은 언어(4:17)를 사용하며, 요한과 예수님간의 밀접한 관계를 형성해 준다. **3:3** 사 40:3은 요한이 하나님의 사역을 감당하고 있음을 확증해 준다. 사 40장의 구절은 하나님이 이스라엘을 두 폭군으로부터 구원해 주신 사건들을 언급한다. 이집트에서의 출애굽과 바빌로니아에서의 "새로운" 출애굽(탈출)이 그것들이다. 로마에 대한 예수님의 궁극적인 승리는 하나님의 구원사역의 계속인 것이다. **3:4** 요한이 고행하면서 먹은 메뚜기와 들꿀, 낙타 털옷과 가죽 띠는 지배자들의 재산과 대조되는 그의 청빈함을 보여준다. 그의 외모와 생활양식, 그의 지배자들을 공격하는 모습 (3:7-10), 그리고 하나님의 통치를 준비하는 모습이 선지자 엘리야와 비슷하다 (왕하 1:8). **3:5-6** 다른 예언자들과 마찬가지로 요한은 상징행위로 세례를 베푸는데, 회개로 인한 순결을 나타내는 침례이다. **3:7-10** 어떤 사람들은 긍정적인 반응을 보인다. 요한은 대제사장들과 율법교사(바리새파나 사두개파 사람들, 2:4)와 같은 종교지도자들을 공공연히 비난한다. 그리고 심판이 그들에게 임할 것이라고 그들을 위협한다 (3:10). 그들이 로마정부에 협력한 사회정치적인 역할에 대해서는 2:4와 23:23을 보라. 그들은 신학적인 이해도 아주 다르고 관례에 따라 행하는 것도 다르다. 마태는 하나님의 뜻에 따라 사회적 비전을 가지고 신실하게 노력하시는 예수님을 반대하는 사람들로 대제사장들과 서기관들(16:21)을 관련시킨다. 그들은 하나님의 축복을 모든 사람에게 베풀 만큼 신실하고 올바른 삶을 살지도 못하면서도, 그들이 아브라함의 혈통에 있음을 너무나 지나치게 주장하는 사람들이다 (3:8-10). 그들은 시종일관 부정적인 면으로 보여진다. 복음서는 그들의 신실성 또는 정직성을 인정하지 않는다. 해석자들은 이들에 대한 이러한 부정적인 반응을 기원후 70년에 있었던 회당과의 맹렬한 논쟁의 영향으로 본다 (서론을 보라). 현대 그리스도인들은 이렇게 논쟁하기 위하여 공격한 것을 역사적인 현실로 착각해서는 안 된다. 우리는 이러한 공격을 어느 특정한 논쟁에서 한 가지 의견을 표현하는 언어로 생각해야 한다. 우리는 유대 사람들(고대나 현대)을 벌받기에 마땅한 신앙 없는 적의 대상으로 묘사해서 일반화시켜서는 안 된다. **3:11-12** 요한은 하나님의 구원의 실재를 증언하는 예수님의 사명을 자세히 설명하면서,

예수께서 세례를 받으시다

(막 1:9-11; 눅 3:21-22)

13 그 때에 예수께서 요한에게 ㄱ)세례를 받으
시려고, 갈릴리를 떠나 요단 강으로 요한을 찾아
가셨다. 14 그러나 요한은 "내가 선생님께 ㄱ)세
례를 받아야 할 터인데, 선생님께서 내게 오셨습
니까?" 하고 말하면서 말렸다. 15 예수께서 그
에게 말씀하셨다. "지금은 그렇게 하도록 하십시
오. 이렇게 하여, 우리가 모든 의를 이루는 것이
옳습니다." 그제서야 요한이 허락하였다. 16 예
수께서 ㄱ)세례를 받으시고, 곧 물에서 올라오셨
다. 그 때에 하늘이 열렸다. 그는 하나님의 영이
비둘기 같이 내려와 자기 위에 오는 것을 보셨다.
17 그리고 하늘에서 소리가 나기를 ㄴ)"이는 내가
사랑하는 아들이다. 내가 그를 좋아한다" 하였다.

예수께서 시험을 받으시다

(막 1:12-13; 눅 4:1-13)

4 1 그 즈음에 예수께서 성령에 이끌려 광야로
가셔서, 악마에게 시험을 받으셨다. 2 예수
께서 밤낮 사십 일을 금식하시니, 시장하셨다.
3 그런데 시험하는 자가 와서, 예수께 말하였다.
"네가 하나님의 아들이거든, 이 돌들에게 빵이 되
라고 말해 보아라." 4 예수께서 대답하셨다. "성
경에 기록하기를

ㄷ)'사람이 빵으로만
살 것이 아니라,
하나님의 입에서 나오는
모든 말씀으로 살 것이다'

ㄱ) 또는 '침례' ㄴ) 또는 '이는 내 아들, 내가 사랑하는 자다' ㄷ) 신 8:3

그는 자기보다 상위에 있는 예수님의 역할에 대하여 증언한다 (1:21-23). 요한은 심판과 구원을 표시하는 두 가지 단어(세례를 성령과 불로)를 사용한다. 예수님의 사역은 마치 알곡과 쭉정이를 갈라놓는 것 같이, 현재와 미래, 그 양쪽을 다 성취한다.

3:13-17 성인이 된 예수님은 세례 요한에게 와서 (2:21-23) 하나님이 주신 사명을 수락하는 세례를 받으신다. **3:13-15** 예수님은 회개와 하나님의 통치가 임하는 것을 기다리는 자로서 세례를 받으러 나오신다. 예수님의 사역이 자기의 것보다 상위의 것임을 확인하면서 (3:11), 요한은 예수님이 자기에게 세례를 베풀어야 한다고 주장한다. 예수님은 자기의 세례를 "모든 의/공의를 이루는 것"이라고 설명하신다. 의롭거나 공의로워진다는 것은 (1:19의 요셉과 같이) 하나님의 "공의"와 "의"에 성실해지는 것을 뜻한다. 예수님의 세례는 하나님의 목적과 명령을 완수하려는 그의 신실함을 보여주는 것이다. **3:16-17** 하나님은 이러한 예수님의 행위를 좋아하시고 받아들이는 마음으로 응답하신다. 하늘이 열렸다는 것은 하나님의 계시를 뜻한다. 창조의 때와 예수님의 수태 시(1:18-25)에 활동하신 성령은 예수님의 사역에 능력을 부여한다 (사 42:1-4; 61:1-4를 참조). 비둘기는 창조를 생각나게 해준다 (창 1:2). 비둘기는 또한 제우스 신의 하인으로 이해되었다. 여기서 예수님은 하나님의 종이며, 새로운 창조가 진행되고 있다. 왜냐하면 세상 권세자들에게 지배당하고 있는 세계는 하나님의 뜻이 아니기 때문이다. 하나님은 예수님을 하나님의 아들 또는 대행자라고 선포하신다 (2:15). 하나님은 예수님이 그의 뜻을 이루며 그렇게 하도록 기름을 부어주시며 능력을 내려주신다.

4:1-11 *악마* (개역개정은 마귀). 악마는 하나님이 맡겨주신 사명에 대한 예수님의 헌신적인 결정을 시험해 보려고 한다. 이 세 가지 시험에서 중요한 이슈는 예수님이 하시는 일들을 누가 결정하는가에 대한 관심이다. 하나님이신가 아니면 악마인가? 예수님은 하나님의 뜻에 신실하실 것인가? 이 시험은 이스라엘 백성이 광야에서 하나님의 뜻에 신실하기 위하여 고전하던 것을 상기시켜 준다. **4:1-2** 예수님이 세례 받으실 때에 나타났던 *성령*(3:16)은 예수님을 광야로 인도하신다. 권력의 중심에서 멀리 떨어져 있는 이 광야는 이스라엘 백성을 40년 동안 시험하던 사건을 상기시켜 준다. 이 광야는 또한 악마들이 전통적으로 활약하는 장소였다. 헌신을 상징하는 금식은 신실한 삶을 요구한다 (사 58:6-14). 사람의 모습을 가지지 않은 능력 있는 악마는 하나님의 뜻에 저항한다. **4:3-4** 악마는 3:17에서 하나님께서 선언하신 말씀을 들고 나온다. *네가 하나님의 아들이거든…* (또한 27:40을 보라). 배고픈 사람들에게 빵을 제공하여 주는 것은 좋은 일이다. 예수님은 제자들이 한 것 같이 (25:31-46), 하나님의 요청에 의해 (14:13-21) 배고픈 사람들을 먹이는 일을 하신다. 그러나 예수님(신 8:3을 인용하며)은 악마의 지시를 따르지 않고 하나님을 신뢰하신다 (6:25-34). **4:5-7** 그들은 종교 세력의 중심지인 *성전 꼭대기*로 옮겨간다. 악마는 시 91:11-12를 인용하며 예수님을 시험하기 위하여 하나님의 보호를 의존하고 뛰어내리라고 말한다. 예수님은 신 6:16을 인용하여 하나님은 인간의 명령에 따라 움직이는 종이 아니시며 인간의 "응급 전화" 요청에 응하는 봉사자라는 억측을 물리치신다. **4:8-10** 악마는 예수님이 자기에게 엎드려 절하면, "세상의 모든 나라와 그 영광"을 주겠다고 말한다. 이 놀라운 제안은 악마가 로마와 같은 제국을 통치하고 있음을 드러내 주는 것이다. 로마제국은 악마의 대행자로 드러난다. 예수님은 후에 악마에게서도 아니고, 이러한 방법으로도 아닌, 하나님

하였다." 5 그 때에 악마는 예수를 그 거룩한 도
성으로 데리고 가서, 성전 꼭대기에 세우고 6 말
하였다. "네가 하나님의 아들이거든, 여기에서 뛰
어내려 보아라. 성경에 기록하기를

ㄱ)'하나님이 너를 위하여
자기 천사들에게 명하실 것이다'
그리고
'그들이 손으로 너를 떠받쳐서,
너의 발이
돌에 부딪치지 않게 할 것이다'

하였다." 7 예수께서 악마에게 말씀하셨다.
"또 성경에 기록하기를

ㄴ)'주 너의 하나님을
시험하지 말아라'

하였다." 8 또다시 악마는 예수를 매우 높은 산
으로 데리고 가서, 세상의 모든 나라와 그 영광을
보여주고 말하였다. 9 "네가 나에게 엎드려서 절을
하면, 이 모든 것을 네게 주겠다." 10 그 때에 예
수께서 그에게 말씀하셨다. "사탄아, 물러가라.
성경에 기록하기를 ㄷ)'주 너의 하나님께 경배하고,
그분만을 섬겨라' 하였다." 11 이 때에 악마는
떠나가고, 천사들이 와서, 예수께 시중을 들었다.

예수께서 갈릴리에서 복음을 선포하기 시작하시다 (막 1:14-15; 눅 4:14-15)

12 예수께서, 요한이 잡혔다고 하는 말을 들
으시고, 갈릴리로 돌아가셨다. 13 그리고 그는
나사렛을 떠나, 스불론과 납달리 지역 바닷가에
있는 가버나움으로 가서 사셨다. 14 이것은 예언
자 이사야를 시켜서 하신 말씀을 이루시려는 것
이었다.

15 ㄹ)"스불론과 납달리 땅,
요단 강 건너편,
바다로 가는 길목,
이방 사람들의 갈릴리,
16 어둠에 앉아 있는 백성이
큰 빛을 보았고,
그늘진 죽음의 땅에 앉은
사람들에게
빛이 비치었다."

17 그 때부터 예수께서는 "회개하여라. 하늘
나라가 가까이 왔다" 하고 선포하기 시작하셨다.

어부들을 부르시다
(막 1:16-20; 눅 5:1-11)

18 예수께서 갈릴리 바닷가를 걸어가시다
가, 두 형제, 베드로라는 시몬과 그와 형제간인 안
드레가 그물을 던지고 있는 것을 보셨다. 그들은
어부였다. 19 예수께서 그들에게 말씀하셨다. "나
를 따라오너라. 나는 너희를 사람을 낚는 어부로
삼겠다." 20 그들은 곧 그물을 버리고 예수를 따라
갔다. 21 거기에서 조금 더 가시다가, 예수께서

ㄱ) 시 91:11, 12 ㄴ) 신 6:16 (칠십인역) ㄷ) 신 6:13 (칠십인역)
ㄹ) 사 9:1, 2

에게서 "하늘과 땅의 모든 권세"를 얻을 것이다 (28:18). 예수님은 하나님의 나라를 성실하게 선포하며 살아가신다 (4:17). 이것이 그가 하나님을 섬기는 길이다 (4:10; 신 6:13). **4:11** 예수님은 권위 있게 마귀를 물리치신다. 그는 천사를 통하여 하나님의 보살핌을 받으신다. **4:12-16** 이 부분은 마태복음서에서 첫 번째 주요 부분을 요약하면서 끝맺는 부분이다. 요한의 체포에 관하여는 14:1-12에 기술되어 있다. 예수님은 *스불론과 납달리* 지역 북쪽에 있는 작은 마을인 *가버나움*으로 가신다. 이 두 지방의 이름은 약속의 땅을 몫으로 받은 이스라엘의 두 족속의 이름이다 (수 19:10-16, 32-39). 예수님은 지금 하나님이 주시고 하나님이 통치하셔야 할 그 땅에 와 계신데, 지금 로마가 그 땅을 차지하고 있다. 이 땅 갈릴리는 이방 사람들이 통치하고 있으며, 그리고 점령으로 인하여 암흑과 죽음과 세금과 통제로 특징되어 있다. 예수님이 가버나움으로 가시는 것을 사 9:1-2(1:22-23)를 인용하면서 설명한다. 주전 8세기의 원문에서는 앗시리아가 그 땅을 점령하고 있으나, 하나님께서 구원하여 주실 것을 약속하고 계시다. 로마로부터의 구원은 예수님을 통하여 이루어진다 (1:21-23).

4:17—11:1 마태복음서에서 두 번째 주요 부분이 시작되는 부분이다. 마태복음서 첫 번째 부분에서는 하나님이 주도권을 갖고 계신 것과 예수님의 정체와 사명을 수립해 주었다 (1:1—4:16). 그의 공생애는 5:1-11:1에 상세히 설명된 개요로 시작한다 (4:17-25). 예수님은 하나님의 나라를 선포하고 (4:17, 23), 다른 새로운 공동체를 만들며 (4:18-22; 5—7장), 치유해 주고, 그리고 하나님 나라가 온전하게 됨을 드러내 주신다 (4:23-25; 8—9장).

4:17 예수님은 "회개하여라. 하늘나라가 가까이 왔다" 하고 선포하기 시작하셨다. 이는 죄에서 구원하여 주고, 하나님의 임재를 증거하는 예수님의 사명을 표현해주는 것이다 (1:21-23).

4:18-22 하나님의 나라는 무엇을 성취하는 것일까? 여기서 로마정부와 체결한 어업 할당 분을 수행하면서 생계를 유지하려는 두 가정의 우선순위와 사회

다른 두 형제 곧 세베대의 아들 야고보와 그의
[ㄱ]동생 요한을 보셨다. 그들은 아버지 세베대와 함
께 배에서 그물을 깁고 있었다. 예수께서 그들을
부르셨다. 22 그들은 곧 배와 자기들의 아버지를
놓아두고, 예수를 따라갔다.

무리에게 복음을 전하시다 (눅 6:17-19)

23 [ㄴ]예수께서 온 갈릴리를 두루 다니시면서,
그들의 회당에서 가르치며, 하늘 나라의 [ㄷ]복음을
선포하며, 백성 가운데서 모든 질병과 아픔을
고쳐 주셨다. 24 예수의 소문이 온 시리아에 퍼
졌다. 그리하여 사람들이, 갖가지 질병과 고통으
로 앓는 모든 환자들과 귀신 들린 사람들과 간질
병 환자들과 중풍병 환자들을 예수께로 데리고
왔다. 예수께서는 그들을 고쳐 주셨다. 25 그리
하여 갈릴리와 [ㄹ]데가볼리와 예루살렘과 유대와
요단 강 건너편으로부터, 많은 무리가 예수를 따
라왔다.

산상 설교 (마 5-7)

5 1 [ㄴ]예수께서 무리를 보시고, 산에 올라가 앉
으시니, 제자들이 그에게 나아왔다. 2 [ㄴ]예
수께서 입을 열어서 그들을 가르치셨다.

복이 있는 사람 (눅 6:20-23)

3 "[ㅁ]마음이 가난한 사람은 복이 있다.
하늘 나라가 그들의 것이다.
4 슬퍼하는 사람은 복이 있다.
하나님이 그들을
위로하실 것이다.
5 온유한 사람은 복이 있다.
그들이 땅을 차지할 것이다.
6 의에 주리고 목마른 사람은
복이 있다.

ㄱ) 그, '형제' ㄴ) 그, '그가' ㄷ) 또는 '기쁜 소식' ㄹ) '열 도시'
ㅁ) 그, '심령이'

경제적 책임 등이 완전히 혼란해진다. 아들들이 떠남으로 세베대는 노동력과 은퇴 퇴직금을 잃게 된다. 어부들은 멸시를 받았지만, 하나님의 나라는 그들에게 새로운 초점(*나를 따르라*)을 제시해 주고, 사명을 제시해 주면서 (*사람을 낚는 어부*), 그들을 환영한다. 이 이야기는 예수님의 부르심, 그들의 즉각적인 응답, 유전자에 의존하지 않고 제자로서 하나님의 뜻에 근거한 새로운 가족 공동체의 성격에 따라 사는 한 모형이 된다 (12:46-50). 그의 부르심에서 그들은 하나님의 통치, 임재, 그리고 구원을 접하게 된다.

4:23-25 예수님은 하나님의 통치로 인하여 사람들이 변화되어 가는 영향력을 더 보여주신다. 하나님의 나라는 *기쁜 소식*(*복음*)이다. 이 기쁜 소식은 나라가 왕의 생일이나 즉위를 축하할 때 선전용으로 사용하는 소식이다. 예수님은 병든 자들을 고치신다. 복음서에는, 로마가 건강으로 축복 받는 나라라고 주장함에도 불구하고, 병든 자들의 이야기로 가득하다. 로마의 통치하에서는 백성들의 건강이 위험한 상태였다. 농촌의 농부들이 인구의 대부분이었다. 그들의 수확은 로마정부, 시, 부유한 지주, 예루살렘의 대제사장 등이 부과하는 세금으로 인하여 다 없어졌다. 이 지배자들은 가난한 사람들의 등을 쳐서 자기들의 생계를 유지했다. 기아, 영양부족, 빈약한 위생, 중노동, 불안 등은 허약한 건강을 의미한다. 마귀가 체내로 침입하는 마귀 들림은 침략적인 정치, 군사, 경제의 지배를 반영해주는 것이기도 하다. 예수님은 이러한 죄 많은 국가체계의 영향력에 맞서서 행동하시며, 하나님의 나라가 모든 사람에게 풍성하게 주시는 축복과 건강을 보장해 줄 것을 약속하는 때를 기다리신다 (사 35:4-10; 58:6-14; 마 25:41).

5:1—7:28 5—7장은 산상수훈인데, 예수님의 가르침과 하나님의 뜻을 계시하여 주는 다섯 자료 중에서 첫 번째 것이다 (10장; 13장; 18장; 24—25장). 이 주제 설교들은 제자들을 가르치고, 제자로서의 정체성과 생활양식을 형성하여 준다. 설교는 복과 잘 알려진 금언으로 시작한다 (5:3-16). 이 중간 부분은 여섯 개의 성서 해설과 (5:17-48), 제자들의 삶에 대한 세 개의 독특한 지침 (6:1-18), 그리고 사회와 경제관계에 관한 가르침으로 되어 있다 (6:19—7:12). 설교는 종말론적으로 장래가 정하여지는 장면으로 끝난다 (7:13-27). 이 설교는 하나님의 뜻과 그 뜻을 성취하도록 동기를 부여하는 정보를 제공하여 주는 것보다는 하나님 나라의 비전을 제공해 준다. 이는 정의가 실현되는 새로운 공동체와, 변화된 사회관계, 경건생활을 실천하는 삶, 자원을 얻어 서로 나누는 삶을 묘사해 준다. 세상의 통치 아래 빈부의 차이가 격심해 지고 많은 불의를 저지르는 삶은 하나님의 뜻이 아니다.

5:1-2 예수께서 *제자*들에게 말씀하신다. 지금은 네 명의 제자만 있지만, 그들이 제자들 전체를 대표한다 (4:18-22; 10:1-4). 산은 모세에게 계시가 나타났던 시내 산(출 19—24장)과 하나님의 나라가 장차 이룩될 시온 산을 상기시켜 준다 (사 35:4-10). **5:3-12** 아홉 가지 축복("다시없는 행복")을 두 그룹으로 나눌 수 있다 (3-6절과 7-12절). 축복은 하나님의 은혜를 선언하는 것이지, 태도에 관한 것이 아니다. 그러나 그것은 어떤 조건이나 행동이기는 하다. 축복의 선언은 적절한 행동을 하도록 격려한다. **5:3-6** 놀랍게도, 세상에서는 권력 있는 사람, 부유한 사람, 고위층에 있는 사람에게 상을 주지만, 하나님의 은혜는 반대로 힘이 없고, 아무것도

그들이 배부를 것이다.
7 자비한 사람은 복이 있다.
하나님이 그들을
자비롭게 대하실 것이다.
8 마음이 깨끗한 사람은 복이 있다.
그들이 하나님을 볼 것이다.
9 평화를 이루는 사람은 복이 있다.
하나님이 그들을
자기의 ㄱ)자녀라고 부르실 것이다.
10 의를 위하여 박해를 받은 사람은
복이 있다.
하늘 나라가 그들의 것이다.

11 너희가 나 때문에 모욕을 당하고, 박해를
받고, ㄴ)터무니없는 말로 온갖 비난을 받으면, 복이
있다. 12 너희는 기뻐하고 즐거워하여라. 하늘
에서 받을 너희의 상이 크기 때문이다. 너희보다
먼저 온 예언자들도 이와 같이 박해를 받았다."

소금과 빛 (막 9:50; 눅 14:34-35)

13 "너희는 세상의 소금이다. 소금이 짠 맛을
잃으면, 무엇으로 그 짠 맛을 되찾게 하겠느냐?
짠 맛을 잃은 소금은 아무데도 쓸 데가 없으므로,
바깥에 내버려서 사람들이 짓밟을 뿐이다.
14 너희는 세상의 빛이다. 산 위에 세운 마을은
숨길 수 없다. 15 또 사람이 등불을 켜서 말 아
래에다 내려놓지 아니하고, 등경 위에다 놓아둔다.
그래야 등불이 집 안에 있는 모든 사람에게 환히
비친다. 16 이와 같이, 너희 빛을 사람에게 비추
어서, 그들이 너희의 착한 행실을 보고, 하늘에
계신 너희 아버지께 영광을 돌리게 하여라."

율법에 대한 교훈

17 "내가 율법이나 예언자들의 말을 폐하러
온 줄로 생각하지 말아라. 폐하러 온 것이 아니라,
완성하러 왔다. 18 내가 진정으로 너희에게 말
한다. 천지가 없어지기 전에는 율법은 ㄷ)일점 일획도
없어지지 않고, 다 이루어질 것이다. 19 그러므로
누구든지 이 계명 가운데 아주 작은 것 하나라도
ㄹ)어기고 사람들을 그렇게 가르치는 사람은, 하늘
나라에서 아주 작은 사람으로 일컬어질 것이요,
또 누구든지 계명을 행하며 가르치는 사람은,
하늘 나라에서 큰 사람이라고 일컬어질 것이다.
20 내가 너희에게 말한다. 너희의 의가 율법학자
들과 바리새파 사람들의 의보다 낫지 않으면, 너
희는 하늘나라에 들어가지 못할 것이다."

ㄱ) 그, '아들들이라고' ㄴ) 다른 고대 사본들에는 '터무니없는 말'이 없음
ㄷ) 그, '한 이오타' ㄹ) 또는 '폐하고'

가진 것이 없어 가난하며 (*온유*, 시 37편), 아무런 선택의 여지도 없고, 오직 하나님의 나라와 신실한 중재만을 기다리는 사람들에게 주어진다 (5:3-6). 후반에 있는 축복들은 하나님께서 장래에 세상의 권세를 뒤바꾸어 줄 것을 약속해 주신다. 그 뒤바뀜은 이미 예수님의 사역에서 이루어지고 있다. 이러한 축복들은 세상 권세자들이 하는 통치에서 따라오는 비참한 결과를 꼬집어 말하는 것이며, 세상의 권세를 이길 수 있는 하나님의 승리를 약속해 주는 것이다. **5:7-12** 이 다섯 가지 축복은 제자들이 하나님의 나라가 드러나는 새로운 공동체에서 행할 사회적인 활동을 말해주는 것들이다. 권력층들이 도전을 받을 때에는 박해가 불가피하게 일어나게 되어 있다 (중상, 풍문, 사회적인 적대심, 5:10-12). 하나님은 신실한 자들에게 보답하신다. **5:13-16** 변화시키는 사명은 제자들의 임무이다. **5:17-48** 초점은 성서 해석으로 바뀐다. 몇 개의 원칙 다음에 (5:17-20), 여섯 개의 예가 뒤따라 나타난다 (5:21-48). 이러한 예들은 소위 예수님이 "죽은 유대교"의 측면을 거절하고 계시다는 잘못된 견해에 대한 "정반대의 것"이라고 생각하기도 한다. 예수님은 유대교를 거절하기보다는 오히려 1세기의 활발한 유대교를 토대로 하신다. 예수님은 논쟁이 된 질문들을 받아서 제자들이 하나님의 뜻을 따라 어떻게 살아야 한다는 지침에 대한 "올바른" 해석을 제공해 주신다. **5:17-20** 예수님은 율법과 예언을 *폐하러 온 것이 아니라* [율법과 예언은 예수님 당시 "성경"이라는 뜻], 오히려 하나님의 계시된 구원의 뜻을 이행할 길을 찾고 계시다 (5:17). 성경은 영구한 권위가 있으며, 성경의 아주 작은 것 하나라도 하나님의 새로운 창조에서 (19:28) 하나님의 나라가 이루어질 때까지 없어지지 않을 것이다. 그러나 성경은 언제나 해석이 필요하며, 마태복음서에서 예수님은 5:21-48에 있는 내용들을 예로 들어 해석해 주신다 (1:22-23; 4:15-16 등도 마찬가지이다). **5:19-20** 성경의 가르침을 반대로 가르치거나, 아주 작은 계명을 하나라도 *어기는* 사람은 벌을 받게 될 것이다. 제자들은 성경을 예수님이 해석한 대로 적극적으로 살아가야 한다. 율법학자들과 바리새파 사람들은 부당하게 생활한다. 그들의 복종하는 (의로운) 삶보다 더 낫게 해야 한다는 말은, 5:21-26에서 살인하지 않을 뿐 아니라 미워하지도 말아야 한다고 한 것 같이, 선을 더 행해야 한다는 말이다. 이는 또한 다르게 살아야 한다는 말이다. 종교 지도자들은 세상 권세에 협력하는 사람들로서 계급적이며 부정한 사회를 유지하고 있다 (23:23을 참조). 제자들은 새롭고 정의가 구현되는 사회를 만들어 냄으로 이들에게 도전해야

분노에 대한 교훈

21 "옛 사람들에게 말하기를 [ㄱ]'살인하지 말
아라. 누구든지 살인하는 사람은 재판을 받아야
할 것이다' 한 것을 너희는 들었다. 22 그러나
나는 너희에게 말한다. 자기 [ㄴ]형제나 자매에게 성
내는 사람은, 누구나 심판을 받는다. 자기 [ㄷ]형제
나 자매에게 [ㄹ]얼간이라고 말하는 사람은, 누구나
공의회에 불려갈 것이요, 또 바보라고 말하는 사
람은 [ㅁ]지옥 불 속에 던져질 것이다. 23 그러므로
네가 제단에 제물을 드리려고 하다가, [ㅂ]네 형제나
자매가 네게 어떤 원한을 품고 있다는 생각이 나
거든, 24 너는 그 제물을 제단 앞에 놓아두고,
먼저 가서 [ㅂ]네 형제나 자매와 화해하여라. 그런
다음에 돌아와서 제물을 드려라. 25 너를 고소
하는 사람과 함께 법정으로 갈 때에는, 도중에 얼른
그와 화해하도록 하여라. 그렇지 않으면, 고소하
는 사람이 너를 재판관에게 넘겨주고, 재판관은
형무소 관리에게 넘겨주어서, 그가 너를 감옥에
집어넣을 것이다. 26 내가 진정으로 너희에게
말한다. 너희가 마지막 한 [ㅅ]푼까지 다 갚기 전에
는, 거기에서 나오지 못할 것이다.

음욕과 간음

27 "[ㅇ]'간음하지 말아라' 하고 말한 것을, 너
희는 들었다. 28 그러나 나는 너희에게 말한다.
여자를 보고 음욕을 품는 사람은 이미 마음으로
그 여자를 범하였다. 29 네 오른 눈이 너로 하여
금 죄를 짓게 하거든, 빼서 내버려라. 신체의 한
부분을 잃는 것이, 온 몸이 [ㅁ]지옥에 던져지는 것
보다 더 낫다. 30 또 네 오른손이 너로 하여금
죄를 짓게 하거든, 찍어서 내버려라. 신체의 한 부
분을 잃는 것이, 온몸이 [ㅁ]지옥에 던져지는 것보다
더 낫다."

이혼과 간음
(마 19:9; 막 10:11-12; 눅 16:18)

31 "[ㅈ]'누구든지 아내를 버리려는 사람은 그
에게 이혼 증서를 써주어라' 하고 말하였다.
32 그러나 나는 너희에게 말한다. 음행을 한 경
우를 제외하고 아내를 버리는 사람은 그 여자를
간음하게 하는 것이요, 또 버림받은 여자와 결혼
하는 사람은 누구든지 간음하는 것이다."

맹세에 대한 교훈

33 "옛 사람들에게 말하기를 [ㅊ]'너는 거짓 맹
세를 하지 말아야 하고, 네가 맹세한 것은 그대로
주님께 지켜야 한다' 한 것을, 너희는 또한 들었다.
34 그러나 나는 너희에게 말한다. 아예 맹세하지
말아라. 하늘을 두고도 맹세하지 말아라. 그것은
하나님의 보좌이기 때문이다. 35 땅을 두고도
맹세하지 말아라. 그것은 하나님께서 발을 놓으
시는 발판이기 때문이다. 예루살렘을 두고도 맹세
하지 말아라. 그것은 크신 임금님의 도성이기 때
문이다. 36 네 머리를 두고도 맹세하지 말아라.
너는 머리카락 하나라도 희게 하거나 검게 할 수
없기 때문이다. 37 너희는 '예' 할 때에는 '예'라는
말만 하고, '아니오' 할 때에는 '아니오'라는 말만
하여라. 이보다 지나치는 것은 [ㅋ]악에서 나오는
것이다."

보복하지 말아라 (눅 6:29-30)

38 "[ㅌ]'눈은 눈으로, 이는 이로 갚아라' 하고

ㄱ) 출 20:13 ㄴ) 그, '형제에게'. 다른 고대 사본들에는 '까닭없이'가 첨가되어 있음 ㄷ) 그, '형제에게' ㄹ) 그, '라가라고 말하는 사람은', 아람어 라가는 욕하는 말 ㅁ) 그, '게헨나' ㅂ) 그, '네 형제' ㅅ) 그, '코드란테스' ㅇ) 출 20:14 ㅈ) 신 24:1 ㅊ) 레 19:12; 민 30:2; 신 23:21 (칠십인역) ㅋ) 또는 '악한 자' ㅌ) 출 21:24; 레 24:20; 신 19:21

한다. **5:21-48** 예수님은 하나님 나라에 속해 있는 새로운 공동체가 행하여 할 것들을 여섯 가지로 예를 들어 제시하신다. **5:21-26** 예수님은 십계명에서 *살인하지 말라* (출 20:13)는 계명을 폭력으로 사람들에게 해를 입히는 것으로 해석하며, 대중 앞에서 욕하고 화를 내는 사람들이 지옥 불에 던져질 것으로 적용하여 해석하신다. **5:27-30** 예수님은 십계명에서 간음하지 말라(출 20:14)는 계명을 여자를 보고 음행을 품는 것은 약탈행위이기에 옳지 않다고 해석하며, 가부장적 사회 구조에서 남성의 권한을 제한하는 것으로 해석하고, 그리고 남녀간에 상호관계를 성립하는 것으로 해석하신다. **5:31-32** 신명기는 *이혼*(신 24:1-14)에 대해서 법적으로 제정은 해 놓았지만, 신명기는 이혼을 정당화하지도 않고, 금하지도 않는다. 성에 대한 관용론자(寬容論子)들의 견해에 반대하여 예수님은 남자의 권한을 엄하게 제한하고, 남자는 자기의 변덕에 따라서 아내를 보내거나/이혼할 수 있는 무한한 권한이 없다고 선언하신다. 19:3-9를 보라. **5:33-37** 예수님은 거짓 맹세를 하지 말라는 십계명을 모든 맹세를 다 금하는 것으로 확장시켜 말씀하신다 (출 20:7). 신실하며 "올바른" 관계가 형성된 사회는 분명치 않게 사용될 수 있는 맹세가 필요 없다. **5:38-42** 예수님은 보복하지 말라

말한 것을 너희는 들었다. 39 그러나 나는 너희
에게 말한다. 악한 사람에게 맞서지 말아라. 누가
네 오른쪽 뺨을 치거든, 왼쪽 뺨마저 돌려 대어라.
40 너를 걸어 고소하여 네 속옷을 가지려는 사람
에게는, 겉옷까지도 내주어라. 41 누가 너더러
억지로 오 리를 가자고 하거든, 십 리를 같이 가
주어라. 42 네게 달라는 사람에게는 주고, 네게
꾸려고 하는 사람을 물리치지 말아라."

원수를 사랑하여라 (눅 6:27–28; 32–36)

43 "ㄱ)'네 이웃을 사랑하고, 네 원수를 미워
하여라' 하고 말한 것을 너희는 들었다. 44 그러
나 나는 너희에게 말한다. 너희 원수를 사랑하고,
너희를 박해하는 사람을 위하여 기도하여라.
45 그래야만 너희가 하늘에 계신 너희 아버지의
ㄴ)자녀가 될 것이다. 아버지께서는, 악한 사람에게
나 선한 사람에게나 똑같이 해를 떠오르게 하시
고, 의로운 사람에게나 불의한 사람에게나 똑같이
비를 내려주신다. 46 너희를 사랑하는 사람만 너
희가 사랑하면, 무슨 상을 받겠느냐? 세리도 그만
큼은 하지 않느냐? 47 또 너희가 너희 ㄷ)형제자
매들에게만 인사를 하면서 지내면, 남보다 나을
것이 무엇이냐? 이방 사람들도 그만큼은 하지 않
느냐? 48 그러므로 하늘에 계신 너희 아버지께서
완전하신 것 같이, 너희도 완전하여라."

올바른 자선 행위

6 1 "너희는 남에게 보이려고 의로운 일을 사
람들 앞에서 하지 않도록 조심하여라. 그렇지
않으면, 너희는 하늘에 계신 너희 아버지에게서
상을 받지 못한다.

2 그러므로 네가 자선을 베풀 때에는, 위선
자들이 사람들에게 칭찬을 받으려고 회당과 거리
에서 그렇게 하듯이, 네 앞에 나팔을 불지 말아라.
내가 진정으로 너희에게 말한다. 그들은 자기네
상을 이미 다 받았다. 3 너는 자선을 베풀 때에
는, 오른손이 하는 일을 왼손이 모르게 하여,
4 네 자선 행위를 숨겨두어라. 그리하면, 남모르게
숨어서 보시는 네 아버지께서 너에게 갚아 주실
것이다."

예수께서 가르치신 기도 (눅 11:2–4)

5 "너희는 기도할 때에, 위선자들처럼 하지
말아라. 그들은 사람들에게 보이려고, 회당과 큰
길 모퉁이에 서서 기도하기를 좋아한다. 내가
진정으로 너희에게 말한다. 그들은 자기네 상을
이미 다 받았다. 6 너는 기도할 때에, 골방에 들어
가 문을 닫고서, 숨어서 계시는 네 아버지께 기도

ㄱ) 레 19:18 ㄴ) 그, '아들들이' ㄷ) 그, '형제들'

는 십계명에 관하여 해석해 주신다 (출 21:24). 5:39는 다음과 같이 번역할 수 있을 것이다. "악을 행하는 사람에게 반항하기 위하여 폭력을 사용하지 마라." 복수(싸움)를 하거나, 무저항주의로 도피하거나, 무관심을 보이는 대신에 제자들은 비폭력으로 악마에 대항하여 싸워야 한다. 예수님은 힘 있는 사람들을 좌절시키며, 존엄성을 회복하고, 공격자를 공공연히 창피를 주거나 위험을 제거하는 비폭력적인 방법으로 예를 들어 보여준다. **5:41** 세상의 권세자들은 노동력이나, 기구나, 물자나, 차량이나, 숙소를 강제로 빼앗거나 징발할 수 있다. **5:43-48** 성경은 사람들이 자기의 원수를 미워하라고 말하지 않는다. 예수님은 이웃 사랑하기를 (레 19:18) 하나님의 무차별 사랑과, 선인과 악인 모두에게 자비를 베푼 것 같이 모든 사람을 사랑하라고 말씀하신다.

6:1-18 예수님이 성경에 근거하여 여섯 가지 의/정의를 예로 들어 해석한 후에 (5:17-48), 이 부분에서는 세 개의 예를 더 들어 제시하신다. "의로운 일"(6:1)은 의/정의 (5:20) 라는 말을 해석한 것이다. 이 부분은 일상적으로 행하는 세 가지 관습을 언급하는 것이다: 자선 베풀기 (6:2-4), 기도하기 (6:5-15), 금식하기 (6:16-18). 이 구절들은 세상에서 좋은 인상을 보이고 자기들의 지위와 평판을 증진시키기 위하여 흔히 보여주는, 즉 후원하는 체하는 태도에 반발하며, 다른 사람들에게 이익을 주며 하나님께 봉사하는 것을 장려한다. **6:1** 이 구절은 일상적으로 행하는 세 가지 관습에 나타난 원칙을 언급한다. 동기가 잘못되면 후에 받을 상을 잃게 된다. 상은 "의를 행하는 것"도 하나님의 호의를 얻는 것도 아니다. 상을 받는다는 것은 오히려 지금 경험하는 하나님의 축복이요, 더 나아가서 하나님의 새 세대에 받을 축복이다. **6:2-4** 자선은 부자들이 공공연하게 자기들의 이익과 영향력을 넓히기 위해 흔히 베푸는 사회활동이었다. 제자들은 은밀하게, 그리고 진심에서 우러나는 도움을 주고받았다. 이러한 태도를 가지고 실제로 나팔을 불었다는 증거는 없다. 이렇게 풍자적으로 과장해서 표현한 것은 복음서가 회당들을 공격한 불미스러운 예들 중의 하나이다. 논쟁은 본래 비웃고, 불공정하며, 부정확한 말을 일삼는 것이다 (3:7-10 참조). *위선자.* 위선자는 본래 연극하는 배우를 말한다. 위선은 진정한 관심을 가지고 행하는 것보다는 대중 앞에서 사회가 기대하는 자비를 생각 없이 베푸는 행위를 말한다. 이

하여라. 그리하면 숨어서 보시는 너의 아버지께서 너에게 갚아 주실 것이다.
7 너희는 기도할 때에, 이방 사람들처럼 빈 말을 되풀이하지 말아라. 그들은 말을 많이 하여야만 들어주시는 줄로 생각한다.
8 그러므로 그들을 본받지 말아라. 하나님 너희 아버지께서는, 너희가 구하기 전에, 너희에게 필요한 것이 무엇인지를 알고 계신다.
9 그러므로 너희는 이렇게 기도하여라.

하늘에 계신 우리 아버지,
그 이름을 거룩하게 하여 주시며,
10 그 나라를 오게 하여 주시며,
그 뜻을 하늘에서 이루심 같이,
땅에서도 이루어 주십시오.
11 오늘 우리에게 ㄱ)필요한 양식을
내려 주시고,
12 우리가 우리에게 ㄴ)죄 지은 사람을
용서하여 준 것 같이
우리의 ㄷ)죄를 용서하여 주시고,
13 우리를 ㄹ)시험에 들지 않게 하시고,
ㅁ)악에서 구하여 주십시오.
〚나라와 권세와 영광은
영원히 아버지의 것입니다. 아멘.〛
14 너희가 남의 잘못을 용서해 주면, 너희 하늘
아버지께서도 너희를 용서해 주실 것이다.
15 그러나 너희가 남을 용서해 주지 않으면, 너희 아버지께서도 너희의 잘못을 용서해 주지 않으실 것이다."

올바른 금식

16 "너희는 금식할 때에, 위선자들과 같이 슬픈 기색을 띠지 말아라. 그들은 금식하는 것을 남에게 보이려고, 얼굴을 흉하게 한다. 내가 진정으로 너희에게 말한다. 그들은 자기네 상을 이미 받았다.
17 너는 금식할 때에, 머리에 기름을 바르고, 낯을 씻어라.
18 그리하여 금식하는 것을 사람들에게 드러내지 말고, 보이지 않게 숨어서 계시는 네 아버지께서 보시게 하여라. 그리하면 남모르게 숨어서 보시는 네 아버지께서 너에게 갚아 주실 것이다."

하늘에 쌓은 보물 (눅 12:33-34)

19 "너희는 자기를 위하여 보물을 땅에다가 쌓아 두지 말아라. 땅에서는 좀이 먹고 녹이 슬어서 망가지며, 도둑들이 뚫고 들어와서 훔쳐간다.

ㄱ) 또는 '일용할 양식' ㄴ) 또는 '빚진 사람의 빚을 없애 준 것 같이' ㄷ) 또는 '빚을 없애 주시고' ㄹ) 또는 '시험에 빠뜨리지 마시고' 또는 '시련의 때로 이끌지 마시고' ㅁ)또는 '악한 자에게서'

말은 그들을 증오하는 사람들이 주장하듯이 모든 유대 사람들이 항상 다 그렇다는 뜻은 아니다. **6:5-15** 두 번째 관심은 기도의 두 가지 잘못된 점이다: 기도하는 습관(6:5-6)과, 기도의 신학이다 (6:7-15). 이 구절은 유대 사람이 하는 모든 기도가 헛된 것이라고 말하지 않는다. 논증적인 어조로 잘못 이해된 부분을 시정하는 것이다. **6:5-6** 사람들에게 보이려고 하는 기도는 제자들의 숨어서 하는 기도와 대조가 된다. 기도는 하나님과의 의사소통이지 사람들에게 보이려는 공연이 아니다. **6:7-15** 이방 사람들의 기도가 언급되고 있다. 다시 말하지만 *빈 말을 되풀이* 하거나 *말을 많이 하는 것*은 역시 논쟁을 하기 위한 표현이다. 이것은 아마도 기도를 듣는 청중들의 여러 신의 이름을 부르는 풍습이나, 또는 그 신들의 언어라고 생각되는 신비로운 소리를 내는 것을 말하는 것인지도 모른다. 이러한 풍습은 신학적 근거에 대비해서 뚜렷한 차이를 나타낸다. 제자들은 하나님이 이미 자기들의 필요한 것을 아시기 때문에 기도할 때에 말을 많이 하지 않는다 (6:8). **6:9-15** 예수님은 제자들에게 어울리는 기도를 가르쳐 주신다. 눅 11:2-4에는 다른 주기도문 번역문이 나타나 있다. 제자들은 하나님이 세상을 완전히 변화시키실 것이라고 기대한다. 그들은 현재와 미래에 하나님을 존중하는 것과, 하나님의 나라가 임하는 것, 하나님의 뜻을 따르는 것에 초점을 맞춘다. 이러한 기도는 세상 권세(로마제국)에 대한 근본적인 불만이 반영된 기도이다. 그들은 세상에서 기도에 의해 얻어지는 일용할 양식을 위하여 기도한다 (어떤 사람들은 "일용할 양식"이라는 단어가 종말론적인 축제를 위한 장래의 떡을 말한다고 주장하기도 한다). 그리고 빚진 것을 탕감받기 위해 기도하고 죄를 사함받기 위하여 기도한다. **6:13** 13절은 이해하기 어려운데, 이것은 아마도 그들이 하나님께 현재 거친 세상에서 살아갈 힘을 달라고 기도하는 것 같다. 이 기도는 되도록이면 하나님께서 그의 목표를 이루시도록 재촉하는 기도인 것 같다. 그리하여 제자들이 하나님을 이 혼란한 시대에서 믿지 못할 분, 활동하지 않으시는 분, 아무 힘이 없으신 분으로 생각하는 유혹이 생기지 않도록 해 달라는 말이다. 이 마지막 청원은 하나님께서 악마와 악마의 사자인 세상의 정권(4:8)이 지배하는 세상에서 최종적인 구출과 구원(1:21)을 가져다주시기를 재촉한다. **6:16-18** 금식은 자선과 기도와 같이 (*금식할 때*) 당연히 해야 하는 것이다. 금식은 기도와 정의의 행함을 수반한다 (사 58:3-14를 참조). 금식은 자신을 과시하기 위한 것이 아니다.

6:19—7:12 공정한 경제와 사회적인 관습들.

20 그러므로 너희를 위하여 보물을 하늘에 쌓아
두어라. 거기에는 좀이 먹고 녹이 슬어서 망가지는
일이 없고, 도둑들이 뚫고 들어와서 훔쳐 가지도
못한다. 21 너의 보물이 있는 곳에, 너의 마음도
있을 것이다."

몸의 등불 (눅 11:34-36)

22 "눈은 몸의 등불이다. 그러므로 네 눈이
성하면 네 온 몸이 밝을 것이요, 23 네 눈이 성
하지 못하면 네 온 몸이 어두울 것이다. 그러므로
네 속에 있는 빛이 어두우면, 그 어둠이 얼마나 심
하겠느냐?"

하나님과 재물 (눅 16:13)

24 "아무도 두 주인을 섬기지 못한다. 한쪽
을 미워하고 다른 쪽을 사랑하거나, 한쪽을 중히
여기고 다른 쪽을 업신여길 것이다. 너희는 하나
님과 ㄱ)재물을 아울러 섬길 수 없다."

근심과 걱정 (눅 12:22-34)

25 "그러므로 내가 너희에게 말한다. 목숨을
부지하려고 무엇을 먹을까 또는 ㄴ)무엇을 마실까
걱정하지 말고, 몸을 감싸려고 무엇을 입을까 걱
정하지 말아라. 목숨이 음식보다 소중하지 아니
하냐? 몸이 옷보다 소중하지 아니하냐? 26 공중
의 새를 보아라. 씨를 뿌리지도 않고, 거두지도 않
고, 곳간에 모아들이지도 않으나, 너희의 하늘 아
버지께서 그것들을 먹이신다. 너희는 새보다 귀
하지 아니하냐? 27 너희 가운데서 누가, 걱정을
해서, ㄷ)자기 수명을 한 순간인들 늘일 수 있느냐?
28 어찌하여 너희는 옷 걱정을 하느냐? 들의 백
합화가 어떻게 자라는가 살펴보아라. 수고도 하
지 않고, 길쌈도 하지 않는다. 29 그러나 내가
너희에게 말한다. 온갖 영화로 차려 입은 솔로몬
도 이 꽃 하나와 같이 잘 입지는 못하였다.
30 오늘 있다가 내일 아궁이에 들어갈 들풀도 하
나님께서 이와 같이 입히시거든, 하물며 너희들
을 입히시지 않겠느냐? 믿음이 적은 사람들아!
31 그러므로 무엇을 먹을까, 무엇을 마실까, 무
엇을 입을까, 하고 걱정하지 말아라. 32 이 모든
것은 모두 이방사람들이 구하는 것이요, 너희의
하늘 아버지께서는, 이 모든 것이 너희에게 필요
하다는 것을 아신다. 33 너희는 먼저 하나님의
나라와 하나님의 의를 구하여라. 그리하면 이 모
든 것을 너희에게 더하여 주실 것이다. 34 그러
므로 내일 일을 걱정하지 말아라. 내일 걱정은 내
일이 맡아서 할 것이다. ㄹ)한 날의 괴로움은 그 날
에 겪는 것으로 족하다."

남을 심판하지 말아라
(눅 6:37-38; 41-42)

7 1 "너희가 심판을 받지 않으려거든, 남을 심
판하지 말아라. 2 너희가 남을 심판하는 그
심판으로 하나님께서 너희를 심판하실 것이요,
너희가 되질하여 주는 그 되로 너희에게 되어서
주실 것이다. 3 어찌하여 너는 ㅁ)남의 눈 속에 있
는 티는 보면서, 네 눈 속에 있는 들보는 깨닫지
못하느냐? 4 네 눈 속에는 들보가 있는데, 어떻
게 ㅁ)남에게 말하기를 '네 눈에서 티를 빼내 줄테
니 가만히 있거라' 할 수 있겠느냐? 5 위선자야,
먼저 네 눈에서 들보를 빼내어라. 그래야 네 눈이
잘 보여서, ㅁ)남의 눈 속에 있는 티를 빼 줄 수 있
을 것이다."

ㄱ) 그, '맘몬 (돈이나 부를 뜻하는 셈어)' ㄴ) 다른 고대 사본들에는 '무엇을 마실까'가 없음 ㄷ) 또는 '제 키를 한 규빗인들 크게 할 수 있느냐' ㄹ) 또는 '오늘의' ㅁ) 그, '네 형제'

6:19-34 제자도에 관한 이 가르침은 재산을 추구하기보다는 하나님을 신뢰하도록 권고한다. 이는 잃어버린 인간의 초점, 욕심으로 쌓은 축재, 지위를 위한 부에 의존함, 물질에 관한 열망에서 오는 불안한 마음 등에 관하여 질문한다. 하나님의 나라는 물질을 추구하는 것이 아니라, 제자들의 정체성과 생활양식을 구체화하는 것이다. **6:19-21** 6:1-18에서와 같이, 마음으로 헌신하는 것이 대단히 중요한 것이다. **6:22-23** 사람들은 눈이 행동할 수 있도록 돕기 위하여 신체의 빛을 발한다고 생각했다. 사람은 생각하는 대로 행동한다. **6:24** 재물(돈 또는 부)은 사람의 시간과 가치를 지배할 수 있다. 제자들은 그것들을 자비롭고 정의롭게 사용해야 한다. **6:25-34** 재물은 모든 피조물에게 공급하여 주시는 하나님을 믿는 관계에 속하는 것이다. 불안해하거나 염려함으로 필요한 것들을 얻을 수 없다. 이는 인간의 목적, 정체성, 그리고 노력을 무엇이 독점하는가를 암시한다. 제자들은 경제적인 부조리를 극복하기 위하여 하나님 나라에 근거한 삶을 영유한다.

7:1-12 이 부분은 제자도에 관해서 사회적 측면에서 가르치는 것이다. 새로운 삶의 길을 걸어가는 소수의 공동체는 서로 협조하는 생활을 하며, 해로운 것에 초점을 둔다. **7:1-6** 제자들은 서로 비난하지 않으며,

6 "거룩한 것을 개에게 주지 말고, 너희의
진주를 돼지 앞에 던지지 말아라. 그들이 발로 그
것을 짓밟고, 되돌아서서, 너희를 물어뜯을지도
모른다."

구하여라, 찾아라, 문을 두드려라

(눅 11:9-13)

7 "구하여라, 그리하면 하나님께서 너희에게
주실 것이다. 찾아라, 그리하면 너희가 찾을 것
이다. 문을 두드려라, 그리하면 하나님께서 너희
에게 열어 주실 것이다. 8 구하는 사람마다 얻을
것이요, 찾는 사람마다 찾을 것이요, 문을 두드리
는 사람에게 열어 주실 것이다. 9 너희 가운데서
아들이 빵을 달라고 하는데 돌을 줄 사람이 어디에
있으며, 10 생선을 달라고 하는데 뱀을 줄 사람이
어디에 있겠느냐? 11 너희가 악해도 너희 자녀
에게 좋은 것을 줄 줄 알거든, 하물며 하늘에 계신
너희 아버지께서, 구하는 사람에게 좋은 것을 주지
아니하시겠느냐?" 12 "그러므로 너희는 무엇이든
지, 남에게 대접을 받고자 하는 대로, 너희도 남을
대접하여라. 이것이 율법과 예언서의 본뜻이다."

좁은 문 (눅 13:24)

13 "좁은 문으로 들어가거라. 멸망으로 이끄는
문은 넓고, 그 길이 널찍하여서, 그리로 들어가는
사람이 많다. 14 생명으로 이끄는 문은 너무나도
좁고, 그 길이 비좁아서, 그것을 찾는 사람이 적다."

열매를 보아서 나무를 안다

(눅 6:43-44)

15 "거짓 예언자들을 살펴라. 그들은 양의
탈을 쓰고 너희에게 오지만, 속은 굶주린 이리들
이다. 16 너희는 그 열매를 보고 그들을 알아야
한다. 가시나무에서 어떻게 포도를 따며, 엉겅퀴
에서 어떻게 무화과를 딸 수 있겠느냐? 17 이와
같이, 좋은 나무는 좋은 열매를 맺고, 나쁜 나무
는 나쁜 열매를 맺는다. 18 좋은 나무가 나쁜 열
매를 맺을 수 없고, 나쁜 나무가 좋은 열매를 맺
을 수 없다. 19 좋은 열매를 맺지 않는 나무는,
찍어서 불 속에 던진다. 20 그러므로 너희는 그
열매를 보고 그 사람들을 알아야 한다."

하나님의 뜻을 행하는 일이 중요하다

(눅 13:25-27)

21 "나더러 '주님, 주님' 하는 사람이라고 해
서, 다 하늘 나라에 들어가는 것이 아니다. 하늘
에 계신 내 아버지의 뜻을 행하는 사람이라야 들
어간다. 22 그 날에 많은 사람이 나에게 말하기
를 '주님, 주님, 우리가 주님의 이름으로 예언을
하고, 주님의 이름으로 귀신을 쫓아내고, 또 주님
의 이름으로 많은 기적을 행하지 않았습니까?' 할
것이다. 23 그 때에 내가 그들에게 분명히 말할
것이다. '나는 너희를 도무지 알지 못한다. 불법을
행하는 자들아, 내게서 물러가라.'"

서로 정답게 교정해 주는 자비로운 사회의 일원들이다. 심판하지 않는다는 것이 신중하게 적절한 (또는 부적절한) 관례를 식별하여 주는 것을 금하지는 않는다. 그러나 제자들은 사람의 궁극적인 운명(유죄 판결)을 결정하는 하나님의 권리를 침해하지 않는다. 자기 성찰과 교정은 자비로운 교정의 환경을 마련한다. 이러한 환경에서, 이해하기 힘든 7:6은 하나님 나라의 성품을 형성하는 일을 받아들이지 못하는 이들에게 강요하지 말라는 뜻이다. **7:7-11** 구하라, 찾으라, 두드리라는 언어는 하나님의 뜻에 따라 기도하고 생활하는 삶의 양상에 관심을 갖는 것이다. **7:12** 소위 "황금률"은 여러 다른 문화에서 긍정적이며 부정적인 양상으로 나타난다. 여기서 예수님의 가르침은 성서적 전통에서 내려온 해석을 요약해 주는 것이다. 모든 사람을 차별하지 않는 사랑은 하나님의 사랑을 반영해 주는 것이다 (5:43-48).

7:13-27 마지막으로 권고의 설교로 끝맺는다. 제자도의 목적은 장래에 완성될 하나님의 목적에 참여하는 것이다. 이 종말적인 목적은 동기와 전망을 제시해 준다. 제자들은 하나님이 무엇을 요구하시는지 알고 있는 사람들이다. 그들은 상과 벌의 결과에 따라 움직인다 (25:46). 이 목적은 그들이 하나님의 나라에서 적절하게 살아가는 법을 깨닫도록 돕는 데 있다. **7:13-14** 이 "두 개의 길"은 신실한 자 또는 불신실한 자들에 관하여 일반적으로 표현하는 선택에 관한 은유이다 (신 30:15-30). 제자도의 길은 인기 있는 길도 아니요, 쉬운 길도 아니다. 이는 반문화적인 길이다. 그러나 이 길은 하나님의 삶을 나누는 길로 인도한다. 문에 새겨진 명각(銘刻)이나 이미지는 흔히 당시 로마제국에서 선전용으로 사용되었다. 길들은 군사적으로나 경제적으로 로마정권이 통제할 수 있는 길을 보장해 주었다. 그러나 이 구절에서 하나님께서는 제자들로 하여금 섬기는 길과 생명의 길을 택하도록 부르신다. **7:15-23** 이 거짓 예언자들의 정체는 분명하지 않다. 그들은 예수님을 반대하는 사람들이다. 그들은 제자들을 흉내 내기 때문에 가려내기 어렵다. 좋은 열매와 나쁜 열매(3:8)는 거짓 예언자들의 행동과 삶의 방식을 말한다. 그러나 그러한

모래 위에 지은 집과 반석 위에 지은 집

(눅 6:47-49)

24 "그러므로 내 말을 듣고 그대로 행하는 사
람은, 반석 위에다 자기 집을 지은, 슬기로운 사
람과 같다고 할 것이다. 25 비가 내리고, 홍수가
나고, 바람이 불어서, 그 집에 들이쳤지만, 무너
지지 않았다. 그 집을 반석 위에 세웠기 때문이다.
26 그러나 나의 이 말을 듣고서도 그대로 행하지
않는 사람은, 모래 위에 자기 집을 지은, 어리석
은 사람과 같다고 할 것이다. 27 비가 내리고,
홍수가 나고, 바람이 불어서, 그 집에 들이치니,
무너졌다. 그리고 그 무너짐이 엄청났다."

28 예수께서 이 말씀을 마치시니, 무리가 그
의 가르침에 놀랐다. 29 예수께서는 그들의 율법
학자들과는 달리, 권위 있게 가르치셨기 때문이다.

나병 환자를 깨끗하게 하시다

(막 1:40-45; 눅 5:12-16)

8 1 [ㄱ]예수께서 산에서 내려오시니, 많은 무리
가 그를 따라왔다. 2 [ㄴ]나병 환자 한 사람이
예수께 다가와 그에게 절하면서 말하였다. "주님,
하고자 하시면, 나를 깨끗하게 해주실 수 있습니
다." 3 예수께서 손을 내밀어서 그에게 대시고
"그렇게 해주마. 깨끗하게 되어라" 하고 말씀하시
니, 곧 그의 [ㄴ]나병이 나았다. 4 예수께서 그에게
말씀하시기를 "아무에게, 아무 말도 하지 말아라.
가서, 제사장에게 네 몸을 보이고, 모세가 명한 예
물을 바쳐서, 사람들에게 증거로 삼도록 하여라"
하셨다.

ㄱ) 그, '그가' ㄴ) 나병을 포함한 여러 가지 악성 피부병을 말함

기준은 그들의 참 정체성을 가장하기 때문에 별로 도움이 되지 못한다. 제자들의 비전도 잘못될 수 있다 (7:1-6). 그러나 하나님의 심판은 확실하다 (7:21). 그리고 그것은 하나님의 뜻을 행하는 것에 달렸다 (12:46-50). 이것이 의롭고, 성실하며, 또는 정의로운 삶이다 (5:6, 10, 20; 6:33). **7:24-27** 이 마지막 이야기는 예수님의 가르침과 하나님의 뜻을 행하거나 행하지 않는 궁극적인 결과에 대한 두 개의 반응을 비교해 주는 것이다. 슬기로운 사람이 짓는 집으로 표현되는 인간의 삶에 대한 이미지는 지혜문학에 가끔 나타난다 (잠 9:1-6; 14:1-12, 희랍어에는 "슬기로운 사람"이 하나님의 특사인 "지혜"로 되어 있다). 잠언에서 슬기로운 (지혜로운) 사람은 하나님을 경외하는 사람이며 (잠 3:7), 하나님의 뜻대로 사는 사람이다. 어리석은 사람("어수룩한 사람")은 현혹되어서 하나님의 길을 무시하는 사람이다 (잠 9:13-18; 또한 시 14:1을 보라. 잠언에서 "어수룩한 사람"은 도덕적 방향감각이 없어서 악으로 기울어질 수 있는 단순한 사람을 일컬음). 어리석은 여자에게 비와 홍수와 바람은 권세를 추구하는 세상에서 벗어나 다른 길을 택하여 살아간다는 것이 어렵다는 사실을 표현해 주는 것이다. 예수님의 가르침을 듣고 그대로 행하는 사람은 자유로워질 것이다.

7:28-29 예수님의 설교는 그의 다섯 가지 주요한 지침 하나하나를 종식하는 전환 문구로 끝을 맺는다 ("전환 문구"란 글자 그대로 문장의 흐름을 바꾸는 것을 의미한다. "무리가 그의 가르침에 놀랐다," "거기서 떠나셔서," "말씀하신 뒤에, 그 곳을 떠나셨다" 등; 11:1; 13:53; 19:1; 26:1을 보라). 이 산상수훈은 제자들에게 하는 것이다. 그러나 주위의 사람들은 이 설교를 엿듣고 예수님의 가르침에 특별한 권위가 있음을 깨닫는다. 7장은 당시 지도자들 중의 한 부류이며 마태의 철천지원수인 *율법학자*들을 좋지 않게 평하면서 끝을 맺는다 (2:4; 3:7-10; 5:20).

8:1—9:38 5—7장에서 예수님의 가르침이 있은 후에, 8—9장에서는 예수께서 행하시는 일들을 소개한다. 기적 이야기들, 특히 병 고치는 이야기가 주를 이루고 있지만, 거기에는 제자도에 대한 다른 활동과 대화도 함께 나온다. 현대인들 중에는 이러한 기적 이야기에 대하여 주저하지만, 고대인들은 예수님과 같은 예언자적 종교 지도자들에게서 그러한 기적들이 일어나기를 기대하고 있었다. 예수님이 행하시는 일들은 하나님의 강하고 자비로운 나라를 보여주는 것들이다. 예수님이 행하시는 일들은 세상 권세가 가져다 줄 수 없고 하나님의 목적만이 온전하게 이룰 수 있는 완전함을 기대하도록 해준다. 세상 권세와는 달리 하나님의 나라는 이 두 장에서 "보잘 것 없는 사람"들에게 특별한 혜택을 준다. 4:23-24를 보라.

8:1-17 예수께서 병을 고치신다. **8:2** 여기에 언급된 나병 환자는 현대인들이 알고 있는 한센병(문둥병)을 말하는 것이 아니라, 사람을 종교적으로나 사회적으로 격리시키는 널리 전염되는 피부병이다 (레 13—14장). **8:4** 종교적으로나 사회적으로 귀환하는 것은 제사장의 결정이 필요하다. **8:5-13** *백부장*은 군사 100명을 거느리는 지휘관이다. 백부장은 로마의 지배를 의미한다 (특히 가버나움 지역의 어업과 운송업에서 나오는 세금을 거두는 일에서). 그러나 백부장은 예수님이 하시는 일은 할 수 없다. **8:6** 종이라는 단어는 또한 "아들"을 의미하기도 한다. 8:9에서 "노예"로 사용된 다른 어휘에 주목하라. **8:7-9** 이 문장은 질문하는 형식으로 번역하면 더 좋을 것이다. "내가 가도 좋으냐…?" 그 로마 장교 백부장은 자신을 예수님의 권위 아래에 둔다. **8:10** 믿음은 예수님의 능력에 의지함을

백부장의 종을 고치시다
(눅 7:1-10; 요 4:43-54)

5 예수께서 가버나움에 들어가시니, 한 백부
장이 다가와서, 그에게 간청하여 6 말하였다.
"주님, 내 종이 중풍으로 집에 누워서 몹시 괴로
워하고 있습니다." 7 예수께서 그에게 말씀하셨
다. "내가 가서 고쳐 주마." 8 백부장이 대답하
였다. "주님, 나는 주님을 내 집으로 모셔들일 만
한 자격이 없습니다. 그저 한 마디 말씀만 해주십
시오. 그러면 내 종이 나을 것입니다. 9 나도 상
관을 모시는 사람이고, 내 밑에도 병사들이 있어
서, 내가 이 사람더러 가라고 하면 가고, 저 사람
더러 오라고 하면 옵니다. 또 내 종더러 이것을 하
라고 하면 합니다." 10 예수께서 이 말을 들으시
고, 놀랍게 여기셔서, 따라오는 사람들에게 말씀
하셨다. "내가 진정으로 너희에게 말한다. 나는
지금까지 이스라엘 사람 가운데서 아무에게서도
이런 믿음을 본 일이 없다. 11 내가 너희에게 말
한다. 많은 사람이 동과 서에서 와서, 하늘 나라
에서 아브라함과 이삭과 야곱과 함께 잔치 자리에
[ㄱ]앉을 것이다. 12 그러나 이 나라의 [ㄴ]시민들은
바깥 어두운 데로 쫓겨나서, 거기서 울며 이를 갈
것이다." 13 그리고 예수께서 백부장에게 "가거
라. 네가 믿은 대로 될 것이다." 하고 말씀하셨다.
바로 그 시각에 그 종이 나았다.

많은 사람을 고치시다
(막 1:29-34; 눅 4:38-41)

14 예수께서 베드로의 집에 들어가셔서, 그
의 장모가 열병으로 앓아 누운 것을 보셨다. 15 예
수께서 그 여자의 손에 손을 대시니, 열병이 떠나
가고, 그 여자는 일어나서, 예수께 시중을 들었
다. 16 날이 저물었을 때에, 마을 사람들이 귀신
들린 사람을 많이 예수께로 데리고 왔다. 예수께
서는 말씀으로 귀신을 쫓아내시고, 또 병자를 모
두 고쳐 주셨다. 17 이리하여 예언자 이사야를
시켜서 하신 말씀이 이루어졌다.

[ㄷ]"그는 몸소
우리의 병약함을 떠맡으시고,
우리의 질병을 짊어지셨다."

예수를 따르려면 (눅 9:57-62)

18 예수께서, 무리가 자기 옆에 둘러 서 있
는 것을 보시고, 제자들에게 건너편으로 가자고
말씀하셨다. 19 율법학자 한 사람이 다가와서
예수께 말하였다. "선생님, 나는 선생님이 가시는
곳이면, 어디든지 따라가겠습니다." 20 예수께서
그에게 말씀하셨다. "여우도 굴이 있고, 하늘을

ㄱ) 그, '비스듬히 눕다'. 유대인들이 식사할 때 가지는 자세 ㄴ) 또는 '상속자들은', 그, '아들들' ㄷ) 사 53:4

의미하는 것이다. 제자들과 같이 유대 사람들 중에도 믿는 사람이 있다. **8:11-12** 예수님은 여기에서 세상의 끝 날과 하나님 나라의 설립을 의미하는 것으로 잔치를 말씀하신다. 이 잔치는 예수님을 따르는 이방 사람들이나 유대 사람들 모두 포함한다 (사 2:2-4; 25:1-9). **8:14-15** 베드로에게 *장모가* 있었다면, 그는 결혼을 했거나 또는 결혼을 했던 사람일 것이다. 그는 또한 집을 소유하고 있던 사람이다. 4:18-22를 참조. **8:16-17** 사 53:4를 인용하는 것은 예수님의 병 고침과 귀신 내어쫓음을 (4:23-24) 종의 사역으로 해석하려는 것이다. 대부분의 인용처럼 (1:22-23을 보라), 사 53장은 메시아 또는 예수님을 본래 언급하지 않았지만, 마태는 예수님과 관련지어 이사야서를 읽는다.

8:18-22 예수님을 따르는 것에 관한 이야기가 대조되는 두 장면으로 나타난다. 첫 번째 장면은 부정적인 것이요 (8:18-20), 두 번째 것은 긍정적인 것이다 (8:21-22). **8:18-20** 예수께서 순회하시며 섬기는 삶은 권력을 가지고 안정된 삶을 사는 지배자들과 비교가 된다. 바다 건너편에는 유대 사람들과 이방 사람들이 있다. 율법학자들은 성서를 해석하는 것과 사회를 내다보는 관점이 예수님과 다르기 때문에, 그들은 예수님을 반대하는 사람들이다 (2:4; 5:20). 이 율법학자는 예수님을 따르겠다고 "자원"하지만, 예수님은 제자들을 부르신다 (4:18-22; 10:1-4). 여기서 예수님이 집이 없다(그러나 9:10?)고 하시는 말씀이 인자라는 말과 함께 강조되어 있다. 이 말은 사람 (겔 2장) 또는 세상 끝 날에 강압적인 통치자들(1 에녹 62-63, 마 25:31-46)을 지배하며 (단 7:13-14) 하나님의 심판을 선언하는 하늘의 인물을 말하는 것일 수 있다. 이러한 일들이 예수님의 현재와 미래의 역할이다. **8:21-22** 장례를 치르지 않는 것은 죽음을 모욕하는 것이다 (신 28:25-26). 부모를 공경하라는 십계명은 가족으로서의 책임을 다하는 것이다 (출 20:12). 예수님은 제자들이 자기에게 헌신하면서 다르게 살 수 있는 삶의 길을 선택할 수 있도록 놀랍게도 그러한 종교적이며 사회적인 책임을 뒤엎어 놓으신다. 다른 종교나 철학 학파들도 종교에 헌신을 요구하기 위하여 가족관계를 예속시킨 예가 있다. 출생으로 예수님의 가족이 되는 것이 아니라, 하나님의 뜻을 행하는 것으로 예수님이 새로 택한 가족이 되는 것이다 (4:18-22; 12:46-50). **8:23-27** 예수님은

나는 새도 보금자리가 있으나, ㄱ)인자는 머리 둘
곳이 없다." 21 또 제자 가운데 한 사람이 말하
였다. "주님, 내가 먼저 가서, 아버지의 장례를 치르
도록 허락하여 주십시오." 22 예수께서 그에게
말씀하셨다. "너는 나를 따라오너라. 죽은 사람의
장례는 죽은 사람들이 치르게 두어라."

풍랑을 잔잔하게 하시다

(막 4:35-41; 눅 8:22-25)

23 예수께서 배에 오르시니, 제자들이 그를
따라갔다. 24 그런데 바다에 큰 풍랑이 일어나
서, 배가 물결에 막 뒤덮일 위험에 빠지게 되었다.
그런데 예수께서는 주무시고 계셨다. 25 제자들
이 다가가서 예수를 깨우고서 말하였다. "주님,
살려 주십시오. 우리가 죽게 되었습니다." 26 예
수께서 그들에게 "왜들 무서워하느냐? 믿음이 적은
사람들아!" 하고 말씀하시고 나서, 일어나 바람과
바다를 꾸짖으시니, 바다가 아주 잔잔해졌다.
27 사람들은 놀라서 말하였다. "이분이 누구이기
에, 바람과 바다까지도 그에게 복종하는가?"

귀신 들린 두 사람을 고치시다

(막 5:1-20; 눅 8:26-39)

28 예수께서 건너편 ㄴ)가다라 사람들의 지역
에 가셨을 때에, 귀신 들린 사람 둘이 무덤 사이
에서 나오다가, 예수와 마주쳤다. 그들은 너무나
사나워서, 아무도 그 길을 지나다닐 수 없었다.
29 그런데 그들이 외쳐 말하였다. "하나님의 아
들이여, 당신이 우리와 무슨 상관이 있습니까? 때
가 되기도 전에, 우리를 괴롭히려고 여기에 오셨
습니까?" 30 마침 거기에서 멀리 떨어진 곳에,
놓아 기르는 큰 돼지 떼가 있었다. 31 귀신들이
예수께 간청하였다. "우리를 쫓아내시려거든, 우
리를 저 돼지들 속으로 들여보내 주십시오."
32 예수께서 "가라" 하고 명령하시니, 귀신들이
나와서 돼지들 속으로 들어갔다. 그 돼지 떼가 모
두 바다 쪽으로 비탈을 내리달아서, 물 속에 빠져
죽었다. 33 돼지를 치던 사람들이 도망 가서, 읍
내에 들어가, 이 모든 일과 귀신 들린 사람들에게
일어난 일을 알렸다. 34 온 읍내 사람들이 예수
를 만나러 나왔다. 그들은 예수를 보고, 자기네 지
역을 떠나 달라고 간청하였다.

중풍병 환자를 고치시다

(막 2:1-12; 눅 5:17-26)

9 1 예수께서 배에 오르셔서, 바다를 건너 자
기 마을에 돌아오셨다. 2 사람들이 중풍병

ㄱ) 그, '사람의 아들' ㄴ) 다른 고대 사본들에는 '거라사' 또는 '겔게사' 또는 '가자라'

자연적인 힘도 제압하신다. 배는 제자들이 살고 있는 사회를 의미한다. 바다는 하나님이 지배하시는 세력을 위협하는 힘으로 오랫동안 이해되었었다 (창 1:6-10). 제자들은 세상의 혼돈 속으로 던져졌지만, 예수님은 폭풍을 이기시고 하나님의 통치를 수립하신다. 예수님은 출애굽기의 이집트와 (출 14—15장) 바빌로니아에서의 해방과 (사 43:1-2) 같이 바다 지배하기를 (시 69:1-3, 30-36) 하나님이 하시는 것과 같이 하신다. 제자들은 예수님이 하나님의 능력과 통치자라는 사실을 믿으며 (8:25-26) 이해하는 데 (8:27) 어려움을 겪는다.

8:28-34 예수님은 귀신의 세력도 제압하신다. 귀신 들린 사람들은 예수님이 하나님의 아들이신 것을 바로 알아본다 (8:29; 또한 2:15; 3:17; 4:23-25를 보라). 귀신은 마치 권세자들이 세상을 지배했듯이, 그 사람에게 들어가서 그를 지배했다. 권세를 추구하는 세상은 악하다 (4:8-9). 이 두 귀신 들린 사람들은 동네 밖의 무덤에서 사는 주변 인생들이다. 예수님은 귀신을 돼지 떼에게로 들여보내고 그 돼지들이 바다로 떨어져 죽게 함으로써 그 두 사람을 변화시키신다. 유대 사람들은 돼지를 부정하다고 여겼다 (레 11:7-8). 돼지는 안디옥에 주둔하고 있던 10군단의 "마스코트"였다. 10군단은 기원후 70년에 예루살렘을 멸망시킨 군단으로 잘 알려져 있었다. 예수님은 마치 하나님이 바로의 군대를 바다로 몰아넣었던 것과 같이 세상 권세의 상징들을 붕괴시키신다 (출 14:23-15:5). 예수님은 그 지역의 사회적, 경제적 제도를 붕괴시키셨기 때문에 그들은 예수님에게 그 곳을 떠나달라고 요구한다 (8:34).

9:1-38 예수님은 8장에서 하던 일을 계속하신다. 8장에서 언급한 서문을 보라. **9:1** 예수님이 가버나움으로 가시는 것에 관하여는 4:12-16을 보라. 어둠 속으로 빛을 가져오는 중요성, 즉 하나님의 임재와 하나님의 나라가 세상 속으로 들어와서 임재하고 있는 것이 9장에서 예수님이 행하시는 일의 내용을 보여준다. **9:2-8** 중풍병 환자를 고치는 이야기들은 앞에 나온 4:23-24와 8:5-13을 보라. 믿음은 예수님을 신뢰하는 것이다. 병은 흔히 어떤 사람의 죄의 결과이거나 악마에게서 오는 것으로 간주했다 (신 28:15, 27-29, 35; 요 9:2를 참조). 예수님은 하나님의 용서를 중재하신다. 사람을 죄에서 구원하는 것이 예수님의 사명이다 (1:21). 병을 고치는 것은 용서를 보여주는 것이며 (9:6), 하나님의 완전한 통치가 이루어지는 것을 기대하는 것이다 (사 35장). 종교 지도자들은 예수님이 자기들이 하는

환자 한 사람을, 침상에 누인 채로, 예수께로 날라 왔다. 예수께서 그들의 믿음을 보시고, 중풍병 환자에게 말씀하셨다. "기운을 내라, 아이야. 네 죄가 용서받았다." 3 그런데 율법학자 몇이 '이 사람이 하나님을 모독하는구나' 하고 속으로 말하였다. 4 예수께서 그들의 생각을 아시고 말씀하셨다. "어찌하여 너희는 마음 속에 악한 생각을 품고 있느냐? 5 '네 죄가 용서받았다' 하고 말하는 것과 '일어나서 걸어가거라' 하고 말하는 것 가운데서, 어느 쪽이 더 말하기가 쉬우냐? 6 그러나 인자가 땅에서 죄를 용서하는 권세를 가지고 있음을 너희들이 알게 하겠다." 그리고 예수께서 중풍병 환자에게 "일어나서, 네 침상을 거두어 가지고 집으로 가거라" 하시니, 7 그가 일어나서, 자기 집으로 돌아갔다. 8 무리가 이 일을 보고서, 두려움에 사로잡히고, 이런 권한을 사람들에게 주신 하나님께 영광을 돌렸다.

마태를 부르시다
(막 2:13-17; 눅 5:27-32)

9 예수께서 거기에서 떠나서 길을 가시다가, 마태라는 사람이 세관에 앉아 있는 것을 보시고 말씀하셨다. "나를 따라오너라." 그는 일어나서, 예수를 따라갔다.

10 예수께서 집에서 ㄱ)음식을 드시는데, 많은 세리와 죄인이 와서, 예수와 그 제자들과 ㄱ)자리를 같이 하였다. 11 바리새파 사람들이 이것을 보고, 예수의 제자들에게 말하였다. "어찌하여 당신네 선생은 세리와 죄인과 어울려서 음식을 드시오?" 12 예수께서 그 말을 들으시고서 말씀하셨다. "건강한 사람에게는 의사가 필요하지 않으나, 병든 사람에게는 필요하다. 13 너희는 가서 ㄴ)'내가 바라는 것은 자비요, 희생제물이 아니다' 하신 말씀이 무슨 뜻인지 배워라. 나는 의인을 부르러 온 것이 아니라, 죄인을 부르러 왔다."

금식 논쟁 (막 2:18-22; 눅 5:33-39)

14 그 때에 요한의 제자들이 예수께 와서 물었다. "우리와 바리새파 사람은 ㄷ)자주 금식을 하는데, 왜 선생님의 제자들은 금식을 하지 않습니까?" 15 예수께서 그들에게 말씀하셨다. "혼인 잔치의 손님들이 신랑이 자기들과 함께 있는 동안에 슬퍼할 수 있느냐? 그러나 신랑을 빼앗길 날이 올 터이니, 그 때에는 그들이 금식할 것이다. 16 생베 조각을 낡은 옷에다 대고 깁는 사람은 없다. 그렇게 하면, 새로 댄 조각이 그 옷을 당겨서, 더욱더 크게 찢어진다. 17 새 포도주를 낡은 가죽 부대에 담는 사람은 없다. 그렇게 하면, 가죽 부대가 터져서, 포도주는 쏟아지고, 가죽 부대는 못 쓰게 된다. 새 포도주는 새 가죽 부대에 담아야 둘 다 보존된다."

어느 지도자의 딸과 혈루증에 걸린 여자
(막 5:21-43; 눅 8:40-56)

18 예수께서 이 말씀을 하실 때에, 지도자 한

ㄱ) 그, '비스듬히 눕다'. 8:11의 주를 볼 것 ㄴ) 호 6:6 ㄷ) 다른 고대 사본들에는 '자주'가 없음

역할을 빼앗으며 하나님의 일을 침해하고 하나님을 모독(신에 대한 불경)한다고 생각하여 매우 당황해 했다. 그들은 하나님께서 예수님을 하나님의 사자로 임명한 사실을 이해하지 못한다 (1:1, 21-23). 8:20에 있는 인자에 관한 주석을 보라. **9:9** 세리들은 세상 정치 지도자들의 낭비성이 있는 생활양식을 재정적으로 후원하고 있었다. 그들은 착취 행위 때문에 경멸당했다. 예수님은 여기서 다시 변두리 인생들을 부르신다. **9:10-13** 도덕적으로나 사회적으로 버림받은 예수님의 일행은 세상의 배타적인 계급제도와는 달리 새로 선택한 사회를 형성하는 하나님 나라의 포괄적인 자비를 표현해 주는 사람들이다. 종교 지도자들은 이러한 사회적 비전을 반대한다 (2:4). **9:13** 예수님은 호 6:6을 인용하신다 (또한 마 12:7). 권력을 추구하는 계급사회와 착취에 도전하려면 예배가 뒤따라야 한 다. **9:14-17** 요한의 제자들은 예수님이 금식을 소홀하게 하는 것에 관하여 묻는다 (11:2). 예수님은 금식을 장려하신다 (6:16-18), 그러나 이는 때를 잘 맞추어야 한다. 예수님이 하시는 사역은 금식이 추구하는 하나님의 임재와 교제, 용서, 구원을 마련하여 준다. 예수님을 *빼앗길 날이 올 때* (9:15), 금식은 이러한 선물들을 가능하게 해주며, 이러한 특이한 삶의 길을 지원해 준다. 정의의 행위에는 금식이 뒤따라야 한다 (사 58:6-14).

9:18-26 서로 병합되어 있는 병 고치는 두 이야기(4:23-24)에는 비슷한 특징들이 있다: 그 특징들은 두 여자와 믿음과 예수님이 능력 있는 손을 얹으시는 것이다. 두 여자 모두 남성 위주 사회에서 사는 변두리 인생들이다. 예수님은 가부장적이고 권세를 추구하는 사회의 한계를 넘어서신다. 그러나 이 두 여자간에는 서로 다른 점들도 있다: 나이, 병의 종류, 직접적이고 간접적인 지지, 대중 앞에서 당하는 고통과 사적인 고통 등이 다른 점들이다. 이 이야기들은 십자가를 생각나게 해주는 것이다. 그 여인과 예수님은 모두 피를 흘린다. 예수님과 그 통치자의 아이 모두가 죽는다. 둘이 모두

사람이 와서, 예수께 무릎을 꿇고 말하였다. "내
딸이 방금 죽었습니다. 그러나 오셔서, 그 아이에게
손을 얹어 주십시오. 그러면 살아날 것입니다."
19 예수께서 일어나서 그를 따라가셨고, 제자들
도 뒤따라갔다. 20 그런데 열두 해 동안 혈루증
으로 앓는 여자가 뒤에서 예수께로 다가와서, 예
수의 옷술에 손을 대었다. 21 그 여자는 속으로
말하기를 "내가 그의 옷에 손을 대기만 하여도 나
을 텐데!" 했던 것이다. 22 예수께서 돌아서서,
그 여자를 보시고 말씀하셨다. "기운을 내어라,
딸아. 네 믿음이 너를 구원하였다." 바로 그 때에
그 여자가 나았다.
23 예수께서 그 지도자의 집에 이르러서, 피리
를 부는 사람들과 떠드는 무리를 보시고, 24 이
렇게 말씀하셨다. "모두 물러가거라. 그 소녀는
죽은 것이 아니라, 자고 있다." 그들은 예수를 비
웃었다. 25 무리를 내보낸 다음에, 예수께서 들어
가셔서, 그 소녀의 손을 잡으시니, 그 소녀가 벌떡
일어났다. 26 이 소문이 그 온 땅에 퍼졌다.

눈 먼 두 사람이 고침을 받다

27 예수께서 거기에서 떠나가시는데, 눈 먼
사람 둘이 "다윗의 자손이여, 우리를 불쌍히 여겨
주십시오" 하고 외치면서 ㄱ)예수를 뒤따라 왔다.
28 예수께서 집 안으로 들어가셨는데, 그 눈 먼
사람들이 그에게 나아왔다. 예수께서 그들에게
말씀하셨다. "너희는 내가 이 일을 할 수 있다고
믿느냐?" 그들이 "예, 주님!" 하고 대답하였다.
29 예수께서 그들의 눈에 손을 대시고 말씀하셨
다. "너희 믿음대로 되어라." 30 그러자 그들의
눈이 열렸다. 예수께서 그들에게 엄중히 다짐하
셨다. "이 일을 아무에게도 알리지 말아라." 31 그
러나 그들은 나가서, 예수의 소문을 그 온 지역에
퍼뜨렸다.

말 못하는 사람을 고치시다

32 그들이 떠나간 뒤에, 귀신이 들려 말 못
하는 한 사람을 사람들이 예수께 데리고 왔다.
33 귀신이 쫓겨나니, 말 못하는 그 사람이 말을
하게 되었다. 무리가 놀라서 말하였다. "이런 것은
이스라엘에서 처음 보는 일이다." 34 ㄴ)그러나
바리새파 사람들은 "그는 귀신의 두목의 힘을 빌
어서 귀신을 쫓아낸다" 하고 말하였다.

ㄱ) 다른 고대 사본들에는 '예수를'이 없음 ㄴ) 다른 고대 사본들에는 34절이 없음

다시 살아난다. **9:18-20** 희랍어사본과 새번역개정에는 회당이라는 단어가 없다. 그래서 새번역개정은 "지도자;" 개역개정은 "관료" 라고 번역했는데 공동번역과 NRSV는 "회당장"이라고 번역되어 있다. 마태는 회당에 대해서 부정적인 자세를 가지고 있다. 그 이유는 아마도 그의 공동체가 기원후 70년대 이후에 모진 논쟁을 경험했기 때문이었을 것이다. 이 지도자는 다른 사람들에게 군림하는 자 중의 하나이다 (20:25). 그러나 여기서 그는 믿음으로 다른 사람의 생명을 구해 달라고 예수님에게 도움을 청한다. 이 사람은 다른 길을 선택한 지도자이다. **9:21-22** 여자가 먼저 행동을 취한다. 어떤 종류의 혈루증인지는 언급되어 있지 않았지만, 기간(12년)으로 보아 고통이 심했을 것이며, 예수님의 병 고치는 사역에 방해가 되었을 것이다. "낫는다" 라는 말은 "구원한다"는 말과 같은 동사에서 온 것이다. 예수님은 자기의 사역을 계속하며, 그 여인의 믿음을 칭찬하신다 (1:21; 9:1-8). **9:23-26** 한편으로는 그 소녀의 장례식이 거행되고 있었다. 그러나 예수님은 하나님의 생명을 주는 능력을 보여주신다.

9:27-31 눈이 먼 두 사람이 고침을 받는 기적 이야기가 계속된다 (4:23-24; 9:2-8). 눈이 먼다는 것은 하나님을 알지 못하는 것을 의미할 수 있고, 하나님이 의도하시는 목적에 마음 문을 열지 못하는 것을 의미할 수도 있다 (13:13-23). 이 장면은 육신적 변화와 영적 변화가 잘 합해져 있는 장면이다. 신실한 제자들과 같이 이 두 눈 먼 사람들은 (두 사람 다 제자들을 불렀을 때와 같이, 4:18-22) 예수께 불쌍히 여겨 달라고 외친다 (9:27). 그들은 하나님의 공정한 통치를 대표하는 사람으로 예수님의 정체를 알아본다 (1:1; 시 72). 그들은 공손한 태도로 예수님에게 접근한다. 그들은 믿음이 있다. 그들은 예수님을 주님이라고 부르며 병 고침을 받으면서도 아무에게도 알리지 말라는 예수님의 명령에 불복종한다. 예수님은 왜 이런 명령을 하시는 것일까? 제자들이 성실하게 증언하려면 다져지고 배우는 시간이 필요하다. **9:32-34** 또 귀신을 내쫓는 기적은 사람들의 삶을 주관하고 있는 사탄을 내쫓는 것을 입증해 주는 것이다 (4:23-24). 종교 지도자들은 예수님의 사역의 근원이 하나님인 것을 알지 못한다. **9:35-38** 이 구절(4:23을 참조)은 4:17 이후의 사역의 대상자 (엘리트가 아닌 변두리 인생과 평범한 사람들), 과업 (9:35), 사역의 동기 (불쌍히 여김, 9:36) 등을 요약해서 말해준다. 목자는 성경에서 쓰는 이미지이지만 비성서적 문서에서도 지도자에 대하여 흔히 쓰는 이미지이다. 좋은 목자는 하나님과 같다 (시 23편); 나쁜 목자는 계급사회를 유지하며 가난한 사람들을 착취한다 (겔 34장을 보라). 하나님의 백성(양 떼)은 세상의 권력자들과 종교 지도

목자 없는 양

35 예수께서는 모든 도시와 마을을 두루 다
니시면서, 유대 사람의 여러 회당에서 가르치며,
하늘 나라의 복음을 선포하며, 온갖 질병과 온갖
아픔을 고쳐 주셨다. 36 예수께서 무리를 보시
고, 그들을 불쌍히 여기셨다. 그들은 마치 목자 없
는 양과 같이, 고생에 지쳐서 기운이 빠져 있었기
때문이다. 37 그래서 제자들에게 말씀하셨다.
"추수할 것은 많은데, 일꾼이 적다. 38 그러므로
너희는 추수하는 주인에게 일꾼들을 그의 추수밭
으로 보내시라고 청하여라."

예수의 열두 제자

(막 3:13-19; 눅 6:12-16)

10 1 ㄱ)예수께서 열두 제자를 부르셔서, ㄴ)더
러운 귀신을 제어하는 권능을 주시고, 그
들이 ㄴ)더러운 귀신을 쫓아내고 온갖 질병과 온갖
허약함을 고치게 하셨다. 2 열두 사도의 이름은
이러하다. 첫째로 베드로라고 부르는 시몬과, 그
의 ㄷ)동생 안드레와 세베대의 아들 야고보와 그의
ㄷ)동생 요한과 3 빌립과 바돌로매와 도마와 세리
마태와 알패오의 아들 야고보와 ㄹ)다대오와
4 ㅁ)열혈당원 시몬과 예수를 넘겨준 가룟 사람 유
다이다.

열두 제자의 전도 (막 6:7-13; 눅 9:1-6)

5 예수께서 이들 열둘을 내보내실 때에, 그
들에게 이렇게 명하셨다. "이방 사람의 길로도 가
지 말고, 또 사마리아 사람의 고을에도 들어가지
말아라. 6 오히려 ㅂ)길 잃은 양 떼인 이스라엘 백
성에게로 가거라. 7 다니면서 '하늘 나라가 가까이
왔다'고 선포하여라. 8 앓는 사람을 고쳐 주며,
죽은 사람을 살리며, ㅅ)나병 환자를 깨끗하게 하며,
귀신을 쫓아내어라. 거저 받았으니, 거저 주어라.
9 전대에 금화도 은화도 동전도 넣어 가지고 다
니지 말아라. 10 여행용 자루도, 속옷 두 벌도,
신도, 지팡이도, 지니지 말아라. 일꾼이 자기 먹을
것을 얻는 것은 마땅하다. 11 아무 고을이나 아무
마을에 들어가든지, 거기서 마땅한 사람을 찾아
내서, 그 곳을 떠날 때까지 거기에 머물러 있어라.
12 너희가 그 집에 들어갈 때에, 평화를 빈다고
인사하여라. 13 그래서 그 집이 평화를 누리기에
알맞으면, 너희가 비는 평화가 그 집에 있게 하고,
알맞지 않으면 그 평화가 너희에게 되돌아오게
하여라. 14 누구든지 너희를 영접하지 않거나
너희의 말을 듣지 않거든, 그 집이나 그 고을을
떠날 때에, 너희 발에 묻은 먼지를 떨어 버려라.

ㄱ) 그, '그가' ㄴ) 또는 '악한 귀신' ㄷ) 그, '형제' ㄹ) 다른 고대 사본들에는 '레배오' 또는 '다대오라고 부르는 레배오' ㅁ) 또는 '가나안 사람', 그, 카나나이오스' ㅂ) 그, '이스라엘 집의 길 잃은 양 떼에게로' ㅅ) 나병을 포함한 여러 가지 악성 피부병을 말함

자들에게 괴로움을 당한다. 추수(9:37)는 심판에 대하여 일상적으로 쓰이는 이미지이다. 예수님의 사역은 사람을 구원하거나 또는 규탄한다. 그러나 어쨌든 일꾼들이 필요하다.

10:1-42 일꾼들을 더 보내달라는 예수님의 기도가 응답되었다 (9:38). 10장은 예수께서 가르치시는 다섯 개의 큰 부분 (5—7장; 13장; 18장; 24—25장) 중의 하나인데, 종종 사역 이야기라고 부르기도 한다. 이 이야기는 제자들이 사람을 낚는 어부로서의 (4:19) 임무에 대한 이야기로 펼쳐진다. 그들의 사명은 하나님께서 세상 권세를 원하지 않으시는 것을 전하는 것이다. 그들은 현상 유지에 도전하면서, 하나님의 대안인 정의롭고 자비로운 나라를 시행한다. 이 사역은 선택의 여지가 없다. 제자들과 교회의 존재 이유가 바로 여기에 있다. 그들의 사역은 예수님의 사역을 계승하는 것이다. **10:1-4** 예수님은 사역자들을 부르고 사역을 명하신다. 그 사역의 임무는 예수님의 사역과 같은 것이다 (4:17-25; 8—9장): 하나님의 나라를 선포하고 (9:35); 병을 고치고 (9:27-31); 죽은 사람을 살리고 (9:18-26); 나병 병자를 고치고 (8:1-4); 마귀를 내어 쫓는 사역이다 (9:22-24). 눅 6:12-16에 나오는 제자들의 이름 명단은 조금 다르다. 사도라는 말은 문자 그대로 "보냄을 받은 사람들"이라는 뜻이다. 그래서 사도는 위임받은 사람임을 강조하는 말로 마태복음서에서 유일하게 언급된 곳이다. **10:5-15** 예수님은 그들이 해야 할 사역에 대하여 네 가지 측면에서 언급하신다. **10:5-6** 첫째로, 예수님은 사역의 영역을 언급하신다. 하나님의 목적은 예수님의 사역과 같이 유대 사람들과 사마리아 사람들을 초점으로 시작하는 것을 임시 우선순위로 나타낸다. 28:18-20에서 예수님은 세상으로 나가는 사역을 명하신다. 하나님은 이스라엘과의 언약을 충실히 지키신다. 이방 사람들은 하나님의 목적에 이미 포함되어 있다. **10:7-8** 둘째로, 예수님은 사역의 임무를 언급하신다. 그들은 예수님과 같은 메시지를 선포하며 (4:17), 유사한 기적들을 행한다 (8—9장). 메시지를 전달하는 것이 그것을 행하는 것만큼 중요하다. **10:8-10** 셋째로, 예수님은 사역을 물질로 뒷받침하는 것을 언급하신다. 제자들은 그들의 사역을 통하여 아무런 이익을 취하지 않고 하나님을 신뢰할 따름이다. **10:11-15** 넷째로, 예수님은 사역의 영향력을 언급하신다. 덕이 있는 사람들은 선포되는 말씀을 받아들인다. 너희들의 말을 듣지 않는 사람들을 강요하

15 내가 진정으로 너희에게 말한다. 심판 날에는
소돔과 고모라 땅이 그 고을보다는 견디기가 쉬울
것이다."

박해를 받을 것이다

(막 13:9-13; 눅 21:12-17)

16 "보아라, 내가 너희를 내보내는 것이, 마치
양을 이리 떼 가운데로 보내는 것과 같다. 그러므로
너희는 뱀과 같이 슬기롭고, 비둘기와 같이 순진
해져라. 17 사람들을 조심하여라. 그들이 너희
를 법정에 넘겨주고, 그들의 회당에서 매질을 할
것이다. 18 또 너희는 나 때문에, 총독들과 임금
들 앞에 끌려나가서, 그들과 이방 사람 앞에서 증
언할 것이다. 19 사람들이 너희를 관가에 넘겨
줄 때에, 어떻게 말할까, 또는 무엇을 말할까, 하
고 걱정하지 말아라. 너희가 무슨 말을 해야 할지,
그 때에 지시를 받을 것이다. 20 말하는 이는 너
희가 아니라, 너희 안에서 말씀하시는 아버지의
영이시다. 21 형제가 형제를 죽음에 넘겨주고,
아버지가 자식을 또한 그렇게 하고, 자식이 부모
를 거슬러 일어나서 부모를 죽일 것이다. 22 너
희는 내 이름 때문에 모든 사람에게서 미움을 받
을 것이다. 그러나 끝까지 견디는 사람은 구원을
얻을 것이다. 23 이 고을에서 너희를 박해하거
든, 저 고을로 피하여라. 내가 진정으로 너희에게
말한다. 너희가 이스라엘의 고을들을 다 돌기 전에
인자가 올 것이다.

24 제자가 스승보다 높지 않고, 종이 주인보
다 높지 않다. 25 제자가 제 스승만큼 되고, 종
이 제 주인만큼 되면, 충분하다. 그들이 집주인을
바알세불이라고 불렀거든, 하물며 그 집 사람들
에게야 얼마나 더 심하겠느냐!"

마땅히 두려워하여야 할 분을 두려워하여라

(눅 12:2-7)

26 "그러므로 너희는 그들을 두려워하지 말
아라. 덮어 둔 것이라고 해도 벗겨지지 않을 것이
없고, 숨긴 것이라 해도 알려지지 않을 것이 없다.
27 내가 너희에게 어두운 데서 말하는 것을, 너
희는 밝은 데서 말하여라. 너희가 귓속말로 듣는
것을, 지붕 위에서 외쳐라. 28 그리고 몸은 죽일
지라도 영혼은 죽이지 못하는 이를 두려워하지 말
고, 영혼도 몸도 둘 다 ㄱ)지옥에 던져서 멸망시킬
수 있는 분을 두려워하여라. 29 참새 두 마리가
한 ㄴ)냥에 팔리지 않느냐? 그러나 그 가운데서
하나라도 너희 아버지께서 허락하지 않으시면,
땅에 떨어지지 않을 것이다. 30 아버지께서는
너희의 머리카락까지도 다 세어 놓고 계신다.
31 그러니 두려워하지 말아라. 너희는 많은 참새
보다 더 귀하다."

ㄱ) 그, '게헨나' ㄴ) 그, '앗시리온'

지 말라 (10:14). *발에 묻은 먼지를 떨어 버린다.* 이 표현은 심판 때에 거절하는 것을 의미하는 것이다 (10:15). **10:16-23** 사역은 어려운 것이다. 현상을 유지하려는 사람들을 대항하여 하나님의 나라로 맞서면, 세상 권세자들은 반박해 온다. 회당과 (10:17) 총독과 임금들(10:18, 27장의 빌라도)은 재판 과정을 이용하여 처벌하도록 선동한다. 제자들이 그 세력에 저항할 때에 하나님이 함께 하셔서 적절한 말을 주실 것이라고 다짐을 받는다 (10:19-20). 이것은 마태가 제자들이 하나님의 영을 받을 것이라는 말을 한 유일한 곳이다. 가정 안에도 분열이 있다 (10:21-22). 그러나 *끝까지* 견디면 구원을 얻는다 (10:22b). 23절은 예수님이 곧 돌아오실 것으로 예상한다. 바로 그 때에 이스라엘에서의 사역은 끝난다. 이스라엘은 버림을 받지 않는다 (23:37-39). **10:24-42** 이 마지막 부분은 신실한 사람들의 용기와, 영향과, 신실한 것에 대한 보답과, 적극적인 사역을 인정한다. **10:24-25** 예수님의 사역을 흉내 낸다는 것은 예수님 스스로가 반대에 부딪히는 경험과 그가 거절당함을 나눌 수 있어야 한다는 뜻이다. 지도자들은 9:34; 12:24에서 예수님을 사탄이라고 부른다 (귀신의 두목 *바알세불*). **10:26-31** 예수님은 박해를 하나님의 목적과 관련시키면서 그들이 신실하게 남아있도록 위로하고 격려하신다. 두려워하지 말라는 말이 세 번 나온다 (10:26, 28, 31). 하나님의 목적이 드러난다 (10:26-27). 하나님은 미래와 (10:28) 현재를 지배하신다 (10:29-31). **10:32-33** 반대와 박해에도 불구하고 용감하고 성실하게 선교하는 제자들은 심판 때에 그들의 정당성이 입증될 것이다. 예수님에게 충성을 다한다는 것은 하나님 앞에서 그를 시인하는 것을 뜻하는 것이다 (25:46을 보라). *하늘에 계신 아버지*는 보통 하나님을 의미하는 것이다 (6:9; 7:21; 11:27; 12:50; 23:9). 하나님 아버지 되시는 분은 강요하시고, 생명을 주시고, 차별 없이 자비로우신 분이시다 (5:43-48). 남성 위주의 가부장제도를 반대하면서도 (19:3-12; 23:9), 복음서는 이와 같은 하나님 나라의 이미지를 유지한다. 하나님과 그의 일에 대한 다른 이미지들도 있다 (13:33을 참조하라). **10:34-39** 사역은 가정들이 갈라지게 만든다. 가족에 대한 충성이 우선이 아

사람 앞에서 그리스도를 안다고 하면
(눅 12:8-9)

32 "누구든지 사람들 앞에서 나를 시인하면,
나도 하늘에 계신 내 아버지 앞에서 그 사람을 시
인할 것이다. 33 그러나 누구든지 사람들 앞에
서 나를 부인하면, 나도 하늘에 계신 내 아버지 앞
에서 그 사람을 부인할 것이다."

칼을 주려고 왔다
(눅 12:51-53; 14:26-27)

34 "너희는 내가 세상에 평화를 주려고 온 줄
로 생각하지 말아라. 평화가 아니라 칼을 주려고
왔다. 35 나는, ㄱ)사람이 자기 아버지와 맞서게
하고, 딸이 자기 어머니와 맞서게 하고, 며느리가
자기 시어머니와 맞서게 하려고 왔다. 36 ㄱ)사람
의 원수가 자기 집안 식구일 것이다. 37 나보다
아버지나 어머니를 더 사랑하는 사람은 내게 적합
하지 않고, 나보다 아들이나 딸을 더 사랑하는 사
람도 내게 적합하지 않다. 38 또 자기 십자가를
지고 나를 따르지 않는 사람도 내게 적합하지 않
다. 39 자기 목숨을 얻으려는 사람은 목숨을 잃
을 것이요, 나를 위하여 자기 목숨을 잃는 사람은
목숨을 얻을 것이다."

보상에 대한 말씀 (막 9:41)

40 "너희를 맞아들이는 사람은 나를 맞아들
이는 것이요, 나를 맞아들이는 사람은 나를 보내
신 분을 맞아들이는 것이다. 41 예언자를 예언
자로 맞아들이는 사람은, 예언자가 받을 상을 받
을 것이요, 의인을 의인이라고 해서 맞아들이는
사람은, 의인이 받을 상을 받을 것이다. 42 내가
진정으로 너희에게 말한다. 이 작은 사람들 가운
데 하나에게, 내 제자라고 해서 냉수 한 그릇이라
도 주는 사람은, 절대로 자기가 받을 상을 잃지 않
을 것이다."

11 1 예수께서 열두 제자에게 지시하기를 마
치고, 거기에서 떠나셔서, ㄴ)유대 사람들의
여러 고을에서 가르치며 복음을 전하셨다.

세례자 요한이 보낸 사람들 (눅 7:18-35)

2 그런데 요한은, ㄷ)그리스도께서 하신 일들
을 감옥에서 전해 듣고, 자기의 ㄹ)제자들을 예수께
보내어, 3 물어 보게 하였다. "오실 그분이 당신이
십니까? 그렇지 않으면, 우리가 다른 분을 기다려야

ㄱ) 미 7:6 ㄴ) 그, '그들의' ㄷ) 1:1의 주를 볼 것 ㄹ) 다른 고대 사본들에는 '두 제자를'

니다. 그리고 가족을 재정의하는데, 예수님의 가족은 출생으로 되는 것이 아니고 (족보와 세습된 부에 의한 사회적 계급제도에 대한 비판), 하나님의 뜻을 행하는 자들로 된다 (4:18-22; 8:21-22; 12:46-50). 예수님을 사랑하는 것이 우선이다 (10:37). **10:38** 이러한 삶의 길은 *십자가*로 가는 길이다. 이러한 삶의 이미지가 가벼운 짐을 지거나 불편한 것을 해내는 정도로 평범화되어서는 안 된다. 그것은 오히려 수치와 아픔과 사회적으로 거절당하는 것과 폭력과 굴욕과 십자가를 축소해 놓은 상징이다. 로마는 반역자, 폭력 범죄자, 그리고 외국인들과 같은, 자기들이 사회를 지배하는 일에 위협이 되는 사람들을 십자가형에 처했다. 십자가는 시민과 시민이 아닌 사람들을 갈라놓았고, 받아들여지는 사람들과 거부되는 사람들을 갈라놓았다. 십자가를 지는 것은 그 제국을 위협하는 사람들과 정체성을 같이하는 것이다. 그것은 협박을 수락하는 것을 거부하는 것이다. 그것은 세상 권세에 충성할 의향이 없다는 말이다. 그리고 그것은 세상 권세가 십자가에 못박아 죽인 예수를 살아나지 못하게 할 수 있는 힘이 없다는 사실을 인정하는 것이다. **10:40-42** 제자들의 사역에 호의를 보이는 것은 예수님에게 긍정적인 반응을 보이는 것이다. 이 *작은 사람*들은 제자들을 말한다 (18:1-4). 이 작은 사람이라는 말은 세상 권세에 도전하며 다른 길을 택하고, 기성문화의 가치관을 거부하는 소수 무리의 상처받기 쉽고 위험한 삶을 사는 사람을 강조하는 것이다.

11:1 예수님의 사역 이야기는 (10장) 통상적인 전환 문구로 끝난다 (7:28). 제자들은 아직 사역하러 나가지 않는다. 그러나 그들은 예수님이 떠나신 후에 사역을 하게 될 것이다 (28:18-20).

11:2—16:20 이 세 번째 주요 부분에서는 예수님의 사역에 대한 두 가지 반응을 묘사해준다. 예수님의 설교와 활동은 예수님의 정체를 하나님의 대행자 (그리스도)로 묘사하여주면서 사람들로 하여금 그의 정체를 깨닫도록 요구한다. 어떤 사람들은 그것을 환영하고 받아들이며 따른다. 그러나 많은 사람들은 그의 주장을 거부한다. **11:2-19** 예수님과 요한의 정체와 부정적인 반응. **11:2-6** 예수님의 활동들은 (11:2) 감옥에 있는 요한으로 하여금 (4:12; 14:1-12) 그의 정체에 관한 중요한 질문을 제기하게 만든다 (11:3). *오실 그분*이라는 말이 예수님의 정체성을 하나님으로부터 임명받은 하나님의 중개자, 즉 메시아라고 이름을 붙인다. 예수님은 변두리에서 사는 인생들을 위한 그의 자비로운 사역을 요약해 주기 위하여 이사야서에 있는 하나님께서 자유하게 하시는 나라(사 26:19; 29:18-19; 35:5-6;

합니까?" 4 예수께서 그들에게 대답하셨다. "가
서, 너희가 듣고 본 것을 요한에게 알려라. 5 눈
먼 사람이 보고, 다리 저는 사람이 걸으며, ㄱ)나병
환자가 깨끗하게 되며, 듣지 못하는 사람이 들으
며, 죽은 사람이 살아나며, 가난한 사람이 복음을
듣는다. 6 나에게 ㄴ)걸려 넘어지지 않는 사람은
복이 있다."

7 이들이 떠나갈 때에, 예수께서 무리에게 요
한을 두고 말씀하셨다. "너희는 무엇을 보러 광야에
나갔더냐? 바람에 흔들리는 갈대냐? 8 ㄷ)아니면,
무엇을 보러 나갔더냐? 화려한 옷을 입은 사람이
냐? 화려한 옷을 입은 사람은 왕궁에 있다. 9 ㄹ)아
니면, 무엇을 보러 나갔더냐? 예언자를 보려고 나
갔더냐? 그렇다. 내가 너희에게 말한다. 그렇다.
그는 예언자보다 더 훌륭한 사람이다. 이 사람을
두고 성경에 기록하기를,

10 ㅁ)'보아라,
내가 내 심부름꾼을
너보다 앞서 보낸다.
그가 네 앞에서
네 길을 닦을 것이다'

하였다. 11 내가 진정으로 너희에게 말한다. 여
자가 낳은 사람 가운데서 ㅂ)세례자 요한보다 더 큰
인물은 없었다. 그런데 하늘 나라에서는 아무리
작은 이라도 요한보다 더 크다. 12 ㅂ)세례자 요한
때로부터 지금까지, 하늘 나라는 ㅅ)힘을 떨치고
있다. 그리고 ㅇ)힘을 쓰는 사람들이 그것을 차지
한다. 13 모든 예언자와 율법서는, 요한에 이르
기까지, 하늘 나라가 올 것을 예언하였다. 14 너
희가 그 예언을 기꺼이 받아들이려고 하면, 요한,
바로 그 사람이 오기로 되어 있는 엘리야이다.
15 들을 귀가 있는 사람은 들어라."

16 "이 세대를 무엇에 비길까? 마치 아이들이
장터에 앉아서, 다른 아이들에게 이렇게 말하는
것과 같다.

17 '우리가 너희에게 피리를 불어도
너희는 춤을 추지 않았고,
우리가 곡을 해도,
너희는 울지 않았다.'

18 요한이 와서, 먹지도 않고 마시지도 않았다.
그러니까 사람들이 말하기를, '그는 귀신이 들렸
다' 하고, 19 인자는 와서, 먹기도 하고 마시기
도 하니, 그들이 말하기를 '보아라, 저 사람은 마
구 먹어대는 자요, 포도주를 마시는 자요, 세리와
죄인의 친구다' 한다. 그러나 지혜는 그 ㅈ)한 일로
옳다는 것이 입증되었다."

ㄱ) 나병을 포함한 여러 가지 악성 피부병을 말함 ㄴ) 또는 '의심을 품지 않는' ㄷ) 다른 고대 사본들에는 '너희는 왜 나갔더냐? 화려한 옷을 입은 사람을 보러 나갔더냐?' ㄹ) 다른 고대 사본들에는 '너희는 왜 나갔더냐? 예언자를 보러 나갔더냐?' ㅁ) 말 3:1 ㅂ) 또는 '침례자' ㅅ) 또는 '폭행을 당한다' ㅇ) 또는 '폭력을 행사하는 사람들이 그것을 약탈한다' ㅈ) 다른 고대 사본들에는 '자녀들로'

42:7; 61:1)의 비전을 사용하신다. 그의 기적 활동은 하나님의 나라가 가져올 변화와 완전함을 예기한다. 그는 자기를 환영하며, 자기의 정체를 알아보는 사람들에게 (10:11-13, 40-42를 참조) 복이 있다고 선언하신다 (5:3-12를 참조). **11:7-15** 예수님은 요한의 역할에 관하여 증언하기를 그는 지배자의 무리에 속하지 않는다고 말씀하셨다 (11:7-8). 갈대는 헤롯 가문의 상징이었다 (11:7). 현 체제에 도전하며 하나님의 장래를 (11:9) 알리는 예언자 요한은 헤롯을 공격하였다 (14:1-12). 10절은 요한이 예언자보다는 더 큰 사람인 것을 분명하게 한다. 왜냐하면 예수님에게서 명백하여진 것과 같이, 그는 하나님 나라를 위하여 사람을 준비시키기 때문이다. 예수님은 자기의 생명을 바치는 종으로서 (20:25-28), 하나님 나라에서 가장 작은 자이다 (11:11). 아직까지는 예수님과 요한 모두를 격렬하게 반대하고 있음을 안다 (14:1-12; 26—27장; 10:17-18의 제자들). 예수님은 요한을 엘리야와 동일시하신다 (11:14-15). 이 관계는 11:10에서 말라기서(3:1; 4:5)를 사용함으로써 예상되었다. 이 구절은 하나님의 통치를 위하여 사람을 준비하는 사자, 엘리야를 소개해 준다. 요한이 누구인가를 아는 것은 예수님 안에서 하나님의 나라와 구원의 임재를 인식하는 것이다. 들을 귀가 있는 사람이라는 말은 중요한 일을 인식한다는 뜻이다. **11:16-19** 요한과 예수님은 모두가 거부당하고 심각하게 오해받는 경험을 한다. 하나님의 사자 요한은 귀신 들린 사자로 간주되었다. 인자에 관하여서는 8:20에 관한 주석을 보라. *먹기도 하고 마시기도 하니.* 이 표현은 사형에 처하기에 합당한 반역하는 아들을 묘사하는 모욕적인 말이다 (신 21:18-21). 풍자적으로, 예수님은 하나님의 명령을 수행하는 (2:15; 3:17; 17:5) 하나님의 순종하는 아들이시다. 그들은 (이름을 말하지 않는다) 그가 세리와 죄인들까지도 포함하여 베푸는 자비를 경멸한다. 9:9-13을 보라. 예수님은 지혜로운 사람으로서 하나님의 길을 보여주시지만 자주 거절당하는 하나님의 중개자이시다 (잠 8—9장). **11:20-24** "너희에게 화가 있다"는 말씀은 축복과 비교하여 (11:6), 하나님의 심판을 나타내는 예언자적 선언이다. 그들은 예수님이 거절당하시는 것을 강조하기 위하여 이 복음서에 사용되었다. 복음서는 갈릴리 지역의 고라신과 벳새다의 능력 있는 활동을

회개하지 않는 도시에 화가 있다
(눅 10:13-15)

20 그 때에 예수께서는, 자기가 기적을 많이
행한 마을들이 회개하지 않으므로, 꾸짖기 시작
하셨다. 21 "고라신아, 너에게 화가 있다. 벳새
다야, 너에게 화가 있다. 너희 마을들에서 행한 기
적들을 두로와 시돈에서 행했더라면, 그들은 벌
써 굵은 베 옷을 입고, 재를 쓰고서, 회개하였을
것이다. 22 나는 너희에게 말한다. 심판 날에 두
로와 시돈이 너희보다 견디기 쉬울 것이다.
23 화가 있다. 너 가버나움아, 네가 하늘에까지
치솟을 셈이냐? ㄱ)지옥에까지 떨어질 것이다. 너
가버나움에서 행한 기적들을 소돔에서 행했더라
면, 그는 오늘까지 남아 있을 것이다. 24 나는
너희에게 말한다. 심판 날에 소돔 땅이 너보다 견
디기 쉬울 것이다."

나에게로 와서 쉬어라(눅 10:21-22)

25 그 때에 예수께서 이렇게 말씀하였다. "하
늘과 땅의 주님이신 아버지, 이 일을 지혜 있고 똑
똑한 사람들에게는 감추시고, 어린아이들에게는
드러내어 주셨으니, ㄴ)감사합니다. 26 그렇습니
다. 아버지, 이것이 아버지의 은혜로운 뜻입니다.
27 내 아버지께서 모든 것을 내게 맡겨주셨습니다.
아버지 밖에는 아들을 아는 이가 없으며, 아들과
또 아들이 계시하여 주려고 하는 사람 밖에는 아
버지를 아는 이가 없습니다."
28 "수고하며 무거운 짐을 진 사람은 모두 내
게로 오너라. 내가 너희를 쉬게 하겠다. 29 나는
마음이 온유하고 겸손하니, 내 멍에를 메고 나한테
배워라. 그리하면 너희는 마음에 쉼을 얻을 것이다.
30 내 멍에는 편하고, 내 짐은 가볍다."

안식일에 예수의 제자들이 밀 이삭을 잘라먹다 (막 2:23-28; 눅 6:1-5)

12 1 그 무렵에 예수께서 안식일에 밀밭 사
이로 지나가셨다. 그런데 제자들이 배가
고파서, 밀 이삭을 잘라서 먹기 시작하였다. 2 바
리새파 사람이 이것을 보고 예수께 말하였다. "보
십시오. 당신의 제자들이 안식일에 해서는 안 되
는 일을 하고 있습니다." 3 예수께서 그들에게
말씀하셨다. "ㄷ)다윗과 그 일행이 굶주렸을 때에,
다윗이 어떻게 했는지를, 너희는 읽어보지 못하
였느냐? 4 다윗이 하나님의 집에 들어가서, 제
단에 차려 놓은 빵을 먹지 않았느냐? 그것은 오직

ㄱ) 그, '하데스' ㄴ) 또는 '찬양합니다' ㄷ) 삼상 21:6

보여주지 않았다. 두로와 시돈은 사 23장과 겔 27—28장에서 공공연히 비난을 받은 지중해 연안의 소문나고 악한 이방인 도시들이다. 불행하게도, *가버나움*은 예수님의 고향이다 (4:13). **11:25-27** 거부를 많이 당하는 상황에서도 어떤 사람들은 예수님이 창조의 주권자이심을 믿는다. 세상에서 권세를 쥐고 있는 황제들에게도 유사한 언어가 사용되었다. 하나님은 예수님의 정체와 역할을 (*이 모든 것*), 전통적으로 하나님을 거부하는 권세 있는 지도자들이 아닌, 평민들과 변두리에 사는 인생들에게 나타내 보이셨다. 어린아이들은 결벽과 순결을 나타내는 것이 아니다. 어린아이들은 약하고 혼란스러워서 성인 남성 사회에서는 따돌림 받는 존재들이다. 예수님이 하나님의 사역과 함께 나누시는 *모든 것은*, 예수님의 역할을 포함하여 하나님께서 구원하시는 실재(1:21-23)와 하나님 나라(4:17)와 종말의 심판이다 (10:32-33).

11:28-30 예수님은 종종 사람들을 초대하며, 하나님의 뜻에 관한 바리새파 사람들의 해석에 부담을 느끼기도 하시고, 하나님의 뜻(멍에)에 대한 자기의 해석을 받아들이는 지혜로운 자로 이해되었다. 그러나 이 구절의 언어는 권세를 가진 사람들의 언어이다. 예수님은 세상 권세자들부터 세금을 강요당하기 때문에 수고하고 짐을 진 사람들을 부르신다. 쉼은 종종 권세자들의 통치에서 벗어남을 말한다 (대하 32:21-22; 사 14:1-7). *멍에는* 종종 세상의 호된 통치를 의미하는 것이다 (대하 10:9-11; 사 14:5, 25; 47:6). 그러나 하나님의 나라는 생명을 주며, 예수님은 그의 통치가 다른 사람들에게 이익을 주는 온순하고 동정심이 있는 왕이시다 (20:25-28). 30절은 "내 멍에는 친절하고/너그러우며 내 짐은 작다" 라고 번역하면 더 적절하다. 이 제국적인 언어를 사용하여 하나님의 나라를 표현하는 것은 풍자적이다. 복음서는 하나님 나라를 소개하는 데 저항하는 언어를 사용한다.

12:1-50 12장에는 부정적인 반응과 알력이 지배적이다. 12장에 관한 주석을 보라 **12:1-14** 예수님은 안식일을 성실하게 지키는 문제로 논쟁하시게 된다. 예수님과 지도자들 모두가 안식일에 관한 고견들을 가지고 있다. 문제가 된 것은 안식일 지키는 일과 그것을 결정하는 권위이다. 안식일은 하나님께서 사람들을 이집트에서 구하신 일과 (신 5:12-15), 이스라엘과의 언약 (출 31;16), 그리고 하나님의 공의로운 창조 (창 2:1-3) 등을 상기시켜 준다. 안식년은 빚을 탕감해 주고 가난한 사람들에게 필요한 것들을 마련해 줌으로써 공의로운 사회의 관례를 복구하는 수단을 마련해 준다

제사장들 밖에는, 자기도 그 일행도 먹어서는 안
되는 것이었는데 말이다. 5 ㄱ)또 안식일에 성전
에서 제사장들이 안식일을 범해도 그것이 죄가 되
지 않는다는 것을, 율법책에서 읽어보지 못하였
느냐? 6 내가 너희에게 말한다. 성전보다 더 큰
이가 여기에 있다. 7 ㄴ)'나는 자비를 원하고, 제
사를 원하지 않는다' 하신 말씀이 무슨 뜻인지 알
았더라면, 너희가 죄 없는 사람들을 정죄하지 않
았을 것이다. 8 인자는 안식일의 주인이다."

손이 오그라든 사람을 고치시다

(막 3:1-6; 눅 6:6-11)

9 예수께서 그 곳을 떠나서, 그들의 회당에
들어가셨다. 10 그런데 거기에 한쪽 손이 오그
라든 사람이 있었다. 사람들은 예수를 고발하려
고 "안식일에 병을 고쳐도 괜찮습니까?" 하고 예
수께 물었다. 11 예수께서 그들에게 말씀하셨
다. "너희 가운데 어떤 사람에게 양 한 마리가 있
다고 하자. 그것이 안식일에 구덩이에 빠지면, 그
것을 잡아 끌어올리지 않을 사람이 어디에 있겠느
냐? 12 사람이 양보다 얼마나 더 귀하냐? 그러므
로 안식일에 좋은 일을 하는 것은 괜찮다." 13 그
런 다음에, 손이 오그라든 사람에게 말씀하셨다.
"네 손을 내밀어라." 그가 손을 내미니, 다른 손과
같이 성하게 되었다. 14 그래서 바리새파 사람들
은 밖으로 나가서, 예수를 없앨 모의를 하였다.

내가 뽑은 나의 종

15 그러나 예수께서 이 일을 아시고서, 거기
에서 떠나셨다. 그런데 많은 ㄷ)무리가 예수를 따라
왔다. 예수께서는 그들을 모두 고쳐 주셨다.
16 그리고 자기를 세상에 드러내지 말라고, 단단
히 당부하셨다. 17 이것은 예언자 이사야를 시
켜서 하신 말씀을 이루시려는 것이었다.

18 ㄹ)"보아라, 내가 뽑은 나의 종,
내 마음에 드는 사랑하는 자,
내가 내 영을 그에게 줄 것이니,
그는 이방 사람들에게
공의를 선포할 것이다.
19 그는 다투지도 않고,
외치지도 않을 것이다.
거리에서
그의 소리를 들을 사람이
없을 것이다.
20 정의가 이길 때까지,
그는 상한 갈대를 꺾지 않고,
꺼져 가는 심지를 끄지 않을 것이다.
21 ㅁ)이방 사람들이
그 이름에 희망을 걸 것이다."

ㄱ) 민 28:9 ㄴ) 호 6:6 ㄷ) 다른 고대 사본들에는 '무리'가 없음
ㄹ) 사 42:1-3 ㅁ) 사 42:4 (칠십인역)

(출 21:2-43; 신 15:1-18). **12:1-2** 배가 고픈 *제자*들은 밀밭에서 밀 이삭을 잘라서 먹는다. 지도자들에게 있어서는 이 행위가 안식일에 일하지 말라는 규정에 어긋나는 행위이다 (출 20:8-11). 바리새파 사람들의 높은 견해로는 안식일에 음식물을 마련하는 일이 금지되어 있다. **12:3-4** 예수님은 성경에서 다윗을 예로 들어 (삼상 21:1-6) 금지된 것을 제쳐 놓고 사람들이 생명을 유지하기에 필요한 음식물을 섭취할 수 있게 하신다. **12:5** 예수님은 안식일에 일하는 것이 합법적이고 필요하다는 또 하나의 예를 들어 이 말씀을 재삼 강조하신다 (민 28:9-10). **12:6-8** 예수님 안에서 보여진 하나님의 자비가 관례를 정한다. 9:13은 호 6:6을 인용한 것이다. *자비가* 배고픔을 해결하고 필요한 물품을 마련하는 것을 포함하여 안식일에 활동함이 합법적임을 결정한다. **12:9-14** 안식일에 병을 고친 (마 4:23-25) 자비로운 행위가 안식일을 명예롭게 한다는 예수님의 주장을 강조한다. 그것이 그를 죽이려고 모의하는 (12:14) 지도자들과의 대립을 더욱 강렬하게 한다. 왜? 자비(12:7)와 선(12:12)을 베푸는 것은 변두리에서 사는 인생들과 절망적인 사람들의 필요를 충족시켜 주는 것으로써 자기들의 자체 봉사체제보다 앞세우는 것이므로 그들이 안식일을 통제하는 것에 도전이 되기 때문이다. **12:15-21** 반대편에서는 예수님을 죽이려 하지만, 그는 관대하게 자비의 행위를 계속하신다 (12:15-16). 그의 사역은 또 하나의 예언이 성취되는 인용구로 해석된다 (1:23; 8:17을 보라). 원래 그 원문 (사 42:1-4)은 바빌로니아 포로기에 이스라엘이 나라의 빛이 되라고 부르심을 받은 것을 말한다. 세상의 지배적인 방법과는 대조적으로 하나님의 종 이스라엘은 모든 사람에게 자비와 생명을 주는 공의를 베풀어 보인다. 정치계의 특권을 누리는 지도자와는 달리 예수는 계속하여 모든 사람을 아브라함의 자손으로 (1:1), 하나님의 *사랑하는 자*(12:18; 3:17)로, 그리고 종(8:17)으로 하나님의 축복을 명시한다. **12:22-37** 또 하나의 병 고치는 사건이 예수님의 정체에 관하여 의문을 일으킨다 (12:22). 다윗의 자손에 관하여는 1:1; 9:27에 관한 주석을 보라. 또 다시 종교 지도자들은 예수님을 하나님의 중개자(그리스도)로 보기를 거부하고 사탄이 그 안에서 역사한다고 주장한다 (9:34). 예수님은 성령이 (3:16; 12:18) 자기에게 능력을 주어 하나님의 나라가

예수와 바알세불

(막 3:20-30; 눅 11:14-23; 12:10)

22 그 때에 사람들이, 귀신이 들려서 눈이
멀고 말을 못하는 사람 하나를, 예수께 데리고 왔다.
예수께서 그를 고쳐 주시니, 그가 말을 하고, 보게
되었다. 23 그래서 무리가 모두 놀라서 말하였다.
"이 사람이 다윗의 자손이 아닌가?" 24 그러나
바리새파 사람들은 이 말을 듣고 말하였다. "이 사
람이 귀신의 두목 바알세불의 힘을 빌지 않고서
는, 귀신을 쫓아내지 못할 것이다." 25 예수께서
그들의 생각을 아시고, 이렇게 말씀하셨다. "어느
나라든지 서로 갈라지면 망하고, 어느 도시나 가
정도 서로 갈라지면 버티지 못한다. 26 사탄이
사탄을 쫓아내면, 스스로 갈라진 것이다. 그러면
그 나라가 어떻게 서 있겠느냐? 27 내가 바알세
불의 힘을 빌어서 귀신을 쫓아낸다고 하면, 너희의
ㄱ)아들들은 누구의 힘으로 귀신을 쫓아낸다는 말
이냐? 그러므로 그들이야말로 너희의 재판관이
될 것이다. 28 그러나 내가 하나님의 영을 힘입
어서 귀신을 쫓아내는 것이면, 하나님의 나라는
너희에게 왔다. 29 사람이 먼저 힘 센 사람을 묶어
놓지 않고서, 어떻게 그 사람의 집에 들어가서 세
간을 털어 갈 수 있느냐? 묶어 놓은 뒤에야, 그 집을
털어 갈 수 있다. 30 나와 함께 하지 않는 사람은
나를 반대하는 사람이요, 나와 함께 모으지 않는
사람은 헤치는 사람이다. 31 그러므로 내가 너
희에게 말한다. 사람들이 무슨 죄를 짓든지, 무슨
신성 모독적인 말을 하든지, 그들은 용서를 받을
것이다. 그러나 성령을 모독하는 것은 용서를 받
지 못할 것이다. 32 또 누구든지 인자를 거슬러
말하는 사람은 용서를 받겠으나, 성령을 거슬러
말하는 사람은, 이 세상에서도 오는 세상에서도,
용서를 받지 못할 것이다."

열매를 보아 그 나무를 안다 (눅 6:43-45)

33 "나무가 좋으면 그 열매도 좋고, 나무가
나쁘면 그 열매도 나쁘다. 그 열매로 그 나무를
안다. 34 독사의 자식들아! 너희가 악한데, 어떻
게 선한 것을 말할 수 있겠느냐? 마음에 가득 찬
것을 입으로 말하는 법이다. 35 선한 사람은 선
한 것을 쌓아 두었다가 선한 것을 내고, 악한
사람은 악한 것을 쌓아두었다가 악한 것을 낸다.
36 내가 너희에게 말한다. 사람들은 심판 날에
자기가 말한 온갖 쓸데없는 말을 해명해야 할 것
이다. 37 너는 네가 한 말로, 무죄 선고를 받기도
하고, 유죄 선고를 받기도 할 것이다."

요나의 표징을 예언하시다

(막 8:11-12; 눅 11:29-32)

38 그 때에 율법학자들과 바리새파 사람들
가운데 몇 사람이 예수께 말하였다. "선생님, 우
리는 선생님에게서 ㄴ)표징을 보았으면 합니다."
39 예수께서 그들에게 말씀하셨다. "악하고, 음

ㄱ) 귀신 축출자들을 말함 ㄴ) 12:38; 39의 '표징'은 예수의 신성을 보여 주기 위한 상징으로서의 기적

(12:28; 4:8) 마귀의 나라인 세상을 누르고 일어나게 한다고 대꾸한다. 예수님은 사람들을 죄에서 구원하기 위하여 자기의 사명을 수행하신다 (12:31; 1:21을 참조). 용서할 수 없는 죄(12:31-32)는 예수님이 하나님의 뜻을 행하시는 데 있어서 성령의 역사하심을 부단하게 부인하는 것이다. **12:33-37** 이 열매를 이미지로 사용하는 것은 앞에서도 나왔다 (3:8-10; 7:16-20). 예수님은 종교 지도자들이 하나님의 사역을 악한 것으로 돌리는 그들의 말을 나무라신다. 그들을 악하다고 부른 것은 (12:34; 16:1-4) 그들을 "악한 사람", 그리고 6:13의 악과 같은 취급을 하는 것이다. 마태 당시의 신랄한 논쟁의 여파로 인하여, 이 반대파 사람들을 치욕의 악한 사람으로 여기는 것은 그리스도인 독자들이 따라야 할 모범이 아니다 (3:7-10). 문맥으로 보아, *쓸데없는 말*(12:36)은 농담 또는 불쾌감의 무심한 표현이 아니다. 이는 예수님 안에 있는 하나님의 역사를 인정하지 않으려는 말의 표현이다 (12:23). 그 결과는 심판 때에 변호가 아니라 비난이 된다. 또다시 복음서는 적절한 행위를 유도하기 위하여 위협을 사용한다. **12:38-42** 표징을 요구하는 것은 그들이 반항하는 징표이다. 예수님은 그의 정체가 하나님의 나라에서 드러난 하나님의 중개자로 입증된 표징을 여러 번 보여주셨다 (12:28). 그는, 죽기까지 거부했지만, 그것을 이긴 요나의 표징을 제시한다 (12:39-40). 이 종교 지도자들과는 달리, 니느웨는 기회가 주어졌을 때 회개했다. *남방 여왕*에 관하여서는 왕상 10:1-13을 참조하라. 예수님은 요나와 솔로몬과 연관을 짓는다. 그러나 앞으로 완성될 하나님의 나라를 알리는 데에는 그가 더 큰 분이시다. **12:43-45** 종교 지도자들이 예수님을 거부하는 것은 그들이 또 하나의 악을 행하는 일이 된다. (그러나 다시 말하지만, 그리스도교 지도자들은 이 유대교 종교 지도자들을 마귀와 연관 짓는 일은 하지 말아야 한다.) **12:46-50** 부정적인 반응이 많이 나타난 후에, 이 장면은 예수님의 정체를 파악하고 그를 따르는 사람들이 있음을 보여준다.

란한 세대가 표징을 요구하지만, 예언자 요나의
표징 밖에는, 이 세대는 아무 표징도 받지 못할 것
이다. 40 요나가 사흘 낮과 사흘 밤 동안을 큰
물고기 뱃속에 있었던 것 같이, 인자도 사흘 낮과
사흘 밤 동안을 땅 속에 있을 것이다. 41 심판
때에 니느웨 사람들이 이 세대와 함께 일어나서,
이 세대를 정죄할 것이다. 니느웨 사람들은 요나의
선포를 듣고 회개하였기 때문이다. 그러나 보아
라, 요나보다 더 큰 이가 여기에 있다. 42 심판
때에 남방 여왕이 이 세대와 함께 일어나서, 이 세
대를 정죄할 것이다. 그는 솔로몬의 지혜를 들으
려고, 땅 끝에서부터 찾아왔기 때문이다. 그러나
보아라, 솔로몬보다 더 큰 이가 여기에 있다."

방비가 없으면 귀신이 되돌아온다

(눅 11:24-26)

43 "ㄱ)악한 귀신이 어떤 사람에게서 나왔을
때에, 그는 쉴 곳을 찾느라고 물 없는 곳을 헤맸
으나 찾지 못하였다. 44 그래서 그는 말하기를
'내가 나온 집으로 되돌아가겠다' 하고, 돌아와서
보니, 그 집은 비어 있고, 말끔히 치워져서 잘 정
돈되어 있었다. 45 그래서 그는 가서, 자기보다
더 악한 딴 귀신 일곱을 데리고 와서, 그 집에 들
어가 거기에 자리를 잡고 살았다. 그래서 그 사람
의 나중 형편이 처음보다 더 비참하게 되었다. 이
악한 세대도 그렇게 될 것이다."

예수의 어머니와 형제들

(막 3:31-35; 눅 8:19-21)

46 예수께서 아직도 무리에게 말씀하고 계실
때에, 예수의 어머니와 형제들이 예수와 말을 하
겠다고 바깥에 서 있었다. 47 [어떤 사람이 예
수께 와서 말하였다. "보십시오, 선생님의 어머니와
형제들이 선생님과 말을 하겠다고 바깥에 서 있습
니다."] 48 그 말을 전해 준 사람에게 예수께서
말씀하셨다. "누가 나의 어머니이며, 누가 나의
형제들이냐?" 49 그리고 손을 내밀어 제자들을
가리키고서 말씀하셨다. "보아라, 나의 어머니와
나의 형제들이다. 50 하늘에 계신 내 아버지의
뜻을 따라 사는 사람이 곧 내 형제요 자매요 어머
니이다."

씨 뿌리는 사람의 비유 (막 4:1-9; 눅 8:4-8)

13 1 그 날 예수께서 집에서 나오셔서, 바닷
가에 앉으셨다. 2 많은 무리가 모여드니,
예수께서는 배에 올라가서 앉으셨다. 무리는 모두
물가에 서 있었다. 3 예수께서 그들에게 비유로
여러 가지 일을 말씀하셨다. 그는 이렇게 말씀하
셨다. "보아라, 씨를 뿌리는 사람이 씨를 뿌리러
나갔다. 4 그가 씨를 뿌리는데, 더러는 길가에
떨어지니, 새들이 와서, 그것을 쪼아먹었다. 5 또
더러는 흙이 많지 않은 돌짝밭에 떨어지니, 흙이
깊지 않아서 싹은 곧 났지만, 6 해가 뜨자 타버
리고, 뿌리가 없어서 말라버렸다. 7 또 더러는 가
시덤불에 떨어지니, 가시덤불이 자라서 그 기운을
막았다. 8 그러나 더러는 좋은 땅에 떨어져서 열
매를 맺었는데, 어떤 것은 백 배가 되고, 어떤 것
은 육십 배가 되고, 어떤 것은 삼십 배가 되었다.
9 ㄴ)귀 있는 사람은 들어라."

ㄱ) 또는 '더러운 귀신' ㄴ) 다른 고대 사본들에는 '들을 귀가'

이러한 다른 방도의 삶을 사는 집단 또는 가족은 엘리트들이 자기들의 부와 권력을 계승해오는 근본적인 수단인 전통적인 혈통이나 출신 관계에 도전한다. 이러한 집단은 예수님에 대한 헌신이나 하나님의 뜻을 행함으로 구분된 사람들로 규정을 짓는다. 4:18; 8:21-22를 보라.

13:1-53 이 부분에서는 일곱 개의 비유를 하나로 묶어 예수님의 세 번째 중요한 설교를 구성해준다 (5—7장; 10장; 18장; 24—25장). "비유" 라는 말은 문자 그대로 "나란히 뿌리는" 것을 의미하며, 비유들은 비교하는 기능과 계시적인 기능을 강조한다. 이 짧은 이야기들은 상상력을 동원하고, 전통적인 견해에 도전하여, 하나님 나라에 관한 것들을 보여준다. 이 이야기들은 때때로 농부들의 일상생활을 배경으로 한다. 그러나 이 이야기들의 돌연한 굴곡은 놀랍고도, 은혜로우며, 다그치기도 하고, 하나님 나라의 반문화적인 특성을 강조하기도 한다. 하나님 나라는 이제 하나님이 세상의 통치권을 마침내 주장하시게 될 때까지 실현된다. 예수님을 받아들인 사람들에게 이 비유들과 그 해석은 예수님을 환영한 사람들의 하나님 나라에 대한 헌신과 보다 넓은 이해를 확인해 준다. 또한 13장은 하나님 나라를 거부하는 것은 예수님이나 하나님의 책임이 아님을 설명해 준다. 이는 인간의 죄나 악마의 행위에서 파생되는 것이다. **13:1-9** 예수님은 씨 뿌리는 사람과 씨와 네 가지 종류의 흙에 관한 비유를 말씀하신다. **13:10-17** 예수님이 제자들에게 왜 비유로 말씀하시는지 설명하실 때에 청중이 바뀐다. 이 비유들은 듣는 이들의 반응이 다름을 재강조한다 (11장에 관한 주석을 보라). 하나님의 계시적인 사역 때문에 (11:25-27) 제자들은 하나님의 나라

비유로 말씀하신 목적
(막 4:10-12; 눅 8:9-10)

10 제자들이 다가와서 예수께 말했다. "어찌
하여 그들에게는 비유로 말씀하십니까?" 11 예
수께서 그들에게 대답하셨다. "너희에게는 하늘
나라의 비밀을 아는 것을 허락해 주셨지만, 다른
사람들에게는 그렇게 해주지 않으셨다. 12 가진
사람은 더 받아서 차고 남을 것이며, 가지지 못한
사람은 가진 것마저 빼앗길 것이다. 13 내가 그
들에게 비유로 말하는 이유는, 그들이 보아도 보지
못하고, 들어도 듣지도 못하고 깨닫지도 못하기
때문이다. 14 이사야의 예언이 그들에게서 이루
어지는 것이다.

ㄱ)'너희가 듣기는 들어도
깨닫지 못하고,
보기는 보아도
알아보지 못할 것이다.
15 이 백성의 마음이 무디어지고
귀가 먹고
눈이 감기어 있다.
이는 그들로 하여금
눈으로 보지 못하게 하고
귀로 듣지 못하게 하고
마음으로 깨닫지 못하게 하고
돌아서지 못하게 하여,
내가 그들을
고쳐 주지 않으려는 것이다.'

16 그러나 너희의 눈은 지금 보고 있으니 복이 있
으며, 너희의 귀는 지금 듣고 있으니 복이 있다.
17 그러므로 내가 진정으로 너희에게 말한다. 많
은 예언자와 의인이 너희가 지금 보고 있는 것을
보고 싶어하였으나 보지 못하였고, 너희가 지금 듣
고 있는 것을 듣고 싶어하였으나 듣지 못하였다."

비유를 해설하시다
(막 4:13-20; 눅 8:11-15)

18 "너희는 이제 씨를 뿌리는 사람의 비유가
무슨 뜻을 지녔는지를 들어라. 19 누구든지 하늘
나라를 두고 하는 말씀을 듣고도 깨닫지 못하면,
악한 자가 와서, 그 마음에 뿌려진 것을 빼앗아
간다. 길가에 뿌린 씨는 그런 사람을 두고 하는 말
이다. 20 또 돌짝밭에 뿌린 씨는 이런 사람이다.
그는 말씀을 듣고, 곧 기쁘게 받아들이기는 하지만,
21 그 속에 뿌리가 없어서 오래 가지 못하고, 말씀
때문에 환난이나 박해가 일어나면, 곧 걸려 넘어
진다. 22 또 가시덤불 속에 뿌린 씨는 이런 사람
이다. 그는 말씀을 듣기는 하지만, 세상의 염려와
재물의 유혹이 말씀을 막아, 열매를 맺지 못한다.
23 그런데 좋은 땅에 뿌린 씨는 말씀을 듣고서 깨
닫는 사람을 두고 하는 말인데, 이 사람이야말로
열매를 맺되, 백 배 혹은 육십 배 혹은 삼십 배의
결실을 낸다."

밀과 가라지의 비유

24 예수께서 또 다른 비유를 들어서 그들에
게 말씀하셨다. "하늘 나라는 자기 밭에다가 좋은
씨를 뿌리는 ㄴ)사람과 같다. 25 사람들이 잠자는
동안에 원수가 와서, 밀 가운데에 ㄷ)가라지를 뿌리고
갔다. 26 밀이 줄기가 나서 열매를 맺을 때에,
가라지도 보였다. 27 그래서 주인의 종들이 와서,
그에게 말하였다. '주인 어른, 어른께서 밭에 좋은
씨를 뿌리지 않으셨습니까? 그런데 가라지가 어
디에서 생겼습니까?' 28 주인이 종들에게 말하
기를 '원수가 그렇게 하였구나' 하였다. 종들이 주
인에게 말하기를 '그러면 우리가 가서, 그것들을

ㄱ) 사 6:9, 10 (칠십인역) ㄴ) 또는 '사람의 사정과' ㄷ) 그, '독보리를'

가 예수 안에서 명백히 나타난 신비를 이해한다 (13:11-12, 16-17). 이사야의 말대로 (13:14-15), 군중들은 이를 이해하지 못한다 (13:11-13). **13:18-23** 예수님은 네 가지 종류의 흙에 떨어지는 씨들의 결과의 중요성을 설명하신다. 씨는 예수님(그리고 제자들)의 설교를 의미한다. 악한 자는 이를 반대하고 (13:19), 적의를 가지고 있는 사회와 부자들은 이를 파멸시킨다 (13:21-22). 씨 뿌린 것의 4분의 3은 실패로 돌아간 사실에 유의하라. **13:24-30** 군중들에게 말하는 이 비유는 좋은 씨를 뿌리는 하늘나라와 밀 가운데에 가라지를 뿌리는 원수를 비교한다. 그 비유의 설명은 13:36-43에 뒤따른다. **13:31-32** 또 하나의 비유는 하나님의 나라를 후에 큰 나무가 되는 작은 *겨자씨와* 비교한다. 나무는 종종 왕의 통치를 의미하며, 새는 압박 받는 하나님의 백성을 상징한다 (삿 9:7-15; 겔 17:22-24; 31:1-18; 단 4:10-26). 현재는 하나님의 나라가 영향력이 없고, 작아서 보이지 않는 것 같다. 그러나 그것은 하나님의 나라가 모든 곳에 이룩될 때에 목숨을 유지하게 하는 나무가 된다. 하나님의 나라는 우주적이다. **13:33** 하나님의 나라는 여자가 반죽이 부풀어 오르도록 사용하는 적은 양의 *누룩과* 같다. 하나님의 나라는 천천히 그리고 꾸준히 일한다. 지금은 작고, 숨겨져 있어서 보이지 않지만, 이는 후에 지대한 영향을 미칠 것이다. 누룩은 더럽히고 물들게 하는 것으로

뽑아 버릴까요?' 하였다. 29 그러나 주인은 이
렇게 대답하였다. '아니다. 가라지를 뽑다가, 가
라지와 함께 밀까지 뽑으면, 어떻게 하겠느냐?
30 추수 때까지 둘 다 함께 자라도록 내버려 두
어라. 추수할 때에, 내가 추수꾼에게, 먼저 가라
지를 뽑아 단으로 묶어서 불태워 버리고, 밀은 내
곳간에 거두어들이라고 하겠다.'"

겨자씨와 누룩의 비유
(막 4:30-32; 눅 13:18-21)

31 예수께서 또 다른 비유를 들어서, 그들에
게 말씀하셨다. "하늘 나라는 [ㄱ]겨자씨와 같다. 어
떤 사람이 그것을 가져다가, 자기 밭에 심었다.
32 겨자씨는 어떤 씨보다 더 작은 것이지만, 자
라면 어떤 풀보다 더 커져서 나무가 된다. 그리하
여 공중의 새들이 와서, 그 가지에 깃들인다."
33 예수께서 또 다른 비유를 그들에게 말씀하셨다.
"하늘 나라는 [ㄴ]누룩과 같다. 어떤 여자가 그것을
가져다가, 가루 서 말 속에 살짝 [ㄷ]섞어 넣으니, 마
침내 온통 부풀어올랐다."

비유로 말씀하시다 (막 4:33-34)

34 예수께서 이 모든 것을 비유로 무리에게
말씀하셨다. 비유가 아니고서는, 아무것도 그들
에게 말씀하지 않으셨다. 35 이것은 [ㄹ]예언자를
시켜서 하신 말씀을 이루시려는 것이었다.

[ㅁ]"나는 내 입을 열어서
비유로 말할 터인데,
창세 이래로 숨겨 둔 것을
털어놓을 것이다."

가라지 비유를 설명하시다

36 그 뒤에 예수께서 무리를 떠나서, 집으로
들어가셨다. 제자들이 그에게 다가와서 말하였
다. "밭의 가라지 비유를 우리에게 설명하여 주십
시오." 37 예수께서 말씀하셨다. "좋은 씨를 뿌
리는 이는 인자요, 38 밭은 세상이다. 좋은 씨는
그 나라의 자녀들이요, 가라지는 악한 자의 자녀
들이다. 39 가라지를 뿌린 원수는 악마요, 추수
때는 세상 끝 날이요, 추수꾼은 천사들이다.
40 가라지를 모아다가 불에 태워 버리는 것과
같이, 세상 끝 날에도 그렇게 할 것이다. 41 인
자가 천사들을 보낼 터인데, 그들은 죄짓게 하는
모든 일들과 불법을 행하는 모든 사람들을 자기
나라에서 모조리 끌어 모아다가, 42 불 아궁이에
처 넣을 것이다. 그러면 그들은 거기서 울며 이를
갈 것이다. 43 그 때에 의인들은 그들의 아버지의
나라에서 해와 같이 빛날 것이다. [ㅂ]귀 있는 사람은
들어라."

세 가지 비유

44 "하늘 나라는, 밭에 숨겨 놓은 [ㅅ]보물과
같다. 어떤 사람이 그것을 발견하면, 제자리에 숨
겨 두고, 기뻐하며 집에 돌아가서는, 가진 것을 다
팔아서 그 밭을 산다."
45 "또 하늘 나라는, 좋은 진주를 구하는 [ㅇ]상
인과 같다. 46 그가 값진 진주 하나를 발견하면,
가서, 가진 것을 다 팔아서 그것을 산다."

ㄱ) 또는 '겨자씨와 관련해서 일어나는 일의 사정과' ㄴ) 또는 '누룩과 관련해서 일어나는 일의 사정과' ㄷ) 그, '감추었더니' ㄹ) 다른 고대 사본들에는 '예언자 이사야' ㅁ) 시 78:2 ㅂ) 다른 고대 사본들에는 '들을 귀가' ㅅ) 또는 '보물과 관련해서 일어나는 일의 사정과' ㅇ) 또는 '상인의 사정과'

생각되었다. 하나님의 나라는 세상에 있는 계급제도, 가부장제도, 불의와 같은 문화의 기준을 오염시킬 것이다. **13:34-35** 시편 78:2(1:22를 보라)에 나오는 또 하나의 예언 성취 인용은 예수님의 비유가 하나님의 뜻을 성취한다는 사실을 입증해 주는 것이다. 시편 78편은 하나님과 이스라엘의 역사를 복습한다. 그것은, 비유와 같이, 어떤 사람들은 이해하며 어떤 사람들은 이해하지 못함을 보여준다. **13:36-43** 예수님은 제자들에게 가라지 비유를 설명해 주신다. 이는 하나님의 목적의 우주적인 단면을 보여주는 것이다. 악마는 하나님과 예수님과 그를 따르는 사람들을 반대한다 (4:1-11). 정의와 불의가 공존한다. 장래의 심판에는 사탄은 패배당하고 하나님의 나라는 건설될 것이다 (25:41). 추수는 심판을 상징하는 일반적인 이미지이다 (25:46). 또다시 복음서는 하나님 나라를 묘사하기 위하여 유감스럽게도 세상 권세의 목적(모든 적을 멸망시키는)과 가부장적 이미지를 사용한다 (13:43). **13:44** 하나님 나라는 보물과 같다. 초점은 사람들이 하나님 나라에서 하나님을 만날 때 작은 시작에서 우주적인 영향을 미치게 되는 결과를 초래하게 된다는 것이다. 찾고, 기뻐하고, 희생을 각오하고, 모든 것을 다 옆으로 제쳐놓고, 마음을 다하여 헌신하고, 일상생활이 순조롭게 진행되지 않고, 우선순위가 바뀌게 되는 것이 하나님을 만나는 증거로 나타난다 (4:18-22; 9:9). **13:45-46** 44절의 비유와 비슷하다. 반복하는 것은 그 중요성을 보여주는 것이다. **13:47-50** 초점이 다시 장래에 있을 하나님의 통치에 맞추어진다. 그물은 한 국가의 침략과 파괴를 상징하는 것이다 (합 1:15-17; 사 19:8; 겔 26:5, 14).

47 "또 하늘 나라는, 바다에 그물을 던져서
온갖 고기를 잡아 올리는 것과 같다. 48 그물이
가득 차면, 해변에 끌어올려 놓고 앉아서, 좋은 것
들은 그릇에 담고, 나쁜 것들은 내버린다. 49 세상
끝 날에도 이렇게 할 것이다. 천사들이 와서, 의
인들 사이에서 악한 자들을 가려내서, 50 그들을
불 아궁이에 쳐 넣을 것이니, 그들은 거기서 울며
이를 갈 것이다."

새 것과 낡은 것

51 예수께서 제자들에게 "너희가 이것들을
모두 깨달았느냐?" 하고 물으시니, 그들이 "예"
하고 대답하였다. 52 예수께서 그들에게 말씀하
셨다. "그러므로, 하늘 나라를 위하여 훈련을 받은
율법학자는 누구나, 자기 곳간에서 새 것과 낡은
것을 꺼내는 집주인과 같다." 53 예수께서 이 비
유들을 말씀하신 뒤에, 그 곳을 떠나셨다.

고향 나사렛에서 배척을 받으시다

(막 6:1-6; 눅 4:16-30)

54 예수께서 자기 고향에 가셔서, ㄱ)회당에서
ㄴ)사람들을 가르치셨다. 사람들은 놀라서 말하였
다. "이 사람이 어디에서 이런 지혜와 그 놀라운
능력을 얻었을까? 55 이 사람은 목수의 아들이
아닌가? 그의 어머니는 마리아라고 하는 분이 아
닌가? 그의 아우들은 야고보와 요셉과 시몬과 유
다가 아닌가? 56 또 그의 누이들은 모두 우리와
같이 살고 있지 않은가? 그런데 이 사람이 이 모
든 것을 어디에서 얻었을까?" 57 그래서 그들은
예수를 달갑지 않게 여겼다. 예수께서 그들에게
말씀하셨다. "예언자는 자기 고향과 자기 집 밖에
서는 존경을 받지 않는 법이 없다." 58 예수께서는
그들의 믿지 않음 때문에, 거기서는 기적을 많이
행하지 않으셨다.

세례 요한이 죽임을 당하다

(막 16:14-29; 눅 9:7-9)

14 1 그 무렵에 분봉 왕 헤롯이 예수의 소문
을 듣고서, 자기 신하들에게 말하였다.
2 "이 사람은 ㄷ)세례자 요한이다. 그가 죽은 사람
들 가운데서 살아났다. 그 때문에 그가 이런 놀라
운 능력을 발휘하는 것이다." 3 헤롯은 일찍이,
ㄹ)자기 동생 빌립의 아내 헤로디아의 일 때문에 요
한을 붙잡아다가 묶어서, 감옥에 가둔 일이 있었다.
4 그것은, 요한이 헤롯에게 "그 여자를 차지하는

ㄱ) 그, '그들의 회당에서' ㄴ) 그, '그들을' ㄷ) 또는 '침례자' ㄹ) 다른 고대 사본들에는 '자기 동생의 아내'

또다시 권세 있는 자들의 언어가 사악한 체제와 사람들을 분리시키며 파괴하는 하나님의 목적에 관한 이미지로 사용된다. 25:46을 보라. **13:51-53** 제자들은 자기들의 정체에 맞게 이해한다 (13:11). 그들은 율법학자들이다. 그러나 그들은 종교 지도자들과 같지 않다. 그들은 제자훈련을 받았고, 또는 하나님의 나라를 대비하여 교육을 받았다. 그들은 자기들이 선택한 삶의 방도를 이해하며, 그대로 살고 승리의 장래를 창조하는 미래를 기대했다. 그들은 계속하여 이스라엘 사람으로 살면서 성경을 재해석하며 살아가는 일은 예수와 관련을 가지고 한다. 인습적인 접속구로 이야기를 마친다 (7:28; 11:1; 19:1; 26:1).

13:54-58 예수님의 고향 회당 사람들은 (6:1-8; 10:17-18) 그가 하나님으로부터 사명을 위임받은 대행자로서의 정체를 이해할 수 없었다 (13:10-17). 그들은 예수님의 기원에 관하여 (13:55-56) 아주 기이히 생각한다. 아마도 목수의 아들이라는 그의 낮은 신분은 모욕적이며, 그의 임명은 인정할 수 없는 것이다 (1:18-25). 예수님은 버림받은 예언자이시다. 그들은 예수님을 공격한다 (11:6).

14:1-36 예수님을 거부하는 반응과, 예수님을 따르는 제자의 반응이 계속된다. **14:1-12** 세상 권세는 공격한다. 4:12와 11:2에서 요한의 체포에 관하여 아무런 설명도 없이 언급된다. 이 이야기는 요한과 예수님의 사역이 하나님의 나라를 선포함으로 야기되는 종교지도자들과의 충돌을 보여준다. 엘리트들의 통상적인 반응은 적대행위와 자기들의 적들을 폭력적으로 침묵을 지키도록 해보려고 시도한다 (2장의 헤롯 이야기와 비교해 보라). 하나님의 나라는 죽음까지도 요구되는 신실함이다. **14:1-2** *헤롯 안티파스.* 이 사람은 헤롯의 아들이며 (2장), 로마의 승인을 얻어 기원후 39년까지 갈릴리와 베레아를 통치한 사람이다. 그의 통치는 예수님의 유익한 통치와 비교하여, 지배적인 엘리트들의 파괴성을 보여준다 (20:25-28). **14:3-5** 헤롯의 헤로디아와의 간통은, 요한이 지적하는 바와 같이, 그의 조카이며 자기의 이복동생 빌립의 아내와의 근친상간이다 (레 18:16; 20:21). 통치자들은 결혼을 이용하여 동맹을 맺거나 자신들의 통치를 연장한다. 요한은 이를 거부한다 (11:7-8). 요한이 엘리야라고 한다면 (11:14), 헤롯과 헤로디아는 아합과 이세벨의 역할을 하는 것이다 (왕상 18—22장). 통치자들은 보통 하나님의 목적과 예언자들을 거부한다. **14:6** 모든 사람을 포함하는 예수님의 잔치와는 달리, 엘리트들의 잔치는 권력과 지위를 강화한다. 남자들이 주빈인 잔치에서 헤롯의 딸의

것은 옳지 않습니다" 하고 여러 차례 말하였기 때
문이다. 5 그래서 헤롯은 요한을 죽이려고 하였
으나, 민중이 두려워서 그렇게 하지 못하였다. 그
것은, 그들이 요한을 예언자로 여기고 있었기 때
문이다. 6 그런데 마침, 헤롯의 생일에 헤로디아
의 딸이 손님들 앞에서 춤을 추어서, 헤롯을 즐겁
게 해주었다. 7 그리하여 헤롯은 그 소녀에게,
청하는 것은 무엇이든지 주겠다고, 맹세로써 약
속하였다. 8 소녀는 자기 어머니가 시키는 대로
말하였다. "ㄱ)세례자 요한의 머리를 쟁반에 담아
서 이리로 가져다 주십시오." 9 왕은 마음이 괴
로웠지만, 이미 맹세를 하였고, 또 손님들이 보고
있는 앞이므로, 그렇게 해 주라는 명령을 내리게
되었다. 10 그래서 그는 사람을 보내서, 감옥에서
요한의 목을 베게 하였다. 11 그 머리를 쟁반에
담아서 가져다가 소녀에게 주니, 소녀는 그것을
자기 어머니에게 가져갔다. 12 요한의 제자들이
와서, 그 시체를 거두어다가 장사 지내고 나서, 예
수께 가서 알려드렸다.

오천 명을 먹이시다

(막 6:20-44; 눅 9:10-17; 요 6:1-14)

13 예수께서 그 말을 들으시고, 거기에서 배를
타고, 따로 외딴 곳으로 물러가셨다. 이 소문이 퍼
지니, 무리가 여러 동네에서 몰려 나와서, 걸어서
예수를 따라왔다. 14 예수께서 배에서 내려서,
큰 무리를 보시고, 그들을 불쌍히 여기시고, 그들
가운데서 앓는 사람들을 고쳐 주셨다. 15 저녁
때가 되니, 제자들이 예수께 다가와서 말하였다.
"여기는 빈 들이고, 날도 이미 저물었습니다. 그
러니 무리를 헤쳐 보내어, 제각기 먹을 것을 사먹게,
마을로 보내시는 것이 좋겠습니다." 16 예수께서
그들에게 말씀하셨다. "그들이 물러갈 필요 없다.
너희가 그들에게 먹을 것을 주어라." 17 제자들이
예수께 말하였다. "우리에게 있는 것이라고는,
빵 다섯 개와 물고기 두 마리밖에 없습니다."
18 이 때에 예수께서 말씀하셨다. "그것들을
이리로 가져 오너라." 19 그리고 예수께서는
무리를 풀밭에 앉게 하시고 나서, 빵 다섯 개와
물고기 두 마리를 들고, 하늘을 우러러 보시고
축복 기도를 드리신 다음에, 떼어서 제자들에게
주시니, 제자들이 이를 무리에게 나누어주었다.
20 그들은 모두 배불리 먹었다. 남은 부스러기를
모으니, 열두 광주리에 가득 찼다. 21 먹은 사람은
여자들과 어린아이들 외에, 어른 남자만도 오천
명쯤 되었다.

ㄱ) 또는 '침례자'

춤은 지나치게 성적인 행위이다. 이 장면은 판에 박힌 헤롯 여자들의 부도덕한 모습을 추측하게 해준다. 헤롯의 다른 여자 버니게는 로마 황제 타이터스(기원후 81년에 사망)와 연분을 가지면서 성생활을 하던 사람이었다. **14:7-8** 유사한 요청으로 에스더 5:3-8; 7:2에서는 에스더가 하만이 유대 사람을 싫어하는 이유로 그를 제거하게 된다. **14:9-12** 헤롯의 권력 남용은 파괴적이며 방어적이다. 그리고 에스더나 예수님의 경우처럼 자비롭지도 않고 이롭지도 않다 (9:36; 20:28). 헤롯은 하나님의 뜻을 따르기보다 차라리 사회의 관습적인 명예를 택한다 (14:9). 예수님은 맹세에 대하여 반대하는 교훈을 가르치신다 (5:33-37). 헤롯은 하나님 나라를 맹렬하게 반대하는 폭력적인 사람이다 (11:12). **14:13-21** 예수님은 자기의 목숨을 바치고, 사람들에게 이익을 주는 능력을 드러내신다. 하나님의 뜻은 배고픈 사람을 먹이는 것이다 (사 58:6-7). 세상은 신들이 황제를 통하여 먹을 것을 제공한다고 선전하며 주장했다. **14:13** 또다시 예수님은 위험을 피하지만 이로 인하여 사역의 기회를 얻으신다 (4:12-18; 12:15-21). **14:14** *불쌍히 여기시*는 마음이 그의 사역의 동기가 된다 (9:36). 겔 34장의 거짓 "목자"는 사람들을 먹이지도 않고 병자를 고치지도 않는다 (34:2-3, 4, 8-10). 14:1-12에 나오는 헤롯의 엄청나게 낭비성이 있는 향연에 비해 예수님의 병 고침과 사람들을 먹이는 활동은 하나님의 나라가 이룩될 때에 풍부하고 완전해지리라는 기대를 가져온다 (사 25:6-10; 58:6-11). **14:15** 그 장소는 버려지고 사람이 살지 않는 땅이다. 그리고 하나님이 사람들을 먹이시는 해방의 장소이다 (3:1; 출 16장 참조). **14:19-20** 이 기적은 광야에서 먹여준 기적과 엘리사의 기적을 상기시켜 준다 (왕하 4:42-44). 이는 최후의 만찬과 (14:19와 26:26-29의 용어를 비교해 보라) 하나님께서 먹을 것을 풍부하게 공급하는 종말적인 향연을 예상시켜 준다 (8:11; 시 132:12-15). 배고픈 사람을 먹여줌으로써 예수님은 제자들의 임무에 대한 본을 보여주신다 (25:35). **14:22-33** 예수님은 또 하나의 기적을 행하신다. 그는 바다의 풍랑을 잠잠케 하시고 (8:23-27) 물 위를 걸으신다 (욥 9:8; 38:16; 시 77:16-20; 사 43:16). 예수님은 무질서한 바다를 포함해서 피조물을 명령하는 하나님의 통치를 이룩하신다. 복음서는 도미티안(80년대에 마태복음서가 씌어졌을 때의 황제)과 같은 이가 땅과 바다와 나라들의 통치자였다고 선전하는 제국의 주장에 이의를 제기한다 (Juvenal Satire 4.83-84). **14:23** "산에 올라가셨다"는 모세가 시내 산에 올라가는 상황을 배경으로 기술하는 것이다 (출 19:3). 광야와, 광야에서 사람들을 먹여주는 것과, 바다를 지배하는 이 구절은 폭군에게서 구

물 위로 걸으시다
(막 6:45-52; 요 6:15-21)

22 예수께서는 곧 제자들을 재촉하여 배에
태워서, 자기보다 먼저 건너편으로 가게 하시고,
그 동안에 무리를 헤쳐 보내셨다. 23 무리를 헤쳐
보내신 뒤에, 예수께서는 따로 기도하시려고 산에
올라가셨다. 날이 이미 저물었을 때에, 예수께서
는 홀로 거기에 계셨다. 24 제자들이 탄 배는,
그 사이에 이미 ㄱ)육지에서 멀리 떨어져 있었는데,
풍랑에 몹시 시달리고 있었다. 바람이 거슬러서
불어왔기 때문이다. 25 이른 새벽에 예수께서
바다 위로 걸어서 제자들에게로 가셨다. 26 제자
들이, 예수께서 바다 위로 걸어오시는 것을 보고,
겁에 질려서 "유령이다!" 하며 두려워서 소리를
질렀다. 27 [예수께서] 곧 그들에게 말씀하셨다.
"안심하여라. 나다. 두려워하지 말아라."
28 베드로가 예수께 말하였다. "주님, 주님
이시면, 나더러 물 위로 걸어서, 주님께로 오라고
명령하십시오." 29 예수께서 "오너라!" 하고 말
씀하셨다. 베드로는 배에서 내려, 물 위로 걸어
서, 예수께로 갔다. 30 그러나 베드로는 [거센]
바람이 불어오는 것을 보고, 무서움에 사로잡혀서,
물에 빠져 들어가게 되었다. 그 때에 그는 "주님,
살려 주십시오" 하고 외쳤다. 31 예수께서 곧 손을
내밀어서, 그를 붙잡고 말씀하셨다. "믿음이 적은
사람아, 왜 의심하였느냐?" 32 그리고 그들이
함께 배에 오르니, 바람이 그쳤다. 33 배 안에
있던 사람들은 그에게 무릎을 꿇고 말하였다. "선
생님은 참으로 하나님의 아들이십니다."

게네사렛에서 병자들을 고치시다
(막 6:53-56)

34 그들은 바다를 건너가서, 게네사렛 땅에
이르렀다. 35 그 곳 사람들이 예수를 알아보고,
주위의 온 지방으로 사람을 보내어, 병자를 모두
그에게 데려왔다. 36 그들은 예수께, 그의 옷술
만에라도 손을 대게 해 달라고 간청하였다. 그리고
손을 댄 사람은 모두 나았다.

장로들의 전통 (막 7:1-23)

15 1 그 때에 예루살렘에서 바리새파 사람
들과 율법학자들이 예수께 와서 말하였다.
2 "당신의 제자들은 어찌하여 장로들의 전통을 어
기는 것입니까? 그들은 빵을 먹을 때에 손을 씻
지 않습니다." 3 예수께서 그들에게 말씀하셨다.

ㄱ) 다른 고대 사본들에는 '바다 한가운데 있었는데'

조되는 출애굽을 상기시켜 주는 구절이다. 예수님은 정치적 지배의 경우와 비교되는 하나님의 구원의 능력을 재현하여 주신다. **14:24-25** 바람이 거슬러 불어와서 풍랑에 몹시 시달린 제자들이 탄 *배*는 제자 신분의 어려움을 묘사해 준다. **14:26-27** 예수님은 하나님께서 함께하신다는 말로 그들을 안심시켜 주신다. 하나님이 함께하는 임마누엘로서 예수님은 하나님 같이 행동하고 말씀하신다. 출 3:13-15; 사 41:4; 43:10을 보라; 모두가 폭정으로부터의 해방되는 상황이다. **14:28-31** *베드로* (4:18; 8:14; 10:2)가 점점 현저하게 주목을 끌고 있다. 베드로는 제자들이 본받아야 할 예수님을 본받는다 (10:24-25). 그러나 베드로에게 믿음보다도 두려움이 앞설 때, 그는 돌처럼 가라앉기 시작한다. 그리고 베드로는 시 69:1-3의 말들을 인용하여 "주님, 살려 주십시오" 라고 부르짖고 (14:30), 예수님의 손이 그를 물에서 (출 3:20과 비교하라) 구조하여 준다 (시 69; 출14:9-31; 사 43:15-16; 시 107:23-32에서 하나님도 마찬가지이다). 베드로는 믿음이 없다기보다는 믿음이 적은 자이다 (6:30; 8:26). **14:32** 하나님은 바람을 잠잠케 하신다 (시 89:9-10; 107:23-32). **14:33** 8:23-27과는 달리, 제자들은 지금 예수님의 정체를 하나님의 대행자로 또는 하나님의 일을 하시는 아들로서 인식한다 (11:2-6). 그들은 하나님의 생각에 동의한다 (3:17). **14:34-36** 예수님의 사역이 계속된다.

15:1-39 마태복음서에서 예수님의 정체성을 이해하는 데에 초점을 둔 세 번째 부분이 계속되고 있는 본문이다. **15:1-20** 전통에 대한 서로 다른 해석이 충돌하고 있다. 특정한 관습들(15:2의 손 씻기; 15:4-5의 부모 공경하기)에 관한 논쟁의 저변에는 중요한 질문이 있다: 누가 하나님의 뜻을 나타내는가? 예수님은 종교 지도자들을 하나님의 말씀에 대하여 믿음이 없는 사람들 (15:3, 6), 그리고 하나님의 정당성을 인정하지 않는 사람들이라고 비난하신다 (15:13-14). 우리는 기원후 70년대의 마태의 그룹과 회당과의 격심한 분리의 일면에 관하여 읽고 있다. 종교 논쟁은 정치 논쟁과 같이, 자기들의 견해를 정당하게 내세우기보다는 상대방의 것을 끌어내리는 데 관심이 있다. **15:1-2** 바리새파 사람들과 율법학자들에 관하여서는 2:4; 3:7; 5:20; 12:38에 관한 주석을 보라. 제자들이 손 씻는 규례를 지키지 않는다. 종교 지도자들은 제사장 나라로서 (출 19:6) 해야 할 회당의 규례들(출 30:19-21)을 모든 삶에 적용시키려 한다. **15:3** 예수님은 15:17-20에 나타났던 문제로 되돌아가신다. 여기서 예수님은 반격하신다. **15:4-6** 하나님께 드리는 예물은 하나님께 드리는 돈과 관련되어 있다 (회당과 제사장들 위해서). 예수님은 지도자들이 이 전통을 부모를 공경하라는 계

"그러면 너희는 어찌하여 너희의 전통 때문에 하
나님의 계명을 어기느냐? 4 하나님께서 [ㄱ]말씀
하시기를 [ㄴ]'아버지와 어머니를 공경하여라' 하시고,
또 [ㄷ]'아버지나 어머니를 욕하는 자는 반드시 죽을
것이다' 하셨다. 5 그러나 너희는 말하기를, 누구
든지 아버지나 어머니에게 '내게서 받으실 것이
하나님께 드리는 예물이 되었습니다' 하고 말만
하면, 6 그 사람은 제 [ㄹ]부모를 공경하지 않아도
된다고 한다. 이렇게 너희는 너희의 전통 때문에
하나님의 [ㅁ]말씀을 폐한다. 7 위선자들아! 이사
야가 너희를 두고 적절히 예언하였다.

8 [ㅂ]'이 백성이 입술로는
나를 공경해도,
마음은 나에게서 멀리 떠나 있다.
9 그들은 사람의 훈계를
교리로 가르치며,
나를 헛되이 예배한다.'"

10 예수께서 무리를 가까이 부르시고서 그들
에게 말씀하셨다. "너희는 내 말을 듣고 깨달아
라. 11 입으로 들어가는 것이 사람을 더럽히는
것이 아니라, 입에서 나오는 것, 그것이 사람을 더
럽힌다." 12 그 때에 제자들이 다가와서 예수께
말하였다. "바리새파 사람들이 이 말씀을 듣고 분
개하고 있다는 것을 아십니까?" 13 예수께서 대
답하셨다. "나의 하늘 아버지께서는 자기가 심지
않으신 식물은 모두 뽑아 버리실 것이다. 14 그
들을 내버려 두어라. 그들은 눈 먼 사람이면서 눈
먼 사람을 인도하는 길잡이들이다. 눈 먼 사람이
눈 먼 사람을 인도하면, 둘 다 구덩이에 빠질 것
이다." 15 베드로가 예수께 "그 비유를 우리에게
설명해 주십시오" 하고 청하니, 16 예수께서 말
씀하셨다. "너희도 아직 깨닫지 못하느냐? 17 입
으로 들어가는 것은 무엇이든지, 뱃속으로 들어
가서 뒤로 나가는 줄 모르느냐? 18 그러나 입에
서 나오는 것들은 마음에서 나오는데, 그것들이 사
람을 더럽힌다. 19 마음에서 악한 생각들이 나
온다. 곧 살인과 간음과 음행과 도둑질과 거짓 증
언과 비방이다. 20 이런 것들이 사람을 더럽힌
다. 그러나 손을 씻지 않고서 먹는 것은, 사람을 더
럽히지 않는다."

가나안 여자의 믿음 (막 7:24-30)

21 예수께서 거기에서 떠나서, 두로와 시돈
지방으로 가셨다. 22 마침, 가나안 여자 한 사람
이 그 지방에서 나와서 외쳐 말하였다. "다윗의 자
손이신 주님, 나를 불쌍히 여겨 주십시오. 내 딸
이, 귀신이 들려 괴로워하고 있습니다." 23 그러
나 예수께서는 한 마디도 대답하지 않으셨다. 그
때에 제자들이 다가와서, 예수께 간청하였다. "저
여자가 우리 뒤에서 외치고 있으니, 그를 안심시
켜서 떠나보내 주십시오." 24 예수께서 대답하
셨다. "나는 오직 이스라엘 집의 길을 잃은 양들
에게 보내심을 받았을 따름이다." 25 그러나 그

ㄱ) 다른 고대 사본들에는 '명하여 말씀하시기를' ㄴ) 출 20:12; 신 5:16
ㄷ) 출 21:17; 레 20:9 ㄹ) 그, '아버지를' ㅁ) 다른 고대 사본들에는 '법을'
ㅂ) 사 29:13 (칠십인역)

명으로 돌린다고 주장하신다. 그들은 나이 많은 부모들을 물질적으로 후원하는 것을 제거할 뿐 아니라 (출 20:12; 마 5:17을 참조하라), 자기자신들을 부유하게 만든다. **15:7-9** *위선자들에* 관해서는 6:1-18에 관한 주석을 보라. 예수님은 기원전 8세기 이사야가 유다 지도자들을 비난한 말을 이 지도자들에게 적용하신다. **15:10-11** 예수님은 깨끗함을 주로 도덕적 용어로 정의하신다. 15:15-20을 보라. **15:12-14** 제자들은 지도자들의 반응을 보고한다. 예수님은 또다시 그들을 비난하기 위하여 ("뽑아 버리실 것이다"; 렘 1:10을 보라) 식물의 이미지를 이용하신다 (3:7-10; 7:16-20; 12:33-37). **15:15-20** 대변인 격인 베드로는 (14:28-30) 10-11절로 다시 돌아와 묻는다. *깨닫는 것에* 관하여는 13:11, 51에 관한 주석을 보라. 예수님은 깨끗함의 규례를 폐하지 않으시지만 (5:17-20), 외적인 행동으로 표현되는 내적인 헌신을 강조하신다. **15:21-28** 이 장면에서는 문화적, 인종적, 정치적, 경제적, 그리고 종교적 장벽과 편견이 작용한다. 이 여자는 하나님의 축복과 예수님의 칭찬을 경험하는 이스라엘의 언약 백성의 특권에서 제외되고 있다는 사실을 성공적으로 도전한다. **15:21-22** 갈릴리와 이방 사람들이 눈에 띄게 많이 사는 도시 *두로와 시돈의* (11:21-22) 경계선에서, 예수님은 이스라엘의 점령으로 인하여 추방당한 그 땅에 살던 원주민들 중에 한 이름 없는 가나안 여자를 만나신다 (1:5의 라합을 보라). 이러한 적대관계의 오랜 역사와 그 여자의 이방 사람 신분에도 불구하고 그는 자기의 귀신들린 딸을 위하여 예수님에게 자비로운 도움을 청한다 (8:5-13의 또 다른 이방 사람 부모를 참조하라). **15:23-26** 예수님은 자기의 사역은 이스라엘 사람을 위한 것이라고 하여 처음에는 그 여자를 무시하신다. **15:27** 온순하고 끊임없는 행동으로, 그 여자는 하나님의 목적에서 이스라엘의 임시적 우선순위를 인정하지만 배타적인 것에 초점이 맞춰지는 것을 배제하고, 예수님의 관심을 사게 된다. 음식/부스러기는 하나님의 나라 혹은 구원의 역사를 의미한다. **15:28** 예수님은 그 여자가 끈덕지게 믿음에 의

여자는 나아와서, 예수께 무릎을 꿇고 간청하였다.
"주님, 나를 도와주십시오." 26 예수께서 대답
하셨다. "자녀들의 빵을 집어서, 개들에게 던져
주는 것은 옳지 않다." 27 그 여자가 말하였다.
"주님, 그렇습니다. 그러나 개들도 주인의 상에서
떨어지는 부스러기는 얻어먹습니다." 28 그제서
야 예수께서 그 여자에게 말씀하셨다. "여자여,
참으로 네 믿음이 크다. 네 소원대로 되어라." 바로
그 시각에 그 여자의 딸이 나았다.

많은 병자를 고치신 예수

29 예수께서 거기에서 떠나서, 갈릴리 바닷
가에 가셨다. 그리고 산에 올라가서, 거기에 앉으
셨다. 30 많은 무리가, 걷지 못하는 사람과 지체
를 잃은 사람과 눈 먼 사람과 말 못하는 사람과 그
밖에 아픈 사람을 많이 데리고 예수께로 다가와서,
그 발 앞에 놓았다. 그러자 예수께서는 그들을 고
쳐 주셨다. 31 그래서 무리는, 말 못하는 사람이
말을 하고, 지체 장애인이 성한 몸이 되고, 걷지
못하는 사람이 걸어다니고, 눈 먼 사람이 보게 된
것을 보고 놀랐고, 이스라엘의 하나님께 영광을
돌렸다.

사천 명을 먹이시다 (막 8:1-10)

32 그 때에 예수께서 제자들을 가까이 불러
놓고 말씀하셨다. "저 무리가 나와 함께 있은 지가
벌써 사흘이나 되었는데, 먹을 것이 없으니, 가엾
다. 그들을 굶주린 채로 돌려보내고 싶지 않다. 가
다가 길에서 쓰러질지도 모른다." 33 제자들이
예수께 말하였다. "여기는 빈 들인데, 이 많은 무
리를 배불리 먹일 만한 빵을 무슨 수로 구하겠습
니까?" 34 예수께서 그들에게 물으셨다. "너희
에게 빵이 몇 개나 있느냐?" 그들이 대답하였다.
"일곱 개가 있습니다. 그리고 작은 물고기가 몇
마리 있습니다." 35 예수께서 무리에게 명하여
땅에 앉게 하시고 나서, 36 빵 일곱 개와 물고기를
들어서 감사 기도를 드리신 다음에, 떼어서 제자
들에게 주시니, 제자들이 무리에게 나누어주었다.
37 사람들이 모두 배불리 먹었다. 그리고 나서
남은 부스러기를 주워 모으니, 일곱 광주리에 가
득 찼다. 38 먹은 사람은 여자들과 아이들 외에
도, 남자만 사천 명이었다. 39 예수께서 무리를
헤쳐 보내신 뒤에, 배에 올라 ㄱ)마가단 지역으로
가셨다.

ㄱ) 다른 고대 사본에는 '막달라' 또는 '막달란'

존함을 아신다 (14:31에 나타난 베드로를 참조). 예수님은 그녀의 딸을 고쳐 주신다. **15:29-31** 예수님의 사역을 일반적으로 요약한다. 산은 (5:1의 가르치심; 14:23의 기도) 하나님이 하나님의 나라를 이룩하실 때에 하나님의 백성들이 (유대 사람들과 이방 사람들) 시온 산에 모여들 것이라는 (사 2:1-4) 기대를 상기시켜 준다. 엘리트들이 아닌, 상처받고 가난한 변두리 인간들이 무대의 중앙을 차지하며 병 고침을 경험하게 될 것이다 (사 35:1-10). 병 고침이 제국 시대의 상처를 씻고 장래의 완전한 삶을 기대하게 한다 (4:23-25). 이러한 행위들이 사람들에게 예수님의 정체성을 알게 되는 기회를 가져다준다 (11:2-6). **15:32-39** 예수님은 또 하나의 먹이는 기적에서 그의 생명을 주고 이익을 주는 능력을 드러내신다 (14:13-21). 하나님의 뜻은 배고픈 사람들을 먹이는 것이다 (사 58:6-7). 로마제국의 선전은 신들이 황제를 통하여 음식을 제공한다고 주장한다. 그러나 배고픔은 중한 세금을 부과하는 로마세계에서 흔히 있는 일이다. 이 장면은 하나님의 나라가 이룩될 때에 완전함과 풍부한 삶의 결과를 가져오리라고 기대하게 한다 (시 132:13-18; 사 25:6-10, 하나님이 시온 산에서 가난한 사람들을 먹이심). 반복은 그것을 강조하는 것이다. **15:32** 불쌍히 여기는 것이 예수님이 하시는 사역의 동기이다 (9:36). 9:36과의 연관은 겔 34장에서 사람들을 먹이지도 않고 병든 사람들을 고쳐주지도 않는 거짓 목자/지도자를 연상시켜 준다. **15:33** 예수께서 전에 행하신 기적을 목격하고서도 *제자*들은 항의를 제기한다. 그들은 조금은 이해하지만 (13:10-17; 14:33; 15:16), 좀 더 깊은 이해가 필요하다. 그들이 항의하는 말에 희망을 주어야 한다. 하나님이 자기의 백성들을 먹이신 바로 그 해방의 장소에서 그들은 *빈들에* 있다고 투덜댄다 (3:1; 출 16장 참조). **15:34-37** 이 기적은 또한 엘리사의 기적을 연상시켜 준다 (왕하 4:42-44). 이는 마지막 만찬 (14:19와 26:26-29와 비교)과 하나님께서 음식을 제공하는 종말론적 만찬(8:11; 시 132:12-15)을 기대하게 한다. 배고픈 사람을 먹임으로써 예수님은 제자들이 해야 할 임무를 본으로 보여주신다 (25:35). **15:38** 여자들과 아이들이 언급되지만 그들은 셈에 들어가지 않는다.

16:1-4 엘리트들은 계속해서 예수님의 정체성을 파악하는 데 실패한다 (12:38-42와 비교). *바리새파 사람들과 사두개파 사람*들은 그들의 종교적인 차이를 생각해 볼 때 정말 같은 사람들이 아니다. 그러나 예수님을 반대하는 데에는 협력자들이다 (3:7-10). 그들이 예수님을 시험하는 일은 유감스럽게도 복음서에서 그들에 대한 적의를 나타낸다. 이는 아마도 기원후 70년대 이후의 안디옥에서 있었던 회당과의 논쟁을 나타내는 것 같다. "시험하다"라는 같은 동사(또한 19:3)는 4:1, 3의 악마의 역사를 묘사한다. 그리고 *악마*는 지도자들과 사탄을 말한다 (6:13). 그들은, 마치 세상 권제자들과

표징 문제 (막 8:11-13; 눅 12:54-56)

16 1 바리새파 사람들과 사두개파 사람들이
와서, 예수를 시험하느라고, 하늘로부터
내리는 ㄱ)표징을 자기들에게 보여 달라고 요청하
였다. 2 예수께서 그들에게 말씀하셨다. ["너희는
저녁 때에는 '하늘이 붉은 것을 보니 내일은 날씨가
맑겠구나' 하고, 3 아침에는 '하늘이 붉고 흐린
것을 보니 오늘은 날씨가 궂겠구나' 한다. 너희는
하늘의 징조는 분별할 줄 알면서, 시대의 ㄴ)징조들은
분별하지 못하느냐?] 4 악하고 음란한 세대가
표징을 요구하지만, 이 세대는, 요나의 표징 밖에
는, 아무 표징도 받지 못할 것이다." 그리고 나서 예
수께서는 그들을 남겨 두고 떠나가셨다.

바리새파 사람들과 사두개파 사람들의 누룩
(막 8:14-21)

5 제자들이 건너편에 이르렀는데, 그들은 빵을
가져 오는 것을 잊었다. 6 예수께서 그들에게 말
씀하셨다. "너희는 바리새파 사람들과 사두개파
사람들의 누룩을 주의하고 경계하여라." 7 그들은
서로 수군거리며 말하였다. "우리가 빵을 가져오지
않았구나!" 8 예수께서 이것을 아시고 말씀하셨
다. "믿음이 적은 사람들아, 어찌하여 너희는 빵이
없다는 것을 두고 서로 수군거리느냐? 9 너희는
아직도 깨닫지 못하느냐? 오천 명이 먹은 그 빵
다섯 개를 기억하지 못하느냐? 부스러기를 몇 광
주리나 거두었더냐? 10 또한 사천 명이 먹은 그
빵 일곱 개를 기억하지 못하느냐? 부스러기를 몇
광주리나 거두었더냐? 11 내가 빵을 두고 너희
에게 말한 것이 아님을, 너희는 어찌하여 깨닫지
못하느냐? 바리새파 사람들과 사두개파 사람들의
누룩을 경계하여라." 12 그제서야 그들은, 빵의
누룩이 아니라, 바리새파 사람들과 사두개파 사
람들의 가르침을 경계하라고 하시는 말씀인 줄을
깨달았다.

베드로의 고백 (막 8:27-30; 눅 9:18-21)

13 예수께서 빌립보의 가이사랴 지방에 이르
러서, 제자들에게 물으셨다. "사람들이 인자를 누구
라고 하느냐?" 14 제자들이 대답하였다. "ㄷ)세
례자 요한이라고 하는 사람들도 있고, 엘리야
라고 하는 사람들도 있고, 예레미야나 예언자들
가운데에 한 분이라고 하는 사람들도 있습니다."
15 예수께서 그들에게 물으셨다. "그러면 너희는
나를 누구라고 하느냐?" 16 시몬 베드로가 대답
하였다. "선생님은 살아 계신 하나님의 아들 ㄹ)그

ㄱ) 12:38의 주를 볼 것 ㄴ) 또는 '표징'. 그, '세메이온'
ㄷ) 또는 '침례자' ㄹ) 1:1의 주를 볼 것

같이 (4:8), 유감스럽게도 사탄의 대행자로 소개된다. 예수님의 정당성을 확인하기 위하여 표징을 요구하는 것은 귀신 쫓아내기, 병 고치기, 그리고 먹이기 (15:28-39) 등을 빠뜨리고 보는 것이다. 예수님의 대답은 그들의 정당성을 되묻는 것이다 (15:13-14). 그에게서 하나님의 나라가 역사함을 인정하지 않는 것은 그들은 하나님의 사자가 아님을 가리킨다. 요나의 표징은 그들이 계획하고 있는 (12:14) 예수님의 죽음이다 (12:38-42)!

16:5-12 이 재치 있는 장면은 예수님과 종교 지도자들과 제자들이 이해하려고 애쓰는 것에 차이가 있음을 강조한다. *빵에* 관한 언급은 두 번에 걸쳐 먹인 사건 (14:13-21; 15:32-39)과 가나안 여자의 대답(15:26-27)은 예수님 안에서 하나님의 나라가 역사하고 있음을 강조하는 장면을 상기시켜주는 것이다. **16:6** 누룩은 하나님의 "부패하는" 나라로서 13:33을 보라. 지도자들에게 같은 이미지를 사용함으로 충돌이 더욱 심해진다. **16:7-11** 깨닫지 못함에 관하여는 13:10-17, 51; 15:15-16을 보라. 제자들의 몰이해와 근심(6:25-34)은 적은 믿음을 자아낸다 (14:28-31). **16:12** 누룩은 지도자들의 퇴폐한 가르침을 상징한다. 그들은 하나님의 뜻을 잘못 해석하며, 사람들을 배제하고, 계급적이고, 불공평한 사회를 형성한다 (9:9-13; 12:1-14; 15:3-9; 19:3-12).

16:13-20 이 장면은 그 주요 문제인 예수님의 정체성을 인식하는 이야기들을 요약하면서 세 번째 중요 부분을 끝맺는다 (11:2—16:20). **16:13** *가이사랴 빌립보*에는 목자들과 양 떼들의 신인 목축 신을 위한 신전이 있었다. 그리고 빌립보에는 로마제국의 권력을 보여주는 흔적들이 많이 있었다. 주피터나 로마정부의 권력이 아닌, 하나님의 목적들이 하나님의 목자로 오신 예수님과 하나님으로 사명을 받은 통치자 예수님 안에서 확실하게 되었다 (2:6). 인자에 관하여서는 8:20; 10:23; 13:37에 관한 주석을 보라. **16:14** 14:2를 보라. **16:16** 베드로의 대답은 하나님의 생각을 반영해주는 것이다. 제자들은 이해한다. 예수님은 하나님의 구원의 현존을 드러내도록 사명을 받으신 하나님의 대행자(메시아)이시다 (1:1, 17, 21-23). *아들에* 관해서는 2:15; 3:17; 11:25-27을 보라. 제자들은 모두 14:33에 나오는 것을 고백한다. **16:17-19** 예수님은 하나님의 계시를 확인하고 (11:25-27) 시몬의 이름을

리스도십니다." 17 예수께서 그에게 말씀하셨다.
"시몬 바요나야, 너는 복이 있다. 너에게 이것을
알려 주신 분은, 사람이 아니라, 하늘에 계신 나의
아버지시다. 18 나도 너에게 말한다. 너는 ㄱ)베
드로다. 나는 이 ㄴ)반석 위에다가 내 교회를 세우
겠다. ㄷ)죽음의 ㄹ)문들이 그것을 이기지 못할 것이다.
19 내가 너에게 하늘 나라의 열쇠를 주겠다. 네가
무엇이든지 땅에서 매면 하늘에서도 매일 것이요,
땅에서 풀면 하늘에서도 풀릴 것이다." 20 그 때
에 예수께서 제자들에게 엄명하시기를, 자기가
ㅁ)그리스도라는 것을 아무에게도 말하지 말라고
하셨다.

죽음과 부활을 처음으로 예고하시다

(막 8:31–9:1; 눅 9:22–27)

21 그 때부터 예수께서는, 자기가 반드시
예루살렘에 올라가야 하며, 장로들과 대제사장들과
율법학자들에게 많은 고난을 받고 죽임을 당해야
하며, 사흘째 되는 날에 살아나야 한다는 것을, 제
자들에게 밝히기 시작하셨다. 22 이에 베드로가
예수를 따로 붙들고 "주님, 안됩니다. 절대로 이런
일이 주님께 일어나서는 안됩니다" 하고 말하면서
예수께 대들었다. 23 그러나 예수께서는 돌아서
서, 베드로에게 말씀하셨다. "사탄아, 내 뒤로 물
러가라. 너는 나에게 걸림돌이다. 너는 하나님의
일을 생각하지 않고, 사람의 일만 생각하는구나!"
24 그 때에 예수께서는 제자들에게 말씀하셨
다. "누구든지 나를 따라오려거든, 자기를 부인하
고, 제 십자가를 지고, 나를 따라 오너라. 25 누
구든지 자기 목숨을 구하고자 하는 사람은 잃을
것이요, 나 때문에 자기 목숨을 잃는 사람은 찾을
것이다. 26 사람이 온 세상을 얻고도 제 목숨을
잃으면, 무슨 이득이 있겠느냐? 또 사람이 제 목
숨을 되찾는 대가로 무엇을 내놓겠느냐? 27 인
자가 자기 아버지의 영광에 싸여, 자기 천사들을
거느리고 올 터인데, 그 때에 그는 각 사람에게,
그 행실대로 갚아 줄 것이다. 28 내가 진정으로
너희에게 말한다. 여기에 서 있는 사람들 가운데
는, 죽음을 맛보지 않고 살아서, 인자가 자기 왕권
을 차지하고 오는 것을 볼 사람들도 있다."

ㄱ) 그, '페트로스' ㄴ) 그, '페트라' ㄷ) 그, '하데스의', 곧 '죽은 자들이 모여 있는 세계의' ㄹ) 또는 '세력이' ㅁ) 1:1의 주를 볼 것

---

*베드로*라고 다시 지어주면서 그에게 사명을 주신다. 이 *반석*은, 베드로라는 이름의 곁말 ("바위"라는 뜻), 예수님은 또한 베드로의 유일한 역할을 언급하고 계신지도 모른다. 문맥으로 보아, 그것보다는 예수를 따르는 모든 사람의 고백을 대표한 그의 고백을 말했을 것이다. 교회라는 말은 하님의 언약된 백성이라고 불리는 이스라엘 사람들의 모임을 말할 것이다 (신 9:10). 이는 또한 도시에서 모이는 시민들 또는 정치적인 모임을 말한다. 예수님은 세상 정치제도에 상반되는, 모든 사람들을 포함하는 사회를 만들지만, 사탄의 세력들은 (하데스의 문들—죽음의 문들) 이를 반대했다. 열쇠는 권위를 나타낸다. "매다 또는 풀다"는 예수의 가르침을 해석하는 것이다. 모든 사회가 예수의 가르침을 적절히 실행하는 임무를 가지게 된다 (18:18). **16:20** 예수님은 그들이 그가 어떤 종류의 그리스도인줄 알 때까지 조용히 하라고 명하신다 (16:21).

16:21—20:34 네 번째 주요 부분은 예수께서 하나님의 목적이 그의 죽음과 부활을 포함한다는 사실을 처음으로 제자들에게 가르치실 때로부터 시작한다. **16:21** 21절은 음모를 요약해 주는 역할을 한다. 이것은 예수께서 수난을 예고하시는 네 번의 예고 중에서 첫 번 것이다 (17:22-23; 20:17-19; 26:2). 현상에 직면한 하나님의 대행자가 불가피하게 다가오는 고난은 표시되어야 한다 (14:1-12의 요한). 종교 지도자들을 포함한 정치 지도자들은 자기들의 대항자를 죽임으로써 반격한다 (2:4). 그러나 예수님의 부활은 그들의 권력에 한계가 있음을 노출시킨다. 부활은 고난받는 사람에 대한 하나님의 해명이다. 단 12:1-3을 보라. **16:22-23** 예수님은 베드로가 두려워하는 것을 사탄이 하나님의 뜻을 반대하는 표현이라고 해석하신다. *내 뒤로 물러가라*는 예수님의 외침은 제자들에게 쓰는 용어이다 (4:19). **16:24-28** 예수님의 죽음은 제자들의 생애에도 밀접한 관계가 있다. 그들도, 역시, 십자가의 길을 걸어야 한다. **16:24** 자기를 *부인하고* 라는 말은 무엇이든지 신실함과 책임을 다하는 삶을 방해하는 것에서 돌아서는 것이다. *십자가*는 광폭하고 굴욕을 주는 제국의 지배하는 수단이다. 10:38을 보라. 제자들은 예수님과 제국에 도전하는 모든 사람과 일체가 된다. 그들은 굴종하며 타협하도록 위협을 받아서는 안된다. **16:25-26** 자기 목숨을 구하고자 한다는 것은 현재의 불의에 대항하지 않고, 안전한 자기 이익을 구한다는 말이다. 자기의 목숨을 잃는다는 것은 하나님의 나라를 구현하는 다른 방도의 삶과 사회를 환영하는 것이다. **16:27-28** 현재 제자의 길을 택하는 사람들에게는 종말적인 결말이 있다. 되돌아오는 종말론적 심판관인 인자에 관하여는 10:23; 13:41을 보라. 하나님의 공의는 세상 권세를 상징하는 로마를 포함 하여 모든 것을 이길 것이다. 16:28에 있는 예수의 예언은 정확하지 않다. 그러나 그것은 제자들에게 예수께서 다시 돌아오실 것과 하나님 나라의 승리를 경고하며 재확인

예수의 변모 (막 9:2-13; 눅 9:28-36)

17 1 그리고 엿새 뒤에, 예수께서는 베드로와
야고보와 그의 동생 요한을 따로 데리고서
높은 산에 올라가셨다. 2 그런데 그들이 보는 앞
에서 그의 모습이 변하였다. 그의 얼굴은 해와 같이
빛나고, 옷은 빛과 같이 희게 되었다. 3 그리고
모세와 엘리야가 그들에게 나타나더니, 예수와
더불어 말을 나누었다. 4 그 때에 베드로가 예수
께 말하였다. "선생님, 우리가 여기에 있는 것이
좋습니다. 원하시면, ㄱ)제가 여기에다가 초막을
셋 지어서, 하나에는 선생님을, 하나에는 모세를,
하나에는 엘리야를 모시도록 하겠습니다." 5 베
드로가 아직도 말을 하고 있는데, 갑자기 빛나는
구름이 그들을 뒤덮었다. 그리고 구름 속에서
"ㄴ)이는 내 사랑하는 아들이다. 나는 그를 좋아한다.
너희는 그의 말을 들어라" 하는 소리가 들려 왔다.
6 제자들은 이 말을 듣고서, 얼굴을 땅에 대고 엎
드렸으며, 몹시 두려워하였다. 7 예수께서 가까
이 오셔서, 그들에게 손을 대시고 말씀하셨다.
"일어나거라. 두려워하지 말아라." 8 그들이 눈을
들어서 보니, 예수 밖에는 아무도 없었다.
9 그들이 산에서 내려올 때에, 예수께서
그들에게 명하셨다. "인자가 죽은 사람들 가운데서
살아날 때까지는, 그 광경을 아무에게도 말하지
말아라." 10 제자들이 예수께 물었다. "그런데
율법학자들은 어찌하여 엘리야가 먼저 와야 한다고
합니까?" 11 예수께서 대답하셨다. "확실히, 엘리
야가 와서, 모든 것을 회복시킬 것이다. 12 내가
너희에게 말한다. 엘리야는 이미 왔다. 그러나 사람
들이 그를 알지 못하고, 그를 함부로 대하였다. 인
자도 이와 같이, 그들에게 고난을 받을 것이다."
13 그제서야 비로소 제자들은, 예수께서 ㄷ)세례자
요한을 두고 하신 말씀인 줄을 깨달았다.

귀신 들린 아이를 고치시다
(막 9:14-29; 눅 9:37-43상반)

14 그들이 무리에게 오니, 한 사람이 예수께
다가와서 무릎을 꿇고 말하였다. 15 "주님, 내 아
들을 불쌍히 여겨 주십시오. 간질병으로 몹시 고통
받고 있습니다. 자주 불 속에 빠지기도 하고, 물
속에 빠지기도 합니다. 16 그래서 아이를 선생

ㄱ) 다른 고대 사본들에는 '우리가' ㄴ) 또는 '이는 내 아들, 내가 사랑하는 자다' ㄷ) 또는 '침례자'

한다. **17:1-27** 이 장은 16:21-28에 나오는 그의 절박한 고난과 그의 부활과 재림에서의 그의 정당화에 관하여 그리고 제자들의 십자가의 길에 관하여, 예수님의 가르침을 상세히 설명한다.

17:1-8 예수님의 모습이 변하는 동안 하나님은 하나님의 구원의 현존과 나라를 나타내는 사명을 받은 아들로서 또는 대행자로서, 예수님은 고난과 구원이 그의 정체성과 사명의 중심적인 것이라는 그의 공표가 옳은 것임을 증명하신다 (1:21-23; 3:17; 4:17). **17:1** 그 산은 모세가 시내 산에서 십계명을 받던 사건을 상기시켜 준다. 이와 더 관련되는 것은 엿새라는 시간, 선택한 사람들, 빛나는 얼굴, 밝은 구름, 구름 속의 목소리, 그리고 두려움 등이다 (출 24장; 34장). 그 장소는 또한 하나님의 임재의 계시와 시온 산에서의 통치를 예상시켜 준다 (사 24:23; 25:1-10). **17:2** 예수님의 변화된 모습은 부활에 의한 구원을 기대하게끔 한다 (단 12:3; 마 13:43). 이 장면은 예수님이 십자가를 통하여 장래에 하나님께 높임을 받으실 것을 미리 보여주는 것이다. (28:18-20; 16:27-28; 24:27-31). **17:3** *모세와 엘리야.* 율법과 예언을 묘사하는지도 모른다. 이 둘은 예수님과 같이, 모두 버림을 받았으며, 기적을 행하며, 호렙/시내 산에서 하나님을 만나고, 어떤 전승에 의하면 죽지도 않는다. **17:4-5** *초막과 구름.* 출애굽 때에 하나님의 임재를 상기시켜 준다 (출 33:7-10). 하늘의 목소리는, 하나님, 세례에 대한 발표를 반복하는 것이며 (3:17) 또한 예수의 가르침을 강화하는 것이다. *들어라.* 이것은 이해한다 (13:10-17, 51), 그리고 그대로 산다는 뜻이다. **17:9-13** 엘리야의 출현은 요한의 준비하는 사람으로서의 역할을 다시 생각해 볼 기회와 (11:12-14), 그리고 또다시 율법학자들을 비난할 기회를 가져다준다. **17:9** 예수님의 변한 모습은 그의 부활을 예기한다. **17:10-11** 율법학자들이 엘리야의 역할이 하나님의 나라를 준비하는 것이라고 가르친 것은 옳다 (말 4:5). **17:12-13** 그러나 그들이 그것은 아직 미래에 있을 일이라고 생각한 것은 잘못된 것이다. 여기서 요한은 엘리야를 말한다 (11:14). 그는 이미 이 역할을 감당하였으며, 율법학자들은 장래에 예수님을 강하게 거부하게 되는 것 같이 (16:21), 여기서도 그를 거부한다 (11:18). *인자*는 예수님의 수난과 영광 중에 돌아오시는 것을 함께 묘사한다 (16:27-28; 17:22).

17:14-20 마태복음서에 있는 마지막 귀신 쫓는 이야기 (4:23-24). **17:14-15** 귀신 들린 아들은 그 가정에게 사회적인 추방과 경제적 어려움을 가져온다 (가족에 대한 기부금도 없고; 노인들에 대한 후원도 없다). 그 아버지는 자비를 요청한다 (9:27; 15:22). 간질병은 문자 그대로 "미친"사람을 말하며 달 여신

님의 제자들에게 데리고 왔으나, 그들은 고치지 못하였습니다." 17 예수께서 말씀하셨다. "아! 믿음이 없고 비뚤어진 세대여, 내가 언제까지 너희와 같이 있어야 하겠느냐? 내가 언제까지 너희에게 참아야 하겠느냐? 아이를 내게 데려오너라." 18 그리고 예수께서 귀신을 꾸짖으셨다. 그러자 귀신이 아이에게서 나가고, 아이는 그 순간에 나았다. 19 그 때에 제자들이 따로 예수께 다가가서 물었다. "우리는 어찌하여 귀신을 쫓아내지 못했습니까?" 20 예수께서 그들에게 대답하셨다. "너희의 믿음이 적기 때문이다. 내가 진정으로 너희에게 말한다. 너희에게 겨자씨 한 알만한 믿음이라도 있으면, 이 산더러 '여기에서 저기로 옮겨가라!' 하면 그대로 될 것이요, 너희가 못할 일이 없을 것이다." ㄱ)(21절 없음)

죽음과 부활을 다시 예언하시다

(막 9:30-32; 눅 9:43하반-45)

22 제자들이 갈릴리에 모여 ㄴ)있을 때에, 예수께서 그들에게 말씀하셨다. "인자가 곧 사람들의 손에 넘어갈 것이다. 23 사람들은 그를 죽일 것이다. 그런데 그는 사흘째 되는 날에 살아날 것이다." 그렇게 말씀하시니, 그들은 몹시 슬퍼하였다.

성전세를 내시다

24 그들이 가버나움에 이르렀을 때에, ㄷ)성전세를 거두어들이는 사람들이 베드로에게 다가와서 물었다. "여러분의 선생은 성전세를 바치지 않습니까?" 25 베드로가 대답하였다. "바칩니다." 베드로가 집에 들어가니, 예수께서 먼저 말씀을 꺼내셨다. "시몬아, 네 생각은 어떠냐? 세상 임금들이 관세나, 주민세를 누구한테서 받아들이느냐? 자기 자녀한테서냐? 아니면, 남들한테서냐?" 26 베드로가 대답하였다. "남들한테서입니다." 예수께서 다시 그에게 말씀하셨다. "그러면 자녀들은 면제받는다. 27 그러나 우리가 ㄹ)그들을 걸려 넘어지지 않도록 해야 하니, 네가 바다로 가서 낚시를 던져, 맨 먼저 올라오는 고기를 잡아서 그 입을 벌려 보아라. 그러면 ㅁ)은전 한 닢이 그 속에 있을 것이다. 그것을 가져다가 나와 네 몫으로 그들에게 내어라."

ㄱ) 다른 고대 사본들에는 '21. 그러나 이런 종류는 기도와 금식을 하지 않고는 나가지 않는다'가 첨가되어 있음 ㄴ) 다른 고대 사본들에는 '살 때에' ㄷ) 그, '디드라크마 (두 드라크마)' ㄹ) 또는 '그들의 비위를 건드릴 것은 없으니' ㅁ) 그, '스타테르'. 두 디드라크마, 곧 네 드라크마에 해당함

(Selene)의 악한 힘을 입증해 주는 것이다. **17:16** 예수님은 10:8에서 제자들에게 병 고치는 권위를 부여해 주신다. **17:17** 예수님의 성급함에 제자들의 연속적인 실패가 뒤따른다 (14:15-17, 26-31; 15:15-17, 33-34; 16:5-11, 22-23). **17:19-20** 제자들의 적은 믿음이 (6:30; 8:26; 14:31; 16:8) 사탄의 지배 앞에서 멈칫함으로써, 그들은 강력하고, 해방시키시며, 자비로운 하나님 나라를 드러낼 수 없었다. **17:22-23** 예수님의 두 번째 수난 예고는 그에게 다가오는 죽음을 강조한다 (16:21). 그는 거절당한 이후에 영광 중에 통치하실 것이다 (16:27-28). **17:24-27** 마태의 70년대 이후의 독자들에게, 이 장면은 기원후 70년 이후에 예루살렘 파괴 이후에 유대 사람들에게 베스피안 황제가 부과한 세금 납부에 관한 지침을 규정해 준다. 그 세금은 징벌이었고, 유대 사람들은 주피터로부터 재가 받은 로마의 보다 높은 세력에 저촉되는 정복된 사람들로 알려졌다. 상처주고 모욕까지 하는 격으로, 그 세금은 황제 베스피안, 타이터스, 그리고 도미티안의 수호신인 로마에 있는 주피터 카피톨리너스 신전을 짓고 유지하는 데 사용되었다. 기원후 70년 예루살렘 파괴로 로마와 주피터는 유대 사람의 하나님보다 더 강한 힘을 가졌다고 주장 한다. 이것은 마태의 공동체에게 세금을 내라고 지시 하는 장면이다. 그러나 그것은 로마의 주장을 뒤엎고, 로마에 대한 하나님의 통치권을 유지한다는 이해 아래 그렇게 한다. 비록 "인간의 손이" (17:22) 예수님(과 세계)을 지배하는 것 같아도, 이 장면은 물고기와 은전을 공급하는 데 있어서는 하나님이 지배하신다고 주장한다. **17:24-26** 예수님은 성전세를 바치신다. 예수님의 질문은 이 장면을 더 확대시킨다. 세금과 공물(貢物)들은 다른 모든 사람의 덕으로 제국의 엘리트들이 부와, 세력과, 지위를 얻는 가지각색의 세금을 말한다. *세상 임금들.* 세상 임금들은 하나님의 목적을 반대하는 통치자들을 나타내는 상용어구이다 (시 2:2). 그들은 누구에게나 세금을 받는다. 오직 자기들의 자녀들만 세금을 면제하여 준다. **17:27** 동물과 물고기는 황제의 지배하에 있다. 그러나 복음서에서는 하나님이 물고기와 바다에 대한 통치권을 행사하신다 (7:10; 8:23-27; 14:13-33; 15:32-39). 하나님은 세금 낼 은전이 입에 들어있는 물고기가 잡힐 것을 보장하신다. 하나님께서 세금을 마련해 주신다! 하나님은 세상 권세를 후원하기 위해서가 아니라, 그것을 정복하는 하나님의 통치권을 보여주는 도전적인 증거로 그렇게 하신다 (24:27-31). 이 이야기는 제자들에게 세금의 중요함을 다시 생각하게 해준다.

18:1-35 예수님의 네 번째 가르침이 시작하는 이야기 부분이다 (5—7장; 10장; 13장; 24—25장을 보라). 서로 돌보는 공동체, 서로 타이르는 관계, 서로 화해하는 관계가 제자들로 하여금 십자가의 어려운 길을

하늘 나라에서 가장 큰 사람
(막 9:33-37; 눅 9:46-48)

18 1 그 때에 제자들이 예수께 다가와서 물
었다. "하늘 나라에서는 누가 가장 큰 사람
입니까?" 2 예수께서 어린이 하나를 곁으로 불
러서, 그들 가운데 세우시고 3 말씀하셨다. "내가
진정으로 너희에게 말한다. 너희가 돌이켜서 어
린이들과 같이 되지 않으면, 절대로 하늘 나라에
들어가지 못할 것이다. 4 그러므로 누구든지 이
어린이와 같이 자기를 낮추는 사람이 하늘 나라에
서는 가장 큰 사람이다. 5 또 누구든지 내 이름
으로 이런 어린이 하나를 영접하면, 나를 영접하는
것이다."

죄의 유혹 (막 9:42-48; 눅 17:1-2)

6 "나를 믿는 이 작은 사람 가운데서 하나라도
ㄱ걸려 넘어지게 하는 사람은, 누구라도, 차라리
그 목에 큰 맷돌을 달고 깊은 바다에 빠지는 편이
낫다. 7 사람을 ㄱ걸려 넘어지게 하는 일 때문에
세상에는 화가 있다. ㄱ걸려 넘어지게 하는 일이
없을 수는 없으나, ㄱ걸려 넘어지게 하는 일을 일
으키는 그 사람에게는 화가 있다."
8 "네 손이나 발이 너를 ㄱ걸려 넘어지게 하
거든, 그것을 찍어서 내버려라. 네가 두 손과 두
발을 가지고 영원한 불 속에 들어가는 것보다는,
차라리 손이나 발 없는 채로 생명에 들어가는 편
이 낫다. 9 또 네 눈이 너를 ㄱ걸려 넘어지게 하
거든, 빼어 버려라. 네가 두 눈을 가지고 불 붙는
ㄴ지옥에 들어가는 것보 다는, 차라리 한 눈으로
생명에 들어가는 편이 낫다."

잃은 양의 비유 (눅 15:3-7)

10 "너희는 이 작은 사람들 가운데서 한 사
람이라도 업신여기지 않도록 조심하여라. 내가
너희에게 말한다. 하늘에서 그들의 천사들이 하
늘에 계신 내 아버지의 얼굴을 늘 보고 있다. ㄷ(11
절 없음) 12 너희는 어떻게 생각하느냐? 어떤 사
람에게 양 백 마리가 있는데, 그 가운데 한 마리가
길을 잃었다고 하면, 그는 아흔아홉 마리를 산에다
남겨 두고서, 길을 잃은 그 양을 찾아 나서지 않
겠느냐? 13 내가 너희에게 말한다. 그가 그 양
을 찾으면, 길을 잃지 않은 아흔아홉 마리 양보다,
오히려 그 한 마리 양을 두고 더 기뻐할 것이다.
14 이와 같이, 이 작은 사람들 가운데서 하나라
도 망하는 것은, 하늘에 계신 ㄹ너희 아버지의 뜻이
아니다."

ㄱ) 또는 '죄 짓게' ㄴ) 그, '게헨나' ㄷ) 다른 고대 사본들에는 '11. 인자는 잃은 사람을 구원하러 왔다'가 첨가되어 있음 ㄹ) 다른 고대 사본들에는 '내'

걸어갈 수 있도록 해준다 (16:24). **18:1-5** 부와, 권력과, 지위로 이룩한 "큰 사람"은 이 세상의 엘리트들에게는 아주 중요한 것이었다. 그러나 하나님의 나라는 또 다른 가치관과 관습들을 만들어 간다. **18:2-4** 어린이는 순진함과 순결함을 뜻하지 않는다. 그들은 성인 남성 사회에서 제외되고, 힘없고, 경제적 자원도 없으며, 상처받기 쉽고, 예측을 불허하며, 위협적이고, 온순하다고 생각했다 (19:13-14에 나타난 제자들). 복음서는 이 어린이들이 위태로운 상태에 있으며 (2장), 굶주리고 (14:21), 병들고 (8:6; 9:2), 귀신이 들렸으며 (15:22; 17:18), 그리고 그들이 죽어갔음을 보여주었다 (9:18). 제자가 된다는 것은 아주 멋진 위인이 되려는 가치관을 버리고 위태로운 어린이들의 겸허한 길을 택하는 것을 뜻한다. **18:5** 10:40-42를 보라. **18:6-9** 제자들은 서로 걸려 넘어지게 하지 않는다. *나를 믿는 이 작은 사람*들은 예수님을 따르는 제자들을 말한다 (4:18-22). 자신을 낮추는 것(18:8-9)은 그림을 보는 듯이 과장을 한 표현방법이다. 그것은 종말적인 입증을 위하여 필요한 제자도의 연약함과 의무를 강조한다 (5:29-30을 보라). 어떤 사람들은 이 구절들을 문자 그대로 받아들였다. **18:10-14** 백 마리 중에서 한 마리의 양을 찾는 목자의 이야기는 적극적이며, 잠을 자지 않고 양을 지키는 돌봄을 강조한다. 양은 하나님의 백성을 흔히 가리키는 이미지이다 (시 100:3). 2:6과 9:36을 보라. 십자가의 길, 문화를 거슬러가는 삶에는 서로 돕는 사회가 필요하다. 이러한 상호 돌봄에서, 하나님의 사랑의 뜻이 이루어진다. **18:15-20** 이 장면은 제자들 간의 화해를 위한 단계들을 요약한다. 이는 18:1-14에 나오는 권고나 관례에도 불구하고 대립은 불가피하다. 여러 그룹이나 사회에서 공공 훈련을 위한 절차들을 고안해냈다. 이 지침들은 지도자들보다도 지역사회 사람들의 책임을 강조하는 것이다. 처벌을 구체화하지도 않고, 무엇보다도 화해의 목적에 초점을 둔다. **18:15** 부당한 취급을 받은 사람이 먼저 시작한다. 다른 사람의 말을 "듣다"와 "얻은 것"은 말은 상대방이 자기의 죄와 잘못을 인정하고, 회개하며, 용서하고 서로 받아들인다는 말이다 (6:14-15). **18:16-17** 그러나 모든 일이 해피엔딩으로만 끝나는 것은 아니다. 증인들을 세우고, 안 되면 모든 회중을 증인으로 삼는 것이 그 후에 따르는 단계이다 (신 19:15). *이방 사람이나 세리와* 같이 여겨라는 말은 보통 제외하거나 피한다는 말이다. 그러나 복음서에서는 그들이 선교의 대상이다. 제자들은

용서하라 (눅 17:3)

15 "네 ㄱ)형제가 [너에게] 죄를 짓거든, 가서,
단 둘이 있는 자리에서 그에게 충고하여라. 그가
너의 말을 들으면, 너는 그 ㄱ)형제를 얻은 것이다.
16 그러나 듣지 않거든, 한두 사람을 더 데리고
가거라. ㄴ)그가 하는 모든 말을, 두세 증인의 입을
빌어서 확정지으려는 것이다. 17 그러나 그 ㄱ)형
제가 그들의 말도 듣지 않거든, 교회에 말하여라.
교회의 말조차 듣지 않거든, 그를 이방 사람이나
세리와 같이 여겨라."

18 "내가 진정으로 너희에게 말한다. 무엇이
든지, 너희가 땅에서 매는 것은 하늘에서도 매일 것
이요, 땅에서 푸는 것은 하늘에서도 풀릴 것이다.
19 내가 [진정으로] 거듭 너희에게 말한다. 땅에
서 너희 가운데 두 사람이 합심하여 무슨 일이든지
구하면, 하늘에 계신 내 아버지께서 그들에게 이
루어 주실 것이다. 20 두세 사람이 내 이름으로
모여 있는 자리, 거기에 내가 그들 가운데 있다."

용서할 줄 모르는 종의 비유

21 그 때에 베드로가 예수께 다가와서 말하
였다. "주님, 내 ㄱ)형제가 나에게 자꾸 죄를 지으면,
내가 몇 번이나 용서하여 주어야 합니까? 일곱 번
까지 하여야 합니까?" 22 예수께서 대답하셨다.
"일곱 번만이 아니라, ㄷ)일흔 번을 일곱 번이라도
하여야 한다.

23 그러므로, 하늘 나라는 마치 자기 종들과
셈을 가리려고 하는 어떤 ㄹ)왕과 같다. 24 왕이
셈을 가리기 시작하니, 만 ㅁ)달란트 빚진 종 하나가
왕 앞에 끌려왔다. 25 그런데 그는 빚을 갚을 돈이
없으므로, 주인은 그 종에게, 자신과 그 아내와 자
녀들과 그 밖에 그가 가진 것을 모두 팔아서 갚으
라고 명령하였다. 26 그랬더니 종이 그 앞에 무
릎을 꿇고, '참아 주십시오. 다 갚겠습니다' 하고
애원하였다. 27 주인은 그 종을 가엾게 여겨서,
그를 놓아주고, 빚을 없애 주었다. 28 그러나 그
종은 나가서, 자기에게 백 ㅂ)데나리온 빚진 동료
하나를 만나자, 붙들어서 멱살을 잡고 말하기를
'내게 빚진 것을 갚아라' 하였다. 29 그 동료는
엎드려 간청하였다. '참아 주게. 내가 갚겠네.'
30 그러나 그는 들어주려 하지 않고, 가서 그 동
료를 감옥에 집어넣고, 빚진 돈을 갚을 때까지 갇혀
있게 하였다. 31 다른 종들이 이 광경을 보고,
매우 딱하게 여겨서, 가서 주인에게 그 일을 다

ㄱ) 또는 '신도' ㄴ) 신 19:15 ㄷ) 또는 '일흔일곱 번까지' ㄹ) 또는 '왕의 사정과' ㅁ) 한 달란트는 노동자의 15년 품삯 ㅂ) 한 데나리온은 노동자의 하루 품삯

그들을 집회에 포함시킨다 (9:9-11; 11:19; 28:18-20). 지역사회는 목자의 본보기를 따른다 (18:10-14). **18:18-20** 문맥상으로 보아, 땅에서 매는 것과 땅에서 푸는 것은 적절한 행위의 확립을 위한 예수님의 가르침을 해석하는 것이다. 16:19에 나오는 베드로의 임무는 전 지역사회로 퍼진다. 구하는 기도는 복구되는 사역을 말한다. 그리고 예수님은 이 모든 것을 통하여 지역사회에 알려진다. **18:21-35** 계속되는 용서는 공동체를 결속시켜 준다. 용서, 죄의 심각함, 공공연한 비난과 만민 구제는 서로 뒤얽혀져 있다. **18:21-22** 예수님의 직접적인 가르침은 반복되는 용서를 강조한다. **18:23-35** 이 비유는 하나님께서 제자들에게 용서할 것을 요구하시는 기본적인 이해를 확립해 주는 것이다. 그러나 18:21-22와의 관련은 쉽지가 않다 (*그러므로*). 용서할 것을 열심히 권고한 후에, 이 비유는 용서하지 않는 두 가지 예를 든다! 왕은 먼저 용서했던 것을 취소한다 (18:27, 32-34). 용서받은 종은 다른 종을 용서해 주지 않는다 (18:28-30). 일은 더 복잡해진다. 왕은 흔히 하나님의 이미지를 보여주는 것이다 (5:35). 이 비유에서 왕/하나님은 자비롭고 누구나 수용하는 대안을 마련해 주기보다는 오히려 거칠고 압정을 행하는 제국의 폭군을 모방하는 것 같다 (9:9-13; 20:25-28). 한 가지 해명은 이 비유를 18:21-22와 비교해서 읽는 것이다. 이 비유의 제목을 "용서하지 말고 어떻게 되는가 보라!"로 했으면 좋았을 것이다. 이 왕은 하나님이 아니고, 복음서에 나타나는 헤롯 (12장), 헤롯 안티파스 (14:1-2), 세상의 임금(17:25)과 같은 압정을 하는 왕 같다. 35절의 맨 끝이 놀랍다. 하나님은 어쨌든 어떤 면에서는 이 왕과 같으시다. 하나님은 용서하지 않는 사람들을 벌하신다. **18:23-24** 한 종은 돈을 구하여 감사하는 표시로 바치도록 지시를 받는다. **18:25-27** 그는 실패한다. 그 왕은 그를 투옥함으로써 자기의 권위를 지킨다. 그 종은 적절한 행동으로 순종함을 보인다. 왕의 명예는 회복된다. 왕은 자신의 이익을 도모하는 자비를 베풀어 그를 복위시켜 그의 기술을 더 사용할 수 있게 해주었다. **18:28-34** 이 종은 자기보다 격이 낮은 종에게 자기의 권력을 이용하여 왕보다도 더 인정머리 없는 짓을 했다. 이 무자비한 행동은 왕이 좀 무기력하다는 위험한 인상을 준다. 그래서 왕은 기회를 잡아 그 종을 심하게 벌하였다. **18:35** 하나님은 용서하지 않는 사람을 벌하실 것이다.

19:1-30 19—20장에서는 예수님이 갈릴리에서 예루살렘으로 여행하신다. 그의 가르침은 가정의 구조와 관련된 것들이다: 남편과 아내 (19:3-12); 어린이 (19:13-15); 돈 버는 일 (19:16-30); 그리고 종에

일렀다. 32 그러자 주인이 그 종을 불러다 놓고
말하였다. '이 악한 종아, 네가 애원하기에, 나는
너에게 그 빚을 다 없애 주었다. 33 내가 너를
불쌍히 여긴 것처럼, 너도 네 동료를 불쌍히 여겼
어야 할 것이 아니냐?' 34 주인이 노하여, 그를
형무소 관리에게 넘겨주고, 빚진 것을 다 갚을 때
까지 가두어 두게 하였다. 35 너희가 각각 진심
으로 자기 ㄱ)형제자매를 용서해 주지 않으면, 나의
하늘 아버지께서도 너희에게 그와 같이 하실 것
이다."

이혼 문제 (막 10:1-12)

19 1 예수께서 이 말씀을 마치시고, 갈릴리를
떠나서, 요단 강 건너편 유대 지방으로 가
셨다. 2 많은 무리가 예수를 따라왔다. 예수께서
는 거기서 그들을 고쳐 주셨다.
3 바리새파 사람들이 예수께 다가와서, 그를
시험하려고 물었다. "무엇이든지 이유만 있으면,
남편이 아내를 버려도 됩니까?" 4 예수께서 대
답하셨다. "사람을 창조하신 분이 처음부터 ㄴ)그
들을 남자와 여자로 지으셨다는 것과, 5 그리고
그가 말씀하시기를 ㄷ)'그러므로 남자는 아버지와
어머니를 떠나서, 자기 아내와 합하여서 둘이 한
몸이 될 것이다' 하신 것을, 너희는 아직 읽어보지
못하였느냐? 6 그러므로 그들은 이제 둘이 아니라
한 몸이다. 하나님이 짝지어 주신 것을 사람이 갈
라놓아서는 안 된다." 7 그들이 예수께 말하였다.
"그러면, 어찌하여 모세는, 이혼 증서를 써 주고
아내를 버리라고 명령하였습니까?" 8 예수께서
대답하셨다. "모세는 너희의 마음이 완악하기 때
문에 아내를 버리는 것을 허락하여 준 것이지,
본래부터 그랬던 것은 아니다. 9 내가 너희에게
말한다. 음행한 까닭이 아닌데도 아내를 버리고
다른 여자에게 장가 드는 사람은, 누구나 간음하는
것이다." 10 제자들이 예수께 말하였다. "남편과
아내 사이가 그러하다면, 차라리 장가 들지 않는
것이 좋겠습니다." 11 예수께서 그들에게 말씀
하셨다. "누구나 다 이 말을 받아들이지는 못한다.
다만, 타고난 사람들만이 받아들인다. 12 모태로
부터 그렇게 태어난 고자도 있고, 사람이 고자로
만들어서 된 고자도 있고, 또 하늘 나라 때문에 스
스로 고자가 된 사람도 있다. 이 말을 받아들일 수
있는 사람은 받아들여라."

어린이를 축복하시다
(막 10:13-16; 눅 18:15-17)

13 그 때에 사람들이 예수께 어린이들을 데리
고 와서, 손을 얹어서 기도하여 주시기를 바랐다.

ㄱ) 그, '형제' ㄴ) 창 1:27 ㄷ) 창 2:24 (칠십인역)

(20:17-28) 관한 것들이다. 그는 하나님의 나라에 합당한 인류평등주의를 가르침으로써, 남자가 지배하는 관습적인 가부장제도와 계급주의적인 가족제도에 저항하신다. 그는 이 강조점을 포도원의 품꾼들 비유에서 (20:1-16) 강화하신다. 제자들은 이러한 따로 선택한 생활 방도로 살아가도록 하나님의 자비에 의존한다 (20:29-34). **19:1-2** 이 통상적인 구절은 18장의 예수님의 가르침에서 다른 이야기로 넘어감을 알린다 (또한 7:28; 11:1; 13:53; 26:1을 보라). 예수님은 갈릴리를 떠나서 유대 지방으로 가신다 (4:12-16).

19:3-12 남편과 아내에 관하여. **19:3** 바리새파 사람들이 남편이 아내를 주관하는 (5:31-32) 전통적인 가부장제도를 지지하기 위하여 예수님을 시험한다 (16:1). 그들은 그 남편의 권한에 어떤 제한이 있느냐고 묻는다. 이것은 계속되는 문젯거리였다. 요한이 헤롯을 반대한 사실을 상기해보라 (14:1-12). **19:4-6** 예수님은 이혼이 아니라 결혼에 관하여 말씀하시는 것이다. 그는 하나님의 "처음부터"(창 2:24)의 관점을 요약한다. 상호성과 동등성을 강조하는 한 몸의 관계는 반문화적이다. **19:7** 그들은 모세의 가르침에 호소하며 항의한다 (신 24:1). **19:8-9** 예수님은 모세의 말이 양보하는 것이지, 명령하는 것이 아니라고 해석하신다. 예수님은 남자가 시작하는 이혼을 금하신다. 음행한 이라고 번역한 것은 금지된 남녀관계 (레 18장), 또는, 문맥상으로 보아, 오히려, 간통을 말하는 것 같다. 예수님은 남자의 권리를 엄하게 제한하지만, 사람들이 사랑 없는 관계에 빠지는 위험을 감수하신다. 그는 새로운 시작을 가능하게 하기 위한 자비의 역할에 관하여 말하지 않는다. **19:10-12** 이러한 제한들이 너무 어려운 제자들에게는 자진해서 독신생활을 할 수 있다. **19:13-15** 어린이들의 무시되는 지위에 관하여서는 18:1-6에 관한 주석을 보라. 예수님은 그 어린이들을 축복하시며, 모든 제자를 어린아이들과 동일시하신다. 제자들의 사회에서는 부모가 없고 (23:9), 오히려 인류평등주의 사회의 형제와 자매가 있다 (12:46-50). 제자들은 어린이들과 같이 권력의 중심에서 제외되었으나 그들에게 도전한다. **19:16-30** 가정의 세 번째 분야인 남편/아버지가 부를 손에 넣는 일에 대한 의견이 나타나 있다. 예수님은 지위나 권력을 얻기 위해 부를 사용하는 것을 거절하지만, 이를 모든 사람에게 이익이 되도록 공정하게 재분배할 것을 주장하신다. **19:16-22** 질문을 하는 사람의 이름은 밝히고 있지 않았지만, 그는 많은

그런데 제자들이 그들을 꾸짖었다. 14 그러나
예수께서 말씀하셨다. "어린이들이 내게 오는 것
을 허락하고, 막지 말아라. 하늘 나라는 이런 어
린이들의 것이다." 15 그리고 그들에게 손을 얹
어주시고, 거기에서 떠나셨다.

부자 젊은이 (막 10:17-31; 눅 18:18-30)

16 그런데 한 사람이 예수께 다가와서 물었
다. "선생님, 내가 영원한 생명을 얻으려면, 무슨
선한 일을 해야 합니까?" 17 예수께서 그에게 말
씀하셨다. "어찌하여 너는 나에게 선한 일을 묻느
냐. 선한 분은 한 분이다. 네가 생명에 들어가기
를 원하면, 계명들을 지켜라." 18 그가 예수께
물었다. "어느 계명들을 지켜야 합니까?" 예수께서
대답하셨다. ㄱ)"살인하지 말아라. 간음하지 말아라.
도둑질하지 말아라. 거짓 증언을 하지 말아라.
19 아버지와 어머니를 공경하여라. 그리고, ㄴ)네
이웃을 네 몸과 같이 사랑하여라." 20 그 젊은이
가 예수께 말하였다. "나는 ㄷ)이 모든 것을 다 지
켰습니다. 아직도 무엇이 부족합니까?" 21 예수
께서 그에게 말씀하셨다. "네가 완전한 사람이 되
려고 하면, 가서 네 소유를 팔아서, 가난한 사람
에게 주어라. 그리하면, 네가 하늘에서 보화를 차
지하게 될 것이다. 그리고, 와서 나를 따라라."
22 그러나 그 젊은이는 이 말씀을 듣고, 근심을
하면서 떠나갔다. 그에게는 재산이 많았기 때문
이다.

23 예수께서 제자들에게 말씀하셨다. "내가
진정으로 너희에게 말한다. 부자는 하늘나라에
들어가기가 어렵다. 24 내가 다시 너희에게 말
한다. 부자가 하나님 나라에 들어가는 것보다 낙
타가 바늘귀로 지나가는 것이 더 쉽다." 25 제자
들이 이 말씀을 듣고, 깜짝 놀라서, 말하였다. "그
러면, 누가 구원을 얻을 수 있습니까?" 26 예수
께서 그들을 눈여겨보시고, 말씀하셨다. "사람은
이 일을 할 수 없으나, 하나님은 무슨 일이나 다
하실 수 있다." 27 이 말씀을 듣고, 베드로가 예
수께 말하였다. "보십시오, 우리는 모든 것을 버
리고, 선생님을 따랐습니다. 그러니, 우리가 무엇
을 받겠습니까?" 28 예수께서 그들에게 말씀하
셨다. "내가 진정으로 너희에게 말한다. 새 세상에
서 인자가 자기의 영광스러운 보좌에 앉을 때에,

ㄱ) 출 20:12-16; 신 5:16-20 ㄴ) 레 19:18 ㄷ) 다른 고대 사본들에는 '젊을 때부터 이 모든 것을'

재물을 가진 부자라고 기록되어 있다 (19:22-24). 그는 권력과 부와 지위를 가진 엘리트에 속한다. 그의 부는 아마도 많은 사람에게 가난을 초래하게 하는 세금이나 이자, 그리고 소작료를 통하여 얻어진 것일 것이다. **19:16-19** *영원한 생명*은 문자 그대로 "그 시대의 생명," 하나님 나라의 최후의 건설에 참여하는 것이다 (16:27-28; 18:35; 24:27-31). 선한 일은 십계명의 필요조건인 공정한 사회관계에 잘 언급되어 있는 공정한 하나님의 뜻을 (미 6:8) 행하는 것을 포함한다 (출 20:12-15; 신 5:16-20). 거기에 생명이 있다 (레 18:5; 신 30:15-20). **19:20** 그의 모든 필요조건을 다 지켰다는 주장은 오직 하나님만이 *선하시다*는 예수님의 주장과 상충된다 (19:17). 그의 부의 축적은 그가 그 조건들을 지키지 않았다는 증거다. 부는 욕심과, 남의 것을 박탈하는 것과 (그들을 사랑하지 않음, 19:19), 착취의 결과이다. 가난한 사람들을 종종 경멸하며 그들의 가난을 나무라는 엘리트들의 견해와는 반대로 부는 덕과 같은 것이 아니다. **19:21** 완전한 사람이 되는 것은 하나님의 삶을 나누어 가지는 것이다 (5:43-48; 19:16-17). 예수님은 그에게 세 가지 명령을 내리신다: 그의 소유를 다 팔 것; 가난한 사람들에게 나누어 줄 것; 예수님을 따를 것. 이것이 그가 회개하고 제자가 되는 개종 단계이다 (4:17-22). 그는 재산의 노예가 되었고 (6:24-34), 불공정하고 계급적인 사회관계를 보지 못하는 장님이 되었다. 부를 재분배하고 불공정한 사회 구조에 반대하는 희년의 전통에 관하여서는 레 25장을 보라. 예수님을 *따르*는 것은 출생과 부가 지배하고, 모든 사람이 노예가 되는 사회를 거부하는 일에 가담하는 것이다 (12:46-50; 20:25-28). **19:22** 부자 젊은이는 회개하지 않는다. 재산이 이 부자 젊은이의 주인이기 때문이다 (6:24). 재산이 말씀을 막아 듣지 못하게 하였다 (13:22). **19:23-26** 예수님은 구원의 과정에서 재산의 위험을 경고하신다. 사회악을 조장하는 사람들의 생필품을 빼앗는 삶을 사는 사람은 하나님의 나라에 참여할 수 없다 (19:26). 이를 위해서는 회개와 사회적, 경제적 제도의 개조가 필요하다. 하나님은 그러한 변화를 가능하게 하신다. **19:27-30** 그 부자 젊은이가 자기의 소유 팔기를 거부한 사실은 제자들의 반응과 대조된다. 그들은 예수님을 따름으로 새 가족/사회와 (12:46-50) 현 계급사회 구조를 뒤엎는 하나님의 삶을 나누는 보답을 받게 된다 (19:29-30). *새 세상*(19:28)에서라는 말은 예수님의 재림 때의 새 세상, 세상 권세를 포함한 모든 저항 세력을 물리치는 하나님의 목적의 승리를 뜻한다. 그들의 심판은 지배를 (20:25-28) 말하는 것이 아니라 유대 사람이나 이방 사람들을 포함하는 (8:11-12) 하나님의 목적에 참여하는 것을 뜻한다.

20:1-34 하나님 나라에 의하여 이루어진 다른 방도의 삶, 인류평등주의에 대한 제자들을 위한 지침은 계속된다 (19장의 주석을 참조하라).

20:1-16 이 포도원 주인의 비유는 그 주인이 하

나를 따라온 너희도 열두 보좌에 앉아서, 이스라엘
열두 지파를 심판할 것이다. 29 내 이름을 위하
여 집이나 형제나 자매나 [ㄱ]아버지나 어머니나 자
식이나 땅을 버린 사람은, [ㄴ]백 배나 받을 것이요,
또 영원한 생명을 물려받을 것이다. 30 그러나,
첫째가 된 사람들이 꼴찌가 되고, 꼴찌가 된 사람
들이 첫째가 되는 경우가 많을 것이다."

포도원의 품꾼들

20 1 "하늘 나라는 자기 포도원에서 일할 일
꾼을 고용하려고 이른 아침에 집을 나선
어떤 포도원 [ㄷ]주인과 같다. 2 그는 품삯을 하루에
한 [ㄹ]데나리온으로 일꾼들과 합의하고, 그들을 자기
포도원으로 보냈다. 3 그리고서 아홉 시쯤에 나
가서 보니, 사람들이 장터에 빈둥거리며 서 있었다.
4 그는 그들에게 말하기를 '여러분도 포도원에
가서 일을 하시오. 적당한 품삯을 주겠소' 하였다.
5 그래서 그들이 일을 하러 떠났다. 주인이 다시
열두 시와 오후 세 시쯤에 나가서 그렇게 하였다.
6 오후 다섯 시쯤에 주인이 또 나가 보니, 아직도
빈둥거리고 있는 사람들이 있어서, 그들에게 '왜
당신들은 온종일 이렇게 하는 일 없이 빈둥거리고
있소?' 하고 물었다. 7 그들이 그에게 대답하기를
'아무도 우리에게 일을 시켜주지 않아서, 이러고
있습니다' 하였다. 그래서 그는 '당신들도 포도원에
가서 일을 하시오' 하고 말하였다. 8 저녁이 되니,
포도원 주인이 자기 관리인에게 말하기를 '일꾼
들을 불러, 맨 나중에 온 사람들부터 시작하여, 맨
먼저 온 사람들에게까지, 품삯을 치르시오' 하였다.
9 오후 다섯 시쯤부터 일을 한 일꾼들이 와서, 한
데나리온씩을 받았다. 10 그런데 맨 처음에 와서
일을 한 사람들은, 은근히 좀 더 받으려니 하고
생각하였는데, 그들도 한 데나리온씩을 받았다.
11 그들은 받고 나서, 주인에게 투덜거리며 말하
였다. 12 '마지막에 온 이 사람들은 한 시간밖에
일하지 않았는데도, 찌는 더위 속에서 온종일 수
고한 우리들과 똑같이 대우하였습니다.' 13 그
러자 주인이 그들 가운데 한 사람에게 말하기를
'이보시오, 나는 당신을 부당하게 대한 것이 아니오.
당신은 나와 한 데나리온으로 합의하지 않았소?
14 당신의 품삯이나 받아 가지고 돌아가시오.
당신에게 주는 것과 꼭 같이 이 마지막 사람에게
주는 것이 내 뜻이오. 15 내 것을 가지고 내 뜻
대로 할 수 없다는 말이오? 내가 후하기 때문에,
그것이 당신 눈에 거슬리오?' 하였다. 16 이와
같이 꼴찌들이 첫째가 되고, 첫째들이 꼴찌가 될
것이다.[ㅁ]"

ㄱ) 다른 고대 사본들에는 '아버지나 어머니나'와 '자식이나' 사이에 '아내나'가 있음 ㄴ) 다른 고대 사본들에는 '여러 배' ㄷ) 또는 '주인의 사정과' ㄹ) 한 데나리온은 노동자의 하루 품삯 ㅁ) 다른 고대 사본들에는 '부름 받은 사람은 많으나, 택함받은 사람은 적다'가 첨가되어 있음

나님 나라를 구체화하며, 전통적인 사회 구조와 관례에 도전하는 모습을 놀라운 방법으로 보여준다. **20:1-2** 이 비유는 단순한 포도원 주인의 이야기가 아니라, 하나님의 나라를 묘사하는 것이다. 그 주인은 부자다. 가난한 날품팔이 노동자들은 아마도 아무런 기술도 없는 사람들, 그리고 빚 때문에 또는 농사에 실패했기 때문에 땅에서 쫓겨난 사람들이 씨를 심고 수확을 거두는 일에 노동력을 제공하고 있는 것이다. 그들은 불안정한 삶을 살고 있다. 그들은 하루에 한 데나리온으로 호구지책을 하고 있다. **20:3-7** 하루 종일 노동자들이 남아돌아가는 것은 노동자들과 실직자들이 너무 많음을 말한다 (20:7). 그들의 노임은 확실히 정해지지 않았다. 적당한 품삯은 20:9-10에서 얼마인지 알게 된다. **20:8-15** 날이 끝나자 (신 24:14-15) 거꾸로, 맨 나중에 고용된 사람들부터 품삯을 받게 된다. **20:9** 맨 나중에 고용된 사람들도 놀랍게 또한 전통을 떠나서 맨 처음 고용된 사람들과 같은 금액을 받는다. **20:11-12** 그 주인이 전통적인 사회제도에 따라 행동하지 않았기 때문에 그들은 *투덜거렸다.* 일꾼들을 "부당하게 대하지 않음으로써," 집주인은 임금을 가지고 사람들을 나누어 놓지 않고 합해 놓으려 했다. **20:13-16** 그는 자기의 행위를 선행(잘못이 아닌)이라고 변명한다. 15절(내가 후하기 때문에, 그것이 당신 눈에 거슬리오?)은 "내가 선하기 때문에 당신 눈이 악해진단 말이요?"라고 말했어야 한다. 이 질문은 그의 행위를 선으로 보고, 이해하며, 그가 보여주는 다른 사회 구조를 받아들이도록 도전한다. 하나님의 나라는 사람들을 혼란하게 하며 변하게 한다. 그 주인의 질문은 또한 그가 행한 이 "하나의 선행"이 일상 생활화되도록 도전한다 (19:21)!

20:17-28 예수님의 네 번째 관심은 주인과 종의 관계이다. 그는 지배적인 관계를 거절하신다. 그는 모든 제자들이 그가 죽기까지 "봉사"하는 것을 모방하여 동등한 사회의 일원이 될 것을 명하신다. **20:17-19** 이 세 번째의 수난 예고는 첫 번의 두 가지보다 더 자세히 기술되어 있다 (16:21; 17:22). 27:1-14와 26-31에서 그것이 성취되는 것을 보라. 예루살렘과 로마의 엘리트들은 모두가 악마의 사자로서 (4:8; 16:1-4) 예수님을 대적하는 데 합세했다 (2:4; 5:20). **20:20-21** 제자들은 생명을 바치는 섬기는 자세로 이룩되는 하나님의 나라는 야망과, 권력, 두드러짐, 지배 등을 거절해야 한다는 사실

죽음과 부활을 세 번째로 예고하시다
(막 10:32-34; 눅 18:31-34)

17 예수께서 예루살렘으로 올라가시면서, 열두 ㄱ)제자를 따로 곁에 불러놓으시고, 길에서 그들에게 말씀하셨다. 18 "보아라, 우리는 지금 예루살렘으로 올라가고 있다. 인자가 대제사장들과 율법학자들에게 넘겨질 것이다. 그들은 그에게 사형을 선고할 것이며, 19 그를 이방 사람들에게 넘겨주어서, 조롱하고 채찍질하고 십자가에 달아서 죽게 할 것이다. 그러나 그는 사흘째 되는 날에 살아날 것이다."

야고보와 요한의 요구 (막 10:35-45)

20 그 때에 세베대의 아들들의 어머니가 아들들과 함께 예수께 다가와서 절하며, 무엇인가를 청하였다. 21 예수께서 그 여자에게 물으셨다. "무엇을 원하십니까?" 여자가 대답하였다. "나의 이 두 아들을 선생님의 나라에서, 하나는 선생님의 오른쪽에, 하나는 선생님의 왼쪽에 앉게 해주십시오."

22 예수께서 대답하셨다. "너희는 너희가 구하는 것이 무엇인지도 모르고 있다. 내가 마시려는 잔을 너희가 마실 수 있겠느냐?ㄴ)" 그들이 대답하였다. "마실 수 있습니다." 23 예수께서 그들에게 말씀하셨다. "정말로 너희는 나의 잔을 마실 것이다. 그러나 나의 오른쪽과 왼쪽에 앉히는 그 일은, 내가 할 수 있는 것이 아니다. 그 자리는 내 아버지께서 정해 놓으신 사람들에게 돌아갈 것이다."

24 열 제자가 이 말을 듣고, 그 두 형제에게 분개하였다. 25 예수께서는 그들을 곁에 불러 놓고 말씀하셨다. "너희가 아는 대로, 이방 민족들의 통치자들은 백성을 마구 내리누르고, 고관들은 백성에게 세도를 부린다. 26 그러나 너희끼리는 그렇게 해서는 안 된다. 너희 가운데서 위대하게 되고자 하는 사람은 누구든지 너희를 섬기는 사람이 되어야 하고, 27 너희 가운데서 으뜸이 되고자 하는 사람은 너희의 종이 되어야 한다. 28 인자는 섬김을 받으러 온 것이 아니라 섬기러 왔으며, 많은 사람을 위하여 자기 목숨을 몸값으로 치러 주려고 왔다."

ㄱ) 다른 고대 사본들에는 '제자'가 없음 ㄴ) 다른 고대 사본들에는 '또 내가 받는 세례를 받을 수 있겠느냐?'가 첨가되어 있음

을 이해하지 못한다 (18:1-5를 참조). **20:22-23** *잔.* 잔을 마신다는 말은 구원(시 16:5)과 더불어 오는 고통과 징벌을 암시해 주는 것이다 (종종 권력자들의 손에, 겔 23:31-34; 렘 49:12). 예수님의 죽음과 부활, 그의 생애와 재림은 (24:27-31) 모두가 이러한 목적을 성취한다. 달리 택한 삶의 길에 대한 충성과 실행, 그리고 구원으로부터 오는 고통이 충성된 제자들을 기다리고 있다 (10:17-24, 32-33; 16:24-28). **20:25-27** 예수님은 세상 엘리트들의 계급적이며 탄압적인 권력을 묘사하신다. 그들은 군사세력의 위협과 과세, 그리고 자신들의 이익을 추구하는 사회 구조에서 소수의 결정권을 가진 사람들이 통치한다. 여기서 *내리 누른다/세도를 부린다* 라는 동사들은 모두가 하나님/예수라는 말과 같은 어원을 사용한다. 세상의 권력은 본래 하나님의 것이어야 한다. 예수님은 제자들의 사회는 종이 되어야한다고 주장한다 (6:24). 이는 남을 위하여 최선을 다하는 포괄적이며 서로를 섬기는 다른 사회 경험을 맛보게 한다. 이러한 종들의 사회에는 주인이 없다. 종이 되는 것이 좋다는 이유가 어디에 있는가? 종들은 의존하며, 순종하고, 혹사당하고, 힘없으며, 성인 사회에서 제외되고, 경멸받는 사람들이었다. 예수님은 어찌하여 이러한 죄된 제도를 폐지하지 않으시는가? 무엇이라고 설명하던지 간에, 그 이미지는 제자도의 양상을 눈에 뜨이게 한다. 그 모두가 고통과 경멸과 순종이 무엇인줄 안다. 종들은 해방 또는 자유를 기리고, 제자들은 예수님의 재림에 의한 변화의 결과를 기대한다. 주인이 중요한 인물일 때에는 그 종도 영예롭다. "하늘과 땅의 주님" (11:25)의 뜻을 행하고, 그에게 충실한 종이 되는 것은 대단한 특권이다. **20:28** 예수님은 그의 죽음에서 섬기는 삶을 보여주신다. "몸값으로" 라는 말은 구출, 해방, 자유를 뜻하는 단어들에서 온 것이다. 하나님은 이집트 (신 7:8)와 바빌로니아의 포로생활에서 구원하신다 (사 43:1). 하나님은 예수님을 통하여 세상 권세에서 구원하신다. 예수님의 죽음은 어떻게 라고는 설명되지 않았지만, 많은 사람들에게 유익을 가져다주었다. 그의 죽음은 제국의 사악하고, 광폭한 성격을 나타내 보여준다. 제자들은 저항 공동체로서 반대하고 단결하는 계기가 되었다. 그의 부활은 하나님의 우월하고, 생명을 주는 능력을 나타낸다. 이는 그의 승리의 재림이 하나님의 나라를 건설하는 승리의 재림을 기대하게 해준다 (24:27-31). **20:29-34** 이 병 고치는 이야기는 (4:23-25) 십자가의 길을 따르는 제자들을 부르는 이야기이다.

21:1—27:66 마태복음서를 구성하고 있는 이 다섯 번째 주요 부분에서, 예수님이 예루살렘에 도착하여, 종교 지도자들의 중심 권력에 도전하고 (회당), 십자가에 못박히신다. **21:1-11** 입성하는 행진은 중요한 행사였다. 입성 행진을 통하여 장군이나, 총독이나, 정부 관리, 또는 황제들은 로마제국의 정치적 군사

눈 먼 사람 둘을 고치시다

(막 10:46-52; 눅 18:35-43)

29 그들이 여리고를 떠날 때에, 큰 무리가 예
수를 따라왔다. 30 그런데 눈 먼 사람 둘이 길
가에 앉아 있다가, 예수께서 지나가신다는 말을
듣고, 큰 소리로 외쳤다. "다윗의 자손이신 [주
님], 우리를 불쌍히 여겨 주십시오!" 31 무리가
조용히 하라고 꾸짖었으나, 그들은 더욱 큰 소리로
외쳤다. "다윗의 자손이신 주님, 우리를 불쌍히
여겨 주십시오!" 32 예수께서 걸음을 멈추시고,
그들을 불러서 말씀하셨다. "너희 소원이 무엇이
냐?" 33 그들이 예수께 말하였다. "주님, 눈을
뜨는 것입니다." 34 예수께서 가엽게 여기시고
그들의 눈에 손을 대시니, 그들은 곧 다시 보게 되
었다. 그들은 예수를 따라갔다.

예루살렘에 입성하시다

(막 11:1-11; 눅 19:28-38; 요 12:12-19)

21 1 [ㄱ]예수와 그 제자들이 예루살렘에 가까
이 이르러, 올리브 산에 있는 벳바게 마
을에 들어섰다. 그 때에 예수께서 두 제자를 보내
시며 2 그들에게 말씀하셨다. "맞은편 마을로
가거라. 가서 보면, 나귀 한 마리가 매여 있고, 그
곁에 새끼가 있을 것이다. 풀어서, 나에게로 끌고
오너라. 3 누가 너희에게 무슨 말을 하거든,
[ㄴ]'주님께서 쓰려고 하십니다' 하고 말하여라. 그
리하면 곧 내어줄 것이다." 4 이것은, 예언자를
시켜서 하신 말씀을 이루시려는 것이었다.
5 [ㄷ]"시온의 딸에게 말하여라.
보아라, 네 임금이 네게로 오신다.
그는 온유하시어, 나귀를 타셨으니,
어린 나귀,
곧 멍에 메는 짐승의 새끼다."
6 제자들이 가서, 예수께서 지시하신 대로, 7 어
미 나귀와 새끼 나귀를 끌어다가, 그 위에 겉옷을
얹으니, 예수께서 올라타셨다. 8 큰 무리가 자기
들의 겉옷을 길에다가 폈으며, 다른 사람들은 나
뭇가지를 꺾어다가 길에 깔았다. 9 그리고 앞에
서서 가는 무리와 뒤따라오는 무리가 외쳤다.
[ㄹ]"[ㅁ]호산나, 다윗의 자손께!
복되시다,
주님의 이름으로 오시는 분!
더없이 높은 곳에서 호산나!"
10 예수께서 예루살렘에 들어가셨을 때에, 온 도
시가 들떠서 물었다. "이 사람이 누구냐?" 11 사
람들은 그가 갈릴리 나사렛에서 나신 예언자 예수
라고 말하였다.

ㄱ) 그, '그들이' ㄴ) 또는 "'주님께서 쓰시고 곧 돌려 주실 것입니다' 하고 말하여라". ㄷ) 슥 9:9 ㄹ) 시 118:26 ㅁ) '구하여 주십시오!'를 뜻하는 히브리어였으나 찬양의 감탄으로 사용됨

력을 과시했었다. 예수님의 입성은 이러한 관습을 모방한 것이었다. 예수께서 병거가 아니라 나귀를 타는 목적은 지배나, 위협이나, 위대함이 아니라, 겸손한 봉사를 뜻하는 것이다 (18:1-5; 20:20-28). **21:1** 올리브 산은 종말적인 심판과 구원의 장소이다 (슥 14장). 예수님의 사역은 하나님 나라의 이러한 면을 증명하여 준다 (1:21-23; 4:17). **21:2-3** 솔로몬과 (왕상 1:33-48) 하나님의 시온의 종말적인 왕은 (슥 9:9) 모두가 나귀를 탄다. 일상생활에 사용되는 짐승, 이방 사람들은 이 동물을 유대 사람들을 모방하여 사용하였다. **21:4-5** 슥 9—14장은 하나님께서 이스라엘의 원수를 이기시고, 그의 나라를 세우신 것을 축하하는 부분이다. 이는 예수님 안에서 진행되며 예수님이 재림하실 때 완성될 것이다 (24:27-31). **21:6-7** 예수님의 말은 믿을 수 있고; 제자들은 그 말에 순종한다. **21:8-11** 순례자들은 자유의 나무 가지와 모든 나라를 정복하시는 하나님을 찬양하는 유월절에 사용된 시 118:25를 외치며 축제를 벌린다. *호산나*는 문자 그대로 "우리를 구하소서" 라는 말이다. 엘리트들의 중심지인 예루살렘은 그분을 환영하지 않는다 (2:3). 13:57에서 예수님은 예언자이시지만 사실 그는 하나님의 사자 또는 아들이시다 (3:16-17). **21:12-13** 예수님은 회당과 그 지도자들을 공격하신다. 예배에, 참석할 수 있도록 돈을 교환했다. 상을 뒤엎음으로 인해서 회당의 경제와 예배가 혼란케 되었다. 예수님은 가난한 사람들을 억압하면서 성전에서는 합법성을 추구하는 부패한 엘리트들을 장황하게 공격하는 사 56:7과 렘 7:11을 인용하신다. 이 장면은 기원후 70년의 성전의 파괴를 로마에 의하여 시행된 (22:7) 엘리트들에 대한 (이스라엘 전체가 아닌) 하나님의 심판을 설명한다. 새 성전이신 예수님은 하나님의 임재와 용서하심을 드러내신다 (1:21-23; 12:6; 26:28; 28:20). **21:14-17** 예수님은 성전 뜰에 있는 사람들을 고쳐 주시고 (삼하 5:8) 누구나 포함하시는 하나님의 임재를 드러내신다. 그는 종교 지도자들을 당황케 한다 (2:4). **21:18-20** 마른 무화과나무는 심판을 상징한다 (사 34:4; 렘 8:12-13). 그러나 무화과나무에 대한 저주는 기원후 70년에 로마정부에 의해 파괴된 성전에서 표현된 종교 지도자들에 대한 하나님의 노여움을 상징하는 것이기도 하다 (22:7). **21:21-22** 폐기당한 성전은 기도와 신앙으로 표현되는 제자들이 따로 선택한 공동체와 대조가 된다. **21:23-27** 종교 지도자들은 예수님의 권위에 대하여 도전한다. 그들은 하나님이 예

성전을 깨끗하게 하시다
(막 11:15-19; 눅 19:45-48; 요 2:13-22)

12 예수께서 성전에 들어가셔서, 성전 뜰에서
팔고 사고 하는 사람들을 다 내쫓으시고, 돈을 바
꾸어 주는 사람들의 상과 비둘기를 파는 사람들의
의자를 둘러엎으시고, 13 그들에게 말씀하셨다.
"성경에 기록한 바,
ㄱ)'내 집은 기도하는 집이라고
불릴 것이다'
하였다. 그런데 너희는 그것을
ㄴ)'강도들의 소굴'로
만들어 버렸다."
14 성전 뜰에서 눈 먼 사람들과 다리를 저는
사람들이 예수께 다가왔다. 예수께서는 그들을
고쳐 주셨다. 15 그러나 대제사장들과 율법학자
들은, 예수께서 하신 여러 가지 놀라운 일과, 또
성전 뜰에서 "다윗의 자손에게 ㄷ)호산나!" 하고 외
치는 아이들을 보고, 화가 나서 16 예수께 말하
였다. "당신은 아이들이 무어라 하는지 듣고 있
소?" 예수께서 그들에게 말씀하셨다. "그렇다.
ㄹ)'주님께서는 어린 아이들과 젖먹이들의 입에서
찬양이 나오게 하셨다' 하신 말씀을, 너희는 읽어
보지 못하였느냐?" 17 예수께서 그들을 남겨 두고,
성 밖으로 나가, 베다니로 가셔서, 거기에서 밤을
지내셨다.

무화과나무를 저주하시다
(막 11:12-14; 20-24)

18 새벽에 성 안으로 들어오시는데, 예수께
서는 시장하셨다. 19 마침 길 가에 있는 무화과
나무 한 그루를 보시고, 그 나무로 가셨으나, 잎
사귀 밖에는 아무것도 없으므로, 그 나무에게 말
씀하셨다. "이제부터 너는 영원히 열매를 맺지 못할
것이다!" 그러자 무화과나무가 곧 말라 버렸다.
20 제자들은 이것을 보고 놀라서 말하였다. "무
화과나무가 어떻게 그렇게 당장 말라버렸을까?"
21 예수께서 그들에게 말씀하셨다. "내가 진정으로
너희에게 말한다. 너희가 믿고 의심하지 않으면,
이 무화과나무에 한 일을 너희도 할 수 있을 뿐 아
니라, 이 산더러 '들려서 바다에 빠져라' 하고 말
해도, 그렇게 될 것이다. 22 또 너희가 기도할
때에, 이루어질 것을 믿으면서 구하는 것은, 무엇
이든지 다 받을 것이다."

예수의 권위를 논란하다
(막 11:27-33; 눅 20:1-8)

23 예수께서 성전에 들어가서 가르치고 계실
때에, 대제사장들과 백성의 장로들이 다가와서
말하였다. "당신은 무슨 권한으로 이런 일을 하시
오? 누가 당신에게 이런 권한을 주었소?" 24 예
수께서 그들에게 이렇게 대답하셨다. "나도 너희
에게 한 가지를 물어 보겠다. 너희가 대답하면, 나
도 무슨 권한으로 이런 일을 하는지를 말하겠다.
25 요한의 ㅁ)세례가 어디에서 왔느냐? 하늘에서
냐? 사람에게서냐?" 그러자 그들은 자기들끼리
의논하며 말하였다. "'하늘에서 왔다'고 말하면,
'어째서 그를 믿지 않았느냐'고 할 것이요, 26 또
'사람에게서 왔다'고 하자니, 무리가 무섭소. 그들
은 모두 요한을 예언자로 여기니 말이오." 27 그
래서 그들은 예수께, 모르겠다고 대답하였다. 그
러자 예수께서 말씀하셨다. "나도 내가 무슨 권한
으로 이런 일을 하는지를 너희에게 말하지 않겠다."

ㄱ) 사 56:7 ㄴ) 렘 7:11 ㄷ) '구하여 주십시오!'를 뜻하는 히브리어였으나 찬양의 감탄으로 사용됨 ㄹ) 시 8:2 (칠십인역) ㅁ) 또는 '침례'

수님에게 사명을 주신 사실을 인정하지 않는다 (1:18-25; 3:16-17). 요한을 평가하면, 예수님을 평가하게 되므로 (3:1-12; 11:7-19), 예수님의 대답은 요한에게 초점을 맞춘다. 25-26절은 사실보다도 적절한 대답을 생각해 내려고 애쓰는 모습을 보여준다.

21:28—22:14 예수님은 욕심과 부조리를 드러내 보이는 세 가지 비유로 종교 지도자들을 (이스라엘 사람 전부가 아니라) 공격하신다. 투쟁이 격렬해지고 있다. **21:28-31a** 예수님은 종교 지도자들을 노출시키려고 질문하신다. 빈 말이 아니라, 행위만이 중대하게 남는다 (7:21-23; 12:46-50). **21:31b-32** 그들의 대답은 옳고 예수 안에 나타난 하나님의 뜻을 행하지 않은 자신들을 비난한다. 그들은 마음을 변화시킬 수 있는 회개할 기회를 놓친다. **21:33-44** 두 번째 비유는 70년의 예루살렘 멸망을 종교 지도자들의 비신앙을 벌하는 것으로 해석하는 데 사용한다. **21:33** 사 5:1-7에서, 포도원은 하나님이 심으신 이스라엘을 상징한다 (15:13-14를 참조). 그 땅을 경작할 의무가 있는 농부들(소작인들)은 종교 지도자들이다. **21:34-36** 열매는 소출료를 지불한다. 열매는 순종하는 사람들의 선한 일을 말한다 (3:7-8; 7:19). 종교 지도자들은 합당한 삶을 살아서 하나님께 영광 돌리기를 거부한다. 많은 종은 종교 지도자들이 거부한 예언자들을 말한다 (렘 7:25; 암 3:7). **21:37-39** 주인의 아들은 종교 지도

두 아들의 비유

28 "너희는 어떻게 생각하느냐? 어떤 사람에
게 아들이 둘 있는데, 아버지가 맏아들에게 가서
'얘야, 너 오늘 포도원에 가서 일해라' 하고 말하
였다. 29 ㄱ)그런데 맏아들은 대답하기를 '싫습니
다' 하고 말하였다. 그러나 그 뒤에 그는 뉘우치고
일하러 갔다. 30 아버지는 둘째 아들에게 가서,
같은 말을 하였다. 그는 대답하기를, '예, 가겠습
니다, 아버지' 하고서는, 가지 않았다. 31 그런데
이 둘 가운데서 누가 아버지의 뜻을 행하였느냐?"
예수께서 이렇게 물으시니, 그들이 대답하였다.
ㄴ)"맏아들입니다." 예수께서 그들에게 말씀을 하
셨다. "내가 진정으로 너희에게 말한다. 세리와
창녀들이 오히려 너희보다 먼저 하나님의 나라에
들어간다. 32 요한이 너희에게 와서, 옳은 길을
보여 주었으나, 너희는 그를 믿지 않았다. 그러나
세리와 창녀들은 믿었다. 너희는 그것을 보고도
끝내 뉘우치지 않았으며, 그를 믿지 않았다."

포도원과 소작인의 비유

(막 12:1-12; 눅 20:9-19)

33 "다른 비유를 하나 들어보아라. 어떤 집
주인이 있었다. 그는 포도원을 일구고, 울타리를
치고, 그 안에 포도즙을 짜는 확을 파고, 망대를
세웠다. 그리고 그것을 농부들에게 세로 주고, 멀리
떠났다. 34 열매를 거두어들일 철이 가까이 왔을
때에, 그는 그 소출을 받으려고 자기 종들을 농부
들에게 보냈다. 35 그런데, 농부들은 그 종들을
붙잡아서, 하나는 때리고, 하나는 죽이고, 또 하
나는 돌로 쳤다. 36 주인은 다시 다른 종들을 처
음보다 더 많이 보냈다. 그랬더니, 농부들은 그들
에게도 똑같이 하였다. 37 마지막으로 그는 자기
아들을 보내며 말하기를 '그들이 내 아들이야 존
중하겠지' 하였다. 38 그러나 농부들은 그 아들을
보고 그들끼리 말하였다. '이 사람은 상속자다. 그를
죽이고, 그의 유산을 우리가 차지하자.' 39 그러
면서 그들은 그를 잡아서, 포도원 밖으로 내쫓아
죽였다. 40 그러니 포도원 주인이 돌아올 때에,
그 농부들을 어떻게 하겠느냐?" 41 그들이 예수께
말하였다. "그 악한 자들을 가차없이 죽이고, 제
때에 소출을 바칠 다른 농부들에게 포도원을 맡길
것입니다." 42 예수께서 그들에게 말씀하셨다.
"너희는 성경에서 이런 말씀을 읽어 본 일이 없
느냐?

ㄷ)'집 짓는 사람이 버린 돌이
집 모퉁이의 머릿돌이 되었다.
이것은 주님께서 하신 일이요,
우리 눈에는 놀라운 일이다.'

43 그러므로 나는 너희에게 말한다. 하나님께서는
너희에게서 하나님의 나라를 빼앗아서, 그 나라의
열매를 맺는 민족에게 주실 것이다. 44 [이 돌
위에 떨어지는 사람은 부스러질 것이요, 이 돌이
어떤 사람 위에 떨어지면, 그를 가루로 만들어 놓을
것이다.]"

45 대제사장들과 바리새파 사람들은 예수의
비유를 듣고서, 자기들을 가리켜 하시는 말씀임
을 알아채고, 46 그를 잡으려고 하였으나, 무리
들이 무서워서 그렇게 하지 못하였다. 무리가 예
수를 예언자로 여기고 있었기 때문이다.

ㄱ) 다른 고대 사본들에는 "29. 그런데 그는 말하기를 '예, 가겠습니다, 아버지!' 하고서는 가지 않았다. 30. 아버지가 둘째 아들에게 가서, 같은 말을 하였다. 작은 아들은 말하기를 '싫습니다!' 하였다. 그러나 그 뒤에 뉘우치고 일하러 갔다" ㄴ) 다른 고대 사본들에는 '둘째 아들입니다'
ㄷ) 시 118:22, 23

자들이 죽인 예수님이시다 (20:17-19). **21:40-41** 종교 지도자들은 자기자신들의 벌을 진술한다. 유감스럽게도, 그 주인은 복음서가 거부하는 바로 그 세상 권세자들이 사용하는 방법으로 위협하는 폭군으로 하나님을 묘사한다. 포도원(이스라엘)은 파괴되지 않았고 새 농부들(마태의 공동체)에게 경작하도록 주어졌음을 주목하라. **21:42** 원수들에게서 구출됨을 감사하는 시편, 시 118:22-23이 여기서 지도자들에게 거부된 예수님에게 적용되었다. **21:43** 예수님은 하나님이 신실하게 여기시는 모든 이스라엘에게 심판을 선언하지 않으신다. 하나님의 나라는 종교 지도자들에게서 떠나갔다. 새로운 농부들, 마태의 예수님을 따르는 자들, 그리고 유대 사람들과 이방 사람들에게 이스라엘을 인도하는 임무가 주어졌다 (10:7-8). **21:45-46** 종교 지도자들은 비난을 받는다. 그들은 예수가 자기들을, 욕심 많고 잔학한 도둑들이라고 한 말을 부인한다. 그들은 회개할 기회를 놓친다 (21:28-32). 그리고 그들은 예수님이 하나님의 중개자요 하나님의 아들이라는 사실을 이해하지 못한다. 그들은 이 비유에서 농부들이 한 것처럼 한다 (21:37-39). **22:1-14** 혼인 잔치의 비유는 다음의 세 이야기를 전환시켜 주는 역할을 한다 (22:15-46). 이 세 번째 풍유적 비유에서 (21:28—22:14), 예수께서 하신 말씀을 마태는 기원후 70년에 로마에 의해 예루살렘이 패배당한 것을 종교 지도자들이 무책임한

혼인 잔치의 비유 (눅 14:15-24)

22 1 예수께서 다시 여러 가지 비유로 그들
에게 말씀하셨다. 2 "하늘 나라는 자기
아들의 혼인 잔치를 베푼 어떤 임금에게 비길 수
있다. 3 임금이 자기 종들을 보내서, 초대받은
사람들을 잔치에 불러오게 하였는데, 그들은 오
려고 하지 않았다. 4 그래서 다시 다른 종들을
보내며, 이렇게 말하였다. '초대받은 사람들에게로
가서, 음식을 다 차리고, 황소와 살진 짐승을 잡
아서 모든 준비를 마쳤으니, 어서 잔치에 오시라고
하여라.' 5 그런데 초대받은 사람들은, 그 말을
들은 척도 하지 않고, 저마다 제 갈 곳으로 떠나
갔다. 한 사람은 자기 밭으로 가고, 한 사람은
장사하러 갔다. 6 그리고 나머지 사람들은 그의
종들을 붙잡아서, 모욕하고 죽였다. 7 임금은
노해서, 자기 군대를 보내서 그 살인자들을 죽이고,
그들의 도시를 불살라 버렸다. 8 그리고 자기 종
들에게 말하였다. '혼인 잔치는 준비되었는데, 초대
받은 사람들은 이것을 받을 만한 자격이 없다.
9 그러니 너희는 네 거리로 나가서, 아무나, 만나
는 대로 잔치에 청해 오너라.' 10 종들은 큰길로
나가서, 악한 사람이나, 선한 사람이나, 만나는
대로 다 데려왔다. 그래서 혼인 잔치 자리는 손님
으로 가득 차게 되었다.

11 임금이 손님들을 만나러 들어갔다가, 거
기에 혼인 예복을 입지 않은 사람이 한 명 있는 것
을 보고 그에게 묻기를, 12 '이 사람아, 그대는
혼인 예복을 입지 않았는데, 어떻게 여기에 들어
왔는가?' 하니, 그는 아무 말도 하지 못하였다.
13 그 때에 임금이 종들에게 분부하였다. '이 사
람의 손발을 묶어서, 바깥 어두운 데로 내던져라.
거기서 슬피 울며 이를 갈 것이다.' 14 부름받은
사람은 많으나, 뽑힌 사람은 적다."

황제에게 바치는 세금
(막 12:13-17; 눅 20:20-26)

15 그 때에 바리새파 사람들이 나가서, 어떻게
하면 말로 트집을 잡아서 예수를 올무에 걸리게
할까 의논하였다. 16 그런 다음에, 그들은 자기
네 제자들을 헤롯 당원들과 함께 예수께 보내어,
이렇게 묻게 하였다. "선생님, 우리는, 선생님이
진실한 분이시고, 하나님의 길을 참되게 가르치
시며, 아무에게도 매이지 않으시는 줄 압니다. 선
생님은 사람의 겉모습을 따지지 않으십니다.
17 그러니 선생님의 생각은 어떤지 말씀하여 주
십시오. 황제에게 세금을 바치는 것이 옳습니까,
옳지 않습니까?" 18 예수께서 그들의 간악한 생
각을 아시고 말씀하셨다. "위선자들아, 어찌하여

것에 대한 하나님의 벌로 해석한다. 새 농부들에게 성실한 믿음을 가지라는 경고이다. **22:1-2** 하늘나라는 이 비유의 경우와 같다. 잔치는 종종 하나님의 목적(출 12장; 잠 9:1-2; 그 목적의 완성을 포함한—마 8:11-12; 사 25:6-10)에 참여하는 것으로 상상한다. 결혼은 하나님과 그의 백성들의 언약관계를 상징한다 (호 1—3장). 아들은 예수님이시다 (21:37-39). 임금은 하나님이시다. 이 비유는 하나님이 이스라엘과의 관계를 어떻게 다루는가에 관한 이야기이다. **22:3-6** 21:34-38에서와 같이, 임금은 엘리트들을 계속하여 초청한다 (종=예언자). 임금은 그들의 거절에 모욕을 느낀다. **22:7** 이러한 행동은 범죄에 비하여 지나친 것 같이 보인다. 이는 6-8절의 전후관계를 깨뜨린다. 이는 세상의 권력자들이 행사하는 전형적인 수법이다. 불은 심판을 의미한다 (13:30, 40). 대부분의 학자들은 마태가 기원후 70년에 있었던 (요세푸스의 *유다의 전쟁*들 6.249-408에 자세히 기술된) 로마가 예루살렘을 불태운 이야기를 인용하는 것으로 해석한다고 본다. 이는 하나님의 심판으로 해석된다. 이번에는, 예수님이 재림하실 때에 (24:27-31) 하나님께서 세상 권세자들을 심판하실 것이다. 세상의 권세를 이용하여 (앗시리아와 바빌로니아와 같이) 벌을 주기 전에 타격을 가하는 하나님의 방식은 흔히 있는 일이다 (사 10; 렘 25:8-14). **22:8-10** 이제는 엘리트가 아닌 사람들을 초청한다. **22:11-14** 이 장면은 잔치에 온 사람들 중에서 한 사람을 심판하는 모습이다. 예복을 입지 않았다는 (가난한 사람이 어떻게 특별한 예복을 입을 수 있나?) 것은 임금을 존중하지 않았다는 말이다. 이것은 엘리트들에게 있었던 것과 같은 범죄이다. 이 장면은 마태의 공동사회가 새로운 농부들로서 주인에게 불성실하면 죄의 선고를 받을 것이라는 경고이다 (21:43). *뽑힌다* 라는 말은 심판 때에 구원을 받는다는 뜻이다.

22:15-46 예수님과 종교 지도자들간에 계속되는 충돌은 세 번에 걸친 충돌 이야기를 통하여 격화된다. 22장이 끝나갈 무렵에는 대화가 불가능하게 된다 (22:46). **22:15-22** 세 번의 충돌 중 첫 번째는 종교 지도자들이 협력하는 장면들이다. **22:15-16** *올무에 걸리게* 하다 라는 동사는 12:14에 예수님을 죽이려는 계획과, 심각한 반대가 고조됨을 상기시켜 주는 것이다. 새로운 그룹인 헤롯 당원들은 헤롯을 후원하는 사람들이며, 로마에 협력하는 사람들이다. **22:17** 세금은 나라를 위한 기본적인 제도였다. 세금을 납부하는 것은 세상 권세에 승복하는 것을 뜻하며, 엘리트들에게 지대한 부를 마련해 준다 (17:24-27을 보라). **22:18** 예수님은

나를 시험하느냐? 19 세금으로 내는 돈을 나에게
보여 달라." 그들은 데나리온 한 닢을 예수께 가
져다 드렸다. 20 예수께서 그들에게 물으셨다.
"이 초상은 누구의 것이며, 적힌 글자는 누구를 가
리키느냐?" 21 그들이 대답하였다. "황제의 것
입니다." 그 때에 예수께서 그들에게 말씀하셨다.
"그렇다면, 황제의 것은 황제에게 돌려주고, 하나
님의 것은 하나님께 돌려드려라." 22 그들은 이
말씀을 듣고 탄복하였다. 그들은 예수를 남겨 두고
떠나갔다.

부활을 두고 묻다

(막 12:18-27; 눅 20:27-40)

23 같은 날 ㄱ)사두개파 사람들이 예수께 와
서, 부활이 없다고 주장하면서, 예수께 말하였다.
24 "선생님, 모세가 말하기를 '어떤 사람이 자식
이 없이 죽으면, 그 동생이 형수에게 장가들어서,
그 후사를 세워 주어야 한다' 하였습니다. 25 그
런데 우리 이웃에 일곱 형제가 있었습니다. 맏이가
장가를 들었다가, 자식이 없이 죽으므로, 아내를
그의 동생에게 남겨 놓았습니다. 26 둘째도 셋
째도 그렇게 해서, 일곱이 다 그렇게 하기에 이르
렀습니다. 27 맨 나중에는, 그 여자도 죽었습니다.
28 그러니 부활 때에 그 여자는 누구의 아내가 되
겠습니까? 일곱이 모두 그 여자를 아내로 맞아들
였으니 말입니다." 29 예수께서 그들에게 대답
하셨다. "너희는 성경도 모르고, 하나님의 능력도
모르기 때문에, 잘못 생각하고 있다. 30 부활 때에
는 사람들은 장가도 가지 않고, 시집도 가지 않고,
하늘에 있는 천사들과 같다. 31 죽은 사람들의
부활을 두고 말하면서, 너희는 아직도 하나님께
서 너희에게 하신 말씀을 읽어보지 못하였느냐?
32 하나님께서는 ㄴ)'나는 아브라함의 하나님이
요, 이삭의 하나님이요, 야곱의 하나님이다' 하고
말씀하셨다. 하나님은 죽은 사람의 하나님이 아
니라, 살아 있는 사람의 하나님이시다." 33 무리는
이 말씀을 듣고, 예수의 가르침에 놀랐다.

가장 큰 계명 (막 12:28-34; 눅 10:25-28)

34 바리새파 사람들이, 예수가 사두개파 사
람들의 말문을 막아버리셨다는 소문을 듣고, 한 자
리에 모였다. 35 그리고 그들 가운데 ㄷ)율법 교사
하나가 예수를 시험하여 물었다. 36 "선생님, 율법
가운데 어느 계명이 중요합니까?" 37 예수께서
그에게 말씀하셨다. "ㄹ)'네 마음을 다하고, 네 목숨
을 다 하고, 네 뜻을 다하여, 주 너의 하나님을 사
랑하여라' 하였으니, 38 이것이 가장 중요하고
으뜸 가는 계명이다. 39 둘째 계명도 이것과 같
은데, ㅁ)'네 이웃을 네 몸과 같이 사랑하여라' 한
것이다. 40 이 두 계명에 온 율법과 예언서의 본
뜻이 달려 있다."

ㄱ) 다른 고대 사본들에는 '부활이 없다고 주장하는 사두개파 사람들이 예수께 와서' ㄴ) 출 3:6 ㄷ) 다른 고대 사본들에는 '율법 교사'가 없음 ㄹ) 신 6:5 ㅁ) 레 19:18

그들의 악의와 (이 단어는 6:13에서, 유감스러운 관련을 가진, 악마를 묘사하는 말이다) 그들이 자기를 시험하고 있음을 인식하신다 (4:1, 3에서 사탄과 같은 동사이다). 위선자들에 관하여서는 6:1-18에 관한 주석을 보라. **22:19-21** 예수님 당시 세금으로 내는 동전들은 로마제국 인물들의 흉상과 글자들이 새겨진 제국을 선전하는 작은 광고판들이었다. 예수님의 슬기로운 대답은 그의 원수들이 기대하던 "양자택일"의 대답을 피한다. 그러나 그 두 구절은 같은 것이 아니다. 세금은 세상 권세자들을 후원하지 않아도 지불했었다 (17:24-27). 제자들은 무엇보다도 (22:37-39) 하나님께 충성하며, 세상 권세를 멸망시킬 하나님의 나라에 헌신한다 (24:27-31). 반면에, 제자들은 성실하며, 비폭력적인 저항으로 따로 선택한 삶을 산다 (5:38-42). **22:23-33** 이 충돌은 "조상의 땅의 아버지"로서 황제가 관장하는 제국사회의 주요 산물인 남성위주로 되어있는 가부장제도와 하나님께서 그것을 종식시키는 하나님의 장래(19:3-12)를 대조시킨다. **22:23** 사두개파 사람들은 바리새파 사람들이나 예수님과는 달리 (16:21), 부활을 믿지 않았다. **22:24-28** 그들은 과부가 죽은 형제와 결혼하는 관습의 한 예를 들어 풍자하여 비꼰다 (신 25:5-6). 이 관습은 한 남자의 혈통을 계속 유지하는 것을 보장하며 그 여자를 경제적으로 후원했고, 또한 자기 남편의 가정에 후손을 잇게 했다. **22:29-33** 예수님의 대답은 하나님의 장래는 현재의 가부장제도를 유지하지 않고, 다른 세계를 창조하는 것이라고 말씀하신다. 천사들은 죽지도 않으며 출생하지도 않는다. **22:33** 세금에 관한 대답과 같이 (22:22), 예수님의 가르침에 놀라는 장면으로 이야기가 끝난다. 예수님이 대답하시는 것은 그가 대화를 나눌 때마다 더 유리한 위치에 처하게 됨을 강조한다. **22:34-45** 이 세 번째 충돌 장면에서는, 종교 지도자들이 마치 악마가 시험하던 것처럼 또 다시 나타난다 (4:1, 3; 16:1; 22:18). **22:36** 다른 요약에 관해서는 미 6:8; 사 33:15-16; 56:1; 암 5:14-15를 보라. **22:37-38** 예수님은 신 6:5에 있는 모세가 말한 첫 계명을 인용하신다. *마음*은 사람의 의지와, 선택과, 행동의 중심이다. **22:39** 예수님은 레 19:18을 인용하신다. 레 19장은 공정한 인간관계와 현실적인 관

다윗의 자손 (막 12:35-37; 눅 20:41-44)

41 바리새파 사람들이 모였을 때에, 예수께서 그들에게 물으셨다. 42 "너희는 ㄱ)그리스도를 어떻게 생각하느냐? 그는 누구의 자손이냐?" 그들이 예수께 대답하였다. "다윗의 자손입니다."
43 예수께서 다시 그들에게 말씀하셨다. "그러면 다윗이 ㄴ)성령의 감동을 받아, 그를 주님이라고 부르면서 말하기를,
44 ㄷ)'주님께서 내 주께 말씀하셨다.
「내가 네 원수를 네 발 아래에
굴복시킬 때까지,
너는 내 오른쪽에 앉아 있어라」'
하였으니, 이것이 어찌된 일이냐? 45 다윗이 그리스도를 주라고 불렀는데, 어떻게 그리스도가 그의 자손이 되겠느냐?" 46 그러자 아무도 예수께 한 마디도 대답하지 못했으며, 그 날부터는 그에게 감히 묻는 사람도 없었다.

율법학자와 바리새파 사람을 꾸짖으시다 (막 12:38-40; 눅 11:37-52; 20:45-47)

23 1 그 때에 예수께서 무리와 제자들에게 말씀하셨다. 2 "율법학자들과 바리새파 사람들은 모세의 자리에 앉은 사람들이다. 3 그러므로 그들이 너희에게 말하는 것은 무엇이든지 다 행하고 지켜라. 그러나 그들의 행실은 따르지 말아라. 그들은 말만 하고, 행하지는 않는다. 4 그들은 지기 힘든 무거운 짐을 묶어서 남의 어깨에 지우지만, 자기들은 그 짐을 나르는 데에 손가락 하나도 까딱하려고 하지 않는다. 5 그들이 하는 모든 일은 사람들에게 보이려고 하는 것이다. 그들은 ㄹ)경문 곽을 크게 만들어서 차고 다니고, 옷술을 길게 늘어뜨린다. 6 그리고 잔치에서는 윗자리에, 회당에서는 높은 자리에 앉기를 좋아하며,
7 장터에서 인사 받기와, 사람들에게 ㅁ)랍비라고 불리기를 좋아한다. 8 그러나 너희는 ㅁ)랍비라는 호칭을 듣지 말아라. 너희의 선생은 한 분뿐이요, 너희는 모두 ㅂ)형제자매들이다. 9 또 너희는 땅에서 아무도 너희의 아버지라고 부르지 말아라. 너희의 아버지는 하늘에 계신 분, 한 분뿐이시다.
10 또 너희는 지도자라는 호칭을 듣지 말아라. 너희의 지도자는 ㄱ)그리스도 한 분뿐이시다. 11 너희 가운데서 으뜸가는 사람은 너희를 섬기는 사람이 되어야 한다. 12 자기를 높이는 사람은 낮아지고, 자기를 낮추는 사람은 높아질 것이다."
13 "율법학자들과 바리새파 사람들아! 위선자들아! 너희에게 화가 있다. 너희는 사람들이 들어오지 못하도록 하늘 나라의 문을 닫기 때문이다. 너희는 자기도 들어가지 않고, 들어가려고 하는 사람도 들어가지 못하게 하고 있다. ㅅ)(14절 없음)
15 율법학자들과 바리새파 사람들아! 위선자들아! 너희에게 화가 있다! 너희는 개종자 한 사람을 만들려고 바다와 육지를 두루 다니다가, 하나가 생기면, 그를 너희보다 배나 더 못된 ㅇ)지옥의 자식으로 만들어 버리기 때문이다."

ㄱ) 1:1의 주를 볼 것 ㄴ) 그, '영' ㄷ) 시 110:1 ㄹ) 성경구절이 들어 있는 곽으로서 이마나 팔에 달고 다님 ㅁ) 스승을 일컫는 히브리 말의 그리스어 음역 ㅂ) 그, '형제들' ㅅ) 다른 고대 사본들에는 '14. 이 위선자인 율법학자들과 바리새파 사람들아! 너희에게 화가 있다! 너희는 과부의 집을 삼키고 남에게 보이려고 길게 기도한다. 그러므로 너희는 무서운 심판을 받을 것이다'가 첨가되어 있음 ㅇ) 그, '게헨나'

심으로 특징지어진 세계에 광대한 비전을 마련해 준다. 예수님은 그의 사역에서 이 비전을 드러냈으며, 종교 지도자들에게 그렇지 못함을 비난했다 (9:36).

22:41-45 예수님은 종교 지도자들이 자기를, 하나님의 구원의 현존과 나라와 (1:21-23; 4:17), 시 110:1에서 다윗에 의하여 입증된 것을 (1:1; 9:27을 보라) 확증하기 위하여 사명을 가진 그리스도(1:1)로서 인정하라고 도전하신다.

23:1-39 예수님은 세상 권세(예를 들어, 로마제국)에 협력하는 종교 지도자들을 저주하신다 (2:4; 3:7). 이 장은 반유대주의 태도를 부채질하는 부분이다. 그러나 "그리스도인들"의 주장에도 불구하고 (모순 어법), 이 장은 하나님을 거역한다고 모든 유대 사람들을 규탄하지 않으며, 또한 모든 유대 사람들이 하나님에게서 버림받았다는 사실을 보여주지도 않는다. 세 가지 요인으로 이 자료는 유대 사람 전체가 아니라 특정한 종교 지도자층을 대상으로 한다: (1) 복음서의 줄거리상, 23장은 21—22장에서 예수님과 종교 지도자들간의 충돌이 상승한 후에 나타난다. 이 생사를 겨루는 투쟁은 복음서의 이야기 안에서 일어난다. (2) 역사적으로, 23장에 나오는 격한 감정들은 기원후 70년 이후에 마태의 추종자와 안디옥 회당 공동체의 종교 지도자들간에 있음직한 충돌에서 부분적으로 생겨났다 (서론 참조). 70년에 있었던, 예루살렘이 로마에게 무너진 이유가 그들에게 있는 듯 생각된다 (22:7). 23장은 그들이 왜 정당한 지도자가 아닌가를 설명해 준다. 마태는 예수님을 따르는 사람들을 회당에 있는 사람들과 구별한다. 이것은 모든 이스라엘 사람들이 하나님을 거부한다거나 반대로 하나님이 이스라엘을 거부한다고 주장하는 것이 아니다. 복음서에는 그렇게 거부한 예가 없다. (3) 언어

16 "눈 먼 인도자들아! 너희에게 화가 있다!
너희는 말하기를 '누구든지 성전을 두고 맹세하면
아무래도 좋으나, 누구든지 성전의 금을 두고 맹
세하면 지켜야 한다'고 한다. 17 어리석고 눈 먼
자들아! 어느 것이 더 중하냐? 금이냐? 그 금을 거
룩하게 하는 성전이냐? 18 또 너희는 말하기를
'누구든지 제단을 두고 맹세하면 아무래도 좋으나,
누구든지 그 제단 위에 놓여 있는 제물을 두고 맹
세하면 지켜야 한다'고 한다. 19 눈 먼 자들아!
어느 것이 더 중하냐? 제물이냐? 그 제물을 거룩
하게 하는 제단이냐? 20 제단을 두고 맹세하는
사람은, 제단과 그 위에 있는 모든 것을 두고 맹
세하는 것이요, 21 성전을 두고 맹세하는 사람은,
성전과 그 안에 계신 분을 두고 맹세하는 것이다.
22 또 하늘을 두고 맹세하는 사람은, 하나님의
보좌와 그 보좌에 앉아 계신 분을 두고 맹세하는
것이다."

23 "율법학자들과 바리새파 사람들아! 위선
자들아! 너희에게 화가 있다! 너희는 박하와 회향
과 근채의 십일조는 드리면서, 정의와 자비와 신
의와 같은 율법의 더 중요한 요소들은 버렸다. 그
것들도 소홀히 하지 않아야 했지만, 이것들도 마
땅히 행해야 했다. 24 눈 먼 인도자들아! 너희는
하루살이는 걸러내면서, 낙타는 삼키는구나!"

25 "율법학자들과 바리새파 사람들아! 위선자
들아! 너희에게 화가 있다. 너희는 잔과 접시의 겉
은 깨끗이 하지만, 그 안은 탐욕과 방종으로 가득
채우기 때문이다. 26 눈 먼 바리새파 사람들아!
먼저 잔 안을 깨끗이 하여라. 그리하면 그 겉도 깨
끗하게 될 것이다."

27 "율법학자들과 바리새파 사람들아! 위선자
들아! 너희에게 화가 있다. 너희는 회칠한 무덤과 같
기 때문이다. 그것은 겉으로는 아름답게 보이지만,
그 안에는 죽은 사람의 뼈와 온갖 더러운 것이 가득
하다. 28 이와 같이, 너희도 겉으로는 사람에게 의
롭게 보이지만, 속에는 위선과 불법이 가득하다."

29 "율법학자들과 바리새파 사람들아! 위
선자들아! 너희에게 화가 있다. 너희는 예언자
들의 무덤을 만들고, 의인들의 기념비를 꾸민다.
30 그러면서, '우리가 조상의 시대에 살았더라면,

적으로, 이 장의 내용은 논쟁적이다. 이는 적을 공격하는 아주 판에 박힌 말들을 사용한다. 고대 이방 사람들이나 유대 사람들 가운데 여러 그룹들이 자기들의 적을 공격할 때에 이 장에서 쓰여진 것과 똑같은 말을 사용했다. 너희 원수는 뱀, 장님, 위선자, 성적으로나 경제적으로 죄를 지은 사람, 사기꾼, 살인범이라고 말하는 것은 보통이다. 이것은 적수들에 대하여 보통 말하는 방법이다. 현대의 정치 싸움에서도 이와 비슷한 말들을 사용한다. 반대 정당의 제안은 언제나 너무 작거나, 너무 크고, 아니면 너무 늦었다. 이러한 주장들은 언제나 공격을 받는 사람들보다 이를 주장하는 사람들에 관하여 더 많이 언급한다. 이러한 요소들로 보아서 우리가 읽는 글은 세심하고, 조사 연구된, 생각 있는 역사적 이야기가 아닌 것을 알 수 있다. 우리가 여기서 읽는 글은 두 유대 사람 그룹간의 주요 차이점을 보여주는 전형적인 언어를 사용하여 특정한 적수들에게 신랄한 공격을 가할 때에 쓰는 논쟁조이다. 31절과 37절의 내용에도 불구하고, 이방 사람들은 복음서 시대에나 우리 시대에도 유대 사람 모두에게 이와 같은 공격을 가해서는 안 된다. 예수님이 지금 제자/우리에게 (1절) 그렇게 하지 말라고 경고하고 계시다는 사실을 잊어서는 안 된다. **23:1-12** 예수님은 제자들의 행위를 종교 지도자들의 불합리한 행위와 구별하신다. **23:1-5** 예수님은 *율법학자들과 바리새파 사람들이* 성경에 대하여 해석한 것을 비난하셨다 (12:1-14; 15:1-20; 16:1-12). 그러나 지금 예수님은 그러한 것들을 비난하지 않으신다. 3절은 "그들이 말하는 대로 행하고, 가르치는 대로 하지 말아라" 라고 번역해야 할 것이다. 그들이 하는 말은 오직 예수님이 바르게 해석한 성경을 읽은 것이지 그들의 가르침이 아니다 (5:17-48). **23:6-12** 제자들은 계급적이며, 지배적인 사회 구조를 버리고, 다른 방도의, 더욱 인류평등주의를 실천하는 공동체에서 다른 생활양식의 삶을 사는 사람들이다 (19—20장, 특히 20:25-28). **23:13-36** 예수님은 종교 지도자들에 반대하여 일곱 가지 화 (woes) 또는 저주를 선포하신다. 이 화는 제자 공동체 자체를 설명해주며, 신실하지 못한 삶에 대한 경고이다. 이러한 시각적, 논쟁적 주장들은 1세기(또는 현 세기)의 유대 사람들의 삶을 정확하고, 세심하게 기록한 것이라고 볼 수 없다. **23:13-15** 첫 번째와 두 번째 화는 종교 지도자들이 다른 사람들이 하나님의 나라에 들어가는 것을 방해하는 파괴적인 영향력을 공공연하게 비난하는 것이다.

23:16-24 세 번째와 네 번째 화는 그들이 적은 일들을 큰일 같이 여기고, 하나님 목표의 큰 뜻을 보지 못하는 사실을 비난하는 것이다. **23:23** 정의와 자비와 신의에 대한 언약적인 결단은 사회적 비전을 말해준다. 지도자들은 결코 종교를 관리하는 사람들만은 아니다. 그들은 세상 권세에 협조하는 사람들로서 정치적인 지배, 사회적 계급제도, 그리고 경제적 착취제도를 지지했다. **23:25-28** 다섯 번째와 여섯 번째 화는 그들의 행위와 그들의 내적인 탐욕과, 위선과, 불법의 동기가 서로 일치하지 않는 것들을 비난하는 것이다.

23:29-36 일곱 번째 화는 하나님의 사자들을 거부한 많은 종교 지도자들의 반열에 그들을 놓는 것이

예언자들을 피 흘리게 하는 일에 가담하지 않았을
것이다' 하고 말하기 때문이다. 31 이렇게 하여,
너희는 예언자들을 죽인 자들의 자손임을 스스로
증언한다. 32 그러므로 너희는 너희 조상의 분
량을 마저 채워라. 33 뱀들아! 독사의 새끼들아!
너희가 어떻게 지옥의 심판을 피하겠느냐?
34 그러므로 내가 예언자들과 지혜 있는 자들과
율법학자들을 너희에게 보낸다. 너희는 그 가운
데서 더러는 죽이고, 더러는 십자가에 못박고, 더
러는 회당에서 채찍질하고, 이 동네 저 동네로 뒤
쫓으며 박해할 것이다. 35 그리하여 의인 아벨의
피로부터, 너희가 성소와 제단 사이에서 살해한
바라갸의 아들 사가랴의 피에 이르기까지, 땅에
죄 없이 흘린 모든 피가 너희에게 돌아갈 것이다.
36 내가 진정으로 너희에게 말한다. 이 일의 책
임은 다 이 세대에게 돌아갈 것이다."

예루살렘을 보시고 한탄하시다

(눅 13:34-35)

37 "예루살렘아, 예루살렘아, 네게 보낸 예
언자들을 죽이고, 돌로 치는구나! 암탉이 병아리를
날개 아래 품듯이, 내가 몇 번이나 네 자녀들을
모아 품으려 하였더냐! 그러나 너희는 원하지 않
았다. 38 보아라, 너희 집은 버림을 받아서, 황
폐하게 될 것이다. 39 내가 너희에게 말한다. 너
희가 ㄱ)'주님의 이름으로 오시는 분은 복되시다!'
하고 말할 그 때까지, 너희는 나를 다시는 보지
못할 것이다."

예루살렘 성전의 파괴를 예언하시다

(막 13:1-2; 눅 21:5-6)

24 1 예수께서 성전에서 나와서 걸어가시
는데, 제자들이 다가와서, 성전 건물을
그에게 가리켜 보였다. 2 예수께서 그들에게 말
씀하셨다. "너희는 이 모든 것을 보고 있지 않느
냐? 내가 진정으로 너희에게 말한다. 여기에 돌 하
나도 돌 위에 남아 있지 않고, 다 무너질 것이다."

재난의 시작 (막 13:3-13; 눅 21:7-19)

3 예수께서 올리브 산에 앉아 계실 때에, 제
자들이 따로 그에게 다가와서 말하였다. "이런 일
들이 언제 일어나겠습니까? 선생님께서 다시 오시
는 때와 세상 끝 날에는 어떤 징조가 있겠습니까?
우리에게 말씀해 주십시오." 4 예수께서 그들에게
말씀하셨다. "누구에게도 속지 않도록 조심하여라.
5 많은 사람이 내 이름으로 와서 말하기를 '내가
ㄴ)그리스도이다' 하면서, 많은 사람을 속일 것이다.
6 또 너희는 여기저기서 전쟁이 일어난 소식과
전쟁이 일어나리라는 소문을 들을 것이다. 그러나
너희는 당황하지 않도록 주의하여라. 이런 일이
반드시 일어나야 한다. 그러나 아직 끝은 아니다.
7 민족이 민족을 거슬러 일어나고, 나라가 나라를
거슬러 일어날 것이며, 여기저기서 기근과 지진이
있을 것이다. 8 그러나 이런 모든 일은 진통의
시작이다."

ㄱ) 시 118:26 ㄴ) 1:1의 주를 볼 것

다. 예수님을 죽이려는 음모에서 (12:14; 16:21; 20:17-19) 그들은 계속해서 그 반열에 서 있다. 제자들은 회당에서 유사한 위험에 빠지게 된다 (23:34; 10:17-18). **23:37-39** 23장은 예루살렘의 종교 지도자들을 (이스라엘 사람 전부가 아닌) 애도하면서 끝맺는다. 그들은 하나님의 모성적인 돌보심과 지도하심을 거부했다 (신 32:11; 룻 2:12; 시 36:7; 57:1). 38절은 기원후 70년에 로마가 예루살렘 성전을 파괴한 것을 하나님의 징벌로 해석한다 (21:12-13; 22:7). 그러나 죄와 벌의 형식은 회복으로 이끌고 간다. 39절은, 시 118:26a를 인용하면서 이스라엘의 최종적인 구원을 내다본다.

24:1—25:46 이 부분은 종말론적인 설교로 되어있는데, 마태복음서에서 다섯 번째이자 마지막으로 주요한 가르침을 다루는 부분이다 (5—7장; 10장; 13장; 18장). 예수님은 그가 다시 돌아올 (희랍어, *파루시아*) 징조에 관하여 그리고 로마뿐만 아니라 모든 나라를 이기고 승리하시는 하나님의 나라를 예고한다 (24:27-31). 반면에, 현재는 제자들이 시련을 겪고 있다. 제자들은 신실해야 하며, 비폭력 저항을 해야 하며, 희망적인 기대를 해야 한다. 얄궂게도 그리고 유감스럽게도, 이 장들은 복음서가 저항하는 세상 나라들이 사용하는 상징들을 사용하여 하나님의 장래의 목표를 표현하고 있다. **24:1-2** 예수님은 성전에서 떠나시면서 성전이 기원후 70년에 로마에 의하여 무너져 파괴될 것을 예고하신다 (21:12-13, 18-22; 22:7; 23:38).

24:3-26 예수님의 부활과 재림의 중간 시기는 참으로 어려운 시기이다. **24:3** 슥 14장에서 하나님이 성 안으로 들어가서 이스라엘의 적들을 물리치고 하나님의 나라를 세우는 장소는 *올리브* 산이다. 제자들은 예수님의 오심과 *세상 끝 날*에는 어떤 징조가 있느냐고 묻는다. 이 말은 장군이나, 통치자, 또는 황제가 도성에 도착한 것을 알리는 의식을 말한다. 예수님이 오시는 때에는 세상 권세가 아니라 하나님의 주권이 확립될 것이다. **24:4-8** 예수님은 더욱 깊어만 가는 종교적 혼란(24:4-5)과 군사적 혼란 (24:6-7a), 그리고 자연적

9 "그 때에 사람들이 너희를 환난에 넘겨줄
것이며, 너희를 죽일 것이다. 또 너희는 내 이름
때문에, 모든 민족에게 미움을 받을 것이다. 10 또
많은 사람이 ㄱ)걸려서 넘어질 것이요, 서로 넘겨주
고, 서로 미워할 것이다. 11 또 거짓 예언자들이
많이 일어나서, 많은 사람을 홀릴 것이다. 12 그
리고 불법이 성하여, 많은 사람의 사랑이 식을 것
이다. 13 그러나 끝까지 견디는 사람은 구원을
얻을 것이다. 14 이 하늘 나라의 ㄴ)복음이 온 세
상에 전파되어서, 모든 민족에게 증언될 것이다.
그 때에야 끝이 올 것이다."

가장 큰 재난 (막 13:14-23; 눅 21:20-24)

15 "그러므로 너희는 예언자 다니엘이 말한
바, ㄷ)황폐하게 하는 가증스러운 물건이 거룩한 곳
에 서 있는 것을 보거든, (읽는 사람은 깨달아라)
16 그 때에 유대에 있는 사람들은 산으로 도망하
여라. 17 지붕 위에 있는 사람은 제 집 안에 있는
물건을 꺼내려고 내려오지 말아라. 18 밭에 있는
사람은 제 겉옷을 가지러 뒤로 돌아서지 말아라.
19 그 날에는 아이를 밴 여자들과 젖먹이를 가진
여자들은 불행하다. 20 너희가 도망하는 일이
겨울이나 안식일에 일어나지 않도록 기도하여라.
21 그 때에 큰 환난이 닥칠 것인데, 그런 환난은
세상 처음부터 이제까지 없었으며, 앞으로도 없
을 것이다. 22 그 환난의 날들을 줄여 주지 않으
셨다면, 구원을 얻을 사람이 하나도 없을 것이다.
그러나 선택받은 사람들을 위하여, 하나님께서
그 날들을 줄여 주실 것이다."

23 "그 때에 누가 너희에게 말하기를 '보시오,
ㄹ)그리스도가 여기 계시오' 혹은 '아니, 여기 계시오'
하더라도, 믿지 말아라. 24 거짓 그리스도들과
거짓 예언자들이 일어나서, 큰 ㅁ)표징과 기적을 일
으키면서, 할 수만 있으면, 선택받은 사람들까지
도 홀릴 것이다. 25 보아라, 내가 너희에게 미리
말하여 둔다. 26 그러므로 그들이 너희에게 '보
아라, 그리스도가 광야에 계신다' 하고 말하더라
도 너희는 나가지 말고, '그리스도가 골방에 계신
다' 하더라도 너희는 믿지 말아라. 27 번개가 동
쪽에서 나서 서쪽에까지 번쩍이듯이, 인자가 오
는 것도 그러할 것이다. 28 주검이 있는 곳에는
독수리가 모여들 것이다."

인자의 오심
(막 13:24-27; 눅 21:25-28)

29 ㅂ)"그 환난의 날들이 지난 뒤에, 곧 해는
어두워지고, 달은 그 빛을 잃고, 별들은 하늘에서
떨어지고, 하늘의 세력들은 흔들릴 것이다.
30 그 때에 인자가 올 징조가 하늘에서 나타날 터
인데, 그 때에는 땅에 있는 모든 민족이 가슴을 치
며, 인자가 큰 권능과 영광에 싸여 하늘 구름을 타
고 오는 것을 보게 될 것이다. 31 그리고 그는
자기 천사들을 큰 나팔 소리와 함께 보낼 터인데,
그들은 하늘 이 끝에서 저 끝까지 사방에서 그가
선택한 사람들을 모을 것이다."

ㄱ) 또는 '믿음을 잃을 것이요' ㄴ) 또는 '기쁜 소식'
ㄷ) 단 9:27; 11:31; 12:11 ㄹ) 1:1의 주를 볼 것
ㅁ) 12:38의 주를 볼 것 ㅂ) 사 13:10; 34:4

재해에 관하여 지적하신다 (24:7b-8). **24:9-14** 제자들에 대한 적개심, 제자들간의 변절과 분열 등을 포함하는 징조를 보여주신다. *끝까지 견디는* 인내(24:13)와 복음전파가 필요하다 (24:14). **24:15-20** 급하게 도망하는 전략이 필요한 징조를 보여주신다. *황폐하게 하는 가증스러운 물건.* 이것은 기원전 160년에 안티오커스 에피파네스가 세운 제우스 신전에 세운 제단이다 (단 8:9-27). 타이터스의 군대가 성전 안에서 제물로 바쳐졌다 (요세푸스의 유대인의 전쟁 6.316). 폭군들이 하나님의 면전에서 그들의 세력을 과시한다. 이런 일은 또다시 일어날 것이다. **24:21-26** 더 큰 재난이 일어날 것이다. 거짓 메시아와 예언자가 나올 것이다. 예수님은 제자들에게 방심하지도 말고 현혹되지도 말라고 주장하신다 (24:4-5). **24:27-31** 예수님이 오시는 모습은 장관일 것이다. 이를 보지 못하는 사람은 없을 것이다. **24:27** *번개*는 종종 하나님이 나타나실 때 함께 나타난다 (출 19:16; 겔 1:13; 단 10:5-6). 이는 특별히 로마 황제들이 통치하거나 전쟁을 할 때에 나타나듯이 주피터의 신분을 묘사한다. 예수님이 오실 때에 로마를 누르고 하나님의 나라가 이룩될 것이다. 인자에 관하여서는 8:20; 10:23; 13:37-43; 16:27-28을 보라. **24:28** *독수리*는 하나님의 백성들을 벌하는 제국의 힘을 뜻한다 (신 28:49). 독수리는 기원후 70년대 예루살렘을 벌한 로마 권력의 상징 또는 마스코트였다 (22:7). 그들은 독수리상을 전쟁터에 가지고 다녔다. 예수님의 오심으로 로마의 군대가 패배당할 때에 독수리가 그 시체에 모여든다. 결정적인 싸움이 있은 후에는 하나님 나라의 건설 또는 새 시대의 시작이 선포된다 (마 16:18). **24:29** 빛을 잃는 것은 보통 하나님의 최후의 심판을 나타내는 것이다 (암 5:20; 겔 32:7-8). 황제들은 해와 달의 축복을 빌었고, 동전에 자기들의 모양을 햇빛과 함께 그렸다. 네로는 자기의 칭호에 "새로

무화과나무의 교훈

(막 13:28-31; 눅 21:29-33)

32 "무화과나무에서 교훈을 배워라. 가지가
연하여지고, 잎이 돋으면, 너희는 여름이 가까이
온 줄을 안다. 33 이와 같이, 너희도 이 모든 일을
보거든, [ㄱ]인자가 문 앞에 가까이 온 줄을 알아라.
34 내가 진정으로 너희에게 말한다. 이 세대가
끝나기 전에, 이 모든 일이 다 일어날 것이다.
35 하늘과 땅은 없어질지라도, 나의 말은 결코
없어지지 않을 것이다."

그 날과 그 시각은 아무도 모른다

(막 13:32-37; 눅 17:26-30; 34-36)

36 "그러나 그 날과 그 시각은 아무도 모른다.
하늘의 천사들도 모르고, [ㄴ]아들도 모르고, 오직
아버지만이 아신다. 37 노아의 때와 같이, 이 인
자가 올 때에도 그러할 것이다. 38 홍수 이전 시
대에, 노아가 방주에 들어가는 날까지, 사람들은
먹고 마시고 장가가고 시집가며 지냈다. 39 홍
수가 나서 그들을 모두 휩쓸어 가기까지, 그들은
아무것도 알지 못하였다. 인자가 올 때에도 그러
할 것이다. 40 그 때에 두 사람이 밭에 있을 터
이나, 하나는 데려가고, 하나는 버려둘 것이다.
41 두 여자가 맷돌을 갈고 있을 터이나, 하나는
데려가고, 하나는 버려둘 것이다. 42 그러므로
깨어 있어라. 너희는 너희 주님께서 어느 [ㄷ]날에
오실지를 알지 못하기 때문이다. 43 이것을 명
심하여라. 집주인이 도둑이 밤 몇 시에 올지 알고
있으면, 그는 깨어 있어서, 도둑이 집을 뚫고 들
어오도록 내버려두지 않았을 것이다. 44 그러므
로 너희도 준비하고 있어라. 너희가 생각하지도
않는 시각에 인자가 올 것이기 때문이다."

신실한 종과 신실하지 못한 종

(눅 12:41-48)

45 "누가 신실하고 슬기로운 종이겠느냐? 주
인이 그에게 자기 집 하인들을 통솔하게 하고, 제
때에 양식을 내주라고 맡겼으면, 그는 어떻게 해
야 하겠느냐? 46 주인이 돌아와서 볼 때에, 그
렇게 하고 있는 그 종은 복이 있다. 47 내가 진
정으로 너희에게 말한다. 주인은 자기 모든 재산
을 그에게 맡길 것이다. 48 그러나 그가 나쁜 종
이어서, 마음 속으로 생각하기를, '주인이 늦게 오
시는구나' 하면서, 49 동료들을 때리고, 술친구
들과 어울려 먹고 마시면, 50 생각하지도 않은
날에, 뜻밖의 시각에 그 종의 주인이 와서 51 그
종을 처벌하고, 위선자들이 받을 벌을 내릴 것이
다. 거기서 슬피 울며 이를 가는 일이 있을 것이다."

ㄱ) 그, '그가' ㄴ) 다른 고대 사본들에는 '아들도 모르고'가 없음
ㄷ) 다른 고대 사본들에는 '시각에'

운 태양"을 더 추가했다. 예수님의 오시는 때는 세상 권세자들이 빛을 잃는 때이다. **24:30** 이 징조가 무엇을 의미하는지 분명하지는 않으나, 이는 아마도 예수님의 오심 자체를 말하는 것 같다. 인자의 영광이라는 말은 단 7:13-14에서 시작된다. **24:31** 하나님은 자기의 백성들, 즉 유대 사람들과 이방 사람들을 (8:11-12) 모으는데 천사들을 동원하실 것이다 (13:39-43). 이 승리의 장면의 반어법은 분명하다. 하나님 나라의 승리를 묘사하는데 복음서가 늘 저항하는 바로 그 제국의 모형을 사용한다. **24:32-35** 무화과나무는 예수님의 오심의 징조를 알아보는 중요성을 설명한다. 그러한 징조는 이미 나타나고 있고, 그의 재림은 임박했다 (24:35). 하나님 나라의 건설은 새 하늘과 새 땅을 의미한다 (5:18; 19:28).

24:36-44 예수님의 오심은 절박하기도 하고 지연되기도 하지만, 그 시간은 예수님 자신도 모르시고, 오직 하나님만이 아신다. **24:37-43** 사람들이 놀라거나 또는 사람들의 일상생활에 영향을 주는 하나님의 행위를 받아들이는 네 가지 예이다 (37-39, 40, 41, 43절). 노아의 경험은 하나님의 심판과 구원의 목적을 알아차리지 못하는 사람들의 일상생활의 경험과 아주 유사하다. 43-44절에서 예수님은 집을 뚫고 들어오는 도둑이다! 제자들은 방심하지 말며 자지 않고 지켜야 하며, 예수님의 오심을 기다리며 성실하며 적절한 삶을 살아야 한다 (42, 44절).

24:45-51 이 비유에서도 유사한 권유와 알려지지 않은 때에 오실 예수님을 위하여 준비하라는 경고를 말한다. 이 비유는 노예제도에 관하여 묻지 않고 이를 제자들에게 적용시킨다 (20:25-28; 6:24). *신실하고 슬기로운.* 이것은 제자들이 드러내야 하는 자질을 말한다 (7:24; 8:10-13; 9:28-29; 18:6). 적절한 삶을 살지 못하는 종/제자들은 규탄을 받게 된다. **25:1-46** 예수님의 종말적인 설교는 24장에서부터 계속된다 (24:1—25:46에 관한 주석을 보라). 예수님은 자신의 재림, 성전의 파괴 (24:1-2), 증가되는 재난 (24:3-26), 그의 영광스러운 재림 (24:27-31) 등을 가리키는 징조를 설명하신다. 그는 제자들에게 자신의 재림이 언제가 될지 모르므로 방심하지 말고 신실하게 살 것을 권고하셨다 (24:32-51). 24:45-51의 비유에서 설명된 역설이 25:1-30의 우화적인 두 비유에서 계속된다. 제자들이

열 처녀의 비유

25 1 "그런데, 하늘 나라는 저마다 등불을
들고 신랑을 맞으러 나간 열 처녀에 비길
수 있을 것이다. 2 그 가운데서 다섯은 어리석
고, 다섯은 슬기로웠다. 3 어리석은 처녀들은 등
불은 가졌으나, 기름은 갖고 있지 않았다. 4 그
러나 슬기로운 처녀들은 자기들의 등불과 함께 통
에 기름도 마련하였다. 5 신랑이 늦어지니, 처녀
들은 모두 졸다가 잠이 들었다. 6 그런데 한밤중
에 외치는 소리가 났다. '보아라, 신랑이다. 나와
서 맞이하여라.' 7 그 때에 그 처녀들이 모두 일
어나서, 제 등불을 손질하였다. 8 미련한 처녀들
이 슬기로운 처녀들에게 말하기를 '우리 등불이
꺼져 가니, 너희의 기름을 좀 나누어 다오' 하였
다. 9 그러나 슬기로운 처녀들이 대답을 하였다.
'그렇게 하면, 우리에게나 너희에게나 다 모자랄
터이니, 안 된다. 차라리 기름 장수들에게 가서,
사서 써라.' 10 미련한 처녀들이 기름을 사러 간
사이에 신랑이 왔다. 준비하고 있던 처녀들은 신
랑과 함께 혼인 잔치에 들어가고, 문은 닫혔다.
11 그 뒤에 나머지 처녀들이 와서 '주님, 주님,
문을 열어 주십시오' 하고 애원하였다. 12 그러
나 신랑이 대답하기를 '내가 진정으로 너희에게
말한다. 나는 너희를 알지 못한다' 하였다. 13 그
러므로 깨어 있어라. 너희는 ㄱ)그 날과 그 시각을
알지 못하기 때문이다."

달란트 비유 (눅 19:11-27)

14 "또 하늘 나라는 이런 사정과 같다. 어떤
사람이 여행을 떠나면서, 자기 종들을 불러서, 자
기의 재산을 그들에게 맡겼다. 15 그는 각 사람의
능력을 따라, 한 사람에게는 다섯 ㄴ)달란트를 주고,
또 한 사람에게는 두 달란트를 주고, 또 다른 한
사람에게는 한 달란트를 주고 떠났다. 16 다섯 달
란트를 받은 사람은 곧 가서, 그것으로 장사를 하여,
다섯 달란트를 더 벌었다. 17 두 달란트를 받은
사람도 그와 같이 하여, 두 달란트를 더 벌었다.
18 그러나 한 달란트 받은 사람은 가서, 땅을 파
고, 주인의 돈을 숨겼다. 19 오랜 뒤에, 그 종들
의 주인이 돌아와서, 그들과 셈을 하게 되었다.
20 다섯 달란트를 받은 사람은 다섯 달란트를 더
가지고 와서 말하기를 '주인님, 주인께서 다섯 달
란트를 내게 맡기셨는데, 보십시오, 다섯 달란트를
더 벌었습니다' 하였다. 21 그의 주인이 그에게
말하였다. '잘했다! 착하고 신실한 종아. 네가 적은
일에 신실하였으니, 이제 내가 많은 일을 네게
맡기겠다. 와서, 주인과 함께 기쁨을 누려라.'
22 두 달란트를 받은 사람도 다가와서 '주인님,
주인님께서 두 달란트를 내게 맡기셨는데, 보십
시오, 두 달란트를 더 벌었습니다' 하고 말하였다.
23 그의 주인이 그에게 말하였다. '잘했다, 착하고

ㄱ) 다른 고대 사본들에는 '인자가 언제 올지 그 날과……' ㄴ) 한 달란트는 노동자의 15년 품삯

하나님의 정의의 나라를 희망 가운데 기쁨으로 기다리지만, 만족함이나 흡족함은 없다. 제자들은 심판을 준비해야 한다. 예수님의 재림이 늦어질수록 (24:48; 25:5, 19) 제자들은 더욱 더 방심하지 말아야 한다.

25:1-13 여기서는 열 처녀에 대한 비유를 말한다. 이 비유에 관하여서는 13장을 보라. 두 그룹의 처녀들은 신랑이신 예수님의 재림을 맞을 준비가 된 그룹과 되지 않은 그룹의 결과를 보여준다. 이 비유는 제자들을 위협하며 준비하도록 격려한다. **25:1** *비길 수 있을 것이다* 라는 미래 시제는 미래에 건설될 하늘나라에 초점을 두는 것이다. **25:2** *열 처녀를* 슬기롭고 어리석은 두 그룹으로 나눈다. 7:24-27을 보라. 빛은 공동체의 선교 사명을 상기시켜 준다 (5:14-16). **25:3-10** *기름.* 기름은 신실하고, 능동적이고, 순종하는 제자의 도리를 말한다. 이는 다른 사람에게서 빌릴 수 없는 것이다. 하늘나라에 대한 혼인 잔치 이미지에 관해서는 8:11-12; 22:1-2; 사 25:6을 보라. **25:13** 이 비유의 요점은 24:36을 상기시켜 준다. **25:14-30** 세 번째 비유는 메시지를 강조한다. **25:14-15** 이 비유는 우화를 사용한다. 어떤 사람은 예수님이시다. 제자들은 여기서 또다시 종들이다 (6:24; 20:25-28; 24:45-51). 그의 재산은 하나님 나라의 사명이다. **25:16-18** 종들은 자기들의 일을 시작한다. **25:19-23** 오랜 뒤에는 현재를 말한다. 주인의 돌아옴은 예수님의 지연된 재림을 말한다. 두 종에 대한 상은 종말적인 구원을 말한다. 불행스럽게도 이 비유는 또다시 제국의 제도를 사용한다. 부자가 더 부자가 된다는 방식은 제자들에게 신실하게 준비하도록 격려한다. 그러나 복음서는 이 제국의 관례를 비판했다 (19:16-22). 이 비유는 그 메시지에 너무 강조하다가 이러한 더 큰 문제를 빠뜨렸다고 본다. **25:24-30** 세 번째 종은 벌을 받는다. 또는 심판에서 형을 선고받는다. 30절의 언어는 심판을 의미한다 (8:12; 13:42; 22:13).

25:31-46 예수님의 설교는 재림에 일어날 자신의 심판을 설명하면서 끝난다. 이 장면은 제자들에게 심판에서 행하여질 구원과 유죄 판결의 근거를 보여준다. 이는 그들이 신실한 삶을 살도록 위협하며 또한 격려한다. 이 장면은 예수님에 대한 선포에 어떻게 응답했는가에

신실한 종아! 네가 적은 일에 신실 하였으니, 이제
내가 많은 일을 네게 맡기겠다. 와서, 주인과 함께
기쁨을 누려라.' 24 그러나 한 달란트를 받은 사
람은 다가와서 말하였다. '주인님, 나는, 주인이
굳은 분이시라, 심지 않은 데서 거두시고, 뿌리지
않은 데서 모으시는 줄로 알고, 25 무서워하여
물러가서, 그 달란트를 땅에 숨겨 두었습니다.
보십시오, 여기에 그 돈이 있으니, 받으십시오.'
26 그러자 그의 주인이 그에게 말하였다. '악하고
게으른 종아, 너는 내가 심지 않은 데서 거두고,
뿌리지 않은 데서 모으는 줄 알았다. 27 그렇다면,
너는 내 돈을 돈놀이 하는 사람에게 맡겼어야 했다.
그랬더라면, 내가 와서, 내 돈에 이자를 붙여 받
았을 것이다. 28 그에게서 그 한 달란트를 빼앗
아서, 열 달란트 가진 사람에게 주어라. 29 가진
사람에게는 더 주어서 넘치게 하고, 갖지 못한 사
람에게서는 있는 것마저 빼앗을 것이다. 30 이
쓸모 없는 종을 바깥 어두운 데로 내쫓아라. 거기서
슬피 울며 이를 가는 일이 있을 것이다.'"

최후의 심판

31 "인자가 모든 천사와 더불어 영광에 둘러
싸여서 올 때에, 그는 자기의 영광의 보좌에 앉을
것이다. 32 그는 모든 민족을 그의 앞에 불러
모아, 목자가 양과 염소를 가르듯이 그들을 갈라서,
33 양은 그의 오른쪽에, 염소는 그의 왼쪽에 세울
것이다. 34 그 때에 임금은 자기 오른쪽에 있는
사람들에게 말하기를 '내 아버지께 복을 받은
사람들아, 와서, 창세 때로부터 너희를 위하여 준
비한 이 나라를 차지하여라. 35 너희는, 내가 주릴
때에 내게 먹을 것을 주었고, 목마를 때에 마실
것을 주었으며, 나그네로 있을 때에 영접하였고,
36 헐벗을 때에 입을 것을 주었고, 병들어 있을
때에 돌보아 주었고, 감옥에 갇혀 있을 때에 찾아
주었다' 할 것이다. 37 그 때에 의인들은 그에게
대답하기를 '주님, 우리가 언제, 주님께서 주리신
것을 보고 잡수실 것을 드리고, 목마르신 것을 보
고 마실 것을 드리고, 38 나그네 되신 것을 보고
영접하고, 헐벗으신 것을 보고 입을 것을 드리고,
39 언제 병드시거나 감옥에 갇히신 것을 보고 찾
아갔습니까?' 하고 말할 것이다. 40 임금이 그
들에게 말하기를 '내가 진정으로 너희에게 말한
다. 너희가 여기 내 [ㄱ]형제자매 가운데, 지극히 보
잘 것 없는 사람 하나에게 한 것이 곧 내게 한 것
이다' 할 것이다. 41 그 때에 임금은 왼쪽에 있
는 사람들에게도 말할 것이다. '저주받은 자들아,
내게서 떠나서, 악마와 그 졸개들을 가두려고 준
비한 영원한 불 속으로 들어가라. 42 너희는 내가
주릴 때에 내게 먹을 것을 주지 않았고, 목마를
때에 마실 것을 주지 않았고, 43 나그네로 있을
때에 영접하지 않았고, 헐벗었을 때에 입을 것을
주지 않았고, 병들어 있을 때나 감옥에 갇혀 있을
때에 찾아 주지 않았다.' 44 그 때에 그들도 이
렇게 말할 것이다. '주님, 우리가 언제 주님께서
굶주리신 것이나, 목마르신 것이나, 나그네 되신
것이나, 헐벗으신 것이나, 병드신 것이나, 감옥에
갇히신 것을 보고도 돌보아 드리지 않았다는 것입

ㄱ) 그, '형제들'

따라 행하여질 모든 나라들(유대 사람들과 이방 사람들)에 대한 심판을 묘사한다. **25:31-33** 예수님의 중요한 역할을 나타내는 몇 가지의 칭호가 있다: *인자, 왕* (34절), *주* (25:37). **25:32** 복음은 사람이 살고 있는 모든 세상에 전파된다 (24:9, 14). 그들이 하나님 앞에 모인다는 것은 세상 종말에 기대되는 전형적인 모습이다 (사 2:1-4; 66:18; 욜 3장). 양은 하나님의 백성들을 말한다 (시 100편; 마 9:36; 10:16). 심판은 13:12, 24-30, 47-50에서와 같이 구별되는 것으로 이루어진다. **25:34-40** 구원받은, 의인들은 복음 선포와 선포하는 사람들에게 긍정적인 반응을 보였다. 그들은 이미 이룩된 하나님의 나라에 참여한다 (25:34). 그들의 긍정적인 반응은 예수님의 사역을 시작하고 죄된 세상에서 하나님의 나라가 드러나는 자비로운 행위에서 표현되었다 (사 58:6-7). *내 형제자매 가운데 지극히 보잘 것 없는 사람*이라는 구절은 사역을 담당하는 제자들을 말한다(10:40-42; 12:46-50; 18:6-14). 의인들은 하나님의 목적과 일치하는 삶을 살았다 (1:19; 3:15-17; 6:33). **25:41-45** 복음의 선포를 받아들이지 않고 그대로 사는 사람들은 벌을 받는다. 그들은 예수님을 섬기지 않은 사람들이다 (25:44). 제자들은 계급 세계에서 남을 착취하며 자신들만을 위하여 사는 사람들과는 반대로, 예수님을 본받아 변두리의 힘없는 사람들을 섬기는 삶을 사는 사람들이다 (20:25-28; 23:11). 3:10; 7:19; 13:40-42에서 불은 형벌의 장소였다. 하나님 나라의 건설은 로마 (4:8), 그리고 "마귀"와 "시험하는" 종교 지도자들과 (16:1-4) 같은 악마와 그의 사자들(25:41)을 이기고 승리하는 것이다. **25:46** 마지막 결론 구절은 각자의 운명에 관하여 요약하여 준다. 이 심판하는 장면은 (13장의 이와 같은 다른 장면들) 몇 가지 어려운 (쉽게 풀리지 않는) 점이 있다. 이는 제자들이 신실하게 살도록 못살게 군다. 이는 복음서가 권

니까?' 45 그 때에 임금이 그들에게 대답하기를 '내가 진정으로 너희에게 말한다. 여기 이 사람들 가운데서 지극히 보잘 것 없는 사람 하나에게 하지 않은 것이 곧 내게 하지 않은 것이다' 하고 말할 것이다. 46 그리하여, 그들은 영원한 형벌로 들어가고, 의인들은 영원한 생명으로 들어갈 것이다."

예수를 죽일 음모

(막 14:1-2; 눅 22:1-2; 요 11:45-53)

26 1 예수께서 이 모든 말씀을 마치셨을 때에, 자기 제자들에게 말씀하셨다. 2 "너희가 아는 대로, 이틀이 지나면 ㄱ)유월절인데, 인자가 넘겨져서 십자가에 달릴 것이다."

3 그 즈음에 대제사장들과 백성의 장로들이 가야바라는 대제사장의 관저에 모여서, 4 예수를 속임수로 잡아서 죽이려고 모의하였다. 5 그러나 그들은 "백성 가운데서 소동이 일어날지도 모르니, 명절에는 하지 맙시다" 하고 말하였다.

어떤 여자가 예수의 머리에 향유를 붓다

(막 14:3-9; 요 12:1-8)

6 그런데 예수께서 베다니에서 ㄴ)나병환자 시몬의 집에 계실 때에, 7 한 여자가 매우 값진 향유 한 옥합을 가지고 와서는, 음식을 잡수시고 계시는 예수의 머리에 부었다. 8 그런데 제자들이 이것을 보고 분개하여 말하였다. "왜 이렇게 낭비하는 거요? 9 이 향유를 비싼 값에 팔아서, 가난한 사람들에게 줄 수 있었을 텐데요!" 10 예수께서 이것을 보시고 그들에게 말씀하셨다. "왜 이 여자를 괴롭히느냐? 그는 내게 아름다운 일을 하였다. 11 가난한 사람들은 늘 너희와 함께 있지만, 나는 늘 너희와 함께 있는 것이 아니다. 12 이 여자가 내 몸에 향유를 부은 것은, 내 장례를 치르려고 한 것이다. 13 내가 진정으로 너희에게 말한다. 온 세상 어디서든지, 이 복음이 전파되는 곳에서는, 이 여자가 한 일도 전해져서, 그를 기억하게 될 것이다."

유다가 예수를 넘겨주기로 합의하다

(막 14:10-11; 눅 22:3-6)

14 그 때에 열두 제자 가운데 하나인 가룟 사람 유다라는 자가, 대제사장들에게 가서, 15 이렇게 말하였다. "내가 예수를 여러분에게 넘겨주면, 여러분은 내게 무엇을 주실 작정입니까?" 그들은 유다에게 은돈 서른 닢을 셈하여 주었다. 16 그 때부터 유다는 예수를 넘겨주려고 기회를 노리고 있었다.

ㄱ) 출 12:13; 21-28을 볼 것 ㄴ) 나병을 포함한 여러 가지 악성 피부병을 말함

세를 추구하는 전략을 비판하면서도 하나님 나라에 관한 과제를 선호한다. 이는 하나님의 공의를 지지하는 것이다. 그러나 여기서 심한 처벌을 시사한 것은 하나님께서 모든 사람을 포함하는 자비를 보이심과 (5:43-48), 이스라엘을 구원하신다는 하나님의 신실한 약속에 비추어 볼 때에 아주 색다른 일이다 (23:37-39).

26:1—27:66 이 부분은 예수님의 죽음을 서술한다. 예수님의 죽음과 25:31-46을 함께 놓는 것은 놀랄 만하다. 이 세상을 심판할 그 사람이 자신들을 처벌하는 종교와 정치 지도자들에 의하여 심판을 받는다.

26:1-16 예수님의 죽음에 대한 네 가지 시각을 보여준다. **26:1-2** 예수님은 자기의 죽음이 임박한 사실을 아신다. 그는 세상 권세에 도전하는 모든 사람들의 운명을 신실하게 이야기한다. 유월절은 이집트의 노예생활로부터 하나님이 해방시켜 주신 것을 기념하는 것이다 (출12—13장). 이는 하나님의 구원의 능력을 더욱 널리 보일 수 있는 배경을 마련해 준다. **26:3-5** 종교 지도자들은 예수님을 죽일 음모를 꾸민다 (12:14; 16:21). 예수님은 그들의 계급적이며 불공평한 사회에 대한 비전에 도전해 오셨다 (20:25-28; 23:23). 로마는 몇몇 지도급 가정에서 대제사장을 뽑았다. **26:6-13** 한 *여자가* 예수님이 하나님으로부터 기름부음을 받고 하나님의 일을 감당하시다가 죽을 것을 알고 예수님의 머리에 기름을 붓는다. 그 여자의 행위는 예수님의 정체성을 인정하지 않는 종교 지도자들의 행위와 비교가 된다. **26:11** 예수께서 하는 말씀은 가난한 사람들이 도움을 받아서는 안 된다는 말이 아니라, 오히려, 가난은 세상 권세자들의 통치하에서는 늘 떠나지 않으며, 하나님의 나라가 건설될 때까지 계속된다는 사실을 말하는 것이다. **26:14-16** 반면에, 제자들 중의 한 사람이 예수님을 배반하고 종교 지도자들과 합세한다 (10:4). 유다는 아무런 동기도 생각하지 않는다. 유다가 돈을 받은 사실은 그 여자의 기름부은 엄청난 행위와 비교가 된다 (26:9).

26:17-35 마지막 만찬. 유월절을 지낼 준비를 한다 (26:17-19). 유월절 음식을 먹고 있을 때에 예수님은 이제 제자들 중에 한 제자가 자기를 *배반할* 것을 예고하신다 (26:20-25). 예수님은 자기의 죽음에 관하여 설명하시며 (26:26-30), 제자들 모두가 자신을 버릴 것으로 예고하신다 (26:31-35). **26:17** 유월절과 무교병(누룩이 없는 빵)에 관하여서는 출 12:15-20을 보라. **26:18-19** 예수님의 말씀에 제자들은 순종

유월절 음식을 나누시다
(막 14:12-21;눅 22:7-14; 21-23; 요 13:21-30)

17 ㄱ)무교절 첫째 날에 제자들이 예수께 다가
와서 말하였다. "우리가, 선생님께서 ㄴ)유월절 음
식을 잡수시게 준비하려고 하는데, 어디에다 하
기를 바라십니까?" 18 예수께서 말씀하셨다.
"성 안으로 아무를 찾아가서, '선생님께서 말씀하
시기를, 내 때가 가까워졌으니, 내가 그대의 집에서
제자들과 함께 ㄴ)유월절을 지키겠다고 하십니다'
하고 그에게 말하여라." 19 그래서 제자들은, 예
수께서 그들에게 분부하신 대로 하여, ㄴ)유월절을
준비하였다.

20 저녁 때가 되어서, 예수께서는 ㄷ)열두 제
자와 함께 식탁에 앉아 계셨다. 21 그들이 먹고
있을 때에, 예수께서 말씀하셨다. "내가 진정으로
너희에게 말한다. 너희 가운데 한 사람이 나를 넘
겨줄 것이다." 22 그들은 몹시 걱정이 되어, 저
마다 "주님, 나는 아니지요?" 하고 말하기 시작하
였다. 23 예수께서 대답하셨다. "나와 함께 이
대접에 손을 담근 사람이, 나를 넘겨줄 것이다.
24 인자는 자기에 관하여 성경에 기록되어 있는
대로 떠나가지만, 인자를 넘겨주는 그 사람은 화
가 있다. 그 사람은 차라리 태어나지 않았더라면,
자기에게 좋았을 것이다." 25 예수를 넘겨 줄 사
람인 유다가 말하기를 "선생님, 나는 아니지요?"
하니, 예수께서 그에게 "네가 말하였다" 하고 대답
하셨다.

마지막 만찬
(막 14:22-26; 눅 22:15-20; 고전 11:23-25)

26 그들이 먹고 있을 때에, 예수께서 빵을 들
어서 축복하신 다음에, 떼어서 제자들에게 주시고
말씀하셨다. "받아서 먹어라. 이것은 내 몸이다."
27 또 잔을 들어서 감사 기도를 드리신 다음에,
그들에게 주시고 말씀하셨다. "모두 돌려가며 이
잔을 마셔라. 28 이것은 죄를 사하여 주려고 많은
사람을 위하여 흘리는 나의 피, 곧 ㄹ)언약의 피다.
29 내가 너희에게 말한다. 이제부터 내가 나의
아버지의 나라에서 너희와 함께 새 것을 마실 그
날까지, 나는 포도나무 열매로 빚은 것을 절대로
마시지 않을 것이다."

30 그들은 찬송을 부르고, 올리브 산으로 갔다.

베드로가 부인할 것을 예고하시다
(막 14:27-31; 눅 22:31-34; 요 13:36-38)

31 그 때에 예수께서 제자들에게 말씀하셨다.
"오늘 밤에 너희는 모두 ㅁ)나를 버릴 것이다. 성경에
기록하기를

ㅂ)'내가 목자를 칠 것이니,
양 떼가 흩어질 것이다'

하였다. 32 그러나 내가 살아난 뒤에, 너희보다

ㄱ) 출 12:15-20을 볼 것 ㄴ) 출 12:13, 21-28을 볼 것 ㄷ) 그, '열둘과 함께' 다른 고대. 사본들에는 '열두 제자' ㄹ) 다른 고대 사본들에는 '새 언약의' ㅁ) 그, '나에게 걸려서 넘어질 것이다' ㅂ) 슥 13:7

한다. **26:25** 유다는 다른 제자들이 하듯이 예수님을 주님이라고 부르지 않고, 또한 23:7-8 (또한 26:49)의 예수님의 가르침과 대조적으로 선생님이라고 부른다 (26:22). **26:27-29** *잔.* 이것에 관해서는 20:22를 보라. *피.* 이것은 생명을 주는 것 (레 17:14), 이집트의 노예생활로부터 해방 (출 12:12-13), 언약의 약속을 말한다 (출 24:8). 예수님의 죽음이 이러한 용어로 해석된다. 예수님은 새 언약을 말하는 것이 아니다. 불신실함의 연속 가운데에서도 신실하신 하나님을 말하는 것이다. *죄를 사하여 주려고*는 단순히 개인적인 죄만을 말하는 것이 아니다. "용서"라는 말은 레 25장에 (또한 신 15:1-3, 9) 사회를 개혁하는 해, 노예를 해방시켜 주고, 빚을 탕감하며, 땅을 돌려주는 희년을 표시하기 위해 14번이나 사용됐다. 예수님의 죽음은 그의 재림과 하나님 나라가 건설될 때에 공정한 사회가 오리라고 예기한다. **26:30** *올리브* 산은 하나님께서 종말에 승리하시는 장소이다 (21:1; 슥 14). **26:31** 예수님은 예루살렘이 멸망당할 것을 예기하고 후에 사람들이 모이는 구절인 슥 13:7을 인용하신다. 목자는 통치자를 뜻하는데 보통 쓰이는 이미지이다 (2:6; 9:36). 착취적인 통치자에 (겔 34) 비해 예수님은 동정적이며 공정한 통치자이다.

26:36-46 겟세마네에서의 기도.

26:47-56 예수님이 잡히심. **26:47-50** 유다에 관한 예수님의 예측은 정확하다 (26:20-25). 예수님의 말씀은 믿을 만하다. **26:51-56** 예수님은 보복과 폭력을 물리치셨다 (5:38-42). 기원후 70년도에 있었던 예루살렘의 파멸은 무력 혁명의 무익함을 보여주었다. 군단은 5, 6천명의 군사를 말하는 군대용어이다. 네 군단이 안디옥에 주둔했다. 예수님이 로마의 군대를 압도할 수 있었을 것이다. 그러나 그것은 하나님의 방법이 아니다. 두 번이나 (54절과 56절) 하나님의 의지를 강조하기 위하여 특별히 지시되어 있지 않은 성경구절을 인용한다. **26:55** 여기서 *강도*는 경제적인 도둑 (21:13) 또는 부자 엘리트들을 공격한 농촌의 폭력 혁명주의자들을 말한다. 예수님의 비록 비폭력 저항주의

먼저 갈릴리로 갈 것이다." 33 베드로가 예수께
말하였다. "비록 모든 사람이 다 ㄱ)주님을 버릴지
라도, 나는 절대로 ㄴ)버리지 않겠습니다." 34 예
수께서 그에게 말씀하셨다. "내가 진정으로 네게
말한다. 오늘 밤에 닭이 울기 전에, 네가 세 번 나
를 모른다고 할 것이다." 35 베드로가 예수께 말
하였다. "주님과 함께 죽는 한이 있을지라도, 절
대로 주님을 모른다고 하지 않겠습니다." 그리고
다른 제자들도 모두 그렇게 말하였다.

겟세마네에서 기도하시다

(막 14:32-42; 눅 22:39-46)

36 그 때에 예수께서 제자들과 함께 겟세마
네라고 하는 곳에 가서, 그들에게 말씀하셨다. "내
가 저기 가서 기도하는 동안에, 너희는 여기에 앉
아 있어라." 37 그리고 베드로와 세베대의 두 아
들을 데리고 가서, 근심하며 괴로워하기 시작하
셨다. 38 그 때에 예수께서 그들에게 말씀하셨
다. "내 마음이 괴로워 죽을 지경이다. 너희는 여
기에 머무르며 나와 함께 깨어 있어라." 39 예수
께서는 조금 더 나아가서, 얼굴을 땅에 대고 엎드
려서 기도하셨다. "나의 아버지, 하실 수만 있으
시면, 이 잔을 내게서 지나가게 해주십시오. 그러
나 내 뜻대로 하지 마시고, 아버지의 뜻대로 해주
십시오." 40 그리고 제자들에게 와서 보시니, 그
들은 자고 있었다. 그래서 베드로에게 말씀하셨
다. "이렇게 너희는 한 시간도 나와 함께 깨어 있
을 수 없느냐? 41 ㄷ)시험에 빠지지 않도록, 깨어
서 기도하여라. 마음은 원하지만, 육신이 약하구
나!" 42 예수께서 다시 두 번째로 가서, 기도하
셨다. "나의 아버지, 내가 마시지 않고서는 이 잔
이 내게서 지나갈 수 없는 것이면, 아버지의 뜻대
로 해주십시오." 43 예수께서 다시 와서 보시니,
그들은 자고 있었다. 그들은 너무 졸려서 눈을 뜰
수 없었던 것이다. 44 예수께서는 그들을 그대
로 두고 다시 가서, 또 다시 같은 말씀으로 세 번
째로 기도하셨다. 45 그리고 제자들에게 와서,
그들에게 말씀하셨다. "이제 남은 시간은 자고 쉬
어라. 보아라, 때가 이르렀다. 인자가 죄인들의
손에 넘어간다. 46 일어나서 가자. 보아라, 나를
넘겨줄 자가 가까이 왔다."

예수께서 잡히시다

(막 14:43-50; 눅 22:47-53; 요 18:3-12)

47 예수께서 아직 말씀하고 계실 때에, 열두
제자 가운데 하나인 유다가 왔다. 대제사장들과
백성의 장로들이 보낸 무리가 칼과 몽둥이를 들고
그와 함께 하였다. 48 그런데 예수를 넘겨줄 자
가 그들에게 암호를 정하여 주기를 "내가 입을 맞
추는 사람이 바로 그 사람이니, 그를 잡으시오" 하
고 말해 놓았다. 49 유다가 곧바로 예수께 다가
가서 "안녕하십니까? 선생님!" 하고 말하고, 그에
게 입을 맞추었다. 50 예수께서 그에게 "친구여,
무엇 하러 여기에 왔느냐?" 하고 말씀하시니, 그
들이 다가와서, 예수께 손을 대어 붙잡았다.
51 그 때에 예수와 함께 있던 사람들 가운데 한
사람이 손을 뻗쳐 자기 칼을 빼어, 대제사장의 종
을 내리쳐서, 그 귀를 잘랐다. 52 그 때에 예수
께서 그에게 말씀하셨다. "네 칼을 칼집에 도로 꽂
아라. 칼을 쓰는 사람은 모두 칼로 망한다. 53 너
희는, 내가 나의 아버지께, 당장에 열두 군단 이
상의 천사들을 내 곁에 세워 주시기를 청할 수 있
다고 생각하지 않느냐? 54 그러나 그렇게 되면,
이런 일이 반드시 일어나야 한다고 한 성경 말씀이
어떻게 이루어지겠느냐?" 55 그 때에 예수께서
무리에게 말씀하셨다. "너희는 강도에게 하듯이,
칼과 몽둥이를 들고 나를 잡으러 왔느냐? 내가 날
마다 성전에 앉아서 가르치고 있었건만, 너희는
내게 손을 대지 않았다. 56 그러나 이 모든 일을
이렇게 되게 하신 것은, 예언자들의 글을 이루려
고 하신 것이다." 그 때에 제자들은 모두, 예수를
버리고 달아났다.

ㄱ) 그, '주님께 걸려 넘어질지라도' ㄴ) 그, '걸려 넘어지지' ㄷ) 또는 '유혹'

전략은 다르지만 그 나라의 대항자들과 연합하셨다 (5:38-42). **26:56** 다시 한 번 예수님이 예언하신 것이 사실로 증명된다. 제자들은 모두 달아났다 (26:31).

26:57-68 유대 종교 지도자들과 의회(산헤드린)는 자기 권력의 중심인 성전을 공격했다는 죄목으로 예수님을 재판에 넘겼다 (24:2). **26:62-63** 예수께서 지키시는 침묵은 고난받는 종을 상기시켜준다 (사 53:7). **26:63** "그대가 하나님의 아들 그리스도요?" 라는 질문은 16:16에서 베드로가 한 고백을 상기시켜 주고 있다. 유대 사람들간에 통일된 그리스도에 대한 기대가 없으므로, 문제는 예수님이 어떠한 종류의 예언자인가이다 (1:1). **26:64** 예수께서 하시는 대답은 맹세를 회피하는 대답이다 (5:33-37; 23:16-22). 예수님은 하나님의 나라를 건설하고 세상의 나라들을 무너뜨리기 위하여 영광 중에 다시 오는 그의 그리스도직에 관하여 말씀하고 계시다 (24:27-31; 단 7:13; 시

의회 앞에 서시다

(막 14:53-65; 눅 22:54-55;
63-71; 요 18:12-14; 19-24)

57 예수를 잡은 사람들은 그를 대제사장 가
야바에게로 끌고 갔다. 거기에는 율법학자들과
장로들이 모여 있었다. 58 그런데 베드로는 멀
찍이 떨어져서 예수를 뒤따라 대제사장의 집 안마
당에까지 갔다. 그는 결말을 보려고 안으로 들어
가서, 하인들 틈에 끼여 앉았다. 59 대제사장들
과 온 공의회가 예수를 사형에 처하려고, 그분을
고발할 거짓 증거를 찾고 있었다. 60 많은 사람
이 나서서 거짓 증언을 하였으나, 쓸 만한 증거는
얻지 못하였다. 그런데 마침내 두 사람이 나서서
61 말하였다. "이 사람이 하나님의 성전을 허물
고, 사흘 만에 세울 수 있다고 하였습니다."
62 그러자, 대제사장이 일어서서, 예수께 말하였
다. "이 사람들이 그대에게 불리하게 증언하는데
도, 아무 답변도 하지 않소?" 63 그러나 예수께
서는 잠자코 계셨다. 그래서 대제사장이 예수께
말하였다. "내가 살아 계신 하나님을 걸고 그대에
게 명령하니, 우리에게 말해 주시오. 그대가 하나
님의 아들 ㄱ)그리스도요?" 64 예수께서 그에게
말씀하셨다. "당신이 말하였소. 그러나 내가 당신
들에게 다시 말하오. 이제로부터 당신들은, 인자
가 권능의 보좌 오른쪽에 앉아 있는 것과, 하늘 구
름을 타고 오는 것을, 보게 될 것이오." 65 그 때
에 대제사장은 자기 옷을 찢고, 큰 소리로 말하였
다. "그가 하나님을 모독하였소. 이제 우리에게
이 이상 증인이 무슨 필요가 있겠소? 보시오, 여
러분은 방금 하나님을 모독하는 말을 들었소.
66 여러분의 생각은 어떠하오?" 그러자 그들이
대답하였다. "그는 사형을 받아야 합니다."
67 그 때에 그들은 예수의 얼굴에 침을 뱉고, 그
를 주먹으로 치고, 또 더러는 손바닥으로 때리기
도 하며, 68 말하였다. "ㄱ)그리스도야, 너를 때린
사람이 누구인지 알아맞추어 보아라."

베드로가 예수를 모른다고 하다

(막 14:66-72; 눅 22:56-62;
요 18:15-18; 25-27)

69 베드로가 안뜰 바깥쪽에 앉아 있었는데,
한 하녀가 그에게 다가와서 말하였다. "당신도 저
갈릴리 사람 예수와 함께 다닌 사람이네요." 70 베
드로는 여러 사람 앞에서 부인하였다. "나는 네가
무슨 말을 하는지 모르겠다." 71 그리고서 베드
로가 대문 있는 데로 나갔을 때에, 다른 하녀가 그
를 보고, 거기에 있는 사람들에게 말하였다. "이
사람은 ㄴ)나사렛 예수와 함께 다니던 사람입니다."
72 그러자 베드로는 맹세하고 다시 부인하였다.
"나는 그 사람을 알지 못하오." 73 조금 뒤에 거
기에 서 있는 사람들이 베드로에게 다가와서 베드
로에게 말하였다. "당신은 틀림없이 그들과 한패
요. 당신의 말씨를 보니, 당신이 누군지 분명히 드
러나오." 74 그 때에 베드로는 저주하며 맹세하
여 말하였다. "나는 그 사람을 알지 못하오." 그러
자 곧 닭이 울었다. 75 베드로는 "닭이 울기 전
에, 네가 나를 세 번 부인할 것이다" 하신 예수의
말씀이 생각나서, 바깥으로 나가서 몹시 울었다.

ㄱ) 1:1의 주를 볼 것 ㄴ) 그, '나사렛 사람'

110:1). **26:65-66** 예수님이 하나님으로부터 기름부음을 받은 자라고 생각하지 않는 엘리트들은 예수께서 하시는 대답이 하나님을 조롱하거나 모욕하는 대답이라고 생각한다. 하나님을 모독하는 죄는 사형에 해당된다 (레 24:16). **26:67-68** 종교 지도자들은 예언자들을 때리고 박해하는 관습을 계속한다 (23:34-36). 그들은 예수님이 바로 그렇게 말했을 때 (26:64), 그리고 자기들이 그를 죽일 것이라는 그의 예언을 시행하였을 때에 그가 예언한다고 비웃는다 (16:21)!

26:69-75 베드로의 배반. 나머지 제자들은 모두 달아났다 (26:56). 예수님의 예언은 정확하며, 그의 말은 믿을 만하다 (26:31-35).

27:1-66 예수님의 죽음에 대한 이야기는 26장에서부터 계속된다. **27:1-2** 예루살렘의 엘리트들이 예수님을 로마의 통치자인 빌라도에게 넘겨준다. 로마 관헌만이 사형 선고를 내릴 수 있다. 로마와 종교 지도자들의 자기 이익을 위한 협력관계로 보아, 그리고 또한 엘리트들과 신분이 낮은 지방민에 대한 "공의"의 편견으로 보아, 예수님은 공정한 재판을 받을 수 없다. 이 장에서는 로마가 자신에게 유익하도록 "공의"를 내세우는 것을 드러내 보인다. **27:3-10** 유다는 유대 사람 종교 지도자들과 로마 통치자간의 협력관계로 보아 예수님의 죽음은 피할 수 없음을 안다. 그래서 유다는 자살한다. 예수님의 예언에 관하여서는 26:24를 보라. 이 장면은 "돈에 따라서" 무엇이 법적이고 아닌가를 따지는 (27:6) 아주 냉담하고 무관심한 종교 지도자에게로 (27:4) 돌아간다. **27:9-10** 예레미야의 이름이 언급되었지만, 이 말들은 슥 11:12-13에서 나온 것이다. 이 행위는 렘 18—19장과 32:6-15와 유사하다. **27:11-26** 빌라도 앞에서의 예수님의 "재판". **27:11** 27:1-2를 보

빌라도 앞에 서시다

(막 15:1; 눅 23:1-2; 요 18:28-32)

27 1 새벽이 되어서, 대제사장들과 백성의
장로들이 모두 예수를 죽이기로 결의하
였다. 2 그들은 예수를 결박하여 끌고 가서, 총독
빌라도에게 넘겨주었다.

유다가 자살하다 (행 1:18-19)

3 그 때에, 예수를 넘겨준 유다는, 그가 유죄
판결을 받으신 것을 보고 뉘우쳐, 그 은돈 서른 닢을
대제사장들과 장로들에게 돌려주고, 4 말하였다.
"내가 ㄱ)죄 없는 피를 팔아 넘김으로 죄를 지었
소." 그러나 그들은 "그것이 우리와 무슨 상관이
요? 그대의 문제요" 하고 말하였다. 5 유다는 그
은돈을 성전에 내던지고 물러가서, 스스로 목을
매달아 죽었다. 6 대제사장들은 그 은돈을 거두고
말하였다. "이것은 피 값이니, 성전 금고에 넣으
면 안 되오." 7 그들은 의논한 끝에, 그 돈으로
토기장이의 밭을 사서, 나그네들의 묘지로 사용
하기로 하였다. 8 그 밭은 오늘날까지 피밭이라
고 한다. 9 그래서 예언자 ㄴ)예레미야를 시켜서
하신 말씀이 이루어졌다. ㄷ)"그들이 은돈 서른 닢,
곧 이스라엘 자손이 값을 매긴 사람의 몸값을 받
아서, 10 그것을 주고 토기장이의 밭을 샀으니,
주님께서 내게 지시하신 그대로다."

빌라도에게 신문을 받으시다

(막 15:2-5; 눅 23:3-5; 요 18:33-38)

11 예수께서 총독 앞에 서시니, 총독이 예수께
물었다. "당신이 유대인의 왕이오?" 그러나 예수
께서는 "당신이 그렇게 말하고 있소" 하고 말씀하
셨다. 12 예수께서는 대제사장들과 장로들이 고
발하는 말에는 아무 대답도 하지 않으셨다.
13 그 때에 빌라도가 예수께 말하였다. "사람들이
저렇게 여러 가지로 당신에게 불리한 증언을 하는
데, 들리지 않소?" 14 예수께서 한 마디도, 단
한 가지 고발에도 대답하지 않으시니, 총독은 매우
이상히 여겼다.

사형 선고를 받으시다

(막 15:6-15; 눅 23:13-25; 요 18:39-19:16)

15 명절 때마다 총독이 무리가 원하는 죄수
하나를 놓아주는 관례가 있었다. 16 그런데 그
때에 [예수] 바라바라고 하는 소문난 죄수가 있었
다. 17 무리가 모였을 때에, 빌라도가 그들에게
말하였다. "여러분은, 내가 누구를 놓아주기를 바
라오? 바라바 [예수]요? ㄹ)그리스도라고 하는 예
수요?" 18 빌라도는, 그들이 시기하여 예수를
넘겨주었음을 알았던 것이다. 19 빌라도가 재판

ㄱ) 다른 고대 사본들에는 '의로운 피' ㄴ) 사본에 따라 '스가랴' 또는 '이사야' ㄷ) 슥 11:12, 13; 렘 19:1-13; 32:6-9 ㄹ) 1:1의 주를 볼 것

라. 로마의 총독으로서 빌라도는 세금 징수와 치안 유지의 책임이 있다. 일반적으로 총독들은 자신의 배를 챙기는 평판이 있어 왔다. "총독/통치자"라는 말은 2:6에서 예수님을 통치자라고 말한 것과 동일시된다. 이 두 통치자는 서로 다른 나라를 대표한다. 하나님의 나라인가 또는 사탄의 나라/로마인가? (4:8을 보라) "유대인의 왕"이라는 칭호는 (2:2) 로마가 죽인 폭도들(또는 강도들, 26:55를 보라)을 지칭했던 말이다. 빌라도는 예수님에게 그 폭도들의 두목인가라고 묻는다. 빌라도는 예수님의 정치적 위협을 염려한다. 예수님은 대답을 하지 않으실 뿐만 아니라 (26:63을 보라), 그들의 위협에도 항복하지 않는다. **27:15-23** 빌라도는 서로 다른 유형의 저항력을 놓고 무리에게 투표하게 한다. 바나바는 아마도 "강도"가 아니면 테러리스트일 것이다. 예수님은 비폭력 무저항주의자이시다 (5:38-42). 빌라도는 예수님이 얼마나 무리의 지지를 받는가, 그리고 그가 얼마나 위험한 인물인가를 알아보기 위해서 계속해서 묻는다. 27:17과 21절에서 그는 예수님이 그렇게 인기가 없음을 알게 된다. **27:19** 꿈은 하나님께서 개입하시는 것을 의미한다 (2장). 하나님은 한 이방인 빌라도의 아내를 통하여 예수님이 옳은 사람이며, 하나님의 뜻에 신실한 사람임을 증언하신다. "옳은 사람"은 죽게 되어 있음을 의미한다. **27:20** 종교 지도자들에게 구슬림을 당한 무리는 예수님의 죽음을 요구한다. **27:23** 빌라도는 예수님의 인기 없는 이유를 캐내고 그의 악한 점에 관하여 물었으나 무리는 대답하지 않는다. **27:24** 빌라도는 손을 씻음으로써 그의 책임을 회피하려고 한다 (신 21:1-9; 시 26:6-10). 그는 예수님이 죄 없는 사람이라고 생각하지 않는다. 빌라도는, 오히려, 예수님이 죽게 되는 책임을 무리에게 전가시키려고 한다. 그는 무리가 예수님을 죽이라는 요구를 적수를 없애려는 엘리트들의 소란한 노력을 감추는 데 이용한다. 로마의 공의는 모두 엉망이 되고 만다. **27:25** 지도자들에게 조종당한 무리는 그 책임을 받아들인다 (레 20:9; 삼하 1:16; 겔 18:10-13). 이 몇 마디의 비극적인 말은 기독교인들의 반유대주의 행위와, 하나님께서 거절하신, 유대 사람들은 "예수님을 죽인 사람들"이라는 주장을 하는데 크게 공헌했다. 이러한 오해는 잘못된 것이며, 반

석에 앉아 있을 때에, 그의 아내가 사람을 보내어
말을 전하였다. "당신은 그 옳은 사람에게 아무 관
여도 하지 마세요. ㄱ)지난 밤 꿈에 내가 그 사람 때
문에 몹시 괴로웠어요." 20 그러나 대제사장들
과 장로들은 무리를 구슬러서, 바라바를 놓아달
라고 하고, 예수를 죽이라고 요청하게 하였다.
21 총독이 그들에게 물었다. "이 두 사람 가운데
서, 누구를 놓아주기를 바라오?" 그들이 말하였
다. "바라바요." 22 그 때에 빌라도가 그들에게
말하였다. "그러면 그리스도라고 하는 예수는, 나
더러 어떻게 하라는 거요?" 그들이 모두 말하였
다. "그를 십자가에 못박으시오." 23 빌라도가
말하였다. "정말 이 사람이 무슨 나쁜 일을 하였
소?" 사람들이 더욱 큰 소리로 외쳤다. "십자가에
못박으시오."

24 빌라도는, 자기로서는 어찌할 도리가 없
다는 것과 또 민란이 일어나려는 것을 보고, 물을
가져다가 무리 앞에서 손을 씻고 말하였다. "나는
ㄴ)이 사람의 피에 대하여 책임이 없으니, 여러분이
알아서 하시오." 25 그러자 온 백성이 대답하였
다. "그 사람의 피를 우리와 우리 자손에게 돌리
시오." 26 그래서 빌라도는 그들에게, 바라바는
놓아주고, 예수는 채찍질한 뒤에 십자가에 처형
하라고 넘겨주었다.

군인들이 예수를 조롱하다

(막 15:16-20; 요 19:2-3)

27 총독의 병사들이 예수를 총독 관저로 끌
고 들어가서, 온 부대를 다 그의 앞에 불러모았다.
28 그리고 예수의 옷을 벗기고, 주홍색 걸침 옷을
걸치게 한 다음에, 29 가시로 면류관을 엮어 그의
머리에 씌우고, 그의 오른손에 갈대를 들게 하였
다. 그리고 그분 앞에 무릎을 꿇고, "유대인의 왕
만세!" 하고 말하면서 그를 희롱하였다. 30 또
그들은 그에게 침을 뱉고, 갈대를 빼앗아서, 머리
를 쳤다. 31 이렇게 희롱한 다음에, 그들은 주홍
옷을 벗기고, 그의 옷을 도로 입혔다. 그리고 십
자가에 못박으려고, 그를 끌고 나갔다.

예수께서 십자가에 못박히시다

(막 15:21-32; 눅 23:26-43; 요 19:17-27)

32 그들은 나가다가, 시몬이라는 구레네 사
람을 만나서, 강제로 예수의 십자가를 지고 가게
하였다. 33 그들은 골고다 곧 '해골 곳'이라는
곳에 이르러서, 34 포도주에 쓸개를 타서, ㄷ)예수

ㄱ) 그, '오늘 꿈에' ㄴ) 다른 고대 사본들에는 '이 의로운 피' 또는 '이 의로운 사람의 피' ㄷ) 그, '그에게'

아들여서는 안 된다. 온 *백성*은 모든 시대의 모든 유대 사람을, 비록 1세기의 모든 유대 사람까지도, 다 통틀어 말하는 것이 아니다. 이 이야기에서의 무리/군중들은 예루살렘의 엘리트들에게 조종당한 특정한 군중이다. 이 이야기는 빌라도와 종교 지도자들이, 군중이 아닌, 예수님의 죽음에 대한 책임이 있음을 보여준다. 그 군중들의 외침은 그들을 하나님의 은혜의 대상에서 제외시키지 않는다. 27:64에 보면, 엘리트들도 군중들이 믿으며, 예수님의 제자들은 유대 사람을 포함한 모든 세계에 전도의 사명을 가지게 될 것을 두려워한다 (10:7-8; 28:19-20). *우리 자손에게*에 관하여는 그들의 책임이 기원후 70년의 예루살렘 멸망에 결부되며, 이를 예수님을 거부한 벌로 해석한다 (22:7). 이 주장은, 물론, 70년의 재해를 적은 무리의 책임이라는 기독교인들의 논쟁이다. 그것은 객관적인 설이 아니다. 하나님의 분노는 일시적이며 결코 지속되는 것이 아니다. 그러나 하나님의 자비는 영원히 지속된다 (시 100:5: 애 3:22-24). 피는 용서를 뜻한다 (26:28), 그러므로 이 무리도 하나님의 용서와 구원의 대상에 포함된다 (23:38-39). **27:27-44** 예수님이 십자가에 못 박히시다. **27:27-31** 주홍색 또는 보라색은, 얄궂게도, 왕의 색깔이다. 이 왕은 우주의 심판을 주관하고 (25:31-46) 통치할 것이다 (28:18-20). **27:32** 구레네 시몬은 제자들이 해야 할 일을 한다 (16:24). **27:33-37** 이 이야기의 도처에 시 22편과 69편에 나오는 의인의 고통과 구원에 관한 애가 시편을 생각나게 해준다. 십자가형은 범죄를 방지하기 위하여 대중 앞에서 시행되었다 (10:38 참조).

27:38-44 지도자들을 포함한 세 그룹이 이 왕을 존경하기보다는 조롱하였다 (27:38, 44; 27:39-40, 41-43). **27:40** *네가 하나님의 아들이거든*, 이 문장 구조는 4:1-11의 사탄의 유희와 시험을 상기시켜 준다. **27:45-56** 예수님이 돌아가심. **27:51-53** 새 성전, 무덤이 열림 (슥 14:4-5), 잠자던 많은 성도의 몸이 살아나는 것 등의 우주적인 징조는 예수님의 죽음이나 그의 생애에서도 하나님의 나라가 열리는 표시이다. 살아난 몸은 일반적인 부활을 예기한다 (단 7:18, 22: 12:1-3). **27:54** *하나님의 아들*은 황제의 아들에 대한 칭호였다. 병사들이 예수를, 황제가 아닌, 하나님이 임명한 사자라고 고백한다 (3:17). **27:56-66** 예수님의 매장. 여자들과 요셉은 신실하다; 제자들은 다 사라졌다; 그리고 지도자들은 아직도 하나님의 목적에 저항한다.

28:1-20 예수님의 죽음으로 인해서 지도자들은 자기들의 적이요 비판자인 예수님을 죽이는 데 성공했다고 생각한다. 그러나 그의 부활은 하나님의 능력과 목적이 더 힘이 있으며 방해해서는 안 된다는 사실을

께 드려서 마시게 하였으나, 그는 그 맛을 보시고는,
마시려고 하지 않으셨다. 35 그들은 ㄱ)예수를 십
자가에 못박고 나서, ㄴ)제비를 뽑아서, 그의 옷을
나누어 가졌다. 36 그리고 거기에 앉아서, 그를
지키고 있었다ㄷ). 37 그리고 그의 머리 위에는 "이
사람은 유대인의 왕 예수다" 이렇게 쓴 죄패를 붙
였다.

38 그 때에 강도 두 사람이 예수와 함께 십자
가에 못박혔는데, 하나는 그의 오른쪽에, 하나는
그의 왼쪽에 달렸다. 39 지나가는 사람들이 머
리를 흔들면서, 예수를 모욕하여 40 말하였다.
"성전을 허물고, 사흘만에 짓겠다던 사람아, 네가
하나님의 아들이거든, 너나 구원하여라. 십자가
에서 내려와 보아라." 41 그와 같이, 대제사장들
도 율법학자들과 장로들과 함께 조롱하면서 말하
였다. 42 "그가 남은 구원하였으나, 자기는 구원
하지 못하는가 보다! 그가 이스라엘 왕이시니, 지
금 십자가에서 내려오시라지! 그러면 우리가 그를
믿을 터인데! 43 그가 하나님을 의지하였으니,
하나님이 원하시면, 이제 그를 구원하시라지. 그
가 말하기를 '나는 하나님의 아들이다' 하였으니
말이다." 44 함께 십자가에 달린 강도들도 마찬
가지로 예수를 욕하였다.

예수께서 숨을 거두시다

(막 15:33-41; 눅 23:44-49; 요 19:28-30)

45 낮 열두 시부터 어둠이 온 땅을 덮어서,
오후 세 시까지 계속되었다. 46 세 시쯤에 예수
께서 큰 소리로 부르짖어 말씀하셨다. ㄹ)"엘리 엘리
라마 사박다니?" 그것은 "나의 하나님, 나의 하나
님, 어찌하여 나를 버리셨습니까?"라는 뜻이다.
47 거기에 서 있는 사람들 가운데 몇이 이 말을
듣고서 말하였다. "이 사람이 엘리야를 부르고 있
다." 48 그러자 그들 가운데서 한 사람이 곧 달
려가서 해면을 가져다가, 신 포도주에 적셔서, 갈
대에 꿰어, 그에게 마시게 하였다. 49 그러나 다른
사람들은 "어디 엘리야가 와서, 그를 구하여 주나
두고 보자" 하고 말하였다ㅁ). 50 예수께서 다시
큰 소리로 외치시고, 숨을 거두셨다. 51 그런데
보아라, 성전 휘장이 위에서 아래까지 두 폭으로
찢어졌다. 그리고 땅이 흔들리고, 바위가 갈라지고,
52 무덤이 열리고, 잠자던 많은 성도의 몸이 살
아났다. 53 그리고 그들은, 예수께서 부활하신
뒤에, 무덤에서 나와, 거룩한 도성에 들어가서,
많은 사람에게 나타났다. 54 백부장과 그와
함께 예수를 지키는 사람들이, 지진과 여러 가지
일어난 일들을 보고, 몹시 두려워하여 말하기를
"참으로, 이분은 하나님의 아들이셨다" 하였다.

55 거기에는 많은 여자들이 멀찍이 지켜보고
있었는데, 그들은 예수께 시중을 들면서 갈릴리에
서 따라온 사람이었다. 56 그들 가운데는 막달
라 출신 마리아와 야고보와 요셉의 어머니 마리아
와 세베대의 아들들의 어머니가 있었다.

무덤에 묻히시다

(막 15:42-47; 눅 23:50-56; 요 19:38-42)

57 날이 저물었을 때에, 아리마대 출신으로
요셉이라고 하는 한 부자가 왔다. 그도 역시 예수
의 제자이다. 58 이 사람이 빌라도에게 가서, 예
수의 시신을 내어 달라고 청하니, 빌라도가 내어
주라고 명령하였다. 59 그래서 요셉은 예수의
시신을 가져다가, 깨끗한 삼베로 싸서, 60 바위를
뚫어서 만든 자기의 새 무덤에 모신 다음에, 무덤
어귀에다가 큰 돌을 굴려 놓고 갔다. 61 거기 무덤
맞은편에는 막달라 마리아와 다른 마리아가 앉아
있었다.

경비병이 무덤을 지키다

62 이튿날 곧 예비일 다음날에, 대제사장들
과 바리새파 사람들이 빌라도에게 몰려가서 63 말
하였다. "각하, 세상을 미혹하던 그 사람이 살아
있을 때에 사흘 뒤에 자기가 살아날 것이라고 말한

ㄱ) 그, '그를' ㄴ) 시 22:18 ㄷ) 다른 고대 사본에는 절 끝에 "이것은 예언자를 통하여 '사람들이 그들끼리 내 옷을 나누어 갖고, 내 옷을 놓고 제비를 뽑았다' 하신 말씀을 이루려 함이었다"가 첨가되어 있음 ㄹ) 시 22:1 ㅁ) 다른 고대 사본들에는 절 끝에 '그러나 병사 하나가 창으로 예수의 옆구리를 찌르니 피와 물이 흘러 나왔다'(요 19:34)가 첨가되어 있음

보여준다. 부활은 지도자들의 제한된 능력을 보여주는 것이며, 예수님을 죽은 사람으로 놓아둘 수 없다는 사실을 보여주는 것이다. 이는 또한 자기들이 세계를 통치한다는 주장이 거짓말임을 드러내 보여주는 것이다. 그들은 하나님 나라에 종속되어 있으며, 앞으로도 계속 종속되어 있을 것이다.

28:1-10 예수님이 부활하시다. **28:1** 여자들이 예수님의 죽음을 목격했다 (27:55-56). 마태복음서에서는 (막 16:1에서와는 달리) 그 여자들이 시체에 바를 향유를 가져오지 않는다. 대신에 그들은 무덤을 보러 온다. 그들은 왜 십자가형을 받은 사람과 교제하는 위험한 행동을 하는 것일까? "본다"는 동사는 하나님의

것을, 우리가 기억하고 있습니다. 64 그러니 사
흘째 되는 날까지는, 무덤을 단단히 지키라고 명
령해 주십시오. 혹시 그의 제자들이 와서, 시체를
훔쳐 가고서는, 백성에게는 '그가 죽은 사람들 가
운데서 살아났다' 하고 말할지도 모릅니다. 그렇게
되면, 이번 속임수는 처음 것보다 더 나쁜 영향을
미칠 것입니다." 65 빌라도가 그들에게 말하였다.
"경비병을 내줄 터이니, 물러가서 재주껏 지키시
오." 66 그들은 물러가서 그 돌을 봉인하고, 경
비병을 두어서 무덤을 단단히 지켰다.

예수께서 부활하시다

(막 16:1-8; 눅 24:1-12; 요 20:1-10)

28 1 안식일이 지나고, 이레의 첫 날 동틀
무렵에, 막달라 마리아와 다른 마리아가
무덤을 보러 갔다. 2 그런데 갑자기 큰 지진이
일어났다. 주님의 한 천사가 하늘에서 내려와 무
덤에 다가와서, 그 돌을 굴려 내고, 그 돌 위에 앉
았다. 3 그 천사의 모습은 번개와 같았고, 그의
옷은 눈과 같이 희었다. 4 지키던 사람들은 천사
를 보고 두려워서 떨었고, 죽은 사람처럼 되었다.
5 천사가 여자들에게 말하였다. "두려워하지 말
아라. 나는, 너희가 십자가에 달리신 예수를 찾는
줄 안다. 6 그는 여기에 계시지 않다. 그가 말씀
하신 대로, 그는 살아나셨다. 와서 ㄱ)그가 누워
계시던 곳을 보아라. 7 그리고 빨리 가서 제자들
에게 전하기를, 그는 ㄴ)죽은 사람들 가운데서 살아
나셔서, 그들보다 먼저 갈릴리로 가시니, 그들은
거기서 그를 뵙게 될 것이라고 하여라. 이것이 내가
너희에게 하는 말이다." 8 여자들은 무서움과 큰
기쁨이 엇갈려서, 급히 무덤을 떠나, 이 소식을
그의 제자들에게 전하려고 달려갔다. 9 그런데
갑자기 예수께서 여자들과 마주쳐서 "평안하냐?"
하고 말씀하셨다. 여자들은 다가가서, 그의 발을
붙잡고, 그에게 절을 하였다. 10 그 때에 예수
께서 그 여자들에게 말씀하셨다. "무서워하지 말
아라. 가서, 나의 형제들에게 갈릴리로 가라고
전하여라. 그러면, 거기에서 그들이 나를 만날 것
이다."

경비병의 보고

11 여자들이 가는데, 경비병 가운데 몇 사람
이 성 안으로 들어가서, 일어난 일을 모두 대제사
장들에게 보고하였다. 12 대제사장들은 장로들과
함께 모여 의논한 끝에, 병사들에게 은돈을 많이
집어 주고 13 말하였다. "'예수의 제자들이 밤중에
와서, 우리가 잠든 사이에 시체를 훔쳐갔다' 하고
말하여라. 14 이 소문이 총독의 귀에 들어가게
되더라도, 우리가 잘 말해서, 너희에게 아무 해가
미치지 않게 해주겠다." 15 그들은 돈을 받고서,
시키는 대로 하였다. 그리고 이 말이 오늘날까지
유대인들 사이에 널리 퍼져 있다.

ㄱ) 다른 고대 사본들에는 '주님께서' ㄴ) 다른 고대 사본들에는 '죽은 사람들 가운데서'가 없음

목적을 이해하고 또는 통찰력을 가진다는 뜻이다 (13:10-17). 그들은 예수님이 3일 만에 살아난다고 가르치는 것을 들었다 (16:21; 20:17-19). 그들은 부활한 예수님을 보고, 만나러 왔다 (28:6-7, 10). **28:2-7** 하나님의 사자, *천사*는 하나님의 목적을 보여주는 것이다 (1:20; 2:13, 19). **28:3** 천사의 옷은 하나님의 것과 유사하다 (단 7:9). *번개.* 24:27을 보라. **28:4** 예수님이 부활하신 장소에는 예수님이 아니라 로마의 군사력을 대표하는 병사들이 *죽은 사람처럼 되었다.* 하나님은 하나님 나라로 세상의 나라를 물리치시고, 세상의 나라를 죽은 것 같이 만드신다 (24:27-31을 참조). **28:6** 천사는 예수님이 그 곳에 계시지 않는 이유를 설명한다. 부활의 개념은 순교와 박해의 상황에서 나왔다. 이는 신실한 사람들이 세상의 압제자들을 물리치는 하나님의 승리에 참여함을 보여주는 것이다 (단 12:1-3). **28:7** 천사는 여자들에게 부활의 메시지를 선포하도록 위탁한다. **28:8-10** 그들은 복종하여 부활하신 예수님을 만나고 그에게서도 위탁하는 말을 듣는다. 경배는 황제가 아니라 부활하신 예수께 드려야 한다 (2:2-3, 4:9).

28:11-15 세상의 나라는 이 사건을 다른 이야기로 돌려서 반박해 온다. 이들은 계속 하나님의 목적에 대항한다. 그들이 만일 예수님이 십자가에서 내려오면 믿겠다는 주장은 (27:42) 거짓 수작이다. **28:12-14** 지도자들의 무기는 음모와, 뇌물 주는 돈 (28:12), 거짓 이야기와 비난 (28:13), 그리고 총독 만족시키기 (28:14) 등이다.

28:16-20 예수님은 제자들에게 사명을 주신다. 마치 구약성경의 예언자들을 부르는 이야기와 같이, 부활하신 예수님은 제자들(교회)을 만나고 그들의 의심 (28:17)을 그들에게 세계 선교를 위한 사명을 주심으로써 (재확인함으로써) 극복한다 (28:18-20). **28:16** 갈릴리에서 만난 사실은 그 여자들이 자기들의 사명을 성실히 수행하였음을 입증해 준다 (28:7, 10). 또다시, 산이 주목을 끌게 한다 (5:1; 15:29; 17:1; 24:3). **28:17** 일반적으로 절은 (28:9) 정치 지도자들과 황제들에게 하는 것인데, 그들은 예수님에게 절했다. 공포와 "적은 믿음"과 같이 의심한다는 사실은 제자들도 완전하지 못하다는 표시이다 (8:26; 17:14-20). **28:18** *받았다*는 피동사

제자들의 사명

(막 16:14-18; 눅 24:36-49; 요 20:19-23; 행 1:6-8)

16 열한 제자가 갈릴리로 가서, 예수께서 일
러주신 산에 이르렀다. 17 그들은 예수를 뵙고,
절을 하였다. 그러나 의심하는 사람들도 있었다.
18 예수께서 다가와서, 그들에게 말씀하셨다.
"나는 하늘과 땅의 모든 권세를 받았다. 19 그러
므로 너희는 가서, 모든 민족을 제자로 삼아서, 아
버지와 아들과 성령의 이름으로 ㄱ)세례를 주고,
20 내가 너희에게 명령한 모든 것을 그들에게 가
르쳐 지키게 하여라. 보아라, 내가 세상 끝 날까지
항상 너희와 함께 있을 것이다."ㄴ)

ㄱ) 또는 '침례' ㄴ) 다른 고대 사본들은 절 끝에 '아멘'이 있음

는 하나님의 행위를 뜻한다. 예수님은 하나님이 피조물들을 관할하는 일의 일부를 자기에게 나누어 주셨다고 선언하신다 (11:27). 단 7:13-14에서 하나님은 그에게 "인자 같은 이," "권세와 영광과 나라를 주셨다"고 말한다. 마 4:8에서 마귀는 예수님에게 "세상의 모든 나라와 그 영광을 보여준다." 그러나 예수님은 하나님의 주권이 악마와 세상 나라 악마의 사자들을 지배할 것임을 증명하신다 (24:27-31; 25:41). 예수님은 권위를 자기의 가르침과 (7:29), 죄와 병을 (9:6-8) 다루는 사역에서 (21:23-27) 증명하신다. 그가 세상을 심판하러 다시 올 때에 그는 모든 권위를 증명하실 것이다. 마태복음서는 여기서 또다시 그동안 계속해서 저항하던 세상 나라의 양식과 관점을 모방한다. **28:19-20a** 제자들은 이제 자신들을 위하여 살지 않는다. 예수님은 이 제자들의 그룹이 자기의 가르침대로 사는 유대 사람들과 이방 제자들의 세계적인 선교사회를 형성하도록 사명을 주신다. 그렇게 하는 것은 세상 나라의 가치관과 습관과 정반대의 신념과 관습을 가진 다른 방도의 사회가 되는 것이다 (20:25-28). 로마의 문서에는 여러 종류의 신들이 로마에게 군대의 우세로 세계의 지배를 위탁하는 많은 장면들이 있다 (예를 들어, Virgil Aeneid 6.851-53). 마태의 공동체는 주피터나 잡신들에게서가 아니라, 예수님으로부터 이와 유사한 목표를 위해 사명을 받는다. 그리고 그 방법은 아주 다르다. 군사력 대신에, 이들은 흔히 여기는 데서 생기는 힘, 병 고침의 자비, 모두를 포함하는 공동체, 하나님의 나라를 선포하고 시행하는 생명을 주는 언어 등을 사용한다 (10:7-8). **28:20b** 이 제자들의 공동체는 세상의 거짓과 적개심으로 인하여 상처받은 세상에서 이 과업을 수행한다 (28:11-15). 예수님의 임재가 이 과업에 힘과 지침을 주어 (1:21-23) *땅 끝까지* 이르게 한다.

마가복음서

마가복음서 저자에 따르면, 예수님은 끊임없이 자신에게 모여드는 병든 자, 절름발이, 눈먼 자들을 고쳐주신다. 그리고 예수님의 사역을 반대하고, 그의 명성을 두려워하며, 그를 죽이기 위해 음모를 꾸미던 종교 지도자들과 논쟁을 벌이신다. 또한 처음에 예수님을 따르기 위해 모든 것을 포기했지만, 마지막에 가서는 그를 배신하여 원수에게 내어주고, 문제가 발생할 때 도피하고, 그를 추종하였다는 사실조차도 부인하는 그런 반항적인 제자들을 가르치신다. 이러한 사역을 통해, 예수님은 하늘로부터 하나님의 아들이라 불리고 (1:11; 9:7), 자신의 정체성에 대해 침묵하라는 명령(1:25; 3:11; 3:12)에도 불구하고 자신이 쫓아낸 귀신들로부터 하나님의 능력 있는 아들로 인정되고 (1:24, 34; 5:7), 결국에 가서는 공개적으로 유대 공회원들 앞에서 자신이 진실로 그리스도, 곧 "찬양을 받으실 분의 아들"임을 고백한다 (14:61-62).

그렇지만, 이 능력을 가지고 계신 하나님의 아들은 너무 쉽게 적들에게 잡히고, 그를 몹시 좋아하던 백성들로부터 배신을 당하고, 믿음 없어 두려워하는 제자들에게 세 차례에 걸쳐서 예언한 것처럼 결국에 가서는 로마 사람들에게 처형당하신다 (8:31-32; 9:31-32; 10:32-34). 예수님이 진실로 "하나님의 아들"(15:39)이라는 결정적인 선언은 이방 사람인 로마의 백부장의 입을 통해 고백된다. 예수님의 신실한 여성 제자들이 죽은 예수님에게 기름을 바르기 위해 무덤에 갔을 때, 그들은 비어있는 무덤과 한 젊은 남자를 보게 되는데, 그 젊은 남자는 흰 옷을 입고 있는 가운데 예수님이 부활하셨고, 그가 이전에 말씀했던 것처럼 (14:28) 그들을 앞서 갈릴리로 가셨다고 전한다. 그러나 그 소식을 가지고 뿔뿔이 흩어져 있는 제자들에게 급히 달려가지 않고, 그 여인들은 두려움 가운데 무덤을 떠나 아무에게도 그 사실을 전하지 못했다 (16:1-8). 마가복음의 원본은 이러한 결정적인 제자들의 실패로 결말을 맺고 있지만, 기독교 후기 세대는 이러한 결말에 실망감을 갖게 되면서 이 이야기 후반부에 새로운 이야기를 첨가하였다. 이 부록 부분은 고대로부터 전해져 현존하는 대부분의 복음서 사본에서 발견된다.

어떻게 두려움과 배신과 고난과 죽음과 같은 고통스러운 이야기가 마가복음서가 시작되는 부분에서 단언하는 것처럼 "예수 그리스도의 복음"(1:1)이 될 수 있는가? 예수님의 이야기는, 원수들의 절대적인 반대와 가족과 제자들의 돌이킬 수 없는 실패에도 불구하고, 마가에게는 말할 것도 없이 "복음"이다. 왜냐하면 예수님의 사역과 죽음을 통해 악한 세상을 종결시키고 "선택받은 자"를 위한 새로운 존재를 창조하겠다는 하나님의 약속이 피할 수 없는 임박한 현실이 되기 때문이다 (1:2-3; 9:1; 12:9; 13:3-31을 보라). 마가복음은 무엇보다도 종말론적 이야기로서, 지금 고통과 좌절을 경험하는 사람들에게 진실로 소망하는 세계가 다가온다는 것을 약속하고, 그 세계에서 인간이든 아니면 마귀 세력이든 모든 하나님의 원수들이 패배당할 것이며, 하나님의 선택받은 백성들에게 고난을 주는 가혹한 현재 세상이 더 이상 존재하지 않게 될 것이기 때문이다. 그 때까지 마가는 예수를 통해 이런 고통스러운 마지막 때를 어떻게 신실하게 살아야 하는지에 대한 본보기를, 그리고 제자들을 통해 어떻게 사는 것이 신실하지 못한 모습인지에 대한 역본보기를 제시해 주고 있다.

마가복음서가 말해주고 있는 이야기는 분명히 박해 상황 속에 고통당하던 그리스도인들, 즉, 지금 박해를 당하고 있거나 앞으로 박해의 위협에 직면하게 될 기독교인들의 필요에 적합하다. 부분적으로 이러한 이유 때문에, 초기 그리스도교 전통과 가장 최근의 성서학자들은 복음서가 기원후 65-75년 사이에 형성되었을 것으로 추정하고 있다. 그 때 로마에서는 네로 황제의 기독교 박해가 유대-로마 전쟁(66-74년)으로 인해 곧 초래되었다 (Tacitus, Annals 15.44). 이 전쟁으로 예루살렘과 성전은 로마 군인들에 의해 초토화되었다. 결과적으로, 신약성경의 두 번째 성경으로 자리잡고 있지만, 마가복음은 기록된 복음서들 가운데 가장 최초의 복음서로 추정되었다.

다른 정경에 속해 있는 복음서들과 마찬가지로, 마가복음은 원래 그리스도교 공동체들 사이에서 비밀리에 회람되고 있었던 것으로 추정된다. 마가복음서의 저자 규명에 대한 초기 전통은 교회 지도자 파피아스(Papias)로부터 시작되었는데, 그는 2세기 중반 이전에 상당히 활발하게 활동하던 사람이다. 유세비우스(Eusebius)는 파피아스를 인용하여(Historia ecclesiasticus 3.39.15), 마가복음서가 마가라고 불리는 베드로의 제자(벧전 5:13)에 의해 기록되었다고 전한다. 마가가 로마 네로의 박해하에 베드로가 죽고 난 이후, 이 복음서를 기록했다고 믿었다. 그렇지만, 어거스틴은 이 전통에 대해 모르고 있었던 듯하다. 왜냐하면 그는 마가복음서가 단지 마태복음의 축소판이었으며, 성경을 라틴어로 번역한 제롬은 마가복음서의 저자가 바울의 동역자이었던 사도행전의 마가라는 요한(John Mark, 15:37-38)이며, 이집트에서 작성되었다고 믿었다는 사실을 주장하였기 때문이다. 현대 학자들은 보편적으로 본문에 나타난 내적 근거에 따라 마가복음서와 베드로를 관련시키는 사실을 흔쾌히 동의하지 않는다. 왜냐하면 베드로가 마가복음 속에서 맹렬히 비난을 받고 있기 때문이다 (초대교회 전통은 이와 동일한 증거 방식을 정반대 사실을 증명하기 위해 사용했다: 오직 베드로만이 자기자신을 그처럼 부정적으로 표현할 수 있었을 것이다). 일부 현대 학자들이 계속해서 마가복음서가 기록된 곳을 로마로 간주하고 있는 반면에, 다른 학자들은 14:28과 16:7에 기록된 갈릴리에 대한 지시사항을 근거로 복음서가 북쪽 갈릴리 농촌 지역 혹은 시리아 지역에서 기록되었다고 주장하기도 한다. 그 곳에서 일부 예루살렘 기독교인들이 유대-로마 전쟁을 피해 도피생활을 하였다고 추정한다.

마가복음서는 매우 간소화된 형태의 코이네 희랍어(기원후 1세기에 일반적으로 쓰인 희랍어)로 기록되어 있어, 희랍어 구사능력이 거의 없는 사람들을 포함하여 매우 광범위한 독자층을 겨냥하여 기록되었다. 또한 다른 고대 작품들과 마찬가지로 마가복음서는 눈으로 읽기 위한 것이기보다는 귀로 듣기 위한 목적으로 기록되었다. 왜냐하면 대다수의 독자들(초대 그리스도인들을 포함하여)은 문맹자들이었기 때문이다. 청중들이 이야기의 흐름을 연속적으로 이해할 수 있도록 이야기를 반복하고, 요약하고, 그리고 다른 문학적 기교들을 사용하는 것이 고대 청각 중심적 이야기의 일반적인 문학형태이다. 마가복음서의 문학 장르에 대한 논의가 학자들 사이에서 지금까지 끊임없이 논의되고 있지만, 일종의 대중 소설적 전기(傳記)로 간주하는 것이 가장 최선일 것이다. 왜 가장 대중적인 초대 기독교 장르였던 편지 형태가 아니고 이야기 형식의 전기로 기록해 나갔는가를 질문하는 것이 매우 중요하다. 비록 복음서를 기록한 저자의 의도에 대한 논의에 합의를 보지 못했지만, 청중들을 이야기 전개과정에 개입시켜 영웅이나 이야기하는 사람의 행동에 대한 청중들의 반응을 하나로 엮어줄 수 있는 이야기체의 힘이 저자에게는 가장 중요한 이득이었다고 말해도 좋을 것이다. 또한 박해에 직면해 있는 기독교인들의 믿음을 격려해 주는 것과 더불어, 마가복음서는 아직 기독교로 개종하지는 않았지만 관심을 갖고 있는 사람들에게 손을 내밀기 위한 의도를 또한 지니고 있었다는 점을 인식하는 것 또한 중요하다.

간단한 서언 이후 (1:1-13), 마가복음서는 크게 두 부분으로 구성된다. 첫 번째 부분은 갈릴리를 중심으로 일어나는 예수님의 설교와 치유사역과 관련된 이야기들이며 (1:14—10:52), 두 번째 부분은 예루살렘을 중심으로 일어나는 예수님의 고뇌, 체포, 심판, 죽음, 그리고 부활과 관계되어 있다 (11:1—16:8). 이 두 부분 속에, 마가복음 자료들은 한 쌍의 관련된 이야기들로 또한 분류되어 있다. 마가복음의 내용은 다음과 같다. 성경본문에 따라 세밀하게 조사할 필요가 있는 주석은 이 개요를 따를 것이며, 명확성을 기하기 위하여 더 보충하여 상세하게 설명될 것이다.

Ⅰ. 서언, 1:1-13

Ⅱ. 설교자이며 치유자이신 예수, 1:14—10:52

A. 서론, 1:14-15

B. 제자를 부르심, 치유와 논쟁, 1:16—3:6

C. 제자 파송을 통한 열두 제자 임명, 3:7—6:32

D. 오천 명을 먹이시고
사천 명을 먹이심, 6:33—8:21

E. 눈먼 자를 치유하시고
두려워하는 제자들을 가르치심, 8:22—10:52

Ⅲ. 하나님의 아들이자 포도원의 상속자이신 예수, 11:1—16:8

A. 서론, 11:1-11

B. 성전과 그 주변에서 일어나는 논쟁과 가르침, 11:12—13:37

C. 기름부음 받은 자가 체포되고, 심문받고,
죽음에 이르심, 14:1—16:8

메리 앤 톨버트 (Mary Ann Tolbert)

세례자 요한의 선포

(마 3:1-12; 눅 3:1-9; 15-17; 요 1:19-28)

1 1 ㄱ)하나님의 아들 예수 ㄴ)그리스도의 ㄷ)복
음의 시작은 이러하다.
2 ㄹ)예언자 이사야의 글에 기록하기를,
ㅁ)"보아라,
내가 내 심부름꾼을
ㅂ)너보다 앞서 보낸다.
그가 네 길을 닦을 것이다."
3 ㅅ)"광야에서 외치는 이의
소리가 있다.
'너희는 주님의 길을 예비하고,
그의 길을 곧게 하여라'"

ㄱ) 다른 고대 사본들에는 '하나님의 아들'이 없음 ㄴ) 또는 '메시아'. 그리스도는 그리스어이고, 메시아는 히브리어임. 둘 다 '기름부음 받은 사람'을 뜻함 ㄷ) 또는 '기쁜 소식' ㄹ) 다른 고대 사본들에는 '예언서들에' ㅁ) 말 3:1 ㅂ) 그, '네 얼굴 앞에' ㅅ) 사 40:3 (칠십인역)

1:1-13 마가복음서의 첫 열세 절은 마가복음서 전체를 위한 서언 역할을 한다. 이 서언에서는 이야기의 영웅적인 주인공 예수님을 소개하고 있으며, 하나님의 아들이자 대행자로서의 중요성을 다양한 방식으로 소개해준다. 1:1에서 내레이터가 상황을 설명하는 것을 통해서; 1:2-3에서 성경말씀을 인용함으로써; 1:7-8에서 세례 요한의 증언을 통해서; 그리고 1:11에서 하늘로부터 들려오는 소리를 통해서 예수님을 소개해주고 있다. 고대 작품들에서 서언의 목적은 청중들에게 앞으로 펼쳐지는 이야기를 이해할 수 있도록 돕기 위해 기본적인 정보를 전해 주는 것이었다. 일부 고대 작품의 서언은 결말을 포함하여 작품 전체의 흐름을 간단하게 요약해 준다. 어떤 작품들은 주요 인물들을 소개하면서 앞으로 전개될 이야기에 대한 약간의 암시를 주기도 한다. 두 경우 모두 그 목적은 청중들이 그들이 듣게 될 것에 명확하게 주의를 기울일 수 있도록 하는 것이었다. 왜냐하면, 근대의 독자들과는 달리, 고대인들은 어중간한 설명은 계속해서 정신을 산란하게 만든다고 생각했기 때문이다. 따라서 청중들이 주의를 기울일 수 있도록 하기 위해, 독자들에게 앞으로 무슨 일이 일어나게 될지 살짝 알려주어야 했다. 갈릴리 나사렛으로부터 예수님이 예루살렘 근방 유대의 요단 강에서 세례를 베풀고 있던 요한에게 찾아갔다고 함으로써, 이 서언은 복음서의 주요 지리적 흐름, 곧 1:14—10:52의 갈릴리와 그 주변 지역에서 11:1—16:8의 예루살렘과 그 주변 지역으로 이동했음을 설명해 주고 있다. 또한 이 서언은, "모든" 예루살렘 주민들을 상대로 처음에는 매우 성공적인 활동을 펼치던 요한(5절)이 갑작스럽게 체포되었다는 소식으로 귀결된 것처럼 (14a절), 이 이야기에 등장하는 예수님의 운명에 대해서도 예측할 수 있도록 한다. 6:14-29에 묘사된 요한의 죽음에 대한 설명은 이러한 형식을 지속시켜 15장에 묘사된 예수님의 죽음을 다양한 방식으로 암시해 준다.

1:1 일부 주석가들은 이 구절을 이 이야기의 첫 절로 이해하기보다는, 전체 이야기에 대한 일종의 제목으로 생각한다. 고대 희랍어사본들은 구두점이 없기 때문에, 이 문장이 마침표로 끝맺는지, 아니면 쉼표로 끝나는지에 대한 논의는 해석상의 문제로 되어 있다. 이 이야기의 주인공인 예수님과 그의 참된 신적 연합은 분명히 이 구절에서 드러난다. 예수님의 정체성은 예수께서 이야기에 등장하는 다른 인물들에게 침묵하라고 요청하셔도 (1:44; 3:12; 8:30; 9:9) 결코 마가복음서의 청중들에게 비밀로 부쳐지지 않는다. *복음*(희랍어, *유앙겔리온*)은 일반적으로 신들의 업적이나 혹은 전쟁에서 승전한 좋은 소식을 바로 전달하는 것을 가리킨다. 이 단어는 교회 역사 속에서 기독교 형태의 작품에 나타난 하나의 명칭이 되었다 (마가가 그 단어를 여기서 사용한 것에서 영향을 받은 듯하다). 마가복음의 주제인 예수님에 관한 복음은 차이가 있지만 1:14와 평행을 이루고 있다. *그 곳에서* 예수님 자신은 *하나님의 복음*을 전파하기 위해 오시는 것으로서 마가복음의 첫 번째 주요 부분이 시작한다 (1:14-15; 8:35; 10:29; 13:10; 14:9를 보라). *그리스도*(희랍어, *크리스토스*)는 히브리어의 "메시아"를 희랍어로 번역한 것이며, "기름부음을 받은 사람"이란 의미이다. 마가복음의 다른 부분처럼 여기에서도 이 단어는 예수님의 호칭들 가운데 하나로 역할하고 있으며, 이는 지금까지도 유대 전통 속에서 그의 특수한 역할을 규명해 준다. *하나님의 아들*은 "하나님의 사람" 혹은 특별한 신적 능력과 역할기능을 하는 사람을 표현하는 일반적인 희랍어 호칭이었다.

1:2-3 2a절은 이사야서를 인용한 것이며, 실제로 3절도 사 40:3의 말씀을 인용하고 있지만, 2b절은 그렇지 않다. 2b절은 비록 정확하게 들어맞지는 않지만, 말 3:1과 출 23:20이 합해져 있는 것 같다. 이 인용의 원래 출처가 무엇이든 이 구절이 이사야 예언자의 말은 아니며, 따라서 마가복음 저자가 지닌 성경 지식수준과 저자가 생각하기에 청중들이 갖고 있는 성경 지식수준에 대해 의문을 갖게 한다. 마태복음서와 누가복음서는 후에 다른 부분에서 이 이사야에서 온 인용구절을 사용하기는 했지만 (마 3:3; 11:10; 눅 3:4-6; 7:27을 보라), 이 부분에서는 그 인용을 생략하였다. 더 흥미로운 질문은 과연 이 인용구절들이 묘사하려는 사람은 누구인가이다. 이러한 인용구절들은 신약성경 전체를 통틀어 볼 때 늘 본문 속에서 이미 선행했던 것을 지시하는 형식의 일정한 방식을 따른 시작문구 (…*에 기록하기를*) 이후에 나타난다 (예를 들어, 막 7:6; 눅 2:22-23; 눅 3:3-4; 요 6:31; 요 12:14-15; 행 7:42; 롬 1:17; 롬 2:23-24; 고전 6:16; 고전 10:7을 보라). 마가복음서에서 이 인용구절에 선행하는 것은 *하나님의 아들 예수 그리스도의 복음*에 대한 선포이다. 만약 이 일정한 방

한 것과 같이, 4 ㄱ)세례자 요한이 광야에 나타나서,
죄를 용서받게 하는 회개의 ㄴ)세례를 선포하였다.
5 그래서 온 유대 지방 사람들과 온 예루살렘 주
민들이 그에게로 나아가서, 자기들의 죄를 고백
하며, 요단 강에서 그에게 ㄴ)세례를 받았다. 6 요
한은 낙타 털옷을 입고, 허리에 가죽 띠를 띠고,
메뚜기와 들꿀을 먹고 살았다. 7 그는 이렇게 선
포하였다. "나보다 더 능력이 있는 이가 내 뒤에
오십니다. 나는 몸을 굽혀서 그의 신발 끈을 풀
자격조차 없습니다. 8 나는 여러분에게 물로
ㄴ)세례를 주었지만, 그는 여러분에게 성령으로
ㄴ)세례를 주실 것입니다."

예수께서 세례를 받으시다

(마 3:13-17; 눅 3:21-22)

9 그 무렵에 예수께서 갈릴리 나사렛으로부터
오셔서, 요단 강에서 요한에게 ㄴ)세례를 받으셨다.
10 예수께서 물 속에서 막 올라오시는데, 하늘이
갈라지고, 성령이 비둘기같이 자기에게 내려오는
것을 보셨다. 11 그리고 하늘로부터 소리가 났
다. "너는 ㄷ)내 사랑하는 아들이다. 내가 너를 좋
아한다."

ㄱ) 또는 '침례자' ㄴ) 또는 '침례' ㄷ) 또는 '내 아들, 내 사랑하는 자다'

식을 따른 문구가 마가와 다른 저자들이 다른 곳에서 사용하는 것과 동일하게 사용되고 있다면, 예수님이 성경 인용구절의 지시대상자가 되는 것이고, 1:1-3 모든 이야기는 다음과 같이 확장된 구문으로 읽혀져야 할 것이다: *예언자 이사야의 글에 기록하기를, "보아라, 내가 내 심부름꾼을 너보다 앞서 보낸다. 그가 네 길을 닦을 것이다. 광야에서 외치는 이의 소리가 있다. 너는 주님의 길을 예비하고, 그의 길을 곧게 하여라" 한 것처럼, 하나님의 아들 예수 그리스도의 복음은 이러하다.* 만약에 이것이 마가가 의도한 것이라면, 이 인용구절들은 이사야가 예언한 하나님의 사신이 바로 예수님임을 규정하는 것이며, 그가 백성들을 인도하여 *주님의* 오심을 준비하도록 보냄을 받았다고 이해할 수 있다. 그리고 하나님의 오심은 마가복음에서 빈번히 사용되는 표현이기도 하다 (5:19; 11:9; 12:11, 29, 30, 36, 37; 13:20). 마가복음에서 예수님은 오고 계시는 하나님의 사신이시며, 따라서 예수님에 관한 "복음"은 이사야의 예언과 함께 시작하는 것이다. 그러나 마태와 누가는 분명하게 이 구절들을 세례 요한과 연결시키고 있지, 예수님을 가리키기 위해 사용하지는 않는다. 하지만 일정한 방식의 표현이 제대로 기능할 수 있도록 하기 위해서, 마태와 누가는 마가와는 달리 이사야서 인용 이전에 요한을 소개하고 있다 (마 3:1-3; 눅 3:1-6). 많은 주석자들은 이 점에 있어서 마태와 누가를 따르고 있고, 마가의 인용 역시, 불가능한 것은 아니지만 문법적으로 풀기가 어렵다고 할지라도, 요한을 가리킨다고 주장한다. 세례 요한이라고 간주할 수 있는 주요 요인은 3절과 4절에 기록된 광야라는 지리적 위치이다.

1:4-8 요한은 성공적으로 *예루살렘*과 유대 다른 지역의 백성들에게 세례를 베풀고 있지만, 자기 자신이 앞으로 올 특별한 사람이 아님을 알고 있다. **1:4** 일부 사본은 "세례를 선포하는" 분사 (分詞) 앞에 "정관사"를 첨가하여 요한이 바로 그 *세례자*임을 명시한다. 이 첨가된 정관사는 3절에 인용된 이사야의 말에 4절을 더 적절하게 해준다. 왜냐하면 요한의 주요 활동은 ("외치는 이의 소리"처럼) *선포하는* 것이기 때문이다. 정관사가 없이 기록된 다른 사본들은 요한의 주요 활동이 세례를 베푸는 것이며, 이는 요한을 3절에 인용된 구절과 관련이 없는 인물임을 시사해 주고 있다. **1:5** 희랍어 본문은 유대 지방과 유대의 수도 예루살렘의 주민들을 표현할 때 모두를 반복적으로 사용함으로써 회개의 완전성을 강조한다. 회개와 죄의 고백을 세례와 연결시키는 것은 사해사본에서도 발견된다. 추가로, 제의적인 목욕은 헬라 종교에서도 정결예식 기간에 행하여졌다. **1:6** 요한의 옷과 음식은 엘리야 (왕하 1:8) 혹은 일반 예언자들(슥 13:4)을 연상시켜 준다. **1:7** 몸을 굽혀서 다른 사람의 신발 *끈을 푸는* 은유적 표현은 손님이 식사하기 위해 신발을 벗고 발을 씻으려고 할 때 집안의 노예가 일반적으로 행하던 행동을 보여주는 듯하다 (예를 들어, 눅 7:38, 44-45; 요 12:3; 13:4-5를 보라). 만약 그렇다면, 요한은 오고 계시는 사람의 종이 될 만한 가치조차도 없다는 말이 된다. **1:8** 마지막 때에 대한 증거 중에 하나는 하나님의 영으로 새롭게 부음을 받는 것이었다 (행 2:17-21; 엘 2:28-32). 그리고 초대 기독교 공동체의 일부 성도들은 영의 임재를 공동체 일원의 자격을 증명해 주는 것으로 이해했다 (행 10:44-48과 15:7-9를 보라).

1:9-10 *예수님*은 북부 팔레스타인의 *갈릴리로부터 요단 강에서* 요한에게 세례를 받기 위해 오시지만, 세례수 뿐만 아니라 *비둘기의* 형상으로 하늘로부터 내려오는 성령을 또한 받으신다. **1:9** 갈릴리로부터 유대 지역으로의 여행은 갈릴리 사역에서 시작하여 예루살렘에서의 심문, 죽음, 그리고 부활로 흐르는 전체구조의 전조가 된다 (이렇게 한 바퀴 회전하는 식의 구성은 예수님이 부활하신 이후 갈릴리에서 그의 제자들을 다시 만나게 될 것이라는 16:7의 마지막 예언으로 완성된다). **1:10** *하늘이 갈라지고.* 이것은 하나의 종말론적 이미지이다 (겔 1:1; 사 64:1). 희랍어 "*갈라지다*"(희랍어, *스키조*)는 마가복음에서 한 번 더 사용되는데, 예수님이 숨을 거두실 때 성전의 휘장이 찢어지는 것을 설명하기 위해 사용된다 (15:38). *비둘기*(마 3:16; 눅 3:21-22; 요 1:32-33)는 창 1:2에서 수면 위에서 넘실거리는 성

시험을 받으시다 (마 4:1-11; 눅 4:1-13)

12 그리고 곧 성령이 예수를 광야로 내보내
셨다. 13 예수께서 사십 일 동안 광야에 계셨는
데, 거기서 사탄에게 시험을 받으셨다. 예수께서
들짐승들과 함께 지내셨는데, 천사들이 그의 시
중을 들었다.

하나님의 나라를 선포하시다
(마 4:12-17; 눅 4:14-15)

14 요한이 잡힌 뒤에, 예수께서 갈릴리에 오
셔서, ㄱ)하나님의 복음을 선포하셨다. 15 "때가
찼다. 하나님의 나라가 가까이 왔다. 회개하여라.
복음을 믿어라."

제자 넷을 부르시다 (마 4:18-22; 눅 5:1-11)

16 예수께서 갈릴리 바닷가를 지나가시다가,
시몬과 그의 동생 안드레가 바다에서 그물을 던지
고 있는 것을 보셨다. 그들은 어부였다. 17 예수
께서 그들에게 말씀하셨다. "나를 따라오너라. 내가
너희를 사람을 낚는 어부가 되게 하겠다." 18 그
들은 곧 그물을 버리고 예수를 따라갔다. 19 예수
께서 조금 더 가시다가, 세베대의 아들 야고보와
그의 동생 요한이 배에서 그물을 깁고 있는 것을
보시고, 20 곧바로 그들을 부르셨다. 그들은 아
버지 세베대를 일꾼들과 함께 배에 남겨 두고, 곧
예수를 따라갔다.

ㄱ) 다른 고대 사본들에는 '(하나님의) 나라의'

---

*령*을 상징하거나, 만약 이 단어가 홍수 설화의 *비둘기*를 암시하는 것이라면 (창 8:8-12), 그것은 새 창조에 대한 소망을 상징하는 것으로 생각해 볼 수 있다. 길흉 판단(augury)에 대한 그리스와 로마인들의 신앙은 종종 제의식에서 특정한 새가 나는 모습이나 외형을 통해 특별한 형세나 운명을 예언하곤 하였다.

1:11-13 하늘로부터 들려온 소리는 하나님의 아들(1절)로서의 예수님의 정체성을 확증해준다. 그 후 성령님은 예수님을 광야로 내보내어 사십 일 동안 시험받도록 하신다 (3절을 참조). **1:11** 예수님의 특별한 신분에 대한 확증은 *내 사랑하는 아들*(시 2:7)이라는 하늘로부터 들려오는 소리에서 그 절정을 이룬다. 본문은 예수님만이 이 소리를 들은 유일한 사람으로 소개하고 있지만 (마 3:17을 참조), 이 소리가 예수님의 산상 변화에서 다시 들려오는 시점에서 제자들 또한 함께 거론된다 (막 9:7). **1:12** 서언은 광야에서의 소리에 대한 성서적 예언을 인용하면서 시작하여 (3절) 광야에 계신 예수님으로 끝을 맺는다. 더욱이 마가복음에서 예수께서 광야로 되돌아오는 이야기를 수차례 전한다 (1:35, 45; 6:31, 32, 35; 8:4). **1:13** 광야에서 사십 일 동안 시험받은 기간은 사십 년 동안 시내 광야에서 히브리 백성의 방랑기로부터 시내 산에서의 모세의 체험(출 34:28)과 엘리야의 도주 이야기(왕상 19:4-8)에 이르기까지 구약성경에 기록된 시련과 시험의 시기를 암시해 준다. 마가복음에서 사탄의 유혹 내용은 전해지지 않지만 (마 4:1-11; 눅 4:1-13을 참조), 사탄의 *시험*을 표현하기 위해 사용되는 희랍어 동사 *페이라조*는 예루살렘에 있는 예수님의 적대자들의 행동을 묘사하기 위해 이야기 후반부에 반복되어 사용된다 (8:11; 12:13-17). 들짐승이 무엇을 가리키는지는 분명치 않다.

1:14-15 14-15절에도 서론적인 내용이 포함되어 있기는 하지만, 마가복음서 전체 이야기를 소개해주었던 바로 전에 있는 열세 절의 내용과는 달리, 이 자료는 특별히 마가복음서의 첫 번째 주요 부분인 1:14—10:52와 연결되어 있다. 마가복음의 첫 번째 주요 부분은 갈릴리 중심으로 펼쳐지는 예수님의 치유, 논쟁, 그리고 가르침과 관계된다. 이러한 예수님의 사역을 소개하기 위해, 14절과 15절은 복음서에 기록된 예수님이 처음으로 말씀하신 것으로서, 복음이라는 단어를 내포하여 수사적으로 표현하고 있다. 즉 구절의 처음과 마지막에 모두 어떤 특정한 문구나 주제를 사용하는 수사적 표현으로 돋보이게 한다. 두 구절은 첫 번째 부분을 관통하고 있는 예수님의 가르침을 표제적인 요약형식으로 표현하고 있다. 그러나 이 말씀들을 듣기 이전에 청중들은 세례 요한의 체포사건에 대해 말하고 있는 이야기하는 사람의 의도를 인식해야 한다. 모든 유대 지방 사람들과 예루살렘 주민들을 회개로 인도한 것이 체포와 위험을 막아내지 못했다는 것은 예수 사역의 시작에 그림자를 드리운다. **1:14** 예수님의 가르침은 *하나님의 복음*에 관한 것이다. 마가복음은 예수님의 복음에 대해 선포하지만 (1절), 복음서에서 예수님은 자신이 아닌 하나님을 선포하신다. 구조적으로 평행을 이루는 이 두 가지 선포형식은 신학적으로 매우 독특한 것으로 간주되고 있다. **1:15** 희랍어 동사 *찼다*(*페프레이로타이*)와 *가까이 왔다*(*엥기켄*)은 완료형으로써 이미 과거에 시작되었으나, 현재로 꾸준히 진행되고 있는 행동을 표현한다. 따라서 예수님이 선포하시는 하나님의 나라는 예수님 자신의 사역에 앞선다. 실제로 예수님의 사역은 이러한 과정의 절정을 향해 나아가는 것이다. 세례 요한은 회개를 선포했지만 예수님의 가르침은 어떤 새로운 것, 즉 복음을 *믿는 것*을 내포한다. 믿음 혹은 신앙(동일한 희랍어 단어 *피스티스*)은 예수님의 가르침을 듣는 모든 사람에게 표준이 된다. *하나님의 나라*는 의심할 여지가 전혀 없이 하나님께서 왕으로서 만백성과 모든 피조 세계를 다스리는 때나 곳을 가리킨다.

1:16—3:6 이 부분은 두 개의 평행 부분으로

악한 귀신이 들린 사람을 고치시다
(눅 4:31-37)

21 그들은 가버나움으로 들어갔다. 예수께서
안식일에 곧바로 회당에 들어가서 가르치셨는데,
22 사람들은 그의 가르침에 놀랐다. 예수께서 율
법학자들과는 달리 권위 있게 가르치셨기 때문이
다. 23 그 때에 회당에 ㄱ)악한 귀신 들린 사람이
하나 있었는데, 그가 큰소리로 이렇게 말하였다.
24 "나사렛 사람 예수님, 왜 우리를 간섭하려 하
십니까? 우리를 없애려고 오셨습니까? 나는 당신
이 누구인지 압니다. 하나님께서 보내신 거룩한
분입니다." 25 예수께서 그를 꾸짖어 말씀하셨
다. "입을 다물고 이 사람에게서 나가라." 26 그
러자 악한 귀신은 그에게 경련을 일으켜 놓고서
큰 소리를 지르며 떠나갔다. 27 사람들이 모두
놀라서 "이게 어찌된 일이냐? 권위 있는 새로운
가르침이다! 그가 악한 귀신들에게 명하시니, 그
들도 복종하는구나!" 하면서 서로 물었다. 28 그
리하여 예수의 소문이 곧 갈릴리 주위의 온 지역
에 두루 퍼졌다.

많은 사람을 고치시다
(마 8:14-17; 눅 4:38-41)

29 ㄴ)그들은 회당에서 나와서, 곧바로 야고보
와 요한과 함께 시몬과 안드레의 집으로 갔다.
30 마침 시몬의 장모가 열병으로 누워 있었는데,
사람들은 그 사정을 예수께 말씀드렸다. 31 예수
께서 그 여자에게 다가가셔서 그 손을 잡아 일으
키시니, 열병이 떠나고, 그 여자는 그들의 시중을
들었다.

ㄱ) 그, '더러운' ㄴ) 다른 고대 사본들에는 '그는'

구성되어 있는데, 각 부분은 제자들을 부르시는 사건들로 시작하고 (1:16-20과 2:13-14), 곧이어 유사한 형식의 네 이야기가 뒤따른다: 첫 번째 부분은 모두 치료 이야기(1:21—2:12)를, 두 번째 부분에서는 논쟁 이야기(2:15—3:6)를 전한다. 각 부분은 혼합된 형태의 치료/논쟁 이야기로 끝을 맺는다 (2:1-12와 3:1-6). 마가복음의 이 부분은 마가의 이야기 나머지 부분에 참여하는 다른 모든 인물과 무리를 소개하는 데 할애되고 있다.

1:16-20 예수님은 후에 열두 제자 가운데서 가장 주목할 만한 서너 명의 제자를 부르신다 (마 4:18-22; 눅 5:1-11; 요 1:35-51을 참조). **1:16** *갈릴리 바닷가.* 이 곳은 사실상 물고기들이 많이 살고 있는 깨끗한 호수였다. **1:18** *곧* (희랍어, *유투스*). 이 부사는 마가복음서에 무려 40회 이상 나타나는 마가가 선호하는 표현인데, 특별히 이 부분에서는 더욱 그러하다 (1:20-21, 23, 28-30, 42-43; 2:8, 12). 이 표현은 이야기의 흐름을 숨쉴 겨를 없이 가속시켜 주는 역할을 한다. **1:20** 야고보와 요한이 그들의 부친을 버린 (희랍어, *아휀테스*) 첫 번째 행동은 이야기의 후반부에 예수님이 체포될 당시 (14:50) 예수님을 버리는 제자들의 마지막 행동을 암시해 준다. 일꾼들과 함께 있었다는 것은 그 가족이 상대적으로 부유한 계층이었음을 시사해 주고 있다.

1:21-28 마가복음에서 예수님이 첫 번째로 병을 고치시는 기적은 귀신을 쫓아내는 것이다 (눅 4:31-37). **1:21** 이 이야기의 후반부 3:1-6에서 병 고침과 논쟁 기사가 함께 나오는 것과 마찬가지로, 이 첫 번째 병 고치는 사건은 안식일에 회당에서 일어난다. 1세기 유대 사람들은 회당을 성경을 연구하는 장소로 사용하였다 (모든 희생제사는 예루살렘의 성전에서 진행되었다). 상당한 수의 유대 사람들이 거주하고 있던 도시 혹은 마을들은 일반적으로 몇 개의 회당을 운영하고 있었으며, 아마도 이 때에는 일반 가정에서 모임을 가졌던 것 같다. **1:22** 율법학자들은 유대인 전문 율법학자들이었던 것 같다. **1:23** "거룩한 영"과 대조되는 *악한 귀신*은 어떤 장소, 사람, 혹은 동물 안에 거주하는 악마적 존재를 가리킨다. **1:24** 귀신은 예수님의 정체성을 *하나님께서 보내신 거룩한 분*으로 알고 있다. 어떤 사람의 정체에 대해 아는 것이 종종 그 사람을 능가할 수 있는 힘이 있는 것처럼 생각했었다는 점에서 볼 때, 마가복음서에 나타나 있는 대부분의 귀신들이 예수님의 정체성을 알고 있다는 사실(1:34; 3:11; 5:7-8)은 예수님과 싸우려는 귀신들의 시도로 해석할 수 있고, 또한 예수님의 권위를 온 우주가 인식하고 있다는 증거로 해석할 수도 있을 것이다. 인간 세계에서 권위란 늘 도전받기 마련이다. **1:25** 예수님의 정체성을 알고 있는 사람들에게 침묵을 요청하는 여러 사례 가운데 첫 번째 기사이다 (1:34, 44; 3:12; 5:43; 7:36; 8:30; 9:9). 예수님이 하나님의 거룩한 자 혹은 하나님의 아들이라는 자신의 정체를 비밀로 하려고 했던 이유에 대해서는 여전히 활발하게 논쟁되고 있다. **1:27** *사람들이 모두 놀라서.* 이것은 예수님의 치유에 대한 공통적인 반응이다. *권위 있는.* 이 표현이 *새로운 가르침* 혹은 *그가 명령하다*로 수정되어야 하는지의 여부는 희랍어 본문에서 불분명하다. 어찌되었든간에, 예수님의 가르침은 예수님이 귀신을 쫓아내는 치유와 동일시되고 있다. 마가복음서에서 예수님의 활동은 곧 그의 가르침이다. **1:28** 마가복음서에 등장하는 "비밀 주제"에 대해 생각해 볼 수 있는 이유는 예수님이 *소문과* 명성을 찾고 있는 사람이라는 그 어떠한 주장에 대해서 반대하기 위함일 것이다. 소문은 그가 그렇게도 주의를 기울였건만 결국 자신에게까지 되돌아온다. 그는 결코 소문을 조장하지 않으셨다.

1:29-34 예수님은 시몬의 장모의 병과 그 지역의

32 해가 져서 날이 저물 때에, 사람들이 모든
병자와 귀신 들린 사람을 예수께로 데리고 왔다.
33 그리고 온 동네 사람이 문 앞에 모여들었다.
34 그는 온갖 병에 걸린 사람들을 고쳐 주시고,
많은 귀신을 내쫓으셨다. 예수께서는 귀신들이
말하는 것을 허락하지 않으셨다. 그들이 예수가
누구인지를 알았기 때문이다.

전도 여행을 떠나시다 (눅 4:42-44)

35 아주 이른 새벽에, 예수께서 일어나서 외
딴 곳으로 나가셔서, 거기에서 기도하고 계셨다.
36 그 때에 시몬과 그의 일행이 예수를 찾아 나
섰다. 37 그들은 예수를 만나자 "모두 선생님을
찾고 있습니다" 하고 말하였다. 38 예수께서 그
들에게 말씀하셨다. "가까운 여러 고을로 가자.
거기에서도 내가 말씀을 선포해야 하겠다. 나는
이 일을 하러 왔다." 39 예수께서 온 갈릴리와
여러 회당을 두루 찾아가셔서 말씀을 전하고, 귀
신들을 쫓아내셨다.

나병 환자를 깨끗하게 하시다

(마 8:1-4; 눅 5:12-16)

40 나병 환자 한 사람이 예수께로 와서, 그
앞에 무릎을 꿇고 간청하였다. "선생님께서 하고
자 하시면, 나를 깨끗하게 해주실 수 있습니다."
41 예수께서 그를 불쌍히 여기시고, 손을 내밀어
그에게 대시고 말씀하셨다. "그렇게 해주마. 깨끗
하게 되어라." 42 곧 ㄱ나병이 그에게서 떠나고,
그는 깨끗하게 되었다. 43 예수께서 단단히 이
르시고, 곧 그를 보내셨다. 44 그 때에 예수께서
그에게 말씀하셨다. "아무에게도 아무 말도 하지
말아라. 가서, 제사장에게 네 몸을 보이고, 네가
깨끗하게 된 것에 대하여 모세가 명령한 것을 바
쳐서, 사람들에게 증거로 삼도록 하여라." 45 그
러나 그는 나가서, 모든 일을 널리 알리고, 그 이
야기를 퍼뜨렸다. 그러므로 예수께서는 드러나게
동네로 들어가지 못하시고, 바깥 외딴 곳에 머물
러 계셨다. 그래도 사람들이 사방에서 예수께로
모여들었다.

ㄱ) 나병을 포함한 각종 악성 피부병

많은 사람들의 병을 치유하여 주신다 (마 8:14-17; 눅 4:38-41). **1:29** 1:16-20에 기록된 네 명의 제자는 예수님을 모시고 *시몬과 안드레의 집*으로 간다. **1:30** 후에 예수께서 베드로(*페트로스*, "반석"을 뜻하는 희랍어; 다른 본문에서는 "게바"로 불린다. 게바는 "반석"을 뜻하는 아람어이다)로 이름을 바꾸어준 *시몬*은 비록 부인이 복음서에서 단 한 번도 언급되지 않지만, 결혼한 사람이었다 (또한 고전 9:5를 보라). **1:31** 손을 잡아 일으키시는 치유기술에 대해서는 5:41과 9:27을 보라. *그 여자는 그들의 시중을 들었다* 에서, "시중을 들다"에 해당하는 희랍어는 천사의 행동을 묘사하기 위해 1:13에 사용된 단어와 동일하다.

특별 주석

시몬의 장모가 시중을 든 행동의 중요성을 단지 그녀가 여자라는 이유만으로 절하시키는 경향을 주의하여야 한다. 천사가 광야에 있던 예수님을 위해 행했던 것처럼, 그녀는 예수님과 다른 사람들을 향해 행동한다.

1:32-34 예수님이 행하신 많은 병 고치는 사건들을 요약한다.

1:35-39 예수님은 기도하시기 위해 "외딴 곳"(개역개정은 "한적한 곳")으로 나가시는데, 시몬과 다른 사람들이 그를 찾아 나선다 (눅 4:42-43). **1:35** 마가복음서에서, *예수께서*는 홀로 외딴 곳에서 가셔서 주로 기도하신다 (6:46; 14:32, 35, 39, 40). *외딴 곳*은 문자 그대로 "광야와 같은 곳"을 의미한다 (1:3, 12-13을 보라). **1:36** *찾아 나섰다* (*카타디오코*). 이것에 해당하는 희랍어 동사는 일반적으로 악한 의도를 품은 매우 강한 의미의 단어이며, "그를 추적해서 잡다"의 의미가 있다. **1:38-39** 예수님의 설교, 가르침, 그리고 병을 고치는 기적들은 필연적으로 마가복음서에서 서로 연결되어 있다 (1:27을 보라).

1:40-45 예수님이 나병 환자를 고쳐 주신다 (마 8:1-4; 눅 5:12-16). **1:40** *나병 환자 한 사람이 예수께로 와서.* 나병은 고대 사회에서 일련의 피부병을 가리켰으나, 유대의 법에 따르면, 모든 나병 환자는 불결하며 (레 13—14장) 다른 사람들에게 전염시킬 수 있다고 간주되었다. 따라서 나병 환자들은 종종 사회로부터 추방당했다. **1:41** "불쌍히 여기시고" 대신에, 일부 고대 사본들은 "화를 내다"로 읽는데, 이는 더 어려운 읽기이기 때문에 오히려 더 원본적 의미에 가깝다고 판단된다. 나병 환자를 만지는 사람은 누구든지 불결하게 된다; 따라서 예수님의 치유활동은 매우 충격적인 것이다. **1:43-44** 예수님은 나병 환자에게 *아무에게도 아무 말도 하지 말아라* 라고 명하심으로써, 자신의 치유활동에 대해 침묵을 지키신다 (또한 16:8을 보라). 나병이 사라진 이후 행해지는 제례의식에 대한 규례에 대해서는 레 14:2-32를 보라. **1:45** 예수님의 말씀에 따르지 않고, 1:38의 예수님 자신처럼 나병 환자는 *이야기*를 퍼뜨린다. 다시 (1:28 참고) 최선을 다한 예

중풍병 환자를 고치시다
(마 9:1-8; 눅 5:17-26)

2 1 며칠이 지나서, 예수께서 다시 가버나움으
로 들어가셨다. 예수가 집에 계신다는 말이
퍼지니, 2 많은 사람이 모여들어서, 마침내 문
앞에조차도 들어설 자리가 없었다. 예수께서 그
들에게 말씀을 전하셨다. 3 그 때에 한 중풍병
환자를 네 사람이 데리고 왔다. 4 무리 때문에
예수께로 데리고 갈 수 없어서, 예수가 계신 곳 위
의 지붕을 걷어내고, 구멍을 뚫어서, 중풍병 환자
가 누워 있는 자리를 달아 내렸다. 5 예수께서는
그들의 믿음을 보시고, 중풍병 환자에게 "이 사람
아! 네 죄가 용서받았다" 하고 말씀하셨다. 6 율
법학자 몇이 거기에 앉아 있다가, 마음 속으로 의
아하게 생각하기를 7 '이 사람이 어찌하여 이런
말을 한단 말이냐? 하나님을 모독하는구나. 하나
님 한 분 밖에, 누가 죄를 용서할 수 있는가?' 하
였다. 8 예수께서, 그들이 속으로 이렇게 생각하
는 것을 곧바로 마음으로 알아채시고 그들에게 말
씀하셨다. "어찌하여 너희는 마음 속에 그런 생각
을 품고 있느냐? 9 중풍병 환자에게 '네 죄가 용
서받았다' 하고 말하는 것과 '일어나서 네 자리를
걷어서 걸어가거라' 하고 말하는 것 가운데서, 어
느 쪽이 더 말하기가 쉬우냐? 10 그러나 [ㄱ]인자
가 땅에서 죄를 용서하는 권세를 가지고 있음을
너희에게 알려주겠다." -예수께서 중풍병 환자에
게 말씀하셨다. 11 "내가 네게 말한다. 일어나
서, 네 자리를 걷어서 집으로 가거라." 12 그러
자 중풍병 환자가 일어나, 곧바로 모든 사람이 보
는 앞에서 자리를 걷어서 나갔다. 사람들은 모두
크게 놀라서 하나님을 찬양하고 "우리는 이런 일
을 전혀 본 적이 없다" 하고 말하였다.

레위를 부르시다 (마 9:9-13; 눅 5:27-32)

13 [ㄴ]예수께서 다시 바닷가로 나가셨다. 무리
가 모두 [ㄷ]예수께로 나아오니, 그가 그들을 가르치
셨다. 14 [ㄴ]예수께서 길을 가시다가, 알패오의
아들 레위가 세관에 앉아 있는 것을 보시고 말씀
하셨다. "나를 따라오너라." 레위는 일어나서, 예
수를 따라갔다.

ㄱ) 그, '사람의 아들' ㄴ) 그, '그가' ㄷ) 그, '그에게로'

수님의 의도에도 불구하고, 예수님의 소문이 퍼져나간다. 그는 더 이상 마을로 들어가지 못하고 *바깥 외딴 곳에* 머물러 있어야 한다 (문자 그대로의 의미는 "광야와 같은 곳"; 1:3, 12-13, 35를 보라).

2:1-12 네 번의 병 고치는 이야기 가운데 마지막 이야기에는 병 고치는 이야기와 논쟁이 합해져 있는데, 처음 두 번의 병 고치는 이적과 마찬가지로 가버나움에서 일어난다. 가버나움은 갈릴리 호수의 북쪽 호숫가에 위치한 마을이다 (마 9:1-8; 눅 5:17-26). **2:1** 예수님이 나사렛 출신임을 마가가 알고 있을지라도 (1:9), 예수님이 광야에 나가 계시지 않을 때 마가복음서에서 처음 묘사된 예수님의 집은 베드로와 안드레가 분명히 살았던 *가버나움*이다 (1:21, 29). **2:4** 많은 사람으로 인해 예수께로 갈 수 있는 길이 모두 막혔지만, 네 명의 남자는 억새와 진흙으로 만들어진 *지붕*을 뜯어내고 들어간다. **2:5** *믿음*은 예수님의 많은 치유 이적들 가운데 하나의 공통된 요인으로 되어 있다 (5:34, 36; 9:23-24; 10:52). *예수께서는…중풍병 환자에게…말씀하셨다*는 구절은 이 이야기의 논쟁 부분의 마지막 부분인 10b절에서 반복된다. 계속 진행되고 있는 이야기의 한 중간에 다른 이야기를 삽입하는 것은 특징적인 마가의 편집기술로, 3:19b-35; 5:21-43; 6:7-31; 11:12-25; 14:1-11; 14:53-72에서도 나타난다. **2:6** 이 절에서 처음으로 *율법학자가* 등장한다. 이 용어는 유대 율법 전문가들을 가리킨다. **2:7** 여기서 율법학자들이 처음으로 예수님이 *하나님을 모독하고* 있다는 죄명은 예루살렘의 종교 지도자들이 14:64에서 예수님을 심문하는 과정에서 유죄라고 주장하게 하였던 죄명과 동일하다. **2:8** 다른 사람의 속마음을 읽을 수 있는 예수님의 특별한 능력이 여기에서 나타나고 있다. **2:9** 예수님은 신약성경 다른 곳에서는 죄가 질병을 초래하는 것이 아니라는 사실(요 9:1-3 참조)을 인정하시면서도 여기서는 병 고치는 것과 죄의 용서를 병행시키고 계시다. **2:10** *인자.* 이 표현은 마가복음서에서 예수님이 자신을 지칭하시는 용어로 사용되고 있다. 일반적으로 이 용어는 그의 특별한 능력과 관계되지만 (2:28), 또한 함축적으로 종말론적 의미도 내포되어 있다 (8:31, 38; 9:9, 12, 31; 10:33, 45; 13:26; 14:21, 41, 62; 그리고 단 7:13-14를 보라). **2:11** 병 고치는 이야기가 삽입된 논쟁 이야기 후에 다시 계속된다. **2:12** *곧바로.* 이것은 네 번의 치유 이적 이야기 모두에서 선호되는 단어로, 이 부분의 마지막 논쟁/치유 이야기인 3:6에 이르기까지 다시는 나타나지 않는다. 군중들은 또다시 예수님으로 인해 *크게 놀란다* (1:27).

2:13—3:6 마가복음서 첫 번째 부분의 두 번째 평행 부분은 제자를 부르는 이야기(2:13-14)와 네 개의 논쟁 이야기, 곧 혼합된 논쟁/병을 고치는 형태의 마지막 이야기로 구성되어 있다. 모든 논쟁은 음식을 먹는 경우와 관련되어 있다. 많은 이방 민족과 비교해 볼 때 특별히 엄격한 음식 규례를 유지하고 있는 유대 사람들

15 ㄱ)예수께서 그의 집에서 음식을 ㄴ)잡수시
는데, 많은 세리와 죄인들도 예수와 그의 제자들과
ㄷ)한 자리에 있었다. 이런 사람들이 많이 있었는데
그들이 예수를 따라왔던 것이다. 16 ㄹ)바리새파의
율법학자들이, 예수가 죄인들과 세리들과 함께
음식을 잡수시는 것을 보고, 예수의 제자들에게
말하였다. "저 사람은 세리들과 죄인들과 어울려서
ㅁ)음식을 먹습니까?" 17 예수께서 그 말을 들으
시고 그들에게 말씀하셨다. "건강한 사람에게는
의사가 필요하지 않으나, 병든 사람에게는 필요
하다. 나는 의인을 부르러 온 것이 아니라 죄인을
부르러 왔다."

금식 논쟁 (마 9:14-17; 눅 5:33-39)

18 요한의 제자들과 바리새파 사람들은 금식
하고 있었다. 사람들이 예수께 와서 물었다. "요
한의 제자들과 바리새파 사람의 제자들은 금식하
는데, 왜 선생님의 제자들은 금식하지 않습니
까?" 19 예수께서 그들에게 말씀하셨다. "혼인
잔치에 온 손님들이, 신랑과 함께 있는 동안에 금
식할 수 있느냐? 신랑을 자기들 곁에 두고 있는
동안에는 금식할 수 없다. 20 그러나 신랑을 빼
앗길 날이 올 터인데, 그 날에는 그들이 금식할 것
이다."

21 "생베 조각을 낡은 옷에 대고 깁는 사람
은 없다. 그렇게 하면 새로 댄 조각이 낡은 데를
당겨서, 더욱더 심하게 찢어진다. 22 또, ㅂ)새 포
도주를 낡은 가죽 부대에 담는 사람은 없다. 그렇
게 하면 포도주가 가죽 부대를 터뜨려서, 포도주
도 가죽 부대도 다 버리게 된다. 새 포도주는 새
가죽 부대에 담아야 한다."

ㄱ) 그, '그가' ㄴ) 그 '비스듬히 누웠는데'. 유대인들이 식사할 때 가지는 자세 ㄷ) 그, '비스듬히 누워 있었다' ㄹ) 다른 고대 사본들에는 '바리새파와 율법학자들이' ㅁ) 다른 고대 사본들에는 '먹고 마십니까?' ㅂ) 다른 고대 사본들에는 이 구절이 없음

의 관례로 인해, 식사와 음식 자체는 초대 기독교 논쟁의 중심 이슈로 되어 있었다 (행 15:19-20; 고전 8:13; 11:17-34; 갈 2;1-14).

2:13-14 이 곳의 제자 부르는 이야기는 1:16-20에 기록된 것과 일치한다. 그러나 앞에서 네 명의 제자를 부른 이야기와는 달리, 레위는 3:16-19(마 9:9; 눅 5:27-28)에 기록된 열두 제자의 명단에 포함되어 있지 않다. **2:13** *다시 (희랍어 팔린).* 희랍어 *팔린*은 지금의 상황이 예전에 한 번 발생했던 적이 있다는 것을 청중들에게 알려주는 신호이다. 예수님은 1:16에서 첫 번째 제자들을 부르기 위해 이미 갈릴리 호숫가로 나가셨던 적이 계셨다.

2:15-17 거룩한 분이자 선생인 예수님이 누구와 함께 음식을 나누어야 하는가가 이 첫 번째 논쟁의 주제이다 (마 9:10-13; 눅 5:29-32). **2:15** *잡수시다 (희랍어, 카타케이스타이).* 이 단어는 실제로는 "몸을 기대어 눕다"를 의미하는 동사이다. 특별히 부유한 집안에서 식사는 기댈 수 있는 식사용 의자에 기대어 먹는다. 이 의자는 일반적으로 한쪽 끝이 올라와서 식사 손님이 어깨와 머리를 기대어 좀 더 곧추 앉을 수 있도록 만들어졌다. *세리*는 일반적으로 유대 사회에서 *죄인*들 가운데 한 부류로 인식되었었다. 그들의 직업 혹은 행동으로 인해, 그들은 정결법을 따르지 못하였다. 이방 민족인 로마와의 필연적인 상호관계로 인해, 세리들은 항상 정결치 못한 자들로 인식되었으며, 그리고 그들은 또한 로마제국의 권위를 뒤에 업은 협력자로 종종 간주되었다. 이러한 "죄인들"의 대부분은 예수님의 제자들이었다. **2:16** *바리새파* 사람들은 종교의 관례를 재생 부활시키려고 노력하였던 유대교 내부의 중요한 개혁 그룹이다. 개혁의 일환으로, 그들은 성전을 위해서만 제정되었던 일부 정결예식들을 백성들의 일상생활의 한 부분이 되도록 변형시켰으며, 특별히 음식 규정에 있어서는 더욱 그러하였다. 그들의 믿음은 예수님과 초대 그리스도인들의 믿음과 상당히 유사한데, 이는 아마도 초기 그리스도인들 가운데 그들을 가장 중요한 경쟁 상대로 만들게 된 이유인 듯하다. 이런 이유 때문에, 그들은 종종 복음서들에서 원수로 취급을 받는 것 같다. 마가복음서에서 바리새파 사람들은 대부분 예수님의 적대자들이다. *바리새파의 율법학자들.* 이들은 고대사회에서는 알려지지 않은 사람들이다. 바리새파 사람들은 정결하지 못한 자들과 식사하는 예수님을 반대하는데, 이는 그 식사로 인해 예수님도 정결치 못하게 되기 때문이다. **2:17** 이 마지막 말씀은 죄인을 향한 예수님의 또 다른 사명을 말하기 위해 삽입된 잠언이다.

2:18-21 두 번째 논쟁은 금식과 일반 종교관습들을 준수하는 것에 관한 것이다 (마 9:14-17; 눅 5:33-39). **2:18** 예수님에게 온 *사람*들은 마지막 이야기에 등장한 "세리와 죄인들"을 가리키는 것으로 생각할 수 있다. 문맥을 고려해 볼 때, 바리새파 사람들을 가리키는 것은 아닌 것으로 보인다. 금식은 유대교와 그리스와 로마 종교에서 특별한 절기를 위해 영적으로 준비하기 위해 행해진 일반적인 종교 규례였다. 또한 이 금식은 회개의 기간으로 지칭될 수도 있다. *요한의 제자들.* 세례 요한의 추종자들 (6:29). **2:19-20** 예수님은 신랑으로서의 자기자신의 행복한 결혼예식을 예화로 들면서, 제자들이 금식하지 않는 이유를 설명하신다. 결혼과 같이 행복한 순간에 금식한다는 것은 적절치 못한 행동이다. 금식은 이후에, 곧 *혼인 잔치가* 끝나고 신랑이 떠난 후에 하게 될 것이다. **2:21-22** 다른 두 가지 일상적인 것들과 관련된 예화를 들면서, 요한의

안식일에 밀 이삭을 자르다

(마 12:1-8; 눅 6:1-5)

23 안식일에 예수께서 밀밭 사이로 지나가시
게 되었다. 제자들이 ㄱ)길을 내면서, 밀 이삭을 자
르기 시작하였다. 24 바리새파 사람이 예수께
말하였다. "보십시오, 어찌하여 이 사람들은 안식
일에 해서는 안 되는 일을 합니까?" 25 예수께서
그들에게 말씀하셨다. "다윗과 그 일행이 먹을 것
이 없어서 굶주릴 때에, 다윗이 어떻게 하였는지
를 너희는 읽지 못하였느냐? 26 아비아달 대제
사장 때에, 다윗이 하나님의 집에 들어가서, 제사
장들 밖에는 먹어서는 안 되는 제단 빵을 먹고, 그
일행에게도 주지 않았느냐?" 27 그리고 예수께
서는 그들에게 말씀하셨다. "안식일이 사람을 위
하여 생긴 것이지, 사람이 안식일을 위하여 생긴
것이 아니다. 28 그러므로 인자는 또한 안식일
에도 주인이다."

ㄱ) 또는 '길을 가면서'

안식일에 손이 오그라든 사람을 고치시다

(마 12:9-14; 눅 6:6-11)

3 1 예수께서 다시 회당에 들어가셨다. 그런데
거기에 한쪽 손이 오그라든 사람이 있었다.
2 사람들은 예수를 고발하려고, 예수가 안식일에
그 사람을 고쳐 주시는지를 보려고, 예수를 지켜
보고 있었다. 3 예수께서 손이 오그라든 사람
에게 말씀하셨다. "일어나서 가운데로 나오너라."
4 그리고 예수께서 그들에게 말씀하셨다. "안식일
에 선한 일을 하는 것이 옳으냐? 악한 일을 하는
것이 옳으냐? 목숨을 구하는 것이 옳으냐? 죽이는
것이 옳으냐?" 그들은 잠잠하였다. 5 예수께서
노하셔서, 그들을 둘러보시고, 그들의 마음이
굳어진 것을 탄식하시면서, 손이 오그라든 사람에
게 말씀하셨다. "손을 내밀어라." 그 사람이 손을
내미니, 그의 손이 회복되었다. 6 그러자 바리새
파 사람들은 바깥으로 나가서, 곧바로 헤롯 당원
들과 함께 예수를 없앨 모의를 하였다.

제자 혹은 바리새파 사람들의 행동과 비교하여 예수님 제자들의 행동을 설명한다. *새 조각은* 낡은 옷에 대고 기워질 수 없다. 왜냐하면 빨래를 하면 새 조각이 줄어들어서 낡은 옷이 결국 찢어지게 되기 때문이다. 그리고 *새 포도주는* 낡은 가죽 부대에 넣지 않는다. 왜냐하면 낡은 가죽 부대는 신축성이 없기 때문에, 포도주가 발효할 때 생성되는 가스가 가죽 부대를 터뜨리게 되기 때문이다. 예수님은 상징적으로 새로운 상황은 새로운 종교관습을 요구한다는 것을 말하고 있는 것처럼 보인다. 오래된 규례는 현재 발생하고 있는 새로운 것들을 포용할 수 없다.

2:23-28 마지막 논쟁과 마찬가지로, 이 논쟁은 적절한 종교 규례를 실천하는 것에 관한 것인데, 일하지 말라는 안식일 규례가 문제의 핵심이다 (마 12:1-8; 눅 6:1-5). **2:23** 예수님의 제자들의 행동이 다시 문제를 일으킨다. 그들은 배가 고픈 상황에 있던 것으로 묘사되지 않는다. 그 행동은 일상적인 행동이며, 길을 걸어가면서 난알을 훑은 행동이었다. **2:24** *안식일에* 길을 걷는 것은, 난알을 거두어들이는 일도 분명히 포함하여, 유대교 율법에 어긋나는 행동들이었다 (출 20:8-11; 34:21; 신 5:12-15). **2:25-26** 제자들의 행동을 변호하기 위해서, 예수님은 목숨을 건지기 위해 사울로부터 도망치다가 제단에 놓인 거룩한 빵을 먹었던 *다윗 왕의* 이야기(삼상 21:1-6; *아비아달이* 아닌 아히멜렉이 제사장이었다)를 인용하신다. 다윗의 상황과 예수님의 제자들의 상황은 유사점보다는 상이점들이 더 많다. 다윗은 목숨을 건지기 위해 아무런 준비 없이 도망치고 있었지만, 예수님의 제자들은 다른 때와 크게 다를 바 없이 일상생활의 길을 걷고 있었다. 다윗은 음식을 먹는 행동에 대해 심히 걱정하여 제사장과 함께 자신의 행동에 대한 신학적 의미를 논의했지만, 제자들은 양심의 가책이나 심사숙고 없이 행동했던 것으로 보인다. 그러나 저자는 바리새인들에게 예수님의 주장에 대해 대응할 수 있는 기회도 주지 않는다. **2:27-28** *안식일이 사람을 위하여…* 예수님은 옛날부터 되풀이 되어 내려오는 말을 확대시켜 말하며 자기자신을 가리키신다. 마가복음서에 나타난 예수님에게는 안식일처럼 중요한 종교의식조차 백성들의 필요에 종속된다. 왜냐하면 종교는 백성들에게 유익을 주기 위함이며, 예수님 역시 안식일의 주인(*주님*)이기 때문이다.

3:1-6 첫 번째 부분의 마지막 이야기는 처음의 치유 이야기처럼 (1:21-28) 회당에서 "다시" (2:13을 보라) 발생하고, 이전 평행 부분의 마지막 이야기처럼 혼합된 치유/논쟁의 이야기이다 (12:1-12). 하지만, 경이롭고 은혜로운 결말이 아니라, 오히려 예수님을 없애려는 음모로 끝을 맺게 된다 (마 12:9-14; 눅 6:6-11). **3:1-2** 지난번에 한 논쟁처럼, 이 논쟁 역시 *안식일을* 준수해야 하는 율법사항들이 무엇인지에 관한 것이다. 여기서 이야기의 배경은 회당이라는 장소로 인해 한층 강화된다. 그들은 그 문맥상 이전 논쟁에 등장했던 적대자들을 가리키는 것처럼 보인다. **3:4** 예수님의 이중적 질문은 재치 있는 질문이며, 대답하기가 불가능한 질문이다. 왜냐하면 안식일에 *목숨을 구하는 것은* 분명히 율법이 규정하는 것이지만, *선한 일을 하는 것은* 너무나 보편적인 원칙이기에 율법학자들이 동의할 수밖에 없는 것이기 때문이다. 예수님을 관찰해 보고 있던 율법학자들의 관점에서 보면, 만약 사람이 이처럼 오랜 기간 동안 오그라든 손을 가지고 있었다면, 하루

많은 사람이 모여들다

7 예수께서 제자들과 함께 바닷가로 물러가
시니, 갈릴리에서 많은 사람이 따라왔다. 또한 유
대와 8 예루살렘과 이두매와 요단 강 건너편과
그리고 두로와 시돈 근처에서도, 많은 사람이 그가
하신 모든 일을 소문으로 듣고, 그에게로 몰려왔다.
9 예수께서는 무리가 자기에게 밀려드는 혼잡을
피하시려고, 제자들에게 분부하여 작은 배 한 척
을 마련하게 하셨다. 10 그가 많은 사람을 고쳐
주셨으므로, 온갖 병으로 고통받는 사람들이, 누
구나 그에게 손을 대려고 밀려들었기 때문이다.
11 또 ㄱ)악한 귀신들은 예수를 보기만 하면, 그 앞에
엎드려서 외쳤다. "당신은 하나님의 아들입니다."
12 그러면 예수께서는 "나를 세상에 드러내지 말
아라" 하고, 그들을 엄하게 꾸짖으셨다.

ㄱ) 그, '더러운' ㄴ) 또는 '가나안 사람'

열두 제자를 뽑으시다

(마 10:1-4; 눅 6:12-16)

13 예수께서 산에 올라가셔서, 원하시는 사
람들을 부르시니, 그들이 예수께로 나아왔다.
14 예수께서 열둘을 세우시고 [그들을 또한 사도
라고 이름하셨다.] 이것은, 예수께서 그들을 자기와
함께 있게 하시고, 또 그들을 내보내어서 말씀을
전파하게 하시며, 15 귀신을 쫓아내는 권능을
가지게 하시려는 것이었다. 16 [예수께서 열둘을
임명하셨는데,] 그들은, 베드로라는 이름을 덧붙여
주신 시몬과, 17 '천둥의 아들'을 뜻하는 보아너
게라는 이름을 덧붙여 주신 세베대의 아들들인 야
고보와, 그의 동생 요한과, 18 안드레와 빌립과
바돌로매와 마태와 도마와 알패오의 아들 야고보와
다대오와 ㄴ)열혈당원 시몬과, 19 예수를 넘겨준
가룟 유다이다.

정도쯤 더 오그라든 손 상태로 지내는 것이 하나님의 명령이라고 이해할 경우 그렇게 큰 문제가 되지는 않을 것이다. **3:5** 예수님은 *그들의 마음이 굳어진 것에* 분노하신다. 이 표현은 후에 제자들과 보편적 의미에서의 인류의 마음이 굳어진 것을 묘사할 때 사용된다 (6:52; 8:17; 10:5). **3:6** *곧바로* 2:12 이후로 나타나지 않던 용어로, 이 상황의 아이러니를 강조하기 위해 다시 사용된다. 안식일에 어떤 사람을 고쳐주거나 선한 일을 하는 것은 율법을 어기는 것이지만, *바리새파 사람들과 헤롯 당원들이 곧바로* 그 날 안식일에 예수님을 죽이기 위해 음모를 꾸미는 것은 완벽하게 율법에 순응하는 것이다. 마가는 아마도 헤롯, 곧 갈릴리 통치자와 연관되어 있는 유대교 지도자들을 가리키는 것으로 보인다.

3:7—6:32 마가복음서의 이 두 번째 주요 부분은 예수님의 활동들과 "그와 함께 한" 특별한 열두 제자 지명 이야기의 요약으로 시작하고 있으며 (3:14), 열두 제자의 사명에 관한 이야기로 끝을 맺고 있다. 열두 제자를 지명하는 이야기와 파송하는 이야기 사이에, 마가복음서에 나타난 예수님의 첫 번째 긴 가르침이 묘사된다 (4:1-34). 마태복음서, 누가복음서, 그리고 요한복음서와는 달리, 마가복음서에서 4:1-34, 7:5-23, 13:5-37을 제외하고는 예수님의 긴 가르침을 찾아보기가 어렵다. 마가복음서의 이 두 번째 부분은 치유/구원에 관한 가르침에 대해서 예수님이 만나는 다양한 무리의 반응을 명확하게 보여주고 있고, 듣고 있는 청중들에게 이 이야기가 진행되면서 무엇을 기대할 수 있는지, 곧 지도와 방향을 제시해 주고 있다.

3:7-12 갈릴리에서 예수님의 치유사역이 상당히 성공적으로 진행되고 있다는 사실을 강조해 주고 있는 요약문이다 (마 12:15-16; 눅 6:17-19). **3:8** 팔레스타인 외부(예를 들어, 두로와 시돈; 갈릴리 북서쪽의 해안 도시들)로부터 온 사람들조차도 예수님에 관한 소문을 익히 들어 알고 있다. 예수님에 관해 소문으로 듣고 사람들이 어떻게 반응하는지는 마가복음서에서 중요한 주제이다. **3:9** 무리가 너무 많아서 오히려 예수님의 안전을 위협하게 되었고, 그래서 배 한 척이 마련된다 (또한 4:1을 보라). **3:10** 어떤 사람들은 예수님을 만지는 것만으로도 병이 낫는다고 믿는다 (5:27-28을 참조). **3:11-12** 악한 귀신들은 예수님이 누구신지 알고 있으며, 예수님은 그들에게 말하지 말라고 명령하신다 (1:24, 34를 보라).

3:13-19 예수님을 따르는 많은 사람들 가운데서, 예수님은 "자기와 함께 있게" 할 열두 제자를 특별히 선택하시어, 말씀을 전파하게 하며, 귀신을 쫓아내는 권세를 주신다. 열두 제자의 이름은 복음서마다 다르다 (마 10:1-4; 눅 6:12-16; 요 1:42; 행 1:13). **3:13** 산은 전통적으로 하나님의 계시가 나타나는 곳이다 (9:2; 또한 출 19:3-25; 왕상 19:8을 보라). **3:14** 열둘은 이스라엘의 열두 지파를 상징하는 숫자이다. 특별한 사명감을 받고 파송된 사람이라는 뜻의 *사도*는 6:30에서만 쓰일 뿐, 마가복음서에서 일반적으로 사용된 용어는 아니다. 일부 사본에서는 생략되어 있는 것으로 보아, 본문의 것은 후에 첨가된 것으로 보인다. **3:16** 시몬보다는 더 익숙한 이름인 *베드로* 혹은 "반석"이란 이름은 이 때에 예수님으로부터 받게 된다: "반석"에 대한 아람어는 "게바"이다 (1:30을 보라). **3:17** *보아너게*에 대한 마가의 그럴 듯한 설명에도 불구하고, 그 의미와 기원은 계속해서 불분명하게 남아있다. **3:19** *가룟의* 기원에 대해서는 논의가 많다. 아마도 "암살하다"를 의미하는 라틴어 *시카리우스*에서 파생된 듯 보인다. 마가는 이

예수와 바알세불
(마 12:22-32; 눅 11:14-23; 12:10)

20 예수께서 집에 들어가시니, 무리가 다시
모여들어서, 예수의 일행은 음식을 먹을 겨를도
없었다. 21 예수의 가족들이, 예수가 미쳤다는
소문을 듣고서, 그를 붙잡으러 나섰다. 22 예루
살렘에서 내려온 율법학자들은, 예수가 바알세불
이 들렸다고 하고, 또 그가 귀신의 두목의 힘을 빌
어서 귀신을 쫓아낸다고도 하였다. 23 그래서
예수께서 그들을 불러 놓고, 비유로 그들에게 말
씀하셨다. "사탄이 어떻게 사탄을 쫓아낼 수 있느
냐? 24 한 나라가 갈라져서 서로 싸우면, 그 나
라는 버틸 수 없다. 25 또 한 가정이 갈라져서
싸우면, 그 가정은 버티지 못할 것이다. 26 사탄
이 스스로에게 반란을 일으켜서 갈라지면, 버틸
수 없고, 끝장이 난다. 27 먼저 힘센 사람을 묶
어 놓지 않고서는, 아무도 그 사람의 집에 들어가
서 세간을 털어 갈 수 없다. 묶어 놓은 뒤에야, 그
집을 털어 갈 것이다.
28 내가 진정으로 너희에게 말한다. 사람들이
짓는 모든 죄와 그들이 하는 어떤 비방도 용서를
받을 것이다. 29 그러나 성령을 모독하는 사람
은 용서를 받지 못하고, 영원한 죄에 매인다."
30 예수께서 이 말씀을 하신 것은, 사람들이 "그는
ㄱ)악한 귀신이 들렸다" 하고 말하였기 때문이다.

예수의 어머니와 형제 자매들
(마 12:46-50; 눅 8:19-21)

31 그 때에 예수의 어머니와 동생들이 찾아와,
바깥에 서서, 사람을 들여보내어 예수를 불렀다.
32 무리가 예수의 주위에 둘러앉아 있다가, 그에게
말하였다. "보십시오, 선생님의 어머니와 동생들
과 ㄴ)누이들이 바깥에서 선생님을 찾고 있습니다."
33 예수께서 그들에게 대답하셨다. "누가 내 어머
니이며, 내 형제들이냐?" 34 그리고 주위에 둘
러앉은 사람들을 둘러보시고 말씀하셨다. "보아
라, 내 어머니와 내 ㄷ)형제자매들이다. 35 누구
든지 하나님의 뜻을 행하는 사람이 곧 내 형제요
자매요 어머니다."

ㄱ) 그, '더러운' ㄴ) 다른 고대 사본들에는 '누이들'이 없음 ㄷ) 그, '형제들'

곳에서 그의 이름을 처음으로 언급하면서, 그가 후에 예수님을 배신할 자임을 암시해 주고 있다. 이는 고대 사회에서 청각에 호소하는 이야기의 중요성, 곧 이야기 속에서 거의 긴장감을 발견할 수 없는 이야기 형태를 다시 한 번 말해주고 있다. *집*은 가버나움을 다시 가리키는 듯하다 (2:1을 보라).

3:20-35 예수님을 "붙잡으려고" 나선 예수님의 가족에 관한 이 이야기(20-21절, 31-35절)는 예루살렘 서기관의 논쟁과 뒤얽혀 있다 (20-30절). 이러한 것은 다른 이야기에 짧은 이야기를 삽입하는 마가의 독특한 편집기술의 실례이다 (2:1-12 참조). **3:20** 무리가 다시 예수님이 음식을 먹을 겨를도 없게 해서, 예수님을 곤란하게 한다 (1:45; 3:9 참조). **3:21** 예수님의 가족은 그가 미쳤다고 생각하여 그를 붙잡아서, 무리로부터 빼어 내려고 한다. 이 행동은 예수님을 보호하려는 것처럼 보이지만, 이는 분명히 예수님의 사역과 활동들을 상당히 곡해한 처사이다. **3:22** *예루살렘에서 내려온 율법학자*들은 예수님의 행동이 사탄에 붙들려서 나타나는 것으로 해석하는데, 사탄의 붙들림은 고대 사회에서 종종 미친 행동의 원인으로 생각되었다. 이로 인해 논쟁이 시작된다 (마 12:22-30, 9:32-34; 눅 11:14-15, 17-23). *바알세불의* 기원은 불분명하다. **3:23** 고대 그리스와 로마 수사학에서 *비유*는 일반적으로 어떤 논쟁을 예증하기 위해 사용되었던 은유 혹은 짧은 비교문이었다. 구약을 희랍어로 번역한 칠십인역은 *파라볼레이*를 구약성경의 많은 양의 짧은 글들을 지시하는 단어로 사용하였으며, 이 짧은 글들에는 수수께끼, 잠언, 우화, 그리고 상징적 행위들이 포함되었다. 마가는 파라볼레이(비유)를 헬라 문화권의 수사학적 전통의 영향을 받아 사용하는 것으로 보인다. 더욱이 마가복음서에서 비유들은 종종 은유적으로 사용되며, 언어와는 전혀 다른 의미를 나타낼 때 사용하는 것 같다. **3:24-25** 율법학자들의 논쟁을 논박하기 위해서, 예수님은 두 가지 비교문을 인용하신다. 곧 *한 나라가 서로 갈라져서 싸우는 경우와 한 가정이 서로 갈라져서 불화하는 경우가* 그것이다. 이 비교문들이 예수님의 귀신 축출 능력에 관한 율법학자들의 논박에 직접 사용되고 있지만, 그 말들은 유다 이야기를 전한 이전 사건에 비춰볼 때, 명확하게 이차적인 의미가 들어 있다. 즉 예수님 자신의 "가정"이 분열되었다. **3:26** 전에 언급한 두 비유는 분명히 *사탄과* 사탄의 가정이다. **3:27** 이전 절을 염두에 둘 때, 이 마지막 비유에서 *힘센 사람*은 다시 사탄을 가리키는 것처럼 보이며, 그의 가정은 예수님에 의해 약탈당하고 있다. 그래서 예수님은, 율법학자들이 말하듯이 사탄과 연합되어 있는 자가 아니라, 사탄을 *묶어* 놓는데 성공하여 승리를 거두는 사탄의 적이다. 유다의 배반을 지시하고 있는 이전 이야기를 생각해 볼 때, 이 구절 역시 앞으로 일어날 일, 곧 예수님이 적들에 의해 결박당할 때 예수님의 가정에서 발생하게 되는 일에 대한 전조로 이해될 수 있다. **3:28-30** 마가복음서에서 죄의 용서는 제한되어 있다. 그 제한성은 성령으로 감동받은 사람들이 악과 연합하여 악해질 때 제한된다.

씨 뿌리는 사람 비유 (마 13:1-9; 눅 8:4-8)

4 1 예수께서 다시 바닷가에서 가르치기 시작
하셨다. 매우 큰 무리가 모여드니, 예수께서는
배에 오르셔서, 바다쪽에 앉으셨다. 무리는 모두
바닷가 뭍에 있었다. 2 예수께서 비유로 여러 가
지를 가르치셨는데, 가르치시면서 그들에게 이렇게
말씀하셨다. 3 "잘 들어라. 씨를 뿌리는 사람이
씨를 뿌리러 나갔다. 4 그가 씨를 뿌리는데, 더
러는 길가에 떨어지니, 새들이 와서 그것을 쪼아
먹었다. 5 또 더러는 흙이 많지 않은 돌짝밭에
떨어지니, 흙이 깊지 않으므로 싹은 곧 나왔지만,
6 해가 뜨자 타버리고, 뿌리가 없어서 말라 버렸다.
7 또 더러는 가시덤불 속에 떨어지니, 가시덤불이
자라 그 기운을 막아 버려서, 열매를 맺지 못하였다.
8 그런데 더러는 좋은 땅에 떨어져서, 싹이 나고,
자라서, 열매를 맺었다. 그리하여 삼십 배, 육십
배, 백 배가 되었다." 9 예수께서 덧붙여서 말씀
하셨다. "들을 귀가 있는 사람은 들어라."

비유로 말씀하신 목적
(마 13:10-17; 눅 8:9-10)

10 예수께서 혼자 계실 때에, 예수의 주위에
둘러 있는 사람들이, 열두 제자와 함께, 그 비유
들이 무슨 뜻인지를 예수께 물었다. 11 예수께서
그들에게 말씀하셨다. "너희에게는 하나님 나라의
비밀을 맡겨 주셨다. 그러나 저 바깥 사람들에게

특별 주석

사람들을 감동시키는 영감에 대한 신중한 판단은 중요하다. 특별히 부정적인 판단을 할 경우에는 더욱 신중해야 한다. 악을 선한 것으로 잘못 판단하는 것은 용서받을 만한 것이지만, 선을 악한 것으로 판단하는 것은 용서받을 수 없는 것이다.

3:31 예수님의 가족(21절)이 이야기 속에 등장하게 되지만 바깥에 머무른다. 그들은 이 이야기에 처음으로 분명하게 묘사된 외부인들이다. **3:33-35** 예수님은 어떤 종류의 혈연적인 선을 넘어서는 것으로 그의 새가정을 규정한다. 예수님의 새가족이 되기 위한 유일한 요구사항은 *하나님의* 뜻을 행하는 것이다. *자매* 라는 말을 예수님이 사용하는 것은, 그의 제자 혹은 추종자들 가운데 여성들이 있었다는 것을 시사해 주는 것이다 (15:40을 보라).

특별 주석

마가복음서에서 가족관계를 표현하는 말들을 곡해하지 않는 것이 상당히 중요하다. 마가복음서에서 가족과 관련된 긍정적인 언어들은 항상 하나님의 뜻을 행하는 사람들로 형성된 새"가족"을 가리킨다. 그렇지만, 혈연이나 친족관계를 통해 형성된 가족은 일반적으로 매우 부정적 시각으로 묘사되고 있다.

4:1-34 마가복음서에서 확장된 형태의 첫 번째 예수님의 선포는 몇 개의 비유로 구성되어 있다. 그 첫 번째이자 가장 긴 것은 씨 뿌리는 자의 비유와 그것에 대한 해석이다. 이 부분은 2절과 33-34절에서 수미쌍관법 (inclusio) 식으로 "비유(들)"란 단어를 사용함으로써 시작된다. 3장에 기록된 비유와 마찬가지로 이 비유들은 비교형식을 취하고 있으며, 마가가 이 비유들을 발전시키는 과정에서 종종 "씨앗 비유"로 지칭되고 있지만, 실상 그 비유들은 "땅"의 비유들이다. 흔히 씨 뿌리는 자의 비유로 지칭되는 첫 번째 비유는 일련의 비교형식으로써, 알레고리 형태로 형식화되어 왔다 (마 13:1-23; 눅 8:4-15). **4:1** 희랍어 *다시(팔린)*는 청중들의 관심을 이끌어 3:7-12의 호숫가에서 행해진 이전 가르침으로 돌린다. 거기에서 예수님은 군중들로 인한 혼잡함이 극심할 경우를 대비해 마련된 배 한척을 가지고 계셨다. 여기서 그는 *배에* 타신다. 바다에 있는 예수님의 위치는 뭍에 있던 무리의 위치와 대조를 이룬다.

4:3-9 예수께서는 씨 뿌리는 사람의 비유를 말씀하신다. **4:3** 희랍어 성경에서는 이 비유가 사실상 두 개의 명령형으로 되어 있다. 그 중의 하나는 "보아라!"인데 새번역개정에는 번역되어 있지 않다. 다른 명령형은 "잘 들어라"이다. 이중적 명령어는 아마도 청중들에게 장차 펼쳐지게 될 이야기의 중요성을 주의하여 관찰할 수 있도록 사용된 것으로 보인다. 이 비교형식으로 된 이야기는 네 가지 다른 형태의 땅에 씨를 뿌리는 *씨 뿌리는 사람이* 소출로 얻는 것에 관한 것이다. 그 가운데 세 종류의 땅에 뿌려진 씨앗은 수확을 거두어들지 못한다. 이처럼 다양한 소출을 내는 것이 바로 땅의 다양성으로 인한 것이기 때문에, 이 비유의 강조점은 씨 뿌리는 사람이 아니라 땅에 관한 것이다. **4:4** 딱딱한 *길가에* 떨어진 씨앗은 결코 땅 속으로 들어가지 못하기 때문에 결국 새들의 먹이가 되고 만다. **4:5-6** 가장 길고 자세하게 묘사된 실패한 땅은 *돌짝밭으로,* 그 곳에는 흙이 많지 않으며 그래서 뿌리를 내리지 못한다. **4:7** 가시덤불의 땅은 비옥하지만 잡초(*가시덤불*)로 가득 차 있어서 좋은 씨앗을 말라죽게 만들어 버린다. **4:8** 지금까지 각각의 씨 뿌리는 행위에서 단 하나의 씨앗만이 뿌려진 것과는 달리, 좋은 땅에 뿌려지는 씨앗은 복수형으로, *싹이 나고, 자라서, 열매를 맺었다*는 삼중적 행위

는 모든 것이 ㄱ)수수께끼로 들린다. 12 그것은
ㄴ)'그들이 보기는 보아도
알지 못하고,
듣기는 들어도
깨닫지 못하게 하셔서,
그들이 돌아와서
용서를 받지 못하게 하시려는' 것이다."

씨 뿌리는 사람 비유의 설명
(마 13:18-23; 눅 8:11-15)

13 그리고 예수께서 그들에게 말씀하셨다.
"너희가 이 비유를 알아듣지 못하면서, 어떻게 모든
비유를 이해하겠느냐? 14 씨를 뿌리는 사람은

ㄱ) 그, '비유로' ㄴ) 사 6:9; 10 (칠십인역)

와 *삼십 배, 육십 배, 백 배의* 삼중적 소출은 열매를 맺지 못한 위의 세 가지 실패와 균형을 맞추는데 공헌하고 있다. 생산물은 그야말로 막대한 양인데, 이는 그 당시 팔레스타인에서 합리적으로 생각할 때 자연적으로 추수할 수 있는 양을 훨씬 능가하는 소출이다. **4:9** 4:23의 평행 구절을 참조하라. 그 곳에서 씨 뿌리는 사람의 비유에 대한 해석 부분이 끝을 맺는다.

4:10-12 비유의 목적에 대한 예수님의 개인적인 가르침이다. **4:10** 예수님은 *열두 제자와* 다른 사람들을 개인적으로 가르쳐 주신다. 마가복음서에는 이와 같은 개인적 가르침을 묘사하는 장면들이 몇 군데 있다 (4:34; 7:17; 9:28; 10:10; 13:3). 그리고 마가복음서 청중들에게, 이러한 가르침들은 종종 중요한 주제를 반복하기 위한 목적으로 사용한다. 이런 경우, 그들은 예수님에게 *비유*를 설명해 달라고 요청한다. **4:11** 마가복음서 청중들은 안에 있는 사람과 바깥에 있는 사람으로 구별되어 있다. 즉 그 신비로움이 해결된 사람들과 아직도 *비유* 자체에 머물러 있는 사람들로 구별된다. 예수님이 말씀하시고 있는 대상인 그들은 열두 제자가 아니라, *예수의 주위에 둘러 있는 사람*들이라는 점을 주

추가 설명: "마가복음서에 나타난 예수님의 비유의 기능"

마가복음서는 마태복음서와 특별히 누가복음서와 비교해 볼 때, 상대적으로 적은 수의 비유들을 전해주고 있다. 마가복음서에는 오직 두 가지 확장된 형태의 비유만이 전해지고 있는데, 하나는 4:1-9, 14-20의 씨 뿌리는 사람의 비유이고, 다른 하나는 12:1-12의 포도원 소작인의 비유이다. 이 두 개의 긴 비유는 형태에 있어서 알레고리이다. 특별하게도, 비유의 내용들은 마가복음서 전체 이야기에 등장하는 인물들, 무리, 그리고 활동들과 일치하며, 더욱이 구원사에 대한 보편적 이해에 일치한다. 게다가, 두 비유 모두는 청중들이 쉽게 이해할 수 있도록 고안되었다: 씨 뿌리는 사람의 비유는 4:14-20에서 한 항목씩 나열하며 비유적으로 설명되고 있으며, 각 형태의 땅은 말씀을 듣고 있는 다양한 무리의 특징적인 대응과 짝을 이루고 있다. 포도원 소작인의 비유는 쉽게 증명할 수 있는 인물들로 가득 차 있으며 (12:6의 "사랑하는 아들"; 12:9의 "포도원 주인"[문자적으로는 주님]) 12:12의 사악한 소작인의 정체에 관해 광범위한 실마리들을 제공하고 있다.

더욱이 특별히 청각에 호소하는 기교적 이야기에 친숙한 고대의 청중들은 이야기 속에서 소재를 발견하여 계속 진행되고 있는 이야기의 줄거리를 예상하곤 하였다. 많은 고대 작품들이 사실상 이미 잘 알려진 신화, 전설, 혹은 다른 이야기들을 다시 각색하는 경우가 많았기 때문에, 각색된 작품의 청중들이 그 이야기를 "이해할 수 있다"고 확신할 수 있는 것은 너무나 쉬운 작업이었다 (눅 1:1-4을 보라). 이야기가 잘 알려지지 않은 것일 때, 그 이야기를 잘 이해할 수 있도록 독자들을 이끄는 것은 결정적인 역할을 하였다. 왜냐하면 고대 사람들은 알려지지 않은 것은 혼동만을 유발하며 청중들의 주의를 분산시킨다고 믿었기 때문이다.

마가복음서에서 이와 같은 지침이 서언(1:1-13에 관한 주석을 보라)과 두 개의 긴 비유, 곧 씨 뿌리는 사람의 비유와 포도원 소작인 비유에 제시되어 있다. 이 비유들은 농경사회의 이미지를 사용하여 이야기 내에 등장하는 신적 존재와 인간을 상징화하여 쉽게 기억할 수 있는 형태로 제시하고 있다. 씨 뿌리는 사람의 비유에서, 씨 뿌리는 사람은 예수님, 곧 말씀을 뿌리는 사람과 동일한 존재로 간주될 수 있으며, 각 형태의 땅은 그 말씀에 대한 하나의 가능한 응답을 대표적으로 표현해 준다. 결코 듣지 못하는 딱딱한 길가는 율법학자, 바리새파 사람, 그리고 예루살렘 지도자들의 반응을 시사해 주고 있다; "*돌짝밭*"은 말씀을 듣고 순종하지만, 궁극적으로 시련이 닥쳐올 때 떨어져 나가버리는 사람을 가리킨다. 이 시나리오는 마가복음서의 열두 제자의 행동과 밀접한

말씀을 뿌리는 것이다. 15 길가에 뿌려지는 것
들이란 이런 사람들이다. 그들에게 말씀이 뿌려
질 때에 그들이 말씀을 듣기는 하지만, 곧바로 사
탄이 와서, 그들에게 뿌려진 그 말씀을 빼앗아 간다.
16 돌짝밭에 뿌려지는 것들이란 이런 사람들이
다. 그들은 말씀을 들으면 곧 기쁘게 받아들이기
는 하지만, 17 그들 속에 뿌리가 없어서 오래가
지 못하고, 그 말씀 때문에 환난이나 박해가 일어
나면 곧 걸려 넘어진다. 18 가시덤불 속에 뿌려
지는 것들이란 달리 이런 사람들을 가리키는데,
그들은 말씀을 듣기는 하지만, 19 세상의 염려
와 재물의 유혹과 그 밖에 다른 일의 욕심이 들어
와 말씀을 막아서 열매를 맺지 못한다. 20 좋은
땅에 뿌려지는 것들이란 이런 사람들이다. 그들
은 말씀을 듣고 받아들여서, 삼십 배, 육십 배, 백
배의 열매를 맺는다."

연관이 있으며, 특별히 "반석"을 뜻하는 제자들의 지도자 베드로와 밀접히 관련되어 있다. 재산, 두려움, 그리고 욕구들로 인해 땅으로 하여금 열매를 맺지 못하도록 억누르는 가시덤불은 분명히 막 10:17-22의 부유한 사람을 묘사하고 있다. 마지막으로 말씀을 듣고 열매를 맺는 사람들은 예수님의 고침을 받은 사람들과 구원받은 대로 살도록 보내진 모든 사람들을 말한다 ("치유하다"와 "구원하다"는 동일한 희랍어 단어 소조에서 파생되었다). 청중들에게 씨 뿌리는 사람의 비유는 일종의 패러다임이 되어서 예수님과 함께 이야기에 등장하는 인물들과 무리들이 '과연 열매를 맺을 수 있을 것인가?' 하는, 그들의 잠재적 소출 가능성을 평가할 수 있는 원리가 된다. 이는 또한 예수님의 끔찍한 운명을 예시해 주고 있는데, 곧 예수님에 대한 대다수의 반응이 네 가지 중 세 가지 형태로 귀결되어 실패의 형태로 나타나고, 거기에는 처음에 매우 긍정적으로 보였던 사람(돌짝밭)조차도 포함된다.

12:1-12의 포도원 소작인의 비유는 포도원 주인에 관해 전하고 있는데, 그는 그가 소중하게 잘 가꾼 포도원을 소작인들에게 맡긴다. 그 소작인들은 그들이 주인에게 바쳐야 할 소출을 바치지 않는다. 주인은 소작인들에게 몇 명의 하인들을 보내지만, 소작인들은 그 하인들을 죽이거나 야비하게 다룬다. 결국 주인은 그의 사랑하는 아들을 보내면서 소작인들이 그의 아들만큼은 존경할 것으로 생각한다. 하지만 소작인들은 그 아들을 살해하고 포도원 밖으로 던져 버린다. 그리하여 포도원 주인에게는 자신이 직접 포도원에 가서 소작인들을 없애버리고 다른 사람들에게 포도원을 맡길 수밖에 없는 선택밖에 남지 않게 된다. 마가의 이야기에 주의를 기울이고 있던 청중들에게, 이 알레고리를 해석하는 것은 의외로 간단하다. 하나님이 포도원 주인이시다. 소작인들은 현재 종교 지도자들이다 (이 정체성 규명에 관련한 12:12의 실마리를 참조). 사랑하는 아들은 예수님이시다 (1:11; 9:7). 먼저 보내졌던 하인들은 아마도 세례 요한을 포함한 예언자들일 것이다. 이 비유는 청중들에게 하나님이 예수를 보낼 수밖에 없었던 이유와 예수님 이전에 (회개를 요청하기 위해) 예언자들을 보낼 수밖에 없었던 이유를 설명해 주고 있으며, 예수님에게 무슨 일이 일어나게 될지 (살인), 이러한 악한 행동을 누가 저지르게 되는지 (예루살렘의 종교 지도자들), 그리고 회개할 수 있는 이 마지막 기회를 놓치게 된다는 것이 무엇을 의미하는지(세상/이스라엘의 멸망)를 설명해 주고 있다. 12—16장 이야기의 요소들은 이러한 모든 이슈들을 매우 자세하게 탐구하고 있다.

이 비유들이 청중들이 이해할 수 있도록 의도된 것이라면, 그리고 실제로 청중들이 듣고 있는 모든 이야기를 이해할 수 있도록 사용된 것이라면, 4:11-12의 비유의 목적에 대한 설명은 청중들의 자기이해에 대해 매우 중요한 함축적 의미를 담고 있다. 만약 그 비유를 단순히 농경사회에 대한 하나의 삽화로만 생각하는 사람들이 의심의 여지없이 "밖에 있는 사람"으로 규정된다면, 씨 뿌리는 사람의 비유의 알레고리적 의미를 파악한 사람들(14-20절에서, 그 비유의 알레고리적 의미를 해석해 준 예수님의 도움으로)은 예수님 주위에 모여든 사람들과 제자들과 마찬가지로 "안에 있는 사람"이 된다. 바라보고, 인식하고, 듣고, 이해함으로써 (12절), 마가복음서를 듣고 있는 청중들은 그들 스스로 다시 한 번 돌이켜 용서받을 수 있는 가능성을 열어둔다. 씨 뿌리는 사람의 범주 안에서 그 비유를 해석하고 적응시킬 때, 청중들은 마가복음이 뿌린 말씀에 수용과 이해로 응답함으로써 "좋은 땅"의 잠재성을 나타낸다. 따라서 씨 뿌리는 사람은 청중들에게 다른 모든 비유와 실제로 예수님 이야기 자체를 숙고할 수 있는 해결의 열쇠를 제공해 주고 있다; 그리고 예수님의 사역과 사명에 자신들을 "안에 있는 사람"으로서 적극 협력할 수 있게 한다.

등불은 등경 위에 (눅 8:16-18)

21 예수께서 그들에게 말씀하셨다. "사람이
등불을 가져다가 말 아래에나, 침상 아래에 두겠
느냐? 등경 위에다가 두지 않겠느냐? 22 숨겨
둔 것은 드러나고, 감추어 둔 것은 나타나기 마련
이다. 23 들을 귀가 있는 사람은 들어라."
24 예수께서 그들에게 말씀하셨다. "너희는
새겨들어라. 너희가 되질하여 주는 만큼 너희에
게 되질하여 주실 것이요, 덤으로 더 주실 것이다.
25 가진 사람은 더 받을 것이요, 가지지 못한 사
람은 그 가진 것마저 빼앗길 것이다."

스스로 자라는 씨 비유

26 예수께서 또 말씀하셨다. "하나님 나라는
이렇게 비유할 수 있다. 어떤 사람이 땅에 씨를 뿌
려 놓고, 27 밤낮 자고 일어나고 하는 사이에 그
씨에서 싹이 나고 자라지만, 그 사람은 어떻게 그
렇게 되는지를 알지 못한다. 28 땅이 저절로 열
매를 맺게 하는데, 처음에는 싹을 내고, 그 다음
에는 이삭을 내고, 또 그 다음에는 이삭에 알찬 낟
알을 낸다. 29 열매가 익으면, 곧 낫을 댄다. 추수
때가 왔기 때문이다."

겨자씨 비유 (마 13:31-32; 눅 13:18-19)

30 예수께서 또 말씀하셨다. "우리가 하나님
의 나라를 어떻게 비길까? 또는 무슨 비유로 그것
을 나타낼까? 31 ㄱ)겨자씨와 같으니, 그것은 땅에
심을 때에는 세상에 있는 어떤 씨보다도 더 작다.
32 그러나 심고 나면 자라서, 어떤 풀보다 더 큰
가지들을 뻗어, 공중의 새들이 그 그늘에 깃들일
수 있게 된다."

ㄱ) 또는 '겨자씨와 관련된 사정과 같으니'

목하는 것이 중요하다. 그리고 심지어 그들에게조차도 하나님의 나라(1:15)는 여전히 신비(혹은 "비밀")로 남아 있다. 비유를 이해하는 것은 안에 있는 사람의 신분을 시험해 보는 시험대와 같이 보인다. "바깥"에 있는 사람으로 바로 얼마 전에 언급된 사람들은 혈연으로 이루어진 예수님의 가족들이었다 (3:31, 32). **4:12** 사 6:9-10을 보라. 마가는 예수님의 비유의 목적이 사람들로 하여금 알지 못하게 하고 이해하지 못하게 하여 용서받지 못하게 하려는 것이라고 말한다. 이 구절을 어떻게 해석하느냐는 매우 많은 논쟁의 여지가 있다 (1785쪽 추가 설명: "마가복음서에 나타난 예수님의 비유의 기능"을 보라).

4:13-23 예수님은 항목별로 13-20절에서 씨 뿌리는 사람의 비유에 대해 은유적으로 해석하고, 21-23절에서는 약간의 해석 요소들을 첨가하고, 비유 자체가 끝나면서 들을 수 있는 귀를 가진 사람들(9, 23절)에 대한 훈계로 끝을 맺으신다. **4:13** 이 비유는 예수님의 모든 비유의 해결 열쇠처럼 보인다. 만약 제자들이 *하나님 나라의 비밀*을 부여받은 안에 있는 사람들이라면, 왜 그들은 이처럼 가장 중요한 비유를 이해하지 못하는 것일까? 이것은 제자들에게 예수님에 관하여 증가되는 신비를 시사해 주는 첫 번째 경우에 해당된다. **4:15** 길가에 뿌려진 씨앗은, *사탄이* 그것을 곧바로 없애 버리기 때문에, 말씀을 전혀 들어본 적이 없는 사람들로 이해된다. **4:16-17** 말씀에 대한 가장 복잡한 반응은 돌짝밭에서 찾아볼 수 있는데, 이는 처음에는 성공적으로 시작하는 듯 보이지만, 결국 어려움이나 박해에 봉착하게 될 때 실패하기 때문이다. 이 땅의 *돌짝밭과* 같은 본질을 설명함으로써, 마가는 베드로("반석," 3:16)가 인도하는 열두 제자의 본성을 이와 동일시하고 하고 있는 듯 보인다. **4:18-19** 가시덤불로 가득한 땅은 사실상 처음 두 형태의 땅과는 달리 소출을 기대할 수 있는 땅이지만, 세상의 염려와 재물의 유혹과 다른 욕심이 들어와 과실을 생산해 내지 못하도록 억누른다. **4:20** 자신이 듣고 있는 말씀을 받아들이는 사람들은, 이전의 세 가지 실패담과 균형을 이루는 것 이상으로, 세 배의 풍부한 소출을 거둔다. **4:21-22** 이 구절들은 은유적 해석을 소개했던 세 구절(10-12절)과 균형을 이루고 있으며, 그것들을 명확하게 한다. 등불의 목적과 마찬가지로, 비밀의 목적은 궁극적으로 빛을 가져오기 위함이다. 비밀은 적절한 시간이 되면 알려지도록 의도된다. 심지어 "하나님 나라의 비밀" (11절) 조차도, 마가복음서의 다른 모든 "비밀들"이 드러나게 되는 것처럼, 드러나게 된다. 이 때 하나님의 아들이라는 예수님의 참된 정체성과 악한 영을 정복하는 능력, 그리고 예수님의 치유 이적들이 계시된다. **4:23** 9절을 보라.

4:24-32 두 개의 짧은 비유로 끝을 맺으면서, 이 구절들은 씨 뿌리는 사람의 비유에 대한 해석의 두 번째 측면을 보여준다. 세 배의 소출을 내는 땅은 두 개의 짧은 비유 속에서 좀 더 심층적으로 이해되며, 여기서 이제는 "하나님의 나라"와 동일시되고 있다 (26절과 30절). **4:24** 듣는 것과 듣고 난 후의 반응은 예수님의 사역과 하나님 나라를 바라보는 마가의 관점에서 중심으로 되어 있다. 반응의 질은 삶의 질을 결정하게 되는데, 이유는 *너희가 되질하여 주는 만큼 너희에게 되질하여 주실 것이기* 때문이다. **4:25** 씨 뿌리는 사람의 비유의 문맥 속에서 이처럼 마가복음서의 "무정한 말"은 좋은 땅과 같은 사람들은 더 많은 유익을 얻을 것이며, 소출을 내지 못하는 땅 가운데 어느 하나와 동일시되어 있는 사람들은 그들이 가지고 있는 것조차 모두 빼앗길 것임을 시사해 준다. **4:26-29** 하나님 나라의 좋은

비유로 가르치시다 (마 13:34-35)

33 예수께서는, 그들이 알아들을 수 있는 정
도로, 이와 같이 많은 비유로 말씀을 전하셨다.
34 비유가 아니면 말씀하지 않으셨으나, 제자들
에게는 따로 모든 것을 설명해 주셨다.

풍랑을 잔잔하게 하시다
(마 8:23-27; 눅 8:22-25)

35 그 날 저녁이 되었을 때에, 예수께서 제
자들에게 말씀하셨다. "바다 저쪽으로 건너가자."
36 그래서 그들은 무리를 남겨 두고, 예수를 배
에 계신 그대로 모시고 갔는데, 다른 배들도 함께
따라갔다. 37 그런데 거센 바람이 일어나서, 파
도가 배 안으로 덮쳐 들어오므로, 물이 배에 벌써
가득 찼다. 38 예수께서는 고물에서 베개를 베
고 주무시고 계셨다. 제자들이 예수를 깨우며 말
하였다. "선생님, 우리가 죽게 되었는데도, 아무
렇지도 않으십니까?" 39 예수께서 일어나 바람
을 꾸짖으시고, 바다더러 "고요하고, 잠잠하여라"
하고 말씀하시니, 바람이 그치고, 아주 고요해졌다.
40 예수께서 그들에게 말씀하셨다. "왜들 무서워
하느냐? 아직도 믿음이 없느냐?" 41 그들은 큰
두려움에 사로잡혀서 서로 말하였다. "이분이 누구
이기에, 바람과 바다까지도 그에게 복종하는가?"

귀신 들린 사람들을 고치시다
(마 8:28-34; 눅 8:26-39)

5 1 그들은 바다 건너편 ㄱ)거라사 사람들의 지
역으로 갔다. 2 예수께서 배에서 내리시니,
곧 ㄴ)악한 귀신 들린 사람 하나가 무덤 사이에서
나와서, 예수와 만났다. 3 그는 무덤 사이에서
사는데, 이제는 아무도 그를 쇠사슬로도 묶어 둘
수 없었다. 4 여러 번 쇠고랑과 쇠사슬로 묶어
두었으나, 그는 쇠사슬도 끊고 쇠고랑도 부수었
다. 아무도 그를 휘어잡을 수 없었다. 5 그는 밤
낮 무덤 사이나 산 속에서 살면서, 소리를 질러 대
고, 돌로 제 몸에 상처를 내곤 하였다. 6 그가 멀
리서 예수를 보고, 달려와 엎드려서 7 큰소리로

ㄱ) 다른 고대 사본들에는 '겔게사' 또는 '가다라' 또는 '가자라'
ㄴ) 그, '더러운'

땅은 그 땅이 가진 내적 능력으로 과실을 맺게 된다. 그 능력은 씨 뿌리는 사람이 이해하지 못하는 것일 뿐만 아니라, 더욱이 통제하지도 못한다. "알지 못하는 사이에 자라는 씨앗"으로 지칭되는 이 비유는 마가복음서에서만 나타나며, 씨 뿌리는 사람의 비유처럼 씨앗 자체보다는 땅에 관한 것이며, 따라서 "땅은 스스로 열매를 낸다"는 것이 더 타당한 제목처럼 보인다. 추수가 가리키는 것은 아마도 최후의 심판인 듯하다 (계 14:14-20). **4:30-32** 학자들은 보편적으로 이 비유를 작은 씨앗과 큰 거목 사이의 비교에 강조점을 두고 있는 것으로 이해하지만, *"심다"*(31, 32절)는 단어의 반복과 31절에서 *"땅에"*라는 구문의 두 번 반복은 이 비유에서 주의를 기울여야 할 초점이 스스로 변화시키는 땅의 능력이라는 점을 시사해 준다. 작은 *씨가* 새들에게 은신처를 제공해 주는 큰 거목으로 자라게 되는 것(겔 17:23; 31:6; 단 4:12, 21)은 오직 그 씨앗이 땅에 뿌려졌을 때이다. 이전 비유에서처럼, 하나님의 나라는 이처럼 변화와 생산의 능력을 갖춘 땅과 비교되고 있다 (마 13:31-32; 눅 13:18-19).

4:33-34 예수님의 이 첫 번째 연설은 말씀을 듣는 것의 중요성을 다시 강조하면서 끝맺는다. 예수님은 오직 공개적으로 *비유*들로만 말씀하시지만, 사적인 자리에서 (10절) 예수님은 모든 것을 제자들에게 설명해 주신다 (마 13:34-35).

4:35—5:43 네 개의 기적 이야기들이 비유 이야기의 뒤를 이어 전개된다. 첫 번째 기적은 자연을 통해 일어나는 것이고, 나머지는 병 고치는 기적들이다. 이 모든 기적은 예수님이 배를 타고 갈릴리 호수를 건너서 오가는 것과 연관되어 있다. 더욱이, 이 모든 기적들은 특이하게도 "그 날"이라는 분명한 시간을 지시하면서 4:1-34의 가르침들과 연관되어 있다. 이 기적들은 큰 무리와 제자들을 향한 가르침을 행한 바로 그 날 일어난다.

4:35-41 자연 속에서 일어나는 기적은, 동일한 날에 사적인 자리에서 가르침을 받은 이야기와 함께 (마 8:23-27; 눅 8:22-25), 예수님의 정체성에 대한 제자들의 몰이해성을 더욱 심각하게 제기한다. **4:35** 정확한 시간을 언급하는 것은 마가복음서 전반부에서 매우 드물게 일어나는 일이며 (1:32; 1:35; 9:2를 보라), 결과적으로 *그 날 저녁*이라는 정확한 시각을 말하는 것은 중요성을 강조하려는 것이다. **4:36** 한 선단의 배들이 출발한다. *예수를 배에 계신 그대로 모시고 갔는데* 에 대한 기록의 취지는 불분명하다. **4:38** 잠자는 행위는 하나님에 대한 신뢰를 상징해 준다 (시 3:5; 4:8). 예수님이 *고물에* 계시고 *베개를* 베고 주무신다는 언급은 이전 이야기들보다 훨씬 더 이야기를 상세하게 표현해 주고 있는 것이다. 제자들의 울부짖는 소리는 성경의 다른 이야기를 연상시켜 준다 (시 35:23; 44:23-24; 107:28-29). **4:39** 예수님은 마치 1:25에서 더러운 영을 꾸짖듯이 그렇게 바람을 꾸짖으신다 (시 107:29를

외쳤다. "더 없이 높으신 하나님의 아들 예수님,
나와 무슨 상관이 있습니까? 하나님을 두고 애원
합니다. 제발 나를 괴롭히지 마십시오." 8 그것
은 예수께서 이미 그에게 "ㄱ)악한 귀신아, 그 사람
에게서 나가라" 하고 명하셨기 때문이다. 9 예
수께서 그에게 물으셨다. "네 이름이 무엇이냐?"
그가 대답하였다. "군대입니다. 우리의 수가 많기
때문에 붙여진 이름입니다." 10 그리고는, 자기
들을 그 지역에서 내쫓지 말아 달라고 예수께 간
청하였다.

11 마침 그 곳 산기슭에 놓아 기르는 큰 돼지
떼가 있었다. 12 귀신들이 예수께 간청하였다.
"우리를 돼지들에게로 보내셔서, 그것들 속으로
들어가게 해주십시오." 13 예수께서 허락하시니,
ㄱ)악한 귀신들이 나와서, 돼지들 속으로 들어갔다.
거의 이천 마리나 되는 돼지 떼가 바다 쪽으로 비
탈을 내리달아, 바다에 빠져 죽었다. 14 돼지를
치던 사람들이 달아나 읍내와 시골에 이 일을 알
렸다. 사람들은 일어난 일이 무엇인지 보러 왔다.
15 그들은 예수에게 와서, 귀신 들린 사람 곧
ㄴ)군대 귀신에 사로잡혔던 사람이 옷을 입고 제정
신이 들어 앉아 있는 것을 보고, 두려워하였다.
16 처음부터 이 일을 본 사람들은, 귀신 들렸던
사람에게 일어난 일과 돼지 떼에게 일어난 일을
그들에게 이야기하였다. 17 그러자 그들은 예수
께, 자기네 지역을 떠나 달라고 간청하였다. 18 예
수께서 배에 오르실 때에, 귀신 들렸던 사람이 예
수와 함께 있게 해 달라고 애원하였다. 19 그러
나 예수께서는 허락하지 않으시고, 그에게 말씀
하셨다. "네 집으로 가서, 가족에게, 주님께서 너
에게 큰 은혜를 베푸셔서 너를 불쌍히 여겨 주신
일을 이야기하여라." 20 그는 떠나가서, 예수께
서 자기에게 하신 일을 ㄷ)데가볼리에 전파하였다.
그리하니 사람들이 다 놀랐다.

야이로의 딸과 혈루증 걸린 여자

(마 9:18-26; 눅 8:40-56)

21 예수께서 배를 타고 맞은편으로 다시 건
너가시니, 큰 무리가 예수께로 모여들었다. 예수
께서 바닷가에 계시는데, 22 회당장 가운데서

ㄱ) 그, '더러운' ㄴ) '레기온'. 로마 군대의 한 사단, 약 6,000명
ㄷ) '열 도시'

보라). **4:40** 겁에 잔뜩 질린 제자들의 대답은 예수님이 그들에게 기대했던 것, 곧 믿음과는 대조적이다. 믿음으로 응답하는 것과 두려움으로 응답하는 것은 좋은 땅과 다른 비생산적인 땅에 관한 이야기에서처럼 하나의 근본적인 구별점이 될 것이다 (5:15, 34, 36; 6:50; 9:6, 19, 23, 24, 32; 10:32, 52; 11:18, 22-24; 12:12; 16:8). **4:41** *큰 두려움에 사로잡혀서.* 이것은 문자 그대로 희랍어에서 "엄청난 공포로 두려워하며"를 뜻하며, 믿음이 아닌 소심함으로 응답하는 태도에 대한 40절의 경고를 염두에 둘 때 NRSV의 "압도하다"보다는 아마도 새번역개정과 같이 *두려움*이라고 번역하는 것이 더 좋을 듯하다. 바로 앞에서 "모든 것"을 예수님으로부터 배우고 단지 명령함으로써 풍랑을 잠재웠던 (창 1:6, 9; 시 65:7; 89:8-9; 93:4; 107:28-29) 예수님을 직접 본 제자들(34절)은 여전히 믿음이 아닌 두려움으로 응답하고 있으며, 예수님의 참된 정체성에 대해 의아해 한다.

5:1-20 막 5장에 서로 얽혀 있는 세 번의 병 고치는 기적에서 첫 번째 이야기는 귀신을 내쫓는 것에 관한 것으로 (1:21-28; 7:24-30; 9:14-29를 보라), 풍랑을 잠재운 기사와 마찬가지로, 이전의 치유 이적들보다 (마 8:28-34; 눅 8:26-39) 더 자세하게 기록되고 있다. **5:1** 예수님이 가신 지역의 이름은 사본의 전승과정과 관련하여 논의가 많이 되고있다 (마태복음서와 누가복음서에서도 마찬가지이다). *거라사*는 신약성서 시대에 갈릴리 바다에서 내륙으로 약 30마일 떨어진 곳으로, 마가가 묘사하는 지리적인 배경으로는 이해하기가 불가능하다. 본문이 수정된 이유는 이러한 문제로 인한 것으로 보인다. 그 이름이 무엇이든지 간에, 그 땅은 이방 사람의 영토에 속해 있었다. **5:2** *악한 귀신에* 대해서는 1:23을 보라. **5:3-5** *악한 귀신*은 그 사람을 제의적인 면에서 정결치 못한 곳, 곧 죽은 자들의 무덤에 붙들어 두어 (레 21:1; 22:4-5; 사 65:4), 스스로 제 몸에 상처를 낸다 (9:21-22; 신 14:1). **5:6-7** 마가복음서에 기록된 이전의 귀신들과 마찬가지로, 이 귀신은 예수님의 신성을 인식하고, 예수님 앞에 꿇어 엎드려 절하고, 그가 누구인지를 알게 된다 (1:24, 34; 3:11). *더없이 높으신 하나님의 아들 예수님*은 예수님의 귀신 내쫓는 행위를 피해 보고자 하는 심산에서 나온 말이다. **5:9** *군대* (*레기온*). 로마 군사용어이며, 일반적으로 6000명의 군사로 구성되어 있었다. **5:10** *자기들을 그 지역에서 내쫓지 말아 달라고 예수께 간청하였다.* 그리스와 로마 문화의 종교에서 신적 존재는 종종 특별한 지역과 분명하게 연결되어 있었다. 따라서 새로운 장소로 이사를 간다든지, 아니면 새로운 곳을 여행하게 될 때, 그 지역의 신들을 섬겨야 했다. "군대"는 그들의 원래 지역에 머물러 있기를 원한다. **5:11-12** *큰 돼지*는 유대 사람들에게 불결한 짐승으로 간주되어 있었다 (레 11:7-8; 신 14:8; 사 65:4). **5:13** 그 계획은 군대에게 역효과를 초래했다. 미친 돼지들이 물속으로 들어가 익사하는 것으로 보아 군대도 돼지들과 함께 몰살된 것으로 보인다. **5:14-15** 흥분한 *큰 돼지를 치던 사람*들은 마을로 달음질하여 그 소식을 알리고, 예수님이 행하신

야이로라고 하는 사람이 찾아와서 예수를 뵙고,
그 발 아래에 엎드려서 23 간곡히 청하였다. "내
어린 딸이 죽게 되었습니다. 오셔서, 그 아이에게
손을 얹어 고쳐 주시고, 살려 주십시오." 24 그
래서 예수께서 그와 함께 가셨다.

큰 무리가 뒤따라오면서 예수를 밀어댔다.
25 그런데 열두 해 동안 혈루증을 앓아 온 여자가
있었다. 26 여러 의사에게 보이면서, 고생도 많이
하고, 재산도 다 없앴으나, 아무 효력이 없었고,
상태는 더 악화되었다. 27 이 여자가 예수의 소
문을 듣고서, 뒤에서 무리 가운데로 끼여 들어와
서는, 예수의 옷에 손을 대었다. 28 (그 여자는
"내가 그의 옷에 손을 대기만 하여도 나을 터인
데!" 하고 ㄱ)생각하고 있었던 것이다.) 29 그래서
곧 출혈의 근원이 마르니, 그 여자는 몸이 나은
것을 느꼈다. 30 예수께서는 곧 자기에게서 능
력이 나간 것을 몸으로 느끼시고, 무리 가운데서
돌아서서 "누가 내 옷에 손을 대었느냐?" 하고 물
으셨다. 31 제자들이 예수께 "무리가 선생님을
에워싸고 떠밀고 있는데, 누가 손을 대었느냐고
물으십니까?" 하고 반문하였다. 32 그러나 예수
께서는 그렇게 한 여자를 보려고 둘러보셨다.
33 그 여자는 자기에게 일어난 일을 알므로, 두
려워하여 떨면서, 예수께로 나아와 엎드려서 사
실대로 다 말하였다. 34 그러자 예수께서 그 여
자에게 말씀하셨다. "딸아, 네 믿음이 너를 구원
하였다. 안심하고 가거라. 그리고 이 병에서 벗어
나서 건강하여라."

35 예수께서 말씀을 계속하고 계시는데, 회
당장의 집에서 사람들이 와서, 회당장에게 말하
였다. "따님이 죽었습니다. 이제 선생님을 더 괴
롭혀서 무엇하겠습니까?" 36 예수께서 이 말을
곁에서 들으시고서, 회당장에게 말씀하셨다. "두
려워하지 말고 믿기만 하여라." 37 그리고 베드
로와 야고보와 야고보의 동생 요한 밖에는, 아무도
따라오는 것을 허락하지 않으셨다. 38 그들이

ㄱ) 그, '말하고'

일을 보려고 사람들이 왔을 때 그들의 반응은 두려움이었다 (4:40-41에 관한 주석을 보라). **5:17-18** *간청* 행위의 반복은 두려움을 내포한 사람들의 반응과 치유되어 제자가 되겠다는 귀신 들렸던 사람의 반응을 대조시켜 준다 (*예수와 함께 있게 해 달라*에 대해서는 3:14를 보라). **5:19** 예수님은 병 고침을 받은 사람이 그를 따르게 해 달라는 간청을 물리치고, 대신에 예수님에 대한 이야기를 가서 전하라고 명령하신다. 이는 병 고침을 받은 사람에게 침묵하라는 예수님의 태도와 상반된다 (1:44; 3:12; 5:43; 7:36). 마가복음서에서 *주님*은 대부분의 경우 하나님을 가리킨다 (1:3; 5:19; 11:9; 12:11, 29-30, 36, 37; 13:20). **5:20** 병 고침을 받은 그 사람은 요단 강 건너편의 헬라권 *데가볼리*로 가서 설교한다 (1:45를 보라). 그러나 그의 메시지는 예수님이 지시하셨던 것과는 달리 하나님에 관한 것이 아니라, 예수님 자신에 관한 것이다.

5:21-43 5장에 기록된 마지막 두 개의 병 고치는 기적 이야기는 마가의 독특한 편집기술, 곧 한 이야기 속에 다른 이야기를 삽입 혹은 게재하는 방식으로 구성된다 (2:1-12; 3:20-25): 야이로의 딸의 치유 이야기로 시작되지만 (22-24절), 곧 한 여인을 치유하는 이야기로 방해를 받다가 (25-34절), 그러고 나서 그 여인이 치유되고 난 후에 (마 9:18-26; 눅 8:40-56) 이 이야기로 끝을 맺는다 (35-43절). **5:21** 예수님은 유대 지역으로 되돌아와서 다시금 *큰 무리*를 모으신다 (3:7, 20; 4:1). **5:22** *회당장*은 매우 중요한 직책으로, 보통 회당을 유지 보수하고 다양한 활동을 계획할 만큼 부유한 사람에게 부여되었다. 그의 지위와 부유함에도 불구하고, 야이로는 마치 악한 귀신이 그러했고 (5:6, 18), 곧 한 여인이 그러할 것(33절)처럼 예수님의 발 앞에 엎드린다. **5:23** 예수님의 전형적인 치유활동으로 손을 *얹어*에 대해서는 6:5; 7:32; 8:25를 보라. *살려 주십시오*는 "구원하여 주십시오" 혹은 "치료하여 주십시오"로 번역될 수 있다 (1785쪽 추가 설명: "마가복음서에 나타난 예수님의 비유의 기능"을 보라).

5:25-34 여인의 이야기는 야이로의 이야기 가운데 많은 군중들이 서로 밀고 밀리는 상황 속에서 자연스럽게 삽입되어 있다. **5:25** 심각한 그녀의 혈루증은 아마도 일종의 불규칙한 월경으로 인한 것으로 추측된다. 레위기 율법에 따르면, 이처럼 끊임없이 피를 흘리는 것은 영구적으로 그녀를 제의적 측면에서 정결치 못한 여인으로 만들었고, 더욱이 관례적인 모임에도 참석하지 못하도록 제한하였다 (레 12:1-8; 15:19-30). 이러한 규정이 기원후 1세기 유대 공동체 속에서도 실효성을 지니고 있었는지에 대해서는 학자들 사이에 논의가 분분하다. **5:26** 그리스와 로마의 의료활동은 종종 종교적 행위와 연결되어 있는데, 이 때 돈을 지불하는 것은 병을 고치는 신들에게 바쳐지는 예물로 간주되었다. **5:27-28** 예수님에 관한 소문을 듣고 난 이후 그에 대한 반응의 중요성을 강조하는 마가의 주제는 그 여인의 행동을 타당한 것으로 밀어준다 (1785쪽 추가 설명: "마가복음서에 나타난 예수님의 비유의 기능"을 보라). 거룩한 사람을 만지거나 아니면 그 사람이 만져 주는 것은 병 고침을 받거나 구원받는 것으로 믿었다 (1:41; 3:10을 보라). 적어도 레위기 율법에 따르면 그 여인은 제의적으로 불결한 사람이었지만, 그녀는 예수

회당장의 집에 이르렀다. 예수께서 사람들이 울
며 통곡하며 떠드는 것을 보시고, 39 들어가셔
서, 그들에게 말씀하셨다. "어찌하여 떠들며 울고
있느냐? 그 아이는 죽은 것이 아니라 자고 있다."
40 그들은 예수를 비웃었다. 그러나 예수께서는
그들을 다 내보내신 뒤에, 아이의 부모와 일행을
데리고, 아이가 있는 곳으로 들어가셨다. 41 그리
고 아이의 손을 잡으시고 말씀하셨다. "달리다굼!"
(이는 번역하면 "소녀야, 내가 네게 말한다. 일어
나거라" 하는 말이다.) 42 그러자 소녀는 곧 일
어나서 걸어 다녔다. 소녀의 나이는 열두 살이었다.
사람들은 크게 놀랐다. 43 예수께서, 이 일을 아
무에게도 알리지 말라고 그들에게 엄하게 명하시
고, 소녀에게 먹을 것을 주라고 말씀하셨다.

예수께서 고향에서 배척을 당하시다
(마 13:53-58; 눅 4:16-30)

6 1 예수께서 거기를 떠나서 고향에 가시니,
제자들도 따라갔다. 2 안식일이 되어서, 예
수께서 회당에서 가르치기 시작하셨다. 많은 사
람이 듣고, 놀라서 말하였다. "이 사람이 어디에
서 이런 모든 것을 얻었을까? 이 사람에게 있는
지혜는 어떤 것일까? 그가 어떻게 그 손으로 이런
기적들을 일으킬까? 3 이 사람은 ㄱ)마리아의 아
들 목수가 아닌가? 그는 야고보와 요셉과 유다와
시몬의 형이 아닌가? 또 그의 누이들은 모두 우리
와 같이 여기에 살고 있지 않은가?" 그러면서
그들은 예수를 ㄴ)달갑지 않게 여겼다. 4 그래서
예수께서 그들에게 말씀하셨다. "예언자는 자기
고향과 자기 친척과 자기 집 밖에서는, 존경을 받
지 않는 법이 없다." 5 예수께서는 다만 몇몇 병

ㄱ) 다른 고대 사본들에는 '목수와 마리아의 아들이 아닌가?'
ㄴ) '꺼려 하였다' 또는 '예수에게 걸려 넘어졌다'

님을 만지는 행동으로 인해 자신의 대담함, 필사적인 태도, 그리고 희망이 상승되기는 하였지만 동시에 예수님을 정결치 못하게 만들 수도 있었다. **5:29** 예수님의 허락 없이 그녀가 주도적으로 시도하여 만진 일은 곧장 그녀를 낫게 혹은 구원받게 하였다. **5:31** 제자들의 반응에서 보면, 단순히 예수님을 만지는 것이나 그의 앞에 서는 것은 치유 받기에 충분할 정도로 예수님의 능력을 받을 수 있는 것은 아니다. 그 여인의 만짐은 단순히 군중들의 충돌과는 다른 것이다. **5:33** 예수님의 허락 없이 행한 일로 인해 자신에게 일어난 일을 깨달은 그녀는 *두려워하며 떨었지만,* 그녀는 진실을 말한다 (16:8을 참조). **5:34** 그 여인을 딸로 지칭함으로써, 예수님은 그녀를 혈육관계 안으로 받아들이시고, 그녀의 치유사건을 이 이야기의 주변 정황과 연결시키신다 (23, 35절). 예수님은 그녀에게 치유 혹은 구원을 가져다 준 그 접촉의 가장 특징적인 요소를 믿음으로 규정하신다.

5:35-43 야이로의 딸을 고쳐 주는 이야기의 결론 부분이다. **5:35** 이야기 중간에 삽입된 혈루증을 앓아온 여자 이야기는 야이로 딸의 병이 악화되었다는 것을 보도하기에 필요한 시간을 마련해 주었다. 이제 예수님에게 요청되는 것은 단지 병을 고쳐주는 것이 아니라, 죽은 사람을 다시 살리는 것이다. 이는 일반적으로 병을 고치는 사람이나 거룩한 사람이 행하지 못하는 기술이다. **5:36** 예수님은 성공과 실패를 가름하는 두 가지 반응을 대조시키신다 (4:40-41에 관한 주석을 보라). **5:37** 예수님은 다른 곳에서 하셨던 것처럼 (9:2; 13:3; 14:33), 오로지 가장 뛰어난 세 명의 제자와 함께 동행하신다. **5:38** *사람들이 울며 통곡하며 떠드는 것을 보시고.* 이렇게 직업적으로 통곡하는 사람들을 고용하는 것은 일반적인 현상이었다. **5:39-40** "자고 있다"가 일반적으로 죽음을 뜻하는 완곡어법이지만, 예수님의 말씀에 대한 통곡하는 사람들의 반응은 경멸적인 웃음이었다. 예수님은 몇 사람만 자신이 행하는 것을 보도록 하신다. **5:41** 마술을 행할 때 외국어 혹은 외래어를 사용하는 것은 그리스와 로마 문화에서 일반적으로 일어나는 현상이었다. 여기서 예수님은 아람어를 사용하시는데, 마가는 그 말을 곧장 희랍어로 번역하여 전한다 (7:11, 34; 14:36; 15:22, 34). **5:42** *열두 살의* 중요성에 대해서는 논의가 많다. 이 말은 열두 해 동안 혈루증을 앓던 여인의 이야기와 다시 연결시켜 주며 (25절), 혹은 어쩌면 상징적으로 성공적인 치유와 대조되는 점점 더 실패하는 열두 제자를 보여준다. 열두 살은 종종 여자 아이가 아버지의 보호에서 벗어나 결혼할 나이가 되었다는 것을 보여주는 나이였다. **5:43** 예수님은 침묵할 것을 명령하신다 (5:19 에 관한 주석을 보라). 유령 혹은 영들은 음식을 먹을 수 없는 존재들로 믿어졌다. 그래서 만약 그 여자 아이가 음식을 먹는다면 그녀는 정말로 살아 있는 것이다 (눅 24:41-42; 요 12:2; 21:13-14).

6:1-6a 예수님이 병을 고치시는 활동에 있어서 믿음의 중요성은 이 이야기에서 고향 사람들이 예수님을 대하는 태도에서 강조된다 (3:31-35; 마 13:53-58; 눅 4:16-30을 참조). **6:1** 예수님은 고향으로 돌아가신다 (희랍어로 "고향"은 *파트리다*). 비록 본문은 그 지명을 명시하지 않지만, 아마도 나사렛을 가리키는 듯하다 (1:9, 24를 보라). **6:2** 예수님의 가르침과 *기적*들로 아연실색하지만 (1:22, 27-28; 2:12; 5:20, 42b; 7:37; 11:18; 12:17), 고향 사람들은 예수님이 자기네들과 똑같은 일반적인 사람임을 너무나 확신하였기 때문에 그러한 일들을 믿을 수 없었고, 그들은 오히려 예수님을 달갑게 여기지 않는다 (4:17; 9:42-47; 14:27).

자에게 손을 얹어서 고쳐 주신 것 밖에는, 거기서
는 아무 기적도 행하실 수 없었다. 6 그리고 그
들이 믿지 않는 것에 놀라셨다.

열두 제자를 선교에 파송하시다
(마 10:1; 5-15; 눅 9:1-6)

그리고 예수께서는 마을들을 두루 돌아다니
시며 가르치셨다. 7 그리고 열두 제자를 가까이
부르셔서, 그들을 둘씩 둘씩 보내시며, 그들에게
ㄱ)악한 귀신을 억누르는 권능을 주셨다. 8 그리
고 그들에게 명하시기를, 길을 떠날 때에는, 지팡
이 하나 밖에는 아무것도 가지고 가지 말고, 빵이
나 자루도 지니지 말고, 전대에 동전도 넣어 가지
말고, 9 다만 신발은 신되, 옷은 두 벌 가지지 말
라고 하셨다. 10 또 그들에게 말씀하셨다. "어디
서 어느 집에 들어가든지, 그 곳을 떠날 때까지 거
기에 머물러 있어라. 11 어느 곳에서든지, 너희
를 영접하지 않거나, 너희의 말을 듣지 않거든, 그
곳을 떠날 때에 너희의 발에 묻은 먼지를 떨어서,
그들을 고발할 증거물로 삼아라." 12 그들은 나
가서, 회개하라고 선포하였다. 13 그들은 많은
귀신을 쫓아내며, 수많은 병자에게 기름을 발라
서 병을 고쳐 주었다.

세례자 요한의 죽음 (마 14:1-12; 눅 9:7-9)

14 예수의 이름이 널리 알려지니, 헤롯 왕이
그 소문을 들었다. 사람들은 말하기를 "ㄴ)세례자
요한이, 죽은 사람들 가운데서 살아났다. 그 때문
에 그가 이런 놀라운 능력을 발휘하는 것이다" 하
고, 15 또 더러는 말하기를 "그는 엘리야다" 하
고, 또 더러는 "옛 예언자들 가운데 한 사람과 같
은 예언자다" 하였다. 16 그런데 헤롯이 이런 소
문을 듣고서 말하기를 "내가 목을 벤 그 요한이 살
아났구나" 하였다.
17 헤롯은 요한을 잡아오게 하여서, 옥에 가
둔 일이 있었다. 헤롯이 자기와 형제간인 빌립의
아내 헤로디아 때문에 그렇게 했던 것이다. 헤롯
이 그 여자를 아내로 맞았으므로, 18 요한이 헤
롯에게 형제의 아내를 차지하는 것은 옳지 않다고
말해왔기 때문이다. 19 그래서 헤로디아는 요한
에게 원한을 품고, 요한을 죽이고자 하였으나, 뜻
을 이루지 못하였다. 20 그것은, 헤롯이 요한을
의롭고 성스러운 사람으로 알고, 그를 두려워하
며 보호해 주었고, 또 그의 말을 들으면 몹시 괴로
워하면서도 오히려 달게 들었기 때문이다. 21 그

ㄱ) 그, '더러운' ㄴ) 또는 '침례자'

---

*목수*로 번역된 희랍어 단어는 *테크톤*으로, 나무를 다루는 노동자 혹은 더 일반적으로는 능숙한 숙련공을 가리키는 데 사용되었다. *마리아의 아들*은 흔하게 지칭되는 형식은 아닌 바, 그 이유는 대부분의 남자들은 그들의 아버지 이름으로 호칭되었기 때문이다 (예를 들어, 3:17-18). **6:4** *예언자*에게 있어서 친숙함은 분명히 명예가 아닌 모욕을 수반하게 된다. **6:5-6a** 예수님이 직면하시는 믿음의 결여(*불신앙*)로 인해 예수께서 그들 가운데서 행하실 수 있는 기적의 능력이 훼방을 받는다 (5:31, 34에 관한 주석을 보라).

6:6b-32 열두 제자의 사명을 설명해 나가는 한 중간에, 마가는 세례 요한을 처형시키는 중요한 이야기를 삽입한다 (이와 유사한 삽입형태에 대해서는 2:1-12, 3:20-35, 5:21-43 참조). **6:6b** 다음 이야기로의 전환점이다 (1:38-39를 보라).

6:7-13 예수님은 열두 제자를 파송하여 치유하고 악한 귀신들을 쫓아내라고 명령하신다 (마 10:1, 5-15; 눅 9:1-6). **6:7** *둘씩 둘씩.* 이것은 일반적으로 기독교 선교사들이 파송되는 방식처럼 보인다 (11:1; 14:13; 또한 행 13:2-3; 눅 10:1 참조). **6:8-9** *빵, 자루, 동전*을 가지고 가지 말라는 명령은 무역 상인이나 거지가 아닌, 순회설교자라는 제자들의 신분을 가리켜 주는 것이다. 헬라 철학의 견유학파 사람들은 구걸용 자루와 빵을 가지고 다니도록 허용했다. **6:10-11** 낯선 사람이나 특별히 거룩한 사명을 가진 사람들을 접대하는 것은 매우 고귀한 일이었다; 환대하지 않는다는 것은 심지어 가르침조차 받지 않겠다는 것이고, 오히려 질책과 같은 상징적 행동을 되돌려 받을 만하다. **6:12** 예수님은 회개시키고, 귀신을 내쫓고, 치유하는 사역을 하시는데, 제자들의 사명 가운데에는 예수님이 선포하시는 가장 중요한 한 요소가 결여되어 있는 것 같다. 곧 복음에 대한 믿음(1:14-15 참조)이 결여되어 있는 것처럼 보인다.

6:14-29 제자들의 파송과 귀환 사이에 삽입된 이야기는 (6:30-32) 바로 헤롯 궁에서 처형당한 세례 요한의 죽음에 관한 이야기이다 (마 14:1-12; 눅 9:7-9). 천여 년 간의 그리스도교 미술과 음악 외에도, 이 이야기는 마가복음서에서만 독특한 것으로, 예수님은 이곳에서 주요 인물도 아니고 주인공도 아니시다. 요한의 죽음은 다양한 방식으로 예수님의 죽음을 암시해 준다. 예수님과 함께 등장하는 빌라도처럼, 헤롯은 요한을 보호하고자 하지만 결국 그를 죽이게 된다. 죽음을 공작하던 사람들, 곧 요한의 경우에는 헤로디아, 예수님의 경우에는 예루살렘 종교 지도자들이 그들의 목적을 이루기 위한 힘을 가지지 못하였으며, 따라서 자신들의 목적을 이루기 위해 정부 관료들에게 외부 압력을 가해 그 일을 이행하도록 해야 했다. 그러나 요한의 경우, 너

런데 좋은 기회가 왔다. 헤롯이 자기 생일에 고관
들과 천부장들과 갈릴리의 요인들을 청하여 놓고,
잔치를 베풀었는데, 22 ㄱ)헤로디아의 딸이 춤을
추어서, 헤롯과 그 자리에 앉아 있는 사람들을 즐
겁게 해주었다. 왕이 소녀에게 말하였다. "네 소원
을 말해 보아라. 내가 들어주마." 23 그리고 그
소녀에게 굳게 맹세하였다. "네가 원하는 것이면,
이 나라의 절반이라도 주겠다." 24 소녀가 바깥
으로 나가서, 자기 어머니에게 말하였다. "무엇을
달라고 청할까요?" 그 어머니가 말하였다. "ㄴ)세
례자 요한의 머리를 달라고 하여라." 25 소녀는
급히 왕에게로 돌아와서 청하였다. "곧바로 서둘
러서 ㄴ)세례자 요한의 머리를 쟁반에 담아서 내게
주십시오." 26 왕은 마음이 몹시 괴로웠지만, 맹
세한 것과 거기에 함께 앉아 있는 사람들 때문에,
소녀가 달라는 것을 거절할 수 없었다. 27 그래서
왕은 곧 호위병을 보내서, 요한의 목을 베어 오게
하였다. 호위병은 나가서, 감옥에서 요한의 목을
베어서, 28 쟁반에 담아 소녀에게 주고, 소녀는
그것을 자기 어머니에게 주었다. 29 요한의 제
자들이 이 소식을 듣고 와서, 그 시체를 거두어다가
무덤에 안장하였다.

오천 명을 먹이시다

(마 14:13-21; 눅 9:10-17; 요 6:1-14)

30 사도들이 예수께로 몰려와서, 자기들이 한
일과 가르친 일을 다 그에게 보고하였다. 31 그
때에 예수께서 그들에게 말씀하셨다. "너희는 따로
외딴 곳으로 와서, 좀 쉬어라." 거기에는 오고가는
사람이 하도 많아서 음식을 먹을 겨를조차 없었기
때문이다. 32 그래서 그들은 배를 타고, 따로 외
딴 곳으로 떠나갔다. 33 그런데 많은 사람이 이
것을 보고, 그들인 줄 알고, 여러 마을에서 발걸
음을 재촉하여 그 곳으로 함께 달려가서, 그들보다
먼저 그 곳에 이르렀다. 34 예수께서 배에서 내
려서 큰 무리를 보시고, 그들이 마치 목자 없는 양
과 같으므로, 그들을 불쌍히 여기셨다. 그래서 그
들에게 여러 가지로 가르치기 시작하셨다. 35 날
이 이미 저물었으므로, 제자들이 예수께 다가와서
말하였다. "여기는 빈 들이고 날도 이미 저물었습
니다. 36 이 사람들을 헤쳐, 제각기 먹을 것을 사
먹게 근방에 있는 농가나 마을로 보내시는 것이 좋
겠습니다." 37 예수께서 그들에게 말씀하셨다.

ㄱ) 다른 고대 사본들에는 '그의 딸 헤로디아가' ㄴ) 또는 '침례자'

무나 가볍게 끔찍한 참수형으로 귀결된 그 사건의 본질은 이 이야기의 전체에 스며들어 있는 악의 수준을 묘사하여 오싹함까지 느끼게 해준다. 이 이야기가 지금까지는 가장 긍정적인 행동들의 한가운데 삽입됨으로써, 지금 그들의 성공이 실패의 전조가 되고 있음을 암시해준다. **6:14** *헤롯 왕은* 헤롯 안티파스로서, 기원전 4년부터 기원후 39년까지 베레아와 갈릴리를 관리하던 삼두정치 최고자들 중 한 명이다 (3:6; 8:15; 눅 3:1; 23:6-12). 그는 유대 왕 헤롯 대왕의 세 아들 가운데 하나이다 (마 2:1-20; 눅 1:5). *세례자 요한에* 대해서는 1:4-9에 관한 주석을 보라. **6:15** *엘리야는* 그리스도(메시아)가 오기 전에 올 예언자로 기대되었다 (1:6; 9:11-13; 말 4:5-6에 관한 주석을 보라). **6:16** 헤롯은 마가복음서에 등장하는 다른 사람들처럼 죽은 자로부터의 부활을 믿고 있었다 (또한 8:27-28을 보라). 그는 예수님을 부활한 요한으로 믿으며 예수님의 능력을 말한다 (5:30; 6:2). **6:17** 고대 유대 역사가인 요세푸스에 따르면, *헤로디아는* 빌립의 아내가 아닌 그의 장모이다. **6:18** 레 18:16; 20:21을 보라. 요한은 통치자를 훈계할 정도로 명성을 가졌던 중요한 인물이었다. **6:19-20** 요한이 헤롯의 잘못을 깨우쳐 주었음에도 불구하고 헤로디아는 요한에게 악감정을 품고 있었다. 하지만, 헤롯은 요한을 의로운 사람으로 생각하고 있었고, 그의 말을 충실하게 듣곤 하였다. 마가는 헤롯이 요한을 투옥시킨 사건을 일종의 요한을 보호하기 위한 목적으로 감금시킨 것으로 묘사하고 있다. **6:22** 많은 사본들은 헤로디아의 딸 이름을 헤로디아로 기록하고 있다. 하지만 요세푸스에 따르면, 딸의 이름은 살로메이다. **6:23** 이와 비슷한 청에 대해서는 에 5:3, 6; 7:3을 보라. 에스더기에서도 음주와 파티에 관한 필연적 상황 배경을 보여준다. 헤롯의 엄숙한 서약이 갈릴리 지도자들 앞에서 공개적으로 맺어졌다 (21절). **6:24-25** 헤로디아의 딸은 요한의 목을 달라는 그녀의 어머니의 요청에 자신의 말, 곧 *쟁반에 담아서* 라는 말을 추가하여 전한다. 요한의 목은 생일 만찬의 마지막 요리처럼 나오게 될 것이다. **6:26** 후에 나오는 빌라도처럼 헤롯은 그가 저지른 일을 후회하지만, 공개석상에서 행한 약속을 어기는 것은 그에게 더 유감스러운 일이 되었을 것이다 (15:10-15). **6:29** 낯선 사람에 의해 매장되는 예수님과는 달리, 요한의 제자들이 그를 묻는다 (15:42-47).

6:30-32 부여받은 사명을 완수하고 되돌아와 보고하는 제자들 (7-13절). **6:30** *사도들.* 이 표현은 마가복음서에서 자주 사용하는 표현은 아니다 (3:14에 관한 주석을 보라). **6:31-32** 예수님은 제자들을 데리고 *외딴 곳* 혹은 "광야"로 가서 (1:3, 12-13, 35, 45; 6:35; 8:4), 무리로부터 떨어져 편안하게 음식을 먹을 수 있게 되신다 (3:20).

6:33—8:21 이 부분은 두 번에 걸쳐 많은 사람을 먹인 기적 이야기와 그와 연결되어 결론적으로 그려진 배를 타고 가는 이야기 사이에 첨가되어 있다. 이 부분은

"너희가 그들에게 먹을 것을 주어라." 제자들이 그
에게 말하였다. "그러면 우리가 가서 빵 이백 ㄱ데
나리온 어치를 사다가 그들에게 먹이라는 말씀입
니까?" 38 예수께서 그들에게 말씀하셨다. "너희
에게 빵이 얼마나 있느냐? 가서, 알아보아라." 그
들이 알아보고 말하였다. "빵 다섯 개와 물고기 두
마리가 있습니다." 39 예수께서는 제자들에게
명하여, 모두들 떼를 지어 푸른 풀밭에 앉게 하셨다.
40 그들은 백 명씩 또는 쉰 명씩 떼를 지어 앉았다.
41 예수께서 빵 다섯 개와 물고기 두 마리를 들어
서, 하늘을 쳐다보고 축복하신 다음에, 빵을 떼어
서 제자들에게 주시고 사람들에게 나누어 주게 하
셨다. 그리고 그 물고기 두 마리도 모든 사람에게
나누어 주셨다. 42 그들은 모두 배불리 먹었다.
43 빵 부스러기와 물고기 남은 것을 주워 모으
니, 열두 광주리에 가득 찼다. 44 빵을 먹은 사
람은 남자 어른만도 오천 명이었다.

예수께서 물 위로 걸으시다

(마 14:22-33; 요 6:15-21)

45 예수께서는 곧 제자들을 재촉하여, 배를
태워, 자기보다 먼저 건너편 벳새다로 가게 하시
고, 그 동안에 무리를 헤쳐 보내셨다. 46 그들과
헤어지신 뒤에, 예수께서는 기도하시려고 산에
올라가셨다. 47 날이 저물었을 때에, 제자들이
탄 배는 바다 한가운데 있었고, 예수께서는 홀로
뭍에 계셨다. 48 그런데 예수께서는, 그들이 노
를 젓느라고 몹시 애쓰는 것을 보셨다. 바람이 거
슬러서 불어왔기 때문이다. 이른 새벽에 예수께
서 바다 위를 걸어서 그들에게로 가시다가, 그들
을 지나쳐 가려고 하셨다. 49 제자들은 예수께
서 바다 위로 걸어오시는 것을 보고, 유령으로 생
각하고 소리쳤다. 50 그를 보고, 모두 놀랐기 때
문이다. 그러나 예수께서 곧 그들에게 말씀하셨다.

ㄱ) 한 데나리온은 노동자의 하루 품삯

마가복음서의 세 번째 부분으로써 예수님의 성공적인 치유사역을 종교적 경쟁자들인 율법학자들과 바리새파 사람들과의 점증하는 갈등관계와 대조시키고 있으며, 또한 제자들의 점증하는 몰이해와 대조시키고 있다. 초기 학자들은 약간 다르게 묘사된 두 급식 이야기를 편집자의 실수로 이해했지만 (6:33-44와 8:1-9), 최근의 연구는 두 이야기를 제자들에게로 시야를 돌리기 위한 의도적인 풍자로 해석한다.

6:33-44 오천 명을 먹이는 이야기는 "외딴 곳"(32절)에서 일어난다. 예수님은 제자들을 데리고 외딴 곳으로 떠나셨다 (마 14:13-21; 눅 9:10-17; 요 6:1-14). **6:33** 배를 타고 이동하는 것은 발로 이동하는 것보다 더 오래 걸렸다 (비슷한 규모의 무리에 대해서는 1:5, 33, 45; 3:7-8; 4:1; 5:21 참고). **6:34** *목자 없는 양.* 민 27:17; 왕상 22:17; 대하 18:16; 겔 34:8; 슥 10:2를 보라. **6:37** *이백 데나리온.* 이 돈의 액수는 일반 노동자의 1년 수입의 거의 3분의 2 수준으로, 매우 큰 돈이었다. **6:39** 푸른 풀밭은 마가복음서에서는 흔하지 않은 자세한 표현법이다 (4:38을 보라). **6:40** 희랍어로 *떼는 심포시아*로서, 화기애애한 술자리를 나타내는 말이다. **6:41** 예수께서 하시는 활동은 지금의 음식을 마지막 만찬과 연결시켜 준다 (14:22). **6:42** 그처럼 적은 음식으로 많은 사람들을 만족시킬 정도로 먹였다는 것은 그 사건의 기적적 본질을 증명해 주고 있다. 기근과 굶주림은 그리스와 로마 시대의 도시생활 속에서 끊임없이 존속하였던 문제였다. 따라서 이 이야기는 초대 기독교인들에게 많은 호소력을 지니고 있었을 것이다. **6:43-44** 숫자의 상징적 의미에 대한 수많은 논의들은 여전히 논쟁 중에 있다. *남자*는 희랍어로 *안드레스*로서, 남성을 가리키는 단어이다. 여성들과 어린이들까지 합하면 오천 명 이상이 될 수도 있다거나, 대부분의 술자리가 그러하듯이 그 자리에는 오로지 남성들만이 참여하고 있었다는 점을 저자가 의도하고 있다든가 하는 문제는 여전히 논의되고 있다.

6:45-52 제자들의 굳어진 마음을 노출시켜 주고 있는 또 하나의 물과 관련된 기적이 소개되고 있다 (마 14:22-33; 요 9:15-21). **6:45** *곧* (희랍어, *유투스*, 1:18에 관한 주석을 보라). 배를 타고 가는 이야기가 무리를 먹이는 이야기와 연결되어 있음을 시사해 준다. **6:46** 예수님은 마가복음에서 항상 은밀한 곳에서 기도하신다 (1:35; 14:34-36). **6:48** 바다와 바람은 4:35-41과 일치하며, 제자들의 반응 또한 그러하다. 예수님이 그들을 그냥 지나쳐 가려던 의도가 분명하지는 않지만, 아마도 제자들을 심한 공포에서 구해주기 위함이었을 것이다. **6:49-51** 4:39-40을 보라. **6:52** 내레이터는 제자들의 공포를 빵의 기적에 대한 몰이해와 연결시키며 (또한 8:1-9, 14-21을 보라), 처음으로 분명하게 예수님의 제자들의 반응을 예수님의 적대자들의 반응과 하나로 묶어주고 있다 (3:5-6; 8:17; 10:5).

6:53-56 예수님의 성공적인 병 고치는 기적들을 요약해서 보고하는 것이 제자들과의 관계에서 갖는 어려움(45-52절)과 예루살렘의 바리새파 사람과 율법학자들과의 갈등 (7:1-13) 사이에 끼어 있다. **6:53** *게네사렛.* 갈릴리 호수의 북서쪽으로서, 벳세다로부터 호수를 가로지를 수 있는 곳이 아니라 (6:45), 북쪽 호숫가를 따라 약간 더 서쪽에 위치한 곳이다 (5:1에 관한 주석을 보라). **6:56** 3:9-10; 5:27-28을 보라.

7:1-23 두 번째로 중요한 예수님의 연설(4:1-

"안심하여라. 나다. 두려워하지 말아라." 51 그
리고 예수께서 그들이 탄 배에 오르시니, 바람이
그쳤다. 그래서 제자들은 몹시 놀랐다. 52 그들은
빵을 먹이신 기적을 깨닫지 못하고, 마음이 무뎌져
있었다.

게네사렛에서 병자들을 고치시다
(마 14:34-36)

53 그들은 바다를 건너가서, 게네사렛 땅에
이르러 닻을 내렸다. 54 그들이 배에서 내리니,
사람들이 곧 예수를 알아보고, 55 그 온 지방을
뛰어다니면서, 예수가 어디에 계시든지, 병자들을
침상에 눕혀서 그 곳으로 데리고 오기 시작하였다.
56 예수께서, 마을이든 도시이든 농촌이든, 어디
에 들어가시든지, 사람들이 병자들을 장터거리에
데려다 놓고, 예수께 그 옷술만에라도 손을 대게
해달라고 간청하였다. 그리고 손을 댄 사람은 모두
병이 나았다.

장로들의 전통 (마 15:1-20)

7 1 바리새파 사람들과 예루살렘에서 내려온
율법학자 몇 사람이 예수께로 몰려왔다.
2 그들은 예수의 제자들 가운데 몇 사람이 부정한
손 곧 씻지 않은 손으로 빵을 먹는 것을 보았다.
3 -바리새파 사람과 모든 유대 사람은 장로들의
전통을 지켜, 규례대로 손을 씻지 않고서는 음식을
먹지 않았으며, 4 ㄱ)또 시장에서 돌아오면, 몸을
정결하게 하지 않고서는 먹지 않았다. 그 밖에도
그들이 전해 받아 지키는 규례가 많이 있었는데,
그것은 곧 잔이나 단지나 놋그릇이나 ㄴ)침대를 씻는
일이다.- 5 그래서 바리새파 사람들과 율법학자
들이 예수께 물었다. "왜 당신의 제자들은 장로들
이 전하여 준 전통을 따르지 않고, 부정한 손으로
음식을 먹습니까?" 6 예수께서 그들에게 대답
하셨다. "이사야가 너희 같은 위선자들을 두고
적절히 예언하였다. 이렇게 기록되어 있다.

ㄱ) 다른 고대 사본들에는 '또 시장에서 돌아오면, 정결하지 않게 하고서는 먹지 않았다'가 없음 ㄴ) 다른 고대 사본들에는 '침대'가 없음

34를 보라)은 내부로부터의 정결함에 관한 기본관점을 세 번씩이나 반복해서 이야기하고 있으며, 이는 마음의 상태로부터 오는 정결함이지 종교적 행위로 인한 것이 아님을 강조한다 (2:15—3:6을 보라). 첫째는 바리새파 사람과 율법학자들의 음식 규례를 비난하면서 마음의 상태에서 오는 정결함을 강조하고 (1-13절), 두 번째로는 무리를 향하여 사람 안으로 들어오는 것과 나가는 것을 들어 강조하고 (14-16절), 마지막으로 제자들에게 음식이 사람의 몸 속으로 들어오는 것과 나가는 것을 가지고 마음의 정결함을 강조한다 (17-23절; 마 15:1-20). **7:1** *바리새파 사람에* 대해서는 2:16에 관한 주석을 보라. **7:2** *먹다에* 대한 희랍어는 문자 그대로 "빵을 먹다"를 뜻하며, 6:38-44와 연결된다. *부정한 손은* 종교적으로 부정함을 가리키는 표현이다 (레 15:11을 보라). **7:3-4** 정확하지 않으면서도 불분명하게 설명하는 것은 마가복음의 청중들이 바리새파의 정결법을 잘 알지 못하고 있음을 말해주고 있는 듯 보인다. *모든 유대 사람.* 역사적으로 볼 때 애매한 표현이다. *규례대로.* 이 단어를 번역한 희랍어 *퓨그메이*는 문자 그대로 "주먹으로" 라는 뜻을 가지고 있다. 아마도 어떤 특별한 종교적 행위를 보여주는 것 같은데, 그 의미가 현대에 이르러 상실된 듯하다. *장로들의 전통*은 아마도 구전 전승을 가리키는 것으로, 일부 유대인들 가운데서는 권위를 지니는 것으로 간주된 듯하다. 음식과 자기자신과 음식을 담는 그릇을 씻는 것은 모두 종교적 정결예식의 일부분들이다. **7:5** 제자들의 행위들을 둘러싸고 전에 있었던 논쟁에 대해서는 2:18-28을 보라. **7:6-7** 사 29:13 (칠십인역). 바리새파 사람에 대한 예수님의 첫 번째 반응은 성경을 인용하여 역공격하는 것이었다. **7:8-9** 예수님은 진정으로 복종하기 전에 겉으로 보이는 경건만 강조하고 있다고 그들을 힐책하신다 (또한 골 2:20-23을 보라). **7:10** 출 20:12; 신 5:16; 또한 막 10:19; 엡 6:2를 보라. **7:11** *고르반.* 하나님께 드리는 특별한 예물을 의미한다 (레 1:2). 이 예물은 다른 목적들, 예를 들어, 부모를 공양하는 데 사용되지 못한다. **7:13** 예수님은 성문화된 토라(*하나님 말씀*)에 대한 복종을 구전 전통(*너희가 물려받은 관습*)에 대조시키신다. **7:14-15** 그들의 행동에 대하여 힐책하신 후, 예수님은 무리에게 그의 입장을 설명해 주신다. 더러움은 속으로부터, 곧 마음으로부터 나오는 것이다. 밖으로부터 들어가는 것이 *더럽힐* 수 없다. 가장 초기의 사본들은 16절을 생략하고 있다. 이는 아마도 4:9, 23에 근거해서 편집되었기 때문일 것이다. **7:17** 동일한 입장이 제자들과의 개인적 만남에서 다시 반복된다 (4:10, 34를 보라). **7:19** 마음의 상태는 마가가 윤리와 하나님에 대한 순종을 이해하는 데 중심적인 역할을 한다 (3:5; 6:52를 보라). *예수께서는 이런 말씀을 하여 모든 음식은 깨끗하다고 하셨다.* 내레이터가 이처럼 부가적으로 명확하게 음식을 먹는 것에 대하여 천명한 것은 초대 기독교 내부에서 가장 논쟁적인 문제로 되어 있었기 때문이다 (행 10:9-16; 15:19-20; 갈 2:11-13). **7:21-22** 악의 목록은 그리스와 로마 문화와 초대 그리스도교의 도덕적 담론에서 일상적인 것이었다 (예를 들어, 롬 1:29-31; 고전 6:9-10; 갈 5:19-21; 딤후 3:2-5를 보라).

7:24-30 거리가 좀 떨어진 지역에서 귀신을 내

ㄱ)'이 백성은
입술로는 나를 공경해도,
마음은 내게서 멀리 떠나 있다.
7 그들은
사람의 훈계를 교리로 가르치며,
나를 헛되이 예배한다.'
8 너희는 하나님의 계명을 버리고, 사람의 전통
을 지키고 있다." 9 또 그들에게 말씀하셨다. "너
희는 너희의 전통을 지키려고 하나님의 계명을 잘
도 저버린다. 10 모세가 말하기를 ㄴ)'네 아버지
와 네 어머니를 공경하여라' 하고, 또 ㄷ)'아버지나
어머니를 욕하는 자는 반드시 죽을 것이다' 하였
다. 11 그러나 너희는 말한다. 누구든지 아버지
나 어머니에게 말하기를 '내게서 받으실 것이 고
르반(곧 하나님께 드리는 예물)이 되었습니다' 하
고 말만 하면 그만이라고 말한다. 12 그러면서
아버지나 어머니에게 그 이상 아무것도 해 드리지
못하게 한다. 13 너희는 너희가 물려받은 전통
을 가지고, 하나님의 말씀을 헛되게 하며, 또 이
와 같은 일을 많이 한다."

14 예수께서 다시 무리를 가까이 부르시고
서, 그들에게 말씀하셨다. "너희는 모두 내 말을
듣고 깨달아라. 15 무엇이든지 사람 밖에서 사
람 안으로 들어가는 것으로서 그 사람을 더럽히는
것은 아무것도 없다. 16 사람에게서 나오는 것
이 그 사람을 더럽힌다.ㄹ)" 17 예수께서 무리를
떠나 집으로 들어가셨을 때에, 제자들이 그 비유
를 두고 물었다. 18 예수께서 그들에게 말씀하
셨다. "너희도 아직 깨닫지 못하느냐? 밖에서 사
람의 몸 속으로 들어가는 것이 사람을 더럽히지
못한다는 것을 알지 못하느냐? 19 밖에서 사람
안으로 들어가는 것은 무엇이든지, 사람의 마음
속으로 들어가지 않고, 뱃속으로 들어가서 뒤로
나가기 때문이다." 예수께서는 이런 말씀을 하여
모든 음식은 깨끗하다고 하셨다. 20 또 그들에게
말씀하셨다. "사람에게서 나오는 것, 그것이 사람을
더럽힌다. 21 나쁜 생각은 사람의 마음에서 나
오는데, 곧 음행과 도둑질과 살인과 22 간음과
탐욕과 악의와 사기와 방탕과 악한 시선과 모독과
교만과 어리석음이다. 23 이런 악한 것이 모두
속에서 나와서 사람을 더럽힌다."

시로페니키아 여자의 믿음 (마 15:21-28)

24 예수께서 거기에서 일어나셔서, ㅁ)두로 지
역으로 가셨다. 그리고 어떤 집에 들어가셨는데,
아무도 그것을 모르기를 바라셨으나, 숨어 계실
수가 없었다. 25 ㅂ)악한 귀신 들린 딸을 둔 여자가
곧바로 예수의 소문을 듣고 와서, 그의 발 앞에 엎
드렸다. 26 그 여자는 그리스 사람으로서, 시로
페니키아 출생인데, 자기 딸에게서 귀신을 쫓아
내 달라고 예수께 간청하였다. 27 예수께서 그

ㄱ) 사 29:13 (칠십인역) ㄴ) 출 20:12; 신 5:16 ㄷ) 출 21:17; 레 20:9
ㄹ) 다른 고대 사본들에는 절 끝에 '들을 귀가 있는 사람들은 들어라'가 첨가되어 있음 ㅁ) 다른 고대 사본들에는 '두로와 시돈 지역으로'
ㅂ) 그, '더러운'

쫓는 사건은 영리하고 결심한 한 이방 여인이 유대 사람에게만 제한하여 사역하고자 하셨던 예수님의 뜻에 정면으로 도전한다. 이 여인은 마가복음에서 예수님과 유일하게 논쟁을 벌인 인물로 등장한다. 그리고 그 과정에서 그 여인은 예수님의 사역범위보다 중요한 무엇인가를 가르치고 있다 (마 15:21-28). **7:24** 두로는 갈릴리 북서쪽의 지중해 해안에 위치한 도시로, 이방 사람들이 많은 곳이었다. 은둔하고자 했던 예수님의 의도에 대해서는 1:45; 2:1-2; 6:31-32 참조. **7:25** 그 여인은 소문으로 들은 것이 있었기 때문에, 다른 사람들처럼 그렇게 발 앞에 엎드리며 예수님에게 다가간다 (5:6, 22, 33). **7:26** 그 여자는 *이방 사람이다.* 희랍어사본은 그 여자를 "그리스 사람"으로 기록한다. 그러나 이것은 그녀의 출신 국가를 의미하는 것보다는 그녀의 종교에 기인된 것으로 보인다. 어쨌든 그녀가 유대 사람이 아니라는 점이 강조되고 있다. **7:27** 예수님은 분명하게 그녀의 요청을 거절하신다. 왜냐하면 *개*(문자적으로 "작은 개")가 아닌 *아이들*(이스라엘의 아이들을 의미한다)이 *음식*(문자적으로 "빵")을 필요로 하기 때문이다. 이는 그 여인의 종교 전통에 대한 모욕적인 말이다. **7:28** 그녀는 모욕적인 말을 참아내고, 오히려 그 말로 예수님의 말씀의 강도를 약화시킨다. 그리스와 로마시대의 주요 대중적 철학운동에 속한 사람들이 "개," 곧 견유학파(Cynics)로 불렸다. 왜냐하면 그들은 종종 건방진 듯한 기질로 전통적인 견해나 관습에 대하여 자부하고 있었기 때문이다. 그 여인의 대답은 이와 같은 견유학파적인 기능을 시사해 주고 있다. **7:29-30** 그 여인의 성공적인 역공세 때문에, 예수님은 멀리서 그 아이를 고쳐주신다.

7:31-37 예수님은 귀가 먹고 말을 할 수 없던 남자를 고쳐주신다. 이 사람을 고쳐주는 이야기는 마태복음서나 누가복음서에 없는 마가복음서만의 기사이다. **7:31** 예수님의 행로는 지리적으로 이해하기 어려운 행로이다. 왜냐하면 *시돈*은 지중해 연안도시인 *두로의* 북쪽에 위치해 있으며, 데가볼리는 갈릴리 호수의 남동쪽에 위치해 있기 때문이다 (5:1; 6:53에 관한 주석을 보라). 하지만, 이 기사는 이방 지역들을 묘사하기 위해 기록된 것 같다. **7:32** *손을 얹어.* 1:31, 41;

여자에게 말씀하셨다. "자녀들을 먼저 배불리 먹여야 한다. 자녀들이 먹을 빵을 집어서 개들에게 던져 주는 것은 옳지 않다." 28 그러나 그 여자가 예수께 말하였다. "주님, 그러나 상 아래에 있는 개들도 자녀들이 흘리는 부스러기는 얻어먹습니다." 29 그래서 예수께서 그 여자에게 말씀하셨다. "네가 그렇게 말하니, 돌아가거라, 귀신이 네 딸에게서 나갔다." 30 그 여자가 집에 돌아가서 보니, 아이는 침대에 누워 있고, 귀신은 이미 나가고 없었다.

귀 먹고 말 더듬는 사람을 고치시다

31 예수께서 다시 두로 지역을 떠나, 시돈을 거쳐서, ㄱ)데가볼리 지역 가운데를 지나, 갈릴리 바다에 오셨다. 32 그런데 사람들이 귀 먹고 말 더듬는 사람을 예수께 데리고 와서, 손을 얹어 주시기를 간청하였다. 33 예수께서 그를 무리로부터 따로 데려가서, 손가락을 그의 귀에 넣고, 침을 뱉어서, 그의 혀에 손을 대셨다. 34 그리고 하늘을 우러러보시고서 탄식하시고, 그에게 말씀하시기를 "에바다" 하셨다. (그것은 열리라는 뜻이다.) 35 그러자 곧 그의 귀가 열리고 혀가 풀려서, 말을 똑바로 하였다. 36 ㄴ)예수께서 이 일을 아무에게도 말하지 말라고 그들에게 명하셨으나, 말리면 말릴수록, 그들은 더욱더 널리 퍼뜨렸다. 37 사람들이 몹시 놀라서 말하였다. "그가 하시는 일은 모두 훌륭하다. 듣지 못하는 사람도 듣게 하시고, 말 못하는 사람도 말하게 하신다."

사천 명을 먹이시다

(마 15:32-39)

8 1 그 무렵에 다시 큰 무리가 모여 있었는데, 먹을 것이 없었다. 예수께서 제자들을 가까이 불러 놓고 말씀하셨다. 2 "저 무리가 나와 함께 있은 지가 벌써 사흘이나 되었는데, 먹을 것이 없으니 가엾다. 3 내가 그들을 굶은 채로 집으로 돌려보내면, 길에서 쓰러질 것이다. 더구나 그 가운데는 먼 데서 온 사람들도 있다." 4 제자들이 예수께 말하였다. "이 빈 들에서, 어느 누가, 무슨 수로, 이 모든 사람이 먹을 빵을 장만할 수 있겠습니까?" 5 예수께서 그들에게 물으셨다. "너희에게 빵이 몇 개나 있느냐?" 그들이 대답하였다. "일곱 개가 있습니다." 6 예수께서는 무리에게 명하여 땅에 앉게 하셨다. 그리고 빵 일곱 개를 들어서, 감사 기도를 드리신 뒤에, 떼어서 제자들에게 주시고, 사람들에게 나누어 주게 하시니, 제자들이 무리에게 나누어 주었다. 7 또 그들에게는 작은 물고기가 몇 마리 있었는데, 예수께서 그것을 축복하신 뒤에, 그것도 사람들에게 나누어 주게 하셨다. 8 그리하여 사람들이 배불리 먹었으며, 남은 부스러기를 주워 모으니, 일곱 광주리에 가득 찼다. 9 사람은 사천 명쯤이었다. 예수께서는 그들을 헤쳐 보내셨다. 10 그리고 곧 제자들과 함께 배에 올라, ㄷ)달마누다 지방으로 가셨다.

ㄱ) '열 도시' ㄴ) 그, '그가' ㄷ) 다른 고대 사본들에는 '마게다' 또는 '막달라'

5:23, 41을 보라. **7:33** 무리로부터 떨어져 행한 병을 고쳐 준 기적 이야기로 (5:37, 40), 그리스와 로마 문화의 다른 병 고치는 이야기들 속에서도 발견되는 흔한 방법이다. **7:34** 병 고칠 때 사용하는 이방 언어에 대해서는 5:41에 관한 주석을 보라. **7:36-37** 예수님의 명령에 대한 유사한 불복종은 1:44-45를 참고하라. 모든 사람이 예수님의 행동으로 인해 놀라게 된다 (1:27-28; 2:12; 5:20; 사 35:5를 참조).

8:1-21 배를 타고 옮겨가는 것과 함께 묘사된 두 번째로 무리를 먹이는 이야기는 제자들의 극도의 몰이해와 완고함을 놀라울 정도로 묘사해 주면서 예수님의 갈릴리 사역의 세 번째 부분을 끝맺는다. 6:52에서 이야기꾼의 훈계, 곧 빵의 기적을 이해할 수 없었기 때문에 제자들의 마음이 무디어졌다는 훈계는 이 두 이야기에 묘사된 제자들에게서 구체적으로 나타난다. 이전에 무리를 먹인 사건(6:33-42)과 비교해 볼 때 줄어든 무리의 수와 더 많은 음식은 제자들의 어리석음(8:4)을 돋보이게 할 뿐만 아니라, 점증하는 불신앙에 직면한 예수님이 능력을 제대로 발휘할 수 없음을 제안한다.

8:1-9 4천 명의 무리를 먹이는 사건 (마 15:32-29). **8:1** *다시.* 청중들에게 이 이야기 내용이 이전에 일어났던 것임을 상기시켜 준다 (6:33-42). **8:4** 제자들이 광야에서 음식을 다 먹고 남은 것들을 광주리에 모았던 바로 그들이었기 때문에, 이 사건에 대한 제자들의 몰이해가 신랄하게 풍자되고 있다. **8:5** 제자들은 이전에 무리를 먹인 사건 때보다 더 많은 빵을 가지고 있다. **8:6-7** 이와 유사한 예수님의 활동에 대해서는 6:41; 14:22-23을 보라. **8:8** 6:42에 관한 주석을 보라. 제자들은 다시 남은 음식들을 모은다.

8:10-13 이 이야기의 중간에 삽입된 배를 타고 가는 이야기는 여행의 나머지 부분에서, 곧 14-21절 (마 16:1-4)에서 제자들의 몰이해를 계속해서 드러내기 위한 상황을 제공해 준다. **8:10** *달마누다 지방.* 이 지방은 알려지지 않은 곳이다. 마태복음은 달마누다를

표징을 거절하시다 (마 16:1-4)

11 바리새파 사람들이 나와서는, 예수에게
시비를 걸기 시작하였다. 그들은 예수를 시험하
느라고 그에게 하늘로부터 내리는 표징을 요구하
였다. 12 예수께서는 마음 속으로 깊이 탄식하
시고서 말씀하셨다. "어찌하여 이 세대가 표징을
요구하는가! 내가 진정으로 너희에게 말한다. 이
세대는 아무 표징도 받지 못할 것이다." 13 그리고
예수께서는 그들을 떠나, 다시 배를 타고 건너편
으로 가셨다.

바리새파 사람들과 헤롯의 누룩 (마 16:5-12)

14 [ㄱ]제자들이 빵을 가져오는 것을 잊었다.
그래서 그들이 탄 배 안에는 빵이 한 개밖에 없었다.
15 예수께서 제자들에게 경고하여 말씀하셨다.
"너희는 주의하여라. 바리새파 사람의 누룩과 헤
롯의 누룩을 조심하여라." 16 제자들은 서로 수
군거리기를 "우리에게 빵이 없어서 그러시는가
보다" 하였다. 17 예수께서 이것을 아시고 말씀
하셨다. "어찌하여 너희는 빵이 없는 것을 두고 수
군거리느냐? 아직도 알지 못하고 깨닫지 못하느
냐? 너희의 마음이 그렇게도 무디어 있느냐?
18 너희는, 눈이 있어도 보지 못하고, 귀가 있어
도 듣지 못하느냐? 기억하지 못하느냐? 19 내가
빵 다섯 개를 오천 명에게 떼어 주었을 때에, 너
희는 남은 빵 부스러기를 몇 광주리나 가득 거두
었느냐?" 그들이 그에게 대답하였다. "열두 광주
리입니다." 20 "빵 일곱 개를 사천 명에게 떼어
주었을 때에는, 남은 부스러기를 몇 광주리나 가
득 거두었느냐?" 그들이 대답하였다. "일곱 광주
리입니다." 21 예수께서 그들에게 말씀하셨다.
"너희가 아직도 깨닫지 못하느냐?"

벳새다의 눈먼 사람을 고치시다

22 그리고 그들은 벳새다로 갔다. 사람들이
눈먼 사람 하나를 예수께 데려와서, 손을 대 주시
기를 간청하였다. 23 예수께서 그 눈먼 사람의
손을 붙드시고, 마을 바깥으로 데리고 나가셔서,
그 두 눈에 침을 뱉고, 그에게 손을 얹으시고서
물으셨다. "무엇이 보이느냐?" 24 [ㄴ]그 사람이
쳐다보고 말하였다. "사람들이 보입니다. 나무 같은
것들이 걸어 다니는 것 같습니다." 25 그 때에
[ㄷ]예수께서는 다시 그 사람의 두 눈에 손을 얹으셨
다. 그 사람이 뚫어지듯이 바라보더니, 시력을 회
복하여 모든 것을 똑똑히 보게 되었다. 26 예수
께서 그를 집으로 돌려보내시며 말씀하셨다. "마
을로 들어가지 말아라.[ㄹ]"

ㄱ) 그, '그들이' ㄴ) 그, '그가' ㄷ) 그, '그는' ㄹ) 다른 고대 사본들에는 '마을 안에 있는 어느 누구에게도 말을 하지 말아라'가 첨가되어 있음

마가단으로 변경했다 (마 15:39). 이는 마가의 본문이 일치하지 않음을 설명해 주고 있는 듯하다 (5:1; 6:53; 7:31 참고). **8:11** 바리새파 사람에 대해서는 2:16에 관한 주석을 보라. *하늘로부터 내리는 표징.* 예수님의 권위를 증명해 주는 표현이다 (1:22, 27; 11:27-33); 예수님을 시험한 유일한 다른 존재는 사탄이었다 (1:13). **8:12** 이 세대에 대해서는 8:38; 9:19; 13:30을 보라.

8:14-21 배를 타고 "건너편"으로 계속 갈 때, 일곱 개의 빵으로 사천 명을 먹이고 나서 그 남은 음식을 막 거두어 들였던 제자들은 이제 배에 타고 있던 열세 명에게 오직 빵 한 개만이 남아 있다는 사실로 걱정하고 있다. 제자들의 어리석음에 대한 예수님의 격앙된 모습은 철저히 정당화되고 있는 것으로 보인다 (마 16:5-12). **8:15** *누룩.* 이것은 종종 감추어져 있는 악이 확산되어 가는 것을 표현하기 위해 사용된다 (눅 12:1; 고전 5:6; 갈 5:9를 보라). *바리새파 사람.* 2:16을 보라. *헤롯.* 6:14와 3:6을 보라. **8:16** 이제는 제자들의 몰이해가 우습기까지 하다. 즉 그들은 *바리새파 사람의 누룩과 헤롯의 누룩*이라는 예수님의 은유를 문자적으로 이해하고, 결국 자신들에게 빵이 없다는 사실로 걱정하게 된다. **8:17-18** 예수님은 제자들의 몰이해로 인해 격앙되고, 일련의 수사적 질문으로 그들의 마음이 무디어졌는지 (6:52) 그리고 그들이 이제는 "바깥 사람들"이 되었는지 확인해 보도록 요구하신다 (4:11-12를 보라). **8:19-21** 제자들은 기적적으로 무리를 먹인 사건에 참여한 것에 대하여는 기억하지만, 여전히 무리를 먹인 사건에 대해서는 분명하게 이해하지 못한다. 즉 그들은 마음이 무디어져 있음을 구체적으로 보여준다.

8:22—10:52 예수님의 갈릴리 사역의 마지막 부분은 "눈먼 사람"을 회복하는 이야기로 둘러싸여 있다 (8:22-26; 10:46-52). 이 부분이 각각의 제자들의 몰이해와 병행하여 세 가지 교훈으로 구성되어 있기 때문에, 이 구조는 예수님이 눈먼 사람에게 시력을 회복시켜 주시지만 실제로 제자들의 무디어진 마음에는 참된 시야를 열어주지 못한 것 같다고 풍자적으로 묘사하고 있다. 더욱이 각각의 가르침들(8:27—9:29; 9:30—10:31; 10:32-52)은 예수님의 예언, 곧 예루살렘에서의 체포, 심문, 죽음, 그리고 부활에 대한 예언과 함께 소개되고 있다. 이러한 삼중적인 예언은 앞으로 다가올 모든 고

베드로가 예수를 그리스도로 고백하다

(마 16:13-20; 눅 9:18-21)

27 예수께서 제자들과 함께 빌립보의 가이사
랴에 있는 여러 마을로 길을 나서셨는데, 도중에
제자들에게 물으셨다. "사람들이 나를 누구라고
하느냐?" 28 제자들이 예수께 말하였다. "ㄱ)세례자
요한이라고 합니다. 엘리야라고 하는 사람들도
있고, 또 예언자 가운데 한 분이라고 하는 사람들
도 있습니다." 29 예수께서 그들에게 물으셨다.
"그러면, 너희는 나를 누구라고 하느냐?" 베드로
가 예수께 대답하였다. "선생님은 ㄴ)그리스도이십
니다." 30 예수께서 그들에게 엄중히 경고하시
기를, 자기에 관하여 아무에게도 말하지 말라고
하셨다.

수난과 부활을 처음으로 예고하시다

(마 16:21-28; 눅 9:22-27)

31 그리고 예수께서는, ㄷ)인자가 반드시 많은
고난을 받고, 장로들과 대제사장들과 율법학자들
에게 배척을 받아, 죽임을 당하고 나서, 사흘 후
에 살아나야 한다는 것을 그들에게 가르치기 시작
하셨다. 32 예수께서 드러내 놓고 이 말씀을 하
시니, 베드로가 예수를 바싹 잡아당기고, 그에게
항의하였다. 33 그러나 예수께서는 돌아서서,
제자들을 보시고, 베드로를 꾸짖어 말씀하셨다.
"사탄아, 내 뒤로 물러가라. 너는 하나님의 일을
생각하지 않고, 사람의 일만 생각하는구나!"

34 그리고 예수께서 제자들과 함께 무리를
불러 놓고 그들에게 말씀하셨다. "나를 따라오려고
하는 사람은, 자기를 부인하고, 자기 십자가를
지고, 나를 따라오너라. 35 누구든지 제 목숨을
구하고자 하는 사람은 잃을 것이요, 누구든지 나와
복음을 위하여 제 목숨을 잃는 사람은 구할 것이다.
36 사람이 온 세상을 얻고도 제 목숨을 잃으면,
무슨 이득이 있겠느냐? 37 사람이 제 목숨을 되
찾는 대가로 무엇을 내놓겠느냐? 38 음란하고
죄가 많은 이 세대에서, 누구든지 나와 내 말을 부
끄럽게 여기면, 인자도 자기 아버지의 영광에 싸
여 거룩한 천사들을 거느리고 올 때에, 그를 부끄
럽게 여길 것이다." 1 또 예수께서 그들에게 말씀
9 하셨다. "내가 진정으로 너희에게 말한다. 여
기에 서 있는 사람들 가운데는, 죽기 전에 하
나님의 나라가 권능을 떨치며 와 있는 것을 볼 사
람들도 있다."

ㄱ) 또는 '침례자' ㄴ) 또는 '메시아'. ㄷ) 그, '사람의 아들이'

난을 암시해 주고 있을 뿐만 아니라, 박해와 시험의 때가 이르기 전에 예수님의 가르침의 참된 뜻을 이해하는 것이 얼마나 중요한지 암시해 주고 있다.

8:22-26 눈먼 사람을 치유하기 위해서 예수님은 두 가지를 시도하신다. 이는 예수님을 향한 불신앙이 예수님의 능력을 약화시킨다는 점을 암시해 주고 있는 것 같다 (8:1-21에 관한 주석을 보라). 7:31-37과 마찬가지로, 이 치유 이야기는 마태복음과 누가복음에 없다. **8:22** *벳새다*는 갈릴리 호수의 북쪽 가에 위치한 곳이었다 (6:45). 손을 *대 주시기를.* 이것에 대해서는 5:27-28에 관한 주석을 보라. **8:23** …*그 두 눈에 침을 뱉고, 그에게 손을 얹으시고서:* 이러한 방식은 그리스와 로마의 치유과정에서 매우 흔한 방식이었다 (7:33을 보라). **8:24** 첫 번째 시도에서는 단지 부분적으로만 시야를 회복했다. **8:26** 이와 비슷한 명령에 대해서는 1:44-45; 5:43; 7:36을 보라.

8:27—9:29 첫 번째 수난예고 부분은 예수님의 참된 정체성에 대해 질문하는 서론적 기사와 함께 시작된다. 베드로의 고백(29절)은 메시아의 말씀에 반박하는 오만한 모습의 전단계로 나타난다 (32-33절). 이 첫 번째 부분은 병을 고치는 이야기로 끝을 맺는데, 이는 마지막 수난예고 기사 부분인 10:32-52에서도 동일한 형태를 지닌다.

8:27-30 청중들은 1:1 이후 예수님의 정체성에 대해 알고 있음에도 불구하고, 지금 제자들은 베드로를 통해서 이제야 진리를 인식하게 되는 것처럼 보인다 (마 16:13-20; 눅 9:18-21). **8:27** *빌립보의 가이사랴.* 현저하게 이방인들이 많이 거주하는 도시로서 갈릴리의 북동쪽에 위치하고 있었다. **8:28** *세례자 요한이라고 합니다. 엘리야라고 하는 사람들도 있고. 헤롯* 역시 이와 같은 추측을 한다. 6:14-16 을 보라. **8:29** *그리스도* (희랍어, *크리스토스*)는 히브리어의 메시아이며 "기름부음을 받은 자"라는 뜻이다 (1:1을 보라). **8:30** 여기에서 다시 한 번 침묵할 것을 명령하신다. 이 때, 예수님은 귀신을 내쫓을 때 사용하는 강력한 말, 곧 *엄중히 경고하시며* 말씀하신다 (혹은 꾸짖기를; 1:25; 3:12; 4:39; 9:25; 10:13; 침묵 명령에 대해서는 1:34, 44; 3:11-12; 5:43; 7:36; 9:9, 30).

8:31—9:1 첫 번째 수난예고로써, 제자들의 오해와 참된 제자도에 관한 가르침을 소개한다 (마 16:21-28; 눅 9:22-27). **8:31** *인자.* 종종 예수 자신을 가리키는 용어로 사용된다 (2:10에 관한 주석을 보라). 희랍어로 *반드시…을 받고*는 *데이*인데, 이것은 필연성을 표현하는 동사이다. 종종 신적 필연성을 표현하기도 한다. **8:32** 임박한 예수님의 박해와 고난에 대한 분명한 진술은 베드로의 *꾸짖음*을 초래한다 (30절을 보라). 베드로의 행동에 대한 몇 가지 해석들이 있다. 첫째로, 베드로는 예수님의 엄청난 고난에 대

영광스러운 모습으로 변모하시다

(마 17:1-13; 눅 9:28-36)

2 그리고 엿새 뒤에 예수께서 베드로와 야고
보와 요한만을 데리고, 따로 높은 산으로 가셨다.
그런데, 그들이 보는 앞에서, 그의 모습이 변하였다.
3 그 옷은 세상의 어떤 빨래꾼이라도 그렇게 희게
할 수 없을 만큼 새하얗게 빛났다. 4 그리고 엘
리야가 모세와 함께 그들에게 나타나더니, 예수와
말을 주고받았다. 5 그래서 베드로가 예수께 말
하였다. "ㄱ)랍비님, 우리가 여기에 있는 것이 좋겠
습니다. 우리가 초막 셋을 지어서, 하나에는 랍비
님을, 하나에는 모세를, 하나에는 엘리야를 모시
겠습니다." 6 베드로는 무슨 말을 해야 좋을지
몰라서 이런 말을 했던 것이다. 제자들이 겁에 질
렸기 때문이다. 7 그런데 구름이 일어나서, 그들을
뒤덮었다. 그리고 구름 속에서 소리가 났다. "이
는 ㄴ)내 사랑하는 아들이다. 너희는 그의 말을 들
어라." 8 그들이 문득 둘러보았으나, 아무도 없
고, 예수만 그들과 함께 계셨다.

9 그들이 산에서 내려올 때에, 예수께서는
그들에게 명하시어, 인자가 죽은 사람들 가운데서
살아날 때까지는, 본 것을 아무에게도 이야기하지
말라고 하셨다. 10 그들은 이 말씀을 간직하고,
죽은 사람들 가운데서 살아난다는 것이 무슨 뜻인
가를 서로 물었다. 11 그들이 예수께 묻기를 "어
찌하여 율법학자들은 엘리야가 먼저 와야 한다고
합니까?" 하니, 12 예수께서 그들에게 말씀하셨
다. "확실히 엘리야가 먼저 와서, 모든 것을 회복
한다. 그런데, 인자가 많은 고난을 받고 멸시를 당
할 것이라고 기록한 것은, 어찌 된 일이냐? 13 내
가 너희에게 말한다. 엘리야는 이미 왔다. 그런
데, 그를 두고 기록한 대로, 사람들은 그를 함부
로 대하였다."

ㄱ) '스승' ㄴ) 또는 '내 아들, 내 사랑하는 자다'

한 언급을 통해 메시아의 역할에 대한 다른 관념(아마도, 영광과 영예를 가진 자)을 가지고 있었다. 둘째로, 베드로는 예수님을 메시아와 동일시하지만, 메시아의 역할에 대한 아무런 개념도 가지지 못했으며, 오히려 예수님에 대한 사랑으로 예수님의 뜻에 대항하여 논쟁을 벌였다. 셋째로, 베드로는 메시아가 누구인지 알고 있었으며, 오히려 예수님의 뜻보다 자신의 견해를 우월하게 생각함으로써 그의 즉각적인 오만함을 드러냈다. **8:33** 베드로에 대한 예수님의 모진 *꾸짖음* (30, 32절)은, 베드로를 사탄과 동일시하면서 (1:13 참조), 위의 해석들보다 더 부정적으로 베드로를 바라보게 만든다. **8:34** 예수님은 제자들과 무리를 함께 불러 놓고, 고난과 함께 수반되는 메시아의 참된 의미에 대해 가르치신다. *십자가는* 로마를 비롯한 다른 막강한 권력이 형을 집행할 때 사용하던 끔찍한 도구로써 (15:21, 30, 32), 예수님의 추종자들이 짊어지게 될 수도 있는 궁극적인 모습이다. **8:35** *복음에* 대해서는 1:1에 관한 주석을 보라.

특별 주석

마가복음의 가르침에서 볼 때, 예수님의 추종자들이 고난을 당해야 한다는 것을 하나의 필연적 요청사항으로 간주함으로써, 일부 그리스도인들은 고난당하는 것을 하나님의 뜻으로 이해하여 결과적으로 그들이 당하는 억압이나 다른 사람들의 고난에 대항하지 않으려고 한다. 이러한 해석은 서구 기독교인들에 의해 식민지화된 제3세계 국가나 여성들의 상황을 문제의식 없이 바라보게 한다. 마가에게 있어서, 예수님의 추종자들이 받게 되는 고난은 이유가 있으며 또한 한계가 있다. 그 이유는 바로 악한 종교 정치 지도자들로서, 진리를 추구하는 자들을 억압한다. 그 한계는 세상의 끝 날에 도래하는 인자의 임박성이다. 예수님의 이야기를 마가 자신의 이해 속에서 읽음으로써, 고난에 대한 마가의 강조점은 자기학대적인 기독교의 근거를 말하고 있는 것이 아니라, 오히려 미래의 해방에 대한 소망을 제시하고 있는 것이다.

8:36 모든 세상의 부귀와 명예는 단 한 생명도 살리거나 치유할 수 없다. **8:38** *세대.* 이것에 대해서는 8:12; 9:19; 13:30을 보라. *인자는* 여기서 종말론적 의미를 함축하고 있다. 즉 단 7:13-14(2:10에 관한 주석을 보라)에 따라 세상의 마지막 날에 천사와 함께 도래하는 자라는 의미를 지니고 있다. **9:1** 예수님은 *권능* (또한 5:30; 6:2, 5, 14; 9:39; 12:24; 13:25, 26; 14:62를 보라)과 함께 도래하는 *하나님의 나라의* 임박성 (1:15 설명 참고; 13:30 참고)을 강조하신다.

9:2-13 예수님은 제자들 앞에서 더 신적 형상으로 변화되고, 엘리야와 모세가 함께 하신다. 그 후 예수님은 제자들과 함께 엘리야의 재림에 대해 논의하신다 (마 17:1-13; 눅 9:28-36). 이 모든 과정 속에서, 제자들의 몰이해가 전면에 드러난다. **9:2** *엿새* 라고 정확하게 지시하는 것은 흔하지 않은 표현이다 (4:35를 보라). 일부 학자들은 이 일이 "잘못 놓여진" 부활 이야기이며 "엿새"는 십자가형과 매장에 관한 것이라고 주장하는 학자가 있기도 하다 (즉, 3일 후에 예수님은 부활하셨다; 6일 후에 예수님이 나타나신다). 이 이야기의 기원이 무엇이든간에, 예수님이 예루살렘으로 가실 때 예수님에 대한 불신앙이 점점 증대하고 있었기 때문에 마가는 이

귀신 들린 아이를 고치시다
(마 17:14-20; 눅 9:37-43상반)

14 그들이 다른 제자들에게 와서 보니, 큰 무
리가 그 제자들을 둘러싸고 있고, 율법학자들이
그들과 논쟁을 하고 있었다. 15 온 무리가 곧 예
수를 보고서는 몹시 놀라, 달려와서 인사하였다.
16 예수께서 그들에게 물으셨다. "너희는 그들과
무슨 논쟁을 하고 있느냐?" 17 무리 가운데 한
사람이 예수께 대답하였다. "선생님, 내 아들을
선생님께 데려왔습니다. 그 아이는 말을 못하게
하는 귀신이 들려 있습니다. 18 어디서나 귀신
이 아이를 사로잡으면, 아이를 거꾸러뜨립니다.
그러면 아이는 거품을 흘리며, 이를 갈며, 몸이
뻣뻣해집니다. 그래서 선생님의 제자들에게 그
귀신을 쫓아내 달라고 했으나, 그들은 쫓아내지
못했습니다." 19 예수께서 그들에게 말씀하셨다.
"아, 믿음이 없는 세대여, 내가 언제까지 너희와
함께 있어야 하겠느냐? 내가 언제까지 너희에게 참
아야 하겠느냐? 아이를 내게 데려오너라." 20 그
래서 그들이 아이를 예수께 데려왔다. 귀신이 예수
를 보자, 아이에게 즉시 심한 경련을 일으켰다. 아
이는 땅에 넘어져서, 거품을 흘리면서 뒹굴었다.
21 예수께서 그 아버지에게 물으셨다. "아이가
이렇게 된 지 얼마나 되었느냐?" 그가 대답하였
다. "어릴 때부터입니다. 22 귀신이 그 아이를
죽이려고, 여러 번, 불 속에도 던지고, 물 속에도
던졌습니다. 하실 수 있으면, 우리를 불쌍히 여기
시고, 도와주십시오." 23 예수께서 그에게 말씀
하셨다. "'할 수 있으면'이 무슨 말이냐? 믿는 사
람에게는 모든 일이 가능하다." 24 그 아이 아버
지는 ㄱ)큰소리로 외쳐 말했다. "내가 믿습니다. 믿

ㄱ) 다른 고대 사본들에는 '울면서 큰소리로'

이야기를 예수님의 신적 혈통을 상기시키기 위해 사용하고 있다. 예수님은 세 명의 제자를 데리고 (5:37; 14:33) 높은 산으로 올라가신다 (3:13을 보라). *변하였다*는 예수님이 더 신적 형상으로 변모되었다는 것을 의미하며, 이 세상에 사는 사람의 형상이 아님을 말하고 있다 (롬 12:2; 고후 3:18을 보라). **9:3** *세상의 어떤 빨래꾼이라도 그렇게 희게 할 수 없을 만큼.* 희랍어로 이것은 "그 어떤 천을 바래고 다듬는 직공"이라도 라는 뜻이며, 그 사람의 직업은 천을 표백하는 일이었다. 흰색 천은 순결을 상징했으며, 때로는 신적 상태를 의미하기도 했다 (16:5를 보라). **9:4** *엘리야가 모세와 함께* 라는 구절을 사용한 이유는 불분명하다. 엘리야는 메시아의 선구자로 다시 오게 될 선지자였다 (말 4:5-6을 보라; 또한 1:6; 6:14; 9:11-13을 보라). 어떤 유대 사람들은 엘리야처럼 모세도 (왕하 2:9-12) 죽은 것이 아니라 하늘로 직접 승천하였다고 믿었다 (신 34:5-6). 어찌 되었든, 모세와 엘리야 모두는 신의 영역에 여전히 살아 있으며 예수님과 말씀을 나눌 수 있다 (12:24-27을 보라). **9:5** 희랍어로 "천막"을 의미하는 초막은 종종 유대 사람의 초막절(레 23:39-43)과 연결되어 있었다. 베드로는 모세와 엘리야에게 초막을 지어 주고자 한다 (출 25:8-9; 행 7:43; 계 21:3). **9:6** 부적절한 제안은 제자들의 심한 두려움에서 기인한다 (4:40-41에 관한 주석을 보라). **9:7** 구름은 신의 현현을 나타내는 공통적인 표현이다 (출 24:15-18; 사 4:5; 겔 1:4를 참조). 구름에서 들려오는 소리는 예수님의 정체성에 대한 이전의 확언을 반복해 주고 있다 (1:1, 11; 시 2:7 참조). *그의 말을 들어라*는 예수님의 신적 형상에 초점을 맞추어 진행되고 있는 이야기의 한 중간에 나타나기에는 어색한 표현이다. 아마도 제자들에게 예수님의 영광에만 주의를 기울이지 말고 고난에 대한 예수님의 말에 청종할 것을 요청하는 듯하다 (8:34-38 참조). **9:9** *본 것을 아무에게도 이야기하지 말라.* 아무에게도 말하지 말라는 명령(1:34, 44; 3:11-12; 5:43; 7:36; 8:30; 9:30)은 제한된 시간으로서의 부활이라는 새로운 요소를 첨가해 주는 것이다. 인자에 대해서는 2:10에 관한 주석을 보라. **9:10** 제자들의 혼란은 그들의 몰이해를 보여주는 또 다른 실례로써, 세 제자는 사적으로 예수님과 함께 가서 야이로의 딸을 다시 살리는 기적을 목격했었기 때문이다 (5:37-43). **9:11** 부활에 관해 예수님에게 묻기보다, 제자들은 자신들이 방금 목격했던 것과 예수님을 메시아로 고백했던 일을 회상한다. 일부 율법학자들(1:22에 관한 주석을 보라)은 엘리야가 메시아보다 먼저 올 것임을 믿었다. **9:12-13** 엘리야에 대한 예수님의 복잡한 설명은 말 4:5-6(칠십인역)을 반영해 주고 있다. 그 곳에서 엘리야는 주님의 날 이전에 재림할 것이며, 백성들의 마음을 회복시켜 준다고 기록되어 있다. 만약 그 회복이 성공적으로 이루어진다면, 만약 모든 마음이 실제로 회복된다면, 인자는 고난 받을 필요가 없어진다. 인자는 많은 일로 고난을 받게 되기 때문에 (8:31; 9:31; 10:33), 엘리야의 회복은 반드시 실패해야만 한다. 예수님은 세례 요한을 암시하듯, 그의 마지막 말에서 이 모든 일을 확언해 주신다 (1:6; 6:14-29).

9:14-29 이 마지막 귀신을 내쫓는 이야기(1:21-28; 5:1-20; 7:24-30)와 마가복음서의 마지막 병 고치는 이야기에 이르기까지 치유에 대한 믿음의 중요성을 설명해 주고 있다 (마 17:14-20; 눅 9:37-43a). **9:14** 율법학자에 대해서는 1:22에 관한 주석을 보라. **9:15** *몹시 놀라.* 2:12; 7:37을 보라. **9:17-18** 영이 소년의 발작을 일으켰다 (또한 5:3-5를 보라). **9:19** *믿음이 없는 세대여* (8:12; 13:30). 귀신을 내쫓을 수 없는 제자들을 가리키거나, 아니면 소년의 아버지이거나 (34절), 아니

음 없는 나를 도와주십시오." 25 예수께서 무리
가 어울려 달려오는 것을 보시고, ㄱ)악한 귀신을
꾸짖어 말씀하셨다. "벙어리와 귀머거리가 되게
하는 귀신아, 내가 너에게 명한다. 그 아이에게서
나가라. 그리고 다시는 그에게 들어가지 말아라."
26 그러자 귀신은 소리를 지르고서, 아이에게 심
한 경련을 일으켜 놓고 나갔다. 아이는 죽은 것과
같이 되었다. 그래서 사람들은 모두 말하기를 "아
이가 죽었다" 하였다. 27 그런데 예수께서 아이
의 손을 잡아서 일으키시니, 아이가 일어섰다.
28 예수께서 집 안으로 들어가시니, 제자들이 따
로 그에게 물어 보았다. "왜 우리는 귀신을 쫓아
내지 못했습니까?" 29 예수께서 그들에게 대답
하셨다. "이런 부류는 ㄴ)기도로 쫓아내지 않고는,
어떤 수로도 쫓아낼 수 없다."

수난과 부활을 두 번째로 예고하시다

(마 17:22-23; 눅 9:43하반-45)

30 그들은 거기에서 나와서, 갈릴리를 가로
질러 가고 있었다. 예수께서는 이것을 남들이 알
기를 바라지 않으셨다. 31 그것은 예수께서 제
자들을 가르치시며, 인자가 사람들의 손에 넘어
가고, 사람들이 그를 죽이고, 그가 죽임을 당하고
나서, 사흘 후에 살아날 것이라고 그들에게 말씀
하고 계셨기 때문이다. 32 그러나 제자들은 그
말씀을 깨닫지 못하였고, 예수께 묻기조차 두려
워하였다.

누가 크냐 (마 18:1-5; 눅 9:46-48)

33 그들은 가버나움으로 갔다. 예수께서 집
안에 계실 때에, 제자들에게 물으셨다. "너희가
길에서 무슨 일로 다투었느냐?" 34 제자들은 잠
잠하였다. 그들은 길에서, 누가 가장 큰 사람이냐
하는 것으로 서로 다투었던 것이다. 35 예수께
서 앉으신 다음에, 열두 제자를 불러 놓고, 그들
에게 말씀하셨다. "누구든지 첫째가 되고자 하면,
그는 모든 사람의 꼴찌가 되어서 모든 사람을 섬
겨야 한다." 36 그리고 어린이 하나를 데려다가
그들 가운데 세우신 다음에, 그를 껴안아 주시고
그들에게 말씀하셨다. 37 "누구든지 내 이름으
로 이런 어린이들 가운데 하나를 영접하면, 그는
나를 영접하는 것이요, 누구든지 나를 영접하는
사람은, 나를 영접하는 것보다, 나를 보내신 분을
영접하는 것이다."

우리를 반대하지 않는 사람은 우리를 지지하는 사람이다

(눅 9:49-50)

38 요한이 예수께 말하였다. "선생님, ㄷ)어떤
사람이 선생님의 이름으로 귀신들을 쫓아내는 것
을 우리가 보았습니다. 그런데 그 사람은 우리를
따르는 사람이 아니므로, 우리는 그가 그런 일을

ㄱ) 그, '더러운' ㄴ) 다른 고대 사본들에는 '기도와 금식으로' ㄷ) 다른 고대 사본들에는 '우리를 따르지 않는 어떤 사람이'

면 예수님 주변에 있는 모든 사람들을 가리키는 것 같다. 여하튼 예수님의 격분은 분명하다. **9:23** 믿음은 치유의 열쇠이다 (5:34, 36; 6:5-6a; 10:52; 또한 11:20-24를 보라). **9:24** 두려움과 함께 불신앙은 마가에게 있어서 신앙의 걸림돌이다 (4:40에 관한 주석을 보라. 또 1785쪽 추가 설명: "마가복음서에 나타난 예수님의 비유의 기능"을 보라). **9:25** *악한 귀신.* 1:23을 보라. *꾸짖어 말씀하셨다.* 이에 대해서는 8:30에 관한 주석을 보라. **9:26-27** 고침 받은 아이에 대한 유사한 이야기는 5:39-42를 보라. 실제로 그 아이는 죽음에서 다시 살아났다. **9:28-29** 또 다른 제자들과의 사적 자리에서 (4:10, 34; 7:17을 보라), 예수님은 기도하지 못함으로 인해 나타나는 그들의 무능력을 지적하신다. 마가복음서에서 예수님이 제자들에게 기도에 대하여 가르치시는 부분에서 제자들이 그 자리에 없거나 깨어있지 못한다 (1:35; 6:46; 14:37-40).

9:30—10:31 두 번째 수난예고 부분에서는 제자들의 잘못된 욕구, 곧 높아지기를 원하고, 권력을 소유하기를 원하고, 부유하게 되고자 하는 욕구에 초점이 맞추어져 있다. **9:30-31** 예수님의 두 번째 수난예고(8:31; 10:33 참고)는 그들이 갈릴리를 지나 비밀리에 여행하고 있는 중에 일어난다 (7:24; 마 17:22-23; 눅 9:43b-45를 보라). **9:32** 제자들은 그들의 몰이해와 두려움으로 반응한다 (4:40; 6:52; 8:19-21에 관한 주석을 보라).

9:33-37 첫째가 되고자 하면, 꼴찌가 되어야 한다는 가르침 (마 18:1-5; 눅 9:46-48). **9:33** *가버나움에* 대해서는 2:1을 보라. **9:34** *누가 가장 큰 사람이냐.* 제자들이 누가 크느냐에 대하여 서로 나누고 있는 것을 두고 볼 때, 예수님을 배반하는 것과 예수님이 죽음(32절)에 대하여 하신 말씀을 제자들이 이해하지 못했다는 것이 그리 놀라운 일이 아니다. **9:35** *누구든지 첫째가 되고자 하면, 그는 모든 사람의 꼴찌가 되어서.* 이는 복음서에 있는 공통된 말씀이다 (10:43-44; 마 20:26-27; 23:11; 눅 22:26). **9:36-37** 명예를 중시 여기던 고대 사회에서, 명성과 위대함은 절친한 사람들에 의해 평가되었다. 부유한 사람과 유명한 사람보다 알려지지 않은 어린이를 환영하는 것은 보통 명예스럽지 못한 것이었

하지 못하게 막았습니다." 39 그러나 예수께서는
이렇게 말씀하셨다. "막지 말아라. 내 이름으로
기적을 행하고 나서 쉬이 나를 욕할 사람은 아무도
없기 때문이다. 40 우리를 반대하지 않는 사람은
우리를 지지하는 사람이다. 41 내가 진정으로 너
희에게 말한다. 너희가 그리스도의 사람이라고 해
서 너희에게 물 한 잔이라도 주는 사람은, 절대로
자기가 받을 상을 잃지 않을 것이다."

죄의 유혹 (마 18:6–9; 눅 17:1–2)

42 "또 ㄱ)나를 믿는 이 작은 사람들 가운데서
하나라도 ㄴ)죄짓게 하는 사람은, 차라리 그 목에
큰 맷돌을 달고 바다에 빠지는 편이 낫다. 43 네
손이 너를 ㄴ)죄짓게 하거든, 그것을 찍어 버려라.
네가 두 손을 가지고 지옥에, 곧 그 꺼지지 않는
불 속에 들어가는 것보다, 차라리 한 손을 잃은 채
로 생명에 들어가는 것이 낫다. ㄷ)(44절 없음)
45 네 발이 너를 ㄴ)죄짓게 하거든, 그것을 찍어 버
려라. 네가 두 발을 가지고 ㄹ)지옥에 들어가는 것
보다, 차라리 한 발은 잃었으나 생명에 들어가는
것이 낫다. ㄷ)(46절 없음) 47 또 네 눈이 너를
ㄴ)죄짓게 하거든, 그것을 빼어 버려라. 네가 두 눈
을 가지고 ㄹ)지옥에 들어가는 것보다, 차라리 한
눈으로 하나님의 나라에 들어가는 것이 낫다.
48 ㄹ)지옥에서는 ㅁ)'ㅂ)그들을 파먹는 구더기들도
죽지 않고, 불도 꺼지지 않는다.' 49 모든 사람
이 다 소금에 절이듯 불에 절여질 것이다. 50 소
금은 좋은 것이다. 그러나 소금이 짠 맛을 잃으면,
너희는 무엇으로 그것을 짜게 하겠느냐? 너희는
너희 가운데 소금을 쳐 두어서, 서로 화목하게
지내어라."

이혼을 비판하시다 (마 19:1–12)

10 1 예수께서 거기에서 떠나 유대 지방으
로 가셨다가, 요단 강 건너편으로 가셨
다. 무리가 다시 예수께로 모여드니, 그는 늘 하
시는 대로, 다시 그들을 가르치셨다.
2 바리새파 사람들이 다가와서, 예수를 시험
하여 물었다. "남편이 아내를 버려도 됩니까?"
3 예수께서 그들에게 대답하셨다. "모세가 너희
에게 어떻게 하라고 명령하였느냐?" 4 그들이
말하였다. "이혼증서를 써 주고 아내를 버리는 것
을 모세는 허락하였습니다." 5 그러나 예수께서
는 그들에게 말씀하셨다. "모세는 너희의 완악한
마음 때문에, 이 계명을 써서 너희에게 준 것이다.
6 그러나 하나님께서는 창조 때로부터 ㅅ)'사람을
남자와 여자로 만드셨다.' 7 ㅇ)'그러므로 남자는

ㄱ) 다른 고대 사본들에는 '나를'이 없음 ㄴ) 그, '넘어지게' ㄷ) 권위있는 고대의 사본들에는 44절과 46절이 없음. 후대 사본에는 44절과 46절에 48절과 같은 본문이 첨가되어 있음 ㄹ)그, '게헨나' ㅁ) 사 66:24 ㅂ) 그, '그들의 벌레들' ㅅ) 창 1:27 ㅇ) 창 2:24

다. 하지만 예수님은 힘이 없는 자를 환영하는 것이 사실상 가장 위대한 사람, 곧 그를 보내신 이를 환영하는 것이라고 말하고 있다 (마 10:40; 눅 10:16; 요 13:20).

9:38–41 제자들은 예수님의 제자로서의 위치를 그 누구도 넘보지 않기를 바란다 (눅 9:49–50). **9:38** 제자들은 마지막 치유 이야기에서도 귀신을 내쫓지 못했지만 (9:14–29), 그들은 예수님의 이름으로 귀신을 성공적으로 내쫓는 일을 하는 사람들을 저지하고자 한다. 고대 마술사와 치유자들은 다른 신들의 이름을 빌어 치유하고자 하였다 (행 19:11–20을 보라). **9:39** *기적을 행하고.* 9:1을 보라. **9:40** 마가는 광범위하게 판단하여, 예수님을 적극적으로 반대하지 않는 사람은 모두 예수님을 지지하는 사람들로 이해한다 (또한 마 12:30; 눅 11:23을 보라). **9:41** *그리스도.* 1:1과 8:29를 보라.

9:42–50 예수님은 걸려 넘어지게 하는 자에 대한 경고의 말씀으로써 (36–37절), "지극히 작은 자"를 환영하는 것이 얼마나 중요한지 계속 설명하고 계신다 (10:13–16을 보라). 이러한 말씀들은 모두 "걸려 넘어지는"과 "소금"과 같은 주요 단어와 연결되어 있지만, 원래는 분리되어 있었던 것으로 생각된다 (마 18:6–9; 눅 17:1–2). **9:42** *큰 맷돌은* 일반적으로 동물에게 사용되는 것이었다. **9:43–45** *생명은* 추측상 영원한 생명을 의미하는 것 같다. 지옥 (희랍어, *게엔나*; 라틴어로 "게헨나") 혹은 힌놈의 골짜기(45, 47절; 예루살렘 남서쪽 성곽의 바로 남쪽으로, 어린이를 희생제물로 바치던 이방 의식이 행해지던 곳이며, 요시야 왕이 철폐하고자 하였던 곳이다 [왕하 23:10; 대하 28:3; 33:6])는 죽음과 불의 한 자에 대한 영원한 형벌과 같은 유대교의 종말론적 사고와 연결되어 있었다 (사 30:33을 보라). **9:47** *하나님의 나라*(1:15에 관한 주석을 보라)는 43절과 45절의 "생명"과 평행을 이룬다. **9:48** *구더기와 불.* 이 표현은 완고한 백성의 죽음을 묘사하는데 전통적으로 사용되는 표현이다 (사 66:24). **9:49–50** 소금은 귀중한 조미료로, 음식에 향을 내고 보존하는 데 사용되었다. 이러한 두 가지 기능이 은유적으로 암시되어 있다 (레 2:13; 겔 43:24; 민 18:19; 골 4:6을 보라). 만약 소금이 그 짠맛을 잃어버리면, 그것은 아무런 소용이 없다.

10:1–12 예수님은 이혼에 관해 가르치신다 (마 19:1–12). **10:1** 지리적으로 혼동하고 있는 마가는 유대의 일부 지역을 *요단 강 건너편*으로 생각한 것 같다. 이 문제로 인하여 일부 사본에서는 "그리고"를 첨가한다 (NRSV는 번역된 사본을 따르고 있다: 5:1; 6:53;

부모를 떠나서, [자기 아내와 합하여] 8 둘이 한
몸이 된다.' 따라서, 그들은 이제 둘이 아니라, 한
몸이다. 9 그러므로 하나님이 짝지어 주신 것을,
사람이 갈라놓아서는 안 된다." 10 집에 들어갔을
때에, 제자들이 이 말씀을 두고 물었다. 11 예수
께서 그들에게 말씀하셨다. "누구든지 아내를 버
리고 다른 여자에게 장가드는 남자는, 아내에게
간음을 범하는 것이요, 12 또 아내가 남편을 버
리고 다른 남자와 결혼하면, 그 여자는 간음하는
것이다."

어린이들을 축복하시다
(마 19:13-15; 눅 18:15-17)

13 사람들이, 어린이들을 예수께 데리고 와
서, 쓰다듬어 주시기를 바랐다. 그런데 제자들이
그들을 꾸짖었다. 14 그러나 예수께서는 이것을
보시고 노하셔서, 제자들에게 말씀하셨다. "어린
이들이 내게 오는 것을 허락하고, 막지 말아라. 하
나님 나라는 이런 사람들의 것이다. 15 내가 진
정으로 너희에게 말한다. 누구든지 어린이와 같이
하나님 나라를 받아들이지 않는 사람은 거기에
들어가지 못할 것이다." 16 그리고 예수께서는
어린이들을 껴안으시고, 그들에게 손을 얹어서
축복하여 주셨다.

부자 젊은이 (마 19:16-30; 눅 18:18-30)

17 예수께서 길을 떠나시는데, 한 사람이 달
려와서, 그 앞에 무릎을 꿇고 그에게 물었다. "선
하신 선생님, 내가 영원한 생명을 얻으려면, 무엇을
해야 합니까?" 18 예수께서 그에게 말씀하셨다.
"어찌하여 너는 나를 선하다고 하느냐? 하나님 한
분 밖에는 선한 분이 없다. 19 너는 계명을 알고
있을 것이다. ㄱ)'살인하지 말아라, 간음하지 말아라,
도둑질하지 말아라, 거짓으로 증언하지 말아라,
속여서 빼앗지 말아라, 네 부모를 공경하여라' 하지
않았느냐?" 20 그가 예수께 말하였다. "선생님,
나는 이 모든 것을 어려서부터 다 지켰습니다."
21 예수께서 그를 눈여겨보시고, 사랑스럽게 여
기셨다. 그리고 그에게 말씀하셨다. "너에게는 한
가지 부족한 것이 있다. 가서, 네가 가진 것을 다
팔아서, 가난한 사람들에게 주어라. 그리하면, 네
가 하늘에서 보화를 차지하게 될 것이다. 그리고,
와서, 나를 따라라." 22 그러나 그는 이 말씀 때
문에, 울상을 짓고, 근심하면서 떠나갔다. 그에게
는 재산이 많았기 때문이다.
23 예수께서 둘러보시고, 제자들에게 말씀
하셨다. "재산을 가진 사람은, 하나님의 나라에

ㄱ) 출 20:12-16; 신 5:16-20

7:31; 8:10을 보라). *다시.* 이 단어의 사용은 2:13을 보라. **10:2** *바리새파 사람.* 이들에 대해서는 2:16을 보라. 사탄과 바리새파 사람은 마가복음에서 예수님을 시험하는 유일한 존재들이다 (1:13; 8:11). *됩니까?*로 번역된 희랍어 단어는 "허용될 수 있는" 혹은 "적절한"의 의미가 있다. **10:4** 신 24:1-4를 보라. **10:5-6** 예수님은 모세의 권위에 도전하고 계실 뿐만 아니라, 예수님은 또한 성문화된 토라(7:3-4, 13에 관한 주석을 보라)도 반드시 하나님의 뜻을 반영해 주는 것이라는 점을 부인하신다. 창 1:27; 5:2를 보라. **10:7-8** 창 2:24를 보라 (엡 5:31을 보라). **10:9** 이혼을 금지하는 예수님은 여성과 남성이 모두 같다는 사실을 염두에 두고 있는 듯하지만, 아래에서는 (11-12절) 이혼 자체가 아닌 재혼에 대한 엄격한 금지를 말하고 있는 듯하다 (또한 마 5:32; 19:9; 고전 7:10-16을 보라). **10:10** 제자들을 향한 또 다른 개인적 가르침 (4:10-12; 34; 7:17; 9:28; 13:3을 보라). **10:11-12** 유대 법은 로마 법과는 달리 아내는 간음에 있어서 간음자가 될 수 없으며, 남편과 이혼할 수 있는 주도권이 없었다. 오로지 남편만이 그러한 특권을 가지고 있었다 (레 20:10; 신 22:22). 여인들이 그들의 남편과 이혼할 수 있다는 점과 간음에 있어서 간음자가 될 수 있다는 점을 가정하고 있기 때문에, 이 구절들은 엄격한 팔레스타인의 상황이 아닌 그리스와 로마 문화의 상황을 함축하고 있다.

10:13-16 예수님은 제자들에게 "이 작은 사람들 가운데서 하나라도 죄짓게 하는 사람"(9:42)이 되지 않도록 경계시킨 후, 제자들은 예수님에게 어린이들이 다가가지 못하도록 막고 있다 (마 19:13-15; 눅 18:15-17). **10:13** 16절의 상황을 고려할 때, 여기서 예수님의 *쓰다듬어*는 치유가 아닌 축복을 하시는 모습이다 (5:27-28을 참조). **10:14** 예수님은 제자들을 엄격하게 꾸짖으신다 (9:39를 보라). *하나님 나라에* 대해서는 1:15를 보라. 또한 9:36-37을 보라. **10:15** *어린이와 같이* 들어가는 것은 9:36-37을 언급하는 것 같다. 그 곳에서 어린이의 무력함은 영광과 명예를 추구하는 제자들의 모습과 상반되어 묘사되고 있다.

10:17-31 여기에서 재물이 하나님의 나라에 걸림이 되는 한 남자의 이야기가 기록되어 있다 (마 19:16-30; 눅 18:18-30). **10:17** *그 앞에 무릎을 꿇고.* 병을 고침받기 원하는 사람들이 예수님에게 다가오는 일반적 모습이다 (1:40을 보라; 또한 5:6, 22, 33; 7:25를 보라). *영원한 생명.* 마가복음에서 영생은 하나님

들어가기가 참으로 어렵다." 24 제자들은 그의
말씀에 놀랐다. 예수께서 다시 그들에게 말씀하
셨다. "이 사람들아, 하나님의 나라에 들어가기는
참으로 어렵다. 25 부자가 하나님의 나라에 들
어가는 것보다 낙타가 바늘귀로 지나가는 것이 더
쉽다." 26 제자들은 더욱 놀라서 "그렇다면, 누가
구원을 받을 수 있겠는가?" 하고 ㄱ)서로 말하였다.
27 예수께서 그들을 눈여겨보시고, 말씀하셨다.
"사람에게는 불가능하나, 하나님께는 그렇지 않다.
하나님께는 모든 일이 가능하다." 28 베드로가
예수께 말씀드렸다. "보십시오, 우리는 모든 것을
버리고 선생님을 따라왔습니다." 29 예수께서
말씀하셨다. "내가 진정으로 너희에게 말한다. 나를
위하여, 또 ㄴ)복음을 위하여, 집이나 형제나 자매나
어머니나 아버지나 자녀나 논밭을 버린 사람은,
30 지금 이 세상에서는 박해도 받겠지만 집과 형
제와 자매와 어머니와 자녀와 논밭을 백 배나 받
을 것이고, 오는 세상에서는 영원한 생명을 받을
것이다. 31 그러나 첫째가 꼴찌가 되고 꼴찌가
첫째가 되는 사람이 많을 것이다."

죽음과 부활을 세 번째로 예고하시다
(마 20:17-19; 눅 18:31-34)

32 그들은 예루살렘으로 올라가고 있었다.
예수께서 앞장 서서 가시는데, 제자들은 놀랐으며,
뒤따라가는 사람들은 두려워하였다. 예수께서 다시
열두 제자를 곁에 불러 놓으시고, 앞으로 자기에게
닥칠 일들을 그들에게 일러주시기 시작하셨다.
33 "보아라, 우리는 예루살렘으로 올라가고 있다.
인자가 대제사장들과 율법학자들에게 넘어갈 것
이다. 그들은 인자에게 사형을 선고하고, 이방 사
람들에게 넘겨줄 것이다. 34 그리고 이방 사람
들은 인자를 조롱하고 침 뱉고 채찍질하고 죽일
것이다. 그러나 그는 사흘 후에 살아날 것이다."

야고보와 요한의 요구 (마 20:20-28)

35 세베대의 아들들인 야고보와 요한이 예수
께 다가와서 말하였다. "선생님, 우리가 요구하는
것은, 무엇이든지 해주시기 바랍니다." 36 예수

ㄱ) 다른 고대 사본들에는 '그에게' ㄴ) 또는 '기쁜 소식'

나라와 동등하게 비교되는 개념이며 (23-25절을 보라), 왕으로서 통치하시는 하나님 안에서의 삶을 말한다. **10:18** 마가복음서에서 예수님은 결코 본인 스스로를 하나님과 동등하게 언급하지 않으신다 (예를 들어, 요 14:8-11을 참조). **10:19** 출 20:12-16; 신 5:16-20을 보라. *속여서 빼앗지 말아라.* 이것은 십계명 가운데 하나가 아니다 (그러나 출 20:17; 신 24:14를 보라). **10:21** 이 남자는 마가복음서에서 예수님이 사랑스럽게 바라본 유일한 사람이다. 그는 비옥한 땅과 같은 사람이다 (4:18-19를 보라. 1785쪽 추가 설명: "마가복음서에 나타난 예수님의 비유의 기능"을 보라). *와서, 나를 따르라에* 대해서는 1:17; 10:28, 52를 보라. **10:22** *근심하면서*는 희랍어에서 문자 그대로 "슬픔"을 뜻한다. **10:24** 고대사회 이후로, 재산과 명예는 사회의 교양 있는 특권층이 갖는 것들로, 그들은 여가시간을 통해 종교연구와 실천을 추구하였다. 제자들은 어떻게 이러한 것들이 하나님 나라로 들어가는 데 방해가 되는지 이해할 수 없었다. **10:25** *낙타가 바늘귀로 지나가는 것이 더 쉽다.* 이 표현은 불가능한 것을 표현하는 격언이다. **10:26** 예수님에게는 하나님의 나라가 부유하고 명성 있는 사람이 들어가는 곳이 아니라, 어린이와 같이 힘이 없고 비천한 사람들이 들어가는 곳이다 (10:15). 이러한 이해는 전통적인 이해를 완전히 전복시키는 것이다. 제자들은 지금까지 목격했음에도 불구하고 여전히 인간의 전통적 한계 안에서 생각한다 (8:33). **10:27** 14:36과 창 18:14,; 욥 42:2; 슥 8:6(칠십인역)을 보라. **10:29** 복음(기쁜 소식)에 대해서는 1:1을 보라. **10:30** 여기서 아버지는 보상의 대상에서 생략되어 있고, 박해가 추가되어 있다. 영생에 대해서는 10:17을 보라. **10:31** *첫째가 꼴찌가 되고 꼴찌가 첫째가 되는 사람은* 매우 다양한 곳에서 발견되며 (마 19:30; 20:16; 눅 13:30) 두 번째 수난예고의 시작 부분의 9:35를 연상시켜 준다.

10:32-52 세 번째이자 마지막 수난예고 부분으로, 수난예고와 제자들의 몰이해, 그리고 예수님의 가르침을 소개하고 있으며, 결론적으로 첫 번째 부분(8:27—9:29)과 마찬가지로 치유 이야기를 소개한다. 이 이야기는 또한 마가복음서에 기록된 마지막 병 고치는 이야기이기도 하다.

10:32-34 세 번째 수난예고는 가장 길뿐만 아니라, 가장 자세하게 기록되어 있다 (마 20:17-19; 눅 18:31-34). **10:32** 갈릴리와 그 주변에서의 예수님의 사역은 거의 끝이 났고, 예루살렘에서의 사역이 이제 막 시작하려는 즈음에 있다. 뒤를 따르는 사람들의 두려움에 대해서는 4:40-41을 보라. **10:33-34** *인자.* 인자에 대해서는 2:10과 8:31을 보라. 여기에 나열된 행동들(*넘어갈 것이다, 사형을 선고하고, 넘겨줄 것이다, 조롱하고, 침 뱉고, 채찍질하고, 죽일 것이다. 살아날 것이다*)은 14:53—16:8에서 발생하게 되는 이야기를 요약해서 묘사해 준다. 고대 청중들은 이제 무엇을 기대해야 할지 분명히 알게 되었을 것이다 (서론과 1:1-13에 관한 주석을 보라).

께서 그들에게 말씀하셨다. "너희는 내가 너희에게 무엇을 해주기를 바라느냐?" 37 그들이 그에게 대답하였다. "선생님께서 영광을 받으실 때에, 하나는 선생님의 오른쪽에, 하나는 선생님의 왼쪽에 앉게 하여 주십시오." 38 예수께서 그들에게 말씀하셨다. "너희는, 너희가 구하는 것이 무엇인지를 모르고 있다. 내가 마시는 잔을 너희가 마실 수 있고, 내가 받는 ㄱ)세례를 너희가 받을 수 있느냐?" 39 그들이 그에게 말하였다. "할 수 있습니다." 예수께서 그들에게 말씀하셨다. "내가 마시는 잔을 너희가 마시고, 내가 받는 ㄱ)세례를 너희가 받을 것이다. 40 그러나 내 오른쪽과 내 왼쪽에 앉는 그 일은, 내가 허락할 수 있는 일이 아니다. 정해 놓으신 사람들에게 돌아갈 것이다."

41 그런데 열 제자가 이것을 듣고, 야고보와 요한에게 분개하였다. 42 그래서 예수께서는 그들을 곁에 불러 놓고, 그들에게 말씀하셨다. "너희가 아는 대로, 이방 사람들을 다스린다고 자처하는 사람들은, 백성들을 마구 내리누르고, 고관들은 백성들에게 세도를 부린다. 43 그러나 너희끼리는 그렇게 해서는 안 된다. 너희 가운데서 누구든지 위대하게 되고자 하는 사람은 너희를 섬기는 사람이 되어야 하고, 44 너희 가운데서 누구든지 으뜸이 되고자 하는 사람은 모든 사람의 종이 되어야 한다. 45 인자는 섬김을 받으러 온 것이 아니라 섬기러 왔으며, 많은 사람을 구원하기 위하여 치를 몸값으로 자기 목숨을 내주러 왔다."

눈먼 바디매오가 고침을 받다

(마 20:29–34; 눅 18:35–43)

46 그들은 여리고에 갔다. 예수께서 제자들과 큰 무리와 함께 여리고를 떠나실 때에, 디매오의 아들 바디매오라는 눈먼 거지가 길 가에 앉아 있다가 47 나사렛 사람 예수가 지나가신다는 말을 듣고 "다윗의 자손 예수님, 나를 불쌍히 여겨 주십시오" 하고 외치며 말하기 시작하였다. 48 그래서 많은 사람이 조용히 하라고 그를 꾸짖었으나, 그는 더욱더 큰소리로 외쳤다. "다윗의 자손님, 나를 불쌍히 여겨 주십시오." 49 예수께서 걸음을 멈추시고, 그를 불러오라고 말씀하셨다. 그리하여 그들은 그 눈먼 사람을 불러서 그에게 말하였다. "용기를 내어 일어나시오. 예수께서 당신을 부르시오." 50 그는 자기의 겉옷을 벗어 던지고, 벌떡 일어나서 예수께로 왔다. 51 예수께서 그에게 말씀하셨다. "내가 너에게 무엇을 하여 주기를 바라느냐?" 그 눈먼 사람이 예수께 말하였다. "ㄴ)선생님, 내가 다시 볼 수 있게 하여 주십시오." 52 예수께서 그에게 말씀하셨다. "가거라. 네 믿음이 너를 구원하였다." 그러자 그 눈먼 사람은 곧 다시 보게 되었다. 그리고 그는 예수가 가시는 길을 따라 나섰다.

ㄱ) 또는 '침례' ㄴ) 아람어, '라부니'

10:35–45 야고보와 요한이 요청한 부적절한 요구 (마 20:20–28). **10:35** *야고보와 요한에* 대해서는 1:19, 29; 3:17; 5:37; 9:2; 13:3; 14:33을 보라. 그들이 요구하는 것은 헤롯이 헤로디아의 딸에게 제안했던 것과 유사하다 (6:22). **10:36** 10:51을 보라. **10:37** 오른쪽은 가장 큰 명예를 상징한다 (16:5; 시 110:1 참조). 영광에 대해서는 8:38—9:1; 13:26을 보라. **10:38** *잔과 세례.* 예수님이 직면한 고난과 죽음을 암시해 주는 은유이다 (14:36을 보라). **10:39** 후에 베드로처럼 (14:29–31), 야고보와 요한은 끝까지 예수님을 따르겠다는 자신들의 의지를 확신하고 있다. 하지만, 박해에 실제로 직면하게 되었을 때, 그들은 다른 제자들과 함께 도망한다 (14:50). **10:40** 마가복음서에서 예수님의 오른쪽과 왼쪽에 있는 사람들은 예수님과 함께 십자가에 못박힌 범죄자들로서, 그들은 예수님을 조롱하였다 (15:27–32). **10:42–44** 예수님은 분명하게 그의 새로운 공동체를 그리스와 로마 사회의 전통적 가치관과 대조시키고 계시다 (9:35; 10:24, 26에 관한 주석을 보라). **10:45** 예수님은 자신의 목회를 규정하고 계시다. *인자에* 대해서는 2:10에 관한 주석을 보라. *대속물은* 포로로 잡혀 있는 사람을 되찾기 위해서 지불하는 돈 혹은 물건이었다. 예수님의 죽음은 포도원을 악한 일꾼들로부터 되찾게 한다 (12:1–12; 14:24; 그리고 1785쪽 추가 설명: "마가복음서에 나타난 예수님의 비유의 기능"을 보라).

10:46–52 마가복음서의 마지막 치유 이야기는 세 번째 수난예고이자 예수님의 갈릴리 사역의 마지막 부분으로 결론을 맺으며, 이는 마가복음서 전체의 맥락에서 볼 때 첫 번째 부분의 결론이기도 하다. 이 이야기는 지난 열 장의 이야기에 걸쳐서 언급되어 왔던 주제, 즉 제자도와 치유에 관한 이야기를 합해서 말해주고 있다 (마 20:29–34; 눅 18:35–43). **10:46** *여리고.* 이 도시는 예루살렘에서 북동쪽으로 약 20마일 (32km) 떨어진 곳에 위치한 도시였다. *바디매오의* 문자적 의미는 "디매오의 아들"로서, 마가는 일관되게 히브리어 형태를 희랍어로 바꾼다 (5:41; 7:11, 34; 14:36; 15:22, 34, 42를 보라). **10:47–48** *나사렛 사람 예수에* 관해서는 1:9, 24; 14:67; 16:6을 보라. 예수님은 이 곳에서 처음

예루살렘에 입성하시다

(마 21:1-11; 눅 19:28-40; 요 12:12-19)

11 1 그들이 예루살렘 가까이에, 곧 올리브
산에 있는 벳바게와 베다니 가까이에 이
르렀을 때에, 예수께서 제자 둘을 보내시며, 2 그
들에게 말씀하셨다. "너희는 맞은편 마을로 가거라.
거기에 들어가서 보면, 아직 아무도 탄 적이 없는
새끼 나귀 한 마리가 매여 있을 것이다. 그것을 풀
어서 끌고 오너라. 3 어느 누가 '왜 이러는 거
요?' 하고 물으면 '주님께서 쓰시려고 하십니다.
쓰시고 나면, 지체없이 이리로 돌려보내실 것입
니다' 하고 말하여라." 4 그들은 가서, 새끼 나
귀가 바깥 길 쪽으로 나 있는 문에 매여 있는 것을
보고, 그것을 풀었다. 5 거기에 서 있는 사람들
가운데 몇 사람이 그들에게 물었다. "새끼 나귀를
풀다니, 무슨 짓이오?" 6 제자들은 예수께서 일
러주신 대로 그들에게 말하였다. 그러자 그들은
가만히 있었다. 7 제자들이 그 새끼 나귀를 예수
께로 끌고 와서, 자기들의 겉옷을 그 등에 걸쳐놓
으니, 예수께서 그 위에 올라 타셨다. 8 많은 사
람이 자기들의 겉옷을 길에다 폈으며, 다른 사람
들은 들에서 잎 많은 생나무 가지들을 꺾어다가
길에다 깔았다. 9 그리고 앞에 서서 가는 사람들
과 뒤따르는 사람들이 외쳤다.

ㄱ)"ㄴ)호산나!"
"복되시다!
주님의 이름으로 오시는 분!"

10 "복되다!
다가오는 우리 조상
다윗의 나라여!"
"더 없이 높은 곳에서, 호산나!"

11 예수께서 예루살렘에 이르러 성전에 들어가
셨다. 그는 거기서 모든 것을 둘러보신 뒤에, 날
이 이미 저물었으므로, 열두 제자와 함께 베다니
로 나가셨다.

ㄱ) 시 118:25, 26 ㄴ) '구하여 주십시오!' 라는 뜻을 지닌 히브리어. 여기에서는 찬양의 감탄으로 사용됨

으로 *다윗의 자손*으로 불린다. 이처럼 다윗을 언급한 것은 예수님이 메시아되심을 확증해 주기 위한 것일 뿐만 아니라 (삼하 7:4-17; 시 89:3-4), 예수님을 다윗의 성 예루살렘과 연결시키기 위함이다. 마가는 후에 메시아가 다윗의 자손이어야 했다는 주장을 확인하지 않는다 (12:35-37). **10:49** *부르다*는 언어는 일찍이 제자들을 부르는 데 사용되었다 (1:20; 3:13). **10:51** 이 부분의 적절한 요청과 대조되는 부적절한 요구사항에 대해서는 10:36을 보라. **10:52** *믿음의* 중요성에 대해서 1:15; 2:5; 4:40; 5:34, 36; 6:5-6; 9:23-24; 11:22-24를 보라. *예수가 가시는 길을 따라 나섰다.* 이것에 대해서는 1:18; 2:14; 10:32를 보라. 갈릴리 사역의 막바지에 이르러, 디매오의 아들은 예수님의 완벽한 제자 혹은 추종자의 모델이 된다. 곧 두려움이 아닌 믿음을 가진 제자의 모델이 된다 (10:32와 4:40-41에 관한 주석을 보라).

11:1-11 예루살렘에 입성하시는 예수님의 이야기는 마가복음의 마지막 부분으로 (11:1—16:8), 예루살렘에서 마지막 날들을 보내시는 예수님에 대해 기록한다. 이 마지막 부분에서, 예수님의 특징적 행동은 치유자와 설교자에서 관찰자이자 권위 있는 교사의 모습으로 바뀐다. 그는 말씀을 뿌리는 자에서 포도원의 상속자로 전환된다 (12:1-12와 1785쪽 추가 설명: "마가복음서에 나타난 예수님의 비유의 기능"을 보라). 예수님이 행하시는 유일한 능력을 보이는 행동은 저주의 행위로 (11:12-14, 20-25), 아마도 예루살렘에서의 두려움, 고난, 배반, 그리고 죽음의 중심성을 상징적으로 표현하고 있는 듯하다. 예수님은 또한 성전과 성경, 그리고 적법한 제의적 행위의 주인됨을 증명해 보이신다. 예수님은 참된 상속자로서, 지금 현재 책임을 맡고 있는 사람들과는 다르다. 이 부분은 예수님이 예루살렘과 성전에 나귀를 타고 들어가는 상징적 모습, 곧 회개할 줄 모르는 백성들로부터 자신이 받아야 할 것을 주장하시기 위해 오시는 메시아로서의 왕으로 시작된다 (마 21:1-11; 눅 19:28-40; 요 12:12-19). 이 짧은 이야기는 또한 예수님의 역할에 대한 또 다른 새로운 중요한 특징을 보여주는데, 그것은 미래를 예측할 수 있는 존재임을 보여준다. **11:1** *벳바게*는 알려지지 않은 곳이지만, *베다니*는 예루살렘에서 남동쪽으로 약 2마일 떨어진 곳이다. *올리브 산*은 예루살렘의 동쪽에 인접한 낮은 산을 말한다. 그 곳에서 하나님은 마지막 날에 나타나기로 되어 있었다 (슥 14:4). *제자 둘을 보내시며*에 대해서는 6:7; 14:13을 보라. **11:2** *새끼 나귀.* 아마도 슥 9:9에 나타난 그리스도가 오실 것에 대한 예언을 암시해 주는 듯하다. **11:3** *주님*은 예수님이 자신을 위해 존경할 만하고 권위 있는 자로 지칭하는 유일한 표현이다. 이 말은 이제 예수님이 새로운 국면의 사역을 시작하고 계심을 시사해 주고 있다 (1:2-3에 관한 주석을 보라). **11:4-6** 예수님이 예측하셨던 모든 일들이 그대로 이루어진다 (14:13-16을 보라). **11:8** *겉옷과 생나무 가지*들을 길에 깔아놓는 것은 예수님의 입성을 왕의 대관행렬(왕하 9:13)과 종교축제와 연결시켜 준다. **11:9-10** 시 118:25-26을 보라. *호산나.* "지금 구원하여 주십시오"라는 의미이다. 그리고 특이하게도 마가는 그 용어를 헬라어로 번역하지 않는다 (10:46을 보라). *다윗에* 대해서는 10:47-48을 보라. **11:11** *성전.* 이 성전은 기원전 6세기 바빌로니아 포로생활에서 귀환

무화과나무를 저주하시다 (마 21:18-19)

12 이튿날 그들이 베다니를 떠나갈 때에, 예
수께서는 시장하셨다. 13 멀리서 잎이 무성한
무화과나무를 보시고, 혹시 그 나무에 열매가 있
을까 하여 가까이 가서 보셨는데, 잎사귀 밖에는
아무것도 없었다. 무화과의 철이 아니었기 때문
이다. 14 예수께서 그 나무에게 말씀하셨다. "이
제부터 영원히, 네게서 열매를 따먹을 사람이 없
을 것이다." 제자들이 예수께서 말씀하시는 것을
들었다.

성전을 깨끗하게 하시다
(마 21:12-17; 눅 19:45-48; 요 2:13-22)

15 그리고 그들은 예루살렘에 들어갔다. 예
수께서 성전에 들어가셔서, ㄱ)성전 뜰에서 팔고 사
고 하는 사람들을 내쫓으시면서 돈을 바꾸어 주는
사람들의 상과 비둘기를 파는 사람들의 의자를 둘
러엎으시고, 16 ㄴ)성전 뜰을 가로질러 물건을 나
르는 것을 금하셨다. 17 예수께서는 가르치시면
서, 그들에게 말씀하셨다. ㄷ)"기록한 바

'내 집은
만민이 기도하는 집이라고
불릴 것이다'
하지 않았느냐?
그런데 너희는 그 곳을
ㄹ)'강도들의 소굴'로
만들어 버렸다."

18 대제사장들과 율법학자들이 이 말씀을 듣고
서는, 어떻게 예수를 없애 버릴까 하고 방도를 찾
고 있었다. 그들은 예수를 두려워하고 있었던 것
이다. 무리가 다 예수의 가르침에 놀라고 있었기
때문이다. 19 저녁때가 되면, ㅁ)예수와 제자들은
으레 성 밖으로 나갔다.

무화과나무가 마르다 (마 21:20-22)

20 이른 아침에 그들이 지나가다가, 그 무화과
나무가 뿌리째 말라 버린 것을 보았다. 21 그래서
베드로가 전날 일이 생각나서 예수께 말하였다.

ㄱ) 그, '성전에서' 곧 '성전 바깥 뜰에서' ㄴ) 그, '성전 바깥 뜰을' ㄷ) 사 56:7
ㄹ) 렘 7:11 ㅁ) 그, '그들은'. 다른 고대 사본들에는 '그는'

한 이스라엘 백성이 옛 솔로몬의 성전 터 위에 새롭게 건축한 두 번째 성전을 지시하는 것이다. 이 성전은 기원전 1세기 헤롯 대왕시절 완전하게 새롭게 건축되었으며, 그러고 나서 기원후 70년 로마-유대 전쟁에서 완전히 초토화되었다.

11:12—13:37 무화과나무를 실례로 사용한 비유에 둘러싸여 있는 (11:12-14, 20-25; 13:28-37) 이 부분은 예루살렘 성전을 중심으로 일어난 예수님의 가르침과 논쟁들을 소개하고 있다. 이전 이야기들과는 달리, 시간이 좀 더 세밀하게 묘사되기 시작한다 (4:35 에 관한 주석을 보라). 이러한 특징은 그리스-로마의 이야기 형식에서, 특별히 고대 소설 속에서 마지막 부분을 인식할 수 있도록 암시한다; 사건의 사이사이마다 기록된 날 수와 시간들이 묘사되고 있다. 예수님의 이 가르침 부분은 세상의 끝에 관해 네 명의 제자에게 개인적으로 교훈하는 장면으로 끝을 맺는다. 그래서 이 부분은 소위 마가의 작은 묵시로 불린다 (13:3-37).

11:12-25 마가의 특징적인 삽입기술에 따라 (2:5를 보라), 성전을 정결하는 것에 대한 기록(15-19절)은 무화과나무를 저주하는 이야기 (12-14절, 20-25절) 사이에 삽입되어 있다. 이러한 경우, 이 삽입은 열매를 맺지 못하는 무화과나무와 "강도의 소굴"로서의 성전(17절)을 비교하도록 이끄는 것이다. 예수님의 능력이 나타난 마지막 행동이 저주라는 점은 예수님의 사역이 예루살렘에서 죽음을 향해 흘러가고 있다는 점을 시사해 준다 (마 21:18-22). **11:12** *이튿날:* 시간은 마가복음서의 후반부에 이를수록 점점 더 세밀하게 묘사되고 있다. **11:13** *무화과나무.* 이 나무는 전통적으로 이스라엘을 상징한다 (렘 8:13; 호 9:10; 욜 1:7; 미 7:1). *철이 아니었기 때문이다.* "적기가 아니었다"는 뜻이다. **11:14** *네게서 열매를 따먹을 사람이 없을 것이다.* 예수님의 행동을 배고파서 나타난 화로 해석하기도 하지만, 일반적으로 예루살렘의 종교 지도자들과 성전에 대한 예수님의 언짢음을 상징적으로 지시하는 의도적인 행동으로 해석하는 것이 더 적절하다.

11:15-19 예수님은 성전에 들어가셔서 성전 뜰에서 팔고 사는 상인들을 쫓아내셨다 (마 21:12-17; 눅 19:45-48; 요 2:13-22). **11:15** 고대 성전은 관습적으로 오늘날의 은행과 흡사한 역할을 하였다. 환전, 개인 혹은 가족의 귀중품의 보관, 계약자금 저장, 그리고 다른 재정적 상업적 자본이 예루살렘의 성전을 비롯한 모든 성전에서 행해지고 있었던 일들이었다. **11:17** 예수님은 성전에 대한 이론적 개념을 실천적으로 깨달을 수 있도록 요청하고 있다. 즉 성전은, 상업적 목적이 우선시되는 곳이 아니라, 오직 기도하는 집으로만 사용되어야 한다는 것이다 (사 56:7; 렘 7:11). **11:18** 예수님에 대한 두려움으로 (4:40에 관한 주석을 보라), *대제사장들과 율법학자들*(1:22에 관한 주석을 보라)은 음모를 꾸며 예수님을 죽이고자 한다 (3:6을 보라).

11:20-25 말라 죽은 무화과나무는 믿음에 대한

"ㄱ)랍비님, 저것 좀 보십시오, 선생님이 저주하신
저 무화과나무가 말라 버렸습니다." 22 예수께
서는 그들에게 말씀하셨다. "하나님을 믿어라.
23 내가 진정으로 너희에게 말한다. 누구든지 이
산더러 '번쩍 들려서 바다에 빠져라' 하고 말하고,
마음에 의심하지 않고 말한 대로 될 것을 믿으면,
그대로 이루어질 것이다. 24 그러므로 나는 너
희에게 말한다. 너희가 기도하면서 구하는 것은
무엇이든지, 이미 그것을 받은 줄로 믿어라. 그리
하면, 너희에게 그대로 이루어질 것이다.
25 너희가 서서 기도할 때에, 어떤 사람과 서
로 등진 일이 있으면, 용서하여라. 그래야, 하늘
에 계신 너희 아버지께서도 너희의 잘못을 용서해
주실 것이다." ㄴ)(26절 없음)

예수의 권한을 두고 논란하다

(마 21:23-27; 눅 20:1-8)

27 그들은 다시 예루살렘에 들어갔다. 예수
께서 ㄷ)성전 뜰에서 거닐고 계실 때에, 대제사장들
과 율법학자들과 장로들이 예수께로 와서 28 물
었다. "당신은 무슨 권한으로 이런 일을 합니까?
누가 당신에게 이런 일을 할 수 있는 권한을 주었
습니까?" 29 예수께서 그들에게 말씀하셨다. "나
도 너희에게 한 가지를 물어 보겠으니, 나에게 대
답해 보아라. 그러면 내가 무슨 권한으로 이런 일
을 하는지를 너희에게 말하겠다. 30 요한의 ㄹ)세
례가 하늘에서 온 것이냐, 사람에게서 온 것이냐?
내게 대답해 보아라." 31 그들은 자기들끼리 의
논하며 말하였다. "'하늘에서 왔다'고 말하면 '어
찌하여 그를 믿지 않았느냐'고 할 것이다. 32 그
렇다고 해서 '사람에게서 왔다'고 대답할 수도 없
지 않은가?" 그들은 무리를 무서워하고 있었다.
무리가 모두 요한을 참 예언자로 알고 있었기 때
문이었다. 33 그래서 그들이 예수께 대답하였
다. "모르겠습니다." 예수께서 그들에게 말씀하셨
다. "나도 내가 무슨 권한으로 이런 일을 하는지
를 너희에게 말하지 않겠다."

포도원 소작인의 비유

(마 21:33-46; 눅 20:9-19)

12 1 예수께서 그들에게 비유로 말씀하기
시작하셨다. "어떤 사람이 포도원을 일구
어서, 울타리를 치고, 포도즙을 짜는 확을 파고,
망대를 세웠다. 그리고 그것을 농부들에게 세로
주고, 멀리 떠났다. 2 때가 되어서, 주인은 농부
들에게서 포도원 소출의 얼마를 받으려고 한 종을
농부들에게 보냈다. 3 그런데 그들은 그 종을 잡
아서 때리고, 빈 손으로 돌려보냈다. 4 주인이
다시 다른 종을 농부들에게 보냈다. 그랬더니
그들은 그 종의 머리를 때리고, 그를 능욕하였다.
5 주인이 또 다른 종을 농부들에게 보냈더니, 그
들은 그 종을 죽였다. 그래서 또 다른 종을 많이
보냈는데, 더러는 때리고, 더러는 죽였다. 6 이제

ㄱ) '스승' ㄴ) 다른 고대 사본들에는 '26. 만일 너희가 용서해 주지 않으면 하늘에 계신 너희의 아버지께서도 너희의 잘못을 용서해 주지 않으실 것이다' ㄷ) 그, '성전에서', 곧 '성전 바깥 뜰에서' ㄹ) 또는 '침례'

마지막 가르침으로, 11:12-14에서 시작된 이야기의 결론으로 이끌어 준다. **11:20** 다음 날, 예루살렘으로 행하면서, 예수님과 제자들은 무화과나무를 다시 지나쳐 가게 된다. **11:21** *베드로가 전날 일이 생각나서에* 대해서는 14:72에 관한 주석을 보라. **11:22-23** 믿음은 기적을 가능케 하는 능력임을 마가복음서가 반복해서 설명해 주고 있다 (2:5; 5:31, 34, 36; 6:5-6a; 9:23-24; 10:52를 보라). **11:24** *기도* 역시 오직 믿음을 통해서만 응답받게 된다. **11:25** 서서 기도하는 것은 유대 사람이 일반적으로 기도하는 자세였다. 다른 사람을 용서하는 행위는 자신을 위한 용서에 필연적이다.

11:27-33 예수님의 권위에 대한 논란 (마 21:23-27; 눅 20:1-8). **11:27-28** 예수님의 *권위*는 처음부터 종교 지도자들에게 큰 골칫거리였다 (1:22, 27을 보라). **11:29** 예수님은 적대자들과 전통적으로 랍비들이 논쟁하는 형태로 논란에 대응하신다. **11:30** 만약 적대자들이 세례 요한의 세례의 기원에 대해 대답하면, 예수님은 그들에게 자신의 권위의 근거에 대해 말할 것이다. **11:31-32** 예수님은 교묘하게 질문하여, 종교 지도자들을 당혹하게 만드신다. *예언자로서의* 요한에 대해서는 6:14-16; 9:13을 보라. **11:33** 예수님은 비록 자신의 권위의 기원에 대해 말하지 않을 것이라고 했지만, 소작인의 비유를 통해 은유적으로 권위의 기원에 대해 말한 꼴이 되었다 (12:1-12).

12:1-12 소작인의 비유는 마가복음서에 기록된 두 번째 비유이자 가장 긴 비유이다 (마 21:33-46; 눅 20:9-19). 예수님의 사역의 신학적 근본을 설명하는 비유이다 (1785쪽 추가 설명: "마가복음서에 나타난 예수님의 비유의 기능"을 보라). **12:1** *비유에* 대해서는 3:23을 보라. 정성스럽게 가꾼 포도원은 사 5:1-7을 연상시켜 준다. 포도원은 이스라엘을 가리키고, 하나님은 포도원 주인이시다. **12:2** *때* (11:13 참고). "적절한 시간"을 가리킨다. 종은 은유적으로 예언자들을 지시한다 (렘 7:25; 25:4-5; 슥 1:6을 보라). **12:3-5** 예언자들의 선포는 일관적으로 거부되어왔다. 또한 예언자 자신들은 끊임없이 괴롭힘을 당했으며 심지어는 살해

그 주인에게는 단 한 사람, 곧 사랑하는 아들이
남아 있었다. 마지막으로 그 아들을 그들에게 보
내며 말하기를 '그들이 내 아들이야 존중하겠지'
하였다. 7 그러나 그 농부들은 서로 말하였다.
'이 사람은 상속자다. 그를 죽여 버리자. 그러면
유산은 우리의 차지가 될 것이다.' 8 그러면서,
그들은 그를 잡아서 죽이고, 포도원 바깥에다가
내던졌다. 9 그러니, 포도원 주인이 어떻게 하겠
느냐? 그는 와서 농부들을 죽이고, 포도원을 다른
사람들에게 줄 것이다. 10 너희는 성경에서 이
런 말씀도 읽어 보지 못하였느냐?

ㄱ)'집을 짓는 사람이 버린 돌이
집 모퉁이의 ㄴ)머릿돌이 되었다.
11 이것은 주님께서 하신 일이요,
우리 눈에는 놀랍게 보인다.'"

12 그들은 이 비유가 자기들을 겨냥하여 하
신 말씀인 줄 알아차리고, 예수를 잡으려고 하였
다. 그러나 그들은 무리를 두려워하여, 예수를 그
대로 두고 떠나갔다.

황제에게 바치는 세금

(마 22:15-22; 눅 20:20-26)

13 그들은 말로 예수를 책잡으려고, 바리새
파 사람들과 헤롯 당원 가운데서 몇 사람을 예수
께로 보냈다. 14 그들이 와서, 예수께 말하였다.
"선생님, 우리는, 선생님이 진실한 분이시고 아무
에게도 매이지 않는 분이심을 압니다. 선생님은
사람의 겉모습으로 판단하지 않으시고, 하나님의
길을 참되게 가르치십니다. 그런데, ㄷ)황제에게
세금을 바치는 것이 옳습니까, 옳지 않습니까? 바
쳐야 합니까, 바치지 말아야 합니까?" 15 예수
께서 그들의 속임수를 아시고, 그들에게 말씀하
셨다. "어찌하여 나를 시험하느냐? 데나리온 한
닢을 가져다가, 나에게 보여보아라." 16 그들이
그것을 가져오니, 예수께서 그들에게 물으셨다.
"이 초상은 누구의 것이며, 적힌 글자는 누구의 것

ㄱ) 시 118:22, 23 ㄴ) 또는 '모퉁이 돌' ㄷ) 그, '가이사'

되기까지 하였다 (6:14-29를 참조). **12:6** *사랑하는 아들.* 이것에 대해서는 1:11; 9:7을 보라. 이 비유는 예수님이 바로 하나님이 보내신 아들이라는 점과, 살해되는 것이 아니라 오히려 아들이라는 위치로 인해 존경받게 될 것임을 주목시키고 있다. *마지막으로*(희랍어, *에스카톤*)는 예수님이 가장 마지막으로 보냄을 받은 자임을 지시한다. **12:7** 예수님은 포도원, 곧 이스라엘의 상속자이시다. 하나님을 통해, 이스라엘은 예수님에게 속한 것이지, 지금 현재 책임을 맡고 있는 *농부들에게* 속한 것이 아니다. 농부들은 착각하여 아들을 죽이게 되면 포도원을 차지할 수 있을 것이라고 판단한다 (14:60-64를 보라). **12:8** 예수님의 죽음은 자신의 사명을 완수하지 못했음을 가리킨다; 사랑하는 아들조차도 악한 행동을 일삼는 농부들을 회개시키지 못한다. **12:9** *주인은* 문자 그대로 *주님(Lord)*을 의미한다. 비유적으로 예수님을 죽이는 것은 세계의 종말을 당겨오는 결과를 초래하는 사건이다. 하나님은 지금의 농부들을 진멸시키고 다른 사람들로 채워 넣는 것 이외에는 달리 방도가 없다. **12:10-11** 시 118:22-23을 보라. *돌에* 대해서는 13:1-2를 보라. **12:12** 비유에 나오는 농부들은 예루살렘의 종교 지도자들을 가리킨다. *두려워하여.* 이 표현에 대해서는 11:18과 4:40에 관한 주석을 보라.

12:13-17 예수께서 세금에 관한 논쟁에 말려들게 되시는데, 이 논쟁은 그리스와 로마의 수사학에서 자주 사용되는 형식이다 (마 22:15-22; 눅 20:20-26). **12:13** *바리새파 사람.* 2:16을 보라. *헤롯 당원.* 3:6을 보라. **12:14** *사람의 겉모습으로 판단하지 않으시고.* 예수님의 공평무사함을 칭찬함으로써, 그들은 인두세를 집행 관리하는 로마 사람들을 비난하거나 아니면 세금을 혐오하는 군중들을 격앙시키기 위해서 예수님을 고의적으로 부추기고 있다. **12:15** *속임수는* 1:13과 8:11을 보라. 한 *데나리온은* 대부분 노동자의 하루 품삯에 해당하였다. **12:16** *이 초상은 누구의 것이며, 적힌 글자는 누구의 것이냐?* 고대의 동전에는 화폐 조폐국 아래에 주로 초상 (희랍어에서 문자 그대로는 "이미지"를 의미한다), 이름, 그리고 통치자의 이름이 새겨져 있었다. **12:17** 예수님의 말씀은 생략 삼단논법(enthymeme)이라고 불리는 수사학의 형태를 사용한다. 이 형태는 아리스토텔레스에 따르면, 실례를 드는 것보다도 더욱 효과적으로 확신하는 것을 증명할 수 있다 (*Rhetoric* 1.2.10-11). 생략 삼단논법은 고대의 논리적 논의에서 매우 중요한 형태로서, 매우 광범위하게 믿어지는 주논제와 소논제로부터 결론을 도출하였다 (삼단논법처럼). 그러나 가정에 대한 논의의 일부분은 감추기 때문에 청중 자신들이 그 부분을 연상해야 했다. 이 경우, 주논제는 누군가의 초상이 새겨진 것은 무엇이든지 그 초상의 주인공에게 속한 것이라는, 즉 모든 사람이 알고 있을 법한 것이다. 소논제는 그 데나리온에 황제의 초상이 새겨져 있기 때문에 필연적으로 그 데나리온이 *황제에게* 속한 것이라는 결론으로 도출된다. 이에 대해, 예수님은 다른 하나의 소논제를 첨가한다. 그 소논제는 그 결론에 나타난 것 외에는 드러내지 않고 있다: 인간 존재는 하나님의 형상을 갖고 있다 (창 1:26-27); 결과적으로 하나님에게 속한 것은 하나님에게 주어라.

12:18-27 부활논쟁은 결투를 하는 형식의 수사

이냐?" 그들이 대답하였다. "ㄱ)황제의 것입니다."
17 예수께서 그들에게 말씀하셨다. "ㄱ)황제의 것은
ㄱ)황제에게 돌려주고, 하나님의 것은 하나님께 돌
려드려라." 그들은 예수께 경탄하였다.

부활 논쟁 (마 22:23-33; 눅 20:27-40)

18 부활이 없다고 주장하는 사두개파 사람들
이 예수께 와서, 물었다. 19 "선생님, 모세가 우
리에게 써 주기를 '어떤 사람의 형이 자식이 없이,
아내만 남겨 두고 죽으면, 그 동생이 그 형수를 맞
아들여서, 그의 형에게 대를 이을 자식을 낳아 주
어야 한다' 하였습니다. 20 형제가 일곱 있었습
니다. 그런데, 맏이가 아내를 얻었는데, 죽을 때
에 자식을 남기지 못하였습니다. 21 그리하여
둘째가 그 형수를 맞아들였는데, 그도 또한 자식
을 남기지 못하고 죽고, 셋째도 그러하였습니다.
22 일곱이 모두 자식을 두지 못하였습니다. 맨
마지막으로 그 여자도 죽었습니다. 23 [그들이
살아날] 부활 때에, 그 여자는 그들 가운데 누구
의 아내가 되겠습니까? 일곱이 모두 그 여자를 아
내로 맞아들였으니 말입니다." 24 예수께서 그
들에게 말씀하셨다. "너희는 성경도 모르고, 하나
님의 능력도 모르니까, 잘못 생각하는 것이 아니
냐? 25 사람이 죽은 사람들 가운데서 살아날 때
에는, 장가도 가지 않고 시집도 가지 않고, 하늘
에 있는 천사들과 같다. 26 죽은 사람들이 살아
나는 일에 관해서는, 모세의 책에 떨기나무 이야
기가 나오는 대목에서, 하나님께서 모세에게 어
떻게 말씀하셨는지를, 너희는 읽어보지 못하였느
냐? 하나님께서는 모세에게 말씀하시기를 ㄴ)'나는
아브라함의 하나님이요, 이삭의 하나님이요, 야
곱의 하나님이다' 하시지 않으셨느냐? 27 하나
님은 죽은 사람들의 하나님이 아니라, 살아 있는
사람들의 하나님이시다. 너희는 생각을 크게 잘
못 하고 있다."

가장 큰 계명 (마 22:34-40; 눅 10:25-28)

28 율법학자들 가운데 한 사람이 다가와서,
그들이 변론하는 것을 들었다. 그는 예수가 그들
에게 대답을 잘 하시는 것을 보고서, 예수께 물었다.

ㄱ) 그, '가이사' ㄴ) 출 3:6

적 표현을 사용하고 있다 (마 22:23-33; 눅 20:27-40). **12:18** *사두개파 사람들.* 제사장직을 맡은 유대 그룹이며, 예루살렘 귀족들로 구성되었다. 종교적으로 보수파로서 기록된 토라만을 권위 있는 책으로 간주하였다. 따라서 부활과 같이 구전으로 전승되는 것은 거부하였다. **12:19** 형사취수법 (신 25:5-6; 창 38:8을 참조). **12:20-23** 부활을 거부하기 위해서, 사두개인들은 하나의 실례를 이용하는데, 이는 수사학에서 자주 쓰이는 평범한 형태이다. **12:25** *장가도 가지 않고 시집도 가지 않고.* 결혼에 대한 사회적 관습은 부활에서는 아무런 실효성이 없다. **12:26-27** 사두개파 사람들과 논쟁을 벌일 때, 예수님은 다른 생략 삼단논법을 사용하신다 (17절에 관한 주석을 보라). 여기서 주논제는 하나님은 *죽은 사람의 하나님*이 아니라, *살아 있는 사람의 하나님*으로, 가장 마지막에 진술되어 있다. 소논제는 성서 인용구절로, 아브라함, 이삭, 야곱의 시대 이후에 살았던 모세에게 말씀하시는 하나님의 말씀이 기록되어 있다 (출 3:6, 15-16). 아브라함, 이삭, 야곱이 모세의 때에 살아 있었다는 결론, 즉 부활의 진리가 증명되는 것은 가려져 있으며, 결국 청중들이 자신들의 논리력으로 그 부분을 연상해야만 한다. 마가는 부활이 세상에서 일어나는 하나님의 끊임없는 역사로 믿었으며, 부활은 적어도 모세의 때까지 거슬러 올라간다고 믿고 있었다 (6:14; 8:27-28; 9:4를 보라).

12:28-34 예수님은 첫 번째와 두 번째 계명을 진술하신다 (마 22:34-40; 눅 10:25-28). **12:28** 예수님의 지혜에 놀란 *율법학자*(1:22 설명 참고)는 첫 번째이자 가장 큰 계명을 묻는다. 이 문제는 유대 사람들과 이방 사람들 사이에서 가장 논쟁거리가 되었던 이슈였다. **12:29-30** 예수님은 신 6:4-5의 *네 마음을 다하고*를 첨가하신다. **12:31** 레 19:18; 또한 롬 13:9; 갈 5:14; 약 2:8을 보라. **12:32-33** 마가는 청중들의 기억을 되살려주려는 듯, 율법학자의 입을 통해 동일한 말을 반복해서 말한다. 이 말씀은 기독교의 모든 가르침의 기초이다. **12:34** 대부분의 율법학자들은 예수님을 대적하였지만, 이 율법학자는 예수님의 가르침에 합의함으로써 하나님의 나라에 매우 가까이 있다 (1:15를 보라). 예수님은 자신을 하나님의 포도원의 참된 상속자로 묘사하고 계신다 (12:1-12를 보라).

12:35-37 종교 지도자들을 능숙하게 압도한 예수님은 이제 군중들에게 그리스도(메시아)에 관해 가르치신다. 예수님은 그리스도(메시아)는 "다윗의 자손"이어야 한다는 관념을 논박하신다 (마 22:41-46; 눅 20:41-44). **12:35** *그리스도 (메시아).* 1:1을 보라; 다윗의 자손 10:47-48을 보라. **12:36** 시 110:1 (또한 행 2:34-35; 고전 15:25; 히 1:13을 보라). **12:37** 아버지는 아들을 *주*로 부르지 않는다는 주논제를 나타내지 않은 채, 예수님은 메시아의 출처로 간주되는 *다윗에* 관한 구절을 삼단논법을 구성하기 위해 사용함으로써, 다윗이 *주* 라고 부르는 메시아는 그의 아들일 수 없다는

"모든 계명 가운데서 가장 으뜸되는 것은 어느 것
입니까?" 29 예수께서 대답하셨다. "첫째는 이
것이다. ㄱ)'이스라엘아, 들어라. 우리 하나님이신
주님은 오직 한 분이신 주님이시다. 30 네 마음을
다하고, 네 목숨을 다하고, 네 뜻을 다하고, 네 힘
을 다하여, 너의 하나님이신 주님을 사랑하여라.'
31 둘째는 이것이다. ㄴ)'네 이웃을 네 몸 같이
사랑하여라.' 이 계명보다 더 큰 계명은 없다."
32 그러자 율법학자가 예수께 말하였다. "선생
님, 옳은 말씀입니다. 하나님은 한 분이시요, 그
밖에 다른 이는 없다고 하신 그 말씀은 옳습니다.
33 또 마음을 다하고 지혜를 다하고 힘을 다하여
하나님을 사랑하는 것과, 이웃을 자기 몸 같이 사랑
하는 것이, 모든 번제와 희생제보다 더 낫습니다."
34 예수께서는, 그가 슬기롭게 대답하는 것을 보
시고, 그에게 말씀하셨다. "너는 하나님의 나라에서
멀리 있지 않다." 그 뒤에는 감히 예수께 더 묻는
사람이 없었다.

다윗의 자손과 그리스도
(마 22:41-46; 눅 20:41-44)

35 예수께서 성전에서 가르치실 때에, 이렇
게 말씀하셨다. "어찌하여 율법학자들은, ㄷ)그리
스도가 다윗의 자손이라고 하느냐? 36 다윗이
성령의 감동을 받아서 친히 이렇게 말하였다.

ㄹ)'주님께서 내 주께 말씀하셨다.
「내가 네 원수를
네 발 아래에 굴복시킬 때까지,
너는 내 오른쪽에 앉아 있어라.」'

37 다윗 스스로가 그를 주라고 불렀는데, 어떻게
그가 다윗의 자손이 되겠느냐?"
많은 무리가 예수의 말씀을 기쁘게 들었다.

율법학자들을 책망하시다
(마 23:1-36; 눅 20:45-47)

38 예수께서 가르치시면서, 이렇게 말씀하
셨다. "율법학자들을 조심하여라. 그들은 예복을
입고 다니기를 좋아하고, 장터에서 인사받기를
좋아하고, 39 회당에서는 높은 자리에 앉기를
좋아하고, 잔치에서는 윗자리에 앉기를 좋아한다.
40 그들은 과부들의 가산을 삼키고, 남에게 보이
려고 길게 기도한다. 이런 사람들이야말로 더 엄한
심판을 받을 것이다."

과부의 헌금 (눅 21:1-4)

41 예수께서 헌금함 맞은쪽에 앉아서, 무리가
어떻게 헌금함에 돈을 넣는가를 보고 계셨다. 많
이 넣는 부자가 여럿 있었다. 42 그런데 가난한
과부 한 사람은 와서, 렙돈 두 닢 곧 한 고드란트를
넣었다. 43 예수께서 제자들을 곁에 불러 놓고
서, 그들에게 말씀하셨다. "내가 진정으로 너희에
게 말한다. 헌금함에 돈을 넣은 사람들 가운데, 이
가난한 과부가 어느 누구보다도 더 많이 넣었다.
44 모두 다 넉넉한 데서 얼마씩을 떼어 넣었지
만, 이 과부는 가난한 가운데서 가진 것 모두 곧
자기 생활비 전부를 털어 넣었다."

ㄱ) 신 6:4, 5 ㄴ) 레 19:18 ㄷ) 또는 '메시아'. ㄹ) 시 110:1

것을 증명하신다. 예수님의 수사학적 솜씨는 군중들을 기쁘게 한다.

12:38-40 예수님은 율법학자의 행동을 본받지 말아야 할 하나의 실례로 제시하신다 (마 23:1-36; 눅 20:45-47). **2:38-39** 칭송과 존경을 받으려는 *율법학자의* 허영적 욕구는 거짓된 경건을 증명해 준다. **12:40** 남성의 도움을 받지 못하는 *과부*들은 경제적인 어려움에 처해 있었다. 때때로 종교 지도자들은 마치 보호하려는 듯한 행동으로 보였지만, 오히려 자신들을 더 부유하게 만드는 길로 삼았다 (사 10:1-2; 슥 7:10; 말 3:5).

12:41-44 예수님은 과부의 위대한 헌금을 칭찬하신다 (눅 21:1-40). **12:41** *헌금함.* 성전 안에 있는 특별한 방 혹은 성전 바깥에 놓인 헌금함을 지칭하였다. **12:42** *렙돈 두 닢*(희랍어, *렙타*)은 가장 작은 단위의 돈이었다. 64"고드란트"가 한 데니리온으로, 보통 하루 품삯이었다. **12:43-44** "과부들의 가산을 삼키고"(40절)는 바로 전의 표현 때문에, 예수님이 과연 가진 모든 것을 헌금하는 과부를 본받을 만한 실례로 세우는 것인지 (부유한 자의 헌금보다 더 가치 있는 행위이다), 아니면 성전에서 행해지는 실태에 대한 또 다른 비판(그 여인이 먹고살 만한 모든 것이 상실되었다)인지 분간하기는 어렵다.

13:1-37 비록 예수님은 이미 미래의 일을 예언하는 능력을 증명하였지만 (11:2-6; 또한 14:13-15, 27-30을 보라), 이 작은 "계시록" 부분에서 예수님은 복음서의 이야기에서 벗어나서야 비로소 완전하게 성취되는 세상의 종말에 대해서 말씀하신다. 공동체의 미래상을 지시하는 13장은 마가복음서의 저작연대를 짐작할 수 있는 가장 기본적인 자료로서, 첫 번째 유대-로마 전쟁시기에 기록된 것으로 추정되며, 마가복음서의 독자들이 생각하고 있는 문제들에 관해 기록한 것으로

성전이 무너질 것을 예언하시다

(마 24:1-2; 눅 21:5-6)

13 1 예수께서 성전을 떠나가실 때에, 제자
들 가운데서 한 사람이 예수께 말하였다.
"선생님, 보십시오! 얼마나 굉장한 돌입니까! 얼
마나 굉장한 건물들입니까!" 2 예수께서 그에게
말씀하셨다. "너는 이 큰 건물들을 보고 있느냐?
여기에 돌 하나도 돌 위에 남지 않고 다 무너질
것이다."

재난의 징조 (마 24:3-14; 눅 21:7-19)

3 예수께서 올리브 산에서 성전을 마주 보고
앉아 계실 때에, 베드로와 야고보와 요한과 안드
레가 따로 예수께 물었다. 4 "우리에게 말씀해
주십시오. 이런 일이 언제 일어나겠습니까? 또 이
런 일들이 이루어지려고 할 때에는, 무슨 징조가
있겠습니까?" 5 예수께서 그들에게 말씀하셨다.
"누구에게도 속지 않도록 조심하여라. 6 많은 사
람이 내 이름으로 와서는 '내가 그리스도다' 하면
서, 많은 사람을 속일 것이다. 7 또 너희는 여기
저기에서 전쟁이 일어난 소식과 전쟁이 일어날
것이라는 소문을 듣게 되어도, 놀라지 말아라. 이런
일이 반드시 일어나야 한다. 그러나 아직 끝은
아니다. 8 민족과 민족이 맞서 일어나고, 나라와
나라가 맞서 일어날 것이며, 지진이 곳곳에서
일어나고, 기근이 들 것이다. 이런 일들은 진통의
시작이다.

9 너희는 스스로 조심하여라. 사람들이 너희를
법정에 넘겨줄 것이며, 너희가 회당에서 매를
맞을 것이다. 또 너희는 나 때문에 총독들과 임
금들 앞에 서게 되고, 그들에게 증언할 것이다.
10 먼저 ㄱ)복음이 모든 민족에게 전파되어야 한다.
11 사람들이 너희를 끌고 가서 넘겨줄 때에, 너
희는 무슨 말을 할까 하고 미리 걱정하지 말아라.
무엇이든지 그 시각에 말할 것을 너희에게 지시
하여 주시는 대로 말하여라. 말하는 이는 너희가
아니라 성령이시다. 12 형제가 형제를 죽음에
넘겨주고, 아버지가 자식을 또한 그렇게 하고, 자
식이 부모를 거슬러 일어나서 부모를 죽일 것이다.
13 너희는 내 이름 때문에 모든 사람에게서 미움을
받을 것이다. 그러나 끝까지 견디는 사람은 구원을
받을 것이다."

ㄱ) 또는 '기쁜 소식'

추정된다. 그렇지만 예수님의 수난(14—15장)은 예수님이 그의 추종자들에게 말한 미래에 일어나게 될 여러 요소들 가운데 하나이다 (마 24:1-44; 눅 21:5-33). 여기서의 가르침은 다른 성경 인물들의 고별설교와 어느 정도 비스한 점이 있다 (창 49:1-33; 신 33:1-29; 수 23:1-24를 보라). **13:1-2** *굉장한 돌 하나.* 이 돌을 반복해서 말하고 있는 점은 이 설교를 소작인 비유(12:10-11)의 결말부분과 연결시켜 주고 있기 때문이다. 첫 번째 성전의 몰락은 일부 구약 예언자들이 선포한 주제였다 (렘 26:6, 18; 미 3:12). **13:3** 이 부분은 다시 사적으로 가르치는 장면이다 (4:10, 34; 7:17; 9:28; 10:10을 보라). *올리브 산.* 이 산에 대해서는 11:1을 보라. **13:5-6** 예수님의 이름으로 오는 거짓된 지도자들이 이 가르침의 대상인 것처럼 보인다 (21-22절을 보라). **13:7-8** 세상이 끝나기 이전에 *여기저기에서 전쟁이 일어난 소식과 전쟁이 일어날 것이라는 소문을 듣게 되어도 놀라지 말아라. 이런 일이 반드시 일어나야 한다* (희랍어, *데이*; 8:31을 보라). *전쟁, 지진, 기근은* 몰락을 예시하는 보편적 상징들이었다 (대하 15:6; 사 13:13, 14:30, 19:2; 렘 22:23). **13:9** 예수님이 배반을 당하시게 될 것임을 말한 것처럼 (9:31; 10:33), 그의 제자들 역시 배반을 당하거나 법정에 넘겨짐을 당하게 될 것이다 (또한 11절과 12절을 보라). *법정.* 이것은 문자 그대로 "산헤드린"을 의미한다. 후에 이 무리들이 예수님 앞에 나타난다 (14:55; 15:1). **13:10** 세상이 끝나기 이전에 복음은 반드시 모든 사람에게 선포되어야 한다 (1:1; 1:14-15를 보라; 또한 사 49:6; 52:10을 보라). **13:11** *그 시각.* 이것은 문자 그대로 "그 시간"(32절을 보라)을 의미한다. 성령에 대해서는 1:8; 3:28-30을 보라. **13:12-13** 예수님이 그의 제자 가운데 한 제자로부터 배반을 당하시게 되고, 죽으실 때에 모든 사람으로부터 모욕을 당하게 되는 것처럼, 그의 제자들 역시 가까운 사람들로부터 배반을 당하고 미움 당할 것을 예상해야 한다. *끝*(희랍어, *텔로스*)은 목적한 바가 성취되거나 완성되는 것을 함축적으로 의미하는 용어이다. **13:14** *황폐하게 하는 가증스러운 물건.* 단 9:27, 11:31; 12:11을 암시해 주는 표현이다. 즉 기원전 167년 셀류시드 왕조의 통치자 안티오쿠스 4세에 의해 더럽혀진 성전을 가리킨다. 초기 기독교인들이 얼마나 그 구문을 이해했는지가 문제해결의 초점이다. *읽는 사람은 깨달아라. 이것*은 독자를 향한 마가 특유의 "눈짓"이다. 마가는 이야기의 베일을 걷어내고 청중들에게 그 이야기를 직접적으로 말한다. 이 이야기가 이곳에 나타난 이유와 무엇을 말하려고 했는지는 사실상 알려지지 않고 있다. 많은 이론들이 제기되곤 했다: 예를 들어, 어떤 학자들은 이 이야기는 본문의 공개 독자들을 향한 것으로 너무 위험하여서 기록될 수 없는 자료, 예컨대 *황폐하게 하는 가증스러운 물건*들을 첨가

가장 큰 재난
(마 24:15-28; 눅 21:20-24)

14 "[ㄱ]'황폐하게 하는 가증스러운 물건이 서지
못할 곳에 선 것'을 보거든, (읽는 사람은 깨달아
라) 그 때에는 유대에 있는 사람들은 산으로 도망
하여라. 15 지붕 위에 있는 사람은, 내려오지도
말고, 제 집 안에서 무엇을 꺼내려고 들어가지도
말아라. 16 들에 있는 사람은 제 겉옷을 가지러
뒤로 돌아서지 말아라. 17 그 날에는 아이 밴
여자들과 젖먹이가 딸린 여자들은 불행하다.
18 이 일이 겨울에 일어나지 않도록 기도하여라.
19 그 날에 환난이 닥칠 것인데, 그런 환난은
하나님께서 세상을 창조하신 이래로 지금까지 없
었고, 앞으로도 없을 것이다. 20 주님께서 그 날
들을 줄여 주지 않으셨다면, 구원받을 사람이 하
나도 없을 것이다. 그러나 주님께서는, 주님이 뽑
으신 선택받은 사람들을 위하여, 그 날들을 줄여
주셨다. 21 그 때에 누가 너희에게 '보아라, [ㄴ]그
리스도가 여기에 있다. 보아라, 그리스도가 저기
에 있다' 하더라도, 믿지 말아라. 22 거짓 [ㄷ]그리
스도들과 거짓 예언자들이 일어나, 표징들과 기
적들을 행하여 보여서, 할 수만 있으면 선택 받은
사람들을 홀리려 할 것이다. 23 그러므로 너희
는 조심하여라. 내가 이 모든 일을 너희에게 미리
말하여 둔다."

인자가 오심 (마 24:29-31; 눅 21:25-28)

24 "그러나 그 환난이 지난 뒤에,
[ㄹ]'그 날에는,
해가 어두워지고,
달이 빛을 내지 않고,
25 별들이 하늘에서 떨어지고,
하늘의 세력들이 흔들릴 것이다.'
26 그 때에 사람들이, 인자가 큰 권능과 영광에
싸여 구름을 타고 오는 것을 볼 것이다. 27 그
때에 그는 천사들을 보내어, 땅 끝에서 하늘 끝까
지, 사방에서 선택된 사람들을 모을 것이다."

무화과나무에서 배울 교훈
(마 24:32-35; 눅 21:29-33)

28 "무화과나무에서 비유를 배워라. 그 가지가
연해지고 잎이 돋으면, 너희는 여름이 가까이 온
줄을 안다. 29 이와 같이, 너희도 이런 일들이
일어나는 것을 보거든, 인자가 문 앞에 가까이 온
줄을 알아라. 30 내가 진정으로 너희에게 말한다.
이 세대가 끝나기 전에, 이 모든 일이 다 일어날
것이다. 31 하늘과 땅은 없어질지라도, 나의 말은
절대로 없어지지 않을 것이다."

ㄱ) 단 9:27; 11:31; 12:11 ㄴ) 또는 '메시아' ㄷ) 또는 '메시아들'
ㄹ) 사 13:10; 34:4

하기 위한 것이라고 주장한다. 그것이 무엇이든지간에, 그것은 즉각적인 도주를 위한 신호이다. **13:19** *그런 환난은 …지금까지 없었고.* 이 말은 믿을 수 없을 정도로 전례에 없었던 고통이 세상 끝날 이전에 나타날 것을 서로 뒤엉킨 식으로 말하고 있는 것이다 (단 12:1을 보라). **13:20** 하나님의 궁극적인 역사는 구원하시는 것이다. 선택받아 세움받은 사람들은 구약에서는 이스라엘 백성이다 (시 105:6; 사 42:1, 43:20-21, 65:9). 하지만, 마가는 선택받은 그룹을 예수님의 새로운 가족, 즉 하나님의 뜻을 행하는 자들로 이해한다 (3:33-35). **13:21-22** 5-6절을 보라. **13:24-25** 고난의 시기가 지난 이후, 세상이 실제로 종말을 고하게 된다 (사 13:10, 34:4; 겔 32:7-8; 욜 2:10, 31; 또한 계 6:12-14; 8:12를 보라). 해는 예수님이 죽으실 당시에 (15:33) 어두워진다.

13:26-27 *인자*(단 7:13-14; 또한 2:10과 8:38을 보라)는 멸망으로부터 선택된 사람들을 구원한다 (신 30:3-4; 슥 2:6). **13:28** *교훈.* 문자 그대로 "비유"를 말하는 것이다. *무화과나무에* 대해서는 11:12-14, 20-21을 보라. **13:29** *인자는* "그것 (it)"으로 번역될 수 있으며, 그렇게 번역할 경우 위에서 묘사되었던 종말 사건을 지시할 수도 있다. **13:30** *이 세대.* 그 시대 사람들이거나, 다른 곳에서 사용된 용례를 보아 (8:12, 38; 9:19) 오히려 동시대의 권력을 가지고 악하게 통치하던 사람들을 가리킬 수도 있다. **13:32** 예수님은 마침내 제자들이 이러한 일들이 언제 일어나게 될지에 대해서 물은 질문에 (4절), 이것들이 언제 일어나게 될지 자신도 모른다고 대답하신다. 때에 대해서는 11절과 14:41을 보라. **13:33** 끊임없이 깨어 있을 것이 요구된다 (또한 23, 35, 37절을 보라). **13:34-36** 간단한 실례가 그런 긴장감의 필요성을 예시해 준다; 헬라어로 "집주인"은 *큐리오스*인데, "주님"을 의미한다. 로마에서 저녁 시간을 네 가지로 표현한다 (저녁녘, 한밤중, 닭이 울 무렵, 이른 아침녘). 후에 예수님은 자신의 때가 이를 때에 기도하고 있었지만, 제자들은 잠을 자고 있었다 (14:37-42). **13:37** *모든 사람에게 하는 말이다.* 이 말은 경고의 범위를 이야기를 듣고 있는 사람을 넘어 모든 청중들로 확장시키고 있다.

14:1—16:8 이 마지막 부분은 예수님의 체포, 재판, 죽음, 그리고 부활에 대한 이야기를 소개한다. 이 이야기는 두 개의 기름부음의 이야기(14:3-9와 16:1-

그 날과 그 때 (마 24:36-44)

32 "그러나 그 날과 그 때는 아무도 모른다.
하늘의 천사들도 모르고, 아들도 모르고, 오직 아
버지만 아신다. 33 조심하고, ㄱ)깨어 있어라. 그
때가 언제인지를 너희가 모르기 때문이다. 34 사
정은 여행하는 어떤 사람의 경우와 같은데, 그가
집을 떠날 때에, 자기 종들에게 권한을 주어서, 각
사람에게 할 일을 맡기고, 문지기에게는 깨어 있
으라고 명령한다. 35 그러므로 깨어 있어라. 집
주인이 언제 올는지, 저녁녘일지, 한밤중일지, 닭이
울 무렵일지, 이른 아침녘일지, 너희가 알지 못하
기 때문이다. 36 주인이 갑자기 와서 너희가
잠자고 있는 것을 보게 되는 일이 없도록 하여라.
37 내가 너희에게 하는 말은 모든 사람에게 하는
말이다. 깨어 있어라."

예수를 죽일 음모
(마 26:1-5; 눅 22:1-2; 요 11:45-53)

14 1 ㄴ)유월절과 ㄷ)무교절 이틀 전이었다. 그
런데 대제사장들과 율법학자들은 '어떻게
속임수를 써서 예수를 붙잡아 죽일까' 하고 궁리
하고 있었다. 2 그런데 그들은 "백성이 소동을
일으키면 안 되니, 명절에는 하지 말자" 하고 말
하였다.

예수의 머리에 향유를 붓다
(마 26:6-13; 요 12:1-8)

3 예수께서 베다니에서 ㄹ)나병 환자였던 시
몬의 집에 머무실 때에, 음식을 잡수시고 계시는데,
한 여자가 매우 값진 순수한 나드 향유 한 옥합을
가지고 와서, 그 옥합을 깨뜨리고, 향유를 예수의
머리에 부었다. 4 그런데 몇몇 사람이 화를 내면서
자기들끼리 말하였다. "어찌하여 향유를 이렇게
허비하는가? 5 이 향유는 삼백 ㅁ)데나리온 이상에
팔아서, 그 돈을 가난한 사람들에게 줄 수 있었겠
다!" 그리고는 그 여자를 나무랐다. 6 그러나 예
수께서 말씀하셨다. "가만두어라. 왜 그를 괴롭히
느냐? 그는 내게 아름다운 일을 했다. 7 가난한
사람들은 늘 너희와 함께 있으니, 언제든지 너희
가 하려고만 하면, 그들을 도울 수 있다. 그러나
나는 언제나 너희와 함께 있는 것이 아니다. 8 이
여자는, 자기가 할 수 있는 일을 하였다. 곧 내 몸에
향유를 부어서, 내 장례를 위하여 할 일을 미리 한
셈이다. 9 내가 진정으로 너희에게 말한다. 온
세상 어디든지, ㅂ)복음이 전파되는 곳마다, 이 여
자가 한 일도 전해져서, 사람들이 이 여자를 기억
하게 될 것이다."

ㄱ) 다른 고대 사본들에는 '깨어서 기도하여라' ㄴ) 출 12:13; 21-28을 볼 것 ㄷ) 출 12:15-20을 볼 것 ㄹ) 나병을 포함한 각종 악성 피부병 ㅁ) 한 데나리온은 노동자의 하루 품삯 ㅂ) 또는 '기쁜 소식'

---

8)로 둘러싸여 있는데, 한 여인은 여전히 살아계신 예수님에게 기름을 붓고, 다른 세 사람은 무덤에 찾아가서 사망하신 예수님에게 기름을 부으려고 한다. 다른 고대 이야기들과 마찬가지로, 이 마지막 부분은 일련의 마지막 증언을 내포하고 있다: 예수님은 자신이 누구인지 공개적으로 인정하시며 (14:62), 제자들, 특별히 베드로는 예수님의 때가 이르렀을 때 예수님을 배반하고 도망하고 부인하며 자신의 특성을 그대로 드러낸다 (14:43, 50, 54, 66-72). 다른 무엇보다도, 예수님의 행동과 제자들 행동 사이의 대조는 박해, 곧 예수님이 모든 제자에게 곧 직면하게 될 것이라고 말씀하셨던 어려움들을 견디어 낼 수 있는 긍정적 방식과 부정적 방식을 청중들에게 제시한다 (13:9-13, 33-37).

14:1-2 마가의 삽입기법(2:5를 보라)이 사용된 다른 곳에서 묘사된 예수님에 대한 음모—3:6에서 가장 처음 언급되었다—는 결국 이 곳에서 절정에 달하게 된다 (또한 11:18; 12:12를 보라). 이 때 예수님의 제자 가운데 하나인 유다의 도움으로 극에 달하게 된다 (마 26:1-5; 눅 22:1-2; 요 11:45-53). **14:1** *유월절.* 이 절기는 매년 열리는 축제로 이집트 포로생활에서 해방된 것을 축하하는 절기이다 (출 12:1-36; 레 23:5; 민 26:16; 신 16:1-8). 이 절기는 니산월 14일(음력으로 3/4월경)에 시행되었다. 이 유월절은 칠일 동안 열리는 무교병 절기와 합해서 함께 지킨다 (대하 35:17; 겔 45:21-24). **14:2** 이 이야기에 따르면, 예수님은 이 절기 동안에 사로잡히셨다.

14:3-9 예수님을 죽이려는 음모 이야기 한가운데, 한 여인이 예수님에게 기름을 붓는 이야기는 임박한 예수님의 죽음을 예시한다 (마 26:6-13; 요 12:1-8). **14:3** *베다니.* 이 도시에 대해서는 11:1, 11, 12를 보라; *나병에* 대해서는 1:40-41을 보라. *옥합.* 이 향유는 매우 값이 비싸고 훌륭한 흰색 미네랄을 가리킨다. *나드.* 이 기름은 감송향(甘松香)으로, 매우 값비싸고 향기로운 수입용 기름이었다 (아 1:12; 4:13-14). *머리에* 그 향유를 붓는 행위는 왕에게 기름붓는 것과 유사한 의미가 있다 (삼상 10:1; 왕하 9:6). **14:5** 그 향유는 거의 일 년 품삯에 해당하는 가치가 있었다. 그녀는 예수님에게 행한 소비적인 행동으로 인해 꾸중을 듣는다. **14:6-7** 예수님은 그녀의 행동을 변호하며, 가난한 자에게 선대해 베푸는 것은 항상 가능하지만 예수님의 시간은 제한되어 있다는 점을 분명히 하신다.

유다가 배반하다
(마 26:14-16; 눅 22:3-6)

10 열두 제자 가운데 하나인 가룟 유다가, 대
제사장들에게 예수를 넘겨줄 마음을 품고, 그들
을 찾아갔다. 11 그들은 유다의 말을 듣고서 기
뻐하여, 그에게 은돈을 주기로 약속하였다. 그래
서 유다는 예수를 넘겨줄 적당한 기회를 노리고
있었다.

유월절 음식을 나누시다
(마 26:17-25; 눅 22:7-14; 21-23; 요 13:21-30)

12 ㄱ)무교절 첫째 날에, 곧 ㄴ)유월절 양을 잡는
날에, 제자들이 예수께 말하였다. "우리가 가서,
선생님께서 ㄴ)유월절 음식을 드시게 준비하려 하
는데, 어디에다 하기를 바라십니까?" 13 예수께
서 제자 두 사람을 보내시며 말씀하셨다. "성 안
으로 들어가거라. 그러면 물동이를 메고 오는 사
람을 만날 것이니, 그를 따라 가거라. 14 그리고
그가 들어가는 집으로 가서, 그 집 주인에게 말하
기를 '선생님께서 하시는 말씀이, 내가 내 제자들
과 함께 ㄴ)유월절 음식을 먹을 내 사랑방이 어디에
있느냐고 하십니다' 하여라. 15 그러면 그는 자리
를 깔아서 준비한 큰 다락방을 너희에게 보여 줄
것이니, 거기에 우리를 위하여 준비를 하여라."
16 제자들이 떠나서, 성 안으로 들어가서 보니,
예수께서 말씀하신 그대로였다. 그리하여, 그들
은 ㄴ)유월절을 준비하였다. 17 저녁때가 되어서,
예수께서는 열두 제자와 함께 가셨다. 18 그들
이 자리를 잡고 앉아서 먹고 있을 때에, 예수께서
말씀하셨다. "내가 진정으로 너희에게 말한다. 너
희 가운데 한 사람, 곧 나와 함께 먹고 있는 사람
이 나를 넘겨줄 것이다." 19 그들은 근심에 싸여
"나는 아니지요?" 하고 예수께 말하기 시작하였
다. 20 예수께서 그들에게 말씀하셨다. "그는 열
둘 가운데 하나로서, 나와 함께 같은 대접에 ㄷ)빵
을 적시고 있는 사람이다. 21 인자는 자기에 관
하여 성경에 기록되어 있는 대로 떠나가지만, 인
자를 넘겨주는 그 사람에게는 화가 있다. 그 사람
은 차라리 태어나지 않았더라면 자기에게 좋았을
것이다."

ㄱ) 출 12:15-20을 볼 것 ㄴ) 출 12:13; 21-28을 볼 것 ㄷ) 다른 고대 사본들에는 '빵'이 없음

특별 주석

가난한 자에 대한 예수님의 설명이 종종 가난의 연속을 하나님의 정의로 혹은 가난한 자에 대한 관대함을 일종의 불명예로 잘못 이해되어 온 경향이 있었다. 오히려 이 구절이 의미하는 것은 고통받는 인간을 구제하는 행위가 개인을 사랑하는 행위로 대체될 수 없고, 또 반대로 개인을 사랑하는 행위가 인간을 구제하는 행위로 대체될 수 없다는 것이다. 두 가지 모두 요청된다.

14:8 예수님은 분명하게 기름 붓는 사건을 자신의 장례식과 연관시키신다 (16:1). **14:9** 복음에 관해서는 1:1, 14를 보라. *이 여자*를 기억하면서 전해진 것은 오로지 낭비적일만큼 관대하게 베푼 행동에 관한 이야기일 뿐, 그 여자는 단지 익명으로 기록되어 있을 뿐이다.

14:10-11 *대제사장들의* 음모는 예수님의 제자 가운데 한 사람인 유다에 의해 실행된다 (마 26:14-16; 눅 22:3-6). 유다가 예수님을 배반한 이유는 명시되어 있지 않다 (13:9에 관한 주석을 보라). 대가를 지불하겠다는 약속은 제사장이 먼저 한 말이었다.

14:12-26 제자들과 함께 유월절 음식을 먹는 것은 세 부분으로 나눠진다: 준비 (12-16절); 예수님과 제자들 사이에 벌어진 배반에 관한 대화 (17-21절); 그리고 빵과 포도주와 찬송을 부르며 진행된 만찬의 마지막 부분에 홀로 말씀하시는 예수님 (22-26절). 음식 자체는 유월절 제의의 요소를 아무것도 가지고 있지 않았다. 단지 그 정황만이 그것이 유월절 음식임을 암시하고 있다 (마 26:17-30; 눅 22:7-20; 요 13:21-30; 고전 11:23-25).

14:12-16 만찬을 준비하는 것은 다시 한 번 예수님이 앞을 내다보실 수 있는 능력을 예시해 준다 (11:2-6 참조). **14:12** 무교절 첫 날은 전통적으로 *유월절 양*을 희생제물로 바치는 때가 아니었다. 양은 일반적으로 유월절 당일, 곧 무교절이 시작되기 바로 전날 오후에 희생제물로 바쳐졌다 (14:1을 보라). **14:13-16** 11:2-6을 보라.

14:17-21 만찬이 시작되기 전에 예수님과 제자들 간에 배반에 대하여 대화하는 내용은 만찬 이후에 제자들이 도주하는 내용과 평행을 이루고, 예수님을 부인하는 것과 평행을 이룬다 (26-31절). **14:17** 열두. 3:13-19를 보라. **14:18** *그들이 자리를 잡고 앉아서.* 이것은 글자 그대로 표현하면 "그들이 기대어 몸을 눕혔다"는 뜻이다. 이러한 자세는 음식을 먹는 전형적인 자세였다. *배신에* 대해서는 13:9, 11, 12; 14:10-11; 또한 시 41:9를 보라. **14:20** *빵을 적시고 있는.* 이 행위는 호의와 친밀감의 연대를 강조하는 것이지만, 곧 배반의 행위로 깨어지게 될 것이다 (44-45절 참조). **14:21** 인자에 대해서는 2:10; 8:31을 보라.

14:22-26 주의 만찬 혹은 유카리스트를 제도화시킨 이 본문은 곧 나타나게 될 제자들의 실패에 대한 이야기로 둘러싸여 있으며, 예수님의 말씀이 전해지는 음울한 상황을 제공해 주고 있다. **14:22** 또한 6:41;

마지막 만찬

(마 26:26-30; 눅 22:15-20; 고전 11:23-25)

22 그들이 먹고 있을 때에, 예수께서 빵을 들
어서 축복하신 다음에, 떼어서 그들에게 주시고
말씀하셨다. "받아라. 이것은 내 몸이다." 23 또
잔을 들어서 감사를 드리신 다음에, 그들에게 주
시니, 그들은 모두 그 잔을 마셨다. 24 그리고
예수께서 말씀하셨다. "이것은 많은 사람을 위하여
흘리는 나의 피, 곧 [ㄱ]언약의 피다. 25 내가 진정
으로 너희에게 말한다. 이제부터 내가 하나님의
나라에서 새것을 마실 그 날까지, 나는 포도나무
열매로 빚은 것을 다시는 마시지 않을 것이다."
26 그들은 찬송을 부르고서, 올리브 산으로
갔다.

베드로가 부인할 것을 예고하시다

(마 26:31-35; 눅 22:31-34; 요 13:36-38)

27 예수께서 제자들에게 말씀하셨다. "너희가
모두 [ㄴ]걸려서 넘어질 것이다. 성경에 기록하기를
[ㄷ]'내가 목자를 칠 것이니, 양 떼가 흩어질 것이다'
하였기 때문이다. 28 그러나 내가 살아난 뒤에,
너희보다 먼저 갈릴리로 갈 것이다." 29 베드로가
예수께 말하였다. "모두가 [ㄹ]걸려 넘어질지라도,
나는 그렇지 않을 것입니다." 30 예수께서 그에
게 말씀하셨다. "내가 진정으로 너에게 말한다.
오늘 밤에 닭이 두 번 울기 전에, 네가 세 번 나를
모른다고 할 것이다." 31 그러나 베드로는 힘주
어서 말하였다. "내가 선생님과 함께 죽는 한이 있
을지라도, 절대로 선생님을 모른다고 하지 않겠
습니다." 나머지 모두도 그렇게 말하였다.

겟세마네 동산에서 기도하시다

(마 26:36-46; 눅 22:39-46)

32 그들은 겟세마네라고 하는 곳에 이르렀다.
예수께서 제자들에게 말씀하시기를 "내가 기도하
는 동안에, 너희는 여기에 앉아 있어라" 하시고,
33 베드로와 야고보와 요한을 데리고 가셨다. 예
수께서는 매우 놀라며 괴로워하기 시작하셨다.
34 그래서 그들에게 말씀하셨다. "내 마음이 근

ㄱ) 다른 고대 사본들에는 '새 언약' ㄴ) 그, '나를 버릴 것이다'
ㄷ) 슥 13:7 ㄹ) 그, '버릴지라도'

8:6을 보라. **14:23** *컵.* 이것에 대해서는 10:38-40; 14:36을 보라. **14:24** *언약의 피.* 이것은 구약에서 하나님과 이스라엘 백성 사이의 연대감을 실증시켜 주는 의식을 암시해 준다 (출 24:8; 슥 9:11; 또한 히 9:20을 보라). **14:25** *하나님의 나라에* 대해서는 1:15 참조; 다가오는 하나님의 나라는 보상과 축제의 때로 이해되었다. **14:26** *올리브 산에* 대해서는 11:1; 13:3을 보라.

14:27-52 예수께서 체포당하시는 것은 세 부분으로 구분된다 (14:12-26에 관한 주석을 참조); 27-31절에서 예수님과 제자들이 곧 나타나게 될 도주와 부인에 대해 이야기를 나눈다 (17-21절을 보라); 32-42절에서 예수님이 기도하면서 홀로 말씀하신다; 그리고 43-52절에서 제자들의 배반과 도주와 동시에 체포가 이루어진다.

14:27-31 앞을 내다보실 수 있는 예수님의 능력 (13-16절, 18-20절; 11:2-6을 보라)이 다시금 제자들의 도주와 베드로의 부인에 대한 예고와 함께 나타난다 (마 26:31-35; 눅 22:31-34; 요 13:36-38). **14:27** *걸려서 넘어질 것이다* (나를 버릴 것이다; 희랍어 동사로 *스칸달리조*인데 미래형으로 되어있다.) 이 동사는 씨 뿌리는 자의 비유에서 "돌짝밭"을 대표하는 사람들의 마지막을 묘사하기 위해 사용된 4:17의 "걸려 넘어지다"로 번역된 단어와 동일하다 (1785쪽 추가 설명: "마가복음서에 나타난 예수님의 비유의 기능"을 보라). 슥 13:7을 보라. **14:28** *갈릴리.* 1:9; 16:7을 보라. **14:29** 베드로는 예수께서 갈릴리에 대하여 넌지시 말씀하시는 것에 대한 질문보다는 그가 예수님을 부인하게 될 것이라는 자신의 행동을 부인한다. **14:30** *닭이 울기에* 대해서는 13:34-36을 보라. 이처럼 자세하고 복잡한 예측(두 번 우는 닭, 세 번의 부인)과 예측의 정확성(66-72절)은 예수님의 예언적 능력을 강조해 준다. **14:31** 공교롭게도 베드로의 응답 그 자체는 예수님의 말씀에 대한 부인이다.

14:32-42 가장 감정적인 부분이 표현된 부분으로, 세 명의 수제자들이 깨어 있기보다는 잠들어 있는 동안에 예수님은 홀로 기도하신다 (마 26:36-46; 눅 22:39-46). **14:32** *겟세마네.* 이 곳은 "기름을 짜는 곳"을 의미하며, 올리브 산 언덕 밑에 있는 어떤 지역을 가리키는 것으로 추정된다. **14:33** 1:29; 5:37; 9:2; 13:3을 보라. **14:34** *내.* 문자 그대로는 "내 마음"을 의미한다. 예수님의 감정이 거의 묘사된 적이 없는데 (1:41; 3:5; 10:21을 보라), 이 곳에서는 예수님이 영육간에 괴로워하시는 모습을 가장 드라마틱하게 표현해 주고 있다. **14:35-36** 예수님은 어찌 해 볼 도리가 없는 행복한 순교자가 아니라, 죽음을 직면한 인간의 모습 그대로였다. 제자들에게 결여되어 있는 용기와 순종은 예수님의 용기와 하나님에 대한 순종이 후기 제자들에게 있어서 추종하거나 피해야할 적절한 모델이 된다. *시간.* 13:11, 32; 14:37, 41을 보라. *아빠.* 아빠는

심에 싸여 죽을 지경이다. 너희는 여기에 머물러서
깨어 있어라." 35 그리고서 조금 나아가서 땅에
엎드려 기도하시기를, 될 수만 있으면 이 시간이
자기에게서 비껴가게 해 달라고 하셨다. 36 예수
께서는 이렇게 말씀하셨다. "ㄱ)아빠, 아버지, 아버
지께서는 모든 일을 하실 수 있으시니, 내게서 이
잔을 거두어 주십시오. 그러나 내 뜻대로 하지 마
시고, 아버지의 뜻대로 하여 주십시오." 37 그런
다음에 돌아와서 보시니, 제자들은 자고 있었다.
그래서 베드로에게 말씀하셨다. "시몬아, 자고 있
느냐? 한 시간도 깨어 있을 수 없느냐? 38 너희는
ㄴ)유혹에 빠지지 않도록, 깨어서 기도하여라. 마
음은 원하지만, 육신이 약하구나!" 39 예수께서
다시 떠나가서, 같은 말씀으로 기도하시고, 40 다
시 와서 보시니, 그들은 자고 있었다. 그들은 졸
려서 눈을 뜰 수 없었던 것이다. 그들은 예수께 무
슨 말로 대답해야 할지를 몰랐다. 41 예수께서
세 번째 와서, 그들에게 말씀하셨다. "ㄷ)남은 시간을
자고 쉬어라. 그 정도면 넉넉하다. 때가 왔다. 보
아라, 인자는 죄인들의 손에 넘어간다. 42 일어
나서 가자. 보아라, 나를 넘겨줄 자가 가까이 왔
다."

예수께서 잡히시다

(마 26:47-56; 눅 22:47-53; 요 18:2-12)

43 그런데 예수께서 아직 말씀하고 계실 때
에, 열두 제자 가운데 하나인 유다가 곧 왔다. 대
제사장들과 율법학자들과 장로들이 보낸 무리가
칼과 몽둥이를 들고 그와 함께 왔다. 44 그런데,
예수를 넘겨줄 자가 그들에게 신호를 짜주기를 "내
가 입을 맞추는 사람이 바로 그 사람이니, 그를 잡
아서 단단히 끌고 가시오" 하고 말해 놓았다. 45 유
다가 와서, 예수께로 곧 다가가서 "ㄹ)랍비님!" 하고
말하고서, 입을 맞추었다. 46 그러자 그들은 예
수께 손을 대어 잡았다. 47 그런데 곁에 서 있던
이들 가운데서 어느 한 사람이, 칼을 빼어 대제사
장의 종을 내리쳐서, 그 귀를 잘라 버렸다. 48 예
수께서 그들에게 말씀하셨다. "너희는 강도에게 하
듯이, 칼과 몽둥이를 들고 나를 잡으러 나왔느냐?
49 내가 날마다 성전에 너희와 함께 있으면서 가
르치고 있었건만 너희는 잡지 않았다. 그러나 이것
은 성경 말씀을 이루려는 것이다." 50 제자들은
모두 예수를 버리고 달아났다.

ㄱ) '아버지'를 뜻하는 아람어 ㄴ) 또는 '시험에' ㄷ) 또는 '아직도 자느냐? 아직도 쉬느냐?' ㄹ) '스승'

아람어로 어린아이가 아버지를 부를 때 사용하는 호칭이며, 희랍어로 직역해서 *아버지가* 되었다 (5:41을 보라). *컵.* 23절과 10:38-40을 보라. 제자들은 포도주를 서로 나누지만, 고통의 잔은 그들을 도주하게 만들었다. 개인의 생각을 표현하기 위해 홀로 말하는 독백은 오늘날의 문학에서는 흔한 기법이지만, 고대 문서에서는 매우 보기 드문 기법이다. 여기에서 독백의 기법을 사용함으로써 이 구절이 매우 중요하다는 것을 암시해 준다. **14:37** 13:35-37을 참조. 3:16 이후 예수께서 처음으로 베드로를 "시몬"으로 지칭한다. **14:38** *마음은 원하지만 육신이 약하구나!* 이것은 제자들이 처음에는 예수님을 따라 나섰지만 후에는 "떨어져 나간" 이유를 설명해 주는 것이다. 그들은 쉽게 감동을 받기도 하지만, 또한 두려움에 사로잡혀 곧 자기 보호적으로 변한다. **14:40** 9:6을 보라. **14:41** 예수님은 세 번 기도하시고, 제자들은 세 번에 걸쳐 깰 수 있는 기회를 갖는다 (13:11, 32; 14:37). *넉넉하다* (희랍어, *아페케이*). 이것은 번역하기가 매우 어려운 단어이다. 비인칭동사로서, 전액 완납된 청구금액을 수령할 때 광범위하게 사용되는 단어이다. 여기에서 넉넉하다는 단어는 예수님의 임무가 완성된 것을 의미하거나, 아니면 이 단어가 쓰인 상황을 고려해 볼 때 제자들의 신실함을 증명할 수 있는 기회가 끝이 났고, 그들에 대한 회계장부는 이제 종결되었다는 것을 의미할 수도 있다. 인자에 대해서는 21절에 관한 주석을 보라.

14:43-52 예수께서 체포당하시는 모습에는 제자의 실패에 대한 두 가지 실례를 보여준다. 하나는 입맞춤을 통한 예수님을 배신하는 모습이며, 다른 하나는 필사적으로 도주하는 모습이다 (마 26:47-53; 눅 22:47-53; 요 18:3-12). **14:43** *유다에* 대해서는 3:19; 14:10을 보라. **14:44-45** 존경과 친밀감의 상징인 *입맞춤이* 배반의 상징이 된다; 가장 가까운 사람이 적이 된다 (또한 13:12-13을 보라). *랍비님!* "나의 선생님"을 의미하지만 종종 율법 교사를 가리키는 칭호로 쓰이기도 했다. **14:47** 그 사람의 이름은 언급되지 않았지만, 가야바가 기원후 18년부터 37년까지 대제사장이었다. **14:49** 성전에서의 체포와 관계된 성경구절은 없다 (또한 14:21을 보라). **14:50** 요한과 야고보가 일찍이 예수님을 따르기 위해 아버지를 버렸던 (희랍어, *아휀테스*) 것처럼 (1:20), 제자들도 예수를 버렸다. **14:51-52** *젊은이가* 누구이며 그가 무엇을 대표하고 있는지는 매우 많은 연구의 주제가 되고 있다. 그 젊은이는 16:5에서 무덤가에 있던 그 "젊은이"와 관계되어 있는가? 그 젊은이가 걸치고 있던 *홑이불은* 15:46에서 예수님의 몸을 쌓아 두었던 고운 베와 관계가 있는가? 벌거벗은 채로 달아난 그 젊은이는, 유다가 배반한 것을 상징하고 베드로가 부인한 것을 상징하는 것처럼, 단순히 도주를 상징하기 위한 구체적 실례로써 묘사되고 있는가? 일부 학자들은 그 젊은이를 *마가의 비밀 복음서*에 기록된 구절과 연관시키기도 한다. 그

어떤 젊은이가 맨몸으로 달아나다

51 그런데 어떤 젊은이가 맨몸에 홑이불을
두르고, 예수를 따라가고 있었다. 그들이 그를 잡
으려고 하니, 52 그는 홑이불을 버리고, 맨몸으로
달아났다.

의회 앞에 서시다 (마 26:57-68; 눅 22:54-55; 63-71; 요 18:13-14; 19-24)

53 그들은 예수를 대제사장에게로 끌고 갔다.
그러자 대제사장들과 장로들과 율법학자들이 모두
모여들었다. 54 베드로는 멀찍이 떨어져서, 예
수를 뒤따라 대제사장의 집 안마당에까지 들어
갔다. 그는 하인들과 함께 앉아 불을 쬐고 있었다.
55 대제사장들과 온 의회가 예수를 사형에 처하
려고, 그를 고소할 증거를 찾았으나, 찾아내지 못
하였다. 56 예수에게 불리하게 거짓으로 증언하는
사람이 많이 있었지만, 그들의 증언은 서로 들어
맞지 않았다. 57 더러는 일어나서, 그에게 불리
하게, 거짓으로 증언하여 말하기를 58 "우리가
이 사람이 말하는 것을 들었는데 '내가 사람의 손
으로 지은 이 성전을 허물고, 손으로 짓지 않은
다른 성전을 사흘만에 세우겠다' 하였습니다."
59 그러나 그들의 증언도 서로 들어맞지 않았다.
60 그래서 대제사장이 한가운데 일어서서, 예수께
물었다. "이 사람들이 그대에게 불리하게 증언하
는데도, 아무 답변도 하지 않소?" 61 그러나 예
수께서는 입을 다무시고, 아무 대답도 하지 않으
셨다. 대제사장이 예수께 물었다. "그대는 찬양을
받으실 분의 아들 ㄱ)그리스도요?" 62 예수께서
말씀하셨다. "내가 바로 그이요. 당신들은 인자가
전능하신 분의 오른쪽에 앉아 있는 것과, 하늘의
구름을 타고 오는 것을 보게 될 것이오." 63 대제
사장은 자기 옷을 찢고 말하였다. "이제 우리에게
무슨 증인들이 더 필요하겠소? 64 여러분은 이제
하나님을 모독하는 말을 들었소. 여러분의 생각은
어떠하오?" 그러자 그들은 모두, 예수는 사형을
받아야 마땅하다고 정죄하였다. 65 그들 가운데서
더러는, 달려들어 예수께 침을 뱉고, 얼굴을 가리
고 주먹으로 치고 하면서 "알아 맞추어 보아라"
하고 놀려대기 시작하였다. 그리고 하인들은 예
수를 손바닥으로 쳤다.

베드로가 예수를 모른다고 하다 (마 26:69-75; 눅 22:56-62; 요 18:15-18; 25-27)

66 베드로가 안뜰 아래쪽에 있는데, 대제사
장의 하녀 가운데 하나가 와서, 67 베드로가 불을

ㄱ) 또는 '메시아'

복음서는 20세기에 발견된 알렉산드리아의 서신에 언급되어 있다.

14:53-72 예루살렘 의회 앞에서 벌어졌던 예수님에 대한 재판(55-65절)이 베드로의 배신 이야기에 삽입됨으로써 (54, 66-72절), 마가의 편집 삽입기법의 마지막 용례가 된다 (2:5에 관한 주석을 보라). 이 경우, 삽입기법을 사용함으로써 두 사건이 동시에 발생했다는 것을 함축하고 있는 듯하다. 베드로가 예수님의 정체를 부인할 때, 예수님은 자신의 정체를 밝히신다 (마 26:57-75; 눅 22:54-71; 요 18:13-27). **14:54** *베드로*는 예수님이 체포될 당시 다른 제자들과 함께 도망치지 않고, *멀찍이 떨어져서* 예수님을 따라갔다. **14:55** *의회*는 산헤드린을 말한다 (13:9를 보라). 재판 과정이 공식 절차처럼 보이지만, 재판이 밤에 이루어지고 있다는 점은 이상한 일이다. 그들은 예수님을 고소할 증거를 찾지만 무의미한 일이었다. **14:56-59** 거짓 증인들은 심지어 그들의 거짓말에 서로 동의할 수 없으며, 유죄선언을 하기 위해서는 적어도 두 사람이 동의해야 한다 (신 19:15). 13:1-2; 15:29를 보라. **14:61** 사 53:7을 보라. *그리스도* (*메시아*). 1:1을 보라. *찬양을 받으실 분.* 하나님의 거룩한 이름을 직접 칭하는 것을 피하기 위해 대제사장들이 사용하였던 완곡어법이다. **14:62** 예수님이 지금까지 지켜 오셨던 비밀이 무엇이었든지간에, 지금 여기에서 끝이 나고 만다 (1:25를 보라). 시 110:1; 단 7:13-14; 또한 8:38; 12:36; 13:26을 보라. *전능하신 분.* 하나님을 칭하는 것이다. **14:63** 옷은 매우 상징적인 것이었다 (9:3; 14:52; 16:5를 보라); 옷을 찢는 행위는 분노와 큰 실망을 표현하는 것이었다 (창 37:29; 민 14:6). **14:64** 예수님의 종교 대적자들이 예수님에게 씌운 첫 번째이자 마지막 고소내용은 *하나님을 모독하는 말을 한다*는 것이었다 (2:7; 또한 레 24:16을 보라). **14:65** 반어적으로, 의회가 예수님을 조롱하기 위해서 요구했던 예언의 능력은 베드로의 부인 이야기, 곧 예수님이 실로 예언하신 사건을 끌어 들인다 (29-31절). **14:68** *알지도 못하고, 깨닫지도 못하겠다.* 4:13; 8:17, 21을 보라. **14:70** 분명히 베드로의 옷과 말투는 그가 북쪽 지방인 갈릴리 출신임을 드러나게 하였다 (1:9 참조). **14:71** 베드로의 부인은 저주를 퍼붓는 *맹세*로 급격하게 발전한다 (수 6:26; 삼상 14:24를 보라). 예수님이 하나님과 자신과의 연합을 확증하는 바로 그 순간에 베드로는 예수님과의 연합을 부인한다. **14:72** 29-31절을 보라. 베드로가 울었다는

쬐고 있는 것을 보고, 그를 빤히 노려보고서 말하
였다. "당신도 저 나사렛 사람 예수와 함께 다닌
사람이지요?" 68 그러나 베드로는 부인하여 말
하였다. "네가 무슨 말을 하는지, 나는 알지도 못
하고, 깨닫지도 못하겠다." 그리고 그는 ㄱ)바깥 뜰로
나갔다. 69 그 하녀가 그를 보고서, 그 곁에 서
있는 사람들에게 다시 말하였다. "이 사람은 그들과
한패입니다." 70 그러나 그는 다시 부인하였다.
조금 뒤에 곁에 서 있는 사람들이 다시 베드로에게
말하였다. "당신이 갈릴리 사람이니까 틀림없이
그들과 한패일 거요." 71 그러나 베드로는 저주
하고 맹세하여 말하였다. "나는 당신들이 말하는
그 사람을 알지 못하오." 72 그러자 곧 닭이 두
번째 울었다. 그래서 베드로는 예수께서 자기에
게 "닭이 두 번 울기 전에, 네가 나를 세 번 모른
다고 할 것이다" 하신 그 말씀이 생각나서, 엎드
려서 울었다.

빌라도에게 신문을 받으시다

(마 27:1–2; 11–14; 눅 23:1–5; 요 18:28–38)

15 1 새벽에 곧 대제사장들이 장로들과 율
법학자들과 더불어 회의를 열었는데 그
것은 전체 의회였다. 그들은 예수를 결박하고 끌고
가서, 빌라도에게 넘겨주었다. 2 그래서 빌라도가
예수께 물었다. "당신이 유대인의 왕이오?" 그러자
예수께서 빌라도에게 대답하셨다. "당신이 그렇게
말하였소." 3 대제사장들은 여러 가지로 예수를
고발하였다. 4 빌라도는 다시 예수께 물었다.
"당신은 아무 답변도 하지 않소? 사람들이 얼마나
여러 가지로 당신을 고발하는지 보시오." 5 그러
나 예수께서는 더 이상 아무 대답도 하지 않으셨다.
그래서 빌라도는 이상하게 여겼다.

사형 선고를 받으시다

(마 27:15–26; 눅 23:13–25; 요 18:39–19:16)

6 그런데 빌라도는 명절 때마다 사람들이 요
구하는 죄수 하나를 놓아 주곤 하였다. 7 그런데
폭동 때에 살인을 한 폭도들과 함께 바라바라고
하는 사람이 갇혀 있었다. 8 그래서 무리가 올라
가서, 자기들에게 해주던 관례대로 해 달라고, 빌
라도에게 청하였다. 9 빌라도가 말하였다. "여
러분은 내가 그 유대인의 왕을 여러분에게 놓아주
기를 바라는 거요?" 10 그는 대제사장들이 예수를
시기하여 넘겨주었음을 알았던 것이다. 11 그러나
대제사장들은 무리를 선동하여, 차라리 바라바를
놓아 달라고 청하게 하였다. 12 빌라도는 다시

ㄱ) 다른 고대 사본들에는 '문간으로 나갔다. 그 때에 닭이 울었다'

것이 반드시 그가 회개하거나 심경의 변화가 있었다는 것을 의미하지는 않는다 (6:26; 10:22를 참조).

15:1–15 세례 요한과 헤롯 사이에 벌어졌던 사건(6:14–29)은 로마의 총독 빌라도 앞에서 벌어지는 예수님의 재판의 전조가 되었다. 헤롯처럼 빌라도 역시 유대 종교 지도자들을 옹호하려고 하지만, 결국 무리의 요청에 마지못해 예수님을 죽이라고 명한다 (마 27:1–2, 11–26; 눅 23:1–5, 13–25; 요 18:28—19:16). **15:1** *빌라도.* 이 사람은 티베리우스 황제의 위임으로 기원후 26년부터 36년까지 유대 지역을 다스리는 총독이 되었다. 그의 임무는 지방 수세관(세금 징수와 왕실 재산 보호)과 총독(유대 주둔 로마군대 통솔권)의 역할까지도 포함하였다. **15:2** 빌라도에게 보고한 예수님에 대한 *대제사장의* 고소내용은 신성모독(14:64)이 아니라, 폭동죄였다. 즉 예수님은 황제가 있는데도 자신을 *유대인의 왕*이라고 칭했다는 것이다. 유대 의회(산헤드린)는 사형언도는 내리지 못해도 사실상 사형언도를 받은 죄인을 사형에 처할 수 있는 권력을 가지고 있었기 때문에, 로마 권력 앞에서 다른 죄목으로 두 번째 재판과정을 갖는 것 자체가 불필요한 것처럼 보인다. 일부 학자들이 제안하듯이, 예수님 이야기를 로마 권력층과 이방인들의 입맛에 좀 더 맞추기 위해서 저자는 로마 사람들에 의해 계획되고 주도된 행위 속에 유다 권력을 관련시키고자 했던 것처럼 보인다. **15:4–5** 14:60–61을 보라; 또한 13:11을 보라. **15:6** 오직 신약성경의 복음서들만이 이 관습을 명시하고 있다. **15:7** 유대 역사가 요세푸스에 따르면, 로마에 대항하여 지역적으로 발생한 많은 민란이 바로 이 기간 중에 발생하였었다. *바라바* (문자적 의미는 "아버지의 아들"). 이 사람 역시 여기 외에는 알려지지 않은 인물이다. **15:10** 빌라도는 예수님의 무죄를 인식할 수 있는 통찰력을 지닌 사람으로 묘사되지만, 대제사장들은 거짓된 증인들임이 은연중에 드러난다. **15:11** 무리들은 예수님의 가르침에 매혹되었었지만 (11:18), 이제 변덕스럽게도 예수님에 대항하여 소요를 일으키려는 듯 보인다. 이 민중의 대응을 하루 혹은 이틀 전에 종교 지도자들이 그토록 두려워했던 그 군중들과 조화시키는 것은 어려운 일이다 (12:12; 14:1–2). **15:13** 십자가에서의 처형은 로마가 주로 노예, 도둑, 반란자 등에게 형을 집행하는 주요 형벌방식으로, 매우 수치스럽게 여겨졌다. 십자가형은 나무기둥이나 나무에 묶어두거나 못을 박아 사형하는 형벌이었다. **15:14** 헤롯처럼 (6:26) 빌라도는 마지못해서 의로운 자의 사형을 집행한다.

그들에게 말하였다. "그러면, 당신들은 유대인의
왕이라고 하는 그 사람을 ㄱ)나더러 어떻게 하라는
거요?" 13 그들이 다시 소리를 질렀다. "십자가
에 못박으시오!" 14 빌라도가 그들에게 말하였
다. "정말 이 사람이 무슨 나쁜 일을 하였소?" 그
들은 더욱 크게 소리를 질렀다. "십자가에 못박으
시오!" 15 그리하여 빌라도는 무리를 만족시켜
주려고, 바라바는 놓아주고, 예수는 채찍질한 다
음에 십자가에 처형당하게 넘겨주었다.

병사들이 예수를 조롱하다

(마 27:27-31; 요 19:2-3)

16 병사들이 예수를 뜰 안으로 끌고 갔다. 그
곳은 총독 공관이었다. 그들은 온 부대를 집합시켰
다. 17 그런 다음에 그들은 예수께 자색 옷을 입
히고, 가시관을 엮어서 머리에 씌운 뒤에, 18 "유
대인의 왕 만세!" 하면서, 저마다 인사하였다.
19 또 갈대로 예수의 머리를 치고, 침을 뱉고, 무
릎을 꿇어서 그에게 경배하였다. 20 이렇게 예
수를 희롱한 다음에, 그들은 자색 옷을 벗기고, 그
의 옷을 도로 입혔다. 그런 다음에, 그들은 예수
를 십자가에 못박으려고 끌고 나갔다.

예수께서 십자가에 못박히시다

(마 27:32-44; 눅 23:26-43; 요 19:17-27)

21 그런데 어떤 사람이 시골에서 오는 길에,
그 곳을 지나가고 있었다. 그는 알렉산더와 루포
의 아버지로서, 구레네 사람 시몬이었다. 그들은
그에게 강제로 예수의 십자가를 지고 가게 하였
다. 22 그들은 예수를 골고다라는 곳으로 데리
고 갔다. (골고다는 번역하면 '해골 곳'이다.)
23 그들은 몰약을 탄 포도주를 예수께 드렸다.
그러나 예수께서는 받지 않으셨다. 24 그들은
예수를 십자가에 못박고, 예수의 옷을 나누어 가
졌는데, 제비를 뽑아서, 누가 무엇을 차지할지를
결정하였다. 25 예수를 십자가에 못박은 때는,
ㄴ)아침 아홉 시였다. 26 그의 죄패에는 '유대인
의 왕'이라고 적혀 있었다. 27 그들은 예수와 함
께 강도 두 사람을 십자가에 못박았는데, 하나는
그의 오른쪽에, 하나는 그의 왼쪽에 달았다.
ㄷ)(28절 없음) 29 지나가는 사람들이 머리를 흔
들면서, 예수를 모욕하며 말하였다. "아하! 성전을
허물고 사흘만에 짓겠다던 사람아, 30 자기나

ㄱ) 다른 고대 사본들에는 '내가 어떻게 해 주기를 원하오?' ㄴ) 그, '제 삼시'
ㄷ) 다른 고대 사본들에는 "28. 그리하여 '그는 범법자들 가운데 한 사람으로 여김을 받았다'고 한 성경 말씀이 이루어졌다"

특별 주석

예수님의 죽음을 선뜻 동조하지 않던 로마 총독 빌라도를 강압한 대제사장들의 악한 책동의 결과로 처리함으로써, 마가는 수많은 그리스도인들에게 반유대주의라는 정서를 심어 주었다 (이 정서는 마태복음이 이 동일한 사건을 오히려 더 강조함으로써 강화되었다). 그렇지만, 마가조차도 예수님을 십자가에 못박은 것은 유대 지도자들이 아니라, 로마 사람들이었음을 마지막 부분에서 부인하지는 않는다. 그러한 특별한 설화적, 역사적 진실을 반유대주의라는 지속적 악에 대항하기 위해서 끊임없이 강조하는 것이 중요하다.

15:16-39 예수님의 십자가형은 "유대인의 왕"이라며 조롱하는 군인들로부터 시작되어 (18절) 39절의 "하나님의 아들"이라고 고백하는 백부장의 말로 끝을 맺는다 (마 27:27-54; 눅 23:26-48; 요 19:2-3, 17-30). **15:16** *부대.* 이것은 로마 군대를 가리키는 단위이며 보통 수백 명으로 구성되어 있었다. **15:17-18** *자색* 색깔은 왕실을 상징하는 색깔이며, *가시관과* 같이 "유대인의 왕"이라는 예수님의 칭호를 조롱하기 위한 것이었다. **15:19-20** 10:33-34를 보라. **15:21** 십자가를 이루는 나무 기둥 가운데 하나만을 죄인이 옮기는 것이 관례였다. *구레네.* 북 아프리카 해안의 도시이다. *시몬, 알렉산더, 루포*(롬 16:13을 보라)는 알려지지 않은 인물들이다. **15:22** *골고다* (해골을 의미하는 아람어). 골고다의 정확한 위치는 분명하지가 않다. 예루살렘 성벽 외부에 있었던 것으로 추정되며, 분명 매장지 근방에 위치하고 있었다. **15:23** *몰약 (myrrh).* 몰약은 향기로운 나무였고, 고대 동부 지중해 지역에서 많이 거래되었었다. 주로 화장품과 종교의식과 장례용 기름으로 사용했으며, 여기서의 경우처럼 진통제로 사용하도 했다. **15:24** 죄인을 십자가에 묶거나 못을 박는 형은 세부 절차 없이 매우 신속하게 처리되었다: 시 22:18; 신 21:22-23을 보라. **15:25** *아침 아홉 시.* "새벽 세 시"를 의미한다. **15:26** 폭동이라는 고소 내용으로 십자가형을 당하게 되었다. **15:27** 10:37, 40을 보라. **15:29-32** 예수님의 육체적 아픔을 세부적으로 묘사하는 대신 (24절), 본 이야기는 예수님의 적대자들 심지어는 예수님을 십자가에 못박은 사람들로부터 받은 모욕과 조롱을 강조하고 있다. *모욕*은 문자 그대로 "신성모독"을 의미한다 (14:64를 보라). *머리를 흔들면서.* 이것에 대해서는 시 22:7; 109:25를 보라. 그리스도에 대해서는 1:1을 보라. **15:33** *낮 열두 시.* "오후 여섯 시"이며, *오후 세 시*는 "오후 아홉 시"이다. 13:24를 보라. **15:34** 시 22:1을 인용한 것이며, 예수께서 아람어로 울부짖으시는 기도를 희랍어로 번역한 것이다

구원하여 십자가에서 내려오려무나!" 31 대제사
장들도 율법학자들과 함께 그렇게 조롱하면서 말
하였다. "그가, 남은 구원하였으나, 자기는 구원
하지 못하는구나! 32 이스라엘의 왕 ㄱ)그리스도는
지금 십자가에서 내려와 봐라. 그래서 우리로 하
여금 보고 믿게 하여라!" 예수와 함께 십자가에
달린 두 사람도 그를 욕하였다.

예수께서 숨을 거두시다

(마 27:45-56; 눅 23:44-49; 요 19:28-30)

33 낮 열두 시가 되었을 때에, 어둠이 온 땅
을 덮어서, 오후 세 시까지 계속되었다. 34 세
시에 예수께서 큰소리로 부르짖으셨다. ㄴ)"엘로이
엘로이 레마 사박다니?" 그것은 번역하면 "나의
하나님, 나의 하나님, ㄷ)어찌하여 ㄹ)나를 버리셨습
니까?" 하는 뜻이다. 35 거기에 서 있는 사람들
가운데서 몇이, 이 말을 듣고서 말하였다. "보시
오, 그가 엘리야를 부르고 있소." 36 어떤 사람
이 달려가서, 해면을 신 포도주에 푹 적셔서 갈대
에 꿰어, 그에게 마시게 하며 말하였다. "어디 엘
리야가 와서, 그를 내려 주나 두고 봅시다." 37 예
수께서는 큰 소리를 지르시고서 숨지셨다. 38 (그
때에 성전 휘장이 위에서 아래까지 두 폭으로 찢어
졌다.) 39 예수를 마주 보고 서 있는 백부장이,
예수께서 이와 같이 ㅁ)숨을 거두시는 것을 보고서
말하였다. "참으로 이분은 하나님의 아들이셨다."
40 여자들도 멀찍이서 지켜 보고 있었는데, 그들
가운데는 막달라 출신 마리아도 있고 작은 야고보
와 요세의 어머니 마리아도 있고 살로메도 있었
다. 41 이들은 예수가 갈릴리에 계실 때에, 예수
를 따라다니며 섬기던 여자들이었다. 그 밖에도
예수와 함께 예루살렘에 올라온 여자들이 많이 있
었다.

예수께서 무덤에 묻히시다

(마 27:57-61; 눅 23:50-56; 요 19:38-42)

42 이미 날이 저물었는데, 그 날은 준비일,
곧 안식일 전날이었다. 아리마대 사람인 요셉이
왔다. 43 그는 명망 있는 의회 의원이고, 하나님
의 나라를 기다리는 사람인데, 이 사람이 대담하
게 빌라도에게 가서, 예수의 시신을 내어 달라고
청하였다. 44 빌라도는 예수가 벌써 죽었을까
하고 의아하게 생각하여, 백부장을 불러서, 예수
가 죽은 지 오래되었는지를 물어 보았다. 45 빌
라도는 백부장에게 알아보고 나서, 시신을 요셉
에게 내어주었다. 46 요셉은 삼베를 사 가지고
와서, 예수의 시신을 내려다가 그 삼베로 싸서, 바
위를 깎아서 만든 무덤에 그를 모시고, 무덤 어귀
에 돌을 굴려 막아 놓았다. 47 막달라 마리아와
요세의 어머니 마리아는, 어디에 예수의 시신이
안장되는지를 지켜 보고 있었다.

ㄱ) 또는 '메시아'. ㄴ) 시 22:1 ㄷ) 또는 '무엇 하시려고' ㄹ) 다른 고대 사본들에는 '나를 꾸짖으십니까?' ㅁ) 다른 고대 사본들에는 '큰소리를 지르시고서 숨을 거두시는 것을 보고서'

(5:41를 보라). 이 말은 마가복음서에서 예수께서 하신 마지막 말씀을 기록한 것이다. **15:35-36** 예수님의 말씀을 잘못 알아듣고 사람들은 예수님이 엘리야를 부른다고 생각한다. 엘리야는 유대 민간 전승에서 어려움에 빠져 있는 사람을 돕는다고 믿어졌다. *신 포도주*는 일상적인 음료였다 (시 69:21). **15:38** 어떤 휘장을 말하는지 정확하지 않지만, 아마도 지성소를 가리키고 있는 것 같다. *찢어졌다*에 대해서는 1:10에 관한 주석을 보라. 이 모습은 종말의 때에 일어나게 될 성전 파괴 그리고/혹은 예수님을 통한 거룩한 자와의 직접적 연계를 상징적으로 그려주고 있다. **15:39** 마가복음에서 예수님에 관한 이야기의 절정은 예수님이야말로 *하나님의 아들*(1:1, 11; 9:7)이라는 이방 백부장의 고백에서 이루어진다. 예수님의 죽음에서 무엇이 그러한 고백을 할 수밖에 없도록 만들었는지는 불분명하다. 예수님이 하나님을 부르는 소리를 듣고 나서 즉각적인 죽음 (44절의 빌라도의 의심에서 나타난 것처럼, 십자가에 달린 후 며칠이 지나서야 생명이 끊어진다)을 목도하자마자, 그 백부장은 하나님과 예수님 사이의 특별한 연관성을 인식한 것으로 추정된다.

15:40—16:8 본 이야기의 결론은 마치 고대 문서에서의 결말처럼, 주요 주제를 재고하고 청중을 향한 감정적 호소를 강화시킨다. 두 가지 사건으로 구성되는데, 곧 매장과 빈 무덤 사건이 그것들이다. 이 사건들은 완전히 다른 인물들로 특징을 이룬다. 예수님을 따르던 여성들, 아리마대 요셉, 그리고 무덤에 있던 젊은 남자. 예수님은 이 이야기에서 더 이상 활동하시는 인물이 아니며, 베드로와 다른 제자들 역시 제외되어 있다는 점에서 특징적이다 (마 27:55—28:8; 눅 23:49—24:12; 요 19:38—20:10). **15:40** *작은 야고보와 요세의 어머니 마리아가* 예수님의 어머니인 것 같지는 않다 (6:3을 보라). **15:41** 갈릴리 출신의 이 여성 제자들은 이전에 언급된 적이 없었다. *섬기던*은 문자 그대로 1:13, 31; 14:6에서처럼 "섬기며 보살피다"를 의미한다.

15:42-47 세례 요한의 매장(6:29)과는 달리, 예수님은 낯선 사람에 의해 묻히신다. 어쩌면 그는 예전에 예수님의 대적자였을 수도 있다. **15:42** *준비일*은 안식일을 준비하는 날이다. **15:43** 요셉은 이 이야기에서는 완전히 새로운 인물이다. *아리마대*는 히브리어

예수께서 부활하시다
(마 28:1-8; 눅 24:1-12; 요 20:1-10)

16 1 안식일이 지났을 때에, 막달라 마리아
와 야고보의 어머니 마리아와 살로메는
가서 예수께 발라 드리려고 향료를 샀다. 2 그래
서 ㄱ)이레의 첫날 새벽, 해가 막 돋은 때에, 무덤
으로 갔다. 3 그들은 "누가 우리를 위하여 그 돌
을 무덤 어귀에서 굴려내 주겠는가?" 하고 서로
말하였다. 4 그런데 눈을 들어서 보니, 그 돌덩
이는 이미 굴려져 있었다. 그 돌은 엄청나게 컸다.
5 그 여자들은 무덤 안으로 들어가서, 웬 젊은 남
자가 흰 옷을 입고 오른쪽에 앉아 있는 것을 보고
몹시 놀랐다. 6 그가 여자들에게 말하였다. "놀
라지 마시오. 그대들은 십자가에 못박히신 나사렛
사람 예수를 찾고 있지만, 그는 살아나셨소. 그는
여기에 계시지 않소. 보시오, 그를 안장했던 곳이
오. 7 그러니 그대들은 가서, 그의 제자들과 베
드로에게 말하기를 그는 그들보다 먼저 갈릴리로
가실 것이니, 그가 그들에게 말씀하신 대로, 그들은
거기에서 그를 볼 것이라고 하시오." 8 그들은
뛰쳐 나와서, 무덤에서 도망하였다. 그들은 벌벌
떨며 넋을 잃었던 것이다. 그들은 무서워서, 아무
에게도 아무 말도 못하였다.ㄴ)

예수께서 막달라 마리아에게 나타나시다
(마 28:9-10; 요 20:11-18)

9 ㄷ)[[예수께서 이레의 첫날 새벽에 살아나신
뒤에, 맨 처음으로 막달라 마리아에게 나타나셨
다. 마리아는 예수께서 일곱 귀신을 쫓아내 주신
여자이다. 10 마리아는 예수와 함께 지내던 사
람들이 슬퍼하며 울고 있는 곳으로 가서, 그들에
게 이 소식을 전하였다. 11 그러나 그들은, 예수
가 살아 계시다는 것과, 마리아가 예수를 목격했
다는 말을 듣고서도, 믿지 않았다.

ㄱ) 또는 '안식일 첫날' ㄴ) 권위를 인정받는 대다수의 고대 사본들은, 8절에서 마가복음서가 끝남. 권위를 인정받는 한 사본은 8절 끝에 '짧은 끝맺음'(9절의 주를 볼 것)을 가지고 있음. 다른 사본들은 '짧은 끝맺음'과 함께 9-20절의 '긴 끝맺음'도 함께 반영하고 있음. 그러나 다른 고대 사본들 대다수는 8절 뒤에 곧바로 9-20절의 '긴 끝맺음'을 기록하였음 ㄷ) '마가복음서의 긴 끝맺음' (16:9-20). 이 긴 끝맺음 대신에 '마가복음서의 짧은 끝맺음'만을 가진 사본들도 있다. '그 여자들은 명령 받은 모든 일을 베드로와 그와 함께 있는 사람들에게 간추려서 말해 주었다. 그 뒤에 예수께서는 친히 그들을 시켜서, 동에서 서에 이르기까지, 영원한 구원을 담은, 성스러우며 없어지지 않는 복음을 퍼져나가게 하셨다'

이름인 라마다임 (삼상 1:1), 혹은 라못 아니면 라마를 희랍어로 표기한 것으로 추정된다. 정확한 위치는 알 수 없다. 요셉이 속한 의회는 분명하게 지시되어 있지는 않지만, 이전 이야기에서 언급된 의회는 예수님을 죽이기 위해 음모를 꾸민 대제사장들, 장로들과 종교 지도자들이 속해 있는 곳이다 (14:53-65; 15:1). 따라서 요셉은 이전에 예수님을 모함하던 사람 가운데 한 사람이었을 것으로 추측할 수도 있겠지만, 지금은 대담한 열정으로 행동하고 있다. 그러한 모습으로 인해, 요셉은 예수님을 배신하고 도망하고 부인하였던 예수님의 제자들과 평행선을 이루고 있다. *하나님 나라에* 대해서는 1:15에 관한 주석을 보라. *빌라도에* 대해서는 15:1에 관한 주석을 보라. **15:44-45** 빌라도는 예수님이 죽었다는 보고를 듣고 놀란다. 왜냐하면 십자가에서의 죽음은 보통 며칠씩 걸리기 때문이다 (15:39를 보라). 로마 사람이 예수님의 죽음을 재확인한 것은 후에 제자들의 속임수라는 어떤 주장도 논박할 수 있는데 중요한 역할을 했다 (마 27:62-66). **15:46** *삼베.* 삼베에 관해서는 14:51을 보라. 또한 6:29; 사 22:16을 보라. **15:47** 15:40을 보라

16:1-8 마가복음서에서 예수님의 부활이야기는 사실상 빈 무덤 이야기와 동일하다. 예수께서 부활하신 것이 선포되었으나, 예수님 스스로는 나타나지 않고, 오직 빈 무덤만이 예수께서 부활하셨다는 사실을 보여주었다. **16:1** *안식일은* 일반적으로 토요일 해가 질 때 끝났다. 여성들에 대해서는 15:40-41, 47을 보라. 그 여인들이 시체에 기름을 바르기 위해 (14:8), 곧 여성들의 전통적 임무를 수행하기 위해서인지 아니면 부활하신 왕에게 기름을 붓기 위해 (갈릴리에서 예수님을 따르고 있었기 때문에 그들은 예수께서 부활하신다는 말씀을 들었을 것이다; 8:31; 9:31:10:34) 가고 있었는지는 여기서는 불분명하다. **16:2** *첫날 새벽은* 분명 어두운 새벽이었음을 나타낸다 (1:35를 보라). 따라서 해가 떠오른 이후는 곧 주일 아침을 가리키고 있는 것이다. **16:3** *누가 그 돌을 무덤 입구에서 굴려내 주겠는가?* 여인들의 이 말은 어떤 기적적인 일을 기대하지 않고 있음을 보여준다. 14:46을 보라. **16:4** 돌이 크다는 것은 이 사건의 기적적 특성을 시사해 준다. 어쩌면 시신이 도난당했다는 소문을 없애기 위한 세부적 내용으로 간주될 수도 있다. **16:5** *젊은 남자에* 대해서는 14:51-52에 관한 주석을 보라. 옷의 색깔(*흰색*; 또한 9:3을 보라)과 그의 위치(오른쪽; 10:37; 12:36; 14:62; 시 110:1을 보라)는 하나님과의 연관성을 나타낸다. **16:7** 14:28을 보라. **16:8** 침묵을 명령받지만 토설해버린 다른 인물들(1:44-45; 1:25에 관한 주석을 보라)과는 달리, 그 여인들은 전하라는 명령을 받지만 침묵하고 만다. 그 이유는 두려움으로, 이전의 많은 인물들, 특별히 제자들의 침묵의 이유와 비슷하다 (4:40-41에 관한 주석을 보라). 끝맺음은 아마도 수사적으로 청중들의 감정을 자극하기 위해, 신실하게 그

예수께서 두 제자에게 나타나시다
(눅 24:13-35)

12 그 뒤에 그들 가운데 두 사람이 걸어서 시
골로 내려가는데, 예수께서는 다른 모습으로 그
들에게 나타나셨다. 13 그들은 다른 제자들에게
되돌아가서 알렸으나, 제자들은 그들의 말도 믿
지 않았다.

제자들이 선교의 사명을 받다
(마 28:16-20; 눅 24:36-49; 요 20:19-23; 행 1:6-8)

14 그 뒤에 [ㄱ]열한 제자가 음식을 먹을 때에,
예수께서는 그들에게 나타나셔서, 그들이 믿음이
없고 마음이 무딘 것을 꾸짖으셨다. 그들이, 자기
가 살아난 것을 본 사람들의 말을 믿지 않았기 때
문이다. 15 또 예수께서 그들에게 말씀하셨다.
"너희는 온 세상에 나가서, 만민에게 [ㄴ]복음을 전
파하여라. 16 믿고 [ㄷ]세례를 받는 사람은 구원을
얻을 것이요, 믿지 않는 사람은 정죄를 받을 것이다.
17 믿는 사람들에게는 이런 표징들이 따를 터인
데, 곧 그들은 내 이름으로 귀신을 쫓아내며, 새
방언으로 말하며, 18 손으로 뱀을 집어들며, 독
약을 마실지라도 절대로 해를 입지 않으며, 아픈
사람들에게 손을 얹으면 나을 것이다."

예수의 승천 (눅 24:50-53; 행 1:9-11)

19 주 예수께서 그들에게 말씀하신 뒤에, 하
늘로 들려 올라가셔서, 하나님의 오른쪽에 앉으
셨다. 20 그들은 나가서, 곳곳에서 복음을 전파
하였다. 주님께서 그들과 함께 일하시고, 여러
가지 표징이 따르게 하셔서, 말씀을 확증하여 주
셨다.]][ㄹ]

ㄱ) 그, '열한 명이' ㄴ) 또는 '기쁜 소식' ㄷ) 또는 '침례'
ㄹ) 다른 고대 사본들에는 '아멘'이 첨가되어 있음

여인과 제자들이 충실하게 행하지 못했던 것들을 충성스럽게 행하도록 권고하기 위해 의도된 것으로 보인다. 그러나 계속되는 예수님 제자들의 실패에 대한 이야기는 마가복음서의 이야기와 많은 부분에서 일관적인 바, 오늘날에 이르기까지 수많은 독자들에게 불만족을 야기시키고 있다.

마가복음서의 짧은 끝맺음
(마가복음서가 처음에는 6:1-8로 끝났다는 이론)

마가복음서의 끝맺음을 위한 이 짧은 절은 기원후 약 3세기 이후 마가복음서의 사본에 첨부된 것이었다. 이 부분이 기록된 어떤 사본에는 16:8이 마가복음서의 끝맺음으로 기록되어 있다. 일부 사본에서는 "짧은 끝맺음"이 "긴 끝맺음"(16:9-20)의 뒷부분을 따르고 있으며, 어떤 사본에서는 "긴 끝맺음"이 이 "짧은 끝맺음"을 따르고 있다. "긴 끝맺음"과 마찬가지로, 이 부분은 실패를 성공으로 변화시켜 긍정적인 효과를 주며 마가복음서를 끝내고자 한다. 이 부분에 사용된 언어는 마가복음서의 어떤 곳에서도 찾아볼 수 없다 (*영원한 구원, 성스러우며 없어지지 않는 복음 선포*).

마가복음서의 긴 끝맺음
(마가복음서가 현재처럼 씌어졌다는 이론)

16:9-20 이 열두 개의 절은 아마도 기원후 2세기 후반 혹은 3세기 초반에 마가복음서 사본에 첨가되었을 것이다. 이 부분은 초기 사본 혹은 가장 믿을 만한 희랍어사본에서는 찾아볼 수 없으며, 다른 많은 사본에서는 발견되었지만 종종 별표나 특수 기호로 표시되어 중요성에 있어서 이차적임이 지적되어 있다. 이 부분은 다른 세 복음서와 사도행전의 일부 요소들이 혼합된 것처럼 보인다. 두 사본에서 "긴 끝맺음"은 매우 오랜 시간 후에 나타날 사탄의 통치에 관한 14절 이후의 첨가부분을 내포하고 있다. 사본의 숫자에 관해서, 그것은 "짧은 끝맺음"과 혼합되어 있다 ("짧은 끝맺음"에 대한 설명을 보라). **16:9** 마 28:9-10; 요 20:11-18을 보라. *일곱 귀신.* 눅 8:2를 보라. **16:10-11** 눅 24:9-11을 보라. **16:12-13** 눅 24:13-35를 보라. **16:14** 눅 24:36-43; 요 20:19-29를 보라. *믿음이 없고.* 4:40를 보라. **16:15** 13:10; 마 28:19; 눅 24:47; 요 20:21을 보라. *복음.* 1:1를 보라. **16:16** 요 3:18; 행 2:38을 보라. **16:17** 요 2:11, 23; 4:48; 6:30; 행 2:4-11, 19; 6:8; 8:13; 10:46; 19:6을 보라. *내 이름으로.* 이것에 대해서는 9:38-39를 보라. **16:18** *뱀에* 대해서는 눅 10:19; 행 28:3-6을 보라. 손을 얹으며 이에 대해서는 행 9:12, 17-18을 보라. **16:19** 눅 24:51; 행 1:2, 9-11, 22를 보라; 또한 왕하 2:11; 딤전 3:16을 보라. *오른쪽에* 대해서는 16:5를 보라. **16:20** 17절; 13:10; 행 14:3; 히 2:3-4를 보라. *복음에* 대해서는 1:1을 보라.

누가복음서

누가복음서는 신약성경에 있는 다른 복음서들과 비교해 볼 때, 예수님의 탄생설화에 대한 기록 (1—2장), 복음서의 중간 부분을 구성하고 있는 긴 "여행 기록" (9:51—19:48), 그리고 소외되고 가난한 이들에 대한 끈질긴 관심이라는 측면에서 독특한 복음서라 할 수 있다. 그 외에, 누가복음서와 사도행전의 서론을 비교해 볼 때 이 두 책간에는 아주 밀접한 관련이 있다 (눅 1:1-4; 행 1:1-2를 보라). 누가는 예수님에 관한 이야기가 이후에 예수님을 따르는 사람들의 공동체 내에서의 삶과 선교에서 연속되는 이야기가 없이는 불완전하다고 본 유일한 복음서 기자이다.

누가복음서의 메시지는 근본적으로 구원이라는 주제가 중심으로 되어 있다. 그리고 누가는 이스라엘이 하나님의 백성이라는 특정한 위치와 그가 증거하려는 구원 사이에는 뗄 수 없는 관계가 있다고 본다. 예수께서는 바로 이스라엘을 회복하려고 오셨다. 이와 같이 예수님의 선교와 그 결과로 생긴 교회의 선교는 이스라엘을 구원하고, 그들을 들어 이방 나라를 위하여 빛으로 쓰시겠다는 하나님의 약속의 성취이다. 그러나 아브라함을 건국시조로 여겨 하나님의 백성들 안에서 특별한 위치를 설정하려는 노력은 불충분한 것이다. 진정 필수적인 것은 아브라함과 같은 신실함—다시 말하면, "회개에 알맞은 열매를" 맺는 것에 달려 있다 (3:8). 기원후 1세기 당시 지중해지역의 상반된 문화배경을 고려해 보면, 누가복음서-사도행전과 같은 하나님의 목적의 성취라는 세계관—개인의 종교적인 정체성과 사회 속에서의 명예와 위치를 존중하는 그 당시 세계관을 업신여기는 듯한 것으로—은 논쟁과 불신의 대상이었을 것이다. 이것은 누가복음서-사도행전의 경우에 특히 더 그러하였을 것이다. 왜냐하면 이 책들은 하나님의 백성들에 대한 역사의 시간표를 제시하는 목적을 띤 이야기들이기 때문이다. 그리고 이 시간표는 예수님과 그의 제자들을 반드시 거쳐야만 한다(우회하는 것이 아닌)고 주장하고 있기 때문이다. 이와 같은 배경으로, 누가복음-사도행전의 목적은 예수님을 따르는 이들에게 하나님의 구원 계획과 하나님의 신실하심에 대하여 일깨워주고 또한 그들에게 하나님의 구속 사역에 대하여 증거하고 헌신하도록 촉구하는 데 있다. 이렇게 함으로써 궁극적으로 누가복음서는 위기와 반대에 직면한 기독교운동을 강화하려 시도하고 있는 것으로 보인다.

사도행전과 더불어, 문학양식상 누가복음은 역사기록 혹은 사료편찬에 해당한다. 그러나 이 말은 누가가 "일어난 사건을 문자 그대로" 기록했다는 말이 아니다. 사료편찬으로서, 과거에 대한 네 가지 연관된 사실들이 제시되고 있다: 근거의 확실성, 연속성, 정체성, 그리고 교수법이다. 고대 로마문화권에서, "나이"는 믿음이나 어떤 특정한 행위들을 정당화시키는 힘이 있었다. 심지어 사람들까지도 그러했다. 이와 같은 편견은, 역사적인 사건들의 계시적인 의미에 대한 유대인들의 관심에 더하여 1세기 당시 유대교에 있어서 역사적인 지식을 중시하는 경향을 고조시켰다. 누가복음에서, 예수께서도 "묵은 것이 좋다고 한다" 라고 단언하신다. 그리고 그렇게 함으로써 예수님은 그의 반대자들을 "새 포도주"를 파는 자들로 배척하셨으며, 이것을 통하여 옛 하나님의 약속이 성취된 자신과 그를 반대했던 자들을 대조시키셨다. 예수님은 누구도 "묵은 포도주를" 맛본 후에 "새 포도주"를 마시려하지 않는다고 단언하신다 (5:39). 이러한 측면에서 보면, 사료편찬으로서의 누가복음은 구약성경이 예수님의 탄생, 삶, 죽음, 그리고 부활을 통하여 성취되어지며, 더 나아가 그의 믿음의 공동체를 통하여 지속되는 과정을 보여준다고 할 수 있다. 이런 방식으로, 누가는 옛 이스라엘과 함께 계속되는 공동체로서 규정해 주고,

하나님의 목적을 성취해 가는 사람들로서의 정체성을 규정해 주고, 하나님의 백성으로서의 확실성을 규정해 준다. 이와 같이 누가는 그의 청중을 가르치는데, 그들이 누구이고, 제자들로서 믿음으로 사는 방법을 가르쳐 준다.

예수님의 사역의 전개에 대한 누가의 포괄적인 글솜씨는 비교적 분명하게 드러난다: 탄생설화에 이어 갈릴리 사역이 소개되고, 그 다음에 예수께서 갈릴리로부터 예루살렘까지 긴 거리를 정처없이 여행하신다. 이것은 예루살렘에서의 그의 가르치심, 죽음, 그리고 부활로 연결된다. 이와 같이 지리적인 요소들이 누가복음을 형성하는 데 중요한 역할을 한다.

서론(1:1-4)에서, 누가는 그가 이 복음서를 기록하기 위하여 모든 것을 시초부터 정확하게 조사한 것과 이야기의 순서와 말씀을 선포하려는 그의 이야기에 특별한 관심을 쏟고 있는 것을 알 수 있다. 누가는 단순한 사건들의 연대기를 모은 사람이 아니다. 오히려, 그는 그의 청중들에게 그가 증언하는 최근에 발생한 사건들에 대한 해석이 신뢰할 만한 것이라고 납득시키려고 한다.

1:5에서, 누가는 그의 이야기를 예수님의 탄생과 어린 시절에 대한 긴 소개로 시작하는 것을 볼 수 있다 (1:5—2:52). 누가는 처음 희랍 문화권에 익숙한 상류 문화층에 걸맞은 수준에서 그의 복음서를 시작하지만, 돌연 작은 마을에 알려지지 않은 제사장과 제사장의 부인, 그러다가 갈릴리 촌가의 시골 처녀에 대해 이야기하는 것으로 이야기의 전개가 갑작스럽게 변한다. 분위기는 제2성전시기의 유대교의 경건주의와 유대인들이 하나님께서 중재해 주실 것을 바라는 분위기로 가득 차 있다. 하나님의 약속들을 기억하고, 간직하고 있으며, 그리고 탄생설화는 거의 구원에 대한 축하잔치와 같은 구실을 하고 있다.

탄생설화가 요한과 예수님 사이를 왔다갔다하는 것과 마찬가지로, 누가가 예수께서 사역을 준비하시는 것을 묘사하는 것도 그러하다 (3:1—4:13). 우리는 예수님의 공생애 사역이 요한이 행한 사역에 대해 알고 난 후에 시작되는 것을 보게 된다. 이 복음서에서 요한은 예언자로서 등장하는데, 요한은 이스라엘에게 하나님의 목적에 합당한 방식으로 삶을 재조정하고 또한 매일의 삶속에서 하나님의 관심사인 정의와 자비와 일치하는 충성된 삶을 살라고 촉구하면서 그의 사역을 시작한다. 새로운 시대는 요한의 사역과 그 사역의 결과에 따른 축복과 저주의 약속이 분명하게 구별됨과 더불어 시작되었다. 이 모든 것은 결국 하나님의 구원의 대리자의 등장을 위한 무대를 설정해 주고 있다. 그 등장하시는 분은 하나님의 아들인 예수님이시다. 사람들은 그를 이해하지 못하며, 사람들이 받아들이기 어려운 정체성을 가진 분이시다.

4:14—9:50에서, 예수님의 갈릴리 사역이 소개되는데, 이를 통하여 우리는 하나님의 목적이 성취되는 사역의 패턴을 이해하게 된다. 첫째로, 누가는 예수께서 하나님의 아들로서의 권위 있게 역사하시는 것에 대한 분명한 이해를 보여주며, 더 나아가 공적으로 선포된 예수님의 사역 계획에 (4:16-30) 따라 증거되는 그의 권능에 대해 증거해 준다. 이어서 긴 이야기들이 뒤를 잇는데, 가르침과 치유 등을 통하여, 예수님의 사역들이 어떻게 구체적으로 성취되어 가는가를 보여준다. 예수님의 말씀은 듣는 이들이 제자가 되도록 초청한다. 그러나 동시에 그의 메시지는 적대감을 유발한다. 그의 존재는 분열을 야기하고, 이스라엘 내에 위기를 유발한다.

9:51과 함께, 누가는 새로운 이야기를 시작한다: 예수께서 예루살렘으로 향하여 가신다 (9:51—19:48). 이는 이스라엘의 출애굽 여정을 반영해주는 것으로, 예수님의 여정은 특히 제자를 일으켜 세우는데 목적이 있다. 예수님의 가르침의 중점은 그를 따르는 자들에게 하나님의 성품에 대하여 알려주고, 그리고 그 하나님은 그를 믿는 모든 자들에게 구원의 축복을 온전히 주시는 자비로운 분이시라고 가르치는 데 있다. 그뿐만 아니라, 이것은 예루살렘을 분명하게 목적에 둔 여정이다. 이와 같이 이 부분은 제자를 만드는 것과 (이는 모든 이들에게 예수님을 통하여 구현되고 선포된 하나님의 계획에 동참하도록 촉구하는 불변의 초대이다) 동시에 예루살렘에서 그 절정에 이르는 그에 대한 적대감으로 특징지어진다.

예수께서 성전에서 행하신 예언자적인 활동(19:45-48)은 20:1—21:38에서 나타나는 성전에서 그가 행하시고자 했던 사역을 위한 준비였다. 즉시, 본문에 소개되는 갈등은 중심 질문에 초점이 맞추어진다: 누가 도대체 그렇게 할 수 있는 권한을 [성전을 정화할] 가지고 있는가? 누가 군중들을 움직일 것인가? 누가복음에서 "군중"들은 이와 같이 중심 역할을 감당한다. 동시에 이 군중들은 예수님과 그의 적대자들간에 완충역할을 한다. 이들로 인하여 예수께서 정해진 시간 이전에 처형당하시지 않게 된다. 그리고 청중으로서 그들은 예수께서 제시하는 하나님의 모습과 목적을—성전 당국이 제안하는 것과는 상반되는—이스라엘이 받아들이도록 설득하는데 성공할 것인가 질문을 제기하는 역할을 감당한다.

갈등과 하나님의 목적의 성취라는 한 쌍의 주제가 22:1—23:56에서 절정에 이른다. 예루살렘의 유대 지도자들이 예수님과 관련하여 그들이 원하는 방식대로 처리하기 위해서는 그들은 군중들을 자기들의 편으로 만들어야만 했다—잠시였지만, 실제 그들은 그렇게 한다. 심지어 그의 측근의 제자들마저 넘어진다. 사탄이 유다에게 들어가고, 그는 유대 종교 지도자들과 한 편이 되어 예수님을 대적한다 (22:3-6, 47-48). 여기 유대 지도자들은 또한 로마 지도권, 즉, 빌라도와 동반자가 되어야 한다. 왜냐하면 빌라도는 최종 사형권을 가지고 있었기 때문이다. 그리고 빌라도는 비록 반복해서 예수님이 무죄함을 선고하면서도, 결국 그를 지도자들의 소원대로 사형에 처하도록 넘겨준다 (23:23-24).

이 복음서의 마지막 장면들에서, 예수님이 높임을 받으신다 (24:1-53). 그러나 여전히 불신앙과 경이는 인식과 이해로 [믿음으로] 연결되지 못한다. 십자가와 빈 무덤은 자명한 사건이 아니라 설명과 이해, 그리고 깊은 통찰(오직 성경에 그들의 마음을 연 사람들에게만 가능한)을 요구한다 (24:45). 예수님의 수난이 그의 위상과 선교에 대한 모순을 드러낸다고 볼 수는 없다. 오히려 그들은 구약성경의 약속의 성취를 보여준다. 그는 버림받은 예언자이고, 고난의 메시아이시다. 성경에 의하면 (바로 이해되었을 때), 그는 하나님의 계획을 실현하는 분이시다. 24장은 누가복음을 종결하는 장이다. 그러나 이 장은 동시에 모든 나라에 대한 사역과 성령세례를 포함하는 미래를 기대하고 있다. 예수님의 승천은 누가복음의 끝과 사도행전의 첫 부분에 기록되어 있으며, 누가의 이야기의 분기점이 될 뿐 아니라, 다가오는 구원이 모든 족속에게 온전하게 현실화되는 것을 보장해 주는 기능을 감당한다.

누가복음은 다음과 같이 요약될 수 있다: 각 구절들에 대한 주해는, 명확성을 위해 첨부된 세부 구조와 더불어, 이 요약에 근거하여 구성되어 있다.

- I. 서언, 1:1-4
- II. 탄생과 유년기, 1:5—2:52
  - A. 요한의 탄생 선포, 1:5-25
  - B. 예수의 탄생 선포, 1:26-38
  - C. 마리아의 엘리사벳 방문, 1:39-56
  - D. 요한의 탄생, 1:57-80
  - E. 예수의 탄생, 2:1-20
  - F. 성전에서 예수의 봉헌, 2:21-39
  - G. 예수의 성장, 하나님의 아들, 2:40-52
- III. 예수의 사역 준비, 3:1—4:13
- IV. 예수의 갈릴리 사역, 4:14—9:50
  - A. 예수께서 복음을 선포하심, 4:14-44
  - B. 선교와 논쟁, 5:1—6:11
  - C. 예수께서 제자들을 가르치심, 6:12-49
  - D. 예수의 자비 사역, 7:1-50
  - E. 하나님 나라의 복음을 전파하심, 8:1-56
  - F. 예수의 정체성과 제자도의 특성, 9:1-50
- V. 예루살렘을 향한 여정, 9:51—19:48
  - A. 제자도: 듣는 것과 말씀을 행하는 것, 9:51—10:42
  - B. 하나님의 아버지 되심, 11:1-13
  - C. 예수의 행위가 문제가 됨, 11:14-54
  - D. 종말론적 위기와 그에 따른 깨어있을 필요성, 12:1—13:9
  - E. 누가 하나님 나라에 참여할 수 있을까?, 13:10—17:10
  - F. 하나님 나라에 응답함, 17:11—19:27
  - G. 예수께서 예루살렘에 도착하심, 19:28-48

VII. 예루살렘 성전에서 가르치심, 20:1—21:38
VII. 예수의 고난과 죽으심, 22:1—23:56
A. 최후의 만찬, 22:1-38
B. 올리브 산에서의 예수, 22:39-46
C. 그를 체포하는 자들을 대면하심, 22:47-53
D. 빌라도의 집에서의 베드로와 예수, 22:54-65
E. 예수를 재판함, 23:6-25
F. 예수의 십자가에서 죽으심, 23:26-49
G. 예수의 장례, 23:50-56
VIII. 예수께서 높임을 받으심, 24:1-53

조엘 비 그린 (Joel B. Green)

데오빌로에게 보내는 헌사

1 1 우리 가운데서 일어난 일들에 대하여 차례
대로 이야기를 엮어내려고 손을 댄 사람이 많이
있었습니다. 2 그들은 이것을 처음부터 말씀의
목격자요 전파자가 된 이들이 우리에게 전 하여
준 대로 엮어냈습니다. 3 그런데 존귀하신 데오
빌로님, 나도 모든 것을 [ㄱ]시초부터 정확하게 조사
하여 보았으므로, 각하께 그것을 순서대로 써 드
리는 것이 좋겠다고 생각하였습니다. 4 이리하
여 각하께서 이미 배우신 일들이 확실한 사실임을
아시게 되기를 바라는 바입니다.

세례자 요한의 출생을 예고하다

5 유대왕 헤롯 때에, 아비야 조에 배속된 제
사장으로서, 사가랴라고 하는 사람이 있었다. 그의
아내는 아론의 자손인데, 이름은 엘리사벳이다.
6 그 두 사람은 다 하나님 앞에서 의로운 사람이
어서, 주님의 모든 계명과 규율을 흠잡을 데 없이
잘 지켰다. 7 그런데 그들에게는 자녀가 없었다.
엘리사벳이 임신을 하지 못하는 여자이고, 두 사
람은 다 나이가 많았기 때문이다.
8 사가랴가 자기 조의 차례가 되어서, 하나
님 앞에서 제사장의 직분을 담당하게 되었다.
9 어느 날 제사직의 관례를 따라 제비를 뽑았는데,
그가 주님의 성소에 들어가 분향하는 일을 맡게
되었다. 10 그가 분향하는 동안에, 온 백성은 다
밖에서 기도하고 있었다. 11 그 때에 주님의 천
사가 사가랴에게 나타나서, 분향하는 제단 오른
쪽에 섰다. 12 그는 천사를 보고 놀라서, 두려움에
사로잡혔다. 13 천사가 그에게 말하였다. "사가
랴야, 두려워하지 말아라. 네 간구를 주님께서 들어
주셨다. 네 아내 엘리사벳이 너에게 아들을 낳아
줄 것이니, 그 이름을 요한이라고 하여라. 14 그
아들은 네게 기쁨과 즐거움이 되고, 많은 사람이
그의 출생을 기뻐할 것이다. 15 그는 주님께서
보시기에 큰 인물이 될 것이다. 그는 포도주와 독한
술을 입에 대지 않을 것이요, 어머니 뱃속에 있을
때부터 성령을 충만하게 받을 것이며, 16 이스라
엘 자손 가운데서 많은 사람을 그들의 주 하나님
께로 돌아오게 할 것이다. 17 그는 또한 엘리야
의 심령과 능력을 가지고 주님보다 앞서 와서, 부
모의 마음을 자녀에게로 돌아오게 하고 거역하는
자들을 의인의 지혜의 길로 돌아서게 해서, 주님을
맞이할 준비가 된 백성을 마련할 것이다." 18 사

ㄱ) 또는 '오랫동안'

1:1-4 누가복음서는 신약성경의 복음서들 중에서 헬라 문학양식을 따라 그 복음서의 서문을 시작한다는 면에서 아주 특이한 복음서라 할 수 있다. 이와 같은 문학양식은 고대 그리스와 로마문화권에서는 잘 알려져 있던 양식이며, 그 중에서 특히 누가는 역사 혹은 사료편찬 양식을 취하고 있다. 누가는 분명히 자기 외에도 예수님의 생애를 기록하려 했던 다른 시도들이 있었음을 알고 있었다. 하지만 그러한 시도들을 비하시키는 말을 하기보다는 자신의 긍정적인 견해를 진술한다. 희랍어 본문에 의하면 이 구절은 한 문장으로 구성되어 있고, 이것을 통하여 저자는 다음에 소개하는 이야기들의 신뢰성과 호감을 확보하려 한다. 문학양식 면에서 보면, 누가의 서론은 저자가 고대 로마시대의 전문적으로 사료편찬업에 종사했던 전문가들과 또한 사료편찬을 하는 사람들과 그들의 일에 대하여 관심을 표명했던 사람들과 연관이 있었음을 보여준다. 흥미롭게도, 최근 학문적인 연구들은 이와 같은 사람들(예를 들어, 자유 직공이나 작은 사업을 하는 사람들)이 초대교회 교우들 중에 많이 포함되어 있었음을 보여준다. **1:3** *데오빌로.* 이 이름은 그 당시에 아주 흔했던 이름들 중에 하나이며, *존귀하신* 이라는 표현을 고려해 보면 그는 상당한 지위에 있던 사람이었음을 짐작할 수 있다. 누가는 데오빌로를 그의 복음서의 후원자로 부르고 있는데 아마도 그의 영향력을 통하여 누가의 복음서가 널리 읽혀지도록 권장되고 배포되었던 듯하다. **1:4** 누가복음서 기자의 이야기는 "사실들"에 대한 엄밀한 기록이라기보다는 선포이다. 누가의 관심은 실제로 일어났던 일들을 증명하는 것이기보다는 그런 사건들이 갖는 의미들을 기술하는 데 있다.

1:5—2:52 예수님의 탄생과 유년기에 대한 누가의 이야기는 연대와 정치와 지리적인 기록들을 열거하면서 시작하는데 (1:5), 이것은 다음에 시작하는 이야기와 유사하다 (3:1-2를 보라). 이 두 이야기 사이에는 세례 요한과 예수님에 관한 이야기가 신중하게 하나하나 비교하여 배열되어 있다. 누가는 여기서 단순히 예수님의 탄생의 기원에 대하여 이야기하고 있다기보다는 하나님께서 인류를 구원하시려는 구약성경의 약속이 어떻게 성취되고 있는가에 대해 증거하고 있다는 사실을 알 수 있다. 이 부분의 이야기에는 이스라엘의 경건성, 모세 율법의 중요성, 예루살렘 성전의 중요성, 이스라엘의 회복에 대한 기대 등이 나열되고 있다. 이 모든 것들은 궁극적으로 누가가 "예수님에 대한 이야기를 하나님께서 이스라엘을 어떻게 대하시는가?" 하는 거대한 계획 속에서 이해하고 있으며, 더 나아가 그가 예수님의 이야기는 하나님께서 중재하시는 것이라는 관점에서만 제대로 이해될 수 있다고 주장하고 있다. 1:5—2:52는 여기저기 구약성경에 대한 언급으로 채워져 있으며, 이들은 상당수가 창 11—21장 사이에 있는 아브라함의 이야기와 연관되어 있다 (창 11:30//눅 1:7;

가랴가 천사에게 말하였다. "어떻게 그것을 알겠
습니까? 나는 늙은 사람이요, 내 아내도 나이가
많으니 말입니다." 19 천사가 그에게 말하였다.
"나는 하나님 앞에 서 있는 가브리엘인데, 나는 네
게 이 기쁜 소식을 전해 주려고 보내심을 받았다.
20 보아라, 그 때가 되면 다 이루어질 내 말을 네
가 믿지 않았으므로, 이 일이 이루어지는 날까지,
너는 벙어리가 되어서 말을 못하게 될 것이다."
21 백성이 사가랴를 기다리는데, 그가 성소
안에서 너무도 오래 지체하므로, 이상하게 여기
고 있었다. 22 그런데 그가 나와서도 말을 못하
니까, 사람들은 그가 성소 안에서 환상을 본 줄로
알았다. 사가랴는 그들에게 손짓만 할 뿐이요, 그
냥 말을 못하는 채로 있었다. 23 사가랴는 제사
당번 기간이 끝난 뒤에 집으로 돌아갔다. 24 그
뒤에 얼마 지나서, 그의 아내 엘리사벳이 임신하
고, 다섯 달 동안 숨어 살면서 이렇게 말하였다.
25 "주님께서 나를 돌아보셔서 사람들에게 당하
는 내 부끄러움을 없이해 주시던 날에 나에게 이
런 일을 베풀어 주셨다."

창 17:1//눅 1:6; 창 18:11-12//눅 1:18; 창 18:14//눅 1:37을 참조). 실제로, 본문 두 곳에 있는 (1:55, 73) 이야기에 등장하는 인물들은 지금 하나님께서 요한과 예수님을 통해서 행하시는 일들이 결국 하나님께서 아브라함에게 약속하신 것이 성취되는 것이라고 주장한다. 누가는 성경에 이미 일어났던 이야기들로부터 시작해서 그의 복음서를 지속해 나간다. 누가는 자신의 이야기들을 구약성경에 등장하는 이야기와 엮어 만들어 가면서 요한과 예수님의 오심이 하나님의 구속 계획의 최근 성취라고 주장한다. 하나님께서 스스로의 구원의 목적을 성취하시는 구속사의 이야기는, 그것이 제대로 이해되기만 한다면, 예수님의 오심을 포함할 뿐만 아니라, 반드시 예수께로 인도된다.

1:5-25 누가복음서 이야기에서 요한의 탄생에 대한 선포는 아버지가 될 사가랴에 대하여 가장 많은 조명을 비추고 있으나, 가장 조명을 밝게 받는 사람은 사가랴가 아나라 요한의 어머니 엘리사벳이다. 사가랴와 엘리사벳은 둘 다 모범적인 유대인으로 묘사되어 있다. 그러나 사가랴는 그가 제사장의 위치에 있었음에도 불구하고 천사가 전해 주는 소식을 믿지 못한 반면, 엘리사벳은 그녀가 하나님의 도우심의 손길로 아들을 잉태할 것을 믿었다. 엘리사벳이 처한 상황이 다음과 같이 구성되어 있다: 임신할 수 없는 상황과 그로 인한 수치 (5-7절), 그러나 아이를 임신하게 되고, 그 결과로 하나님의 은혜를 입은 여인으로 인식됨 (24-25절). **1:5-7** 여기서 누가가 묘사하는 사가랴와 엘리사벳의 이야기는 믿기 어려운 부분이 있다. 첫째로, 누가가 이야기하는 대로 이 두 사람이 그렇게 경건한 사람들이었다면, 그들이 하나님께로부터 많은 자녀들을 (신 28:15, 18을 참조) 선물로 받지 않았겠는가? 둘째로, 엘리사벳이 불임이었을 뿐만 아니라, 두 사람 다 연로한 나이에 있지 않았는가? 그러나 엘리사벳과 사가랴의 이야기는 분명히 아브라함과 사라 (창 18:11), 한나와 엘가나(삼상 1:1-2)의 이야기를 연상시켜 주며, 독자들에게 소망을 불어넣고 있다. 하나님께서 이전에도 비슷한 상황에서 역사하시지 않으셨던가? **1:5-6** 제사장들의 조(반열)에 대하여는 대상 24장; 느 12장을 보라. 누가는 그들의 족보를 아론과 연결시키고, 또한 그들의 모범적인 경건한 생활에 호소함으로써 사가랴와 엘리사벳이 사회적인 면에서나 종교적인 면에서 남들보다 앞서가고 있음을 강조하고 있다. **1:8-23** 이 부분은 사가랴가 제사장 직분을 감당하기 위하여 예루살렘 성전에 도착하는 것으로부터 시작하여, 사가랴가 직무를 마치고 성전을 떠나는 것으로 끝맺고 있다. 이 이야기의 구조는 그가 가브리엘로부터 듣게 되는 *기쁜 소식*(19절)에 초점이 맞춰지고 있다. 분명히 이 가족의 삶은 이스라엘 민족의 운명과 밀접한 관계가 있다. 요한은 이스라엘이 여호와의 법도에 충성을 다하기 위하여 갱신하도록 촉구할 것 이다. 그러나 사가랴는 이스라엘 백성이 그들에게 놀라운 구속을 가져다주는 하나님의 역사하심에 적극적인 반응을 보이지 않을 것임을 예언하고 있다. **1:8-9** 그 당시 제사장의 수의 과잉으로 인하여 조에 따라 그들이 일 년에 두 주씩 섬길 수 있게 했다. 제사장의 일상적인 업무는 아침저녁에 드려지는 희생제물과 번제들을 포함한다 (출 30:7-8을 보라). 번제를 드리는 제사장은 그날그날 제비뽑기로 정해졌었다. 이것은 명예와 관계되는 상징이었다. **1:9** 제비뽑기는 인간의 간섭을 배제하고 결정이 하나님 한 분만에 의해 정해져야 하는 경우에 행해졌던 방법이다. **1:10-17** 기도는 이 본문에서 나타나는 것처럼, 누가복음-사도행전을 통하여 하나님의 계시의 수단으로 사용되고 있다. **1:12-20** 이 부분은 누가복음서 중에서 수태예고의 장면이 처음으로 등장하는 부분이다: 탄생을 알림 + 아기의 이름 + 아기의 미래 (예를 들어, 창 16:7-13; 17:1-21; 18:1-15를 보라). **1:15** 포도주를 절대 금하도록 하는 것은 성경 전반을 고려해 볼 때 아주 예외적인 일이다. 물론 성전에서 제사장의 직분을 감당하는 기간 동안 (레 10:8-9) 혹은 나실인의 서약을 지키기 위한 경우(민 6:1-21)에는 특별히 포도주를 금하기도 했다. 절대적인 금주는 하나님의 일을 감당하기 위해 세상의 일상생활에서 온전히 구별되는 것을 의미한다. **1:16-17** 누가는 요한이 백성들로 하여금 죄를 회개하고 하나님께로 돌아가도록 부르는 역할에 대하여 강조하고 있다. 새번역개정과 NRSV는 17절에서 "부모의 마음을 자녀에게로 돌아오게 하고" 라고 번역했으나, 이것은 원문상으로 "아버지"로 되어 있다. 개역개정과 공동번역은 원문 그대로 "아버지의 마음을 자식에

예수의 탄생을 예고하다

26 그 뒤로 여섯 달이 되었을 때에, 하나님께서
천사 가브리엘을 갈릴리 지방의 나사렛 동네로 보
내시어, 27 다윗의 가문에 속한 요셉이라는 남
자와 약혼한 처녀에게 가게 하셨다. 그 처녀의 이
름은 마리아였다. 28 천사가 안으로 들어가서,
마리아에게 말하였다. "기뻐하여라, 은혜를 입은
자야, ㄱ)주님께서 그대와 함께 하신다." 29 마리
아는 그 말을 듣고 몹시 놀라, 도대체 그 인사말
이 무슨 뜻일까 하고 궁금히 여겼다. 30 천사가
마리아에게 말하였다. "두려워하지 말아라. 마리
아야, 그대는 하나님의 은혜를 입었다. 31 보아
라, 그대가 잉태하여 아들을 낳을 터이니, 그의 이
름을 예수라고 하여라. 32 그는 위대하게 되고,
더없이 높으신 분의 아들이라고 불릴 것이다. 주
하나님께서 그에게 그의 조상 다윗의 왕위를 주실
것이다. 33 그는 영원히 야곱의 집을 다스리고,
그의 나라는 무궁할 것이다." 34 마리아가 천사
에게 말하였다. "나는 ㄴ)남자를 알지 못하는데, 어
떻게 이런 일이 있겠습니까?" 35 천사가 마리아
에게 대답하였다. "성령이 그대에게 임하시고, 더
없이 높으신 분의 능력이 그대를 감싸 줄 것이다.
그러므로 ㄷ)태어날 아기는 거룩한 분이요, 하나님
의 아들이라고 불릴 것이다. 36 보아라, 그대의
친척 엘리사벳도 늙어서 임신하였다. 임신하지
못하는 여자라 불리던 그가 임신한 지 벌써 여섯
달이 되었다. 37 하나님께는 불가능한 일이
없다." 38 마리아가 말하였다. "보십시오, 나는
주님의 여종입니다. 당신의 말씀대로 나에게
이루어지기를 바랍니다." 천사는 마리아에게서
떠나갔다.

ㄱ) 다른 고대 사본들에는 '여인들 가운데서 너는 복이 있다. 주님께서……' ㄴ) 처녀라는 뜻 ㄷ) 다른 고대 사본들에는 '너에게 태어날'

게" 혹은 "아버지와 자식을 화해시키고" 라고 번역했다. 누가는 그의 복음서에 등장하는 인간 아버지들에게 자비로우며 인정이 많은 하나님 아버지와 같은 성품을 부여하고 있다 (예를 들어, 눅 6:36; 11:1-13; 12:30, 32). **1:18-20** 사가랴에게는 불신할 만한 충분한 이유들이 있었지만 (7절을 보라), 그의 질문은 불신앙으로 간주되고 있다. 이것은 독자들을 사가랴의 찬가(67-79절)에서 보게 되는 하나님의 지연된 반응에 대해 준비시켜 주며 또한 그런 지연에 대한 기대감마저 불러일으키는 역할을 하고 있다. **1:24-25** 사가랴의 반응은 하나님께서 개입하시는 것을 적극 환영하는 엘리사벳의 반응과 대조를 보이고 있다. 엘리사벳의 불임이 수치의 소지가 되어왔던 반면 그녀의 임신은 하나님의 은총에 대하여 증거하여 주며, 그녀가 속한 공동체 속에서 그녀를 영화로운 위치에 회복시켜 주는 역할을 하고 있다. 5개월 후에 그녀의 임신이 모든 이들에게 알려지며 (이와 더불어 하나님의 그녀에 대한 특별한 은총도) 드러나게 될 것이다.

1:26-38 마리아에게 알려준 탄생 선포는 사가랴에게 알려준 선포를 연상시켜 준다 (8-23절). 그러나 동시에 분명히 이 선포에는 특징들이 나타나 있다. 가장 중요한 것은 사가랴와 엘리사벳이 종교적으로 높은 위치와 상당한 지위를 갖춘 사람들로 소개되는 반면 (5-6절), 마리아를 소개하는 데 있어서는 어떤 경칭도 사용되고 있지 않다. 하나님의 은총이 그녀에게 베풀어지며, 거기에는 어떤 설명도 가해지지 않고 단지 자비와 축복을 베푸는 것이 하나님의 성품에 속한다고 증언하고 있다. 이와 같이, 누가복음서는 세상적인 지위나 명예에 대한 관심을 배제하며 하나님의 자비는 공로와 상관없이 주어지는 온전한 선물임을 보여준다. 그뿐 아니라, 비록 엘리사벳의 경우에는 불임이었고, 그로 인해 그녀가 수치를 당하고 있었으나 마리아의 경우에는 하나님의 중재가 필요하지 않았다. **1:27** 약혼. 약혼은 결혼을 전제한 법적인 서약이었다. 로마법에 의하면 여자가 결혼할 수 있는 최소 연령은 10세이었으며 유대인의 전통도 그와 유사했다. 결혼식은 대체로 12살 반이 지나기 전에 행해졌다. 남자를 알지 못한다(처녀)는 말은 마리아가 결혼할 만한 연령에 이르렀지만 (12살 혹은 13살), 아직 성관계를 가진 적이 없음을 시사하는 말이다 (34절을 보라). **1:32-33** 가브리엘의 선포는 구약성경 삼하 7:11-16의 언어들과 아주 흡사하며, 이것은 예수님의 탄생이 나단이 다윗에게 했던 다윗의 왕권이 영구할 것이라는 예언에 대한 성취임을 보여준다. **1:34-35** 마리아가 어떻게 잉태하게 되었는지에 대해 누가는 설명하지 않는다. 그러나 그리스와 로마 신화에서 볼 수 있는 것처럼 하나님이 마리아를 임신시켰다고 전하지는 않는다. 누가는 굳이 산부인과와 관련된 이슈들에 대하여 언급하지 않으면서 마리아가 하나님의 중재로 아이를 갖게 되었음을 강조한다. 결과적으로 누가는 예수님이 구약성경에서 암시해 주고 있는 직무의 카테고리 그 이상의 하나님의 아들이라고 묘사하고 있는 것이다. 누가는 여기에서 후대에 와서 논란이 되고 있는 삼위일체론에 대하여 언급하고 있는 것이 아님을 알 수 있다. 하지만 그의 예수님에 대한 묘사는 예수님이 하나님과 같은 신성을 공유하고 있음을 증거한다. **1:38** 비록 마리아의 가족에 대한 기록은 없으나 (27절), 여기서 우리는 그녀가 실제로 하나님의 가족과 연관되어 있음을 주장하는 것을 알 수 있다. 하나님께 순종하여 그분의 사역에 동참하는 것은 어떤 가족관계보다 더 중요하다 (8:19-21; 9:57-62; 12:51-53; 14:25-26; 18:28-30).

마리아가 엘리사벳을 방문하다

39 그 무렵에, 마리아가 일어나, 서둘러 유대
산골에 있는 한 동네로 가서, 40 사가랴의 집에
들어가, 엘리사벳에게 문안하였다. 41 엘리사벳이
마리아의 인사말을 들었을 때에, 아이가 그의 뱃
속에서 뛰놀았다. 엘리사벳이 성령으로 충만해서,
42 큰 소리로 외쳐 말하였다. "그대는 여자들 가
운데서 복을 받았고, 그대의 태중의 아이도 복을
받았습니다. 43 내 주님의 어머니께서 내게 오
시다니, 이것이 어찌된 일입니까? 44 보십시오.
그대의 인사말이 내 귀에 들어왔을 때에, 내 태중의
아이가 기뻐서 뛰놀았습니다. 45 주님께서 하신
말씀이 이루어질 줄 믿은 여자는 행복합니다."

마리아의 찬가

46 그리하여 ㄱ)마리아가 말하였다.
"내 영혼이 주님을 찬양하며
47 내 마음이
내 구주 하나님을 좋아함은,
48 그가 이 여종의 비천함을
보살펴 주셨기 때문입니다.
이제부터는 모든 세대가 나를
행복하다 할 것입니다.
49 힘센 분이 나에게
큰 일을 하셨기 때문입니다.
그의 이름은 거룩하고,
50 그의 자비하심은,
그를 두려워하는 사람들에게
대대로 있을 것입니다.
51 그는 그 팔로 권능을 행하시고
마음이 교만한 사람들을
흩으셨으니,
52 제왕들을 왕좌에서 끌어내리시고
비천한 사람을 높이셨습니다.
53 주린 사람들을
좋은 것으로 배부르게 하시고,
부한 사람들을
빈손으로 떠나보내셨습니다.
54 그는 자비를 기억하셔서,
자기의 종 이스라엘을 도우셨습니다.
55 우리 조상들에게 말씀하신 대로,
그 자비는 아브라함과 그 자손에게
영원토록 있을 것입니다."
56 마리아는 엘리사벳과 함께 석 달쯤 있다
가 자기 집으로 돌아갔다.

ㄱ) 다른 고대 역본들에는 '엘리사벳이'

1:39-56 마리아와 엘리사벳의 이야기가 함께 엮어져 있는데, 이것을 통하여 누가는 하나님이 어떻게 역사하여 열매를 맺고 계신가를 보여준다. **1:39-45** 여기 두 여인이 나누는 인사는 그들의 하나님에 대한 신앙을 보여준다. 엘리사벳은 가브리엘이 전한 것처럼 아이를 잉태했고 (36절), 그녀는 마리아를 하나님께서 종말에 인류에게 구속을 허락하시는 도구인 예수님의 어머니로서 알아채고 있다. **1:41** 요한이 어머니 뱃속에서 뛰었다는 것은 기쁨을 표현하기 위한 것이다 (14, 41절; 말 4:2를 보라). 요한은 출생하기 전부터 오시는 이를 반겨 맞이한다 (15-16절을 보라)! **1:42, 44** 마리아는 어머니로서 동시에 그의 하나님에 대한 신뢰로 인하여 은총을 받고 있다 (44절). **1:46-55** 마리아가 하나님의 신실하심에 대하여 찬미하는 것은 누가의 이야기를 갑자기 중단시키며 지금까지 일어난 일들에 대하여 설명을 가하는 역할을 하고 있다. 마리아의 찬가 혹은 *마리아의 송가*는 현재 일어나는 일들 속에서 역사하시는 하나님의 신실하심과 구약성경의 약속의 성취를 찬미하는 것에 초점이 맞춰져 있는 것이다. 이것은 하나님의 구속사역과 권능을 노래했던 다른 찬미들을 연상시켜 준다 (출 15:1-8, 19-21; 삿 5:1-31; 삼상 2;1-10을 보라). 누가는 특히 두 가지 주제를 강조한다: 첫째는, 용사이신 하나님은 그의 백성들을 위하여 싸우고 구원하여 주신다고 묘사하고, 그리고 둘째는, 자비로우신 하나님은 낮고 가난한 자들을 돌보시는 분으로 묘사한다. 하나님께서 세상의 제왕들을 왕좌에서 끌어내리신다는 것은 그들을 징벌한다는 의미가 아니고 제왕들 역시 그분의 자비로우신 혜택을 받을 수 있는 위치에 임명하시는 분이심을 의미한다. 구원을 일종의 거대한 역전으로 보는 마리아의 찬가는 이후로 나타나게 될 누가복음의 반복적인 주제를 예시해 주고 있다. **1:56** 이곳과 또 다른 곳에서 우리는 누가가 그의 복음서를 아주 치밀하게 배열하고 있는 것을 볼 수 있는데, 여기서 마리아는 엘리사벳과 그 탄생하는 아이에게 초점이 맞추어지도록 잠깐 자리를 피해 주고 있다.

1:57-80 25절의 이야기로 다시 들어서서, 누가는 요한의 탄생에 초점을 맞추고 있다. 사가랴는 하나님의 권능과 자비에 대해 불신함으로써 벙어리가 되었었다. 아들의 탄생과 더불어 그는 다시 말할 수 있게 되며, 결국 성령으로 더불어 예언을 한다. **1:57-58** 누가는 천사의 약속이 조목조목 성취되는 것을 기록하며 (13-14절), 이런 아들의 탄생이 기쁨과 엘리사벳의 명예회복으로 이어진다. **1:59-66** 누가는 이전에 엘리사벳과 사가랴의 의로움에 대하여 증거했었다. 여기서는 그들이 율법(창 17:9-14; 레 12:3)에 따라 아이에게 할례를 행하고 가브리엘이 명한 대로 아이의 이름을 짓는 것을 통

세례자 요한의 출생

57 엘리사벳은 해산할 달이 차서, 아들을 낳
았다. 58 이웃 사람들과 친척들은, 주님께서 큰
자비를 그에게 베푸셨다는 말을 듣고서, 그와 함께
기뻐하였다.
59 아기가 태어난 지 여드레째 되는 날에, 그
들은 아기에게 할례를 행하러 와서, 그의 아버지
의 이름을 따서, 그를 사가랴라 하고자 하였다.
60 그러나 아기 어머니가 말하였다. "안 됩니다.
요한이라고 해야 합니다." 61 사람들이 말하였
다. "당신의 친척 가운데는 아무도 이런 이름을 가
진 사람이 없습니다." 62 그들은 그 아버지에게 아
기의 이름을 무엇으로 하려는지 손짓으로 물어 보
았다. 63 그가 서판을 달라 하여 "그의 이름은
요한이다" 하고 쓰니, 모두들 이상히 여겼다.
64 그런데 그의 입이 곧 열리고 혀가 풀려서, 말
을 하며 하나님을 찬양하였다. 65 이웃 사람들
은 모두 두려워하였다. 이 모든 이야기는 유대 온
산골에 두루 퍼졌다. 66 이 말을 들은 사람들은
모두 이 사실을 그들의 마음에 두고 "이 아기가 대
체 어떤 사람이 될 것인가?" 하고 말하였다. 주님
의 보살피는 손길이 그 아기와 함께 하시는 것이
분명했기 때문이다.

사가랴의 예언

67 요한의 아버지 사가랴가 성령으로 충만
하여, 이렇게 예언하였다.

68 "주 이스라엘의 하나님은
찬양받으실 분이시다.
그는 자기 백성을 돌보아
속량하시고,
69 우리를 위하여 ㄱ)능력 있는 구원자를
자기의 종 다윗의 집에 일으키셨다.
70 예로부터
자기의 거룩한 예언자들의 입으로
주님께서 말씀하신 대로
71 우리를 원수들에게서 구원하시고,
우리를 미워하는
모든 사람들의 손에서 건져내셨다.
72 주님께서
우리 조상에게 자비를 베푸시고,
자기의 거룩한 언약을 기억하셨다.
73 이것은 주님께서 우리에게 주시려고
우리 조상 아브라함에게
하신 맹세이니,
74 우리를 원수들의 손에서 건져주셔서
두려움이 없이
주님을 섬기게 하시고,
75 우리가 평생 동안 주님 앞에서
거룩하고 의롭게 살아가게 하셨다.
76 아가야,
너는 더없이 높으신 분의
예언자라 불릴 것이니,

ㄱ) 그, '구원의 뿔'

하여 그들의 신실함을 다시 증거하고 있다 (요한; 25절을 보라). 엘리사벳은 그녀의 아들을 요한이라고 명할 것인지 어떻게 알았을까? 이에 대한 해답은 없다. 그러나 이웃과 친척들의 반대에도 불구하고 요한이라고 명명하는 엘리사벳의 반응은 그녀의 신실함을 증거해 주는 것이다. **1:66** 여기 드디어 가장 중요한 질문이 제기된다: *"이 아기가 대체 어떤 사람이 될 것인가?"* 이 질문은 요한의 잉태와 출생과 연관된 기이한 사건들의 연속 가운데 제기되고 있으며 결국 사가랴의 예언으로 연결되고 있다. **1:67-79** 마리아의 찬가와 같이, 사가랴의 찬가도 (또한 *사가랴의 송가*로 알려져 있음) 지금까지 전해진 이야기들을 회상하며 설명을 가하는 역할을 하고 있다. 중요한 요점들이 반복되고 있다: 요한의 예언자와 선구자로서의 중요성, 요한과 예수의 이야기를 하나님의 구속 목적, 하나님의 신실하심, 다가오는 구원의 성격, 그리고 하나님의 백성들의 회복 등의 틀 속에 같이 엮어감 등이다. **1:70-77** 사회적으로나 정치적인 현실을 구분하는데 익숙한 우리의 시각에서 보면, 사가랴의 찬미는 모순이 있는 것처럼 보인다. 그러나 제2성전기의 이스라엘에게는 하나님과 화해하는 일, 이스라엘의 독립, 그리고 그들이 자유롭게 하나님을 예배할 수 있게 되는 일 모두는 서로 뗄 수 없는 것들로써 통틀어 하나님의 회복이라는 하나의 비전을 형성하는 요소들이었다. **1:76** 요한이 *더없이 높으신 분*의 예언자인 반면, 예수님은 그 높으신 이의 아들이시다 (32, 35절). *더없이 높으신 분.* 유대인들이 하나님을 표현하는데 사용했던 잘 알려진 칭호이다. **1:78-79** *해를 하늘 높이 뜨게 하셔서* (개역개정은 "해가 위로부터 우리에게 임하여;" 공동번역은 "구원의 태양을 뜨게 하시어;" NRSV는 "동이 트는 새벽"이라고 번역했음). 여기서 사용된 "새벽" 혹은 "가지"(희랍어는 이 두 번역이 다 가능하다)는 신적인 구원의 도구를 의미한다. 이것에 관해서는 사 60:1; 렘 23:5; 슥 3:8; 말 4:2를 보라. 역설적이지만 구원의 빛(사 42:7을 보라)은 이스라엘뿐만 아니라 이방인에게도 비친다. **1:80** 예수님에게 초점을 맞추기 위해 요한에 대한 이야기가 중단된다. 요한은 3장 앞부분에

주님보다 앞서 가서
그의 길을 예비하고,
77 죄 사함을 받아서
구원을 얻는 지식을
그의 백성에게 가르쳐 줄 것이다.
78 이것은 우리 하나님의
자비로운 심정에서 오는 것이다.
그는 해를 하늘 높이 뜨게 하셔서,
79 어둠 속과 죽음의 그늘 아래에
앉아 있는 사람들에게
빛을 비추게 하시고,
우리의 발을
평화의 길로 인도하실 것이다."

80 아기는 자라서, 심령이 굳세어졌다. 그는
이스라엘 백성 앞에 나타나는 날까지 광야에서
살았다.

예수의 탄생 (마 1:18-25)

2 1 그 때에 아우구스투스 황제가 칙령을 내려
온 세계가 호적 등록을 하게 되었는데, 2 이
첫 번째 호적 등록은 구레뇨가 시리아의 총독으로
있을 때에 시행한 것이다. 3 모든 사람이 호적
등록을 하러 저마다 자기 고향으로 갔다. 4 요셉은
다윗 가문의 자손이므로, 갈릴리의 나사렛 동네
에서 유대에 있는 베들레헴이라는 다윗의 동네로,
5 자기의 약혼자인 마리아와 함께 등록하러 올라
갔다. 그 때에 마리아는 임신 중이었는데, 6 그
들이 거기에 머물러 있는 동안에, 마리아가 해산
할 날이 되었다. 7 마리아가 첫 아들을 낳아서,
포대기에 싸서 구유에 눕혀 두었다. 여관에는 그
들이 들어갈 방이 없었기 때문이다.

목자들이 예수 탄생의 소식을 듣다

8 그 지역에서 목자들이 밤에 들에서 지내며
그들의 양 떼를 지키고 있었다. 9 그런데 주님의
한 천사가 그들에게 나타나고, 주님의 영광이 그
들을 두루 비추니, 그들은 몹시 두려워하였다.
10 천사가 그들에게 말하였다. "두려워하지 말
아라. 나는 온 백성에게 큰 기쁨이 될 소식을 너
희에게 전하여 준다. 11 오늘 다윗의 동네에서
너희에게 구주가 나셨으니, 그는 곧 ㄱ)그리스도
주님이시다. 12 너희는 한 갓난아기가 포대기에
싸여, 구유에 뉘어 있는 것을 볼 터인데, 이것이
너희에게 주는 표징이다." 13 갑자기 그 천사와
더불어 많은 하늘 군대가 나타나서, 하나님을 찬
양하여 말하였다.

ㄱ) 또는 '메시아'. 그리스도는 그리스어이고, 메시아는 히브리어임. 둘 다 '기름부음 받은 이'를 뜻함

서 다시 등장한다. 여기에 제시된 요약은 창 20:21과 삿 13:24-25를 연상시켜 준다. 그러나 이것은 동시에 사도행전에서 보게 되는 교회의 성장을 예견해 주고 있는 것이다.

2:1-20 요한의 탄생을 통해 가브리엘의 선포가 신뢰할 만한 것이었음을 알 수 있었듯이, 하나님께서 하신 예수님에 대한 약속들도 신실하게 성취하고 있다는 사실을 보여주고 있다. 예수님의 탄생에 대한 소식이 (1) 상류층의 사람들에게 증거되지 않고 목자들과 같은 사회의 낮은 계급의 사람들에게 증거되었다는 것, 그리고 (2) 예수님에게 붙여졌던 구세주와 주님이라는 칭호들은 그 당시 황제에게 주어졌던 칭호들이었다는 것은 주목할 만한 사실이다. 누가는 예수님과 아우구스투스 그들의 통치를 아주 첨예하게 대립시키고 있다. **2:1-7** 이 이야기의 정황(인구조사와 베들레헴)은 예수님의 탄생의 깊은 의미를 이해하는 데 도움이 된다. 인구조사는 마리아와 요셉을 예루살렘으로 가게 하는 역할을 할 뿐 아니라, 예수 탄생이 갖는 정치적인 의미를 강조하는 역할을 감당하고 있다. 인구조사는 그 당시 로마인들에게 알려졌던 문명화된 세계 (즉 온 *세계* 1절) 전반에 대한 아우구스투스의 통치권을 상징한다. 인구조사의 근본적인 목적은 세금부여를 위한 것이었으며, 이것은 로마가 팔레스타인지역에 대한 지배권을 갖고 있었음을 의미한다. 베들레헴에 대한 언급에서 우리는 미 5:2의 영향을 보게 된다. 요셉의 주역할은 예수님을 그의 아들로 수용함으로써 그가 다윗의 자손임을 보여주기 위함이다 (1:32-35를 보라). **2:7** *여관.* 여기에서 여관보다는 "손님 혹은 방문하는 이들을 위한 방"으로 번역하는 것이 더 좋은 번역일 것이다. 누가가 이야기하고 있는 것은 가난한 농부의 가정, 윗층에는 가족이 잠을 자거나 살림을 하고, 아래층은 동물들을 가두어 두었던 한 채의 집을 의미하며, 사람들이 워낙 많아서 구유에 아기를 누여야만 했다고 기록한다. **2:8-20** 이 아기 탄생의 의미를 전하기 위하여 목자들과 천사들이 동참한다. 목자는 권력이나 특권이라는 측면에서 보면 낮고 천한 계급에 속하며, 황제와 대조가 되는 계급을 의미한다. 천사와 군대들이 나타남으로 이 말구유가 (예루살렘의 성전이 아닌) 하나님과 인류가 만나는 곳이 되게 하고 있으며, 이를 통하여 이 사건이 뜻하는 하늘의 의미를 전달해 주고 있다. 기쁜 소식은 모든 이들에게 미치는 것이며, 천사와 목자들을 통해서 알 수 있는 것처럼, 이 소식에 대한 적절한 반응은 찬미이다.

2:21-39 마리아의 아들에 관한 이야기에 뒤이어 일련의 사건들이 전개된다—어떤 것들은 예상되었던

14 "더없이 높은 곳에서는
하나님께 영광이요,
땅에서는
주님께서 좋아하시는 사람들에게
평화로다."
15 천사들이 목자들에게서 떠나 하늘로 올라
간 뒤에, 목자들이 서로 말하였다. "베들레헴으로
가서, 주님께서 우리에게 알려주신 바, 일어난 그
일을 봅시다." 16 그리고 그들은 급히 달려가서,
마리아와 요셉과 구유에 누워 있는 아기를 찾아
냈다. 17 그들은 이것을 보고 나서, 이 아기에
관하여 자기들이 들은 말을 사람들에게 알려 주
었다. 18 이것을 들은 사람들은 모두 목자들이
그들에게 전해준 말을 이상히 여겼다. 19 마리
아는 이 모든 말을 고이 간직하고, 마음 속에 곰
곰이 되새겼다. 20 목자들은 자기들이 듣고 본
모든 일이 자기들에게 일러주신 그대로임을 알고,
돌아가면서 하나님께 영광을 돌리며 그를 찬미
하였다.
21 여드레가 차서, 아기에게 할례를 행할 때
에, 그 이름을 예수라고 하였다. 그것은, 아기가
수태되기 전에, 천사가 일러준 이름이다.

아기 예수의 정결예식

22 모세의 법대로 그들이 정결하게 되는 날이
차서, 그들은 아기를 주님께 드리려고 예루살렘
으로 데리고 올라갔다. 23 그것은 주님의 율법에
기록된 바 ㄱ)"어머니의 태를 처음 여는 사내아이
마다, 주님의 거룩한 사람으로 불릴 것이다" 한 대
로 한 것이요, 24 또 주님의 율법에 이르신 바
ㄴ)"산비둘기 한 쌍이나, 어린 집비둘기 두 마리를
드려야 한다" 한 대로, 희생제물을 드리기 위한
것이었다.
25 그런데 마침 예루살렘에 시므온이라는 사
람이 있었는데, 그 사람은 의롭고 경건한 사람이
므로, 이스라엘이 받을 위로를 기다리고 있었고,
또 성령이 그에게 임하여 계셨다. 26 그는 주님
께서 세우신 ㄷ)그리스도를 보기 전에는 죽지 아니
할 것이라는 성령의 지시를 받은 사람이었다.
27 그가 성령의 인도로 성전에 들어갔을 때에,
마침 아기의 부모가 율법이 정한 대로 행하고자
하여, 아기 예수를 데리고 들어왔다. 28 시므온이
아기를 자기 팔로 받아서 안고, 하나님을 찬양하여
말하였다.
29 "주님, 이제 주님께서는
주님의 말씀을 따라,
이 종을 세상에서
평안히 떠나가게 해주십니다.
30 내 눈이 주님의 구원을 보았습니다.
31 주님께서 이것을
모든 백성 앞에 마련하셨으니,
32 이는 이방 사람들에게는
계시하시는 빛이요,

ㄱ) 출 13:2, 12 ㄴ) 레 12:8 ㄷ) 또는 '메시아'

일들이다 (할례, 이름짓기, 성전에서 아기를 주님께 드림), 그러나 다른 것들은 아주 뜻밖의 사건들을 포함한다 (시므온과 안나의 예언적 반응). 이 일련의 사건들은 율법과 성령이 협력하여 등장하는 인물들을 출현시키도록 면밀하게 구성되어 있음을 보여준다. (성전은 약 35 에이커[1에이커는 약 1,224평]의 건물들과 빈 공간으로 이루어져 있었다는 사실을 기억하라.) 두 가지 핵심적인 목적이 달성되었다: 예수님이 하나님의 구원의 도구로서 인정을 받았고 칭송을 받았다. 그리고 이와 같은 하나님의 구원계획이 이스라엘을 넘어 폭넓게 영향을 미치게 될 것임이 알려졌다. **2:21-24** 자세한 세부사항들이 쉽게 구분되지는 않지만, 예수님의 명명과 할례에 대한 간략한 기록을 통하여 전달코자 하는 주요 사상은 분명하다: 마리아와 요셉은 천사들을 통하여 명해졌던 (21절; 1:31을 보라), 율법이 규정했던 (22, 24절) 하나님의 뜻을 정확하고 충실하게 실행하며 따랐다. **2:24** 24절의 희생제물은 마리아가 아이를 낳은 후 정결예식을 위한 것이며 (레 12장), 그녀가 드린 속죄제를 위한 예물들을 보면 그들이 경제적으로 가난한 사람들이었음을 보여준다 (레 12:6, 8). **2:25-35** 누가는 시므온의 모범적인 경건성을 묘사하면서, 그는 신뢰할 만하고, 그리고 그를 거의 예언자 같이 소개한다. 시므온과 안나는 (36-39절) 믿음으로 하나님의 약속을 신뢰하며 기다리는 이스라엘 사람들을 대표하는 경건한 인물들이다. 이어서 시므온은 사 40—66장의 용어를 인용하여 예수님의 사역이 이방 사람들을 구원하는 것일 뿐만 아니라, 이스라엘을 회복하는 이사야의 예언과 연결시키고 있다. 이 모든 사건들이 성전에서 일어났다는 사실은, 성전이 하나님의 임재의 장으로 이 일들의 신뢰성과 중요성을 부각시켜 주는 것이다. **2:34-35** 삼상 2:20-21을 보라. 하나님의 구원의 도래는 또한 갈등을 동반하게 된다. 시므온은 예수님의 가르침에 따라 이스라엘이 두 개의 다른 반응을 보이게 될 것이고 예언한다. **2:36-39** 누가는 안나가 신뢰할 만한 인물이라는 점에 근거하여 그녀의 예수님에 대한 증거가 논란의 여지가 없는 확실한 것이라고 주장하고 있다. **2:36-37** 안나는 84세이었는가?

주님의 백성 이스라엘에게는
영광입니다."
33 아기의 아버지와 어머니는, 시므온이 아
기에 대하여 하는 이 말을 듣고서, 이상하게 여겼다.
34 시므온이 그들을 축복한 뒤에, 아기의 어머니
마리아에게 말하였다. "보십시오, 이 아기는 이스
라엘 가운데 많은 사람을 넘어지게도 하고 일어서
게도 하려고 세우심을 받았으며, 비방 받는 표징
이 되게 하려고 세우심을 받았습니다. 35 -그리
고 칼이 당신의 마음을 찌를 것입니다.- 그리하여
많은 사람의 마음 속 생각들이 드러나게 될 것
입니다."
36 아셀 지파에 속하는 바누엘의 딸로 ㄱ)안나
라는 여예언자가 있었는데, 나이가 많았다. 그는
처녀 시절을 끝내고 일곱 해를 남편과 함께 살고,
37 과부가 되어서, 여든네 살이 되도록 성전을
떠나지 않고, 밤낮으로 금식과 기도로 하나님을
섬겨왔다. 38 바로 이 때에 그가 다가서서 하나
님께 감사를 드리고, 예루살렘의 구원을 기다리는
모든 사람에게 이 아기에 대하여 말하였다.

나사렛으로 돌아오다

39 아기의 부모는 주님의 율법에 규정된 모든
일을 마친 뒤에, 갈릴리의 자기네 고향 동네 나사
렛에 돌아왔다. 40 아기는 자라나면서 튼튼해지
고, 지혜로 가득 차게 되었고, 또 하나님의 은혜가
그와 함께 하였다.

소년 시절의 예수

41 예수의 부모는 해마다 ㄴ)유월절에 예루살
렘으로 갔다. 42 예수가 열두 살이 되는 해에도,
그들은 절기 관습을 따라 ㄴ)유월절을 지키러 예루
살렘에 올라갔다. 43 그런데 그들이 절기를 마
치고 돌아올 때에, 소년 예수는 예루살렘에 그대
로 머물러 있었다. 그의 부모는 이것을 모르고,
44 일행 가운데 있으려니 생각하고, 하룻길을 갔
다. 그 뒤에 비로소 그들의 친척들과 친지들 가운
데서 그를 찾았으나, 45 찾지 못하여, 예루살렘
으로 되돌아가서 찾아다녔다. 46 사흘 뒤에야
그들은 성전에서 예수를 찾아냈는데, 그는 선생
들 가운데 앉아서, 그들의 말을 듣기도 하고, 그
들에게 묻기도 하고 있었다. 47 그의 말을 듣고
있던 사람들은 모두 그의 슬기와 대답에 경탄하였
다. 48 그 부모는 예수를 보고 놀라서, 어머니가
예수에게 말하였다. "얘야, 이게 무슨 일이냐? 네
아버지와 내가 너를 찾느라고 얼마나 애를 태웠는
지 모른다." 49 예수가 부모에게 말하였다. "어
찌하여 나를 찾으셨습니까? 내가 내 아버지의 집
에 있어야 할 줄을 알지 못하셨습니까?" 50 그
러나 부모는 예수가 자기들에게 한 그 말이 무슨
뜻인지를 깨닫지 못하였다. 51 예수는 부모와
함께 내려가 나사렛으로 돌아가서, 그들에게 순
종하면서 지냈다. 예수의 어머니는 이 모든 일을
마음에 간직하였다. 52 예수는 지혜와 키가 자
라고, 하나님과 사람에게 더욱 사랑을 받았다.

ㄱ) 그, '한나' ㄴ) 출 12:13, 21-28을 볼 것

아니면 그녀가 과부가 된 지 84년이 지났다는 말인가 (이게 본문의 의미라면 이것은 이스라엘의 경건의 표상이었던 외경 유딧 16:23을 보라)? 이 두 해석 중 어떤 것이 옳든, 본문은 그녀를 하나님을 향한 일편단심의 신앙의 표상으로 보고 있다.

2:40-52 40절과 52절은 예수께서 성인으로 자라가는 과정을 묘사하고 있다. 그렇지만 41-51절은 그가 성장한 가정의 경건성과 그의 놀랄 만한 지혜와 하나님과의 관계성에 대하여 초점을 맞추고 있다. 여기서 주목할 만한 것은 마리아와 예수님간에 누가 그의 아버지인가에 대하여 서로 다른 이해를 보이고 있다는 사실이다 (48-49절). 우리는 요셉이 아닌 하나님이 예수님의 아버지시라는 사실을 상기하게 된다, 그리고 우리는 이 본문에서 처음으로 예수께서 하나님의 목적을 이루기 위한 삶을 살 것임을 천명하시는 것을 듣게 된다. **2:42** 예수께서 12살이었다는 사실은 아마 우연의 일치였던 듯하다. 이 본문에 대해 그가 성전에서 사제로 섬기기 위해 성전에 갔다거나 유대인의 성인식 바 미쯔바(율법의 자녀)를 행하기 위해 갔다고 해석하는 것은 그리 옳지 않은 듯하다. 유대인의 의식인 바 미쯔바가 언제부터 시작되었는지는 정확하지 않지만 예수님 당시까지 거슬러 올라가는 것은 어려울 듯하다. 아마도 율법에 명확하게 명시되어 있지는 않았지만 유대인들 가족들은 할 수 있는 한 자주 성전에 올라가 제사와 축제에 참여하려 했던 듯하다.

3:1—4:13 비록 이 부분이 요한의 공생애에 초점을 맞추어 시작을 하고 있으나, 이 부분의 또 다른 관심은 예수님의 사역을 준비하는 데 있다. 여기 누가가 요한의 사역에 대하여 기술하는 것은 누가복음 1장의 기대에 부응하도록 신중하게 짜여 있다. 요한은 주님의 오심을 기대하며 예비하는 예언자이다. 두 개의 다른 이야기가—하나는 요한에 관하여, 또 다른 하나는 예수님에 관하여—예수님의 세례를 기점으로 함께 엮어져 있으며, 이를 통하여 요한의 선포로부터 예수님의 정체성과 신

세례자 요한의 전도
(마 3:1–12; 막 1:1–8; 요 1:19–28)

3 1 디베료 황제가 왕위에 오른 지 열다섯째
해에, 곧 본디오 빌라도가 총독으로 유대를
통치하고, 헤롯이 [ㄱ]분봉왕으로 갈릴리를 다스리
고, 그의 동생 빌립이 [ㄱ]분봉왕으로 이두래와 드라
고닛 지방을 다스리고, 루사니아가 [ㄱ]분봉왕으로
아빌레네를 다스리고, 2 안나스와 가야바가 대
제사장으로 있을 때에, 하나님의 말씀이 광야에
있는 사가랴의 아들 요한에게 내렸다. 3 요한은
요단강 주변 온 지역을 찾아가서, 죄사함을 받게
하는 회개의 [ㄴ]세례를 선포하였다. 4 그것은 이
사야의 예언서에 적혀 있는 대로였다.

[ㄷ]"광야에서 외치는 이의
소리가 있다.
너희는 주님의 길을 예비하고,
그 길을 곧게 하여라.
5 모든 골짜기는 메우고,
모든 산과 언덕은 평평하게 하고,
굽은 것은 곧게 하고,
험한 길은 평탄하게 해야 할 것이니,
6 모든 사람이
하나님의 구원을 보게 될 것이다."

7 요한은 자기에게 [ㄴ]세례를 받으러 나오는
무리에게 말하였다. "독사의 자식들아, 누가 너희
에게 닥쳐올 진노를 피하라고 일러주더냐? 8 회
개에 알맞는 열매를 맺어라. 너희는 속으로 '아브
라함은 우리의 조상이다' 하고 말하지 말아라. 내가
너희에게 말한다. 하나님께서는 이 돌들로도 아
브라함의 자손을 만드실 수 있다. 9 도끼를 이미
나무 뿌리에 갖다 놓으셨다. 그러므로 좋은 열매를
맺지 않는 나무는 다 찍어서 불 속에 던지신다."

10 무리가 요한에게 물었다. "그러면 우리는
무엇을 해야 합니까?" 11 요한이 그들에게 대답
하였다. "속옷을 두 벌 가진 사람은 없는 사람에
게 나누어 주고, 먹을 것을 가진 사람도 그렇게 하
여라." 12 세리들도 [ㄴ]세례를 받으러 와서, 그에게
물었다. "선생님, 우리는 무엇을 해야 하겠습니
까?" 13 요한은 그들에게 대답하였다. "너희에
게 정해 준 것보다 더 받지 말아라." 14 또 군인
들도 그에게 물었다. "그러면 우리들은 무엇을
해야 하겠습니까?" 요한이 그들에게 대답하였다.
"아무에게도 협박하여 억지로 빼앗거나, 거짓 고
소를 하여 빼앗거나, 속여서 빼앗지 말고, 너희의
봉급으로 만족하게 여겨라."

15 백성이 [ㄹ]그리스도를 고대하고 있던 터에,
모두들 마음 속으로 요한에 대하여 생각하기를,
그가 그리스도가 아닐까 하였다. 16 그래서 요한
은 모든 사람에게 대답하였다. "나는 여러분에게
물로 [ㄴ]세례를 주지만, 나보다 더 능력 있는 분이
오실 터인데, 나는 그의 신발끈을 풀어드릴 자격도
없소. 그는 여러분에게 성령과 불로 [ㄴ]세례를 주실
것이오. 17 그는 자기의 타작 마당을 깨끗이 하
려고, 손에 키를 들었으니, 알곡은 곳간에 모아들
이고, 쭉정이는 꺼지지 않는 불에 태우실 것이오."

ㄱ) 그, '테트라아르케스'. 지위와 권위가 왕보다 밑에 있었음 ㄴ) 또는 '침례' ㄷ) 사 40:3-5 (칠십인역) ㄹ) 또는 '메시아'

뢰성에 대한 것으로 그 초점이 옮겨지고 있다. 마침내 예수님이 하나님의 아들로 소개되며, 그는 성령의 능력을 받으셨고, 하나님으로부터 시인을 받으셨고, 이스라엘을 회복하는 하나님의 대리자로서의 임무를 착수하셨고, 그리고 온전히 하나님의 뜻을 이루어 드리기 위한 삶을 살려고 결단하셨다. 누가복음에서 이 작은 부분은 요한의 사역(3:1-20)과 하나님의 아들로서의 예수님에 대한 소개(3:21—4:13)로 구성되어 있다. **3:1-20** 누가복음서에서 요한의 중요성은 그에게 할당되어 있는 성경구절의 양을 통해 알 수 있다. "더없이 높으신 분의 예언자"(1:76)로서 신실함의 본질과 특성에 대하여 백성들을 일깨워 하나님 앞에 신실하고, 하나님의 백성으로서의 정체성을 깨닫고, 그리고 대중들로 하여금 메시아의 오심에 소망을 두도록 촉구함으로써 예수님의 사역의 길을 열고 있다. 이런 사역의 결과로 그는 이스라엘의 예언자들이 겪었던 것처럼 백성들로부터 심한 반감을 받는다. **3:1-6** 누가는 요한을 사회정치적이고 구원사적인 상황에 놓는다. **3:1-2** 여기에 소개된 로마인과 유대인들은 예언자의 메시지가 폭넓게 모든 이들에게 확산됨을 보여주는 증거이며, 동시에 옛 권력의 중심에 안주했던 자들과 광야에서 일어나는 일에 주목하는 이들이 분명하게 대조됨을 보여주고 있다. 광야에 대한 언급은 이스라엘이 출애굽을 통하여 하나의 민족으로 형성되어졌던 것을 상기시켜 줌으로써 새 이스라엘의 회복에 대한 희망을 제공해 주고 있다. **3:3** 요한의 세례가 이방인들의 개종자들을 받아들이는 의식으로 행하여졌는지, 아니면 더 나아가 씻음과 그와 연관된 윤리적인 행위라는 유구한 전통에 근거했었는지는 정확하게 알 수 없다 (사 1:16-17; 겔 36:25-26). 확실한 것은 세례가 개인의 하나님께 대한 복종과, 하나님의 뜻에 대한 새로운 충성과, 그리고 하나님의 백성에 속함을 의미했다는 사실이다. **3:4-6** 누가는 요한의 사역이 갖는 의미를 이사야의 선포에 입각하여 설명하기 위하여 그가 증거하던 복음을 일시 중단하고 있다 (사

18 요한은 그 밖에도, 많은 일을 권면하면서,
백성에게 기쁜 소식을 전하였다. 19 그러나 [ㄱ]분
봉왕 헤롯은 자기 동생의 아내 헤로디아와 관련된
일과 또 자기가 행한 모든 악한 일 때문에, 요한
에게 책망을 받았고, 20 거기에다가 또 다른 악
행을 보태었으니, 요한을 옥에 가둔 것이다.

예수께서 세례를 받으시다

(마 3:13-17; 막 1:9-11)

21 백성이 모두 [ㄴ]세례를 받았다. 예수께서도
[ㄴ]세례를 받으시고, 기도하시는데, 하늘이 열리고,
22 성령이 비둘기 같은 형체로 예수 위에 내려
오셨다. 그리고 하늘에서 이런 소리가 울려 왔
다. [ㄷ]"[ㄹ]너는 내 사랑하는 아들이요, 나는 너를 좋아
한다."

예수의 계보 (마 1:1-17)

23 예수께서 활동을 시작하실 때에, 그는 서른
살쯤이었다. 그는 사람들이 생각하기로는 요셉의
아들이었다. 요셉은 엘리의 아들이요, 24 그 윗
대로 거슬러 올라가면 맛닷, 레위, 멜기, 얀나,
요셉, 25 맛다디아, 아모스, 나훔, 에슬리, 낙개,
26 마앗, 맛다디아, 세메인, 요섹, 요다, 27 요
아난, 레사, 스룹바벨, [ㅁ]스알디엘, 네리, 28 멜기,
앗디, 고삼, 엘마담, 에르, 29 예수, 엘리에제르,
요림, 맛닷, 레위, 30 시므온, 유다, 요셉, 요남,
엘리야김, 31 멜레아, 멘나, 맛다다, 나단, 다윗,
32 이새, 오벳, 보아스, [ㅂ]살라, 나손, 33 아미
나답, 아드민, [ㅅ]아르니, 헤스론, 베레스, 유다,
34 야곱, 이삭, 아브라함, 데라, 나홀, 35 스룩,
르우, 벨렉, 에벨, 살라, 36 가이난, 아박삿, 셈,
노아, 레멕, 37 므두셀라, 에녹, 야렛, 마할랄렐,
가이난, 38 에노스, 셋, 아담에게 이르는데, 아
담은 하나님의 아들이다.

시험을 받으시다

(마 4:1-11; 막 1:12-13)

4 1 예수께서 성령으로 가득하여 요단 강에서
돌아오셨다. 그리고 그는 성령에 이끌려 광야로
가셔서, 2 사십 일 동안 악마에게 시험을 받으셨
다. 그 동안 아무것도 잡수시지 않아서, 그 기간이
다하였을 때에는 시장하셨다. 3 악마가 예수께
말하였다. "네가 하나님의 아들이거든, 이 돌더러
빵이 되라고 말해 보아라." 4 예수께서 악마에게
대답하셨다. "성경에 기록하기를 [ㅇ]'사람은 빵만

ㄱ) 그, '테트라아르케스' ㄴ) 또는 '침례' ㄷ) 다른 고대 사본들에는 '너는 내 아들이다. 오늘 내가 너를 낳았다' ㄹ) 또는 '너는 내 아들 내 사랑하는 자다' ㅁ) 그, '살라디엘' ㅂ) 다른 고대 사본들에는 '살몬' ㅅ) 다른 고대 사본들에는 '아미나답' ㅇ) 신 8:3

40장). **3:7-18** 누가는 요한의 설교의 본질을 요약한다—그의 설교를 듣기 위해 일상생활을 멈추고 찾아온 이들에게 말씀이 선포된다. 그 결과로 그들은 하나님께 대한 순종을 갱신하게 된다. 그리고 그들은 아브라함의 자손들로 새롭게 변화된 삶을 살기 위해 각자의 삶의 현장으로 돌아간다. 여기에 다루어지고 있는 주제는 개개인이 아브라함과 어떤 육신적인 혈연관계를 가졌느냐의 여부가 아닌 그의 성품과 행위가 아브라함의 것들과 과연 일치하는가의 여부에 관한 것이다. 신실함의 중요성을 부각시키기 위하여 누가는 아브라함이 나그네를 대접했던 친절함을 들어 이야기하고 있다. **3:19-20** 누가는 요한이 당한 반발에 대하여 언급하며, 이를 통하여 그의 사역에 대한 기록을 마무리 짓고 있다. 특히 헤롯의 악한 성품과 행위에 대해 요약하고 있다. 여기서 누가는 요한이 길을 예비하는 예수님이 직면하게 될 운명에 대하여 예견하고 있다 (9:7-9; 23:6-12를 보라). **3:21—4:13** 요한을 재치있게 퇴장시킨 후 요한의 사역에서 (3:1-20) 예수님의 사역으로 (4:14에서 시작됨) 관심이 옮겨지고 있다. 이 중간기에 관심의 대상이 되는 것은 예수님이 성령이 충만한 하나님의 아들로서의 준비됨과 위험한 그 사역을 행하시고자 하는 것이다. **3:21-22** 누가복음에 나타나 있는 기도는 자주 하나님의 계시를 받는 배경으로 되어 있다. 이 본문이 바로 그런 예이다. 여기서 예수님의 세례가 희미해져 가면서 그가 성령에 의하여 인침을 받는 것과 하나님이 그를 아들로 인정하는 것에 조명이 비춰지고 있다. 예수님의 세례가 그의 하나님의 사역을 위한 기름부음으로 해석된 4:18-19와 행 10:37을 보라. 또한 시 2:7; 사 42:1을 보라. **3:23-38** 전통적인 문화에서 족보는 그들의 조상과 관련하여 자신들의 사회적인 위치를 설정해 주는 역할을 한다. 이와 같은 상황에서, 족보는 사회적인 요구를 만족시키기 위해 조정되어질 수 있다 (예를 들어, 중요하지 않고 문제성이 있는 조상은 족보에서 삭제했음). 이런 측면에서 보면, 본문에 나오는 족보가 다소 부정확한 정보를 포함하고 있는 것은 이해할 만하다. 이 족보의 목적은 세 가지인 것 같다: (1) 예수님이 공생애를 시작할 만한 나이에 이르렀음을 말해준다 (창 41:46; 민 4:3, 23; 삼하 5:4 참조); (2) 누가는 그의 독자들에게 예수님이 요셉의 아들이 아닌 것에 대해 말하려고 한다 (하나님의 아들임을 주장하기 위하여 3:23); 그리고 (3) 이를 통하여 결국 예수님을 *하나님의 아*들로 주장하려는 것이다 (3:22, 28). 누가는 그의 독자들에게 예수님이 하나님의 아들이라는 사실을 정당화시키려고 하고 있음을 볼 수 있다. **4:1-13** 지금까지 예수님에 대

먹고 사는 것이 아니다' 하였다." 5 그랬더니 악
마는 예수를 높은 데로 이끌고 가서, 순식간에 세
계 모든 나라를 그에게 보여 주었다. 6 그리고
나서 악마는 그에게 말하였다. "내가 이 모든
권세와 그 영광을 너에게 주겠다. 이것은 나에게
넘어온 것이니, 내가 주고 싶은 사람에게 준다.
7 그러므로 네가 내 앞에 엎드려 절하면, 이 모든
것을 너에게 주겠다." 8 예수께서 악마에게 대
답하셨다. "성경에 기록하기를 ㄱ)'주 너의 하나님
께 경배하고, 그분만을 섬겨라' 하였다." 9 그래
서 악마는 예수를 예루살렘으로 이끌고 가서, 성
전 꼭대기에 세우고, 그에게 말하였다. "네가 하
나님의 아들이거든, 여기에서 뛰어내려 보아라.
10 성경에 기록하기를

ㄴ)'하나님이 너를 위하여
자기 천사들에게 명해서,
너를 지키게 하실 것이다'

하였고 11 또한

'그들이 손으로 너를 떠받쳐서,
너의 발이 돌에 부딪히지 않게
할 것이다'

하였다." 12 예수께서 악마에게 대답하셨다.
"성경에 기록하기를 ㄷ)'주 너의 하나님을 시험하지
말아라' 하였다." 13 악마는 모든 시험을 끝마치고
물러가서, 어느 때가 되기까지 예수에게서 떠나
있었다.

갈릴리에서 활동하시다

(마 4:12-17; 막 1:14-15)

14 예수께서 성령의 능력을 입고 갈릴리로
돌아오셨다. 예수의 소문이 사방의 온 지역에 두루
퍼졌다. 15 그는 유대 사람의 여러 회당에서 가르
치셨으며, 모든 사람에게서 영광을 받으셨다.

나사렛에서 배척을 받으시다

(마 13:53-58; 막 6:1-6)

16 예수께서는, 자기가 자라나신 나사렛에
오셔서, 늘 하시던 대로 안식일에 회당에 들어가
셨다. 그는 성경을 읽으려고 일어서서 17 예언
자 이사야의 두루마리를 건네 받아서, 그것을 펴
시어, 이런 말씀이 있는 데를 찾으셨다.
18 ㄹ)"주님의 영이 내게 내리셨다.

주님께서 내게 기름을 부으셔서,
가난한 사람에게
기쁜 소식을 전하게 하셨다.
주님께서 나를 보내셔서,
포로 된 사람들에게
해방을 선포하고,
눈먼 사람들에게 눈 뜸을 선포하고,
억눌린 사람들을 풀어 주고,

ㄱ) 신 6:13 ㄴ) 시 91:11, 12 ㄷ) 신 6:16 ㄹ) 사 61:1, 2 (칠십인역)

하여 증거된 예언들과 요한의 준비에도 불구하고, 궁극적으로 그의 신분과 사명을 명확하게 천명하는 일은 예수님 자신이 감당해야 할 일이었다. 따라서 이 장면은 사탄의 시험이라는 정황에서 그의 사역과 선포에 대한 헌신과 능력을 보여주고 있다. 이 장면은 분명하게 신 6—8장에 묘사된 이스라엘의 광야 시험에 상응하는데, 만약 차이가 있다면 이스라엘과는 달리 예수께서는 하나님의 음성에 순종하고 있다는 사실이다. **4:1-4** 여기에 등장하는 단수로 된 *빵과* 관련된 질문의 주된 관심사는 예수께서 필요로 하는 것들을 하나님이 채워주실 것이라고 믿을 것인가에 관한 것이다. 희랍어 본문은 "네가 하나님의 아들이거든" 보다는 "네가 하나님의 아들이기에"로 번역되면 더 좋다. 이렇게 볼 때, 여기에 문제가 되고 있는 것은 예수님이 하나님의 아들인지의 여부가 아니라, 그가 하나님 앞에서 그의 신분과 권위를 어떻게 사용할 것인지에 관한 것이다. **4:5-8** 전략을 바꾸어 악마는 이제 예수님에게 그의 하나님의 아들로서의 정체성을 악마와 타협하는 것으로 교환하자고 제안하고 있다—악마, 즉, 세상을 다스리는 자 (계 13장). 예수께서 악마의 제안을 거부하셨다는 사실은 악마의 주권에는 궁극적으로 한계가 있음을 의미한다. 예수께서는 하나님을 온 우주에 유일한 주권자로 신뢰하는 자신을 그의 믿음을 재삼 천명하고 계시다. **4:9-12** 예수님의 최후의 시험(22:39-46을 참조)을 암시하는 장면에서 그 시험은 예루살렘에서 일어난다. 지금까지의 세 가지 시험 중에서 이것이 가장 교활한 질문이라고 볼 수 있다. 왜냐하면 이것은 한편으로는 성경의 문자 그대로의 이해를 포함하고 있으며 (악마와 예수 둘 다), 동시에 이 성경구절에 대한 이해는 성경에 제시된 현실 세계의 배후에서 역사하시는 하나님의 목적과 하나님이 하시는 방법들에 대한 이해를 포함하고 있기 때문이다. 하나님의 아들로서 예수님은 (악마가 아닌 오직 예수만) 하나님의 방법을 알고계시며 성경을 하나님의 뜻에 입각하여 해석하신다.

4:14—9:50 4:14와 함께 갈릴리 지역을 중심으로 펼쳐지는 예수님의 공생애 첫 부분이 시작되고 있다. 이야기가 약속에서 실행으로 옮겨지고 있다. 이 장들에서 예수님은 성령의 능력을 받아 그의 사명과 사역을 이해하고 행하시는 것을 보여준다. 이것은 예수님의 순회전도로서 (1) 선포와 기적 사역, 특히 치유 사역을 균형있게 배열하며, 동시에 (2) 그의 사역에 대한 반응에 따라 그를 따르는 제자들과 그에게 적의를 갖고 대하는 사람들간에 분열이 생기는 상황들을 보여주고 있다.

19 주님의 은혜의 해를
선포하게 하셨다."
20 예수께서 두루마리를 말아서, 시중드는 사람
에게 되돌려주시고, 앉으셨다. 회당에 있는 모든
사람의 눈은 예수께로 쏠렸다. 21 예수께서 그
들에게 말씀하셨다. "이 성경 말씀이 너희가 듣는
가운데서 오늘 이루어졌다." 22 사람들은 모두
감탄하고, 그의 입에서 나오는 그 은혜로운 말씀
에 놀라서 "이 사람은 요셉의 아들이 아닌가?" 하
고 말하였다. 23 그래서 예수께서 그들에게 말
씀하셨다. "너희는 틀림없이 '의사야, 네 병이나
고쳐라' 하는 속담을 내게다 끌어대면서, '우리가
들은 대로 당신이 가버나움에서 했다는 모든 일
을, 여기 당신의 고향에서도 해보시오' 하고 말하
려고 한다." 24 예수께서 또 말씀하셨다. "내가
진정으로 너희에게 말한다. 아무 예언자도 자기
고향에서는 환영을 받지 못한다. 25 내가 진정
으로 너희에게 말한다. 엘리야 시대에 삼 년 육 개
월 동안 하늘이 닫혀서 온 땅에 기근이 심했을 때
에, 이스라엘에 과부들이 많이 있었지만, 26 하
나님이 엘리야를 그 많은 과부 가운데서 다른 아
무에게도 보내지 않으시고, 오직 시돈에 있는 사
렙다 마을의 한 과부에게만 보내셨다. 27 또 예
언자 엘리사 시대에 이스라엘에 ㄱ)나병환자가 많
이 있었지만, 그들 가운데서 아무도 ㄴ)고침을 받지
못하고, 오직 시리아 사람 나아만만이 ㄴ)고침을 받
았다." 28 회당에 모인 사람들은 이 말씀을 듣고서,
모두 화가 잔뜩 났다. 29 그래서 그들은 들고일
어나 예수를 동네 밖으로 내쫓았다. 그들의 동네
가 산 위에 있으므로, 그들은 예수를 산 벼랑까지
끌고 가서, 거기에서 밀쳐 떨어뜨리려고 하였다.
30 그러나 예수께서는 그들의 한가운데를 지나서
떠나가셨다.

더러운 귀신이 들린 사람을 고치시다

(막 1:21-28)

31 예수께서 갈릴리의 가버나움 동네로 내려
가셔서, 안식일에 사람들을 가르치셨다. 32 그
런데 사람들은 그의 가르침에 놀랐으니, 그의 말
씀이 권위가 있었기 때문이다. 33 그 때에 그 회
당에 ㄷ)악한 귀신의 영이 들린 사람이 하나 있었는
데, 그가 큰 소리로 이렇게 외쳤다. 34 "아, 나
사렛 예수님, 왜 우리를 간섭하십니까? 우리를 없
애려고 오셨습니까? 나는 당신이 누구인지 압니다.
하나님께서 보내신 거룩한 분입니다." 35 예수
께서 그를 꾸짖어 말씀하셨다. "입을 닥치고, 그
사람에게서 나가라!" 그러자 귀신이 그를 사람들

ㄱ) 나병을 포함한 악성 피부병 ㄴ) 그, '깨끗하여지다' ㄷ) 그, '더러운'

4:14-44 성령의 인치심과 그의 하나님에 대한 신실한 믿음에 따라 예수님이 행하시는 사역은 도대체 어떤 종류의 사역인가 (3:21—4:13)? 물론 이것은 그의 공생애를 준비하는 역할을 감당하고 있다. 여기 나오는 장면들은 후에 등장하는 그의 사역에 대한 틀을 제공하여 준다: 성령님의 역사가 분명하게 드러나는 사역, 가난하고 소외된 사람들에게 증거되는 말씀과 행하심의 사역, 한 지역에만 제한되지 않고 널리 증거되는 복음 사역, 그리고 사람들의 관심을 불러일으킬 뿐만 아니라 그들의 반응을 촉구하는 사역. **4:14-15** 예수님의 사역에 구체적인 사례들을 제시하면서, 예수님의 갈릴리 사역을 요약해 주고 있다. 이 요약은, 그러나, 일방적인 묘사로 보여질 수 있다. 왜냐하면 주로 예수님의 사역에 대한 우호적인 반응만을 언급하고 있기 때문이다. 이 이야기가 끝나자마자 첫 번째 적대 반응을 보이는 장면이 생기게 될 것이다! **4:16-30** 마침내 예수께서 공생애를 시작하신다. 이 장면은 예수님의 사역의 성격을 심도있게 규정하고 있다. 이것을 통하여 우리는 예수께서 그의 제자들에게서 무엇을 기대할 것인지, 그리고 이후에 그가 행할 사역들을 어떻게 해석할 것인지에 대하여 알려준다. **4:18-19** 사 58:6과 61:1-2를 인용하여 예수님은 그의 사역의 성격을 이사야가 소망했던 이스라엘의 회복이라는 문맥으로 규정하고 있음을 보여준다. 이사야의 예언에 대한 이 설교를 통하여 예수께서는 이사야의 소망을 더 폭넓은 시각에서 증거하고 계시다. (1) 이 성구들은 희년 (레 25장) 사상을 모방하여 해방이라는 개념으로 종말의 때에 대하여 숙고하고 있다. 누가의 이야기들(누가복음-사도행전)에서는 "해방"이 죄사함이라는 측면에서 이해되고 있다 (문자 그대로는 죄로부터의 놓임을 받음). 이것은 하나님과의 화해를 위하여 절대적으로 요구되는 것이며, 동시에 인간이 악마의 권세에서 해방되는 전인적인 치유를 포함한다 (예를 들어, 13:10-17). 이는 또한 빚의 탕감—빚으로 생겨나는 비인간적인 인간관계와 그 소유주에 대한 책무를 포함한다. (2) 과거 100년 동안의 성서해석사를 뒤돌아 볼 때 "가난한 사람"이라는 구절은 다양하게 해석되어 왔다: "영적으로 가난한 사람", 혹은 "물질적으로 공핍한 사람" 등이 그 예이다. 누가의 세계관에서 보면, "가난한 사람"은 사회와 종교적인 이유로 소외받는 "주변에 속한 사람들"을 의미하는 것으로 보아야 한다. 즉, 성, 나이, 경제적 궁핍, 육체적 질병으로 인하여 종교적으로 부정하게 여겨진 사람들을 의미한다. 이와 같은 관점에서 가난한 이들을 보는 견해는 25-29절에 강조되어 있으며, 이 사상은 아이가 없었던 소외된 과부와 나병 환자라는 이유로

한가운데다가 쓰러뜨려 놓고 그에게서 떠나갔는데,
그에게 상처는 입히지 않았다. 36 사람들이 모
두 놀라서 서로 말하였다. "이 말이 대체 무엇이
냐? 그가 권위와 능력을 가지고 ㄱ)악한 귀신들에
게 명하니, 그들이 떠나가는구나." 37 그리하여
예수의 소문이 그 근처 모든 곳에 퍼졌다.

많은 사람을 고치시다
(마 8:14-17; 막 1:29-34)

38 예수께서 회당을 떠나서, 시몬의 집으로
들어가셨다. 그런데 시몬의 장모가 심한 열병으
로 앓고 있어서, 사람들이 그 여자를 두고 예수께
청하였다. 39 예수께서 그 여자에게 다가서서
굽어보시고, 열병을 꾸짖으셨다. 그러자 열병이
물러가고, 그 여자는 곧 일어나서 그들에게 시중을
들었다. 40 해가 질 때에 사람들이 온갖 병으로
앓는 사람들을 다 예수께로 데려왔다. 예수께서
는 한 사람 한 사람에게 손을 얹어서, 고쳐주셨다.
41 또 귀신들도 많은 사람에게서 떠나가며, 소리를
질렀다. "당신은 하나님의 아들입니다." 그러나
예수께서는 꾸짖으시며, 귀신들이 말하는 것을
허락하지 않으셨다. 그들이 그가 ㄴ)그리스도임을
알았기 때문이다.

전도 여행을 떠나시다 (막 1:35-39)

42 날이 새니, 예수께서 나가셔서, 외딴 곳
으로 가셨다. 무리가 예수를 찾아다니다가, 그에
게 와서, 자기들에게서 떠나가지 못하시게, 자기
네 곁에 모셔두려고 하였다. 43 그러나 예수께
서 그들에게 말씀하셨다. "나는 다른 동네에서도
하나님 나라의 복음을 전해야 한다. 나는 이 일을
위하여 보내심을 받았기 때문이다." 44 그리고
예수께서는 ㄷ)유대의 여러 회당에서 복음을 선포
하셨다.

어부들을 제자로 부르시다
(마 4:18-22; 막 1:16-20)

5 1 예수께서 ㄹ)게네사렛 호숫가에 서 계셨다.
그 때에 무리가 예수께 밀려와 하나님의 말씀을
들었다. 2 예수께서 보시니, 배 두 척이 호숫가에
대어 있고, 어부들은 배에서 내려서, 그물을 씻고
있었다. 3 예수께서 그 배 가운데 하나인 시몬
의 배에 올라서, 그에게 배를 뭍에서 조금 떼어 놓
으라고 하신 다음에, 배에 앉으시어 무리를 가르

ㄱ) 그, '더러운' ㄴ) 또는 '메시아'. ㄷ) 다른 고대 사본들에는 '갈릴리'
ㄹ) 갈릴리 바닷가

천대받았던 (레 13—14장) 이방인을 도왔던 이스라엘의 두 예언자 엘리야와 엘리사의 이야기에서도 찾아볼 수 있다 (왕상 17:8-24; 왕하 5:1-19를 보라). **4:22-24** 예수님의 증언에 대한 즉각적인 반응은 긍정적이었다. 하지만 우리는 그 숨겨진 어조에 주의깊게 주시해야 한다. 나사렛에 있었던 회중들은 예수님의 정체성에 대하여 그릇된 판단을 한다. 그들은 예수님을 요셉의 아들(3:23을 보라)로 생각했다. 그러나 우리는 그가 하나님의 아들이심을 안다 (3:21-22). 이것은 예수께서 증거하신 복된 소식이 "오늘 이루어졌다"는 것을 자기들만을 위한 것으로 편협하게 해석하려 했던 사람들의 반응에 대하여 보여주는 것이다. **4:31-44** 이 일련의 이야기들은 나사렛에서 증거하신 예수님의 사역에 관한 프로그램이 어떻게 실행되고 있는가를 보여주는 좋은 예가 되고 있다 (16-30절). **4:31-32** 예수께서 안식일에 (4:16) 가르친 것이 그가 증거한 설교 내용의 구체적인 설명없이 소개되고 있다. 실제로, 16-30절을 제외하고는 어느 곳에서도 예수님의 회당 설교 내용이 알려진 곳은 없다. 이것을 통해서 볼 때, 우리는 예수님이 회당에서 하신 설교를 나사렛에서 하신 것뿐만 아니라, 그외 모든 곳에서 그가 하시는 대표적인 설교로 보아야 할 것이다. **4:33-37** 예수님은 하나님의 거룩한 분이신 반면에 더러운 귀신은 부정한 것에 해당한다. 왜 더러운 귀신은 자신을 우리라는 복수로 지칭하고 있을까? 여기서 더러운 귀신을 대적함으로써, 예수께서는 실제적으로 모든 악의 권세에 대한 공세를 시작하셨다. 메시아의 시대가 도래하는 것은 악마의 통치가 무너져가고 있는 것을 의미한다. 왜 예수께서는 악마에게 잠잠하라고 명하셨을까? 그는 스스로에 대한 고백이 참된 것일지라도 그 고백이 거짓을 일삼는 증인들에 의하여 증거되는 것은 원하지 않으셨다. 가르침과 더불어 더러운 귀신을 내어쫓으셨던 것은 예수님의 참된 권위에 대한 증거들이며 이를 통해 예수님에 대한 명성이 세상에 널리 퍼지게 된다. **4:38-39** 종종 누가의 이야기에서는 "집"이 그를 대적했던 회당 혹은 성전과는 반대로 그를 이해하고 영접했던 곳, 그리고 그런 신실함을 대표한다. 여기서 누가는 병의 심각성에 비해 이 병이 얼마나 신속하고 완전하게 치유되고 있는가에 대하여 증거한다. 손님을 친절하게 접대하는 것과 감사함으로 대응하는 것은 예수님을 통하여 드러난 하나님의 자선에 보답하는 좋은 본보기이다. **4:40-44** 예수께서 전하시는 구원이 하나님의 은혜를 가능한 한 자기들의 유익만을 위한 것으로 독차지 하려 했던 사람들에 의해 환영받고 있다. 1-13절에 있는 더러운 귀신과 16-30절에 있는 나사렛 회중과

치셨다. 4 예수께서 말씀을 그치시고, 시몬에게
말씀하셨다. ㄱ)깊은 데로 나가, 그물을 내려서, 고
기를 잡아라." 5 시몬이 대답하였다. "선생님,
우리가 밤새도록 애를 썼으나, 아무것도 잡지 못
했습니다. 그러나 선생님의 말씀을 따라 그물을
내리겠습니다." 6 그런 다음에, 그대로 하니, 많
은 고기 떼가 걸려들어서, 그물이 찢어질 지경이
었다. 7 그래서 그들은 다른 배에 있는 동료들에
게 손짓하여, 와서 자기들을 도와달라고 하였다.
그들이 와서, 고기를 두 배에 가득히 채우니, 배가
가라앉을 지경이 되었다. 8 시몬 베드로가 이것을
보고, 예수의 무릎 앞에 엎드려서 말하였다. "주
님, 나에게서 떠나 주십시오. 나는 죄인입니다."
9 베드로 및 그와 함께 있는 모든 사람은, 그들이
잡은 고기가 엄청나게 많은 것에 놀랐던 것이다.
10 또한 세베대의 아들들로서 시몬의 동료인 야
고보와 요한도 놀랐다. 예수께서 시몬에게 말씀
하셨다. "두려워하지 말아라. 이제부터 너는 사람
을 낚을 것이다." 11 그들은 배를 뭍에 댄 뒤에,
모든 것을 버려 두고 예수를 따라갔다.

나병환자를 깨끗하게 하시다

(마 8:1-4; 막 1:40-45)

12 예수께서 어떤 동네에 계실 때에, 온 몸에
ㄴ)나병이 든 사람이 찾아 왔다. 그는 예수를 보고서,
얼굴을 땅에 대고 엎드려 간청하였다. "주님, 하고
자 하시면, 나를 깨끗하게 해주실 수 있습니다."
13 예수께서 손을 내밀어서, 그에게 대시고 "그
렇게 해주마. 깨끗하게 되어라" 하고 말씀하시니,
곧 나병이 그에게서 떠나갔다. 14 예수께서 그
사람에게 아무에게도 말하지 말라고 명하시고,
이렇게 말씀하셨다. "가서, 제사장에게 네 몸을
보이고, 네가 깨끗하게 된 것에 대하여 모세가 명한
대로 예물을 드려서 사람들에게 증거로 삼아라."
15 그러나 예수의 소문이 더욱더 퍼지니, 큰 무
리가 그의 말씀도 듣고, 또 자기들의 병도 고치고자
하여 모여들었다. 16 그러나 예수께서는 외딴
데로 물러가서 기도하셨다.

중풍병자를 고치시다

(마 9:1-8; 막 2:1-12)

17 어느 날 예수께서 가르치시는데, 갈릴리
및 유대의 모든 마을과 예루살렘에서 온 바리새파
사람들과 율법교사들이 둘러앉아 있었다. 주님의
능력이 함께 하시므로, 예수께서는 병을 고치셨다.
18 그런데 사람들이 중풍병에 걸린 사람을 침상에
눕힌 채로 데려와서는, 안으로 들여서, 예수 앞에
놓으려고 하였다. 19 그러나 무리 때문에 그를
안으로 들여놓을 길이 없어서, 지붕으로 올라가서,
기와를 벗겨 그 자리를 뚫고, 그 병자를 침상에 누
인 채, 무리 한가운데로 예수 앞에 달아 내렸다.
20 예수께서 그들의 믿음을 보시고 말씀하셨다.
"이 사람아, 네 죄가 용서받았다." 21 그래서 율
법학자들과 바리새파 사람들이 말하기를 "하나님
을 모독하는 말을 하다니, 이 사람은 누구인가?

ㄱ) '깊은 데로 나가라'와 '그물을 내려라'라는 두 개의 명령문인데, 첫째 명령문의 주어는 2인칭 단수이고 둘째 명령문의 주어는 2인칭 복수이다
ㄴ) 온갖 악성 피부병을 뜻하는 말

같이, 무리는 잠복해 있다가 예수님이 위임받아 행하시는 사역을 공경하는 역할을 한다. 그러므로 예수님은 본인의 소명을 재천명하셔야 한다. 그렇게 하시면서, 예수님은 새로운 개념을 소개해 주신다: 그것은 *하나님의 나라*이다. 이것은 하나님의 구원행위와 그것을 구체적으로 구현했던 믿음의 공동체, 그리고 그들의 행함을 일컫는 말이다.

5:1—6:11 유대 땅(4:34-44)에서 순회전도 사역을 하시던 예수님의 의도가 이후에 소개되는 여섯 이야기를 통하여 구체화된다. 누가복음서에서 처음으로 제자들이 소개된다. 그들은 예수님이 전도하려 하셨던 부류의 사람들에 속하며 (즉, "죄인들"; 5:8, 32를 참조), 동시에 그들은 자기들의 소유를 기꺼이 내어놓을 수 있었던 사람들이었다. **5:1-11** 처음에 제자들을 부르는 이야기는 어떻게 하는 것이 예수님의 사역에 적절하게 반응하는 것인가에 대한 예를 보여주는 것이다. 자신이 죄인임을 고백하며 *주님, 나에게서 떠나 주십시오*를 간청한 시몬과 예수님을 자기들의 편의에 부응하는 사람으로 독차지하려 했던 나사렛 및 가버나움 사람들과의 반응과는 다른 정반대의 대조를 이루고 있다. 여기 제자들이 *모든 것을 버려두고 예수를 따라갔다*는 것은 이전에 단지 놀람으로 응답했던 사람들의 반응을 훨씬 능가하는 적절한 반응이다. 이를 통하여 본문은 제자들이 이후에 전적으로 예수님의 사역에 동참하게 될 것임을 시사하고 있다. **5:12-16** *나병환자.* 누가복음에 있는 나병환자는 오늘날 우리가 알고 있는 나병이 아니다. 실제로 이것은 사회종교적인 의미에서 정상적으로 사회생활을 할 수 없었던 부정하고 소외된 사람들을 의미했다 (레 13—14장; 눅 17:12를 보라). 여기에 소개된 치유는 두 단계로 행해졌다. 먼저 육체의 치유가 이루어져야 했고 이에 따르는 제사장의 정결선언이 요구되었다. 4:27을 참조하라. **5:17-26** 예수께서 보시기에는 중풍병

하나님 한 분 밖에, 누가 죄를 용서할 수 있는가?"
하면서, 의아하게 생각하기 시작하였다. 22 예수
께서는 그들의 생각을 알아채시고 말씀하셨다.
"어찌하여 너희는 마음 속으로 의아하게 생각하
느냐? 23 '네 죄가 용서받았다' 하고 말하는 것과
'일어나서 걸어가거라' 하고 말하는 것 가운데서
어느 쪽이 더 말하기가 쉬우냐? 24 그러나 너희
는 ㄱ)인자가 땅에서 죄를 용서하는 권세를 가지고
있음을 알아야 한다." 그리고 예수께서 중풍병 환
자에게 말씀하셨다. "내가 너에게 말한다. 일어나
서 네 침상을 치워 들고 네 집으로 가거라." 25 그
러자 곧 그는 사람들 앞에서 일어나, 자기가 누웠
던 침상을 거두어 들고, 하나님을 찬양하면서, 집
으로 갔다. 26 사람들은 모두 놀라서, 하나님을
찬양하였으며, 두려움에 차서 말하였다. "우리는
오늘 신기한 일을 보았다."

레위를 부르시다

(마 9:9-13; 막 2:13-17)

27 그 뒤에 예수께서 나가셔서, 레위라는 세
리가 세관에 앉아 있는 것을 보시고 그에게 말씀
하셨다. "나를 따라오너라." 28 레위는 모든 것을
버려두고, 일어나서 예수를 따라갔다. 29 레위가
자기 집에서 예수에게 큰 잔치를 베풀었는데, 많은
세리와 그 밖의 사람들이 큰 무리를 이루어서, 그
들과 한 자리에 ㄴ)앉아서 먹고 있었다. 30 바리
새파 사람들과 그들의 율법학자들이 예수의 제자
들에게 불평하면서 말하였다. "어찌하여 당신들은
세리들과 죄인들과 어울려서 먹고 마시는 거요?"
31 예수께서 그들에게 대답하셨다. "건강한 사람
에게는 의사가 필요하지 않으나, 병든 사람에게는
필요하다. 32 나는 의인을 부르러 온 것이 아니라,
죄인을 불러서 회개시키러 왔다."

금식 문제 (마 9:14-17; 막 2:18-22)

33 사람들이 예수께 말하였다. "요한의 제자
들은 자주 금식하며 기도하고, 바리새파 사람의
제자들도 그렇게 하는데, 당신의 제자들은 먹고
마시는군요." 34 예수께서 그들에게 말씀하셨다.
"너희는 혼인 잔치의 손님들을, 신랑이 그들과 함께
있는 동안에 금식하게 할 수 있겠느냐? 35 그러나
신랑을 빼앗길 날이 올 터인데, 그 날에는 그들이
금식할 것이다." 36 예수께서는 그들에게 또 비
유를 말씀하셨다. "새 옷에서 한 조각을 떼어내서,
낡은 옷에다가 대고 깁는 사람은 없다. 그렇게 하면,
그 새 옷은 찢어져서 못 쓰게 되고, 또 새 옷에서

ㄱ) 그, '사람의 아들' ㄴ) 그, '기대어 누워서'

을 고치시는 일, 그리고 죄사함을 선언하는 일은 둘 다 치유의 근본 목적에 해당한다: 전인성의 회복. 이 사건은 앞으로 반복해서 나타나게 될 주제에 대하여 증거하고 있다. 즉, 예수님과 그가 약속하는 구원과 이에 반응하는 사람들간에는 보이지 않는 거리가 있음을 증거한다. 여기에서는 특히 두 종류의 장애물이 등장한다: 죄사함에 대해 우호적으로 반응하는 군중과 이에 대해 불만족스럽게 반응하는 바리새파 사람들과 율법학자들이다. 처음으로 인자라는 구절이 등장한다. 누가복음에서 인자라는 말은 예수께서 스스로를 지칭하는 말로서 그의 유일성에 대해 관심을 불러일으키는 역할을 하고 있다. 비록 그의 지도력이 유대 지도자들(특히 예루살렘에 근거한)의 반대에 부딪치고 있지만, 그는 분명히 신적인 권위를 가진 분이시다. **5:27-39** 이 부분은 한 장면으로 구성되어 있지만, 이 한 장면은 네 개의 소부분으로 이루어져 있다: 정황 (27-29절), 누구를 식사에 동참시킬 것인가에 관한 논쟁 (30-32절), 금식에 관한 대화 (33-35절), 그리고 술과 가죽 부대에 관한 비유 (36-39절) 등이다. 사실상 이야기는 어떤 사람들과 교제를 하는 것이 합당한 것인지에 대하여 바리새파 사람들과 율법학자들과 예수님이 각각 다른 입장을 가지고 있음을 보여주고 있다. **5:27-29** 세리들은 로마 정부를 위한 중개인들이었으며, 그들은 유대인과 이방인 모두에게 멸시를 받았다. 예수께서 이런 사람들과 교제하셨으며, 나아가 그들을 제자로 부르셨다는 사실은 상당히 충격적인 일이었을 것이다. **5:30-32** 여기서 바리새파 사람들이 죄인이라는 용어를 소개하고 있는데, 이것은 자기들 외에 다른 사람들, 즉, 예수님을 따랐던 사람들을 하나님의 공동체와는 무관한 사람들로 간주하고 있는 것으로 주목할 만한 특이한 표현이다. 그렇지만 바로 그런 사람들에게 예수님은 기쁜 소식을 전해 주신다 (4:18-19). **5:33-35** 식사에 누구를 참석시킬 것인가에 관한 문제와 동일하게 금식도 어떤 특정한 부류의 사람들을 규정짓는 역할을 하고 있다. 바리새파 사람들은 일주일에 두 번씩 금식하는 금욕주의자들로 유명했다 (18:12를 참조). 반면에 예수님 주변에 몰려들었던 사람들은 하나님의 역사하심에 반응을 보였던 사람들이다. **5:36-39** 오늘 우리가 사는 시대와는 달리 그 당시에는 "묵은 것이 더 좋은 것"이었다; 이런 측면에서 예수께서 "묵은 포도주가 좋다" 라고 말씀하시는 것에 주목하라. 이런 측면에서 보면 예수님의 말씀이 아주 혁신적인 것으로 들릴 수 있지만, 그것보다는 이것을

떼어낸 조각은 낡은 옷에 어울리지도 않을 것이다.
37 새 포도주를 낡은 가죽 부대에다가 넣는 사람은
없다. 그렇게 하면, 새 포도주가 그 가죽 부대를
터뜨릴 것이며, 그래서 포도주는 쏟아지고 가죽
부대는 못 쓰게 될 것이다. 38 새 포도주는 새
부대에 넣어야 한다. 39 ㄱ)묵은 포도주를 마시고
나서, 새 포도주를 원하는 사람은 없다. 묵은 포
도주를 마신 사람은 묵은 것이 좋다고 한다."

안식일에 밀 이삭을 자르다

(마 12:1-8; 막 2:23-28)

6 1 한 안식일에 예수께서 밀밭 사이로 지나가
시게 되었다. 그런데 그의 제자들이 밀 이삭을
잘라, 손으로 비벼서 먹었다. 2 그러자 몇몇 바
리새파 사람이 말하였다. "어찌하여 당신들은 안
식일에 ㄴ)해서는 안 되는 일을 합니까?" 3 예수
께서 그들에게 대답하셨다. "다윗과 그 일행이
주렸을 때에, 다윗이 한 일을 너희는 읽어보지 못
하였느냐? 4 다윗이 하나님의 집에 들어가서,
제사장들 밖에는 먹어서는 안 되는 제단 빵을 집
어서 먹고, 자기 일행에게도 주지 않았느냐?"
5 그리고 예수께서 그들에게 말씀하셨다. "인자는
안식일의 주인이다."

손이 오그라든 사람을 고치시다

(마 12:9-14; 막 3:1-6)

6 또 다른 안식일에 예수께서 회당에 들어가
서 가르치시는데, 거기에는 오른손이 오그라든
사람이 있었다. 7 율법학자들과 바리새파 사람
들은 예수를 고발할 구실을 찾으려고, 예수가 안
식일에 병을 고치시는지 엿보고 있었다. 8 예수
께서 그들의 생각을 아시고, 손이 오그라든 사람
에게 말씀하셨다. "일어나서, 가운데 서라." 그래
서 그는 일어나서 섰다. 9 예수께서 그들에게 말
씀하셨다. "너희에게 물어 보겠다. 안식일에 착한
일을 하는 것이 옳으냐? 악한 일을 하는 것이 옳
으냐? 목숨을 건지는 것이 옳으냐? 죽이는 것이
옳으냐?" 10 예수께서 그들을 모두 둘러보시고
서, 그 사람에게 명하셨다. "네 손을 내밀어라."
그 사람이 그렇게 하니, 그의 손이 회복되었다.
11 그들은 화가 잔뜩 나서, 예수를 어떻게 할까
하고 서로 의논하였다.

열두 제자를 택하시다

(마 10:1-4; 막 3:13-19)

12 그 무렵에 예수께서 기도하려고 산으로
떠나가서, 밤을 새우면서 하나님께 기도하셨다.
13 날이 밝을 때에, 예수께서 자기의 제자들을
부르시고, 그 가운데서 열둘을 뽑으셨다. 그는
그들을 사도라고도 부르셨는데, 14 열둘은 베
드로라고도 이름을 주신 시몬과 그의 동생 안드레,
그리고 야고보와 요한과 빌립과 바돌로매와
15 마태와 도마와 알패오의 아들 야고보와 ㄷ)열
심당원이라고도 하는 시몬과 16 야고보의 아들
유다와 배반자가 된 가룟 유다이다.

ㄱ) 다른 고대 사본에는 39절이 없음 ㄴ) 다른 고대 사본들에는 '율법에 어긋난 일을' ㄷ) 또는 '혁명당원'. 그, '셀롯'

하나님께서 예전에 세우셨던 그분의 계획을 완성하시는 것으로 보아야 할 것이다. **6:1-11** 예수님과 바리새파 사람들 사이에 갈등이 공공연한 적대감으로 격화되고 있다. 이 적대감은 결국 바리새파 사람들과 율법학자들로 하여금 예수님을 고소하고자 하는 공모를 유발하게 된다 (6:5, 11). 여기에서 논란의 대상이 되는 것은 "율법주의"가 아니라, 안식일에 관한 성서적인 법문의 해석 여부에 관한 것이다. 누가복음에서 보면 안식일을 지키는 것은 유대인의 정체성을 규정하는 근본적인 것이었으며, 이를 통하여 유대인들은 그들의 하나님에 대한 신앙여부를 판가름했다. 사실상 안식일을 지키는 것에 관한 성경구절들이 다소 모호한 구석이 있다는 점(출 20:8-11; 31:14-15; 35:2; 신 15:12-15)을 인정할 때, 이에 대한 적절한 해석과 적용은 아주 중요한 일이었다. 예수께서 보시기에는 율법학자들의 해석은 안식일에 내포된 하나님의 구속적인 목적을 제대로 파악하지 못하고 있는 것이다.

6:12-49 예수님에 대한 적대감이 아직도 미결로 남아 있는 상태에서 본문은 예수님이 제자들을 택하는 것에 초점을 맞추고 있다. 하지만 갈등과 적대감의 소지(16절)는 아직도 배후에 깔려 있으며, 이는 유다에 대한 언급을 통하여 알 수 있다 (22-23절). **6:12-16** 이스라엘의 열두 지파를 연상시켜 주는 열두 제자의 선택은 예수님의 사역 목적이 이스라엘을 회복하는 것이라고 소개했던 이전의 기록을 연상시켜 준다. 예수께서 열두 제자를 선택하시기 전 밤새 기도하셨다는 사실은 이 일이 하나님의 섭리 가운데 행해지고 있음을 보여주는 것이다. **6:17-49** 종종 평지설교라고 불리는 (6:17을 참조) 이 부분은 긴 설교로서 예수께서 소개하고 설교하시는 새로운 세상과 그에 합당한 행동양식에 대하여 알려 준다. 하나님은 자비로우신 분이라는 성서적인 확신과 이런 하나님의 자녀들은 자비로우신 하나님을 반영하는 삶을 살아간다는 시각에 입각하여 새로운 세계관이 제시되고 있다 (35절; 출 34:6-7을 참조). 이 부

사방에서 사람들이 모여들다
(마 4:23-25)

17 예수께서 그들과 함께 산에서 내려오셔서,
평지에 서셨다. 거기에 그의 제자들이 큰 무리를
이루고, 또 온 유대와 예루살렘과 두로 및 시돈
해안 지방에서 모여든 많은 백성이 큰 무리를 이
루었다. 18 그들은 예수의 말씀도 듣고, 또 자기
들의 병도 고치고자 하여 몰려온 사람들이다.
ㄱ)악한 귀신에게 고통을 당하던 사람들은 고침을
받았다. 19 온 무리가 예수에게 손이라도 대보
려고 애를 썼다. 예수에게서 능력이 나와서 그들을
모두 낫게 하였기 때문이다.

복과 화를 선포하시다 (마 5:1-12)

20 예수께서 눈을 들어 제자들을 보시고 말씀
하셨다.

"너희 가난한 사람들은 복이 있다.
하나님의 나라가 너희의 것이다.
21 너희 지금 굶주리는 사람들은
복이 있다.
너희가 배부르게 될 것이다.
너희 지금 슬피 우는 사람들은
복이 있다.
너희가 웃게 될 것이다.

22 사람들이 너희를 미워하고, 인자 때문에
너희를 배척하고, 욕하고, 너희의 이름을 악하다
고 내칠 때에는, 너희는 복이 있다. 23 그 날에
기뻐하고 뛰놀아라. 보아라, 하늘에서 받을 너희의
상이 크다. 그들의 조상들이 예언자들에게 이와
같이 행하였다.

24 그러나 너희, 부요한 사람들은
화가 있다.
너희가 너희의 위안을
받고 있기 때문이다.
25 너희, 지금 배부른 사람들은
화가 있다.
너희가 굶주리게 될 것이기
때문이다.
너희, 지금 웃는 사람들은 화가 있다.
너희가 슬퍼하며 울 것이기 때문이다.

26 모든 사람이 너희를 좋게 말할 때에, 너희
는 화가 있다. 그들의 조상들이 거짓 예언자들에
게 이와 같이 행하였다.

원수를 사랑하여라 (마 5:38-48; 7:12상반)

27 그러나 내 말을 듣고 있는 너희에게 내가
말한다. 너희의 원수를 사랑하여라. 너희를 미워
하는 사람들에게 잘 해 주고, 28 너희를 저주하
는 사람들을 축복하고, 너희를 모욕하는 사람들
을 위하여 기도하여라. 29 네 뺨을 치는 사람에
게는 다른 쪽 뺨도 돌려대고, 네 겉옷을 빼앗는 사
람에게는 속옷도 거절하지 말아라. 30 너에게
달라는 사람에게는 주고, 네 것을 가져가는 사람
에게서 도로 찾으려고 하지 말아라. 31 너희는
남에게 대접을 받고자 하는 대로 남을 대접하여
라. 32 너희가 너희를 사랑하는 사람들만 사랑
하면, 그것이 너희에게 무슨 장한 일이 되겠느냐?
죄인들도 자기네를 사랑하는 사람들을 사랑한다.
33 너희를 좋게 대하여 주는 사람들에게만 너희가
좋게 대하면, 그것이 너희에게 무슨 장한 일이 되
겠느냐? 죄인들도 그만한 일은 한다. 34 도로
받을 생각으로 남에게 꾸어 주면, 그것이 너희에
게 무슨 장한 일이 되겠느냐? 죄인들도 고스란히
되받을 요량으로 죄인들에게 꾸어 준다. 35 그
러나 너희는 너희 원수를 사랑하고, 좋게 대하여
주고, 또 아무것도 바라지 말고 꾸어 주어라. 그
리하면 너희는 큰 상을 받을 것이요, 더없이 높으신

ㄱ) 그, '더러운'

분은 순종에 이르게 하는 "경청"을 강조하는 것으로 시작되고 마무리는 긴 설교로 구성되어 있다 (17-19, 46-49절). **6:17-19** 누가는 세 종류의 청중을—열두 제자와 그를 가까이 따랐던 다수의 제자들, 갈릴리와 그 주변에서 몰려왔던 사람들, 그리고 소수의 악한 귀신에 사로잡혔던 사람들—대상으로 증거하고 있다. 이 모든 사람은 말씀이나 기적 행위를 통해서 예수님의 사역에 혜택을 입었던 사람들이다. **6:20-26** 예수께서는 그의 설교를 신중하게 구성된 축복과 저주를 통하여 증거하기 시작하신다. 여기에서 특이한 것은 세상에서는 늘 그러려니 했던 생각들이 뒤집어지고 있다는 사실이다. 그렇지만 이런 효과가 바로 본문이 달성하고자 하는 요지였다. 여기서 예수님은 축복의 개념이 반전되는 것으로 특징지어지는 형식을 통하여 새로운 시각으로 세상을 보는 방법을 제시하고 계시다. **6:27-38** 예수께서는 "세상이 어떻게 돌아가는가"에 대한 새로운 시각을 얻을 때 유발되는 헌신과 행위에 대하여 요약해 줌으로써 20-26절에 소개된 관점을 강조하며 더 발전시키고 계시다. 이 새로운 태도와 행위들은 예수님의 하나님에 대한 이해, 자비로우신 아버지, 즉 그분의 성품이 결코 인색하거나 계산적인 분이 아닌 풍성하시고 자비로우신 분이라는 사상에 근거하고 있다. **6:39-49** 예수께서는 일련의 비

분의 아들이 될 것이다. 그분은 은혜를 모르는 사
람들과 악한 사람들에게도 인자하시다. 36 너희의
아버지께서 자비로우신 것 같이, 너희도 자비로운
사람이 되어라.

남을 심판하지 말아라 (마 7:1-5)

37 남을 심판하지 말아라. 그리하면 하나님께
서도 너희를 심판하지 않으실 것이다. 남을 정죄하
지 말아라. 그리하면 하나님께서도 너희를 정죄하
지 않으실 것이다. 남을 용서하여라. 그리하면 하
나님께서도 너희를 용서하실 것이다. 38 남에게
주어라. 그리하면 하나님께서도 너희에게 주실 것
이니, 되를 누르고 흔들어서, 넘치도록 후하게 되어
서, 너희 품에 안겨 주실 것이다. 너희가 되질하여
주는 그 되로 너희에게 도로 되어서 주실 것이다."
39 예수께서 그들에게 또 비유 하나를 말씀하
셨다. "눈먼 사람이 눈먼 사람을 인도할 수 있느냐?
둘이 다 구덩이에 빠지지 않겠느냐? 40 제자는 스
승보다 높지 않다. 그러나 누구든지 다 배우고 나
면, 자기의 스승과 같이 될 것이다. 41 어찌하여
너는 ㄱ)남의 눈 속에 있는 티는 보면서, 네 눈 속
에 있는 들보는 깨닫지 못하느냐? 42 너는 네 눈
속에 있는 들보를 보지 못하면서, 어떻게 ㄱ)남에
게 'ㄱ)친구야, 내가 네 눈 속에 있는 티를 빼내 줄
테니 가만히 있어라' 하고 말할 수 있겠느냐? 위
선자야, 먼저 네 눈에서 들보를 빼내어라. 그리해
야 그 때에 네가 똑똑히 보게 되어서, ㄱ)남의 눈 속
에 있는 티를 빼 줄 수 있을 것이다.

열매로 나무를 안다
(마 7:17-20; 12:34하반-35)

43 좋은 나무가 나쁜 열매를 맺지 않고, 또
나쁜 나무가 좋은 열매를 맺지 않는다. 44 나무는
각각 그 열매를 보면 안다. 가시나무에서 무화과를
거두어들이지 못하고, 가시덤불에서 포도를 따지
못한다. 45 선한 사람은 그 마음 속에 갈무리해
놓은 선 더미에서 선한 것을 내고, 악한 사람은 그
마음 속에 갈무리해 놓은 악 더미에서 악한 것을
낸다. 마음에 가득 찬 것을 입으로 말하는 법이다.

말씀을 듣고 행하는 사람과 행하지 않는 사람
(마 7:24-27)

46 어찌하여 너희는 나더러 '주님, 주님!' 하
면서도, 내가 말하는 것은 행하지 않느냐? 47 내게
와서 내 말을 듣고 그대로 행하는 사람이 어떤 사
람과 같은지를 너희에게 보여 주겠다. 48 그는
땅을 깊이 파고, 반석 위에다 기초를 놓고 집을
짓는 사람과 같다. 홍수가 나서 물살이 그 집에 들
이쳐도, 그 집은 흔들리지도 않는다. ㄴ)잘 지은
집이기 때문이다. 49 그러나 내 말을 듣고서도
그대로 행하지 않는 사람은, 기초 없이 맨 흙 위
에다가 집을 지은 사람과 같다. 물살이 그 집에 들
이치니, 그 집은 곧 무너져 버렸고, 그 집의 무너
짐이 엄청났다."

백부장의 종을 낫게 하시다
(마 8:5-13; 요 4:43-54)

7 1 예수께서 자기의 모든 말씀을 백성들에게 들
려주신 뒤에, 가버나움으로 가셨다. 2 어떤 백
부장의 종이 병들어 거의 죽게 되었는데, 그는 주
인에게 소중한 종이었다. 3 그 백부장이 예수의
소문을 듣고, 유대 사람들의 장로들을 예수께로
보내어 그에게 청하기를, 와서 자기 종을 낫게 해
달라고 하였다. 4 그들이 예수께로 와서, 간곡히

ㄱ) 그, '형제' ㄴ) 다른 고대 사본들에는 '반석 위에 지은 집'

유적인 말씀들을 들어 청중들에게 단순하게 듣는 데에 그치지 말고, 들은 것을 행하도록 권면하시며, 이 부분의 설교를 마무리하신다. 여기서 우리는 본문이 "행함"을 강조하는 데 관심이 있다는 것을 알 수 있다 (43, 46-47, 49절)—말하자면, 개인의 변화된 기질과 헌신은 그것들이 구체적인 삶의 변화를 통하여 나타나야 한다고 가르치고 있다.

7:1-50 4:16-30에서 예수께서는 그의 사역을 "가난한" 사람들에게 기쁜 소식을 전하는 것으로 시작하셨다. 누가는 이와 같은 주제를 예수님의 말씀과 행하심을 통하여 다음에 나오는 본문에서도 계속 발전시키고 있으며 (4:31—6:11), 예수님을 중심으로 하여 형성되는 공동체에 참여하는 이들이 소유해야 할 새로운 가치관과 헌신과 행동양식들로 증거하고 있다 (6:12-49). 이와 같은 강조점들이 세 사례를 통하여 나타나고 있다 (7:1-10, 11-17, 36-50). 이것들은 종합적으로 예수님의 사역을 통하여 가능하게 되는 구원에 대한 구체적인 증언이다. 4:16-30에서와 마찬가지로 예수님의 사역의 성격과 그의 정체성이 하나로 얽혀져 있다. 예수님은 엘리사(4:22; 7:1-10을 왕하 5장 참조)와 엘리야(4:25-26; 7:11-17; 왕상 17:8-24를 참조)와 같으시다. 그는 이사야서를 인용하여 (사 61:1-2; 본문 7:21-22; 4:18-19를 참조) 그의 사역의 성격을 명료하게 선언하고 있다. **7:1-10** 예수께서는 방금 남을 사랑하는

탄원하기를 "그는 선생님에게서 은혜를 받을 만한
사람입니다. 5 그는 우리 민족을 사랑하는 사람
이고, 우리에게 회당을 지어주었습니다" 하였다.
6 예수께서 그들과 함께 가셨다. 예수께서 백부
장의 집에서 그리 멀지 않은 곳에 이르렀을 때에,
백부장은 친구들을 보내어, 예수께 이렇게 아뢰
게 하였다. "주님, 더 수고하실 것 없습니다. 저는
주님을 내 집에 모셔들일 만한 자격이 없습니다.
7 그래서 내가 주님께로 나아올 엄두도 못 냈습
니다. 그저 말씀만 하셔서, 내 종을 낫게 해주십
시오. 8 나도 상관을 모시는 사람이고, 내 밑에
도 병사들이 있어서, 내가 이 사람더러 가라고
하면 가고, 저 사람더러 오라고 하면 옵니다. 또
내 종더러 이것을 하라고 하면 합니다." 9 예수
께서 이 말을 들으시고, 그를 놀랍게 여기시어,
돌아서서, 자기를 따라오는 무리에게 말씀하셨
다. "내가 너희에게 말한다. 나는 이스라엘 사람
가운데서는, 아직 이런 믿음을 본 일이 없다."
10 심부름 왔던 사람들이 집에 돌아가서 보니,
종은 나아 있었다.

과부의 아들을 살리시다

11 ㄱ)그 뒤에 곧 예수께서 나인이라는 성읍으
로 가시게 되었는데, 제자들과 큰 무리가 그와 동
행하였다. 12 예수께서 성문에 가까이 이르셨을
때에, 사람들이 한 죽은 사람을 메고 나오고 있었
다. 그 죽은 사람은 그의 어머니의 외아들이고, 그
여자는 과부였다. 그런데 그 성의 많은 사람이 그
여자와 함께 따라오고 있었다. 13 주님께서 그
여자를 보시고, 가엾게 여기셔서 말씀하셨다. "울
지 말아라." 14 그리고 앞으로 나아가서, 관에
손을 대시니, 메고 가는 사람들이 멈추어 섰다. 예
수께서 말씀하셨다. "젊은이야, 내가 네게 말한
다. 일어나라." 15 그러자 죽은 사람이 일어나
앉아서, 말을 하기 시작하였다. 예수께서 그를 그
어머니에게 돌려주셨다. 16 그래서 모두 두려움
에 사로잡혀서, 하나님을 찬양하면서 말하기를 "우
리에게 큰 예언자가 나타났다" 하고, 또 "하나님
께서 자기 백성을 돌보아주셨다" 하였다. 17 예
수의 이 이야기가 온 유대와 그 주위에 있는 모든
지역에 퍼졌다.

세례자 요한이 보낸 사람들에게 답변하시다

(마 11:2-19)

18 요한의 제자들이 이 모든 일을 요한에게
알렸다. 요한은 자기 제자 가운데서 두 사람을 불러,
19 주님께로 보내어 "선생님이 오실 그분입니까?
그렇지 않으면, 우리가 다른 분을 기다려야 합니
까?" 하고 물어 보게 하였다. 20 그 사람들이 예
수께 와서 말하였다. "ㄴ)세례자 요한이 우리를 선
생님께로 보내어 '선생님이 오실 그분입니까? 그
렇지 않으면, 우리가 다른 분을 기다려야 합니
까?' 하고 물어 보라고 하였습니다." 21 그 때에
예수께서는 질병과 고통과 악령으로 시달리는 사
람을 많이 고쳐주시고, 또 눈먼 많은 사람을 볼 수
있게 해주셨다. 22 예수께서 그들에게 이렇게

ㄱ) 다른 고대 사본들에는 '다음 날' ㄴ) 또는 '침례자'

것은 원수까지 포함하여야 한다고 가르치셨다 (6:22-23). 이 사랑은 그 당시 팔레스타인을 점령하고 있던 로마 병정들까지 포함하는가? 여기에서 하나님의 은총의 개념이 확장되는 것을 볼 수 있을 뿐만 아니라 실제로 원수를 사랑하는 것을 통하여 신앙에 대한 새로운 개념이 정립되는 것을 볼 수 있다. **7:1-17** 여기에 물론 다른 인물들도 등장한다. 그러나 분명하게 초점이 맞추어지고 있는 것은 예수님과 그가 기쁜 소식을 전하는 대상인 "가난한 사람"의 표상인 여자이다. 여기에 죽은 사람을 살리시는 것은 진정 그녀를 위해 행하신 것으로 그녀의 생명을 회복시키려는 자비의 행위였다. **7:18-35** *이 모든 일.* 1-17절에 있는 예수께서 소외된 사람들과 같이 하셨던 모든 것을 포함하는 것을 말한다. 이와 같은 일들이 예수께서 메시아로 인정받으시기에 합당함을 보여준다. **7:18-23** 요한의 질문은 현실적인 것이었다. 실제로 누가는 예수님의 사역에 대한 부정적인 반응들을 이미 소개했었다. 하나님의 기름부음을 받은 이가 진정 그런 적개심을 유발했을까? 그는 실로 요한에 의해 증거된 높은 기대까지 성취한 인물이었나 (3:1-20을 보라)? 예수님의 대답은 겉으로는 그에 대한 메시아로서의 기대에 부응하지 못하는 것처럼 보이지만, 그는 메시아관을 재정립함으로써 자신이 참된 메시아이심을 증언하고 계시다. 4:18-19를 보라. **7:24-35** 예수님은 하나님의 목적에 대한 두 가지 상반되는 견해를 중심과제로 제시하신다. 한 견해에 의하면, 예수님과 요한은 표준에서 벗어난 인물들이다. 또 다른 견해에 의하면, 요한은 가장 위대한 예언자들 중 하나로 평가되어야 하며, 예수님은 하나님의 뜻을 계시하는 분으로 증거하고 있다. 후자의 견해에 의하면, 예수님과 요한을 거부하는 사람들은 결국 그들을 향한 하나님의 계획을 거부하는 것이다. **7:35** 유대교적인 사고의 배경을 통하여 알 수 있는 것처럼 여기서 "지혜"는 하나님을 의인화하여 표현한 것이며, 넓은 의미에서, 하나님의 목적을 표현하는 것이다. *지혜의 자녀*는 하나님 편에 속해 있는 것이

대답하셨다. "너희가 보고 들은 것을, 가서 요한에게 알려라. 눈먼 사람이 다시 보고, 다리 저는 사람이 걷고, ㄱ)나병환자가 깨끗해지고, 귀먹은 사람이 듣고, 죽은 사람이 살아나고, 가난한 사람이 복음을 듣는다. 23 ㄴ)나에게 걸려 넘어지지 않는 사람은 복이 있다."

24 요한의 심부름꾼들이 떠난 뒤에, 예수께서 요한에 대하여 무리에게 말씀하셨다. "너희는 무엇을 보러 광야에 나갔더냐? 바람에 흔들리는 갈대냐? 25 아니면, 무엇을 보러 나갔더냐? 비단 옷을 입은 사람이냐? 화려한 옷을 입고 호사스럽게 사는 사람은 왕궁에 있다. 26 아니면, 무엇을 보러 나갔더냐? 예언자를 보려고 나갔더냐? 그렇다. 내가 너희에게 말한다. 그는 예언자보다 더 위대한 인물이다. 27 이 사람에 대하여 성경에 기록하기를

ㄷ)'보아라.
내가 내 심부름꾼을
너보다 앞서 보낸다.
그가 네 앞에서
네 길을 닦을 것이다'

하였다. 28 내가 너희에게 말한다. 여자가 낳은 사람 가운데서, ㄹ)세례자 요한보다 더 큰 인물이 없다. 그러나 하나님 나라에서는 가장 작은 자라도 요한보다 더 크다." 29 (모든 백성과 심지어는 세리들까지도 요한의 설교를 듣고, 그의 ㄹ)세례를 받았다. 이렇게 하여 그들은 하나님의 옳으심을 드러냈다. 30 그러나 바리새파 사람들과 율법학자들은 요한에게서 ㄹ)세례를 받지 않음으로써 자기들에 대한 하나님의 계획을 물리쳤다.)

31 "그러니, 이 세대 사람을 무엇에 비길까? 그들은 무엇과 같은가? 32 그들은 마치 어린이들이 장터에 앉아서, 서로 부르며 말하기를

'우리가 너희에게 피리를 불어도,
너희는 춤추지 않았고,
우리가 애곡을 하여도
너희는 울지 않았다'

하는 것과 같다. 33 ㅁ)세례자 요한이 와서, 빵도 먹지 않고 포도주도 마시지 않으니, 너희가 말하기를 '그는 귀신이 들렸다' 하고, 34 인자는 와서, 먹기도 하고 마시기도 하니, 너희가 말하기를 '보아라, 저 사람은 마구 먹어대는 자요, 포도주를 마시는 자요, 세리와 죄인의 친구다' 한다. 35 그러나 지혜의 자녀들이 결국 ㅂ)지혜가 옳다는 것을 드러냈다."

죄인인 한 여인이 예수께 향유를 붓다

36 바리새파 사람 가운데에서 어떤 사람이 예수께 청하여, 자기와 함께 음식을 먹자고 하였다. 그래서 예수께서는 그 바리새파 사람의 집에 들어가셔서, 상에 앉으셨다. 37 그런데 그 동네에 죄인인 한 여자가 있었는데, 예수께서 바리새파 사람의 집에서 음식을 잡숫고 계신 것을 알고서, 향유가 담긴 옥합을 가지고 와서, 38 예수의 등 뒤에 발 곁에 서더니, 울면서, 눈물로 그 발을 적시고, 자기 머리털로 닦고, 그 발에 입을 맞추고, 향유를 발랐다. 39 예수를 초대한 바리새파 사람이 이것을 보고, 혼자 중얼거렸다. "이 사람이 예언자라면, 자기를 만지는 저 여자가 누구이며, 어떠한 여자인지 알았을 터인데! 그 여자는 죄인인데!" 40 예수께서 그에게 말씀하셨다. "시몬아, 네게 할 말이 있다." 시몬이 말했다. "선생님, 말씀하십시오." 예수께서 말씀하셨다. 41 "어떤 돈놀이꾼에게 빚진 사람 둘이 있었는데, 한 사람은 오백 ㅅ)데나리온을 빚지고, 또 한 사람은 오십 데나리온을

ㄱ) 온갖 악성 피부병 ㄴ) 그, '의심을 품지 않는' ㄷ) 말 3:1 ㄹ) 또는 '침례' ㅁ) 또는 '침례자' ㅂ) 또는 '하나님의 지혜' 또는 '하나님' ㅅ) 한 데나리온은 노동자의 하루 품삯

며, 하나님의 구속 목적에 헌신하는 사람들을 일컫는 것이다. **7:36-50** 예수님을 *죄인의 친구*(34절)로 보는 사상이 분명하게 표현되고 있다. 이 부분은 7장의 절정에 해당하는 장으로서 예수님을 통하여 하나님의 은혜가 경험될 수 있음을 증거하고 있으며, 아울러 구원에 대한 적절한 반응으로서의 친절, 그리고 그의 사역이 사람들 간에 분열을 일으킬 수 있음에 대하여 증거하고 있다. 이 이야기의 시작과 끝 부분은 개방되어 있다: 우리는 이 장면 이전에 언제 어디서 이 여인이 예수님을 만났는지 알 수 없다(본문 속에는 여인이 이미 예수님을 만났었던 것으로 전제하고 있다); 반면에 우리는 바리새파 사람 시몬이 예수님이 하신 여인에 대한 말씀에 대하여 어떻게 반응할지 알 수 없었다. 그들은 그 여인을 사함받은 죄인으로, 그리고 공동체에 복귀된 사람으로 대할 것인가?

8:1-56 7:36-50에서 해결되지 않고 남아있던 질문이 여기서 새롭게 조명되고 있는데, 그 초점은 예수님에 대한 올바른 응답과 그가 증거하는 구속의 메시지에 맞추어지고 있다. **8:1-3** 이와 같이 요약된 진술들은 예수님의 사역의 전형적인 형태가 어떤 것인지를 보여주고 있으며, 이것들은 중요한 주제들을 함께 묶어주는 역할을 한다. 여기에서, 복음에 전폭적으로 반응하는 것의 중요성과 더불어 예수께서 증거하시는 말씀들의 특성들이 강조되고 있다. 누가는 예수님을 동행했던 열두

빚졌다. 42 둘이 다 갚을 길이 없으므로, 돈놀이
꾼은 둘에게 빚을 없애주었다. 그러면 그 두 사람
가운데서 누가 그를 더 사랑하겠느냐?" 43 시몬이
대답하였다. "더 많이 빚을 없애준 사람이라고 생각
합니다." 예수께서 그에게 말씀하셨다. "네 판단이
옳다." 44 그런 다음에, 그 여자에게로 돌아서서,
시몬에게 말씀하셨다. "너는 이 여자를 보고 있는
거지? 내가 네 집에 들어왔을 때에, 너는 내게 발
씻을 물도 주지 않았다. 그러나 이 여자는 눈물로
내 발을 적시고, 자기 머리털로 닦았다. 45 너는
내게 입을 맞추지 않았으나, 이 여자는 들어와서
부터 줄곧 내 발에 입을 맞추었다. 46 너는 내
머리에 기름을 발라 주지 않았으나, 이 여자는 내
발에 향유를 발랐다. 47 그러므로 내가 네게 말
한다. 이 여자는 그 많은 죄를 용서받았다. 그것은
그가 많이 사랑하였기 때문이다. 용서받는 것이
적은 사람은 적게 사랑한다." 48 그리고 예수께서
그 여자에게 말씀하셨다. "네 죄가 용서받았다."
49 그러자 상에 함께 앉아 있는 사람들이 속으로
수군거리기를 "이 사람이, 누구이기에 죄까지도
용서하여 준다는 말인가?" 하였다. 50 그러나
예수께서는 그 여자에게 말씀하셨다. "네 믿음이
너를 구원하였다. 평안히 가거라."

여인들이 예수의 활동을 돕다

8 1 그 뒤에 예수께서 고을과 마을을 두루 다
니시면서, 하나님의 나라를 선포하며 그 기쁜
소식을 전하셨다. 열두 제자가 예수와 동행하였
다. 2 그리고 악령과 질병에서 고침을 받은 몇몇
여자들도 동행하였는데, 일곱 귀신이 떨어져 나
간 막달라라고 하는 마리아와 3 헤롯의 청지기
인 구사의 아내 요안나와 수산나와 그 밖에 여러
다른 여자들이었다. 그들은 자기들의 재산으로
예수의 일행을 섬겼다.

씨 뿌리는 사람의 비유 (마 13:1-9; 막 4:1-9)

4 무리가 많이 모여들고, 각 고을에서 사람
들이 예수께로 나아오니, 예수께서 비유를 들어
말씀하셨다. 5 "씨 뿌리는 사람이 씨를 뿌리러
나갔다. 그가 씨를 뿌리는데, 더러는 길가에 떨어
지니, 발에 밟히기도 하고, 하늘의 새들이 쪼아먹
기도 하였다. 6 또 더러는 돌짝밭에 떨어지니,
싹이 돋아났다가 물기가 없어서 말라 버렸다.
7 또 더러는 가시덤불 속에 떨어지니, 가시덤불
이 함께 자라서, 그 기운을 막았다. 8 그런데 더
러는 좋은 땅에 떨어져서 자라나, 백 배의 열매를
맺었다." 이 말씀을 하시고, 예수께서는 "들을 귀
가 있는 사람은 들어라" 하고 외치셨다.

비유로 말씀하신 목적
(마 13:10-17; 막 4:10-12)

9 예수의 제자들이, 이 비유가 무슨 뜻인지
를 그에게 물었다. 10 예수께서 대답하셨다. "너
희에게는 하나님 나라의 비밀을 아는 것을 허락해
주셨다. 그러나 다른 사람들에게는 비유로 말하
였으니, 그것은 ㄱ)'그들이 보아도 보지 못하고, 들
어도 깨닫지 못하게 하려는 것'이다."

씨 뿌리는 사람의 비유 해설
(마 13:18-23; 막 4:13-20)

11 "그 비유의 뜻은 이러하다. 씨는 하나님의
말씀이다. 12 길가에 떨어진 것들은, 말씀을 듣기
는 하였으나, 그 뒤에 악마가 와서, 그들의 마음
에서 말씀을 빼앗아 가므로, 믿지 못하고 구원을
받지 못하게 되는 사람들이다. 13 돌짝밭에 떨

ㄱ) 사 6:9 (칠십인역)

제자(6:12-16을 보라)와 다수의 여인들에 대하여 알려 준다. 후자는 특히 예수님 자신의 자비로우심을 본받을 것과, 남을 향한 섬김으로 예수께서 남을 섬긴 것을 반영하여 줄 것과, 그리고 믿음과 부에 대한 그의 메시지를 구체적으로 보여줄 것을 특별하게 전개시켜 주고 있다. 그들은 말씀을 들을 뿐만 아니라, 말씀에 따라 순종하는 사람들이다 (8:21을 보라)! **8:4-21** 성실하게 "듣는 것"이 이 부분의 주된 주제이며, 이 주제는 듣는 것에 관하여 반복되는 참고 구절들(8, 10, 12-15, 18, 21절)을 통해 더 분명하게 드러난다. 제대로 듣는 것이 "열매를 맺는 것"으로 증명된다. 이것은 요한의 설교를 연상시켜 준다 (3:7-9를 보라). **8:16-18** 여기에 나타나는 은유의 변화, 씨뿌리는 사람과 추수하는 것에서 등불을 켜는 것과 등불의 빛을 보게 하는 것들은 주제의 변화를 의미하지 않는다. "어떻게 개인이 듣는가"가 결국 그 사람의 행동을 결정하게 된다. **8:19-21** 누가는 예수님의 가족들이 예수님으로부터 소외되었다고 증언하지 않는다 (행 1:14를 보라). 그러나 예수님과의 인척관계(따라서 하나님의 백성으로서 자격)는 혈육에 의해서가 아니라, 그의 말씀을 듣고 순종하는가의 여부에 따라 결정된다 (6:46-49를 보라). **8:22-56** 누가가 이 자료를 정리한 것처럼 예수께서는 먼저 인내하는 신앙으로 그의 말

어진 것들은, 들을 때에는 그 말씀을 기쁘게 받아들
이지만, 뿌리가 없으므로 잠시 동안 믿다가, 시련
의 때가 오면 떨어져 나가는 사람들이다. 14 가시
덤불에 떨어진 것들은, 말씀을 들었으나, 살아가
는 동안에 근심과 재물과 인생의 향락에 사로잡혀
서, 열매를 맺는 데에 이르지 못하는 사람들이다.
15 그리고 좋은 땅에 떨어진 것들은, 바르고 착한
마음으로 말씀을 듣고서, 그것을 굳게 간직하여
견디는 가운데 열매를 맺는 사람들이다."

비밀은 드러난다 (막 4:21-25)

16 "아무도 등불을 켜서, 그릇으로 덮거나,
침대 아래에다 놓지 않고, 등경 위에다가 올려놓
아서, 들어오는 사람들이 그 빛을 보게 한다.
17 숨겨 둔 것은 드러나고, 감추어 둔 것은 알려
져서 환히 나타나기 마련이다. 18 그러므로 너
희는 조심하여 들어라. 가진 사람은 더 받을 것이요,
가지지 못한 사람은 가진 줄로 생각하는 것마저
빼앗길 것이다."

예수의 어머니와 형제들

(마 12:46-50; 막 3:31-35)

19 예수의 어머니와 형제들이 예수께로 왔
으나, 무리 때문에 만날 수 없었다. 20 그래서
사람들이 예수께 전하였다. "선생님의 어머니와
형제들이 밖에 서서, 선생님을 만나고 싶어합
니다." 21 예수께서 그들에게 말씀하셨다. "하나
님의 말씀을 듣고 행하는 이 사람들이 나의 어머
니요, 나의 형제들이다."

풍랑을 잔잔하게 하시다

(마 8:23-27; 막 4:35-41)

22 어느 날 예수께서 제자들과 함께 배에
오르셔서, 그들에게 말씀하셨다. "호수 저쪽으로
건너가자." 그들이 출발하여 23 배를 저어 가고
있을 때에 예수께서는 잠이 드셨다. 그런데 사나
운 바람이 호수로 내리 불어서, 배에 물이 차고,
그들은 위태롭게 되었다. 24 그래서 제자들이
다가가서 예수를 깨우고서 말하였다. "선생님,
선생님, 우리가 죽게 되었습니다." 예수께서
깨어나서, 바람과 성난 물결을 꾸짖으시니, 바람
과 물결이 곧 그치고 잔잔해졌다. 25 예수께서
그들에게 말씀하셨다. "너희의 믿음이 어디에
있느냐?" 그들은 두려워하였고, 놀라서 서로
말하였다. "이분이 도대체 누구시기에 바람과 물
을 호령하시니, 바람과 물조차도 그에게 복종
하는가?"

귀신 들린 사람을 고치시다

(마 8:28-34; 막 5:1-20)

26 그들은 갈릴리 맞은 편에 있는 ㄱ)거라사
지방에 닿았다. 27 예수께서 뭍에 내리시니, 그
마을 출신으로서 ㄴ)귀신 들린 사람 하나가 예수를
만났다. 그는 오랫동안 옷을 입지 않은 채, 집에
서 살지 않고, 무덤에서 지내고 있었다. 28 그가
예수를 보고, 소리를 지르고서, 그 앞에 엎드려서,

ㄱ) 다른 고대 사본들에는 '가다라' 또는 '겔게사' ㄴ) 다른 고대 사본들에는 '오랫동안 귀신 들렸던 사람 하나가 예수를 만났다. 그는 옷을 입지 않았으며'

씀을 들을 필요가 있다고 가르치신다 (4-21절). 그리고 본문에서, 예수님은 다양한 반응을 유발하는 말씀을 마치 농부가 씨를 뿌리듯이 사람들의 마음 밭에 "뿌리신다." 말씀을 제대로 들을 때 두려움이 믿음으로 바뀐다. **8:22-25** 풍랑으로 위태롭게 되었을 때, 예수님은 바람과 풍랑을 그들이 마치 악령의 힘인 것처럼 대하신다. 이것은 하나님께서 바다를 평정하고 다스리시는 성구들을 연상시켜 준다 (시 65:7; 69:2-3, 15-16; 74:13-14; 89:9; 104:4-9; 106:9; 107:23-30). 제자들의 놀람과 경이, 그리고 예수님이 누구신가를 묻는 질문은 결국 그들이 따르는 예수님에 대한 이해가 미흡했다는 것과 또한 회심은 연속적인 과정이며 동시에 사건이라는 사실에 대하여 제자들이 아직 모르고 있다는 사실을 보여주고 있다. **8:26-39** 여러 측면에서, 누가는 이 본문이 이방인지역에서 일어났다고 보고하고 있다. 이것은 예수님이 이방인 지역으로 처음 진출하시는 부분이다. 이것은 예수님이 이방인 지역에도 복음의 씨앗을 뿌리고, 그들로부터도 신실한 반응을 기대하고 계시다는 사실을 보여주는 것이다. 이 이야기의 구성은 한 개인이 온전하게 변화되는 것으로 되어 있다—처음에는 귀신에게 사로잡혀 있었으며, 벌거벗었고, 제어할 수 없었고, 무덤 가운데 거하고 있었다. 그런데 그는 예수님을 통하여 구원을 받게 되었고, 제대로 옷을 입게 되었고, 제정신으로 돌아와 제자들이 했던 것처럼 예수님에게 순종하게 되었다. 그리고 세상에서 예수님을 증언하도록 위임받게 되었다. 이에 대한 모든 반응이 긍정적인 것만은 아니었다. 마을에서 나온 사람들은 두려움에 가득 찼고 예수님께 그 지역을 떠나달라고 간청한다. **8:40-56** 하나의 치유 사건이 또 다른 치유 사건 속에 함께 섞여 전달되고 있다. 이 두 사건은 예수께서

큰 소리로 말하였다. "더없이 높으신 하나님의 아들
예수님, 당신이 나와 무슨 상관이 있습니까? 제발
나를 괴롭히지 마십시오." 29 예수께서 이미
ㄱ)악한 귀신더러 그 사람에게서 나가라고 명하셨
던 것이다. 귀신이 여러 번 그 사람을 붙잡았기 때
문에, 사람들이 그를 쇠사슬과 쇠고랑으로 묶어
서 감시하였으나, 그는 그것을 끊고, 귀신에게 몰
려서 광야로 뛰쳐나가곤 하였다. 30 예수께서
그에게 물으셨다. "네 이름이 무엇이냐?" 그가 대
답하였다. "군대입니다." 많은 귀신이 그 사람 속
에 들어가 있었기 때문이다. 31 귀신들은 자기
들을 ㄴ)지옥에 보내지 말아달라고 예수께 간청하
였다.

32 마침 그 곳 산기슭에, 놓아 기르는 큰 돼지
떼가 있었다. 귀신들은 자기들을 그 돼지들 속으로
들어가게 허락해 달라고 예수께 간청하였다. 예수
께서 허락하시니, 33 귀신들이 그 사람에게서
나와서, 돼지들 속으로 들어갔다. 그래서 그 돼지
떼는 비탈을 내리달아서 호수에 빠져서 죽었다.
34 돼지를 치던 사람들이 이 일을 보고, 도망가
서 읍내와 촌에 알렸다. 35 그래서 사람들이 일
어난 그 일을 보러 나왔다. 그들은 예수께로 와서,
귀신들이 나가버린 그 사람이 옷을 입고 제정신이
들어서 예수의 발 앞에 앉아 있는 것을 보고, 두려
워하였다. 36 처음부터 지켜본 사람들이, 귀신
들렸던 사람이 어떻게 해서 낫게 되었는가를 그들
에게 알려 주었다. 37 그러자 ㄷ)거라사 주위의 고
을 주민들은 모두 예수께, 자기들에게서 떠나 달
라고 간청하였다. 그들이 큰 두려움에 사로잡혔기
때문이다. 그래서 예수께서는 배에 올라 되돌아가
시는데, 38 귀신이 나간 그 사람이 예수와 함께
있게 해 달라고 애원하였으나, 예수께서는 그를
돌려보내시며 이렇게 말씀하셨다. 39 "네 집으
로 돌아가서, 하나님께서 네게 하신 일을 다 이야
기하여라." 그 사람이 떠나가서, 예수께서 자기에
게 하신 일을 낱낱이 온 읍내에 알렸다.

하혈하는 여자를 낫게 하시고 야이로의 딸을 살리시다 (마 9:18-26; 막 5:21-43)

40 예수께서 돌아오시니, 무리가 그를 환영
하였다. 그들은 모두 예수를 기다리고 있었던 것
이다. 41 그 때에 야이로라는 사람이 왔다. 이
사람은 회당장이었다. 그가 예수의 발 앞에 엎드
려서, 자기 집으로 가시자고 간청하였다. 42 그
에게 열두 살쯤 된 외동딸이 있는데, 그 딸이 죽어
가고 있었기 때문이다. 예수께서 야이로의 집으
로 가시는데, 무리가 예수를 밀어댔다. 43 무리
가운데 열두 해 동안 혈루증으로 앓는 여자가 있
었는데 [의사에게 재산을 모두 다 탕진했지만] 아
무도 이 여자를 고쳐주지 못하였다. 44 이 여자가
뒤에서 다가와서는 예수의 옷술에 손을 대니, 곧 출
혈이 그쳤다. 45 예수께서 물으셨다. "내게 손을
댄 사람이 누구냐?" 사람들이 모두 부인하는데, ㄹ)
베드로가 말하였다. "선생님, 무리가 선생님을 에
워싸서 밀치고 있습니다." 46 그러자 예수께서 말
씀하셨다. "누군가가 내게 손을 댔다. 나는 내게
서 능력이 빠져나간 것을 알고 있다." 47 그 여
자는 더 이상 숨길 수 없음을 알고서, 떨면서 나
아와 예수께 엎드려서, 그에게 손을 댄 이유와 또
곧 낫게 된 경위를 모든 백성 앞에 알렸다. 48 그
러자 예수께서 그 여자에게 말씀하셨다. "딸아, 네
믿음이 너를 구원하였다. 평안히 가거라."

49 예수께서 아직 말씀을 계속하시는데, 회
당장의 집에서 사람이 와서 말하였다. "따님이
죽었습니다. 선생님을 더 괴롭히지 마십시오."
50 예수께서 들으시고 나서, 회당장에게 말씀하
셨다. "두려워하지 말고, 믿기만 하여라. 딸이
나을 것이다." 51 그리고 그 집에 이르러서, 베
드로와 요한과 야고보와 그 아이의 부모 밖에는,

ㄱ) 그, '더러운' ㄴ) 그, '아비소스', '밑이 없는 깊은 구덩이' ㄷ) 다른 고대 사본들에는 '가다라' 또는 '겔게스' ㄹ) 다른 고대 사본들에는 '베드로와 그와 함께 있던 사람들이'

찾고 계시는 믿음이, 사람을 구속하는 믿음이, 어떤 것인가를 보여준다. **8:43-44** 여인이 앓고 있던 혈루증은 생명을 위협하는 병은 아니었다 (그녀는 이미 12년 동안 병을 앓아왔다). 그러나 이 질병은 그 병자를 지속적으로 부정하게 만들며, 결과적으로 사회의 정상적인 일원이 되지 못하게 하는 고질적인 질병이었다 (레 15:19-31을 보라). 26-39절의 거라사의 광인처럼 그 여인도 살아있는 공동체의 외곽에서 살아야만 했다. **8:47-48** 이 여인이 사람들 앞에서 그녀의 치유(구원받았음)에 대해 증언한 후에 그녀는 치유(온전하게 됨)를 받았다. 이것은 그녀의 본질적인 문제는 사회적인 것이었음을 보여주는 것이라 할 수 있다. 예수님은 이 여자를 딸이라고 부르시며 그녀가 마치 한 가족의 일원인 것처럼 대하신다.

9:1-50 5장에서 제자들이 소개된 이후, 그들은 그리 큰 역할을 감당해 오지는 않았다. 그러나 지금부터 그들은 더 자주 예수님과 함께 동행하게 되며 (8장), 점차로 이야기들에서 주요 인물들로, 그리고 예수님의 대화 상대자로 등장한다. 제자들이 이와 같이 부상함과 동시에 우리는 예수님의 정체성과 사역이 동시에 강조됨을 알 수 있다. 이것은 충성스런 제자도는 예수님에

아무도 함께 들어가는 것을 허락하지 않으셨다.
52 사람들은 모두 울며 그 아이에 대해 슬퍼하고
있었다. 예수께서 말씀하셨다. "울지 말아라. 아
이가 죽은 것이 아니라, 자고 있다." 53 그들은
아이가 죽었음을 알고 있으므로, 예수를 비웃었다.
54 예수께서 아이의 손을 잡으시고 말씀하셨다.
"아이야, 일어나라." 55 그러자 그 아이의 영이
돌아와서, 아이가 곧 일어났다. 예수께서는 먹을
것을 아이에게 주라고 지시하셨다. 56 아이의
부모는 놀랐다. 예수께서 이 일을 아무에게도 말
하지 말라고 그들에게 명하셨다.

열두 제자를 선교에 파송하다

(마 10:5-15; 막 6:7-13)

9 1 예수께서 그 열둘을 한 자리에 불러놓으시
고, 모든 귀신을 제어하고 병을 고치는 능력
과 권능을 주시고, 2 하나님 나라를 선포하며 병
든 사람을 고쳐 주게 하시려고 그들을 내보내시며
3 그들에게 말씀하셨다. "길을 떠나는 데는, 아
무것도 가지고 가지 말아라. 지팡이도 자루도 빵
도 은화도 가지고 가지 말고, 속옷도 두 벌씩은 가
지고 가지 말아라. 4 어느 집에 들어가든지, 거
기에 머물다가, 거기에서 떠나거라. 5 어디에서
든지 사람들이 너희를 영접하지 않거든, 그 고을
을 떠날 때에 너희 발에 묻은 먼지를 떨어버려서,
그들을 거스르는 증거물로 삼아라." 6 제자들은
나가서, 여러 마을을 두루 다니면서, 곳곳에서 복
음을 전하며, 병을 고쳤다.

헤롯이 불안에 사로잡히다

(마 14:1-12; 막 6:14-29)

7 ㄱ)분봉왕 헤롯은 이 모든 일을 듣고서 당황
하였다. 왜냐하면, 어떤 사람들은 요한이 죽은 사
람들 가운데서 살아났다고 하고, 8 또 어떤 사람
들은 엘리야가 나타났다고 하고, 또 어떤 사람들
은 옛 예언자 가운데 한 사람이 살아났다고 말하
기 때문이었다. 9 그러나 헤롯은 이렇게 말하였
다. "요한은 내가 목을 베어 죽였는데, 내게 이런
소문이 파다하게 들리는 사람은 누구인가?" 그는
예수를 만나고 싶어하였다.

오천 명을 먹이시다

(마 14:13-21; 막 6:30-44; 요 6:1-14)

10 사도들이 돌아와서, 자기들이 한 모든 일을
예수께 이야기하였다. 예수께서는 그들을 데리고,
따로 벳새다라고 하는 고을로 물러가셨다. 11 그
러나 무리가 그것을 알고서, 그를 따라갔다. 예수께
서는 그들을 맞이하셔서, 하나님 나라를 말씀해 주
시고, 또 병 고침을 받아야 할 사람들을 고쳐 주셨다.
12 그런데 날이 저물기 시작하니, 열두 제자
가 다가와서, 예수께 말씀드렸다. "무리를 헤쳐
보내어, 주위의 마을과 농가로 찾아가서 잠자리도
구하고 먹을 것도 구하게 하십시오. 우리가 있는
여기는 빈 들입니다." 13 그러나 예수께서는 그
들에게 말씀하셨다. "너희가 그들에게 먹을 것을
주어라." 그들이 말하였다. "우리에게는 빵 다섯
개와 물고기 두 마리밖에 없습니다. 우리가 나가서,
이 모든 사람이 다 먹을 수 있을 만큼 먹을 것을
사지 않으면, 안 되겠습니다." 14 거기에는 남자
만도 약 오천 명이 있었다. 예수께서 제자들에게
말씀하셨다. "사람들을 한 오십 명씩 떼를 지어서
앉게 하여라." 15 제자들이 그대로 하여, 모두 다
앉게 하였다. 16 예수께서 빵 다섯 개와 물고기
두 마리를 손에 들고, 하늘을 우러러 쳐다보시고
그것들을 축복하신 다음에, 떼어서 제자들에게
주시고, 무리 앞에 놓게 하셨다. 17 그들은 모두
배불리 먹었다. 그리고 남은 부스러기를 주워 모
으니, 열두 광주리나 되었다.

ㄱ) 그, '테트라아르케스'

대한 바른 기독론적인 이해 없이는 불가능하기 때문이다. 이와 같은 제자도에 대한 강화된 이해와 더불어 예수님의 갈릴리 사역을 끝맺고 있다. **9:1-17** 열두 제자의 선교에 관한 누가의 보고와 헤롯이 예수님의 정체성에 대하여 불안해하는 것과 함께 묶여져 전달되고 있다. 헤롯이 전해 들은 것은 (7절) 예수께서 보낸 제자들이 행한 사역에 관한 것이었을 것이다. 우리는 이전에 헤롯이 요한을 감금시켰다는 사실만을 알고 있을 뿐이다 (3:20). 이런 면에서 그가 처형당했다는 사실은 상당한 충격이다. 더 나아가 요한의 처형은 미래에 예수님과 그의 제자들에게 닥칠 일에 대하여 질문을 던져주기도 한다 (23:6-12를 보라). **9:12-17** 여행을 위하여 어떤 것도 지니지 말라는 가르침(3절)은 군중들이 제공하는 음식조차 받지 말아야 함을 의미하는 것인가?

9:18-36 예수의 정체성이 드러났으며 심지어 베드로에 의하여 선포되고 있다 (18-27절). 이것은 예수님의 제자들이 지금 그들이 듣고 말하고 있는 대로 예수님에 대하여 온전히 이해하고 있다는 것을 의미하지 않는다. 누가복음서에서 베드로의 신앙고백과 산상변화의 경험간에는 8일간의 공백이 있다. 그러나 누가는 예수

베드로가 예수를 그리스도로 고백하다
(마 16:13-19; 막 8:27-29)

18 예수께서 혼자 기도하고 계실 때에, 제자
들이 그와 함께 있었다. 예수께서 제자들에게 물
으셨다. "사람들이 나를 누구라고 하느냐?"
19 그들이 대답하였다. "ㄱ)세례자 요한이라고 합
니다. 그러나 엘리야라고 하는 사람들도 있고, 옛
예언자 가운데 한 사람이 살아났다고 하는 사람들
도 있습니다." 20 예수께서 그들에게 물으셨다.
"그러면 너희는 나를 누구라고 하느냐?" 베드로
가 대답하였다. "ㄴ)하나님의 ㄷ)그리스도이십니다."

예수께서 자기의 죽음과 부활을 예고하시다
(마 16:20-28; 막 8:30-9:1)

21 그런데 예수께서는 그들에게 엄중히 경고
하셔서, 이것을 아무에게도 말하지 말라고 명하
시고, 22 말씀하셨다. "인자가 반드시 많은 고난
을 받고, 장로들과 대제사장들과 율법학자들에게
배척을 받아 죽임을 당하고서, 사흘날에 살아나야
한다."
23 그리고 예수께서 모든 사람에게 말씀하셨
다. "나를 따라오려는 사람은, 자기를 부인하고,
날마다 자기 십자가를 지고, 나를 따라오너라.
24 누구든지 제 목숨을 구하려고 하는 사람은 잃
을 것이요, 누구든지 나를 위하여 제 목숨을 잃는
사람은 목숨을 구할 것이다. 25 사람이 온 세상
을 얻고도 자기를 잃거나 빼앗기면, 무슨 이득이
있겠느냐? 26 누구든지 나와 내 말을 부끄럽게
여기면, 인자도 자기의 영광과 아버지와 거룩한
천사들의 영광에 싸여 올 때에, 그 사람을 부끄럽
게 여길 것이다. 27 내가 진정으로 너희에게 말
한다. 여기에 서 있는 사람 가운데는, 죽기 전에
하나님 나라를 볼 사람들이 있다."

영광스러운 모습으로 변모하시다
(마 17:1-8; 막 9:2-8)

28 이 말씀을 하신 뒤에, 여드레쯤 되어서,
예수께서는 베드로와 요한과 야고보를 데리고,
기도하러 산에 올라가셨다. 29 예수께서 기도하고
계시는데, 그 얼굴 모습이 변하고, 그 옷이 눈부
시게 희어지고 빛이 났다. 30 그런데 갑자기 두
사람이 나타나 예수와 더불어 말을 하고 있었다.
그들은 모세와 엘리야였다. 31 그들은 영광에
싸여 나타나서, 예수께서 예루살렘에서 이루실
일 곧 그의 ㄹ)떠나가심에 대하여 말하고 있었다.
32 베드로와 그 일행은 잠을 이기지 못해서 졸다가,
깨어나서 예수의 영광을 보고, 또 그와 함께 서 있
는 그 두 사람을 보았다. 33 그 두 사람이 예수
에게서 막 떠나가려고 할 때에, 베드로가 예수께

ㄱ) 또는 '침례자' ㄴ) 히브리어로는 '하나님께서 기름부어 주신 분'
ㄷ) 또는 '메시아'. ㄹ) '세상에서 떠나가심' 곧 '죽으심'

추가 설명: 누가복음 9:18-27, 누가복음서에 나타난 메시아로서의 예수의 정체성

예수님은 도대체 누구이신가? 라는 질문이 방금 제기되었다. 이전에는 이 질문이 헤롯과 (9절) 제자들에 의해서 은연 중에 (12-17절) 제기되었었다. 그러나 이제는 그의 메시아되심과 제자도의 본질에 대하여 구체적으로 보여주기 시작하시는 예수님 자신에 의하여 이 질문이 제기되고 있다. 1세기 당시 유대교에 어떤 통일된 "메시아관"이 있었다고 보기는 어렵다. 그 당시 유대인들의 시각에서 보면 하나님께서 어떤 중재자를 보내셔서 그의 목적을 성취하실 것이라는 기대보다는 그분이 직접 오셔서 평화와 정의를 실현하실 것을 기대하고 있었다. 하지만 또 다른 면에서 보면, 이 본문의 주된 관심사가 예수님의 메시아로서의 자기 이해와 그 당시 "유대인들의 기대"간에 어떤 특별한 구분을 하고자 함에 있지는 않았다는 것을 알아야 한다. 아니면 우리는 그 당시 유대교의 다양성을 무시하는 실수를 범하게 된다. 또 다른 면에서 보면, 그 당시 유대교에 어떤 통일된 메시아관이 없었다는 점을 고려해 볼 때, 이 본문이 어떻게 예수님을 메시아로서 묘사하고 있는가를 주의 깊게 살펴보는 것이 아주 중요한 일이다. 특별히, 누가의 이야기들 중에 하나님에 의해 기름부음을 받은 자("메시아")라는 사상이 하나님의 목적, 일하시는 방법들, 그리고 그가 보낸 이를 알아보고 영접했어야 할 사람들(말하자면 장로들, 제사장들, 그리고 서기관들)에 의하여 거부되고 있다는 사실은 주목할 만한 일이다. 고난과 그의 무고함에 대한 증거는 메시아가 겪게 될 몫이었으며, 이것은 동시에 그를 믿고 따르는 제자들이 공통적으로 겪게 될 운명이기도 하다.

말하였다. "선생님, 우리가 여기서 지내는 것이 좋겠습니다. 우리가 초막 셋을 지어서, 하나에는 선생님을, 하나에는 모세를, 하나에는 엘리야를 모시겠습니다." 베드로는 자기가 무슨 말을 하는지도 모르고, 그렇게 말하였다. 34 그가 이렇게 말하고 있는데, 구름이 일어나서 ㄱ)그 세 사람을 휩쌌다. 그들이 구름 속으로 들어가니, 제자들은 두려움에 사로잡혔다. 35 그리고 구름 속에서 소리가 났다. "이는 내 아들이요, ㄴ)내가 택한 자다. 너희는 그의 말을 들어라." 36 그 소리가 끝났을 때에, 예수만이 거기에 계셨다. 제자들은 입을 다물고, 그들이 본 것을 얼마 동안 아무에게도 알리지 않았다.

귀신들린 소년을 고치시다
(마 17:14-18; 막 9:14-27)

37 다음날 그들이 산에서 내려오니, 큰 무리가 예수를 맞이하였다. 38 그런데 무리 가운데서 한 사람이 소리를 크게 내서 말하였다. "선생님, 내 아들을 보아주십시오. 그 아이는 내 외아들입니다. 39 귀신이 그 아이를 사로잡으면, 그 아이는 갑자기 소리를 지릅니다. 또 귀신은 아이에게 경련을 일으키고, 입에 거품을 물게 합니다. 그리고 아이를 상하게 하면서 좀처럼 떠나지 않습니다. 40 그래서 선생님의 제자들에게 귀신을 내쫓아 달라고 청하였으나, 그들은 해내지를 못했습니다." 41 예수께서 대답하셨다. "아! 믿음이 없고, 비뚤어진 세대여! 내가 언제까지 너희와 함께 있어야 하며 너희를 참아 주어야 하겠느냐? 네 아들을 이리로 데려오너라." 42 아이가 예수께로 오는 도중에도, 귀신이 그 아이를 거꾸러뜨리고, 경련을 일으키게 하였다. 예수께서는 그 ㄷ)악한 귀신을 꾸짖으시고, 아이를 낫게 하셔서, 그 아버지에게 돌려주셨다. 43 사람들은 모두 하나님의 ㄹ)위대한 능력을 보고 놀랐다.

자신의 죽음을 예고하시다
(마 17:22-23; 막 9:30-32)

사람들이 모두 예수께서 하신 모든 일을 보고, 놀라서 감탄하고 있을 때에, 예수께서 제자들에게 말씀하셨다. 44 "너희는 이 말을 귀담아 들어라. 인자는 사람들의 손으로 넘어갈 것이다." 45 그러나 제자들은 이 말씀을 깨닫지 못하였다. 그들이 그 말씀을 이해하지 못하도록 그 뜻이 숨겨져 있었다. 또한 그들은 그 말씀에 관하여 그에게 묻기조차 두려워하였다.

누가 크냐? (마 18:1-5; 막 9:33-37)

46 제자들 사이에서는, 자기들 가운데서 누가 가장 큰 사람이냐 하는 문제로 다툼이 일어났다. 47 예수께서 그들 마음 속의 생각을 아시고, 어린이 하나를 데려다가, 곁에 세우시고, 48 그들에게 말씀하셨다. "누구든지 내 이름으로 이 어린이를 영접하면 나를 영접하는 것이요, 누구든지 나를 영접하면 나를 보내신 분을 영접하는 것이다. 너희 가운데에서 가장 작은 사람이 큰 사람이다."

ㄱ) 그, '그들을' ㄴ) 다른 고대 사본들에는 '내가 사랑하는 자다'
ㄷ) 그, '더러운' ㄹ) 그, '위대하심'

님의 정체성과 산상변화의 계시적 성격을 증거하는 데 있어서 이 둘을 긴밀하게 연결시키고 있다. 출애굽의 이야기 (특별히 출 24장; 32—34장) 안에 들어있는 이미지들이 사용되고 있다 (예를 들어, 산이 배경으로 되어 있는 것, 예수님의 용모가 변화되는 것, 구름, 예수님의 떠나가심에 대한 언급 등은 누가가 예수님을 모세의 틀에 근거하여 묘사하고 있는 것이다. 그는 모세와 같은 예언자이시다. 따라서 사람들은 그의 말에 귀를 기울여야 한다 (신 18:15). 잠시지만, 예수님의 제자들은 예수님과 함께 장차 이루어질 하나님의 나라, 하나님의 아들, 하나님이 선택하신 자를 그의 영광과 함께 직접 경험한다. **9:37-50** 이와 같은 놀라운 신비스러운 경험을 한 후 제자들은 어떻게 반응할 것인가? 누가는 만족스럽다고 하기에는 다소 미흡한 결론으로 예수님의 갈릴리 사역을 마무리 짓는다. 누가는 제자들이 예수님이 누구신가를 바로 이해하는 면과 그의 가르침을 그들의 사역에 구체적으로 실현하는 면에 있어서 비참하게 실패하고 있는 것을 보여준다. **9:44-45** 제자들이 실패하고 있는 것은 예수님에 대한 진정한 의미가 하나님에 의해 가려져 있기 때문인가? 아니면 그들이 이해할 수 있도록 도울 수 있는 필연적인 요소들이 결여되어 있었기 때문인가? 그들의 세상적인 상고방식은 사람들 사이에서 이해되고 있는 겸손과 하나님 앞에서 이해되는 존귀를 연결시키지 못하고 있다. **9:46-50** 여기 나오는 구절들이 보여주듯이 제자들은 아직도 전통적인 명예와 수치라는 관념에 사로잡혀 있음을 보여주며, 이는 그들이 아직 예수께서 전하시려는 구원과 사회관계의 역전이라는 중요한 핵심 메시지를 파악하지 못하고 있음을 보여준다.

9:51—19:48 이 본문은 갈릴리 사역에 대한 종결부분에 해당하며, 동시에 예수님의 새로운 사역 방향을 보여주는 것으로 9:51-56에서 분명하게 드러난다. 이 부분은 네 번 등장하는 말 "가시다 (여정)"로 특징지

너희를 반대하지 않는 사람은 너희의 편이다

(막 9:38-40)

49 요한이 대답하였다. "선생님, 어떤 사람
이 선생님의 이름으로 귀신을 내쫓는 것을 우리가
보았습니다. 그런데 그 사람은 우리를 따르는 사
람이 아니므로, 우리는 그가 그런 일을 하지 못하
게 막았습니다." 50 그러나 예수께서는 그에게
말씀하셨다. "막지 말아라. 너희를 반대하지 않는
사람은 너희를 지지하는 사람이다."

사마리아의 동네가 예수를 영접하지 아니하다

51 예수께서 하늘에 올라가실 날이 다 되었
다. 그래서 예수께서는 예루살렘에 가시기로 마
음을 굳히시고 52 심부름꾼들을 앞서 보내셨다.
그들이 길을 떠나서 예수를 모실 준비를 하려고
사마리아 사람의 한 마을에 들어갔다. 53 그러
나 그 마을 사람들은 예수가 예루살렘으로 가시는
도중이므로, 예수를 맞아들이지 않았다. 54 그
래서 제자인 야고보와 요한이 이것을 보고 말하였
다. "주님, 하늘에서 불이 내려와 그들을 태워 버
리라고 ㄱ)우리가 명령하면 어떻겠습니까?" 55 예수
께서 돌아서서 그들을 ㄴ)꾸짖으셨다. 56 그리고
그들은 다른 마을로 갔다.

예수를 따르는 사람은 이렇게 하여야 한다

(마 8:19-22)

57 그들이 길을 가고 있는데, 어떤 사람이 예
수께 말하였다. "나는 선생님이 가시는 곳이면,
어디든지 따라가겠습니다." 58 예수께서 그에게
말씀하셨다. "여우도 굴이 있고, 하늘을 나는 새
도 보금자리가 있으나, 인자는 머리 둘 곳이 없
다." 59 또 예수께서 다른 사람에게 "나를 따라
오너라" 하고 말씀하셨다. 그러나 그 사람이 말하
였다. "[주님,] 내가 먼저 가서 아버지의 장례를
치르도록 허락하여 주십시오." 60 그러나 예수
께서는 그에게 말씀하셨다. "죽은 사람들을 장사
하는 일은 죽은 사람들에게 맡겨두고, 너는 가서
하나님 나라를 전파하여라." 61 또 다른 사람이
말하였다. "주님, 내가 주님을 따라가겠습니다.
그러나 먼저 집안 식구들에게 작별 인사를 하게
해주십시오." 62 예수께서는 그에게 말씀하셨
다. "누구든지 손에 쟁기를 잡고 뒤를 돌아다보는
사람은 하나님 나라에 합당하지 않다."

ㄱ) 다른 고대 사본들에는 '엘리야가 한 것 같이 우리가' ㄴ) 다른 고대 사본들에는 "꾸짖으시고 말씀하시기를 '너희는 어떤 영에 속해 있는 줄을 모르고 있다. 인자가 온 것은 사람의 생명을 멸하려 함이 아니라 구원하려 함이다' 하셨다. 56. 그리고……"

어지고 있으며, 예수께서 예루살렘으로 올라가시기로 결단하셨음을 강조하고 있다. 하지만 실상 어떤 여행담이나 여행 일정 등은 두드러지게 나타나지 않으며 단지 9:51에서 19:48 사이에서 예수께서 "길 가시던 중에"와 같은 표현들이 종종 나타난다. 이 여정은 목적지에 도달하는 것이 주된 관심사이기보다는 이스라엘이 출애굽 과정 중에 하나님의 백성으로 성장해 갔던 것처럼 제자들이 예수님을 통하여 하나님의 백성으로 양육되어지고 있는 것에 초점이 있다고 보아야 할 것이다. 이 부분은 예수님의 가르침, 제자훈련, 그리고 동시에 제자들의 완고함에 압도적으로 관심을 쏟고 있다 (9:37-50). 그렇다고 이 이야기가 전혀 목적이 없이 증언되고 있다거나 여정의 "종착역"이 없다는 말은 아니다. 그것과는 반대로, 우리는 9:51-56에서 예수께서 하나님의 뜻에 복종하여 예루살렘으로 향하시기로 결단하셨다는 보고를 듣는다. 예루살렘이 거룩한 이스라엘의 신앙 그리고 전통의 중심지이며, 거기에서 하나님의 구원계획이 반드시 명확하게 천명되어야 하는 것처럼, 그 곳에서 또한 온 인류를 향한 구원의 역사가 시작될 것이다 (행 1:8). 예수께서는 거룩한 도성 예루살렘에 실재했던 이스라엘의 회복에 관한 잘못된 사상들을—실제적으로 하나님께 충성함에 관한 대안—대적하지 않고서는 그의 사역을 완성할 수 없으셨다. 그리고 이 곳이 바로 예수께서 그의 "출애굽", 그의 출발 (9:31), 즉, 하나님께로 돌아가시는 "승천"(9:51)을 이루실 장소이다.

9:51—10:42 이 부분은 예수님의 사역과 말씀에 긍정적으로 반응을 보이는 경우와 그렇지 않은 경우에 해당하는 도시들과 사람들에 대하여 다루고 있다. 예수님을 따른다는 것은 그를 환영하고 더 나아가 자신의 삶에 구체적으로 그의 가르침과 삶의 방식을 적용해 가는 것을 의미한다. 이것은 전통적인 경계선을 타개하는 일로써 이를 통하여 우리는 72인의 사도들, 사마리아인, 그리고 이방인 도시들에게 복음이 전파되어 가는 것을 보게 된다. **9:51-62** 누가는 예수께서 예루살렘으로 가시기로 결심하신 것을 확증하여 주는데, 예수님이 예루살렘에서 생을 마치시는 것과 동시에 이에 따라 사람들을 하나님의 뜻에 전적으로 헌신하는 일에 동참하도록 부르고 있다. 이 외에 다른 모든 헌신이나 헌신에 대한 고찰들은 부차적인 것이다. **9:52-53** 사마리아인에 대하여 알려주는 본문들은 다소 경쟁적인 성격을 내포하고 있고, 동시에 부분적인 정보만을 제공하고 있다. 이 본문은 사마리아인들이 예루살렘을 중심으로 하는 구원관을 배제하고 있었으며, 이것은 그 당시 유대인/사마리아인간에 존재했던 적대감을 이해함에 있어 도움을 준다. 북쪽으로는 갈릴리에 맞닿고 남쪽으로는 유대에 인접하여 사마리아인들은 게르심 산 언덕에서

일흔두 사람을 파송하시다

10 1 이 일이 있은 뒤에, 주님께서는 다른
일흔[두] 사람을 세우셔서, 친히 가려고
하시는 모든 고을과 모든 곳으로 둘씩 [둘씩] 앞서
보내시며 2 그들에게 말씀하셨다. "추수할 것은
많으나, 일꾼이 적다. 그러므로 추수하는 주인에게
추수할 일꾼을 보내 달라고 청하여라. 3 가거라,
내가 너희를 보내는 것이 양을 이리 가운데로 보
내는 것과 같다. 4 전대도 자루도 신도 가지고
가지 말고, 길에서 아무에게도 인사하지 말아라.
5 어느 집에 들어가든지, 먼저 '이 집에 평화가
있기를 빕니다!' 하고 말하여라. 6 거기에 평화를
바라는 사람이 있으면, 너희가 비는 평화가 그 사
람에게 내릴 것이요, 그렇지 않으면, 그 평화가 너
희에게 되돌아올 것이다. 7 너희는 한 집에 머물러
있으면서, 거기서 주는 것을 먹고 마셔라. 일꾼이
자기 삯을 받는 것은 마땅하다. 이 집 저 집 옮겨
다니지 말아라. 8 어느 고을에 들어가든지, 사람
들이 너희를 영접하거든, 너희에게 차려 주는 음
식을 먹어라. 9 그리고 거기에 있는 병자들을 고
쳐주며 '하나님 나라가 너희에게 가까이 왔다' 하고
그들에게 말하여라. 10 그러나 어느 고을에 들
어가든지, 사람들이 너희를 영접하지 않거든, 그
고을 거리로 나가서 말하기를, 11 '우리 발에 묻은
너희 고을의 먼지를 너희에게 떨어버린다. 그러나
하나님 나라가 가까이 왔다는 것을 알아라' 하여라.
12 내가 너희에게 말한다. 그 날에는 소돔이 그
고을보다 더 견디기 쉬울 것이다."

회개하지 않는 도시에 화가 있으리라

(마 11:20-24)

13 "고라신아, 너에게 화가 있다. 벳새다야,
너에게 화가 있다. 내가 너희에게 행한 기적들을
두로와 시돈에서 행했더라면, 그들은 벌써 베옷을
입고, 재를 뒤집어쓰고 앉아, 회개하였을 것이다.
14 그러나 심판 날에는 두로와 시돈이 너희보다 더
견디기 쉬울 것이다. 15 가버나움아, 네가 하늘
까지 치솟을 셈이냐? [ㄱ]지옥에까지 떨어질 것이다.
16 누구든지 너희의 말을 들으면 내 말을 듣
는 것이요, 누구든지 너희를 배척하면 나를 배척
하는 것이다. 그리고 누구든지 나를 배척하면, 나
를 보내신 분을 배척하는 것이다."

일흔두 사람이 돌아오다

17 일흔[두] 사람이 기쁨에 차서, 돌아와 보
고하였다. "주님, 주님의 이름을 대면, 귀신들까
지도 우리에게 복종합니다." 18 예수께서 그들
에게 말씀하셨다. "사탄이 하늘에서 번갯불처럼
떨어지는 것을 내가 보았다. 19 보아라, 내가 너
희에게 뱀과 전갈을 밟고, 원수의 모든 세력을 누를
권세를 주었으니, 아무것도 너희를 해하지 못할
것이다. 20 그러나 귀신들이 너희에게 굴복한다
고 해서 기뻐하지 말고, 너희의 이름이 하늘에 기
록된 것을 기뻐하여라."

예수의 감사 기도 (마 11:25-27; 13:16-17)

21 그 때에 예수께서 [ㄴ]성령으로 기쁨에 차서
이렇게 아뢰었다. "하늘과 땅의 주님이신 아버지,
이 일을 지혜 있는 사람들과 똑똑한 사람들에게는
감추시고, 철부지 어린 아이들에게는 드러내 주
셨으니, [ㄷ]감사합니다. 그렇습니다, 아버지! 이것이
아버지의 은혜로우신 뜻입니다. 22 아버지께서
모든 것을 내게 맡겨 주셨습니다. 아버지 밖에는
아들이 누구인지 아는 사람이 없습니다. 또 아들
밖에는, 그리고 아버지를 계시하여 주려고 아들이
택한 사람 밖에는, 아버지가 누구인지 아는 사람이
없습니다."
23 예수께서 제자들에게 돌아서서 따로 말씀
하셨다. "너희가 보고 있는 것을 보는 눈은, 복이

ㄱ) 그, '하데스' ㄴ) 다른 고대 사본들에는 '영' ㄷ) 또는 '찬양합니다'

예배를 드렸다. **9:57-62** 예수님의 제자가 될 가능성이 있었던 사마리아인들이 기쁨으로 혹은 낙심되어 반응했었는지에 관하여 우리는 아는 바가 없다. 이것을 통하여 복음서 기자는 그리스도의 제자도에 대한 부름에 독자들이 스스로 어떻게 응답할 것인지 고민하게 만든다. **10:1-20** 누가의 제자들의 두 번째 선교에 대한 보고는 선교 경험을 악의 세력을 포함한 갈등과 분열의 장이라고 보는 데 그 초점이 맞추어지고 있다. 다시 말해, 선교는 하나님의 능력에 전적으로 의존해야 한다는 것과 이 증거된 복음에 대한 사람들의 반응이 엇갈리고 있는 것을 보여주고 있다. **10:1** *일흔[두] 사람* (공동번역과 NRSV에는 72제자들로 되어 있음). 창 10장에 등장하는 모든 나라를 의미하는 희랍어 번역이며, 이것은 이후 사도행전에서 보게 되는 포괄적인 선교의 전조가 되고 있다. **10:17-20** 예언적인 환상을 통하여 예수님은 자신의 선교가 이제 제자들이 동참하고 있는,

있다. 24 내가 너희에게 말한다. 많은 예언자와
왕이 너희가 지금 보고 있는 것을 보고자 하였으
나 보지 못하였고, 너희가 지금 듣고 있는 것을 듣
고자 하였으나 듣지 못하였다."

사마리아 사람이 좋은 모범을 보이다

25 어떤 율법교사가 일어나서, 예수를 시험
하여 말하였다. "선생님, 내가 무엇을 해야 영생
을 얻겠습니까?" 26 예수께서 그에게 말씀하셨
다. "율법에 무엇이라고 기록하였으며, 너는 그것
을 어떻게 읽고 있느냐?" 27 그가 대답하였다.
"ㄱ)'네 마음을 다하고 네 목숨을 다하고 네 힘을
다하고 네 뜻을 다하여, 주 너의 하나님을 사랑하
여라' 하였고, 또 ㄴ)'네 이웃을 네 몸같이 사랑하
여라' 하였습니다." 28 예수께서 그에게 말씀하
셨다. "네 대답이 옳다. 그대로 행하여라. 그리하
면 살 것이다."

29 그런데 그 율법교사는 자기를 옳게 보이
고 싶어서 예수께 말하였다. "그러면, 내 이웃이
누구입니까?" 30 예수께서 대답하셨다. "어떤
사람이 예루살렘에서 여리고로 내려가다가 강도
들을 만났다. 강도들이 그 옷을 벗기고 때려서, 거
의 죽게 된 채로 내버려두고 갔다. 31 마침 어떤
제사장이 그 길로 내려가다가 그 사람을 보고 피
하여 지나갔다. 32 이와 같이, 레위 사람도 그
곳에 이르러 그 사람을 보고, 피하여 지나갔다.
33 그러나 어떤 사마리아 사람은 길을 가다가,
그 사람이 있는 곳에 이르러, 그를 보고 측은한 마
음이 들어서, 34 가까이 가서, 그 상처에 올리브
기름과 포도주를 붓고 싸맨 다음에, 자기 짐승에
태워서, 여관으로 데리고 가서 돌보아주었다.
35 다음 날, 그는 두 ㄷ)데나리온을 꺼내어서, 여
관 주인에게 주고, 말하기를 '이 사람을 돌보아주
십시오. 비용이 더 들면, 내가 돌아오는 길에 갚
겠습니다' 하였다. 36 너는 이 세 사람 가운데서
누가 강도 만난 사람에게 이웃이 되어 주었다고
생각하느냐?" 37 그가 대답하였다. "자비를 베푼
사람입니다." 예수께서 그에게 말씀하셨다. "가서,
너도 이와 같이 하여라."

마르다와 마리아

38 그들이 길을 가다가, 예수께서 어떤 마을
에 들어가셨다. 마르다라고 하는 여자가 예수를
자기 집으로 모셔 들였다. 39 이 여자에게 마리
아라고 하는 동생이 있었는데, 마리아는 주님의
발 곁에 앉아서 말씀을 듣고 있었다. 40 그러나
마르다는 여러 가지 접대하는 일로 분주하였다.
그래서 마르다가 예수께 와서 말하였다. "주님,
내 동생이 나 혼자 일하게 두는 것을 아무렇지 않게
생각하십니까? 가서 거들어 주라고 내 동생에게
말씀해 주십시오." 41 그러나 주님께서는 마르
다에게 대답하셨다. "마르다야, 마르다야, 너는
많은 일로 염려하며 들떠 있다. 42 그러나 주님
의 일은 많지 않거나 하나뿐이다. 마리아는 좋은
몫을 택하였다. 그러니 아무도 그것을 그에게서
빼앗지 못할 것이다."

ㄱ) 신 6:5 ㄴ) 레 19:18 ㄷ) 한 데나리온은 노동자의 하루 품삯

악의 세력에 대한 결정적인 승리를 의미한다는 것을 인식하고 계시다. **10:21-24** 기도는 누가복음서에 반복해서 나타나는데, 기도는 하나님의 계시의 장이다—여기서 기도가 예수님과 하나님간의 부자관계를 드러내 주고 있으며 이 사실이 제자들에게 증거되고 있다. 선교에서 방금 돌아온 제자들은 이를 통하여 예수님의 구속사역에 역사하고 그들이 예수님의 이름으로 행한 사역에도 역사하는 하나님의 통치하심에 증인이 되고 있는 것이다. **10:25-37** 율법교사의 질문이 갑자기 이야기를 중단시키고 있지만, 이것은 들음과 행함이라는 예수님의 가르침의 초점과 일치하는 질문이다. 이 장면에서 특별한 관심사는 "행함"이다. 그러나 38-42절에서는 "들음"에 초점이 맞추어진다. 우리는 둘 다 똑같이 필요하다는 것을 안다. **10:29-32** 여기에 논란의 대상이 되고 있는 것은 레 19:18에 등장하는 이웃이다. 예수님의 비유는 *어떤 사람이* 강도를 만나 옷을 빼앗긴 것, 즉, 그의 정체성을 빼앗긴 사람—다시 말하면, 본문은 의도적으로 이 사람이 적인지 친구인지에 대하여 막연하게 증거하고 있다. 그는 단지 도움을 필요로 하는 사람일 뿐이다. 비슷하게, 예수께서는 레위 사람이나 제사장에게 그들의 동기를 묻기 위해 이야기를 중단하지 않으신다. 중요한 것은 이것이다: 그들은 이 강도 만나고 다친 사람을 위해 아무것도 하지 않았다. 사마리아인을 사회종교적으로 버려진 사람들로 보는 견해에 대하여는 9:52-53을 보라. **10:38-42** 자비를 베푼 사마리아인의 비유 다음에, 이 이야기는 진정한 손님 접대의 본질에 대하여 말해준다. 예수님이 기대하시는 손님 접대는 분주하고 잡다한 가사일을 하는 측면에서가 아니라, 예수님을 받아들이는 것이 하나님의 임재를 보여주는 것이라는 데 있다. 이것은 명상하면서 신앙생활을 하는 것과 적극적으로 참여하면서 신앙생활을 하는 것을 억지로 구분하려는 것이 아니다. 더 나아가 이 본문이 여성들의 "사역", 특히 사역과 관련된 지도력에 관하여 (22:24-27; 행 6:1-7을 참조), 여성들은 참여해서는

기도를 가르쳐 주시다 (마 6:9-15; 7:7-11)

11 1 예수께서 어떤 곳에서 기도하고 계셨
는데, 기도를 마치셨을 때에 그의 제자들
가운데 한 사람이 그에게 말하였다. "주님, 요한
이 자기 제자들에게 기도하는 것을 가르쳐 준 것과
같이, 우리에게도 그것을 가르쳐 주십시오." 2 예
수께서 그들에게 말씀하셨다. "너희는 기도할 때
에, 이렇게 말하여라.

[ㄱ]아버지,
그 이름을 거룩하게 하여 주시고,
그 [ㄴ]나라를 오게 하여 주십시오.[ㄷ]
3 날마다 우리에게
[ㄹ]필요한 양식을 내려 주십시오.
4 우리의 죄를 용서하여 주십시오.
우리에게 빚진 모든 사람을
우리가 용서합니다.
우리를 시험에 [ㅁ]들지 않게
하여 주십시오.[ㅂ]'"

5 예수께서 그들에게 말씀하셨다. "너희 가
운데 누구에게 친구가 있다고 하자. 그가 밤중에
그 친구에게 찾아가서 그에게 말하기를 '여보게,
내게 빵 세 개를 꾸어 주게. 6 내 친구가 여행
중에 내게 왔는데, 그에게 내놓을 것이 없어서 그
러네!' 할 때에, 7 그 사람이 안에서 대답하기를
'나를 괴롭히지 말게. 문은 이미 닫혔고, 아이들과
나는 잠자리에 누웠네. 내가 지금 일어나서, 자네의
청을 들어줄 수 없네' 하겠느냐? 8 내가 너희에
게 말한다. 그 사람의 친구라는 이유로는, 그가
일어나서 청을 들어주지 않을지라도, 그가 졸라
대는 것 때문에는, 일어나서 필요한 만큼 줄 것이다.
9 내가 너희에게 말한다. 구하여라, 그리하면 너
희에게 주실 것이다. 찾아라, 그리하면 찾을 것이다.
문을 두드려라, 그리하면 너희에게 열어 주실 것
이다. 10 구하는 사람마다 받을 것이요, 찾는 사
람마다 찾을 것이요, 문을 두드리는 사람에게 열
어 주실 것이다. 11 너희 가운데 아버지가 된 사
람으로서 아들이 생선을 달라고 하는데, 생선 대
신에 뱀을 줄 사람이 어디 있으며, 12 달걀을 달
라고 하는데 전갈을 줄 사람이 어디에 있겠느냐?
13 너희가 악할지라도 너희 자녀에게 좋은 것들을
줄 줄 알거든, 하물며 [ㅅ]하늘에 계신 아버지께서야
구하는 사람에게 성령을 주시지 않겠느냐?"

ㄱ) 다른 고대 사본들에는 '하늘에 계신 우리 아버지' ㄴ) 다른 고대 사본들 가운데 극히 일부에는 '성령이 임하여 우리를 깨끗하게 하여 주시오며' ㄷ) 다른 고대 사본들에는 '뜻이 하늘에서 이루어진 것 같이 땅에서도 이루어지게 하시옵소서'가 첨가되어 있음 ㄹ) 또는 '내일 양식' ㅁ) 또는 '빠뜨리지' ㅂ) 다른 고대 사본들은 끝에 '우리를 악에서 (또는 '악한 자에게서') 구하시옵소서'가 첨가되어 있음 ㅅ) 다른 고대 사본은 '아버지께서야 구하는 사람에게 하늘에서부터 성령을 주시지 않겠느냐?'

안 된다고 가르치고 있는 것도 아니라는 사실을 기억해야 한다. 진정, 누가의 관점에서 생각해 보면, 이 본문에서 드러나는 문제는 여성이 섬기는 일을 하느냐의 문제가 (실제로 그 당시 이것이 문제거리였기도 했지만) 아니라, 여성이 제자로서의 역할을 선택하느냐에 관한 이슈이다. 이 문제와 관련하여 전통적인 남성 여성의 역할에 대한 갱신이 필요함을 강조하기 위하여 예수님 자신이 직접 이 문제에 대하여 말씀하셔야만 했다! 실상 마리아와 마르다간의 구분은 "걱정하는 것"에 관한 것이며, 걱정하는 것은 진정한 제자도에 거침돌이 된다 (8:14; 12:22가 그 예이다).

11:1-13 바로 전에 나온 이야기에서, 예수님은 하나님을 다섯 번이나 "아버지"로 부르셨고, 이를 통하여 그가 선택하는 사람들에게는 하나님을 보여줄 수 있는 능력의 소유자이라는 사실을 말씀하고 계시다 (10:21-22). 기도에 대한 이 짧은 가르침에서 예수께서는 정확하게 다음의 사항들을 가르치신다: 그는 하나님의 "아버지"되심을 제자들에게 드러내 주시며, 이를 통하여 그들이 이후로 어떤 방식으로 하나님을 "아버지"로 생각해야 할 것인가에 대하여 규정해 주고 계신다. 누가의 세계관에 의하면, 예수님은 하나님께서 어떤 "아버지"이신가를 규정하시기에 합당한 근거를 가지고 있는 분이시다. 아버지의 역할이 아주 강력했던 그 당시의 상황을 고려해보면, 심지어 강제로 했을 정도로, 예수께서 하나님을 그의 자녀들을 위하여 자비, 온정, 자상한 보살핌 등을 베푸시는 신실하신 분으로 증거한 것은 매우 주목할 만한 일이다. **11:1-4** 쉽게 기도하는 "방법"에 대한 소지가 될 수 있는 주제를 다루면서 예수님은 그것을 하나님과의 관계를 양육할 수 있는 좋은 가르침의 기회로 사용하신다. 이런 면에서 기도는 사람들을 믿음의 공동체 안에서 자라도록 돕는 데 좋은 촉매제가 될 수 있다. **11:5-13** 우리는 어떻게 기도해야 하는가? 인내를 갖고 기도해야 하나? 여기 증거된 순서대로 기도해야 하나? 예수께서는 이 기도문을 통하여 우리가 기도할 때 누구에게 기도하는가를 명확하게 알고 기도하는 것이 중요하다는 사실을 우리에게 강조하신다. 첫째로, 우리는 이 이야기를 통하여 고대 팔레스타인의 관습을 알게 된다: 우선 본문은 손님을 접대함에 있어서 이웃에게 도움을 청하는 것이 보통 있었던 일이었다는 것을 보여주고 있고, 그렇지 않은 예외적인 경우일지라도 남들로부터 인색한 사람이라는 욕을 듣지 않기 위해서라도 이웃은 자기가 가진 음식을 나누어 그의 친구가 손님 대접하는 일을 도왔을 것이라는 점이다 (5-8절). 모든 사람은 하나님의 자비하심에 대하여 깨닫도록 격려받고 있다 (9-10절). 최종적으로, 적은 것으로부터 큰 것으로 옮아가는 논리전개 방식을 이용하여 예수께서는 하나님은 아주

예수를 바알세불과 한 편으로 모함하다
(마 12:22-30; 막 3:20-27)

14 예수께서 귀신을 하나 내쫓으셨는데, [그
것은] 벙어리 [귀신이었다]. 그 귀신이 나가니,
말 못하는 사람이 말을 하게 되었다. 그래서 무리
가 놀랐다. 15 그들 가운데서 더러는 이렇게 말
하였다. "그가 귀신들의 두목인 바알세불의 힘을
빌어서 귀신을 내쫓는다." 16 또 다른 사람들은
예수를 시험하여 하늘에서 내리는 표징을 보여 달
라고 그에게 요구하였다. 17 그러나 예수께서는
그들의 생각을 아시고서, 이렇게 말씀하셨다. "어
느 나라든지 갈라져서 서로 싸우면 망하고, 또 가
정도 서로 싸우면 무너진다. 18 그러니 사탄이
갈라져서 서로 싸우면, 그 나라가 어떻게 서 있겠
느냐? 너희는 내가 바알세불을 힘입어 귀신을 내
쫓는다고 하는데, 19 내가 바알세불을 힘입어
귀신을 내쫓는다면 너희의 ㄱ)추종자들은 누구를
힘입어 귀신을 내쫓는다는 말이냐? 그러므로 그
들이야말로 너희의 재판관이 될 것이다. 20 그
러나 내가 ㄴ)하나님의 능력을 힘입어 귀신들을 내
쫓으면, 하나님 나라가 너희에게 이미 온 것이다.
21 힘센 사람이 완전히 무장하고 자기 집을 지
키고 있는 동안에는, 그의 소유는 안전하다.
22 그러나 그보다 더 힘센 사람이 달려들어서 그를
이기면, 그가 의지하는 무장을 모두 해제시키고,
자기가 노략한 것을 나누어 준다. 23 나와 함께
하지 않는 사람은 나를 반대하는 사람이요, 나와
함께 모으지 않는 사람은 헤치는 사람이다."

방비가 없으면 귀신이 되돌아온다
(마 12:43-45)

24 "ㄷ)악한 귀신이 어떤 사람에게서 나온다고
하면, 그 귀신은 쉴 곳을 찾느라고 물 없는 곳을
헤맨다. 그러나 그 귀신은 찾지 못하고 말하기를
'내가 나온 집으로 되돌아가겠다' 한다. 25 그런데
와서 보니, 집은 말끔히 치워져 있고, 잘 정돈되어
있었다. 26 그래서 그 귀신은 가서, 자기보다 더
악한 딴 귀신 일곱을 데리고 와서, 그 집에 들어
가 자리를 잡고 산다. 그러면 그 사람의 나중 형
편이 처음보다 더 비참하게 된다."

참된 행복

27 예수께서 이 말씀을 하고 계실 때에, 무리
가운데서 한 여자가 목소리를 높여 그에게 말하
였다. "당신을 밴 태와 당신을 먹인 젖은 참으로
복이 있습니다!" 28 그러나 예수께서 이렇게 말
씀하셨다. "오히려, 하나님의 말씀을 듣고 지키는
사람이 복이 있다."

이 세대가 헛되이 표징을 구하다
(마 12:38-42; 막 8:12)

29 무리가 모여들 때에, 예수께서 말씀하기
시작하셨다. "이 세대는 악한 세대다. 이 세대가

ㄱ) 그, '아들들'. 귀신축출자들을 가리킴 ㄴ) 그, '하나님의 손가락으로'
ㄷ) 그, '더러운'

가장 선한 인간 아버지가 할 수 있는 것 그 이상으로 자비로우시고 신실하시다고 가르치고 계시다 (11-13절). 이와 같이 예수께서는 하나님께서 그의 "아버지"되심에 주목하여 그분은 우리의 필요를 채워주시는 분—진정 우리가 기대하는 것 이상으로 넘치게 채워주시는 분이심을 보여준다.

11:14-54 비록 특별한 정황에서 이 두 이야기가 각각 소개되고 있지만, 이 이야기들은 공통적인 주제를 다루고 있다. 첫 번째 이야기는 야외에서 군중들과의 이야기이고 (14-36절), 두 번째 이야기는 집 안에서 바리새파 사람들과 율법학자들 사이에서 일어난 이야기인데 (37-52절), 여기에서 소개된 갈등관계를 통하여 독자들은 그들이 예수님에 대한 믿음을 결단하도록 도전받고 있다. 다른 계층의 사람들이 각각 다른 방식으로 예수님에 대해 적대감을 표현한다. 이에 대하여 예수께서는 각 계층의 사람들이 하나님께 합당하게 반응하는 것이 어떤 것인지에 대하여 증거하신다. 그들은 과연 자기들의 적대감을 극복하고 예수님의 말씀을 받아들일 것인가? **11:14-36** 예수께서 귀신을 내쫓으시는 사역은 군중들로 하여금 세 가지 반응을 일으키게 하고, 예수님이 이 반응에 답을 하신다. 여기에 이슈로 되어 있는 것은 "자유케" 하시는 예수님의 사역에 관한 것이다 (4:18-19을 보라). **11:14-16** 고대 팔레스타인의 치유와 건강에 대한 이해를 고려해 볼 때 (실상 다른 여러 문화권도 유사한 현상을 보인다), 육신적인 병과 악령의 역사 사이에는 밀접한 연관이 있다고 보는 것은 결코 놀랄 만한 일이 아니다. 누가 특유의 사상이긴 하지만, 그는 "치유"가 우주적인 그리고 전인적인 회복과 연관이 있다고 본다. 예수께서 귀신을 내쫓는 것에 대한 사람들의 각기 다른 반응은 곧이어 증거된 예수님의 반응을 유발시키고 있다. **11:15** *바알세불* ("파리들의 대왕"). 이것은 사탄의 다른 이름이다 (18절을 보라). 여기서 주목할 것은 누구도 예수께서 귀신을 내쫓을 수 있다는 것에 대하여 의문을 제기하는 것이 아니라, 그런 일을 행하실 수 있는 그의 권위에 대하여 질문하고 있다는 점이다. **11:17-26** 여기서 반대자들은

표징을 구하지만, 이 세대는 요나의 표징 밖에는
아무 표징도 받지 못할 것이다. 30 요나가 니느웨
사람들에게 표징이 된 것과 같이, 인자 곧 나도 이
세대 사람들에게 그러할 것이다. 31 심판 때에
남방 여왕이 이 세대 사람들과 함께 일어나서, 이
세대 사람들을 정죄할 것이다. 그 여왕은 솔로몬
의 지혜를 들으려고, 땅 끝에서부터 찾아왔기 때
문이다. 그러나 보아라, 솔로몬보다 더 큰 이가 여
기에 있다. 32 심판 때에 니느웨 사람들이 이 세
대 사람들과 함께 일어나서, 이 세대 사람들을 정
죄할 것이다. 그들은 요나의 선포를 듣고 회개했
기 때문이다. 그러나, 보아라, 요나보다 더 큰 이
가 여기에 있다."

몸의 등불 (마 5:15; 6:22-23)

33 "아무도 등불을 켜서 움 속에나 [말 아래
에] 놓지 않고, 등경 위에 놓아 두어서, 들어오는
사람들이 그 빛을 보게 한다. 34 네 눈은 몸의
등불이다. 네 눈이 성하면, 네 온 몸도 밝을 것이요,
네 눈이 성하지 못하면, 네 몸도 어두울 것이다.
35 그러므로 네 속에 있는 빛이 어둡지 않은지
살펴보아라. 36 네 온 몸이 밝아서 어두운 부분이
하나도 없으면, 마치 등불이 그 빛으로 너를 환하게
비출 때와 같이, 네 몸은 온전히 밝을 것이다."

바리새파 사람들과 율법학자들을 책망하시다
(마 23:1-36; 막 12:38-40; 눅 20:45-47)

37 예수께서 말씀하실 때에, 바리새파 사람
하나가 자기 집에서 잡수시기를 청하니, 예수께
서 들어가서 앉으셨다. 38 그런데 그 바리새파
사람은, 예수가 잡수시기 전에 먼저 손을 씻지
않으신 것을 보고, 이상히 여겼다. 39 그러나 주
님께서는 그에게 말씀하셨다. "지금 너희 바리새
파 사람들은 잔과 접시의 겉은 깨끗하게 하지만,
너희 속에는 탐욕과 악독이 가득하다. 40 어리
석은 사람들아, 겉을 만드신 분이 속도 만들지 아
니하셨느냐? 41 그 속에 있는 것으로 자선을 베
풀어라. 그리하면 모든 것이 너희에게 깨끗해질
것이다. 42 너희 바리새파 사람들에게 화가 있
다! 너희는 박하와 운향과 온갖 채소의 십일조는
바치면서, 정의와 하나님께 대한 사랑은 소홀히
한다! 그런 것들도 반드시 행해야 하지만, 이런 것
들도 소홀히 하지 않았어야 하였다. 43 너희 바
리새파 사람들에게 화가 있다! 너희는 회당에서
높은 자리에 앉기를 좋아하고, 장터에서 인사 받
기를 좋아한다! 44 너희에게 화가 있다! 너희는
드러나지 않게 만든 무덤과 같아서, 사람들이 그
위를 밟고 다니면서도, 그것이 무덤인지를 알지
못한다!"

예수께서 바알세불의 힘을 빌려 귀신을 내쫓고 있다고 주장한다. 그 때나 지금이나 예수님을 깎아내리려는 이와 같은 중상모략은 늘 있어 왔으며, 이런 중상모략을 통해 반대자들은 예수님의 영향력을 최소화시키려고 애써 왔다. 이에 대해 예수님은 그가 귀신을 내쫓는 사역이 악마와 하나님 사이의 대결이라는 문맥에서 이루어지고 있다고 증거하신다. **11:27-28** 예수님이 귀신을 내쫓는 것을 목격한 여자가 예수님이 육신으로 태어나신 것과 관련하여 감탄의 찬사를 발한다 (14절). 그러나 반복적으로 증거된 것처럼 개인의 혈통의 관계가 축복을 결정하는 것이 아니다. 하나님의 말씀을 듣고 어떻게 반응하는가가 개인의 축복 여부를 결정한다 (3:1-20; 8:4-21을 참조). **11:29-36** 예수께서는 *하늘에서 내리는 표징*(16절)을 구하는 사람들에게 대답하신다. 이것은 29-32절과 33-36절 두 소부분으로 구성되어 있다. 이 두 부분은 희랍어 *포네로스*로 짜여 있는데 포네로스가 29절에서는 *악한*으로 사용되고, 34절에서는 *성하지 못한*이라는 의미로 사용되고 있다. 이를 통하여 표징을 구하는 사람들의 속사람이 어둠, 즉, 사탄 쪽으로 기울고 (행 26:18) 있는 것을 보여준다. **11:29-30** *요나의 표징*은 여러 의미로 해석될 수 있다. 예를 들어, (1) 요나가 하나님의 능력에 의하여 기적적으로 구원받음으로 백성들에게 표징이 되었던 것처럼, 인자도 그와 같이 하나님의 권능으로 부활함으로써 사람들에게 표징이 될 것이다. 실제로, 사도행전에 있는 설교들에 의하면, 예수님의 정체성과 선교는 그의 죽으심과 부활하심으로 그 진실함이 증명되었다. (2) 요나가 니느웨 사람들에게 회개를 선포하였던 것처럼, 예수님도 백성들에게 회개를 선포하신다. **11:34-36** 그리스와 로마 안과학에 의하면, 눈은 몸 안에 있는 빛을 방출함으로써 보는 기능을 발휘한다고 믿었다. 다시 말하면, 눈은 빛의 통로로써 시각을 가능케 한다. 이와 같은 신체학을 고려해 볼 때 여기에 관련되어 있는 것은 눈이 "성한가" 아니면 "악한가" 하는 것이다—말하자면, 개인의 삶이 빛으로 가득 차 있는지, 아니면 어둠으로 가득 차 있는지에 관한 문제이다. **11:37-54** 전에 예수께서 두 "나라," 즉, 하나님의 나라와 사탄의 나라가 대립하는 것에 대하여 말씀하셨던 것처럼, 하나님의 백성들의 세상 속에서도 두 나라가 서로 대립한다. 예수님과 함께 식사를 하고 있는 바리새파 사람과 율법학자들은 율법을 해석하고 정결의식을 준수하는 면에 정통한 사람들이다. 그러나 예수님은 그들의 해석이 가난한 자들을 업신여기고 하나님의 선지자들을 대적하는 그들의 속사람의 성향으로 인하여 악화되어 있다고 강조

45 율법교사 가운데 어떤 사람이 예수께 말하였다. "선생님, 선생님이 이렇게 말씀하시면, 우리까지도 모욕하시는 것입니다." 46 예수께서 말씀하셨다. "그렇다. 너희 율법교사들에게도 화가 있다! 너희는 지기 어려운 짐을 사람들에게 지우면서, 너희 자신은 손가락 하나도 그 짐에 대려고 하지 않는다! 47 너희에게 화가 있다! 너희는 너희 조상들이 죽인 예언자들의 무덤을 세운다. 48 그렇게 함으로써 너희는 너희 조상들이 저지른 소행을 증언하며 찬동하는 것이다. 너희의 조상들은 예언자들을 죽였는데, 너희는 그들의 무덤을 세우기 때문이다. 49 그러므로 하나님의 지혜도 말하기를 '내가 예언자들과 사도들을 그들에게 보내겠는데, 그들은 그 가운데서 더러는 죽이고, 더러는 박해할 것이다' 하였다. 50 창세 이래로 흘린 모든 예언자들의 피의 대가를 이 세대에게 요구할 것이다. 51 아벨의 피에서 비롯하여 제단과 성소 사이에서 죽은 사가랴의 피에 이르기까지 말이다. 그렇다. 나는 너희에게 말한다. 이 세대가 그 책임을 져야 할 것이다. 52 너희 율법교사들에게 화가 있다! 너희는 지식의 열쇠를 가로채서, 너희 자신도 들어가지 않고, 또 들어가려고 하는 사람들도 막았다!"

53 예수께서 그 집에서 나오실 때에, 율법학자들과 바리새파 사람들은 잔뜩 앙심을 품고서, 여러 가지 물음으로 예수를 몰아붙이기 시작하였다. 54 그들은 예수의 입에서 나오는 말에서 트집을 잡으려고 노렸다.

바리새파의 위선을 경계하다

12 1 그 동안에 수천 명이나 되는 무리가 모여 들어서, 서로 밟힐 지경에 이르렀다. 예수께서는 먼저 자기 제자들에게 말씀하셨다. "너희는 바리새파 사람의 누룩 곧 위선을 경계하여라. 2 가려 놓은 것이라고 해도 벗겨지지 않을 것이 없고, 숨겨 놓은 것이라 해도 알려지지 않을 것이 없다. 3 그러므로 너희가 어두운 데서 말한 것들을 사람들이 밝은 데서 들을 것이고, 너희가 골방에서 귀에 대고 속삭인 그것을 사람들이 지붕 위에서 선포할 것이다."

참으로 두려워할 분을 두려워하여라

(마 10:28-31)

4 "내 친구인 너희에게 내가 말한다. 육신은 죽여도 그 다음에는 그 이상 아무것도 할 수 없는 자들을 두려워하지 말아라. 5 너희가 누구를 두려워해야 할지를 내가 보여 주겠다. 죽인 다음에 ㄱ)지옥에 던질 권세를 가지신 분을 두려워하여라. 그렇다. 내가 너희에게 말한다. 그분을 두려워하여라. 6 참새 다섯 마리가 두 ㄴ)냥에 팔리지 않느냐? 그러나 그 가운데 하나라도, 하나님께서는 잊고 계시지 않는다. 7 하나님께서는 너희 머리카락까지도 다 세고 계신다. 두려워하지 말아라. 너희는 많은 참새보다 더 귀하다."

ㄱ) 그, '게헨나' ㄴ) 그, '앗사리온'

하신다. **11:53-54** 누가는 예수님을 반대하는 이들의 변화를 주목함으로써, 예수님이 예루살렘에서 겪게 될 최후에 대하여 독자들을 서서히 준비시키고 있다. 이전에 그들은 예수님의 행적을 감시하는 정도였다. 그러나 지금부터 그들은 예수님을 올무에 빠뜨리기 위해 적극적으로 움직이기 시작한다.

12:1—13:9 누가는 장면을 바꾸지 않지만, 이 소부분에서 위기에 직면하여 항상 깨어 있어야 한다는 주제 하에 여러 가지 이야기를 하나의 틀에 묶어 전달하고 있다. 예수께서 이전에 들려주신 많은 예언자들이 외면당했던 이야기들을 통하여 우리는 이미 이 부분에 대하여 들을 준비가 되어 있다. 예수께서는 그의 제자들에게 두 가지 변화에 대하여 가르치심으로써 그들을 다가올 환난에 대비케 하신다: 먼저 그들의 하나님에 대한 이해가 바뀌어져야 한다. 그 다음으로 그들의 사회적인 행동도 달라져야 한다. 실제로, 이것들은 두 가지가 아니라 한 가지를 의미한다. 이것은 우리가 하나님과 그분의 역사하심에 대해 이해하는 것이 우리가 원수를 대하는 일, 물질을 소유하는 것, 그리고 사회관계 등 제반사에 어떻게 변화를 가져와야 할 것인지에 대하여 가르치는 것이다. **12:1-12** 예수님이 여기서 다가오는 환난에 대비하여 깨어 있을 것을 가르치시는 것은 그의 하나님의 섭리와 돌보심에 대한 신뢰에 입각하고 있으며, 이것은 또한 환난에도 불구하고 신실하게 하나님을 신뢰하는 자들이 장차 하나님의 나라에서 인정받게 될 것에 대한 그의 지식에 근거하고 있다. **12:1** *위선.* 위선은 종종 "남에게 보이기 위한 연기"로 이해되었지만, 이것은 더 나아가 "하나님께서 인정하시지 않는 형태의 삶을 살아가는 것"으로 이해되기도 했다 (예를 들어, 욥 34:30; 갈 6:13). 여기에 바리새파 사람의 탓으로 돌려지고, 또한 그것에 제자들도 연루가 되어 있는 논쟁은 하나님의 목적에 대해 제대로 이해하지 못하는 데에서 생기는 결과이다. 이것은 또한 성경을 제대로 이해하지 못한 것을 의미하며, 이로 인해 하나님과 이웃을 사랑하는 온전한 삶을 살아갈 능력이 없음에 대한 예증이 되고 있다. **12:6-7** 우리는 예수님의 말씀 속에서 하

사람 앞에서 그리스도를 시인하여라
(마 10:32-33; 12:32; 10:19-20)

8 "내가 너희에게 말한다. 누구든지 사람들
앞에서 나를 시인하면, 인자도 하나님의 천사들
앞에서 그 사람을 시인할 것이다. 9 그러나 사람들
앞에서 나를 부인하는 사람은, 하나님의 천사들
앞에서 부인당할 것이다. 10 누구든지 인자를
거슬러서 말하는 사람은 용서를 받을 것이지만,
성령을 거슬러서 모독하는 말을 한 사람은 용서를
받지 못할 것이다. 11 너희가 회당과 통치자와
권력자 앞에 끌려갈 때에, '어떻게 대답하고, ㄱ)무
엇을 대답할까', 또 '무슨 말을 할까' 하고 염려하
지 말아라. 12 너희가 말해야 할 것을 바로 그
시각에 성령께서 가르쳐 주실 것이다."

어리석은 부자의 비유

13 무리 가운데서 어떤 사람이 예수께 말하
였다. "선생님, 내 형제에게 명해서, 유산을 나와
나누라고 해주십시오." 14 예수께서 그에게 말
씀하셨다. "이 사람아, 누가 나를 너희의 재판관
이나 분배인으로 세웠느냐?" 15 그리고 사람들
에게 말씀하셨다. "너희는 조심하여, 온갖 탐욕을
멀리하여라. 재산이 차고 넘치더라도, 사람의 생
명은 거기에 달려 있지 않다." 16 그리고 그들에
게 비유를 하나 말씀하셨다. "어떤 부자가 밭에서
많은 소출을 거두었다. 17 그래서 그는 속으로
'내 소출을 쌓아둘 곳이 없으니, 어떻게 할까?' 하
고 궁리하였다. 18 그는 혼자 말하였다. '이렇게
해야겠다. 내 곳간을 헐고서 더 크게 짓고, 내 곡
식과 물건들을 다 거기에다가 쌓아 두겠다.
19 그리고 내 영혼에게 말하겠다. 영혼아, 여러
해 동안 쓸 많은 물건을 쌓아 두었으니, 너는 마
음놓고, 먹고 마시고 즐겨라.' 20 그러나 하나님
께서 말씀하셨다. '어리석은 사람아, 오늘밤에 네
영혼을 네게서 도로 찾을 것이다. 그러면 네가 장
만한 것들이 누구의 것이 되겠느냐?' 21 자기를
위해서는 재물을 쌓아 두면서도, 하나님께 대하
여는 부요하지 못한 사람은 이와 같다."

염려하지 말아라 (마 6:25-34; 19-21)

22 예수께서 [자기의] 제자들에게 말씀하셨
다. "그러므로 내가 너희에게 말한다. 목숨을 부
지하려고 '무엇을 먹을까' 하고 걱정하지 말고, 몸
을 보호하려고 '무엇을 입을까' 하고 걱정하지 말
아라. 23 목숨은 음식보다 더 소중하고, 몸은 옷
보다 더 소중하다. 24 까마귀를 생각해 보아라.
까마귀는 씨를 뿌리지도 않고, 거두지도 않고, 또
그들에게는 곳간이나 창고도 없다. 그러나 하나
님께서 그들을 먹여주신다. 너희는 새보다 훨씬
더 귀하지 않으냐? 25 너희 가운데서 누가 걱정
한다고 해서, ㄴ)제 수명을 한 ㄷ)순간인들 늘일 수
있느냐? 26 너희가 지극히 작은 일도 못하면서,
어찌하여 다른 일들을 걱정하느냐? 27 ㄹ)백합꽃
이 어떻게 자라는지를 생각해 보아라. 수고도 하
지 아니하고, 길쌈도 하지 않는다. 그러나 내가 너
희에게 말한다. 자기의 온갖 영화로 차려 입은 솔
로몬도 이 꽃 하나만큼 차려 입지 못하였다. 28 믿
음이 적은 사람들아, 오늘 들에 있다가 내일 아궁
이에 들어갈 풀도 하나님께서 그와 같이 입히시거

ㄱ) 다른 고대 사본들에는 '무엇을 대답할까'가 없음 ㄴ) 또는 '제 키를 한 자인들 크게 할 수 있느냐?' ㄷ) 그, '페퀴스 (규빗)' ㄹ) 다른 고대 사본들에는 '백합꽃을 생각하여 보아라'

나님께서 그의 백성들을 위험에서 구원하신다는 메시지를 듣기 원한다. 그러나 하나님께서 참새들은 기억하셨지만, 그들이 시장에 팔려 사람들에게 먹거리가 되는 것에서는 구하지 않으셨다. 요점은 참새가 사고 팔릴 수 있다. 그리고 하나님을 믿는 사람들은 고난을 겪기도 한다. 그러나 그런 고난이 하나님의 관심 밖에서 이루어지거나 혹은 하나님의 구원사역을 무효화시키는 효력은 없다. **12:8-12** 여기 등장하는 이야기의 정황, *용서받지 못할 죄*는 박해를 당할 때 배교하는 행위를 의미한다. 이 장면은 사도행전에 등장하는 박해를 준비케 하고 또한 해석하는 기능을 감당하고 있다 (예를 들어, 행 4:5-12를 보라). **12:13-34** 비록 13절에서 익명인이 제기한 질문이 이어 등장하는 예수님의 가르침과 무관한 것처럼 보이나, 곧바로 예수께서는 우리에게 닥치는 위기들이 우리의 물질에 대한 태도 및 행동과 직접 연관이 있다고 말씀하신다. 여기에 관련되어 있는 것은 우리가 "물질"들을 어떻게 다루느냐가 우리의 하나님 이해와 하나님 계획에 대한 신앙을 천명한다는 사실이다. 13-21절의 어리석은 부자는 자기의 계획에 하나님을 전혀 포함시키고 있지 않다고 하는 사실이다. 결과적으로 그는 탐욕스런 사람으로 인식되고 있다. 이와는 대조적으로, 하나님께서는 *그의 나라를 너희에게 주시기를 기뻐하신다* (32절). 이를 통해 제자들은 자기들의 소유욕을 초월하여 가난한 이들을 도울 수 있도록 물질의 소유욕에서 해방되도록 가르침을 받고 있다. **12:35-48** 잠시 숨도 돌리지 않은 채 예수께서는 또 다른 긴 설교 말씀을 시작하신다. 마지막 때가 오는 것에 관한 시간적인 문맥 속에 이 소부분(12:1—

든, 하물며 너희야 더 잘 입히지 않으시겠느냐?
29 그러므로 너희는, 무엇을 먹을까 무엇을 마실
까 하고 찾지 말고, 염려하지 말아라. 30 이런 것
은 다 이방 사람들이 추구하는 것이다. 너희 아버
지께서는, 이런 것이 너희에게 필요하다는 것을
아신다. 31 그러므로 너희는 [ㄱ]그의 나라를 구하
여라. 그리하면 이런 것들을 너희에게 더하여 주
실 것이다.

32 두려워하지 말아라. 적은 무리여, 너희 아
버지께서 그의 나라를 너희에게 주시기를 기뻐하
신다. 33 너희 소유를 팔아서, 자선을 베풀어라.
너희는 자기를 위하여 낡아지지 않는 주머니를 만
들고, 하늘에다가 없어지지 않는 재물을 쌓아 두어
라. 거기에는 도둑이나 좀의 피해가 없다. 34 너희
의 재물이 있는 곳에 너희의 마음도 있을 것이다."

깨어 기다려야 한다 (마 24:45-51)

35 "너희는 허리에 띠를 띠고 등불을 켜놓고
있어라. 36 마치 주인이 혼인 잔치에서 돌아와서
문을 두드릴 때에, 곧 열어 주려고 대기하고 있는
사람들과 같이 되어라. 37 주인이 와서 종들이
깨어 있는 것을 보면, 그 종들은 복이 있다. 내가
진정으로 너희에게 말한다. 그 주인이 허리를 동
이고, 그들을 식탁에 앉히고, 곁에 와서 시중들 것
이다. 38 주인이 밤중에나 새벽에 오더라도, 종
들이 깨어 있는 것을 보면, 그 종들은 복이 있다.
39 너희는 이것을 알아라. 집주인이 언제 도둑이
들지 알았더라면, [ㄴ]그는 도둑이 그 집을 뚫고 들
어오도록 내버려두지 않았을 것이다. 40 그러므로
너희도 준비하고 있어라. 생각하지도 않은 때에
인자가 올 것이기 때문이다."

41 베드로가 말하였다. "주님, 이 비유를 우
리에게 말씀하시는 것입니까? 또는 모든 사람에
게도 말씀하시는 것입니까?" 42 주님께서 말씀
하셨다. "누가 신실하고 슬기로운 청지기겠느냐?
주인이 그에게 자기 종들을 맡기고, 제 때에 양식
을 내주라고 시키면, 그는 어떻게 해야 하겠느냐?
43 주인이 돌아와서 볼 때에 그 종이 그렇게 하고
있으면, 그 종은 복이 있다. 44 내가 진정으로
너희에게 말한다. 주인은 자기의 모든 재산을 그
에게 맡길 것이다. 45 그러나 그 종이 마음 속으
로, 주인이 더디 오리라고 생각하여, 남녀 종들을
때리며, 먹고 마시고 취하여 있으면, 46 그가 예
상하지 않은 날, 그가 알지 못하는 시각에, 그 주
인이 와서, 그 종을 몹시 때리고, 신실하지 않은
자들이 받을 벌을 내릴 것이다. 47 주인의 뜻을
알고도, 준비하지도 않고, 그 뜻대로 행하지도 않은
종은 많이 맞을 것이다. 48 그러나 알지 못하고
매맞을 일을 한 종은, 적게 맞을 것이다. 많이 받은
사람에게는 많은 것을 요구하고, 많이 맡긴 사람
에게는 많은 것을 요구한다."

불을 지르러, 분열을 일으키러 왔다
(마 10:34-36)

49 "나는 세상에다가 불을 지르러 왔다. 불이
이미 붙었으면, 내가 바랄 것이 무엇이 더 있겠느
냐? 50 그러나 나는 받아야 할 [ㄷ]세례가 있다. 그
일이 이루어질 때까지, 내가 얼마나 괴로움을 당
할는지 모른다. 51 너희는 내가 세상에 평화를
주러 온 줄로 생각하느냐? 내가 너희에게 말한
다. 그렇지 않다. 도리어, 분열을 일으키러 왔다.
52 이제부터 한 집안에서 다섯 식구가 서로 갈라
져서, 셋이 둘에게 맞서고, 둘이 셋에게 맞설 것
이다. 53 아버지가 아들에게 맞서고, 아들이 아
버지에게 맞서고, 어머니가 딸에게 맞서고, 딸이
어머니에게 맞서고, 시어머니가 며느리에게 맞서
고, 며느리가 시어머니에게 맞서서, 서로 갈라질
것이다."

ㄱ) 다른 고대 사본들에는 '하나님의' ㄴ) 다른 고대 사본들에는 '그는 집을 지키고 있다가, 도둑이……' ㄷ) 또는 '침례'

13:9)의 가르침을 포함시키고 계시다. 그렇게 하심으로써 예수님은 (1) 그의 재림의 확실성; (2) 재림의 때를 알 수 없음, (3) 현재는 재림 이전에 충성된 삶을 살 수 있는 좋은 기회임, 그리고 (4) 현재 깨어있음과 미래의 보상 혹은 징벌의 연관성에 대하여 강조하신다. 충성스런 종의 반응은 로마 가정에서 발견되는 관습에 상응하는 표현이다. 그럼에도 불구하고 이것은 독자들에게 충격을 주고 있다. 주인이 종들을 시중들어야 한다는 말인가? 하나님의 신실한 사람들이 종들처럼 행동해야 한다는 말인가? 여기에서 우리는 마리아의 송가와 같은 주객이 전도되는 역전을 보게 된다 (1:46-55). **12:49-59** 예수께서는 이 때에 대한 그 자신의 이해를 제시함으로 소유와 충성된 섬김에 대한 그의 가르침을 강조하고 계시다. 하나님의 구속의 권능이 예수 개인과 그의 사역 위에 임재해 계신다. 이는 실로 획기적인 일이며, 이것은 결국 사람들로 하여금 예수님을 통하여 임재하는 새 세계를 맞아들이든지 혹은 옛 세계에 그냥 눌어붙어 있을 것인지 결정하도록 도전한다. 이에 따른 분열이 세례 요한에 의해 이미 예언되었으며 (3:17), 이것은 동시에 예수님의 사역을 특징짓는 것이다 (49-53

때를 분간하여라 (마 16:2-3)

54 예수께서 무리에게도 말씀하셨다. "너희
는 구름이 서쪽에서 이는 것을 보면, 소나기가 오
겠다고 서슴지 않고 말한다. 그런데 그대로 된다.
55 또 남풍이 불면, 날이 덥겠다고 너희는 말한
다. 그런데 그대로 된다. 56 위선자들아, 너희는
땅과 하늘의 기상은 분간할 줄 알면서, 왜, 이 때는
분간하지 못하느냐?"

고소하는 자와 화해하여라 (마 5:25-26)

57 "어찌하여 너희는 옳은 일을 스스로 판단
하지 못하느냐? 58 너를 고소하는 사람과 함께
관원에게로 가게 되거든, 너는 도중에 그에게서
풀려나도록 힘써라. 그렇지 않으면, 그가 너를 재
판관에게로 끌고 갈 것이고, 재판관은 형무소 관
리에게 넘겨주고, 형무소 관리는 너를 옥에 처넣
을 것이다. 59 내가 너희에게 말한다. 너희가 그
마지막 한 ㄱ)푼까지 다 갚기 전에는, 절대로 거기
에서 나오지 못할 것이다."

회개하지 않으면 망한다

13 1 바로 그 때에 몇몇 사람이 와서, 빌라
도가 갈릴리 사람들을 학살해서 그 피를
그들이 바치려던 희생제물에 섞었다는 사실을 예
수께 일러드렸다. 2 예수께서 그들에게 대답하
셨다. "이 갈릴리 사람들이 이런 변을 당했다고 해
서, 다른 모든 갈릴리 사람보다 더 큰 죄인이라고
생각하느냐? 3 그렇지 않다. 내가 너희에게 말
한다. 너희도 회개하지 않으면, 모두 그렇게 망할
것이다. 4 또 실로암에 있는 탑이 무너져서 치여
죽은 열여덟 사람은 예루살렘에 사는 다른 모든
사람보다 더 많이 죄를 지은 사람이라고 생각하느
냐? 5 그렇지 않다. 내가 너희에게 말한다. 너희
도 회개하지 않으면, 모두 그렇게 망할 것이다."

열매를 맺지 못하는 무화과나무의 비유

6 예수께서는 이런 비유를 말씀하셨다. "어떤
사람이 자기 포도원에다가 무화과나무를 한 그루
심었는데, 그 나무에서 열매를 얻을까 하고 왔으나,
찾지 못하였다. 7 그래서 그는 포도원지기에게
말하였다. '보아라, 내가 세 해나 이 무화과나무에서
열매를 얻을까 하고 왔으나, 열매를 본 적이 없다.
찍어 버려라. 무엇 때문에 땅만 버리게 하겠느냐?'
8 그러자 포도원지기가 그에게 말하였다. '주인
님, 올해만 그냥 두십시오. 그 동안에 내가 그 둘
레를 파고 거름을 주겠습니다. 9 그렇게 하면,
다음 철에 열매를 맺을지도 모릅니다. 그 때에
가서도 열매를 맺지 못하면, 찍어 버리십시오.'"

안식일에 등 굽은 여자를 고치시다

10 예수께서 안식일에 회당에서 가르치고 계
셨다. 11 그런데 거기에 열여덟 해 동안이나 병
마에 시달리고 있는 여자가 있었는데, 그는 허리가
굽어 있어서, 몸을 조금도 펼 수 없었다. 12 예수
께서는 이 여자를 보시고, 가까이 불러서 말씀하
시기를, "여자야, 너는 병에서 풀려났다" 하시고,
13 그 여자에게 손을 얹으셨다. 그러자 그 여자는
곧 허리를 펴고, 하나님께 영광을 돌렸다. 14 그
런데 회당장은, 예수께서 안식일에 병을 고치신
것에 분개하여 무리에게 말하였다. "일을 해야 할
날이 엿새가 있으니, 엿새 가운데서 어느 날에든지

ㄱ) 그, '렙돈'

절). 아울러 이것은 다가오는 심판의 전조가 되고 있다 (54-59절). **13:1-9** 이 부분(12:1—13:9)의 마지막 말씀들은 구체적인 삶의 변화(열매)로 연결되는 회심을 하도록 촉구하고 있다. 이와 같은 맥락에서 볼 때 그 당시 갈릴리인들이 예루살렘에 올라갔다 경험했던 참사에 대한 이야기가 예수님의 로마에 대한 입장을 시험하기 위해 소개된 것으로 이해하려는 소수의 학자들의 견해는 그릇된 해석인 듯하다. 오히려 이 이야기는 예수께서 지금까지 가르치셨던 심판에 대한 좋은 예증으로 증거된 듯하다. 하지만 예수께서는 이와 같은 생각(해석)도 거부하시며 이전에 그가 가르치셨던 주제에 다시 초점을 맞추신다. 현재를 해석하고 분별할 능력이 있는 사람들은 (12:56) 그런 사건들 가운데 열매를 맺지 못하는 삶이 아닌 열매를 맺는 삶을 살도록 부르시는 하나님의 음성을 들어야 한다 (13:6-9).

13:10—17:10 예루살렘으로 올라가시는 (9:51—19:48) 긴 여행 이야기 부분에서 예수님은 제자훈련에 계속 관심을 쏟으시는 것을 보여준다. 그러나 이러한 훈련이 전보다는 다소 약하게 드러난다. 특별히 갈등이 고도화된 상황에서, 제자들이 방관자들로 묘사되고 있으며, 예수님은 세상에서 하나님 나라의 일꾼으로 일할 사람들에게 요구되는 자질들에 대하여 단단히 주입시키고 계시다. 누가복음서의 다른 부분에서도 강조되었듯이 예수님은 개인의 성품과 그의 행위간에 어떤 이중성도 허락하지 않으신다. 반복적으로 회당장이나 바리새파 사람 혹은 다른 사람들의 반응에 대하여 알려줌으

와서, 고침을 받으시오. 그러나 안식일에는 그렇게
하지 마시오." 15 주님께서 그에게 대답하셨다.
"너희 위선자들아, 너희는 저마다 안식일에도 소나
나귀를 외양간에서 풀어내어, 끌고 나가서 물을
먹이지 않느냐? 16 그렇다면, 아브라함의 딸인
이 여자가 열여덟 해 동안이나 사탄에게 매여 있
었으니, 안식일에라도 이 매임을 풀어 주어야 하지
않겠느냐?" 17 예수께서 이 말씀을 하시니, 그를
반대하던 사람들은 모두 부끄러워하였고, 무리는
모두 예수께서 하신 모든 영광스러운 일을 두고 기
뻐하였다.

겨자씨와 누룩의 비유

(마 13:31-33; 막 4:30-32)

18 예수께서 말씀하셨다. "하나님 나라는 무
엇과 같은가? 그것을 무엇에다가 비길까? 19 그
것은 겨자씨의 다음 경우와 같다. 어떤 사람이 겨
자씨를 가져다가 자기 정원에 심었더니, 자라서 나
무가 되어, 공중의 새들이 그 가지에 깃들였다."
20 예수께서 다시 말씀하셨다. "하나님 나라
를 무엇에다가 비길까? 21 그것은 누룩의 다음
경우와 같다. 어떤 여자가 누룩을 가져다가, 가루
서 ㄱ)말 속에 ㄴ)섞어 넣었더니, 마침내 온통 부풀어
올랐다."

좁은 문으로 들어가기를 힘써라

(마 7:13-14; 21-23)

22 예수께서 여러 성읍과 마을에 들르셔서,
가르치시면서 예루살렘으로 여행하셨다. 23 그
런데 어떤 사람이 예수께 물었다. "주님, 구원받
을 사람은 적습니까?" 예수께서 그들에게 대답하
셨다. 24 "너희는 좁은 문으로 들어가기를 힘써라.
내가 너희에게 말한다. 들어가려고 해도 들어가지
못하는 사람이 많을 것이다. 25 집주인이 일어
나서, 문을 닫아 버리면, 너희가 밖에 서서 문을
두드리면서 '주인님, 문을 열어 주십시오' 하고 졸
라도, 주인은 '너희가 어디에서 왔는지, 나는 모른
다' 하고 대답할 것이다. 26 그 때에 너희가
말하기를 '우리는 주인님 앞에서 먹고 마셨으며,
주인님은 우리를 길거리에서 가르치셨습니다'
할 터이나, 27 주인이 너희에게 말하기를 '나는
너희가 어디에서 왔는지 모른다. 불의를 일삼는
자들아, 모두 내게서 물러가거라' 할 것이다.
28 아브라함과 이삭과 야곱과 모든 예언자는 하
나님 나라 안에 있는데, 너희는 바깥으로 쫓겨난
것을 너희가 보게 될 때에, 거기서 슬피 울면서 이를
갈 것이다. 29 사람들이 동과 서에서, 또 남과
북에서 와서, 하나님 나라 잔치 자리에 앉을 것이다.
30 보아라, 꼴찌가 첫째가 될 사람이 있고, 첫째가
꼴찌가 될 사람이 있다."

예루살렘을 보고 한탄하시다

(마 23:37-39)

31 바로 그 때에 몇몇 바리새파 사람들이 다
가와서 예수께 말하였다. "여기에서 떠나가십시오.
헤롯 왕이 당신을 죽이고자 합니다." 32 예수께서
그들에게 말씀하셨다. "가서, 그 여우에게 전하기를

ㄱ) 그, '사타스'. 세 사타스는 약 22리터 ㄴ) 그, '감추었더니'

로써 예수님의 가르침이 그 당시의 청중들에게 상당히 생소하게 들려졌었음을 알려 주고 있다. 여기에서 주된 관심사는 누가 하나님의 나라에 동참할 것인가에 관한 것이다. **13:10-21** 누가복음서는 허리가 굽었던 여인이 치유되는 기적을 하나님 나라에 대한 예수님의 가르침과 밀접하게 연관시킴으로써, 회당에서 행하셨던 예수님의 사역이 하나님 나라가 구체적으로 실현되는 역사였음을 보여주고 있다. **13:14** 회당장의 직무는 율법에 대한 신실한 가르침과 성경을 읽는 것이 지속되도록 책임지는 일이었다. 안식일을 지키는 것은 유대인이 정체성을 보존하는 데 필연적인 것이었기에 안식일 규정을 어떻게 해석하고 적용하는가는 아주 중요한 일이었다 (출 20:9; 신 5:13). **13:21** 여기에 소개된 밀가루의 양은 약 22리터의 엄청난 분량으로 150명 분에 해당한다. **13:22-30** 도대체 누가 구원을 받을 수 있을 것인가? 이것에 대한 예수님의 대답은 사 25:6-9의 만찬 장면에서 빌려온 것이다. **13:25-27** 예수님과 함께 먹고 마시면서 가르침을 듣는 사람들에 대한 언급은 누가가 강조하는 식탁 교제와 예수님의 가르침이라는 주제와 일치한다. **13:31-35** 하나님의 구속의 도구로써 예수님은 옛적부터 하나님의 백성들을 위하여 주어졌고 또 거룩한 센터로 되어 있던 예루살렘을 피해 갈 수 없으셨다. 예수님은 거기에서 무엇을 기대할 수 있으신가? 이 사건의 모습은 이미 오래 전에 결정되어 있었다—예루살렘은 예언자들을 죽이는 도성이며 (느 9:26), 그러한 일이 또 일어날 것이다. 이 사실 때문에, 예루살렘 자체가 파멸을 겪게 된다. 이것은 이 복음서의 마지막 장에서 증거되고 이루어질 것에 대한 강력한 예언이다.

'보아라, 오늘과 내일은 내가 귀신을 내쫓고 병을
고칠 것이요, 사흘째 되는 날에는 내 일을 끝낸다'
하여라. 33 그러나 오늘도 내일도 그 다음 날도,
나는 내 길을 가야 하겠다. 예언자가 예루살렘
이 아닌 다른 곳에서는 죽을 수 없기 때문이다.
34 예루살렘아, 예루살렘아, 예언자들을 죽이고,
네게 파송된 사람들을 돌로 치는구나! 암탉이 제
새끼를 날개 아래에 품듯이, 내가 몇 번이나 네 자
녀를 모아 품으려 하였더냐! 그러나 너희는 그것을
원하지 않았다. 35 보아라, 너희의 집은 버림을
받을 것이다. 내가 너희에게 말한다. 너희가 말하
기를 ㄱ)'주님의 이름으로 오시는 분은 복되시다'
할 그 때가 오기까지, 너희는 나를 다시는 보지
못할 것이다."

수종병 앓는 사람을 고치시다

14 1 어느 안식일에 ㄴ)예수께서 바리새파 사
람의 지도자들 가운데 어떤 사람의 집에
음식을 잡수시러 들어가셨는데, 사람들이 예수를
지켜보고 있었다. 2 그런데 예수 앞에 수종병 환
자가 한 사람이 있었다. 3 예수께서 율법교사들과
바리새파 사람들에게 물으셨다. "안식일에 병을
고치는 것이 옳으냐? 옳지 않으냐?" 4 그들은 잠
잠하였다. ㄴ)예수께서 그 병자를 손으로 잡아서 고쳐
주시고, 돌려보내신 다음에, 5 그들에게 말씀하
셨다. "너희 가운데서 누가 ㄷ)아들이나 소가 우물에
빠지면 안식일에라도 당장 끌어내지 않겠느냐?"
6 그들은 이 말씀에 대답할 수 없었다.

낮은 자리에 앉으라

7 예수께서는, 초청을 받은 사람들이 윗자리를
골라잡는 것을 보시고, 그들에게 비유를 하나 말
씀하셨다. 8 "네가 누구에게 혼인 잔치에 초대
를 받거든, 높은 자리에 앉지 말아라. 혹시 손님
가운데서 너보다 더 귀한 사람이 초대를 받았을
경우에, 9 너와 그를 초대한 사람이 와서, 너더러
'이 분에게 자리를 내드리시오' 하고 말할지 모른다.
그러면 너는 부끄러워하며 가장 낮은 자리로 내려
앉게 될 것이다. 10 네가 초대를 받거든, 가서
맨 끝자리에 앉아라. 그리하면 너를 청한 사람이
와서, 너더러 '친구여, 윗자리로 올라앉으시오' 하고
말할 것이다. 그 때에 너는 너와 함께 앉은 모든

ㄱ) 시 118:26 ㄴ) 그, '그가' ㄷ) 다른 고대 사본들에는 '나귀나'

특별 주석

예루살렘의 예언자들을 죽이는 도시로서의 악명은 구약에서 그 분명한 예를 찾을 수는 없다. 이것은 예루살렘의 혼란한 역사를 설명하기 위해 구성된 전승인 듯하다.

13:31 많은 주석가들이 여기 소개된 바리새파 사람들의 행위를 부정적인 것으로 본다. 이것은 누가복음서 전체를 통하여 바리새파 사람들이 부정적인 색채로 묘사되었다는 사실에 입각해 볼 때 그럴 수 있고, 아니면 그들이 실상은 예수께서 하나님의 목적을 이루시는 것을 방해하려는 것으로 이해할 수도 있다. 아니면 바리새파 사람들의 행위는 이 둘 다에 해당한다고 볼 수도 있다. 그렇지만, 행 21:12-14에서 누가가 기록한 바리새파 사람에 대한 다소 불분명한 태도를 (바리새파 사람들의 일부는 예수님 편에 서 있었다) 고려해 보면, 여기 소개된 바리새파 사람들은 실상 예수님을 도우려는 좋은 의도를 갖고 있었거나 혹은 단지 예수께서 어떻게 하나님의 뜻을 이루어가실 것인가에 대한 그들의 이해가 부족했었음을 보여주는 것으로 이해하는 것이 옳을 듯하다. 제자들의 예수님에 대한 더딘 이해를 고려해 볼 때, 하나님의 예언자가 처참하게 죽음으로써 하나님의 뜻을 실행하는 것을 깨닫지 못한 바리새파 사람들을 일방적으로 책망하기에는 다소 무리가 있다. **13:32** 고대 세계관에서 여우라는 단어에는 다양한 의미가 있었다—예를 들어, 교활함, 약함, 파괴적인 성향, 그리고 높은 지능 등이다. **14:1-24** 이 본문에서 일어나는 모든 사건들은 한 정황에서 발생한다: 안식일에 지도자격인 바리새파 사람의 집 식탁에서 생긴 사건들이다. 1-6절은 이 장을 여는 구실을 하며, 7-14절은 식사에 대한 규범에 대하여, 15-24절은 만찬에로의 초대에 관하여 다루고 있다. 참석한 이들이 알고자 했던 질문은 나는 과연 잔치에 초대받을 것인가였는데, 이것이 뒤집어져, 예수께서는 나는 도대체 누구를 초대하고 있는가? 라는 질문으로 청중들을 도전하고 계신 것이다. 예수님의 가르침에 응답하는 자들은 가장 보잘 것 없고 소외된 이들에게 친절을 베푸는 것을 구체적으로 실행하느냐의 여부를 통하여 알 수 있다. **14:1-6** 이 치유 이야기는 두 가지 측면에서 이후에 소개되는 가르침에 배경을 설정해 준다. 첫째로, 이것은 누가, 무엇을, 어디에서 만찬을 열 것인지에 대해 알려준다. 둘째로, 이것은 이후에 등장하는 이야기들에 대한 비유와 같은 역할을 감당한다. 왜냐하면 이것은 성경시대에 수종병은, 물이 차오르며 몸이 불어나는 병 (오늘날에는 "일반 수종"으로 알려져 있음), 비유적인 면에서 탐욕을 의미했다. 수종병을 앓는 이는 자기 몸이 이미 물로 가득 찼음에도 불구하고 끊임없는 갈증에 시달렸다. 동일하게 돈과 부에 집착하는 사람들도—지금 예수께서 식사를 같이 나누시는 부류의

사람 앞에서 영광을 받을 것이다. 11 누구든지 자기를 높이면 낮아질 것이요, 자기를 낮추면 높아질 것이다."

12 예수께서는 자기를 초대한 사람에게도 말씀하셨다. "네가 점심이나 만찬을 베풀 때에, 네 친구나 네 형제나 네 친척이나 부유한 이웃 사람들을 부르지 말아라. 그렇게 하면 그들도 너를 도로 초대하여 네게 되갚아, 네 은공이 없어질 것이다. 13 잔치를 베풀 때에는, 가난한 사람들과 지체에 장애가 있는 사람들과 다리 저는 사람들과 눈먼 사람들을 불러라. 14 그리하면 네가 복될 것이다. 그들이 네게 갚을 수 없기 때문이다. 의인들이 부활할 때에, 하나님께서 네게 갚아 주실 것이다."

큰 잔치의 비유 (마 22:1-10)

15 함께 먹고 있던 사람 가운데 하나가 이 말씀을 듣고서 예수께 말하였다. "하나님의 나라에서 음식을 먹는 사람은 복이 있습니다." 16 ㄱ)예수께서 그에게 말씀하셨다. "어떤 사람이 큰 잔치를 베풀고, 많은 사람을 초대하였다. 17 잔치 시간이 되어, 그는 자기 종을 보내서 '준비가 다 되었으니, 오십시오' 하고 초대받은 사람들에게 말하게 하였다. 18 그런데 그들은 모두 하나같이 핑계를 대기 시작하였다. 한 사람은 그에게 말하기를 '내가 밭을 샀는데, 가서 보아야 하겠소. 부디 양해해 주기 바라오' 하였다. 19 다른 사람은 '내가 겨릿소 다섯 쌍을 샀는데, 그것들을 시험하러 가는 길이오. 부디 양해해 주기 바라오' 하고 말하였다. 20 또 다른 사람은 '내가 장가를 들어서, 아내를 맞이하였소. 그러니 가지 못하겠소' 하고 말하였다. 21 그 종이 돌아와서, 이것을 그대로 자기 주인에게 일렀다. 그러자 집주인이 노하여 종더러 말하기를 '어서 시내의 거리와 골목으로 나가서, 가난한 사람들과 지체에 장애가 있는 사람들과 눈먼 사람들과 다리 저는 사람들을 이리로 데려 오너라' 하였다. 22 그렇게 한 뒤에 종이 말하였다. '주인님, 분부대로 하였습니다만, 아직도 자리가 남아 있습니다.' 23 주인이 종에게 말하였다. '큰길과 산울타리로 나가서, 사람들을 억지로라도 데려다가, 내 집을 채워라. 24 내가 너희에게 말한다. 초대를 받은 사람들 가운데서는, 아무도 나의 잔치를 맛보지 못할 것이다.'"

제자가 되는 길 (마 10:37-38)

25 많은 무리가 예수와 동행하였다. 예수께서 돌아서서 그들에게 말씀하셨다. 26 "누구든지 내게로 오는 사람은, 자기 아버지나 어머니나, 아내나 자식이나, 형제나 자매뿐만 아니라, 심지어 자기 목숨까지도 미워하지 않으면, 내 제자가 될 수 없다. 27 누구든지 자기 십자가를 지고 나를 따라오지 않으면, 내 제자가 될 수 없다. 28 너희 가운데서 누가 망대를 세우려고 하면, 그것을 완성할 만한 비용이 자기에게 있는지를, 먼저 앉아서 셈하여 보아야 하지 않겠느냐? 29 그렇게 하지 않아서, 기초만 놓은 채 완성하지 못하면, 보는 사람들이 그를 비웃을 것이며, 30 '이 사람이 짓기를

ㄱ) 그, '그가'

사람들—끊임없는 갈증에 시달린다. **14:7-14** 음식을 나누어주는 것은 그의 사회관계를 알려주는 척도와 같다. 누구와 같이 식사를 나누는가? 자기가 사회의 신분을 드러내는 측면에서 어디에 앉는가? 이것은 결국 그 당시 고위층의 사람들간에 행해졌던 사회계층이나 계급에 연연했던 왜곡된 관심사를 의미한다. 예수께서 *바리새파 사람의 지도자*의 (14:1) 집에서 이 말씀을 하고 계시다는 사실이 이 말씀이 적절한 정황에서 증거되고 있음에 대하여 알려 준다. **14:15-24** 이 부분에서 예수님의 비유는 두 가지 역할을 감당하고 있다. 한편으로, 누가 마지막 때의 만찬에 참석할 수 있을 것인지를 알려주는 전체적으로 종말 만찬을 (13:10-21을 보라) 의미하는 것으로 볼 수 있다. 또 한편으로는, 그와 같이 식사에 동참하고 있는 이들에게 부유하며 상당한 지위에 있는 한 사람이 7-14절에 행하신 예수님의 가르침을 구체적으로 행하고 있는 것을 보여주는 예로 이해할 수도 있다. **14:21-23** 사회계층 면에서 볼 때, 큰 길과 산울타리에서는 사회 저변에서 살고 있던 사람들을 찾아 볼 수 있었으며, 그들은, 경제적인 이유, 직업, 종교적인 부정함, 그외 다른 사정으로 인해 권력과 특권과는 거리가 먼 소외된 사람들이었다. 성 밖은 멸시받고 부정했던 사람들이 거하는 곳이었다. **14:25-35** 비록 누가가 장면을 바꿈으로 인하여 이 부분을 전 부분의 이야기와 구분하고 있기는 하지만 다루는 주제는 동일하다. 특히 큰 잔치에 대한 비유는 개인의 소유 혹은 가족관계가 그를 하나님 나라의 잔치에 참여치 못하게 하는 저해요소가 될 수 있음에 대하여 지적한다 (14:15-24). 두 가지는 참된 제자가 되는 것에 저해 요소로 명기되고 있다. 절대적인 헌신이 요구된다. **15:1-32** 14장은 식탁 교제에 관한 배경이었고, 16장은 손님을 접대하는 일과 식사하는 것을 배경으로 다루게 될 것이다. 이와 같이 누가가 사회적으로 변두리에 살고 있는 사람들을 초대하여 음식과 친절을 베푸는 것에 많은 관심을 표명하는 것은 15장의 이중적인 목적을 이해하는 데 도움을

시작만 하고, 끝내지는 못하였구나' 하고 말할 것
이다. 31 또 어떤 임금이 다른 임금과 싸우러 나
가려면, 이만 명을 거느리고서 자기에게로 쳐들
어오는 그를 자기가 만 명으로 당해 낼 수 있을지
를, 먼저 앉아서 헤아려 보아야 하지 않겠느냐?
32 당해 낼 수 없겠으면, 그가 아직 멀리 있을 동
안에 사신을 보내서, 화친을 청할 것이다. 33 그
러므로 이와 같이, 너희 가운데서 누구라도, 자기
소유를 다 버리지 않으면, 내 제자가 될 수 없다."

맛 잃은 소금은 쓸 데 없다
(마 5:13; 막 9:50)

34 "소금은 좋은 것이다. 그러나 소금이 짠
맛을 잃으면, ㄱ)무엇으로 그것을 짜게 하겠느냐?
35 그것은 땅에도 거름에도 쓸 데가 없어서 밖에
내버린다. 들을 귀가 있는 사람은 들어라."

잃은 양의 비유 (마 18:12-14)

15 1 세리들과 죄인들이 모두 예수의 말씀
을 들으려고 그에게 가까이 몰려들었다.
2 바리새파 사람들과 율법학자들은 투덜거리며
말하였다. "이 사람이 죄인들을 맞아들이고, 그들
과 함께 음식을 먹는구나."
3 그래서 예수께서는 그들에게 이 비유를 말
씀하셨다. 4 "너희 가운데서 어떤 사람이 양 백
마리를 가지고 있는데, 그 가운데서 한 마리를 잃
으면, 아흔아홉 마리를 들에 두고, 그 잃은 양을
찾을 때까지 찾아 다니지 않겠느냐? 5 찾으면,
기뻐하며 자기 어깨에 메고 6 집으로 돌아와서,
벗과 이웃 사람을 불러모으고, '나와 함께 기뻐해
주십시오. 잃었던 내 양을 찾았습니다' 하고 말할
것이다. 7 내가 너희에게 말한다. 이와 같이 하
늘에서는, 회개할 필요가 없는 의인 아흔아홉보
다, 회개하는 죄인 한 사람을 두고 더 기뻐할 것
이다."

되찾은 드라크마의 비유

8 "어떤 여자에게 ㄴ)드라크마 열 닢이 있는데,
그가 그 가운데서 하나를 잃으면, 등불을 켜고, 온
집안을 쓸며, 그것을 찾을 때까지 샅샅이 뒤지지
않겠느냐? 9 그래서 찾으면, 벗과 이웃 사람을
불러모으고 말하기를 '나와 함께 기뻐해 주십시
오. 잃었던 드라크마를 찾았습니다' 할 것이다.
10 내가 너희에게 말한다. 이와 같이 회개하는
죄인 한 사람을 두고, 하나님의 천사들이 기뻐할
것이다."

되찾은 아들의 비유

11 ㄷ)예수께서 말씀하셨다. "어떤 사람에게
아들이 둘 있는데 12 작은 아들이 아버지에게
말하기를 '아버지, 재산 가운데서 내게 돌아올 몫을
내게 주십시오' 하였다. 그래서 아버지는 살림을
두 아들에게 나누어 주었다. 13 며칠 뒤에 작은
아들은 제 것을 다 챙겨서 먼 지방으로 가서,
거기서 방탕하게 살면서, 그 재산을 낭비하였다.

ㄱ) 또는 '무엇으로 그 짠 맛을 회복하겠느냐?' 또는 '무엇으로 짠 맛을 나게 하겠느냐?' ㄴ) 한 '드라크마'는 한 데나리온처럼 노동자의 하루 품삯에 해당함 ㄷ) 그, '그가'

준다. 한편으로, 예수께서 피고석에 불림을 받아, 왜 그가 세리나 죄인들을 받아들이는지에 대하여 변호하도록 요구받고 있다. 또 다른 측면에서 보면, 예수님은 원고가 되어 바리새파 사람들과 율법학자들에게 가난하고 낮은 사람들을 자신들의 친가족처럼 받아들이고 접대해야 한다는 하나님의 시각을 받아들이라고 촉구하는 것으로 볼 수 있다. 예수님은 1-2절에서 제기된 질문에 대하여 3-32절에서 응답하신다. **15:1-2** 바리새파 사람들과 율법학자들은 예수님을 반대하는 사람들로 등장하며, 15장 전체에서 예수님을 도전하게 될 것이다 (5:29-32; 19:1-10을 참조). 무엇을 먹고, 누구와 먹는가가 그 사람의 사회종교적인 경계선을 설정하는 데 주요 역할을 했다. **15:3-10** 예수님은 두 개의 짧은 비유(3-10절)와 하나의 긴 비유를 들어 반박하신다 (11-32절). 이 세 비유는 모두 잃어버린 것을 되찾는 것에 관한 이야기이다. 3-10절에는 죄인이 회개하고 돌아오는 것에 대하여 (7, 10절) 하늘이 기뻐한다. 실제로, 예수님의 식탁 교제는 하나님의 특성인 기쁨과 잔치를 반영하며, 이는 바리새파 사람과 율법학자들의 불평과는 대조가 된다 (1-2절). **15:8-9** 여기 여인의 동전의 가치는 열흘 정도의 품삯에 해당하며, 그녀의 저축 전체를 의미했을 것이다. **15:11-32** 바로 앞에 나온 두 비유와 마찬가지로, 이 비유도 잃었던 것을 찾는 것에 초점이 있다. 이 긴 비유는 아래의 주제들을 말해준다. (1) 탕자의 심각한 처지에 대해 말해주고 있으며, 이를 통하여 우리는 탕자가 유대인 전통과는 먼 비천한 삶으로 전락하고, 아들에서 삯군으로 전락하고 있는 것을 알게 된다; (2) 이것은 또한 장자라는 새로운 인물을 소개하는 기능을 감당하고 있으며, 장자와 둘째 아들은 각각 1-2절의 바리새파 사람과 세리를 대표해 주고 있다; 그리고 (3) 이것은 하나님의 자비로우심이 얼마나 끈질기고 강한 것인지에 대하여 증언하여 주고 있으며, 나아가

14 그가 모든 것을 탕진했을 때에, 그 지방에 크
게 흉년이 들어서, 그는 아주 궁핍하게 되었다.
15 그래서 그는 그 지방의 주민 가운데 한 사람을
찾아가서, 몸을 의탁하였다. 그 사람은 그를 들로
보내서 돼지를 치게 하였다. 16 그는 돼지가 먹
는 쥐엄 열매라도 좀 먹고 배를 채우고 싶은 심정
이었으나, 그에게 먹을 것을 주는 사람이 없었다.
17 그제서야 그는 제정신이 들어서, 이렇게 말
하였다. '내 아버지의 그 많은 품꾼들에게는 먹을
것이 남아도는데, 나는 여기서 굶어 죽는구나.
18 내가 일어나 아버지에게 돌아가서, 이렇게 말
씀드려야 하겠다. 아버지, 내가 하늘과 아버지 앞에
죄를 지었습니다. 19 나는 더 이상 아버지의 아
들이라고 불릴 자격이 없으니, 나를 품꾼의 하나
로 삼아 주십시오.' 20 그는 일어나서, 아버지에
게로 갔다. 그가 아직도 먼 거리에 있는데, 그의
아버지가 그를 보고 측은히 여겨서, 달려가 그의
목을 껴안고, 입을 맞추었다. 21 아들이 아버지
에게 말하였다. '아버지, 내가 하늘과 아버지 앞에
죄를 지었습니다. 이제부터 나는 아버지의 아들
이라고 불릴 자격이 없습니다.ㄱ)' 22 그러나 아
버지는 종들에게 말하였다. '어서, 가장 좋은 옷을
꺼내서, 그에게 입히고, 손에 반지를 끼우고, 발
에 신을 신겨라. 23 그리고 살진 송아지를 끌어
내다가 잡아라. 우리가 먹고 즐기자. 24 나의 이
아들은 죽었다가 살아났고, 내가 잃었다가 되찾
았다.' 그래서 그들은 잔치를 벌였다.
25 그런데 큰 아들이 밭에 있다가 돌아오는
데, 집에 가까이 이르렀을 때에, 음악 소리와 춤
추면서 노는 소리를 듣고, 26 종 하나를 불러서,
무슨 일인지를 물어 보았다. 27 종이 그에게 말
하였다. '아우님이 집에 돌아왔습니다. 건강한 몸
으로 돌아온 것을 반겨서, 주인 어른께서 살진 송
아지를 잡으셨습니다.' 28 큰 아들은 화가 나서,
집으로 들어가려고 하지 않았다. 아버지가 나와
서 그를 달랬다. 29 그러나 그는 아버지에게 대
답하였다. '나는 이렇게 여러 해를 두고 아버지를
섬기고 있고, 아버지의 명령을 한 번도 어긴 일이
없는데, 나에게는 친구들과 함께 즐기라고, 염소
새끼 한 마리도 주신 일이 없습니다. 30 그런데
창녀들과 어울려서 아버지의 재산을 다 삼켜 버린
이 아들이 오니까, 그를 위해서는 살진 송아지를 잡
으셨습니다.' 31 아버지가 그에게 말하였다. '얘
야, 너는 늘 나와 함께 있으니 내가 가진 모든 것은
다 네 것이다. 32 그런데 너의 이 아우는 죽었다
가 살아났고, 내가 잃었다가 되찾았으니, 즐기며
기뻐하는 것이 마땅하다.'"

불의한 청지기의 비유

16 1 예수께서 제자들에게도 말씀하셨다.
"어떤 부자가 있었는데, 그는 청지기 하
나를 두었다. 그는 이 청지기가 자기 재산을 낭비
한다고 하는 소문을 듣고서, 2 그를 불러 놓고
말하였다. '자네를 두고 말하는 것이 들리는데, 어찌
된 일인가? 자네가 맡아보던 청지기 일을 정리하게.
이제부터 자네는 그 일을 볼 수 없네.' 3 그러자
그 청지기는 속으로 말하였다. '주인이 내게서 청
지기 직분을 빼앗으려 하니, 어떻게 하면 좋을까?
땅을 파자니 힘이 없고, 빌어먹자니 낯이 부끄럽
구나. 4 옳지, 내가 무엇을 해야 할지 알겠다.
내가 청지기의 자리에서 떨려날 때에, 사람들이
나를 자기네 집으로 맞아들이도록 조치해 놓아야
지.' 5 그래서 그는 자기 주인에게 빚진 사람들
을 하나씩 불러다가, 첫째 사람에게 '당신이 내 주
인에게 진 빚이 얼마요?' 하고 물었다. 6 그 사
람이 '기름 백 ㄴ)말이오' 하고 대답하니, 청지기는
그에게 '자, 이것이 당신의 빚문서요. 어서 앉아서,
쉰 말이라고 적으시오' 하고 말하였다. 7 그리고
다른 사람에게 묻기를 '당신의 빚은 얼마요?' 하
였다. 그 사람이 '밀 백 ㄷ)섬이오' 하고 대답하니,
청지기가 그에게 말하기를 '자, 이것이 당신의 빚
문서요. 받아서, 여든 섬이라고 적으시오' 하였다.

ㄱ) 다른 고대 사본들은 절 끝에 '나를 품꾼의 하나로 삼아 주십시오'를 첨가하였음 ㄴ) 그, '바투스'. 백 바투스는 약 3킬로리터 ㄷ) 그, '코루스'. 백 코루스는 약 35킬로리터

잃은 것을 찾음에 따라 이를 축하한다는 주제를 다루고 있다. **15:31-32** 이 비유는 해결나지 않은 채로 끝나고 있다: 장자가 이 잔치에 참석할 것인가?

16:1-31 14—5장의 주제는 식탁 교제에 관한 것이었다. 예수께서는 사회적으로 소외된 이들을 친족의 범주에 속하는 식탁에 초대하셨으며, 이를 통하여 다른 사람들도 하나님의 관대하신 자비로우심을 반영하는 초대의 삶을 살도록 촉구하셨다. 16장에서는 식탁 교제에 대한 예수님의 가르침이 그의 소유에 대한 전반적인 가르침의 맥락에서 좀 더 확고하게 증거되고 있다. 부는 특별히 친절을 되갚을 수 없고, 신분이 높아질 수 없는 가난하고 소외된 사람들을 영접하는 데 사용되어야 한다. 다시 말해서, 하나님에 대한 신실한 믿음은 가난한 이들에게 친절을 베푸는 것을 통해 증명될 수 있다. 1-13절은 이러한 주제를 강조하고 있고, 반면에 14-31절은 하나님 나라의 경제 윤리에 배반되는 행위와 그러한

8 주인은 그 불의한 청지기를 칭찬하였다. 그가
슬기롭게 대처하였기 때문이다. 이 세상의 자녀
들이 자기네끼리 거래하는 데는 빛의 자녀들보다
더 슬기롭다. 9 그러므로 내가 너희에게 말한다.
불의한 ㄱ)재물로 친구를 사귀어라. 그래서 그 재물
이 없어질 때에, 그들이 너희를 영원한 ㄴ)처소로
맞아들이게 하여라.' 10 지극히 작은 일에 충실
한 사람은 큰 일에도 충실하고, 지극히 작은 일에
불의한 사람은 큰 일에도 불의하다. 11 너희가
불의한 ㄱ)재물에 충실하지 못하였으면, 누가 너희
에게 참된 것을 맡기겠느냐? 12 또 너희가 남의
것에 충실하지 못하였으면, 누가 너희에게 너희
의 몫인들 내주겠느냐? 13 한 종이 두 주인을 섬
기지 못한다. 그가 한 쪽을 미워하고 다른 쪽을 사
랑하거나, 한 쪽을 떠받들고 다른 쪽을 업신여길
것이다. 너희는 하나님과 ㄱ)재물을 함께 섬길 수
없다."

율법과 하나님의 나라

14 돈을 좋아하는 바리새파 사람들이 이 모든
말씀을 듣고 나서, 예수를 비웃었다. 15 그래서
예수께서 그들에게 말씀하셨다. "너희는 사람들
앞에서 스스로 의롭다고 하는 자들이다. 그러나
하나님께서는 너희의 마음을 아신다. 사람들이
높이 평가하는 그러한 것은 하나님이 보시기에 혐
오스러운 것이다. 16 율법과 예언자는 요한의
때까지다. 그 뒤로부터는 하나님 나라가 기쁜 소
식으로 전파되고 있으며, 모두 ㄷ)거기에 억지로 밀
고 들어간다. 17 율법에서 한 획이 빠지는 것보
다, 하늘과 땅이 없어지는 것이 더 쉽다. 18 자
기 아내를 버리고 다른 여자에게 장가드는 사람은
간음하는 것이며, 남편에게서 버림받은 여자에게
장가드는 사람도 간음하는 것이다."

부자와 거지

19 "어떤 부자가 있었는데, 그는 자색 옷과
고운 베옷을 입고, 날마다 즐겁고 호화롭게 살았다.
20 그런데 그 집 대문 앞에는 나사로라 하는 거
지 하나가 헌데 투성이 몸으로 누워서, 21 그 부
자의 상에서 떨어지는 부스러기로 배를 채우려고
하였다. 개들까지도 와서, 그의 헌데를 핥았다.
22 그러다가, 그 거지는 죽어서 천사들에게 이끌려
가서 아브라함의 품에 안기었고, 그 부자도 죽어
서 묻히었다. 23 부자가 ㄹ)지옥에서 고통을 당하
다가 눈을 들어서 보니, 멀리 아브라함이 보이고,
그의 품에 나사로가 있었다. 24 그래서 그가 소

ㄱ) 그, '맘몬' ㄴ) 그, '장막' ㄷ) 또는 '그리로 침입한다'
ㄹ) 그, '하데스'

삶을 사는 바리새파 사람들의 모습을 극적으로 묘사하고 있다. **16:1-9** 이 비유는 누가의 이야기들을 단순한 알레고리로만 해석하는 것이 옳지 않다는 사실을 보여주는 좋은 예이다—즉, 하나님, 예수님, 아니면 다른 인물들을 비유에 제시된 인물과 동일시하려는 해석이다. 누가복음의 다른 많은 비유들과 마찬가지로 이 비유는 청중들에게 세상에서 일어나는 일들을 통해 새롭게 도래되는 시대가 어떻게 운영될 것인지에 대해 교훈을 얻게 하려는 데에 있다. 이 본문을 제대로 이해하는 데 열쇠가 되는 것은 4절과 9절간에 평행구를 발견하는 데 있다. 이 세상에서 근면하게 일하는 사람들은 미래에 있을 어떤 안정을 위해 일한다. 이와 같이, 우리는 새 시대에 우리에게 하나님 나라를 보장해 줄 수 있는 것들을 위해 성실히 일해야 한다. **16:9** *재물로 친구를 사귀어라* (공동번역은 세속의 재물). 이것은 그리스와 로마시대의 관습을 반영해 주는 말이다. 그 당시 인간관계는 재물을 교환하고, 유지하면서 친분을 강하게 다지곤 했다. 하지만 예수께서 재물로 친구를 삼으라고 하셨을 때는 그는 가난한 자 곧 은혜를 되갚을 길이 없었던 이들을 친구로 삼으라고 권고하신 것이다. 이와 같이 나누어 주는 것은 어떤 "사심이 없이" 행해지는 것을 의미한다. **16:10-13** 예수께서는 이 비유의 의미를 일반적인 관점에서 제시하고 계시다. **16:13** 그리스와 로마시대의 관습은 두 주인이 한 노예를 소유할 수 있었다. 하지만 하나님과 재물은 상극되는 것이므로 이 둘을 동시에 섬기는 것은 불가능하다. **16:14-31** 이 구절들은 한 단락을 이루며, 14절은 바리새파 사람들이 예수님에게 도전하는 내용이고, 그리고 15-31절은 예수께서 그들에게 응전하시는 것으로 이루어져 있다. 이 논쟁에 관련되어 있는 것은 누가 율법의 가르침을 이행하고 있는가이다. **16:14** 돈을 *좋아 하는* 것은 꼭 부유한 사람들을 지칭하는 것이라기보다는 스스로의 사회경제적인 안정을 위해 가난한 이들을 소홀이 대하는 것을 의미한다. 고대 문헌들에 의하면, "돈을 좋아하는" 것은 종종 거짓 교사들이나 예언자들을 의미하는 데 사용되었다. **16:16-18** 예수님은 율법을 폐기하시는 것이 아니라, 그것을 엄밀하게 해석하신다. 성경에서 가증스러운 것은 다음 사항들을 의미하는 것으로 사용되곤 했다: 우상숭배 (사 1:13; 66:3); 부도덕한 금전행위 (신 25:16); 혹은 이혼한 여인과 결혼하는 것 (신 24:4). 예수님의 응전을 통해 우리는 바리새파 사람이 위선적인 삶에 집착하고 있었다는 것을 알 수 있다 (눅 18:9-14를 참조). **16:16-31** 놀랍게도 부유한 지주가 동정심을 발휘한다. 그러나 그의 동정의 대상은 그의 옛 친척

리를 질러 말하기를 '아브라함 조상님, 나를 불쌍히
여겨 주십시오. 나사로를 보내서, 그 손가락 끝에
물을 찍어서 내 혀를 시원하게 하도록 하여 주십
시오. 나는 이 불 속에서 몹시 고통을 당하고 있습
니다' 하였다. 25 그러나 아브라함이 말하였다.
'얘야, 되돌아보아라. 네가 살아 있을 동안에 너는
온갖 호사를 다 누렸지만, 나사로는 온갖 괴로움을
다 겪었다. 그래서 그는 지금 여기서 위로를 받고,
너는 고통을 받는다. 26 그뿐만 아니라, 우리와
너희 사이에는 큰 구렁텅이가 가로 놓여 있어서,
여기에서 너희에게로 건너가고자 해도 갈 수 없고,
거기에서 우리에게로 건너올 수도 없다.' 27 부
자가 말하였다. '조상님, 소원입니다. 그를 내 아
버지 집으로 보내 주십시오. 28 나는 형제가 다
섯이나 있습니다. 제발 나사로가 가서 그들에게
경고하여, 그들만은 고통 받는 이 곳에 오지 않게
하여 주십시오.' 29 그러나 아브라함이 말하였다.
'그들에게는 모세와 예언자들이 있으니, 그들의
말을 들어야 한다.' 30 부자는 대답하였다. '아닙
니다. 아브라함 조상님, 죽은 사람들 가운데서 누
가 살아나서 그들에게로 가야만, 그들이 회개할 것
입니다.' 31 아브라함이 그에게 대답하였다. '그
들이 모세와 예언자들의 말을 듣지 않는다면, 죽
은 사람들 가운데서 누가 살아난다고 해도, 그들
은 믿지 않을 것이다.'"

남을 죄 짓게 함, 용서, 믿음, 종의 도리

(마 18:6-7; 21-22; 막 9:42)

17 1 ㄱ)예수께서 제자들에게 말씀하셨다.
"ㄴ)걸려 넘어지게 하는 일들이 생기지 않을
수는 없지만, 그러한 일들을 일으키는 사람은 화가
있다. 2 이 작은 사람들 가운데 하나를 ㄴ)걸려 넘
어지게 하는 것보다, 차라리 자기 목에 큰 맷돌을
매달고 바다에 빠지는 것이 나을 것이다. 3 너희는
스스로 조심하여라. ㄷ)믿음의 형제가 죄를 짓거든
꾸짖고, 회개하거든 용서하여 주어라. 4 그가
네게 하루에 일곱 번 죄를 짓고, 일곱 번 네게 돌
아와서 '회개하오' 하면, 너는 용서해 주어야 한다."
5 사도들이 주님께 말하였다. "우리에게 믿
음을 더하여 주십시오." 6 주님께서 말씀하셨다.
"너희에게 겨자씨 한 알만한 믿음이라도 있으면,
이 뽕나무더러 '뽑혀서, 바다에 심기어라' 하면,
그대로 될 것이다."
7 "너희 가운데서 누구에게 밭을 갈거나, 양을
치는 종이 있다고 하자. 그 종이 들에서 돌아올 때
에 '어서 와서, 식탁에 앉아라' 하고 그에게 말할
사람이 어디에 있겠느냐? 8 오히려 그에게 말하
기를 '너는 내가 먹을 것을 준비하여라. 내가 먹고
마시는 동안에, 너는 허리를 동이고 시중을 들어
라. 그런 다음에야, 먹고 마셔라' 하지 않겠느냐?
9 그 종이 명령한 대로 하였다고 해서, 주인이 그
에게 고마워하겠느냐? 10 이와 같이, 너희도 명
령을 받은 대로 다 하고 나서 '우리는 쓸모 없는
종입니다. 우리는 마땅히해야 할 일을 하였을 뿐
입니다' 하여라."

열 사람의 나병환자가 깨끗하게 되다

11 ㄱ)예수께서 예루살렘으로 가시는 길에, 사
마리아와 갈릴리 사이로 지나가시게 되었다. 12 예

ㄱ) 그, '그가' ㄴ) 그, '죄 짓게 하는' ㄷ) 그, '네 형제가'

들이다 (27-31절; 14;12-14를 보라). 아브라함을 "아버지"로 부르는 자들은 (24, 27절) 성경말씀에 귀를 기울여야 하며, 그들은 아브라함과 같은 삶을 산다 (3:7-14). 다시 말하면, 이 부자는 그의 친절과 동정을 그의 문 앞에서 구걸하던 거지에게도 베풀었어야만 했다 (암 5:12, 15를 참조). 돈을 사랑하는 사람들로서 바리새파 사람들은 가난한 이들을 소홀히 대했고, 이것으로 *모세와 선지자*들을 통해 분명히 증거된 하나님의 뜻을 거역한 사람들이다. **17:1-10** 이와 같이 바리새파 사람들의 삶과 행위에 대해 질책하신 후, 예수님은 제자들에게 "바리새파 사람과 같이 살지 말라"고 가르치고 계시다. 이것은 바리새파 사람들의 특성에 대한 혹한 비평의 형태로 표현되고 있다: 그들은 작은 자 혹은 죄인들에게는 무관심하고, 반면에 그들의 신분이나 평판에 대해서는 과도한 관심을 쏟는 자들이다. 제자들이 이와 같은 엄한 교훈을 받고 있다는 사실은 그들이 계속해서 제자로서 성장해야 함을 의미한다.

17:11—19:27 9:51에서 시작된 예수께서 예루살렘을 향한 여정이 이제 그 목적지에 도달하고 있다. 이에 따라 누가는 9:51—19:48의 예루살렘으로 가는 이야기에 나타나는 중요한 주제들을 같이 묶어 증언하기 시작한다. 이 부분은 예수님에 대한 적절한 반응이 어떤 것인가를 가르치는 것으로 특히 예수님 자신의 정체성과 제자도라는 관점에서 증거되고 있다. 예수께서 질문하신다, "인자가 올 때 세상에서 믿음을 찾아 볼 수 있겠느냐?" (18:8). 흥미롭게도 우리는 17:11—19:27에서 다수의 신실한 반응을 목격하게 된다. 그러나 이것이 제자들을 포함하지는 않으며, 그들은 아직도 계속 변화되어야 한다. 대신에, 신실한 반응을 보이는 이들의 예는, 나병환자, 사마리아인, 이방 사람 (17:11-19), 과부

수께서 어떤 마을에 들어가시다가 ㄱ)나병환자 열 사
람을 만나셨다. 그들은 멀찍이 멈추어 서서, 13 소
리를 높여 말하였다. "예수 선생님, 우리를 불쌍
히 여겨 주십시오." 14 예수께서는 보시고 그들
에게 말씀하셨다. "가서, 제사장들에게 너희 몸을
보여라." 그런데 그들이 가는 동안에 몸이 깨끗해
졌다. 15 그런데 그들 가운데 한 사람은 자기의
병이 나은 것을 보고, 큰 소리로 하나님께 영광을
돌리면서 되돌아와서, 16 ㄴ)예수의 발 앞에 엎드
려 감사를 드렸다. 그런데 그는 사마리아 사람이
었다. 17 그래서 예수께서 말씀하셨다. "열 사람
이 깨끗해지지 않았느냐? 그런데 아홉 사람은 어
디에 있느냐? 18 하나님께 영광을 돌리러 되돌
아온 사람은, 이 이방 사람 한 명밖에 없느냐?"
19 그런 다음에 그에게 말씀하셨다. "일어나서
가거라. 네 믿음이 너를 구원하였다."

하나님의 나라는 너희 가운데에 있다

(마 24:23-28; 37-41)

20 바리새파 사람들이 하나님의 나라가 언제
오느냐고 물으니, 예수께서 그들에게 대답을 하
셨다. "하나님의 나라는 눈으로 볼 수 있는 모습
으로 오지 않는다. 21 또 '보아라, 여기에 있다'
또는 '저기에 있다' 하고 말할 수도 없다. 보아라,
하나님의 나라는 너희 ㄷ)가운데에 있다."

22 그리고 제자들에게 말씀하셨다. "너희가
인자의 날들 가운데서 단 하루라도 보고 싶어 할
때가 오겠으나, 보지 못할 것이다. 23 사람들이
너희더러 말하기를 '보아라, 저기에 계신다', [또
는] '보아라, 여기에 계신다' 할 것이다. 그러나
너희는 따라 나서지도 말고, 찾아다니지도 말아라.
24 마치 번개가 하늘 이 끝에서 번쩍하여 하늘 저
끝까지 비치는 것처럼, 인자도 ㄹ)자기의 날에 그러
할 것이다. 25 그러나 그는 먼저 많은 고난을 겪
어야 하고, 이 세대에게 버림을 받아야 한다. 26 노
아의 시대에 일이 벌어진 것과 같이, 인자의 날에
도 그러할 것이다. 27 노아가 방주에 들어가는
날까지, 사람들은 먹고 마시고 장가가고 시집가
고 하였는데, 마침내 홍수가 나서, 그들을 모두 멸
망시켰다. 28 롯 시대에도 그와 같은 일이 벌어
졌다. 사람들이 먹고 마시고 사고 팔고 나무를 심
고 집을 짓고 하였는데, 29 롯이 소돔에서 떠나
던 날에, 하늘에서 불과 유황이 쏟아져 내려서, 그
들을 모두 멸망시켰다. 30 인자가 나타나는 날
에도 그러할 것이다. 31 그 날에 지붕 위에 있는
사람은, 자기 물건들이 집 안에 있더라도, 그것들
을 꺼내려고 내려가지 말아라. 또한 들에 있는 사
람도 집으로 돌아가지 말아라. 32 롯의 아내를
기억하여라. 33 누구든지 자기 목숨을 보존하려

ㄱ) 온갖 악성 피부병 ㄴ) 그, '그의' ㄷ) 또는 '안에' ㄹ) 다른 고대 사본들에는 '자기의 날에'가 없음

(18:1-8), 어린이 (18:15-17), 그리고 세리와 죄인이다 (19:1-10). 여기서 특이한 사실은 이들 모두가 사회와 종교적인 면에서 주변에 속한 사람들이었다는 것이다. **17:11-19** 이 치유 기사는 다른 기사들과 유사하다 (4:14—9:50). 그러나 치유된 자들 중 돌아와 감사를 표현한 한 사람이 사마리아인인 이방 사람이었다고 보도하고 있는 것은 특이한 일이다 (16, 18절). 예수님의 사역은 모든 인간이 규정한 경계선을 넘는다 (5:12-14; 9:51-56을 보라). **17:12** 레 13:46; 민 5:2-3을 보라. **17:15** 보는 것의 중요성에 대하여 4:18-19를 참조하라; 누가는 "보는 것"을 육신적인 시력과 통찰력 둘 다를 의미하는 것으로 사용한다. **17:16** 14절에서 예수님은 나병환자들에게 성전에 가서 자기들의 몸을 보이라고 하실 때, 그 성전이 예루살렘 성전인지 게르심 산의 성전인지 본문은 언급하고 있지 않다. 한 치유된 나병환자가 돌아와 꿇어 경배했다는 것은 그가 예수님에게서 하나님의 은혜와 자비를 체험하고 있다는 것을 의미한다. **17:20—18:8** 하나님 나라와 그의 다스리심에 대한 표징들은 (예를 들어, 17:11-19) 구속을 가져다주는 하나님 나라의 성격과 그 임하는 때에 대한 질문들을 유발하고 있다. 이 주제에 대하여 예수님이 바리새파 사람들과 제자들과 하시는 대화는 이미 역사하고 계시는 하나님의 임재에 대해 충성되게 반응할 것을 강조하고 있다. **17:20-21** 사마리아인과 바리새파 사람을 비교하게 된다. 전자는 하나님께서 예수님 안에서 역사하시는 하나님의 임재를 보고 있으나 (15절), 후자는 이에 대해 무지하다. **17:21** 희랍어 단어 *엔토스 힘논*을 새번역개정과 공동번역과 NRSV는 "가운데"로 번역했고; 개역개정은 "안에"로 번역했다. 예수께서 바리새파 사람들에게 그들 중에 이미 하나님 나라가 역사하고 있다고 선포하시는 것은 아니다. 그는 제자들 가운데, 예수님의 인격과 그의 사역을 통하여, 하나님의 다스리심이 임하고 계심을 증거하고 계시다. **17:22-37** 이 부분의 핵심부는 26-30절로, 제자들의 어디(22-24, 37절)를 묻는 질문, 그리고 예수님과 그 제자들에게 닥칠 일들(25절)에 관한 예언 등이 거론되고 있으며, 이를 통하여 제자들이 (31-35절) 준비되어 깨어 있어야 할 것이 특별히 강조되고 있다 (26-30절). **17:37** 주검이 어디에 있는가는 독수리가 상공에 떠도는 것을 통하여 알 수 있듯이, 하나님의 다스리심도 분명하게 인식될 수 있다. **18:1-8** 이미 증거된 세상 종말에 대한 가르침에 덧붙여 이 본문은 인내하며 끈질기게 소망을 갖고 현재

고 애쓰는 사람은 잃을 것이요, 목숨을 잃는 사람은 보존할 것이다. 34 내가 너희에게 말한다. 그 날 밤에 두 사람이 한 잠자리에 누워 있을 터이나, 한 사람은 데려가고, 다른 한 사람은 버려 둘 것이다. 35 또 두 여자가 함께 맷돌질을 하고 있을 터이나, 한 사람은 데려가고, 다른 한 사람은 버려 둘 것이다." ㄱ)(36절 없음) 37 제자들이 예수께 말하였다. "주님, 어디에서 그런 일이 일어나겠습니까?" 예수께서 그들에게 말씀하셨다. "주검이 있는 곳에는 또한 독수리들이 모여들 것이다."

과부와 재판관의 비유

18 1 예수께서 제자들에게, 늘 기도하고 낙심하지 말아야 한다는 뜻으로 비유를 하나 말씀하셨다. 2 "어느 고을에, 하나님도 두려워하지 않고, 사람도 존중하지 않는, 한 재판관이 있었다. 3 그 고을에 과부가 한 사람 있었는데, 그는 그 재판관에게 줄곧 찾아가서, '내 적대자에게서 내 권리를 찾아 주십시오' 하고 졸랐다. 4 그 재판관은 한동안 들어주려고 하지 않다가, 얼마 뒤에 이렇게 혼자 말하였다. '내가 정말 하나님도 두려워하지 않고, 사람도 존중하지 않지만, 5 이 과부가 나를 이렇게 귀찮게 하니, 그의 권리를 찾아 주어야 하겠다. 그렇게 하지 않으면, 그가 자꾸만 찾아와서 나를 못 견디게 할 것이다.'" 6 주님께서 말씀하셨다. "너희는 이 불의한 재판관이 하는 말을 귀담아 들어라. 7 하나님께서 자기에게 밤낮으로 부르짖는, 택하신 백성의 권리를 찾아주시지 않으시고, 모른 체하고 오래 그들을 내버려 두시겠느냐? 8 내가 너희에게 말한다. 하나님께서는 얼른 그들의 권리를 찾아 주실 것이다. 그러나 인자가 올 때에, 세상에서 믿음을 찾아 볼 수 있겠느냐?"

바리새파 사람과 세리의 비유

9 스스로 의롭다고 확신하고 남을 멸시하는 몇몇 사람에게 예수께서는 이 비유를 말씀하셨다. 10 "두 사람이 기도하러 성전에 올라갔다. 한 사람은 바리새파 사람이고, 다른 한 사람은 세리였다. 11 바리새파 사람은 서서, 혼자 말로 이렇게 기도하였다. '하나님, 감사합니다. 나는, 남의 것을 빼앗는 자나, 불의한 자나, 간음하는 자와 같은 다른 사람들과 같지 않으며, 더구나 이 세리와는 같지 않습니다. 12 나는 이레에 두 번씩 금식하고, 내 모든 소득의 십일조를 바칩니다.' 13 그런데 세리는 멀찍이 서서, 하늘을 우러러볼 엄두도 못 내고, 가슴을 치며 '아, 하나님, 이 죄인에게 자비를 베풀어 주십시오' 하고 말하였다. 14 내가 너희에게 말한다. 의롭다는 인정을 받고서 자기 집으로 내려간 사람은, 저 바리새파 사람이 아니라 이 세리다. 누구든지 자기를 높이는 사람은 낮아지고, 자기를 낮추는 사람은 높아질 것이다."

ㄱ) 다른 고대 사본들에는 36절이 첨가되어 있음. '36. 또 두 사람이 밭에 있을 터이나 하나는 데려가고 하나는 버려 둘 것이다'

세계의 고난을 극복해 나가는 것이 중요하다는 것을 역설하고 있다. 여기 과부가 기도에 대한 모델이 되고 있다는 사실을 통해 우리는 믿는 자들의 기도의 개념이 사회불의를 타개하는 것을 포함하는 것으로 확장될 수 있다는 신학적인 사상을 접하게 된다. **18:2-4** 여기 불의한 재판관은 현대적인 관점에서 맹목적인 정의를 의미하는 것으로 볼 수 있다. 그러나 재판관의 정의에 대한 이해는 이스라엘 성경에 증거된 하나님이 가르치신 정의 개념에는 훨씬 못미치는 부족한 것이다. 하나님은 편애를 보이신 하나님이실 뿐만 아니라, 그의 백성들로 하여금 동일한 편애, 즉 외국인, 고아, 그리고 과부를 특별하게 대하는 편애를 보이기를 기대하신다 (레 19:9-10; 23:22; 신 24:19-22).

18:5 *이 과부가 나를 이렇게 귀찮게 하니* (개역개정은 "번거롭게 하니"로 번역했고; 공동번역은 "성가시게 구니"로 번역했음). 이 구절의 원문은 "그녀가 나를 자꾸 찾아와 종국에 가서는 내게 폭행하려는 것을 면하기 위하여!" 라는 강한 의미가 있다. 여기의 요점은 그 당시 사회 통념에 의하면, 그녀는 과부이고 권력이 없는 사람이므로 그녀의 현재 운명을 그대로 받아들였어야 했다. 그러나 그녀는 그런 통념을 깨고 용기있게 행동함으로써 불의한 재판관을 놀라게 하고 있다. 이와 같이 그녀는 지상에서 충성된 삶을 사는 것의 좋은 모델이 되고 있다 (8절). **18:9—19:27** 겉으로 보기에는 특별하게 연관이 없는 주제들이 나열된 듯하나 이 부분은 사실상 바른 신앙을 갖고 충성스럽게 반응하는 사람들과 그와 반대로 냉정하며 하나님의 자비하심에 역행하는 사람들은 분명히 구분된다는 공통된 주제로 짜여 있다. 근본적인 질문은 이것이다: 누가 과연 하나님을 자비로우신 분으로 인식할 것인가? 누가 지금까지 예루살렘 여정에서 예수께서 가르쳐 오신 교훈—즉, "하나님의 아버지 되심"은 자비로우심, 동정심, 그리고 사랑, 그의 자녀들을 위해 신실하게 행하심 등의 특성—을 제대로 터득했는가? **18:9-14** 1-8절에서와 같이 *기도* 라는 말은 개인의 전적인 헌신과 행위를 나타내는 것으로 묘사하고, 이런 모범적인 기도의 형태는 사회적으로 낮은

어린이들을 칭찬하시다
(마 19:13-15; 막 10:13-16)

15 사람들이 아기들까지 예수께로 데려와서,
쓰다듬어 주시기를 바랐다. 제자들이 보고서, 그
들을 꾸짖었다. 16 그러자 예수께서 아기들을
가까이에 부르시고, 말씀하셨다. "어린이들이 내
게로 오는 것을 허락하고, 막지 말아라. 하나님의
나라는 이런 사람의 것이다. 17 내가 진정으로
너희에게 말한다. 누구든지 어린이와 같이 하나
님의 나라를 받아들이지 않는 사람은 거기에 들어
가지 못할 것이다."

돈 많은 관리
(마 19:16-30; 막 10:17-31)

18 어떤 지도자가 예수께 물었다. "선하신 선
생님, 내가 무엇을 해야 영생을 얻겠습니까?"
19 예수께서 그에게 말씀하셨다. "어찌하여 너는
나를 선하다고 하느냐? 하나님 한 분밖에는 선한
분이 없다. 20 너는 계명을 알고 있을 것이다.
ㄱ)'간음하지 말아라, 살인하지 말아라, 도둑질하지
말아라, 거짓으로 증언하지 말아라, 네 부모를 공
경하여라' 하지 않았느냐?" 21 그가 말하였다. "나
는 이런 모든 것은 어려서부터 다 지켰습니다."
22 예수께서 이 말을 들으시고 그에게 말씀하셨다.
"네게는 아직도 한 가지 부족한 것이 있다. 네가
가진 것을 다 팔아서, 가난한 사람들에게 나누어
주어라. 그리하면 네가 하늘에서 보화를 차지하
게 될 것이다. 그리고 와서 나를 따라라." 23 이
말씀을 듣고서, 그는 몹시 근심하였다. 그가 큰 부
자이기 때문이었다. 24 예수께서는 그가 [근심에
사로잡힌 것을] 보시고 말씀하셨다. "재물을 가진
사람이 하나님 나라에 들어가기는 참으로 어렵다.
25 부자가 하나님의 나라에 들어가는 것보다 낙
타가 바늘귀로 들어가는 것이 더 쉽다." 26 이
말씀을 들은 사람들이 말하였다. "그렇다면, 누가
구원을 얻을 수 있겠습니까?" 27 예수께서 말씀
하셨다. "사람은 할 수 없는 일이라도, 하나님은
하실 수 있다."

28 베드로가 말하였다. "보십시오, 우리는
우리에게 속한 것들을 버리고서, 선생님을 따라
왔습니다." 29 예수께서 그들에게 말씀하셨다.
"내가 진정으로 너희에게 말한다. 하나님의 나라를
위하여 집이나 아내나 형제나 부모나 자식을 버린
사람은, 30 이 세상에서 여러 갑절로 받을 것이고,
또한 오는 세상에서 영원한 생명을 받을 것이다."

죽음과 부활을 세 번째로 예고하시다
(마 20:17-19; 막 10:32-34)

31 예수께서 열두 제자를 곁에 불러 놓으시
고, 그들에게 말씀하셨다. "보아라, 우리는 예루
살렘으로 올라가고 있다. 인자를 두고 예언자들
이 기록한 모든 일이 이루어질 것이다. 32 인자
가 이방 사람들에게 넘어가고, 조롱을 받고, 모욕
을 당하고, 침뱉음을 당할 것이다. 33 그들은 채
찍질한 뒤에, 그를 죽일 것이다. 그러나 그는 사

ㄱ) 출 20:12-16; 신 5:16-20

부류의 사람들에게서 찾아볼 수 있다 (1-8절에서는 과부; 14절에는 세리가 낮은 사람들임). 여기에 세리와 바리새파 사람은 정반대의 양극을 대표하는 사람들이다. **18:15-17** 누가복음 특유의 위상이 역전되는 이미지가 계속 나타난다. 오늘날에도 우리는 어린이들의 순수함, 미래에 대한 열린 태도, 그리고 신뢰성 등을 들어 그들을 이상화시키곤 한다. 그러나 그 당시 로마 세계에서 어린이는 아주 미천한 존재였으며 별 가치가 없었다. 그들은 사회 계층의 가장 낮은 위치에 해당했다. **18:17** *하나님의 나라를 받아들임*과 "어린이를 받아들임"간에는 밀접한 관련이 있다—다시 말하면, 이것은 사회적으로 가장 낮은 부류의 사람을 환영하는 것을 의미한다 (이를 통하여 스스로 사회적으로 높은 위치나 인정받기를 추구하려는 유혹에서 벗어나게 된다). **18:18-30** 부유한 지도자와 어린아이에 대한 이야기를 병행시킴으로써 누가는 예수께서 14절에서 가르치셨던 위상이 역전되는 것에 관한 사상에 대하여 다시 증거하고 있다. 부는 권력과 위치와 사회적인 특권과 밀접하게 관련되어 있다. **18:23-24** 이 비유가 미결로 끝나고 있는 것에 주목하라. 여기에 나타나는 부자의 반응은 예수님의 가르침에 대한 거부였나? 이것에 대하여 누가복음은 답을 주지 않는다. 이것은 가난한 자들과 사귀라는 예수님의 가르침에 대하여 독자들은 개개인이 스스로 결단해야 한다는 것을 의미한다. **18:31-34** 지금까지 예수님이 가르쳐 오신 위상이 역전되는 것은 그리스도의 삶을 통해서도 구현된다. 사람들에게 버림을 받은 후 그는 하나님에 의하여 부활하게 될 것이다. 그러나 아직도 제자들은 세상적인 가치관을 갖고 있으며, 이에 영향을 받은 탓에 그들은 예수님의 말씀을 이해하지 못한다. 이것은 15-17절에 벌써 분명하게 소개되었다. **18:35-43** 위상이 역전되는 것에 대한 예수님의 가르침을 이해하지 못한 사람들은—실제로 그의 수치와 고난당함, 그리고 그에 대한 하나님의 메시아 입증간의 상관성을 이해하지 못하고 있

흘째 되는 날에 살아날 것이다." 34 그런데 제자
들은 이 말씀을 조금도 깨닫지 못하였다. 이 말씀
은 그들에게 그 뜻이 감추어져 있어서, 그들은 말
씀하신 것을 알지 못하였다.

눈먼 거지를 고치시다
(마 20:29-34; 막 10:46-52)

35 예수께서 여리고에 가까이 이르셨을 때
에, 일어난 일이다. 어떤 눈먼 사람이 길가에 앉
아서 구걸을 하고 있다가, 36 무리가 지나가는
소리를 듣고서, 무슨 일이 일어났느냐고 물어 보
았다. 37 사람들이 나사렛 예수가 지나가신다
고, 그에게 일러주었다. 38 그러자 그는 소리를
질렀다. "다윗의 자손 예수님, 나를 불쌍히 여겨
주십시오." 39 앞에 서서 가던 사람들이 조용히
하라고 그를 꾸짖었으나, 그는 더욱더 크게 외쳤
다. "다윗의 자손님, 나를 불쌍히 여겨 주십시오."
40 예수께서 걸음을 멈추시고, 그를 데려오라고
분부하셨다. 그가 가까이 오니, 예수께서 그에게
물으셨다. 41 "내가 네게 무엇을 해주기를 바라
느냐?" 그가 대답하였다. "주님, 내가 볼 수 있게
해주십시오." 42 예수께서 그에게 말씀하셨다.
"눈을 떠라. 네 믿음이 너를 구원하였다."
43 그러자 그는 곧 보게 되었고, 하나님께 영광
을 돌리면서 예수를 따라갔다. 사람들은 모두 이
것을 보고서, 하나님을 찬양하였다.

예수와 삭개오

19 1 예수께서 여리고에 들어가 지나가고 계
셨다. 2 삭개오라고 하는 사람이 거기에
있었다. 그는 세관장이고, 부자였다. 3 삭개오는
예수가 어떤 사람인지를 보려고 애썼으나, 무리
에게 가려서, 예수를 볼 수 없었다. 그가 키가 작기
때문이었다. 4 그래서 그는 예수를 보려고 앞서
달려가서, 뽕나무에 올라갔다. 예수께서 거기를
지나가실 것이기 때문이었다. 5 예수께서 그 곳에
이르러서 쳐다보시고, 그에게 말씀하셨다. "삭개
오야, 어서 내려오너라. 오늘은 내가 네 집에서
묵어야 하겠다." 6 그러자 삭개오는 얼른 내려
와서, 기뻐하면서 예수를 모셔 들였다. 7 그런데
사람들이 이것을 보고서, 모두 수군거리며 말하
였다. "그가 죄인의 집에 묵으려고 들어갔다."
8 삭개오가 일어서서 주님께 말하였다. "주님, 보
십시오. 내 소유의 절반을 가난한 사람들에게 주
겠습니다. 또 내가 누구에게서 강제로 빼앗은 것이
있으면, 네 배로 하여 갚아 주겠습니다." 9 예수
께서 그에게 말씀하셨다. "오늘 구원이 이 집에 이
르렀다. 이 사람도 아브라함의 자손이다. 10 인
자는 잃은 것을 찾아 구원하러 왔다."

열 므나의 비유 (마 25:14-30)

11 그들이 이 말씀을 듣고 있을 때에, 예수께
서 덧붙여서, 비유를 하나 말씀하셨다. 이 비유를

다 (31-34절)—하나님의 은총이 눈먼 거지와 같은 천한 사람들에게도 임하신다는 것을 받아들일 준비가 되어 있지 않았던 것이다. 그러나 이 거지는 "가난한 이들"의 대표 이며, 예수님은 이와 같은 이들을 위해 사역하러 오신 것이다 (4;18-19). **19:1-10** 삭개오는 아주 역설적인 인물이다. 18:18-30에 등장한 사람 같이 그는 부유했고 지도자급에 속했다. 그러나 그는 세리들의 지도자였었고 (18:9-14) 거기에 등장하는 인물들에 의하면, 그는 "죄인"에 속했다. 누가는 그를 통상적인 이해에 걸맞지 않는 독특한 인물로 묘사하고 있다. 왜냐하면 최종적으로 보면 한 가지 범주만이 결국 관련되는데, 그것은 바로 삭개오도 *아브라함의 자손*이라는 사실이었다 (9절). 이와 같은 사실은, 특히 3:7-14에 입각해 읽어볼 때, 이 이야기가 그의 족보를 문제 삼고 있다기보다는 그가 (가난한 사람을 돕고 있는 것을 통하여 볼 때) 회개에 합당한 삶을 살고 있다는 점을 강조하는 것을 통해 드러난다. **19:8** 삭개오는 이 구절이 시사하는 것처럼 회개하고 있는가? ("*내 소유의 절반을 가난한 사람들에게 주겠습니다…누구에게서 빼앗은 것이 있으면, 네 배로 하여 갚아 주겠습니다.*") 아니면 그는 그의 삶의 특성에 대해 묘사하고 있는 것인가? ("나는 나누어 주는 습성을 갖고 있고…나는 갚아 주는 삶을 살고 있습니다.") 희랍어 원어 현재시제는 두 가지 경우로 다 읽혀질 수 있다. 실제로, 이 이야기는 예수께서 직업으로 인해 소외당하던 사람을 사회의 정상적인 일원으로 회복시키고 있는 것에 그 요점이 있을 수도 있고, 삭개오가 회개하는 이야기로 이해될 수도 있다. **19:10** 이야기는 더 나아가 누가복음 전체의 메시지를 요약해 주는 구실을 감당하고 있다. *찾고 구원하는* 것에 관하여는 15장의 주석을 참조하라. **19:11-27** 9:51에서 시작된 예수님의 최후 여정의 드라마가 예수께서 예루살렘에 가까이 도착하심에 따라 그 열기를 더해 간다. 두 가지 질문이 제기된다: (1) 그의 예루살렘에 도착하심이 세상의 종말을 의미하는가? (2) 그러면 사람들은 왕권 계승자에 대해 어떻게 반응할 것인가/반응해야만 하는가? 처음 질문에 대한 대답은 사실 명확하다. 그러나 두 번째 질문에 대한 대답은 좀 더 복잡하다. 한편으로는 여기 관련되는 것은 사람들 혹은 세상이 그들의 참된 왕을 충성스럽게 맞이할 것인가 아니면 거부할 것인가에 관한 것이다. 또 다른 하나는, 이 주권자에 대한 충성심의 여부가 그의 소유에

드신 것은, 예수께서 예루살렘에 가까이 이르신
데다가, 사람들이 하나님의 나라가 당장에 나타
날 줄로 생각하고 있었기 때문이다. 12 그래서
예수께서 말씀하셨다. "귀족 출신의 어떤 사람이
왕위를 받아 가지고 돌아오려고, 먼 나라로 길을
떠날 때에, 13 자기 종 열 사람을 불러다가 열
ㄱ)므나를 주고서는 '내가 올 때까지 이것으로 장사를
하여라' 하고 말하였다. 14 그런데 그의 시민들은
그를 미워하므로, 그 나라로 사절을 뒤따라 보내
서 '우리는 이 사람이 우리의 왕이 되는 것을 원하
지 않습니다' 하고 말하게 하였다. 15 그러나 그
귀족은 왕위를 받아 가지고 돌아와서, 은화를 맡
긴 종들을 불러오게 하여, 각각 얼마나 벌었는지
를 알아보고자 하였다. 16 첫째 종이 와서 말하
였다. '주인님, 나는 주인의 한 므나로 열 므나를
벌었습니다.' 17 주인이 그에게 말하였다. '착한
종아, 잘했다. 네가 아주 작은 일에 신실하였으니,
열 고을을 다스리는 권세를 차지하여라.' 18 둘째
종이 와서 말하였다. '주인님, 나는 주인의 한 므나
로 다섯 므나를 벌었습니다.' 19 주인이 이 종에
게도 말하였다. '너도 다섯 고을을 다스리는 권세
를 차지하여라.' 20 또 다른 한 종이 와서 말하
였다. '주인님, 보십시오. 주인의 한 므나가 여기
에 있습니다. 나는 이것을 수건에 싸서, 보관해 두
었습니다. 21 주인님은 야무진 분이라서, 맡기
지 않은 것을 찾아가시고, 심지 않은 것을 거두시
므로, 나는 주인님을 무서워하여 이렇게 하였습
니다.' 22 주인이 그에게 말하였다. '악한 종아,
나는 네 입에서 나온 말로 너를 심판하겠다. 너는,
내가 야무진 사람이라서, 맡기지 않은 것을 찾아
가고, 심지 않은 것을 거두어 가는 줄 알고 있었
지? 23 그러면 어찌하여 내 은화를 은행에 예금
하지 않았느냐? 그랬더라면, 내가 돌아와서, 그
이자와 함께 그것을 찾았을 것이다.' 24 그리고
그는 곁에 서 있는 사람들에게 말하였다. '이 사람
에게서 한 므나를 빼앗아서, 열 므나를 가진 사람
에게 주어라.' 25 그들이 주인에게 말하기를 '주
인님, 그는 열 므나를 가지고 있습니다' 하였다.
26 '내가 너희에게 말한다. 가진 사람은 더 받게
될 것이요, 가지지 못한 사람은 그가 가진 것까지
빼앗길 것이다. 27 그리고 내가 자기들의 왕이
되는 것을 원하지 않은 나의 이 원수들을 이리로
끌어다가, 내 앞에서 죽여라.'"

예루살렘에 들어가시다

(마 21:1-11; 막 11:1-11; 요 12:12-19)

28 예수께서 이 말씀을 마치시고, 앞장서서
걸으시며 예루살렘으로 올라가고 계셨다. 29 예
수께서 올리브 산이라 불리는 산에 있는 벳바게와
베다니에 가까이 오셨을 때에, 제자 두 사람을 보
내시며 30 말씀하셨다. "맞은쪽 마을로 가거라.
거기에 들어가서 보면, 아직 아무도 타 본 적이
없는 새끼 나귀 한 마리가 매여 있을 것이다. 그
것을 풀어서 끌고 오너라. 31 혹시 누가 너희에게
왜 푸느냐고 묻거든, '주님께서 그것을 필요로 하

ㄱ) 한 므나는 노동자의 석달 품삯에 해당되는 금액임

대한 태도에 의하여 규정되고 있다는 사실이다. 한 왕국이 다른 왕국에 의해 교체되듯이 옛 통치에 충성하는 자들에게 하나님의 심판이 임할 것이다 (삼상 15:32-33; 렘 39:5-7을 보라).

19:28-48 이 여정 이야기(9:51—19:48)의 마지막 부분은 다음의 이야기로 넘어가는 교량 역할을 한다. 이 부분은 두 가지 중요한 주제를 다룬다: 하나는 예수님을 다윗 혈통의 메시아로 보는 것이고 (주의 이름으로 오시는 왕, 38절), 또 다른 하나는 메시아적인 왕이 오심으로써 이스라엘간에 분열이 있을 것에 대해 증거하고 있다 (2:34-35를 보라). **19:28-40** 이 두 장면은 시 118편과 슥 9:9에 입각해 증거되고 있으며, 이들은 예수님을 왕으로 묘사하고 있다. **19:35-36** 그는 승리의 왕으로 입성하시나 겸손하신 분으로 거룩한 도시에 나귀를 타고 입성하신다 (슥 9:9); 심지어 사람들이 길가에 그들의 옷을 깔아 그를 맞이하는 것도 왕위에 있는 인물을 환영하는 적절한 행위이다 (왕하 9:13). **19:37-38** 시 118편은 포로기 전에 매년 이스라엘 왕을 위한 제왕식에 사용된 시이다. **19:41-44** 예수께서는 안타까운 심정으로 하나님이 구원사역을 위하여 임하시는 것을 알아보지 못하는 이스라엘 사람들의 실수에 대해 경고의 말씀을 전하신다. **19:43-44** 예수님의 예루살렘 멸망에 관한 기술은 느부갓네살 왕에 의해 예루살렘이 멸망한 사건을 상기시켜 준다 (사 29:3; 37:33; 렘 6:6, 15를 보라). 여기에 등장하는 공통적인 언어들은 하나님과의 언약을 파기함으로써 포로의 신세가 되었던 이스라엘의 운명을 연상시켜 준다. 이를 통하여 다가오는 예루살렘의 멸망이 하나님의 심판의 결과라고 증거되고 있다. **19:45-48** 예수께서 성전에서 행하신 일들은 아주 상징적인 의미가 있다. 첫째로, 지금 성전이 사용되어지고 있는 용도와 하나님께서 원래 계획하셨던 그분이 거하시는 곳으로 쓰여지는 것간에 큰 차이가 있음을 폭로한다. 이것은 기도하는 처소이어야만 한다—다시 말하면, 기도와 하나님의 계시를 섞어서 이해하는 누가의 사상에 의하면, 성전은 인류를 위한 하나님의 섭리가 전달되고 성취되는 곳이다. 그런데

십니다' 하고 말하여라." 32 보내심을 받은 사람이
가서 보니, 예수께서 그들에게 말씀하신 그대로
였다. 33 그들이 새끼 나귀를 푸는데, 그 주인들이
그들에게 말하였다. "그 새끼 나귀는 왜 푸는 거
요?" 34 그들이 대답하였다. "주님께서 그것을
필요로 하십니다." 35 그리고 그들이 그 새끼
나귀를 예수께로 끌고 와서, 자기들의 옷을 나
귀 등에 걸쳐 얹고서, 예수를 올라타시게 하였다.
36 예수께서 나아가시는데, 제자들이 자기들의
옷을 길에 깔았다. 37 예수께서 어느덧 올리브
산의 내리막길에 이르셨을 때에, 제자의 온 무리가
기뻐하며, 자기들이 본 모든 기적을 두고 큰 소리로
하나님을 찬양하면서 말하였다.
38 ㄱ)"복되시다,
주님의 이름으로 오시는 임금님!
하늘에는 평화,
지극히 높은 곳에는 영광!"
39 그런데 무리 가운데 섞여 있는 바리새파 사람
몇이 예수께 말하였다. "선생님, 선생님의 제자들
을 꾸짖으십시오." 40 그러나 예수께서 대답하
셨다. "내가 너희에게 말한다. 이 사람들이 잠잠
하면, 돌들이 소리지를 것이다." 41 예수께서 예
루살렘 가까이에 오셔서, 그 도성을 보시고 우시
었다. 42 그리고 이렇게 말씀하셨다. "오늘 너도
평화에 이르게 하는 일을 알았더라면, 좋을 터인
데! 그러나 지금 너는 그 일을 보지 못하는구나.
43 그 날들이 너에게 닥치리니, 너의 원수들이
토성을 쌓고, 너를 에워싸고, 너를 사면에서 죄어
들어서, 44 너와 네 안에 있는 네 자녀들을 짓밟
고, 네 안에 돌 한 개도 다른 돌 위에 얹혀 있지 못
하게 할 것이다. 이것은 하나님께서 너를 찾아오신
때를, 네가 알지 못했기 때문이다."

성전을 정결하게 하시다
(마 21:12-17; 막 11:15-19; 요 2:13-22)

45 예수께서 성전에 들어가셔서, 장사하는
사람들을 내쫓으시며, 46 그들에게 말씀하셨다.
"성경에 기록하기를
ㄴ)'내 집은 기도하는 집이 될 것이다'
하였다.
그런데 너희는 그것을
ㄷ)'강도들의 소굴'로
만들어 버렸다."
47 예수께서 날마다 성전에서 가르치셨다.
대제사장들과 율법학자들과 백성의 우두머리들이
예수를 없애버리려고 꾀하고 있었으나, 48 어찌
해야 할지 방도를 알지 못하였다. 백성이 모두 그의
말씀을 열심히 듣고 있었기 때문이다.

ㄱ) 시 118:26 ㄴ) 사 56:7 ㄷ) 렘 7:11

이와는 반대로, 렘 7:23-30의 언어를 빌어 예수께서는 성전이 "강도의 소굴"이 되었다고 징계하신다—다시 말하면, 가난한 이들을 폭력으로 착취하는 지도자들이 정의라는 심판으로부터 숨고 휴식하는 근거지가 되었다는 말이다. 이보다 더 가혹한 성전과 성전체제에 대한 비판을 찾아보기는 쉽지 않다. 둘째로, 성전에서 일상적으로 행해지던 일들을 중단시키고 저지하신 후, 예수께서는 그 성전 마당을 "가난한 자를 위한 복음"을 (4:18-19) 증거하시는 장소로 사용하신다.

20:1—21:38 예수께서 매일 성전에서 가르치시는 것에 대한 보고는 이 부분(20:1; 21:37-38)에서 책꽂이 역할을 감당하는 것이다. 이 이야기에는 두 종류의 인물이 등장한다. 첫째로, 우리는 "그 사람들"에 대해 듣게 된다. 이들은 예수님의 말씀을 긍정적으로 받아들이는 사람들이며, 동시에 예수님과 유대교 지도자들간의 완충 역할을 감당한다. 또 다른 부류의 사람들은 성전과 관련하여 자기들의 권위를 내세우는 대제사장, 율법학자, 장로, 사두개파 사람, 그리고 예루살렘의 부유층 인사들이다. 이 부분에서 중요한 것은 예수님과 종교 지도자들 중 누가 과연 하나님을 진정으로 대변하고 있는가이다. **20:1—21:4** 예수님은 종교 지도자들과 대립하는데, 이 대립이 종교 지도자들에게 유리하고 익숙한 터전인 성전에서 일어나고 있다. 그들이 성전과 연루되어 있음이 강조되고 있지만, 이보다는 그들의 예수님에 대한 적대감이 더 강력하게 증거되고 있다. 예수님과 종교 지도자들간의 대화를 분석해 보면 왜 그들간에 적대감이 팽배해 있는지 알 수 있다. 예수님의 하나님의 구원계획에 대한 비전과 종교 지도자들의 하나님의 섭리에 대한 이해간에 큰 차이가 있었다. 종교 지도자들은 자기들 딴에는 하나님과 하나님의 성전에서 그들의 권위를 찾았던 사람들이었다는 사실을 고려해서 이 이야기를 읽어야 한다. 도대체 예수님이 누구인데 그런 질문을 감히 제기할 수 있는가? 결과는 예수님과 그 반대자들간에 이스라엘의 신앙에 근본 문제에 관한 팽팽한 줄다리기가 되어버렸다. 이 이야기는 일관적인 패턴을 띠고 있으며, 지도자들은 대중들 앞에서 계속해서 예수님의 말씀을 꼬집는 질문으로 그를 올무에 넘어지게 하려하고 있다. 예수님은 그런 함정을 피하며, 더 나아가 그들의 공격이 그들 스스로에게 되돌아가도록 논쟁하고 계시다. 이와 같이 누가복음은 (1) 예수님의

예수의 권세에 대한 질문
(마 21:23-27; 막 11:27-33)

20 1 예수께서 어느 날 성전에서 백성을 가르
치시며, 기쁜 소식을 전하고 계실 때에,
대제사장들과 율법학자들이 장로들과 함께 예수께
와서 2 말하였다. "당신은 무슨 권한으로 이런
일을 합니까? 누가 이런 권한을 당신에게 주었습
니까? 어디 우리에게 말해 보십시오." 3 예수께서
그들에게 대답하셨다. "나도 너희에게 한 가지 물어
보겠으니, 나에게 대답해 보아라. 4 요한의 ㄱ)세
례가 하늘에서 난 것이냐? 사람에게서 난 것이냐?"
5 그들은 자기들끼리 의논하면서 말하였다. "'하
늘에서 났다'고 말하면, '어찌하여 그를 믿지 않았느
냐'고 할 것이요, 6 '사람에게서 났다'고 말하면,
온 백성이 요한을 예언자로 믿고 있으니, 그들이
우리를 돌로 칠 것이다." 7 그래서 그들은 요한의
ㄱ)세례가 어디에서 났는지를 모른다고 대답하였다.
8 예수께서 그들에게 말씀하셨다. "나도 무슨
권한으로 이런 일을 하는지를 너희에게 말하지
않겠다."

포도원과 소작인의 비유
(마 21:33-46; 막 12:1-12)

9 예수께서 백성에게 이 비유를 말씀하셨다.
"어떤 사람이 포도원을 만들어서, 농부들에게 세로
주고, 오랫동안 멀리 떠나 있었다. 10 포도를
거둘 때가 되어서, 포도원 주인은 포도원 소출
가운데서 얼마를 소작료로 받아 오게 하려고, 종
하나를 농부들에게 보냈다. 그런데 농부들은 그
종을 때리고, 빈손으로 돌려보냈다. 11 주인은
다른 종을 보냈다. 그랬더니 그들은 그 종도 때리
고, 모욕하고, 빈손으로 돌려보냈다. 12 그래서
주인이 다시 세 번째 종을 보냈더니, 그들은 이 종
에게도 상처를 입혀서 내쫓았다. 13 그래서 포
도원 주인은 말하였다. '어떻게 할까? 내 사랑하는
아들을 보내야겠다. 설마 그들이 내 아들이야
존중하겠지!' 14 그러나 농부들은 그를 보고서,
서로 의논하며 말하였다. '이 사람은 상속자다. 그를
죽여 버리자. 그래서 유산이 우리 차지가 되게 하

ㄱ) 또는 '침례'

권위는 하나님께로부터 유래되었다. (2) 예수님은 하나님의 뜻을 충성스럽게 해석하는 분이시다, (3) 예루살렘 종교 지도자들은 하나님으로부터 그 원위를 위탁받지 않았다는 사실을 강조하고 있다. **20:1-8** 성전 지도자와 예수님간의 말싸움에서 첫 번째 공격은 성전 지도자들이 하고 있으며, 그들은 문제의 가장 핵심이 되는 질문을 던진다: 도대체 무슨 권위로 당신은 이런 일을 행하는가? 그들의 전략은 아주 신중하며 이를 통하여 그들이 사람들 앞에서 그의 권위를 실추시키려고 시도하고 있음을 알 수 있다. 이것은 백성들을 감화시키시는 그의 능력에 손상을 줄 수 있는 소지의 공격이다. **20:9-19** 비록 예수께서 1-8절에서는 지도자들이 예수님의 권위에 대한 근거를 묻는 질문에 답변하지 않고 계시지만, 여기서는 사람들이 듣는 가운데 비유를 들어 답변을 하신다. 사 5:1-7에 근거하여, 예수님은 하나님께서 어떻게 이스라엘을 대하시는가에 대한 간략한 비유를 제시하신다. 이것을 통하여 예수님은 자신의 사역에 관한 이야기를 거대한 이스라엘의 역사라는 틀 속(정도의 차이는 있지만 사도행전도)에 삽입시켜 제시하신다. **20:13** *내 사랑하는 아들.* 이 호칭은 창 22:2를 상기시켜 주고 있으며, 누가복음에서는 예수님을 지칭하는 데 사용되고 있다 (3:22를 보라). **20:16** "그런 일이 없기를 바랍니다" 라는 말은 예루살렘의 멸망이 이스라엘의 소멸을 의미하는 것으로 이해되고 있음을 보여준다. 그렇지만 예수님은 비유를 통해 벌써 포도원과 농부를 구분하고 계시다—다시 말해서, 이스라엘과 그 지도자들을 구분하고 계시다는 말이다. 즉, 이 예언은 심판 이후에도 이스라엘이 번창할 것을 내다보고 있다. **20:17-18** 시 118:22를 보라. **20:19** *손을 대어 잡으려고.* 이것은 체포 전에 어떤 사람을 붙잡는 행위를 의미한다 (21:12; 행 4:3; 5:18; 21:17을 참조). **20:20-26** 예수님을 체포하고자 하는 그들의 계획(19절)은 바로 여기 소개된 "그의 말씀을 책잡는" 것으로 연결된다. 겉보기에는, 이 올무는 예수님이 로마의 권위에 복종하느냐의 여부에 관한 것이다. 그렇지만 이 세금이 로마를 위해 이스라엘의 지도자들에 의하여 거두어졌다는 사실을 고려해 볼 때, 이것은 실상 예루살렘에 근거를 두고 있는 이 지도자들의 권위에 관한 문제이기도 하다. 만약 예수님이 로마에 세금 내는 것을 거부하신다면, 그는 실상 성전 지도력에 대한 거부이기도 하다. **20:20-21** 여기에 총독의 치리권과 예수님의 유대인의 선생으로서의 권위가 병렬되어 있는 것에 주목하라. **20:22** 그 당시 로마에 내는 세금은 장성한 어른마다 성인 하루 품삯에 해당하는 한 데나리온이었다. 이 세금이 그리 큰 액수는 아니었다 할지라도, 유대인들에게는 그들이 이방인의 주권에 철저하게 종속되어 있다는 사실을 상기시켜 주는 뼈아픈 상징이었다. 세금을 바치지 않는 것은 반란죄에 해당한다. **20:24** 세금은 데나리온을 받치는 것이었고 그 동전에는 디베료 (Tiberius) 황제의 상과 또한 "디베료 황제, 신 아우구스투스의 아들"이라는 문구가 새겨져 있었다. **20:27-40** 이 장면에서 우리는 성경을 중심으로 하여 논쟁이 벌어지고 있는 것을 보게 되며, 특히 누가 모세를 제대로 이해하고 있는가 하는 것이 주제가

자.' 15 그리하여 그들은 주인의 아들을 포도원
바깥으로 내쫓아서 죽였다. 그러니 포도원 주인
이 그들을 어떻게 하겠느냐? 16 주인은 와서 그
들을 죽이고, 포도원을 다른 사람들에게 줄 것이
다." 사람들이 이 말씀을 듣고서 말하였다. "그런
일이 없기를 바랍니다." 17 그 때에 예수께서 그
들을 똑바로 바라보시고 말씀하셨다. "그러면,
ㄱ)'집 짓는 사람들이 버린 돌이 집 모퉁이의 ㄴ)머
릿돌이 되었다' 하고 기록된 말은 무슨 뜻이냐?
18 누구든지 그 돌 위에 떨어지면, 그는 부스러질
것이요, 그 돌이 어느 사람 위에 떨어지면 그를
가루로 만들 것이다." 19 율법학자들과 대제사
장들은 예수가 자기네들을 겨냥하여 이 비유를
말씀하신 줄 알았다. 그래서 그들은 바로 그 때에
예수께 손을 대어 잡으려고 하였으나, 백성을 두려
워하였다.

세금에 대한 질문
(마 22:15-22; 막 12:13-17)

20 그리하여 그들은 기회를 엿보다가, 정탐
꾼들을 보내서, 이들이 거짓으로 의로운 사람들인
체 행세하면서 예수께로 접근하게 하여, 그의 말
씀을 책잡게 하였다. 그렇게 해서, 그들은 예수를
총독의 치리권과 사법권에 넘겨주려고 하였다.
21 그들은 예수께 이렇게 물었다. "선생님, 우리는
선생님이, 바르게 말씀하시고, 가르치시고, 또 사
람을 겉모양으로 가리지 않으시고, 하나님의 길을
참되게 가르치고 계시는 줄 압니다. 22 우리가
황제에게 세금을 바치는 것이 옳습니까, 옳지 않
습니까?" 23 예수께서는 그들의 속셈을 알아채
시고서 그들에게 말씀하셨다. 24 "데나리온 한
닢을 나에게 보여다오. 이 돈에 누구의 얼굴상과
글자가 새겨져 있느냐?" 그들이 대답하였다. "황
제의 것입니다." 25 예수께서 그들에게 말씀하
셨다. "그러면 황제의 것은 황제에게 돌려주고,
하나님의 것은 하나님께 돌려드려라." 26 그들은
백성 앞에서 예수의 말씀을 책잡지 못하고, 그의
답변에 놀라서 입을 다물었다.

부활 논쟁 (마 22:23-33; 막 12:18-27)

27 부활이 없다고 주장하는 사두개파 사람
가운데 몇 사람이 다가와서, 예수께 물었다.
28 "선생님, 모세가 우리에게 써 주기를 '어떤
사람의 형이 자식이 없이 아내를 남겨 두고 죽으
면, 그 동생이 그 형수를 맞아들여서 뒤를 이을 아
들을 자기 형에게 세워주어야 한다' 하였습니다.
29 그런데 일곱 형제가 있었습니다. 맏이가 아내를
얻어서 살다가 자식이 없이 죽었습니다. 30 그래
서 둘째가 그 여자를 맞아들였고, 31 그 다음에
셋째가 그 여자를 맞아들였습니다. 일곱 형제가
다 그렇게 하였는데, 모두 자식을 남기지 못하고
죽었습니다. 32 나중에 그 여자도 죽었습니다.
33 그러니 부활 때에 그 여자는 그들 가운데서 누
구의 아내가 되겠습니까? 일곱이 다 그 여자를 아
내로 맞아들였으니 말입니다."
34 예수께서 그들에게 말씀하셨다. "이 세상
사람들은 장가도 가고, 시집도 가지만, 35 저 세
상과 죽은 사람들 가운데서 살아나는 부활에 참여
할 자격을 얻은 사람은 장가도 가지 않고 시집도
가지 않는다. 36 그들은 천사와 같아서, 더 이상
죽지도 않는다. 그들은 부활의 자녀들이므로, 하
나님의 자녀들 이다. 37 죽은 사람들이 살아난
다는 사실은 모세도 가시나무 떨기 이야기가 나오
는 대목에서 보여 주었는데, 거기서 그는 주님을
ㄷ)'아브라함의 하나님, 이삭의 하나님, 야곱의 하
나님'이라고 부르고 있다. 38 하나님은 죽은 사
람들의 하나님이 아니라, 살아 있는 사람들의 하

ㄱ) 시 118:22 ㄴ) 또는 '모퉁이 돌' ㄷ) 출 3:6

되고 있다 (예수님을 "선생"으로 부르고 있는 것과 28, 37, 39절에 강조된 모세의 권위가 병렬되어 있는 것에 주목하라). 율법서를 중시했던 율법학자들의 입장에서 보면 모세와 관련하여 부활에 대한 소망에 대하여 옹호하시는 예수님의 가르침은 그들에게 큰 충격이었을 것이다. 예수님은 모세에 대한 단순한 "순종"을 넘어 "깨달음과 순종"을 기꺼이 받아들이는 것이 중요하다고 말씀하신다. **20:28-32** 여기서 율법학자들이 제기하고 있는 질문은 형사취수법에 관한 레위기의 가르침에 근거하고 있다: 남편이 유산 이을 자식 없이 죽은 과부는 남편의 형제와 결혼할 의무가 있었다 (창 38:6-11; 신 25:5; 룻 3:9—4:10을 보라). 이 관습은 죽은 첫 남편의 이름이 사후에도 보존되게 하기 위한 것이었다. 여기에 나타난 결혼 규정은 다분히 가부장적인 요소를 띠고 있다. 그런 이유로 남자가 여자를 취하는 것으로, 그리고 여인은 단지 후손을 낳는 수단으로 여겨지고 있다. **20:34-36** 예수님은 사후 세계에 대한 새로운 견해, 즉, 부활을 제시하신다. 동시에 이를 통하여 남자가 여자를 취하는 것이 아닌 여자가 스스로의 시집갈 것인지 여부를 선택하는 점을 강조하신다. **20:41-44** 어떻게 하는 것이 메시아와 다윗과의 관계를 제대로 이해하는 것인지에 관한 해석학적 수수께끼가 제시되고 있다 (삼하 7:12-14;

나님이시다. 모든 사람은 하나님과의 관계 속에
서 살고 있다." 39 이 말씀을 듣고서, 율법학자
가운데 몇 사람이 말하였다. "선생님, 옳은 말씀
입니다." 40 그들은 감히 예수께 더 이상 질문
을 하지 못하였다.

그리스도와 다윗의 자손
(마 22:41-46; 막 12:35-37)

41 예수께서 그들에게 말씀하셨다. "어떻게
사람들이 ㄱ)그리스도를 다윗의 자손이라고 하느
냐? 42 다윗이 친히 시편에서 말하기를

ㄴ)'주님께서 내 주께 말씀하셨다.
43 「내가 네 원수들을
네 발 아래에 굴복시킬 때까지,
너는 내 오른쪽에 앉아 있어라」'

하였다. 44 다윗이 그리스도를 주라고 불렀는
데, 어떻게 그가 다윗의 자손이 되겠느냐?"

율법학자들을 책망하시다
(마 23:1-36; 막 12:38-40; 눅 11:37-54)

45 모든 백성이 듣고 있는 가운데, 예수께서
는 자기 제자들에게 말씀하셨다. 46 "율법학자
들을 조심하여라. 그들은 예복을 입고 다니기를
원하고, 장터에서 인사 받는 것과 회당에서 높은
자리와 잔치에서 윗자리를 좋아한다. 47 그들은
과부들의 가산을 삼키고, 남에게 보이려고 길게
기도한다. 그들은 더 엄한 심판을 받을 것이다."

과부의 헌금 (막 12:41-44)

21 1 예수께서 눈을 들어 부자들이 헌금궤에
ㄷ)헌금 넣는 것을 보시고, 2 또 어떤 가
난한 과부가 거기에 ㄹ)렙돈 두 닢을 넣는 것을 보
셨다. 3 그래서 예수께서는 말씀하셨다. "내가 진
정으로 너희에게 말한다. 이 가난한 과부가 누구
보다도 더 많이 넣었다. 4 저 사람들은 다 넉넉한
가운데서 자기들의 ㄷ)헌금을 넣었지만, 이 과부는
구차한 가운데서 가지고 있는 생활비 전부를 털어
넣었다."

성전이 무너질 것을 예언하시다
(마 24:1-2; 막 13:1-2)

5 몇몇 사람들이 성전을 가리켜서, 아름다운
돌과 봉헌물로 꾸며 놓았다고 말들을 하니, 예수
께서 말씀하셨다. 6 "너희가 보고 있는 이것들이,
돌 한 개도 돌 위에 남지 않고 다 무너질 날이 올
것이다."

ㄱ) 또는 '메시아' ㄴ) 시 110:1 ㄷ) 그, '예물' ㄹ) 동전의 이름

시 110:1에 관한 언급). 이 수수께끼에 대한 누가의 해답이 행 2:34-36에 제시되어 있는데, 거기서 누가는 예수님을 메시아와 주로 높여 고백하고 있다. **20:41** 여기에 나오는 *그들에게* 그리고 *사람들이* 누구인지는 확실치 않다. 문맥을 고려해 볼 때, 이 이야기가 증거되는 대상은 듣고 있는 "그 사람들"인 듯하며 메시아에 관하여 질문을 제기하고 있는 이들은 성경을 해석하는 율법학자들이었던 것 같다. **20:45—21:4** 이 부분은 비록 다른 장으로 구분되고 있으나 두 장면은 높은 지위를 갖고 있는 이들의 행위와 그에 대비되는 과부의 운명에 대하여 강조함으로써 긴밀하게 연결된다. 전체적으로 이스라엘 백성을 위하여 성경을 해석하고, 하나님의 임재하심을 대표했어야 했던 이들과 사회에서 가장 힘없는 곳에 자리했던 이들이 대조를 이루고 있다. **20:46** 예수께서는 외식하며 공공의 장소에서 존귀함 받기를 추구했던 이들의 습관에 대해 말씀하신다. **21:1-4** 일반적으로, *가지고 있는 생활비 전부를* 드렸던 과부는 현명한 청지기의 표본이 되고 있다. 그러나 여기서 예수께서 그녀의 행위를 높이 칭찬하고 계시다는 명확한 증거는 없다. 오히려, 하나님의 "이방인, 고아, 과부"에 대한 특별한 관심을 고려해 볼 때 우리는 그녀가 다른 사람들로부터 도움을 받는 일이 일어날 것을 기대하게 한다. **21:2** *렙돈 두 닢.* 한 성인의 하루 품삯의 1/64에 해당하는 금액이었다. **21:5-38** 예수께서는 성전을 정화하고 바로 잡기 위해 들어가셨다. 그러나 그의 노력은 종교 지도자들의 반대에 의해 저지되고 있다. 결과적으로 예수님은 하나님 앞에 책임있게 살지 않는 지도자들(20:9-19)과 그들의 권력과 지위를 이용하여 연약한 자를 억압하고 착취하고 있는 (20:45—21:4) 권력자들을 심하게 책망하신다. 마침내 예수께서는 성전과 그것에 근거하고 있는 옛 체제도 무너질 것임을 예언하신다. 이를 통하여 예수께서는 성전 붕괴가 종말의 도래와 연관되고 있음을 말씀하고 계신다. 하지만 이 종말이 눈 앞에 임박해 있는 것으로 암시하지는 않으신다. 종말은 갑자기 닥칠 것이다—그러나 그것이 바로 가까이 있는 것은 아니다. 이와 같이 예수님의 가르치심에 대한 문맥을 설정한 후 (5-7절), 누가는 우선 예수님의 가르침을 요약하면서 그를 묘사한다 (8-11절). 그런 후에 전개되는 사건들을 시간 순서에 따라 증거한다: 박해와 증거 (12-19절), 예루살렘의 붕괴와 *이방 사람들의 때* (20-24절), 그리고 인자의 오심을 촉발하는 하늘에 있을 표징과 고난의 때 (25-28절). 이 일련의 사

재난의 징조 (마 24:3-14; 막 13:3-13)

7 제자들이 예수께 물었다. "선생님, 그러면
이런 일들이 언제 있겠습니까? 또 이런 일이 일어
나려고 할 때에는, 무슨 징조가 있겠습니까?"
8 예수께서 대답하셨다. "너희는 속지 않도록 조
심하여라. 많은 사람이 내 이름으로 와서 말하기
를 '내가 그리스도다' 하거나, '때가 가까이 왔다'
할 것이다. 그러나 그들을 따라가지 말아라.
9 전쟁과 난리의 소문을 듣더라도 두려워하지 말
아라. 이런 일이 반드시 먼저 일어나야 한다. 그
러나 종말이 곧 오는 것은 아니다." 10 그 때에
예수께서 그들에게 말씀하셨다. "민족이 일어나
민족을 치고, 나라가 일어나 나라를 칠 것이다.
11 큰 지진이 나고, 곳곳에 기근과 역병이 생기고,
하늘로부터 무서운 일과 큰 징조가 나타날 것이다.
12 그러나 이 모든 일이 일어나기에 앞서, 사람
들이 너희에게 손을 대어 박해하고, 너희를 회당과
감옥에 넘겨줄 것이다. 너희는 내 이름 때문에
왕들과 총독들 앞에 끌려갈 것이다. 13 그러나
이것이, 너희에게는 증언할 기회가 될 것이다.
14 그러므로 너희는 변호할 말을 미리부터 생각
하지 않도록 명심하여라. 15 나는 너희의 모든
적대자들이 맞서거나 반박할 수 없는 구변과 지혜
를 너희에게 주겠다. 16 너희의 부모와 형제와
친척과 친구들까지도 너희를 넘겨줄 것이요,
너희 가운데서 더러는 죽일 것이다. 17 너희는
내 이름 때문에, 모든 사람에게 미움을 받을 것이다.
18 그러나 너희는 머리카락 하나도 잃지 않을 것
이다. 19 너희는 참고 견디는 가운데 너희의
목숨을 ㄱ)얻어라."

예루살렘의 멸망을 예언하시다
(마 24:15-21; 막 13:14-19)

20 "예루살렘이 군대에게 포위 당하는 것을
보거든, 그 도성의 파멸이 가까이 온 줄 알아라.
21 그 때에 유대에 있는 사람들은 산으로 도망
하고, 그 도성 안에 있는 사람들은 거기에서 빠져
나가고, 산골에 있는 사람들은 그 성 안으로 들어

ㄱ) 다른 고대 사본에는 '얻을 것이다'

건들은 결국 충성스럽게 깨어 있어 준비해야 함을 가르쳐 주는 것이다 (28-36절). 최종적으로, 37-38절에서 누가는 20:1에서 시작된 예수께서 성전에서 행하신 가르침을 요약한다. **21:5-7** 성전은 건물 자체의 웅장함으로 사람들을 감동시켰을 뿐만 아니라, 그것이 하나님의 임재하심을 대변한다는 의미, 그리고 성전이 이스라엘의 사회와 정치와 종교의 핵심장소라는 의미에서 놀라운 감동을 주었다. 예수께서 이런 성전이 완전히 무너질 것이라고 예언하시는 것을 듣는 이들은 엄청난 충격을 받았을 것이다. **21:8-11** 하나님의 백성들은 어떻게 하면 참 예언자와 거짓 예언자/참 예언과 거짓 예언을 구분해 낼 수 있을 것인지 오랫동안 씨름해 왔다 (예를 들어, 신 18:21-22; 왕상 22장; 렘 28:9; 마 7:15-23; 고전 12:1-3; 요일 4:1-3을 보라). 여기서 핵심적인 질문은 어떻게 재난의 징조와 파괴 행위를 해석할 것인가이다. 예수님은 거짓 예언자들을 판가름하는 기준에 대하여 말씀해주고, 두려워하지 말 것을 가르치신다. 비록 이것이 아주 극심하게 충격적인 모습으로 증거되기는 하지만, 그럼에도 불구하고 이 모든 일들은 하나님의 주권 안에서 이루어진다. **21:12-19** *이 모든 것이 일어나기 전.* 이것은 예루살렘 성전과 관계된 재난의 때를 의미하는 것이며, 이것의 주된 주제는 "박해"이다. 이를 통하여 누가의 독자들은 예수님을 증거하는 제자들이 후에 겪게 될 핍박에 대해 (사도행전에서 볼 수 있는 것처럼) 이해할 수 있는 안목을 제공받고 있다 (예를 들어, 행 4:1-22; 5:17-40; 9:15-16, 22-25; 24:33—26:32). **21:20-24** 예수님을 따르는 이들에 대한 핍박은 예루살렘 멸망 이후에 시작된다. 19:43-44를 보라. **21:24** *이방 사람들의 때.* 이방 사람들에 의해 예루살렘이 멸망할 때와 그들에게도 복음이 증거될 때 둘 다를 의미한다. **21:25-28** 여기 세 번째로 예수님이 말씀하시는 내용은 인자의 강림과 임할 구원을 알려주는 우주적인 징조들에 대한 것이다. 이 사건들의 특성을 역설하기 위하여 구약성경에서 유래된 여러 가지 이미지가 동원되고 있다 (예를 들어, 사 8:22; 13:4-11, 13; 겔 32:7-8; 욜 2:10, 30-31; 암 8:9). 인자가 오는 것은 주님의 날이 도래하는 것과 같다. **21:29-36** 예수께서는 예언자적인 경고들로부터 목회상담 쪽으로 옮겨가신다. 예수님의 제자들은 그들 주변에서 일어나는 일들을 해석할 능력이 있어야 하고 기도를 통하여 그리고 깨어 있으면서 항상 충실하게 준비되어 있어야 한다. **21:32** 누가는 이 세대가 어떤 연수를 의미하거나, 어느 특정한 시대에 살았던 사람들을 의미하지 않는다. 이것은 하나님의 목적에 순종하지 않는 사람들을 지칭하는 말이다 (7:31; 9:41; 11:29-32, 50-51; 17:25를 보라). **21:37-38** 20:1의 요약을 상기시켜 주며, 누가는 예수님의 성전에서의 가르침을 마무리 짓는다.

22:1—23:56 이곳저곳에 산재해 있었던 갈등의 소제와 예수님에 대한 적대감이 이제 그 절정에 이르고 있다. 결과는 종종 수난설화로 (예수님의 고난과 죽음에 대한 기록) 불려졌다. 이 두 장은 크게 두 가지

가지 말아라. 22 그 때가 기록된 모든 말씀이 이
루어질 징벌의 날들이기 때문이다. 23 그 날에는,
아이 밴 여자들과 젖먹이가 딸린 여자들은 화가
있다. 땅에는 큰 재난이 닥치겠고, 이 백성에게는
무서운 진노가 내릴 것이다. 24 그들은 칼날에
쓰러지고, 뭇 이방 나라에 포로로 잡혀갈 것이요,
예루살렘은 이방 사람들의 때가 차기까지, 이방
사람들에게 짓밟힐 것이다."

인자가 오실 때의 현상
(마 24:29-31; 막 13:24-27)

25 "그리고 해와 달과 별들에서 징조들이 나
타나고, 땅에서는 민족들이 바다와 파도의 성난
소리 때문에 어쩔 줄을 몰라서 괴로워할 것이다.
26 사람들은 세상에 닥쳐올 일들을 예상하고, 무
서워서 기절할 것이다. 하늘의 세력들이 흔들릴
것이기 때문이다. 27 그 때에 사람들은 인자가
큰 권능과 영광을 띠고 구름을 타고 오는 것을 볼
것이다. 28 이런 일들이 일어나기 시작하거든,
일어서서 너희의 머리를 들어라. 너희의 구원이
가까워지고 있기 때문이다."

무화과나무의 교훈
(마 24:32-35; 막 13:28-31)

29 예수께서 그들에게 비유를 하나 말씀하셨
다. "무화과나무와 모든 나무를 보아라. 30 잎이
돋으면, 너희는 스스로 보고서, 여름이 벌써 가까
이 온 줄을 안다. 31 이와 같이 너희도 이런 일
들이 일어나는 것을 보거든, 하나님의 나라가 가
까이 온 줄로 알아라. 32 내가 진정으로 너희에게
말한다. 이 세대가 끝나기 전에, 이 모든 일이 다
일어날 것이다. 33 하늘과 땅은 없어질지라도,
내 말은 절대로 없어지지 않을 것이다."

깨어 있어라

34 "너희는 스스로 조심해서, 방탕과 술취함과
세상살이의 걱정으로 너희의 마음이 짓눌리지 않게
하고, 또한 그 날이 덫과 같이 너희에게 닥치지
않게 하여라. 35 그 날은 온 땅에 사는 모든 사람
에게 닥칠 것이다. 36 그러니 너희는 앞으로 일
어날 이 모든 일을 능히 피하고, 또 인자 앞에 설
수 있도록, 기도하면서 늘 깨어 있어라." 37 예
수께서는, 낮에는 성전에서 가르치시고, 밤에는
나와서 올리브 산이라고 하는 산에서 지내셨다.
38 그런데 모든 백성이 그의 말씀을 들으려고,
이른 아침부터 성전으로 모여들었다.

예수를 죽일 음모 (마 26:1-5; 14-16; 막 14:1-2; 10-11; 요 11:45-53)

22 1 ㄱ)유월절이라고 하는 ㄴ)무교절이 다가
왔다. 2 그런데 대제사장들과 율법학자
들은 예수를 없애버릴 방책을 찾고 있었다. 그들은

ㄱ) 출 12:13, 21-28을 볼 것 ㄴ) 출 12:15-20을 볼 것

에 그 초점이 맞추어지고 있다: 예수님을 불가피하게 로마인의 십자가로 몰고가는 악한 세력과 결탁하는 사람들, 그리고 하나님과의 관계성에서 더 분명하게 드러나는 예수님의 정체성에 초점이 맞추어진다. 적대감과 협박에 직면했을 때 사람들은 그들의 참된 헌신을 증명하기도 하고 혹은 포기하기도 한다. 사람들은 전에는 그의 사역을 보고 흥분하고 감탄했었는데, 벌써 그들이 등을 돌리고 있다. 유다는 예수님을 배반한다. 베드로는 예수님을 부인한다. 최후의 만찬 이후에 제자들은 조용히 배후로 사라지고 거의 보이지 않는다. 반면에 예수님은 그의 일정대로 행하시고, 하나님의 아들로서 그의 정체성과 하나님의 구속계획을 이루기 위한 일에 더 확신을 갖고 임하신다 (22:39-46). 그는 박해와 심판을 직면할 때 믿는 자가 어떻게 대응할 것인지에 대한 본보기이시다.

22:1-38 누가복음서에서 식사는 아주 중요한 역할을 감당해 왔다. 따라서 이 복음서가 절정으로 치닫는 이 시점에서도 식사를 나누는 문맥에서 이야기가 전개되고 있는 것은 아주 주목해야 할 일이다. 이 구절들은 구약성경과 다른 복음서에서 알려진 (요 13—17장) 고별설교라는 문학양식을 연상시켜 준다. 따라서 죽음을 내다보는 상황에서, 예수께서는 그의 메시지의 중요한 주제들을 모아 예수님의 죽음이 하나님의 섭리를 이루는 면에서 어떤 의미를 갖는가 설명하시며, 이를 통하여 그를 따르는 자들을 준비시키신다. 1-13절은 식사를 준비하는 역할을 하고 있으며, 이 준비를 통하여 다음의 주제가 강조되고 있다: 이 만찬이 유월절 만찬의 성격을 띠고 있다는 것, 소외되고 억압받던 이들을 구속한다는 출애굽 이미지, 이 구속의 사건에서 드러나는 하나님의 주권, 그리고 새로운 출애굽에 대한 기대 등이다. **22:1-6** 예루살렘의 지도부는 예수님(방금 20—21장에서 그들의 권위를 꾸짖고 성전의 멸망을 예언한 자)을 제거하려는 동기는 갖고 있었으나, 그렇게 할 수 있는 구체적인 수단은 없었다. 표면적으로 보면,

백성을 두려워하였다. 3 열둘 가운데 하나인 가
룟이라는 유다에게 사탄이 들어갔다. 4 유다는
떠나가서 대제사장들과 성전 경비대장들과 더불어
어떻게 예수를 그들에게 넘겨줄지를 의논하였다.
5 그래서 그들은 기뻐하여, 그에게 돈을 주겠다
고 약조하였다. 6 유다는 동의하고, 무리가 없을
때에 예수를 그들에게 넘겨주려고, 기회를 노리고
있었다.

유월절 준비

(마 26:17-25; 막 14:12-21; 요 13:21-30)

7 ㄱ)유월절 양을 잡아야 하는 무교절 날이 왔다.
8 예수께서 베드로와 요한을 보내시며 말씀하셨다.
"가서, 우리가 먹을 수 있게 ㄱ)유월절을 준비하
여라." 9 그들이 예수께 말하였다. "어디에다
준비하기를 바라십니까?" 10 예수께서 대답하
셨다. "너희가 성 안으로 들어가면, 물 한 동이를
메고 오는 사람을 만날 것이니, 그가 들어가는 집
으로 따라가거라. 11 그리고 그 집주인에게 말
하기를 '선생님께서 당신에게 말씀하시기를, 내가
내 제자들과 함께 ㄱ)유월절 음식을 먹을 그 방이
어디에 있느냐고 하십니다' 하여라. 12 그러면
그 사람은 자리를 깔아 놓은 큰 다락방을 너희에게
보여 줄 것이니, 너희는 거기에다 준비를 하여라."
13 그들이 가서 보니, 예수께서 말씀하신 그대로
였다. 그리하여 그들은 ㄱ)유월절을 준비하였다.

마지막 만찬

(마 26:26-30; 막 14:22-26; 고전 11:23-25)

14 시간이 되어서, 예수께서 자리에 앉으시니,
사도들도 그와 함께 앉았다. 15 예수께서 그에게
말씀하셨다. "내가 고난을 당하기 전에, 너희와
함께 이 ㄱ)유월절 음식을 먹기를 참으로 간절히 바
랐다. 16 내가 너희에게 말한다. ㄱ)유월절이 하
나님의 나라에서 이루어질 때까지, 나는 다시는
ㄱ)유월절 음식을 먹지 않을 것이다." 17 그리고
잔을 받아서 감사를 드리신 다음에 말씀하셨다.
"이것을 받아서 함께 나누어 마셔라. 18 내가 너

ㄱ) 출 12:13, 21-28을 볼 것

유다가 자기 스승을 배반할 것을 약속함으로써 그들의 어려운 문제에 대한 해결책을 제공한다. 그러나 깊이 생각해 보면, 그의 배신은 악마의 소행과 연관이 있는 것이다. **22:1** 무교절과 유월절은 원래 두 개의 다른 절기였으나, 예수님 당시는 벌서 오래 전부터 하나의 절기로 묶어 지키고 있었다. 유월절은 이스라엘 백성이 노예에서 해방된 것을 기념하는 반면, 무교절은 그들이 출애굽 전야에 먹었던 무교 빵을 기념하기 위한 것이다 (출 12장; 23:15; 34:18을 보라). 이런 절기에 예루살렘의 인파는 50만 명을 육박했을 것이다. **22:3** 사탄은 예수님을 반대하는 주동자로 이미 소개되었었다 (예를 들어, 4:1-13). 이런 측면에서 예수님과 그의 사역에 대한 갈등은 우주적인 의미를 띤다. **22:5** 사탄에 의해 영향을 받고 있기는 하지만, 유다는 동시에 "하나님의 통치"에 역행하는 "재물의 통치"에 의해 조종을 당하고 있다 (16:13-15를 보라). **22:7-13** 유월절은 가족과 함께 지키는 절기였다 (출 12:3-4). 이러한 면에서 예수님이 새로 구성된 "가족"(8:19-21을 보라)과 함께 만찬을 나누실 수 있도록 장소와 여건을 배열하고 있는 것은 매우 의미있는 일이다. 비록 율법에 순종하는 것이 영향을 주고 있기는 하지만 (출 12:6, 21; 신 16:1-7을 보라), 누가는 이 이야기에서 예수께서 이 만찬을 주도하고 계시다는 사실을 강조하고 있다. 그는 예수님의 죽음과 고난에 있어서 그저 무기력하게 당하고만 계신 분이 아니라, 이 만찬을 준비하는 데에서 보여진 것처럼 앞날에 대한 완벽한 선견지명을 갖고 계신 분이시다 (19:28-34를 보라). **22:14-38** 여기서 행해지는 만찬은 예수께서 제자들과 나누시는 유월절 만찬이며, 그는 이 만찬을 언약을 새로 세우는 것으로 이해하셨다. 이렇게 함으로써 그는 하나님 나라의 성격이 섬김과 봉사로 특징지으며 제자들에게 이런 가치를 충분히 반영하는 삶을 살도록 초청하고 있다. **22:14-20** 유월절 만찬의 맥락에서 보면, 예수께서는 그의 임박한 죽음을 출 24:8과 렘 31:31-34와 같은 배경에서 이해하고 계신 것을 보여준다: 이것은 그의 죽음을 통하여 이루어지게 되는 언약의 갱신을 의미한다. **22:17-20** 신약성경에 보존된 만찬의 기록 중에 (마 26:26-29; 막 14:22-5; 고전 11:23-26), 오직 누가만이 예수께서 잔을 두 번 사용하셨다고 기록하고 있다. 예수님 당시의 유월절 행사에 대한 기록을 더듬어 보면 네 번에 걸쳐 포도주 잔을 사용하였다—두 번은 식사 전에 사용되었고, 두 번은 식사 후에 사용되었다. **22:21-23** 예수님을 파는 유다가 그 자리에 동참하고 있었다는 것이 독자들에게는 이미 알려진 사실이다 (6:16; 22:3-6). 그럼에도 불구하고 이건 충격적인 일이다. 왜냐하면 음식을 같이 나누는 것은 친밀한 우정관계를 의미하는 것이기 때문이다 (시 41:9를 보라). **22:22** 성경은 종종 어떤 사건의 배후에 두 종류의 힘이 영향을 미치고 있다고 전한다. 하나는 하나님의 주권이고, 다른 하나는 사람의 개입이다. 이는 결국 하나님의 주권과 사람의 책임간에 갈등을 인정하는 것이다. 예수께서 유다에 의하여 배신당하신 것은 구약에 증거된 하나님께서 그 목적을 성취해 가

희에게 말한다. 나는 이제부터 하나님의 나라가
올 때까지, 포도나무 열매에서 난 것을 절대로
마시지 않을 것이다." 19 예수께서는 또 빵을
들어서 감사를 드리신 다음에, 떼어서 그들에게
주시고 말씀하셨다. "이것은 ㄱ)너희를 위하여 주
는 내 몸이다. ㄴ)이것을 행하여 나를 기억하여라."
20 그리고 저녁을 먹은 뒤에, 잔을 그와 같이 하시
고서 말씀하셨다. "이 잔은 너희를 위하여 흘리는
내 피로 세우는 새 언약이다. 21 그러나 보아라,
나를 넘겨줄 사람의 손이 나와 함께 상 위에 있다.
22 인자는 하나님께서 정하신 대로 가지만, 인자를
넘겨주는 그 사람에게는 화가 있다." 23 그들은,
자기들 가운데 이런 일을 할 사람이 누구일까 하고,
자기들끼리 서로 물었다.

참으로 높은 사람

24 제자들 가운데서 누구를 가장 큰 사람으로
칠 것이냐는 물음을 놓고, 그들 사이에 말다툼이
벌어졌다. 25 예수께서 그들에게 말씀하셨다.
"뭇 민족들의 왕들은 백성들 위에 군림한다. 그리고
백성들에게 권세를 부리는 자들은 은인으로 행세
한다. 26 그러나 너희는 그렇지 않다. 너희 가운
데서 가장 큰 사람은 가장 어린 사람과 같이 되어야
하고, 또 다스리는 사람은 섬기는 사람과 같이 되
어야 한다. 27 누가 더 높으냐? 밥상에 앉은 사
람이냐, 시중드는 사람이냐? 밥상에 앉은 사람이
아니냐? 그러나 나는 섬기는 사람으로 너희 가운
데 있다.

28 너희는 내가 시련을 겪는 동안에 나와 함
께 한 사람들이다. 29 내 아버지께서 내게 왕권
을 주신 것과 같이, 나도 너희에게 왕권을 준다.
30 그리하여 너희가 내 나라에 들어와 내 밥상에
서 먹고 마시게 하고, 옥좌에 앉아서 이스라엘의
열두 지파를 심판하게 하겠다."

ㄱ) 다른 고대 사본들에는 '너희를 위하여 주는'이 없음 ㄴ) 다른 고대 사본들에는 여기에서부터 20절까지 전부, 또는 부분적으로 없음

시는 것으로 이해되어지고 있다. 그러나 그렇다고 해서 유다의 배신행위를 그 개인의 책임과는 무관한 것으로 용납하지는 않는다. **22:24-30** 고별사의 특징 중에 하나는 죽음을 맞이하는 이가 그의 제자들에게 평소 가르침을 간략하게 요약하여 증거하고 또한 후계자를 임명하는 것이다. 여기서 예수께서는 색다른 방법으로 그의 제자들에게 계속해서 그의 사역을 이끌어 나가라고 가르치신다. 다시 말해서, 그의 제자들은 그의 뒤를 이어 사역을 계속해 나갈 것이며, 이것은 그들이 사도로서 그들의 권위와 위상에 대한 변화를 경험한 후에야 비로소 가능케 될 것이다. **22:24** 도대체 어떻게 이 최후의 만찬석상에서 누가 더 높은가 하는 위상에 대한 질문이 제기될 수 있었을까? 그 당시 관습에 의하면, 이와 같은 만찬석상에서는 주인의 (여기서는 예수님) 자리에 가깝게 앉는 사람일수록 그가 사회적으로 중요한 인물이었다 (14:7; 20:46을 보라). **22:26** 예수님의 말씀, *너희는 그렇지 않다* 라는 말씀은 그의 제자들이 다스리고 은인으로 행할 것을 금하고 있는 것이 아니다. 단지 *뭇 민족들의 왕*들과 같은 그런 태도와 자세를 가지고 행세하지는 말라는 것이다 (25절). 그들은 하나님이 그러하신 것처럼 받을 것을 기대하지 말고 거저 주어야 한다 (6:35-36을 보라). **22:30** 희랍어 단어 *크리*노를 새번역개정과 공동번역은 심판으로 번역했다. 이 보다는 개역개정과 같이 "다스림"이 더 적합한 번역일 것이다. 왜냐하면 이스라엘 역사에서 "심판관들 혹은 사사"들은 그들의 지도자적인 역할이 단순하게 백성들을 재판하는 것에 한정되지 않았기 때문이다 (이와 같은 용례의 *크리*노에 대하여는 삿 3:10; 10:1-2; 12:7을 보라). 사도들은 장차 하나님의 백성들을 다스리게 될 사람들로 권한을 부여받고 있다. **22:31-38** 이 부분도 통상적인 고별설교에 해당하며, 다가올 고난이 예언되어 있고 이에 대하여 어떻게 대비해야 할 것인가에 대한 권면이 주어지고 있다. 예수님은 다가올 두 가지 재난에 대해 말씀하신다. 하나는 믿음이 없는 이들을 충동할 사탄으로부터 받는 재난이고, 또 다른 하나는 사도들의 사역을 적극 반대하는 이들로부터 받는 재난이다. 쉽게 말해서 그 고난의 때가 이제 막 시작되려는 찰나에 놓여 있다. 그러나 이렇게 닥칠 환난에 대한 가장 확실한 구제책은 예수께서 제자들을 위해 중보하는 것이다. **22:31** 비록 예수께서 시몬 (베드로) 한 사람을 들어 기도한다고 하시지만, 사탄의 공격은 예수님을 따르는 모든 이에게 대한 것이고 동시에 예수님의 기도도 그들 모두를 (여기 "너"는 복수이다) 포함한다. 사탄은 욥 1—2장에 나타나는 사탄을 연상시켜 준다. **22:32** 예수께서는 그의 기도가 강하게 역사할 것을 기대하시며, 또한 베드로의 지도자적인 역할도 기대하고 계신다 (행 1—2장을 보라). **22:35-38** 이 사역에 대한 지침들은 이전 것과는 다소 다르다 (9:2-3; 10:3-4). 이것은 예수께서 여기 일어나고 있는 엄청난 시대적인 변화를 알고 계시기 때문이다 ("그러나 이제는"). 과거에 제자들은 친절한 대접을 기대할 수 있었다. 그러나 이제는 더 이상 그럴 수 없다. 제자들이 칼을 사용하는 여부에 대하여 가르치시는 것으로—그들에 대한 적대감의 반응으로—그것을 사용하는 것을 허용하지 않으신다 (6:20-38; 22:49-51). 다른 곳에서 칼은 적대감의 상징이다 (예를 들어, 12:51-53). 그리고 여기서 예수님이 칼을 소유함에 대하여 이야기하시는 것은 다가오는 환난에 대해 준비할 것을 강조하시기 위한 것이다 (사도행전에 의하면 그들

베드로의 부인을 예고하시다
(마 26:31-35; 막 14:27-31; 요 13:36-38)

31 "시몬아, 시몬아, 보아라. 사탄이 밀처럼
너희를 ㄱ)체질하려고 너희를 손아귀에 넣기를 요
구하였다. 32 그러나 나는 네 믿음이 꺾이지 않
도록, 너를 위하여 기도하였다. 네가 다시 돌아올
때에는, 네 형제를 굳세게 하여라." 33 베드로가
예수께 말하였다. "주님, 나는 감옥에도, 죽는 자
리에도, 주님과 함께 갈 각오가 되어 있습니다."
34 그러나 예수께서 말씀하셨다. "베드로야, 내
가 네게 말한다. 오늘 닭이 울기 전에, 네가 세 번
나를 모른다고 할 것이다."

돈주머니와 검

35 예수께서 제자들에게 말씀하셨다. "내가
너희를 돈주머니와 자루와 신발이 없이 내보냈을
때에, 너희에게 부족한 것이 있더냐?" 그들이 대답
하였다. "없었습니다." 36 예수께서 그들에게 말
씀하셨다. "이제는 돈주머니가 있는 사람은 그것을
챙겨라, 또 자루도 그렇게 하여라. 그리고 칼이
없는 사람은, 옷을 팔아서 칼을 사라. 37 내가
너희에게 말한다. ㄴ)'그는 무법자들과 한 패로 몰
렸다'고 하는 이 성경 말씀이, 내게서 반드시 이루어
져야 한다. 과연, 나에 관하여 기록한 일은 이루어
지고 있다." 38 제자들이 예수께 말하였다. "주님,
보십시오. 여기에 칼 두 자루가 있습니다." 예수
께서 그들에게 말씀하시기를 "넉넉하다" 하셨다.

예수께서 기도하시다
(마 26:36-46; 막 14:32-42)

39 예수께서 나가시어, 늘 하시던 대로 올리브
산으로 가시니, 제자들도 그를 따라갔다. 40 그
곳에 이르러서, 예수께서 제자들에게 말씀하시기를
"시험에 빠지지 않도록 기도하여라" 하신 뒤에,
41 그들과 헤어져서, 돌을 던져서 닿을 만한 거리
에 가서, 무릎을 꿇고 이렇게 기도하셨다. 42 "아
버지, 만일 아버지의 뜻이면, 내게서 이 잔을 거두
어 주십시오. 그러나 내 뜻대로 되게 하지 마시고,
아버지의 뜻대로 되게 하여 주십시오." 43 〚그 때
에 천사가 하늘로부터 그에게 나타나서, 힘을 북돋
우어 드렸다. 44 예수께서 고뇌에 차서, 더욱 간
절히 기도하시니, 땀이 핏방울같이 되어서 땅에
떨어졌다.〛 45 기도를 마치고 일어나, 제자들에
게로 와서 보시니, 그들이 슬픔에 지쳐서 잠들어
있었다. 46 그래서 그들에게 말씀하셨다. "왜들
자고 있느냐? 시험에 빠지지 않도록, 일어나서 기
도하여라."

예수께서 잡히시다
(마 26:47-56; 막 14:43-50; 요 18:3-11)

47 예수께서 아직 말씀하시고 계실 때에, 한
무리가 나타났다. 열둘 가운데 하나인 유다라는
사람이 그들의 앞장을 서서 왔다. 그는 예수께 입을

ㄱ) 또는 '너희를 체질할 허락을 이미 받았다' ㄴ) 사 53:12

의 사역은 적대감, 폭력에 부딪쳤다). 제자들은 둔하여 예수님의 말씀을 알아듣지 못하고 그저 문자 그대로 해석하려 한다. 결과적으로 예수님은 "그것으로 족하다!" 라고 한숨을 지으신다. **22:39-46** 누가의 올리브 산에서의 예수님에 대한 기록은 고난설화 전체의 획을 긋는 사건으로 그의 하나님의 뜻에 대한 신실한 순종이 힘든 기도라는 맥락에서 분명하게 증거되고 있다. 이 본문은 환난에 직면할 때 기도의 힘을 보여주는 것으로 이는 제자들이 따라야 할 모범이다 (18:1; 21:36을 보라). **22:47-53** 예수께서 지금 일어나는 상황들을 직접 다스리고 계시는 것으로 나타난다. 이는 그가 39-46절에서 하나님의 뜻을 온전히 인식하고 받아들이셨기 때문에 가능한 것이었다. **22:52** 예수께서 이미 성전을 "강도의 소굴"이라고 선언하신 것을 (19:45-46; 20:47을 참조) 고려해 볼 때 성전 경비대가 예수님을 강도를 잡듯이 체포하러 나온 것은 우스꽝스러운 일이라 할 수 있다. **22:53** 예수님은 그를 체포하러 나온 자들을 악마의 무리로 규정하신다—즉, 그들은 사탄의 목적을 성취해 가는 자들이다 (이것은 마치 유다가 그런 것과 같다; 22:3을 보라). 행 26:18을 보라. 거기에는 "어둠"이 사탄의 권세에 대한 상징으로 표현되고 있다. **22:54-56** 예수님과 베드로가 대제사장의 집에서 만나는 사건에 대한 누가의 기록은 예수께서 하나님의 예언자라는 사실을 강조하기 위한 것이다. 한편으로는 베드로가 예수님이 예언하셨듯이 정확하게 그를 부인한다 (22:34를 보라). 그리고 예수께서는 그가 예언하셨듯이 고난을 당하신다 (18:32; 20:10-11). 반면에, 63-65절에서 예수님을 모욕하는 잔인한 행동들은 그로 하여금 예언자적인 역할을 감당하도록 부추긴다: 네가 진정 예언자이면 "너를 때린 사람이 누군지 알아맞추어 보아라!" 역설적으로, 심지어 이렇게 비꼬아 말하는 조롱까지도, 그가 구약성경의 예언자들처럼 모욕과 배신을 당하는 것을 보면 (예를 들어, 왕상 22:24-28; 렘 28:10-16; 눅 4:24; 6:22-23; 13:33-35; 20:9-18), 실제로 예수가 하나님께서 보낸 분이심을 증거해 준다. **22:66—23:25** 예수님을 사형으로 정죄하는 데 있어서 예루살렘의 지도부가

맞추려고 가까이 왔다. 48 예수께서 그에게 말
씀하셨다. "유다야, 너는 입맞춤으로 인자를 넘겨
주려고 하느냐?" 49 예수의 둘레에 있는 사람들
이 사태를 보고서 말하였다. "주님, 우리가 칼을 쓸
까요?" 50 그 가운데 한 사람이 대제사장의 종
의 오른쪽 귀를 쳐서 떨어뜨렸다. 51 예수께서
말씀하시기를 "그만해 두어라!" 하시고, 그 사람
의 귀를 만져서 고쳐 주셨다. 52 그런 다음에,
자기를 잡으러 온 대제사장들과 성전 경비대장들과
장로들에게 말씀하셨다. "너희가 강도를 잡듯이
칼과 몽둥이를 들고 나왔느냐? 53 내가 날마다
성전에서 너희와 함께 있었으나, 너희는 내게 손을
대지 않았다. 그러나 지금은 너희의 때요, 어둠의
권세가 판을 치는 때다."

베드로가 예수를 부인하다

(마 26:57-58; 69-75; 막 14:53-54; 66-72;
요 18:12-18; 25-27)

54 그들은 예수를 붙잡아서, 끌고 대제사장의
집으로 데리고 갔다. 그런데 베드로는 멀찍이 떨
어져서 뒤따라갔다. 55 사람들이 뜰 한가운데
불을 피워놓고 둘러앉아 있는데, 베드로도 그들
가운데 끼여 앉아 있었다. 56 그 때에 한 하녀가
베드로가 불빛을 안고 앉아 있는 것을 보고, 그를
빤히 노려보고 말하였다. "이 사람도 그와 함께 있
었어요." 57 그러나 베드로는 그것을 부인하여
이렇게 말하였다. "ㄱ)여보시오, 나는 그를 모르
오." 58 조금 뒤에 다른 사람이 베드로를 보고서
말했다. "당신도 그들과 한패요." 그러나 베드로는
"이 사람아, 나는 아니란 말이오" 하고 말하였다.
59 그리고 한 시간쯤 지났을 때에, 또 다른 사람이
강경하게 주장하였다. "틀림없이, 이 사람도 그와
함께 있었소. 이 사람은 갈릴리 사람이니까요."
60 그러나 베드로는 이렇게 말하였다. "ㄴ)여보시오,
나는 당신이 무슨 소리를 하는지 모르겠소." 베드
로가 아직 말을 채 끝내기도 전에, 곧 닭이 울었다.
61 주님께서 돌아서서 베드로를 똑바로 보셨다.
베드로는, 주님께서 자기에게 "오늘 닭이 울기 전
에, 네가 세 번 나를 모른다고 할 것이다" 하신 그
말씀이 생각났다. 62 그리하여 그는 바깥으로 나
가서 비통하게 울었다.

예수를 모욕하고 때리다

(마 26:67-68; 막 14:65)

63 예수를 지키는 사람들이 예수를 때리면서
모욕하였다. 64 또 그들은 예수의 눈을 가리고
말하였다. "너를 때린 사람이 누구인지 알아맞추어
보아라." 65 그들은 그 밖에도 온갖 말로 모욕
하면서 예수에게 욕설을 퍼부었다.

ㄱ) 그, '여자여' ㄴ) 그, '사람아' 또는 '남자야'

지속적으로 악의를 품고 참여하고 있음을 보여준다. 그러나 이것이 누가가 로마인들을 무죄하다고 주장하고 있다는 말은 아니다. 어쨌든지간에, 빌라도가 예수님을 놓아주려던 스스로의 계획에 실패한 것(23:6, 12)을 시사해 주면서 누가는 로마가 정의를 왜곡시키는 일에 같이 연루되어 있다고 보도한다. 물론, 종국에는 빌라도가 예수님을 처형하도록 명령한다. 이 장면은 네 부분으로 구성되어 있다: 산헤드린 앞에서의 심문 (22:66-71); 빌라도 앞에서의 심문 (23;1-5); 헤롯 앞에서의 심문 (23:6-12); 그리고 유죄선고이다 (23:13-25). **22:66-71** 이제 예수님이 그들의 수중에 있으므로 그들의 유일한 관심은 하나님 보시기에 그가 누구인가 하는 그의 정체성과 위상에 관한 것이다. 이것을 고려해 볼 때, 19:45로부터 21:38에서 예수님은 왕적인 존재로 그의 권위와 설교가 성전과 관련된 지도권들을 대체하는 분으로 제시되고 있다. 더 나아가 그는 백성들로부터 지지를 받는 분으로 묘사되어 있다. 이런 점들을 고려해 볼 때 유대 지도자들과 예수님 사이에 긴장이 있었던 것은 놀랄 만한 일이 아니다. 지금까지 제시된 증거들을 고려해볼 때 그들은 예수를 메시아로, 그리고 하나님의 아들로 받아들였어야만 했다. 그러나 그들은 예수께서 예언하셨듯이 그를 믿지 않는다 (67절). **22:69** 누가복음서에 있어 *인자* 라는 말은 두 쌍의 개념 거부/수치, 그리고 승리라는 요소와 연관되어 있다. 예수님이 예언하셨던 지도층들의 분개를 겪으신 후 (63-65절을 보라), 예수께서는 그가 하나님 우편에 앉게 되는 위상이 역전되는 것을 내다보고 계시다. 시 110:1을 보라. **22:70** 그의 대답은, *내가 그라고 여러분이 말하고 있소* 라는 대답을 통하여 유대인의 공회가 그를 제대로 인식하고 있음을 예수님은 아셨다 (그들이 스스로가 내뱉은 말이 진실은 아니었다는 점을 고려할지라도). **23:1-5** 여기서 우리는 로마 총독 앞에 일일이 나열한 예수님의 죄목들을 본다. 로마인들의 관심을 끄는 용어를 사용하여 증거되고 있으나, 이것들은 실상 신 13장에 있는 거짓 예언자들을 규정하는 법령들이기도 하다 (출 5:4; 왕상 18:17; 행 13:6-8을 보라). 유대 지도자들에게 심각하게 여겨졌던 것들은 예수께서 기적을 행하시며 말씀을 왜곡했고, 이를 통하여 사람들을 오도했다(잘못된 방향으로 이끌었다)는 것이다. 이보다 더 심각한 죄목은 빌라도의 주된 관심사가 속국의 평정을 유지하는 것인데, 예수님이 백성들을 선동하여 세금 바치는 것을 반대했다는 것이다. 결국 빌라도는

공회 앞에 서시다

(마 26:59-66; 막 14:55-64; 요 18:19-24)

66 날이 밝으니, 백성의 장로회, 곧 대제사장
들과 율법학자들이 모여서, 예수를 그들의 공의
회로 끌고 가서, 67 이렇게 말하였다. "그대가
그리스도이면, 그렇다고 우리에게 말해 주시오."
예수께서 그들에게 말씀하셨다. "내가 그렇다고
여러분에게 말하더라도, 여러분은 믿지 않을 것
이요, 68 내가 물어보아도, 여러분은 대답하지
않을 것이오. 69 그러나 이제부터 인자는 전능
하신 하나님의 오른쪽에 앉게 될 것이오." 70 그
러자 모두가 말하였다. "그러면 그대가 하나님의
아들이오?" 예수께서 그들에게 말씀하셨다. "내
가 그라고 여러분이 말하고 있소." 71 그러자 그
들은 말하였다. "이제 우리에게 무슨 증언이 더 필
요하겠소? 우리가 그의 입에서 나오는 말을 직접
들었으니 말이오."

빌라도 앞에서 신문받으시다

(마 27:1-2; 11-14; 막 15:1-5; 요 18:28-38)

23 1 그들 온 무리가 일어나서, 예수를 빌
라도 앞으로 끌고 갔다. 2 그들이 예수
를 고발하여 말하기를 "우리가 보니, 이 사람은
우리 민족을 오도하고, 황제에게 세금 바치는 것
을 반대하고, 자칭 ㄱ)그리스도 곧 왕이라고 하였습
니다." 3 그래서 빌라도가 예수께 물었다. "당신
이 유대인의 왕이오?" 예수께서 빌라도에게 대답
하셨다. "당신이 그렇게 말하고 있소." 4 빌라도가
대제사장들과 무리들에게 말하였다. "내가 보니
이 사람에게는 아무 죄도 없소." 5 그러나 그들은
이렇게 주장하였다. "그 사람은 갈릴리에서 시작
해서 여기에 이르기까지, 온 유대를 누비면서 가
르치며 백성을 선동하고 있습니다."

헤롯 앞에 서시다

6 빌라도가 이 말을 듣고서 물었다. "이 사람이
갈릴리 사람이오?" 7 그는 예수가 헤롯의 관할에
속한 것을 알고서, 예수를 헤롯에게 보냈는데, 마
침 그 때에 헤롯이 예루살렘에 있었다. 8 헤롯은
예수를 보고 매우 기뻐하였다. 그는 예수의 소문을
들었으므로, 오래 전부터 예수를 보고자 하였고,
또 그는 예수가 어떤 기적을 일으키는 것을 보고
싶어하였다. 9 그래서 그는 예수께 여러 말로 물어
보았다. 그러나 예수께서는 그에게 아무 대답도
하지 않으셨다. 10 그런데 대제사장들과 율법학자
들이 곁에 서 있다가, 예수를 맹렬하게 고발하였다.
11 헤롯은 자기 호위병들과 함께 예수를 모욕하고

ㄱ) 또는 '메시아'

유대 법정이 선언한 바와 같이 예수님이 왕이신 것을 부인한다 (22:66-71). 그러나 유대인들의 법정과는 달리, 빌라도는 예수님이 무죄하다는 결정을 내린다. 이 장면은 예수님을 형장으로 이끄는 틀이 되고 있다: 유대 지도층들은 로마인들이 조심하고 있음에도 불구하고 예수님을 대적하는 결정을 촉구한다. **23:5** *여기에 이르기까지.* 여기는 아마도 성전을 의미하는 듯하며, 19:45에서 예수님이 성전에 들어가서 상인들을 내쫓은 급진적인 행위들을 의미하는 듯하다. **23:6-12** 이 장면은 두 개의 연관된 목적을 달성하고 있다. 우선, 로마인들이 정당하게 재판하는 것을 회피하고 있는 것에 대하여 강조한다. 유대인들의 압박 외에는 정당한 사유없이 예수님을 유죄로 몰고가고 있으며 헤롯과 그의 측근들이 이 일에 가담하고 있다. 둘째로, 예수님의 죽음에 있어 서기관들과 대제사장들이 주도적인 역할을 감당하고 있음을 강조하고 있다. 이제 그들은 예수님을 *맹렬하게* 고발한다. **23:7** 누가복음서에서 헤롯의 역할에 대하여는 3:1, 19-20; 9:7-9; 13:31을 보라. **23:9** 예수께서 그를 고소하는 자들 앞에서 침묵을 지키셨던 것은 이사야서에 나타나는 고난의 종을 연상시켜 준다. (사 53:7). **23:12** 헤롯과 빌라도가 "친구"가 되었다는 것은 무엇을 의미하는가? 아주 명확한 설명이 행 4:26-27에 나와 있는데, 거기에서 보면 하나님의 종인 예수님을 대적하는 일에 헤롯과 빌라도가 협력하는 것에 대하여 읽을 수 있다. **23:13-25** 유대 지도자들의 예수님을 처형하려는 노력에 반하여 빌라도가 세 번씩이나 예수님을 풀어주려고 시도했다는 사실은 예수님이 무고하다는 증거이다 (13-19, 20-21, 22-23절). 이 이야기의 종결은 24-25절로 빌라도가 유대 지도자들의 독촉에 못이겨 예수님을 넘겨주는 것으로 마무리되고 있다. **23:16** 예수님이 무고하심에도 불구하고 징계의 목적으로 그를 채찍질하도록 한 결정은 유대 지도자들의 화를 완화하려는 시도였을 것이다. **23:25** 이 장면에 대한 설명은 행 3:13-14를 보라. **23:26-49** 심지어 십자가에 달리시는 것까지도 예수님은 결코 무기력한 희생자는 아니셨다. 그를 삼킬 듯한 충격적인 사건들 속에서도 예수님은 계속 선수를 치신다. 그의 하나님에 대한 신뢰는 결코 약해지지 않는다. 심지어 죽음의 그늘이 드리워지고 있음에도 불구하고, 그는 계속 예언하시며 (26-31절), 그의 원수들을 위하여 중보하시며 (34절),

조롱하였다. 그런 다음에, 예수에게 화려한 옷을
입혀서 빌라도에게 도로 보냈다. 12 헤롯과 빌
라도가 전에는 서로 원수였으나, 바로 그 날에 서로
친구가 되었다.

사형 판결을 받으시다

(마 27:15-26; 막 15:6-15; 요 18:39-19:16)

13 빌라도는 대제사장들과 지도자들과 백성을
불러모아 놓고서, 14 그들에게 말하였다. "그대
들은, 이 사람이 백성을 오도한다고 하여 내게로
끌고 왔으나, 보다시피, 내가 그대들 앞에서 친히
신문하여 보았지만, 그대들이 고발한 것과 같은
죄목은 아무것도 이 사람에게서 찾지 못하였소.
15 헤롯도 또한 그것을 찾지 못하고, 그를 우리
에게 돌려보낸 것이오. 이 사람은 사형을 받을 만
한 일을 하나도 저지르지 않았소. 16 그러므로
나는 이 사람을 매질이나 하고, 놓아주겠소."
ㄱ(17절 없음)
18 그러나 그들이 일제히 소리 질러 말하였
다. "이 자를 없애고, 바라바를 우리에게 놓아주
시오." 19 -바라바는, 그 성 안에서 일어난 폭동
과 살인 때문에 감옥에 갇힌 사람이다.- 20 빌
라도는 예수를 놓아주고자 하여, 다시 그들에게
말하였다. 21 그러나 그들이 외쳤다. "그 자를 십
자가에 못박으시오! 십자가에 못박으시오!" 22 빌
라도가 세 번째 그들에게 말하였다. "도대체 이 사
람이 무슨 나쁜 일을 하였단 말이오? 나는 그에게
서 사형에 처할 아무런 죄를 찾지 못하였소. 그러
므로 나는 그를 매질이나 해서 놓아줄까 하오."
23 그러나 그들은 마구 우기면서, 예수를 십자가
에 못박으라고 큰 소리로 요구하였다. 그래서 그들
의 소리가 이겼다. 24 마침내 빌라도는 그들의
요구대로 하기로 결정하였다. 25 그래서 그는
폭동과 살인 때문에 감옥에 갇힌 자는 그들이 요
구하는 대로 놓아주고, 예수는 그들의 뜻대로 하
게 넘겨주었다.

예수께서 십자가에 못박히시다

(마 27:32-44; 막 15:21-32; 요 19:17-27)

26 그들이 예수를 끌고 가다가, 들에서 오는
시몬이라는 한 구레네 사람을 붙들어서, 그에게
십자가를 지우고, 예수의 뒤를 따라가게 하였다.
27 백성들과 여자들이 큰 무리를 이루어서 예수를
따라 가고 있었는데, 여자들은 예수를 생각하여
가슴을 치며 통곡하였다. 28 예수께서 여자들을

ㄱ) 다른 고대 사본들에는 17절이 첨가되어 있음. '17. 명절이 되어 빌라도는 죄수 한 사람을 그들에게 놓아주어야 했다'

소망과 구원에 대한 약속을 증거하시며 (43절), 그리고 그의 마지막 숨을 통하여 그의 영혼을 하나님께 드린다 (46절). **23:26-31** 여기 소개된 일련의 짧은 이야기들에 의하면, 예수님의 죽음은 단순한 육체적인 죽음 이상의 의미가 있다. *구레네 시몬이* 십자가를 지는 것은 제자들이 지어야 할 십자가를 상기시켜 주는 것이다 (9:23; 14:27에 나타난 평행구들을 참조). *예루살렘의 딸들이* 애곡하는 대상이 잘못되었음을 지적함으로써, 예수님은 그의 죽으심이 심판과 멸망의 *마지막 날*의 시작임을 선포하신다. 여기에 내포된 지속적인 메시지는 회개이다. **23:26** 구레네는 로마연방 북아프리카 구레나이카 (리비아) 지방의 수도로 상당수의 유대인들이 거주하던 곳이었다 (행 2:10; 6:9). **23:27** 슥 12:10-14를 보라. *가슴을 치고 통곡하는* 것에 대하여는 6:21, 25; 7:13; 8:52; 22:62를 보라; 애곡하는 것이 증거되고 있다. 그러나 하나님의 자비로운 개입이 동시에 기대되고 있다. **23:29-30** 예수께서 선포하시는 말씀은 그가 전에 증거하셨던 예루살렘에 대한 예언과 (13:34-35; 19:41-44; 21:20-24) 호 10:8에 근거하고 있다. 이로써 예루살렘의 멸망이 예수님을 거부한 결과라고 연관짓고 있다. **23:30** 예수님을 거절한 결과로 그들이 이런 환난을 겪고 있는데, 그렇다면 그의 죽음을 초래한 결과는 얼마나 극심한 것일까? **23:32-43** 세 가지 현상이 하나의 결정적인 메시지를 증거하고 있다—다시 말하면, 십자가를 통하여 예수의 왕되심과 구세주되심이 부인된 것이 아니라 재확인되었다. 첫째로, 종교지도자들, 로마 병정들, 그리고 같이 처형되었던 죄수는 예수님을 조롱한다. 그러나 그들의 조롱은 오히려 예수님이 진정 누구이신가를 알려 주고 있다. 두 번째로, 이제는 "백성들"이 더 이상 지도자들의 편에 서지 않고 또 다른 강도와 함께 예수님이 무죄함을 증거한다. 마지막으로, "구속한다" 라는 동사가 반복적으로 사용되고 있으며, 이를 통하여 예수께서는 그의 원수들까지 죄사함을 주실 수 있는 분이시며 죽음에 직면한 순간이라도 그를 받아들이는 사람에게는 낙원을 허락하시는 분이시다. **23:34-35** 예수님은 시 22편에서 증거하고 있는 (특히 22:7, 18) 고난을 당하시는 의인으로 표현되고 있다. **23:43** *낙원.* "하나님의 정원"을 의미한다. 즉, 마지막 때에 하나님의 창조의 질서가 온전히 회복되는 것을 의미한다. **23:44-49** 누가는 십자가 사건에 대한 그의 기록에서 십자가와 관련된 모든 사실들을 상세하게 알려주지 않는다. 그럼에도 불구하고 이 기록은 중요한 의미가 있는 것들에 대해서는 상세하게 설명을 덧붙이고 있다. 어둠은 이 처형에 있어 마귀의 역사가

돌아다보시고 말씀하셨다. "예루살렘의 딸들아,
나를 두고 울지 말고, 너희와 너희 자녀를 두고 울
어라. 29 보아라, '아이를 배지 못하는 여자와,
아이를 낳아 보지 못한 태와, 젖을 먹여 보지 못
한 가슴이 복되다' 하고 사람들이 말할 날이 올 것
이다. 30 그 때에,

사람들이 산에다 대고
ㄱ)'우리 위에 무너져 내려라'
하며,
언덕에다 대고
'우리를 덮어 버려라'
하고 말할 것이다.

31 나무가 푸른 계절에도 사람들이 이렇게 하거
든, 하물며 나무가 마른 계절에야 무슨 일이 벌어
지겠느냐?"

32 다른 죄수 두 사람도 예수와 함께 처형장
으로 끌려갔다. 33 그들은 해골이라 하는 곳에
이르러서, 거기서 예수를 십자가에 달고, 그 죄수
들도 그렇게 하였는데, 한 사람은 그의 오른쪽에,
한 사람은 그의 왼쪽에 달았다. 34 〚그 때에 예
수께서 말씀하셨다. "아버지, 저 사람들을 용서하여
주십시오. 저 사람들은 자기네가 무슨 일을 하는
지를 알지 못합니다."〛그들은 제비를 뽑아서, 예
수의 옷을 나누어 가졌다. 35 백성은 서서 바라
보고 있었고, 지도자들은 비웃으며 말하였다. "이
자가 남을 구원하였으니, 정말 그가 ㄴ)택하심을 받
은 분이라면, 자기나 구원하라지." 36 병정들도
예수를 조롱하였는데, 그들은 가까이 가서, 그에게
신 포도주를 들이대면서, 37 말하였다. "네가 유
대인의 왕이라면, 너나 구원하여 보아라." 38 예
수의 머리 위에는 "이는 유대인의 왕이다" 이렇게
ㄷ)쓴 죄패가 붙어 있었다.

39 예수와 함께 달려 있는 죄수 가운데 하나
도 그를 모독하며 말하였다. "너는 ㄹ)그리스도가
아니냐? 너와 우리를 구원하여라." 40 그러나
다른 하나는 그를 꾸짖으며 말하였다. "똑같은 처
형을 받고 있는 주제에, 너는하나님이 두렵지도
않으냐? 41 우리야 우리가 저지른 일 때문에 그
에 마땅한 벌을 받고 있으니 당연하지만, 이분은 아
무것도 잘못한 일이 없다." 그리고 나서 그는 예수
께 말하였다. 42 "예수님, 주님이 주님의 나라에
들어가실 때에, 나를 기억해 주십시오." 43 예수
께서 그에게 말씀하셨다. "내가 진정으로 네게 말
한다. 너는 오늘 나와 함께 낙원에 있을 것이다."

예수께서 숨을 거두시다

(마 27:45-56; 막 15:33-41; 요 19:28-30)

44 어느덧 ㅁ)낮 열두 시쯤 되었는데, 어둠이
온 땅을 덮어서, ㅂ)오후 세 시까지 계속되었다.
45 해는 빛을 잃고, 성전의 휘장은 한가운데가 찢
어졌다. 46 예수께서 큰 소리로 부르짖어 말씀하
셨다. "아버지, 내 영혼을 아버지 손에 맡깁니다."
이 말씀을 하시고, 그는 숨을 거두셨다. 47 그런

ㄱ) 호 10:8 ㄴ) '하나님이 기름부어 주신 분', '하나님이 세우신 그리스도' ㄷ) 다른 고대 사본들에는 '그리스어와 라틴어와 히브리어로 쓴' ㄹ) 또는 '메시아' ㅁ) 그, '제 육시' ㅂ) 그, '제 구시'

개입되고 있음을 (22:53), 그리고 예수께서 마지막 숨을 거두시기 전에 성전 휘장이 갈라진 것은 이후에 이방 사람들과 유대 사람들이 누리게 될 소망에 대하여 증거한다. 이것은 예수님의 처형에는 엄청난 역설이 역사하고 있음을 보여준다. 이것이 어둠의 세력의 승리를 의미하는 것인가? 아니면 다른 이들을 하나님의 자비하심으로 받아들이는 예수님의 사역이 확장되고 있음을 의미하는 것인가? **23:46** 예수께서 돌아가시는 장면에서 누가는 예수님이 하나님이 임재하시지 않는 캄캄한 세상을 경험하는 것을 의미하지 않는다. 시 31:5를 인용하는 예수님의 마지막 말씀은 그의 하나님 주권에 대한 신뢰를 보여주고 있는 것이다. **23:50-56** 비록 예수께서 예루살렘에 대한 심판을 여러 번 증언하셨지만, 이것은 무조건 모든 유대인들을 정죄하시는 것이 아니다. 그의 죽음 이후, 유대인들은 그의 죽음을 슬퍼했다 (44절), 그리고 이제 유대인 지도자들 중 한 사람인 아리마대 요셉이 예수님의 시신을 돌보는 일에 모범적인 경건함을 보여주고 있다. 이것에 더해 유대 여인들도 안식일이 가까워옴에 따라 예수님의 시신을 돌보는 일에 협력하고 있다. **23:50-51** 누가는 여기서 요셉을 의로운 사람으로 묘사하는 데 심혈을 기울이고 있다. 이를 통하여 그는 요셉을 신실한 유대교를 대표하는 인물로 묘사한다. 즉, *하나님 나라를 기다리는* 신앙인으로, 그의 도움이 필요한 이들을 성의있게 돌보아주는 의로운 사람으로, 그래서 예수님의 처형 같은 악한 일에는 동의하지 않은 사람으로 묘사한다. **23:53-56** 유대인의 관습에 의하면, 죽은 이를 장사지내 주는 것은 가난한 이 혹은 도움이 필요한 이를 돕는 것이었다. 장사를 위한 준비는 시체를 씻는 것, 기름을 바르는 것, 옷을 입히는 것, 그리고 굴 안의 깎여진 선반에 안치하는 것을 포함했다. 여기서 누가가 소개하고 있는 무덤은 입구와 안으로 구성된 그리고 입구는 파여진 홈에 의해 굴려지거나 옮겨질 수 있는 원형의 문의 구조를 갖추고 있었다 (24:1을 보라).

24:1-53 통상적으로 우리가 책의 마지막 장에서 기대할 수 있는 것처럼, 누가는 이 장에서 그가

데 백부장은 그 일어난 일을 보고, 하나님께 영광을 돌리며 말하였다. "이 사람은 참으로 ㄱ)의로운 사람이었다." 48 구경하러 모여든 무리도 그 일어난 일을 보고, 모두 가슴을 치면서 돌아갔다. 49 예수를 아는 사람들과 갈릴리에서부터 예수를 따라다닌 여자들은, 다 멀찍이 서서 이 일을 지켜 보았다.

무덤에 묻히시다

(마 27:57-61; 막 15:42-47; 요 19:38-42)

50 요셉이라는 사람이 있었는데, 그는 공의회 의원이고, 착하고 의로운 사람이었다. 51 -이 사람은 의회의 결정과 처사에 찬성하지 않았다.- 그는 유대 사람의 고을 아리마대 출신으로, 하나님의 나라를 기다리는 사람이었다. 52 이 사람이 빌라도에게 가서, 예수의 시신을 내어 달라고 청하였다. 53 그는 시신을 십자가에서 내려서, 삼베로 싼 다음에, 바위를 파서 만든 무덤에다가 모셨다. 그 무덤은 아직 아무도 묻힌 적이 없는 것이었다. 54 그 날은 준비일이고, 안식일이 시작될 무렵이었다. 55 갈릴리에서부터 예수를 따라다닌 여자들이 뒤따라가서, 그 무덤을 보고, 또 그의 시신이 어떻게 안장되었는지를 살펴보았다. 56 그리고 그들은 집에 돌아가서, 향료와 향유를 마련하였다.

예수의 부활

(마 28:1-10; 막 16:1-8; 요 20:1-10)

여인들은 계명대로 안식일에 쉬었다.

24 1 이레의 첫날 이른 새벽에, 여자들은 준비한 향료를 가지고 무덤으로 갔다. 2 그들은 무덤 어귀를 막은 돌이 무덤에서 굴려져 나간 것을 보았다. 3 그들이 안으로 들어가 보니, ㄴ)주 예수의 시신이 없었다. 4 그래서 그들이 이 일을 어떻게 해야 할지를 몰라서 당황하고 있는데, 눈부신 옷을 입은 두 남자가 갑자기 그들 앞에 나섰다. 5 ㄷ)여자들은 두려워서 얼굴을 아래로 숙이고 있는데, 그 남자들이 그들에게 말하였다. "어찌하여 너희들은 살아 계신 분을 죽은 사람들 가운데서 찾고 있느냐? 6 ㄹ)그분은 여기에 계시지 않고, 살아나셨다. 갈릴리에 계실 때에, 너희들에게 하신 말씀을 기억해 보아라. 7 '인자는 반드시 죄인의 손에 넘어가서, 십자가에 처형되고, 사흘째 되는 날에 살아나야 한다'고 하셨다." 8 여자들은 예수의 말씀을 회상하였다. 9 그들은 무덤에서 돌아와서, 열한 제자와 그 밖의 모든 사람에게 이 모든 일을 알렸다. 10 이 여자들은 막달라 마리

ㄱ) 또는 '죄 없는' ㄴ) 다른 고대 사본들에는 '주 예수의'가 없음
ㄷ) 그, '그들이' ㄹ) 다른 고대 사본들에는 6절 상반절이 없음

지금까지 증언해 왔던 여러 가지 주제들을 하나로 묶어 전달하고 있다. 동시에, 이 마지막 장은 그의 저서의 하권인 사도행전을 기대하고 있으며, 이를 통하여 독자들이 "계속되는 이야기"를 읽어가도록 격려하고 있다. 일련의 사건들을 통해 누가는 아래의 사항들을 강조한다: (1) 예수님의 고난과 죽음은 하나님의 구속사역의 모순을 드러내는 것이 아니며, 이것은 오히려 그의 구속사역을 실현해 나가고 있다; (2) 예수님의 부활과 승천은 성경에 근거하고 있는 것이며, 예수님의 삶, 그의 정체성, 그리고 그의 사역을 하나님께서 승리로 이끄시는 것이다; (3) 구약성경은 예수님의 죽음과 부활을 포함한 예수님의 생애를 통하여 가장 잘 이해될 수 있다; 그리고 (4) 예수님을 따르는 사람들은 성경을 제대로 해석하도록 권능을 받아야 하고, 또한 그의 사역을 땅끝까지 펼쳐나가야 한다. **24:1-12** 이 장면의 초점은 무덤이다. 사람들이 무덤으로 가고 또 무덤으로부터 온다. 누가는 무덤에서 일어난 일에 대한 사람들의 다양한 반응에 대하여 증언한다. 그러나 실상, 이 시점에서 무덤은 더 이상 중요하지 않다. 왜냐하면 예수님은 *여기에 계시지 않고, 살아나셨기* 때문이다 (6절, 다른 고대 사본들에는 6a절이 없어서 NRSV는 6a절을 5절에서 다룬다). 예수님의 말씀을 기억하라는 천사의 가르침이 여성 제자들의 눈을 뜨게 한다. 그러나 남성 제자들은 아직도 어둠에 쌓여 있다. **24:13-35** 누가복음에서 가장 현저하게, 그리고 분명하게 드러나는 주제 중의 하나는 믿음에 입각한 인식과 응답이다. 이 주제가 누가의 엠마오 도상의 이야기를 통해서도 강하게 전개되고 있다. 예수께서 분명하게 예언하셨음에도 불구하고, 그의 죽음과 빈 무덤은 아직도 복음서에 소개된 주요 인물들에게는 불가사의한 사건이다. 특별히 예수님을 따르던 남자 제자들까지도 그러하다. 여인들은 요구된 믿음의 눈으로 일어난 사건들을 이해한다. 그러나 베드로와 다른 남자 제자들은 그들의 불신앙으로 말미암아 아직도 전체적으로 어떤 일이 일어나고 있는지 보지 못한다 (1-12절). 그들에게 필요한 것은 남의 도움이었으며, 예수께서 그들을 도와주신다—우선 성경을 열어주시고, 성경을 열어주심으로써 그들이 진정으로 볼 수 있도록 그들의 눈도 열어주신다. 그런 까닭에 이 긴 이야기는 이해하지 못하던 것에서부터 이해하고, 더 나아가 증언하는 데 이르는 과정을 보여준다. **24:13-14** 누가의 예루살렘으로의 여정설화가 그러했던 것처럼 (9:51—19:48), 엠마오로의 여정은 바른 신앙 이해와 제자도 형성에 그 초점이 맞추어져 있다. **24:19** 흥미롭게도 여기 두 제자는 모세를 통해 약속된 소망의 성취라는 관점에서 예수님을

아와 요안나와 야고보의 어머니인 마리아이다.
이 여자들과 함께 있던 다른 여자들도, 이 일을 사
도들에게 말하였다. 11 그러나 사도들에게는 이
말이 어처구니없는 말로 들렸으므로, 그들은 여
자들의 말을 믿지 않았다. 12 [ㄱ]그러나 베드로는
일어나서 무덤으로 달려가, 몸을 굽혀서 들여다
보았다. 거기에는 시신을 감았던 삼베만 놓여 있
었다. 그는 일어난 일을 이상히 여기면서 집으로 돌
아갔다.

예수께서 엠마오로 가는 제자에게 나타나시다 (막 16:12-13)

13 마침 그 날에 그들 가운데 두 사람이 예루
살렘에서 한 [ㄴ]삼십 리 떨어져 있는 엠마오라는 마
을로 가고 있었다. 14 그들은 일어난 이 모든 일을
서로 이야기하고 있었다. 15 그들이 이야기하며
토론하고 있는데, 예수께서 가까이 가서, 그들과
함께 걸으셨다. 16 그러나 그들은 눈이 가려져서
예수를 알아보지 못하였다. 17 예수께서 그들에게
물으셨다. "당신들이 걸으면서 서로 주고 받는 이
말들은 무슨 이야기입니까?" 그들은 침통한 표정을
지으며 걸음을 멈추었다. 18 그 때에 그들 가운
데 하나인 글로바라는 사람이 예수께 말하였다.
"예루살렘에 머물러 있었으면서, 이 며칠 동안에
거기서 일어난 일을 당신 혼자만 모른단 말입니
까?" 19 예수께서 그들에게 물으셨다. "무슨 일
입니까?" 그들이 그에게 말하였다. "나사렛 예수
에 관한 일입니다. 그는 하나님과 모든 백성 앞에
서, 행동과 말씀에 힘이 있는 예언자였습니다.
20 그런데 우리의 대제사장들과 지도자들이 그
를 넘겨주어서, 사형선고를 받게 하고, 십자가에
못박아 죽였습니다. 21 우리는 그분이야말로 이
스라엘을 구원하실 분이라는 것을 알고서, 그분에
게 소망을 걸고 있었던 것입니다. 그뿐만 아니라,
그런 일이 있은 지 벌써 사흘이 되었는데, 22 우
리 가운데서 몇몇 여자가 우리를 놀라게 하였습니
다. 그들은 새벽에 무덤에 갔다가, 23 그의 시신
을 찾지 못하고 돌아와서 하는 말이, 천사들의 환
상을 보았다는 것입니다. 천사들이 예수가 살아
계신다고 말했다는 것입니다. 24 그래서 우리와
함께 있던 몇 사람이 무덤으로 가서 보니, 그 여
자들이 말한 대로였고, 그분은 보지 못하였습니
다." 25 예수께서는 그들에게 말씀하셨다. "어
리석은 사람들입니다. 예언자들이 말한 모든 것을
믿는 마음이 그렇게도 무디니 말입니다. 26 [ㄷ]그
리스도가 마땅히 이런 고난을 겪고서, 자기 영광에
들어가야 하지 않겠습니까?" 27 그리고 예수께
서는 모세와 모든 예언자에서부터 시작하여 성경
전체에서 자기에 관하여 써 놓은 일을 그들에게
설명하여 주셨다.
28 그 두 길손은 자기들이 가려고 하는 마을에
가까이 이르렀다. 그런데 예수께서는 더 멀리 가는
척하셨다. 29 그러자 그들은 예수를 만류하여
말하였다. "저녁때가 되고, 날이 이미 저물었으니,
우리 집에 묵으십시오." 예수께서 그들의 집에
묵으려고 들어가셨다. 30 그리고 그들과 함께
음식을 잡수시려고 앉으셨을 때에, 예수께서 빵

ㄱ) 다른 고대 사본에는 12절이 없음 ㄴ) 그, '육십 스타디아 (약 11킬로미터)' ㄷ) 또는 '메시아'.

이해하고 있다 (신 34:10-12; 행 7:22를 참조). 이것은 흥미로운 것이다. 왜냐하면 이것이 바로 누가가 지금까지 증언해 온 예수님이셨기 때문이다. 동시에 이것은 그들이 지금까지 예수님의 정체성에 대해 무지했음을 보여준다. **24:30, 35** 여기서 예수님이 행하시는 일련의 행동들—빵을 들고, 축사하시고 떼심, 그들에게 주심—은 9:16의 오병이어의 기적과 함께 계시적인 의미가 있다. **24:36-49** 예수님의 사역이 이제부터는 제자들의 신실함을 통해 계속되어야 한다. 그러나 이런 역사가 시작되기 전에 먼저 엄청난 장애가 극복되어야 한다. 이 장에서는 그들 스스로가 증거하게 될 주께서 진정 부활하셨다는 사실에 대해 온전히 이해하지 못하고 있는 것과 연관이 있다. *주님께서 확실히 살아나셨다* (34절). 따라서 그들은 첫째로, 예수께서 부활하신 실존을 파악해야 한다. 부활하신 주님은 유령이나 도깨비가 아니시다. 또한 그는 단지 소생된 시체가 아니다. 부활한 생명은 실존을 포함한다. 둘째로, 그들은 예수께서 천대와 모욕을 겪으셨지만, 그가 실상 하나님 앞에 존귀하신 분이심을 알아야 한다. 그들이 통상적으로 갖고 있었던 제한된 견해들 때문에 *예수께서는 성경을 깨닫게 하시려고, 그들의 마음을 열어주셔야만 한다* (45절). **24:38-43** 일련의 짤막한 증거들을 들어, 예수께서는 시체가 소생되었거나 육체와 무관하게 떠도는 영혼이 아님을 증거하신다. 이와 같이 그는 고대 로마시대의 사후관을 무효화시키고 현세와 내세 모두에 온전한 형체를 입는 형태의 부활을 믿는 유대적인 사고관을 제시하신다. **24:46-47** 예수님의 성경 해석에 따르면, 메시아가 고난당하는 것, 메시아가 장사된 지 삼일만에 부활하시는 것, 그리고 모든 민족에게 전파되는 것, 이 세 가지 모두는 이미 예언되었던 것이다. **24:49** 예수께서 수수께끼 같이 하신 말씀 *내 아버지께서 약속하신 것*(11:1-13을 보라)은 행 1:4-5, 8; 2:33에서 그 해답을을 들어서 축복하시고, 떼어서 그들에게 주셨다.
31 그제서야 그들의 눈이 열려서, 예수를 알아보았다. 그러나 한순간에 예수께서는 그들에게서 사라지셨다.
32 그들은 서로 말하였다. "길에서 그분이 우리에게 말씀하시고, 성경을 풀이하여 주실 때에, 우리의 마음이 [우리 속에서] 뜨거워지지 않았습니까?"
33 그들이 곧바로 일어나서, 예루살렘에 돌아와서 보니, 열한 제자와 또 그들과 함께 있던 사람들이 모여 있었고,
34 모두들 "주님께서 확실히 살아나시고, 시몬에게 나타나셨다" 하고 말하고 있었다.
35 그래서 그 두 사람도 길에서 겪은 일과 빵을 떼실 때에 비로소 그를 알아보게 된 일을 이야기하였다.

열한 제자에게 나타나시다
(마 28:16-20; 막 16:14-18; 요 20:19-23; 행 1:6-8)

36 그들이 이런 이야기를 하고 있을 때에, 예수께서 몸소 그들 가운데 들어서서 말씀하셨다. "너희에게 평화가 있어라."
37 그들은 놀라고, 무서움에 사로잡혀서, 유령을 보고 있는 줄로 생각하였다.
38 예수께서는 그들에게 말씀하셨다. "어찌하여 너희는 당황하느냐? 어찌하여 마음에 의심을 품느냐?
39 내 손과 내 발을 보아라. 바로 나다. 나를 만져 보아라. 유령은 살과 뼈가 없지만, 너희가 보다시피, 나는 살과 뼈가 있다."
40 ㄱ)이렇게 말씀하시고, 그는 손과 발을 그들에게 보이셨다.
41 그들은 너무 기뻐서, 아직도 믿지 못하고 놀라워하고 있는데, 예수께서 그들에게 말씀하셨다. "여기에 먹을 것이 좀 있느냐?"
42 그래서 그들이 예수께 구운 물고기 한 토막을 드렸다.
43 예수께서 받아서, 그들 앞에서 잡수셨다.
44 예수께서 그들에게 말씀하셨다. "내가 전에 너희와 함께 있을 때에 너희에게 말하기를, 모세의 율법과 예언서와 시편에 나를 두고 기록한 모든 일이 반드시 이루어져야 한다고 하였다."
45 그 때에 예수께서는 성경을 깨닫게 하시려고, 그들의 마음을 열어 주시고,
46 그들에게 말씀하셨다. "이렇게 기록되어 있다. 곧 '그리스도는 고난을 겪으시고, 사흘째 되는 날에 죽은 사람들 가운데서 살아나실 것이며,
47 그의 이름으로 죄사함을 받게 하는 회개가 ㄴ)모든 민족에게 전파될 것이다' 하였다. 예루살렘에서부터 시작하여
48. 너희는 이 일의 증인이다' 너희는 이 일의 증인이다.
49 [보아라,] 나는 내 아버지께서 약속하신 것을 너희에게 보낸다. 그러므로 너희는 위로부터 오는 능력을 입을 때까지, 이 성에 머물러 있어라."

하늘로 올라가시다
(막 16:19-20; 행 1:9-11)

50 그리고 예수께서는 그들을 [밖으로] 베다니까지 데리고 가서, 손을 들어 그들을 축복하셨다.
51 예수께서는 그들을 축복하시는 가운데, 그들에게서 떠나 ㄷ)하늘로 올라가셨다.
52 그들은 ㄹ)예수께 경배하고, 크게 기뻐하면서, 예루살렘으로 돌아가서,
53 하나님을 찬양하면서 날마다 성전에서 지냈다.ㅁ)

ㄱ) 다른 고대 사본들에는 40절이 없음 ㄴ) 또는 '예루살렘으로부터 모든 민족에게 전파될 것이다. 48. 너희는 이 일의 증인이다' ㄷ) 다른 고대 사본들에는 '하늘로 올라가셨다'가 없음 ㄹ) 다른 고대 사본들에는 '예수께 경배하고'가 없음 ㅁ) 다른 고대 사본들은 끝에 '아멘'이 있음

찾아볼 수 있다. 그것은 그들이 선교사역에 임할 수 있도록 권능을 주시는 성령을 의미한다. **24:50-53** 예수님의 승천(행 1:9-11과 연관되며 이것은 누가의 두 권의 역사서[누가복음-사도행전]의 절정이다)은 하나님 앞에서 그가 누구신가를 증거한다. 누가가 기록한 예수님—반대에 직면하셨던 예수님, 그러나 사람들을 치유하셨고 가르치셨고, 고난당했으며 죽으셨던—은 왕으로 다스리시기 위하여 부활 승천하신 분이시다. 여기서도 우리는 예수님의 사역과 교회의 사역이 연결되고 있는 것을 볼 수 있으며, 이것은 부활하신 주님께서 그를 따르는 무리들에게 성령을 위탁하실 수 있었기 때문에 가능하게 된다 (49절; 행 2:32-33을 참조).

요한복음서

요한복음서는 예수님의 삶과 죽음에 대하여 증거한 네 복음서 중의 하나이다. 이 네 복음서에는 많은 공통된 내용들이 있다. 예수께서 행하신 여러 개의 기적적인 치유 기사들과 오병이어; 그가 제자들을 부르고 가르치신 일; 그 당시 종교 지도자들과의 갈등; 예수님이 받으신 재판과 십자가에서의 죽음과 같은 이야기들이다. 이런 공통된 이야기에도 불구하고 각 복음서는 나름대로의 독특한 시각에서 예수님의 삶에 대하여 증언한다. 요한복음서의 특성도 쉽게 구분해 낼 수 있다: 요한복음에서는 예수께서 소수의 비유만을 가르치고 계시며, 그는 가르칠 때 길게 말씀하신다. "내가 그다"로 시작되는 말씀들은 요한복음서에만 있는 특징적인 것이며, 다른 복음서에서는 찾아볼 수 없다. 그렇지만 요한복음서가 독특함에도 불구하고 복음서들이 공유하고 있는 자료들은, 요한복음서의 독특성이 지나치게 강조되지 않도록, 같이 묶어서 이해되어져야 한다. 모든 복음서는 각자가 처해 있는 위치에서 신앙공동체를 위하여 예수님의 삶에 관한 해석작업이라는 동일한 사역을 하고 있는 것이다.

예수님의 이야기에 대한 요한의 접근을 바로 이해하기 위하여, 독자들은 이 복음서에 증언된 성육신의 중요성에 대해서 알아야 한다. 서론에 있는 두 구절이 이 진리에 대해 증언한다: "태초에 '말씀'이 계셨다. 그리고 그 '말씀'은 하나님과 함께 계셨다. 그 '말씀'은 하나님이셨다" (1:1). 그리고 "그 말씀이 육신이 되어 우리 가운데 사셨다" (1:14). 예수님은 성육신하신 하나님의 말씀이시다. 복음서들 중에 그 어떤 복음서도 요한처럼 성육신을 그 신학의 중심에 놓는 복음서는 없다. 요한에게 있어서 예수님은 유일무이하게 하나님께 이르는 길을 알려 주신 분이시다. 이것은 그가 하나님의 성품과 정체성을 공유하고 있는 분이시기 때문이며 (1:1), 또한 말씀이 육신이 된 것처럼 예수께서는 하나님을 온전하게 우리에게 모셔오는 분이시기 때문이다 (1:14). 예수께서는 단순히 하나님의 말씀과 일하심에 대하여 증거하는 분이 아니시다. 그가 그와 같은 일을 행하는 것은 그 자신이 바로 하나님의 말씀이고, 하나님의 일이시기 때문이다. 예수님의 말씀과 사역, 그리고 그의 삶과 죽음은 결국 우리에게 하나님을 알려 주시는 사건이 된다. 시작에서 종결에 이르기까지, 요한은 성육신하신 예수님을 통하여 하나님께서 우리에게 주시는 선물에 대하여 증언한다.

다른 복음서와 마찬가지로 요한복음서의 저자와 저작 연대에 대하여 정확하게 아는 것은 어려운 일이다. 요한이 다른 복음서의 저자들 같이 익명의 사람이기는 하지만, 다행스럽게도 요한복음서를 기록한 배경에 깔려있는 전승들에 대한 정보를 제공해 주고 있다. 19:35와 21:24는 목격자에 의하여 이 복음이 기록되었고, 그리고 21:20은 이 목격자가 "예수께서 사랑하시던 제자"였다고 알려준다. 이 목격자가 이 복음서를 맨 처음 읽었던 독자들에게는 당연히 알려졌던 익숙한 인물이었을 것이다. 그러나 요한은 이 복음서 중에 의도적으로 그가 누구인지 밝히지 않고 있다 (동시에 다른 제자들의 이름을 자주 사용하고 있는 것을 주목하라). 이것을 통해 우리는 요한복음서 저자에게 중요했던 것은 사람의 이름이 아니라, 그의 예수님과 믿음의 공동체와의 관계성이었다는 사실을 알게 된다. 소개된 저자는 사랑과 증거하는 일에 있어서 모범적인 인물로 소개되고 있다 (21:2-24를 보라). 그의 증거는 삼인층으로 소개되고 있다 ("그의 증언이 참되다," 21:24), 이를 통해 보면, 이 복음서의 저자와 이 제자를 동일시하는 것은 옳지 않을 듯하다. "예수께서 사랑하시는 제자"는 이 복음서의 저자가 아니며, 여기 기록된 자료들의 신뢰성을 뒷받침해 주는 권위의 근거로 보아야 할 것이다.

요한은 마태복음서와 마찬가지로 (예를 들어, 마 23장), 예수님과 그 당시 종교 지도자들 간에 있었던 갈등에 대해 기록한다. 마태는 지도자들을 특정한 역사적인 시기와 관련되어 있는 호칭들을 사용하며 소개한다 ("율법학자와 바리새파 사람," "제사장들"). 그러나 요한은 이런 호칭보다는 일반 호칭인 "유대 사람들"을 더 자주 사용한다 (2:18에 관한 주석을 보라). 이 일반 호칭인 "유대 사람들"은 요한이 증언하는 갈등이 정확하게 어떤 것이었는지 짐작하기가 어렵다. 이것이 예수님과 지도자들간의 갈등을 의미하는 것인가? 아니면 요한복음서가 기록될 당시에 있었던 갈등을 의미하는 것인가? 아니면 둘 다를 의미하는 것인가? 기원후 70년 로마병정들에 의해 성전이 파괴되기 이전에 그리스도인들은 유대인들 관습대로 예배를 드렸던 것 같다 (행 2:46-47). 그러나 성전이 파괴된 후에는 유대인과 유대인 출신 그리스도인들의 삶의 양식이 크게 구별되게 된다. 제사장 계층 사두개파 사람들은 성전 예배와 관련된 그들의 권력을 상실했다. 성경과 그에 대한 해석이 유대교를 특징짓는 결정체 역할을 감당하게 되며, 성경에 대해 가르치고 해석하는 사역이 바리새파 사람들(랍비)과 회당의 몫이 된다. 요한복음서에 언급되어 있는 기록들을 고려해 보면 (마 23장과 함께) 유대인 출신 그리스도인들과 회당을 중심으로 한 유대교간에 갈등과 의견의 불일치가 성전 파괴후 더욱 고조되고 있으며, 그들은 로마제국 내에서 각자의 위상과 영역을 설정하려고 씨름하고 있는 것을 보여준다. 어떤 학자들은 "회당에서 내쫓기로"(9:22; 12:42; 16:2)가 기원후 70년 이후에 회당 예배에서 그리스도인들을 축출하기로 한 유대교의 공식적인 출교였다고 주장한다. 비록 그 당시 이와 같이 공식적인 출교조치가 모든 지역에 일반적으로 적용되었다는 증거를 찾아보기는 어려우나, 이것은 그리스도인과 유대 회당 사이의 관계가 요한복음서를 기록하는 데 있어서 중요한 관심사 중의 하나였음을 시사해 준다. 이것은 빠르게는 기원후 75-80년 초기 혹은 늦으면 1세기 말엽에 요한복음서가 기록되었을 가능성을 시사해 준다. 이 연대는 마태복음서와 누가복음서의 연대와 비슷하며, 이것은 복음서들간에 존재했던 또 다른 공통된 증거이다.

요한복음은 예수님의 공생애 (1—12장); 그의 제자들에게 행하신 그의 죽음에 관한 사적인 가르침(13—17장); 그의 재판과 십자가 처형(18—19장); 그리고 그의 부활과 나타나심(20—21장)에 대하여 들려주고 있다. 예수님의 사역과 삶은 하나님께서 세상에 임재하시는 것에 대하여 계시하여 주며, 동시에 세상에게 이 계시를 믿을 것인지 거부할 것인지 결정하도록 도전한다. 요한은 "때" 라는 용어로 예수님의 죽음과 부활과 승천을 언급한다. 처음 이 말이 언급된 것은 2:4이다. 예수님의 임박한 "때"가 가까워짐에 따라 그를 통하여 증거된 하나님의 선물에 대한 축하와 그 선물이 의미하는 대가가 교차해서 증거된다.

요한복음은 아래와 같이 요약될 수 있다. 각 구절들에 대한 주해는, 명확성을 위해 첨부된 세부 구조와 더불어, 이 요약에 근거하여 구성되어 있다.

Ⅰ. 예수의 사역에 대한 서론, 1:1-51
- A. 서언, 1:1-18
- B. 세례 요한의 예수에 대한 증거, 1:19-34
- C. 첫 제자를 모음, 1:35-51

Ⅱ. 예수의 사역 시작, 2:1—5:47
- A. 가나의 혼인잔치, 2:1-12
- B. 예루살렘에 계신 예수, 2:13—3:21
  1. 성전 정화, 2;13-22
  2. 예수와 니고데모, 2:23—3:21
- C. 세례 요한의 마지막 증거, 3:22—4:3
- D. 유대 밖에서의 예수, 4:4-54
  1. 사마리아에서의 예수, 4:4-42
  2. 왕의 신하의 아들을 고치심, 4:43-54
- E. 안식일 치유와 연관된 논쟁, 5:1-47

Ⅲ. 계속되는 예수의 사역: 갈등과 증가되는 배척, 6:1—10:42
- A. 생명의 양식, 6:1-71

B. 예루살렘에서의 갈등, 7:1—8:59
C. 눈먼 사람을 고치심, 9:1—10:21
D. 성전 봉헌절의 예수, 10:22-42
Ⅳ. 예수의 때에 대한 서언, 11:1—12:50
A. 나사로를 살리심, 11:1-54
B. 기름부음을 받으심, 12:1-11
C. 예루살렘 입성, 12:12-19
D. 자신의 죽음에 대하여 가르치심, 12:20-36
E. 예수 사역에 대한 후기, 12:37-50
Ⅴ. 고별만찬과 설교, 13:1—17:26
A. 고별만찬과 세족, 13:1-38
B. 고별설교, 14:1—16:33
C. 고별기도, 17:1-26
Ⅵ. 체포, 심판, 죽음, 18:1—19:42
A. 체포, 18:1-12
B. 안나스에 의한 심문과 베드로의 부인, 18:13-27
C. 빌라도 앞에서의 심판, 18:28—19:16a
D. 십자가와 장례, 19:16b-42
Ⅶ. 부활 후 첫 번째 나타나심, 20:1-31
Ⅷ. 디베랴 바다에서 나타나심, 21:1-25

게일 아르 오데이 (Gail R. O'Day)

육신이 되신 말씀

1 1 태초에 '말씀'이 계셨다. 그 '말씀'은 하나
님과 함께 계셨다. 그 '말씀'은 하나님이셨다.
2 그는 태초에 하나님과 함께 계셨다. 3 모든
것이 그로 말미암아 창조되었으니, 그가 없이 창
조된 것은 하나도 없다. ㄱ)창조된 것은 4 ㄴ)그에
게서 생명을 얻었으니, 그 생명은 사람의 빛이었다.
5 그 빛이 어둠 속에서 비치니, 어둠이 그 빛을
ㄷ)이기지 못하였다.

6 하나님께서 보내신 사람이 있었다. 그 이
름은 요한이었다. 7 그 사람은 그 빛을 증언하러
왔으니, 자기를 통하여 모든 사람을 믿게 하려는
것이었다. 8 그 사람은 빛이 아니었다. 그는 그
빛을 증언하러 왔을 따름이다. 9 ㄹ)참 빛이 있었다.
그 빛이 세상에 와서 모든 사람을 비추고 있다.
10 그는 세상에 계셨다. 세상이 그로 말미암아
생겨났는데도, 세상은 그를 알아보지 못하였다.
11 그가 자기 땅에 오셨으나, 그의 백성은 그를
맞아들이지 않았다. 12 그러나 그를 맞아들인
사람들, 곧 그 이름을 믿는 사람들에게는, 하나님의
자녀가 되는 특권을 주셨다. 13 이들은 혈통에
서나, 육정에서나, ㅁ)사람의 뜻에서 나지 아니하고,
하나님에게서 났다.

14 그 말씀은 육신이 되어 우리 가운데 사셨다.
우리는 그의 영광을 보았다. 그것은 아버지께서
주신, 외아들의 영광이었다. 그는 은혜와 진리가
충만하였다. 15 (요한은 그에 대하여 증언하여
외쳤다. "이분이 내가 말씀드린 바로 그분입니다.
내 뒤에 오시는 분이 나보다 앞서신 분이라고 말
씀드린 것은, 이분을 두고 말한 것입니다. 그분은
사실 나보다 먼저 계신 분이기 때문입니다.")
16 우리는 모두 그의 충만함에서 선물을 받되,
은혜에 은혜를 더하여 받았다. 17 율법은 모세를
통하여 받았고, 은혜와 진리는 예수 그리스도로
말미암아 생겨났다. 18 일찍이, 하나님을 본 사
람은 아무도 없다. 아버지의 품속에 계신 ㅂ)외아들
이신 하나님께서 하나님을 알려주셨다.

ㄱ) 또는 '그의 안에서 창조된 것은 생명이었으니' ㄴ) 다른 고대 사본들에는 '그의 안에 생명이 있었다. 그 생명은 사람의 빛이었다' ㄷ) '깨닫지' 또는 '받아들이지'로 번역할 수도 있음 ㄹ) '그 말씀은 참 빛이었으니' ㅁ) 그, '남자의' ㅂ) 다른 고대 사본들에는 '하나님이신 외아들께서'

1:1-51 이 부분은 세 부분으로 되어 있으며, 요한복음서에 대한 서론 부분이다. **1:1-18** 1-18절은 전통적으로 요한복음서의 서문으로 알려져 있고, 말씀이 세상에 임하시는 것을 축하하고 환영하는 찬미 형식을 띠고 있다. **1:19-34** 세례 요한이 예수님에 대하여 증언하는 첫 번째 이야기이다. **1:35-51** 이 부분은 첫 제자들을 부르는 이야기이다.

1:1-18 1-18절은 네 부분으로 구분할 수 있다: 1-5절, 영원하신 말씀은 빛이며 창조의 생명이시다; 6-8절, 세례 요한이 빛에 대하여 증거한다; 9-13절, 빛 혹은 말씀이 세상에 오신다; 14-18절, 말씀이 육신이 되어 우리 가운데 사신다.

특별 주석

요한복음서 시작은 예수님의 탄생과 같은 어떤 시간 속에서의 특정한 사건을 의미하거나 (마태복음서나 누가복음서의 경우) 혹은 예수님의 공생애의 시작(마가복음서의 경우)을 의미하지 않는다. 대신에, 이 시작은 통상적으로 계산할 수 있는 시간이 아니라 말씀으로 하나님과 함께 계신 우주적인 시작을 의미한다. 이 시작은 독자들로 하여금 다음에 나오는 의미에 관심을 집중시킨다. 요한복음서의 이야기는 하나님의 속성에 관한 것이며, 그 하나님이 예수님의 삶과 죽음을 통하여 어떻게 자신을 계시하시는가에 대한 이야기이다.

1:1 *태초에.* 창 1:1을 상기시켜 준다. 그러나 이것은 동시에 창조 이전 시간으로 우리의 관심을 집중시킨다. 이 짧은 세 어구로 소개된 말씀과 하나님간의 관계는 영원한 것이다. 그 관계는 시간이나 공간의 제약을 받지 않고 시작되었으나, 시간에 제약을 받는 세상 안으로 들어오신다. **1:2** 1절의 요약이다. **1:3** 창조 과정을 요약하고 있으며, 이 과정 중에서 영원한 말씀이 행하신 사역에 대하여 강조한다. **1:4-5** 창조 전반에서 인류에게로 초점이 옮겨지고 있다. 빛과 생명은 하나님과 말씀이 창조에 참여하셨던 방법들에 대한 상징적인 표현이다. **1:5** 복음서에 내재되어 있는 긴장에 대한 첫 번째 소개인데, 빛에 대한 거부이다. 그러나 어둠은 이를 이기지 못한다.

1:6-8 요한에 대한 소개(또한 마가복음서 시작 부분을 보라)는 이 복음서가 이제는 영원한 창세 이전의 시간에서 역사 안의 특정한 장소와 시간으로 옮겨가고 있음을 보여준다. 요한이 이 복음서에서 한 번도 세례 요한이라고 불린 적이 없는데, 그 이유는 세례를 주는 것이 요한의 주임무가 아니요, 예수님에 대하여 증언하는 것이 그의 주임무였기 때문이다.

특별 주석

요한복음서에서 증언하는 일은 중요한 것이다. 왜냐하면 증언을 통하여, 세상은 예수님을 통하여 역사하시는 하나님의 임재를 알게 되기 때문이다.

세례자 요한의 증언
(마 3:1-12; 막 1:2-8; 눅 3:15-17)

19 유대 사람들이 예루살렘에서 제사장들과
레위 지파 사람들을 [요한에게] 보내어서 "당신은
누구요?" 하고 물어 보게 하였다. 그 때에 요한의
증언은 이러하였다. 20 그는 거절하지 않고 고
백하였다. "나는 [ㄱ]그리스도가 아니오" 하고 그는
고백하였다. 21 그들이 다시 요한에게 물었다.
"그러면, 당신은 누구란 말이오? 엘리야요?" 요
한은 "아니오" 하고 대답하였다. "당신은 그 예언
자요?" 하고 그들이 물으니, 요한은 "아니오" 하고
대답하였다. 22 그래서 그들이 말하였다. "그러면,
당신은 누구란 말이오? 우리를 보낸 사람들에게
대답할 말을 좀 해주시오. 당신은 자신을 무엇이
라고 말하시오?" 23 요한이 대답하였다. "예언자
이사야가 말한 대로,

나는
'광야에서 외치는 이의 소리'요.
[ㄴ]'너희는
주님의 길을 곧게 하여라'

하고 말이오."

24 그들은 바리새파 사람들이 보낸 사람들이
었다. 25 그들이 또 요한에게 물었다. "당신이
[ㄱ]그리스도도 아니고, 엘리야도 아니고, 그 예언
자도 아니면, 어찌하여 [ㄷ]세례를 주시오?" 26 요
한이 대답하였다. "나는 물로 [ㄷ]세례를 주오. 그런데
여러분 가운데 여러분이 알지 못하는 이가 한 분
서 계시오. 27 그는 내 뒤에 오시는 분이지만,
[나는] 그분의 신발 끈을 풀 만한 자격도 없소."
28 이것은 요한이 [ㄷ]세례를 주던 요단 강 건너편
베다니에서 일어난 일이다.

하나님의 어린 양을 보아라

29 다음 날 요한은 예수께서 자기에게 오시는
것을 보고 말하였다. "보시오, 세상 죄를 [ㄹ]지고
가는 하나님의 어린 양입니다. 30 내가 전에 말
하기를 '내 뒤에 한 분이 오실 터인데, 그분은 나
보다 먼저 계시기에, 나보다 앞서신 분입니다' 한
적이 있습니다. 그것은 이분을 두고 한 말입니다.
31 나도 이분을 알지 못하였습니다. 내가 와서
물로 [ㄷ]세례를 주는 것은, 이분을 이스라엘에게
알리려고 하는 것입니다." 32 요한이 또 증언하
여 말하였다. "나는 [ㅁ]성령이 비둘기같이 하늘에
서 내려와서 이분 위에 머무는 것을 보았습니다.
33 나도 이분을 몰랐습니다. 그러나 나를 보내어

ㄱ) 또는 '메시아'. 그리스어 그리스도와 히브리어 메시아는 둘 다 '기름 부음 받은 이'를 뜻함 ㄴ) 사 40:3 (칠십인역) ㄷ) 또는 '침례' ㄹ) '제거하는' 또는 '치워 없애는'으로 번역할 수도 있음 ㅁ) 그, '영'

1:9-13 1:9 9절은 성육신과 말씀이 세상에 임재하는 것에 관한 새로운 사상을 소개한다. **1:10** 그는. 여기서 그는 *빛*(희랍어, *포스*, 중성형 명사)을 의미하지 않고, 말씀을 의미한다 (희랍어, *로고스*는 남성형 명사). 창조에 대한 언급은 3-5절을 상기시켜 주며 동시에 긴장감을 준다. **1:11-13** 10절에서 주목된 긴장을 증가시키고 있으며, 말씀이 세상 속에서 행할 사역 전체를 요약하고 있다. **1:11** 말씀을 거부하는 것에 대한 이야기이다. **1:12-13** 말씀의 구속사적인 목적에 대하여 전해 준다. 누구든지 *그의 이름*을 믿는 자들에게는—즉, 말씀 속에서 하나님을 보고 아는 자들에게는—새 생명이 주어지고 하나님의 자녀로 존재하게 된다.

1:14-18 1:14 *말씀.* 말씀이라는 용어가 1절 이후 처음 사용된다. 1절로부터 14절로 옮기는 것은 요한복음서 전체를 이해하는 데 아주 중요한 의미가 있다. 왜냐하면 요한은 여기서 그의 성육신에 대한 이해를 표명하고 있기 때문이다. 영원한 말씀(희랍어, *로고스*)이 완전히 육신이 되고, 육신(희랍어, *싸륵스*)을 취함으로써 시공에 제한된 존재가 된다. 예수님에 대한 이 이야기는 말씀이 성육신하시는 이야기이다. **1:14** 14절은 신앙고백적인 성격을 띠고 있으며, 이것은 일인칭 복수(*우리*)를 통해 알 수 있다. 여기서 요한복음서 기자는 아무런 연관이 없는 사람의 입장에서 증언하는 것이 아니라, 하나님을 경험한 공동체의 일원으로 이 이야기를 증언하고 있는 것이다. **1:15** 세례 *요한*은 첫 번째 증인이며, 예수님을 목격한 사람의 한 예가 되고 있다. **1:16** 은*혜와 진리의 선물* (14절, 17절). 말씀이 요한 공동체 삶에 임한 *은혜에 은혜가* 되고 있다. **1:17** 예수님을 통한 은혜와 진리의 선물은 모세의 율법의 선물과 나란히 제시되고 있는데, 구약에 증언된 하나님의 자기 계시가 (히 1:1-4) 신약에서 예수님을 통하여 계속되고 있음을 보여준다. **1:18** 예수님의 사역의 목적은 하나님을 드러내는 것이라고 진술한다. 아들/아버지의 관계는 1절에 증거된 영원한 말씀/하나님과의 관계를 나타내는 성육신적인 언어이다.

1:19-34 이것은 증거자로서의 세례 요한에 대하여 이야기하는 부분이다 (1:6-8, 15를 보라). 하루는 (19-28절) 세례 요한이 자기가 빛이 아니라고 증언하고 (1:8a절); 다음 날 (29-34절) 세례 요한은 빛 자체에 대하여 증언한다 (1:8b절). **1:19-28 1:19** *증언* 혹은 "증거" (희랍어, *마르튜리아*). 이 단어에는 종교적이며, 법적인 의미가 들어있다. 예수님에 대한 요한의 증언은 다른 이들을 신앙에 이르게 한다. 그러나 이것은 동시에 재판석상에서의 증거처럼 제시되고 있다. 증인/재판이라는 주제가 요한복음서 전체에 흐르고 있으며, 이 주제는 예수님이 빌라도 앞에서 재판 받는 장면에서 그 절

물로 [ㄱ]세례를 주게 하신 분이 나에게 말씀하시기
를, '성령이 어떤 사람 위에 내려와서 머무는 것을
보거든, 그가 바로 성령으로 세례를 주시는 분임
을 알아라' 하셨습니다. 34 그런데 나는 그것을
보았습니다. 그래서 나는, 이분이 [ㄴ]하나님의 아
들이라고 증언하였습니다."

첫 번 제자들

35 다음 날 요한이 다시 자기 제자 두 사람과
같이 서 있다가, 36 예수께서 지나가시는 것을
보고서, "보아라, 하나님의 어린 양이다" 하고 말
하였다. 37 그 두 제자는 요한이 하는 말을 듣고,
예수를 따라갔다. 38 예수께서 돌아서서, 그들이
따라오는 것을 보시고 물으셨다. "너희는 무엇을
찾고 있느냐?" 그들은 "랍비님, 어디에 묵고 계십
니까?" 하고 말하였다. ('랍비'는 '선생님'이라는
말이다.) 39 예수께서 그들에게 대답하셨다. "와서
보아라." 그들이 따라가서, 예수께서 묵고 계시는
곳을 보고, 그 날을 그와 함께 지냈다. 때는 [ㄷ]오후
네 시 쯤이었다. 40 요한의 말을 듣고 예수를 따
라간 두 사람 가운데 한 사람은, 시몬 베드로와
형제간인 안드레였다. 41 이 사람은 먼저 자기
형 시몬을 만나서 말하였다. "우리가 메시아를
만났소." ('메시아'는 '그리스도'라는 말이다.)
42 그런 다음에 시몬을 예수께로 데리고 왔다.
예수께서 그를 보시고 말씀하셨다. "너는 요한의
아들 시몬이로구나. 앞으로는 너를 게바라고 부르
겠다." ([ㄹ]'게바'는 '베드로' 곧 '바위'라는 말이다.)

부르심을 받은 빌립과 나다나엘

43 다음 날 예수께서 갈릴리로 떠나려고 하
셨다. 그 때에 빌립을 만나서 말씀하셨다. "나를
따라오너라." 44 빌립은 벳새다 출신으로, 안드
레와 베드로와 한 고향 사람이었다. 45 빌립이
나다나엘을 만나서 말하였다. "모세가 율법책에
기록하였고, 또 예언자들이 기록한 그분을 우리가
만났습니다. 그분은 나사렛 출신으로, 요셉의 아들
예수입니다." 46 나다나엘이 그에게 말하였다.
"나사렛에서 무슨 선한 것이 나올 수 있겠소?" 빌
립이 그에게 말하였다. "와서 보시오." 47 예수
께서 나다나엘이 자기에게로 오는 것을 보시고,
그를 두고 말씀하셨다. "보아라, 저 사람이야말로

ㄱ) 또는 '침례' ㄴ) 다른 고대 사본들에는 '하나님이 택하신 분' ㄷ) 그, '제 십 시' ㄹ) '바위' 또는 '반석'을 아람어로는 '게바'라고 하고 그리스어로는 '페트라 (베드로)'라고 함

정에 이른다. 요한은 제사장들과 레위 사람들이 보낸 이들에게 증언하고 있으며, 그들은 *당신은 누구요?* 라고 질문한다. **1:21-22** 공관복음과는 달리 요한복음서는 기대하고 있는 메시아 예언자나 엘리야로 세례 요한을 동일시하지 않는다 (마 11:14; 막 9:13; 눅 1:7). **1:23** 대신에, 세례 요한은 사 40:3을 들어 자기의 역할은 증언하는 것이라고 천명한다. **1:24** 바리새파 사람들을 언급하는 것은 조사가 공식적으로 시작되었음을 보여 주는 것이다. **1:26-27** 세례 요한은 바리새파 사람들의 관심을 자기로부터 예수께로 돌리고 있다 (또한 막 1:7-8을 보라). **1:29-34** **1:29** 예수님이 처음 등장하신다. 그러나 그는 아무 말씀도 하지 않으신다. 초점은 요한이 예수님을 증언하는 것이다. *하나님의 어린 양.* 이것은 유월절 어린 양을 생각나게 해주는데, 어린 양은 출애굽을 상징해 주는 것이다 (출 12:1-3). *죄는* 단수이고, 이는 세상의 하나님과 인간상호간의 총체적인 분리를 나타내며, 이는 단순한 죄 목록 이상을 의미한다. **1:34** 요한은 예수님과 하나님과의 독특한 관계에 대하여 증언한다 (1:18을 보라).

1:35-51 예수께서 첫 번 제자들을 부르시는 부분이다. **1:35-42** **1:35** 날이 다음날로 연장되면서 이야기가 전개된다. **1:36** 34절을 보라. **1:37** 세례 요한이 하는 말을 듣고 그의 두 *제자가* 예수님의 제자가 된다. **1:38-39** 예수께서 먼저 이 두 제자에게 상징적일 뿐만 아니라 문자 그대로의 의미가 담긴 질문을 하신다. 예수님을 좇는 것은 하나님을 찾는 것이다. 제자들이 예수님을 *랍비(선생님)*로 부르고 있다. 이 대화가 *와서 보아라* 라는 초청으로 끝난다. **1:40-42** 이 첫 번 제자들 이야기는 그들이 다른 이들에게 예수님에 대하여 증언하기 전까지는 실상 끝나지 않는다. 예수님에 대한 새로운 호칭인 *메시아가* 소개된다. 이 호칭은 이스라엘의 미래에 소망을 두는 말로, 다윗과 같은 새로운 왕 혹은 모세와 같은 예언자를 의미한다. **1:42** 다른 모든 고대 문서에서처럼, 베드로가 아주 중요한 역할을 한다.

1:43-51 **1:43** *다음 날.* 예수님은 다음 날 빌립을 부르신다. 빌립, 안드레, 그리고 베드로는 사복음서 모두에 소개된 이름들이다. **1:45** 빌립은 종전에 안드레가 했던 것처럼 곧 바로 친구에게 예수님에 대하여 증언한다. 예수님을 구약의 예언을 성취하시는 분으로 소개한다. **1:46** 1:35-41에 처음으로 예수님에 대한 증거가 저항을 받는다. **1:47-49** 예수께서 말씀하신 무화과나무가 무엇을 의미하는지는 정확하지 않지만, 이것은 예수께서 그 어떤 사람도 소유하지 못한 독특한 통찰력을 가진 분이라는 사실을 예증하는 것이며, 이 통찰력은 그의 하나님과의 독특한 관계에서 비롯된 것이다. 이에 대하여 나다나엘은 예수님이 *하나님의 아*들이심을 깨달으며 (1:18, 34), *이스라엘의 왕*이신 백성을 위한 참된 통치자시라고 고백한다. **1:50** 예수님의 말씀은

참으로 이스라엘 사람이다. 그에게는 거짓이 없다."
48 나다나엘이 예수께 물었다. "어떻게 나를
아십니까?" 예수께서 대답하셨다. "빌립이 너를
부르기 전에, 네가 무화과나무 아래에 있는 것을
내가 보았다." 49 나다나엘이 말하였다. "선생
님, 선생님은 하나님의 아들이시요, 이스라엘의
왕이십니다." 50 예수께서 그에게 말씀하셨다.
"네가 무화과나무 아래 있을 때에 내가 너를 보았
다고 해서 믿느냐? 이것보다 더 큰 일을 네가 볼
것이다." 51 예수께서 그에게 또 말씀하셨다.
"내가 진정으로 진정으로 너희에게 말한다. 너희는,
하늘이 열리고 하나님의 천사들이 ㄱ)인자 위에 오
르락내리락하는 것을 보게 될 것이다."

가나의 혼인 잔치

2 1 사흘째 되는 날에 갈릴리 가나에 혼인 잔
치가 있었다. 예수의 어머니가 거기에 계셨고,
2 예수와 그의 제자들도 그 잔치에 초대를 받았다.
3 그런데 포도주가 떨어지니, 예수의 어머니가
예수에게 말하기를 "포도주가 떨어졌다" 하였다.
4 예수께서 어머니에게 말씀하셨다. "ㄴ)여자여,
그것이 나와 당신에게 무슨 상관이 있습니까? 아
직도 내 때가 오지 않았습니다." 5 그 어머니가
일꾼들에게 이르기를 "무엇이든지, 그가 시키는
대로 하세요" 하였다. 6 그런데 유대 사람의 정결
예법을 따라, 거기에는 돌로 만든 물항아리 여섯이
놓여 있었는데, 그것은 물 두세 동이들이 항아리
였다. 7 예수께서 일꾼들에게 말씀하셨다. "이
항아리에 물을 채워라." 그래서 그들은 항아리마다
물을 가득 채웠다. 8 예수께서 그들에게 말씀하
시기를 "이제는 떠서, 잔치를 맡은 이에게 가져다
주어라" 하시니, 그들이 그대로 하였다. 9 잔치를
맡은 이는, 포도주로 변한 물을 맛보고, 그것이 어
디에서 났는지 알지 못하였으나, 물을 떠온 일꾼
들은 알았다. 그래서 잔치를 맡은 이는 신랑을
불러서 10 그에게 말하기를 "누구든지 먼저 좋은
포도주를 내놓고, 손님들이 취한 뒤에 덜 좋은 것을
내놓는데, 그대는 이렇게 좋은 포도주를 지금까지
남겨 두었구려!" 하였다. 11 예수께서 이 첫 번

ㄱ) 그, '사람의 아들' ㄴ) "어머니, 어머니는 나와 무슨 상관이 있습니까?"로 번역할 수도 있음

책망이 아니라 약속이다 (20:29를 보라). **1:51** "*진정으로 너희에게 말한다.*" 이 말은 요한복음서에서 예수님의 말씀을 소개하는 데 자주 사용되는 말이다. 이 구절은 단 7:13의 *인자*의 강림에 대한 이미지와 창 28:12 야곱의 사닥다리에 대한 이미지의 결합이다. 예수님 자신은 *인자*로서 하늘과 땅이 만나는 장소가 된다.

2:1—5:47 2—5장은 예수님의 사역 (2:1-11; 4:46-54), 그의 말씀 (3:1-21; 4:1-42; 5:19-47), 말씀에 대한 거부반응(5:16-18)을 요약하여 보여주는 단막극이라 할 수 있다.

2:1-12 이 기적은 예수께서 행하신 첫 사역이다. 비록 고대 근동설화에서 신이 포도주를 만드는 이야기들을 종종 찾아볼 수 있으나, 신약성경 다른 복음서들은 이 기사를 소개하지 않는다. 이 이야기는 기적설화의 전통적인 요소들을 포함한다: 1-2절, 이야기가 일어난 정황; 3-5절, 도움이 필요한 상황; 6-8절, 기적; 9-11절, 증인들의 기적에 대한 확증. **2:1** *사흘째 되는 날.* 이 날은 1장에서 시작된 날의 연장이다: 29절의 "다음 날," 35절의 "다음 날," 43절의 "다음 날." 이 기적은 1:50-51의 첫 성취로 제시하고 있는 것이다. **2:3** 예수님의 어머니는 후에 기적을 필요로 하는 문제를 인식하고 예수에게 그 해결을 부탁한다. 그러나 그녀는 직접 요구하지는 않는다. 요한복음서에서 마리아는 단 한 번도 그녀 자신의 이름으로 불리지 않는다. 예수님의 어머니로만 불린다 (2:1, 3, 5, 12; 19:25). **2:4** *여자여.* 이것은 적의에 찬 호칭이거나 무례한 호칭이 아니다 (마 15:28; 눅 22:57; 요 4:21을 보라). 자신의 어머니를 이렇게 부르는 것이 예외적이기는 하지만, 이것은 예수님과 그의 모친 사이의 가족관계를 경시하기 위한 것이 아니다. 예수님은 가족관계에 이끌려 사역을 하는 분이 아니시다. 요한이 사용하는 때는 예수께서 영광받으시는 때를 상징한다—즉, 예수님의 죽으심, 부활, 그리고 승천을 상징하는 말을 상징한다 (예를 들어, 7:30; 8:20; 13:1을 보라). 포도주를 만드는 기적을 통하여 계시된 것은 장차 그의 죽음을 통하여 계시될 것과 연관되어 있다. **2:6** *유대 사람의 정결 예법을 따라.* 이것은 식사 전에 손을 씻는 예법을 의미한다. 돌항아리의 숫자와 그 안에 들어갈 수 있는 용량에 대한 언급이 소개된 혼인 잔치가 아주 큰 잔치라 할지라도 다소 예외적이기는 하다. 여기에 묘사된 것의 목적은 이 기적이 얼마나 엄청난 것이었나를 증언하기 위한 것이다. **2:7-8** 예수께서 종들에게 명령하신 것은 그가 여기에 일어나는 기적을 행한 장본인이며, 그가 전체 기적에 책임자임을 증언하는 것이다. **2:9-10** *잔치를 맡은 이.* 이 사람은 결혼식의 전체 진행을 책임지는 사람이었다. 잔치를 맡은 이가 포도주를 먼저 맛보았다는 것은 기적이 진짜 일어났다는 증거이다. 잔치를 맡은 이가 신랑에게 한 말은 예수께서 변화시키신 포도주가 아주 예외적인 질 좋은 것이라는 증거이다. 이 풍성한 포도주 기적은 6장에서 소개될 오병이어의 기적을 예상케 한다. **2:11** 이 표징 (희랍어, *세메이온*)은 기적을 일컫는 요한의 용어이며 (또한 2:23; 3:2; 6:26; 20:30을 보라), 기적들은 기적들 자체를 초월하여 예수님의 신성을 보여주기 위해 그 안에 나타난 하나님의 계시를 가리킨다. *영광* (희랍어, *독사*). 영광은 하나님의 임재와 권

ㄱ)표징을 갈릴리 가나에서 행하여 자기의 영광을
드러내시니, 그의 제자들이 그를 믿게 되었다.
12 이 일이 있은 뒤에, 예수께서는 그의 어
머니와 형제들과 제자들과 함께 가버나움에 내려
가셔서, 거기에 며칠 동안 머물러 계셨다.

예수께서 성전을 청결하게 하시다

(마 21:12-13; 막 11:15-17; 눅 19:45-46)

13 유대 사람의 유월절이 가까워져서, 예수
께서 예루살렘으로 올라가셨다. 14 그는 성전
뜰에서, 소와 양과 비둘기를 파는 사람들과 돈 바
꾸어 주는 사람들이 앉아 있는 것을 보시고,
15 노끈으로 채찍을 만들어 양과 소와 함께 그들
을 모두 성전에서 내쫓으시고, 돈 바꾸어 주는 사
람들의 돈을 쏟아 버리시고, 상을 둘러 엎으셨다.
16 비둘기 파는 사람들에게는 "이것을 걷어치워
라. 내 아버지의 집을 장사하는 집으로 만들지 말
아라" 하고 말씀하셨다. 17 제자들은 ㄴ)'주님의
집을 생각하는 열정이 나를 삼킬 것이다' 하고 기
록한 성경 말씀을 기억하였다. 18 유대 사람들이
예수께 물었다. "당신이 이런 일을 하다니, 무슨
ㄱ)표징을 우리에게 보여 주겠소?" 19 예수께서
그들에게 말씀하셨다. "이 성전을 허물어라. 그러
면 내가 사흘 만에 다시 세우겠다." 20 그러자
유대 사람들이 말하였다. "이 성전을 짓는 데에 마
흔여섯 해나 걸렸는데, 이것을 사흘 만에 세우겠
다구요?" 21 그러나 예수께서 성전이라고 하신
것은 자기 몸을 두고 하신 말씀이었다. 22 제자
들은, 예수께서 죽은 사람들 가운데서 살아나신
뒤에야, 그가 말씀하신 것을 기억하고서, 성경 말
씀과 예수께서 하신 말씀을 믿게 되었다.

ㄱ) 예수의 신성을 보여주기 위한 상징으로서의 기적 (그리스어 세메이온)
ㄴ) 시 69:9

능을 보여주는 것을 뜻한다 (출 24:15-18; 34:29-35; 40:34-38).

2:13-22 예수께서 예루살렘 성전을 "정화"하시는 이야기는 사복음서 모두에 나온다. 공관복음서는 이 이야기를 예수님의 공생애 끝 부분에 배열하고 있는 반면 (마 21:12-13; 막 11:15-19; 눅 19:45-48), 요한복음서는 이것을 시작 부분에 배열하고 있다. 요한의 성전 정화는 눅 4:16-31과 같이 그의 공생애를 시작하는 취임 선서와 같다고 할 수 있다. **2:13** *유월절.* 이 절기는 이른 봄에 행해졌던 축제였다. 그 때는 많은 순례자들이 예루살렘에 몰려든다. 예수님은 요한복음서에서 유월절을 세 번 지키신다 (2:13; 6:1; 13:1). **2:14** 소와 양과 비둘기는 *성전*에 번제를 위하여 필수적인 것이었다 (레 1장; 3장). 순례자들은 먼 여행길에 그들이 드릴 제물을 갖고 올 수 없었다. 성전세는 성전에서 통용되는 화폐로 환전되어야만 했다. 왜냐하면 순례자들은 외국 돈을 소유한 사람들이었기 때문이다. **2:15** 네 복음서 중에 오직 요한복음서만이 *채찍, 양,* 그리고 소에 대해 언급한다. 이를 통해 우리는 예수께서 성전 체제를 완전히 뒤엎어 놓고 계신 것을 알 수 있다. **2:16** 슥 14:21에 관한 주석을 보라. 성전예식이 지속적으로 행해지기 위해서 동물의 매매와 교환은 절대적으로 필요했으며, 이런 면에서 예수님의 행동은 아주 심각한 도전을 촉발시키고 있는 것이다. **2:17** 예수님의 제자들은 시 69:10을 인용한다.

특별 주석

요한은 *유대 사람들*(희랍어, *호이 이우다이오이*)이라는 말을 두 가지 의미로 사용한다. 경우에 따라 이것은 유대 민족 전반을 지칭하는 말이다 (예를 들어, 4:22 혹은 11:19). 그러나 다른 경우에는, 본문도 그 예에 해당되는데, 유대 종교 지도자들을 일컫는 특별한 호칭으로 사용되고 있다 (예를 들어, 1:19; 5:16; 9:22-23). 이것은 여러 면에서 볼 때 공관복음서의 "율법학자와 바리새파 사람" 등의 종교 지도자들, 즉 예수님과 갈등관계에 있었던 인물들을 일컫는 말이다. 본문에 소개된 문맥을 고려해 볼 때, "종교 지도자들"이라는 말은 "유대 사람들"이라는 말을 편리하게 바꾸어 표현한 말이다 (서론과 1919쪽 추가 설명: "요한복음서와 유대교"를 보라).

*표징*을 구하는 것은 예수님이 성전을 정화할 권위의 근거가 무엇인지에 대한 질문이다. **2:19** 이 구절은 예수님 자신의 죽음과 부활에 대해 말하는 구절이다. 공관복음서에서는 예수님을 반대하는 자들이 이 말을 한다 (마 26:21; 27:40; 막 14:58; 15:29). 그러나 여기서는 예수님 자신이 말씀하신다. **2:20** 성전 보수와 재건을 위한 공사는 헤롯 대왕이 기원전 19년에 시작한 것이었다. 이것이 46년이 걸렸다면 지금 본문에 나오는 연대는 대략 기원후 27년이 될 것이다. **2:21** 유대 사람들은 19절을 문자 그대로 해석했다. 그러나 예수님은 상징적인 의미로 말씀하신다. 그는 성육신된 하나님의 말씀이므로 그의 몸은 이 지상에서 하나님을 만날 수 있는 성전이다. **2:22** *기억하고서.* 성령의 도움을 힘입어 과거를 부활의 시각에서 적극적으로 재고한 것을 의미한다. 14:26을 보라. 기억은 믿음에 이르게 하고, 우리의 신앙 이해를 깊게 한다 (또한 12:16을 보라).

2:23-25 성전 이야기에서 니고데모와의 대화로 이야기가 바뀌어 가고 있다. *표징에* 어떻게 반응하는 것이 가장 적절한 반응인가 라는 주제가 이 두 이야기를 묶어주고 있다.

예수는 모든 사람을 아시다

23 예수께서 ㄱ)유월절에 예루살렘에 계시는
동안에, 많은 사람이 그가 행하시는 표징을 보고
그 이름을 믿었다. 24 그러나 예수께서는 모든
사람을 알고 계시므로, 그들에게 몸을 맡기지 않
으셨다. 25 그는 사람에 대해서는 어느 누구의
증언도 필요하지 않으셨기 때문이다. 그는 사람
의 마음 속에 있는 것까지도 알고 계셨던 것이다.

예수와 니고데모

3 1 바리새파 사람 가운데 니고데모라는 사람
이 있었다. 그는 유대 사람의 한 지도자였다.
2 이 사람이 밤에 ㄴ)예수께 와서 말하였다. "랍비
님, 우리는, 선생님이 하나님께로부터 오신 분임
을 압니다. 하나님께서 함께 하지 않으시면, 선생
님께서 행하시는 그런 ㄷ)표징들을, 아무도 행할 수
없습니다." 3 예수께서 그에게 말씀하셨다. "내
가 진정으로 진정으로 너에게 말한다. 누구든지
ㄹ)다시 나지 않으면, 하나님 나라를 볼 수 없다."
4 니고데모가 예수께 말하였다. "사람이 늙었는
데, 그가 어떻게 태어날 수 있겠습니까? 어머니
뱃속에 다시 들어갔다가 태어날 수야 없지 않습니
까?" 5 예수께서 대답하셨다. "내가 진정으로 진
정으로 너에게 말한다. 누구든지 물과 ㅁ)성령으로
나지 아니하면, 하나님 나라에 들어갈 수 없다.
6 육에서 난 것은 육이요, 영에서 난 것은 영이
다. 7 너희가 ㄹ)다시 태어나야 한다고 내가 말한
것을, 너는 이상히 여기지 말아라. 8 ㅂ)바람은 불
고 싶은 대로 분다. 너는 그 소리는 듣지만, 어디
에서 와서 어디로 가는지는 모른다. ㅁ)성령으로 태
어난 사람은 다 이와 같다." 9 니고데모가 예수
께 물었다. "어떻게 이런 일이 있을 수 있습니까?"
10 예수께서 대답하셨다. "너는 이스라엘의 선생
이면서, 이런 것도 알지 못하느냐? 11 내가 진
정으로 진정으로 너에게 말한다. 우리는, 우리가
아는 것을 말하고, 우리가 본 것을 증언하는데, 너
희는 우리의 증언을 받아들이지 않는다. 12 내
가 땅의 일을 말하여도 너희가 믿지 않거든, 하물
며 하늘의 일을 말하면 어떻게 믿겠느냐? 13 하
늘에서 내려온 이 곧 인자 밖에는 하늘로 올라간
이가 없다. 14 모세가 광야에서 뱀을 든 것 같
이, ㅅ)인자도 들려야 한다. 15 그것은 그를 믿는
사람마다 영생을 얻게 하려는 것이다.ㅇ)

ㄱ) 출 12:13; 21-28을 볼 것 ㄴ) 그, '그에게' ㄷ) 예수의 신성을 보여주기 위한 상징으로서의 기적 (그리스어 세메이온) ㄹ) 또는 '위로부터 나지 않으면' ㅁ) 그, '영' ㅂ) '프뉴마'는 '영'을 뜻하기도 하고 (6절), '바람'을 뜻하기도 함 (8절) ㅅ) 다른 고대 사본들에는 '하늘에 있는 인자도' ㅇ) 해석자에 따라 15절에서 인용을 끝내기도 함

3:1-21 **3:1** *바리새파 사람 가운데.* 니고데모는 유대 종교 지도자이며 율법학자였다. 그는 이후에도 여러 번 등장하는 인물이지만 (7:45-52; 19:38-42), 다른 복음서들에서는 나타나지 않는다. **3:2** *밤.* 빛과 어둠의 이미지는 요한복음서에서 중요한 의미가 있다. 빛은 하나님의 임재를 상징하고, 어둠과 밤은 하나님의 부재를 상징한다 (1:4-5; 3:19-21; 8:12; 13:30). *랍비님.* 니고데모는 예수님을 그와 같은 선생으로 부르고 있으며, 동시에 예수님 안에 나타난 표징이 하나님의 임재를 가리키는 것으로 인정한다. **3:3** *진정으로 진정으로 너에게 말한다.* 요한복음에서 예수님의 가르침을 소개하는 문구이다 (1:51; 3:5, 11). *하나님의 나라.* 하나님의 나라는 공관복음에 자주 등장하지만, 요한복음에서는 여기와 5절에서만 소개된다. *다시 나다.* 희랍어 *아노텐*을 번역한 것으로 이 말은 NRSV가 번역한 것과 같이 "위로부터 나다"를 의미하기도 한다. **3:4** 니고데모는 오해하고 있다. 그는 예수께서 영적으로 거듭나야 한다고 하시는 말씀을 육체적으로 다시 태어나는 것으로 생각하고 있다 (1:12-13을 보라). 언어기법과 오해는 요한복음의 문학적인 특징에 해당한다 (3:8; 4:10-15; 31-38; 11:11-13을 보라). **3:5** *물과 성령으로 나지 아니하면.* "다시 태어남"의 평행구이며, 육체적인 출생을 의미하는 물이 영적인 탄생을 의미하는 것과 연결되고 있다. 육과 영은 둘 다 예수께서 생각하시는 새 생명을 구성하는 요소들이다. 이 구절은 또한 그리스도교 독자들에게 세례의 의미가 있다. **3:8** 또 다른 예의 언어기법이다 ("바람"은 희랍어로 프뉴마인데, 이것은 "영"을 뜻하기도 한다). **3:9-10** 니고데모는 공공연하게 자기가 알고 있다고 주장하는 것에서 실상 모르고 있는 것으로 옮겨가고 있음을 보여주며, 이는 선생이라는 그의 정체성을 질문하게 한다. 이 대화 후 니고데모는 본문에서 사라진다. **3:11** *진정으로 진정으로 너에게 말한다.* 예수님이 하시는 이 말씀은 니고데모로부터 더 많은 사람들에게로 옮겨간다. **3:13** 예수님이 하늘에서 내려오신 것은 성육신이다 (1:1-14를 보라). 그가 하늘로 올라가는 것은 십자가와 부활과 승천을 의미한다. *인자.* 인자는 하늘과 땅을 연결하는 분이시다 (1:51을 보라). **3:14** 민 21:8-9를 보라. 희랍어 동사 *휩소오*는 "올리워짐"과 "영화롭게 됨" 둘 다를 의미한다. 이와 같은 언어기법은 예수께서 "십자가에 달려 올려지심" (8:28; 12:32-34)이 그가 영광받으시는 시간이 됨을 의미한다.

특별 주석

요한복음서에서 예수님의 죽음, 부활, 승천은 하나의 연속적인 사건으로 이해되며, 이것은

16 하나님께서 세상을 이처럼 사랑하셔서 외
아들을 주셨으니, 이는 그를 믿는 사람마다 멸망
하지 않고 영생을 얻게 하려는 것이다. 17 하나
님께서 아들을 세상에 보내신 것은, 세상을 심판
하시려는 것이 아니라, 아들을 통하여 세상을 구원
하시려는 것이다. 18 아들을 믿는 사람은 ㄱ)심판을
받지 않는다. 그러나 믿지 않는 사람은 이미 ㄱ)심
판을 받았다. 그것은 하나님의 독생자의 이름을
믿지 않았기 때문이다. 19 심판을 받았다고 하는
것은, 빛이 세상에 들어왔지만, 사람들이 자기들의
행위가 악하므로, 빛보다 어둠을 더 좋아하였다
는 것을 뜻한다. 20 악한 일을 저지르는 사람은,
누구나 빛을 미워하며, 빛으로 나아오지 않는다.
그것은 자기 행위가 드러날까 보아 두려워하기
때문이다. 21 그러나 진리를 행하는 사람은 빛
으로 나아온다. 그것은 자기의 행위가 하나님 안
에서 이루어졌음을 드러내려는 것이다."

그는 흥하고 나는 쇠해야 한다

22 그 뒤에 예수께서 제자들과 함께 유대 지
방으로 가셔서, 거기서 그들과 함께 지내시면서,
ㄴ)세례를 주셨다. 23 살렘 근처에 있는 애논에는
물이 많아서, 요한도 거기서 ㄴ)세례를 주었다. 사
람들이 나와서 ㄴ)세례를 받았다. 24 그 때는 요
한이 아직 옥에 갇히기 전이었다. 25 요한의 제
자들과 ㄷ)어떤 유대 사람 사이에 정결예법을 두고
논쟁이 벌어졌다. 26 요한의 제자들이 요한에게
와서 말하였다. "랍비님, 보십시오. 요단 강 건너
편에서 선생님과 함께 계시던 분 곧 선생님께서
증언하신 그분이 ㄴ)세례를 주고 있는데, 사람들이
모두 그분에게로 모여듭니다." 27 요한이 대답
하였다. "하늘이 주시지 않으면, 사람은 아무것도
받을 수 없다. 28 너희야말로 내가 말한 바 '나
는 ㄹ)그리스도가 아니고, 그분보다 앞서서 보내심
을 받은 사람이다' 한 말을 증언할 사람들이다.
29 신부를 차지하는 사람은 신랑이다. 신랑의 친
구는 신랑이 오는 소리를 들으려고 서 있다가, 신
랑의 음성을 들으면 크게 기뻐한다. 나는 이런 기
쁨으로 가득 차 있다. 30 그는 흥하여야 하고,
나는 쇠하여야 한다."ㅁ)

ㄱ) 또는 '정죄' ㄴ) 또는 '침례' ㄷ) 다른 고대 사본들에는 '유대 사람들' ㄹ) 또는 '메시아' ㅁ) 해석자에 따라 36절에서 인용을 끝내기도 함

"영광 받으실"이라는 말로 요약할 수 있다 (13:1-3을 보라).

3:15 *영생.* 3:36; 4:14; 5:24; 6:27; 17:14를 보라.

특별 주석

여기서 "영생"은 죽지 않는 것이나, 미래에 하늘나라에서의 삶을 의미하는 것보다는 지금 하나님의 지속적인 임재 가운데 사는 것에 대한 은유이다. 예수께서 십자가에 달리심으로 자신의 생명을 주시겠다는 제의가 믿는 자들에게 영생을 가능하게 한다. 이것이 3:3과 5절에서 예수께서 니고데모에게 하신 약속이다.

3:16 하나님이 세상을 사랑하시는 것과 예수님의 죽음을 연결시키고 있다. 하나님은 사랑하는 마음에서 예수님을 모든 사람에게 주시며, 누구든지 이 선물을 믿는 사람은 영생을 얻는다. **3:17-18** 성육신은 심판을 위한 것이 아니라, 새 생명을 받을 수 있는 가능성을 증가시켜 주는 것임을 강조한다. 성육신하신 말씀으로서의 예수님의 임재는 세상에게 그를 받아들일 것인지 아닌지를 결단하도록 도전한다. 이렇게 결정하는 자체가 자신을 심판하는 순간이다. **3:19-21** *빛, 어둠.* 이것에 대하여는 1:5, 9-10을 보라.

특별 주석

요한복음서에 나타난 종말론은 결단과 자기 심판에 의하여 정의된다. 하나님의 심판은 그의 세상에 대한 사랑에서 비롯된다. 하나님은 세상을 구원하시기 위해 예수님을 보내셨다. 그리고 세상은 예수님에 대한 반응 여부에 따라 스스로를 정죄하게 된다.

3:22-36 세례 요한이 마지막으로 등장하고 있는 부분이다. **3:22-24** 요한의 사역과 예수님의 사역이 동시에 행해지고 있는 것으로 나타난다. 본문 외에 신약성경을 통틀어 4:1은 예수께서 세례를 주신 유일한 기록이다. **3:24** 요한의 투옥과 연이은 죽음 (눅 3:18-19; 막 6:17-29; 마 14:1-13을 보라). **3:25** *정결예법.* 이 예법은 의례적인 씻음을 의미할 수 있으며 (2:6을 보라), 결국 이 논쟁은 세례에 관한 논쟁일 수 있을 것이다. **3:26** 1:35-37을 보라. **3:27-30** 요한은 그의 제자들에게 예수님의 사역이 성공하는 것은 기뻐해야 할 일이지 불평할 일이 아니라고 가르친다. **3:28** 1:6, 20, 30, 36을 보라. **3:29** 신랑에 대한 비유는 남이 행복할 때 어떻게 같이 즐거워할 수 있는가에 대한 실례이다. 하나님의 백성들을 신부로 보는 것에 관하여는 사 61:1-10; 렘 2:2; 호 1—2장을 보라. **3:30** 마 11:11; 눅 7:28을 보라. 예수님의 사역이 퍼져 나가는 것은 요한의 증언 사역이 끝났음을 의미한다.

하늘로부터 오신 이

31 위에서 오시는 이는 모든 것 위에 계신다. 땅에서 난 사람은 땅에 속하여서, 땅의 것을 말한다. 하늘에서 오시는 이는 [모든 것 위에 계시고], 32 자기가 본 것과 들은 것을 증언하신다. 그러나 아무도 그의 증언을 받아들이지 않는다. 33 그의 증언을 받아들인 사람은, 하나님의 참되심을 인정한 것이다. 34 하나님께서 보내신 이는 하나님의 말씀을 전한다. 그것은, 하나님께서 그에게 ㄱ)성령을 아낌없이 주시기 때문이다. 35 아버지는 아들을 사랑하셔서, 모든 것을 아들의 손에 맡기셨다. 36 아들을 믿는 사람에게는 영생이 있다. 아들에게 순종하지 않는 사람은 생명을 얻지 못하고, 도리어 하나님의 진노를 산다.

사마리아 여자와 대화하시다

4 1 요한보다 ㄴ)예수께서 더 많은 사람을 제자로 삼고 ㄷ)세례를 주신다는 소문이 바리새파 사람들의 귀에 들어간 것을 예수께서 아셨다. 2 -사실은, 예수께서 직접 ㄷ)세례를 주신 것이 아니라, 그 제자들이 준 것이다.- 3 예수께서는 유대를 떠나, 다시 갈릴리로 가셨다. 4 그렇게 하려면, 사마리아를 거쳐서 가실 수밖에 없었다. 5 예수께서 사마리아에 있는 수가라는 마을에 이르셨다. 이 마을은 야곱이 아들 요셉에게 준 땅에서 가까운 곳이며, 6 야곱의 우물이 거기에 있었다. 예수께서 길을 가시다가, 피로하셔서 우물가에 앉으셨다. 때는 ㄹ)오정쯤이었다.

7 한 사마리아 여자가 물을 길으러 나왔다. 예수께서 그 여자에게 마실 물을 좀 달라고 말씀하셨다. 8 제자들은 먹을 것을 사러 동네에 들어가서, 그 자리에 없었다. 9 사마리아 여자가 예수께 말하였다. "선생님은 유대 사람인데, 어떻게 사마리아 여자인 나에게 물을 달라고 하십니까?" ㅁ)(유대 사람은 사마리아 사람과 상종하지 않기 때문이다.) 10 예수께서 그 여자에게 대답하셨다. "네가 하나님의 선물을 알고, 또 너에게 물을 달라는 사람이 누구인지를 알았더라면, 도리어 네가 그에게 청하였을 것이고, 그는 너에게 생수를 주었을 것이다." 11 여자가 말하였다. "선생님, 선생님에게는 두레박도 없고, 이 우물은 깊은데, 선생님은 어디에서 생수를 구하신다는 말입니까? 12 선생님이 우리 조상 야곱보다 더 위대하신 분

ㄱ) 그, '영' ㄴ) 다른 고대 사본들에는 '주님이' ㄷ) 또는 '침례'
ㄹ) 그, '제 육 시쯤' ㅁ) 다른 고대 사본들에는 괄호 안의 구절이 없음

특별 주석

3:30이 요한의 증언이었는지, 아니면 저자의 설명인지에 관하여 학자들간에 상당한 논란이 되어왔다. 한글 성경과 NRSV는 이 복음서 저자의 해설로 읽혀지도록 마침표가 찍혀졌다. 그러나 이후의 이야기가 전개되는 것으로 보아 요한의 마지막 증언으로 이해하면 앞뒤가 더 잘 들어맞기도 한다. 이것은 1:29-34의 요한의 첫 증언처럼 예수님의 하나님과의 유일한 관계성, 그리고 이 관계가 예수님의 사역에 부여하는 권위에 대한 증거로 보아야 할 것이다.

3:34 *하나님께서 보내신 이.* 3:17; 4:34; 5:24, 30; 12:45를 보라. **3:35** *아버지는 아들을 사랑하셔서.* 5:20; 10:17; 15:9를 보라. **3:36** 3:16-17을 보라. *하나님의 진노.* 공관복음서에서는 이 표현이 세례 요한의 특징적인 표현으로 되어있다 (마 3:7; 눅 3:7을 보라). 영생에 반대되는 말은 하나님의 심판이다 (3:18-21을 보라).

4:1-3 이야기의 내용이 바뀌는 것을 알려 주는 단락으로서, 예수님의 사역이 성공하는 반면 종교 지도자들로부터의 적대감도 더 증가되어 가는 것을 보여준다.

4:4-42 여기에서는 두 대화가 소개된다: 7-26절, 예수님과 사마리아 여자와의 대화; 31-38절, 예수님과 제자들과의 대화이다. 이 이야기의 초점은 예수님과 제자들에게 맞추어져 있다. 예수님의 *사마리아*에서의 이야기는 요한 특유의 문학적인 글솜씨, 즉, 언어기법, 풍자, 그리고 은유를 보여준다. **4:4-6** 이야기의 정황을 설명해 준다. **4:4** 대부분의 유대인들은 사마리아인들을 이방인으로 여겨 그들과의 접촉을 꺼려했다 (왕하 17장). 사마리아인과 유대인 모두는 공통적으로 모세오경을 받아들였으나, 사마리아인들은 예루살렘 대신 게르심 산에서 하나님께 예배드렸다 (4:20을 보라). 사마리아를 통해 가는 길은 유대와 갈릴리 사이에 가장 빠른 길이었다. 그러나 유대인들은 이 길을 회피했지만 예수님은 이 길로 당당하게 지나가신다. **4:5-6** 야곱에 대한 언급이 이 여자와의 대화에 있어서 중요한 비중을 차지한다. 그러나 구약성경에 *야곱의 우물에* 대해 알려진 것은 없다. **4:7-26** 예수님이 누구신지 전혀 알지 못했던 여자가 이야기 끝에서는 예수님을 증거하는 사람으로 변한다. **4:9** 4:4에 관한 주석을 보라. 예수께서 *물을 좀 달라고* (7절) 하신 요구에 대한 여자의 응답은 예수께서 그 당시의 사회 관례를 깨뜨린 것임을 강조하는 것이다. **4:10** *누구인지를 알았더라면.* 예수님은 여자가 제기하는 이의에 응답하신다. *생수*는 문자 그대로 "샘물"(고인 물과는 대조가 되는, 렘 2:13)로 이해될 수 있고, 또한 은유적으로 "생명의 물"로 이해될 수도 있다 (비슷한 언어기법에 대하여 3장을 보라). **4:11** 3:4의 니고데모와 같이 이 여자도 문자 그대로의 선상에서 응답한다. **4:12** 이것은 풍자적인 질문이다. 왜냐하면

이라는 말입니까? 그는 우리에게 이 우물을 주었고,
그와 그 자녀들과 그 가축까지, 다 이 우물의 물을
마셨습니다." 13 예수께서 말씀하셨다. "이 물을
마시는 사람은 다시 목마를 것이다. 14 그러나
내가 주는 물을 마시는 사람은, 영원히 목마르지
아니할 것이다. 내가 주는 물은, 그 사람 속에서,
영생에 이르게 하는 샘물이 될 것이다." 15 그
여자가 말하였다. "선생님, 그 물을 나에게 주셔서,
내가 목마르지도 않고, 또 물을 길으러 여기까지
나오지도 않게 해주십시오."

16 예수께서 그 여자에게 말씀하셨다. "가서,
네 남편을 불러 오너라." 17 그 여자가 대답하였
다. "나에게는 남편이 없습니다." 예수께서 여자
에게 말씀하셨다. "남편이 없다고 한 말이 옳다.
18 너에게는, 남편이 다섯이나 있었고, 지금 같이
살고 있는 남자도 네 남편이 아니니, 바로 말하였
다." 19 여자가 말하였다. "선생님, 내가 보니,
선생님은 예언자이십니다. 20 우리 조상은 이
산에서 예배를 드렸는데, ㄱ)선생님네 사람들은
예배드려야 할 곳이 예루살렘에 있다고 합니다."
21 예수께서 말씀하셨다. "여자여, 내 말을 믿
어라. 너희가 아버지께, 이 산에서 예배를 드려야
한다거나, 예루살렘에서 예배를 드려야 한다거나,

ㄱ) 그, '당신들은'

독자들은 이미 예수님이 야곱보다 더 위대하신 분이심을 알고 있는 반면, 여자는 예수님이 야곱보다 위대한 분일 수 없다고 단정하고 있기 때문이다. 또한 8:53을 보라. **4:13-14** *영생.* 영생에 대해서는 3:15에 관한 주석을 보라. 예수께서 주시는 물은 모든 물보다 우월하다. 왜냐하면 예수께서 주시는 물은 영생을 주는 근원이기 때문이다. **4:15** 이 여자는 아직도 예수님이 기적적인 샘물에 대하여 이야기하시는 것으로 생각하고 있다. 이 여자는 바른 질문을 하고 있지만, 잘못된 이유에서 질문을 한다. **4:16-19** 이 본문은 종종 잘못 해석되어 왔다. 이 사마리아 여자는 부도덕한 여자이기에, 또한 예수님과 대화의 상대자로서는 부적합한 여자로 계속 해석한 것은 잘못 된 것이다. 예수께서는 이 여자의 삶을 판단하고 또한 그 여자가 어떻게 살아 왔는가에 대해 관심을 갖고 계신 것이 아니다. 대신에 이 이야기는 예수께서 나다나엘의 예에서 보여주신 것처럼, 그가 사람 속에 모든 것을 꿰뚫어볼 수 있는 능력을 가지고 계신 분이라는 주장이 이 이야기의 초점이라 할 수 있다 (1:48-50; 또한 2:24). **4:19** 예수님의 말씀에 응답하여, 나다나엘과 마찬가지로 이 여인도 예수님을 *예언자* 중의 한 분으로 인정하고 있다. **4:20** 예배를 드려야 할 곳이 어디에 있는가에 대한 질문에 대하여는 4:4에 관한 주석을 보라. 이 여자는 예언자인 예수께서 이 질문에 대한 권위 있는 답변을 해줄 것을 기대하고 있다. **4:21** *때가 올 것이다.* 이것은 임박한 종말이 성취되는 때를 말하며, 그 때에는 모든 기존 종교의 범주들이 쓸모없게 될 것이다 (5:28을 보라). **4:23** 지금이 바로 그 때이다. 미래의 기대들이 예수님을 통하여 벌써 이루어지고 있다 (5:25를 보라).

4:26 여기서 예수님의 말씀은 간단히 "내가 그다"라고 번역하는 것이 가장 적합한 번역일 것이다 (1904쪽 추가 설명: "나는…이다"에 관한 구절들을 보라).

4:27 예수께서 사마리아 여자와 말씀을 나누시는 것은 당시 사회 관습을 깨뜨리는 것이다. **4:28-30** 예수님을 만남으로써, 이 여인은 그녀의 이의를 제기하는 불신(9절)과 오해(15절)에서 변하여 신앙을 고백하게

추가 설명: "나는…이다"에 관한 구절들

"*나는…이다*"(희랍어, *에고 에이미*)는 요한복음서에서 예수님이 자신을 드러내시는 특별한 표현이다. 많은 경우 이 "나는…이다" 다음에는 명사가 따라온다: "나는 생명의 빵이다" (6:35; 6:48; 6:51을 보라); "나는 세상의 빛이다" (8:12; 9:5); "나는 양의 문이다" (10:7, 9); "나는 선한 목자이다" (10:11, 14); "나는 부활이고 생명이다" (11:25-26); "나는 길이요, 진리요, 생명이다" (14:6); "나는 참 포도나무다" (15:1; 15:5를 보라). 이것들은 전부 우리의 신앙 혹은 개인 경험과 아주 밀접하게 관계가 있는 상징들이며, 이 "나는…이다"의 말씀들은 예수께서 우리의 기본적인 필요와 욕구들을 만족시켜 주실 수 있는 분이라는 의미이다. 다른 경우에 4:26과 같은 "나는…이다"는 따라오는 명사가 없이 쓰이기도 한다 (6:20; 8:24, 28, 58; 13:19; 18:5, 6, 8). 예수께서 이와 같이 말씀하실 때는 하나님의 이름과 자신을 직접 연관시키실 때이다 (출 3:14, "나는 스스로 있는 자이다" 처럼), 이를 통하여 그는 자신을 통해 사람들이 하나님을 볼 수 있고 알 수 있는 존재라고 증거하시는 것이다 (1: 18). 이 표현은 서문의 확신, "말씀이 하나님과 함께 계셨고, 그 말씀이 바로 하나님이셨다"(1:1)를 뒷받침해 주는 표현이다.

하지 않을 때가 올 것이다. 22 너희는 너희가 알지
못하는 것을 예배하고, 우리는 우리가 아는 분을
예배한다. 구원은 유대 사람들에게서 나기 때문
이다. 23 참되게 예배를 드리는 사람들이 영과
진리로 아버지께 예배를 드릴 때가 온다. 지금이
바로 그 때이다. 아버지께서는 이렇게 예배를 드
리는 사람들을 찾으신다. 24 하나님은 영이시다.
그러므로 하나님께 예배를 드리는 사람은 영과 진
리로 예배를 드려야 한다." 25 여자가 예수께 말
했다. "나는 그리스도라고 하는 메시아가 오실 것을
압니다. 그가 오시면, 우리에게 모든 것을 알려
주실 것입니다." 26 예수께서 말씀하셨다. "너
에게 말하고 있는 내가 그다."

27 이 때에 제자들이 돌아와서, 예수께서 그
여자와 말씀을 나누시는 것을 보고 놀랐다. 그러나
예수께 "웬일이십니까?" 하거나, "어찌하여 이 여
자와 말씀을 나누고 계십니까?" 하고 묻는 사람이
한 사람도 없었다. 28 그 여자는 물동이를 버려
두고 동네로 들어가서, 사람들에게 말하였다.
29 "내가 한 일을 모두 알아맞히신 분이 계십니다.
와서 보십시오. 그분이 그리스도가 아닐까요?"
30 사람들이 동네에서 나와서, 예수께로 갔다.

31 그러는 동안에, 제자들이 예수께, "랍비
님, 잡수십시오" 하고 권하였다. 32 그러나 예수
께서는 그들에게 말씀하시기를 "나에게는 너희가
알지 못하는 먹을 양식이 있다" 하셨다. 33 제자
들은 "누가 잡수실 것을 가져다 드렸을까?" 하고
서로 말하였다. 34 예수께서 그들에게 말씀하셨
다. "나의 양식은, 나를 보내신 분의 뜻을 행하고,
그분의 일을 이루는 것이다. 35 너희는 넉 달이
지나야 추수 때가 된다고 하지 않느냐? 그러나 나는
너희에게 말한다. 눈을 들어서 밭을 보아라. 이미
곡식이 익어서, 거둘 때가 되었다. 36 추수하는
사람은 품삯을 받으며, 영생에 이르는 열매를 거
두어들인다. 그리하면 씨를 뿌리는 사람과 추수
하는 사람이 함께 기뻐할 것이다. 37 그러므로
'한 사람은 심고, 한 사람은 거둔다'는 말이 옳다.
38 나는 너희를 보내서, 너희가 수고하지 않은
것을 거두게 하였다. 수고는 남들이 하였는데, 너
희는 그들의 수고의 결실에 참여하게 된 것이다."

39 그 동네에서 많은 사마리아 사람이 예수를
믿게 되었다. 그것은 그 여자가, 자기가 한 일을
예수께서 다 알아맞히셨다고 증언하였기 때문이다.
40 사마리아 사람들이 예수께 와서, 자기들과 함
께 머무시기를 청하므로, 예수께서는 이틀 동안
거기에 머무르셨다. 41 그래서 더 많은 사람들이
예수의 말씀을 듣고서, 믿게 되었다. 42 그들은
그 여자에게 말하였다. "우리가 믿는 것은, 이제
당신의 말 때문만은 아니오. 우리가 그 말씀을 직
접 들어보고, 이분이 참으로 세상의 구주이심을
알았기 때문이오."

왕의 신하의 아들이 병 고침을 받다
(마 8:5-13; 눅 7:1-10)

43 이틀 뒤에 예수께서는 거기를 떠나서 갈
릴리로 가셨다. 44 (예수께서 친히 밝히시기를
"예언자는 자기 고향에서는 존경을 받지 못한다"
하셨다.) 45 예수께서 갈릴리에 도착하시니, 갈
릴리 사람들이 예수를 환영하였다. 그들도 명절을
지키러 예루살렘에 갔다가, 예수께서 거기서 하신
모든 일을 보았기 때문이다.

되고 (19절), 증언까지 하게 된 성장을 보여준다. 1장에서 나오는 제자들과 마찬가지로, 예수님에 대한 그녀의 증언은 다른 사람들로 하여금 예수님을 믿도록 도와준다.

4:31-38 **4:31-33** 요한복음서의 문학적 특징 중에 하나는 오해라는 도구를 사용하는 것이다 (7-15절을 보라). 심지어 그의 제자들마저 예수님이 누구신지 알아보지 못하고 오해한다 (또한 11:1-14; 14:4-5를 보라). **4:34** 예수님의 생명을 유지하여 주는 음식은 하나님의 일을 이루는 그의 소명을 의미한다 (5:30, 36; 6:38; 10:37-38을 보라). **4:35-38** *추수.* 종말의 성취에 대한 구약적인 이미지이다 (사 27:12; 엘 3:13을

특별 주석

요한복음서의 종말론은 현재의 기대와 미래의 소망을 예수님 안에서 성육신하신 하나님을 통하여 하나로 제시하고 있다.

보라). 예수께 나온 사마리아인의 "곡식"은 추수가 무르익고 있음을 알려준다. **4:39-42** 이것들은 효과적인 증언 사역이 어떤 것인지를 보여준다: 사람들이 여자의 증언으로 인하여 예수께로 인도된다. 그리고 그들 스스로가 예수님의 말씀을 듣고 체험한 것이 그들을 신앙으로 인도해 준다. *세상의 구주.* 이것은 예수님의 선교가 유대인을 넘어선 보편적인 구속 사역임을 강조하는 말이다.

4:43-54 예수님은 그가 4:1-3에서 도착하려던 목적지에 도착하신다. **4:44** 마 13:57; 막 6:4; 눅 4:24를 보라. **4:45** 예수님은 그의 "땅" (1:11) 밖에서와 갈릴리와 사마리아에서 환영을 받으신다. **4:46-54** 이 치유 기적에 대하여는 공관복음서(마 8:5-13; 눅 7:2-10)를 보라. **4:46** 2:1-11을 보라. *왕의 신하.* 이 신하는 헤롯을 위하여 일했을 것이며, 그는 가버나움 접경지역에 거주했던 것으로 보인다. 이것으로 보아 그가 이방인이었을 가능성이 있다. 4:4-42에서 볼 수 있는 것처럼

46 예수께서 또다시 갈릴리 가나로 가셨다.
그 곳은 전에 물로 포도주를 만드신 곳이다. 거기
에 왕의 신하가 한 사람 있었는데, 그의 아들이 가
버나움에서 앓고 있었다. 47 그 사람은, 예수께
서 유대에서 나와 갈릴리로 들어오셨다는 소문을
듣고, 예수께 와서 "제발 가버나움으로 내려오셔
서, 아들을 고쳐 주십시오" 하고 애원하였다. 아
들이 거의 죽게 되었기 때문이다. 48 예수께서
그에게 말씀하셨다. "너희는 [ㄱ]표징이나 기이한
일들을 보지 않고는, 결코 믿으려고 하지 않는
다." 49 그 신하가 예수께 간청하였다. "선생님,
내 아이가 죽기 전에 내려와 주십시오." 50 예수
께서 말씀하셨다. "돌아가거라. 네 아들이 살 것
이다." 그는 예수께서 자기에게 하신 말씀을 믿고
떠나갔다. 51 그가 내려가는 도중에, 종들이 마
중나와 그 아이가 살았다고 보고하였다. 52 그
가 종들에게 아이가 낫게 된 때를 물어 보니 "어
제 오후 한 시에, 열기가 떨어졌습니다" 하고 종
들이 대답하였다. 53 아이 아버지는 그 때가, 예
수께서 그에게 "네 아들이 살 것이다" 하고 말씀
하신, 바로 그 시각인 것을 알았다. 그래서 그와
그의 온 집안이 함께 예수를 믿었다. 54 이것은
예수께서 유대에서 나와서 갈릴리로 돌아오신 뒤
에 행하신 두 번째 [ㄱ]표징이다.

중풍병자를 고치시다

5 1 그 뒤에 유대 사람의 명절이 되어서, 예수
께서 예루살렘으로 올라가셨다. 2 예루살렘
에 있는 '양의 문' 곁에, [ㄴ]히브리 말로 [ㄷ]베드자다
라는 못이 있는데, 거기에는 주랑이 다섯 있었다.
3 이 주랑 안에는 많은 환자들, 곧 눈먼 사람들과
다리 저는 사람들과 중풍병자들이 누워 있었다.
⟦그들은 물이 움직이기를 기다리고 있었다. 4 주
님의 천사가 때때로 못에 내려와 물을 휘저어 놓는
데 물이 움직인 뒤에 맨 먼저 들어가는 사람은 무
슨 병에 걸렸든지 나았기 때문이다.⟧ 5 거기에는
서른여덟 해가 된 병자 한 사람이 있었다. 6 예
수께서 누워 있는 그 사람을 보시고, 또 이미 오
랜 세월을 그렇게 보내고 있는 것을 아시고는 물
으셨다. "낫고 싶으냐?" 7 그 병자가 대답하였
다. "주님, 물이 움직일 때에, 나를 들어서 못에다
가 넣어주는 사람이 없습니다. 내가 가는 동안에,
남들이 나보다 먼저 못에 들어갑니다." 8 예수
께서 그에게 말씀하셨다. "일어나서 네 자리를 걷
어 가지고 걸어가거라." 9 그 사람은 곧 나아서,
자리를 걷어 가지고 걸어갔다.

ㄱ) 그 '세메이온'. 2:11의 주를 볼 것 ㄴ) 아람어를 뜻함 ㄷ) 다른 고대 사본들에는 '베데스다'

예수님의 사역은 유대인들에게만 제한되어 있지는 않았다. **4:48** 예수님의 "표징과 기이한 일"에 관한 말씀은 그가 그의 어머니에게 하신 말씀 2:4를 상키시켜 준다. 여기에 예수님의 대답은 단지 그 왕의 신하에게 해당하는 것만은 아니다. 왜냐하면 여기에서 너는 복수형이기 때문이다. 예수께서는 여기서 기적을 행하실 것이다. 그러나 그가 기적을 행하시는 이유는 표징과 기이한 일을 보기 원하는 사람들의 호기심을 만족시키기 위한 것이 아니라, 사람들에게 생명을 주는 일이 하나님께서 그에게 위임하신 사역이기 때문이다. **4:50** 왕의 신하는 예수님의 생명의 말씀과 약속을 그가 기적을 체험하기 이전에 믿고 있었다. **4:51-53** 그의 아들이 회복되었다는 보고는 이 사람이 벌써 믿고 행하기 시작한 것에 대한 확증이다. *그와 그의 온 집.* 사마리아 여자처럼 이 왕의 신하도 다른 이를 예수님을 믿는 믿음에 이르도록 돕는다. **4:54** 가나에서의 두 사건은 그 기적 안에서와 기적을 통하여 예수님의 정체성에 대하여 계시해 준다는 측면에서 유사하다고 볼 수 있다. 여기에 가나의 두 기적을 열거하는 것을 통해 어떤 학자들은 요한이 전해 내려오던 기적설화 전승에서 이 이야기를 빌려온 것이라고 보기도 한다.

5:1-47 5장은 크게 두 부분으로 구성되어 있다: 1-18절, 안식일에 치유하는 것(1-9a절)과 치유의 결과로 일어나는 논쟁 (9b-18절) 부분; 그리고 19-47절, 이 치유와 논쟁에 대한 예수님의 긴 신학적인 설명으로 되어있다. **5:1-18** 이 이야기는 공관복음서의 두 개의 치유 기적을 연상시켜 준다. 하나는 중풍병자를 고친 이야기이고 (막 2:1-12; 마 9:2-8; 눅 5:17-26), 또 다른 하나는 안식일에 치유한 기사이다 (막 3:1-6; 마 12:9-14; 눅 13;10-17; 14:1-6). **5:1-5** 예수님의 치유를 필요로 하는 상황에 대한 기록이다. **5:1** 예루살렘을 순례하는 유대 절기 (유월절, 오순절, 장막절) 중에 어느 절기를 말하는지 실마리를 주지 않는다. **5:2-3** 이 부분의 희랍어 원문은 명확치가 않다. 7절에 물이 동요하는 것을 설명하기 위하여 어떤 사본들은 3b-4절을 첨가한 것을 통해 알 수 있다. (어떤 고대 사본들에는 3b-4절이 없다. 그래서 새번역개정과 개역개정은 첨가된 부분을 [ ]로 표시한다.) **5:5** *서른여덟 해.* 이 햇수는 이 사람의 병이 아주 오래되어 치유가 불가능한 상태였음을 시사해 준다. **5:6-9a** 기적에 대한 설명이다. **5:6** 예수께서 치유를 시작하신다. **5:7** 3:4와 9절의 니고데모와 같이 이 병자는 실용적인 차원에서 반응을 하며, 새로운 삶에 대한 예수님의 제안을 거부한다. **5:8** 막 2:9에 나오는 똑같은 세 가지 명령(*일어나라, 걸어가지고, 걸어가라*)이 여기에서도 나타난다. 막 2장에서는 예수께서 그 중풍병 환자의 친구들의 믿음에 입각하여 명령하신 반면 (2:5), 여기서 예수님은 사전에 어떤 믿음의 증거없이 기적을 행하신다. 예수님이

10 그 날은 안식일이었다. 그래서 유대 사람
들은 병이 나은 사람에게 말하였다. "오늘은 안식
일이니, 자리를 들고 가는 것은 옳지 않소." 11 그
사람이 대답하였다. "나를 낫게 해주신 분이 나더
러, '네 자리를 걷어 가지고 걸어가거라' 하셨소."
12 유대 사람들이 물었다. "그대에게 자리를 걷
어 가지고 걸어가라고 말한 사람이 누구요?"
13 그런데 병 나은 사람은, 자기를 고쳐 주신 분
이 누구인지를 알지 못하였다. 거기에는 사람들
이 많이 붐비었고, 예수께서는 그 곳을 빠져나가
셨기 때문이다. 14 그 뒤에 예수께서 성전에서
그 사람을 만나서 말씀하셨다. "보아라. 네가 말
끔히 나았다. 다시는 죄를 짓지 말아라. 그리하여
더 나쁜 일이 너에게 생기지 않도록 하여라."
15 그 사람은 가서, 자기를 낫게 하여 주신 분이
예수라고 유대 사람들에게 말하였다. 16 그 일
로 유대 사람들은, 예수께서 안식일에 그러한 일
을 하신다고 해서, 그를 박해하였다. 17 그러나
[예수]께서는 그들에게 말씀하셨다. "내 아버지
께서 이제까지 일하고 계시니, 나도 일한다."
18 유대 사람들은 이 말씀 때문에 더욱더 예수를
죽이려고 하였다. 그것은, 예수께서 안식일을 범
하셨을 뿐만 아니라, 하나님을 자기 아버지라고
불러서, 자기를 하나님과 동등한 위치에 놓으셨
기 때문이다.

아들의 권위

19 예수께서 그들에게 말씀하셨다. "내가 진
정으로 진정으로 너희에게 말한다. 아들은 아버
지께서 하시는 것을 보는 대로 따라 할 뿐이요, 아
무것도 마음대로 할 수 없다. 아버지께서 하시는
일은 무엇이든지, 아들도 그대로 한다. 20 아버
지께서는 아들을 사랑하셔서, 하시는 일을 모두
아들에게 보여 주시기 때문이다. 또한 이보다 더
큰 일들을 아들에게 보여 주셔서, 너희를 놀라게
하실 것이다. 21 아버지께서 죽은 사람들을 일
으켜 살리시니, 아들도 자기가 원하는 사람들을
살린다. 22 아버지께서는 아무도 심판하지 않으
시고, 심판하는 일을 모두 아들에게 맡기셨다.
23 그것은, 모든 사람이 아버지를 공경하듯이,
아들도 공경하게 하려는 것이다. 아들을 공경하지
않는 사람은, 아들을 보내신 아버지도 공경하지
않는다. 24 내가 진정으로 진정으로 너희에게

행하신 치유는 전적인 은혜이다. **5:9b-18** 이 부분은 *안식일*에 병 고치는 것에 관한 논쟁이다. **5:9b-10** 1세기 유대교는 세 가지 종교의식으로 공동체의 정체성을 규정했다: 할례, 음식 먹는 것에 관한 규례, 그리고 안식일 준수. 안식일을 지키는 것에 관한 규정은 특별히 공동체의 정체성을 규정하는 것과 관련이 있었는데, 이는 특히 기원후 70년 성전이 파괴된 후 (서론을 보라) 더욱 그러했다. *자리*를 들고 가는 것은 일로 간주되었으며, 따라서 안식일을 범하는 것이었다. **5:14** 예수님은 이 치유된 사람을 다시 찾아나선다 (6절을 보라). 이 병자를 치유하기 전에 예수님은 믿음을 요구하지 않으셨다. 그러므로 예수께서 말씀하시는 죄는 이 사람의 병과 연관되는 것이 아니다. 오히려 예수께서 말씀하시는 것은 *말끔히 나았으니* 이제부터는 영적으로나 육적으로 은혜에 응답하라고 강조하시는 것이다. **5:15** 이 사람은 처음에 예수님이 누구신지 알지 못했지만 (12-13절), 이제는 유대 지도자들에게 증거한다. 그가 감사할지 모르는 무례한 사람이라기보다는 자기를 치유해 주신 분이 누구신가에 대한 복된 소식을 선포하고 (희랍어, *안앙겔로*) 있는 것으로 보아야 할 것이다. **5:16** *유대 사람들.* 이들에 대하여는 2:18을 보라. 유대 지도자들이 서서히 예수님을 핍박하기 시작하는데, 왜냐하면 예수께서 그들의 권위, 율법, 그리고 권력에 도전하고 계시기 때문이다. **5:17** 창 2:2는 하나님께서도 이렛날(칠일)에는 쉬셨다고 말한다. 그러나 유대교 전승에 의하면 하나님은 생명을 주고 보존하시는 일을 결단코 중단하지 않으신다. 예수님의 말씀은 그의 사역과 하나님의 일하심을 동일시하는 것이다 (4:34를 보라) **5:18** 종교 지도자들은 예수님의 말씀을 신성모독으로 보고 있으며, 이는 가장 심각한 죄이고 (레 24:13-16), 이로 인해 그들은 예수님을 죽이려 한다 (또한 8:59; 10:31을 보라).

5:19-47 이 구절들은 요한복음의 독특한 특징 가운데 하나의 예가 되는 부분이다—예수께서 긴 신학적인 설교를 하신다 (또한 13—17장을 보라). **5:19-30** 17절에 있는 예수님의 말씀을 더 확대시켜 예수님과 하나님과의 관계성에 대하여 논한다. **5:19-20** *아들은* 결코 자신의 임의대로 일하지 않는다. 예수께서 하시는 모든 일은 하나님께서 이미 본을 보이신 것을 따라서 하는 것뿐이다. **5:21-22** 예수께서는 전통적으로 하나님께서만 하실 수 있다고 믿었던 두 가지 일을 행하신다: 하나는 *생명*을 주시는 일이며 (삼상 2:6; 왕하 5:7; 겔 37:3-12), 그리고 또 다른 하나는 심판하시는 일이다 (시 43:1; 109편). **5:23** 예수께서는 여기서 하나님이 공경을 받으시는 것처럼 그도 공경을 받아야 한다는 극단적인 주장을 하신다. **5:24-25** *진정으로 진정으로 너희에게 말한다*… 새로운 중요한 진리를 가르치실 것을 의미한다 (19절을 보라). *영생.* 여기서의 영생은 영원히 죽지 않는다거나 하늘에서의 삶을 의미하는 것보다는 믿는 이들이 현재의 삶 속에서 끊임없는 하나님의 임재 가운데 사는 것에 대한 은유이다. *죽음.* 죽음이 영적인 삶과 죽음에 대하여 설명하기 위하여 은유적으로 사용되고 있다. **5:26-27** 이것은 21-22절의 주장을

말한다. 내 말을 듣고 또 나를 보내신 분을 믿
는 사람은, 영원한 생명을 가지고 있고 ㄱ)심판을
받지 않는다. 그는 죽음에서 생명으로 옮겨갔다.
25 내가 진정으로 진정으로 너희에게 말한다.
죽은 사람들이 하나님의 아들의 음성을 들을 때가
오는데, 지금이 바로 그 때이다. 그리고 그 음성을
듣는 사람들은 살 것이다. 26 그것은, 아버지께
서 자기 속에 생명을 가지고 계신 것 같이 아들에
게도 생명을 주셔서, 그 속에 생명을 가지게 하여
주셨기 때문이다. 27 또, 아버지께서는 아들에
게 심판하는 권한을 주셨다. 그것은 아들이 인자
이기 때문이다. 28 이 말에 놀라지 말아라. 무덤
속에 있는 사람들이 다 그의 음성을 들을 때가 온다.
29 선한 일을 한 사람들은 부활하여 생명을 얻고,
악한 일을 한 사람들은 부활하여 심판을 받는다."
30 "나는 아무것도 내 마음대로 할 수 없다.
나는 아버지께서 하라고 하시는 대로 심판한다.
내 심판은 올바르다. 그것은 내가 내 뜻대로 하려
하지 않고, 나를 보내신 분의 뜻대로 하려 하기 때
문이다."

예수에 대한 증언

31 "내가 내 자신을 위하여 증언한다면, 내
증언은 참되지 못하다. 32 나를 위하여 증언하여
주시는 분은 따로 있다. 나를 위하여 증언하시는
그 증언이 참되다는 것을 나는 안다. 33 너희가
요한에게 사람을 보냈을 때에 그는 이 진리를 증언
하였다. 34 내가 이 말을 하는 것은, 내가 사람의
증언이 필요해서가 아니다. 그것은 다만 너희로
하여금 구원을 얻게 하려는 것이다. 35 요한은
타오르면서 빛을 내는 등불이었다. 너희는 잠시
동안 그의 빛 속에서 즐거워하려 하였다. 36 그
러나 나에게는 요한의 증언보다 더 큰 증언이 있
다. 아버지께서 나에게 완성하라고 주신 일들, 곧
내가 지금 하고 있는 바로 그 일들이, 아버지께서
나를 보내셨다는 것을 증언하여 준다. 37 또 나
를 보내신 아버지께서 친히 나를 위하여 증언하여
주셨다. 너희는 그 음성을 들은 일도 없고, 그 모
습을 본 일도 없다. 38 또 그 말씀이 너희 속에
머물러 있지도 않다. 그것은 너희가, 그분이 보내
신 이를 믿지 않기 때문이다.
39 너희가 성경을 연구하는 것은, 영원한 생
명이 그 안에 있다고 생각하기 때문이다. 성경은
나에 대하여 증언하고 있다. 40 그런데 너희는
생명을 얻으러 나에게 오려고 하지 않는다. 41 나
는 사람에게서 영광을 받지 않는다. 42 ㄴ)너희에
게 하나님을 사랑하는 마음이 없는 것도, 나는 알
고 있다. 43 내가 내 아버지의 이름으로 왔는데,
너희는 나를 영접하지 않는다. 그러나 다른 이가
자기 이름으로 오면 너희는 그를 영접할 것이다.
44 너희는 서로 영광을 주고받으면서 오직 한 분
이신 하나님께서 주시는 영광은 구하지 않으니,
어떻게 믿을 수 있겠느냐? 45 내가 너희를 아버
지께 고발하리라고는 생각하지 말아라. 너희를
고발하는 이는 너희가 희망을 걸어온 모세이다.
46 너희가 모세를 믿었더라면 나를 믿었을 것이
다. 모세가 나를 두고 썼기 때문이다. 47 그러나
너희가 모세의 글을 믿지 않으니, 어떻게 내 말을
믿겠느냐?"

ㄱ) 또는 '정죄' ㄴ) 또는 '너희 안에' 또는 '너희 가운데'

반복하고 있다. **5:28-29** 생명과 구원에 대한 기대가 24-25절처럼 현재가 아닌 미래로 옮겨지고 있다 (*때가 온다*). 여기서 죽음은 육체적인 죽음을 의미한다. 과거, 현재, 미래에 새로운 의미를 제공하여 줄 것인데, 예수께서 인간이 하나님을 경험할 수 있는 여러 길을 보여주시기 때문이다. **5:31-47** 이 절들은 마치 재판과 같은 역할을 한다 (1:19-28을 보라). **5:31-40** 유대율법에 의하면 누구도 자신을 위하여 증인이 될 수 없다. 그러므로 예수님은 유능한 변호사처럼, 다른 증인들을 들어 그의 주장을 뒷받침해야만 하셨다. **5:32-35** 세례요한의 증언이다. **5:33** 1:19-28을 보라. **5:36** 예수께서 자신이 하는 *일들에* 대해 증언하시는 것이다 (4:34; 19-30절을 보라). 요한은 복음서 전체를 통하여, 예수님을 보내신 분이 하나님이시라고 증언한다. 예수님은 하나님께서 이 세상에 보낸 사자이시다. **5:37-38** 하나님이 예수님에 대하여 증언하신다. 그러나 사람들은 요한의 증언을 배척했던 것같이 이 증언도 받아들이지 않는다. **5:39-40** 성경이 예수님에 대하여 증언한다. 기원후 1세기 당시 유대인과 그리스도인들을 구분하는 특징 중에 하나는 그들이 공유하고 있는 성경을 해석하는 방법의 차이였다 (서론을 보라). **5:41-47** 이제 예수님은 검사와 같은 역할을 하시면서, 그는 유대 지도자들의 불신앙에 대한 예를 증거로 삼아 그들을 정죄하신다. **5:45** 전통적으로 하나님과 함께 백성들을 옹호하였던 인물인 (출 17:1-7; 32:30-34; 시 106:23), 모세도 그들을 정죄할 것이다.

6:1—10:42 2:1—5:47과 같이, 이 장들은 기적 사역과 증언된 말씀을 통하여 예수님의 영광에 대하여 증언하고 있으며, 아울러 이에 대한 거부반응을 함께 묘사하고 있다. 예수님에 대한 반대는 6—10장에서 예수님의 말씀과 삶이 더 분명하게 하나님의 임재를 구체화해감에 따라 더 강화된다.

오천 명을 먹이시다

(마 14:13-21; 막 6:30-44; 눅 9:10-17)

6 1 그 뒤에 예수께서 ㄱ)갈릴리 바다 곧 디베랴
바다 건너편으로 가시니 2 큰 무리가 예수
를 따라갔다. 그것은, 그들이 예수가 병자들을 고
치신 ㄴ)표징들을 보았기 때문이다. 3 예수께서
산에 올라가서, 제자들과 함께 앉으셨다. 4 마침
유대 사람의 명절인 ㄷ)유월절이 가까운 때였다.
5 예수께서 눈을 들어서, 큰 무리가 자기에게로
모여드는 것을 보시고, 빌립에게 말씀하셨다. "우
리가 어디에서 빵을 사다가, 이 사람들을 먹이겠
느냐?" 6 예수께서는 빌립을 시험해 보시고자
이렇게 말씀하신 것이었다. 예수께서는 자기가
하실 일을 잘 알고 계셨던 것이다. 7 빌립이 예
수께 이렇게 대답하였다. "이 사람들에게 모두 조
금씩이라도 먹게 하려면, 빵 이백 ㄹ)데나리온어치
를 가지고서도 충분하지 못합니다." 8 제자 가
운데 하나이며 시몬 베드로와 형제간인 안드레가
예수께 말하였다. 9 "여기에 보리빵 다섯 개와
물고기 두 마리를 가지고 있는 한 아이가 있습니
다. 그러나 이렇게 많은 사람에게 그것이 무슨 소
용이 있겠습니까?" 10 예수께서는 "사람들을 앉
게 하여라" 하고 말씀하셨다. 그 곳에는 풀이 많
았다. 그래서 그들이 앉았는데, 남자의 수가 오천
명쯤 되었다. 11 예수께서 빵을 들어서 감사를
드리신 다음에, 앉은 사람들에게 나누어주시고,
물고기도 그와 같이 해서, 그들이 원하는 대로 주
셨다. 12 그들이 배불리 먹은 뒤에, 예수께서 제
자들에게 이렇게 말씀하셨다. "남은 부스러기를
다 모으고, 조금도 버리지 말아라." 13 그래서
보리빵 다섯 덩이에서, 먹고 남은 부스러기를 모
으니, 열두 광주리에 가득 찼다. 14 사람들은 예
수께서 행하신 ㄴ)표징을 보고 "이분은 참으로 세상
에 오시기로 된 그 예언자이다" 하고 말하였다.
15 예수께서는, 사람들이 와서 억지로 자기를 모
셔다가 왕으로 삼으려고 한다는 것을 아시고, 혼
자서 다시 산으로 물러가셨다.

예수께서 물 위를 걸으시다

(마 14:22-27; 막 6:45-52)

16 날이 저물었을 때에, 예수의 제자들은 바
다로 내려가서, 17 배를 타고, 바다 건너편 가버
나움으로 갔다. 이미 어두워졌는데도, 예수께서
는 아직 그들이 있는 곳으로 오시지 않았다. 18 그
런데 큰 바람이 불고, 물결이 사나워졌다. 19 제
자들이 배를 저어서, ㅁ)십여 리쯤 갔을 때였다. 그
들은, 예수께서 바다 위로 걸어서 배에 가까이 오
시는 것을 보고, 무서워하였다. 20 예수께서 그
들에게 말씀하셨다. "나다. 두려워하지 말아라."
21 그래서 그들은 기꺼이 예수를 배 안으로 모셔
들였다. 배는 곧 그들이 가려던 땅에 이르렀다.

ㄱ) 그, '티베리우스의 갈릴리 바다' ㄴ) 2:11의 주를 볼 것 ㄷ) 출 12:13, 21-28을 볼 것 ㄹ) 한 데나리온은 노동자의 하루 품삯 ㅁ) 그, '이십오에서 삼십 스타디아쯤'. 약 5-6킬로미터

6:1-71 요 6장에는 두 개의 기적이 기술되어 있고 (6:1-15; 16-21), 그 다음에 대화와 다양한 내용이 따르고 있다 (22-71절). **6:1-15** 오병이어의 기적은 유일하게 사복음서 전부에 나오는 이야기이다 (마 14:13-21; 막 6:30-44; 눅 9:10-17; 또한 마 15:32-39; 막 8:1-10을 보라). **6:2** *표징을 보았기 때문이다.* 또한 2:23-25; 3:2를 보라. **6:4** 예수님의 두 번째 유월절에 대한 기록이다 (2:13-21을 보라). **6:5-15** 이 기적 이야기는 기적 이야기의 전형적인 요소들을 포함하고 있다: 5-9절, 소개; 10-11절, 기적; 12-15절, 기적 후기. **6:5** 예수님은 사람들의 필요를 아신다 (4:9; 5:6을 보라). **6:6-9** 제자들은 어떻게 사람들을 먹이겠느냐 라는 예수님의 질문에 그저 돈과 음식이 부족하다는 정도의 이성적인 대답을 한다. 그들은 아직 예수께서 그들의 필요를 만족시켜 주실 수 있는 분으로 알지 못하고 있는 것이다. **6:11** 예수께서 *빵과 물고기*를 갖고 행하신 동작은 유대인 가정에서 주인이 식사 때 행하던 동작을 연상시켜 준다 (또한 막 6:41; 눅 9:16 성만찬적인 용어들을 보라). 예수님은 하나님의 환대에 공동체가 참여하도록 초청하고 환영하는 주인이시다 (또한 13:1-20과 21:9-14에서 주인 역할을 하시는 예수님을 보라). **6:12-13** 2:1-11과 같이 기적의 결과로 나타난 풍성함이 강조되고 있다: 음식은 심지어 충분히 먹고도 남았다 (출 16장의 만나에 대한 이야기를 보라). **6:14-15** *예언자와 왕.* 전통적인 메시아관을 표현하는 말이다. 예수님은 세상의 기대에 단지 부응하는 분이 아님을 보이기 위해 그 자리를 피하신다.

6:16-21 예수께서 물 위를 걸으신 이야기는 마태복음서(14:22-32)와 마가복음서(6:45-51)의 이야기에서도 오병이어의 기적과 함께 한 쌍으로 묶어져 증언되고 있다. **6:20** *나다.* 이것은 "나는 나다"로 번역하는 것이 더 좋은 번역일 듯하다 (1904쪽 추가 설명: "나는…이다"를 보라). 예수께서 물 위를 걸어오시면서 자신을 "나는...이다" 라는 말로 증거하신다. 이 기적은 예수께서 하나님과 같이 물의 혼돈을 다스리시는 분이라는 그의 영광을 드러내는 것이다 (사 43:2, 16; 시 77:19; 107:23-32).

6:26-71 이 긴 부분은 이전에 소개된 이야기에

예수는 생명의 빵이시다

22 그 다음날이었다. 바다 건너편에 서 있던
무리는, 거기에 배 한 척만 있었다는 것과, 예수
께서는 제자들과 함께 그 배를 타지 않으셨고, 제자
들만 따로 떠나갔다는 것을 알았다. 23 그런데
디베랴에서 온 배 몇 척이, [ㄱ]주님께서 감사 기도를
드리고 무리에게 빵을 먹이신 곳에 가까이 닿았다.
24 무리는 거기에 예수도 안 계시고 제자들도 없는
것을 알고서, 배를 나누어 타고, 예수를 찾아 가
버나움으로 갔다. 25 그들은 바다 건너편에서
예수를 만나서 말하였다. "선생님, 언제 여기에
오셨습니까?" 26 예수께서 그들에게 대답하셨
다. "내가 진정으로 진정으로 너희에게 말한다.
너희가 나를 찾는 것은 [ㄴ]표징을 보았기 때문이 아
니라, 빵을 먹고 배가 불렀기 때문이다. 27 너희
는 썩어 없어질 양식을 얻으려고 일하지 말고, 영
생에 이르도록 남아 있을 양식을 얻으려고 일하여
라. 이 양식은, 인자가 너희에게 줄 것이다. 아버
지 하나님께서 인자를 인정하셨기 때문이다."
28 그들이 예수께 물었다. "우리가 무엇을 하여
야 하나님의 일을 하는 것이 됩니까?" 29 예수
께서 그들에게 대답하셨다. "하나님께서 보내신
이를 믿는 것이 곧 하나님의 일이다." 30 그들은
다시 물었다. "우리에게 무슨 [ㄴ]표징을 행하셔서,
우리로 하여금 보고 당신을 믿게 하시겠습니까?
당신이 하시는 일이 무엇입니까? 31 [ㄷ]'그는 하
늘에서 빵을 내려서, 그들에게 먹게 하셨다' 한 성
경 말씀대로, 우리 조상들은 광야에서 만나를 먹었
습니다." 32 예수께서 그들에게 대답하셨다. "내
가 진정으로 진정으로 너희에게 말한다. 하늘에서
너희에게 빵을 내려다 주신 이는 모세가 아니다.
하늘에서 참 빵을 너희에게 주시는 분은 내 아버
지시다. 33 하나님의 빵은 하늘에서 내려와 세상
에 생명을 주는 것이다."

34 그들은 예수께 말하였다. "주님, 그 빵을
언제나 우리에게 주십시오." 35 예수께서 그들
에게 말씀하셨다. "내가 생명의 빵이다. 내게로
오는 사람은 결코 주리지 않을 것이요, 나를 믿는
사람은 다시는 목마르지 않을 것이다. 36 그러나
내가 이미 말한 대로, 너희는 [나를] 보고도 믿지
않는다. 37 아버지께서 내게 주시는 사람은 다
내게로 올 것이요, 또 내게로 오는 사람은 내가 물
리치지 않을 것이다. 38 그것은, 내가 내 뜻을
행하려고 하늘에서 내려온 것이 아니라, 나를 보
내신 분의 뜻을 행하려고 왔기 때문이다. 39 나를
보내신 분의 뜻은, 내게 주신 사람을 내가 한 사
람도 잃어버리지 않고, 마지막 날에 모두 살리는
일이다. 40 또한 아들을 보고 그를 믿는 사람은
누구든지 영생을 얻게 하시는 것이 내 아버지의
뜻이다. 나는 마지막 날에 그들을 살릴 것이다."

41 유대인들은 예수께서 "내가 하늘에서 내
려온 빵이다" 하고 말씀하셨으므로, 그분을 두고
수군거리면서 42 말하였다. "이 사람은 요셉의
아들 예수가 아닌가? 그의 부모를 우리가 알지 않

ㄱ) 다른 고대 사본들에는 '주님께서 감사 기도를 드리고'가 없음 ㄴ) 2:11의 주를 볼 것 ㄷ) 출 16:4, 5; 시 78:24

대하여 설명해 주고 있다. 이 부분의 핵심은 예수님의 말씀에 있으며 (35-59절), 이것은 예수님과 군중들과의 대화 (25-34절), 그리고 예수님과 제자들간의 대화 (60-71절)로 이루어져 있다.

6:25-34 오해가 이 대화의 특징이며, 예수께서 전에 사마리아 여자와 대화하신 것을 연상시켜 준다 (4:7-15). **6:26** 제자들 (2:11) 혹은 왕의 신하(4:53)와는 달리, 군중들은 예수님이 행하시는 기적을 통하여 계시하시는 하나님의 임재를 보지 못한다 (또한 30절을 보라). **6:27** *썩어 없어질 양식.* 12절을 보라. 그리고 출 16:18-21의 썩어 없어질 만나에 대하여 살펴보라. 영생에 이르도록 남아 있을 양식은 생수와 같이 (4:14) 오직 인자를 통해서만 얻을 수 있다.

특별 주석

"영생"은 영원히 죽지 않는다거나 하늘에서의 삶을 의미하는 것보다는 현재에도 끊임없이 하나님께서 임재하시는 가운데 사는 것에 대한 은유이다.

6:28-30 군중들은 *하나님의 일*을 어떤 특정한 것을 행하는 것으로 (28, 30절) 이해하고 있으나, 예수님은 하나님을 믿는 것이 "일"하는 것이라고 정의하신다 (29절; 4:34). **6:31-33** 예수께서는 만나 이야기를 (31절; 시 78:24; 출 16:4, 15를 보라) 군중을 위하여 재해석하시며, 그들에게 오천 명을 먹이시는 것을 통하여 그들이 요구하는 표징(하나님의 임재)을 이미 받았다는 사실을 보여주신다. **6:34** 4:15를 보라.

6:35-39 6:35 예수님은 백성들이 구하는 빵이 그들과 지금 이야기 나누고 있는 분 속에 있다고 선포하신다 (1904쪽 추가 설명: "나는…이다"를 보라). *주리지 않을 것이요, 목마르지 않는* 것에 대하여는 50-51절을 보라. **6:36-40 6:36** 제대로 보는 것은 믿는 것이다 (40절; 4:48; 7:24; 20:25, 29를 보라).

는가? 그런데 이 사람이 어떻게 하늘에서 내려왔
다고 하는가?" 43 그 때에 예수께서 그들에게 말
씀하셨다. "서로 수군거리지 말아라. 44 나를 보
내신 아버지께서 이끌어 주지 아니하시면, 아무도
내게 올 수 없다. 나는 그 사람들을 마지막 날에
살릴 것이다. 45 예언서에 기록하기를 [ㄱ]'그들이
모두 하나님께 가르침을 받을 것이다' 하였다. 아
버지께 듣고 배운 사람은 다 내게로 온다. 46 이
말은, 하나님께로부터 온 사람 외에 누가 아버지를
보았다는 것을 뜻하지 않는다. 하나님께로부터 온
사람만이 아버지를 보았다. 47 내가 진정으로 진
정으로 너희에게 말한다. 믿는 사람은 영생을 가
지고 있다. 48 나는 생명의 빵이다. 49 너희의
조상은 광야에서 만나를 먹었어도 죽었다. 50 그
러나 하늘에서 내려오는 빵은 이러하니, 누구든지
그것을 먹으면 죽지 않는다. 51 나는 하늘에서
내려온 살아 있는 빵이다. 이 빵을 먹는 사람은 누
구나 영원히 살 것이다. 내가 줄 빵은 나의 살이다.
그것은 세상에 생명을 준다."

52 그러자 유대 사람들은 서로 논란을 하면
서 말하였다. "이 사람이 어떻게 우리에게 [자기]
살을 먹으라고 줄 수 있을까?" 53 예수께서 그
들에게 말씀하셨다. "내가 진정으로 진정으로 너

ㄱ) 사 54:13

특별 주석

이 구절들은 중요한 신학적인 이슈를 제기해 준다. 그 이슈는 하나님께서 솔선해서 백성들에게 예수님을 "주시는 것"(37, 39절)과 백성들이 자유로 믿음에 따라 응답하는 것 (36, 40절) 사이에 어떠한 균형을 지켜야 하는가가 이슈이다. 비록 예수님(하늘에서 내려와 하나님의 뜻을 보여주고 알려준 분)에 대한 믿음이 하나님의 세상에 대한 주권적인 개입이 없이는 불가능하지만, 이에 대해 어떻게 반응할 것인가는 인간의 책임 영역에 속한다.

6:41-43 *수군거리면서* (희랍어, *고궁조*). 이스라엘 백성이 광야에서 불평한 것을 기억나게 한다 (예를 들어, 출 15:24; 16:2, 7, 12; 민 11:1; 시 105:24-25).

6:44-45 36-40절의 설명을 보라. "보는 것"과 "믿는 것," "듣는 것"과 "배우는 것"은 하나님께 대한 인간의 반응을 의미한다. **6:46** 1:18을 보라. **6:47-48** 6:27, 35, 40을 보라. **6:50-51** 이 본문은 6:35와 병행해서 읽어야 한다 (4:10-14를 보라). 배고픔과 갈증의 해결은 광야에서의 만나(출 16장)와 물(민 20:9-13)을 상기시켜 준다. 이것은 또한 하나님의 계시가 음식과 물로 표현된 이스라엘의 지혜문학의 전통(잠 9:5)을 기억나게 해 준다. 그리스도인들에게 먹고 마시는 것은 또한 성만찬을 의미한다. **6:53-58** 1911쪽 추가 설명: "요한복음서에의 성만찬"을 보라. **6:60-71** 이 구절들은 예수님을 따르던 사람들간에 있었던 다양한 반응들에 대하여 알려 준다: 불평 (61절; 41, 43절을 보라), 불신 (64절), 거부 (66절), 믿음의 고백 (68-69절), 그리고 배신 (64, 71절) 등이다. 예수께서 가장 분명하게 자신이 누구신가를 제시함에도 불구하고 많은 믿는 이들이 등을 돌린다.

추가 설명: 요한복음서에서의 성만찬

마태복음서, 마가복음서, 누가복음서에서 최후 만찬의 중점은 예수께서 성만찬 혹은 "주의 만찬"을 제정하신 것에 있다 (마 26:26-29; 막 14:22-25; 눅 22:14-23). 요한복음서에서는 최후 만찬의 가장 핵심적인 사건은 세족식이다 (13:1-30). 그리고 요한복음서에는 특정한 성만찬 제정에 대한 언급이 없다. 이렇게 성만찬에 대하여 언급하지 않는 것이 요한은 성만찬을 중요하게 생각하지 않았다거나 혹은 아예 성만찬을 제정하지 않았다는 말이 아니다. 그런 것보다 요한은 이미 잘 알려진 성만찬을 새로운 시각에서 설명하고 있는 것으로 보아야 한다. 요한에게 있어서 6장이 바로 성만찬이 제시된 장인데 요한은 성만찬을 예수 생애의 맨 마지막에 있었던 한 사건으로 보기보다는 그의 삶 전체가 성만찬을 제정하고 있는 것으로 보고 있는 것이다. 6:35, 48, 51의 "나는…이다" 라는 말씀을 통하여 만나가 아닌 바로 예수님 자신이 생명을 주시는 음식이며, 바로 성만찬을 통하여 그의 육체와 피를 먹고 마심으로 (6:53-56) 믿는 이들이 온전히 이 음식에 동참하게 된다고 증거한다. 이 성만찬적인 음식을 나누는 것은 그를 기억하거나 어느 한 특정한 사건을 기념하기 위한 것이 아니라, 최종적인 그의 죽음까지 포함해서 그의 삶 전체에 동참하는 것을 의미한다. 성만찬에 동참하는 것은 예수님과 그를 믿는 이들간에 새로운 관계가 창조됨을 의미하며, 이 관계 안에는 새 생명의 약속이 들어있다 (6:57).

희에게 말한다. 너희가 인자의 살을 먹지 아니하고,
또 인자의 피를 마시지 아니하면, 너희 속에는 생
명이 없다. 54 내 살을 먹고, 내 피를 마시는 사
람은 영원한 생명을 가지고 있고, 마지막 날에 내가
그를 살릴 것이다. 55 내 살은 참 양식이요, 내
피는 참 음료이다. 56 내 살을 먹고, 내 피를 마
시는 사람은 내 안에 있고, 나도 그 사람 안에 있다.
57 살아 계신 아버지께서 나를 보내셨고, 내가 아
버지 때문에 사는 것과 같이, 나를 먹는 사람도 나
때문에 살 것이다. 58 이것은 하늘에서 내려온
빵이다. 이것은 너희의 조상이 먹고서도 죽은 그런
것과는 같지 아니하다. 이 빵을 먹는 사람은 영원
히 살 것이다." 59 이것은 예수께서 가버나움 회
당에서 가르치실 때에 하신 말씀이다.

영원한 생명의 말씀

60 예수의 제자들 가운데서 여럿이 이 말씀을
듣고 말하기를 "이 말씀이 이렇게 어려우니 누가
알아들을 수 있겠는가?" 하였다. 61 예수께서,
제자들이 자기의 말을 두고 수군거리는 것을 아시
고, 그들에게 말씀하셨다. "이 말이 너희의 마음에
걸리느냐? 62 인자가 전에 있던 곳으로 올라가는
것을 보면, 어떻게 하겠느냐? 63 생명을 주는
것은 영이다. 육은 아무 데도 소용이 없다. 내가
너희에게 한 이 말은 영이요 생명이다. 64 그러나
너희 가운데는 믿지 않는 사람들이 있다." 처음부터
예수께서는, 믿지 않는 사람이 누구이며, 자기를
넘겨줄 사람이 누구인지를, 알고 계셨던 것이다.
65 예수께서 또 말씀하셨다. "그러므로 내가 너
희에게 이르기를, 아버지께서 허락하여 주신 사
람이 아니고는 아무도 나에게로 올 수 없다고 말한
것이다."
66 [ㄱ]이 때문에 제자 가운데서 많은 사람이
떠나갔고, 더 이상 그와 함께 다니지 않았다.
67 예수께서 열두 제자에게 물으셨다. "너희까지
도 떠나가려 하느냐?" 68 시몬 베드로가 대답하
였다. "주님, 우리가 누구에게로 가겠습니까? 선
생님께는 영생의 말씀이 있습니다. 69 우리는,
선생님이 [ㄴ]하나님의 거룩한 분이심을 믿고, 또 알
았습니다." 70 예수께서 그들에게 대답하셨다.
"내가 너희 열둘을 택하지 않았느냐? 그러나 너희
가운데서 하나는 악마이다." 71 이것은 [ㄷ]시몬
가룟의 아들 유다를 가리켜서 하신 말씀인데, 그는
열두 제자 가운데 한 사람으로, 예수를 넘겨줄
사람이었다.

예수의 형제들의 불신앙

7 1 그 뒤에 예수께서는 갈릴리를 두루 다니셨다.
유대 사람들이 자기를 죽이려고 하였으므로,
유대 지방에는 [ㄹ]돌아다니기를 원하지 않으셨다.
2 그런데 유대 사람의 명절인 [ㅁ]초막절이 가까
워지니, 3 예수의 형제들이 예수께 말하였다.
"형님은 여기에서 떠나 유대로 가셔서, 거기에 있는
형님의 제자들도 형님이 하는 일을 보게 하십시오.
4 알려지기를 바라면서 숨어서 일하는 사람은
없습니다. 형님이 이런 일을 하는 바에는, 자기를
세상에 드러내십시오." 5 (예수의 형제들까지도
예수를 믿지 않았기 때문이다.) 6 예수께서 그들
에게 말씀하셨다. "내 때는 아직 오지 않았다.
그러나 너희의 때는 언제나 마련되어 있다. 7 세
상이 너희를 미워할 수 없다. 그러나 세상은 나를
미워한다. 그것은, 내가 세상을 보고서, 그 하는

ㄱ) '이 때부터'라고 번역할 수도 있음 ㄴ) 다른 고대 사본들에는 '살아 계신 하나님의 아들 그리스도이심을' ㄷ) 다른 고대 사본들에는 '시몬의 아들 유다 가룟' 또는 '가룟 사람 시몬의 아들 유다' ㄹ) 다른 고대 사본들에는 '자유롭게 다닐 수 없었다' ㅁ) 또는 '장막절'

7:1—8:59 예수님과 그의 반대자들간에 갈등이 심화되고 있다. 예수께서 종교 지도자들의 권력의 근거지인 예루살렘에 계신다.

7:1-13 **7:1** 5:18을 보라. **7:2** *초막절* (또는 *장막절*). 이것은 원래 가을 농사를 위한 축제였으나 후에 출애굽 광야 여정과 연관지어졌다 (레 23:39-43; 신 16:13-15). 이것은 아주 기쁨에 찬 절기였는데, 이를 통하여 추수한 것을 축하하고 하나님께서 그의 백성들에게 주신 풍성하신 은혜를 감사하는 절기였다. 출애굽과 연관된 주제가 6장에서부터 계속된다. **7:3-5** 순례자들이 장막절을 지키기 위해 모였다 (2:13; 5:1을 보라). 이런 상황에서 그의 형제들이 예루살렘에 올라가 그의 사역을 과시해 보라고 요구한다. **7:4** 4절은 6:30에 표징을 요구한 사람들을 연상시켜 준다. **7:5** 예수님의 형제들은 예수님에 대한 믿음이 없었다는 것을 구체적으로 보여준다. **7:6-9** *때* (희랍어, *카리로스*). 이것은 시간이라는 말의 동의어이다 (예를 들어, 2:4; 7:30; 8:20; 12:23; 13:1). 그리고 이것은 예수께서 영광 받으시는 때를 의미한다—그의 죽음, 부활, 그리고 승천. 2:4에서 볼 수 있는 것과 같이 예수님의 때는 하나님에 의하여 정해진 것이지, 사람들의 편의나 요구에 의해 영향을 받는 것이 아니다. **7:7** *미워한다.* 15:18-25를 보라. **7:10** 예수님의 예루살렘 여정은 그의 형제들의 요구와는 별개로 진행된다. 왜냐하면 예수님은 아무도 모르게 예루살렘으로 올라가셨기 때문이다. **7:11-13** 예수님의 말씀의 결과로 군중들간에는 분열

일들이 악하다고 증언하기 때문이다. 8 너희는 명절을 지키러 올라가거라. 나는 아직 내 때가 차지 않았으므로, 이번 명절에는 올라가지 않겠다." 9 이렇게 그들에게 말씀하시고, 예수께서는 갈릴리에 그냥 머물러 계셨다.

예수께서 명절을 지키러 올라가시다

10 그러나 예수의 형제들이 명절을 지키러 올라간 뒤에, 예수께서도 아무도 모르게 올라가셨다. 11 명절에 유대 사람들이 예수를 찾으면서 물었다. "그 사람이 어디에 있소?" 12 무리 가운데서는 예수를 두고 말들이 많았다. 더러는 그를 좋은 사람이라고 말하고, 더러는 무리를 미혹하는 사람이라고 말하였다. 13 그러나 유대 사람들이 무서워서, 예수에 대하여 드러내 놓고 말하는 사람은 아무도 없었다.

14 명절이 중간에 접어들었을 즈음에, 예수께서 성전에 올라가서 가르치셨다. 15 유대 사람들이 놀라서 말하였다. "이 사람은 배우지도 않았는데, 어떻게 저런 학식을 갖추었을까?" 16 예수께서 그들에게 대답하셨다. "나의 가르침은 내 것이 아니라, 나를 보내신 분의 것이다. 17 하나님의 뜻을 따르려는 사람은 누구든지, 이 가르침이 하나님에게서 난 것인지, 내가 내 마음대로 말하는 것인지를 알 것이다. 18 자기 마음대로 말하는 사람은 자기의 영광을 구하지만, 자기를 보내신 분의 영광을 구하는 사람은 진실하며, 그 사람 속에는 불의가 없다. 19 모세가 너희에게 율법을 주지 않았느냐? 그런데 너희 가운데 그 율법을 지키는 사람은 한 사람도 없다. 어찌하여 너희가 나를 죽이려고 하느냐?" 20 무리가 대답하였다. "당신은 귀신이 들렸소. 누가 당신을 죽이려고 한다는 말이오?" 21 예수께서 그들에게 말씀하셨다. "내가 한 가지 일을 하였는데, 너희는 모두 놀라고 있다. 22 모세가 너희에게 할례법을 주었다. -사실, 할례는 모세에게서 비롯한 것이 아니라, 조상들에게서 비롯한 것이다.- 이 때문에 너희는 안식일에도 사람에게 할례를 준다. 23 모세의 율법을 어기지 않으려고, 사람이 안식일에도 할례를 받는데, 내가 안식일에 한 사람의 몸 전체를 성하게 해주었다고 해서, 너희가 어찌하여 나에게 분개하느냐? 24 겉모양으로 심판하지 말고, 공정한 심판을 내려라."

이 사람이 그리스도인가?

25 예루살렘 사람들 가운데서 몇 사람이 말하였다. "그들이 죽이려고 하는 이가 바로 이 사람이 아닙니까? 26 보십시오. 그가 드러내 놓고 말하는데도, 사람들이 그에게 아무 말도 못합니다. 지도자들은 정말로 이 사람을 [ㄱ]그리스도로 알고 있는 것입니까? 27 우리는 이 사람이 어디에서 왔는지를 알고 있습니다. 그러나 [ㄱ]그리스도가 오실 때에는, 어디에서 오셨는지 아는 사람이 없을 것입니다." 28 예수께서 성전에서 가르치실 때에, 큰 소리로 말씀하셨다. "너희는 나를 알고, 또 내가

ㄱ) 또는 '메시아'

이 생겼다 (7:25, 31, 40-44를 보라). **7:12** *말들이 많았다.* 6:41, 43, 61을 보라. **7:13** *유대 사람들이 무서워서.* 서론과 9:22 이하를 보라.

7:14-36 7:14 예수께서는 축제의 중간, 순례자들이 가장 많이 모였을 때, 유대교의 중심지인 성전에서 가르치신다. 이 부분은 6장과 같이 계속되는 강화라기보다는 예수님의 난해한 가르침들을 모아놓은 것이다. 여기 소개된 가르침들은 예수님의 정체성과 하나님과의 관계라는 주제로 엮어져 있다. **7:16-18** 5:19-30에 있는 주제를 반복해서 증언하고 있다. 예수께서는 하나님께서 그에게 주신 말씀을 증거하시지 자기 스스로의 말을 증언하시는 것이 아니다. **7:19** 5:17에 관한 주석을 보라. **7:21** *한 가지 일.* 이 일은 5:1-18에서 안식일에 치유하신 것을 말한다. **7:22** 사내아이는 난 지 8일만에 할례를 받아야 했다 (레 12:3). 만약 그 날이 안식일이면 할례의 규정이 안식일 규정보다 우선시되어 할례를 행했다. **7:23** 예수께서 안식일에 치유를 행하신 것은 안식일 규정을 없애기 위해서가 아니라 생명을 주는 율법의 목적을 성취하기 위함이셨다. 막 2:27-28을 참조하라. **7:24** *겉모양으로 심판하지 말고.* 겉모양을 본다는 것은 (삼상 16:7) 표징을 단지 기적으로만 볼 뿐, 기적 안에서 예수님을 통하여 임재하시는 하나님을 보지 못하는 것을 의미한다. **7:25-31** 예수님이 바로 그 메시아이신가? **7:25-26** 예수께서는 종교 지도자들을 무서워했던 사람들과는 다르게 공석에서도 자신있게 자신의 견해를 말씀하신다 (7:3-5를 보라). **7:27** 메시아의 기원에 대해서는 알 수 없을 것이라고 생각하는 그 당시 사람들의 일반적인 견해를 보여주고 있다. 이와는 반대로 사람들은 예수께서 나사렛 출신이시라는 것을 알고 있었다 (갈릴리의 나사렛, 41절), 이런 면에서 보면 예수님은 그들의 메시아관에 부합되지 않는다. **7:28-29** 군중들은 그들이 예수님을 판단할 때 보이는 것에 입각해서만 판단함으로써 정당한 판단을 하지 못하는 실수를 범하고 있다 (24절). 그러나 실상 예수님은 그들이 알고 있는 어느 지역에서 출생하신 분이 아니고, 하나님께로부터 오신 분이

어디에서 왔는지를 알고 있다. 그런데 나는 내
마음대로 온 것이 아니다. 나를 보내신 분은 참되
시다. 너희는 그분을 알지 못하지만, 29 나는 그
분을 안다. 나는 그분에게서 왔고, 그분은 나를
보내셨기 때문이다." 30 사람들이 예수를 잡으
려고 하였으나, 아무도 그에게 손을 대는 사람이
없었다. 그것은 그의 때가 아직 이르지 않았기 때
문이다. 31 무리 가운데서 많은 사람이 예수를
믿었다. 그들이 말하였다. "[ㄱ]그리스도가 오신다
고 해도, 이분이 [ㄴ]하신 것보다 더 많은 [ㄷ]표징을
행하시겠는가?"

예수를 잡으려는 사람들

32 무리가 예수를 두고 이런 말로 수군거리는
것을, 바리새파 사람들이 들었다. 그래서 대제사장
들과 바리새파 사람들은 예수를 잡으려고 성전 경
비병들을 보냈다. 33 예수께서 그들에게 말씀하
셨다. "나는 잠시 동안 너희와 함께 있다가, 나를
보내신 분께로 간다. 34 그러면 너희가 나를 찾
아도 만나지 못할 것이요, 내가 있는 곳에 너희가
올 수도 없을 것이다." 35 유대 사람들이 서로
말하였다. "이 사람이 어디로 가려고 하기에, 자
기를 만나지 못할 것이라고 하는가? 그리스 사람들
가운데 흩어져 사는 유대 사람들에게로 가서, 그
리스 사람들을 가르칠 셈인가? 36 또 '너희가 나
를 찾아도 만나지 못할 것이요, 내가 있는 곳에 너
희가 올 수도 없을 것이다' 한 말은 무슨 뜻인가?"

생명수가 흐르는 강

37 명절의 가장 중요한 날인 마지막 날에, 예
수께서 일어서서, 큰 소리로 말씀하셨다. "[ㄹ]목마른
사람은 다 나에게로 와서 마셔라. 38 나를 믿는
사람은, 성경이 말한 바와 같이, 그의 배에서 생
수가 강물처럼 흘러나올 것이다." 39 이것은, 예
수를 믿은 사람이 받게 될 [ㅁ]성령을 가리켜서 하신
말씀이다. 예수께서 아직 영광을 받지 않으셨으
므로, [ㅁ]성령이 아직 사람들에게 오시지 않았다.

무리 가운데에서 일어난 분쟁

40 이 말씀을 들은 무리 가운데는 "이 사람
은 정말로 그 예언자이다" 하고 말하는 사람들도
있고, 41 "이 사람은 [ㄱ]그리스도이다" 하고 말하
는 사람들도 있었다. 그러나 더러는 이렇게 말하
였다. "갈릴리에서 [ㄱ]그리스도가 날 수 있을까?
42 [ㅂ]성경은 [ㄱ]그리스도가 다윗의 후손 가운데서
날 것이요, 또 다윗이 살던 마을 베들레헴에서 날
것이라고 말하지 않았는가?" 43 무리 가운데 예
수 때문에 분열이 일어났다. 44 그들 가운데서
예수를 잡고자 하는 사람도 몇 있었으나, 아무도
그에게 손을 대지는 못하였다.

ㄱ) 또는 '메시아' ㄴ) 다른 고대 사본들에는 '하시는' ㄷ) 2:11의 주를 볼 것 ㄹ) 또는 '목마른 사람은 다 나에게로 오너라. 38. 나를 믿는 사람은 마셔라. 성경에……' ㅁ) 그, '영' ㅂ) 삼하 7:12; 미 5:2

시다. **7:32-36** 예수님과 종교 지도자들간에 갈등을 보여준다. **7:35** *흩어져 사는 유대 사람들.* 이들은 팔레스타인 밖에 살던 유대 사람들을 말한다. 종교 지도자들의 질문은 우스꽝스런 면이 있다. 왜냐하면 그들의 의도와는 반대로 이것이 실상 장차 일어나게 될 희랍어 사용권 지역에 펼쳐지게 될 그리스도교의 전파에 대한 올바른 예언을 하고 있기 때문이다. **7:37-39** 장막절 행사의 일부로서, 제사장은 새로 길어온 물을 제단 위에 부음으로써 예배를 드렸다. 예수께서 유월절의 빵이신 것처럼 (6장), 그는 장막절에 생명을 주는 물이시다 (4:10-14; 6:35). **7:38** *생수가 강물처럼.* 이 생수는 예수께서 그를 믿는 자들에게 주실 새 생명을 가리킨다 (3:5를 보라). **7:39** 이것은 하나님의 영에 대한 일반적인 표현이 아니라 (1:33을 보라), 예수께서 죽으시고, 부활하시고, 승천하시면서 보내실 성령을 일컫는 말이다. 예수님의 성령의 선물은 20:22-23에 나와 있다 (1937쪽 추가 설명: "요한복음서에 나타난 성령"을 보라). **7:40-44** 예수님의 정체성에 대한 또 다른 논쟁이다 (7:25-31을 보라). 예수님의 기원이 또다시 오해되고 있다. *베들레헴.* 미 5:2; 마 1:18—2:12를 보라. **7:45-52** 예수님을 체포하려는 위협이 계속되고 있다 (또한 7:1, 11, 19, 25, 30, 32, 44를 보라). 심지어 성전 경비병들도 예수님의 말씀의 권위에 대하여 증거한다. **7:50-52** 니고데모가 다시 등장한다 (3:1-9를 보라). 그는 여기서 예수님의 가르침에 호감과 관심을 갖고 있는 것 같다.

7:53—8:11 이 부분의 본문은 삽입된 것이며, 가장 오래된 요한복음서 사본에는 이 부분이 없다 (사본에 따라 이 부분이 7:36 다음에 이어지기도 하고, 21:25 다음에 이어지기도 한다. 그래서 새번역개정과 개역개정은 이 부분이 삽입된 부분임을 표시하기 위하여 [ ]를 사용한다). 이 이야기의 상황과 양식은 성전에서 예수님과 그 반대자들간의 논쟁이며, 이것은 여기 7장과 8장보다 길게 소개된 이야기보다는 공관복음에서 그 유사한 형태를 찾아볼 수 있다 (마 21:23-37; 막 12:13-17; 눅 21:20-26). **8:3-5** 율법 규정에 어긋나게도 *율법학자들과 바리새파 사람들은 간음한* 여인에 대한 어떤 증인도 제시하지 않고 있다 (신 17:6; 19:15를

의회원과 바리새파 사람들의 불신앙

45 성전 경비병들이 대제사장들과 바리새파
사람들에게 돌아오니, 그들이 경비병들에게 물었
다. "어찌하여 그를 끌어오지 않았느냐?" 46 경
비병들이 대답하였다. "그 사람이 말하는 것처럼
말한 사람은, 지금까지 아무도 없었습니다."
47 바리새파 사람들이 그들에게 말하였다. "너희도
미혹된 것이 아니냐? 48 지도자들이나 바리새
파 사람들 가운데서 그를 믿은 사람이 어디에 있
다는 말이냐? 49 율법을 알지 못하는 이 무지렁
이들은 저주받은 자들이다." 50 그들 가운데 한
사람으로, 전에 ㄱ)예수를 찾아간 니고데모가 그들
에게 말하였다. 51 "우리의 율법으로는, 먼저 그
사람의 말을 들어보거나, 또 그가 하는 일을 알아
보거나, 하지 않고서는 그를 심판하지 않는 것이
아니오?" 52 그들이 니고데모에게 말하였다.
"당신도 갈릴리 사람이오? 성경을 살펴보시오.
그러면 갈릴리에서는 예언자가 나오지 않는다는
것을 알게 될 것이오."

음행하다 잡혀 온 여인

53 ㄴ)〚그리고 그들은 제각기 집으로 돌아갔다.
8 1 예수께서는 올리브 산으로 가셨다. 2 이른
아침에 예수께서 다시 성전에 가시니, 많은
백성이 그에게로 모여들었다. 예수께서 앉아서
그들을 가르치실 때에 3 율법학자들과 바리새파
사람들이 간음을 하다가 잡힌 여자를 끌고 와서,
가운데 세워 놓고, 4 예수께 말하였다. "선생님,
이 여자가 간음을 하다가, 현장에서 잡혔습니다.
5 ㄷ)모세는 율법에, 이런 여자들을 돌로 쳐죽이라고
우리에게 명령하였습니다. 그런데 선생님은 뭐라고
하시겠습니까?" 6 그들이 이렇게 말한 것은, 예
수를 시험하여 고발할 구실을 찾으려는 속셈이었
다. 그러나 예수께서는 몸을 굽혀서, 손가락으로
땅에 ㄹ)무엇인가를 쓰셨다. 7 그들이 다그쳐 물
으니, 예수께서 몸을 일으켜, 그들에게 말씀하셨다.
"너희 가운데서 죄가 없는 사람이 먼저 이 여자에게
돌을 던져라." 8 그리고는 다시 몸을 굽혀서, 땅에
무엇인가를 쓰셨다. 9 이 말씀을 들은 사람들은,
나이가 많은 이로부터 시작하여, 하나하나 떠나
가고, 마침내 예수만 남았다. 그 여자는 그대로 서
있었다. 10 예수께서 몸을 일으키시고, 여자에게
말씀하셨다. "여자여, 사람들은 어디에 있느냐?
너를 정죄한 사람이 한 사람도 없느냐?" 11 여
자가 대답하였다. "주님, 한 사람도 없습니다." 예
수께서 말씀하셨다. "나도 너를 정죄하지 않는다.
가서, 이제부터 다시는 죄를 짓지 말아라."〛

ㄱ) 그, '그를' ㄴ) 가장 오래된 사본들에는 7:53-8:11이 없음. 사본에 따라 7:36 다음에 이어지기도 하고; 21:25 다음에 이어지기도 함 ㄷ) 레 20:10; 신 22:22-24 ㄹ) 다른 고대 사본들에는 '그들 각자의 죄목을'

보라). 또한 모세의 율법에 의하면, 간음에 연루된 남자와 여자 둘 다가 사형에 처하도록 되어 있었다 (레 20:10; 신 22:22). 이와 같은 예외적인 요소들은 종교 지도자들의 의도가 법적인 문제거리를 해결하려 했던 것이기보다는 예수님을 올무에 걸려 넘어지게 하려는 것임을 보여준다 (또한 마 19:3; 22:18; 막 10:2; 12:15를 보라). **8:6-7** 예수님은 그들의 올무에 걸려 넘어지지 않으며 도리어 그들의 과거의 삶에 대한 책임을 물으신다 (6절을 보라). 그가 땅에 글을 쓰시는 것은 지도자들의 질문으로부터 자신을 분리시키고 계심을 보여준다. **8:9-11** 종교 지도자들이 그 자리를 떠나간 것은 7절의 질문에 대한 답이 어떤 것이었는지에 대해 말해준다. 예수님의 여인에게 하시는 말씀, 5:14에 그가 하신 말씀처럼, 은혜로 거저 주어진 용서함이 이제부터 새로운 삶을 사는 출발점이 되게 하라는 가르침이다.

8:12-20 **8:12** *빛.* 하나님의 임재를 나타내는 일반적인 상징이며, 장막절 축제를 위하여 중요한 것이었다. 하나님의 빛을 상징하는 등잔이 켜진다. 7:37-38에서와 같이 이 "내가 그다" 라는 말씀을 통해 자신이 장막절의 기쁨을 성취하시는 분이심을 증거한다 (1904쪽 추가 설명: "나는…이다"를 보라). **8:13-18** 예수님은 신뢰할 만한 분인가의 여부에 대한 또 다른 논쟁이다 (5:31-40을 보라). **8:14** 예수께서 그가 어디로부터 오셨고 어디로 다시 돌아가시는지에 대해 분명하게 알고 계시다는 사실은 그가 증언하는 것이 근거가 확실하다는 확증이 되고 있다. **8:15** 예수님의 반대자들을 오직 보이는 것(문자 그대로 "육체에 따라")에 입각하여 판단하며, 그의 신적 기원에 대하여는 인식하지 못한다 (7:24를 보라). **8:17-18** 예수님은 바리새파 사람들이 주장하는 최소한 두 명의 증인에 대하여, 그 자신과 하나님이 자신에 대하여 증거한다고 논박하신다. **8:19** 이 대화는 요한의 기독론 혹은 예수님에 대하여 아는 것을 중심으로 펼쳐지고 있다: 예수님을 아는 것이 하나님을 아는 것이다 (또한 14:6-7을 보라). **8:20** 7:30을 보라. *아직도 그의 때가 이르지 않았기 때문이다.* 하나님께서 정하신 때(시간)가 예수님의 삶을 주관하는 것이지 인간의 의도가 예수님의 삶을 주관하지 않는다.

8:21-30 예수님의 죽음이 이 부분에서 중요한 주제이다. **8:21** *죄.* 이것은 개인적인 행위에 의하여 측정되는 죄가 아니고, 예수님 안에서 역사하시는 하나님을 믿지 않는 것에 달려있다 (24절을 보라). **8:22** 유대

예수는 세상의 빛

12 예수께서 다시 그들에게 말씀하셨다. "나
는 세상의 빛이다. 나를 따르는 사람은 어둠 속에
다니지 아니하고, 생명의 빛을 얻을 것이다."
13 바리새파 사람들이 예수께 말하였다. "당신이
스스로 자신에 대하여 증언하니, 당신의 증언은 참
되지 못하오." 14 예수께서 그들에게 대답하셨
다. "비록 내가 나 자신에 대하여 증언할지라도,
내 증언은 참되다. 나는 내가 어디에서 와서 어디
로 가는지를 알고 있기 때문이다. 그러나 너희는
내가 어디에서 왔는지도 모르고, 어디로 가는지도
모른다. 15 너희는 ㄱ)사람이 정한 기준을 따라 심
판한다. 나는 아무도 심판하지 않는다. 16 그러
나 내가 심판하면 내 심판은 참되다. 그것은, 내가
혼자 있는 것이 아니라, 나를 보내신 아버지께서
나와 함께 하시기 때문이다. 17 너희의 율법에도
기록하기를 ㄴ)'두 사람이 증언하면 참되다' 하였다.
18 내가 나 자신에 대하여 증언하는 사람이고, 나
를 보내신 아버지께서도 나에 대하여 증언하여 주
신다." 19 그러자 그들은 예수께 물었다. "당신
의 아버지가 어디에 계십니까?" 예수께서 대답하
셨다. "너희는 나도 모르고, 나의 아버지도 모른
다. 너희가 나를 알았더라면 나의 아버지도 알았을
것이다." 20 이것은 예수께서 성전에서 가르치실
때에 헌금궤가 있는 데서 하신 말씀이다. 그러나
그를 잡는 사람이 아무도 없었다. 그것은 아직도
그의 때가 이르지 않았기 때문이다.

내가 가는 곳에 너희는 오지 못한다

21 예수께서 다시 그들에게 말씀하셨다. "나
는 가고, 너희는 나를 찾다가 너희의 죄 가운데서
죽을 것이다. 그리고 내가 가는 곳에 너희는 올 수
없다." 22 유대 사람들이 말하였다. "'내가 가는
곳에 너희는 올 수 없다' 하니, 그가 자살하겠다는
말인가?" 23 예수께서 그들에게 말씀하셨다. "너
희는 아래에서 왔고, 나는 위에서 왔다. 너희는 이
세상에 속하여 있지만, 나는 이 세상에 속하여 있
지 않다. 24 그래서 나는, 너희가 너희의 죄 가
운데서 죽을 것이라고 말하였다. '내가 곧 나'임을
너희가 믿지 않으면, 너희는 너희의 죄 가운데서
죽을 것이다." 25 그들이 예수께 물었다. "당신
은 누구요?" 예수께서 그들에게 대답하셨다. "ㄷ)내
가 처음부터 너희에게 말하지 않았느냐? 26 그
리고 내가 너희에 대하여 말하고 또 심판할 것이
많이 있다. 그러나 나를 보내신 분은 참되시며, 나
는 그분에게서 들은 대로 세상에 말하는 것이다."
27 그들은 예수께서 아버지를 가리켜서 말씀하
시는 줄을 깨닫지 못하였다. 28 그러므로 예수
께서 [그들에게] 말씀하셨다. "너희는, 인자가 높
이 들려 올려질 때에야, '내가 곧 나' 라는 것과, 또
내가 아무것도 내 마음대로 하지 아니하고 아버지
께서 나에게 가르쳐 주신 대로 말한다는 것을 알

ㄱ) 그, '육체를 따라' ㄴ) 신 17:6; 19:15 ㄷ) 또는 '도대체 왜 내가 너희에게 말해야 하느냐?'

교에서 자살은 아주 심각한 죄에 속한다. 그러므로 예수님의 반대자들의 오해는 아주 잔인한 의미를 띠고 있다. **8:24-25** "내가 곧 나"임은 "나는 나다"로 읽혀져야 한다. 예수께서 이와 같이 말씀하실 때 그는 하나님의 이름과 자신을 직접적으로 연관짓고 계시는 것이며 (출 3:14 "나는 곧 나다"처럼), 이를 통하여 그는 자신을 하나님을 계시해 주시며 알려주시는 분으로 증언하고자 하신다 (1:18). (1904쪽 추가 설명: "나는…이다"를 보라). **8:26** *나를 보내신 분.* 이 분에 대하여는 16, 29절; 5:36, 38을 보라. **8:28** 3:14에서처럼, *높이 들어 올려질 때*(희랍어, *휩소오*)는 높이 올려짐과 영광 받으심 둘 다를 의미한다. 예수님은 그의 죽음을 통하여 높임과 존귀를 받으신다. 예수께서 다시 자신을 "내가 그다"로 증언하신다.

8:31-59 31-59절의 대화는 대화를 잇는 흔적이 거의 없이 전개된다. 각 구절은 이전에 소개된 구절 위에 전개되며 이를 통하여 예수님과 그의 반대자들간에 차이가 더 분명하게 드러나고 있다. 이들간의 견해 차이는 단순한 사건에 대한 견해차이라기보다는 예수님과 그 반대자들 사이에 신학적인 의견의 차이라고 볼 수 있다. 대화가 전개됨에 따라 어조가 더 적대적으로 변하고 있으며, 이 대화는 결국 예수님을 죽이려는 시도로 연결된다 (59절).

8:31-38 8:31-32 자주 인용되는 이 구절은 추상적인 의미에서의 진리가 아니라, 예수님 안에 계시된 하나님의 진리를 말한다. 진리를 알고 그것에 의해 자유케 되려면 제자가 되는 것이 필수적이다. **8:33-38** 이 구절은 이후에 대화에서 더 중요하게 부상될 주제: 누가 도대체 아브라함의 후손이라고 주장할 수 있는가에 대하여 소개하고 있다.

8:39-47 이 부분의 주제는 누가 너의 아버지인가—아브라함, 하나님, 혹은 마귀—라는 질문이다. 예수님과 그의 유대인 반대자들은 서로를 반박하고 공격하고 있다. **8:39-41a** 예수께서는 그의 반대자들을 그들의 말이 아닌 행위에 따라 판단하신다. 왜냐하면 그들은 그의 말씀을 받아들이지 않으며, 그를 *죽이려 하기* 때문이다 (또한 37절을 보라). 예수님은 그들이 아브라함의 자손이 아니며 다른 *아버지*, 악마의 자손이라고 논박하신다. **8:41b-47** 적대자들은 하나님이 자신들의 아버지라고 주장한다. 그러나 예수님은 그들의 행위를

게 될 것이다. 29 나를 보내신 분이 나와 함께 하신다. 그분은 나를 혼자 버려 두지 않으셨다. 그것은, 내가 언제나 아버지께서 기뻐하시는 일을 하기 때문이다." 30 이 말씀을 듣고, 많은 사람이 예수를 믿게 되었다.

진리가 너희를 자유하게 하리라

31 예수께서 자기를 믿은 유대 사람들에게 말씀하셨다. "너희가 나의 말에 머물러 있으면, 너희는 참으로 나의 제자들이다. 32 그리고 너희는 진리를 알게 될 것이며, 진리가 너희를 자유롭게 할 것이다." 33 그들은 예수께 말하였다. "우리는 아브라함의 자손이라 아무에게도 종노릇한 일이 없는데, 당신은 어찌하여 우리가 자유롭게 될 것이라고 말합니까?" 34 예수께서 대답하셨다. "내가 진정으로 진정으로 너희에게 말한다. 죄를 짓는 사람은 다 죄의 종이다. 35 종은 언제까지나 집에 머물러 있지 못하지만, 아들은 언제까지나 머물러 있다. 36 그러므로 아들이 너희를 자유롭게 하면, 너희는 참으로 자유롭게 될 것이다. 37 나는 너희가 아브라함의 자손임을 안다. 그런데 너희는 나를 죽이려고 한다. 내 말이 너희 속에 있을 자리가 없기 때문이다. 38 나는 나의 아버지에게서 본 것을 말하고, 너희는 너희의 아비에게서 들은 것을 행한다."

너희의 아비는 악마이다

39 그들이 예수께 말하였다. "우리 조상은 아브라함이오." 예수께서 그들에게 대답하셨다. "너희가 아브라함의 자녀라면, 아브라함이 한 일을 ㄱ)하였을 것이다. 40 그러나 지금 너희는, 너희에게 하나님에게서 들은 진리를 말해 준 사람인 나를 죽이려고 한다. 아브라함은 이런 일을 하지 않았다. 41 너희는 너희 아비가 한 일을 하고 있다." 그들이 예수께 말하였다. "우리는 음행으로 태어나지 않았으며, 우리에게는 하나님이신 아버지만 한 분 계십니다." 42 예수께서 대답하셨다. "하나님이 너희의 아버지라면, 너희가 나를 사랑할 것이다. 그것은, 내가 하나님에게서 와서 여기에 있기 때문이다. 내가 내 마음대로 온 것이 아니라, 아버지께서 나를 보내신 것이다. 43 어찌하여 너희는 내가 말하는 것을 깨닫지 못하느냐? 그것은 너희가 내 말을 들을 수 없기 때문이다. 44 너희는 너희 아비인 악마에게서 났으며, 또 그 아비의 욕망대로 하려고 한다. 그는 처음부터 살인자였다. 또 그는 진리 편에 있지 않다. 그것은 그 속에 진리가 없기 때문이다. 그가 거짓말을 할 때에는 본성에서 그렇게 하는 것이다. 그는 거짓말쟁이이며, 거짓의 아비이기 때문이다. 45 그런데 내가

ㄱ) 다른 고대 사본들에는 '하여라'

지적하며 그렇지 않다고 반박하신다. **8:42-47** 그들이 예수님을 사랑하지 않기 때문에 하나님께서는 그들의 아버지가 되실 수 없다. 그들의 행동은 결국 그들이 *악마*의 자식들임을 증거한다. 이 구절에서 진리(하나님)와 거짓(악마)이 믿음과 불신앙이라는 주제와 연결되고 있다. 반대자들이 예수 안에 계시되고 있는 하나님의 말씀을 듣지 못하고 있는 것은 그들이 진리와 하나님으로부터 멀리 떨어져 있음을 시사해 준다.

특별 주석

여기에 나타나는 언어 악마는 현대인들의 귀에 다소 거슬리는 단어이며 안타깝게도 많은 오해를 불러일으킨 단어이다 (1919쪽 추가 설명: "요한복음서와 유대교"를 보라). 물론 이와 같은 용어가 그 당시 유대교 내의 다른 당파들간에 사용된 것은 사실이다. 쿰란 공동체의 경우에는, 예를 들어, 그들의 적대 그룹을 언급하는 데 이 용어를 사용하고 있다. 이를 통하여 그들의 적들을, "거짓 선생들 그리고 허위의 예언자", "사탄의 계획"을 이루어가는 자들이라고 언급하고 있다 (1QH IV, 7). 요한은 여기서 이와 같은 전통의 수사적인 어구를 사용하고 있는 것이며, 이를 통하여 누가 하나님의 자녀인가의 주장 여하는 엄청난 의미를 포함하고 있다는 것을 강조하고 있는 것이다.

8:48-59 8:48 유대 사람들은 예수님을 사마리아 사람과 같이 쫓겨난 이스라엘 사람으로 간주하며 직접 맞서고 있다 (4:4에 논의된 것을 보라). 그리고 그가 귀신 들려 있다고 비난한다 (52절; 마 9:34; 막 3:22; 눅 11:15를 보라). **8:49-51** 예수께서는 다시 한 번 그의 반대자들의 행위들을 자신의 것과 대비시키고 계시다. 예수님의 행위들은 하나님을 높이지만, 그들은 예수님을 업신여김으로 하나님과 동떨어져 있다는 것을 증명하신다. **8:52-53** 33절과 39절에서, 유대 사람들은 전에 아브라함에게 호소하며 그들을 변호했는데 이제 여기서는 아브라함의 이름으로 예수님을 공격하고 있다. 유대 사람들이 한 아브라함에 대한 질문은 사마리아 여자가 한 야곱의 우물에 대한 질문을 연상시켜준다 (4:14를 보라). **8:54-56** 예수님은 유대 사람들이 그의 말을 해석하는 데에서 자신이 아닌 하나님께로 방향을 돌리고 계시다. **8:55** 예수님은 자신이 하나님을 이해하는 지식과 그의 반대자들이 하나님을 이해하는

진리를 말하기 때문에, 너희는 나를 믿지 않는다.
46 너희 가운데서 누가 나에게 죄가 있다고 단정
하느냐? 내가 진리를 말하는데, 어찌하여 나를 믿지
않느냐? 47 하나님에게서 난 사람은 하나님의
말씀을 듣는다. 그러므로 너희가 듣지 않는 것은,
너희가 하나님에게서 나지 않았기 때문이다."

아브라함이 있기 전부터 내가 있다

48 유대 사람들이 예수께 말하였다. "우리가
당신을 사마리아 사람이라고도 하고, 귀신이 들
렸다고도 하는데, 그 말이 옳지 않소?" 49 예수
께서 대답하셨다. "나는 귀신이 들린 것이 아니라,
나의 아버지를 공경한다. 그런데도 너희는 나를
모욕한다. 50 나는 내 영광을 구하지 않는다. 나
를 위하여 영광을 구해 주시며, 심판해 주시는 분
이 따로 계신다. 51 내가 진정으로 진정으로 너
희에게 말한다. 나의 말을 지키는 사람은 영원히
죽음을 겪지 않을 것이다." 52 유대 사람들이 예
수께 말하였다. "이제 우리는 당신이 귀신 들렸다
는 것을 알았소. 아브라함도 죽고, 예언자들도 죽
었는데, 당신이 '나의 말을 지키면, 영원히 죽음을
겪지 않을 것이다' 하니, 53 당신이 이미 죽은 우
리 조상 아브라함보다 더 위대하다는 말이오? 또
예언자들도 다 죽었소. 당신은 스스로를 누구라
고 생각하오?" 54 예수께서 대답하셨다. "내가
나를 영광되게 한다면, 나의 영광은 헛된 것이다.
나를 영광되게 하시는 분은 나의 아버지시다. 너희
가 너희의 하나님이라고 부르는 바로 그분이시다.
55 너희는 그분을 알지 못하지만 나는 그분을
안다. 내가 그분을 알지 못한다고 말하면, 나도 너
희처럼 거짓말쟁이가 될 것이다. 그러나 나는 아버
지를 알고 있으며, 또 그분의 말씀을 지키고 있다.
56 너희의 조상 아브라함은 나의 날을 보리라고
기대하며 즐거워하였고, 마침내 보고 기뻐하였다."
57 유대 사람들이 예수께 말하였다. "당신은 아직
나이가 쉰도 안되었는데, [ㄱ]아브라함을 보았다는
말이오?" 58 예수께서 그들에게 말씀하셨다.
"내가 진정으로 진정으로 너희에게 말한다. 아브
라함이 태어나기 전부터 내가 있다." 59 그래서
그들은 돌을 들어서 예수를 치려고 하였다. 그러자
예수께서는 몸을 피해서 성전 바깥으로 나가셨다.

나면서부터 눈 먼 사람을 고치시다

9 1 예수께서 가시다가, 날 때부터 눈먼 사람
을 보셨다. 2 제자들이 예수께 물었다. "선
생님, 이 사람이 눈먼 사람으로 태어난 것이, 누
구의 죄 때문입니까? 이 사람의 죄입니까? 부모
의 죄입니까?" 3 예수께서 대답하셨다. "이 사
람이 죄를 지은 것도 아니요, 그의 부모가 죄를 지
은 것도 아니다. 하나님께서 하시는 일들을 그에
게서 드러내시려는 것이다. 4 [ㄴ]우리는 [ㄷ]나를 보
내신 분의 일을 낮 동안에 해야 한다. 아무도 일
할 수 없는 밤이 곧 온다. 5 내가 세상에 있는 동
안, 나는 세상의 빛이다." 6 예수께서 이 말씀을
하신 뒤에, 땅에 침을 뱉어서, 그것으로 진흙을 개
어 그의 눈에 바르시고, 7 그에게 실로암 못으로
가서 씻으라고 말씀하셨다. ('실로암'은 번역하면
'보냄을 받았다'는 뜻이다.) 그 눈먼 사람이 가서
씻고, 눈이 밝아져서 돌아갔다. 8 이웃 사람들
과, 그가 전에 거지인 것을 보아 온 사람들이 말
하기를 "이 사람은 앉아서 구걸하던 사람이 아니
냐?" 하였다. 9 다른 사람들 가운데는 "이 사람
이 그 사람이다" 하고 말하는 사람도 더러 있었고,
또 더러는 "그가 아니라 그와 비슷한 사람이다"
하고 말하기도 하였다. 그런데 눈을 뜨게 된 그
사람은 "내가 바로 그 사람이오" 하고 말하였다.

ㄱ) 다른 고대 사본들에는 '아브라함이 당신을 보았단 말이오?' ㄴ) 다른 고대 사본들에는 '나는' ㄷ) 다른 고대 사본들에는 '우리를'

지식을 대조하신다. 예수님은 다시 그들을 거짓말쟁이라고 하시는데, 그들의 말과 행위가 일치하지 않기 때문이다. **8:56** 예수님은 아브라함이 자신의 날을 볼 것이라고 말하면서 자신을 변호하는 말로 끝맺으신다. 어떤 랍비 전통에 의하면, 하나님께서 미래에 일어날 일들을 아브라함에게 보이셨다고 기록하고 있다 (예를 들어, 바울이 갈 3:8에서 아브라함에 대해 이야기하고 있는 것을 참조). **8:57** 유대 사람들은 예수께서 아브라함의 이름을 들어 자신을 변호하시는 것에 대해 잘못 이해하고 있으며, 이것은 그들의 주장이 그릇된 것임을 알려주는 또 다른 증거가 된다. **8:58** 여기에 예수님의 말씀은 절대적인 "나는…이다"(희랍어, *에고 에이미*)에 해당하는 것이며, 이것을 통하여 그는 자신을 하나님의 이름과 동일시하고 (1904쪽 추가 설명: "나는…이다"를 보라), 자신이 하나님이심을 증언하신다. **8:59** 구약성경에서 돌로 쳐죽이는 것은 불경죄에 대한 징벌이었다 (레 24:13-16; 또한 요 10:31을 보라). 이 사건은 예수님의 반대자들이 그가 하신 "나는…이다"의 말씀들의 의미를 제대로 파악했음을 의미한다.

9:1—10:21 이 부분은 5:1-47의 치유 사역과 비슷한 형태를 띠고 있다: 치유 기적 (9:1-12), 치유로 인해 유발된 논쟁 (9:13-41), 그리고 이에 대한 예수님의 신학적인 설명 (10:1-18).

10 사람들이 그에게 물었다. "그러면 어떻게 눈을
뜨게 되었소?" 11 그가 대답하였다. "예수라는
사람이 진흙을 개어 내 눈에 바르고, 나더러 실로
암에 가서 씻으라고 하였소. 그래서 내가 가서 씻
었더니, 보게 되었소." 12 사람들이 눈을 뜨게
된 사람에게 묻기를 "그 사람이 어디에 있소?" 하니,
그는 "모르겠소" 하고 대답하였다.

비뚤어진 바리새파 사람들

13 그들은 전에 눈먼 사람이던 그를 바리새파
사람들에게 데리고 갔다. 14 그런데 예수께서
진흙을 개어 그의 눈을 뜨게 하신 날이 안식일이
었다. 15 바리새파 사람들은 또다시 그에게 어
떻게 보게 되었는지를 물었다. 그는 "그분이 내 눈
에 진흙을 바르신 다음에 내가 눈을 씻었더니, 이
렇게 보게 되었습니다" 하고 대답하였다. 16 바리
새파 사람들 가운데 더러는 말하기를 "안식일을
지키지 않는 것으로 보아서, 그는 하나님에게서
온 사람이 아니오" 하였고, 더러는 "죄가 있는 사
람이 어떻게 그러한 ㄱ)표징을 행할 수 있겠소?" 하고
말하였다. 그래서 그들 사이에 의견이 갈라졌다.
17 그들은 눈멀었던 사람에게 다시 물었다. "그
가 당신의 눈을 뜨게 하였는데, 당신은 그를 어떻
게 생각하오?" 그가 대답하였다. "그분은 예언자
입니다."

18 유대 사람들은, 그가 전에 눈먼 사람이었
다가 보게 되었다는 사실을 믿지 않고, 마침내 그
부모를 불러다가 19 물었다. "이 사람이, 날 때
부터 눈먼 사람이었다는 당신의 아들이오? 그런
데, 지금은 어떻게 보게 되었소?" 20 부모가 대
답하였다. "이 아이가 우리 아들이라는 것과, 날
때부터 눈먼 사람이었다는 것은, 우리가 압니다.
21 그런데 우리는 그가 지금 어떻게 보게 되었는
지도 모르고, 또 누가 그 눈을 뜨게 하였는지도 모
릅니다. 다 큰 사람이니, 그에게 물어 보십시오. 그
가 자기 일을 이야기할 것입니다." 22 그 부모는
유대 사람들이 무서워서 이렇게 말한 것이다. ㄴ)예
수를 ㄷ)그리스도라고 고백하는 사람은 누구든지 회
당에서 내쫓기로, 유대 사람들이 이미 결의해 놓았
기 때문이다. 23 그래서 그의 부모가, 그 아이가
다 컸으니 그에게 물어보라고 말한 것이다.

24 바리새파 사람들은 눈멀었던 그 사람을
두 번째로 불러서 말하였다. "영광을 하나님께 돌
려라. 우리가 알기로, 그 사람은 죄인이다." 25 그
는 이렇게 대답하였다. "나는 그분이 죄인인지 아
닌지는 모릅니다. 다만 한 가지 내가 아는 것은,
내가 눈이 멀었다가, 지금은 보게 되었다는 것입
니다." 26 그래서 그들은 그에게 물었다. "그 사
람이 네게 한 일이 무엇이냐? 그가 네 눈을 어떻게

ㄱ) 2:11의 주를 볼 것 ㄴ) 그, '그를' ㄷ) 또는 '메시아'

추가 설명: 요한복음서와 유대교

서론에서 소개된 사회와 역사적인 배경은 이 장에 나타나는 대립적인 성격의 언어인 "유대 사람들"이라는 말을 이해하는 데 필요한 배경을 제공하여 준다. 예수께서 요 8장에서 말씀하시는 것처럼, 유대 사람들에 대해 이야기하신다고 본다면, 요한은 실상 그가 속한 공동체가 경험하고 있는 분노와 그들의 필요에 대해 예수님의 입을 빌어 이야기하고 있다고 볼 수 있다. 여기에 소개된 논쟁은 어떻게 보면 집안싸움이라 할 수 있다—억울한 일을 당한 형제가 다른 형제에게 어떤 잘못된 일에 대하여 책임을 묻는 것과 같다고 볼 수 있다. 그러나 이 본문을 통해 우리는 한 가지 심각한 질문을 하게 된다—한 믿음의 공동체가 스스로를 보존하고 유지하기 위하여 다른 공동체를 꼭 이와 같이 극단적인 미움을 갖고 대했어야만 했을까? 스스로를 소외당하고 버림받은 집단으로 본 요한공동체의 입장에서 보면, 예수님을 통하여 그와 같은 거친 정죄의 음성을 듣게 되는 것이 그들에게 어느 정도의 자존감과 권위감을 느끼게 해주었을 것이다. 요한의 공동체는 유대인 공동체에 비교해 본다면 분명히 소수집단에 해당했으며, 본문에 소개된 권위를 포함한 그들의 언어들은 실상 그들에게는 어떤 권력도 없었음을 보여주는 것이라 할 수 있다. 이 점에서 요한의 때와 현재 우리 사이에는 엄청난 시간적 차이가 있다는 것을 염두에 두어야 한다. 왜냐하면 요한복음서를 그 당시 집안 싸움과 같은 내적인 갈등의 상황에서 분리해 현대에 적용하는 그 어떤 해석도 옳지 않기 때문이다. "유대 사람"에 대한 요한의 언어는 그것이 원래 문맥에 어긋나는 해석을 할 때 얼마나 위험한 결과를 초래할 수 있는가 하는 것을 인식하는 비평적인 시각을 갖고 읽어야 한다.

뜨게 하였느냐?" 27 그는 대답하였다. "그것은 내가 이미 여러분에게 말하였는데, 여러분은 곧이듣지 않았습니다. 그러면서 어찌하여 다시 들으려고 합니까? 여러분도 그분의 제자가 되려고 합니까?" 28 그러자 그들은 그에게 욕설을 퍼붓고 말하였다. "너는 그 사람의 제자이지만, 우리는 모세의 제자이다. 29 우리는 하나님께서 모세에게 말씀하셨다는 것을 알고 있다. 그러나 그 사람은 어디에서 왔는지 우리는 알지 못한다." 30 그가 그들에게 대답하였다. "그분이 내 눈을 뜨게 해주셨는데도, 여러분은 그분이 어디에서 왔는지 모른다니, 참 이상한 일입니다. 31 하나님께서는 죄인들의 말은 듣지 않으시지만, 하나님을 공경하고 그의 뜻을 행하는 사람의 말은 들어주시는 줄을, 우리는 압니다. 32 나면서부터 눈먼 사람의 눈을 누가 뜨게 하였다는 말은, 창세로부터 이제까지 들어 본 적이 없습니다. 33 그가 하나님께로부터 오신 분이 아니라면, 아무 일도 하지 못하셨을 것입니다." 34 그들은 그에게 말하였다. "네가 완전히 죄 가운데서 태어났는데도, 우리를 가르치려고 하느냐?" 그리고 그들은 그를 바깥으로 내쫓았다.

9:1-12 예수께서 눈먼 사람을 고치시는 이야기는 사복음서 모두에 나타난다 (마 9:27-31; 막 10:46-52; 눅 18:35-42를 보라). **9:1-5** 치유 기적을 필요로 하는 상황에 대한 설명이다. 이 구절들은 동시에 이후에 중요하게 드러나게 될 죄에 대한 신학적인 논제들을 소개하고 있다. **9:3-5** 예수께서는 제자들이 병을 죄의 결과로 보는 그 당시의 편만한 견해를 거부하신다 (2절). 이 사람이 눈먼 것은 예수님 안에 하나님의 임재를 나타내기 위한 목적이 있다. 8:12를 보라.

특별 주석

요한복음서에서 "죄"는 어떤 도덕적인 개념이 아니다. 반대로, 이것은 예수님 안에 나타나는 하나님의 계시에 대한 부정적인 반응을 표현하는 신학적인 용어이다 (1:29를 보라).

9:6-7 *이 말씀을 하신 뒤에.* 이 구절은 (6절) 특히 예수님의 말씀을 2-5절의 소개된 기적과 연결시키고 있다. 이 상황은 육신의 치유와 신학적인 통찰력 둘 다를 포함한다. 이 치유는 예수께서 전적으로 주도하신 것이며 눈먼 이는 아직까지는 한 마디의 말도 하지 않았다. 여기에 침과 흙은 치유에 종종 사용되었던 도구들이다, 막 7:33; 8:23을 보라. **9:8-12** 여기 치유받은 이에 대한 정체성 문제에 있어 이웃들의 견해가 엇갈리고 있는데, 이것은 도리어 이 눈멀었던 이가 자신이 예수님을 만난 경험을 증거할 수 있는 좋은 기회를 제공하고 있다. 11절에서 눈멀었던 이가 처음으로 말하기 시작하고 있으며, 그는 어떻게 예수께서 그의 눈을 뜨게 해주셨지에 대해 전부 다 이야기한다.

9:13-41 이 부분은 다섯 부분으로 되어 있다: 13-17절, 눈먼 이와 바리새파 사람들; 18-23절, 유대 사람들과 눈을 뜬 이의 부모; 24-34절, 눈을 뜬 이와 바리새파 사람들; 35-38절, 예수님과 눈을 뜬 사람; 39-41절, 예수님과 바리새파 사람들. **9:13-17** **9:14** 안식일 규정을 어긴 것에 대한 논쟁을 소개하고 있다. 5:9b-10을 보라. *진흙을 개어.* 진흙을 개는 것은 일로 간주되었고, 따라서 안식일에 진흙을 개는 것은 행하지 말아야 될 금기사항에 해당한다. 예수께서 안식일 규정을 어기신 것을 트집잡아 바리새파 사람들은 그가 하나님께서 온 사람이 아니라고 결론지었다 (16a절). **9:15** 눈을 뜬 사람이 다시 증거한다. 그의 증거는 그 범위가 점차적으로 증가된다: 11절에서 그는 단지 예수님의 이름만을 알고 있다. 그러나 17절에 가서는 그를 예언자로 본다. 그는 예수님 안에서 하나님이 일하시는 것을 인식하고 있는 것이다. **9:18-23** **9:22** 요한복음에서는 세 곳에서 (7:13; 19:38; 20:19) *유대 사람들이 무서워서* 라는 말이 나오며, 이 때문에 사람들이 침묵하게 하고 예수님을 믿되 비밀리에 믿게 만들고 있다. 이 사람의 부모도 유대 사람이었다는 점을 고려해 볼 때 여기서 유대 사람이라는 말은 종교 지도자들을 의미하는 것으로 보아야 한다 (2:18의 토론을 보라). 학자들은 *회당에서 내쫓기*로 라는 말은 (12:42; 16:2를 보라), 실제로 그런 일이 있었던 혹은 단순히 그들이 그렇게 느꼈던간에, 요한복음서가 기록될 당시의 그리스도인들과 유대인 지도자들간의 갈등에 대한 언급으로 본다. (1919쪽 추가 설명: "요한복음서와 유대교"를 보라). 요한 공동체의 성도들은 이 눈먼 이의 이야기에서 자기들이 겪은 박해가 그에게도 일어나고 있는 것을 보고 있는 것이다. **9:24-34** 9장에서 가장 활기있는 대화이다. **9:24-25** 종교 지도자들은 죄에 대한 그들의 전통적인 이해를 주장하고 있다 (16절). 그러나 이 치유된 사람은 예수님과의 만남을 통하여 일어난 놀라운 새로운 사건에 대하여 증거한다.

특별 주석

이 치유 받은 사람의 증언은 우리에게 익숙한 "나 같은 죄인 살리신" 찬송의 배경으로 되어 있다.

9:26-27 이 사람은 종교 지도자들의 허물을 드러낸다. 우습게도, 그들의 반복적인 심문이 그들 자신에게로 되돌아가고 있다. **9:28-29** **9:28** 종교 지도자들은 그들이 충실히 모세의 율법을 지켰다고 주장한다. 그들의 시각에는 개인은 모세를 따르든 예수님을 따르든 둘 중의 하나만을 따를 수 있다. 이 둘 다를 따를 수 있다는 것을 그들은 도저히 생각조차 할 수 없다. 그러나 제4복음서에서는 예수님을 따르는 것이 진정으로 모세를 따르는 것이다 (5:45-47을 보라). **9:30-33** 더 이

참으로 눈 먼 사람

35 바리새파 사람들이 그 사람을 내쫓았다는
말을 예수께서 들으시고, 그를 만나서 물으셨다.
"네가 ㄱ)인자를 믿느냐?" 36 그가 대답하였다.
"ㄴ)선생님, 그분이 어느 분입니까? 내가 그분을
믿겠습니다." 37 예수께서 그에게 말씀하셨다.
"너는 이미 그를 보았다. 너와 말하고 있는 사
람이 바로 그이다." 38 그는 "ㄴ)주님, 내가 믿습
니다" 하고 말하고서, 예수께 엎드려 절하였다.
39 예수께서 또 말씀하셨다. "나는 이 세상을
심판하러 왔다. 못 보는 사람은 보게 하고, 보는
사람은 못 보게 하려는 것이다."

40 예수와 함께 있던 바리새파 사람들이 이
말씀을 듣고 나서 말하였다. "우리도 눈이 먼 사
람이란 말이오?" 41 예수께서 그들에게 말씀하
셨다. "너희가 눈이 먼 사람들이라면, 도리어 죄가
없을 것이다. 그러나, 너희가 지금 본다고 말하니,
너희의 죄가 그대로 남아 있다."

양의 우리의 비유

10 1 "내가 진정으로 진정으로 너희에게 말
한다. 양 우리에 들어갈 때에, 문으로 들
어가지 아니하고 다른 데로 넘어 들어가는 사람은
도둑이요 강도이다. 2 그러나 문으로 들어가는
사람은 양들의 목자이다. 3 문지기는 목자에게
문을 열어 주고, 양들은 그의 목소리를 알아듣는다.
그리고 목자는 자기 양들의 이름을 하나하나 불러서
이끌고 나간다. 4 자기 양들을 다 불러낸 다음에,
그는 앞서서 가고, 양들은 그를 따라간다. 양들이
목자의 목소리를 알고 있기 때문이다. 5 양들은
결코 낯선 사람을 따라가지 않을 것이고, 그에게서
달아날 것이다. 그것은 양들이 낯선 사람의 목소
리를 알지 못하기 때문이다." 6 예수께서 그들에게
이러한 비유를 말씀하셨으나, 그들은 그가 무슨
뜻으로 그렇게 말씀하시는지를 깨닫지 못하였다.

ㄱ) 다른 고대 사본들에는 '하나님의 아들을' ㄴ) '선생님(36절)'과 '주님(38절)'은 같은 그리스어 퀴리오스의 번역임

상 수동적인 치유의 수혜자가 아니다 (6-7절). 그의 부모들처럼 유대 지도자들을 무서워하지도 않는다. 이 사람은 이제 당당히 지도자들과 맞서 그들의 모순을 지적한다. **9:32-33** 그의 치유가 미치는 범위는 전무후무하며 이는 오직 하나님께서 역사하셨기 때문에 가능했다. **9:34** 지도자들의 죄에 대한 이해는 2절의 제자들을 연상시켜준다: 그들은 죄를 어떤 특정한 행위로 잘못 이해하고 있다. 공교롭게도 눈을 뜬 이 사람이 종교 지도자들을 가르치는 선생 역할을 하고 있다. 그를 *바깥으로 내쫓았다.* 그들의 목전에서 그를 내보냈음을 의미하나, 22절에 입각해서 보면 이것은 좀 더 폭넓은 의미가 있다. **9:35-38** 그가 예수님이 만들어 발라준 흙으로 치유를 받은 이후 (6절), 처음으로 예수님을 직면하는 장면이다. **9:35** 전통적인 유대교 이해에 의하면 *인자가* 오는 것은 하나님의 최종적인 심판이 이미 시작되었음을 의미한다. 이와 같은 미래 심판에 대한 전승이 요한복음서에서는 예수님을 통하여 벌써 이루어지고 있는 것으로 묘사되고 있다 (3:14-15; 5:27을 보라). **9:37-38** 예수께서 스스로를 드러내신 것에 따라 이 사람은 신앙고백을 한다. 그는 예수님을 단지 그를 고치신 분으로 보는 것에서 (11절) 더 나아가 그를 인자로 고백하는 데까지 이르고 있다. 그가 받은 치유의 은혜는 신체적인 시력의 회복뿐만 아니라 그의 영적 그리고 신학적인 통찰력의 회복에까지 미치고 있다. **9:39-41** 3:18-21을 통해서 알 수 있는 바와 같이 예수님은 세상에 빛으로 오셨다 (9:5; 1:9; 12:46을 보라). 이 사실은 사람들로 하여금 결단과 심판에 직면케 한다. 40절에 제기된 질문은 바리새인들의 눈이 멀었다는 증거이며 이 사실이 그들을 심판한다 (41절).

특별 주석

보거나 보지 못함은 그 사람의 신체적인 시력에 의해 좌우되는 것이 아니라, 예수님 안에서 계시된 하나님의 임재하심에 대해 그들의 마음이 열려있는지 아닌지의 여부에 따라 결정된다.

10:1-21 이 부분은 전통적으로 "선한 목자" 이야기로 알려져 왔다. 그러나 10장은 어떤 새로운 이야기를 시작하고 있다기보다는 9:41에서 시작하신 예수님의 말씀을 계속하고 있다. 1-6절, 양 우리에 대한 비유; 7-18절, 1-6절에서 그 의미를 끌어내는 네 개의 연속적인 "나는…이다"의 말씀에 해당한다. **10:1-6** 바리새파 사람들의 상황에 대하여 직접 언급하기보다는 이 비유를 통하여 간접적으로 언급하고 있다. **10:1-3a** 대조적인 평행구(두 어구나, 문장, 혹은 반대되는 개념들을 통하여)를 사용하여 누가 *목자*가 아니며 (1절), 누가 목자인지를 *양 우리*에 출입하는 것으로 보여준다. **10:3** 목자의 정체는 양문을 지키는 이가 양 우리의 출입을 허락하는 여부에 의하여 결정된다. **10:3b-5** 양이 목자의 음성을 구별하고 반응하는 것에 대하여 초점을 맞추고 있다. 이 구절들은 듣는 것과 이에 따른 행동간의 상응관계에 대하여 언급하고 있으며, 이를 통하여 양과 목자간의 긍정적인 관계 그와 반대로 양과 낯선 사람과의 부정적인 관계에 대하여 증거하고 있다. **10:6** 이 비유 말씀에서 예수님은 구약 전승을 사용하고 계시다. 겔 34장에 의하면, 이스라엘의 왕들이 양들을 위험으로 몰아가는 못된 목자로 묘사되어 있다 (34:1-10). 그리고 다윗 계통의 목자가 나타나 그에게 양을 맡기기 전까지는 하나님께서 친히 양들을 돌보신다 (34:11-31). 예수께서 보시기에는 바리새파 사람들은 그들의 눈먼 이에 대한

예수는 선한 목자이시다

7 예수께서 다시 말씀하셨다. "내가 진정으로
진정으로 너희에게 말한다. 나는 양이 드나드는
문이다. 8 [나보다] 먼저 온 사람은 다 도둑이고
강도이다. 그래서 양들이 그들의 말을 듣지 않았다.
9 나는 그 문이다. 누구든지 나를 통하여 들어오
면, 구원을 얻고, 드나들면서 꼴을 얻을 것이다.
10 도둑은 다만 훔치고 죽이고 파괴하려고 오는
것뿐이다. 나는, 양들이 생명을 얻고 또 더 넘치
게 얻게 하려고 왔다. 11 나는 선한 목자이다.
선한 목자는 양들을 위하여 자기 목숨을 버린다.
12 삯꾼은 목자가 아니요, 양들도 자기의 것이
아니므로, 이리가 오는 것을 보면, 양들을 버리고
달아난다. -그러면 이리가 양들을 물어가고, 양떼
를 흩어 버린다.- 13 그는 삯꾼이어서, 양들을
생각하지 않기 때문이다. 14 나는 선한 목자
이다. 나는 내 양들을 알고, 내 양들은 나를 안다.
15 그것은 마치, 아버지께서 나를 아시고, 내가
아버지를 아는 것과 같다. 나는 양들을 위하여 내
목숨을 버린다. 16 나에게는 이 우리에 속하지
않은 다른 양들이 있다. 나는 그 양들도 이끌어 와야
한다. 그들도 내 목소리를 들을 것이며, 한 목자
아래에서 한 무리 양떼가 될 것이다. 17 아버지
께서 나를 사랑하신다. 그것은 내가 목숨을 다시
얻으려고 내 목숨을 기꺼이 버리기 때문이다.
18 아무도 내게서 내 목숨을 빼앗아 가지 ㄱ)못한
다. 나는 스스로 원해서 내 목숨을 버린다. 나는
목숨을 버릴 권세도 있고, 다시 얻을 권세도 있다.
이것은 내가 아버지께로부터 받은 명령이다."

19 이 말씀 때문에 유대 사람들 가운데 다시
분열이 일어났다. 20 그 가운데서 많은 사람이
말하기를 "그가 귀신이 들려서 미쳤는데, 어찌하
여 그의 말을 듣느냐?" 하고, 21 또 다른 사람들
은 말하기를 "이 말은 귀신이 들린 사람의 말이 아
니다. 귀신이 어떻게 눈먼 사람의 눈을 뜨게 할 수
있겠느냐?" 하였다.

유대 사람들이 예수를 배척하다

22 예루살렘은 성전 봉헌절이 되었는데, 때
는 겨울이었다. 23 예수께서는 성전 경내에 있
는 솔로몬 주랑을 거닐고 계셨다. 24 그 때에 유
대 사람들은 예수를 둘러싸고 말하였다. "당신은

ㄱ) 다른 고대 사본들에는 '못하였다'

대우를 고려해 볼 때, 양들을 위험에 빠뜨리면서 그들의 그런 악한 행위를 깨닫지 못하는 사람들이다. 그들은 스스로를 삯꾼 목자나 낯선 사람이 아닌 참 목자로 생각한다. **10:7-18** 일련의 "나는…이다"의 말씀을 통해, 예수님은 그가 양들을 돌보는 참 목자이심을 증거하신다 (1904쪽 추가 설명: "나는…이다"를 보라). **10:7-10** 7, 9, 10b절은 예수님을 양의 문으로 긍정적인 시각에서 묘사하고 있다 ("나는 양이 드나드는 문이다"); 8-10a절은 도둑을 부정적인 이미지로 묘사한다. 양의 문으로서의 예수님은 양떼가 하나님께로 나아가는 통로가 되신다. 이를 통하여 그들에게 생명을 가져다주는 분이시다. **10:9** 시 23:2를 보라. **10:11-16** 예수께서 스스로를 선한 목자로 생각하고 계시다. 선한 목자의 긍정적인 이미지(11, 14-16절)가 삯꾼의 부정적인 이미지(12-13절)와 대조되고 있다. *"나는 선한 목자다"* 라는 구절은 예수님을 겔 34장의 선한 목자와 동일시하는 것이다. 이를 통하여 예수께서는 본인이 겔 34장의 예언을 성취하시는 분이라고 증언하신다. 예수께서는 선한 목자가 양들을 위해 기꺼이 목숨을 버린다는 (11절) 이야기를 통하여 그 자신의 죽음에 대하여 말씀하신다 (15절). **10:16** 예수님의 음성을 듣는다는 것은 예수님과 그의 음성에 대해 충실하게 하는 것을 의미한다 (5:24; 10:27; 12:47). 이를 통하여 그들은 자신들이 예수께 속한 양임을 보여줄 수 있다. **10:17-18** 예수님의 죽음은 하나님과 예수님간에 존재하는 궁극적인 사랑의 증거이며, 사랑으로써 예수님을 따르는 사람들에게도 확산된다. 예수님은 죽음의 희생자가 아니요, 자신의 자유의지로 자신의 생명을 기꺼이 버리시는 분이시다. **10:19-21** 이 구절들은 선한 목자 이야기와 눈먼 이를 고친 이야기를 분명하게 연결시키며 이 부분을 종결짓는 구실을 한다.

10:22-42 이 부분은 예수님의 두 번째 전도여행을 마무리하고 있다. 예수님은 아직도 예루살렘에 계시다. 그러나 시간이 많이 흘렀다. 장막절은 가을 중순에 지켜졌고, 봉헌절은 12월 초에 지켜졌다.

10:22-39 예수님이 *그리스도*(*메시아,* 24-31절)이시고 *하나님의 아들*(32-39절)이시라는 그의 정체성에 대한 종교 지도자들의 공식 심문과 비슷하다. 이 부분은 예수님과 그의 반대자들간의 신학적인 차이가 있었음을 강조하는 구절들이다: 이것과 관련되어 있는 질문은 예수님 안에서 하나님의 임재를 인식할 수 있느냐 없느냐에 관한 것이다. **10:24** 요한복음서에서 유일하게 예수님이 그리스도이신지 단도직입적으로 질문하는 구절이다. **10:25-30** **10:25** *내가 너희에게 이미 말하였는데도.* 예수님은 다른 곳에 이미 증거하신 것들을 여기서 다시 증언하신다 (5:31-47; 8:28-29, 38; 10:14-16을 보라). **10:26-29** 예수님의 말씀은 다시 한 번 믿음과 선택에 대한 역설적인 관계에 대하여 질문을 제기한다 (6:36-40을 보라). *믿는* 것은 예수님의 음성을 듣는 이들에게 속하는 것을 의미한다. 그러나 하나

언제까지 우리의 마음을 졸이게 하시렵니까? 당
신이 [ㄱ]그리스도이면 그렇다고 분명하게 말하여
주십시오." 25 예수께서 그들에게 대답하셨다.
"내가 너희에게 이미 말하였는데도, 너희가 믿지
않는다. 내가 내 아버지의 이름으로 하는 그 일들
이 곧 나를 증언해 준다. 26 그런데 너희가 믿지
않는 것은, 너희가 내 양이 아니기 때문이다.
27 내 양들은 내 목소리를 알아듣는다. 나는 내
양들을 알고, 내 양들은 나를 따른다. 28 나는
그들에게 영생을 준다. 그들은 영원토록 멸망하
지 아니할 것이요, 또 아무도 그들을 내 손에서 빼
앗아 가지 못할 것이다. 29 [ㄴ]그들을 나에게 주
신 내 아버지는 [ㄷ]만유보다도 더 크시다. 아무도 아
버지의 손에서 그들을 빼앗아 가지 못한다. 30 나
와 아버지는 하나이다."

31 이 때에 유대 사람들이 다시 돌을 들어서
예수를 치려고 하였다. 32 예수께서 그들에게
말씀하셨다. "내가 아버지의 권능을 힘입어서, 선
한 일을 많이 하여 너희에게 보여 주었는데, 그 가
운데서 어떤 일로 나를 돌로 치려고 하느냐?"
33 유대 사람들이 대답하였다. "우리가 당신을 돌
로 치려고 하는 것은, 선한 일을 하였기 때문이 아
니라, 하나님을 모독하였기 때문이오. 당신은 사
람이면서, 자기를 하나님이라고 하였소." 34 예
수께서 그들에게 말씀하셨다. "[ㄹ]너희의 율법에,
[ㅁ]'내가 너희를 신들이라고 하였다' 하는 말이
기록되어 있지 않으냐? 35 하나님의 말씀을
받은 사람들을 하나님께서 신이라고 하셨다. 또 성
경은 폐하지 못한다. 36 그런데 아버지께서 거
룩하게 하여 세상에 보내신 사람이, 자기를 하나
님의 아들이라고 한 말을 가지고, 너희는 그가
하나님을 모독한다고 하느냐? 37 내가 내 아버
지의 일을 하지 아니하거든, 나를 믿지 말아라.
38 그러나 내가 그 일을 하고 있으면, 나를 믿지는
아니할지라도, 그 일은 믿어라. 그리하면 너희는,
아버지께서 내 안에 계시고 또 내가 아버지 안에
있다는 것을, 깨달아 알게 될 것이다." 39 [그러
므로] 그들이 다시 예수를 잡으려고 하였으나,
예수께서는 그들의 손을 벗어나서 피하셨다.

40 예수께서 다시 요단 강 건너 쪽, 요한이
처음에 [ㅂ]세례를 주던 곳으로 가서, 거기에 머무르
셨다. 41 많은 사람이 그에게로 왔다. 그들은
이렇게 말하였다. "요한은 [ㅅ]표징을 하나도 행하
지 않았으나, 요한이 이 사람을 두고 한 말은 모
두 참되다." 42 그 곳에서 많은 사람이 예수를
믿었다.

ㄱ) 또는 '메시아' ㄴ) 다른 고대 사본들에는 '내 아버지께서 내게 주신 것은 무엇보다도 위대하고, 아무도 내 아버지의 손에서 그것을 빼앗을 수 없다.' ㄷ) 또는 '모든 존재' ㄹ) 다른 고대 사본들에는 '너희의'가 없음 ㅁ) 시 82:6 ㅂ) 또는 '침례' ㅅ) 2:11의 주를 볼 것

님께서 사람을 예수께로 인도하시지 않는 한 누구도 그의 음성을 들을 수는 없다. **10:30** *하나이다.* 30절에서 하나를 나타내는 희랍어 단어 *헨*은 남성형이 아니고 중성이다. 중성형이라는 의미는 예수와 하나님이 한 인격체임을 나타내려는 것보다는 예수님과 하나님이 더불어 하는 사역이 하나임을 의미한다. 예수님의 사역과 하나님의 사역은 구분될 수 없다. 왜냐하면 예수께서는 하나님의 사역에 온전히 동참하시기 때문이다. **10:31** 5:18; 8:59를 보라. **10:32-39** 예수께서 자신을 하나님으로 여기는지의 여부에 초점이 맞추어지고 있다. **10:36** 불경죄 고소에 대한 대답이다 (34절). 이는 예수님의 정체성과 소명을 주장하는 분은 예수님 스스로가 아니라 하나님이시라고 설명하고 있다. 하나님의 아들로서 예수님은 아버지께서 그에게 하라고 하신 일들을 수행하신다 (5:36). **10:37-38a** 예수님은 다시 그가 행하는 일들을 보고 그를 믿으라고 촉구하신다 (5:36). **10:38b** 1:1과 동일한 주장을 하고 있다. 그러나 여기서는 아버지와/아들의 언어와 내재하심에 대한 용어들을 사용하고 있다. 강조점은 이 둘간의 연합에 있다 (또한 10:30을 보라). **10:39** 예수님을 *잡으려는* 또 다른 시도가 수포로 돌아간다. **10:40-42** 세례 요한에 대한 마지막 증거이며, 예수님에 대하여 증거하는 요한의 역할에 대하여 재확언하고 있다.

11:1—12:50 이 두 장은 예수님의 공생애 사역(1—10장)과 그의 "때"(13—21장)를 연결시켜 주는 교량역할을 한다. 11장과 12장은 독자들로 하여금 예수님의 죽음과 부활에 임하도록 준비시키는 부분이다.

11:1—12:11 세 개의 연관된 부분으로 구성되어 있다: (1) 11:1-44, 나사로를 죽음에서 일으키심; (2) 11:45-54, 예수님을 죽이고자 하는 결의; (3) 11:55—12:11, 베다니에서 예수님이 기름부음을 받으심.

11:1-44 다른 복음서들도 예수께서 죽은 이를 살리시는 기록들을 포함하지만, 나사로를 살린 이야기는 오직 이 복음서에만 기록되어 있다. **11:1-6** **11:1** 베다니는 예루살렘에서 가까운 거리였다 (18절; 또한 마 21:17; 막 11;1, 11-12; 눅 19:29를 보라). 마리아와 마르다는 누가복음서에도 나타난다 (10:38-42). 그러나 이 자매들은 요한복음서에서 더 현저한 역할을 감당하고 있다. **11:2** 기름부음을 기대하고 있으며 (12:1-8) 두 개의 이야기를 연결해 주고 있다. **11:4** 자매들의 전갈에 대한 예수님의 응답(3절)은 하나의 신학적인 주제를 소개해 주고 있는데 (또 다른 예수님의 신학적인 응답에 대하여는 9:3-5를 보라), 이를 통하여 우리는 이 이야기가 어떻게 결말지어질 것인가를 알 수 있다. 이 질병은 예수님 안에서 역사하시는 하나님에 대해 계시해 준다. **11:5-6** 예수께서 나사로 가족을 극진히 사랑

죽은 나사로를 살리시다

11 1 한 병자가 있었는데, 그는 마리아와 그
의 자매 마르다의 마을 베다니에 사는 나
사로였다. 2 마리아는 주님께 향유를 붓고, 자기
의 머리털로 주님의 발을 씻은 여자요, 병든 나사
로는 그의 오라버니이다. 3 그 누이들이 사람을
ㄱ)예수께로 보내서 말하였다. "주님, 보십시오. 주
님께서 사랑하시는 사람이 앓고 있습니다."
4 예수께서 들으시고 말씀하셨다. "이 병은, 죽
을 병이 아니라 오히려 하나님의 영광을 드러낼
병이다. 이것으로 말미암아 하나님의 아들이 영
광을 받게 될 것이다." 5 예수께서는 마르다와
그의 자매와 나사로를 사랑하셨다. 6 그런데 예
수께서는 나사로가 앓는다는 말을 들으시고도,
계시던 그 곳에 이틀이나 더 머무르셨다. 7 그리
고 나서 제자들에게 "다시 유대 지방으로 가자"
하고 말씀하셨다. 8 제자들이 예수께 말하였다.
"선생님, 방금도 유대 사람들이 선생님을 돌로 치
려고 하였는데, 다시 그리로 가려고 하십니까?"
9 예수께서 대답하셨다. "낮은 열두 시간이나 되
지 않느냐? 사람이 낮에 걸어다니면, 햇빛이 있으
므로 걸려서 넘어지지 않는다. 10 그러나 밤에
걸어다니면, 빛이 그 사람 안에 없으므로, 걸려서
넘어진다." 11 이 말씀을 하신 뒤에, 그들에게
말씀하셨다. "우리 친구 나사로는 잠들었다. 내가
가서, 그를 깨우겠다." 12 제자들이 말하였다.
"주님, 그가 잠들었으면, 낫게 될 것입니다."
13 예수께서는 나사로가 죽었다는 뜻으로 말씀
하셨는데, 제자들은 그가 잠이 들어 쉰다고 말씀
하시는 것으로 생각하였다. 14 이 때에 예수께
서 그들에게 밝혀 말씀하셨다. "나사로는 죽었다.
15 내가 거기에 있지 않은 것이 너희를 위해서 도
리어 잘 된 일이므로, 기쁘게 생각한다. 이 일로
말미암아 너희가 믿게 될 것이다. 그에게로 가
자." 16 그러자 ㄴ)디두모라고도 하는 도마가 동
료 제자들에게 "우리도 그와 함께 죽으러 가자"
하고 말하였다.

예수는 부활과 생명이시다

17 예수께서 가서 보시니, 나사로가 무덤 속
에 있은 지가 벌써 나흘이나 되었다. 18 베다니
는 예루살렘에서 ㄷ)오 리가 조금 넘는 가까운 곳인
데, 19 많은 유대 사람이 그 오라버니의 일로 마
르다와 마리아를 위로하러 와 있었다. 20 마르
다는 예수께서 오신다는 말을 듣고서 맞으러 나가
고, 마리아는 집에 앉아 있었다. 21 마르다가 예

ㄱ) 그, '그에게로' ㄴ) 또는 '쌍둥이' ㄷ) 그, '십오 스타디아'. 약 3킬로미터

하셨다는 점을 고려해볼 때 그가 곧 바로 출발하지 않고 지체하신 것은 뭔가 앞뒤가 맞지 않는 듯하다. 그러나 2:4; 7:9-10에서 예수께서 다른 사람이나 친구들의 요구를 거절하신 것을 주목하라. 예수님의 때와 하나님과의 관계가 이 사건을 주장하지 사람들의 기대나 그들이 생각하는 적절한 시기 등이 이 사건을 주장하지 않는다. **11:7-10** 예수님을 죽이려는 음모에도 불구하고 그가 예루살렘으로 향하시는 것은 그가 죽음을 자발적으로 선택하고 계심을 보여준다 (10:17-18을 보라). **11:9-10** 8:12; 9:5를 보라. **11:11-14** 언어 기법과 오해이다. 희랍어나 영어 둘 다에서 *잠*은 죽음에 대한 완곡한 표현이다. **11:15** 이 이야기가 어떻게 끝날 것인지에 대해 암시해 준다. 나사로의 죽음은 계시를 위한 좋은 기회이며 (4절), 동시에 제자들을 믿음으로 이끌 수 있는 좋은 기회이다 (2:11을 보라). **11:16** 모호하다. 왜냐하면 나사로의 죽음과 예수님의 죽음 둘 다가 이 유대로 향한 여정과 함께 맞물려져 있기 때문이다. **11:17-37** 이것은 신학적으로 핵심적인 역할을 감당하는 구절이며, 기적의 의미를 미리 설명해 주고 있다. **11:19** 이웃 사람들이 애곡하는 것에 동참했던 것은 그 당시 종교관례였다. *많은 유대 사람.* 이들은 예수님을 반대했던 종교 지도자들이 아니라 중립적인 사람들이다. **11:21-22** 마르다의 말은 불만과 (21절) 확신 (22절, *이제라도*) 둘 다를 포함한다. 심지어 죽음에 임박해서도 하나님이 예수님의 기도를 들으실 것을 마르다는 알고 있었다. **11:23-24** 예수께서 그의 말씀에 대한 구체적인 의미를 제공하지 않으신다. 이런 이유로 여기 마르다가 이해하고 있는 것처럼, 이 말씀은 미래의 모든 믿는 이들의 일반적인 부활을 의미하는 것으로 (단 12:2) 해석할 수 있다. **11:25-26** 여기 예수님의 말씀은 본문 전체를 이해하는 데 중요한 열쇠가 된다.

특별 주석

"나는…이다"의 말씀에서, 예수님은 부활의 약속이 어떤 미래의 사건에 한정된 것이 아니라, 지금 예수님 안에서 경험되어질 수 있는 것이라고 선포하신다. 예수님은 온전히 생명을 주시는 하나님의 권능을 소유한 분이시다 (5:21-29). 부활과 생명으로서, 예수님은 현재(26a절)와 미래(25b절)의 죽음의 권세를 정복하신다.

11:27 *내가 믿습니다.* 이것은 공식적인 신앙고백적인 언어이다 (6:69; 20:29). **11:28-29** 마리아의 행동은 10:3과 16절의 예수님의 말씀을 증거해 주는 행동이다—그녀는 예수님의 양들 중에 하나이다. 왜냐하면 예수님이 부르실 때에 그녀는 응답하고 있기 때문

수께 말하였다. "주님, 주님이 여기에 계셨더라
면, 내 오라버니가 죽지 아니하였을 것입니다.
22 그러나 이제라도, 나는 주님께서 하나님께 구하
시는 것은 무엇이나 하나님께서 다 이루어 주실
줄 압니다." 23 예수께서 마르다에게 말씀하셨다.
"네 오라버니가 다시 살아날 것이다." 24 마르
다가 예수께 말하였다. "마지막 날 부활 때에 그가
다시 살아나리라는 것은 내가 압니다." 25 예수
께서 마르다에게 말씀하셨다. "나는 부활이요 생
명이니, 나를 믿는 사람은 죽어도 살고, 26 살아
서 나를 믿는 사람은 영원히 죽지 아니할 것이다.
네가 이것을 믿느냐?" 27 마르다가 예수께 말하
였다. "예, 주님! 주님은 세상에 오실 ㄱ)그리스도이
시며, 하나님의 아들이심을, 내가 믿습니다."

예수께서 눈물을 흘리시다

28 이렇게 말한 뒤에, 마르다는 가서, 그 자
매 마리아를 불러서 가만히 말하였다. "선생님께
서 와 계시는데, 너를 부르신다." 29 이 말을 듣
고, 마리아는 급히 일어나서 예수께로 갔다. 30 예
수께서는 아직 동네에 들어가지 않으시고, 마르
다가 예수를 맞이하던 곳에 그냥 계셨다. 31 집
에서 마리아와 함께 있으면서 그를 위로해 주던
유대 사람들은, 마리아가 급히 일어나서 나가는
것을 보고, 무덤으로 가서 울려고 하는 것으로 생
각하고, 그를 따라갔다. 32 마리아는 예수께서
계신 곳으로 와서, 예수님을 뵙고, 그 발 아래에
엎드려서 말하였다. "주님, 주님이 여기에 계셨더
라면, 내 오라버니가 죽지 않았을 것입니다."
33 예수께서는 마리아가 우는 것과, 함께 따라온
유대 사람들이 우는 것을 보시고, 마음이 비통하
여 괴로워하셨다. 34 예수께서 그들에게 물으셨
다. "그를 어디에 두었느냐?" 그들이 대답하였다.
"주님, 와 보십시오." 35 예수께서는 눈물을 흘
리셨다. 36 그러자 유대 사람들은 "보시오, 그가
얼마나 나사로를 사랑하였는가!" 하고 말하였다.
37 그 가운데서 어떤 사람은 이렇게 말하였다.
"눈먼 사람의 눈을 뜨게 하신 분이, 이 사람을 죽지
않게 하실 수 없었단 말이오?"

나사로가 살아나다

38 예수께서 다시 속으로 비통하게 여기시
면서 무덤으로 가셨다. 무덤은 동굴인데, 그 어귀
는 돌로 막아 놓았다. 39 예수께서 "돌을 옮겨
놓아라" 하시니, 죽은 사람의 누이 마르다가 말하
였다. "주님, 죽은 지가 나흘이나 되어서, 벌써 냄
새가 납니다." 40 예수께서 마르다에게 말씀하
셨다. "네가 믿으면 하나님의 영광을 보게 되리라
고, 내가 네게 말하지 않았느냐?" 41 사람들이
그 돌을 옮겨 놓았다. 예수께서 하늘을 우러러 보
시고 말씀하셨다. "아버지, 내 말을 들어주신 것을
감사드립니다. 42 아버지께서는 언제나 내 말을

ㄱ) 또는 '메시아'

이다. **11:32** 마리아가 예수님을 맞이하는 데 있어서도 우리는 마르다와 똑같은 불평과 확신이 내포되어 있는 것을 알게 된다 (21-22절). **11:33-35** *마음이 비통하여 괴로워하셨다.* 예수님은 마리아가 우는 것을 보고 답하신다. 그는 마음이 *비통하셨고* (희랍어, *브림마오마이*) *괴로워하셨다* (희랍어, *타라소오*) (33절). 개역개정은 "심령에 비통히 여기시고 불쌍히 여기사;" 공동번역은 "비통한 마음이 북받쳐 올랐다." 여기서 예수께서 깊은 동정심을 표현하는 것으로 (36절) 나타나 있으나 희랍어 원문의 의미는 동정심보다는 아주 심한 동요와 분노의 의미를 포함하고 있다. 여기에서 우리가 예수님의 반응과 그의 눈물을 지나치게 감상적인 것으로 이해하지 않도록 주의해야 한다 (35절). 이 구절들은 죽음이 인간에게 가져오는 쓰라린 대가와 그 위압감에 대하여 증거해 주고 있으며, 이를 통하여 예수님의 죽음에 대한 궁극적인 승리가 갖는 의미를 강조하고 있는 것이다. **11:38-44** **11:38** *비통하게 여기시면서* (희랍어, *브림마오마이*). 이 표현에 대해여는 33-35절을 보라. **11:39** 예수께서는 무덤에서 죽음 자체를 직면하고 계시는데 이 죽음에 대하여 마리아는 항의하고 있다. **11:40** 40절은 4, 15, 25-26절에 소개된 예수님의 말씀을 하나로 묶어 전달하고 있다. 이것은 마르다와 독자들에게 곧 일어나게 될 기적의 계시적인 의미에 대하여 상기시켜 준다. **11:41-42** 예수님의 기도는 기적의 참 주인이신 하나님께 향하고 있다. 예수님이 말씀하고 행하시는 모든 것이 하나님이 그에게 주신 것이다 (5:19-20; 10:32-39) **11:43-44** 예수님은 나사로의 이름을 부르시고 (10:3을 보라), 죽음의 권세를 깨뜨리신다. 나사로가 아직도 꽁꽁 묶여있는 모습은 죽음이 나사로를 짓눌렀으며, 이 죽음의 권세가 실재적이었음을 알려 준다. 이것은 동시에 예수께서 부활하실 때 아무 것에도 매여 있거나 묶여 있지 않는 것과 대조를 이룬다 (20:6-7). 예수께서는 죽음의 모든 속박으로부터 자유로이 부활하실 것이다.

11:45-54 나사로의 기적은 종교 지도자들이 정식으로 예수님의 사형을 요구하는 역할을 한다. **11:45** 예수님의 행위는 유대 사람들간에 분열을 야기시킨다 (2:9-10; 5:10-18; 9:8-12). **11:46** 기적에 대한 보고는 유대 사람들로 하여금 47-53절에서 공회를 소집하게 한다. **11:47-48** 당시 예루살렘은 로마인들이

들어주신다는 것을 압니다. 그런데도 이렇게 말
씀을 드리는 것은, 둘러선 무리를 위해서입니다.
그들로 하여금 아버지께서 나를 보내신 것을 믿게
하려는 것입니다." 43 이렇게 말씀하신 다음에,
큰 소리로 "나사로야, 나오너라" 하고 외치시니,
44 죽었던 사람이 나왔다. 손발은 천으로 감겨
있고, 얼굴은 수건으로 싸매여 있었다. 예수께서
그들에게 "그를 풀어 주어서, 가게 하여라" 하고
말씀하셨다.

예수를 죽이려는 음모

(마 26:1-5; 막 14:1-2; 눅 22:1-2)

45 마리아에게 왔다가 예수께서 하신 일을
본 유대 사람들 가운데서 많은 사람이 예수를 믿
게 되었다. 46 그러나 그 가운데 몇몇 사람은 바
리새파 사람들에게 가서, 예수가 하신 일을 그들
에게 알렸다. 47 그래서 대제사장들과 바리새파
사람들은 공의회를 소집하여 말하였다. "이 사람
이 ㄱ)표징을 많이 행하고 있으니, 어떻게 하면 좋
겠습니까? 48 이 사람을 그대로 두면 모두 그를
믿게 될 것이요, 그렇게 되면 로마 사람들이 와서
우리의 ㄴ)땅과 민족을 약탈할 것입니다. 49 그 가
운데 한 사람으로서, 그 해의 대제사장인 가야바가
그들에게 말하였다. "당신들은 아무것도 모르오.
50 한 사람이 백성을 위하여 죽어서 민족 전체가
망하지 않는 것이, 당신들에게 유익하다는 것을
생각하지 못하고 있소." 51 이 말은, 가야바가
자기 생각으로 한 것이 아니라, 그 해의 대제사장
으로서, 예수가 민족을 위하여 죽으실 것을 예언
한 것이니, 52 민족을 위할 뿐만 아니라, 흩어져
있는 하나님의 자녀를 한데 모아서 하나가 되게
하기 위하여 죽으실 것을 예언한 것이다. 53 그
들은 그 날로부터 예수를 죽이려고 모의하였다.
54 그래서 예수께서는 유대 사람들 가운데로
더 이상 드러나게 다니지 아니하시고, 거기에서
떠나, 광야에서 가까운 지방 에브라임이라는 마
을로 가서, 제자들과 함께 지내셨다.
55 유대 사람들의 ㄷ)유월절이 가까이 다가오
니, 많은 사람이 자기의 몸을 성결하게 하려고,
ㄷ)유월절 전에 시골에서 예루살렘으로 올라왔다.
56 그들은 예수를 찾다가, 성전 뜰에 서서 서로
말하였다. "당신들은 어떻게 생각합니까? 그가
명절을 지키러 오지 않겠습니까?" 57 대제사장
들과 바리새파 사람들은 예수를 잡으려고, 누구
든지 그가 있는 곳을 알거든 알려 달라는 명령을
내려 두었다.

ㄱ) 2:11의 주를 볼 것 ㄴ) 또는 '성전' ㄷ) 출 12:13, 21-28을 볼 것

통치하고 있었다. 만약 더 많은 무리들이 예수님을 따르게 된다면 로마인들은 지도자들에게 그 책임을 물어 그들로부터 그들이 누리던 권력을 박탈하여 가게 될 것이다. 실제로 로마는 기원후 70년에 예루살렘을 멸망시켰다. **11:49-50** 가야바의 말은 47-48절이 증언하는 것처럼 정치적인 편이성과 그들의 사리사욕을 일변해 주고 있다. **11:51-52** 해설자는 이 상황의 기이한 면을 설명해 준다: 가야바는 부지불식간에 예수님의 죽음의 참된 의미에 대하여 예언해 주고 있다 (*한데 모아서 하나가 되게 하기 위해서*, 10:15-18; 12:32; *하나님의 자녀*들 1:12를 보라). **11:53** *모의하였다*. 이것은 공식적으로 예수님을 죽이려는 것을 알려주는 말이다 (5:18).

11:55—12:11 11:55-57 예수님을 죽이고자 하는 결정과 (53절) 유월절을 연결시키고 있다. 이것은 요한복음서에서 세 번째로 언급되는 유월절이다 (2:13, 23; 6:4). **12:1-8 12:1-2** 나사로의 이야기가 여기 기름부음의 배경이 되어 있다. **12:3-8** 사복음서 모두가 예수께서 기름부음 받으신 내용을 기록하고 있다. 마가, 마태, 요한복음에서는 기름부음이 예수님의 죽음과 연관되어 있다 (막 14:3-9; 마 26:1-13; 눅 7:36-49를 참조). **12:3** 향유의 양과 품질이 소개된다. *닦았다* (희랍어, *엑크마소오*). 이것은 예수께서 제자들의 발을 씻겨주신 것을 묘사한 것과 동일한 단어이며 (13:5), 이 둘간에는 심오한 연관이 있다. 예수께서 제자들의 발을 씻어주신 것이 그가 그들을 사랑하는 표현인 것처럼 (13:1-20), 마리아가 예수님의 발을 씻은 것도 동일한 표현이다. **12:4-6** 여기서 유다가 마리아와 대조되는 인물로 주목되고 있다. 마리아의 행동은 예수께 대한 엄청난 사랑과 헌신의 표현인 반면, 유다는 그를 배반할 것이다. **12:7-8** 예수님은 마리아의 행동은 인정하시지만 유다의 험담은 꾸짖으신다. 예수님은 마리아의 행동을 칭찬하시는데, 이는 그녀의 기름부음이 그의 임박한 죽음에 대한 그녀의 헌신의 표현이기 때문이다. 그녀는 예수께서 그들과 있으실 시간이 얼마 남지 않았음을 알고 있다. 마리아는 사랑에 입각해 행동한 충실한 제자이다. **12:9-11** 나사로가 죽음에서 다시 살아난 것에 대한 사람들의 반응이 종교 지도자들에게 위협이 되고 있는 것을 보여준다 (11:46-53을 보라).

12:12-19 사복음서 모두가 예수님의 승리의 예루살렘 입성에 대하여 기록한다 (마 21:1-11; 막 11:1-10; 눅 20:29-40을 보라). 이중에 요한복음서의 기록이 가장 명료하며 요한복음서에는 입성을 위한 준비과정에 대한 기록이 없다. **12:13** 종려나무는 국가적인 승리와 성공의 상징이다. 여기 소개된 호칭 *"이스라엘의 왕"* (습 3:14-15)은 예수님을 통하여 하나님께서 이스라엘 나라를 회복하실 것에 대한 백성들의 소망에 대해 알려주는 말이다.

한 여자가 예수의 발에 향유를 붓다

(마 26:6-13; 막 14:3-9)

12 1 ㄱ)유월절 엿새 전에, 예수께서 베다니
에 가셨다. 그 곳은 예수께서 죽은 사람
가운데에 살리신 나사로가 사는 곳이다. 2 거기
서 예수를 위하여 잔치를 베풀었는데, 마르다는
시중을 들고 있었고, 나사로는 식탁에서 예수와
함께 음식을 먹고 있는 사람 가운데 끼여 있었다.
3 그 때에 마리아가 매우 값진 순 나드 향유 한
근을 가져다가 예수의 발에 붓고, 자기 머리털로
그 발을 닦았다. 온 집 안에 향유 냄새가 가득 찼다.
4 예수의 제자 가운데 하나이며 장차 예수를 넘
겨줄 가룟 유다가 말하였다. 5 "이 향유를 ㄴ)삼백
데나리온에 팔아서 가난한 사람들에게 주지 않고,
왜 이렇게 낭비하는가?" 6 (그가 이렇게 말한 것
은, 가난한 사람을 생각해서가 아니다. 그는 도둑
이어서 돈자루를 맡아 가지고 있으면서, 거기에
든 것을 훔쳐내곤 하였기 때문이다.) 7 예수께서
말씀하셨다. "그대로 두어라. 그는 나의 장사 날
에 쓰려고 간직한 것을 쓴 것이다. 8 가난한 사
람들은 언제나 너희와 함께 있지만, 나는 언제나
너희와 함께 있는 것이 아니다."

나사로를 해하려고 모의하다

9 유대 사람들이 예수가 거기에 계신다는 것을
알고, 크게 떼를 지어 몰려왔다. 그들은 예수를 보
려는 것만이 아니라, 그가 죽은 사람들 가운데서
다시 살리신 나사로를 보려는 것이었다. 10 그래
서 대제사장들은 나사로도 죽이려고 모의하였다.
11 그것은 나사로 때문에 많은 유대 사람이 떨어져
나가서, 예수를 믿었기 때문이다.

예루살렘 입성

(마 21:1-11; 막 11:1-11; 눅 19:28-40)

12 다음날에는 명절을 지키러 온 많은 무리가,
예수께서 예루살렘에 들어오신다는 말을 듣고,
13 종려나무 가지를 꺾어 들고, 그분을 맞으러
나가서

ㄷ)"호산나!
ㄹ)주님의 이름으로 오시는 이에게
복이 있기를!
이스라엘의 왕에게 복이 있기를!"

하고 외쳤다. 14 예수께서 어린 나귀를 보시고,
그 위에 올라타셨다. 그것은 이렇게 기록한 성경
말씀과 같았다.
15 ㅁ)"시온의 딸아,
두려워하지 말아라.
보아라, 네 임금이
어린 나귀를 타고 오신다."
16 제자들은 처음에는 이 말씀을 깨닫지 못하였
으나, 예수께서 영광을 받으신 뒤에야, 이것이 예
수를 두고 기록한 것이며, 또 사람들도 그에게 그
렇게 대하였다는 것을 회상하였다. 17 또 예수
께서 무덤에서 나사로를 불러내어 죽은 사람들 가
운데서 살리실 때에 함께 있던 사람들이, 그 일어
난 일을 증언하였다. 18 이렇게 무리가 예수를
맞으러 나온 것은, 예수가 이런 ㅂ)표징을 행하셨다
는 말을 들었기 때문이다. 19 그래서 바리새파
사람들이 서로 말하였다. "이제 다 틀렸소. 보시오.
온 세상이 그를 따라갔소."

ㄱ) 출 12:13, 21-28을 볼 것 ㄴ) 삼백 데나리온은 노동자의 일년 품삯 ㄷ) '구원하여 주십시오!' 라는 뜻을 지닌 말로서 찬양에서 쓰임 ㄹ) 시 118:25, 26 ㅁ) 슥 9:9 ㅂ) 2:11의 주를 볼 것

특별 주석

요한복음서에 의하면, 권력의 본질이 예수님에 의하여 재정의되고 있다. 따라서 예수님의 왕되심은 요한복음서에서 중요한 주제이다 (1:49; 6:14-15를 보라). 이 주제는 고난설교에서 (18:28- 19:22) 그 결론이 맺어진다.

12:14-15 다른 복음서들에 의하면, 예수께서 먼저 나귀를 타고 입성하시고, 군중들이 이 입성에 반응을 보인다. 그러나 여기서는 예수님의 왕되심에 대한 군중들의 이해를 바로잡아 주기 위하여 예수께서 나귀를 타고 입성하신다. 예수님은 다윗과 같은 전쟁 영웅으로서의 왕이 아니고 슥 9:9가 증거하는 것과 같은 겸손한 왕이시다. **12:16** 오직 예수께서 죽으시고 부활하신 이후에야 비로소 예수님의 참된 왕되심이 이해될 수 있다 (2:22를 보라). **12:17-19** 11:47-53을 보라.

12:20-36 **12:20** 그리스 사람들이 예수께 오는 것은 19절의 바리새파 사람들의 예언, "온 세상이 그를 따라갔소"가 성취되고 있음을 보여준다. **12:21-22** 이 첫 이방인 제자들이 예수께 나아오는 사건은 1:35-46의 첫 제자들 사건을 반영하고 있다. **12:23** *때가 왔다.* 그리스 사람들이 예수께 나아온 것은 종말론적인 모든 인류를 구원하시는 사건이 성취되어가고 있음을 보여주며 (4:42), 이것은 동시에 새 시대가 도래하고 있음을 의미한다. **12:24-36** 여기에는 예수님의 죽음의 의미와 그의 때가 임박했음을 설명해 주는 일련의 가르침들이 제시되고 있다 (24-26, 32절). **12:24** 밀알에 대한 비유를 통하여 예수님은 그의 죽음이 새 생명을 가

예수를 보러 온 그리스 사람들

20 명절에 예배하러 올라온 사람들 가운데
그리스 사람이 몇 있었는데, 21 그들은 갈릴리
벳새다 출신 빌립에게로 가서 청하였다. "선생님,
우리가 예수를 뵙고 싶습니다." 22 빌립은 안드
레에게로 가서 말하고, 안드레와 빌립은 예수께
그 말을 전하였다. 23 예수께서 그들에게 대답
하셨다. "인자가 영광을 받을 때가 왔다. 24 내가
진정으로 진정으로 너희에게 말한다. 밀알 하나
가 땅에 떨어져서 죽지 않으면 한 알 그대로 있고,
죽으면 열매를 많이 맺는다. 25 자기의 목숨을
사랑하는 사람은 잃을 것이요, 이 세상에서 자기
의 목숨을 미워하는 사람은, 영생에 이르도록 그
목숨을 보존할 것이다. 26 나를 섬기려고 하는
사람은, 누구든지 나를 따라오너라. 내가 있는 곳
에는, 나를 섬기는 사람도 나와 함께 있을 것이다.
누구든지 나를 섬기면, 내 아버지께서 그를 높여
주실 것이다."

인자는 들려야 한다

27 "지금 내 마음이 괴로우니, 무슨 말을 하
여야 할까? '아버지, 이 시간을 벗어나게 하여 주
십시오' 하고 말할까? 아니다. 나는 바로 이 일 때
문에 이 때에 왔다. 28 아버지, 아버지의 이름을
영광스럽게 드러내십시오." 그 때에 하늘에서 소
리가 들려 왔다. "내가 이미 영광되게 하였고, 앞
으로도 영광되게 하겠다." 29 거기에 서서 듣고
있던 무리 가운데서 더러는 천둥이 울렸다고 하
고, 또 더러는 천사가 그에게 말하였다고 하였다.
30 예수께서 대답하셨다. "이 소리가 난 것은, 나
를 위해서가 아니라 너희를 위해서이다. 31 지
금은 이 세상이 심판을 받을 때이다. 이제는 이 세
상의 통치자가 쫓겨날 것이다. 32 내가 땅에서
들려서 올라갈 때에, 나는 모든 사람을 내게로 이
끌어 올 것이다." 33 이것은 예수께서 자기가 당
하실 죽음이 어떠한 것인지를 암시하려고 하신 말
씀이다. 34 그 때에 무리가 예수께 말하였다.

져다 줄 것에 대하여 가르치신다. 이는 그의 죽음은 믿음의 공동체를 상징하는 *열매*를 맺기 때문이다 (15:1-8을 보라). **12:25** 또한 마 10:39; 16:25; 막 10:39; 눅 9:24; 17:33을 보라. **12:26** 또한 마 10:38; 막 8:34; 눅 14:27을 보라. 24절에서처럼 예수님의 죽음은 그를 따르는 믿음의 공동체에게 새 생명을 창조해 준다. 예수님의 가장 고귀한 헌신은 그의 삶을 주시는 것이며, 이를 통하여 그의 믿음의 공동체는 예수님을 따르고 나아가 서로를 사랑하도록 부름받았다. **12:27** 흥미있게도 이 구절은 막 14:32-42를 연상시켜 준다. 요한복음서에 따르면, 죽음에 임박하신 예수님은 어떤 동요도 보이지 않으신다. 예수님에게 있어서 죽음은 하나님의 뜻에 따른 사역을 궁극적으로 완성하는 것이기 때문이다. **12:31** 예수님의 죽으심은 악의 권세(*이 세상의 통치자;* 또한 마 4:8-9; 고후 4:4; 엡 2:2; 6:12를 보라)가 멸망당하는 것을 의미한다. **12:32** "올리움을 받는 것"에 대한 세 번째 예언은 (3:14; 8:28) 그를 통하여 주어지는 구원이 모든 *사람*을 위한 것임을 증거한다. **12:35-36a** 예수님과 그의 사역에 관한 이미지로서의 *빛과 어둠*에 대하여는 3:19-21; 8:12; 9:5; 11:9-10을 보라. 이 부분은 그의 임박한 때와 관련하여 믿음을 촉구하는 구절들이다.

12:36b-43 요한복음서 저자는 예수님의 공생애 결말에 대하여 설명하고 있다. 그는 바울이 롬 9—11장에서 고민했던 것과 똑같은 고민을 하고 있다. 이스라엘이 예수님을 받아들이지 않는 것을 어떻게 설명할 수 있을까 (1:11)? **12:37-41** 이러한 수수께끼에 대한 성서적인 해석이다 (사 53:1; 6:10). **12:42-43** 이러한 고민을 이 복음서가 쓰일 당시의 배경을 반영해 주고 있다 (서론과 9:22를보라).

특별 주석

다시 한 번 요한복음서는 하나님께서 솔선하여 주시는 것(37-41절)과 인간의 자유의지 선택간의(42-43절) 갈등을 보여준다. 6:36-40의 토론을 참조하라.

12:44-50 예수께서 말씀하시면서 그의 공생애가 끝나가고 있다. 이 말씀은 지금까지 그가 증거해 온 모든 말씀들을 요약해 주고 있으며, 동시에 독자들로 하여금 스스로 예수님을 어떻게 대할 것인가에 대해 결정하도록 촉구하고 있다.

13:1—17:26 예수께서 체포당하기 직전에 제자들과 만찬을 나누신다. 이 부분은 예수님의 고별식사와 세족 (13:1-38); 고별설교 (14;1—16:33); 그리고 그의 고별기도(17:1-26)로 이루어져 있다. 고별식사는 예수님의 제자들에 대한 온전한 사랑에 대한 진술이며 (13:1), 세족식을 통한 그 사랑의 표현이고 (13:1-7), 그리고 예수께서 그들을 사랑하신 것 같이 그들도 서로 사랑하라는 (13:34-35; 15:12-14를 보라) 권면으로 구성되어 있다. 고별설교 전체를 통하여 사랑의 행위가 제자도의 상징과 제자들과 예수님과의 관계를 증거해 주는 표식으로 제시되고 있다. 고별식사는 예수께서 기도하시는 것으로 끝나며, 이 기도를 통하여 예수님의 승천 후에도 하나님의 사랑은 믿음의 공동체 가운데 계속 임재하시며 지속적으로 공동체를 형성해 가실 것이다.

13:1-38 예수께서 죽으시기 전 마지막 날들에 대하여 기록하는 요한복음서의 시간은 다른 복음서들과 많은 차이가 난다. 공관복음서는 예수께서 목요일/금요일 아침에 재판받으시고 십자가형을 당하셨다고 기록들을 하고 있지만, 그들은 그런 사건들이 유월절 축하와 어떤

"우리는 율법에서 ㄱ)그리스도는 영원히 살아 계시
다는 것을 배웠습니다. 그런데 어떻게 당신은 인
자가 들려야 한다고 말씀하십니까? 인자가 누구
입니까?"
35 예수께서 그들에게 대답하셨다.
"아직 얼마 동안은 빛이 너희 가운데 있을 것이다.
빛이 있는 동안에 걸어다녀라. 어둠이 너희를 이
기지 못하게 하여라. 어둠 속을 다니는 사람은 자
기가 어디로 가는지를 모른다.
36 빛이 있는 동
안에 너희는 그 빛을 믿어서, 빛의 자녀가 되어라."

유대 사람들의 불신앙

이 말씀을 하신 뒤에, 예수께서는 그들을 떠
나서 몸을 숨기셨다.
37 예수께서 그렇게 많은
ㄴ)표징을 그들 앞에 행하셨으나, 그들은 예수를 믿지
아니하였다.
38 그리하여 예언자 이사야가 한
말이 이루어졌다.

ㄷ)"주님,
우리가 전한 것을 누가 믿었으며,
주님의 팔이
누구에게 나타났습니까?"

39 그들이 믿을 수 없었던 까닭을, 이사야가 또
이렇게 말하였다.

40 ㄹ)"주님께서
그들의 눈을 멀게 하시고,
그들의 마음을 무디게 하셨다.
그것은 그들이
눈이 있어도 보지 못하게 하고,
마음으로 깨달아서
돌아서지 못하게 하여,
ㅁ)나에게
고침을 받지 못하게
하려는 것이다."

41 이사야가 이렇게 말한 것은, 그가 예수의 영
광을 보았기 때문이다. 이 말은 그가 예수를 가리
켜서 한 것이다.
42 지도자 가운데서도 예수를
믿는 사람이 많이 생겼으나, 그들은 바리새파 사
람들 때문에, 믿는다는 사실을 드러내지는 못하
였다. 그것은, 그들이 회당에서 쫓겨날까봐 두려
워하였기 때문이다.
43 그들은 하나님의 영광보
다도 사람의 영광을 더 사랑하였다.

마지막 날과 심판

44 예수께서 큰 소리로 말씀하셨다. "나를
믿는 사람은 나를 믿는 것이 아니라 나를 보내신
분을 믿는 것이요,
45 나를 보는 사람은 나를 보
내신 분을 보는 것이다.
46 나는 빛으로서 세상
에 왔다. 그것은, 나를 믿는 사람은 아무도 어둠
속에 머무르지 않도록 하려는 것이다.
47 어떤
사람이 내 말을 듣고서 그것을 지키지 않는다 하
더라도, 나는 그를 심판하지 아니한다. 나는 세상
을 심판하러 온 것이 아니라 구원하러 왔다.
48 나를 배척하고 내 말을 받아들이지 않는 사람을
심판하시는 분이 따로 계시다. 내가 말한 바로 이
말이, 마지막 날에 그를 심판할 것이다.
49 나는
내 마음대로 말한 것이 아니다. 나를 보내신 아버
지께서, 내가 무엇을 말해야 하고, 또 무엇을 이
야기해야 하는가를, 친히 나에게 명령해 주셨다.
50 나는 그의 명령이 영생인 줄 안다. 그러므로
나는 무엇이든지 아버지께서 나에게 말씀하여 주신
대로 말할 뿐이다."

ㄱ) 또는 '메시아' ㄴ) 2:11의 주를 볼 것 ㄷ) 사 53:1 (칠십인역)
ㄹ) 사 6:10 (칠십인역) ㅁ) '나'는 '주'를 가리킴

연관이 있는지에 대해서는 서로 다른 의견들을 표명한다. 공관복음서에서는 이 만찬이 유월절 첫 날 저녁에 행해졌다 (막 14:12, 14, 16); 요한복음에서는 이 만찬이 유월절 전날, 유월절이 시작되기 전에 행해졌다 (13:1a). 요한복음서에 의하면, 성만찬이 아닌 세족식이 이 만찬의 중심으로 되어있는데, 요한복음서에서의 성만찬은 예수께서 배반당하던 날 저녁에 단 한 번 행해지는 것이 아니라, 그의 공생애 전체를 통하여 축하되고 있기 때문이다 (1911쪽 추가 설명: "요한복음서에서의 성만찬"을 보라). 세족식은 예수께서 그에게 속한 이들에 대한 사랑을 구체적으로 증거하고 보여주시는 사건이다. **13:1-20 13:1** *때.* 여기서의 때는 예수께서 영광받으시는 때를 의미한다—그의 죽음, 부활, 승천을 포함하는 말이다 (예를 들어, 2:4; 7:30; 8:20). 이 때가 되었다는 것은 예수님의 공생애가 마감되고 있음을 의미하며, 동시에 그가 하나님께로 돌아가실 때가 된 것을 의미한다. *끝까지* (희랍어, *에이스 텔로스*). "온전히" 혹은 "최선을 다하여" 등으로 번역될 수 있다. 다른 이중적인 의미를 증거하는 경우와 마찬가지로 (예를 들어, 3:3, 5), 여기서 요한은 이 두 가지 의미 다 전달하려는 것으로 보인다. 왜냐하면 예수께서 그에게 속한 이들을 사랑하시는 것은 "끝까지" 그리고 "온전히" "최선을 다하여" 사랑하시는 것이기 때문이다. **13:4-5** *닦아주셨다.* 이것은 12:3의 기름부음과 연관이 있다. 세족은 통상 여행길에 있는 손님에 대한 친절의 일환으로 베풀어졌으며, 종이나 손님 자신들이 행했다. 제자들의 발을 씻어주심으로써 예수께서 종과 주인의 역할을 둘 다 감당하고 계시다. 예수께서는 그의 제자들을 그의 "집,"

제자들의 발을 씻기시다

13 1 유월절 전에 예수께서는, 자기가 이 세
상을 떠나서 아버지께로 가야 할 때가 된
것을 아시고, 세상에 있는 자기의 사람들을 사랑
하시되, 끝까지 사랑하셨다. 2 저녁을 먹을 때
에, 악마가 이미 시몬 가룟의 아들 유다의 마음 속
에 예수를 팔아 넘길 생각을 불어넣었다. 3 예수
께서는, 아버지께서 모든 것을 자기 손에 맡기신
것과 자기가 하나님께로부터 왔다가 하나님께로
돌아간다는 것을 아시고, 4 잡수시던 자리에서
일어나서, 겉옷을 벗고, 수건을 가져다가 허리에
두르셨다. 5 그리고 대야에 물을 담아다가, 제자
들의 발을 씻기시고, 그 두른 수건으로 닦아주셨
다. 6 시몬 베드로의 차례가 되었다. 이 때에 베
드로가 예수께 말하였다. "주님, 주님께서 내 발
을 씻기시렵니까?" 7 예수께서 그에게 대답하셨
다. "내가 하는 일을 지금은 네가 알지 못하나, 나
중에는 알게 될 것이다." 8 베드로가 다시 예수
께 말하였다. "아닙니다. 내 발은 절대로 씻기지
못하십니다." 예수께서 그에게 말씀하셨다. "내가
너를 씻기지 아니하면, 너는 나와 상관이 없다."
9 그러자 시몬 베드로는 예수께 이렇게 말하였
다. "주님, 내 발뿐만이 아니라, 손과 머리까지도
씻겨 주십시오." 10 예수께서 그에게 말씀하셨
다. "이미 목욕한 사람은 온 몸이 깨끗하니, ㄱ)발
밖에는 더 씻을 필요가 없다. 너희는 깨끗하다. 그
러나, 다 그런 것은 아니다." 11 예수께서는 자
기를 팔아 넘길 사람을 알고 계셨다. 그러므로
"너희가 다 깨끗한 것은 아니다" 하고 말씀하신
것이다.

12 예수께서 제자들의 발을 씻겨주신 뒤에,
옷을 입으시고 식탁에 다시 앉으셔서, 그들에게
말씀하셨다. "내가 너희에게 한 일을 알겠느냐?
13 너희가 나를 선생님 또는 주님이라고 부르는데,

ㄱ) 다른 고대 사본들에는 '발 밖에는'이 없음

그의 아버지가 계신 처소로, 맞아들이고 계신다 (1:1; 14:2). **13:7** 예수님의 죽으심이 그의 이러한 행동들을 온전히 이해할 수 있는 정황을 제공해 줄 것이다 (2:22; 12:16). **13:8a** 베드로는 예수께서 종의 역할을 감당하시는 것을 허락하려 하지 않는다 (막 8:31-33을 보라). **13:8b** *상관.* 예수님이 발을 씻어주시는 것은 그의 친절을 받아들이는 것을 의미하며, 이로 인해 그 사람은 예수님을 통하여 하나님과 새로운 관계가 형성된다. 세족은 결국 하나님과 예수님과의 사랑의 관계 속으로 제자들을 맞아들이고 있다 (14:23, 31; 17:23-24, 26). **13:10a** 세족은 예수님과 그의 제자들간의 관계성에 관한 것이지, 단순한 목욕이나 씻는 행위를 의미하는 것이 아니기에, 예수께서는 베드로의 해석을 거절하신다. **13:10b-11** 유다도 예수께서 발을 씻어주신 제자들 중에 하나였다. 깨끗하지 않음은 물을 말하는 것이 아니라, 예수님과의 관계성을 의미하는 것이다. **13:14-15** 제자들이 이후로는 발을 씻어주는 일을 주도해야 한다. 그 이유는 예수께서 그들에게 행하신 사랑을 그들이 계속 행하며 더 확장시켜 가야 하기 때문이다 (8절). **13:16** 마 10:24-25; 눅 6:40을 보라. **13:18-19** 예수께서는 누가 그를 배신하게 될 것인지를 미리 언급하신다 (18절, 또한 11절; 시 41:9를 보라). 이것을 통하여 예수님은 그가 누구인지가 그의 때를 통하여 드러날 것들에 대해 가르치고 계시다. 모든 사람이 예수님의 사랑의 제의를 받아들이지는 않을 것이다. "내가 곧 나"는 "나는 나다"로 번역되어야 한다. 여기서 예수님은 자신을 하나님의 이름과 동일시하신다 (1904쪽 추가 설명: "나는…이다"를 보라). **13:20** 마 10:40을 보라. **13:21-30** 예수님은 분명하게 그가 발을 씻어주고, 식사를 같이 나눈 제자들 중 하나가 그를 배신하게 될 것이라고 말씀하신다. **13:23-25** 여기서 새로운 인물 하나가 소개된다. 그는 *예수께서 사랑하시는 제자*이고, 예수님의 때에 아주 중요한 역할을 감당하게 될 사람이다 (19:26-27; 20:2-10; 또한 21:7, 20-23을 보라). 그의 이름은 한 번도 공공연하게 언급되지 않았으며, 예수님과의 사랑의 관계성에 입각해서만 소개된다. 아마도 그는 이 복음서를 처음 읽었던 사람들에게는 잘 알려졌던 인물이었던 듯하며, 그의 이름이 소개되지 않는 것을 통해서 볼 때 그의 정체성보다는 그와 예수님과의 관계성이 실로 중요한 것이었음을 알려 준다 (서론을 보라). **13:26** 예수께서 유다에게 빵을 주며 하시는 말씀과 행위는 배반자인 유다에게까지도 그가 환대를 보이시는 것을 강조하려는 것이다 (13:4-5). **13:27** 유다가 예수님을 배반한 것은 우주적인 면에서 악과 선이 대결이다 (2절). 예수님과 유다가 서로 적이라기보다는 예수님과 사탄이 서로 적이다. 예수께서 유다에게 하신 말씀은 10:17-18을 상기시켜 준다: 예수님은 많은 사람들을 위하여 그의 생명을 자진해서 버리신다. **13:30** 1:5를 보라. 잠시 어둠이 다스린다. **13:31-38** 마지막 만찬에서 14—16장의 설교 내용으로 바뀌는 것을 보여준다. **13:31-35** 영광을 돌리는 것은 하나님의 임재를 보여주는 것을 의미한다.

특별 주석

이 가르침은 예수님과 하나님이 상호간에 영광 돌리는 것을 강조하는데, 이것은 예수께서 성육신하셔서 하나님을 드러내 보이신 것에서 시작되었다. 결정적인 영광의 시기는 예수님의 때가 최종적으로 펼쳐지는 것을 통해 드러나고 있다.

그것은 옳은 말이다. 내가 사실로 그러하다. 14 주
이며 선생인 내가 너희의 발을 씻겨 주었으니, 너
희도 서로 남의 발을 씻겨 주어야 한다. 15 내가
너희에게 한 것과 같이, 너희도 이렇게 하라고, 내
가 본을 보여 준 것이다. 16 내가 진정으로 진정
으로 너희에게 말한다. 종이 주인보다 높지 않으
며, 보냄을 받은 사람이 보낸 사람보다 높지 않다.
17 너희가 이것을 알고 그대로 하면, 복이 있다.
18 나는 너희 모두를 가리켜서 말하는 것이 아니다.
나는 내가 택한 사람들을 안다. 그러나 'ㄱ)내 빵을
먹는 자가 나를 배반하였다' 한 성경 말씀이 이루
어질 것이다. 19 내가 그 일이 일어나기 전에 너
희에게 미리 말하는 것은, 그 일이 일어날 때에,
너희로 하여금 '내가 곧 나'임을 믿게 하려는 것이다.
20 내가 진정으로 진정으로 너희에게 말한다. 내
가 보내는 사람을 영접하는 사람은 나를 영접하는
사람이요, 나를 영접하는 사람은 나를 보내신 분을
영접하는 사람이다."

배신 당하실 것을 예고하시다

(마 26:20-25; 막 14:17-21; 눅 22:21-23)

21 예수께서 이 말씀을 하시고 나서, 마음이
괴로우셔서, 환히 드러내어 말씀하셨다. "내가 진
정으로 진정으로 너희에게 말한다. 너희 가운데
한 사람이 나를 팔아 넘길 것이다." 22 제자들은
예수께서, 누구를 두고 하시는 말씀인지 몰라서,
서로 바라다보았다. 23 제자들 가운데 한 사람,
곧 예수께서 사랑하시는 제자가 바로 예수의 품에
기대어 앉아 있었다. 24 시몬 베드로가 그에게
고갯짓을 하여, 누구를 두고 하시는 말씀인지 여
쭈어 보라고 하였다. 25 그 제자가 예수의 가슴에
바싹 기대어 "주님, 그가 누구입니까?" 하고 물었다.
26 예수께서 대답하셨다. "내가 이 빵조각을 적
셔서 주는 사람이 바로 그 사람이다." 그리고 그
빵조각을 적셔서 ㄴ)시몬 가룟의 아들 유다에게 주
셨다. 27 ㄷ)그가 빵조각을 받자, 사탄이 그에게
들어갔다. 그 때에 예수께서 유다에게 말씀하셨
다. "네가 할 일을 어서 하여라." 28 그러나 거
기 앉아 있는 사람들 가운데서 아무도, 예수께서
그에게 무슨 뜻으로 그런 말씀을 하셨는지를 알지
못하였다. 29 어떤 이들은, 유다가 돈자루를 맡고
있으므로, 예수께서 그에게 명절에 그 일행이 쓸
물건을 사라고 하셨거나, 또는 가난한 사람들에
게 무엇을 주라고 말씀하신 것으로 생각하였다.
30 유다는 그 빵조각을 받고 나서, 곧 나갔다. 때
는 밤이었다.

ㄱ) 다른 고대 사본들에는 '나와 함께 빵을 먹은 자가'. 시 35:19; 69:4
ㄴ) 다른 고대 사본들에는 '시몬의 아들 유다 가룟' 또는 '가룟 사람 시몬의 아들 유다' ㄷ) 그, '빵조각 뒤에' 또는 '한 입 먹은 뒤에'

특별 주석

예수께서 하나님을 계시하여 주시는 것의 중점은 그가 세상 속에서 하나님의 사랑을 어떻게 구체적으로 드러내시는가에 달려있다. 예수님은 그의 제자들을 "끝까지 사랑하셨다" (13:1). 이 사랑은 그가 제자들의 발을 씻어주시는 것에서 드러났고, 그의 죽음을 통해서 분명하게 확증되었다. 그의 제자들은 예수께서 그들을 사랑하신 것처럼 똑같이 서로를 사랑해야 한다. 사랑하라는 계명은 새로운 것이 아니다 (레 19:18; 신 6:4를 보라). 진정 새로운 것은 그 사랑이 예수님의 삶과 죽음을 통해 구체화하는 것이 새로운 것이다.

13:36-38 마 26:30-35; 막 14:26-31; 눅 22:31-34를 보라. *내 목숨이라도 바치겠습니다.* 10:17-18을 보라. 베드로는 자신이 예수님의 모범적인 사랑을 기꺼이 따르겠다고 나선다. 예수께서 베드로에 대하여 예언하신 것을 의문나게 할 정도이다. 베드로는 실상 아직 예수께서 행하시는 사랑의 의미를 온전히 이해하고 있다고 볼 수 없다.

14:1—16:33 예수께서 제자들에게 증언하시는 마지막 말씀이다. 이 부분은 종종 고별설교로 불려왔는데, 그 이유는 이것이 문학 장르상 고별인사 혹은 유명인의 고별유언과 흡사하기 때문이다 (예를 들어, 창 49장; 신 1—34장; 수 2—24장; 대상 28—29장을 보라). 요한복음서를 제외하고 어떤 복음서도 예수님의 체포 및 죽음과 관련하여 이와 같이 긴 설교를 증언해 주는 복음서는 없다. 예수께서는 그의 죽음과 고별의 의미에 대하여 설명하심으로써, 이후에 그 일들이 일어날 때 제자들로 하여금 절망이 아닌 믿음의 눈을 갖고 그 사건들을 바라볼 수 있도록 준비시키고 계시다 (14:25, 29; 15:11; 16:4, 12, 33). 이 고별설교를 읽노라면 예수께서 그의 제자들에게 그의 고난 중에, 그리고 그 후에 그들이 어떻게 행동할 것인가를 준비시켜 주기 위하여 마치 시간이 멈추어 있는 것과 같은 느낌을 준다. 이 설교에는 여러 가지 주제들이 복잡하게 얽혀져 있다: 예수님의 지속적인 임재에 대한 확신; 예수께서 아버지께로 돌아가셔야 하는 필요성; 성령에 대한 약속 (보혜사, 파라클리트), 요한 공동체의 미래, 그리고 사랑의 중심적인 역할이 복잡하게 얽혀져 있다.

14:1-31 예수께서 떠나시는 것과 그것이 갖는 의미에 대해 증언한다. **14:1** 예수님은 그의 *제자*들에게 믿음에 의지하여 강건하라고 당부하신다. **14:2-3** 고별사의 언어는 ("내가 떠나는데") 예수님의 죽음, 부활, 그리고 승천을 말하는 것이다. *아버지의 집.* 세족식에서 보인 (13:1-11) 환대라는 주제가 계속되고 있는 것을 보여준다. 또한 14:23을 보라. **14:4-7** 제자들이

새 계명

31 유다가 나간 뒤에, 예수께서 말씀하셨다.
"이제는 인자가 영광을 받았고, 하나님께서도 인
자로 말미암아 영광을 받으셨다. 32 [하나님께
서 인자로 말미암아 영광을 받으셨으면,] 하나님
께서도 몸소 인자를 영광되게 하실 것이다. 이제
곧 그렇게 하실 것이다. 33 어린 자녀들아, 아직
잠시 동안은 내가 너희와 함께 있겠다. 그러나 너
희가 나를 찾을 것이다. 내가 일찍이 유대 사람들
에게 '내가 가는 곳에 너희는 올 수 없다' 하고 말
한 것과 같이, 지금 나는 너희에게도 말하여 둔다.
34 이제 나는 너희에게 새 계명을 준다. 서로
사랑하여라. 내가 너희를 사랑한 것 같이, 너희도
서로 사랑하여라. 35 너희가 서로 사랑하면, 모든
사람이 그것으로써 너희가 내 제자인 줄을 알게
될 것이다."

베드로의 부인을 예고하시다

(마 26:31-35; 막 14:27-31; 눅 22:31-34)

36 시몬 베드로가 예수께 물었다. "주님, 어
디로 가십니까?" 예수께서 대답하셨다. "내가 가는
곳에 네가 지금은 따라올 수 없으나, 나중에는 따
라올 수 있을 것이다." 37 베드로가 예수께 말하
였다. "주님, 왜 지금은 내가 따라갈 수 없습니까?
나는 주님을 위하여서는 내 목숨이라도 바치겠습
니다." 38 예수께서 대답하셨다. "네가 나를 위
하여 네 목숨이라도 바치겠다는 말이냐? 내가 진
정으로 진정으로 너에게 말한다. 닭이 울기 전에,
너는 세 번 나를 모른다고 할 것이다."

예수는 하나님께 이르는 길

14 1 "너희는 마음에 근심하지 말아라. 하
나님을 믿고 또 나를 믿어라. 2 내 아버
지의 집에는 있을 곳이 많다. 그렇지 않다면, 내가
너희가 있을 곳을 마련하러 간다고 너희에게 말했
겠느냐? 나는 너희가 있을 곳을 마련하러 간다.
3 내가 가서 너희가 있을 곳을 마련하면, 다시 와서
너희를 나에게로 데려다가, 내가 있는 곳에 너희도
함께 있게 하겠다. 4 ㄱ)너희는 내가 어디로 가는지
그 길을 알고 있다." 5 도마가 예수께 말하였다.
"주님, 우리는 주님께서 어디로 가시는지도 모르
는데, 어떻게 그 길을 알겠습니까?" 6 예수께서
그에게 말씀하셨다. "나는 길이요, 진리요, 생명이
다. 나를 거치지 않고서는, 아무도 아버지께로 갈
사람이 없다. 7 ㄴ)너희가 나를 알았더라면 내
아버지도 알았을 것이다. 이제 너희는 내 아버지
를 알고 있으며, 그분을 이미 보았다." 8 빌립이

ㄱ) 다른 고대 사본들에는 '내가 가는 곳으로 가는 길을, 너희가 알고 있다'
ㄴ) 다른 고대 사본들에는 '너희가 나를 알면 나의 아버지를 역시 알 것이다'

길에 대하여 오해하고 있음을 보여준다. 도마는 예수께서 사용하신 *길*이라는 단어를 지리적인 용어로 생각한다 (4-5절). 그러나 "나는…이다"라는 말씀은 그 길이 실상 예수님의 계시적 사역을 의미한다는 것을 알려 주고 있다. 여기 "나는…이다" 라는 말씀은 10장의 양의 문과 목자의 이야기와 유사하다. 예수님은 자신을 하나님과의 생명으로 연결되는 통로라고 선언하신다 (문, 길). 그리고 그 생명의 화신이라고 (목자, 생명) 증언하신다.

특별 주석

만약 우리가 2-3절을 믿는 이들이 미래 하늘나라에서 누리게 될 장소로만 이해한다면, 예수께서 하시는 말씀을 제한시키는 격이 된다. 요한복음에서 "머물다"는 하나님과 예수님과의 관계를 나타내는 상징이며 (14:10; 15:10), 예수께서는 그가 하나님께 되돌아가심에 따라 제자들도 그 하나님과 예수님간의 관계성에 동참할 수 있게 된다고 약속하신다. 이와 같이 예수님의 때는 하나님과의 관계성에 대한 새로운 가능성을 열어준다.

14:8-11 *주님, 우리에게 아버지를 보여 주십시오.* 심지어 제자들까지도, 예수님이 말씀하시고 행동하시는 모든 것은 성육신하신 말씀으로 하나님을 나타내고 계시다는 사실을 아직도 모르고 있다. **14:12-14** *진정으로 진정으로.* 이것은 예수께서 새로운 가르침을 시작하시는 것을 보여주는 것이다. 이제 예수님은 그가 떠나신 후 제자들이 하게 될 사역에 대하여 관심을 쏟으신다. 이보다 큰 일도 예수님의 때 사건 후에 제자들이 사역할 때는 하나님께서 세상을 사라아하신 온전한 사랑 이야기에서 힘을 얻게 될 것이며 (13-14절), 그 이야기를 세상에 드러낼 것이다 (12절). **14:15** 사랑과 명령이 연결되고 있다 (13:34-35를 보라). 믿음의 삶은 사랑의 행위에 의하여 정의되고 유지된다 (15:21, 23-24를 보라). **14:16** *보혜사 성령* 혹은 파라클리트 (희랍어, *파라클레이토스*). 보혜사에 대한 첫 번째 언급이다 (또한 14:26; 15:26-27; 16:7b-11; 16:12-15; 그리고 1937쪽 추가 설명: "요한복음서에 나타난 성령"을 보라). 이 희랍어 단어의 의미가 다양해서 영어 번역에도 다양하게 번역되어 있다: "옹호자," "위로자," "상담자," 그리고 "도우시는 이," 그리고 "변호해 주시는 분" 또는 "도와주시는 분". **14:17** 보혜사 성령은

예수께 말하였다. "주님, 우리에게 아버지를 보여 주십시오. 그러면 좋겠습니다."
9 예수께서 대답하셨다. "빌립아, 내가 이렇게 오랫동안 너희와 함께 지냈는데도, 너는 나를 알지 못하느냐? 나를 본 사람은 아버지를 보았다. 그런데 네가 어찌하여 '우리에게 아버지를 보여 주십시오' 하고 말하느냐?
10 내가 아버지 안에 있고 아버지께서 내 안에 계시다는 것을, 네가 믿지 않느냐? 내가 너희에게 하는 말은 내 마음대로 하는 것이 아니다. 아버지께서 내 안에 계시면서 자기의 일을 하신다.
11 내가 아버지 안에 있고, 아버지께서 내 안에 계시다는 것을 믿어라. 믿지 못하겠거든 내가 하는 그 일들을 보아서라도 믿어라.
12 내가 진정으로 진정으로 너희에게 말한다. 나를 믿는 사람은 내가 하는 일을 그도 할 것이요, 그보다 더 큰 일도 할 것이다. 그것은 내가 아버지께로 가기 때문이다.
13 너희가 내 이름으로 구하는 것은, 내가 무엇이든지 다 이루어 주겠다. 이것은 아들로 말미암아 아버지께서 영광을 받으시게 하려는 것이다.
14 너희가 무엇이든지 내 이름으로 구하면, 내가 다 이루어 주겠다."

예수께서 떠나신 후, 공동체와 "함께 계신다/머물러 계신다." (그러나 세상과 함께 하지는 않으신다. 여기서의 세상은 일반적인 의미에서의 세상이 아니라 그를 반대하고 배척한 특정한 세상을 의미한다. 그리고 새번역개정은 희랍어 동사 "메노"를 한글 문장의 흐름에 맞추어 다양하게 번역한 것 같다: "있다," 함께 하다," "머물러 있다.") "함께 계시다"에 대하여는 15:4를 보라. **14:18-20** 믿음의 공동체 내에 머물러 계시게 될 하나님과 예수님의 지속적인 임재에 대한 증언이다. **14:21-24** 사랑은 순종과 제자도의 모습이다. 13:34-35; 14:15를 보라. **14:26** 보혜사 성령에 대한 두 번째 약속이다 (또한 14:16-17; 15:26-27; 16:7b-11; 16:12-15; 그리고 1937쪽 추가 설명: "요한복음서에 나타난 성령"을 보라). 이것은 예수께서 공생애 기간에 하신 말씀과 성령께서 예수님의 부재중에 가르치실 것 사이에 연속성이 있을 것을 가리키고 있다. **14:28** 내가 갔다가. 예수님의 말씀은 그의 임박한 고별의 실재성을 강조한다. 내 아버지는 나보다 크신 분이시다. 예수님의 죽으심까지 포함해서, 예수님의 삶과 사역, 이 모든 것은 항상 하나님을 가리키는 것이다. **14:30-31** 세상의 통치자. 세상의 통치자 악마는 악이 구체적으로 나타나는 것이며 하나님을 대적하는 세력이다 (13:2, 27을 보라). 십자가는 일종의 선과 악, 생명과 사망, 그리고 이 둘 사이의 우주적인 싸움에 대해 알려 준다 (그들은 나를 어떻게 할 아무런 권한이 없다; 또한 16:11, 33을 보라).

15:1-17 사랑은 공동체가 갖는 서로간의 관계, 하나님과의 관계, 그리고 예수님과의 관계를 규정하여 준다. **15:1** 요한복음서에서 마지막으로 나타나는 "나는…이다"의 말씀이다 (1904쪽 추가 설명: "나는…이다"를 보라). 이를 통하여 포도나무와 가지의 은유가 소개되고 있다. 구약성경에 나타난 포도나무에 관한 이미지에 대하여는 사 5:1-7; 렘 2:21; 겔 19:10-14; 호 10:1을 보라. 여기 "내가 그다"의 말씀은 예수님의 자기계시와 하나님과의 관계성을 연결하는 기능을 하고 있다 (5:19-20; 10:28-30; 14:28을 보라). **15:2** 하나님을 포도원 농부로 보는 것에 대하여는 사 5:5-6을 보라. *열매를 맺음.* 이것은 구약에서 공동체의 성실함을 나타내는 데 자주 쓰였던 이미지이다 (예를 들어, 시 1:3). 2절에서 열매를 맺는다는 것은 사랑하는 행위를 통하여 예수님의 계명을 지키는 것을 말한다. **15:3-7** **15:3** *이미 깨끗하게 되었다.* 이것은 희랍어 단어를 언어기법으로 사용한 것이다. 희랍어 단어 *카타리조오* 혹은 *카타이로*는 "깨끗하게 하다," "가지를 치다," 혹은 "손질을 하다"로 번역할 수 있다. 여기서 깨끗하게 되는 것은 예수님과 그의 말씀 안에 거하는 것을 의미한다 (13:10-11을

추가 설명: "나를 거치지 않고서는, 아무도 아버지께로 갈 사람이 없다"

요한복음 14:6은 이 복음서 신학의 핵심을 표현해 주고 있다: 예수님은 이 세상에서 하나님을 실제로 경험할 수 있게 해주는 분이시다 (1:1-18). 여기 아버지와 아들의 언어는 하나님과 예수님 사이의 친밀함에 대하여 증거해 준다. 예수님과의 만남을 통하여 인류는 하나님을 자기들의 아버지로 섬기게 되는 하나님과의 새로운 관계가 가능하게 된다 (1:12; 20:17). 그러나 요 14:6은 종종 이런 신학적인 핵심을 파악하지 못한 채로 곡해되곤 했다. 요한이 특정한 의미로 적용되도록 증거한 것을 많은 현대 그리스도인들은 배타적인 해석을 정당화하는 것으로 잘못 해석하곤 했다. 요 14:6은 예수께서 어떻게 이 특정 요한 공동체 위에 하나님을 계시하는가에 대한 찬미이지, 타종교의 가치를 상대화하기 위한 진술은 아니다. 이 구절은 요한 공동체의 그리스도인들에게 믿음의 사람들로서의 그들의 정체성에 대하여 인식하고 표현할 수 있도록 돕는 데 그 관심이 있다고 할 수 있겠다.

성령의 약속

15 "너희가 나를 사랑하면, 내 계명을 [ㄱ]지킬
것이다. 16 내가 아버지께 구하겠다. 그리하면
아버지께서 다른 [ㄴ]보혜사를 너희에게 보내셔서,
영원히 너희와 함께 계시게 하실 것이다. 17 그
는 진리의 영이시다. 세상은 그를 보지도 못하고
알지도 못하므로, 그를 맞아들일 수가 없다. 그러
나 너희는 그를 안다. 그것은, 그가 너희와 함께
계시고, 또 너희 [ㄷ]안에 계실 것이기 때문이다.
18 나는 너희를 고아처럼 버려 두지 아니하고,
너희에게 다시 오겠다. 19 조금 있으면, 세상이
나를 보지 못할 것이다. 그러나 너희는 나를 보게
될 것이다. 그것은 내가 살아 있고, 너희도 살아
있을 것이기 때문이다. 20 그 날에 너희는, 내가
내 아버지 안에 있고, 너희가 내 안에 있으며, 또
내가 너희 안에 있음을 알게 될 것이다. 21 내
계명을 받아서 지키는 사람은 나를 사랑하는 사람
이요, 나를 사랑하는 사람은 내 아버지의 사랑을
받을 것이다. 그리고 나도 그 사람을 사랑하여, 그
에게 나를 드러낼 것이다." 22 가룟 유다가 아닌
다른 유다가 물었다. "주님, 주님께서 우리에게는
자신을 드러내시고, 세상에는 드러내려고 하지
않으시는 것은 무슨 까닭입니까?" 23 예수께서
그에게 대답하셨다. "누구든지 나를 사랑하는 사
람은 내 말을 지킬 것이다. 그리하면 내 아버지께
서 그 사람을 사랑하실 것이요, 내 아버지와 나는
그 사람에게로 가서 그 사람과 함께 살 것이다.
24 나를 사랑하지 않는 사람은 내 말을 지키지 아
니한다. 너희가 듣고 있는 이 말은, 내 말이 아니
라, 나를 보내신 아버지의 말씀이다."

25 "내가 너희와 함께 있는 동안에, 나는 이
말을 너희에게 말하였다. 26 그러나 [ㄴ]보혜사,
곧 아버지께서 내 이름으로 보내실 성령께서, 너
희에게 모든 것을 가르쳐 주실 것이며, 또 내가 너
희에게 말한 모든 것을 생각나게 하실 것이다.
27 나는 평화를 너희에게 남겨 준다. 나는 내 평
화를 너희에게 준다. 내가 너희에게 주는 평화는
세상이 주는 것과 같지 않다. 너희는 마음에 근심
하지 말고, 두려워하지도 말아라. 28 너희는 내
가 갔다가 너희에게로 다시 온다고 한 내 말을 들
었다. 너희가 나를 사랑한다면, 내가 아버지께로
가는 것을 기뻐했을 것이다. 내 아버지는 나보다
크신 분이기 때문이다. 29 지금 나는 그 일이 일
어나기 전에 미리 너희에게 말하였다. 이것은 그
일이 일어날 때에 너희로 하여금 믿게 하려는 것
이다. 30 나는 너희와 더 이상 말을 많이 하지
않겠다. 이 세상의 통치자가 가까이 오고 있기 때
문이다. 그는 나를 어떻게 할 아무런 권한이 없다.
31 다만 내가 아버지를 사랑한다는 것과, 아버지
께서 내게 분부하신 그대로 내가 행한다는 것을,
세상에 알리려는 것이다. 일어나거라. 여기에서
떠나자."

ㄱ) 다른 고대 사본들에는 '지켜라' ㄴ) '변호해 주시는 분' 또는 '도와주시는 분' ㄷ) 또는 '가운데'

보라). **15:4-7** 예수께서는 공동체의 정체성과 풍성한 결실의 근원이시다.

특별 주석

"머물다" 혹은 "거하다"(희랍어, *메노*)는 15장의 중심주제가 무엇인지 알려준다 (4, 5, 6, 7, 9, 10, 16절): 예수님과 하나님, 그리고 서로와 공동체의 관계는 임재와 상호성이라 할 수 있다. 포도나무의 이미지는 어떻게 믿음의 공동체가 사랑으로 형성되어 있고, 하나님과 예수님과의 임재로 묶여져 있는가를 보여주는 것이다.

15:8-10 14장에서 (14:12-14, 20-24, 31을 보라) 소개되었던 주제가 (믿는 것, 영화롭게 하는 것, 일/열매, 그리고 사랑) 반복되고 있다. **15:8** 13:34-35를 보라. 열매를 맺는 것은—하나님의 일을 하는 것—제자도의 구체적인 증거이다. **15:9-10** 아버지께서 예수님을 사랑하시는 것은 예수께서 제자들을 사랑하는 것에서 나타난다. **15:12** 13:34-35에서 언급된 사랑하라는 새 계명이 다시 설명되고 있다. **15:13** *자기 목숨을 내어놓는 것.* 이것은 예수께서 믿는 자들을 사랑하신 것처럼, 그들도 다른 사람을 사랑해야 한다는 말이다. 예수님의 죽으심은 그의 사랑의 궁극적인 표현이다 (10:17-18). **15:14-15** 친구를 문자 그대로 번역하면 (희랍어, *필로스*) "사랑하는 이"이다.

특별 주석

우정은 예수님의 사랑에 의해 정의된다. 예수님의 친구가 되는 것은 예수님으로부터 사랑받고 또 그를 사랑하는 것을 의미한다.

15:16 공동체는 사랑의 사역을 감당하라고 예수님에 의해 임명받고 파송받는다 ("*내가 너희를 택하여 세운 것이다*"). **15:17** 13:34-34; 15:12를 보라.

15:18—16:4a 예수께서는 믿음의 공동체와 세상 공동체와의 관계에 대해 말씀하신다. 믿음의 공동체의 내적인 관계는 사랑을 따르게 되는가 하면 (14:15, 21, 23; 15:12, 17) 세상과의 관계는 미움 (15:18-19, 23-25), 박해 (15:20; 16:2a절), 그리고 심지어 죽음

나는 참 포도나무이다

15 1 "나는 참 포도나무요, 내 아버지는 농부이시다. 2 내게 붙어 있으면서도 열매를 맺지 못하는 가지는, 아버지께서 다 잘라버리시고, 열매를 맺는 가지는 더 많은 열매를 맺게 하시려고 ㄱ)손질하신다. 3 너희는, 내가 너희에게 말한 그 말로 말미암아 이미 ㄱ)깨끗하게 되었다. 4 내 안에 머물러 있어라. 그리하면 나도 너희 안에 머물러 있겠다. 가지가 포도나무에 붙어 있지 아니하면 스스로 열매를 맺을 수 없는 것과 같이, 너희도 내 안에 머물러 있지 아니하면 열매를 맺을 수 없다. 5 나는 포도나무요, 너희는 가지이다. 사람이 내 안에 머물러 있고, 내가 그 안에 머물러 있으면, 그는 많은 열매를 맺는다. 너희는 나를 떠나서는 아무것도 할 수 없다. 6 사람이 내 안에 머물러 있지 아니하면, 그는 쓸모 없는 가지처럼 버림을 받아서 말라 버린다. 사람들이 그것을 모아다가, 불에 던져서 태워 버린다. 7 너희가 내 안에 머물러 있고, 내 말이 너희 안에 머물러 있으면, 너희가 무엇을 구하든지 다 그대로 이루어질 것이다. 8 너희가 열매를 많이 맺어서 내 제자가 되면, 이것으로 내 아버지께서 영광을 받으실 것이다. 9 아버지께서 나를 사랑하신 것과 같이, 나도 너희를 사랑하였다. 너희는 내 사랑 안에 머물러 있어라. 10 너희가 내 계명을 지키면, 내 사랑 안에 머물러 있을 것이다. 그것은 마치 내가 내 아버지의 계명을 지켜서, 그 사랑 안에 머물러 있는 것과 같다.

11 내가 너희에게 이러한 말을 한 것은, 내 기쁨이 너희 안에 있게 하고, 또 너희의 기쁨이 넘치게 하려는 것이다. 12 내 계명은 이것이다. 내가 너희를 사랑한 것과 같이, 너희도 서로 사랑하여라. 13 사람이 자기 친구를 위하여 자기 목숨을 내놓는 것보다 더 큰 사랑은 없다. 14 내가 너희에게 명한 것을 너희가 행하면, 너희는 나의 친구이다. 15 이제부터는 내가 너희를 종이라고 부르지 않겠다. 종은 그의 주인이 무엇을 하는지를 알지 못한다. 나는 너희를 친구라고 불렀다. 내가 아버지에게서 들은 모든 것을 너희에게 알려주었기 때문이다. 16 너희가 나를 택한 것이 아니라, 내가 너희를 택하여 세운 것이다. 그것은 너희가 가서 열매를 맺어, 그 열매가 언제나 남아 있게 하려는 것이다. 그리하여 너희가 내 이름으로 아버지께 구하는 것은 무엇이든지 다 받게 하려는 것이다. 17 내가 너희에게 명하는 것은 이것이다. 너희는 서로 사랑하여라."

ㄱ) '손질하다'와 '깨끗하게 하다'의 그리스어 어원이 같음 (카타이로)

(16:2b)을 따르게 된다. 사복음서 모두가 교회의 박해에 대하여 언급한다 (예를 들어, 마 24:1-36; 막 13:1-37; 누 21:5-36). 이러한 박해가 초기 그리스도교의 정체성을 형성하는 데 큰 영향을 미쳤음을 우리는 알 수 있다. **15:18-20** *세상.* 세상은 하나님의 사역과 임재를 거부하는 것을 의미한다 (이것에 반대되는 세상의 개념은 3:16에서 찾아볼 수 있다). 세상이 이 믿음의 공동체를 대하는 것은 그들이 먼저 예수님을 박대했던 것의 연장이다. 왜냐하면 그들의 사랑의 행위가 예수님에게서 비롯되었기에 그들은 예수님을 거부했던 사람들에 의하여 거부를 당하게 될 것이다. **15:21-25** *미워한다.* 사랑의 반대이다; 여기서 사랑하는 것과 미워하는 것은 신학적인 언어이지 감정을 표현하기 위한 언어가 아니다.

특별 주석

요한복음서에서 사랑은 온전히 예수님의 임재와 사역에 동참하는 것을 의미하며, 이와 반대로 미움은 예수님의 임재의 사역과 별개의 삶을 사는 것을 의미한다.

"미워함"과 죄는 22-24절에서 동의어이다. 이 둘은 각각 하나님으로부터 떠난 삶을 의미하기 때문이다 (3:16-21; 9:41을 보라). **15:25** 시 35:19; 69:4를 보라. **15:26-27** 보혜사 성령에 대한 세 번째 약속이다 (또한 14:16-17; 14:26; 16:7b-11; 16:12-15; 그리고 1937쪽 추가 설명: "요한복음서에 나타난 성령"을 보라). 이를 통하여 성령께서 새롭게 증언하는 기능을 소개한다. 보혜사 성령은 지금까지 소개된 예수님에 대하여 증언하는 분 중에 한 분이시다: 세례 요한 (1:7, 19, 32, 34; 5:33), 사마리아 여자 (4:40), 예수님의 사역과 말씀 (5:36; 8:14, 18; 10:25), 구약성경 (5:39), 그리고 마지막으로 하나님이시다 (5:36). 예수님은 이제 그의 믿음의 공동체를 증인의 반열에 동참시키신다. 고난의 때에 이 공동체는 적대자들 앞에서 그에 대하여 증거하도록 부름 받을 수도 있다 (마 10:20; 막 13:11; 누 12:12). **16:1-4a** 예수님을 따르는 이들이 겪게 될 수난이 구체적으로 증거되고 있다. **16:2** 장차 임하게 될 환난에 대한 예언은 사복음서 전체에 등장한다 (예를 들어, 막 13:9-13). 출교를 당할 것에 대한 예언은 독특한 것이다. 왜냐하면 *회당에서 내쫓김*을 받게 될 것이기 때문이다 (9:22; 14:42). 이것은 중요한 의미를 갖는데, 복음서가 쓰일 당시의 상황을 의미하기 때문이다 (서론을 참조하라). 이 구절은 일부 제자들은 순교당하게 될 것임에 대하여 예언하고 있다.

16:4b-33 14장에서 소개된 주제들이 반복되고 있다—예수께서 떠나시는 것과 그것이 제자들에게 미치는 영향에 대하여 증거한다. **16:4-7a** 14:1, 27에서 예수님은 낙심되어 있는 제자들에게 확신을 불어넣는

세상이 너희를 미워할 것이다

18 "세상이 너희를 미워하거든, 세상이 너
희보다 먼저 나를 미워하였다는 것을 알아라.
19 너희가 세상에 속하여 있다면, 세상이 너희를
자기 것으로 여겨 사랑할 것이다. 그러나 너희는
세상에 속하지 않았고 오히려 내가 너희를 세상에
서 가려 뽑아냈으므로, 세상이 너희를 미워하는
것이다. 20 내가 너희에게 종이 그의 주인보다
높지 않다고 한 말을 기억하여라. 사람들이 나를
박해했으면 너희도 박해할 것이요, 또 그들이 내
말을 지켰으면 너희의 말도 지킬 것이다. 21 그
들은 너희가 내 이름을 믿는다고 해서, 이런 모든
일을 너희에게 할 것이다. 그것은 그들이 나를 보
내신 분을 알지 못하기 때문이다. 22 내가 와서
그들에게 말해 주지 아니하였더라면, 그들에게는
죄가 없었을 것이다. 그러나 이제는 그들이 자기
죄를 변명할 길이 없다. 23 나를 미워하는 사람은
내 아버지까지도 미워한다. 24 내가 다른 아무도
하지 못한 일을 그들 가운데서 하지 않았더라면,
그들에게 죄가 없었을 것이다. 그러나 이제는 ㄱ)그
들이 내가 한 일을 보고 나서도, 나와 내 아버지를
미워하였다. 25 그래서 그들의 율법에 '그들은
까닭 없이 나를 미워하였다'고 기록한 말씀이 이루
어진 것이다.

26 내가 아버지께로부터 너희에게 보낼 ㄴ)보
혜사 곧 아버지께로부터 오시는 진리의 영이 오시
면, 그 영이 나를 위하여 증언하실 것이다. 27 너
희도 처음부터 나와 함께 있었으므로, 나의 증인
이 될 것이다."

16 1 "내가 너희에게 이 말을 한 것은, ㄷ)너
희를 넘어지지 않게 하려는 것이다. 2 사
람들이 너희를 회당에서 내쫓을 것이다. 그리고
너희를 죽이는 사람마다, 자기네가 하는 그러한
일이 하나님을 섬기는 일이라고 생각할 때가 올
것이다. 3 그들은 아버지도 나도 알지 못하므로,
그런 일들을 할 것이다. 4 내가 너희에게 이 말을
하여 두는 것은, 그들이 그러한 일들을 행하는 때가
올 때에, 너희로 하여금 내가 너희에게 말한 사실을
다시 생각나게 하려는 것이다.

ㄱ) '그들이 나와 내 아버지를 보고서도 미워하였다'라고 번역할 수도 있음
ㄴ) 14:16의 주를 볼 것 ㄷ) 또는 '너희의 믿음이 흔들리지 않도록'

말씀을 하신다. 여기서 예수께서는 그들이 슬픔이 아닌 그의 떠남의 필연성 그리고 그에 따른 긍정적인 유익에 대해 그들이 관심을 갖게 하신다. **16:7b-11** 보혜사 성령에 대한 네 번째 약속이다 (또한 14:16-17; 14:26; 15:26-27; 16:12-15; 1937쪽 추가 설명: "요한복음서에 나타난 성령"을 보라). **16:7b** 7:39를 보라. 예수님의 죽음, 부활, 승천은 그의 사역을 완성하는 것이고, 보혜사의 사역은 예수님이 이 사역을 완성하시기 전까지는 시작되지 않는다. 보혜사가 임하시기 위해서는 예수께서 반드시 떠나셔야 한다. **16:8-11** 세상이 심판을 받고 있으며, 보혜사는 *세상의 잘못을 깨우치는* 검사이다. **16:9** 죄가 신학적인 문제이지 도덕적인 개념이 아님을 증거한다. **16:10** *의는* "무죄"를 변호하는 법적인 의미로 사용되고 있다. 세상은 예수께서 죽음을 당하시는 것을 그의 패배로 본다. 그러나 그의 죽음은 반대로 하나님의 "의로우심"에 대한 증거이다. 왜냐하면 그의 죽음과 고별은 그의 사역의 완성과 승리를 의미하기 때문이다 (33절). **16:11** 예수님의 삶과 죽음을 통하여 세상의 악의 권세, 세상의 주관자는 심판을 받는다 (또한 12:30; 14:30을 보라) 왜냐하면 하나님 앞에서 악은 무기력함이 증명되고 있기 때문이다.

16:12-15 마지막으로, 다섯 번째 보혜사 성령에 대한 약속이다 (또한 14:16-17; 14:26; 15:26-27; 16:7b-11 그리고 1937쪽 추가 설명: "요한복음서에 나타난 성령"을 보라). 보혜사 성령은 예수께서 가르치신 것을 미래의 믿음의 공동체에게 증거하실 것이다. *진리의 영.* 이 영은 예수님이 떠나신 후에도 그의 말씀을 새롭고 신선하게 들을 수 있도록 증언하실 것이다. **16:14** *영광되게 하실 것이다.* 이것은 하나님의 임재를 목격할 수 있는 형태로 증언하는 것을 말한다 (1:14; 13:31-33; 17:26을 보라), 보혜사는 예수님 안에서 계시되는 하나님의 임재를 지속적으로 명백하게 드러내 줄 것이다.

16:16-19 *무슨 뜻일까?* 제자들이 혼돈되어 있는 모습은 예수께서 그의 죽으심과 부활과 승천 이전에 가르치시는 말씀들이 그들에게 아주 이해하기 어려운 것이었음을 보여준다. 2:22와 12:16을 보라. 거기에는 예수님의 말씀과 사역에 대한 온전한 이해가 부활 이후에 이루어지고 있음을 보여준다. **16:20-22** 여기에 소개된 해산의 비유는 제자들이 직면하고 있는 고통과 슬픔이 일시적인 것이며, 이후에 큰 기쁨이 임할 것을 보여준다. **16:23-24** *너희가 아버지께 구하는 것* (다른 고대 사본에서는 "너희가 내 이름으로 아버지께 구하면"). 예수님의 이름으로 간구하고 응답받는 기도는 제자들이 기뻐할 원인이 되는 것이며, 그리고 예수님과 하나님과의 관계성에 온전히 동참하게 되는 표징이 되는 것이다. **16:26-27** *너희가 나를 사랑하였고, 또 내가 하나님께로부터 온 것을 믿었기 때문이다.* 하나님께서 믿음의 공동체를 사랑하신다는 배경으로 기도가 되어 있고, 또한 믿음의 공동체가 예수님을 사랑한다는 배경으로 되어있다. 기도를 통하여 하나님께 나아가는 것은 믿음의 공동체가 하나님과의 관계가 형성되어 있음을 실제로 보여주는 것이다. **16:28** 요한복음의 구성에 대한 요약이다. 예수님은 *세상*에 하나님을 보여주시기 위해 하나님께로부터 왔으며 (1:1-18), 그가 하나님께로

성령의 일

또 내가 이 말을 ㄱ)처음에 하지 않은 것은, 내
가 너희와 함께 있었기 때문이다. 5 그러나 나는
지금 나를 보내신 분에게로 간다. 그런데 너희 가
운데서 아무도 나더러 어디로 가느냐고 묻는 사람
이 없고, 6 도리어 내가 한 말 때문에 너희 마음
에는 슬픔이 가득 찼다. 7 그러나, 내가 너희에
게 진실을 말하는데, 내가 떠나가는 것이 너희에
게 유익하다. 내가 떠나가지 않으면, ㄴ)보혜사가
너희에게 오시지 않을 것이다. 그러나 내가 가면,
보혜사를 너희에게 보내주겠다. 8 그가 오시면,
죄와 의와 심판에 대하여 세상의 잘못을 깨우치실
것이다. 9 죄에 대하여 깨우친다고 함은 세상 사
람들이 나를 믿지 않기 때문이요, 10 의에 대하
여 깨우친다고 함은 내가 아버지께로 가고 너희가
나를 더 이상 못 볼 것이기 때문이요, 11 심판에
대하여 깨우친다고 함은 이 세상의 통치자가 심판
을 받았기 때문이다.

12 아직도, 내가 너희에게 할 말이 많으나,
너희가 지금은 감당하지 못한다. 13 그러나 그
분 곧 진리의 영이 오시면, 그가 너희를 모든 진
리 가운데로 인도하실 것이다. 그는 자기 마음대
로 말씀하지 않으시고, 듣는 것만 일러주실 것이
요, 앞으로 올 일들을 너희에게 알려 주실 것이다.
14 또 그는 나를 영광되게 하실 것이다. 그가 나
의 것을 받아서, 너희에게 알려 주실 것이기 때문
이다. 15 아버지께서 가지신 것은 다 나의 것이
다. 그렇기 때문에 내가, 성령이 나의 것을 받아
서 너희에게 알려 주실 것이라고 말한 것이다."

ㄱ) 그, '처음부터' ㄴ) 14:16의 주를 볼 것

다시 돌아가는 것은 그가 *세상*에서의 사역을 완성시키는 것을 의미한다. 세상이 긍정적인 의미로 사용되는 것에 대하여는 3:16을 보라. **16:31-32** 베드로가 그를 부인할 것에 대한 예언에서처럼, 예수께서는 그들의 믿음의 고백이 (29-30절) 그에게 임하게 될 최종적인 죽음, 부활, 그리고 승천이라는 시간에 의하여 시험받게 될 것임을 알고 계신다 (또한 마 26:31; 막 14:27; 슥 13:7을 보라). **16:33** 이 설교는 승리할 것을 언급하면서 종결되고 있다. 예수님의 평화의 선물은 믿음의 공동체가 박해를 감당할 수 있는 용기를 준다. 예수님은 세상의 권세자들에 대해 그가 이미 승리하였음을 선포하시면서 죽음의 길로 들어서신다 (12:31; 14:30-31을 보라). 사랑은 죽음의 권세마저 굴복시킨다.

17:1-26 예수님의 기도는 고별식사의 마지막 장면이다. **17:1a** 이제 예수님은 제자들에게 말씀하시던 것을 중단하시고 하나님께 기도하신다. 이 기도는 예수님과, 하나님과, 믿음의 공동체가 하나가 될 것에 대하여 강조한다. **17:1b-5** 예수님은 그의 때가 이르렀음을 온전히 인식하는 가운데 기도하신다 (13:1을 보라). *영광되게.* 하나님의 임재를 눈으로 볼 수 있도록 드러내는 것을 의미한다. 예수님은 그의 때의 사건이 그의 하나님에 대한 계시를 완성시킬 것에 대하여 기도

추가 설명: 요한복음서에 나타난 성령

요한복음서에 나타난 성령(보혜사)은 예수께서 가르치시는 사역에서 다른 어떤 복음서보다도 중요한 역할을 한다. 보혜사는 예수님이 하나님께로 돌아가시는 것에 관하여 제자들을 준비시키는 데 중심 역할을 한다. 이와 같은 성령의 지도적인 역할은 요한복음서에서 중요한 신학적인 주제들을 증거하는 기능을 하고 있는 것을 볼 수 있다: 예수께서 성육신하신 말씀으로서 하나님과 믿음의 공동체를 연결하는 중요한 사역을 하셨다면, 그가 승천하신 후에 믿음의 공동체는 도대체 어떻게 될 것인가? 예수님 안에서 드러난 하나님의 계시는 그를 직접 경험했던 사람들에게만 가능한 것이었나? 아니면 특정한 역사적 시간을 넘어 모든 사람에게도 열려져 있는가? 고별설교는 보혜사를 역사적인 예수님과 그의 죽음 이후에 교회를 연결해주는 기능을 감당한다고 증거한다. 소개된 다섯 개의 보혜사에 관한 본문들을 살펴보면, 예수님의 사역을 후대 교회에게로 연결시켜 주는 측면에서 두 가지 특징적인 보혜사의 사역이 드러난다 (14:16-17; 14:26; 15:26-27; 16:5b-11; 16:12-15). 보혜사는 공동체 위에 임하시는 부활하신 예수님의 지속적인 임재이며, 이 보혜사 성령은 또 교사이시고 증언자이시다. 예수님과 하나님께서 보혜사를 공동체에게 보내주신다. 요한복음서에 나타난 성령은 어떤 개인의 소유물이 아니고, 공동체 위에 임하시는 사건이다. 예수님의 성육신을 통하여 계시된 하나님의 사랑은 부활 이후 공동체들에게도 보혜사라는 선물을 통하여 지속된다.

근심이 기쁨으로 변할 것이다

16 "조금 있으면 너희는 나를 보지 못할 것
이다. 그러나 또 조금 있으면 나를 볼 것이다."
17 그의 제자 가운데서 몇몇이 서로 말하였다.
"그가 우리에게 '조금 있으면 나를 보지 못하게
되고, 또 조금 있으면 나를 볼 것이다' 하신 말씀
이나, '내가 아버지께로 가기 때문에'라고 하신 말
씀은 무슨 뜻일까?" 18 그들은 말하기를 "도대체
'조금 있으면'이라는 말씀이 무슨 뜻일까? 우리
는, 그가 무엇을 말씀하시는지 모르겠다" 하였다.
19 예수께서는, 제자들이 자기에게 물어 보고 싶
어하는 마음을 아시고, 그들에게 말씀하셨다. "내
가, '조금 있으면, 너희가 나를 보지 못하게 되고,
또 조금 있으면 나를 볼 것이다' 한 말을 가지고
서로 논의하고 있느냐? 20 내가 진정으로 진정
으로 너희에게 말한다. 너희는 울며 애통하겠으나,
세상은 기뻐할 것이다. 그러나 너희가 근심에 싸
여도, 그 근심이 기쁨으로 변할 것이다. 21 여자가
해산할 때에는 근심에 잠긴다. 진통할 때가 왔기
때문이다. 그러나 아이를 낳으면, 사람이 세상에
태어났다는 기쁨 때문에, 그 고통을 더 이상 기억
하지 않는다. 22 이와 같이, 지금 너희가 근심에
싸여 있지만, 내가 다시 너희를 볼 때에는, 너희
의 마음이 기쁠 것이며, 그 기쁨을 너희에게서 빼
앗을 사람이 없을 것이다. 23 그 날에는 너희가
나에게 아무것도 [ㄱ]묻지 않을 것이다. 내가 진정으로
진정으로 너희에게 말한다. [ㄴ]너희가 아버지께 구
하는 것은, 무엇이나 아버지께서 내 이름으로 주실
것이다. 24 지금까지는 너희가 아무것도 내 이
름으로 구하지 않았다. 구하여라. 그러면 받을 것
이다. 그래서 너희의 기쁨이 넘치게 될 것이다."

내가 세상을 이겼다

25 "지금까지는 이런 것들을 내가 너희에게
비유로 말하였으나, 다시는 내가 비유로 말하지 아
니하고 아버지에 대하여 분명히 말해 줄 때가 올
것이다. 26 그 날에는 너희가 내 이름으로 아버
지께 구할 것이다. 내가 너희를 위하여 아버지께
구하겠다는 말이 아니다. 27 아버지께서는 친히
너희를 사랑하신다. 그것은, 너희가 나를 사랑하
였고, 또 내가 [ㄷ]하나님께로부터 온 것을 믿었기
때문이다. 28 나는 아버지에게서 나와서 세상에
왔다. 나는 세상을 떠나서 아버지께로 간다."
29 그의 제자들이 말하였다. "보십시오. 이제 밝
히어 말씀하여 주시고, 비유로 말씀하지 않으시니,
30 이제야 우리는, 선생님께서 모든 것을 알고
계시다는 것과, 누가 선생님께 물어볼 필요가 없
을 정도로 환히 알려 주신다는 것을 알았습니다.
이것으로 우리는 선생님이 하나님께로부터 오신

ㄱ) 또는 '요구하지' ㄴ) 다른 고대 사본들에는 '너희가 내 이름으로 아버지께 구하면, 아버지께서 그것을 너희에게 주실 것이다' ㄷ) 다른 고대 사본들에는 '아버지께로부터'

하신다. **17:3** *영생.* 3:15; 4;14; 6:27, 68; 10:10을 보라. "영생"은 불멸의 선물이나 사후 하늘나라의 삶을 의미하는 것보다는 예수님 안에 나타난 하나님을 아는 지식에 의해 형성된 삶을 의미한다. **17:6-8** 예수님은 그가 기도하시는 가운데 하나님께 믿음의 공동체를 위하여 기도하고 계시다. 이 믿음의 공동체가 형성되게 된 것은 그가 하나님을 계시하신 사건의 직접적인 결과이다. **17:9** *세상.* 세상은 하나님을 알지 못하는 이들을 의미한다 (1:10-11; 7:7; 12:31; 15:18-19; 16:8-11). 예수께서는 세상에 선교하실 마음이 있으시다 (3:16; 17:20-23). 그러나 여기에 소개된 그의 기도는 세상 속에 남게 될 믿음의 공동체의 삶과 사역에 대하여 주로 다루고 있다. **17:11** 예수께서는 믿음의 공동체를 하나님의 보호하심에 위탁하신다. **17:12** *유다.* 이 사람에 대하여는 13:2, 19, 27을 보라. **17:13** *기쁨.* 이것에 대하여는 15:11; 16:20-24를 보라. **17:14** *미워하였습니다.* 이것은 15;18-25를 보라. 세상이 믿음의 공동체를 박해하는 것은 예수님과 그들과의 관계 때문이다 (또한 16절을 보라). **17:15** *악한 자.* 여기 악한 자 (12:31; 14:30; 16:30을 보라)는 하나님을 반대하는 모든 것을 대변한다 (마 6:13의 주기도문의 간구를 보라). **17:17** *거룩하게 하여 주십시오.* 세상에서 하나님의 일을 하기 위하여 구별되는 기도를 의미한다 (10:36을 보라). **17:18** 예수님은 하나님이 그에게 사역을 위탁하셨듯이 믿음의 공동체에게 사역을 위탁하신다. 14:12; 15:16; 20:21을 보라. **17:19** 예수님과 믿음의 공동체는 예수님 안에서 드러난 하나님의 온전한 진리를 위하여 구분되었다 (*거룩하게* 됨). **17:20** 예수님은 믿음의 공동체의 신앙고백을 통하여 장차 그를 믿게 될 모든 이들을 위하여 기도하신다. **17:21** 하나가 되기 위한 예수님의 기도는 예수님과 하나님 안에서 *하나가 되는 데* 근거하고 있다. 믿음의 공동체는 하나인데, 그들은 하나님과 예수님과의 관계성을 공유하고 있기 때문이다. 여기서의 *세상*은 믿음의 공동체가 증거하는 복음 (15:18-19; 17:4)을 미워하는 세력이라기보다는 그것을 받아들이는 것으로 묘사하고 있다. **17:22-23** 믿음의 공동체는 예수님의 죽음과 부활을 통하여 하나님을 영화롭게 하는 것을 통하여 형성된다. 믿음의 공동체가 하나가 되는 것과 그들이 세상에서 감당하는 증거 사역은 그의 삶과 죽음을 통하여 보인 하나님과의 관계에서

것을 믿습니다." 31 예수께서 대답하셨다. "이
제는 너희가 믿느냐? 32 보아라, 너희가 나를 혼
자 버려 두고, 제각기 자기 집으로 흩어져 갈 때가
올 것이다. 그 때가 벌써 왔다. 그런데 아버지께서
나와 함께 계시니, 나는 혼자 있는 것이 아니다.
33 내가 이것을 너희에게 말한 것은, 너희가 내
안에서 평화를 얻게 하려는 것이다. 너희는 세상
에서 환난을 당할 것이다. 그러나 용기를 내어라.
내가 세상을 이겼다."

예수께서 기도하시다

17 1 예수께서 이 말씀을 마치시고, 눈을
들어 하늘을 우러러보시고 말씀하셨다.
"아버지, 때가 왔습니다. 아버지의 아들을 영광되게
하셔서, 아들이 아버지께 영광을 돌리게 하여 주
십시오. 2 아버지께서는 아들에게 모든 사람을
다스리는 권세를 주셨습니다. 그것은 아들로 하
여금 아버지께서 그에게 주신 모든 ㄱ)사람에게 영
생을 주게 하려는 것입니다. 3 영생은 오직 한
분이신 참 하나님을 알고, 또 아버지께서 보내신
예수 그리스도를 아는 것입니다. 4 나는 아버지
께서 내게 하라고 맡기신 일을 완성하여, 땅에서
아버지께 영광을 돌렸습니다. 5 아버지, 창세 전
에 내가 아버지와 함께 누리던 그 영광으로, 나를
아버지 앞에서 영광되게 하여 주십시오.
6 나는, 아버지께서 세상에서 택하셔서 내게
주신 사람들에게 아버지의 이름을 드러냈습니다.
그들은 본래 아버지의 사람들인데, 아버지께서
그들을 나에게 주셨습니다. 그들은 아버지의 말
씀을 지켰습니다. 7 지금 그들은, 아버지께서 내게
주신 모든 것이, 아버지께로부터 온 것임을 알고
있습니다. 8 나는 아버지께서 내게 주신 말씀을
그들에게 주었습니다. 그들은 그 말씀을 받아들
였으며, 내가 아버지께로부터 온 것을 참으로 알
았고, 또 아버지께서 나를 보내신 것을 믿었습니다.
9 나는 그들을 위하여 빕니다. 나는 세상을 위하
여 비는 것이 아니고, 아버지께서 내게 주신 사람
들을 위하여 빕니다. 그들은 모두 아버지의 사람
들입니다. 10 나의 것은 모두 아버지의 것이고,
아버지의 것은 모두 나의 것입니다. 나는 그들로
말미암아 영광을 받았습니다. 11 나는 이제 더
이상 세상에 있지 않으나, 그들은 세상에 있습니
다. 나는 아버지께로 갑니다. 거룩하신 아버지,
아버지께서 내게 주신 아버지의 이름으로 그들을
지켜주셔서, 우리가 하나인 것 같이, 그들도 하나
가 되게 하여 주십시오. 12 내가 그들과 함께 지
내는 동안은, 아버지께서 내게 주신 아버지의 이
름으로 그들을 지키고 보호하였습니다. 그러므로
그들 가운데서는 한 사람도 잃지 않았습니다. 다
만, 멸망의 자식만 잃은 것은 성경 말씀을 이루기

ㄱ) 그, '육체에게'

유래된 것이다. **17:23** 15:1-7의 요약이다: 사랑은 공동체가 하나이고 하나님과 예수님을 증거하는 것으로 규정해 준다. **17:24** 예수님은 그가 하나님의 사랑을 통해 알게 된 하나님의 충만하심을 공동체가 체험할 수 있도록 기도하신다. 이것은 미래에 있을 하나님의 새 시대에 대한 공동체적인 비전이지 개인적인 비전이 아니다. 바울도 비슷하게 이러한 소망을 고전 13:11-13에서 표현했다. **17:25-26** 예수께서는 그가 하신 일과 세상을 위한 사역을 회고하면서 그의 기도를 끝맺으신다. 예수 안에서 계시되는 하나님을 인식하는가 그렇지 않은가에 (세상) 따라서 두 그룹이 구분되고 있다. 예수님과 하나님 아버지의 사랑은 믿음의 공동체 안에 계속 생생하게 남아있을 것이다. 예수께서 마지막으로 그의 사랑을 표현하시는 방법은 그의 생명을 기꺼이 내어주시는 것이다 (15:12-13). 이와 같이 예수께서 그의 기도를 마무리하시는 것은 이후에 소개되는 그의 때에 대한 적절한 소개가 되고 있다.

18:1—19:42 예수님의 체포, 심판, 죽음, 그리고 장례에 대한 증언이다. 요한복음서 전체가 사실상 이 시간을 위해 전개되어 왔다 (2:4; 7:30; 8:20; 13:1). 18장과 19장은 다섯 부분으로 구성되어 있다: (1) 18:1-12, 예수님이 체포당하심; (2) 18:13-27, 안나스가 예수님을 심문함; (3) 18:28—19:16a, 빌라도가 예수님을 심문함; (4) 19:16b-37, 십자가에서의 죽음; (5) 19:38-42, 장례.

18:1-12 18:1 예수님의 기도와 고별만찬이 끝남 (17:1-26). 공관복음과는 달리, 요한복음서는 정원의 이름을 언급하지 않는다 (또한 마 26:36; 막 14:32를 보라). *기드론 골짜기.* 이 골짜기는 감람산과 같은 방향인 예루살렘 동쪽에 위치하고 있었다 (마 26:30; 막 14;26; 눅 22:39). **18:2** *예수를 넘겨준 유다.* 이것은 예수님을 배신한 유다가 그의 측근 인물이었음을 알려주는 노골적인 표현이라 볼 수 있다 (13:18, 21-30을 보라). **18:3** 로마 군대 병정들과 유대 성전 경비병들이 예수님을 잡으러 왔다는 사실은 정치 세력과 종교 세력이 예수님의 체포에 같이 연루되어 있다는 사실을 보여주는 것이다. **18:4** 예수님은 그들에게 체포되기를 수동적으로 기다리지 않으시고 자신이 자발적으로 병사들에게 접근하신다. 여기서 보여진 예수님의 행위는 10:18의 그의 예언이 성취되고 있음을 보여준다: "아무도 내게서 내 목숨을 빼앗아 가지 못한다." **18:5** 유다가 누가 예수님이신지 알려 주기 위하여 입을 맞추는 (마

위함이었습니다. 13 이제 나는 아버지께로 갑니
다. 내가 세상에서 이것을 아뢰는 것은, 내 기쁨이
그들 ㄱ)속에 차고 넘치게 하려는 것입니다. 14 나는
그들에게 아버지의 말씀을 주었는데, 세상은 그
들을 미워하였습니다. 그것은, 내가 세상에 속하
여 있지 않은 것과 같이, 그들도 세상에 속하여
있지 않기 때문입니다. 15 내가 아버지께 비는
것은, 그들을 세상에서 데려 가시는 것이 아니라,
ㄴ)악한 자에게서 그들을 지켜 주시는 것입니다.
16 내가 세상에 속하지 않은 것과 같이, 그들도
세상에 속하지 않았습니다. 17 진리로 그들을
거룩하게 하여 주십시오. 아버지의 말씀은 진리
입니다. 18 아버지께서 나를 세상에 보내신
것과 같이, 나도 그들을 세상으로 보냈습니다.
19 그리고 내가 그들을 위하여 나를 거룩하게 하는
것은, 그들도 진리로 거룩하게 하려는 것입니다."
20 "나는 이 사람들을 위해서만 비는 것이 아
니고, 이 사람들의 말을 듣고 나를 믿는 사람들을
위해서도 빕니다. 21 아버지, 아버지께서 내 안에
계시고, 내가 아버지 안에 있는 것과 같이, 그들
도 하나가 되어서 우리 안에 있게 하여 주십시오.
그래서 아버지께서 나를 보내셨다는 것을, 세상이
믿게 하여 주십시오. 22 나는 아버지께서 내게
주신 영광을 그들에게 주었습니다. 그것은, 우리
가 하나인 것과 같이, 그들도 하나가 되게 하려는
것입니다. 23 내가 그들 안에 있고, 아버지께서
내 안에 계신 것은, 그들이 완전히 하나가 되게 하
려는 것입니다. 그것은 또, 아버지께서 나를 보내
셨다는 것과, 아버지께서 나를 사랑하신 것과 같이
그들도 사랑하셨다는 것을, 세상이 알게 하려는
것입니다. 24 아버지, 아버지께서 내게 주신 사
람들도, 내가 있는 곳에 나와 함께 있게 하여 주
시고, 창세 전부터 아버지께서 나를 사랑하셔서
내게 주신 내 영광을, 그들도 보게 하여 주시기를
빕니다. 25 의로우신 아버지, 세상은 아버지를
알지 못하였으나, 나는 아버지를 알았으며, 이
사람들도 아버지께서 나를 보내신 것을 알고 있습
니다. 26 나는 이미 그들에게 아버지의 이름을
알렸으며, 앞으로도 알리겠습니다. 그것은, 아버
지께서 나를 사랑하신 그 사랑이 그들 안에 있게
하고, 나도 그들 안에 있게 하려는 것입니다."

배반당하고 잡히시다

(마 26:47-56; 막 14:43-50; 눅 22:47-53)

18 1 예수께서 이 말씀을 하신 뒤에, 제자
들과 함께 기드론 골짜기 건너편으로 가
셨다. 거기에는 동산이 하나 있었는데, 예수와 그
제자들이 거기에 들어가셨다. 2 예수가 그 제자
들과 함께 거기서 여러 번 모이셨으므로, 예수를

ㄱ) 또는 '가운데' ㄴ) 또는 '악에서'

26:47-50; 막 14:43-46; 눅 22:47-48) 것이 아니라, 예수님 스스로가 병정들에게 자신이 누구인지 알려 주는 행동으로 그의 정체성이 밝혀지고 있다. 내가 그다(희랍어, *내가 그다*)는 *그 사람*이 없이 읽혀져야 한다. 예수님은 이와 같이 세상에서 하나님이 자신과 함께 하시는 것으로 그의 정체성을 드러내신다 (1904쪽 추가 설명: "나는…이다"를 보라). 예수님은 이 정체성을 6절과 8절에서 다시 반복하신다. **18:9** 6:39; 10:28-29; 17:12를 보라. **18:10** 마 26:51; 막 14:47; 눅 22:50을 보라. **18:11** *잔.* 잔은 예수님의 고난과 죽음에 대한 은유이다. 이 잔이 옮겨지기 위해 기도했던 공관복음서와는 (마 26:39; 막 14;36; 눅 22:42) 달리 요한복음서에서는 예수께서 이 잔을 기꺼이 환영하시는 것으로 묘사한다.

18:13-27 요한복음에서는 예수께서 종교 지도자들 앞에서 공적으로 재판받으시는 것에 대한 기록이 없다 (또한 막 14:55-65; 마 26:57-68; 눅 22:66—23:2를 보라). **18:13-14** 그 대신에 대제사장 가야바의 장인 안나스가 예수님을 심문한다 (11:49-52, 24를 보라). 안나스에게는 어떤 공적인 법적 권한도 주어진 것이 없었다. **18:15-18** 베드로가 첫 번째로 부인하는 장면이다 (마 26:66-75; 막 14:66-72; 눅 22:54-62를 보라). **18:17** 여기 베드로의 "아니오"는 예수님의 선언 "나는…이다"와 대조를 이룬다. 그의 전 공생애를 통하여 예수님은 자신이 누구신가를 분명하게 선포해 오셨다 (20절). 그러나 베드로는 그가 예수님의 제자인 것조차 선언할 수 없었다. **18:19-24** 예수께서 대제사장 앞에 서신 것은 예수님과 베드로를 대조시키는 것이다. 왜냐하면 예수님은 심판기간 동안 일관되게 자신이 누구신지 공공연하게 증거하고 계시기 때문이다. **18:24** 가야바는 이미 예수님에게 사형언도를 선고했던 회의를 주도했던 사람이므로, 11:47-53, 따라서 더 이상의 심문절차도 필요치 않다. **18:25-27** 베드로는 다시 한 번 그가 예수님을 따르던 제자 중의 한 사람이었음을 부인한다. 이것은 13:37에서의 장담과는 크게 대조를 이룬다. **18:27** 13:38을 보라.

18:28—19:16a 예수께서 빌라도에게 재판을 받으시는 것은 예수님과 관련하여 그의 절정의 시간에 해당하는 중요한 부분이다. 공관복음서에서는 이와 같은 문학적인 뛰어난 구성을 찾아볼 수 없다. 심판이 빌라도가 그의 관저를 들락날락하는 것과 관련된 일곱 장면으로 구성된 드라마처럼 진행되고 있다 (18:29, 33, 38b; 19:1, 4, 9, 13). 재판은 그동안 제시되었던 기독론적인 주제들에 대하여 결론을 내려주는 구실을 하고 있는데, 특히 예수님을 재판하는 것과 왕권에 대하여 증언한다. 요한복음서 전체를 통하여, 예수께서 세상에 계시는 것은 세상을 심판하는 구실을 하고 있다 (3:19-

넘겨줄 유다도 그 곳을 알고 있었다. 3 유다는
로마 군대 병정들과, 제사장들과 바리새파 사람
들이 보낸 성전 경비병들을 데리고 그리로 갔다.
그들은 등불과 횃불과 무기를 들고 있었다. 4 예수
께서는 자기에게 닥쳐올 일을 모두 아시고, 앞으로
나서서 그들에게 물으셨다. "너희는 누구를 찾느
냐?" 5 그들이 대답하였다. "나사렛 사람 예수
요." 예수께서 그들에게 말씀하셨다. "내가 그 사
람이다." 예수를 넘겨줄 유다도 그들과 함께 서 있
었다. 6 예수께서 그들에게 "내가 그 사람이다"
하고 말씀하시니, 그들은 뒤로 물러나서 땅에
쓰러졌다. 7 다시 예수께서 그들에게 물으셨다.
"너희는 누구를 찾느냐?" 그들이 대답하였다.
"나사렛 사람 예수요." 8 예수께서 말씀하셨다.
"내가 그 사람이라고 너희에게 이미 말하였다. 너
희가 나를 찾거든, 이 사람들은 물러가게 하여
라." 9 이렇게 말씀하신 것은, 예수께서 전에
'아버지께서 나에게 주신 사람을, 나는 한 사람도
잃지 않았습니다' 하신 그 말씀을 이루게 하시려는
것이었다. 10 시몬 베드로가 칼을 가지고 있었
는데, 그는 그것을 빼어 대제사장의 종을 쳐서, 오
른쪽 귀를 잘라버렸다. 그 종의 이름은 말고였다.
11 때에 예수께서 베드로에게 말씀하셨다. "그 칼
을 칼집에 꽂아라. 아버지께서 나에게 주신 이 잔
을, 내가 어찌 마시지 않겠느냐?"

대제사장 앞에 서시다

(마 26:57-58; 막 14:53-54; 눅 22:54)

12 로마 군대 병정들과 그 ㄱ)부대장과 유대
사람들의 성전 경비병들이 예수를 잡아 묶어서
13 먼저 안나스에게로 끌고 갔다. 안나스는 그
해의 대제사장인 가야바의 장인인데, 14 가야바는
'한 사람이 온 백성을 위하여 죽는 것이 유익하다'
고 유대 사람에게 조언한 사람이다.

베드로가 예수를 모른다고 하다

(마 26:69-70; 막 14:66-68; 눅 22:55-57)

15 시몬 베드로와 또 다른 제자 한 사람이 예
수를 따라갔다. 그 제자는 대제사장과 잘 아는 사
이라서, 예수를 따라 대제사장의 집 안뜰에까지
들어갔다. 16 그러나 베드로는 대문 밖에 서 있
었다. 그런데 대제사장과 잘 아는 사이인 그 다른
제자가 나와서, 문지기 하녀에게 말하고, 베드로
를 데리고 들어갔다. 17 그 때에 문지기 하녀가
베드로에게 말하였다. "당신도 이 사람의 제자 가
운데 한 사람이지요?" 베드로는 "아니오" 하고 대
답하였다. 18 날이 추워서, 종들과 경비병들이
숯불을 피워 놓고 서서 불을 쬐고 있는데, 베드로도
그들과 함께 서서 불을 쬐고 있었다.

ㄱ) 그, '천부장'

21; 9:39-41). 이것은 결국 예수님 안에 드러난 하나님의 계시를 받아들일 것인지 아닌지에 관한 것이다 (16:9-11을 보라). 18—19장은 세상이 예수님을 재판하려 드는 것을 보여주고 있지만, 이 장들은 실상 예수님이 진정한 심판자이심을 보여준다 (19:13-16a를 보라). 유사하게, 이 재판은 예수께서는 세상의 통상적인 시각에서의 왕이 아니라 (6:14-15; 12:13), 그의 때와 연관된 진정한 왕이시라고 증거한다. 그뿐만 아니라, 이 재판 장면은 1세기 당시 종교와 정치가 맞물려 있는 상황을 강조하고 있다. 이 재판 전체를 통하여 유대 지도자들과 로마 지도자 빌라도는 각각 이익을 추구하기에 전전긍긍하는 모습을 보여준다. **18:28** *몸을 더럽히지 않고 유월절 음식을 먹기 위하여.* 유대인이 이방인의 집에 들어가는 것은 그를 부정하게 하고 결과적으로 유월절 식사를 먹을 수 없게 하는 결과를 초래한다 (민 9:9-11을 보라). 예수께서 빌라도 앞에서 심문을 받으시는 것은 유월절을 준비하는 전날 아침에 시작된다 (19:14). **18:29-32** 첫 번째 장면: *유대 사람들.* 이들은 유대 종교 지도자들을 의미한다 (2:18에 관한 주석을 보라). 로마정부를 대표하는 빌라도와 유대 지도자들이 재판권에 관하여 논쟁을 한다. 유대 지도자들은 종교적인 이유로 사람을 돌로 쳐죽일 수 있었다. 그러나 십자가에 처형시킬 권한은 로마인에게만 있었다.

18:33-38a 둘째 장면: 예수님에 대한 빌라도의 첫 심문이다. **18:33** *유대인의 왕.* 마 27:11; 막 15:2; 눅 23:3을 보라. 빌라도의 시각에서 보면, 예수님의 왕권은 정치적인 것이었으며, 이것은 로마의 통치에 대한 모반으로 간주될 수 있다. **18:36** 그러나 요한복음서의 시각에서 보면, 예수님의 왕권은 신학적인 것이며, 이것은 세상적인 권력 이해를 재정의해 주는 역할을 하고 있다. 예수님의 권세는 하나님으로부터 오는 것이지, 어떤 군대나 인간 단체에서 오는 것이 아니다. **18:37** 예수님의 권세는 진리에 대한 증거이다 (1:14; 14:6을 보라). **18:38b-40** 셋째 장면: *바라바.* 마 27:15-26; 막 15:6-15; 눅 23;18-25를 보라. *강도.* 10:1, 8을 보라. 여기에 백성들은 선한 목자 되신 왕과 강도 사이에서 하나를 선택하게 된다. **19:1-3** 넷째 장면: 예수님을 채찍질하는 것은 처형 전에 행해진 것이 아니라, 재판 도중에 행해지고 있다 (막 15:15b-20; 막 27:26b-31). 그러므로 요한복음서에서는 예수께서 어떠한 종류의 징계를 받으시는가가 이 이야기의 초점이 아니다. 오히려 예수님에게 왕의 옷을 입히고 왕으로 환호하는데 그 초점이 있다고 볼 수 있다. 이후 재판 과정은 내내 예수께서 왕으로 옷입힘을 받는 가운데 진행되며 (5절), 이는 그의 왕권을 재정의한 것에 대한 시각적인 상징이라고 볼 수 있다. **19:4-7** 다섯째 장면:

대제사장이 예수를 신문하다

(마 26:59-66; 막 14:55-64; 눅 22:66-71)

19 대제사장은 예수께 그의 제자들과 그의 가르침에 관하여 물었다. 20 예수께서 대답하셨다. "나는 드러내 놓고 세상에 말하였소. 나는 언제나 모든 유대 사람이 모이는 회당과 성전에서 가르쳤으며, 아무것도 숨어서 말한 것이 없소. 21 그런데 어찌하여 나에게 묻소? 내가 무슨 말을 하였는지를, 들은 사람들에게 물어 보시오. 내가 말한 것을 그들이 알고 있소." 22 예수께서 이렇게 말씀하시니, 경비병 한 사람이 곁에 서 있다가 "대제사장에게 그게 무슨 대답이냐?" 하면서, 손바닥으로 예수를 때렸다. 23 예수께서 그 사람에게 말씀하셨다. "내가 한 말에 잘못이 있으면, 잘못되었다는 증거를 대시오. 그러나 내가 한 말이 옳다면, 어찌하여 나를 때리시오?" 24 안나스는 예수를 묶은 그대로 대제사장 가야바에게로 보냈다.

다시 예수를 모른다고 한 베드로

(마 26:71-75; 막 14:69-72; 눅 22:58-62)

25 시몬 베드로는 서서, 불을 쬐고 있었다. 사람들이 그에게 물었다. "당신도 그의 제자 가운데 한 사람이지요?" 베드로가 부인하여 "나는 아니오!" 하고 말하였다. 26 베드로에게 귀를 잘린 사람의 친척으로서, 대제사장의 종 가운데 한 사람이 베드로에게 말하였다. "당신이 동산에서 그와 함께 있는 것을 내가 보았는데 그러시오?" 27 베드로가 다시 부인하였다. 그러자 곧 닭이 울었다.

빌라도 앞에 서시다

(마 27:1-2;11-14; 막 15:1-5; 눅 23:1-5)

28 사람들이 가야바의 집에서 총독 ㄱ)관저로 예수를 끌고 갔다. 때는 이른 아침이었다. 그들은 몸을 더럽히지 않고 유월절 음식을 먹기 위하여 관저 안에는 들어가지 않았다. 29 빌라도가 그들에게 나와서 "당신들은 이 사람을 무슨 일로 고발하는 거요?" 하고 물었다. 30 그들이 빌라도에게 대답하였다. "이 사람이 악한 일을 하는 사람이 아니라면, 우리가 총독님께 넘기지 않았을 것입니다." 31 빌라도가 그들에게 말하였다. "그를 데리고 가서, 당신들의 법대로 재판하시오." 유대 사람들이 "우리는 사람을 죽일 권한이 없습

ㄱ) 그, '프라이토리온'

처음으로 극에 등장하는 모든 인물들이 한 자리에 모여 있다: 빌라도, 예수, 유대 종교지도자들. **19:4-5** 빌라도의 행위는 예수님의 무죄함을 증거하는 것이라기보다는 그들의 "왕을" 모욕함으로써 유대 지도자들을 조롱하고 있는 것으로 보아야 할 것이다. **19:6** *십자가에 못박으시오.* 십자가의 죽음은 극도로 모욕적이고 잔인한 형벌로 노예나 반역자 혹은 대중선동과 같은 극한 죄를 범한 자들에게만 행해졌다. 공관복음서와는 달리, 요한복음서는 군중이 아닌, 유대 종교 지도자들이 십자가형을 요구하고 있다 (마 27:22-23; 막 15:13-14; 눅 23:18, 21, 23). 대제사장들과 성전 경비병들의 외침은 그들의 로마 정권에 대한 충성심을 반영해 주는 것이며, 이 재판의 정치적인 의미를 말해준다. **19:8-12** 여섯째 장면. **19:8** *더욱 두려워서.* 빌라도는 이 재판이 그의 정치적 생명에 큰 위협이 되는 것을 두려워하고 있다 (12절을 보라). **19:10-11** 18:35-37을 보라. **19:10** 빌라도의 말은 10:17-18에서 예수님이 하신 말씀과 병행을 이룬다. 예수님의 삶과 죽음에 대한 권한은 빌라도에게 있는 것이 아니라, 예수님 자신에게 있다. **19:11** 빌라도가 권력을 행사하는 것은 오직 하나님의 뜻을 이루는 도구로써 사용되는 것이고, 그리고 예수님의 최후의 시간을 성취하는 방편으로써 행해지는 것이다.

특별 주석

요한복음서에서 "죄"는 어떤 행위를 말하는 것이 아니다. 이것은 신학적인 개념으로 하나님의 계시에 대한 개인의 반응을 말하는 것이다 (1:29; 9:2, 39-41을 보라). 재판의 시점에서 보면, 유대 종교 지도자들은 "더 큰 죄를 짓고 있다." 왜냐하면 예수님을 빌라도에게 넘겨줌으로써, 그들은 예수님 안에 분명히 드러난 하나님의 계시를 거부했기 때문이다. 재판 끝에, 빌라도도 예수님을 십자가에 달리도록 넘겨준다 (19:16a). 그렇게 함으로써 그도 역시 결정적으로 예수 안에 드러난 하나님의 계시를 거부하게 된다.

19:12 빌라도는 법적으로 죄가 있다든지 혹은 죄가 없다든지에는 관심이 없다 (18:38을 보라). 오히려 그는 오직 자신의 이익을 보호하기에 급급하다. *황제 폐하의 충신.* 이 재판에서 실제로 무엇이 주된 관심사인가를 알려 주는 표현이다. 만약 빌라도가 정치적인 반역죄로 그에게 호송된 자를 풀어준다면, 그는 실상 정치적인 역모에 가담하는게 된다. **19:13-16a** 일곱째 장면: 이 장면은 재판의 숭엄하고 비극적인 결말에 대하여 증언한다. 유대 지도자들의 말에 대한 반응으로 빌라도는 유죄를 선고하기 위에 예수님을 밖으로 끌어낸다. 이 순간의 엄숙함을 말해주기 위해 이 사건이 일어

니다" 하고 대답하였다. 32 이렇게 하여, 예수께서
자기가 어떠한 죽음으로 죽을 것인가를 암시하여
주신 말씀이 이루어졌다. 33 빌라도가 다시 ㄱ)관저
안으로 들어가, 예수를 불러내서 물었다. "당신이
유대 사람들의 왕이오?" 34 예수께서 대답하셨다.
"당신이 하는 그 말은 당신의 생각에서 나온 말이
오? 그렇지 않으면, 나에 관하여 다른 사람들이
말하여 준 것이오?" 35 빌라도가 말하였다. "내가
유대 사람이란 말이오? 당신의 동족과 대제사장
들이 당신을 나에게 넘겨주었소. 당신은 무슨 일을
하였소?" 36 예수께서 대답하셨다. "내 나라는
이 세상에 속한 것이 아니오. 나의 나라가 세상에
속한 것이라면, 나의 부하들이 싸워서, 나를 유대
사람들의 손에 넘어가지 않게 하였을 것이오.
그러나 사실로 내 나라는 이 세상에 속한 것이 아
니오." 37 빌라도가 예수께 물었다. "그러면 당신
은 왕이오?" 예수께서 대답하셨다. "당신이 말한 대
로 나는 왕이오. 나는 진리를 증언하기 위하여 태
어났으며, 진리를 증언하기 위하여 세상에 왔소.
진리에 속한 사람은, 누구나 내가 하는 말을 듣소."
38 빌라도가 예수께 "진리가 무엇이오?" 하고
물었다.

사형 선고를 받으시다
(마 27:15-31; 막 15:6-20; 눅 23:13-25)

빌라도는 이 말을 하고, 다시 유대 사람들에
게로 나아와서 말하였다. "나는 그에게서 아무 죄
도 찾지 못하였소. 39 유월절에는 내가 여러분
에게 죄수 한 사람을 놓아주는 관례가 있소. 그러
니 유대 사람들의 왕을 놓아주는 것이 어떻겠소?"
40 그들은 다시 큰 소리로 "그 사람이 아니오. 바
라바를 놓아주시오" 하고 외쳤다. 바라바는 강도
였다.

19 1 그 때에 빌라도는 예수를 데려다가 채
찍으로 쳤다. 2 병정들은 가시나무로 왕
관을 엮어서 예수의 머리에 씌우고, 자색 옷을 입
힌 뒤에, 3 예수 앞으로 나와서 "유대인의 왕 만
세!" 하고 소리치고, 손바닥으로 얼굴을 때렸다.
4 그 때에 빌라도가 다시 바깥으로 나와서, 유대
사람들에게 말하였다. "보시오, 내가 그 사람을
당신들 앞에 데려 오겠소. 나는 그에게서 아무 죄

ㄱ) 그, '프라이토리온'

나는 장소(희랍어와 아람어로)와 사건의 날짜와 시간에 대해 공식적으로 언급한다 (14절). **19:13** *재판석에 앉았다.* 이 재판석은 리토스트론이라고 부르는데 돌을 박은 자리를 의미한다. *앉았다.* 여기에 사용된 희랍어 *에카티센*은 "앉다" 혹은 "그를 앉히다"로 번역될 수 있다. 빌라도 자신이 재판장의 자리에 앉거나 혹은 예수님을 자리에 앉히고 있는 것으로 이해할 수 있다. 두 가지 번역이 다 가능하다. 그러나 전반적으로 예수님을 모욕하고 있다는 점(19:1-3)과 빌라도가 예수님을 조롱하고 있다는 사실을 (19:4-5) 고려해 볼 때, 빌라도는 예수님을 재판장의 자리에 앉히고 있는 것으로 이해할 수도 있다. 이러한 행위는 이 마지막 재판에 관련하여 볼 때 의도했던 뜻이 다르게 나타나고 있다. 빌라도는 그들의 "왕"이신 예수님과 유대 종교 지도자들을 조롱하기 위해 예수님을 재판장의 자리에 앉힌다. 그러나 그는 모르는 중에 예수님이 진정 참된 재판장이심을 보여주고 있다. 세상이 예수님을 심판하려 하지만 결국은 예수께서 세상을 심판하고 계신 것이다. **19:14** *당신들의 왕.* 빌라도는 조롱과 비웃음을 통하여 무의식적으로 예수님에 대한 진실을 증거하고 있다: *당신들의 왕이요* (1:49를 보라). 또한 11:49-52에서 가야바가 무의식 중에 예수님의 사역에 대하여 예언한 것을 보라. **19:15a** 다시 군중이 아니라 종교 지도자들이 예수님의 십자가형을 외친다. **19:15b** *대제사장.* 이 말은 이 재판이 일반대중의 요구보다는 정권과 관련된 사건이었음을 말해주는 단어이다. *우리에게는 황제 폐하 밖에는 왕이 없습니다.* 이것은 비애감이 가득한 재판이다. 로마 황제에 대한 충성심의 고백을 통하여 대제사장들은 공교롭게도 이스라엘 왕에 대한 메시아적인 소망을 거절하고 있다 (12:13을 보라). 이스라엘 신앙의 중심에는 하나님이 그들의 왕이시라는 신앙이 있다 (삿 8:23; 삼상 8:7; 사 26:13). 그러므로 예수님을 거부한 그들의 행위는 결국 그들이 맹세하고 섬기기로 한 하나님을 거부하는 것이다. **19:16** *넘겨주었다.* 빌라도가 유다(6:64, 71; 12:4; 13:2, 11, 21; 18:2, 5)와 유대 종교 지도자들(18:30, 35; 19:11)의 반열에 동참한다. 이를 통하여 그는 예수님을 넘겨주고 그 안에서 드러난 하나님의 계시와 하나님이 주시는 새 생명을 거부하는 데 동참한다. 빌라도와 종교 지도자들 모두는 예수님을 부인한 세상을 대표한다 (15:18).

특별 주석

세상 권력은 그들이 예수님을 심판했다고 생각한다. 그러나 이 재판 이야기는 예수께서 진짜 왕이시며 재판장이심을 증거한다. 진리에 대하여 증거하는 일이나, 그의 생명을 기꺼이 내어놓는 일에 눈 하나 깜짝하지 않고 대처하시는 모습을 통해 우리는 예수님 안에서 드러나는 하나님의 사랑의 힘을 직면하게 된다.

도 찾지 못했소. 나는 당신들이 그것을 알아주기
를 바라오." 5 예수가 가시관을 쓰시고, 자색 옷
을 입으신 채로 나오시니, 빌라도가 그들에게 "보
시오, 이 사람이오" 하고 말하였다. 6 대제사장
들과 경비병들이 예수를 보고 외쳤다. "십자가에
못 박으시오. 십자가에 못 박으시오." 그러자 빌
라도는 그들에게 "당신들이 이 사람을 데려다가
십자가에 못 박으시오. 나는 이 사람에게서 아무
죄도 찾지 못했소" 하고 말하였다. 7 유대 사람
들이 그에게 대답하였다. "우리에게는 율법이 있
는데 그 율법을 따르면 그는 마땅히 죽어야 합니
다. 그가 자기를 가리켜서 하나님의 아들이라고
하였기 때문입니다."

8 빌라도는 이 말을 듣고, 더욱 두려워서
9 다시 관저 안으로 들어가서 예수께 물었다. "당
신은 어디서 왔소?" 예수께서는 그에게 아무 대답
도 하지 않으셨다. 10 그래서 빌라도가 예수께
말하였다. "나에게 말을 하지 않을 작정이오? 나
에게는 당신을 놓아줄 권한도 있고, 십자가에 처
형할 권한도 있다는 것을 모르시오?" 11 예수께
서 대답하셨다. "위에서 주지 않으셨더라면, 당신
에게는 나를 어찌할 아무런 권한도 없을 것이오.
그러므로 나를 당신에게 넘겨준 사람의 죄는 더
크다 할 것이오." 12 이 말을 듣고서, 빌라도는
예수를 놓아주려고 힘썼다. 그러나 유대 사람들
은 "이 사람을 놓아주면, 총독님은 황제 폐하의 충
신이 아닙니다. 자기를 가리켜서 왕이라고 하는
사람은, 누구나 황제 폐하를 반역하는 자입니다"
하고 외쳤다.

13 빌라도는 이 말을 듣고, 예수를 데리고 나
와서, ㄱ)리토스트론이라고 부르는 재판석에 앉았
다. (리토스트론은 ㄴ)히브리 말로 가바다인데, '돌
을 박은 자리'라는 뜻이다.) 14 그 날은 유월절
준비일이고, 때는 ㄷ)낮 열두 시쯤이었다. 빌라도
가 유대 사람들에게 말하였다. "보시오, 당신들의
왕이오." 15 그들이 외쳤다. "없애 버리시오! 없
애 버리시오! 그를 십자가에 못박으시오!" 빌라도
가 그들에게 말하였다. "당신들의 왕을 십자가에
못박으란 말이오?" 대제사장들이 대답하였다.
"우리에게는 황제 폐하 밖에는 왕이 없습니다."
16 이리하여 이제 빌라도는 예수를 십자가에 처
형하라고 그들에게 넘겨주었다.

ㄱ) 돌을 박아 포장한 광장이나 길 ㄴ) 아람어를 뜻함 ㄷ) 그, '제 육 시'

19:16b-37 이 부분은 예수님이 십자가에 못박혀 돌아가시는 부분이다. **19:17** *예수께서 십자가를 지고* 가신다 (마 27:32; 막 15:21; 눅 23:26을 참조하라. 공관복음서에는 구레네 시몬이 병정들에 의해 강제로 십자가를 진다). 그 당시 죄인이 자신의 십자가를 지는 것은 예외가 아니었다. 그러나 여기에는 신학적인 의미가 숨겨져 있다. 이를 통하여 예수님은 자신이 그의 마지막 때에 대해 온전한 주권을 발휘하고 계심을 보여준다 (10:17-18; 18:5, 8, 20-21). **19:18** 예수님에게 초점을 맞추기 위해 본문은 같이 못박힌 두 강도에 대해 말하지 않는다. **19:19** 그러나 여기에 새겨진 그의 명패 역시 신학적인 의미를 내포하고 있다. 예수께서 십자가에 "올려지심"은 그가 영화롭게 되시는 것을 의미한다 (3:14; 8:28; 12:32). 예수님의 십자가형은 진정 그의 대관식을 거행하는 사건이다. **19:20** 명패가 세 나라 말(히브리, 로마, 그리스)로 쓰여진 것은 예수님이 만민의 왕되심을 증언하는 것이다 (4:42; 11:52; 12:32를 보라). **19:21-22** 19:5와 14절에서처럼, 빌라도는 예수님의 왕권과 관련하여 유대 종교 지도자들을 조롱한다. **19:23-24** *그의 옷을 가져다가.* 그 당시 통상적인 관습이었다. 사복음서 모두 이것이 시 22:18(마 27:34; 막 15:24; 눅 23:34)을 성취하는 것이며, 하나님의 구원 계획을 이루는 사건으로 해석한다. **19:25** 여자들은 충성된 증인들로 십자가 근처에 남아 있다 (남자 제자들이 예수를 버리고 떠날 것에 대한 예언과 비교하라, 16:32). **19:26-27** 예수님의 어머니가 가나의 기적 사건(2:1-11)에 함께 했던 것을 고려해 볼 때, 그녀가 이 십자가 처형에도 등장하고 있는 것은 예수님의 성육신 사역의 시작과 마지막에 대하여 그녀가 증인이 되고 있음을 알려 주는 것이다. *예수께서…사랑하는 제자.* 13:23-25에 관한 주석을 보라. 그는 십자가 사건과 마지막 만찬, 그리고 사랑의 사역을 하도록 당부하신 주님의 명령을 연결해 주는 기능을 감당하고 있다. 여기 마리아와 사랑하는 제자는 예수님의 사역이 성육신에서 그의 믿음의 공동체로 계속되는 연장성을 대표하는 것이다. **19:28-29** 시 69:22; 또한 마 27:48; 막 15:36; 눅 23:36을 보라. *목마르다.* 목이 마르다는 것은 예수께서 기꺼이 그에게 할당된 잔을 마시는 것을 의미한다 (18:11). **19:30** *다 이루었다.* 예수께서는 하나님께서 그에게 이루도록 하신 모든 사역을 다 완성하셨다 (4:34; 5:36; 17:4). *숨을 거두셨다.* 이것은 문자 그대로 "양도하다/넘겨주다"(희랍어, *파레도켄*)를 의미한다. 똑같은 단어가 빌라도와 유대 종교 지도자들이 재판과 십자가 처형을 위해 예수님을 "넘겨주는" 행위를 표현하는 데 사용되었다 (18:30, 35-36; 19:11, 16, 30; 또한 유다가 넘겨주는 것에 대하여는, 13:2, 11, 21을 보라), 그러나 종국적으로, 오직 예수님만이 자신의 생명을 넘겨주실 수 있다 (10:18). **19:31** 유월절 축제는 해가 질 때부터 시작된다 (18:32를 보라). **19:32-33** 다리를 부러뜨리는 것은 죄인을 더 빨리 죽게 했으며, 십자가 처

십자가에 못박히시다

(마 27:32-44; 막 15:21-32; 눅 23:26-43)

그들은 예수를 넘겨받았다. 17 예수께서 십
자가를 지시고 '해골'이라 하는 데로 가셨다. 그
곳은 [ㄱ]히브리 말로 골고다라고 하였다. 18 거기서
그들은 예수를 십자가에 못 박았다. 그리고 다른
두 사람도 예수와 함께 십자가에 달아서, 예수를
가운데로 하고, 좌우에 세웠다. 19 빌라도는 또
한 명패도 써서, 십자가에 붙였다. 그 명패에는
'유대인의 왕 나사렛 사람 예수' 라고 썼다.
20 예수께서 십자가에 달리신 곳은 도성에서 가
까우므로, 많은 유대 사람이 이 명패를 읽었다. 그
것은, [ㄱ]히브리 말과 로마 말과 그리스 말로 적혀
있었다. 21 유대 사람들의 대제사장들이 빌라도
에게 말하기를 "'유대인의 왕'이라고 쓰지 말고,
'자칭 유대인의 왕'이라고 쓰십시오" 하였으나,
22 빌라도는 "나는 쓸 것을 썼다" 하고 대답하였다.
23 병정들이 예수를 십자가에 못 박은 뒤에,
그의 옷을 가져다가 네 몫으로 나누어서, 한 사람
이 한 몫씩 차지하였다. 그리고 속옷은 이음새 없
이 위에서 아래까지 통째로 짠 것이므로 24 그
들은 서로 말하기를 "이것은 찢지 말고, 누가 차
지할지 제비를 뽑자" 하였다. 이는

> [ㄴ]'그들이 나의 겉옷을
> 서로 나누어 가지고,
> 나의 속옷을 놓고서는
> 제비를 뽑았다'

하는 성경 말씀이 이루어지게 하려는 것이었다.
그러므로 병정들이 이런 일을 하였다. 25 그런데
예수의 십자가 곁에는 예수의 어머니와 이모와 글
로바의 아내 마리아와 막달라 사람 마리아가 서
있었다. 26 예수께서는 자기 어머니와 그 곁에
서 있는 사랑하는 제자를 보시고, 어머니에게 "어
머니, 이 사람이 어머니의 아들입니다" 하고 말씀
하시고, 27 그 다음에 제자에게는 "자, 이분이
네 어머니시다" 하고 말씀하셨다. 그 때부터 그 제
자는 그를 자기 집으로 모셨다.

ㄱ) 아람어를 뜻함 ㄴ) 시 22:18

형에서 통상적으로 행해졌던 일이다. **19:34** *피와 물.* 예수님의 죽음과 성육신의 실제성에 대해 증언해 준다 (요일 5:6-8을 보라). 이것은 동시에 "생수" (4:10, 12-14; 7:37-38) 그리고 그의 보혈(6:53-55)을 통하여 증거된 생명의 선물을 의미한다. **19:35** *목격자가 증언한 것.* 목격자는 아마도 "예수께서 사랑하는 제자"를 의미하는 듯하다 (21:25와 서론을 보라). **19:36** *그의 뼈가 하나도 부러지지 않을 것이다.* 아마도 예수님의 온전한 뼈와 유월절 양의 부러지지 않은 뼈를 의미하는 것인 듯하다 (출 12:10, 46; 요 1:35를 보라). 이것은 또한 시 34:10 의로운 자를 보호하시는 하나님을 찬미하는 것으로 볼 수도 있다. **19:37** 슥 12:10을 인용한 것이다.

19:38-42 예수님의 장례이다. **19:38** 모든 복음서가 요셉이 예수님을 장사지냈다고 기록한다 (마 27:57; 막 15:43; 눅 23:50-52). *유대 사람이 무서워서.* 9:22; 12:42-43; 16:2를 보라; 그리고 2:18에 관한 주석을 보라 (이것은 유대 사람 단수가 아니라 유대 사람들을 의미한다). 요셉은 이제 예수님의 시체를 요구하기까지 담대해졌다. **19:39** 니고데모에 대하여는 3:1-21; 7:50-52를 보라. *백 근* (약 34킬로그램 혹은 100파운드). 이것은 아주 넉넉한 분량이었음을 말해준다 (또한 12:3의 넘치는 양의 향유에 대하여도 보라). 마리아처럼 (12:1-8), 요셉과 니고데모는 예수님의 시신을 장사지내기 위한 준비를 하는 것을 통해 그들의 예수님에 대한 사랑을 표현했다.

20:1-31 예수님의 부활에 대한 세 이야기가 소개되고 있다: 1-18절, 빈 무덤과 예수께서 막달라 마리아에게 나타나심 (주일 아침); 19-23절, 예수께서 모인 제자들에게 나타나심 (주일 저녁); 그리고 24-31절, 도마와 모인 제자들에게 나타나심 (한 주 후).

특별 주석

> 부활 이야기들은 예수님의 고별설교의 많은 예언이 성취되고 있음을 보여준다 (14—16장), 이것은 미래 믿음의 공동체에 대한 예수님의 말씀들이 새 생명의 근거가 됨을 증거하는 것이라 볼 수 있다.

20:1-18 두 개의 연관된 이야기가 소개된다: 빈 무덤 (1-10절); 예수님이 마리아에게 나타나시는 이야기 (11-18절). **20:1-10** **20:1** *주간의 첫 날.* 토요일 해 지는 시간부터 주일 해 지는 시간까지. **20:2** *마리아.* 마리아는 무덤 문이 열려 있는 것을 누가 예수님의 시신을 훔쳐간 것으로 이해했다 (마 27:63-66; 28:11-14를 보라). **20:3** 베드로와 다른 제자에 대하여는 13:12-30에 관한 주석을 보라. *예수께서 사랑하시는 제자*가 예수님의 마지막 때에 일어나는 사건들 속에서 중심 역할을 감당한다 (13:23-25). **20:4-6** 점차적으로 빈 무덤의 비밀이 드러나기 시작한다 (2절); 다른 제자가 삼베를 목격하나 들어가지는 않는다 (4-5절); 베드로가 무덤 안으로 들어가 예수님의 머리를 싸맸던 수건을 목격한다 (6절). **20:7** 삼베에 대한 자세한 기록은 나사로의 이야기와 대조가 된다. 나사로는 삼베에 묶인 채 걸어나왔다. 그러나 예수님은 그를 싸맸던 삼베를 온전히 남겨두고 부활하셨다. **20:8-10** 빈 무덤에 대한 신학적인 증언들이다. 다른 제자는 예수께서 죽음을 이기셨음을 믿는다. 그러나 그도 아직은 부활에 대한 전반적

예수께서 숨을 거두시다
(마 27:45-56; 막 15:33-41; 눅 23:44-49)

28 그 뒤에 예수께서는 모든 일이 이루어졌
음을 아시고, [ㄱ]성경 말씀을 이루시려고 "목마르
다" 하고 말씀하셨다. 29 거기에 신 포도주가 가득
담긴 그릇이 있었는데, 사람들이 해면을 그 신 포
도주에 듬뿍 적셔서, 우슬초 대에다가 꿰어 예수
의 입에 갖다 대었다. 30 예수께서 신 포도주를
받으시고서, "다 이루었다" 하고 말씀하신 뒤에,
머리를 떨어뜨리시고 숨을 거두셨다.

창으로 옆구리를 찌르다

31 유대 사람들은 그 날이 유월절 준비일이
므로, 안식일에 시체들을 십자가에 그냥 두지 않
으려고, 그 시체의 다리를 꺾어서 치워달라고 빌
라도에게 요청하였다. 그 안식일은 큰 날이었기
때문이다. 32 그래서 병사들이 가서, 먼저 예수
와 함께 십자가에 달린 한 사람의 다리와 또 다른
한 사람의 다리를 꺾고 나서, 33 예수께 와서는,
그가 이미 죽으신 것을 보고서, 다리를 꺾지 않았다.
34 그러나 병사들 가운데 하나가 창으로 그 옆구
리를 찌르니, 곧 피와 물이 흘러나왔다. 35 (이
것은 목격자가 증언한 것이다. 그래서 그의 증언은
참되다. 그는 자기의 말이 진실하다는 것을 알고
있다. 그는 여러분들도 믿게 하려고 증언한 것이
다.) 36 일이 이렇게 된 것은, [ㄴ]'그의 뼈가 하나
도 부러지지 않을 것이다' 한 성경 말씀이 이루어
지게 하려는 것이었다. 37 또 성경에 [ㄷ]'그들은
자기들이 찌른 사람을 쳐다볼 것이다' 한 말씀도
있다.

무덤에 묻다
(마 27:57-61; 막 15:42-47; 눅 23:50-56)

38 그 뒤에 아리마대 사람 요셉이 예수의 시
신을 거두게 하여 달라고 빌라도에게 청하였다.
그는 예수의 제자인데, 유대 사람이 무서워서, 그
것을 숨기고 있었다. 빌라도가 허락하니, 그는 가서
예수의 시신을 내렸다. 39 또 전에 예수를 밤중
에 찾아갔던 니고데모도 몰약에 침향을 섞은 것을
[ㄹ]백 근쯤 가지고 왔다. 40 그들은 예수의 시신
을 모셔다가, 유대 사람의 장례 풍속대로 향료와
함께 삼베로 감았다. 41 예수가 십자가에 달리
신 곳에, 동산이 있었는데, 그 동산에는 아직 사
람을 장사한 일이 없는 새 무덤이 하나 있었다.
42 그 날은 유대 사람이 안식일을 준비하는 날이
고, 또 무덤이 가까이 있었기 때문에, 그들은 예
수를 거기에 모셨다.

ㄱ) 시 69:21 ㄴ) 출 12:46 (칠십인역); 민 9:12; 시 34:20 ㄷ) 슥 12:10
ㄹ) 그, '백 리트라이'. 약 34킬로그램

인 사건을 이해하지 못하고 있다. **20:11-18** 가장 아름답고 흥미진진하게 증거되는 성경 이야기 중에 하나이다. 마리아가 변화되어 가는 것을 설명해 주는 것으로, 그녀의 눈물이 (11절) 기쁨으로 (16절) 변하는 것을 보여주며 이것은 예수께서 약속하셨던 16:20-22의 말씀이 성취되고 있는 것을 보여준다. **20:12-13** 천사는 예수님의 부활(마 28:5; 막 16:8; 눅 24:5-7을 보라)에 대하여 선포하지 않는다. 단지, 마리아의 슬픔에 초점이 맞추어져 있다 (2절에 있는 *누가 주님을 무덤에서 가져갔습니다*를 보라). **20:14** 극적인 긴장과 이야기가 내포하고 있는 힘을 보여준다: 독자들은 마리아가 알지 못하는 것을 이미 알고 있으며, 그녀가 예수님을 알아 볼 때까지 기다린다 (눅 24:15-16에 비슷한 형태의 이야기가 소개되어 있다). **20:15a** 예수님의 질문은 그의 정체를 잘못 이해하는 것을 강조하는 것이다. 누구를 찾느냐? 이것은 예수님이 그의 첫 제자들에게 던지신 질문을 연상시켜준다 (1:38). 성육신하신 예수님의 사역은 공생애의 예수님이나 부활하신 예수님 둘 다 동일한 방식으로 시작된다. **20:15b** 예수님의 정체를 알아보지 못한 것의 아주 좋은 예라 할 수 있겠다 (3:4, 8; 4:10-14, 31-33; 6:25-34; 11:11-14; 14:4-7을 보라). **20:16** *라부니.* 이것은 히브리어로 "랍비," 선생 혹은 주를 일컫는 친근한 개인적인 호칭이다. 마리아는 예수께서 그녀의 이름을 부를 때 그를 알아본다. 예수님은 자신의 양을 아는 선한 목자이시고 그의 양을 이름으로 부르신다 (10:3-4, 14). 그리고 마리아는 그의 양으로 목자의 음성을 알아차리고 인식한다 (10:16, 24). **20:17** 예수께서는 아직 *아버지*께 올라가지 않으셨기 때문에 마리아는 예수님을 붙잡는 것으로 그의 죽음, 부활, 승천이라는 때를 방해해서는 안 된다. 십자가는 그의 영광의 시작이며 (13:1, 31-33), 승천은 그것의 결말이다 (17:5, 13). 예수께서는 마리아에게 제자들에게 달려가 그의 때가 완성되었음에 대한 복된 소식을 증거하라고 사역을 위임하신다.

특별 주석

예수께서 승천하시고 아버지께로 되돌아가심을 통하여 제자들은 그들의 하나님과의 새로운 관계를 온전하게 누리게 된다. 예수님과 하나님과의 관계성이 ("나의 아버지", "나의 하나님") 이제 제자들과 하나님과의 관계가 된다 ("너희의 아버지," "너희의 하나님") (14:23; 16:23-28; 17:20-26을 보라). 하나님을 믿은 자들은 "하나님의 자녀"가 되었다 (1:13).

부활하시다
(마 28:1-10; 막 16:1-8; 눅 24:1-2)

20 1 주간의 첫 날 이른 새벽에 막달라 사람
마리아가 무덤에 가서 보니, 무덤 어귀를
막은 돌이 이미 옮겨져 있었다. 2 그래서 그 여
자는 시몬 베드로와 예수께서 사랑하시던 그 다른
제자에게 달려가서 말하였다. "누가 주님을 무덤
에서 가져갔습니다. 어디에 두었는지 모르겠습니
다." 3 베드로와 그 다른 제자가 나와서, 무덤으
로 갔다. 4 둘이 함께 뛰었는데, 그 다른 제자가
베드로보다 빨리 달려서, 먼저 무덤에 이르렀다.
5 그런데 그는 몸을 굽혀서 삼베가 놓여 있는 것을
보았으나, 안으로 들어가지는 않았다. 6 시몬 베
드로도 그를 뒤따라 왔다. 그가 무덤 안으로 들어
가 보니, 삼베가 놓여 있었고, 7 예수의 머리를
싸맸던 수건은, 그 삼베와 함께 놓여 있지 않고,
한 곳에 따로 개켜 있었다. 8 그제서야 먼저 무
덤에 다다른 그 다른 제자도 들어가서, 보고 믿었다.
9 아직도 그들은 예수께서 죽은 사람들 가운데서
반드시 살아나야 한다는 성경 말씀을 깨닫지 못하
였다. 10 그래서 제자들은 자기들이 있던 곳으로
다시 돌아갔다.

막달라 마리아에게 나타나시다 (막 16:9-11)

11 그런데 마리아는 무덤 밖에 서서 울고 있
었다. 울다가 몸을 굽혀서 무덤 속을 들여다보니,
12 흰 옷을 입은 천사 둘이 앉아 있었다. 한 천사는
예수의 시신이 놓여 있던 자리 머리맡에 있었고,
다른 한 천사는 발치에 있었다. 13 천사들이 마
리아에게 말하였다. "여자여, 왜 우느냐?" 마리아
가 대답하였다. "누가 우리 주님을 가져갔습니다.
어디에 두었는지 모르겠습니다." 14 이렇게 말
하고, 뒤로 돌아섰을 때에, 그 마리아는 예수께서
서 계신 것을 보았지만, 그가 예수이신 줄은 알지
못하였다. 15 예수께서 마리아에게 말씀하셨다.
"여자여, 왜 울고 있느냐? 누구를 찾느냐?" 마리
아는 그가 동산지기인 줄 알고 "여보세요, 당신이
그를 옮겨 놓았거든, 어디에다 두었는지를 내게
말해 주세요. 내가 그를 모셔 가겠습니다" 하고 말
하였다. 16 예수께서 "마리아야!" 하고 부르셨
다. 마리아가 돌아서서 ㄱ)히브리 말로 "라부니!"
하고 불렀다. (그것은 '선생님!'이라는 뜻이다.)
17 예수께서 마리아에게 말씀하셨다. "내게 손을
대지 말아라. 내가 아직 아버지께로 올라가지 않

ㄱ) 아람어를 뜻함

20:18 *자기가 (내가) 주님을 보았다.* 마리아는 예수님의 부활과 나타나심의 첫 증인이다.

20:19-23 눅 24:36-43을 보라. **20:19** 제자들이 두려워하는 행동들은 마리아의 증거를 그들이 아직 믿지 않고 있음을 보여준다 (눅 24:11). *유대 사람들이 무서워서.* 9:22를 보라. *너희에게 평화가 있기를!* 14:27이 있는 그의 평안에 대한 약속이 성취됨을 의미한다. **20:20** 눅 24:38-40을 보라. 제자들의 기쁨은 마리아의 기쁨과 마찬가지로 16:20-22의 약속이 성취되는 것이다. **20:21** *평안.* 20절; 14:27을 보라. *나도 너희를 보낸다.* 17:28에 있는 예수님의 기도를 보라. 예수님은 그의 믿음의 공동체가 하나님께서 그에게 맡기셨던 일을 지속해가도록 위임하신다. **20:22** *성령*의 선물에 대한 약속은 고별설교에 소개된 보혜사/성령에 대한 약속이 성취됨을 보여준다 (14:26; 15:26-27; 16:7b-11;16:12-15; 그리고 1937쪽 추가 설명: "요한복음서에 나타난 성령"을 보라; 또한 7:37-39를 보라). *그들에게 숨을 불어넣으시고.* 이것은 창 2:7과 겔 37:9의 하나님께서 생명을 창조하시는 숨을 의미하며 새 생명이 창조됨을 의미한다. **20:23** 요한복음서에서 죄는 신학적인 개념으로 예수님 안에서 드러난 하나님의 계시를 받아들이지 않는 것을 의미한다 (9:2와 19:11에 관대 주석을 보라). 따라서 죄사함도 개인적인 행위들에 대한 회개가 아니다. 오히려, 죄사함은 믿음의 공동체가 세상 속에 하나님을 드러내는, 그러므로 예수님을 영접하는 여부에 따른 심판과 결정에 이르도록 하게 하는 성령충만한 선교사역을 의미한다 (3:19-21; 15:22-34; 16:8-11을 보라).

20:24-31 **20:24-25a** 도마에게 증거한 제자들의 부활 고백은 (*우리는 주님을 보았소*) 18절의 마리아의 증거와 동일하다. **20:25b** 도마는 이 선포를 믿지 않는다. 그러나 말로 부활을 증거하는 것을 부인하는 도마는 이전에 마리아가 말로 증거한 것을 거부했던 다른 제자들과 다를 것이 없다 (19절). 도마는 다른 제자들이 두려움에서 기쁨으로 바뀌는데 요구되는 그외 다른 증거를 요구하는 것이 아니다 (20절). **20:26** 19절을 보라. **20:27** 예수님의 말씀은 25절의 도마의 요구와 평행을 이룬다. 예수님은 도마가 요구한 모든 것을 허락하신다. 그렇게 함으로써 도마로 하여금 불신앙에서 믿음으로 옮겨주신다. (희랍어 *아피스토스*는 빈번히 잘못 해석되어 왔다. 아피스토스의 의미는 "의심"이 아니다. 희랍어로 피스토스는 믿음을 의미하는데, 여기에 접두어 "아"가 첨가되어 이 말은 "믿음이 결여되어 있는 것"을 의미한다).

특별 주석

이 이야기를 통상적으로 "의심하는 도마" 라고 부르는 것은 요점을 놓치게 할 위험성이 있다. 이 이야기는 도마의 의심이나 회의적인 시각에 대하여 이야기하는 것이 아니라 도마의 요구에 대

았다. 이제 내 형제들에게로 가서 이르기를, 내가
나의 아버지 곧 너희의 아버지, 나의 하나님 곧 너
희의 하나님께로 올라간다고 말하여라." 18 막
달라 사람 마리아는 제자들에게 가서, 자기가 주
님을 보았다는 것과 주님께서 자기에게 이런 말씀
을 하셨다는 것을 전하였다.

제자들에게 나타나시다

(마 28:16-20; 막 16:14-18; 눅 24:36-49)

19 그 날, 곧 주간의 첫 날 저녁에, 제자들은
유대 사람들이 무서워서, 문을 모두 닫아걸고 있
었다. 그 때에 예수께서 와서, 그들 가운데로 들
어서셔서, "너희에게 평화가 있기를!" 하고 인사
말을 하셨다. 20 이 말씀을 하시고 나서, 두 손과
옆구리를 그들에게 보여 주셨다. 제자들은 주님을
보고 기뻐하였다. 21 [예수께서] 다시 그들에
게 말씀하셨다. "너희에게 평화가 있기를 빈다.
아버지께서 나를 보내신 것 같이, 나도 너희를 보
낸다." 22 이렇게 말씀하신 다음에, 그들에게 숨
을 불어넣으시고 말씀하셨다. "성령을 받아라.
23 너희가 누구의 죄든지 용서해 주면, 그 죄가
용서될 것이요, 용서해 주지 않으면, 그대로 남아
있을 것이다."

도마의 불신앙

24 열두 제자 가운데 하나로서 ㄱ)쌍둥이라고
불리는 도마는, 예수께서 오셨을 때에 그들과 함께
있지 않았다. 25 다른 제자들이 그에게 "우리는
주님을 보았소" 하고 말하였으나, 도마는 그들에게
"나는 내 눈으로 그의 손에 있는 못자국을 보고,
내 손가락을 그 못자국에 넣어 보고, 또 내 손을
그의 옆구리에 넣어 보지 않고서는 믿지 못하겠
소!" 하고 말하였다. 26 여드레 뒤에 제자들이
다시 집 안에 모여 있었는데 도마도 함께 있었다.
문이 잠겨 있었으나, 예수께서 와서 그들 가운데
로 들어서셔서 "너희에게 평화가 있기를!" 하고
인사말을 하셨다. 27 그리고 나서 도마에게 말
씀하셨다. "네 손가락을 이리 내밀어서 내 손을 만
져 보고, 네 손을 내 옆구리에 넣어 보아라. 그래
서 의심을 떨쳐버리고 믿음을 가져라." 28 도마
가 예수께 대답하기를 "나의 주님, 나의 하나님!"
하니, 29 예수께서 도마에게 말씀하셨다. "너는
나를 보았기 때문에 믿느냐? 나를 보지 않고도 믿는
사람은 복이 있다."

ㄱ) 그, '디두모'

해 하나하나 대답해 주심으로 그를 불신앙에서 신앙으로 옮겨가게끔 하는 예수님의 은혜의 충만함에 있다.

20:28 *나의 주님, 나의 하나님!* 도마가 예수님을 통하여 계시된 하나님을 목격함으로써 고백하게 되는 이 증거는 이 복음서 중에서 가장 강력한 예수님의 정체성에 대한 고백이다. 본문을 주의깊게 읽는 독자는 도마가 예수님을 만지지 않고 있음을 알게 된다. 예수께서 만져보라고 하신 제의가 도마를 믿음에 이르게 했다. **20:29** 예수님의 질문은 그가 나다나엘에게 하셨던 질문을 연상케 해준다. 이 축복은 미래 믿음의 공동체를 위한 것으로 그들이 예수님을 믿는 데 있어서 성육신하신 주님을 육의 눈으로 보는 것이 필수불가결한 요소가 아님을 말해준다. 예수님에 대한 복된 소식의 선포는 믿음에 근거하여 행해질 수 있다. **20:30-31** 현대 주석가들은 종종 이 부분이 원래 요한복음 사본의 결론이었다고 본다. 그러나 이것은 단지 20장의 결론이라고 볼 수도 있다. 이 부분은 29절의 예수님의 말씀을 연상시켜 주며 이것이 이 복음서를 읽는 독자들을 위한 것임을 강조하는 것이라 할 수 있다. 1세기 이후 믿는 자들의 신앙의 근거는 복음서에 기록된 말씀들이다.

21:1-25 일부 학자들은 21장은 원래 복음서에 부차적으로 추가된 후기로 읽어야 한다고 본다. 그러나 우리는 대부분의 고대 사본들이 21장을 포함하고 있다는 사실을 기억해야 한다 (7:53—8:11은 그렇지 않다. 거기 소개된 설명을 참조). 요한복음 21장은 분명히 제자들의 미래에 관한 것이다. 여기 소개된 관심사들은 고별설교(14—16장)와 그의 고별기도(17장)의 주된 관심사였다. 그러므로 여기 소개된 관점은 결코 새롭거나 생소한 다른 자료로 볼 이유가 없다. 요 21장은 마치 누가가 사도행전을 통해서 그랬던 것처럼, 독자들이 이제 교회에 대한 이야기에 관심을 갖게 한다. 21장은 두 이야기를 포함한다: 1-4절, 예수께서 모인 제자들에게 나타나신다; 15-24절, 예수께서 베드로와 그의 사랑하시던 제자의 미래에 대하여 말씀하신다.

21:1-14 **21:2** 나다나엘은 1:47-50 이후 처음 등장한다. 이 기록은 예수님의 공생애 사역의 시작과 예수님의 때 이후의 공동체의 삶이 시작되는 것 사이의 연결성에 대하여 증거한다. **21:3** *고기를 한 마리도 잡지 못하였다.* 예수님의 기적으로 처리될 상황에 대한 기록이다. **21:4** 독자는 그분이 예수님이심을 안다. 그러나 제자들은 알지 못한다 (정원에서의 마리아를 보라, 20:14). **21:5** *얘들아.* "내 자녀들아"(요일

이 책을 쓴 목적

30 예수께서는 제자들 앞에서 이 책에 기록
하지 않은 다른 [ㄱ]표징도 많이 행하셨다. 31 그
런데 여기에 이것이나마 기록한 목적은, 여러분으
로 하여금 예수가 [ㄴ]그리스도요 하나님의 아들이심
을 믿게 하고, 또 그렇게 믿어서 그의 이름으로 생
명을 얻게 하려는 것이다.

일곱 제자에게 나타나시다

21 1 그 뒤에 예수께서 디베랴 바다에서 다시
제자들에게 자기를 나타내셨는데, 그가
나타나신 경위는 이러하다. 2 시몬 베드로와 쌍
둥이라고 불리는 도마와 갈릴리 가나 사람 나다나
엘과 세베대의 아들들과 제자들 가운데서 다른 두
사람이 한 자리에 있었다. 3 시몬 베드로가 그들
에게 말하기를 "나는 고기를 잡으러 가겠소" 하니,
그들이 "우리도 함께 가겠소" 하고 말하였다. 그
들은 나가서 배를 탔다. 그러나 그 날 밤에는 고
기를 한 마리도 잡지 못하였다. 4 이미 동틀 무
렵이 되었다. 그 때에 예수께서 바닷가에 들어서
셨으나, 제자들은 그가 예수이신 줄을 알지 못하
였다. 5 그 때에 예수께서 제자들에게 물으셨다.
"얘들아, 무얼 좀 잡았느냐?" 그들이 대답하였다.
"못 잡았습니다." 6 예수께서 그들에게 말씀하
셨다. "그물을 배 오른쪽에 던져라. 그리하면 잡
을 것이다." 제자들이 그물을 던지니, 고기가 너
무 많이 걸려서, 그물을 끌어올릴 수가 없었다.
7 예수가 사랑하시는 제자가 베드로에게 "저분은
주님이시다" 하고 말하였다. 시몬 베드로는 주님
이시라는 말을 듣고서, 벗었던 몸에다가 겉옷을
두르고, 바다로 뛰어내렸다. 8 그러나 나머지 제
자들은 작은 배를 탄 채로, 고기가 든 그물을 끌
면서, 해안으로 나왔다. 그들은 육지에서 [ㄷ]백 자
남짓밖에 떨어지지 않은 곳에 들어가서 고기를 잡
고 있었던 것이다. 9 그들이 땅에 올라와서 보
니, 숯불을 피워 놓았는데, 그 위에 생선이 놓여
있고, 빵도 있었다. 10 예수께서 제자들에게 말
씀하셨다. "너희가 지금 잡은 생선을 조금 가져오
너라." 11 시몬 베드로가 배에 올라가서, 그물을
땅으로 끌어내렸다. 그물 안에는, 큰 고기가 백쉰
세 마리나 들어 있었다. 고기가 그렇게 많았으나,
그물이 찢어지지 않았다. 12 예수께서 그들에게
말씀하셨다. "와서 아침을 먹어라." 제자들 가운
데서 아무도 감히 "선생님은 누구십니까?" 하고
묻는 사람이 없었다. 그가 주님이신 것을 알았기
때문이다. 13 예수께서 가까이 오셔서, 빵을 집어
서 그들에게 주시고, 이와 같이 생선도 주셨다.
14 예수께서 죽은 사람들 가운데서 살아나신 뒤
에 제자들에게 자기를 나타내신 것은, 이번이 세
번째였다.

ㄱ) 2:11의 주를 볼 것 ㄴ) 또는 '메시아' ㄷ) 그, '이백 규빗'. 약 90미터

2:1, 12, 14, 18, 28)와 동의어이다. 예수님은 제자들을 친근한 언어로 부르신다 (13:33을 보라). **21:6** 고기가 많이 잡힌 사실이 8, 11절에 다시 반복된다. **21:7** 이 두 제자의 주도적인 역할은 13:12-20과 20:1-10을 연상시켜준다. **21:9** 여기서 나누고 있는 식사는 6:14와 동일한 것이다. 즉, 고기와 빵이다. 예수님은 이 곳에서도 식사의 주인이시다 (13절). **21:11** 고기가 잡힌 양이 이 구절에서도 강조되고 있다. 가나 혼인 잔치의 엄청난 양의 포도주와 같이 (2장), 그리고 5,000명 이상이 먹었던 음식과 같이 (6장), 이 기적은 예수님의 선물이 얼마나 풍성한가를 보여준다. **21:13** 6:11을 보라. **21:14** 예수님이 부활한 후 나타나시는 장면들은 모여 있던 제자들에게 나타나신 것들을 포함하지만 (20:19-23, 24-29), 여기에 마리아의 경험은 제외되고 있다 (20:11-18). **21:15-25 21:15-17** 베드로에게 세 번에 걸쳐 나를 사랑하느냐에 대한 질문은 그가 세 번씩이나 부인한 것에 대한 균형이라 볼 수 있다 (13:38; 18:17, 25-27). 이 질문들과 예수님의 베드로에 대한 양을 돌보라는 명령은 10:11-18과 13:34-35를 상기시켜 준다. 예수께서는 베드로에게 그가 양들을 사랑하신 것처럼 그도 양들을 사랑하라고 부르고 계신 것이다. **21:18-19** *네 팔을 벌릴 것이고.* 베드로의 순교에 대한 예언이다. *나를 따라라* 순교와 죽음에 대한 초대이다. 13:36에 예수의 베드로에 대한 말씀을 참조하라. 베드로는 예수님을 위해 목숨을 바칠 것이다 (13:37). 그리고 예수께서 사랑하신 것처럼 그도 그의 양들을 사랑할 것이다 (15:12-14). **21:20-24** 관심의 초점이 예수님의 사랑하시는 제자에게로 옮겨지고 있다. 베드로는 순교자의 죽음으로써 그의 예수님을 향한 사랑을 증언한다. 그러나 "주께서 사랑하시는 제자"는 예수님을 향한 이야기를 후세에 증언함으로써, 그의 주님에 대한 사랑을 보여준다 (24절). 그의 증언은 이 복음서의 기초가 되며 이를 통하여 독자(우리)들은 예수님에 대한 믿음에 이르게 된다. **21:25** 이 구절은 요한복음서가 예수에 관하여 기록된 많은 책들 중에 하나님을 시사해 준다 (눅 1:1-4를 참조하라).

내 양 떼를 먹이라

15 그들이 아침을 먹은 뒤에, 예수께서 시몬
베드로에게 물으셨다. "요한의 아들 시몬아, 네가
이 사람들보다 나를 더 사랑하느냐?" 베드로가 대답
하였다. "주님, 그렇습니다. 내가 주님을 사랑하는
줄을 주님께서 아십니다." 예수께서 그에게 말씀
하셨다. "내 어린 양 떼를 먹여라." 16 예수께서
두 번째로 그에게 물으셨다. "요한의 아들 시몬아,
네가 나를 사랑하느냐?" 베드로가 대답하였다.
"주님, 그렇습니다. 내가 주님을 사랑하는 줄을
주님께서 아십니다." 예수께서 그에게 말씀하셨다.
"내 양 떼를 쳐라." 17 예수께서 세 번째로 물으
셨다. "요한의 아들 시몬아, 네가 나를 사랑하느
냐?" 그 때에 베드로는, [예수께서] "네가 나를
사랑하느냐?" 하고 세 번이나 물으시므로, 불안
해서 "주님, 주님께서는 모든 것을 아십니다. 그
러므로 내가 주님을 사랑하는 줄을 주님께서 아십
니다" 하고 대답하였다. 예수께서 그에게 말씀하
셨다. "내 양 떼를 먹여라. 18 내가 진정으로 진
정으로 네게 말한다. 네가 젊어서는 스스로 띠를
띠고 네가 가고 싶은 곳을 다녔으나, 네가 늙어서는
남들이 네 팔을 벌릴 것이고, 너를 묶어서 네가 바
라지 않는 곳으로 너를 끌고 갈 것이다." 19 예수
께서 이렇게 말씀하신 것은, 베드로가 어떤 죽음
으로 하나님께 영광을 돌릴 것인가를 암시하신 것
이다. 예수께서 이 말씀을 하시고 나서, 베드로에게
"나를 따라라!" 하고 말씀하셨다.

예수께서 사랑하시는 제자

20 베드로가 돌아다보니, 예수께서 사랑하
시던 제자가 따라오고 있었다. 이 제자는 마지막
만찬 때에 예수의 가슴에 기대어서, "주님, 주님을
넘겨줄 자가 누구입니까?" 하고 물었던 사람이다.
21 베드로가 이 제자를 보고서, 예수께 물었다.
"주님, 이 사람은 어떻게 되겠습니까?" 22 예수
께서 말씀하셨다. "내가 올 때까지 그가 살아 있
기를 내가 바란다고 한들, 그것이 너와 무슨 상관
이 있느냐? 너는 나를 따라라!" 23 이 말씀이
ㄱ)믿는 사람들 사이에 퍼져 나가서, 그 제자는 죽
지 않을 것이라고들 하였지만, 예수께서는 그가
죽지 않을 것이라고 말씀하신 것이 아니라, "내가
올 때까지 그가 살아 있기를 내가 바란다고 한들,
[그것이 너와 무슨 상관이 있느냐?]" 하고 말씀하
신 것뿐이다.

24 이 모든 일을 증언하고 또 이 사실을 기
록한 사람이 바로 이 제자이다. 우리는 그의 증언
이 참되다는 것을 알고 있다.

25 예수께서 하신 일은 이 밖에도 많이 있어
서, 그것을 낱낱이 기록한다면, 이 세상이라도 그
기록한 책들을 다 담아 두기에 부족할 것이라고
생각한다.

ㄱ) 그, '형제들'

사도행전

사도행전은 신약성경에서 아주 독특한 책이다. 사도행전은 누가복음서의 후편으로 초대교회에 대한 이야기들, 즉 예수의 승천기사로부터 시작해서 오순절 강림사건, 그리고 "땅 끝에까지 이르러" (1:8) 주님의 증인이 되는 복음전파와 바울이 로마 감옥에 갇히는 이야기로 끝난다. 사도행전 전반부는 베드로와 사도들이 예루살렘에서 말씀을 선포하는 것을 진술하고 있다. 스데반이 순교당한 이후에는 사도들이 흩어져 유대와 사마리아 지방에서 말씀을 선포하기 시작한다 (8:1). 9장 이후부터 바울은 당시 그리스와 로마지역에 그리스도교 선교센터들을 세우고 세 번에 걸쳐 선교여행을 하면서 중심인물로 떠오른다.

사도행전의 저자는 누가복음서 저자와 동일한 인물이다 (행 1:1-2; 눅 1:1-4). 누가복음서와 사도행전의 언어, 스타일, 그리고 문학과 신학적 주제들의 유사성 때문에 저자가 같은 사람이라는 사실을 의심할 바 없다. 고대 그리스도교 전통에서는 누가복음서와 사도행전의 저자를 바울의 동역자인 "누가"(딤후 4:11; 몬 24절)와 골 4:14에서 "사랑하는 의사인 누가"를 동일시했다. 그러나 사도행전과 사도 바울이 기록한 편지들이 일치하지 않은 부분이 많기 때문에 오늘날 누가복음서와 사도행전의 저자가 사도 바울의 동역자라는 주장에 대해 의문을 가지는 성서학자들도 있다.

사도행전의 독자는 전통적으로 시리아의 안디옥 지방에 있던 이방출신 그리스도교 공동체들이었다. 다른 고대 전통들은 아가야, 보에오티아 혹은 로마지역에 살던 이방출신 그리스도교 공동체들이라고 주장하기도 한다. 누가가 사도행전에서 사도 바울의 선교여행에 중점을 두고 있는 점을 감안해 볼 때, 누가의 공동체들은 사도 바울의 선교사역으로 인하여 생겨난 공동체라고 생각된다. 누가의 공동체들은 한 도시에 국한되어 있던 것이 아니라, 당시 아시아 혹은 그리스지역의 어떤 지방에 위치하고 있던 선교 본거지로부터 퍼져나가 전도에 종사하던 공동체의 무리라고 볼 수 있다. 사도행전은 누가복음서가 기록된 후, 그리고 예루살렘이 파괴된 후, 즉, 기원후 80-85년 사이에 기록되었다고 학자들은 주장한다 (눅 13:35; 19:43-44; 21:20을 보라).

누가는 초대교회의 발전을 로마와 팔레스타인 역사와 연결시킨 역사 구조를 보여주고 있다. 그러나 누가가 로마와 유대 지도자들의 이름들과 연대들을 말하고 있다 하더라도, 그의 설명은 결코 현대 사람들이 이해하는 의미에서의 역사라 말할 수 없다. 누가의 근본 목적은 신학에 있다. 누가는 인간을 구원하시려는 하나님의 목적이 구속사가 시작한 때부터 계속된다는 점을 강조하며 보여준다. 또한 누가는 초대교회 공동체들이 바리새파 유대교로부터 멀어지고, 주로 이방 사람들을 상대하면서 생기는 문제와 씨름하는 신앙공동체들에게 신앙 표현의 성격 역시 변화될 수밖에 없다고 목회자의 입장에서 지도해 주고 또한 확신시켜주고 있다 (1:4). 누가는 유대 음식의 규례들과 할례와 관련된 질문들, 예배 양식, 음식을 함께 먹는 친교, 물질 소유의 사용, 선교 확장, 그리고 사역을 위한 규례들에 대해 설명한다. 아마도 이방출신 그리스도인이었으리라 생각되는 누가는 자신이 속해 있는 공동체 안에서 이방출신 그리스도인으로 살아가면서 당면하는 문제들을 새로운 생활 속에서 전통을 재해석하면서 동시에 어떻게 신앙적으로 전통에 충실할 수 있는가를 알려 주고 있는 것 같다.

저자는 그가 서술하는 사건들을 직접 눈으로 목격하지 못했다 (눅 1:1-2). 누가복음서는 마가복음서와, 예수님의 말씀들을 모은 Q(독일어로, quelle 라는 단어의 약자이며 자료라는 뜻)와, 저자에게만 독특한 자료들인 "L"을 사용하고 있다. 사도행전에서 누가의 독특한 자료들을 찾아내는 쉬운 일이 아니다. 학자들은 사도행전의 자료들을 분석하면서 2—5장은 소위 예루살렘을 중심으로 한 전통들과 관련된 자료, 6—15장은 안디옥 자료, 그리고 13—28장은 사도 바울과 관련된 자료들이라고 단정하고 있다. 그리고 많은 연설들과 자료들이 누가에 의해 집필된 자료들이다. 사도행전은 거의 삼분의 일이 연설인데, 그것들은 사건의 특성을 서술하고 있다기보다는 독자들을 향하여 말하고 있다. 많은 에피소드들이 요약된 형식으로 되어 있는데 누가가 쓴 것들이다 (예를 들어, 2:42-47; 4:32-35). 사도행전의 나머지 부분들과 전혀 다른 네 부분이 있는데, 이 부분들은 저자가 1인칭 복수형으로 "우리" 라는 단어를 사용한다는 점에서 완전히 다르다 (16:10-17; 20:5-15; 21:1-18; 27:12– 28:16). 이 "우리" 라는 표현들은 저자의 선교여행 일기 혹은 사도 바울의 또 다른 동역자의 항해 기사에서 나타나고, 누가가 집필한 문학적인 결과에서 나타난다. 사도행전의 문학적 장르를 결정하기란 어렵다. 사도행전은 그 구조와 스타일이 역사적 전기, 전기 혹은 고대의 역사적 소설들과 유사한 면도 있다. 누가의 전반적 목적은 분명히 신학적인 것이다. 누가는 공동체의 믿음을 굳건히 하고 또 격려해주는 교훈적 담화(눅 1:4)를 제공하려고 의도하였다.

누가복음서와 사도행전은 이야기들이 괄목할 만한 정도로 병행하여 나타난다. 동일한 신학적 주제들을 다루는데, 그것은 성령과 기도의 강조, 음식을 먹는 것과 모든 사람을 포함시키어 음식을 함께 먹는 것, 가난한 사람들에 대한 관심과 부의 사용, 말씀이 이루어짐, 그리고 복음의 증거 등이다. 제자들의 선교활동이 누가복음에 나타난 예수의 사역과 병행되어 나타나고 있다. 또 병행되어 나타타는 것 중에는 복음서에 나타나는 것이 사도행전에서도 나타나는 것들이 있다. 남녀를 짝지어주는 이야기가 그것이다 (1973쪽 추가 설명: "누가복음과 사도행전에 나타난 여성들"을 보라).

요셉 휫츠마이어가 사도행전 1:8에 따라 예루살렘에서 "땅 끝에까지" 말씀을 전도하는 구조를 제안한 사도행전의 개요는 다음과 같다 (Fitzmyer, The Acts of the Apostles [Garden City, N.Y.: Doubleday, 1998] 119-23).

Ⅰ. 초대 기독교 공동체, 1:1-26
Ⅱ. 증인들이 예루살렘에서 전도함, 2:1—8:4
Ⅲ. 증인들이 유대와 사마리아에서 전도함, 8:5-40
Ⅳ. 말씀이 더 퍼져나감: 증인들이 이방에서 전도함, 9:1—14:28
Ⅴ. 이방 기독교인들에 대한 예루살렘 회의 결정, 15:1-35
Ⅵ. 바울의 세계선교와 증인, 15:36—22:21
Ⅶ. 말씀을 증언하기 위한 바울의 감금, 22:22—28:31

바바라 이 리드 (Barbara E. Reid)

성령을 약속하심

1 1 "데오빌로님, 나는 첫 번째 책에서 예수께서
행하시고 가르치신 모든 일을 다루었습니다.
2 거기에 나는, 예수께서 활동을 시작하신 때로
부터 그가 택하신 사도들에게 성령을 통하여 지시
를 내리시고 하늘로 올라가신 날까지 하신, 모든
일을 기록했습니다. 3 예수께서 고난을 받으신
뒤에, 자기가 살아 계심을 여러 가지 증거로 드러
내셨습니다. 그는 사십 일 동안 그들에게 여러 차례
나타나시고, 하나님 나라에 관한 일들을 말씀하
셨습니다. 4 예수께서 사도들과 함께 ㄱ)잡수실
때에 그들에게 이렇게 분부하셨습니다. "너희는
예루살렘을 떠나지 말고, 내게서 들은 아버지의
약속을 기다려라. 5 요한은 물로 ㄴ)세례를 주었
으나, 너희는 여러 날이 되지 않아서 성령으로
ㄴ)세례를 받을 것이다."

ㄱ) 또는 '모였을' 또는 '계실' ㄴ) 또는 '침례'

1:1-26 사도행전 첫 부분에서 누가는 사명을 주어 증인들을 파송하는 이야기와 예수님이 승천하신 이야기를 한다 (1:1-14). **1:1-2** 사도행전은 누가복음서와 마찬가지로 (눅 1:1-4) 전형적인 서언으로 시작한다. 누가복음서와 사도행전의 서언은 그리스도교로 전향한 새신자를 위한 세례 교육을 받으려고 지원한 데오빌로 아니면, 누가의 후견자였던 데오빌로에게 바쳤다. 데오빌로 라는 이름은 "하나님의 연인" 혹은 "하나님이 사랑하는 자" 라는 뜻이다. 사도행전은 누가복음서와 끝나는 부분을 이어서 시작하는데 (눅 24:50-53), 예수님의 승천에 대해 누가복음서와는 조금 다르게 이야기하고 있다. **1:2** 엘리야 역시 예수님처럼 하늘로 올라갔다 (왕하 2:11). 세례 요한은 소위 율법과 선지자의 시대와 그리스도 안에 있는 새로운 구원의 시대를 연결하는 일종의 다리 역할을 한다 (눅 16:16). 부활과 승천은 예수님이 제자들을 인도하기 위하여 성령을 보내는 전환점이 된다 (사도행전에 78번 기록되어 있다). 누가는 사도들을 열두 제자와 동일시하는 경향이 있고, 제자들을 부르시듯 넌지시 언급한다 (눅 6:13). 1:21-22에 관한 주석을 보라. **1:3-8** 부활하신 예수님이 제자들에게 나타나신 것들을 요약한 이야기와 예수님의 마지막 고별을 이야기한다. **1:3** 40일은 정확하게 40일이라기보다는 정확하게 밝히지 않은 대략의 시간을 말한다. "하나님 나라"는 예수의 설교 주제 중에 하나

추가 설명: 하나님의 나라

희랍어로 하나님의 나라를 *바실레이아 투 테우* (basileia tou theou) 라고 하는데, 그 의미를 정확하게 번역하기는 어렵다. "하나님의 나라" 라는 번역은 경계가 있는 하나의 장소라는 의미를 전달하기 때문에 문제가 있다. 하나님의 *나라*는 하나님이 "왕으로서의 통치" 혹은 "왕으로서 지배"하는 것을 의미하는 것이지, 결코 한 지역의 왕국을 의미하지 않는다. 더 어려운 문제점은 "하나님의 나라" 라는 표현이 하나님을 왕의 이미지, 즉 남성 군주의 모델로 묘사한다는 데 있다. 민주주의 체제에서 살고 있는 신도들과, 하나님을 남성의 이미지로만 표현한다는 것은 위험할 뿐만 아니라 한계가 있다고 의식하며 생활하는 신도들에게 "나라 혹은 왕국"이라는 단어는 부적절한 번역이다.

기원후 1세기 팔레스타인의 상황에서 나라라는 단어는 무엇보다도 먼저 로마제국의 지배와 착취를 연상케 한다. 예수께서 선포한 하나님의 나라(basileia)는 로마제국의 지배와 착취와는 전혀 다른 새로운 비전을 제공한 것이다. 예수께서 선포하신 하나님의 나라는 더 이상 지배와 희생을 당하는 이가 없는 그러한 상태이다. 이 나라는 이미 예수께서 병을 치유하여 주신 것과 자유롭게 만들어 주신 것들, 죄인들과 함께 음식을 먹는 것과 지배가 없는 관계 속에서 실현되고 있었다. 그러므로 이러한 하나님의 나라(basileia)를 선포하는 예수의 설교는 로마제국 체제에 심각한 정치적 도전이 되었고, 결국 예수는 그 이유로 십자가에 달려 죽게 되었다.

이러한 점들을 고려할 때, 나라(basileia)는 "통치," "지배," 혹 "영역" 등으로 번역되어야 한다. 그 어떤 번역도 *바실레이아 투 테우*(basileia tou theou)의 의미를 정확하게 전달할 수 없지만, 이를 어떻게 번역하든지간에 하나님은 자신이 창조한 모든 피조물을 구원한다는 의미를 전달하고 있다는 점이 중요하다. 하나님의 구원은 이미 예수의 성육신과 그의 사역을 통해 시작되었으며, 신앙공동체가 충실하게 사역하는 것을 통해 계속된다. 그것은 바로 하나님이 우리와 함께 하심으로써 능력을 부여받는 것이고 권위 있는 능력이다.

예수의 승천

6 사도들이 한 자리에 모였을 때에 예수께 여
쭈었다. "주님, 주님께서 이스라엘에게 나라를 되
찾아 주실 때가 바로 지금입니까?" 7 예수께서
그들에게 말씀하셨다. "때나 시기는 아버지께서
아버지의 권한으로 정하신 것이니, 너희가 알 바
가 아니다. 8 그러나 성령이 너희에게 내리시면,
너희는 능력을 받고, 예루살렘과 온 유대와 사마
리아에서, 그리고 마침내 땅 끝에까지 이르러 내
증인이 될 것이다." 9 이 말씀을 하신 다음에, 그
가 그들이 보는 앞에서 들려 올라가시니, 구름에
싸여서 보이지 않게 되었다. 10 예수께서 떠나
가실 때에, 그들이 하늘을 쳐다보고 있는데, 갑자
기 흰 옷을 입은 두 사람이 그들 곁에 서서 11 "갈
릴리 사람들아, 어찌하여 하늘을 쳐다보면서 서
있느냐? 너희를 떠나서 하늘로 올라가신 이 예수
는, 하늘로 올라가시는 것을 너희가 본 그대로 오
실 것이다" 하고 말하였다.

유다 대신에 맛디아를 뽑다

12 그리고 나서 그들은 올리브 산이라고 하
는 산에서 예루살렘으로 돌아왔다. 그 산은 예루

이다 (누가복음서에 32회 기록되어 있고, "나라"는 6회 기록되어 있다). 사도행전에는 8:12; 14:22; 19:8; 20:25; 28:23, 31에 기록되어 있다. **1:4-5** 예루살렘은 부활한 그리스도를 만나는 중요한 장소이며 (눅 24:49), 그 곳으로부터 선교가 시작된다 (마 28:7; 막 16:7을 참조). 참고로 요한의 예언에 관해서는 눅 3:16을 보라. **1:6-8** 제자들의 질문은 이스라엘의 정치적 자립 회복에 대한 기대를 반영한다. 구원역사의 새로운 "때"에 제자들은 약속된 성령의 능력으로 활동한다 (눅 24:49). 증인이 되는 것은 사도행전에서 중요한 주제다 (1:22; 2:32; 3:15; 4:20, 33; 5:32; 8:25; 10:39, 41; 13:31; 18:5; 20:21, 24; 22:15, 18, 20; 23:11; 26:16; 28:23). 전도는 지리적으로 예루살렘에서 사마리아로, 로마로, 그리고 땅 끝까지 퍼져나가며, 처음에는 유대 사람으로부터 시작하여, 사마리아 사람과, 마침내는 이방 사람을 포함하게 된다.

추가 설명: 누가의 종말론

누가는 사도행전을 후편으로 쓰면서, 그의 강조점을 임박한 종말에 대한 기대(예수님의 재림; 살전 4:13-18에 관한 주석을 보라)로부터 하루하루의 삶 속에서 복음의 힘으로 살아가는 것으로 전환시킨다. 누가는 임박한 종말을 강조하는 자료들을 변형시키든가 아니면 생략한다. 그리고 예수님의 오심과 함께 새로운 방식으로 이미 시작된 시간에 구속되지 않는 하나님의 현존을 반영한다. 누가는 자신의 묵시문학적 자료들에서 종말론적 날들을 무디게 하였다 (눅 21장을 참고하고 막 13장을 보라). "주님, 주님께서 이스라엘에게 나라를 되찾아 주실 때가 바로 지금입니까?" 라는 질문은 (행 1:6) 초대교회 그리스도인들이 종말의 연기에 대한 궁금증들을 반영하고 있는 것이다.

비록 누가가 다른 그리스도교 저자들이 중시했던 임박한 종말을 그들처럼 중시하지 않았지만, 그는 기독교인들이 언제 도래할지 모르는 마지막 때를 대비해서 깨어 있어야 한다는 점을 강조하는 비유들과 이야기들을 삽입하였다 (눅 12: 38, 45; 13:8). 지연되고 있는 종말에 관한 이야기들과 긴장관계에 있으면서 하나님께서 통치하시는 것으로의 임박한 재림과 심판을 강조한다 (눅 10:9, 11; 참조 마 10:14; 막 13:29; 눅 18:7-8; 21:31).

1:9-11 누가는 묵시문학적 상징들을 사용하여 예수님의 승천을 눈으로 볼 수 있는 사건으로 묘사한다 (눅 24:50-53을 참조). **1:9** 구름은 하나님의 현존과 능력을 상징한다 (출 16:10; 겔 10:3-4; 눅 9:34-35; 살전 4:17을 보라). **1:10** 흰 옷 혹은 빛나는 옷을 입은 사람들은 하늘의 사자들이다 (눅 9:30-31; 24:4, 23; 행 10:30을 보라).

특별 주석

*갈릴리 사람*들은 글자 그대로 말하면 "갈릴리 남성들"이다. "사람들"로 번역되어야 하는 *안트로포이*와는 달리 11절에서 사용된 *안드레스*는 남성들만을 의미한다. 다른 명사와 함께 나란히 사용하는 안드레스는 희랍 웅변에서는 대중화되어 있었다. 행 1:16; 2:14, 22, 29, 37; 3:12; 5:35; 7:2, 26; 13:16, 26; 15:7, 13; 17:22; 19:35; 21:28; 22:1; 23:1; 28:17을 보라. 비록 내용은 신도들 모두를 상대하고 있지만, 이 연설들은 누가 시대에 남성 청중들을 상대로 하여 공개된 장소에서 행해졌다. 부활 후 예수께서

살렘에서 가까워서, 안식일에도 걸을 수 있는 거
리에 있다. 13 그들은 성 안으로 들어와서, 자기
들이 묵고 있는 다락방으로 올라갔다. 이 사람들
은 베드로와 요한과 야고보와 안드레와 빌립과 도
마와 바돌로매와 마태와 알패오의 아들 야고보와
열심당원 시몬과 야고보의 아들 유다였다. 14 이
들은 모두, 여자들과 예수의 어머니 마리아와 예
수의 동생들과 함께 한 마음으로 기도에 힘썼다.
15 그 무렵에 ㄱ)신도들이 모였는데, 그 수가
백이십 명쯤이었다. 베드로가 그 신도들 가운데
일어서서 말하였다. 16 "ㄱ)형제자매 여러분, 예
수를 잡아간 사람들의 앞잡이가 된 유다에 관하여,
성령이 다윗의 입을 빌어 미리 말씀하신 그 성경
말씀이 마땅히 이루어져야만 하였습니다. 17 그는
우리 가운데 한 사람으로서, 이 직무의 한 몫을 맡
았습니다. 18 그런데, 이 사람은 불의한 삯으로
밭을 샀습니다. 그러나 그는 거꾸러져서, 배가 터
지고, 창자가 쏟아졌습니다. 19 이 일은 예루살
렘에 사는 모든 주민이 다 알고 있습니다. 그래서
그들은 그 땅을 자기들의 말로 아겔다마라고 하였
는데, 그것은 '피의 땅'이라는 뜻입니다. 20 시
편에 기록하기를

ㄴ)'그의 거처가 폐허가 되게 하시고,
그 안에서 사는 사람이
없게 하십시오'

하였고, 또 말하기를

ㄷ)'그의 직분을
다른 사람이 차지하게 해 주십시오'

하였습니다. 21 그러므로 주 예수께서 우리와
함께 지내시는 동안에, 22 곧 요한이 ㄹ)세례를
주던 때로부터 예수께서 우리를 떠나 하늘로 올라
가신 날까지 늘 우리와 함께 다니던 사람 가운데
서 한 사람을 뽑아서, 우리와 더불어 부활의 증인

ㄱ) 그, '형제들' ㄴ) 시 69:25 ㄷ) 시 109:8 ㄹ) 또는 '침례'

지상 출현을 마감하고 승천한 후에, 신도들은 함께 모이는 공동체 안에서 성령의 능력이 역사하는 예수의 임재를 체험하게 된다.

누가가 이해한 세계관은 하늘과 땅과 지하세계로 되어 있다.

1:12-14 예수님이 승천하신 곳은 *베다니*이다 (눅 24: 50). 예수님이 예루살렘으로 들어가신 곳은 *벳바게*이다 (눅 19:29). 이 두 곳은 메시아가 거룩한 도성에 들어갈 것이라고 예언한 올리브 산에 위치하고 있다 (슥 14:4). **1:12** 유대 사람들은 안식일에 2,000규빗 이상 걷지 않는다 (출 16:29). **1:13** 전통에서는 다락방을 눅 22:12에서 말하는 큰 다락방과 동일시한다. 11명 제자의 이름순서는 눅 6:14-16에 기록된 순서와 약간 다르다 (마 10:2-4; 막 3:16-19를 참조). **1:14** 사도행전에서는 모든 주요 사건들에 앞서 기도한다. 아마 14절에 등장하는 여인들은 예수님을 따르던 갈릴리 여자들일 것이다. 막달라 마리아, 요안나, 수산나와 그 밖에 많은 여자들(눅 8:1-3)은 예루살렘으로 올라와서 예수님의 십자가 죽음을 목격했고 (눅 23:49), 예수님이 무덤에 안장된 것을 보았으며 (눅 23:55-56), 그리고 빈 무덤을 보았다 (눅 24:1-9). 예수님의 어머니 마리아는 눅 1: 27-56과 2:1-52에서 중요한 역할을 한다. 그러나 눅 8:19-21 이후에 나오는 이야기에서는 그녀의 역할이 현저하게 줄어든다. 마리아는 1:14에서 초대 신앙공동체의 한 사람으로 나타난다. 희랍어로, *형제*는 *아델포이*인데, 형제, 자매, 수양 형제와 자매, 사촌, 이웃, 혹은 같은 종교를 믿는 사람들을 의미하기도 한다. 막 3:31; 6:3; 눅 8:19-21; 요 7:3, 5, 10; 고전 9:5; 갈 1:19를 보라. **1:15-26** 1장의 후반부에서는 가룟 유다가 죽은 이후 다시 열두 사도가 어떻게 재구성되었는지를 설명하며, 이 열두 사도는 "새 이스라엘"이 되어 오순절 날 예루살렘에 모인 모든 사람에게 복음을 선포한다. 이 열두 사도는 누가복음에서 아주 중요한 역할을 한다 (눅 6:13; 8:1; 9:1, 12; 18:31; 22:3, 47). 그러나 그들은 행 6:2 이후 사도행전에서 사라진다. 열두 사도는 단 한 번 재구성된다. 야고보가 헤롯에게 순교당했을 때는 그를 교체할 사도를 뽑지 않았다 (12:1). **1:15** 베드로는 이 공동체의 대변인으로 등장한다. 야고보는 그와 다른 장로들이 예루살렘의 지도자로 등장하는 (12:17; 15:13; 21:18) 15:7 이후에 그의 이름이 다시 언급되지 않는다. **1:16-20** 누가의 전통은 가룟 유다의 죽음을 시 69:26과 109:8 말씀이 성취된 것으로 해석한다 (마 27:3-10을 참조). **1:21-22** 누가에게 사도가 되는 기준은 처음부터 예수님의 사역을 목격해온 남자 신도들이다.

특별 주석

고전 9:1-18에 있는 바울의 *사도직에* 대한 정의를 참조하라. 바울은 "사도" 라는 단어(희랍어로, *아포스톨로스*, "보냄을 받은 이")를 열두 사도뿐 아니라 (고전 15:5-9), 여성 안드로니고와 유니아 (롬 16:7); 아볼로 (고전 4:6, 9); 바나바 (고전 9:5-6); 예수의 형제 야고보 (갈 1:19); 에바브로디도 (빌 2:25); 디모데와 실루아노 (살전 2:7); 그리고 자신을 묘사하는 데 빈번하게 사용한다 (롬 1:1; 11:13; 고전 1:1; 9:1-2; 15:9; 고후 1:1; 12:12; 갈 1:1; 엡 1:1; 골 1:1; 딤전 1:1; 2:7; 딤후 1:1; 딛 1:1). 행 14:14에서 누가는 바나바를 사도라고 칭한다. 요 4:4-

으로 삼아야 할 것입니다." 23 그리하여 그들은
바사바라고도 하고 유스도라고도 하는 요셉과 맛디
아 두 사람을 앞에 세우고서, 24 기도하여 아뢰
었다. "모든 사람의 마음을 다 아시는 주님, 주님
께서 이 두 사람 가운데서 누구를 뽑아서, 25 이
섬기는 일과 사도직의 직분을 맡게 하실지를, 우
리에게 보여 주십시오. 유다는 이 직분을 버리고
제 갈 곳으로 갔습니다." 26 그리고 그들에게
제비를 뽑게 하니, 맛디아가 뽑혀서, 열한 사도와
함께 사도의 수에 들게 되었다.

성령의 강림

2 1 오순절이 되어서, 그들은 모두 한 곳에 모여
있었다. 2 그 때에 갑자기 하늘에서 세찬 바
람이 부는 듯한 소리가 나더니, 그들이 앉아 있는
온 집안을 가득 채웠다. 3 그리고 불길이 솟아오를
때 혓바닥처럼 갈라지는 것 같은 혀들이 그들에게
나타나더니, 각 사람 위에 내려앉았다. 4 그들은
모두 성령으로 충만하게 되어서, 성령이 시키시는
대로, 각각 ㄱ)방언으로 말하기 시작하였다.

5 예루살렘에는 경건한 유대 사람이 세계 각
국에서 와서 살고 있었다. 6 그런데 이런 말소리가
나니, 많은 사람이 모여와서, 각각 자기네 지방
말로 제자들이 말하는 것을 듣고서, 어리둥절하
였다. 7 그들은 놀라, 신기하게 여기면서 말하였
다. "보시오, 말하고 있는 이 사람들은 모두 갈릴리
사람이 아니오? 8 그런데 우리 모두가 저마다 태
어난 지방의 말로 듣고 있으니, 어찌 된 일이오?
9 우리는 바대 사람과 메대 사람과 엘람 사람이고,
메소포타미아와 유대와 갑바도기아와 본도와 아
시아와 10 브루기아와 밤빌리아와 이집트와 구
레네 근처 리비아의 여러 지역에 사는 사람이고,
또 나그네로 머물고 있는 로마 사람과 11 유대
사람과 유대교에 개종한 사람과 크레타 사람과 아
라비아 사람인데, 우리는 저들이 하나님의 큰 일
들을 ㄴ)방언으로 말하는 것을 듣고 있소." 12 사람
들은 모두 놀라 어쩔 줄 몰라서 "이게 도대체 어찌
된 일이오?" 하면서 서로 말하였다. 13 그런데
더러는 조롱하면서 "그들이 새 술에 취하였다" 하고
말하는 사람도 있었다.

ㄱ) 또는 '다른 언어로' ㄴ) 또는 '우리 각자의 말로'

42에서 사마리아 여인이 사도로 묘사된다. 요 20:1-2, 11-18에서 막달라 마리아는 제자들에게 가서 주님을 본 사도로 묘사된다. 우리는 현대 사역의 역할을 고려할 때 이렇게 다양한 신약성경의 사도직 해석을 꼭 기억해야 한다.

1:23-26 이스라엘 사람들이 제비를 뽑는 것에 대해서는 삼상 14:36-44를 보라.

2:1—8:4 사도행전에서 두 번째로 크게 구분되어 있는 이 부분은 둘로 나뉘어 있는데, 이스라엘 사람들에게 호소하는 부분과 (2:1—3:26); 예루살렘 초대 그리스도인들의 생활 모습과 그들이 겪는 시련이다 (4:1—8:4). 첫째 부분(2:1—3:26)은 다음과 같이 더 세분할 수 있다. 오순절 성령의 강림 (2:1-13); 이스라엘 백성을 향한 베드로의 설교(2:14-36)와 설교에 대한 반응 (2:37-41); 공동체 생활의 요약 (2:42-47); 못 걷는 사람을 고친 베드로(3:1-11)와 베드로가 솔로몬 행각에서 한 설교 (3:12-26).

2:1-13 누가는 예수의 부활과 승천을 극적으로 묘사하고, 성령 강림을 분리된 사건으로 다룬다. 요 20:22에서는 빈 무덤을 발견한 바로 그 날에 성령이 주어진다. **2:1** 오순절은 문자 그대로 유월절 이후 "50번째 날"로 밀 추수를 축하하는 절기다. **2:2-3** 하나님의 현존은 시내 산에서(출 19:16)와 예수님의 세례에서 보는 것처럼 (눅 3:21-22) 볼 수 있고, 들을 수 있는 것으로 나타난다. *바람.* 바람은 희랍어로 *프뉴마,* 히브리어로 *루아흐*인데 "바람"과 "영" 둘 다 의미한다. **2:4** 누가복음에서 소위 아기 예수 탄생 이야기에 나타나는 모든 인물들은 성령이 충만한 사람들이다. 세례 요한 (1:15, 17), 마리아 (1:35), 엘리사벳 (1:41), 사가랴 (1:67), 시므온 (2:25-27). 그런데 예수님이 사역을 시작하면서는 오직 예수님만이 성령이 충만하게 되었다고 말한다. 이제 예수님을 따르는 사람들 역시 이 선물을 받게 되었다. 무엇보다도 성령 충만의 증거는 예루살렘에 모인 다양한 사람들이 다른 언어로 의사소통하는 능력에서 나타난다. 이는 황홀경에서 나타나는 방언과는 다르다 (고전 12:10, 28, 30; 14:2, 4-6, 9). **2:5** 사도행전의 패턴은 유대 사람들을 항상 먼저 언급한다. 예루살렘에는 오늘날 같이 세계 각국에서 와서 살고 있는 주민들이 있다. (여기 주민들은 희랍어로 *카토이쿤테스*인데, 이 단어는 절기를 위하여 온 방문객들이 아니다.) **2:6** 오늘날 우리가 말하는 대로 문화에 익숙해지는 과정을 거쳐서, 즉, 복음은 복음을 받아들이는 사람들의 특정 언어와 문화로 선포되었다. **2:9-11** 기록된 나라들의 이름은 동쪽으로부터 시작하여 서쪽을 향해 간다. 1세기 고대 지역과 도시들의 이름들을 포함하고 있는데, 다른 중요한 지역들의 이름들이 빠져있다. 즉 아가야, 마케도니아, 길리기아, 시리아와 갈라디아와 같은 지역들의 이름이 빠져있다. 로마, 크레타, 아라비아 사람은 아마 누가가 첨부한 이름들인 것 같다. 개종자들은 이방종교로부터

베드로의 오순절 설교

14 베드로가 열한 사도와 함께 일어나서, 목
소리를 높여서, 그들에게 엄숙하게 말하였다. "유
대 사람들과 모든 예루살렘 주민 여러분, 이것을
아시기 바랍니다. 내 말에 귀를 기울이십시오.
15 지금은 ㄱ)아침 아홉 시입니다. 그러니 이 사람
들은, 여러분이 생각하듯이 술에 취한 것이 아닙
니다. 16 이 일은 하나님께서 예언자 요엘을 시
켜서 말씀하신 대로 된 것입니다.

17 ㄴ)'하나님께서 말씀하신다.
마지막 날에 나는 내 영을
모든 사람에게 부어 주겠다.
너희의 아들들과 너희의 딸들은
예언을 하고,
너희의 젊은이들은 환상을 보고,
너희의 늙은이들은 꿈을 꿀 것이다.
18 그 날에 나는 내 영을
내 남종들과 내 여종들에게도
부어 주겠으니,
그들도 예언을 할 것이다.
19 또 나는 위로 하늘에
놀라운 일을 나타내고,
아래로 땅에 징조를 나타낼 것이니,

ㄱ) 그, '제 삼 시' ㄴ) 욜 2:28-32 (칠십인역)

유대교로 개종한 사람들이다. **2:12** 어쩔 줄 몰라 하는 사람들의 태도를 보면서 베드로는 연설한다. **2:13** 복음에 대해 사람들의 반응은 아주 다르게 나타난다. 어떤 사람들은 마음을 열고 복음을 믿는가 하면, 어떤 사람들은 마음을 닫고 메시지를 받아들이지 않는다.

2:14-36 이 부분은 베드로가 유대 사람들에게 네 번에 걸쳐 행한 설교 중 그 첫 번째 설교이다. 누가는 독자들에게 오순절 사건을 해석해 주기 위하여 이 부분을 포함시켰다. 설교는 서론으로 시작하여 (14-15절), 사건을 설명하기 위해 성경말씀을 인용하고 있고 (16-21절), 부활절 케리그마—즉 복음을 설명하기 위해 (22-24절, 32-33절)—구약을 인용하여 뒷받침하고

추가 설명: 예수님의 죽음에 대한 책임

복음서들과 사도행전은 예수님의 죽음과 관련된 사건들을 역사적으로 기록하지 않았다. 누가복음과 사도행전은 역사적인 사건들을 기반으로 하여 예수님의 죽음의 의미에 관해 50년 이상을 신학적으로 성찰한 후에 나온 산물들이다. 누가복음서와 사도행전은 누가가 전달하고 있는 공동체들이 갖고 있는 목회적 질문들과 역사적 상황들로 인하여 또한 채색되었다. 역사적으로 로마 사람들과 유대 사람들은 예수님을 처형하는 데 한 몫을 한다. 예수님은 자신의 사역기간 동안 유대 사람들로 하여금 긍정적인 마음을 갖게도 하고 화를 내게도 하였다. 예수님은 결코 로마 집정관에게 주요한 위협적인 존재가 아니었다. 왜냐하면 예수님은 후에 혁명가들처럼 무장혁명을 선동하지 않았기 때문이다. 아마도 대제사장 가야바를 포함한 유대 지도자들에게 예수가 점점 위험한 인물이 되기에 지금 제거하는 것이 최고의 상책이라고 빌라도를 설득시켰는지도 모른다. 가야바는 빌라도 밑에서 그의 임기 18년 중에 10년을 대제사장으로 일을 했고, 또한 빌라도가 총독에서 면직되는 해에 대제사장직에서 그만두었기에 아마도 서로의 이익을 위해 협력하였을 것이다.

누가는 비록 빌라도가 예수님에게 사형선고를 내렸고, 또한 로마 군인들이 그 선고를 집행했다고 기술하고 있지만, 누가는 빌라도가 예수님에게 죄가 없다고 세 번씩이나 선언할 정도로 예수님에게 동정심을 보인 사람으로 묘사하고 있다 (눅 23:4, 14, 22). 누가는 제사장들, 성전 경비병들, 그리고 장로들에게 예수님을 넘겨준 사람들이 바로 예수님을 따르던 사람들이라는 점을 강조한다 (눅 22:52). 유대 산헤드린이 예수님을 심문하고 빌라도에게 넘겼다 (눅 22:66— 23:1). 베드로와 스데반의 설교에서 (행 2:23; 36; 3:14-15; 7:52) 누가는 예수님의 죽음에 대한 책임을 전적으로 유대 사람들에게 돌린다.

유대출신 그리스도인들이 예수님을 죽인 유대 사람들에 관해 이야기할 때, 유대 사람들 사이에 일어난 갈등은 분명했다. 그러나 비유대출신 기독교인들이 예수님을 죽인 자들인 "유대 사람들"에 관해 이야기할 때, 소위 유대 사람을 미워하는 뉘앙스가 거기에 담겨있게 된다. 누가의 이야기들은 그들의 역사와 신학적 상황 속에서 이해되어야 하며, 동시에 그것들이 결코 유대 사람과 불화를 조장하는 것으로 사용되어서는 안 된다.

곧 피와 불과 자욱한 연기이다.
20 주님의 크고
영화로운 날이 오기 전에,
해는 변해서 어두움이 되고,
달은 변해서 피가 될 것이다.
21 그러나 주님의 이름을
부르는 사람은
구원을 얻을 것이다.'
22 ㄱ)이스라엘 동포 여러분, 이 말을 들으십
시오. 여러분이 아시는 바와 같이, ㄴ)나사렛 예수는
하나님께서 기적과 놀라운 일과 표징으로 여러분
에게 증명해 보이신 분입니다. 하나님께서는 그
를 통하여 여러분 가운데서 이 모든 일을 행하셨
습니다. 23 이 예수께서 버림을 받으신 것은 하
나님이 정하신 계획을 따라 미리 알고 계신 대로
된 일이지만, 여러분은 그를 무법자들의 손을 빌
어서 십자가에 못박아 죽였습니다. 24 그러나
하나님께서는 그를 죽음의 고통에서 풀어서 살리
셨습니다. 그가 죽음의 세력에 사로잡혀 있는 것
은 있을 수 없는 일이기 때문입니다. 25 다윗이
그를 가리켜 말하기를
ㄷ)'나는 늘 내 앞에 계신
주님을 보았다.

ㄱ) 그, '이스라엘 남자들' ㄴ) 그, '나사렛 사람' ㄷ) 시 16:8-11 (칠십인역)

추가 설명: 성경말씀의 증거

누가는 하나님께서 이스라엘을 계속 구원하기 위하여 예수 안에서 새롭게 나타나심을 강조하기 위하여 종종 구약성경을 인용한다. 희랍어를 사용하는 그리스도인들의 성경은 히브리 성경이 희랍어로 번역된 칠십인역이었다. 누가가 본문을 입증하기 위한 수단으로 구약성경을 인용한다고 착각해서는 안 된다. 즉 미리 생각하고 있던 것을 사실로 입증하려고 성경본문을 사용하는 것이 아니다. 또한 구약을 단순히 신약의 암시 정도로 착각해서도 안 된다. 오히려 구약의 역사적인 상황 속에서 구약의 방식으로 연구되어야 한다. 약속과 성취에 대한 누가의 주제는 하나님께서 구약시대에서도 역사하셨고 또한 신약시대에서도 역사하시는 하나님이라는 점을 강조한다.

(25-31절, 34-35절), 회개와 회심을 권하는 것으로 끝난다. 예수님이 나사렛에 사는 유대 사람들을 위하여 선교사역을 시작하신 것처럼, 베드로 역시 그렇게 시작한다. 예수님의 제자들은 예언자로서 거부당한 예수님의 역할을 한다. **2:16-21** 베드로는 요엘서 3:1-5를 인용하면서 예언과 우주적 징조가 특징으로 나타나는 마지막 날의 시작으로써 성령의 폭발을 해석한다. 요엘서에서 *모든 민족*은 유대의 모든 사람을 말하는데, 여기서는 인류 전체를 말한다. **2:22** 예수님의 인성과 그가 갈릴리에서 자라났다는 점이 강조된다. 예수님은 그가 행한 *기적*들(19:11; 눅 10;13; 19:37)과 *놀라운 일들과 표징* 때문에 (2:43; 4:30; 5:12; 6:8; 7:36; 14:3; 15:12) 예언자로 인정받는다. **2:23** 예수님의 죽음은 결코 우연한 것이 아니라, 하나님이 *정하신* (*불레이*) 계획과 하나님의 "뜻"의 일부다 (4;28; 13:36; 20:27; 눅 7:30). 이것은 미리 각본 되어진 행동들이 아니라, 모든 사람을 자유하게 하시고 화목하게 하시는 하나님의 뜻이다. 예수는 이 사명으로 인해 생기는 결과들을 받아들인다 (눅 22:39-53). 예수님이 십자가에 처형당하게 된 책임은 *무법자들인* 로마 군인들의 손을 빌린 유대 사람들에게 있다. (희랍어로, *무법자*는 *아노모이*인데 개역개정은 직역하여 "법 없는 자들"이라고 번역했고; 공동번역은 "악인들"이라고 번역했다.) 누가는 다른 곳에서 군중들의 무지로 인한 책임을 주장하거나 (3:17) 혹은 지도자들의 책임을 언급하면서 (13:27; 눅 24:20) 유대 사람들의 책임론을 적당히 조절한다. 예수님의 죽음에 대한 책임에 관해서는 1957쪽 추가 설명: "예수님의 죽음에 대한 책임"을 보라. **2:24** 예수님의 부활은 "죽음의 고통에서" 우리를 풀어서 자유하게 하기 위하여 하나님께서 하신 것이다 (2:32; 3:26; 13:33, 34; 17: 31). 희랍어로 *고통*(*오딘*)은 "새 생명을 낳을 때 산모가 겪는 고통"을 의미하는데, 여기서는 예수님의 죽음을 통해 새로운 삶을 얻게 된다는 패러독스를 표현한다. **2:25-31** 베드로는 자신의 논쟁을 강화시키기 위해 시 16: 8-11을 인용한다. 이 시편은 개인탄식시이며, 모든 악으로부터 구원해 주시는 하나님의 능력을 신뢰한다는 내용이다. 믿음은 우리로 하여금 죽음의 장소인 하데스(혹은 지옥)와 같은 곳에서 자포자기하고 타락한 삶을 살도록 놓아두지 않고, 신도로서 하나님의 임재를 체험함으로써 큰 기쁨과 희망에 이르게 한다. 그리고 베드로는 다윗 왕조를 찬양하는 시 132:11을 넌지시 언급하면서 예수님의 부활의 관점에서 그 시편을 해석한다. 성경말씀의 증거에 대해서는 1960쪽 추가 설명: "성경말씀의 증거"를 보라. **2:32** 증언에 관해서는 1:8을 보라. **2:34-35** 시 110:1은 왕위즉위식 시편인데, 부활한 그리스도를 다윗 왕의 후손으로 표현하는 데 사용된다. 오른쪽[오른손]은 누구나 선호하는 쪽의 상징이며, 오른쪽 혹은 오른손은 하나님의 능력과 구원

나를 흔들리지 않게 하시려고,
주님께서 내 오른쪽에
계시기 때문이다.
26 그러므로 내 마음은 기쁘고,
내 혀는 즐거워하였다.
내 육체도 소망 속에 살 것이다.
27 주님께서 내 영혼을
ㄱ)지옥에 버리지 않으시며,
주님의 거룩한 분을
썩지 않게 하실 것이다.
28 주님께서 나에게
생명의 길을 알려 주셨으니,
주님의 앞에서 나에게
기쁨을 가득 채워 주실 것이다'
하였습니다.

29 ㄴ)동포 여러분, 나는 조상 다윗에 대하여
자신 있게 말씀드릴 수 있습니다. 그는 죽어서 묻
혔고, 그 무덤이 이 날까지 우리 가운데에 남아 있
습니다. 30 그는 예언자이므로, 그의 후손 가운
데서 한 사람을 그의 왕좌에 앉히시겠다고 하나님
이 맹세하신 것을 알고 있었습니다. 31 그래서
그는 ㄷ)그리스도의 부활을 미리 내다보고 말하기를
'그리스도는 ㄱ)지옥에
버려지지 않았고,
그의 육체는 썩지 않았다'
하였습니다. 32 이 예수를 하나님께서 살리셨습
니다. 우리는 모두 이 일의 증인입니다. 33 하나
님께서는 이 예수를 높이 올리셔서, 자기의 오른
쪽에 앉히셨습니다. 그는 아버지로부터 약속하신
성령을 받아서 우리에게 부어 주셨습니다. 여러
분은 지금 이 일을 보기도 하고 듣기도 하고 있는
것입니다. 34-35 다윗은 하늘에 올라가지 못하
였으나, 그는 이렇게 말하였습니다.
ㄹ)'주님께서
내 주님께 말씀하시기를,
내가 네 원수를
네 발 아래에 굴복시키기까지,
너는 내 오른쪽에 앉아 있어라
하셨습니다.'
36 그러므로 이스라엘 온 집안은 확실히 알아두
십시오. 하나님께서는 여러분이 십자가에 못박은
이 예수를 주님과 ㄷ)그리스도가 되게 하셨습니다."

37 사람들이 이 말을 듣고 마음이 찔려서 "형
제들이여, 우리가 어떻게 하면 좋겠습니까?" 하고
베드로와 다른 사도들에게 말하였다. 38 베드로
가 대답하였다. "회개하십시오. 그리고 여러분 각
사람은 예수 그리스도의 이름으로 ㅁ)세례를 받고,
죄 용서를 받으십시오. 그리하면 성령을 선물로

ㄱ) 그 '하데스' ㄴ) 그, '형제' ㄷ) 또는 '메시아' ㄹ) 시 110:1 (칠십인역) ㅁ) 또는 '침례'

의 도구이다 (출 15:6; 시 44:3). 패자는 승리한 자에게 발을 올려놓는 휴대용 발판과 같다. **2:36** 설교를 결론내리는 절정에서 *예수*를 *주님*(*큐리오스*)과 *그리스도*(*크리스토스* 혹은 메시아) 라는 명칭으로 부른다. *주님*은 하나님(야훼)을 번역한 것으로 부활한 예수가 주 하나님과 동등함을 의미한다. *그리스도*(메시아)는 "기름부음 받은 자"의 뜻으로 구원을 위한 하나님의 중개 역할을 의미한다. 부활 이후 예수를 부르는 데 사용된 이 두 명칭은 누가복음에도 나타난다 ("그리스도," 눅 2:11, 26; 4:41; 9:20; 20:41을 보라. "주님," 눅 2:11; 10:1, 40, 41; 11:39; 12:42; 22:61을 보라).

2:37-41 베드로가 하는 설교는 강렬한 반응을 일으킨다. **2:37** *형제들이여, 우리가 어떻게 하면 좋겠습니까?* 이 질문는 군인들이 세례 요한에게 물은 질문 (눅 3:10-14)과 세리들과 군중들이 보인 반응을 반영해준다. **2:38** *회개.* 회개 라는 희랍어 동사는 *메타노에오*이고 명사는 *메타노이아*인데, 누가가 즐겨 사용하는 단어이며, 마음과 행동의 변화를 의미한다. 요한과 연결된 세례는 누가복음 3:7-17에서는 기독교 공동체로 가입하는 하나의 방법 혹은 수단이었다. *예수 그리스도의 이름으로* (3:6, 16; 4:10, 17-18, 30; 5:40; 8:12, 16; 9:14-16, 21, 27-28; 10:48; 15:26; 16:18; 19:5, 13, 17; 21:13; 22:16; 26:9) 세례를 받음으로써 예수님이 실제 현존하는 권능과 권위의 원천임을 강조한다. *용서*(*아페시스*). 이것은 빚을 탕감해주는 상업 용어다. 죄의 용서는 누가복음에서 예수에 의해 예시되었고 (눅 5:20-21, 23-24; 7:47, 49; 11:4; 23:34) 가르쳐졌으며 (눅 17:3-4; 24:47) 이제 기독교 공동체의 특징이 되었다 (5:31; 10:43; 13:38; 22:16; 26:18). **2:39** 약속은 (눅 24:49) 흩어져 사는 유대 사람들과 이방 사람들 모두에게 주어졌다. **2:40** *비뚤어진 세대에서 구원을 받으라.* 희랍어 수동태 명령형인 *소테테*를 번역한 것인데, 욜 2:21을 반영해 준다. 그리고 구원하시는 분은 하나님임을 강조한다. **2:41** 삼천 명이나 늘어났다고 숫자를 언급함으로 (또한 2:47; 4:4; 5:14; 6:1, 7을 보라) 베드로의 설교가 얼마나 효과가 있었는지를 증명한다.

2:42-47 초대 기독교 공동체 삶이 지향하는 꿈들이 항상 이루어진 것은 아니지만 이러한 꿈들은 늘 신도들에게 비전을 제공하였다. 네 가지 특징이 강조되었다. (1) 그들은 *케리그마*의 의미, 즉 복음의 메시지를 가르치는 사도들의 가르침에 몰두했다. (2) *코이노니아*, 서로 영적으로 사귀고 또한 재산을 함께 소유하였다. (3) 빵을 떼는 일, 음식을 함께 먹는 친교를 하면서 성만찬에 힘썼다 (눅 24:30, 35를 보라). (4) 자신들의 집

받을 것입니다. 39 이 약속은 여러분과 여러분의
자녀와 또 멀리 떨어져 있는 모든 사람, 곧 우리
주 하나님께서 부르시는 모든 사람에게 주신것입
니다." 40 베드로는 이 밖에도 많은 말로 증언하
고, 비뚤어진 세대에서 구원을 받으라고 그들에
게 권하였다. 41 그의 말을 받아들인 사람들은
[ㄱ]세례를 받았다. 이렇게 해서, 그 날에 신도의 수가
약 삼천 명이나 늘어났다. 42 그들은 사도들의
가르침에 몰두하며, 서로 사귀는 일과 [ㄴ]빵을 떼는
일과 기도에 힘썼다.

신도의 공동 생활

43 모든 사람에게 두려운 마음이 생겼다. 사
도들을 통하여 놀라운 일과 표징이 많이 일어났던
것이다. 44 믿는 사람은 모두 함께 지내며, 모든
것을 공동으로 소유하였다. 45 그들은 재산과
소유물을 팔아서, 모든 사람에게 필요한 대로 나
누어주었다. 46 그리고 날마다 한 마음으로 성
전에 열심히 모이고, 집집이 돌아가면서 빵을 떼며,
순전한 마음으로 기쁘게 음식을 먹고, 47 하나
님을 찬양하였다. 그래서 그들은 모든 사람에게
서 호감을 샀다. 주님께서는 구원 받는 사람을 날
마다 더하여 주셨다.

베드로가 못 걷는 사람을 고치다

3 1 [ㄷ]오후 세 시의 기도 시간이 되어서, 베드
로와 요한이 성전으로 올라가는데, 2 나면서
부터 못 걷는 사람을 사람들이 떠메고 왔다. 그들은
성전으로 들어가는 사람들에게 구걸하게 하려고,
이 못 걷는 사람을 날마다 '아름다운 문'이라는 성전
문 곁에 앉혀 놓았다. 3 그는, 베드로와 요한이
성전으로 들어가려는 것을 보고, 구걸을 하였다.
4 베드로가 요한과 더불어 그를 눈여겨 보고, 그
에게 말하였다. "우리를 보시오!" 5 그 못 걷는
사람은 무엇을 얻으려니 하고, 두 사람을 빤히 쳐
다보았다. 6 베드로가 말하기를 "은과 금은 내게
없으나, 내게 있는 것을 그대에게 주니, [ㄹ]나사렛
예수 그리스도의 이름으로 [일어나] 걸으시오"
하고, 7 그의 오른손을 잡아 일으켰다. 그는 즉시
다리와 발목에 힘을 얻어서, 8 벌떡 일어나서
걸었다. 그는 걷기도 하고, 뛰기도 하며, 하나님을
찬양하면서, 그들과 함께 성전으로 들어갔다.
9 사람들은 모두 그가 걸어다니는 것과 하나님을
찬양하는 것을 보고, 10 또 그가 아름다운 문 곁에
앉아 구걸하던 바로 그 사람임을 알고서, 그에게
일어난 일로 몹시 놀랐으며, 이상하게 여겼다.

ㄱ) 또는 '침례' ㄴ) '성만찬' 또는 '친교 식사'를 가리킴 ㄷ) 그, '제 구 시'
ㄹ) 그, '나사렛 사람'

과 성전에서 기도에 힘썼다. 그리고 하나님께서 나타나신 것에 대한 반응으로 그 곳에 모여 있던 모든 사람에게 *두려운* (희랍어로, *포보스*이며 하나님을 "무서워하다"는 일반 용어) *마음이 생겼다.* 모든 것을 공동으로 소유하는 것은 쿰란 공동체뿐만 아니라 그리스와 로마 철학자 그룹들 가운데서도 특징으로 나타났다.

3:1-11 이것은 사도행전에 나타나는 첫 번째 치유기사이며 예수님과 병행시켜 베드로를 묘사하고 있다 (눅 5:17-26을 보라). **3:2** 메시아적 징표 중의 하나는 (눅 7:22를 보라) 못 걷는 사람들이 걷게 된다는 사실이다 (또한 눅 14:13, 21을 보라). *아름다운 문*은 요세푸스나 미쉬나에서 언급되지 않는다. 고대 전통에서는 아름다운 문을 동쪽 벽의 슈샨 문(Shushan Gate)으로 동일시하고, 또 다른 가능성은 니카노르 문 혹은 여자들의 뜰로 인도하는 청동 문(Bronze Gate)일 수도 있을 것이다. **3:4** *눈여겨 보고.* 이 단어는 희랍어로 *아테니조*인데, 사도행전에서 자주 사용된다 (3:4, 12; 6:15; 7:55; 10:4; 11:6; 13:9; 14:9; 23:1; 또한 눅 4:20; 22:56을 보라). 이것은 관심을 가지고 사람이나 물건을 오래 지켜 보는 것을 의미한다. 여기서는 걷지 못하는 사람을 개인적으로 지켜 본다. **3:6** 예수의 이름의 능력은 돈의 능력과는 비교할 수 없을 정도로 훨씬 강하다. **3:7-9** 하나님을 찬양하며 기쁨으로 뛰는 것은 이스라엘의 회복을 반영한다 (사 35:6). 찬양은 하나님을 직접 찬양한 것이지 사도들을 찬양한 것이 아니다. **3:10-11** 놀랐다, 이상하게 여겼다, 그리고 크게 놀랐다는 하나님의 능력 행위에 대한 반응들이다. 솔로몬 행각의 위치는 불분명하다 (또한 행 5:12; 요 10:23을 보라).

3:12-26 누가는 베드로가 그의 설교에서 케리그마 (keygma, 구원의 메시지가 담긴 설교를 의미함. 이 설교는 죽음에서 부활하신 예수님이 내용으로 되어 있음) 메시지나 혹은 복음의 메시지를 간략하게 요약한 것과 초대교회가 전통으로 물려준 그리스도에 대한 명칭들을 포함시키고 있는 것으로 전해준다. **3:12-13b** 베드로는 자신의 힘이나 요한의 힘으로 치유한 것이 아니라, 예수의 이름의 능력으로 하나님이 역사하시는 것이라는 점을 분명하게 한다. **3:13** 예수를 "넘겨준" 책임에 대한 비난이 부활절 메시지 선포와 함께 엮어져 있다 (눅 9:44; 18:32; 22:4, 6, 21, 22, 48; 23:25를 보라). 베드로는 유대 청중들을 자신이 예수를 부인한 기사에 포함시킨다 (눅 22:34, 57, 61). **3:14** 백부장은 예수가 죽는 현장에서 예수가 의롭다고 선언한다. (희랍어로는 "죄가 없다"고 번역할 수도 있다. 눅 23:47; 막 15:39 참조.)

베드로가 솔로몬 행각에서 설교하다

11 그 사람이 베드로와 요한 곁에 머물러 있
는데, 사람들이 모두 크게 놀라서, 솔로몬 행각이
라고 하는 곳으로 달려와서, 그들에게로 모여들
었다. 12 베드로가 그 사람들을 보고, 그들에게
말하였다. "[ㄱ]이스라엘 동포 여러분, 어찌하여 이
일을 이상하게 여깁니까? 또 어찌하여 여러분은,
우리가 우리의 능력이나 경건으로 이 사람을 걷게
하기나 한 것처럼, 우리를 바라봅니까? 13 아브
라함의 하나님과 이삭의 [하나님]과 야곱의 [하
나님] 곧 우리 조상의 하나님께서 자기의 [ㄴ]종 예
수를 영광스럽게 하셨습니다. 여러분은 일찍이
그를 넘겨주었고, 빌라도가 놓아주기로 작정하였을
때에도, 여러분은 빌라도 앞에서 그것을 거부하였
습니다. 14 여러분은 그 거룩하고 의로우신 분을
거절하고, 살인자를 놓아달라고 청하였습니다.
15 그래서 여러분은 생명의 근원이 되시는 주님
을 죽였습니다. 그러나 하나님께서는 그를 죽은
사람들 가운데서 살리셨습니다. 우리는 이 일의
증인입니다. 16 그런데 바로 이 예수의 이름이,
여러분이 지금 보고 있고 잘 알고 있는 이 사람을
낫게 하였으니, 이것은 그의 이름을 믿는 믿음을
힘입어서 된 것입니다. 예수로 말미암은 그 믿음이
이 사람을 여러분 앞에서 이렇게 완전히 성하게 한
것입니다. 17 그런데 [ㄷ]동포 여러분, 여러분은
여러분의 지도자들과 마찬가지로 무지해서 그렇게
행동했다는 것을 나는 알고 있습니다. 18 그러나
하나님께서는, 모든 예언자의 입을 빌어서 [ㄹ]그리
스도가 고난을 받아야만 한다고 미리 선포하신 것
을, 이와 같이 이루셨습니다. 19 그러므로 여러
분은 회개하고 돌아와서, 죄 씻음을 받으십시오.
20 그러면 주님께로부터 편히 쉴 때가 올 것이며,
주님께서는 여러분을 위해서 미리 정하신 [ㄹ]그리스
도이신 예수를 보내실 것입니다. 21 이 예수는
영원 전부터, 하나님이 자기의 거룩한 예언자들의
입을 빌어서 말씀하신 대로 만물을 회복하실 때까
지, 마땅히 하늘에 계실 것입니다. 22 모세는 말
하기를 [ㅁ]'주 하나님께서 나를 세우신 것 같이, 너
희를 위하여 너희 동족 가운데서 한 예언자를 세
워 주실 것이다. 그가 너희에게 하는 말은 무엇이
든지 다 들어라. 23 누구든지 그 예언자의 말을
듣지 않는 사람은, 백성 가운데서 망하여 없어질
것이다' 하였습니다. 24 그리고 사무엘을 비롯하
여 그 뒤를 이어서 예언한 모든 예언자도, 다 이
날에 있을 일을 알려 주었습니다. 25 여러분은
예언자들의 자손이며, 하나님께서 여러분의 조상
들과 맺은 언약의 자손입니다. 하나님께서 아브
라함에게 [ㅂ]'너의 자손으로 말미암아 땅 위의 모든
족속이 복을 받을 것이다' 하고 말씀하셨습니다.
26 하나님께서 여러분 한 사람 한 사람을 악에서
돌아서게 하셔서, 여러분에게 복을 내려 주시려
고, 먼저 자기의 종을 일으켜 세우시고, 그를 여
러분에게 보내셨습니다."

ㄱ) 그, '이스라엘 남자들' ㄴ) 또는 '아이' ㄷ) 그, '형제' ㄹ) 또는 '메시아'
ㅁ) 신 18:15, 19 (칠십인역) ㅂ) 창 22:18; 26:4

특별 주석

사도행전에서 *의로우신 분*이라는 명칭은 세 개의 중요한 설교에서 그리스도를 칭하는 명칭으로 사용되었다 (3:14; 7:52; 22:14). 고넬료 (10:22), 엘리사벳과 사가랴 (눅 1:6), 시므온 (눅 2:25), 그리고 아리마대 요셉(눅 23:50)이 의롭다고 기록되어 있다.

3:17-18 의로우신 분을 거절했다는 비난은 무지해서 그렇게 행동하게 된 것이고, 그리스도의 고난과 죽음을 통해 하나님의 계획이 이루어진 것이라는 것을 확신시켜 주면서 그들의 마음을 달랬다. 누가는 여러 곳에서 백성을 지도자들로부터 분리시킨다 (눅 22:2, 52-53, 66; 23:27). 고난당하는 그리스도 (메시아) 개념은 누가에게 독특한 것이다 (17:3; 26:23; 눅 24:26, 46). **3:19** 베드로의 설교는 사람들을 회개와 회심으로 초대하며 끝난다 (2:28을 보라). **3:21** 만물의 회복의 때에 관해서는 1:6을 보라. **3:22** 그리스도의 부활은 신 18:15에 기록된 약속의 실현으로 이해된다. **3:25** 누가는 구원이 먼저 유대 사람들에게 주어진 것으로 묘사하고 있지만, 그는 이 구원에 이방 사람들 역시 포함되어 있다고 힌트를 주고 있다

4:1-22 예수께서 하신 설교와 마찬가지로, 베드로의 설교도 두 가지 반응을 일으킨다. 설교를 들은 많은 사람들이 사도들의 설교를 믿었는가 하면, 또 다른 사람들은 사도들을 반대했다. 이 설교는 예수님을 따르는 사람들이 복음을 전한다는 이유로 받게 되는 박해를 견디어 낸다는 많은 이야기들 중에서 그 첫 번째 이야기다. 예수님의 수난을 병행하는 기사들은 산헤드린에 의한 아침 심문 (눅 22:66; 행 4:5-6), 죄의 증거 결여 (눅 23:4, 14-15, 22; 행 4:21), 다른 사람들의 반응들(눅 9:47-48; 4:21)을 포함한다. **4:1-2** 사두개파 사람들은 사제들이며 귀족들로서 율법을 엄격하게 해석했다. 그들은 부활을 믿지 않았고 (23:8), 누가는 그들을 언제나 예수와 그의 제자들에 반대하는 자들로 묘사한다 (5:17; 23:6-8; 눅 20:27-33). 그들이 베드로와 요한에 반대하는 것은 베드로와 요한이 *부활*을 가르쳤기 때문

베드로와 요한이 의회 앞에 끌려오다

4 1 베드로와 요한이 아직도 사람들에게 말하고
있는데, 제사장들과 성전 경비대장과 사두개
파 사람들이 몰려왔다. 2 그들은 사도들이 백성
을 가르치는 것과, 예수의 부활을 내세워서 죽은
사람들의 부활을 선전하고 있는 것에 격분해서,
3 사도들을 붙잡았으나, 날이 이미 저물었으므로
다음 날까지 가두어 두었다. 4 그런데 사도들의
말을 들은 사람들 가운데서 믿는 사람이 많으니,
남자 어른의 수가 약 오천 명이나 되었다.
5 이튿날 유대의 지도자들과 장로들과 율법
학자들이 예루살렘에 모였는데, 6 대제사장 안
나스를 비롯해서, 가야바와 ㄱ)요한과 알렉산더와
그 밖에 대제사장의 가문에 속한 사람들이 모두
참석하였다. 7 그들은 사도들을 가운데에 세워
놓고서 물었다. "그대들은 대체 무슨 권세와 누구의
이름으로 이런 일을 하였소?" 8 그 때에 베드로
가 성령이 충만하여 그들에게 말하였다. "백성의
지도자들과 장로 여러분, 9 우리가 오늘 신문을
받는 것이, 병자에게 행한 착한 일과 또 그가 누
구의 힘으로 낫게 되었느냐 하는 문제 때문이라면,
10 여러분 모두와 모든 이스라엘 백성은 이것을
알아야 합니다. 이 사람이 성한 몸으로 여러분 앞에
서게 된 것은, 여러분이 십자가에 못 박아 죽였으나
하나님이 죽은 사람들 가운데서 살리신 ㄴ)나사렛
예수 그리스도의 이름을 힘입어서 된 것입니다.
11 이 예수는

ㄷ)'너희들 집 짓는 사람들에게는
버림받은 돌이지만,
집 모퉁이의
머릿돌이 되신 분'입니다.

12 이 예수 밖에는, 다른 아무에게도 구원은
없습니다. 사람들에게 주신 이름 가운데 우리가
의지하여 구원을 얻어야 할 이름은, 하늘 아래에
이 이름 밖에 다른 이름이 없습니다." 13 그들은
베드로와 요한이 본래 배운 것이 없는 보잘것없는
사람인 줄 알았는데, 이렇게 담대하게 말하는 것
을 보고 놀랐다. 그리고 그들은 그 두 사람이 예
수와 함께 다녔다는 사실을 알았지만, 14 병 고
침을 받은 사람이 그들 곁에 서 있는 것을 보고는,
아무 트집도 잡을 수 없었다. 15 그래서 그들은
그 두 사람에게 명령하여 의회에서 나가게 한 뒤에,
서로 의논하면서 말하였다. 16 "이 사람들을 어
떻게 하면 좋겠습니까? 그들로 말미암아 기적이
일어났다는 사실은, 예루살렘에 사는 모든 사람이
다 알고 있고, 우리도 이것을 부인할 수 없습니다.

ㄱ) 다른 고대 사본들에는 '요나단' ㄴ) 그, '나사렛 사람' ㄷ) 시 118:22

만이 아니라, 그들이 성공적이었기 때문이다 (4절). 그리고 또한 그들이 배운 것이 없는 사람들인데 가르쳤기 때문이다 (13절). **4:6** *안나스*. 기원후 6년부터 15년까지 대제사장으로 일했다. *가야바*. 기원후 18년부터 36년까지 대제사장으로 일했다. *요한*. 아마도 36년부터 37년까지 대제사장으로 일했던 안나스의 아들이었던 요나단이었을 것이다. *알렉산더에* 대해서는 더 이상 알려진 것이 없다. **4:7** 부활에 관한 의문들은 권세와 능력의 문제가 되어 버렸다. **4:8-12** 베드로는 직접 산헤드린뿐만 아니라, 온 이스라엘 백성에게 응답한다. "치유되었다," 그리고 "구원받았다" 라는 희랍어 동사는 소조이다 (9, 12절). 사람이 병 고침을 받았다는 말은 곧 구원받았다는 표시인데 (누가가 선호하는 이 주제에 관해서는 눅 1:69, 71, 77; 2:30; 3:6; 19:9; 행 7:25; 13:26, 47; 16:17; 27:43; 28:28을 보라) 이는 예수님의 이름으로 모든 사람에게 해당된다 (2:38). 아직도 예수님을 배척하는 사람들을 시 118:22 말씀이 암시하는 대로 이해할 수 있다. **4:13** 담대한 확신은 예수의 영을 충만하게 받은 사람들이 갖고 있는 특징이다 (희랍어로 *파레이시아*는 "솔직함," 거리낌 없음, 용기를 의미한다. 2:29; 4:13, 31; 9:27-28; 13:46; 14:3; 18:20, 26; 19:8; 26:26). 사도들이 *교육받지 않은 평범한* 사람들이라고 해서 지적인 사람들이 아니라고 말할 수는 없다. 비록 읽기와 쓰기를 학교에서 배우지 않았고 율법 전문가는 아닐지라도, 제자들은 고기잡이 분야에서는 아주 박식한 사업가들이었다 (눅 5:1-11). **4:14-18** 예수가 병자들을 치유한 사실을 부정할 수 없었다. 그러나 산헤드린은 예수 *그리스도의 이름으로* (2:38) 가르치는 것과 설교하는 것을 금지함으로써 예수에 관한 소식들이 전파되는 것을 막으려고 하였다. **4:19-20** 베드로와 요한이 산헤드린의 권위를 존중하였지만 결코 하나님의 뜻에 어긋나는 권위에는 복종하지 않았다 (5:29를 보라). **4:22** 40이라는 숫자는 한 세대를 상징하는 의미가 있다. 병 고침을 받은 사람이 앓은 햇수는 그가 치유받은 예수 그리스도의 이름의 능력을 강조한다.

4:23-31 예루살렘 공동체의 기도는 제자들이 사명을 잘 감당하도록 능력을 부여해 준 것이다. 기도는 일치와 감사와 찬양이 특징이다. 인용하고 있는 시 2:1-2 말씀은 하나님의 주권을 깨닫게 해달라는 간청과 예수 그리스도의 이름으로 기적을 베풀고 말씀을 선포함에 있어서 하나님의 도움을 간청하는 내용으로 한다. 그들의 기도가 상달되고 응답을 받았다는 것이 오순절에 나타난 것처럼 밖으로 드러났다.

17 다만 이 소문이 사람들에게 더 퍼지지 못하게,
앞으로는 이 이름으로 아무에게도 말하지 말라고,
그들에게 엄중히 경고합시다." 18 그런 다음에,
그들은 그 두 사람을 불러서, 절대로 예수의 이름으
로 말하지도 말고 가르치지도 말라고 명령하였다.
19 그 때에 베드로와 요한은 대답하였다. "하나
님의 말씀을 듣는 것보다, 당신들의 말을 듣는 것이,
하나님 보시기에 옳은 일인가를 판단해 보십시오.
20 우리는 보고 들은 것을 말하지 않을 수 없습
니다." 21 백성이 모두 그 일어난 일로 하나님께
영광을 돌리고 있으므로, 그들은 사도들을 처벌
할 방도가 없어서, 다시 위협만 하고서 놓아 보냈다.
22 이 기적으로 병이 나은 이는 마흔 살이 넘은
사람이다.

신도들이 기도를 드리다

23 베드로와 요한은 풀려나는 길로 동료들에
게로 가서, 대제사장들과 장로들이 한 말을 낱낱
이 일렀다. 24 동료들은 이 말을 듣고서, 다같이
하나님께 부르짖어 아뢰었다. "하늘과 땅과 바다
와 그 안에 있는 모든 것을 지으신 주님, 25 주
님께서는 주님의 [ㄱ]종인 우리의 조상 다윗의 입을
빌어서, 성령으로 이렇게 말씀하셨습니다.

[ㄴ]'어찌하여 이방 민족이 날뛰며,
뭇 백성이 헛된 일을 꾀하였는가?
26 세상 임금들이 들고일어나고,
통치자들이 함께 모여서,
주님과 [ㄷ]그의 메시아에게
대적하였다.'

27 사실, 헤롯과 본디오 빌라도가 이방 사람들과
이스라엘 백성과 한패가 되어, 이 성에 모여서, 주
님께서 기름 부으신 거룩한 [ㄱ]종 예수를 대적하여,
28 주님의 권능과 뜻으로 미리 정하여 두신 일들을
모두 행하였습니다. 29 주님, 이제 그들의 위협을
내려다보시고, 주님의 종들이 참으로 담대하게
주님의 말씀을 말할 수 있게 해주십시오. 30 그리
고 주님께서 능력의 손을 뻗치시어 병을 낫게 해
주시고, 주님의 거룩한 종 예수의 이름으로 표징과
놀라운 일들이 일어나게 해주십시오." 31 그들
이 기도를 마치니, 그들이 모여 있는 곳이 흔들리
고, 그들은 모두 성령으로 충만해서, 하나님의 말
씀을 담대히 말하게 되었다.

공동 소유 생활

32 많은 신도가 다 한 마음과 한 뜻이 되어
서, 아무도 자기 소유를 자기 것이라고 하지 않고,
모든 것을 공동으로 사용하였다. 33 사도들은
큰 능력으로 주 예수의 부활을 증언하였고, 사람
들은 모두 큰 은혜를 받았다. 34 그들 가운데는
가난한 사람이 한 사람도 없었다. 땅이나 집을 가
진 사람들은 그것을 팔아서, 그 판 돈을 가져다가
35 사도들의 발 앞에 놓았고, 사도들은 각 사람
에게 필요에 따라 나누어주었다. 36 키프로스
태생으로, 레위 사람이요, 사도들에게서 바나바
곧 '위로의 아들'이라는 뜻의 별명을 받은 요셉이,
37 자기가 가지고 있는 밭을 팔아서, 그 돈을 가
져다가 사도들의 발 앞에 놓았다.

아나니아와 삽비라

5 1 그런데 아나니아라는 사람이 그의 아내 삽
비라와 함께 소유를 팔아서, 2 그 값의 얼마
를 따로 떼어놓았는데, 그의 아내도 이것을 알고

ㄱ) 또는 '아이' ㄴ) 시 2:1, 2 (칠십인역) ㄷ) '그의 그리스도' 즉 '그가 기름부어 주신 분'

4:32-35 신도들의 공동생활을 요약한 것은 행 2:42-47과 비슷하게 생활 용품을 서로 나눈 것을 강조한다. 그들이 마음과 뜻을 함께 한다는 사실은 소유물을 함께 나눈다는 사실에서 분명하게 드러난다. 당시 에세네파와 특정 철학공동체들 역시 이러한 형태의 삶을 살고 있었다. 사도들의 능력 있는 증거와 신도들의 호의적 반응이 공동생활과 연계되었다. **4:36-37** 자신의 땅을 팔아 공동체에 내놓은 것이 의무적이었는지 혹 자발적이었는지는 불분명하다. 만일 의무였다면 왜 바나바의 행동만이 기록되었는지 의문이다. 사도행전 12:12를 보면, 마리아는 여전히 자신의 집을 소유하고 있었고, 루디아(16:40)와 빌립 역시 (21:8) 집을 소유하고 있었다. 마리아와 루디아는 그들의 집을 신앙공동체의 집회장소로 사용하였다. 아마도 이 공동체의 조직은 공동체의 멤버들은 공동체가 자신들의 집을 필요로 할 때 자신들의 소유를 팔아 바칠 의향을 분명히 해야 한다는 규칙을 갖고 있었던 같다. 바나바는 흩어져 살던 유대 사람으로서 예루살렘 공동체 앞에서 바울을 변호했고 (9:27), 바울의 선교사역에 동행한 사람이었다 (11:24-26; 13:1-4; 15:2). 그리고 행 15: 36-40에서 그들은 헤어진다 (갈 2:13을 참조).

5:1-11 바나바가 보인 모범은 *아나니아와 삽비라의* 속임과 극적으로 대조가 된다. 신학적이고도 목회적인 질문들이 생긴다. 왜 베드로는 이 부부에게 회개할

있었다. 그는 떼어놓고 난 나머지를 가져다가, 사도들의 발 앞에 놓았다. 3 그 때에 베드로가 이렇게 말하였다. "아나니아는 들으시오. 어찌하여 그대의 마음이 사탄에게 홀려서, 그대가 성령을 속이고 땅 값의 얼마를 몰래 떼어놓았소? 4 그 땅은 팔리기 전에도 그대의 것이 아니었소? 또 팔린 뒤에도 그대 마음대로 할 수 있었던 것이 아니었소? 그런데 어찌하여 이런 일을 할 마음을 먹었소? 그대는 사람을 속인 것이 아니라 하나님을 속인 것이오." 5 아나니아는 이 말을 듣고, 그 자리에서 쓰러져서 숨졌다. 이 소문을 듣는 사람은 모두 크게 두려워하였다. 6 젊은이들이 일어나, 그 시체를 싸서 메고 나가서, 장사를 지냈다.

7 세 시간쯤 지나서, 아나니아의 아내가 그 동안에 일어난 일을 알지 못하고 들어왔다. 8 베드로가 그 여자에게 물었다. "그대들이 판 땅값이 이것뿐이오? 어디 말해 보시오." 그 여자가 대답하였다. "예, 그것뿐입니다." 9 베드로가 그 여자에게 말하였다. "왜 그대들 내외는 서로 공모해서 주님의 영을 시험하려고 하였소? 보시오. 그대의 남편을 묻은 사람들의 발이 막 문에 다다랐으니, 그들이 또 그대를 메고 나갈 것이오." 10 그러자 그 여자는 그 자리에서 베드로의 발 앞에 쓰러져서 숨졌다. 젊은이들이 들어와서, 그 여자가 죽은 것을 보고서, 메어다가 그 남편 곁에 묻었다. 11 온 교회와 이 사건을 듣는 사람들은, 모두 크게 두려워하였다.

사도들이 기적을 일으키다

12 사도들의 손을 거쳐서 많은 표징과 놀라운 일이 백성 가운데서 일어났다. 그들은 모두 한 마음이 되어서, 솔로몬 행각에 모이곤 하였다. 13 다른 사람들은 누구 하나, 감히 그들의 모임에 끼여들지 못하였다. 그러나 백성은 그들을 칭찬하였다. 14 믿는 사람들이 더욱 늘어나면서, 주님께로 나아오니, 남녀 신도들이 큰 무리를 이루게 되었다. 15 심지어는 병든 사람들을 거리로 메고 나가서, 침상이나 깔자리에 눕혀 놓고, 베드로가 지나갈 때에, 그 그림자라도 그들 가운데 누구에게 덮이기를 바랐다. 16 또 예루살렘 근방의 여러 동네에 사는 많은 사람들이 병든 사람들과 ㄱ)악한 귀신에게 시달리는 사람들을 데리고 모여들었는데, 그들은 모두 고침을 받았다.

ㄱ) 그, '더러운'

기회를 주지 않고 그렇게 엄격하게만 다루는가? 하나님은 죄인을 그렇게 극적으로 벌하시는가? 아나니아와 삽비라의 이야기는 초대교회 전승으로 내려오던 것으로서 공동체의 회원들간에 서로 거짓말을 할 때 발생하는 중대한 계약위반을 강조하기 위해 쓰여져 왔다. 자신을 위해서 소유를 몰래 떼어놓은 것은 공동체 *친교*에 심각한 해를 끼치는 행위다. **5:2** 일상적으로 남편이 자기 땅의 일부를 팔 때, 부인의 동의를 구하지 않는다. 아마도 그 땅은 부인의 몫(*케투바*, 이혼할 때 남편이 부인에게 주기로 약속한 땅)이었던 것 같다. 그러므로 부인의 동의가 필요했다. **5:3-4** 아나니아의 마음은 성령이 차 있는 것이 아니라, 악마의 화신이 차 있었다 (눅 4:1-13; 10:18; 11:18; 13:16; 22:3, 31; 행 26:18). 아나니아는 자기 땅값의 얼마를 몰래 떼어놓았을 뿐 아니라, 자신의 마음도 온전히 하나님께 바치지 않았다. 성령이 충만한 공동체를 속이는 것은 곧 하나님을 속이는 것과 같다. **5:5** 이 이야기는 공동체의 신도들이 사탄에 홀려서 실족하지 않도록 그들에게 일종의 공포심을 주려는 데 목적이 있다 (11절에서 반복한다). **5:7-11** 삽비라의 이야기는 아나니아의 이야기와 병행하여 언급되고 있다. 누가는 삽비라가 남편 아나니아가 공동체를 속일 때 반대하지 않은 이유에 대해 말하지 않는다. 삽비라가 남편의 죄악에 적극적으로 동조했는지 혹은 당시 결혼한 부인들이 대부분 그랬던 것처럼 침묵으로 묵인하고 있었는지 알 수는 없지만 남편의 범행에 공범이 된다. **5:9** 삽비라는 주의 영을 시험한 죄목으로 고발당했다. 출 17:2; 민 20:13, 24; 신 33:8; 시 106:32; 눅 4:12를 보라. **5:11** 희랍어로 교회를 *에클레시아*라고 하는데, 누가복음에서는 사용되지 않은 단어이다. 사도행전에서는 여러 번 사용되었는데, 여기서 처음으로 사용된다. 그 어원은 "모임"(assembly)이라는 뜻이다. 때로는 하나의 지역 그리스도교 공동체의 의미로 사용되고 (11:22, 26), 다른 때는 보편적 교회의 의미로 사용되기도 하였다 (20:28).

5:12-16 누가의 세 번째 요약(2:42-47; 4:32-35)은 예루살렘 공동체의 일치와 능력 있는 활동들을 강조한다. 결과적으로 많은 사람들이 신도가 되었고, 치유를 경험하게 되었다. **5:12** 솔로몬 행각에 대해서는 1:14와 3:11을 보라. **5:15** 하나님의 능력은 예수 수태고지 기사에서 마리아를 보호했고 (눅 1:35), 산상변화 기사에서 예수를 보호했다 (눅 9:35). **5:16** 누가복음서에 나타나 있는 예수님의 첫 설교와 치유에 대한 반응들에 대해서는 눅 4:37; 5:15; 6:17-19를 보라.

5:17-42 하나님의 보호가 동반되는 박해에 대하여 아름답게 요약하고 있다. 4:1-22의 기사와 아주 비슷하다. **5:19** *천사* 혹은 하늘의 심부름꾼 (희랍어,

사도들이 박해를 받다

17 대제사장과 그의 지지자들인 사두개파 사
람들이 모두 시기심이 가득 차서 들고일어나,
18 사도들을 잡아다가 옥에 가두었다. 19 그런
데 밤에 주님의 천사가 감옥 문을 열고, 그들을 데
리고 나와서 말하기를, 20 "가서, 성전에 서서,
이 생명의 말씀을 남김없이 백성에게 전하여라!"
하였다. 21 이 말을 듣고, 그들은 새벽에 성전에
들어가서 가르치고 있었다.

그 때에 대제사장이 그와 함께 하는 사람들과
더불어 와서, 공의회와 이스라엘의 원로회를 소
집하고, 감옥으로 사람을 보내어, 사도들을 데려
오게 하였다. 22 경비원들이 감옥에 가서 보니,
사도들이 감옥에 없었다. 그리하여 그들은 돌아
와서, 이렇게 보고하였다. 23 "감옥 문은 아주
단단히 잠겨 있고, 문마다 간수가 서 있었는데, 문
을 열어 보았더니, 안에는 아무도 없었습니다."
24 성전 경비대장과 대제사장들이 이 말을 듣고서,
대체 이 일이 앞으로 어떻게 될까 하고, 사도들의
일로 당황하였다. 25 그 때에 어떤 사람이 와서,
그들에게 일렀다. "보십시오, 여러분이 옥에 가둔
그 사람들이 성전에 서서, 백성들을 가르치고 있
습니다." 26 그래서 경비대장이 경비대원들과
함께 가서, 사도들을 데리고 왔다. 그러나 그들은
백성들이 돌로 칠까봐 두려워서 폭력은 쓰지 않
았다.

27 그들이 사도들을 데려다가 공의회 앞에
세우니, 대제사장이 신문하였다. 28 "우리가 그
대들에게 그 이름으로 가르치지 말라고 엄중히
명령하였소. 그런데도 그대들은 그대들의 가르침
을 온 예루살렘에 퍼뜨렸소. 그대들은 그 사람의
피에 대한 책임을 우리에게 씌우려 하고 있소."
29 베드로와 사도들이 대답하였다. "사람에게 복
종하는 것보다, 하나님께 복종하는 것이 마땅합
니다. 30 우리 조상들의 하나님은 여러분이 나
무에 달아 죽인 예수를 살리셨습니다. 31 하나
님께서는 이분을 높이시어 자기 오른쪽에 앉히시
고, 영도자와 구주로 삼으셔서, 이스라엘이 회개를
하고 죄 사함을 받게 하셨습니다. 32 우리는 이
모든 일의 증인이며, 하나님께서 자기에게 복종
하는 사람들에게 주신 성령도 그러하십니다."

33 그들은 이 말을 듣고 격분하여, 사도들을
죽이려고 하였다. 34 그런데 율법 교사로서, 온
백성에게서 존경을 받는 가말리엘이라는 바리새
파 사람이 의회 가운데서 일어나서, 사도들을 잠
깐 밖으로 내보내게 한 뒤에, 35 의회원들에게
이렇게 말하였다. "ㄱ)이스라엘 동포 여러분, 여러
분은 이 사람들을 어떻게 다룰지 조심하십시오.
36 이전에 드다가 일어나서, 자기를 위대한 인물
이라고 선전하니, 약 사백 명이나 되는 사람들이
그를 따랐소. 그러나 그가 죽임을 당하니, 그를 따
르던 사람들은 모두 다 흩어져 없어지고 말았소.
37 그 뒤에 인구 조사를 할 때에, 갈릴리 사람 유
다가 일어나 백성들을 꾀어서, 자기를 뒤따라 반
란을 일으키게 한 일이 있소. 그도 죽으니, 그를

ㄱ) 그, '이스라엘 남자들'

앙겔로이). 천사는 하나님의 계획을 해석하고, 선포하는 역할을 하고 (1:10-11; 7:30; 8:26; 10:3, 30; 눅 1:11; 2:9; 9:30-31), 구원을 위한 대리 역할을 한다 (5:19; 12:6-11; 17:25-26; 눅 22:43). **5:21-26** 예수 그리스도를 모방하여 (눅 21:37) 사도들은 회당에서 가르친다. 무덤이 예수를 가두어두지 못한 것과 같이 감옥 역시 사도들을 가두지 못한다. *성전 경비원*들은 백성을 두려워하면서 사도들을 데리고 온다. **5:27-28** 공의회원들은 사도들이 어떻게 감옥으로부터 탈옥했는지를 심문하지 않고, 예수 이름으로 가르치지 말라고 명령한 것에 대한 불복종 죄로 선고한다 (2:38; 4:18, 21). 그리고 사도들에게 예수 그리스도의 죽음에 대한 죄를 뒤집어씌우려고 한다. **5:29-32** 이 짧은 연설은 사도들의 행위들을 변호하며 동시에 새로운 케리그마를 선포한다. 베드로는 (4:19에서와 마찬가지로) 인간의 명령에 복종하는 것보다는 하나님께 복종해야 한다고 강조한다. 베드로의 주장을 뒷받침해주는 증거는 바로 하나님께서 구약 신 21:22가 증거하는 것과 같이 저주받은 예수를 부활시키시고 높이셨다는 것이다. **5:34-39** 누가는 유명한 바리새파 랍비 *가말리엘* 문하에서 바울이 교육받은 것으로 묘사하며 (22:3), 예수운동을 묵인한 인물로 가말리엘을 묘사한다. 종말론적 예언자인 예수는 당시 혁명가들, 즉 *드다와 유다*와 닮은 점이 많았다. 그러나 그들과 달리 예수님은 결코 무장혁명을 선호하지 않았으며, 살아생전 그에게는 적은 소수의 무리만 따를 뿐이었고, 예수님이 죽은 후에도 그의 운동은 사라지지 않았다. 드다는 쿠스피우스 파두스 총독 시절에 예언자로 활약했다 (기원후 44-46년). 그의 혁명운동은 헤롯 아그립바 1세의 죽음과 로마 정부가 다시 직접 통치하는 데에서 촉발되었다. 갈릴리 사람이었던 유다는 코포니우스가 유다의 지방장관을 지낼 때 활동했고 (기원후 6-9년), 구레뇨가 시리아의 총독으로 있을 때 활동했다 (눅 2:1-2를 보라). 가말리엘이 예측하였던 것은 공교롭게도 사실이었다. **5:40-42** 사도들에게 말로 하는

따르던 사람들은 다 흩어지고 말았소. 38 그래서
지금 내가 여러분에게 말씀드리는 바는 이것이오.
이 사람들에게서 손을 떼고, 이들을 그대로 내버려
두시오. 이 사람들의 이 계획이나 활동이 사람에
게서 난 것이면 망할 것이요, 39 하나님에게서
난 것이면 여러분은 그것을 없애 버릴 수 없소. 도
리어 여러분이 하나님을 대적하는 자가 될까봐 두
렵소." 그들은 그의 말을 옳게 여겼다. 40 그리
하여 그들은 사도들을 불러다가 때린 뒤에, 예수의
이름으로 말하지 말라고 명령하고서 놓아 주었다.
41 사도들은 예수의 이름 때문에 모욕을 당할 수
있는 자격을 얻게 된 것을 기뻐하면서, 공의회에서
물러나왔다. 42 그들은 날마다 성전에서, 그리고
이집 저집에서 쉬지 않고 가르치고 예수가 ㄱ)그리
스도임을 전하였다.

일곱 일꾼을 뽑다

6 1 이 시기에 제자들이 점점 불어났다. 그런데
ㄴ)그리스 말을 하는 유대 사람들이 히브리 말을
하는 유대 사람들에게 불평을 터뜨렸다. 그것은
자기네 과부들이 날마다 구호 음식을 나누어 받는
일에 소홀히 여김을 받기 때문이었다. 2 그래서
ㄷ)열두 사도가 제자들을 모두 불러놓고 말하였다.
"우리가 하나님의 말씀을 전하는 일은 제쳐놓고서
ㄹ)음식 베푸는 일에 힘쓰는 것은 좋지 못합니다.
3 그러니 ㅁ)형제자매 여러분, 신망이 있고 성령과
지혜가 충만한 사람 일곱을 여러분 가운데서 뽑으
십시오. 그러면 그들에게 이 일을 맡기고, 4 우리
는 기도하는 일과 말씀을 섬기는 일에 헌신하겠습
니다." 5 모든 사람이 이 말을 좋게 받아들여서,
믿음과 성령이 충만한 사람인 스데반과 빌립과 브
로고로와 니가노르와 디몬과 바메나와 안디옥 출
신의 이방 사람으로서 유대교에 개종한 사람인 니
골라를 뽑아서, 6 사도들 앞에 세웠다. 사도들은
기도하고, 그들에게 안수하였다.
7 하나님의 말씀이 계속 퍼져 나가서 예루살
렘에 있는 제자들의 수가 부쩍 늘어가고, 제사장들
가운데서도 이 믿음에 순종하는 사람들이 많았다.

스데반이 체포되다

8 스데반은 은혜와 능력이 충만해서, 백성
가운데서 놀라운 일과 큰 기적을 행하고 있었다.
9 그 때에 구레네 사람과 알렉산드리아 사람과 길
리기아와 아시아에서 온 사람으로 구성된, 이른바

ㄱ) 또는 '메시아' ㄴ) '그리스 말을 일상어로 사용하는 유대계 그리스도인들' ㄷ) 그, '열둘이' ㄹ) 또는 '재정을 출납하는' ㅁ) 그, '형제들'

협박은 계속되었고 (4:18, 21; 5:28), 결국 사도들은 폭력을 당한다. 그러나 이러한 폭력은 사도들로 하여금 예수를 가르치고 선포하는 일에 더욱 몰두하게 만든다.

6:1-7 행 2:42-47과 4:32-37에서 이상적으로 묘사되어 있는 아름다운 영적 교제를 파괴하는 다른 갈등이 생긴다. **6:1** *그리스 말을 하는 유대 사람들* (그리고 유대인출신 그리스도인들). 이들은 오로지 희랍어만 말하고 희랍어로 기도하는 사람들이다. *히브리 말을 하는 유대 사람들*. 이들은 희랍어뿐만 아니라, 히브리어나 아람어로 말하고 기도하는 사람들을 말한다. 문화, 민족, 그리고 언어의 차이들이 바로 이 새로운 갈등의 원인이 된다. 불평의 원인이 무엇인지는 분명하지 않다. 희랍어 명사 *디아코니아*가 *날마다 구호 음식을 나누어 받는 일*로 번역되었고 (개역개정은 "매일의 구제;" 공동번역은 "매일 매일의 식량을 배급"하는 것으로 번역), 동사 *디아코네오*는 좀 더 다양한 사역을 의미하는 것으로 번역되어 있다. 행 1:17, 25에서 이 단어는 사도들의 사역과 관련되어 있고, 11:29와 12:25에서는 재정적으로 섬기는 의미로; 20:24에서는 사도 바울이 복음을 증언하는 의미로; 21:19에서는 사도 바울의 목회 전반을 요약하는 의미로 사용되었다. 눅 22:27에서 예수님은 자신을 호 *디아코논*, 즉, 섬기는 사람이라고 말씀하신다. 희랍어를 말하는 유대 과부들이 자신들의 몫인 *날마다 나누어주는 구호음식*을 받지 못했는지, 아니면 자신들이 행하고 있는 사역활동들을 하지 못하도록 차별받았는지는 분명하지 않다. *과부*들을 돕는 사역에 관해서는 눅 2:37; 21:1-4; 행 9:39, 41; 딤전 5:3-16을 보라. **6:2-4** 열두 사도는 공동체의 갈등을 말씀을 전하는 일(*디아코니아 투 로구*, 4절)과 음식을 베푸는 일(*디아코네인 트라페자이스*, 2절)로 분리함으로써 해결한다. 열두 사도는 말씀 전하는 일에 전념하고, 일곱 사람을 뽑아서 음식 베푸는 일에 전념하도록 한다. 이러한 사역의 분리는 이 곳 이외에 사도행전 어디에서도 더 이상 언급되지 않는다. 스데반이 놀라운 일과 큰 기적을 행하고 (6:8), 스데반이 회당에서 논쟁을 벌이고 (6:8-9), 스데반이 산헤드린 앞에서 설교를 하고 (7:1-53), 빌립이 복음 전하는 일에 전념하고 (8:4-5) 후에 전도자가 된다 (21:8). **6:6** 성령과 지혜가 충만한 사람 일곱을 뽑아 안수하였는데, 이것은 제도적 집사안수를 의미하지 않는다. 안수하고 파송하는 것은 구약에도 전례가 있다. 예를 들면, 모세가 여호수아를 안수한다 (민 27:18-23); 13:3; 19:6; 딤전 4:14; 5:22; 딤후 1:6을 보라. **6:7** 행 1:15; 2:41; 혹은 4:4는 나날이 증가하는 그리스도인들 속에 유대 사람들이 포함되어 있음을 보여준다.

6:8-15 바로 전의 이야기에서 스데반과 빌립을

[ㄱ]리버디노 회당에 소속된 사람들 가운데에서 몇이
들고일어나서, 스데반과 논쟁을 벌였다. 10 그러나
스데반이 지혜와 [ㄴ]성령으로 말하므로, 그들은 스
데반을 당해 낼 수 없었다. 11 그러므로 그들은
사람들을 선동하여 "스데반이 모세와 하나님을 모
독하는 말을 하는 것을 우리가 들었습니다" 하고 말
하게 하였다. 12 그리고 백성과 장로들과 율법
학자들을 부추기고, 스데반에게로 몰려가 그를
붙잡아서, 공의회로 끌고 왔다. 13 그리고 거짓
증인들을 세워서, 이렇게 말하게 하였다. "이 사
람은 쉴새 없이 [이] 거룩한 곳과 율법을 거슬러
말을 합니다. 14 이 사람이, 나사렛 예수가 이
곳을 헐고 또 모세가 우리에게 전하여 준 규례를
뜯어 고칠 것이라고 말하는 것을, 우리가 들었습
니다." 15 공의회에 앉아 있는 사람들이 모두
스데반을 주목하여 보니, 그 얼굴이 천사의 얼굴
같았다.

스데반의 설교

7 1 대제사장이 스데반에게 물었다. "이것이
사실이오?" 2 스데반이 말하였다. "부형 여
러분, 내 말을 들어보십시오. 우리 조상 아브라함이
하란에 거주하기 전에, 아직 메소포타미아에 있을
때에, 영광의 하나님께서 그에게 나타나셔서 말
씀하시기를 3 [ㄷ]'너는 네 고향과 친척을 떠나서,
어디든지 내가 지시하는 땅으로 가거라' 하셨습니
다. 4 그래서 그는 갈대아 사람들의 땅을 떠나
하란으로 가서, 거기서 살았습니다. 그의 아버지
가 죽은 뒤에, 하나님께서 그를 하란에서 지금 여
러분이 사는 이 땅으로 옮기셨습니다. 5 그러나
하나님께서는 여기에서 유산으로 물려줄 손바닥

ㄱ) 라틴어 이름. 종으로 있다가 자유를 얻은 유대 사람들의 집단. 그들의 회당도 같은 이름으로 불렸음 ㄴ) 그, '영' ㄷ) 창 12:1

소개한 것은 교회가 예루살렘을 벗어나 유다와 사마리아로 선교가 확장되어 가는 것을 암시해 주려는 것이다. 권위자들은 예수운동에 반대하는 공식적 경고를 시작하고 (4: 17, 21), 때리고 (5: 40), 스데반을 죽이고, 거짓 증언을 하게 한다. 스데반에 대한 반대 박해는 합법적 추궁인지 아니면 동시에 일어나는 폭력인지를 결정하기가 어려운 것인데, 이는 누가가 다른 자료들을 사용하고 있기 때문일 것이다. **6:8** 스데반은 예수를 닮은 젊이 많다. *은혜가* 충만하고 (눅 2:40; 4:22), *능력이* 충만하고 (눅 4:14, 36; 5:17; 24:19), 그리고 *놀라운 일과 큰 기적*을 행한다 (2:22, 눅 10:13; 19:37). **6:9** 스데반은 종의 신분에서 자유를 얻은 사람들과 논쟁한다. 즉 해방된 유대 사람들 혹은 그들의 후손들과 논쟁한다. 북아프리카와 소아시아 지역에서 온 유대 사람들이 모두 한 회당에 소속된 사람들이었는지, 아니면 누가가 그의 적대자들을 한 그룹으로 제시하는 것인지는 분명하지 않다. **6:10-11** 이들은 스데반을 이길 수 없게 되자 스데반에게 허위로 죄를 뒤집어씌운다. 레 24:11-16에 의하면, 하나님을 모독하거나 거룩한 이름을 저주하는 자는 죽게 되어 있다. 모세를 모독하고, 하나님의 백성의 지도자를 저주하는 것은 출 22:27에 기록된 대로 금지되었다. **6:12** 처음으로 *백성이* (희랍어로, *라오스*) 스데반의 적대자로 등장한다. 장로들과 율법학자들 역시 산헤드린 앞에서 예수를 심문하는 자들로 등장하였다 (눅 22:66). **6:13-14** 스데반은 다음의 죄목으로 고소당한다. 스데반이 예수로부터 도움을 받는다는 미명하에 회당과 율법을 거슬리는 말을 한다. 마 26:60-61; 막 14: 57-58을 보라. **6:15** 모세가 시내 산에서 하나님을 만난 후에 (출 34: 29-35), 그리고 예수님이 영광스러운 모습으로 변모된 후에 (눅 9:29, 32) 그의 얼굴이 빛났던 것처럼, 스데반의 얼굴에도 하나님의 광채가 빛나고 있었다.

7:1-53 스데반의 설교는 변호(defense)로 시작되는데, 곧 그 변호는 하나님의 성령을 거역하는 이스라엘을 고발하는 것으로 끝나면서 이스라엘 역사를 간략하게 기술하는 것으로 이어진다. 스데반의 설교는 다섯 부분으로 되어 있으며, 누가의 신학적 관심들을 드러내는 전통들을 담고 있다. 스데반의 설교는 이스라엘이 아브라함을 배척했고 (2-8절), 요셉을 배척했고 (9-19절), 모세를 배척했고 (20-40절), 사막에서 우상을 숭배했고 (41-43절), 그리고 성전 건축시 불복종했던 사실을 강조한다 (44-50절). 하나님은 그럼에도 이스라엘의 기복이 심한 역사 속에서 계속 역사하셨고, 멸망할 수밖에 없는 민족을 통해 당신의 목적들을 이루신다. 스데반과 지금 자신이 설교하고 있는 예수를 배척함을 통해 하나님의 목적들에 반대한다는 것은 조금도 놀라운 일이 아니다. 누가는 이 설교를 통해 어떻게 예수를 따르는 이들이 유대의 뿌리와 전통에서 멀어지게 되었는지를 강조한다. 1968쪽 추가 설명: "유대 사람들과 이방 사람들"을 보라.

7:2-8 이스라엘과 함께 하는 하나님의 역사는 *아브라함*을 부르시는 이야기로 시작한다 (창 12:1, 7; 15:7을 보라). **7:2** *영광의 하나님.* 이것에 관해서는 시 29:3을 보라. 메소포타미아 북서쪽에 위치한 하란은 아모리 사람들의 중요한 무역 중심지였다. **7:5** 이스라엘의 조상들과 맺은 하나님의 언약들이 성취되는 것은 7:17; 13:32; 26:6에 계속해서 나타난다. 또한 눅 1:55를 보라. **7:6** 출 12:40-41에 의하면, 이스라엘 백성이 이집트에서 노예생활을 한 기간은 430년이다 (갈 3:17을 보라). **7:7** 7절은 출 3:12의 재생이다. **7:8** 아브라함의 할례의 언약에 관해서는 창 17:2, 10-14를 보라.

만한 땅도 그에게 주지 않으셨습니다. 아브라함
에게 자식이 없는데도, 하나님께서는 그와 그의
후손들에게 이 땅을 소유로 주시겠다고 약속하셨
습니다. 6 그리고 하나님께서는 아브라함에게
이렇게 말씀하셨습니다. ㄱ)'네 후손들은 외국 땅에
서 나그네가 되어 사백 년 동안 종살이를 하고 학
대를 받을 것이다.' 7 또 하나님께서 말씀하시기
를 '그러나 그들을 종으로 부리는 그 민족을 내가
심판하겠고, 그 뒤에 그들은 빠져 나와서, 이곳에
서 나를 예배할 것이다' 하셨습니다. 8 그리고
하나님께서는 아브라함에게 할례의 언약을 주셨습
니다. 그래서 아브라함은 이삭을 낳고, 여드레째
되는 날에 그에게 할례를 행하고, 이삭은 야곱에
게 또 야곱은 열두 족장에게 할례를 행하였습니다.
9 그런데 그 족장들은 요셉을 시기하여,
이집트에다 팔아 넘겼습니다. 그러나 하나님께서

ㄱ) 창 15:13, 14

추가 설명: 유대 사람들과 이방 사람들

누가는 예수님을 믿지 않는 유대 사람들과의 관계 속에서 정체성을 놓고 고민하는 유대출신 그리스도인과 이방출신 그리스도인이 섞여 있는 공동체에 사도행전을 쓰고 있다. 그는 누가 참 하나님의 백성인가? 라는 질문에 답하려고 애쓰고 있다. 유대교에 뿌리를 둔 그리스도인들이 유대교를 떠나서 자신들의 조직을 어떻게 이해해야 하는가? 왜 약속의 백성 전체가 복음을 받아들이지 않는가?

학자들간에는 이러한 질문들에 대한 누가의 대답에 대하여 합의를 보지 못하고 있다. 누가는 누가복음서와 사도행전에서 유대 사람들을 긍정적으로 묘사하기도 하고 또한 부정적으로 묘사하기도 한다. 긍정적인 면에서, 누가복음서에서 그들은 예수님을 처음 따른 사람들이다. 예수님으로부터 치유를 받았고, 귀신 쫓아냄의 혜택을 받은 사람들이다. 사도행전은 많은 유대 사람들이 회심했다고 전한다 (2:41; 4:4; 6:7). 바리새파 사람들을 긍정적으로 묘하는 곳도 있다 (눅 13:31-35; 20:27-39; 행 5:34-39). 바울은 자신이 바리새파 사람이라는 것을 기권하지 않는다 (행 23:6-10). 그런가 하면, 바리새파 사람들과 서기관들을 비난하는 곳도 있고 (눅 11:37-51; 15:1-2; 16:13-15), 이스라엘 사람들이 마음이 곧다고 힐책하는 부분도 있다 (행 7:51-53; 28:23-31). 유대 산헤드린은 예수를 빌라도에게 넘겨주고, 예수가 죄가 없다고 빌라도가 세 번씩이나 말할 때에도 무리는 그를 십자가에 못 박으라고 요구한다 (눅 22:66—23:25; 행 2:22-23). 유대 사람들 중에는 그리스도인들을 넘겨주고 박해한 사람들도 있다 (행 9:23; 12:3, 11; 13:45; 14:2-5).

학자들은 이 불명확한 묘사를 다양한 방법으로 해결해보려고 노력하였다. 어떤 학자들은 이스라엘이 하나님의 구원계획을 거부하였다고 묘사한다. 그 결과로써 하나님의 약속을 받아들인 사람들에게 성취된 하나님의 약속에서 이스라엘이 제외되었다. 즉, 이방출신 그리스도인들이 이스라엘을 대신하여 하나님의 백성이 되었다. 유대 사람을 반대하는 누가의 논쟁은 이방출신 그리스도인의 입장을 분명하게 하는 목적에 알맞을 뿐만 아니라 누가가 살던 당시 공동체를 위협하던 구체적인 이슈를 반영하여 준다. 문제는 바울이 갈라디아에서 봉착한 것과 비슷하다는 데 있다. 갈라디아에서 바울은 모세의 율법을 충실히 지켜야 한다고 주장하는 유대출신 기독교인들과 싸웠다. 예수가 바리새파 사람들과 논쟁하는 누가의 이야기는 그리스도인들이 율법을 지켜야 한다고 주장하는 것을 당시 그의 공동체가 다룰 수 있도록 도우려는 데 목적이 있다.

또 다른 해석은 누가가 하나님에 의해 거부당한 이스라엘 전체를 묘사하지 않을 뿐만 아니라, 어떠한 방법으로도 대치되지 않았다는 것을 묘사하고 있다는 것이다. 오히려 누가는 유대 사람들이 하나님이 그들의 조상들에게 약속한 그 약속에 속해 있는 사람들이라고 강조하고 (눅 1:72; 행 2:39; 7:17; 13:23), 그 약속들이 취소된 적이 없다는 것을 강조한다는 것이다. 그렇지만 그 약속들은 예수님의 오심과 성령의 오심으로 인해서 다른 형태를 띠게 되었다. 이 새 시대에 사는 하나님의 백성은 복음을 받아들인 유대 사람들과 이방 사람들로 구성되어 있다. 그렇기 때문에 이스라엘은 갈라져 있는 백성이다. 많은 사람들이 하나님의 계획에 불복종하였던 것처럼, 어떤 사람은 하나님의 계획을 거부하고, 어떤 사람들은 예수님을 믿음으로써 회복된 이스라엘을 형성하게 된다. 예

그와 함께 하셔서,
10 모든 환난에서 그를 건져 내시고, 그에게 은총과 지혜를 주셔서, 이집트의 바로 왕에게 총애를 받게 하셨습니다. 바로는 그를 총리로 세워서, 이집트와 자기 온 집을 다스리게 하였습니다.
11 그 때에 이집트와 가나안 온 지역에 흉년이 들어서 재난이 극심하였는데, 우리 조상들은 먹을거리를 구할 수 없었습니다.
12 야곱이 이집트에 곡식이 있다는 소문을 듣고서, 우리 조상들을 처음으로 거기로 보냈습니다.
13 그들이 두 번째 갔을 때에, 요셉이 그의 형들에게 자기를 알리니, 이 일로 말미암아 요셉의 가족 관계가 바로에게 알려졌습니다.
14 요셉이 사람을 보내서, 그의 아버지 야곱과 모든 친족 일흔다섯 사람을 모셔 오게 하였습니다.
15 야곱이 이집트로 내려가서, 그도 거기서 살다가 죽고, 우리 조상들도 살다가 죽었습니다.
16 그리고 그들의 유해는 나중에 세겜으로 옮겨서, 전에 아브라함이 세겜의 하몰 자손에게서 은을 주고 산 무덤에 묻었습니다.

17 하나님께서 아브라함에게 약속하신 때가 가까이 왔을 때에, 그 백성은 이집트에서 늘어나고 불어났습니다.
18 마침내, 요셉을 알지 못하는 다른 임금이 이집트의 왕위에 올랐습니다.
19 이 임금이 우리 겨레에게 교활한 정책을 써서, 우리 조상들을 학대하되, 갓난아기들을 내다 버리게 하여서, 살아남지 못하게 하였습니다.

수님을 믿는 사람들은 복음을 받아들임으로써 이스라엘에게 주어진 축복의 몫이 그들에게도 주어지게 된 것이다. 모든 사람들이 회복된 이스라엘에 일부가 될 수 있도록 희망을 주게 된 것이다.

누가의 글을 읽으면서 유대 사람들을 반대할 수 있는 요소를 읽을 수 있다는 사실을 인식하는 홀로코스트 (Holocaust) 이후의 그리스도인들에게는 또 하나의 질문이 있다. 누가로부터 유대 사람들을 반대하는 주장에 당면하게 될 때, 목사나 성경을 가르치는 사람들은 초대 그리스도인들이 이렇게 생각할 수밖에 없었던 역사적인 배경을 알려주어야 한다. 그것은 누가가 같은 공동체 안에 있는 유대 사람들 사이에 있던 갈등에 대하여 말하고 있고, 더 이상 유대 사람이 아닌 기독교인들 사이에 있던 갈등을 말하고 있기 때문에 유대 사람들 전체를 상대로 이야기하는 것과는 전적으로 다른 성격의 것이라는 것을 인정해야 한다. 기독교인들은 어떠한 형태로든지 유대 사람들을 반대하는 것이 그리스도교에 어긋나는 것이라고 규탄해야 한다.

7:9-19 이스라엘 민족 조상에 관한 이야기는 요셉으로 이어져 계속된다. 아브라함과 마찬가지로 타국에서의 요셉의 여정은 흩어져 사는 유대 사람들의 경험과 연결된다. **7:9** 자기 가족들이 *요셉*을 배척했다는 사실은 장차 배척될 선지자로서의 예수님의 역할을 미리 말하여주는 것이다. 하나님이 요셉과 함께 하시고 그를 도운 것과 같이 (창 39:2), 하나님은 예수님과 함께 하시고 그를 도우신다. **7:10** 요셉에게 주신 하나님의 *은총*(희랍어로 *카리스*)과 *지혜*(*쏘피아*)는 역시 예수님에게서도 찾아 볼 수 있다 (눅 2:40; 창 39:4, 21을 참조). 이집트 총리 요셉에 관해서는 창 41:37-45를 보라. **7:11-13** 요셉은 자기 형들이 자신을 팔아넘긴 형들의 배신이 오히려 흉년 기간에 자신에게는 구원이 되게끔 하신 하나님의 계획이라고 말한다 (창 42—43장). **7:14-15** 누가는 이집트로 건너온 야곱의 가족들의 숫자가 칠십인역을 따라 75명이었다는 창 46:27과 출 1:5를 따른다. (히브리어로는 이 두 구절과 신 10:22에 70명으로 기록되어 있다.) **7:16** 창 50:13에 기록된 대로, 야곱은 자신의 소원대로 (창 49:33) 세겜이 아닌 헤브론의 마므레 근처에 있는 아브라함이 샀던 막벨라에 묻혔다. 야곱은 나중에 하몰의 아들들에게서 이 밭을 샀다 (창 33:19). 세겜은 요셉이 묻힌 곳이다 (출 13:19; 수 24:32). **7:17-19** 이 부분은 출 1:7-22를 요약한 것이며, 모세의 이야기로 옮겨가는 전환점을 만들어 준다. 다시 한 번 하나님이 어려움 중에 구출하신다. **7:20-40** 모세에 관한 이야기는 설교에서 가장 긴 부분이다. 누가복음은 예수님을 자기 백성으로부터 배척당한 "모세와 같은" 예언자로 묘사한다 (신 18:15). **7:20-22** 바로의 딸, 히브리 산파 십브라와 부아, 그리고 모세의 어머니와 누이, 미리암은 모두 바로의 계획을 뒤엎는데 공헌하였다 (출 2:1-10을 보라). 모세의 용모는 아주 뛰어났다. **7:23-29** 출 2:11-22는 모세의 나이에 관해 언급하지 않는다. 40이라는 숫자에 대해서는 4:22를 보라. 스데반의 설교는 모세와 예수님 사이의 비슷한 점들을 강조한다. 모세와 예수님은 두 분 다 자신의 백성들로부터 오해를 받았고 또한 그들은 화해자들이었다. **7:30-34** 출 3:1-12를 보라. 스데반은 예상치 않게 나타나신 하나님과 울부짖는 사람들의 음성을 들으시는 하나님께서 응답하시는 것을 강조한다. **7:35-40** 이스라엘 백성이 모세를 반대한 패턴은 예수님과 그를 따르는 자들을 반대한 것과 같은 패턴이다. **7:35** 예수님은 예루살렘에서 자신의 죽음으로 백성을 *해방시키*는 새로운 모세이다. **7:36-37** 모세의 권위는 예수님과 그를 따르는 사람들이 행했던 것과

20 바로 이 때에 모세가 태어났습니다. 그는 용
모가 아주 잘 생긴 아기였습니다. 그의 부모는 그
를 석 달 동안 몰래 집에서 길렀습니다. 21 그
뒤에 어쩔 수 없어서 내다 버렸는데, 바로의 딸이
데려다가 자기 아들로 삼아서 길렀습니다. 22 모
세는 이집트 사람의 모든 지혜를 배워서, 그 하는
말과 하는 일에 능력이 있었습니다.

23 모세가 마흔 살이 되었을 때에, 그의 마
음에 [ㄱ]자기 동족인 이스라엘 사람의 사정을 살펴
볼 생각이 났습니다. 24 어느 날 그는 자기 동족
한 사람이 억울한 일을 당하는 것을 보고, 그의 편
을 들어, 이집트 사람을 때려 죽여서, 압박받는 사
람의 원한을 풀어 주었습니다. 25 그는 [자기]
[ㄴ]동포가 하나님이 자기 손을 빌어서 그들을 구원
하여 주신다는 것을 깨달을 것으로 생각하였는
데, 그들은 깨닫지 못하였습니다. 26 이튿날 모
세는 동족들끼리 서로 싸우는 자리에 나타나서,
그들을 화해시키려고 하여 말하기를 '이 사람들
아, 그대들은 한 형제가 아닌가? 그런데 어찌하여
서로 해하는가?' 하였습니다. 27 그런데 동료에
게 해를 입히던 사람이 모세를 떠밀고서 이렇게
말하였습니다. [ㄷ]'누가 너를 우리의 지도자와 재판
관으로 세웠느냐? 28 어제는 이집트 사람을 죽
이더니, 오늘은 또 나를 그렇게 죽이려 하는가?'
29 이 말을 듣고서, 모세는 도망하여, 미디안 땅
에서 나그네가 되었습니다. 거기서 그는 아들 둘을
낳았습니다.

30 사십 년이 지난 뒤에, 천사가 시내 산 광
야에서 가시나무 떨기 불길 속에서 모세에게 나타
났습니다. 31 모세가 이 광경을 보고 기이하게
여겨서, 자세히 보려고 가까이 가는데, 주님의 음
성이 들렸습니다. 32 [ㄹ]'나는 네 조상들의 하나님,
곧 아브라함의 하나님, 이삭의 하나님, 야곱의 하
나님이다.' 모세는 두려워서 감히 바라보지 못하
였습니다. 33 그 때에 주님께서 모세에게 말씀
하셨습니다. [ㅁ]'네 신발을 벗어라. 네가 서 있는 곳
은 거룩한 땅이다. 34 나는 이집트에 있는 내 백
성이 학대받는 것을 분명히 보았고, 또 그들이 신
음하는 소리를 들었다. 그러므로 나는 그들을 구
원하려고 내려왔다. 이제 내가 너를 이집트로 보
내니, 너는 가거라.' 35 이 모세로 말하면, 이스
라엘 백성이 '누가 너를 우리의 지도자와 재판관
으로 세웠느냐?' 하고 배척한 사람인데, 하나님께
서는 바로 이 모세를 가시나무 떨기 속에 나타난
천사의 능한 손길을 붙여 지도자와 해방자로 세워
서 그들에게로 보내셨습니다. 36 이 사람이 이
집트 땅과 홍해에서 놀라운 일과 표징을 행하여
그들을 이끌어냈으며, 사십 년 동안 광야에서도
그러한 일을 행하였습니다. 37 [ㅂ]'하나님께서는
[ㅅ]나를 세우신 것과 같이, 너희를 위하여 너희의
[ㄴ]동족 가운데서 한 예언자를 세워 주실 것이다'
하고 이스라엘 백성에게 말한 사람이 바로 이 모
세입니다. 38 이 사람은, 이스라엘 백성이 광야
에서 회중으로 모여 있을 때에, 시내 산에서 그에
게 말하는 천사와 우리 조상들 사이에 중개자가
되어서, 산 말씀을 받아서 [ㅇ]우리에게 전해 준 사
람입니다. 39 그러나 우리 조상들은 그의 말을
들으려고 하지 않았고, 그를 제쳐놓고서 이집트로

ㄱ) 그, '그의 형제들인 이스라엘 자손' ㄴ) 그, '형제들' ㄷ) 출 2:14 ㄹ) 출 3:6 ㅁ) 출 3:5, 7, 8, 10 ㅂ) 신 18:15 ㅅ) '나와 같은'으로 번역해서 '한 예언자'에 연결할 수도 있음 ㅇ) 다른 고대 사본들에는 '여러분에게'

같은 놀라운 일과 표징(출 7:3—11:10)을 통해 확증되었다 (2:22; 6:8). **7:39-40** 스데반은 자유로 가는 길이 불확실할 때 옛 노예의 삶으로 되돌아가기가 얼마나 쉬운지를 회상시킨다. **7:41-43** *자기들의 손으로 만든* 이라는 표현은 (41, 48절) 금송아지로 만든 우상과 (출 32:4-6) 성전을 비판하는 것과 연결시킨다. 이 세상에서 벌어지는 모든 일들, 심지어 자신들의 죄악들까지 모두 하나님께서 하시는 일이라고 주장하는 사람이 있다. 스데반은 금송아지 숭배에 첨가하여 하늘의 것들, 즉 별들, 하늘, 천사들을 (왕상 22:19; 느 9:6; 렘 7:18; 19:13) 섬기는 행위를 언급한다. 누가는 암 5:25-27을 인용하면서 새로운 형태의 우상숭배에 대항하여 본래 다마스쿠스를 대신해서 바벨론을 사용한다. 그 효과는 아모스서에 기록된 것과 같다. 우상숭배에 대한 비난이다.

특별주석

암 5:26의 히브리어 본문에서 선지자는 이스라엘이 앗시리아의 신, *식굿 말케켐*, "너희가 왕으로 떠받드는 식굿"을 섬기는 것을 고발한다. 칠십인역에서는 *식굿*은 *숙카*, 즉 "장막"으로 이해되었으며, *밀곰*은 *몰렉*으로 이해되었다. 몰렉 신에게 유아 희생제물이 바쳐졌다 (렘 32:35; 왕하 23:10). 그러므로 칠십인역은 몰렉의 장막이 된다. 마찬가지로 누가는 칠십인역을 사용하여 *레판 신의 별을 받들었다고* 한다. 레판 신은 앗시리아어로 금성을 가리킨다.

행 7:43-44는 희랍어를 사용한 신약성경의 저자들과 히브리어를 희랍어로 번역한 칠십인역 사이에 생긴 복잡한 관계의 본보기가 되는 부분이다.

돌아가고 싶어하였습니다. 40 그래서 그들은
아론에게 말하였습니다. ㄱ)'우리를 인도할 신들을
우리에게 만들어 주십시오. 이집트 땅에서 우리
를 이끌어 내온 그 모세가 어떻게 되었는지, 우리
는 도무지 모르겠습니다.' 41 그 때에 그들은 송
아지를 만들어 놓고서 그 우상에게 희생제물을 바
치고, 자기들의 손으로 만든 것을 두고 즐거워하
였습니다. 42 그래서 하나님께서는 그들에게서
얼굴을 돌리시고, 그들을 내버려 두셔서, 하늘의
별들을 섬기게 하셨습니다. 이것은 예언자들의
책에 기록된 바와 같습니다.

ㄴ)'이스라엘 가문아,
너희가 사십 년 동안
광야에 있을 때에,
희생물과 제물을
내게 바친 일이 있었느냐?
43 너희는 몰렉 신의 장막과
레판 신의 별을 받들었다.
그것들은
너희가 경배하려고 만든
형상들이 아니더냐?
그러므로 나는 너희를
바빌론 저쪽으로 옮겨 버리겠다.'

44 우리 조상들이 광야에 살 때에, 그들에게
증거의 장막이 있었습니다. 그것은 모세에게 말
씀하시는 분이 지시하신 대로 만든 것인데, 모세
가 본 모형을 따라 만들었습니다. 45 우리 조상
들은 이 장막을 물려받아서, 하나님께서 우리 조
상들 앞에서 쫓아내신 이방 민족들의 땅을 차지할
때에, 여호수아와 함께 그것을 그 땅에 가지고 들
어왔고, 다윗 시대까지 물려주었습니다. 46 다
윗은 하나님의 은총을 입은 사람이므로, ㄷ)야곱의
집안을 위하여 하나님의 거처를 마련하게 해 달라
고 간구하였습니다. 47 그러나 야곱의 집안을
위하여 집을 지은 사람은 솔로몬이었습니다.
48 그런데 지극히 높으신 분께서는 사람의 손으
로 지은 건물 안에 거하지 않으십니다. 그것은 예
언자가 말하기를
49 ㄹ)'주님께서 말씀하신다.
하늘은 나의 보좌요,
땅은 나의 발판이다.
너희가 나를 위해서
어떤 집을 지어 주겠으며
내가 쉴 만한 곳이 어디냐?
50 이 모든 것이
다 내 손으로 만든 것이 아니냐?'
한 것과 같습니다.

ㄱ) 출 32:1 ㄴ) 암 5:25-27 (칠십인역) ㄷ) 다른 고대 사본들에는 '야곱의 하나님을 위하여 그의 거처를' ㄹ) 사 66:1, 2

스데반이 예루살렘 성전을 비판하는 것은 소위 인간들이 자기 손으로 만든 것들을 예배한다는 데서 비롯된 것이다 (41절, 48절; 또한 17:25; 19:26을 보라). 스데반의 논점은 법궤를 보관하고 있는 회막 (출 27:21), 법궤가 들어있는 이동식 성전 (출 25:21), 모세에게 계시된 신성한 패턴으로 만들어진 것이기에 (출 25:40) 결코 인간의 손으로 만들어진 것이 아니라는 것이다. 이스라엘은 하나님이 임재하고 계시다는 하나님이 주신 표적을 거부하고 그 대신 성전을 지음으로써 하나님을 하나의 우상으로 여겼다. **7:45-46** 여호수아를 언급하는 것은 은근히 예수를 암시하려는 것이다. 이 두 이름은 히브리어 표현인 "주 하나님이여 도와 주소서!"에서 유래한 것이다. 수 3:11—4:18; 삼하 6:1-17을 보라. 다윗이 주의 성전 건축을 원했을 때, 선지자 나단은 이 제안을 거절했다 (삼하 7:1-16). **7:47** 솔로몬의 성전 건축에 대해서는 왕상 5—6장을 보라. **7:48** *지극히 높으신 분.* 이 칭호는 그리스와 로마 문학에서 제우스 신을 묘사할 때와 창 14:18, 19, 22; 시 46:4에서 주님(Lord)을 묘사할 때 사용되었다. 눅 1:32, 35, 76; 6:35; 8:28; 행 16:17을 보라. **7:49-50** 사 66:1-2를 보라. **7:51-53** 스데반은 출 33:3, 5 그리고 신 9:6, 13, 27의 구절들을 인용하여 유대 지도자들을 비난한다. *할례를 받지 못한 사람들.* 이러한 사람들은 하나님의 백성이 아니라는 뜻이다. *마음*은 하나님의 사랑이 머무는 곳이며 (눅 10:27), 하나님의 말씀을 곰곰이 되새기는 곳이며 (눅 2:19, 51), 믿음의 중심이다 (눅 24:25). 하나님의 말씀을 듣는 귀는 제자직에 필수적이다 (눅 6:47; 8:15). *의인.* 이것에 관해서는 3:14를 보라. 예언자들을 죽인 것에 대해서는 눅 6:23, 26; 11:47-50; 13:34를 보라. 1957쪽 추가 설명: "예수님의 죽음에 대한 책임"을 보라.

7:54—8:1a 스데반의 이야기가 절정에 이르면서 예수님에게 나타났던 반응들이 더 분명하게 나타난다. 스데반의 설교에 대하여 청중들이 보인 격분한 반응은 나사렛의 유대 사람들이 보인 반응과 대등하다 (눅 4:25-27). 자기를 죽이는 저들의 죄를 용서해달라고, 그리고 내 영혼을 받아달라는 스데반의 마지막 기도는 하나님께 의뢰하는 예수의 기도와 같은 기도였고 (눅 23:46은 시편 30:6을 되풀이하는 것이다), 그를 처형하는 사람들을 용서해 달라는 스데반의 기도는 예수의 기도와 대등한 것이었다 (눅 23:34). 스데반은 복음의 증인으로 자신의 목숨을 희생한 예수의 첫 번째 제자다. 이것으로서 사도행전에서 이방 사람들을 위한 선교의 핵심적 인물인 바울을 소개하면서 예루살렘과 관련된 이

51 목이 곧고 마음과 귀에 할례를 받지 못한
사람들이여, 당신들은 언제나 성령을 거역하고
있습니다. 당신네 조상들이 한 그대로 당신들도
하고 있습니다. 52 당신들의 조상들이 박해하지
않은 예언자가 한 사람이라도 있었습니까? 그들
은 의인이 올 것을 예언한 사람들을 죽였고, 이제
당신들은 그 의인을 배반하고 죽였습니다. 53 당
신들은 천사들이 전하여 준 율법을 받기만 하고,
지키지는 않았습니다."

스데반의 순교

54 그들은 이 말을 듣고 격분해서, 스데반에게
이를 갈았다. 55 그런데 스데반이 성령이 충만
하여 하늘을 쳐다보니, 하나님의 영광이 보이고,
예수께서 하나님의 오른쪽에 서 계신 것이 보였다.
56 그래서 그는 "보십시오, 하늘이 열려 있고,
하나님의 오른쪽에 ㄱ)인자가 서 계신 것이 보입니
다" 하고 말하였다. 57 사람들은 귀를 막고, 큰
소리를 지르고서, 일제히 스데반에게 달려들어,
58 그를 성 바깥으로 끌어내서 돌로 쳤다. 증인
들은 옷을 벗어서, 사울이라는 청년의 발 앞에
두었다. 59 사람들이 스데반을 돌로 칠 때에,
스데반은 "주 예수님, 내 영혼을 받아 주십시오"
하고 부르짖었다. 60 그리고 무릎을 꿇고서 큰
소리로 "주님, 이 죄를 저 사람들에게 돌리지 마
십시오" 하고 외쳤다. 이 말을 하고 스데반은 ㄴ)잠
들었다.

8 1 사울은 스데반이 죽임 당한 것을 마땅하게
여겼다.

교회가 박해를 받다

그 날에 예루살렘 교회에 큰 박해가 일어났
다. 그래서 사도들 이외에는 모두 유대 지방과 사
마리아 지방으로 흩어졌다. 2 경건한 사람들이
스데반을 장사하고, 그를 생각하여 몹시 통곡하
였다. 3 그런데 사울은 교회를 없애려고 날뛰었
다. 그는 집집마다 찾아 들어가서, 남자나 여자나
가리지 않고 끌어내서, 감옥에 넘겼다.

마리아에 복음을 전하다

4 그런데 흩어진 사람들은 두루 돌아다니면
서 말씀을 전하였다. 5 빌립은 ㄷ)사마리아 성에
내려가서, 사람들에게 ㄹ)그리스도를 선포하였다.
6 무리는 빌립이 행하는 표징을 듣고 보면서, 그가
하는 말에 한 마음으로 귀를 기울였다. 7 그것은,
귀신들린 많은 사람에게서 ㅁ)악한 귀신들이 큰 소
리를 지르면서 나갔고, 많은 중풍병 환자와 지체
장애인이 고침을 받았기 때문이다. 8 그래서 그
성에는 큰 기쁨이 넘쳤다.
9 그 성에 시몬이라는 사람이 있었는데, 그는

ㄱ) '사람의 아들' ㄴ) 또는 '죽었다' ㄷ) 다른 고대 사본들에는 '사마리아에 있는 어떤 한 성읍' ㄹ) 또는 '메시아' ㅁ) 그, '더러운'

야기가 끝난다. **7:54** *이를 갈았다.* 이 표현은 적대감이 극에 달했다는 점을 보여준다 (욥 16:9; 시 34:16; 마 8:12; 13:42, 50; 눅 13:28). **7:55-56** 스데반의 죽음은 하나님의 영광(희랍어로, *독사* [doxa])이 새롭게 드러나는 순간을 보여준다. 하나님과 함께 하는 이스라엘의 여정은 아브라함에게 나타나신 "영광의 하나님"과 함께 시작된다 (7:2). 이 영광은 변모하시는 (눅 9:32), 부활하신 예수 (24:26), 그리고 장차 재림하실 (눅 9:26; 21:27) 예수와 연관되어 있다. **7:58** 사울의 발 앞에 옷을 두었다는 사실은 사울이 스데반을 죽이는 일에 중요한 역할을 했음을 말해준다.

8:1b-4 이 구절들은 사마리아 지방에 복음을 전하는 전환점이 된다 (1:8을 기억하라). 스데반이 말한 것처럼 하나님은 심지어 이스라엘의 불복종을 통해서도 선을 이루신다. 그러므로 박해로부터의 도피는 복음화의 새로운 통로가 된다. 사도들은 남아서 예루살렘 공동체와 먼 곳에 흩어져 있는 공동체 사이의 다리 역할을 한다 (8:14-17). 누가는 예루살렘 교회가 어떻게 박해받았는지에 대하여 설명하지 않는다. 초대교회 역사에서 박해는 산발적으로 일어났고, 비그리스도인들이 당시 사회당국에 그리스도인들을 자진해서 고발하는데 달려있었다. 그들은 그리스도인들에게 물리적으로 폭력을 가하지 않을 때에는 경제적 그리고 사회적 차별을 감행하였다. 그리스도인들을 잡아 감옥에 가두는 일에 핵심적 역할을 한 사울에 대해서는 22:4; 26:10에 다시 언급된다 (갈 1:13; 빌 3:6을 보라). 눅 21:12에서 박해를 당할 것이라고 한 예수님의 경고는 그대로 실현된다.

8:5-25 사마리아 지방에서 복음을 전하는 것은 이방 사람들을 위한 선교 이야기에서 일종의 디딤돌이 된다. 사마리아는 기원전 722년에 앗시리아에게 정복당했다. 사마리아의 상류층 사람들은 모두 쫓겨났고, 유대 사람이 아닌 사람들이 사마리아 지역에 정착하게 되었다. 그리고 사마리아에 남아있던 유대 사람들과 혈족결혼을 하게 되었다 (왕하 17:24). 유대에 살던 유대 사람들은 더 이상 사마리아 사람들을 유대 사람으로 여기지 않게 되었고, 바벨론 포로이후 예루살렘 성전을 재건축

마술을 부려서 사마리아 사람들을 놀라게 하며,
스스로 큰 인물인 체하는 사람이었다. 10 그래서
낮은 사람으로부터 높은 사람에 이르기까지 모두
"이 사람이야말로 이른바 하나님의 위대한 능력의
소유자이다" 하고 말하면서, 그를 따랐다. 11 사람
들이 그를 따른 것은, 오랫동안 그가 마술로 그들을
놀라게 했기 때문이다. 12 그런데 빌립이 하나
님 나라와 예수 그리스도의 이름에 관한 기쁜 소
식을 전하니, 남자나 여자나 다 그의 말을 믿고서
ㄱ)세례를 받았다. 13 시몬도 믿게 되었고, ㄱ)세례를
받은 뒤에 항상 빌립을 따라다녔는데, 그는 빌립
이 표징과 큰 기적을 잇따라 행하는 것을 보면서
놀랐다.

14 사마리아 사람들이 하나님의 말씀을 받아
들였다는 소식을 예루살렘에 있는 사도들이 듣고
서, 베드로와 요한을 그들에게로 보냈다. 15 두

ㄱ) 또는 '침례'

할 때에도 사마리아 사람들에게 도움을 청하지 않았다 (라 4:2-24; 느 2:19; 4:2-9). 그래서 사마리아 사람들은 자신들의 성전을 그리심 산에 건축하였고, 자신들만을 위한 예배의식과 성경을 개발하였다. 누가는 사마리아 사람들에 대해서 자신만이 가지고 있는 독특한 이야기들이 있고 (10:25-37; 17:11-19), 사마리아 사람들에 대하여 호의적으로 이야기한다. **8:5-8** 예수님과 병행시키는 형식으로 한 빌립의 설교와 권능들은 아주 호의적인 반응을 일으킨다 (눅 4:33-36). 하지만 이들 행위 자체로는 아무 것도 증명할 수 없다. 왜냐하면 마술쟁이들 역시 그런 일들을 행할 수 있기 때문이다. **8:9-13** 힘의 능력을 겨누는데, 하나님의 능력이 마술쟁이 시몬의 능력을 압도한다. 마술은 희랍어로 *마고스*(magos)인데, 그것은 원래 메대 지방 페르시아 주술사가 불로 예배를

추가 설명: 누가복음과 사도행전에 나타난 여성들

애니아와 다비다를 치유하는 기사는 남성에게 일어난 사건을 여성에게 일어난 사건과 한 쌍으로 기술한 많은 이야기들 중에 하나이다. 예를 들어, 사가랴(눅 1:5-23)와 마리아 (눅 1:26-38); 예언자 시므온과 안나 (눅 2:25-38); 잃어버린 양을 찾는 목자와 잃어버린 동전을 찾는 여인 (눅 15:4-10); 아나니아와 삽비라의 죽음 (행 5:1-11); 루디아와 그녀의 가족들이 세례 받음 (행 16:15); 그리고 간수와 가족들이 세례 받는 기사 (행 16:32-34). 그러나 누가복음과 달리 사도행전에서는 여성들을 언급할 때 한 쌍으로 언급하지 않고 부부들의 이름으로 언급한다. 디오누시오와 다마리 (17:34); 브리스길라와 아굴라 (18:1-4); 혹은 남자와 여자라고만 표현한다 (예를 들어, 5:14; 8:3; 9:2; 17:12).

어떤 학자들은 이것을 누가가 성을 동등하게 생각한 것이라고 해석하지만, 대부분의 학자들은 그러한 해석은 시대적인 착오라고 생각한다. 여성 제자들에 대한 누가의 메시지는 복합적이다. 누가복음이 다른 세 복음서보다 여성들에 대해서 더 많이 다루는 반면에, 여성들의 역할은 늘 침묵하고 수동적인 것으로 묘사되고 있다. 여성제자들에 관한 기록은 다양하다. 말씀을 듣고 받은 마리아 (눅 10:38); 말씀을 믿은 여성들 (1:45; 7:50; 8:48; 행 5:14; 8:12; 16:1, 15; 17:12, 34); 세례 받은 여성들 (행 8:12; 16:15); 예수를 따른 여성들 (눅 23:49); 그리고 자신의 집을 교회로 접대하는 여성들 (행 12:12; 16:40). 그러나 남성들처럼 여성들이 어떻게 부름받고, 보내지고, 박해를 이겨내고, 혹은 성령의 능력에 의해 인도되었는지에 대해서는 아무 기록이 없다. 누가복음과 사도행전에서 여성들은 남성들이 하는 설교, 치유, 귀신 내쫓음, 그리고 용서 등과 같은 사역을 하지 않는다. 누가복음에서 여성들은 "섬기"고 "봉사하는" (희랍어, *디아코네오*) 사람들로 묘사된다 (4:39; 8:3; 10:40). 그러나 사도행전에서는 오직 남성들만이 이 기능을 한다 (1:17, 25; 6:2, 4; 11:29; 12:25; 19:22; 20:24; 21:19; 6:1-6에 관한 주석을 보라). 이중적인 메시지가 있다. 누가는 여성들에 대해 아주 강한 전통을 견지하면서 그들에게 적극적인 중요한 역할들을 주는 반면에, 여성들은 당시 남성들이 행했던 것과는 다른 긍정적인 역할을 제시한다. 그러나 그들의 역할은 남성들의 역할과 달랐다. 현대 기독교인들은 당시 가부장적 환경에서 누가를 이해하여야 하고, 오늘의 교회에서 끊이지 않고 일어나는 성차별 문제를 다루려고 누가의 본문을 사용하려고 하지 말아야 한다.

사람은 내려가서, 사마리아 사람들이 성령을 받
을 수 있게 하려고, 그들을 위하여 기도하였다.
16 사마리아 사람들은 주 예수의 이름으로 ㄱ)세
례만 받았을 뿐이요, 그들 가운데 아무에게도 아직
성령이 내리시지 않았던 것이었다. 17 그래서
베드로와 요한이 그들에게 손을 얹으니, 그들이
성령을 받았다. 18 시몬은 사도들이 손을 얹어서
성령을 받게 하는 것을 보고, 그들에게 돈을 내고서,
19 말하기를 "내가 손을 얹는 사람마다, 성령을
받도록 내게도 그런 권능을 주십시오" 하니,
20 베드로가 그에게 말하였다. "그대가 하나님의
선물을 돈으로 사려고 생각하였으니, 그대는 그
돈과 함께 망할 것이오. 21 그대는 하나님이 보
시기에 마음이 바르지 못하니, 우리의 일에 그대가
차지할 자리도 몫도 없소. 22 그러므로 그대는
이 악한 생각을 회개하고, 주님께 기도하시오. 그
러면 행여나 그대는 그대 마음 속의 나쁜 생각을
용서받을 수 있을지도 모르오. 23 내가 보니, 그
대는 악의가 가득하며, 불의에 ㄴ)얽매여 있소."
24 시몬이 대답하였다. "여러분들이 말한 것이
조금도 내게 미치지 않도록, 나를 위하여 주님께
기도해 주십시오."

25 이렇게 베드로와 요한은 주님의 말씀을
증언하여 말한 뒤에, 예루살렘으로 돌아가는 길에,
사마리아 사람의 여러 마을에 복음을 전하였다.

빌립이 에티오피아 내시에게 복음을 전하다

26 그런데 주님의 천사가 빌립에게 말하였다.
"일어나서 남쪽으로 나아가서, 예루살렘에서 가사
로 내려가는 길로 가거라. 그 길은 광야 길이다."
27 빌립은 일어나서 가다가, 마침 에티오피아 사람
하나를 만났다. 그는 에티오피아 여왕 간다게의
고관으로, 그 여왕의 모든 재정을 관리하는 내시
였다. 그는 예배하러 예루살렘에 왔다가, 28 돌아
가는 길에 마차에 앉아서 예언자 이사야의 글을
읽고 있었다. 29 성령이 빌립에게 말씀하셨다.
"가서, 마차에 바짝 다가서거라." 30 빌립이 달려
가서, 그 사람이 예언자 이사야의 글을 읽는 것을
듣고 "지금 읽으시는 것을 이해하십니까?" 하고
물었다. 31 그가 대답하기를 "나를 지도하여 주는
사람이 없으니, 내가 어떻게 깨달을 수 있겠습니
까?" 하고, 올라와서 자기 곁에 앉기를 빌립에게
청하였다. 32 그가 읽던 성경 구절은 이것이었다.

ㄷ)"양이 도살장으로
끌려가는 것과 같이,
새끼 양이 털 깎는 사람 앞에서
잠잠한 것과 같이,
그는 입을 열지 않았다.

ㄱ) 또는 '침례' ㄴ) 다른 고대 사본들에는 '얽매는 자가 되었소'
ㄷ) 사 53:7, 8 (칠십인역)

보는 것에서 기원된 것이다. 그것이 여기에서와 같이 해로운 "마술"을 행하는 사람을 경멸하는 내용이 담긴 언어가 되었다 (13:6, 8; 19:19를 보라). 이 마술쟁이 시몬에 대하여는 훗날 그리스도교 문학에서 한층 더 상세하게 많이 언급된다. **8:14-25** 베드로와 요한은 개종한 사마리아 사람들과 예루살렘 공동체 사이에서 다리 역할을 한다. 기도와 안수에 대해서는 6:6을 보라. 성령은 하나님의 선물이지 돈으로 살 수 있는 마술적 능력이 아니다. 누가의 소유를 올바로 사용하라는 주제는 성령을 강조하는 주제와 접하게 된다. 영적 능력은 결코 재정적 이익을 위한 것이 아니다 (16:16-24; 19:24-41을 보라). 하나님의 영은 제자들로 하여금 금과 은을 소유하지 말도록 강요하고, 그들은 소유를 공동체를 위해 내어놓고 공동체가 관리해서 궁핍한 사람이 하나도 없도록 하였다 (4:32-37). 아나니아와 삽비라(5:1-11)의 경우와는 달리 시몬에게는 회개할 기회가 주어졌다.

8:26-40 이스라엘로 회심하여 돌아오는 또 하나의 이야기는 계속되는 이방 사람들을 위한 선교 이야기의 도입으로 이어진다. **8:26** 하나님은 하늘의 천사(5:19를 보라)와 영을 통하여 지시하신다. **8:27** *에티오피아* 혹은 누비아. 이 지역은 이집트 남쪽 경계선에 있으며, 성경에서는 구스(창 2:13; 10:6)라고 알려져 있다. 내시는 고대 근동지역에서 왕의 재정을 맡아 관리하던 사람이었다 (더 2:14). *간다게.* 이 사람은 누비안 말로 "여왕"을 의미한다. 후대 전통에서는 그녀가 "남방 여왕"과 동일한 인물로 잘못 알려진다 (마 12:42; 눅 11:31). *내시가* 예루살렘에서 예배하고 온다는 점으로 미루어 볼 때, 아마 그는 흩어진 유대 사람이거나 개종자인 것 같다. 누가는 이를 시 68:31 말씀이 실현된 것으로 보는 것 같다. **8:32-34** 이 구절은 이사야 53:7-8을 인용한 것으로 본래 이스라엘이나 이스라엘의 지도자들, 혹은 예언자들을 의미하였다. 그리스도인들은 이를 예수에게 적용한다. **8:36** 내시의 간구는 당시 내시가 이스라엘의 회중에 온전히 참여할 수 없다는 관습으로부터 비롯된다 (신 23:2). 하지만 사 56:4-5 말씀은 내시와 이방인들도 메시아의 시대에 포함된다는 약속을 하고 있다. "어서 물로 나오너라" (사 55:1) 라는 이사야의 초대는 세례로의 초대이다. **8:39** 왕하 2:16; 겔 11:24를 보라. **8:40** *아소도.* 이 곳은 고대 팔레스타인의 작은 도시로 해안가에 위치한 상업도시였다. *가이사랴.* 헤롯의 항구다 (지금은 텔아비브에서 30마일 북쪽에 있다). 빌립과 예언을 하는 그의 처녀 딸 넷은 바울을 가이사랴에 초

33 그는 굴욕을 당하면서,
공평한 재판을 박탈당하였다.
그의 생명이 땅에서 빼앗겼으니,
누가 그의 세대를 이야기하랴?"
34 내시가 빌립에게 말하였다. "예언자가 여
기서 말한 것은 누구를 두고 한 말입니까? 자기를
두고 한 말입니까, 아니면 다른 사람을 두고 한 말
입니까?" 35 빌립은 입을 열어서, 이 성경 말씀
에서부터 시작하여, 예수에 관한 기쁜 소식을 전
하였다. 36 그들이 길을 가다가, 물이 있는 곳에
이르니, 내시가 말하였다. "보십시오. 여기에 물이
있습니다. 내가 ㄱ)세례를 받는 데에, 무슨 거리낌이
되는 것이라도 있습니까?" ㄴ)(37절 없음) 38 빌
립은 마차를 세우게 하고, 내시와 함께 물로 내려
가서, 그에게 ㄱ)세례를 주었다. 39 그들이 물에서
올라오니, 주님의 영이 빌립을 데리고 갔다. 그래서
내시는 그를 더 이상 볼 수 없었지만, 기쁨에 차
서 가던 길을 갔다. 40 그 뒤에 빌립은 아소도에
나타났다. 그는 돌아다니면서 여러 성에 복음을
전하다가, 마침내 가이사랴에 이르렀다.

사울의 회개 (행 22:6-16; 26:12-18)

9 1 사울은 여전히 주님의 제자들을 위협하면서,
살기를 띠고 있었다. 그는 대제사장에게 가서,
2 다마스쿠스에 있는 여러 회당으로 보내는 편지를
써 달라고 하였다. 그는 그 '도'를 믿는 사람은 남자
나 여자나 가리지 않고, 닥치는 대로 묶어서, 예루
살렘으로 끌고 오려는 것이었다. 3 사울이 길을
가다가, 다마스쿠스 가까이에 이르렀을 때에,
갑자기 하늘에서 환한 빛이 그를 둘러 비추었다.
4 그는 땅에 엎어졌다. 그리고 그는 "사울아, 사
울아, 네가 왜 나를 핍박하느냐?" 하는 음성을 들
었다. 5 그래서 그가 "주님, 누구십니까?" 하고
물으니, "나는 네가 핍박하는 예수다. 6 일어나
서, 성 안으로 들어가거라. 네가 해야 할 일을 일러
줄 사람이 있을 것이다" 하는 음성이 들려왔다.
7 그와 동행하는 사람들은 소리는 들었으나, 아
무도 보이지는 않으므로, 말을 못하고 멍하게 서
있었다. 8 사울은 땅에서 일어나서 눈을 떴으나,
아무것도 볼 수가 없었다. 그래서 사람들이 그의
손을 끌고, 다마스쿠스로 데리고 갔다. 9 그는
사흘 동안 앞을 보지 못하는 상태에서, 먹지도 않고
마시지도 않았다.
10 그런데 다마스쿠스에는 아나니아라는 제
자가 있었다. 주님께서 환상 가운데서 "아나니아
야!" 하고 부르시니, 아나니아가 "주님, 여기 있습니
다" 하고 대답하였다. 11 주님께서 아나니아에게
말씀하셨다. "일어나서 '곧은 길'이라 부르는 거
리로 가서, 유다의 집에서 사울이라는 다소 사람을
찾아라. 그는 지금 기도하고 있다. 12 그는 [환상
속에] 아나니아라는 사람이 들어와서, 자기에게
손을 얹어 시력을 회복시켜 주는 것을 보았다."
13 아나니아가 대답하였다. "주님, 그가 예루살렘
에서 주님의 성도들에게 얼마나 해를 끼쳤는지를,
나는 많은 사람에게서 들었습니다. 14 그리고

ㄱ) 또는 '침례' ㄴ) 어떤 사본들에는 37절의 내용이 첨가되어 있음. "37. 빌립이 말하였다. '그대가 마음을 다하여 믿으면, 세례를 받을 수 있습니다.' 그 때에 내시가 대답하였다. '나는 예수 그리스도가 하나님의 아들이심을 믿습니다.'"

대한다 (21:8). 가아사랴는 9:30; 10:1, 24; 12:19; 18:22; 21:16; 23:33; 25:1, 4, 6, 13에서 언급된다.

9:1—14:28 새로 시작하는 이 부분은 나머지 부분에서 중심인물로 떠오르는 바울이 부름을 받는 이야기로 시작한다. 이방 사람을 위한 사도 바울은 복음을 땅 끝까지 증거한다. 이 부분은 넷으로 나누어진다. (1) 9:1-31, 사울을 부르심과 첫 설교; (2) 9:32—11:18, 베드로가 이방 사람들에게도 복음을 전하는 사도로 회심함; (3) 11:19—12:25, 더 많은 이방 사람들에게 전파되는 복음; (4) 13:1—14:28, 바울의 1차 선교여행.

9:1-19a 첫 번 이야기는 박해자 *사울이* 어떻게 사도가 되었는지를 설명한다. 예언자들을 부르시는 이야기에는 공통점들이 있다 (사 6:1-10; 렘 1:4-10). 누가는 이 야기기를 바울의 설교 속에서 두 번 더 자세히 언급한다 (22:1-16; 26:9-18). **9:1-2** 외경 마카비상에서 보면, 도망자들을 잡을 수 있는 권한을 달라고 대제사장에게 요구하는 편지기사가 실려 있는데, 이것이 흩어져 살고 있는 유대 기독교인들에게 얼마만큼 영향을 미쳤는지는 알 수 없다. "도"는 또한 쿰란 공동체 사람들이 자신들을 칭하기 위하여 사용하였다. 누가는 이 도를 기독교를 의미하는 말로 19:9, 23; 22:4; 24:14, 22에서 사용한다. 이것은 세례 요한의 설교 "주님의 길을 예비하라"를 연상케 한다 (눅 3:4는 사 40:3을 인용한다). **9:3** 갈 1:15-16을 보라. **9:4-5** 사도는 이스라엘의 첫 번째 왕의 이름인 사울과 관계가 있다. 제자들을 핍박하는 것은 곧 예수 자신을 핍박하는 것이다. **9:7** 22:9; 26:14를 참조하라. **9:8** 눅 18:35-43의 기록처럼 "앞을 보지 못하는 상태"는 예수를 온전히 알지 못함을 상징적으로 표현하는 것이다. **9:11** 사울은 당시 길리기아 지역에서 문화적으로나 지적으로 명성을 갖고 있던 아주 부유한 도시 다소 출신으로 당시 흩어져 살던 유대 사람이었다. **9:13** 성도 (희랍어, *하*

그는 주님의 이름을 부르는 사람들을 잡아 갈 권
한을 대제사장들에게서 받아 가지고, 여기에 와 있
습니다." 15 주님께서 그에게 말씀하셨다. "가
거라, 그는 내 이름을 이방 사람들과 임금들과 이스
라엘 자손들 앞에 가지고 갈, 내가 택한 내 그릇
이다. 16 그가 내 이름을 위하여 얼마나 많은 고난
을 받아야 할지를, 내가 그에게 보여주려고 한다."
17 그래서 아나니아가 떠나서, 그 집에 들어가,
사울에게 손을 얹고 "형제 사울이여, 그대가 오는
도중에 그대에게 나타나신 주 예수께서 나를 보내
셨소. 그것은 그대가 시력을 회복하고, 성령으로
충만하게 되도록 하시려는 것이오" 하고 말하였다.
18 곧 사울의 눈에서 비늘 같은 것이 떨어져 나
가고, 그는 시력을 회복하였다. 그리고 그는 일어
나서 ㄱ)세례를 받고 19 음식을 먹고 힘을 얻었다.

사울이 다마스쿠스에서 전도하다

사울은 며칠 동안 다마스쿠스에 있는 제자들과
함께 지냈다. 20 그런 다음에 그는 곧 여러 회
당에서 예수가 하나님의 아들이심을 선포하였다.
21 그 말을 듣는 사람들은 다 놀라서 말하였다.
"이 사람은, 예루살렘에서 예수의 이름을 부르는
이들을 마구 죽이던, 바로 그 사람이 아닌가? 그가
여기 온 것도, 그들을 잡아서 대제사장들에게로
끌고 가려는 것이 아닌가?" 22 그러나 사울은
더욱 더 능력을 얻어서, 예수가 ㄴ)그리스도이심을
증명하면서, 다마스쿠스에 사는 유대 사람들을
당황하게 하였다.

사울이 피신하다

23 여러 날이 지나서, 유대 사람들이 사울을
죽이기로 모의하였는데, 24 그들의 음모가 사울
에게 알려졌다. 그들은 사울을 죽이려고, 밤낮으
로 모든 성문을 지키고 있었다. 25 그러나 그의
제자들이 밤에 사울을 광주리에 담아서, 성 바깥
으로 달아 내렸다.

사울이 예루살렘에 올라가다

26 사울이 예루살렘에 이르러서, 거기에 있는
제자들과 어울리려고 하였으나, 그들은 사울이
제자라는 사실을 믿을 수가 없어서, 모두들 그를
두려워하였다. 27 그러나 바나바는 사울을 맞아
들여, 사도들에게로 데려가서, 사울이 길에서
주님을 본 일과, 주님께서 그에게 말씀하신 일과,
사울이 다마스쿠스에서 예수의 이름으로 담대히
말한 일을, 그들에게 이야기해 주었다. 28 그래서
사울은 제자들과 함께 지내면서, 예루살렘을 자유
로 드나들며 주님의 이름으로 담대하게 말하였고,
29 그리스 말을 하는 유대 사람들과 말을 하고,
토론을 하기도 하였다. 그러나 유대 사람들은 사울
을 죽이려고 꾀하였다. 30 ㄷ)신도들이 이 일을
알고, 사울을 가이사랴로 데리고 내려가서, 다소로
보냈다.
31 그러는 동안에 교회는 유대와 갈릴리와

ㄱ) 또는 '침례' ㄴ) 또는 '메시아' ㄷ) 그, '형제들'

기오이)는 믿음의 공동체라는 뜻으로 9:32, 41; 26:10 그리고 사도 바울이 자주 사용하였다. **9:15-16** 이러한 사울이 하늘로부터 *선택되었다*는 사실은 눅 9:35 말씀을 반영해 준다. 선택되었음은 복음을 위하여 고통과 죽음을 당한다는 사실과 연결되어 있다. **9:17** 손을 얹음은 하나의 치유의 동작이다 (눅 4:40; 13:13).

9:19b-25 예수님이 *하나님의 아들*이고 *그리스도*이시라고 첫 설교를 한 후에, 사울은 예수께서 그가 첫 설교를 하신 후에 받았던 것과 똑같은 반응을 받게 된다. 그 반응은 놀람과 그를 죽이려는 시도이다 (눅 4:22, 28-29). 이 에피소드에 관한 사울의 설명에서 그는 다마스쿠스로 돌아오기 전에 아라비아로 여행한다 (갈 1:17). **9:20** *하나님의 아들.* 사도행전에서 이 칭호는 이 곳에서 처음으로 나타난다. 이 칭호는 고대 근동지방에서 왕들을 언급할 때 사용되었고, 구약에서는 왕의 대관식에서 어떤 개인(시 2:7; 이 시편이 예수님을 나타내는 행 13:33을 보라)을 언급할 때 사용되었고, 이스라엘을 전체(출 4:22-23; 호 11:1)로 표현할 때 사용되었다. 초대교회 메시지에서 이 표현은 예수님과 하나님과의 독특한 관계와 예수님과 제자들과의 관계를 표현할 때 사용된다 (요일 3:1). **9:21** 2:38에 관한 예수 *이름*으로에 관한 주석을 보라. **9:22** *그리스도* (또는 메시아). 이에 관해서는 2:36을 보라. **9:23-25** 고후 11:32-33에서 아레다 왕의 총리가 사도 바울을 죽이려고 한다.

9:26-31 *바나바.* 바나바는 (4:36을 보라) 사울과 예루살렘에 있는 그리스도인들 사이에서 중재자 역할을 한다. 그러나 바울은 갈 1:18에서 바나바를 언급하지 않는다. **9:26** 누가는 예루살렘 박해 후 어떻게 제자들이 다시 예루살렘에 모여 있었는지에 관해서는 설명하지 않는다 (8:1). **9:29** *그리스 말을 하는 유대 사람들.* 이 들은 그리스 말만 하는 유대 사람들이다 (6:1에서 그들은 그리스도인들임을 참조). **9:30** 바울은 가이사랴(8:40을 보라)에서 배를 타고 자기 고향인 다소로 향한다 (9:11). 갈 1:21-23에서 바울은 그 지역에서 자신의 성공적인 설교에 관해 언급한다. **9:31** 이 요약은 성령이 충만하여 성장하는 교회의 또 다른 목가적

사마리아 온 지역에 걸쳐서 평화를 누리면서 튼튼히
서 갔고, 주님을 두려워하는 마음과 성령의 위로로
정진해서, 그 수가 점점 늘어갔다.

베드로가 중풍병 환자를 고치다

32 베드로는 사방을 두루 다니다가, 룻다에
내려가서, 거기에 사는 성도들도 방문하였다.
33 거기서 그는 팔 년 동안이나 중풍병으로 자리
에 누워 있는 애니아라는 사람을 만났다. 34 베
드로가 그에게 "애니아여, 예수 그리스도께서 그
대를 고쳐 주십니다. 일어나서, 자리를 정돈하시
오" 하고 말하니, 그는 곧 일어났다. 35 룻다와
샤론에 사는 모든 사람이 그를 보고 주님께로 돌아
왔다.

베드로가 도르가를 살리다

36 그런데 욥바에 ㄱ)다비다라는 여제자가 있
었다. 그 이름은 그리스 말로 번역하면 도르가인
데, 이 여자는 착한 일과 구제사업을 많이 하는 사
람이었다. 37 그 무렵에 이 여자가 병이 들어서
죽었다. 그래서 사람들이 그의 [시신을] 씻겨서
다락방에 두었다. 38 룻다는 욥바에서 가까운
곳이다. 제자들이 베드로가 룻다에 있다는 말을
듣고, 두 사람을 그에게로 보내서, 지체하지 말고
와 달라고 간청하였다. 39 그래서 베드로는 일
어나서, 심부름꾼과 함께 갔다. 베드로가 그 곳에
이르니, 사람들이 그를 다락방으로 데리고 올라
갔다. 과부들이 모두 베드로 곁에 서서 울며, 도
르가가 그들과 함께 지낼 때에 만들어 둔 속옷과
겉옷을 다 내보여 주었다. 40 베드로는 모든 사
람을 바깥으로 내보내고 나서, 무릎을 꿇고 기도
를 하였다. 그리고 시신 쪽으로 몸을 돌려서, "다
비다여, 일어나시오!" 하고 말하였다. 그 여자는
눈을 떠서, 베드로를 보고, 일어나서 앉았다.
41 베드로가 손을 내밀어서, 그 여자를 일으켜
세웠다. 그리고 성도들과 과부들을 불러서, 그 여
자가 살아 있음을 보여 주었다. 42 그 일이 온
욥바에 알려지니, 많은 사람이 주님을 믿게 되었다.
43 그리고 베드로는 여러 날 동안 욥바에서 시몬
이라는 무두장이의 집에서 묵었다.

베드로가 고넬료를 만나다

10 1 가이사랴에 고넬료라는 사람이 있었
는데, 그는 이탈리아 부대라는 로마 군대
의 백부장이었다. 2 그는 경건한 사람으로 온 가
족과 더불어 하나님을 두려워하며, 유대 백성에게
자선을 많이 베풀며, 늘 하나님께 기도하는 사람
이었다. 3 어느 날 오후 세 시쯤에, 그는 환상 가
운데에서 하나님의 천사를 똑똑히 보았다. 그가

ㄱ) 아람어 이름. 그리스어로는 도르가. 둘 다 '사슴'이라는 뜻

인 모습을 보여준다. 사도행전에서 처음으로 갈릴리에 관해 언급한다 (10:37; 13:31을 보라).

9:32—11:18 바울은 이야기의 중심에서 일시적으로 사라지고 베드로가 다시 무대에 등장한다. 룻다와 욥바에서의 베드로 기적 행위(9:32-43)는 이방 사람을 처음으로 회심시키는 준비 역할을 하는 것이다 (10:1—11:18). **9:32-43** 두 치유 이야기는 베드로의 설교가 얼마나 영향력이 있었는지를 보여준다. *베드로와* 요한에 의해 고침을 받는 (3:1-10) 첫 번째 치유 이야기와 비슷하다. **9:32** *룻다* (라 2:33에서는 로드; 대상 8:12) 이는 예루살렘으로부터 욥바에 이르는 길과 이집트로부터 바벨론에 이르는 길이 만나는 지역에 위치하였다. *성도에* 관해서는 9:13을 보라. **9:34** 치유는 *베드로의* 능력이 아니라, *예수 그리스도의* 능력으로 행해진다. 일어나고 자리를 정돈했다는 것은 놀라운 치유의 효과를 표현하는 것이다 (눅 5:24와 비슷함). **9:35** *주님에* 관해서는 2:36을 보라. **9:36** *욥바.* 지금의 자바로 지중해에 위치한 고대 팔레스타인 도시였다. *다비다.* 아람어로 "사슴"인데 그리스 말을 하는 독자들을 위해 *도르가*로 번역되었다. 다비다는 *제자로* 선정되었으며, 그녀의 *선행과 구제사업*으로 칭송을 받고 있었다. **9:38** 그리스도교 공동체에서 그녀의 역할이 얼마나 중요했는지는 두 사람을 베드로에게 보내 욥바로 와달라는 간청에서 분명하게 드러난다. **9:39** 다비다 자신은 과부였고, 아마도 자신의 집을 과부들을 도와주는 사역의 장소로 내어주었을 것이다 (딤전 5:16을 보라). **9:40** 유사한 부활 기사에 관해서는 눅 7:11-17; 왕상 17:17-24; 왕하 4:35를 보라. "다비다여 일어나시오!" 라는 이 말씀은 막 5:41의 "달리다굼"(소녀야 일어나라)을 연상케 한다. **9:41** 베드로가 손을 내밀어 다비다를 일으켜 세웠다는 말씀은 예수가 1:3에서 하신 말씀을 상기시켜 준다. **9:43** 베드로가 부정한 직업을 갖고 있던 시몬의 집에 묵었다는 점은 특기할 만하다.

10:1—11:18 첫 번째 이방 회심자인 고넬료의 회심 기사는 베드로 이야기에서 주요한 전환점이 된다. 이 이야기는 다섯 부분으로 나누어진다: (1) 10:1-8, 고넬료의 환상; (2) 10:9-16, 베드로의 환상; (3) 10:17-23a, 베드로가 고넬료가 보낸 사람들을 맞이함; (4) 10:23b-48, 고넬료의 집에서 행한 베드로의 간증과 설교; (5) 11:1-18, 예루살렘 지도자들 앞에서 베드

보니, 천사가 자기에게로 들어와서, "고넬료야!" 하고 말을 하는 것이었다. 4 고넬료가 천사를 주시하여 보고, 두려워서 물었다. "ㄱ)천사님, 무슨 일입니까?" 천사가 대답하였다. "네 기도와 자선 행위가 하나님 앞에 상달되어서, 하나님께서 기억하고 계신다. 5 이제, 욥바로 사람을 보내어, 베드로라고도 하는 시몬이라는 사람을 데려오너라. 6 그는 무두장이인 시몬의 집에 묵고 있는데, 그 집은 바닷가에 있다." 7 그에게 말하던 천사가 떠났을 때에, 고넬료는 하인 두 사람과 자기 부하 가운데서 경건한 병사 하나를 불러서, 8 모든 일을 이야기해 주고, 그들을 욥바로 보냈다.

9 이튿날 저들이 길을 가다가, 욥바에 가까이 이르렀을 때에, 베드로는 기도하려고 지붕으로 올라갔다. 때는 오정쯤이었다. 10 그는 배가 고파서, 무엇을 좀 먹었으면 하는 생각이 들었다. 사람들이 음식을 장만하는 동안에, 베드로는 황홀경에 빠져 들어갔다. 11 그는, 하늘이 열리고, 큰 보자기 같은 그릇이 네 귀퉁이가 끈에 매달려서 땅으로 드리워져 내려오는 것을 보았다. 12 그 안에는 온갖 네 발 짐승들과 땅에 기어다니는 것들과 공중의 새들이 골고루 들어 있었다. 13 그 때에 "베드로야, 일어나서 잡아먹어라" 하는 음성이 들려왔다. 14 베드로가 대답하였다. "주님, 절대로 그럴 수 없습니다. 나는 속되고 부정한 것은 한 번도 먹은 일이 없습니다." 15 그랬더니 두 번째로 음성이 다시 들려왔다. "하나님께서 깨끗하게 하신 것을 속되다고 하지 말아라." 16 이런 일이 세 번 있은 뒤에, 그 그릇은 갑자기 하늘로 들려서 올라갔다.

17 베드로가, 자기가 본 환상이 대체 무슨 뜻일까 하면서, 속으로 어리둥절하고 있는데, 마침 고넬료가 보낸 사람들이 시몬의 집을 찾아서, 문 앞에 다가섰다. 18 그들은 큰 소리로 베드로라는 시몬이 여기에 묵고 있는지를 묻고 있었다. 19 베드로가 그 환상을 곰곰이 생각하고 있는데 성령께서 말씀하셨다. "보아라, ㄴ)세 사람이 너를 찾고 있다. 20 일어나서 내려가거라. 그들은 내가 보낸 사람들이니, 의심하지 말고 함께 가거라." 21 그래서 베드로는 그들에게 내려가서 물었다. "보시오, 내가 당신들이 찾고 있는 사람이오. 무슨 일로 오셨소?" 22 그들은 베드로에게 대답하였다. "고넬료라는 백부장이 보내서 왔습니다. 그는 의로운 사람이요, 하나님을 두려워하는 사람입니다. 그는 온 유대 백성에게 존경을 받고 있습니다. 그는, 사람을 보내어 당신을 집으로 모셔다가 말씀을 들으라는 지시를, 거룩한 천사에게서 받았습니다." 23 베드로는 그들을 불러들여서 묵게 하였다.

ㄱ) 그, '주님' ㄴ) 한 고대 사본에는 '둘'. 어떤 사본에는 수가 밝혀져 있지 않음

로가 자신을 변호함. **10:1-8** *고넬료.* 그는 로마 시민으로 백부장이었다. 일반적으로 로마 보병대(또한 21:31; 27:1을 보라)는 600명으로 조직되어 있었고, 보병군단의 10분의 1에 해당한다. 가이사라에 대하여는 8:40에 관한 주석을 보라. **10:2** *고넬료*는 이방 사람으로 묘사되지 않고, *경건하고* (희랍어로, *유세베스*), *하나님을 두려워하며*, 유대교에 호의적인 사람으로 묘사된다. 하나님을 두려워하는 사람이라는 표현에 관해서는 시 115:11; 118:4; 135:20을 보라. 또한 행 10:22, 35; 13:16, 26을 보라). 그의 종교적인 성향은 지속적인 기도와 자선행위에서 분명하게 드러나고 있다. **10:3** *오후 세 시.* 이 시간은 희생과 기도의 시간이다 (3:1). 천사에 관해서는 5:19를 보라. **10:4** 고넬료의 행위는 성전의 희생제사로 언급된다 (레 2:2, 9, 16). **10:9-16** 유사한 환상으로 하나님의 뜻을 베드로와 의사소통한다. **10:10** 베드로의 황홀경은 창 2:21과 15:12의 말씀을 연상케 하는데 바로 동일한 그리스어가 하나님이 여자를 창조하는 동안에 아담이 깊이 빠진 잠, 그리고 하나님이 아담과 언약을 맺을 때 아담이 깊이 빠진 잠을 묘사하는데 사용되었다. 이 황홀경의 상태는 하나님의 구원역사의 위급한 전환점에서 하나님의 뜻을 전하기 위해서 하나님이 선택한 사람과 의사소통할 수 있도록 도와준다. **10:11** 고대 우주론에서 땅을 하늘로부터 분리시키기 위해서 둥근 지붕을 여는 것은 신들이 땅에 존재하는 것들과 의사소통하도록 돕는 것이다 (눅 3:21; 7:56을 보라). **10:12** 보자기에는 네 발 짐승들과 땅에 기어다니는 것들과 공중의 새들이 들어 있었는데 창 1:30에 의하면, 그것들은 사람들에게 음식으로 주어진 것들이다. **10:14** 레 11:1-47과 신 14:3-20은 예전적으로 부정한 동물은 먹지 못하도록 금한다. **10:15-16** 세 번 계속되는 음성은 이 새로운 해석이 유대 사람에게 얼마나 받아들이기 어려운 것인가를 강조하고 있다. **10:17-23a** 비록 베드로에게 여전히 환상의 의미는 불분명했지만 베드로는 고넬료의 집으로 가라는 성령의 지시에 순종한다. **10:22** "의로운 사람"에 대해서는 3:14를 보라. **10:23a** 영접하고 또 영접을 받는 것은 수용한다는 것이다. 아마도 베드로는 이들 이방 사람들과 함께 식사했을 것으로 여겨지는데 이는 경계를 무너뜨리는 새로운 순간이었을 것이다. **10:23b-48** 고넬료는 베드로에게 자신의 환상을 재차 설명하는데, 이것이 고넬료와 베드로의 환상의 체험을 해석하는 베드로의 설교로 이어진다 (34-43절). 이야기는 고넬료와 그 가족들이 세례를 받고 성령을 받는 것으로 끝난다. **10:25-26** 엎드려 절한다

이튿날 베드로는 일어나서 그들과 함께 떠났
는데, 욥바에 있는 ㄱ)신도 몇 사람도 그와 함께 갔다.
24 그 다음 날 베드로는 가이사랴에 들어갔다.
고넬료는 자기 친척들과 가까운 친구들을 불러
놓고, 그들을 기다리고 있다가, 25 베드로가
들어오니, 마중 나와서, 그의 발 앞에 엎드려서 절
을 하였다. 26 그러자 베드로는 "일어나십시오,
나도 역시 사람입니다" 하고 말하면서, 그를 일으켜
세웠다. 27 그리고 베드로는 고넬료와 말하면서
집 안으로 들어가서, 많은 사람이 모여 있는 것을
보고, 28 그들에게 말하였다. "유대 사람으로서
이방 사람과 사귀거나 가까이하는 일이 불법이라는
것은 여러분도 아십니다. 그런데 하나님께서는
나에게, 사람을 속되다거나 부정하다거나 하지
말라고 지시하셨습니다. 29 그래서 여러분이 나
를 부르러 사람들을 보냈을 때에 반대하지 않고
왔습니다. 그런데 묻고 싶은 것이 있습니다. 무슨
일로 나를 오라고 하셨습니까?" 30 고넬료가 대
답하였다. "나흘 전 이맘때쯤에, 내가 집에서 ㄴ)오후
세 시에 드리는 기도를 하고 있었습니다. 그런데
갑자기 어떤 사람이 눈부신 옷을 입고, 내 앞에 서
서 31 말하기를 '고넬료야, 하나님께서 네 기도
를 들으시고, 네 자선 행위를 기억하고 계신다.
32 욥바로 사람을 보내어, 베드로라고도 하는 시
몬을 불러오너라. 그는 바닷가에 있는 무두장이
시몬의 집에 묵고 있다' 하였습니다. 33 그래서
나는 곧 당신에게 사람을 보냈던 것입니다. 그런데
이렇게 와 주시니, 고맙습니다. 지금 우리는 주님
께서 당신에게 지시하신 모든 말씀을 들으려고,
다같이 하나님 앞에 모여 있습니다."

ㄱ) 그, '형제들' ㄴ) 그, '제 구 시' ㄷ) 또는 '침례'

베드로가 고넬료의 집에서 설교하다

34 베드로가 입을 열어 말하였다. "나는 참
으로, 하나님께서는 사람을 외모로 가리지 아니
하시는 분이시고, 35 하나님을 두려워하며, 의를
행하는 사람은 그가 어느 민족에 속하여 있든지,
다 받아 주신다는 것을 깨달았습니다. 36 하나님
께서는 이스라엘 자손에게 말씀을 보내셨는데,
곧 예수 그리스도를 통하여 평화를 전하셨습니다.
예수 그리스도는 만민의 주님이십니다. 37 여러분
이 아시는 대로, 이 일은 요한의 ㄷ)세례 사역이 끝난
뒤에, 갈릴리에서 시작하여서, 온 유대 지방에서
이루어졌습니다. 38 하나님께서 나사렛 예수에게
성령과 능력을 부어 주셨습니다. 이 예수는 두루
다니시면서 선한 일을 행하시고, 마귀에게 억눌린
사람들을 모두 고쳐 주셨습니다. 그것은 하나님께
서 그와 함께 하셨기 때문입니다. 39 우리는 예수
께서 유대 지방과 예루살렘에서 행하신 모든 일의
증인입니다. 사람들이 그를 나무에 달아 죽였지만,
40 하나님께서 그를 사흗날에 살리시고, 나타나
보이게 해주셨습니다. 41 그를 모든 사람에게
나타나게 하신 것이 아니라, 하나님께서 미리 택
하여 주신 증인인 우리에게 나타나게 하셨습니다.
그가 죽은 사람들 가운데서 살아나신 뒤에, 우리
는 그와 함께 먹기도 하고 마시기도 하였습니다.
42 이 예수께서 우리에게 명하시기를, 하나님께
서 자기를 살아 있는 사람들과 죽은 사람들의 심
판자로 정하신 것을 사람들에게 선포하고 증언하
라고 하셨습니다. 43 이 예수를 두고 모든 예언
자가 증언하기를, 그를 믿는 사람은 누구든지 그의
이름으로 죄 사함을 받는다고 하였습니다."

는 것은 상대방에 대한 경의를 표함이다. 그러나 이는 오직 하나님만이 받으셔야 할 경배와 찬양을 의미하기도 한다. 그러므로 베드로는 이를 거부한다. 14:12-15에서 바울과 바나바 역시 이와 비슷한 경험을 하는 것을 보라. **10:28** 어떤 음식도 부정한 것이라고 할 수 없다는 베드로가 받은 환상의 메시지는 이제 인간, 즉 이방인에게로 연장된다. **10:34-43** 고넬료 가족들과 그 초대자들에게 행한 설교는 사도행전에서 베드로의 마지막 설교다. 설교의 구조는 다음과 같다. (1) 서론, 34-36절; (2) 복음의 메시지, 37-41절; (3) 결론, 42-43절. **10:34-36** 베드로는 하나님의 구원은 모든 사람을 포함한다는 그의 새로운 이해를 설교한다. 하나님은 결코 편파적인 분이 아니시고, 외모로 가리지 아니하는 분이시다 (외모로 가린다함은 문자 그대로 "얼굴을 든다는" 뜻이다). 고대 근동지역에서 높은 사람을 맞이하거나 높은 사람에게 간청할 때 반드시 고개를 숙여 절하거나 혹 엎드려 절했다. 얼굴을 든다는 것은 절을 받는다는 표현이다. 이는 어떤 한 사람을 다른 사람보다 더 호의적으로 받아들인다는 것을 말한다 (왕하 3:14). 외모로 사람을 판단하는 부적절한 행위는 금해졌다 (레 19:15). 평화는 누가가 계속해서 강조하는 주제다 (7:26; 9:31; 눅 1:79; 2:14; 7:50; 8:48; 10:5-6; 19:38, 42; 24:36). 예수님은 이 메시아적 축복의 상징이지 결코 로마 평화의 상징이 아니다. **10:37-41** 복음의 선포는 사도행전에 기록된 이전 설교들을 기억나게 한다. 이는 고넬료가 아니라 사도행전의 독자들을 대상으로 한 설교다. 예수의 사역은 *선한 일을 행하시고, 마귀에게 억눌린 사람들을 모두 고쳐주심*으로 요약된다. (마귀는 눅 4:1-13; 8:12에서 언급되고, 5:3; 26:18; 눅 22:3에서는 "사탄"으로 언급된다.) **10:42-43** 이 설교는

이방 사람들에게도 성령이 내리다

44 베드로가 이런 말을 하고 있을 때에,
그 말을 듣는 모든 사람에게 성령이 내리셨다.
45 할례를 받은 사람들 가운데서 믿게 된 사람으
로서 베드로와 함께 온 사람들은, 이방 사람들에게
도 성령을 선물로 부어 주신 사실에 놀랐다. 46 그
들은, 이방 사람들이 ㄱ)방언으로 말하는 것과 하나
님을 높이 찬양하는 것을 들었기 때문이다. 그 때
에 베드로가 말하였다. 47 "이 사람들도 우리와
마찬가지로 성령을 받았으니, 이들에게 물로
ㄴ)세례를 주는 일을 누가 막을 수 있겠습니까?"
48 그런 다음에, 그는 그들에게 명해서, 예수 그
리스도의 이름으로 ㄴ)세례를 받게 하였다. 그들은
베드로에게 며칠 더 머물기를 청하였다.

베드로가 예루살렘 교회에 보고하다

11 1 사도들과 유대에 있는 ㄷ)신도들이, 이
방 사람들도 하나님의 말씀을 받아들였
다는 소식을 들었다. 2 그래서 베드로가 예루살
렘에 올라왔을 때에, 할례를 받은 사람들이 3 "당
신은 할례를 받지 않은 사람들의 집에 들어가서,
그들과 함께 음식을 먹은 사람이오" 하고 그를 나
무랐다. 4 이에 베드로가 그 사이에 일어난 일을
차례대로 그들에게 설명하였다. 5 "내가 욥바 성
에서 기도를 하고 있었습니다. 그 때에 나는 황홀경
가운데서 환상을 보았는데, 큰 보자기와 같은 그
릇이, 네 귀퉁이가 끈에 매달려서 하늘에서 드리
워져 내려서 내 앞에까지 왔습니다. 6 그 안을
자세히 들여다보니, 땅 위의 네 발 짐승들과 들짐
승들과 기어다니는 것들과 공중의 새들이 있었습
니다. 7 그리고 '베드로야, 일어나서 잡아먹어라'
하는 음성이 내게 들려왔습니다. 8 그래서 나는
'주님, 절대로 그럴 수 없습니다. 나는 속된 것이나,
정결하지 않은 것을 먹은 일이 없습니다' 하고 말
하였습니다. 9 그랬더니 '하나님께서 깨끗하게
하신 것을 속되다고 하지 말아라' 하는 음성이 두
번째로 하늘에서 들려왔습니다. 10 이런 일이
세 번 일어났습니다. 그리고서 모든 것은 다시 하
늘로 들려 올라갔습니다. 11 바로 그 때에 사람
들 셋이 우리가 묵고 있는 집에 도착하였는데, 그
들은 가이사랴에서 내게 보낸 사람들이었습니다.
12 성령이 내게, ㄹ)의심하지 말고 그들과 함께 가
라고 하셨습니다. 그래서 이 여섯 형제도 나와 함
께 가서, 우리는 그 사람의 집으로 들어갔습니다.
13 그 사람은, 자기가 천사를 본 이야기를 우리
에게 해주었습니다. 곧 천사가 그의 집에 와서 서
더니, 그에게 말하기를 '욥바로 사람을 보내어, 베
드로라고도 하는 시몬을 불러오너라. 14 그가
네게 너와 네 온 집안이 구원을 받을 말씀을 일러
줄 것이다' 하더라는 것입니다. 15 내가 말을

ㄱ) 입신 상태에서 하는 알 수 없는 말 ㄴ) 또는 '침례' ㄷ) 그, '형제들'
ㄹ) 또는 '주저하지 말고' 또는 '그들과 우리 사이에 구별을 하지 말고'

누가가 선호하는 주제들인 증언 (1:8 참조), 함께 음식 먹고 죄 사함(2:38 참조)으로 끝난다. **10:44-48** 성령은 온 땅의 유대 사람들 (2:1-4), 사마리아 사람들 (8:17), 그리고 이방 사람들에게 충만하게 내린다. 이 선물은 베드로의 말씀과 환상들을 확증한다. 이방 사람들의 세례를 가로막는 걸림돌은 더 이상 없다 (8:36을 보라). **11:1-18** 이 새로운 상황의 전개는 시기 적절하게 베드로로 하여금 예루살렘 교회에서 자신의 행위를 변호하면서 자신의 환상을 다시 한 번 이야기하도록 한다. 베드로의 설명의 핵심은 바로 하나님이 이 일을 행하신다는 것이다. 이방 사람들이 예수를 믿고 성령을 받는 것은 하나님의 선물이지 결코 사도들이 통제할 수 없다는 것이다. 게다가 하나님의 선물에 대해 "회개하고 생명에 이르는 길"(2:38 참조)은 하나님에 의해 먼저는 이스라엘에게 주어졌고 (5:31), 이제는 이방 사람들에게 주어졌다. **11:19-26** 선교가 이제 팔레스타인 지역을 넘어 확장된다. **11:19** 누가는 박해를 피해 흩어졌던 예루살렘 사람들의 이야기를 다시 시작한다 (8:1-4). 하나님은 이들로 하여금 박해 중에도 유대 사람들에게 말씀을 전하게 하신다. **11:20** 이 예루살렘 유대 사람들은 북아프리카에서 온 사람들로서, 이들의 선교 목표는 희랍출신 유대 사람들이었다. 누가는 19-20절에서 장차 이방 사람들을 위한 복음화 운동의 준비로 희랍어와 아람어로 말하는 유대 사람들과 희랍어를 하는 유대 사람들을 대비시킨다. 시리아의 안디옥은 당시 로마제국에서 세 번째로 큰 도시로 유대 사람들이 가장 많이 살고 있었으며 장차 사도 바울의 서방 선교를 (13:1-3) 후원하는 선교 근거지가 된다. **11:22** 예루살렘 교회가 바나바를 안디옥으로 보내면서 (4:36-37; 9:27) 안디옥 지역 공동체와 예루살렘 공동체를 연결시킨다. 바나바는 13장—15장에서 주요 인물로 등장한다. **11:25** 바나바는 바울의 후원자로 다시 나타난다 (9:27을 보라). **11:26** 이 이야기에서 지금까지는 예수님을 따르는 사람들을 "신앙인들," "제자들," "형제자매들," "도를 따르는 사람들"이라고 표현하였다. *그리스도인.* 이 단어는 "그리스도께 속한 사람들"이라는 뜻이다. 신앙인들이 자신들 스스로 "그리스도인"이라고 했는지, 아니면 그들을 반대하는 사람들이 그들을 조롱하기 위해 사용했는지는 분명하지 않다. 그 기원이 어찌되었든지 신약성경에서는 행 26:26과 벧전 4:16에서 오직 두 번만 사용되었다. 예수님을 따르는 사람들이 처음으로 자신들을 유대 사람들로부터 구별시켰다.

하기 시작하니, 성령이 처음에 우리에게 내리시던
것과 같이, 그들에게도 내리셨습니다. 16 그 때에
나는 '요한은 물로 ㄱ)세례를 주었지만, 너희는 성
령으로 ㄱ)세례를 받을 것이다' 하신 주님의 말씀이
생각났습니다. 17 그러므로 하나님께서는, 우리
가 주 예수 그리스도를 믿을 때에 우리에게 주신
것과 같은 선물을 그들에게 주셨는데, 내가 누구
이기에 감히 하나님을 거역할 수 있겠습니까?"
18 이 말을 듣고 그들은 잠잠하였다. 그들은 하
나님께 영광을 돌리고 "이제 하나님께서는, 이방
사람들에게도 회개하여 생명에 이르는 길을 열어
주셨다" 하고 말하였다.

안디옥에서 신도들이 '그리스도인' 이라고 불리다

19 스데반에게 가해진 박해 때문에 흩어진
사람들이 페니키아와 키프로스와 안디옥까지 가서,
유대 사람들에게만 말씀을 전하였다. 20 그런데
그들 가운데는 키프로스 사람과 구레네 사람 몇이
있었는데, 그들은 안디옥에 이르러서, ㄴ)그리스
사람들에게도 말을 하여 주 예수를 전하였다.
21 주님의 손이 그들과 함께 하시니, 수많은 사
람이 믿고 주님께로 돌아왔다. 22 예루살렘 교
회가 이 소식을 듣고서, 바나바를 안디옥으로 보
냈다. 23 바나바가 가서, 하나님의 은혜가 내린
것을 보고 기뻐하였고, 모든 사람에게 굳센 마음
으로 주님을 의지하라고 권하였다. 24 바나바는
착한 사람이요, 성령과 믿음이 충만한 사람이었
다. 그래서 많은 사람이 주님께로 나아왔다. 25 바
나바는 사울을 찾으려고 다소로 가서, 26 그를
만나 안디옥으로 데려왔다. 두 사람은 일 년 동안
줄곧 거기에 머물면서, 교회에서 모임을 가지고,
많은 사람을 가르쳤다. 제자들은 안디옥에서 처
음으로 '그리스도인'이라고 불리었다.

27 그 무렵에 예언자 몇이 예루살렘에서 안
디옥에 내려왔다. 28 그 가운데 아가보라는 사
람이 성령의 감동을 받아서, 일어나, 온 세계에 큰
기근이 들 것이라고 예언하였다. 바로 그 기근이
글라우디오 황제 때에 들었다. 29 그래서 제자
들은 각각 자기 형편에 따라 몫을 정하여, 유대에
사는 신도들에게 구제금을 보내기로 결정하였다.
30 그들은 그대로 실행해서, 바나바와 사울 편에
그것을 장로들에게 보냈다.

야고보의 순교와 베드로의 투옥

12 1 이 무렵에 헤롯 왕이 손을 뻗쳐서, 교
회에 속한 몇몇 사람을 해하였다. 2 그
는 먼저 요한과 형제간인 야고보를 칼로 죽였다.
3 헤롯은 유대 사람들이 이 일을 기뻐하는 것을
보고, 이제는 베드로까지 잡으려고 하였다. 때는
ㄷ)무교절 기간이었다. 4 그는 베드로도 잡아서
감옥에 가두고, 네 명으로 짠 경비병 네 패에게 맡
겨서 지키게 하였다. ㄹ)유월절이 지나면, 백성들
앞에 그를 끌어낼 속셈이었다. 5 이렇게 되어서,
베드로가 감옥에 갇히고, 교회는 그를 위하여 하
나님께 간절히 기도하였다.

베드로가 감옥에서 풀려나다

6 헤롯이 베드로를 백성들 앞에 끌어내기로
한 그 전날 밤이었다. 베드로는 두 쇠사슬에 묶여,
군인 두 사람 틈에서 잠들어 있었고, 문 앞에는 파
수꾼들이 감옥을 지키고 있었다. 7 그런데 갑자
기 주님의 천사가 나타나고, 감방에 빛이 환히 비
치었다. 천사가 베드로의 옆구리를 쳐서 깨우고

ㄱ) 또는 '침례' ㄴ) 다른 고대 사본들에는 '그리스 말을 하는 유대인들에게도' ㄷ) 출 12:15-20을 볼 것 ㄹ) 출 12:13, 21-28을 볼 것

11:27-30 안디옥에서 공동체들의 네트워크는 구제금을 전해주는 아주 구체적인 형태였다. 구제금을 언제 전했는지 그 시기와 동기, 그리고 중요성에 관한 누가의 서술과 사도 바울의 서술 사이에는 일치하지 않는 점들이 있다 (롬 15:25-32; 고전 16:1-4; 고후 8—9, 갈 2:10을 보라). *아가보*는 21:10에 다시 등장한다. 로마 글라우디오 황제가 통치하고 있는 동안에 (기원후 41-54년) 각기 다른 곳에서 흉년이 들었는데, 팔레스타인에는 기원후 46-48년에 흉년이 들었다. 이 곳에서 처음으로 장로들이라는 단어를 사용한다. 14:23에 관한 주석을 보라.

12:1-25 이제 그리스도인들은 유대 사람들로부터 박해를 받는 것이 아니라, 사회 지도자들로부터 박해를 받는 새로운 장을 맞게 된다. 이러한 불행을 역전시키는 하나님의 손이 신도들에게 계시되었고 신도들을 돕는다. **12:1** *헤롯 왕.* 이 헤롯은 분봉왕으로서 헤롯 대왕의 손자 아그립바 1세였다. 그는 기원후 37-44년까지 통치했다. **12:2** 세베대의 아들 (1:15-26 참조) 야고보가 죽은 이후에 열두 제자가 다시 구성되지 않았다. 누가가 일반적으로 12명(1:21-22를 참조)과 동일시하는 "사도들"은 16:4까지 계속해서 임무를 수행한다. 공동체의 지도력은 베드로로부터 예수의 동생이며

말하기를 "빨리 일어서라" 하였다. 그러자 쇠사슬이
그의 두 손목에서 풀렸다. 8 천사가 베드로에게
"띠를 띠고, 신을 신어라" 하고 말하니, 베드로가
그대로 하였다. 또 천사가 그에게 "겉옷을 두르고,
나를 따라오너라" 하니, 9 베드로가 감방에서 나
와서, 천사를 따라갔다. 베드로는 천사가 하는 일이
참인 줄 모르고, 자기가 환상을 보고 있는 것이라고
생각하였다. 10 그들이 첫째 초소와 둘째 초소를
지나서, 시내로 통하는 철문에 이르니, 문이 저절
로 열렸다. 그래서 그들은 바깥으로 나와서, 거리
를 하나 지났다. 그 때에 갑자기 천사가 떠나갔다.
11 그 때에야 베드로가 정신이 나서 말하였다.
"이제야 참으로 알겠다. 주님께서 주님의 천사를
보내셔서, 헤롯의 손에서, 그리고 유대 백성이 꾸
민 모든 음모에서, 나를 건져 주셨다." 12 이런
사실을 깨닫고서, 베드로는, 마가라고도 하는 요
한의 어머니 마리아의 집으로 갔다. 거기에는 많은
사람이 모여서 기도하고 있었다. 13 베드로가
대문을 두드리니, 로데라는 어린 여종이 맞으러
나왔다. 14 그 여종은 베드로의 목소리를 알아
듣고, 너무 기뻐서, 문을 열지도 않고 도로 달려
들어가서, 대문 앞에 베드로가 서 있다고 알렸다.
15 사람들이 여종에게 "네가 미쳤구나" 하고 말
하자, 여종은 참말이라고 우겼다. 그러자 그들은
"베드로의 천사일거야" 하고 말하였다. 16 그 동
안에 베드로가 줄곧 문을 두드리니, 사람들이 문
을 열어서 베드로를 보고, 깜짝 놀랐다. 17 베드
로는 손을 흔들어서 그들을 조용하게 하고, 주님
께서 자기를 감옥에서 인도하여 내신 일을 이야기
하였다. 그리고 그는 "이 사실을 야고보와 다른
ㄱ)신도들에게 알리시오" 하고 말하고는, 거기에서
떠나 다른 곳으로 갔다.

18 날이 새니, 군인들 사이에서는 베드로가
없어진 일로 작지 않은 소동이 일어났다. 19 헤
롯은 샅샅이 찾아보았으나, 베드로를 찾지 못하고,
경비병들을 문초한 뒤에, 명령을 내려서 그들을
사형에 처하였다. 그런 다음에, ㄴ)헤롯은 유대를
떠나 가이사랴로 내려가서, 거기에서 한동안
지냈다.

ㄱ) 그, '형제들' ㄴ) 그, '그는'. '그'의 실명사를 '베드로'로 보는 견해도 있음

15장의 중심인물인 야고보로 바뀐다. **12:3-4** 유월절 후 칠일 동안 무교병을 먹는 축제가 계속되었다. 이것은 예수님이 체포당한 후 유월절에 사람들 앞에 끌려나온 것과 병행시키는 것이 분명하다. **12:5** 기도의 능력 때문에 그리스도인들은 로마제국의 권력 앞에서도 결코 무기력하지 않았다. **12:6-11** 베드로가 감옥에서 풀려나온 것은 마치 꿈꾸는 것과 같았다. 베드로를 묶고 있던 두 쇠사슬은 하나님의 강한 능력을 강화시킨다. **12:7** 빛은 하나님께서 역사하신다는 상징이다 (9:3; 22:6, 9-11; 23:11; 26:13; 눅 2:9). **12:11** 다른 경우들과 마찬가지로 (3:5; 10:24; 눅 3:15; 7:19-20; 8:40) 기대는 (희랍어로, *프로스도키아*) 구원을 기다리는 것이다. **12:12-17** 이 이야기는 긴장이 고조된 드라마에 희극적인 장면을 보여준다. 이는 중요한 메시지를 전달하는 영광스러운 순간을 망쳐놓는 그리스와 로마와는 달리는 노예들의 이야기의 형태를 따른다. 헤롯이 다시 감옥에서 풀려 나와 지금 문 밖에서 계속 기다리는 *베드로*를 다시 체포하지 않을까 하는 긴장이 계속 흐른다. **12:12** *마리아.* 이 여인은 재력이 있었으며 예루살렘 성문 밖에 집을 소유하였다. 이 집은 예루살렘에 있는 가정교회 중 하나였다. 다른 가정교회로 모이는 집의 여주인들은 고린도의 브리스길라 (행 18장; 롬 16:5), 빌립보의 루디아 (행 16:40), 골로새의 눔바 (골 4:15)가 대표적이다. 마리아에 대해 알려진 것이 거의 없지만 그의 아들 요한 마가는 사도 바울과 바나바의 제1차 선교여행에 동행할 것이다 (13:5). **12:15** 여종 로데의 전갈에 대한 반응은 갈릴리 여인들이 예수께서 부활하셨다고 전했을 때 제자들이 보인 반응과 비슷하다 (눅 24:11). 베드로의 *천사*라는 표현은 한 사람을 보호하는 수호천사가 그 사람의 대역을 할 수도 있다는 고대에 유행했던 신앙의 한 면을 보여준다. 눅 24:37과 비슷하다. **12:17** 베드로는 여기서 예루살렘 공동체의 지도자가 야고보임을 명백하게 한다. 사도 바울은 야고보를 "주님의 동생 야고보" (갈 1:19; 2:9, 12 참조) 라고 말한다. 야고보는 공동체의 대변인이 된다 (15:13; 21:18). 베드로는 이방 사람들도 복음을 듣고 구원받는다는 자신의 신념을 예루살렘 회의에서 증거하기 위해 마지막으로 예루살렘을 방문한다 (15:7-11). **12:18-19** 헤롯은 베드로의 감옥탈출에 대한 책임을 경비병들에게 물어 그들을 문초하고 죽인다. *가이사랴.* 8:40; 9:30; 10:1을 보라. **12:20** *두로와 시돈이* 의존했던 유대 사람들의 식품에 관해서는 왕상 5:11, 23; 겔 27:17을 보라. **12:22-23** 헤롯이 하나님이 받아야 할 영광을 받은 것은 베드로가 "일어나십시오, 나도 역시 사람입니다" (10:26) 라고 하면서 절을 받지 않은 것, 그리고 바울과 바나바가 사람들이 그들에게 제사를 드리려고 할 때 옷을 찢으며 거부했던 것과는 아주 대조가 된다. **12:24-25** 바나바와 사도 바울은 그들이 출발했던 안디옥으로 돌아간다 (11:30). *요한 마가의* 어머니는 집을 가정교회로 제공하였고, 마가는 사도 바울과 바나바의 1차 선교여행에 동참한다.

헤롯의 죽음

20 그런데 두로와 시돈 사람들은 헤롯에게
몹시 노여움을 사고 있었다. 그래서 그들은 뜻을
모아서, 왕을 찾아갔다. 그들은 왕의 침실 시종 블
라스도를 설득하여, 그를 통해서 헤롯에게 화평을
청하였다. 그들의 지방이 왕의 영토에서 식량을
공급받고 있었으므로, 이렇게 할 수밖에 없었다.
21 지정된 날에, 헤롯이 용포를 걸쳐 입고, 왕좌
에 좌정하여 그들에게 연설하였다. 22 그 때에
군중이 "신의 소리다. 사람의 소리가 아니다" 하고
외쳤다. 23 그러자 즉시로 주님의 천사가 헤롯을
내리쳤다. 헤롯이 하나님께 영광을 돌리지 않았기
때문이다. 그는 벌레에게 먹혀서 죽고 말았다.
24 하나님의 말씀이 점점 더 널리 퍼지고,
믿는 사람이 많아졌다. 25 바나바와 사울은 그
들의 사명을 마치고, 마가라고도 하는 요한을 데
리고 ㄱ)예루살렘에서 돌아왔다.

바나바와 사울이 보냄을 받다

13 1 안디옥 교회에 예언자들과 교사들이
있었는데, 그들은 바나바와 니게르라고
하는 시므온과, 구레네 사람 루기오와 ㄴ)분봉왕 헤
롯과 더불어 어릴 때부터 함께 자란 마나엔과 사
울이다. 2 그들이 주님께 예배하며 금식하고 있
을 때에, 성령이 그들에게 말씀하셨다. "너희는
나를 위해서 바나바와 사울을 따로 세워라. 내가
그들에게 맡기려 하는 일이 있다." 3 그래서 그
들은 금식하고 기도한 뒤에, 두 사람에게 안수를
하여 떠나보냈다.

사도들의 키프로스 전도 활동

4 바나바와 사울은, 성령이 가라고 보내시므
로, 실루기아로 내려가서, 거기에서 배를 타고 키프
로스로 건너갔다. 5 그들은 살라미에 이르러서,
유대 사람의 여러 회당에서 하나님의 말씀을 전하
였다. 그들은 요한도 또한 조수로 데리고 있었다.
6 그들은 온 섬을 가로질러 바보에 이르렀다.
거기서 그들은 어떤 마술사를 만났는데, 그는 거
짓 예언자였으며 바예수라고 하는 유대인이었다.
7 그는 총독 서기오 바울을 늘 곁에서 모시는 사람
이었다. 이 총독은 총명한 사람이어서, 바나바와
사울을 청해서, 하나님의 말씀을 듣고자 하였다.
8 그런데 이름을 엘루마라고 번역해서 부르기도
하는 그 마술사가 그들을 방해하여, 총독으로 하
여금 믿지 못하게 하려고 애를 썼다. 9 그래서
바울이라고도 하는 사울이 성령으로 충만하여 마
술사를 노려보고 말하였다. 10 "너, 속임수와 악
행으로 가득 찬 악마의 자식아, 모든 정의의 원수
야, 너는 주님의 바른 길을 굽게 하는 짓을 그치
지 못하겠느냐? 11 보아라, 이제 주님의 손이 너
를 내리칠 것이니, 눈이 멀어서 얼마 동안 햇빛을
보지 못할 것이다." 그러자 곧 안개와 어둠이 그
를 내리덮어서, 그는 앞을 더듬으면서, 손을 잡아
자기를 이끌어 줄 사람을 찾았다. 12 총독은 그
일어난 일을 보고 주님을 믿게 되었고, 주님의 교
훈에 깊은 감명을 받았다.

ㄱ) 다른 고대 사본들에는 '예루살렘으로 돌아갔다' ㄴ) 그, '테트라아르케스(영토의 1/4 통치자)'

13:1—14:28 이 부분은 바울이 하나님의 말씀을 지중해지역 이방 사람들에게 증거하는 세 번에 걸친 선교여행 중 제1차 선교여행을 다룬다. 제1차 선교여행은 기원후 46-49년 사이에 있었다. 정확한 연대에 대하여는 논란이 많다. 갈 1:21-23과 빌 4:15를 참조하라. **13:1-3** 바나바와 바울이 선택되고 *성령에게* 위임받은 제1차 선교여행을 인도한다. **13:4-12** 이들의 설교 사역은 바나바의 집이 있던 *키프로스에서* 시작된다 (4:36). **13:4** *실루기아.* 이 항구는 시리아의 지중해 해변지역을 흐르는 오로트 강의 초입에 있는 항구였다. **13:5** 사도행전의 패턴은 (1:8; 2:5; 3:25; 13:14; 14:1; 17:1, 17; 18:4, 19; 19:8) 하나님의 말씀은 먼저 유대 사람에게 증거되고, 만일 그들이 전하는 말씀이 회당에서 받아들이지 않으면 바울은 이방 사람들에게 말씀을 증거한다. **13:6** *마술사* (희랍어로, *마고스*). 이 사람에 관하여는 8:9-13을 보라. **13:7** 총독 *서기오 바울.* 이 사람은 기원후 46-48년에 키프로스 총독을 지냈는데, 사도 바울이 제일 먼저 회심시킨 사람이었다. **13:9** 사도 바울은 하나님으로부터 부르심을 받았을 때 이름을 바꾸지 않았다. 오히려 그는 그리스어를 말하는 사람들에게는 로마 이름인 바울로, 그리고 유다 가족과 공동체에게는 그의 히브리 이름인 사울로 알려졌다. **13:11** 엘루마가 앞을 못 보게 된 것은 일종의 징벌로 사울이 앞을 못 보게 된 것과는 전혀 다른 경우다 (9:8). **13:12** 서기오 총독은 마술사에게 일어난 일 때문이 아니라 주님의 교훈에 깊은 감명을 받아서 주님을 믿게 되었다. **13:13-52** 비시디아의 안디옥에서 바울은 팔레스타인 지역 이외에 흩어져 살던 유대 사람들과 복음에 긍정적인 태도를 갖고 있는 이방 사람들에게 그의 첫 번 설교를 한다 (16b-41절). **13:13** 요한

바울과 바나바가 비시디아의 안디옥에서 전도하다

13 바울과 그 일행은 바보에서 배를 타고, 밤빌리아에 있는 버가로 건너갔다. 그런데 요한은 그들과 헤어져서 예루살렘으로 돌아갔다.

14 그들은 버가에서 더 나아가, 비시디아의 안디옥에 이르러서, 안식일에 회당에 들어가 앉았다. 15 율법서와 예언자의 글을 낭독한 뒤에, 회당장들이 바울과 바나바에게 사람을 보내어 "형제들이여, 이 사람들에게 권면할 말씀이 있으면 해주시오" 하고 청하였다. 16 그래서 바울은 일어나서, 손을 흔들고 말하였다.

"ㄱ)이스라엘 동포 여러분, 그리고 하나님을 두려워하는 사람들이여, 내 말을 들으십시오. 17 이 백성 이스라엘의 하나님께서 우리 조상들을 택하셨습니다. 이 백성이 이집트 땅에서 나그네 생활을 하는 동안에, 이 백성을 높여 주시고, 권능의 팔로 그들을 거기에서 인도하여 내셨습니다. 18 광야에서는 사십 년 동안 ㄴ)그들에 대하여 참아 주시고, 19 가나안 땅의 일곱 족속을 멸하셔서, 그 땅을 그들에게 유업으로 주시고, 20 약 사백오십 년 동안 차지하게 하셨습니다. 그 뒤에 예언자 사무엘 시대에 이르기까지는 사사들을 보내주시고, 21 그 뒤에 그들이 왕을 요구하기에, 하나님께서는 베냐민 지파 사람 기스의 아들 사울을 그들에게 왕으로 주셔서, 사십 년 동안 그를 왕으로 섬기게 하셨습니다. 22 그 다음에 하나님께서는 사울을 물리치시고서, 다윗을 그들의 왕으로 세우시고, 증언하여 말씀하시기를 ㄷ)'내가 이새의 아들 다윗을 찾아냈으니, 그는 내 마음에 드는 사람이다. 그가 내 뜻을 다 행할 것이다' 하셨습니다. 23 하나님은 약속하신 대로 다윗의 후손 가운데서 구주를 세워 이스라엘에게 보내셨으니, 그가 곧 예수입니다. 24 그가 오시기 전에, 요한이 먼저 회개의 ㄹ)세례를 모든 이스라엘 백성에게 선포하였습니다. 25 요한이 자기의 달려갈 길을 거의 다 갔을 때에 말하기를 '여러분은 나를 누구로 생각하십니까? 나는 그리스도가 아닙니다. 그는 내 뒤에 오실 터인데, 나는 그의 신발끈을 풀어드릴 자격도 없는 사람입니다' 하였습니다.

26 아브라함의 자손인 동포 여러분, 그리고 여러분 가운데서 하나님을 두려워하는 사람들이여, 하나님께서 이 구원의 말씀을 ㅁ)우리에게 보내셨습니다. 27 그런데 예루살렘에 사는 사람들과 그들의 지도자들이 이 예수를 알지 못하고, 안식일마다 읽는 예언자들의 말도 깨닫지 못해서, 그를 정죄함으로써, 예언자들의 말을 그대로 이루었습니다. 28 그들은 예수를 죽일 만한 아무런 까닭도 찾지 못하였지만, 빌라도에게 강요하여 예수를 죽이게 하였습니다. 29 이와 같이, 그를

ㄱ) 그, '이스라엘 남자들' ㄴ) 다른 고대 사본들에는 '그들을 돌보아 주시고' ㄷ) 삼상 13:14; 시 89:20 ㄹ) 또는 '침례' ㅁ) 다른 고대 사본들에는 '여러분에게'

마가는 12:12, 25에서 등장한다. 누가는 바울과 바나바 사이의 불화 사건에 대하여 설명해 주지 않는다. 즉 요한 마가가 왜 선교를 다 마치기도 전에 떠났는지에 대해서 설명하지 않는다 (15:37-39). **13:14** 안디옥은 두로 산 서쪽에 위치하여 비시디아 경계에 근접한 브루기아 지역에 있던 로마 식민지였다. **13:15** 이는 예수가 자신의 고향인 나사렛의 회당에서 행한 설교를 연상시켜 준다 (눅 4:16-30). **13:16b-25** 바울의 설교는 스데반의 설교(7:2-47)와 아주 유사하게 구원사의 개관으로 시작된다. 그러나 바울의 설교는 스데반의 설교와는 달리 유대 사람들의 불신앙을 규탄하는 것으로 끝나지 않는다. 오히려 하나님의 돌보심과 인도하심이 세대를 이어 계속 연속되고 있으며, 삼하 7:12, 16에 기록된 것처럼 예수를 보내심으로 절정에 이른다는 진리를 보여준다. **13:23** *구주.* 이 단어는 누가가 사용하는 독특한 기독론적 칭호다 (5:31; 눅 2:11). **13:24-25** 눅 3:2-3, 16을 보라. **13:26-37** 설교의 두 번째 부분에서 바울은 성경을 인용하여 복음을 선포한다. **13:33** 하나님의 "[조상들의] 후손을 다시 살리신다는" 나단의 예언은 (삼하 7:12) 부활하신 예수님에게 적용될 때 다른 미묘한 차이를 풍긴다. 시편 2:7과 유사하게 이 표현은 본래 이름 없는 역사적 왕을 언급할 때 사용되었던 것이 이제는 그리스도교의 메시아적 암시로 예수님을 언급할 때 사용된다. **13:34** 그리스도에게서 실현된 사 55:3의 약속은 이제 유대 사람뿐 아니라 이방 사람들에게도 주어진다. **13:35** 시 16:10은 역시 베드로가 행한 오순절 설교에서도 인용된다 (2:27). **13:36** 육체가 썩은 후에 사람의 뼈들을 모아서 조상들의 납골당에 보관하였다. **13:38-41** 바울의 설교는 죄의 용서를 선포하고 (2:38을 보라), 예수님을 통해 의롭게 됨(희랍어, 디카이수네이)을 권고하면서 끝난다. 의인은 오직 예수 그리스도를 믿음으로 말미암아 하나님의 선물로 주어지는 것이지 결코 율법의 행위로 이루어질 수 없다는 바울 서신의 가장 중요한 주제를 다룬다 (롬 3:28; 갈 2:16). 3:14를 보라. 마지막 인용(합 1:5)은 하나님의 놀라운 방식들이 세력을 떨치게 된다는 확신을 준다. **13:42-52** 사도들의 설교에 대한 다른 반응들이 계속해서 나타난다. **13:46** 담대한 선포에 대해서는 4:13을 보라. 유대 사람들에게 먼저 대담하게 설교하는 것에 대해서는 3:26; 13:5를 보라. **13:47** 바울은 이사

가리켜 기록한 것을 다 행한 뒤에, 그들은 예수의
시체를 나무에서 내려다가, 무덤에 두었습니다.
30 그러나 하나님께서 예수를 죽은 사람 가운데서
살리셨습니다. 31 그래서 예수는 자기와 함께
갈릴리에서 예루살렘으로 올라간 사람들에게 여
러 날 동안 나타나 보이셨습니다. 이 사람들은
[지금] 백성에게 예수의 증인입니다. 32 우리는
하나님께서 조상들에게 하신 그 약속을 여러분에게
기쁜 소식으로 전합니다. 33 하나님께서 예수를
일으키셔서, [조상들의] 후손인 우리에게 그 약
속을 이루어 주셨습니다. 시편 둘째 편에 기록한 바

ㄱ)'너는 내 아들이다.
오늘 내가 너를 낳았다'

한 것과 같습니다. 34 하나님께서 그를 죽은 사
람들 가운데서 살리시고, 다시는 썩지 않게 하셨
는데, 이렇게 미리 말씀하셨습니다.

ㄴ)'다윗에게 약속한
거룩하고 확실한 복을,
내가 너희에게 주겠다.'

35 그러므로 다른 시편에서는 또 이렇게 말씀하
셨습니다.

ㄷ)'주님께서는 주님의 거룩한 분이
썩지 않게 하실 것이다.'

36 다윗은 사는 동안, 하나님의 뜻을 받들어 섬
기고, ㄹ)잠들어서 조상들 곁에 묻혀 썩고 말았습니
다. 37 그러나 하나님께서 살리신 분은 썩지 않
으셨습니다. 38 그러므로 동포 여러분, 바로 이
예수로 말미암아 여러분에게 죄 용서가 선포된다
는 것을 알아야 합니다. 39 여러분이 모세의 율
법으로는 의롭게 될 수 없던 그 모든 일에서 풀려
납니다. 믿는 사람은 누구나 다 예수 안에서 의롭
게 됩니다. 40 그러므로 예언서에서 말한 일이
여러분에게 일어나지 않도록 조심하십시오. 이렇
게 말하였습니다.

41 ㅁ)'보아라, 너희 비웃는 자들아,
놀라고 망하여라.
내가 너희 시대에
한 가지 일을 할 터인데,
그 일을 누가 너희에게
말하여 줄지라도
너희는 도무지 믿지 않을 것이다.'"

42 ㅂ)그들이 회당에서 나올 때에, 사람들은
다음 안식일에도 이러한 말씀을 해 달라고 청하였
다. 43 회중이 흩어진 뒤에도, 유대 사람들과 경
건한 개종자들이 바울과 바나바를 많이 따랐다.
바울과 바나바는 그들에게 말을 걸면서, 늘 하나
님의 은혜에 머물러 있으라고 권하였다.

44 그 다음 안식일에는 온 동네 사람이 거의
다 ㅅ)하나님의 말씀을 들으려고 모여들었다.
45 유대 사람들이 그 무리를 보고 시기심으로 가
득 차서, 바울과 바나바가 한 말을 반박하고 비방
하였다. 46 그러나 바울과 바나바는 담대하게
말하였다. "우리는 하나님의 말씀을 당신들에게
먼저 전해야 하였습니다. 그러나 지금 당신들이
그것을 배척하고, 영원한 생명을 얻기에 합당하
지 못한 사람으로 스스로 판정하므로, 우리는 이
제 이방 사람들에게로 갑니다. 47 주님께서 우
리에게 명하시기를

ㅇ)'내가 너를
뭇 민족의 빛으로 삼았으니,
그것은 네가 땅 끝까지
구원을 이루게 하려는 것이다'

하셨습니다." 48 이방 사람들은 이 말을 듣고 기뻐
하며 주님의 말씀을 찬양하였고, 영원한 생명을
얻도록 정하신 사람은 모두 믿게 되었다. 49 이

ㄱ) 시 2:7 ㄴ) 사 55:3 (칠십인역) ㄷ) 시 16:10 ㄹ) 또는 '죽어서' ㅁ) 합 1:5 (칠십인역) ㅂ) 바울과 바나바 ㅅ) 다른 고대 사본들에는 '주님의' ㅇ) 사 49:6

야의 말씀들을 (사 49:6) 자신과 바나바에게 적용시킨다. 또한 눅 2:32를 보라. **13:51** 발의 먼지를 떨어버림은 더 이상 교제하지 않겠다는 상징이다. 눅 9:5와 10:11을 보라. *이고니온.* 이 곳은 루가오니아 지방의 수도로서 비시디아 안디옥에서 87마일 떨어진 곳 이다. **13:52** 박해 가운데서도 누리는 기쁨에 관해서는 5:41; 7:55를 보라.

14:1-7 행 13:46에서 사도 바울이 이방 사람들에게 복음을 전할 것이라 말했음에도 불구하고, 바울과 바나바는 먼저 유대 사람들에게 설교하고 (13:5에 관한 주석을 보라), 다시 엇갈린 환대를 받는다. 그러나 이것이 결코 사도들이 담대하게 (4:13을 보라) 복음을 선포하는 것과 또한 기사와 이적을 행하는 것을 가로막을 수는 없었다 (2:22 주석을 보라). 결국 박해는 사도들로 하여금 새로운 선교지역으로 나가게끔 만든다. 4절과 14절에서 누가는 바울과 바나바를 "사도"라 칭한다. 아마도 이 용어는 누가가 사용했던 자료에서 나왔을 것이다. 1:21-22에 관한 주석을 보라. **14:8-20** 바울이 행한 치유는 베드로가 행한 치료와 아주 유사하다 (3:2-10). 무리의 반응으로 인하여 사도 바울은 이방 군중에게 첫 번째 설교를 하게 된다 (15-17절). 박해 때문에 이 선교사들은 다시 이동하게 된다. **14:8** *루스드라.* 이 도시는 아우구스투스에 의해 로마의 식민지가 되었는데 이고니온의 남서쪽 25마일에 위치

렇게 해서 주님의 말씀이 그 온 지방에 퍼져 나갔다.
50 그러나 유대 사람들은 경건한 귀부인들과 그
성의 지도층 인사들을 선동해서, 바울과 바나바를
박해하게 하였고, 그들을 그 지방에서 내쫓았다.
51 그래서 바울과 바나바는 그들에게 발의 먼지
를 떨어버리고, 이고니온으로 갔다. 52 제자들은
기쁨과 성령으로 가득 차 있었다.

바울과 바나바가 이고니온에서 전도하다

14 1 [ㄱ]바울과 바나바는 이고니온에서도 이
전과 마찬가지로, 유대 사람의 회당에 들
어가서 말하였다. 그래서 유대 사람과 그리스 사
람이 많이 믿게 되었다. 2 그러나 마음을 돌이키
지 않은 유대 사람들이 이방 사람들을 선동해서,
믿는 형제들에게 나쁜 감정을 품게 하였다. 3 두
사도는 오랫동안 거기에 머물면서, 주님을 의지
하여 담대하게 말하였다. 주님께서는 그들의 손
으로 표징과 놀라운 일을 행하게 하셔서, 그들이
전하는 은혜의 말씀을 확증하여 주셨다. 4 그 도시
사람들은 두 편으로 나뉘어서, 더러는 유대 사람의
편을 들고, 더러는 사도의 편을 들었다. 5 그런데
이방 사람들과 유대 사람들이 그들의 관원들과 합
세해서, 바울과 바나바를 모욕하고 돌로 쳐죽이
려고 했다. 6 [ㄱ]사도들은 그것을 알고, 루가오니
아 지방에 있는 두 도시 루스드라와 더베와 그 근
방으로 피하였다. 7 그들은 거기에서도 줄곧 복
음을 전하였다.

바울과 바나바가 루스드라에서 전도하다

8 루스드라에 발을 쓰지 못하는 지체장애인
한 사람이 앉아 있었다. 그는 나면서부터 못 걷는
사람이 되어서, 걸어본 적이 없었다. 9 이 사람
이 바울이 말하는 것을 들었다. 바울은 그를 똑바
로 바라보고, 고침을 받을 만한 믿음이 그에게 있
는 것을 알고는, 10 큰 소리로 "그대의 발로 똑
바로 일어서시오" 하고 말하였다. 그러자 그는 벌
떡 일어나서, 걷기 시작하였다. 11 무리가 바울
이 행한 일을 보고서, 루가오니아 말로 "신들이 사
람의 모습으로 우리에게 내려왔다" 하고 소리 질
렀다. 12 그리고 그들은 바나바를 제우스라고
부르고, 바울을 헤르메스라고 불렀는데, 그것은
바울이 말하는 역할을 주로 맡았기 때문이다.
13 성 바깥에 있는 제우스 신당의 제사장이 황소
몇 마리와 화환을 성문 앞에 가지고 와서, 군중과
함께 두 사람에게 제사를 드리려고 하였다. 14 이
말을 듣고서, 바나바와 바울 두 사도는 자기들의
옷을 찢고, 군중 가운데로 뛰어 들어가서 외치면서,
15 이렇게 말하였다. "[ㄴ]여러분, 어찌하여 이런
일들을 하십니까? 우리도 여러분과 똑같은 성정
을 가진 사람입니다. 우리가 여러분에게 복음을
전하는 것은, 여러분이 이런 헛된 일을 버리고, 하
늘과 땅과 바다와 그 안에 있는 모든 것을 만드신,
살아 계신 하나님께로 돌아오게 하려는 것입니다.

ㄱ) 그, '그들은' ㄴ) 그, '사람들'

했다. **14:11-13** 그리스 신화는 *제우스* 신(고대 희랍 신들 중에 제일 으뜸가는 신)과 *헤르메스* (신의 사자) 신이 인간의 모습으로 세상에 왔으며 빌레몬과 바우시스라 불리는 부부에 의해 환대 받았다고 전한다. 이에 대한 보상으로 제우스 신과 헤르메스 신을 환대하지 않았던 사람들은 모두 홍수로 죽었지만 이 부부는 홍수로부터 구원받았다고 전해진다. 루스드라 사람들은 가장한 신들에게 환대를 베푸는 실수를 하지 않으려고 한다. **14:14** *자기들의 옷을 찢었다*는 표현은 철저한 애도 (창 37:29; 더 4:1) 혹은 신성모독에 대한 반응(22:23; 막 14:63)으로 깊은 감정을 표현하는 상징이다. **14:15-17** 이 설교는 복음을 증거하면서도 예수 그리스도에 대하여 전혀 언급하지 않는다는 점에서 아주 특이하다. 창조로부터 하나님에 관해 알려진 것이 무엇인지 설교한다 (출 20:11; 시 146:6; 롬 1:19-21을 보라). **14:19** 이들 반대자들에 관해서는 14:2를 보라. 박해는 고후 11:25; 딤후 3:11을 보 라. **14:20** *더베.* 루스드라에 있는 소도시로 루스드라 동쪽 60마일에 위치해 있었다. **14:21-28** 제1차 선교여행은 새로 그리스도교를 믿게 된 신도들을 격려하기 위해 이제 막 복음화 된 도시들을 돌아오면서 방문하는 것으로 마감된다 (15:32, 41; 18:23과 유사함). 이들은 앗달리아에서 출발하여 자신들을 파송한 안디옥으로 돌아온다. **14:22** 하나님 나라에 관해서는 1953쪽 추가 설명: "하나님의 나라"를 보라. **14:23** 장로들 (희랍어, *프레스베테로이*). 이들은 그리스도교 공동체의 지도자들로 11:30에 처음 나타난다. 이 장로라는 표현은 4:5, 8, 23; 6:12; 23:14; 24:1; 25:15에서 유다 지도자들을 칭할 때 쓰인다. 구약에서 수 20:4; 룻 4:2; 사 24:23을 보라. 장로라는 용어는 세속 헬라 문화권에서도 사용되었다. 아마도 둘 다 기독교인들에게 영향을 주었을 것이다. 장로들은 사도들과 함께 예루살렘 회의에서 주요 사안을 결정하였다 (15:2, 4, 6, 22, 23). 또한 16:4; 20:17; 21:18; 딤전 5:17, 19; 딛 1:5; 2:2-4를 보라. 장로라는 용어는 옥중서신 이외에는 사도 바울 자신이 쓴 다른 편지들에는 나타나지 않는다.

16 하나님께서는 지나간 세대에는 이방 민족들이
자기네 방식대로 살아가게 내버려 두셨습니다.
17 그렇지만 하나님께서 자기를 드러내지 않으신
것은 아닙니다. 곧 하늘에서 비를 내려 주시고, 철을
따라 열매를 맺게 하시고, 먹을거리를 주셔서, 여
러분의 마음을 기쁨으로 가득 채워 주셨습니다."
18 두 사도는 이렇게 말하면서, 군중이 자기들에게
제사하지 못하게 겨우 말렸다.
19 그런데 유대 사람들이 안디옥과 이고니온
에서 거기로 몰려와서 군중을 설득하고, 바울을
돌로 쳤다. 그들은 바울이 죽은 줄 알고, 그를 성
밖으로 끌어냈다. 20 그러나 제자들이 바울을
둘러섰을 때에, 그는 일어나서 성 안으로 들어갔다.
이튿날 그는 바나바와 함께 더베로 떠났다.

바울과 바나바가 수리아의 안디옥으로 돌아오다

21 바울과 바나바는 그 성에서 복음을 전하여
많은 제자를 얻은 뒤에, 루스드라와 이고니온과
안디옥으로 되돌아갔다. 22 그들은 제자들의 마
음을 굳세게 해주고, 믿음을 지키라고 권하였다.
그리고 또 이렇게 말하였다. "우리가 하나님 나라에
들어가려면, 반드시 많은 환난을 겪어야 합니다."
23 그리고 그들을 위해서 각 교회에서 장로들을
임명한 뒤에, 금식을 하면서 기도하고, 그들이 믿
게 된 주님께 그들을 맡겼다. 24 그리고 그 두
사람은 비시디아 지방을 거쳐서 밤빌리아 지방에
이르렀다. 25 그들은 버가에서 말씀을 전한 뒤에,
앗달리아로 내려가서, 26 거기에서 배를 타고
안디옥으로 향하여 갔다. 이 안디옥은, 그들이 선교
활동을 하려고, 하나님의 은혜에 몸을 내맡기고
나선 곳이다. 이제 그들은 그 일을 다 이루었다.
27 그 곳에 이르러서 그들은 교회 회중을 불러모
으고서, 하나님께서 자기들과 함께 행하신 모든
일과, 하나님께서 이방 사람들에게 믿음의 문을
열어 주신 것을 보고하였다. 28 그들은 제자들과
함께 오랫동안 지냈다.

예루살렘 회의

15 1 몇몇 사람이 유대에서 내려와서, 이렇게
ㄱ)신도들을 가르쳤다. "여러분이 모세의
관례대로 할례를 받지 않으면, 구원을 얻을 수 없
습니다." 2 그래서 바울과 바나바 두 사람과 그들
사이에 적지 않은 충돌과 논쟁이 벌어졌다. 드디어
안디옥 교회는 이 문제로 바울과 바나바와 신도들
가운데 몇 사람을 예루살렘으로 올라가게 해서,
사도들과 장로들을 찾아 보게 하였다. 3 그들은
교회의 전송을 받고 떠나서, 페니키아와 사마리
아를 거쳐가면서, 이방 사람들이 회개한 일을 이
야기하였다. 그리하여 그들은 그 곳의 모든 ㄱ)신도
들을 매우 기쁘게 하였다. 4 예루살렘에 이르러
서, 그들은 교회와 사도들과 장로들에게 환영을
받고, 하나님께서 그들과 함께 행하신 일들을 모
두 보고하였다. 5 그런데 바리새파에 속하였다
가 신도가 된 사람 몇이 일어나서 "이방 사람들에
게도 할례를 행하고, 모세의 율법을 지키도록 명
하여야 합니다" 하고 말하였다.

ㄱ) 그, '형제들'

15:1-35 예루살렘 회의 기사는 사도행전에서 아주 중요한 전환점이 된다. 이 기사는 그리스도인이 된 이방 사람들이 유대 율법을 어느 정도까지 지켜야 하는지에 관해서 초대교회가 어떻게 결정을 내렸는지에 대해 자세히 이야기해준다. 하나님의 백성이라는 두 가지 중요한 징표는 하나님이 아브라함에게 명하신 할례(창 17:9-14)와 하나님께서 모세에게 주신 율법(출 19—24; 신 4:44—5:32)이었다. 당시 그리스도교 공동체 안에는 다양한 의견들이 있었다. 어떤 유대 그리스도교인들은 유대출신 기독교인들과 이방출신 그리스도인들 모두 할례를 받고 율법이 정한 모든 음식 규례를 지켜야 한다고 믿고 있었다 (1절; 갈 2:12를 보라). 다른 유대출신 그리스도인들은 꼭 이 규례들을 지켜야 하지만, 이방출신 그리스도인들은 지킬 필요가 없다고 믿었다. 또 다른 사람들은 두 그룹 모두 규례를 지킬 필요가 없다고 믿었다 (바울 역시 이렇게 믿고 있었다. 예를 들어, 롬 3:21-31; 갈 2:15-21). 그래서 이방출신 그리스도인들은 할례 받을 필요가 없고 오직 음식 규례만 지키면 된다는 절충된 합의에 이르게 되었다. 누가의 설명은 (갈 2:1-10 참조) 중요한 문제들의 의사결정을 내리는 일에 아주 적합한 모델을 제시한다. 첫째, 다양한 의견을 갖고 있는 지도자들과 선교사들이 한자리에 모인다. 전송을 하는 교회(3절)와 환영(4절)을 받는 교회가 있다. 선교사들은 새로운 때와 장소에서 하나님께서 행하시는 새로운 역사에 관해 증언한다 (7-12절). 이 증언은 성경의 말씀들과 전통의 맥락에서 해석된다 (15-21절). 새로운 실천을 하기로 한 변화의 결정은 성령에 인도하심을 받게 되고 (28절), 만장일치로 결정되고 (22, 25절), 많은 교회에서 적극적으로 수용하게 된다 (30-31절). 예루살렘 회의 기사는 다음과 같이

6 사도들과 장로들이 이 문제를 다루려고 모
였다. 7 많은 논쟁을 한 뒤에, 베드로가 일어나서
그들에게 말하였다. "ㄱ)형제 여러분, 여러분이 아
시는 대로, 하나님께서 일찍이 여러분 가운데서
나를 택하셔서, 이방 사람들도 내가 전하는 복음의
말씀을 듣고 믿게 하셨습니다. 8 그리고 사람의
마음 속을 아시는 하나님께서는 우리에게 주신
것과 같이 그들에게도 성령을 주셔서, 그들을 인
정해 주셨습니다. 9 하나님께서는 그들의 믿음을
보셔서, 그들의 마음을 깨끗하게 하시고, 우리와
그들 사이에, 아무런 차별을 두지 않으셨습니다.
10 그런데 지금 여러분은 왜 우리 조상들이나
우리가 다 감당할 수 없던 멍에를 제자들의 목에
메워서, 하나님을 시험하는 것입니까? 11 우리가
주 예수의 은혜로 구원을 얻고, 그들도 꼭 마찬가
지로 주 예수의 은혜로 구원을 얻는다고 우리는
믿습니다."
12 그러자 온 회중은 조용해졌다. 그리고 그
들은 바나바와 바울이 하나님께서 자기들을 통하여
이방 사람들 가운데 행하신 온갖 표징과 놀라운
일을 보고하는 것을 들었다. 13 바나바와 바울
이 말을 마친 뒤에, 야고보가 대답하였다. "ㄱ)형제
여러분, 내 말을 들어보십시오. 14 하나님께서
이방 사람들을 돌아보셔서, 그들 가운데서 자기
이름을 위하여 처음으로 한 백성을 택하신 경위를
ㄴ)시므온이 이야기하였습니다. 15 예언자들의
말도 이것과 일치합니다. 예언서에 이렇게 기록
되어 있습니다.

16 ㄷ)'이 뒤에 내가 다시 돌아와서,
무너진 다윗의 집을 다시 짓겠으니,
허물어진 곳을 다시 고치고,
그 집을 바로 세우겠다.
17 그래서 남은 사람이 나 주를 찾고,
내 백성이라는 이름을 받은
모든 이방 사람이
나 주를 찾게 하겠다.
18 이것은 주님의 말씀이니,
주님은 옛부터,
이 모든 일을
알게 해주시는 분이시다.'

19 그러므로 내 판단으로는 하나님께로 돌아오
는 이방 사람들을 괴롭히지 말고, 20 다만 그들
에게 편지를 보내서, 우상에게 바친 더러운 음식
과 음행과 ㄹ)목매어 죽인 것과 피를 멀리하라고 하
는 것이 좋겠습니다. 21 예로부터 어느 도시에
나 모세를 전하는 사람이 있어서, 안식일마다 회
당에서 그의 글을 읽고 있습니다."

ㄱ) 그, '형제들' ㄴ) 시몬 곧 베드로 ㄷ) 암 9:11, 12 (칠십인역)
ㄹ) 다른 고대 사본들에는 '목매어 죽인 것과'가 없음

다섯 부분으로 나눌 수 있다: (1) 15:1-2, 논쟁; (2) 15:3-12, 베드로, 바울, 그리고 바나바의 증언; (3) 15:13-21, 야고보의 결정; (4) 15:22-29, 이방 교회들에게 보내는 편지; (5) 15:30-35, 안디옥이 결정들을 받아들임. **15:1-2** 바울이 계시에 따라 예루살렘으로 갔다고 말한 갈 2:2를 참조. 사도들과 장로들에 관해서는 14:23에 관한 주석을 참조하라. **15:3-12** 지도자들이 모이고 이방 사람들에게도 역사하시는 하나님의 역사에 관한 선교사들의 증언을 듣기 시작한다. **15:3** 파송하는 교회는 시리아에 있는 안디옥 교회이다. **15:6-7** 이 이야기는 베드로와 예루살렘 사도들에 관해 특별하게 기록하는 마지막 이야기이다. 이후로 바울은 주로 이방 사람을 위한 사도로, 그리고 야고보(12:17을 보라)는 예루살렘의 지도자로 등장한다. **15:8** 이방 사람들을 인정한다는 것은 사도들이 창안해낸 것이라기보다 오히려 하나님이 하신 일이다. 이 징표는 성령 받는 것으로 나타난다 (2:4; 10:44-47; 11:15-17을 보라). **15:9** 10:34-36을 보라. **15:10** 하나님을 불신하거나 혹은 의심하는 뜻으로 하나님을 시험한다는 개념은 출 15:22-27; 17:2, 7; 민 14:22; 사 7:12; 시 77:18에 나타나 있다. 랍비 유대 전통에서 *율법의 멍에*는 하나님과 이스라엘이 연결되어 있다. 하나님이 이스라엘 백성을 선택하셨다는 점에 근거한 이 특별한 관계는 유대교 측에서는 부담이 아니라 선물로 이해되었다. 갈 5:1에서 바울은 율법을 "종살이의 멍에" 라고 언급하고 있음을 주목하라. 또한 롬 2:25-27을 보라. **15:11** 롬 3:24와 비슷하다. **15:12** 표징과 놀라운 일에 관해서는 2:22에 관한 주석을 보라. **15:13-21** 야고보는 베드로와 바울과 바나바의 증언을 들은 후, 그리고 성경과 전통에 근거해 생각한 후에 판단을 내린다. 누가는 두 가지 별개의 역사적 사건들을 하나의 에피소드로 종합하는데, 하나는 할례이며 또 다른 하나는 음식 규례이다. 누가는 바울이 갈 2장에서 음식 규례에 관해 동의했던 것을 알지 못하고 있는 것 같다. **15:14** 시므온은 시몬 베드로를 부르는 것이다. 사도행전 다른 곳에서 그는 "시몬 베드로" (10:5, 18, 32) 혹은 간단히 "베드로" (15:7) 라고 불린다. 누가가 사용한 안디옥 자료에서는 원래 그가 "니게르라고 하는 시므온"으로 불리었을 가능성도 있다 (13:1). **15:16-18** 다윗 왕가의 복원을 최초로 언급한 암 9:11-12를 사 45:21이 수정하여 사용한 것을 누가는 현재 상황에 맞추어 해석하기 위해서 사용하고 있다. **15:20** 네 가지 계약은 (레 17-18 참조) 계속해서 율법을 준수하는 유대출신 기독교인들이 이방출신 그리스도인들과 함께 연합할 수 있게 하였다. *우상에게*

이방계 신자들에게 보낸 사도들의 편지

22 그래서 사도들과 장로들과 온 교회가 대
표들을 뽑아서, 바울과 바나바와 함께 안디옥으
로 보내기로 결정하였다. 그래서 대표로 뽑힌 사
람은 ㄱ)신도들 가운데서 지도자인 바사바라고 하
는 유다와 실라였다. 23 그들은 이 사람들 편에
아래와 같은 내용의 편지를 써 보냈다. "형제들인
우리 사도들과 장로들은 안디옥과 시리아와 길리
기아의 이방 사람 ㄱ)교우 여러분에게 문안합니다.
24 그런데 우리 가운데 몇몇 사람이 [여러분에게
로 가서], 우리가 시키지 않은 여러 가지 말로 여
러분을 혼란에 빠뜨리고, ㄴ)여러분의 마음을 어지
럽게 하였다는 소식을 들었습니다. 25 그래서
우리는 몇 사람을 뽑아서, 사랑하는 바나바와 바
울과 함께 여러분에게 보내기로 만장일치로 결정
하였습니다. 26 바나바와 바울은 우리 주 예수
그리스도의 이름을 위해서 자기 목숨을 내놓은 사
람들입니다. 27 또 우리가 유다와 실라를 보내
니, 그들이 이 일을 직접 말로 전할 것입니다.
28 성령과 우리는 꼭 필요한 다음 몇 가지 밖에
는 더 이상 아무 무거운 짐도 여러분에게 지우지
않기로 하였습니다. 29 여러분은 우상에게 바친
제물과 피와 ㄷ)목매어 죽인 것과 음행을 멀리하여
야 합니다. 여러분이 이런 것을 삼가면, 여러분은
잘 행한다고 하겠습니다. 안녕히 계십시오."

30 그들은 전송을 받고 안디옥에 내려가서,
회중을 다 모아 놓고, 그 편지를 전하여 주었다.
31 회중은 편지를 읽고, 그 권면을 기쁘게 받아
들였다. 32 유다와 실라도 예언자이므로, 여러
말로 ㄱ)신도들을 격려하고, 굳세게 하여 주었다.
33 그들은 거기서 얼마 동안 지낸 뒤에, ㄱ)신도들
에게서 평안히 가라는 전송을 받고서, 자기들을
보낸 사람들에게로 돌아갔다. ㄹ)(34절 없음) 35 그
러나 바울과 바나바는 안디옥에 머물러 있으면서,
다른 여러 사람과 함께 주님의 말씀을 가르치고
전하였다.

ㄱ) 그, '형제들' ㄴ) 다른 고대 사본들에는 '여러분이 할례를 받고 율법을 지켜야 한다고 하면서'라는 말이 더 있음 ㄷ) 다른 고대 사본들에는 '목매어 죽인 것'이 없음 ㄹ) 어떤 사본에는 34절의 내용이 첨가되어 있음. '34. 그러나 실라는 그들과 함께 머무르려고 하였다'

---

*바친 더러운 음식*은 의례적으로 볼 때 부정한 것을 말하여, 이방 우상들에게 희생제사를 드릴 때 주어졌다. *음행.* 친척들간에 결혼하는 것을 말한다. *목매어 죽인 것과 피.* 피를 적합하게 빼지 않은 동물의 고기를 말한다. 찢겨 죽은 동물의 고기는 먹지 말아야 한다 (레 17:15). **15:21** 이방출신 그리스도인이 20절에서 언급한 네 개의 계약 위반이 유대 사람들에게는 죄가 된다는 것을 알고 있음을 암시해 준다. **15:22-29** 성령의 인도를 받은 지도자들의 결정은 이방 사람 교회들에게 편지로 전달되었다. 편지는 전형적인 헬라 양식으로 시작하는 인사와 마감하는 *고별사*가 있다. **15:22** *유다에* 대해서는 알려진 것이 없다. 안디옥에 대해서는 11:20에 관한 주석을 보라. **15:23** *실라* (고후 1:19; 살전 1:1에서는 실루아노로 기록되었다). 실라는 15:27로부터 시작되는 제2차 선교여행에 바울과 동행하며, 18:5에서 마지막으로 언급된다. 시리아는 기원후 64년에 로마 영역이 되었는데, 서아시아의 일부분으로 북쪽으로 토러스 산에, 남쪽으로는 유다에, 서쪽으로 지중해, 그리고 동쪽으로는 유프라테스에 접해 있다. *길리기아에* 대하여는 9:11을 보라. **15:30-35** 대표들은 편지가 가장 기쁘게 받아들여진 지역 안디옥으로 돌아온다. 예루살렘으로부터 온 사자들은 안디옥의 지도자들처럼 예언자들이었다 (13:1). 그들은 임무를 마친 후에 자기들을 보낸 사람에게로 돌아간다.

15:36—20:38 새로운 이야기의 주요 부분은 소아시아 지역을 넘어 그리스에 이르는 바울의 제2차 선교여행의 기록으로 시작한다. **15:36-40** 바울과 바나바는 그들이 근간에 세운 신앙공동체들을 재방문하면서 제2차 선교여행을 시작한다. **15:37** 바나바의 사촌인 (골 4:10) 요한 마가는 제1차 선교여행에 동반자였지만 (12:25; 13:5) 도중에 예루살렘으로 먼저 돌아간다 (13:13). **15:39** 바나바는 자기 고향 키프로스로 떠난다 (4:36; 11:19-20; 13:4; 21:3, 16; 27:4를 보라). 바울의 새 동반자 실라는 예루살렘으로부터 안디옥으로 편지를 갖고 간 대표 중에 한 사람이다 (15:22, 27). **15:41—16:5** 바울은 자신의 고향인 길리기아와 시리아를 방문한다 (15:23을 보라). **16:1** 더베와 루스드라에 관해서는 14:8-20을 보라. 디모데는 바울의 측근 동역자가 된다 (고후 1:1; 4:17; 빌 1:1; 살전 1:1; 몬 1절을 보라). **16:3** 디모데의 어머니 유니게와 그의 할머니 로이스는 디모데에게 믿음을 심어준 사람들이다 (딤후 1:5). 기원후 3세기의 랍비 전통에 따르면, 유대 어머니의 자식은 유대 사람으로 여겨졌다. 디모데의 아버지는 그리스 사람으로 디모데가 할례를 받는 것에 반대했을지도 모른다. 디모데가 할례를 받는 것은 15:2에 기록된 사도 바울의 입장과 (또한 고전 7:18-19; 갈 5:3, 6을 보라) 15:10-12에 나오는 예루살렘 회의의 결정간에 갈등관계에 놓이게 되는 것이다. 아마도 디모데가 유대 사람들에게 더 잘 받아질 수 있기를 바라는 목적으로 할례를 받게 하였을 것이다 (고전 9:20과 비교하라). **16:6-10** 성령은 계속해서 바울이 이동할 것을 지시한다. **16:6** 남갈라디아(이고니온, 더베, 루스드라)로부터 선교사들은 *아시아* 지역으로 가지 않고 북갈라디아로 이동한다

바울과 바나바가 갈라서다

36 며칠 뒤에, 바울이 바나바에게 말하였다.
"우리가 주님의 말씀을 전파한 여러 도시로 ㄱ)신도
들을 다시 찾아가서, 그들이 어떻게 지내고 있는
지를 살펴 봅시다." 37 그런데 바나바는 마가라는
요한도 데리고 가려고 하였다. 38 그러나 바울
은, 밤빌리아에서 자기들을 버리고 함께 일하러
가지 않은 그 사람을 데리고 가는 것을 좋게 여기
지 않았다. 39 그래서 그들은 심하게 다툰 끝에,
서로 갈라서고 말았다. 바나바는 마가를 데리고,
배를 타고 키프로스로 떠나갔다. 40 그러나 바
울은 실라를 택하고, ㄱ)신도들로부터 주님의 은혜가
함께 하기를 바라는 인사를 받고서, 길을 떠났다.
41 그래서 시리아와 길리기아를 돌아다니며, 모든
교회를 튼튼하게 하였다.

바울이 디모데를 데리고 가다

16 1 바울은 더베와 루스드라에도 갔다. 거
기에는 디모데라는 제자가 있었는데, 그
의 어머니는 신앙이 돈독한 유대 여자이고, 아버
지는 그리스 사람이었다. 2 디모데는 루스드라
와 이고니온에 있는 ㄱ)신도들에게 호평받는 사람
이었다. 3 바울은 디모데가 자기와 함께 가기를
바랐다. 그래서 바울은 그 지방에 사는 유대 사람
들을 생각해서, 디모데를 데려다가 할례를 행하
였다. 그것은, 디모데의 아버지가 그리스 사람이
라는 것을, 그들이 모두 알고 있었기 때문이다.
4 바울 일행은 여러 도시를 두루 다니면서, 예루
살렘에 있는 사도들과 장로들이 정한 규정들을 사
람들에게 전해 주어서 지키게 하였다. 5 교회들
은, 그 믿음이 점점 더 튼튼해지고, 그 수가 나날
이 늘어갔다.

바울이 환상을 보다

6 아시아에서 말씀을 전하는 것을 성령이 막
으시므로, 그들은 브루기아와 갈라디아 지방을
거쳐가서, 7 무시아 가까이 이르러서, 비두니아
로 들어가려고 하였으나, 예수의 영이 그것을 허
락하지 않으셨다. 8 그래서 그들은 무시아를 지
나서 드로아에 이르렀다. 9 여기서 밤에 바울에
게 환상이 나타났는데, 마케도니아 사람 하나가
바울 앞에 서서 "마케도니아로 건너와서, 우리를
도와주십시오" 하고 간청하였다. 10 그 환상을
바울이 본 뒤에, 우리는 곧 마케도니아로 건너가
려고 하였다. 우리는, 마케도니아 사람들에게 복
음을 전하기 위하여, 하나님께서 우리를 부르신
것이라고 확신하였기 때문이다.

루디아가 믿다

11 우리는 드로아에서 배로 떠나서, 사모드
라게로 직행하여, 이튿날 네압볼리로 갔고, 12 거
기에서 빌립보에 이르렀다. 빌립보는 마케도니아
지방에서 ㄴ)으뜸가는 도시요, 로마 식민지였다.
우리는 이 도시에서 며칠 동안 묵었는데, 13 안
식일에 성문 밖 강가로 나가서, 유대 사람이 기도
하는 처소가 있음직한 곳을 찾아갔다. 우리는 거
기에 앉아서, 모여든 여자들에게 말하였다. 14 그
들 가운데 루디아라는 여자가 있었는데, 그는 자
색 옷감 장수로서, 두아디라 출신이요, 하나님을
공경하는 사람이었다. 주님께서 그 여자의 마음
을 여셨으므로, 그는 바울의 말을 귀담아 들었다.
15 그 여자가 집안 식구와 함께 ㄷ)세례를 받고나서
"나를 주님의 신도로 여기시면, 우리 집에 오셔서
묵으십시오" 하고 간청하였다. 그리고 우리를 강
권해서, 자기 집으로 데리고 갔다.

ㄱ) 그, '형제들' ㄴ) 또는 '첫째 도시' ㄷ) 또는 '침례'

(2:10을 보라). **16:7** *무시아와 비두니아.* 소아시아의 북서쪽 지역. 사도행전에서 유일하게 *예수의 영이* 언급된 곳이다. **16:8** *드로아* (20:5-6; 고후 2:12-13; 딤후 4:13을 보라). 중요한 항구도시로 소아시아 북서쪽에 있는 고대 도시인 트로이로부터 멀지 않은 곳에 위치했다. **16:9** 10:3-16에 기록된 것처럼, 환상에 담겨진 메시지가 선교사들의 활동 경로를 변경시킨다. *마케도니아.* 그리스 북부의 산악지역으로 빌립 2세의 통치 아래에 있었다 (기원전 359-336년). **16:10** 소위 "우리"라는 단어를 사용하는 네 부분 중에서 첫 번째 부분이다 (서론을 보라). **16:11-40** 빌립보 지역의 복음화 이야기는 다섯 부분으로 되어있다. **16:11-15** 루디아와 그녀의 가족들의 회심은 고넬료와 그 가족들의 회심이야기와 유사하다 (10:1—11:18). **16:11** *사모드라게* 섬에는 고대의 항해자들이 표적으로 사용했던 산이 하나 있었다. *네압볼리.* 빌립보의 항구 도시이다. **16:12** 기원전 42년에 안토니 마가는 *빌립보에* 로마 식민지를 세웠다. **16:13** *기도하는 처소.* 유대 사람에게 회당과 같이 역할했다. **16:14** *루디아.* 이 여성은 하나님을 공경하는 사람으로, 아마도 이방 사람으로 유대교에 호감을 갖고 있었던 것 같다 (13:43을 보라. 13:43에서 희랍어 *세보메논*은 "경건함"을 의미하

바울과 실라가 갇히다

16 어느 날 우리가 기도하는 곳으로 가다가,
귀신 들려 점을 치는 여종 한 사람을 만났는데,
그는 점을 쳐서, 주인들에게 큰 돈벌이를 해주는
여자였다. 17 이 여자가 바울과 우리를 따라오
면서, 큰 소리로 "이 사람들은 지극히 높으신 하
나님의 종들인데, [ㄱ]여러분에게 구원의 길을 전하
고 있다" 하고 외쳤다. 18 그 여자가 여러 날을
두고 이렇게 하므로, 바울이 귀찮게 여기고 돌아
서서, 그 귀신에게 "내가 예수 그리스도의 이름으
로 네게 명하니, 이 여자에게서 나오라" 하고 말
하니, 바로 그 순간에 귀신이 나왔다. 19 그 여
자의 주인들은, 자기들의 돈벌이 희망이 끊어진
것을 보고, 바울과 실라를 붙잡아서, 광장으로
관원들에게로 끌고 갔다. 20 그리고 그들을 치
안관들 앞에 세워 놓고서 "이 사람들은 유대 사람
들인데, 우리 도시를 소란하게 하고 있습니다.
21 이 사람들은 로마 시민인 우리로서는, 받아들
일 수도 없고 실천할 수도 없는, 부당한 풍속을 선
전하고 있습니다" 하고 말하였다. 22 무리가 그
들을 공격하는 데에 합세하였다. 그러자 치안관
들은 바울과 실라의 옷을 찢어 벗기고, 그들을 매
로 치라고 명령하였다. 23 그래서 이 명령을 받
은 부하들이 그들에게 매질을 많이 한 뒤에, 감옥
에 가두고, 간수에게 그들을 단단히 지키라고 명
령하였다. 24 간수는 이런 명령을 받고, 그들을
깊은 감방에 가두고서, 그들의 발에 차꼬를 단단
히 채웠다.
25 한밤쯤 되어서 바울과 실라가 기도하면서
하나님을 찬양하는 노래를 부르고 있는데, 죄수
들이 듣고 있었다. 26 그 때에 갑자기 큰 지진이
일어나서, 감옥의 터전이 흔들렸다. 그리고 곧 문
이 모두 열리고, 모든 죄수의 수갑이며 차꼬가 풀
렸다. 27 간수가 잠에서 깨어서, 옥문들이 열린
것을 보고는, 죄수들이 달아난 줄로 알고, 검을 빼
어서 자결하려고 하였다. 28 그 때에 바울이 큰
소리로 "그대는 스스로 몸을 해치지 마시오. 우리
가 모두 그대로 있소" 하고 외쳤다. 29 간수는
등불을 달라고 해서, 들고 뛰어 들어가, 무서워 떨
면서, 바울과 실라 앞에 엎드렸다. 30 그리고 그
들을 바깥으로 데리고 나가서 물었다. "두 분 사
도님, 내가 어떻게 해야 구원을 얻을 수 있습니
까?" 31 그들이 대답하였다. "주 예수를 믿으시
오. 그리하면 그대와 그대의 집안이 구원을 얻을
것입니다." 32 그리고 [ㄴ]하나님의 말씀을 간수와
그의 집에 있는 모든 사람에게 들려주었다. 33 그
밤 그 시각에, 간수는 그들을 데려다가, 상처를 씻
어 주었다. 그리고 그와 온 가족이 그 자리에서
[ㄷ]세례를 받았다. 34 간수는 그들을 자기 집으로
데려다가 음식을 대접하였다. 그는 하나님을 믿
게 된 것을 온 가족과 함께 기뻐하였다.

ㄱ) 다른 고대 사본들에는 '우리에게' ㄴ) 다른 고대 사본들에는 '주님의'
ㄷ) 또는 '침례'

는데, 비시디아의 안디옥에서 회심한 사람들을 묘사하고 있다). *자색 옷감.* 이 옷감은 아주 호화로운 것으로 조개류에서 추출된 염료로 만들어졌으며, 주로 페니키아와 두로에서 생산되었다. "루디아"는 아시아에 있는 지역 이름이며, 루디아는 그곳 출신이다. 최상류층 사람들을 상대로 사업을 하던 루디아는 예수의 추종자들을 정당화시키는 데 크게 공헌을 했다 (17:4, 12에 나오는 이방 여인들처럼). 어쩌면 그녀는 부정하다고 멸시받으면서 노예의 신분으로 장사하던 어려운 조건에서 자유인이 된 여성이었는지도 모른다. **16:15** 사도 바울이 루디아의 강권을 받아들인 것은 그녀를 그리스도인으로 받아들였다는 표시이다. 바울 일행을 초대한 집주인 루디아는 그녀의 손님들의 행위에 대해 책임을 지는 위기를 (17:5-9에 나오는 야손처럼) 감당하였다. **16:16-18** 이 이야기는 복음서에 기록된 귀신 쫓는 이야기와는 여러 면에서 다르다. 여기서는 귀신이 사악하다고 여겨지지 않는다. 귀신과 아무런 대화도 하지 않는다. 귀신이 어떻게 나갔는지에 대한 언급도 없고, 구경하는 사람들이 놀라는 기색도 없다. 복음을 전파하는 데에 이르지도 못한다 (눅 4:31-37 참조). 오히려 이것은 여종의 노동력 착취와 권력 투쟁의 이야기이다. **16:16** *점치는 영.* 델피 신전에서 주문을 지키는 혼령과 아폴로에 의해 살해된 혼령을 말한다. **16:17** 여종의 예언은 진실이다. **16:19-24** 이 여종이 상업성이 있는 자신의 소질을 사용했는지 혹은 그리스도교 공동체에 가입했는지 더 이상 언급이 없다. 그 점치는 여종을 착취하던 사람들은 바울과 실라를 관원들 앞에 끌고 가서 부당한 풍속을 선전하면서 도시를 소란하게 한다는 죄명으로 고소한다. **16:22** 고후 11:24; 빌 1:30; 살전 2:2를 보라. **16:25-34** 바울과 실라가 감옥으로부터 풀려난 이야기는 5:19-26에 기록된 베드로와 요한이 풀려난 이야기와 비슷하다. 12:5-19에서 베드로는 천사가 지켰다. **16:26** 지진은 하나님의 임재를 상징하는 것이다 (마 27:54; 28:2). **16:30-31** 간수의 질문은 오순절에 예루살렘에 모여 있던 유대 사람들이 한 질문과 같다 (2:3-7). 눅 3:10-14를 보라. 구원은 하나님이 예수를 통해 값없이 주시는 선물이다. 이 선물을 받음으로써 믿음을 갖게 된다. **16:35-40** 로마법은 나면

35 날이 새니, 치안관들은 부하들을 보내어,
그 두 사람을 놓아주라고 명령하였다. 36 그래서
간수는 이 말을 바울에게 전하였다. "치안관들이
사도님들을 놓아주라고 사람을 보냈습니다. 그러니
이제 나오셔서, 평안히 가십시오." 37 바울이
그들에게 말하였다. "치안관들이 로마 시민인 우
리를 유죄 판결도 내리지 않은 채 공공연히 때리
고 감옥에 가두었다가, 이제 와서, 슬그머니 우리
를 내놓겠다는 겁니까? 안됩니다. 그들이 직접
와서 우리를 석방해야 합니다." 38 관리들이 이
말을 치안관들에게 전하니, 그들은 바울과 실라
가 로마 시민이라는 말을 듣고서 두려워하였다.
39 그래서 치안관들은 가서 그들을 위로하고, 데
리고 나가서, 그 도시에서 떠나 달라고 청하였다.
40 두 사람은 감옥에서 나와서 루디아의 집으로
갔다. 그리고 거기서 [ㄱ]신도들을 만나 그들을 격려
하고 떠났다.

바울이 데살로니가에서 전도하다

17 1 [ㄴ]바울 일행은 암비볼리와 아볼로니아를
거쳐서, 데살로니가에 이르렀다. 거기
에는, 유대 사람의 회당이 있었다. 2 바울은 자
기 관례대로 회당으로 그들을 찾아가서, 세 안식
일에 걸쳐 성경을 가지고 그들과 토론하였다.
3 그는, [ㄷ]그리스도께서 반드시 고난을 당하시고
죽은 사람들 가운데서 살아나셔야 한다는 것을
해석하고 증명하면서 "내가 여러분에게 전하고 있
는 예수가 바로 그 [ㄷ]그리스도이십니다" 하고 말하
였다. 4 그들 가운데 몇몇 사람이 승복하여 바울과
실라를 따르고, 또 많은 경건한 그리스 사람들과
적지 않은 귀부인들이 그렇게 하였다. 5 그러나
유대 사람들은 시기하여, 거리의 불량배들을 끌
어 모아다가 패거리를 지어서 시내에 소요를 일으
키고 야손의 집을 습격하였다. 그리고 바울 일행
을 끌어다가 군중 앞에 세우려고 찾았다. 6 그러
나 그들을 찾지 못하고, 야손과 [ㄱ]신도 몇 사람을
[ㄹ]시청 관원들에게 끌고 가서, 큰 소리로 외쳤다.
"세상을 소란하게 한 그 사람들이 여기에도 나타
났습니다. 7 그런데 야손이 그들을 영접하였습
니다. 그 사람들은 모두 예수라는 또 다른 왕이 있
다고 말하면서, [ㅁ]황제의 명령을 거슬러 행동을 합
니다." 8 군중과 시청 관원들이 이 말을 듣고 소
동하였다. 9 그러나 시청 관원들은 야손과 그 밖
의 사람들에게서 보석금을 받고 놓아주었다.

바울이 베뢰아에서 전도하다

10 [ㄱ]신도들은 곧 바로 그날 밤으로 바울과
실라를 베뢰아로 보냈다. 두 사람은 거기에 이르
러서, 유대 사람의 회당으로 들어갔다. 11 베뢰
아의 유대 사람들은 데살로니가의 유대 사람들보다
더 고상한 사람들이어서, 아주 기꺼이 말씀을 받
아들이고, 그것이 사실인지 알아보려고, 날마다
성경을 상고하였다. 12 따라서, 그들 가운데서
믿게 된 사람이 많이 생겼다. 또 지체가 높은 그
리스 여자들과 남자들 가운데서도 믿게 된 사람이

ㄱ) 그, '형제들' ㄴ) 그, '그들은' ㄷ) 또는 '메시아' ㄹ) 그, '폴리트아르케스' ㅁ) 그, '가이사', 라틴어의 그리스어 음역. 로마 황제의 칭호

서부터 로마 시민이었던 바울을 채찍질하는 것을 금한다 (22:28). 치안관들은 바울과 바나바를 속히 놓아줌으로 자신들이 로마법을 어긴 것에 대한 문책을 받지 않으려고 한다. 22:25; 23:27을 보라. 루디아는 빌립보 지역에 있는 그리스도인들을 위하여 주인 노릇을 하고 또한 공동체의 지도자가 된다. **17:1-9** 에그나티아를 경유해서 바울과 실라는 그 지역의 수도인 *데살로니가에* 도착한다. **17:1** *암비볼리.* 이 도시는 빌립보 서쪽 30마일에 위치한 중요한 무역도시였다. *아볼로니아.* 이 도시는 암비볼리 남서쪽 25마일에 위치했다. **17:2** 바울이 데살로니가에 보낸 편지를 볼 때 아마도 바울은 3주 이상 데살로니가에 머물렀던 것 같다. **17:3** 고난받는 메시아에 관해서는 2:36과 3:18에 관한 주석을 보라. **17:5** 바울은 유대 사람들이 구원을 받는 하나의 수단이었던 시기와 질투를 말한다. 롬 11:11, 14를 보라. **17:6-7** 집주인은 초대 받은 자들의 행위에 대해 책임이 있다. 다음의 세 가지 죄목이 사도들에게 주어졌다. (1) 세상을 소란하게 한 죄; (2) 황제의 명령을 거스른 죄; (3) 또 다른 왕이 있다고 한 죄. 25:8을 보라. 글라우디오 황제는 기원후 41년부터 54년까지 로마를 다스렸다. 11:28; 18:2를 보라. **17:10-15** 다시 바울과 실라는 논쟁 속으로 휘말리고 반대자들에 의해 어려움을 당한다. 데살로니가로부터 남서쪽으로 50마일 떨어진 베뢰아에서 사도들은 아주 적극적인 환대를 받는다. **17:11** 1958쪽 추가 설명: "성경말씀의 증거"를 보라. **17:14** 살전 3:1-2와 비교하라. **17:16-34** 바울은 고대 그리스에서 가장 중요한 도시인 *아가야* 지방의 *아테네로* 향한다. 바울의 복음전도는 어느 정도 성공한다. 바울은 반대자들의 소동 때문이 아니라 아테네 사람들이 복음을 적극적으로 받아들이지 않기 때문에 그 곳을 떠난다. 살전 3:1을 보라. **17:17** *이방 사람 예배자들.* 이들에 대해서는 10:2; 13:43을 보라. ("이방 사람 예배자들"이 개역개정에는 "경건한 사람들;" 공동번역에서는 "하나님을 공경하는 이방인 유다 교도들"로 번역

적지 않았다. 13 데살로니가의 유대 사람들은, 바울이 베뢰아에서도 하나님의 말씀을 전하는 것을 알고서, 거기에도 가서, 무리를 선동하여 소동을 벌였다. 14 그 때에 ㄱ)신도들이 곧바로 바울을 바닷가로 떠나보냈다. 그러나 실라와 디모데는 거기에 그대로 남아 있었다. 15 바울을 안내하는 사람들이 바울을 아테네까지 인도하였다. 그들은 바울에게서, 실라와 디모데가 할 수 있는 대로 빨리 그에게로 와야 한다는 지시를 받아 가지고, 베뢰아로 떠나갔다.

바울이 아테네에서 전도하다

16 바울은, 아테네에서 그들을 기다리고 있는 동안에, 온 도시가 우상으로 가득 차 있는 것을 보고 격분하였다. 17 그래서 바울은 회당에서는 유대 사람들과 이방 사람 예배자들과 더불어 토론을 벌였고, 또한 ㄴ)광장에서는 만나는 사람들과 날마다 토론하였다. 18 그리고 몇몇 에피쿠로스 철학자와 스토아 철학자도 바울과 논쟁하였는데, 그 가운데서 몇몇 사람은 "이 말쟁이가 도대체 무슨 소리를 하려는 것인가?" 하고 말하는가 하면, 또 몇몇 사람은 "그는 외국 신들을 선전하는 사람인 것 같다" 하고 말하기도 하였다. 그것은 바울이 예수를 전하고 부활을 전하기 때문이었다. 19 그들은 바울을 붙들어, 아레오바고 법정으로 데리고 가서 "당신이 말하는 이 새로운 교훈이 무엇인지 우리가 알 수 있겠소? 20 당신은 우리 귀에 생소한 것을 소개하고 있는데, 도대체 그것이 무엇인지 알고 싶소" 하고 말하였다. 21 모든 아테네 사람과 거기에 살고 있는 외국 사람들은, 무엇이나 새로운 것을 말하고 듣는 일로만 세월을 보내는 사람들이었다.

22 바울이 아레오바고 법정 가운데 서서, 이렇게 말하였다. "아테네 시민 여러분, 내가 보기에, 여러분은 모든 면에서 종교심이 많습니다. 23 내가 다니면서, 여러분이 예배하는 대상들을 살펴보는 가운데, '알지 못하는 신에게'라고 새긴 제단도 보았습니다. 그러므로 나는 여러분이 알지 못하고 예배하는 그 대상을 여러분에게 알려 드리겠습니다. 24 우주와 그 안에 있는 모든 것을 창조하신 하나님께서는 하늘과 땅의 주님이시므로, 사람의 손으로 지은 신전에 거하지 않으십니다. 25 또 하나님께서는, 무슨 부족한 것이라도 있어서 사람의 손으로 섬김을 받으시는 것이 아닙니다. 그분은 모든 사람에게 생명과 호흡과 모든 것을 주시는 분이십니다. 26 그분은 인류의 모든 족속을 한 혈통으로 만드셔서, 온 땅 위에 살게 하셨으며, 그들이 살 시기와 거주할 지역의 경계를 정해 놓으셨습니다. 27 이렇게 하신 것은, 사람으로 하여금 ㄷ)하나님을 찾게 하시려는 것입니다. 사람이 하나님을 더듬어 찾기만 하면,

ㄱ) 그, '형제들' ㄴ) 그, '아고라 (시의 중심지)' ㄷ) 다른 고대 사본들에는 '주님을'

되어 있음.) **17:18** 철학자 에피쿠로스(기원전 341-270년)를 따르는 사람들은 대중으로부터 떨어져 금욕과 은둔생활을 하였고 철학적 토론이 사람을 행복에 이르게 한다고 주장하였다. 한편 스토아 철학은 창시자 제노(기원전 340-265년)가 가르친 사상을 따르는 학파를 말한다. 스토아 철학은 지식과 자기만족, 이성과 책임완수의 덕들을 중시했다. 그들은 바울을 *말쟁이라고* 불렀다. (말쟁이는 희랍어로 마치 새가 씨를 쪼는 또한 소식을 흘려 내보내는 자를 의미한다.) 고대에는 새로운 아이디어들이 환영받았다 (21절). 그러나 그것들이 신속하게 받아들여지지는 않았다. 늘 전통적인 방법들이 선호되었다. 특별히 *이방신*들을 전파함은 결코 호의적으로 받아들여지지 않았다. 고대 아테네 사람들은 부활(희랍어로 *아나스타시스,* 여성명사)을 *예수의* 배우자로 생각하여 바울을 오해했는지도 모른다. **17:19** *아레오바고* (그리스의 전쟁 신). 이 장소는 "아레스의 언덕"이라는 뜻인데 아크로폴리스 언덕 옆에 있었고, 시의 법의회가 열리던 장소였다. 여기에서 이야기하고 있는 *아레오바고*가 회의가 열렸던 장소를 말하는 것인지, 아니면 회의 그 자체를 말하는 것인지는 분명하지 않다. 22절을 보면 아마 후자인 것 같기도 하다. **17:22-31** 바울은 이방 사람들과 여행자들을 대상으로 행한 이 연설에서 마치 아테네 웅변가처럼 연설한다. 이 연설은 예수에 대한 언급이 없고 복음의 메시지가 없다는 점이 특이하다. **17:23** 어떤 특정 신에게 바치려고 제단을 세우는 것이 관례였다. 이는 알려지지 않는 신을 화나게 하지 않으려는 의도였다. **17:24-25** *알지 못하는 신에게* (출 20:11; 시 146:6) 그리고 인간의 예배를 필요로 하지 않는 신(시 50:9-12; 암 5:21-23)이라는 표현은 구약성경과 그리스 철학을 반영한다. *사람의 손으로 지은 신전에* 관해서는 7:48-50을 보라. 생명과 호흡과 모든 것을 주시는 하나님에 관해서는 창 2:7; 사 42:5를 보라. **17:26** 인류의 모든 족속. 이것은 하나님께서 모두 창조하신 "한 족속"이 될 수도 있고 "한 개인"이 될 수도 있다. 바울은 모든 인류가 연합하여 창조주 하나님과 가까이 있음을 강조한다. **17:27** 구약성경뿐만 아니라 (신 4:28-29; 사 55:6) 그리스 철학자들도 하나님을 추구하고 찾았다. **17:28** 첫 번째 인용은

만날 수 있을 것입니다. 사실, 하나님은 우리 각 사람에게서 멀리 떨어져 계시지 않습니다.

28 여러분의 시인 가운데 어떤 이들도 '우리도 하나님의 자녀이다' 하고 말한 바와 같이, 우리는 하나님 안에서 살고, 움직이고, 존재하고 있습니다. 29 그러므로 하나님의 자녀인 우리는 신을, 사람의 기술과 고안으로 금이나 은이나 돌에다가 새겨서 만든 것과 같다고 생각해서는 안됩니다. 30 하나님께서는 무지했던 시대에는 눈감아 주셨지만, 이제는 어디에서나 모든 사람에게 회개하라고 명하십니다. 31 그것은, 하나님께서 세계를 정의로 심판하실 날을 정해 놓으셨기 때문입니다. 하나님께서는 자기가 정하신 사람을 내세워서 심판하실 터인데, 그를 죽은 사람들 가운데서 살리심으로, 모든 사람에게 확신을 주셨습니다."

32 그들이 죽은 사람들의 부활에 대해서 들었을 때에, 더러는 비웃었으나, 더러는 "이 일에 관해서 당신의 말을 다시 듣고 싶소" 하고 말하였다. 33 이렇게 바울은 그들을 떠났다. 34 그러나 몇몇 사람은 바울 편에 가담하여 신자가 되었다. 그 가운데는 아레오바고 법정의 판사인 디오누시오도 있었고, 다마리라는 부인도 있었고, 그 밖에 다른 사람들도 있었다.

바울이 고린도에서 전도하다

18 1 그 뒤에 바울은 아테네를 떠나서, 고린도로 갔다. 2 거기서 그는 본도 태생인 아굴라라는 유대 사람을 만났다. 아굴라는 글라우디오 황제가 모든 유대 사람에게 로마를 떠나라는 칙령을 내렸기 때문에, 얼마 전에 그의 아내 브리스길라와 함께 이탈리아에서 온 사람이다. 바울은 그들을 찾아갔는데, 3 생업이 서로 같으므로, 바울은 그들 집에 묵으면서 함께 일을 하였다. 그들의 직업은 천막을 만드는 일이었다. 4 바울은 안식일마다 회당에서 토론을 벌이고, 유대 사람과 그리스 사람을 설득하려 하였다.

5 실라와 디모데가 마케도니아에서 내려온 뒤로는, 바울은 오직 말씀을 전하는 일에만 힘을 쓰고, 예수가 ㄱ)그리스도이심을 유대 사람들에게 밝혀 증언하였다. 6 그러나 유대 사람들이 반대하고 비방하므로, 바울은 그의 ㄴ)옷에서 먼지를 떨고서, 그들에게 말하였다. "여러분이 멸망을 받으면, 그것은 오로지 여러분의 책임이지 나의 잘못은 아닙니다. 이제 나는 이방 사람에게로 가겠

ㄱ) 또는 '메시아' ㄴ) 항의하는 표시로

기원전 6세기의 시인이었던 에피메니데스의 말이며, 두 번째 인용은 기원전 3세기 스토아 철인 아라투스(Aratus)의 말이다. **17:30** 인간의 무지를 용납하시는 하나님에 관해서는 3:17; 13:27; 14;16을 보라. 회개에 관해서는 2:38을 보라. **17:31** 이 연설 결론 부분에서 바울은 예수를 단지 그라고 언급하면서 이름은 말하지 않는다. **17:32** 2세기 이후로 (단 12:2) 일부 유대 사람들은 죽음으로부터 *부활한다*는 개념을 받아들였지만 (23:6-8을 보라), 그리스 철학은 부활의 개념을 받아들이지 않는다. **17:34** *다마리에* 관해서는 알려진 것이 없다. 전통은 *디오누시오가* 아테네의 감독이 되었고 도미티안 박해 때에 순교했다고 전하고 있다. 그는 아테네의 수호신이었다. **18:1-17** *고린도.* 이 도시는 펠로포네의 번잡한 항구 도시로 복음전도에 적합하였다. **18:2** 로마 역사학자 스토니우스는 *그리스도인들의 선동으로 늘 불안에 시달리던* 글라우디오 황제가 로마로부터 유대 사람들을 추방하는 칙령을 내렸다고 말한다. 그는 아마도 그리스도를 놓고 유대 사람들과 유대출신 기독교인들 사이에 있었던 논쟁을 말하는 것 같다. 바울의 선교에 있어서 *브리스길라와 아굴라의* 중요성은 롬 16:3-5; 고전 16:19; 딤후 4:19에 분명히 나타난다. **18:3** 바울은 선교를 할 전략으로 가죽을 만들거나 천막을 만드는 직종을 택했다. 바울은 그가 선포하는 복음을 믿을 수 있도록 하고 또 자신을 부양하기 위하여 천막을 만드는 직종을 택하였다. 20:34; 고전 4:12; 살전 2:9를 보라. **18:5** *실라와 디모데는* 아테네에 머물렀다 (17:14-15). **18:6** 바울은 저항하는 몸짓을 취하고 (13:51을 보라) 이들 유대 사람들의 불신앙에 대해 그 어떤 책임도 지지 않겠다는 것을 분명히 한다 (5:28; 20:26; 수 2:19; 왕상 2:32; 마 27:25를 보라). **18:7** *디디오 유스도*(다른 사본에는 디도로 되어 있는 곳도 있음)는 루디아(16:14)와 비시디안 안디옥(13:43)의 개종자를 말하는 표현이다. **18:8** 고전 1:14를 보라. **18:11** *갈리오*의 이름이 기록된 델피 신전의 서명으로 미루어 볼 때, 바울이 고린도에 머물렀던 시기는 기원후 51-52년이었던 것 같다. **18:12** 유명 인사들이 연설을 하는 시민광장 한가운데서 소동을 벌였다. **18:13** 유대교는 로마정부로부터 합법적으로 인정을 받았었다. 바울에 대한 비난은 그가 전파하는 내용이 정통적인 유대교의 가르침이 아니라는 것이다. **18:14-16** 갈리오는 자신이 유대인 간의 문제라고 해석하는 일에는 관여하지 않는다. **18:17** 만일 소스*데네*가 고전 1:1의 소스데네와 동일인물이라면, 그는 분명히 기독교인이 되었을 것이다. 그가 왜 매를 맞았는지는 불분명하다. 아마도 갈리오를 만족시키지 못한 대표단을 데리고 가서 그들에게 분노의 대상이 되었던 것 같다. **18:18-22** 바울의 2차 선교여행은 시리아의 안디옥으로 다시 돌아가면서 끝난다. **18:18** *겐그레*

습니다." 7 바울은 [ㄱ]거기를 떠나서, [ㄴ]디디오 유스도라는 사람의 집으로 갔는데, 그는 이방 사람으로서, 하나님을 공경하는 사람이고, 그의 집은 바로 회당 옆에 있었다. 8 회당장인 그리스보는 그의 온 집안 식구와 함께 주님을 믿는 신자가 되었다. 그리고 고린도 사람 가운데서도 많은 사람이 바울의 말을 듣고서, 믿고 [ㄷ]세례를 받았다. 9 그런데 어느 날 밤에, 환상 가운데 주님께서 바울에게 말씀하셨다. "무서워하지 말아라. 잠자코 있지 말고, 끊임없이 말하여라. 10 내가 너와 함께 있으니, 아무도 너에게 손을 대어 해하지 못할 것이다. 이 도시에는 나의 백성이 많다." 11 바울은 그들 가운데서 하나님의 말씀을 가르치면서, 일 년 육 개월 동안 머물렀다.

12 그러나 갈리오가 아가야 주 총독으로 있을 때에, 유대 사람이 한패가 되어 바울에게 달려들어, 그를 재판정으로 끌고 가서, 13 "이 사람은 법을 어기면서, 하나님을 공경하라고 사람들을 선동하고 있습니다" 하고 말하였다. 14 바울이 막 입을 열려고 할 때에, 갈리오가 유대 사람에게 말하였다. "유대 사람 여러분, 사건이 무슨 범죄나 악행에 관련된 일이면, 내가 여러분의 송사를 들어주는 것이 마땅할 것이오. 15 그러나 문제가 언어와 명칭과 여러분의 율법에 관련된 것이면, 여러분이 스스로 알아서 처리하시오. 나는 이런 일에 재판관이 되고 싶지 않소." 16 그래서 총독은 그들을 재판정에서 몰아냈다. 17 [ㄹ]그들은 회당장 소스데네를 붙들어다가 재판정 앞에서 때렸다. 그러나 갈리오는 이 일에 조금도 참견하지 않았다.

바울이 안디옥에 돌아가다

18 바울은 여러 날을 더 머무른 뒤에, [ㅁ]신도들과 작별하고, 배를 타고 시리아로 떠났다. 브리스길라와 아굴라가 그와 동행하였다. 그런데 바울은 서원한 것이 있어서, 겐그레아에서 머리를 깎았다. 19 그 일행은 에베소에 이르렀다. 바울은 그 두 사람을 떼어놓고, 자기 혼자 회당에 들어가서, 유대 사람과 토론하였다. 20 그들은 바울에게 좀 더 오래 머물러 달라고 청하였으나, 바울은 거절하고, 21 "하나님의 뜻이면, 내가 다시 돌아오겠습니다" 하고 작별 인사를 한 뒤에, 배를 타고 에베소를 떠났다. 22 바울은 가이사랴에 내려서, [ㅂ]예루살렘으로 올라가 교회에 문안한 뒤에, 안디옥으로 내려갔다. 23 바울은 얼마동안 거기에 있다가, 그 곳을 떠나 갈라디아 지방과 부르기아 지방을 차례로 두루 다니면서, 모든 신도를 굳세게 하였다.

ㄱ) 회당 ㄴ) 다른 고대 사본들에는 '디도' ㄷ) 또는 '침례' ㄹ) 다른 고대 사본들에는 '모든 그리스 사람들은' ㅁ) 그, '형제들' ㅂ) 그, '올라가'

---

*아*는 에게 해 사로닉 만에 있던 고린도의 두 항구 중 하나였다. 뵈뵈는 집사이며 그 곳에 있는 교회의 후원자였다 (롬 16:1-2). 바울의 서원은 나실 사람의 서원과 비슷하다 (민 6:1-21; 삿 13:5-7을 참조하라). **18:19** 롬 16:3; 고전 16:19를 참조하라. *에베소*는 로마제국의 가장 큰 도시 중 하나로 바울의 3차 선교여행의 본거지가 된다. 바울은 계속해서 먼저 유대 사람들에게 복음을 증거한다 (13:5 주석을 보라). **18:22** *가이사랴에* 관해서는 8:40을 보라. 바울은 자신이 1차, 2차 선교여행 때에 세운 공동체들을 재방문한 후에 (16:6; 갈 4:13을 보라), 자신을 파송했던 안디옥 공동체로 돌아간다 (15:4). **18:23-28** 바울의 3차 선교여행은 (18:23—20:38), 54-58년 사이에 *에베소*를 중심으로 이루어진다. 에베소에서 바울은 여러 통의 편지를 쓴다. **18:24** *아볼로*는 고전 1:12; 3:4-6, 22; 4:6; 16:12에서 바울의 동역자로 등장한다. *알렉산드리아.* 이 도시는 이집트의 항구도시로 고대 세계에서 가장 중요한 도시 중의 하나였다. **18:25** 요한의 세례는 1:22; 10:37, 그리고 도 (*the Way*)에 관해서는 9:1-2를 보라. **18:26** 누가는 이렇게 여성들이 가르칠 뿐만 아니라 뛰어난 신학자로 묘사하는 일은 아주 드물다. 1973쪽 추가 설명: "누가복음과 사도행전에 나타난 여성들"을 보라. **18:28** 성경을 근거로 그리스도임을 입증하는 것에 대하여는 1958쪽 추가 설명: "성경말씀의 증거"를 보라. *그리스도* (*메시아*)는 9:22; 17:3, 7을 보라. **19:1-7** 에베소에서 바울은 아볼로(18:25)와 같이 예수님을 믿지만, 아직 성령을 받지 못한 몇몇 제자들을 만난다. **19:1** 에베소에 관해서는 18:19를 보라. **19:3-4** *세례와 회개에* 관해서는 2:38을 보라. **19:5** 성령의 내리심은 사마리아에서 (8:15-17) 그리고 고넬료의 집에서도 일어난다 (10:47). 예수의 이름에 대하여는 2:38에 있는 주석을 보라. **19:6** 에베소에서 성령의 내리심은 마치 오순절에 예루살렘에서 내린 것과 비슷하다 (2:4). 손을 얹음에 관해서는 6:6을 보라. **19:7** 열둘. 이 숫자는 아마도 새 이스라엘을 상징하는 것 같다. **19:8-12** 에베소에서 바울의 첫 목회는 익숙한 패턴을 따른다. 바울은 자신에게 복합적인 반응을 나타낸 회당에서 설교함으로 그 목회를 시작한다 (13:5의 주석을 보라). 바울은 계속해서 두란노 학당에서 담대하게 증거한다 (4:13의 주석을 보라). 두란노는 아마도 그 학당을 소유한 주인으로 생각된다. 1953쪽 추가 설명: "하나님의 나라"를 보라. *도에* 관해서는 9:1-2를 보라. 예수와

아볼로의 전도활동

24 그런데 알렉산드리아 태생으로 아볼로라
는 유대 사람이 에베소에 왔다. 그는 말을 잘하고,
성경에 능통한 사람이었다. 25 그는 이미 주님
의 '도'를 배워서 알고 있었고, 예수에 관한 일을
열심히 말하고 정확하게 가르쳤다. 그렇지만 그
는 요한의 [ㄱ]세례밖에 알지 못하였다. 26 그가 회
당에서 담대하게 말하기 시작하니, 브리스길라와
아굴라가 그의 말을 듣고서, 따로 그를 데려다가,
[하나님의]'도'를 더 자세하게 설명하여 주었다.
27 아볼로는 아가야로 건너가고 싶어하였다. 그
래서 [ㄴ]신도들이 그를 격려하고, 그 쪽 제자들에게
아볼로를 영접하라고 편지를 보냈다. 그는 거기
에 이르러서, 이미 하나님의 은혜로 신도가 된 사
람들에게 큰 도움을 주었다. 28 그가 성경을 가
지고, 예수가 [ㄷ]그리스도이심을 증명하면서, 공중
앞에서 유대 사람들을 힘있게 논박했기 때문이다.

바울의 에베소 전도활동

19 1 아볼로가 고린도에 있는 동안에, 바울은
[ㄹ]높은 지역들을 거쳐서, 에베소에 이르
렀다. 거기서 그는 몇몇 제자를 만나서, 갈라디아
지방과 부르기아 지방을 가리킴 2 "여러분은 믿을
때에, 성령을 받았습니까?" 하고 물었다. 그들은
"우리는 성령이 있다는 말을 들어보지도 못하였
습니다" 하고 대답하였다. 3 바울이 다시 물었다.
"그러면 여러분은 무슨 [ㄱ]세례를 받았습니까?" 그
들이 "요한의 [ㄱ]세례를 받았습니다" 하고 대답하니
4 바울이 말하였다. "요한은 백성들에게 자기 뒤에
오시는 이 곧 예수를 믿으라고 말하면서, 회개의
[ㄱ]세례를 주었습니다." 5 이 말을 듣고, 그들은
주 예수의 이름으로 [ㄱ]세례를 받았다. 6 그리고
바울이 그들에게 손을 얹으니, 성령이 그들에게
내리셨다. 그래서 그들은 [ㅁ]방언으로 말하고 예언
을 했는데, 7 모두 열두 사람쯤 되었다.
8 바울은 회당에 들어가서, 석 달 동안 하나
님 나라의 일을 강론하고 권면하면서, 담대하게
말하였다. 9 그러나 몇몇 사람은, 마음이 완고하
게 되어서 믿으려 하지 않고, 온 회중 앞에서 이
'도'를 비난하므로, 바울은 그들을 떠나, 제자들을
따로 데리고 나가서, 날마다 두란노 학당에서 [ㅂ]강
론하였다. 10 이런 일을 이태 동안 하였다. 아시
아에 사는 사람들은, 유대 사람이나 그리스 사람
이나, 모두 주님의 말씀을 듣게 되었다.

스게와의 아들들

11 하나님께서 바울의 손을 빌어서 비상한
기적들을 행하셨다. 12 심지어 사람들이, 바울
이 몸에 지니고 있는 손수건이나 두르고 있는 앞
치마를 그에게서 가져다가, 앓는 사람 위에 얹기
만 해도 병이 물러가고, 악한 귀신이 쫓겨 나갔다.
13 그런데 귀신 축출가로 행세하며 떠돌아다니
는 몇몇 유대 사람조차도 "바울이 전파하는 예수
를 힘입어서 내가 너희에게 명령한다" 하고 말하
면서, 악귀 들린 사람들에게 주 예수의 이름을 이
용하여 귀신을 내쫓으려고 시도하였다. 14 스게

ㄱ) 또는 '침례' ㄴ) 그, '형제들' ㄷ) 또는 '메시아' ㄹ) 갈라디아 지방과 부르기아 지방을 가리킴 ㅁ) 입신 상태에서 하는 알 수 없는 말 ㅂ) 다른 고대 사본들에는 '오전 열한 시부터 오후 네 시까지 강론하였다'

베드로의 설교가 그랬던 것처럼 (3:6; 5:15-16), 바울의 설교에서도 놀라운 치유의 역사가 일어났다. 2:22를 보라. **19:13-22** 기적은 마술이 아니다. 예수를 힘입어 혹은 예수의 이름으로 (2:38; 눅 9:49-50) 라는 표현은 예수를 따르는 사람들에 의해 불려질 때에만 그 능력이 나타난다. **19:14** 28명의 제사장들의 이름은 헤롯 대왕 이후 1차 폭동이 일어나기까지는 알려지지 않았다. *스게와* 제사장은 이들 중에 없었다. 여기서 "제사장" 스게와는 아마도 제사장으로 선택된 가문의 한 사람이었을 것으로 생각된다. 혹 "아시아의 고관"이었을지도 모른다 (19:31). **19:17** 바울의 행위는 사람들로 하여금 두려움을 갖게 했다 (2:43; 5:5, 11). **19:18-19** 마술을 부리고 책을 파는 행위들은 예수를 믿는 믿음과 병행될 수 없다. **19:21** 바울은 예루살렘 교회를 위해 구제금을 모으기 위해 자신이 *마케도니아와 아가야에* 세운 신앙공동체를 다시 방문한다. 바울이 로마를 방문하려는 계획은 이야기 마지막 부분에 나온다. 누가는 하나님의 구원계획의 필요성을 강조하기 위해 "꼭"이라는 단어를 사용한다. **19:22** *디모데.* 그는 16:1에 처음 등장한다. *에라스도.* 롬 16:23에 언급된 시의 회계였을 것이다. **19:23-41** 바울의 설교는 다시 한 번 대중의 반대를 유발시키는데, 이로 인해 결국 다른 지역으로 떠나게 된다. **19:23** 도에 관해서는 9:2를 참조하라. **19:24** 풍요의 여신인 *아데미* (로마 사람들은 다이아나라고 부름) 신상은 고대 세계 7대 불가사의 중에 하나다. 은장이들은 바울의 에베소와 온 소아시아 지역의 선교 때문에 많은 손해를 보았다. **19:26** 스데반 역시 이와 비슷한 고소를 당한다 (7:48을 보라). 또한 17:24-25, 29를 보라. **19:27** *데메드리오.* 그는 처음에 은장이 사업으로 시작해서 다

와라는 유대인 제사장의 일곱 아들도 이런 일을
하였는데, 15 귀신이 그들에게 "나는 예수도 알고,
바울도 알지만, 당신들은 도대체 누구요?" 하고
말하였다. 16 그리고서 악귀 들린 사람이 그들
에게 달려들어, 그들을 짓눌러 이기니, 그들은 몸
에 상처를 입고서, 벗은 몸으로 그 집에서 도망하
였다. 17 이 일이 에베소에 사는 모든 유대 사람과
그리스 사람에게 알려지니, 그들은 모두 두려워
하고, 주 예수의 이름을 찬양하였다. 18 그리고
신도가 된 많은 사람이 와서, 자기들이 한 일을 자
백하고 공개하였다. 19 또 마술을 부리던 많은
사람이 그들의 책을 모아서, 모든 사람 앞에서 불
살랐다. 책값을 계산하여 보니, 은돈 오만 닢에 맞
먹었다. 20 이렇게 하여 주님의 말씀이 능력 있게
퍼져 나가고, 점점 힘을 떨쳤다.

에베소에서 일어난 소동

21 이런 일이 있은 뒤에, 바울은 마케도니아
와 아가야를 거쳐 예루살렘으로 가기로 마음에 작
정하고 "나는 거기에 갔다가, 로마에도 꼭 가 보
아야 하겠습니다" 하고 말하였다. 22 그래서 자
기를 돕는 사람들 가운데서 디모데와 에라스도 두
사람을 마케도니아로 보내고, 자기는 얼마 동안
ㄱ)아시아에 더 머물러 있었다.
23 그 무렵에 주님의 '도' 때문에 적지 않은
소동이 일어났다. 24 데메드리오라고 하는 은장
이가 은으로 아데미 여신의 모형 신전들을 만들어
서, 직공들에게 적지 않은 돈벌이를 시켜주었다.
25 그가 직공들과 이런 일에 종사하는 사람들을
모아 놓고 말하였다. "여러분, 여러분이 아시는
바와 같이, 우리는 이 사업으로 잘 살고 있습니다.
26 그런데 여러분이 보고 듣는 대로, 바울이라는
이 사람이 에베소에서뿐만 아니라, 거의 온 ㄱ)아시
아에 걸쳐서, 사람의 손으로 만든 신은 신이 아니
라고 말하면서, 많은 사람을 설득해서 마음을 돌
려놓았습니다. 27 그러니 우리의 이 사업이 명
성을 잃을 위험이 있을 뿐만 아니라, 위대한 아데
미 여신의 신전도 무시당하고, 또 나아가서는 온
ㄱ)아시아와 온 세계가 숭배하는 이 여신의 위신이
땅에 떨어지고 말 위험이 있습니다."
28 거기에 서 있는 사람들이 이 말을 듣고 격
분해서 "에베소 사람의 아데미 여신은 위대하다!"
하고 소리를 질렀다. 29 그래서 온 도시는 큰 혼
란에 빠졌고, 군중이 바울의 동행자들인 마케도
니아 사람 가이오와 아리스다고를 붙잡아서 한꺼
번에 극장으로 몰려 들어갔다. 30 바울이 군중
속에 들어가려고 하였으나, 제자들이 그것을 말
렸다. 31 바울에게 호감을 가진 ㄴ)아시아의 몇몇
고관들도 사람을 보내서, 바울에게 극장에 들어
가지 말라고 권하였다. 32 극장 안에서는, 더러
는 이렇게 외치고, 더러는 저렇게 외치는 바람에,
모임은 혼란에 빠지고, 무엇 때문에 자기들이 모
여들었는지조차 알지 못하는 사람이 많았다.
33 유대 사람들이 알렉산더를 앞으로 밀어내니,
군중 가운데서 몇 사람이 그를 다그쳤다. 알렉산
더가 조용히 해 달라고 손짓을 하고서, 군중에게
변명하려고 하였다. 34 그러나 군중은 알렉산더가
유대 사람인 것을 알고는, 모두 한 목소리로 거의
두 시간 동안이나 "에베소 사람의 아데미 여신은
위대하다!" 하고 외쳤다. 35 드디어 시청 서기관
이 무리를 진정시키고 나서 말하였다. "에베소 시
민 여러분, 우리의 도시 에베소가 위대한 아데미

ㄱ) 오늘날의 소아시아의 서남부에 위치한 로마의 행정 구역인 아시아 주를 가리킴 ㄴ) 아시아의 제의 동맹의 대제관들인 듯함

음에는 모형신전을 만드는 사교종파로 그리고 마침내 도시 전체의 경제를 장악하게 된다. **19:29** 24,000여 명을 수용하는 극장은 연극 공연뿐 아니라 정치 집회장소로도 사용되었다. 만일 *가이오가* 20:4에 등장하는 *아리스다고와* 함께 등장하는 가이오와 동일인물이라면, 그는 더베로부터 환영받는 사람이다. 그러나 마케도니아에서 바울과 함께 한 사람이기에 여기서 그는 *마케도니아* 사람이라고 불린다. 롬 16:23; 고전 1:14를 보라. 아리스다고는 데살로니가 출신으로 (27:2) 바울의 동역자로 (몬 24절), 또 함께 감옥에 갇히기도 하였다 (골 4:10). **19:31** *아시아의 몇몇 고관들.* 이 고관들은 종교 관리들이었거나 또는 에베소에서 만난 시민단체를 대표하는 사람들이었을 것이다. **19:33-34** *알렉산더.* 그는 아마도 딤전 1:20과 딤후 4:14에 언급된 인물과 동일인물이 아닐 것으로 생각된다. 군중들은 누가 그리스도인이고 누가 유대 사람이었음을 구분할 수 없었을 것이다. **19:35** 에베소는 로마제국에서 공인된 황제 숭배의 센터 중에 하나였다. 그래서 수많은 아데미 여신상이 조각되어 전시되어 있었다. *하늘에서 내린 그 신상은* 아마도 운석(meteor)으로 만들어진 상을 말하는 것 같다. 아데미 여신을 예배함은 합법화된 종교행위로 하늘로부터 기원되었다는 점을 말하고 있다. **19:38-41** *시청 서기관은* 이 소동을 해결하기 위해 소동보다는 소위 적법 절차를 선호한다. 그는 로마 당국이 소동을 치안방해로 여겨 에베소 사람들에게 준 공공 혜택을 취소할 것을 두려워했다.

여신과 하늘에서 내린 그 신상을 모신 신전 수호
자임을 모르는 사람이 어디 있습니까? 36 이것
은 부인할 수 없는 사실이니, 여러분은 마땅히 진
정하고, 절대로 경솔한 행동을 해서는 안됩니다.
37 신전 물건을 도둑질한 사람도 아니요 ㄱ)우리
여신을 모독한 사람도 아닌 이 사람들을, 여러분
은 여기에 끌고 왔습니다. 38 그러므로 데메드
리오와 그와 함께 있는 직공들이 누구를 걸어서
송사할 일이 있으면, 재판정도 열려 있고, 총독들
도 있으니, 당사자들이 서로 고소도 하고, 맞고소
도 해야 할 것입니다. 39 여러분이 이 이상으로
해결하고자 하는 어떤 문제가 있으면, 그것은 정
식 집회에서 처리되어야 할 것입니다. 40 우리는
오늘 일어난 이 일 때문에, 소요죄로 문책을 받을
위험이 있습니다. 우리는 이 소요를 정당화할 수
있는 아무런 명분이 없습니다." 41 이렇게 말하
고서, 그는 모임을 해산시켰다.ㄴ)

바울의 마케도니아와 그리스 여행

20 1 소동이 그친 뒤에, 바울은 제자들을 불
러오게 해서, 그들을 격려한 뒤에, 작별
인사를 하고, 마케도니아로 떠나갔다. 2 바울은
그 곳의 여러 지방을 거쳐가면서, 여러 가지 말로
ㄷ)제자들을 격려하고, 그리스에 이르렀다. 3 거
기서 그는 석 달을 지냈다. 바울은 배로 시리아로
가려고 하는데, 유대 사람들이 그를 해치려는 음
모를 꾸몄으므로, 그는 마케도니아를 거쳐서 돌
아가기로 작정하였다. 4 그 때에 그와 동행한 사
람은 부로의 아들로서, 베뢰아 사람 소바더와 데
살로니가 사람 가운데서 아리스다고와 세군도와
더베 사람 가이오와 디모데, 그리고 아시아 사람
두기고와 드로비모였다. 5 이들이 먼저 가서, 드
로아에서 우리를 기다리고 있었다. 6 우리는 무
교절 뒤에 배를 타고 빌립보를 떠나, 닷새만에 드
로아에 이르러, 그들에게로 가서, 거기서 이레 동
안을 지냈다.

유두고를 살리다

7 ㄹ)주간의 첫 날에, 우리는 빵을 떼려고 모
였다. 바울은 그 다음 날 떠나기로 되어 있어서 신
도들에게 강론을 하는데, 강론이 밤이 깊도록 계
속되었다. 8 우리가 모인 위층 방에는, 등불이
많이 켜져 있었다. 9 유두고라는 청년이 창문에
걸터앉아 있다가, 바울의 말이 오랫동안 계속되
므로, 졸음을 이기지 못하고 몹시 졸다가 삼 층에서
떨어졌다. 사람들이 일으켜 보니, 죽어 있었다.
10 바울이 내려가서, 그에게 엎드려, 끌어안고
말하기를 "소란을 피우지 마십시오. 아직 목숨이
붙어 있습니다" 하였다. 11 바울은 위층으로 올
라가서, 빵을 떼어서 먹고 나서, 날이 새도록 오
래 이야기하고 떠나갔다. 12 사람들은 그 살아
난 청년을 집으로 데리고 갔다. 그래서 그들은 적
지 않게 위로를 받았다.

ㄱ) 다른 고대 사본들에는 '너희의' ㄴ) 원문에는 41절이 없다 ㄷ) 그, '그들을' ㄹ) 또는 '안식일 밤에' 또는 '토요일에' 또는 '주일에'

20:1-6 바울은 *마케도니아*로 돌아온다 (16:9). 그리고 그리스에 있던 고린도에 머무는데 가이오가 그를 초대한다 (롬 16:23; 고전 16:5-6). **20:4** 비록 누가가 여기서 언급하고 있지는 않았지만, 바울을 동행한 사람들은 곤경에 빠진 예루살렘 그리스도인들을 위해 마케도니아와 그리스에서 모은 구제금을 가지고 가는 바울의 경호원들처럼 행동했다 (24:17; 고전 16:1-2; 고후 9:4). *아리스다고와 가이오.* 이들에 대해서는 19:29를 보라. *디모데.* 16:1을 보라. *두기고.* 이 사람은 아마도 골 4:7; 엡 6:21; 딤후 4:12에 언급된 인물과 동일인물이라고 여겨진다. **20:5** 여기서부터 또 다른 "우리 부분"이 시작되고, 15절까지 계속된다. 드로아에 관해서는 16:8을 보라. **20:6** 무교절에 관해서는 12:3을 보라. **20:7-12** 바울이 *유두고*(행운을 뜻함)를 살려낸 기사는 베드로가 다비다를 살려낸 기사 (9:36-41)와 예수님이 과부의 아들을 살려낸 기사(눅 7:11-17; 또한 왕상 17:17-24; 왕하 4:35)를 연상케 해준다. **20:8** 누가는 사도 바울의 긴 설교 때문이 아니라, 기름 등불에서 나오는 향 때문에 유두고가 떨어졌다고 말하는 것 같다.

20:13-16 사도 바울은 *드로아로부터* 에게 해의 서남쪽에 있는 항구 도시인 *앗소(Assos)*로 가고, 소아시아 해안에서 벗어나 다시 에게 지역의 레스보 섬에 있는 *미둘레네(Mitylene)*로 간다. 바울은 서머나 (계 2:8-11) 맞은편에 있는 *기오에* 이르고, 에베소 남서쪽에 있는 사모에 들린다. *밀레도*는 에베소 남쪽 30마일에 위치했다. **20:17-38** 오로지 그리스도인들에게만 행해진 바울의 세 번째 설교가 소위 "우리 부분" 사이에 놓여있다. 이 설교는 바울 자신이 과거 사역들을 회상하고, 현재 상황에 대해 이야기하고, 미래 지도자들을 임명하고, 권고하고 신도들을 축복하는 다른 고별설교들의 전형적인 유형을 따른다. (창 49:1-17; 신 33:1-29; 수 23—24장; 요 17장). 바울 사역의 패턴은 에베소 장로들에게 모델이 된다. 고별설교는 구약성경을 참

드로아에서 밀레도까지의 항해

13 우리는 배에 먼저 가서, 배를 타고 앗소를
향하여 떠났다. 우리는 거기에서부터 바울을 배에
태울 작정이었다. 바울이 앗소까지 걸어가고자
했기 때문에 그렇게 정한 것이었다. 14 우리는
앗소에서 바울을 만나서 그를 배에 태우고 미둘레
네로 갔다. 15 그리고 우리는 거기에서 떠나서,
이튿날 기오 맞은편에 이르고, 다음날 사모에 들
렀다가, ㄱ)그 다음 날 밀레도에 이르렀다. 16 이런
행로를 취한 것은, 바울이 아시아에서 시간을 허
비하지 않으려고, 에베소에 들르지 않기로 작정
하였기 때문이다. 그는 할 수 있는 대로, 오순절
까지는 예루살렘에 도착하려고 서둘렀던 것이다.

바울이 에베소에서 고별 설교를 하다

17 바울이 밀레도에서 에베소로 사람을 보내
어, 교회 장로들을 불렀다. 18 장로들이 오니,
바울이 그들에게 말하였다. "여러분은, 내가 아시
아에 발을 들여놓은 첫날부터, 여러분과 함께 그
모든 시간을 어떻게 지내왔는지를 잘 아십니다.
19 나는 겸손과 많은 눈물로, 주님을 섬겼습니다.
그러는 가운데 나는 또, 유대 사람들의 음모로 내게
덮친 온갖 시련을 겪었습니다. 20 나는 또한 유
익한 것이면 빼놓지 않고 여러분에게 전하고, 공
중 앞에서나 각 집에서 여러분을 가르쳤습니다.
21 나는 유대 사람에게나 그리스 사람에게나
똑같이, 회개하고 하나님께로 돌아올 것과 우리
주 예수를 믿을 것을, 엄숙히 증언하였습니다.
22 보십시오. 이제 나는 ㄴ)성령에 매여서, 예루살
렘으로 가는 길입니다. 거기서 무슨 일이 내게 닥
칠지, 나는 모릅니다. 23 다만 내가 아는 것은,
성령이 내게 일러주시는 것뿐인데, 어느 도시에
서든지, 투옥과 환난이 나를 기다리고 있다는 것
입니다. 24 그러나 내가 나의 달려갈 길을 다 달
리고, 주 예수께 받은 사명, 곧 하나님의 은혜의
복음을 증언하는 일을 다하기만 하면, 나는 내 목
숨이 조금도 아깝지 않습니다.

25 나는 여러분 가운데로 들어가서, 그 나라를
선포하였습니다. 그런데 이제 나는 여러분 모두
가 내 얼굴을 다시는 보지 못하리라는 것을 알고
있습니다. 26 그러므로 나는 오늘 여러분에게
엄숙하게 증언합니다. 여러분 가운데서 누가 구
원을 받지 못하는 일이 있더라도, 내게는 아무런
책임이 없습니다. 27 그것은, 내가 주저하지 않고
여러분들에게 하나님의 모든 경륜을 전해 주었기
때문입니다. 28 여러분은 자기 자신을 잘 살피고
양 떼를 잘 보살피십시오. 성령이 여러분을 양 떼
가운데에 감독으로 세우셔서, ㄷ)하나님께서 자기
아들의 피로 사신 교회를 돌보게 하셨습니다.
29 내가 떠난 뒤에, 사나운 이리들이 여러분 가
운데로 들어와서, 양 떼를 마구 해하리라는 것을
나는 압니다. 30 바로 여러분 가운데서도, 제자
들을 이탈시켜서 자기를 따르게 하려고, 어그
러진 것을 말하는 사람들이 나타날 것입니다.
31 그러므로 여러분은 깨어 있어서, 내가 삼 년
동안 밤낮 쉬지 않고 각 사람을 눈물로 훈계하던
것을 기억하십시오. 32 나는 이제 하나님과 그의
은혜로운 말씀에 여러분을 맡깁니다. 하나님의

ㄱ) 다른 고대 사본들에는 '드로길리움에 머무른 뒤에 그 다음날 밀레도에'
ㄴ) 그, '영' ㄷ) 다른 고대 사본들에는 '주님께서'

고로 하는데 바울 자신의 편지에서 주제들은 여러 번 암시적으로 등장한다. **20:17** 장로들에 대해서는 14:23에 관한 주석을 보라. **20:19** 겸손과 고통으로 섬김에 관해서는 롬 12:11-12; 빌 2:3을 보라. **20:21** 유대 사람에게 먼저 설교함에 관해서는 13:5의 주석을 보라. 회개에 관해서는 2:38의 주석을 보라. **20:22** 이 구절은 예수가 예루살렘으로 향하여 가는 것을 연상케 한다 (눅 9:31, 51; 23:26-31). 도. 이것에 관해서는 9:2에 관한 주석을 보라. 바울은 계속해서 성령에 의해 인도를 받는다 (13:2, 4, 9; 16:6-7; 19:21). **20:23** 바울의 고난은 9:16에 이미 예견되었다. **20:24** 고전 9:24-27; 고후 4:7-12; 빌 1:20-23을 보라. **20:25** 1953쪽 추가 설명: "하나님의 나라"를 보라. **20:26** 18:6을 보라. **20:28** 누가는 *감독*을 *장로*라는 단어와 번갈아 사용한다. 딛 1:5-7에서도 비슷하다. 감독, 장로, 집사 목사 역할의 구분은 후대에 와서 생긴다. 또한 행 1:20; 딤전 3:2를 보라. **20:29** 사 43:21; 시 74:2는 하나님을 사람들을 얻는 분으로 묘사한다. 29절을 하나님이 피의 제사 혹은 아들의 죽음을 원하신다고 해석해서는 안 된다. **20:30** 후에 바울을 따르는 사람들이 쓴 편지들과 (엡 5:6-14; 골 2:8) 목회서신 (딤전 1:19-20; 4:1-3; 딤후 1:15), 그리고 요일 2:19 역시 잘못된 가르침의 위험성을 지적한다. **20:31** 깨어 있으라는 훈계는 눅 12:37-39를 반영한다. **20:33** 바울은 자신의 이익을 위해 설교하지 않는다 (고전 9:4-12, 15; 고후 7:2; 11:8-9; 빌 4:10-11을 보라). **20:34** 바울이 *자신의* 손으로 일한 것에 대해서는 18:3에 관한 주석을 보라. **20:35** 복음서에는 "주는 것이 받는 것보다 더 복이 있다"고 한 예수의 말이 없다.

말씀은 여러분을 튼튼히 세울 수 있고, 거룩하게
된 모든 사람들 가운데서 여러분으로 하여금 유업
을 차지하게 할 수 있습니다. 33 나는 누구의 은
이나 금이나 옷을 탐낸 일이 없습니다. 34 여러
분이 아는 대로, 나는 나와 내 일행에게 필요한
것을 내 손으로 일해서 마련하였습니다. 35 나
는 모든 일에서 여러분에게 본을 보였습니다. 이
렇게 힘써 일해서 약한 사람을 도와주는 것이 마
땅합니다. 그리고 주 예수께서 친히 '주는 것이 받
는 것보다 더 복이 있다' 하신 말씀을 반드시 명심
해야 합니다." 36 바울은 말을 마치고 나서, 무
릎을 꿇고 그들과 함께 기도하였다. 37 그리고
모두 실컷 울고서, 바울의 목을 끌어안고, 입을 맞
추었다. 38 그들을 가장 마음 아프게 한 것은, 다
시는 자기의 얼굴을 볼 수 없으리라고 한 바울의 말
이었다. 그들은 배타는 곳까지 바울을 배웅하였다.

바울의 예루살렘 여행

21 1 우리는 그들과 작별하고, 배를 타고
곧장 항해해서 고스에 도착하였다. 이튿
날 로도에 들렀다가, 거기에서 ㄱ)바다라로 갔다.
2 우리는 페니키아로 가는 배를 만나서, 그것을
타고 떠났다. 3 키프로스 섬이 시야에 나타났을
때에, 우리는 그 섬을 왼쪽에 두고 시리아로 행선
하여 두로에 닿았다. 그 배는 거기서 짐을 풀기로
되어 있었다. 4 우리는 두로에서 제자들을 찾아서
만나고, 거기서 이레를 머물렀다. 그런데 그들은
성령의 지시를 받아서, 바울에게 예루살렘에 올
라가지 말라고 간곡히 말하였다. 5 그러나 머물
날이 다 찼을 때에, 우리는 그 곳을 떠나 여행 길
에 올랐다. 모든 제자가 그들의 아내와 아이들과
함께, 우리를 성 밖에까지 배웅하였다. 바닷가에서
우리는 무릎을 꿇고 기도를 하고, 6 서로 작별
인사를 나누었다. 그리고 우리는 배에 올랐고, 그
들은 제각기 집으로 돌아갔다.

7 우리는 두로에서 출항하여, 항해를 ㄴ)끝마
치고 돌레마이에 이르렀다. 거기서 우리는 ㄷ)신도
들에게 인사하고, 그들과 함께 하루를 지냈다.
8 이튿날 우리는 그 곳을 떠나서, 가이사랴에 이
르렀다. 일곱 사람 가운데 한 사람인 전도자 빌립
의 집에 들어가서, 그와 함께 머물게 되었다.
9 이 사람에게는 예언을 하는 처녀 딸이 넷 있었
다. 10 우리가 여러 날 머물러 있는 동안에, 아
가보라는 예언자가 유대에서 내려와, 11 우리에
게 와서, 바울의 허리띠를 가져다가, 자기 손과 발
을 묶고서 말하였다. "유대 사람이 예루살렘에서
이 허리띠 임자를 이와 같이 묶어서 이방 사람의
손에 넘겨 줄 것이라고, 성령이 말씀하십니다."
12 이 말을 듣고, 그 곳 사람들과 함께 우리는,
바울에게 예루살렘으로 올라가지 말라고 간곡히
만류하였다. 13 그 때에 바울이 대답하였다. "왜
들 이렇게 울면서, 내 마음을 아프게 하십니까?
나는 주 예수의 이름을 위해서, 예루살렘에서 결
박을 당할 것뿐만 아니라, 죽을 것까지도 각오하고

ㄱ) 다른 고대 사본들에는 '바다라와 미라' ㄴ) 또는 '계속하여'
ㄷ) 그, '형제들'

21:1-16 또 다른 "우리 부분"(서론을 보라)은 고스, 로도, 그리고 소아시아 지역의 *바다라를* 경유하는 바울의 예루살렘 여행 이야기로 시작된다. **21:3** 그들은 *키프로스의* 남쪽을 향해하여 페니키아의 가장 중요한 항구 도시들 중의 하나인 *두로에* 도착한다. 12:20에 관한 주석을 보라. **21:7** *돌레마이.* 아코 만에 있으며 두로 남쪽 30마일에 위치했다. **21:8** *가아사랴에* 관해서는 8:40을 보라. *빌립.* 이 사람은 6:5에서 구호음식을 나누어주는 사역을 위해 선택된 사람 중 하나였다. 그의 최초 전도는 사마리아에서 행해졌고 (8:4-13), 그리고 에티오피아 내시를 전도한다 (8:26-40). **21:9** 누가는 빌립의 딸이 한 예언자적 사역에 대해서는 언급하지 않는다. 9장의 추가 설명 "누가복음과 사도행전에 나타난 여성들"을 보라. **21:10** *아가보.* 이 사람은 11:28에 이미 등장했던 사람이다. **21:11** 이전 예언자들이 그러했던 것처럼 (사 20:2; 겔 4:1; 렘 13:1-3; 16:1-4), 아가보는 예언을 선포한다. **21:13-14** 예수의 이름에 관해서는 2:38의 주석을 보라. 이는 예수 자신의 수난 예고와 (눅 18:31-34) 겟세마네의 기도(눅 22:42)를 반영한다. **21:16** 바울은 초기 목회를 *키프로스에서* 한다 (13:1-13).

21:17-26 3차 선교여행은 바울이 예루살렘에 도착하면서 끝나며, 거기서 야고보(15:13에 나온 사람)를 만나고 장로들을 만난다. 누가는 구제금에 대해 언급하지 않는다 (롬 15:25-27; 고전 16:1-4; 고후 8—9장; 갈 2:10과 비교하라). 바울은 야고보에게 이방 사람들 가운데서 잘 되어진 일에 대해 말하고, 야고보는 유대 공동체 안에서 일어난 경과에 대해 말한다. 이 두 그룹 사이의 긴장과 갈등은 여전했음이 명백하다. 왜냐하면 예루살렘에 있는 유대출신 그리스도인들은 모세의 율법을 계속 지켰기 때문이다. 바울은 자신이 계속해서 모세의 율법을 존중할 것이라는 것을 명백하게 함으로 자신이 받은 처음 환영이 계속될 것을 확신한다. **21:21** 24:5를 보라. **21:23** 바울이 이와 유사한 나사렛 서약을 한 18:18을 보라. **21:25** 바울은 15:22-29의 보내진 편지에 관해 알게 된다. **21:26** 바울이 개종자를 얻기

있습니다." 14 바울이 우리의 만류를 받아들이
지 않으므로, 우리는 "주님의 뜻이 이루어지기를
빕니다" 하고는 더 말하지 않았다.
15 이렇게 거기서 며칠을 지낸 뒤에, 우리는
행장을 꾸려서 예루살렘으로 올라갔다. 16 가이
사랴에 있는 제자 몇 사람도 우리와 함께 갔다. 그
들은 우리가 묵어야 할 집으로 우리를 안내하여,
나손이라는 사람에게 데려다 주었다. 그는 키프
로스 사람으로 오래 전에 제자가 된 사람이었다.

바울이 야고보를 방문하다

17 우리가 예루살렘에 이르니, 형제들이 우
리를 반가이 맞아 주었다. 18 이튿날 바울은 우
리와 함께 야고보를 찾아갔는데, 장로들이 다 거
기에 있었다. 19 바울은 그들에게 인사한 뒤에,
자기의 봉사 활동을 통하여 하나님께서 이방 사람
가운데서 행하신 일을 낱낱이 이야기하였다.
20 그들은 이 말을 듣고서, 하나님께 영광을 돌
리고, 바울에게 말하였다. "형제여, 당신이 보는 대
로, 유대 사람 가운데는 믿는 사람이 수만 명이나 되
는데, 그들은 모두 율법에 열성적인 사람들입니
다. 21 그런데 그들이 당신을 두고 하는 말을 소
문으로 듣기로는, 당신이 이방 사람 가운데서 사
는 모든 유대 사람에게 할례도 주지 말고 유대 사
람의 풍속도 지키지 말라고 하면서, 모세를 배척
하라고 가르친다는 것입니다. 22 그러니 어떻게
하면 좋겠습니까? 그들은 틀림없이 당신이 왔다
는 소식을 들을 것입니다. 23 그러므로 당신은
우리가 말하는 대로 하십시오. 우리 가운데서 하
나님 앞에 스스로 맹세한 사람이 넷 있습니다.
24 이 사람들을 데리고 가서, 함께 정결 예식을
행하고, 그들이 머리를 깎게 하고, 그 비용을 대
십시오. 그러면 사람들은 모두, 당신의 소문이 전
혀 사실이 아니며, 도리어 당신이 율법을 지키며
바로 살아가고 있다는 것을 알게 될 것입니다.
25 신도가 된 이방 사람들에게는, 우상의 제물과
피와 ㄱ)목매어 죽인 것과 음행을 삼가야 한다는 것
을, 우리가 결정해서 써 보냈습니다." 26 그래서
바울은 그 다음날 그 네 사람을 데리고 가서, 함께
정결 예식을 한 뒤에, 성전으로 들어갔다. 그리고
정결 기한이 차는 날짜와 각 사람을 위해서 예물을
바칠 날짜를 신고하였다.

바울이 체포되다

27 그 이레가 거의 끝나갈 무렵에, ㄴ)아시아
에서 온 유대 사람들이 성전에서 바울을 보고,
군중을 충동해서, 바울을 붙잡아 놓고, 28 소리
쳤다. "이스라엘 동포 여러분, 합세하여 주십시오.
이 자는 어디에서나 우리 민족과 율법과 이 곳을
거슬러서 사람들을 가르칩니다. 더욱이 이 자는
그리스 사람들을 성전에 데리고 들어와서, 이 거
룩한 곳을 더럽혀 놓았습니다." 29 이는 그들이
에베소 사람 드로비모가 바울과 함께 성내에 있는
것을 전에 보았으므로, 바울이 그를 성전에 데리고
들어왔으리라고 생각하였기 때문이다. 30 그래서
온 도시가 소란해지고, 백성들이 몰려들어서 바
울을 잡아 성전 바깥으로 끌어내니, 성전 문이 곧
닫혔다. 31 그들이 바울을 죽이려고 할 때에, 온

ㄱ) 다른 고대 사본들에는 '목매어 죽인 것'이 없음 ㄴ) 당시의 로마 제국의 행정 구역으로 오늘날 소아시아의 서남부에 소재했음

위한 수단으로 타협 혹은 조정을 말하는 고전 9:19-23을 참조하라.

21:27-40 바울은 자신 때문에 생긴 소동 사건들이 일어나 (13:50; 14:2, 5, 19; 17:5-9; 18:12-17) 그 지역을 떠나 다른 지역으로 이동한다. 비록 누가는 바울의 사형집행에 대해서는 언급하고 있지는 않지만, 예수님의 생애에서 예루살렘의 소동처럼, 이 절정에 이르는 소동 사건으로 인하여 체포된 바울은 결국 죽음으로 이어지게 된다. 바울의 죄명은 복합적이다. 바울은 이스라엘의 대부분 사람들과 모세 율법과 회당에 위협적인 인물이다. 이것이 바울로 하여금 자신을 변호하도록 만든다. **21:27** 이 사람들은 아마도 24:19에 언급된 선동자들, 즉, 흩어져 살던 유대 사람들이었을 것이다. **21:28** 바울의 죄목들은 스데반의 죄목과 유사하다 (6:11-14). 성전 주위의 건축 난간에는 희랍어와 라틴어로 비유대 사람들이 이 곳에 들어올 경우 죽음을 당한다는 경고가 붙어있었다. **21:29** 드로비모에 관해서는 20:4를 보라. **21:30** 비록 초대 그리스도인들이 계속해서 성전에서 예배드리고 (2:46; 3:1), 설교하고 (3:11-26), 병자들을 치유하였지만 (3:2-10), 성전 문이 곧 닫혔다는 것은 이제 유대교와 기독교가 단절되었음을 상징한다. **21:33** 12:6에서 베드로 역시 이와 비슷한 사고 방지책을 취하고 있다. **21:36** 이는 누가복음서 23:18에 기록된 빌라도를 향한 폭도들의 아우성 소리와 같다. **21:37** 흩어져 살던 유대 사람이었던 바울의 첫 번째 언어는 희랍어였다. 또한 그는 히브리어도 하였다 (40절; 빌 3:5). **21:39** 다소에 관해서는 9:11을 보라. **21:40** 아마도 바울은 1세기 당시 팔레스타인 사람들이 사용했던 히브리어와 매우 유사한 아람어로 연설했을 것이다.

예루살렘이 소요에 휘말려 있다는 보고가 천부장
에게 올라갔다. 32 그는 곧 병사들과 백부장들을
거느리고, 그 사람들에게로 달려갔다. 그들은 천
부장과 군인들을 보고, 바울을 때리는 것을 멈추
었다. 33 천부장이 가까이 가서, 바울을 체포하
였다. 그리고 그는 부하들에게 쇠사슬 둘로 바울을
결박하라고 명령하고, 그가 어떤 사람이며, 또 무
슨 일을 하였는지를 물었다. 34 그러나 무리 가
운데서 사람들이 저마다 다른 소리를 질렀다. 천
부장은 소란 때문에 사건의 진상을 알 수 없었으
므로, 바울을 병영 안으로 끌고 가라고 명령하였다.
35 바울이 층계에 이르렀을 때에는 군중이 하도
난폭하게 굴었기 때문에, 군인들이 그를 둘러메
고 가야 하였다. 36 큰 무리가 따라오면서 "그
자를 없애 버려라!" 하고 외쳤다.

바울이 스스로 변호하다

37 바울이 병영 안으로 끌려 들어갈 즈음에,
그는 천부장에게 "한 말씀 드려도 됩니까?" 하고
물었다. 천부장이 "당신은 그리스 말을 할 줄 아오?
38 그러면 당신은 얼마 전에 폭동을 일으키고 사
천 명의 자객을 이끌고 광야로 나간 그 이집트 사
람이 아니오?" 하고 반문하였다. 39 바울이 대
답하였다. "나는 길리기아의 다소 출신의 유대 사
람으로, 그 유명한 도시의 시민입니다. 저 사람들
에게 내가 한 마디 말을 하게 허락해 주십시오."
40 천부장이 허락하니, 바울은 층계에 서서, 무
리에게 손을 흔들어 조용하게 하였다. 잠잠해지자,
바울은 ㄱ)히브리 말로 연설을 하였다.

22 1 "동포 여러분, 내가 이제 여러분에게
드리는 해명을 잘 들어 주시기 바랍니다."
2 군중들은 바울이 ㄱ)히브리 말로 연설하는 것을
듣고, 더욱더 조용해졌다. 바울은 말을 이었다.
3 "나는 유대 사람입니다. 나는 길리기아의 다소
에서 태어나서, 이 도시 예루살렘에서 자랐고, 가
말리엘 선생의 문하에서 우리 조상의 율법의 엄격
한 방식을 따라 교육을 받았습니다. 그래서 나는
오늘날 여러분 모두가 그러하신 것과 같이, 하나
님께 열성적인 사람이었습니다. 4 나는 이 '도'
를 따르는 사람들을 박해하여 죽이기까지 하였
고, 남자든 여자든 가리지 않고 묶어서 감옥에 넣
었습니다. 5 내 말이 사실임을 대제사장과 모든
장로가 증언하실 것입니다. 나는 그들에게서 다
마스쿠스에 있는 동포들에게 보내는 공문을 받아
서, 다마스쿠스로 길을 떠났습니다. 나는 거기에
있는 신도들까지 잡아서 예루살렘으로 끌어다가,
처벌을 받게 하려고 했던 것입니다."

바울이 자기의 회개를 이야기하다

(행 9:1-19; 26:12-18)

6 "가다가, 정오 때쯤에 다마스쿠스 가까이
에 이르렀는데, 갑자기 하늘로부터 큰 빛이 나를
둘러 비추었습니다. 7 나는 땅바닥에 엎어졌는
데 '사울아, 사울아, 네가 어찌하여 나를 핍박하느
냐?' 하는 소리가 들려왔습니다. 8 그래서 내가
'주님, 누구십니까?' 하고 물었더니, 그는 나에게
대답하시기를 '나는 네가 핍박하는 ㄴ)나사렛 예수

ㄱ) 아람어를 가리킴 ㄴ) 그, '나사렛 사람'

22:1-21 세 번에 걸쳐 언급된 바울의 회심이야기 중에서 이 부분은 그 두 번째 것이다 (9:1-19; 26:12-18). 누가는 처음 부분 다섯 절에서 바리새적 유대교에서 그리스도교가 합법적으로 발전했다는 것을 알리기 위해 바울이 유대 사람이라는 점을 강조한다. 심지어 바울은 체포된 몸으로도 계속해서 전도한다. 증언이라는 주제는 전면에 나타난다 (5, 12, 15, 18, 20절을 보라). 그리고 1:8을 보라. **22:1** 연설의 형태에 대해서는 1:11에 관한 주석을 보라. **22:2** 21:40에 관한 주석을 보라. **22:3** 바울이 다소에서 자라났다고 말하는지 혹은 예루살렘에서 자라났다고 말하는지 명확하지 않다. 행 23:16은 후자임을 암시한다. *가말리엘*은 5:34에서 등장한다. 예수님의 제자들 역시 그에게 사사 받았다고 묘사한다 (눅 8:35; 10:39). 바울은 갈 1:13-14; 빌 3:5-6에서 자신의 열심에 대해 언급한다. **22:4** "도"(the Way)에 관해서는 9:2에 관한 주석을 보라. **22:6** 하늘로부터 내린 큰 빛은 (또한 26:13을 보라) 9장에서는 나타나지 않는다. **22:9** 이 부분의 자세한 내용은 9:7과 다르다. 누가는 바울에게 일어난 사건은 바울과 동행하는 사람들도 확실하게 볼 수 있었다고 말한다. **22:14** 조상의 하나님, 이스라엘의 신실하신 하나님이 바울의 생애와 목회에 역사하신다. 하나님의 뜻에 대해서는 2:23을 보라. *의로우신 분에* 대해서는 3:14에 관한 주석을 보라. **22:16** *주님의 이름에* 대해서는 2:38을 보라. **22:20** 7:58-8:1을 기억하라. **22:21** *멀리 보내겠다.* 이 말은 2:39와 사 57:19를 반영한다.

22:22-29 이야기의 마지막 주요 부분은 바울이 체포당하는 것에서부터 시작한다. **22:22** 사람들이 소리를 지르는 것은 눅 23:18과 유사하다. 21:36을

이다' 하셨습니다. 9 나와 함께 있는 사람들은, 그 빛은 보았으나, 내게 말씀하시는 분의 음성은 듣지 못하였습니다. 10 그 때에 내가 '주님, 어떻게 하라 하십니까?' 하고 말하였더니, 주님께서 내게 말씀하셨습니다. '일어나서, 다마스쿠스로 가거라. 거기에는 네가 해야 할 모든 일을 누가 말해 줄 것이다.' 11 나는 그 빛의 광채 때문에 눈이 멀어서, 함께 가던 사람들의 손에 이끌려 다마스쿠스로 갔습니다.

12 거기에 아나니아라는 사람이 있었습니다. 그는 율법을 따라 사는 경건한 사람으로, 거기에 사는 모든 유대 사람에게 칭찬을 받는 사람이었습니다. 13 그가 나를 찾아와 곁에 서서, '형제 사울이여, 눈을 뜨시오' 하고 나에게 말하였습니다. 그 순간에 나는 시력을 회복하여, 그를 쳐다보았습니다. 14 그 때에 아나니아가 내게 말하였습니다. '우리 조상의 하나님께서 당신을 택하셔서, 자기의 뜻을 알게 하시고, 그 의로우신 분을 보게 하시고, 그분의 입에서 나오는 음성을 듣게 하셨습니다. 15 당신은 그분을 위하여 모든 사람에게 당신이 보고 들은 것을 증언하는 증인이 될 것입니다. 16 그러니 이제 망설일 까닭이 어디 있습니까? 일어나, 주님의 이름을 불러서, ㄱ)세례를 받고, 당신의 죄 씻음을 받으시오.'"

바울이 이방 사람의 사도가 된 경위

17 "그 뒤에 내가 예루살렘으로 돌아와서, 성전에서 기도하는 가운데 황홀경에 빠져 18 주님이 내게 말씀하시는 것을 보았습니다. 그는 말씀하시기를 '서둘러서 예루살렘을 떠나라. 예루살렘 사람들이 나에 관한 네 증언을 받아들이지 않을 것이기 때문이다' 하셨습니다. 19 그래서 내가 말하였습니다. '주님, 내가 주님을 믿는 사람들을 가는 곳마다 회당에서 잡아 가두고 때리고 하던 사실을 사람들이 잘 알고 있습니다. 20 그리고 주님의 증언자인 스데반이 피를 흘리고 죽임을 당할 때에, 나도 곁에 서서, 그 일에 찬동하면서, 그를 죽이는 사람들의 옷을 지키고 있었습니다.' 21 그 때에 주님께서 말씀하시기를 '가라. 내가 너를 멀리 이방 사람들에게로 보내겠다' 하셨습니다."

바울이 로마 시민권의 소유자임을 알리다

22 사람들이 바울의 말을 여기까지 듣고 있다가 "이런 자는 없애 버려라. 살려 두면 안 된다" 하고 소리를 질렀다. 23 그리고 그들은 고함을 치며, 옷을 벗어 던지며, 공중에 먼지를 날렸다. 24 그 때에 천부장이 바울을 병영 안으로 끌어들이라고 명령하였다. 그리고 그는 유대 사람들이 바울에게 이렇게 소리를 지르는 이유를 알아내려고, 바울을 채찍질하면서 캐물어 보라고 하였다. 25 그들이 채찍질을 하려고 바울을 눕혔을 때에, 바울은 거기에 서 있는 백부장에게 "로마 시민을 유죄판결도 내리지 않고 매질하는 법이 어디에 있

ㄱ) 또는 '침례'

보라. **22:23** 고함을 치며 (7:57; 14:14), 자신의 옷을 벗어 던지며 (14:14; 18:6), 공중에 먼지를 날리는 (13:51) 것은 바울과 바울이 전한 말씀에 저항하는 것을 상징하는 행위이다. **22:24** 천부장은 23:26에서 글라우디오 루시아로 확인되었다. **22:25** 로마 시민을 유죄판결도 내리지 않고 채찍질하는 것의 불법성에 대해서는 16:37을 보라.

22:30—23:11 바울은 자신을 변호하는 연설 부분에서 몇몇 바리새파 사람들(23:9)이 바울을 변호하면서 그리스도교가 유대교로부터 발생하여 합법적으로 성장했다는 누가의 주장을 뒷받침한다. 그리스도인으로서의 바울의 삶이 부활하신 예수를 특별하게 체험한 것에서 시작한 것처럼, 그는 그의 삶의 마지막도 예수님으로부터 특별하게 용기를 얻는다. **22:30** 로마 천부장(공동번역은 "파견대장"으로 번역했음)은 산헤드린을 소집하고 바울을 어떻게 처리해야 하는지 조언을 요청한다. 이와 유사한 예수의 재판에 관해서는 22:66—23:1을 보라. **23:2** *아나니아.* 이 사람은 24:1에 다시 나타나는데 기원후 47년부터 49년까지 대제사장 일을 했다. **23:3** 바울은 신 28:22; 겔 13:10-15를 반영하는 유대 저주 문구를 사용한다. 또한 마 23:27을 보라. 바울은 또한 불공정하게 판단함으로 율법을 어기는 (레 19:15) 대제사장을 규탄한다. **23:5** 출 22:28을 보라. **23:6** 사두개파 사람에 관해서는 4:1-2를 보라. 바리새파 사람에 관한 누가의 설명은 1968쪽 추가 설명: "유대 사람들과 이방 사람들"을 보라.

특별 주석

죽음으로부터 부활한다는 것은 누가 시대에는 잘 알려지지 않은 신학적인 주제였다. 시 49:15; 호 6:1-3; 13:14; 사 26:19에 나타나지만 단 12:2-3에서 처음으로 분명하게 나타난다. 17:32를 보라.

소?" 하고 말하였다. 26 백부장이 이 말을 듣고,
천부장에게로 가서 "어떻게 하시렵니까? 이 사람은
로마 시민입니다" 하고 알렸다. 27 그러자 천부
장이 바울에게로 와서 "내게 말하시오. 당신이 로마
시민이오?" 하고 물었다. 바울이 그렇다고 대답
하니, 28 천부장은 "나는 돈을 많이 들여서 이
시민권을 얻었소" 하고 말하였다. 바울은 "나는
나면서부터입니다" 하고 말하였다. 29 그러자
바울을 신문하려고 하던 사람들이 곧 물러갔다.
천부장도 바울이 로마 시민이라는 사실을 알고는,
그를 결박해 놓은 일로 두려워하였다.

바울이 의회 앞에서 해명하다

30 이튿날 천부장은 무슨 일로 유대 사람이
바울을 고소하는지, 그 진상을 알아보려고 하였
다. 그래서 그는 바울의 결박을 풀어주고, 명령을
내려서, 대제사장들과 온 의회를 모이게 하였다.
그리고 그는 바울을 데리고 내려가서, 그들 앞에
세웠다.

23 1 바울이 의회원들을 주목하고 말하였다.
"ㄱ)동포 여러분, 나는 이 날까지 하나님
앞에서 오로지 바른 양심을 가지고 살아왔습니다."
2 이 말을 듣고, 대제사장 아나니아가 곁에 서
있는 사람들에게 바울의 입을 치라고 명령하였다.
3 그러자 바울이 그에게 말하였다. "회칠한 벽이여,
하나님께서 당신을 치실 것이오. 당신이 율법대로
나를 재판한다고 거기에 앉아 있으면서, 도리어
율법을 거슬러서, 나를 치라고 명령하시오?" 4 곁
에 서 있는 사람들이 말하였다. "그대가 하나님
의 대제사장을 모욕하오?" 5 바울이 말하였다.
"ㄱ)동포 여러분, 나는 그가 대제사장인 줄 몰랐소.
성경에 기록하기를 ㄴ)'너의 백성의 지도자를 욕하
지 말아라' 하였소."

6 그런데 바울이 그들의 한 부분은 사두개파
사람이요, 한 부분은 바리새파 사람인 것을 알고
서, 의회에서 큰소리로 말하였다. "ㄱ)동포 여러분,
나는 바리새파 사람이요, 바리새파 사람의 아들
입니다. 나는 지금, 죽은 사람들이 부활할 것이라는
소망 때문에 재판을 받고 있습니다." 7 바울이
이렇게 말하니, 바리새파 사람과 사두개파 사람
사이에 다툼이 생겨서, 회중이 나뉘었다. 8 사두
개파 사람은 부활도 천사도 영도 없다고 하는데,
바리새파 사람은 그것을 다 인정하기 때문이다.
9 그래서 큰 소동이 일어났다. 바리새파 사람 편
에서 율법학자 몇 사람이 일어나서, 바울 편을 들
어서 말하였다. "우리는 이 사람에게서 조금도 잘
못을 찾을 수 없습니다. 만일 영이나 천사가 그에게
말하여 주었으면, 어찌하겠습니까?" 10 싸움이
커지니, 천부장은, 바울이 그들에게 찢길까 염려
하여, 군인더러 내려가서 바울을 그들 가운데서
빼내어, 병영 안으로 데려가라고 명령하였다.

11 그 날 밤에 주님께서 바울 곁에 서서 말
씀하셨다. "용기를 내어라. 네가 예루살렘에서 나의
일을 증언한 것과 같이, 로마에서도 증언하여야
한다."

바울을 죽이려는 음모

12 날이 새니, 유대 사람들이 모의하여, 바
울을 죽이기 전에는 먹지도 마시지도 않겠다고 맹
세하였다. 13 이 모의에 가담한 사람은 마흔 명이
넘었다. 14 그들이 대제사장들과 장로들에게로
가서 말하였다. "우리는 바울을 죽이기 전에는 아
무 것도 입에 대지 않기로 굳게 맹세하였습니다.
15 그러니 이제 여러분은 의회와 짜고서, 바울에

ㄱ) 그, '형제들' ㄴ) '출 22:28

23:8 이 절은 *사두개파 사람들이* 그 어떤 부활의 형태, 즉 천사든 혹은 영이든 그 어느 것도 없다고 하는 반면에, *바리새파 사람들*은 이 두 가지 모두를 믿었다는 점을 말하고 있다. **23:9** 사두개파 사람들이 이러한 질문을 하는 것은 역설적이다. **23:10** 21:34에 기록된 것처럼, 바울은 자신을 보호하기 위해 감옥에 갔다. **23:11** 그를 안심시키는 환상들이 18:9-10; 22:17-18; 27:23-24; 고후 12:1에 기록되어 있다.

23:12-22 예루살렘 유대 사람들의 반대하는 것에서 이 이야기가 절정에 이른다. **23:12** 눅 22:18과 비교하라. **23:20-21** 은밀한 계략 반복은 불안을 최고조에 달하게 한다.

23:23-35 바울은 로마 총독이 있는 가이사랴로 이송된다 (8:40을 보라). 호위 군사의 숫자는 효과를 목적으로 과장되었을 것이다. 로마 역사가 타시투스(Tacitus)에 의하면, *안토니오 벨릭스* 총독은 (52-60년) 잔인하고 권력에 눈이 멀고 노예를 부려먹는 근성이 있었다고 한다. **23:29** 바울이 그 어떤 정치적 범죄에 연루되지 않았다는 사실 그리고 유대 사람들간의 논쟁에 관해서는 18:14-15를 참조하라. **23:31** 예루살렘과 가이사랴 중간에 위치한 *안디바드리(Antipatris)*는 헤롯 대왕이 자기 아버지를 위해 건설한 도시였다. **23:32** 한때 그들은 주로 이방 사람들이 사는 지역에 있었으나, 바울의 생명을 위협하는 적대자들은 현저하게 사라

관한 일을 좀더 정확하게 알아보려는 척하면서,
천부장에게 청원하여, 바울을 여러분 앞에 끌어
내어 오게 하십시오. 우리는 그가 이 곳에 이르기
전에 그를 죽여버릴 준비를 다 해 놓았습니다."
16 그런데 바울의 누이의 아들이 이 음모를 듣고,
서둘러 가서, 병영으로 들어가, 바울에게 그 사실을
일러주었다. 17 그래서 바울은 백부장 가운데
한 사람을 불러 놓고 말하였다. "이 청년을 천부
장에게 인도해 주십시오. 그에게 전할 말이 있습
니다." 18 백부장이 그를 데리고 천부장에게로
가서 말하였다. "죄수 바울이 나를 불러서, 이 청
년이 대장님께 드릴 말씀이 있다고 하면서, 데려다
달라고 부탁해서 데려왔습니다." 19 천부장이 청
년의 손을 잡고, 아무도 없는 데로 데리고 가서 물
어 보았다. "내게 전할 말이 무엇이냐?" 20 그가
대답하였다. "유대 사람들이 바울에 관해서 좀더
정확하게 캐물어 보려는 척하면서, 내일 그를 의
회로 끌어내어 오게 해달라고 대장님께 청하기로
뜻을 모았습니다. 21 그러니 대장님은 그들의
말에 넘어가지 마십시오. 바울을 죽이기 전에는
먹지도 마시지도 않겠다고 맹세한 사람이, 마흔
명 남짓 매복하여 바울을 기다리고 있습니다. 그
들은 지금 준비를 다 하고, 대장님에게서 승낙이
내리기만을 기다리고 있습니다." 22 천부장은
그 청년에게 "이 정보를 내게 제공하였다는 말을
아무에게도 하지 말아라" 하고 당부한 뒤에, 그를
돌려보냈다.

바울을 벨릭스 총독에게 호송하다

23 천부장이 백부장 두 사람을 불러서 명령
하였다. "오늘 밤 아홉 시에 가이사랴로 출발할 수
있도록, 보병 이백 명과 기병 칠십 명과 창병 이
백 명을 준비하여라. 24 또 바울을 벨릭스 총독
에게로 무사히 호송할 수 있도록, 그를 태울 짐승
도 마련하여라." 25 그리고 천부장은 이렇게 편
지를 썼다. 26 "글라우디오 루시아는 삼가 총독
벨릭스 각하께 문안드립니다. 27 이 사람은 유
대 사람들에게 붙잡혀서, 죽임을 당할 뻔하였습
니다. 그런데 나는 그가 로마 시민인 것을 알고,
군대를 거느리고 가서 그를 구해 냈습니다. 28 유
대 사람들이 무슨 일로 그를 고소하는지를 알아보
려고, 나는 그들의 의회로 그를 데리고 갔습니다.
29 나는 그가 유대 사람의 율법 문제로 고소를 당
하였을 뿐이며, 사형을 당하거나 갇힐 만한 아무
런 죄가 없다는 것을 알았습니다. 30 그런데 이
사람을 해하려고 하는 음모가 있다는 정보를 듣고
서, 나는 당장에 그를 총독님께로 보내는 바입니
다. 그리고 그를 고발하는 사람들에게도, 그에 대
한 [일을] 각하 앞에 제소하라고 지시하여 두었습
니다.ㄱ)"

31 군인들은 명령을 받은 대로 바울을 넘겨
받아서, 밤에 안디바드리로 데려갔다. 32 그리
고 이튿날, 기병들에게 그를 호송하게 맡기고, 그
들은 병영으로 돌아왔다. 33 기병들이 가이사랴
에 이르러서, 그 편지를 총독에게 전달하고, 바울
도 그 앞에 데려다가 세웠다. 34 총독은 그 편지
를 읽고 나서, 바울에게 어느 지방 출신인가를 물
어 보았다. 총독은, 바울이 길리기아 출신인 것을
알고 35 "그대를 고소하는 사람들이 도착하면,
그대의 말을 들어보겠네" 하고 말한 뒤에, 그를
ㄴ)헤롯 궁에 가두고 지키라고 명령하였다.

ㄱ) 다른 고대 사본들에는 끝에 '안녕히 계십시오'가 더 있음 ㄴ) 헤롯 대왕이 지은 궁전으로 로마 총독의 관저로 사용되던 건물을 가리킴

졌다. **23:34** *벨릭스*는 자신이 바울을 심문하겠다고 결정한다. **23:35** 기원후 6년 이후로 헤롯의 궁전은 유다의 로마 총독관저로 사용되었다.

24:1-21 *벨릭스* 총독 앞에서 바울은 심문 중에 두 번의 연설을 한다. 첫째는 *더둘로가* 고발하는 내용이고 (2-8절), 두 번째 것은 이에 대한 바울 자신의 변호다 (9-21절). 더둘로는 바울을 염병 같은 자, 유대 사람에게 소란을 일으키는 자 (16:20; 17:6과 비슷함), *나사렛* 도당의 우두머리, 그리고 성전을 파괴하려는 자라고 고발한다 (21:28-30을 참조). 그는 바울을 정치적 위험인물로 묘사한다. 바울은 더둘로의 고발이 전혀 근거가 없으며, 그리고 이는 종교적인 문제이지 정치적 문제가 아니라고 변호한다. 바울은 그리스도교를 로마 정부에 의해서 바리새파나 사두개파와 마찬가지로 합법적 종교로 인정받은 유대교의 한 분파라고 증언한다 (14절 참조). **24:2** *평안에* 관해서는 10:36을 보라. **24:10** 바울은 벨릭스 총독에게 호감을 주기 위해서 전형적인 수사학적 방법으로 자기를 변호하기 시작한다. **24:14-15** 도를 따르는 자로 (9:2를 보라) 바울은 다른 유대인들과 마찬가지로 같은 하나님과 같은 성경을 믿는다. 부활에 대해서는 23:6 주석을 보라. **24:17** 여기서 처음으로 구제금에 관해 언급한다. **24:18** 21:26-30을 기억하라. **24:20** 22:30—23:9를 보라.

24:22-27 *바울*은 감옥에 갇혀 있는 동안에도 계속 전도한다. 바울은 2년 동안 (기원후 58-60년) 감옥

바울을 고소하다

24 1 닷새 뒤에, 대제사장 아나니아가 몇몇
장로와 더둘로라는 변호사와 함께 내려
와서, 총독에게 바울을 고소하였다. 2 바울을 불
러내니, 더둘로가 고발하여 말하였다. "[ㄱ]벨릭스
총독님, 우리는 총독님의 덕분으로 크게 평안을
누리고 있습니다. 그리고 각하의 선견지명의 덕
택으로, 이 나라에서는 개혁을 많이 이룰 수 있었
습니다. 3 우리는 어떤 면으로나, 또 어디에서
나, 이것을 인정하며, 감사하여 마지않습니다.
4 나는 총독님을 오래 방해하지 않겠으니, 너그
러우신 마음으로 우리의 고발을 잠깐 들어주시기
바랍니다. 5 우리가 본 바로는, 이 자는 염병 같은
자요, 온 세계에 있는 모든 유대 사람에게 소란을
일으키는 자요, 나사렛 도당의 우두머리입니다.
6 그가 성전까지도 더럽히려고 하므로, 우리는
그를 붙잡았습니다. [ㄴ](6절 하반부터 8절 상반까지
없음) 8 총독님께서 친히 그를 신문하여 보시면,
우리가 그를 고발하는 이유를 다 아시게 될 것입
니다." 9 그러자 유대 사람도 이에 합세해서, 그의
말이 모두 사실이라고 주장하였다.

바울이 변명하다

10 그 때에 총독이 바울에게 말하라고 머리를
끄덕이니, 바울이 대답하였다. "총독님께서 여러
해 동안 이 나라의 재판장으로 계신 것을, 내가 알
고 있습니다. 그러므로 나는 기쁜 마음으로 내가
한 일을 변호하겠습니다. 11 내가 예루살렘에
예배하러 올라간 지 열이틀밖에 되지 않았다는 것
은, 총독님께서도 곧 아실 수 있습니다. 12 그리고
나를 고발한 사람들은 내가, 성전에서나 회당에
서나 성내에서, 누구와 논쟁을 하거나, 군중을 선
동해서 모으거나, 하는 것을 보지 못하였습니다.
13 지금 그들은 내가 한 일을 들어서 고발하고 있
지만, 총독님께 아무 증거도 제시할 수 없습니다.
14 그러나 나는 총독님께 이 사실을 고백합니다.
그것은 내가, 그들이 이단이라고 하는 그 '도'를
따라 우리 조상의 하나님을 섬기고, 율법과 예언
서에 기록되어 있는 모든 것을 믿는다는 사실입
니다. 15 그리고 나는 하나님께 소망을 두고 있
는데, 나를 고발하는 이 사람들도 그 소망이 이루
어지기를 고대하고 있습니다. 곧 그것은 의로운
사람들과 불의한 사람들의 부활이 장차 있으리라는
것입니다. 16 그러므로 나도 언제나 하나님과
사람들 앞에서 거리낌없는 양심을 가지려고 힘쓰
고 있습니다. 17 나는, 내 겨레에게 구제금을 전
달하고, 하나님께 제물을 바치려고, 여러 해 만에
고국에 돌아왔습니다. 18 그들은, 내가 제물을
바치는 절차로 성전에서 정결예식을 행하는 것을
보았을 뿐이고, 내가 작당을 하거나 소동을 일으
키는 것을 보지 못하였습니다. 19 그 자리에는
[ㄷ]아시아에서 온 몇몇 유대 사람이 있었는데, 내가
한 일을 들어 고발할 것이 있으면, 그 사람들이 총
독님 앞에 나타나서 고발했어야 마땅할 것입니다.
20 그렇지 않으면, 내가 의회 앞에 끌려가서 섰
을 때에, 이 사람들이 내게서 무슨 잘못을 찾아냈
는지, 그것을 말하라고 해 보십시오. 21 다만 나
는 그들 가운데 서서 말하기를 '오늘 내가 여러분
에게 재판을 받고 있는 것은, 죽은 사람들의 부활
과 관련된 문제 때문입니다' 하는 이 한 마디 말을
부르짖었을 뿐입니다."

22 벨릭스는 그 '도'와 관련된 일을 자세히
알고 있었으므로, "천부장 루시아가 내려오거든,
당신들의 소송을 처리하겠소" 하고 말하고서, 신
문을 연기하였다. 23 그리고 백부장에게 명령하
여, 바울을 지키되, 그에게 자유를 주고, 그의 친
지들이 돌보아 주는 것을 막지 말라고 하였다.

ㄱ) 그리스어 본문에는 '벨릭스 총독님'이 없음 ㄴ) 어떤 사본에는 6절 하반절과 7절과 8절 상반절의 내용이 첨가되어 있음. '그래서 우리의 율법대로 재판하려고 했지만, 7. 천부장 루시아가 와서 그를 우리 손에서 강제로 빼앗아 갔습니다. 8. 그리고는 그를 고발하는 사람들에게 총독님께 가라고 명령하였습니다' ㄷ) 19:22 주 참조

에서 지나게 된다. 고대 사회에서는 오직 재판을 기다리는 사람을 분리시키는 목적으로 감옥에 가두었다. 만약 유죄판결을 받게 되면, 그 사람을 감옥에 가두어 두지 않고 처형시키거나 유배를 보냈다. **24:22** *벨릭스*는 천부장 *루시아로부터* 증인을 확보한 후에 신문하려고 재판을 연기한다. **24:24** *드루실라*는 헤롯 아그립파 1세의 딸이다 (12:1을 보라). **24:25** *정의에* 관해서는 3:14를 보라. 17:32를 되풀이한다. **24:26** 아마도 벨릭스는 바울이 구제금을 (24:17) 예루살렘으로 운반하는 것을 알았고 바울로부터 뇌물을 받으려고 하였을 것이다. **24:27** 요세푸스는 60-62년까지 다스린 *베스도*를 양심적인 행정가로 묘사한다.

25:1-12 새로 부임한 총독 베스도는 바울에 대한 고발 사건을 끝내려고 하였다. 먼저 유대 사람들의 고발을 들으면서 유대 사람들의 비위를 맞추려고 노력하고, 그리고 황제에게 상소한 바울에게 자신을 변호할 기회를 준다 (8, 10-11절). **25:3** 23:12-15에 기록된 음모가 다시 등장한다. **25:7** 구체적인 바울의 죄

바울이 감옥에 갇혀 지내다

24 며칠 뒤에 벨릭스가 유대 여자인 자기 아내
드루실라와 함께 와서, 바울을 불러내어, 그리스도
예수를 믿는 믿음에 관하여 바울이 설명하는 것을
들었다. 25 바울이 정의와 절제와 장차 올 심판에
관해서 말할 때에, 벨릭스는 두려워서 "이제 그만
하면 되었으니, 가시오. 기회가 있으면, 다시 당
신을 부르겠소" 하고 말하였다. 26 동시에 그는
바울에게서 돈을 받을까 하고 은근히 바랐다. 그래
서 그는 바울을 자주 불러내어 이야기를 나누었다.
27 두 해가 지난 뒤에, 보르기오 베스도가 벨
릭스의 후임으로 직책을 맡게 되었다. 그런데 벨
릭스는 유대 사람의 환심을 사고자 하여, 바울을
가두어 둔 채로 내버려 두었다.

바울이 황제에게 상소하다

25 1 베스도가 부임한 지 사흘 뒤에, 가이
사랴에서 예루살렘으로 올라가니, 2 대제
사장들과 유대 사람의 지도자들이 그에게 바울을
고발하였다. 그들은 그에게 줄곧 졸랐다. 3 그들은
그에게 제발 바울을 예루살렘으로 불러 올리라고
간청하였다. 그들은 길에 사람을 매복시켰다가,
바울을 죽일 계획이었다. 4 그러나 베스도는,
바울이 가이사랴에 무사하게 감금되어 있다는
말과 자기도 곧 그리로 가겠다는 말을 한 다음에,
5 "그러니 만일 그 사람에게 무슨 잘못이 있거든,
여러분 가운데서 유력한 사람들이 나와 함께 내려
가서, 그를 고발하시오" 하고 말하였다.
6 베스도는 예루살렘에서 여드레인가 열흘
인가를 지낸 뒤에, 가이사랴로 내려가서, 이튿날
재판석에 앉아서, 바울을 데려오라고 명령하였다.
7 바울이 나타나자, 예루살렘에서 내려온 유대
사람들이 그를 에워싸고, 여러 가지 무거운 죄목
을 걸어서 고발하였으나, 증거를 대지 못하였다.
8 바울은 "나는 유대 사람의 율법이나 성전이나
ㄱ)황제에 대하여 아무 죄도 지은 일이 없습니다"
하고 말하여 자신을 변호하였다. 9 그러나 베스
도는 유대 사람의 환심을 사고자 하여, 바울에게
묻기를 "그대는 예루살렘으로 올라가서, 이 사건에
대하여 내 앞에서 재판을 받고 싶지 않소?" 하였다.
10 바울이 대답하였다. "나는 지금 ㄱ)황제의 법정에
서 있습니다. 나는 여기서 재판을 받아야 합니다.
각하께서도 잘 아시는 대로, 나는 유대 사람에게
조금도 잘못한 것이 없습니다. 11 만일 내가 나
쁜 짓을 저질러서, 사형을 받을 만한 무슨 일을 하
였으면, 죽는 것을 마다하지 않겠습니다. 그러나
나를 고발하는 이 사람들의 고발 내용에 아무런
근거가 없으면, 어느 누구도 나를 그들에게 넘겨
줄 수 없습니다. 나는 ㄱ)황제에게 상소합니다."
12 그 때에 베스도가 배심원들과 협의하고 "그대
가 ㄱ)황제에게 상소하였으니, ㄱ)황제에게로 갈 것
이오" 하고 말하였다.

바울이 아그립바 왕과 버니게 앞에 서다

13 며칠이 지난 뒤에, 아그립바 왕과 버니게가
베스도에게 인사하려고 가이사랴에 왔다. 14 그들
이 거기서 여러 날 지내는 동안에, 베스도는 바울에
대한 고발 사건을 왕 앞에 내놓고 말하였다. "벨
릭스가 가두어 둔 사람이 하나 있는데, 15 내가
예루살렘에 갔을 때에, 유대 사람의 대제사장들과
장로들이 그를 고발하여, 유죄판결을 청하였습니
다. 16 나는 그들에게 대답하기를, 로마 사람의
관례로서는, 피고가 원고를 직접 대면해서, 그 고
발한 내용에 대하여 변호할 기회를 가지기 전에
는, 그 사람을 넘겨 주는 일이 없다고 하였습니다.
17 그래서 그들이 여기에 함께 왔으므로, 나는

ㄱ) 그, '가이사', 라틴어의 그리스어 음역. 로마 황제의 칭호

목은 언급되지 않는다. 24:5-6을 보라. **25:8** 바울은 그가 방금 이야기한 것을 다시 반복한다 (18:13-15; 21:21, 28; 24:14). 황제는 네로 글라우디오를 말한다 (주후 54-68년).

25:13-27 바울은 예언한 대로 유대 지도자들, 총독, 그리고 왕 앞에 선다 (9:15-16; 눅 12:11-12). 예수가 헤롯 아그립바 앞에 선 것처럼, 바울도 헤롯 아그립바 2세 앞에 선다. **25:13** *아그립바* 2세는 헤롯 가문의 마지막 왕으로, 기원후 52년에 베레아, 갈릴리 일부 지역, 이두래와 드라고닛 지방의 왕이 된다. 그는 아그립바 1세의 아들이었으며, 그의 누이 드루실라는 벨릭스와 결혼하였다. 버니게는 드루실라의 언니로 과부가 된 후 자기 남동생의 궁에서 살고 있었다. **25:15-21** 25:1-13을 기억하라. **25:25** 바울의 결백함을 반복하는 것은 눅 23:4, 14-15, 22를 반영해 준다.

26:1-23 다섯 번째이자 마지막 해명 연설에서 바울이 회심한 이야기가 다시 한 번 등장한다 (9:1-30; 22:3-21을 보라). 9:15의 예언이 성취된다. 여기서 주된 바울의 이미지는 예수와 마찬가지로 거부된 예언

조금도 지체하지 않고, 그 다음날 재판석에 앉
아서, 그 사람을 불러오게 하였습니다. 18 원고
들이 일어나서 그를 고발할 죄목을 늘어놓았지만,
내가 짐작한 그런 악한 일은 하나도 없었습니다.
19 그들이 그와 맞서서 싸우는 몇몇 문제점은,
자기네의 종교와 또 예수라는 어떤 죽은 이에 관
한 일인데, 바울은 그가 살아 있다고 주장하였습
니다. 20 나는 이 문제를 어떻게 심리해야 할지
몰라서, 바울에게, 예루살렘으로 가서 이 사건으
로 거기서 재판을 받기를 원하는지를 물어보았습
니다. 21 그러나 바울이 황제의 판결을 받도록,
그대로 갇혀 있게 하여 달라고 호소하므로, 내가
그를 ㄱ)황제에게 보낼 때까지 그를 가두어 두라고
명령하였습니다." 22 아그립바가 베스도에게 말
하기를 "나도 그 사람의 말을 직접 들어보고 싶습
니다" 하니, 베스도가 "내일, 그의 말을 들어보십
시오" 하고 대답하였다. 23 이튿날, 아그립바와
버니게가 위엄을 갖추고 나와서, 고급 장교들과
그 도시의 요인들과 함께 신문 장소로 들어갔다.
그리고 베스도의 명령으로 바울을 끌어냈다.
24 그 때에 베스도가 말하였다. "아그립바 임금
님, 그리고 우리와 자리를 같이 하신 여러분, 여
러분이 보시는 대로, 이 사람은 예루살렘에서나
여기서나, 모든 유대 사람이 그를 이 이상 더 살
려 두어서는 안 된다고 소리치면서, 나에게 청원
한 사람입니다. 25 그러나 나는, 그가 사형을 받
을 만한 아무런 일도 하지 않았다고 판단하였습니
다. 그런데 그는 스스로 황제께 상소하였으므로,
나는 그를 보내기로 작정하였습니다. 26 나는
그와 관계되어 있는 일을 황제께 써 올릴 만한 확
실한 자료가 없으므로, 여기서 그를 신문해서, 내
가 써 올릴 자료를 얻을까 하는 생각으로, 그를 여
러분 앞에, 특히 아그립바 임금님 앞에 끌어다가
세웠습니다. 27 죄수를 보내면서 그의 죄목도
제시하지 않는다는 것은, 이치에 맞지 않는 일이
라고 생각합니다."

바울의 해명

26 1 아그립바 왕이 바울에게 말하였다.
"할 말이 있으면 해도 된다." 바울이 손을
뻗치고 변호하기 시작하였다. 2 "아그립바 임금
님, 오늘 내가 전하 앞에서 유대 사람이 나를
걸어서 고발하는 모든 일에 대하여 변호하게 된
것을 다행으로 생각합니다. 3 그것은 특히 임금
님께서 유대 사람의 풍속과 쟁점들을 모두 잘
알고 계시기 때문입니다. 아무쪼록 내 말을 끝
까지 참으시고 들어 주시기 바랍니다. 4 내가 젊
었을 때부터 살아온 삶을 모든 유대 사람이 알고
있습니다. 곧 그들은 내가 내 동족 가운데서, 그
리고 예루살렘에서, 처음부터 어떻게 살았는지를
알고 있습니다. 5 그들은 오래 전부터 나를 알고
있었으므로, 증언하려고 마음만 먹으면, 그들은
내가 우리 종교의 가장 엄격한 파를 따라 바리새
파 사람으로 살아왔다는 것을 인정할 것입니다.
6 지금 나는, 하나님께서 우리 조상들에게 주신
약속에 소망을 두고 있기 때문에, 여기에 서서 재
판을 받고 있습니다. 7 우리 열두 지파는 밤낮으
로 열심히 하나님을 섬기면서, 그 약속이 이루어
지기를 바라고 있습니다. 전하, 나는 바로 이 소
망 때문에 유대 사람에게 고발을 당한 것입니다.
8 여러분은 어찌하여, 하나님께서 죽은 사람들을
살리신다는 것을 믿을 수 없는 일로 여기십니까?
9 사실, 나도 한때는, 나사렛 예수의 이름을 반대
하는 데에, 할 수 있는 온갖 일을 다 해야 한다고
생각하였습니다. 10 그래서 나는 그런 일을 예루
살렘에서 하였습니다. 나는 대제사장들에게서 권
한을 받아 가지고 많은 성도를 옥에 가두었고, 그
들이 죽임을 당할 때에 그 일에 찬동하였습니다.
11 그리고 회당마다 찾아가서, 여러 번 그들을

ㄱ) 그, '가이사', 라틴어의 그리스어 음역. 로마 황제의 칭호

자의 이미지다 (2:16-21, 22; 5:34-39; 7:9, 20, 36-37). 바울의 연설은 기독론적 정점으로 향하고 있으며, 연설은 바울뿐 아니라 그리스도교 자체를 변호한다. **26:6-7** 문제는 종교적인 것이지 결코 정치적인 것이 아니다. 한 번 더 기독교는 유대교로부터 시작된 합법적 종교임을 말한다. **26:8** 연설은 바울의 변호에서 전도로 바뀐다. **26:9** *예수 이름에* 관해서는 2:38을 보라. **26:11** 바울에게 가해진 형벌은 아마도 고후 11:24에 기록된 것처럼 예수의 이름을 모독하는 말을 하거나 혹은 부인하도록 강요하는 채찍질이었을 것이다. **26:14** 이는 9:7; 22:9의 기록과는 다르다. 언어는 아람어를 사용했을 것이다. 21:40에 관한 주석을 보라. 당시 유행하던 그리스 격언은 하나님에 대항하는 것은 쓸모없다고 말한다. **26:16** 증언에 대해서는 1:6-8을 보라. **26:17** 구원의 약속은 렘 1:7-8을 반영해 준다. **26:18** 사 42:7, 16; 누가복음 2:32를 보라. 죄의 용서에 관해서는 2:38에 관한 주석을 보라. **26:23** 이 주장이 기록된 구약성경은 없다. 누가는 모든 성경말씀이 그리스도 안에서 성취되었다고 해석한다 (마찬가지로 또한 눅 24:25-26을 보라). 고난받는 메시아에 관해서는 3:18을 보라. 고전 15:20에서 바울은 그리스도가 죽음으로부터 첫 번째로 부활

형벌하면서, 강제로 신앙을 부인하게 하려고 하였습니다. 나는 그들에 대한 분노가 극도에 다다랐으므로, 심지어 외국의 여러 도시에까지 박해의 손을 뻗쳤습니다."

바울이 자기의 회개를 이야기하다
(행 9:1-19; 22:6-16)

12 "한번은 내가 이런 일로 대제사장들에게서 권한과 위임을 받아 가지고 다마스쿠스로 가고 있었습니다. 13 임금님, 나는 길을 가다가, 한낮에 하늘에서부터 해보다 더 눈부신 빛이 나와 내 일행을 둘러 비추는 것을 보았습니다. 14 우리는 모두 땅에 엎어졌습니다. 그 때에 ㄱ)히브리 말로 나에게 '사울아, 사울아, 너는 어찌하여 나를 핍박하느냐? 가시 돋친 채찍을 발길로 차면, 너만 아플 뿐이다' 하고 말하는 음성을 들었습니다. 15 그래서 내가 '주님, 누구십니까?' 하고 물었더니, 주님께서 '나는 네가 핍박하는 예수이다. 16 자, 일어나서, 발을 딛고 서라. 내가 네게 나타난 목적은, 너를 일꾼으로 삼아서, 네가 나를 본 것과 내가 장차 네게 보여 줄 일의 증인이 되게 하려는 것이다. 17 나는 이 백성과 이방 사람들 가운데서 너를 건져내어, 이방 사람들에게로 보낸다. 18 이것은 그들의 눈을 열어 주어서, 그들이 어둠에서 빛으로 돌아서고, 사탄의 세력에서 하나님께로 돌아오게 하며, 또 그들이 죄사함을 받아서 나에 대한 믿음으로 거룩하게 된 사람들 가운데 들게 하려는 것이다' 하고 말씀하셨습니다."

바울이 신문자들에게 전도하다

19 "그러므로 아그립바 임금님, 나는 하늘로부터 받은 환상을 거역하지 않고, 20 먼저 다마스쿠스와 예루살렘에 있는 사람들에게, 다음으로 온 유대 지방 사람들에게, 나아가서는 이방 사람들에게, 회개하고 하나님께로 돌아와서, 회개에 합당한 일을 하라고 전하였습니다. 21 이런 일들 때문에, 유대 사람들이 성전에서 나를 붙잡아서 죽이려고 하였습니다. 22 그러나 내가 이 날까지, 하나님의 도우심을 받아서, 낮은 사람에게나 높은 사람에게나 이렇게 서서 증언하고 있는데, 예언자들과 모세가 장차 그렇게 되리라고 한 것밖에는 말한 것이 없습니다. 23 그것은 곧, ㄴ)그리스도는 고난을 당하셔야 한다는 것과, 그는 죽은 사람들 가운데서 가장 먼저 부활하신 분이 되셔서, 이스라엘 백성과 이방 사람들에게 빛을 선포하시리라는 것입니다."

바울이 아그립바 왕에게 전도하다

24 바울이 이렇게 변호하니, 베스도가 큰소리로 "바울아, 네가 미쳤구나. 네 많은 학문이 너를 미치게 하였구나" 하고 말하였다. 25 그 때에 바울이 대답하였다. "베스도 총독님, 나는 미치지 않았습니다. 나는 맑은 정신으로 참말을 하고 있습니다. 26 임금님께서는 이 일을 잘 알고 계시므로, 내가 임금님께 거리낌없이 말씀드리고 있는 것입니다. 이것은 어느 한 구석에서 일어난 일이 아니므로, 임금님께서는 그 어느 사실 하나라도 모르실 리가 없다고 생각합니다. 27 아그립바 임금님, 예언자들을 믿으십니까? 믿으시는 줄 압니다." 28 그러자 아그립바 왕이 바울에게 말하였다. "그대가 짧은 말로 나를 설복해서, 그리스도인이 되게 하려고 하는가!" 29 바울이 대답하였다. "짧거나 길거나 간에, 나는 임금님뿐만 아니라, 오늘 내 말을 듣고 있는 모든 사람이, 이렇게 결박을 당한 것 외에는, 꼭 나와 같이 되기를 하나

ㄱ) 아람어를 가리킴 ㄴ) 또는 '메시아'

하신 분으로 말한다. "이스라엘 백성과 이방 사람들에게 빛을 선포하시리라"는 말씀은 사 49:6과 눅 2:32를 반영해준다.

26:24-32 베스도와 아그립바의 반응은 바울의 연설과 이야기가 전진하는 것을 막는다. 문제는 정치적인 것이 아니라, 종교적인 것이기에 바울은 로마 총독보다는 유다 왕이 자신을 더 잘 이해해주기를 기대한다. **26:26** 바울은 자신이 말하는 것이 일상적인 지식에 근거하고 있음을 강조하기 위해 당시 많이 알려진 그리스 격언을 사용한다. **26:27** 바울은 다시 그리스도교는 유대교에서 발생하였으며, 그리고 유대교의 연속임을 강조한다. **26:31** 예수님과 마찬가지로 (눅 23:4, 14-15, 22), 바울은 세 번째로 (23:29; 25:25) 무죄 선언을 받는다.

27:1-8 로마로 향하는 위험한 여정이 시작된다. 27:1에서부터 28:16까지의 마지막 "우리 부분"(서론 부분을 보라)에서 아주 상세한 내용들과 1인칭 이야기가 시작된다. *땅 끝까지* 이르러 증언하는 (1:8) 목적은 말씀을 성취하기 위함이다 (또한 19:21; 23:11; 27:24를 보라). **27:2** *아드라뭇데노*(Andramytium)는 무시아의 도시로 소아시아의 북서 해안에 위치했다. *아리스다고*는 19:29의 인물과 동일한 인물이다. **27:3** *시돈.*

님께 빕니다." 30 왕과 총독과 버니게 및 그들과
함께 앉아 있는 사람들이 다 일어났다. 31 그들
은 물러가서 서로 말하였다. "그 사람은 사형을 당
하거나, 갇힐 만한 일을 한 것이 하나도 없소."
32 그 때에 아그립바 왕이 베스도에게 말하였다.
"그 사람이 황제에게 상소하지 않았으면, 석방될
수 있었을 것이오."

바울이 로마로 압송되다

27 1 우리가 배로 이탈리아에 가야 하는 것
이 결정되었을 때에, 그들은 바울과 몇몇
다른 죄수를 황제 부대의 백부장 율리오라는 사람
에게 넘겨주었다. 2 우리는 아드라뭇데노 호를
타고 출항하였다. 이 배는 ㄱ)아시아 연안의 여러
곳으로 항해하는 배였다. 데살로니가 출신인 마
케도니아 사람 아리스다고도 우리와 함께 하였
다. 3 이튿날 우리는 시돈에 배를 대었다. 율리
오는 바울에게 친절을 베풀어, 친구들에게로 가
서 보살핌을 받는 것을 허락하였다. 4 우리는 시
돈을 떠나 뱃길을 갈 때에, 맞바람 때문에 키프로
스 섬을 바람막이로 삼아서 항해하였다. 5 우리
는 길리기아와 밤빌리아 앞 바다를 가로질러 항해
하여, 루기아에 있는 무라에 이르렀다. 6 거기서
백부장은 이탈리아로 가는 알렉산드리아 배를 만
나서, 우리를 그 배에 태웠다. 7 우리는 여러 날
동안 천천히 항해하여, 겨우 니도 앞바다에 이르
렀다. 그런데 우리는 맞바람 때문에 더 이상 나아
갈 수 없어서, 크레타 섬을 바람막이로 삼아 살모
네 앞바다를 항해하여 지나갔다. 8 그리고 우리
는 크레타 남쪽 해안을 따라 겨우겨우 항해하여,
라새아 성에서 가까운 도시인 '아름다운 항구'라
는 곳에 닿았다.

9 많은 시일이 흘러서, 금식 기간이 이미 지
났으므로, 벌써 항해하기에 위태로운 때가 되었
다. 그래서 바울은 그들에게 이렇게 충고하였다.
10 "여러분, 내가 보기에, 지금 항해를 하다가는
재난을 당할 것 같은데, 짐과 배의 손실만이 아니
라, 우리의 생명까지도 잃을지 모릅니다." 11 그
러나 백부장은 바울의 말보다는 선장과 선주의 말
을 더 믿었다. 12 그리고 그 항구는 겨울을 나기
에 적합하지 못한 곳이므로, 거의 모두는, 거기에
서 출항하여, 할 수 있으면 뵈닉스로 가서 겨울을
나기로 뜻을 정하였다. 뵈닉스는 크레타 섬의 항
구로, 서남쪽과 서북쪽을 바라보는 곳이다.

바울이 바다에서 폭풍을 만나다

13 때마침 남풍이 순하게 불어오므로, 그들
은 뜻을 이룬 것이나 다름없다고 생각하고, 닻을
올리고서, 크레타 해안에 바싹 붙어서 항해하였
다. 14 그런데 얼마 안 되어서, 유라굴로라는 폭
풍이 섬쪽에서 몰아쳤다. 15 배가 폭풍에 휘말
려서, 바람을 맞서서 나아갈 수 없으므로, 우리는
체념하고, 떠밀려 가기 시작하였다. 16 그런데
우리가 ㄴ)가우다라는 작은 섬 아래쪽을 따라 밀려
갈 때에, 그 섬이 어느 정도 바람막이가 되어 주
었으므로, 우리는 간신히 거룻배를 휘어잡을 수

ㄱ) 19:22 주 참조 ㄴ) 다른 고대 사본들에는 '클라우다'

페니키아 항구도시로 자색 염료와 유리그릇 제조로 유명했다. 12:20; 16:14에 관한 주석을 보라. **27:4-5** 배는 키프로스 (13:3) 해안과 소아시아를 바람막이로 하면서 항해한다. **27:6** *이집트*는 이탈리아의 곡창지대였다. **27:7** *니도.* 소아시아의 남서쪽에 위치한 반도였다. *살모네.* 크레타 섬의 북동쪽에 있었다. **27:8** *아름다운 항구.* 크레타 남쪽에 있다.

27:9-44 바울이 유대 지도자들로부터 받던 위험이 이제는 겨울 폭풍으로 대치된다. 바울은 이 이야기에서 계속 주인공 역할을 하면서 동료 죄수들을 격려하고 희망의 메시지를 전달한다. 예수가 바다의 폭풍을 잠잠케 한 것처럼 (눅 8:22-25), 이 기사는 어려운 상황에서 역사하시는 하나님의 구원을 그리스도인들에게 확신시켜 준다. **27:9** *금식*은 욤키퍼 (Yom Kippur), 즉 가을에 지키는 속죄의 날을 기념한 금식이다 (레 16:29-31). **27:10** 당시 사람들은 10월 중순부터 4월까지 지중해를 항해하지 않았다. **27:16** *가우다.* 크레테 남서쪽 25마일 떨어진 지금의 가우도 섬을 말하는 것 같다. **27:17** *리비아* (개역개정은 "스르디스"). 아프리카 북쪽 해안에 있었다. **27:23** 하나님의 천사에 관해서는 5:19를 보라. **27:24** 하나님의 구원계획의 필요성은 19:21을 보라. **27:27** *아드리아 바다.* 크레타와 북 아프리카, 그리스와 시실리 섬 사이에 위치해 있었다. **27:34** 눅 12:7; 21:18을 보라. **27:35** 바울이 빵을 들어 축복하는 것에서는 성만찬 예식의 분위기가 풍긴다. **27:41** 10절과 22절의 예측들이 그대로 성취된다.

28:1-10 *몰타* 섬의 모험은 누가가 하나님의 보호하심과 능력이 바울을 통해 역사하신다는 이야기를 증명해준다. **28:1** 시실리 남서쪽에 위치한 *몰타* 섬은 일찍이 페니키아 사람들이 살았고 기원전 218년에 로마의 지배하에 있게 되었다. **28:4** *정의(justice)*는

있었다. 17 선원들은 거룻배를 갑판 위에다가
끌어올리고 밧줄을 이용하여 선체를 동여매었다.
그리고 그들은 리비아 근해의 모래톱으로 밀려들
까 두려워서, 바다에 닻을 내리고, 그냥 떠밀려 가
고 있었다. 18 우리는 폭풍에 몹시 시달리고 있
었는데, 다음날 선원들은 짐을 바다에 내던졌고,
19 사흘째 날에는 자기네들 손으로 배의 장비마
저 내버렸다. 20 여러 날 동안 해도 별도 보이지
않고, 거센 바람만이 심하게 불었으므로, 우리는
살아 남으리라는 희망을 점점 잃었다.

21 사람들은 오랫동안 아무것도 먹지 못하고
있었다. 그 때에 바울이 이렇게 말하였다. "여러분,
여러분은 내 말을 듣고, 크레타에서 출항하지 않
았어야 했습니다. 그랬으면, 이런 재난과 손실은
당하지 않았을 것입니다. 22 그러나 이제 나는
여러분에게 권합니다. 기운을 내십시오. 이 배만
잃을 뿐, 여러분 가운데 한 사람도 목숨을 잃지는
않을 것입니다. 23 바로 지난밤에, 나의 주님이
시요 내가 섬기는 분이신 하나님의 천사가, 내 곁에
서서 24 '바울아, 두려워하지 말아라. 너는 반드
시 황제 앞에 서야 한다. 보아라, 하나님께서는 너
와 함께 타고 가는 모든 사람의 안전을 너에게 맡
겨 주셨다' 하고 말씀하셨습니다. 25 그러므로
여러분, 힘을 내십시오. 나는 하나님께서 나에게
말씀하신 그대로 되리라고 믿습니다. 26 우리는
반드시 어떤 섬으로 밀려가 닿게 될 것입니다."

27 열나흘째 밤이 되었을 때에, 우리는 아드
리아 바다에 떠밀려 다녔다. 한밤중에 선원들은
어떤 육지에 가까이 이르고 있다고 짐작하였다.
28 그들이 물 깊이를 재어 보니, 스무 길이었다.
좀더 가서 재니, 열다섯 길이었다. 29 우리는 혹
시 암초에 걸리지나 않을까 염려하여, 고물에서
닻 네 개를 내리고, 날이 새기를 고대하였다.
30 그런데 선원들이 배를 버리고 달아나려고, 이
물에서 닻을 내리는 척하면서 바다에 거룻배를 풀
어 내렸다. 31 바울은 백부장과 병사들에게 말
하였다. "만일 이 사람들이 배에 그대로 남아 있
지 않으면, 당신들은 무사할 수 없습니다." 32 그
러자 병사들이 거룻배의 밧줄을 끊어서 거룻배를
떨어뜨렸다. 33 날이 새어 갈 때에, 바울은 모든
사람에게 음식을 먹으라고 권하면서 말하였다.
"여러분은 오늘까지 열나흘 동안이나 마음을 졸
이며 아무것도 먹지 못하고 굶고 지냈습니다.
34 그래서 나는 여러분들에게 음식을 먹으라고
권합니다. 그래야 여러분은 목숨을 유지할 힘을
얻을 것입니다. 여러분 가운데서 아무도 머리카
락 하나라도 잃지 않을 것입니다." 35 바울은 이
렇게 말하고 나서, 빵을 들어, 모든 사람 앞에서
하나님께 감사를 드리고, 떼어서 먹기 시작하였
다. 36 그러자 사람들은 모두 용기를 얻어서 음
식을 먹었다. 37 배에 탄 우리의 수는 모두 ㄱ)이
백일흔여섯 명이었다. 38 사람들이 음식을 배부
르게 먹은 뒤에, 남은 식량을 바다에 버려서 배를
가볍게 하였다.

배가 부서지다

39 날이 새니, 어느 땅인지는 알 수 없지만,
모래밭이 있는 항만이 보였다. 그래서 그들은 어
떻게 해서든지, 배를 거기로 몰아 해변에 대기로
작정하였다. 40 닻을 모두 끊어서 바다에 버리
고, 동시에 키를 묶은 밧줄을 늦추었다. 그리고 앞
돛을 올려서, 바람을 타고 해안 쪽으로 들어갔다.
41 그런데 두 물살이 합치는 곳에 끼여들어서,
배가 모래톱에 걸렸다. 이물은 박혀서 움직이지
않고, 고물은 심한 물결에 깨졌다. 42 병사들은
죄수들이 혹시 헤엄 쳐 도망할까봐, 그들을 죽여
버리려고 계획하였다. 43 그러나 백부장은 바울
을 구하려고 병사들의 의도를 막고, 헤엄 칠 수 있
는 사람들은 먼저 뛰어내려서, 뭍으로 올라가라
고 명령하였다. 44 그리고 그 밖의 사람들은 널
빤지나, 부서진 배 조각을 타고 뭍으로 나가라고
명령하였다. 이렇게 해서, 모두 뭍으로 올라와 구
원을 받게 되었다.

ㄱ) 다른 고대 사본들에는 '일흔여섯' 또는 '대략 일흔여섯'

희랍문학에서 가끔 복수 역할을 했다. **28:5** 막 16:18을 보라. **28:6** 이와 비슷한 반응에 대해서는 14:11을 보라. **28:8** 이 치유는 시몬 베드로의 장모의 치유와 비슷하다 (눅 4:38-39). 손을 얹음에 관해서는 6:6을 보라.

28:11-16 바울은 61년 봄에 운명의 도시에 도착한다. 이 부분은 소위 "우리 부분들"의 마지막으로 (서론을 보라) 이제 바울의 로마에서 하는 마지막 설교로 전환된다. **28:11** *디오스구로*(희랍어로, *디오스구로*는 쌍둥이 형제라는 뜻)와 카스토와 폴리듀크스는 제우스 신의 자녀들로 제미니 성자와 연관되어 있으며, 항해자들은 이들을 하늘의 인도자로 숭배했었다. **28:12** *수라구사*. 이 항구는 시실리s 동쪽 해안의 중요한 항구로, 기원전 734년경에 고린도 출신의 식민지 개척자들이 정

몰타 섬에 오르다

28 1 우리가 안전하게 목숨을 구한 뒤에야,
비로소 그 곳이 몰타 섬이라는 것을 알았
다. 2 섬 사람들이 우리에게 특별한 친절을 베풀
어 주었다. 비가 내린 뒤라서 날씨가 추웠으므로,
그들은 불을 피워서 우리를 맞아 주었다. 3 바울
이 나뭇가지를 한 아름 모아다가 불에 넣으니,
뜨거운 기운 때문에 독사가 한 마리 튀어나와서,
바울의 손에 달라붙었다. 4 섬 사람들이 그 뱀이
바울의 손에 매달려 있는 것을 보고 "이 사람은 틀
림없이 살인자이다. 바다에서는 살아 나왔지만,
정의의 여신이 그를 그대로 살려 두지 않는다"
하고 서로 말하였다. 5 그런데 바울은 그 뱀을 불
속에 떨어버리고, 아무런 해도 입지 않았다. 6 섬
사람들은, 그가 살이 부어 오르거나 당장 쓰러져 죽
으려니, 하고 생각하면서 기다렸다. 그런데 오랫동
안 기다려도 그에게 아무런 이상이 생기지 않자, 그
들은 생각을 바꾸어서, 그를 신이라고 하였다.
7 그 근처에 그 섬의 추장인 보블리오가 농
장을 가지고 있었다. 그가 우리를 그리로 초대해
서, 사흘 동안 친절하게 대접해 주었다. 8 마침
보블리오의 아버지가 열병과 이질에 걸려서 병석에
누워 있었다. 그래서 바울은 들어가서 기도하고,
그에게 손을 얹어서 낫게 해주었다. 9 이런 일이
일어나니, 그 섬에서 병을 앓고 있는 다른 사람도
찾아와서 고침을 받았다. 10 그들은 극진한 예
로 우리를 대하여 주었고, 우리가 떠날 때에는, 우
리에게 필요한 물건들을 배에다가 실어 주었다.

바울이 로마에 이르다

11 석 달 뒤에 우리는 그 섬에서 겨울을 난
디오스구로라는 이름이 붙은 알렉산드리아 배를
타고 떠났다. 12 우리는 수라구사에 입항하여
사흘 동안 머물고, 13 그 곳을 떠나, 빙 돌아서
레기온에 다다랐다. 그런데 하루가 지나자 남풍
이 불어왔으므로, 우리는 이틀만에 보디올에 이
르렀다. 14 우리는 거기서 ㄱ)신도들을 만나서,
그들의 초청을 받고, 이레 동안 함께 지냈다. 그
런 다음에, 드디어 우리는 로마로 갔다. 15 거기
ㄱ)신도들이 우리 소식을 듣고서, 아피온 광장과 트
레스 마을까지 우리를 맞으러 나왔다. 바울은 그들
을 보고, 하나님께 감사를 드리고, 용기를 얻었다.
16 우리가 로마에 들어갔을 때에, 바울은 그
를 지키는 병사 한 사람과 함께 따로 지내도 된다
는 허락을 받았다.

바울이 로마에서 전도하다

17 사흘 뒤에 바울은 그 곳 유대인 지도자들
을 불러모았다. 그들이 모였을 때에, 바울은 이렇
게 말하였다. "ㄱ)동포 여러분, 나는 우리 겨레와 조
상들이 전하여 준 풍속을 거스르는 일을 한 적이
없습니다. 그런데도 나는 죄수가 되어서, 예루살
렘에서 로마 사람의 손에 넘겨졌습니다. 18 ㄴ)로
마 사람은 나를 신문하여 보았으나, 사형에 처할

ㄱ) 그, '형제들' ㄴ) 그, '그들은'

착하였다. **28:13** *레기온.* 이 항구는 장화 모양으로 된 이탈리아의 끝에 위치하고 있던 항구였다. *보디올.* 이 도시는 이탈리아 서해안의 도시로 나폴리 만에 위치하여 섬에서 오는 배들이 들어오는 입구였다. **28:14** 바울은 로마에 그리스도교를 시작한 사람이 아니었다 (마찬 가지로 바울이 써서 보낸 로마서에서도 분명하게 나타난다). **28:15** *아피온 광장.* 이 광장은 로마에서 40마일 정도 떨어져 있었다. **28:16** 바울은 집안에 갇혀 있었지만 계속해서 전도했다.

28:17-31 마지막 이야기는 예수님을 따르는 사람들이 "땅 끝까지 이르러 증인"이 된다고 한 1:8에서 언급한 선교계획을 마무리한다. 반응은 항상 각각 다르게 나타난다. 어떤 이들은 믿는가 하면, 어떤 이들은 믿지 않는다. 사 6:9-10을 인용한 것은 해석에 중요한 열쇠가 된다. 예수께서 이사야서를 인용하여 제자들에게 설명하셨던 것처럼 (눅 8:10), 어떤 이들은 하나님의 말씀을 들어도 깨닫지 못할 것이다. 어떤 이들에게는 사도행전 마지막 부분이 잘 연결되지 않을 것이다. 어떤 이들은 누가가 이야기를 끝내지 못하도록 방해를 받았거나 아니면 누가가 세 번째 책을 쓰려 하였다고 해석한다. 어쨌든지 이 이야기는 바울이 로마제국의 심장부에서 하나님 나라에 대해 증언하는 승리의 이야기로 끝을 맺는다. 예수님을 믿지 않는 유대 사람들이 어떤 심판을 받게 되는지는 불분명하다. 어떤 이들은 누가가 이들에게 유죄 판결을 내리고, 이 마지막 절들에서 분명하게 이방 사람에게로 향한다고 주장한다. 이는 사도행전의 맥락에서 이해해야 하는데, 즉 유대 사람들의 처음의 거부가 이방 사람들에게 길을 열어준다 (13:5에 관한 주석을 보라). 희망은 언제나 모든 사람을 위해 손을 내민다. 1968쪽 추가 설명: "유대 사람들과 이방 사람들"을 보라. **28:17** 24:14-19; 25:8-10; 26:22와 비슷하다. **28:20** 바울은 23:6에서 그의 희망이 죽음으로부터 부활에 근거한다고 설명한다. **28:22** 그리스도교가 유대교의 한 종파라는 주장에 관해서는 24:5,

만한 아무런 근거가 없으므로, 나를 놓아주려고
하였습니다. 19 그러나 유대 사람이 반대하는
바람에, 하는 수 없이 내가 [ㄱ]황제에게 상소한 것
입니다. 나는 절대로 내 민족을 고발하려는 것이
아니었습니다. 20 이런 까닭으로, 나는 여러분을
뵙고 말씀드리려고, 여러분을 오시라고 청한 것
입니다. 내가 이렇게 쇠사슬에 매여 있는 것은, 이
스라엘의 소망 때문입니다." 21 그들이 바울에
게 말하였다. "우리는 아직 유대로부터 당신에 관
한 편지를 받은 일도 없고, [ㄴ]동포들 가운데서 아
무도, 여기에 와서 당신에 대하여 나쁘게 말하거
나 소문을 낸 일이 없습니다. 22 우리는 당신에
게서 당신의 생각을 들어보고 싶습니다. 이 종파
에 대하여 우리가 아는 것은, 어디서나 이 종파를
반대하는 소리가 높다는 것입니다."

23 그들은 바울과 만날 날짜를 정하였다. 그
날에 더 많은 사람이 바울의 숙소로 찾아왔다. 그는,
아침부터 저녁까지, 그들에게 하나님 나라를 엄
숙히 증언하고, 모세의 율법과 예언자의 말을 가
지고 예수에 관하여 그들을 설득하면서 그의 속내
를 터놓았다. 24 더러는 그의 말을 받아들였으
나, 더러는 믿지 않았다. 25 그들이 이렇게 견해가
서로 엇갈린 채로 흩어질 때에, 바울은 이런 말을
한 마디 하였다. "성령께서 예언자 이사야를 통하
여 여러분의 조상에게 하신 말씀은 적절합니다.
26 곧 이런 말씀입니다.

[ㄷ]'이 백성에게 가서 말하여라.
너희가 듣기는 들어도
깨닫지 못하고,
보기는 보아도 알지 못한다.
27 이 백성의 마음이 무디어지고
귀가 먹고
눈이 감기어 있다.
이는 그들로 하여금
눈으로 보지 못하게 하고
귀로 듣지 못하게 하고
마음으로 깨닫지 못하게 하고
돌아서지 못하게 하여,
내가 그들을
고쳐 주지 않으려는 것이다.'
28 그러므로 여러분은 하나님의 이 구원의 소식
이 이방 사람에게 전파되었음을 알아야 합니다.
그들이야말로 그것을 듣고 받아들일 것입니다."
[ㄹ](29절 없음)

30 바울은 자기가 얻은 셋집에서 꼭 두 해
동안 지내면서, 자기를 찾아오는 모든 사람을 맞
아들였다. 31 그는 아무런 방해도 받지 않고,
아주 담대하게 하나님 나라를 전하고, 주 예수 그
리스도에 관한 일들을 가르쳤다.

ㄱ) 그, '가이사', 라틴어의 그리스어 음역, 로마 황제의 칭호 ㄴ) 그, '형제들' ㄷ) 사 6:9, 10 ㄹ) 어떤 사본에는 29절의 내용이 첨가되어 있음. '29. 그가 이 말을 마쳤을 때에, 유대 사람들은 서로 많은 토론을 하면서 돌아갔다'

14를 보라. **28:23** 1953쪽 추가 설명: "하나님의 나라"를 보라. 부활하신 예수가 누가복음 끝에서 설명한 것처럼 (눅 24:27, 44) 바울은 예수가 어떻게 구약 성경말씀들을 이루셨는지 설명한다. **28:28** 계속 등장하는 주제 *구원은* 4:8-12를 보라. **28:31** 담대하게 *하나님 나라를* 증언함에 관해서는 4:13을 보라. 하나님 나라 혹은 하나님의 통치는 1:3에서 처음으로 언급되며 사도행전 전체 설화의 일관적인 주제가 된다. 바울은 예수가 한 일들에 관해 설교하면서 끝을 맺는다 (눅 4:43).

로마서

로마서는 성경에 쓰인 책 중에서 믿음을 통하여 은혜로 구원받는 복음에 대하여 가장 위엄 있게 설명한다. 로마서는 신약성경 서신들 중에서 제일 처음 나오는데, 그 이유는 바울의 서신들을 길이에 따라 나열함에 있어서 로마서가 가장 길뿐만 아니라, 또한 바울이 전하는 복음을 가장 완벽하게 전개하고 있기 때문이다. 지나간 2천년 그리스도교 역사 속에서, 로마서는 그리스도인의 믿음과 삶을 변화시키고 개혁하는 데 계속 많은 감화를 주었다.

저자: 로마서의 저자는 바울이며, 1:1에 나타나 있다. 한때 자신이 박해하던 신앙으로 회심한 바울은 (행 7:54—8:3; 9:1-31; 갈 1:11—2:10) 이방 사람들에게까지 복음을 확장하는 데 기여한 뛰어난 인물이었고, 복음을 널리 전파하는데 활력을 불어넣은 인물이었다. 바울이 로마서 저자라는 점은 학문적으로 심각하게 도전 받은 적이 없다. 로마서의 역사적 정황들은 사도행전에 기록되어 있는 바울에 대한 설명과 일치하며, 문학적 형태, 용어, 그리고 신학적인 면에서 볼 때도 로마서는 분명히 바울 서신에 속한다.

기록된 시기와 장소: 로마서가 기록된 시기와 장소가 상당히 명확하게 행 19:21—20:6과 롬 15:22-32에 나타나 있다. 바울이 소아시아지역과 그리스지역을 대상으로 한 제3차 선교 여행의 마지막에 이르러 (행 18:23—21:15), 그는 육로로 에베소에서 고린도로 여행한다. 그리고 거기에서 석 달을 지냈다 (행 20:2-3). 51년 봄에서 52년 봄까지 통치한 아가야 주의 갈리오 총독이 (행 18:12-17) 바울이 고린도에 체류하는 것을 허가하는데, 이는 약 1년을 안팎으로 하여 57년경으로 추정된다. 고린도로부터 바울은 궁핍한 유대출신 그리스도인들에게 모금을 전달하기 위해 예루살렘을 방문하고, 그 후에 서쪽으로 로마와 스페인 지역을 선교하려는 계획을 세웠다. 바울은 57년경 그가 고린도 지역에 머물 때 수도 로마를 방문하려는 꿈을 갖고 또한 장차 스페인 지역을 향한 선교를 준비하면서 더디오에게 로마서 편지를 받아쓰도록 하였다 (롬 16:22).

역사적 정황: 로마서는 바울이 세우지 않았고 또한 한 번도 방문해 보지 못한 교회를 대상으로 씌어졌다 (1:10; 15:22). 사도 베드로가 그리스도교를 로마에 소개했다고 인정받기도 하나, 베드로가 50년 이전에 로마에 왔었다는 증거와 그 전에 그리스도교가 수도 로마에 존재했었다는 증거는 어디에서도 찾아볼 수 없다. 누가 그리고 언제 그리스도교를 로마에 소개했는지는 확실하게 알 수 없지만, 아마도 오순절에 회심한 유대 사람들(행 2:10-11)이 아닌 로마에 있던 유대 회당에서 그리스도교가 생겨났을 것이라고 생각된다.

기원후 1세기경에 로마에 살던 유대 사람의 숫자는 많았고, 다양했으며, 그리고 영향력이 있었다. 로마의 역사가 수에토니우오(Suetonius)의 말에 의하면, 기원후 49년에 글라우디오 황제가 "유대인들은 끊임없이 크레스투스(Chrestus)의 사회적 혼란으로 [황제의 삶]을 괴롭히고 있다"는 구실로 유대 사람들을 로마로부터 추방시켰다 (*황제의 삶, 글라우디오 25*). 이는 행 18:2에 언급된 사건과 동일한 사건임이 분명하다. "아굴라는 글라우디오 황제가 모든 유대 사람에게 로마를 떠나라는 칙령을 내렸기 때문에, 얼마 전에 그의 아내 브리스길라와 함께 이탈리아에서 온 사람이다."

스에토니우오가 말하는 "크레스투스"가 많은 역사가들이 생각하는 대로 "크리스투스"(Christus)를 혼돈한 것이라면, 글라우디오에 의해 유대 사람들이 추방당하게 된 것이 로마서를 쓰게 된 직접적인 동기가 된다. 그리스도의 복음(라틴어로, *크리스투스*)이 로마에 있던 유대 회당들에서 선포되었을 때, 아마도 로마에서 일어났던 그 사회적 혼란이 사도행전에 기술된 복음 선포와 연관된 것과 다르지 않을 것이다. 이러한 사회적 혼란으로 인하여 글라우디오 황제는 로마로부터 유대 사람들을 추방시키는 칙령을 발포하면서 그 혼란에 대응했다. 글라우디오가 기원후 54년에 죽었을 때, 그 칙령은 무효가 되었고, 유대 사람들은 로마로 다시 돌아오기 시작했다. 유대출신 그리스도인들이 로마에 없는 동안에 이방 사람들이 수적으로 크게 늘어난 교회로 다시 돌아오면서 이것이 그들 사이에 긴장관계를 고조시켰다. 이러한 긴장이 절정에 이르렀을 때, 즉 글라우디오의 칙령이 무효가 된 지 3년 후에 바울은 "유대 사람을 비롯하여 그리스 사람에게 이르기까지, 모든 믿는 사람을 구원하는 하나님의 능력"(1:16)으로 화해시키는 복음을 선언하기 위해 로마서를 썼다.

로마서 개요: 바울이 공들여 다듬어 하는 인사(1:1-7)와 로마를 방문하기 원한다는 개인적 증언(1:8-15)이 담긴 서론은 구원은 하나님께서 값없이 주시는 선물을 믿음으로 받아들이는 것(1:16-17)이라는 복음을 명확하게 설명하고 있다.

1:16-17의 주제를 전개하기에 앞서 바울은 이방 사람들(1:18-32)과 유대 사람들(2:1-3:20)을 포함한 모든 인간이 다 죄인이라는 사실과 은혜 없이는 구원받기가 불가능하다는 사실을 보여준다. 바울은 사람이 "다같이 죄 아래 있음"을 지적한 후에 (3:9), 아브라함이 보여주었듯이 믿음을 통하여 값없이 주는 선물 (4:1-25), 즉, 그리스도의 대속의 희생으로 하나님의 의가 주어진다는 주제를 반복한다 (3:21-13). 믿음으로 의롭다함을 얻은 후에, 사람은 하나님 앞에서 확신과 평화의 삶을 살게 되고 (5:1-11), 그리스도의 구원하시는 은혜가 아담의 타락보다 더 강하다는 확신을 갖게 된다 (5:12-21). 비록 죄는 계속 존재하면서 그리스도의 은혜로 대속 받은 사람들까지 낙심시키기는 하지만, 죄의 세력은 이미 다 무너졌고, 신도들은 성령께서 함께 하시는 능력으로 이 땅에서 의의 열매를 맺고 살아가도록 권하고 있다 (6—8장).

세상을 구원하시려는 하나님의 구원을 위한 계획 안에서 이스라엘에 대한 하나님의 의도에 관한 독특한 이슈가 9—11장에서 다루어진다. 이스라엘이 예수를 메시아로 받아들이지 않고 배척한 것은 뜻밖의 일이 아니었다. 그것은 하나님이 가지고 계신 최상의 지혜로 결정된 것으로 이방 사람들도 구원을 받도록 하기 위함이었다. 그러고 나서 이스라엘은 회복되어서 불순종하는 이방 사람들과 유대 사람들도 하나님의 자비를 받게 될 것이다 (11:32).

12:1-2에서 신앙인들에게 그들의 몸을 하나님께 산 제물로 드리라고 독특하게 호소하면서, 신학으로부터 윤리로 중대한 전환을 한다. 기독교인들은 다양한 덕들을 실천하면서 (12:9-21; 13:8-14), 그리스도교 공동체의 갈등 속에서 사랑을 보여야 한다고 권면한다. 본론은 바울이 예루살렘의 가난한 그리스도인들을 위한 구제금을 전달하려는 계획과 전달한 후에 스페인으로 갈 때에, 지나가는 길에 로마를 방문하려고 한다는 계획을 공포함으로써 끝난다 (14:1—15:13). 일련의 따뜻한 인사와 장엄한 축도로 로마서를 끝낸다.

로마서의 개요는 다음과 같다. 성경본문에 대한 연구 주석들은 이 개요를 바탕으로 구분되었으며, 보다 명확한 설명이 필요할 때에는 더 세밀하게 구분하여 설명하였다.

Ⅰ. 하나님의 복음은 구원의 능력, 1:1-17
- A. 인사: 예수 그리스도는 하나님의 영원하신 목적을 성취함, 1:1-7
- B. 바울이 로마에서 복음을 선포하고자 하는 그의 소망, 1:8-15
- C. 구원은 처음부터 끝까지 믿음에 근거하여 하나님이 값없이 주시는 선물, 1:16-17

Ⅱ. 바울은 구원의 보편성과 은혜 없이 구원받는 것이 불가능함을 증거함, 1:18—3:20
- A. 우상숭배 때문에 이방 사람들에게 내리는 하나님의 심판, 1:18-32
- B. 스스로 의롭다 하는 유대 사람들에게 내리는 하나님의 심판, 2:1—3:8
- C. 행위로는 모든 사람이 죄 아래 있고 하나님의 심판을 받음, 3:9-20

Ⅲ. 의는 믿음으로 값없이 그것을 받는 사람들과 죄인에게까지 주어지는 선물, 3:21—4:25
- A. 하나님은 예수 그리스도의 죽음을 통하여 인간의 죄를 대속하셨고, 이를 믿는 사람들은 비록 그들이 죄인이지만 의롭다하심을 받음, 3:21-31

B. 아브라함의 예로 믿음이 항상 인간을 하나님과 화해시키는 하나님의 수단으로 쓰여 왔음을 증거함, 4:1-25

Ⅳ. 의롭게 하여 주심을 받은 결과로 하나님 앞에서 확신과 평화의 삶을 살게 됨, 5:1—8:39

A. 죄인을 위한 그리스도의 죽음은 그들에게 측량할 수 없는 하나님의 사랑을 확신시킴, 5:1-11

B. 구원하시는 그리스도의 능력은 저주하는 아담의 능력보다 강함, 5:12-21

C. 신앙인들은 세례를 통해 새 생명 안에서 살아가게 되고 또한 죄에 대항하여 싸우도록 부름 받음, 6:1-14

D. 신도들은 더 이상 죄의 종이 아니기에 그들은 하나님의 거룩한 삶을 살도록 부름 받음, 6:15—7:6

E. 의롭게 하여 주심을 받은 죄인은 도덕적으로 완전하지 못하다. 그들은 죄와 대항하여 여전히 싸워야 함, 7:7-25

F. 하나님의 영은 신도들의 삶 속에서 역사하셔서 그들을 죽음으로부터 삶으로 일으켜 세우고 하나님의 자녀로 삼으심, 8:1-17

G. 모든 피조물이 소망의 속량을 간절히 기다리고 있음, 8:18-30

H. 그 무엇도 예수 그리스도 안에 있는 하나님의 사랑에서 신도들을 끊을 수 없음, 8:31-39

Ⅴ. 바울은 하나님의 신비와 씨름함: 이스라엘이 복음을 배척함으로 이방 사람들이 구원을 받게 되고 결과적으로 이스라엘이 구원을 얻음, 9:1—11:36

A. 하나님은 구원의 약속을 이루기 위해서 이스라엘 안에서 남은 자들을 선택함, 9:1—11:36

B. 복음을 배척한 남아있는 유대 사람들은 복음을 들은 적이 없어서가 아니라 성경을 통해 알면서도 배척했음, 9:30—10:21

C. 유대 사람들과 이방 사람들의 구원: 올리브 나무의 비유, 11:1-36

Ⅵ. 바울이 그리스도 안에서 새로운 삶의 특징들을 설명함, 12:1—15:13

A. 기독교인들은 새로운 성품으로 변화되고 각자 사역을 위한 독특한 신령한 한 선물을 부여받음, 12:1-8

B. 바울은 기독교인들의 덕을 식별함, 12:9—15:13

1. 그리스도 안에서 새로운 삶, 12:9-21
2. 다스리는 권세에 순종함 , 13:1-7
3. 남을 사랑함, 13:8-10
4. 구원의 성취를 기대함, 13:11-14
5. 구원에 있어서 본질적이 아닌 문제들에 대해 다른 의견을 갖고 있는 동료 신앙인들에게 자비를 베풀어야 함, 14:1—15:13

Ⅶ. 바울이 로마를 방문하려는 계획과 긴 마지막 인사로 로마서를 마감함, 15:14—16:27

제임스 아르 에드워드즈 (James R. Edwards)

인사

1 1 그리스도 예수의 종인 나 바울은 부르심을
받아 사도가 되었습니다. 나는 하나님의 복음
을 전하기 위하여 따로 세우심을 받았습니다.
2 이 복음은 하나님께서 예언자들을 통하여 성경에
미리 약속하신 것으로 3 그의 아들을 두고 하신
말씀입니다. 이 아들은, 육신으로는 다윗의 후손
으로 태어나셨으며, 4 ㄱ)성령으로는 죽은 사람들
가운데서 부활하심으로 나타내신 권능으로 하나
님의 아들로 ㄴ)확정되신 분이십니다. 그는 곧 우리
주 예수 그리스도이십니다. 5 우리는 그를 통하여
은혜를 입어 사도의 직분을 받았습니다. 그것은
우리가 그 이름을 전하여 모든 민족이 믿고 순종
하게 하려는 것입니다. 6 여러분도 그들 가운데
들어 있어서, 예수 그리스도의 부르심을 받은 사
람이 되었습니다.

7 나는 로마에 있는 모든 신도에게 이 편지를
씁니다. 하나님께서 여러분을 사랑하셔서, 그의
거룩한 백성으로 부르셨습니다. 하나님 우리 아
버지와 주 예수 그리스도께서 내려 주시는 은혜와
평화가 여러분에게 있기를 빕니다.

바울의 로마 방문 계획

8 나는 먼저 여러분 모두의 일로, 예수 그리
스도를 통하여 나의 하나님께 감사를 드립니다.
그것은 여러분의 믿음에 대한 소문이 온 세상에
퍼지고 있기 때문입니다. 9 하나님은, 내가 그
아들의 복음을 전하는 일로 ㄷ)충심으로 섬기는
분이시기에, 내 마음 속을 알고 계십니다. 나는 기
도할 때마다, 언제나 여러분을 생각하며, 10 어
떻게 해서든지 하나님의 뜻으로 여러분에게로 갈
수 있는 좋은 길이 열리기를 간구하고 있습니다.
11 내가 여러분을 간절히 보고 싶어하는 것은,
여러분에게 신령한 은사를 좀 나누어주어, 여러
분을 굳세게 하려고 하는 것입니다. 12 이것은,
내가 여러분과 함께 지내면서, 여러분과 내가
서로의 믿음으로 서로 격려를 받고자 하는 것입
니다. 13 ㄹ)형제자매 여러분, 여러분은 이것을
아시기 바랍니다. 나는 여러분에게 가려고 여러
번 마음을 먹었으나, 지금까지 길이 막혀서 뜻을
이루지 못하였습니다. 나는 다른 이방 사람들 가
운데서도 열매를 거둔 것과 같이, 여러분 가운데
서도 그것을 좀 거두려고 했던 것입니다. 14 나는
그리스 사람에게나 미개한 사람에게나, 지혜가
있는 사람에게나 어리석은 사람에게나, 다 빚을
진 사람입니다. 15 그러므로 나의 간절한 소원은,
로마에 있는 여러분에게도 복음을 전하는 일입
니다.

ㄱ) 그, '거룩함의 영' ㄴ) 또는 '확인되신, 지정되신, 지명되신'
ㄷ) 그, '영' ㄹ) 그, '형제들'

1:1-17 의미심장한 신학적인 인사 (1-7절); 바울이 오랫동안 바라던 로마 방문 재검토 (8-15절); 그리고 믿음으로 의로워진다는 좋은 예가 되는 설명(16-17절)을 로마에 있는 그리스도인들에게 편지로 소개한다. **1:1-7** 당시 그리스와 로마시대의 편지 인사에는 세 가지 요소가 포함되어 있었다 : 발송인의 이름, 수신인의 이름, 그리고 간단한 인사 (행 15:23; 살전 1:1; 약 1:1). 바울은 이런 요소들을 그가 가장 길게 쓴 인사에서 확대하여 사용하면서 예수 그리스도를 보내주시고 그가 사도로 위임받은 것에서 명백하게 드러난 하나님의 섭리에 대하여 간략한 소개로 로마서를 시작한다. **1:1** 바울은 자신을 소개하는 데에서 하나님의 *복음을 위하여* (*따로*) *세우심을 받았으며*, (사도로) 부르심을 받았고, 전적으로 하나님의 (종)이라는 자기의식을 분명하게 하고 있다. **1:2-4** 복음은 새롭게 도입한 것이 아니라, *성경에* 미리 약속된 것이다. 복음의 내용은 한 사람, 즉 하나님의 아들 예수 그리스도이다. 3-4절은 바울 서신 이전의 형식적인 문구로 당시 로마 사람들에게 익숙한 것이었다 (딤후 2:8을 보라). 하나님의 아들은 두 모습으로 나타나는데, 육신으로는 다윗의 후손으로 겸손하게 나타나고, *성령으로는* 죽은 사람들 가운데서 부활하심으로 나타난다. **1:5** 바울이 사도의 직분을 받은 목적은 믿고 *순종하게 하려는 것 이고*, 그것을 위하여 그는 로마서를 시작하고 (1:5) 끝낸다 (16:26). 이와 같이 구원하는 믿음은 하나님께 순종하는 삶이다. **1:7** 히브리어와 희랍어로 *거룩한 백성* (saints)은 하나님의 *복음을 위하여 따로 구별된 것을* 의미한다. 은혜와 평화는 신약과 구약에서 가장 중요한 주제들이다. **1:8-15** 이 부분과 15:14-33은 로마서에서 유일하게 바울의 자서전을 서술하고 있는 부분들이다. 8-15절 말씀은 바로 전에 쓴 인사보다 조금 덜 고상하다. **1:11** 비록 특별하게 명시하고 있지는 않지만, *신령한 은사와 열매를* (13절) 거두는 것은 아마도 바울이 자신의 설교로 유대출신 그리스도인들과 이방출신 그리스도인간에 화해를 이루려고 하는 것을 언급하는 것 같다. **1:13** 바울은 로마 방문을 간절히 바랬지만, 그 방문이 이루어지지 않았다 (10-11절; 15:22). 그 방문의 지연은 사탄이 방해한 것이 아니라, 하나님께서 하신 것이다 (살전 2:18을 보라). 15:22의 주석을 보라. **1:16-17** 로마의 정치와 군사적 힘과는 대조적으로 *복음은 구원하는 하나님의 능력이다.* 바울이 사용한 구원은 일시적인 위기로부터 구조 받는 것을 의미하는

복음의 능력

16 나는 복음을 부끄러워하지 않습니다. 이
복음은 유대 사람을 비롯하여 ㄱ)그리스 사람에게
이르기까지, 모든 믿는 사람을 구원하는 하나님
의 능력입니다. 모든 이방 사람을 대표로 지칭하
는 명칭임 17 하나님의 의가 복음 속에 나타납
니다. ㄴ)이 일은 오로지 믿음에 근거하여 일어납니
다. 이것은 성경에 기록한 바 ㄷ)"의인은 믿음으로
살 것이다" 한 것과 같습니다.

사람이 짓는 갖가지 죄

18 하나님의 진노가, 불의한 행동으로 진리
를 가로막는 사람의 온갖 불경건함과 불의함을 겨
냥하여, 하늘로부터 나타납니다. 19 하나님을
알 만한 일이 사람에게 환히 드러나 있습니다. 하
나님께서 그것을 환히 드러내 주셨습니다. 20 이
세상 창조 때로부터, 하나님의 보이지 않는 속성,
곧 그분의 영원하신 능력과 신성은, 사람이 그 지
으신 만물을 보고서 깨닫게 되어 있습니다. 그러
므로 사람들은 핑계를 댈 수가 없습니다. 21 사
람들은 하나님을 알면서도, 하나님을 하나님으로
영화롭게 해드리거나 감사를 드리기는커녕, 오히
려 생각이 허망해져서, 그들의 지각없는 마음이
어두워졌습니다. 22 사람들은 스스로 지혜가 있
다고 주장하지만, 실상은 어리석은 사람이 되었
습니다. 23 그들은 썩지 않는 하나님의 영광을,
썩어 없어질 사람이나 새나 네 발 짐승이나 기어
다니는 동물의 형상으로 바꾸어 놓았습니다.
24 그러므로 하나님께서는, 사람들이 마음의
욕정대로 하도록 더러움에 그대로 내버려 두시니,
서로의 몸을 욕되게 하였습니다. 25 사람들은
하나님의 진리를 거짓으로 바꾸고, 창조주 대신에

ㄱ) 모든 이방 사람을 대표로 지칭하는 명칭임 ㄴ) 또는 '이것은 믿음에서 출발하며 믿음을 목표로 합니다'. ㄷ) 합 2:4

추가 설명: 하나님의 의

로마서를 이해하는 데 가장 중요한 열쇠가 되는 문구가 "하나님의 의" 라는 구절이라고 모든 해석자들은 주장하는데, 이 문구는 로마서의 중요한 구절들에서 여덟 번이나 나타난다 (1:17; 3:5, 21, 22, 25, 26; 10:3 [두 번]). 희랍어 *디카이오수네이*는 "의" 혹은 "의인"으로 번역될 수 있다. 구약에서 의와 정의는 특별히 이스라엘 백성과 맺은 언약의 관계에서 하나님의 본성과 역사의 특성을 기술한다. 바울의 다마스쿠스 도상에서의 체험은 하나님이 율법이나 공로가 아닌 오직 은혜로 죄인들을 의롭게 해준다는 확신을 바울에게 주었다. 하나님의 의는 오직 십자가의 속죄를 통해서만 계시되고 (3:24-25), 믿음으로만 이해할 수 있는 신비다.

것이 아니고, 죄와 죽음과 사탄으로부터 영적으로 구원받는 것을 의미한다. *먼저 유대 사람에게 그리고 그리스 사람에게* 라는 서술은 이스라엘로부터 온 세상에 이르는 역사적 위임 명령을 반영하는 것이지 (사 49:6), 결코 유대 사람들이 이방 사람들보다 더 중요하다는 뜻을 반영하는 것이 아니다. 합 2:4에서 인용한 "의인은 믿음으로 살 것이다" 라는 하나님이 믿음으로 의로워진 사람에게 생명을 허락하신다는 뜻으로 표현하는 것이 더 좋을 것이다. 16-17절에서 *믿음이* 네 번이나 사용되는데, 이것은 구원의 절대 필요성을 강조하는 것이다.

1:18—3:20 로마서의 본론은 사람이 하나님의 의를 필요로 한다는 과감한 해설로 시작한다 (17절). 비록 이방 사람들과 유대 사람들이 각기 다른 죄들을 범했지만, 궁극적으로 그들이 범한 죄는 아무런 차이가 없다 (3:10-12, 23; 11:32). "유대 사람이나 그리스 사람이나, 다같이 죄 아래" 있고 (롬 3:9), 은혜를 떠나서는 하나님을 기쁘게 해 드릴 수 없다. **1:18-32** 바울은 이방 사람들이 범하는 우상숭배와 음행을 폭로하면서 시작한다. **1:18** 17절에서 바울은 하나님의 의가 나타났음을 말했다. 18절에서 바울은 불의한 행동으로 진리를 막는 사람의 *불경건함과 불의함을 겨냥하여* 하나님의 진노가 나타남을 말한다. 하나님의 속성은 죄인들에게 은혜를, 그리고 죄에는 진노로 나타난다. *하늘로부터* 라는 표현은 진노가 하나님의 관점에서 오는 것이지 사람의 관점에서 오는 것이 아니라는 점을 확증해준다. **1:19-20** 창조 이래 *하나님의 보이지 않는 속성, 곧 그분의 영원하신 능력과 신성이* 계속 입증되고 있고, 하나님을 깨닫게 하는 지식이 모든 사람에게 주어졌기에, 사람들은 그들이 범한 죄에 대해 책임을 져야 한다. **1:21-25** 사람들의 문제는 하나님을 알지 못하는 것이 아니라, 하나님을 알지 않으려고 하는 것이다. 사람들의 죄는 사람들 스스로 자신들을 지혜가 있다고 하고, 우상을 숭배하고, 결국에는 어리석은 사람이 되어 하나님의 영광을 변질시키는 반역으로 이루어진다. 사람들은 *썩지 않는 하나님의 영광*을 사람이나, 짐승이나 기어다니는 동물의 형상으로 바꾸어 놓는 결과를 초래했고, 창조주 대신에 피조물을 숭배하고, 인간의 본성과 능력을 넘겨주는 결과를 초래하게

피조물을 숭배하고 섬겼습니다. 하나님은 영원히
찬송을 받으실 분이십니다. 아멘. 26 이런 까닭에,
하나님께서는 사람들을 부끄러운 정욕에 내버려
두셨습니다. 여자들은 남자와의 바른 관계를 바
르지 못한 관계로 바꾸고, 27 또한 남자들도 이와
같이, 여자와의 바른 관계를 버리고 서로 욕정에
불탔으며, 남자가 남자와 더불어 부끄러운 짓을
하게 되었습니다. 그래서 그들은 그 잘못에 마땅한
대가를 스스로 받았습니다. 28 사람들이 하나님을
인정하기를 싫어하므로, 하나님께서는 사람들을
타락한 마음 자리에 내버려 두셔서, 해서는 안될
일을 하도록 놓아 두셨습니다. 29 사람들은 온
갖 불의와 악행과 탐욕과 악의로 가득 차 있으며,
시기와 살의와 분쟁과 사기와 적의로 가득 차 있
으며, 수군거리는 자요, 30 중상하는 자요, ㄱ)하
나님을 미워하는 자요, 불손한 자요, 오만한 자요,
자랑하는 자요, 악을 꾸미는 모략꾼이요, 부모를
거역하는 자요, 31 우매한 자요, 신의가 없는 자요,
무정한 자요, 무자비한 자입니다. 32 그들은, 이
와 같은 일을 하는 자들은 죽어야 마땅하다는 하
나님의 공정한 법도를 알면서도, 자기들만 이런 일
을 하는 것이 아니라, 이런 일을 저지르는 사람을 두
둔하기까지 합니다.

하나님의 공정한 심판

2 1 그러므로 남을 심판하는 사람이여, ㄴ)그대
가 누구이든지, 죄가 없다고 변명할 수 없습
니다. ㄴ)그대는 남을 심판하는 일로 결국 자기를
정죄하는 셈입니다. 남을 심판하는 ㄴ)그대도 똑
같은 일을 하고 있기 때문입니다. 2 하나님의 심
판이 이런 일을 하는 사람들에게 공정하게 내린다
는 것을 우리는 압니다. 3 이런 일을 하는 사람
들을 심판하면서, 스스로 그런 일을 하는 사람이여,

ㄱ) 또는 '하나님께서 미워하시는' ㄴ) 실제 인물이 아니라 가상의 논쟁 상대를 가리키는 말

되었다. **1:26-27** 바울은 사람들이 바른 관계를 바르지 못한 관계로 *바꾸어 놓았다고* 네 번에 걸쳐 반복하여 말한다 (23, 24, 25, 26절). 그 결과로 하나님은 그들을 더러움에 *그대로 내버려 두셨다* (24, 26, 28절). 회개하지 않은 죄는 인간을 타락하게 만든다. 바울은 반역과 우상숭배의 예로 동성애 행위를 드는데, *자연스러운 것을* (이성애자) *부자연스러운 것으로* (동성애자) 바꾸어 놓은 예로 설명하는데, 11장에서 올리브 나무 이야기를 할 때 다시 등장한다 (11:24). 여기서 동성애 행위를 예로 든 것은 그 죄가 다른 죄들보다 더 악하기 때문이 아니라, 그것이 하나님이 주신 선을 거짓 선으로 바꾸어 놓고 결국 우상숭배를 하는 것이기 때문이다 (21-25절 참조).

특별 주석

바울이 동성애자들에 대한 증오를 묵인하고 넘어갔다고 해석할 수 없다. 왜냐하면 그러한 증오들은 악의가 있고, *오만하고, 무자비한 것으로* 29-31절에서 책망 받기 때문이다.

1:28-32 바울은 우상숭배로 인해 개인에게 미치는 결과에서 이제 공동체에게 미치는 결과로 관점을 바꾼다. **1:28** 희랍어 언어기법을 사용하여 표현한다. *사람들이 하나님을 인정하기를 싫어하므로* (에도키마산), *하나님께서는 사람들을 타락한 마음 자리에 내버려 두셔서* (아도키몬). 죄는 행동만이 아니라 생각까지 타락시킨다. **1:29-31** 21절에 열거한 용어들은 *해서는 안 되는 일*(28절)의 목록들이다. 그것들은 타락한 마음에는 죄가 아닌 것으로 여겨질 수도 있다. 그러나 그것들은 *하나님의 진리를 거짓으로 바꾸는* (25절) 것이기에 악하다. 따라서 그들 자신들의 행위 때문에 벌을 받는다. **1:32** 죄 범하는 것을 묵인하는 것이 죄된 행동 그 자체보다 덜 나무랄 만한 것이라고 할 수 없다. 왜냐하면 이는 말없이 비난 받을 만한 행동을 용인하고 인정해주는 것이기 때문이다. **2:1-16** 이 부분에서 바울은 두 번째로 인간을 고발한다. 비록 유대 사람들이 2:17까지는 익명으로 등장하지만, 여기서는 분명히 유대 사람들을 대상으로 한다. 왜냐하면 2:17은 1-16절까지를 전제로 하기 때문이다. 만일 이방 사람들이 우상숭배와 *불의의* 죄를 지었다면 (18-32절), 유대 사람들은 자만과 *자기 스스로 의롭다고* 여기는 죄를 지었다 (10:3을 보라). 그들은 남을 심판하는 일로 결국 자기를 정죄하기 때문이다. 유대 사람들의 죄는 비록 이방 사람들의 죄와 다르지만, 그들의 죄를 변명할 수 없고 (1절; 1:20 참조), 그 시대의 유대 사람들은 "하나님의 힘을 인정하고" "하나님의 자녀임"을 아는 기준에 따라 고발될 것이다. **2:1-3** 이 세 절은 상대방을 2인칭으로 부르며 강하게 비난하는 헬라 문학양식이다 (17-29절을 보라). 대화는 최초의 고발 (1절), 상대방의 변명 (2절), 그리고 심판으로 끝맺는다 (3절). 여기서 심판을 강조하는데, 이는 1-3절에서 다양한 희랍어로 일곱 번 나타난다. 남을 심판하는 사람에는 두 가지 오류를 범하는데, 하나는 그들도 *똑같은 일을 하고* 있다는 것이며, 또 다른 하나는 그들이 *이런 일을 하는 사람들에게 공정하게 내린다는 것에 근거해서* 하나님의 역할을 침해하고 있다는 것이다. 유대 사람들의 허울 좋은 도덕적 판단은 이방 사람들의 거짓과 비교할 때 조금도 나은 것이 없다 (1:25). **2:4-11** 이 부분은 사람들이 잘못하는 것에 대해 하나님께서 침묵하는 것이 하나님이 무관심하고 계신 것이라고 잘못 생각하는 것에 대해 이야

ㄱ)그대는 하나님의 심판을 피할 수 있을줄로 생각합니까? 4 아니면, 하나님께서 인자하심을 베푸셔서 ㄱ)그대를 인도하여 회개하게 하신다는 것을 알지 못하고, 오히려 하나님의 풍성하신 인자하심과 너그러우심과 오래 참으심을 업신여기는 것입니까? 5 ㄱ)그대는 완고하여 회개할 마음이 없으니, 하나님의 공정한 심판이 나타날 진노의 날에 자기가 받을 진노를 스스로 쌓아 올리고 있는 것입니다. 6 하나님께서는 ㄴ)"각 사람에게 그가 한 대로 갚아 주실 것입니다." 7 참으면서 선한 일을 하여 영광과 존귀와 불멸의 것을 구하는 사람에게는 영원한 생명을 주시고, 8 이기심에 사로잡혀서 진리를 거스르고 불의를 따르는 사람에게는 진노와 분노를 쏟으실 것입니다. 9 악한 일을 하는 모든 사람에게는, 먼저 유대 사람을 비롯하여 그리스 사람에게 이르기까지, 환난과 고통을 주실 것이요, 10 선한 일을 하는 모든 사람에게는, 먼저 유대 사람을 비롯하여 그리스 사람에게 이르기까지, 영광과 존귀와 평강을 내리실 것입니다. 11 하나님께서는 사람을 차별함이 없이 대하시기 때문입니다. 12 율법을 모르고 범죄한 사람은 율법과 상관없이 망할 것이요, 율법을 알고 범죄한 사람은 율법을 따라 심판을 받을 것입니다. 13 하나님 앞에서는 율법을 듣는 사람이 의로운 사람이 아닙니다. 오직 율법을 실천하는 사람이라야 의롭게 될 것이기 때문입니다. 14 율법을 가지지 않은 이방 사람이, 사람의 본성을 따라 율법이 명하는 바를 행하면, 그들은 율법을 가지고 있지 않아도, 자기 자신이 자기에게 율법입니다. 15 그런 사람은, 율법이 요구하는 일이 자기의 마음에 적혀 있음을 드러내 보입니다. 그들의 양심도 이 사실을 증언합니다. 그들의 생각들이 서로 고발하기도 하고, 변호하기도 합니다. 16 이런 일은, ㄷ)내가 전하는 복음대로, 하나님께서 그리스도를 내세우셔서 사람들이 감추고 있는 비밀들을 심판하실 그 날에 드러날 것입니다.

유대 사람과 율법

17 그런데, ㄱ)그대가 유대 사람이라고 자처한다고 합시다. 그래서 ㄱ)그대는 율법을 의지하며, 하나님을 자랑하며, 18 율법의 가르침을 받아서

ㄱ) 실제 인물이 아니라 가상의 논쟁 상대를 가리키는 말 ㄴ) 시 62:12; 잠 24:12 ㄷ) 그, '나의 복음'

기한다. **2:4** 바울은 스스로 의롭다고 자족하면서 *하나님의 풍성하신 인자하심과 너그러우심과 오래 참으심을 업신여기*는 사람들을 책망한다. 그들은 하나님의 오래 참으심을 회개하라는 동기로 여기지 않고, 하나님이 자기들의 행위에 동의하는 것으로 착각한다. 회개(희랍어로, *메타노이아*는 "마음을 바꾸는 것"이고, 히브리어, *슈브*는 "돌아서다" 라는 뜻)는 자신의 잘못을 인정하고 돌아서는 것을 의미한다. **2:5** 자신들의 죄 때문에 받는 이방 사람들의 심판과는 달리 스스로 의롭다고 하는 사람들의 심판은 하나님의 공정한 심판이 나타날 진노의 날까지 보류되어 있다. **2:6** 시 62:12; 잠 24:12; 고전 3:12-15를 보라. 각 사람의 행위를 강조함은 바울의 믿음으로 순종하는 개념에 따라 좌우된다 (1:5; 15:18; 16:26). **2:7-10** 수사학의 교착 배열 문학형식(A-B-B-A)은 희랍어 동사를 포함시키지 않는다.

A 영원한 생명으로 인도하는 행위들 (7절)

B 하나님의 진노로 인도하는 행위들 (8절)

B 하나님이 유대 사람들과 이방 사람들의 악을 심판하심.

A 하나님이 유대 사람들과 이방 사람들의 선한 행위를 갚아주심 (10절) **2:11** 하나님은 유대 사람들과 이방 사람들을 차별하지 않고 심판한다. **2:12-16** 율법을 모르는 사람과 율법을 아는 사람들로 이방 사람들과 유대 사람들을 언급하는 것이다.

특별 주석

12-16절은 가끔 예수 그리스도를 모르는 사람도 구원받을 수 있다는 증거로 인용된다. 그러나 자세히 읽어보면 그렇게 결론을 내릴 수가 없다. 왜냐하면 16절에서 예수 그리스도가 모든 사람을 심판하는 기준이 된다고 말하기 때문이다. 논증의 핵심은 모든 사람의 "마음에" 기본적인 도덕적 감각이 적혀 있고, 그것을 근거로 하여 유대 사람들과 이방 사람들은 공정하게 심판받는다는 것을 보여주기 위함이다.

2:17-29 바울은 여기서 자신이 2:1 이후로 그대라고 언급한 사람들이 바로 유대 사람들이라고 밝힌다 (17절). 강하게 비난하는 문학형식에 관해서는 2:1-3에 관한 주석을 보라. 바울은 더 강하게 유대 사람들을 책망한다. 2장 후반부는 다른 사람들을 심판하는 일로 자기를 정죄하는 *똑같은 일을 하고 있는* (1절) 유대 사람들에 관해 설명한다. **2:17-20** 바울은 그들의 약점이 아닌 오히려 장점에 근거하여 유대 사람들을 비난한다. *"유대 사람"이라는 것* 자체가 명예스러운 것이었다. *율법*은 씌어진 하나님의 뜻을 확증하는 것이다. *자랑*은 유대 사람이 하나님과 갖는 독특한 관계를 의미한다 (출 19:5-6). 이러한 특권들은 다른 사람들에게 모범이 되고, 다른 사람들을 인도하는 것으로 여겨져 칭송을 받았다. **2:21-24** 이러한 특권들을 갖고 있음에도

하나님의 뜻을 알고 가장 선한 일을 분간할 줄 알며,
19 눈먼 사람의 길잡이요 어둠 속에 있는 사람의
빛이라고 생각하며, 20 지식과 진리가 율법에
구체화된 모습으로 들어 있다고 하면서, 스스로
어리석은 사람의 스승이요 어린 아이의 교사로 확
신한다고 합시다. 21 그렇다면 ㄱ)그대는 남은 가
르치면서도, 왜 자기 자신은 가르치지 않습니까?
도둑질을 하지 말라고 설교하면서도, 왜 도둑질
을 합니까? 22 간음을 하지 말라고 하면서도, 왜
간음을 합니까? 우상을 미워하면서도, 왜 신전의
물건을 훔칩니까? 23 율법을 자랑하면서도, 왜
율법을 어겨서 하나님을 욕되게 합니까? 24 성
경에 기록한 바 ㄴ)"너희 때문에 하나님의 이름이 이
방 사람들 가운데서 모독을 받는다" 한 것과 같습
니다. 25 율법을 지키면 할례를 받은 것이 유익
하지만, 율법을 어기면 ㄱ)그대가 받은 할례는 할례
를 받지 않은 것으로 되어 버립니다. 26 그러므
로 할례를 받지 않은 사람이 율법의 규정을 지키
면, 그 사람은 할례를 받지 않았더라도 할례를 받
은 것으로 여겨질 것이 아니겠습니까? 27 그리
고 본래 할례를 받지 않았더라도 율법을 온전히
지키는 사람이, 율법의 조문을 가지고 있고 할례
를 받았으면서도 율법을 범하는 사람인 ㄱ)그대를
정죄할 것입니다. 28 겉모양으로 유대 사람이라
고 해서 유대 사람이 아니요, 겉모양으로 살갗에
할례를 받았다고 해서 할례가 아닙니다. 29 오
히려 속 사람으로 유대 사람인 이가 유대 사람이
며, 율법의 조문을 따라서 받는 할례가 아니라 성
령으로 마음에 받는 할례가 참 할례입니다. 이런
사람은, 사람에게서가 아니라, 하나님에게서 칭
찬을 받습니다.

3 1 그러면 유대 사람의 특권은 무엇이며, 할
례의 이로움은 무엇입니까? 2 모든 면에서
많이 있습니다. 첫째는, 그들이 하나님의 말씀을
맡았다는 것입니다. 3 그런데 그들 가운데서 얼
마가 신실하지 못했다고 해서 무슨 일이라도 일어
납니까? 그들이 신실하지 못했다고 해서, 하나님
의 신실하심이 없어지겠습니까? 4 그럴 수 없습
니다. 사람은 다 거짓말쟁이이지만, 하나님은 참
되십니다. 성경에 기록한 바

ㄷ)"주님께서는
말씀하실 때에
의로우시다 인정을 받으시고
재판을 받으실 때에
주님께서 이기시려는 것입니다"

한 것과 같습니다. 5 그런데 우리의 불의가 하나

ㄱ) 2:1의 주를 볼 것 ㄴ) 사 52:5 (칠십인역); 겔 36:22
ㄷ) 시 51:4 (칠십인역)

불구하고, 유대 사람들은 그들이 다른 사람들을 심판함으로 소위 기준들을 위반하였다. 더 나쁜 것은 유대 사람들이 율법을 어기는 행위 때문에 하나님의 이름이 이방 사람들 가운데서 모독을 당하게끔 된 것이다. 바울은 유대 사람들의 교만과 유대 사람들이 이방 사람들보다 더 낫다고 여기는 생각에 유죄를 선고하려는 의도가 있다. **2:25-29** 하나님과의 언약을 충실하게 지키는 징표로 창 17:10-14에 소개된 할례는 대다수의 1세기 유대 사람들에게 확실한 구원을 위한 보증으로 여겨졌다. 바울은 할례는 언약의 *징표이며,* 오직 마음으로 받아들여질 때에만 의미가 있다고 생각했다. 그러므로 하나님의 뜻을 따르는 할례를 받지 않은 이방 사람들 역시 할례를 받은 사람들로 간주되었다 (26절). 그러므로 진정한 할례는 겉모양이 아니라 속사람의 변화로, 오직 하나님에 의해서만 혹은 하나님의 성령에 의해서만 변화받는 것이다 (29절; 신 10:16; 렘 4:4). 할례를 받았다는 징표는 순종을 완화시키는 것이 아니라, 유대 사람들로 하여금 순종하는 마음을 갖도록 하는 것이다. **3:1-8** 다시 상대방을 강하게 비난하면서 바울은 2장과 관련된 두 개의 질문을 한다. 유대 사람들의 특권은 그들이 율법을 지키지 않으며 살았기에 취소되었는가? 의롭게 하시는 하나님의 값없는 선물이 하나님을 독단적이고, 불공정하게 만들었는가? **3:1** 만일 유대 사람이라는 사실, 율법, 그리고 할례가 구원받는 충분한 조건이 될 수 없다면, 바울은 도대체 *유대 사람들의 특권은 무엇이냐고* 수사학적인 질문을 한다. **3:2** 율법은 유대 사람들에게 *맡겨졌다* ("주어진" 것이라기보다). 이는 소유권이 아니라 관리 책임의 역할을 강조하는 것이다. **3:3-4** *신실하지 못하다는* 말은 아마도 유대 사람들이 1:18—3:20의 논증에 전혀 등장하지 않는 메시아인 예수를 배척했다기보다는 그들이 언약을 성취하지 못했다는 말일 것이다 (그들은 하나님의 말씀을 맡은 사람들이기 때문이다, 2절). 비록 *사람은 다 거짓말쟁이라* 할지라도 사람의 실패는, 심지어 하나님이 선택하신 민족의 실패까지도, *참되신* 하나님의 본질을 변화시키지 못한다. 시 116:11을 보라. **3:5** 바울은 자신의 논증에 반대하는 사람들에게 수사학적으로 묻는다. 그런데 우리의 불의가 하나님의 의를 드러나게 한다면, *우리에게 진노를 내시는 하나님이 불의하시다는 말입니까?* **3:7-8** 논증은 간결하고 약간 조숙한 것 같다 (5:20—6:4를 보라). 만일 사람의 죄가 하나님의 거룩함을 더 드러나게 한다면 왜 하나님은 죄인들을 심판하는가? 그리고 왜 죄인들이 더 죄를 지어서는 안 되는가? 죄가 하나님의 거룩함을 더 빛나게 한다면? *절대로 그럴 수 없습니다* (6절) 라고 바울은 이러한 추론을 과감하게 거부한다.

님의 의를 드러나게 한다면, 무엇이라고 말하겠
습니까? 우리에게 진노를 내리시는 하나님이 불
의하시다는 말입니까? (이것은 사람들이 말하는
방식으로 내가 말해 본 것입니다.) 6 절대로 그럴
수 없습니다. 만일 그렇다면 하나님께서 어떻게
세상을 심판하실 수 있겠습니까? 7 다음과 같이
반박하는 사람도 있을 것입니다. "나의 거짓됨 때
문에 하나님의 참되심이 더욱 분명하게 드러나서
하나님께 영광이 돌아간다면, 왜 나도 역시 여전
히 죄인으로 판정을 받습니까?" 8 더욱이 "좋은
일이 생기게 하기 위하여, 악한 일을 하자" 하고
말할 수 있겠습니까? 사실, 어떤 사람들은 우리가
그런 말을 한다고 비방합니다. 그런 사람들은 심
판을 받아야 마땅합니다.

사람은 모두 죄인이다

9 그러면 무엇을 말해야 하겠습니까? 우리
유대 사람이 이방 사람보다 낫습니까? 전혀 그렇지
않습니다. 유대 사람이나 그리스 사람이나, 다같이
죄 아래에 있음을 우리가 이미 지적하였습니다.
10 성경에 이렇게 기록되어 있습니다.
ㄱ)"의인은 없다. 한 사람도 없다.
11 깨닫는 사람도 없고,
하나님을 찾는 사람도 없다.
12 모두가 곁길로 빠져서,
쓸모가 없게 되었다.
선한 일을 하는 사람은 없다.
한 사람도 없다."

ㄱ) 시 14:1-3 (칠십인역); 53:1-3 (칠십인역); 전 7:20

특별 주석

1인칭 대명사와 8절의 삽입어구의 표현은 아마도 선교지에서 바울이 당면했던 반대에 관해 언급일 것이다.

3:9-20 이 부분은 인간이 도덕적으로 불의하고 또한 선행으로 구원받을 수 없다는 결론과 이를 증명하는 여러 구약의 본문들을 모은 것이다. **3:9** *그러면 무엇을 말해야 하겠습니까?* 라고 물으면서 3:1의 논증으로 되돌아간다. 우리 유대 사람이 이방 사람보다 낫습니까? (희랍어로, *프로에코메타*)에 대해서는 해석상 논란이 많다. 평범하게 말한다면, "우리가 남보다 뛰어났는가? (이방 사람의 입장에서)." 이에 대해 그렇지 않다고 대답한다. 바울은 이방 사람들이 유대 사람들보다 더 큰 특권을 갖고 있다고 말한 적이 없다는 사실을 근거로 논쟁한다. 비록 유대 사람들이 선택받고, 율법과 할례 때문에 이방 사람들보다 더 많은 특권을 갖고 있지만, 그러나 궁극적으로 유대 사람들이나 이방 사람들 모두가 죄 아래 있다고 강조한다. **3:10-18** 이 부분은 로마서에서 구약성경을 가장 길게 인용하는 부분이다. 사해 사본들과 유대 랍비들은 공통적으로 가르치고 논증하기 위해서 동일한 주제를 다루는 성경말씀들을 모아 놓는다. 바울이 모은 성경말씀들은 본래 유대 사람들이 이방 사람들의 불의를 고발하기 위한 것들인데, 이 곳에서 2:1의 논증으로 유대 사람들을 고발하고 있다. 모은 성경말씀들은 하나님을 화나게 하는 죄 (10-12절), 독설의 죄 (13-14절), 이웃을 괴롭히는 죄(15-17절)로 되어있다. **3:10** 전 7:20을 보라. **3:11-12** 시 14:2-3을 보라. **3:13** 시 5:9; 140:3을 보라. **3:14** 시 10:7을 보라. **3:15-17** 사 59:7-8을 보라. **3:18** 시 36:1을 보라. **3:19-20** 바울이 인간의 불의를 비난함은 절대적이며 보편적이다. 그는 반복해서 *한 사람도 없다.*

추가 설명: 바울의 아브라함에 대한 언급

아브라함의 이름은 바울의 편지들에서 예수님을 제외하고는 그 어떤 역사적 인물보다 더 빈번하게 언급된다. 바울이 활동하던 시대에 아브라함은 우상을 숭배하는 민족들 중에서 오직 한 분이신 하나님을 예배한 전형적인 신앙인으로 추앙되었다. 아브라함은 전설, 기적들, 그리고 어느 정도 신격화될 정도로 아름답게 묘사되었다. 헤브론에 있는 그의 묘지는 거룩한 곳으로 여겨져 왔다. 랍비들은 하나님이 "아브라함을 위해서" 율법을 제정했다고 가르쳤으며, 심지어 아브라함은 시내 산에서 율법을 받기 이전부터 완벽하게 율법을 지켜왔다고 가르쳤다. 한 외경에 나타난 아브라함을 칭송하는 구절에서는 그의 영광을 당할 사람이 아무도 없다고 선포한다. 바울이 아브라함을 예로 든 것은 아주 용기 있는 것이었다. 왜냐하면 랍비들은 아브라함이 행위로 의롭게 되었다고 가르쳤기 때문이다. 바울은 아브라함이 율법과 행위와 상관없이 의롭게 되었기에 믿음으로 의롭게 되는 예가 된다고 증명하고 있다.

13 ㄱ)"그들의 목구멍은 열린 무덤이다.
혀는 사람을 속인다."
ㄴ)"입술에는 독사의 독이 있다."
14 ㄷ)"입에는 저주와 독설이
가득 찼다."
15 ㄹ)"발은 피를 흘리는 일에 빠르며,
16 그들이 가는 길에는
파멸과 비참함이 있다.
17 그들은 평화의 길을 알지 못한다."
18 ㅁ)"그들의 눈에는
하나님을 두려워하는 빛이 없다."
19 율법에 있는 모든 말씀이 율법 아래 사는 사
람에게 말한 것임을 우리는 압니다. 그것은 모든
입을 막고, 온 세상을 하나님 앞에서 유죄로 드러
내려는 것입니다. 20 그러므로 율법의 행위로는
하나님 앞에서 의롭다고 인정받을 사람이 아무도
없습니다. 율법으로는 죄를 인식할 뿐입니다.

하나님의 의

21 그러나 이제는 율법과는 상관없이 하나님의
의가 나타났습니다. 그것은 율법과 예언자들이
증언한 것입니다. 22 그런데 하나님의 의는 예
수 그리스도를 믿는 믿음을 통하여 오는 것인데,
모든 믿는 사람에게 미칩니다. 거기에는 아무 차
별이 없습니다. 23 모든 사람이 죄를 범하였습
니다. 그래서 사람은 하나님의 영광에 못 미치는
처지에 놓여 있습니다. 24 그러나 사람은, 그리
스도 예수 안에서 얻는 ㅂ)구원으로 말미암아, 하나
님의 은혜로 값없이 의롭다는 선고를 받습니다.
25 하나님께서는 이 예수를 속죄제물로 내주셨
습니다. 그것은 그의 피를 믿을 때에 유효합니다.
하나님께서 이렇게 하신 것은, 사람들이 이제까
지 지은 죄를 너그럽게 보아주심으로써 자기의 의
를 나타내시려는 것이었습니다. 26 하나님께서
오래 참으시다가 지금 이 때에 자기의 의로우심을
나타내신 것은, 하나님은 의로우신 분이시라는
것과 예수를 믿는 사람은 누구나 의롭다고 하신다
는 것을 보여 주시려는 것입니다.

ㄱ) 시 5:9 (칠십인역) ㄴ) 시 140:3 (칠십인역) ㄷ) 시 10:7 (칠십인역) ㄹ) 사 59:7, 8 ㅁ) 시 36:1 ㅂ) 그, '속량'

(10-18절), *하나님 앞에서 유죄로 드러낸다* (19절), *의롭다고 인정받을 사람이 아무도 없다* (20절). *율법으로는 죄를 인식할 뿐이지*, 구원의 능력은 아니라고 강조한다.

3:21-31 로마서의 주제로 다시 돌아온다 (1:16-17). 바울은 예수 그리스도의 죽음이 1:18—3:20에서 설명한 것과 같이 인간의 죄를 씻는 데 충분하다고 선언한다. 하나님의 의는 값없이 은혜의 선물 (unmerited gift of grace)로 주어지는 것을 받아들이는 죄인들에게 주어진다. **3:21-22** *그러나 이제는*. 이 표현은 희랍어에서 무엇을 강조할 때 사용되는데, 이제 은혜로 구원에 이르는 것을 알리는 것이다. 율법과 복음은 서로 반대 되는 것이 아니라, 서로 다른 기능들을 행사할 뿐이다. 율법과 예언자들은 하나님의 의를 증언하나, *의는 믿음을 통하여* 오는 것이다. "온다"는 말은 희랍어에서 완료시제형로 과거에 발생한 일들이 (그리스도의 죽음에서) 지금까지 계속되는 것을 의미한다. 21-31절에서 믿음이라는 단어는 열 번이나 사용되는데, 이로써 믿음이 의롭다 함을 얻는 데 필수적이라는 점을 강조하기 위함이다. **3:23** 3장에서 인간의 죄성을 아홉 번 강조한 후에 바울은 죄를 위반이 아니라 *하나님의 영광에 못 미치*는 모자람으로 간주한다 (마 6:12도 마찬가지다). **3:24** 당시 헬라 문화권에서는 구원이라는 말이 전쟁 포로 혹은 노예들을 놓아줄 때 지급하는 배상금을 언급할 때 사용되었다. 바울은 이 단어를 죄의 결과로부터 그리스도가 인간을 구원해 내는 의미로 사용하였다. **3:25** *하나님이 이렇게 하신 것*은 희랍어 동사로 두 가지 의미를 나타내는데, 하나는 "공적으로 견해를 밝히다"이고, 다른 하나는 "미리 정하다"는 뜻이 있다. 십자가는 하나님께서 미리 정하신 역사적 사건이다. 속죄제물은 죄가 용서받는 장소, 즉 언약궤의 자비의 자리를 말한다 (출 25:17-22). **3:27** *자랑*은 믿음의 반대다. 왜냐하면 자랑은 하나님의 값없이 주시는 은혜보다는 사람의 업적을 보상의 근거로 여기기 때문이다. **3:28** 이 절은 복음을 간결하게 요약하고 있다. *우리는 생각합니다* (희랍어로, *로기조메타*)는 결론을 의미한다 (개역개정을 "우리가 인정하노라;" 공동번역은 "우리는 확신합니다"). **3:29-30** 유대 사람들과 이방 사람들은 모두 죄 아래 놓여있을 뿐만 아니라 (9절) 또한 동등하게 은혜 아래 있다. **3:31** 율법의 목적은 죄를 드러내는 것이지, 사람을 구원하는 것이 아니다 (20절). 율법은 하나님께 올바르게 응답하고 올바르게 처신하는 것을 강조한다. 이런 면에서 복음은 *율법을 굳게 세운다.*

4:1-25 바울은 율법을 떠나 믿음으로 얻는 의를 아브라함의 경우를 예로 들어 설명한다 (3:21-31). 바울은 먼저 아브라함이 행위로 의롭게 된 것이 아니라, 믿음으로 의롭게 되었다고 말한다 (1-8절). 그리고 아브라함은 그가 할례를 받기 이전에 이미 의롭다함을 받았다. 그러므로 유대 사람들뿐 아니라, 이방 사람들도 의로워질 수 있다고 주장한다 (9-12절). 바울은 예수께서 죽은 사람들 가운데서 부활함으로써 아브라함의 믿음을 성취했다고 결론을 내린다. 믿음으로 *의롭다고 인정받습니다* 라고 여섯 번 언급하면서 의는 사람의 업적과 상관없이 주어진다는 점을 강조한다 (3, 5, 6, 9, 10, 11절). **4:1-8** 다루기 힘든 1절은 아마도 "아브라함은 시련을 받고도 믿음을 지켜서 의로운 사람이란

27 그렇다면 사람이 자랑할 것이 어디에 있
습니까? 전혀 없습니다. 무슨 법으로 의롭게 됩니
까? 행위의 법으로 됩니까? 아닙니다. 믿음의 법
으로 됩니다. 28 사람이 율법의 행위와는 상관
없이 믿음으로 의롭다고 인정을 받는다고 우리는
생각합니다. 29 하나님은 유대 사람만의 하나님
이십니까? 이방 사람의 하나님도 되시지 않습니
까? 그렇습니다. 이방 사람의 하나님도 되십니다.
30 참으로 하나님은 오직 한 분뿐이십니다. 그러
므로 하나님께서는 할례를 받은 사람도 믿음을 보
시고 의롭다고 하시고, 할례를 받지 않은 사람도
믿음을 보시고 의롭다고 하십니다. 31 그러면
믿음으로 말미암아 우리가 율법을 폐합니까? 그럴
수 없습니다. 도리어 율법을 굳게 세웁니다.

아브라함의 믿음

4 1 그러면 육신상으로 우리의 조상인 [ㄱ]아브
라함이 무엇을 얻었다고 우리가 말할 수 있겠
습니까? 2 아브라함이 행위로 의롭게 되었더라면,
그에게는 자랑할 것이 있었을 것입니다. 그러나
하나님 앞에서는 자랑할 것이 없습니다. 3 성경이
무엇이라고 말합니까? [ㄴ]"아브라함이 하나님을
믿으니, [ㄷ]하나님께서 그를 의롭다고 여기셨다"
하였습니다. 4 일을 하는 사람에게는 품삯을 은
혜로 주는 것으로 치지 않고 당연한 보수로 주는
것으로 생각합니다. 5 그러나 경건하지 못한 사
람을 의롭다고 하시는 분을 믿는 사람은, 비록 아무
공로가 없어도, 그의 믿음이 의롭다고 인정을 받
습니다. 6 그래서 행한 것이 없어도, 하나님께서
의롭다고 여겨 주시는 사람이 받을 복을 다윗도
다음과 같이 말하였습니다.

7 [ㄹ]"하나님께서
잘못을 용서해 주시고
죄를 덮어 주신 사람은
복이 있다.
8 주님께서
죄 없다고 인정해 주실 사람은
복이 있다."

9 그러면 이러한 복은 할례를 받은 사람에게만
내리는 것입니까? 그렇지 않으면 할례를 받지 않
은 사람에게도 내리는 것입니까? 우리는 앞에서
말하기를 "하나님께서 아브라함의 믿음을 의로

ㄱ) 다른 고대 사본들에는 '아브라함에 관하여 무엇을 말할 수 있겠습니까?'
ㄴ) 창 15:6 ㄷ) 원어로는 '그것이 그의 의로 여겨졌다' ㄹ) 시 32:1, 2

인정을 받지 않았느냐?" (마카비상 2:52) 라는 구절을 회복시키려고 시도하는 것 같다 **4:2-5** 이 논쟁은 바울이 믿음으로 의롭게 됨을 증명하기 위해 3절에서 인용하는 창 15:6에서 찾아볼 수 있다 (4, 9절; 갈 3:6을 참조). 이 논쟁은 품삯과 은혜, 공로와 믿음을 대조시키면서 전개된다. 공로는 하나님이 아브라함을 의롭다고 여기심을 값없이 주시는 선물이 아니라, 품삯으로 여기게 만든 것이다. 5절에 기록된 아브라함의 믿음은 3:23-24 결론을 보여주는 예이다. 아브라함은 순진하게 *하나님을 믿는 것* 이외에는 자신의 삶에서 하나님의 뜻을 이루기 위해 한 일이 아무 것도 없다. **4:6** 다윗 역시 *행한 것이 없어도, 하나님께서 의롭다고 여겨 주시는 사람이 받을 복을* 증언하고 있다. **4:7-8** 시 32:1-2를 보라. **4:9-12** 아브라함은 그가 할례를 받기 이전에 의롭다함을 받고서 (창 15:6) *할례를 받지 않고도* (창 17:10-14) *믿는 모든 사람의 조상이 되었다* (4:11). 할례는 *믿음의 의를 확증*하여주는 *징표이지*만, 의롭게 만드는 수단이나 보장은 될 수 없다. 아브라함은 믿음으로 의롭다함을 받은 유대 사람과 이방 사람 모두에게 모범적 조상이 되었다 (2:25-29를 보라). *조상* (희랍어, "아버지")은 유대 사람들이나 이방 사람들이 믿음으로 의롭다함을 받은 모든 이들의 원형으로서의 아브라함을 입증하는 것이다. 아브라함은 언약의 조상이 되기 전에 믿음의 조상이 되었다. 그러므로 율법의 행위로 의롭게 되는 것이 아니라, 믿음으로 의롭게 되는 것이 오직 유일하게 본질적으로 하나님의 의를 얻는 길이다. **4:12-25** 바울은 자신의 논제를 더 발전시키면서 하나님이 아브라함에게 하신 약속은 율법과는 상관없는 것이라고 주장하고 (13-16절), 아브라함의 믿음은 예수님이 죽은 자 가운데서 부활하신 것과 비슷할 뿐만 아니라 (17-22절), 부활을 기대하는 것과 유사하다고 주장한다 (23-25절). **4:13** 4:1-12의 결론을 다시 언급한다 (갈 3:17을 보라). *세상을 물려받을* 아브라함에게 하나님이 약속하신 것은 선택받은 사람들뿐만이 아니라, 세상과도 약속하신 것이다 (17-18절; 행 2:5-11). **4:15** *율법은 진노를 불러옵니다* 는 중요한 표현이다. 즉 율법은 하나님의 진노를 불러오는 "범법들을" 만들어낸다. 바울은 율법이 본래는 선한 것이라고 생각하는데, 이는 7:12에 나타난다. **4:16-17** 오직 믿음으로 구원은 보장된다. 왜냐하면 구원이 하나님의 강하고 신뢰할 수 있는 *죽은 사람들을 살리시*는 은혜에 근거하기 때문이다. 부활은 믿음의 대상이며 또한 실례이다. **4:18** 아브라함은 희망이 사라진 때에도 (창 12—18장) 희망을 잃지 않고 자신의 형편을 하나님의 약속 안에서 믿음으로 보려고 한다. **4:19-21** 아브라함과 사라가 당한 역경은 그들의 믿음을 약하게 하지 않고 오히려 강하게 만들었다. 모든 상황 속에서 구원하는 믿음은 *스스로 약속하신 바를 능히 이루시는 하나님께 영광*을 돌린다. **4:23-24** 아브라함은 믿음으로 의롭다함을 얻었는데, 예수님을 죽은 사람들 가운데서 살리신 하나님을 믿는 사람들 역시 의롭다함을 얻게 될 것이다. **4:25** 바울이 사 52:12를 인용하면서 결여기셨다" 하였습니다. 10 그러면 어떻게 아브라함이 그러한 인정을 받았습니까? 그가 할례를 받은 후에 그렇게 되었습니까? 그렇지 않으면 할례를 받기 전에 그렇게 되었습니까? 그것은 할례를 받은 후에 된 일이 아니라, 할례를 받기 전에 된 일입니다. 11 아브라함이 할례라는 표를 받았는데, 그것은 그가 할례를 받지 않은 상태에서 이미 얻은 믿음의 의를 확증하는 것이었습니다. 그래서 그는 할례를 받지 않고도 믿는 모든 사람의 조상이 되었으니, 이것은 할례를 받지 않은 사람들도 의롭다는 인정을 받게 하려는 것이었습니다. 12 또 그는 할례를 받은 사람의 조상이 되기도 하였습니다. 다시 말하면, 할례만을 받은 것이 아니라 또한 우리 조상 아브라함이 할례를 받지 않은 상태에서 걸어간 믿음의 발자취를 따라가는 사람들의 조상이 되었습니다.

믿음으로 약속을 주시다

13 아브라함이나 그 자손에게 주신 하나님의 약속, 곧 그들이 세상을 물려받을 상속자가 되리라는 것은, 율법으로 말미암은 것이 아니라, 믿음의 의로 말미암은 것입니다. 14 율법을 의지하는 사람들이 상속자가 된다면, 믿음은 무의미한 것이 되고, 약속은 헛된 것이 됩니다. 15 율법은 진노를 불러옵니다. 율법이 없는 곳에는 범법도 없습니다. 16 이런 까닭에, 이 약속은 믿음에 근거한 것입니다. 그것은 하나님께서 아브라함에게 이 약속을 은혜로 주셔서 이것을 그의 모든 후손에게도, 곧 율법으로 사는 사람들에게만이 아니라 아브라함이 지닌 믿음으로 사는 사람들에게도 보장하시려는 것입니다. 아브라함은 우리 모두의 조상입니다. 17 이것은 성경에 기록된 대로 ㄱ)"내가 너를 많은 민족의 조상으로 세웠다" 함과 같습니다. 이 약속은, 그가 믿은 하나님, 다시 말하면, 죽은 사람들을 살리시며 없는 것들을 불러내어 있는 것이 되게 하시는 하나님께서 보장하신 것입니다. 18 아브라함은 희망이 사라진 때에도 바라면서 믿었으므로 ㄴ)"너의 자손이 이와 같이 많아질 것이다" 하신 말씀대로, 많은 민족의 조상이 되었습니다. 19 그는 나이가 백 세가 되어서, 자기 몸이 [이미] 죽은 것이나 다름없고, 또한 사라의 태도 죽은 것이나 다름없는 줄 알면서도, 그는 믿음이 약해지지 않았습니다. 20 그는 하나님의 약속을 믿고 의심하지 않았습니다. 오히려 그는 믿음이 굳세어져서 하나님께 영광을 돌렸습니다. 21 그는, 하나님께서 스스로 약속하신 바를 능히 이루실 것이라고 확신하였습니다. 22 그래서 하나님께서는 ㄷ)이것을 보시고 ㄹ)"그를 의롭다고 여겨 주셨습니다." 23 "그가 의롭다는 인정을 받았다" 하는 말은, 아브라함만을 위하여 기록된 것

ㄱ) 창 17:5 ㄴ) 창 15:5 ㄷ) 또는 '그의 믿음을' ㄹ) 창 15:6

추가 설명: 성화

성화는 (희랍어, *하기아스모스*인데, "거룩하다"는 뜻) "의인은 믿음으로 살 것이다"는 로마서 1:7의 기록과 같이 믿음으로 의로워짐으로 생겨나는 그리스도 안에서의 새로운 삶이다. 성화는 이전에 죄인이었고 (5:8), 원수였던 사람들이 (5:10) 하나님의 구원의 은혜로 말미암아 서로 화해하고 성화되어 나타나는 (1:19) 윤리적 변화를 말한다.

론을 내리는 이 부분에서 아브라함은 예수 그리스도의 원형이다. 예수님은 하나님께서 예수님의 죽음과 부활에서 우리를 대신하여 죽게 하는 종이다.

5:1-11 1:18—3:20에 기록된 소외와는 철저하게 대조적으로 예수 그리스도께서 역사하심으로 인하여 믿음으로 의로워진 신도들은 하나님과 더불어 평화와 화해를 누리는 신분으로 변하게 된다. 그러면서 신도들에게 5—8장에 기록된 성화의 주제를 소개한다. **5:1** *그러므로 우리는 믿음으로 의롭다 하심을 받았으므로.* 희랍어 동사 시제는 행위가 완전히 종결된 상태를 암시해 준다. *우리는…하나님과 더불어 평화를 누리고 있습니다.* 어떤 고대 문서는 "하나님과 함께 평화를 누리자" 라고 하면서 평화를 신앙인의 책임으로 돌리고 있다. 새번역개정, 개역개정, 공동번역 NRSV 모두 하나님께서 역사하는 결과에서 성취되는 것으로 번역되어 있는데, 이러한 번역은 의심할 바 없이 옳은 번역이다. **5:2** 예수 그리스도는 그 안에서 그리스도인들이 *서 있는* 은혜의 자리로 인도하시는 수단이 된다. **5:3-5** 아브라함과 사라와 같이 (4:20) 신도들은 역경 속에서도 강해질 수 있고 기뻐할 수 있다. 속죄 받은 사람의 삶은 환난이 연쇄 반응을 일으켜서 (환난, 인내, 단련된 인격, 희망) 그 결과로 하나님께서 부어주시는 사랑을 받게 된다. **5:5** 로마서에서 하나님의 사랑과 성령을 처음으로 언급하는 부분이다. **5:6-8** 하나님의 은혜는 경건하지 않은 사람들(값없는 죄인들)을 위하여 그리스도의 죽음에서 최고로 드러났다. 십자가는 결코 불행이 아니라, 적절한 때에 하나님께서 제정해 두신 것이다 (갈 4:4; 엡 1:10; 히 9:26). *그리스도께서 우리를 위하여 죽으셨다.* 이 말씀은 신학적으로 중요한 (*우리를 위해*) 역사적인 사실(그리스도가 죽었다)

이 아니라, 24 하나님께서 의롭다고 여겨 주실
우리, 곧 우리 주 예수를 죽은 사람들 가운데서 살
리신 분을 믿는 우리까지도 위한 것입니다. 25 예
수는 우리의 범죄 때문에 죽임을 당하셨고, 우리를
의롭게 하시려고 살아나셨습니다.

의롭게 하여 주심을 받은 사람의 삶

5 1 그러므로 우리는 믿음으로 의롭다 하심을
받았으므로, 우리 주 예수 그리스도로 말미암
아 하나님과 더불어 평화를 ㄱ)누리고 있습니다.
2 우리는 또한, 그리스도로 말미암아 지금 서 있는
이 은혜의 자리에 [믿음으로] 나아오게 되었으며,
하나님의 영광에 이르게 될 소망을 품고 ㄴ)자랑을
합니다. 3 그뿐만 아니라, 우리는 ㄷ)환난을 ㄴ)자
랑합니다. 우리가 알기로, 환난은 인내력을 낳고,
4 인내력은 단련된 인격을 낳고, 단련된 인격은
희망을 낳는 줄을 알고 있기 때문입니다. 5 이
희망은 우리를 실망시키지 않습니다. 하나님께서
우리에게 주신 성령을 통하여 그의 사랑을 우리
마음 속에 부어 주셨기 때문입니다. 6 우리가 아
직 약할 때에, 그리스도께서는 제 때에, 경건하지
않은 사람을 위하여 죽으셨습니다. 7 의인을 위
해서라도 죽을 사람은 거의 없습니다. 더욱이 선한
사람을 위해서라도 감히 죽을 사람은 드뭅니다.
8 그러나 우리가 아직 죄인이었을 때에, 그리스
도께서 우리를 위하여 죽으셨습니다. 이리하여
하나님께서는 우리들에 대한 자기의 사랑을 실증
하셨습니다. 9 그러므로 지금 우리가 그리스
도의 피로 의롭게 되었으니, 그리스도로 말미암
아 ㄹ)하나님의 진노에서 구원을 얻으리라는 것은
더욱 확실합니다. 10 우리가 하나님의 원수일
때에도 하나님의 아들의 죽으심으로 말미암아
하나님과 화해하게 되었다면, 화해한 우리가 하
나님의 생명으로 구원을 얻으리라는 것은 더욱더
확실한 일입니다. 11 그뿐만 아니라, 우리는 또
한 우리 주 예수 그리스도로 말미암아 하나님을
자랑합니다. 우리는 지금 그로 말미암아 하나님과
화해를 하게 된 것입니다.

아담과 그리스도

12 그러므로 한 사람으로 말미암아 죄가 세
상에 들어왔고, 또 그 죄로 말미암아 죽음이 들어

ㄱ) 다른 고대 사본들에는 '누립시다' ㄴ) 또는 '자랑합시다' ㄷ) 또는 '환난 가운데서도 자랑을 합니다' ㄹ) 그, '하나님의'가 없음

을 담고 있다. 희랍어에서 6-8절은 네 개의 문장으로 되어 있는데, 하나님의 사랑, 의, 그리고 구원이 십자가에서 나타났음을 강조하면서 그리스도의 죽음에 관한 언급으로 끝난다. **5:9-11** 덜 중요한 것으로부터 시작해서 더 중요한 것을 강조하는 랍비적 기술(히브리어, *칼 와호머*)은 하나님의 절대적인 신실하심을 믿으라고 강조한다 (8:31-34를 참조). 하나님의 사랑은 *우리가 하나님의 원수일 때,* 즉 하나님을 멀리 떨어져 가치 없이 살던 죄인이었을 때에 십자가에서 드러났다. *화해*는 9-10절에 처음으로 소개되었는데, 과거, 현재, 그리고 미래 시제의 모든 삶을 포함한다.

5:12-21 이 구절은 아담과 그리스도라는 두 가지 모형으로 죄와 구원을 이야기한다. 첫 번째 모형 아담은 *범죄 행위* (15절), *죄* (20절), *순종하지 않음* (19절), *심판* (16절), *유죄 판결* (16절), *율법*(20절)과 *죽음*(12절)의 모형으로 소개되고, 또 다른 모형인 그리스도는 *순종* (19절), *의로워짐* (16절), *은혜* (15, 17, 20-21절), 그리고 *생명*(17절)으로 소개된다. 그러나 아담과 그리스도는 동등하지 않다. 왜냐하면 아담이 유죄 판결을 받은 것보다 그리스도의 은혜는 더욱더 강하기 때문이다. 모든 사람의 조상 아담은 모든 인간성에 영향을 주는 예가 된다. **5:12** 이 절은 아담과 이브의 불순종을 회상시켜 주면서 (창 3장) 인간에게 죄와 죽음을 소개하여 준다. **5:13-14** 비록 율법이 있기 전까지 죄가 죄로 온전히 드러나지 않았지만, 아담으로부터 모세 시대에 이르기까지 살던 사람들을 죽게 만들었다. 그들의 죄는 아담이 지은 죄와 같지 않다. 아담이 의도적으로 지은 반역과는 달리, 이들은 부주의로 죄를 지었다. **5:15-17** 그리스도가 값없이 주는 구원은 사람에게 미치는 아담의 죄와 같지 않다 (15-16절). 구원하는 그리스도의 은혜는 더욱더 넘쳐난다. **5:18** 아담/그리스도의 모형은 완벽하게 병행해서 나타난다. **5:19** 아담이 의지적으로 순종하지 않음은 오직 십자가에서 죽은 그리스도의 의지적 순종에 의해서만 교정될 수 있다 (빌 2:8). *판정 받았다* 혹은 *판정을 받을 것이다* 라는 동사는 사람들이 그들이 섬기는 주인들, 즉 아담 혹은 그리스도를 따라 판정받는다는 사실을 의미한다 (6:15-19를 참조). **5:20** 바울은 3:7-8에서 언급한 것을 끝내면서 죄를 지배한다는 은혜가 최고임을 증거한다.

6:1-14 1절에서 바울은 믿음으로 의롭게 하여 주신다는 것에 대한 세 가지 가능한 반박 중에서 첫 번째 것을 언급한다 (또한 15절; 7:7). 이 세 가지 반박은 모두 5:20에서 주장하는 것과 연관되어 있는데, 믿음으로 의로워진다는 것을 의심하는 사람들은 은혜를 받기 위해 죄를 범할 가능성을 남겨둘 수 있다는 것이다. 6—7장에서 바울은 의롭게 하여주심이 악한 행위를 위함이 아니라, 성화되어 가기 위한 것이라고 주장한다. **6:1** 이 수사적 효과를 노리는 질문은 5:20에 대한 대답으로 잘못 해석

온 것과 같이, 모든 사람이 죄를 지었기 때문에 죽
음이 모든 사람에게 이르게 되었습니다. 13 율
법이 있기 전에도 죄가 세상에 있었으나, 율법이
없을 때에는 죄가 죄로 여겨지지 않았습니다.
14 그러나 아담 시대로부터 모세 시대에 이르기
까지는 아담의 범죄와 같은 죄를 짓지 않은 사람
들까지도 죽음의 지배를 받았습니다. 아담은 장차
오실 분의 모형이었습니다.

15 그러나 하나님께서 은혜를 베푸실 때에
생긴 일은, 아담 한 사람이 범죄 했을 때에 생긴
일과 같지 않습니다. 한 사람의 범죄로 많은 사람이
죽었으나, 하나님의 은혜와 예수 그리스도 한 사
람의 은혜로 말미암은 선물은, 많은 사람에게 더
욱더 넘쳐나게 되었습니다. 16 또한, 하나님께서
주시는 선물은 한 사람의 범죄의 결과와 같지 않
습니다. 한 범죄에서는 심판이 뒤따라와서 유죄

째 추가 설명: 7장에 나타나 있는 "나"

로마서 7:7에서 1인칭 단수를 사용하고 13절에서 현재시제를 사용하고 있는 바울에 대한 놀라운 현상을 설명하기 위한 많은 이론이 있어 왔다. 두 가지 포괄적인 설명이 있는데, 그 중에 하나가 바울이 그리스도인이 되기 전에 회개하는 모습을 생각하던 장으로 보는 것이다. 이러한 해석을 뒷받침해주는 것으로는 만일 신도들이 죄에 죽고 그리스도 안에 지금 살고 있다면 (6:22; 7:4; 고후 5:17), 어떻게 14절에서 *죄 아래 팔린 몸*이라고 말할 수 있으며, 23절에서 *죄의 법에 나를 포로로 만드는 것*이라고 말할 수 있느냐 하는 것이다. 이 논쟁은 건전하게 생각이 들지는 모르지만, 마음이 끌리는 논쟁은 아니다. 왜냐하면 바울이 그리스도인이 되기 전에 좌절감을 느끼고 있었다는 사실이 그의 편지 어디에서도 언급되어 있는 곳이 없고, 오히려 과거를 자랑스럽게 생각했기 때문이다 (갈 1:14; 빌 3:4-6). 그뿐 아니라 그리스도인이 되기 전의 것을 언급한다는 것은 "의인은 믿음으로 살 것이다" (1:17) 라는 본 논제에서 벗어나는 것이 되는 것이다.

좀 더 신빙성 있는 다른 하나의 설명은 강하게 표현되는 "나"가 그리스도인으로서의 바울의 삶을 표현한다는 해석이다. 14-25절에 있는 예외적인 현재시제는 바울이 서신을 쓰고 있을 당시의 현재를 말하는 것이다. 죄와 계속 싸운다는 것은 신도가 삶 속에서 (6:12) 당면해야 하는 진정한 도전이다. 신도는 아담의 옷을 벗어버리고, 그리스도의 옷으로 갈아입어야 한다 (13:13-14; 엡 4:22-24; 골 3:5). 이러한 해석에 정당성을 부여한다면, 7:7-25는 신도가 성화를 향하여 가고 있는 동안에 생기는 고전에 좋은 증거가 될 수 있다. 그리고 8장에 나타나는 성령이 주는 자유와 확신을 위해 준비할 수 있다.

될 수도 있다. 만일 은혜가 죄에 비례해서 주어진다면, 왜 죄를 더 짓지 않는가? **6:2** *그럴 수 없습니다* 라는 표현은 바울이 강하게 부정하는 표현이다. 믿음으로 말미암아 의롭게 하여 주심을 받는 것은 죄를 없애기 위함이지 죄를 증가시키려 함이 아니다. 5장에서 바울은 그리스도의 죽음을 다섯 번 언급하고, 6장에서 그리스도와 함께 하는 그리스도인의 죽음에 대하여는 열세 번 언급한다. 그리스도가 죄인들을 위해 죽은 것처럼 신도들도 죄에 대해 반드시 죽어야 한다. **6:3-4** 세례에 관한 언급으로 초대교회가 성례전을 중요하게 생각한 것을 입증하는 것이다. 세례는 우리가 그리스도의 죽음, 장례, 그리고 부활에 참여함으로 *새 생명 안에서 살아가기 위함이다.* 살아가기 위함이란 구체적인 도덕적 행위를 말한다. 3-8절에서 그리스도 안에서의 삶과 그리스도와 함께 사는 삶, 즉 신앙인이 그리스도와 연합하는 삶이 일곱 번 언급된다 (골 3:4). **6:5-7** *연합하여.* 5절에 있는 연합하여는 희랍어로 *숨후토스*인데 "심었다"는 뜻이다. 이 단어는 성화가 자라는 과정이라는 점을 암시하는 원예학적 (horticultural) 은유다. **6:8-11** 그리스도와 함께 죽는다는 개념이 1-11절에 나타나 있는데, 그리스도와 함께 죽는 목적은 실존을 끊는 것이 아니라, 그리스도 안에서 부활의 삶을 시작하는 데 있다. 성화는 아직 완성되지는 않았지만 이미 시작된 과정이다. 그러므로 신도는 *하나님을 위하여 사는* 것이고 (10절) *그와 함께 영광으로 살아날 것이다* (8절). **6:12-14** 로마서에서 바울은 처음으로 명령법을 사용하여 신도들에게 적극적으로 성화에 참여하라고 권한다. 하나님께서 행하신 것들(사실을 언급)이 신도들로 하여금 *마땅히 행해야 할 것*들을 행하도록 인도한다 (명령). *의의 연장에서* 연장은 종종 "무기들"을 의미한다. 은혜는 죄의 절대적 군림에 대항해 싸우기 위해 무장하라는 부름으로 신도들에게 죄가 죽을 몸을 지배하지 못하도록 하라고 명령한다.

6:15-23 *그러면 어떻게 해야 하겠습니까?* (15절). 동일한 수사학 질문(15절; 6:1; 7:7 참조)으로 믿음으로 의롭게 하여 주심에 대한 두 번째로 반대하는 내용을 소개한다. 은혜는 마음 놓고 죄를 짓자는 것인가? 바울은 성화를 의의 *종이* 되는 새로운 비유로 설명한다. **6:15** 만일 율법이 구속하는 것에서 벗어나면, 선과 악의 차이도 없어지는 것이 아닌가? 바울은 *그럴 수 없다고* 강하게 부정한다. 율법으로부터 자유하게 되는 것이 죄를 범해도 된다고 승낙하는 의미가 아니다. **6:16** *믿고 순종하는* (1:5; 16:26) 개념에 기초

판결이 내려졌습니다마는, 많은 범죄에서는 은혜가 뒤따라와서 무죄 선언이 내려졌습니다. 17 아담 한 사람의 범죄 때문에 그 한 사람으로 말미암아 죽음이 왕노릇 하게 되었다면, 넘치는 은혜와 의의 선물을 받는 사람들은, 예수 그리스도 한 분으로 말미암아, 생명 안에서 왕노릇 하게 되리라는 것은 더욱더 확실합니다. 18 그러니 한 사람의 범죄 행위 때문에 모든 사람이 유죄판결을 받았는데, 이제는 한 사람의 의로운 행위 때문에 모든 사람이 의롭다는 인정을 받아서 생명을 얻게 되었습니다. 19 한 사람이 순종하지 않음으로 말미암아 많은 사람이 죄인으로 판정을 받았는데, 이제는 한 사람이 순종함으로 말미암아 많은 사람이 의인으로 판정을 받을 것입니다. 20 율법은 범죄를 증가시키려고 끼어 들어온 것입니다. 그러나 죄가 많은 곳에, 은혜가 더욱 넘치게 되었습니다. 21 그것은, 죄가 죽음으로 사람을 지배한 것과 같이, 은혜가 의를 통하여 사람을 지배하여, 우리 주 예수 그리스도로 말미암아 얻는 영원한 생명에 이르게 하려는 것입니다.

그리스도인은 그리스도와 함께 죽고 함께 산다

6 1 그러면 우리가 무엇이라고 말을 해야 하겠습니까? 은혜를 더하게 하려고, 여전히 죄 가운데 머물러 있어야 하겠습니까? 2 그럴 수 없습니다. 우리는 죄에는 죽은 사람인데, 어떻게 죄 가운데서 그대로 살 수 있겠습니까? 3 ㄱ)세례를 받아 그리스도 예수와 하나가 된 우리는 모두 ㄱ)세례를 받을 때에 그와 함께 죽었다는 것을 여러분은 알지 못합니까? 4 그러므로 우리는 ㄱ)세례를 통하여 그의 죽으심과 연합함으로써 그와 함께 묻혔던 것입니다. 그것은, 그리스도께서 아버지의 영광으로 말미암아 죽은 사람들 가운데서 살아나신 것과 같이, 우리도 또한 새 생명 안에서 살아가기 위함입니다. 5 우리가 그의 죽으심과 같은 죽음을 죽어서 그와 연합하는 사람이 되었으면, 우리는 부활에 있어서도 또한 그와 연합하는 사람이 될 것입니다. 6 우리의 옛사람이 그리스도와 함께 십자가에 달려 죽은 것은, 죄의 몸을 멸하여서, 우리가 다시는 죄의 노예가 되지 않게 하려는 것임을 우리는 압니다. 7 죽은 사람은 이미 죄의 세력에서 해방되었습니다. 8 우리가 그리스도와 함께 죽었으면, 그와 함께 우리도 또한 살아날 것임을 믿습니다. 9 우리가 알기로, 그리스도께서는 죽은 사람들 가운데서 살아나셔서, 다시는 죽지 않으시며, 다시는 죽음이 그를 지배하지 못합니다. 10 그리스도께서 죽으신 죽음은 죄에 대해서 단번에 죽으신 것이요, 그분이 사시는 삶은 하나님을 위하여 사시는 것입니다. 11 이와 같이 여러분도, 죄에 대해서는 죽은 사람이요, 하나님을 위해서는 그리스도 예수 안에서 살고 있는 사람이라는 것을 알아야 합니다.

12 그러므로 여러분은 죄가 여러분의 죽을 몸을 지배하지 못하게 해서, 여러분이 몸의 정욕에 굴복하는 일이 없도록 하십시오. 13 그러므로 여러분은 여러분의 지체를 죄에 내맡겨서 불의의 ㄴ)연장이 되게 하지 마십시오. 오히려 여러분은 죽은 사람들 가운데서 살아난 사람답게, 여러분을 하나님께 바치고, 여러분의 지체를 의의 ㄴ)연장으로 하나님께 바치십시오. 14 여러분은 율법 아래 있지 않고, 은혜 아래 있으므로, 죄가 여러분을 다스릴 수 없을 것입니다.

그리스도인은 의의 종이다

15 그러면 어떻게 해야 하겠습니까? 우리가 율법 아래 있지 않고, 은혜 아래에 있다고 해서, 마음 놓고 죄를 짓자는 말입니까? 그럴 수 없습니다.

ㄱ) 또는 '침례' ㄴ) 또는 '무기'

해서 바울은 도덕적으로 중립을 지킨다는 것이 불가능하다고 주장한다. 단 하나의 질문이 있다면, 죽음에 이르는 죄에 대한 순종인가 아니면 의에 이르는 순종에서 어떤 주인을 섬길 것인가 하는 것이다. **6:17-18** 의에 순종함은 형식적으로 하는 것이 아니라, *마음으로부터 순종하는* 것이다. *전해 받은 교훈의 본에 마음으로부터 순종함으로써* 신도들이 하나님의 말씀을 지배하고 조정하는 것이 아니라, 하나님의 말씀에 의해 창조되고 형성되어진다는 것을 의미한다. **6:19** *여러분의 이해력이 미약하므로* 라고 말함으로써 종의 비유가 복음 설명에 적합하지 못하다는 점을 시인한다. 그럼에도 불구하고 종의 개념은 예수님(빌 2:7)과 바울(1:1)에 의해 증명된 화해를 특징짓는 절대적 귀속과 순종의 의미를 알려준다. **6:20-22** 죄와 의의 "열매"(희랍어, *카르포스*)는 이전 상태의 필연적 결과이다. 죄의 종이 되는 것은 사람을 부끄러움과 죽음으로 인도하고, 하나님의 종이 되는 것은 사람을 성화와 영원한 삶으로 인도한다. **6:23** *삯은* 전액지불의 반대되는 분납지불을 의미한다. 이와 같이 죄는 지금 살아 있어도 죽음을 할당하고 있으며, 결국에는 죽음으로 생명을 삼켜버린다. 그와는 반대로 영원한 생명은 지불이 아니고 공로 없이 받는 하나님의 선물이다.

16 여러분이 아무에게나 자기를 종으로 내맡겨
서 복종하게 하면, 여러분은, 여러분이 복종하는
그 사람의 종이 되는 것임을 알지 못합니까? 여러
분은 죄의 종이 되어 죽음에 이르거나, 아니면 순
종의 종이 되어 의에 이르거나, 하는 것입니다.
17 그러나 하나님께 감사하는 것은, 여러분이 전
에는 죄의 종이었으나, 이제 여러분은 전해 받은
교훈의 본에 마음으로부터 순종함으로써, 18 죄
에서 해방을 받아서 의의 종이 된 것입니다. 19 여
러분의 ㄱ)이해력이 미약하므로, 내가 사람의 방식
으로 말하겠습니다. 여러분이 전에는 자기 지체를
더러움과 불법의 종으로 내맡겨서 불법에 빠져 있
었지만, 이제는 여러분의 지체를 의의 종으로 바
쳐서 거룩함에 이르도록 하십시오. 20 여러분이
죄의 종일 때에는 의에 얽매이지 않았습니다.
21 여러분은 그 때에 무슨 열매를 거두었습니까?
이제 와서 여러분이 그러한 생활을 부끄러워하지마
는, 그러한 생활의 마지막은 죽음입니다. 22 이제
여러분은 죄에서 해방을 받고, 하나님의 종이 되
어서, 거룩함에 이르는 삶의 열매를 맺고 있습니
다. 그 마지막은 영원한 생명입니다. 23 죄의 삯
은 죽음이요, 하나님의 선물은 우리 주 예수 그리
스도 안에서 누리는 영원한 생명입니다.

혼인 관계로 비유한 율법

7 1 ㄴ)형제자매 여러분, 나는 율법을 아는 사람
들에게 말을 합니다. 율법은, 사람이 살아 있는
동안에만 그 사람을 지배한다는 것을 알지 못합니
까? 2 결혼한 여자는, 그 남편이 살아 있는 동안
에는 법으로 남편에게 매여 있으나, 남편이 죽으면
남편의 법에서 풀려납니다. 3 그러므로 남편이
살아 있는 동안에 그 여자가 다른 남자에게로 가면,
그 여자는 간음한 여자라는 말을 듣게 됩니다. 그
러나 남편이 죽으면 그 법에서 해방되는 것이므로,
다른 남자에게로 갈지라도 간음한 여자가 되지 않
습니다. 4 나의 ㄴ)형제자매 여러분, 그러므로 여
러분도 그리스도의 몸으로 말미암아, 율법에 대해
서는 죽임을 당했습니다. 그래서 여러분은 다른 분,
곧 죽은 사람들 가운데서 살아나신 그분에게 속하
게 되었습니다. 그것은 우리가 하나님을 위하여
열매를 맺게 하기 위함입니다. 5 이전에 우리가
육신을 따라 살 때에는, 율법으로 말미암아 일어
나는 죄의 욕정이 우리 몸의 지체 안에서 작용해
서, 죽음에 이르는 열매를 맺었습니다. 6 그러나

ㄱ) 그, '육신' ㄴ) 그, '형제들'

7:1-6 죄와 율법의 위험 관계는 6—7장에서 이들을 병행시킴으로써 분명하게 드러난다: 죄로부터 자유(6장)와 율법으로부터 자유 (7장); 죄에 대한 죽음(6:2)과 율법에 대한 죽음 (7:4); 죄로부터 해방(6:7, 18)과 율법으로부터 해방 (7:3, 6). 죄와 율법은 *죽음에 이르는 열매를* 맺는다 (5절). 바울은 성화를 결혼이라는 새로운 유비로 설명하면서 신앙인들이 율법으로부터 풀려나서 *성령이 주시는 새 정신으*로 살아가도록 되었다고 주장한다 (6절). **7:1** 유대 전통을 따르는 결혼의 유비는 바울이 로마의 법이 아닌 율법을 따르고 있음을 암시한다. *지배한다* (희랍어로, *큐리에유에인*). 이 단어는 6:9, 14에서 죄와 죽음을 언급할 때 사용되었다. 율법은 사람이 살아있는 동안에만 지배하는 일시적인 것이며 영원하지 못한 것이다. **7:2-4** 율법의 목적은 신도들로 하여금 율법에 속하게 하는 것이 아니라, 그들로 하여금 하나님을 위한 열매를 맺고 그리스도에게 속하게 한다 (4절; 갈 3:24). *그것은 우리가 하나님을 위하여 열매를 맺게 하기 위함이다* (4절). 결혼 유비는 완전하지 않다. 왜냐하면 2-3절에서 남편(= 율법)이 죽는 반면에 4절에서 신도(= 부인)도 죽기 때문이다. 바울이 말하려고 하는 것은 바로 죽음은 의무로 끝난다는 것이다. 율법은 그리스도에게 충성하는 신앙인에 대해 더 이상 아무런 주장을 할 수 없게 되었다. 여기서 *그리스도의 몸*은 교회보다는 아마도 십자가를 의미하는 것 같다 (12:4 이전에는 소개되지 않는다). **7:5-6** 바울은 5:12-21에서 언급한 아담과 그리스도를 대조한 똑같은 것을 이 곳에서 반복한다. 육신 (5절). 이것은 바울의 서신들에서 사용되는 특수 용어이며, 성행위나 혹은 음식을 먹는 것과 같은 육신의 행위들을 말하는 것이 아니라, 타락한 아담의 *본성*, 즉 인간이 은혜를 떠나 사는 삶을 의미한다. *문자에 얽매인 낡은 정신*은 하나님의 성령과 의도와 결별하고 율법을 지키는 것을 의미한다 (막 7:8, 13).

7:7-13 바울은 복음에 대한 세 번째 이슈를 제기하면서, 믿음으로 의롭다 함을 얻는 것을 죄와 율법의 관계와 동일시하는 것을 반대한다 (6:1, 15). 바울은 창 2—3장에 기록된 사람이 죄로 타락했다는 점을 말하기 위해 아담을 인격화시킨다. **7:7** 율법이 죄를 드러낸다는 점을 (3:20) 예로 설명하기 위해 바울은 십계명(출 20:17; 신 5:21)에서 하나의 계명을 선택하는데, 이 계명은 행위보다는 의도를 강조한다. **7:8** 하지 말라는 금지는 잠자고 있는 죄를 깨우고 자극한다. **7:9-12** *전에는 율법이 없어서 내가 살아 있었는데* (9절) 라는 말은 선과 악을 알게 하는 나무의 열매를 (창 2:17) 먹지 말라는 금지가 있기 전까지 아담은 순수했다는 점을 말한다 (창 1:26—2:16). 그 명령은 비록 원래의 창조를 보존하려는 의도가 있었지만, 내가 그 명령을 어겼을 때 *나를 죽음으로 인도한다*는 것을 보여준다 (10절). 죄는 마치

지금은, 우리를 얽아맸던 것에 대하여 죽어서, 율
법에서 풀려났습니다. 그래서 우리는 문자에 얽
매인 낡은 정신으로 하나님을 섬기지 않고, 성령이
주시는 새 정신으로 하나님을 섬깁니다.

율법과 죄의 관계

7 그러면 우리가 무엇이라고 말을 하겠습니
까? 율법이 죄입니까? 그럴 수 없습니다. 그러나
율법에 비추어 보지 않았다면, ㄱ)나는 죄가 무엇인
지 알지 못하였을 것입니다. 율법에 ㄴ)"탐 내지 말
아라" 하지 않았다면, ㄱ)나는 탐심이 무엇인지를
알지 못하였을 것입니다. 8 그러나 죄는 이 계명
을 통하여 틈을 타서, 내 속에서 온갖 탐욕을 일
으켰습니다. 율법이 없으면 죄는 죽은 것입니다.
9 전에는 율법이 없어서 내가 살아 있었는데, 계
명이 들어오니까 죄는 살아나고, 10 나는 죽었
습니다. 그래서 나를 생명으로 인도해야 할 그 계
명이, 도리어 나를 죽음으로 인도한다는 것이 드
러났습니다. 11 죄가 그 계명을 통하여 틈을 타
서 나를 속이고, 또 그 계명으로 나를 죽였습니다.
12 그러므로 율법은 거룩하며, 계명도 거룩하고
의롭고 선한 것입니다.

13 그러니 그 선한 것이 나에게 죽음을 안겨
주었다는 말입니까? 그럴 수 없습니다. 그러나 죄를
죄로 드러나게 하려고, 죄가 그 선한 것을 방편으로
하여 나에게 죽음을 일으켰습니다. 그것은 계명을
방편으로 하여 죄를 극도로 죄답게 되게 하려는
것이었습니다. 14 우리는 율법이 신령한 것인
줄 압니다. 그러나 나는 육정에 매인 존재로서, 죄
아래에 팔린 몸입니다. 15 나는 내가 하는 일을
도무지 알 수가 없습니다. 내가 해야겠다고 생각
하는 일은 하지 않고, 도리어 해서는 안 되겠다고
생각하는 일을 하고 있으니 말입니다. 16 내가
그런 일을 하면서도 그것을 해서는 안 되겠다고
생각하는 것은, 곧 율법이 선하다는 사실에 동의
하는 것입니다. 17 그렇다면, 그와 같은 일을 하

ㄱ) 여기서부터 7장 전체에 반복해서 나타나는 '나'는, 바울이 자기 자신을 지칭하는 대명사로 사용된 것이 아니라, 율법 아래 있는 인간 일반을 대표해서 지칭하는 수사학적 대명사로 사용된 것임 ㄴ) 출 20:7; 신 5:21

사탄이 이브를 속이기 위해 명령을 사용한 것처럼, 아담을 속이기 위해 명령을 사용한다. 비록 율법은 죄를 위해 사용되었지만, 율법 그 자체는 *거룩하고 의롭고 선하다.* **7:13** 바울은 생각하고 있던 것들을 9-12절에서 요약한다. **7:14** 바울은 아담과 이브가 순종하지 않음으로 인해 생긴 결과를 설명하는 것에서 이제 자신의 삶에 미친 그 영향으로 설명하는 것으로 옮겨간다. *나는 육정에 매인 존재로 죄 아래에 팔린 몸입니다* 라는 말로 신앙인의 삶에 여전히 죄가 지속된다고 증언한다. 그 어떤 형태의 죄와 정직하게 싸워본 사람은 죄의 힘을 안다. **7:15-20** 그리스도인들은 이중적인 자아를 경험한다. 그들은 선을 알고 또 선을 원한다. 그러나 선을 행할 수 없다. 도덕적 율법에 동의한다고 해서 *내 속에 자리를 잡고 있는 죄*를 없애지 못한다 (20절). **7:23** 내 양심이 동의하는 내 안에 있는 법은 도덕적 법이고, 내 *마음의 법과 맞서서 싸우는* 또 다른 법은 죄의 법을 말한다. 바울은 3:27에서 그랬던 것처럼 율법에 대해 교묘한 설전을 한다. **7:24-25** 기독교인의 삶 속에 동시에 존재하는 감명적인 두 가지 실재에 대해 묘사한다. 그것들은 죄와 악의 비참함과 *주 예수 그리스도를 통해 주시는 은혜의* 극치이다.

8:1-39 8장에서는 성령을 소개하고 있는데, 이것은 7장에서 언급한 탄식을 교정하는 것이라 할 수 있다. 성령은 성화과정에서 하나님의 변호자로 일하면서 (1-17절), 타락한 인간성을 하나님의 아들 예수 그리스도의 형상으로 변화시키며 타락한 피조물들을 회복시킨다 (18-39절). **8:1-17** 성령은 사람 안에서 역사하고, 예수 그리스도 안에서 역사하는 것이며, *그리스도 예수 안에서 생명을 누리게 하는* 분이시다 (2절). 바울은 하나님의 영과 그리스도의 영을 서로 교대해 가면서 사용한다 (9절). 왜냐하면 성령은 예수의 목적에 의해 신도들을 대신하여 역사하는 하나님의 은혜로운 뜻이기 때문이다 (11절). **8:1** 8장을 시작하는 이 말씀은 7장의 정죄로부터 8장의 구원으로 옮겨가는 명백한 전환점이 된다. *정죄를 받지 않습니다* 라는 말은 신도들이 더 이상 죄와 싸우지 않는다는 말이 아니라 (11절; 7:24; 고후 4:7-11), 신도들이 마지막 날에 죽음과 심판을 당하지 않는다는 말이다. **8:2** 7:6의 사상을 이어서 율법이라는 단어를 계속 사용하면서 바울은 성령이 죄와 죽음을 이긴다는 점을 확신한다. **8:3** 인간의 본성과 율법이 미약하기 때문에 인간이 할 수 없던 일을 하나님께서 자기 아들을 보내심으로 해결하셨다. 이 세상을 구속하기 위해 자기의 아들을 보내셨다는 것이 복음의 핵심이다 (요 3:16; 갈 4:4; 빌 2:6-11; 요일 4:9). *죄된 육신을 지닌 모습* 이라는 말은 그리스도가 비록 죄는 없지만 타락한 인간의 몸을 입었다는 말이다 (빌 2:7-8). **8:4** 내재하는 성령은 신도들로 하여금 *율법이 요구하는 바*를 이루게 한다. 하나님께서 의도하는 것은 외적인 형태를 반대하는 것을 말한다. **8:5-8** 육신과 영의 갈등은 그리스도인의 삶의 특성이다 (갈 5:16-26). 바울의 육신에 대한 이해에 관해서는 7:5의 주석을 보라. 인간은 하나님의 영을 떠나서 *생명과 평화*를 가질 수 없다. 왜냐하면 육신에 속한 생각이 하나님께 품은 *적대감*으로 하나님을 *기쁘게 해 드릴 수* 없기 때문이다

는 것은 내가 아니라, 내 속에 자리를 잡고 있는 죄
입니다. 18 나는 내 속에 곧 내 육신 속에 선한 것
이 깃들여 있지 않다는 것을 압니다. 나는 선을 행
하려는 의지는 있으나, 그것을 실행하지는 않으니
말입니다. 19 나는 내가 원하는 선한 일은 하지
않고, 도리어 원하지 않는 악한 일을 합니다.
20 내가 해서는 안 되는 것을 하면, 그것을 하는
것은 내가 아니라, 내 속에 자리를 잡고 있는 죄
입니다. 21 여기에서 나는 법칙 하나를 발견하
였습니다. 곧 나는 선을 행하려고 하는데, 그러한
나에게 악이 붙어 있다는 것입니다. 22 나는 속
사람으로는 하나님의 법을 즐거워하나, 23 내
지체에는 다른 법이 있어서 내 마음의 법과 맞서
서 싸우며, 내 지체에 있는 죄의 법에 나를 포로
로 만드는 것을 봅니다. 24 아, 나는 비참한 사
람입니다. 누가 이 죽음의 몸에서 나를 건져 주겠
습니까? 25 우리 주 예수 그리스도를 통하여 나를
건져 주신 하나님께 감사를 드립니다. 그러니 나
자신은, 마음으로는 하나님의 법을 섬기고, 육신
으로는 죄의 법을 섬기고 있습니다.

성령은 생명을 주시다

8 1 그러므로 그리스도 예수 안에 있는 사람들은
정죄를 받지 않습니다. 2 그것은, 그리스도
예수 안에서 생명을 누리게 하는 ㄱ)성령의 법이
ㄴ)당신을 죄와 죽음의 법에서 해방하여 주었기 때
문입니다. 3 육신으로 말미암아 율법이 미약해
져서 해낼 수 없었던 그 일을 하나님께서 해결하
셨습니다. 곧 하나님께서는 자기의 아들을 죄된
육신을 지닌 모습으로 보내셔서, 죄를 없애시려고
그 육신에다 죄의 선고를 내리셨습니다. 4 그것은,
육신을 따라 살지 않고 ㄱ)성령을 따라 사는 우리가,
율법이 요구하는 바를 이루게 하시려는 것입니다.
5 육신을 따라 사는 사람은 육신에 속한 것을
생각하나, ㄱ)성령을 따라 사는 사람은 ㄱ)성령에
속한 것을 생각합니다. 6 육신에 속한 생각은 죽
음입니다. 그러나 ㄱ)성령에 속한 생각은 생명과 평
화입니다. 7 육신에 속한 생각은 하나님께 품는
적대감입니다. 그것은 하나님의 법을 따르지 않

ㄱ) 그, '영' ㄴ) 다른 고대 사본에는 '나' 또는 '우리'

추가 설명: 바울과 율법

다른 유대 사람들과 마찬가지로 바울은 율법이 "거룩하고 의롭고 선한" 것이고 (7:12), 하나님의 뜻이 사람의 삶에 질서를 주기에 (72:1-16), 그러므로 율법은 굳게 세워야 한다고 믿었다 (3:31). 그러나 바울은 또한 율법의 부정적 측면도 보았다. 율법은 죄를 인식하게 하고 (3:20; 5:13), 하나님의 진노를 불어온다 (4:15). 다마스쿠스 도상에서 바울에게 내린 하나님의 아들의 계시는 바울이 율법의 의로는 흠 잡힐 데가 없었음에도 불구하고 (빌 3:6), 그가 예수님을 박해함으로써 하나님을 반대했을 뿐만 아니라 하나님과의 관계는 율법이 아니라 은혜에 근거한다는 사실을 바울에게 가르쳤다 (6:14). 아브라함의 예가 증명한 것처럼 (4장), 율법과 할례는 하나님으로부터 의롭다함을 받은 수단이 되었던 적이 없었다. 오직 믿음으로만 의롭다 함을 받게 된다. 신앙인들에게 율법이 존재하는 목적은 내재하시는 하나님의 성령에 의하여 가능하게 된 하나님을 기쁘게 하는 하나의 표준이다.

(7-8절). **8:9-11** 그리스도와 성령은 목적과 능력을 온전하게 한다. 기독교인들은 하나님에게 속해 있음을 보증 받고 *예수를 죽은 사람들 가운데서 살리신 분의 영과* 똑같은 영으로 살아간다 (11절). **8:12-13** 그러므로 라는 접속 부사를 사용하여 이야기의 방향을 바꾼 후, 2인칭인 형제자매 여러분을 사용하여 더욱 강한 훈계의 분위기를 조성한다. 은혜는 신도들을 중립 상태에 놔두지 않고, 더 이상 육신이 아니라 하나님의 새로운 삶에 빚진 사람으로 만든다 (6:15-22). **8:14-17** *하나님의 자녀*(14절)와 *자녀로 삼으심*(15절)은 희랍어의 "아들"로부터 유래하는데, 이는 신도들이 영을 통하여 하나님을 경험하고 즐거워하는 가족 관계를 뜻한다. "아빠"는 아람어로 "아버지"인데 예수가 아버지 하나님과의 관계에서 나누는 신뢰와 친밀감을 표현하는 것이다 (막 14:36). 이는 또한 신도들이 성령 안에서 하나님과 갖는 관계를 표현할 때 사용된다 (갈 4:4-6). 하나님의 자녀라는 확신은 *우리가 하나님의 자녀임을 증언하는* 영으로부터 온다. **8:18-30** 세상의 허무는 7:7-25에 기록된 내적 허무의 외적 표현이다. 신도들이 성화를 갈망하는 것처럼, 창조된 모든 피조물이 고통으로부터 해방하기를 갈망한다. 개인적이고 우주적 몸부림 속에서 하나님은 저들을 격려하고 구원한다. **8:18-19** 하나님의 자녀들뿐 아니라 모든 피조물이 *현재 겪는 고난은* 견줄 수 없는 영광으로 나타난다. **8:20-22** 피조물을

으며, 또 복종할 수도 없습니다. 8 육신에 매인
사람은 하나님을 기쁘게 해 드릴 수 없습니다.
9 그러나 하나님의 영이 여러분 안에 살아 계시면,
여러분은 육신 안에 있지 않고, ㄱ)성령 안에 있습
니다. 누구든지 그리스도의 영이 없으면, 그리스
도의 사람이 아닙니다. 10 또한 그리스도께서
여러분 안에 살아 계시면, 여러분의 몸은 죄 때문에
죽은 것이지만, 영은 의 때문에 생명을 얻습니다.
11 예수를 죽은 사람들 가운데서 살리신 분의 영이
여러분 안에 살아 계시면, ㄴ)그리스도를 죽은 사람들
가운데서 살리신 분께서, 여러분 안에 계신 자기의
ㄷ)영으로 여러분의 죽을 몸도 살리실 것입니다.

12 그러므로 ㄹ)형제자매 여러분, 우리는 빚을
지고 사는 사람들이지만, 육신에 빚을 진 것이 아
닙니다. 우리는 육신을 따라 살아야 할 존재가 아
닙니다. 13 여러분이 육신을 따라 살면, 죽을 것
입니다. 그러나 여러분이 ㄱ)성령으로 몸의 행실을
죽이면, 살 것입니다. 14 하나님의 영으로 인도
함을 받는 사람은, 누구나 다 하나님의 ㅁ)자녀입
니다. 15 여러분은 또다시 두려움에 빠뜨리는
종살이의 영을 받은 것이 아니라, ㅂ)자녀로 삼으시는
영을 받았습니다. 그래서 우리는 그 영으로 하나
님을 "ㅅ)아빠, 아버지"라고 부릅니다. 16 바로 그
때에 그 ㄱ)성령이 우리의 영과 함께, 우리가 하나
님의 자녀임을 증언하십니다. 17 자녀이면 상속
자이기도 합니다. 우리가 그리스도와 함께 영광
을 받으려고 그와 함께 고난을 받으면, 우리는 하
나님이 정하신 상속자요, 그리스도와 더불어 공동
상속자입니다.

모든 피조물이 구원을 갈망하다

18 현재 우리가 겪는 고난은, 장차 우리에게
나타날 영광에 견주면, 아무것도 아니라고 나는
생각합니다. 19 피조물은 하나님의 ㅁ)자녀들이
나타나기를 간절히 기다리고 있습니다. 20 피조
물이 허무에 굴복했지만, 그것은 자의로 그렇게
한 것이 아니라, 굴복하게 하신 그분이 그렇게 하신
것입니다. 그러나 소망은 남아 있습니다. 21 그것
은 곧 피조물도 썩어짐의 종살이에서 해방되어서,
하나님의 자녀가 누릴 영광된 자유를 얻으리라는
것입니다. 22 모든 피조물이 이제까지 함께 신
음하며, 함께 해산의 고통을 겪고 있다는 것을, 우
리는 압니다. 23 그뿐만 아니라, 첫 열매로서 성
령을 받은 우리도 ㅂ)자녀로 삼아 주실 것을, 곧 우리
몸을 속량하여 주실 것을 고대하면서, 속으로 신음
하고 있습니다. 24 우리는 이 소망으로 구원을
얻었습니다. 눈에 보이는 소망은 소망이 아닙니다.
보이는 것을 누가 바라겠습니까? 25 그러나 우
리가 보이지 않는 것을 바라면, 참으면서 기다려야
합니다.

26 이와 같이, 성령께서도 우리의 약함을 도
와주십니다. 우리는 어떻게 기도해야 할지도 알지
못하지만, 성령께서 친히 이루 다 말할 수 없는
탄식으로, 우리를 대신하여 간구하여 주십니다.

ㄱ) 그, '영' ㄴ) 다른 고대 사본들에는 '그리스도 예수' 또는 '예수 그리스도'
ㄷ) 그, '영을 통하여' ㄹ) 그, '형제들' ㅁ) 그, '아들들' ㅂ) 그, '아들의
신분으로' 또는 '아들 됨' ㅅ) '아버지'를 뜻하는 아람어의 그리스어 음역

허무에 굴복케 하신 분은 하나님이다 (창 3:17-18). 하나님의 목적에 의해서 *허무*는 절망과 죽음으로부터 *소망*으로 전환된다. 신약성경에서 해산은 종종 메시아의 도래를 언급한다 (마 24:8; 막13:8; 계 12:2). **8:23-25** 논쟁을 1인칭으로 바꾸어 더욱 친밀감을 갖게 해준다. 그리스도인의 실존은 불확실성이 아닌 불완전으로 특징지어진다. 다른 모든 피조물과 마찬가지로 신도들은 우리 몸을 속량하여 주실 것을 기대하면서 내적으로 신음한다. 우리가 *소망으로 구원을 얻었다*는 표현은 소망을 목적으로 하여 구원받는 것으로 이해되어야 한다. 왜냐하면 바울에게 있어서 구원은 소망에서 오는 것이 아니라 믿음으로 오기 때문이다. **8:26-27** 사랑하는 사람을 잃고 당황하여 신도들이 어떻게 기도해야 할 줄 모르는 그 때에, 성령이 우리를 도와주시는 것은 말로 표현할 수 없는 것이다. *성령께서, 하나님의 뜻을 따라, 성도를 대신하여 간구하신다.* **8:28** 자주 인용되는 이 구절은 하나님을 사랑하는 사람들이 그 어떤 상황에서도 좋은 결과를 맺게 된다는 점을 강조하는 것이 아니라, 하나님의 주권을 증언하는 말씀이다. 하나님이 모든 일을 다 원하는 것이 아니라, 하나님의 목적들을 위해 부름 받은 사람들과 하나님을 사랑하는 모든 사람의 선을 위해 하나님이 모든 일 속에서 역사하신다는 말이다. **8:29-30** 5:3-4를 연상시켜 주면서 이 일련의 선포들은 신도들의 영원한 소망이 하나님의 주권적 부르심과 목적에 근거하고 있음을 확신시켜준다. *많은 형제.* (희랍어로, *폴로이 아델포이,* "많은 형제들"을 뜻함.) 이 표현은 예수 그리스도의 친형제자매와 같이 되는 영원한 구원을 목표로 하는 표현이다. 즉, *[하나님]의 아들의 형상과 같은 모습*이다. **8:31-39** 수사적 효과를 노리는 질문들과 확신들로 점점 강해지면서 로마서 전반부는 그 무엇도 끊을 수 없는 하나님의 사랑을 찬양하면서 끝난다. 하나님의 신실하심은 이 아홉 절에서 하나님 혹은 그리스도를 16번 언급함으로 찬양을 받는다. **8:31-32** *그렇다면 이런 일을 두고 우리가 무엇이라고 말할 수 있겠습니까?*라는 말씀은 바울로 하여금 복음의 핵심을 선언하게 한다. *하나님이 우리 편이시*

27 사람의 마음을 꿰뚫어 보시는 ㄱ)하나님께서는,
성령의 생각이 어떠한지를 아십니다. 성령께서,
하나님의 뜻을 따라, 성도를 대신하여 간구하시기
때문입니다.
28 하나님을 사랑하는 사람들, 곧 하나님의
뜻대로 부르심을 받은 사람들에게는, 모든 일이
서로 협력해서 선을 이룬다는 것을 우리는 압니다.
29 하나님께서는 미리 아신 사람들을 택하셔서,
자기 아들의 형상과 같은 모습이 되도록 미리 정
하셨으니, 이것은 그 아들이 많은 형제 가운데서
맏아들이 되게 하시려는 것입니다. 30 그리하여
하나님께서는 이미 정하신 사람들을 부르시고,
또한 부르신 사람들을 의롭게 하시고, 의롭게 하신
사람들을 또한 영화롭게 하셨습니다.

하나님의 사랑은 어떠한 역경보다도 강하다

31 그렇다면, 이런 일을 두고 우리가 무엇이
라고 말할 수 있겠습니까? 하나님이 우리 편이시
면, 누가 우리를 대적하겠습니까? 32 자기 아들
을 아끼지 않으시고, 우리 모두를 위하여 내주신
분이, 어찌 그 아들과 함께 모든 것을 우리에게 선
물로 거저 주지 않으시겠습니까? 33 하나님께
서 택하신 사람들을, 누가 감히 고발하겠습니까?
의롭다 하시는 분이 하나님이신데, 34 누가 감
히 그들을 정죄하겠습니까? 그리스도 예수는 죽
으셨지만 오히려 살아나셔서 하나님의 오른쪽에
계시며, 우리를 위하여 대신 간구하여 주십니다.
35 누가 우리를 그리스도의 사랑에서 끊을 수 있
겠습니까? 환난입니까, 곤고입니까, 박해입니까,
굶주림입니까, 헐벗음입니까, 위협입니까, 또는
칼입니까? 36 성경에 기록한 바

ㄴ)"우리는 종일 주님을 위하여
죽임을 당합니다.
우리는 도살당할 양과 같이
여김을 받았습니다"

한 것과 같습니다. 37 그러나 우리는 이 모든 일
에서 우리를 사랑하여 주신 그분을 힘입어서, 이
기고도 남습니다. 38 나는 확신합니다. 죽음도,
삶도, 천사들도, 권세자들도, 현재 일도, 장래 일
도, 능력도, 39 높음도, 깊음도, 그 밖에 어떤 피
조물도, 우리를 우리 주 예수 그리스도 안에 있는
하나님의 사랑에서 끊을 수 없습니다.

하나님께서 이스라엘을 선택하시다

9 1 나는 그리스도 안에서 참말을 하고, 거짓
말을 하지 않습니다. 내 양심이 성령을 힘입
어서 이것을 증언하여 줍니다. 2 나에게는 큰 슬
픔이 있고, 내 마음에는 끊임없는 고통이 있습니다.
3 나는, 육신으로 ㄷ)내 동족인 내 겨레를 위하는
일이면, 내가 저주를 받아서 그리스도에게서 끊어
질지라도 달게 받겠습니다. 4 ㄷ)내 동족은 이스
라엘 백성입니다. 그들에게는 하나님의 ㄹ)자녀로
서의 신분이 있고, 하나님을 모시는 영광이 있고,
하나님과 맺은 언약들이 있고, 율법이 있고, 예배가
있고, 하나님의 약속들이 있습니다. 5 족장들은

ㄱ) 그, '분께서는' ㄴ) 시 44:22 ㄷ) 그, '내 형제들' ㄹ) 그, '아들의 신분' 또는 '아들 됨'

[다] (31절). 아브라함이 이삭을 바치는 희생에서 분명하게 보는 것처럼, 하나님은 자기 아들을 아끼지 않으시고 내주신 분으로 모든 것을 우리에게 주셨다. **8:33-34** 십자가에 달리신 분은 택한 사람들을 고발하는 고발자가 아니라, 사람들을 위해 싸우는 옹호자다. *하나님의 오른 쪽에 계시며.* 이는 구약의 그 어떤 말씀보다 더 그리스도를 나타내는 시편 110:1을 연상시켜 준다. 우리를 위해 간구하시는 그리스도는 성령이 하신 간구를 계속해서 반복하신다 (27절). **8:35-36** 여기에 기록된 위험들은 아마도 바울이 선교지에서 당했던 역경들일 것이다 (고후 11:23-29). 시 44:22를 인용하면서 독자들에게 신실한 신도들이 항상 박해와 역경 속에서 살아왔다는 점을 확인시켜 준다. **8:37-39** 바울은 육적 (35절), 영적, 혹은 우주적(38-39절)인 그 어떤 위험도 우리를 그리스도 안에 있는 하나님의 사랑에서 끊을 수 없다는 확신을 선포한다.

9:1—11:36 이 부분은 하나님의 섭리에 대하여 특별하게 해석한 부분이다. 이 해석 부분은 독자적인 서론(9:1-5)과 송영(11:33-36)으로 결론을 맺으며 정리된다. 그리고 구약성경을 많이 인용하면서 하나님의 섭리를 전개한다. 이 해석은 서신의 본론으로부터 벗어난 것이 아니라, 그리스도를 배척한 유대 사람들에 관해서 하나님이 어떻게 역사 안에서 하나님의 목적들을 이루셨는지에 대해 설명한다. 바울은 네 단계로 설명한다. (1) 대다수의 유대 사람들이 그리스도가 이스라엘의 남은 자들을 구원하는 하나님의 역사적 선택의 표현임을 받아들이는 데 실패한다 (9:6-29). (2) 교만과 불순종으로 믿지 않는 이스라엘은 하나님의 의로부터 벗어난 다른 의를 추구한다 (9:30—10:21). (3) 이스라엘의 불순종은 이방 사람들로 하여금 복음을 받아들이고 구원받는 남은 자들 속에 포함되게 하였다 (11:1-12). (4) 마지막으로, 이방 사람들이 복음을 받아들인 것이 유대 사람들로 하여금 질투하게 하고, 회개하게

그들의 조상이요, [ㄱ]그리스도도 육신으로는 그들
에게서 태어나셨습니다. 그는 만물 위에 계시며
영원토록 찬송을 받으실 하나님이십니다. 아멘.
6 그러나 하나님의 약속의 말씀이 폐했다고
는 할 수 없습니다. 이스라엘에게서 태어난 사람
이라고 해서 다 이스라엘 사람이 아니고, 7 아브
라함의 자손이라고 해서 다 그의 자녀가 아닙니
다. 다만 [ㄴ]"이삭에게서 태어난 사람만을 너의 자
손이라고 부르겠다" 하셨습니다. 8 이것은 곧 육
신의 자녀가 하나님의 자녀가 되는 것이 아니라,
약속의 자녀가 참 자손으로 여겨지리라는 것을 뜻
합니다. 9 그 약속의 말씀은 [ㄷ]"내년에 내가 다시
올 때쯤에는, 사라에게 아들이 있을 것이다" 한 것
입니다. 10 그뿐만 아니라, 리브가도 우리 조상
이삭 한 사람에게서 쌍둥이 아들을 수태하였는데,
11 그들이 태어나기도 전에, 무슨 선이나 악을
행하기도 전에, 택하심이라는 원리를 따라 세우신
하나님의 계획이 살아 있게 하시려고, 12 또 이
러한 일이 사람의 행위에 근거하는 것이 아니라 부
르시는 분께 달려 있음을 나타내시려고, 하나님
께서 리브가에게 말씀하시기를 [ㄹ]"형이 동생을 섬
길 것이다" 하셨습니다. 13 이것은 성경에 기록
한 바

[ㅁ]"내가 야곱을 사랑하고,
에서를 미워하였다"
한 것과 같습니다.
14 그러면 우리가 무엇이라고 말을 해야 하
겠습니까? 하나님이 불공평하신 분이라는 말입니
까? 그럴 수 없습니다. 15 하나님께서 모세에게
말씀하시기를
[ㅂ]"내가 긍휼히 여길 사람을
긍휼히 여기고,
불쌍히 여길 사람을
불쌍히 여기겠다"
하셨습니다. 16 그러므로 그것은 사람의 의지나
노력에 달려 있는 것이 아니라, 하나님의 자비에
달려 있습니다. 17 그래서 성경에 바로를 두고
말씀하시기를 [ㅅ]"내가 이 일을 하려고 너를 세웠다.
곧 너로 말미암아 내 능력을 나타내고, 내 이름을
온 땅에 전파하게 하려는 것이다" 하셨습니다.
18 그러므로 하나님께서는 긍휼히 여기시고자
하는 사람을 긍휼히 여기시고, 완악하게 하시고자
하는 사람을 완악하게 하십니다.

ㄱ) 또는 '메시아' ㄴ) 창 21:12 ㄷ) 창 18:10, 14 ㄹ) 창 25:23 ㅁ) 말 1:2, 3 ㅂ) 출 33:19 ㅅ) 출 9:16 (칠십인역)

한다 (11:12-31). 그러므로 처음에는 하나님의 계획이 실패한 것처럼 보였지만 결과적으로는 유대 사람들과 이방 사람들을 하나님의 계획에 따라 모두를 구원하였다. **9:1-5** 하나님의 특혜를 입은 (4-5절) 자녀들이 복음을 배척한 것은 바울에게는 *큰 슬픔이었고, 끊임없는 고통이었다* (2절). 믿지 않는 유대 사람들과 결속하여 바울은 자신의 구원을 그들의 불신앙과 교환할 것을 심각하게 고려한다 (3절). 5절을 자연스럽게 이해하기 위해서 그리스도를 하나님으로 동일시하는데 이로써 바울의 편지들에서 그리스도의 신성을 확실하게 언급한다 (고후 4:4; 골 1:15; 빌 2:6; 살후 1:12를 참조). **9:6-13** 바울의 논쟁의 근거는 하나님의 택하심인데, 택하심은 하나님의 계획이 살아 있게 하려는 독자적으로 가치가 있는 것이다. **9:6-9** 유대 사람들이 복음을 거부했다고 해서 *하나님의 약속의 말씀이 폐했다고 할 수 없다* (6절). 바울은 두 이스라엘이 있음을 인정한다. 하나는 거대한 민족 이스라엘(*아브라함의 자손*, 7절, 육신의 자녀, 8절)이고, 다른 하나는 구원받은 남은 자들(*하나님의 자녀와 약속의 자녀*, 8절)이다. 바울은 이스라엘의 실패보다는 하나님의 목적을 더 강조한다. 사람의 실패가 하나님의 주권을 곤경에 빠뜨리지 못한다 (3:3-4). **9:10-13** *그들이 태어나기도 전에, 무슨 선이나 악을 행하기도 전에.* 에서를 버리고 (= 민족으로의 이스라엘) 야곱을 택하심으로써 (= 구원받은 남은 자) 하나님의 택하심이 사람의 공로와 무관함을 보여주는 것이다 (11-12절). 남은 자로서의 이스라엘은 하나님의 계획이 계속 살아 있게 하기 위하여 존속한다. 즉 구원은 전적으로 하나님의 뜻에 달려있는 것이다. *사랑*을 받은 야곱과 *미움*을 받은 에서(13절; 말 1:2-3)의 차별은 영원한 구원과 저주를 의미하는 것이 아니라, 남은 자와 민족으로서의 이스라엘을 의미하는 것이다. **9:14-18** 바울은 인간의 공로와 상관이 없는 택하심이 불공평(14절)하다는 비난에 대항하여 변호한다. 왜냐하면 택하심은 하나님의 *긍휼과* (15절) *자비의* (15-16절) 결과이기 때문이다. 하나님의 택하심은 궁극적으로 현재 구원의 반열에 포함되지 않은 사람들에게 혜택을 줄 것이다 (11:26, 30-32). 바로가 고집을 부리게 한 것은 바로를 향한 하나님의 역사적 목적에 관한 언급이지 결코 바로의 영원한 운명에 대한 언급이 아니다. **9:19-21** 강하게 비난하는 문학형식은 3:7의 논증을 되풀이한다 (2:1-3에 관한 주석을 보라). 하나님의 목적들은 마치 토기장이가 토기에게 그러한 것처럼 인간에게 신비한 것이다 (신 29:29). *토기장이에게, 흙 한 덩이를 둘로 나누어서, 하나는 귀한 데 쓸 그릇을 만들고, 하나는 천한 데 쓸 그릇을 만들 권리가 없겠습니까?* (21절). 이 말씀은 두 가지로 이스라엘(6-9절)을 나타내는 또 하나의 다른 은유다. **9:22-24** 희랍어에는 불완전하고 애매한 생각이 들어있다. 여기서 다시 한 번 진노보다는 자비를 강조한다 (15-16절). 왜냐하면 하나님은 *멸망받게 되어 있는 진노의 대상들에*

하나님의 진노와 자비

19 그러면 ㄱ)그대는 내게 이렇게 말할 것입
니다. "그렇다면 어찌하여 하나님께서는 사람을
책망하시는가? 누가 하나님의 뜻을 거역할 수 있
다는 말인가?" 20 오, 사람아, ㄱ)그대가 무엇이
기에 하나님께 감히 말대답을 합니까? 만들어진
것이 만드신 분에게 ㄴ)"어찌하여 나를 이렇게 만들
었습니까?" 하고 말할 수 있습니까? 21 토기장
이에게, 흙 한 덩이를 둘로 나누어서, 하나는 귀한
데 쓸 그릇을 만들고, 하나는 천한 데 쓸 그릇을
만들 권리가 없겠습니까? 22 하나님께서 하신
일도 마찬가지입니다. 하나님께서 진노하심을 보
이시고 권능을 알리시기를 원하시면서도, 멸망받
게 되어 있는 진노의 대상들에 대하여 꾸준히 참
으시면서 너그럽게 대해 주시고, 23 영광을 받
도록 예비하신 자비의 대상들에 대하여 자기의 풍
성하신 영광을 알리시고자 하셨더라도, 어떻다는
말입니까? 24 하나님께서는 우리를 부르시되,
유대 사람 가운데서만이 아니라, 이방 사람 가운
데서도 부르셨습니다. 25 그것은 하나님이 호세
아의 글 속에서 하신 말씀과 같습니다.

ㄷ)"나는, 내 백성이 아닌 사람을
'내 백성'이라고 하겠다.
내가 사랑하지 않던 백성을
'사랑하는 백성'이라고 하겠다."

26 ㄹ)"'너희는 내 백성이 아니다'
하고 말씀하신 그 곳에서,
그들은,
살아 계신 하나님의 ㅁ)자녀라고
일컬음을 받을 것이다."

27 그리고 또 이사야는 이스라엘을 두고 이렇게
외쳤습니다. ㅂ)"이스라엘 자손의 수가 바다의 모
래와 같이 많을지라도, 남은 사람만이 구원을 얻
을 것이다. 28 주님께서는 그 말씀하신 것을 온
전히, 그리고 조속히 온 땅에서 이루실 것이다."
29 그것은 또한, 이사야가 미리 말한 바

ㅅ)"만군의 주님께서
우리에게
씨를 남겨 주지 않으셨더라면,
우리는 소돔과 같이 되고,
고모라와 같이 되었을 것이다"

한 것과 같습니다.

이스라엘과 복음

30 그러면 우리가 무엇이라고 말해야 하겠습
니까? 의를 추구하지 않은 이방 사람들이 의를 얻었
습니다. 그것은 믿음에서 난 의입니다. 31 그런데
이스라엘은 의의 율법을 추구하였지만, 그 율법에
이르지 못하였습니다. 32 어찌하여 그렇게 되었
습니까? 그들은 믿음에 근거하여 의에 이르려고
한 것이 아니라, 행위에 근거하여 의에 이르려고

ㄱ) 실제의 특정한 인물을 지칭하는 대명사가 아니라 가상의 논쟁 상대자를 지칭하는 대명사임 ㄴ) 사 29:16; 45:9 ㄷ) 호 2:23 ㄹ) 호 1:10 ㅁ) 그, '아들들' ㅂ) 사 10:22, 23 (칠십인역) ㅅ) 사 1:9 (칠십인역)

대하여 꾸준히 참으시면서 너그럽게 대해 주시기 때문이다 (22절). 비록 22-23절은 종말론적 결정론 혹은 세상 끝날에 있을 예정된 구원과 저주에 대해 언급하지만, 24절은 복음으로 유대 사람들과 이방 사람들을 *하나님의 계획에* 따라 초대하는 저주와 자비를 언급한다. 6-29절에 나타나는 선택에 관한 하나님의 계획은 종말론적 운명이라기보다는 역사 속에서의 유대 사람들과 이방 사람들의 역할에 한정되어 있는 것 같다. **9:25-29** 여러 개의 구약성경 본문들은 하나님의 계획에 따라 교회가 유대 사람들과 이방 사람들로 구성되어 있음을 증명해 준다. **9:25** 호 2:23을 보라. **9:26** 호 1:10을 보라. **9:27-28** 호 1:10; 사 10:22-23을 보라. **9:29** 사 1:9를 보라.

9:30—10:21 두 번째 해석 부분(9:1—11:36을 위한 서론 부분을 보라)에서 바울은 마음을 돌이키지 않은 이스라엘이 고의로 복음을 배척했기에 현재 저들이 당하고 있는 고립에 전적인 책임이 있다고 논쟁하고 있다. 그리고 하나님의 택하심에서 아이러니하게도 이스라엘의 처지가 하나님의 뜻에 따라 유죄라고 주장한다 (6-29절). **9:30—10:4** *의.* 이것은 이 부분의 중요한 주제이며 여덟 번 나타난다. 바울은 3:21-31을 생각하면서 결국 자기자랑으로 인도하는 행위에 의한 의와 구원으로 인도하는 믿음의 의를 구별한다. **9:30-33** *그러면 우리가 무엇이라고 말해야 하겠습니까?* (30절). 이 표현은 바울이 논쟁을 전환할 때 사용하는 잘 알려진 수사학적 표현이다. 30절은 놀라운 은혜를 생생하게 표현한다. *의를 추구하지 않은 이방 사람들에게* 은혜가 주어졌다. 장자였던 에서보다 야곱에게 호의를 베푼 (9:10-13) 그 하나님이 택하신 유대 사람들보다 이방 사람들에게 더 호의를 베푼다. 이스라엘은 그들이 추구한 의를 (31절) 얻을 수 없었다. 왜냐하면 믿음으로 의를 얻으려 하지 않고 율법으로 얻으려고 했기 때문이다 (32절). 유대 사람들이 걸려 넘어진 돌은 바로 예수 그리스도다 (33절; 사 8:14; 28:16을 보라). **10:1-4** 1절은 9:2-3의 탄식을 되풀이한다. 바울이 자신의 경험으로 알게 된 것과 같은 종교적 열성은 은혜에 반대가 될 수 있다. 유대 사람들은 믿음으로 하나님의 의를 얻기보다 오히려 대안적 행위로 자기 자신들의 의를 세우려고 힘을

했기 때문입니다. 그들은 걸림돌에 걸려 넘어진
것입니다. 33 그것은 성경에 기록한 바와 같습
니다.

ㄱ)"보아라, 내가 시온에,
부딪치는 돌과
걸려 넘어지게 하는 바위를 둔다.
그러나 ㄴ)그를 믿는 사람은
부끄러움을 당하지 않을 것이다."

10 1 ㄷ)형제자매 여러분, 내 마음의 간절한
소원과 내 동족을 위하여 하나님께 드리는
내 기도의 내용은, 그들이 구원을 얻는 일입니다.
2 나는 증언합니다. 그들은 하나님을 섬기는 데
열성이 있습니다. 그러나 그 열성은 올바른 지식
에서 생긴 것이 아닙니다. 3 그들은 하나님의 의를
알지 못하고, 자기 자신들의 의를 세우려고 힘을
씀으로써, 하나님의 의에는 복종하지 않게 되었
습니다. 4 그러므로 그리스도는 율법의 끝마침이
되셔서, 모든 믿는 사람에게 의가 되어 주셨습니다.

만민이 구원에 이른다

5 모세는 율법에 근거한 의를 두고 기록하기를
ㄹ)"율법을 행한 사람은 그것으로 살 것이다" 하였
습니다. 6 그러나 믿음에 근거한 의를 두고는,
이렇게 말합니다. ㅁ)"너는 마음 속으로 '누가 하늘
에 올라갈 것이냐' 하고 말하지 말아라. (그것은
그리스도를 끌어내리는 것입니다.) 7 또 ㅂ)'누가
ㅅ)지옥에 내려갈 것이냐' 하고 말하지도 말아라.
(그것은 그리스도를 죽은 사람들 가운데서 끌어
올리는 것입니다.)" 8 그러면 그것은 무엇을 뜻
합니까?

ㅇ)"하나님의 말씀은
네게 가까이 있다.
네 입에 있고, 네 마음에 있다"

ㄱ) 사 8:14; 28:16 (칠십인역) ㄴ) 또는 '그것을 의지하는 사람은' ㄷ) 그, '형제들' ㄹ) 레 18:5 ㅁ) 신 30:12 ㅂ) 신 30:13 ㅅ) 또는 '깊은 곳' ㅇ) 신 30:14

셨다. *그리스도는 율법의 끝마침이 되셔서* (4절) 라는 말씀에서 *끝마침의* 해석에 대해 많은 논란이 있는데, 이는 희랍어나 영어로 "완성" 혹은 "결말"의 의미로 그리스도가 율법을 완성하거나 혹은 성취한 것이라고 해석할 수 있고, 그리스도가 율법을 배제하거나 혹은 폐지한 것이라고 해석할 수도 있다. 이 두 가지 의미가 4절에 결합되어 있다. 율법은 필연적으로 그리스도에게 인도하고 (갈 3:24-25), 그리스도 안에 있는 의는 율법을 포함한 다른 모든 의의 수단들을 종식시킨다. **10:5-21** 이스라엘은 복음을 의도적으로 배척했다. **10:5-8** 레 18:5를 인용하여 율법에 근거한 의에 대한 책임을 인간에게 돌린다. 신 30:11-14를 인용하여 인간의 기준으로 불가능한 것이 그리스도에 의해 값없이 주어졌다고 선포한다. **10:9-10** 9절은 바울 전통 이전의 고백으로 보이는데, 10절에 잘 설명되어 있다. *예수는 주님이다* (9절; 고전 16:22) 라는 말씀은 이스라엘의 하나님의 주권을 예수에게 적용시키는 것이다. 구원은 예수님이 주님 이심을 고백하고, 하나님께서 예수님을 죽은 사람들 가운데서 살리신 것을 믿는 믿음으로 되어 있다. **10:11** 사 28:16의 말씀이 예수님에게 적용되고 있다 (9:33을 보라). **10:12-13** 주님이란 예수를 말하는데 욜 2:32가 그에게 적용된다. **10:14-15** 복음을 선포하는 사람이 사 52:7의 예언대로 믿지 않는 유대 사람들에게 보내졌다 (15절). **10:16-17** 믿음은 자신의 의를 이루려는 노력에서 오지 않고 *그리스도를 전하는 말씀을* 들음에서 온다. 바울은 해석에 도움이 되는 언어기법을 사용하여 이스라엘이 말씀을 들었지만 (18절, 희랍어, *아쿠오*) 순종하지 (16절, 희랍어로, *휴파*

추가 설명: 그리스도인과 정부

권세에 복종하라는 바울의 가르침은 당시 1세기 정치적 상황의 조명 아래서 이해되어져야 한다. 기원전 2세기의 마카비 혁명의 성공과 1세기의 열심당의 태동은 로마 세계 전체에 걸쳐 유대 사람들의 자립과 자율에 대한 열망을 고취시켰다. 1세기에 그러한 열망이 유대 사람들로 하여금 조세에 반역하고 로마와 알렉산드리아에서 반역을 일으키고, 칼리귤라 황제와 빌라도 총독, 그리고 팔레스타인 장관에 대항하는 저항을 유발시켰다. 바울이 로마서를 쓰기 10여 년 전에 유대 사람들은 글라우디오 황제에 의해 로마로부터 추방되었다 (서론을 보라). 유대인 열심당원들은 66년에 로마의 팔레스타인 점령에 저항하는 중요한 전쟁을 일으켰다. 그러한 정치적 상황 속에서 바울은 정당한 권세자들을 그리스도인들에게 유익을 주는 하나님의 일꾼으로 여겨 복종하고 존경하라고 권면한다 (4절). 그리스도인들의 정치적 자세는 하나님의 뜻을 분별함으로 (12:2), 그리고 거짓이 없는 사랑으로 나타나야 한다 (12:9).

하는 말씀이 있습니다. 이것은 우리가 전파하는
믿음의 말씀입니다. 9 당신이 만일 예수는 주님
이라고 입으로 고백하고, 하나님께서 그를 죽은
사람들 가운데서 살리신 것을 마음으로 믿으면 구
원을 얻을 것입니다. 10 사람은 마음으로 믿어
서 의에 이르고, 입으로 고백해서 구원에 이르게
됩니다. 11 성경은 ㄱ)"그를 믿는 사람은 누구나
부끄러움을 당하지 않을 것이다" 하고 말합니다.
12 유대 사람이나, 그리스 사람이나, 차별이 없
습니다. 그는 모든 사람에게 똑같이 주님이 되어
주시고, 그를 부르는 모든 사람에게 풍성한 은혜
를 내려주십니다. 13 ㄴ)"주님의 이름을 부르는
사람은 누구든지 구원을 얻을 것입니다."

14 그런데 사람들은 자기들이 믿은 적이 없
는 분을 어떻게 부를 수 있겠습니까? 또 들은 적
이 없는 분을 어떻게 믿을 수 있겠습니까? 선포하
는 사람이 없으면, 어떻게 들을 수 있겠습니까?
15 보내심을 받지 않았는데, 어떻게 선포할 수
있겠습니까? 성경에 기록한 ㄷ)"기쁜 소식을 전하
는 이들의 발걸음이 얼마나 아름다우냐!" 한 것과
같습니다. 16 그러나 모든 사람이 다 ㄹ)복음에
순종한 것은 아닙니다. 이사야는 ㅁ)"주님, 우리가
전하는 소식을 누가 믿었습니까?" 하고 말하였습
니다. 17 그러므로 믿음은 들음에서 생기고, 들
음은 ㅂ)그리스도를 전하는 말씀에서 비롯됩니다.
18 그러면 내가 묻습니다. 그들은 들은 일이 없
습니까? 물론 그렇지 않습니다. 성경 말씀에

ㅅ)"그들의 목소리가 온 땅에 퍼지고,
그들의 말이 땅 끝까지 퍼졌다"

하였습니다. 19 내가 다시 묻습니다. 이스라엘
이 알지 못하였습니까? 이에 대하여 하나님께서
먼저 모세를 통하여 이렇게 말씀하셨습니다.

ㅇ)"나는 내 백성이 아닌 사람들로
너희의 질투심을 일으키고,
미련한 백성들로
너희의 분노를 자아내겠다."

20 또한 이사야는 매우 담대하게 이렇게 말씀을
전하였습니다.

ㅈ)"나를 찾지 않는 사람들을
내가 만나 주고,
나를 구하지 않는 사람들에게
내가 나타났다."

21 또한 이사야는 하나님께서 이스라엘을 보고
ㅊ)"복종하지 않고 거역하는 백성에게, 나는 온종일
내 손을 내밀었다" 하신 말씀을 선포하였습니다.

ㄱ) 사 28:16 (칠십인역) ㄴ) 욜 2:32 ㄷ) 사 52:7 ㄹ) 또는 '기쁜 소식' ㅁ) 사 53:1 (칠십인역) ㅂ) 또는 '그리스도의 말씀'. 다른 고대 사본들에는 '하나님의 말씀' ㅅ) 시 19:4 (칠십인역) ㅇ) 신 32:21 ㅈ) 사 65:1 (칠십인역) ㅊ) 사 65:2 (칠십인역)

쿠오) 않았다고 말한다 (3절). **10:18-21** 일련의 구약성경 본문들을 인용하는 것은 복음을 믿지 않는 유대 사람들이 어찌했던지 그 복음을 들었다는 것을 확증하려는 것이다 (18절; 시 19:4를 보라). 마지막으로 인용한 사 65:2는 하나님이 *복종하지 않고 거역하는 백성에게* 손을 내밀었다는 사실을 입증하려는 부분이다. **11:1-12** 이스라엘이 하나님의 부르심을 거부했음에도 불구하고 (9:30—10:21), 하나님은 이스라엘을 버리지 않으셨다 (11:1). 왜냐하면 인간의 불순종이 하나님의 신실하심을 폐지시킬 수 없기 때문이다 (3:3). 바울은 세 번에 걸친 논증에서 (9:1—11:36), 하나님은 *은혜로 택하심을 입은 사람들을* (5절) 보호하시고, 이스라엘 사람들의 마음을 완고하게 하여 이방 사람들이 먼저 구원을 받게 하신다는 9:6-29의 주제를 다시 강조한다. 12절은 은혜가 이방 사람에게 주어지고 마침내 은혜를 거부한 이스라엘 사람들에게도 주어진다는 점을 암시한다. **11:1-4** 이스라엘의 반항에도 불구하고 (10:3), 하나님은 결코 이스라엘을 버리지 않으셨다 (11:1). 회심한 박해자 바울의 경험(행 9:4)은 *하나님께서는 미리 아신 자기 백성을 버리지 않으셨다*는 점을 증거하는 것이다 (2절). 엘리야는 자기만 혼자 신실한 것으로 생각했다 (3절; 왕상 19:10-14). 그러나 하나님은 그러하지 않다고 응답하셨다 (4절; 왕상 19:18). 7,000이라는 숫자는 전체를 말하는 것이지 꼭 숫자 7,000을 말하는 것이 아니다. **11:5-6** 하나님이 엘리야 시대에 은혜로 *택하심을 입은 사람*들을 보존하신 것과 같이 저들의 행위가 아닌 은혜로 그리스도를 받아들인 당시에 남아 있던 유대 사람들과 이방 사람들을 보존하신다 (9:24). **11:7** 9:31을 보라. *택하심을 받은 사람들은 그것[구원]을 얻었다*는 말씀은 구원은 하나님의 의지의 결과이지 결코 사람의 업적의 결과가 아니라는 9:30 말씀을 반영해준다. *완고해졌다*는 표현은 하나님의 이름을 불경하게 하지 않으려고 수동형으로 사용하는 유대 문학의 하나의 관례이다. **11:8-10** 율법서와 예언서와 성문서에서 인용한 8절 (신 29:4; 사 29:10), 9절 (시 69:22-23), 그리고 10절(시 35:8)은 하나님에 대한 이스라엘 사람들의 저항을 통틀어 증거하는 것이다. **11:11-12** *이스라엘이 걸려 넘어져서 완전히 쓰러져 망하게끔 되었습니까?* 이 질문의 심중은 하나님이 이스라엘의 마음을 완고하게 해서 그들 스스로가 망하게 하였는가? 라는 뜻이다. *그럴 수 없습니다* 라고 바울은 선언한다. 유대 사람인들의 허물이 이방 사람들로 하여금 구원을 얻도록 만들었다 (행 18:6). 이방 사람들의 구원은 이제 믿지 않는 이스라엘에게 질투하는 마음이 일어나게 하고 결국 저들이 구원을 받도록 만든다. 헤아릴 수 없는 하나님의 주권 속

이스라엘의 남은 사람

11 1 그러면 내가 묻습니다. 하나님께서 자기
백성을 버리신 것은 아닙니까? 그럴 수
없습니다. 나도 이스라엘 사람이요, 아브라함의
후손이요, 베냐민 지파에 속한 사람입니다. 2 하나
님께서는 미리 아신 자기 백성을 버리지 않으셨습
니다. 여러분은 성경이 엘리야를 두고 하신 말씀을
알지 못합니까? 그가 이스라엘을 고발하여, 하나
님께 이렇게 호소하였습니다. 3 [ㄱ]"주님, 그들은
주님의 예언자들을 죽이고, 주님의 제단들을 헐어
버렸습니다. 남은 것은 나 혼자밖에 없는데, 그들은
내 목숨마저 찾고 있습니다." 4 그런데 하나님
께서는 그에게 어떻게 대답하셨습니까? [ㄴ]"내가,
바알에게 무릎을 꿇지 않은 사람 칠천 명을 내 앞에
남겨 두었다" 하셨습니다. 5 이와 같이, 지금 이
시기에도 은혜로 택하심을 입은 사람들이 남아
있습니다. 6 은혜로 된 것이면, 행위에 근거한
것이 아닙니다. 그렇지 않으면, 그 은혜는 이미
은혜가 아닙니다.[ㄷ] 7 그러면 무슨 결과가 생겼
습니까? 이스라엘 백성은 찾던 것을 얻지 못하
였지만, 택하심을 받은 사람들은 그것을 얻었습
니다. 그리고 그 나머지 사람들은 완고해졌습니다.
8 성경에 이렇게 기록한 바와 같습니다.

[ㄹ]"하나님께서 그들에게는
혼미한 영을 주셨으니,
오늘까지 그들은,
눈이 있어도 보지 못하고
귀가 있어도 듣지 못한다."

9 다윗도 다음과 같이 말하였습니다.

[ㅁ]"그들의 밥상이 그들에게
올무가 되고
덫이 되게 하여 주십시오.
그들이 걸려 넘어지고,
보복을 받게 하여 주십시오.
10 그들의 눈이 어두워져서
보지 못하게 되도록 하여 주십시오.
그들의 등이 언제나
굽어 있게 하여 주십시오."

ㄱ) 왕상 19:10, 14 ㄴ) 왕상 19:18 ㄷ) 다른 고대 사본들에는 다음 내용이 더 첨가되어 있음. '그러나 행위로 된 것이면, 은혜에 근거한 것이 아닙니다. 그렇지 않으면, 그 행위는 이미 행위가 아닙니다' ㄹ) 신 29:4; 사 29:10 ㅁ) 시 69:22, 23 (칠십인역)

에서 유대 사람들과 이방 사람들의 서로 싫어하는 것이 결국 저들 모두에게 혜택을 준다. **11:13-16** 13절은 유대 사람들에게 말하던 방향을 바꾸어 이방 사람들에게 직접 훈계한다. 비록 유대 사람들이 이방 사람들을 경멸하기는 하였지만, 바울은 자신의 사역이 *이방 사람들에게 보내심을 받은 사역이라고* 말한다. 14-15절은 12절의 생각을 반복 하고 확대시킨 내용이다. 남은 사람들을 대표하는 *빵 반죽 덩이와 뿌리의*(16절) 은유는 남은 자를 표현해 주는 것이며, 하나님이 이스라엘 민족에게 행하실 일을 예고하는 것이다. **11:17-24** 올리브 나무의 은유는 9—11장의 논증을 요약하는 것이다. 유대 사람들이나 이방 사람들은 가지들이다 (23-24절). 유대 사람들은 본래의 가지에서 잘려나가게 되었고 (17절), 돌올리브 나무인 이방 사람들은 참올리브 나무 가지들에 접붙여지게 되었다. 24절은 이러한 변론을 요약해 주는 것이다. "뿌리"는 아브라함으로부터 그리스도 혹은 복음으로 연장되는 하나님의 구원의 약속이다. 유비는 다음의 세 가지 사실을 알려준다. (1) 유대 사람이나 이방 사람들이 뿌리에 접목될 수 있게 한 은혜; (2) 이방 그리스도인들은 믿지 않는 유대 사람들을 향해 우쭐대지 말아야 한다는 훈계 (18절); (3) 유대 사람들이 잘려나갔던 가지에서 참올리브 나무로 다시 *접붙임*을 받을 것이라는 희망. 24절은 은유의 요점을 다시 되풀이하는 것이다. **11:25-36** 이스라엘의 회복은 은혜의 신비로운 비밀이다 (25절). 사람의 말로 다 표현할 수 없는 하나님의 지혜로 이스라엘의 선택은 폐지되지 않고 완성된다. **11:25** 신약성경에서 신비는 수수께끼가 아니라 복음으로 묵시되어지고 믿음으로 이해되는 예수 그리스도 안에서 하나님의 구원의 목적이다 (막 4:11; 엡 1:9). 여기서 신비는 이방 사람의 수가 다 찰 때까지 이스라엘 사람들 가운데서 일부가 완고해진 대로 있다는 것인데, 그 후에 온 *이스라엘이 구원을 받게 되는* 것이다 (26절).

특별 주석

"온 이스라엘이 구원을 받게 되리라"는 논쟁의 여지는 바울이 사용하는 "이스라엘"의 의미에 달려있다. 바울은 이스라엘을 세 가지 의미로 사용한다. (1) 택함을 받은 유대 사람들과 이방 사람들로서의 교회; (2) 이스라엘 안에서 택함을 받은 사람들; (3) 민족으로서의 이스라엘. 여기서 (1), (2)의 경우 롬 9—11장에서 열 번 언급되는데, "이스라엘"은 하나의 민족으로서의 이스라엘을 의미하지 않는다. (3)의 경우가 가장 타당한 것 같다. 즉 "온 이스라엘"(26절)은 문자 그대로 모든 이스라엘 백성을 의미하지 않는다. 하지만 "이방 사람의 수가 다 찰 때까지"에서 이방 사람은 모든 이방 사람을 의미한다. 온 이스라엘은 바울이 11:14에서 소망하고 예견하는 것처럼 믿지 않는 이스라엘의 중대한 회심을 의미한다.

이방 사람의 구원

11 그러면 내가 묻습니다. 이스라엘이 걸려
넘어져서 완전히 쓰러져 망하게끔 되었습니까?
그럴 수 없습니다. 그들의 허물 때문에 구원이 이
방 사람에게 이르렀는데, 이것은 이스라엘에게
질투하는 마음이 일어나게 하려는 것입니다.
12 이스라엘의 허물이 세상의 부요함이 되고, 이
스라엘의 실패가 이방 사람의 부요함이 되었다
면, 이스라엘 전체가 바로 설 때에는, 그 복이 얼
마나 더 엄청나겠습니까? 13 이제 나는 이방 사
람인 여러분에게 말합니다. 내가 이방 사람에게
보내심을 받은 사도이니만큼, 나는 내 직분을 영
광스럽게 생각합니다. 14 나는 아무쪼록, [ㄱ]내
동족에게 질투심을 일으켜서, 그 가운데서 몇 사
람만이라도 구원하고 싶습니다. 15 하나님께서
그들을 버리심이 세상과의 화해를 이루는 것이라
면, 그들을 받아들이심은 죽은 사람들 가운데서
살아나는 삶을 주심이 아니고 무엇이겠습니까?
16 맏물로 바치는 빵 반죽 덩이가 거룩하면 남은
온 덩이도 그러하고, 뿌리가 거룩하면 가지도 그
러합니다.

17 그런데 참올리브 나무 가지들 가운데서
얼마를 잘라 내시고서, 그 자리에다 돌올리브 나
무인 [ㄴ]그대를 접붙여 주셨기 때문에, [ㄴ]그대가 참
올리브 나무의 뿌리에서 올라오는 양분을 함께 받
게 된 것이면, 18 [ㄴ]그대는 본래의 가지들을 향
하여 우쭐대지 말아야 합니다. 비록 [ㄴ]그대가 우쭐
댈지라도, [ㄴ]그대가 뿌리를 지탱하는 것이 아니
라, 뿌리가 [ㄴ]그대를 지탱한다는 것을 명심해야 합
니다. 19 그러므로 "본래의 가지가 잘려 나간 것
은, 그 자리에 내가 접붙임을 받게 하시려는 것이
었다" 하고 [ㄴ]그대는 말해야 할 것입니다. 20 옳
습니다. 그 가지들이 잘린 것은 믿지 않은 탓이고,
[ㄴ]그대가 그 자리에 붙어 있는 것은 믿었기 때문입
니다. 그러니 교만한 마음을 품지 말고, 도리어 두
려워하십시오. 21 하나님께서 본래의 가지들을
아끼지 않으셨으니, 접붙은 가지도 아끼지 않으
실 것입니다. 22 그러므로 하나님의 인자하심과
준엄하심을 생각해 보십시오. 하나님은 넘어진
사람들에게는 준엄하십니다. 그러나 [ㄴ]그대가 하
나님의 인자하심에 머물러 있으면, 하나님이 [ㄴ]그
대에게 인자하게 대하실 것입니다. 그렇지 않으
면, [ㄴ]그대도 잘릴 것입니다. 23 그러나 믿지 않
았던 탓으로 잘려나갔던 가지들이 믿게 되면, 그
가지들도 접붙임을 받게 될 것입니다. 하나님께
서는 그들을 다시 접붙이실 수 있습니다. 24 [ㄴ]그
대가 본래의 돌올리브 나무에서 잘려서, 그 본성을
거슬러 참올리브 나무에 접붙임을 받았다면, 본
래 붙어 있던 이 가지들이 제 나무에 다시 접붙임
을 받는 것이야 얼마나 더 쉬운 일이겠습니까?

이스라엘의 회복

25 [ㄷ]형제자매 여러분, 나는 여러분이 이 신
비한 비밀을 알기를 바랍니다. 그것은 여러분이
스스로 현명하다고 생각하는 일이 없게 하려는 것
입니다. 그 비밀은 이러합니다. 이방 사람의 수가
다 찰 때까지 이스라엘 사람들 가운데서 일부가
완고해진 대로 있으리라는 것과, 26 온 이스라
엘이 구원을 받게 되리라는 것입니다. 그것은 성
경에 이렇게 기록되어 있는 바와 같습니다.

[ㄹ]"구원하시는 분이
시온에서 오실 것이니,
야곱에게서
경건하지 못함을 제거하실 것이다.
27 이것은
그들과 나 사이의 언약이니,
내가 그들의 죄를 없앨 때에
이루어질 것이다."

ㄱ) 그, '내 혈육' ㄴ) 2:1의 주를 볼 것 ㄷ) 그 '형제들' ㄹ) 사 59:20, 21; 27:9 (칠십인역)

11:26-27 이것은 구약성경 사 59:20-21과 27:9를 인용한 것이다. 동사는 미래시제형으로 되어 있는데, 유대 사람들의 회심을 암시해 준다. 이스라엘의 "구원하시는 분"의 나타나심은 유대 민족 재건설이나 성전 재건축 및 유대 사람과 이방 사람들을 위한 개별적 해방이 아니라, 구원하시는 분의 나타나심(예수)에 달려있다. **11:28-29** 복음을 반대하는 이스라엘의 저항이 저들을 *하나님의 원수*로 만들었지만, 이스라엘을 택하신 하나님의 뜻은 결국 이루어질 것이다. 하나님의 뜻은 결코 *철회되지* 않기 때문이다. **11:30-31** 이방 사람들의 불순종이 비난을 받지 않고 하나님의 자비를 입은 것처럼, 유대 사람들의 불순종 역시 하나님의 자비를 입게 된다. 인간의 불순종은 하나님의 자비로 극복된다. **11:32** 3:19-26을 회상시켜 주는데, 즉 모든 사람이 죄에 빠져있기 때문에 결국 자비를 입을 수 있게 된다. **11:33-36** 11장은 하나님의 지혜를 찬양하는 송영으로 끝난다. 역경에 처했을 때 신도들은 하나님의 사랑(8:31-39)과 지혜를 재확인하게 된다 (11:33-36).

12:1-8 1-2절에서 인격의 변화를 말하는

28 복음의 관점에서 판단하면, 이스라엘 사람들은 여러분이 잘 되라고 ㄱ)하나님의 원수가 되었지만, 택하심을 받았다는 관점에서 판단하면, 그들은 조상 덕분에 하나님의 사랑을 받는 사람들입니다.
29 하나님께서 주시는 고마운 선물과 부르심은 철회되지 않습니다. 30 전에 하나님께 순종하지 않던 여러분이, 이제 이스라엘 사람의 불순종 때문에 하나님의 자비를 입게 되었습니다. 31 이와 같이, 지금은 순종하지 않고 있는 이스라엘 사람들도, 여러분이 받은 그 자비를 보고 회개하여, 마침내는 자비하심을 입게 될 것입니다. 32 하나님께서 모든 사람을 순종하지 않는 상태에 가두신 것은 그들에게 자비를 베푸시려는 것입니다.
33 하나님의 부유하심은
어찌 그리 크십니까?
하나님의 지혜와 지식은
어찌 그리 깊고 깊으십니까?
하나님의 판단을
그 어느 누가
헤아려 알 수 있으며,
그 어느 누가
하나님의 길을 더듬어
찾아낼 수 있겠습니까?
34 ㄴ)"누가 주님의 마음을 알았으며,
누가 주님의 조언자가 되었습니까?"
35 ㄷ)"누가 먼저 무엇을 드렸기에
주님의 답례를 바라겠습니까?"
36 만물이 그에게서 나고, 그로 말미암아 있고, 그를 위하여 있습니다. 그에게 영광이 세세에 있기를 빕니다. 아멘.

그리스도 안에서 하는 새로운 생활

12 1 ㄹ)형제자매 여러분, 그러므로 나는 하나님의 자비하심을 힘입어 여러분에게 권합니다. 여러분의 몸을 하나님께서 기뻐하실 거룩한 산 제물로 드리십시오. 이것이 여러분이 드릴 합당한 예배입니다. 2 여러분은 이 시대의 풍조를 본받지 말고, 마음을 새롭게 함으로 변화를 받아서, 하나님의 선하시고 기뻐하시고 완전하신 뜻이 무엇인지를 분별하도록 하십시오.

3 나는 내가 받은 은혜를 힘입어서, 여러분 각 사람에게 말합니다. 여러분은 스스로 마땅히 생각해야 하는 것 이상으로 생각하지 말고, 하나님께서 각 사람에게 나누어주신 믿음의 분량대로, 분수에 맞게 생각하십시오. 4 한 몸에 많은 지체가 있으나, 그 지체들이 다 같은 일을 하는 것이 아닙니다. 5 이와 같이, 우리도 여럿이지만 그리스도 안에서 한 몸을 이루고 있으며, 각 사람은 서로 지체입니다. 6 하나님께서 우리에게 주신 은혜를 따라, 우리는 저마다 다른 신령한 선물을 가지고 있습니다. 가령, 그것이 예언이면 믿음의 정도에 맞게 예언할 것이요, 7 섬기는 일이면 섬기는 일에 힘써야 합니다. 또 가르치는 사람이면 가르치는 일에, 8 권면하는 사람이면 권면하는 일에 힘쓸 것이요, 나누어 주는 사람은 순수한 마음으로, 지도하는 사람은 열성으로, 자선을 베푸는 사람은 기쁜 마음으로 해야 합니다.

ㄱ) 그, '원수가 되었지만' ㄴ) 사 40:13 (칠십인역) ㄷ) 욥 41:11 ㄹ) 그, '형제들'

독특한 권면으로 바울은 자신의 관심을 신학적인 면에서 윤리적인 면으로 전환시킨다. **12:1** 그리스교 윤리는 율법에 기초를 둔 것이 아니라, 하나님의 자비에 기초를 둔 것이다 (1절). 그리고 기독교 윤리는 하나님의 은혜에 감사하여 마음에서 우러나오는 응답이다. *여러분의 몸을 드리라.* 이 말씀은 복음이 삶 전체와 관련되어 있다는 것을 강조하는 것이다. *드리다, 희생제물,* 그리고 *기뻐하실* 등의 단어들은 성전제사에서 동물을 죽이고 성별하는 것으로부터 유래한다. 아주 극적으로 이미지를 바꾸면서 바울은 하나님께서 기뻐하실 제물은 죽은 것이 아니라 산 제물이라고 강조한다. *합당한* 예배 (개역개정은 "영적 예배," 공동번역은 "진정한 예배") 라는 단어는 희랍어로 *로기코스*인데 이는 "논리적" 혹은 "합리적"이라는 의미를 갖고 있다. 그러므로 산 제물을 바치는 것은 생명의 복음에 대한 합리적인 반응이다 (6:4를 보라). **12:2** 그리스도인의 실존은 *이 시대의 풍조를 본받지 말고, 마음을 새롭게 함으로 변화*를 받아야 한다. 새로워진 마음은 하나님의 뜻을 분별하고 변화된 삶을 사는 데 꼭 필요하다. **12:3** *생각하다* (희랍어로, *프로네오*). 이 단어를 네 번씩이나 사용하는 것은 새로워진 마음의 결과로 자기를 *마땅히 생각해야 하는 것 이상으로 생각하지* 말아야 한다는 것이다. **12:4-5** 그리스도인의 자기 개념은 고립 속에서 이루어지지 않고 그 안에서 다양한 은혜들이 하나의 목적을 이루는, 즉 그리스도의 몸 안에서 다양한 은사로 참여함으로 이루어진다. 그리스도의 몸인 교회에 관해서는 고전 12장을 보라. **12:6-8** *선물* (6절). 이 단어는 희랍어로 은혜 (카리스마) 라는 어근에서 유래된 것인데, 교회의 덕을 쌓기 위하여 하나님께서 값없이 주시는 선물이다. *예언의* 첫째 기능은 하나님의 뜻을 아는 영적 성찰이다. *섬기는 일*(희랍어, *디아코니아*)은 말 그대로 식탁에서 시중드는 일이다—즉 예수 그리스도의 이름으로 봉사하는 것을 말한다. 6-8절에 기록된 일곱 선물 중에서 네 가지는 섬기는 사역에 관한 것이다.

12:9-21 예수 그리스도 안에서의 새로운 삶은 (6:4; 12:1-2) 선한 것을 굳게 잡는 것으로 (9, 17, 21

그리스도인의 생활 규범

9 사랑에는 거짓이 없어야 합니다. 악한 것을
미워하고, 선한 것을 굳게 잡으십시오. 10 형제의
사랑으로 서로 다정하게 대하며, 존경하기를 서로
먼저 하십시오. 11 열심을 내어서 부지런히 일
하며, 성령으로 뜨거워진 마음을 가지고 주님을
섬기십시오. 12 소망을 품고 즐거워하며, 환난
을 당할 때에 참으며, 기도를 꾸준히 하십시오.
13 성도들이 쓸 것을 공급하고, 손님 대접하기를
힘쓰십시오. 14 여러분을 박해하는 사람들을 축
복하십시오. 축복을 하고, 저주를 하지 마십시오.
15 기뻐하는 사람들과 함께 기뻐하고, 우는 사람
들과 함께 우십시오. 16 서로 한 마음이 되고,
교만한 마음을 품지 말고, 비천한 사람들과 함께
사귀고, 스스로 지혜가 있는 체하지 마십시오.
17 아무에게도 악을 악으로 갚지 말고, 모든 사
람이 선하다고 생각하는 일을 하려고 애쓰십시오.
18 여러분 쪽에서 할 수 있는 대로 모든 사람과
더불어 화평하게 지내십시오. 19 사랑하는 여러
분, 여러분은 스스로 원수를 갚지 말고, 그 일은
[ㄱ]하나님의 진노하심에 맡기십시오. 성경에도 기
록하기를 "[ㄴ]원수 갚는 것은 내가 할 일이니, 내가
갚겠다'고 주님께서 말씀하신다" 하였습니다.
20 [ㄷ]"네 원수가 주리거든 먹을 것을 주고, 그가
목말라 하거든 마실 것을 주어라. 그렇게 하는 것
은, 네가 그의 머리 위에다가 숯불을 쌓는 셈이 될
것이다" 하였습니다. 21 악에게 지지 말고, 선으로
악을 이기십시오.

그리스도인과 세상 권세

13 1 사람은 누구나 위에 있는 권세에 복종
해야 합니다. 모든 권세는 하나님께로부터
온 것이며, 이미 있는 권세들도 하나님께서 세워
주신 것입니다. 2 그러므로 권세를 거역하는 사
람은 하나님의 명을 거역하는 것이요, 거역하는
사람은 심판을 받게 될 것입니다. 3 치안관들은,
좋은 일을 하는 사람에게는 두려울 것이 없고, 나쁜
일을 하는 사람에게만 두려움이 됩니다. 권세를
행사하는 사람을 두려워하지 않으려거든, 좋은
일을 하십시오. 그러면 그에게서 칭찬을 받을 것
입니다. 4 권세를 행사하는 사람은 여러분 각 사람
에게 유익을 주려고 일하는 하나님의 일꾼입니다.
그러나 그대가 나쁜 일을 저지를 때에는 두려워
해야 합니다. 그는 공연히 칼을 차고 있는 것이 아

ㄱ) 그, '진노하심에' ㄴ) 신 32:35 ㄷ) 잠 25:21, 22 (칠십인역)

절) 정의된 진정한 사랑(9절)에 의해 구별되는 다양한 덕목들로 나타난다. **12:9** *사랑* (희랍어로, *아가페*). 아가페 사랑은 하나님이 자기를 내어주는 사랑을 의미한다. *거짓이 없다.* 이것은 희랍어로 위선이 없다는 뜻이다. *선한 것을 굳게 잡기 위해.* 이것은 무관심해서는 안 되며 악한 것을 미워해야 한다. **12:10-13** 이 부분은 희랍어에서 열 개의 병행되는 말씀으로 이루어지는데 각 병행은 규정된 행위에 동반되는 덕목을 취급한다 (예를 들어, 소망, 즐거워함, 환난을 당할 때 참음, 기도, 꾸준함, 12절). 계속되는 말씀들은 그리스도인의 친교에 관한 훈계로 시작하고 끝을 맺는다 (4-5절을 보라). **12:14-21** 이 말씀들은 박해와 반대에 직면하여 복수의 문제를 이야기한다. **12:14** 마 5:44를 보라. **12:15-16** 바울은 신도들에게 다른 사람들과 연대감을 가지라고 권면한다. 특히 비천한 사람들과 함께 사귀고 기뻐하고 울라고 권면한다. **12:17** 살전 5:15를 보라. *선하다고 생각하는 일을 하려고 애쓰십시오.* 이 말은 급하거나 혹은 방어적인 반응보다는 사려깊은 반응을 보이라는 말이다. **12:18** *여러분 쪽에서 할 수 있는 대로.* 이 표현은 평화는 결코 선함과 올바름의 대가로 얻을 수 없다는 점을 암시해 준다. **12:19** 원수 갚는 것에 관한 인용은 신 32:35를 보라. *여러분은 스스로 원수를 갚지 말고* 라는 말씀은 원수 갚음이 자기에게만 봉사하는 것이 될 때 하나님의 정의를 나타낼 수 없게 된다는 말이다. **12:20** 잠 25: 21-22의 인용은 악을 행하는 자들에게 수치를 주어서 그들로 하여금 악을 회개하게 하려는 의도를 갖고 있다. **12:21** 이 구절은 *아가페* 사랑의 핵심을 말한다. 4-5세기에 수도사였고 신학자이었던 펠라기우스는 말했다. "너의 적이 너를 마치 자신처럼 만들 때 너를 이긴다." 악을 이기는 핵심적 승리는 사랑의 행위다.

13:1-7 13:1-2 *모든 권세는 하나님께로부터 온 것이며.* 합법적인 정부는 하나님이 세우신 것이기에 신도들은 권세에 복종해야 한다는 뜻이다. **13:3-5** 권세자들은 악한 사람들을 처벌하고 선한 일을 하는 사람들을 인정하는 것으로 하나님을 섬긴다고 정당화한다. 정부의 진정한 목적은 진노를 두려워해서가 아니라, *양심*을 생각해서 (5절) 복종하도록 도와주는 것이다. 불의한 독재자는 하나님에 의해 제정된 권세자의 자격을 갖지 못한다. *칼을 차고 있다.* 이 말은 무장해야 하는 상태 혹은 아마도 처형을 하기 위해 칼을 소지한 상태를 말하는 것 같다. **13:6-7** 권세자들은 조세와 권위를 포함한 정부의 유지를 위해 필요한 수단들을 갖고 있었다. **13:8-10** 희랍어 언어기법을 사용하여 *빚*(희랍어로, *오페이레*)이라는 용어는 우리를 12:9의 *사랑* (*아가페*)을 설명했던 패턴으로 다시 초대한다. 갚을 수 있는 세금의 빚은 결코 갚을 수 없는 사랑의 빚을 기억나게 해준다. *아무에게도 빚을 지지 마십시오* 라는 말

닙니다. 그는 하나님의 일꾼으로서, 나쁜 일을 하는 자에게 하나님의 진노를 집행하는 사람입니다.
5 그러므로 진노를 두려워해서만이 아니라, 양심을 생각해서도 복종해야 합니다. 6 같은 이유로,
여러분은 또한 조세를 바칩니다. 그들은 하나님의 일꾼들로서, 바로 이 일을 하는 데 힘쓰고 있습니다. 7 여러분은 모든 사람에게 의무를 다하십시오. 조세를 바쳐야 할 이에게는 조세를 바치고, 관세를 바쳐야 할 이에게는 관세를 바치고, 두려워해야 할 이는 두려워하고, 존경해야 할 이는 존경하십시오.

사랑은 율법의 완성이다

8 서로 사랑하는 것 외에는, 아무에게도 빚을 지지 마십시오. 남을 사랑하는 사람은 율법을 다 이룬 것입니다.
9 ㄱ)"간음하지 말아라. 살인하지 말아라. 도둑질하지 말아라. 탐내지 말아라" 하는 계명과, 그 밖에 또 다른 계명이 있을지라도, 모든 계명은 ㄴ)"네 이웃을 네 몸과 같이 사랑하여라" 하는 말씀에 요약되어 있습니다.
10 사랑은 이웃에게 해를 입히지 않습니다. 그러므로 사랑은 율법의 완성입니다.

주님 오실 날이 가깝다

11 여러분은 지금이 어느 때인지 압니다. 잠에서 깨어나야 할 때가 벌써 되었습니다. 지금은 우리의 구원이 우리가 처음 믿을 때보다 더 가까워졌습니다.
12 밤이 깊고, 낮이 가까이 왔습니다. 그러므로 우리는 어둠의 행실을 벗어버리고, 빛의 갑옷을 입읍시다.
13 낮에 행동하듯이, 단정하게 행합시다. 호사한 연회와 술취함, 음행과 방탕, 싸움과 시기에 빠지지 맙시다.
14 주 예수 그리스도로 옷을 입으십시오. 정욕을 채우려고 육신의 일을 꾀하지 마십시오.

형제자매를 비판하지 말아라

14 1 여러분은 ㄷ)믿음이 약한 이를 받아들이고, 그의 생각을 시비거리로 삼지 마십시오.
2 어떤 사람은 모든 것을 다 먹을 수 있다고 생각하지만, 믿음이 약한 사람은 채소만 먹습니다.
3 먹는 사람은 먹지 않는 사람을 업신여기지 말고, 먹지 않는 사람은 먹는 사람을 비판하지 마십시오. 하나님께서는 그 사람도 받아들이셨습니다.

ㄱ) 출 20:13-15, 17; 신 5:17-19, 21 ㄴ) 레 19:18 ㄷ) 또는 '확신'

에서 희랍어로 이중 부정을 사용하면서, 신도들은 사랑하는 것 외에는 아무런 빚을 져서는 안 된다고 강조한다. 네 번에 걸쳐 바울은 그리스도인의 사랑을 자기를 만족시키는 사랑과 반대되는 다른 사람들을 향하는 사랑으로 정의한다. 12:9-21의 기록처럼 사랑은 감정이 아니라 구체적 선으로 율법의 요약이며 *완성이다.*

13:11-14 이와 비슷한 주제와 이미지에 관해서는 엡 5:6-20을 보라. 기독교인들은 아가페 사랑을 주장하는 것만이 아니라, 그리스도의 날이 다가온다는 점을 고려해서 선을 행해야 한다. *주 예수 그리스도로 옷을 입으십시오* (갈 3:27; 엡 4:24를 보라). 이 표현은 어떤 방식으로 옷을 입을까? 라는 실천적 비유로 그리스도교 제자직을 설명하는 것이다.

14:1—15:13 12—13장의 아가페 사랑의 훈계는 이제 로마의 교회분쟁에 적용된다. *강하다* 혹은 *약하다.* 이 표현은 믿음에 관한 것이지 결코 어떤 인물이나 능력에 관한 표현이 아니다. 바울은 강한 사람들이 약한 사람들보다 더 낫다고 결코 생각하지 않고, 그는 서로 정죄하는 행위를 책망한다. 경의를 표하는 마음으로, 바울은 누가 강한 사람들이고 약한 사람들인지 언명하지 않지만, 분명히 여기서 강한 사람들은 이방 사람들을 말하고 약한 사람들은 유대 사람들을 말하는 것을 알 수 있다. 유대 사람들은 축제를 지키는 것(14:5-6)과 고기 먹는 (14:2-3) 것과 술 마심을 (14:21) 금지하는 음식규례들 때문에 서로 나뉘어 반목하고 있었다. 이러한 갈등은 유대 사람들이 글라우디오 칙령에 의해 축출되어 로마로 돌아오면서 더 심해졌다. **14:1-12** 주님 예수님에게 속한다 함은 음식규례, 종교적 축제들, 그리고 용납하지 않는 배타성에 근거하여 남을 판단하지 않는 것이다. **14:1** 믿음이 강한 사람은 *믿음이 약한 이*를 시비거리로 삼지 말고, 그들을 받아들여야 한다 (15:7을 보라). **14:2-3** 유대 사람의 음식은 정한 음식과 부정한 음식으로 규정되어 있었는데 (레 11장을 보라), 이방 사람들은 이 규정을 따르지 않았기 때문에 유대 사람들과 이방출신 그리스도인들 사이에 갈등이 생기게 되었다 (행 15:20을 보라). 흩어져 사는 유대 사람들 사이에서 규례를 지키는 유대 사람들은 고기를 먹지 않고 술을 마시지 않았다. 왜냐하면 그들은 고기와 술이 시장에 나오기 전에 이방 제사에서 희생제물로 쓰였던 것일지도 모른다는 두려움을 갖고 있었기 때문이다 (고전 8; 10장을 보라). 문제는 음식이 아니라 부당한 판단이었다. *무슨 음식이든지 먹어도 된다고 생각하는 믿음이 강한 사람*들은 자유를 행사하지 못하는 믿음이 약한 사람들을 경멸했고, 믿음이 약한 사람들은 부적절하게 자유를 행사하는 믿음이 강한 사람들을 *정죄하였다.* **14:4** 2인칭 복수("당신," 새번역개정과 공동번역은 여기서 사용된 2인칭 복수형을 1인칭 복수 "우리"로 번역했고, 개역개정은 2인칭 단수 "너"로 번역

4 [ㄱ]우리가 누구이기에 남의 종을 비판합니까? 그
가 서 있든지 넘어지든지, 그것은 그 주인이 상관
할 일입니다. [ㄴ]주님께서 그를 서 있게 할 수 있으
시니, 그는 서 있게 될 것입니다. 5 또 어떤 사
람은 이 날이 저 날보다 더 중요하다고 생각하고,
또 어떤 사람은 모든 날이 다 같다고 생각합니다.
각각 자기 마음에 확신을 가져야 합니다. 6 어떤
날을 더 존중히 여기는 사람도 주님을 위하여 그
렇게 하는 것이요, 먹는 사람도 주님을 위하여 먹
으며, 먹을 때에 하나님께 감사를 드립니다. 그리
고 먹지 않는 사람도 주님을 위하여 먹지 않으며,
또한 하나님께 감사를 드립니다. 7 우리 가운데
는 자기만을 위하여 사는 사람도 없고, 또 자기만
을 위하여 죽는 사람도 없습니다. 8 우리는 살아
도 주님을 위하여 살고, 죽어도 주님을 위하여 죽
습니다. 그러므로 우리는 살든지 죽든지 주님의
것입니다. 9 그리스도께서 죽으셨다가 살아나신
것은, 죽은 사람에게도 산 사람에게도, 다 주님이
되시려는 것이었습니다. 10 그런데 어찌하여
[ㄷ]그대는 [ㄹ]형제나 자매를 비판합니까? 우리는 모
두 다 하나님의 심판대 앞에 서게 될 것입니다.
11 성경에는 이렇게 기록되어 있습니다.

[ㅁ]"주님께서 말씀을 하신다.
내가 살아 있으니,
모든 무릎이
내 앞에 꿇을 것이요,
모든 입이
나 하나님을 찬양할 것이다."

12 그러므로 우리는 각각 자기 일을 하나님께 사
실대로 아뢰어야 할 것입니다.

형제자매가 걸려 넘어지지 않게 처신하라

13 그러므로 이제부터는 서로 남을 심판하지
마십시다. [ㅂ]형제자매 앞에 장애물이나 걸림돌을
놓지 않겠다고 결심하십시오. 14 내가 주 예수
안에서 알고 또 확신하는 것은 이것입니다. 무엇
이든지 그 자체로 부정한 것은 없고, 다만 부정하
다고 여기는 그 사람에게는 부정한 것입니다.
15 그대가 음식 문제로 [ㅅ]형제자매의 마음을 상
하게 하면, 그것은 이미 사랑을 따라 살지 않는
것입니다. 음식 문제로 그 사람을 망하게 하지
마십시오. 그리스도께서 그 사람을 위하여 죽으
셨습니다. 16 그러므로 여러분이 좋다고 여기는
일이 도리어 비방거리가 되지 않도록 하십시오.

ㄱ) 그, '당신이' ㄴ) 다른 고대 사본들에는 '하나님께서' ㄷ) 다른 고대 사본들에는 '우리는' ㄹ) 그, '형제' ㅁ) 사 49:18; 45:23 (칠십인역) ㅂ) 그, '형제' ㅅ) 그, '형제들'

했음)를 사용하면서 더 강한 훈계를 한다. 만일 하나님이 다른 사람을 용납하셨고 (3절) *그를 서 있게 할 수 있다면* 우리가 누구이기에 그 사람을 비판할 수 있겠는가? **14:5-6** 바울은 날을 구체적으로 정의하지 않는데, 이는 아마도 논쟁하는 당사자들을 존경함에서 비롯된 것 같다. 날은 유대인 금식의 날 (월요일, 목요일), 혹은 안식일과 축제일의 준수, 혹은 주님의 날을 토요일에서 주일로 옮긴 것을 의미할 수 있다. 구원과 연관된 핵심적이 아닌 것들에 대해서 믿음은 신도들로 하여금 이성과 양심에 따라 행동하도록 허용한다. 하나님께 감사함으로 드려지는 행위는 하나님에 의해 거룩하게 된 행위이다. **14:7-9** 그리스도인 핵심적 진리는 살든지 죽든지 우리는 주님의 것이라는 것이다. **14:10-12** 11절의 인용에 관해서는 사 49:18; 45:23을 보라. 신앙인들은 다른 사람들을 판단하기보다 최후의 심판에 관해 더 많은 관심을 가져야 한다. **14:13-23** 그리스도 안에서 누리는 자유는 *다른 형제자매 앞에 장애물이나 걸림돌을 놓지* (13절) 않는 사랑의 표현이어야 한다. 13절은 1-12절을 요약하고 있다. 또한 마 7:1-5를 참고하라. 희랍어 언어기법으로 심판(*크리노멘*)을 사용하고 있다. *이제부터는 남을 심판(키노멘)하지 마십시다. 형제자매 앞에 장애물이나 걸림돌을 놓지 않겠다(크리나테)고 결심하십시오.* **14:14** 바울은 자신의 사도직 권위를 주장하면서 정한 것과 부정한 것들의 차이는 결코 창조의 질서가 아니라, 임의적인 것이라고 말한다. **14:15-16** 나의 자유를 가지고 다른 사람들에게 해를 끼치는 일에 사용하는 것은 사랑을 위반하는 것이며 말씀 그대로 *좋다고 여기는 일이 도리어 비방거리가 되는 것이다.* 문자 그대로 희랍어로는 "선한 것을 비방하는 것"이다 (16절). **14:17-18** 하나님 나라의 핵심들이 (성령 안에서 누리는 의와 평화와 기쁨) 결코 음식과 술에 관한 논쟁들 때문에 나쁜 평판을 받아서는 안 된다. 그리스도교 윤리 조항들이 (12:1-2) 다시 한 번 하나님을 기쁘시게 하는 것이 무엇인가에 의해 정의된다. **14:19-21** 만일 어떤 일이 믿음으로 허용되는 것일지라도 사랑으로 책임성 있게 행하지 않는 것이라면 잘못된 것이다. **14:22-23** 22절의 2인칭 단수 대명사(새번역개정은 "그대;" 개역개정은 "네게;" 공동번역은 "여러분")는 "그대가" 그것에 근거하고 있는 믿음으로 하나님 앞에 서게 된다는 것을 확증한다. *믿음에 근거하지 않는 것은 다 죄입니다* 라는 말씀은 롬 14—15장의 기록처럼 믿음을 무시하는 자유는 결국 사람을 죄로 인도한다는 뜻이다. **15:1-13** 믿음이 약한 사람과 강한 사람의 연합은 *그리스도께서 하나님의 영광을 드러내시려고 여러분을 받아들이신 것과 같이 여러분도 서로 받아들이십시오* (7절) 라는 그리스도의 원칙에 따라

17 하나님의 나라는 먹는 일과 마시는 일이 아니
라, 성령 안에서 누리는 의와 평화와 기쁨입니다.
18 그리스도를 이렇게 섬기는 사람은, 하나님을
기쁘게 해 드리고, 사람에게도 인정을 받습니다.
19 그러므로 우리는 서로 화평을 도모하는 일과,
서로 덕을 세우는 일에 힘을 씁시다. 20 ㄱ)하나
님이 이룩해 놓으신 것을 음식 때문에 망치는 일
이 없도록 하십시오. 모든 것이 다 깨끗합니다. 그
러나 어떤 것을 먹음으로써 남을 넘어지게 하면,
그러한 사람에게는 그것이 해롭습니다. 21 고기
를 먹는다든가, 술을 마신다든가, 그 밖에 무엇이
든지, ㄴ)형제나 자매를 걸려 넘어지게 하는 일은
하지 않는 것이 좋습니다. 22 그대가 지니고 있
는 신념을 하나님 앞에서 스스로 간직하십시오.
자기가 옳다고 생각하는 일을 하면서 자기를 정죄
하지 않는 사람은 복이 있습니다. 23 의심을 하
면서 먹는 사람은 이미 단죄를 받은 것입니다. 그
것은 ㄷ)믿음에 근거해서 한 것이 아니기 때문입니
다. ㄷ)믿음에 근거하지 않는 것은 다 죄입니다.ㄹ)

덕을 세워라

15 1 믿음이 강한 우리는 믿음이 약한 사람
들의 약점을 돌보아 주어야 합니다. 우
리는 자기에게 좋을 대로만 해서는 안 됩니다.
2 우리는 저마다 자기 이웃의 마음에 들게 행동
하면서, 유익을 주고 덕을 세워야 합니다. 3 그리
스도께서도 자기에게 좋을 대로만 하지 않으셨습
니다. 성경에 기록하기를 ㅁ)"주님을 비방하는
자들의 비방이 내게 떨어졌다" 한 것과 같습니다.
4 무엇이든지 전에 기록한 것은, 우리에게 교훈을
주려고 한 것이며, 성경이 주는 인내와 위로로써,
우리로 하여금 소망을 가지게 하려고 한 것입니
다. 5 인내심과 위로를 주시는 하나님께서, 여러
분이 그리스도 예수를 본받아 같은 생각을 품게 하
시고, 6 한 마음과 한 입으로 하나님 곧 우리 주
예수 그리스도의 아버지께 영광을 돌리게 해주시
기를 빕니다.

유대인과 이방인이 하나님을 찬양하다

7 그러므로 그리스도께서 하나님의 영광을
드러내시려고 여러분을 받아들이신 것과 같이,
여러분도 서로 받아들이십시오. 8 내가 말하는
것은 이러합니다. 그리스도께서는 하나님의 진실
하심을 드러내시려고 ㅂ)할례를 받은 사람의 종이

ㄱ) 그, '하나님의 작품'. 곧 교회 공동체를 가리킴 ㄴ) 그, '형제'
ㄷ) 또는 '확신' ㄹ) 어떤 사본들은 여기에 16:25-27이 이어짐
ㅁ) 시 69:9 ㅂ) 유대 사람을 가리킴

이루어질 수 있다. **15:1** 비록 바울 자신도 믿음이 강한 사람들 중에 한 사람이었지만, 결코 믿음이 강한 사람들을 이상적인 사람들이라고 제시하지 않았다. 오히려 믿음이 강한 사람들은 다른 사람들을 돌보아야 하는 책임이 동반된다. 12:9에서 논의한 *아가페* 사랑은 단순한 용납이 아니라 진정한 받아들임이며 (14:1; 15:7), 믿음이 약한 사람들을 감싸주는 것이다. **15:2** 그리스도인들은 자기 자신을 위하는 일만을 해서는 안 되고 신앙공동체에 유익을 주는 행동을 해야 한다 (14:19). **15:3-4** 바울이 주는 교훈은 분별력 있는 도덕 행위의 결과가 아니라, 예수 그리스도를 본받는 것에서 오는 결과이다. 시 69:9의 인용은 그리스도를 미리 암시할 뿐 아니라 *교훈을 주려고 기록한 것으로* (4:23-24; 고전 10:11) *우리로 하여금 소망을 가지게 하려고* 한 것이다. **15:5-6** 하나님의 인내심과 위로의 선물인 신도들의 조화로운 삶은 신도들로 하여금 연합된 모습을 함께 나누고, 하나님께 영광을 돌리게 한다. **15:7** 7절은 14:1—15:13에서 바울이 주장한 의도를 담고 있다. *받아들이다* (희랍어로, *파라람바노*) 라는 말은 그리스도가 우리를 받아들인 것과 같은 진정한 받아들임을 뜻한다. 편견은 복음에 대한 체면 손상이지만 (고전 11:20-22), 다른 의견들을 주장하는 신도들을 받아들이는 것은 하나님을 영화롭게 하는 것이다. **15:8** *조상에게 주신 약속들과* 하나님의 진실하심과 자비는 유대 사람들에만 국한되지 않고, 그리스도의 사역을 통해 이방 사람들에게도 주어졌다. 일련의 구약성경 인용들은 (9-12절) 이방 사람들도 구원의 역사 속에 포함하는 하나님의 약속이 실현되었음을 증거한다. **15:9** 시 18:49; 또한 삼하 22:50을 보라. **15:10** 신 32:43을 보라. **15:11** 시 117:1을 보라. **15:12** 사 11:10을 보라. **15:13** 그리스도 안에서 누리는 새로운 삶을 요약하는 축복선언으로 편지 본론의 결론을 맺는다.

15:14-33 바울은 마지막 인사말을 하기 전에 자신의 계획들과 선교를 위한 노력들을 자서전식으로 기술하고 있다. **15:15** *내가 몇 가지 점에 대해서 매우 담대하게 쓴 것은.* 이 말은 아마도 14:1—15:13에서 자신이 믿음이 강한 사람들과 믿음이 약한 사람에 관해 훈계한 것을 말하는 것 같다. **15:16** 바울은 자신이 이방 사람에게 보냄을 받게 된 것을 *유대 사람의* 성전 제사의 언어로 설명하면서 (제사장의 직무, 거룩하게 됨, 받으실 제물이란 표현을 사용한다) 이방 사람의 구원은 이스라엘의 구원과 결코 분리될 수 없으며, 이스라엘 구원의 성취라는 점을 암시한다. **15:18** 믿음으로 의로워진다는 (1:5; 16:26) 주제가 다시 한 번 등장하는데, 이는 지적 동의 혹은 감정적 느낌이 아니라, 말과 행위로 순종함으로 가능하다. **15:19** 바울의 선교는 아

되셨으니, 그것은 하나님께서 조상에게 주신 약
속들을 확증하시고, 9 이방 사람들도 긍휼히 여
기심을 받아서, 하나님께 영광을 돌리게 하시려고
한 것입니다. 기록된 바

ㄱ)"그러므로 내가
이방 사람들 가운데서
주님께 찬양을 드리며,
주님의 이름을 찬미합니다"

한 것과 같습니다. 10 또

ㄴ)"이방 사람들아,
주님의 백성과 함께 즐거워하여라"

하였으며, 11 또

ㄷ)"모든 이방 사람들은
주님을 찬양하여라.
모든 백성들아,
주님을 찬양하여라"

하였습니다. 12 그리고 이사야가 말하기를

ㄹ)"이새의 뿌리에서 싹이 나서
이방 사람을 다스릴 이가
일어날 것이니,
이방 사람은
그에게 소망을 둘 것이다"

하였습니다. 13 소망을 주시는 하나님께서, 믿
음에서 오는 모든 기쁨과 평화를 여러분에게 충만
하게 주셔서, 성령의 능력으로, 소망이 여러분에게
차고 넘치기를 바랍니다.

바울의 사도직의 근거

14 나의 형제자매 여러분, 나는, 여러분 마음에
선함이 가득하고, 온갖 지식이 넘쳐서, 서로 권면
할 능력이 있음을 확신합니다. 15 그러나 내가
몇 가지 점에 대해서 매우 담대하게 쓴 것은, 하
나님께서 내게 주신 은혜를 힘입어서, 여러분의
기억을 새롭게 하려고 한 것입니다. 16 하나님
께서 이 은혜를 내게 주신 것은, 나로 하여금 이방
사람에게 보내심을 받은 그리스도 예수의 일꾼이
되게 하여, 하나님의 복음을 전하는 제사장의 직
무를 수행하게 하시려는 것입니다. 그리하여 이방
사람들로 하여금 성령으로 거룩하게 되게 하여,
하나님께서 기쁨으로 받으실 제물이 되게 하시려는
것입니다. 17 그러므로 나는 하나님을 섬기는
일을 그리스도 예수 안에서 자랑스럽게 생각합니다.
18 그리스도께서 이방 사람들을 복종하게 하시
려고 나를 시켜서 이루어 놓으신 것 밖에는, 아무
것도 감히 말하지 않겠습니다. 그 일은 말과 행동
으로, 19 표징과 이적의 능력으로, ㅁ)성령의 권
능으로 이루어졌습니다. 그래서 나는, 예루살렘
에서 일루리곤에 이르기까지 두루 다니면서, 그
리스도의 복음을 남김없이 전파하였습니다. 20 나
는 이와 같이, 그리스도의 이름이 알려진 곳 말고,
알려지지 않은 곳에서 ㅂ)복음을 전하는 것을 명예
로 삼았습니다. 나는 남이 닦아 놓은 터 위에다가
집을 짓지 않으려 하였습니다. 21 성경에 이렇게
기록한 바,

ㅅ)"그의 일을 알지 못하던 사람들이
보게 될 것이요,
듣지 못하던 사람들이
깨닫게 될 것이다"

한 것과 같습니다.

ㄱ) 삼하 22:50; 시 18:49 ㄴ) 신 32:43 ㄷ) 시 117:1 ㄹ) 사 11:10 (칠십인역) ㅁ) 다른 고대 사본들에는 '하나님의 영의 권능으로' ㅂ) 또는 '기쁜 소식' ㅅ) 사 52:15 (칠십인역)

마도 예루살렘과 일루리곤 사이의 지역에서만 이루어진 것 같다. 왜냐하면 바울은 유다에서 복음을 전도하지 않았고 (갈 1:18—2:8), 또한 그리스도교 문헌 어디에도 바울이 일루리곤에서 선교했다는 기록은 없기 때문이다. **15:20-21** 선구자적 선교사로 바울이 보냄을 받은 것은 사 52:15의 패턴을 따르고 있다. **15:22** *여러 번 길이 막혔습니다.* 여기서 사용된 길이 막혔다는 동사는 수동태 동사인데, 이는 유대 사람들이 불경죄를 두려워하여 하나님의 이름을 언급하지 않고 하나님을 말하는 하나의 관례였다. **15:23** *그러나 이제는 이 지역에서, 내가 일해야 할 곳이 더 없습니다.* 이 말은 아마도 바울이 주요 도시 지역들에 대한 선교를 다하고 다른 외진 지역에서 선교해야 하겠다는 것을 의미하는 것 같다 (행 19:8-10; 골 1:7; 4:12-16을 보라). **15:24** 바울은 자신이 로마에 보내는 편지(로마서)를 스페인 선교의 기초로 사용하려는 의도를 갖고 있었다. 바울이 스페인에 갔는지는 불분명하다. 그러나 로마의 클레멘트에 의하면 (약 96년), 바울은 "스페인 서쪽 지역에 도착했다"는 기록이 있기에 그 가능성을 완전히 배제할 수 없다. **15:25-29** 바울은 로마를 방문하기 전에 그리스에 있는 이방인 교회들로부터 재정적 후원을 받아 예루살렘의 궁핍한 신자들에게 전달하려고 계획하였다 (고전 16:1; 고후 8:1-24; 9:2, 12). 이방 사람들의 관용은 15:1의 기록처럼 *믿음이 약한 사람들을 돌보아 줌을* 예증한다. **15:30-33** 바울 자신을 위해 기도해 달라는 부탁은 정당하다. 왜냐하면 유다에서 바울에 대한 반대가 (행 9:29-30; 20:22-25; 21:10-11) 결국 바울을 2년 동안 감옥살이하게 만들었기 때문이다.

바울의 로마 방문 계획

22 그래서 내가 여러분에게로 가려고 하였으나, 여러 번 길이 막혔습니다. 23 그러나 이제는 이 지역에서, 내가 일해야 할 곳이 더 없습니다. 여러 해 전부터 여러분에게로 가기를 바라고 있었으므로, 내가 스페인으로 갈 때에, 24 지나가는 길에 여러분을 만나 보고, 잠시 동안만이라도 여러분과 먼저 기쁨을 나누려고 합니다. 그 다음에 여러분의 후원을 얻어, 그 곳으로 가게 되기를 바랍니다. 25 그러나 지금 나는 성도들을 돕는 일로 예루살렘에 갑니다. 26 마케도니아와 아가야 사람들이 기쁜 마음으로, 예루살렘에 사는 성도들 가운데 가난한 사람들에게 보낼 구제금을 마련하였기 때문입니다. 27 그들은 기쁜 마음으로 그렇게 하였습니다. 그들은 정말로 예루살렘 성도들에게 빚을 진 사람들입니다. 이방 사람들은 그들에게서 신령한 복을 나누어 받았으니, 육신의 생활에 필요한 것으로 그들에게 봉사할 의무가 있습니다. 28 그러므로 나는 이 일을 마치고, 그들에게 이 열매를 확실하게 전해 준 뒤에, 여러분에게 들렀다가 스페인으로 가겠습니다. 29 내가 여러분에게 갈 때에, 그리스도의 충만한 복을 가지고 갈 것으로 압니다.

30 [ㄱ]형제자매 여러분, 내가 우리 주 예수 그리스도를 힘입어서, 그리고 성령의 사랑을 힘입어서 여러분에게 부탁합니다. 나도 기도합니다만, 여러분도 나를 위하여 하나님께 열심으로 기도해 주십시오. 31 내가 유대에 있는 믿지 않는 자들에게서 화를 당하지 않도록, 그리고 또 내가 예루살렘으로 가져가는 구제금이 그 곳 성도들에게 기쁘게 받아들여지도록 기도해 주십시오. 32 그래서 내가 하나님의 뜻을 따라 기쁨을 안고 여러분에게로 가서, 여러분과 함께 즐겁게 쉴 수 있게 되도록 기도해 주십시오. 33 평화를 주시는 하나님께서 여러분 모두와 함께 하시기를 빕니다. [ㄴ]아멘.

인사말

16 1 겐그레아 교회의 [ㄷ]일꾼이요 우리의 자매인 뵈뵈를 여러분에게 추천합니다. 2 여러분은 성도의 합당한 예절로 주님 안에서 그를 영접하고, 그가 여러분에게 어떤 도움을 원하든지 도와주시기 바랍니다. 그는 많은 사람을 도와주었고, 나도 그에게 신세를 많이 졌습니다.

3 그리스도 예수 안에서 나의 동역자인 [ㄹ]브리스가와 아굴라에게 문안하여 주십시오. 4 그들은 생명의 위험을 무릅쓰고 내 목숨을 구해 준 사람들입니다. 나뿐만 아니라, 이방 사람의 모든 교회도 그들에게 감사하고 있습니다. 5 그리고 그들의 집에서 모이는 교회에도 문안하여 주십시오. 나의 사랑하는 에배네도에게 문안하여 주십시오. 그는 아시아에서 그리스도를 믿은 첫 [ㅁ]열매입니다. 6 여러분을 위하여 수고를 많이 한 마리아에게 문안하여 주십시오. 7 나의 [ㅂ]친척이며 한 때 나와 함께 갇혔던 안드로니고와 [ㅅ]유니아에게 문안하여 주십시오. 그들은 사도들에게 좋은 평을 받고 있고, 나보다 먼저 그리스도를 믿은 사람들입니다. 8 주님 안에 있는 나의 사랑하는 암블리아에게 문안하여 주십시오. 9 그리스도 안에서 우리의 동역자인 우르바노와 나의 사랑하는 스다구에게 문안하여 주십시오. 10 그리스도 안

ㄱ) 그, '형제들' ㄴ) 고대의 한 사본에는 여기에서 16:25–27이 이어짐
ㄷ) 또는 '집사' 또는 '봉사자' ㄹ) '브리스길라'의 변형 ㅁ) '개종자'를 가리킴
ㅂ) 또는 '동포' ㅅ) 다른 고대 사본들에는 '율리아'

16:1-16 많은 사람들의 이름을 기록하고 있는 16장의 결론은 신약에서 가장 긴 인사말이다. 29명의 이름들이 언급되고 있는데, 그 중에 적어도 삼분의 일은 여성들이다. 교회의 일꾼 혹은 지도자로 언급된 여성들은 *집사* (1절), 예수 그리스도 안에서 나의 동역자 (3, 6, 12절), *성도* (15절), 사도들에게 좋은 평을 받고 있는 사람들(7절)로 등장한다. 유대 사람, 그리스 사람, 로마 사람의 이름들이 등장하는데 그들 중에는 소수의 귀족들도 있었지만 대다수는 노예나 혹은 자유를 얻은 사람들이었다. *사랑하는* 혹은 *인정을 받은* 이라는 말로 바울은 자신이 언급하는 사람들에 대한 사랑과 자랑을 표현하고 있다. 우리에게 알려지지 않은 이름들이 있다고 하더라도 29명의 이름들은 초기 로마 그리스도교의 한 단면을 보여주고, 또한 로마 교회들이 얼마나 다양성이 있었는지 증거하여 준다. **16:1-2** 뵈뵈라는 이름이 이름 문안 명단에서 제일 먼저 등장하는데, 그 이유는 그녀가 바울이 로마에 보내는 편지를 전한 사람이기 때문이다. **16:3-4** 브리스가와 아굴라는 49년 글라우디오 칙령에 의해 로마로부터 추방된 사람들로 바울과 함께 고린도와 에베소에서 선교사역을 했다 (행 18:1-4; 행 18:24-28을 보라). 이들은 에베소에서 있었던 소동 가운데서 바울을 위해 위험을 무릅쓴 사람들이었을 것이다 (행 19:23-40); 또한 고후 6:5; 11:23을 보라). **16:6** 만일 당시 여성들이 많이 사용했던 로

에서 인정을 받는 아벨레에게 문안하여 주십시오.
아리스도불로의 가족에게 문안하여 주십시오.
11 나의 ㄱ)친척인 헤로디온에게 문안하여 주십시
오. 주님 안에 있는 나깃수의 가족에게 문안하여
주십시오. 12 주님 안에서 수고한 드루배나와
드루보사에게 문안하여 주십시오. 주님 안에서
수고를 많이 한 사랑하는 버시에게 문안하여 주십
시오. 13 주님 안에서 택하심을 받은 루포와 그
의 어머니에게 문안하여 주십시오. 그의 어머니
는 곧 내 어머니이기도 합니다. 14 아순그리도
와 블레곤과 허메와 바드로바와 허마와, 그들과
함께 있는 ㄴ)형제자매들에게 문안하여 주십시오.
15 빌롤로고와 율리아와 네레오와 그의 자매와
올름바와, 그들과 함께 있는 모든 성도에게 문안
하여 주십시오. 16 거룩한 입맞춤으로 서로 문
안하십시오. 그리스도의 모든 교회가 여러분에게
문안합니다.

17 ㄴ)형제자매 여러분, 내가 여러분에게 권합
니다. 여러분이 배운 교훈을 거슬러서, 분열을 일
으키며, 올무를 놓는 사람들을 경계하고, 멀리하
십시오. 18 이런 사람들은 우리 주 그리스도를
섬기는 것이 아니라, 자기네 배를 섬기는 것이며,
그럴 듯한 말과 아첨하는 말로 순진한 사람들의
마음을 속이는 것입니다. 19 여러분의 순종은
모든 사람에게 소문이 났습니다. 나는 여러분의
일로 기뻐합니다. 나는 여러분이 선한 일에는 슬
기롭고, 악한 일에는 순진하기를 바랍니다.
20 평화의 하나님께서 곧 사탄을 쳐부수셔서 여
러분의 발 밑에 짓밟히게 하실 것입니다. ㄷ)우리
주 예수의 은혜가 여러분과 함께 있기를 빕니다.

21 나의 동역자 디모데와 나의 친척 루기오
와 야손과 소시바더가 여러분에게 문안합니다.
22 이 편지를 받아쓰는 나 더디오도 주님 안에서
여러분에게 문안합니다. 23 나와 온 교회를 잘
돌보아주는 가이오도 여러분에게 문안합니다. 이
도시의 재무관인 에라스도와 형제 구아도도 여러
분에게 문안합니다. ㄹ)(24절 없음)

찬양

25 ㅁ)[하나님께서는 내가 전하는 복음 곧 예수
그리스도에 관한 선포로 여러분을 능히 튼튼히 세
워주십니다. 그는 오랜 세월 동안 감추어 두셨던 비
밀을 계시해 주셨습니다. 26 그 비밀이 지금은 예
언자들의 글로 환히 공개되고, 영원하신 하나님의
명을 따라 모든 이방 사람들에게 알려져서, 그들이
믿고 순종하게 되었습니다. 27 오직 한 분이신 지
혜로우신 하나님께, 예수 그리스도로 말미암아 영
광이 영원무궁 하도록 있기를 빕니다. 아멘.]

ㄱ) 또는 '동포' ㄴ) 그, '형제들' ㄷ) 다른 고대 사본들에는 이 구절이 없음 ㄹ) 다른 고대 사본들에는 24절이 첨가되어 있음. '24. 우리 주 예수 그리스도의 은혜가 여러분 모두와 함께 있기를 빕니다.아멘' ㅁ) 사본에 따라 16:25-27이 없기도 하고; 14:23 뒤에나 15:33 뒤에 붙어 있기도 함

마 이름을 갖고 있던 *유니아가* 여성이었다면, 그녀는 신약성경 전체에서 유일하게 *사도라는* 칭호를 받은 여성이다.

특별 주석

당시 로마 여성들이 가장 많이 사용했던 이름 *유니아는* 여성이름이다. 후에 *유니아는* "유니아스"라는 남성이름으로 대치된다. 초대교회 문헌들은 여성 유니아를 남성 사도로 만들기 위해서 *유니아* 라는 단어를 "유니아스"로 의도적으로 바꾸었다.

16:17-20 바울은 따듯하게 문안드린 후, *교훈을 거슬려* 하는 일을 경계하는 경고를 한다 (6:17도 마찬가지이다). 14:1—15:13에 기록된 신도들의 연합은 복음을 충실하게 보존하는 여부에 달려있다. 교훈이라는 말이 사용된 점으로 미루어 볼 때, 바울 시대에 이미 복음이 형성되어 사람들을 가르치기도 하고, 사람들이 배우기도 하고 지켜지기도 했다는 사실을 알 수 있다. *자기네 배를 섬긴다는* 말은 어쩌면 유대 사람들이 강조하는 음식규례를 의미할 수 있겠지만, 아마도 믿음이 강해 고기를 먹음으로 믿음이 약한 사람들에게 피해를 주는 사람들을 의미하는 것 같다. 이단에 대한 처방은 하나님이 *사탄을 쳐부수셔서 여러분의 발 밑에 짓밟히게 하시는* (20절; 창 3:15) 신도들의 지혜, 순수함, 그리고 순종이다.

16:21-24 다른 선교사들의 인사가 로마서 마지막을 장식한다. *디모데.* 그는 바울의 2차 선교여행과 3차 선교여행의 동반자였다. 바울의 편지를 받아쓰는 (22절) *더디오의* 간략한 인사는 특별히 마음을 사로잡는다. 도시 재무관 에라스도의 이름이 1929년 고린도에서 발굴된 포석에 써 있었는데, 바로 이 사람이 의심할 여지없이 23절에 언급된 *에라스도이다.*

16:25-27 바울의 장엄한 축도는 로마서의 핵심 주제인 구원의 역사와 온 세상에 복음을 전하고 또한 온 세상을 복음에 복종케 하는 교회의 선교적 위임을 포함한다.

고린도전서

바울이 고린도에 도착해서 능력 있는 복음을 선포한 것은 기원후 50년 초기, 즉 예수님의 십자가 사건이 20년쯤 지나고, 바울이 사도로 부르심을 받은 지 17년 정도가 지난 후였다. 고린도에 신앙의 공동체가 형성되었다. 행 18:11에 의하면, 바울은 고린도에서 일 년 반 동안 지내면서 교회를 성장시켰다. 51년 늦은 여름에는 에게 해를 가로질러 에베소에 갔으며, 그 곳에서 바울의 선교활동은 꽃을 피웠다 (고전 16:9). 그리고 53년 늦은 가을이나 겨울부터 54년까지 바울은 에베소에서 지금 우리가 고린도전서라고 부르는 이 서신을 집필하였다.

고린도 시: 고린도는 아테네 시 남서부 남쪽으로 약 40마일 정도 떨어진 곳에 있었는데, 사회적으로 잘 알려진 도시였다. 고린도는 로마가 통치하는 아가야 지방의 수도였으며, 상업적으로 전략적 위치에 있었다. 즉 펠로폰네스 지협 육지 등성이에 있었기에 좁은 만을 가로질러 수로로 화물들을 안전하게 나를 수 있게 함으로써 무역 발전에 기여할 수 있었다. 고린도 시는 기원전 44년에 줄리어스 시저에 의해 재건된 도시였으며, 로마제국이 해방시킨 노예들이 급속도로 몰려들어와 인구의 상당수를 채웠다 (스트라보, *지리학* 8.6.23). 사람들은 고린도 시의 무역 성장과 청동 및 도기 예술 때문에 많이 몰려들었다.

고린도는 문화활동 없이 부강하기로 유명했으며, 가난한 사람들을 착취하는 도시라는 평판이 나있었다 (알시프론, 편지 15:2; 편지 24). 이러한 평판은 고린도전서에서 찾아볼 수 있는 몇 가지 문제들과 잘 들어맞는다.

고린도 교회의 신도들: 고린도 교회 회중은 고린도 시의 사회 경제 종교 구성의 단면을 보여준다. 그것은 또한 그리스와 로마 세계의 단면인데, 소수의 부유한 사람들이 사회적 피라미드의 정상에 앉아 있고, 나머지 대부분은 가난한 사람들이었으며, 우리가 알고 있는 중산층은 없었다. 바울은 대부분의 고린도 신도들이 지혜 있는 사람들이 아니었으며, 권력 있는 사람들이 아니었고, 가문이 훌륭한 사람들이 아니었다고 인정하고 있다. 가이오는 부자들 가운데 한 사람이었음이 틀림없다. 왜냐하면 그의 집에서 "온 교회"가 모일 수 있었기 때문이다 (롬 16:23). 에라스도는 고린도 시의 재무관이라고 알려졌는데 (롬 16:23), 그도 부자였을 것이다. 또한 몇몇 다른 신도들도 주님의 만찬을 위한 교회 모임을 주재했으며, 자유롭게 일찍 도착할 수 있었다 (그들은 먼저 자리를 차지했을 뿐 아니라, 상당수의 하인들을 대동했다; 11:17–22). 마지막으로 부자들만이 법정에서 문제들을 판결하였다 (고전 6).

고린도 교회 신도들의 대부분은 이방 사람들이었다. 이것은 바울 스스로가 이방 사람을 위한 사도라고 했으며 (롬 11:13; 갈 2:7), 그의 회중들을 "이방 사람의 모든 교회" (롬 16:4) 라고 부른 사실들을 생각해볼 때 별로 놀랄 만한 일이 아니다. 바울은 단도직입적으로 고린도 사람들을 우상에 헌신하고 있는 사람들이라고 단정해서 불렀다 (고전 12:2). 더욱이 고린도 교인들은 바울에게 우상에게 바쳐진 음식에 대해 문의했다 (고전 8:1). 왜냐하면 초기에 그들은 그 도시에 있던 24개 이상의 신당과 제단과 사당에서 열렸던 종교적 제의에 자유롭게 참여할 수 있었기 때문이었다. 그렇다고 해서 유대출신 신도들이 있었다는 것을 부정하는 것은 아니다. 소스데네는 고린도전서를 공동 집필한 "형제"(= 신도)였는데, 사도행전 18:17에 회당장이라고 언급되어 있다. 브리스가와 아굴라, 그리고 아볼로는 모두 유대인이었고, 고린도 교회와 친밀한 관계를 갖고 있었다.

여하튼 바울은 (위에서 언급한 여러 유대 사람들과 함께) 고린도의 이방 사람들을 고대로부터 존속해 왔던 하나님의 백성의 일원이라고 생각하게끔 사회활동에 참여시키는 데 성공했다. 그들은 바울의 유일신 사상을 받아들였다 (고전 8:4-6). 그리스도는 그들의 "유월절 양"이라고 믿게 되었다. 누룩에 대해서는 따로 설명이 필요 없을 정도로 잘 알고 있었다 (5:7). 이스라엘의 성경이 그들의 것이 되었고 (참조 10:26), 그들은 "안식일"이라는 용어에 익숙해 있었다 (16:2).

바울과 고린도 신도들: 바울이 고린도전서를 써서 보냈을 때에는 고린도 신도들을 알게 된 지 이미 3년이 넘었을 때였다. 그 전에 이미 바울은 그들에게 첫 번째 편지를 보낸 적이 있었는데, 지금 이 편지는 잃어버린 것으로 간주되고 있으며, 어떻게 하면 거룩한 삶을 유지할 수 있는지에 대해 말해주었다 (5:9-11). 고린도 신도들은 이 편지를 받은 후, 여러 가지 이슈에 대해 질문을 써서 바울에게 편지를 보냈다 (7:1을 보라). 그들은 아직 바울의 의견을 존중하고 있었고, 바울을 그들의 신앙의 아버지로 여겼다 (4:14; 9:1). 바울이 비록 그들을 비꼬고, 빈정대고 (4:8-13 참조), 또한 꾸짖기는 하지만 (11:17; 15:34 참조), 그들을 사랑하는 아버지가 자녀들에게 하는 것 이상으로 선을 넘어가지는 않았다 (4:21 참조). 바울과 몇몇 고린도 사람들 사이의 적대관계는 나중에 생겨난 것이다. 선동자들이 외부에서 들어왔다는 흔적은 아직 없다. 그리고 유대 사람들과 이방 사람들 사이에 있을 법한 이슈도 없다. 문제는 오히려 고린도 신도들 사이에서 발생했으며, 바울이 그 이슈에 개입하고자 하는 것이다.

편지: 고린도전서가 비록 신약성경에서 가장 긴 서신 가운데 하나이지만, 그것이 바울의 서신이라는 것을 의심하는 사람은 아무도 없고, 단지 그 서신이 처음부터 하나의 완성된 서신이었는가에 대하여 약간의 의문이 있을 뿐이다. 서신의 형태는 바울의 다른 서신들과 좀 다르다. 왜냐하면 서신의 전체 구조가 고린도 신도들이 바울에게 보낸 편지에 나타난 문제들(7:1을 참조)과 정보 제공자들로부터 바울이 들은 문제들을 중심으로 형성되어 있기 때문이다 (1:11; 16:17-18 참조). 1—4장에서 바울은 복음에 따라 올바르게 사는 삶의 모범을 보여주고, 고린도 신도들이 거기에 비추어 보다 건강한 공동체의 삶이 무엇인지 분별할 수 있도록 도와주기 위해 필요한 배경을 설명하고 있다. 5—6장은 공동체의 정의에 대하여 이야기하면서, 공동체 안에 있어야 할 것이 무엇이며, 있으면 안 될 것이 무엇인지 설명하고 있다. 7—14장은 이러한 질문을 중심으로 그 구조를 느슨하게 형성하고 있는데, 이것은 결국 올바른 공동체의 돌봄의 문제를 가르치기 위해서 그렇게 한 것이다. 15장은 고린도 사람들이 "부활"을 영적이고 현재적인 것일 뿐이며 실제로 죽음을 이기는 것은 아니라고 오해하고 있는 문제를 다루고 있다. 16장은 편지를 끝맺고 있다.

몇 가지 이슈들이 고린도전서에서 현저하게 나타난다. 첫 번째 이슈는 고린도 교회의 분열이다. 분명히 찾아볼 수 있는 것은 공동체 내의 여러 그룹들이 사안에 따라 서로 다른 사람들보다 한 발 앞서려고 한다는 것이다. 이러한 경향들이 때로는 자랑으로, 오만으로, 혹은 "교만한" 태도로, 또 어떤 경우에는 생색을 내는 태도나 경멸로, 또 다른 경우에는 무관심과 생각 없는 행동으로 나타난다. 흔히 오만은 자기들이 가지고 있는 세상의 지위가 가치 있는 것이라고 자신들의 원하는 권리 주장을 행사하는 것이다 (예를 들면, 지혜가 있다든지, 유창한 연사라든지, 부유함 때문에 얻어지는 권력 등을 말함). 그러나 바울은 이러한 것들을 경멸하며, 다음의 여러 가지 방법으로 이런 것들과 싸우라고 권고한다. 바울 자신을 따라야 할 본보기로 내세우거나, 고린도 사람들을 꾸짖는다든지, 혹은 격려하거나 자기평가를 해보도록 하거나, 무엇보다도 가장 중요한 방법으로는 사랑을 행하라고 호소한 것이다. 그들의 분열에 대한 바울의 가르침은 놀랍다. 즉 고린도 사람 개개인들의 독특함을 살려주면서도 동시에 그 다양성을 포용할 수 있는 일치를 강조한다.

이 서신에 나타난 고린도 신도들의 특징에서 찾아볼 수 있는 또 하나의 이슈는 그들이 신앙을 개인의 입장에서 개별적으로 말한다는 것이다. 더욱이 어떤 고린도 사람들은 하나님의 위대한 목적들이 아직 완성되지 않았다는 것을 의미하는 "아직은 아님"이라고 하는 바울의 가르침을 오해하여 다 이루어진 현재의 현실로 받아들인 것으로 보인다 (4:8-13을 참조).

종합적으로 이 서신은 설득을 위한 수사학(설득이나 단념을 시도하는 장르)에 속한다. 즉, 고린도 신도들에게 그들의 행동을 바꾸고 어떤 일들에 대한 생각을 바꾸도록 요구하고 있다.

이 서신에서 바울은 아버지로서 믿음 안에서 자녀들을 잘 키우는 책임을 다하기 위해 고린도 신도들에게 믿음생활을 충실하게 하고 건전하게 하라고 요청한다. 바울은 예전적 수사학(예전적 칭찬과 책임추궁)도 함께 사용하고 있다 (13장 참조, 바울의 사랑의 찬미). 또한 자기를 변호하는 모의적 변론에서 고린도 사람들을 증인으로 내세울 때에는 법정적 수사학도 쓰고 있다 (9:1-18).

바울과 고린도 신도들간에 계속되는 관계: 고린도전서는 비록 고린도 사람들에게 보낸 바울의 두 번째 서신이지만 마지막 편지는 아니다. 우리가 고린도후서라고 부르는 서신에서 또 다른 잃어버린 서신을 언급하고 있고 (고후 2:3; 7:8-12), 아마 (적어도) 두 개의 서신 중 일부를 포함하고 있을 것이다.

고린도전서의 개요는 다음과 같다. 성경구절에 따라 세밀히 조사할 가치가 있는 주석은 이 개요에 따를 것이며, 명확성을 기하기 위해 보충해서 세분될 것이다.

Ⅰ. 전형적인 바울의 인사, 1:1-3
Ⅱ. 바울의 감사, 1:4-9
Ⅲ. 서신의 나미지 부분을 위한 바울의 정황 설정, 1:10—4:21
  A. 머리말 호소, 1:10-17
  B. 그리스도, 참 능력자, 참 지혜자, 1:18-25
  C. 바울의 청중에게의 적용, 1:26-31
  D. 기초가 되는 설교로 돌아감, 2:1-5
  E. 두 개의 지혜, 두 개의 영, 대표적인 두 그룹, 2:6-16
  F. 영에 속한 사람이 아닌 어린아이들, 3:1-4
  G. 아볼로와 바울, 모범이 되는 사람들, 3:5-9
  H. 기초와 각 사람의 일, 3:10-15
  I. 신도들은 하나님의 성전, 3:16-17
  J. 올바른 자기의식, 3:18-23
  K. 모범으로서의 바울(그리고 다른 사람들)과 판단하시는 주님, 4:1-5
  L. 1—4장까지 사용할 바울의 전략에 대한 열쇠, 4:6-7
  M. 고린도 사람들의 헛된 영광에 대한 바울의 풍자적 비유, 4:8-13
  N. 사랑하는 자녀들에 대한 바울의 포용과 경고, 4:14-21
Ⅳ. 공동체를 정의하는 문단, 5:1—6:20
  A. 성령의 성전에 대한 위협, 5:1-13
  B. 신도들간의 이슈를 세상법정에 끌고 가는 문제, 6:1-11
  C. 요점정리 및 앞으로의 내용 미리 보기, 6:12-20
Ⅴ. 혼인에 대한 다양한 입장에 대한 조언, 7:1-40
  A. 남편과 아내, 7:1-7
  B. 과부와 홀아비, 7:8-9
  C. 성도들 가운데 이혼을 고려하고 있는 부부들, 7:10-11
  D. 그 외의 사람들, 7:12-16
  E. 유대 사람과 이방 사람, 노예와 자유인에 대한 상고, 7:17-24
  F. 결혼하지 않은 사람들에 대한 조언, 7:25-38
  G. 과부들의 재혼 가능성, 7:39-40
Ⅵ. 음식에 대한 질문으로 시작되는 문단, 8:1—11:1
  A. 질문과 신도들이 알고 있는 것들, 8:1-6
  B. 신도들 가운데 강한 사람들과 약한 사람과의 관계, 8:7-13
  C. 본론에서 벗어난 두 부분, 9:1—10:13
  D. 바울의 적용: "우상숭배를 멀리하십시오," 10:14-22
  E. 두 번째 요점정리 (6:12-20에 이어서), 10:23—11:1
Ⅶ. 공동예배와 관계된 세 가지 문제들, 11:2—14:40
  A. 여성들과 머리에 쓰는 너울, 11:2-16

B. 주님의 만찬의 오용, 11:17-34
C. 성령의 은사를 올바로 사용하는 문제, 12:1—14:40

VIII. 바울의 기초설교에 요약된 대로의 복음의 핵심, 15:1-58
A. 고린도 사람들을 향한 바울의 기초설교, 15:1-11
B. "죽은 사람의 부활에 대한 혼동," 15:12-34
C. 가상적 인물과의 대화로 풀어 가는 연속성과 변화의 문제, 15:35-57
D. 요약 및 결론, 15:58

IX. 헌금에 대한 문의에 응답함, 16:1-4

X. 예상되는 방문과 다른 계획들, 16:5-9

XI. 여행계획 및 바울의 협력자들에 대한 칭찬, 16:10-12

XII. 마지막 교훈, 16:13-14

XIII. 계속되는 칭찬, 16:15-18

XIV. 인사말, 16:19-20

XV. 서명, 16:21

XVI. 권고를 확실히 실행하도록 다짐하는 문구, 16:22

XVII. 마지막 축복, 16:23-24

제이 폴 쌤플리 (J. Paul Sampley)

인사와 감사

1 1 하나님의 뜻으로 그리스도 예수의 사도로
부르심을 받은 나 바울과, 형제 소스데네가,
2 고린도에 있는 하나님의 교회에 이 편지를 씁
니다. 그리스도 예수 안에서 거룩하여지고 성도로
부르심을 받은 여러분에게 문안드립니다. 또 각
처에서 우리 주 예수 그리스도의 이름을 부르는
모든 이들에게도 아울러 문안드립니다. 예수 그
리스도는 이 사람들의 주님이시며 우리의 주님이
십니다. 3 하나님 우리 아버지와 주 예수 그리스도
께서 내려주시는 은혜와 평화가 여러분에게 있기를
빕니다.
4 나는 여러분이 그리스도 예수 안에서 받은
하나님의 은혜를 생각하고, 여러분의 일로 언제나
하나님께 감사를 드립니다. 5 여러분은 그리스도
안에서 모든 면에 풍족하게 되었습니다. 곧 온갖
언변과 온갖 지식이 늘었습니다. 6 그리스도에
관한 증언이 여러분 가운데서 이렇게도 튼튼하게
자리잡았습니다. 7 그리하여 여러분은 어떠한
은사에도 부족한 것이 없으며 우리 주 예수 그리
스도의 나타나심을 기다리고 있습니다. 8 우리
주 예수 [그리스도]께서 나타나실 날에 여러분이
흠잡을 데 없는 사람으로 설 수 있도록, 주님께서
여러분을 끝까지 튼튼히 세워주실 것입니다.
9 하나님은 신실하신 분이십니다. 하나님께서는
여러분을 부르셔서 그 아들 우리 주 예수 그리스
도와 친교를 가지게 하여 주셨습니다.

고린도 교회의 분열상

10 그런데, ㄱ)형제자매 여러분, 나는 우리 주
예수 그리스도의 이름으로 여러분에게 권면합니다.

ㄱ) 그, '형제들'

1:1-3 바울의 전형적 인사는 헬라 문화양식으로 다음의 구조를 따른다: "사람 A가 사람(들) B에게, 인사말." **1:1** 바울은 자기를 *사도라고* 지칭한다 (사도는 문자 그대로 "보내심을 받은 자"를 의미한다; 4:9; 15:9; 롬 1:1; 행 14:14). *형제와 자매.* 동료 신도들을 일컫는 말이다 (롬 16:1 참조). 바울에게는 종종 공동 집필자가 있다 (고후 1:1; 갈 1:2; 빌 1:1; 살전 1:1; 몬 1). *소스데네.* 이 사람은 바울 서신 다른 어느 곳에서도 언급되어 있지 않은데, 고린도 회당의 지도자인 듯하다 (행 18:17). **1:2** *하나님의 교회.* 바울은 하나님에 의해서 설립되고, 하나님을 위해 따로 세우심을 받은 믿는 이들의 공동체를 부르는 말로 교회를 자주 사용한다 (고전 10:32; 11:16, 22). *부르심.* 이 개념은 바울에게 뿐만 아니라, 이 서신에서 매우 중요하다. 하나님의 부르심은 한 사람으로 하여금 하나님 백성의 구성원이 되고, 하나님이나 그리스도에게 속하도록 부르시는 하나님의 요구이며 초청이다 (1:26-31; 7:17-24). *성도들* (*거룩하여진*, "거룩한"이란 말들은 서로 관계가 있는 용어들이며, 같은 희랍어 어원을 갖고 있다)은 하나님을 "위하여 따로 세우심을 받은" 이들이다 (레 11:45 참조). "부르심"이라는 말과 같이 성도나 거룩함을 입은 이가 된다는 것은 하나님께 속한다는 것이다. 바울에게는 성도들이 다른 신도들보다 더 훌륭한 사람이라는 현대적 의미가 없다. *하나님에 의해 부르심을 받은 이*들은 하나님께 호소할 수 있는 특권이 있다. 그들은 주기도문의 첫 시작에서 보듯이 "우리 아버지…" (마 6:9-13; 눅 11:2-4) 라고 부르며 하나님께 나아갈 수 있다. *우리 주 예수 그리스도의 이름* 이것은 신도들이 세례를 통해 배운 세례문구일 가능성이 높다 (1:10; 6:11에서 되풀이한다). 그 이름에 의지하여 이제 그들은 하나님 앞에 나올 수 있는 것이다. **1:3** 이 구절은 바울이 인사를 끝마칠 때마다 일정하게 사용하는 표현이다. *은혜.* 은혜는 공로로 얻는 것이 아니고, 하나님께서 값없이 주시는 특별한 사랑이며, 바울의ㄴ 복음에 있어서 핵심이 되는 단어이다. 은혜는 실로 믿음생활의 중심이며, 서신을 시작하고 끝맺는 단어이다 (16:23). *평화.* 평화는 샬롬을 번역한 것이며, 하나님의 세계와 그 안의 관계들이 가진 올바른 질서를 지칭하는 것이다.

1:4-9 바울은 전형적인 감사기도로 그의 서신을 시작하면서, 청중들로 하여금 하나님 앞에 선 자신들을 생각하도록 도와주면서, 서신에서 다루어야 할 이슈들에 대한 실마리를 미리 말해준다 (*여러분은 어떠한 은사에도 부족한 것이 없으며,* 7절). **1:4** 신도들은 하나님의 은혜를 받은 이들로 정의된다 (3절에 관한 주석을 보라). **1:5-7** 신도들은 언변, 지식, 그리고 영적 은사들을 부여받는다. 이것은 후에 서신에서 다룰 주제들이다 (1:18-2:16; 12:1—14:40). *튼튼하게 자리잡았습니다* ("확신하다," "세우다"). 이것은 하나님의 은혜를 강조하는 또 다른 표현방법이며, 고린도 신도들에게 복음이 시작된 때부터 삶의 기초가 되고 예수님이 다시 오실 때까지 계속된다 (살전 3:13). **1:8** *예수께서 나타나실 날.* 이것은 심판을 암시해 주는 것이며, 흠잡을 데 없게 될 것을 기대하고 있다 (살전 3:13; 빌 1:10). **1:9** 하나님의 신실하심은 하나님께서 신도들의 편이 될 것을 보증한다 (10:13; 롬 3:3; 8:31-39; 살전 5:24). *친교.* 신도들이 그리스도의 사람이라는 것을 나타내 주는 특별한 징표이며 (10:16), 서신이 더 진행되면서 신도들끼리 서로 갖게 되는 관계의 기초를 이룬다 (11:29에서 "몸을 분별함"에 대한 비슷한 주장을 참조).

1:10—4:21 바울은 서신의 나머지 부분에서 다룰 내용에 대한 정황을 다음의 여러 가지 방법으로 제시한다. (1) 아버지가 자녀를 돌보는 관계를 재차 단언하면서, 고린도 신도들과 자기와의 관계, 그리고 (2) 그들이 분열을 조장하고, 지위 상승을 열망하는 경향에

여러분은 모두 같은 말을 하며, 여러분 가운데 분
열이 없도록 하며, 같은 마음과 같은 생각으로 뭉
치십시오. 11 ㄱ)나의 형제자매 여러분, 글로에의
집 사람들이 여러분의 소식을 전해 주어서 나는
여러분 가운데에 분쟁이 있다는 것을 알게 되었습
니다. 12 다름이 아니라, 여러분은 저마다 말하
기를 "나는 바울 편이다", "나는 아볼로 편이다",
"나는 ㄴ)게바 편이다", "나는 그리스도 편이다" 한
다고 합니다. 13 그리스도께서 갈라지셨습니
까? 바울이 여러분을 위하여 십자가에 달리기라
도 했습니까? 또는, 여러분이 바울의 이름으로
ㄷ)세례를 받았습니까? 14 내가 여러분 가운데에서
그리스보와 가이오 밖에는, 아무에게도 ㄷ)세례를
준 일이 없음을 [하나님께] 감사드립니다. 15 그
러므로, 아무도 나의 이름으로 ㄷ)세례를 받았다고
말하지 못할 것입니다. 16 내가 스데바나 가족
에게도 ㄷ)세례를 주었습니다마는, 그 밖에는 다른
누구에게 ㄷ)세례를 주었는지 나는 모릅니다. 17 그
리스도께서는 ㄷ)세례를 주라고 나를 보내신 것이
아니라, 복음을 전하라고 보내셨습니다. 복음을
전하되, 말의 지혜로 하지 않게 하셨습니다. 그것은
그리스도의 십자가가 헛되이 되지 않게 하시려는
것입니다.

하나님의 능력과 지혜이신 그리스도

18 십자가의 말씀이 멸망할 자들에게는 어리
석은 것이지만, 구원을 받는 사람인 우리에게는
하나님의 능력입니다. 19 성경에 기록하기를

ㄹ)"내가 지혜로운 자들의
지혜를 멸하고,
총명한 자들의 총명을 폐할 것이다"

하였습니다. 20 현자가 어디에 있습니까? 학자가
어디에 있습니까? 이 세상의 변론가가 어디에 있

ㄱ) 그, '나의 형제들' ㄴ) 베드로 ㄷ) 또는 '침례' ㄹ) 사 29:14 (칠십인역)

대하여 비난하다. 바울의 두 번의 호소는 분열을 극복하라는 것(1:10)과 바울을 본받는 사람이 되라고 하는 것으로 (4:16) 처음 몇 장의 구조를 이루며, 서신 전체를 채우고 있는 분열의 문제를 바라볼 수 있게 해주는 창을 제공한다.

1:10-17 **1:10** 이 한 절 안에서 수사적 효과를 노리는 것으로 강조하면서, 바울은 하나님의 가족 구성원들이 지녀야 할 바람직한 화목을 이루기 위해 서로 보강해 줄 수 있는 네 가지 방법을 나열한다 (같은 말, 같은 마음, 같은 생각, 분열이 없도록 함). 그의 호소는 세례를 통해 주님 안에서 당연히 얻게 될 하나 되는 사실에 바탕을 둔다 ("우리 주 예수 그리스도의 이름": 1:2에 관한 주석을 보라). **1:11** *글로에.* 이 이름은 다른 곳에서는 나타나지 않는 이름인데, 그의 보고가 신뢰할 만한 것이라고 인정받는 사람이다. **1:12-13** 이 구절은 고린도전서를 이해할 수 있도록 도와주는 열쇠가 된다. 12절에 나오는 이름들은 흔히 고린도에 있던 그룹들을 대표하는 사람들로 여겨졌지만 바울은 4:6에서 암시하고 있는 바와 같이 그의 진정한 관심은 *게바*(아람어로 "바위" = 베드로)에게 있는 것이 아니고, 그 자신과 알렉산드리아 사람 아볼로에게 있다는 것을 드러낸다 (16:12; 행 18:24—19:1을 보라). 바울은 3:5-9에서 아볼로를 자기에게 전적으로 협력하는 자로서 매우 긍정적으로 묘사하고 있다. 더욱이 13절에 있는 세 개의 풍자적인 질문들은 희랍어로 부정적인 대답을 이끌어 내도록 되어 있는 질문들인데, 12절에서 바울이 지적하고 있는 여러 그룹들은 사실상 그리스도가 갈라졌다고 하는 주장이 어처구니없는 것임을 강조하기 위하여 여러 그룹을 예로 들어 강조하고 있는 것이다. **1:13-15** 이 구절은 13절부터 세례문구를 풍자하여 바울이 고린도에서 많은 신도들에게 세례 주었다는 것을 별로 중요하지 않은 것으로 묘사하고 있다. 바울은 세례가 중요한 것이지만 (6:11; 10:2; 12:13; 롬 6:3-4; 갈 3:26-28), 그것을 베푸는 사람 때문에 중요한 것은 아니라고 생각한다. 바울의 "이름"으로 세례를 받았다는 표현(13절, 15절)은 예수님의 "이름"으로 받았다(1:2, 10)는 문구에서 따와서 풍자적 의미를 극대화한 것이다. *그리스보*(행 8:18을 보라)와 *가이오* (행 19:29; 롬 16:23을 보라), 그리고 *스데바나의* 가족—그 당시의 기본 사회단위—은 바울이 고린도에서 처음 개종시킨 사람들이며 교회의 지도자들이 된 이들이었다 (16:15). **1:17** *보내다.* 이 단어는 "사도" (1:1을 보라) 라는 말과 같은 어원에서 나왔다. 바울은 언제나 복음에 초점을 두는데, 그것은 언제나 그리스도의 죽음과 부활에 대한 것이며, 여기서는 *십자가* 라는 단어가 죽음과 부활을 동시에 상징하고 있다. 말의 지혜란 문자 그대로 로고스("말씀")의 지혜인데(공동번역은 "말재주;" NRSV는 "메시지"), 그것은 교양이 있고 높은 신분을 부여해 주는 연설을 말한다. 이것보다 강하며 경쟁관계에 있는 것은 1:18에 나오는 로고스, 즉 십자가에 대한 말씀이다.

1:18-25 그리스도는 참 능력이며, 또한 참 지혜이시다. **1:18** 상극관계에 있는 두 발언(17-18절)은 인류를 두 그룹으로 나눈다. 한 그룹은 멸망당할 사람들이고, 다른 한 그룹은 구원받을 사람들이다 (고후 2:15). *십자가에 대한 말씀* = 하나님의 능력 = 복음 (롬 1:16). **1:19** *내가 폐할 것이다.* 사 29:14에서 인용한 것임. **1:20-25** 대조법을 통해 두 개의 선택을 강조 비교한다. 세상의 지혜 대 하나님의 지혜; 거리낌(문자 그대로 말해서 "스캔들")과 어리석음 대 하나님의 능력. 풍자적으로 말해서 하나님의 가장 어리석고 약한 것이 십자가에 달리신 예수님에게서 보여진 것처럼 인간의 가장 큰 지혜와 능력을 이긴다. 바울의 격론은

습니까? 하나님께서는 이 세상의 지혜를 어리석게 하신 것이 아닙니까? 21 이 세상은 그 지혜로 하나님을 알지 못하였습니다. 하나님의 지혜가 그렇게 되도록 한 것입니다. 하나님께서는 [ㄱ]어리석게 들리는 설교를 통하여 믿는 사람들을 구원하시기를 기뻐하신 것입니다. 22 유대 사람은 기적을 요구하고, 그리스 사람은 지혜를 찾으나, 23 우리는 십자가에 달리신 그리스도를 전합니다. 그리스도가 십자가에 달리셨다는 것은 유대 사람에게는 거리낌이고, 이방 사람에게는 어리석은 일입니다. 24 그러나 부르심을 받은 사람에게는, 유대 사람에게나 그리스 사람에게나, 이 그리스도는 하나님의 능력이요, 하나님의 지혜입니다. 25 하나님의 어리석음이 사람의 지혜보다 더 지혜롭고, 하나님의 약함이 사람의 강함보다 더 강합니다.

26 [ㄴ]형제자매 여러분, 여러분이 부르심을 받을 때에, 그 처지가 어떠하였는지 생각하여 보십시오. 육신의 기준으로 보아서, 지혜 있는 사람이 많지 않고, 권력 있는 사람이 많지 않고, 가문이 훌륭한 사람이 많지 않았습니다. 27 그런데 하나님께서는, 지혜 있는 자들을 부끄럽게 하시려고 세상의 어리석은 것들을 택하셨으며, 강한 것들을 부끄럽게 하시려고 세상의 약한 것들을 택하셨습니다. 28 하나님께서는 세상에서 비천한 것들과 멸시받는 것들을 택하셨으니 곧 잘났다고 하는 것들을 없애시려고 아무것도 아닌 것들을 택하셨습니다. 29 이리하여 [ㄷ]아무도 하나님 앞에서는 자랑하지 못하게 하시려는 것입니다. 30 그러나 여러분은 하나님의 자녀로서 그리스도 예수 안에 있습니다. 그는 우리에게 하나님으로부터 오는 지혜가 되시며, 의와 거룩함과 [ㄹ]구원이 되셨습니다. 31 그것은, [ㅁ]성경에 기록되어 있는 바 "누구든지 자랑하려거든 주님을 자랑하라" 한 대로 되게 하시려는 것입니다.

그리스도를 십자가에 못 박히신 분으로 전하다

2 1 [ㄴ]형제자매 여러분, 내가 여러분에게로 가서 하나님의 [ㅂ]비밀을 전할 때에, 훌륭한 말이나 지혜로 하지 않았습니다. 2 나는 여러분 가운데서 예수 그리스도 곧 십자가에 달리신 그분 밖에는, 아무것도 알지 않기로 작정하였습니다. 3 내가 여러분과 함께 있을 때에, 나는 약하였으며, 두려워하였으며, 무척 떨었습니다. 4 나의 말과 나의 설교는 [ㅅ]지혜에서 나온 그럴 듯한 말로 한 것이 아니라, [ㅇ]성령의 능력이 나타낸 증거로 한 것입니다. 5 그것은, 여러분의 믿음이 사람의 지혜에 바탕을 두지 않고 하나님의 능력에 바탕을 두게 하려는 것이었습니다.

ㄱ) 그, '선포의 어리석음을 통하여' ㄴ) 그, '형제들' ㄷ) 그, '육신도' ㄹ) 또는 '대속하여 구원함' ㅁ) 렘 9:23, 24 ㅂ) 다른 고대 사본들에는 '증언' 또는 '증거' ㅅ) 다른 고대 사본들에는 '지혜의 설득력으로' ㅇ) 그, '영과 능력의 나타남으로'

1:24와 2:6에서 분명히 밝혔듯이 지혜 자체에 대한 공격이 아니다. 그는 오히려 지혜나 언변을 이용하여 부르심을 받고 구원받은 또 다른 사람들(1:29를 보라)보다 우월하다는 것을 보이는 행위에 대해 반대하는 것이다. **1:20** 바울의 비웃는 질문들은 19절에 인용된 이사야 말씀에서 기초된 것이다.

1:26-31 바울은 대부분의 고린도 신도들이 세상의 기준들에 따라 거부당했던 바로 그 기준들을 거부하면서, 그들에게 어느 누구도 주 안에서 주님 외에는 자랑할 것이 없다는 것을 상기시켜 준다 (1:31; 렘 9:24). 복음은 세상의 가치기준을 대체하며 초월한다. **1:26** 고린도 신도들 가운데 지혜롭고, 권력이 있으며, 가문이 훌륭한 사람은 소수였으며, 대부분은 그렇지 못한 사람들이었다. **1:30** 바울의 기본적인 것을 위한 기초 입문서에서 보는 것처럼, 그리스도는 *지혜*(진정한 가치/능력이 있는 지혜)와 동일시되며, *의* ("의롭다하심"과 어원이 같고 하나님과 올바른 관계를 맺는다는 바울의 전문적 용어로서 하나님께 합당한 공정한 삶을 지칭함; 롬 5:16-17; 10:3), *거룩함* (거룩하게 되고 하나님을 위해 따로 세우심을 받은 것; 1:2 와 6:11에 관한 주석을 보라), 그리고 *구원*(노예제도에서 사용한 전문용어로서 새 주인이 노예를 샀을 때 쓰는 말; 6:20; 7:23을 참조)과 동일시된다. 바울의 논리는 당신의 생명이 그리스도 안에 있고, 그리스도는 위의 모든 것을 당신에게 주기 때문에, 당신은 자랑할 만한 것이 아무것도 없다는 것이다.

2:1-5 바울은 계속 대조하면서, 십자가에 달리신 그리스도에 대한 처음 설교를 다시 되풀이한다 (15:1-11을 보라). 그들이 신앙의 기초가 되는 것은 바울의 개인적 행위나 설득력이 아니라, 하나님의 능력이고 성령의 역사이다. 바울의 약함은 하나님의 능력이 역사하는 통로이다 (고후 11:29; 12:9). *하나님의 비밀은* (2:1; 4:1; 골 2:2) *예수 그리스도 곧 십자가에 달리신 그분* (2:2) 뿐만 아니라, *나의 말과 나의 설교*(2:4)를 의미하고 있다.

2:6-16 2:1-5에서 시작했던 대조를 세밀하게 구별하면서 바울은 두 가지 지혜, 두 가지 영, 그리고 두 가지 종류의 전형적인 사람들에 대한 개요를 적어 내려간다. **2:6-7** *이 세상.* 이것은 바울에게 있어서 언제나 경멸할 만한 대상이다 (1:20; 3:18; 롬 12:2; 갈 1:4 참조). 그리고 이 세상에 속한 사람들은 분별력이 없다.

성령으로 계시하시다

6 그러나 우리는 성숙한 사람들 가운데서는
지혜를 말합니다. 그런데 이 지혜는, 이 세상의 지
혜나 멸망하여 버릴 자들인 이 세상 통치자들의
지혜가 아닙니다. 7 우리는 비밀로 감추어져 있는
하나님의 지혜를 말합니다. 그것은, 하나님께서
우리를 영광스럽게 하시려고, 영세 전에 미리 정
하신 지혜입니다. 8 이 세상 통치자들 가운데는,
이 지혜를 아는 사람이 하나도 없습니다. 그들이
알았더라면, 영광의 주님을 십자가에 못 박지 않
았을 것입니다. 9 그러나 성경에 기록한 바

ㄱ)"눈으로 보지 못하고
귀로 듣지 못한 것들,
사람의 마음에
떠오르지 않은 것들을,
하나님께서는
자기를 사랑하는 사람들에게
마련해 주셨다"

한 것과 같습니다. 10 하나님께서는 성령을 통
하여 이런 일들을 우리에게 계시해 주셨습니다.
성령은 모든 것을 살피시니, 곧 하나님의 깊은 경
륜까지도 살피십니다. 11 사람 속에 있는 그 사
람의 영이 아니고서야, 누가 그 사람의 생각을 알
수 있겠습니까? 이와 같이, 하나님의 영이 아니고
서는, 아무도 하나님의 생각을 깨닫지 못합니다.
12 우리는 세상의 영을 받은 것이 아니라, 하나
님에게서 오신 영을 받았습니다. 그것은, 하나님
께서 우리에게 은혜로 주신 선물들을 우리로 하여
금 깨달아 알게 하시려는 것입니다. 13 우리가
이 선물들을 말하되, 사람의 지혜에서 배운 말로
하지 아니하고, 성령께서 가르쳐 주시는 말로 합
니다. 다시 말하면, ㄴ)신령한 것을 가지고 신령한
것을 설명하는 것입니다. 14 그러나 ㄷ)자연에 속한
사람은 하나님의 영에 속한 일들을 받아들이지
아니합니다. 그런 사람에게는 이런 일들이 어리
석은 일이며, 그는 이런 일들을 이해할 수 없습니다.
이런 일들은 영적으로만 분별되기 때문입니다.
15 신령한 사람은 모든 것을 판단하나, 자기는
아무에게서도 판단을 받지 않습니다.

16 ㄹ)"누가 주님의 마음을 알았습니까?
누가 그분을 가르치겠습니까?"

그러나 우리는 그리스도의 마음을 가지고 있습니다.

하나님의 동역자

3 1 ㅁ)형제자매 여러분, 나는 여러분에게 영에
속한 사람에게 하듯이 말할 수 없고, 육에 속한
사람, 곧 그리스도 안에서 어린 아이 같은 사람에게
말하듯이 하였습니다. 2 나는 여러분에게 젖을
먹였을 뿐, 단단한 음식을 먹이지 않았습니다. 그
때에는 여러분이 단단한 음식을 감당할 수 없었습
니다. 사실 지금도 여러분은 그것을 감당할 수 없

ㄱ) 사 64:4 ㄴ) 또는 '신령한 것을 신령한 사람들에게 설명합니다' 또는 '신령한 것은 신령한 언어로 설명합니다' ㄷ) 또는 '신령하지 아니한' ㄹ) 사 40:13 (칠십인역) ㅁ) 그, '형제들'

비밀로 감추어져 있는 *하나님의 지혜*(1:7)는 *성령을 통해* (2:10) 우리에게 주어졌는데, 이것은 세상의 잠정적이고 제한된 *지혜와 그 통치자들의* 것과는 반대로 되어 있다. 2:9에서 인용된 사 52:15와 더불어 사 64:4는 하나님이 이러한 식으로 설정하였음을 증명한다. 성령이야말로 하나님이 생각하시는 것(혹은 계획; 2:10-11)을 보게 하는 창문이다. **2:12** *세상의 영* 대 *하나님에게서 오신 영.* 경쟁관계에 있는 두 가지 지혜를 더 상세히 논하는 것이다. 13절에서 바울은 고린도 신도들과의 자신의 사역이 사람의 지혜로 시작된 것이 아니라, 성령께서 가르쳐 주시는 것임을 분명하게 하고 있다. **2:13-15** 바울은 이상적인 *신령한 사람*을 정의한다 (갈 6:1). 즉 성령으로 변화되고 인도함을 받은 사람 (롬 8:14-17; 갈 3:1; 고전 12:13), 이에 대한 반대는 *신령하지 아니한 사람이다* (자연에 속한 사람에 관한 본문 주석을 보라). 즉 성령의 역사를 깨닫지 못하는 사람이다 (10-11절; 15:46). **2:15** 신령한 사람의 이상적 모습에 대한 개요; 4:3-5에 있는 바울의 자아상을 참조하라. **2:16** 사 40:13을 거론하면서, 바울은 *주님의 마음에서 그리스도의 마음으로* 옮겨간다. 다른 곳에서 바울은 이 구절을 사용하여 사람들이 그리스도를 닮아가는 형태를 설명하고 있다 (빌 2:1-5); 그러나 여기서 그리스도의 마음은 일이 정말로 어떻게 돌아가는지에 대한 통찰력을 주는 하나님의 영과 같은 기능을 한다.

3:1-4 고린도 독자들은 영에 *속해야만* 한다. 그러나 그들은 거듭하여 *육에 속한 사람임*을 드러낸다 (3:1, 3). 육에 속한 사람들은 *신령한* (= 성숙한) *사람들이* 아니다. 그들은 오히려 그리스도 안에서 어린 아이 같은 사람들이다. 그들은 *단단한 음식이* 아니라 *젖이* 필요한 사람들이다. 바울은 그들의 *시기와 싸움*을 증거로 내세운다 (1:10). **3:3** 바울은 그들이 성령의 인도함에 따르지 않고 일반 사람들처럼 행동하는 것에 대해 질책한다. **3:4** 바울과 아볼로는 관념으로서만 서로가 서로에게 충성하는 대표적 인물들이라는 것이 두 번째로 논의되고 있다 (1:12와 4:6을 보라).

3:5-9 *아볼로와 바울은* 서로 다르지만 그들의 차이점은 다른 신도들을 풍성하게 살찌우며, 그들 가운데 지위경쟁을 막는 역할을 한다. 둘 다 *종들이다* (희랍어,

습니다. 3 여러분은 아직도 육에 속한 사람들입니다. 여러분 가운데에서 시기와 싸움이 있으니, 여러분은 육에 속한 사람이고, 인간의 방식대로 살고 있는 것이 아닙니까? 4 어떤 사람은 "나는 바울 편이다" 하고, 또 다른 사람은 "나는 아볼로 편이다" 한다니, 여러분은 육에 속한 사람이 아니고 무엇이겠습니까? 5 그렇다면 아볼로는 무엇이고, 바울은 무엇입니까? 아볼로와 나는 여러분을 믿게 한 ㄱ)일꾼들이며, 주님께서 우리에게 각각 맡겨 주신 대로 일하였을 뿐입니다. 6 나는 심고, 아볼로는 물을 주었습니다. 그러나 하나님께서 자라게 하셨습니다. 7 그러므로 심는 사람이나 물 주는 사람은 아무것도 아니요, 자라게 하시는 분은 하나님이십니다. 8 심는 사람과 물 주는 사람은 하나이며, 그들은 각각 수고한 만큼 자기의 삯을 받을 것입니다. 9 우리는 하나님의 동역자요, 여러분은 하나님의 밭이며, 하나님의 건물입니다.

10 나는 하나님께서 나에게 주신 은혜를 따라, 지혜로운 건축가와 같이 기초를 놓았습니다. 그런데 다른 사람이 그 위에다가 집을 짓습니다. 그러나 어떻게 집을 지을지 각각 신중히 생각해야 합니다. 11 아무도 이미 놓은 기초이신 예수 그리스도 밖에 또 다른 기초를 놓을 수 없습니다. 12 누가 이 기초 위에 금이나 은이나 보석이나 나무나 풀이나 짚으로 집을 지으면, 13 그에 따라 각 사람의 업적이 드러날 것입니다. 그 날이 그것을 환히 보여 줄 것입니다. 그것은 불에 드러날 것이기 때문입니다. 불이 각 사람의 업적이 어떤 것인가를 검증하여 줄 것입니다. 14 어떤 사람이 ㄴ)만든 작품이 그대로 남으면, 그는 상을 받을 것이요, 15 어떤 사람의 ㄷ)작품이 타 버리면, 그는 손해를 볼 것입니다. 그러나 그 사람은 구원을 받을 것이지만 불 속을 헤치고 나오듯 할 것입니다.

16 여러분은 하나님의 성전이며, 하나님의 성령이 여러분 안에 거하신다는 것을 알지 못합니까? 17 누구든지 하나님의 성전을 파괴하면, 하나님께서도 그 사람을 멸하실 것입니다. 하나님의 성전은 거룩합니다. 여러분은 하나님의 성전입니다.

18 아무도 자기를 속이지 말아야 합니다. 여

ㄱ) 또는 '집사들' ㄴ) 또는 '세워 놓은 일' ㄷ) 또는 '일'

디아코노이, "섬기는 자들"; 3:5; 고후 3:6; 6:4; 11:23); 둘 다 동역자이다 (3:9); 고린도 신도들은 그 둘을 통해 믿게 되었다 (3:5). 각각 *주님께서 맡겨 주신 대로* 일하였다 (3:5; 또한 7:17; 12:11, 18, 24에서도 같은 의미를 볼 수 있다); 둘 다 공동 *목표*를 갖고 있다 (희랍어, "하나이다"로 되어 있다). 각각 *수고한 만큼 자기의 삯을 받을 것이다* (3:8). 이 모든 면에서 둘은 비슷하다. 바울은 몇 가지 차이점을 인정한다. 그는 *심었고*; 아볼로는 *물을 주었다*. 그러나 이 차이점은 하나님이 자라게 하신다는 확신 속에 통합되어진다 (6-7절). **3:7** 고린도 신도들에게 적용하도록 제시된 중심 구절: 그들의 역할이 다르다 해도 바울과 아볼로는 모두 아무 것도 아니다. 왜냐하면 *자라게 하는 분*은 하나님이시기 때문이다. 자라게 한다는 것은 그들이 어린 아이라 같다고 불리는 것과 잘 어울리며, 적절한 개념이다 (3:1). **3:8** *삯*. 3:14을 보라 (개역개정은 같은 희랍어 단어를 "상"이라고 번역했고, 공동번역은 "삯"이라고 번역했다). **3:9** 고린도 사람들에 대한 두 가지 은유가 적용된다. 지금 말한 것들을 뒷받침하는 *밭이라는* 은유와 앞으로 이야기할 것의 기초가 되는 *건축이라는* 은유이다.

3:10-15 *기초* = 예수 그리스도 (바울이 선포한 분이며, 하나님의 은혜로 유효하게 되었다). 바울은 *건축가로서* 기초를 놓는다. 각 개인은 그 기초 위에 집을 짓는다 (10절). **3:12** 집 짓는 재료의 목록은 (비싼 것부터 차례로 써 있음: 금, 은, 보석, 나무, 풀, 짚) 별로 중요한 것 같지 않다. 단지 각자의 *업적이* 중요하다 (3:13-14에서 세 번이나 강조). **3:13** 그 날 심판의 때이다 (롬 2:16; 빌 1:6; 살전 5:2). 업적에 따른 심판에 관해서는 롬 2:6-10; 고후 5:10을 보라. **3:14-15** *불의* 이미지는 전통적으로 시험을 나타내며 (신 32:22; 암 7:4; 말 3:2), 각 사람의 업적을 태워버릴 수도 있으나, 한편 정제하기도 한다. 바로 그것이 각 개인의 궁극적인 구원을 위해 바울이 바라는 것이다. 상(문자 그대로 "삯")은 3:8과 연결된다.

3:16-17 신도들은 하나님의 성전이다. 바울은 겔 37:26-27에 나타나는 *성전의* 의미와 연결하여 하나님의 *영이*—성령은 믿음의 검증표이다 (갈 3:3)—신도들 안에 거하시며 *주재하는* 곳이 바로 성전이라고 말한다 (롬 8:9, 11). **3:17** 3:10-15에서 언급했던 업적에 따른 심판에 대해 다시 생각나게 한다. 거룩함에 대하여는 1:2의 주석을 보라.

3:18-23 2:6-7에서 언급했던 지혜에 대한 두 개의 다른 이해를 다시 언급하고 있다. **3:18** *이 세상*. 이 세상의 가치체계를 나타내는 말 (2:6-7을 보라; 롬 12:2). **3:19** 욥 5:13을 인용한 것이다. **3:21-23** 사물을 바로 보고 이해하는 데 가장 중요한 것은 신도들과 모든 것들이 다 하나님께 속해 있다는 사실이다 (8:6; 11:3; 15:24-28).

4:1-5 바울은 자신과 다른 사람들을 예로 들며 주님을 심판하시는 분으로 말한다. **4:1** *일꾼* = 돕는 이들, *관리인* = 집의 관리자들. *하나님의 비밀에* 대하여는 2:1, 6-8; 13:2; 14:2를 보라. **4:2** *신실성*. 7:25를 참조하라. **4:5** 최후의, 그리고 마지막 날의 심판은 주님께 속해 있다 (3:13에 관한 주석을 보라; 롬 2:1;

러분 가운데서 누구든지 이 세상에서 지혜 있는
사람이라고 스스로 생각하거든, 정말로 지혜 있는
사람이 되기 위하여 어리석은 사람이 되어야 합
니다. 19 이 세상의 지혜는 하나님이 보시기에
어리석은 것입니다. 성경에 기록하기를

ㄱ)"하나님께서는
지혜로운 자들을
자기 꾀에 빠지게 하신다"

하였습니다. 20 또 기록하기를

ㄴ)"주님께서
지혜로운 자들의 생각을
헛된 것으로 아신다"

하였습니다. 21 그러므로 아무도 사람을 자랑하
지 말아야 합니다. 모든 것이 다 여러분의 것입니
다. 22 바울이나, 아볼로나, ㄷ)게바나, 세상이나,
삶이나, 죽음이나, 현재 것이나, 장래 것이나, 모
든 것이 다 여러분의 것입니다. 23 그리고 여러
분은 그리스도의 것이요, 그리스도는 하나님의
것입니다.

사도의 직분

4 1 사람은 이와 같이 우리를, 그리스도의 일
꾼이요 하나님의 비밀을 맡은 관리인으로 보
아야 합니다. 2 이런 경우에 관리인에게 요구하는
것은 신실성입니다. 3 내가 여러분에게서 심판을
받든지, 세상 법정에서 심판을 받든지, 나에게는
조금도 문제가 되지 않습니다. 그뿐만 아니라, 나도
나 자신을 심판하지 않습니다. 4 나는 양심에
거리끼는 것이 없습니다. 그러나 이런 일로 내가
의롭게 된 것은 아닙니다. 나를 심판하시는 분은
주님이십니다. 5 그러므로 여러분은 주님께서
오실 때까지는, 아무것도 미리 심판하지 마십시오.
주님께서는 어둠 속에 감추인 것들을 환히 나타내
시며, 마음 속의 생각을 드러내실 것입니다. 그 때에
사람마다 하나님으로부터 칭찬을 받을 것입니다.
6 ㄹ)형제자매 여러분, 나는 여러분을 위하여
이 모든 일을 나와 아볼로에게 적용하여 설명하였
습니다. 그것은 "기록된 말씀의 범위를 벗어나지
말라"는 격언의 뜻을 여러분이 우리에게서 배워서,
어느 한 편을 편들어 다른 편을 얕보면서 뽐내지
않도록 하려는 것입니다. 7 누가 그대를 별다르게
보아줍니까? 그대가 가지고 있는 것 가운데서 받
아서 가지지 않은 것이 무엇이 있습니까? 모두가
받은 것이라면, 왜 받지 않은 것처럼 자랑합니까?
8 여러분은 벌써 배가 불렀습니다. 벌써 부자가
되었습니다. 우리를 제쳐놓고 왕이나 된 듯이 행
세하였습니다. 여러분이 진정 왕처럼 되었으면,
좋겠습니다. 그렇게 하여 우리도 여러분과 함께
왕노릇 하게 되면, 좋겠습니다. 9 내가 생각하
기에, 하나님께서는 사도들인 우리를 마치 사형
수처럼 세상에서 가장 보잘것없는 사람들로 내놓
으셨습니다. 우리는 세계와 천사들과 사람들에게
구경거리가 된 것입니다. 10 우리는 그리스도

ㄱ) 욥 5:13 ㄴ) 시 94:11 (칠십인역) ㄷ) 베드로 ㄹ) 그, '형제들'

14:4-5를 참조). *마음 속의* 비밀들을 살펴보라 (14:25; 롬 8:27; 고후 5:12). 사람의 칭찬이 아니라 *하나님으로부터 칭찬을* 구해야 한다 (고후 10:18; 고전 3:8, 14의 삯과 상을 참조).

4:6-7 이 두 구절은 1—4장까지에서 바울이 사용하는 논리적 전략을 이해하는 데 핵심이 된다. **4:6** *아볼로에* 대하여는 1:12; 3:4-9; 16:12를 보라. *기록된 말씀의 범위를 벗어난다*는 것은 무엇을 의미하는지 확실하지 않다. 그것은 고린도전서에서 이미 인용했던 성경구절을 의미하던가 혹은 다시 한 번 더 (3:1-4) 고린도 사람들이 성숙되지 못한 것을 책망하고 기본적인 가르침으로 돌아가라고 호소하는 것일 것이다 (그들의 학교 게시판에 적힌 지침에 거하라고 하는 것 같이). 바울이 내세우는 증거들: 그들은 *뽐내고* 있다 (4:18-19; 5:2를 보라; 1:29; 3:3b, 7, 18 참조). **4:7** 세 개의 질문들은 뽐내는 행위를 수치스럽게 하려고, 비록 은혜라는 말은 사용하지 않지만 은혜를 강조하고 있다 (3:21-22 참조).

4:8-13 바울은 고린도 사람들이 품고 있는 허영심을 풍자적으로 비꼬아 말하고 있다. **4:8** *벌써* (강조하기 위해 두 번 사용). 어떤 고린도 신도들은 자기들이 벌써 다스리고 있다고 생각하고 있다. **4:9-13** (바울을 포함하여) *사도들이* 겪고 있는 어려움에 대하여 말하고 있는 것은 고린도 신도들의 삶의 태도를 꾸짖는 하나의 방법이다. **4:9** *구경거리* (희랍어, *테아트론*). 극장에서처럼 공개적으로 전시하는 것. **4:10** 어리석음/지혜의 대조는 1:18-29를 생각나게 한다 (고후 11:16-21 참조). **4:12-13** 사도들은 악을 악으로 갚지 않는다 (롬 12:17; 살전 5:15). **4:13** *쓰레기와 찌꺼기*는 세상이 사도들을 어떻게 보는지 말해준다.

4:14-21 바울은 그의 사랑하는 자녀들을 끌어안고 경고한다. **4:14** *자녀*들. 고린도 사람들은 자녀들이다 (3:1-3). 그러나 *사랑하는 자녀들이다* (10:14; 15:58). **4:15** 자녀들은 반듯하게 자라기 위해 *스승이* 필요하다 (갈 3:24). 바울은 고린도 신도들에게 처음 설교하면서부터 (갈 4:19; 몬 10) 그들의 신앙의 *아버지가* 되었다 (고로 그들에 대한 책임이 있다). **4:16** *본받는 사람* 그리스와 로마 사회에서는 자녀들이 부모를 모범으로 삼아 배운다. **4:17** *디모데 사랑하는 아들*은 바울과 동역하여 고린도 교회를 함께 세웠으며 바울이 신뢰하는 군사였다 (행 16:1-3; 고후 1:1, 19; 살전

때문에 어리석은 사람이 되었지만, 여러분은
그리스도 안에서 지혜 있는 사람이 되었습니다. 우
리는 약하나, 여러분은 강합니다. 여러분은 영광
을 누리고 있으나, 우리는 천대를 받고 있습니다.
11 우리는 바로 이 시각까지도 주리고, 목마르고,
헐벗고, 얻어맞고, 정처 없이 떠돌아다닙니다.
12 우리는 우리 손으로 일을 하면서, 고된 노동을
합니다. 우리는 욕을 먹으면 도리어 축복하여 주
고, 박해를 받으면 참고, 13 비방을 받으면 좋은
말로 응답합니다. 우리는 이 세상의 쓰레기처럼
되고, 이제까지 만물의 찌꺼기처럼 되었습니다.

14 내가 이런 말을 쓰는 것은 여러분을 부끄
럽게 하려는 것이 아니라, 나의 사랑하는 자녀들
같이 훈계하려는 것입니다. 15 그리스도 안에서
여러분에게는 일만 명의 스승이 있을지 몰라도,
아버지는 여럿이 있을 수 없습니다. 그리스도 예
수 안에서 복음으로 내가 여러분을 낳았습니다.
16 그러므로 나는 여러분에게 권합니다. 여러분은
나를 본받는 사람이 되십시오. 17 이 일 때문에
나는 디모데를 여러분에게 ㄱ)보냈습니다. 그는 주님
안에서 얻은 나의 사랑하는 신실한 아들입니다.
그는 그리스도 [예수] 안에서 행하는 나의 생활
방식을 여러분에게 되새겨 줄 것입니다. 어디에
서나, 모든 교회에서 내가 가르치는 그대로 말입
니다. 18 그런데 여러분 가운데는, 내가 여러분
에게로 가지 못하리라고 생각하여 교만해진 사람이
더러 있습니다. 19 주님께서 허락하시면, 내가
속히 여러분에게로 가서, 그 교만해진 사람들의
말이 아니라 능력을 알아보겠습니다. 20 하나님
나라는 말에 있지 아니하고, 능력에 있습니다.
21 여러분은 무엇을 원합니까? 내가 채찍을 들고
여러분에게로 가는 것이 좋겠습니까? 그렇지 않
으면, 사랑과 온유한 마음을 가지고 가는 것이 좋
겠습니까?

음행을 심판하다

5 1 여러분 가운데 음행이 있다는 소문이 들립
니다. 자기 아버지의 아내를 데리고 사는 일
까지 있다고 하니, 그러한 음행은 이방 사람들 가
운데서도 볼 수 없는 것입니다. 2 그런데도 여러
분은 교만해져 있습니다. 오히려 여러분은 그러
한 현상을 통탄하고, 그러한 일을 저지른 자를 여
러분 가운데서 제거했어야 하지 않았겠습니까?
3 나로 말하면, 비록 몸으로는 떠나 있으나, 영으
로는 함께 있습니다. 마치 여러분과 함께 있듯이,
ㄴ)그러한 일을 저지른 자를 이미 심판하였습니다.
4 [우리] 주 예수의 이름으로 여러분이 모여 있을
때에, 나의 영이 우리 주 예수의 권능과 더불어 여

ㄱ) 또는 '보냅니다' ㄴ) 또는 '그러한 일을 저지른 자를 우리 주 예수의 이름으로 벌써 심판하였습니다. 4. 여러분이 함께 모일 때에……'

3:2). **4:20-21** *하나님의 나라* 6:9-10; 15:24, 50; 롬 14:17; 갈 5:21; 살전 2:12를 보라. *채찍*은 스승이 훈련의 도구로 사용하는 것이다 (15절을 보라). *온유함*에 대하여는 고후 10:1; 갈 6:1을 보라.

5:1—6:20 바울은 공동체를 정의하면서 우선 공동체 속으로 스며들은 부도덕성에 초점을 맞추고 (5장), 그 후에는 원래 공동체 안에서 해결했어야 하는데 공동체 밖으로까지 나간 문제들로 옮겨간다 (6장).

5:1-13 바울은 한 고린도 교회 교인의 근친상간 문제와 그 근친상간이 공동체에 미치는 영향에 대해 논하고 있다. **5:1** *음행* (희랍어로, *포르네이아*). 이것은 "성적인 부도덕성"을 말하는 것인데, 바울이 광범위하게 쓰는 용어이고 (6:13, 18; 7:2; 고후 12:21; 갈 5:19; 살전 4:3), 고린도 사람들에게 이전에 보냈던 편지에서도 언급했던 말이다 (5:9, 10, 11; 6:9). *여러분 가운데.* 원래 성령이 거주해야 하는 곳이다 (3:16-17). *이방 사람들.* 신자가 아닌 이방 사람들을 말함. *데리고 사는.* 이것은 그의 계모와 성관계를 갖는 것을 의미한다. **5:2** 교만, "뽐내는 것," 자랑에 찬 것 등은 고린도 신도들이 가졌던 문제들이다 (4:6에 관한 주석을 보라); 어떤 사람들은 소위 말하는 인간의 자유를 자랑한다. *통탄하고.* 바울은 더렵혀진 교회의 몸 때문에 애통해한다. *제거했어야.* 이것에 대해서는 5:13을 보라 (고후 2:5-11에서 교회의 모임에 어떤 사람을 못나오게 한 경우에 대하여 보라). **5:4** *주 예수의 이름으로.* 이것은 세례문구이며 1:2에서 이미 사용했고, 6:11에 또 나온다. **5:5** *사탄.* 악의 화신 (7:5; 롬 16:20; 고후 2:11; 11:14; 12:7; 살전 2:18). *날에* 대하여는 1:7-8; 3:13에 관한 주석을 보라. **5:6-8** 누룩. 유월절 기간에 허용되지 않는 누룩(출 12:8-20)은 여기서 비도덕성으로 오염되는 것을 상징하고 있으며 *반죽*(공동체를 상징)이 더럽혀지지 않도록 깨끗이 청소되어져야 한다. *유월절 양.* 그리스도는 유대 사람들의 축제인 유월절 (출 12:21; 신 16:2, 6)에 희생제물이 되는 양과 동일시되는데, 그것은 예수가 바로 유월절에 십자가형을 당하셨기 때문이다 (막 14:12). **5:6** *자랑.* 이것에 대하여는 1:31; 4:6-7; 5:2를 보라. **5:8** *누룩 없이 빚은 빵* = 유월절에 사용해야 하는 빵. **5:9-11** 바울은 고린도전서 이전에 또 다른 *편지를 썼다.* 거기에서 그는 고린도 신도들에게 비도덕적인 사람들을 피하라고 경계하였다 (바울은 교회 안에 있는 신도들에 대하여 말한 것인데 몇몇 사람들은 밖에 있는 세상 사람을 말

러분과 함께 있으니, 5 여러분은 그러한 자를 당장
사탄에게 넘겨주어서, 그 육체는 망하게 하고 그의
영은 주님의 날에 구원을 얻게 해야 할 것입니다.
6 여러분이 자랑하는 것은 좋지 않습니다. 여러
분은 적은 누룩이 온 반죽을 부풀게 한다는 것을
알지 못합니까? 7 여러분은 새 반죽이 되기 위
해서, 묵은 누룩을 깨끗이 치우십시오. 사실 여러
분은 누룩이 들지 않은 사람들입니다. 우리들의
ㄱ)유월절 양이신 그리스도께서 희생되셨습니다.
8 그러므로 묵은 누룩, 곧 악의와 악독이라는 누룩
을 넣은 빵으로 절기를 지키지 말고, 성실과 진실
을 누룩으로 삼아 누룩 없이 빚은 빵으로 지킵시다.
9 내 편지에서, 음행하는 사람들과 사귀지
말라고 여러분에게 썼습니다. 10 그 말은, 이 세
상에 음행하는 사람들이나, 탐욕을 부리는 사람
들이나, 약탈하는 사람들이나, 우상을 숭배하는
사람들과, 전혀 사귀지 말라는 뜻이 아닙니다. 그
러려면, 여러분은 이 세상 밖으로 나가야 할 것입
니다. 11 그러나 이제 내가 여러분에게 사귀지
말라고 쓰는 것은, ㄴ)신도라 하는 어떤 사람이 음
행하는 사람이거나, 탐욕을 부리는 사람이거나,
우상을 숭배하는 사람이거나, 사람을 중상하는
사람이거나, 술 취하는 사람이거나, 약탈하는 사
람이면, 그런 사람과는 함께 먹지도 말라는 말입
니다. 12 밖에 있는 사람들을 심판하는 것이, 나
에게 무슨 상관이 있습니까? 여러분이 심판해야
할 사람들은 안에 있는 사람들이 아니겠습니까?
13 밖에 있는 사람들은 하나님께서 심판하실 것
입니다. 여러분은 ㄷ)그 악한 사람을 여러분 가운데서
내쫓으십시오.

세상 법정에 고소하지 말라

6 1 여러분 가운데서 어떤 사람이 다른 사람과
소송할 일이 있을 경우에, 성도들 앞에서 해
결하려 하지 않고 불의한 자들 앞에 가서 재판을
받으려 한다고 하니, 그럴 수 있습니까? 2 성도
들이 세상을 심판하리라는 것을 여러분은 알지
못합니까? 세상이 여러분에게 심판을 받겠거늘,
여러분이 아주 작은 사건 하나를 심판할 자격이
없겠습니까? 3 우리가 천사들도 심판하리라는
것을 알지 못합니까? 그러한데, 하물며 이 세상
일이야 말할 나위가 있겠습니까? 4 그러니, 여러
분에게 일상의 일과 관련해서 송사가 있을 경우에,
교회에서 멸시하는 바깥 사람들을 재판관으로 앉
히겠습니까? 5 나는 여러분을 부끄럽게 하려고
이 말을 합니다. 여러분 가운데는, ㄴ)신도 사이에
서 생기는 문제를 해결하여 줄 만큼, 지혜로운 사
람이 하나도 없습니까? 6 그래서 ㄴ)신도가 ㄴ)신
도와 맞서 소송을 할 뿐만 아니라, 그것도 믿지
않는 사람들 앞에 한다는 말입니까? 7 여러분이
서로 소송을 제기하는 것부터가 벌써 여러분의 실
패를 뜻합니다. 왜 차라리 불의를 당해 주지 못합
니까? 왜 차라리 속아 주지 못합니까? 8 그런데
도리어 여러분 자신이 불의를 행하고 속여 빼앗고
있으며, 그것도 ㄹ)신도들에게 그런 짓을 하고 있습
니다. 9 불의한 사람들은 하나님 나라를 상속받지
못하리라는 것을 알지 못합니까? 착각하지 마십
시오. 음행을 하는 사람들이나, 우상을 숭배하는

ㄱ) 출 12:13, 21-28을 볼 것 ㄴ) 그, '형제' ㄷ) 신 17:7 (칠십인역); 19:19; 21:21; 22:21, 24; 24:7 ㄹ) 그, '형제들'

하는 것이라고 생각했었다). **5:11** *신도* = 같은 믿는 이들을 말함. *먹지도 말라.* 이것은 만찬을 먹는 것은 제외된다 (11:17-22). 바울은 악의 목록을 나열하고 있는데, 이것은 그리스와 로마 문헌에서 흔히 찾아볼 수 있는 특징이며, 공동체 내에서 받아들일 수 없는 행위들을 표시해주고 있다 (6:9-10; 롬 1:29-31; 갈 5:19-21). **5:12** *밖에 있는 사람들.* 신도들의 공동체 밖에 있는 사람들을 의미. **5:13** 그 날에 *하나님께서 심판하실 것* (1:7-8; 3:13). *내쫓으십시오.* 이에 대하여는 신 19:19; 21:21; 22:24; 24:7을 보라.

6:1-11 어떤 고린도 신도들은 로마 법정에서 서로를 고소하고 있다. **6:1** *불의한 자들* = 믿지 않는 자들. *성도들.* 1:2를 보라. **6:2-3** 그 날에 믿는 이들은 하늘의 법정에 참여하여 천사들(3절)과 *세상*을 심판할 것이다 (고전 15:24-28을 보라; 단 7:22; 12:3; 마 19:28을 참조). **6:4** *교회에서 멸시하는 바깥 사람들.* 아마도 교회 밖에 있는 사람들, 믿지 않는 사람들을 말하는 것 같다 (5절을 보라). **6:7-8** 서로에게 *불의를 행하고 속여 빼앗고 있으며.* 신자들은 믿지 않는 사람들, 즉 9절에서 말하는 불의를 행하는 이들(1절의 불의한 자들)과 마찬가지이다. **6:9-10** *하나님 나라를 상속받기*에 대하여는 4:20과 갈 5:21을 보라. 악행의 목록에 대하여는 5:9-11에 관한 주석을 보라. *음행.* 이 단어는 13절과 18절에서 사용된 똑같은 희랍어 단어(*포르네이아*)이며 5:1에서도 *음행*이라고 번역되었다 (그 주석을 보라). *여성 노릇을 하는 사람들.* 다른 남자들과 성관계를 가질 때 수동적인 역할을 하는 성인 남자나 소년을 말함. *동성애.* 다른 성인 남자나 소년들과 성관계를 가질 때 보다 능동적인 역할을 하는 성인 남자들을 말함 (딤전 1:10 참조). **6:11** 다음의 세 동사를 통해 하나님이 한 일들을 설명하고 있다: *씻겨지고.* 이 말은 세례를 통해 깨끗하게 하는 것을 말함; *거룩하게 되고.* "성스러운" 혹은 "거룩한"이라는 단어와 같은 희랍어

사람들이나, 간음을 하는 사람들이나, 여성 노릇
을 하는 사람들이나, 동성애를 하는 사람들이나,
10 도둑질하는 사람들이나, 탐욕을 부리는 사들
이나, 술 취하는 사람들이나, 남을 중상하는 사람
들이나, 남의 것을 약탈하는 사람들은, 하나님 나
라를 상속받지 못할 것입니다. 11 여러분 가운
데 이런 사람들이 더러 있었습니다. 그러나 여러
분은 주 예수 그리스도의 이름과 우리 하나님의
성령으로 씻겨지고, 거룩하게 되고, 의롭게 되었
습니다.

몸으로 하나님을 영화롭게 하라

12 "모든 것이 나에게 허용되어 있습니다."
그러나 모든 것이 유익한 것은 아닙니다. "모든
것이 나에게 허용되어 있습니다." 그러나 나는 아
무것에도 제재를 받지 않겠습니다. 13 ㄱ)"음식은
배를 위한 것이고, 배는 음식을 위한 것입니다."
그러나 하나님께서는 이것도 저것도 다 없애
버리실 것입니다. 몸은 음행을 위하여 있는 것이
아니라, 주님을 위하여 있는 것이며, 주님은 몸을
위하여 계십니다. 14 하나님께서 주님을 ㄴ)살리
셨으니, 그의 권능으로 우리도 ㄷ)살리실 것입니
다. 15 여러분의 몸이 그리스도의 지체라는 것
을 알지 못합니까? 그런데, 내가 그리스도의 지체
를 떼어다가 창녀의 지체를 만들 수 있겠습니까?
그럴 수 없습니다. 16 창녀와 합하는 사람은 그
와 한 몸이 된다는 것을 알지 못합니까? ㄹ)"두 사
람이 한 몸이 될 것이다" 하신 말씀이 있습니다.
17 그러나 주님과 합하는 사람은 그와 한 영이 됩
니다. 18 음행을 피하십시오. 사람이 짓는 다른
모든 죄는 자기 몸 밖에 있는 것이지만, 음행을 하
는 자는 자기 몸에다가 죄를 짓는 것입니다. 19 여
러분의 몸은 여러분 안에 계신 성령의 성전이라는
것을 알지 못합니까? 여러분은 성령을 하나님으

ㄱ) 인용은 다음 문장까지 연장될 수도 있음 ㄴ) 그, '일으키셨으니'
ㄷ) 그, '일으키실' ㄹ) 창 2:24 (칠십인역)

어원에서 나온 말이며, 하나님을 위해 구별되었다는 것을 의미한다 (1:2의 주석을 보라); *의롭게 되었다.* 이것은 의롭다함을 얻은 것을 말한다. 주 예수 그리스도의 이름으로는 세례식에서 사용되는 문구일 가능성이 많다 (1:2, 10; 5:4을 보라. 1:13-15를 참조).

6:12-20 바울은 지금까지 그가 한 논쟁을 요약하면서 7장과 8장으로 넘어갈 준비를 한다. **6:12** 여기에 나오는 격언과 같은 일반적인 원칙들—요약된 신념들—은 아마도 고린도 신도들이 먼저 사용하고 있던 것을 바울이 약간 조정하여 사용하였을 것이다 (10:23을 보라). *허용되어* = 법적으로 허락된. *유익한 것은* 공동의 선을 가져오는 것을 의미한다 (12:7). **6:13** *없애 버리실 것입니다.* 하나님은 창조주로서 모든 만물 위에 궁극적인 권한을 갖고 있는 분이다 (3:17; 15:24). 몸. 이 몸은 "너 자신"을 의미하는 것이며, 이 시점으로부터 이 서신의 주된 관심사로 나타난다. 몸은 주님을 위해 존재하는 것이지, 부도덕성을 위해 존재하는 것이 아니다. **6:14** 15장은 이 구절을 바탕으로 전개한다. **6:15-18** 그리스도에게 속한다는 것은 다른 모든 것들과의 관계를 배제시키는 것이다. 그러한 관계를 가진 자들을 여기서는 은유적으로 *창녀* (희랍어로 음행을 설명하기 위해 어근이 같은 다른 단어로 사용한 것)로 대변하고 있다. 그러므로 부도덕한 삶은 금기되어야만 한다. **6:15** *그리스도의 지체.* 이에 대하여는 12:12-27과 롬 12:4를 보라. **6:16** 창 2:24를 인용한 것이다. **6:19** *성령의 성전이 되는 몸*(자신)에 대하여는 3:16을 보라. *하나님으로부터* 라고 하는 것은 하나님의 은혜로 말미암은 것을 뜻한다 (4:7b 참조). *여러분 자신의 것이 아닙니다.* 롬 14:7-8; 고후 5:14; 갈 2:19를 보라. **6:20** *값을 치르고 사들인.* 이것은 노예시장의 은유를 사용하여 그리스도의 죽음을 일컫는 구절이다 (7:23; 또한 1:30의 주석을 보라). *하나님을 영화롭게 하십시오.* 바울은 하나님을 영화롭게 하는 것이 인간에게 주된 의무라고 주장한다 (롬 1:21).

7:1-40 여기서 바울 사도는 결혼과 성생활에 대한 다양한 이슈들을 다룬다. **7:1** *여러분이 적어 보낸.* 바울은 고린도 사람들로부터 편지를 받았다; 그들의 관심들은 7:25; 8:1; 12:1; 16:1에 나타난다. *…이 좋습니다.* 이것은 아마도 거룩성을 유지하는 방법에 대한 고린도 신도들의 이해를 나타낼 때 쓰는 격언적 용법일 것이다. *가까이하다.* 이것은 성교를 넌지시 둘러말하는 표현이다. 이후의 구절들에서 바울은 인간이란 철저히 성적인 존재임을 인정하고 있다.

7:2-7 바울은 우선 남편과 아내의 관계에 대해 논의한다. **7:2** 음행을 피하는 것이 편지 전체에 계속 나타나는 관심사이다 (5:1; 6:13, 18에 관한 주석을 보라). 바울은 일부일처제를 옹호하고 있다. **7:3-4** 7장에 여러 번 나타나는 남편과 아내의 관계에 대한 공평하고도 쌍방적인 구절들 가운데 첫 번째 구절이다 (바울의 후대 편지에는 남성의 지배성향이 나타나는 것을 참조하라. 그 예는 다음의 구절들에서 찾을 수 있다: 엡 5:24; 골 3:18; 벧전 3:1, 5). **7:5** 바울은 부부가 성교를 절제할 때에 사탄(5:5에 관한 주석을 보라)의 유혹으로 부정한 관계에 빠질 수 있기 때문에 제한을 두어야한다고 말한다. **7:6** *그렇게 해도 좋다*는 뜻으로. 이것은 이상적인 경우와 연관해서 말하고 있다. 여기서 이상적인 경우란 독신을 말하는데, 바울은 이것을 *카리스마* (7절) 라고 부른다. 이것은 특별한 은사이기에 모든 사람에게 요구할 수는 없다. 따라서 (a) "이상적"이거나 혹은 "보다 나은" 방식과 (b) 그렇게 해도 좋다고

로부터 받아서 모시고 있습니다. 여러분은 여러
분 자신의 것이 아닙니다. 20 여러분은 하나님
께서 값을 치르고 사들인 사람입니다. 그러므로
여러분의 몸으로 하나님을 영화롭게 하십시오.

혼인에 관련된 문제들

7 1 여러분이 적어 보낸 문제를 두고 말하겠습
니다. 남자는 여자를 가까이하지 않는 것이
좋습니다. 2 그러나 음행에 빠질 유혹 때문에,
남자는 저마다 자기 아내를 두고, 여자도 저마다
자기 남편을 두도록 하십시오. 3 남편은 아내에게
남편으로서의 의무를 다하고, 아내도 그와 같이
남편에게 아내로서의 의무를 다하도록 하십시오.
4 아내가 자기 몸을 마음대로 주장하지 못하고,
남편이 주장합니다. 마찬가지로, 남편도 자기 몸을
마음대로 주장하지 못하고, 아내가 주장합니다.
5 서로 물리치지 마십시오. 여러분이 기도에 전
념하기 위하여 얼마 동안 떨어져 있기로 합의한
경우에는 예외입니다. 그러나 그 뒤에 다시 합하
십시오. 여러분이 절제하는 힘이 없는 틈을 타서
사탄이 여러분을 유혹할까 염려되기 때문입니다.
6 그러나 내가 이것을 말하는 것은 그렇게 해도
좋다는 뜻으로 말하는 것이지, 명령으로 말하는
것은 아닙니다. 7 나는 모든 사람이 다 나와 같이
되기를 바랍니다. 그러나 각 사람은 하나님께로
부터 받은 은사가 있어서, 이 사람은 이러하고 저
사람은 저러합니다.
8 결혼하지 않은 남자들과 과부들에게 말
합니다. 나처럼 그냥 지내는 것이 그들에게 좋습
니다. 9 그러나 절제할 수 없거든 결혼하십시오.
욕정에 불타는 것보다는 결혼하는 편이 낫습니다.
10 결혼한 사람들에게 말합니다. 이것은 나의 말이
아니라, 주님의 명령입니다. 아내는 남편과 헤어
지지 말아야 합니다. 11 -만일 헤어졌거든 재혼
하지 말고 그냥 지내든지, 그렇지 않으면 남편과
화해하여야 합니다.- 그리고 남편도 아내를 버리지
말아야 합니다. 12 그 밖의 사람들에게 말합니다.
이것은 나의 말이요, 주님의 말씀은 아닙니다. 어떤
ㄱ)교우에게 믿지 않는 아내가 있는데, 그 여자가
남편과 같이 살기를 원하면, 그 여자를 버리지 말
아야 합니다. 13 또 어떤 여자에게 믿지 않는 남
편이 있는데, 그가 아내와 같이 살기를 원하면, 그
남편을 버리지 말아야 합니다. 14 믿지 않는 남

ㄱ) 그, '형제'

용인된 방식은 7장에서 바울이 가르치고 있는 각 그룹에게 준 충고를 특징짓는 두 가지 원형이다. 다음에 계속되는 구절에서 더욱 분명해지듯이 결혼은 부정적인 것이 아니며, 단지 마음이 갈리지 않고 주님께만 온전히 헌신하는 것에 방해가 될 수 있다는 것뿐이다 (7:35). 자기절제에 관해서는 7:9; 9:25; 갈 5:23을 보라.

7:8-9 바울은 *결혼하지 않은 남자들과* 과부들에 대해 논의한다. 결혼하지 않은 남자들이라고 번역된 단어는 아마도 "홀아비들"을 의미할 것일 것이다. 왜냐하면 (a) 희랍어 단어는 남성형이며, (b) 희랍어 성경에는 "홀아비" 라는 단어가 없고, (c) 미혼자들에 대해서는 25-28절에서 따로 논의하고 있기 때문이다.

7:10-11 여기에서 바울은 이혼을 생각하고 있는 결혼한 신도들에게 충고를 하고 있다. 그리스도의 가르침은 바울 서신들에서 뚜렷이 인용되고 있지 않지만 (9:14를 참조), 막 10:2-5(마 5:31-32; 19:9; 눅 16:18을 참조)에 나타난 것과 같다. 유대 사람들의 관례는 남편에게 이혼을 허용하고 있다 (신 24:1-4); 바울이 용인하는 것은 로마법을 수용하는 것이다. 로마법은 누구 편에서든지 이혼을 먼저 요구할 수 있다. 이 구절에서 *헤어지는 것*(아내의 경우)과 *버리는 것*(남편의 경우)이라고 다른 단어를 쓴 것은 아마도 수사적 변화를 주기 위한 것이지, 실제로 어떤 다른 의미를 갖는 것은 아니다 (*재혼하지 말고 그냥 지내든지*; 또한 7:13을 보라. 이 구절은 아내도 이혼할 수 있다고 말한다).

7:12-16 *그 밖의 사람*들은 불신자들과 결혼했다가 신자가 된 사람들을 말한다. 이상적으로 말해서 바울은 신자들에게 그들의 불신자 파트너들과 이혼하지 말라고 한다. 그러나 그 파트너들이 원하면 이혼을 받아들이라고 한다. **7:14** *거룩해졌습니다* = 신성하게 되다 (1:2와 6:11에 관한 주석을 보라). 바울은 음행이 전염될 수 있는 것과 같이 (5:6-7), 거룩성도 배우자들과 어린이들의 경우 전염될 수 있다고 믿는다. **7:15** 형제나 자매 = 신자. **7:16** 구원하다 = 개종하다.

7:17-24 이 구절은 앞뒤의 어느 주제와도 직접적인 연관이 없지만, 여기서 바울은 남편과 아내간의 권리와 의무에 대한 공평하고 상호적인 논쟁에 대한 근거를 말하고 있다. 바울은 12:13과 갈 3:28에서 찾아볼 수 있는 이미 존재하고 있던 세례문구에서 시작하여 거기에서 더 발전시킨다. **7:18** *부르심* 1:2의 주석을 보라. *할례를 받은* = 유대인. **7:19** *문제가 아니고.* 이것은 중요하지 않다는 것을 의미한다. 이러한 표현은 스토아 철학에서 무엇이 중요한지를 논할 때 쓰는 방법이다 (갈 5:6; 6:15). **7:21** *노예*들은 바울의 공동체에 정식 구성원들이 될 수 있었다 (1:26; 12:13; 갈 3:28; 몬 16). 자유로운 몸이 될 수 있는 노예들은 여러 가지 통로, 즉 돈으로 값을 치르던지 혹은 유언장 등을 이용하여 자유롭게 될 수 있었다. 바울이 사용한 어떻게 해서든지… *이용하십시오* 라고 하는 희랍어 표현은 두 가지로 해석할 수 있다: "그 기회를 이용하라"고도 할 수 있고 "상

편은 그의 아내로 말미암아 거룩해지고, 믿지 않는
아내는 그 남편으로 말미암아 거룩해졌습니다.
그렇지 않으면, 그들의 자녀도 깨끗하지 못할 것
인데, 이제 그들은 거룩합니다. 15 그러나 믿지
않는 사람 쪽에서 헤어지려고 하면, 헤어져도 됩
니다. 믿는 형제나 자매가 이런 일에 얽매일 것이
없습니다. 하나님께서는 여러분을 부르셔서 평화
롭게 살게 하셨습니다. 16 아내 된 이여, 그대가
혹시나 그대의 남편을 구원할는지 어찌 압니까?
남편 된 이여, 그대가 혹시나 그대의 아내를 구원
할는지 어찌 압니까?

하나님이 주신 본분대로 살아가라

17 각 사람은, 주님께서 나누어주신 분수 그
대로, 하나님께서 부르신 처지 그대로 살아가십
시오. 이것이 내가 모든 교회에서 명하는 지시입
니다. 18 할례를 받은 몸으로 부르심을 받은 사
람은 굳이 그 할례 받은 흔적을 지우려고 하지 마
십시오. 할례를 받지 아니한 처지에서 부르심을
받은 사람은 굳이 할례를 받으려고 하지 마십시오.
19 할례를 받은 것이나 안 받은 것이나, 그것은
문제가 아니고, 하나님의 계명을 지키는 것이 중
요합니다. 20 각 사람은 부르심을 받은 그 때의
처지에 그대로 머물러 있으십시오. 21 노예일
때에 부르심을 받았습니까? 그런 것에 마음 쓰지
마십시오. 그러나 자유로운 몸이 될 수 있는 기회가
있으면, 어떻게 해서든지 그것을 이용하십시오.
22 주님 안에서 노예로서 부르심을 받은 사람은
주님께 속한 자유인입니다. 그와 같이 자유인으
로서 부르심을 받은 사람은 그리스도의 노예입니다.
23 여러분은 하나님께서 값을 치르고 사신 사람
입니다. 그러므로 사람의 노예가 되지 마십시오.
24 ㄱ)형제자매 여러분, 각각 부르심을 받은 그 때
의 처지에 그대로 있으면서 하나님과 함께 살아가
십시오.

미혼자와 과부에게 주는 권면

25 주님께서 처녀들에 대해서 하신 명령을,
나로서는 받은 것이 없습니다. 그러나 나는 주님의
자비하심을 힘입어 믿을 만한 사람이 된 사람으
로서, 의견을 제시합니다. 26 지금 닥쳐오는
재난 때문에, 사람이 현재 상태대로 살아가는 것이
좋다고, 나는 생각합니다. 27 아내에게 매였으
면, 그에게서 벗어나려고 하지 마십시오. 아내에
게서 놓였으면, 아내를 얻으려고 하지 마십시오.
28 그러나 결혼한다고 할지라도, 죄를 짓는 것이
아닙니다. 그리고 처녀가 결혼을 하더라도, 죄를
짓는 것이 아닙니다. 그러나 그들이 살림살이로
몸이 고달플 것이므로, 내가 아껴서 말해 주는 것
입니다. 29 ㄴ)형제자매 여러분, 내가 말하려는
것은 이것입니다. 때가 얼마 남지 않았으니, 이제
부터는 아내 있는 사람은 없는 사람처럼 하고,
30 우는 사람은 울지 않는 사람처럼 하고, 기쁜

ㄱ) 그, '형제' ㄴ) 그, '형제들'

관없이 지내라"고 해석할 수도 있다. **7:22** *그리스도의 노예*. 바울은 그리스도(혹은 하나님)와의 바른 관계를 묘사하는 모델로써 노예제도를 적용하며 받아들인다 (롬 6:15-23; 빌 1:1을 참조하라). **7:23** *값을 치르고 사신*. 이에 대하여는 6:20에 관한 주석을 보라. 그리스도에게 노예가 되는 것(적절한 상태)은 다른 사람들에게 노예가 되는 것(부적절한 상태)이 옳지 않은 것임을 선언하는 것이다. **7:24** 이 구절은 17절과 21절과 유사한 표현으로 문단을 둘로 나누는 역할을 한다.

7:25-38 바울은 이제 미혼자들을 위해 조언한다. *처녀*들 = 결혼하지 않은 사람들. 바울은 25절에서 자기 나름대로의 "일반적인 원칙 혹은 격언"을 말하고 있다. (의견을 제시한다 라고 번역되어 있다. 1절 후반부에 있는 그들의 격언을 참조). 이것은 17절, 21절, 24절에서 이미 기대하고 있었던 것이다. **7:26** *닥쳐오는 재난*. 이 재난에 대해서는 7:29-31에 관한 주석을 보라. 그 재난은 현재의 위기라고 번역할 수 있는데, 신도들이 현재 겪고 있는 고통을 말한다 (9절과 28절을 보라). **7:29a** *때가 얼마 남지 않았으나*. 바울은 세상의 종말이 가깝다고 자주 언급한다 (1:7-8; 3:13-15; 4:4-5; 5:5). **7:29b-31a** …*않은 사람처럼 하고*. 이 세상에서 살되 그 가치관에 따르지 말라고 조언하는 바울의 어법이다. **7:31b** *이 세상의 형체*. 새 창조가 다가오고 있다 (고후 5:16-17). **7:32-34** *염려* (고후 11:28을 참조) 라고 하는 것은 결혼한 사람이 자기의 배우자를 기쁘게 할 때에 당연히 따라오는 요소이다. **7:37** 도덕성을 갖춘 이상적인 인간은 확신이 있고 (롬 14:14), 압력에 의해 움직이지 않고 (6, 35절); 자기절제가 잘되고 (5, 9절); 또한 결단력 있는 사람이다. *결혼하지 않기로 마음을 굳게 먹은…잘하는 일입니다* (31절). 그것은 이 세상의 형체는 사라지기 때문이지 결혼이 나쁘기 때문이 아니다 (9, 28, 36절).

7:39-40 과부들이 재혼을 해야 하는가? **7:39** *주님 안에서만* = 같은 신도와 결혼하는 것을 말함. **7:40** *내 의견으로는*. 문자적으로 말해서 25절에서처럼 "나의 일반적인 원칙에 따르면."

사람은 기쁘지 않은 사람처럼 하고, 무엇을 산 사
람은 그것을 가지고 있지 않은 사람처럼 하고,
31 세상을 이용하는 사람은 그렇게 하지 않는 사
람처럼 하도록 하십시오. 이 세상의 형체는 사라
집니다. 32 나는 여러분이 염려 없이 살기를 바
랍니다. 결혼하지 않은 남자는, 어떻게 하면 주님을
기쁘게 해 드릴 수 있을까 하고, 주님의 일에 마
음을 씁니다. 33 그러나 결혼한 남자는, 어떻게
하면 자기 아내를 기쁘게 할 수 있을까 하고, 세상
일에 마음을 쓰게 되므로, 34 마음이 나뉘어 있
습니다. 결혼하지 않은 여자나 처녀는, 몸과 영을
거룩하게 하려고 주님의 일에 마음을 쓰지만, 결
혼한 여자는, 어떻게 하면 남편을 기쁘게 할 수 있
을까 하고, 세상 일에 마음을 씁니다. 35 내가
이 말을 하는 것은 여러분을 유익하게 하려고 그
러는 것이지, 여러분에게 올가미를 씌우려고 그
러는 것이 아닙니다. 오히려 여러분이 품위 있게
살면서, 마음에 헛갈림이 없이, 오직 주님만을 섬
기게 하려는 것입니다.

36 ㄱ)어떤 이가 결혼을 단념하는 것이 자기의
약혼녀에게 온당하게 대하는 일이 못 된다고 생각
하면, 더구나 애정이 강렬하여 꼭 결혼을 해야겠
으면, 그는 원하는 대로 그렇게 하십시오. 결혼하는
것이 죄를 짓는 것이 아니니, 그런 사람들은 결혼
하십시오. 37 그러나 결혼하지 않기로 마음을
굳게 먹은 사람이, 부득이한 일도 없고, 또 자기의
욕망을 제어할 수 있어서, 자기 약혼녀를 처녀로
그대로 두기로 마음에 작정하였으면, 그것은 잘
하는 일입니다. 38 그러므로, 자기의 약혼녀와
결혼하는 사람도 잘하는 것이지만, 결혼하지 않는
사람은 더 잘하는 것입니다.

39 아내는, 남편이 살아 있는 동안에는, 그
에게 매여 있습니다. 그러나 남편이 ㄴ)죽으면, 자
기가 원하는 사람과 결혼할 자유가 있습니다. 다
만, 주님 안에서만 그렇게 해야 할 것입니다.
40 내 의견으로는, 그 여자는 그대로 혼자 지내는
것이 더 행복할 것입니다. 나도 하나님의 영을 받
았다고 생각합니다.

우상에게 바친 제물

8 1 우상에게 바친 고기에 대하여 말하겠습니
다. 우리는 우리 모두가 지식이 있는 줄로 알
고 있습니다. 지식은 사람을 교만하게 하지만, 사
랑은 덕을 세웁니다. 2 자기가 무엇을 안다고 생
각하는 사람은, 아직도 그가 마땅히 알아야 할 방
식대로 알지 못하는 사람입니다. 3 그러나 하나
님을 사랑하는 사람은 하나님께서 그를 알아주십
니다. 4 그런데 우상에게 바친 고기를 먹는 일을
두고 말하면, 우리가 알기로는, 세상에 우상이란
것은 아무것도 아니고, 오직 하나님 한 분 밖에는
신이 없습니다. 5 이른바 신이라는 것들이 하늘

ㄱ) 또는 '36. 어떤 사람이 자기 딸을 혼기가 지날 때까지 붙들어 둔 것이 온당하지 못하다고 생각하고, 결혼을 시켜야겠다고 생각하면 결혼을 시키십시오. 그것은 아버지에게 죄가 되지 않습니다. 37. 그러나 그럴 필요가 없어서 자유로운 결정으로 자기 딸을 그대로 두기로 작정하여도 그것은 잘 하는 일입니다. 38. 이와 같이 자기 딸을 결혼시키는 일도 잘 하는 일이지만 결혼시키지 않는 것이 더 잘 하는 일입니다' ㄴ) 그, '잠들면'

8:1—11:1 바울은 음식 먹는 것과 관련된 이슈들을 다룬 다음에 그 논의를 이용하여 신자간의 문제를 다룬다.

8:1-6 바울은 고린도 사람들이 보낸 여러 질문 중 하나를 대답하고 있다 **8:1** *…에 대하여.* 이것은 그들이 바울에게 보낸 서신에서 언급한 질문에 대하여라는 말이다 (7:1의 주석을 보라). *우상에게 바친 고기.* 경쟁관계에 있는 우상들에게 바쳐진 고기를 유대식으로 묘사할 때 쓰는 표현이다. 그러한 고기를 시장에서 샀거나 이웃들에게 대접을 받은 신도들에게 이 문제는 이슈가 되고 있다 (10:25-27). *우리는…알고 있습니다.* 바울은 자기 신도들이 알고 있는 것으로 기대하는 것을 다짐하고 있다. 고린도 사람들은 지식을 하나의 신분을 나타내는 표로 생각하고 있다 (1:18–2:6을 참조). 바울은 사랑을 실천하는 공동체를 강조한다. **8:3** *하나님을 사랑하는.* 바울은 이 표현을 자주 쓰지는 않는다 (2:9; 롬 8:28). *하나님이 그를 알아주신다.* 하나님이 알아주어야 그가 참으로 아는 것이다. 안다는 것이 무엇인지 정의하고 있다. **8:4-6** 전통적 고백들이다. 잘 알려진 유대교의 두 가르침이 포함되어 있다: *우상은 존재하지 않는다* (출 20:4-5; 레 19:4; 신 4:15-20)는 것과 *하나님 외에는 다른 신이 없다* (신 6:4)는 것이다. 그리고 초대교회의 가르침이 나타나 있다. 즉 한 분 하나님…한 분 주님, 모든 것들의 근원이 되신다 (3:21b-23; 10:26; 11:12; 롬 11:36).

8:7-13 바울은 우상에게 바쳐진 고기를 먹는 문제에 대하여 가르치면서 양심이 강한 사람과 약한 사람들이 서로 대해야 하는 방법을 말한다. **8:7** *약한 양심.* 신자들의 양심은 신앙이 성장하면서 점점 강하여지고 확실해진다 (8:10, 12; 10:25-30을 보라). **8:8** 음식이라는 것은 선하지도 않고 악하지도 않은 중성이다 (롬 14:17). **8:9-12** 중요한 것은 단지 한 개인의 *자유* ("권리" 라고도 이해되는 이 단어는 9:4-18에서 더 자세히 설명될 것이다; 9:3에 관한 주석을 보라)만이 아

에든 땅에든 있다고 칩시다. 그러면 많은 신과 많
은 주가 있는 것 같습니다. 6 그러나 우리에게는
아버지가 되시는 하나님 한 분이 계실 뿐입니다.
만물은 그분에게서 났고, 우리는 그분을 위하여
있습니다. 그리고 한 분 주님이신 예수 그리스도가
계십니다. 만물이 그분으로 말미암아 있고, 우리도
그분으로 말미암아 있습니다.
7 그러나 누구에게나 다 지식이 있는 것은 아
닙니다. 어떤 사람들은 지금까지 우상을 섬기던
관습에 젖어 있어서, 그들이 먹는 고기가 우상의
것인 줄로 여기면서 먹습니다. 그들의 양심이 약
하므로 더럽혀지는 것입니다. 8 그러나 ㄱ)"우리를
하나님 앞에 내세우는 것은 음식이 아닙니다." 음
식을 먹지 않는다고 해서 손해볼 것도 없고, 먹는
다고 해서 이로울 것도 없습니다. 9 그러나 여러
분에게 있는 이 자유가 약한 사람들에게 걸림돌이
되지 않도록 조심하십시오. 10 지식이 있는 당
신이 우상의 신당에 앉아서 먹고 있는 것을 어떤
사람이 보면, 그가 약한 사람일지라도, 그 양심에
용기가 생겨서, 우상에게 바친 고기를 먹게 되지
않겠습니까? 11 그러면 그 약한 사람은 당신의
지식 때문에 망하는 것입니다. 그리스도께서는 그
약한 신도를 위하여 죽으셨습니다. 12 이렇게 여
러분이 ㄴ)형제자매들에게 죄를 짓고, 그들의 약한
양심을 상하게 하는 것은 그리스도께 죄를 짓는
것입니다. 13 그러므로 음식이 내 ㄴ)형제를 걸어서
넘어지게 하는 것이라면, ㄷ)그가 걸려서 넘어지지
않게 하기 위해서, 나는 평생 고기를 먹지 않겠
습니다.

사도의 권리

9 1 내가 자유인이 아닙니까? 내가 사도가 아
닙니까? 내가 우리 주 예수를 뵙지 못하였습
니까? 여러분은 주님 안에서 내가 일해서 얻은
열매가 아닙니까? 2 다른 사람들에게는 내가 사도
가 아닐지 몰라도, 여러분에게는 사도입니다.
여러분은 주님 안에서 나의 사도직을 보증하는 표
입니다.
3 나를 비판하는 사람들에게 이렇게 답변합
니다. 4 우리에게 먹고 마실 권리가 없습니까?
5 우리에게는 다른 사도들이나 주님의 동생들이나
ㄹ)게바처럼, 믿는 자매인 아내를 데리고 다닐 권리가
없단 말입니까? 6 나와 바나바에게만은 노동하지
않을 권리가 없단 말입니까? 7 자기 비용으로
군에 복무하는 사람이 어디에 있습니까? 포도원
을 만들고 그 열매를 따먹지 않는 사람이 어디에

ㄱ) 8절 전체가 다 인용일 수도 있음 ㄴ) 그, '형제들' ㄷ) 그, '나의 형제'
ㄹ) 베드로

니다. 더 약한 신도들의 행복도 고려되어야 한다. *걸림돌* = 위험물, 방해물 (롬 14:13-23; 고후 6:3). *그리스도가 그들을 위해 죽으신 사람*들을 걸어서 넘어지게 하는 것들을 말한다. 기독교 공동체는 각 개인을 위해 죽으신 그리스도에 기초하여 지음을 받았다 (롬 14:15). 그러므로 그들 중 하나에게 해를 입히는 것(죄를 짓는 것)은 *그리스도에게 죄를 짓는 것과 같다* (8:12; 마 25:45를 참조하라). **8:13** 바울은 자기자신을 예로 든다. 이것은 9:1-27에서 정리될 것이다. *넘어지게 하는 것이라면* = 잘못을 하도록 유도한다면 (롬 14:21을 참조하라).

9:1—10:13 여기서 바울은 자신과 이스라엘의 출애굽 경험을 예로 들면서 본 주제에서 약간 벗어난 예를 두 개 든다.

9:1-23 바울은 고린도 사람들에게 자신을 모델로 내세운다. 그에게는 자유와 권리가 있지만, 그것들을 사용하지 않는다. **9:1** *사도.* 1:1에 관한 주석을 보라. *예수를 뵈었고.* 15:8; 행 9:3; 갈 1:16을 보라. 그러나 제자들과는 달리 바울은 예수님이 살아 계신 동안 그의 사역에 참여하지 않았다. **9:2** *보증하는 표* = 확인증 (롬 4:11을 참조). **9:3** 이것은 모의의 *답변*(희랍어, *아폴로기아*, 변증, "이유를 설명하기," 개역개정은 "변명")이다. 변증의 목적은 모범으로 내세운 바울 자신이 권리를 갖고 있지만 (4-6, 12, 18절), 다른 사람들을 고려하여, 권리행사를 하지 않기로 한 것을 증명하는 것이다. **9:4** 음식을 먹고: 바울은 8:1의 질문과 연관하여 말하고 있다. **9:7** *양떼를 치고.* 심지어 사회의 가장 낮은 계급의 목자들에도 권리가 있다. **9:9** *율법에 기록하기를…소에게.* 신 25:4를 보라. **9:10** 바울은 성경이 *우리를 위하여 하신 말씀* 이라고 자주 말한다 (10:11; 롬 4:23-24; 15:4; 딤후 3:16을 참조). **9:12** *이런 권리를 쓰지 않았습니다.* 이것이 바로 바울의 모의적 변호의 핵심이다. 지장을 주는 것: 8:9의 걸림돌을 의미하는 다른 희랍어. **9:13** *성전에서 나는 것* (음식). 신 18:1-5를 보라. **9:14** *주님께서도…지시하셨습니다.* 마 10:10; 눅 10:7을 보라. **9:15** 이 구절은 12절 후반부와 유사하다. *차라리…죽는 편이.* 이것은 바울의 드라마적인 용법(8:13을 참조)이다. *자랑거리.* 바울은 그가 고린도에서 일하여 자기 재정을 담당한 것을 자랑스럽게 생각한다 (고후 7:2; 11:7-10). **9:16** 바울은 복음을 선포해야할 *의무*(*어쩔 수 없이 그것을 해야만 합니다*)가 있다 (갈 1:15-16). **9:17-18** 그렇기 때문에 삯을 *받지 않는다* (삯이란 문자 그대로 "품값;" 같은 희랍어가 3:8, 14에서 사용되고 있다). 직무를 따라 바울은 이방 사람의 사도로서의 직무를 받았다. *값없이.* 바울은 이것을 복수 의미로 사용하고 있다. 한편으로는

있습니까? 양 떼를 치고 그 젖을 짜 먹지 않는 사
람이 어디에 있습니까? 8 내가 사람의 관례에만
의거하여 이런 말을 하는 줄 아십니까? 율법에도
이런 말이 있지 않습니까? 9 모세의 율법에 기
록하기를 ㄱ)"타작 일을 하는 소에게 망을 씌우지
말아라" 하였습니다. 하나님께서 소를 걱정하신
것입니까? 10 그렇지 않으면, 우리 모두를 위하여
말씀하신 것입니까? 그것은 우리를 위하여 하신
말씀입니다. 밭을 가는 사람은 마땅히 희망을 가
지고서 밭을 갈고, 타작을 하는 사람은 한 몫을 얻
으리라는 희망을 가지고 그 일을 합니다. 11 우
리가 여러분에게 영적인 것으로 씨를 뿌렸으면,
여러분에게서 물질적인 것으로 거둔다고 해서,
그것이 지나친 일이겠습니까? 12 다른 사람들이
여러분에게 이런 권리를 가졌다면, 하물며 우리는
더욱 그러하지 않겠습니까? 그러나 우리는 이런
권리를 쓰지 않았습니다. 우리는 그리스도의 복
음을 전하는 일에 지장을 주지 않도록, 모든 것을
참습니다. 13 성전에서 일하는 사람은 성전에서
나는 것을 먹고, 제단을 맡아보는 사람은 제단 제
물을 나누어 가진다는 것을, 여러분은 알지 못합
니까? 14 이와 같이 주님께서도, 복음을 전하는
사람들에게는 복음을 전하는 일로 살아가라고
지시하셨습니다. 15 그러나 나는 이런 권리를
조금도 행사하지 아니하였습니다. 또 나에게
그렇게 하여 달라고 이 말을 쓰는 것도 아닙니다.
그렇게 하느니, 차라리 내가 죽는 편이 낫겠습니
다. 아무도 나의 이 자랑거리를 헛되게 하지 못할
것입니다. 16 내가 복음을 전할지라도, 그것이
나에게 자랑거리가 될 수 없습니다. 나는 어쩔 수
없이 그것을 해야만 합니다. 내가 복음을 전하지
않으면, 나에게 화가 미칠 것입니다. 17 내가 자
진해서 이 일을 하면 삯을 받을 것입니다. 그러나
내가 마지못해서 하면, 직무를 따라 한 것입니다.
18 그리하면 내가 받을 삯은 무엇이겠습니까? 그
것은, 내가 복음을 전할 때에 값없이 전하고, 복
음을 전하는 데에 따르는 나의 권리를 이용하지
않는다는 그 사실입니다.

19 나는 어느 누구에게도 얽매이지 않은 자
유로운 몸이지만, 많은 사람을 얻으려고, 스스로
모든 사람의 종이 되었습니다. 20 유대 사람들
에게는, 유대 사람을 얻으려고 유대 사람같이 되
었습니다. 율법 아래 있는 사람들에게는, 내가 율법
아래 있지 않으면서도, 율법 아래에 있는 사람을
얻으려고 율법 아래 있는 사람같이 되었습니다.
21 율법이 없이 사는 사람들에게는, 내가 하나님
의 율법이 없이 사는 사람이 아니라 그리스도의
율법 안에서 사는 사람이지만, 율법 없이 사는 사
람들을 얻으려고 율법 없이 사는 사람같이 되었습
니다. 22 믿음이 약한 사람들에게는, 약한 사람
들을 얻으려고 약한 사람이 되었습니다. 나는 모든
종류의 사람에게 모든 것이 다 되었습니다. 그것은,
내가 어떻게 해서든지, 그들 가운데서 몇 사람이
라도 구원하려는 것입니다. 23 나는 복음을 위
하여 이 모든 일을 하고 있습니다. 그것은 내가 복
음의 복에 동참하기 위함입니다.

ㄱ) 신 25:4

고린도 사람들에게 재정지원을 받지 않는다는 것을 말하고, 다른 한편으로는 복음이 하나님의 값없이 주는 은혜에 기초하였다는 것을 말한다. **9:19** 자유로운. 이 단어는 1절과 연관되어 있다. *스스로…종이 되었습니다.* 바울이 아이로니컬하게도 다른 사람들을 위해 자발적이고 모범적으로 섬기는 자가 되었음을 말한다 (갈 5:13). **9:20-23** 바울의 전도 전략은 복음을 전하기 위해 전도자가 스스로 다른 사람들을 섬기는 위치에 있는 것이다. *얻으려고.* 이것은 선교의 목적을 달성하려는 수고를 묘사하기 위해 사용한 경제적 용어(이익을 만들다, 얻다)이다. *율법 아래 있는.* 토라에 규정된 대로 사는. *그리스도의 율법은* 흥미 있는 표현이며 바울은 거의 사용치 않는다. 아마도 사랑을 의미할 것이다; 갈 6:2를 보라. *율법 없이 사는 사람들* = 이방 사람들. **9:22** *약한.* 이 단어를 통해 바울은 이전에 약한 양심을 가진 자들에 대해 권리를 사용치 않는 것에 대한 논의와 연관시키고 있다 (8:7-13). **9:23** *복음을 위하여* 바울은 복음에 대한 의무에 사로잡혀 있다 (9:16). *동참하기 위함.* 문자 그대로는 "파트너가 되기 위함"을 의미하며 또 하나의 상업적 용어이다. (개역개정은 "참여하고자 함"이라고 번역했고 공동번역은 "축복을 나누려는 것"으로 번역했음.)

9:24-27 바울은 자기의 주장을 강화하기 위해 운동선수들을 예로 들고 있다. 2년마다 열리는 이스미안 게임은 고린도에서 8마일 내에 위치한 곳에서 열리며, 고린도전서를 쓰기 바로 전 해에 열렸을 가능성이 많다. **9:25** *자기절제.* 이것은 이미 이 서신의 중요한 주제이다 (7:5, 9). 바울은 우승자의 *썩어 없어질 월계관*을 신자들에게 주어질 것, 즉 심판 날에 죄 없다 함을 얻을 월계관과 대조하고 있다 (빌 4:1; 살전 2:19-20). 20). **9:27** *나는 내 몸을 쳐서 굴복시킵니다.* 이것은 바울의 (역시 모범적인) 자기훈련과 절제에 대한 은유이지, 금욕주의적인 의미에서 몸을 학대하는 것을 의미하지 않는다. *버림을 받는.* 이 단어는 지금까지 사용되지 않았다 (같은 단어를 고후 13:5-7에서 볼 수 있고, 그 반대말은 고전 11:19; 고후 10:18에 볼 수 있다).

10:1-13 바울은 교훈적인 이야기로 출애굽을 인용한다. **10:1** *우리 조상들.* 바울은 고린도 사람들

24 경기장에서 달리기하는 사람들이 모두 달리지만, 상을 받는 사람은 하나뿐이라는 것을 여러분은 알지 못합니까? 이와 같이 여러분도 상을 받을 수 있도록 달리십시오. 25 경기에 나서는 사람은 모든 일에 절제를 합니다. 그런데 그들은 썩어 없어질 월계관을 얻으려고 절제를 하는 것이지만, 우리는 썩지 않을 월계관을 얻으려고 하는 것입니다. 26 그러므로 나는 목표 없이 달리듯이 달리기를 하는 것이 아닙니다. 나는 허공을 치듯이 권투를 하는 것이 아닙니다. 27 나는 내 몸을 쳐서 굴복시킵니다. 그것은 내가, 남에게 복음을 전하고 나서 도리어 나 스스로는 버림을 받는, 가련한 신세가 되지 않으려는 것입니다.

우상 숭배를 경고함

10 1 ㄱ)형제자매 여러분, 나는 여러분이 이 사실을 알기를 바랍니다. 우리 조상들은 모두 구름의 보호 아래 있었고, 바다 가운데를 지나갔습니다. 2 이렇게 그들은 모두 구름과 바다 속에서 ㄴ)세례를 받아 모세에게 속하게 되었습니다. 3 그들은 모두 똑같은 신령한 음식을 먹고, 4 모두 똑같은 신령한 물을 마셨습니다. 그들은 자기들과 동행하는 신령한 바위에서 물을 마신 것입니다. 그 바위는 그리스도였습니다. 5 그러나 그들의 대다수를 하나님께서는 좋아하지 않으셨습니다. 그들은 광야에서 멸망하고 말았습니다. 6 이런 일들은, 우리 조상들이 악을 좋아한 것과 같이 우리가 악을 좋아하는 사람이 되어서는 안된다는 것을, 우리에게 가르쳐주는 본보기가 되었습니다. 7 그들 가운데 얼마는 우상을 숭배했습니다. 성경에 기록하기를 ㄷ)"백성들이 앉아서 먹고 마셨으며, 일어서서 춤을 추었다" 하였습니다. 여러분은 그들과 같이 우상 숭배자가 되어서는 안 됩니다. 8 간음하지 맙시다. 그들 가운데 얼마가 간음을 하였고, 하루에 이만 삼천 명이나 쓰러져 죽었습니다. 9 ㄹ)그리스도를 시험하지 맙시다. 그들 가운데 얼마는 그리스도를 시험하였고, 뱀에게 물려서 죽었습니다. 10 그들 가운데 얼마가 불평한 것과 같이 불평하지 마십시오. 그들은 파멸시키는 이에게 멸망을 당하였습니다. 11 이런 일들이 그들에게 일어난 것은 본보기가 되게 하려는 것이며, 그것들이 기록된 것은 말세를 만난 우리에게 경고가 되게 하려는 것입니다. 12 그러므로 서 있다고 생각하는 사람은 넘어지지 않도록 조심

ㄱ) 그, '형제들' ㄴ) 또는 '침례' ㄷ) 출 32:6 (칠십인역) ㄹ) 다른 고대 사본들에는 '주님을'

을 이야기 속에 포함시키고 있다. *구름.* 이에 대하여는 출 13:21; 시 105:39를 보라. *바다 가운데를 지나갔습니다.* 출 14:22를 보라. **10:2-4** 세례와 주의 만찬 이야기가 출애굽 이야기 속에 엮어져 있다. *신령한 음식.* 출 16:4, 35; 신 8:3; 요 6:49를 보라. *신령한 물.* 출 17:6; 민 20:7-11을 보라. *자기들과 동행하는 신령한 바위* (시 78:15-16을 보라). 한 번 이상 일어났던 것으로 표현하고 있다 (출 17:1-6; 민 20:2-13을 참조). *그 바위는 그리스도였습니다.* (바울과 동시대 유대인 학자였던 필로는 바위를 지혜와 동일시했다. Philo *Alleg. Interp.* 2.86; 벤전 2:4를 참조). **10:5** *광야에서 멸망.* 심판의 뜻이 담긴 이것은 민 14:16, 23; 시 78:30-31을 보라. **10:6** *본보기.* 9:10에 관한 주석을 보라; 10:11을 참조하라. **10:7** *우상숭배자.* 5:10; 6:9; 10:14; 출 32:1-6, 19를 보라. **10:8** *간음.* 이 단어는 서신 전체에 나타나는 계속되는 이슈를 떠올린다 (5:1; 6:13, 18; 7:2). *쓰러져 죽었습니다.* 민 25:1-9를 보라. **10:9** *시험.* 10:13; 신 6:16 // 마 4:9; 시 78:18을 보라; 신 1:26-27; 민 21:5를 참조. *뱀은* 다른 사람들을 죽였다 (민 21:6). **10:10** *파멸시키는 이* = 복수하는 천사 (출 12:23; 삼하 24:16; 대상 21:15; 지혜서 18:20-25를 참조). **10:11** *말세* = 심판의 날. 1:8과 3:13을 보라. **10:12** 전투의 용법을 사용하여, 자기 성찰을 촉구하고 있다 (8:13). **10:13** *하나님은 신실하십니다.* 1:9; 고후 1:18; 살전 5:24를 보라. *벗어날 길* = 또 하나의 출애굽.

10:14-22 바울은 우상에게 바쳐진 (8:1) 음식에 대한 고린도 교회 신도들의 질문으로 다시 돌아가 우상숭배에 대해 논의한다. **10:14** 바울은 그의 대답을 다음과 같이 즉각적으로 요약한다: *우상숭배를 멀리하십시오.* **10:16-18** 3절에서 암시되었던 주님의 만찬에 대해 직접적으로 다룬다. 16절에 있는 참여함, 18절에 있는 *참여하는 사람,* 20절에 있는 *친교를 가지는 사람* ("교제하는 자," 개역개정) 모두는 같은 단어 코이노니아(주님의 만찬을 "컴뮤니온"이라고 부르게 된 근거; 1:9를 보라)를 어원으로 두고 있음을 간과할 수 있다. 17절의 "함께 나누어 먹기"와 21절의 "참여하고"도 역시 같은 단어의 변형을 수사적 효과를 노리기 위하여 사용한 것이다. *이스라엘이 제단에 참여하는 자들이* 되었던 것과 같이 (18절; 9:13; 레 7:6, 15), 믿는 이들도 그리스도나 귀신들 둘 중의 하나와 참여하는 사람들이 된다. *잔과 빵은* 막 14:22-26에서 *축복과* 연관되어 있다 (마 26:26-30과 병행). 하나님은 축복 받으셔야만 하고 (= 감사를 받으시고; 롬 1:25; 고후 1:3; 11:31), 또한 축복을 베푸시는 자이시다 (갈 3:9). **10:16** *그리스도의 몸* = 믿는 사람들 (12:12-26을 참조). **10:17** *한 덩이 빵은* 한 *몸의* 연합을 상징하는 것이다. **10:20** *귀신들.* 우상으로 대표되는 "신들"을 지시하는 말이다

하십시오. 13 여러분은 사람이 흔히 겪는 시련
밖에 다른 시련을 당한 적이 없습니다. 하나님은
신실하십니다. 여러분이 감당할 수 있는 능력 이
상으로 시련을 겪는 것을 하나님은 허락하지 않으
십니다. 하나님께서는 시련과 함께 그것을 벗어날
길도 마련해 주셔서, 여러분이 그 시련을 견디어
낼 수 있게 해주십니다.

14 그러므로 나의 사랑하는 여러분, 우상 숭
배를 멀리하십시오. 15 나는 지각 있는 사람들
에게 말하듯이 말합니다. 내가 하는 말을 판단하
십시오. 16 우리가 축복하는 축복의 잔은, 그리
스도의 피에 참여함이 아닙니까? 우리가 떼는 빵은,
그리스도의 몸에 참여함이 아닙니까? 17 빵이
하나이므로, 우리가 여럿일지라도 한 몸입니다.
그것은 우리가 모두 그 한 덩이 빵을 함께 나누어
먹기 때문입니다. 18 ㄱ)육신상의 이스라엘 백성을
보십시오. 제물을 먹는 사람들은, 그 제단에 참여
하는 사람이 아닙니까? 19 그러니 내가 무엇을
말하려는 것입니까? 우상은 무엇이고, 우상에게
바친 제물은 무엇입니까? 20 아무것도 아닙니다.
ㄴ)이방 사람들이 바치는 제물은 귀신에게 바치는
것이지, 하나님께 바치는 것이 아닙니다. 여러분
이 귀신과 친교를 가지는 사람이 되는 것을 나는
바라지 않습니다. 21 여러분은, 주님의 잔을 마
시고, 아울러 귀신들의 잔을 마실 수는 없습니다.
여러분은, 주님의 식탁에 참여하고, 아울러 귀신
들의 잔을 마실 수는 없습니다. 22 우리가 주님
보다 더 힘이 세다는 말입니까?

모든 것을 하나님의 영광을 위하여

23 '모든 것이 다 허용된다'고 사람들은 말하
지만, 모든 것이 다 유익한 것은 아닙니다. '모든
것이 다 허용된다'고 사람들은 말하지만, 모든 것이
다 덕을 세우는 것은 아닙니다. 24 아무도 자기의
유익을 추구하지 말고, 남의 유익을 추구하십시오.
25 시장에서 파는 것은, ㄷ)양심을 위한다고 하여
그 출처를 묻지 말고, 무엇이든지 다 먹으십시오.
26 ㄹ)'땅과 거기에 가득 찬 것들이 다 주님의 것'
이기 때문입니다. 27 불신자들 가운데서 누가
여러분을 초대하여, 거기에 가고 싶으면, 여러분
앞에 차려 놓은 것은 무엇이나, ㅁ)양심을 위한다고
하여 묻지 말고, 드십시오. 28 그러나 어떤 사람
이 "이것은 제사에 올린 음식입니다" 하고 여러분
에게 말해 주거든, 그렇게 알려 준 사람과 그 양심
을 위해서, 먹지 마십시오. 29 내가 여기에서 양
심이라고 말하는 것은, 내 양심이 아니라, 다른 사
람의 양심입니다. 어찌하여 내 자유가 남의 양심의
비판을 받아야 하겠습니까? 30 내가 감사하는 마
음으로 참여하면, 내가 감사하는 그 음식 때문에 비
방을 받을 까닭이 어디에 있습니까?

31 그러므로 여러분은 먹든지 마시든지, 무슨
일을 하든지, 모든 것을 하나님의 영광을 위하여

ㄱ) 그, '육신을 따라서 태어난 이스라엘 백성을' ㄴ) 신 32:17 (칠십인역)
ㄷ) 그, '양심을 위하여'. 25절을 이렇게 번역할 수도 있다. "시장에서 파는 것은 무엇이든지 다, 양심을 위하여, 그 출처를 묻지 말고 먹으십시오."
ㄹ) 시 24:1 ㅁ) 25절 주 참조

(8:4-6). *귀신과 친교를 가지는 사람들.* "창기와 합하는 사람들" 6:15-17을 참조하라. **10:21** 이방 사람들이 하는 제사에 참여하는 것은 금지되어 있다. **10:22** *질투하시게 하려는.* 10:9를 보라.

10:23—11:1 6:12-20에서 했던 것처럼 바울은 여기서 현재의 논의를 요약한다. **10:23** 6:12를 보라. *세우는 것.* 이것은 앞에서 언급한 사랑의 태도를 생각나게 한다 (8:1을 보라). **10:25-27** 바울은 신도들이 *시장에서 판 고기*(8:1에 관한 주석을 보라)를 먹을 때나 혹은 불신자들의 집에서 먹을 때 (8:4를 참조), 양심에 거리낌을 가져서는 안 된다고 생각한다. **10:26** 성경(시 24:1)은 모든 창조물이 좋은 것이라는 바울의 주장을 뒷받침해 준다. **10:29** 다른 사람의 양심을 고려해주는 것은 고기를 삼가야하는 충분한 이유가 된다. 즉 자기의 권리를 스스로 사용하지 않는 것 (9:1-18을 참조). **10:29b-30** 여기서 바울은 질문들을 이용하여 이전 구절에서 논의했던 수용하는 태도를 취해야 한다고 하며, 극단적인 태도에 제한을 둔다. **10:31** *먹든지 마시든지, 무슨 일을 하든지* 바울은 먹는 것에 대한 고린도 사람들의 질문(8:1)을 모든 삶의 영역까지 확대한다. 하나님을 영화롭게 하고, 존귀하게 하는 것은 삶의 목표이다 (6:20; 롬 1:21; 15:6, 9; 고후 4:15; 갈 1:24). **10:32** *유대 사람…그리스 사람…하나님의 교회* = 모든 사람. **10:33—11:1** 바울은 분명하게 자기 자신을 예로 든다 (9:1-23을 참조). 즉 그리스도의 모범으로부터 어떻게 살아야하는지를 배우는 자로서의 모범이다 (빌 2:5-11을 참조).

11:2—14:40 바울은 고린도 신도들이 예배와 관련된 세 가지 이슈를 다룬다: 여자가 머리에 쓰는 너울, 11:2-16; 성만찬, 11:17-34; 그리고 성령의 은사의 사용에 대하여, 12—14장.

11:2-16 여자들이 예배 중에 머리를 가려야 하는가? **11:2** *전통은* 바울의 가르침의 기반이 된다 (11:23-26; 15:3-11; 빌 2:5-11을 참조). **11:3** 하나님은 모든 것(3:21-23; 8:6; 15:24-28)의 *머리*(근원 혹은 높은 지위를 상징)가 되신다. 그리스도가 머리가 되시는 것에 대하여는 3:23; 엡 1:22; 4:15; 5:23; 골 1:18; 2:10, 19를 보라. 머리가 되는 남편에 대한 것은 다음 몇 가지로 판단해 볼 때 바울에게서 새롭게 보는 정보이다. 즉 계속 이어지는 구절들에서 논의하는 많은 주장들, 7장에서 논하였던 상호성의 원리, 그리고 여자

하십시오. 32 여러분은 유대 사람에게도, 그리스
사람에게도, 하나님의 교회에도, 걸림돌이 되지
마십시오. 33 나도 모든 일을 모든 사람의 마음에
들게 하려고 애씁니다. 그것은, 내가 내 이로움을
구하지 않고, 많은 사람의 이로움을 추구하여, 그
들이 구원을 받게 하려는 것입니다.

11 1 내가 그리스도를 본받는 사람인 것과
같이, 여러분은 나를 본받는 사람이 되십
시오.

여자가 머리에 쓰는 너울

2 여러분이 나를 모든 면으로 기억하며, 또
내가 여러분에게 전해 준 대로 전통을 지키고 있
으니, 나는 여러분을 칭찬합니다. 3 그런데 각
남자의 머리는 그리스도요, [ㄱ]여자의 머리는 [ㄴ]남
자요, 그리스도의 머리는 하나님이신 것을, 여러
분이 알기를 바랍니다. 4 [ㄷ]남자가 머리에 무엇
을 쓰고 기도하거나 예언하는 것은 [ㄹ]자기 머리를
[ㅁ]부끄럽게 하는 것입니다. 5. 그러나 여자가 머
리에 무엇을 쓰지 않은 채로 기도하거나 예언하는
것은 [ㅂ]자기 머리를 [ㅁ]부끄럽게 하는 것입니다. 그
것은 머리를 밀어 버린 것과 꼭 마찬가지입니다.
6 여자가 머리에 아무것도 쓰지 않으려면, 머리
를 깎아야 합니다. 그러나 머리를 깎거나 미는 것
이 여자에게 부끄러운 일이면, 머리를 가려야 합
니다. 7 그러나 남자는 하나님의 형상이요, 하나
님의 [ㅅ]영광이니, 머리를 가려서는 안 됩니다. 그
러나 여자는 남자의 [ㅅ]영광입니다. 8 남자가 여
자에게서 난 것이 아니라, 여자가 남자에게서 났
습니다. 9 또 남자가 여자를 위하여 지으심을 받
은 것이 아니라, 여자가 남자를 위하여 지으심을
받았습니다. 10 그러므로 여자는 천사들 때문에
그 머리에 [ㅇ]권위의 표를 지니고 있어야 합니다.
11 그러나 주님 안에서는, 남자 없이 여자가 있지
않고, 여자 없이 남자가 있지 않습니다. 12 여자가
남자에게서 난 것과 마찬가지로, 남자도 [ㅈ]여자의
몸에서 났습니다. 그리고 모든 것은 다 하나님에
게서 났습니다. 13 여러분은 스스로 판단하여
보십시오. 여자가 머리에 아무것도 쓰지 않은 채로
하나님께 기도하는 것이 마땅한 일이겠습니까?
14 자연 그 자체가 여러분에게 가르쳐 주지 않습
니까? 남자가 머리를 길게 하는 것은 그에게 불명
예가 되지만, 15 여자가 머리를 길게 하는 것은
그에게 영광이 되지 않습니까? 긴 머리카락은 그의
머리를 가려 주는 구실을 하는 것입니다. 16 이
문제를 두고 논쟁을 벌이려고 생각하는 사람이 있
을지는 모르나, 그런 풍습은 우리에게도 없고, 하
나님의 교회에도 없습니다.

ㄱ) 그, '아내'로 번역할 수 있음 ㄴ) 그, '남편'으로 번역할 수 있음 ㄷ) 또는 "4. 남자가 머리를 길게 기르고서 기도하거나 예언하는 것은 자기 머리를 욕되게 하는 것입니다 그런 여자는 '머리털을 잘라 버린 여자'와 같습니다. 6. 여자가 머리에 아무것도 쓰지 않으면, 머리를 짧게 깎아야 하는데, 그러나 여자로서는 머리털을 잘라 버리거나 밀어 버린다고 하는 것은 수치이므로, 머리를 다시 길러야 합니다. 7. 남자는 하나님의 형상이요 하나님의 영광이니, 머리를 길게 길러서는 안 됩니다……" ㄹ) 곧 '그리스도를' ㅁ) 또는 '욕되게' ㅂ) 곧 '남편을' ㅅ) 또는 '반영' ㅇ) 그, '권위를' ㅈ) 그, '여자를 통하여'

들이 교회에서 기도할 수 있고 예언할 수 있다고 인정했던 것 (11:5; 12:28에 관한 주석을 보라). **11:4** 바울은 그의 독자들을 설득하기 위해 부끄럽게 하는 것(5-6절, 14절)과 명예(1절)라고 하는 강한 문화적 특성을 사용한다. *머리에 쓰는 너울.* 바울이 정확히 무엇을 가리키는 것인지 확실하지 않다; 학자들은 쇼울 같은 것, 긴 머리, 혹은 얌전한 머리모양 등을 의미할 것으로 보고 있다. 여자가 *밀어버린 머리*를 하거나 아주 짧은 머리를 하는 것은 좋지 않게 여겨진다 (6절을 보라). **11:6** 바울은 자기의 주장을 뒷받침하기 위해 그 당시의 전통을 이용한다. **11:7-9** 성경으로 논의하는 것들: *하나님의 형상*으로서의 남자에 대하여는 창 1:27-23을 보라 (롬 8:29; 고후 3:18; 4:4를 참조); *여자가 남자에게서 났습니다.* 이에 대하여는 창 2:21-23을 보라; *여자가 남자를 위하여.* 이것에 대하여는 창 2:18을 보라. **11:10** 새번역개정은 "권위의 표," 개역개정은 "권세 아래에 있는 표," 공동번역은 "권위를 인정하는 표시," NRSV는 …의 표를 첨가시켰는데, 이 "표"는 원어에 없는 것을 의미가 잘 통하게 하기 위해 첨가시킨 것이다 (*권위*로 번역된 단어는 7:37; 8:9; 9:4-6, 12, 18에도 나온다). **11:11-12** 여기서 바울은 그리스도 안에서는 남자와 여자의 차별이 없다는 자기의 또 다른 확신을 상기시켜 준다 (12:12-13; 갈 3:28; 또한 7:17-24에 관한 주석을 보라). **11:14-15** 바울은 *자연*(결국 이것도 문화적인 것임)을 근거로 논쟁한다. **11:16** 바울은 모든 교회에서 이것을 실행할 것을 기대하고 있음이 분명하다.

11:17-34 바울은 고린도 교회 신도들이 주님의 만찬을 어떻게 실행해야 하는가 하는 이슈들을 다루고 있다—주님의 만찬을 어떤 사람들은 "컴뮤니온" (10:16-18에 관한 주석을 보라) 혹은 "유카리스트" (희랍어, "감사를 드림," 11:24를 보라) 라고 부른다. **11:17** *칭찬할 수 없습니다.* 11:2, 22를 보라. *오히려 해가 되기 때문입니다.* 만일 고린도 사람들이 주의 만찬을 오용하지 않았다면, 우리는 이 문제에 대한 바울의 가르침을 몰랐을 것이다. **11:18** *분열.* 1:12; 12:25; 16:14를 보라. **11:19** *바르게 사는 사람들이란* "시험을 거쳐 진실됨이 증명된" 이들을 말한다. 같은 희랍어(그러나 알파가 붙어 반대의 의미를 지님)가 9:27에 "부자격자"라는 뜻으로 쓰인다. **11:21** *사람마다.* 제가끔 고린도

성만찬의 오용을 책망하다

17 다음에 지시하려는 일에 대해서는 나는
여러분을 칭찬할 수 없습니다. 그것은 여러분이
모여서 하는 일이 유익이 되기보다는 오히려 해가
되기 때문입니다. 18 첫째로, 여러분이 [ㄱ]교회에
모일 때에 여러분 가운데 분열이 있다는 말이 들
리는데, 그것이 어느 정도는 사실이라고 믿습니다.
19 하기야 여러분 가운데서 바르게 사는 사람들이
환히 드러나려면, 여러분 가운데 파당도 있어야
할 것입니다. 20 [ㄴ]그렇지만 여러분이 분열되어
있으니, 여러분이 한 자리에 모여서 먹어도, 그것
은 주님의 만찬을 먹는 것이 아닙니다. 21 먹을
때에, 사람마다 제가끔 자기 저녁을 먼저 먹으므
로, 어떤 사람은 배가 고프고, 어떤 사람은 술에
취합니다. 22 여러분에게 먹고 마실 집이 없습
니까? 그렇지 않으면, 여러분이 하나님의 교회를
멸시하고, 가난한 사람들을 부끄럽게 하려는 것
입니까? 내가 여러분에게 무슨 말을 해야 하겠습
니까? 여러분을 칭찬해야 하겠습니까? 이 점에서는
칭찬할 수 없습니다.

성만찬의 제정
(마 26:26-29; 막 14:22-25; 눅 22:14-20)

23 내가 여러분에게 전해 준 것은 주님으로
부터 전해 받은 것입니다. 곧 주 예수께서 잡히시던
밤에, 빵을 들어서 24 감사를 드리신 다음에, 떼
시고 말씀하셨습니다. "이것은 너희를 [ㄷ]위하는
내 몸이다. 이것을 행하여 나를 기억하여라."
25 식후에, 잔도 이와 같이 하시고서, 말씀하셨
습니다. "이 잔은 내 피로 세운 새 언약이다. 너희가
마실 때마다 이것을 행하여, 나를 기억하여라."
26 그러므로 여러분이 이 빵을 먹고 이 잔을 마실
때마다, 주님의 죽으심을 그가 오실 때까지 선포
하는 것입니다.

주님의 만찬을 바르게 행하여야 한다

27 그러므로 누구든지, 합당하지 않게 주님의
빵을 먹거나 주님의 잔을 마시는 사람은, 주님의

ㄱ) '예배 회중에' 또는 '예배 모임에'라는 뜻 ㄴ) 그, '그러므로' ㄷ) 다른 고대 사본들에는 '위하여 깨어진'

신도들은 만찬(약식이 아닌 정식)에 참여할 때에 각자 따로 식사를 한다. **11:22** *가난한 사람들.* 바울은 고린도 신자들 가운데 가난한 자들의 입장을 변호해 준다 (1:26을 참조). 그들이 또한 늦게 참여하는 자들일 수도 있다 (33절). **11:23-26** 바울의 만찬에 대한 전통 (10:3-4, 16-17; 마 26:26-29; 막 14:22-25; 눅 22:15-20을 참조). **11:23** *주님으로부터.* 바울은 교회의 전통을 통해 드러나는 예수님의 능력에 공로를 돌린다. *전해 받은.* 전통을 전수 받는 것을 묘사하는 전문용어이다 (11:2). **11:24** *너희를 위하는* 주님의 몸이 "너희를 대신하여" 떼는 것이 아니라 "너희를 위하여" 떼는 것이다. 롬 8:31을 참조하라. *기억하여라.* 이것은 옛날이야기 속에 듣는 자들을 연합하는 방식의 회상을 의미한다; 신 26:5-11에서 주어가 "그"로 시작했다가, 적극적인 회상을 통해, "우리들"로 바뀌는 것을 참조하라. **11:25** 같은 전통에 대하여 눅 22:20을 보라. *잔.* 이것은 함께 나눌 포도주를 의미한다 (10:16 참조). *새 언약.* 이에 대해서는 렘 31:31-34; 고후 3:6을 참조하라. 바울의 저서에 나오는 언약에 대해 알아보려면, 롬 9:4; 갈 4:24를 보라. **11:26** *선포하는 것.* 삶 속에서 드러난 간증. *주님의 죽으심을 그가 오실 때까지.* 이 두 사건은 신앙인의 삶의 골격이 된다. **11:27** *합당하지 않게.* 복음의 내용에 맞지 않게 사는 삶을 말한다. 주님의 몸과 피를 범하는 죄를 짓는 것: 그리스도의 죽음을 헛되이 하는 것 (히 6:6을 참조). **11:28** 자기 성찰은 신도들의 삶에 있어서 중요한 부분이다 (10:12; 고후 13:5; 갈 6:4). 두 가지 이유 때문에 *자기를 살펴야* 한다: 하나는 몸 = 그리스도 (11:24) 때문이고, 다른 하나는 몸 = 모든 신도들(12:12-26)이기 때문에 신도들은 자기들이 그리스도에게와 형제자매들에게 어떻게 대하는지 평가해 보아야 한다. **11:29-32** *심판.* 이것은 현재의 심판(조건적이며 변화의 가능성이 있는 심판)과 마지막 날의 심판 (최종적인 심판) 모두를 의미하는 것이다. **11:31** *스스로 살피면* (29절의 "분별한다"는 단어와 같은 단어이다) = 자기를 심판하는 것과 같은 것이다. **11:32** 여기서 *세상*은 불신자들을 의미하며 땅 위의 삶을 낮게 보는 것이 아니다 (10:26을 참조). **11:33-34** 구체적인 제안들. 그밖에 남은 문제들 이것들이 무엇인지는 알 길이 없다. *내가 가서.* 이것에 대하여는 16:5-7을 보라.

12:1—14:40 바울은 성령의 은사, 특히 글로쏠라리아, 즉 방언의 은사를 갖고 있으면 특별한 지위를 보유한다고 주장하는 몇몇 고린도 교회 신도들에게 응답한다. **12:1-3** 바울은 성령의 은사에 대한 논의를 소개한다. **12:1** *대하여.* 이 전치사는 고린도 사람들이 먼저 이 이슈를 거론했다는 것을 의미한다 (7:1에 관한 주석을 보라). *신령한 은사*들 혹은 *신령한 사람들에* 대하여는 2:15-16을 참조하라. **12:2** 이 구절은 고린도 신도들이 신앙을 알기 전 *이방 사람*들, 즉 불신자이었을 때의 삶을 묘사하고 있다. *우상*들. 유대 사람들이 신적인 형상의 존재를 지칭하는 단어 (8:1-4; 10:14; 합 2:18-19; 행 17:29를 보라). **12:3** *성령* (2:12; 롬

몸과 피를 범하는 죄를 짓는 것입니다. 28 그러니
각 사람은 자기를 살펴야 합니다. 그런 다음에 그
빵을 먹고, 그 잔을 마셔야 합니다. 29 ㄱ)몸을 분
별함이 없이 먹고 마시는 사람은, 자기에게 내릴
심판을 먹고 마시는 것입니다. 30 이 때문에 여
러분 가운데는 몸이 약한 사람과 병든 사람이 많고,
ㄴ)죽은 사람도 적지 않습니다. 31 우리가 스스로
살피면, 심판을 받지 않을 것입니다. 32 그런데
주님께서 우리를 심판하시고 징계하시는 것은,
우리가 세상과 함께 정죄를 받지 않게 하시려는
것입니다. 33 그러므로 나의 ㄷ)형제자매 여러분,
여러분이 먹으려고 모일 때에는 서로 기다리십시오.
34 배가 고픈 사람은 집에서 먹어야 할 것입니다.
그것은, 여러분이 모이는 일로 심판받는 일이 없
도록 하려는 것입니다. 그 밖에 남은 문제들은 내가
가서 바로잡겠습니다.

성령의 선물

12 1 ㄷ)형제자매 여러분, 신령한 은사들에
대하여 여러분이 모르고 지내기를 나는
바라지 않습니다. 2 알다시피 여러분이 이방 사
람일 때에는, 여러분은, 이리저리 끄는 대로, 말
못하는 우상에게로 끌려 다녔습니다. 3 그러므로
나는 여러분에게 알려드립니다. 하나님의 영으로
말하는 사람은 아무도 "예수는 저주를 받아라" 하고
말할 수 없고, 또 성령을 힘입지 않고서는 아무도
"예수는 주님이시다" 하고 말할 수 없습니다.

4 은사는 여러 가지지만, 그것을 주시는 분은
같은 성령이십니다. 5 섬기는 일은 여러 가지지
만, 섬김을 받으시는 분은 같은 주님이십니다.
6 일의 성과는 여러 가지지만, 모든 사람에게서
모든 일을 하시는 분은 같은 하나님이십니다.
7 각 사람에게 성령을 나타내 주시는 것은 공동
이익을 위한 것입니다. 8 어떤 사람에게는 성령
을 통하여 지혜의 말씀을 주시고, 어떤 사람에게
는 같은 성령을 따라 지식의 말씀을 주십니다.
9 어떤 사람에게는 같은 성령으로 믿음을 주시고,
어떤 사람에게는 같은 성령으로 병 고치는 은사를
주십니다. 10 어떤 사람에게는 기적을 행하는
능력을 주시고, 어떤 사람에게는 예언하는 은사를
주시고, 어떤 사람에게는 영을 분별하는 은사를

ㄱ) 주님의 몸인 교회 공동체를 가리킴. 다른 고대 사본에는 '주님의 몸'
ㄴ) 그, '잠자는' ㄷ) 그, '형제들'

8:9를 보라)은 믿음을 가질 수 있도록 돕는 자이다 (롬 8:15-17; 갈 4:5-7을 보라). *예수는 주님이시다* 라고 주장하는 것은 기독교의 가장 기초가 되는 신앙고백이다 (8:6; 롬 10:9; 고후 4:5; 빌 2:11; 골 2:6).

12:4-11 바울은 *은사* (*카리스마타*), 즉 하나님께서 은혜로 주시는 은사들에 대하여 논한다 (7:7을 참조; 또한 롬 12:6-8을 보라). 이것은 교회 내의 지위를 주장하는 자들에게 (잘못된) 근거를 제공하고 있다. **12:4** *여러 가지지만* ("분산시킴," 11절에 나오는 "나누어 줌"과 같은 어근을 갖고 있다). 이것은 바울이 다양성을 인정하는 것이다. …*지만*…*같은* 다양성의 근거가 하나님께 있음을 주장한다. **12:5** *섬기는 일* = 사역; 16:15에 관한 주석을 보라. **12:7** 다양한 은사들의 목적: *공동 이익을 위하여* (희랍어, 도움이 되거나 혹은 이롭게 되는 것; 6:12b; 7:35; 10:23b, 33을 참조). **12:8** *믿음은* 분명히 하나의 은사이다. 그러므로 모든 신자들이 갖고 있다. **12:10** *예언은* 단순히 미래를 미리 말하는 것이 아니다. 그것은 방향을 지시해주는 말씀들이다 (11:5; 14:3; 또한 14:1a를 보라). *방언은* 성령에 힘입어 황홀경에 빠져 하는 말이다; *통역이* 없이는 이해할 수 없다 (14:9-11; 행 2:1-12에서는 매우 다른 모습의 방언을 찾아볼 수 있다). *영의 분별에* 관해서는 14:29를 참조하라. **12:11** 성령은 여러 가지 은사들을 *나누어준다*; 사람이 하는 것이 아니다 (12:4의 주석을 보라); 바로 그렇기 때문에 은사를 받았다고 지위를 주장할 수는 없다. *방언과 통역은* 이 목록에서 맨 마지막에 언급되고 있다 (12:28-30; 14:26에서도 마찬가지). 이것은 바울이 그것들을 제일로 취급하는 고린도 사람들의 주장에 반대하기 때문일 수도 있다.

12:12-13 **12:12** 신도들은 세례를 통해 *한* 몸이 된다 (10:17; 갈 3:27-28을 참조). 여러 부분들로 이루어진 몸의 이미지를 사용하는 것은 그 당시 흔하였다 (롬 12:4-8을 참조). **12:13** 바울은 고린도 사람들에게 이미 세례의 전통을 가르쳤음이 분명하다 (7:17-24; 갈 3:28; 골 3:11을 참조). *마시라.* 이 단어는 10:31; 11:25-26과 연관되어 있다.

12:14-26 14절과 20절은 통일성/다양성을 공정해 주면서 이 단락의 구조를 제공한다. **12:15-17** 이 구절들은 자기자신에 대하여 자신감이 없는 자들을 말하고 있다; 21-24절은 다른 사람들을 낮게 보는 사람들에 대해 말하고 있다. **12:18** *하나님께서는…두셨다.* 이 표현은 24절, 28절 (11절을 참조), 그리고 15:38에서 거듭 나온다. **12:22** *더 약하게 보이는.* 외모로 판단하는 것에 대한 바울의 경고들을 참조하라 (고후 4:16-18; 5:12). 또한 약하고 힘이 없는 이들에 대한 바울의 관심을 나타낸다 (6:1-8; 8:7-13; 9:22; 11:21; 12:24). **12:23** 옷은 몸의 부분들을 "아름답게 꾸며준다." **12:25** *걱정하게 하셨습니다.* 고후 11:28에 같은 어근을 가진 단어가 나오는데, 거기서는 "염려하다" 라는 뜻으로 해석되어 있다 (개역개정에서는 "같이 돌보다;"

주십니다. 어떤 사람에게는 여러 가지 ㄱ)방언을 말
하는 은사를 주시고, 어떤 사람에게는 그 ㄱ)방언을
통역하는 은사를 주십니다. 11 이 모든 일은 한
분이신 같은 성령이 하시며, 그는 원하시는 대로
각 사람에게 은사를 나누어주십니다.

하나의 몸과 많은 지체들

12 몸은 하나이지만 많은 지체가 있고, 몸의
지체는 많지만 그들이 모두 한 몸이듯이, 그리스
도도 그러하십니다. 13 우리는 유대 사람이든지
그리스 사람이든지, 종이든지 자유인이든지, 모
두 한 성령으로 ㄴ)세례를 받아서 한 몸이 되었고,
또 모두 한 성령을 마시게 되었습니다. 14 몸은
하나의 지체로 되어 있는 것이 아니라, 여러 지체
로 되어 있습니다. 15 발이 말하기를 "나는 손이
아니니까, 몸에 속한 것이 아니다" 한다고 해서 발
이 몸에 속하지 않은 것이 아닙니다. 16 또 귀가
말하기를 "나는 눈이 아니니까, 몸에 속한 것이 아
니다" 한다고 해서 귀가 몸에 속하지 않은 것이 아
닙니다. 17 온몸이 다 눈이라면, 어떻게 듣겠습
니까? 또 온몸이 다 귀라면, 어떻게 냄새를 맡겠
습니까? 18 그런데 실은 하나님께서는, 원하시는
대로, 우리 몸에다가 각각 다른 여러 지체를 두셨
습니다. 19 전체가 하나의 지체로 되어 있다고
하면, 몸은 어디에 있습니까? 20 그런데 실은 지
체는 여럿이지만, 몸은 하나입니다. 21 그러므
로 눈이 손에게 말하기를 "너는 내게 쓸 데가 없
다" 할 수가 없고, 머리가 발에게 말하기를 "너는
내게 쓸 데가 없다" 할 수 없습니다. 22 그뿐만
아니라, 몸의 지체 가운데서 비교적 더 약하게 보
이는 지체들이 오히려 더 요긴합니다. 23 그리고
우리가 덜 명예스러운 것으로 여기는 지체들에게
더욱 풍성한 명예를 덧입히고, 볼품 없는 지체들을
더욱더 아름답게 꾸며 줍니다. 24 그러나 아름
다운 지체들은 그럴 필요가 없습니다. 하나님께
서는 몸을 골고루 짜 맞추셔서 모자라는 지체에게
더 풍성한 명예를 주셨습니다. 25 그래서 몸에
분열이 생기지 않게 하시고, 지체들이 서로 같이
걱정하게 하셨습니다. 26 한 지체가 고통을 당
하면, 모든 지체가 함께 고통을 당합니다. 한 지
체가 영광을 받으면, 모든 지체가 함께 기뻐합니다.
27 여러분은 그리스도의 몸이요, 따로 따로는 지
체들입니다. 28 하나님께서 교회 안에 몇몇 일
꾼을 세우셨습니다. 그들은 첫째는 사도요, 둘째
는 예언자요, 셋째는 교사요, 다음은 기적을 행하
는 사람이요, 다음은 병 고치는 은사를 받은 사람
이요, 남을 도와 주는 사람이요, 관리하는 사람이
요, 여러 가지 ㄱ)방언으로 말하는 사람입니다.
29 그러니, 모두가 사도이겠습니까? 모두가 예언
자이겠습니까? 모두가 교사이겠습니까? 모두가

ㄱ) 입신 상태에서 하는 알 수 없는 말 ㄴ) 또는 '침례'

공동번역은 "서로 도와 나가다"로 번역했음). **12:26** 바울이 흔히 사용하는 공동체의 상호존중법칙이 나타난다. 롬 12:15; 고후 11:29; 갈 6:2를 참조하라.

12:27-31 바울은 이전에 했던 자기의 논쟁을 고린도 교회 상황에 적용하고 있다. **12:27** *그리스도의 몸.* 이에 대해서는 6:15-17; 10:17; 롬 12:5를 보라. 또한 엡 1:22-23; 골 1:18에서는 몸의 이미지가 특이하게 발전되어 있다. 즉 그리스도가 몸의 머리가 되신다. **12:28** *하나님께서 세우셨습니다.* 12:11, 18, 24를 참조하라; 비슷한 목록이 12:8-10에서도 나온다. *첫째는 사도요.* 바울은 자기의 위치를 재확인하고 있다 (1:1; 9:1). *둘째는 예언자요.* 바울은 예언이 모든 신자들에게 허용되어 있는 것(11:5; 14:1, 24, 31, 39를 보라)으로 주장한다 (12:10에 관한 주석을 보라). *남을 도와 주는 사람.* 도움을 주는 행위를 의미한다. *관리하는 사람.* (개역개정은 "다스리는 것;" 공동번역은 "지도하는 사람"으로 번역했음.) 바울이 개척한 교회에서의 관리자란 복음을 전파하기 위해 여러 가지로 일하는 자들을 말한다 (16:15-18을 보라). **12:30** *방언과 통역*은 여기서도 맨 마지막에 언급된다. 12:11의 주석을 보라. **12:31** *더 큰 은사와 가장 좋은 길.* 이 구절은 이제 곧 언급할 것에 관심을 일으키도록 유도한다.

13:1—14:1a 이 단락은 지금까지 바울이 앞장에서 언급한 다른 사람에 대한 적절한 배려와 돌봄이 어떠한 기초 위에 이루어지는지에 대하여 말하고 있다. 그리고 앞으로 14장에서 전개할 여러 가지 호소에 밑받침이 되는 것을 제공하고 있다. 이 모든 것의 대전제는 8:1에서 이미 언급한 것처럼 "사랑은 세워준다"는 것이다.

13:1-3 사랑은 삶의 기본 구성요소이다. **13:1** *천사의 말* = 글로쏠라리아 혹은 방언. 12:10에 관한 주석을 보라. *징과 꽹과리.* 14:7-11에서 언급된 여러 악기들을 참조하라. **13:2** *비밀.* 4:1; 14:2를 보라. *산을 옮길 만한 믿음.* 막 11:22-23과 그 병행구들을 참조하라. **13:3** 관대함과 우정을 상징화하는 두 개의 모범적이고 상상을 초월한 행동들을 언급한다 (롬 5:7; 9:3을 참조하라).

13:4-7 바울은 사랑을 묘사하면서, 사랑의 특징들과 기능들을 긍정적인 면(4절, 6b-7절)에서와 부정적인 면 (5-6a절) 양면 다 서술하고 있다. **13:7** 믿음, 소망, 사랑이라는 세 개를 같이 다루는 것이 여기와 13절에 나타난다 (*믿으며*는 "믿음"의 동사형이다); 롬 5:1-5; 갈 5:5-6; 골 1:4-5; 살전 1:3; 5:8을 참조하라. 이 세 가지는 삶의 현재와 미래, 모든 부분(모든 것, 새번역개정은 이것을 "모든 사람"으로 번역했음)과 연관되어 있다.

기적을 행하는 사람이겠습니까? 30 모두가 병
고치는 은사를 받은 사람이겠습니까? 모두가 ㄱ)방
언으로 말하는 사람이겠습니까? 모두가 통역하는
사람이겠습니까? 31 그러나 여러분은 더 큰 은
사를 열심히 구하십시오.

사랑

이제 내가 가장 좋은 길을
여러분에게 보여드리겠습니다.

13 1 내가
사람의 모든 말과
천사의 말을
할 수 있을지라도,
내게 사랑이 없으면,
울리는 징이나
요란한 꽹과리가 될 뿐입니다.
2 내가 예언하는 능력을
가지고 있을지라도,
또 모든 비밀과 모든 지식을
가지고 있을지라도,
또 산을 옮길 만한
모든 믿음을 가지고 있을지라도,
사랑이 없으면, 아무것도 아닙니다.
3 내가 내 모든 소유를
나누어줄지라도,
ㄴ)내가 자랑삼아
내 몸을 넘겨줄지라도,
사랑이 없으면,
내게는 아무런 이로움이 없습니다.

4 사랑은 오래 참고,
친절합니다.
사랑은 시기하지 않으며,
뽐내지 않으며,
교만하지 않습니다.
5 사랑은 무례하지 않으며,
자기의 이익을 구하지 않으며,
성을 내지 않으며,
원한을 품지 않습니다.
6 사랑은 불의를 기뻐하지 않으며,
진리와 함께 기뻐합니다.
7 사랑은 모든 것을 덮어 주며,
모든 것을 믿으며,
모든 것을 바라며,
모든 것을 견딥니다.

8 사랑은 없어지지 않습니다.
그러나 예언도 사라지고,
ㄱ)방언도 그치고,
지식도 사라집니다.

ㄱ) 입신 상태에서 하는 알 수 없는 말 ㄴ) 다른 고대 사본들에는 '내가 내 몸을 불사르기 위하여'

13:8-11 바울은 다른 덕목들과 사랑을 비교하고 대조한다. **13:8** *예언.* 예언은 사람을 세워주면서 사랑을 표현하기 때문에 바울이 가장 좋아하는 은사이다 (8:1; 14:3). 그 반면 *방언은* 고린도 사람들이 지위를 정해준다고 믿기 때문에 좋아하는 은사이다. **13:9-12** 온전한 것과 부분적인 것을 시리즈로 비교하면서 "우리는 믿음으로 살아가지 보는 것으로 살아가지 아니합니다" (고후 5:7) 라는 것을 보여주고자 한다. 고린도 신도들의 *지식*(8절-9절)과 *안다는 것*(12절)을 사랑이라는 관점에서 조명해 주고 있다 (1:18—2:6을 참조). **13:11** *어린 아이의 일을 버렸습니다.* 고린도 신도들을 향한 바울의 소망이다. 3:1-3을 보라. **13:12** *희미하게.* 희랍어로는 "수수께끼로"를 의미할 수 있다. *그 때에는* = 세상의 끝 날을 말하며, 하나님의 목적이 완성되고 그리스도가 다시 오실 때이다 (1:7-8; 15:23-28; 또한 7:29a에 관한 주석을 보라). **13:13** 믿음, 소망, 사랑, 이 세 개를 같이 다루는 것에 대하여는 13:7에 관한 주석을 보라. *믿음은* 하나님과의 바른 관계를 말하며, 사랑이 가능하게 하는 요소이다. 하나님은 *소망의* 근거가 되신다 (롬 4:17-21). 으뜸: *사랑은* 영원한 것이기에 잠시 사용될 뿐인 은사들을 염원하는 고린도 사람들에게 또 다른 시각을 제공한다. 고린도 사람들에게 "으뜸"으로 필요한 것은 사랑이다.

14:1a 사랑을 추구하도록 간청한다. *사랑*이라는 단어가 16:14, 24에 가서야 다시 나오지만, 사랑은 세우는 일(14:3-5, 12, 17, 26)과 긴밀히 연관되어 있기에 (8:1), 사랑과 세우는 것은 서로 교체 가능하게 사용되고 있다.

14:1b-40 바울은 고린도 교회 신도들에게 예언을 추구하라고 권면한다. 왜냐하면 예언은 공동체를 세우고 공동의 이익을 가져오기 때문이다 (3-4절; 12:7). **14:1b-12** 공동체를 세우는 것이 방언보다 더 귀하게 여겨져야 한다. *예언은* 모든 사람들에게 가능한 것으로 이해되고 있으며 (1, 24, 31, 39절), 이에 대하여는 12:10을 보라 (아마도 민 11:29에서 반영되었을 것이다). 예언은 세우는 일을 하며 (3-5절), 위로하고 격려한다 (3절). 예언은 교훈과 대략 같은 것이라고 보아도 된다 (19, 31절). **14:2** *혀로 하는 말* = 방언 = 알아들을 수 없는 말이다; 그러므로 방언은 *비밀의* 영역에 속한다 (4:1의 주석을 보라). **14:4** 방언은 방언자를 세우는 긍정적인 일을 한다 (39절을 보라). **14:5** *그보다도…* 바울은 예언을 더 귀하게 여긴다. 그것은 교회를 세우기 때문이다 (4-5절, 12절). 방언 + 통역 = 예언 (기능적으로). **14:7-8** 바울은 피리, 거문고, 그리고 나팔의 비유를 쓴다. *전투.* 바울은 하나님의 목적들을 전투라고 본다 (고후 6:7; 10:1-6; 엡 6:10-

9 우리는 부분적으로 알고,
부분적으로 예언합니다.
10 그러나 온전한 것이 올 때에는,
부분적인 것은 사라집니다.
11 내가 어릴 때에는,
말하는 것이 어린아이와 같고,
깨닫는 것이 어린아이와 같고,
생각하는 것이
어린아이와 같았습니다.
그러나 어른이 되어서는,
어린아이의 일을 버렸습니다.
12 지금은 우리가
거울로 영상을 보듯이
희미하게 보지마는,
그 때에는 얼굴과 얼굴을
마주하여 볼 것입니다.
지금은 내가 부분밖에
알지 못하지마는,
그 때에는 하나님께서
나를 아신 것과 같이,
내가 온전히 알게 될 것입니다.
13 그러므로 믿음, 소망, 사랑,
이 세 가지는 항상 있을 것인데,
그 가운데서 으뜸은 사랑입니다.

방언과 예언

14 1 사랑을 추구하십시오. 신령한 은사를
열심히 구하십시오. 특히 예언하기를 열
망하십시오. 2 ㄱ)방언으로 말하는 사람은 사람에게
말하는 것이 아니라, 하나님께 말하는 것입니다.
아무도 그것을 알아듣지 못합니다. 그는 성령으로
비밀을 말하는 것입니다. 3 그러나 예언하는 사
람은 사람들에게 말하는 것입니다. 그는 덕을 끼
치고, 위로하고, 격려하는 말을 합니다. 4 ㄱ)방언
으로 말하는 사람은 자기에게만 덕을 끼치고, 예언
하는 사람은 교회에 덕을 끼칩니다. 5 여러분이
모두 ㄱ)방언으로 말할 수 있기를 내가 바랍니다마는,
그보다도 예언할 수 있기를 더 바랍니다. ㄱ)방언을
누가 통역하여 교회에 덕을 끼치게 해주지 않으면,
ㄱ)방언으로 말하는 사람보다, 예언하는 사람이 더
훌륭합니다.
6 ㄴ)형제자매 여러분, 내가 여러분에게로 가
서 ㄱ)방언으로 말하고, 계시나 지식이나 예언이나
가르침을 전하는 방식으로 말하지 않는다면, 여
러분에게 무슨 유익이 되겠습니까? 7 피리나 거
문고와 같이 생명이 없는 악기도, 각각 음색이 다

ㄱ) 입신 상태에서 하는 알 수 없는 말 ㄴ) 그, '형제들'

17; 살전 5:8을 참조). **14:10-11** 바울은 방언의 유용성에 대한 비유를 말들, 문자 그대로 말해서, "소리들"로부터 든다. 딴 세상 사람, 문자 그대로 말하면, "야만인." (개역개정과 공동번역은 "외국인"으로 번역했음). **14:12** *성령의 은사를 갈구하는.* 12—14장에서 다루는 문제를 적나라하게 말해주고 있다. 즉 잘못된 동기에서 성령의 은사를 지나치게 갈구하고 있음을 말해 준다. *더욱 넘치게 받기를.* 바울은 그들의 열심을 긍정적인 목표로 향하도록 돕는다. **14:13-19** 바울은 공동체를 세우는 적절한 방법들을 제시한다. 즉 영으로 (혹은 성령으로? 롬 8:26에서 보듯이) *기도하기, 찬미하기, 축복하기* (*감사를 드리기*) 등이 좋은 방법이나 이것으로만은 부족하다. 즉 세우는 일이 제대로 일어나려면, *깨친 마음이* 필요하다 (17절). **14:15** 바울은 *영과 마음*을 함께 사용하도록 강권한다. **14:16** *갓 믿기 시작한 사람* 14:23을 보라. *아멘.* 이것은 유대교의 관습으로, 말하여진 것에 대해 긍정적으로 응답하는 방법이다 (고후 1:20; 갈 1:5; 빌 4:20). **14:18** *더 많이 방언을 말할 수 있음.* 바울이 고린도 사람들의 방언에 대한 과열된 열심에 대해 반대하는 것이 그가 방언을 할 수 없기 때문에 비롯된 것이 아니다. **14:19** *교회에서.* 바울이 여기에서 하는 충고들은 신앙을 사적인 영역에서 어떻게 실행해야 하는지에 대해서는 다루고 있지 않다 (4절 첫 부분을 보라). *다섯 마디 말 대 만 마디 말*은 뚜렷한 대조를 이룬다. **14:20-40** 바울은 고린도 교회 신도들의 친교생활에서 생기는 여러 가지 문제들을 다룬다. **14:20-25** 고린도 교회 신도들은 불신자들 그리고 새신자들과는 어떻게 관계를 맺어야 하는가? **14:20** 빌 3:15를 참조하라. **14:21** 사 28:11-12를 보라. **14:22** 표징은 그들의 주의를 끄는 수단이다. **14:23** *갓 믿기 시작한 사람* 이 단어는 희랍어에서 "훈련이 안된," "아마추어" 등의 뜻으로 쓰인다 (개역개정은 "알지 못하는 자;" 공동번역은 "보통 교인"으로 번역했음). 바울은 여기서 훈련이 덜 되어있고, 뚜렷한 은사를 드러내지 않는 신자들(이들도 16절에 보면 "아멘"이라고 말할 수 있다)을 지칭하고 있다. **14:25** 신도들은 하나님이 거하시는 성전이다 (3:9, 16-17); 사 45:14; 슥 8:23을 참조하라. **14:26-33** 무질서한 예배와 그에 대한 구체적인 제안들. **14:26** 찬송, 가르침, 즉 "교훈을 주는;" 엡 5:18-19를 참조하라. 14장의 핵심은 곧 이 서신 전체의 핵심이며 (16:14를 참조), 그것은 곧 "모든 일을 남에게 덕이 되게 하십시오" = 사랑으로 (8:1) 하라는 것이다. **14:27-31** 질서를 바로잡기 위한 제안들: 차례를 지켜하기; 다른 사람들에게도 기회를 주기. **14:27** *누가 방언으로 말할 때에는.* 방언은 예배에 꼭 필요한 것은 아니다. **14:29** *말한 것들을 분별하십시오.* 예언은 공동체에 의해 분별되어야 하며, 무조건 받아들이면 안 된다. **14:31** 예언은 북돋아

른 소리를 내지 않으면, 피리를 부는 것인지, 수
금을 타는 것인지, 어떻게 알 수 있겠습니까?
8 또 나팔이 분명하지 않은 소리를 내면, 누가 전
투를 준비하겠습니까? 9 이와 같이 여러분도
ㄱ)방언을 사용하기 때문에 분명한 말을 하지 않는
다면, 그 말이 무슨 뜻인지 남이 어떻게 알겠습니
까? 결국 여러분은 허공에다 대고 말하는 셈이 될
것입니다. 10 이 세상에는 수많은 종류의 말이
있습니다. 그러나 뜻이 없는 말은 하나도 없습니다.
11 내가 그 말의 뜻을 알지 못하면, 나는 그 말을
하는 사람에게 딴 세상 사람이 되고, 그도 나에게
딴 세상 사람이 될 것입니다. 12 이와 같이 여러
분도 성령의 은사를 갈구하는 사람들이니, 교회
에 덕을 끼치도록, 그 은사를 더욱 넘치게 받기를
힘쓰십시오.

13 그러므로 ㄱ)방언으로 말하는 사람은 그것을
통역할 수 있기를 기도하십시오. 14 내가 ㄱ)방언
으로 기도하면 내 영은 기도하지만, 내 마음은 아
무런 열매를 얻지 못합니다. 15 그렇다면 어떻
게 해야 하겠습니까? 나는 영으로 기도하고, 또
깨친 마음으로도 기도하겠습니다. 나는 영으로
찬미하고, 또 깨친 마음으로도 찬미하겠습니다.
16 그렇지 않고, 그대가 영으로만 감사를 드리
면, 갓 믿기 시작한 사람은, 그것이 무슨 뜻인지
를 알아듣지 못하므로, 어떻게 그 감사 기도에
"아멘" 하고 말할 수 있겠습니까? 17 그대가 훌
륭하게 감사 기도를 드린다고 해도, 다른 사람에
게는 덕이 되지 않습니다. 18 나는 여러분 가운
데 누구보다도 더 많이 ㄱ)방언을 말할 수 있음을
하나님께 감사합니다. 19 그러나 나는, ㄱ)방언으로
만 마디 말을 하기보다도, 다른 사람을 가르치기
위하여 나의 깨친 마음으로 교회에서 다섯 마디
말을 하기를 원합니다.

20 ㄴ)형제자매 여러분, 생각하는 데는 아이가
되지 마십시오. 악에는 아이가 되고, 생각하는 데
는 어른이 되십시오. 21 율법에 이렇게 기록되
어 있습니다. 주님께서 말씀하시기를

ㄷ)"내가 ㄹ)방언을 하는 사람의 혀와
딴 나라 사람의 입술로
이 백성에게 말할지라도,
그들은 나의 말을
듣지 않을 것이다"

하셨습니다. 22 그러므로 ㄱ)방언은 신자들에게
주는 표징이 아니라 불신자들에게 주는 표징이고,
예언은 불신자들에게 주는 것이 아니라 신자들에
게 주는 것입니다. 23 온 교회가 한 자리에 모여
서 모두가 ㄱ)방언으로 말하고 있으면, 갓 믿기 시
작한 사람이나 믿지 않는 사람이 들어와서 듣고,
여러분을 미쳤다고 하지 않겠습니까? 24 그러나
모두가 예언을 말하고 있으면, 갓 믿기 시작한 사
람이나 믿지 않는 사람이 들어와서 듣고, 그 모두
에게 질책을 받고 심판을 받아서, 25 그 마음 속
에 숨은 일이 드러나게 됩니다. 그래서 그는 엎드
려서 하나님께 경배하면서 "참으로 하나님께서 여
러분 가운데 계십니다" 하고 환히 말할 것입니다.

ㄱ) 입신 상태에서 하는 알 수 없는 말 ㄴ) 그, '형제들' ㄷ) 사 28:11, 12 ㄹ) 또는 '다른 말을'

주는 것과 관련되어 있다 (14:3을 참조). **14:32** 바울은 자기훈련(자기통제)의 중요성을 인지한다. **14:33** *모든 교회에서 그렇게 하는 것과 같이.* 희랍어 원문에는 절과 문단구분이 없다. 따라서 이 구절은 아마도 바울의 여러 교회에게 준 조언들 속에서 발견할 수 있는 평화의 하나님에 대한 주장과 함께 읽혀져야 할 것이다 (롬 15:33; 16:20; 고전 7:15, 35; 살전 5:23). **14:34-36** 어떤 학자들은 이 세 구절이 후대에 삽입된 것이라고 본다. 여성들도 교회 내에서 기도하고 예언한다 (11:5). 그리고 지도자의 역할도 갖고 있다. 롬 16:1-4; 빌 4:2-3을 참조하라. 이 구절들이 바울의 죽음 후에 쓰인 문서들에서 얼마나 잘 병행되고 있는가에 대하여 14:34의 주석을 보라. **14:34** *율법에서도 말한 대로…복종해야 합니다.* 엡 5:22; 골 3:18; 딤전 2:11-14; 딛 2:5; 벧전 3:1-6을 보라. 또한 창 3:16을 보라.

특별 주석

이 빈정대는 질문들은 누구에게 던져진 것인가? 흔히들 이것은 발언을 하는 여인들에게 던져진 것이라고 생각한다. 그러나 어떤 주석에 의하면, 이것이 14:34a에 있는 전형적인 격언 혹은 일반적인 원칙을 고린도 남자들에 대해 던지는 질문들이라고 보기도 한다 (7:1에 있는 또 다른 격언을 보라).

14:37-40 여기서 바울은 12:1에서 시작한 논의를 결론짓고 있다. **14:37** *주님의 명령.* 이것은 7:10, 25에서 언급한 것과 같은 예수님이 주신 말씀은 아니지만, 신성한 권위를 가지고 있다. **14:38** *인정하는 것* = 권위를 주는 것. 8:38을 참조하라. **14:39** *방언은* 금지되어 있지 않다. **14:40** 14:33을 참조하라.

15:1-58 바울은 예수님의 부활과 죽은 이들의 부활에 대하여 논의하고 있다. **15:1-11** 바울은 부활에 대해 처음에 했던 기본 설교를 고린도 사람들에게 상기시키고 있다 (2:1-2를 참조). **15:1-2** 구원에 대해 그들에게 처음 했던 설교—그들이 *헛되이 믿지* 않게 되기를 일깨워주고 있다 (14절과 17절을 참조). **15:3** *전해 받은.* 이 단어는 "전통"을 의미하는 전문용어이다

모든 것을 질서 있게 행하라

26 그러면 ㄱ)형제자매 여러분, 어떻게 해야 하겠습니까? 여러분이 함께 모이는 자리에는, 찬송하는 사람도 있고, 가르치는 사람도 있고, 하나님의 계시를 말하는 사람도 있고, ㄴ)방언으로 말하는 사람도 있고, 통역하는 사람도 있습니다. 모든 일을 남에게 덕이 되게 하십시오.
27 누가 ㄴ)방언으로 말할 때에는, 둘 또는 많아야 셋이서 말하되, 차례로 말하고, 한 사람은 통역을 하십시오.
28 통역할 사람이 없거든, 교회에서는 침묵하고, 자기에게와 하나님께 말하십시오.
29 예언하는 사람은 둘이나 셋이서 말하고, 다른 이들은 그것을 분별하십시오.
30 그러나 앉아 있는 다른 사람에게 계시가 내리거든, 먼저 말하던 사람은 잠잠하십시오.
31 여러분은 모두 한 사람씩 한 사람씩 예언을 할 수 있습니다. 그래야 모두가 배우고, 권면을 받게 됩니다.
32 예언하는 사람의 영은 예언하는 사람에게 통제를 받습니다.
33 하나님은 무질서의 하나님이 아니라, 평화의 하나님이십니다.

성도들의 모든 교회에서 그렇게 하는 것과 같이,
34 ㄷ)여자들은 교회에서는 잠자코 있어야 합니다. 여자에게는 말하는 것이 허락되어 있지 않습니다. ㄹ)율법에서도 말한 대로 여자들은 복종해야 합니다.
35 배우고 싶은 것이 있으면, 집에서 자기 남편에게 물으십시오. 여자가 교회에서 말하는 것은, 자기에게 부끄러운 일입니다.
36 하나님의 말씀이 여러분에게서 났습니까? 또는 여러분에게만 내렸습니까?

37 누구든지 자기가 예언자이거나 성령을 은사로 받은 사람이라 생각하거든, 내가 여러분에게 써 보내는 이 글이 주님의 명령이라는 것을 알아야 합니다.
38 누구든지 이것을 인정하지 않으면, 그 사람도 인정을 받지 못할 것입니다.
39 그러므로 ㅁ)나의 형제자매 여러분, 예언하기를 열심히 구하십시오. 그리고 ㄴ)방언으로 말하는 것을 막지 마십시오.
40 모든 일을 적절하게 하고 질서 있게 해야 합니다.

ㄱ) 그, '형제들' ㄴ) 입신 상태에서 하는 알 수 없는 말 ㄷ) 다른 고대 사본들은 34-35절을 40절 뒤에 놓았음 ㄹ) 창 3:16 ㅁ) 그, '나의 형제들'

(11:23을 참조). *죄를 위하여…죽은.* 마 26:28; 롬 3:25; 5:8; 갈 1:4; 살전 5:10을 보라. *성경대로.* 롬 3:21; 15:7-13을 참조하라; 바울이 갖고 있던 성경은 이스라엘의 성경뿐이다. **15:4** *묻히셨다.* 막 15:45-47과 그 병행구들을 참조하라. *살아나셨다.* 막 8:31과 그 병행구들을 참조하라. **15:5** *나타나시다.* 마 28:8-10; 눅 24:13-53; 요 21:4-14를 참조하라. *게바.* 게바는 베드로의 아람어 이름이다 (1:12; 3:22). *열두 제자* = 예수님의 제자들. 야고보는 예수님의 형제이다 (갈 1:19). **15:7** *모든 사도들.* 바울과 다른 사도들을 말하며 "사도"가 열두 명의 사도만 의미하지 않는다 (1:1; 행 14:4를 참조). **15:8** *맨 나중에.* 바울은 부활하신 예수님의 나타나심이 자기에게서 끝마친다고 생각한다. *달이 차지 못하여 난 자.* 바울이 자기에 대해 말하는 것이다 (9절, 고후 12:11; 갈 1:15를 또한 보라). **15:9** *박해했기 때문입니다.* 행 8:3; 9:1-6; 22:7-8, 19-20; 26:14-15; 갈 1:13, 22-23; 빌 3:6 참조. **15:10** *더 열심히 일하였습니다.* 고후 11:5를 참조하라. **15:12-34** 고린도 사람들은 그리스도가 죽음에서 살아나셨다는 바울의 가르침을 받아들였다. 이제 바울은 여기로부터 출발하여 부활에 대한 보다 일반적인 이해에 대해 논의하며 잘못된 점들을 고쳐주고 있다. **15:12** *그리스도께서 죽은 사람 가운데서 살아나셨다.* 고전 15:4; 롬 6:4-10; 고후 4:14; 빌 3:10을 참조하라. **15:14** *헛되고.* 고전 15:58; 갈 2:2; 빌 2:16; 또한 살전 3:5를 보라. **15:16** *죽은 사람들이 살아나는 일이 없다면.* 어떤 고린도 사람들은 바울의 마지막 날의 기대를 현재의 영적인 삶으로 간주한 것 같다 (4:8-11을 참조). **15:17** *죄.* 이 단어는 15:3의 그리스도께서 우리 죄를 위하여 죽으셨다는 것과 연결된다. **15:18** *그리스도 안에서 잠든 사람들.* 마지막 날의 부활이 오기 전에 죽은 자들을 말한다. **15:19** 희랍어 "…만 (only)"이 수식하는 단어는 *이 세상* 혹은 *바라*는 것 중의 하나가 될 수도 있다. **15:20** *첫 열매.* 이것은 성경에 근거하여 전 수확물을 거룩하게 만드는 것을 가리킨다. 출 23:19; 롬 8:29; 골 1:18을 참조하라. **15:21-22** 아담/그리스도 유형(45절-49절과 롬 5:14-21을 참조)은 두 가지 종류의 삶을 표현하는 방식이다. 유형을 사용할 때에 성경의 인물이나 사건을 선택하여, 저자가 말하고 싶어 하는 내용을 다시 이야기한다. **15:23** *각각 제 차례대로.* 그리스도를 수확의 첫 열매로—이것은 아마도 벌써 부활을 경험했다고 주장하는 자들에 대한 반박일 것이다. *그리스도께서 재림하실 때.* 이 서신에서 지속적으로 볼 수 있는 종말에 대한 주제이다 (1:7-8; 3:13-15; 4:5; 5:5; 살전 4:14-17; 5:23을 참조). **15:24** 마지막 때란 그리스도의 죽음과 부활에서 시작된 하나님의 목적이 완성되는 때이다. **15:24-28** 모든 것의 종말이 어떠하리란 것에 대한 바울의 묘사이다 (6:2; 빌 3:17-21; 살전 4:13-18). 시 8:6을 중심으로 그 구조가 만들어졌다 (고전 15:27에서). **15:28** 모든 것은 하나님께로부터 비롯되었다. 3:21b-23; 8:6; 10:26; 11:3을 참조하라. *아들*

그리스도의 부활

15 1 ㄱ)형제자매 여러분, 내가 여러분에게 전한 ㄴ)복음을 일깨워 드립니다. 여러분은 그 복음을 전해 받았으며, 또한 그 안에 서 있습니다. 2 내가 여러분에게 복음으로 전해드린 말씀을 헛되이 믿지 않고, 그것을 굳게 잡고 있으면, 그 복음을 통하여 여러분도 구원을 얻을 것입니다.

3 나도 전해 받은 중요한 것을 여러분에게 전해 드렸습니다. 그것은 곧, 그리스도께서 성경대로 우리 죄를 위하여 죽으셨다는 것과, 4 무덤에 묻히셨다는 것과, 성경대로 사흗날에 ㄷ)살아나셨다는 것과, 5 게바에게 나타나시고 다음에 열두 제자에게 나타나셨다고 하는 것입니다. 6 그 후에 그리스도께서는 한 번에 오백 명이 넘는 ㄱ)형제자매들에게 나타나셨는데, 그 가운데 더러는 ㄹ)세상을 떠났지만, 대다수는 지금도 살아 있습니다. 7 다음에 야고보에게 나타나시고, 그 다음에 모든 사도들에게 나타나셨습니다. 8 그런데 맨 나중에 달이 차지 못하여 난 자와 같은 나에게도 나타나셨습니다. 9 나는 사도들 가운데서 가장 작은 사도입니다. 나는 사도라고 불릴 만한 자격도 없습니다. 그것은, 내가 하나님의 교회를 박해했기 때문입니다. 10 그러나 나는 하나님의 은혜로 오늘의 내가 되었습니다. 나에게 베풀어주신 하나님의 은혜는 헛되지 않았습니다. 나는 사도들 가운데 어느 누구보다도 더 열심히 일하였습니다. 그러나 이렇게 한 것은 내가 아니라, 나와 함께 하신 하나님의 은혜입니다. 11 그러므로 나나 그들이나 할 것 없이, 우리는 이렇게 전파하고 있으며, 여러분은 이렇게 믿었습니다.

죽은 사람의 부활

12 그리스도께서 죽은 사람 가운데서 살아나셨다고 우리가 전파하는데, 어찌하여 여러분 가운데 더러는 죽은 사람의 부활이 없다고 말합니까? 13 죽은 사람의 부활이 없다면, 그리스도께서도 살아나지 못하셨을 것입니다. 14 그리스도께서 살아나지 않으셨다면, 우리의 선포도 헛되고, 여러분의 믿음도 헛될 것입니다. 15 우리는 또한 하나님을 거짓되이 증언하는 자로 판명될 것입니다. 그것은, 죽은 사람이 살아나는 일이 정말로 없다면, 하나님께서 그리스도를 살리지 아니하셨을 터인데도, 하나님께서 그리스도를 살리셨다고, 하나님에 대하여 우리가 증언했기 때문입니다. 16 죽은 사람들이 살아나는 일이 없다면, 그리스도께서 살아나신 일도 없었을 것입니다. 17 그리스도께서 살아나지 않으셨다면, 여러분의 믿음은 헛된 것이 되고, 여러분은 아직도 죄 가운데 있을 것입니다. 18 그리고 그리스도 안에서 잠든 사람들도 멸망했을 것입니다. 19 그리스도 안에서 우리가 바라는 것이 이 세상에만 해당되는 것이라면, 우리는 모든 사람 가운데서 가장 불쌍한 사람일 것입니다.

20 그러나 이제 그리스도께서는 죽은 사람들 가운데서 살아나셔서, ㅁ)잠든 사람들의 첫 열매가 되셨습니다. 21 한 사람으로 말미암아 죽음이 들어왔으니, 또한 한 사람으로 말미암아 죽은 사람의 부활도 옵니다. 22 아담 안에서 모든 사람이

ㄱ) 그, '형제들' ㄴ) 또는 '기쁜 소식' ㄷ) 그, '일으켜지셨다' ㄹ) 그, '잠들었지만' ㅁ) 또는 '죽은 사람들의'

까지도⋯ 굴복시키신. 3:23을 참조. **15:29** *죽은 사람들을 위해서 세례를 받는.* 이것의 진정한 의미는 알 수 없고, 한 가지 가능한 해석은 믿음을 갖기 전에 죽은 이들을 대표하는 몇몇 고린도 신도들을 언급하는 것 같기도 하다. **15:30-32a** 고난의 목록(고후 4:7-12; 6:1-10; 11:21b-29를 참조)을 통해 바울은 자기의 노고(15:14, 58을 보라)가 위협이나 죽음에 의해서도 사라지지 않을 것이라는 확신을 나타내고 있다. **15:33** *나쁜 동무가 좋은 습성을 망칩니다.* 잘 알려져 있던 희랍의 격언을 아마도 메난드로스(주전 3세기 그리스의 희극)에서 인용했을 것이다. **15:34** *부끄럽게.* 11:4의 주석을 보라. **15:35-57** 바울은 죽은 자의 부활에 대한 자기의 가르침을 상상 속의 질문자에게 대답하는 형식으로 설명하고 있다. **15:35** 죽은 *사람이 어떻게 살아나며.* 이 질문에 대해서는 직접 답하지 않는다. 몸 (위 구절들에서 9번 사용됨), *육체* (39절), *영광* (40-41절), 이 모든 것은 누구의 것이냐에 따라 다르다 (38절을 보라). **15:37** 바울은 부활을 *씨 뿌리기*의 비유로 설명하고 있다 (3:6-8을 또 보라). **15:38** *하나님께서는 원하시는 대로⋯주십니다.* 3:5; 7:17; 12:18, 24, 28의 주제를 정리한 것이며, 이 모든 것은 씨들과 같이 몸들도 한 형태로 심겨져야함을 말하는 42-44절을 준비하고 있다. **15:45-48** 아담/그리스도 유형이 다시 나오며 (21-22절을 보라), 여기서는 처음과 나중 사람으로 대조되고 있다; 그러나 49절에 의하면 믿는 이들은 두 사람 모두와 일체화하도록 되어있다. **15:45** *첫 사람 아담은 산 영이 되었다.* (개역개정은 "생령;" 공동번역은 "생명있는") 이에 대하여는 창 2:7을 보라 (칠십인역). *마지막 아담* = 그리스도. **15:49** *형상.* 11:7-9에 관한 주석을 보라. **15:50** *살과 피* = 변화되지 않은 사람들

죽는 것과 같이, 그리스도 안에서 모든 사람이 살
아나게 될 것입니다. 23 그러나 각각 제 차례대
로 그렇게 될 것입니다. 첫째는 첫 열매이신 그리
스도요, 그 다음은 그리스도께서 재림하실 때에,
그리스도께 속한 사람들입니다. 24 그 때가 [ㄱ]마
지막입니다. 그 때에 그리스도께서 모든 통치와
모든 권위와 모든 권력을 폐하시고, 그 나라를 하
나님 아버지께 넘겨드리실 것입니다. 25 하나님
께서 모든 원수를 그리스도의 발 아래에 두실 때
까지, 그리스도께서 다스리셔야 합니다. 26 맨
마지막으로 멸망 받을 원수는 죽음입니다. 27 성
경에 이르기를 [ㄴ]"하나님께서 모든 것을 그의 발
아래에 굴복시키셨다" 하였습니다. 모든 것을 굴
복시켰다고 말할 때에는, 모든 것을 그에게 굴복
시키신 분은 그 가운데 들어 있지 않은 것이 명백
합니다. 28 그러나 모든 것이 하나님께 굴복 당
할 그 때에는, 아들까지도 모든 것을 자기에게 굴
복시키신 분에게 굴복하실 것입니다. 그래서 하
나님은 만유의 주님이 되실 것입니다.

29 죽은 사람들이 살아나지 않는다면, 죽은
사람들을 위해서 [ㄷ]세례를 받는 사람들은 무엇 하
려고 그런 일을 합니까? 죽은 사람이 정말로 살아
나지 않는다면, 무엇 때문에 그들은 죽은 사람들
을 위하여 [ㄷ]세례를 받습니까? 30 그리고 또 우
리는 무엇 때문에, 시시각각으로 위험을 무릅쓰
고 있습니까? 31 [ㄹ]형제자매 여러분, 나는 감히
단언합니다. 나는 날마다 [ㅁ]죽습니다! 이것은, 우
리 주 예수 그리스도께서 여러분에게 하신 그 일
로 내가 여러분을 자랑스럽게 여기는 것만큼이나
확실한 것입니다. 32 내가 에베소에서 맹수와
싸웠다고 하더라도, 인간적인 동기에서 한 것이
라면, 그것이 나에게 무슨 유익이 되겠습니까? 만
일 죽은 사람이 살아나지 못한다면

[ㅂ]"내일이면 죽을 터이니,
먹고 마시자"

할 것입니다. 33 속지 마십시오. 나쁜 동무가 좋
은 습성을 망칩니다. 34 똑바로 정신을 차리고,
죄를 짓지 마십시오. 여러분을 부끄럽게 하려고
내가 이 말을 합니다만, 여러분 가운데서 더러는
하나님을 아는 지식이 없습니다.

몸의 부활

35 그러나 "죽은 사람이 어떻게 살아나며,
그들은 어떤 몸으로 옵니까?" 하고 묻는 사람이
있을 것입니다. 36 어리석은 사람이여! 그대가
뿌리는 씨는 죽지 않고서는 살아나지 못합니다.
37 그리고 그대가 뿌리는 것은 장차 생겨날 몸 그
자체가 아닙니다. 밀이든지 그 밖에 어떤 곡식이
든지, 다만 씨앗을 뿌리는 것입니다. 38 그러나

ㄱ) 또는 '안식' ㄴ) 시 8:6 ㄷ) 또는 '침례' ㄹ) 그, '형제들' ㅁ) 또는 '죽음의 위협을 당합니다' 또는 '죽음을 경험합니다' ㅂ) 사 22:13

(고후 3:18을 참조)은 *하나님 나라를 유산으로 받을 수* 없다. 4:20; 6:9; 15:24, 50; 갈 5:21을 보라. **15:51** *우리가 다 잠들 것이 아니라.* 바울은 자기가 살아있는 동안 종말을 보리라고 변함없이 기대하고 있다 (롬 13:11-12; 살전 4:15를 참조). *다 변화할 터인데.* 새 창조(롬 12:2; 고후 5:17)가 다가오고 있음을 암시해 준다 (빌 3:21을 참조). **15:52** *나팔*은 전투와 연결되어 있다 (14:8을 참조). **15:53-54** *…을 입다.* 고후 5:4를 참조하라. **15:53** *죽지 않을 것을 입어야 합니다.* 롬 2:7; 고후 5:4를 참조하라. **15:54** 사 25:8을 참조하라. **15:55** 호 13:14를 보라. 죽음은 최후의 적이다 (15:26). **15:56** *죽음의 독침은 죄요* = 죄는 사망으로 인도한다 (롬 6:16, 21, 23을 참조). *율법*은 그 자체는 죄가 아니지만 죄를 짓게 하는 요소가 많다 (롬 7:7-12). **15:57** *승리.* 14:7-8에 관한 주석을 보라. **15:58** *일*에 대하여는 3:12-15; 15:10; 16:10, 16을 보라. *헛되지 않습니다.* 빌 2:16; 골 2:6을 참조하라.

16:1-4 바울은 헌금에 대한 고린도 신도들의 질문에 응답한다. **16:1** 예루살렘에서 바울은 예루살렘의 *성도*들(= 신도들)을 위해 *헌금*을 모아주기로 약속하였다 (롬 15:25-27, 30-33; 고후 8—9장; 갈 2:1-10). **16:2** 실제적인 제안을 준다. *저마다 수입에 따라 얼마씩*이라고 말하는 것은 따로 정해진 액수가 없다는 것을 뜻한다. **16:3** *여러분이 선정한 사람에게* 내가 편지를 써 주어서 바울이 지극히 조심스럽게 이 일을 다룬다. **16:4** 바울은 누구에게 갈지 아직 결정하지 못한 상태이다 (롬 15:31을 참조).

16:5-9 **16:5** *마케도니아.* 빌립보와 데살로니가가 위치해 있는 로마의 지방이다. **16:6** *나를 보내 주시기를 바랍니다.* 바울은 완곡어법을 사용하여 자기의 여행경비를 보조해 달라고 한다 (롬 15:24를 참조). **16:8** *에베소.* 이 도시는 현재의 터키 서부지역에 있다. 오순절은 봄에 열리는 축제 행사이다. 행 2장을 보라. **16:9** *문*은 기회를 뜻하는 비유이다.

16:10-12 **16:10** *디모데.* 바울이 신뢰하는 동역자이다 (4:17; 행 16:1; 고후 1:19; 빌 2:19-24; 살전 3:2). **16:11** *그를…보내주십시오.* 16:6에 관한 주석을 보라. **16:12** *아볼로.* 고린도에서 바울을 돕는 자이다 (3:5-9; 또한 1:12-13을 보라).

하나님께서는, 원하시는 대로, 그 씨앗에 몸을 주
시고, 그 하나 하나의 씨앗에 각기 고유한 몸을 주
십니다. 39 모든 살이 똑같은 살은 아닙니다. 사
람의 살도 있고, 짐승의 살도 있고, 새의 살도 있
고, 물고기의 살도 있습니다. 40 하늘에 속한 몸
도 있고, 땅에 속한 몸도 있습니다. 하늘에 속한
몸들의 영광과 땅에 속한 몸들의 영광이 저마다
다릅니다. 41 해의 영광이 다르고, 달의 영광이
다르고, 별들의 영광이 다릅니다. 별마다 영광이
다릅니다.

42 죽은 사람들의 부활도 이와 같습니다. 썩
을 것으로 심는데, 썩지 않을 것으로 살아납니다.
43 비천한 것으로 심는데, 영광스러운 것으로 살
아납니다. 약한 것으로 심는데, 강한 것으로 살아
납니다. 44 자연적인 몸으로 심는데, 신령한 몸
으로 살아납니다. 자연적인 몸이 있으면, 신령한
몸도 있습니다. 45 성경에 ㄱ)"첫 사람 아담은 산
영이 되었다"고 기록한 바와 같이, 마지막 아담은
생명을 주시는 영이 되셨습니다. 46 그러나 신
령한 것이 먼저가 아닙니다. 자연적인 것이 먼저
요, 그 다음이 신령한 것입니다. 47 첫 사람은
땅에서 났으므로 흙으로 되어 있지만, 둘째 사람
은 ㄴ)하늘에서 났습니다. 48 흙으로 빚은 그 사
람과 같이, 흙으로 되어 있는 사람들이 그러하고,
하늘에 속한 그분과 같이, 하늘에 속한 사람들이
그러합니다. 49 흙으로 빚은 그 사람의 형상을
우리가 입은 것과 같이, 우리는 또한 하늘에 속한
그분의 형상을 ㄷ)입을 것입니다.

50 ㄹ)형제자매 여러분, 내가 말하려는 것은
이것입니다. 살과 피는 하나님 나라를 유산으로
받을 수 없고, 썩을 것은 썩지 않을 것을 유산으
로 받지 못합니다. 51 보십시오, 내가 여러분에
게 비밀을 하나 말씀드리겠습니다. 우리가 다 ㅁ)잠
들 것이 아니라, 다 변화할 터인데, 52 마지막
나팔이 울릴 때에, 눈 깜박할 사이에, 홀연히 그
렇게 될 것입니다. 나팔소리가 나면, 죽은 사람은
썩어 없어지지 않을 몸으로 살아나고, 우리는 변
화할 것입니다. 53 썩을 몸이 썩지 않을 것을 입
어야 하고, 죽을 몸이 죽지 않을 것을 입어야 합
니다. 54 썩을 이 몸이 썩지 않을 것을 입고, 죽
을 이 몸이 죽지 않을 것을 입을 그 때에, 이렇게
기록한 성경 말씀이 이루어질 것입니다.

ㅂ)"죽음을 삼키고서,
승리를 얻었다."

55 ㅅ)"죽음아,
너의 승리가 어디에 있느냐?
죽음아,
너의 독침이 어디에 있느냐?"

56 죽음의 독침은 죄요, 죄의 권세는 율법입니
다. 57 그러나 우리 주 예수 그리스도를 통하여
우리에게 승리를 주시는 하나님께 우리는 감사를
드립니다. 58 그러므로 나의 사랑하는 ㄹ)형제자
매 여러분, 굳게 서서 흔들리지 말고, 주님의 일
을 더욱 많이 하십시오. 여러분이 아는 대로, 여
러분의 수고가 주님 안에서 헛되지 않습니다.

성도들을 돕는 헌금

16 1 성도들을 도우려고 모으는 헌금에 대
하여 말합니다. 내가 갈라디아 여러 교회
에 지시한 것과 같이, 여러분도 그대로 하십시오.
2 매주 첫날에, 여러분은 저마다 수입에 따라 얼
마씩을 따로 저축해 두십시오. 그래서 내가 갈 때
에, 그제야 헌금하는 일이 없어야 할 것입니다.
3 내가 그리로 가게 되면, 그 때에 여러분이 선정한
사람에게 내가 편지를 써 주어서, 그가 여러분의
선물을 가지고 예루살렘으로 가게 하겠습니다.
4 나도 가는 것이 좋다면, 그들은 나와 함께 갈
것입니다.

ㄱ) 창 2:7 (칠십인역) ㄴ) 다른 고대 사본들에는 '하늘에서 나신 주님입니다' ㄷ) 다른 고대 사본들에는 '입읍시다' ㄹ) 그, '형제들' ㅁ) 또는 '죽을' ㅂ) 사 25:8 ㅅ) 호 13:14 (칠십인역)

16:13-14 바울의 마지막 교훈들. **16:13** *깨어 있으십시오*와 *굳게 서 있으십시오*는 모두 군사적인 이미지이다 (살전 5:6, 10을 참조하라; 14:7-8의 주석을 보라). *용감하십시오*와 *힘을 내십시오*는 그들을 성장하게 하기 위한 바울이 격려하는 말이다. **16:14** 전체 서신의 요점이다.

16:15-18 16:15 *가정.* 노예를 포함한 함께사는 모든 사람을 가리킨다. *스데바나*는 교회의 기둥이며 (1:16), 또한 (*브드나도*와 *아가이고*와 함께, 17절) 바울에게 소식을 전해주어 이 서신을 쓰도록 한 장본인 중의 하나일 것이다. 이들은 섬기는 일 (희랍어로 디아코니아), 즉 "사역"에 있어서 모범이 되는 자들이다

16:19-20 16:19 *아시아*는 로마의 지방으로 현대의 터키 지역이다. *아굴라와 브리스가*는 기원후 49년에 글라우디오의 칙령에 따라 로마에서 다른 유대 사람들과 함께 쫓겨난 부부이다 (행 18:2; 롬 16:3-4;

여행 계획

5 나는 마케도니아를 거쳐서 여러분에게로
가겠습니다. 내가 마케도니아를 지나서 6 여러분
에게로 가면, 얼마 동안은 함께 지낼 것이고, 어
쩌면 겨울을 나게 될지도 모르겠습니다. 그 다음에
여러분은, 내가 가려는 곳으로 나를 보내 주시기를
바랍니다. 7 지금 나는, 지나가는 길에 잠깐 들
러서 여러분을 만나 보려는 것은 아닙니다. 주님
께서 허락해 주시면, 얼마 동안 여러분과 함께 머
무르고 싶습니다. 8 그러나 오순절까지는 에베
소에 머물러 있겠습니다. 9 나에게 큰 문이 활짝
열려서, 일을 많이 할 수 있는 기회가 왔습니다.
그러나 방해를 하는 사람도 많이 있습니다.

10 디모데가 그리로 가거든, 아무 두려움 없
이 여러분과 함께 지낼 수 있도록 보살펴 주십시
오. 그도 나와 마찬가지로 주님의 일을 하는 사람
입니다. 11 그러므로 아무도 그를 업신여겨서는
안 됩니다. 그리고 그가 내게로 돌아올 때에, 그
를 평안한 마음을 지니게 해서 보내 주십시오. 나
는 형제들과 함께 그를 기다리고 있습니다.

12 형제 아볼로에 대하여 말하겠습니다. 내
가 그에게 다른 형제들과 함께 여러분에게 가라고
여러 번 권하였지만, ㄱ)그는 지금, 갈 마음이 전혀
없습니다. 그러나 적절한 때가 오면 갈 것입니다.

ㄱ) 또는 '이제 가는 것은 전혀 그에 대한 하나님의 뜻이 아닙니다'
ㄴ) 그, '형제들' ㄷ) 또는 '브리스길라' ㄹ) 그, '형제들' ㅁ) 이 아람어를 달리 마란 아타라고 읽으면, '우리 주님 오셨다'가 됨 ㅂ) 다른 고대 사본들에는 '아멘'이 없음

마지막 부탁과 인사

13 깨어 있으십시오. 믿음에 굳게 서 있으십
시오. 용감하십시오. 힘을 내십시오. 14 모든 일
을 사랑으로 하십시오.

15 ㄴ)형제자매 여러분, 나는 여러분에게 권합
니다. 여러분이 아는 바와 같이, 스데바나의 가정
은 아가야에서 맺은 첫 열매요, 성도들을 섬기는
일에 몸을 바친 가정입니다. 16 그러므로 여러
분도 이런 사람들에게 순종하십시오. 그리고 또
그들과 더불어 일하며 함께 수고하는 각 사람에게
순종하십시오. 17 나는 스데바나와 브드나도와
아가이고가 온 것을 기뻐합니다. 그것은, 여러분을
만나지 못해서 생긴 아쉬움을, 이 사람들이 채워
주었기 때문입니다. 18 이 사람들은 나의 마음
과 여러분의 마음에 생기를 불어넣어 주었습니
다. 여러분은 이런 사람들을 알아주어야 합니다.
19 아시아에 있는 교회들이 여러분에게 문안합
니다. 아굴라와 ㄷ)브리스가와 그 집에 모이는 교회
가 다 함께, 주님 안에서 진심으로 문안합니다.
20 모든 ㄹ)형제자매들이 여러분에게 문안합니다.
거룩한 입맞춤으로 서로 인사하십시오.

21 나 바울은 친필로 인사의 말을 씁니다.
22 누구든지 주님을 사랑하지 않는 사람은 저주
를 받으라! ㅁ)마라나 타, 우리 주님, 오십시오.
23 주 예수의 은혜가 여러분과 함께 있기를 빕니다.
24 나는 그리스도 예수 안에서 여러분 모두를 사랑
합니다. ㅂ)아멘.

살후 4:19를 참조). **16:20** *거룩한 입맞춤.* 이것은 우정과 친밀감의 표현이다 (롬 16:16; 고후 13:12; 살전 5:26을 참조).

16:21 *친필로.* 바울은 전형적으로 서기에게 그의 서신을 쓰도록 한다 (롬 16:22를 참조). 그리고 때때로 맨 마지막에 친필로 몇 마디 첨가한다 (갈 6:11-17; 골 4:18; 살후 3:17; 몬 19절 참조).

16:22 갈 6:17을 참조. *저주를 받으라* = 저주 또는 떨어져나가다. *우리 주님, 오십시오.* 이것은 그리스도의 임박한 재림을 바라는 아람어 기도를 번역한 것이다 (11:26과 계 22:20을 참조).

16:23-24 은혜를 비는 (1:3에 관한 주석을 보라), 전형적으로 바울이 끝맺는 말이다 (롬 16:20b; 고후 13:14; 갈 6:18; 빌 4:23; 살전 5:28; 몬 25).

고린도후서

현재 모습의 고린도후서는 바울의 서신 가운데 세 번째로 긴 것이다. 이 서신에는 바울의 신학 가운데 가장 강하고 호소력 있는 주제들이 들어 있다. 예를 들어, 위로와 화해와 약함의 신학이다. 우리는 이 서신에서 사도시대에 있었던 삶의 실제 모습들을 찾아볼 수 있다. 예를 들어, 바울과 공동체 사이에 있었던 가슴 아픈 갈등과 같은 것이다. 이 서신에서 우리는 바울이 궁지에 몰려 있는 것을 볼 수 있다. 고린도전서에서 분명히 볼 수 있었던 단합되어 있던 공동체 내에 작은 틈바구니들이 여기에서는 크게 벌어져 있고, 사람들의 적개심이 서로에게 향하기보다는 바울에게 향하여 있다.

바울이 이 서신의 저자인지 아닌지에 대한 의문은 거의 없으며, 단지 6:14—7:1(주석을 보라)의 저작성에 대한 의문만 약소하게 예외로 남아있을 뿐이다. 이처럼 바울의 저작성에 대해서는 대체로 의견이 일치하지만, 이 서신이 원래 하나의 서신이었는지에 대해서는 논란이 되어 왔다. 겉으로 볼 때는 하나의 서신 형태로 쓰인 것 같지만, 본문을 살펴보면 매끄럽지 않은 이음새들을 찾아볼 수 있고, 그 때문에 여러 서신들과 단편 서신들을 편집하여 하나의 본문으로 만들었다는 이론이 많이 생겨나게 되었다. 6:13에서 6:14로 이어지는 이음새는 가장 껄끄럽게 연결되는 것 중의 하나이며, 6:13은 7:2와 가장 자연스럽게 연결되는 것을 볼 수 있다. 또한 7:5는 2:13의 뒤에 바로 이어져야 자연스럽다. 8장과 9장은 바울이 관여한 예루살렘 성도들을 위한 "헌금 모으는 일"에 고린도 사람들이 후한 마음으로 참여하라고 독려하는 "기금 마련을 위한" 한두 개의 서신이라고 생각되어진다. 그런데 10—13장은 바로 앞장에서는 볼 수 없었던 전혀 다른 방어적인 어조를 보여주고 있다. 대다수의 학자들은 이 고린도후서가 바울이 여러 번에 걸쳐 다른 상황 가운데 썼던 서신들을 편집한 것이라고 판단하고 있지만, 몇 개의 서신이 합하여 된 것인지, 또 그것들이 어떻게 연결되어졌는지에 대해서는 합의를 못보고 있다.

바울은 고전 5:9에서 고린도에 보냈던 또 다른 편지가 있었음을 암시한다. 즉 그의 "고린도 신도들에게 보낸 첫 번째 편지"는 사실상 첫 번째 서신이 아닌 것이다. 여기에 대한 하나의 이론은 고린도후서의 어떤 부분들이 사실은 첫 번째 서신에 속한다는 것이다. 바울이 직접 말한 내용에 의하면, 바울은 그 편지에서 고린도 신도들에게 공동체 내의 부도덕한 사람들과 관계를 맺지 말라고 했다고 한다. 그러나 고린도후서에서 그러한 메시지는 6:14—7:1에서만 찾아볼 수 있는데, 이 부분은 유일하게도 바울의 저작성이 의심을 받고 있는 부분이기도 하다.

서신의 한 부분은 어떤 고린도 신도와 관련된 가슴 아픈 사건을 다루고 있다 (2:5-8). 아마도 그 신도는 바울이 전에 방문했을 때 공개적으로 그를 모욕하였던 것 같고, 바울이 "거짓 사도" (11:13) 라고 부르는 사람들을 선호하였던 것 같다. 이것은 바울의 신뢰성이 가장 밑바닥이었음을 나타낸다. 그에 대하여 바울은 디도가 전달한 "사랑으로 꾸짖는" 서신을 썼는데, 이 부분이 바로 10—13장인 것으로 보인다. 이제 바울은 그들을 용서하니 그들도 자기를 용서해야 한다고 쓰고 있다. 7:5-7에 나오는 그에 대한 디도의 보고에 따르면, 그들도 "우리가 잘못했으니 어서 돌아오십시오" 라고 말했다는 것이다. 그래서 바울은 이제 그들과 화해할 준비가 되어 있고, 그 화해의 분위기가 5:11-21에 반영된 것으로 보인다. 다른 한편, 서신의 다른 부분에서는 바울이 헌금을 독려하는 편지를 썼는데 (8—9장), 여기에서는 바울이 그들을 꾸짖고, 후에 화해했다는 모습이 전혀 보이지 않는다.

이 서신은 전통적으로 고린도전서 바로 뒤에 위치해 있으며, 그 안에 나타난 내용들은 대부분 첫 번째 서신에 가득 찼던 목회와 관련된 이슈들을 다룬 다음에 자연적으로 발생했던 것으로 보인다. 여기서 결혼 초기의 순진했던 사랑의 관계는 찾아볼 수 없으며, 오랜 관계 속에서 발생하는 여러 문제점들이 나타나고 있다. 고린도 사람들은 바울에 대해 말하기를 그의 서신들은 강렬하지만 그의 모습은 인상적이 아니며, 그의 말주변은 전혀 변변치 못하다 라고까지 했고 (10:10), 이 말이 바울에게까지 전달되었다.

서신의 여러 부분에 나타난 바울의 설명들을 잘 살펴보면, 서신을 쓴 실제 상황을 재생시킬 수 있고, 왜 썼는지 그 동기를 알아볼 수 있다. 서신 작성 시기를 정하는 것은 여러 서신 부분들의 상호관계를 어떻게 보느냐에 달려있다. 종합적으로 보면, 이 서신은 동부 지중해 지역에서 바울이 선교활동을 하던 약간 후기에 씌어졌음에 틀림없다. 바울은 헌금을 예루살렘에 전달한 후에 일루리곤과 로마와 스페인에 갈 의도가 있었다 (10:16; 또한 롬 15:19-21, 24를 보라). 8—9장은 고린도 사람들과 바울이 사이가 좋을 때나 혹은 화해한 다음에 쓴 단일의 혹은 두 개의 서신일 것이다. 10—13장은 아픔이 많았던 방문 바로 후에 쓴 서신임에 틀림없다. 1—7장에 대해서는 여러 가지 서신으로 보는 이론들이 있지만 대체로 하나의 편지로 보고 있으며, 최소한 10—13장을 쓴 다음에 기록했을 가능성이 높다.

여러 서신들이 합하여졌을 것이라는 가정에 대하여 몇 가지 경고를 해야만 한다. 바울은 원래의 주제로 돌아오기 위해 돌연히 주제를 바꿀 수도 있음을 알아야 한다. 이러한 급작스런 변화들은 고대 수사학에 잘 알려진 기법으로 논의가 너무 심각해질 때 그것을 조정하기 위해 사용했던 것들이다. 서신의 구조를 합성했다는 이론들에 의하면, 아무런 관련이 없는 서신의 단편들을 함께 합하거나, 여기저기 잘라서 오려붙이는 등 편집자가 형편없는 사람이라는 것을 전제로 하고 있다. 이러한 종류의 편집행위가 고대에 행해졌다는 것은 분명하지만, 문학적으로 틈이 생길 때마다 후대의 편집에 의한 것이라고 가정하는 것에 대해서는 조심스럽게 받아들일 필요가 있다. 이러한 경고를 염두에 두고 볼 때에 모든 바울 서신들 가운데 고린도후서는 후대에 그러한 편집을 거쳤을 가능성이 가장 높다.

이 서신의 개요는 다음과 같다. 성경본문에 대한 연구 주석들은 이 개요를 바탕으로 구분되었으며, 보다 명확한 설명이 필요할 때에는 더 세밀하게 구분하여 설명하였다.

Ⅰ. 서론, 1:1—2:17
- A. 수신자와 인사, 1:1-2
- B. 감사드리기, 1:3-7
- C. 연기했던 방문에 대한 설명, 1:8—2:17

Ⅱ. 추천과 사도직에 대한 참된 근거, 3:1—5:21
- A. 참된 추천장, 3:1-18
- B. 사역의 약점, 4:1—5:10
- C. 화해의 사역, 5:11—6:13

Ⅲ. 사악한 자들로부터의 분리, 6:14—7:1

Ⅳ. 디도의 보고: 기쁜 소식들, 7:2-16

Ⅴ. 관대한 헌금을 위한 호소, 8:1—9:15
- A. 첫 번째 호소, 8:1-24
- B. 두 번째 호소, 9:1-15

Ⅵ. 고통의 편지, 10:1—13:14

캐롤린 오시크 (Carolyn Osiek)

인사

1 1 하나님의 뜻으로 그리스도 예수의 사도가
된 나 바울과 형제 디모데가, 고린도에 있는
하나님의 교회와, 온 아가야에 있는 모든 성도에
게, 이 편지를 씁니다. 2 우리 아버지 하나님과
주 예수 그리스도께서 내려주시는 은혜와 평화가
여러분에게 있기를 빕니다.

환난 가운데서도 하나님께 감사를 드리다

3 우리 주 예수 그리스도의 아버지이신 하나
님을 찬양합시다. 그는 자비로우신 아버지시요,
온갖 위로를 주시는 하나님이시요, 4 온갖 환난
가운데에서 우리를 위로하여 주시는 분이십니다.
따라서 우리가 하나님께 받는 그 위로로, 우리도
온갖 환난을 당하는 사람들을 위로할 수 있습니다.
5 그리스도의 고난이 우리에게 넘치는 것과 같이,
그리스도로 말미암아 우리의 위로도 또한 넘칩
니다. 6 우리가 환난을 당하는 것도 여러분이 위
로와 구원을 받게 하려는 것이며, 우리가 위로를
받는 것도 여러분이 위로를 받게 하려는 것입니
다. 여러분은 이 위로로, 우리가 당하는 것과 똑
같은 고난을 견디어 냅니다. 7 우리가 여러분에
게 거는 희망은 든든합니다. 여러분이 고난에 동
참하는 것과 같이, 위로에도 동참하고 있음을 우
리는 알고 있습니다.

8 ㄱ)형제자매 여러분, 우리가 아시아에서 당
한 환난을 여러분이 알기를 바랍니다. 우리는 힘
에 겹게 너무 짓눌려서, 마침내 살 희망마저 잃을
지경에 이르렀습니다. 9 우리는 이미 죽음을 선
고받은 몸이라고 느꼈습니다. 그렇게 된 것은, 우
리 자신을 의지하지 않고 죽은 사람을 살리시는
하나님을 의지하게 하기 위함이었습니다. 10 하
나님께서는 이렇게 위험한 죽음의 고비에서 우리
를 건져 주셨고, 지금도 건져 주십니다. 또 앞으
로도 건져 주시리라는 희망을 우리는 하나님께 두
었습니다. 11 여러분도 기도로 우리에게 협력하
여 주십시오. 많은 사람의 기도로 우리가 받게 된
은총을 두고, 많은 사람이 ㄴ)우리 때문에 하나님께
감사를 드리게 될 것입니다.

고린도 교회의 방문을 연기하다

12 우리의 자랑거리는 우리의 양심이 또한
증언하는 것이기도 합니다. 그것은 곧, 우리가 세
상에서 처신할 때에, 특히 여러분을 상대로 처신
할 때에, 하나님께서 주신 ㄷ)순박함과 진실함으로
행하고, 세상의 지혜로 행하지 않고 하나님의 은
혜로 행하였다는 사실입니다. 13 우리는 지금
여러분이 읽고 이해할 수 있는 것만을 써서 보냅

ㄱ) 그, '형제들' ㄴ) 다른 고대 사본들에는 '여러분' ㄷ) 다른 고대 사본들에는 '거룩함과'

1:1—2:17 이 서론 부분은 바울 서신에서 전형적으로 나타나는 부분이며, 상황에 따라 종종 그 내용이 조절되기도 했다: 수신자 이름, 인사, 감사드리기, 그리고 서신을 쓴 목적 진술 등으로 되어 있다.

1:1-2 바울은 여기서와 같이 흔히 자기자신을 *사도*라고 부른다. 서두 인사말에 디모데를 포함했지만, 서신의 나머지 부분은 바울 자신의 이름으로 쓰고 있다 (고전 1:1-3을 참조). 서신은 고린도에 있는 하나님의 *교회*(희랍어, *에클레시아*)를 수신자로 삼고 있으며, 그 교회는 작은 가정교회들 모두를 지칭하고 있다. 바울은 신도들을 흔히 성도 혹은 "거룩한 자들"이라고 부르지만, 그것은 그들이 도덕적으로 완전하기 때문이 아니라, 하나님이 거룩하라고 특별히 부르고 선택하셨기 때문이다. *아가야.* 이 지역은 남부 그리스 쪽에 있는 로마의 한 지방이며, 고린도가 그 지방의 수도이다. 그러므로 이 서신은 항구도시인 겐그레아 (롬 16:1) 같은 이웃 도시들에 있는 모든 교회에 회전되기 위해 보내진 것이다. 이 인사말은 바울이 흔히 은혜와 평화의 근원이 되는 하나님과 예수를 함께 묶어서 표현하는 말이다.

1:3-7 바울 서신에서 나타나는 축복은 헬라식 서신에서 신들의 축복을 바라는 짧은 형식을 확장시킨 것이다. 바울은 공동체를 향하여 진심에서 우러나오는 소원을 말하고 있다. 각각의 축복마다 독특한 특성을 갖는데, 여기에 나타난 눈에 띄는 특성은 다음과 같이 위로하는 단어들을 쓴다는 것이다. *위로*, "위안" 혹은 "격려" (희랍어, *파라클레시스*) 등의 단어들로서 다섯 절 안에 명사와 동사의 형태로 열 번씩이나 나타난다. 이것은 서신 이 부분에서 바울이 강조하고 싶은 것이 무엇인지 가르쳐주는 열쇠가 되는 단어들이다. 바울에게는 복음을 위하여 당하는 그의 고통과 그들의 고통이 같은 것임을 청중들이 경험할 수 있는 분위기를 조성하기를 원하고 있다.

1:8—2:17 바울은 그가 원하던 고린도 방문을 하지 않은 이유를 설명하면서 본론을 시작하고 있다. 그것은 그 당시 그들과의 관계가 좋지 않았기 때문이었는데, 이제는 자신이 생겨서 그들과의 관계를 회복하려고 한다. **1:8-11** 바울은 *아시아에서* 겪었던 끔직한 고통에 대해 간접적으로 말하고 있다. 그 지역은 아마도 소아시아 지역 서부 해안의 한 로마 지방을 말하고 있을 것이다. 그 곳의 주요 도시는 에베소였으며, 많은 주석

니다. 나는 여러분이 그것을 완전히 이해하기를
바랍니다. 14 여러분이 우리를 이미 부분적으로
는 이해했습니다마는, 우리 주 예수의 날에는, 여
러분이 우리의 자랑거리이듯이, 우리가 여러분의
자랑거리가 될 것입니다.

15 이러한 확신이 있으므로, 먼저 나는 여러
분에게로 가기로 마음을 먹었습니다. 그것은 여
러분으로 하여금 두 번 다시 ㄱ)은혜를 받게 하려는
것이었습니다. 16 나는 여러분에게 들러서, 마
케도니아로 갔다가, 마케도니아에서 다시 여러분
에게로 와서, 여러분의 도움을 받아서 유대로 갈
작정이었습니다. 17 내가 이런 계획을 세운 것
이 변덕스러운 일이었겠습니까? 또는, 내가 육신
의 생각으로 계획을 세우기를, '아니오, 아니오'
하려는 속셈이면서도, '예, 예' 하고 계획을 세우
는 것이겠습니까? 18 하나님께서는 신실하십니
다. 따라서 우리가 여러분에게 하는 말은, '예' 하
면서 동시에 '아니오' 하는 것은 아닙니다. 19 나
와 ㄴ)실루아노와 디모데가 여러분에게 선포한 하
나님의 아들 예수 그리스도께서는, '예'도 되셨다
가 동시에 '아니오'도 되신 분이 아니었습니다. 그
리스도 안에는 '예'만 있을 뿐입니다. 20 하나님
의 모든 약속은 그리스도 안에서 '예'가 됩니다.
그러므로, 그리스도로 말미암아, 우리는 "아멘"
하면서 하나님께 영광을 돌리는 것입니다. 21 우
리를 여러분과 함께 그리스도 안에 튼튼히 서게 하
고, 또 우리에게 사명을 맡기신 분은, 하나님이십
니다. 22 하나님께서는 또한 우리를 자기의 것
이라는 표로 인을 치시고, 그 보증으로 우리 마음
에 성령을 주셨습니다.

23 내 목숨을 걸고서, 나는 하나님을 증인으로
모시렵니다. 내가 아직 고린도에 가지 않은 것은
여러분을 아끼기 때문입니다. 24 우리는 여러분
의 믿음을 지배하려는 것이 아닙니다. 우리는, 여
러분이 기쁨을 누리게 하려고 함께 일하는 일꾼일
따름입니다. 여러분은 이미 믿음에 튼튼히 서 있
습니다.

2 1 여러분에게 또 다시 아픔을 주지 않아야 하
겠기에, 나는 여러분에게로 가지 않기로 결심
하였습니다. 2 내가 여러분을 마음 아프게 하더
라도, 나를 기쁘게 해줄 사람은, 내가 마음 아프
게 하는 그 사람 밖에 누가 있겠습니까? 3 내가
이런 편지를 쓴 것은, 내가 거기에 갔을 때에, 나
를 기쁘게 해야 할 바로 그 사람들에게서 내가 마
음 아픈 일을 당하는 일이 없도록 하려는 것이었
습니다. 나의 기쁨이 여러분 모두의 기쁨임을, 여
러분 모두를 두고 나는 확신하였습니다. 4 나는
몹시 괴로워하며 걱정하는 마음으로, 많은 눈물
을 흘리면서, 여러분에게 그 편지를 썼습니다. 그
러나 그것은, 여러분을 마음 아프게 하려고 한 것이
아니라, 여러분을 내가 얼마나 극진히 사랑하고
있는지를 알려 주려고 한 것이었습니다.

잘못한 사람을 용서하라

5 누가 마음을 아프게 하였다면, 실은 나를
마음 아프게 한 것이 아니라, 과장하지 않고 말해서,
어느 정도는 여러분 모두를 마음 아프게 한 것이라

ㄱ) 다른 고대 사본들에는 '기쁨' ㄴ) 또는 '실라'

가들은 이 구절들이 바울의 에베소 감옥생활을 말하는 것이라고 보고 있다 (고전 15:32를 보라). 바울이 빌립보서를 쓸 때 갇혀 있었던 감옥은 에베소였을 가능성이 있다 (빌 1:12-26을 보라). 거기에서도 바울은 자기가 살아나올 수 있을지 모르겠다고 말한다. **1:12-20** 바울은 북쪽에 있는 마케도니아를 오가면서 고린도를 방문할 의도가 있었고, 고린도를 떠난 후에는 헌금해서 모은 것을 가지고 예루살렘으로 직접 갈 예정이었다. 바울이 공격을 받았던 여러 이유 중에 하나는 여행계획을 세운 후, 그대로 지키지 않고 변경한다는 것이었다. 그러나 바울은 계획변경이 고린도 사람들을 고려해서 결정한 것이었다고 주장한다. 그는 "해도 비난을 받고, 안 해도 비난을 받게" 되어 있다. 변덕스럽다는 공격에 대하여 바울은 그리스도 안에서 항상 "네"로 답변할 수 있는 그리스도의 정직한 인격에 합당하게 그와 그의 동료들이 행동해 왔다고 주장한다. **1:21-24** 그것을 확증하는 표시는 세례를 통해 주어지고 계속해서 역사하는 성령의 은사이다. 하나님은 보증으로 우리 마음에 성령을 주셨는데, 보증은 "약속"이며, "확언"을 뜻한다 (보증은 희랍어로 *아라본*). 이 희랍어 단어 아라본은 외래어인 아람어를 헬라식 상업 전문용어로 쓴 것이다.

2:1-4 이미 한 번 어려운 방문을 한 적이 있었는데, 그 때에 충돌이 있었다 (5절을 보라). 그 이후 바울은 "고통의 편지"를 썼고, 그 내용은 10—13장에 기록된 것으로 보인다. 그의 비방자들이 그의 이전 방문 계획을 변경한 것에 대해 공격한 것이 사실은 그들에게 더 이상의 고통을 주지 않기 위해서였다고 바울이 말한다. **2:5-11** 바울 이 지난번 방문했을 때 공동체 내에서 그와 충돌이 일어난 사건에 "앞장선 사람"이 있었다. 이 구절에서 바울은 그 사람과 다른 모든 사람을 용서한다고 확실히 말하고 있다. 바울과 의견을 함께 했던 사람들은 물론 분명히 이러한 어려운 상황이 벌어진 것에 대해 상처를 받고, 화도 났으며, 당황했을 것이다. 바울은 그들도 자기와 같이 용서하기를 바라고 있다. 바울이

하겠습니다. 6 여러분 대다수는 그러한 사람에
게 이미 충분한 벌을 내렸습니다. 7 그러니 여러
분은 도리어 그를 용서해 주고, 위로해 주어야 합
니다. 그 사람이 지나친 슬픔에 짓눌리는 일이 없
도록 해야 합니다. 8 그러므로 나는, 여러분이
그에게 사랑을 나타내어 보이기를 권합니다. 9 내
가 그 편지를 쓴 것은, 여러분이 모든 일에 순종
하는지를 시험하여 알아보려는 것이었습니다.
10 여러분이 누구에게 무엇을 용서해 주면, 나도
용서해 줍니다. 내가 용서한 경우가 있다면, 그것은
그리스도 앞에서 여러분을 위하여 용서한 것입니다.
11 그렇게 하여 우리가 사탄에게 속아넘어가지
않으려 하였습니다. 우리는 사탄의 속셈을 모르는
것이 아닙니다.

그리스도의 향기

12 내가 그리스도의 복음을 전하려고 드로아에
갔을 때에, 주님께서 내게 거기에서 일할 수 있는
길을 열어 주셨습니다. 13 그러나 나는 내 형제
디도를 만나지 못하여, 마음이 편하지 않아서, 그
들과 작별하고 마케도니아로 갔습니다.
14 그러나 그리스도의 개선 행렬에 언제나 우
리를 참가시키시고, 그리스도를 아는 지식의 향기
를 어디에서나 우리를 통하여 풍기게 하시는 하나
님께 감사를 드립니다. 15 우리는, 구원을 얻는
사람들 가운데서나, 멸망을 당하는 사람들 가운데
서나, 하나님께 바치는 그리스도의 향기입니다.
16 그러나 멸망을 당하는 사람들에게는 죽음에
이르게 하는 죽음의 냄새가 되고, 구원을 얻는 사
람들에게는 생명에 이르게 하는 생명의 향기가
됩니다. 이런 일을 누가 감당할 수 있겠습니까?
17 우리는, 저 ㄱ)많은 사람들처럼 하나님의 말씀
을 팔아서 먹고 살아가는 장사꾼이 아닙니다. 우리
는, 하나님께서 보내신 일꾼답게, 진실한 마음으
로 일하는 사람들입니다. 우리는 하나님이 보시는
앞에서, 그리스도 안에서 말하는 것입니다.

새 언약의 일꾼들

3 1 우리가 이렇게 말하는 것이 우리 자신을 치
켜올리는 말을 늘어 놓는 것입니까? 아니면,
어떤 사람들처럼, 우리가, 여러분에게 보일 추천
장이나 여러분이 주는 추천장을 필요로 하는 사람
들이겠습니까? 2 여러분이야말로 우리를 천거

ㄱ) 다른 고대 사본들에는 '다른 사람들은'

원하는 대로 하는 것이 순조롭게 되기는 어렵지만, 그들이 얼마나 바울의 원하는 바에 순종할 수 있는지에 대한 시험대가 될 것이다. 마지막 절에서 바울은 이것이 곧 영을 분별하는 질문임을 깨닫게 한다. 즉 만일 그들이 바울의 인도를 따르지 않는다면 그들은 악한 영이 그들을 지배하게 하는 것이라고 말한다. **2:12-13** 여기서 주제가 다시 바뀌어 서신을 쓰게 된 배경설명으로 돌아간다. 드로아는 소아시아의 북서쪽 끝자리에 위치해 있다. 그것은 마케도니아로 짧게 항해하는 출항지가 될 수 있었다. 바울은 선교를 하기에 좋은 기회들, 즉 "열린 문"이 그 곳에 있기 때문에 드로아에 머물 충분한 이유가 있었음을 인정한다. 그러나 그는 자기가 디도를 통해 보낸 고통의 편지가 고린도 사람들에게 어떻게 받아들여졌는지 너무나 알고 싶어서 디도의 보고를 받아볼 수 있는 마케도니아로 가기를 원했다. 이 이야기는 7:5에서 이어지는데 디도의 보고는 격려해 주는 내용이었다. 이 부분은 편집되었을 가능성이 많은 부분들 중에 하나이다. **2:14-17** 이 구절은 바울 서신 가운데 가장 시적이면서도 신학적으로 풍부한 내용이 들어있는 부분들 중에 하나이다. 여기서 사용되고 있는 이미지는 예배 의식에서 잘 알려진 희생제물로 태워 드리는 향기인데 맨 마지막 절을 제외하고는 모든 절에서 사용되고 있다. **2:14** 이 구절에는 또 다른 하나의 이미지가 있다. 그것은 로마 원로원이 승리한 전쟁영웅에게 베풀어 주는 공식 축하 행진의 이미지이다. 그 한 예가 기원후 70년에 유대전쟁을 승리로 이끈 티투스 장군을 위해 베풀어준 행진을 들 수 있다. 로마의 공회용 광장에 있는 티투스 아치문 안에는 이 행진을 기념하는 돌기둥이 아직도 세워져 있는데, 전쟁전리품들을 나르는 화관을 쓴 군인들의 모습이 그려져 있다. 전리품들은 예루살렘 성전에서 취한 기구들인데 그 중에는 메노라 촛대(두 번째 성전 봉헌과 마카비 혁명을 상징하는 촛대)도 포함되어 있다. 이 군사적 은유는 두 가지로 해석할 수 있다: 우리는 정복군대의 군사로서 승리의 그리스도와 함께 행진한다고 보거나, 혹은 우리가 패배한 군대에 속한 포로가 되어 수치 속에서 노예가 되거나 죽는다고 보는 것이다. 태우는 향기를 언급하는 것을 보아 후자에 속한다고 본다. **2:15-17** 우리는 향을 태울 때 생기는 향기이다. 어떤 사람들에게 우리는 죽음에 이르게 하는 냄새이지만, 그것을 취하는 방법을 아는 사람들에게는 또 다른 종류의 생명으로 이끄는 향기이다. 세 번째 은유가 사용된다. 거짓 모양으로 사람들을 속이는 값싼 장사꾼들의 은유이다. 바울은 여기서 나중에 거짓 사도들이라고 고발할 자들을 간접적으로 언급하고 있다.

3:1-18 바울은 자기의 사명이 무엇인지 계속해서 설명하기 위해 여러 성경본문들과 모세가 율법을 받는 것에서 새 은유들을 사용하고 있다. **3:1-6** 추천서는 상황에 따라 매우 중요하다. 이 구절들에서 우리는 몇

하여 주는 추천장입니다. 그것은 ㄱ)우리 마음에 적혀
있습니다. 모든 사람이 그것을 알고, 읽습니다.
3 여러분은 분명히 그리스도께서 쓰신 편지입니다.
우리는 그것을 작성하는 데에 봉사하였습니다.
그것은 먹물로 쓴 것이 아니라 살아 계신 하나님의
영으로 쓴 것이요, 돌판에 쓴 것이 아니라 가슴
판에 쓴 것입니다.

4 우리는 그리스도로 말미암아 하나님께 확
신을 가지고 있으므로, 이런 말을 합니다. 5 우
리가 이런 일을 할 수 있는 자격이 우리에게서 났
다고 생각하지 않습니다. 우리의 자격은 하나님
에게서 납니다. 6 하나님께서 우리에게 새 언약
의 일꾼이 되는 자격을 주셨습니다. 이 새 언약은
문자로 된 것이 아니라, 영으로 된 것입니다. 문
자는 사람을 죽이고, 영은 사람을 살립니다.

7 돌판에다 문자로 새긴 율법을 선포할 때
에도, 광채가 났습니다. 그래서, 이스라엘 자손들
은, 모세의 얼굴에 나타난 그 광채 때문에, 비록
곧 사라질 것이었지만, 그의 얼굴을 똑바로 쳐다
볼 수 없었습니다. 죽음에 이르게 하는 직분에도
이러한 영광이 따랐는데, 8 하물며 영의 직분에
는 더욱더 영광이 넘치지 않겠습니까? 9 유죄를
선고하는 직분에도 영광이 있었으면, 의를 베푸는
직분은 더욱더 영광이 넘칠 것입니다. 10 참으로
이런 점에서 지금까지 영광으로 빛나던 것이, 이
제 훨씬 더 빛나는 영광이 나타났기 때문에, 그 빛
을 잃게 되었다고 하겠습니다. 11 잠시 있다가
사라져 버릴 것도 생길 때에 영광을 입었으니, 길
이 남을 것은 더욱 영광 속에 있을 것입니다.

12 우리는 이런 소망을 가지고 있으므로, 아
주 대담하게 처신합니다. 13 모세는, 이스라엘
자손이 자기 얼굴의 광채가 사라져 가는 것을 보
지 못하게 하려고 그 얼굴에 너울을 썼지만, 그와
같은 일은 우리는 하지 않습니다. 14 그런데 이
스라엘 백성의 생각은 완고해졌습니다. 그리하여
오늘날에 이르기까지도 그들은, 옛 언약의 책을
읽을 때에, 바로 그 너울을 벗지 못하고 있습니다.
그 너울은 그리스도 안에서 제거되기 때문입니다.
15 오늘날까지도 그들은, 모세의 글을 읽을 때에,
그 마음에 너울이 덮여 있습니다. 16 그러나,
"사람이 주님께로 돌아서면, 그 너울은 벗겨집니
다." 17 주님은 영이십니다. 주님의 영이 계신
곳에는 자유가 있습니다. 18 우리는 모두 너울
을 벗어버리고, 주님의 영광을 바라봅니다. 이렇
게 해서, 우리는 주님과 같은 모습으로 변화하여,
점점 더 큰 영광에 이르게 됩니다. 이것은 영이신
주님께서 하시는 일입니다.

ㄱ) 다른 고대 사본들에는 '여러분들의'

가지 배경설명을 얻을 수 있다. 고린도 사람들은 몇몇 선교사들에 대한 추천서를 써달라고 요청하였음에 틀림없다. 바울은 비꼬는 듯한 태도로 그들이 자기의 추천서를 필요로 하지 않는다고 말한다. 오히려 고린도 사람들이 바울을 추천해 주는 추천서이며, 그들 가운데서 바울이 어떻게 사역했는지를 보여주는 마음에 씌어진 살아있는 편지라고 말한다. 바울은 수사학적 논쟁을 위해 첫 번째 언약은 생명으로 인도하기보다 죽음으로 인도하는 문자로 새겨진 것이라고 규정한다. **3:6** 이 구절은 그리스도 안에서 새 언약이 형성되었고, 바울과 여러 선교사들이 새 언약 형성에 중재자들이라는 중요한 깨달음을 적고 있다. **3:7-11** 유대 사람인 바울이 왜 돌판에 새겨 율법을 준 것을 죽음(7절)과 유죄를 선고하는 *직분*(희랍어, *디아코니아*)이라고 (9절) 불렀는지 이해하기 어렵다. 단 한 가지 이해할 수 있는 것은 "조금 덜 중요한 것으로부터 매우 중요한 것으로" 옮겨가는 익숙한 수사학적 기교를 사용하여, 율법을 앞으로 올 더 귀중한 것, 즉 바울이 그것의 집행인이 될 그것과 비교하기 위해 그렇게 썼을 것으로 보는 것이다. 바울은 모세가 하나님을 만난 후 얼굴에 광채가 남에도 불구하고 율법에 대하여 그러한 입장을 보였다고 믿었다 (출 34:30-35). 모세의 경험은 새로운 직분이나 성령의 나타나심과 비교할 때 미약한 것이다. **3:12-16** 여기서 너울의 이미지가 여러 개의 다른 의미로 바뀐다. 첫 번째 의미는 모세가 자기의 얼굴을 너울로 가려서 그가 상징하는 영광이 희미해지는 것을, 이스라엘이 모르도록 하였다는 것이다. 이것은 출 34:29-35에서 말한 너울로 얼굴을 가리는 이유와는 거리가 멀다. 두 번째 의미는 너울이 이스라엘의 마음을 가리어 그들이 율법(오경)을 읽으면서도 그리스도가 그 목적이라는 사실을 이해하지 못했다는 것이다. 그리스도만이 그 너울을 제거하여 그들로 하여금 온전히 빛 가운데 있게 할 수 있다 (14-16절). 세 번째로 18절에서 그리스도를 따르는 자들의 얼굴이 너울로 가려져 있지 않음을 말한다. 4:3에서 보지 못하는 자들에게 가려 있는 것은 복음이라고 되어 있다. **3:17** 이 논란이 많은 구절을 삼위일체 신학에 꿰어 맞추려고 하면 혼란만 가져온다. *주님*은 하나님이나 그리스도를 의미한다. 왜냐하면 바울은 둘을 모두 주님이라고 부르기 때문이다. 영은 하나님의 인격화된 능력으로서 참된 그리스도인의 삶 전반에서 영향을 미치며 너울로 얼굴을 가려서 앞을 보지 못하게 하는 모든 것에서 자유하게 한다. **3:18** 너울의 이미지를 다시 쓴다. 이제 너울은 하나님의 영의 능력으로 인해 서서히 변화를 경험하고 있는 신도들의 얼굴에서 제거되었다. 이 구절의 목적은 더 이상 그 약속을 지킬 수 없는 옛 언약(14절)과 바울의 새 언약에 대한 깜짝 놀랄 만한 말

질그릇에 담긴 보물

4 1 그러므로 우리는 하나님의 자비를 힘입어서
이 직분을 맡고 있으니, 낙심하지 않습니다.
2 우리는 부끄러워서 드러내지 못할 일들을 배격
하였습니다. 우리는 간교하게 행하지도 않고, 하
나님의 말씀을 왜곡하지도 않습니다. 우리는 진
리를 환히 드러냄으로써, 하나님 앞에서 모든 사
람의 양심에 우리 자신을 떳떳하게 내세웁니다.
3 우리의 복음이 가려 있다면, 그것은 멸망하는
자들에게 가려 있는 것입니다. 4 그들의 경우를
두고 말하면, 이 세상의 신이 믿지 않는 자들의 마
음을 어둡게 하여서, 하나님의 형상이신 그리스
도의 영광을 선포하는 복음의 빛을 보지 못하게
한 것입니다. 5 우리는 우리 자신을 전하는 것이
아니라, 예수 그리스도를 주님으로 선포합니다.
우리는 예수로 말미암아 우리 자신을 여러분의 종
으로 내세웁니다. 6 ㄱ)"어둠 속에 빛이 비쳐라"
하고 말씀하신 하나님께서, 우리의 마음 속을 비추
셔서, [예수] 그리스도의 얼굴에 나타난 하나님의
영광을 아는 지식의 빛을 우리에게 주셨습니다.
7 우리는 이 보물을 질그릇에 간직하고 있습
니다. 이 엄청난 능력은 하나님에게서 나는 것이
지, 우리에게서 나는 것이 아닙니다. 8 우리는
사방으로 죄어들어도 움츠러들지 않으며, 답답한
일을 당해도 낙심하지 않으며, 9 박해를 당해도
버림받지 않으며, 거꾸러뜨림을 당해도 망하지
않습니다. 10 우리는 언제나 예수의 죽임 당하
심을 우리 몸에 짊어지고 다닙니다. 그것은 예수
의 생명도 또한 우리 몸에 나타나게 하기 위함입
니다. 11 우리는 살아 있으나, 예수로 말미암아
늘 몸을 죽음에 내어 맡깁니다. 그것은 예수의 생
명도 또한 우리의 죽을 육신에 나타나게 하기 위
함입니다. 12 그리하여 죽음은 우리에게서 작용
하고, 생명은 여러분에게서 작용합니다. 13 성
경에 기록하기를, ㄴ)"나는 믿었다. 그러므로, 나는

ㄱ) 창 1:3 ㄴ) 시 116:10 (칠십인역)

들 (7절) 사이에 첨예한 대조를 만드는 데에 있다. 이것은 아마도 렘 31:31-34에서 영감을 받아 바울이 이스라엘과 세계를 위한 그리스도의 의미를 이해하는 데 사용하였을 것이다.

4:1—5:10 바울은 여기서 고린도 공동체와 있었던 문제들을 다루기 위해 사역에 대해 그가 어떻게 이해하고 있는지 긴 토론을 시작한다. 그 문제들은 나중에 더 드러난다. 바울은 고린도 사람들에게 감명을 주고, 거역하는 이들을 부끄럽게 하려는 의도로 말하고 있으나, 그럼에도 불구하고 성공과 실패의 경험에 대하여 심오하게 심사숙고한 것을 보여주고 있다. **4:1-2** 이 서론은 단도직입적으로 바울의 의도와 그와 같이 일하는 사람들의 투명한 태도에 대해 진술하고 있다. 바울은 "우리"라고 하는 복수대명사를 거듭 사용하면서 그의 동역자들의 입장을 희미하게나마 전달하고 있지만, 대부분은 바울 자신의 입장을 암시한다고 보아야 한다. 그를 반대하는 자들의 주장과는 달리, 바울 자신의 주장에 의하면, 그의 사역에 대한 태도는 왜곡한다거나 간교하게 속임수를 쓴 적이 없다. **4:3-4** 이 구절들은 또다시 앞장에서 사용했던 너울의 이미지로 다시 돌아간다. 여기서 그리스도는 하나님의 형상(희랍어, *에이콘*)이라고 불린다. 창세기 1:27에 따르면, 우리 역시 그 형상대로 창조되었으며, 그 형상으로 변화되어가고 있다 (고후 3:18). **4:5-6** 바울은 자기자신을 위해서가 아니라, 그가 선포하는 그리스도의 영광을 위해 이 일을 하고 있다고 주장한다. 그는 자신을 자주 하나님의 종이라고 부른다. 그런데 그와 그의 동역자들을 여기에서는 매우 드물게 *여러분의* 종이라고 말하는 것은 흔히 볼 수 없는 것이다. 이것은 수신자들의 관심을 그의 의견에 동조하도록 하기 위한 것으로 보인다. 바울은 창세기 설화에서 빛의 창조를 언급하고, 그것을 곧 그리스도의 가려지지 않은 얼굴을 바라봄으로써 마음의 깨달음을 언는 것에 적용한다. 이것으로써 3:7에서 모세의 이야기와 3:18 이후 암시해 온 그리스도의 형상으로 새 창조물이 되게 하는 그리스도를 믿는 믿음에 대한 이야기로 시작된 묵상, 즉 너울로 가린 것과 같이 맑은 시각을 가로막는 것에 대한 묵상을 끝맺는다. 후자의 주제는 5:16-17에서 다시 논의될 것이다. **4:7-12** 몇 가지의 다른 비유들이 삽입되어 있다. 그 첫 번째 것은 질그릇의 비유이다. 질그릇은 음식을 준비하고 먹기 위해 나르고, 저장하고, 마시는 데에 사용된다. 고고학자들이 이 시대에 속하는 지중해 지역의 발굴지에서 발견하는 수많은 질그릇 파편들을 볼 때 이것들이 얼마나 깨지기 쉬운지 알 수 있다. 전통적인 번역은 "흙으로 만든 용기"인데, 질그릇이라는 매일 쓰는 일상적인 용어에 비해 너무 시적이다. 바로 이 깨지기 쉬운 질그릇에 복음의 보배가 간직되어 있다. 8절에 나오는 고난의 목록은 계속 되풀이 된다 (11:23-27; 12:10; 또한 6:4-5를 보라). 그러나 여기서 그 목록은 바울이 지금까지 하고 있는 것을 계속 하겠다고 하는 확고한 결심을 강조하기 위해 사용되고 있다. 10-11절에서 예수라는 이름만 나타나는 것은 흔치 않은 일이다 (14절의 "주 예수"를 참조). 이것은 부활하신 그리스도가 아니라, 역사적인 예수님을 지칭하고 있다. 이 땅에서 사신 예수님이 당한 고난은 그의 사도들에게로 이어졌으며, 그리스도가 섬기는 자들에게 생명을 주는 것은 사도들로서는 죽음을

말하였다." 하였습니다. 우리는 그와 똑같은 믿음의 영을 가지고 있으므로, 우리도 믿으며, 그러므로 말합니다. 14 주 예수를 살리신 분이 예수와 함께 우리도 살리시고, 여러분과 함께 세워주시리라는 것을 우리는 알고 있습니다. 15 이 모든 일은 다 여러분을 위한 것입니다. 그리하여 하나님의 은혜가 점점 더 많은 사람에게 퍼져서, 감사하는 마음이 넘치게 하고, 하나님께 영광을 돌리게 하려는 것입니다.

속사람의 생활

16 그러므로 우리는 낙심하지 않습니다. 우리의 겉사람은 낡아가나, 우리의 속사람은 날로 새로워집니다. 17 지금 우리가 겪는 일시적인 가벼운 고난은, 비교할 수 없을 정도로 영원하고 크나큰 영광을 우리에게 이루어 줍니다. 18 우리는 보이는 것을 바라보는 것이 아니라, 보이지 않는 것을 바라봅니다. 보이는 것은 잠깐이지만, 보이지 않는 것은 영원하기 때문입니다.

5 1 땅에 있는 우리의 장막집이 무너지면, 하나님께서 지으신 집, 곧 사람의 손으로 지은 것이 아니라 하늘에 있는 영원한 집이 우리에게 있는 줄 압니다. 2 우리는 하늘로부터 오는 우리의 집을 덧입기를 갈망하면서, 이 장막집에서 탄식하고 있습니다. 3 ㄱ)우리가 이 장막을 벗을지라도, 벗은 몸이 되지 않을 것입니다. 4 우리는 이 장막에서 살면서, 무거운 짐에 눌려서 탄식하고 있습니다. 우리는 이 장막을 벗어버리기를 바라는 것이 아니라, 그 위에 덧입기를 바랍니다. 그리하여 죽을 것이 생명에게 삼켜지게 하려는 것입니다. 5 이런 일을 우리에게 이루어 주시고, 그 보증으로 성령을 우리에게 주신 분은 하나님이십니다.

6 그러므로 우리는 언제나 마음이 든든합니다. 우리가 육체의 몸을 입고 살고 있는 동안에는, 주님에게서 떠나 살고 있음을 압니다. 7 우리는 믿음으로 살아가지, 보는 것으로 살아가지 아니합니다. 8 우리는 마음이 든든합니다. 우리는 차라리 몸을 떠나서, 주님과 함께 살기를 바랍니다. 9 그러므로 우리가 몸 안에 머물러 있든지, 몸을 떠나서 있든지, 우리가 바라는 것은 주님을 기쁘게 해드리는 사람이 되는 것입니다. 10 우리는 모두 그리스도의 심판대 앞에 나타나야 합니다. 그리하여 각 사람은 선한 일이든지 악한 일이든지, 몸으로 행한 모든 일에 따라, 마땅한 보응을 받아야 합니다.

화해의 직분

11 그러므로 우리는 주님이 두려운 분이심을 알기에 사람들을 설득하려고 합니다. 우리는 이미 하나님 앞에서 환히 드러났습니다. 여러분의 양심에도 우리가 환히 드러나기를 바랍니다.

ㄱ) 다른 고대 사본들에는 '우리는 이 장막 집을 입어서 벌거벗은 몸으로 드러나지 않으려고 합니다'

경험하는 것과 같다. **4:13-18** 바울은 계속해서 자기가 결코 포기하지 않을 것이라는 결단을 확인해 주고 있다. 그를 위해 그는 시 116:10을 인용하며 부활의 주님이 그의 신실한 성도들을 모두 하늘의 거처로 불러올릴 것이라는 믿음과 확신 가운데 말한다는 것을 보여주고 있다. 그러나 이 시편구절을 인용한 것도 그를 거부하는 이들에 대해 수동적으로 대처하는 것에 불과하다. 왜냐하면 바로 그 다음 시편구절이 인용되지는 않았지만 모든 사람이 거짓말쟁이라고 하는 시편 기자의 비관적 진단으로 이어지기 때문이다. **4:16** 이 구절은 4장 시작할 때 보여주었던 확신을 되풀이하고 있다. 즉 우리는 낙심하지 않는다는 것이다. 현재의 잠정적 패배와 후퇴의 경험들은 아직 보이지는 않지만 우리를 기다리고 있는 영원한 것에 비추어보면 단지 지나가는 환상일 뿐이다.

5:1-10 이 논쟁에서 이중적인 새로운 이미지, 즉 장막 (텐트) 만들기와 옷 입는 비유가 소개되고 있다. 장막집이 무너질 때에는 하늘에 영원한 집이 있다. 이것은 예수가 예루살렘 성전을 허물고 다시 짓겠다던 사건(막 14:58; 요 2:19)과 연관된 말들을 생각나게 한다. 바울은 "옛 언약"을 생각하고 있음에 틀림없다. 바울은 옛 언약은 광야에 있던 성막으로 상징화되는데, 그것은 부활하신 예수의 하늘로의 귀향과 대조된다. 물론 그의 제자들도 같은 길을 가리라는 약속과도 대조된다. 그리고는 이미지가 곧 종말적 심판, 즉 마지막 날의 심판으로 (10절을 보라) 바뀌는데, 그 때에 우리는 믿음과 은혜로 옷을 입은 것으로 판정되기를 바라며 벌거벗고 수치스럽게 되지 않기를 소망한다. 이러한 일이 반드시 일어나리라는 약속은 우리에게 보내주신 성령이 보증한다 (5절; 1:22에 관한 주석을 보라). 이 세상에서나 혹은 주와 함께 하늘에서나 (8절) 목적은 언제나 주님을 기쁘게 하는 것이다. 이러한 태도는 현재의 고난이나 심판의 날에 대해 온전한 확신을 준다.

5:11—6:13 여기서 바울의 생각의 흐름이 점차 바뀌어 그의 사역을 방어하던 것에서 벗어나 서신의 핵심이 되는 메시지로 초점이 맞추어진다. 즉 그것은 온전한 화해를 위한 호소이다. 바울과 화해함으로써 고린도 신도들은 그리스도와 하나님과 화해하게 될 것이다. 사실상 바울은 이 상황에서 자신을 하나님과 멀어진 사람들 사이에 그리스도의 은혜로 화해할 수 있게 하는 중재자의 기능을 해야 한다고 보고 있다. **5:11-15** 바울은 여

12 그렇다고 해서 또 다시 우리가 우리 자신을 여
러분에게 치켜세우려는 것은 아닙니다. 우리는
여러분이 우리를 자랑할 수 있는 근거를 여러분에
게 드리려는 것입니다. 그래서 속에는 자랑할 것
이 없으면서도 겉으로만 자랑하는 사람들에게,
여러분이 대답할 말을 가지게 하려는 것입니다.
13 우리가 미쳤다고 하면 하나님께 미친 것이요,
정신이 온전하다고 하면 여러분을 두고 온전한 것
입니다. 14 그리스도의 사랑이 우리를 휘어잡습
니다. 우리가 확신하기로는, 한 사람이 모든 사람을
위하여 죽으셨으니, 모든 사람이 죽은 셈입니다.
15 그런데 그리스도께서 모든 사람을 위하여 죽
으신 것은, 이제부터는, 살아 있는 사람들이 자기
자신들을 위하여 살아가도록 하려는 것이 아니
라, 자기들을 위하여서 죽으셨다가 살아나신 그
분을 위하여 살아가도록 하려는 것입니다.

16 그러므로 이제부터 우리는 아무도 육신의
잣대로 알려고 하지 않습니다. 전에는 우리가 육
신의 잣대로 그리스도를 알았지만, 이제는 그렇지
않습니다. 17 누구든지 그리스도 안에 있으면,
그는 새로운 피조물입니다. 옛 것은 지나갔습니다.
보십시오, 새 것이 되었습니다. 18 이 모든 것은
하나님에게서 났습니다. 하나님께서는 그리스도
를 내세우셔서, 우리를 자기와 화해하게 하시고,
또 우리에게 화해의 직분을 맡겨 주셨습니다.
19 곧 하나님께서 사람들의 죄과를 따지지 않으
시고, 화해의 말씀을 우리에게 맡겨 주심으로써,
세상을 그리스도 안에서 자기와 화해하게 하신 것
입니다. 20 그러므로 우리는 그리스도의 사절입
니다. 하나님께서는 우리를 시켜서 여러분에게
권고하십니다. 우리는 그리스도를 대리하여 간청
합니다. 여러분은 하나님과 화해하십시오. 21 하
나님께서는 죄를 모르시는 분에게 우리 대신으로
죄를 씌우셨습니다. 그것은 우리가 그리스도 안
에서 하나님의 의가 되게 하시려는 것입니다.

6 1 ㄱ)우리는 하나님과 함께 일하는 사람으로
서 여러분에게 권면합니다. 하나님의 은혜를
헛되이 받지 않도록 하십시오. 2 하나님께서 말
씀하시기를

ㄴ)"은혜의 때에,
나는 네 말을 들어주었다.
구원의 날에,
나는 너를 도와주었다"

하셨습니다. 보십시오, 지금이야말로 은혜의 때요,
지금이야말로 구원의 날입니다. 3 아무도 우리가
섬기는 이 일에 흠을 잡지 못하게 하려고, 우리는
무슨 일에서나 아무에게도 거리낌거리를 주지 않
습니다. 4 우리는 무슨 일에서나 하나님의 일꾼
답게 처신합니다. 우리는 많이 참으면서, 환난과
궁핍과 곤경과 5 매 맞음과 옥에 갇힘과 난동과
수고와 잠을 자지 못함과 굶주림을 겪습니다.
6 또 우리는 순결과 지식과 인내와 친절과 성령의
감화와 거짓 없는 사랑과 7 진리의 말씀과 하나
님의 능력으로 이 일을 합니다. 우리는 오른손과

ㄱ) 그, '우리가 함께 일하므로' ㄴ) 사 49:8 (칠십인역)

기서 피상적인 태도를 피하고 단도직입적이면서도 선한 양심에 바탕을 두어 주장을 펼치고 있다. 바울은 전에 그가 자기자랑을 한다느니 마음이 건전하지 못하다느니 하고 비난한 사건들을 옆으로 비껴둔다. 그가 전에 어떠한 어리석은 일을 했던지 간에 그것은 고린도 사람들을 다시 얻기 위함이었다. *그리스도의 사랑*은 (14절) 문법적으로 주격 소유격으로 해석되어야 한다. 즉 그리스도가 그들 모두를 향해 베푼 사랑을 뜻한다. 이 사랑은 죽음에서까지 드러났는데, 그리스도의 죽음과 부활에 그들이 참여한다는 신비(롬 6:3-11; 갈 2:19-20)에 따라 이해할 때 그리스도가 그들에게 주는 생명을 의미한다. **5:16-21** *육신의 잣대.* 이 표현은 문자 그대로 말해서 "육신을 따라서"(개역개정)를 의미한다. 여기서 "육신"은 하나님을 적대하는 세력을 의미한다. 이것은 바울이 자주 사용하는 용법이다 (갈 5:16-21). 바울이 그리스도에 대해 가졌던 과거의 이해는 신앙 밖의 사람으로서 가진 것이었으며 적의를 품은 것이었다. 그러나 그리스도의 죽음으로 인해 새로운 창조와 새 언약이 가능하게 되었다. 하나님과 인간 사이의 적대감은 화해되었다. 바울과 그의 사역의 동역자들이 바로 현재 강하게 역사하는 화해사역의 집행자들이다. 그러므로 바울은 그리스도와 하나님의 공식 사절로서, 그의 독자들에게 죽음이라고 하는 죄값을 치르고 인간의 삶을 온전히 받아들인 그리스도에 의해 이루어진 화해를 받아들이라고 권고한다 (롬 5:12).

6:1-13 바울은 사 49:8을 인용하면서 하나님께로 마음을 돌리라고 계속 권고하고 있으며, 지금이야말로 그 때이고, 결코 더 좋은 다른 때는 없다고 말한다. 이 구절에는 일련의 목록들로 되어있다. 우선 복음을 위해 견디어야 하는 고난 (4-5절); 사도적인 삶을 살기 위해 필요한 덕목들 (6-7절); 그리고 마지막으로 일련의 대조병행구들(antitheses)이다 (8-10절). 마지막 목록은 삶의 모순들, 특히 자기가 섬기는 자들로부터 반대를 받는 것과 같은 것들을 나열한다. 마지막 부분은 고린도 신도들에게 바울이 그들에게 했던 것처럼 마음을 활짝 열고 상호간에 용서와 화해를 위해 준비하라고 간절히 호소한다.

왼손에 의의 무기를 들고, 8 영광을 받거나, 수
치를 당하거나, 비난을 받거나, 칭찬을 받거나,
그렇게 합니다. 우리는 속이는 사람 같으나 진실
하고, 9 이름 없는 사람 같으나 유명하고, 죽는
사람 같으나, 보십시오, 살아 있습니다. 징벌을
받는 사람 같으나 죽임을 당하는 데까지는 이르지
않고, 10 근심하는 사람 같으나 항상 기뻐하고,
가난한 사람 같으나 많은 사람을 부요하게 하고,
아무것도 가지지 않은 사람 같으나 모든 것을 가
진 사람입니다.
11 고린도 사람 여러분, 우리는 여러분에게
숨김없이 말하였습니다. 우리는 마음을 넓혀 놓
았습니다. 12 우리가 여러분을 옹졸하게 만드는
것이 아니라 여러분의 마음이 옹졸한 것입니다.
13 나는 자녀들을 타이르듯이 말합니다. 보답하
는 셈으로 여러분도 마음을 넓히십시오.

우리는 살아 계신 하나님의 성전이다

14 믿지 않는 사람들과 멍에를 함께 메지 마
십시오. 정의와 불의가 어떻게 짝하며, 빛과 어둠
이 어떻게 사귈 수 있겠습니까? 15 그리스도와
ㄱ)벨리알이 어떻게 화합하며, 믿는 자가 믿지 않는
자와 더불어 함께 차지할 몫이 무엇이며, 16 하

ㄱ) 악마의 이름

추가 설명: 헌금 모금

8장과 9장은 바울이 그리스와 소아시아를 다니면서 헌금을 모금한 것에 관한 것이다. 갈 2:10 바로 전에 바울은 역사적인 예루살렘 회의에 대한 보고를 쓰면서 교회지도자들과 함께 중요한 결의안을 끌어낼 수 있었다고 말한다. 야고보와 베드로, 그리고 요한이 그가 하는 이방 선교를 인정했다고 강조한 후 덧붙여 말하길 그들이 바울에게 요구한 단 한 가지는 "가난한 사람을 기억해 달라"는 것인데, 그것은 그가 이미 하길 원했던 일이었다고 말한다. "가난한 사람"이라고 하는 애매한 단어를 해석하는 데는 두 가지 가능한 의미가 있다. 그것은 거룩한 도시에 살고 있는 사람들로서의 예루살렘 공동체를 부르는 칭호일 수 있다. 이러한 용법은 신구약 중간기시대의 문헌들에서 찾아볼 수 있는데, 특히 쿰란에서는 선택받은 자들의 공동체를 그 이름으로 불렀다. 이러한 경우라면 바울은 특별히 예루살렘 공동체를 돕기 위하여 헌금을 모았다고 볼 수 있다. "가난한 사람"의 또 다른 해석은 예루살렘을 가난구제기금의 중심기관으로 보고 언제든지 필요할 때마다 기금을 나누어주는 곳이라는 뜻으로 보는 것이다.

헌금 모금은 고린도 사람들에게 새로운 일이 아니다. 고전 16:1-4에서 바울은 이미 예배 때 거둔 헌금들 가운데 매주 첫 날 조금씩 따로 떼어 모아두라고 제안한 바가 있다. 후에 권한을 부여받은 대표자들이 바울과 함께 동행하여 예루살렘으로 그 헌금을 가져가도록 하였다. 이방 교회들이 왜 예루살렘에 헌금을 주어야 할까? 그 질문에 대한 바울의 해답은 로마서 15:25-28에 나와 있다. 이방 사람들이 어머니 교회로부터 영적 축복을 거두었기에 그들이 물질적 축복으로 갚는 것이 마땅하다는 것이다. 롬 15:26에 따르면 "가난한 사람"이란 이 맥락에서 예루살렘 교회의 사람들을 의미한다는 것이 분명하다. 사도행전은 바울이 개인적으로 깊이 관여했었던 이 헌금에 대한 언급이 없다. 그러나 행 11:27-30에서 같은 프로젝트를 언급했을 수도 있는데, 그 경우에는 다른 연대순서에 따라, 즉 행 15장의 예루살렘 회의 훨씬 전에 일어난 것으로 보아야 한다. 벨릭스 앞에서 변호하는 중에 그의 백성들을 위한 선물을 가지고 예루살렘에 왔었다고 하는 바울의 언급도 간접적인 증언이다 (행 24:17). 바울의 충성심을 증명하기 위해 매우 중요한 사건이었던 것 같은 이 프로젝트가 사도행전에서는 별로 주목을 받지 못하고 스치듯 지나가고 있다.

6:14—7:1 바울은 문법적으로 부정적인 대답을 유도하는 일련의 질문을 던지면서 그의 고린도 회중들이 이방세계의 타락한 영향력으로부터 멀리할 것을 바라고 있다. 그런 후 이것을 더 강화하는 몇 가지 구절을 구약에서 인용한다. **6:15** *벨리알.* 악마(사탄)의 여러 가지 유대교 이름 중 하나이다. **6:16** 레 26:11-12와 겔 37:27을 보라. **6:17** 사 52:11; 겔 37:27(칠십인역)을 보라. **6:18** 삼하 7:14; 사 43:6을 보라.

특별 주석

이 구절의 기원과 출처에 대해서는 논란이 많다. 상당수의 주석가들이 볼 때 이 구절에는 일나님의 성전과 우상이 어떻게 일치하겠습니까?
ㄱ)우리는 살아 계신 하나님의 성전입니다. 그것은
하나님께서 말씀하신 바와 같습니다.

ㄴ)"내가 그들 가운데서 살며,
그들 가운데로 다닐 것이다.
ㄷ)나는 그들의 하나님이 되고,
그들은 내 백성이 될 것이다."

17 ㄹ)"그러므로 너희는
그들 가운데서 나오너라.
그들과 떨어져라.
부정한 것을 만지지 말아라.
나 주가 말한다.
그리하면 내가 너희를
영접할 것이다."

18 ㅁ)"그리하여 나는
너희의 아버지가 되고,
너희는 내 자녀가 될 것이다.
나 전능한 주가 말한다."

7 1 그러므로 사랑하는 여러분, 우리에게는 이
러한 약속이 있으니, 육과 영의 모든 더러움
에서 떠나서, 자신을 깨끗하게 하며, 하나님을 두
려워하는 가운데 온전히 거룩하게 됩시다.

고린도 교회의 회개를 기뻐하다

2 여러분은 마음을 넓혀서, 우리를 받아 주
십시오. 우리는 아무에게도 부당한 일을 한 적이
없고, 아무도 망친 적이 없고, 아무도 속여서 빼
앗은 일이 없습니다. 3 여러분을 책망하려고 내가
이런 말을 하는 것이 아닙니다. 내가 전에도 말하
였거니와, 여러분은 우리 마음 속에 자리잡고 있
어서, 죽어도 같이 죽고, 살아도 같이 살 것입니다.
4 나는 여러분에게 큰 신뢰를 두고 있으며, 여러
분을 매우 자랑스럽게 생각합니다. 우리의 온갖
환난 가운데서도, 나에게는 위로가 가득하고, 기
쁨이 넘칩니다.

5 우리가 마케도니아에 이르렀을 때에도, 우
리의 육체는 조금도 쉬지 못하였습니다. 우리는
여러 가지로 환난을 겪었습니다. 밖으로는 싸움
이 있었고, 안으로는 두려움이 있었습니다. 6 그
러나, 실의에 빠진 사람을 위로해 주시는 하나님
께서는 디도를 돌아오게 하심으로써 우리를 위로
해 주셨습니다. 7 그가 돌아온 것으로만이 아니
라, 그가 여러분에게서 받은 위로로 우리는 위로
를 받았습니다. 여러분이 나를 그리워하고, 내게
잘못한 일을 뉘우치고, 또 나를 열렬히 변호한다
는 소식을 그가 전해 줄 때에, 나는 더욱더 기뻐
하였습니다. 8 내가 그 편지로 여러분의 마음을
아프게 했더라도, 나는 후회하지 않습니다. 그 편
지가 잠시나마 여러분의 마음을 아프게 했다는 것
을 알고서 후회하기는 하였지만, 9 지금은 기뻐

ㄱ) 다른 고대 사본들에는 '여러분은' ㄴ) 레 26:12; 렘 32:38; 겔 37:27 ㄷ) 렘 31:1 ㄹ) 사 52:11; 겔 20:34, 41 ㅁ) 삼하 7:14 (칠십인역); 렘 31:9; 사 43:6; 삼하 7:8

반적인 바울의 어휘와 태도와는 잘 어울리지 않는 요소가 있는데, 특히 불신자들과 분리하라고 하는 강한 권고(고전 5:9-10을 참조)와 더러운 것들에 관한 것이다. 예를 들어, 예배가 마귀들로부터 오염되지 않도록 하는 것이나 (고전 10:20-21), 공동체를 하나님의 성전으로 보는 것이다 (고전 3:16). 그렇다면 이 구절은 바울이나 또 다른 저자의 글이다. 한 가지 가능성이 있다면, 바울이 다른 공동체를 위해, 혹은 다른 서신을 위해 쓴 것일 수 있다는 것이다. 이 부분이 원래 여기에 속하지 않는 것이라면 6:13에서 끊어졌고 7:2에서 원활하게 이어지는 바울의 마음을 열라는 호소에 어울리지 않게 끼어들게 된 것이다. 바울은 가끔 재빠르게 주제를 바꾸는 것으로 알려져 있다. 그 당시의 수사학적 이론에 따르면, 논쟁이 너무 심각해질 때 잠정적 휴식을 위해 이러한 기교를 쓴다 (예를 들어, 빌 3:1이 3:2로 넘어갈 때 매우 거칠게 연결되어 있는데 많은 주석가들은 여기서 편집의 흔적을 볼 수 있다고 한다). 만일 이 구절이 원래 이 자리에 있는 것이라면, 바울의 서신 가운데 볼 수 있는 가장 재빠른 주제변환으로 보아야 할 것이다. 이 구절의 후반부는 하나님과의 가족적 관계 속에서 거룩한 백성이 되라고 하는 암시적 권고들과 구약의 인용들이 짜 맞추어 연결되었다. 이러한 주제는 바울이 고린도 사람들에게 확실히 전달하고자 하는 메시지와 정확히 들어맞는다.

7:2-16 7장의 나머지는 두 부분으로 되어 있다. (1) 화해의 주제를 다루는 몇 구절들과 (2) 디도가 바울에게 고린도로부터 가져와 전달한 보고에 대한 보다 긴 논의이다. **7:2-4** 이 주제는 6:13에서 끊겼던 바로 그 부분을 뒤이어 다루는 것처럼 보인다. 바울은 다시 한 번 몇몇 고린도 사람들이 자기의 잘못된 행동과 다른 사람들을 착취한다고 비난하는 것에 대해 자기의 결백을 주장한다. **7:5-12** 그리스 북부(아마도 데살로니가와 빌립보)의 마케도니아에 도착했을 때, 바울이

합니다. 그것은 여러분이 아픔을 당했기 때문이
아니라, 아픔을 당함으로써 회개에 이르게 되었
기 때문입니다. 여러분이 하나님의 뜻에 맞게 아
파하였으니, 결국 여러분은 우리로 말미암아 손
해를 본 것은 없습니다. 10 하나님의 뜻에 맞게
마음 아파하는 것은, 회개를 하게 하여 구원에 이
르게 하므로, 후회할 것이 없습니다. 그러나 세상
일로 마음 아파하는 것은 죽음에 이르게 합니다.
11 보십시오. 하나님의 뜻에 맞게 마음 아파함으
로써 여러분에게 얼마나 많은 변화가 일어났습니
까! 여러분이 나타낸 그 열성, 그 변호, 그 의분,
그 두려워하는 마음, 그 그리워하는 마음, 그 열
정, 그 응징은 참으로 놀라운 것입니다. 여러분은
그 모든 일에 잘못이 없음을 보여주었습니다.
12 그러므로 내가 여러분에게 편지한 것은, 남에
게 불의를 행한 사람이나, 불의를 당한 사람 때문
이 아니라, 우리를 위한 여러분의 간절한 마음이
하나님 앞에서 여러분에게 환히 나타나게 하려는
것입니다. 13 그래서 우리는 위로를 받았습니다.
또한, 우리가 받은 위로 위에 디도의 기쁨이
겹쳐서, 우리는 더욱 기뻐하게 되었습니다. 그는
여러분 모두로부터 환대를 받고, 마음에 안정을
얻었던 것입니다. 14 내가 여러분을 두고 디도
에게 자랑한 일이 있었는데, 여러분이 나를 부끄
럽게 하지 않았습니다. 우리가 여러분에게 모든
것을 진실하게 말한 것과 같이, 우리가 여러분을
두고 디도에게 말한 자랑도 진실한 것으로 드러났
기 때문입니다. 15 디도는, 여러분 모두가 두렵
고 떨리는 마음으로 자기를 영접하고 순종한 것을
회상하면서, 사랑하는 정을 더욱더 여러분에게
기울이고 있습니다. 16 나는 여러분을 온전히
신뢰할 수 있게 된 것을 기뻐합니다.

아낌없는 구제

8 1 ㄱ)형제자매 여러분, 우리는 하나님께서 마
케도니아 여러 교회에 베풀어주신 은혜를 여
러분에게 알리려고 합니다. 2 그들은 큰 환난의

ㄱ) 그, '형제들'

추가 설명: 바울 시대의 사도들

전통적으로는 열두 명의 사도와 또 바울을 한 명 더하여 사도로 인정하고 있다. 바울은 분명히 열둘 가운데 하나는 아니면서도 자신이 사도라고 꾸준히 주장하고 있다 (다음을 보라. 고전 1:1; 9:1-2; 15:9-10; 고후 1:1; 갈 1:1). 바울은 사도에게 특별한 자격들이 요구되고 있다고 생각한다—부활하신 주님을 만나야 하는 것, 혹은 각자가 선교하였던 노력의 결과를 증명해 보여야 한다는 것 등이다 (고전 9:1-2). 바울은 그 열둘을 다 알고 있음에도 불구하고, 그들을 사도들이라고 부르지는 않고 단지 부활의 주님을 만난 목록에서 따로따로 언급하는데 그 목록 안에는 "사도들"이라는 말이 포함되어 있다 (고전 15:4-7). 열둘을 말하는 "사도들"이라고 하는 칭호가 마가복음과 마태복음에서는 그들이 선택받고 위임받는 구절에서만 언급되고 있다 (마 10:2; 막 6:30). 열두 제자를 위한 이 칭호는 주로 누가복음과 사도행전에서 많이 나타난다 (예를 들어, 눅 24:10; 행 1:25; 6:6).

바울 시대에 사도라고 하는 단어는 보다 일반적인 의미를 갖고 있다. 아마도 한 교회, 혹은 여러 교회로부터 (이 구절에서처럼) 어떤 특별한 사명을 받았거나, 혹은 복음 선포를 위해 보내심을 받은 선교사나 전도자들을 지칭할 것이다. 고후 8:23에 나오는 이름 없는 사람들 외에 다른 사람들도 바울 서신에서 사도들이라고 불린다. 바울은 에바브로디도를 빌립보 사람들에게 "여러분의 사도" 라고 부른다. 아마도 빌립보가 그의 고향이었거나 그 지역을 처음 선교할 때 쓰임 받았기 때문일 것이다 (빌 2:25). 안드로니고와 유니아는 아마도 브리스길라와 아굴라처럼 선교사 부부였을 것인데, "사도들에게 좋은 평을 받고" 있었다 (롬 16:7). 고후 10—13장에 나오는 바울의 경쟁자는 거짓 사도라고 비난받고 있다. 이들은 비록 바울이 보기에 형편없는 자들이었지만 그들이 그 칭호를 갖고 있었다는 것을 인정하고 있다 (11:13). 고전 15:7에서도 나오는 이와 같은 표현은 그들이 아마도 열두 사도와는 전혀 다르지만 눈에 띄는 그룹이었을 것임을 암시한다. 대부분의 번역들이 빌 2:25와 고후 8:23에서 "사도" 라는 단어를 쓰기를 주저하고 같은 희랍어를 "사신" 혹은 그와 비슷한 단어들로 번역하였다 (개역개정은 "사자;" 공동번역은 "사절"). 이것은 편견적인 해석을 초래한 것이다.

시련을 겪으면서도 기쁨이 넘치고, 극심한 가난
에 쪼들리면서도 넉넉한 마음으로 남에게 베풀었
습니다. 3 내가 증언합니다. 그들은 힘이 닿는
대로 구제하였을 뿐만 아니라, 오히려 힘에 지나
도록 자원해서 하였습니다. 4 그들은 성도들을
구제하는 ㄱ)특권에 동참하게 해 달라고, 우리에게
간절히 청하였습니다. 5 그들은, 우리가 기대한
이상으로, 하나님의 뜻을 따라서 먼저 자신들을
주님께 바치고, 우리에게 바쳤습니다. 6 그래서
우리는 디도에게 청하기를, 그가 이미 시작한 대
로 이 은혜로운 일을 여러분 가운데서 완수하라고
하였습니다. 7 여러분은 모든 일에 있어서 뛰어
납니다. 곧 믿음에서, 말솜씨에서, 지식에서, 열
성에서, ㄴ)우리와 여러분 사이의 사랑에서 그러합
니다. 여러분은 이 은혜로운 활동에서도 뛰어나야
할 것입니다.

8 나는 이 말을 명령으로 하는 것이 아닙니다.
다른 사람들의 열성을 말함으로써, 여러분의 사
랑도 진실하다는 것을 확인하려고 하는 것뿐입니다.
9 여러분은 우리 주 예수 그리스도의 은혜를 알
고 있습니다. 그리스도께서는 부요하나, 여러분
을 위해서 가난하게 되셨습니다. 그것은 그의 가
난으로 여러분을 부요하게 하시려는 것입니다.
10 이 일에 한 가지 의견을 말씀드리겠습니다.
이 일은 여러분에게 유익합니다. 여러분은 지난
해부터 이미 이 일을 실행하기 시작했을 뿐 아니라,
그렇게 하기를 원하기도 했습니다. 11 그러므로
이제는 그 일을 완성하십시오. 여러분이 자원해서
시작할 때에 보여준 그 열성에 어울리게, 여러분이
가지고 있는 것으로 그 일을 마무리지어야 합니다.
12 기쁜 마음으로 각자의 형편에 맞게 바치면,
하나님께서는 그것을 기쁘게 받으실 것입니다.
하나님께서는 없는 것까지 바치는 것을 바라지 않
으십니다. 13 나는 다른 사람들을 편안하게 하고,
그 대신에 여러분을 괴롭게 하려는 것이 아니라,
평형을 이루려고 하는 것입니다. 14 지금 여러
분의 넉넉한 살림이 그들의 궁핍을 채워주면, 그
들의 살림이 넉넉해질 때에, 그들이 여러분의 궁
핍을 채워 줄 수도 있을 것입니다. 이렇게 하여 평
형이 이루어지는 것입니다. 15 이것은, 성경에
기록하기를

ㄷ)"많이 거둔 사람도 남지 아니하고,
적게 거둔 사람도
모자라지 아니하였다"

한 것과 같습니다.

ㄱ) 그, '은혜' ㄴ) 다른 고대 사본들에는 '우리를 향한 여러분의 사랑' 또 다른 고대 사본들에는 '여러분을 향한 우리의 사랑' ㄷ) 출 16:18

무엇을 하였는가에 대한 논의는 2:13에서 끊어졌던 주제를 계속하는 것이다. 그러나 여기서 바울은 단수주어 대신에 복수를 사용하고 있다. 이 부분 역시 고린도후서가 바울의 여러 서신들을 불완전하게 고치고 연결시켜 만든 것이라는 증거라고 본다. 여기서 바울은 전에 자기가 고린도에 보냈던 고통의 편지가 어떠한 결과를 낳았는지 디도가 긍정적인 소식을 전할 때까지 걱정하고 있음을 보여준다 (2:2-4). **7:13-16** 이 구절에서는 바울의 인간관계의 기술과 수사적 효과를 노리는 기교를 볼 수 있는데, 현대의 독자들이 볼 때에는 매우 교묘한 속임수로 볼 수도 있을 만한 것들이다. 그는 디도가 도착하기 전에 고린도 신도들의 고귀한 평판을 이미 말해 놓았으며 바울이나 그들이 모두 부끄럽게 되지 않을 것이라고 말함으로써 그들의 자존심과 자긍심에 호소하고 있다. 그 결과 고린도 사람들은 디도에게 그들의 고귀함을 나타내었고 스스로를 부끄럽게 하지 않음으로써 시험을 잘 통과하였다.

8:1—9:15 이 두 장은 기금을 마련하기 위한 서신들이라고 볼 수 있다. 이 두 장이 한 서신이었는지, 두 개의 다른 서신이었는지에 관해서 논쟁이 되고 있다. 9:2는 8장을 시작하는 부분에서 사용했던 것과 같은 전략을 되풀이하는 것 같다. 현재의 서신에서 볼 수 있는 것처럼 조금 전에 표현했던 화해를 바라는 미묘한 내용을 다루면서 동시에 돈에 대해 쓴다는 것은 그럴듯하지가 않다. **8:1-7** 바울은 고린도 사람들이 부끄러움을 느끼고 또 경쟁심을 가지고 관대하게 헌금을 할 수 있도록 하기 위해 마케도니아 교회들의 후한 헌금을 자랑한다. 디도는 이미 이 모금운동을 위해 그들 가운데서 일하고 있다. 그러나 바울이 그들로부터 보다 많은 것을 기대하고 있다는 것이 분명하다. 그들의 관대함은 그들의 믿음, 지혜, 지식, 그리고 사랑에 버금가야만 한다. **8:8-15** 바울은 "부요"한 그리고 "가난"한 이라는 말을 여기에서처럼 비유적으로는 거의 사용하지 않는다. 부요한 예수님이 가난하게 되셨다는 진술은 빌 2:6-11의 의미와 같은 맥락에서 이해해야 한다. 즉 자기를 낮추고 겸손하다는 의미이지 결코 경제적으로 지위를 뒤집으라는 것이 아니다. 부와 가난에 대한 언어는 물질적 소유와 수입보다는 오히려 존중과 자격이라는 의미와 더 관련이 많다. 10절에 언급된 일 년이라는 기간은 바울이 결코 새로운 것을 말하는 것이 아님을 분명히 해준다. 14절에서 고린도 사람들의 풍족함과 예루살렘 사람들의 필요에 대한 계속되는 논의는 그들의 안정된 지위뿐 아니라, 경제적 번영을 또한 언급하고 있다. 출 16:18의 만나에 대한 인용으로 바울은 자기의 논점을 유연하게 결론짓는다. **8:16-24** 디도를 고린도로 다시 보내서 구제금 모금운동을 위해 일하도록 한다.

디도와 그의 동역자

16 여러분을 위한 나의 열성과 똑같은 열성을 디도의 마음에 주신 하나님께 나는 감사를 드립니다. 17 그는 우리의 청을 받아들였을 뿐만 아니라, 더욱 열심을 내어서, 자진하여 여러분에게로 갔습니다. 18 우리는 그와 함께 형제 한 사람을 보냈습니다. 이 형제는 ㄱ)복음을 전하는 일로 모든 교회에서 칭찬이 자자한 사람입니다. 19 그뿐만 아니라, 그는 여러 교회가 우리의 여행 동반자로 뽑아 세운 사람이며, 우리가 수행하고 있는 이 은혜로운 일을 돕는 사람입니다. 우리는 주님의 영광을 드러내고, 우리의 좋은 뜻을 이루려고 이 일을 합니다. 20 우리가 맡아서 봉사하고 있는 이 많은 헌금을 두고, 아무도 우리를 비난하지 못하게 하려고, 우리는 조심합니다. 21 ㄴ)우리는 주님 앞에서뿐만 아니라, 사람들 앞에서도, 좋은 일을 바르게 하려고 합니다. 22 우리는 그들과 함께 또 형제 한 사람을 보냈습니다. 그가 모든 일에 열성이 있음을 우리는 여러 번 확인하였습니다. 지금 그는 여러분을 크게 신뢰하고 있으므로, 더욱더 열심을 내고 있을 것입니다. 23 디도로 말하면, 그는 내 동료요, 여러분을 위한 내 동역자입니다. 그리고 그와 같이 간 우리 형제들로 말하면, 그들은 여러 교회의 ㄷ)심부름꾼들이요, 그리스도의 영광입니다. 24 그러므로 여러분은 그들에게 여러분의 사랑을 보여 주십시오. 그리하면 그들을 파송한 교회들이 그것을 보고서, 우리가 그들에게 여러분을 자랑한 것이 참된 것이었음을 확인할 것입니다.

가난한 성도들을 돕는 헌금

9 1 유대에 있는 성도들을 돕는 일을 두고, 나는 더 이상 여러분에게 글을 써 보낼 필요가 없습니다. 2 여러분의 열성을 내가 알고 있기 때문입니다. 나는 마케도니아 사람들에게 "아가야에서는 지난 해부터 준비가 되어 있다" 하고 자랑하고 있습니다. 여러분의 열성을 듣고서, 많은 사람이 분발하였습니다. 3 내가 이 형제들을 보낸 것은, 우리가 이 일로 여러분을 자랑한 것이 헛된 말이 되지 않게 하려는 것이고, 내가 말한 대로 여러분이 준비하고 있게 하려는 것입니다. 4 혹시 마케도니아 사람들이 나와 함께 그리로 가서, 여러분이 준비하고 있지 않은 것을 보게 되면, 여러분은 말할 것도 없고, 우리가 이런 확신을 가진 것 때문에 부끄러움을 당하지 않을까 하고 염려합니다. 5 그러므로 나는 그 형제들에게 청하여, 나보다 먼저 여러분에게로 가서, 여러분이 전에 약속한 선물을 준비해 놓게 하는 것이 필요하다고 생각하였습니다. 이렇게 해서 이 선물은, 마지못해서 낸 것이 아니라 기쁜 마음으로 마련한 것이 됩니다.

6 요점은 이러합니다. 적게 심는 사람은 적게 거두고, 많이 심는 사람은 많이 거둡니다. 7 각자 마음에 정한 대로 해야 하고, 아까워하면서 내거나, 마지못해서 하는 일은 없어야 합니다. 하나님께서는 기쁜 마음으로 내는 사람을 사랑하십니다. 8 하나님께서는 여러분에게 온갖 은혜가 넘치게 하실 수 있습니다. 그러하므로 여러분은

ㄱ) 또는 '기쁜 소식을' ㄴ) 잠 3:4 (칠십인역) ㄷ) 그, '사도들'

이 때 그는 이름이 거론되지 않은 한 사람과 동행하게 되는데, 이 사람은 설교를 잘하여 모금에 도움이 될 사람이다. 그는 신도(형제)로서 벌써 고린도 신도들과 안면이 있는 사람이다. 그는 아마도 고린도 사람들이 간절히 보기를 원하는 유명한 사람일 것인데, 바울은 그의 이름을 이야기하지 않음으로써 그들의 궁금증을 더하여 주고 있다. 바울은 이 사람이 여러 교회로부터 공동위임을 받은 사람으로서 바울의 모금운동에 전적으로 일하게 되었다고 자랑스럽게 보고한다. 이것은 이 일이 적어도 바울과 그의 동역자들에게는 얼마나 중요한 일인지 말해준다. 이름이 밝혀지지 않은 제3의 사람이 디도가 고린도로 돌아가는 길에 동행한다. 바울은 이 사람을 매우 신뢰한다. 바울은 이 구절을 모금운동을 위해 고린도로 보내지는 세 사람을 인정하는 말로 결론짓는다. 디도는 신뢰받는 동역자요, 다른 두 사람은 일반 교회사역에 봉사하는 사도들이다. 바울은 지혜롭게도 이 세 사람에 대한 그의 자랑에 합당하게 살라고 고린도 신도들을 도전하면서 말을 마친다.

9:1-15 8장과 9장이 하나의 서신이라고 주장하는 데에는 논란이 많다. 8장에서와 같은 주제를 9장 처음에서 또 꺼내고 있다. **9:1-5** 성도들. 이 칭호는 바울이 서신을 보내는 공동체들을 부를 때 사용하며, 여기서는 예루살렘에 있는 신도들을 말한다 (또한 12절을 보라). 그들을 위한 구제금을 모으는 일은 설교나 화해의 사역과 같은 "일"이다. 이것은 앞부분에서 이미 말해왔다. 바울은 고린도와 겐그레아 등을 포함하는 아가야 남쪽에 있는 교회들과 마케도니아의 교회들 사이에 선의의 경쟁을 하도록 기교 있게 말을 이어가고 있다. 그는 각 지역을 돌 때마다 다른 지역의 교회들이 얼마나 준비되어 있고 후한지 자랑하였다. 이제 그는 자기가 도착하기 전에 그들을 더 독려하고 직접 구제금을 모아들이기 위해 대표자들을 보낸다. **9:6-15** 여기서 바울은

모든 일에 언제나, 쓸 것을 넉넉하게 가지게 되
어서, 온갖 선한 일을 얼마든지 할 수 있습니다.
9 이것은 성경에 기록한 바

ㄱ)"그가
가난한 사람들에게
아낌없이 뿌려 주셨으니,
그의 의가 영원히 있다"

한 것과 같습니다. 10 심는 사람에게 심을 씨와
먹을 양식을 공급하여 주시는 하나님께서, 여러
분에게도 씨를 마련하여 주시고, 그것을 여러 갑
절로 늘려 주시고, 여러분의 의의 열매를 증가시켜
주실 것입니다. 11 하나님께서 여러분을 모든
일에 부요하게 하시므로, 여러분이 후하게 헌금
을 하게 될 것입니다. 우리가 여러분의 헌금을 전
달하면, 많은 사람이 하나님께 감사를 드리게 될
것입니다. 12 여러분이 수행하는 이 봉사의 일
은 성도들의 궁핍을 채워줄 뿐만 아니라, 많은 사
람들로 하여금, 하나님께 감사를 넘치게 드리게
할 것입니다. 13 여러분의 이 봉사의 결과로, 그
들은 하나님께 영광을 돌릴 것입니다. 그것은 여
러분이 하나님께 순종하여, 그리스도의 복음을
고백하고, 또 그들과 모든 다른 사람에게 너그럽게
도움을 보낸다는 사실이 입증되었기 때문입니다.
14 그들은 또한 여러분에게 주신 하나님의 넘치는
은혜 때문에 여러분을 그리워하면서, 여러분을
두고 기도할 것입니다. 15 말로 다 형언할 수 없는
선물을 주시는 하나님께 감사합니다.

바울이 자기의 사도직을 변호하다

10 1 나 바울은 그리스도의 온유하심과 관
대하심을 힘입어서 여러분을 권면합니
다. 내가 얼굴을 마주 대하고 있을 때에는 여러분
에게 유순하나, 떠나 있을 때에는 여러분에게 강
경하다고들 합니다. 2 내가 여러분에게 청하는
것은, 내가 가서 여러분을 대할 때에 강경하게 대
해야 할 일이 없게 해 달라는 것입니다. 그러나 우
리가 육정을 따라서 처신한다고 여기는 사람들에
게는 나는 확신을 가지고 담대하게 대하려고 생각
합니다. 3 우리가 육신을 입고 살고 있습니다마
는, 육정을 따라서 싸우는 것은 아닙니다. 4 싸
움에 쓰는 우리의 무기는, 육체의 무기가 아니라,
하나님 앞에서 견고한 요새라도 무너뜨리는 강력
한 무기입니다. 우리는 궤변을 무찌르고, 5 하나
님을 아는 지식을 가로막는 모든 교만을 쳐부수
고, 모든 생각을 사로잡아서, 그리스도께 복종시
킵니다. 6 그리고 여러분이 온전히 순종하게 될
때에는, 우리는 모든 복종하지 않는 자를 처벌할
준비가 되어 있을 것입니다.
7 여러분은 겉모양만 봅니다. 누구든지 자기
가 그리스도께 속한 사람이라고 확신한다면, 자
기가 그리스도께 속한 사람인 것과 같이, 우리도
그리스도께 속한 사람이라는 것을 다시 한 번 스
스로 명심해야 할 것입니다. 8 주님께서 우리에게

ㄱ) 시 112:9 (칠십인역)

그의 청중들을 격려하기 위해 성경에 있는 모든 가능한 주제들을 끄집어낸다. **9:6** *심는 사람은… 거두고.* 다음 구절들을 보라. 잠 11:24; 고후 9:10. **9:7** *마지못해서 하는 일은 없어야 합니다.* 신 15:10을 보라. **9:8** *넉넉하게 가지게 되어서.* 충분하다(희랍어로, *아우토아르케이아*)는 개념은 현재 갖고 있는 것에 만족한다는 중요한 철학적 원리이다 (빌 4:12를 보라). 고린도후서의 맥락에서 넉넉하게 갖는다는 것 혹은 충분하다는 것은 후한 행위에 대한 열매이거나 보상이다. **9:9** 시 112:9의 인용. **9:10** 사 55:10을 보라. *여러분의 의의 열매는.* 호 10:12(칠십인역)를 인용한 구절이다.

10:1—13:14 같은 서신이 계속 되고 있다고 보기에는 너무 무리가 있을 정도로 갑자기 서신의 분위기가 달라진다. 앞의 두 장에서 재정적으로 후한 자들이 되라고 격려한 후에 바울은 여기서 말투가 공격적이면서도 방어적인 태도로 급변한다. 많은 주석가들이 이 네 장은 마음 아픈 충돌이 있은 후에 (2:5-11) 매우 어려운 환경에서 아픈 마음으로 쓴 것으로 본다. 이 서신에 대해서는 바울이 앞에서 암시했으며 (2:3, 9; 7:12), 마음 아픈 충돌이 있은 후에 쓴 것으로 보인다 (2:5-11). 이렇게 보는 것이 이 네 장을 가장 잘 설명해 주고 있다. 여기서 바울은 막다른 골목에 부딪혀 있으며, 그의 신뢰성과 명예를 위해 싸우고 있다.

10:1-6 이 구절에 나타난 바울의 태도는 꾸짖는 자세이며, 심지어 6절에 가서는 위협하기까지 한다. 바울은 고린도에 있는 사람들 중 그를 반대하는 이들이 무엇 때문에 그를 비난하고 고발하는지 비꼬는 태도로 반복해서 말하고 있다. 즉 그는 멀리 있을 때 훨씬 능력을 잘 발휘한다는 것이다. 이것은 단지 무례한 말일 뿐 아니라, 어쩌면 나중에 언급할 "몸의 가시"(12:7)와 연관해서 하는 말일지도 모른다. 만일 이것이 바울의 외모에 영향을 끼치거나 직접 만나서 연설할 때 영향을 미치는 어떤 병마를 가리키는 것이라면 더욱 그러하다. 더욱이 여기서 바울은 "육정을 따라서" (개역개정은 "육체를 따라서," 공동번역은 "속된 생활"로 번역) 처신한다고 비난받았던 것이다. **10:7-11** 바울은 계속 풍자적인 태도로 그들의 코앞에서 행해지는 옳지 못한 일을 보라고 가르친다. 이것은 아마도 고린도에서 바울이 자

주신 권위를 내가 좀 지나치게 자랑했다고 하더라도, 그 권위는 주님께서 여러분을 넘어뜨리라고 주신 것이 아니라, 세우라고 주신 것이므로, 나는 부끄러울 것이 없습니다. 9 나는 편지로 여러분에게 겁을 주려고 하는 것처럼 보이고 싶지는 않습니다. 10 "바울의 편지는 무게가 있고, 힘이 있지만, 직접 대할 때에는, 그는 약하고, 말주변도 변변치 못하다" 하고 말하는 사람들이 있습니다. 11 이런 사람들은, 우리가 떠나 있을 때에 편지로 쓰는 말과, 함께 있을 때에 행하는 일 사이에는, 아무런 차이가 없다는 것을 알아야 합니다.

12 우리는 자기를 내세우는 사람들과 같은 부류가 되려고 하거나, 그들과 견주어 보려고 하지 않습니다. 그러나 그들은 자기를 척도로 하여 자기를 재고, 자기를 기준으로 하여 자기를 견주어 보고 있으니, 어리석기 짝이 없습니다. 13 우리는 마땅한 정도 이상으로 자랑을 하려고 하지 않습니다. 우리가 여러분에게까지 다다른 것도, 하나님께서 우리에게 정하여 주신 한계 안에서 된 일입니다. 14 그러므로 우리는 여러분에게로 가지 못할 사람이 아닙니다. 우리가 여러분에게까지 가서 그리스도의 복음을 전한 것은, 한계를 벗어나서 행동한 것이 아닙니다. 15 우리는 주제 넘게 다른 사람들이 수고한 일을 가지고 자랑하려는 것이 아닙니다. 다만 바라는 것은 여러분의 믿음이 자람에 따라 우리의 활동 범위가 여러분 가운데서 더 넓게 확장되는 것입니다. 16 우리는 여러분의 지역을 넘어서 ㄱ)복음을 전하려는 것이요, 남들이 자기네 지역에서 이미 이루어 놓은 일을 가지고 자랑하려는 것이 아닙니다. 17 ㄴ)"자랑하려는 사람은 주님 안에서 자랑해야 합니다." 18 참으로 인정을 받는 사람은 스스로 자기를 내세우는 사람이 아니라, 주님께서 내세워 주시는 사람입니다.

바울과 거짓 사도들

11 1 여러분은 내가 좀 어리석은 말을 하더라도 용납해 주시기 바랍니다. 꼭 나를 용납해 주십시오. 2 나는 하나님께서 보여주신 열렬한 관심으로, 여러분을 두고 몹시 마음을 씁니다. 나는 여러분을 순결한 처녀로 그리스도께 드리려고 여러분을 한 분 남편 되실 그리스도와 약혼시켰습니다. 3 그러나 내가 두려워하는 것은, 뱀이 그 간사한 꾀로 하와를 속인 것과 같이, 여러분의 생각이 부패해서, 여러분이 그리스도께 대한 진실함[과 순결함]을 저버리게 되지나 않을까 하는 것입니다. 4 어떤 사람이 와서, 우리가 전하지 않은 다른 예수를 전해도, 여러분은 그러한 사람을 잘도 용납합니다. 여러분은 우리에게서 받지 아니한 다른 영을 잘도 받아들이고, 우리에게서 받지 아니한 다른 복음을 잘도 받아들입니다. 5 나는 저 거물급 사도들보다 조금도 못할 것이 없다고 생각합니다. 6 내가 말에는 능하지 못할는지 모르지만, 지식에는 그렇지 않습니다. 우리는 이것을 모든 일에서 여러 가지로 여러분에게 나타내 보였습니다.

ㄱ) 또는 '기쁜 소식' ㄴ) 렘 9:24

기의 성과에 대해 너무 많은 말을 했었고, 그것에 대해 반격을 당하는 것일 수도 있다. 여기에서 자랑과 수치에 대한 언어를 사용하는 것은 바울이 상대를 고발하고 있음을 의미한다. 이것은 바울과 그의 적대자들간에 명예를 놓고 싸우는 것인데, 바울의 태도와 의지는 확고하다. **10:10** 10:1을 보라. 바울을 부정적으로 묘사하는 것에는 그가 위협하듯 가르쳤던 것을 잘 전달할 수 없다고 하는 비난이 들어있다. **10:12-18** 몇몇 고린도 사람들은 지금 바울에게는 별로 호감을 갖고 있지 않으면서 다른 기독교 선교사들에게는 흡족하게 마음이 움직이고 있다 (11:5를 주목하여 보라). 서신을 더 읽어 가면 그들이 누구인지 더 밝혀질 것이다. 여기서 바울은 이 사람들이 갖고 있는 문제점들을 냉소적으로 자기와 비교하며 소개하고 있다. 그들은 추천장을 매우 중요하게 생각하여 (3:1을 보라), 서로를 추천해 주기도 한다. 바울은 그것이 소용없는 일이라고 말한다. 고린도에서 사도적인 권위를 누가 갖고 있느냐 하는 문제가 현재 제기되고 있다. 바울은 그들의 첫 번째 전도자였고, 바울은 그 중요성을 계속 주장하고 있다. 그는 그들이 남의 선교지에 참견하고 다니는 것과 같은 일을 하지 않는다고 말한다. **11:1** 고린도 사람들은 바울이 어리석다고 비난한다. 그래서 바울은 여기서 자기를 용납하라고 말하고 있다. **11:2-3** 바울은 때때로 자기의 역할을 어머니나 유모의 역할에 비유한다 (살전 2:7). 여기서는 처녀 딸을 결혼시키는 아버지에 비교한다 (고전 4:15; 빌 2:22를 또한 보라). 비록 여기서는 짧은 은유에 불과하지만, 이 이미지가 나중에 에베소서를 쓴 작가를 감동시켜 결혼의 연합을 그리스도와 교회의 연합과 비교했을 수도 있다 (엡 5:22-33). 또한 바울은 하와가 금지된 열매를 먹은 첫 사람이라고 하는 창세기의 이야기를 암시함으로써 공동체의 개념을 여성적으로 계속 묘사하고 있다. 이것 역시 간단한 비유인데 아담의 유혹과 타락의 책임을 하와에게 묻지 않는다. 바울은 가정의 머리가 되는 아담에게 책임을 묻고 있다

7 나는 여러분을 높이기 위하여 나 자신을 낮추었고, 또 하나님의 복음을 값없이 여러분에게 전하였습니다. 그렇게 한 것이 죄라도 된다는 말입니까? 8 나는 여러분을 섬기기 위하여 삯은 다른 여러 교회에서 받았습니다. 그것은 다른 교회에서 빼앗아 낸 셈입니다. 9 내가 여러분과 같이 있는 동안에는 빈곤하였지만, 여러분 가운데서 어느 누구에게도 누를 끼친 일은 없습니다. 마케도니아에서 온 ㄱ)교우들이 내가 필요로 하는 것을 조달해 주었습니다. 나는 모든 일에 여러분에게 짐이 되지 않으려고 애썼고, 앞으로도 그렇게 할 것입니다. 10 내 안에 있는 그리스도의 진실을 걸고 말합니다마는, 아가야 지방에서는 아무도 나의 이런 자랑을 막지 못할 것입니다. 11 내가 왜 이렇게 한다고 생각하십니까? 내가 여러분을 사랑하지 않기 때문입니까? 내가 여러분을 사랑한다는 것은, 하나님께서 알고 계십니다.

12 나는 지금 하고 있는 대로 앞으로도 하겠습니다. 그것은, 자기네가 자랑하는 일에서 우리와 똑같은 방식으로 일을 한다는 인정을 받을 기회를 찾고 있는 사람들에게서, 그러한 기회를 잘라 없애기 위함입니다. 13 이런 사람들은 거짓 사도요, 속이는 일꾼들이요, 그리스도의 사도로 가장하는 자들입니다. 14 그러나 놀랄 것은 없습니다. 사탄도 빛의 천사로 가장합니다. 15 그렇다면, 사탄의 일꾼들이 의의 일꾼으로 가장한다고 해서, 조금도 놀랄 것이 없습니다. 그들의 마지막은 그들이 행한 대로 될 것입니다.

바울의 참된 자랑

16 거듭 말하지만, 아무도 나를 어리석은 사람으로 생각하지 마십시오. 그러나 여러분이 나를 어리석은 사람으로 생각하려거든, 어리석은 사람으로 받아 주어서, 나도 좀 자랑하게 놓아 두십시오. 17 지금 내가 하는 말은, 주님의 지시를 따라 하는 말이 아니라, 어리석음에 빠져서 자랑하기를 이렇게 장담하는 사람처럼, 어리석게 하는 말입니다. 18 많은 사람이 육신의 일을 가지고 자랑하니, 나도 자랑해 보겠습니다. 19 여러분은 어지간히도 슬기로운 사람들이라서, 어리석은 사람들을 잘도 참아 줍니다. 20 누가 여러분을 종으로 부려도, 누가 여러분을 잡아먹어도, 누가 여러분을 골려도, 누가 여러분을 얕보아도, 누가 여러분의 뺨을 때려도, 여러분은 가만히 있습니다. 21 부끄럽지만 터놓고 말씀드립니다. 우리는 너무나 약해서, 그렇게는 하지 못하였습니다. 그러나 누가 감히 자랑을 하려고 하면, 나도 감히 자랑해 보겠습니다. 내가 어리석은 말을 해 보겠다는 말입니다.

ㄱ) 그, '형제들'

(롬 5:12-14). **11:4-5** 바울은 그의 경쟁자들을 조롱하는 투로 "거물급 사도들"이라고 부르며, 다른 복음을 선포한다고 비난하고 있다 (갈 1:6-9를 참조). 그는 그들이 다른 예수, 다른 성령을 전한다고 하는 것을 보아 그들의 신학이 바울의 신학과 매우 다른 것임에 틀림없다. **11:6** 여기서 또다시 바울의 연설이 특출하지 못하다는 언급이 있다 (10:1, 10을 보라). 특히 바울이 제대로 갖추어진 연설교육을 받지 못했음을 암시하고 있다. 아마도 그의 경쟁자들은 유창한 연설가들이었던 것 같다. **11:7-10** 낮춤과 높임에 대한 언어를 쓰는 것은 명예/수치의 주제를 계속 이어가는 것이다: 그리스도와 똑같이 바울의 낮춤도 역설적으로 그의 높임이 된다 (빌 2:8-9; 3:7-11을 보라). 이제 이 주제는 청중들에게로 넘어간다. 그의 낮춤이 그들의 높임이 된다. 우리는 바울이 다른 몇몇 교회로부터 재정적 도움을 받았던 관례가 있었음에도 불구하고 그에 반하여 고린도 사람들로부터는 아무런 도움도 받지 않았음을 알고 있다 (고전 9:3-12, 18). 사실상 여기서 바울은 고린도에서 일하는 동안 북쪽에 있는 교회들로부터 기금을 받아 생활하고 있었음을 인정하고 있다. 이러한 방책은 비록 그들로부터 호감을 얻으려고 한 것이었지만, 오히려 역공격을 받게 된 것 같다. 고린도 사람들은 바울이 그들의 호의를 받아들이지 않는 것을 좋게 생각하지 않고 오히려 모욕적인 것이라고 받아들였다. 바울은 자기의 행동이 그들을 무시하기 때문이 아니라, 그들을 사랑하기 때문이라고 하였다. **11:12-15** 바울은 그의 경쟁자들이 사도직에 관한 한 그와 같은 지위에 있다는 사실을 부정한다. 바울은 그들을 심한 말로 정죄한다. 그들은 사람의 눈을 속이는 거짓 사도로서 그리스도를 선포하는 것처럼 하면서 사실상 사탄을 섬긴다. 사탄이 영화로운 천사처럼 가장할 수 있다고 하는 생각은 중간기시대 여러 본문에서 찾아볼 수 있다. 바울은 우두머리(사탄)처럼 그 추종자들(거물급 사도들)도 마찬가지임을 암시하고 있다. **11:16-21** 비웃는 풍자의 정도가 점점 심해진다. 바울은 자기가 말하는 것 때문에 고린도 사람들이 자기를 어리석게 여기리라고 생각하면서도 할 말을 계속한다. 그는 그의 경쟁자들이 *육신의 일을 가지고* (문자 그대로 "육체를 따라서"인데 개역개정은 "육체를 따라서" 라고 번역했고; 공동번역은 "속된 것들을 가지고" 라고 번역했음) 자랑한다고 비난한다. 바울은 고린도 사람들을 빗대어 계속 말한다. 그들은 너무나 자기의 지혜에 도취하여 아무것이든지 다 받아

22 그들이 히브리 사람입니까? 나도 그렇습니다.
그들이 이스라엘 사람입니까? 나도 그렇습니다.
그들이 아브라함의 후손입니까? 나도 그렇습니다.
23 그들이 그리스도의 일꾼입니까? 내가 정신
나간 사람같이 말합니다마는, 나는 더욱 그렇습
니다. 나는 수고도 더 많이 하고, 감옥살이도 더
많이 하고, 매도 더 많이 맞고, 여러 번 죽을 뻔하
였습니다. 24 유대 사람들에게서 마흔에서 하나
를 뺀 매를 맞은 것이 다섯 번이요, 25 채찍으로
맞은 것이 세 번이요, 돌로 맞은 것이 한 번이요,
파선을 당한 것이 세 번이요, 밤낮 꼬박 하루를 망
망한 바다를 떠다녔습니다. 26 자주 여행하는
동안에는, 강물의 위험과 강도의 위험과 동족의
위험과 이방 사람의 위험과 도시의 위험과 광야의
위험과 바다의 위험과 거짓 형제의 위험을 당하였
습니다. 27 수고와 고역에 시달리고, 여러 번 밤
을 지새우고, 주리고, 목마르고, 여러 번 굶고, 추
위에 떨고, 헐벗었습니다. 28 그 밖의 것은 제쳐
놓고서라도, 모든 교회를 염려하는 염려가 날마다
내 마음을 누르고 있습니다. 29 누가 약해지면,
나도 약해지지 않겠습니까? 누가 넘어지면, 나도
애타지 않겠습니까?

30 꼭 자랑을 해야 한다고 하면, 나는 내 약점
들을 자랑하겠습니다. 31 영원히 찬양을 받으실
주 예수의 아버지 하나님께서 내 말이 거짓말이
아님을 아십니다. 32 다마스쿠스에서는 아레다
왕의 총리가 나를 잡으려고 다마스쿠스 성을 지키
고 있었으나, 33 교우들이 나를 광주리에 담아
성벽의 창문으로 내려 주어서, 나는 그 손에서 벗
어났습니다.

바울의 신비한 체험

12 1 자랑함이 나에게 이로울 것은 없으나,
이미 말이 나왔으니, 주님께서 보여 주신
환상들과 계시들을 말할까 합니다. 2 나는 그리
스도를 믿는 사람 하나를 알고 있습니다. 그는 십사
년 전에 셋째 하늘에까지 이끌려 올라갔습니다.
그 때에 그가 몸 안에 있었는지 몸 밖에 있었는지,
나는 알지 못하지만, 하나님께서는 아십니다.
3 나는 이 사람을 압니다. 그가 몸을 입은 채 그
렇게 했는지 몸을 떠나서 그렇게 했는지를, 나는
알지 못하지만, 하나님께서는 아십니다. 4 이 사
람이 낙원에 이끌려 올라가서, 말로 표현할 수도
없고 사람이 말해서도 안 되는 말씀을 들었습니다.
5 나는 이런 사람을 자랑하려고 합니다. 그러나
나 자신을 두고서는 내 약점밖에는 자랑하지 않겠
습니다. 6 내가 자랑하려 하더라도, 진실을 말할

들이는데 심지어 거짓 사도들의 어리석음과 그들이 고린도 사람들을 이용해 이득을 취하는 행위까지 받아들인다. 누군가의 뺨을 때리는 것은 극적인 모욕이다. 아마도 실제로 그러한 일이 벌어지지는 않았겠지만, 바울이 궁극적으로 말하려는 것은 거짓 사도들이 그와 버금가는 짓을 고린도 사람들에게 하고 있음에도 불구하고, 그들의 소위 말하는 "지혜"로 인하여 너무나 어리석어서 그것을 깨닫지 못하고 있다. 바울은 고린도 사람들에게 그와 같은 수법들을 쓰지 않았으며, 그래서 지금 그들이 바울을 거부하고 있는 것이다. 고린도 사람들이 원하는 것이 그러한 것들이었다면, 바울도 거짓 사도들이 했던 것처럼 자랑함으로써 그들이 원하는 것을 줄 수가 있으며, 줄 의향도 있다. 그러나 바울이 자랑하는 내용은 전혀 다른 것이다. **11:22** 첫 번째 자랑할 목록은 출생증명서이다. 바울과 그의 경쟁자들은 공통적으로 조상이 히브리인이요, 이스라엘인(히브리인보다 더 오래된 전통적 표현)이요, 아브라함의 자손이라고 하는 것으로 보아 바울의 경쟁자들이 유대인 선교사들이요 자기들의 출중한 출신 때문에 그 지위를 주장하는 자들임을 말해주고 있다. **11:23-27** 두 번째 자랑할 목록은 사도의 수고와 고난의 성격이다. 여기서 바울은 매우 특출한 경력을 갖고 있다고 주장한다. 바울의 고난의 목록은 그의 독자들에게 뚜렷한 인상을 심어주기 위해 쓴 것이다. 그럼에도 불구하고 한 순회선교사의 생애의 이모저모를 볼 수 있는 특이한 자전적 묘사라고 볼 수 있다. **11:28** 바울은 고난의 목록을 끝마치면서 그가 직접 개척한 교회들의 평안한 성장을 위한 개인적인 염려와 걱정을 표현하고 있다. **11:29** 바울은 그가 연약함과 퇴보를 경험하는 것이 무엇인지 알고 있다고 하면서 그와 같은 경험을 하는 이들에 대해 특별한 관심을 나타내고 있다. **11:30-31** 이 문장은 앞의 문단을 결론짓지만, 다른 한편으로는 12:13까지 다룰 내용을 소개하고 있다. **11:32-33** 바울이 다마스쿠스를 도망쳐 나온 이야기는 27절 바로 뒤에 더 잘 어울릴 내용인데 약간 뒤에 생각나서 덧붙인 것 같다 (행 9:24를 보라). *아레다 왕은* 나바테 왕국의 아레타 혹은 오보다스 4세를 지칭하는 것이다. 그는 남왕국을 기원전 9년부터 기원후 40년까지 다스렸다. 그의 딸은 안티파스 헤롯왕의 첫 번째 왕비이었으며, 헤롯이 헤로디아와 결혼하기 위해 이혼했던 부인이다. 아레다 왕의 영향력이 다마스쿠스에 이르는 북쪽에까지 미쳤는지는 역사학자들 가운데 논쟁이 되어왔다. 바울의 이야기가 그에 대한 유일한 증거이다. **12:1-6** 바울은 지금 (3인칭으로) 신비한 경험을 자랑한다. 그는 무슨 일이 있었는지 매우

터이므로, 어리석은 사람이 되지는 않을 것입니다.
그러나 자랑은 삼가겠습니다. 그것은 사람들이,
내게서 보거나 들은 것 이상으로 나를 평가하지
않게 하려는 것입니다. 7 내가 받은 엄청난 계시
들 때문에 사람들이 나를 과대평가 할는지도 모릅
니다. 그러므로 내가 교만하게 되지 못하도록, 하
나님께서 내 몸에 가시를 주셨습니다. 그것은 사
탄의 하수인이라고 할 수 있는데, 그것으로 나를
치셔서 ㄱ)나로 하여금 교만해지지 못하게 하시려
는 것이었습니다. 8 나는 이것을 내게서 떠나게
해 달라고, 주님께 세 번이나 간청하였습니다.
9 그러나 주님께서는 내게 이렇게 말씀하셨습니
다. "내 은혜가 네게 족하다. 내 능력은 약한 데서
완전하게 된다." 그러므로 그리스도의 능력이 내
게 머무르게 하기 위하여 나는 더욱더 기쁜 마음
으로 내 약점들을 자랑하려고 합니다. 10 그러
므로 나는 그리스도를 위하여 병약함과 모욕과 궁
핍과 박해와 곤란을 겪는 것을 기뻐합니다. 내가
약할 그 때에, 오히려 내가 강하기 때문입니다.

고린도 교회의 일을 염려하다

11 나는 어리석은 사람이 되어버렸습니다.
여러분이 나를 억지로 그렇게 만들었습니다. 그
러나 여러분은 나를 인정해 주었어야 마땅합니
다. 내가 비록 보잘것없는 사람일지라도, 저 우두
머리 사도들보다 부족한 것이 하나도 없습니다.
12 나는 여러분 가운데서 일일이 참고 견디면서,
놀라운 일과 기적을 표징으로 삼아 사도가 된 표징
을 행하였습니다. 13 내가 여러분에게 폐를 끼
치지 않았다는 것을 제외하고 여러분이 다른 교회
들보다 못난 점이 무엇입니까? 이렇게 한 것이 불공
평한 처사라고 하면, 용서하여 주시기 바랍니다.
14 지금 나는 이렇게 세 번째로 여러분에게
로 갈 준비가 되어 있습니다. 그러나 여러분에게
폐를 끼치는 일은 하지 않겠습니다. 내가 구하는
것은 여러분의 재물이 아니라 바로 여러분입니
다. 자식이 부모를 위하여 재산을 모아 두는 것이
아니라, 부모가 자식을 위하여 재산을 모아 두는
것이 마땅한 것입니다. 15 여러분을 위해서라면
나는 기쁜 마음으로 비용을 쓰겠고, 내 몸까지도
희생하겠습니다. 내가 여러분을 더 많이 사랑하
면 할수록, 여러분은 나를 덜 사랑하겠습니까?
16 어쨌든 나는 여러분에게 짐이 된 일은 없습니
다. 그런데 내가 간교한 속임수로 여러분을 사로
잡았다고 말하는 사람들도 있습니다. 17 내가
여러분에게 보낸 사람들 가운데 누구를 통해서 여
러분을 착취한 일이 있습니까? 18 내가 디도에
게 여러분에게로 가라고 권하였고, 또 그와 함께
형제 한 사람을 보냈는데, 디도가 여러분을 착취
한 일이 있습니까? 디도와 내가 같은 정신으로 행
하고, 같은 방식으로 살지 않았다는 말입니까?
19 아마도 여러분은, 우리가 지금까지 여러
분에게 자기 변명을 하고 있는 줄로 생각할 것입
니다. 그러나 우리는 그리스도를 믿는 사람으로
서 하나님 앞에서 말하는 것입니다. 사랑하는 교
우 여러분, 이 모든 것은 여러분에게 덕이 되게 하
려는 것입니다. 20 내가 두려워하는 것은, 내가
가서 여러분을 만나볼 때에, 여러분이 혹시 내 기
대에 어긋나지 않을까 하는 것과, 또 내가 여러분
의 기대에 어긋나지 않을까 하는 것입니다. 또 여
러분 가운데에 싸움과 시기와 분노와 경쟁심과 비
방과 수군거림과 교만과 무질서가 있지나 않을까
두렵습니다. 21 내가 여러분에게 다시 갈 때에,
여러분 때문에 내 하나님께 내가 부끄러움을 당하
지나 않을까 걱정이 됩니다. 또 내가, 전에 죄를
지은 많은 사람들이 스스로 행한 부정함과 음란함
과 방탕함을 회개하지 않는 것을 보고서, 슬피 울
게 되지나 않을까 걱정이 됩니다.

ㄱ) 다른 고대 사본들에는 이 구절이 없음

세밀한 것까지 기억하고 있다. 여러 층의 하늘을 본다든지, 이끌려 올라가는 것을 느끼는 것, 그리고 비밀스런 계시를 듣는 것 등이 유대교 신비주의의 전형적인 요소들인데 후대에 더욱 발전된다. **12:7-10** 새로운 주제가 소개된다. 즉 *몸의 가시에* 관한 것이다. 이것은 여러 가지로 해석되어 왔는데, 몸에 어떤 장애가 있던지, 지병이 있던지, 아니면 그의 교회에 대한 끊임없는 걱정이라고 생각되고 있다. 그것은 아마도 몸에 현저하게 나타나는 어떤 것으로써 바울이 효과적으로 기능하는 것을 방해하고 있을 가능성이 높다 (10:1, 10에 관한 주석을 보라). 그것이 무엇이든지간에 그것을 가지고 씨름하면서, 그리고 하나님이 기적적으로 그것을 없애 주지 않을 것을 알아가면서, 바울은 하나님의 능력이 인간이 하나님께 항복할 때에 그의 약함 속에서 역사하신다는 것을 배우게 되었다. **12:11-13** 바울은 고린도 신도들에게 그와 함께 있었을 때 경험했던 성령의 역사—아마도 예언, 방언 그리고 치유—를 기억하라고 하면서 *우두머리 사도들과* 비교하여 바울 자신을 더 신뢰하라고 다시 한 번 촉구하고 있다. 그의 유일한 공격수단은 고린도 사람들로부터 재정적 보조를 받지 않는 것이다

마지막 경고와 인사

13 1 나는 지금 세 번째로 여러분을 방문하
려고 합니다. ㄱ)"모든 소송 사건은 두세
증인의 말을 근거로 하여 결정지어야 합니다."
2 내가 두 번째로 여러분을 방문하였을 때에, 전
에 범죄한 사람들과 또 그 밖에 모든 사람에게 이
미 말한 바와 같이, 지금 떨어져 있으면서도 다시
말하여 둡니다. 내가 이번에 다시 가면, 그러한 사
람들을 그냥 두지 않겠습니다. 3 여러분은 그리
스도께서 내 안에서 말씀하고 계시다는 증거를 구
하고 있으니 말입니다. 그리스도는 여러분에게
약하신 분이 아닙니다. 그는 여러분 가운데서 능
력을 떨치시는 분입니다. 4 그분은 약하셔서 십
자가에 못박혀 죽으셨지만, 하나님의 능력으로
살아 계십니다. 우리도 ㄴ)그분 안에서 약합니다
마는, 하나님의 능력으로 그분과 함께 살아나서,
여러분을 대할 것입니다.
5 여러분은 자기가 믿음 안에 있는지를 스스로
시험해 보고, 스스로 검증해 보십시오. 여러분은
예수 그리스도께서 여러분 안에 계시다는 것을 알
지 못합니까? 모른다면, 여러분은 실격자입니다.
6 그러나 나는 우리가 실격자가 아니라는 것을
여러분이 알게 되기를 바랍니다. 7 우리는 여러
분이 악을 저지르지 않게 되기를 하나님께 기도합
니다. 그것은 우리가 합격자임을 드러내려는 것이
아니라, 우리는 실격자인 것처럼 보일지라도, 여
러분만은 옳은 일을 하게 하려고 하는 것입니다.
8 우리는 진리를 거슬러서는 아무것도 할 수 없
고, 오직 진리를 위해서만 무언가 할 수 있습니다.
9 우리는 약하더라도, 여러분이 강하면, 그것으
로 우리는 기뻐합니다. 우리는 여러분이 완전하
게 되기를 기도합니다. 10 내가 떠나 있는 동안
에 이렇게 편지를 하는 것은, 내가 가서, 주님께
서 주신 권한을 가지고 사건들을 처리할 때에, 너
무 엄하게 대할 필요가 없게 하려는 것입니다. 이
권위는 여러분을 넘어뜨리라고 주신 것이 아니라
세우라고 주신 것입니다.
11 끝으로 말합니다. ㄷ)형제자매 여러분, ㄹ)기
뻐하십시오. 온전하게 되기를 힘쓰십시오. ㅁ)서로
격려하십시오. 같은 마음을 품으십시오. 화평하게
지내십시오. 그리하면 사랑과 평화의 하나님께서
여러분과 함께 하실 것입니다. 12 거룩한 입맞
춤으로 서로 인사하십시오. 모든 성도가 여러분
에게 문안합니다.
13 주 예수 그리스도의 은혜와 하나님의 사
랑과 성령의 사귐이 여러분 모두와 함께 하기를
빕니다.

ㄱ) 신 19:15 ㄴ) 다른 고대 사본들에는 '그와 함께 약하지만'
ㄷ) 그, '형제들' ㄹ) 또는 '안녕히 계십시오' ㅁ) 또는 '내 호소에 귀를 기울여 주십시오'

(11:7-11을 보라). **12:14-18** 바울은 그들을 세 번째로 방문할 계획을 하고 있다. 그러나 이 구절은 디도와 다른 형제가 아직 고린도를 방문하기 전에 대해 말하고 있는 8:16-24까지의 구절보다 나중에 씌어졌음에 틀림없다. **12:19-21** 이 구절의 많은 부분은 해서는 안 되는 악덕들을 나열하고 있다. 그러나 21절에서 하나님이 바울을 겸손하게 하신다는 구절은 몸에 있는 수치스러운 가시를 다시 한 번 더 지칭하는 것이다. **13:1-4** 바울은 여기서 다시 한 번 고린도를 몇 번 방문해왔는지 말하고 있다 (12:14를 보라). 신 19:15에 있는 증인의 숫자를 인용하면서 그동안 몇 번에 걸쳐 그들의 악행을 목격했는가, 혹은 그들이 몇 번의 엄숙한 경고를 받았는가를 비유적으로 말하고 있다. 비록 십자가형과 수치스러움은 연약함의 결과로 보이지만 그리스도의 부활과 바울이 필요할 때 군건함을 보일 수 있는 능력에서 하나님의 능력이 나타난다. **13:5-10** 세례받은 자들의 공동체로서 고린도 사람들은 그들 안에 거하시는 그리스도의 몸이다. 이제 그 기대에 미치는 삶을 살 수 있다는 것을 보여주어야 하는 중요한 시간이다. 이 구절에 나오는 연약함과 강함의 언어는 여기의 다른 맥락들과 연결되지 않는다. 왜냐하면 이러한 용어들은 음식에 대해 다른 입장을 갖고 있는 공동체 내의 다른 그룹들을 암시할 때 쓰였기 때문이다 (롬 14:1—15:1; 고전 8:7-13을 보라). 바울은 비록 멀리서 서신으로 써서 보내는 것이지만, 그의 경고가 그들의 마음을 변화시키기에 충분하여 바울이 그들에게로 갔을 때는 그 문제를 더 이상 다루지 않게 되기를 희망하고 있다. **13:11-13** 마지막 인사는 변화를 촉구하는 바울의 호소를 강조하기 위해 몇 가지 명령형 권고를 시작 부분에 나열한 것 외에 별로 특이한 것은 없다. 거룩한 입맞춤은 아마도 의식적인 인사행위일 것이다 (또한 롬 16:16을 보라). **13:13** 하나님과 예수 그리스도 두 분의 축복은 흔한데 여기에 성령의 축복을 더한 축도가 되었다 (예를 들어, 고전 1:3; 고후 1:2를 보라).

갈라디아서

믿음으로 의롭게 된다는 주제 때문에 갈라디아 사람들에게 보낸 바울의 편지는 신약성경 중 가장 중요한 책 중의 하나가 되었다. 16세기 로마 가톨릭과 개신교회는 믿음으로 의롭게 된다는 교리의 의미에 대하여 논쟁을 벌이면서 갈라디아서를 자주 사용했다. 오늘날도 이 교리를 논의할 때에는 갈라디아서를 중심 본문으로 사용하고 있다. 그러나 바울은 이 서신을 쓸 때에 의에 대한 냉정한 신학논문을 쓴 것이 아니라, 그가 이방 사람들을 전도하는 방법에 대해 의문을 제기하던 다른 선교사들 때문에 생겨난 심각한 위기 상황에 대처하기 위해 쓴 것이었다.

이 서신은 "갈라디아에 있는 여러 교회에게" 라고 수신자를 밝히고 있다. 그러나 이 회중들이 어디에 위치해 있었는지에 대해서는 논쟁이 활발하게 진행되어 왔다. 왜냐하면 갈라디아가 소아시아 *지역의* 북쪽 영토인데, 그 곳에는 갈라디아 종족(켈틱족)이 앙사이러 (앙카라의 전 이름), 베시누스, 타바움 등을 포함한 도시에 정착해 있었기 때문이다. 다른 하나는 로마제국의 한 지방이었던 갈라디아로서, 위의 영역뿐만 아니라 남쪽으로 더 내려가 바울과 바나바가 제1차 선교여행 때 방문했던 도시들, 즉 비시디아, 이고니온, 루스드라, 더베 (행 13:4—14:28) 등을 포함하고 있기 때문이다. 만일 후자의 도시들에 있는 신도들에게 편지가 씌어진 것이라면, 기원후 49년 혹은 50년 정도로 일찍 씌어졌다고 볼 수 있다. 그러나 대부분의 학자들은 바울이 갈라디아 종족에게 서신을 보냈다고 보는데, 그 경우 2차 선교여행(행 16:6)과 3차 선교여행(행 18:23) 때 방문했던 지역을 의미한다. 그렇다면 에베소와 마케도니아에서 기원후 55년경에 갈라디아서를 썼다고 보아야 할 것이다. 이 시기에 고린도 교회들은 어려움을 겪고 있었고, 바울이 로마서를 작성하기 바로 전쯤이라고 볼 수 있다. 로마서는 갈라디아서와 많은 주제를 공유하고 있다.

수신자가 누구이던 바울은 그가 떠난 이후 그 곳을 찾아온 사람들 때문에 생겨난 위기 상황에 대처하기 위해 서신을 썼다. 비록 그들이 누구인지 밝히지는 않았지만, 그들은 모세의 율법을 깊이 숭상하던 유대출신 그리스도인들이었을 가능성이 높다. 그들은 예수님을 메시아로 믿었고, 이방 사람들을 이스라엘에 속한 자들로 환영할 준비가 된 사람들이었지만, 그것은 그들이 할례를 받고 모세 율법의 계명들을 준수해야 한다는 조건으로 그렇게 한 것이다. 비록 그들의 주장이 현대 그리스도인들에게는 이상하게 여겨지지만, 그 당시에는 그 나름대로 일리가 있는 논리였다. 그들의 요점은 예수님이 이스라엘의 그리스도(메시아)였고, 이방 사람들이 이스라엘의 메시아가 주는 축복을 받기를 원한다면, 아브라함의 자손들이 되어야 하며, 그것은 하나님이 아브라함과 맺었던 영원한 언약의 증거인 할례를 통해서 이루어진다는 것이었다(창 17:13). 할례 받은 자로서 그들은 율법을 행함으로써 유대 사람의 생활방식을 따라야 한다. 그러면 이스라엘의 메시아가 주는 축복을 나누어 받을 수 있게 되는 것이다.

바울은 회심하기 전에 열광적으로 모세 율법에 전념하였으며, 또 철저하게 율법을 실행하였다 (1:13-14). 그러나 하나님께서 그가 박해하던 자가 하나님의 아들이었음을 계시했을 때 (1:16), 바울은 율법에 대한 이해를 달리해야 했고, 하나님의 구원계획에서 율법이 어떠한 역할을 하는지 다시 생각해볼 필요를 느꼈다. 그래서 그는 하나님이 그 아들을 세상에 보냈고 (4:4), 하나님의 아들이 그 자신을 우리들의 죄를 위해 내어주었다면 (1:4), 율법의 목적이 죄인들을 의롭게 하거나 생명을 주는 것이 결코 아니라고 생각하게 되었다 (2:21; 3:21). 율법은 오히려 하나님의 계획 안에서 일시적인 역할을 한 것이었다. 그것은 인류를 훈련시키는 "개인교사"로서 옳고 그름을 보여주었고 (3:24), 그것도 아브라함의 특별한 후손인 그리스도가 나타나기까지 그 역할을 한 것이다 (3:19). 인간은 율법을 행함으로 의롭게 되는 것이 아니라, 하나님이 그리스도를 통해 이루신 것에 자기자신을 맡길 때에 의롭게 되는 것이다 (2:16).

바울은 하나님이 그의 아들을 그에게 계시하신 이유가 그를 이방 사람 가운데 선포하게 하려 하셨다는 것을 깊이 깨닫고 있었고 (갈 1:16), 그의 소명/회심 후 곧바로 그것을 실천하였다. 그러나 이방 사람들에게 선포할 때 그들에게 할례를 받거나 유대교적 생활양식을 따르라고 요구하지 않았다. 그가 개종시킨 자들은 능력 있는 성령체험을 경험하였고 (갈 3:1-5), 그들이 율법의 행함 없이 이미 의롭게 되었다는 것을 확실히 믿고 있었다. 그들은 아브라함의 주목할 만한 자손인 그리스도와 연합하여 아브라함의 자손이 된 것이다 (3:29). 그들은 더 이상 율법 아래 있지 않게 되었고 성령의 인도하심을 받게 되었으며, 성령은 그들을 사랑의 계명을 통해 율법을 완성할 수 있게 능력을 주었다 (5:14).

바울은 그의 새로운 율법이해 때문에 그가 떠난 뒤에 갈라디아를 찾아온 자들의 선포가 복음을 왜곡시킨 것이라고 보았다 (1:7). 또한 갈라디아 사람들이 만일 할례를 받으면 그리스도가 그들에게 더 이상 아무런 유익이 되지 못할 것이라고 경고했다 (5:2). 사람은 율법의 행위로 의롭게 되지 못하며, 단지 그리스도를 신뢰하는 믿음을 통해서만 가능하다 (2:16). 그렇다면 갈라디아서를 쓴 목적은 갈라디아 사람들이 이미 그리스도 안에서 의롭게 되었으므로 할례를 받을 필요가 없다고 설득하기 위한 것이었다.

이 서신의 개요는 다음과 같다. 성경본문에 대한 연구 주석들은 이 개요를 바탕으로 구분되었으며, 보다 명확한 설명이 필요할 때에는 더 세밀하게 구분하여 설명하였다.

Ⅰ. 서신 머리말: 바울의 주된 주장에 대한 주요 강조점들을 선포, 1:1-10

Ⅱ. 서신 본론: 갈라디아 사람들이 왜 할례를 해서는 안 되며, 율법아래 들어가서는 안 되는가에 대한 바울의 설명, 1:11—6:10

A. 바울이 자신의 간증을 통해 그가 이방 사람들에게 선포한 할례로부터 자유한 복음을 변호하고 설명함, 1:11—2:21

B. 바울이 믿음의 사람은 아브라함의 자손이라고 설명함, 3:1—5:12

1. 약속들은 아브라함과 그의 주목할 만한 자손, 그리스도에게 주어진 것이다, 3:1-29

2. 갈라디아 사람들은 할례를 받음으로 약자가 되고 노예가 되는 삶으로 다시 돌아가서는 안 된다, 4:1—5:12

C. 그리스도 안에 있는 아브라함의 자손은 성령에 따라 살아야 하며 사랑의 계명을 통해 율법을 완성해야한다, 5:13—6:10

Ⅲ. 서신 마무리 글: 바울의 주요 논점을 요약함, 6:11-18

프랭크 제이 마테라 (Frank J. Matera)

인사

1 1 사람들이 시켜서 사도가 된 것도 아니요,
사람이 맡겨서 사도가 된 것도 아니요, 예수
그리스도께서 그리고 그분을 죽은 사람들 가운데서
살리신 하나님 아버지께서 임명하심으로써 사도가
된 나 바울이, 2 나와 함께 있는 ㄱ)모든 믿음의
식구와 더불어 갈라디아에 있는 여러 교회에 이
편지를 씁니다. 3 우리 아버지 하나님과 주 예수
그리스도께서 내려 주시는 은혜와 평화가 여러분
에게 있기를 빕니다. 4 예수 그리스도께서는 하
나님 우리 아버지의 뜻을 따라 우리를 이 악한 세
대에서 건져 주시려고, 우리의 죄를 대속하기 위
하여 자기 몸을 바치셨습니다. 5 하나님께 영광이
영원무궁 하도록 있기를 빕니다. 아멘.

다른 복음은 없다

6 여러분을 [그리스도의] ㄴ)은혜 안으로 불
러 주신 분에게서, 여러분이 그렇게도 빨리 떠나
다른 복음으로 넘어가는 데는, 나는 놀라지 않을
수 없습니다. 7 실제로 다른 복음이 있는 것은
아닙니다. 다만 몇몇 사람이 여러분을 교란시켜
서 그리스도의 복음을 왜곡시키려고 하는 것뿐입
니다. 8 그러나 우리들이나, 또는 하늘에서 온
천사일지라도, 우리가 여러분에게 전한 것과 다른
복음을 여러분에게 전한다면, 마땅히 저주를 받아
야 합니다. 9 우리가 전에도 말하였지만, 이제
다시 말합니다. 여러분이 이미 받은 것과 다른 복
음을 여러분에게 전하는 사람이 있다면, 그가 누
구이든지, 저주를 받아야 마땅합니다.
10 내가 지금 사람들의 마음을 기쁘게 하려
하고 있습니까? 아니면, 하나님의 마음을 기쁘게
해 드리려 하고 있습니까? 아니면, 사람의 환심을
사려고 하고 있습니까? 내가 아직도 사람의 환심
을 사려고 하고 있다면, 나는 그리스도의 종이 아
닙니다.

바울이 사도가 된 내력

11 ㄷ)형제자매 여러분, 내가 여러분에게 밝혀
드립니다. 내가 전한 복음은 사람에게서 비롯된
것이 아닙니다. 12 그 복음은, 내가 사람에게서
받은 것도 아니요, 배운 것도 아니요, 예수 그리
스도의 나타나심으로 받은 것입니다.

ㄱ) 그, '모든 형제들' ㄴ) 또는 '은혜로' ㄷ) 그, '형제들'

1:1-10 서신은 인사로 시작하지만 (1-5절), 다른 바울 서신들에서 볼 수 있는 감사기도 대신에 놀라는 기색으로 서신을 시작한다 (6-10절). **1:1-5** 서신의 머리말은 로마서를 제외한 다른 바울 서신들의 머리말보다 조금 더 길며, 앞으로 서신에서 전개될 주제들을 발표한다. 바울은 서두에서부터 자기자신을 사도라고 밝힌다. 바울은 사람들이 시켜서 사도가 된 것이 아니라, 예수 그리스도와 그분을 죽은 사람 가운데서 살리신 하나님께서 임명하심으로 사도가 되었다고 주장함으로써, 사도로서의 신임을 의심하는 모든 반대에 앞질러 쐐기를 박고 있다. 갈라디아 신도들에게 은혜와 평화를 기원하면서, 바울은 그리스도가 우리의 죄를 위해 자신을 주었고, 이 악한 세대에서 우리를 건져 주신 자였다고 소개한다. 이것은 벌써 그리스도가 율법과 상관없이 구원을 가능케 하였음을 암시하는 것이다. **1:6-10** 전통적으로 감사기도가 있어야 할 자리에 기대치 않은 진술을 써놓음으로써, 갈라디아 사람들이 무엇인가 잘못되어 있음을 느끼도록 한다. **1:6** 그들은 자기의 자리를 지키지 못하고 탈영하는 병사들과 같다. 그들을 불러주신 하나님을 버리고 다른 복음을 위해 떠나고 있다. 복음(*유앙겔리온*; 막 1:1에 관한 주석을 보라)은 하나님이 그리스도 안에서 행하신 일들을 선포하는 것이다. **1:7-9** 바울은 자기의 말을 정정하고, 이중적 저주 형식을 사용하여 복음은 그가 갈라디아 사람들에게 선포한 할례가 필요 없는 복음 하나밖에는 없다고 강조한다. 갈라디아 교인들을 교란시키고 *그리스도의 복음을* 왜곡하는 *몇몇 사람*은 새로 도착한 선교사들이다. **1:10** 바울은 수사학적 질문을 사용하여 그가 갈라디아 사람들의 마음을 기쁘게 하기 위해 할례가 필요 없는 복음을 선포했다고 고발하려는 모든 시도를 막고 있다.

1:11—2:21 바울은 *복음의 진리* (2:5, 14), 즉, 사람은 율법의 행위가 아닌 예수 그리스도를 믿는 믿음으로 의롭게 된다고 하는 것을 변증하고 설명하기 위해 그의 여러 가지 과거 사건들을 이야기한다 (2:16). 이러한 진리 때문에 갈라디아 신도들이 할례를 받을 필요가 없는 것이다. 이 문단은 여섯 부분으로 되어 있다: 바울이 선포하는 복음에 대한 진술 (1:11-12); 그의 이전의 삶과 부르심에 대한 설명 (1:13-17); 바울의 소명 후 첫 예루살렘 방문 (1:18-24); 바울의 두 번째 예루살렘 방문 (2:1-10); 안디옥 사건 (2:11-14); 그리고 복음의 진리를 설명하는 진술 (2:15-21).

1:11-12 바울은 그의 사도직이 권세 있는 사람들로부터 주어진 것이 아니듯이, 그의 복음도 또한 사람들로부터 나온 것이 아니고, 하나님이 그의 아들을 자신에게 보이셨을 때에 예수 그리스도의 계시로부터 비롯된 것이라고 주장하고 있다 (1:16).

13 내가 전에 유대교에 있을 적에 한 행위가
어떠하였는가를, 여러분이 이미 들은 줄 압니다.
나는 하나님의 교회를 몹시 박해하였고, 또 아주
없애버리려고 하였습니다. 14 나는 내 동족 가
운데서, 나와 나이가 같은 또래의 많은 사람보다
유대교 신앙에 앞서 있었으며, 내 조상들의 전통을
지키는 일에도 훨씬 더 열성이었습니다. 15 그
러나 나를 모태로부터 따로 세우시고 은혜로 불러
주신 [하나님께서], 16 그 아들을 이방 사람에게
전하게 하시려고, 그를 ㄱ)나에게 기꺼이 나타내 보
이셨습니다. 그 때에 나는 사람들과 의논하지 않
았고, 17 또 나보다 먼저 사도가 된 사람들을 만
나려고 예루살렘으로 올라가지도 않았습니다. 나는
곧바로 ㄴ)아라비아로 갔다가, 다마스쿠스로 되돌
아갔습니다.
18 삼 년 뒤에 나는 ㄷ)게바를 만나려고 예루
살렘으로 올라갔습니다. 나는 그와 함께 보름 동
안을 지냈습니다. 19 그러나 나는 주님의 동생
야고보 밖에는, 사도들 가운데 아무도 만나지 않
았습니다. 20 (내가 여러분에게 쓰는 이 말은,
하나님 앞에 맹세코 거짓말이 아닙니다!) 21 그
뒤에 나는 시리아와 길리기아 지방으로 갔습니다.
22 그래서 나는 유대 지방에 있는 그리스도의
교회들에게는 얼굴이 알려져 있지 않았습니다.
23 그들은 다만 "전에 우리를 박해하던 그 사람
이, 지금은 그가 전에 없애버리려고 하던 그 믿음
을 전한다" 하는 소문을 들을 따름이었습니다.
24 그래서 그들은 나를 두고 하나님께 줄곧 영광을
돌렸습니다.

예루살렘 회의

2 1 그 다음에 십사 년이 지나서, 나는 바나바
와 함께 디도를 데리고, 다시 예루살렘으로
올라갔습니다. 2 내가 거기에 올라간 것은 계시를
따른 것이었습니다. 나는 이방 사람들에게 전하는
복음을 그들에게 설명하고, 유명한 사람들에게는
따로 설명하였습니다. 그것은, 내가 달리고 있는
일이나 지금까지 달린 일이 헛되지 않게 하려고

ㄱ) 그, '내 안에' ㄴ) 다마스쿠스 동남쪽에 있는 나바태아 왕국을 가리킴
ㄷ) 베드로

1:13-17 바울은 자신의 과거의 삶을 말하면서 (13-14절), 갈라디아 신도들에게 그의 율법에 대한 열심과 그것이 *하나님의 교회*를 핍박하는 데까지 이르게 하였음을 기억나게 해주었다 (행 8:1-3을 보라). 그리고 누가가 세 번에 걸쳐 이야기했던 (행 9; 22; 26), 바울의 소명/회심을 다시 말한다. **1:15** 바울의 회심은 종(고난받는 종)의 소명과 예레미야의 소명을 생각나게 한다 (사 49:1, 5; 렘 1:5). **1:16** 예레미야와 종처럼 바울도 뭇 민족의 선지자가 될 것이다 (사 49:6; 렘 1:5, 10). **1:17** 바울은 즉시로 그의 선교사역을 아레타스 4세의 나바티안 제국인 *아라비아에* 있는 이방인 가운데서 선포하기 시작했다.

1:18-24 바울은 그가 소명을 받은 후 첫 번째 예루살렘 방문을 이야기하면서 자신은 예루살렘 교회와 좋은 관계에 있기는 하지만, 그 교회의 임명을 받아 사역하는 것이 아님을 보여주고 있다. 바울이 소명 받은 목적은 자명한 것이었고, 그는 예루살렘을 방문하기 이전에 아라비아의 이방 사람들에게 이미 복음을 선포했었다. **1:18** 이 방문은 그가 36년경에 소명 받은 후, 삼 년 후에 일어났다. *게바*는 베드로이다. **1:19** 야고보는 율법에 대한 헌신으로 잘 알려진 예루살렘 교회의 영향력 있는 인물이었으나 (행 15:13-21; 21:17-26을 보라), 열두 사도에 속하지는 않았다. **1:20-21** 바울은 예루살렘 방문 후 시리아로 가서 안디옥 교회에서 중요한 역할을 하였다 (행 11:25-26; 13:1-3; 15:1-3). 그리고 바울은 그의 고향인 길리기아로 갔는데, 그 곳은 소아시아에 있는 로마 지방으로 거기서 바울은 약 14년간 전도활동을 계속하였다 (2:1을 보라). **1:22-24** 비록 바울의 회심 때문에 예루살렘 안팎으로 교회가 하나님께 영광을 돌리기는 했지만, 그 회중들이 바울을 개인적으로 아는 것은 아니었다. 이것은 예루살렘 교회가 바울을 파송했다는 것이 아님을 가리키는 또 다른 증거였다.

2:1-10 바울이 처음으로 예루살렘을 방문한 지 14년 후에, 그는 소명을 받은 이후 그가 줄곧 이방 사람들에게 선포해온 할례를 받지 않아도 된다는 복음을 설명하려고 두 번째로 예루살렘을 방문했다. 이 이야기를 통해 바울은 반대에도 불구하고 예루살렘 교회가 그의 이방 사람들을 위한 복음을 인정해 주었고 인증해 주었다는 사실을 갈라디아 신도들에게 보여준다. 이 에피소드는 놀랍게도 행 15:1-29에 나와 있는 이야기와 비슷하다. 그러나 사도행전의 예루살렘 회의는 바울이 소명 받은 후 세 번째로 예루살렘을 방문했을 때 열렸다 (행 9:26-30; 11:27-30; 15:1-3). 이것은 갈라디아서에서 두 번째 방문이라고 한 것과 다르다. 이러한 차이에도 불구하고, 행 15장과 이 구절은 같은 사건을 두고 말하고 있을 가능성이 높다. **2:1** 14년이라는 기간은 첫 방문 이후부터 계산되어야 할 것이다. 예루살렘 회의는 대략 기원후 49년경에 있었다. 사도행전에서 *바나바*는 중요한 역할을 하며 (행 11:22-26), 바울의 첫 선교여행에 동행한 사람이다 (행 13:4—14:28). *디도*는 태어날 때부터 이방 사람이었으며, 고린도 신도들과 바울 사이를 화해시키는 데 중요한 역할을 했고 (고후 7:5-16), 디도서의 수신자이다. 디도는 이방선교의 역할을 대표하기 때문에 바울이 데리고 다녔다. **2:2** 그 방문은 계시로 인해 이루어졌다. 그러나 행 15:3은 안디옥 교

한 것입니다. 3 나와 함께 있는 디도는 그리스 사람이지만, 할례를 강요받지 않았습니다. 4 몰래 들어온 ㄱ)거짓 신도들 때문에 할례를 강요받는 일이 있었던 것입니다. 그들은 우리를 노예로 만들고자 하여, 그리스도 예수 안에서 누리는 우리의 자유를 엿보려고 몰래 끼여든 자들입니다. 5 우리는 그들에게 잠시도 굴복하지 않았습니다. 그것은 복음의 진리가 언제나 여러분과 함께 있게 하려고 한 것입니다. 6 그 유명하다는 사람들로부터 나는 아무런 제안도 받지 않았습니다. -그들이 어떤 사람들이든지, 나에게는 아무 상관이 없습니다. 하나님께서는 사람을 겉모양으로 판단하지 않으십니다.- 그 유명한 사람들은 나에게 아무런 제안을 하지 않았습니다. 7 도리어 그들은, 베드로가 ㄴ)할례 받은 사람에게 복음을 전하는 일을 맡은 것과 같이, 내가 ㄷ)할례 받지 않은 사람에게 복음을 전하는 일을 맡은 것을 알게 되었습니다. 8 그들은, 베드로에게는 ㄴ)할례 받은 사람에게 복음을 전하게 하시려고 사도직을 주신 분이, 나에게는 ㄷ)할례 받지 않은 사람에게 복음을 전하게 하시려고 사도직을 주셨다는 사실을 깨달았습니다. 9 그래서 기둥으로 인정받는 야고보와 ㄹ)게바와 요한은, 하나님이 나에게 주신 은혜를 인정하고, 나와 바나바에게 오른손을 내밀어서, 친교의 악수를 하였습니다. 그렇게 하여, 우리는 이방 사람에게로 가고, 그들은 ㄴ)할례 받은 사람에게로 가기로 하였습니다. 10 다만, 그들이 우리에게 바란 것은 가난한 사람을 기억해 달라고 한 것인데, 그것은 바로 내가 마음을 다하여 해 오던 일이었습니다.

안디옥에서 바울이 게바를 나무라다

11 그런데 ㄹ)게바가 안디옥에 왔을 때에 잘못한 일이 있어서, 나는 얼굴을 마주 보고 그를 나무랐습니다. 12 그것은 ㄹ)게바가, ㅁ)야고보에게서 몇몇 사람이 오기 전에는 ㅂ)이방 사람들과 함께 음식을 먹다가, 그들이 오니, 할례 받은 사람들을 두려워하여 그 자리를 떠나 물러난 일입니다. 13 나머지 유대 사람들도 그와 함께 위선을 하였고, 마침내는 바나바까지도 그들의 위선에 끌려갔습니다. 14 나는 그들이 복음의 진리를 따라 똑바로 걷지 않는 것을 보고, 모든 사람 앞에서 ㄹ)게바에게 이렇게 말하였습니다. "당신은 유대 사람인데도 유대 사람처럼 살지 않고 이방 사람처럼 살면서, 어찌하여 이방 사람더러 유대 사람이 되라고 강요합니까?"ㅅ)

ㄱ) 그, '거짓 형제들' ㄴ) 유대 사람을 가리킴 ㄷ) 이방 사람을 가리킴 ㄹ) 베드로 ㅁ) 또는 '야고보가 보낸' ㅂ) 할례 받지 아니한 이방계 그리스도인들을 가리킴 ㅅ) 해석자들에 따라, 인용을 21절까지 확대하기도 함

회가 바울과 바나바를 대표자로 선임하여 보냈다고 말한다. **2:3** 디도가 할례를 강요받지 않았다는 것은 바울의 할례가 필요 없는 복음을 암시적으로 인정한 것이다. **2:4-5** *거짓 신도들* (문자 그대로는 "거짓 형제들"). 이들은 디도와 같은 이방 사람들은 할례를 받아야 한다고 주장하는 유대출신 그리스도인들이었다. 그러므로 그들은 바울이 떠난 후 갈라디아에 도착한 사람들과 비슷하다. 바울이 언급하는 *자유*는 율법으로부터 해방되는 것을 의미한다. 이것이 바로 바울이 예루살렘에서 변호하였고, 갈라디아 사람들이 할례를 받는 경우에 배신하게 되는 *복음의 진리였다.* **2:6-10** 디도가 할례를 받아야한다고 하는 거짓 신도들의 주장에도 불구하고 예루살렘 교회에서 일반 사람들로부터 승인받고 있던 지도자들은 할례를 받지 않은 이들(이방 사람)을 위한 바울의 복음이 베드로의 할례를 받은 이들(유대 사람)을 위한 복음만큼이나 존중되어야 한다고 인정한다. 야고보, 게바, 그리고 요한은 교회의 기둥으로서 소위 말하는 *유명하다*는 사람들이었다. 그들은 *오른손을 내밀어서, 친교의 악수를* 함으로써 바울의 이방인 선교를 공식적으로 인정했다. 바울은 가난한 이들을 도와달라고 하는 그들의 요구를 열정적으로 받아들였으며, 여러 서신에 이 구제헌금을 언급하였다 (롬 15:25-28; 고전 16:1-4; 고후 8?9장; 행 24:17 참조).

2:11-14 바울은 *안디옥에서* 있었던 일을 소개하면서 그가 예루살렘에서 복음의 진리를 옹호하였음에도 불구하고 (2:5), *게바, 바나바,* 그리고 여러 유대출신 그리스도인들이 안디옥에서 이방 사람들과 음식을 함께 먹다가 물러난 것을 예루살렘 결정을 배신한 것이었다고 말한다. 이 사건은 예루살렘 회의에 참석하였던 사람들이 결의한 것을 같은 의미로 이해하지 않았다는 것을 보여준다. 바울에게 있어서 할례가 필요 없는 복음은 이방 사람들이 비록 음식에 대한 율법을 지키지 않을지라도 유대 사람들이 그들과 음식을 함께 먹는 친교를 의미한다. 예루살렘 회의에 참석했던 사람들이 바울이 전한 할례로부터 해방된 복음을 인정하였으면서도 그것이 그러한 교제를 의미한다고 미리 생각하지 못한 것이었다. 안디옥 사건은 바울의 경력과 예루살렘 교회와의 관계에 있어서 전환점이 되었다. **2:11-12** 베드로(*게바*)는 원칙적인 면에서 이방출신 신도들과 유대출신 신도들이 음식을 함께 먹으며 친교할 수 있다고 하는 데에 동의한 것으로 보인다. *야고보에게서* 온 사람들은 율법을 철저히 지키는 자들로서 안디옥의 상황을 조사하러 온 자들이었다. **2:13** 바나바와 다른 유대출신 신도들이 함께 식탁에서 물러나자 바울은 복음의 진리를 지키기 위해 홀로 남게 되었다. **2:14** 음식을 함께 먹는 친교에서 물러난 이들은 사람이 음식규정과 같은 율법의

믿음으로 의롭게 하여 주심을 받다

15 우리는 본디 유대 사람이요, 이방인 출신
의 죄인이 아닙니다. 16 그러나 사람이, 율법을
행하는 행위로 ㄱ)의롭게 되는 것이 아니라, 예수
그리스도를 믿는 믿음으로 의롭게 되는 것임을
알고, 우리도 그리스도 예수를 믿은 것입니다. 그
것은, 우리가 율법을 행하는 행위로가 아니라, 그
리스도를 믿는 믿음으로 의롭다고 하심을 받고자
했던 것입니다. 율법을 행하는 행위로는, 아무도
의롭게 될 수 없기 때문입니다. 17 우리가 그리
스도 안에서 의롭다고 하심을 받으려고 하다가,
우리가 죄인으로 드러난다면, 그리스도는 우리로
하여금 죄를 짓게 하시는 분이라는 말입니까? 그럴
수 없습니다. 18 내가 헐어 버린 것을 다시 세우
면, 나는 나 스스로를 범법자로 만드는 것입니다.
19 나는 율법과의 관계에서는 율법으로 말미암아
죽어버렸습니다. 그것은 내가 하나님과의 관계
안에서 살려고 하는 것입니다. 20 나는 그리스
도와 함께 십자가에 못박혔습니다. 이제 살고 있
는 것은 내가 아닙니다. 그리스도께서 내 안에서
살고 계십니다. 내가 지금 육신 안에서 살고 있는
삶은, 나를 사랑하셔서 나를 위하여 자기 몸을 내
어주신 하나님의 아들을 믿는 믿음 안에서 살아가
는 것입니다. 21 나는 하나님의 은혜를 헛되게
하지 않습니다. 의롭다고 하여 주시는 것이 율법
으로 되는 것이라면, 그리스도께서는 헛되이 죽
으신 것이 됩니다.

갈라디아 교인들에게 호소하다

3 1 어리석은 갈라디아 사람들이여, 예수 그리
스도께서 십자가에 못박히신 모습이 여러분의
눈 앞에 선한데, 누가 여러분을 홀렸습니까?
2 나는 여러분에게서 이 한 가지만을 알고 싶습
니다. 여러분은 율법을 행하는 행위로 성령을 받
았습니까? 그렇지 않으면, ㄴ)믿음의 소식을 들어
서 성령을 받았습니까? 3 여러분은 그렇게도 어
리석습니까? 성령으로 시작하였다가, 이제 와서는
육체로 끝마치려고 합니까? 4 여러분의 그 많은
체험은, 다 허사가 되었다는 말입니까? 참말로 허사

ㄱ) 또는 '의롭다는 인정을 받는 것' 또는 '하나님과의 올바른 관계를 가지는 것' (다른 곳에서도) ㄴ) '믿음의 소식에서, 믿음의 선포에서'; 또 '믿음'이 믿음의 내용 즉 복음을 뜻하고 '소식/선포'는 들음을 뜻한다고 보면 '복음을 들음으로'

행위가 아니라, 믿음으로 의롭게 된다는 복음의 진리를 배신하는 것이다.

2:15-21 바울은 그가 예루살렘(2:5)과 안디옥(2:14)에서 옹호했던 *복음의 진리*를 설명한다. 사람은 율법의 행위가 아니라 예수 그리스도를 믿음으로 의롭게 된다. 안디옥 사건의 맥락에서 이해할 때 바울의 가르침에는 중요한 사회적인 의미가 있다. 이방출신과 유대출신 신도들은 하나이며, 하나님이 그리스도 안에서 행하신 것 때문에 음식을 함께 먹는 친교를 나눌 수 있다는 것이다. **2:15** 이방 사람들은 하나님의 뜻을 보여주는 율법의 혜택을 받지 못했기 때문에 *죄인*으로 여겨졌다. **2:16** 이러한 구분에도 불구하고, 유대출신 신도들조차 이제는 그들이 율법의 행위로가 아니라, *믿음으로 의롭게 된다*는 것을 깨닫는다. 의롭게 된다는 것은 하나님께서 죄를 없애 주시는 것이다. 그의 소명/회심 이전에 바울은 *율법의 행위로* 의롭다함을 얻으려고 했다. 그러나 그는 이제 하나님께서 믿음으로 신뢰하는 것에 근거하여 죄가 없다고 하는 것을 깨닫고 있다. 그러므로 유대출신 신도들까지도 율법의 행위가 아니라 믿음에 근거하여 의롭게 되기를 구하여야 하는 것이다. **2:17** 바울은 율법으로는 의로워질 수 없다고 한 장본인으로 그리스도를 만들었기에 그리스도를 죄의 앞잡이로 만들었다는 반대자들의 반발에 응답한다. **2:18** 바울은 오히려 율법을 의의 근거로서 다시 세운다면, 자기가 범법자라고 말한다. **2:19** 율법은 바울로 하여금 그리스도의 추종자들을 핍박하게 하였다. 다른 한편으로는 이것이 그가 율법에 대해 죽었을 때 그로 하여금 소명/회심을 갖도록 하였다. **2:20** 바울은 십자가에 달리신 그리스도에 연합하되 그리스도가 그 안에 살 정도가 되었다. 이것이 바로 바울이 다른 사람들에게 그를 닮으라고 초대할 수 있는 이유이다 (고전 4:16; 11:1; 빌 3:17). **2:21** 그리스도가 죄를 위해 죽었기 때문에 (1:4; 2:20), 하나님은 결코 율법으로 하여금 의를 가져오게 할 의도가 없었다고 바울은 논한다 (3:21을 보라).

3:1—5:12 이 단락에서 바울은 갈라디아 사람들에게 그들은 이미 그리스도 안에서 아브라함의 자손이 되었다는 사실을 보여주면서 그의 의로워짐에 대한 가르침을 발전시킨다. 갈라디아 사람들은 이미 그리스도 안에서 아브라함의 자손이 되었기 때문에, 할례를 받을 필요가 없다. 바울은 율법이 인류의 미성년기에 속하며, 그 기간 동안 인류는 하나님이 아브라함과 하나님의 아들 그리스도에게 한 약속의 성취를 기다리고 있었다고 논쟁한다. 이제 그리스도가 나타나셨고, 율법의 역할은 끝났다. 만일 갈라디아 신도들이 할례를 행하고 율법 아래 들어간다면 그들은 하갈의 자손들과 연합하는 것이 된다. 그러므로 그들은 그들을 교란시키는 자들을 몰아내고, 할례 받기를 거절해야 하며, 그렇지 않으면 그리스도가 그들에게 아무런 이익이 되지 못할 것이다.

3:1-5 갈라디아 신도들은 바울이 여기서 던지는 일련의 수사적 효과를 노리는 질문에 대답하기가 전혀

였습니까? 5 하나님께서 여러분에게 성령을 주
시고 여러분 가운데서 기적을 행하시는 것은 여러
분이 율법을 행하기 때문입니까, 아니면 ㄱ)믿음의
소식을 듣기 때문입니까? 그렇지 않으면, 여러분
이 복음을 듣고 믿어서 그렇게 하신 것입니까?
6 그것은, ㄴ)"아브라함이 하나님을 믿으니, 하나
님께서 그것을 의로운 일로 여겨 주셨다"는 것과
같습니다

7 그러므로 믿음에서 난 사람들이야말로 아
브라함의 자손임을 여러분은 아십시오. 8 또 하
나님께서 이방 사람을 믿음에 근거하여 의롭다고
여겨 주신다는 것을 성경은 미리 알고서, 아브라함
에게 ㄷ)"모든 민족이 너로 말미암아 복을 받을 것
이다" 하는 기쁜 소식을 미리 전하였습니다. 9 그
러므로 믿음에서 난 사람들은 믿음을 가진 아브라
함과 함께 복을 받습니다. 10 율법의 행위에 근
거하여 살려고 하는 사람은 누구나 다 저주 아래에
있습니다. 기록된 바 ㄹ)"율법책에 기록된 모든 것
을 계속하여 행하지 않는 사람은 다 저주 아래에
있다" 하였습니다. 11 하나님 앞에서는, 율법으
로는 아무도 의롭게 되지 못한다는 것이 명백합니
다. ㅁ)"의인은 믿음으로 살 것이다" 하였기 때문입
니다. 12 그러나 율법은 믿음에서 생긴 것이 아
닙니다. 오히려 ㅂ)"율법의 일을 행하는 사람은 그
일로 살 것이다" 하였습니다. 13 그리스도께서
우리를 위하여 ㅅ)저주를 받은 사람이 되심으로써,
우리를 율법의 저주에서 속량해 주셨습니다. 기록
된 바 ㅇ)"나무에 달린 자는 모두 저주를 받은 자이
다" 하였기 때문입니다. 14 그것은, 아브라함에
게 내리신 복을 그리스도 예수 안에서 이방 사람
에게 미치게 하시고, 우리로 하여금 믿음으로 말미
암아 약속하신 성령을 받게 하시려는 것입니다.

율법과 약속

15 ㅈ)형제자매 여러분, 나는 사람의 관례를
예로 들어서 말하겠습니다. 어떤 사람이 적법하
게 유언을 작성해 놓으면, 아무도 그것을 무효로
하거나, 거기에다가 어떤 것을 덧붙일 수 없습니다.
16 그런데 하나님께서 ㅊ)아브라함과 그 ㅋ)후손에
게 약속을 말씀하실 때에, 마치 여러 사람을 가리
키는 것처럼 ㅌ)'후손들에게'라고 말씀하시지 않고
단 한 사람을 가리키는 뜻으로 '너의 ㅋ)후손에게'

ㄱ) '믿음의 소식에서, 믿음의 선포에서' ; 또 '믿음'이 믿음의 내용 즉 복음을 뜻하고 '소식/선포'는 들음을 뜻한다고 보면 '복음을 들음으로' ㄴ) 창 15:6 ㄷ) 창 12:3; 18:18; 22:18 ㄹ) 신 27:26 (칠십인역) ㅁ) 또는 '믿음으로 의인이 된 사람은 살 것이다' (합 2:4) ㅂ) 레 18:5 ㅅ) 그, '저주가 되심으로써' ㅇ) 신 21:23 ㅈ) 그, '형제들' ㅊ) 창 12:7; 13:15; 24:7 ㅋ) 그, '씨' ㅌ) 그, '씨'의 복수형

어렵지 않았을 것이다. 그 이유는 그들이 *율법의 행위를* 준수하려 생각조차 하기 전에 이미 십자가에 달리신 그리스도의 복음을 믿었을 때에 *성령을* 받았기 때문이다. 성령의 은사는 아브라함에게 한 약속의 성취이며 (3:14), 그가 의롭게 되었다는 확증이기 때문에 그들은 할례와 같은 율법의 행위를 좇을 필요가 없는 것이다. **3:1** *홀렸다.* 갈라디아 신도들은 교회에 침입해 들어온 선교사들이 걸은 마술에 홀려있다. **3:2-5** 갈라디아 신도들은 성령체험이 *율법을 행하는 행위로가* 아니라, 믿음의 소식을 *들어서* 얻은 것임을 알고 있다. 육체로 끝마친다고 (3절) 하는 것은 할례 받는 것을 의미한다. 침입한 선교사들은 할례를 그리스도를 믿는 믿음의 완성으로 보았을 수도 있다.

3:6-9 갈라디아 신도들을 혼란시킨 사람들은 아브라함의 *자손이* 되기 위해서는 할례를 받아야 한다고 가르쳤다. 따라서 바울도 아브라함을 그의 논쟁 속에 포함시킨다. **3:6** 창 15:6은 하나님께서 아브라함을 믿음에 근거하여 의롭다고 여겨 주셨음을 보여주고 있다. **3:7** 바울은 믿음의 사람들이 아브라함의 자손들이라고 결론짓는다. **3:8** 하나님은 언제나 *이방 사람을 믿음에 근거하여 의롭다고 여겨 주시려는* 의도를 가지셨으며 그 기쁜 소식을 아브라함에게 *미리 알려 주셨다* (창 12:3).

3:10-14 바울은 9절에서 언급한 *복의* 주제를 계속 이어가면서, 복과 저주를 대조시킨다. 일련의 성경구절들을 인용하여 삶이 율법의 행위에 근거를 둔 사람들은 저주의 위협 아래 있으나, 그 반면에 믿음에 근거를 둔 사람들은 아브라함의 복, 즉 영을 기업으로 받는다고 말한다. **3:10** 신 27:26은 율법의 계명을 모두 다 행하지 않는 자들을 저주하며 위협한다. **3:11** 합 2:4는 *의인은 믿음으로 살 것임을* 보여준다. **3:12** 레 18:5는 율법이 믿음에 의해서가 아니라 행함의 원리에 의하여 운행되고 있음을 보여주고 있다. **3:13** 신 21:23은 위협적 저주에 대해 말하는데, 그리스도가 십자가의 *나무에서* 돌아가심으로써 우리를 거기에서 자유롭게 해 주셨다. **3:14** 그리스도는 율법의 저주에서 우리를 자유하게 하셨다. 그래서 우리는 *아브라함의 복*, 성령을 받을 수 있다. 갈라디아 사람들은 이미 성령의 은사를 받아 그 덕을 보고 있기 때문에 (1-5절), 그들은 율법의 행위에 얽매일 필요가 없는 것이다.

3:15-18 바울은 하나님이 아브라함에게 한 약속들에 대한 주제를 발전시킨다. 창 12:7에서 단수명사인 자손을 인용함으로써 하나님의 약속들은 단 하나의 후손, 즉, *그리스도를* 기다리고 있다고 결론 내린다. 율법은 하나님의 약속이 있은 후 430년이 지나서 주어졌기에 (출 12:40), 그것은 하나님의 약속의 원래 조건,

라고 말씀하셨습니다. 그 한 사람은 곧 그리스도
이십니다. 17 내가 말하려는 것은 이것입니다.
하나님께서 이미 맺으신 언약을, 사백삼십 년 뒤
에 생긴 율법이 이를 무효로 하여 그 약속을 폐하
지 못합니다. 18 그 유업이 율법에서 난 것이면,
그것은 절대로 약속에서 난 것이 아닙니다. 그러나
하나님께서는 약속을 통하여 아브라함에게 유업을
거저 주셨습니다.

19 그러면 율법의 용도는 무엇입니까? 율법
은 약속을 받으신 그 [ㄱ]후손이 오실 때까지 범죄들
때문에 덧붙여 주신 것입니다. 그것은 천사들을
통하여, 한 중개자의 손으로 제정되었습니다.
20 그런데 그 중개자는 한쪽에만 속한 것이 아닙
니다. 그러나 하나님은 한 분이십니다.

종과 아들

21 그렇다면 율법은 [하나님의] 약속과는 반
대되는 것입니까? 그렇지 않습니다. 그 중개자가
준 율법이 생명을 줄 수 있는 것이었다면, 의롭게
됨은 분명히 율법에서 생겼을 것입니다. 22 그
러나 성경은 모든 것이 죄 아래에 갇혔다고 말합
니다. 그것은 약속하신 것을, 예수 그리스도를 믿는
믿음에 근거하여, 믿는 사람들에게 주시려고 한
것입니다.

23 믿음이 오기 전에는, 우리는 율법의 감시를
받으면서, 장차 올 믿음이 나타날 때까지 갇혀 있
었습니다. 24 그래서 율법은, 그리스도께서 오실
때까지, 우리에게 개인교사 역할을 하였습니다.
그것은, 우리로 하여금 믿음으로 의롭다고 하심을
받게 하시려고 한 것입니다. 25 그런데 그 믿음이
이미 왔으므로, 우리가 이제는 개인교사 아래에
있지 않습니다.

26 여러분은 모두 그 믿음으로 말미암아 그
리스도 예수 안에서 하나님의 [ㄴ]자녀들입니다.
27 여러분은 모두 [ㄷ]세례를 받아 그리스도와 하
나가 되고, 그리스도를 옷으로 입은 사람들이기
때문입니다. 28 유대 사람도 그리스 사람도 없
으며, 종도 자유인도 없으며, 남자와 여자가 없습
니다. 여러분 모두가 그리스도 예수 안에서 하나
이기 때문입니다. 29 여러분이 그리스도께 속한
사람이면, 여러분은 아브라함의 [ㄱ]후손이요, 약속
을 따라 정해진 상속자들입니다.

ㄱ) 그, '씨' ㄴ) 그, '아들들' ㄷ) 또는 '침례'

즉 믿음이라는 조건을 뒤집지 못한다. **3:15** 바울은 번복할 수 없는 *유언*(희랍어, *디아테케*)과 같은 것을 전제로 설명하고 있다. **3:16-17** 하나님이 아브라함과 그의 단 한 명의 후손에게 한 약속들은 그러한 유언 혹은 *언약* (*디아테케*)과 같은 것이다. 나중에 주어진 율법은 이것을 바꿀 수 없다.

3:19-20 바울은 율법이 약속들보다 나중 되는 것이라고 본다. 그것은 약속들 다음에 *범죄*들을 더 많이 밝혀내거나, 통제하기 위해서 첨가된 것이었다 (희랍어로는 이 두 가지 해석이 가능하다). 율법의 역할은 일시적인 것이었고, 아브라함에게 직접 주어진 약속들과는 다르게 *중재자*(모세)를 통해 주어졌다.

3:21-22 비록 율법은 약속보다 못한 것이지만, 약속에 반대되는 것은 아니다. 또한 율법은 결코 생명을 주도록 만들어진 것이 아니다. 즉 의롭게 할 수 없다 (2:21을 보라). 인류는 죄의 세력 아래 놓였으며, 아브라함의 단 하나의 후손인 예수 그리스도만이 그들을 죄로부터 자유하게 할 수 있다.

3:23-25 율법은 *개인교사의* 역할을 한다 (희랍어, *파이다고고스*; 개역개정은 "초등교사;" 공동번역은 "후견인"으로 번역했음). 그리스와 로마 세계에서 *개인교사*는 집안의 어린 아이들이 문제에 빠지지 않도록 돌보는 가정의 노예를 말한다. 율법의 목적은 인류가 곧고 좁은 길에서 벗어나지 않도록 지키는 것이다. 개인교사가 일시적인 역할을 맡듯이, 율법 역시 그리스도가 나타나실 때까지만 일을 하는 일시적인 역할을 감당하고 있다.

3:26-29 바울은 그의 논쟁의 첫 단락을 마무리한다. 그리스도에게로 *세례*를 받은 이들은 할례나 다른 어느 율법의 행위와도 상관없이 아브라함의 자손들인데, 그것은 그리스도가 아브라함의 단 하나의 후손이기 때문이다. 그리스도 안에서는 인종, 계급, 그리고 성적인 구별이 아무런 영향을 끼치지 못한다.

특별 주석

갈 3장에 있는 바울의 율법에 대한 진술들은 마치 율법이 저주인 것으로 오해하게 만드는 면이 있기도 하다. 그러나 율법은 저주가 아니다. 그럼에도 불구하고 스스로 율법 아래 있게 하는 자들은 그 위협적인 저주 아래 또한 있게 되는 것이다 (신 27:26). 바울의 목적은 율법이 그리스도가 올 때에 끝나게 되는 일시적 역할을 하고 있었다는 것을 보여주는 것이다. 율법은 결코 생명을 주거나 의롭게 할 수 있도록 계획된 것이 아니었다. 그렇지 않았다면 그리스도가 우리의 죄를 위해 죽을 필요가 없었을 것이다. 좀 더 냉정하게 기록된 로마서에서 바울은 율법에 대해 조금 더 균형 있는 관점을 보여주고 있다.

4 1 내가 또 말합니다. 유업을 이을 사람은 모든
것의 주인이지만, 어릴 때에는 종과 다름이
없고, 2 아버지가 정해 놓은 그 때까지는 보호자와
관리인의 지배 아래에 있습니다. 3 이와 같이,
우리도 어릴 때에는, ㄱ)세상의 유치한 교훈 아래에서
종노릇을 하였습니다. 4 그러나 기한이 찼을 때에,
하나님께서는 자기 아들을 보내셔서, 여자에게서
나게 하시고, 또한 율법 아래에 놓이게 하셨습니다.
5 그것은 율법 아래에 있는 사람들을 속량하시고,
우리로 하여금 자녀의 자격을 얻게 하시려는 것이
었습니다. 6 그런데 여러분은 ㄴ)자녀이므로, 하
나님께서 그 아들의 영을 ㄷ)우리의 마음에 보내 주
셔서 우리가 하나님을 ㄹ)"아빠, 아버지"라고 부를
수 있게 하셨습니다. 7 그러므로 여러분 각 사람
은 이제 종이 아니라 자녀입니다. ㅁ)자녀이면, 하
나님께서 세워 주신 상속자이기도 합니다.

바울이 갈라디아 교회를 염려하다

8 그런데 전에는 여러분이 하나님을 알지 못
해서, 본디 하나님이 아닌 것들에게 종노릇을 하
였지만, 9 지금은, 여러분이 하나님을 알 뿐만
아니라, 하나님께서 여러분을 알아주셨습니다.
그런데 어찌하여 그 무력하고 천하고 유치한 ㄱ)교
훈으로 되돌아가서, 또다시 그것들에게 종노릇
하려고 합니까? 10 여러분이 날과 달과 계절과
해를 지키고 있으니, 11 내가 여러분을 위하여
수고한 것이 헛될까 염려됩니다.
12 ㅂ)형제자매 여러분, 내가 여러분과 같이
되었으니, 여러분도 나와 같이 되기를 바랍니다.
여러분이 내게 해를 입힌 일은 없습니다. 13 그
리고 여러분이 아시는 바와 같이, 내가 여러분에
게 처음으로 복음을 전하게 된 것은, 내 육체가 병
든 것이 그 계기가 되었습니다. 14 그리고 내 몸
에는 여러분에게 시험이 될 만한 것이 있는데도,
여러분은 나를 멸시하지도 않고, 외면하지도 않
았습니다. 여러분은 나를 하나님의 천사와 같이,
그리스도 예수와 같이 영접해 주었습니다. 15 그
런데 여러분의 그 감격이 지금은 어디에 있습니
까? 나는 여러분에게 증언합니다. 여러분은 할 수
만 있었다면, 여러분의 눈이라도 빼어서 내게 주
었을 것입니다. 16 그런데 내가 여러분에게 진
실을 말하기 때문에 여러분의 원수가 되었습니
까? 17 ㅅ)위에서 내가 말한 사람들이 여러분에
게 열심을 내는 것은 좋은 뜻으로 하는 것이 아니
라, 여러분을 내게서 떼어놓아서, 여러분으로 하
여금 자기네들을 열심히 따르게 하려고 하는 것입
니다. 18 그런데 그들이 좋은 뜻으로 여러분에
게 열심을 낸다면, 그것은, 내가 여러분과 함께 있
을 때뿐만 아니라, 언제든지 좋은 일입니다. 19 나
의 자녀 여러분, 나는 여러분 속에 그리스도의 형
상이 이루어지기까지 다시 해산의 고통을 겪습니
다. 20 이제라도 내가 여러분을 만나 어조를 부
드럽게 바꾸어서 말할 수 있으면 좋겠습니다. 나
는 여러분의 일을 어떻게 하면 좋을지 당황하고
있습니다.

ㄱ) 세상의 원소들, 세상의 세력들, 세상의 자연력, 우주의 원소들의 힘, 기초적 원리들, 자연숭배, 원시종교 등등으로도 번역할 수 있음 ㄴ) 그, '아들들' ㄷ) 다른 고대 사본들에는 '여러분의' ㄹ) '아버지'를 뜻하는 아람어 ㅁ) 그, '아들' ㅂ) 그, '형제들' ㅅ) 그, '(그들이)'

4:1-11 바울은 3장에서 소개한 유산을 상속받는 주제를 다시 꺼내어 갈라디아 신도들로 하여금 할례를 받지 않도록 설득하고 있다. **4:1-7** 바울은 법적인 예를 들어가며 설명한다. 어렸을 때에 *상속자*는 마치 *노예와* 같다. 왜냐하면 그들은 다른 사람들의 권세 아래 놓여 있기 때문이다. 이것이 바로 그리스도가 나타나기 전 이방 사람들과 유대 사람들이 처한 상황이었다. 그들은 아브라함에게 주어진 약속들을 상속받도록 되어 있었다. 그러나 그리스도가 아직 오지 않으셨기 때문에 그들은 *세상의 유치한 교훈* (희랍어, *타 스토이케이아 투 코스무*) *아래에서 종노릇하였다.* 이제 그리스도가 오셨다. 유대 출신 신도와 이방출신 신도들이 그들의 법적 자격을 갖게 되었다. 성령의 은사는 그들로 하여금 하나님을 *아바*라고 부를 수 있게 하였으며 그로써 그들이 아브라함의 자손이라는 것을 증명하고 있다. **4:8-11** 바울은 그가 지금 말한 것을 갈라디아 사람들에게 적용한다. 그들이 어렸을 때에 그들은 거짓 신들에게 종노릇하고 있었다. 이제 그들은 복음을 받아들이고 나서 그 유치한 교훈들에 종노릇하는 생활로 다시 돌아갈 위험에 처해 있다. 왜냐하면 그들이 율법의 행위들(*날과 달과 계절과 해*)을 좇아가고 있기 때문이다. 3절과 9절에 있는 *유치한 교훈*들이라는 단어가 무엇을 가리키는지는 분명치 않다. 그것이 천사나 우주의 물질일 수도 있고, 혹은 율법과 같은 종교의 기초 원리일 수도 있다.

4:12-20 바울은 그에 대한 갈라디아 사람들의 태도가 갑자기 변한 것에 대해 혼란스러워하고 있다. 그는 자기가 더 이상 의롭게 되기 위해 율법에 의존하지 않고 그리스도의 구원의 은혜에 의존하는 만큼 그를 본받으라고 갈라디아 사람들을 격려한다 (2:20을 보라). 갈라디아 사람들이 그를 버릴 위험에 있기 때문에 바울은 어머니가 그 아기를 자궁에서 새롭게 형성시켜 나가듯이 그들을 다루고 있다 (19절).

하갈과 사라

21 율법 아래에 있기를 바라는 사람들이여,
나에게 말해 보십시오. 여러분은 율법이 말하는
것을 듣지 못합니까? 22 아브라함에게 두 아들이
있었는데, 한 사람은 여종에게서 태어나고 한 사
람은 종이 아닌 본처에게서 태어났다고 기록되어
있습니다. 23 여종에게서 난 아들은 육신을 따라
태어나고, 본처에게서 난 아들은 약속을 따라 태
어났습니다. 24 이것은 비유로 표현한 것입니다.
그 두 여자는 두 가지 언약을 가리킵니다. 한 사
람은 시내 산에서 나서 종이 될 사람을 낳은 ㄱ)하갈
입니다. 25 ㄴ)'하갈'이라 하는 것은 아라비아에
있는 시내 산을 뜻하는데, 지금의 예루살렘에 해
당합니다. 지금의 예루살렘은 그 주민과 함께 종
노릇을 하고 있습니다. 26 그러나 하늘에 있는
예루살렘은 종이 아닌 여자이며, 우리의 어머니
입니다. 27 성경에 기록하기를,

ㄷ)"아이를 낳지 못하는 여자여,
즐거워하여라.
해산의 고통을 모르는 여자여,
소리를 높여서 외쳐라.
홀로 사는 여자의 자녀가
남편을 둔 여자의 자녀보다
더 많을 것이다"

하였습니다. 28 ㄹ)형제자매 여러분, ㅁ)여러분은
이삭과 같이 약속의 자녀들입니다. 29 그러나
그 때에 육신을 따라 난 사람이 성령을 따라 난 사
람을 박해한 것과 같이, 지금도 그러합니다.
30 그런데 성경은 무엇이라고 말합니까. ㅂ)"여종
과 그 아들을 내쫓아라. 여종의 아들은 절대로, 종
이 아닌 본처의 아들과 함께 유업을 받지 못할 것
이다" 하였습니다. 31 그러므로 ㄹ)형제자매 여러
분, 우리는 여종의 자녀가 아니라, 자유를 가진 여
자의 자녀입니다.

5 1 그리스도께서 우리를 해방시켜 주셔서, 자
유를 누리게 하셨습니다. 그러므로 굳게 서
서, 다시는 종살이의 멍에를 메지 마십시오.

그리스도인의 자유

2 나 바울이 여러분에게 말합니다. 여러분이
할례를 받으면, 그리스도는 여러분에게 아무런
유익이 없습니다. 3 내가 할례를 받는 모든 사람
에게 다시 증언합니다. 그런 사람은 율법 전체를
이행해야 할 의무를 지닙니다. 4 율법으로 의롭
게 되려고 하는 사람은 그리스도에게서 끊어지
고, 은혜에서 떨어져 나간 사람입니다. 5 그러나
우리는 성령을 힘입어서, 믿음으로 의롭다고 하

ㄱ) 그리스어 발음으로는 '하가르' ㄴ) 다른 고대 사본들, '시내는 아라비아에 있는 한 산인데' ㄷ) 사 54:1 ㄹ) 그, '형제들' ㅁ) 다른 고대 사본들, '우리는' ㅂ) 창 21:10

4:21-31 바울은 *아브라함의* 자손에게 두 줄기가 있다고 주장한다. 하나는 아브라함의 종이요 이스마엘의 어머니인 하갈의 줄기요, 다른 하나는 아브라함의 부인이요 *이삭의* 어머니인 *사라의* 줄기이다. 갈라디아 신도들은 두 번째 줄기에 속한다. 그들은 자유를 가진 여인의 자녀들이다. **4:21** 갈라디아 신도들은 할례를 받음으로써 율법 아래에 있게 된다. **4:22** 두 아들은 이스마엘과 이삭이다. **4:23** 이삭의 출생은 아브라함에게 준 하나님의 약속의 성취이다. **4:24-27** 알레고리적인 면에서 보면, 여인들은 두 언약을 대표한다: 자녀들을 종으로 태어나게 하는 현재의 예루살렘과 자유인으로 태어나게 하는 하늘의 예루살렘이다. 사 54:1의 인용구는 하늘의 예루살렘이 현재의 예루살렘보다 더 많은 자녀들을 생산한다는 것을 확인해준다. **4:28-31** 바울은 알레고리를 갈라디아 사람들에게 적용하여 창 21:10에서와 같이 그들은 여종의 자녀들—즉 침입한 선교사들—을 내쫓아야 한다고 말한다.

특별 주석: 두 가지 언약

이 본문은 유대교(옛 언약)와 그리스도교(새 언약)를 의미하는 것으로 흔히 읽혀져 왔다. 그러나 바울은 그것을 의미하지 않았다. 여종의 자손들은 침입한 선교사들이 선전한 대로 복음을 할례와 율법 준수에 근거하여 받아들인 자들이며, 자유를 가진 여인의 자손들은 바울의 할례가 필요 없는 복음을 받아들인 자들을 의미한다.

5:1-12 바울은 3:1에서 시작한 긴 단락을 갈라디아 신도들이 할례를 받으면 어떻게 될지 경고하는 것으로 마무리한다. *그리스도가 그들에게 아무런 유익이 되지 못할 것이며,* 그들은 은혜로부터 떨어져나갈 것이다. **5:1** *종살이의 멍에는 그리스도가* 거기로부터 *자유하게* 했던 율법을 의미한다. **5:2-6** 할례를 받은 이들은 율법의 계명을 모두 지켜야한다. 그렇지 않으면 그들이 저주를 받게 될 것이다 (3:10). 할례를 받은 자와 받지 않은 자의 구분은 그리스도 안에서 중요하지 않다. 중요한 것은 사랑으로 표현하는 믿음이다. 왜냐하면 사랑은 율법의 완성이기 때문이다 (5:14; 롬 13:8-10). **5:7-12** 바울은 그가 할례를 주창하는 자가 아니라고 말한다. 그는 1:7; 3:1에서와 같이 외부로부터 온 선교사들에 대해 분명히 언급하고 있다. 그들의

심을 받을 소망을 간절히 기다리고 있습니다.
6 그리스도 예수 안에서는, 할례를 받거나 안 받
는 것이 문제가 되는 것이 아닙니다. 가장 중요한
것은, ㄱ)믿음이 사랑을 통하여 일하는 것입니다.
7 여러분은 지금까지 잘 달려왔습니다. 그런데
누가 여러분을 가로막아서, 진리를 따르지 못하
게 하였습니까? 8 그런 꾐은 여러분을 부르신 분
에게서 나온 것이 아닙니다. 9 적은 누룩이 반죽
전체를 부풀게 합니다. 10 나는 여러분이 다른
생각을 조금도 품지 않으리라는 것을 주님 안에서
확신합니다. 그러나 여러분을 교란시키는 사람은,
누구든지 심판을 받을 것입니다. 11 ㄴ)형제자매
여러분, 내가 아직도 할례를 전한다면, 어찌하여
아직도 박해를 받겠습니까? 그렇다면, 십자가의
거리낌은 없어졌을 것입니다. 12 ㄷ)할례를 가지
고 여러분을 선동하는 사람들은, 차라리 자기의
그 지체를 잘라 버리는 것이 좋겠습니다.
13 ㄴ)형제자매 여러분, 하나님께서는 여러분
을 부르셔서, 자유를 누리게 하셨습니다. 그러나
여러분은 그 자유를 육체의 욕망을 만족시키는 구
실로 삼지 말고, 사랑으로 서로 섬기십시오. 14 모
든 율법은 ㄹ)"네 이웃을 네 몸과 같이 사랑하여라"
하신 한 마디 말씀 속에 다 들어 있습니다. 15 그
런데 여러분이 서로 물어뜯고 잡아먹고 하면, 피
차 멸망하고 말 터이니, 조심하십시오.

육체의 행실과 성령의 열매

16 내가 또 말합니다. 여러분은 성령께서 인
도하여 주시는 대로 살아가십시오. 그러면 육체의
욕망을 채우려 하지 않을 것입니다. 17 육체의
욕망은 성령을 거스르고, 성령이 바라시는 것은
육체를 거스릅니다. 이 둘이 서로 적대관계에 있
으므로, 여러분은 자기가 원하는 일을 할 수 없게
됩니다. 18 그런데 여러분이, 성령의 인도하심을
따라 살아가면, 율법 아래에 있는 것이 아닙니다.
19 육체의 행실은 환히 드러난 것들입니다. 곧
음행과 더러움과 방탕과 20 우상숭배와 마술과
원수맺음과 다툼과 시기와 분냄과 분쟁과 분열과
파당과 21 ㅁ)질투와 술취함과 흥청망청 먹고 마
시는 놀음과, 그와 같은 것들입니다. 내가 전에도
여러분에게 경고하였지만, 이제 또다시 경고합니
다. 이런 짓을 하는 사람들은 하나님의 나라를 상
속받지 못할 것입니다.
22 그러나 성령의 열매는 사랑과 기쁨과 화
평과 인내와 친절과 선함과 신실과 23 온유와 절
제입니다. 이런 것들을 막을 법이 없습니다.
24 그리스도 예수께 속한 사람은 정욕과 욕망과

ㄱ) 또는 '사랑으로 역사하는 믿음입니다' ㄴ) 그, '형제들' ㄷ) 그, '여러분을 선동하는 사람들은' ㄹ) 레 19:18 ㅁ) 다른 고대 사본들에는 '질투와'와 '술취함' 사이에 '살인'이 첨가되어 있음

가르침 때문에 갈라디아 사람들이 경주를 잘 마칠 수 없게 되었다. 바울은 이 할례주의자들이 *지체를 잘라버리는 것이 좋겠습니다* 라고 심한 말을 한다.

5:13—6:10 바울은 갈라디아 신도들이 율법과 상관없이 이미 의롭게 되었음을 보인 후에, 의롭게 된 이들이 하나님의 성령의 능력에 힘입어 도덕적인 삶을 살게 된다고 설명한다. 더 이상 율법 아래에 있지 않고, 의롭다 여김을 받은 사람들은 사랑의 계명을 통해 율법을 완성한다.

5:13-15 앞장에서 많이 언급했던 자유와 노예라는 주제를 가지고 바울은 갈라디아 신도들에게 권고하기를 그들이 그리스도 안에서 갖게 된 자유를 오용하지 않으려면 사랑으로 서로에게 종노릇해야 한다고 말한다. **5:13** 이 자유는 율법으로부터의 자유이다. 육체의 *욕망을 만족시키는* 이라고 하는 것은 희랍어 *사륵스*를 번역한 것인데, 그것은 문자 그대로 말해서 "육체"라고 되어 있다 (개역개정은 "육체의 기회;" 공동번역은 "육정을 만족시키는 기회"). 바울은 이 용어를 도덕적인 의미로 흔히 사용한다. 즉 부도덕하게 그들이 원하는 것은 무엇이든지 하면서 살고 싶어 하는 인간의 욕망을 의미한다. **5:14** 바울은 율법의 완성이 레위기 19:18의 계명에서 이루어진다고 본다 (마 5:43-47; 22:34-44; 막 12:28-31; 눅 10:25-28; 롬 13:8을 또한 보라). **5:15** 공동체 내에 심각한 갈등들이 존재하고 있음을 보여준다.

5:16-26 이 단락에서는 의롭게 된 사람들 사이에서 열매를 거두고 있는 하나님의 성령과 공동체 삶의 내적 구조를 파괴하고 있는 *육체의 행실*을 대조시키고 있다. **5:16-17** *육체의* 욕망을 견제할 수 있는 치료약은 하나님의 *성령* (희랍어, *프뉴마*)의 강권하심에 따라 사는 것이다. 이 둘은 서로 정반대되는 것이어서 누구든지 동시에 그 둘 모두에게 충성할 수 없다. **5:18** 성령의 인도하심을 받는 자들은 율법 아래에 있을 필요가 없다. 왜냐하면 성령이 그들 안에서 열매를 맺기 때문이다 (22절). **5:19-21** 바울은 15개의 육체의 행실을 적고 있다. 그 모두가 공동체의 삶을 파괴하는 것들이다. **5:22-23** 그 많은 육체의 행실과 대조하여 성령은 의롭게 된 자들 안에서 *하나의* 열매가 아홉 개의 다른 방법으로 열린다. **5:24** 비록 성령은 의롭게 된 자들 안에서 열매를 맺지만, 도덕적 삶을 이루기 위해서는 믿는 자들의 편에서도 육체의 욕망에 대해 죽는 노력이 필요하다. **5:25** 이 구절은 16절에 있는 바울의 권고와 비슷하다. **5:26** 15절에서와 같이 바울은 공동체의 분열을 경고한다.

함께 자기의 육체를 십자가에 못박았습니다.
25 우리가 성령으로 삶을 얻었으니, 우리는 성령
이 인도해 주심을 따라 살아갑시다. 26 우리는
잘난 체하거나 서로 노엽게 하거나 질투하거나
하지 않도록 합시다.

서로 짐을 져 줍시다

6 1 [ㄱ]형제자매 여러분, 어떤 사람이 어떤 죄에
빠진 일이 드러나면, [ㄴ]성령의 인도하심을 따라
사는 사람인 여러분은 온유한 마음으로 그런 사람
을 바로잡아 주고, 자기 스스로를 살펴서, 유혹에
빠지지 않도록 조심하십시오. 2 여러분은 서로 남
의 짐을 져 주십시오. 그렇게 하면 여러분이 그리
스도의 법을 [ㄷ]성취하실 것입니다. 3 어떤 사람이
아무것도 아니면서 무엇이 된 것처럼 생각하면, 그
는 자기를 속이는 것입니다. 4 각 사람은 자기 일
을 살펴보십시오. 그러면 자기에게는 자랑거리가
있더라도, 남에게까지 자랑할 것은 없을 것입니다.
5 사람은 각각 자기 몫의 짐을 져야 합니다. 6 말
씀을 배우는 사람은 가르치는 사람과 모든 좋은 것
을 함께 나누어야 합니다. 7 자기를 속이지 마십
시오. 하나님은 조롱을 받으실 분이 아니십니다.
사람은 무엇을 심든지, 심은 대로 거둘 것입니다.
8 자기 육체에다 심는 사람은 육체에서 썩을 것을
거두고, 성령에다 심는 사람은 성령에게서 영생을
거둘 것입니다. 9 선한 일을 하다가, 낙심하지 맙
시다. 지쳐서 넘어지지 아니하면, 때가 이를 때에
거두게 될 것입니다. 10 그러므로 기회가 있는 동
안에, 모든 사람에게 선한 일을 합시다. 특히 믿
음의 식구들에게는 더욱 그렇게 합시다.

마지막으로 하는 경고와 축복

11 보십시오, 내가 여러분에게 직접 이렇게
큰 글자로 적습니다. 12 육체의 겉모양을 꾸미
기를 좋아하는 사람은, 여러분에게 할례를 받으
라고 강요합니다. 그것은 그들이 그리스도의 십
자가 때문에 받는 박해를 면하고자 하는 것입니다.
13 할례를 받는 사람들 스스로도 율법을 지키지
않으면서 여러분에게 할례를 받게 하려는 것은,
여러분의 육체를 이용하여 자랑하려는 것입니다.
14 그런데 내게는 우리 주 예수 그리스도의 십자가
밖에는, 자랑할 것이 아무것도 없습니다. 그리스
도로 말미암아, 내 쪽에서 보면 세상이 죽었고,
세상 쪽에서 보면 내가 죽었습니다. 15 [ㄹ]할례를
받거나 안 받는 것이 중요한 것이 아니라, 새롭게
창조되는 것이 중요합니다. 16 이 표준을 따라
사는 사람들에게와 하나님의 백성 이스라엘에게
평화와 자비가 있기를 빕니다.

17 이제부터는 아무도 나를 괴롭히지 마십시
오. 나는 내 몸에 [ㅁ]예수의 상처 자국을 지고 다닙
니다.

18 [ㄱ]형제자매 여러분, 우리 주 예수 그리스
도의 은혜가 여러분의 심령에 있기를 빕니다. 아멘.

ㄱ) 그, '형제들' ㄴ) 또는 '신령한 사람인 여러분은' ㄷ) 다른 고대 사본에는 '성취하십시오' ㄹ) 다른 고대 사본들에는 절 머리에 '그리스도 예수 안에서는'이 첨가되어 있음 ㅁ) 예수를 위하여 받은 박해로 생긴 상처 자국을 뜻함

6:1-10 바울은 공동체 내의 삶에 대해 구체적으로 교훈을 준다. **6:1-5** 공동체 삶은 탈선한 자들을 돌아오게 하고 서로서로 돕는 일들이 뒤따른다. 그러나 남들을 회복시키는 자들은 자기자신들을 먼저 돌아보아야 한다. 모두가 자기의 행실에 대해 책임져야만 하는 것이다. *그리스도의* 법은 그리스도께서 사랑의 계명을 손수 실천하여 사람들을 위해 자기 자신을 돌아보지 않고 내어주어 그의 삶과 죽음 속에서 완성하였던 그 법을 의미한다 (2:20; 롬 15:3; 고전 9:21을 보라). 또 다른 말로 하면 사랑이 율법을 완성한다 (5:14). **6:6** 갈라디아 사람들은 그들의 교사들을 재정적으로 후원해야만 한다. **6:7-10** 육체에 씨를 심는 자들은 육체를 따라 행한다. 이 구절은 또한 자기의 의를 이루기 위해 할례와 율법에 의존하는 것을 포함하고 있다. 성령으로 심는 사람들은 성령을 따라 산다.

6:11-18 서신을 마감하면서 바울은 중요한 주제들을 요약하고 있다. **6:11** 바울은 마지막 몇 구절을 자기 손으로 직접 써서 그 중요성과 진실성을 강조한다. **6:12-13** 그는 침입한 선교사들이 잘못된 동기를 가지고 할례를 강요했다고 비난한다. 그들의 동기는 다른 열렬한 율법 옹호자들에게 그들의 열심을 자랑하기 위한 것과 또한 그들로부터 피해를 입지 않으려는 것이었다. **6:14** 바울은 그의 단 하나의 자랑거리는 오직 의문의 사건으로 여겨졌던 십자가 사건뿐이라고 말한다. 고전 1:18-25와 고후 12:9-10을 보라. **6:15** 하나님은 그리스도 안에서 *새롭게 창조하셨고* (고후 5:17-19), 그 안에서 이방 사람과 유대 사람 사이의 차별은 없다 (3:28; 엡 2:11-22를 보라). **6:16** 이 표준은 하나님이 그리스도 안에서 이루신 새 창조에 따라 사는 삶이다. 하나님의 백성 이스라엘이라고 하는 것은 그리스도 안에서 믿음으로 사는 자들을 의미한다. **6:17** 바울이 사도적인 사역을 하면서 얻은 고난과 상처들만이 예수님을 드러내는 참 표시이다 (고후 11:22-33을 보라).

에베소서

에베소는 로마시대 소아시아 지방의 수도로서 상업과 신앙인들을 위한 순례의 중심지이었으며, 신약 전체에서 20번 언급되고 있다. 바울은 에베소에 교회를 개척하지 않았으며, 아마도 브리스길라와 아굴라가 도착했을 때 생겼을 것이다 (롬 16:5; 고전 16:19). 아볼로(행 18:24)와 세례 요한의 제자들(행 19:1, 7; 20:16)이 에베소와 연관이 있다. 바울은 기원후 54년에서 57년까지 에베소에 있었음에 틀림없다. 왜냐하면 에베소 회당에서 먼저 가르치다가 두란노 학당에서 가르쳤다고 되어 있기 때문이다 (행 18:24—20:1; 20:16—21:1). 바울은 귀신을 내쫓는 유대 사람들과 아데미 신전을 위하여 봉납산업을 하고 있던 데메드리오라는 사람들로부터 저항을 받았다. 바울은 에베소를 소아시아의 선교중심지로 조직하였다. 에베소는 계시록에서 언급된 일곱 교회 중 하나로서 (2:1-7), 초기 기독교의 중요한 도시였으며, 요한 문서들과 관련되어 있고, 기원후 431년에 열렸던 대교회협의회가 열린 곳이었다.

성서신학자들은 에베소서가 바울에 의해 씌어졌는지, 혹은 다른 사람에 의해 에베소에 있는 사람들에게 보내진 것인지에 대해서 의견을 일치하지 못하고 있다. 서신의 희랍어 문체는 바울이 직접 썼다고 믿어지는 서신들의 문체와는 다르다. 문장들이 특이하게 긴 것을 발견할 수 있다; 1:3-14와 3:1-7까지가 희랍어로는 각각 한 문장으로 되어 있다. 관계된 절들과 길게 이어지는 동격명사들이 많이 나타난다. 거의 90개의 단어가 바울의 친서들에서는 나타나지 않는 단어들이다.

더욱이 에베소서에 나타난 개념들은 바울의 생각들을 더 발전시킨 것들이다. 고린도전서에서 바울은 성적 부도덕보다는 결혼을 더 격려하면서, "그렇게 해도 좋다는 뜻으로 말하는 것이지, 명령으로 말하는 것은 아닙니다" (고전 7:6) 라고 말했는데, 엡 5장에서는 결혼이 교회와 그리스도와의 관계를 비추어주는 개념으로 쓰인다 (5:24-30). 에베소서에서 교회는 언제나 우주적 교회로 이해되고 있지만, 바울이 친히 쓴 서신들에서는 교회가 특정한 장소에 있는 믿는 이들을 의미한다. 에베소서에서 교회는 "사도들과 예언자들이 놓은 기초 위에 세워진 건물" (2:20)이라고 되어 있다. 그러나 초기에 바울은 교회의 기초는 예수 그리스도라고 강조하였다. 바울의 초기 서신에서는 유대 사람과 이방 사람 사이의 긴장이 심각한 문제로 다루어졌으나 에베소서에서는 다 해결된 것으로 나타난다. 끝으로, 희랍어 사본은 "에베소에 있는"(1:1)이라는 수신자들을 빠뜨리고 있다.

그러나 이러한 증거는 에베소서가 바울이 친히 쓴 서신이 아니라는 것을 증명해 주지 못한다. 몇몇 학자들은 바울이 에베소서를 그의 말년에 썼고 (기원후 약 58-59년경), 거기에 있는 사상은 "성숙한" 바울을 보여주고 있다고 하면서 바울이 에베소서를 직접 썼다고 주장한다. 바울은 그리스도교 지도자로서 계속 발전해 왔기 때문에 초기의 서신들과 다른 점들을 드러내고 있는 것이다. 또 어떤 학자들은 바울이 직접 쓰지는 않았지만, 에베소서가 진정한 의미의 바울 서신이라고 생각한다. 이들은 바울의 제자들과 추종자들이 에베소서를 쓰면서 그의 가르침을 보존하고 적용했다고 설명한다. 그들에게 에베소서는 바울의 전통을 이어받아 그의 이름으로 쓰인 작품이다. 에베소서는 의도적으로 누군가에 의해 바울의 생각을 정리하여 쓴 것일 수가 있다. 가명으로 쓴다는 것은 친 저자의 이름이 아닌 이름으로 쓰는 것, 혹은 다른 사람의 이름으로 쓰는 행위를 말하는데, 성서시대에는 흔한 일이었으며 고의적 표절행위로 받아들여지지 않았다. 스승을 높이고 그의 사상을 보존하며 그의 권위를 행사하기 위해 제자들이 스승의 이름으로 책들을 썼던 것이다. 에베소서의 경우에는 기원후 약 85년에서 90년 사이에 (대략 마태복음과 누가복음이 씌어졌던 때), 바울의 제자들 중 한 명이 그의 사상을 돌아보면서 새로운 상황에 적용해 보기 위해 바울의 이름으로 쓴 것일 수도 있다.

에베소서의 본문은 바울이 감옥에 갇혀 있으며 (6:20) 두기고를 보내어 에베소 사람들에게 그의 소식을 전하고 그들을 격려하려 했다고 기록하고 있다 (6:21-22). 이것은 저자와 수신자가 서로를 모를 가능성을 비추는데 (1:15; 3:2), 바울이 거의 3년간을 그 곳에 머물렀었다면 있을 수 없는 일이다. 서신의 최종 목적지가 어딘가에 대해서는 여러 가지 의견이 있다: 이레니우스(기원후 약 180년경)는 그것이 에베소에 보내졌다고 했으나, 말시온(기원후 약 140년경)은 "라오디게아"로 보내졌다고 말한다 (골 4:16을 보라). 1654년에 대주교 어셔(Usher)는 에베소서는 회전서신이라고 하면서 수신자란에 서신 전달자가 필요한 대로 수신자를 써넣을 수 있도록 빈칸으로 만들어져서 이방 기독교인들간에 돌려가며 읽을 수 있도록 만들어진 것이라고 가정하며 설명했다. 약간의 학자들은 이 의견에 동조하였다.

누가 에베소서를 썼던지 누구에게 보내졌던지 상관없이 이것은 철저히 바울과 관련되어 있는 서신이다. 서신 전체의 관심방향을 볼 때에 이것은 소아시아에 있는 어떤 교회에 보내진 것이다. 에베소서의 기본적인 요약과 주요 개념들은 골로새서와 비슷하다. 저자는 골로새 신도들에게 보낸 서신과 다른 바울 서신들을 철저히 알고 있었다. 그는 이 서신이 읽혀질 곳의 예배상황에 적절한 스타일로 에베소서를 썼다.

에베소서의 주요 주제는 예수님의 죽음과 부활을 통해 완성된 하나님의 계획, 즉 유대 사람과 이방 사람들의 화해에 관한 것이다. 저자의 비전은 우주적이다. 그는 하나님의 마지막 목적이 인간과의 화해일 뿐 아니라 우주적인 합일과 조화라는 것을 이해하고 있다. 그리스도를 그 머리로 두고 있는 교회는 그 목적을 달성하는 수단이 된다. 풍부한 기도와 예전적 분위기, 그리고 "영광송"의 기법으로 이러한 고귀한 신학을 잘 전달하고 있다. 에베소서는 축제 때나 경축만찬 자리 등에서 누군가의 재주와 장점들을 칭찬할 때에 들을 수 있는 찬사의 연설과 비슷하다. 이러한 찬사들은 하나님을 향한 것으로서 후대 바울 서신들의 특징인데 다른 전통적 내용들, 즉 송영, 덕과 악덕의 목록, 그리고 가정생활의 윤리 등과 함께 어울려져 있다.

에베소서는 바울 서신의 형식을 따른다. 서신을 인사로 시작하여 (1:1-2) 축복으로 끝을 맺는다 (6:23-24). 이 서신은 기도로 형식이 짜여져 구분되어 있다 (1:1-23; 3:14-21; 6:23-24). 1—3장까지는 교리적(교의적)이며 4—6장까지는 교훈적인데, 이렇게 이론을 설명한 뒤에 실천 교훈을 쓰는 특징은 바울 서신에서 일반적으로 찾아볼 수 있다.

에베소서의 개요는 아래와 같다. 성경본문에 대한 연구주석은 이 개요를 따르고 있으며 보다 분명한 설명을 위해 더 자세하게 구분을 하였다.

Ⅰ. 인사, 축복, 감사기도, 1:1-23
Ⅱ. 예수 그리스도 안에 있는 교회, 2:1-22
  A. 그리스도 안에 있는 개인, 2:1-10
  B. 그리스도 안에 있는 공동체, 2:11-22
Ⅲ. 하나님의 계획의 비밀, 3:1-21
  A. 바울의 사역과 계획, 3:1-13
  B. 기도와 영광송, 3:14-21
Ⅳ. 실천을 위한 교훈, 4:1—6:20
  A. 그리스도의 부르심에 합당한 삶, 4:1-16
  B. 옛 삶과 새 삶, 4:17—5:20
  C. 기독교 가정, 5:21—6:9
  D. 하나님의 무기, 6:10-20
Ⅴ. 마치는 말, 6:21-24

바니 설스턴 (Bonnie Thurston)

인사

1 1 하나님의 뜻으로 그리스도 예수의 사도가 된 나 바울이, [에베소에 사는], 그리스도 예수를 믿는 성도들에게, 이 편지를 씁니다. 2 우리 아버지 하나님과 주 예수 그리스도께서 내려주시는 은혜와 평화가 여러분에게 있기를 빕니다.

그리스도 안에 있는 영적인 복

3 우리 주 예수 그리스도의 아버지이신 하나님을 찬양합시다. 하나님께서는 그리스도 안에서, 하늘에 속한 온갖 신령한 복을 우리에게 주셨습니다. 4 하나님은 세상 창조 전에 ㄱ)그리스도 안에서 우리를 택하시고 사랑해 주셔서, 하나님 앞에서 거룩하고 흠이 없는 사람이 되게 하셨습니다. 5 하나님은 하나님의 기뻐하시는 뜻을 따라 예수 그리스도를 통하여 우리를 하나님의 ㄴ)자녀로 삼으시기로 예정하신 것입니다. 6 그래서 하나님이 하나님의 사랑하시는 아들 안에서 우리에게 거저 주신 하나님의 영광스러운 은혜를 찬미하게 하셨습니다. 7 우리는 이 아들 안에서 하나님의 풍성한 은혜를 따라 그의 피로 구속 곧 죄 용서를 받게 되었습니다. 8 하나님은 우리에게 모든 지혜와 총명을 넘치게 주셔서, 9 그리스도 안에서 미리 세우신 하나님이 기뻐하시는 뜻을 따라 하나님의 신비한 뜻을 우리에게 알려 주셨습니다. 10 하나님의 계획은, 때가 차면, 하늘과 땅에 있는 모든 것을 그리스도 안에서 그분을 머리로 하여 통일시키는 것입니다. 11 하나님은 그리스도 안에서 ㄷ)우리를 상속자로 삼으셨습니다. 이것은 모든 것을 자기의 원하시는 뜻대로 행하시는 분의 계획에 따라 미리 정해진 일입니다. 12 그것은 그리스도께 맨 먼저 소망을 둔 우리로 하여금 하나님의 영광을 찬미하는 사람이 되게 하시려는 것이었습니다. 13 여러분도 그리스도 안에서 진리의 말씀 곧 여러분을 구원하는 복음을 듣고서 그리스도를 믿었으므로, 약속하신 성령의 날인을 받았습니다. 14 ㄹ)이 성령은, 하나님의 소유인 우리가 완전히 구원받을 때까지 우리의 상속의 담보이시며, 우리로 하여금 하나님의 영광을 찬미하게 하십니다.

바울의 기도

15 그러므로 나도, 주 예수에 대한 여러분의 믿음과 모든 성도를 향한 ㅁ)사랑을 듣고서, 16 여러분을 두고 끊임없이 감사를 드리고 있으며, 내 기도

ㄱ) 그, '그분 안에서' ㄴ) 그, '양자' ㄷ) 또는 '우리가 상속을 받았습니다' ㄹ) 다른 고대 사본들에는 '이 (인치심이)' ㅁ) 다른 고대 사본들에는 '사랑을'이 없음

1:1-23 서신은 바울의 전형적인 문구로 시작된다 (골 1:1 참조). **1:1** *하나님의 뜻으로.* 이것은 바울이 부활하신 그리스도의 특별하신 부르심을 받았다는 것을 암시하는 것이다 (행 9:1-11; 갈 1—2장). *에베소에 사는.* 이 구절은 가장 잘 보존된 사본 본문에는 나타나 있지 않다. *믿는 성도들에게* 라고 지칭하는 것은 저자의 의도가 신실하지 않은 이들을 제외하려는 것인가? 소아시아 지역에는 특별히 거짓 교사들의 문제가 있었다 (골 2:20-23을 보라).

1:3-14 희랍어로는 이 구절이 하나의 긴 문장으로 되어 있는데, 서신의 기본 신학을 표현하고 있는 축복문이다 (산상수훈의 팔복과 같음). 삼위일체 하나님을 거론하는 형식을 주목하라: 하나님과 아버지 (계획); 예수 그리스도 (실행자); 성령 (보증자). **1:3** *하늘에 속한.* 이것은 에베소서에서 사용되는 특이한 이미지이다 (1:20; 2:6; 3:10; 6:12). 이 은유로 서신은 범위를 우주까지 소개해 주고 있다 (1:10, 20-23). 요 20:17을 보라. **1:4-5** *하나님은…우리를 택하시고.* 이것으로 하나님 백성의 선택이라는 주제를 다져가고 있다. 양자와 유산이라는 단어를 씀으로써 그리스도를 통한 하나님과의 관계를 강조한다 (11, 14, 18절; 롬 8:29-33; 9:6-26을 보라). **1:6** 선택된 백성으로서 그리스도인들은 하나님을 영화롭게 할 책임을 지고 있다. 12-14절을 보라. **1:7-8** *그의 피로 구속* (문자 그대로 말해서 "값으로 산 것"인데, 개역개정은 "속량"으로 번역하고 공동번역은 "구출"로 번역했음) 한다는 바울의 복음이 강조되고 있다; 막 10:4를 보라.

1:8-11 그리스도 안에서 통일이라는 서신의 주제가 소개되고 있다. **1:9** *신비하다.* 이것에 대한 의미는 3:3에 관한 주석을 보라. **1:12** *그리스도께 맨 먼저 소망을 둔 우리.* 이는 초창기에 유대출신으로서 기독교인이 된 이들을 의미한다. **1:13-14** 저자는 수신자들을 직접적으로 *여러분* 이라고 부른다. *우리* 라고 하는 대명사로 자기자신을 포함시킨다. *날인을 받았습니다.* 이것은 세례문구이다. 계 7:18에 관한 주석을 보라. *날인.* 이것은 소유권을 지칭하며, 그 내용이 참됨을 보증하기 위해 사용된다 (4:20). **1:14** *상속의 담보.* 이것은 문자 그대로 말해서 "할부금의 첫 지불액"을 의미한다 (고후 1:22를 보라).

1:15-23 수신자들을 위해 감사와 중보기도를 드린다. 저자는 하나님이 예수를 통해 어떻게 그의 목적을 이루셨는지 서술하고 있다. 그리고 하나님이 수신

중에 여러분을 기억합니다. 17 우리 주 예수 그
리스도의 하나님이신 영광의 아버지께서 지혜와
계시의 영을 여러분에게 주셔서, 하나님을 알게
하시고, 18 [여러분의] 마음의 눈을 밝혀 주셔서,
하나님의 부르심에 속한 소망이 무엇이며, 성도
들에게 베푸시는 하나님의 영광스러운 상속이 얼
마나 풍성한지를, 여러분이 알게 되기를 바랍니다.
19 또한 믿는 사람들인 우리에게 강한 힘으로 활동
하시는 하나님의 능력이 얼마나 엄청나게 큰지를,
여러분이 알기 바랍니다. 20 ㄱ)하나님께서는 이
능력을 그리스도 안에 발휘하셔서, 그분을 죽은
사람들 가운데서 살리시고, 하늘에서 자기의 오른
쪽에 앉히셔서 21 모든 정권과 권세와 능력과
주권 위에, 그리고 이 세상뿐만 아니라 오는 세상
에서 일컬을 모든 이름 위에 뛰어나게 하셨습니다.
22 ㄴ)하나님께서는 만물을 그리스도의 발 아래 굴
복시키시고, 그분을 만물 위에 교회의 머리로 삼
으셨습니다. 23 교회는 그리스도의 몸이요, 만물
안에서 만물을 충만케 하시는 분의 충만함입니다.

사망에서 생명으로 옮기다

2 1 여러분도 전에는 허물과 죄로 죽었던 사람
들입니다. 2 그 때에 여러분은 허물과 죄 가
운데서, 이 세상의 풍조를 따라 살고, 공중의 권
세를 잡은 통치자, 곧 지금 불순종의 자식들 가운
데서 작용하는 영을 따라 살았습니다. 3 우리도
모두 전에는, 그들 가운데에서 육신의 정욕대로
살고, 육신과 마음이 원하는 대로 행했으며, 나머지
사람들과 마찬가지로 날 때부터 진노의 자식이었
습니다. 4 그러나 하나님은 자비가 넘치는 분이
셔서, 우리를 사랑하신 그 크신 사랑으로 말미암아
5 범죄로 죽은 우리를 ㄷ)그리스도와 함께 살려 주
셨습니다. 여러분은 은혜로 구원을 얻었습니다.
6 하나님께서 그리스도 예수 안에서 우리를 그분
과 함께 살리시고, 하늘에 함께 앉게 하셨습니다.
7 그것은, 하나님께서 그리스도 예수 안에서 우
리에게 자비로 베풀어주신 그 은혜가 얼마나 풍성
한지를 장차 올 모든 세대에게 드러내 보이시기
위함입니다. 8 여러분은 믿음을 통하여 은혜로
구원을 얻었습니다. 이것은 여러분에게서 난 것이
아니요, 하나님의 선물입니다. 9 행위에서 난 것이
아닙니다. 그러므로 아무도 자랑할 수 없습니다.
10 우리는 하나님의 작품입니다. 선한 일을 하게
하시려고, 하나님께서 그리스도 예수 안에서 우
리를 만드셨습니다. 하나님께서 이렇게 미리 준
비하신 것은, 우리가 선한 일을 하며 살아가게 하
시려는 것입니다.

ㄱ) 그, '그는' ㄴ) 시 8:6 ㄷ) 다른 고대 사본들에는 '그리스도 안에서'

자들에게 그리스도를 아는 데 있어서 *지혜와 계시의 영*을 주고 하나님의 상속자가 되는 소망을 아는 데 있어서는 "마음의 눈을 밝힐 수 있는 능력"을 달라고 기도한다 (마음이란 그 사람의 중심이고 의지의 중추이다). 다음의 네 가지가 약속되어 있다: *지혜와 계시, 부르심에 속한 소망, 상속이…풍성한지; 능력.* **1:15** 저자가 수신자에 대하여 듣고서 안다는 것을 보면 그가 공동체를 직접 알지 못한다는 것을 말해주고 있다. **1:19-21** 하나님의 능력을 증명해 주는 것은 그리스도의 부활과 뛰어나게 하심이다. **1:20-23** 여기서 서신은 그리스도와 그의 몸이 되는 교회와의 관계라고 하는 새로운 주제를 소개하고 있다. **1:20** 오른쪽. 이는 명예로운 자리이다 (시 16:8; 110:1을 참조).

2:1-22 2장은 "전에는" (1-10절, 하나님 없이 사는 자들), 그리고 "이후는" (11-20절, 하나님이 죄로부터 구원하고 나누어진 것을 연합하도록 만든 변화) 이라는 구조로 정리되어 있다. 4절과 13절에 있는 희랍어 접속사 *그러나(데)*는 변화를 설명한다. **2:1-10** 저자는 한 개인의 삶에 있어서 그리스도인이 된다는 의미를 요약하면서 그리스도교 공동체가 "전에는" 어떠했으며 (1-3절), 어떠한 모습으로 변했는지 대조하고 있다 (4-10절). **2:2** *살았습니다* (문자 그대로는 "걸었다") 라는 것은 바울적인 은유이다. 사탄은 공중의 권세를 잡은 통치자 (1:21; 6:11-12) 라는 것은 투쟁이 우주적 면에서 벌어지고 있음을 말해주고 있다 (사 14:12-15를 참조). **2:3** 인간에게 공통적으로 흔히 있는 문제에 대해 말한다. *육신* (개역개정은 "육체;" 공동번역은 "육정"). 이것은 단지 육체적 몸을 의미하지 않으며, 은유적으로 자기중심적 삶을 가리키고 있다. **2:4-9** 5절과 8절에서 저자는 믿음으로 구원받는다는 바울의 복음을 요약하고 있다. **2:4** *그러나 하나님은.* 이 문구는 수사적 효과를 노리는 문구이며 실제적으로 자기중심의 삶에서 하나님께로 방향을 바꾸는 것이다. **2:5, 8** *구원을 얻었습니다.* 희랍어 동사 문구는 지금까지 얻은 것이 앞으로도 계속될 것임을 나타내는 말이다. *은혜.* 이는 그리스도 안에서 값없이 주어지는 선물이다. 롬 3:21-31을 보라. **2:10** 이 구절은 하나님이 우주와 인간을 위해 취하신 행동과 계획을 강조한다. 역사 속에는 하나님의 목적으로 가득하다. 사람들이 하는 선한 일은 하나님으로부터 나오는 것이며 (1:4-5, 10-11), 구원의 결과이다.

하나가 되게 하신 그리스도

11 그러므로 여러분은 지난날에 육신으로는 이방 사람이었다는 사실을 명심하십시오. 손으로 육체에 행한 할례를 받은 사람이라고 뽐내는 이른바 할례자들에게 여러분은 무할례자들이라고 불리며 따돌림을 당했습니다. 12 그 때에 여러분은 그리스도와 상관이 없었고, 이스라엘 공동체에서 제외되어서, 약속의 언약과 무관한 외인으로서, 세상에서 아무 소망이 없이, 하나님도 없이 살았습니다. 13 여러분이 전에는 하나님에게서 멀리 떨어져 있었는데, 이제는 그리스도 예수 안에서 그분의 피로 하나님께 가까워졌습니다.

14 그리스도는 우리의 평화이십니다. 그리스도께서는 유대 사람과 이방 사람이 양쪽으로 갈라져 있는 것을 하나로 만드신 분이십니다. 그분은 유대 사람과 이방 사람 사이를 가르는 담을 자기 몸으로 허무셔서, 원수 된 것을 없애시고, 15 여러 가지 조문으로 된 계명의 율법을 폐하셨습니다. 그분은 이 둘을 자기 안에서 하나의 새 사람으로 만들어서 평화를 이루시고, 16 원수 된 것을 십자가로 소멸하시고 ㄱ)이 둘을 한 몸으로 만드셔서, 하나님과 화해시키셨습니다. 17 그분은 오셔서 멀리 떨어져 있는 여러분에게 ㄴ)평화를 전하셨으며, 가까이 있는 사람들에게도 평화를 전하셨습니다. 18 이방 사람과 유대 사람 양쪽 모두, 그리스도를 통하여 한 성령 안에서 아버지께 나아가게 되었습니다. 19 그러므로 이제부터 여러분은 외국 사람이나 나그네가 아니요, 성도들과 함께 시민이며 하나님의 가족입니다. 20 여러분은 사도들과 예언자들이 놓은 기초 위에 세워진 건물이며, 그리스도 예수가 그 모퉁잇돌이 되십니다. 21 그리스도 안에서 건물 전체가 서로 연결되어서, 주님 안에서 자라서 성전이 됩니다. 22 그리스도 안에서 ㄷ)여러분도 함께 세워져서 하나님이 성령으로 거하실 처소가 됩니다.

하나님의 구원 경륜의 비밀

3 1 그러므로 이방 사람 여러분을 위하여 그리스도 [예수]의 일로 갇힌 몸이 된 나 바울이 말합니다. -2 하나님께서 여러분을 위하여 일하도록 나에게 이 직분을 은혜로 주셨다는 것을, 여

ㄱ) 또는 '우리 둘을' ㄴ) 사 57:19; 슥 9:10 ㄷ) 또는 '여러분도 그리스도 안에서 성령으로 함께 건물을 이루어 하나님께서 거하실 곳이 되어갑니다'

2:11-22 본문은 개인의 문제로부터 공동체의 문제로 초점을 옮긴다. 그러는 중에 과거와 현재와 미래에 일어날 일들을 비교한다. *멀리 떨어져* 있던 자들, *이방 사람 혹은 외인들이*—아무 소망이 없이, 하나님도 없이—그리스도 안에서 *가까워졌고*, 하나님께 나아갈 수 있는 *시민이며 가족이* 되었다. 멀리 떨어져 있던 이방 사람의 삶은 극복되었다. 11-12절은 하나님 없이 사는 이방 사람들에 대해 말하며, 13-18절까지는 그리스도의 화해의 역사를 묘사하고, 또한 19-22절은 그리스도에 의해 창조된 공동체를 정의하고 있다. **2:11** *이방 사람*(희랍어, *에트네*)은 일종의 계층으로 보여진다. *인간의 손으로 육체에 행한* (희랍어, *케이로포이에투*). 이것은 칠십인역에서 우상을 만드는 것을 의미한다. 초기 바울 서신에서 볼 수 있는 유대 사람과 이방 사람 간의 긴장관계는 더 이상 보이지 않는다. **2:12** 그리스도가 없는 이방 사람들의 삶에 대하여 회상하고 있다. **2:14-18** 어떤 학자들은 이 구절에서 찬양송의 특징을 볼 수 있다고 한다. **2:14** *가르는 담을 자기 몸으로 허무셔서, [우리 사이의] 원수 된 것.* 이 문구는 이방 사람의 뜰과 이스라엘 사람의 뜰을 분리하던 예루살렘 성전의 벽을 암시한다. 1871년에 발견된 희랍어와 라틴어로 된 비문에는 이방 사람들에게 성전 내의 경계선을 넘으면 죽을 것을 각오해야한다고 경고하고 있다. **2:15** 율법이 폐지되었다는 생각은 바울의 입장을 넘어선 것이다. 롬 3:31을 보라. **2:16** *이 둘.* 양방이 모두 화해가 필요하다는 것을 말해준다. 오로지 십자가를 통해서만 이것이 가능하다. **2:18** *나아가게 되었습니다* (희랍어, *프로사고게*). 이 단어는 왕 앞에 자유롭게 나아갈 수 있는 권리를 의미한다. 하나님께 나아간다는 것은 성령을 통해서 나가는 것이다. **2:19** 골 3:11에 관한 주석을 보라. **2:20** 바울의 초기 서신들에서 교회의 기초는 그리스도 예수라고 되어 있다. 사도와 예언자들은 초대교회에서 카리스마(영적 은사들)를 받은 자들이었기에 권위가 있는 것이다 (시 118:21-23; 사 28:16을 참조). **2:21-22** 건물과 자란다는 두 가지 혼합된 비유는 고전 3:5-17과 또한 벧전 2:4-5와도 비슷하다. 하나님의 *거하실* 성전은 (고전 6:9에서와 같이) 개인적 신자를 의미하는 것이 아니고 공동체를 의미한다. 교회는 하나님의 "거처"이다.

3:1-21 **3:1-13** 저자(아마도 바울)는 바울의 자서전을 쓰듯이 글을 쓴다. 신비의 두 면이 이제 드러난다. (1) 이방 사람들도 하나님이 선택한 자들 가운데 포함된다. (2) 교회는 하나님의 지혜를 알려야 한다. 이 구절은 이방 교회들을 위해 감옥에 갇힌 바울과 그 교회들을 연결시켜 준다 (13절). **3:1** *그러므로* (14절에서도 나온다). 이 접속사는 바울의 초기 서신들에서는 찾아볼 수 없다 (행 28:16, 20을 참조). **3:2-4** 바울의 권위는 하나님의 특별한 부르심을 통해 얻은 *계*

러분은 이미 들었을 줄 압니다. 3 하나님께서는
나에게 그 비밀을 계시로 알려 주셨습니다. 그것은
내가 이미 간략하게 적은 바와 같습니다. 4 여러
분이 그것을 읽어보면, 내가 그리스도의 비밀을 어
떻게 이해하고 있는지를 알게 될 것입니다. 5 지
나간 다른 세대에서는 하나님께서 ㄱ)그 비밀을 사
람의 아들들에게 알려주지 아니하셨는데, 지금은
그분의 거룩한 사도들과 예언자들에게 성령으로
계시하여 주셨습니다. 6 그 비밀의 내용인즉 이방
사람들이 복음을 통하여 그리스도 예수 안에서
유대 사람들과 공동 상속자가 되고, 함께 한 몸이
되고, 약속을 함께 가지는 자가 되는 것입니다.
7 나는 이 복음을 섬기는 일꾼이 되었습니다. 내가
이렇게 된 것은 하나님께서 그분의 능력이 작용하
는 대로 나에게 주신 그분의 은혜의 선물을 따른
것입니다. 8 하나님께서 모든 성도 가운데서 지
극히 작은 자보다 더 작은 나에게 이 은혜를 주셔서,
그리스도의 헤아릴 수 없는 부요함을 이방 사람들
에게 전하게 하시고, 9 만물을 창조하신 하나님
안에 영원 전부터 감추어져 있는 비밀의 계획이
무엇인지를 [모두에게] 밝히게 하셨습니다.
10 그것은 이제 교회를 통하여 하늘에 있는 통치
자들과 권세자들에게 하나님의 갖가지 지혜를 알
리시려는 것입니다. 11 이 일은, 하나님께서 우리
주 그리스도 예수 안에서 성취하신 영원한 뜻을
따른 것입니다. 12 우리는 그리스도를 믿음으로
써, 그분 안에서 확신을 가지고, 담대하게 하나님께
나아갑니다. 13 그러므로 여러분을 위하여 당하는
나의 환난을 보고서, 여러분이 낙심하는 일이 없
기를 바랍니다. 내가 당하는 환난은 여러분에게는
영광이 됩니다.

그리스도의 사랑을 알아라

14 그러므로 나는 ㄴ)아버지께 무릎을 꿇고 빕
니다. 15 아버지께서는 하늘과 땅에 있는 각 족
속에게 이름을 붙여 주신 분이십니다. 16 아버지
께서 그분의 영광의 풍성하심을 따라 그분의 성령
을 통하여 여러분의 속 사람을 능력으로 강건하게
하여 주시고, 17 믿음으로 말미암아 그리스도를
여러분의 마음 속에 머물러 계시게 하여 주시기를
빕니다. 여러분이 사랑 속에 뿌리를 박고 터를 잡
아서, 18 모든 성도와 함께 여러분이 그리스도의
사랑의 너비와 길이와 높이와 깊이가 어떠한지를
깨달을 수 있게 되고, 19 지식을 초월하는 그리

ㄱ) 그, '그것을' ㄴ) 다른 고대 사본들에는 '우리 주 예수 그리스도의 아버지께'

시로부터 나온다 (1:1, 17; 3:7-8을 보라; 갈 1:12를 참조). **3:2** 바울이 에베소에서 오랫동안 있었는데, 에베소 교회가 바울의 이야기를 들어서 알기보다는 겪어서 이미 알고 있었어야 하지 않는가 (1:15를 보라)? **3:3** *비밀.* 1-13절에서 비밀이라는 단어가 네 번 나오는데 (1:9-10을 참조), 원래 "비밀"은 프톨레미 이집트에서 사용하던 그리스의 군사 용어로 전쟁 전에 왕가에서 만들어 장군들에게도 알리지 않았던 계획들을 말한다. 그리스와 로마의 종교 행위에서 "비밀"이란 초신자들 사이에 공유했던 비밀스런 정보로서 그들을 영원한 생명으로 인도한다고 믿었다. 쿰란 두루마리에서 이 단어는 하나님의 지혜로운 잠언, 즉 이전에는 하나님 안에 숨겨졌었으나 이제 그 선생에게 계시되어진 구원의 비밀을 의미한다. **3:5** *사도들과 예언자들.* 2:20을 보라. **3:6** 비밀의 첫 부분은 이방 사람들이 그리스도를 통해 하나님의 상속자들이 되었다는 것이다 (1장과 3:3을 참조). **3:9-11** 우주적 용어들을 주목하라. *만물을 창조하신 하나님…하늘에 있는 통치자들과 권세자들에게…영원한 뜻.* 어떤 학자들은 이러한 표현들이 영지주의 사상으로부터 온 것이라고 보기도 한다. **3:10-12** 이 구절들은 서신의 중심주제와 목적을 말해 주는 것인데, 그것은 하늘의 비밀들을 알게 하는 것이다. 비밀의 두 번째 부분은 교회를 위한 하나님의 계획인데, 예수 그리스도의 중개로 알려진 것이다 (1:15-23을 참조). 하나님께로 나아갈 능력이 강조되어 있다. **3:14-21** 청원기도(14-19절; 희랍어로는 한 문장이다)가 드려진 후, 송영으로 이어진다 (20-21절). 이방 사람들을 포함시키고 교회를 통해 하나님을 알린다는 계획의 비밀을 돌아보면서 저자는 1장의 기도하는 분위기로 돌아간다. 어떤 학자들은 이 기도가 세례문구의 일부라고 생각한다. **3:14** *그러므로.* 3:1을 보라. 무릎을 굽히거나 꿇는 것은 이방 사람들이 취하는 기도 형태이다. 유대 사람들은 서서 기도한다 (사 45:23; 빌 2:10-11을 참조). **3:15** 이 사상은 2장과 3:6의 우주적 비전을 말한다. *아버지(파테르,* 14절)와 *족속(파트리아)*은 희랍어로 어근이 같은 표현이다. **3:16-19** 이 기도는 수신자들을 위한 네 개의 청원을 담고 있다: (1) 그들의 속 사람이 능력으로 강건케 되기를; (2) 그리스도가 그들의 마음 속에 머물러 계시길; (3)하나님의 일의 정도를 이해할 수 있는 능력을 갖게 되기를; 그리고 (4) 그들이 그리스도의 사랑을 알게 되기를. 1:15-19까지의 청원과 비슷한 것을 주목하라. **3:16** 그분의 영광의 풍성하심이라는 문구에 대해서는 1:7; 2:7; 3:8을 보라. **3:17** 이 절은 바울이 전형적으로 은유를 혼합해서 사용하는 것이다: *뿌리를 박고 터를 잡아서* (2:20-21; 고전 6:6-12; 골 2:7을

스도의 사랑을 알게 되기를 빕니다. 그리하여 하
나님의 온갖 충만하심으로 여러분이 충만하여지
기를 바랍니다. 20 우리 가운데서 일하시는 능
력을 따라, 우리가 구하거나 생각하는 것 이상으
로 더욱 넘치게 주실 수 있는 분에게, 21 교회 안
에서와 그리스도 예수 안에서, 영광이 대대로 영원
무궁하도록 있기를 빕니다. 아멘.

하나 되는 진리

4 1 그러므로 주님 안에서 갇힌 몸이 된 내가
여러분에게 권합니다. 여러분은 부르심을 받
았으니, 그 부르심에 합당하게 살아가십시오.
2 겸손함과 온유함으로 깍듯이 대하십시오. 오래
참음으로써 사랑으로 서로 용납하십시오. 3 성
령이 여러분을 평화의 띠로 묶어서, 하나가 되게
해 주신 것을 힘써 지키십시오. 4 그리스도의 몸도
하나요, 성령도 하나입니다. 이와 같이 여러분도
부르심을 받았을 때에 그 부르심의 목표인 소망도
하나였습니다. 5 주님도 한 분이시요, 믿음도 하
나요, ㄱ)세례도 하나요, 6 하나님도 한 분이십니다.
하나님은 ㄴ)모든 것의 아버지시요, 모든 것 위에
계시고 모든 것을 통하여 계시고 모든 것 안에 계
시는 분이십니다.
7 그러나 하나님께서는 우리 각 사람에게,
그리스도께서 나누어 주시는 선물의 분량을 따라
서, 은혜를 주셨습니다. 8 그러므로 성경에 이르
시기를

ㄷ)"그분은 높은 곳으로 올라가셔서,
포로를 사로잡으시고,
사람들에게 선물을 나누어 주셨다"

합니다. 9 그런데 그분이 올라가셨다고 하는 것은
먼저 그분이 땅의 낮은 곳으로 ㄹ)내려오셨다는 것을
말하는 것이 아니고 무엇이겠습니까? 10 내려
오셨던 그분은 만물을 충만하게 하시려고, 하늘
의 가장 높은 데로 올라가신 바로 그분이십니다.
11 그분이 어떤 사람은 사도로, 어떤 사람은 예
언자로, 어떤 사람은 복음 전도자로, 또 어떤 사
람은 목사와 교사로 삼으셨습니다. 12 그것은
성도들을 준비시켜서, 봉사의 일을 하게 하고, 그
리스도의 몸을 세우게 하려고 하는 것입니다.
13 그리하여 우리 모두가 하나님의 아들을 믿는
일과 아는 일에 하나가 되고, 온전한 사람이 되어
서, 그리스도의 충만하심의 경지에까지 다다르게
됩니다. 14 우리는 이 이상 더 어린아이로 있어
서는 안됩니다. 우리는 인간의 속임수나, 간교한
술수에 빠져서, 온갖 교훈의 풍조에 흔들리거나,

ㄱ) 또는 '침례' ㄴ) 또는 '천지 만물' ㄷ) 시 68:18 ㄹ) 다른 고대 사본들에는 '먼저 내려오셨다는 것이'

참조). **3:18** 공간을 사용하는 은유들은 그리스도 사랑의 넓은 영역을 말해주고 있다. **3:19** 두 가지 유형으로 사용되는 *충만* (*플레루*와 *플레로마*). 이 용어들은 그리스와 로마의 종교와 철학에서 널리 상용되었다.

4:1—6:20 여기서부터 그리스도인의 삶의 행위에 대한 실제적인 교훈을 말하고 있다. 1—3장까지는 멀리 떨어졌던 것들을 회복시키신 예수 그리스도를 통해 나타난 하나님의 사랑의 의미와 강도를 설명하였다. 4—6장까지는 그리스도인들이 하나가 되도록 하기 위해 그 사랑을 행동으로 옮기는 방법들을 제안하고 있다. 이것은 교회가 유대 사람과 이방 사람들을 연합시키는 하나님의 역사를 반영할 것이라는 것을 전제로 하는 것이다. **4:1-16** 이 구절들은 교회가 왜 연합되어야 하고, 어떠한 행동양식들이 연합을 창출해내는지를 설명해 준다. 1장, 3장, 4장은 권위에 호소하면서 시작하는데, 4장에서는 그 권위가 감옥에 갇혀있다는 것에서 나타난다. **4:2-3** 덕의 목록: *겸손함.* 종의 덕목이다. *온유함과 오래 참음.* 이것들은 로마의 도덕가들도 인정했던 덕목들이었다 (골 3:12-13을 참조). **4:4-6a** 교회가 연합해야만 하는 일곱 가지 (완전 숫자) 이론적 근거를 말한다. **4:6b** 3:18을 참조하라. *모든 것 위에 계시고 모든 것을 통하여 계시고 모든 것 안에 계시는 분이십니다.* 이것은 하나님의 능력의 정도를 표현하는 것이다. **4:7-16** 희랍어로는 이 구절들이 하나의 긴 문장으로 되어 있다. 1-6절까지 묘사한 연합이라는 시각에서 볼 때, 그리스도인들간에 나타나는 다른 점들은 여러 가지 다른 은사에서 비롯된 것이다; 7-11절까지 은혜와 선물이라는 단어가 지배적으로 사용되고 있다. **4:8-10** 저자는 그리스도에 관한 본론에서 벗어나는 듯한 이야기를 한다. 7절에서 *선물*이라는 단어로 인하여 시 68:18을 인용하는데, 이 인용구는 랍비적 문구인 그러므로 *성경에 이르시기를*(*디오 레게이*)로 시작되고 있다 (롬 5:10; 고후 6:2). 이 인용구의 이미지는 정복당한 지역의 백성들이 거리로 나와 참가하는 로마의 승리행진을 떠올린다. *올라가셨다, 내려가셨다.* 이것은 "지옥을 점령"(그리스도가 잃어버린 영혼들을 찾아오기 위해 지옥으로 내려가신 승리의 행진을 말함)이라는 교리를 확증하는 성서적 표현들이다. **4:11** 주제에서 벗어났다가 다시 돌아와 7절에서 끊어졌던 논의를 계속한다. 이러한 역할들이 (직책이 아니라) 선물이라는 것은 이것들이 은혜로 주어진 것이지 개인적 성취로 이루어진 것이 아님을 말해준다. **4:12-13** 이 선물들은 교회가 연합되고 성숙될 때까지 (그리스도의 충만하심의 경지에까지 다다르는 것이라고 묘사함), 다른 사람들

이리저리 밀려다니지 말아야 합니다. 15 우리는
사랑으로 진리를 말하고 살면서, 모든 면에서 자
라나서, 머리가 되시는 그리스도에게까지 다다라야
합니다. 16 온 몸은 머리이신 그리스도께 속해
있으며, ㄱ)몸에 갖추어져 있는 각 마디를 통하여
연결되고 결합됩니다. 각 지체가 그 맡은 분량대로
활동함을 따라 몸이 자라나며 사랑 안에서 몸이
건설됩니다.

옛 사람과 새 사람

17 그러므로 나는 주님 안에서 간곡히 권고
합니다. 이제부터 여러분은 이방 사람들이 허망한
생각으로 살아가는 것과 같이 살아가지 마십시오.
18 그들은 자기들 속에 있는 무지와 자기들의 마
음의 완고함 때문에 지각이 어두워지고, 하나님
의 생명에서 떠나 있습니다. 19 그들은 수치의
감각을 잃고, 자기들의 몸을 방탕에 내맡기고, 탐
욕을 부리며, 모든 더러운 일을 합니다. 20 그러나
여러분은 그리스도를 그렇게 배우지는 않았습니다.
21 여러분이 예수 안에 있는 진리대로 그분에 관
해서 듣고, 또 그분 안에서 가르침을 받았으면,
22 여러분은 지난날의 생활 방식대로 허망한
욕정을 따라 살다가 썩어 없어질 그 옛 사람을

ㄱ) 또는 '영양을 공급해 주는 통로인 각 마디를'

추가 설명: 가정생활 지침

가족에 대한 은유는 2:19에 처음 나타난다. 신약성경 전체에서는 골 3:18—4:1까지에 가장 처음 가족간의 예법이 기록되어 있는데, 이것은 그리스와 로마 가족의 구성원들에게 어떠한 의무가 주어져 있는지 나열하고 있는 것이다 (다른 예들은 딤전 2:8-3:13; 딛 2;1-10; 벧전 2:13—3:7에서 찾아볼 수 있다). 아리스토텔레스는 그의 정치학 책에서 남성이 여성을 지배하는 것은 가족이 잘 운영되게 하는 데 필요하며, 궁극적으로 능률적인 공동체가 되도록 해준다고 주장하였다. 지배 그룹을 피지배 그룹보다 먼저 쓴 것이나, 분부 다음에 순종의 동기를 소개하는 등의 문학적 구성은 스토아학파의 문서들에서 발견할 수 있다. 가족간의 예법 그리고 덕과 악의 목록은 기독교 저자들이 이러한 자료들로부터 빌려온 것이다.

그리스도교 여성들과 노예들은 상대적으로 더 많은 자유를 누렸지만 (갈 3:18을 참조), 일반 사회 문화 속에서 그것은 위협적으로 느껴졌고, 기원후 1세기 말에는 교회 지도자들에 의해 그 자유가 제한되기 시작했다. 에베소서에 나오는 가족간의 예법이 오용되어왔는데, 우선 어떤 성경번역본에는 엡 5:21을 넣지 않았기 때문이며, 둘째로 가장 잘 보존되었다고 생각되었던 사본에 5:22에 "순종하라"는 구절이 나타나지 않았다는 것에 편집인들이 주목하지 않았기 때문이다 (5:22에 관한 주석을 보라). "머리"에 해당하는 희랍어는 "기원" 혹은 "출처"(창 2:21-22를 참조)를 의미하는 것이지 "지도자"나 "권위"를 의미하는 것이 아니다. 저자의 의도는 그리스 로마의 가족 경영을 우주적 표준으로 만들려는 것이 아니었다. 이 구절은 모든 기독교인들이 그리스도의 주권 아래 있으며 그리스도를 위하여 서로에게 "순종해야한다"는 것을 가르치고 있다.

로 하여금 사역에 합당하게 되도록 준비시키고 몸을 세우기 위해 주어진 것이다. *몸,* 이에 대하여는 3:6과 4:16을 보라. **4:14-16** 13절에서 성숙함이라는 이미지가 여기서 *어린아이와 자라난 자*를 비교하는 것으로 이어진다. **4:14** 거짓된 가르침에 대한 암시에 대해서는 엡 5:6-13과 딤전 4:1-2를 보라. **4:15** 그리스도는 교회의 *머리*이시다. 2:21을 참조. **4:16** 이 구절은 2:1-6에서 논의한 연합에 대하여 다시 한 번 개괄적으로 요약하고 있다. 교회는 건강한 몸이 그러한 것처럼 온 몸이 하나가 되어 조화 속에서 일해야 한다.

4:17—5:20 저자는 그리스도 안에서의 새 삶과 옛 삶을 대조한다. 그리스도인은 주위의 이방 사람처럼 살아서는 안 된다. 각 금지조항들마다 긍정적인 제안들로 잘 균형 잡혀 있는 것에 주목하라 (마 12:43-45를 참조). **4:17-32** **4:17-19** 옛 적의 *어둠*은 이방 사람의 삶의 양식을 말한다 (롬 1:21-32를 참조). **4:17** 저자의 권위에 호소한다. 여기서 권위는 *주님 안에서 권고한다*는 것이다; 1:1; 3:1; 4:1을 참조. **4:18** 이방 사람들은 하나님으로부터 *떠나 있었으나* 그리스도에 의해 그것이 극복되었다 (2:11-22를 참조). **4:19** 습관적인 죄는 도덕적 무감각에 이르게 한다. **4:20-24** *그리스도 안에서의* 새로운 생활방식이 옷을 갈아입는 것과 인치심(30절)을 받는 것에 비유되고 있다는데, 이것은 아마도 세례식 때에 주어지는 권고사항 일부를 인용하고 있는

벗어버리고, 23 마음의 영을 새롭게 하여, 24 하
나님의 형상을 따라 참 의로움과 참 거룩함으로 지
으심을 받은 새 사람을 입으십시오.

새로운 생활의 규범

25 그러므로 여러분은 거짓을 버리고, [ㄱ]각각
자기 이웃과 더불어 참된 말을 하십시오. 우리는
서로 한 몸의 지체들입니다. 26 [ㄴ]화를 내더라
도, 죄를 짓는 데까지 이르지 않도록 하십시오. 해
가 지도록 노여움을 품고 있지 마십시오. 27 악
마에게 틈을 주지 마십시오. 28 도둑질하는 사
람은 다시는 도둑질하지 말고, 수고를 하여 [제]
손으로 떳떳하게 벌이를 하십시오. 그리하여 오
히려 궁핍한 사람들에게 나누어 줄 것이 있게 하
십시오. 29 나쁜 말은 입 밖에 내지 말고, [ㄷ]덕을
세우는 데에 필요한 말이 있으면, 적절한 때에 해서,
듣는 사람에게 은혜가 되게 하십시오. 30 하나
님의 성령을 슬프게 하지 마십시오. 여러분은 성령
안에서 구속의 날을 위하여 인치심을 받았습니다.
31 모든 악독과 격정과 분노와 소란과 욕설은 모
든 악의와 함께 내버리십시오. 32 서로 친절히
대하며, 불쌍히 여기며, 하나님께서 그리스도 안
에서 [ㄹ]여러분을 용서하신 것과 같이, 서로 용서하
십시오.

5 1 그러므로 여러분은 사랑을 받는 자녀답게,
하나님을 본받는 사람이 되십시오. 2 그리
스도께서 [ㄹ]여러분을 사랑하셔서, 우리를 위하여
하나님 앞에 향기로운 예물과 제물로 자기 몸을
내어주신 것과 같이, 여러분도 사랑으로 살아가
십시오. 3 음행이나 온갖 더러운 행위나 탐욕은
그 이름조차도 여러분의 입에 담지 마십시오. 그
렇게 하는 것이 성도에게 합당합니다. 4 더러운
말과 어리석은 말과 상스러운 농담은 여러분에게
어울리지 않습니다. 오히려 여러분은 감사에 찬
말을 하십시오. 5 여러분은 이것을 확실히 알아
두십시오. 음행하는 자나 행실이 더러운 자나 탐
욕을 부리는 자는 우상 숭배자여서, 그리스도와
하나님의 나라를 상속받을 몫이 없습니다.

빛의 자녀의 생활

6 여러분은 아무에게도 헛된 말로 속아넘어
가지 마십시오. 이런 일 때문에, 하나님의 진노가
순종하지 않는 사람들에게 내리는 것입니다.
7 그러므로 여러분은 그런 사람들과 짝하지 마십
시오. 8 여러분이 전에는 어둠이었으나, 지금은

ㄱ) 슥 8:16 ㄴ) 시 4:4 (칠십인역) ㄷ) 다른 고대 사본들에는 '믿음을 세우는 데' ㄹ) 다른 고대 사본들에는 '우리를'

것 같다. **4:20** *여러분.* 이것은 감정적으로 호소하기 위함이다. **4:23** 마음이 새로워지면 행동양식이 달라진다. **4:25-32** 이 부분에서는 공동체의 삶을 해치는 부정적인 행동들을 나열하고 있으며, 곧이어 그리스도교적인 대안들로 긍정적인 행동들이 제시되고 있다. 편지의 수신자들이 이러한 부정적 행동들을 하고 있지 않았다면, 저자가 이러한 행동들을 언급하지 않았을 것이다. **4:26-27** 슥 8:16-17; 마 5:21-22; 약 1:19-20 등을 참조. **4:29** *나쁜* (희랍어, *사프로스*) *말.* 이것은 문자 그대로 "야비한 말, 욕, 저질스러운 말, 불쾌한 말" 등을 의미한다. **4:30** 1:13에 관한 주석을 보라. **4:31** 악덕의 목록을 요약하였다. 골로새서 3:8을 참조. **4:32** *친절하다.* 이것은 그리스도를 의미하는 희랍어 *크리스토스를 친절하다*는 희랍어 *크레스토이*로 언어기법으로 처리한 것이다. *서로 친절히 대하며* (서로에게 그리스도가 되어라) 라고 하는 것은 5:1-2의 주제로 연결해준다 (골 3:1-3을 참조).

5:1-20 하나님이 그리스도를 통해 베푸신 용서가 여기에서 옛 방식과 새로운 방식을 비교하며 제시하고 있는 여러 교훈들의 배경이 된다. **5:1** *자녀* (하나님의 가족에 자녀로서 합류하는 것에 대해서는 2:11-22를 참조). 자녀들은 하나님이 그러한 것처럼 용서할 줄 알아야 한다 (3:16 참조). **5:2** 사랑의 모범은 그리스도의 십자가 죽음이다. 이것은 성전에서 향기로운 제물을 드리는 제사용어이다 (레 1:9, 13, 17을 보라). *사랑으로 살아가십시오.* 이것은 문자 그대로 말하면 "사랑 안에서 걷다"이다 (개역개정은 "사랑 가운데서 행하라;" 공동번역은 "사랑의 생활을 하십시오"). **5:3-20** 이전의 이방 생활양식을 대신할 대안들로 일반적인 권고를 전달하고 있으며 감사기도로 끝을 맺는다. **5:3** 성적인 죄악들을 나열하고 있다. *음행* (희랍어, *포르네이아*). 모든 성적인 위반행위를 말한다; *탐욕* (희랍어, *플레오넥시아*). "끝이 없는 욕심"이다 (4:19 참조). **5:4** 혀로 짓는 죄악은 *감사에 찬* 말로 대치되어야 한다. **5:5** 탐욕은 우상숭배이다. 왜냐하면 바라는 것을 신으로 모시게 되기 때문이다. **5:6-7** 거짓 가르침이 다시 한 번 거론되고 있다 (4:14를 보라; 롬 1:24-32와 갈 6:7-8을 참조). **5:8-14** 이 부분은 빛과 어둠의 은유로 가득 차 있다 (4:18; 요일 1:5를 참조). 이 문단은 이전과 이후를 계속 비교하고 있다. **5:9** *빛의 열매*는 혼합된 은유이다. **5:13** 희랍어가 분명하지 않다. **5:14** 4:8에서와 같이 여기서도 초대교회 송영의 일부가 *하는 말씀이 있습니다* 라고 하는 구절로 소개되고 있다 (사 60:1을 참조). **5:15-20** 최종적으로 권고하면서 *지*

주님 안에서 빛입니다. 빛의 자녀답게 사십시오.
9 -빛의 열매는 모든 선과 의와 진실에 있습니
다.- 10 주님께서 기뻐하시는 일이 무엇인지를
분별하십시오. 11 여러분은 열매 없는 어둠의
일에 끼여들지 말고, 오히려 그것을 폭로하십시오.
12 그들이 몰래 하는 일들은 말하기조차 부끄러
운 것들입니다. 13 빛이 폭로하면 모든 것이 드
러나게 됩니다. 14 드러나는 것은 다 빛입니다.
그러므로,

"잠자는 사람아, 일어나라.
죽은 사람 가운데서 일어서라.
그리스도께서 너를
환히 비추어 주실 것이다"

하는 말씀이 있습니다.

15 그러므로 여러분은 어떻게 살아가야 할지를
살피십시오. 지혜롭지 못한 사람처럼 살지 말고,
지혜로운 사람답게 살아야 합니다. 16 세월을
아끼십시오. 때가 악합니다. 17 그러므로 어리
석은 자가 되지 말고, 주님의 뜻이 무엇인지를 깨
달으십시오. 18 술에 취하지 마십시오. 거기에는
방탕이 따릅니다. 성령의 충만함을 받으십시오.
19 시와 찬미와 신령한 노래로 서로 화답하며, 여
러분의 가슴으로 주님께 노래하며, 찬송하십시오.
20 모든 일에 언제나 우리 주 예수 그리스도의 이
름으로 하나님 아버지께 감사를 드리십시오.

남편과 아내

21 여러분은 그리스도를 두려워하는 마음으
로 서로 순종하십시오. 22 아내 된 이 여러분,
남편에게 하기를 주님께 하듯 하십시오. 23 그리
스도께서 교회의 머리가 되심과 같이, 남편은 아
내의 머리가 됩니다. 바로 그리스도께서는 몸의
구주이십니다. 24 교회가 그리스도께 순종하듯
이, 아내도 모든 일에 남편에게 순종해야 합니다.
25 남편 된 이 여러분, 아내를 사랑하기를 그리
스도께서 교회를 사랑하셔서 교회를 위하여 자신
을 내주심 같이 하십시오. 26 그리스도께서 그
렇게 하신 것은, 교회를 물로 씻고, 말씀으로 깨
끗하게 하여서, 거룩하게 하시려는 것이며,
27 티나 주름이나 또 그와 같은 것들이 없이, 아
름다운 모습으로 교회를 자기 앞에 내세우시려는
것이며, 교회를 거룩하고 흠이 없게 하시려는 것
입니다. 28 이와 같이, 남편도 아내를 자기 몸과
같이 사랑해야 합니다. 자기 아내를 사랑하는 것
은 곧 자기를 사랑하는 것입니다. 29 자기 육신
을 미워한 사람은 없습니다. 누구나 자기 육신을
먹여 살리고 돌보기를 그리스도께서 교회를 그렇
게 하시듯이 합니다. 30 우리는 그리스도의 몸
의 지체입니다. 31 ㄱ)그러므로 사람이 부모를 떠

ㄱ) 창 2:24

혜로운 자와 지혜롭지 못한 자, 술에 취한 사람과 성령의 충만함을 받은 사람을 대조하고 있다. **5:16** 골 4:5를 참조하라. **5:18** 술 취함은 이방 종교의 영향을 암시하는 것이다. *방탕*(희랍어, *아소티아*)은 문자 그대로 말해서 "과도한 것"을 의미한다. **5:19** 고전 14:15, 26; 골 3:16을 참조하라. **5:20** 살전 5:18을 참조하라. *언제나* 라고 하는 것은 습관적인 행동을 말한다. *모든 일에* 라고 하는 말은 단지 좋아 보이는 것에만 한정하지 말라는 의미이다.

5:21—6:9 이 부분에서 5:21은 원리가 되고 22-33절은 아내와 남편들에 대해서, 6:1-4는 아버지와 자녀들, 그리고 6:5-6은 노예와 주인들에 대해 말하고 있다. **5:21** *순종하다* (희랍어, *휴포타쏘마이*). 이 단어는 "…밑에 일렬로 늘어서다"는 것을 의미한다 (빌 2:3을 참조). **5:22-24** 저자는 그 당시의 결혼의 계층구조가 영원한 구조인 것으로 주장하고 있다. 여기서 더 큰 이슈는 그리스도교 여성들이 사회의 풍습을 무시하고 따르지 않을 때 그리스도교를 어떻게 받아들일 것이냐 하는 것이다. **5:22** 순종하라는 동사가 가장 좋은 사본에는 나오지 않는다. 희랍어로 문자 그대로의 의미는 "아내들은 주께 하듯 남편들에게" 라고 되어 있는데 골 3:18보다는 고전 7:2에 더 가깝다. 같은 이유가 6:1과 5절에 다시 나타난다. **5:23** 4:15-16까지를 보라. **5:25-33** 남편들이 규약 내용 중 가장 긴 분부를 받고 있다. 가장 큰 권세를 가진 자들에게 가장 심각한 분부가 주어진다. **5:25** 5:2를 보라. 남편의 의무는 자기 희생적인 사랑(희랍어로, *아가페*)이다. 남편은 *자신을 내주어야* 한다. **5:26-27** 이 이미지는 유대 여인들의 몸을 정화하는 의식 혹은 세례식에서 나온 것이다 (계 21:2를 참조). **5:28** *…해야 합니다* 라는 용어(희랍어, *오페일루신*)는 도덕적 책임을 말한다. **5:29-30** 4:15-16을 보라. **5:31** 창 2:24를 보라. **5:32** 비밀. 3:1-6, 9를 보라. 하나님의 결혼에 대한 이상은 그리스도가 나타나기 전까지는 이해되지 않았었다. **6:1-4** 아버지들과 자녀들에게 주는 교훈들. **6:1** 5:22와 6:5에 나와 있는 같은 동기를 참조하라. **6:2-3** 이 구절들은 수신자들이 유대교의 성경(출 20:12; 신 5:16)에 대한 지식이 있음을 말해준다. **6:4** *아버지들에* 대해서는 4:31-32를 보라. *기르십시오* (희랍어로, *에크트레페테* [ektrephete]). 이 단어는 문자 그대로 말해서 "양육하고 제공하십시오" 라고 하는 것이다.

나 자기 아내와 합하여 그 둘이 한 몸이 되는 것
입니다. 32 이 비밀은 큽니다. 나는 그리스도와
교회를 두고 이 말을 합니다. 33 그러므로 여러
분도 각각 자기 아내를 자기 몸 같이 사랑하고, 아
내도 자기 남편을 존중하십시오.

자녀와 부모

6 1 자녀 된 이 여러분, [주 안에서] 여러분의
부모에게 순종하십시오. 이것이 옳은 일입니
다. 2 [ㄱ]"네 부모를 공경하라"고 하신 계명은, 약
속이 딸려 있는 첫째 계명입니다. 3 "네가 잘 되
고, 땅에서 오래 살 것이다" 하신 약속입니다.
4 또 아버지 된 이 여러분, 여러분의 자녀를 노엽
게 하지 말고, 주님의 훈련과 훈계로 기르십시오.

종과 주인

5 종으로 있는 이 여러분, 두려움과 떨림과
성실한 마음으로 육신의 주인에게 순종하십시오.
그리스도께 하듯이 해야 합니다. 6 사람을 기쁘게
하는 자들처럼 눈가림으로 하지 말고, 그리스도의
종답게 진심으로 하나님의 뜻을 실천하십시오.
7 사람에게가 아니라 주님께 하듯이, 기쁜 마음
으로 섬기십시오. 8 선한 일을 하는 사람은, 종
이든지 자유인이든지, 각각 그 갚음을 주님께로
부터 받게 됨을 여러분은 아십시오. 9 주인 된
이 여러분, 종들에게 이와 같이 대하고, 위협을 그
만두십시오. 그들의 주님이시요 여러분의 주님이신
분께서 하늘에 계신다는 것과, 주님께서는 사람
을 차별하여 대하지 않으신다는 것을, 여러분은
아십시오.

악마와 싸우는 싸움

10 끝으로 말합니다. 여러분은 주님 안에서
그분의 힘찬 능력으로 굳세게 되십시오. 11 악
마의 간계에 맞설 수 있도록, 하나님이 주시는 온
몸을 덮는 갑옷을 입으십시오. 12 [ㄴ]우리의 싸움
은 인간을 적대자로 상대하는 것이 아니라, 통치
자들과 권세자들과 이 어두운 세계의 지배자들과
하늘에 있는 악한 영들을 상대로 하는 것입니다.
13 그러므로 하나님이 주시는 무기로 완전히 무
장하십시오. 그래야만 여러분이 악한 날에 이 적
대자들을 대항할 수 있으며 모든 일을 끝낸 뒤에
설 수 있을 것입니다. 14 그러므로 여러분은
[ㄷ]진리의 허리띠로 허리를 동이고 정의의 가슴막
이로 가슴을 가리고 버티어 서십시오. 15 [ㄹ]발에는

ㄱ) 출 20:12; 신 15:16 ㄴ) 다른 고대 사본들에는 '여러분의' ㄷ) 사 11:5; 59:17 ㄹ) 사 52:7; 나 1:15

특별 주석

본문은 노예제도가 사회 경제적 제도로서 아무런 제재 없이 이미 정착되어 있음을 보여주고 있다. 그러나 현대 기독교인도 누구도 그러한 입장을 받아들일 수 없다. 현대의 주석가들은 노예제도가 온 세계적으로 실행되고 있지 않았다고 본다. 그러나 남편들이 아내들을 지배하지 않았다고 주장하는 것에 대해서는 주저하고 있다. 노예제도에 대한 논의는 빌레몬서의 주석들을 살펴보라.

6:5-8 이 당부들은 그 당시의 고용인들에 대한 그리스도교적 태도를 반영하였을 것이다. 그리스도인들의 행위의 동기는 어디까지나 그리스도가 되어야지 부귀나 영광 혹은 명예가 되어서는 안 된다. **6:7** 마 5:41을 보라. 6:8 마 6:6을 보라. **6:9** 행 10:34; 롬 2:11; 골 3:25—4:1를 보라. **6:10-20** 여기에서 온몸을 무장하고 있는 로마 병사에 대한 은유로 가득 차 있다. *성령의 검*을 제외하고 모든 무기들은 *방어*를 위한 것들이다. 군사적 이미지와 그것이 암시하고 있는 폭력에 문제가 있다고 생각되는 사람들은 이 싸움이 인간들이 아니라 영적인 악을 적대시하고 있음을 명심해야 한다 (바로 그렇기 때문에 전쟁을 정당시하는 구절로 사용해서는 안 된다). **6:10-11** 묵시적 기대가 *끝으로*(희랍어로, *투 로이푸* 와 *지금부터* 혹은 *남은 기간 동안* 이라는 표현들 속에 깃들어 있다. 기독교적 능력은 끌어내는 것이다. 즉 *능력*(1:19-21을 참조)은 주님으로부터 오는 것이다. 추종자들은 군사적 의미의 "보초를 서다"와 같은 의미로 맞설 수 있도록 (희랍어로, *스테나이* 해야 한다. **6:12** 인간은 *혈과 육으로* 되어 있다. 어둠의 우주적 지배자들에 대하여는 다음 구절들을 보라: 1:3, 10, 20-23; 2:2, 6; 3:10; 롬 8:38, 골 1:13, 16. *통치자들*(희랍어로, *코스모크라토레스*). 세상에서 권세를 쥐고 있는 이들이다. 요 12:31; 14:30; 고후 4:4.를 보라. **6:13** *무장하다.* 이 용어는 (희랍어, 아나라베테) 전투 전에 최종 준비하는 것을 의미한다. 명령을 전달하는 것은 무기로 무장하라는 신호이다. **6:14** 이사야 11:5를 참조. **6:15** 군사적 이미지로 가득 찬 가운데 *평화의 복음*을 말하는 역설적인 묘사에 주목하라 (사 52:7을 참조). **6:16** 로마병사들은 그들의 가죽 방패를 불타는 화살로부터 보호하기 위해 물로 푹 적신다 (요일 5:4를 참조). **6:17** 히 4:12를 참조. **6:18-20** 여기서 보다 일반적인 권고를 하고 있다. **6:18** 수신자들에게 기도하라(희랍어, *데에시*

평화의 복음을 전할 차비를 하십시오. 16 [ㄱ]이 모
든 것에 더하여 믿음의 방패를 손에 드십시오. 그
것으로써 여러분은 악한 자가 쏘는 모든 불화살을
막아 꺼버릴 수 있을 것입니다. 17 그리고 [ㄴ]구
원의 투구를 받고 성령의 검 곧 하나님의 말씀을
받으십시오. 18 온갖 기도와 간구로 언제나 성령
안에서 기도하십시오. 이것을 위하여 늘 깨어서 끝
까지 참으면서 모든 성도를 위하여 간구하십시오.
19 또 나를 위하여 기도하기를, 내가 입을 열 때
에, 하나님께서 말씀을 주셔서 담대하게 [ㄷ]복음의
비밀을 알릴 수 있게 해 달라고 하십시오. 20 나
는 사슬에 매여 있으나, 이 복음을 전하는 사신입
니다. 이런 형편에서도, 내가 마땅히 해야 할 말을
담대하게 말할 수 있게 기도하여 주십시오.

작별 인사

21 사랑하는 형제이며 주님 안에서 진실한
일꾼인 두기고가, 내가 지내는 형편과 내가 하고
있는 일과 그밖에 모든 것을 여러분에게 알릴 것
입니다. 22 우리의 사정을 알리고, 또, 여러분의
마음을 위로하게 하려고, 나는 그를 여러분에게
보냅니다.

23 아버지 하나님과 주 예수 그리스도께서
[ㄹ]성도들에게 평화를 내려주시고, 믿음과 더불어
사랑을 베풀어주시기를 빕니다. 24 우리 주 예
수 그리스도를 변함없이 사랑하는 모든 사람에게
은혜가 있기를 빕니다.[ㅁ]

ㄱ) 또는 '어떤 경우에든지' ㄴ) 사 59:17 ㄷ) 다른 고대 사본들에는 '복음의'가 없음 ㄹ) 그, '형제들에게' ㅁ) 다른 고대 사본들에는 절 끝에 '아멘'이 있음

스)고 권한다. 특정한 은혜와 간구를 비는 기도(희랍어로 *프로슈코메노이*)인데 신에게 드리는 기도이다. *깨어서*에 대해서는 다음 구절을 보라: 막 14:34, 37, 38; 살전 5:17; 롬 12:12; 빌 4:6; 골 4:2. **6:19** 저자는 복음의 전파를 위해 기도한다. **6:20** *사신* (희랍어, *프레스베우오*)은 왕이나 정부를 온전히 대표할 권한이 있다. *사슬에 매여 있다*는 것은 재판을 기다리며 "감옥에 갇혀 있다"는 것을 의미한다. 이것이 "직무의 사슬"에 대한 말의 유희일 가능성도 있다. 감옥에 갇힌 삶에 대해서는 3:1, 13; 4:1을 보라.

6:21-24 개인의 인사말과 전형적으로 편지를 끝내는 형식으로 되어 있다. **6:21-22** 이 구절들은 골 4:7-8을 거의 판에 박은 듯이 다시 쓰고 있다. 두기고는 서신을 전달하였다 (골 4:7; 딤후 4:12; 딛 3:12를 참조). 에베소에 오랫동안 머물렀던 바울이 개인적인 인사를 쓰지 않는 것은 이상하다. **6:23-24** 바울은 일반적으로 "은혜와 평화" 라고 하는 순서로 말하는데 그 순서가 여기에서 바뀌었다. 그러나 서신의 시작과 처음은 은혜와 평화로 되어 있다. 1:2를 보라. **6:24** *변함없이 사랑하는* (희랍어, *아프타르시아*, 문자 그대로의 의미는 죽지 않는, 사라지지 않는, 부패하지 않는) *모든 사람에게* 라고 말하는 것은 아마도 그러한 사랑이 없는 자들을 제외시킨다는 의미일 것이다.

빌립보서

이 서신은 바울이 빌립보에 세운 교회에 보낸 것이다. 빌립보는 로마가 (아드리아 해를 경유하여) 비잔티움과 동부로 통하게 하는 동서를 연결해주는 주요 도로인 에그나티아에 위치한 마케도니아 지역에서 앞서가는 도시이다. 이에 더하여 빌립보는 로마 식민지 사람들에게 로마정부가 수여하는 시민권을 포함해서 몇 가지 특혜를 받은 도시 중에 하나였다.

빌립보 교회의 시작에 대해서는 행 16:6-40에 기록되어 있다. 그러나 사도행전에 있는 기록은 그 교회 내에서 여성들의 특출한 역할을 확인해주는 것 외에는 빌립보서를 해석하는 데에 별로 도움을 주지 못한다 (빌 4:2-3). 바울은 교회를 설립한 후 아마도 빌립보를 한두 번 방문했던 것으로 보인다 (고전 16:5-6; 고후 2:13; 7:5). 그리고 그 회중과 특별히 우호관계를 유지했다. 서신을 기록했을 당시 그는 투옥 중이었는데, 감옥은 아마도 로마(행 28:30; 빌 1:13; 4:22)에, 혹은 가이사랴 마리티마(행 23:33-35; 24:27을 보라)에 있었을 것이다. 혹은 그 대신에 에베소가 빌립보에서 상대적으로 가깝다는 것과 에베소에서의 심한 고통을 암시하고 있는 것(고전 15:32; 고후 1:8-9; 11:23을 보라)을 볼 때에, 바울이 에베소 감옥에 있었을 수도 있다. 바울이 어느 감옥에 있었는지에 대해서는 의견의 일치를 보지 못하기 때문에, 이 서신이 쓰인 시일에 대해서도 의견의 일치가 없다. 빠르게는 기원후 52년, 혹 늦게는 62년 정도에 씌어졌을 것이다.

바울은 무엇 때문에 이 서신을 쓰게 되었을까? 당장에 인편을 통하여 서신을 전달할 수 있는 기회가 생겼기 때문이다. 정기적인 우편배달 서비스가 없었던 그 당시에는 흔히 여행자들에게 서신을 전달해달라고 부탁하곤 하였다. 에바브로디도는 빌립보 교회에 속한 자로서 이전에 바울에게 그 교회가 보냈던 선물을 전달해 주기도 했다. 그는 집으로 가는 길에 서신을 전달할 준비가 되어 있었다 (2:25-30; 4:18). 그러나 바울에게는 서신을 통해 전달하고 싶은 심오한 동기가 있었다. 빌립보 사람들이 그의 투옥소식을 들었을 때에—그러한 상황에서조차—사라지지 않는 기쁨을 누리고 있으며, 그 결과에 대한 확신이 있음을 말해두고 싶었던 것이다 (1:12-26). 그는 또한 그들의 선물과 계속되는 우정에 대해 감사의 말을 전하고 싶었다 (4:10-20).

그리고 교회에는 몇 가지 문제가 있었다. 그 문제의 본질이 무엇이고, 얼마나 심각한지는 계속 논쟁이 되고 있다. 분명히 교회는 바울과 같이 비기독교 권력자들로부터 핍박을 받는 어려움에 당면해 있었고 (1:7, 27-30), 바울은 그들이 신앙으로 굳게 설 수 있도록 모범을 보이고, 권고함으로써, 격려하려고 하였다. 그러나 그와는 다른 반대자들에 대해서도 경고하고 있다. 그들은 바울의 것과는 다른 복음을 제시한 사람들이었다. 바울은 그들을 "개들"과 "악한 일꾼들" (3:2); "십자가의 원수로 살아가는 사람들"(3:18-19)이라고 부르고 있다. 이러한 경고의 대상자들이 누구인가에 대한 여러 가지 제안이 있어 왔다. 유대교 전도자들; (유대화하는 경향이 있는) 유대출신 그리스도교 전도자들; 도덕적 구속으로부터 자유를 주장하는 방종주의자들 혹은 불법주의자들; 영적, 도덕적 우위성을 자랑하는 유대 영지주의파의 완전주의자들; 그리고 이미 새 생명으로 부활했다고 믿는 신령론자들 등이다. 어떤 학자들은 교회에 둘 이상의 위협적인 그룹이 있었다고 주장하고, 다른 학자들은 하나의 그룹만이 있었다고 주장한다. 또 다른 학자들은 바울이 교회의 신앙을 위협하는 실제로 존재하는 사람들에 대해서 경고한다고 하는 가정에 대해 반대하기도 한다. 즉 그들은 바울이 이 사람들을 수사학적 방법의 일부로 가상적으로 거론—이러한 것은 그 당시 도덕적으로 권고할 때 흔히 사용하던 방법—하였으며, 이것은 교회를 교육하고 동기유발하기 위해, (바울과 같은) 친구들과 적들의 행동을 비교하는 식으로 사용했다는 것이다. 서신에서 이들을 거론하는 방식을 보거나, 그들에 대한, 그리고 그들의 신학에 대한 일관된 논쟁이 빠진 것을 볼 때에 (갈 3:5; 고후 10—12장을 참조), 이러한 해석에 비중을 두게 된다.

마지막으로 교회는 또한 내적인 문제들을 겪고 있었다. "같은 생각을 품고" 라고 거듭 권고하는 것을 볼 때에 (2:3, 5; 3:15, 19; 4:2), 회중 가운데 어느 정도의 갈등이 있음을 말해준다. 4:2에서는 교회의 활동적인 지도자들인 두 여인에 대한 권고를 특별히 넣고 있다. 바울은 이 둘 사이의 갈등이 무엇 때문인지 말하고 있지 않지만, 그러한 이슈가 서신 전체에 나타나고 있는 것을 볼 때에, 그것이 단지 개인 사이의 일이 아니고 이 서신을 쓰게 된 주된 동기가 되었을 수도 있다고 볼 수 있다. 그러나 바울의 언급이 너무나 짤막하여 그 어려움의 본질을 캐내기에는 어려움이 많다.

서신 전체에 걸쳐서 애정, 충성, 나눔, 화목, 상호의존 등의 덕을 강조하는 것을 볼 때에, 이 서신은 그리스와 로마시대에 정착된 서신 형태인 우정의 편지로 이해해야 한다. 그 당시에 우정은 경쟁 관계를 의미할 뿐 아니라, 계약 관계를 의미하기도 하며, 친구들을 돌보는 마음은 그의 적들에 대해서 염려하는 것—그리고 관여하는 것—까지 포함하고 있다 (1:28; 3:2; 4:18-19). 이 서신은 또한 권고, 경고, 개인적으로 좋고 나쁜 예들의 형식을 사용하여 많은 도덕적 교훈을 하고 있다. 반대자들에 대한 언급과 2:6-11의 그리스도 찬양송은 기본적으로는 이러한 도덕적 교훈을 주기 위한 보조수단으로 사용한 것이다.

3:1에서 서신의 분위기가 갑작스럽게 변하고, 또한 빌립보 사람들의 선물에 대한 감사를 끝에 가서야 표현하는 몇 가지 특성들 때문에, 어떤 학자들은 지금 형태의 서신이 세 개의 독립된 서신들의 단편들이 하나로 합성되어 만들어진 것이라고 주장하기도 한다. 이들은 그 세 개의 단편서신들을 대략 다음과 같이 분류한다: 4:10-20은 감사의 첫 번째 서신; 1:1-3:1a + 4:2-9 + 4:21-23은 에바브로디도 편에 보낸 서신; 그리고 3:1b—4:1은 유대화하는 경향이 있는 전도자들을 공격하는 서신. 그러나 자세히 분석을 해보면 주제 면에서나 수사학적인 면에서 모든 부분이 긴밀히 연결되어 있어서 원래부터 하나의 서신이라는 주장을 뒷받침해 주고 있다.

서로 겹치는 부분들과 분명치 않게 연결된 부분들 때문에 개요를 정리하기가 어렵기는 하지만, 대략 다음과 같이 정리할 수 있다. 그리고 성경본문에 따른 연구 주석들은 이 개요를 따르고 있으며, 보다 분명한 설명을 하기 위해 더 세밀히 나누어 주석을 달기도 한다.

Ⅰ. 수신자, 1:1-2
Ⅱ. 감사드리기, 1:3-11
Ⅲ. 바울의 투옥, 1:12-26
Ⅳ. 화합과 굳건함을 가지라는 권고들, 1:27—2:18
  A. 첫 번째 호소, 1:27-30
  B. 화합과 겸손을 호소, 2:1-4
  C. 그리스도의 모범, 2:5-11
  D. 그리스도의 모범에 따라 순종하라는 호소, 2:12-18
Ⅴ. 모범적인 동역자 둘을 보내는 계획, 2:19-30
Ⅵ. 계속되는 권고들, 3:1—4:1
  A. 적들에 대한 과도적 경고들, 3:1-4a
  B. 바울의 삶의 모범, 3:4b-14
  C. 바울의 삶의 모범을 바탕으로 새롭게 하는 호소, 3:15—4:1
Ⅶ. 유오디아와 순두게에 대한 권면, 4:2-3
Ⅷ. 결론짓는 일반적인 권고들, 4:4-9
Ⅸ. 빌립보 사람들의 선물에 대한 감사의 말, 4:10-20
Ⅹ. 작별 인사, 4:21-23

주엣 배슬러 (Jouette Bassler)

인사

1 1 그리스도 예수의 종인 바울과 디모데가 그
리스도 예수 안에서 빌립보에 살고 있는 모든
성도들과 감독들과 집사들에게 이 편지를 씁니다.
2 하나님 우리 아버지와 주 예수 그리스도께서
내려주시는 은혜와 평화가 여러분에게 있기를
빕니다.

빌립보 성도들에게 감사와 찬사를 표하다

3 나는 여러분을 생각할 때마다, 나의 하나
님께 감사를 드립니다. 4 내가 기도할 때마다, 여
러분 모두를 위하여 늘 기쁜 마음으로 간구합니다.
5 여러분이 첫 날부터 지금까지, 복음을 전하는
일에 동참하고 있기 때문입니다. 6 선한 일을 여
러분 가운데서 시작하신 분께서 그리스도 예수의
날까지 그 일을 완성하시리라고, 나는 확신합니다.
7 내가 여러분 모두를 이렇게 생각하는 것은, 나
로서는 당연한 일입니다. ㄱ)내가 여러분을 내 마음에
간직하고 있기 때문입니다. 여러분 모두는 내가
갇혀 있을 때나, 복음을 변호하고 입증할 때에,
내가 받은 은혜에 동참한 사람들입니다. 8 내가
그리스도 예수의 심정으로, 여러분 모두를 얼마나
그리워하고 있는지는, 하나님께서 증언하여 주십
니다. 9 내가 기도하는 것은 여러분의 사랑이 지
식과 모든 통찰력으로 더욱 더 풍성하게 되어서,
10 여러분이 가장 좋은 것이 무엇인가를 분별
할 줄 알게 되는 것입니다. 그리하여 여러분이
그리스도의 날까지 순결하고 흠이 없이 지내며,
11 예수 그리스도께서 주시는 의의 열매로 가득
차서 하나님께 영광과 찬양을 드리게 되기를, 나는
기도합니다.

바울이 처한 형편

12 형제자매 여러분, 내게 일어난 일이 도리어
복음을 전파하는 데에 도움을 준 사실을, 여러분
이 알아주시기를 바랍니다. 13 내가 그리스도
안에서 감옥에 갇혔다는 사실이 온 친위대와 그
밖의 모든 사람에게 알려졌습니다. 14 주님 안에
있는 형제자매 가운데서 많은 사람이, 내가 갇혀
있음으로 말미암아 더 확신을 얻어서, ㄴ)하나님의
말씀을 겁 없이 더욱 담대하게 전하게 되었습니다.

ㄱ) 또는 '여러분이 나를 여러분의 마음에' ㄴ) 다른 고대 사본들에는 '말씀'

1:1-2 바울은 그의 전형적인 문구로 서신을 시작하고 있지만, 그는 여기에서 늘 하던 대로 자신의 (그리고 디모데의) 지위를 사도라고 하지 않고, 그 대신 종들(혹은 *노예*들)이라고 말하고 있다. 이것은 서신의 뒤에 가서 (2:3) 겸손을 촉구하는 것과 일맥상통하며, 또한 구약에 나오는 지도자들과 주요 인물들에 대한 칭호를 은근히 암시해 주고 있는 것이다 (예를 들어, 왕하 18:12에 나오는 모세의 칭호). 교회의 지도자들(*감독들과 집사*들, 본문에 관한 주해를 보라)이 인사말에 언급되는 것은 여기에서만 찾아볼 수 있는데 그 이유는 확실하지가 않다. 아마도 이들이 교회의 몇 가지 갈등에 관여했을 가능성이 있다. 그러나 그들에 대해 이 서신에서 다시는 명확하게 언급되고 있지 않다.

1:3-11 대부분의 바울 서신은 수신자들에 대한 감사기도로 시작하거나 혹은 여기에서처럼 그러한 기도들에 대해 보고하는 형식으로 시작한다. 바울은 우선 감사하는 이유들을 말하고 (3-8절), 그 다음에 기도 속에 들어있는 몇 가지 요구를 나열하고 있다 (9-11절). **1:4** 기쁨을 표현하는 구절은 여기서 가장 먼저 나타나며 서신 전체에서 계속 볼 수 있는데 (1:18; 2:2, 17; 3:1; 4:1, 4, 10), 이것은 서신 전체의 분위기를 설정해 주고 있다. **1:5** 동참하는 것에 대해서는 이 서신에서 자주 언급하고 있다 (2:1; 3:10; 4:15). 빌립보 사람들이 복음으로 어떻게 동참했는지는 묘사하고 있지 않지만, 그것이 바울의 복음전도 사역을 지원하는 데에 후하게 동참하는 것 (4:15) 뿐 아니라, 은혜와 구원에 동참한 것 (7절), 그리고 복음에 따라 사는 것(27절)을 포함하고 있음에 틀림없다. **1:6** 예수 그리스도의 날 (1:10; 2:16을 보라)은 세상 끝에 심판하고 성도들을 모으기 위해 오는 그의 (두 번째) 강림의 날을 의미한다 (고전 3:10-15; 살전 4:15-18을 보라). **1:9-11** 빌립보 사람들을 위한 바울의 기도들은 후에 언급하는 사랑 (2:1-2), 도덕적 통찰 (4:8), 의로움 (3:9), 그리고 가장 좋은 것 (예를 들어, 3:12-16) 등에 대한 권고들을 미리 예상케 한다.

1:12-26 바울은 현재의 상황 속에서 그가 어떻게 대처하고 있는지 다음과 같이 묘사하고 있다. 그는 역경 속에서도 꽃피우고 있는 복음의 승리를 축하하고 있으며 (12-18a절), 또한 바울은 그가 후에 권고할 행동들을 몸소 모범으로 보여주고 있다고 말한다 (18b-26절). 이 단락은 바울이 투옥, 경쟁, 그리고 다가오는 죽음을 말하고 있는 데도 불구하고 기쁨의 표현들과 확신으로 울려 퍼지고 있다. **1:13** *친위대.* 이 단어는 희랍어로 *프라이토리온*이라고 하는데, 로마제국 한 지역의 총독관저를 말하기도 하고, 로마에 배치되어 있는 특별 군대를 말하기도 한다. **1:15-18a** 그리스도를 이기적인 야망 때문에 선포한다는 이들이 누구인

15 어떤 사람들은 시기하고 다투면서 그리스
도를 전하고, 어떤 사람들은 좋은 뜻으로 전합니다.
16 좋은 뜻으로 전하는 사람들은 내가 복음을 변
호하기 위하여 세우심을 받았다는 것을 알고서 사
랑으로 그리스도를 전하지만, 17 시기하고 다투면
서 하는 사람들은 경쟁심으로 곧 불순한 동기에서
그리스도를 전합니다. 그들은 나의 감옥 생활에
괴로움을 더하게 하려는 생각을 품고 있습니다.
18 그렇지만 어떻습니까? 거짓된 마음으로 하든지
참된 마음으로 하든지, 어떤 식으로 하든지 결국
그리스도가 전해지는 것입니다. 나는 그것을 기뻐
합니다. 앞으로도 또한 기뻐할 것입니다. 19 나는
여러분의 기도와 예수 그리스도의 영의 도우심으로
내가 풀려나리라는 것을 압니다. 20 나의 간절
한 기대와 희망은, 내가 아무 일에도 부끄러움을
당하지 않고 온전히 담대해져서, 살든지 죽든지,
전과 같이 지금도, 내 몸에서 그리스도께서 존귀
함을 받으시리라는 것입니다. 21 나에게는, 사
는 것이 그리스도이시니, 죽는 것도 유익합니다.
22 그러나 육신을 입고 살아가는 것이 나에게 보
람된 일이면, 내가 어느 쪽을 택해야 할지 모르겠
습니다. 23 나는 이 둘 사이에 끼여 있습니다.
내가 원하는 것은, 세상을 떠나서 그리스도와 함께
있는 것입니다. 그것이 훨씬 더 나으나, 24 내가
육신으로 남아 있는 것이 여러분에게는 더 필요할
것입니다. 25 나는 이렇게 확신하기 때문에, 여
러분의 발전과 믿음의 기쁨을 더하기 위하여 여러
분 모두와 함께 머물러 있어야 할 것으로 압니다.
26 내가 다시 여러분에게로 가면, 여러분의 자랑
거리가 그리스도 예수 안에서 나 때문에 많아질
것입니다.

27 여러분은 오로지 그리스도의 복음에 합당
하게 생활하십시오. 그리하여 내가 가서, 여러분을
만나든지, 떠나 있든지, 여러분이 한 정신으로 굳게
서서, 한 마음으로 복음의 신앙을 위하여 함께
싸우며, 28 또한 어떤 일에서도 대적하는 자들을
두려워하지 않는다는 소식이 나에게 들려오기를
바랍니다. 이것이 그들에게는 멸망의 징조이고
여러분에게는 구원의 징조입니다. 이것은 하나님
께서 하시는 일입니다. 29 하나님께서는 여러분
에게 그리스도를 위한 특권, 즉 그리스도를 믿는
것뿐만 아니라, 또한 그리스도를 위하여 고난을
받는 특권도 주셨습니다. 30 여러분은 내가 하는
것과 똑같은 투쟁을 벌이고 있습니다. 여러분은
내가 그렇게 하는 것을 보았으며, 내가 그렇게 하는
것을 지금 소문으로 듣습니다.

지는 알려지고 있지 않다. 바울은 놀라울 만큼 침착하게 그들에게 응답하고 있다 (고후 11:1—12:13; 갈 1:6-10을 참조). 그러나 나중에는 그들과 같은 태도를 취하는 것에 대해 경고하고 있으며 (2:3), 그러한 태도 대신 협력하고, 공감하고, 선한 의지를 가지라고 촉구한다 (1:27; 2:1, 13). **1:18b-26** 자살에 대한 철학적 논쟁에서 흔히 볼 수 있는 언어와 논거들을 사용하면서 바울은 삶이냐 죽음이냐 하는 질문에 대해 숙고해 보고 있다. 사는 것과 죽는 것은 각각 유익한 점이 있다. 사는 것은 그리스도이시다 (21절)—즉 그리스도를 높이는 것이며 (20절), 그리스도를 선포하는 것이고 (18, 22절), 그리스도의 영이 임재하고 있는 것(19절)이지만, 또한 그리스도와 함께 겪는 고난이기도 하다 (13절과 29절). 그러나 죽는 것도 유익하다 (21절)—즉 바울의 투쟁의 끝이며 (17, 30절), 그리스도의 부활의 영광에 참여하는 것이다 (3:21). 바울은 분명히 후자를 선호하지만 (23절), 빌립보 사람들을 위하여 살아남는 것을 선택한다. 이것은 바울이 이타적인 행동을 보인 여러 모범들 가운데 처음으로 언급하는 것이다. **1:19** *풀려나리라는 것* (희랍어, *소테리아*, 문자 그대로는 "구원"). 이것은 바울이 감옥에서 풀려나는 것을 의미할 수도 있고, 그의 영원한 구원을 의미할 수도 있다. **1:20** 바울은 그리스도를 부인할 때에만 수치스럽게 될 것이다.

1:27—2:18 서신의 가운데 토막인 이 부분에 와서야 초점이 바울에서부터 빌립보 신도들에게로 옮겨진다. 그리고 고난 속에서 그들이 보여야 할 화합과 굳건함이 가장 중요한 관심사가 되고 있다 (1:27—2:4). 바울은 그들의 행위의 표본으로 그리스도의 모범을 내세우며 (2:5-11), 그 모범을 근거로 하여 순종할 것을 호소한다 (2:12-18).

1:27-30 이 구절에는 화합과 굳건함으로 복음에 합당한 방식으로 행동하라는 바울의 중심 교훈이 들어 있다. **1:27** *생활하십시오.* 이것은 희랍어로 명령동사인데 (*폴리튜에스테*), "시민답게 살라"는 정치성이 담겨있는 단어이다. 즉 하늘의 시민으로서 하늘 시민답게 살라는 것이다 (3:20). 운동경기의 용어인 *함께 싸우며*를 사용하는 것은 투쟁과 인내가 필요함을 암시하고 있다 (1:30; 2:16; 3:13-14를 보라). 이 일반적인 권고를 4:2-3에 이름이 거론된 사람들에게 준 구체적 교훈들과 긴밀히 연결시키고 있다. **1:28** 반대자들의 정체는 밝혀지지 않고 있다. 바울은 여기서 그의 투쟁(12절-26절)과 빌립보 사람들의 투쟁(30절)이 같은 종류라는 것을 알리기 위해 그들을 거론할 뿐이다. 담대함은 그리스도교 신앙의 증거이다 (14, 20절). 그러나 빌립보 신도들의 신앙과 굳건함이 어떻게 반대자들의 임박한 멸망의 징조가 될 수 있는지 이해하기가 어렵다. 그 가능

그리스도의 겸손

2 1 그러므로 그리스도 안에서 여러분에게 무
슨 격려나, 사랑의 무슨 위로나, 성령의 무슨
교제나, 무슨 동정심과 자비가 있거든, 2 여러분
은 같은 생각을 품고, 같은 사랑을 가지고, 뜻을
합하여 한 마음이 되어서, 내 기쁨이 넘치게 해 주
십시오. 3 무슨 일을 하든지, 경쟁심이나 허영으
로 하지 말고, 겸손한 마음으로 하고, 자기보다 서
로 남을 낫게 여기십시오. 4 또한 여러분은 자기
일만 돌보지 말고, 서로 다른 사람들의 일도 돌보
아 주십시오. 5 ㄱ)여러분 안에 이 마음을 품으십
시오. 그것은 곧 그리스도 예수의 마음이기도 합
니다. 6 그는

하나님의 모습을 지니셨으나,
하나님과 동등함을
당연하게 생각하지 않으시고,
7 오히려 자기를 비워서
종의 모습을 취하시고,
사람과 같이 되셨습니다.
그는 사람의 모양으로 나타나셔서,
8 자기를 낮추시고,
죽기까지 순종하셨으니,
곧 십자가에 죽기까지 하셨습니다.
9 그러므로 하나님께서는
그를 지극히 높이시고,
모든 이름 위에 뛰어난 이름을
그에게 주셨습니다.
10 ㄴ)그리하여
하늘과 땅 위와 땅 아래 있는
모든 것들이
예수의 이름 앞에 무릎을 꿇고,
11 모두가 예수 그리스도는
주님이시라고 고백하여,
하나님 아버지께
영광을 돌리게 하셨습니다.

ㄱ) 또는 '여러분은 이런 태도를 가지십시오. 그것은 곧 그리스도 예수께서 보여주신 태도입니다' ㄴ) 사 45:23 (칠십인역)

한 설명은 반대자들의 눈으로 볼 때에 빌립보 신도들의 굳건한 믿음 때문에 로마인들에 의해 멸망할 것이나 실제로 그것은 그들의 구원을 받은 증거가 된다는 것이다. **1:29** 그리스도를 위하여 (문자 그대로는 "대신하여") 당하는 고난은 그리스도의 복음을 선포한 자들이 당한 핍박을 말할 뿐 아니라, 그리스도의 고난과 같은 종류의 고난을 당한다는 것을 의미한다. 이것은 바울이 생각할 때, 그리스도의 부활에 동참하는 것을 암시하기 위해 필요한 것이다.

2:1-4 바울은 화합의 문제로 다시 돌아오는데, 이번에는 한 마음이 되는 것이다 (희랍어, *토 아우토 프로네테*는 문자 그대로 "같은 일에 마음을 고정시키는 것"을 의미한다; 2:5; 3:15, 19; 4:2). 한 마음은 겸손하게 행동하는 것(2:8; 3:21; 4:12)과, 다른 사람들의 필요와 유익을 더 생각하는 것(1:23-26; 2:20, 25)을 강조하는 것이다. **2:3** 이기적인 야망에 대한 언급은 바울의 투옥 중 그를 고문하려고 했던 사람들의 행동들을 회상하고 있다 (1:17).

2:5-11 특출한 시적 특성의 효력을 이용하여, 바울은 그리스도의 성육신 이야기가 빌립보 신도들에게 요구되는 겸손과 순종에 대한 궁극적인 패러다임이라고 소개한다 (3, 12절). 그리스도께서 높임을 받는 이야기는 그들을 기다리고 있는 승리와 보상에 대한 근거가 된다 (3:10-11, 20-21). 언어는 혼을 불러일으키는 듯한데, 그 분명한 의미는 꼭 집어 말하기 어렵다. **2:6-7** 처음의 몇 행은 그리스도가 성육신 이전, 즉 그리스도가 하나님의 모습(희랍어, *모르페*)을 지니시고, 하나님과 동등한 지위(요 1:1-18; 골 1:15-20을 보라)에 있던 당시를 말하고 있다. 이 구절은 애매한 단어인 "모습"의 의미에 집착하지 않고, 오히려 하나님과 같은 지위에 있는 사람은 무엇을 얻어내려고 하거나 착취하려는 행위와는 상관이 없음을 선포한다 (희랍어로 얻고 착취 하는 것은 *하르파그모스*). 그리스도는 의도적으로 겸손의 행위와 순종의 행위로 인간의 모습을 취하고 *자기를 비웠다.* 여기서 바울은 이러한 행위를 극단적으로 표현해서 인간의 지위 중 가장 낮은 종의 지위를 입었고 종들에게 가해지는 죽음, 즉 십자가형을 받아들였다고 말한다. **2:9** 그 보상으로 하나님은 모든 것을 뒤바꾸어 놓으셨다. 겸손은 높임으로 뒤바뀌었다—종의 형상을 취한 자가 주님으로 높임을 받는다. 주님이란 예수가 신의 지위로 회복되고 우주적 권세를 갖게 되는 것을 나타내는 칭호이다.

특별 주석

이 구절은 해석상 어려움이 많다. 학자들은 다음의 여러 이슈들에 대해 논쟁하고 있다. 이것이 실제로 찬송이었는지, 아니면 강한 시적 특성을 지닌 설화인지; 이미 있던 자료를 바울이 사용한 것이었는지, 아니면 사도 자신이 직접 지은 것인지; 본문이 그리스도의 성육신 이전에 있었던 일을 가리키고 있는지, 아니면 그의 지상에서의 삶에 있었던 일들을 말하고 있는지 (예를 들어, 겟세마네 동산에서의 사건) 등에 대한 논쟁이다. 역사적으로 이 구절은 그리스도의 본질에 대한 교리적 질문에 답을 찾기 위해 많이 연구되어 왔다. 성육신 때에 그가 잠시 동안 그의 신

여러분은 하나님의 자녀답게 사십시오

12 그러므로, 사랑하는 여러분, 여러분이 언
제나 순종한 것처럼, 내가 함께 있을 때뿐만 아니라,
지금과 같이 내가 없을 때에도 더욱 더 순종하여서,
두렵고 떨리는 마음으로 자기의 구원을 이루어 나
가십시오. 13 하나님은 여러분 안에서 활동하셔
서, 여러분으로 하여금 하나님을 기쁘게 해 드릴 것
을 염원하게 하시고 실천하게 하시는 분입니다.
14 무슨 일이든지, 불평과 시비를 하지 말고 하
십시오. 15 그리하여 여러분은, 흠이 없고 순결
해져서, 구부러지고 뒤틀린 세대 가운데서 하나
님의 흠없는 자녀가 되어야 합니다. 그리하면
여러분은 이 세상에서 별과 같이 빛날 것입니다.
16 생명의 말씀을 굳게 잡으십시오. 그리하면 내가
달음질한 것과 수고한 것이 헛되지 아니하여서,
그리스도의 날에 내가 자랑할 수 있을 것입니다.
17 그리고 여러분의 믿음의 제사와 예배에 나의
피를 붓는 일이 있을지라도, 나는 기뻐하고, 여러분
모두와 함께 기뻐하겠습니다. 18 여러분도 이와
같이 기뻐하고, 나와 함께 기뻐하십시오.

디모데와 에바브로디도

19 나는 주 예수 안에서 디모데를 여러분에게
곧 보내고 싶습니다. 그것은 나도 여러분의 형편
을 앎으로써 격려를 받으려는 것입니다. 20 나에
게는, 디모데와 같은 마음으로 진심으로 여러분
의 형편을 염려하여 줄 사람이 아무도 없습니다.
21 모두 다 자기의 일에만 관심이 있고, 그리스
도 예수의 일에는 관심이 없습니다. 22 그러나
ㄱ)디모데의 인품은 여러분이 잘 알고 있습니다. 그는
자식이 아버지에게 하듯이 복음을 위하여 나와
함께 봉사하였습니다. 23 그러므로 내 일이 되어
가는 것을 보고, 그를 곧 보낼 수 있기를 바랍니다.
24 그리고 나도 곧 가게 되리라는 것을 주님 안
에서 확신합니다.

25 그러나 나는, 내 형제요 동역자요 전우요
여러분의 ㄴ)사신이요 내가 쓸 것을 공급한 일꾼인
에바브로디도를 여러분에게 보내어야 할 필요가
있다고 생각하였습니다. 26 그는 여러분 모두를

ㄱ) 그, '그의' ㄴ) 그, '사도'

성에 인성을 가미하여 두 가지 본성을 가지고 있었는지, 아니면 그의 신적인 본성을 온전히 내놓아 비우고 인간의 모습을 입었는가 하는 질문이다. 이러한 질문은 쓸데없는 질문들이다. 본문이 너무나 짧아서 분명한 답을 제공할 수 없으며, 그러한 질문에 답을 주기 위해 씌어졌거나 인용된 것이 아니기 때문이다. 바울의 목적은 그의 청중들을 격려하기 위한 것이었다. 그는 이러한 구절을 삽입하여 그리스도에 속한 자들의 행동패턴을 제공해 주고 그러한 행동에 대해 약속된 보상을 볼 수 있게 해주었다.

2:12-18 순종의 이슈를 다루면서 (8절), 바울은 다시 권고하기 시작한다. **2:12** 비록 각자의 구원을 이루라고 하는 권고는 흔히 바울의 은혜의 메시지와 모순되는 것으로 보이지만 (그러나 롬 6; 고전 3:10-15; 갈 5:13—6:10을 보라), 문맥적으로 보면 아마도 이것이 1:27-28에서 강조한 화합과 굳건함을 이루라고 하는 것과 연결시켜 보아야 할 것이다. 두려움과 떨림은 서신 전체에 걸쳐 격려하고 있는 기쁨이라는 메시지와 잘 어울리지 않는 것 같지만, 겸손과 순종이라는 개념을 더 강조하기 위해 사용된 단어들이다 (고전 2:3; 고후 7:15). **2:13** *하나님[그]을 기쁘게 해 드릴 것을 염원하게 하시고.* 이 표현의 문자 그대로의 의미는 "선한 의지를 대신하여"인데, 아마도 하나님의 선한 즐거움을 가리키는 것일 것이다. 그러나 그보다는 염려하고 있는 공동체의 화합을 위해 일하라고 다시 한 번 촉구하는 것일 수도 있다 (1:15; 2:1-4). **2:14-15** 구약성경의 언어를 사용하여 (출 17:1-7; 신 32:5; 단 12:3), 바울은 고립되어 있는 그리스도교 공동체를 강조하면서 화합하고 굳건히 서 있으라고 거듭하여 촉구한다. **2:16-18** 바울은 그 자신의 상황을 돌아보면서 이 부분을 마감하는데, 그것을 희생제물의 은유로 옷을 입히고 다시 한 번 기뻐하라고 부탁하고 있다 (1:12-26).

2:19-30 바울의 논쟁이 여기서 분명히 본론에서 벗어나 디모데와 에바브로디도를 빌립보에 보낼 계획에 대하여 말한다. 그러나 이 두 동역자에 대한 묘사는 그들이 그리스도가 모범을 보였던 행동들에 일치하여 행동한다는 것을 보여줌으로써 이 서신의 목적을 강조하고 있다. **2:19-24** 디모데는 이 서신(1:1)과 몇 개의 다른 서신들(고후 1:1; 살전 1:1)을 바울과 함께 보낸 공동발신자이다. 또한 그는 경험이 있는 동역자이다 (고전 4:17; 16:10; 살전 3:1-6). 자기보다 다른 사람을 먼저 생각하는 디모데의 태도는 바울이 추천하는 인간적 행동의 모범을 보여준다 (2:4). **2:25-30** 에바브로디도는 다른 사람에 대해 관심을 가지는 모범을 보여준다 (26절). 또한 그는 목숨을 위협하는 병을 앓는 것을 통해 그리스도를 위해 고난을 받았고, 그리스도가 했듯이 다른 사람들을 대신하여 고난을 받았다 (30절; 1:29-30; 2:8).

[ㄱ]그리워하고 있을 뿐만 아니라, 자기가 병을 앓았
다는 소식을 여러분이 들었기 때문에, 몹시 걱정
하고 있었습니다. 27 사실, 그는 병이 나서 죽을
뻔하였습니다. 그러나 하나님께서 그를 불쌍히
여기시고, 그만이 아니라 나도 불쌍히 여기셔서,
나에게 겹치는 근심이 생기지 않게 해 주셨습니다.
28 그러므로 내가 더욱 서둘러서 그를 보냅니다.
그것은 여러분이 그를 다시 보고서 기뻐하게 하려
는 것이며, 나도 나의 근심을 덜려는 것입니다.
29 그러므로 여러분은 주 안에서 기쁜 마음으로
그를 영접하십시오. 또 그와 같은 이들을 존경하
십시오. 30 그는 [ㄴ]그리스도의 일로 거의 죽을 뻔
하였고, 나를 위해서 여러분이 다하지 못한 봉사
를 채우려고 자기 목숨을 아끼지 않은 사람이기
때문입니다.

하나님의 의

3 1 끝으로, [ㄷ]나의 형제자매 여러분, 주 안에
서 [ㄹ]기뻐하십시오. 내가 같은 말을 되풀이해
서 쓰는 것이 나에게는 번거롭지도 않고, 여러분
에게는 안전합니다.
2 개들을 조심하십시오. 악한 일꾼들을 조심
하십시오. 살을 잘라내는 할례를 주장하는 자들을
조심하십시오. 3 [ㅁ]하나님의 영으로 예배하며,
그리스도 예수 안에서 자랑하며, 육신을 의지하
지 않는 우리들이야말로, 참으로 할례 받은 사람
입니다. 4 하기야, 나는 육신에도 신뢰를 둘 만
합니다. 다른 어떤 사람이 육신에 신뢰를 둘 만한
것이 있다고 생각하면, 나는 더욱 그러합니다.
5 나는 난 지 여드레만에 할례를 받았고, 이스라
엘 민족 가운데서도 베냐민 지파요, 히브리 사람
가운데서도 히브리 사람이요, 율법으로는 바리새
파 사람이요, 6 열성으로는 교회를 박해한 사람
이요, 율법의 의로는 흠 잡힐 데가 없는 사람이었
습니다. 7 [그러나] 나는 내게 이로웠던 것은 무
엇이든지 그리스도 때문에 해로운 것으로 여기게
되었습니다. 8 그뿐만 아니라, 내 주 예수 그리
스도를 아는 지식이 가장 고귀하므로, 나는 그 밖
의 모든 것을 해로 여깁니다. 나는 그리스도 때문
에 모든 것을 잃었고, 그 모든 것을 오물로 여깁
니다. 나는 그리스도를 얻고, 9 그리스도 안에
있는 사람으로 인정받으려고 합니다. 나는 율법
에서 생기는 나 스스로의 의가 아니라, 그리스도
를 믿는 믿음으로 말미암아 오는 의 곧 믿음에 근

ㄱ) 다른 고대 사본들에는 '보고 싶어할 뿐만 아니라' ㄴ) 다른 고대 사본들에는 '주' ㄷ) 그, '나의 형제들' ㄹ) 또는 '안녕히 계십시오' ㅁ) 다른 고대 사본들에는 '영으로 하나님을 예배하며'

3:1—4:1 여기서 주제와 분위기가 갑작스럽게 바뀌는 것 때문에 학자들은 여러 다른 단편서신들이 짜깁기되었다고 믿기도 한다. 바울은 몇몇 위험한 반대자들의 영향에 대해 경고하고 있고 (3:1-4a), 그의 이야기를 그들에게 반대되는 모범으로 제시하고 있으며 (3:4b-14), 또한 이 모범에 따른 몇 가지를 권고하고 있다 (3:15—4:1). **3:1-4a** 학자들은 이 사람들의 정체와 그들을 여기에서 언급하는 이유에 대해 의견을 일치하지 못하고 있다 (서론을 보라). **3:1** *끝으로* (희랍어, *토 로이폰*). 이 단어는 때때로 서신의 결론부분을 시작한다는 것을 알린다 (고후 13:11). 이것은 여러 단편서신들을 하나로 묶었다는 이론을 지지해 주기도 한다. 그러나 이러한 문구는 새로운 주제로 옮겨가는 것을 알릴 때 사용되기도 한다 (살전 4:1; 살후 3:1). 여기서는 아마도 이 후자의 경우일 가능성이 많다. *같은 말*—즉, 이전에 그들에게 언급했던 것들을 말한다 (3:18을 보라). **3:2** *개들.* 이는 매우 심한 욕이다 (마 7:6을 보라). *악한 일꾼들*(희랍어, *카코이 에르가타이*)이란 "전도자들"을 지칭하는 단어를 언어기법으로 표현한 것 같다. (희랍어, 악한 일꾼들은 *에르가타이*; 롬 16:12; 고후 11:13). *살을 잘라내는* (희랍어, *카타토메*) 이라는 문구도 역시 "할례" (희랍어, *페리토메*) 라는 단어에 대한 언어기법이다. 이 단어들은 바울이 갈라디아에서 싸웠던 자들과 유사한 유대출신 그리스교 전도자들을 지칭한다고 볼 수 있다. **3:3** 바울의 반대주장들을 다음의 구절에서 더욱 자세히 읽어볼 수 있다: 롬 2:25-29; 고후 3:4-14; 갈 5:16-26. *육신을 의지하는.* 이것은 할례를 암시한다. 그러나 다른 곳에서와 같이 여기서도 그것은 보다 넓은 의미로 약하고 보잘 것 없는 인간적 자원들에 의지하는 것을 의미한다 (예를 들어, 롬 8:1-17; 고전 3:1-4).

3:4b-11 그리스도의 구체적인 예를 모델로 하여 쓴 긴 개인의 이야기이다. 바울은 우선 육체적으로 볼 때에 그의 고귀한 지위를 말해주는 이력들을 나열하고, 그런 후 더 이상 이러한 지위를 사용하여 자기의 유익을 취하지 않는다고 선언한다. 실로 그는 기꺼이 그리스도를 얻기 위해 그의 고난과 죽음에 동참할 것이며 (1:21을 보라), 그의 부활의 능력에 참여할 것이다. 바울은 그래서 자기가 그리스도의 패러다임에 합당한 모델이라고 말한다 (2:6-11). 그러므로 그의 모범을 따라 그대로 좇아 행하라고 촉구할 수 있는 것이다 (3:17). **3:9** 바울은 그 *스스로의* 의—즉 흠이 없는 율법에 대한 순종을 통해 얻은 지위로서 (6절), 오직 언약 관계에 있는 백성에게만 허용된 의(5절)—와 또 다른 방법으로 얻게 되는 의를 대조한다. 희랍어 *디아 피스테오스 크리스투*는 여기에서처럼, 하나님이 그리스도를 통해 이루신 것에 대한

거하여, 하나님에게서 오는 의를 얻으려고 합니다.
10 내가 바라는 것은, [ㄱ]그리스도를 알고, 그분의
부활의 능력을 깨닫고, 그분의 고난에 동참하여,
그분의 죽으심을 본받는 것입니다. 11 그리하여
나는 어떻게 해서든지, 죽은 사람들 가운데서 살
아나는 부활에 이르고 싶습니다.

목표를 향한 달음질

12 나는 이것을 이미 얻은 것도 아니며, [ㄴ]이미
목표점에 다다른 것도 아닙니다. 그리스도 [예수]
께서 나를 사로잡으셨으므로, 나는 그것을 붙들
려고 좇아가고 있습니다. 13 [ㄷ]형제자매 여러분,
나는 아직 그것을 붙들었다고 생각하지 않습니다.
내가 하는 일은 오직 한 가지입니다. 뒤에 있는
것은 잊어버리고, 앞에 있는 것을 향하여 몸을 내
밀면서, 14 그리스도 예수 안에서, 하나님께서
위로부터 부르신 그 부르심의 상을 받으려고, 목표
점을 바라보고 달려가고 있습니다. 15 그러므로
누구든지 성숙한 사람은 이와 같이 생각하십시오.
여러분이 무엇인가를 달리 생각하면, 하나님께
서는 그것도 여러분에게 드러내실 것입니다.
16 어쨌든, 우리가 어느 단계에 도달했든지 그
단계에 맞추어서 행합시다.

17 [ㄷ]형제자매 여러분, 다 함께 나를 본받으
십시오. 여러분이 우리를 본보기로 삼은 것과 같이,
우리를 본받아서 사는 사람들을 눈여겨보십시오.
18 내가 여러분에게 여러 번 말하였고, 지금도
눈물을 흘리면서 말하지만, 그리스도의 십자가의
원수로 살아가는 사람이 많이 있습니다. 19 그들
의 마지막은 멸망입니다. 그들은 배를 자기네의
하나님으로 삼고, 자기네의 수치를 영광으로 삼
고, 땅의 것만을 생각합니다. 20 그러나 우리의
[ㄹ]시민권은 하늘에 있습니다. 그곳으로부터 우리는
구주로 오실 주 예수 그리스도를 기다리고 있습니
다. 21 그분은 만물을 복종시킬 수 있는 권능으로,
우리의 비천한 몸을 변화시키셔서, 자기의 영광
스러운 몸과 같은 모습이 되게 하실 것입니다.

ㄱ) 그, '그를' ㄴ) 또는 '이미 완전해졌다는 것도 아닙니다' ㄷ) 그, '형제들이여' ㄹ) 또는 '나라'

인간적 응답을 강조하여, *그리스도를 믿는 믿음으로 말미암아* 라고 번역하거나 혹은 그리스도의 신실한 (믿음의) 순종을 강조하여 (2:6-11) 개역개정과 같이 "그리스도를 믿음으로 말미암아 [혹은 신실함]" 라고 번역할 수도 있다. 이 그리스도의 믿음에 우리도 참여할 수 있고, 그것에 우리의 삶을 맞추어야 하지만 인간의 힘만 가지고는 할 수 없다 (2:13; 3:12를 보라). 또한 롬 3:21-31; 5:12-21; 9:30—10:4; 갈 2:15-21; 3:6-29를 보라. **3:11** 바울은 죽은 사람들 가운데서 부활하고 싶다는 소망을 말하면서 놀랍게도 약간의 모호함을 섞어서 *어떻게 해서든지…싶습니다* 라고 표현하고 있다 (1:21-24를 참조). 그러나 이것이 다음의 논제를 잘 소개하고 있다. **3:12-14** 바울은 다른 곳에서와 같이 여기서도 이미 얻은 것과 앞에 놓여있는 목표를 주의 깊게 구분한다 (롬 5:1-11; 8:16-25를 보라). 이미 지나가서 잊어버린 것은 5-6절의 지위를 말해주는 것들이며; 지금까지 얻은 것은 그리스도 안에서 새롭게 얻은 지위이고 (3:12); 앞에 놓여있는 것들은 죽은 자들로부터 부활하는 것이다. 그러나 분명치 않고 계속 논쟁되어오는 것은 바울이 이것을 강조하는 이유가 몇몇 반대자들의 메시지를 고치기 위한 것인지, 아니면 다른 곳들, 특히 고린도에서 경험했던 문제들을 회상하고 예상하면서 주의하기 위한 것인지 하는 것이다.

3:15—4:1 바울은 여기서 화합과 굳건히 서 있으라는 주제로 다시 돌아가면서, 그것들을 새로운 경고들, 그리고 종말적 보상의 약속과 혼합하였다. 그리스도를 모델로 한다는 것에 대한 암시는 여러 개가 있다. (2:6-11). **3:17** 바울은 자서전 부분을 쓴 목적을 분명히 표현하지 않다가 여기에 와서야 분명히 외적으로 밝힌다. 희랍어는 "나와 함께 그리스도를 본받는 사람들이 되십시오" 라고 번역할 수도 있다 (고전 11:1). **3:18-19** 바울을 본받으라는 부르심은 *그리스도의 십자가의 원수에* 대적하라는 경고와 함께 주어진다. 이 사람들이 누군가에 대해서는 학자들간에 일치를 보지 못하고 있다. *배를 자기네의…수치에* 대한 바울의 묘사가 무엇을 의미하는지에 대해서도 마찬가지이다. 바울은 그들의 행동과 자기의 행동을 날카롭게 대조하기 위해 그들을 언급한다. **3:20-21** 날카롭게 대조시키고 있다: 하늘의 시민권과 땅에 속한 사고방식; 수치스러운 영광 혹은 그리스도의 영광에 참여; 파멸 혹은 종말에 체험하는 변화. "하늘의 시민권"은 또한 식민지 빌립보의 존귀한 로마 시민권과 암시적으로 대조를 이루고 있다. 그리스도를 흔치 않은 타이틀 구주(희랍어, *소테르*)로 부르는 것은 같은 타이틀로 헬레니즘 문화의 신들과 로마의 황제를 부르던 것을 고려할 때 이 둘을 대조하려는 의도가 있음을 알 수 있다. 여기에 있는 많은 단어들이 2:6-11의 내용을 생각나게 하며, 여기에서 주어지는 많은 약속들이 얼마나 2장에서 묘사했던 그리스도의 모범을 반사하며 거기에 의존하는지 보여주고 있다. **4:1** 앞에서 나왔던 주제들이 다시 등장한다. 그리워하는 마음 (1:7-8), 기쁨 (1:4, 18). 빌립보 사람들은 그의 (승리의) 면류관이다. 왜냐하면 그들의 굳건한 믿음은 그가 사도로서 거둔 성공의 표이기 때문이다 (2:16; 살전 2:19).

4 1 그러므로 사랑하고 사모하는 ㄱ)나의 형제
자매 여러분, 나의 기쁨이요 나의 면류관인
사랑하는 여러분, 이와 같이 주님 안에 굳건히 서
계십시오.

권면

2 나는 유오디아에게 권면하고, 순두게에게도
권면합니다. 주님 안에서 같은 마음을 품으십시오.
3 그렇습니다. 나의 진정한 동지여, 그대에게도
부탁합니다. 이 여인들을 도와 주십시오. 이 여인
들은 글레멘드와 그 밖의 나의 동역자들과 더불어,
복음을 전하는 일에 나와 함께 애쓴 사람들입니
다. 그들의 이름은 생명책에 기록되어 있습니다.
4 주님 안에서 항상 ㄴ)기뻐하십시오. 다시 말합니
다. ㄴ)기뻐하십시오. 5 여러분의 관용을 모든 사
람에게 알리십시오. 주님께서 가까이 오셨습니다.
6 아무것도 염려하지 말고, 모든 일을 오직 기도
와 간구로 하고, 여러분이 바라는 것을 감사하는
마음으로 하나님께 아뢰십시오. 7 그리하면 사
람의 헤아림을 뛰어 넘는 하나님의 평화가 여러분
의 마음과 생각을 그리스도 예수 안에서 지켜 줄
것입니다.
8 마지막으로, ㄱ)형제자매 여러분, 무엇이든지
참된 것과, 무엇이든지 경건한 것과, 무엇이든지
옳은 것과, 무엇이든 순결한 것과, 무엇이든 사랑
스러운 것과, 무엇이든지 명예로운 것과, 또 덕이
되고 칭찬할 만한 것이면, 이 모든 것을 생각하십
시오. 9 그리고 여러분은 나에게서 배운 것과 받은
것과 듣고 본 것들을 실천하십시오. 그리하면 평
화의 하나님께서 여러분과 함께 하실 것입니다.

빌립보 사람들의 선물

10 나를 생각하는 마음이 여러분에게 지금
다시 일어난 것을 보고, 나는 주님 안에서 크게
ㄷ)기뻐하였습니다. 사실, 여러분은 나를 항상 생
각하고 있었지만, ㄹ)그것을 나타낼 기회가 없었던
것입니다. 11 내가 궁핍해서 이렇게 말하는 것
이 아닙니다. 나는 어떤 처지에서도 스스로 만족
하는 법을 배웠습니다. 12 나는 비천하게 살 줄
도 알고, 풍족하게 살 줄도 압니다. 배부르거나,
굶주리거나, 풍족하거나, 궁핍하거나, 그 어떤 경
우에도 적응할 수 있는 비결을 배웠습니다. 13 나
에게 능력을 주시는 분 안에서, 나는 모든 것을 할
수 있습니다. 14 그러나 여러분이 나의 고난에
동참한 것은 잘 한 일입니다.
15 빌립보의 교우 여러분, 여러분도 아는 바
와 같이, 내가 복음을 전파하던 초기에 마케도니
아를 떠날 때에, 주고받는 일로 나에게 협력한 교
회는 여러분밖에 없습니다. 16 내가 데살로니가

ㄱ) 그, '나의 형제들이여' ㄴ) 또는 '안녕히 계십시오' ㄷ) 또는 '기뻐합니다' ㄹ) 그, '기회가 없었습니다'

4:2-3 이 구절들은 화합, 즉 *같은 마음을 품으라고* 하는 가르침을 회중 가운데 있는 특정한 두 신도에게 적용하고 있다 (서론을 보라). 이 두 여인이 바울의 사도적 임무를 감당하는 데에 바울과 함께 (1:27을 보라) 애썼던 동지의 위치에 있었던 사람들이라는 것 외에는 별로 알려진 바가 없다. *진정한 동지* (문자 그대로, "진실로 멍에를 같이 메는 자"). 그가 누구를 말하는지 밝히지 않고 있다.

4:4-9 바울은 여기서 서신의 주요 부분을 마친다. 마지막으로 기뻐하라는 부탁과 일련의 일반적 권고들, 그리고 그를 본받는 것을 잊지 말라고 하는 (3:17을 보라) 분부의 말로 결론 맺고 있다.

4:10-20 바울은 빌립보 신도들이 최근에 보내준 선물에 대해 감사하면서 글을 마친다 (1:5; 2:25를 보라). 이 구절들 속에는 스토아적인 자족 정신 (특히 11-12절), 우정에 대한 헬라 사회의 관습, 그리고 바울의 믿음에 대한 확신 등이 서로 얽혀서 작용하고 있기에 해석상에 어려움을 주고 있다. 여기서 바울은 미묘한 돈 문제를 거론하고 있기 때문에, 오해가 없도록 하기 위해 상당한 노력을 기울이고 있음을 볼 수 있다. **4:12** *비천하게 살다* (희랍어, *타페이누*). 이 표현은 2:8에 나오는 "낮추시다"와 같은 단어를 번역한 것이다. **4:14-15** 나눔의 문제는 1:7에 소개되었는데, 여기서 구체적인 상황에 적용되고 있다. 다른 서신들에 의하면, 바울은 유일하게 빌립보 사람들로부터 기꺼이 정기적 후원을 받았다 (고전 9:3-18; 고후 11:7-11; 12:14-15; 살전 2:1-10). 빌립보와 데살로니가 이 두 도시는 마케도니아 지방에 있었다. **4:16-19** 여기에는 상업용어들이 많이 사용되고 있으나 우정의 가장 중요한 단면인 상호성(주고받음)의 단어들도 중요하게 쓰이고 있다. 바울은 그럼에도 불구하고 그에게 주는 선물들은 실제로 하나님께 바치는 제물이며 (18절), 하나님이 갚아줄 것이라고 강조한다 (17절, 19절).

4:21-23 마지막 인사는 바울이 일상적으로 사용하던 패턴을 따른다. *황제의 집안으로부터의* 인사는 반드시 로마를 의미하지 않는다. 이 단어는 보다 넓은 의미로 로마제국 전체에 퍼져있는 제국적 운영구조들을 의미할 수도 있다 (1:13을 보라).

에 있을 때에도, 여러분은 내가 쓸 것을 몇 번 보
내어 주었습니다. 17 나는 선물을 바라지 않습
니다. 나는 여러분의 장부에 유익한 열매가 늘어
나기를 바랍니다. 18 나는 모든 것을 받아서, 풍
족하게 지내고 있습니다. 나는 여러분이 보내 준
것을 에바브로디도로부터 받아서 풍족합니다. 그
것은 아름다운 향기이며, 하나님께서 기쁘게 받
으시는 제물입니다. 19 나의 하나님께서 자기의
풍성하심을 따라 그리스도 예수 안에 있는 영광으
로 여러분에게 필요한 것을 모두 채워 주실 것입
니다. 20 하나님 우리 아버지께 영광이 영원히
있기를 빕니다. 아멘.

작별 인사

21 그리스도 예수 안에 있는 모든 성도에게
문안하십시오. 나와 함께 있는 교우들이 여러분
에게 문안합니다. 22 모든 성도가 여러분에게
문안합니다. 특히 황제의 집안에 속한 사람들이
여러분에게 문안합니다. 23 주 예수 그리스도의
은혜가 여러분의 심령과 함께 있기를 빕니다.ㄱ)

ㄱ) 다른 고대 사본들에는 절 끝에 '아멘'이 있음

골로새서

골로새, 라오디게아, 그리고 히에라볼리는 루커스 강가에 서로 가까이 모여 있는데, 소아시아(현대의 터키)의 해안을 따라 에베소보다 수백 마일 상류 쪽에 위치해 있다. 이 서신은 골로새에 있는 그리스도인들에게 보내졌는데, 라오디게아 교회에서도 읽혀지도록 지시하고 있다. 빌레몬서와도 연관되어 있고, 내용과 어순과 어법에 있어서 에베소서와도 연관되어 있다. 이러한 문제들은 아직도 해결을 보지 못하는 저자에 대한 의문과 연관되어 있다. 많은 학자들이 골로새서는 바울이 죽은 후에 그의 이름으로 씌어졌다고 믿는다. 그것을 사실로 받아들인다면, 서신을 시작하면서 골로새 신도들에게 보낸다는 수신자 거명은 단지 문학적인 필요에 의해 쓴 것에 불과할 것이다. 왜냐하면 바울이 죽을 즈음 기원후 60년경에 그 지역에 지진이 일어나서 골로새 도시를 초토화시켜 남아있는 것이 하나도 없게 되었기 때문이다. 다른 학자들은 바울이 생전에 이 서신을 썼다고 생각하며, 이 주석도 같은 의견을 갖고 있다.

골로새서는 바울의 옥중서신(에베소서, 빌립보서, 골로새서, 빌레몬서)에 속한다. 그러나 그것이 꼭 로마의 옥중기간 동안 집필했던 빌립보서와 같은 시기에 씌어졌다고 볼 필요는 없다. 신약성경에 결코 분명하게 언급되어 있지는 않지만, 바울이 그보다 이전에 에베소에 투옥되었을 수도 있으며, 이렇게 볼 때에 골로새서와 빌레몬서간의 연관성을 보다 더 잘 설명할 수 있다. 서신을 기록한 장소는 에베소일 것이며, 날짜는 50년대 중간쯤이었을 것이다.

바울은 골로새나 라오디게아를 방문한 적이 없었다. 그 지역의 그리스도교 전도는 에바브라가 시작했으며, 그가 바울에게 그 지역 교회들에게 다가온 위협에 대해 보고했다. 바울은 매우 걱정이 되어 편지를 썼는데, 한편으로는 골로새 교인들의 그리스도에 대한 헌신을 칭찬하면서, 다른 한편으로는 그가 생각하기에 문제가 있다고 판단되는 몇 가지 종교적 행위들로부터 멀리하도록 애쓰고 있다.

대부분의 주석가들에 따르면, 그들의 문제는 별들과 관련이 있는 하늘의 권세들을 인정하고 있다는 것과, 심지어는 그 권세를 숭배하는 것으로 보고 있다. 이 권세들은 아마도 "왕권이나 주권이나 권력이나 권세" (1:16), "세상의 유치한 원리" (2:8), 혹은 "천사들" (2:18) 등을 의미할 것이다. 만일 하나님 이외에 어느 실제적인 존재를 숭배하는 행위가 있었다면, 바울이 갈라디아서에서 했던 것처럼 회중들에게 돌려 말하지 않고 직접적으로 그것을 저주하고 거부했을 것이다. 그러나 골로새 교회에 다가온 위협은 신학적인 것이기보다는 점성학적인 것이었고, 별들이 인간의 운명에 어떤 통제력을 갖고 있다고 믿는 정도였지 별들을 신적인 존재라고 실제로 믿지는 않았을 것으로 보고 있다. 아마도 이러한 신념이 유대교의 거룩한 날들을 기록한 달력에 첨부되어 있었을 것이다. 중동지역에서 널리 퍼져 있던 종교는 모두 취사선택을 할 수 있었다. 비록 2:16에서 "먹고 마시는 일"을 언급한 것이 유대교의 음식 규정이나 엄격한 금식을 의미하는 것인지는 확실하지가 않지만, 금욕적인 요소가 있기도 했다. 바울이 반(反)금욕주의를 주장하면서도 애매한 입장에 서 있는데, 그것은 금욕주의적 관습이 반드시 나쁘다고 말할 수는 없고 단지 꼭 필요한 것이 아니기 때문이다. 인간이 구원받을 수 있는 길은 오직 그리스도를 믿는 것이다. 바울은 구원을 위하여 자기를 부정하고, 거룩한 날을 지키고, 또한 하늘의 권세가 필요하다는 주장으로 인하여 그리스도를 믿는 것만이 인간이 구원받을 수 있다는 핵심 주장을 흐려놓기를 원하지 않는다.

바울은 1:15-20에서 그리스도를 구원론적인 (구원 중심적인) 용어보다는 우주적인 용어로 된 그리스도를 높이는 찬송을 삽입하고 있다. 골로새서에서와 같이 "지식"(*그노시스*)과 "충만"(*플레로마*)이라고 하는 용어가 영지주의자들의 영향 때문이었을 것이라는 의문을 갖게 한다. 그들은 비밀과 신화에 대한 지식을 아는 것을 통해 구원받는다고 가르쳤다. 그러나 바울은 단지 그 당시 루커스 산지에 있는 회중들에게 친밀하게 퍼져있던 종교 철학에서 흔히 사용하던 용어들을 사용했던 것으로 보인다.

결론을 맺는 문단들은 도덕적 문제들을 다루고 있다. 여기서 그는 교리적 구절들에서 보는 것보다 더 보수적이고 원래의 입장에서 벗어난 모습을 보이고 있다. 그는 덕과 악덕의 목록들과 가정생활 지침, 그리고 그 당시 일반 저자들이 사용하던 문학적 기교들을 사용하고 있다.

서신의 개요는 아래와 같이 정리할 수 있다. 성경본문에 따라 붙여놓은 연구 주석들은 이 개요에 따른 것이며, 보다 분명한 설명을 위하여 더 세분하여 설명될 것이다.

Ⅰ. 인사, 기도, 감사드리기, 1:1-14
Ⅱ. 그리스도의 본성, 1:15—2:23
Ⅲ. 윤리적 문제들, 3:1—4:6
Ⅳ. 마감하는 말들, 4:7-18

라저 불라드 (Roger Bullard)

인사

1
1 하나님의 뜻으로 그리스도 예수의 사도가
된 나 바울과 형제인 디모데가, 2 골로새에
있는 성도들 곧 그리스도 안에 있는 [ㄱ]신실한 [ㄴ]형
제자매들에게 이 편지를 씁니다. [ㄷ]우리 아버지 하
나님께서 내려주시는 은혜와 평화가 여러분에게
있기를 빕니다.

하나님께 감사를 드리다

3 우리는 여러분을 위하여 기도할 때에, 항상
우리 주 예수 그리스도의 하나님 아버지께 감사를
드립니다. 4 우리는 그리스도 예수에 대한 여러
분의 믿음과 모든 성도를 향해서 여러분이 품고
있는 사랑을 전해 들었습니다. 5 이 믿음과 사랑은
여러분을 위하여 하늘에 쌓아 두신 [ㄹ]소망에 근거
합니다. 이 소망은 여러분이 진리의 말씀 곧 복음을
받아들일 때에 이미 들은 것입니다. 6 이 복음은
온 세상에 전해진 것과 같이, 여러분에게 전해졌
습니다. 여러분이 하나님의 은혜를 듣고서 참되게
깨달은 그날로부터, 여러분 가운데서와 같이 온
세상에서 열매를 맺으며 자라고 있습니다. 7 여러
분은 하나님의 은혜를 우리와 함께 종이 된 사랑
하는 에바브라에게서 배웠습니다. 그는 [ㅁ]여러분
을 위해서 일하는 그리스도의 신실한 일꾼이요,
8 성령 안에서 여러분의 사랑을 우리에게 알려
준 사람입니다.

그리스도의 인격과 그분이 하시는 일

9 그러므로 우리가 여러분의 소식을 들은 그
날부터, 우리도 여러분을 위하여 쉬지 않고 기도
합니다. 우리는 하나님께서 여러분에게 모든 신
령한 지혜와 총명으로 [ㅂ]하나님의 뜻을 아는 지식
을 채워 주시기를 빕니다. 10 여러분이 주님께
합당하게 살아감으로써, 모든 일에서 그분을 기
쁘게 해 드리고, 모든 선한 일에서 열매를 맺고,
하나님을 점점 더 알고, 11 하나님의 영광의 권
능에서 오는 모든 능력으로 강하게 되어서, 기쁨
으로 끝까지 참고 견디기를 바랍니다. 12 그리
하여 성도들이 받을 상속의 몫을 차지할 자격을
[ㅅ]여러분에게 주신 아버지께, 여러분이 빛 속에서
감사를 드리게 되기를 우리는 바랍니다. 13 아
버지께서 우리를 암흑의 권세에서 건져내셔서,
자기의 사랑하는 아들의 나라로 옮기셨습니다.
14 우리는 그 아들 안에서 [ㅇ]구속 곧 죄 사함을 받
았습니다.
15 그 아들은
보이지 않는 하나님의 형상이시요,
모든 피조물보다
먼저 나신 분이십니다.

ㄱ) 또는 '믿는' ㄴ) 그, '형제들' ㄷ) 다른 고대 사본들에는 '우리 아버지 하나님과 주 예수 그리스도' ㄹ) 또는 '희망' ㅁ) 다른 고대 사본들에는 '우리를 위하여' ㅂ) 그, '그의 뜻' ㅅ) 다른 고대 사본들에는 '우리에게' ㅇ) 다른 고대 사본들에는 '그의 피로'가 더 있음

1:1-2 서신은 바울의 다른 모든 서신들과 똑같은 구조와 전형적인 어순으로 시작한다. 바울은 자신을 특별히 하나님에 의해 보내심을 받은 *사도*로 밝히며, 한 번도 방문한 적이 없는 골로새에 있는 동료 그리스도인들(*성도들*)에게 편지를 보낸다.

1:3-8 골로새 신도들이 그의 평판을 들어 알고 있음을 생각하면서 바울은 그도 골로새 사람들이 신실하고 사랑스러우며 열매를 거두는 회중이라는 평판을 들어 확실히 알고 있다고 말한다. **1:4** *모든 성도를 향해서.* 골로새 교회는 그리스도에 대한 그들의 신뢰(*믿음*)와 다른 곳에 있는 모든 그리스도인들(*성도들*)을 향한 이기심이 없는 관심(*사랑*)을 통해 그리스도인들 모두를 위한 교제에 참여하고 있다. **1:5** 그들은 앞으로 다가올 생명에 대한 소망을 나누고 있는데, 여기서 그 소망은 사랑과 믿음을 불러일으키는 능력이 있으므로 그들보다도 더 높임을 받는 듯하다 (고전 13:13을 참조). 이 소망은 그들에게 기쁜 소식(*복음*)의 형태로 다가왔는데, 복음이란 생명과 죽음과 새 생명에 대한 진리를 전달해 주는 메시지이다 (1:13을 참조). **1:6** 회심한 그 순간부터 골로새 신도들은 영적으로 깨달으면서 성장해왔고 (*온 세상에서 열매를 맺으며*), 그리스도교 선교에 참여해 왔다 (*자라고 있습니다*). **1:7** *에바브라.* 그는 골로새 회중을 개척한 자이며 서신을 기록할 당시 바울과 함께 있었다 (4:12 참조). 바울과 그는 모두 노예(*함께 종이 된 자*)로서 그들의 주인의 일을 수행하고 있다. **1:8** *성령 안에서 사랑을.* 골로새 사람들이 보여준 사랑은 성령의 은사이다.

1:9-14 바울은 수신자들의 영적 성장이 계속될 것을 위해 기도하며 (9-11절), 그들을 하나님의 백성에 포함시켜 준 것에 대해 하나님께 감사드린다고 말한다 (*빛 속에서 성도들이 받을 상속의 몫을 차지할 자격을…주신*). **1:13** 하나님은 우리를 죽음에서 건져내셔서 암흑이 아닌 빛 가운데 있는 그리스도의 나라에 있게 하셨다. **1:14** 이렇게 죽음에서 건져질 수 (구속) 있었던 것은 하나님께서 그리스도를 통해 우리의 죄를 용서하여 주셨기 때문이다. 우리는 새 삶을 살도록 되었

16 만물이 그분 ㄱ)안에서 창조되었습니다.
하늘에 있는 것들과 땅에 있는 것들,
보이는 것들과 보이지 않는 것들,
왕권이나 주권이나
권력이나 권세나 할 것 없이,
모든 것이
그분으로 말미암아 창조되었고,
그분을 위하여 창조되었습니다.
17 그분은 만물보다 먼저 계시고,
만물은 그분 안에서 존속합니다.
18 그분은 교회라는 몸의
머리이십니다.
그는 근원이시며,
죽은 사람들 가운데서
제일 먼저 살아나신 분이십니다.
이는 그분이 만물 가운데서
으뜸이 되시기 위함입니다.
19 하나님께서는 그분의 안에
모든 충만함을 머무르게 하시기를
기뻐하시고,
20 그분의 십자가의 피로
평화를 이루셔서,
그분으로 말미암아 만물을,
곧 땅에 있는 것들이나
하늘에 있는 것들이나 다,
자기와 기꺼이 화해시켰습니다.
21 전에 여러분은 악한 일로 하나님을 멀리
떠나 있었고, 마음으로 하나님과 원수가 되어
있었습니다. 22 그러나 지금은 하나님께서 그리
스도의 죽으심을 통하여, 그분의 육신의 몸으로
여러분과 화해하셔서, 여러분을 거룩하고 흠이
없고 책망할 것이 없는 사람으로 자기 앞에 내세
우셨습니다. 23 그러므로 여러분은 믿음에 튼튼
히 터를 잡아 굳건히 서 있어야 하며, 여러분이
들은 복음의 소망에서 떠나지 말아야 합니다.
이 복음은 하늘 아래 있는 모든 피조물에게 전파
되었으며, 나 바울은 이 복음의 일꾼이 되었습
니다.

ㄱ) 또는 '말미암아'

는데 그것은 우리의 세상적 조건이 변화되었기 때문이 아니라 죄의 사슬에서 해방되었기 때문이다.

1:15—2:23 이 곳에 있는 교리적 부분에서 바울은 그리스도의 본성을 논하고 있지만, 추상적인 철학 용어로 논하지 않는다. 바울은 그리스도에게만 초점을 맞추어 찬양을 시작하고, 곧 그리스도가 행한 일들을 말하면서 그것이 그의 개인의 사역과 그리스도인으로서의 삶에 어떠한 의미가 있는지 설명하고 있다.

1:15-20 비록 전체 흐름을 깨지는 않지만, 본문은 바울의 평소에 쓰던 언어를 사용하지 않고, 14절에서 21절로 이어지는데, 이것은 바울이 여기서 초대교회 찬송을 인용하고 있기 때문이다. **1:15** 그리스도는 보이지 않는 것을 보이게 만든다. 만일 하나님이 눈에 보일 수 있다면, 이것이 바로 하나님일 것이다. 그리스도는 세상이 창조되기 이전에 존재했다 (17절; 요 1:1-3을 참조). *형상.* 문자 그대로 말하면 "아이콘"이다 (2:10을 또한 보라). **1:16** *왕권이나 주권이나 권력이나 권세.* 이것들은 영적인 존재로서 하늘과 땅 사이에 기거하며 인간의 삶을 통치한다. 이들은 아마도 2:8의 *유치한 원리와* 동일시되며, 2:18의 천사들과 동일시될 것이다. 바울은 그들이 존재하는지 안 하는지에 대해서는 언급도 하지 않으며 단지 상관이 없는 존재들로만 말하는데 그것은 그리스도만이 우선적이고 우열한 분이기 때문이다. **1:17** 그리스도는 창조에 있어서 하나님의 대행자였을 뿐만 아니라, 지금은 우주에 통일성을 주는 존재이다 (2:19를 참조). **1:19** *충만함.* 영지주의자들이 선호하는 용어로서 그리스도가 충분히 하나님이 된다는 것을 말하기 위해 여기에서 쓰고 있다. **1:20** 하나님은 십자가에서 그리스도가 죽으심으로써 모든 피조물이 하나님과 화목한 관계로 다시 회복되게 하기 위한 도구로 선택하였다.

1:21-22 우리는 하나님과 멀어진 피조물의 일부이다. 우리의 죄가 그렇게 만들었지만, 그리스도의 죽음은 우리로 하여금 하나님 앞에 설 수 있도록 우리를 거룩하고 흠 없게, 그리고 *책망할 것이 없게* 하였다 (지혜와 피조물에 관련된 논의를 더 보려면 1095쪽 추가 설명: "인격화된 지혜"를 보라. **1:23** 하나님과 화평하기 위하여 우리는 믿음과 소망을 지켜야 하는데 (4절 참조), 그것들은 모든 피조물을 위해 존재하는 복음을 통해 우리에게 전달되었다. 이것이 바로 바울이 온 생애를 헌신하였던 그 소식(*복음*)이다.

1:24-29 바울은 그의 개인적 고난의 의미에 대해 간증한다. **1:24** 감옥에 있는 동안 (*고난*; 4:3을 참조), 바울은 그의 고난이 그리스도가 당하는 교회를 위한 고난의 일부라고 생각한다. 그는 그리스도의 몸인 교회의 일부로서 그리스도의 고난이 가져다주는 유익을 받으며, 그 일부가 되었다는 것에 행복해 한다 (*이제 나는 고난을 받는 것을 기쁘게 여기고 있으며*). **1:25** 바울은 그의 사도로서의 의무를 설명한다 (1절 참조). **1:26** 하나님께서 제공해 주시는 삶을 인간이 어떻게 살 수 있는가에 대한 것이 알려지지 않았었지만 (*비밀*), 이제는 하나님이 그리 스도를 따르는 이들에게 알게 해주셨다 (*드러났습니다*). **1:27** 그 답은 영광스러운 것으로 드러났다: 그리스도가 우리 안에 살고, 우리에게 소망을 준다

교회에서 바울이 하는 일

24 이제 나는 여러분을 위하여 고난을 받는
것을 기쁘게 여기고 있으며, 그리스도의 남은 고
난을 그분의 몸 곧 교회를 위하여 내 육신으로 채
워가고 있습니다. 25 나는 하나님께서 여러분을
위하여 하나님의 말씀을 남김없이 전파하게 하시
려고 내게 맡기신 사명을 따라, 교회의 일꾼이 되
었습니다. 26 이 비밀은 영원 전부터 모든 세대
에게 감추어져 있었는데, 지금은 그 성도들에게
드러났습니다. 27 하나님께서는 이방 사람 가운
데 나타난 이 비밀의 영광이 얼마나 풍성한지를
성도들에게 알리려고 하셨습니다. 이 비밀은 여
러분 안에 계신 그리스도요, 곧 영광의 소망입니다.
28 우리는 이 그리스도를 전합니다. 우리는 모든
사람을 그리스도 안에서 온전한 사람으로 세우기
위하여 모든 사람에게 권하며, 지혜를 다하여 모
든 사람을 가르칩니다. 29 이 일을 위하여 나도
내 속에서 능력으로 작용하는 그분의 활력을 따라
수고하며 애쓰고 있습니다.

2 1 여러분과 라오디게아에 있는 사람들과 그
밖에 내 얼굴을 직접 보지 못한 사람들을 위하
여 내가 얼마나 애쓰고 있는지 여러분이 알기를 바
랍니다. 2 내가 이렇게 하는 것은 여러분 모두가
사랑으로 결속되어 마음에 격려를 받고, 깨달음에
서 생기는 충만한 확신의 모든 풍요에 이르고, ㄱ)하
나님의 비밀인 그리스도를 온전히 알게 하려는 것
입니다. 3 그리스도 안에는 모든 지혜와 지식의
보화가 감추어져 있습니다. 4 내가 이 말을 하는
것은, 아무도 교묘한 말로 여러분을 속이지 못하게
하기 위함입니다. 5 나는 육체로는 비록 떠나 있
으나, 영으로는 여러분과 함께 있으며, 여러분이
질서 있게 살아가는 것과 그리스도를 믿는 여러분
의 믿음이 굳건한 것을 보고 기뻐하고 있습니다.

그리스도 안에서 사십시오

6 그러므로 여러분이 그리스도 예수를 주님
으로 받아들였으니, 그분 안에서 ㄴ)살아가십시오.
7 여러분은 그분 안에 뿌리를 박고, 세우심을 입
어서, 가르침을 받은 대로 믿음을 굳게 하여 감사의
마음이 넘치게 하십시오. 8 누가 철학이나 헛된
속임수로, 여러분을 노획물로 삼을까 조심하십시
오. 그런 것은 사람들의 전통과 세상의 유치한 원

ㄱ) 다른 고대 사본들에는 '하나님의 비밀 곧 아버지와 그리스도의 비밀을'
ㄴ) 또는 '행하십시오'

(5절 참조). **1:28-29** 사도로서 (25절 참조), 바울은 그의 모든 삶을 세상이 그 영광스러운 기회를 알도록 전하는데 헌신한다.

2:1-7 여기서 바울은 골로새 신도들에 대해 염려하기 시작한다. 그들을 칭찬하고 공통된 기반을 다져 놓은 다음, 여기서 서신을 쓰는 이유에 대해 본격적으로 말하기 시작한다. **2:1-3** *라오디게아.* 이곳은 골로새와 가까운 도시였다. 바울은 라오디게아와 골로새를 방문한 적이 없다. 그러나 그들이 계속 사랑하며 살라고 격려하고 싶었다 (1:4 참조). 영지주의자들에게는 비밀스런 가르침에 대한 지식을 갖는 것이 구원을 여는 열쇠이다. 바울에게 있어서 구원받기 위해 필요한 단 한 가지 지식은 그리스도를 아는 것이다. **2:4** 바울은 아무도 골로새 신도들에게 그밖에 더 필요한 것이 있다고 설득하기를 원치 않는다. **2:5** 바울은 그들이 그리스도에게만 의지하고 있는 것을 알고 행복해 한다. **2:6-7** 그들은 그리스도를 위해 계속해서 살아야만 하고 그들의 믿음을 굳게 해야 한다 (6절).

2:8-15 바울은 골로새 교인들의 신앙을 흔들어 놓을지도 모르는 주장들이 나타날 것이라고 예견하고 있다. **2:8** 이 구절은 철학 그 자체에 대한 경고가 아니고, 어떤 특정한 *사람들의 전통과 세상의 유치한 원리,* 즉, 별들과 관계된 천사들(2:18 참조)이 인간의 운명을 조정하고 있다고 가르치는 (1:16 참조) 일종의 점성학에 대한 경고이다. **2:9** 별들은 어떠한 신성도 갖고 있지 못하다. 왜냐하면 온갖 충만한 신성이 그리스도 안에 있기 때문이다. **2:10** 그리스도는 또한 온전한 인간으로서 살기 위해 오셨다. **2:11** *할례* (유대인으로서의 삶을 시작하는 의식). 할례는 우리의 죄악된 본성(*육신의 몸*)을 끊어버리는 것을 은유적으로 나타낸다. 세례(그리스도인으로서의 삶을 시작하는 의식)는 죄에 대하여 죽고 새 생명을 시작하는 것을 은유적으로 말해 준다 (롬 6:4를 참조). **2:13-15** 우리의 죄를 용서하심으로써 (1:14 참조), 하나님은 그 죄의 기록을 말살하신다. 십자가에서 이루어진 것(*십자가에 못박은 것*)은 그 죄의 기록을 말살한 것이며 천사에 얽어매는 힘으로부터 우리를 자유하게 한 것이다 (1:15; 2:8을 참조).

2:16-19 여기에 나열된 종목들은 거짓 종교적 행위들을 나타내는 표시들이다. **2:16** 천사숭배는 분명 금욕적 행위였으며 (*먹고 마시는 일*), 유대교에서 도입한 면들이 있었다 (*명절이나 안식일 문제*). **2:17** 음식 규례와 절기 준수법 등은 그 자체의 중요성보다는 실체가 되시는 그리스도를 지시해 주는 것이다. **2:18** 수신자들은 종교가 스스로의 평안을 부정하고 환상을 가져야만 한다고 주장하는 자들 때문에 움츠러들어서는 안 된다 (*비방하지 못하게 하십시오*). 구원을 위해 그러한 것들에 의지하는 것은 인간적 힘에 의지하는 것이다 (*육신의 생각*으로). **2:19** 성장(1:5 참조)과 통일성(1:17

리를 따라 하는 것이요, 그리스도를 따라 하는 것이
아닙니다. 9 그리스도 안에 온갖 충만한 신성이
몸이 되어 머물고 계십니다. 10 여러분도 그분
안에서 충만함을 받았습니다. 그리스도는 모든
통치와 권세의 머리이십니다. 11 그분 안에서
여러분도 손으로 행하지 않은 할례, 곧 육신의 몸
을 벗어버리는 그리스도의 할례를 받았습니다.
12 여러분은 ㄱ)세례로 그리스도와 함께 묻혔고,
또한 그분을 죽은 사람들 가운데서 살리신 하나님
의 능력을 믿는 믿음으로, 그리스도 안에서, 그리
스도와 함께 살아났습니다. 13 또 여러분은 죄를
지은 것과 육신이 할례를 받지 않은 것 때문에 죽
었으나, ㄴ)하나님께서는 ㄷ)여러분을 그리스도와
함께 살리시고, 우리의 모든 죄를 용서하여 주셨
습니다. 14 하나님께서는 우리에게 불리한 조문
들이 들어 있는 빚문서를 지워 버리시고, 그것을
십자가에 못박으셔서, 우리 가운데서 제거해버리
셨습니다. 15 그리고 모든 ㄹ)통치자들과 권력자
들의 무장을 해제시키시고, 그들을 그리스도의
개선 행진에 포로로 내세우셔서, 뭇 사람의 구경
거리로 삼으셨습니다.

16 그러므로 먹고 마시는 일이나 명절이나
초승달 축제나 안식일 문제로, 아무도 여러분을
심판하지 못하게 하십시오. 17 이런 것은 장차
올 것들의 그림자일 뿐이요, 그 실체는 그리스도
에게 있습니다. 18 아무도 겸손과 천사 숭배를
주장하면서 여러분을 비방하지 못하게 하십시오.
그런 자는 자기가 본 환상에 도취되어 있고, 육신의
생각으로 터무니없이 교만을 부립니다. 19 그는
머리에 붙어 있지 않습니다. 온 몸은 머리이신 그
리스도로부터 각 마디와 힘줄을 통하여 영양을 공
급받고, 서로 연결되어서 하나님께서 자라게 하
시는 대로 자라나는 것입니다.

그리스도와 함께 하는 새 생활

20 여러분은 그리스도와 함께 죽어서 세상의
유치한 원리에서 떠났는데, 어찌하여 아직도 이
세상에 속하여 사는 것과 같이 규정에 얽매여 있
습니까? 21 "붙잡지도 말아라. 맛보지도 말아라.
건드리지도 말아라" 하니, 웬 말입니까? 22 이런
것들은 다 한때에 쓰다가 없어지는 것으로서, 사
람의 규정과 교훈을 따른 것입니다. 23 이런 것
들은, 꾸며낸 경건과 겸손과 몸을 학대하는 데는
지혜를 나타내 보이지만, 육체의 욕망을 억제하는
데는 아무런 유익이 없습니다.

3 1 그러므로 여러분이 그리스도와 함께 살려
주심을 받았으면, 위에 있는 것들을 추구하십
시오. 거기에는, 그리스도께서 하나님의 오른쪽
에 앉아 계십니다. 2 여러분은 땅에 있는 것들을
생각하지 말고, 위에 있는 것들을 생각하십시오.
3 여러분은 이미 죽었고, 여러분의 생명은 그리
스도와 함께 하나님 안에 감추어져 있습니다.
4 ㅁ)여러분의 생명이신 그리스도께서 나타나실
때에, 여러분도 그분과 함께 영광에 싸여 나타날
것입니다.

5 그러므로 땅에 속한 지체의 일들, 곧 음행과
더러움과 정욕과 악한 욕망과 탐욕을 죽이십시오.
탐욕은 우상숭배입니다. 6 이런 것들 때문에,
[순종하지 않는 자들에게] 하나님의 진노가 내립
니다. 7 여러분도 전에 ㅂ)그런 것에 빠져서 살 때
에는, 그렇게 행동하였습니다. 8 그러나 이제

ㄱ) 또는 '침례' ㄴ) 그, '그는' ㄷ) 다른 고대 사본들에는 '우리를' ㄹ) 또는 '통치자들과 권력자들에게서 지위를 빼앗으시고' ㅁ) 다른 고대 사본들에는 '우리의' ㅂ) 또는 '그런 삶을 살 때에는' 또는 '그런 사람들 가운데서 살 때에는'

참조)이라는 이미지가 다시 사용되는데 이번에는 인간의 몸을 비유로 하고 있다.

2:22-23 바울은 골로새 사람들이 종교적 율법들과 규정들을 준수하기 시작했다는 것을 알고 있다. *경건과 겸손*을 드러내는 것에 반대하여 논쟁하는 것이 쉽지는 않은 일이다. 그러나 이것들은 단지 또 다른 형태로 자기가 하고 싶은 것을 하는 것이다.

3:1—4:6 이 부분에서 바울은 특정한 윤리적 이슈들을 다룬다.

3:1-4 골로새 신도들은 마치 그들이 벌써 하늘에서 살고 있는 것처럼 살아야 한다. 왜냐하면 실제적으로 그들이 하늘에 계신 그리스도와 함께 살고 있기 때문이다. 그들은 사실상 죽었고 묻혀있다 (*감추어져 있습니다*)—땅 속이 아니라 모든 지혜와 참 지식이 감추어져 있으나 (2:3 참조) 이 세상이 알 수 없는 그 곳, 즉, 하나님 안에 그리스도와 함께 있는 곳에 감추어져 있다. **3:4** 그리스도가 다시 올 때에 (이것은 드러났다), 그들은 그의 영광에 참여할 것이다.

3:5-11 열 가지 구체적 죄악들이 열거되어 있다 (네 가지 성적 죄악과 욕심이 5절에; 다섯 가지 반사회적 죄악들이 8절에). 이 죄악들은 우리가 그리스도의 것이 되었을 때에 다 버려야할 것들이다. **3:9-10** 옷을 벗고 바꾸어 입는 것은 하나의 삶의 방식을 접고 새로운 방식을 시작하는 것에 대한 은유이다. 새 삶은 창조주의 *형상*("아이콘")을 따라 사는 삶이다. **3:11** 이 새로운 인류는 인종이나 국적, 혹은 사회적 신분 등으로 나누어지지 않는다. 그리스도는 어디서나 모든 신도를 동등하게 대하신다 (갈 3:28 참조).

여러분은 그 모든 것, 곧 분노와 격분과 악의와
훼방과 여러분의 입에서 나오는 부끄러운 말을 버
리십시오. 9 서로 거짓말을 하지 마십시오. 여
러분은 옛 사람을 그 행실과 함께 벗어버리고,
10 새 사람을 입으십시오. 이 새 사람은 자기를
창조하신 분의 형상을 따라 끊임없이 새로워져
서, 참 지식에 이르게 됩니다. 11 거기에는 그리
스인과 유대인도, 할례 받은 자와 할례받지 않은
자도, 야만인도 스구디아인도, 종도 자유인도 없
습니다. 오직 그리스도만이 모든 것이며, 모든 것
안에 계십니다.

12 그러므로 여러분은 하나님의 택하심을
입은 사랑 받는 거룩한 사람답게, 동정심과 친절
함과 겸손함과 온유함과 오래 참음을 옷 입듯이
입으십시오. 13 누가 누구에게 불평할 일이 있
더라도, 서로 용납하여 주고, 서로 용서하여 주십
시오. ㄱ)주님께서 여러분을 용서하신 것과 같이,
여러분도 서로 용서하십시오. 14 이 모든 것 위
에 사랑을 더하십시오. 사랑은 완전하게 묶는 띠
입니다. 15 그리스도의 평화가 여러분의 마음을
지배하게 하십시오. 이 평화를 누리도록 여러분
은 부르심을 받아 한 몸이 되었습니다. 또 여러분
은 감사하는 사람이 되십시오. 16 ㄴ)그리스도의
말씀이 여러분 가운데 풍성히 살아 있게 하십시
오. 온갖 지혜로 서로 가르치고 권고하십시오. 감
사한 마음으로 시와 찬미와 신령한 노래로 여러분
의 ㄷ)하나님께 마음을 다하여 찬양하십시오.
17 그리고 말이든 행동이든 무엇을 하든지, 모든
것을 주 예수의 이름으로 하고, 그분에게서 힘을
얻어서, 하나님 아버지께 감사를 드리십시오.

가정 생활 지침

18 아내 된 이 여러분, 남편에게 순종하십시
오. 이것이 주님 안에서 합당한 일입니다. 19 남
편 된 이 여러분, 아내를 사랑하십시오. 아내를 모
질게 대하지 마십시오.

20 자녀 된 이 여러분, 모든 일에 부모에게
복종하십시오. 이것이 주님을 기쁘게 해 드리는
일입니다. 21 어버이 된 이 여러분, 여러분의 자
녀들을 격분하게 하지 마십시오. 그들의 의기를
꺾지 않아야 합니다.

22 종으로 있는 이 여러분, 모든 일에 육신
의 ㄹ)주인에게 복종하십시오. 사람을 기쁘게 하는
자들처럼 눈가림으로 하지 말고, ㄹ)주님을 두려워
하면서, 성실한 마음으로 하십시오. 23 무슨 일
을 하든지 사람에게 하듯이 하지 말고, 주님께 하
듯이 진심으로 하십시오. 24 여러분은 주님께
유산을 상으로 받는다는 사실을 기억하십시오.
여러분이 섬기는 분은 주 그리스도이십니다.
25 불의를 행하는 사람은, 자기가 행한 불의의
대가를 받을 것입니다. 거기에는 사람을 보고 차
별을 하는 일이 없습니다.

ㄱ) 다른 고대 사본들에는 '그리스도께서' ㄴ) 다른 고대 사본들에는 '하나님의' 또는 '주님의' ㄷ) 다른 고대 사본들에는 '주님께' ㄹ) 그리스어 '퀴리오스'는 '주인'에게도 쓰이고 '주님'에게도 쓰임

3:12-17 특정한 덕목들이 언급된다. **3:12** 새 옷을 입는다는 것은 여기서 거론되는 다섯 가지의 덕목을 지키는 것이다. **3:13** 하나님이 우리에게 참을성을 보여주시고 용서하여 주신 것처럼 기독교인들도 서로에게 인내하고 용서할 줄 알아야 한다. **3:14** 사랑은 가장 높은 덕목이다. **3:15** *지배하게 하십시오.* (문자 그대로의 의미는 "심판자가 되라." 개역개정은 "마음을 주장하게 하라;" 공동번역은 "마음을 다스리게 되다"). 이것은 운동경기를 비유로 하고 있다. 그리스도가 주는 평화(요 14:27 참조)로는 분쟁을 조정해야만 하며 자기의 유익을 구해서는 안 된다. **3:16** 우리가 만일 그리스도 안에 있는 모든 지혜로 *가르치고* (교리) *권고하면* (도덕을 가르침), 그리스도의 가르침을 따르는 것이다. 여기서 *시와 찬미와 신령한 노래* 등을 특별히 구분하려는 의도가 없다. **3:17** 모든 행위가 그리스도의 사랑 때문에 행해져야 하며 하나님께 드리는 감사가 되어야 한다.

3:18—4:1 바울은 가정에서 함께 생활하는 것에 대해 조언하고 있다 (다음을 참조하라. 엡 5:22—6:9; 딤전 2:8-15; 6:1-2; 딛 2:1-10; 벧전 2:13—3:7). 이것들은 질서를 유지하려는 전통적인 시도이다. 세 부분으로 나누어 연약한 자들(아내, 자녀, 종)의 의무들을 먼저 논하고, 힘있는 자들(남편, 부모, 주인)의 의무를 나중에 적는다. **3:18-19** 아내들은 남편들에게 순종해야 한다. 그러나 남편들은 아내들을 사랑으로 대해야 한다. **3:20-21** 자녀들은 부모들에게 순종해야 한다. 그러나 (훈련을 담당하는) 아버지들은 자녀들의 인격을 억눌러서는 안 된다. 이것은 이러한 면에서 가장 오래된 통찰력을 보여주는 것일 것이다. **3:22-25** 종들은 주인들에게 순종해야 한다. 비록 순종하지 않는 것을 모르고 지날 때일지라도 순종해야 한다. 자기의 일을 진짜 주인(주님; 희랍어로는 주인과 주님이 같은 단어)을 위한 일로 생각해야 한다. 왜냐하면 주 그리스도께서 궁극적인 보상을 주는 분이기 때문이다.

4
1 주인 된 이 여러분, 정당하고 공정하게 종들을 대우하십시오. 여러분도 하늘에 주인을 모시고 있다는 사실을 아시기 바랍니다.

권면

2 기도에 힘을 쓰십시오. 감사하는 마음으로
기도하면서, 깨어 있으십시오. 3 또 하나님께서
전도의 문을 우리에게 열어 주셔서, 우리가 그리스도의 비밀을 말할 수 있도록, 우리를 위해서도 기도하여 주십시오. 나는 이 비밀을 전하는 일로 매여 있습니다. 4 그러니 내가 마땅히 해야 할 말로 이 비밀을 나타낼 수 있도록 기도해 주십시오.
5 외부 사람들에게는 지혜롭게 대하고, ㄱ)기회를 선용하십시오. 6 여러분의 말은 소금으로 맛을 내어 언제나 은혜가 넘쳐야 합니다. 여러분은 각 사람에게 어떻게 대답해야 마땅한지를 알아야 합니다.

작별 인사

7 내 모든 사정은 두기고가 여러분에게 알려 드릴 것입니다. 그는 주님 안에서, 사랑하는 형제요, 신실한 일꾼이요, 함께 종된 사람입니다.
8 내가 그를 여러분에게 보내는 것은, ㄴ)여러분이 우리의 사정을 알고 마음에 위로를 받게 하려는 것입니다. 9 그리고 사랑 받는 신실한 형제인 오네시모도 같이 보냅니다. 그는 여러분의 동향인입니다. 그들이 이 곳 사정을 모두 여러분에게 알려 드릴 것입니다.

10 나와 함께 갇혀 있는 아리스다고와 바나바의 사촌인 마가가 여러분에게 문안합니다(마가가 여러분에게 가거든 잘 영접하라는 지시를 여러분이 이미 받았을 줄 압니다). 11 유스도라는 예수도 문안합니다. 할례 받은 사람들로서는 이들

ㄱ) 또는 '때를' ㄴ) 다른 사본들에는 '내가 여러분의'

특별 주석

이 곳이나 다른 어느 곳에서 바울은 노예제도를 비난하지 않는다. 그는 오히려 종/주인의 관계를 은유로 하여 그 자신과 그리스도와의 관계를 설명한다 (롬 1:1). 그렇다고 해서 바울이 노예제도를 좋게 혹은 해가 없다고 생각했다고 결론을 내려서는 안 된다. 바울은 그 시대의 사회제도를 당연한 것으로 받아들였을 뿐이다. 바울은 그리스도가 곧 재림할 것이기 때문에 사회질서를 어지럽히는 것은 불필요한 것이라고 믿었다. 그러나 기다림은 그가 생각했던 것보다 더 길어졌고 그리스도인들은 비록 늦은 감이 있지만 성서적 관점에서 노예제도를 보면서, 하나님 앞에서 모든 인간의 평등함(3:11)과 모든 하나님 백성들의 자유라는 면(요 8:32; 고후 3:17; 갈 3:28; 5:1)에 대해서 새롭게 조명하게 되었다.

바울은 여기서 그의 창조성을 잘 발휘하지 못하고 있다. 그가 남자/여자의 관계나 종/주인의 관계에 있어서의 역학구조에 대해 한 번이라도 의문을 가졌다면, 그러한 표시가 있어야 하는데 전혀 없기 때문에 많은 현대의 독자들이 실망하고 불만스럽게 생각한다. 바울의 신학적 사고의 구조는 여전히 튼튼하지만 노예제도나 다른 종류의 힘의 관계에 대한 사고는 거의 전무하다시피 하다. 다행스럽게도 그의 다른 서신들에서 그의 신학적 통찰이 빛나고 도전적이며 충분히 포용적인 구절들이 있어서 우리로 하여금 그의 윤리적 입장을 더 넓게 조명하도록 촉구하고 있다. 이런 곳에서 바울은 그리스도인들의 자유와 모든 믿는 자들의 평등성에 대해 주장하고 있다.

4:1 주인들은 종들을 공평하게 대해야 한다. 왜냐하면 그들이 바로 *하늘의 주인* 되시는 분의 종들이기 때문이다.

4:2-6 바울은 골로새 신도들에게 그가 감옥에 있는 동안 기도해 달라고 부탁한다. 그가 감옥에서 나오게 해 달라는 기도가 아니라 이 경험을 복음전파의 기회로 사용할 수 있도록 기도해 달라는 것이다. **4:5** 그들은 비그리스도인들과도 함께 교제하며 그리스도에게로 인도할 수 있도록 해야 한다. 종말이 가까우므로 매 순간이 귀하다. **4:6** 비그리스도인들에 대해 말할 때 우리는 은혜로 충만해야 하며 정중한 태도로 해야 한다. *소금으로 맛을 내.* 무미하고 흥미 없이 하지 말고 끌어들이는 힘을 가지고 하라.

4:7-18 평상시와 마찬가지로, 바울은 개인 인사로 서신을 마무리한다. **4:7-8** *두기고*(엡 6:21-22를 참조)와 *오네시모*(몬 10)는 이 서신을 골로새로 배달할 것이며, 더 많은 소식을 전달할 것이다. **4:10** *아리스다고.* 행 19:29; 27:2를 참조하라. 바울은 마가를 조심스럽게 언급한다. 그는 이전에 *마가와* 헤어졌지만 (행 15:37-39를 참조), 나중에 화해했다 (몬 24를 참조). **4:11** *유스도("공평")라는 예수.* 이 사람이 누구인지는 알려져 있지 않다. "예수" 라는 이름은 "여호수아"와 같은 어근을 갖고 있으며, 희랍어권의 유대 사람들에게는 매우 흔한 이름이다. *할례 받은 사람들로서는 이들만이.* 유대 사람들 중에서는 이들, 즉 아리스다고, 마가, 그리고 유스도라는 예수만이 동역자들이라는 것이다. **4:12-13** 바울은 또 다시 *에바브라*를 칭찬한다 (1:7을 참조). 라오디게아, 히에라볼리, 골로새는 서로 가까이 위치해 있는 도시들이다. 에바브라가 그 도시들에서 사역했다. **4:14** *누가*는 신약성경에서는 여기와

만이 하나님의 나라를 위하여 일하는 나의 동역자
들이요, 나에게 위로가 되어 준 사람들입니다.
12 여러분의 동향인이요 그리스도 [예수]의 종인
에바브라가 여러분에게 문안합니다. 그는 여러분
이 완전하게 되고, 하나님의 모든 뜻에 확신을 가
지고 서기를 기도하면서, 늘 여러분을 위하여 애
쓰고 있습니다. 13 나는 그가, 여러분을 위하여,
그리고 라오디게아와 히에라볼리에 있는 사람들
을 위하여, 수고를 많이 하고 있음을 증언합니다.
14 사랑하는 의사인 누가와 데마도 여러분에게
문안합니다. 15 라오디게아에 있는 ㄱ)형제자매
들과 눔바와 그 부인의 집에서 모이는 교회에 문
안해 주십시오. 16 여러분이 이 편지를 읽은 다
음에는, 라오디게아 교회에서도 읽을 수 있게 하고,
라오디게아 교회에서 오는 편지도 읽으십시오.
17 그리고 아킵보에게 "주님 안에서 받은 직분을
유의하여 완수하라"고 일러주십시오.
18 나 바울이 친필로 문안합니다. 내가 갇혀
있음을 기억하십시오. 은혜가 여러분에게 있기를
빕니다.ㄴ)

ㄱ) 그, '형제들' ㄴ) 다른 고대 사본들에는 절 끝에 '아멘'이 있음

딤후 4:11과 몬 24에서만 이름이 거론된다. 그가 의사라는 것을 밝히는 것은 이 구절뿐이다. **4:15** *눔바*는 보통 여성의 이름이다. 그러나 어떤 사람들은 오역하여 이것을 남자의 이름 "님파스"로 번역하였다 (롬 16:7에서 율리아/유니아에 대한 주석을 보라). **4:17** *아킵보*가 만일 빌레몬서 2절의 아킵보라면 그에게 주어진 *직분* (문자 그대로는 "봉사사역")은 *오네시모*를 자유하게 하는 것일 가능성이 높다. **4:18** 바울은 투옥기간 동안 기도해 달라고 부탁하면서 친필로 문안인사를 썼다.

데살로니가전서

바울이 기원후 50년경에 데살로니가 사람들에게 보낸 데살로니가전서는 예수님의 죽음과 부활 사건 이후 약 20년, 그리고 마가복음이 기록되기 20년 전의 것으로서, 현존하는 그리스도교 문서 가운데 가장 오래된 문서이다. 바울은 2차 선교여행 (행 17:1-9) 초기에 "실라"(1:1의 실루아노)를 대동하고 로마제국에 속한 마케도니아 지방의 수도, 데살로니가를 방문했다. 그들은 유대교 회당에서 설교했으며, 약간의 유대 사람들과 많은 수의 독실한 이방 사람들이 그리스도교로 개종했다. 누가의 설명에 의하면, 바울이 데살로니가에서 어려움이 발생하기 전에 짧은 기간 동안만 머물었고 (행 17:2), 그와 함께 온 사람들은 그 도시를 떠났다.

바울은 짧은 기간 동안 데살로니가 그리스도인들과 함께 있으면서 그들과 가족적인 분위기를 가질 수 있었다 (2:8; 3:12). 그는 서신에서 14번씩이나 그들을 형제와 자매라고 부르고 있다. 그는 그들의 "어머니"와 같고 (2:7), 혹은 "아버지"와 같으며 (2:11), 그들과 떨어져 있는 것을 마치 고아가 그의 가족들과 떨어져 있는 것에 비교하기까지 한다 (2:17). 그렇게 가깝게 느끼는 감정 때문에 바울은 새로 개종한 그리스도인들에게 깊은 관심을 보이며 데살로니가로 다시 돌아가려고 노력하지만 그렇게 할 수 없었다. 그래서 그는 그의 신실한 동역자 디모데를 보내어 공동체의 구성원들로 하여금 신앙생활을 잘하도록 격려하고 후원하게 하였다. 디모데는 대체로 그들 상황에 대한 긍정적인 보고를 가지고 돌아왔으나 데살로니가 사람들의 신앙생활에 부족한 것이 있음을 암시해주었다 (3:10).

이 보고 때문에 바울이 편지를 쓰게 되었다. 그 당시 그리스도인들은 아직 복음의 메시지를 문서로 쓰는 습관이 없었는데, 바울은 헬라문화를 따르는 유대 사람으로서 그들의 문화를 따라 육체적으로 만날 수 없는 사람들과의 만남을 대신하기 위해 편지를 흔히 사용하였다. 그의 서신들은 일반적으로 헬라문화에서 널리 사용되고 있던 개인 서신의 스타일, 즉 "한 친구가 다른 친구에게 보낸 것과 같은" 스타일을 따라 썼던 것을 볼 수 있다 (예를 들어, 데메트리우스의 익명의 편지). 전형적인 헬라식 편지의 스타일을 따라서 이 서신은 서론과 결론의 인사 (1:1; 5:26-28); 감사(1:2; 2:13; 3:9)와 기쁨 (2:19, 20; 3:9); 바울이 그들과 함께 하지 못하고 있음과 또 그들과 함께 있고 싶은 강한 희망 (2:17—3:6; 3:11) 등을 표현하고 있다. 이러한 것들과 또 다른 몇 가지 고대 서신에서 흔한 볼 수 있는 특성들을 볼 때에 데살로니가전서는 바울 자신이 말하는 것처럼 (5:27) 실제로 하나의 편지였다.

서신의 저자가 글을 받아쓰는 이에게 편지내용을 받아 적게 하는 것은 그 당시의 관습이었다. 비록 바울이 받아 적게 했을 경우 가끔씩 덧붙이는 개인적 인사들이 빠져있지만, 이 서신도 그가 받아 적게 했을 가능성이 많다. 그의 서신은 데살로니가 신도들에게 모임 중에 (1:1), 큰 소리로 읽도록 지시하고 있다 (5:27). 바울이 연설가로서의 솜씨를 드러내는 여러 특징들이 번역본에서보다는 희랍어 원어에서 더욱 명백하게 나타난다. 그리스도인들은 보통 서로서로 집을 돌아가며 모였다. 따라서 바울의 편지를 읽기 위해 함께 모였을 때 전체 신도들의 숫자는 별로 많지 않았으며, 아마도 기껏해야 40명 안팎이었을 것이다.

이 서신은 복음, 즉, 기쁜 소식(*유앙겔리온*, 막 1:1에 관한 주석을 보라)을 최초로 글의 형식으로 쓴 문서이다. 후대의 다른 신약 문서들과 비교할 때 데살로니가전서는 놀라울 정도로 구약성경을 직접 인용하지 않았다. 이것은 아마도 수신자들이 대부분 이방 사람이었기 때문이었을 것이다 (1:9-10). 대부분의 고대 그리스도교 문서들과 마찬가지로 이 서신 역시 대단히 중요하다. 이 서신은 초대교회 신앙고백들의 용법을 보여주고 있으며 (1:10; 4:14; 5:10), 복음 선포와 도덕적 권고들을 합한 형식을 보여준다 (4:1-2). 이 서신은 믿는 자들의 삶이 믿음, 사랑, 그리고 소망의 삶이며 (1:3; 5:8), 궁극적인 구원이란 그리스도와 함께 하는 삶이라는 것을 말하고 있다 (4:14, 17; 5:10). 유대교의 묵시적 동기들을 사용하고 있는데 (4:16-17; 5:2-8), 거기에는 예수의 부활이 그의 재림(4:13-18)과 믿는 자들의 부활에 대한 약정이 된다는 것을 확신시키는 그리스도교의 독특한 믿음의 형식을 갖추고 있다.

서신의 구조는 다음과 같다. 성경본문에 대한 연구 주석들은 이 개요를 바탕으로 한 것이며, 보다 명확한 설명을 위해서는 보충하여 더 세밀하게 구분하였다.

Ⅰ. 시작하는 말, 1:1
Ⅱ. 첫 번째 감사드리기, 1:2—2:12
Ⅲ. 두 번째 감사드리기, 2:13-16
Ⅳ. 디모데의 선교, 2:17—3:10
Ⅴ. 두 번의 간구기도, 3:11-13
Ⅵ. 성화와 형제자매간의 사랑에 대한 권고, 4:1-12
Ⅶ. 첫 번째 묵시적 기간, 4:13-18
Ⅷ. 두 번째 묵시적 기간, 5:1-11
Ⅸ. 마지막 권고들, 5:12-22
Ⅹ. 마지막 간구기도, 5:23-24 [25]
Ⅺ. 마치는 말, 5:26-28

레이몬드 에프 칼런스 (Raymond F. Collins)

인사

1 1 바울과 실루아노와 디모데가 하나님 아버
지와 주 예수 그리스도 안에 있는 데살로니가
사람의 교회에 이 편지를 씁니다. 은혜와 평화가
여러분에게 있기를 빕니다.

데살로니가 교인들의 믿음과 모범

2 우리는 여러분 모두를 두고 언제나 하나님께
감사를 드립니다. 우리는 기도할 때에 여러분을
기억하고 있습니다. 3 또 우리는 하나님 우리 아
버지 앞에서 여러분의 믿음의 행위와 사랑의 수
고와 우리 주 예수 그리스도께 둔 소망을 굳게 지
키는 인내를 언제나 기억하고 있습니다. 4 하나
님의 사랑을 받은 ㄱ)형제자매 여러분, 우리는 하나
님께서 여러분을 택하여 주셨음을 알고 있습니다.
5 우리는 여러분에게 복음을 말로만 전한 것이
아니라, 능력과 성령과 큰 확신으로 전하였습니
다. 우리가 여러분 [가운데서], 여러분을 위하여,
어떻게 처신하였는지를, 여러분은 알고 있습니다.
6 여러분은 많은 환난을 당하면서도 성령께서 주
시는 기쁨으로 말씀을 받아들여서, 우리와 주님을
본받는 사람이 되었습니다. 7 그리하여 여러분은
마케도니아와 아가야에 있는 모든 신도들에게 모
범이 되었습니다. 8 주님의 말씀이 여러분으로
부터 마케도니아와 아가야에만 울려 퍼진 것이 아
니라, 하나님을 향한 여러분의 믿음에 대한 소문이
각처에 두루 퍼졌습니다. 그러므로 이것을 두고
는 우리가 더 말할 필요가 없습니다. 9 ㄴ)그들은
우리를 두고 이야기합니다. 우리가 여러분을 찾아
갔을 때에 여러분이 우리를 어떻게 영접했는지, 어
떻게 해서 여러분이, 우상을 버리고 하나님께로
돌아와서 살아 계시고 참되신 하나님을 섬기며,
10 또 하나님께서 죽은 사람들 가운데서 살리신
그 아들 곧 장차 내릴 진노에서 우리를 건져 주실
예수께서 하늘로부터 오시기를 기다리는지를, 그
들은 말합니다.

ㄱ) 그, '형제들이여' ㄴ) 마케도니아와 아가야 지역에 있는 사람들

1:1 이 서신은 전형적인 헬라식 편지 서론에서와 같이 발신자와 수신자를 거론하고 문안인사를 한다. 바울은 편지 전체에서 발신자가 복수임을 확실하게 하는데, 그것은 바로 얼마 전 데살로니가를 방문했던 *바울과 실루아노와 디모데가* 발신자들임을 데살로니가 신도들이 알기를 원하기 때문이다. 후반기에 쓴 서신들과는 다르게, 여기서 바울은 데살로니가 사람들에게 인사하고 있는 사람들에 대한 더 이상의 설명 없이 그들의 이름만을 적어 보내고 있다. *교회.* 이 서신은 하나님과 주 (*큐리오스*) 예수 그리스도와 관계를 맺고 있는 데살로니가에 있는 사람들의 모임에 보내졌다.

특별 주석

주(主, *큐리오스*)는 신격화된 로마의 황제를 부르는 칭호이기도 하였다. 같은 칭호로 예수를 부름으로써 바울은 정치적으로나 종교적으로 혁명적인 선언을 하고 있는 것이다.

여기에 나온 인사는 헬라식 편지들 가운데 독특하기는 하지만, 바울은 이것을 조금 더 확장시켜 이후에 쓴 편지들을 위한 전형적인 인사말로 사용한다.

1:2—2:12 시작하는 인사 이후에 헬라식 서신들은 일반적으로 건강에 대한 기원이나 신에 대한 감사 표현을 한다. 바울은 그의 서신에서 데살로니가 사람들 가운데서 이룬 성공적인 복음선포에 대해 긴 감사 표현을 한다 (1:1-10). 그 다음에 계속 감사를 하면서 데살로니가 사람들을 방문했던 기억을 되살리고 있다 (2:1-12). **1:2-5** 바울의 감사 표현은 언제나 하나님(아버지)에게로 향한다. 그는 데살로니가 신도들 가운데 활발하게 나타나고 있는 믿음, 사랑, 소망의 삶에 대해 감사하고 있다. 믿음의 행위, 사랑의 수고, 그리고 소망은 어려운 상황 속에서도 굳건히 나타나고 있다. 이러한 삶은 복음의 선포 가운데서 역사하는 성령의 능력을 보여주는 것이며, 바울과 그의 전도 동역자들을 기억하는 데살로니가 사람들이 하나님으로부터 선택받은 자들이라는 증거이다. **1:6-7** 전도자들의 삶의 스타일은 복음 메시지의 중요한 부분이다. 그들의 신실한 행위는 쇠사슬로 시작한다. 그들이 데살로니가 사람들에게 모범을 보이면 그들은 다시 현대의 그리스에 해당하는 로마의 지방이었던 *마케도니아와 아가야에* 있는 신도들에게 모범을 보이게 된다. 데살로니가 신도들은 복음을 위해 고난을 견디면서, 다가올 종말에 구원을 알리는 선구자가 되는 그 고난 속에서 바울과 같이 될 것이다. **1:8-10** 바울은 하나님의 말씀이 데살로니가로부터 시작하여 그리스와 전 헬라 문화권의 세계에 *울려 퍼진* 것에 대해 흥분하여 쓰고 있다. 퍼져나가는 것은 데살로니가 사람들이 우상숭배를 떠나 살아 계시고 참되신 하나님—창조와 언약의 하나님—을 섬기도록 개종했다고 하는 소식이었다. 이것 역시 복음의 메시지의 일부분이다. 언약의 하나님에 대한 데살로니가 사람들의 믿음이 특별한 것은 그들이 고대하고 있었던 사람들이었다는 것이다. 그들은 하나님의 아들이 하늘로부터 나타날 것을 기다리고 있다: 예수는 하나님이 죽은 *사람들* (*에크 네크론*, 복수) *가운데서 살리신* 분이었다.

데살로니가에서 벌인 바울의 사역

2 1 ㄱ)형제자매 여러분, 우리가 여러분을 찾아
간 것이 헛되지 않은 줄을, 여러분이 알고 있
습니다. 2 여러분이 아는 바와 같이, 우리가 전에
빌립보에서 고난과 모욕을 당하였으나 심한 반대
속에서도 하나님 안에서 담대하게 하나님의 복음
을 여러분에게 전하였습니다. 3 우리의 권면은
잘못된 생각이나 불순한 마음이나 속임수로 하는
것이 아닙니다. 4 우리는 하나님께 검정을 받아
서, 맡은 그대로 복음을 전합니다. 우리가 이렇게
하는 것은 사람의 환심을 사려고 하는 것이 아니
라, 우리의 마음을 살피시는 하나님을 기쁘게 해
드리려고 하는 것입니다. 5 여러분이 아는 대로,
우리는 어느 때든지, 아첨하는 말을 한 일이 없고,
구실을 꾸며서 탐욕을 부린 일도 없습니다. 이 일
은 하나님께서 증언하여 주십니다. 6 우리는 또
한, 여러분에게서든 다른 사람에게서든, 사람에
게서는 영광을 구한 일이 없습니다. 7 물론 우리
는 그리스도의 사도로서, 권위를 주장할 수도 있
었습니다. 그러나 우리는 여러분 가운데서, 마치
어머니가 자기 자녀를 돌보듯이 ㄴ)유순하게 처신
하였습니다. 8 우리는 이처럼 여러분을 사모하
여, 여러분에게 하나님의 복음을 나누어 줄 뿐만
아니라, 우리 목숨까지도 기쁘게 내줄 생각이었
습니다. 그것은 여러분이 우리에게 사랑을 받는
사람이 되었기 때문입니다. 9 ㄱ)형제자매 여러
분, 여러분은 우리의 수고와 고생을 기억하고 있
을 것입니다. 우리는 여러분 가운데 아무에게도
폐를 끼치지 아니하려고, 밤낮으로 일을 하면서
하나님의 복음을 여러분에게 전파하였습니다.
10 또, 신도 여러분을 대할 때에, 우리가 얼마나
경건하고 올바르고 흠 잡힐 데가 없이 처신하였는
지는, 여러분이 증언하고, 또 하나님께서도 증언
하십니다. 11 여러분이 아는 바와 같이, 아버지
가 자기 자녀에게 하듯이, 우리는 여러분 하나하
나를 대합니다. 12 우리는 여러분을 권면하고
격려하고 경고합니다마는, 그것은 여러분을 부르
셔서 당신의 나라와 영광에 이르게 하시는 하나님
께 합당하게 살아가게 하려는 것입니다.

13 우리가 하나님께 끊임없이 감사하는 것
은, 여러분이 우리에게서 하나님의 말씀을 받을
때에, 사람의 말로 받아들이지 아니하고, 실제 그
대로, 하나님의 말씀으로 받아들였기 때문입니
다. 이 하나님의 말씀은 또한, 신도 여러분 가운
데서 살아 움직이고 있습니다. 14 ㄱ)형제자매 여
러분, 여러분은 그리스도 예수 안에서 유대에 있는
하나님의 교회들을 본받는 사람이 되었습니다.
그들이 유대 사람에게서, 고난을 받은 것과 같이,
여러분도 여러분의 동족에게서 똑같은 고난을

ㄱ) 그, '형제들' ㄴ) 다른 고대 사본들에는 '어린 아이들처럼'

죽은 사람들 가운데서 다시 살아난 예수님은 역사의 종말에 하나님의 진노로부터 그리스도인들을 구하실 것이다. **2:1-2** 바울은 데살로니가를 방문한 것을 회상하면서 데살로니가 사람들에게 *그가 빌립보*와 데살로니가에서 복음을 전파했을 때 하나님이 주시는 용기를 필요로 했던 그 어려움에도 불구하고 그들 가운데서 성공적으로 전도했던 것을 상기시키고 있다. **2:3-8** 몇몇 학자들은 3-7절의 앞까지를 바울의 자신에 대한 변호 혹은 복음에 대한 변호라고 본다. 디오 크리소스톰(Dio Chrysostom)과 같은 헬라 철학자들의 글에서 발견할 수 있는 비슷한 구절들을 고려해볼 때, 이 부분은 복음의 신빙성에 대한 바울의 수사학적 확신이지 바울이 어떤 이기적 동기에서 설교한 것이 아니라고 이해하는 것이 가장 좋다. 비록 그리스도교 전도자들 혹은 사도들(희랍어, *아포스톨로이*)이 재정적 후원을 받을 자격이 있고 (눅 10:7) 철학자들도 가끔씩 돈을 받지만, 바울은 데살로니가 사람들에게 아무런 재정적 후원을 요청하지 않았다. 그가 복음을 전파한 것은 어머니나 아버지의 사랑으로 사랑했던 그들에 대한 애정으로 한 것이었다. **2:9-12** 바울은 데살로니가 사람들에게 일련의 사실들을 상기시킨다. (1) 그와 그의 동역자들은 시장에 있는 가게에서 장사를 하면서 자기들의 재정을 후원하였음을 상기시킨다. 이러한 것은 바울이 텐트와 샌들을 여행자들에게 고쳐주거나 만들어 주면서 복음을 전파할 기회를 갖도록 해주었다. (2) 바울은 전도자들의 청렴결백한 생활을 회상하면서 수사학적인 방법으로 반복하면서 강조하고 있다. (3) 그는 그의 데살로니가 사람들에 대한 아버지와 같은 사랑으로 하나님께서 부르신 것에 합당한 삶을 살고 또한 종말에 불러주신 것에 합당한 삶을 살라고 권고했었다고 회상시키고 있다.

2:13-16 아주 짧게, 바울은 복음의 능력(13절)에 대해 하나님께 감사한 후, 곧 데살로니가 신도들의 어려운 상황에 대해 상고하고 있다 (14절-16절). **2:13** 바울이 하나님께 감사를 드리는 이유는 비록 그의 말들이 인간의 것이지만, 하나님의 말씀이 데살로니가 신도들 가운데서 역사하고 있었기 때문이었다. **2:14-16** 데살로니가 사람들 가운데 복음이 역사하고 있다는 증거는 그들이 유대 지역에 있는 그리스도인들이 그랬던 것처럼 그들의 동족들의 손에 고통을 당하고 있다는 것이다.

받았습니다. 15 유대 사람은 주 예수와 예언자를 죽이고, 우리를 내쫓고, 하나님을 기쁘게 해 드리지 않고, 모든 사람에게 적대자가 되었습니다. 16 그들은 우리가 이방 사람에게 말씀을 전해서 구원을 얻게 하려는 일까지도 방해하고 있습니다. 그리하여 그들은 자기들의 죄의 분량을 채웁니다. 마침내 하나님의 진노가 그들에게 이르렀습니다.

바울이 데살로니가에 다시 가기를 원하다

17 ㄱ)형제자매 여러분, 우리가 잠시 여러분을 떠난 것은 얼굴이요, 마음은 아닙니다. 우리는 얼굴을 마주하고 여러분을 볼 수 있기를 간절히 바라고 있습니다. 18 그러므로 우리는 여러분에게로 가고자 하였고, 특히 나 바울은 한두 번 가고자 하였습니다. 그러나 사탄이 우리를 방해하였습니다. 19 우리 주 예수께서 오실 때에, 그분 앞에서, 우리의 희망이나 기쁨이나 자랑할 면류관이 무엇이겠습니까? 그것은 여러분이 아니겠습니까? 20 여러분이야말로 우리의 영광이요, 기쁨입니다.

3 1 그러므로, 우리는 참다 못하여, 우리만 아테네에 남아 있기로 하고, 2 우리의 형제요, ㄴ)그리스도의 복음을 전하는 하나님의 일꾼인 디모데를 여러분에게로 보냈습니다. 그것은, 그가 여러분을 굳건하게 하고, 여러분의 믿음을 격려하여, 3 아무도 이러한 온갖 환난 가운데서 흔들리지 않게 하려는 것입니다. 여러분도 아는 대로, 우리는 이런 환난을 당하게 되어 있습니다. 4 우리가 여러분과 함께 있을 때에, 장차 우리가 환난을 당하게 되리라는 것을 여러분에게 미리 말하였는데, 과연 그렇게 되었고, 여러분은 그것을 알고 있습니다. 5 그러므로 내가 참다 못하여, 여러분의 믿음을 알아 보려고, 그를 보냈습니다. 그것은, 유혹하는 자가 여러분을 유혹하여 우리의 수고를 헛되게 하지 못하게 하려는 것이었습니다.

6 그런데 지금 디모데가 여러분에게서 우리에게로 돌아와서, 여러분의 믿음과 사랑의 기쁜 소식을 전하여 주었습니다. 또, 여러분이 우리를 늘 좋게 생각하고 있어서, 우리가 여러분을 간절히 보고 싶어하는 것과 같이, 여러분도 우리를 간

ㄱ) 그, '형제들' ㄴ) 그, '그리스도 복음의 하나님의 일꾼'

특별 주석

많은 주석가들은 살전 2:14-16(혹은 그 상당 부분이)이 바울에 의해 씌어진 것이 아니라고 생각하기도 하는데, 그 이유는 여기서 유대 사람들에 대한 묘사가 매우 부정적이고, 로마서 11장과는 너무나 대조적이기 때문이다. 그러나 이렇게 삽입되었다는 것에 대한 원문상의 증거는 없다. 모든 고대 마소라사본들은 지금 우리가 갖고 있는 것과 똑같은 형태의 원문을 보유하고 있다. 더욱이 바울의 말들은 필로와 요세푸스와 같은 당대의 유대인 저자의 글에서 발견할 수 있는 것과 같은 자기 민족에 대한 자아비평 수준에 머물고 있다. 바울은 하나님의 종말론적 진노가 예수와 선지자들의 죽음에 책임 있는 그러한 유대 사람들에게 내릴 것이라고 하는 확신을 표현하고 있다. 그가 하나님의 진노에 대해 쓸 때에는 아무런 특정한 사건에 대해 이야기하고 있지 않지만, 이것이 삽입구절이라고 보는 학자들은 예루살렘의 함락과 성전의 파괴(기원후 70년)를 즈음하여 삽입되었다고 흔히들 보고 있다.

2:17—3:10 디모데의 선교사역에 대한 이야기는 다음의 네 부분으로 잘 나뉘어져 있다: 바울이 그리워함 (2:17-19); 디모데의 선교 (3:1-5); 선교보고를 받음 (3:6-8); 그리고 바울의 감사기도 (3:9-10). **2:17-19** 바울은 그가 데살로니가 신도들을 그리워하는 심정이 마치 *고아가* 그의 가족과 다시 결합하기를 원하는 심정과 같다고 말한다. 바울은 묵시문학적 언어를 사용하여 지금까지 데살로니가 신도들과 다시 만날 수 없게 만든 상황들과 그러나 결국 예수님의 재림 때 (2:19), 그들과 함께 할 기쁨을 고대하고 있음을 말하고 있다.

특별 주석

바울은 예수의 재림을 *파루시아* 라고 묘사하는데, 그것은 "임재"를 의미하는 희랍어 단어이다. 이 단어는 황제를 포함한 국가 권력자들이 도시를 방문할 때 사용하는 전문 용어이다. 여기서 바울은 그 의미를 확대시켜 예수의 두 번째 오심을 묘사하고 있다.

3:1-5 바울은 이미 데살로니가 신도들에게 그들이 당하게 될 어려움에 대해 경고해 주었다. 그들이 신앙 안에서 견고할 것인지에 대한 불안감을 줄이기 위해 바울은 그의 선교 동역자 디모데를 데살로니가에 보내 기독교인이 된 지 얼마 되지 않은 그들을 돌보아주고 격려하도록 하였다. **3:6-8** 디모데는 그들의 *믿음과 사랑에* 대한 좋은 소식들을 갖고 돌아왔다. 그는 또한 그들이 바울을 좋아하고 있다고 말했다. 이 보고는 바울을

절히 보고 싶어한다고 전하여 주었습니다. 7 그러
므로 [ㄱ]형제자매 여러분, 우리는 여러분을 보고,
우리의 모든 곤경과 환난 가운데서도, 여러분의 믿
음으로 말미암아 위로를 받았습니다. 8 여러분이
주님 안에 굳게 서 있으면, 이제 우리가 살아 있는
셈이기 때문입니다. 9 우리가 우리 하나님 앞에서,
여러분 때문에 누리는 모든 기쁨을 두고, 여러분을
생각해서, 하나님께 어떠한 감사를 드려야 하겠
습니까? 10 우리는 여러분의 얼굴을 볼 수 있기를,
또 여러분의 믿음에 부족한 것을 보충하여 줄 수
있기를 밤낮으로 간절히 빌고 있습니다.

11 하나님 우리 아버지와 우리 주 예수께서 우
리의 길을 친히 열어 주셔서, 우리를 여러분에게로
가게 해 주시기를 간구합니다. 12 또, 우리가 여
러분을 사랑하는 것과 같이, 주님께서 여러분끼리
서로 나누는 사랑과 모든 사람에게 베푸는 여러
분의 사랑을 풍성하게 하고, 넘치게 해 주시기를
빕니다. 13 그래서 주님께서 여러분의 마음을 굳
세게 하셔서, 우리 주 예수께서 자기의 모든 성도
들과 함께 오실 때에, 하나님 우리 아버지 앞에서
거룩함에 흠 잡힐 데가 없게 해 주시기를 빕니다.

하나님을 기쁘게 해 드리는 생활

4 1 그러므로 [ㄱ]형제자매 여러분, 끝으로 우리
는 주 예수 안에서 여러분에게 부탁하며 권면
합니다. 여러분은 어떻게 살아야 하며, 어떻게 하
나님을 기쁘게 해 드려야 할 것인지를, 우리에게
서 배운 대로 하고 있으니, 더욱 그렇게 하십시오.
2 우리가 주 예수의 이름으로 무슨 지시를 여러
분에게 내렸는지를, 여러분은 알고 있습니다.
3 하나님의 뜻은 여러분이 성결하게 되는 것입니
다. 여러분은 음행을 멀리하여야 합니다. 4 각
사람은 [ㄴ]자기 아내를 거룩함과 존중함으로 대할
줄 알아야 합니다. 5 하나님을 알지 못하는 이방
사람과 같이, 색욕에 빠져서는 안됩니다. 6 또
이런 일에 탈선을 하거나 자기 [ㄷ]교우를 해하거나
하지 말아야 합니다. 우리가 여러분에게 전에도
말하고 경고한 대로, 주님께서는 이런 모든 일을
징벌하시는 분이시기 때문입니다. 7 하나님께서

ㄱ) 그, '형제들' ㄴ) 또는 '자기 아내를 자기 몸처럼 대할 줄 알아야 합니다' 또는 '자기 몸을 거룩함과 존중함으로 대할 줄 알아야 합니다' ㄷ) 그, '형제를'

격려해 주었고 그가 열정을 가지고 사역을 계속할 수 있도록 해주었다. **3:9-10** 바울은 디모데의 보고를 듣고 매우 감동받아 하나님 앞에서 기쁨을 누리고 있다고 말하며 하나님께 감사드린다. 바울은 데살로니가 사람들을 방문하여 그들의 믿음에 부족한 것을 채우도록 도와줄 수 있게 되기를 위해 기도한다.

3:11-13 디모데로부터 좋은 소식을 받은 바울은 기쁨으로 간구하되 분명하게 하나님 아버지와 우리 주 예수 그리스도 두 분을 향하여 기도를 드리고 있다. 11절의 동사는 단수이다. 바울은 하나님과 그리스도께서 도와주셔서 바울을 데살로니가 사람들에게로 보내줄 것을 기도한다. 그리고 바울의 그 다음 간구는 그 공동체가 사랑 (*아가페*) 안에서 성장하기를 바라는 것이다. 그는 그들이 바울과 그의 동역자들의 사랑을 본받아 데살로니가에 있는 공동체를 넘어서서 서로가 사랑을 주고받게 되기를 기원한다. 바울의 세 번째 호소는 종말론적인 초점을 갖고 있다. 즉 공동체가 우리 주 예수의 재림 (*파루시아*, 2:19에 관한 특별 주석을 보라) 때까지 흠이 없게 남아있기를 바라는 것이다.

4:1-12 바울은 그가 가장 많이 걱정하고 있는 문제를 거론하기 전에 두 가지를 권한다. 우선 그들에게 주어진 성령의 은사에 합당한 성결한 삶을 추구하라고 권한다 (4:1-8). 그리고 계속해서 서로 사랑하라고 말한다 (4:9-12). **4:1-8** 바울은 그의 첫 번째 목회 권고를 시작하면서 그들에게 전에 교훈했던 삶의 스타일 (희랍어, *페리파테오*; 문자 그대로의 의미는 "길을 걷기")을 계속하라고 촉구한다. 공동체를 향한 하나님의 뜻은 그들이 *성결하게 되는 것*, 즉 거룩한 삶으로 성장해 가는 것이다. 이 동기가 전체 권고에 깔려 있다 (3-8절). 만일 공동체가 하나님의 백성이 되려면 (1:4), 그들은 성적인 부도덕을 피해야만 한다.

특별 주석

자기 아내를 거룩함과 존중함으로 대할 줄 알아야 합니다. [또는 이 구절은 "자기 아내를 자기 몸처럼 대할 줄 알아야 합니다"로 번역할 수도 있음. 공동번역은 "각각 존경하는 마음으로 거룩하게 자기의 아내의 몸을 대하고" 라고 번역했음.] 바울은 자기를 절제하는 방법을 말해주기 위해 "아내"를 "그릇"으로 묘사하는 희랍적 은유를 사용하고 있다. [희랍어로는 "자기 그릇을…대할 줄 알아야 합니다" 라고 되어 있다]. 어떤 학자들은 이 이미지가 "몸을 통제하는" 것을 말하기 위해 사용된 것이라고 본다. 다른 학자들은 "아내를 대하는" 것을 말하기 위한 것으로 본다. 은유적으로 아내를 "그릇"으로 보는 것은 현대의 독자들에게는 모욕적인데 벧전 3:7에서와 랍비 문서들에서 찾아볼 수 있다. 그러나 그 이미지의 출처는 잠 5:15-20일 수도 있는데 이 구절은 간음에 대해 경고하면서 아내를 사랑의

우리를 불러 주신 것은, 더러움에 빠져 살게 하시
려는 것이 아니라, 거룩함에 이르게 하시려는 것
입니다. 8 그러므로 이 경고를 저버리는 사람은,
사람을 저버리는 것이 아니라, 여러분에게 성령
을 주시는 하나님을 저버리는 것입니다. 9 ㄱ)교
우들에 대한 사랑을 두고서는, 여러분에게 더 쓸
필요가 없겠습니다. 여러분이 직접 하나님께로
부터 서로 사랑하라고 하시는 가르침을 받아서,
10 온 마케도니아에 있는 모든 ㄱ)형제자매에게 그
것을 실행하고 있기 때문입니다. ㄱ)형제자매 여러
분, 우리는 여러분이 더욱더 그렇게 하기를 권면
합니다. 11 그리고 우리가 여러분에게 명령한
대로, 조용하게 살기를 힘쓰고, 자기 일에 전념하
고, 자기 손으로 일을 하십시오. 12 그리하여 여
러분은 바깥 사람을 대하여 품위 있게 살아가야
하고, 또 아무에게도 신세를 지는 일이 없도록 해야
할 것입니다.

주님의 재림과 죽은 사람의 부활

13 ㄱ)형제자매 여러분, 우리는 여러분이 ㄴ)잠든
사람의 문제를 모르고 지내는 것을 원하지 않습니
다. 여러분은 소망을 가지지 못한 다른 사람들과
같이 슬퍼하지 않아야 할 것입니다. 14 우리는
예수께서 죽으셨다가 살아나신 것을 믿습니다.
이와 같이 하나님께서 예수 안에서 ㄴ)잠든 사람들
도 예수와 함께 데리고 오실 것입니다.
15 우리는 주님의 말씀으로 여러분에게 이것
을 말합니다. 주님께서 오실 때까지 살아 남아 있
는 우리가, 이미 잠든 사람들보다 결코 앞서지 못
할 것입니다. 16 주님께서 호령과 천사장의 소
리와 하나님의 나팔 소리와 함께 친히 하늘로부터
내려오실 것이니, 그리스도 안에서 죽은 사람들
이 먼저 일어나고, 17 그 다음에 살아 남아 있는
우리가 그들과 함께 구름 속으로 이끌려 올라가
서, 공중에서 주님을 영접할 것입니다. 이리하여
우리가 항상 주님과 함께 있을 것입니다. 18 그
러므로 여러분은 이런 말로 서로 위로하십시오.

5 1 ㄱ)형제자매 여러분, 그 때와 시기를 두고서
는 여러분에게 더 쓸 필요가 없겠습니다.
2 주님의 날이 밤에 도둑처럼 온다는 것을, 여러
분은 자세히 알고 있습니다. 3 사람들이 "평안
하다, 안전하다" 하고 말할 그 때에, 아기를 밴 여
인에게 해산의 진통이 오는 것과 같이, 갑자기 멸
망이 그들에게 닥칠 것이니, 그것을 피하지 못할
것입니다. 4 그러나 ㄱ)형제자매 여러분, 여러분
은 어둠 속에 있지 아니하므로, 그 날이 여러분에
게 도둑과 같이 덮치지는 않을 것입니다. 5 여러

ㄱ) 그, '형제들' ㄴ) 또는 '죽은 사람들'

기쁨을 마실 수 있는 샘물로 말하고 있다. 살전 4:4는 바울이 여성들을 낮게 평가했다고 볼 수 있는 근거가 되지 못한다.

바울은 성적 부도덕을 피하라고 격려하면서, 이방 사람들의 성적 도덕성에 대해 그가 유대 사람으로서의 편견이 있음을 보여주고 있다. 바울은 데살로니가 신도들에게 다른 사람의 결혼관계에 피해를 주지 말라고 촉구하면서 주님이 원수를 갚아주는 분이라는 것을 상기시키며 강조하고 있다 (시 94:1). **4:9-12** 계속하여 서로 사랑하라고 *여러분에게* [데살로니가 신도들에게] *더 쓸 필요가 없겠습니다* 라고 하면서 바울은 계속하여 *형제자매들을 사랑할* 필요가 있음을 강조하고 있다. (그럴 필요가 있다는 것을 부인하면서 동시에 상담을 제공하는 수사학적 기교로는 역언법 [paralipsis] 혹은 간과법[praeterition]이라고 불린다.) 공동체 삶에 있어서 상호간 도와주는 것은 공동체 밖에 있는 사람들에게 인상적일 정도로 이루어져야 한다.

4:13-18 서신 처음부터 종말론적 관점으로 가득 차 있었다. 바울은 데살로니가 사람들의 삶을 믿음, 소망, 사랑이라는 세 가지 면으로 묘사하면서 소망의 군건함을 강조했다 (1:3). 그럼에도 불구하고 그는 데살로니가 사람들의 신앙에 무엇인가 결여되어 있다고 말한다 (3:10). 디모데는 데살로니가 사람들의 믿음과 사랑에 대한 좋은 소식을 갖고 돌아왔으나 분명 그들의 *소망*에 대한 좋은 소식은 갖고 오지 못했다 (3:6을 보라). 이 흥미진진한 묵시적인 구절에서 그 상황을 다루고 있다.

바울은 데살로니가 신도들 가운데 몇몇이 그들의 동료 그리스도인들의 죽음에 대한 슬픔으로 괴로워하고 있는 것에 대해 염려하고 있다. 아마도 믿지 않는 사람들이 그들을 험하게 다루어 죽었을 가능성이 있다. 주 예수의 재림이 임박한 것으로 기대하고 있던 신도들로서 이것은 받아들이기 어려운 일이었다. 바울은 그들의 슬픔을 덜어주기 위해 기독교의 믿음의 선언을 인용한다. *우리는 예수께서 죽으셨다가 살아나신 것을 믿습니다.* 그리고 하나님이 예수를 위해 하신 일을 그리스도 안에서 죽은 자들을 위해 똑같이 하실 것임을 확실히 말한다. 바울은 그의 메시지를 뒷받침하기 위해 전통의 권위를 인용한다. 그리고 미래의 부활이 어떻게 일어날 것인지에 대한 상상적인 "아이디어"를 주기 위해 유대교적 묵시 동기와 더불어 승전한 왕의 입성(희랍어로, *파루시아*)이라는 이미지를 사용한다.

5:1-11 묵시 문제를 다루는 첫 부분에서 바울은 죽은 자들의 미래에 일어날 부활을 하나님의 손에

분은 모두 빛의 자녀요, 낮의 자녀입니다. 우리는
밤이나 어둠에 속한 사람이 아닙니다. 6 그러므로
우리는 다른 사람들처럼 잠자지 말고, 깨어 있으며,
정신을 차립시다. 7 잠자는 자들은 밤에 자고,
술에 취하는 자들도 밤에 취합니다. 8 그러나 우
리는 낮에 속한 사람이므로, 정신을 차리고, 믿음과
사랑을 가슴막이 갑옷으로 입고, 구원의 소망을
투구로 씁시다. 9 하나님께서는 우리를 진노
하심에 이르도록 정하여 놓으신 것이 아니라, 우리
주 예수 그리스도로 말미암아 구원을 얻도록 정
하여 놓으셨습니다. 10 그리스도께서 우리를 위
하여 죽으신 것은, 우리가 깨어 있든지 자고 있든
지, 그리스도와 함께 살게 하시려는 것입니다.
11 그러므로 여러분은 지금도 그렇게 하는 것과
같이, 서로 격려하고, 서로 덕을 세우십시오.

마지막 권고와 인사

12 [ㄱ]형제자매 여러분, 우리는 여러분에게 부
탁합니다. 여러분 가운데서 수고하며, 주님 안에
서 여러분을 지도하고 훈계하는 이들을 알아보십
시오. 13 그들이 하는 일을 생각해서 사랑으로
그들을 극진히 존경하십시오. 여러분은 서로 화
목하게 지내십시오. 14 [ㄱ]형제자매 여러분, 여러
분에게 권고합니다. 무질서하게 사는 사람을 훈
계하고, 마음이 약한 사람을 격려하고, 힘이 없는
사람을 도와주고, 모든 사람에게 오래 참으십시오.
15 아무도 악으로 악을 갚지 말고, 도리어 서로
에게, 모든 사람에게, 항상 좋은 일을 하려고 애
쓰십시오.

16 항상 기뻐하십시오. 17 끊임없이 기도
하십시오. 18 모든 일에 감사하십시오. 이것이
그리스도 예수 안에서 여러분에게 바라시는 하나
님의 뜻입니다. 19 성령을 소멸하지 마십시오.
20 예언을 멸시하지 마십시오. 21 모든 것을 분
간하고, 좋은 것을 굳게 잡으십시오. 22 갖가지
모양의 악을 멀리 하십시오.

23 평화의 하나님께서 친히, 여러분을 완전
히 거룩하게 해 주시고, 우리 주 예수 그리스도께
서 오실 때에 여러분의 영과 혼과 몸을 흠이 없이
[ㄴ]완전하게 지켜 주시기를 빕니다. 24 여러분을
부르시는 분은 신실하시니, 이 일을 또한 이루실
것입니다.

25 [ㄱ]형제자매 여러분, 우리를 위하여 기도해
주십시오.

26 거룩한 입맞춤으로 모든 [ㄱ]믿는 사람들에
게 문안해 주십시오. 27 나는 주님을 힘입어 여
러분에게 명합니다. 모든 [ㄱ]믿는 사람들에게 이 편
지를 읽어 주십시오.

28 우리 주 예수 그리스도의 은혜가 여러분
과 함께 하기를 빕니다.[ㄷ]

ㄱ) 그, '형제들' ㄴ) 또는 '건전하게' ㄷ) 다른 고대 사본들에는 절 끝에 '아멘'이 있음

맡기라고 그리스도인들에게 권고한다. 두 번째 묵시적 부분은 종말적 시대를 살고 있는 믿는 자들에게—그들은 이미 *빛과 낮의 자녀이다*—재림을 기다리고 있는 동안 그들이 믿음, 사랑, 소망의 삶을 살려고 계속 노력해야 한다고 상기시켜 준다 (8절, 사 59:17을 상고하라). 주의 날에 대해서는 선지자들이 말했는데 (암 5:18-20; 욜 2:32), 반드시 올 것이다. 신자들은 거기에 대해 염려할 필요가 없다. 그것은 필연적으로 그리고 갑자기 찾아올 것이다. 신자들은 하나님이 그들에게 미리 예정하신 구원, 즉, 우리 주 예수 그리스도와 함께 하는 삶을 소망하는 가운데 살아야 한다.

5:12-22 서신을 결론짓기 전에 바울은 데살로니가 사람들에게 속사포 같이 일련의 권고들을 하고 있다. 우선 그들의 지도자들을 존경하라고 강권한다. 교회의 모든 구성원이 교회의 복지에 대해 책임이 있다. 모든 사람이 서로서로 상호적으로 권고하고 도와주어야 한다. 바울은 성령의 은사들을 묘사하면서 *카리스마* (고전 12:4) 라는 단어를 아직 쓰고 있지 않다. 그러나 그들에게 성령의 예언하는 은사에 대해 잘 가릴 줄 알고 응답하라고 권고한다. 모든 예언적 말들은 주의 깊게 판단되어야만 한다.

5:23-25 바울의 마지막 간구기도는—거룩하게 해주심, 부르심, 그리고 재림에 대한 기대를 강조하며—서신에 나타난 주요 주제들을 요약하고 있다. 그의 구원관은 전인적이다: 영과 혼, 그리고 몸이 모두 보존되어야 한다. 이 세 가지는 희랍적 이해와 같이 인간의 다른 부분들을 나타내는 말들이 아니다. 그것들은 오히려 유대적 이해로 전혀 다른 각도에서 보며 전인적 존재를 묘사하는 것이다. 데살로니가 사람들을 위해 기도한 후, 바울은 그들도 또한 역으로 그와 그의 동료들을 위해 기도해줄 것을 요청하고 있다.

5:26-28 수신자들은 다 함께 모였을 때에 누군가가 대표로 서신을 읽고 그 내용을 듣게 될 것이다 (1:1). 바울은 그들에게 다른 기독교인들에게 *거룩한 입맞춤으로* 인사를 전해 달라고 부탁한다. 그리고 시작하는 인사에서 사용했던 언어로 마지막 인사를 하며 글을 끝맺는다.

데살로니가후서

바울이 데살로니가 사람들에게 보낸 두 번째 서신을 전통적으로 "두 번째"라고 부르는 이유는 바울이 데살로니가 사람들에게 쓴 "첫 번째" 서신보다 짧기 때문이었다. 또한 그 서신 머리말 (1:1) 때문에 사도 바울이 쓴 편지로 되어 있다. 그러나 신약성경 역사비평 연구가 18세기 후반에 시작된 이후로 성서학자들은 바울이 그 저자라는 사실을 의심하기 시작하였다. 20세기 학자들은 헬라문화권의 저자들이 때때로 존경하는 선생의 이름으로 "서신"을 썼는데, 그 이유는 그들을 명예롭게 하기 위해 혹은 그들의 가르침을 새로운 상황에서 적용할 수 있게 하기 위함이었다. 이러한 지식을 바탕으로 데살로니가후서의 저자 문제에 대해 몇 가지 의심되는 것들이 새롭게 조명되었다.

학자들은 데살로니가후서의 개요가 전서의 것을 그대로 따르고 있고, 두 서신 다 두 개의 감사기도 부분들이 있다는 특이함을 주목하게 되었다. 데살로니가후서의 어휘가 전서의 어휘와 비슷하지만, 그 문체는 바울이 쓴 서신들에 있는 살아있는 문체와는 다르게 매우 딱딱하다. 예를 들어, 일반적으로 전서에서 뚜렷이 나타나고 있는 감정적 표현들이 후서에서는 보이지 않는다. 또한 데살로니가전서 4:13-18에서 볼 수 있는 그리스도의 임박한 재림(파루시아)에 대한 기대가 살후 2:1-12에서는 재림이 언제 일어날지 알 수 없는 먼 훗날에 있을 알 수 없는 사건으로 생각하고 있다는 점에서 두 서신이 뚜렷하게 차이점을 나타낸다. 바울이 그의 생각을 바꾸었을 수도 있지만, 그 경우 매우 빠른 시간 안에 바꾸었어야 한다. 만일 전서와 후서가 실제로 바울, 실루아노, 디모데가 보낸 것이라면 두 서신은 반드시 상대적으로 짧은 시간 안에 보내졌을 것이기 때문이다. 더욱이 후서에서는 바울이 쓴 다른 서신들이 이미 돌아다니고 있다고 했으나 (2:2; 3:17), 기원후 50년경에 다른 서신들이 있었을 가능성은 희박하다.

20세기 말까지 대부분의 성서학자들은 파루시아, 즉, 그리스도의 미래 재림에 대한 바울의 가르침을 갱신하려는 바울의 제자가 데살로니가후서를 데살로니가전서의 문체로 쓴 것이라고 결론지었다. 1세대 그리스도인들은 파루시아가 그들이 살아있는 동안 일어날 것으로 기대했었다 (살전 4:15, 17). 재림이 일어나지 않았을 때 그들은 파루시아의 본질이 무엇인지 다시 생각해야 할 필요가 있었다. 데살로니가후서는 바울의 한 제자가 그것을 시도한 것이다.

소수이지만 상당수의 학자들이 아직도 데살로니가후서는 사도 자신이 두 번째로 보낸 편지라고 하는 전통적인 입장을 고수하고 있다. 이 학자들에게 있어서 두 서신간에 비슷한 점들이 나타나는 것은 상대적으로 짧은 시간 내에 같은 이슈, 즉 종말론적 소망에 대해 같은 공동체에 보낸 편지들이기 때문이라고 보고 있기 때문이다.

이 서신의 개요는 다음과 같다. 성경본문에 대한 연구 주석들은 이 개요를 바탕으로 한 것이며, 보다 명확한 설명을 위해 더 세밀하게 구분하였다.

Ⅰ. 머리말, 1:1-2
Ⅱ. 묵시적 첫 번째 감사기도, 1:3-10
Ⅲ. 기도, 1:11-12
Ⅳ. 묵시적 단락, 2:1-12
Ⅴ. 두 번째 감사기도, 2:13-15
Ⅵ. 간구기도, 2:16-17
Ⅶ. 기도 요청과 간구의 기도, 3:1-5

Ⅷ. 권고, 3:6-15
Ⅸ. 마지막 간구기도, 3:16a
Ⅹ. 서명 및 마지막 인사, 3:16b-18

레이몬드 에프 칼런스 (Raymond F. Collins)

인사

1 1 바울과 실루아노와 디모데가 하나님 우리 아버지와 주 예수 그리스도 안에 있는 데살로니가 사람의 교회에 이 편지를 씁니다. 2 하나님 ㄱ)아버지와 주 예수 그리스도께서 내려주시는 은혜와 평화가 여러분에게 있기를 빕니다.

그리스도의 재림 때에 있을 심판

3 ㄴ)형제자매 여러분, 우리는 여러분을 두고 언제나 하나님께 감사를 드릴 수밖에 없습니다. 그렇게 하는 것이 당연한 일이니, 그것은, 여러분의 믿음이 크게 자라고, 여러분 모두가 각자 서로에게 베푸는 사랑이 더욱 풍성해 가고 있기 때문입니다. 4 그러므로 우리는 온갖 박해와 환난 가운데서도 여러분이 간직한 그 인내와 믿음을 두고서 하나님의 여러 교회에서 여러분을 자랑하고 있습니다. 5 이 일은 하나님의 공의로운 심판의 표이니, 하나님께서 여러분을 하나님 나라에 합당한 사람이 되게 하시려고 주신 것입니다. 여러분은 참으로 그 나라를 위하여 고난을 당하고 있습니다. 6 하나님은 공의를 베푸십니다. 여러분을 괴롭히는 자들에게는 괴로움으로 갚아주시고, 7 괴로움을 받는 여러분에게는 우리와 함께 안식으로 갚아주십니다. 이 일은 주 예수께서 자기의 권능 있는 천사들과 함께 하늘로부터 8 불꽃에 싸여 나타나셔서 하나님을 알지 못하는 자들과 우리 주 예수의 복음에 순종하지 않는 자들을 처벌하실 때에 일어날 것입니다. 9 그들은 주님 앞과 주님의 권능의 영광에서 떨어져 나가서, 영원히 멸망하는 형벌을 받을 것입니다. 10 그 날에 주님께서 오시면, 자기 성도들에게서 영광을 받으시고, 모든 믿는 사람에게서 찬사를 받으실 것입니다. 여러분은, 우리가 여러분에게 전한 증거를 믿었습니다. 11 그러므로 우리가 언제나 여러분을 위하여 기도합니다. 그것은 우리 하나님께서 여러분을 그의 부르심에 합당한 사람이 되게 해 주시며 또 그의 능력으로 모든 선한 뜻과 믿음의 행위를 완성해 주시기를 비는 것입니다. 12 이렇게 해서 우리 하나님과 주 예수 그리스도의 은혜로 우리 주 예수의 이름이 여러분에게서 영광을 받고, 여러분도 그리스도 안에서 영광을 받게 하려는 것입니다.

ㄱ) 다른 고대 사본들에는 '우리 아버지와' ㄴ) 그, '형제들'

1:1-2 이 인사말은 데살로니가전서 1:1과 거의 똑같다. 이 서신은 마케도니아의 수도인 데살로니가에 모여 있는 신도들에게 바울과 실루아노와 디모데가 보낸 것으로 되어 있다. 두 서신의 인사에서 단 하나의 차이가 있다면 후서에서 하나님을 *우리* 아버지라고 부르고 있다는 것과 그에 더하여 *하나님 우리 아버지와 주 예수 그리스도 안에 있는* 이라고 되어 있다는 것이다. 이 긴 인사는 이후로 바울의 전형적인 인사가 되었다 (예를 들어, 롬 1:7).

1:3-10 이 첫 번째 감사기도 부분은 감사기도(3-4절)와 서신의 첫 번째 묵시적 구절(5-10절)로 되어 있다. **1:3-4** 감사드리는 것을 *감사를 드릴 수밖에 없습니다* 라고 의무로 표현하는 것은 바울의 전형적 감사기도와 다른 점이다. 3절은 데살로니가 사람들의 *믿음과 사랑*을 강조한다 (살전 3:6 참조). 4절은 데살로니가 사람들의 *굳건함*을 강조하면서 고린도후서에서 크게 다루는 바울의 자랑에 대한 주제와 데살로니가 신도들의 박해에 대한 주제를 다루고 있다 (살전 2:14 참조). **1:5-10** 이 첫 번째 묵시문학적 단락은 로마서의 중심 개념인 하나님의 의(5-6절)에 대해서 다루는데 묵시적 시나리오로 그것을 해석하고 있다. 이 상상력이 풍부한 묘사는 *권능 있는 천사들과* 함께 나타날 *주 예수*를 계시하는 데 초점을 두고 있다. 예수는 그의 자리에서 멀리 떠나 내려올 것이다. 그리고 공동체를 괴롭히고 주 예수의 복음에 순종하지 않는 자들을 영원한 파멸로 벌할 것이다. 바울은 이 시나리오에서 주되신 예수님을 복수하는 주님(살전 4:6)으로 재해석한다는 것과, 또한 그것이 고난받고 있는 자들에게 소망을 제공한다는 것에 주목할 가치가 있다. *그 날에*, 즉 복수하시는 주가 나타날 때에 그들은 구원을 경험하고 일어나는 모든 일로 인해 놀랄 것이다. 주의 날(살전 5:2, 4)은 어떤 사람들에게는 파멸의 날이며, 또 어떤 사람들에게는 구원의 날이다.

1:11-12 끊임없이 간구기도를 하고 있다는 말과 함께 4-5절에 있는 기도의 주제가 다시 나타난다. 데살로니가전서에서 간구하는 기도들(살전 3:13; 5:23)과 다르게, 이 간구기도는 하나님의 신실함(살전 5:24 참조)과 묵시적 주제인 영광(1:9 참조)에 초점을 두고 있다. 주 예수의 이름은 영광 받아야만 한다. *이름*은 누군가를 지칭하는 기능보다는 누군가를 상징적으로 나타내는 기능을 한다. 저자는 예수의 주되심이 신실하게 남아있는 자들 안에서 영광스럽게 나타날 것임을 확인해 주고 있다.

2:1-12 이 묵시 부분은 서론 (1-2절); 실제 묵시 부분 (3-10절); 그리고 결론(11-12절)으로 되어 있다. **2:1-2** 이 서론 부분에서 주제가 나타난다. 바울의 믿음의 형제자매들이 주와 함께 모이게 될 우리 주 예수 그리스도의 재림(*파루시아*)이 그것이다. 아마도

불법자

2 1 ㄱ)형제자매 여러분, 우리 주 예수 그리스
도께서 다시 오시는 일과 우리가 그분 앞에
모이는 일을 두고 여러분에게 간청합니다. 2 여
러분은, 영이나 말이나 우리에게서 받았다고 하
는 편지에 속아서, 주님의 날이 벌써 왔다고 생각
하게 되어, 마음이 쉽게 흔들리거나 당황하는 일
이 없도록 하십시오. 3 여러분은 아무에게도 어
떤 방식으로도 속아넘어가지 마십시오. 그 날이
오기 전에 먼저 믿음을 배신하는 일이 생기고,
ㄴ)불법자 곧 멸망의 자식이 나타날 것입니다.
4 그는 신이라고 불리는 모든 것이나 예배의 대
상이 되는 모든 것에 대항하고, 그들 위로 자기를
높이는 자인데, 하나님의 성전에 앉아서, 자기가
하나님이라고 주장할 것입니다. 5 내가 여러분과
함께 있을 때에, 이런 일을 여러분에게 거듭 말했
다는 것을 기억하지 못합니까? 6 여러분이 아는
대로, 그자가 지금은 억제를 당하고 있지만, 그의
때가 오면 나타날 것입니다. 7 불법의 비밀이
벌써 작동하고 있습니다. 다만, 억제하시는 분이
물러나실 때까지는, 그것을 억제하실 것입니다.
8 그 때에 불법자가 나타날 터인데, 주 [예수]께서
그 입김으로 그를 ㄷ)죽이실 것이고, 그 오시는 광
경의 광채로 그를 멸하실 것입니다. 9 그 불법자
의 나타남은 사탄의 작용에 따른 것인데, 그는 온
갖 능력과 표징과 거짓 이적을 행하고, 10 또 온
갖 불의한 속임수로 멸망을 받을 자들을 속일 것입

ㄱ) 그, '형제들' ㄴ) 다른 고대 사본들에는 '죄인' ㄷ) 다른 고대 사본들에는 '불사를'

데살로니가 신도들은 주의 날이 이미 도착했다는 주장 때문에 당황하고 있었을 것이다. 서론에서는 예언적 말이나 교훈, 혹은 바울의 서신으로부터 그렇게 생각하게 된 것 같다고 밝히고 있다. 어떤 학자들은 여기서 바울 서신을 언급한 것은 데살로니가후서가 데살로니가전서를 대체하기 위하여 의도된 것이라고 말하기도 한다. 다른 사람들은 그것이 데살로니가후서를 바울이 썼음을 증명해 주고 있다고 본다 (살후 3:17 참조). **2:3-10** 묵시 부분의 중심 메시지는 주의 날이 아직 도착하지 않았다는 것이다. 묵시적 묘사들은 흔히 하나님이 역사를 통제한다는 아이디어를 확인시켜 준다 (2251쪽에 있는 요한계시록을 위한 서론을 보라). 따라서 인간의 역사는 특별한 몇 개의 기간으로 구분되어 있고, 주의 날이 오기 전에 이루어야 할 일들의 시간표가 있다. 그 날이 오기 전 반란이 일어날 것이며, *불법자의* 정체가 드러날 것이다. 이 묵시적 시나리오는 종말이 오기 전 엄청난 악이 출현할 것임을 강조하고 있다. 악은 반란, 혹은 *믿음의 배신* (3절), 그리고 불법(8절)으로 묘사된다. 권세와 징표와 속이는 기적과 함께 오는 불법자의 출현은 사탄의 역사이다. 묵시적 장면들은 묵시적 상상의 결과로서 많은 상징들로 가득 차 있는데, 그것들은 어떤 구체적 역사의 사건을 언급할 수도 없고, 그렇게 되라고 의도되지도 않았다. 어떤 사람들은 널리 퍼져가고 있는 종말의 악과 속임수들을 "억제하고 있는" 것(6절)이나 사람(7절)이 로마제국의 명령, 혹은 황제들 중 하나, 복음의 선포 혹은 바울일 것으로 본다. 다른 사람들은 그 동사가 "우세하다"를 의미하며 악의 능력과 어떤 알 수 없는 악행자를 지칭한다고 생각한다. 지금까지 현재 권세를 잡고 있는 것이 무엇인지 알려져 있지 않다. 그것은 미래를 가리키는 묵시적 상징들은 해석될 수 없기

추가 설명: 주의 날

신약성경은 주의 날이라는 이미지를 구약성경에서 받아들인 것이다. 구약에서 그것은 인간 역사에 하나님이 천재지변으로 개입하시는 것을 예언자들이 묘사할 때 쓰는 말이다. 뒤돌아보면 예레미야 애가 1:21과 에스겔서 34:12는 모두 바빌로니아가 기원전 587년에 예루살렘을 포위하고 포로로 삼은 사건을 묘사할 때 그 단어를 사용했다. 다른 구약의 선지자들은 "주의 날"을 하나님이 미래에 이스라엘과 유다의 적들을 물리치거나 (예, 사 13:6, 9, 13; 렘 46:10; 47:4), 하나님이 미래에 이스라엘과 유다를 심판할 것을 지칭할 때 (욜 1:15; 2:1-2, 11; 습 1:7-10, 14-15; 2:2-3; 3:8; 슥 12—14장에서 17번) 사용하였다.

신약성경의 저자들은 일관성 있게 주의 날을 예수님의 재림과 연관하여 말하고 있다 (예를 들어, 고전 1:8; 5:5; 고후 1:14; 빌 1:6, 10; 2:16; 살전 5:2; 벧후 3:10; 계 6:17; 16:14; 눅 17:24과 요 8:56에서 그 관계는 간접적이다). 이러한 경우들은 구약 개념의 두 가지 줄기를 타고 있다. 즉 예수는 구원하기 위하여, 그리고 심판하기 위하여 온다는 것이다.

니다. 그것은, 멸망을 받을 자들이 자기를 구원하
여 줄 진리에 대한 사랑을 받아들이지 않기 때문
입니다. 11 그러므로 하나님께서는 미혹하게 하는
힘을 그들에게 보내셔서, 그들로 하여금 거짓을
믿게 하십니다. 12 그것은, 진리를 믿지 않고 불
의를 기뻐한 모든 사람들에게 심판을 내리시려는
것입니다.

훈시

13 주님의 사랑을 받는 [ㄱ]형제자매 여러분,
우리는 여러분의 일로 언제나 하나님께 감사하지
않을 수 없습니다. 하나님께서는 여러분을 성령
으로 거룩하게 하시고, 진리를 믿게 하여 구원에
이르게 하시려고, [ㄴ]처음부터 여러분을 택하여 주
셨기 때문입니다. 14 이렇게 되게 하시려고, 하
나님께서는 우리의 복음으로 여러분을 부르시고,
여러분에게 우리 주 예수 그리스도의 영광을 얻게
하셨습니다. 15 그러므로 [ㄱ]형제자매 여러분, 든
든히 서서, 우리의 말이나 편지로 배운 전통을 굳
게 지키십시오. 16 우리를 사랑하시고 은혜로
영원한 위로와 선한 소망을 주시는 하나님 우리
아버지와 우리 주 예수 그리스도께서, 친히, 17 여
러분의 마음을 격려하시고, 모든 선한 일과 말에
굳세게 해 주시기를 빕니다.

바랍니다

3 1 마지막으로 [ㄱ]형제자매 여러분, 주님의 말
씀이 여러분에게 퍼진 것과 같이, 각처에 속
히 퍼져서, 영광스럽게 되도록, 우리를 위해서 기
도해 주십시오. 2 또 우리가 심술궂고 악한 사람
에게서 벗어나도록 기도해 주십시오. 사람마다
믿음을 가지고 있는 것이 아닙니다. 3 그러나 주
님께서는 신실하신 분이시므로, 여러분을 굳세게
하시고, [ㄷ]악한 자에게서 지켜 주십니다. 4 우리
가 명령한 것을 여러분이 지금도 실행하고 있고,
또 앞으로도 실행하리라는 것을, 우리는 주님 안
에서 확신하고 있습니다. 5 주님께서 여러분의
마음을 인도하셔서, 여러분이, 하나님께서 사랑
하시는 것과 같이 사랑하고, 그리스도께서 인내
하시는 것과 같이 인내하기를 바랍니다.

게으름을 경고하다

6 [ㄱ]형제자매 여러분, 우리는 [우리] 주 예수
그리스도의 이름으로 여러분에게 명령합니다. 무절
제하게 살고 우리에게서 받은 전통을 따르지 않는
모든 [ㄹ]신도를 멀리하십시오. 7 우리를 어떻게
본받아야 하는지는 여러분이 잘 알고 있습니다.
우리는 여러분 가운데서 무절제한 생활을 한 일이
없습니다. 8 우리는 아무에게서도 양식을 거저
얻어먹은 일이 없고, 도리어 여러분 가운데서 어느
누구에게도 짐이 되지 않으려고, 수고하고 고생
하면서 밤낮으로 일하였습니다. 9 그것은, 우리
에게 권리가 없어서가 아니라, 우리가 여러분에게
본을 보여서, 여러분으로 하여금 우리를 본받게
하려는 것입니다. 10 우리가 여러분과 함께 있을
때에 "일하기를 싫어하는 사람은 먹지도 말라" 하고

ㄱ) 그, '형제들' ㄴ) 다른 고대 사본들에는 '첫 열매로'
ㄷ) 또는 '악으로부터' ㄹ) 그, '형제'

때문이다. **2:4** 사도 바울이 이 서신을 썼다고 주장하는 사람들은 황제 칼리귤라가 예루살렘 성전 안에 그의 동상을 세우려고 시도했던 것(기원후 40년)을 언급하고 있다고 본다. 모든 것을 통제하는 분은 하나님이며, 그는 악을 행하는 자들의 개인적 속임수들을 막고 궁극적으로 그들의 죄를 판결할 것이다.

2:13-15 데살로니가 사람들의 선택 받음과 부르심 받음(살전 1:4; 5:24; 살후 1:11)은 감사기도를 드리는 또 하나의 이유가 된다. 반드시 드려야만 하는 이 감사기도(1:3 참조)는 데살로니가 사람들이 바울로부터 받은 진정한 전통을 지켜야 한다고 하는 권고로 이어진다 (2:2 참조).

2:16-17 두 번째 기도는 우리 주 예수 그리스도와 하나님 우리 아버지에게 드려지는 간구의 기도인데, 기도의 형식은 살전 3:11과 비슷하다; 이것은 위로와 능력이라는 종말론적 주제들을 다루고 있다.

3:1-5 이 기도를 요청하는 구절(살전 5:25 참조)은 지금까지 묘사해 온 묵시적 시나리오에서 흘러나오는 용어들로 구성되어 있다. 영광, 구원, 악, 그리고 믿음의 부족에 대해 말하고 있다. 주에 대한 확신을 표현하면서 기도요청을 시작한다. 주님은 데살로니가 사람들이 지금 하는 것과 같이 그들의 삶을 계속 살아갈 수 있도록 강하게 하실 것이다 (살전 4:2, 10 참조). 바울은 데살로니가 사람들을 대표하여 간구기도를 하면서 결론을 맺는다.

3:6-15 세 가지 권고가 있다: 바울의 전통을 따르지 않는 신도들을 피하라 (3:6), 무절제한 생활을 피하라 (3:7-13), 그리고 서신에 순종하지 않을 이들을

거듭 명하였습니다. 11 그런데 우리가 들으니,
여러분 가운데는 무절제하게 살면서, 일은 하지
않고, 일을 만들기만 하는 사람이 더러 있다고 합
니다. 12 이런 사람들에게, 우리는 주 예수 그리
스도 안에서 명하며, 또 권면합니다. 조용히 일해
서, 자기가 먹을 것을 자기가 벌어서 먹으십시오.
13 ㄱ)형제자매 여러분, 선한 일을 하다가 낙심하
지 마십시오. 14 누가 이 편지에 담긴 우리의 말
에 복종하지 아니하거든, 그 사람을 특별히 조심
하여, 그와 사귀지 마십시오. 그리하여 그로 하여
금 부끄러움을 느끼게 하십시오. 15 그러나 그
를 원수처럼 여기지 말고, ㄴ)형제자매에게 하듯이
타이르십시오.

축복

16 평화의 주님께서 친히 언제나 어느 방식
으로든지, 여러분에게 평화를 주시기를 빕니다.
주님께서 여러분 모두와 함께 하시기를 빕니다.
17 나 바울이 친필로 문안합니다. 이것이 모
든 편지에 서명하는 표요, 내가 편지를 쓰는 방식
입니다. 18 우리 주 예수 그리스도의 은혜가 여
러분 모두에게 있기를 빕니다.ㄷ)

ㄱ) 그, '형제들' ㄴ) 그, '형제' ㄷ) 다른 고대 사본들은 절 끝에 '아멘'이 있음

피하라 (14-15절). **3:6** 이 권고는 게으름 자체를 염려하기보다는 공동체 내에서 다른 사람에게 의존해서 살려고 하는 이들의 생활 태도와 같이 일반적으로 무절제한 생활에 대해 염려하고 있다. 문제가 게으름에 있다고 해석하는 사람들은 (살전 5:14 참조) 일반적으로 주의 재림이 다가오는데 열심히 살 필요가 없다고 보는 자들을 염두에 두고 있다. **3:7-13** 무절제한 생활을 피하라는 권고는 살전 1:6(바울의 일과 모범)과 살전 4:10a-12(데살로니가 공동체의 자급자족하는 삶)에서 따온 주제로 더불어 힘을 얻는다. **3:14-15** 마지막 권고는 살전 5:14를 부정적인 입장에서 다시 쓰고 있으며, 이 서신이 권위를 가지고 있음을 언급하고 있다 (또한 계 22:18-19를 보라).

3:16a 최종적으로 쓰는 간구기도가 전통에 따라 *평화의 하나님*(살전 5:23)에게 하지 않고, 의미심장하게 *평화의 주님께* 하고 있다. 이것은 예수의 주님됨을 강조하는 서신의 입장과 일관되게 하기 위해 평소와 다르게 쓴 것으로 보인다.

3:16b-18 저자는 두 개의 마지막 인사 사이에 서신의 서명을 포함시키고 있다. 헬라식 서신을 쓰는 저자들은 흔히 그들의 서명과 인사를 구술해서 쓴 편지에 덧붙인다. 데살로니가후서의 서명은 평소와는 달리 서신의 저작성을 "보증"할 수 있도록 그렇게 씌어졌다 (2:2, 15; 3:14 참조).

디모데전서

목회서신들 (디모데전서, 디모데후서, 디도서) 가운데 가장 긴 디모데전서는 현대의 터키 지역인 소아시아의 남서부 지역에 위치한 에베소에 있는 공동체 내부에서 생겨난 다른 가르침과 외부 사람들이 가진 의심들을 다루기 위해 쓰인 서신이다. 이 서신은 전통적인 철학적 논증들과 흠잡을 수 없는 행위에 대한 칭찬과 하나님의 가족이라는 교회의 이미지 등으로 가득 차 있다. 다른 목회서신들과 같이 이 서신도 그것이 가르치는 것들 이외에는 모두 잘못된 가르침이라고 주장한다. 다른 서신들과 같이 이것도 역시 교회내의 존경받을 만한 행위를 격려하고 더 넓은 세상에서 그 선교적 사명과 이미지를 높이기 위해 주력한다.

디모데전서가 전통적으로 바울이 쓴 것이라고 하나, 바울이 디모데를 에베소에 남겨두고 떠났다는 서신의 내용은 사도행전(19:22)의 내용과 일치하지 않는다. 그래서 어떤 학자들은 바울이 저자임을 주장하기 위해 바울이 로마에서의 투옥 이후 (행 27—28) "두 번째 목회경력"이 있다고 주장하기도 한다. 만일 그렇다면, 서신은 1세기의 60년대로 저작 날짜를 잡을 수 있게 된다. 그러나 만일 바울이 이 서신을 쓰지 않았다면, 그 날짜는 불확실하게 된다. 서신의 수신자는 디모데로 되어 있는데, 그는 사도행전에 의하면, 소아시아 남동쪽에 위치한 루스드라에 살고 있었고, 이방인 아버지와 유대출신 그리스도인 어머니를 두고 있었으며 (행 16:1), 바울이 여행할 때 동행했던 자들 중의 하나였다 (행 17:14; 18:5; 19:22; 20:4). 다른 곳에서 바울은 디모데를 그가 가장 신뢰하는 동역자들과 사자들 중 하나라고 칭찬한다 (고전 4:17; 16:10; 빌 2:19, 22-23; 살전 3:2, 6). 그러나 만일 서신이 익명으로 씌어졌거나 누군가가 바울의 이름을 사용하여 쓴 것이라면, "디모데" 라는 이름은 단순히 후세대에 와서 바울의 신학적 유산을 주의 깊고 정확하게 전달해 주도록 책임을 이양 받은 누군가를 대표할 수도 있다.

디모데전서의 개요는 다음과 같다. 성경본문을 따라 쓰인 연구 주석들은 이 개요를 바탕으로 한 것이며, 보다 명확한 설명을 위해 더 세밀하게 구분하였다.

Ⅰ. 서신의 머리말, 1:1-2
Ⅱ. 서신의 서론: 옳은 가르침에서 빗겨가는 것을 고치기 위한 교훈들, 1:3-20
  A. 에베소에서의 디모데의 책임, 1:3-7
  B. 율법의 올바른 사용, 1:8-11
  C. 그리스도에 대한 감사와 하나님 찬양, 1:12-17
  D. 디모데에게 주는 바울의 분부, 1:18-20
Ⅲ. 예배에서와 지도자 가족에서의 존경받는 행동, 2:1—3:13
  A. 예배규율들, 2:1-15
  B. 교회 지도자들의 자격들, 3:1-13
Ⅳ. 건전한 가르침의 가치, 3:14—4:16
  A. 하나님의 가족 내에서 바른 처신, 3:14-16
  B. 거룩한 훈련을 위한 조성, 4:1-10
  C. 다른 사람들 앞에 모범적 삶을 살기, 4:11-16
Ⅴ. 하나님 가족 내에서의 존경받는 행동, 5:1—6:2a
  A. 여러 세대 그룹들을 향하여, 5:1-2
  B. 참 과부들에 대하여, 5:3-16

C. 장로들에 대하여, 5:17-24
D. 노예들에 대하여, 6:1-2a
VI. 참된 삶을 키우는 가르침, 6:2b-19
A. 거룩함에서 얻는 유익, 6:2b-10
B. 거룩함을 추구함, 6:11-16
C. 참된 삶으로 이끄는 부유함, 6:17-19
VII. 마지막 인사, 6:20-21

아브라함 스미스 (Abraham Smith)

인사

1 1 우리의 구주이신 하나님과 우리의 소망이신 그리스도 예수의 명령으로 그리스도 예수의 사도가 된 나 바울이, 2 믿음 안에서 ㄱ)나의 참 아들이 된 디모데에게 이 편지를 씁니다. 하나님 아버지와 우리 주 그리스도 예수께서 내려주시는 은혜와 자비와 평화가 그대에게 있기를 바랍니다.

거짓 교훈을 경고하다

3 내가 마케도니아로 떠날 때에, 그대에게 에베소에 머물러 있으라고 부탁하였습니다. 그것은, 그대가 거기에서 어떤 사람들로 하여금 다른 교리를 가르치지 못하도록 명령하고, 4 신화와 끝없는 족보 이야기에 정신을 팔지 못하도록 명령하려는 것입니다. 그러한 것들은 믿음 안에 세우신 ㄴ)하나님의 경륜을 이루기보다는, 도리어 쓸데없는 변론을 일으킬 뿐입니다. 5 이 명령의 목적은 깨끗한 마음과 선한 양심과 거짓 없는 믿음에서 우러나오는 사랑을 불러일으키는 것입니다. 6 그런데 몇몇 사람은 이러한 목적에서 벗어나서 쓸데없는 토론에 빠졌습니다. 7 그들은 율법교사가 되려고 하지만, 사실은 자기들이 무엇을 말하고 있는지 또는 무엇을 주장하고 있는지도 알지 못합니다.

8 우리가 알기로 율법은, 사람이 그것을 적법하게 사용하면, 선한 것입니다. 9 율법이 제정된 것은, 의로운 사람 때문이 아니라, 법을 어기는 자와, 순종하지 않는 자와, 경건하지 않은 자와, 죄인과, 거룩하지 않은 자와, 속된 자와, 아비를 살해하는 자와, 어미를 살해하는 자와, 살인자와, 10 간음하는 자와, 남색하는 자와, 사람을 유괴하는 자와, 거짓말하는 자와, 거짓 맹세를 하는 자와, 그 밖에도, 무엇이든지 건전한 교훈에 배치되는 일 때문임을 우리는 압니다. 11 건전한 교훈은, 복되신 하나님의 영광스러운 복음에 맞는 것이어야 합니다. 나는 이 복음을 선포할 임무를 맡았습니다.

ㄱ) 원문에는 '나의'가 없음 ㄴ) 또는 '거룩한 훈련'

1:1-2 서신의 서두는 전통적인 헬라 양식의 머리말로 시작하여 발신자와 수신자와 인사를 포함하고 있다. **1:1** *명령.* 이것은 *사도가* 하나님으로부터 군사적 명령을 받는 것과 같은 특별한 명령을 받는 것을 의미한다 (딛 1:3을 보라). *구주.* 예수님을 부르는 이 호칭은 바울의 친서들에서 꼭 한 번 나타나지만 (빌 3:20), 목회서신에서는 이 구주라는 호칭이 하나님(딤전 1:1; 2:3; 4:10; 딛 1:3; 2:10; 3:4)과 예수(딤후 1:10 딛 1:4; 2:13; 3:6)를 둘 다 부르는 독특한 호칭이다. **1:2** *나의 참 아*들이라는 호칭은 디도를 부르는 데 사용하기도 한다 (딛 1:4). 이 호칭으로 디모데를 부르는 것은 그가 사도의 전통을 전달하는 데 적격자라는 것을 확인해 준다. 디모데후서 1:2에서와 같이 *은혜와 자비와 평화* 라는 세 개의 단어를 사용하여 하는 인사는 바울이 흔히 쓰는 "은혜와 평화" 라는 두 단어를 사용하는 인사 표현을 대치하고 있다.

1:3-20 이 구절들은 전체 서신의 서론 역할을 하며, 디모데에게 거짓된 가르침에 대항하여 싸우라는 분부(1:3-7, 18-20)와 율법의 올바른 사용에 대한 이야기 (1:8-11), 그리고 저자의 삶에 있어서 나타난 하나님의 자비에 대한 자서전적인 이야기 등을 포함하고 있다 (1:12-17).

1:3-7 디모데는 *하나님의 경륜*(또는 거룩한 훈련)으로부터 옆길로 빗겨가는 에베소의 교사들을 대항하라는 분부를 받는다. 이 교사들이 누구인지, 그리고 그들의 가르침이 정확히 어떤 것인지에 대해서는 알려진 바가 없다. **1:3** *명령하고.* 이것은 군사용어로서 수신자가 명령을 내려야만 하는 권위가 있음을 말해준다. 1:5, 18; 4:11을 보라. **1:4** 목회서신 전체를 통해 *신화*라는 것은 전형적인 철학적인 술어로 사용되는데, 가치가 없는 무엇인가를 지칭하는 것이다 (4:7; 딤후 4:4; 딛 1:14). *하나님의 경륜* (희랍어, *오이코노미아*, 1:4). 이것은 세상이 어떻게 운영되어야 한다는 하나님의 비전을 말해주는 것인데, 3:4, 5, 12, 15에 있는 *가정* (희랍어, *오이코스*)을 염두에 둔 단어이다. 5:13, 14를 또한 보라. **1:5** *마음.* 여기서 마음이란 내적인 확신을 말한다. *선한 양심.* 이 단어는 여기와 1:19에 나오는데 4:2의 양심에 낙인이 찍힌 것과 대조된다. 딛 1:15를 또한 보라. **1:6** *벗어나서* (6:21; 딤후 2:18을 보라)와 *빠졌습니다* (5:15; 6:20; 딤후 4:4를 보라). 이것들은 여행에서 따온 은유들이다. 이러한 종류의 은유는 거짓 교사들의 잘못을 지적해 주기 위해 목회서신 전체에서 사용되고 있다.

1:8-11 거짓 교사들은 *율법 교사가* 되기에는 부적합한 사람들이기 때문에 저자는 율법의 올바른 사용에 대해 설명한다. **1:8** *율법은…선한 것입니다.* 이것을 문자 그대로 해석하면 "율법은 합법적이다" 라고 할 수 있는데, 이것은 해석에 도움이 되는 다른 단어로 표현하여 율법이란 적절하게 사용될 때 가치가 있다는 것을 말하려는 것이다. **1:9-11** *법을 어기는 자들에* 대한 악덕의 목록을 쓴 주된 이유는 거짓 교사들을 고발하는 것인데, 나중에 그들의 잘못된 행위가 이 목록과 관련된 것을 볼 수 있다 (예를 들어, "저속한" 행위, 4:7; 6:20; 딤후 2:16). 몇 가지 행위들은 십계명에서도

은혜를 감사하라

12 나는 나에게 능력을 주신 우리 주 그리스도
예수께 감사를 드립니다. 주님께서 나를 신실하
게 여기셔서, 나에게 이 직분을 맡겨 주셨습니다.
13 내가 전에는 훼방자요 박해자요 폭행자였습
니다. 그러나 그러한 행동은 내가 믿지 않을 때에
알지 못하고 한 것이므로, 하나님께서 나에게 자
비를 베풀어 주셨습니다. 14 우리 주님께서 나
에게 은혜를 넘치게 부어 주셔서, 그리스도 예수
안에서 얻는 믿음과 사랑을 누리게 하셨습니다.
15 그리스도 예수께서 죄인을 구원하시려고 세
상에 오셨다고 하는 이 말씀은 믿음직하고, 모든
사람이 받아들일 만한 말씀입니다. 나는 죄인의
우두머리입니다. 16 그러나 하나님께서는 나에게
자비를 베푸셨습니다. 그 뜻은 그리스도 예수께
서 끝없이 참아 주심의 한 사례를 먼저 나에게서
드러내 보이심으로써, 앞으로 예수를 믿고 영생
을 얻으려고 하는 사람들의 본보기로 삼으시려는
것입니다. 17 영원하신 왕, 곧 없어지지도 않고
보이지도 않는, 오직 한 분이신 하나님께 존귀와
영광이 영원 무궁토록 있기를 빕니다. 아멘.
18 아들 된 디모데여, 이전에 그대에 관하여
내린 예언을 따라 내가 이 명령을 그대에게 내립
니다. 그대는 그 예언대로 선한 싸움을 싸우고,
19 믿음과 선한 양심을 가지십시오. 어떤 사람들
은 선한 양심을 버리고, 그 신앙 생활에 파선을 당
하였습니다. 20 그렇게 된 사람 가운데 두 사람이
바로 후메내오와 알렉산더입니다. 나는 그들을
사탄에게 넘겨주었습니다. 그것은 내가 그들을
응징해서, 다시는 하나님을 모독하지 못하게 하
려고 한 것이었습니다.

기도에 대한 가르침

2 1 그러므로 나는 무엇보다도 먼저, 모든 사
람을 위해서 하나님께 간구와 기도와 중보 기
도와 감사 기도를 드리라고 그대에게 권합니다.
2 왕들과 높은 지위에 있는 모든 사람을 위해서
도 기도하십시오. 그것은 우리가 경건하고 품위
있게, 조용하고 평화로운 생활을 하기 위함입니다.
3 이것은 우리 구주 하나님께서 보시기에 좋은
일이며, 기쁘게 받으실 만한 일입니다. 4 하나님
께서는 모든 사람이 다 구원을 얻고 진리를 알게
되기를 원하십니다.
5 하나님은 한 분이시요,

금지한 것이기 때문에 (출 20:12-17), 공교롭게도 거짓 교사들은 그들이 가르치고자 하는 바로 그 율법이 금지한 행위들을 하는 자들로 드러난다. **1:10** *간음하는 자*. 이는 법으로 금지된 어떤 성적인 행위에 참여하는 자들을 말한다. *남색하는 자*. 그리스와 로마시대에 이것은 적극적으로 동성애 관계에 참여하는 남자들을 말한다. 여기에 대해서는 롬 1:26-29와 고전 6:9에 관한 주석을 보라. **1:11** *임무를 맡았습니다*. 이것은 법적인 용어로 하나님이 *복음*을 잘 보존하기 위해 사도들에게 넘기신 것을 말한다.

1:12-17 하나님이 "복음"을 사도에게 맡겼다는 것을 1:11에서 언급한 것이 그리스도에 대한 감사 (1:12-16)와 하나님께 영광(1:17)을 돌려드리는 것으로 연결된다. **1:12** *나에게 능력을 주신 우리 주*. 이것에 대해서는 빌 4:13을 보라. **1:13** *전에는 훼방자요*. 이 구절은 후에 지금도 계속 "신성 모독하는" 이들에게 임할 수 있는 저주를 암시하고 있다 (1:20; 또한 6:4를 보라). (개역개정은 훼방자를 "비방자"로; 공동번역은 "모독"하는 이로 번역했음.) **1:15** *이 말씀은 믿음직하고* 혹은 "이 말씀은 신뢰할 만하고." 이 표현은 하려는 말이 매우 중요함을 강조하는 데 쓰는 말이다. 3:1; 4:9; 딛 3:8a 을 보라. **1:17** 하나님의 유일성에 대한 이 송영(6:16)은 *아멘*으로 끝난다. 아멘은 송영이나 축도의 내용이 참되다고 동의하는 유대교식 선언이다.

1:18-20 이 구절은 1:3-5에서 시작했던 내용을 받아 계속 진행하는 것으로 보인다. **1:18** 희랍어로 *명령에* 해당하는 단어는 단수이지만, 1:3에서 시작한 모든 명령을 다 지칭하는 것으로 보인다. *선한 싸움을 싸우고*라는 것은 군사적 표현 혹은 운동경기에서 사용했던 표현으로 철학적 삶을 묘사하는 데 애용되었다. 6:12; 고후 10:3-5; 빌 1:27-30; 3:12-14; 딤후 4:7을 보라. **1:19** *파선*. 이것은 고대의 여행을 묘사하는 또 하나의 이미지로서 거짓 교사들의 잘못된 행동을 묘사하고 있다. **1:20** *후메내오*. 이 사람에 대해서는 딤후 2:17을 보라. *알렉산더는* 행 19:33-34에서 언급된 그 사람이 아니다. 그에 대해서는 딤후 4:14를 보라. *응징해서…못하게 하려고 한 것입니다*. 이것은 저자가 이 두 사람의 행동을 고쳐주기 위해 출교했다는 것을 암시하고 있다.

2:1—3:13 서신의 본론은 올바른 예배규율 (2:1-15)과 예배 인도자들의 자격(3:1-13)에 대한 교훈을 주고 있다.

2:1-15 가르침은 기도에 대한 신학적인 바탕에서 호소하고 (2:1-7), 예배에 임하는 남자와 여자의 올바른 처신에 대한 지침들로 시작한다 (2:8-15). **2:1** 유대 사람들과 그리스도인들은 흔히 정부 당국을 위하여 기도했다 (칠십인역 렘 36:7; 롬 13:1; 벧전 2:14). 그러나 여기서 모든 *사람*을 대표하여 하는 호소들은 하나님이 모든 *사람의* 구원자 되신다는 목회서신의 비전을 나타

하나님과 사람 사이의 중보자도
한 분이시니,
곧 사람이신 그리스도 예수이십니다.
6 그분은 모든 사람을 위해서
자기를 대속물로 내주셨습니다.
하나님께서 꼭 적절한 때에 그 증거를 주셨습니다.
7 나는 이것을 증언하도록 선포자와 사도로 임명을
받아 믿음과 진리로 이방 사람을 가르치는 교사가
되었습니다. 나는 지금 ㄱ)참말을 하지, 거짓말을
하지 않습니다.

8 그러므로 나는, 남자들이 화를 내거나 말
다툼을 하는 일이 없이, 모든 곳에서 거룩한 손을
들어 기도하기를 바랍니다. 9 이와 같이 여자들도
소박하고 정숙하게 단정한 옷차림으로 몸을 꾸미기
바랍니다. 머리를 어지럽게 꾸미거나 금붙이나 진
주나 값비싼 옷으로 치장하지 말고, 10 하나님을
공경하는 여자에게 어울리게, 착한 행실로 치장하
기를 바랍니다. 11 ㄴ)여자는 조용히, 언제나 순
종하는 가운데 배워야 합니다. 12 ㄴ)여자가 가르
치거나 ㄷ)남자를 지배하는 것을 나는 허락하지 않
습니다. 여자는 조용해야 합니다. 13 사실, 아담
이 먼저 지으심을 받고, 그 다음에 하와가 지으심
을 받았습니다. 14 아담이 속임을 당한 것이 아
니라, 여자가 속임을 당하고 죄에 빠진 것입니다.
15 그러나 여자가 믿음과 사랑과 거룩함을 지니고,
정숙하게 살면, 아이를 낳는 일로 구원을 얻을 것
입니다. 3 1 ㄹ)이 말은 옳습니다.

감독의 자격

어떤 사람이 감독의 직분을 맡고 싶어하면,
그는 훌륭한 일을 바란다고 하겠습니다. 2 그러
므로 감독은, 책망할 것이 없으며, 한 아내의 남
편이며, 절제하며, 신중하며, 단정하며, 나그네를
대접하며, 가르치기를 잘하며, 3 술을 즐기지 아
니하며, 난폭하지 아니하고 너그러우며, 다투지
아니하며, 돈을 사랑하지 아니하며, 4 자기 가정을
잘 다스리며, 언제나 위엄을 가지고 자녀들을 순
종하게 하는 사람이라야 합니다. 5 (자기 가정을
다스릴 줄 모르는 사람이 어떻게 하나님의 교회를
돌볼 수 있겠습니까?) 6 또 새로 입교한 사람도
안 됩니다. 그리하면 그가 교만해져서, 마귀가 받을
심판에 떨어질 위험이 있습니다. 7 감독은 또한,
교회 밖의 사람들에게도 좋은 평판을 받는 사람이
라야 합니다. 그래야 그가 비방을 받지 않으며, 악
마의 올무에 걸리지 않을 것입니다.

ㄱ) 다른 고대 사본들에는 '그리스도 안에서 참말을' ㄴ) 또는 '아내' ㄷ) 또는 '자기 남편을' ㄹ) 주석자들에 따라 '이 말은 옳습니다'를 3:1 하반절과 연결시키기도 함. 다른 고대 사본들에는 '이 말은 일반적으로 용납되는 말입니다'

내고 있다고 볼 수 있다 (2:3-4; 딛 2:11). **2:2** *경건.* 경건이 하나님을 존귀하게 여기는 태도를 의미한다면, 목회서신들에 나오는 거짓 교사들은 결코 이를 수 없는 것이다 (4:7-8; 6:3, 5-6, 11; 딤후 3:5 참조). *품위.* 이것은 다른 사람들이 볼 때에 존경할 수 있을 만한 삶의 태도를 의미한다. **2:5-6** 이 구절이 운율에 따라 지어진 것을 볼 때에 예배문구의 일부라는 것을 알 수 있다. 이러한 문구들이 목회서신들에서 많이 발견된다 (예를 들어. 3:16; 딤후 2:11-13). *대속물.* 롬 3:24; 엡 1:7; 딛 2:14를 보라; 특히 막 10:45를 보라. **2:8-10** 저자는 먼저 남자들이 기도할 때 어떤 태도로 해야 하는지 말한다 (*거룩한 손을 들어,* 고대에 존경심을 나타낼 때 전형적으로 취하는 몸짓, 시편 141:2; 143:6). 그리고 여자의 옷치장과 행동에 대해 말한다. **2:11-12** 이해하기 어려운 이 구절은 고전 14:34-35까지의 극보수주의적인 윤리와 자주 연결하여 이해된다. 이것은 고대에 유행하던 도덕론에서 찾아볼 수 있는 가정생활 지침, 혹은 가정 내의 적절한 행동 지침에 영향을 받은 것이다. **2:13-15** 저자는 창 2:15-22와 3:13에 대한 확고하면서도 다소 강압적인 해설과 함께 여자들은 조*용히 배워야 한다*는 명령을 지지하고 있다.

3:1-13 예배에 대한 가르침에 이어서 이제는 예배 인도자들의 자격에 대한 가르침으로 바뀐다. 진정한 예배 인도자들은 거짓 교사들과는 다르게 신중함과 좋은 평판, 검증을 거친 성숙함, 그리고 각자의 가정을 잘 돌볼 수 있는 능력 등을 모범적으로 보일 수 있어야 한다. 자격의 목록은 "이 말은 옳습니다" (3:1a) 라는 말로 시작해서, 감독직(3:1b-7)과 집사직(3:8-10, 12-13)에 대한 교훈이 여성 집사들에 대한 간단한 칭찬(3:11)과 더불어 진행된다.

3:1a 앞의 1:15에서 쓰인 것과 같이 여기서도 "이 말씀은 옳습니다" 라는 문구가 다시 쓰인다. 그러나 그것이 앞에 쓴 것에 대한 것인지 다음에 나오는 것에 대한 것인지는 불확실하다.

3:1b-7 *감독들.* 문자 그대로는 "감독관들"인데 딤전(5:17-22)에서 장로들과 구분되지만 디도서(1:5-9)에서는 구분되지 않는다. **3:2** *한 아내의 남편* (참조. 3:12). 고대에는 배우자가 죽었을 때 다시 결혼하지 않는 것을 이상적으로 여겼다. *나그네를 대접하며.* 이 구절은 여행하는 기독교인들을 도우려는 의도에서 말하는 것이다 (5:10; 딛 1:8).

3:8-13 집사의 자격은 감독의 자격과 비슷

집사의 자격

8 이와 같이 집사들도, 신중하며, 한 입으로
두 말을 하지 아니하며, 술에 탐닉하지 아니하며,
부정한 이득을 탐내지 아니하며, 9 믿음의 비밀을
깨끗한 양심에 간직한 사람이라야 합니다. 10 이
런 사람들을 먼저 시험하여 보고, 책망 받을 일이
없으면, 집사의 일을 하게 하십시오. 11 이와 같
이 ㄱ)여자들도, 신중하며, 험담하지 아니하며, 절
제하며, 모든 일에 성실한 사람이라야 합니다.
12 집사들은 한 아내의 남편이며, 자녀와 자기
가정을 잘 다스리는 사람이라야 합니다. 13 집
사의 직무를 잘 수행한 사람들은 좋은 지위를 얻게
되고, 그리스도 예수를 믿는 믿음에 큰 확신을 얻게
됩니다.

우리 종교의 비밀

14 내가 곧 그대에게 가기를 바라면서도, 이
편지로 이런 지시를 써 보내는 것은, 15 만일 내
가 늦어지더라도, 하나님의 가족 가운데서 사람
이 어떻게 처신해야 하는지를 그대가 알게 하려는
것입니다. 이 가족은 살아 계신 하나님의 교회요,
진리의 기둥과 터입니다. 16 이 경건의 비밀은
참으로 놀랍습니다.

"ㄴ)그분은 육신으로 나타나시고,
성령으로
의롭다는 인정을 받으셨습니다.
천사들에게 보이시고,
만국에 전파되셨습니다.
세상이 그분을 믿었고,
그분은 영광에 싸여
들려 올라가셨습니다."

거짓 교사

4 1 성령께서 환히 말씀하십니다. 마지막 때에,
어떤 사람들은 믿음에서 떠나, 속이는 영과
악마의 교훈을 따를 것입니다. 2 그러한 교훈은,
그 양심에 낙인이 찍힌 거짓말쟁이의 속임수에서
나오는 것입니다. 3 이런 자들은 혼인을 금하고,
어떤 음식물을 먹지 말라고 할 것입니다. 그러나
그 음식물은, 하나님께서, 믿는 사람과 진리를 아는

ㄱ) 또는 '그들의 아내들' 또는 '여자 집사들' ㄴ) 다른 고대 사본들에는 '하나님은'

하다. **3:11** *이와 같이.* 이 구절이 반복되는 것은 (3:8, 11) 교회 내의 특정한 직분을 지칭한다는 뜻이며, 여기서 여자는 사실상 집사들의 부인들을 말하는 것이 아니고, 여성 집사들을 말하는 것이다.

3:14—4:16 이 부분은 예정된 사도의 방문에 대한 언급이 앞뒤로 있고 (3:14; 4:13), 특별히 대조법을 통해 건전한 가르침과 교훈이 가져다주는 유익의 예를 많이 들고 있다. (1) 교회에서의 바른 행실을 알 수 있다 (3:14-16); (2) 신실한 훈련을 위한 양육을 받을 수 있다 (4:1-10); 그리고 (3) 다른 사람들을 위해 성장의 모범을 보여줄 수 있다 (4:11-16).

3:14-16 이 구절은 진리가 교회 내에 거하는 것으로 묘사하고, 교회는 하나님의 가족으로, 교회의 신비는 우주적 영향력을 가진 것으로 묘사한다. 그리고 앞에서 내린 명령들의 중요성을 강조한다. **3:15** *하나님의 가족*이라는 표현이 바울의 저작성에 논란이 없는 서신들에서는 발견되지 않지만 가정생활 지침의 영향을 받았음을 보여준다. **3:16** 그리스도교 찬송의 일부임을 나타내는 잘 균형 잡힌 이 구절들에서 하나님이 이 세상에 손을 뻗쳐 다가오시는 주제를 되풀이하고 있다 (1:15; 2:1-6; 4:10 참조).

4:1-10 사도는 결혼하지 않는 삶과 육체적 금욕을 장려하는 거짓 교사들(4:1-5)을 거룩한 훈련을 위해 실제로 양육을 받고 있는 수신자들(4:6-10)과 대조하여 보여준다. **4:1** *마지막 때에.* 이 구절은 마지막 날들 (딤후 3:1)과 비슷하다. 다른 곳에서 거짓 교사들의 출현이 종말을 암시하는 현상이 된다고 설명하면서 쓴 구절이기도 하다 (벧후 3:3). **4:2-3** *낙인이 찍힌.* 이것은 문자 그대로 해석하면 "주인이 누구인지 알려 주는 뜨거운 인장으로 찍혀버린"이라는 뜻이다. 이것은 거짓 교사들이 속이는 영들의 종들임을 알리는 말이다 (4:2). 반대하는 교사들의 가르침에 대한 내용을 여기에서보다 더 자세히 말해주는 구절이 없다. 그들은 미혼과 금욕주의(음식을 멀리하는 것)를 장려한다. **4:4** 사도는 금욕주의자들이 가진 창조에 대한 부정적 관점을 비판한다 (막 7:19를 보라). **4:6** *이런.* 이 지시대명사는 거짓 교사들과 건전한 가르침으로 양육 받고 있는 수신자들 간의 차이점을 드러내고 있다. **4:7** *저속한* 이야기와 *헛된 꾸며낸 이야기* (원문에는 "늙은 부인의 이야기")를 묶어서 말하는 것은 전형적인 철학적 속어인데 (*아리스테아스의 편지* 168), 늙은 부인의 이야기 역시 가치 없는 것임을 알 수 있다. 훈련은 문자 그대로 "운동"을 말한다. **4:8-10** *몸을 훈련하십시오 —몸의 훈련— 수고하며…* 이 부분은 운동선수가 훈련하고 애쓰는 이미지를 많이 사용하고 있다.

4:11-16 가르침들은 디모데가 다른 사람들에게 신앙이 성장해 나가는 모습의 본을 보일 수 있도록 돕는다. **4:12** *말과 행실과 사랑과 믿음과 순결.* 이것에

사람이 감사하는 마음으로 먹게 하시려고 만드신
것입니다. 4 하나님께서 지으신 것은 모두 다 좋은
것이요, 감사하는 마음으로 받으면, 버릴 것이 하
나도 없습니다. 5 모든 것은 하나님의 말씀과 기
도로 거룩해집니다.

그리스도 예수의 좋은 일꾼

6 그대가 이런 교훈으로 ㄱ)형제자매를 깨우
치면, 그대는 믿음의 말씀과 그대가 지금까지 좇
고 있는 좋은 교훈으로 양육을 받아 그리스도 예
수의 좋은 ㄴ)일꾼이 될 것입니다. 7 저속하고 헛
된 꾸며낸 이야기들을 물리치십시오. 경건함에
이르도록 몸을 훈련하십시오. 8 몸의 훈련은 약
간의 유익이 있으나, 경건 훈련은 모든 면에 유익
하니, 이 세상과 장차 올 세상의 생명을 약속해 줍
니다. 9 이 말은 참말이요, 모든 사람이 받아들일
만한 말입니다. 10 우리가 모든 사람 특히 믿는 사
람의 구주이신 살아 계신 하나님께 소망을 두므로,
우리는 수고하며 애를 쓰고 있습니다.
11 그대는 이것들을 명령하고 가르치십시오.
12 아무도, 그대가 젊다고 해서, 그대를 업신여
기지 못하게 하십시오. 도리어 그대는, 말과 행실
과 사랑과 믿음과 순결에 있어서, 믿는 이들의 본
이 되십시오. 13 내가 갈 때까지, ㄷ)성경을 읽는
일과 권면하는 일과 가르치는 일에 전념하십시오.
14 그대 속에 있는 은사, 곧 그대가 장로들의 안
수를 받을 때에 예언을 통하여 그대에게 주신 그
은사를 소홀히 여기지 마십시오. 15 이 일들을
명심하고 힘써 행하십시오. 그리하여 그대가 발
전하는 모습을 모든 사람에게 나타나게 하십시오.
16 그대 자신과 그대의 가르침을 살피십시오. 이
런 일을 계속하십시오. 이렇게 함으로써, 그대 자
신도 구원하고, 그대의 말을 듣는 사람들도 구원
할 것입니다.

신도를 대하는 태도

5 1 ㄹ)나이가 많은 이를 나무라지 말고, 아버지를
대하듯이 권면하십시오. 젊은 남자는 형제를
대하듯이 권면하십시오. 2 나이가 많은 여자는
어머니를 대하듯이 권면하고, 젊은 여자는 자매를
대하듯이, 오로지 순결한 마음으로 권면하십시오.
3 참 과부인 과부를 존대하십시오. 4 어떤
과부에게 자녀들이나 손자들이 있으면, 그들은
먼저 자기네 가족에게 종교상의 의무를 행하는
것을 배워야 하고, 어버이에게 보답하는 것을 배
워야 합니다. 이것이 바로 하나님께서 그들에게
원하시는 일입니다. 5 참 과부로서 의지할 데가
없는 이는, 하나님께 소망을 두고, 밤낮으로 끊임
없이 간구와 기도를 드립니다. 6 향락에 빠져서
사는 ㅁ)과부는, 살아 있으나 죽은 것입니다. 7 그

ㄱ) 그, '형제들' ㄴ) 또는 '집사' ㄷ) 그, '읽는 일과' ㄹ) 또는 '장로를' ㅁ) 그, '여자는'

대해서는 빌 3:17을 보라. **4:14** *안수하는* 것. 이것은 고대 풍습에서 은사를 전달하여 주는 것을 의미하는 전형적인 몸짓이다 (창 48:14; 딤후 1:6). **4:15** *힘써 행하십시오.* 이것은 운동 경기에서 따온 또 하나의 은유로서 *발전*이라고 하는 표현과 함께 사용되었는데, 발전은 철학학파 내에서 한 단계 진보하는 것을 나타내는 말이다 (딤후 3:9 참조).

5:1—6:2a 그의 가르침들이 주는 유익들을 정리해 놓은 후, 저자는 하나님의 가정 내에서 올바르게 처신해야 할 것에 대한 몇 가지 가르침들을 더하여 준다 (3:1-13). 그러나 이 목록은 디모데가 다른 세대들 (1-2절); 과부들 (3-16절); 장로들 (17-25절); 그리고 노예들 (6:1-2a) 등 여러 그룹들과 부딪치면서 생겨날 문제들을 다루고 있다.

5:1-2 바울은 여기서 *나이가 많은 이, 젊은 남자, 나이가 많은 여자, 젊은 여자* 등을 대하는 문제를 다룬다. 하나님의 가족에 속한 특정 그룹들을 대하는 디모데의 태도는 가정생활을 기초로 하여 이해되어져야 한다고 말한다. **5:1** *나이가 많은 이.* 여기서 나이가 많은 이는 장로를 의미하지 않는 것 같다. 왜냐하면 장로 그룹에 대해서는 5:17-25에서 다루기 때문이다.

5:3-16 바울은 참 과부들(교회의 보조를 받기에 합당한 자들)을 현재 과부로 분류된 자들(5:3-8)과 구분한다. 그리고 과부로 *명부에 올릴 이들에* 대한 엄격한 규율들(5:9-15)을 나열하고 과부들을 효성스럽게 돌볼 것을 격려한다 (5:16). **5:3** 고대의 과부들에 대한 문제에 대해서는 다음을 보라. 신 10:18; 24:17; 시 68:5; 사 1:17; 행 6:1. **5:5** *밤낮으로* (낮과 밤이 아님). 이것은 시간에 대한 유대교식 이해를 반영한다. 다음을 보라. 살전 2:9; 3:10; 딤후 1:3. **5:9** *예순* 살은 연로한 나이의 시작이다. **5:11** *그리스도를 거슬러 정욕에 이끌리면.* 희랍어 원문은 해석하기 어렵지만 그리스도와의 영적인 결혼을 전제로 하는 듯하다 (고후 11:2 참조). **5:14** 참 과부가 "비난을 받는 일이 없도록" 해야 한다면 (5:7; 이것은 감독들에 대한 요구조건이기도 하다, 3:2), 여기서 *적대자*들은 바깥에서부터 온 사람들로서 그들에게는 *비방할 기회를 조금도 주지 말아야* 한다. **5:16** 과부를 도와줄 수 있다고 여겨지는 *어떤 여신도*는 교회 내의 부유한 자들을 의미한다. 2:9와 행 9:36-43을 보라.

5:17-24 그리스도교 "장로들"에게는 사례비를 주어야 하고 존경해야 한다 (행 15:1-29; 16:4). 장로

들에게 이런 것을 명령하여, 그들이 비난을 받는
일이 없도록 하십시오. 8 누구든지 자기 친척 특히
가족을 돌보지 않으면, 그는 벌써 믿음을 저버린 사
람이요, 믿지 않는 사람보다 더 나쁜 사람입니다.
9 과부로 명부에 올릴 이는, 예순 살이 덜 되
어서는 안되고, 한 남편의 아내였던 사람이라야
합니다. 10 그는 착한 행실을 인정받는 사람이
라야 하는데, 자녀를 잘 기르거나, 나그네를 잘 대
접하거나, ㄱ)성도들을 자기 집에 모시거나, 어려
움을 당한 사람을 도와주거나, 모든 선한 일에 몸을
바친 사람이라야 합니다. 11 젊은 과부는 명단에
올리는 것을 거절하십시오. 그들은, 그리스도를 거
슬러 정욕에 이끌리면 결혼을 하고 싶어할 것이고,
12 처음 서약을 저버렸기 때문에 비난을 받을 것
입니다. 13 또한 그들은 이 집 저 집 돌아다니면
서 빈둥거리는 것을 익힐 것입니다. 더욱이, 그들
은 빈둥거릴 뿐만 아니라, 수다를 떨고, 남의 일
에 참견하고, 해서는 안 되는 말을 할 것입니다.
14 그러므로 젊은 과부들은 재혼을 해서, 아이를
낳고, 가정을 다스려서, 적대자들에게 비방할 기
회를 조금도 주지 말기를 바랍니다. 15 어떤 과
부들은 이미 곁길로 나가서, 사탄을 따라갔습니다.
16 어떤 ㄴ)여신도의 집안에 과부들이 있거든, 그
여신도가 그들을 도와주어야 할 것이요, 교회에
짐을 지우지 말아야 할 것입니다. 그렇게 하여야
교회가 참 과부들을 도울 수 있을 것입니다.

17 잘 다스리는 장로들은 두 배로 ㄷ)존경을
받아야 합니다. 특히 말씀을 전파하는 일과 가르
치는 일에 수고하는 장로들은 더욱 그러하여야 합
니다. 18 성경에 이르기를, ㄹ)"타작 마당에서 낟
알을 밟아 떠는 소의 입에 망을 씌우지 말라" 하
였고, ㅁ)"일꾼이 자기 삯을 받는 것은 마땅하다"
하였습니다. 19 장로에 대한 고발은 ㅂ)두 사람이나
세 사람의 증인이 없이는 받아들이지 마십시오.
20 죄를 짓는 사람을 모든 사람 앞에서 꾸짖어서,
나머지 사람들도 두려워하게 하십시오. 21 하나
님과 그리스도 예수와 택하심을 받은 천사들 앞에
서 내가 엄숙히 명령합니다. 그대는 편견 없이 이
것들을 지키고, 어떤 일이든지 공평하게 처리하
십시오. 22 ㅅ)아무에게나 경솔하게 안수하지 마
십시오. 남의 죄에 끼여들지 말고, 자기를 깨끗하게
지키십시오. 23 이제부터는 물만 마시지 말고,
위장과 잦은 병을 생각해서 포도주를 조금씩 쓰
십시오.

24 어떤 사람들의 죄는 명백해서, 재판을 받기
전에 먼저 드러나고, 어떤 사람들의 죄는 나중에
야 드러납니다. 25 이와 마찬가지로, 착한 행실
도 드러나게 마련이고, 드러나지 않은 것도, 언제
까지나 감추어져 있지는 못합니다.

6 1 종의 멍에를 메고 있는 사람은 자기 주인을
아주 존경할 분으로 여겨야 합니다. 그렇게
하여야, 하나님의 이름과 우리의 가르침에 욕이
돌아가지 않을 것입니다. 2 신도인 주인을 섬기는
종들은, 그 주인이 ㅇ)신도라고 해서 가볍게 여겨서는

ㄱ) 그, '성도들의 발을 씻어주거나' ㄴ) 다른 고대 사본들에는 '남신도나 여신도' 또는 '남신도' ㄷ) 또는 '보상' 또는 '보수' ㄹ) 신 25:4 ㅁ) 민 18:31; 대하 15:7 ㅂ) 신 19:15 ㅅ) 또는 '아무나 성직에 임명하지 마십시오' ㅇ) 또는 '교회 신도'. 그, '형제'

들은 유대교 회당의 장로들과 대체적으로 비슷한 기능을 하는 그룹이다. **5:17** *수고하는*. 이것은 바울이 목회 지도자들의 노고를 표현할 때 흔히 쓰는 말이다 (4:10; 롬 16:12; 고전 15:10; 살전 5:12). **5:18** *타작 마당에서 낟알을 밟아 떠는 소의 입에 망을 씌우지 말라*. 신 25:4를 보라. *일꾼이 자기 삯을 받는 것은 마땅하다*. 이는 예수님이 하신 말씀이다 (눅 10:7; 고전 9:14에 있는 바울의 논의를 보라). **5:19** *두 사람이나 세 사람의 증인*. 유대 율법의 필요조건이다; 신 17:6; 19:15; 마 18:16을 보라. **5:22** *아무에게나 경솔하게 안수하지 마십시오*. 이것은 5:24-25에서 그 근거가 주어진다. 또한 감독들(3:6)과 집사들 (3:10), 그리고 참 과부(5:9-10)에 대해 추천했던 사전적 검증과 병행된다. **5:23** 죄짓는 장로들에 대한 초점이 계속되는 동안 (5:20, 22, 24), 포도주로 병 고치는 효과(잠 31:6; 눅 10:34를 보라)에 대해 추천하는 것은 맥락을 벗어난 듯하다. 그러나 앞서서 순수함에 대해 찬양한 것을 생각해 볼 때 (5:22), *순수함* (22절)이 금욕주의와 혼돈되지 않도록 하기 위해서 (거짓 교사들이 그렇게 하였다; 딛 1:14를 보라), 하나님의 모든 창조물이 선하다는 것(4:4)을 단도직입적으로 상기시키기 위함일 수도 있다.

6:1-2a 이 짧은 교훈들은 하나님의 가정에서 노예들의 적절한 처신에 대한 것이며 목회서신들의 보수적인 사회윤리와 관심을 보여준다 (딛 2:9-10).

6:2b-19 **6:2b-10** 디모데의 가르침과 다른 가르침을 대조한 후 (6:2b-5), 연이어 경건함이 진정으로 가져다주는 유익에 대해 논의한다 (6:6-10). **6:3-5** 악덕의 목록은 전통적인 철학적 술어들로 만들어져서 *교만해진* (혹은 미혹시키는) 거짓 교사들이 사람들에게 주는 부정적인 영향들을 보여주고 있다. 이것은 디모데가 유익을 가져다주는 가르침과 비교된다 (4:15-16). **6:6** *자족*. 이 단어에 대하여는 빌 4:11을 보라. **6:7** *우리는 아무것도 세상에 가지고 오지 않았*

안됩니다. 오히려, 주인을 더 잘 섬겨야 합니다.
왜냐하면, ㄱ)이러한 섬김에서 이익을 얻는 이들이
동료 신도요, 사랑하는 사람이기 때문입니다.

거짓 교훈과 참 부요

그대는 이런 것들을 가르치고 권하십시오.
3 누구든지 다른 교리를 가르치며, 우리 주 예수
그리스도의 건전한 말씀과 경건에 부합되는 교훈
을 따르지 않으면, 4 그는 이미 교만해져서, 아
무것도 알지 못하면서, 논쟁과 말다툼을 일삼는
병이 든 사람입니다. 그런 데서 시기와 분쟁과 비
방과 악한 의심이 생깁니다. 5 그리고 마음이
썩고, 진리를 잃어서, 경건을 이득의 수단으로 생
각하는 사람 사이에 끊임없는 알력이 생깁니다.ㄴ)
6 자족할 줄 아는 사람에게는, 경건은 큰 이득을
줍니다. 7 우리는 아무것도 세상에 가지고 오지
않았으므로, 아무것도 가지고 떠나갈 수 ㄷ)없습
니다. 8 우리는 먹을 것과 입을 것이 있으면, 그
것으로 만족해야 할 것입니다. 9 그러나 부자가
되기를 원하는 사람은, 유혹과 올무와 여러 가지
어리석고도 해로운 욕심에 떨어집니다. 이런 것
들은 사람을 파멸과 멸망에 빠뜨립니다. 10 돈을
사랑하는 것이 모든 악의 뿌리입니다. 돈을 좇다
가, 믿음에서 떠나 헤매기도 하고, 많은 고통을 겪
기도 한 사람이 더러 있습니다.

믿음의 선한 싸움

11 하나님의 사람이여, 그대는 이 악한 것들을
피하십시오. 의와 경건과 믿음과 사랑과 인내와
온유를 좇으십시오. 12 믿음의 선한 싸움을 싸우
십시오. 영생을 얻으십시오. 하나님께서는 영생을
얻게 하시려고 그대를 부르셨고, 또 그대는 많은
증인들 앞에서 훌륭하게 신앙을 고백하였습니다.
13 나는 만물에게 생명을 주시는 하나님 앞과,
본디오 빌라도에게 훌륭하게 증언하신 그리스도
예수 앞에서, 그대에게 명령합니다. 14 그대는 우
리 주 예수 그리스도께서 나타나실 때까지 그 계
명을 지켜서, 흠도 없고, 책망 받을 것도 없는 사
람이 되십시오. 15 정한 때가 오면, 하나님께서
주님의 나타나심을 보여 주실 것입니다. 하나님
은 찬양 받으실 분이시요, 오직 한 분이신 통치자
이시요, 만왕의 왕이시요, 만주의 주이십니다.
16 오직 그분만이 죽지 않으시고, 사람이 가까이
할 수 없는 빛 속에 계시고, 사람으로서는 본 일
도 없고, 또 볼 수도 없는 분이십니다. 그분에게
존귀와 영원한 주권이 있기를 빕니다. 아멘.
17 그대는 이 세상의 부자들에게 명령하여,
교만해지지도 말고, 덧없는 재물에 소망을 두지도

ㄱ) 또는 '그들은 신도들이요 사랑받는 이들로서, 선한 일에 헌신하기 때문입니다' ㄴ) 다른 고대 사본들에는 '그런 사람들과는 상종을 하지 말아야 합니다'가 더 있음 ㄷ) 다른 고대 사본들에는 '없다는 것도 확실합니다'

으므로. 이와 비슷하지만 다른 형태의 잠언이 욥기 1:21에 있다. 또한 전 5:15를 보라. **6:8** *우리는 먹을 것과 입을 것이 있으면.* 이와 같이 삶의 기본 필수품에 대한 언급은 마 6:25-34를 보라. **6:10** *돈을 사랑하는 것이 모든 악의 뿌리입니다.* 이것은 고대 사람들에게 널리 알려지고 좋아하던 격언이었다.

6:11-16 디모데에게 주목을 돌려 이 구절들은 수신자에게 *믿음의 선한 싸움을 싸우십시오* 라고 분부한다. **6:11** *선한 싸움.* 여기에서는 덕목의 하나로 나오는데 목회서신의 특징인 운동경기로부터 따온 또 하나의 은유이다 (1:18; 또한 고전 9:24; 딤후 4:7을 보라). **6:13** 예수의 선한 증언에 대해서는 마 27:11; 막 15:2를 보라. **6:16** 이 송영은 1:17에 있는 것과 같이 하나님의 유일무이하신 특성을 말한다.

6:17-19 이 구절들은 부자들에게 주는 경고로서 무엇이 참된 부유함이며 (재정적인 관대함이 넉넉한 것), 무엇이 참된 삶인지 (영생) 밝혀준다. **6:17** 부의 불확실성(*덧없는 재물*)에 대해서는 잠 11:28; 전 5:13-15; 눅 12:16-21을 보라. **6:18** *좋은 일을 많이 하고.* 이 명령은 부유한 신자들에게 이생에서 보상 받을 생각 없이 부를 나누어주는 후원자가 되라고 촉구한다.

6:20-21 바울의 저작성을 의심받지 않는 서신들에서 나타나는 평상시의 인사(예를 들어, 고전 16:19-20)가 이 짧은 마지막 구절에서는 빠져 있다. 여기에는 다른 목회서신들에서 볼 수 있는 여행일지도 빠져 있다 (딤후 4:20-21; 딛 3:12-13). **6:20** 사도가 임무를 맡은 것과 같이 (1:11), 디모데도 마찬가지로 임무를 맡았다. 딤후 1:12, 14를 보라. **6:21** 믿음을 단순히 개인적 확신이라기보다 복음의 메시지를 정확하게 소유하고 있는 것으로 이해하는 것에 대해 3:9; 4:1; 5:8을 보라. 다른 목회서신들에서와 같이 (딤후 4:2; 딛 3:5), *여러분 모두* 라는 복수는 서신이 그 수신자(디모데)에게만 보내진 것이 아니라 보다 많은 수신자를 염두에 두고 있다는 것을 말해준다.

말고, 오직 우리에게 모든 것을 풍성히 주셔서 즐
기게 하시는 하나님께 소망을 두라고 하십시오.
18 또 선을 행하고, 좋은 일을 많이 하고, 아낌없
이 베풀고, 즐겨 나누어주라고 하십시오. 19 그
렇게 하여, 앞날을 위하여 든든한 기초를 스스로
쌓아서, 참된 생명을 얻으라고 하십시오.

20 디모데여, 그대에게 맡긴 것을 잘 지키십
시오. 속된 잡담을 피하고, 거짓 지식의 반대 이
론을 물리치십시오. 21 이 반대 이론을 내세우
다가 믿음을 잃은 사람도 더러 있습니다.

은혜가 [ㄱ]여러분과 함께 있기를 바랍니다.[ㄴ]

ㄱ) 다른 고대 사본들에는 '그대와' ㄴ) 다른 고대 사본들에는 절 끝에 '아멘'이 있음

디모데후서

디모데후서는 어느 보조자 앞으로 보낸 (디모데전서의 서론을 보라), 실제의 편지로서 권면과 정치적 냄새가 짙은 내용들이 있고, 최후의 유언과 같은 분위기를 띠고 있다. 서신은 여러 권면을 통해 수신자가 복음에 부끄럽지 않은 헌신을 보일 것과 그러한 헌신에 뒤따라오게 될 고난들에 대해서도 책임을 지도록 부탁하고 있다. 논쟁적인 내용들이 서신 전체에 걸쳐 아무 때나 나타나는데, 이것들은 거짓 교사들과 참 교사들을 대조시켜 주는 극적인 예화들을 제공하여주고 있다. 그 증언적인 분위기는 마음을 움직이면서 저자가 그 후계자에게 주는 마지막 경고와 도전의 메시지로 결론 맺는다.

이 서신은 거짓 가르침에 대하여 강하게 논쟁하기 때문에 목회서신 중 하나로 보지만, 디모데전서나 디도서에서와 같이 교회의 질서를 논하고 있지는 않다. 감옥 안에서 쓰고 있는 것으로 보이는 서신의 분위기가 다른 서신들과 다른 점이기도 하다 (1:16, 17; 2:9; 4:16-17). 어느 감옥에 있었는지에 대해서는 자세한 설명이나 증거가 없어 정확히 알 수가 없다. 서신에 의하면, 바울은 두 번의 재판에서 피고인으로 섰다. 한 번은 무죄판결을 받았고, 현재의 재판에서는 풀려나지 못할 것으로 보고 있다. 이러한 내용을 바울의 저작성을 의심받지 않는 서신들과 사도행전에 따라 만든 연대와 맞추려고 할 때 어려움이 있다. 따라서 어떤 학자들은 그 서신을 연대를 잘 알 수 없는 익명의 저자에 의한 서신이라고 보고 있다. 이 주석서는 편리를 위해 저자와 청중의 역사적 상황이 무엇이었든지 상관없이 발신자는 "바울"로, 수신자는 "디모데"로 여긴다.

디모데후서의 개요는 다음과 같다. 성경본문에 대한 연구 주석들은 이 개요를 바탕으로 한 것이며, 보다 명확한 설명을 위해서는 더 세밀하게 구분하였다.

Ⅰ. 서신의 머리말, 1:1-2
Ⅱ. 복음에 대한 헌신, 1:3-18
  A. 하나님의 은사에 다시 불을 붙이라는 요구, 1:3-10
  B. 복음에 헌신하는 본보기, 1:11-18
Ⅲ. 번져나가는 복음에 대한 헌신, 2:1—4:18
  A. 고난을 통해 복음의 능력을 보이기, 2:1-13
  B. 건전한 가르침의 본질, 2:14-26
  C. 교사의 전통에 나타난 꾸준함, 3:1—4:18
Ⅳ. 마지막 인사, 4:19-22

아브라함 스미스 (Abraham Smith)

인사

1 1 하나님의 뜻으로 그리스도 예수 안에 있는 생명의 약속을 따라 그리스도 예수의 사도가 된 나 바울이, 2 사랑하는 아들 디모데에게 이 편지를 씁니다. 하나님 아버지와 우리 주 그리스도 예수께서 내려주시는 은혜와 자비와 평화가 그대에게 있기를 빕니다.

복음에 대한 증성

3 나는 밤낮으로 기도를 할 때에 끊임없이 그대를 기억하면서 하나님께 감사를 드립니다. 나는 조상들을 본받아 깨끗한 양심으로 하나님을 섬깁니다. 4 나는 그대의 눈물을 기억하면서, 그대를 보기를 원합니다. 그대를 만나봄으로 나는 기쁨이 충만해지고 싶습니다. 5 나는 그대 속에 있는 거짓 없는 믿음을 기억합니다. 그 믿음은 먼저 그대의 외할머니 로이스와 어머니 유니게 속에 깃들여 있었는데, 그것이 그대 속에도 깃들여 있음을 나는 확신합니다. 6 이런 이유로 나는 그대를 일깨워서, 그대가, 나의 안수로 말미암아, 그대 속에 간직하고 있는 하나님의 은사에 다시 불을 붙이게 하려고 합니다. 7 하나님께서는 우리에게 비겁함의 영을 주신 것이 아니라, 능력과 사랑과 절제의 영을 주셨습니다.

8 그러므로 그대는 우리 주님에 대하여 증언하는 일이나 주님을 위하여 갇힌 몸이 된 나를 부끄러워하지 말고, 하나님의 능력을 힘입어 복음을 위하여 고난을 함께 겪으십시오. 9 하나님께서 우리를 구원해 주시고, 거룩한 부르심으로 불러 주셨습니다. 그것은 우리의 행실을 따라 하신 것이 아니요, 하나님의 계획과 은혜를 따라 하신 것입니다. 이 은혜는 영원 전에 그리스도 예수 안에서 우리에게 주신 것인데, 10 이제는 우리 구주 그리스도 예수께서 나타나심으로 환히 드러났습니다. 그리스도께서는 죽음을 폐하시고, 복음으로 생명과 썩지 않음을 환히 보이셨습니다. 11 나는 ㄱ)이 복음을 전하는 선포자와 사도와 교사로 임명을 받았습니다. 12 그러므로 나는 이런 고난을 당하면

ㄱ) 다른 고대 사본들에는 '이방인을 위한' 이란 말이 첨가되어 있음

1:1-2 서신은 전형적인 헬라 양식의 머리말로 시작한다 (발신자, 수신자, 그리고 인사를 포함하고 있다). 고후 1:1; 딤전 1:1을 보라. **1:1** *생명의 약속.* 이것은 "부활은 이미 지나갔다"(2:18)고 말하는 거짓 교사들에 대한 비평을 염두에 둔 것 같다. **1:2** *아들.* 이렇게 부르는 것은 수신자를 저자의 후계자로 예상하면서 유언을 예상하는 것이다 (4:11-18; 2:1; 딤전 1:2). 바울이 흔히 쓰는 "은혜와 평화"(살전 1:1)는 딤전 1:2에서와 같이 *은혜와 자비와 평화*로 변했다.

1:3-18 서신은 디모데와 바울의 삶에서 나타났던 하나님의 은혜의 역사를 회상한 후, 고난과 건전한 가르침을 통해 복음에 헌신하라고 격려한다. 감사기도와 수신자의 *거짓 없는 믿음에* 대한 회상(1:3-5)에 이어 하나님의 은사에 *다시 불을 붙이라고* 도전하고 있으며, [갇혀있는 바울에 대한] 부끄러운 감정에 사로잡히지 말고 복음을 위하여 바울의 고난에 참여하라고 도전한다 (1:6-10). 그런 후 바울 자신의 삶—그의 *고난, 부끄러움에* 대한 저항, 다른 사람들이 그를 버리고 떠났음에도 불구하고 견디는 힘 등—을 모델로 내세운다 (1:11-18).

1:3-5 저자는 바울과 그의 조상들이 나눈 믿음을 들어 간략하게 감사기도하면서 그것을 수신자들과 연관시킨다. **1:3** *깨끗한 양심* (딤전 3:9) 혹은 "순수한 양심"이라는 말은 아마도 나중에 나오는 순수한 동기에 대한 논의를 미리 짐작케 하여 주는 것 같다 (2:20-22). **1:4** 4:9, 21을 보라. **1:5** 다른 곳에서 디모데의 어머니는 언급되지만 이름은 안 나온다 (행 16:1). 기억에 대한 강조가 (1:3-5) 다음 부분의 기초가 된다 (1:6).

1:6-10 *하나님의 은사에 다시 불을 붙이라고* 디모데에게 분부하면서, 이 부분은 복음을 부끄러워하지 않고 헌신할 수 있도록 하나님께서 마련해 주신 은사를 밝혀주고, 복음을 통해 과거와 현재에 특별하게 선포된 하나님의 은혜를 드러낸다. **1:6** *다시 불을 붙이다.* 이 희랍어 문구는 계속해서 불타는 불꽃을 말한다. *안수.* 안수에 대해서는 딤전 4:14를 보라. **1:7** *절제.* 이 절제는 스토아학파에서 말하는 개인적으로 이룩할 수 있는 성품을 말하는 것이 아니라, 하나님이 준 은사를 말한다. 딛 1:8; 2:5-6을 보라. **1:8** *부끄럽게 생각하지 않는 것.* 이에 대해서는 1:12, 16; 2:15를 보라. *주님을 위해 갇힌 몸이 된.* 저자는 단순한 죄수가 아니라 주님의 죄수이다. **1:9-10** 이것은 찬송이나 신앙고백의 일부인데 하나님의 구원자로서의 특성(1:9; 또한 딤전 1:1; 2:3; 4:10; 딛 1:4; 2:10; 3:4를 보라)과 예수의 구원자로서의 특성(1:10; 또한 딛 2:13; 3:6을 보라)을 드러낸다. 보통 목회서신에서 *나타나심*이라는 말(예를 들어, 4:1, 8; 딤전 6:14)은 예수의 미래에 있을 나타남(재림)을 의미한다. 여기서는 그의 성육신을 말한다.

1:11-18 저자는 믿음에 있어서의 인내를 설명하기 위해 긍정적인 본보기를 부정적인 본보기들과 대조하고 있다. **1:11-14** 디모데는 바울의 긍정적인 본을 따라야 한다. **1:11** *선포자.* 중요한 소식을 전달하는 공적인 전령자이다. **1:12** *믿어 온.* 이것은 신탁과 같이 누군가에게 맡겼다는 것이다. *그 날.* 그리스도가 다시 오시는 날이다 (1:18; 4:8). **1:13** *본보기.* 이것은 모델이 되는 기본 윤곽이나 초본을 말한다. *건전한 말씀*은 거짓 교사들에 대하여 후에 나올 논의를 예상케

서도 부끄러워하지 않습니다. 나는, 내가 믿어 온
분을 잘 알고 있고, 또 ㄱ내가 맡은 것을 그분이 그
날까지 지켜 주실 수 있음을 확신합니다. 13 그
대는 그리스도 예수 안에 있는 믿음과 사랑으로
나에게서 들은 건전한 말씀을 본보기로 삼고,
14 우리 안에 살고 계시는 성령으로 말미암아 그
맡은 바 선한 것을 지키십시오.

15 그대도 알다시피, 아시아에 있는 사람이
모두 나를 버렸습니다. 그들 가운데는 부겔로와
허모게네가 들어 있습니다. 16 주님께서 오네시
보로의 집에 자비를 베풀어 주시기를 빕니다. 그는
여러 번 나에게 용기를 북돋아 주었고, 내가 쇠사
슬에 매인 것을 부끄러워하지 않았고, 17 로마에
와서는 더욱 열심으로 나를 찾아 만나 주었습니다.
18 그 날에 주님께서 그에게 자비를 내리시기를
바랍니다. 그대는 그가 에베소에서 얼마나 많이
봉사했는가를 잘 알고 있습니다.

예수 그리스도의 훌륭한 군사

2 1 그러므로 내 아들이여, 그리스도 예수 안에
있는 은혜로 굳세어지십시오. 2 그대가 많은
증인을 통하여 나에게서 들은 것을 믿음직한 사람
들에게 전수하십시오. 그리하면 그들이 다른 사
람들을 또한 가르칠 수 있을 것입니다. 3 그대는
그리스도 예수의 훌륭한 군사답게 고난을 함께 달
게 받으십시오. 4 누구든지 군에 복무를 하는 사
람은 자기를 군사로 모집한 상관을 기쁘게 해 주
어야 합니다. 그러므로 그는 살림살이에 얽매여
서는 안 됩니다. 5 운동 경기를 하는 사람은 규
칙대로 하지 않으면 월계관을 얻을 수 없습니다.
6 수고하는 농부가 소출을 먼저 받는 것이 마땅
합니다. 7 내가 하는 말을 생각하여 보십시오.
주님께서는 모든 것을 깨닫는 능력을 그대에게
주실 것입니다.

ㄱ) 또는 '내가 그분에게 맡긴 것을'

한다. **1:14** *성령.* 딤전 1:4; 딛 3:5-6을 보라. **1:15** 디모데는 바울을 버리고 떠난 *부겔로와 허모게네의* 본보기를 따라서는 안 된다. 아시아는 서부 소아시아(오늘의 터키)에 있는 로마의 지방(오늘의 터키)으로 *에베소가* 그 수도이다. **1:16-18** 저자는 오네시보로가 한 일을 거듭 상기시켜 준다. 그 외에도 그의 두 가지 덕목은 (1) *부끄러워하지 않았고* (1:16), 그리고 (2) *열심으로* (1:17) 만나 주었다는 것이다. 만일 디모데(혹은 실제의 수신자)가 복음을 어떤 사람에게 맡겼다면, 그 사람은 *부끄러워해서*는 안 되며 (1:8; 2:15), 그는 그를 하나님 앞에 보여주기 위하여 열심히 (*최선을 다하여,* 2:15) 하여야할 것이다.

2:1—4:18 바울은 디모데에게 다른 사람들도 복음에 대해 그와 같은 헌신을 할 수 있도록 도우라고 분부한다. 그것을 위해 디모데는 바울의 고난에 참여해야 하고 (2:1-13); 사려 깊은 태도로 정확하고 유용한 정보를 전달해야만 하며 (2:14-26); 바울을 포함한 모든 신도에게 종말에 다가오는 도전에도 불구하고 그의 스승의 전통에 충실해야 한다 (3:1—4:18).

2:1-13 바울은 고난을 견디는 동안 부끄러워하지 말고 복음의 전통을 전달하라고 격려한다. **2:1** *은혜로 굳세어지십시오.* 희랍어 문구는 디모데 혹은 청중이 계속해서 하나님을 의지해야 한다는 것을 의미한다. **2:2** *믿음직한 사람들에게 전수하십시오* (희랍어, *파라토우*). *그리하면 그들이 다른 사람들을 또한 가르칠 수 있을 것입니다.* 이 문장은 수신자가 전해 받았던 맡은 것(*파라테켄*)을 생각나게 한다 (1:14). **2:3-7** 인내에 대한 격언적인 이미지들이다. 바울은 다른 구절들에서 그의 목회적 지도력에 대해 말할 때 병사 (고후 10:3-5), 운동선수 (고전 9:25-27), 그리고 농부 (고전 9:7-10) 등과 같은 이미지들을 사용했다. **2:3-4** 충성된 *병사는* 살림에 얽매이지 않는다. **2:5** 운동경기의 *규칙은* 올림픽 게임에 참여할 때 요구되는 훈련을 의미하는 것일 것이다. **2:6** *수고.* 이것은 바울이 힘든 목회사역을 지칭할 때 쓰는 은유이다 (살전 2:9; 5:2를 보라). **2:8-13** 바울은 자신의 고난 속에서 *매여 있지 않은* 하나님의 능력에 대한 복음의 선포에 의지하고 있다. **2:8** 이것은 신앙고백문이나 세례식에서 사용하는 찬양의 일부인데 예수의 부활과 다윗의 자손 됨을 강조하며 저자의 복음 메시지를 요약하고 있다 (롬 1:3-4를 또한 보라). **2:9-10** 복음을 섬기면서 저자는 *죄수*(희랍어, *카쿠르고스*)*처럼 매여 있는* 부정적인 이미지를 받아들이고 견딘다. 다른 곳에서 죄수라는 말은 예수님과 함께 십자가에 달렸던 강도를 지칭하는 데 쓰였다 (눅 23:32-33). 여기서 선택은 개인이 하나님의 부르심에 응답하는 것이 따른다. 그것은 어떤 사람들을 일방적으로 선택하여 구원하는 것과는 다르다 (딛 1:1을 보라). **2:11-13** 여기에 나오는 경구적 (짧고, 함축적인) 인용이나 찬송은 인내라는 주제를 되풀이하고 있다. **2:11** *이 말씀은 믿을 만합니다.* 여기에 대해서는 딤전 1:15; 3:1; 4:9; 딛 3:8을 보라. **2:12-13** *부인하면.* 여기에 대해서는 마 10:33을 보라.

2:14-26 바울은 디모데에게 복음을 건전한 말씀으로 전수하라고 호소한다. **2:14-18** 바울은 건전한 말씀의 특징들을 나열한다. 그 목적은 유용하고, 그 내용은 기초적 기반에 든든하고 정확하며, 그 전달자는 자격이 있고, 전달하는 태도는 사려가 깊다. **2:14** 앞에서 저자는 수신자에게 상기시켰다 (1:6). 지금 그는 수신자에게 다른 사람들을 *일깨우라고* 요구한다. *말다툼.* 이는 쓸데없는 신학적 논쟁을 말한다. **2:15** *하나님께 인정을 받는 사람이 되기를 힘쓰십시오.* 이는 또 하나의 예배 이미지이다 (롬 6:13; 고전 8:8을 보라). *일꾼*

8 내가 전하는 복음대로, 다윗의 자손으로
나시고, 죽은 사람 가운데서 살아나신 예수 그리
스도를 기억하십시오. 9 나는 이 복음 때문에 고
난을 당하며, 죄수처럼 매여 있으나, 하나님의 말
씀은 매여 있지 않습니다. 10 그러므로 나는 하
나님께서 택하여 주신 사람들을 위해서 모든 것을
참고 있습니다. 이것은 그들도 또한 그리스도 예
수 안에 있는 구원을 영원한 영광과 함께 얻게 하
려는 것입니다. 11 이 말씀은 믿을 만합니다.

우리가 주님과 함께 죽었으면,
우리도 또한 그분과 함께 살 것이요,
12 우리가 참고 견디면,
우리도 또한
그분과 함께 다스릴 것이요,
우리가 그분을 부인하면,
그분도 또한
우리를 부인하실 것입니다.
13 우리는 신실하지 못하더라도,
그분은 언제나 신실하십니다.
그분은 자기를
부인할 수 없으시기 때문입니다.

인정받는 일꾼

14 신도들에게 이것을 일깨우십시오. ㄱ)하나
님 앞에서 그들에게 엄숙히 명해서 말다툼을 하지
못하게 하십시오. 그것은 아무 유익이 없고, 듣는
사람들을 파멸에 이르게 할 뿐입니다. 15 그대
는 진리의 말씀을 올바르게 가르치는 부끄러울 것
없는 일꾼으로 하나님께 인정을 받는 사람이 되기
를 힘쓰십시오. 16 속된 잡담을 피하십시오. 그
것이 사람을 더욱더 경건하지 아니함에 빠지게 합
니다. 17 그들의 말은 암처럼 퍼져 나갈 것입니
다. 그들 가운데는 후메내오와 빌레도가 있습니
다. 18 그들은 진리에서 멀리 떠나버렸고, 부활
은 이미 지나갔다고 말하면서, 사람들의 믿음을
뒤엎습니다. 19 그러나 하나님의 기초는 이미
튼튼히 서 있고, 거기에는 ㄴ)"주님께서는 자기에
게 속한 사람을 아신다"는 말씀과 ㄷ)"주님의 이름
을 부르는 사람은 다 불의에서 떠나라"는 말씀이
새겨져 있습니다.

20 큰 집에는 금그릇과 은그릇만 있는 것이

ㄱ) 다른 고대 사본들에는 '주님' ㄴ) 민 16:5 ㄷ) 민 16:26

(희랍어로 *에르가테스*)은 농부를 지칭하는 말이지만 여기서는 목회자에 대한 은유로 쓰인다. *올바르게 가르치는* 것은 문자 그대로 보면 "똑바로 자르다"인데 "말다툼"(14절)에 빠지지 않도록 말씀을 전달하는 것을 의미한다. **2:16-18** *속된 잡담* (딤전 6:20을 보라). 이것은 거짓 교사들이 하는 행위인데, 실제적으로는 아무런 도움이 되지 않는 말들이다. *경건하지 아니함에 빠지게 합니다* (3:9를 보라) … *[그리고] 암처럼 퍼져나갈 것입니다.* 암은 혈액의 흐름을 막는 썩은 세포조직을 말한다. 바울은 두 개의 부정적인 본보기를 말한다. *후메내오*(저자는 이 사람이 잠정적으로 출교되었음을 안다. 딤전 1:20을 보라)와 *빌레도.* 둘 다 진리로부터 멀리 떠났다 혹은 "목적에서 벗어났다" (딤전 1:6). **2:19** 하나님의 *튼튼한 기초* (혹은 교회). 이것은 구약의 두 인용구로부터 끌어낸 비문 혹은 주인의 인장을 달고 있다. 첫째 것은 *주님께서는 자기에게 속한 사람을 아신다*는 것으로 고라와 다단과 아비람의 반항을 꾸짖을 때 모세가 한 말을 생각나게 한다 (민 16:5); 두 번째 것은 *주님의 이름을 부르는 사람은 다 불의에서 떠나라*인데 욥 36:10; 욜 2:32를 회상시킨다. **2:20-21** 바울은 거짓 교사들과 그들의 말을 받아들이는 자들을 구분하기 위해 부엌의 그릇들을 은유로 사용하고 있다. *온갖 좋은 일에 요긴하게 쓰는.* 이 구절은 딛 1:16에서 말하는 "전혀 선한 일을 하지 못"하는 것과 대조가 됨을 참조하라. **2:22** *젊음의 정욕.* 이것은 아마도 젊음과 관련된 도덕적 특성들("말다툼"에 휘말리는 것과 같은 것, 14절)을 말하는 것이지 성욕을 말하는 것이 아닐 것이다. **2:23-26** 잘못을 저지르고 있는 신도들에게 접근하는 올바른 동기는 그들을 회개시키고 그들이 악마의 올무에서 벗어날 수 있게 해주는 것이다.

3:1-17 서신은 마지막 날의 곤경에 준비하라고 종용한다. **3:1** 서신은 거짓 가르침과 고난이 종말에 일어나는 것으로 말한다. 마 24:24를 보라. *말세.* 이것에 대해서는 행 2:17; 약 5:3; 벧후 3:3; 유 18절을 보라. **3:2-5** 자기사랑과 돈을 사랑함이 악덕의 목록 중 맨 앞에 선다 (롬 1:29-31; 딤전 1:9-10; 6:3-5 참조). **3:6-9** 속이는 거짓 교사들의 책략들. **3:6** *어리석은.* 어리석다는 말이 경멸하는 조로 여성에게 적용되고 있다 (아마도 1세기 사상과 문화의 남성 중심적 특성을 반영하고 있는 듯하다). 그것은 또한 더욱 적절하게 "정욕"의 문제로 연결되는데 여기에 대해서는 후에 논의한다 (4:3). **3:7** 진리의 지식은 얻을 수 있다 (2:25). 그러나 부적절한 욕망 때문에 지식을 간구하는 자들에게는 불가능하다. **3:8** 바로의 마술사들의 이름인 *얀네와 얌브레*는 출 7:11에 나타나지 않는데 사해문서(*다메섹 문서* CD 5:17-19)와 라틴 저자들인 플리니(*자연의 역사* 30:2.11)와 아풀레이우스(*아폴로기아*, 90)의 문서들에는 나타난다.

3:10-17 바울은 그 자신의 경험과 성경을 디모데에게 주는 교훈의 기본 자료로 사용하고 있다. **3:11** *안디옥과 이고니온과 루스드라에서 내가 겪은 [것들]* (행 13—14장을 보라). 이 구절은 저자가 사도행전을 기본 자료 중의 하나로 사용했다는 어떤 학자들의 주장과 바울이 디모데전후서를 썼다고 주장하는 다른 학자들의 주장을 모두 뒷받침해 주고 있다. *주님께서는 그 모든 [박해에서] 나를 건져내셨습니다.* 이 확신의 말은 시 34:19에서 따왔을 가능성이 많다. **3:14** 누구

아니라, 나무그릇과 질그릇도 있어서, 어떤 것은
귀하게 쓰이고, 어떤 것은 천하게 쓰입니다.
21 그러므로 누구든지 이러한 것들로부터 자신
을 깨끗하게 하면, 그는 주인이 온갖 좋은 일에 요
긴하게 쓰는 성별된 귀한 그릇이 될 것입니다.
22 그대는 젊음의 정욕을 피하고, 깨끗한 마음으로
주님을 찾는 사람들과 함께, 의와 믿음과 사랑과
평화를 좇으십시오. 23 어리석고 무식한 논쟁을
멀리하십시오. 그대가 아는 대로, 거기에서 싸움이
생깁니다. 24 주님의 종은 다투지 말아야 합니다.
그는 모든 사람에게 온유하고, 잘 가르치고, 참을
성이 있어야 하고, 25 반대하는 사람을 온화하
게 바로잡아 주어야 합니다. 그렇게 하면, 아마도
하나님께서 그 반대하는 사람들을 회개시키셔서,
진리를 깨닫게 하실 것입니다. 26 ㄱ)그들은 악마
에게 사로잡혀서 악마의 뜻을 좇았지만, 정신을 차
려서 그 악마의 올무에서 벗어날 것입니다.

마지막 때의 타락상

3 1 그대는 이것을 알아두십시오. 말세에 어려운
때가 올 것입니다. 2 사람들은 자기를 사랑
하며, 돈을 사랑하며, 뽐내며, 교만하며, 하나님을
모독하며, 부모에게 순종하지 아니하며, 감사할
줄 모르며, 불경스러우며, 3 무정하며, 원한을
풀지 아니하며, 비방하며, 절제가 없으며, 난폭하
며, 선을 좋아하지 아니하며, 4 배신하며, 무모
하며, 자만하며, 하나님보다 쾌락을 더 사랑하며,
5 겉으로는 경건하게 보이나, 경건함의 능력은
부인할 것입니다. 그대는 이런 사람들을 멀리하
십시오. 6 그들 가운데는 남의 집에 가만히 들어
가서 어리석은 여자들을 유인하는 사람들이 있을
것입니다. 그런 여자들은 여러 가지 정욕에 이끌려
죄에 짓눌려 있고, 7 늘 배우기는 하지만 진리를
깨닫는 데에는 전혀 이를 수 없습니다. 8 또 이
사람들은 얀네와 얌브레가 모세를 배반한 것과 같
이 진리를 배반합니다. 그들은 마음이 부패한 사
람이요, 믿음에 실패한 사람들입니다. 9 그러나
그들은 더 이상 나아가지 못할 것입니다. 그들의
어리석음도 그 ㄴ)두 사람의 경우와 같이, 모든 사람
앞에 환히 드러날 것이기 때문입니다.

마지막 부탁

10 그러나 그대는 나의 가르침과 행동과 의
향과 믿음과 오래 참음과 사랑과 인내를 따르며,
11 안디옥과 이고니온과 루스드라에서 내가 겪은
박해와 고난을 함께 겪었습니다. 나는 그러한 박
해를 견디어냈고, 주님께서는 그 모든 박해에서
나를 건져내셨습니다. 12 그리스도 예수 안에서
경건하게 살려고 하는 사람은 모두 박해를 받을
것입니다. 13 그런데, 악한 자들과 속이는 자들은
더욱더 악하여져서, 남을 속이기도 하고 속기도
할 것입니다. 14 그러나 그대는 그대가 배워서

ㄱ) 또는 '악마에게 사로잡힌 자들이 정신을 차리고 그 올무에서 벗어나 하나님의 뜻을 따르게 될 것이기 때문입니다' ㄴ) 그리스어 본문에는 '두 사람'이 없음

에게서. 희랍어 원문은 복수로 되어 있어서 디모데(수신자)가 여러 사람들로부터 가르침을 받았다는 것을 말해준다. **3:15** *성경.* 이것은 유대교 경전, 즉 구약(기독교인들의 첫 번째 성서)을 의미하며, 기독교 문서들을 가리키는 것이 아니다. **3:16** 모든 *성경은 하나님의 영감으로 된 것으로서.* 희랍어 원문에는 비인칭 동사 …은(*is*)이 빠져 있다

4:1-18 바울은 이제 최종적으로 그리고 엄숙하게 디모데에게 복음에 계속 충실하도록 분부하며 (4:1-8), 디모데가 그를 찾아와 줄 필요가 있음을 설명한다 (4:9-18).

4:1-8 종말적 시각에서 주어지는 바울의 이 분부는 사도의 예상되는 고난에도 불구하고 복음에 헌신하도록 종용하고 있다. **4:1** *산 사람과 죽은 사람을 심판하실.* 그리스도교의 기본 줄기와 같은 이 구절(행 10:42; 벧전 4:5)은 종말을 가리키고 있으며, 예수님을 *의로운 재판관으로* 선포할 것을 예상하고 있다 (딤후 4:8을 또한 보라). **4:5** *정신을 차려서.* 문자 그대로는 "너희 머리를 들고"인데 신중히 판단하고 자제하라는 것이다. (개역개정은 "신중하여"로 번역) **4:6** *부어드리는 제물로.* 이 구절은 희생제물로 제단에 포도주나 다른 액체를 뿌리는 것을 묘사한다 (민 15:5, 7, 10; 28:7; 또한 빌 2:17을 보라). **4:7-8** *선한 싸움을 다 싸우고 달려갈 길을 마치고.* 바울은 그가 사역을 위해 참고 견디어 마침내 완수했다는 것을 보여주기 위해 희랍의 운동 경기에서 따온 은유를 사용하고 있다. *믿음*(희랍어로, *피스티스* [pistis])을 *지켰습니다.* 이 구절은 바울이 그리스도교 복음(*피스티스*, 이것은 거짓 교사들이 가질 수 없는 것임, 2:14-18; 3:1-9)에 끝까지 충실했다는 것을 암시하거나, 혹은 운동 경기의 은유를 계속 사용하여 바울이 경기를 끝내고 *면류관*을 얻을 것(고전 9:25)이라는 자기의 약속(*피스티스*)을 지켰다는 것을 의미할 것이다. **4:9** *데마.* 골 4:14; 몬 24를 보라. **4:11** *마가.* 행 12:12; 13:5, 13; 15:36-40을 보라. **4:12** *두기고* (행 20:4; 엡 6:21; 골 4:7을 보라)는 서신을 전달한 자였을 것이다. **4:13** *외투.* 크고 무거운 겨울 외투를 말한다. *양피지.* 바울은 양피지로 만든 책들을 필요로 하고 있다; 다른 것들은 아마도 파피루스로 만들어졌을 것이다. **4:14** *알렉산더.* 그는 행 19:33-34에 나오는 자는 아니지만 딤전 1:20에 나

굳게 믿는 그 진리 안에 머무십시오. 그대는 그것을
누구에게서 배웠는지를 알고 있습니다. 15 그대는
어려서부터 성경을 알고 있습니다. 성경은 그리
스도 예수를 믿는 믿음으로 말미암아 그대에게 구
원에 이르는 지혜를 줄 수 있습니다. 16 ㄱ)모든
성경은 하나님의 영감으로 된 것으로서 교훈과 책
망과 바르게 함과 의로 교육하기에 유익합니다.
17 성경은 하나님의 사람을 유능하게 하고, 그에
게 온갖 선한 일을 할 수 있게 하는 것입니다.

4 1 나는 하나님 앞과, 산 사람과 죽은 사람을
심판하실 그리스도 예수 앞에서, 그분의 나타
나심과 그분의 나라를 두고 엄숙히 명령합니다.
2 그대는 말씀을 선포하십시오. 기회가 좋든지
나쁘든지, 꾸준하게 힘쓰십시오. 끝까지 참고 가
르치면서, 책망하고 경계하고 권면하십시오.
3 때가 이르면, 사람들이 건전한 교훈을 받으려
하지 않고, 귀를 즐겁게 하는 말을 들으려고 자기
네 욕심에 맞추어 스승을 모아들일 것입니다. 4 그
들은 진리를 듣지 않고, 꾸민 이야기에 귀를 기울
일 것입니다. 5 그러나 그대는 모든 일에 정신을
차려서 고난을 참으며, 전도자의 일을 하며, 그대
의 직무를 완수하십시오.

6 나는 이미 부어드리는 제물로 피를 흘릴 때
가 되었고, 세상을 떠날 때가 되었습니다. 7 나
는 선한 싸움을 다 싸우고, 달려갈 길을 마치고,
믿음을 지켰습니다. 8 이제는 나를 위하여 의의
면류관이 마련되어 있으므로, 의로운 재판장이신
주님께서 그 날에 그것을 나에게 주실 것이며, 나
에게만이 아니라 주님께서 나타나시기를 사모하
는 모든 사람에게도 주실 것입니다.

사사로운 부탁

9 그대는 속히 나에게로 오십시오. 10 데
마는 이 세상을 사랑해서 나를 버리고 데살로니가
로 가고, 그레스게는 ㄴ)갈라디아로 가고, 디도는
달마디아로 가고, 11 누가만 나와 함께 있습니
다. 그대가 올 때에, 마가를 데리고 오십시오. 그
사람은 나의 일에 요긴한 사람입니다. 12 나는
두기고를 에베소로 보냈습니다. 13 그대가 올
때에, 내가 드로아에 있는 가보의 집에 두고 온 외
투를 가져오고, 또 책들은 특히 양피지에 쓴 것들
을 가져오십시오. 14 구리 세공 알렉산더가 나
에게 해를 많이 입혔습니다. ㄷ)주님께서 그의 행위
대로 그에게 갚으실 것입니다. 15 그대도 경계
하십시오. 그가 우리 말에 몹시 반대하였습니다.

16 내가 처음 나를 변론할 때에, 내 편에 서
서 나를 도와 준 사람은 한 사람도 없습니다. 모
두 나를 버리고 떠났습니다. 그러나 그들에게 허
물이 돌아가지 않기를 빕니다. 17 주님께서 내
곁에서서서 나에게 힘을 주셨습니다. 그것은 나
를 통하여 전도의 말씀이 완전히 전파되게 하시
고, 모든 이방 사람이 그것을 들을 수 있게 하시
려는 것입니다. 주님께서 나를 사자의 입에서 건
져내셨습니다. 18 주님께서 나를 모든 악한 일
에서 건져내시고, 또 구원하셔서 그분의 하늘 나
라에 들어가게 해 주실 것입니다. 그분께 영광이
영원무궁하도록 있기를 빕니다. 아멘.

마지막 인사

19 브리스가와 아굴라와 오네시보로의 집에
문안해 주십시오. 20 에라스도는 고린도에 머물러
있고, 드로비모는 앓고 있으므로 밀레도에 남겨
두었습니다. 21 그대는 겨울이 되기 전에 서둘러
오십시오. 으불로와 부데와 리노와 글라우디아와
ㄹ)모든 신도가 그대에게 문안합니다.

22 주님께서 그대의 영과 함께 하시기를 빌며,
주님의 은혜가 여러분과 함께 있기를 빕니다.ㅁ)

ㄱ) 또는 '하나님의 영감으로 된 모든 성경은 교훈과……' ㄴ) 다른 고대 사본들에는 '가울' ㄷ) 시 62:12; 잠 24:12 ㄹ) 그, '모든 형제들' ㅁ) 다른 고대 사본들에는 절 끝에 '아멘'이 있음

오는 자일 수가 있다. **4:16** *처음 변론은* 공판에 있어서 1차 청문을 말하거나 두 개의 다른 공판 가운데 처음 것을 말한다. **4:17** *사자의 입*은 지독한 어려움에 대한 은유이다 (시 7:2; 22:21).

4:19-22 여기에 있는 서신의 끝맺음 글로서는 목회서신 가운데 가장 길다. 문안인사들과 또 다른 여행 계획, 신속한 방문에 대한 요청, 그리고 결론적인 축도를 포함하고 있다. **4:19** *브리스가*(혹은 브리스길라)와 *아굴라*. 그들에 대해서는 행 18:2, 18; 롬 16:3; 고전 16:19를 보라. *에라스도*. 그는 고린도 시의 재정담당자(회계)였다고 어떤 학자들은 말한다. 여기에 대해 행 19:22와 롬 16:23을 보라. *드로비모*. 그에 대해서는 행 20:4; 21:29를 보라. **4:21** *겨울이 되기 전에 오십시오*. 이것은 겨울날씨(11월에서 3월까지)가 여행을 막기 전에 아드리아 해를 건너야할 필요가 있음을 가리킨다. **4:22** *은혜가 그대와 함께 있기를*. 여기서 그대는 복수형으로 서신을 듣는 모든 자를 향해 인사하고 있다 (다른 고대 사본들에는 절 끝에 '아멘'이 있음).

디도서

다른 목회서신들, 즉 디모데전후서와 같이 디도에게 보낸 서신도 건전한 교리를 강조하고 거짓 가르침과 싸우며, 전통적인 찬송과 사고방식을 애용하고, 사람들을 개종시키는 것에 많은 관심을 보이고 있다. 이 서신은 여러 번에 걸쳐 구원받지 못한 이들에 대한 관심을 강조하고 있으며, 신도들의 선한 일을 전 세계를 향한 하나님의 구속사적 계획의 일부로 이해하고 있다. 세 편의 목회서신들 중 가장 짧고, 집사에 대한 논의가 없으며, 장로와 감독이 두 개의 다른 그룹이라고 보지 않는데, 이것은 크레타의 기독교 공동체가 상대적으로 어리다는 것을 말해주고 있는 듯하다.

서신은 디도가 수신자로 되어 있다. 디도는 바울의 협력자 중 하나이고, 고린도 사람들과 바울 사이의 불편한 관계를 중재해 주는 중심적 인물이다 (고후 2:13; 7:6-7, 13-15; 8:6, 16-18, 23; 딤후 4:10). 바울이 이 서신의 저자인지에 대해서는 논란이 되고 있다. 그 이유는 바울의 다른 서신들에서 크레타가 전혀 언급되어 있지 않고; 사도행전에서는 바울이 죄수로서 로마에 끌려가는 항로에 잠시 들렀다는 것만 언급하는데 (행 27:7-13), 바울이 잠시 동안 크레타를 지나고 있을 때 디도가 어디에 있었다는 것에 대해서는 아무 말도 씌어있지 않다. 만일 바울이 서신을 썼다면, 그의 로마 투옥 이후 기원후 60년경에 씌어졌을 것이다 (행 27). 사도행전 20장에서는 바울이 그의 로마 투옥 이후로는 동쪽으로 올 것을 예상하고 있지 않는데, 그렇다면 그가 이 서신을 쓰지 않았다고 추론할 수 있을 것이다. 이 경우 이 서신의 쓰인 연대는 알 수가 없다.

디도서의 개요는 다음과 같다. 성경본문에 대한 연구 주석들은 이 개요를 바탕으로 한 것이며, 보다 명확한 설명을 위해 더 세밀하게 구분하였다.

Ⅰ. 서신의 머리말, 1:1-4
Ⅱ. 올바른 지도력에 대한 교훈, 1:5-16
Ⅲ. 교회와 가정에서 칭찬 받을 만한 행동들, 2:1-15
Ⅳ. 통치자들과 집권자들을 대하는 칭찬 받을 만한 행동들, 3:1-11
Ⅴ. 마지막 인사, 3:12-15

아브라함 스미스 (Abraham Smith)

인사

1 1 하나님의 종이요 예수 그리스도의 사도인
나 바울은, 하나님의 택하심을 받은 사람들의
믿음을 일깨워 주고 ㄱ)경건함에 딸린 진리의 지식
을 깨우쳐 주기 위하여, 사도가 되었습니다. 2 나
는 거짓이 없으신 하나님께서 영원 전부터 약속해
두신 영생에 대한 소망을 품고 있습니다. 3 하나
님께서는 제 때가 되었을 때에 하나님의 이 약속
의 말씀을 사도들의 ㄴ)선포를 통하여 드러내셨습
니다. 나는 우리의 구주이신 하나님의 명령을 따
라 이것을 선포하는 임무를 맡았습니다. 4 나는,
같은 믿음을 따라 진실한 아들이 된 디도에게 이
편지를 씁니다. 하나님 아버지와 우리 구주 예수
그리스도께서 내려주시는 은혜와 평화가 그대에
게 있기를 빕니다.

크레타에서 해야 할 디도의 사역

5 내가 그대를 크레타에 남겨둔 것은, 남은
일들을 정리하고, 내가 지시한 대로, 성읍마다 장
로들을 세우게 하려는 것입니다. 6 장로는 흠잡을
데가 없어야 하며, 한 아내의 남편이라야 하며, 그
자녀가 신자라야 하며, 방탕하다거나 순종하지
않는다는 비난을 받지 않아야 합니다. 7 감독은
하나님의 청지기로서, 흠잡을 데가 없으며, 자기
고집대로 하지 아니하며, 쉽게 성내지 아니하며,
술을 즐기지 아니하며, 폭행하지 아니하며, 부정
한 이득을 탐하지 아니하는 사람이라야 합니다.
8 오히려 그는 손님을 잘 대접하며, 선행을 좋아
하며, 신중하며, 의로우며, 경건하며, 자제력이
있으며, 9 신실한 말씀의 가르침을 굳게 지키는
사람이라야 합니다. 그래야 그는 건전한 교훈으로
권면하고, 반대자들을 반박할 수 있을 것입니다.
10 복종하지 아니하며 헛된 말을 하며 속이
는 사람이 많이 있는데, 특히 할례를 받은 사람 가
운데 많이 있습니다. 11 그들의 입을 막아야 합
니다. 그들은 부정한 이득을 얻으려고, 가르쳐서
는 안 되는 것을 가르치면서, 가정들을 온통 뒤엎
습니다. 12 크레타 사람 가운데서 예언자라 하는
어떤 사람이 말하기를

"크레타 사람은
예나 지금이나
거짓말쟁이요,
악한 짐승이요,
먹는 것밖에 모르는
게으름뱅이다"

하였습니다. 13 이 증언은 참말입니다. 그러므
로 그들을 엄중히 책망하여, 그들의 믿음을 건전
하게 하고, 14 유대 사람의 허망한 이야기나 진
리를 배반하는 사람들의 명령에 귀를 기울이지 못
하게 하십시오. 15 깨끗한 사람에게는 모든 것이
깨끗합니다. 그러나 믿지 않는 더러운 사람에게는,
깨끗한 것이라고는 하나도 없습니다. 도리어, 그
들의 생각과 양심도 더러워졌습니다. 16 그들은

ㄱ) 또는 '종교의 진리' ㄴ) 또는 '말씀의 선교를 통하여'

1:1-4 서신은 전통적인 양식으로 시작한다 (발신자, 수신자, 인사). **1:1** *하나님의 종.* "하나님의 노예"를 의미한다. 이것은 바울의 저작성이 확실한 서신들에서 "그리스도의 종"이라고 부르던 것과 다르다 (롬 1:1; 갈 1:10; 빌 1:1). 이 문구는 구약에서 하나님을 위하여 일했던 모세와 다른 사람들을 지칭할 때 흔히 사용되었다 (삼하 7:5; 렘 7:25). *택하심.* 딤후 2:10을 보라. *경건함.* 이 단어에 대해서는 딤전 2:2를 보라. **1:3** *명령을 따라.* 이 구절은 저자가 하나님의 지휘 아래 있었다는 것을 말해준다. *구주.* 이 단어에 대해서는 딤전 2:3; 4:10을 보라.

1:5-16 디도는 두 가지 임무를 띠고 있다 (5절). 하나는 적절한 장로를 임명하는 일이고, 다른 하나는 바울의 일을 끝맺는 일이다. 크레타에 적당한 지도력을 갖추어 놓기 위해서는 디도가 장로를 임명해야 하며 반항적인 지도자들을 올바로 잡아주어야 한다. **1:5-9** 딤전 3:1-13을 보라. **1:6-7** *흠잡을 데가 없으며.* 이 구절을 반복하는 것은 그것의 중요성 때문이다. **1:8** *손님을 잘 접대하며.* 이 단어는 여행 중에 있는 그리스도인들을 기꺼이 도와줄 의향이 있어야 함을 말한다 (딤전 3:2; 5:10). **1:10-16** *복종하지 아니하며 … 사람이 많이 있다*는 것은 적절한 지도력이 필요함을 말해준다. **1:11** *입을 막아야.* 문자 그대로 말해서 "입에 재갈을 물리는 것"을 의미하며 엄격한 교정을 암시하고 있다. **1:12** 이 인종적 속어는 알렉산드리아의 클레멘트와 여러 기독교인들에 의해 크노소스의 에피메니데스라고 하는 크레타의 성인(기원후 6세기)이 한 말이라고 전해지고 있다

특별 주석

이 놀랄 만한 모욕적인 말은 저자가 복종하지 않는 교사들을 가장 악독하게 묘사하기 위해 생각해 낸 방안이다. 바울이 썼다고 주장하는 서신에서 이러한 말이 사용된 것에도 불구하고, 예수님이 사마리아인들을 받아들인 것(눅 10:25-37; 요 4:1-2)과 바울 자신의 갈 3:28의 선언에 비추어 볼 때, 그리스도 공동체 내에서 이러한 인종적 비방들이 사용되는 것은 용납될 수 없다.

입으로는 하나님을 안다고 말하지만, 행동으로는
부인하고 있습니다. 그들은 가증하고 완고한 자
들이어서, 전혀 선한 일을 하지 못합니다.

교리에 맞는 말

2 1 그대는 건전한 교훈에 맞는 말을 하십시오.
2 나이 많은 남자들은, 절제 있고, 위엄 있고,
신중하고, 믿음과 사랑과 인내심이 흔들리지 않는
사람이 되게 하십시오. 3 이와 같이 나이 많은
여자들도, 행실이 거룩하고, 헐뜯지 아니하고,
과도한 술의 노예가 아니고, 좋은 것을 가르치는
사람이 되게 하십시오. 4 그리하여 그들이 젊은
여자들을 훈련시켜서, 남편과 자녀를 사랑하고,
5 신중하고, 순결하고, 집안 살림을 잘하고, 어질
고, 남편에게 순종하는 사람이 되게 해야 할 것입
니다. 그래야 하나님의 말씀이 비방을 받지 않을
것입니다. 6 이와 같이 그대는 젊은 남자들을 권
하여 신중한 사람이 되게 하십시오. 7 그대는 모
든 일에 선한 행실의 모범이 되십시오. 가르치는
일에 순수하고 위엄 있는 태도를 보여야 합니다.
8 책잡힐 데가 없는 건전한 말을 하십시오. 그리
하면 반대자도 우리를 걸어서 나쁘게 말할 것이
없으므로 부끄러움을 당할 것입니다. 9 종들을
가르치되, 모든 일에 주인에게 복종하고, 그들을
기쁘게 하고, 말대꾸를 하지 말고, 10 훔쳐내지
말고, 온전히 신실하라고 하십시오. 그러면 그들
이 모든 일에서 우리의 구주이신 하나님의 교훈을
빛낼 것입니다.
11 ㄱ)모든 사람에게 하나님의 구원의 은혜가
나타났습니다. 12 그 은혜는 우리를 교육하여,
경건하지 않음과 속된 정욕을 버리고, 지금 이 세
상에서 신중하고 의롭고 경건하게 살게 합니다.
13 그래서 우리는 복된 ㄴ)소망 곧 위대하신 하나
님과 우리 구주 예수 그리스도의 영광이 나타나기
를 고대합니다. 14 그리스도께서는 우리를 위하
여 자기 몸을 내주셨습니다. 그것은 우리를 모든
불법에서 건져내시고, 깨끗하게 하셔서, 선한 일
에 열심을 내는 백성으로 삼으시려는 것입니다.
15 그대는 권위를 가지고 이것들을 말하고, 사람
들을 권하고 책망하십시오. 아무도 그대를 업신
여기지 못하게 하십시오.

선행에 관한 교훈

3 1 그대는 신도를 일깨워서, 통치자와 집권자
에게 복종하고, 순종하고, 모든 선한 일을 할
준비를 갖추게 하십시오. 2 또, 아무도 비방하지
말고, 싸우지 말고, 관용하게 하며, 언제나 모든
사람에게 온유하게 대하게 하십시오. 3 우리도
전에는 어리석고, 순종하지 아니하고, 미혹을 당
하고, 온갖 정욕과 향락에 종노릇 하고, 악의와 시

ㄱ) 또는 '모든 사람을 구원하시는 하나님의 은혜가 나타났습니다'
ㄴ) 또는 '희망'

1:14-15 *모든 것이 깨끗합니다.* 거짓 교사들의 금욕주의적 생활에 대한 반론일 것이다 (4:3-6; 막 7:15를 보라). **1:16** *전혀 선한 일을 하지 못합니다.* 이 구절은 "모든 선한 일을 할 준비를 갖추게 하십시오" (3:1; 또한 딤후 3:17) 라고 하는 구절과 대조되며, 목회서신이 공통적으로 갖고 있는 유익한 가르침에 대한 관심을 강조하는 것이다.

2:1-15 디도가 질서를 잡기 위해 해야 할 일은 신도들이 공동체 내에서 경건하고 칭찬 받을 만하게 생활할 수 있도록 촉구하는 일이다. 디도서는 수신자들에게 짧게 분부한 다음 (1절), 교회와 가정 내에서 칭찬할 만한 처신들을 나열하고 (2-10절), 그것들을 정당화하며 (11-14절), 마지막으로 다시 사역을 부탁한다 (15절). **2:1** *그대는.* 거짓 교사에 대한 논쟁을 중단하고 수신자가 해야 할 것을 말한다. *건전한 교훈에 맞는 말을 하십시오.* 이것은 거짓 교사들의 불건전하고 병적인 가르침과 대조하기 위함이다. **2:2-10** 모든 *사람* [*식구들*](1:11)에 대한 거짓된 가르침에 대항할 수 있도록 사도는 가정을 다스리는 교훈을 전해준다. 엡 5:25-33과는 다르게, 이 서신은 남편이 부인을 사랑해야 하는 책임에 대해서는 말하지 않는다. **2:2** 이 목록은 딤전 2:8—3:13과 비슷하다. **2:3** 목회서신의 가르침에는 남성 중심적 시각이 있다는 것을 고려해볼 때, 여기서 여성들이 가르치는 것은 아마도 비공식적인 형태의 가르침을 말하고 있는 듯하다. **2:5** *그래야 하나님의 말씀이 비방을 받지 않을 것입니다.* 그리스도교의 신뢰성을 유지하는 데 관심이 있다 (또한 2:9-10; 딤전 3:7을 보라). **2:9-10** *종들.* 이들에 대해서는 딤전 6:1-2a를 보라. **2:11-14** 신뢰성을 유지하기 위해 가정을 다스리는 가르침을 준 것이지만, 목회서신에서 공통적으로 발견할 수 있는 더 큰 이유는 모든 사람을 구원하려는 하나님의 계획 때문이다. **2:12-13** 여기서 구원은 *지금 이 세상과* 앞으로 올 세상에 모두 적용되는 것으로 이해되어져야 한다. **2:14** *건져내시고* (개역개정은 "속량하시고"). 이것은 죄수의 석방과 포로를 해방시키기 위해 값을 치루는 것을 의미한다 (시 130:8을 보라). *깨끗하게 하셔서.* 겔 37:23을 보라. **2:15** *이것들.* 2:2-14의 내용을 지칭할 가능성이 많다; 2:1과 15절은 함께 2-14절의 내용을 말한다. *디도가* 다른 젊은 남자들과 함께 지칭되었던 것처럼 (2:6-8), *아무도 그대를 업신여기지 못하게 하십시오* 라는 짧은 분부의 말씀은 그의 목회사역을 나이에 대한 염려 없이 실행하도록 격려하고 있다 (딤전 4:12를 또한 보라).

기심을 가지고 살고, 남에게 미움을 받고, 서로 미워하면서 살았습니다. 4 그러나 우리의 구주 이신 하나님께서 그 인자하심과 사랑하심을 나타내셔서 5 우리를 구원하셨습니다. 그분이 그렇게 하신 것은, 우리가 행한 의로운 일 때문이 아니라, 그분의 자비하심을 따라 거듭나게 씻어주심과 성령으로 새롭게 해 주심으로 말미암은 것입니다. 6 하나님께서는 이 성령을 우리의 구주이신 예수 그리스도로 말미암아 우리에게 풍성하게 부어 주셨습니다. 7 그래서 우리는 그분의 은혜로 의롭게 되어서, 영원한 생명의 소망을 따라 상속자가 되었습니다. 8 이 말은 참됩니다.

나는 그대가, 이러한 것을 힘있게 주장해서, 하나님을 믿는 사람으로 하여금 선한 일에 전념하게 하기 바랍니다. 선한 일은 아름다우며, 사람에게 유익합니다. 9 그러나 어리석은 논쟁과 족보 이야기와 분쟁과 율법에 관한 싸움을 피하십시오. 이것은 유익이 없고, 헛될 뿐입니다. 10 분파를 일으키는 사람은 한두 번 타일러 본 뒤에 물리치십시오. 11 그대가 아는 대로, 이런 사람은 옆길로 빠져버렸으며, 죄를 지으면서 스스로 단죄를 하고 있습니다.

부탁과 인사

12 내가 아데마나 두기고를 그대에게 보내거든, 속히 니고볼리로 나를 찾아 오십시오. 나는 거기에서 겨울을 지내기로 작정하였습니다. 13 서둘러 주선하여 율법교사인 세나와 아볼로를 떠나 보내 주고, 그들에게 조금도 부족한 것이 없게 해 주십시오. 14 우리의 교우들도, 절실히 필요한 것을 마련하여 줄 수 있도록, 좋은 일을 하는 데에 전념하는 것을 배워야 합니다. 그래야 그들은 열매를 맺지 못하는 사람이 되지 않을 것입니다.

15 나와 함께 있는 모든 사람이 그대에게 문안합니다. 믿음 안에서 우리를 사랑하는 사람에게 문안하십시오. 은혜가 여러분 모두에게 있기를 빕니다.ㄱ)

ㄱ) 다른 고대 사본들에는 절 끝에 '아멘'이 있음

3:1-11 질서 있게 만드는 것은 신도들의 공동체 밖에서의 경건하고 칭찬 받을 만한 생활을 요구한다. 사도는 여기서 비신자들을 향한 적절한 처신들(1-2절)과 그러한 처신들에 대한 신학적 설명(3-8a절)을 정리해 주고, 이어서 디도에게 주는 목회적 분부로 이어진다 (8b-11절). **3:1-2** *일깨워서.* 이 단어는 문법적으로 현재명령형이므로 반복적인 행동을 의미한다. 이 구절에는 비신자들과의 관계에서 적절한 처신이 어떤 것들인지 목록을 찾아볼 수 있는데 몇 가지는 다른 곳에서 벌써 언급했다. 예를 들어, *순종하고*(2:5, 9)는 *복종하고의* 또 다른 형태이다 (3:1; 또한 2:11; 3:4를 보라). *집권자.* 이에 대해서는 롬 13:1-7; 벧전 2:13-17을 보라. **3:2** 이 적절한 행동들은 집권자들에게만 한정된 것이 아니고 모든 사람에게 다 적용된다. 이것은 3:3-8a에 나오는 모든 사람에 대한 구원의 계획 아래서 볼 수 있는 논리적 결과이다. *관용하게* 혹은 "사려 깊게"에 대해서는 마 11:29를 보라. **3:3-8a** 저자는 전통적인 세례문구로 보이는 것을 인용함으로써 (4-7절), 비신자들에 대한 칭찬 받을 만한 처신을 설명한다. **3:5** *구원하셨습니다* (단순 과거동사, 따라서 과거에 있었던 단 한 번의 행동을 말한다). 이 아이디어는 바울의 미래적 구원과 대조된다 (롬 5:9; 10장). 그러나 사도의 *영원한 생명의 소망*(3:7)은 여전히 미래에 대한 기대를 갖고 있다. *우리가 행한 의로운 일 때문이 아니라* (3:5) 목회서신들이 선한 행실을 되풀이하여 강조하지만 이 구절에서 보듯이 전통적인 바울의 관점을 존중하고 있다 (딤후 1:9를 보라). **3:6** 성령은 목회서신에서 거의 언급되지 않는데 (딤전 4:1; 딤후 1:14), 여기서는 *부어 주셨습니다* 라고 되어 있다 (행 2:17; 욜 2:28). **3:7** *상속자.* 이에 대하여는 롬 3:24; 갈 3:29; 4:7을 보라. **3:8a** *이 말은 참됩니다.* 이 구절은 바로 앞에서 논의된 것에 대한 말이다 (딤전 1:15; 3:1; 4:9; 딤후 2:11 참조). **3:8b-11** 사도는 2:15에서 준 분부를 확대하고 있다. **3:8b** *이러한 것을.* 이는 3:1-2에서 나열한 행동들과 3:3-8a에 있는 그러한 행동들에 대한 신학적 정당화를 말할 가능성이 많다. *유익합니다.* 이것은 9절의 *유익이 없고와* 대조된다. **3:10** *한두 번 타일러 본.* 이것은 헛되더라도 반항적인 사람들을 전체 공동체와 화합하게 하려고 되풀이하여 노력하는 것을 말해준다. *분파* (희랍어로, *하이레티콘*). 비록 이 단어에서 이단이라는 말이 파생되지만, 후대 교회사에서 사용한 것과 같은 거짓 교리를 가진 것으로 비난받던 어떤 특정한 그룹을 지칭하는 것은 아니다.

3:12-15 서신은 전형적인 헬라 양식을 띤 서신으로 끝을 맺는다. 여행계획의 발표, 마지막 칭찬, 인사, 그리고 마지막 축도가 그것들이다. **3:12** *두기고.* 그에 대해서는 행 20:4; 엡 6:21; 골 4:7-9; 딤후 4:2를 보라. *니고볼리.* 그리스 본토에 있는 한 도시를 말할 것이다. 바울이 로마의 투옥이 끝난 후 동쪽에서 두 번째 목회경력을 가졌다고 주장하는 학자들은 두말 할 것도 없이 여기에서 말하는 *겨울이* 딤후 4:21의 겨울과 다른 것이라고 볼 것이다. **3:13** *떠나 보내 주고.* 그리스도교 여행자들에게 재정적 도움을 주라는 말이다 (행 15:3; 21:5; 롬 15:24; 고전 16:6; 요삼 6). *아볼로.* 그에 대해서는 다음을 보라: 행 18:24-28; 19:1; 고전 1:12; 3:4-9; 4:6; 16:12. **3:14** *좋은 일.* 이것은 여기서 여행하기로 되어있는 자들의 긴급한 필요를 채워주는 것을 의미한다. **3:15** 딤전 6:21에서와 같이 *그대에게*는 희랍어로 복수이며 서신의 수신자가 단수가 아니라 여러 사람이라는 것을 말해준다.

빌레몬서

바울은 다른 서신들에서처럼 많은 문제들을 해결해 나가기 위해 펜을 든다. 그는 지금 감옥에 있으면서, 빌레몬, 압비아, 아킵보 등의 지도자들과 함께 시작했던 회중에게 약속한 것을 지키기 위해 감옥이라는 경계선을 넘으려고 노력하고 있다. 감옥에 있는 동안 바울은 그의 대리인, 즉, 빌레몬의 형제 오네시모를 급파한다. 그들은 "육신으로나 주님 안에서" 형제들이다.

바울은 두 형제가 아마도 과거에 오네시모가 갚지 못한 빚이나 보상하지 못한 잘못 때문에 서로 멀어져 있다는 것을 잘 알고 있을 것이다. 둘 사이가 멀어지면 빌레몬과 그의 회중에 대한 목회사역이 불가능하다는 것을 알고, 바울은 외교적 수완이 담긴 서신을 쓰면서 오네시모를 그의 대리인으로 보내고 있다.

호소력을 더하기 위해, 바울은 오네시모가 빌레몬에게 졌던, 그리고 앞으로 질지도 모르는 모든 빚을 갚아주겠다고 약속한다. 그리고 바울은 자기의 서명과 함께, 빌레몬이 얼마나 오네시모를 잘 영접하고 그가 부탁한 바를 잘 준수했는지 확인하기 위해 가까운 미래에 빌레몬을 방문하겠다고 위협 아닌 위협으로 글을 마친다.

이 편지의 전통적인 해석은 도망갔다가 회개하고 돌아온 노예를 대신하여 바울이 화가 난 노예 주인에게 서신을 써서 중재하는 문서로 빌레몬서를 이해한다. 그러나 서신 어디에서도 오네시모가 빌레몬에게 "속해 있다"는 암시가 없다. 어느 곳에서도 바울은 빌레몬을 "주인" 혹은 "영주" 라고 부르지 않는다. 오네시모를 노예로 밝혀주는 가장 중요한 구절은 16절 앞부분이다: "이제부터는 그는 종으로서가 아니라, 종 이상으로 … [받으십시오]." 그러나 여기서 중심 단어는 "종"이 아니라 "…로서 (as)"이며, 이것은 어떤 본질적인 관계를 말하는 것이지 실제적인 현실의 관계를 말하는 것이 아니다. 바울은 이 단어를 다음 구절에서 그러한 의미로 정확하게 사용한다. 즉, 바울은 빌레몬에게 오네시모를 "[네가] 나를 [영접하듯이]" 받아들이라고 권면한다.

비록 서신에는 오네시모가 도망간 것에 대한 언급이 없지만 많은 주석가들이 그를 도망자로 보고 있다. 바울은 오네시모가 떠난 이유에 대해 아무런 암시도 주지 않는다. 4세기 그리스의 주석가 죤 크리소스톰(John Chrysostom)은 빌레몬서가 종과 노예간의 화해를 위한 서신이라고 처음으로 제안하였다. 크리소스톰은 오네시모가 도망친 노예였는데, 오네시모를 위하여 바울이 빌레몬에게 편지를 쓴 것이라고 제안하였다. 죤 크리소스톰은 다음과 같은 염려를 표현하였다: "많은 것들이 신성모독으로 격하되었다. 그리스도교에 대해 말하는 것이 곧 모든 것을 전복시키는 삶을 소개하는 것처럼 되었고, 주인들은 노예들을 빼앗겼다. 이것은 폭력의 문제이다." 크리소스톰은 그 당시 활발히 진행되던 노예해방과 공공연하게 관련지어져서 그리스도교 공동체의 이미지가 손상당하는 것에 대해 목소리를 높였다. 크리소스톰은 사도 바울을 대단히 찬양했던 자였다. 따라서 그와 동시대 학자들이 그리스도교 교리와 신조에 기여하는 바가 없다는 이유로 빌레몬서를 "사소한" 문서로 취급하는 것에 대하여 그는 화가 난 것이다. 크리소스톰은 이 서신이 가장 중요하게 확인해 주는 바가 곧 "우리가 노예들을 그 주인들로부터 빼내어서는 안 된다"는 것이라고 본다. 분명 기독교 공동체의 평판은 로마제국의 질서를 위해 매우 중요했던 노예제도에 반대하여 도전하던 자유론자들에 의해 훼손되고 있었다.

따라서 이어지는 해석의 역사에서 빌레몬서는 노예제도를 지지해 주는 법률 소송 사건 적요서(摘要書)로 받아들여졌다. 19세기 초에 미국의 노예제도 찬성자들은 빌레몬서를 "바울의 명령," 즉 미국의 노예제도를 인정해주는 성서적 승인이라고 불렀다. 대농장 주인들은 오네시모가 도망자였다고 믿었다. 따라서 빌레몬서를 비록 도망친 노예들이 자유의 신분으로 바뀌었을 경우라도 법의 형벌에 따라 그들을 주인들에게로 돌려보낼 것을 요구하는 도망친 노예에 관한 법을 지지해 주는 문건으로 받아들였다.

어떤 그리스도교 지도자들은 노예제도를 인정하는 정부를 인정하지 말고, 사회적 기준에 바탕을 두지 않은 새로운 해석을 강구해야 한다고 주장하였다. 미국의 흑인노예들은 이 서신이 진정한 바울의 서신이 아니며, 복음을 제시하고 있지 않다고 주장한다. 노예제도 폐지자들의 해석에 의하면, 이 서신은 오네시모가 노예의 신분이었다는 것을 전혀 말하지 않는다고 말한다. 오네시모를 "사랑 받는 형제—육신으로나 주님 안에서나" 라고 부르면서 바울은 오네시모가 빌레몬의 노예가 아니고 혈육으로—즉 "육신으로" 그의 형제가 되며, 그리고 믿음으로는 "주님 안에서" 형제가 된다는 것을 말해주고 있다고 보는 것이다.

어떤 해석자들은 이 서신이 노예제도에 대하여 어떠한 입장도 취하고 있지 않는다고 제안한다. 그들에 의하면, 저자는 빌레몬과 오네시모와 가졌던 자기와의 관계, 그리고 그 둘간의 관계를 묘사하기 위해서 사랑과 가족적인 어휘들을 사용하고 있다. 바울은 빌레몬에게 말할 때는 외교적 분위기로 서로 멀어진 형제들의 화해를 위해 단호하고도 자기희생적 태도를 가지고 접근한다. 여기에서의 이슈들은 가족, 사역, 그리고 사랑이다. 바울은 그 두 형제의 화해가 없이는 빌레몬의 회중을 위하여 복음의 사역을 계속 할 수가 없다.

이 본문의 초점은 용서가 아니다. 바울은 그의 사신이 나쁜 짓을 한 가능성에 대해 구체적인 해결책을 제시하면서 접근하고 있다. 바울은 오네시모가 그의 형제에게 졌을지도 모르는 빚을 자기 스스로 갚아서 해결해 줌으로써 그 문제를 해결하고자 한다. 바울의 중재는 관계회복에 있어서 급진적이면서도 비싸게 비용이 드는 실험적 방법을 제안하고 있다. 그는 육으로 형제가 된 이들 사이에 사랑이 식을 때, 주 안에 있는 이들 사이에 사랑이 성취될 수 없다고 주장한다. 가족 갈등의 위기는 단순히 교회의 한 걱정에서 그치는 것이 아니다. 그것은 교회 안에 위기가 있다는 것을 의미한다. 바울은 그러한 위기가 있을 때, 사역이 불가능하다고 생각한다. 그는 정의의 값을 치루기 위해 보조금을 제공하겠다고 제의하는데, 그것은 정의가 없이는 평화가 없고, 형제간 평화가 없이는 사역이 불가능하기 때문이다. 정의가 이루어지지 않는 한, 그리고 이루어질 때까지 하나님은 만족하실 수가 없다. 부정의를 그대로 놔두고 용서하라고 강요하는 것은 정도를 벗어나 값싼 은혜를 구하는 행위이다. 빚은 갚아야만 한다. 이것이 왜 바울이 양쪽의 어느 누구에게도 죄가 있음을 인정하지 않고, "육신으로나 주님 안에서나" 형제 된 사랑하는 두 사람을 화해시키기 위해 정신적, 재정적 지원을 베풀겠다고 나선 것이다.

빌레몬서의 개요는 다음과 같다. 성경본문에 대한 연구 주석들은 이 개요를 바탕으로 한 것이며, 보다 명확한 설명을 위해 더 세밀하게 구분하였다.

Ⅰ. 인사, 1-3절
Ⅱ. 격려, 4-7절
Ⅲ. 호소, 8-22절
Ⅳ. 축도, 23-25절

엘런 캘러핸 (Allen Callahan)

인사

1 1 그리스도 예수 때문에 감옥에 갇힌 나 바
울과 ㄱ)형제 디모데가, 우리의 사랑하는 동역
자 빌레몬과 2 ㄴ)자매 압비아와 우리의 전우인
아킵보와 그대의 집에 모이는 교회에, 이 편지를
씁니다. 3 하나님 우리 아버지와 주 예수 그리스
도께서 내려주시는 은혜와 평화가 여러분에게 있
기를 빕니다.

빌레몬의 믿음과 사랑

4 나는 기도할 때마다 그대를 기억하면서,
언제나 나의 하나님께 감사를 드립니다. 5 나는
주 예수에 대한 그대의 믿음과 모든 성도에 대한
그대의 사랑에 관하여 듣고 있습니다. 6 그대의
믿음의 사귐이 더욱 깊어져서, ㄷ)우리 안에 있는
모든 선한 일을 그대가 깨달아 ㄹ)그리스도께 이르
게 되기를 나는 기도합니다. 7 형제여, 나는 그
대의 사랑으로 큰 기쁨과 위로를 받았습니다. 성도
들이 그대로 말미암아 마음에 생기를 얻었습니다.

오네시모를 두고 선처를 부탁하다

8 그러므로 그리스도 안에서 나는 그대가 마
땅히 해야 할 일을 아주 담대하게 명령할 수도 있
지만, 9 우리 사이의 사랑 때문에, 오히려 그대
에게 간청을 하려고 합니다. 나 바울은 이렇게 나
이를 많이 먹은 사람이요, ㅁ)이제는 그리스도를 전
하는 일로 또한 갇힌 몸입니다. 10 내가 갇혀 있
는 동안에 얻은 아들 ㅂ)오네시모를 두고 그대에게
간청합니다. 11 그가 전에는 그대에게 쓸모 없
는 사람이었으나, 이제는 그대와 나에게 ㅂ)쓸모 있
는 사람이 되었습니다. 12 나는 그를 그대에게
돌려보냅니다. 그는 바로 내 마음입니다. 13 나
는 그를 내 곁에 두고 내가 복음을 위하여 갇혀 있
는 동안에 그대를 대신해서 나에게 시중들게 하고
싶었으나, 14 그대의 승낙이 없이는 아무것도
하고 싶지 않았습니다. 나는 그대가 선한 일을 마
지못해서 하지 않고, 자진해서 하기를 원하기 때
문입니다. 15 그가 잠시 동안 그대를 떠난 것은,
아마 그대로 하여금 영원히 그를 데리고 있게 하
려는 것이었는지도 모릅니다. 16 이제부터는 그
는 종으로서가 아니라, 종 이상으로 곧 사랑 받는
형제로 그대의 곁에 있을 것입니다. 특히 그가 나
에게 그러하다면, 그대에게는 육신으로나 주님
안에서나 더욱 그러하지 않겠습니까?

ㄱ) 그, '그 형제' ㄴ) 그, '그 자매' ㄷ) 다른 고대 사본들에는 '여러분 가운데 있는' ㄹ) 또는 '그리스도를 위하여 우리가 하는 모든 선한 일을 하게', 또는 '그리스도 안에서 우리가 누리는 모든 복을 받게' ㅁ) 또는 '그리스도 예수의 사신이요, 이제는 갇힌 몸입니다' ㅂ) 오네시모라는 이름의 뜻은 '쓸모 있는' 또는 20절에 나오는 '호의'

1-3절 1절 바울은 자신을 그리스도 예수 때문에 감옥에 갇힌 "나" 라고 소개한다. 이것은 평소에 자신을 "그리스도 예수의 사도" 라고 소개하는 것과 대조가 된다 (바울의 저작성이 의심되지 않는 서신들에서는 고전 1:1, 2; 고후 1:1; 갈 1:1을 보라; 바울의 저작성이 의심되는 서신들에서는 엡 1:1; 골 1:1을 보라; 그리고 목회서신들에서는 딤전 1:1; 딤후 1:1을 보라; 또한 엡 3:1의 "그리스도의 일로 갇힌 몸이 된 나" 그리고 딤후 1:8의 "그의 [즉 주님의] 일로 갇힌 몸이 된 나" 라는 구절을 보라). *형제 디모데.* 이 호칭은 바울이 롬 16:21에서 "나의 동역자" 라고 불렀던 그 사람을 일컫는 것이며, 전통적으로 그리스에서 바울을 동행했던 후배 동역자와 동일인물로 알려져 있다 (행 16을 보라). 디모데는 이 서신뿐 아니라 고린도후서 (1:1), 빌립보서 (1:1), 그리고 골로새서(1:10)의 공동저자이다. **2절** *빌레몬과 자매 압비아.* 이 이름들은 바울 서신 모두를 통틀어 여기에서만 나타난다. 분명 이들은 교회의 지도자들이다. 아킵보는 아마도 골 4:17에서 언급된 사람과 동일인물일 것이며, 그는 바울 서신들에서 공통적으로 나타나는 몇몇 이름들 중 하나로서 빌레몬서와 골로새서에도 나온다 (마지막 인사를 보라). *그대의 집에 모이는 교회.* 이 표현은 단지 회중이 만나는 장소만 말하는 것이 아니라, 그 안에서 대가족으로 함께 사는 사람들을 말한다. 가족들은 바울의 선교에 함께 동참하는 몇 개의 회중들 사이에 관련되어 있다 (행 18:2; 롬 16:3-5; 고전 16:19를 보라).

4-7절 7절 *마음.* 이 단어는 12절과 20절에서와 같이 희랍어로 "내장" 혹은 "창자"를 의미한다. 고대 사람들은 동정하는 마음이 창자에 있다고 믿었다.

8-22절 9절 *나이를 많이 먹은 사람.* 50대 정도의 사람을 말한다. 그러나 또 하나의 다른 해석은 "사신"으로 읽는 것이며, 이것이 서신의 외교적인 분위기에 더 적절한 해석이라고 볼 수 있다. 1절에서와 같이 바울은 자신이 그리스도를 위해 투옥의 고통을 감수하는 갇힌 몸이라고 다시 상기한다. 초기 기독교인들은 감옥에 있는 자들에게 돌봄과 관심을 베풀라고 권면받았다 (마 25:36; 히 10:34; 13:3). **10절** 바울이 나의 동료라고 부른 많은 사람들 가운데 "나의 아들 [자식]" 이라고 부른 사람은 오네시모와 디모데밖에 없다 (고전 4:17; 빌 2:22). *오네시모.* 아마도 골 4:9에서 "사랑 받는 신실한 형제" 라고 부른 사람과 동일인물일 것이다. **15절** "잠시 동안." 고후 7:8; 갈 2:5; 살전 2:17

17 그러므로 그대가 나를 동지로 생각하면,
나를 맞이하듯이 그를 맞아 주십시오. 18 그가
그대에게 잘못한 것이 있거나, 빚진 것이 있거든,
그것을 내 앞으로 달아놓아 주십시오. 19 나 바
울이 친필로 이것을 씁니다. 내가 그것을 갚아 주
겠습니다. 그대가 오늘의 그대가 된 것이 나에게 빚
진 것이라는 사실을 나는 굳이 말하지 않겠습니다.
20 형제여, 나는 주님 안에서 그대의 호의를 바
랍니다. 그리스도 안에서 나의 마음에 생기를 넣어
주십시오.

21 나는 그대의 순종을 확신하며 이 글을 씁
니다. 나는 그대가 내가 말한 것 이상으로 해주리
라는 것을 압니다. 22 그리고 나를 위하여 숙소
를 마련해 주십시오. 여러분의 기도로 내가 여러
분에게 갈 수 있기를 바랍니다.

작별 인사

23 그리스도 예수 안에서 나와 함께 갇힌 에
바브라가 그대에게 문안합니다. 24 나의 동역자
인 마가와 아리스다고와 데마와 누가도 문안합니
다. 25 주 예수 그리스도의 은혜가 여러분의 영
과 함께 하기를 빕니다.[ㄱ]

ㄱ) 다른 고대 사본들에는 절 끝에 '아멘'이 있음

에서와 같이 *순간에* 라는 의미이다. **16절** 바울이 갈라디아 신도들에게 그들이 더 이상 종이 아니라 하나님의 가족에 속한 자녀들이라고 말했던 것과 같이 (갈 4:7), 여기서도 오네시모는 *더 이상 종으로서가 아니라* 빌레몬의 믿음의 가족에 속한 형제로서 받아들여져야 한다고 주장한다. **17절** 바울은 자신을 빌레몬 교회의 협력자라고 묘사한다. 이것은 그가 "내 동료" 라고 불렀던 (고후 8:23), 디도와의 관계에서 누렸던 것과 같은, 가깝고도 상호의존적인 일 관계를 가졌다는 것을 말해준다. **18절** 바울은 오네시모의 빚을 그럴 수도 있다는 가능성으로 말하고 있지 실제 있던 일로 말하고 있지 않다. **19절** 고대의 서신 저자들은 흔히 그 내용을 서기에게 받아 적게 했다. 그러나 *친필로* 라고 하는 구절은 갈 6:11, 골 4:18, 그리고 살후 3:17에 있는 비슷한 노트들과 함께 바울은 작별인사를 직접 쓰면서 서신의 신빙성을 확인해 주었다는 것을 말해준다. **20절** 바울은 능숙한 언사를 통해 한 번 더 빌레몬의 협력을 구한다. 즉 이 구절에서 *오네시모* 라는 이름과 호의를 주다라는 동사는 희랍어로 같은 어원을 갖고 있다.

23-25절 *에바브라.* "우리와 함께 종이 된 사랑하는 에바브라" (골 1:7)와 "[예수]의 종"(골 4:12)이라고 불린 자와 같은 사람일 것이다. **24절** *마가.* 그는 전통적으로 사도행전의 요한 마가와 동일인물로 생각한다 (행 12:12, 25; 15:37, 39). 그는 또한 골 4:10과 딤후 4:11에서도 언급된다. *아리스다고.* 골 4:14에서 바울의 "나와 갇혀 있는 [자]"로 소개되고 있으며, 딤후 4:10에서는 예루살렘까지 (행 10:29), 마케도니아까지 (행 20:4), 그리고 로마에까지 (행 27:2) 바울과 동행했던 그의 동역자와 동일시된다. *데마.* 그는 골 4:14에 언급된 바울의 동역자 중 한 사람이며, 딤후 4:10에서는 부정적으로 묘사된다. 바울은 *누가*를 골 4:14에서 "사랑하는 의사" 라고 부르고 있으며, 딤후 4:11에서는 바울의 단 하나뿐인 신실한 동역자라고 밝힌다. 전통적으로 이 둘을 같은 한 사람 "누가"로 보는 근거는 확실하지 않다. 바울은 빌레몬에게만 인사하면서 *그대에게 문안합니다* (여기서 *그대에게는* 단수) 라고 말한다. **25절** 바울은 *여러분의 영*(여러분은 희랍어로 복수형)을 향해 마지막 축도를 함으로써 단수가 아닌 서신의 모든 수신자에게 보낸다.

히브리서

히브리서" 라는 책명은 기원후 2세기의 사본들에 붙여진 것이고, 또한 그와 같은 시기에 동방 교회에서는 바울이 히브리서를 쓴 것이라고 생각했었다. 하지만, 우리가 히브리서로 알고 있는 이 문서는 실제로는 서신이 아니며, 분명히 바울이 쓴 것도 아니어서, 일부 사람들은 이 문서가 유대출신 그리스도인들을 위해 기록된 것인지에 관하여 문제를 제기하여 왔다.

히브리서는 서신 형식으로 발신인과 수신인을 밝히면서 시작하지 않는다. 그 결과, 이들이 누구인지는 다만 내용 자체에서 찾아낼 수밖에 없다. 그렇지만, 이 문서는 끝에서 발신인의 처지에 대해 간단하게 언급하고, "우리 형제 디모데"라고 기록하고, 또 개인적인 인사말을 함으로써 진짜 서신처럼 끝을 맺기도 한다 (13:18, 22-25). 사실, 히브리서는 하나의 서신으로 보내진 설교나 소론(규모가 작은 논문)이라 할 수 있다.

히브리서가 바울이 쓴 것으로 널리 알려졌던 동방 교회조차도, 이 문서의 저자에 대한 의혹이 있었다. 3세기에, 오리겐은 다음과 같이 유명한 말을 남겼다. "이 서신을 누가 썼는지에 관해서는 다만 하나님만이 아신다." 서방 교회에서는 5세기까지도 이 문서가 바울에 의해 쓰인 것으로 받아들이지 않았다. 바울의 저작권을 부인할 수 있는 증거가 참으로 많다. 히브리서에 나오는 것들 중 너무나 많은 것들이 바울 서신들에 나오는 것들과 같지 않으며, 바울의 서신들에 특징적인 것들 중 너무나 많은 것들이 히브리서에 나오지 않는다. 하물며 주제가 유사한 곳에서조차도, 히브리서 저자는 이런 주제를 다른 모양으로 다룬다 (예를 들어, 공로, 믿음, 히 10:38에서 합 2:4를 사용하는 방법). 어휘나 문학양식이 바울의 것이 아니다. 현존하는 바울 서신들 가운데 어느 것도 익명으로 쓰이지 않았다. 여기까지는 논의의 여지가 없지만, 동시에 이 문서에는 바울 서신들과 다수 유사한 점들이 있기도 한데, 이것은 동시에 저자가 바울의 무리 가운데 한 사람이었음을 시사한다 (13:23에 디모데가 언급되어 있음을 주목하라). 실제 저자에 관한 제안들 중에서, 마틴 루터가 처음으로 제시한 것이 다른 어떤 것들만큼이나 신빙성이 있다. 곧 아볼로라는 이름을 가진 알렉산더 태생 유대계 그리스도인이 그 사람인데, 행 18:24에서 보면, 그는 히브리서 저자에게 꼭 들어맞는 칭찬을 받고 있다: "그는 말을 잘하고, 성경에 능통한 사람이었다." 그러나 우리는 다만 추측할 뿐이다.

저자가 유대출신 그리스도인이었음이 거의 확실하다. 그러나 정말 그가 자신의 설교/소론을 유대계 그리스도인들을 위하여 기록했는가? 이러한 질문은 19세기에 이르러서야 진지하게 제기되기 시작했다. 독자들이 유대인들이었다고 하는 것이 어느 곳에서도 직접적으로 지적되고 있지 않지만, 히브리서의 내용, 논점, 성경의 사용, 그리고 이 문서의 랍비적 성경주석(midrash), 이 모든 것이 독자들이 유대인들이었다는 견해로 강력하게 방향을 돌리게 한다. 독자들에 관하여 우리가 확실하게 아는 것은 그들이 자신들의 신앙 때문에 극심한 박해를 직면했었고 또한 계속해서 직면하고 있었다. 그 결과로 그들은 그리스도교를 저버리려는 유혹을 받았다고 하는 것이다 (6:4-6; 10:26-35; 12:3-4). 그들은 광야에서 방황하는 이스라엘 사람들과 같았다 (2:1-3; 3:12-18). 그들은 희생제물을 드리던 옛 언약의 제도보다 월등한 새 언약과 그리스도교의 우월성에 관하여 소식을 들을 필요가 있었다. 그들이 이방출신 그리스도인들이거나 하물며 다민족 공동체이었다고 하는 가능성이 여전히 존재한다. 그러나 다음과 같은 다수의 견해가 아직도 지배적이다: 처음 독자들은 그리스도교 신앙을 갖기에 이르렀지만 이제 예전의 유대교로 되돌아가려는 유혹을 받고 있던 유대인들이었다. 그렇다고 하더라도 이 사실이 교회에 대한 히브리서 메시지의 보편적 적용 가능성을 결코 축소시키지는 않는다.

히브리서 13:24에 나오는 언급이 분명하지 않지만, ("이탈리아에"가 아니라) "이탈리아에서"라는 구절은 아마도 히브리서가 로마에 있는 한 공동체나 혹은 그 이상의 그리스도교 공동체들을 위해 쓰여졌다는 것을 의미할 수 있을 것이다. 이 문서의 저작 시기를 아주 초기로 잡을 수도 없고 (2:3은 2세대 그리스도인을 지적한다), 아주 후기로 잡을 수도 없다 (이것은 기원후 96년에 나온 클레멘트1서에 인용되어 있다). (글라우디오, 네로, 그리고 도미티안 황제들의 치하에서 겪은) 세 번에 걸친 로마정부의 박해 중에서, 오직 첫 번째 박해(기원후 49년)만이 순교자들을 내지 않았다. 독자들은 분명히 아직 순교를 경험하지 않았으므로 (12:4), 아마도 그들은 글라우디오 아래서 고난을 당했을 것이다. 히브리서의 저작 시기를 보다 구체적으로 추정하는 데 있어서 제기되는 주요 질문은 예루살렘 성전이 이미 파괴(기원후 70년)되었느냐 파괴되지 않았느냐 하는 것이다. 예루살렘 성전이 이미 파괴되었다면, 저자가 이 사건을 언급하지 않았다는 사실을 믿기가 대단히 어렵다. 왜냐하면, 이것을 언급함으로써, 저자는 옛 언약의 희생제물 제도가 지닌 시대착오적 성격에 관한 자신의 전체 주장에 타당성을 부여할 수 있었기 때문이다. 만약 네로의 박해가 아직 가해지지 않았다면, 히브리서의 저작 시기는 아마도 기원후 65년경일 것이다 (8:13을 보라).

성서학자들은 히브리서의 복잡한 구조에 대해서 별로 의견을 일치하지 못하고 있다. 가장 분명하고 주목할 만한 구조적인 특징은 담화와 간곡한 권유가 계속적으로 교차하는 것인데 (아래에 나오는 개요를 보라), 전자는 후자에 무게를 더하여 준다. 히브리서에 있어서 담화체 글은 항상 실용적인 기능을 가지고 있다. 저자의 관심사는 이론적이기보다 실제적이며 계속해서 독자들의 어려운 처지에 유의하고 있다.

비록 이 책에서 저자가 주장하는 것들이 상당히 생소한 개념들을 다루고 있기는 하지만, 한 가지 관점, 곧 구약성경의 사용을 제외하면 (이 책은 구약성경으로부터 약 30개의 인용문들을 따오고 약 70번에 걸쳐 구약의 내용들을 언급한다), 이런 주장들이 특별히 난해한 것들은 아니다. 여기서 저자의 그리스도 중심의 해석학, 혹은 해석의 원칙이 고려되어야 한다. 즉, 저자는 구약본문들에서 독자적으로 발견한 보다 심오한 의미들에 의존해서 그 본문들을 이해하는데, 그가 발견한 의미들은 원저자들이 의도했던 것들을 초월한다. 이렇게 과거로 소급하는 접근방법은 그리스도가 구약의 궁극적인 의미와 목적이며, 그러므로 구약은 계속해서 그리스도를 가리키고 있다는 확신에 의하여 좌우된다. 다수의 실례들에서 볼 수 있듯이, 저자는 인용구들에 랍비적 성경주석 (midrash는 "해석"에 해당하는 히브리어), 곧 인용문들에 대한 주석을 붙이는데, 이 주석은 인용문에 나오는 특정한 단어들을 활용한다 (예를 들어, 2:6-9; 3:12—4:10; 10:8-10; 12:5-7).

히브리서에 나오는 주요 강조점들 가운데 하나는 옛 언약과 이 옛 언약의 동물 희생제도보다 월등한 새 언약의 우월성이다. 하지만, 저자가 목격한 바, 옛 언약과 새 언약 사이에 놓인 단절은 절대적인 것이 아니다. 우리는 이러한 단절이 새 언약을 옛 언약의 타당한 산물과 성취로 간주하는 연속성에 포함되어 있다는 것을 강조할 필요가 있다. 결국, 새 언약은 유대인들을 위한 것이며, 단순히 이방인들만을 위한 것이 아니다. 이 사실은, 때때로 저자 스스로 분명히 밝힐 수 있었던 만큼, 이런 본문들의 일부를 반유대주의적인 것으로 취급하는 것은 이것들을 매도하는 것이며, 저자 자신의 시각과 의도에서 벗어나는 것임을 분명히 한다. 복음서들과 사도행전에 나오는 유사한 현안들에 관하여는 1919쪽 추가 설명: "요한복음서와 유대교"와 1968쪽 "유대 사람들과 이방 사람들"을 보라.

히브리서는 다음과 같이 구분할 수 있다; 성경본문 아래 나오는 연구 주석들은 이 개요에 기초하고 있는데, 주석을 붙이는 과정에서 명료성을 위하여 이 개요는 추가적으로 세분화된다.

Ⅰ. 아들을 통하여 드러난 하나님의 분명한 계시, 1:1-4
Ⅱ. 담화: 그리스도는 그의 신성에 있어 천사들보다 뛰어나심, 1:5-14
Ⅲ. 적용: 신실한 믿음을 지키도록 하는 촉구, 2:1-4
Ⅳ. 담화: 그리스도의 인성, 2:5-18

A. 그리스도는 그의 인성에도 불구하고 천사들보다 뛰어나심, 2:5-9
B. 그리스도의 인성이 지닌 유익, 2:10-18
V. 담화: 그리스도는 모세보다 뛰어나심, 3:1-6
VI. 출애굽 사건에 의하여 고취된 권유, 3:7-19
VII. 담화: 남은 자들에게 남아있는 약속, 4:1-13
VIII. 권유: 은총의 보좌에 다가감, 4:14-16
IX. 담화: 예수의 대제사장 직분, 5:1-10
X. 적용: 성숙과 변절, 5:11—6:12
A. 성숙의 중요성, 5:11—6:3
B. 변절의 심각성, 6:4-12
XI. 담화: 하나님의 약속들, 멜기세덱,
그리고 그리스도의 제사장직, 6:13—7:28
A. 하나님의 신실하심, 6:13-20
B. 멜기세덱의 제사장직, 7:1-10
C. 그리스도의 제사장직의 합법성과 우월성, 7:11-28
XII. 담화: 참된 대제사장과 두 언약, 8:1—9:10
A. 참된 대제사장, 8:1-6
B. 새 언약의 약속, 8:7-13
C. 옛 언약의 희생제사, 9:1-10
XIII. 담화: 그리스도의 사역의 결정적 본질, 9:11—10:18
XIV. 적용: 신실성, 변절, 그리고 오래 참음, 10:19-39
A. 신실성의 초석들, 10:19-25
B. 변절의 위험, 10:26-31
C. 인내하도록 호소하는 권유, 10:32-39
XV. 담화: 믿음과 믿음의 본보기들, 11:1-40
XVI. 적용: 신실함과 인내와 거룩함에로의 초대, 12:1-17
XVII. 담화: 기독교인들의 현재 상태에 내재된 영광, 12:18-24
XVIII. 적용: 다양한 권유들, 12:25—13:17
XIX. 끝맺는 말과 축사, 13:18-21
XX. 후기, 13:22-25

도날드 에이 해그너 (Donald A. Hagner)

하나님께서 아들을 통하여 말씀하시다

1 1 하나님께서 옛날에는 예언자들을 통하여,
여러 번에 걸쳐 여러 가지 방법으로 우리 조
상들에게 말씀하셨으나, 2 이 마지막 날에는 아
들을 통하여 우리에게 말씀하셨습니다. 하나님께
서는 이 아들을 만물의 상속자로 세우셨습니다.
그를 통하여 온 세상을 지으신 것입니다. 3 그는
하나님의 영광의 광채시요, 하나님의 본체대로의
모습이십니다. 그는 자기의 능력 있는 말씀으로
만물을 보존하시는 분이십니다. 그는 죄를 깨끗
하게 하시고서 높은 곳에 계신 존엄하신 분의 오
른쪽에 앉으셨습니다. 4 그는 천사들보다 훨씬
더 높게 되셨으니, 천사들보다 더 빼어난 이름을
물려받으신 것입니다.

아들은 천사보다 뛰어나시다

5 하나님께서 천사들 가운데서 누구에게
ㄱ)"너는 내 아들이다.
내가 오늘 너를 낳았다"
하고 말씀하신 적이 있습니까? 또,
ㄴ)"나는 그의 아버지가 되고,
그는 내 아들이 될 것이다"
하고 말씀하신 적이 있습니까? 6 그러나 자기의
맏아들을 세상에 보내실 때에는
ㄷ)"하나님의 천사들은 모두
그에게 경배하여라"
하고 말씀하셨습니다. 7 또 천사들에 관해서는
성경에 이르기를
ㄹ)"하나님께서는
천사들을 바람으로 삼으시고,
시중꾼들을 불꽃으로 삼으신다"
하였고, 8 아들에 관해서는 성경에 이르기를
ㅁ)"하나님,
주님의 보좌는 영원무궁하며,

ㄱ) 시 2:7 (칠십인역) ㄴ) 삼하 7:14 ㄷ) 신 32:43 (사해 사본과 칠십인역을 볼 것) ㄹ) 시 104:4 (칠십인역) ㅁ) 시 45:6, 7 (칠십인역). 또는 '하나님은 영원무궁한 주님의 보좌입니다'

1:1-4 1-4절은 웅장하게 서신의 서두를 전개하는데, 하나님께서 옛적에 (그분을 대변해서 말씀을 증거한) 예언자들에게 주셨던 계시의 사실을 확실하게 말하면서, 이제 하나님의 아들의 독자적이요 결정적인 계시에서 약속의 성취 시대가 (*이 마지막 날에*) 도래했다는 것을 지적한다. 이 절들이 보여주는 고교회파적 (의식을 중요시하는 교회) 기독론은 본서 전체의 기조를 이루고 있다. 하나님의 아들은 다음과 같이 연속되는 일곱 구절에서 묘사되고 있다: (1) *만물의 상속자.* 즉, 시 2:7의 메시아와 같은 아들 (골 1:16을 보라); (2) 하나님을 대리해서 세상을 창조한 자 (요 1:3; 고전 8:6; 골 1:16을 보라). 즉, 잠언 8:27-31에 나오는 지혜와 대등한 자; (3) 하나님의 영광을 비추는 찬란한 빛 (요 1:14; 고후 4:6을 보라). 즉, 지혜도 하나님의 빛을 반사하는 대등한 자; (4) 동전이 형판으로부터 주조되어 나오듯이, 하나님을 정확하게 대표하는 자 (또한 고후 4:4; 골 1:15에 나오는 "형상"이란 단어의 사용을 보라); (5) 만물을 존속케 하는 자 (골 1:17을 보라); (6) *죄를 깨끗하게 하시는 자.* 이 구절은 그리스도께서 죽음을 통해 희생제물이 되셨음을 언급하는 것으로 9장과 10장의 주장을 예고하고 있다 (롬 3:5를 보라); 그리고 (7) 속죄 사역을 완성하고 하나님의 우편에 앉아 계신 분 (*높은 곳에 계신 존엄하신 분*, 하나님에 대한 유대인들의 완곡한 표현). 이것은 뒤이어 나오는 논쟁에서 몇 번에 걸쳐 인용된 시 110:1에 대한 암시이다. 요 1:1-18; 빌 2:6-11; 그리고 골 1:15-20과 더불어, 이러한 절들은 그리스도의 신성에 대한 신약의 중추적인 단언들 가운데 하나이다. 여기서 그리스도는 구약의 세 가지 주요 직분들을 성취하신 것으로 간주된다: 예언자, 제사장, 그리고 왕. 일부 학자들은 초대교회 찬송의 일부가 3절부터 시작하는 것으로 본다. **1:4** 누구와도 비교할 수 없는 이 분은 천사들보다도 훨씬 뛰어나시다; 그분만이 *아들*이라는 독특한 이름을 가지고 계시다 (2, 5절). 1장과 2장에 나오는 천사들에 대한 언급은 영지주의, 유대교, 혹은 영지주의적 유대교가 천사들에 대해서 일컫는 찬사의 색조를 보여준다 (예를 들어, 골 2:18을 보라). 희랍어 비교급 *크레이손(훨씬 빼어나다 혹은 뛰어나다)*은 12번에 걸쳐서 추가적으로 나오는데, 그리스도와 그의 사역을 기술하기 위하여 다양하게 번역된다 (6:9; 7:7, 19, 22; 8:6 [두 번 나옴]; 9:23; 10:34; 11:16, 35, 40; 12:24).

1:5-14 그리스도께서 천사들보다 우월하시다는 것이 일곱 번에 걸친 구약의 인용문들을 바탕으로 해서 확립되는데, 이 인용문에 대한 해석은 예수께서 종말론적 메시아라고 하는 저자의 기독론적 확신에 의하여 좌우된다. **1:5** 첫 번째 구약의 인용문은 시 2:7이다. 이 시편 구절은 메시아를 하나님의 아들과 동일시한다 (5:5; 7:28; 또한 막 1:11; 9:7에서 예수님에 적용된 용어를 참조). 삼하 7:14를 인용한 두 번째 인용문은 다윗의 아들을 하나님의 아들과 동일시한다. **1:6** 세 번째 인용문은 신 32:43이다 (그러나 이 부분적인 인용문은 칠십인역에만 있고, 히브리어 성경에는 없다). 여기서 "그에게"는 "주님"을 언급하는 것이다. 그러므로 저자는 신 32:43의 나머지 부분을 직접 인용하지 않고도 기꺼이 예수님을 주님 혹은 하나님과 동일시한다. **1:7** 시 104:4(이것도 칠십인역에 나온 절임)에 나오는 네 번째

공의의 막대기는
곧 주님의 왕권입니다.
9 주님께서는 정의를 사랑하시고,
불법을 미워하셨습니다.
그러므로 하나님
곧 주님의 하나님께서는
주님께 즐거움의 기름을 부으셔서,
주님을 주님의 동료들 위에
높이 올리셨습니다"
하였습니다. 10 또 이렇게 말하였습니다.
ㄱ)"주님,
주님께서는 태초에
땅의 기초를 놓으셨습니다.
하늘은 주님의 손으로
지으신 것입니다.
11 그것들은 없어질지라도,
주님께서는 영원히 존재하십니다.
그것들은 다 ㄴ)옷처럼 낡을 것이요,
12 주님께서는 그것들을
두루마기처럼 말아 치우실 것이며,
그것들이 다
옷처럼 변하고 말 것입니다.
그러나 주님께서는
언제나 같으시고,
주님의 세월은
끝남이 없을 것입니다."
13 그런데 하나님께서 천사 가운데서 누구에게
ㄷ)"내가 네 원수들을
네 발 아래에 굴복시킬 때까지,
너는 내 오른쪽에 앉아 있어라"
하고 말씀하신 적이 있습니까? 14 천사들은 모두
구원의 상속자가 될 사람들을 섬기도록 보내심을
받은 영들이 아닙니까?

귀중한 구원

2 1 그러므로 우리는 들은 바를 더욱 굳게 간직
하여, 잘못된 길로 빠져드는 일이 없어야
마땅하겠습니다. 2 천사들을 통하여 하신 말씀이
효력을 내어, 모든 범행과 불순종하는 행위가
공정한 갚음을 받았거든, 3 하물며 우리가 이
렇게도 귀중한 구원을 소홀히 하고서야, 어떻게
그 갚음을 피할 수 있겠습니까? 이 구원은 주님께
서 처음에 말씀하신 것이요, 그것을 들은 사람들
이 우리에게 확증하여 준 것입니다. 4 그리고
하나님께서도 표징과 기이한 일과 여러 가지 기
적을 시보이고, 또 자기의 뜻을 따라, 성령의 선물을
나누어주심으로써, 그들과 함께 증언하여 주셨습
니다.

ㄱ) 시 102:25-27 (칠십인역) ㄴ) 다른 고대 사본들에는 '옷처럼'이 없음 ㄷ) 시 110:1 (칠십인역)

인용문에서, 천사들은 *종들로* 묘사되며 (14절을 보라) *바람과* 같은 변질적인 요소를 갖고 있어서 아들의 영속성과 대조를 이룬다 (12절; 13:8을 보라). **1:8-9** 다섯 번째 인용문은 시 45:6-7인데, 어느 한 이스라엘 왕에게 말한 시편을 예수님에게 적용한다. 특이하게도 이 왕은 *하나님으로*, 곧 하나님의 지위로 표현된다. 저자는 그 단어를 문자 그대로 이해하여 아들을 언급하는 것으로 사용한다. 여기서 보면, 하나님이 하나님에게 말씀하신다 (8절에 나오는 *하나님*이라는 말을 보라). 실제로, 아버지가 아들에게, 곧 기름을 *부음받은* 메시아—왕에게 말씀하신다 (9절). **1:10-12** 여섯 번째 인용문은 시 102:25-27인데, 주님을 창조자로 언급하는 것이다. 여기서는 이것이 그리스도께 적용된다 (2절을 보라). 사라져 없어질 피조물과는 달리, 아들은 영원히 남아 계실 분이시다. **1:13** 일곱 번째 인용문은 시 110:1인데, 이 서신의 논증에서 열쇠가 되는 본문이다 (이 구절은 10:12-13에서 다시 인용되며, 1:3; 4:14; 7:26; 8:1; 12:2에 암시되어 있다). 아들은 승천하여 하나님의 오른쪽 보좌에 앉아 계시며, 이로써 그의 속죄 사역이 완성된다. **1:14** 앞서 나오는 모든 내용들과는 대조적으로, 천사들은 하나님의 백성의 종들이다.

2:1-4 본문은 어떤 어려움을 당해도 믿음을 굳게 지키라고 권고하는 삽입구이다 (10:29; 12:25를 보라). **2:1** *우리는 들은 바를 더욱 굳게 간직하여.* 그리스도를 통한 구원을 위한 복음의 메시지이다 (*이렇게도 귀중한 구원*, 3절). **2:2** *천사들을 통하여 하신 말씀.* 모세의 율법 (행 7:38, 53; 갈 3:19를 보라). **2:3** 복음은 처음으로 그리스도에 의하여 선포되었고, 그 다음에는 *그것을 들은 사람들에* 의하여 선포되었다. 여기서 저자는 2세대 그리스도인들 가운데 하나로 자신을 귀속시킨다 (눅 1:2를 보라). **2:4** 구원의 메시지는 하나님께서 이적들과 더불어 성령의 선물들을 쏟아 부으시는 데서 확인된다 (고전 12:4-11).

2:5-18 **2:5-9** 예수님의 인성은 그를 천사들보다 낮은 존재로 만드는 것처럼 보이지만, 구원을 위한 하나님의 목적에 불가피한 것이다. 아들은 죽기 위해 인간이 되어야 했지만, 죽은 후 그는 높이 들림을 받게 되었다. **2:5** *장차 올 세상.* 아들의 지배 아래 놓일 세상("아들을 만물의 상속자로 세우셨습니다," 1:2)이라는 암시는 1:13에 인용된 시 110:1로부터 이미 명백하게 나타나 있고, 또 뒤따라 나오는 인용구에서도 분명해진다. **2:6-8a** 시 8:4-6을 해석하는 저자의 글

구원의 창시자

5 하나님께서는 지금 우리가 말하는 장차 올
세상을 천사들의 지배 아래에 두신 것이 아닙니다.
6 어떤 이가 성경 어딘가에서 이렇게 증언하였습
니다.

ㄱ)"사람이 무엇이기에
주님께서 그를 기억하여 주시며,
인자가 무엇이기에
주님께서 그를 돌보아 주십니까?
7 주님께서는 그를
ㄴ)잠시 동안
천사들보다 못하게 하셨으나,
영광과 존귀의 면류관을
그에게 씌워 주셨으며,ㄷ)
8 만물을 그의 발 아래에
복종시키셨습니다."

하나님께서 만물을 사람에게 복종시키심으로써, 그에게 복종하지 않는 것이라고는 아무것도 없게 하신 것입니다. 그러나 지금 우리가 보기로는, 아직도 만물이 다 그에게 복종하고 있는 것은
아닙니다. 9 예수께서 다만 잠시 동안 천사들보
다 낮아지셔서, 죽음의 고난을 당하심으로써, 영광과 존귀의 면류관을 받아쓰신 것을, 우리가 봅니다. 그는 하나님의 은혜로 모든 사람을 위하여 죽음을 맛보셔야 했습니다.

10 하나님께서는 만물을 창조하시고, 만물을 보존하시는 분이십니다. 그러므로 하나님께서 많은 ㄹ)자녀를 영광에 이끌어들이실 때에, 그들의 구원의 창시자를 고난으로써 완전하게 하신다는
것은 당연한 일입니다. 11 거룩하게 하시는 분
과 거룩하게 되는 사람들은 모두 한 분이신 아버지께 속합니다. 그러하므로 예수께서는 그들을 ㅁ)형제자매라고 부르시기를 부끄러워하지 않으셨
습니다. 12 그리하여 그분은

ㅂ)"내가 주님의 이름을
내 ㅁ)형제자매들에게 선포하며,
회중 가운데서
주님을 찬미하겠습니다"

하고 말씀하시고, 13 또

ㅅ)"나는 그를 신뢰하겠습니다"

하고 말씀하시고,

ㅇ)"보십시오,
내가 여기에 있습니다.
또 하나님께서 내게 주신 자녀들이
여기에 있습니다"

하고 말씀하셨습니다. 14 이 자녀들은 피와 살을 가진 사람들이기에, 그도 역시 피와 살을 가지

ㄱ) 시 8:4-6 (칠십인역), '사람'과 '사람의 아들'은 인류를 일컫는 것임 ㄴ) 또는 '천사들보다 조금 못하게……' ㄷ) 다른 고대 사본들에는 '또한 그를 주님의 손으로 만드신 것 위에 세우시며'가 더 첨가되어 있음 ㄹ) 그, '아들들' ㅁ) 그, '형제들' ㅂ) 시 22:22 (칠십인역) ㅅ) 사 8:17 (칠십인역) ㅇ) 사 8:18 (칠십인역)

솜씨를 음미하기 위하여, 우리는 본문에 나오는 희랍어를 문자 그대로 해석한 것을 읽어보아야 한다: "사람(희랍어, *안트로포스*)이 무엇이기에 주님께서 그를 기억하여 주시며, 인자(희랍어로 '사람의 아들,' *휘오스 안트로포우*)가 무엇이기에 주님께서 그를 돌보아주십니까?" 시편은 여기서 인류를 언급하며, 인자는 사람과 동의어이다. 그러나 히브리서 저자는 이 단락에서 보다 깊은 의미를 찾으며 이 단락이 인자, 곧 예수님을 언급하는 것으로 이해한다. 이것은 8b절과 9절에 나오는 주석으로부터 분명하게 된다. **2:8b-9** 결론은 이렇다: 우리는 아직 만물이 다 그에게 복종하고 있음을 보지 못하지만 (8절의 대명사들은 단수형이다: "그를," "그의"), *잠시 동안* [이 단어들은 칠십인역에서 나오는 것이지 히브리어 사본에는 없다] *천사들보다 낮아졌던* 분이 지금은 *영광과 존귀의 면류관*을 받아쓰셨다. 이와 유사하게, 낮은 자리로부터 높은 자리로 올려지는 일련의 들리움에 관하여는 빌 2:6-11을 보라. 하나님의 은혜로 예수님은 *모든 사람*을 위하여 죽음을 맛보셔야 [곧, 죽음을 경험하셔야] 했다. **2:10-18** 그리스도의 온전한 인성이 그가 구원하려고 죽으신 것을 가능하게 한다. **2:10** *당연한 일입니다.* 즉, 그것이 하나님의 계획을 완전하게 하였다. *많은 자녀.* 구원받은 이들이다. *영광.* 그들의 구원과 궁극적인 종말론적 유산. *창시자* (희랍어, *아르케이고스*). 설립자나 발기인을 의미한다 (12:2; *아르케이고스*가 "저자"로 번역되는 행 3:15와 "인도자"로 번역되는 행 5:31을 보라). *완전.* 히브리서에서 자주 사용되는 이 단어는 도덕적 완전이 아니라, "완성," 곧 하나님의 계획이 성취되는 것을 의미하는 것으로 일관성 있게 사용된다. **2:11** *거룩하게 하시는 분.* 그리스도이시다. *형제자매.* 이 단어는 12절에 있는 인용구로부터 파생된 것이다. **2:12** 시 22:22를 보라. 초대교회는 시 22 전체를 주저하지 않고 예수께 적용시켰다. 시 22:22에 대한 초대교회의 해석에 따르면, 예수님은 사람들과 마주서서 하나님의 이름을 선포하고 찬양하신다. 그러므로 그는 온전히 사람들과 동일시된다. **2:13** 사 8:17-18에서 나온 두 인용구에서, 저자는 예수께서 이 말씀을 하신 분으로 이해한다. 칠십인역에서 보면, 이사야가 아니라, 주님께서 하나님(희랍어, *테오스*)께 말씀하신다. 그러므로 예수님을 *키리오스*, 즉 주님과 동일시함으로써, 저자는 이 단어들이 인류와 결속을 맺은 예수님을 지칭하는 것으로 이해한다. **2:14-15** 성육신의 궁극적인 이유는 예수님의 죽음을 가능케 하기 위함이다. 최

셨습니다. 그것은, 그가 죽음을 겪으시고서, 죽음
의 세력을 쥐고 있는 자 곧 악마를 멸하시고,
15 또 일생 동안 죽음의 공포 때문에 종노릇하는
사람들을 해방시키시기 위함이었습니다. 16 사실,
주님께서는 천사들을 도와주시는 것이 아니라,
아브라함의 ㄱ)자손들을 도와주십니다. 17 그러
므로 그는 모든 점에서 ㄴ)형제자매들과 같아지셔
야만 했습니다. 그것은, 그가 하나님 앞에서 자비
롭고 성실한 대제사장이 되심으로써, 백성의 죄
를 대신 갚으시기 위한 것입니다. 18 그는 몸소
시험을 받아서 고난을 당하셨으므로, 시험을 받는
사람들을 도우실 수 있습니다.

예수는 모세보다 뛰어나시다

3 1 그러므로 하늘의 부르심을 함께 받은 거룩
한 ㄴ)형제자매 여러분, 우리가 고백하는 신앙의
사도요, 대제사장이신 예수를 깊이 생각하십시오.
2 이 예수는 모세가 하나님의 온 집안에 성실했
던 것과 같이, 자기를 세우신 분께 성실하셨습니다.
3 집을 지은 사람이 집보다 더 존귀한 것과 같이,
예수는 모세보다 더 큰 영광을 누리기에 합당한
분이십니다. 4 어떠한 집이든지 어떤 사람이 짓
습니다. 그러나 모든 것을 지으신 분은 하나님이
십니다. 5 모세는, 하나님께서 장차 말씀하시려
는 것을 증언하기 위한 일꾼으로서, 하나님의 온
집안 사람에게 성실하였습니다. 6 그러나 그리
스도는 아들로서, 하나님의 집안 사람을 성실하게
돌보셨습니다. 우리가 그 소망에 대하여 확신과
자부심을 지니고 있으면, 우리는 하나님의 집안
사람입니다.

하나님이 주시는 안식

7 그러므로 성령이 이와 같이 말씀하셨습니다.
ㄷ)"오늘 너희가 그의 음성을 듣거든,
8 너희 조상들이
광야에서 시험받던 날에
반역한 것과 같이,
너희 마음을 완고하게 하지 말아라.
9 거기에서 그들은
나를 시험하여 보았고,
사십 년 동안이나
내가 하는 일들을 보았다.
10 그러므로 나는
그 세대에게 분노해서 말하였다.
'그들은 언제나 마음이 미혹되어서
내 길을 알지 못하였다.'
11 내가 진노하여 맹세한 대로
그들은 결코
내 안식에 들어오지 못할 것이다."
12 ㄴ)형제자매 여러분, 여러분 가운데에 믿지
않는 악한 마음을 품고서, 살아 계신 하나님을 떠
나는 사람이 아무도 없도록, 여러분은 조심하십
시오. 13 '오늘'이라고 하는 그날그날, 서로 권
면하여, 아무도 죄의 유혹에 빠져 완고하게 되지
않도록 하십시오. 14 우리가 처음 믿을 때에 가

ㄱ) 그, '씨' ㄴ) 그, '형제들' ㄷ) 시 95:7-11 (칠십인역)

대의 대적자들인 죽음과 사탄은 그러므로 물리침을 당했으며, 공포의 종노릇하던 사람들은 그것으로부터 해방을 얻었다. **2:16** 그리스도의 죽음은 *아브라함의 자손들*을 위한 것인데, 이들은 독자들과 같은 유대인들만이 아니라 모든 믿는 사람들을 포함한다 (갈 3:7을 보라). **2:17** 예수님의 인성은 그로 하여금 *대제사장*으로 사역하는 것을 가능케 하는데, 대제사장은 백성들의 죄를 속죄하는 일을 할 수 있다 (대제사장은 예수님에 대한 히브리서 특유의 호칭이다; 또 3:1; 4:14-15; 5:5, 10; 6:20; 7:26-28; 8:1, 3; 9:11, 25를 보라) **2:18** *도우실 수 있습니다.* 독자들에게 용기를 북돋아 주기 위하여 추가된 기록이다.

3:1-6 모세보다 뛰어나신 예수님, 이 사실을 깨달아 아는 것은 그리스도교 신앙을 버리고 유대교로 되돌아가려고 유혹 받는 이들에게는 분명히 중요하다. **3:1** 신약성경에서, *예수*님이 *사도*("하나님으로부터 보냄을 받은 자")로 불리는 곳은 이 곳뿐이다. *대제장*으로서, 그는 하나님 앞에서 인류를 대표한다. *우리가 고백하는.* 실제로 우리가 믿고 고백하는 신앙이다. **3:2** 모세와 예수님은 모두 하나님께 *성실하였다.* 하나님의 집 이스라엘과 교회에서 행하시는 하나님의 사역에 대한 은유 (또한 6절을 보라). **3:3-4** 모세가 집과 관련되어 있다고 한다면, 예수님은 *집을 지은 사람* (그러므로 하나님)과 관련되어 계시다. 예수님의 사역이 없이는 교회가 존재할 수 없었다. **3:5-6** 모세는 예비하는 자(11:39)의 역할을 한 *일꾼*이었다 (민 12:7); 예수님은 성취를 가져온 *아들*이셨다. 우리는 *하나님의 온 집안 사람.* 교회는 하나님의 백성이다. 우리가…*확신과 자부심을 지니고 있으면.* 이처럼 기본 희랍어 문법(조건절)을 써서 저자는 독자들로 하여금 신실성을 지키도록 의욕을 갖게 한다.

3:7-19 시 95:7-11과 수반된 랍비적 성경 주석(midrash)이, 출애굽 유형론이나 구약 해석양식을 발전시킴으로써, 4:11까지 흐르는 논의를 지배하는데,

졌던 확신을 끝까지 가지고 있으면, 우리는 그리스도께서 주시는 구원을 함께 누리는 사람이 될 것입니다.

15 ㄱ)"오늘 너희가 그의 음성을 듣거든,
반역하던 때와 같이
너희의 마음을
완고하게 하지 말아라"

하는 말씀이 있는데, 16 듣고서도 하나님께 반
역한 사람들이 누구였습니까? 모세의 인도로 이
집트에서 나온 사람들 모두가 아니었습니까?
17 하나님께서 사십 년 동안 누구에게 진노하셨
습니까? 죄를 짓고, 시체가 되어서 광야에 쓰러진
그 사람들이 아닙니까? 18 하나님께서는 누구
에게 하나님의 안식에 들어가지 못하리라고 맹세
하셨습니까? 순종하지 않은 사람들에게 하신 것이
아닙니까? 19 결국, 그들이 들어갈 수 없었던
것은 믿지 않았기 때문임을 우리는 압니다.

4 1 그러므로 하나님께서 주시는 안식에 들어
가리라는 약속이 아직 남아 있는 동안에, 여
러분 가운데서 거기에 미치지 못하는 사람이 아무도
없도록, 두려운 마음으로 조심하십시오. 2 그들이
나 우리나 기쁜 소식을 들은 것은 마찬가지입니다.
그런데 들은 그 말씀이 그들에게는 아무런 유익이
되지 못하였습니다. 그들은 그 말씀을 듣고서도,
그것을 믿음과 결합시키지 않았기 때문입니다.
3 그러나 그 말씀을 믿은 우리는 안식에 들어갈
것입니다. 그것은,

ㄴ)"내가 진노하여 맹세한 것과 같이,
그들은 결코
내 안식에 들어오지 못할 것이다"

하고 말씀하신 그대로입니다. 사실상 하나님께서
세상을 창조하시고 모든 일을 끝마치셨으므로,
그때부터 안식이 있어온 것입니다. 4 일곱째 날
에 관해서는 어딘가에서 ㄷ)"하나님께서 일곱째 되
는 날에는 그 모든 일을 마치고 쉬셨다" 하였고,
5 또 이 곳에서는 다시 ㄴ)"그들은 결코 내 안식에
들어오지 못할 것이다" 하셨습니다. 6 그러므로
어떤 사람들에게는 안식에 들어갈 기회가 아직
남아 있습니다. 그런데 기쁜 소식을 먼저 들은 사
람들이 순종하지 않았으므로, 들어갈 수 없었습

ㄱ) 시 95:7, 8 (칠십인역) ㄴ) 시 95:11 (칠십인역) ㄷ) 창 2:2 (칠십인역)

이런 유형론을 통해서, 이스라엘이 겪은 광야의 경험은 교회에 교훈을 준다. **3:7-11** *성령이 이와 같이 말씀하셨습니다.* 성령이 성경구절을 통해서 말씀하신다면 (또한 9:8; 10:15를 보라), 이 구절은 교회에 적절한 말씀이다. 인용구의 일부는 3:15와 4:3, 5, 7에서 반복된다. 여기에 나오는 이야기를 더 알기 원하면, 출 17:1-7과 민 14:20-25를 보라. **3:12** 시편 기자가 자기 세대의 사람들에게 경고를 주기 위해 이 이야기를 사용했듯이, 히브리서의 기자도 시편으로부터 나온 이 구절을 사용해서 자기 세대의 사람들에게 경고한다. 하나님의 백성인 이스라엘이 완고한 *마음*을 내보일 수 있었을 터이지만, 독자들은 이와 유사한 위험을 경계해야 한다. 만일 독자들이 그리스도교를 버리고 그들이 이전에 가졌던 유대교로 돌아간다면, 그들은 *살아 계신 하나님을 떠날 것이다.* 이것은 저자가 긴급하게 경고하는 것이지 하나님께서 유대교와는 더 이상 관계하시지 않는 것을 의미하지 않는다. **3:13-15** 새날은 바로 오늘이며 믿는 자는 새로운 진지함을 가지고 믿음의 결단을 보여야 한다. 그리스도의 *구원을 함께 누리는 사람*은 그리스도와 함께 그의 나라를 "같이 누리는 자"이다. **3:16-17** 반역한 사람들은 이집트로부터 기적적인 구원을 경험했으며 하나님의 은총의 대상들이었다 (4:2). *광야에 쓰러진 그 사람들.* 민 14:29(칠십인역)와 시 95:8(94:8 칠십인역)을 보라. **3:18-19** 불순종하고 믿지 않는 사람들은 하나님께서 하나님의 *안식에 들어가지 못하리라고 맹세하신* 사람들이다. *믿지 않다.* 여기서 이지적인 의심보다는 불신을 뜻한다. *안식* 가나안에 들어감을 말한다 (4:8).

4:1-13 "안식"은 하나님의 사람들을 위한 약속으로 존재한다. **4:1** *안식에…약속이 아직 남아 있는 동안.* 그리스도인들이 지니도록 의도된 일종의 보다 깊은 영적 안식을 일컫는 것이다 (3절). **4:2** *그들이나 우리나 기쁜 소식을 들은 것은 마찬가지입니다.* 그들도 역시 하나님의 구원의 은총을 입었다 (또한 6절을 보라). 다르게 번역하면, "그것을 들은 사람들이 믿음과 결합시키지 못했기 때문입니다" 라고 번역하는 것이 아마도 더 적합할 것이다. 믿음의 부족이 문제가 되는 것이다. **4:3-4** *그 말씀을 믿은 우리는 안식에 들어갈 것입니다* (개역개정과 NRSV는 현재 시제 "들어가는도다"로 번역되어 있음). 개역개정과 같이 현재 시제를 선호하는 이유는 미래가 이미 현재에 경험되기 시작했다는 것을 시사하기 때문이다 (이것을 학자들은 "실현된 종말론"이라고 한다). *그들은 결코 내 안식에 들어오지 못할 것이다.* 시 95:11이 안식의 계속적인 유효성을 강조하기 위하여 다시 인용되었다 (6절을 보라). 저자는 일곱째 날이나 안식일에 하나님께서 안식을 취하셨다(창 2:2)고 말하는데, 이렇게 하는 것은 안식이 지금도 여전히 유효하다는 것을 지적하기 위한 또 다른 방식이다. 하나님께서 안식하셨기 때문에 우리도 안식할 수 있다. **4:5** 시 95:11을 보라. **4:6** 저자는 다음과 같은 자신의 핵심적인 주장을 반복한다: 안식에 들어갈 수 있는 기회가 남아있다. **4:7-8** 이스라엘 사람들이

니다. 7 그렇지만 하나님께서는 다시 '오늘'이라는
어떤 날을 정하시고, 이미 인용한 말씀대로, 오랜
뒤에 다윗을 통하여

ㄱ)"오늘 너희가 그의 음성을 듣거든
너희 마음을 완고하게 하지 말아라"

하고 말씀하셨습니다. 8 여호수아가 그들에게
안식을 주었더라면, 하나님께서는 그 뒤에 다른 날
이 있으리라는 것을 말씀하시지 않았을 것입니다.
9 그러니 하나님의 백성에게는 안식하는 일이 아
직 남아 있습니다. 10 하나님께서 주실 안식에
들어가는 사람은, 하나님이 자기 일을 마치고 쉬
신 것과 같이, 그 사람도 자기 일을 마치고 쉬는
것입니다. 11 그러므로 우리는 이 안식에 들어
가기를 힘씁시다. 아무도 그와 같은 불순종의 본
을 따르다가 떨어져 나가는 일이 없도록 해야 하
겠습니다.

12 하나님의 말씀은 살아 있고 힘이 있어서,
어떤 양날칼보다도 더 날카롭습니다. 그래서, 사람
속을 꿰뚫어 혼과 영을 갈라내고, 관절과 골수를
갈라놓기까지 하며, 마음에 품은 생각과 의도를
밝혀냅니다. 13 하나님 앞에는 아무 피조물도
숨겨진 것이 없고, 모든 것이 그의 눈 앞에 벌거
숭이로 드러나 있습니다. 우리는 그의 앞에 모든
것을 드러내 놓아야 합니다.

예수는 위대한 대제사장이시다

14 그러나 우리에게는 하늘에 올라가신 위대
한 대제사장이신 하나님의 아들 예수가 계십니
다. 그러므로 우리의 신앙 고백을 굳게 지킵시다.
15 우리의 대제사장은 우리의 연약함을 동정하지
못하시는 분이 아닙니다. 그는 모든 점을 우리와
마찬가지로 시험을 받으셨지만, 죄는 없으십니다.
16 그러므로 우리는 담대하게 은혜의 보좌로 나
아갑시다. 그리하여 우리가 자비를 받고 은혜를
입어서, 제때에 주시는 도움을 받도록 합시다.

5 1 각 대제사장은 사람들 가운데서 뽑혀서 하
나님과 관계되는 일에 임명받습니다. 그리하
여 그는 사람들을 위하여 예물과 속죄의 희생 제
사를 드립니다. 2 그는 자기도 연약함에 휘말려

ㄱ) 시 95:7, 8 (칠십인역)

실패함으로 해서, *오랜 뒤에 다윗은 새로운* 오늘을 정해서 거기서 사람들이 새롭게 믿음을 보이도록 했다. 여호수아가 가나안에 들어갔을 때, 이스라엘 백성들이 안식을 경험했다면, 또 다른 날에 대한 언급이 없었을 것이다. **4:9** *안식하는 일.* 여기에서 사용된 안식이란 단어는 창조 후 하나님께서 취하신 안식을 가리키며 (4절), 종말론적 색채를 띠고 있다. (여기에서 사용된 희랍어 *사바티스모스*는 신약성경과 칠십인역 전체를 통틀어 여기에서만 사용된 단어이다. 여기에 이르기까지 "안식"을 의미하는 희랍어 단어는 *카타파우시스*이었다.) 마지막 때, 혹 종말이 오기에 앞서서, 이 종말이 주는 축복을 경험하는 것은 하나님의 안식을 맛보기 시작하는 것이다. **4:10** 여기서 저자가 사용한 언어는 시 95편과 창 2장의 언어를 반영해 주는 것이다. *자기 일을 마치고 쉬신 것과 같이.* 이것은 바울이 의미하는 바의 (율법의) "공로"가 아니다. 어째든 율법의 공로는 이 저자의 관심이 아니다. 아마도 바로 지금 하나님의 백성의 특징인 복지, 안전, 그리고 화평을 향유함과 신뢰의 상태에 관련되어 있는 것 같다. **4:11** 여기에 쓰인 모순어법 *우리는 이 안식에 들어가기를 힘씁시다* 라는 구절은 안식이 지금 계속적으로 믿음을 지킴으로써 들어가게 되는 곳임을 다시금 시사한다. **4:11-13** *하나님의 말씀.* 이것은 성경이 아니라, (시 95편에서 이미 경험했던 것처럼) 하나님의 살아 계신 음성이다. 하나님께서 말씀하시는 언어는 *양날칼*(엡 6:17을 보라)처럼 사람의 가장 깊숙한 곳을 파고든다. 저자는 인간의 구성요소("혼," "영," "마음")를 다루는 것이 아니다. 요점은 어떠한 것도 하나님께 감추거나, 어느 누구도 거짓 꾸민 충절로 하나님을 속이는 것이 불가능하다는 것이다.

4:14-16 앞서 나온 요점을 반복하는 것이다 (2:17-18을 보라). **4:14** *하늘에 올라가신.* 그리스도의 승천을 언급하는 것이다 (시 110:1과 또한 히 7:26을 보라). 아마도 이 구절은 하늘 성전에서 행하는 그의 제사장 사역에 대한 암시일 것이다 (6:20; 9:11-12). *우리의 신앙 고백.* 이것은 우리가 고백하는 믿음이다 (또한 3:1을 보라). **4:15** 이와 같이 *하늘에 올라가신 위대한 대제사장*은 온전한 인간이었으며, 우리가 당하는 것과 마찬가지로 시험("유혹")을 받으셨다. 모든 점에서 그리스도는 온갖 종류의 인간적인 유혹으로 시험을 받으셨다. 그러나 *죄는 없으십니다*는 그리스도의 무죄하심을 확증한다 (또한 고후 5:21; 벧전 2:22; 요일 3:5를 보라). **4:16** 우리의 시련을 아시는 이 대제사장으로부터, 독자들은 *자비와 은혜를 입을 수* 있고, *담대하게 은혜의 보좌로 나아갈 수* 있다. 이 구절은 성전 의식에서 쓰이는 언어를 영적인 언어로 기술한 것이다.

5:1-10 대제사장의 사역과 소명은 그리스도의 대제사장직을 이해하는 데 도움이 되는 배경을 제공해 준다. **5:1** 대제사장이 하는 일에 대한 교과서적인 정의이다. **5:2-3** 그의 인간적인 연약함을 통해 (또한 7:28을 보라), 대제사장은 자신을 백성들과 동일

있으므로, 그릇된 길을 가는 무지한 사람들을 너
그러이 대하실 수 있습니다. 3 그는 백성을 위해
서 속죄의 제사를 드려야 하는 것과 마찬가지로,
그 연약함 때문에 자기 자신을 위해서도 드려야
하는 것입니다. 4 누구든지 이 영예는 자기 스스
로 얻는 것이 아니라, 아론과 같이 하나님의 부르
심을 받아서 얻는 것입니다.
5 이와 같이 그리스도께서도 자기 자신을 스
스로 높여서 대제사장이 되는 영광을 차지하신 것
이 아니라, 그에게

[ㄱ]"너는 내 아들이다.
오늘 내가 너를 낳았다"

하고 말씀하신 분이 그렇게 하신 것입니다.
6 또 다른 곳에서

[ㄴ]"너는 멜기세덱의 계통을 따라
임명받은
영원한 제사장이다"

하고 말씀하셨습니다. 7 예수께서 육신으로 세
상에 계실 때에, 자기를 죽음에서 구원하실 수 있는
분께 큰 부르짖음과 많은 눈물로써 기도와 탄원을
올리셨습니다. 하나님께서는 예수의 경외심을 보
시어서, 그 간구를 들어주셨습니다. 8 그는 아
드님이시지만, 고난을 당하심으로써 순종을 배우
셨습니다. 9 그리고 완전하게 되신 뒤에, 자기
에게 순종하는 모든 사람에게 영원한 구원의 근원
이 되시고, 10 하나님에게서 멜기세덱의 계통을
따라 대제사장으로 임명을 받으셨습니다.

변절을 경고하시다

11 [ㄷ]멜기세덱에 관하여는 할 말이 많이 있
지만, 여러분의 귀가 둔해진 까닭에 설명하기 어
렵습니다. 12 시간으로 보면, 여러분은 이미 교
사가 되었어야 할 터인데, 다시금 하나님의 말씀
의 초보적 원리를 남들에게서 배워야 할 처지에
놓여 있습니다. 여러분은 단단한 음식물이 아니
라, 젖을 필요로 하는 사람이 되었습니다. 13 젖
을 먹고서 사는 이는 아직 어린아이이므로, 올바
른 가르침에 익숙하지 못합니다. 14 그러나 단
단한 음식물은 장성한 사람들의 것입니다. 그들
은 경험으로 선과 악을 분별하는 세련된 지각을
가지고 있는 사람들입니다.

ㄱ) 시 2:7 (칠십인역) ㄴ) 시 110:4 ㄷ) 또는 '이것에' 또는 '그에'

시하고 그들을 더 잘 보살필 수 있지만, 그는 죄인이기 때문에 반드시 자신을 위한 희생제물을 바쳐야 한다 (9:7). 여기에 예수님과의 신중한 대조가 드러나 있다 (4:15; 7:27을 보라). **5:4-6** 대제사장이 *하나님의 부르심을 받아야* 하듯이 (출 28:1), 예수님은 하나님의 부르심을 받아 대제사장으로 임명받았다. 여기서 저자는 멋지게 이 사실을 진전시킨다. 예수님은 하나님의 아들이시기 때문에 (시 2:7), 그는 또한 *멜기세덱의 계통을 따라* 임명받은 제사장이다 (시 110:4). 저자는 시 110:1을 사용함으로써 이 두 인용문을 연결한다. 이 시편의 구절은 여기에 인용된 것이 아니라 1:13에 인용되었지만, 거기에 인용된 것이 여기에 가정되어 있다. 예수님으로 하여금 대제사장이 되고, 그의 독특한 속죄 사역을 수행할 수 있도록 하는 것은 오직 하나님의 아들이라고 하는 그의 신분이다. **5:7** *큰 부르짖음과 많은 눈물로써 기도와 탄원을 올리셨습니다.* 이 절은 아마도 겟세마네 동산에서 예수님이 겪으신 고뇌를 암시해 주는 것 같은데 (마 26:36-46), 거기서 예수님은 자신의 임박한 죽음으로부터 구출되기를 기도하셨다. *그 간구를 들어주셨습니다.* 이 기도는 죽음으로부터 구원을 얻게 됨으로써 응답되었는데, 이 구원은 죽음을 면함으로써가 아니라 죽음으로부터 부활함으로써 성취되었다. **5:8-10** 여기서 희랍어로 언어기법을 사용하고 있다: 예수님은 *고난을 당하심으로써* [희랍어, *에파텐*] *배우셨습니다* [희랍어, *에마텐*; 이 말은 신약의 이곳에서만 예수님과 관련하여 쓰였다]. 죽음을 통해 하나님의 계획을 성취함으로써, 그는 순종을 경험하는 데 있어 새로운 차원에 도달하셨다. 이 차원은 곧 *그가 완전하게 되심*을 의미한다 (또한 2:10을 보라). 그러므로 멜기세덱의 계통의 제사장으로 임명을 받아, 그는 *영원한 구원의 근원*이 되셨다.

5:11—6:12 5:11—6:3 글의 흐름에서 벗어나 권면이 나온다. 그래서 이 단락은 멜기세덱에 대한 논의가 중단되고, 그 논의가 다시 7:1에서 재개된다. **5:11-12** 설명하기가 좀 어렵기는 하지만, 독자들의 귀가 둔해진 까닭에, 이들은 이제 거의 새 그리스도인들이라고 할 수 없지만, 아직도 *하나님의 말씀의 초보적 원리*를 배워야 할 처지에 놓여 있다. 다시 말해서, 이들은 아직 성경에 약속된 구원에 대한 초보 단계의 그리스도교적 이해(5:13에 나오는 *올바른 가르침*)가 필요하다. **5:13-14** *젖과 단단한 음식.* 이것들은 낯익은 은유들이다 (고전 3:2; 벧전 2:2). 경험으로 *선과 악을 분별하는 세련된 지각*은 고대 도덕주의자들의 언어를 반영한다. **6:1-2** 믿음의 성숙한 경지에 도달하지 못함으로써, 독자들은 그리스도교 교리들 중에서 유대교와 내용을 같이 하는 것들만을 고의적으로 받아들이는 것처럼 보인다. *그리스도교의 초보적 교리*(="기반")는 또한 바리새파적 유대교가 가르치는 여섯 가지 요소로 이루어져 있다: ("율법의 공로"에 대한 바울의 관점이 아니라 죄로부터 회개인) 죽은 *행실에서 벗어나는*

6 1 그러므로 우리는 그리스도교의 초보적
ㄱ)교리를 제쳐놓고서, ㄴ)성숙한 경지로 나아갑
시다. 죽은 행실에서 벗어나는 회개와 하나님에
대한 믿음과 2 ㄷ)세례에 관한 가르침과 안수와
죽은 사람의 부활과 영원한 심판과 관련해서, 또
다시 기초를 놓는 일이 없어야 하겠습니다. 3 하
나님께서 허락하시면, 우리는 그렇게 ㄹ)할 수 있을
것입니다. 4 한번 빛을 받아서 하늘의 은사를
맛보고, 성령을 나누어 받고, 또 5 하나님의 선
한 말씀과 장차 올 세상의 권능을 맛본 사람들이
6 타락하면, 그들을 새롭게 해서 회개에 이르게
할 수 없습니다. 그런 사람들이야말로 하나님의
아들을 다시금 십자가에 못박고 욕되게 하는
것이기 때문입니다. 7 땅이 자주 내리는 비를 흡
수하여 농사짓는 사람에게 유익한 농작물을 내
주면, 그 땅은 하나님께로부터 복을 받습니다.
8 그러나 가시덤불과 엉겅퀴를 내면, 그 땅은 쓸
모가 없어지고, 저주를 받아서 마침내는 불에 타고
말 것입니다.

9 사랑하는 여러분, 우리가 이렇게 말하지만,
여러분에게는 구원에 이르게 하는 더 좋은 것들이
있다는 것을 확신합니다. 10 하나님은 불의하신
분이 아니므로, 여러분의 행위와 여러분이 하나
님의 이름을 위하여 나타낸 사랑을 잊지 않으십니
다. 여러분은 성도들을 섬겼으며, 또 지금도 섬
기고 있습니다. 11 여러분 각 사람은 같은 열성
을 끝까지 나타내서, 소망을 이루시기 바랍니다.
12 여러분은 게으른 사람이 되지 말고, 믿음과
인내로 약속을 상속받는 사람들을 본받는 사람이
되어야 합니다.

하나님의 확실한 약속

13 하나님께서는 아브라함에게 약속하실 때
에, 자기보다 더 큰 분이 계시지 아니하므로, 자
기를 두고 맹세하시고서, 14 말씀하시기를 ㅁ)"내
가 반드시 너에게 복을 주고 복을 줄 것이며, 너
를 번성하게 하고 번성하게 하겠다" 하셨습니다.
15 그리하여 아브라함은 오래 참은 끝에 그 약속을
받은 것입니다. 16 사람들은 자기보다 더 위대한
이를 두고서 맹세합니다. 그런데 맹세는 그들에
게 모든 논쟁을 그치게 하여 주고, 확정을 지어줍
니다. 17 그래서 하나님께서는, 그 약속을 상속
받는 사람들에게 하나님의 뜻이 변하지 않는다는

ㄱ) 또는 '말씀을' ㄴ) 또는 '완전한' ㄷ) 또는 '침례' ㄹ) 다른 고대 사본들에는 '합시다' ㅁ) 창 22:17

회개, 하나님에 대한 믿음, 세례에 관한 가르침 (이 가르침은 또한 "세정식" 혹은 "목욕재개"로 번역될 수 있다), *안수, 죽은 사람의 부활, 영원한 심판.* **6:3** *하나님께서 허락하시면.* 오직 하나님의 주권만이 이것을 가능케 한다는 것을 인정하는 표현이다. **6:4-12** 바로 전의 절들은 혹독하지만 목회적인 동기에서 나온 경고이다. 저자는 타락하여 길을 벗어난 사람이 직면하게 될 온갖 가능성들을 솔직하게 제시하지도 않고, 일단 얻은 구원이 상실될 가능성이 있는지 논의하지도 않는다. 대신에, 그는 어떤 긴급한 요구에 사로잡히는데, 이것이 그가 말하려는 내용과 그가 이런 내용을 서술하는 방법을 결정하게 된다: 만일 독자들이 타락하면, 그들은 아주 큰 위험에 처하게 될 것이다. **6:4-6** 저자는 자신의 마음에 둔 사람들을 다섯 개의 연속되는 구절을 사용해서 기술하는데, 이것들은 모두 그들이 가진 그리스도교 신앙의 현주소를 보여준다. *맛보고.* 독자들이 온전한 그리스도인들이 아니었음을 의미하지 않는다. *빛을 받아서…성령을 나누어 받고.* 이 말은 논란의 여지가 없다. *장차 올 세상의 권능.* 그리스도인들이 이미 경험하고 있는 약속된 미래를 미리 맛보는 것을 의미한다. *이르게 할 수 없습니다.* 여기에 언급된 불가능성은 매우 실제적인 것이다. *타락하면.* 이것은 변절하는 것, 즉 구원의 수단인 십자가 처형을 조소함으로써 자신을 하나님의 은총으로부터 잘라내는 것을 의미한다. **6:7-8** *가시덤불과 엉겅퀴.* 경고를 강화하는 은유. **6:9-10** *우리가…확신합니다.* 저자는 독자들과 그들의 구원에 대한 확신을 보임으로써 그들을 격려한다. 하나님은 성도들의 과거와 현재의 사역을 기억하실 것이다 (10:32-36). **6:11-12** *게으른 사람*(이와 동일한 희랍어 노트로스는 5:11에서 둔하다로 번역된다)을 버리고 *상속받는 사람*들을 본받음으로써 (이 구절은 11장의 내용을 미리 보여준다), 그들은 *끝까지* 열성을 보여야 한다.

6:13—7:28 **6:13-20** 독자들은 하나님의 절대적인 확실성을 신뢰할 수 있을 것이다. 하나님의 목적은 아브라함과의 언약에서 표현된 것처럼 결코 변질되지 않는다. **6:13-14** *내가 반드시 너에게 복을 주고…너를…번성하게 하겠다.* 이 인용구는 창 22:17인데, 여기서 보면 "내가 친히 맹세한다"(창 22:16)라는 구절이 이 인용구 앞에 나온다. **6:15** *약속을 받은 것입니다.* 아직 교회에만 부속되어 있는 약속들을 충분히 맛보지는 못했지만, 아브라함은 오래 참은 끝에 후손의 약속을 받았다 (또한 11:13, 39-40을 보라). **6:16** 맹세는 1세기의 유대인들에게 중요하였다. **6:17-18** 하나님의 말씀은 믿어 의심할 필요가 없는 것이지만, 하나님은 그것에 *맹세*를 추가하신다. 이렇게 함으로써 *두 가지 변할 수 없는 사실,* 곧 *하나님의 말씀과 맹세를 의지하여* 하나님의 뜻이 변하지 않음에는 의심의 여지가 없음을 나타낸다. 이 하나님의 뜻이 지닌 항구성은 유대 독자들이

것을 더욱 환히 나타내 보이시려고, 맹세로써 보증하여 주셨습니다. 18 이는 앞에 놓인 소망을 붙잡으려고 세상에서 피하여 나온 사람들인 우리가, 이 두 가지 변할 수 없는 사실 곧 하나님의 약속과 맹세를 의지하여 큰 위로를 받게 하려는 것입니다. 하나님께서는 약속하시고 맹세하실 때에 거짓말을 하실 수 없습니다. 19 우리에게는 이 소망이 있으니, 그것은 안전하고 확실한 영혼의 닻과 같아서, 휘장 안에까지 들어가게 해 줍니다. 20 예수께서는 앞서서 달려가신 분으로서, 우리를 위하여 거기에 들어가셔서, 멜기세덱의 계통을 따라 영원히 대제사장이 되셨습니다.

멜기세덱

7 1 이 멜기세덱은 살렘 왕이요, 지극히 높으신 하나님의 제사장이었습니다. 그는 아브라함이 여러 왕을 무찌르고 돌아올 때에, 그를 만나서 축복해 주었습니다. 2 아브라함은 모든 것의 십분의 일을 그에게 나누어 주었습니다. 첫째로, 멜기세덱이란 이름은 정의의 왕이라는 뜻이요, 다음으로, 그는 또한 살렘 왕인데, 그것은 평화의 왕이라는 뜻입니다. 3 그에게는 아버지도 없고, 어머니도 없고, 족보도 없고, 생애의 시작도 없고, 생명의 끝도 없습니다. 그는 하나님의 아들과 같아서, 언제까지나 제사장으로 계신 분입니다.

4 멜기세덱이 얼마나 위대한가를 생각해 보십시오. 족장인 ㄱ)아브라함까지도 가장 좋은 전리품의 십분의 일을 그에게 바쳤습니다. 5 레위 자손 가운데서 제사장 직분을 맡는 사람들은, 자기네 ㄴ)동족인 이스라엘 백성에게서, 비록 그 백성도 아브라함의 ㄷ)자손이지만, 율법을 따라 십분의 일을 받아들이라는 명령을 받았습니다. 6 그러나 멜기세덱은 그들의 족보에 들지도 않았지만, 아브라함에게서 십분의 일을 받았고, 하나님의 약속을 받은 그 사람을 축복해 주었습니다. 7 두말할 것 없이, 축복은 아랫사람이 윗사람에게서 받는 법입니다. 8 한 편에서는 죽을 수밖에 없는 사람들이 십분의 일을 받고, 다른 한 편에서는 살아 계시다고 입증되시는 분이 그것을 받습니다. 9 말하자면, 십분의 일을 받는 레위까지도 아브라함을 통해서 십분의 일을 바친 셈이 됩니다. 10 멜기세덱이 아브라함을 만났을 때에는, 레위

ㄱ) 다른 고대 사본들에는 '아브라함은' ㄴ) 그 '형제들' ㄷ) 그, '허리에서 나왔지만'

믿음을 지키는 데 동기를 준다. **6:19-20** 하나님의 신실성 때문에, 그리스도인들의 희망은, 사람이 떠내려가는 것을 *닻이* 붙잡아 주듯이, 확신을 가지고 기대할 수 있는 것이다 (2:1을 보라). 영혼. 영혼은 실체가 없는 인간의 일부가 아니라, 인간의 생명 그 자체이다. 은유들을 사용하여, 히브리서 기자는 소망이 닻과 같아서 하나님이 계신 곳에 과감하게 *휘장 안* ("지성소")*에까지 들어가게 해준다*는 것을 지적한다. 이것은 대제사장이신 *예수께서 앞서서 달려가신 분*으로서 (2:10; 12:2에서 유의어 "창시자"를 사용하였음을 참조) 우리보다 앞장서서 들어가셨기 때문에 가능하다. *멜기세덱*에 대한 언급은 5:10과 7:1에 교량 역할을 해준다. **7:1-14** 이 절들은 5:10에 나온 멜기세덱의 독특한 제사장직에 관한 논의를 재개한다. **7:1-2** *지극히 높으신 하나님* (창 14:18-20을 보라). 여기서 이스라엘의 하나님과 같은 분으로 간주된다 (또한 시 110:4를 보라; 그리고 37쪽 추가 설명: "가장 높으신 하나님과 멜기세덱"을 보라). 이렇게 해서 *멜기세덱*은 이스라엘의 범주에서 벗어나 활동하는 온전한 제사장으로 간주된다. *정의와 평화의 왕*은 또한 그리스도에게도 합당한 표현이다. **7:3** *아버지도 없고.* 이 말은 문자 그대로 받아들여서는 안 된다. 이것은 멜기세덱이 왕이자 제사장이었지만, 그의 양친이나 사망에 관한 기록이 없다는 것을 의미하는 것이다. 그의 죽음에 관한 기록이 없으므로, 그의 제사장직은 끝이 난 것이 아니다. 그는 하나님의 아들과 같은 자로 기술된다; 그는 선재하신 그리스도의 초기 성육신은 아니었다. **7:4-8** 윗사람이 *십분의 일*을 받고 축복을 내린다. 아랫사람이 십분의 일을 바치고 축복을 받는다. 이 사실이 멜기세덱을 높이는데, *그는 그들의 족보에 들지도 않았지만*, 약속의 수혜자인 위대한 *아브라함*보다도 위에 있는 자이다. 레위인들은 *죽을 수밖에 없는 사람들*이다; 멜기세덱은 살아 계시다 (3절, *언제까지나 제사장으로 계신 분*). 후자, 곧 멜기세덱이 살아 있다는 것은 그의 죽음에 관하여 성경이 아무런 언급을 하지 않고 있다는 사실로부터 유추해낸 랍비들이 가르칠 때 사용하는 결론이다. **7:9-10** *레위.* 레위는 아브라함의 자손이기 때문에, 레위 자신이 멜기세덱에게 십분의 일을 바친 것이나 다름없다. **7:11-14** 히브리서의 다른 곳에서 언급된 것과 마찬가지로, *완전한 것*은 하나님의 계획의 성취를 말하는 것이다. 아론 사람들(아론의 자손들)의 *제사장직이* 합당한 것이었다면, *멜기세덱의 계통을 따른* 다른 제사장직의 위임이 필요 없었을 것이다 (시 110:4). 예수님은 레위인이 아니라 유다 지파에 속한 자이므로, 그는 제사장이 될 자격이 없으셨다. 그래서 제사장 직제의 수정은 율법의 수정을 필수로 하는데 (18절), 이것은 8장에 가서 명확하게 밝혀질 설득력 있는 결론이다. **7:15-28** 이 단락은 그리스도가 지닌 제사장직의 합법성과 우월성에 관한 논의를 계속

는 아직 자기 조상 아브라함의 ㄱ)허리 속에 있었
으니 말입니다.
11 그런데 이 레위 계통의 제사직과 관련하
여, 이스라엘 백성은 율법으로 지령을 받기는 하
였습니다. 그러나 만일 그 제사직으로 완전한 것
이 이루어질 수 있었다면, 아론의 계통이 아닌 멜
기세덱의 계통을 따른 다른 제사장이 생겨날 필요
가 어디에 있겠습니까? 12 제사직분에 변화가
생기면, 율법에도 반드시 변화가 생기기 마련입
니다. 13 이런 말이 가리키는 분은 레위 지파가
아닌 다른 지파에 속한 분입니다. 그 지파에 속한
사람으로서는 아무도 제단에 종사한 적이 없습니
다. 14 우리 주님께서는 유다 지파에서 나신 것이
명백합니다. 그런데 모세는 제사장들에 관하여
말할 때에, 이 지파와 관련해서는 말한 것이 아무
것도 없습니다. 15 멜기세덱과 같은 모양으로
다른 제사장이 생겨난 것을 보면, 이 사실은 더욱
더 명백합니다. 16 그는 제사장의 혈통에 대해
서 규정한 율법을 따라 제사장이 되신 것이 아니
라, 썩지 않는 생명의 능력을 따라 되셨습니다.
17 그를 두고서 말하기를

ㄴ)"너는 멜기세덱의 계통을 따라서,
영원히 제사장이다"

한 증언이 있습니다. 18 전에 있던 계명은 무력
하고 무익하므로 폐하게 되었습니다. 19 율법은
아무것도 완전하게 하지 못하였습니다. 그래서
하나님께서는 더 좋은 소망을 우리에게 주셨습니
다. 우리는 이 소망을 힘입어서 하나님께 가까이
나아갑니다.
20 그리고 예수께서는 하나님의 맹세 없이
제사장이 되신 것이 아닙니다. 레위 계통의 사람
들은 맹세 없이 제사장이 되었습니다. 21 그러나
예수께서는 자기에게 말씀하시는 분의 맹세로 제
사장이 되신 것입니다.

ㄴ)"주님께서 맹세하셨으니,
주님은 마음을 바꾸지 않으실 것이다.
너는 영원히 제사장이다"

하셨습니다. 22 이렇게 해서, 예수께서는 더 좋
은 언약을 보증하시는 분이 되셨습니다. 23 또
한 레위 계통의 제사장들은 죽음 때문에 그 직무
를 계속할 수 없어서, 그 수가 많아졌습니다.
24 그러나 예수는 영원히 계시는 분이므로, 제사
장직을 영구히 간직하십니다. 25 따라서 그는
자기를 통하여 하나님께 나아오는 사람들을 ㄷ)완
전하게 구원하실 수 있습니다. 그는 늘 살아 계셔
서 그들을 위하여 중재의 간구를 하십니다.
26 예수는 이러한 제사장으로 우리에게 적격
이십니다. 그는 거룩하시고, 순진하시고, 순결하
시고, 죄인들과 구별되시고, 하늘보다 높이 되신
분입니다. 27 그는 다른 대제사장들처럼 날마다
먼저 자기 죄를 위하여 희생제물을 드리고, 그 다
음에 백성을 위하여 희생제물을 드릴 필요가 없습
니다. 그는 자기 자신을 바치셔서 단 한 번에 이
일을 이루셨기 때문입니다. 28 사람들에게 약점
이 있어도 율법은 어쩔 수 없이 그들을 대제사장
으로 세우지만, 율법이 생긴 이후에 하나님께서
맹세하신 말씀은 영원히 완전하게 되신 아들을 대
제사장으로 세웠습니다.

ㄱ) 또는 '몸' ㄴ) 시 110:4 ㄷ) 또는 '언제나'

한다. **7:15** 11-14절에 내재된 관점은 멜기세덱 계통의 제사장으로서 예수님의 모습으로부터 *더욱더 명백*하여진다. **7:16-17** *썩지 않는 생명의 능력.* 아마도 예수님의 부활을 암시하며 시 110:4의 인용문에 나오는 *영원히* 라는 단어와 일치할 것이다. **7:18-19** 레위 계통의 제사장직에 관한 *전에 있던 계명*은 그리스도께서 지니신 멜기세덱 계통의 제사장직에 의하여 무효가 된다. 율법은 하나님의 계획의 궁극적인 성취를 가져오지 못했다. 대조적으로, 그리스도교가 *더 좋은 소망*을 가져오신다. **7:20-22** 하나님께서 맹세로써 아브라함에게 약속을 확인하신 것과 같은 방식으로 (6:13-18), 시 110:4의 시작에서 하나님은 맹세로써 그리스도의 제사장직을 확인하시는데, 이것은 레위 계통의 제사장직과 대조를 이룬다. 맹세가 첨부된 이중 확신은 *더 좋은 언약의 보증*, 곧 8:8; 9:15; 그리고 12:24의 "새 언약"의 구성요소가 된다. **7:23-25** 예수님의 제사장직은 끝나는 것이 아니기 때문에 (시 110:4를 보라), 그는 끊임없이 *구원하고 중재의 간구*를 하실 수 있다. **7:26** *적격이십니다.* 2:10의 주석을 보라. *대제사장*이신 예수님은 죄가 없으며 하나님의 오른편에 들려져 앉아 계시다는 점에서 유일하다. **7:27** 이 대제사장은 *단 한 번에* (또한 9:12, 26, 28; 10:10을 보라), 그리고 무엇보다도 놀랍게도 자신을 바침으로써 희생제물을 드렸다 (이 제사장의 자기희생은 9—10장에서 전개될 논의를 미리 보여준다). **7:28** 단지 일시적인 율법과 영구적인 것, 곧 하나님의 아들로서 하나님의 계획을 성취할 대제사장 사이의 대조가 다시 전개된다.

8:1—9:10 **8:1-6** 여기에 나온 이원론은 플라톤의 것과 유사하며, 흔히 플라톤 학파와 유대 철학자 필로의 영향을 받은 것으로 생각한다. 다른 한편으로, 이러한 이원론은 구약에서도 찾아볼 수 있는데, 이것은 물질과 정신을 구분하는 이원성이라기보다는 시한적이며 종말론적 이원성, 곧 후일 최종적 성취를 예시하는 것이다. **8:1** 이것은 잇따라 시 110:4와 110:1을 암

새 언약의 대제사장

8 1 지금 말한 것들의 요점은 이러합니다. 곧
우리에게는 이와 같은 대제사장이 한 분 계시
다는 것입니다. 그는 하늘에서 지엄하신 분의 보
좌 오른쪽에 앉으셨습니다. 2 그는 성소와 참 장
막에서 섬기시는 분입니다. 이 장막은 주님께서
세우신 것이요, 사람이 세운 것이 아닙니다. 3 모
든 대제사장은 예물과 제사를 드리는 일을 맡게 하
려고 세우신 사람입니다. 그러므로 이 대제사장도
무엇인가 드릴 것을 가지고 있어야 합니다. 4 그
런데 그가 땅에 계신다고 하면, 제사장이 되지는
못하실 것입니다. 땅에서는 율법을 따라 이미 예
물을 드리는 사람들이 있기 때문입니다. 5 그러
나 그들은 하늘에 있는 것들의 모형과 그림자에
지나지 않는, 땅에 있는 성전에서 섬깁니다. 모세
가 장막을 세우려고 할 때에, ㄱ)"너는 명심하여 내
가 산에서 네게 보여준 그 모형을 따라 모든 것을
만들어라" 하고 말씀하신 하나님의 지시를 받은
것입니다. 6 그러나 이제 ㄴ)그리스도께서는 더욱
훌륭한 직무를 맡으셨습니다. 그가 더 좋은 약속
을 바탕으로 하여 세운 더 좋은 언약의 중재자이
시기 때문입니다.

7 그 첫 번째 언약에 결함이 없었더라면, 두
번째 언약이 생길 여지가 없었을 것입니다. 8 그
런데 하나님께서는 자기 백성을 나무라시면서 이
렇게 말씀하셨습니다.

ㄷ)"주님께서 말씀하신다.
'보아라, 날이 이를 것이다.
그 때에 내가
이스라엘 집과 유다 집과 더불어
새 언약을 맺을 것이다.
9 또 주님께서 말씀하신다.
'이 새 언약은,
내가 그들의 조상들의 손을 잡고,
이집트 땅에서 인도하여 내던 날에,
그 조상들과 맺은 언약과
같은 것이 아니다.
그들은 내 언약을
지키지 않았으므로,
나도 그들을 돌보지 않았다.'
10 또 주님께서 말씀하신다.
'그 날 뒤에,
내가 이스라엘 집과 맺을 언약은
이것이니,
나는 내 율법을
그들의 생각에 넣어 주고,
그들의 마음에다가 새겨 주겠다.
그리하여 나는
그들의 하나님이 되고,
그들은 내 백성이 될 것이다.
11 그리고 그들은 각각 자기 이웃과
자기 ㄹ)동족을 가르치려고,
주님을 알라고 말하는 일이
없을것이니,
작은 사람으로부터
큰 사람에 이르기까지,
모두 나를 알 것이기 때문이다.

ㄱ) 출 25:40 ㄴ) 또는 '예수'. 그, '그' ㄷ) 렘 31:31-34 (칠십인역)
ㄹ) 그, '형제'

시한다. **8:2** *성소와 참 장막*(새번역개정과 개역개정은 성소와 참 장막으로 번역했는데, 공동번역은 성전과 성막으로 번역했음)은 광야시절의 장막 성소를 넌지시 언급하는 것이지, 천국에 있는 장소를 언급하는 것은 아니다. 그러나 이러한 것은 지상의 성소와 반대되는 궁극적인 실재를 상징적으로 말하기도 한다. **8:3-5** 이스라엘의 제사장들은 율법에 따라서 사역하는데, 다만 *하늘에 있는 것들의 모형과 그림자에* 지나지 않는 성전에서 섬길 뿐이다. 그리스도에 의하여 성취되는 궁극적 속죄를 예시하는 초기 성소의 양식은 하나님께서 모세에게 보여준 것이다 (출 25:40). 이런 언어는 9:23과 10:1에서 다시 나온다 (골 2:17에 나오는 유사한 진술을 보라). **8:6** 예수님의 사역은, 초기 성소에서 섬긴 제사장들의 사역의 성취로써 간주하는 것인데, 여기서 세 가지로 비유된다: *더욱 훌륭한 직무, 더 좋은 약속* (또한 7:22를 보라), 그리고 *더 좋은 언약*으로 비유되고 있다. **8:7-13** 저자는 "더 좋은 언약"에 관한 자신의 주장을 뒷받침하기 위하여 성경을 증거로 인용한다. **8:7** "더 좋은 언약"(8:6)은 두 번째인 새 언약(또한 9:15; 12:24를 보라)으로 첫 번째 언약, 곧 시내 산 언약에 결함이 있었음을 암시해준다. **8:8-12** *자기 백성을 나무라시면서* (또한 롬 7:7-12를 보라). 물론 보다 근본적인 문제는 사람들에게 있지만, 첫 번째 언약은 분명히 부적절하다. 렘 31:31-34에서 나온 인용문은 그리스도교와 첫 번째 언약 사이의 불연속성과 하나님의 약속들의 근원적인 연속성을 다 함께 가리킨다 (렘 31:31-34가 다시 인용되는 10:16-18을 보라). 또한 눅 22:20; 고전 11:25; 고후 3:6을 보라. 새것은 옛것이 할 수 없었던 것을 사실상 완성한다: 죄의 용서 (12절; 또한 10:17-18을 보라). **8:10-12** 이것은 의심의 여지없이 6절의 "더 좋은 언약"을 구성하는 것이다. **8:13** 새 언약은 첫 번째 언약을 *낡은 것으로* 만

12 내가 그들의 불의함을
긍휼히 여기겠고,
더 이상 그들의 죄를
기억하지 않겠다.'"
13 하나님께서 '새 언약'이라고 말씀하심으로써,
첫 번째 언약을 낡은 것으로 만드셨습니다. 낡고
오래된 것은 곧 사라집니다.

땅의 성소와 하늘의 성소

9 1 첫 번째 언약에도 예배 규정과 세상에 속한
성소가 마련되어 있었습니다. 2 한 장막을
지었는데, 곧 첫째 칸에 해당하는 장막입니다. 그
안에는 촛대와 상이 있고, 빵을 차려 놓았으니, 이
곳을 '성소'라고 하였습니다. 3 그리고 둘째 휘
장 뒤에는, '지성소'라고 하는 장막이 있었습니다.
4 거기에는 금으로 만든 분향제단과 온통 금으로
입힌 언약궤가 있고, 그 안에는 만나를 담은 금항
아리와 싹이 난 아론의 지팡이와 언약을 새긴 두
돌판이 들어 있었습니다. 5 그리고 그 언약궤 위
에는 영광에 빛나는 그룹들이 있어서, [ㄱ]속죄판을
그 날개로 내리덮고 있었습니다. 지금은 이것들을
자세히 말할 때가 아닙니다.
6 이것들이 이렇게 마련되어 있어서 첫째 칸
장막에는 제사장들이 언제나 들어가서 제사의식을
집행합니다. 7 그러나 둘째 칸 장막에는 대제사
장만 일 년에 한 번만 들어가는데, 그 때에는 반
드시 자기 자신을 위하여, 또 백성이 모르고 지은
죄를 사하기 위하여 바칠 피를 가지고 들어갑니다.
8 이것은 첫째 칸 장막이 서 있는 동안에는 아직
지성소로 들어가는 길이 드러나지 않았음을 성령
께서 보여 주시는 것입니다. 9 이 장막은 현 시
대를 [ㄴ]상징합니다. 그 장막 제의를 따라 예물과
제사를 드리지만, 그것이 의식 집례자의 양심을
완전하게 해 주지는 못합니다. 10 이런 것은 다만
먹는 것과 마시는 것과 여러 가지 씻는 예식과 관
련된 것이고, 개혁의 때까지 육체를 위하여 부과
된 규칙들입니다.
11 그러나 그리스도께서는 [ㄷ]이미 일어난 좋
은 일을 주관하시는 대제사장으로 오셔서 손으로
만들지 않은 장막, 다시 말하면, 이 피조물에 속
하지 않은 더 크고 더 완전한 장막을 통과하여
12 단 한 번에 지성소에 들어가셨습니다. 그는
염소나 송아지의 피로써가 아니라, 자기의 피로써,
우리에게 영원한 구원을 이루셨습니다. 13 염소나
황소의 피와 암송아지의 재를 더러워진 사람들에게
뿌려도, 그 육체가 깨끗하여져서, 그들이 거룩하게
되거든, 14 하물며 영원한 [ㄹ]성령을 힘입어 자기
몸을 흠 없는 제물로 삼아 하나님께 바치신 그리
스도의 피야말로, 더욱더 [ㅁ]우리들의 양심을 깨끗
하게 해서, 우리로 하여금 죽은 행실에서 떠나서
살아 계신 하나님을 섬기게 하지 않겠습니까?

ㄱ) 또는 '은혜가 베풀어지는 자리 (시은좌)' ㄴ) 그, '비유' ㄷ) 다른 고대 사본들에는 '장차 올 좋은 일을' ㄹ) 그, '영' ㅁ) 그, '여러분들의'

---

*드셨습니다. 낡고 오래된 것은 곧 사라지*는 결과를 가져온다 (이것은 아마도 예루살렘의 파괴에 대한 예수님의 예언을 암시하는 것 같다). 불연속성에 대한 이런 강한 어조가 반유대주의적인 것으로 이해되어서는 절대로 안 될 것이다. **9:1-10** 첫 번째 언약 아래서 행해진 희생제물 의식과 레위의 제사장직. **9:1-5** 실제적인 성소의 모양이 광야시대의 장막의 모양들에 따라서 기술되었다 (출 25—26장). 두 개의 장막들은 커다란 단일 장막의 두 부분이다. *빵을 차려 놓았으니.* 레 24:5-9를 보라. 지성소에 비치된 제기들은 기원전 587년에 첫 번째 성전이 파괴될 때 소실되었다. *속죄판*(희랍어 *힐라 스테리온*)은 언약궤의 뚜껑에 대한 전문 용어인데, 그 위에 대제사장들이 속죄를 위해 피를 뿌렸다 (롬 3:25에서 바울이 동일한 희랍어를 사용하는데, 거기서 이 단어는 "속죄제물"로 번역되었다). **9:6-7** 둘째 칸 *장막.* 이것은 지성소인데, 지성소는 장막 가장 안쪽에 있는 장소이다. *일 년에 한 번* 속죄일 (욤 키퍼); 레 16장을 보라. *자기 자신을 위하여.* 7:27과 날카로운 대조를 보인다. **9:8-10** 본질적으로, 성전에 드려지는 잇따른 희생제사들이 *지성*소로 들어가는 문을 열지도 못했고 그 희생제물들이 예배자들을 인도해서 온전한 구원의 (곧 *양심을 완전하게 해주는*) 목표에 이르게 할 수도 없었다. 성전은 성취의 시간이 올 때까지 제한적인 것들(*세례*, 혹은 세정식)을 다루었다.

9:11-18 9:11-14 영원한 구원을 이루신 대제사장 그리스도의 사역은 성전의식의 그것과 극적으로 대조가 된다. **9:11-12** *이미 일어난 좋은 일.* 현재의 구원. *더 크고 더 완전한 장막과 지성소.* 이것은 실제적인 장막과 지성소라기보다는 이상적인 것인데, 천국에 있는 성전을 가리키는 것보다는 그리스도의 속죄 사역의 궁극적 실재를 가리키는 것이다 (8:2, 5와 유사하다). 놀랍게도 이 *대제사장은 자기의 피로써 구원을 이룬다.* 십자가에 드러난 그의 결정적인 속죄의 사역은 영원한 구원을 확고히 한다. **9:13-14** *염소나 황소의 피* (레 16:15-16)와 *암송아지의 재*(민 19:9, 17-19)는 제한된 외형적 정결을 성취하는 반면에, 그리스도의 피는 *양심*, 혹은 내적 자아를 정결케 한다. *영원한 성령.* 하나님이 구원하시려는 뜻을 수행하는 대리자인 성령을 뜻함 (눅 4:18-19). *흠 없다.* 죄가 없음을 뜻함 (또한 4:16을 보라). 목표는 살아 계신 하나님께 예배드리는

15 그러므로 그리스도는 새 언약의 중재자이
십니다. 그는 첫 번째 ㄱ)언약 아래에서 저지른 범
죄에서 사람들을 구속하시기 위하여 죽으심으로써,
부르심을 받은 사람들로 하여금 약속된 영원한 유
업을 차지하게 하셨습니다. 16 ㄱ)유언의 효력을
논의하는 경우에는, 유언한 사람이 죽었다는 확
인이 꼭 필요합니다. 17 ㄱ)유언이라는 것은 유언한
사람이 죽어야만 효력을 냅니다. 유언한 사람이
살아 있는 동안에는 유언은 아무런 효력이 없기
때문입니다. 18 이러므로 첫 번째 언약도 피 없
이 세운 것은 아닙니다. 19 모세가 율법을 따라
모든 계명을 백성에게 말한 뒤에, 물과 붉은 양털과
우슬초와 함께 송아지 피와 ㄴ)염소 피를 취하여 언
약책과 온 백성에게 뿌리고서,
20 ㄷ)"이것은
하나님께서 여러분에게 명하신
언약의 피입니다"
하고 말하였습니다. 21 또 같은 방식으로 그는
장막과 제사 의식에 쓰이는 모든 기구에도 피를
뿌렸습니다. 22 율법에 따르면, 거의 모든 것이
피로 깨끗해집니다. 그리고 피를 흘림이 없이는,
죄를 사함이 이루어지지 않습니다.

그리스도의 희생으로 이루어진 속죄

23 그러므로 하늘에 있는 것들의 모형물은
이런 여러 의식으로 깨끗해져야 할 필요가 있지만,
하늘에 있는 것들은 이보다 나은 희생제물로 깨끗
해져야 합니다. 24 그리스도께서는 참 성소의
모형에 지나지 않는, 손으로 만든 성소에 들어
가신 것이 아니라, 바로 하늘 성소 그 자체에 들어
가셨습니다. 이제 그는 우리를 위하여 하나님 앞에
나타나셨습니다. 25 대제사장은 해마다 짐승의
피를 가지고 성소에 들어가지만, 그리스도께서는
그 몸을 여러 번 바치실 필요가 없습니다. 26 그
리스도께서 그 몸을 여러 번 바치셔야 하였다면,
그는 창세 이래로 여러 번 고난을 받아야 하셨을
것입니다. 그러나 이제 그는 자기를 희생 제물로
드려서 죄를 없이하시기 위하여 시대의 종말에 단
한 번 나타나셨습니다. 27 사람이 한 번 죽는 것
은 정해진 일이요, 그 뒤에는 심판이 있습니다.
28 이와 같이 그리스도께서도 많은 사람의 죄를
짊어지시려고, 단 한 번 자기 몸을 제물로 바치
셨고, 두 번째로는 죄와는 상관없이, 자기를 기다
리고 있는 사람들에게 나타나셔서 구원하실 것입
니다.

10 1 율법은 장차 올 좋은 것들의 그림자일
뿐이요, 실체가 아니므로, 해마다 반복해서
드리는 똑같은 희생제사로써는 하나님께로 나오
는 사람들을 완전하게 할 수 없습니다. 2 만일
완전하게 할 수 있었더라면, 제사를 드리는 사람
들이 한 번 깨끗하여진 뒤에는, 더 이상 죄의식을

ㄱ) 15절의 '언약'과 16-17절의 '유언'은 같은 그리스어 디아테케의 번역임 ㄴ) 다른 고대 사본들에는 '염소'가 없음 ㄷ) 출 24:8

것이다 (3:12를 참조). **9:15-22** 그리스도의 속죄의 죽음은 그를 *새 언약의 중재자*(희랍어, *디아테케*; 8:6-13; 고전 11:25를 보라)로 만든다. **9:15** *약속된 영원한 유업과 첫 번째 언약*(디아테케) *아래에서 저지른 범죄에* 대한 언급은 특별히 유대출신 그리스도인 독자들에게 타당하다 (또한 11:39-40을 보라). **9:16-17** (바울이 갈 3:15-17에서 그렇게 하듯이) 희랍어 *디아테케*가 언약과 *유언*이라는 이중 의미를 가지고 있음을 이용하여, 저자는 여기서 이 단어의 의미를 유언으로 받아들인다. 유언이 효력을 발휘하기 위하여 죽음의 사건이 반드시 일어나야 한다; 마찬가지로, 새 언약이 효력을 내기 위하여 죽음이 반드시 따라야 한다. **9:18-22** *피*는 또한 *첫 번째 언약*에 절대 불가결한 것이었다. **9:19** 레 8:15, 19; 민 19:18-19를 보라. **9:20** *언약의 피.* 출 24:8을 보라. 이는 예수께서 새 언약을 언급하는 데 사용한 구절이다 (마 26:28). 용서를 위한 피의 중요성에 관하여 레 17:11을 보라. **9:23-28** 여기에 요약된 내용은 11-14절 에서 이미 지적된 주요 관점들을 반복하여 말하는 것들이다. **9:25-26** *여러 번.* 제사장들이 거듭해서 바친 희생제물들은 그리스도의 사역의 *단 한 번*(혹은 일회적)이라는 성격과 대조를 이룬다. **9:28** *많은.* 이 단어는 아마도 사 53:12에 의존한 것 같고 "모두"를 의미하는 것으로 사용된 것 같다 (2:9에 나오는 "모든 사람"에 관한 주석에 주목하라; 또 막 10:45; 롬 5:18-19를 보라). 그리스도의 재림은 이미 성취된 사역의 열매를 거두게 될 것이다. **10:1-4** 첫 번째 언약의 열등성에 관한 주장이 반복(또한 8:1-7; 9:23-26)되는 것을 보라. **10:1** (하나님께로) *나오다.* 4:16에 관한 주석을 보라. **10:3-4** 희생제물을 거듭해서 바치는 것은 죄가 씻어지지 않았으며 동물들의 피는 죄를 씻을 수 없다는 것을 회상시켜 주는 역할을 한다. **10:5-10** *그리스도께서 세상에 오실 때에…이렇게 말씀하셨습니다.* 시 40:6-8을 인용한 것은 히브리서 저자가 시편을 연대적으로 이해하고 있다는 사실을 지적해준다. 곧 그는 이 시편을 그리스도께서 하나님께 말씀하신 사건으로 받아들인다. **10:5** *몸.* 이것은 칠십인역에서 온 것인데, 이 번역은 히브리어 "나를 위해서 파놓으신 귀들"이라고 하는 히브리어 구절을, 최초에 아담을 창조했듯이,

가지지 않을 것이고, 따라서 제사 드리는 일을 중단
하지 않았겠습니까? 3 그러나 제사에는 해마다
죄를 회상시키는 효력은 있습니다. 4 황소와 염
소의 피가 죄를 없애 줄 수는 없습니다. 5 그러
므로 [ㄱ]그리스도께서 세상에 오실 때에, 하나님께
이렇게 말씀하셨습니다.

[ㄴ]"주님은
제사와 예물을
원하지 않으셨습니다.
그래서
나에게 입히실 몸을
마련하셨습니다.
6 주님은
번제와 속죄제를
기뻐하지 않으셨습니다.
7 그래서 내가 말하였습니다.
'보십시오, 하나님!
나를 두고
성경에 기록되어 있는 대로
나는 주님의 뜻을
행하러 왔습니다.'"

8 위에서 그리스도께서 "주님은 제사와 예물과
번제와 속죄제를 원하지도 기뻐하지도 않으셨습
니다" 하고 말씀하셨습니다. 이런 것들은 율법을
따라 드리는 것들입니다. 9 그 다음에 말씀하시
기를 "보십시오, 나는 주님의 뜻을 행하러 왔습니
다" 하셨습니다. 그리스도께서는 두 번째 것을 세
우시려고, 첫 번째 것을 폐하셨습니다. 10 이 [ㄷ]뜻
을 따라 예수 그리스도께서 자기 몸을 단번에 드
리심으로써 우리는 거룩하게 되었습니다.

11 모든 제사장은 날마다 제단에 서서 직무를
수행하면서 똑같은 제사를 거듭 드리지만, 그러
한 제사가 죄를 없앨 수는 없습니다. 12 그러나
[ㄹ]그리스도께서는 죄를 사하시려고, [ㅁ]단 한 번의
영원히 유효한 제사를 드리신 뒤에 [ㅂ]하나님 오른
쪽에 앉으셨습니다. 13 그리고서 그는 [ㅂ]그의 원
수들이 그의 발 아래에 굴복할 때까지 기다리고
계십니다. 14 그는 거룩하게 되는 사람들을 단
한 번의 희생제사로 영원히 완전하게 하셨습니다.

15 그리고 성령도 우리에게 증언하여 주십니
다. 먼저 이렇게 말씀하셨습니다.

16 [ㅅ]"주님께서 말씀하신다.
'그날 이후에,
내가 그들에게 세워 줄 언약은
이것이다.
나는 내 율법을
그들의 마음에 박아주고,
그들의 생각에 새겨주겠다.
17 또 나는 그들의 죄와 불법을
더 이상 기억하지 않겠다.'"

18 죄와 불법이 용서되었으니, 죄를 사하는 제사가
더 이상 필요 없습니다.

ㄱ) 그, '그가' ㄴ) 시 40:6-8 (칠십인역) ㄷ) 하나님의 뜻 ㄹ) 그, '이분께서는' ㅁ) 또는 '오직 한 번 제사를 드리신 뒤에 영원히' ㅂ) 시110:1 ㅅ) 렘 31:33, 34

진흙으로부터 몸을 창조한 것으로 이해한다. 그러므로 동물 희생제물을 *기뻐하지 않으신다*고 하는 문맥에서, 저자는 성육신에 대한 언급을 찾는다. **10:8-10** 시편에 대한 랍비적 성경주석(서문을 보라)은 다음과 같은 논점들을 제시한다: (1) 하나님은 희생제물들을 원치 않으신다; (2) 첫 번째 언약은 폐지된다; (3) 예수님은 속죄의 죽음을 통해서 하나님의 뜻을 행하시기 위하여 오셨다; (4) 예수님은 자신의 몸을 드림으로써 이 일을 행하셨다. **10:11-18** 이 단락은 그리스도의 희생에 관한 결정적인 주석으로, 그의 희생은 *단 한 번의 희생제사*, 곧 *단 한 번의 영원히 유효한 제사이다* (두 번 나옴). **10:12-14** 또 다시 시 110:1로부터 인용된 것이다. 그리스도의 사역이 끝났을 때, 그는 하나님의 *오른쪽에 앉으셨는데* (1:3, 13; 8:1; 12:2), 여기서 그는 원수들이 그의 발 아래에 굴복하기를 기다리신다 (2:8). *완전하게 하셨습니다.* 그리스도는 *거룩하게 되는 사람들을*, 곧 그리스도교인들을 인도해서 구원의 완성 혹은 완전한 실현에 이르게 하셨다. **10:15-18** 다시 렘 31:33-34가 인용되었는데 (8:8-12에 처음 인용되었다), 여기서 *죄의 용서*에 관한 마지막 말씀에 강조점을 둔다. 그리스도의 죽음에 의한 이런 약속의 성취는 희생제사를 더 이상 필요 없게 한다.

10:19-39 **10:19-25** 앞에 나오는 논의에 기초한 권면. **10:19-21** 권면의 머리말은 이미 확고히 되어온 사실을 요약한다. *지성소에 들어가다*와 *휘장을 뚫었다.* 이것은 실제적인 사물을 뚫었다기보다는 하나님이 실재로 현존하시는 것을 언급하는 것이다. 후자는 예수님 사망 시에 휘장이 찢어진 사실(막 15:38)에 관한 전승을 암시해 주는 것이며, 십자가에서 예수님의 육체가 찢어진 것과 대비를 이룬다. *위대한 제사장* 4:14를 보라. **10:22-25** *믿음, 소망, 그리고 사랑*을 포괄하는 3중의 권면. *마음에다 예수의 피를 뿌려서.* 겔 36:25-26을 보라. *맑은 물로…씻었습니다.* 세례에 대한 암시이다. *고백.* 믿어서 깨우친 진리. 서로 모이지 않는 어떤 사람들의 습관은 박해를 피하기 위해서 그랬던 것으로 보인다. *그 날.* 예수께서 재림하시는 날. **10:26-31** 독자에게 주는 새로운 경고이다. **10:26-27** *짐짓 죄를 짓고 있으면.* 이것은 반역을 말하는 것이며, 하나님의

굳게 섭시다

19 그러므로 [ㄱ]형제자매 여러분, 우리는 예수
의 피를 힘입어서 담대하게 지성소에 들어가게 되
었습니다. 20 예수께서는 휘장을 뚫고 우리에게
새로운 살 길을 열어 주셨습니다. 그런데 그 휘장
은 곧 그의 육체입니다. 21 그리고 우리에게는
하나님의 집을 다스리시는 위대한 제사장이 계십
니다. 22 그러니 우리는 확고한 믿음을 가지고,
참된 마음으로 하나님께 나아갑시다. 우리는 마음
에다 예수의 피를 뿌려서 죄책감에서 벗어나고,
맑은 물로 몸을 깨끗이 씻었습니다. 23 또 우리
에게 약속하신 분은 신실하시니, 우리는 흔들리지
말고, 우리가 고백하는 그 소망을 굳게 지킵시다.
24 그리고 서로 마음을 써서 사랑과 선한 일을 하
도록 격려합시다. 25 어떤 사람들의 습관처럼, 우
리는 모이기를 그만하지 말고, 서로 격려하여 그 날
이 가까워 오는 것을 볼수록, 더욱 힘써 모입시다.

26 우리가 진리에 대한 지식을 얻은 뒤에도
짐짓 죄를 짓고 있으면, 속죄의 제사가 더 이상
남아 있지 않습니다. 27 [ㄴ]남아 있다고 예상할 수
있는 것은 무서운 심판과 반역자들을 삼킬 맹렬한
불뿐입니다. 28 모세의 율법을 어긴 사람도 두세
증인의 증언이 있으면 가차없이 사형을 받는데,
29 하나님의 아들을 짓밟고, 자기를 거룩하게 해
준 언약의 피를 대수롭지 않게 여기고, 은혜의 성
령을 모욕한 사람은, 얼마나 더 무서운 벌을 받아야
하겠는가를 생각해 보십시오.
30 [ㄷ]"원수를 갚는 것은
내가 할 일이니,
내가 갚아 주겠다"
하고 말씀하시고, 또
[ㄹ]"주님께서 그의 백성을
심판하실 것이다"
하신 분을, 우리는 알고 있습니다. 31 살아 계신
하나님의 징벌하시는 손에 떨어지는 것은 무서운
일입니다.

32 여러분은 빛을 받은 뒤에, 고난의 싸움을
많이 견디어 낸 그 처음 시절을 되새기십시오.
33 여러분은 때로는 모욕과 환난을 당하여, 구경
거리가 되기도 하고, 그런 처지에 놓인 사람들의
친구가 되기도 하였습니다. 34 여러분은 감옥에
갇힌 사람들과 고통을 함께 나누었고, 또한 자기
소유를 빼앗기는 일이 있어도, 그보다 더 좋고 더
영구한 재산이 있다는 것을 알고서, 그런 일을 기
쁘게 당하였습니다. 35 그러므로 여러분의 확신
을 버리지 마십시오. 그 확신에는 큰 상이 붙어 있
습니다. 36 여러분이 하나님의 뜻을 행하고서, 그
약속해 주신 것을 받으려면, 인내가 필요합니다
37 [ㅁ]이제 "아주 조금만 있으면,
오실 분이 오실 것이요,
지체하지 않으실 것이다.
38 나의 의인은 믿음으로 살 것이다.
그가 뒤로 물러서면,
내 마음이 그를 기뻐하지 않을 것이다."
39 우리는 뒤로 물러나서 멸망할 사람들이 아니
라, 믿음을 가져 생명을 얻을 사람들입니다.

ㄱ) 그 '형제들' ㄴ) 사 26:11 (칠십인역) ㄷ) 신 32:35 ㄹ) 신 32:36; 시 135:14 ㅁ) 합 2:3, 4 (칠십인역)

아들을 짓밟고, *자기를 거룩하게 해준 언약의 피를 대수롭지 않게 여기는* 것(29절과 6:4-6을 보라)이라는 구절로부터 나온 언급으로 볼 수 있다. 반역은 희생제사가 소용없고 기대할 것이라고는 심판밖에 없는 것을 의미한다. **10:28-29** 신 17:6을 보라. 29절에 기술된 반역이 미치는 영향은 6:6에 나오는 것과 유사하다. 하나님의 아들에게 믿음을 보이지 못하는 것에 대한 더 *무서운 벌*은 2:2-3 및 10:25와 유사하다. **10:30-31** 신 32:35-36이 인용되었다. *무서운 일.* 10:27; 12:29를 보라. **10:32-39** 용기를 북돋우기 위해 독자들이 예전에 성취한 것들을 되새기도록 하는 권면. **10:32-33** 빛을 받은 (그리스도인들이 된) 뒤에, 그들은 (아마도 기원후 49년 글라우디오 통치 아래서) 무서운 박해를 받았을 것이다. **10:34** *고통을 함께 나누었고.* 6:10을 보라. 비록 보이지 않지만 *그보다 더 좋고 더 영구한 재산.* 11:40; 13:14를 보라. **10:35-36** *인내.* 인내하면 큰 상이 주어질 것이다. 즉 약속해 주신 것을 얻을 수 있게 될 것이다. **10:37-39** 합 2:3-4를 보라. 이 하박국의 구절을 보면, 뒤로 물러나서와 믿음을 가져 (곧, 믿음이 있다) 라는 말들을 독자들에게 적용하는 간결한 주석이 붙어 있다.

11:1-40 **11:1-3** 믿음은 지금 존재하지 않는 것들(*바라는 것들*)과 보이지 않는 것들에 대한 *확신과 증거*를 수반한다. 이 두 단어 중 첫 번째 것(희랍어, *히포스타시스*)은 또한 "실상[을…에게 제공하다]"으로, 두 번째 것(희랍어, *엘렌코스*)은 "[의]증빙"으로 해석될 수 있는데, 이런 해석은 뒤이어 나오는 실례들에서 볼 수 있듯이 믿음의 능동적인 성격과 일치한다. *증언을 받았으니.* "증거가 되다" 혹은 "입증되다"는 것을 의미한다. **11:3** *세상.* 문자 그대로는 "시대"를 의미하는데, 창조된 세상을 의미한다. *하나님의 말씀* [희랍어, *레마*]. 창조된 세상은 보이지 않는 것으로부터 사물이 창조된 것을 믿는 것과 같다. 이 절은 *믿음으로*라는 구

믿음

11 1 믿음은 바라는 것들의 [ㄱ]확신이요, 보이
지 않는 것들의 증거입니다. 2 [ㄴ]선조들은
[ㄷ]이 믿음으로 살았기 때문에 훌륭한 사람으로
[ㄹ]증언되었습니다.
3 믿음으로 우리는 세상이 하나님의 말씀으로
지어졌다는 것을 깨닫습니다. 보이는 것은 나타나
있는 것에서 된 것이 아닙니다.
4 믿음으로 아벨은 가인보다 더 [ㅁ]나은 제물을
하나님께 드렸습니다. 이런 제물을 드림으로써
그는 의인이라는 [ㄹ]증언을 받았으니, 하나님께서
그의 예물에 대하여 증언하여 주신 것입니다. 그는
죽었지만, [ㅂ]이 믿음으로 말미암아 아직도 말하고
있습니다. 5 [ㅅ]믿음으로 에녹은 죽지 않고 하늘로
옮겨갔습니다. 하나님께서 그를 옮기셨으므로,
우리는 그를 찾을 수 없었습니다. 옮겨가기 전에
그는 하나님을 기쁘게 해드렸다는 [ㄹ]증언을 받은
것입니다. 6 믿음이 없이는 하나님을 기쁘게 해
드릴 수 없습니다. 하나님께 나아가는 사람은, 하
나님이 계시다는 것과, 하나님은 자기를 찾는 사
람들에게 상을 주시는 분이시라는 것을 믿어야 합
니다. 7 믿음으로 노아는, 하나님께서 아직 보이
지 않는 일들에 대하여 경고하셨을 때에, 하나님
을 경외하고 방주를 마련하여 자기 가족을 구원하
였습니다. 이 믿음을 통하여 그는 세상을 단죄하
고, 믿음을 따라 얻는 의를 물려받는 상속자가 되
었습니다.
8 믿음으로 아브라함은, 부르심을 받았을 때
에 순종하고, 장차 자기 몫으로 받을 땅을 향해 나
갔습니다. 그런데 그는 어디로 가는지를 알지 못
했지만, 떠난 것입니다. 9 믿음으로 그는, 약속
하신 땅에서 타국에 몸 붙여 사는 나그네처럼 거류
하였으며, 같은 약속을 함께 물려받을 이삭과 야
곱과 함께 장막에서 살았습니다. 10 그는 하나
님께서 설계하시고 세우실 튼튼한 기초를 가진 도
시를 바랐던 것입니다. 11 믿음으로 [ㅇ]사라는,
나이가 지나서 수태할 수 없는 몸이었는데도, 임
신할 능력을 얻었습니다. 그가 약속하신 분을 신실
하신 분으로 생각했기 때문입니다. 12 그래서 죽
은 사람이나 다름없는 한 사람에게서, 하늘의 별과
같이 많고 바닷가의 모래와 같이 셀 수 없는, 많
은 자손이 태어나게 되었습니다.
13 이 사람들은 모두 믿음을 따라 살다가 죽
었습니다. 그들은 약속하신 것을 받지는 못했지만,
그것을 멀리서 바라보고 반겼으며, 땅에서는 길
손과 나그네 신세임을 고백하였습니다. 14 이런
말을 하는 사람들은 자기네가 고향을 찾고 있다는
것을 나타내는 것입니다. 15 그들이 만일 떠나
온 곳을 생각하고 있었더라면, 돌아갈 기회가 있
었을 것입니다. 16 그러나 사실은 그들은 더 좋은
곳을 동경하고 있었던 것입니다. 그것은 곧 하늘
의 고향입니다. 그래서 하나님께서는 그들의 하
나님이라고 불리는 것을 부끄러워하지 않으시고,
그들을 위하여 한 도시를 마련해 두셨습니다.

ㄱ) '실상, 실체, 보증'으로 번역할 수도 있음 ㄴ) 또는 '우리 조상은' ㄷ) 그, '이것으로' ㄹ) 또는 '인정' ㅁ) 그, '큰' ㅂ) 그 '이것을 통하여' ㅅ) 창 5:24 (칠십인역) ㅇ) 다른 고대 사본들에는 '비록 그는 늙고, 그의 아내 사라 역시 단산하였지만, 믿음으로는 그는 생식의 능력을 얻었습니다. 이것은 그(아브라함)가,……'

절로 시작하는 열여덟 개의 절 (3-5, 7-9, 11, 17, 20-24, 27-31절) 가운데 첫 번째 것이다. **11:4-12** 보이지 않는 것들에 관련된 순종, 혹은 능동적인 믿음의 본보기들. **11:4** 창 4:2-16을 보라. *증언을 받았으니.* 문자 그대로는 "입증되었으니"이다. **11:5** 창 5:22-24를 보라. **11:6** 하나님과의 관계는 믿음을 전제로 삼는데, 하나님은 보이지 않으며 (27절) 하나님께서 주시는 상은 항상 분명한 것은 아니기 때문이다. **11:7** 창 6:9-22를 보라. 오직 11장 여기에서만 *보이지 않는 것*이 종말론적 축복보다는 *심판*을 언급한다. *믿음을 따라 얻는 의.* 행동으로 옮겨지는 의. **11:8-9** 아브라함의 믿음의 첫 번째 실례. 창 12:1-8; 23:4를 보라. *이삭과 야곱에* 관하여서는 11:20-21을 보라. **11:10** 아브라함의 소망(*하늘의 고향*, 16절)은 현세적인 것을 초월하였다. *도시.* 아마도 천상 예루살렘일 것이다 (16절; 12:22; 13:14; 계 21:2, 10). **11:11-12** 창 17:15-21; 18:9-15; 21:1-7을 보라. 사라의 믿음이 11절에서 다루어진다. *하늘의 별과 같이 많고.* 창 22:17을 보라 (창 15:5; 32:12를 보라). 롬 4:16-21에서 바울이 아브라함의 믿음을 찬양하는 데서 사용한 유사한 언어를 보라. **11:13-16** 믿는 자들은 약속들을 기꺼이 받아들였지만, 이 약속들이 성취되는 것을 보지 못했다. 믿는 자들은 이 세상의 고향이 아니라, *더 좋은 곳*을 동경하고 있었다. 그들을 위하여 *한 도시* 11:10에 관한 주석을 보라. **11:17-31** 믿는 자들의 인명록을 다시 전개한다. **11:17-19** 아브라함이 *이삭*을 제물로 바치려 했던 사실이 그가 보여준 훌륭한 믿음의 두 번째 실례이다; 창 22:1-14를 보라. *이삭에게서.* 창 21:12를 보라. *비유하자면.* 이 이야기가 그리스도의 부활을 상징한다는 것을 암시하고 있는지도 모른다. **11:20** 창 27:28-29, 39-40을 보라. **11:21** 창 48:15-20을 보라. *요셉의 아들들*은 에브라임과 므낫세이다. *경배를 드렸습니다.*

17 아브라함은 시험을 받을 때에, 믿음으로
이삭을 바쳤습니다. 더구나 약속을 받은 그가 그의
외아들을 기꺼이 바치려 했던 것입니다. 18 일찍
이 하나님께서 아브라함에게 말씀하시기를 ㄱ)"이
삭에게서 네 자손이라 불릴 자손들이 태어날 것이
다" 하셨습니다. 19 하나님께서는 이삭을 죽은
사람들 가운데서도 되살리실 수 있다고 아브라함은
생각했던 것입니다. 그러므로 비유하자면, 아브
라함은 이삭을 죽은 사람들 가운데서 되받은 것입
니다. 20 믿음으로 이삭은, 또한 장래 일을 놓고
야곱과 에서를 축복해 주었습니다. 21 ㄴ)야곱은
죽을 때에, 믿음으로 요셉의 아들들을 하나하나
축복해 주고, 그의 지팡이를 짚고 서서, 하나님께
경배를 드렸습니다. 22 믿음으로 요셉은 죽을
때에, 이스라엘 자손들이 이집트에서 나갈 일을
언급하고, 자기 ㄷ)뼈를 어떻게 할지를 지시하였습
니다.

23 모세가 태어났을 때에, 믿음으로 그 부모는
석 달 동안 아기를 숨겨두었습니다. 그들은 아기가
잘생긴 것을 보았기 때문입니다. 그들은 왕의 명
령을 두려워하지 않았습니다.ㄹ) 24 믿음으로 모
세는, 어른이 되었을 때에, 바로 왕의 공주의 아들
이라 불리기를 거절하였습니다. 25 오히려 그는
잠시 죄의 향락을 누리는 것보다 하나님의 백성과
함께 학대받는 길을 택하였습니다. 26 모세는
ㅁ)그리스도를 위하여 받는 모욕을 이집트의 재물
보다 더 값진 것으로 여겼습니다. 그는 장차 받을
상을 내다보고 있었던 것입니다. 27 믿음으로 그
는 왕의 분노를 두려워하지 않고 이집트를 떠났습
니다. 그는 보이지 않는 분을 마치 보는 듯이 바
라보면서 견디어냈습니다. 28 믿음으로 모세는,
유월절과 피 뿌리는 의식을 행하여서, 모든 맏아
들 및 맏배를 멸하는 이가 ㅂ)그들을 건드리지 않게
하였습니다. 29 믿음으로 이스라엘 사람들은 홍
해를 마른 땅을 지나가듯이 건넜습니다. 그러나 이
집트 사람들은 그렇게 해보다가 빠져 죽었습니다.
30 믿음으로 이레 동안 여리고 성을 돌았더니,
성벽이 무너졌습니다. 31 믿음으로 창녀 라합은
정탐꾼들을 호의로 영접해 주어서, ㅅ)순종하지 않은
사람들과 함께 망하지 아니하였습니다.

32 내가 무슨 말을 더 하겠습니까? 기드온,
바락, 삼손, 입다, 다윗, 사무엘, 그리고 예언자들의
일을 말하려면, 시간이 모자랄 것입니다. 33 그
들은 믿음으로 나라들을 정복하고, 정의를 실천
하고, 약속된 것을 받고, 사자의 입을 막고,
34 불의 위력을 꺾고, 칼날을 피하고, 약한 데서
강해지고, 전쟁에서 용맹을 떨치고, 외국 군대를
물리쳤습니다. 35 믿음으로 여자들은 죽었다가

ㄱ) 창 21:12 (칠십인역) ㄴ) 창 47:31 (칠십인역) ㄷ) 또는 '매장을' ㄹ) 다른 고대 사본들에는 다음 내용이 첨가되어 있음. '믿음으로 모세는, 어른이 되었을 때에, 이집트 사람을 죽였습니다. 그가 자기 백성(그, '형제들')의 굴욕 당하는 것을 목격했기 때문입니다' ㅁ) 또는 '메시아' ㅂ) 이스라엘의 맏아들들 ㅅ) 또는 '믿지 않은'

창 47:31(칠십인역)을 보라. **11:22** 창 50:24-25를 보라. **11:23** 출 2:1-2를 보라. 모세의 양친이 가졌던 믿음이 처음으로 다루어지고 있다. **11:24-26** 출 2:11-15를 보라. *그리스도를 위하여 받는 모욕*이라는 시대착오적 언어는 백성과 그리스도를 향한 충성에 대한 유추로 설명될 수 있다. (장차 받을) 상에 관해서는, 11:39-40을 보라. **11:27** 모세가 가지고 있던 인내는 보이지 않는 하나님의 실재에 대한 그의 확신에 의존했는데, 그는 *보이지 않는 분을 마치 보는 듯이 바라보면서 견디어냈다* (1절; 딤전 6:16을 보라). **11:28** 여기 히브리서에서 정규적으로 고려되는 것은 유월절(출 12:12-13, 21-30)보다는 속죄일에 행하여진 *피 뿌리는 의식*이다. **11:29** 시대적으로 위치를 바꾸어, 저자는 출애굽 당시 이스라엘 백성들의 믿음 (출 14:21-29)을 언급한다. **11:30** 수 6:12-21을 보라. **11:31** 이스라엘 사람이 아닌 *라합*조차도 믿음으로 자신과 가족들을 구출했다 (수 2장; 6:17, 23; 약 2:25). **11:32-40** 여기에 나오는 구약의 인물들은 모두 믿음을 가진 자들로 묘사된다. **11:32** 처음 나오는 네 이름은 사사기로부터 나왔다: *기드온* (삿 6:11—8:32), *바락* (삿 4:6—5:31), 삼손 (삿 13:2—16:31), 그리고 *입다* (삿 11:1—12:7). *다윗.* 삼상 16—30장과 사무엘하를 보라. 여기서 *사무엘*은 예언자들과 관련 되어 있다; 삼상 1—12장. *예언자*들은 엘리야와 엘리사를 포함한다. **11:33-34** 믿음으로 이긴 여러 가지 승리들. *약속된 것을 받고.* 즉각적인 성취를 언급한다 (종말론적 성취에 대하여 39절을 보라). *사자*는 삼손 (삿 14:6), *다윗* (삼상 17:34-35), 그리고 *다니엘*(단 6:22)에 관하여 암시하는 것으로 보인다. *불.* 단 3:1-30을 보라. *칼날.* 엘리야(왕상 19:2-8)와 예레미야(렘 36:19, 26)를 보라. **11:35** *부활.* 왕상 17:17-24; 왕하 4:25-37을 보라. 어떤 이들은 분명히 그들의 좌절이 오히려 승리가 된 자들을 언급한다. 더 좋은 부활 단순한 부활이 아니라 새 체제의 생활 (마카비후서 7:9, 13-14). **11:36-37** *돌로 맞기도 하고.* 이것에 관하여 대하 24:21을 보라. *칼.* 칼에 관하여는 왕상 19:10; 렘 26:23을 보라. *양과 염소의 가죽을 입고.* 마카비후서 5:27을 보라. **11:38** *세상은 이런 사람들을 받아들일 만한 곳이 못 되었습니다.* 이것은 풍자적인 표현이다. 동굴과 땅굴에 관하여, 마카비후서 6:11; 10:6을 보라. **11:39-40** *평판(인정)은 받았지만* = "입

부활한 가족을 다시 맞이하였습니다. 또 어떤 이
들은 고문을 당하면서도 더 좋은 부활의 삶을 얻고
자 하여, 구태여 놓여나기를 바라지 않았습니다.
36 또 어떤 이들은 조롱을 받기도 하고, 채찍으
로 맞기도 하고, 심지어는 결박을 당하기도 하고,
감옥에 갇히기까지 하면서 시련을 겪었습니다.
37 또 그들은 돌로 맞기도 하고, 톱질을 당하기도
하고, ㄱ)칼에 맞아 죽기도 하였습니다. 그들은 궁
핍을 당하며, 고난을 겪으며, 학대를 받으면서,
양과 염소의 가죽을 입고 떠돌았습니다. 38 세
상은 이런 사람들을 받아들일 만한 곳이 못 되었습
니다. 그래서 그들은 광야와 산과 동굴과 땅굴을
헤매며 다녔습니다.
39 이 사람들은 모두 믿음으로 말미암아 훌
륭한 사람이라는 ㄴ)평판은 받았지만, 약속된 것을
받지는 못하였습니다. 40 하나님께서 우리를
위하여 더 좋은 계획을 미리 세워두셔서, 우리가
없이는 그들이 완성에 이르지 못하게 하신 것입
니다.

주님의 훈련

12 1 그러므로 이렇게 구름 떼와 같이 수많은
증인이 우리를 둘러싸고 있으니, 우리도 갖
가지 무거운 짐과 ㄷ)얽매는 죄를 벗어버리고, 우리
앞에 놓인 달음질을 참으면서 달려갑시다. 2 믿
음의 창시자요 완성자이신 예수를 바라봅시다.
그는 자기 앞에 놓여 있는 기쁨을 내다보고서, 부
끄러움을 마음에 두지 않으시고, 십자가를 참으
셨습니다. 그리하여 그는 하나님의 보좌 오른쪽에
앉으셨습니다. 3 자기에 대한 죄인들의 이러한
반항을 참아내신 분을 생각하십시오. 그리하면
여러분은 낙심하여 지치는 일이 없을 것입니다.
4 여러분은 죄와 맞서서 싸우지만, 아직 피
를 흘리기까지 대항한 일은 없습니다. 5 또 여러
분은, 하나님께서 여러분을 향하여 자녀에게 말하
듯이 하신 이 권면을 잊었습니다.

ㄹ)"내 아들아,
주님의 징계를 가볍게 여기지 말고,
그에게 꾸지람을 들을 때에
낙심하지 말아라.
6 주님께서는 사랑하시는 사람을
징계하시고,
받아들이시는 아들마다
채찍질하신다."

7 징계를 받을 때에 참아내십시오. 하나님께서는
자녀에게 대하시듯이 여러분에게 대하십니다. 아
버지가 징계하지 않는 자녀가 어디에 있겠습니
까? 8 모든 자녀가 받은 징계를 여러분이 받지
않는다고 하면, 여러분은 사생아이지, 참 자녀가
아닙니다. 9 우리가 육신의 아버지도 훈육자로
모시고 공경하거든, 하물며 영들의 아버지께 복
종하고 살아야 한다는 것은 더욱더 당연한 일이
아니겠 습니까? 10 육신의 아버지는 잠시 동안
자기들의 생각대로 우리를 징계하였지만, 하나
님께서는 우리를 자기의 거룩하심에 참여하게 하
시려고, 우리에게 유익이 되도록 징계하십니다.

ㄱ) 다른 고대 사본들에는 '시험을 당하고'가 첨가되어 있음 ㄴ) 또는 '인정' ㄷ) 다른 고대 사본들에는 '쉽게 빗나가게 하는' ㄹ) 잠 3:11, 12 (칠십인역)

증되었다" (2절을 보라). 이런 모범적인 신앙인들은 다만 제한적인 성취를 맛보았으나, 약속된 것을 받지는 못했다. 그들은 "더 좋은 것"을 경험하기 위해 그리스도인들과 연합해야 한다: 새 언약의 축복들. 하나님의 모든 백성들은 종말론적 성취에로 함께 인도될 것이다.

12:1-17 앞에 나온 논점들을 이제 적용시키고 있다. **12:1** *구름 떼와 같이 수많은 증인이.* 11장에서 믿음이 입증된 수많은 사람들. 그리스도인들의 삶은 달리기, 곧 달음질에 비유된다 (고전 9:24; 딤후 4:7을 보라). 이 경기를 위해, 우리는 특정한 *죄로* 우리를 에워싸서 우리의 달음질을 방해하는 모든 것들은 물리쳐야 할 것이다. **12:2** 독자들은 세상을 멀리하고 예수님을 바라보아야 한다. *창시자.* 2:10을 보라. *완성자.* 우리의 믿음을 하나님의 계획의 성취에서 절정에 도달하도록 인도하는 사람. 11장에 나오는 모범적인 믿음의 사람들처럼, 예수님은 *자기 앞에 놓여 있는 기쁨을 내다보고 동기를 부여받았다. 하나님의 보좌 오른쪽.* 시 110:1에 대한 또 다른 암시. **12:3** *반항을* 참아낸 사람의 모델로서, 예수님은 고난에 처하여 있는 독자들에게 용기를 북돋워 주고 있음에 틀림없다. **12:4** 박해에도 불구하고, 독자들은 아직 순교를 당하지는 않았다. **12:5-6** 잠 3:11-12를 보라. **12:7-11** 독자들은 자신들이 당하는 곤경을 마치 양친으로부터 *징계를* 받는 것처럼 긍정적으로 받아들여야 한다. 이것이 하나님의 진정한 자녀가 되는 표시이며, 그러므로 그들은 기꺼이 고난을 감수해야 한다. 육신의 아버지, 문자 그대로 "우리의 육체의 아버지들"은 *영들의 아버지,* 즉 창조주와는 현저하게 다르다. 이러한 징계의 목적은 그의 거룩함에 참여케 하고 정의의 평화로운 열매를 맺게 함에 있다 (고후 4:17; 벧전 4:12-14). **12:12-13** *나른한 손과 힘 빠진 무릎 .* 사 35:3(칠십인역)으로부터 파생된 독자들에 대한 회화적 표현; *똑바로 걸으십시오*는

11 무릇 징계는 어떤 것이든지 그 당시에는 즐거
움이 아니라 괴로움으로 여겨지지만, 나중에는
이것으로 훈련받은 사람들에게 정의의 평화로운
열매를 맺게 합니다.
12 그러므로 여러분은 나른한 손과 힘 빠진
무릎을 일으켜 세우고, 13 ㄱ)똑바로 걸으십시오.
그래서 절름거리는 다리로 하여금 삐지 않게 하
고, 오히려 낫게 하십시오.

하나님의 은혜를 거역한 자들에게 주는 경고

14 모든 사람과 더불어 화평하게 지내고, 거
룩하게 살기를 힘쓰십시오. 거룩해지지 않고서는,
아무도 주님을 뵙지 못할 것입니다. 15 ㄴ)하나님의
은혜에서 떨어져 나가는 사람이 아무도 없도록 주
의하십시오. 또 쓴 뿌리가 돋아나서 괴롭게 하고,
그것으로 많은 사람이 더러워지는 일이 없도록 주
의하십시오. 16 또 음행하는 자나, 음식 한 그릇
에 장자권을 팔아넘긴 에서와 같은 속된 사람이
생기지 않도록 주의하십시오. 17 여러분이 알다
시피, 에서는 그 뒤에 축복을 상속받기를 원하였
으나, 거절당하였습니다. 그는 눈물을 흘리면서
구하였건만, ㄷ)회개할 기회를 얻지 못하였습니다.
18 여러분이 나아가서 이른 곳은 시내 산 같
은 곳이 아닙니다. 곧 만져 볼 수 있고, 불이 타오
르고, 흑암과 침침함이 뒤덮고, 폭풍이 일고,
19 나팔이 울리고, 무서운 말소리가 들리는 그러
한 곳이 아닙니다. 그 말소리를 들은 사람들은 자
기들에게 더 말씀하시지 않기를 간청하였습니다.
20 ㄹ)"비록 짐승이라도 그 산에 닿으면, 돌로 쳐
죽여야 한다" 하신 명령을 그들이 견디어내지 못
했기 때문입니다. 21 그 광경이 얼마나 무서웠
던지, 모세도 말하기를 ㅁ)"나는 두려워서 떨린다"
하였습니다. 22 그러나 여러분이 나아가서 이른
곳은 시온 산, 곧 살아 계신 하나님의 도성인 하
늘의 예루살렘입니다. 여러분은 축하 행사에 모인
수많은 천사들과 23 하늘에 등록된 장자들의 집
회와 만민의 심판자이신 하나님과 완전하게 된 의
인의 영들과 24 새 언약의 중재자이신 예수와 그
가 뿌리신 피 앞에 나아왔습니다. 그 피는 아벨의 피
보다 더 훌륭하게 말해 줍니다. 25 여러분은 말
씀하시는 분을 거역하지 않도록 조심하십시오.
그 사람들이 땅에서 경고하는 사람을 거역하였을
때에, 그 벌을 피할 수 없었거든, 하물며 우리가
하늘로부터 경고하시는 분을 배척하면, 더욱더
피할 길이 없지 않겠습니까? 26 그 때에는 그의
음성이 땅을 뒤흔들었지만, 이번에는 그가 약속
하시기를, ㅂ)"내가 한 번 더, 땅 뿐만 아니라 하늘

ㄱ) 잠 4:26 (칠십인역) ㄴ) 신 29:18 (칠십인역) ㄷ) 또는 '아버지의 마음을 바꾸어 놓을 기회를' ㄹ) 출 19:12, 13 ㅁ) 신 9:19 ㅂ) 학 2:6, 21 (칠십인역)

잠 4:26(칠십인역)으로부터 나왔다. **12:14-17** *화평하게 지내고.* 시 34:14를 보라. *주님을 뵙다.* 마 5:8-9; 요일 3:2를 보라. *쓴 뿌리.* 신 29:18을 보라. *에서.* 창 25:29-34를 보라. 에서가 되돌이킬 길은 없었다; 그는 *아버지의 마음을 바꾸어 놓을 기회를 얻지 못했다* (창 27:30-40). 독자들을 경고하고 있음이 확실하다 (6:4-6; 10:26-27을 보라).

12:18-24 기자는 시내 산의 이미지를 교회의 실현된 종말에 적용한다. **12:18-21** 신 4:11; 5:22-25; 출 19:12-19; 20:18-21을 보라. 견디어내지 못할 말씀에 관하여, 출 20:19; 신 5:25를 보라. 시내 산은 만져볼 수 있는 것이었지만, 그렇게 하려면 죽음의 책벌을 각오해야 한다 (출 19:12-13). **12:21** 신 9:19를 보라. **12:22** *여러분이 나가서 이른 곳.* 이 구절에 내포된 희랍어 시제는 언급된 것들을 이미 향유하고 있음을 가리키는 것인데, 이것은 실현된 종말론을 보여주는 아주 좋은 실례이다 (또한 엡 2:6을 보라). 시온 산은 종종 예루살렘과 동일시된다. 하늘의 예루살렘(계 21:2)은 또한 "살아 계신 하나님의 도성"(11:10, 16; 13:14)으로 언급된다. *축하 행사에 모인 수많은 천사들.* 어린 양의 혼인 잔치에 모인 "많은 군중"(계 19:6; 또한 신 33:2; 단 7:10을 보라)에 비유된다. **12:23** *장자들의 집회.* 교인들의 이름들이 *하늘에 등록된 교회* (눅 10:20을 보라). *완전하게 된 의인의 영들.* 아마도 구약의 성인들을 언급하는 것 같은데, 이들은 부활을 기다리고 있으며, 다음과 같이, 그리스도인들과 더불어 (11:40), 목적지에 다가왔기 때문에 완전한 자로 기술된다: 시온 산과 이에 관련된 성취. **12:24** *새 언약의 중재자이신 예수.* 이것은 7:22; 8:6-13; 9:15를 반영한다. 뿌리신 피는 예수님의 속죄의 제사이다. *아벨의 피*는 복수를 수행하였다 (창 4:10); 예수님의 피는 용서에 관하여 *더 훌륭하게* 말해준다.

12:25—13:17 **12:25-29** 마지막으로 경고하는 부분이다. **12:25** 하늘로부터 경고하시는 분은 2:1-3 및 10:28-29에 나오는 것과 같은 경고이다. *땅에서 경고하는 사람*은 모세를 통해 말씀하시는 하나님이시다. **12:26** *땅을 뒤흔들다.* 출 19:18을 보라; 또한 히 12:19를 보라. 이 절에 나오는 인용문(학 2:6)은 종말론적 심판을 언급한다 (또한 1:11-12에 나오는 인용문을 보라). **12:27-29** 독자들에 대한 적용. *피조물*들은 소멸한다. 대조적으로, 하나님의 나라는 *흔들리지 않으며* 영원히 존재한다. 하나님, *만민의 심판자*(23절)는 *태워 없애는 불이시다* (신 4:24; 9:3). 또한 10:30-31을 보라.

까지도 흔들겠다" 하셨습니다. 27 이 '한 번 더' 라는 말은 흔들리는 것들 곧 피조물들을 없애버리는 것을 뜻합니다. 그렇게 하는 것은 흔들리지 않는 것들이 남아 있게 하시려는 것입니다. 28 그러므로 우리는 흔들리지 않는 나라를 받으니, 감사를 드립시다. 그리하여, 경건함과 두려움으로 하나님이 기뻐하시도록 그를 섬깁시다. 29 ㄱ)우리 하나님은 태워 없애는 불이십니다.

하나님께서 기뻐하시는 제사

13 1 서로 사랑하기를 계속하십시오. 2 나그네를 대접하기를 소홀히 하지 마십시오. 어떤 이들은 나그네를 대접하다가, 자기들도 모르는 사이에 천사들을 대접하였습니다. 3 감옥에 갇혀 있는 사람들을 생각하되, 여러분도 함께 갇혀 있는 심정으로 생각하십시오. 여러분도 몸이 있는 사람이니, 학대받는 사람들을 생각해 주십시오. 4 ㄴ)모두 혼인을 귀하게 여겨야 하고, 잠자리를 더럽히지 말아야 합니다. 음행하는 자와 간음하는 자는 하나님의 심판을 받을 것입니다. 5 돈을 사랑함이 없이 살아야 하고, 지금 가지고 있는 것으로 만족해야 합니다. 주님께서 친히 말씀하시기를 ㄷ)"내가 결코 너를 떠나지도 않고, 버리지도 않겠다" 하셨습니다. 6 그래서 우리는 담대하게 이렇게 말합니다.

ㄹ)"주님께서는
나를 도우시는 분이시니,
내게는 두려움이 없다.
누가 감히 내게 손댈 수 있으랴?"

7 여러분의 지도자들을 기억하십시오. 그들은 여러분에게 하나님의 말씀을 일러주었습니다. 그들이 어떻게 살고 죽었는지를 살펴보고, 그 믿음을 본받으십시오. 8 예수 그리스도께서는 어제나 오늘이나 영원히 한결같은 분이십니다.
9 여러 가지 이상한 교훈에 끌려 다니지 마십시오. ㅁ)음식 규정을 지키는 것으로 마음이 튼튼해지는 것이 아니라, 은혜로 튼튼해지는 것이 좋습니다. 음식 규정에 매여서 사는 사람들은 유익을 얻지 못했습니다.

10 우리에게는 한 제단이 있습니다. 그런데 유대교의 성전에서 섬기는 사람들은 우리의 이 제단에 놓은 제물을 먹을 권리가 없습니다. 11 유대교의 제사의식에서 대제사장은 속죄제물로 드리려고 짐승의 피를 지성소에 가지고 들어가고, 그 몸은 진영 밖에서 태워버립니다. 12 그러므로 예수께서도 자기의 피로 백성을 거룩하게 하시려고 성문 밖에서 고난을 받으셨습니다. 13 그러하므로 우리도 진영 밖으로 나가 그에게로 나아가서, 그가 겪으신 치욕을 짊어집시다. 14 사실,

ㄱ) 신 2:24 ㄴ) 또는 '모두에게 혼인은 귀하니, 잠자리는 더러운 것이 아닙니다' ㄷ) 신 31:6, 8 창 28:15; 수 1:5 ㄹ) 시 118:6, 7 (칠십인역) ㅁ) 그, '음식으로가 아니라'

13:1-17 여러 가지 마지막 권면들. **13:1** *서로 사랑하기를.* 10:24를 보라. **13:2** *나그네.* 일반적으로 여행하고 있는 그리스도인들을 의미한다. *천사들을 대접하였습니다.* 창 18:1-8; 19:1-3; 삿 6:11-22; 13:3-21을 보라. **13:3** *감옥에 갇혀있는 사람들.* 10:34를 회상시켜준다. **13:4** 성적 금욕주의와 부도덕을 모두 경계하고 있다. 혼인을 귀하게 여기라는 권면은 독자들 가운데 아마도 영지주의 경향을 가진 사람들이 있었음을 보여주는 것 같다. **13:5** *돈을 사랑함.* 딤전 6:10을 보라. *내가 결코 너를 떠나지도 않고.* 수 1:5를 보라; 또한 창 28:15를 보라. **13:6** 시 118:6을 보라. **13:7** 독자들에게 복음을 심어준 지도자들은 11장에서와 같이, 믿음을 특징으로 한다. **13:8** 그리스도는 어제나 오늘이나 영원히 한결같으신 분이라고 하는 사실이 용기의 원천이 된다. **13:9-10** 이상한 음식 규정은, 유대교의 식사 규정(9:10)을 언급하는 것이 아니라, 아마도 유대교의 영지주의적 교훈들에 대한 언급일 것이다. *은혜가 규정*을 대신한다. 우리에게는 한 제단이 있다는 것은 우리가 구약의 제사장들에게는 없었던, 그리스도의 희생제사의 은혜를 나누는 것을 의미한다. **13:11** 레 4:17; 16:27을 보라. **13:12** 예수께서 당한 십자가 처형은 *진영 밖에서* 일어났다 (마 21:39; 요 19:20). **13:13** 유대교의 진영을 뒤로하고 뒤따를 적대 행위를 참으라고 하는 권면. **13:14** *장차 올 도시.* 하늘나라의 예루살렘 (또한 11:10, 16을 보라). **13:15-16** 하나님을 찬양하고 기쁘게 하는 선행의 열매를 표현하는데 사용된 희생제사의 언어. 가진 것을 나눠주기는 문자 그대로 "관대함을 소홀히 하지 않도록 하라"는 뜻이다. **13:17** 영혼. 총체적인 인격을 나타내는 데 사용됨. 듣고 순종하지 못하는 것은 독자들을 위험에 처하게 할 것이다 (7절).

13:18-21 **13:18-19** 서신 기자의 처지는—그는 비판과 시련 가운데 놓여 있다—분명히 독자들에게 알려져 있다 (여기에 쓰인 복수 대명사와 동사는 수사적 효과를 노리는 것이다). **13:20-21** 이 축복기도에 부활이 언급되는데, 히브리서에서 부활에 관

우리에게는 이 땅 위에 영원한 도시가 없고, 우리는
장차 올 도시를 찾고 있습니다. 15 그러니 우리
는 예수로 말미암아 끊임없이 하나님께 찬미의 제
사를 드립시다. 이것은 곧 그의 이름을 고백하는
입술의 열매입니다. 16 선을 행함과 가진 것을
나눠주기를 소홀히 하지 마십시오. 하나님께서는
이런 제사를 기뻐하십니다.

17 여러분의 지도자들의 말을 곧이듣고, 그
들에게 복종하십시오. 그들은 여러분의 영혼을
지키는 사람들이요, 이 일을 장차 하나님께 보고
드릴 사람들입니다. 그러므로 여러분은 그들이
기쁜 마음으로 이 일을 하게 하고, 탄식하면서 하
지 않게 해 주십시오. 그들이 탄식하면서 일하는
것은 여러분에게 유익이 되지 못합니다.

18 우리를 위하여 기도해 주십시오. 우리는
양심에 거리끼는 것이 한 점도 없다고 확신합니
다. 모든 일에 바르게 처신하려고 합니다. 19 내
가 여러분에게 좀더 속히 돌아가게 되도록 기도하
여 주시기를 더욱 간곡히 부탁드립니다.

축복과 작별 인사

20 영원한 언약의 피를 흘려서 양들의 위대
한 목자가 되신 우리 주 예수를 죽은 사람들 가운
데서 이끌어내신 평화의 하나님이 21 여러분을
온갖 좋은 일에 어울리게 다듬질해 주셔서 자기의
뜻을 행하게 해 주시기를 빕니다. 또 하나님께서
예수 그리스도로 말미암아 ㄱ)우리 가운데 자기가
기뻐하시는 바를 이루시기를 빕니다. 예수 그리스
도께 영광이 영원무궁히 있기를 빕니다. 아멘.

22 ㄴ)형제자매 여러분, 부디 이 권면의 말을
받아들이기를 권유합니다. 나는 여러분에게 짤막
하게 썼습니다. 23 우리 형제 디모데가 풀려나온
것을 알려드립니다. 그가 속히 오면, 내가 그와 함
께 여러분을 만나보게 될 것입니다. 24 여러분의
모든 지도자와 성도에게 문안하여 주십시오. 이탈
리아에서 온 사람들이 여러분에게 문안합니다.
25 여러분 모두에게 은혜가 있기를 빕니다.ㄷ)

ㄱ) 다른 고대 사본들에는 '여러분에게' ㄴ) 그 '형제들' ㄷ) 다른 고대 사본들은 절 끝에 '아멘'이 있음

하여 공개적으로 언급하는 곳은 이 곳뿐이다. *영원한 언약의 피*는 그리스도의 희생(7; 9—10장)과 새 언약의 수립에 있어 그의 역할(7:22—8:13)을 암시한다; 또한 "영원한 구원"(9:12)을 보라. *자기의 뜻을 행하게 해주시기를 빕니다*가 *우리 가운데 자기가 기뻐하시는 바를 이루시기를 빕니다*와 균형을 이루고 있다.

13:22-25 *권면의 말.* 히브리서에 대한 알맞은 표현. *짤막하게.* 11:32를 보라. 여기서 *디모데*를 언급한 것은 바울의 공동체라고 하는 보다 큰 무리 안에서 이 서신이 쓰여진 것인 듯하다. *이탈리아에서 온 사람들.* 이 서신이 이탈리아에서 쓰여진 것이거나 (아마도 더 있음직한 일인데) 이탈리아에 보내진 것임을 의미할 것이다.

야고보서

야고보" 라고 하는 이름을 가진 두 인물이 신약성경에서 중요한 역할을 한다. 한 사람은 세베데의 아들 야고보이고 (막 5:37; 9:2; 10:35), 다른 한 사람은 예수님의 동생 야고보이다 (막 6:3; 고전 15:7). 예수님의 동생 야고보는 기원후 36년부터 그가 순교당한 62년까지 예루살렘에서 지도자 역할을 담당했다 (갈 1:19; 요세푸스의 *유대 고대사* 20.200-201; 유세비우스의 *교회사* 2.23을 보라). 그는 유대인이 아닌 사람들이 그리스도인들로 받아들여질 수 있는 조건들에 관하여 논쟁을 하는데 출중한 역할을 담당했다 (행 15:13-29; 갈 2:1-14). 세베데의 아들은 헤롯 아그립파 1세에 의하여 기원후 44년에 순교 당하였기 때문에 (행 12:2), 약 1:1에 언급된 야고보는 주님의 동생이었음이 틀림없다.

야고보서는 이 서신 어디에서도 모세오경을 엄수해야 한다는 것에 대한 관심을 보이지 않는다. 이 서신은 예수님의 삶, 그의 십자가 죽음, 혹은 그의 부활마저도 언급하지 않는다. "예수" 라는 이름이 두 번에 걸쳐 나올 뿐이다 (1:1; 2:1). 저자는 칠십인역의 구약성경을 사용하여 능통한 희랍어 문체로 이 서신을 기록했다.

야고보서는 특정한 교회에 쓴 서신이라고 하기보다는, 여러 교회들을 위하여 쓴 일반서신으로 보인다. 디아스포라 교회를 위하여 쓰인 일반서신에 관해서는 행 13:23-29를 보라. 야고보서는 그리스와 로마 사회의 윤리적 교훈, 즉, 논박의 특징을 이루는 교훈적인 담화체의 글을 채택한다. 이 문체의 가장 두드러진 특징들은 가상의 (상상적인) 적대자로부터 제기된 질문들 (2:18-22), 그리고 연이은 질의응답은 물론이요 특정한 인물들에게 출처를 둔 것으로 생각되는 인용구들을 포함한다 (2:3, 16, 18; 4:13). 이러한 질문들은 공동체 내에서 일어나는 실제적인 문제들을 나타내는 것으로 볼 필요는 없다. 논박 문체의 또 다른 특징은 은유를 집중적으로 사용한다는 것이다. 많은 비유들이 자연에 근거하여 파생된다 (1:6, 10-11; 2:26; 3:5-6, 11-12; 4:4; 5:2-3, 18). 그 외 다른 비유들은 인간의 행위들을 포괄한다 (1:23; 3:3-4, 7; 5:7). 과거의 인물들이 모범이 되는 인물들로 나온다 (2:21, 25; 5:1, 11, 17-18).

야고보서 2:1-13은 어떤 형태로든 부자들에게 편파적인 호의를 보이는 것을 공박한다. 오만과 자기 확신은 부자들을 하나님으로부터 멀어지게 하고, 무정한 불의로 인도할 수 있다 (5:1-6). 약 2:14-26은 결과적으로 가난한 자들을 향한 자비에 이르는 믿음의 필요를 강조한다. 야고보는 자기 절제의 행위들 (1:19-26; 3:13-18; 4:1-5), 오래 시련을 견디는 인내 (1:2-4, 12; 5:7-11), 그리고 자선(1:27; 2:8-12)에서 표현되는 경건을 강조한다. 언어 훈련에 관한 것이 약 3:1-12에서 폭넓게 다루어지며, 그러고 나서 다른 사람들을 헐뜯거나 심판하는 일 (4:11-12), 자신의 장래에 대한 오만스런 허풍 (4:13-17), 그리고 맹세하는 일(5:12)을 경고하는 말로 돌아간다.

야고보서는 도덕적 선의 출처가 하나님으로부터 받은 지혜에 있다는 것을 주목하게 될 때 (1:5, 17-18, 27a; 3:17), 이 서신이 가진 유대적 성격이 분명해진다. 도덕성은 기도(1:5-6)와 하나님 앞에서의 겸손(4:6-10)에 의하여 두터워진다. 그리스도인들은 계속적으로 서로 교제하는 공동체의 구성원들임을 야고보는 역설한다 (2:1-26; 4:1-2, 11). 마지막 단락은 병든 자와 고난당하는 자와 함께 기도하고, 자신들의 죄를 고백하고, 죄인들을 진리로 인도해야 하는 그리스도인들의 의무에 대해서 말한다 (5:13-20).

야고보서는 다음과 같이 간추려질 수 있을 것이다; 성경본문 아래 나오는 연구 주석들은 이 개요에 기초하고 있는데, 주석을 붙이는 과정에서 뜻을 분명히 하기 위하여 이 개요는 추가적으로 세분화된다.

Ⅰ. 서신의 머리말, 1:1
Ⅱ. 시험을 이기는 믿음, 1:2-18
  A. 시험은 그리스도인의 성장을 낳음, 1:2-8
  B. 하나님은 겸손한 자를 높이시고 부한 자를 낮추심, 1:9-11
  C. 우리가 당하는 시험 때문에 하나님을 비난하지 않아야 함, 1:12-18
Ⅲ. 참 경건은 말하는 것을 실천에 옮기는 것, 1:19-27
  A. 자제하는 말투와 겸손은 사악함을 극복하는 것, 1:19-21
  B. 말하는 것을 실천하는 자는 복을 받음, 1:22-27
Ⅳ. 부자를 향한 편파적 호의와 가난한 자에 대한 무시를 나무라는 공박, 2:1-26
  A. 부자에 대한 편파적 호의는 사랑의 계명에 요약된 법을 파기함, 2:1-13
  B. 믿음은 자선의 행위 없이 살아남을 수 없음, 2:14-26
Ⅴ. 혀를 통제할 수 있는 사람들은 완전케 됨, 3:1-12
  A. 교사들에게는 보다 엄중한 심판이 적용될 것임, 3:1
  B. 혀를 다스리는 것이 몸을 다스리는 데 있어 열쇠가 됨, 3:2-5a
  C. 심각한 악행들은 통제되지 않은 언사로부터 나옴, 3:5b-12
Ⅵ. 세상적인 지혜에 우선하여 하나님의 지혜를 선택함, 3:13—4:10
  A. 선행은 하나님의 지혜로부터 흘러나오며,
    악행은 세상적인 지혜로부터 나옴, 3:13-18
  B. 세상과의 친교에 우선하여 하나님과의 친교를 선택함, 4:1-10
Ⅶ. 다방면의 권면과 경고, 4:11—5:12
Ⅷ. 공동체적 관계에 대한 권면, 5:13-20

휨 퍼킨스 (Pheme Perkins)

인사

1 1 하나님과 주 예수 그리스도의 종인 야고보가
세계에 흩어져 사는 열두 지파에게 문안을
드립니다.

시험, 인내, 믿음, 지혜

2 나의 ㄱ)형제자매 여러분, 여러 가지 시험에
빠질 때에, 그것을 더할 나위 없는 기쁨으로 생각
하십시오. 3 여러분은 믿음의 시련이 인내를 낳
는다는 것을 알고 있습니다. 4 여러분은 인내력을
충분히 발휘하여, 조금도 부족함이 없이 완전하고
성숙한 사람이 되십시오.

5 여러분 가운데 누구든지 지혜가 부족하거든,
모든 사람에게 아낌없이 주시고 나무라지 않으시는
하나님께 구하십시오. 그리하면 받을 것입니다.
6 조금도 의심하지 말고, 믿고 구해야 합니다.
의심하는 사람은 마치 바람에 밀려서 출렁이는
바다 물결과 같습니다. 7 그런 사람은 주님께로
부터 아무것도 받을 생각을 하지 마십시오. 8 그
는 두 마음을 품은 사람이요, 그의 모든 행동에는
안정이 없습니다.

가난과 부요함

9 비천한 ㄴ)신도는 자기가 높아지게 된 것을
자랑하십시오. 10 ㄷ)부자는 자기가 낮아지게 된
것을 자랑하십시오. 부자는 풀의 꽃과 같이 사라
질 것이기 때문입니다. 11 해가 떠서 뜨거운 열
을 뿜으면, 풀은 마르고 꽃은 떨어져서, 그 아름
다운 모습은 사라집니다. 이와 같이, 부자도 자기
일에 골몰하는 동안에 시들어 버립니다.

시련과 극복

12 시험을 견디어 내는 사람은 복이 있습니다.
그 사람은 그의 참됨이 입증되어서, 생명의 면류
관을 받을 것이기 때문입니다. 그것은 하나님을
사랑하는 사람들에게 약속된 것입니다. 13 시험
을 당할 때에, 아무도 "내가 하나님께 시험을 당
하고 있다" 하고 말하지 마십시오. 하나님께서는
ㄹ)악에게 시험을 받지도 않으시고, 또 시험하지도
않으십니다. 14 사람이 시험을 당하는 것은 각각

ㄱ) 그, '형제들' ㄴ) 그, '형제' ㄷ) 사 40:6-7 (칠십인역) ㄹ) 그, '악한 것들, 악한 일들'

1:1 1절은 일반적인 서신의 머리말 형태를 보여주는데, 발신자와 수신자들의 이름들과 인사말을 포함한다. *하나님과 주 예수 그리스도의 종.* 통상적인 형용어이다 (롬 1:1; 갈 1:10; 빌 1:1; 딛 1:1; 벧후 1:1을 보라). *흩어져 사는* (희랍어, *디아스포라*). 이 구절은 유대인들이 거주하는 팔레스타인 외곽의 모든 지역을 언급한다 (요 7:35). *열두 지파.* 유대출신 그리스도인들이 구세주를 중심에 둔 하나님 백성의 회복을 위한 기초로 자신들을 이해하였음을 제시한다 (사 11:11-12; 렘 31:8-14; 마 19:28; 계 7:5-8을 보라).

1:2-18 이 단락은 뒤이어 나오는 부분을 위하여 수사적인 효과를 노리는 도입 부분인데, 그리스도교를 완전을 위한 길로 제시한다. 하나님의 지혜를 얻은 사람들은 죄와 사망으로 인도하는 인간적인 욕정을 극복할 것이다. 야고보서는 그리스도인의 생활(2-4절)과 욕정에 지배되는 생활(14-15절)은 서로 양립할 수 없다는 것을 연이어 두 번에 걸쳐 주장한다. 지혜를 주시고, 기도에 응답하시는 하나님의 선하심에 관한 신학적 원리들을 끌어냄으로써 (5-8, 16-18절), 저자는 도덕적 생활에 있어 하나님의 은총의 역할을 강조한다. **1:2-4** *시험* (희랍어, *페이라스모스*). 이 시험은 마지막 때에 이르기 전에 믿는 자들이 당할 시련을 언급한다 (마 26:41; 행 20:19; 벧전 1:6; 계 3:10). 그런 경우에 대비하여, 야고보는 공동체의 믿음을 방해할 외부로부터 오는 적대 행위의 영향에 관심을 둔다 (2:6-7; 5:1-6; 또한 벧전 4:12를 보라). 이것은 또한 죄에 빠져드는 내적 경향을 언급할 수 있다 (1:13-15를 보라). **1:4** *성숙* (희랍어, *텔레이오스*). 이것은 도덕철학에서 보통 "완전하게 되는 것"을 의미한다 (마 5:48을 보라). **1:5-8** 지혜는 하나님의 선물이다 (잠 2:6-19; 9:1-6). 야고보는 흔들리지 않는 믿음으로 기도하는 사람(1:5-6; 또한 마 7:7을 보라)과 의심하는 사람(1:7-8)을 비교함으로써 일련의 담화들을 시작하는데, 이런 담화들은 논박 문체(서문을 보라)에 전형적으로 나타난다. **1:9-11** 이 단락은 다음과 같은 공통적인 성서적 동기를 연상시켜 준다: 하나님은 천하고 가난한 사람들을 높여주시고 교만한 사람들을 끌어내리신다 (삼상 2:4-7; 눅 1:46-55). **1:9-10a** 이 절들은 (2:14-17이 보여주는 것처럼) 비천한 자들과 부유한 자들이 다 같이 그리스도교 공동체의 구성원임을 가리켜준다. **1:10b-11** 야고보서 기자는 부자들에게 눈을 돌려 그들에게 예언자적인 심판의 말을 하는데 (사 40:6-8), 이것은 비천한 경건한 사람들에 대해서 불의를 자행해온 외부 사람들에게 더욱 적절한 말씀이다 (2:6-7; 5:1-6에서처럼). **1:12** *시험*(희랍어, *페이라스모스*)을 견디어내는 자는 복이 있다는 주제로 되돌아간다. *생명의 면류관*에 대한 신약의 다른 책들이 시사하는 바, 참된 그리스도인의 삶이 당하는 모든 고난들은 운동 경기에서 승자가 화관을 쟁취하듯이, 면류관을 얻도록 해준다 (고전 9:25; 계 2:10). **1:13-15** 같은 어

자기의 욕심에 이끌려서, 꾐에 빠지기 때문입니다. 15 욕심이 잉태하면 죄를 낳고, 죄가 자라면 죽음을 낳습니다.

16 나의 사랑하는 ㄱ)형제자매 여러분, 속지 마십시오. 17 온갖 좋은 선물과 모든 완전한 은사는 위에서, 곧 빛들을 지으신 아버지께로부터 내려옵니다. 아버지께는 이러저러한 변함이나 회전하는 그림자가 없으십니다. 18 그는 뜻을 정하셔서 진리의 말씀으로 우리를 낳아주셨습니다. 그리하여 그는 우리를 피조물 가운데 첫 열매가 되게 하셨습니다.

말씀을 들음과 실행함

19 사랑하는 ㄱ)형제자매 여러분, 여러분은 이것을 알아두십시오. 누구든지 듣기는 빨리 하고, 말하기는 더디 하고, 노하기도 더디 하십시오. 20 노하는 사람은 하나님의 의를 이루지 못하기 때문입니다. 21 그러므로 더러움과 넘치는 악을 모두 버리고, 온유한 마음으로 여러분 속에 심어주신 말씀을 받아들여야 합니다. 그 말씀에는 여러분의 영혼을 구원할 능력이 있습니다.

22 말씀을 행하는 사람이 되십시오. 그저 듣기만 하여 자신을 속이는 사람이 되지 마십시오. 23 말씀을 듣고도 행하지 않는 사람은 있는 그대로의 자기 얼굴을 거울 속으로 들여다보기만 하는 사람과 같습니다. 24 이런 사람은 자기의 모습을 보고 떠나가서 그것이 어떠한지를 곧 잊어버리는 사람입니다. 25 그러나 완전한 율법 곧 자유를 주는 율법을 잘 살피고 끊임없이 그대로 사는 사람은, 율법을 듣고서 잊어버리는 사람이 아니라, 그것을 실행하는 사람인 것입니다. 이런 사람은 그가 ㄴ)행한 일에 복을 받을 것입니다.

26 누가 스스로 경건하다고 생각하면서도, 혀를 다스리지 않고 자기 마음을 속이면, 이 사람의 신앙은 헛된 것입니다. 27 하나님 아버지께서 보시기에 깨끗하고 흠이 없는 경건은, 고난을 겪고 있는 고아들과 과부들을 돌보아주며, 자기를 지켜서 세속에 물들지 않게 하는 것입니다.

ㄱ) 그, '형제들' ㄴ) '행한 일로'로 번역할 수도 있음

원을 가진 동사 "시험하다"(희랍어, *페이라조*)는 시험이 하나님께서 하시는 것이라는 생각에 반대의사를 보이는 것이다 (창 22:1의 아브라함; 혹은 신 8:2의 이스라엘은 하나님으로부터 시험을 받았다). 외경 집회서에서는 (시락 15:11-20) 하나님께서 인간이 자유 의지를 갖도록 지으셨음을 주장함으로써, 본 단락에 나오는 것과 유사한 불평에 응답하신다. **1:13** 저자는 독특한 희랍어 형용사 *아페이라스토스* 라는 의미로 논의의 방향을 돌리는데, 이 단어는 *악에게 시험받지도 않으시고* 라고 번역할 수 있는 단어이다. **1:14-15** 여기에 나오는 동사들은 성에 관련된 의미를 함축하고 있는 *욕심*(희랍어, *에피튜미아*; 희랍어에는 "악"에 대한 형용사가 없다)이라는 단어를 사용한다. **1:16-18** 하나님의 선물은 의심할 여지없이 좋은 것이다. **1:17** 천체가 제시하는 증거에 의거하여 하나님의 본질을 묘사한다 (욥 38:28; 시 136:4-9; 사 40:22). *이러저러한 변함이나 회전하는 그림자.* 이것은 달의 일그러짐이나 밤낮의 정규적인 교체를 언급하는 것이다. **1:18** 하나님의 구원 계획은 그리스도인들 사이에 새 창조의 *첫 열매로* 실현되어 왔다 (롬 16:5; 고전 16:15; 살후 2:13).

1:19-27 하나님의 말씀에 대한 순종은 세례시에 받은 *진리의 말씀*으로부터 흘러나와야 한다 (17절). 두 개의 명령어들이 노하고 (19-21절) 들은 것을 실천하지 못하는 (22-25절) 자들에 대한 경고들을 도입하는데, 이렇게 도입된 경고들은 자기기만과 흠 없는 경건을 대조함(26-27절)으로써 결론을 맺는다.

1:19-21 노하는 것에 대한 경고는 지혜문학에 자주 나타난다 (예를 들어, 잠 17:27-28). **1:21** *심어주신 말씀* (희랍어, *엠피톤 로곤*). 도덕적 원칙들에 대한 선천적 인식이 창조 자체에서 가능함을 시사한다. 하지만, 야고보서는 초심자들에게 주어진 말씀으로 이것을 이해하는 것처럼 보인다.

1:22-25 말씀을 실천하는 것은 구원을 위해 필요하다 (눅 11:28; 롬 2:13). **1:23-25** 말씀을 실천하지 못하는 자들과 실천하는 자들을 비교하는데 사용된 직유는 어색한 데가 있다. 야고보는 23-24절에 나오는 이처럼 상당히 애매한 직유로부터 25절의 일반적인 주장으로 방향을 돌린다. 또한 그는 동일한 관점을 표현하기 위해서 다른 희랍어 단어들을 사용한다. 이러한 이유들 때문에, 23-25절에 제시된 정확한 관점을 끄집어내기는 어렵다. **1:23** *거울 속으로 들여다보기만 하는 사람.* 고대의 거울들은 문질러 윤을 낸 철제로 만들어졌는데, 그 표면은 일그러진 상을 반사하였다 (고전 13:12). **1:25** 유대 전승은 율법은 완전하며 (시 19:7) 자유롭게 하는 것임을 강조하였다 (*m. Abot* 6:2). 야고보서는 유대계 그리스도인들이 모세오경을 계속해서 탐색하고 있음을 의미하지 않는다. 그리스도인이 순종하는 새 생활은 사랑을 통해 율법을 완성한다 (2:8; 또한 롬 13:8-10을 보라).

1:26-27 자기기만을 피하고 참다운 경건을 실천하라고 하는 호소는 서신의 나머지 부분을 위한 어조를 규정한다. **1:27** 경건의 표현으로써 정규적인 예배는 가난한 자에 관심을 두고(출 22:22; 신 14:29; 사 1:10-17)와 보다 큰 사회, 곧 세속의 거짓된 가치들을 멀리하는 일을 배제하지 않는다.

차별을 경고함

2 1 나의 ㄱ)형제자매 여러분, 여러분은 영광
의 우리 주 예수 그리스도를 믿고 있으니, 사
람을 차별하여 대하지 마십시오. 2 이를테면, 여
러분의 회당에 화려한 옷을 입은 사람이 금반지를
끼고 들어오고, 또, 남루한 옷을 입은 가난한 사
람도 들어온다고 합시다. 3 여러분이 화려한 옷
차림을 한 사람에게는 특별한 호의를 보이면서
"여기 좋은 자리에 앉으십시오" 하고, 가난한 사
람에게는 "당신은 거기 서 있든지, ㄴ)내 발치에 앉
든지 하오" 하고 말하면, 4 바로 여러분은 서로
차별을 하고, 나쁜 생각으로 남을 판단하는 사람
이 된 것이 아니고 무엇이겠습니까?
5 사랑하는 ㄱ)형제자매 여러분, 들으십시오.
하나님께서는 세상의 가난한 사람을 택하셔서 믿
음에 부요한 사람이 되게 하시고, 하나님을 사랑
하는 이들에게 약속하신 그 나라의 상속자가 되게
하시지 않았습니까? 6 그런데 여러분은 가난한
사람을 업신여겼습니다. 여러분을 압제하는 사람은
부자들이 아닙니까? 또 여러분을 법정으로 끌고
가는 사람도 부자들이 아닙니까? 7 여러분이 받
드는 그 존귀한 이름을 모독하는 사람도 부자들이
아닙니까? 8 여러분이 성경을 따라 ㄷ)"네 이웃을
네 몸같이 사랑하라"는 으뜸가는 법을 지키면, 잘
하는 일입니다. 9 그러나 여러분이 사람을 차별
해서 대하면 죄를 짓는 것이요, 여러분은 율법을
따라 범법자로 판정을 받게 됩니다. 10 누구든지
율법 전체를 지키다가도 한 조목에서 실수하면, 전
체를 범한 셈이 되기 때문입니다. 11 ㄹ)"간음하지
말라" 하신 분이 또한 ㅁ)"살인하지 말라"고 말씀
하셨습니다. 어떤 사람이 간음은 하지 않는다고
하더라도 살인을 하면, 결국 그 사람은 율법을 범
하는 것입니다. 12 여러분은, 자유를 주는 율법
을 따라 앞으로 심판을 받을 각오로, 말도 그렇게
하고 행동도 그렇게 하십시오. 13 심판은 자비를
베풀지 않는 사람에게는 무자비합니다. 그러나
자비는 심판을 이깁니다.

ㄱ) 그, '형제들' ㄴ) 그, '내 발판 밑에 앉으시오' ㄷ) 레 19:18
ㄹ) 출 20:14; 신 5:18 ㅁ) 출 20:13; 신 5:17

2:1-26 가난한 그리스도인들을 차별대우하는 것은 충격적이게도 하나님의 *으뜸가는 법*(혹은 *완전한 율법*; 8절; 또한 1:25를 보라)을 위반하는 것이다. 첫 번째 경우는 부자들에 대한 사회적 차별과 관련되어 있다 (1-7절). 두 번째 경우에서 보면, 부유한 그리스도인들이 빈곤한 동료 신앙인들의 빈곤함을 무시한다 (15-16절). 믿음생활은 행함이 없이는 가능하지 않은데, 예를 들어, 남을 대접하는 것과 같은 행함이 필요하다 (14-26절). 8-13절은 율법을 성취하는 사랑과 그것을 파괴하는 편파적 행위를 대조시킨다.

2:1-7 차별대우가 대두되는 공동체의 모임은 아마도 예배인 것 같다 (고전 11:17-22). 유대 자료들은 법정의 소송절차들에서 옷차림새에 기초한 이런 차별대우를 다룬다 (*b. Shebuot* 31a). **2:4** *나쁜 생각으로 남을 판단하는 사람.* 이 구절은 법정의 이미지를 띤다 (레 19:15). **2:5** 가난한 사람들을 위한 하나님의 관심은 잘 알려진 성서적 가르침이다 (신 10:18; 시 68:5; 암 2:6-7; 눅 1:51-53; 6:20). **2:6-7** 두 번째 논쟁은 독자들에게 그들이 그리스도인들이기 때문에 부자들의 손아귀에서 고난을 받아왔다는 것을 상기시킨다 (벧전 4:4).

2:8-13 야고보서는 또 다른 하나의 양면의 그림을 보여준다. 율법을 성취하는 사람은 사랑과 자비에 따라 심판을 받을 것이다 (8절, 12-13절). 동료 그리스도인을 업신여기는 자들은 그들이 십계명 가운데 하나를 어긴 것(9-11절)만큼 율법을 어긴 것이 된다. **2:8** 형용사 *으뜸가는 법이* 하나님 나라의 법이라는 것을 의미한다 (마 22:37-40; 롬 13:8-10; 갈 5:13-14). **2:9-11** 아첨과 부자에게 편애를 보이는 것은 그 당시의 사회에서 당연한 행위였기 때문에, 야고보서는 그러한 행위의 심각성을 강조한다. 하나님의 계명들 가운데 하나라도 어긴 사람은 심판대에 서게 된다 (또한 마 5:18-19; 갈 5:3을 보라). 이 수사적 효과를 노리는 변론은 야고보가 그리스도인들이 오경에 있는 모든 규정을 지키기를 기대했었다는 것을 암시하지는 않는다.

2:14-26 가상의 상대자와 토론을 벌이는 것은 논박 문체의 특징이다 (서문을 보라). 행위 없는 믿음은 쓸모없다는 전제가 각 논쟁의 결론을 맺는다 (17, 20, 26절). 헐벗고 양식이 없는 그리스도인을 두고 그의 고난을 덜어주지 않으면서 말로만 환대하는 행위(14-17절)의 부당성은 율법의 요구를 상기시킨다 (8, 13절). 믿음과 행위는 분리될 수 있다고 주장하는 사람은 믿음을 어떤 진술들에 동의하는 것으로 보는데, 이것은 잘못된 생각이다 (18-19절). 아브라함과 라합은 의는 행위를 필요로 한다는 것을 입증했다 (20-26절).

특별 주석

전통적으로, 이 본문은 믿음을 통해서 의에 이른다는 바울의 가르침(롬 3:28; 4:1-9)에 정면으로 도전한 것으로 간주되어왔다. 야고보서는 유대 전통에 따라 아브라함의 의가 행위에서, 특별히 이삭을 희생제물로 바치는 데서 드러났다고 주장한다 (필로 *아브라함* 167; 마카비상 2:51-52를 보라). 동료 신자들이 어떻게 가난한

행함이 없는 믿음은 죽은 것이다

14 나의 ㄱ)형제자매 여러분, 누가 믿음이 있
다고 말하면서도 행함이 없으면, 무슨 소용이 있
겠습니까? 그런 믿음이 그를 구원할 수 있겠습니
까? 15 어떤 형제나 자매가 헐벗고, 그 날 먹을
것조차 없는데, 16 여러분 가운데서 누가 그들
에게 말하기를 "평안히 가서, 몸을 따뜻하게 하고,
배부르게 먹으십시오" 하면서, 말만 하고 몸에 필
요한 것들을 주지 않는다고 하면, 무슨 소용이 있
겠습니까? 17 이와 같이 믿음에 행함이 따르지
않으면, 그 자체만으로는 죽은 것입니다.
18 어떤 사람은 이렇게 말할 것입니다. "너
에게는 믿음이 있고, 나에게는 행함이 있다. 행함이
없는 너의 믿음을 나에게 보여라. 그리하면 나는
행함으로 나의 믿음을 너에게 보이겠다." 19 그대
는 하나님께서 한 분이심을 믿고 있습니다. 잘하는
일입니다. 그런데 귀신들도 그렇게 믿고 떱니다.
20 아, 어리석은 사람이여, 그대는 행함이 없는
믿음은 쓸모가 없다는 것을 알고 싶습니까?
21 우리 조상 아브라함이 자기 아들 이삭을 제단
에 바치고서 행함으로 의롭게 된 것이 아닙니까?
22 그대가 보는 대로 믿음이 그의 행함과 함께
작용을 한 것입니다. 그러므로 행함으로 믿음이
완전하게 되었습니다. 23 그래서 ㄴ)"아브라함이
하나님을 믿으니, 하나님께서 그것을 아브라함의
의로움으로 여기셨다"고 한 성경 말씀이 이루어
졌고, 또 사람들이 그를 하나님의 벗이라고 불렀
습니다. 24 여러분이 아는 대로, 사람은 행함으로
의롭게 되는 것이지, 믿음으로만 되는 것이 아닙
니다. 25 창녀 라합도 정탐꾼들을 접대하여 다
른 길로 내보내서, 행함으로 의롭게 된 것이 아닙
니까? 26 영혼이 없는 몸이 죽은 것과 같이,
행함이 없는 믿음은 죽은 것입니다.

ㄱ) 그, '형제들' ㄴ) 창 15:6; 사 41:8; 대하 20:7

그리스도인들을 돌볼 수 있겠는가 하는 문제는 이 논의에서 풀리지 않은 현안으로 남아있다. 하지만, 우리는 야고보가 바울을 공격하고 있다고 추론하지 말아야 한다. 이 서신의 문학형식은 가상의 대화 상대를 지적하기 때문에, 우리는 야고보가 어떤 특정한 적수들을 염두에 두었다고 결론 내릴 필요가 없다.

2:14-17 야고보서는 가난한 그리스도인 형제자매가 당하는 고초의 정도를 극대화시킨다. 공교롭게도, 행함이 없는 (말만 하고 필요한 것을 주지 않는) 자의 믿음은 굶주리고 헐벗은 그리스도인의 그것보다 더욱 형편없다. 그 믿음은 이미 죽었다.

특별주석

바울이 율법의 공로를 이야기할 때, 그는 율법에서 볼 수 있는 계명들을 지키는 것, 곧 할례와 식사법과 안식일 규정들을 준수함을 언급하는 것이다 (갈 2:16; 3:2-10). 야고보는 그리스도인들에게 요구되는 자선과 자비의 행위를 표현하기 위해 *행동*이라는 단어를 쓴다 (2:12-13).

2:18-19 가상의 적대자의 말들이 어디서 끝나는지 분명하지 않다. 일부 해석자들은 여기에 나오는 전체 단락을 믿음과 행함에 관한 야고보의 관점에 이의를 제기한 것으로 간주한다. 18a절을 "믿음이나 행위 중 하나만으로도 충분하다"는 입장을 취하는 자가 주장하는 말로 간주하는 것이 더 좋을 것이다. **2:18a** 이 구절이 가정하는 바에 따르면, 적대자는 믿음의 입장을 수호하고 있다. **2:19** 적대자의 견해가 갖고 있는 불합리성을 밝혀주기 위하여, 야고보서는 "하나님께서 한 분이심을 믿고 있습니다"는 *쉐마*(신 6:4)에 대한 신념을 믿음으로 생각하는 것에 대해서 논한다. 하물며 귀신들마저도 하나님에 대한 사실들을 인정할 수 있다 (막 1:24). **2:20-26** 직접 대놓고 말하듯 하는 것이 논박문체의 전형적인 특징이다 (롬 2:1; 9:20을 보라). 성경에서 인용한 실례들이 행함이 필요하다는 것을 입증해 줄 것이다. **2:21-24** 야고보서는 아브라함이 이삭을 희생제물로 바치는 사건을 하나님에 대한 아브라함의 신뢰와 의를 드러낸 행위로 간주함으로써, 다른 유대 저자들과 의견을 같이한다. 창 15:6이 행함을 제외시키는 것으로 보는 바울의 해석에 야고보가 이의를 제기하고 있다는 증거는 없다 (롬 4:19; 갈 4:19). **2:23** *하나님의 벗.* 이 칭호는 아브라함에게 적용되었다 (필로 *아브라함* 273을 보라). 약 4:4에서 야고보서는 그리스도인에게 이러한 친분관계를 가질 것을 독려한다. **2:25** 라합은 첩자들에 호의를 보임으로써 (수 2:11) 이스라엘의 하나님에 대한 신앙에 따라 행동한다. **2:26** 결론을 맺는 진술이 17절과 20절을 되풀이함으로써 이 단락의 뼈대를 구성한다.

3:1-12 교사들은 다른 사람들보다 더 엄격한 심판을 받게 될 것이라고 하는 경고(1절)는 실수 없는 언행(1:26)이라는 화제를 도입한다. 고대 도덕주의자들은 사람의 혀를 다스릴 필요가 있음을 종종 논의했다 (잠 10:8-12; 11:9; 12:18, 25; 13:13; 16:27; 17:14; 18:7, 21; 26:22).

3:1 교사들은 초대교회에서 중요한 역할을 담당했다 (행 13:1; 롬 12:7; 고전 12:28). 야고보서는 합당치

말에 실수가 없도록 하라

3 1 나의 ㄱ)형제자매 여러분, 여러분은 선생이 되려고 하는 사람이 많아서는 안 됩니다. 여러분이 아는 대로, 가르치는 사람인 우리가 더 큰 심판을 받을 것입니다. 2 우리는 다 실수를 많이 저지릅니다. 누구든지, 말에 실수가 없는 사람은 온 몸을 다스릴 수 있는 온전한 사람입니다. 3 말을 부리려면, 그 입에 재갈을 물립니다. 그리하여 우리는 말의 온 몸을 끌고 다닙니다. 4 보십시오. 배도 그렇습니다. 배가 아무리 커도, 또 거센 바람에 밀려도, 매우 작은 키로 조종하여, 사공이 가고자 하는 곳으로 끌고 갑니다. 5 이와 같이, 혀도 몸의 작은 지체이지만, 엄청난 일을 할 수 있다고 자랑을 합니다.

보십시오, 아주 작은 불이 굉장히 큰 숲을 태웁니다. 6 그런데 혀는 불이요, 혀는 불의의 세계입니다. 혀는 우리 몸의 한 지체이지만, 온 몸을 더럽히며, ㄴ)인생의 수레바퀴에 불을 지르고, 결국에는 혀도 ㄷ)게헨나의 불에 타버립니다. 7 들짐승과 새와 기는 짐승과 바다의 생물들은 어떤 종류든지 모두 사람이 길들이고 있으며 길들여 놓았습니다. 8 그러나 사람의 혀를 길들일 수 있는 사람은 아무도 없습니다. 혀는 걷잡을 수 없는 악이며, 죽음에 이르게 하는 독으로 가득 차 있습니다. 9 우리는 이 혀로 주님이신 아버지를 찬양하기도 하고, 또 이 혀로 하나님의 형상대로 지음을 받은 사람들을 저주하기도 합니다. 10 또 같은 입에서 찬양도 나오고 저주도 나옵니다. 나의 ㄱ)형제자매 여러분, 이렇게 해서는 안 됩니다. 11 샘이 한 구멍에서 단 물과 쓴 물을 낼 수 있겠습니까? 12 나의 ㄱ)형제자매 여러분, 무화과나무가 올리브 열매를 맺거나, 포도나무가 무화과 열매를 맺을 수 있겠습니까? 마찬가지로 짠 샘은 단 물을 낼 수 없습니다.

하늘로부터 오는 지혜

13 여러분 가운데서 지혜 있고 이해력이 있는 사람이 누구입니까? 그러한 사람은 착한 행동을 하여 그의 행실을 나타내 보이십시오. 그 일은 지혜에서 오는 온유함으로 행하는 것이어야 할 것

ㄱ) 그, '형제들' ㄴ) 또는 '출생의 바퀴' 또는 '자연의 순환'
ㄷ) 지옥 불

않은 사람들이 윗자리를 차지하려고 드는 것을 염려하는 것으로 보인다 (마 23:8).

3:2–5a 말에 실수가 없는데 따르는 어려움은 다만 도덕적 완전을 성취한 사람들만이 일관성 있게 할 수 있음을 시사한다. 말로 실수하는 것을 대수롭지 않게 생각하는 사람들에 맞서서, 야고보는 훨씬 큰 것들을 제어하는 작은 사물의 본보기들을 든다: 힘센 말을 제어하기 위하여 재갈을 물리는 것(2b-3절을 보라)과 큰 배를 조정하기 위하여 키를 사용하는 것 (4-5a절을 보라).

3:5b–8 플루타르크(Plutarch)는 훈련되지 않은 말의 위험성을 설명하기 위해, 불의 이미지를 가미해서, 통제할 수 없는 선박을 사용한다 (*수다스러움에 관하여* 10). 야고보는 비관적인 방향으로 화제들을 택한다. 혀를 제어하는 것은 거의 불가능하다. **3:6** *불의의 세계.* 이것이 불을 묘사하는 것인지 혀를 묘사하는 것인지는 확실하지 않다. 혀는 *우리 몸의 한 지체이지만* 으로 번역된 구절에 쓰인 동사(희랍어, *카티스타타이*)는 수동태일 수도 있고 중간태일 수도 있다. 새번역개정은 후자를 택하여, 혀는 "온 몸을 더럽히며" 라고 번역했고, 그래서 혀는 우리의 몸 전체를 부패시키는 *불의의 세계*를 자체적으로 초래하는 것으로 번역했다. 인생의 수레바퀴에 불을 지르고 게헨나(지옥; 희랍어, *게헨나*)의 불에 타버림을 뜻하는 구절들도 또한 분명하지 않다. *인생의 수레바퀴*(또는 *자연의 순환*)는 행운과 불행이 교차되는 운명의 순환이라고 하는 고대적인 사고를 제시한다. 야고보는 이러한 사고를 혀로 인하여 파괴된 인생의 여정을 나타내기 위하여 사용하고 있는지도 모른다. 마지막 구절은 "눈에는 눈"이라고 하는 개념의 한 예로써 가장 잘 이해될 수 있다 (고전 3:17; 계 11:18을 보라). 혀는 그것이 저지른 일에 따라서 심판 받게 될 것이다 (시 120:4).

3:9–12 혀가 가진 이중성 때문에, 사람들은 두 마음을 품은 일관성 없는 행동을 하는데, 이러한 행위는 1:8과 4:8에서 저주받은 바 있다. **3:9** 하나님의 형상에 따라 지어짐으로써, 인간들은 동물들에 대한 지배권을 부여받았다 (7절; 창 1:26). **3:11–12** 도덕론자들은 종종 인간 행위에서 나타나는 모순적인 변질을 자연의 일관성과 대조시킨다 (마 7:16).

3:13—4:10 이 단락은 시기심과 야심으로부터 나온 악을 다룬다. 지혜 있는 자의 덕목은 평화를 이루지 분열을 조장하지 않는다 (3:13-18). 야심에 의하여 초래된 불화에 가담하는 사람들은 하나님의 친구들이라고 주장할 수 없다 (4:1-10을 보라).

3:13–18 야고보서는 하나님의 선물로 이해되는 지혜와 선행에 관한 초기의 주제들로 다시 돌아간다 (13, 17-18절; 또한 1:5, 21; 2:14-26을 보라). 이것들에 대한 호소는 세속적이고 악마적인 지혜에 관한 서술에 뼈대를 제공하는데, 이런 지혜는 온갖 종류의 불

입니다. 14 여러분의 마음 속에 지독한 시기심과
경쟁심이 있으면 자랑하지 말고, 진리를 거슬러
속이지 마십시오. 15 이러한 지혜는 위에서 내
려온 것이 아니라, 땅에 속한 것이고, 육신에 속한
것이고, 악마에게 속한 것입니다. 16 시기심과
경쟁심이 있는 곳에는 혼란과 온갖 악한 행위가
있습니다. 17 그러나 위에서 오는 지혜는 우선
순결하고, 다음으로 평화스럽고, 친절하고, 온순
하고, 자비와 선한 열매가 풍성하고, 편견과 위선이
없습니다. 18 정의의 열매는 평화를 이루는 사람
들이 평화를 위하여 그 씨를 뿌려서 거두어들이는
열매입니다.

세상과 벗함

4 1 무엇 때문에 여러분 가운데 싸움이나 분
쟁이 일어납니까? 여러분의 지체들 안에서 싸
우고 있는 육신의 욕심에서 생기는 것이 아닙니까?
2 여러분은 욕심을 부려도 얻지 못하면 살인을
하고, 탐내어도 가지지 못하면 다투고 싸웁니다.
여러분이 얻지 못하는 것은 구하지 않기 때문이요,
3 구하여도 얻지 못하는 것은 자기가 쾌락을 누
리는 데에 쓰려고 잘못 구하기 때문입니다. 4 간
음하는 사람들이여, 세상과 벗함이 하나님과 등
지는 일임을 알지 못합니까? 누구든지 세상의 친
구가 되려고 하는 사람은 하나님의 원수가 되는
것입니다. 5 "하나님께서는 우리 안에 살게 하
신 그 영을 질투하실 정도로 그리워하신다"라는
성경 말씀을 여러분은 헛된 것으로 생각합니까?
6 그러나 하나님께서는 더 큰 은혜를 주십니다.
그러므로 성경에 이르기를

ㄱ)"하나님께서는
교만한 자들을 물리치시고,
겸손한 사람들에게 은혜를 주신다"

하고 말합니다. 7 그러므로 하나님께 복종하고,
악마를 물리치십시오. 그리하면 악마는 달아날
것입니다. 8 하나님께로 가까이 가십시오. 그리하
면 하나님께서 가까이 오실 것입니다. 죄인들이여,
손을 깨끗이 하십시오. 두 마음을 품은 사람들이
여, 마음을 순결하게 하십시오. 9 여러분은 괴로
워하십시오. 슬퍼하십시오. 우십시오. 여러분의
웃음을 슬픔으로 바꾸십시오. 기쁨을 근심으로
바꾸십시오. 10 주님 앞에서 자신을 낮추십시오.
그리하면 주님께서 여러분을 높여주실 것입니다.

ㄱ) 잠 3:34 (칠십인역)

협화음을 초래하는 시기심을 통해 작용한다 (14-16절을 보라). **3:14** 야고보서는 자랑의 대상을 지적하지 않는다. 이 대상은 아마도 15절에서 저주받은 지혜일 것이다. **3:17-18** 지혜의 열매들을 열거하는 목록 (또한 갈 5:22-23, 성령의 열매들을 보라).

4:1-3 야고보서는 정의로부터 흘러나오는 평강에 날카롭게 반대되는 것들을 소개한다: *전쟁, 투쟁, 그리고 살인. 싸움*이나 *분쟁*이라고 한 번역은 고대의 도덕주의자들이 흔히 사용한 군대 이미지(예를 들면, 고후 10:3-5)를 사용한 것이다. 소수의 사람들은 야고보서가 기원후 66-70년에 일어난 유대 반란을 언급하고 있다고 주장한다. 하지만, 몸의 지체들 가운데 쾌락(희랍어, *헤도네*)을 추구하는 싸움이 있는데, 이러한 욕구에 대한 묘사는 십중팔구 은유적 표현이다. 이런 도덕적 권면은 일상적으로 공동체에 속한 사람들 간에 일어났던 분쟁을 언급하는 것이었다. **4:2b-3** 응답되지 않은 기도에 대한 논의는 1:6-8을 상기시킨다.

4:4-6 *간음하는 사람들* (희랍어, *모이칼리데스*). 희랍어로는 놀랍게도 여성명사 복수형으로 쓰였는데, (아브라함이 그랬던 것처럼 [2:23]) 청중들은 하나님이나 세상 중에 한쪽을 선택해야 한다는 경고를 시작한다. 간음은 하나님에 대한 불신을 의미한다 (렘 3:20; 겔 16:15-52; 호 2:5-7; 4:12; 9:1을 보라). 하나님은 양다리를 걸친 충성, 곧 두 마음을 품은 (4:8) 충성을 허용하지 않으실 것이다.

특별 주석

"하나님께서는 우리 안에 살게 하신 그 영을 질투하실 정도로 그리워하신다" (4:5). 성경에 나타나는 어느 구절도 이 4:5와 같은 표현이 없다. 이 구절은 해석상에 많은 문제가 있다. 만일 하나님께서, 거하게 하다 (*카토이케*) 라는 동사의 주어인 것과 마찬가지로, "갈망하다" 혹은 "그리워하다" (*에피포테이*) 라는 동사의 주어라면, 새번역개정은 이 구절의 뜻을 바로 이해하고 있다 (*하나님께서는 우리 안에 살게 하신 그 영을 질투하실 정도로 그리워하신다*). 그러나 질투 (프토노스) 라는 단어는 칠십인역이 신의 질투를 표현할 때에는 하나님과 관련하여 절대로 쓰지 않는다. 그래서 다른 번역은 성령을 주동사의 주어로 간주하는데, 이렇게 할 때 이 단어는 하는 수 없이 "…으로 향하다"고 하는 이상한 의미를 갖게 된다. 프토노스라는 단어는 희랍 기자들에 의해서 이방 신들에 관하여 사용되는 까닭에, 야고보는 하나님의 질투에 관하여 말을 바꿔서 설명하는데, 이럴 때 그는 하나님에 관하여 이 단어를 이용한다. (개역개정: "너희는 하나님이 우리 속에 거하게 하신 성령이 시기하기까지 사모한다"; 공동번역: "하나님께서는 우리에게 심어 주신 영혼을 질투하실 만큼 사랑하신다.")

서로 비방하지 말라

11 ㄱ)형제자매 여러분, 서로 헐뜯지 마십시오.
자기 형제자매를 헐뜯거나 심판하는 사람은, 율
법을 헐뜯고 율법을 심판하는 것입니다. 그대가
율법을 심판하면, 그대는 율법을 행하는 사람이
아니라 율법을 심판하는 사람입니다. 12 율법을
제정하신 분과 심판하시는 분은 한 분이십니다.
그는 구원하실 수도 있고, 멸망시키실 수도 있습
니다. 도대체 그대가 누구이기에 이웃을 심판합
니까?

허망한 생각을 경고함

13 "오늘이나 내일 어느 도시에 가서, 일 년
동안 거기에서 지내며, 장사하여 돈을 벌겠다" 하는
사람들이여, 들으십시오. 14 여러분은 내일 일
을 알지 못합니다. 여러분의 생명이 무엇입니까?
여러분은 잠깐 나타났다가 사라져버리는 안개에
지나지 않습니다. 15 도리어 여러분은 이렇게
말해야 할 것입니다. "주님께서 원하시면, 우리가
살 것이고, 또 이런 일이나 저런 일을 할 것이다."
16 그런데 여러분은 지금 우쭐대면서 자랑하고
있습니다. 그와 같은 자랑은 다 악한 것입니다.
17 그러므로 사람이 해야 할 선한 일이 무엇인지
알면서도 하지 않으면, 그것은 그에게 죄가 됩니다.

부자에게 주는 경고

5 1 부자들은 들으십시오. 여러분에게 닥쳐올
비참한 일들을 생각하고 울며 부르짖으십시오.
2 여러분의 재물은 썩고, 여러분의 옷들은 좀먹
었습니다. 3 여러분의 금과 은은 녹이 슬었으니,
그 녹은 장차 여러분을 고발할 증거가 될 것이요,
불과 같이 여러분의 살을 먹을 것입니다. 여러분
은 세상 마지막 날에도 재물을 쌓았습니다. 4 보
십시오, 여러분의 밭에서 곡식을 벤 일꾼들에게
주지 않고 가로챈 품삯이 소리를 지르고 있습니
다. 그래서 그 일꾼들의 아우성소리가 전능하신
주님의 귀에 들어갔습니다. 5 여러분은 이 땅
위에서 사치와 쾌락을 누렸으며, 살육의 날에
마음을 살찌게 하였습니다. 6 여러분은 의인을
정죄하고 죽였지만, 그는 여러분에게 대항하지
않았습니다.

ㄱ) 그, '형제들'

4:6 야고보서는 (벧전 5:5에도 나오는) 잠 3:24의 칠십인역을 인용한다. **4:7-10** 겸손의 요청이 6절에 나오는 인용문에 부연되어 있다. 저자는 청중이 두 마음을 품는 죄를 저지르는 행동에서 방향을 전환하도록 촉구하는데, 이런 전환은 잠언으로부터 인용된 경건의 언어를 실천에 옮김으로써 이뤄진다. **4:7b-8a** 악마가 하나님께로 가까이 가는 사람들로부터 달아나리라는 약속은 하나님께서 믿는 자들에게 주시는 보다 큰 은혜가 무엇인지를 보여준다 (6a절).

4:11—5:12 야고보서는 일련의 간결한 권면들과 경고들로 자신이 이미 소개한 주제들로 되돌아온다: 말의 씀씀이 (4:11-12; 5:12); 허망한 생각 (4:13-17); 부자들이 자행하는 학대 (5:16); 그리고 시련을 참는 인내 (5:7-11). **4:11-12** 비방을 삼가라는 낯익은 교훈을 반복한다 (레 19:16; 또한 벧전 2:1을 보라). 야고보서가 서로 헐뜯는 자들을 율법을 비방하는 자로 기술하는 만큼 이 절들은 레 19:18에 나오는 사랑의 계명에 가까운 것임이 분명하다.

4:13-17 상인들의 허망한 생각에 대한 경고는 외부 사람들을 기술하는 것처럼 보이지만, 하나님의 뜻에 호소함으로써 자기과시를 억제하라는 충고(15절)는 이 단락이 이런 상업활동에 종사하는 그리스도인들을 지적하고 있음을 보여준다 (1:10-11을 보라). 희랍적 도덕주의자들도 또한 자신의 미래에 관하여 지나치게 자만하는 행위를 공격하였다. **4:17** 논쟁을 마무리 짓는데 사용된 독자적인 격언.

5:1-6 야고보서는 부자 지주들의 착취를 맹렬히 공격한다. 달리 행할 도리가 여기에 제시되어 있지 않기 때문에 (1:10-11; 4:13-17을 참조), 부자들은 그리스도인들이 아니다. **5:2-3** 희랍어 동사들에서 사용된 시제는 흔들림 없어 보이는 부가 이미 썩어 들어가기 시작했다는 것을 시사한다. 이것은 구원이 아니라 파멸의 매개가 될 것이다 (겔 7:19). 이 절들은 종종 거론되는 땅의 재물과 하늘의 재물 사이의 대조를 보여준다 (마 6:19-21; 누가복음 12:33). **5:4-6** 이 본문은 재물을 관대하게 나누기보다는 축적하기에만 급급한 부자들을 간접적으로 책망하는 것으로부터 특정한 범죄들을 끄집어내는 데로 눈길을 돌리는데, 예를 들어, 일꾼들의 품삯을 속여 가로채는 것(신 24:14-15; 레 19:13; 말 3:5 칠십인역)과 의인을 살해하는 것이 그런 범죄에 속한다. 살인은 굶주리는 가난한 자들을 희생시켜 얻은 사치로부터 초래된다.

5:7-11 인내하라는 말씀(1:2-18을 보라)을 듣는 그리스도인들에게, 심판의 날(7절; 또한 4:11을 보라)은 구원의 때로 예기되고 있으며, 이것은 부자들을 기다리고 있는 운명과 대조를 이루고 있다 (11절; 또한 1:12를 보라). **5:7** 언약에 대한 하나님의 신실하심은 봄과 가을에 내리는 비에서 분명해진다 (신 11:14; 렘 5:24; 호

인내와 기도

7 그러므로 ㄱ)형제자매 여러분, 주님께서 오실
때까지 참고 견디십시오. 보십시오, 농부는 이른
비와 늦은 비가 땅에 내리기까지 오래 참으며, 땅의
귀한 소출을 기다립니다. 8 여러분도 참으십시오.
마음을 굳게 하십시오. 주님께서 오실 때가 가깝
습니다. 9 ㄱ)형제자매 여러분, 심판을 받지 않으
려거든, 서로 원망하지 마십시오. 보십시오, 심판
하실 분께서 이미 문 앞에 서 계십니다. 10 ㄱ)형제
자매 여러분, 주님의 이름으로 예언한 예언자들을
고난과 인내의 본보기로 삼으십시오. 11 보십시
오. 참고 견딘 사람은 복되다고 우리는 생각합니
다. 여러분은 욥이 어떻게 참고 견디었는지를 들었
고, 또 주님께서 나중에 그에게 어떻게 하셨는지
를 알고 있습니다. 주님은 가여워하시는 마음이
넘치고, 불쌍히 여기시는 마음이 큽니다.

12 나의 ㄱ)형제자매 여러분, 무엇보다도 맹세
하지 마십시오. 하늘이나 땅이나 그 밖에 무엇을
두고도 맹세하지 마십시오. 다만, "예" 해야 할 경
우에는 오직 "예"라고만 하고, "아니오" 해야 할
경우에는 오직 "아니오"라고만 하십시오. 그렇게
해야 여러분은 심판을 받지 않을 것입니다.

13 여러분 가운데 고난을 받는 사람이 있습
니까? 그런 사람은 기도하십시오. 즐거운 사람이
있습니까? 그런 사람은 찬송하십시오. 14 여러
분 가운데 병든 사람이 있습니까? 그런 사람은 교
회의 장로들을 부르십시오. 그리고 그 장로들은
주님의 이름으로 그에게 기름을 바르고, 그를 위
하여 기도하여 주십시오. 15 믿음으로 간절히
드리는 기도는 병든 사람을 낫게 할 것이니, 주님
께서 그를 일으켜 주실 것입니다. 또 그가 죄를 지
은 것이 있으면, 용서를 받을 것입니다. 16 그러
므로 여러분은 서로 죄를 고백하고, 서로를 위하
여 기도하십시오. 그러면 여러분은 낫게 될 것입
니다. 의인이 간절히 비는 기도는 큰 효력을 냅니
다. 17 엘리야는 우리와 같은 본성을 가진 사람
이었지만, 비가 오지 않도록 해 달라고 간절히 기
도하니, 삼 년 육 개월 동안이나 땅에 비가 내리
지 않았으며, 18 다시 기도하니, 하늘이 비를 내
리고, 땅은 그 열매를 맺었습니다.

19 나의 ㄱ)형제자매 여러분, 여러분 가운데서
진리를 떠나 그릇된 길을 가는 사람이 있을 때에,
누구든지 그를 돌아서게 하는 사람은 20 이 사
실을 알아두십시오. 죄인을 그릇된 길에서 돌아
서게 하는 사람은 그 죄인의 영혼을 죽음에서 구
할 것이고, 또 많은 죄를 덮어줄 것입니다.

ㄱ) 그, '형제들'

6:3). **5:9** 야고보서는 원망하지 말라고 마지막으로 부탁한다 (또한 1:27; 3:1-12; 4:11-12를 보라). **5:10** 예언자의 고난이라고 하는 주제는 초대교회 전승에서 일반적으로 나타나는 것이었다 (마 5:12; 23:29-39; 히 11:32-33). **5:12** 독자적인 전승의 한 단편임 (또한 마 5:34-37을 보라).

5:13-20 이 결론적인 단락은 상호관계에로 초점을 돌리는데 이것은 야고보의 도덕적 권면이 다만 개인들에 대한 것이 아니라는 것을 독자들에게 일깨워 주려는 것이다. 그들이 공동체를 약화시키는 상황과, 고난 및 질병(13-15a절)과, 죄의 행실(15b-16a절)과, 그리고 그릇된 길로 가는 자들(19-20절)을 어떻게 다루어야 하는가? 예언자 엘리야가 본을 보인 대로 독자들은 확신에 찬 기도로써 이러한 상황들에 대응해야 한다 (16b-18절; 또한 1:6-8을 보라).

5:13-15a 그리스도인들로 하여금 기도하게끔 하는 일련의 상황들이 육체적 질병이 걸린 상황에서 정점에 이른다. **5:14** *장로들.* 공동체에서 직임을 맡은 사람들을 언급한다 (행 11:30; 14:23; 20:17; 딤전 5:17-19; 벧전 5:1; 요이 1을 보라). 감람나무 기름은 통상 약품으로 사용되었다 (막 6:13; 눅 10:34). 야고보는 병 치료를 위해서 기름 바름과 기도가 어떻게 관련되는지를 설명하지 않는다. 기도는 하나님의 치유 능력을 가져온다 (15a절).

5:15b-16a 야고보서가 기도를 통해서 사함을 받아야 할 죄를 질병의 원인으로 생각하는지 (막 2:1-12; 요 5:14를 보라) 혹은 그것과는 별개로 상호간 죄 사함을 구하는 방법을 염두에 두고 있는지는 분명하지 않다.

5:16b-18 엘리야의 기도(왕상 18:42)는 기도의 능력을 보여준다. 약 5:16은 기도의 응답의 기준으로서 앞에 나온 "흔들리지 않는 믿음"을 *의인*으로 대치한다 (1:6).

5:19-20 *그릇된 길을 가는* 동료 그리스도인들의 죄는 믿음으로부터 아주 돌아서는 것을 의미한다 (마 22:29; 24:5; 딤후 3:13; 딛 3:3). 이런 사람들은 공동체를 떠났을지 모르는데, 야고보가 그들에 대해서 죽음에서 구원받을 자들로 말하기 때문이다. 결론을 맺는 절은 불명료한데, 잃은 자들을 찾은 결과로써 *덮어지*는 죄는 그런 자들을 양 우리 안에 데려온 기독교인의 죄를 뜻할 수 있기 때문이다 (예를 들어, 겔 3:21; 딤전 4:16). 많은 해석자들은 이 절이 돌아온 죄인에 대한 하나님의 자비를 최종적으로 확증하는 것으로 이해한다. 이 절은 잠 10:12를 반영해 준다.

베드로전서

베드로전서는 신약성경 중 가장 아름답고 호소력 있는 책들 가운데 하나이다. 베드로전서가 지닌 심오한 기독론, 교회의 비전, 그리고 세상에서 실천되어야 하는 그리스도인의 생활에 관한 불타는 교훈이 복음의 의미를 풍부하게 표현한다.

이 서신이 쓰이게 된 상황들을 알려주는 독자적인 정보는 없다. 비록 사도 베드로에게 저작권이 부여되어 있기는 하지만 (1:1), 누가 정말로 이 서신의 저자인지에 관해서는, 오늘날 성경을 연구하는 이들 가운데 폭넓게 논의되어 왔을 뿐, 의견의 일치를 보지 못하고 있다. 이 서신에 사용된 희랍어는 신약성경 전체에서 가장 문학적이고 세련된 것들 중에 하나인데, 1세기의 팔레스타인의 어부가, 비록 그가 어느 정도 희랍어를 구사하였다고 하더라도, 이와 같은 글을 쓸 수 있었을 것으로 보이지 않는다. 이 서신에는 베드로가 예수님을 추종한 사도로서 몸소 체험했던 경험에 대한 직접적인 언급들이 드물고, 가령 있다고 하더라도 간접적으로 언급한다 (예를 들어, 1:1; 5:1, 12-13). 이 서신은 거의 틀림없이 베드로의 이름을 빌려서 씌여진 것인데, 초기 그리스도인들의 무리 가운데서 나온 것이다. 이 서신은 아마도 베드로의 사역에 의하여 영향을 받은 자에 의하여 쓰여졌을 것이며, 그는 사도 베드로에게 저작권을 넘김으로써 이 서신에 사도의 권위를 덧붙였을 것이다. 이렇게 익명으로 글을 쓰는 것은 고대 세계에서와 성경 자체에서 많이 알려진 사실이다. 이렇게 남의 이름으로 쓰는 것은 반드시 속이려는 의도를 보이는 것이 아니다. 이것은 저작권이 부여된 자의 권위에 대한 존경의 표시이며 스승의 가르침을 기조로 하여 메시지를 전하는 것이었다. 일부 학자들은 베드로전서가 이 사도의 이름과 선교가 영향을 미쳤던 로마에 있던 "베드로의 무리"로부터 유래했을 것이라고 추정하여 왔다.

실제로, 로마가 이 서신의 출처일 것이다. 저자는 "바빌론에 있는 자매 교회"(5:13)를 언급하는데, 이것은 유대 문헌이나 초대교회 문헌에서 수도 로마에 대하여 경멸감을 드러내는 것이었다 (계 14:8; 16:19; 17:5, 18; 18:2). 그렇다고 하면, 베드로전서는 이 제국의 중심지에서 쓰여져서 소아시아의 북부에 위치한 일련의 그리스도교 공동체들 (1:1) 가운데 유포되었을 것이다. 이것이 사실이라면, 이 서신은 로마 교회가 제국 내에 있는 다른 공동체들에게로 영향력을 넓혔던 가장 초기의 기록일 것이다.

대부분의 주석가들은 이 서신이 1세기의 마지막 분기에 쓰여진 것으로 추정하지만, 정확하게 이것이 쓰여진 시기를 정하는 것은 매우 어렵다. 이 서신은 2세기의 사도적 저자들에 의하여 처음으로 인용되었다 (아마도 폴리캅에 의해서, 분명하게는 터툴리안, 이레니우스, 그리고 알렉산드리아의 클레멘트에 의하여 이것이 인용되었다). 이것은 북부 소아시아에 있는 기존 그리스도교 공동체들을 위하여 로마에서 쓰여졌을 가능성이 있는데, 바울의 선교가 끝난 후 초기 그리스도교 선교가 어느 정도 발전 단계에 있었음을 시사해준다. 물론 유대계 그리스도교 선교활동에 의하여 복음이 그러한 지역들에 일찍부터 전파되었을지도 모르지만 말이다 (행 2:9에 언급된 도시들을 보라). 일부 학자들은 서신에 나오는 박해에 대한 언급들(1:6; 2:12; 3:14-17; 4:12; 5:9)에 기초해서 저작 시기들을 제시한다. 국가가 뒷받침한 박해는 1세기에는 비교적 드물었으며, 이런 박해는 아마도 그리스도인들에 대한 박해를 로마의 지역으로 제한했던 네로 (기원후 54-68년), 도미티안 (기원후 81-96년), 그리고 트라잔(기원후 97-117년)의 탓으로 돌려진다. 트라잔의 통치시기에 소플리니

(Pliny the Younger)는 서신들을 남겼는데, 그는 이 서신들에서 소아시아에 있던 그리스도인들에 대한 거듭된 박해를 증언하고 25년 전(즉, 도미티안의 통치 시기)에 발생한 어떤 격정의 폭발을 암시적으로 언급한다. 하지만, 이러한 경우들에 있어서조차도, 그리스도인들에 대한 박해는 여러 지역에서 지역적인 상황들에 따라 산발적이고 강도가 다르게 일어났을 것으로 보인다. 또한, 베드로전서에 언급된 수난과 박해가 국가에 의한 조직적이고 공공연한 박해를 언급하는 것인지, 혹은 주변 사회로부터 온 정도가 약한 학대와 고립화를 언급하는 것인지가 분명하지 않다. 그러므로 이런 언급들에 기초해서 이 서신의 저작 시기를 정확하게 규정하려는 시도들은 가설적인 것으로 남아있어야 한다. 이 서신의 저작 시기를 1세기의 마지막 분기로 보는 것도 가능성이 있다.

이 서신의 본질과 목적은 보다 분명하다: 이것은 그리스도인의 삶을 사는 독자들을 독려하는 데 목적이 있다. 저자는 예수님의 죽음과 부활과 승천을 통한 하나님의 구원사역에 뿌리는 둔 그리스도교적 삶의 비전을 기술한다. 저자는 독자들에게 그들의 구원에 대한 확신을 주고 이것이 공동체를 위해서 불러일으키는 희망을 상기시켜 주는데, 이 공동체는 이스라엘에 대한 약속들이 실현되는 것을 보게 될 집단이다. 이 공동체는 고결한 삶을 살아야 하며, 필요하다면 고난과 고립화의 위험을 무릅쓰는 동시에 공동체 주변에 있는 세상 사람들에게 희망과 선한 사역들을 기꺼이 증거해야 한다.

이 서신은 상당히 일반적인 문학형식을 따르며 바울의 서신들을 연상시킨다. 인사말(1:1-2)과 머리말 축복 (1:3-12) 다음에, 서신의 본체(1:13—5:11)가 따르며, 마지막 인사말과 권면(5:12-14)으로 결론을 맺는다. 연구 주석들은 이 개요에 기초하고 있는데, 이 개요는 주석을 붙이는 과정에서 명료성을 위하여 추가적으로 세분화된다.

Ⅰ. 머리말, 1:1-2
Ⅱ. 축복 1:3-12
Ⅲ. 서신의 본체, 1:13—5:11
  A. 그리스도교적 경험의 기초들, 1:13—2:3
  B. 교회; 산돌의 성전, 언약 공동체, 2:4-10
  C. 세상 가운데 있는 교회, 2:11—4:11
  D. 결론을 맺는 권면, 4:12—5:11
Ⅳ. 결론, 5:12-14

도날드 시니어 (Donald Senior)

인사

1 1 예수 그리스도의 사도인 베드로가, 본도와
갈라디아와 갑바도기아와 아시아와 비두니아
에 흩어져서 사는 나그네들인, 택하심을 입은 이
들에게 이 편지를 씁니다. 2 하나님 아버지께서 여
러분을 미리 아시고 성령으로 거룩하게 해 주셔서,
여러분은 순종하게 되고, 예수 그리스도의 피 뿌
림을 받게 되었습니다. 여러분에게 은혜와 평화가
더욱 가득 차기를 빕니다.

산 소망

3 우리 주 예수 그리스도의 하나님 아버지께
찬양을 드립시다. 하나님께서는 그 크신 자비로
우리를 새로 태어나게 하셨습니다. 그리하여 그는,
죽은 사람들 가운데서 예수 그리스도가 부활하심
으로 말미암아 우리로 하여금 산 ㄱ)소망을 갖게 해
주셨으며, 4 썩지 않고 더러워지지 않고 낡아 없
어지지 않는 유산을 물려받게 하셨습니다. 이 유
산은 여러분을 위하여 하늘에 간직되어 있습니다.
5 하나님께서는 여러분의 믿음을 보시고 그의
능력으로 여러분을 보호해 주시며, 마지막 때에
나타나기로 되어 있는 구원을 얻게 해 주십니다.
6 그러므로 여러분이 지금 잠시동안 여러 가지
시련 속에서 어쩔 수 없이 슬픔을 당하게 되었다
하더라도 기뻐하십시오. 7 하나님께서는 여러분
의 믿음을 단련하셔서, 불로 단련하지만 결국 없
어지고 마는 금보다 더 귀한 것이 되게 하시며,
예수 그리스도께서 나타나실 때에 여러분에게 칭
찬과 영광과 존귀를 얻게 해 주십니다. 8 여러분은
그리스도를 본 일이 없으면서도 사랑하며, 지금
그를 보지 못하면서도 믿으며, 말로 다 표현할 수 없
는 즐거움과 영광을 누리면서 기뻐하고 있습니다.
9 여러분은 믿음의 목표 곧 여러분의 영혼의 구
원을 받고 있는 것입니다.

10 예언자들은 이 구원을 자세히 살피고 연구
하였습니다. 그들은 여러분이 받을 은혜를 예언
하였습니다. 11 누구에게 또는 어느 때에 이런
일이 일어날 것인지를 그들이 연구할 때에, 그들
안에 계신 그리스도의 영이 그리스도에게 닥칠 고
난과 그 뒤에 올 영광을 미리 증언하여 드러내 주
셨습니다. 12 예언자들은 자기들이 섬긴 그 일
들이, 자기들을 위한 것이 아니라 여러분을 위한
것임을 계시로 알게 되었습니다. 그 일들은 하늘
로부터 보내주신 성령을 힘입어서 여러분에게 복
음을 전한 사람들이 이제 여러분에게 선포한 것입
니다. 그 일들은 천사들도 보고 싶어하는 것입니다.

불러주심에 따르는 거룩한 생활

13 그러므로 여러분은 마음을 단단히 먹고
정신을 차려서, 예수 그리스도께서 나타나실 때에
여러분이 받을 은혜를 끝까지 바라고 있으십시오.

ㄱ) 또는 '희망'

1:1-2 전형적인 인사말 형태로, 바울 서신들과 유사하다. 저자(서문을 보라)는 예수 그리스도의 사도 *베드로*로 언급하는데, 이것은 저자의 권위가 궁극적으로 어디에서 기원하는지를 보여주는 것이다. **1:1** *본도와 갈라디아와 갑바도기아와 아시아와 비두니아.* 이 지역들은 소아시아의 북쪽 하반부에 위치한 영토들이다. 이 영토들이 기록된 순서는 이 서신의 일반적인 유통 경로를 지적하는 것으로 보인다. **1:2** *흩어져서 사는 나그네들.* 이 표현은 이 지역에 사는 그리스도인들이 처해 있던 소수민족의 위치를 반영해주지만, 이것은 또한 다음과 같은 신학적 전망을 보여주기도 한다: 흩어지고 자신들의 본향으로부터 멀리 떨어져 사는 것이 지상에서 그리스도인들이 처한 삶의 현주소이다. 개역개정과 공동번역과 NRSV는 *택하심을 입은* 상태를 2절에 포함시키고 있는데, 새번역개정은 1절에서 이것을 포함시킨다. 여하튼 택함을 받은 것에 대한 관점은 서신 본체에서 확대되어 언급된다.

1:3-12 이 구절은 긴 축복으로, 바울 서신들에 나오는 그것들과 유사하며, 이 서신에 나오는 주요 동기들을 예측케 한다. 그리스도의 사망과 부활을 통해 효력을 발생한 하나님의 자비의 행위는 공동체의 희망의 기초이자 으뜸가는 가치이다. 이 구원행위를 통해서, 그리스도인은 영생의 유산을 보장받는다. **1:6-9** 그리스도인의 시간 개념은 베드로전서에서 근본적으로 중요하다. 과거는 그리스도 사건의 서막이다; 구원은 장래를 위하여 확보되어 있다; 그러므로, 우리는 현재의 고난을 희망을 가지고 참아낼 수 있다. 이것은 이 서신에 나오는 고난에 대한 몇 차례의 언급들 가운데 첫 번째 것인데, 아마도 주류를 이루는 비그리스도인들로부터 오는 고립화와 때때로 일어나는 학대의 경험을 말하는 것 같다. **1:10-12** 이 서신은 구약 전체를 그리스도의 나심에 대한 기대와 결과적으로 그의 죽음 및 부활을 통한 확실한 구원을 위한 준비로 간주한다. 이 서신은 구약을 아주 많이 언급하지만, 전적으로 그리스도교적 관점에서 그렇게 한다.

1:13—5:11 저자는 이제 이 서신의 내용으로 눈을 돌린다. **1:13—2:13** 거룩함은 그리스도인의 생활의 초석이다. **1:13-16** 저자는 이제 자신의 독자

14 순종하는 자녀로서 여러분은 전에 모르고 좇
았던 욕망을 따라 살지 말고, 15 여러분을 불러
주신 그 거룩하신 분을 따라 모든 행실을 거룩하게
하십시오. 16 성경에 기록하기를 ㄱ)"내가 거룩하
니 너희도 거룩하여라" 하였습니다.

17 그리고 사람을 겉모양으로 판단하지 않으
시고 각 사람의 행위대로 심판하시는 분을 여러분
이 아버지라고 부르고 있으니, 여러분은 나그네
삶을 사는 동안 두려운 마음으로 살아가십시오.
18 여러분은 조상으로부터 물려받은 여러분의
헛된 생활방식에서 해방되었습니다. 여러분도 아
시지만, 그것은 은이나 금과 같은 썩어질 것으로
된 것이 아니라, 19 흠이 없고 티가 없는 어린
양의 피와 같은 그리스도의 귀한 피로 되었습니다.
20 하나님께서는 이 그리스도를 세상이 창조되
기 전에 미리 아셨고, 이 마지막 때에 여러분을 위
하여 나타내셨습니다. 21 여러분은 그리스도로
말미암아 하나님을 믿고 있습니다. 하나님은 그
리스도를 죽은 사람 가운데서 살리시고 그에게 영
광을 주셨습니다. 그래서 여러분의 믿음과 소망은
하나님을 향해 있습니다.

22 여러분은 진리에 순종함으로 ㄴ)영혼을 정
결하게 하여서 꾸밈없이 서로 사랑하기에 이르렀
으니, [순결한] 마음으로 서로 ㄷ)뜨겁게 사랑하십
시오. 23 여러분은 다시 태어났습니다. 그것은
썩을 씨로 그렇게 된 것이 아니라, 썩지 않을 씨
곧 ㄹ)살아 계시고 영원하신 하나님의 말씀으로 그
렇게 되었습니다.
24 ㅁ)"모든 육체는 풀과 같고,
그 모든 영광은 풀의 꽃과 같다.
풀은 마르고 꽃은 떨어지되,
25 주님의 말씀은 영원히 있다."
이것이 여러분에게 복음으로 전해진 말씀입니다.

살아 있는 돌과 거룩한 국민

2 1 그러므로 여러분은 모든 악의와 모든 기만과
위선과 시기와 온갖 비방하는 말을 버리십시오.
2 갓난 아기들처럼 순수하고 신령한 젖을 그리워
하십시오. 여러분은 그것을 먹고 자라서 구원에
이르러야 합니다. 3 여러분은 주님의 인자하심
을 맛보았습니다. 4 주님께 나아오십시오. 그는
사람에게는 버림을 받으셨으나, 하나님께는 택하
심을 받은 살아 있는 귀한 돌입니다. 5 살아 있
는 돌과 같은 존재로서 여러분도 집 짓는 데 사용
되어 신령한 집이 됩니다. 그래서 여러분은 예수 그
리스도로 말미암아 하나님께서 기쁘게 받으실 신
령한 제사를 드리는 거룩한 제사장이 되십니다.
6 성경에 이런 말씀이 있습니다.
ㅂ)"보아라,
내가 골라낸 귀한 모퉁이 돌 하나를
시온에 둔다.
그를 믿는 사람은
결코 부끄러움을
당하지 않을 것이다."
7 그러므로 이 돌은 믿는 사람들인 여러분에게는
귀한 것이지만, 믿지 않는 사람들에게는,
ㅅ)"집 짓는 자들이 버렸으나,
모퉁이의 머릿돌이 된 돌"이요,
8 또한
ㅇ)"걸리는 돌과
넘어지게 하는 바위"입니다.
그들이 걸려서 넘어지는 것은 말씀을 순종하지 않
기 때문이며, 또한 그렇게 되도록 정해 놓으셨기
때문입니다.

ㄱ) 레 11:44, 45; 19:2; 20:7 ㄴ) 다른 고대 사본들에는 '성령(그, '영')을 통하여'가 더 있음 ㄷ) 또는 '변함없이' 또는 '깊게' ㄹ) 또는 '하나님의 살아 있는 영원한 말씀으로' ㅁ) 사 40:6-8 (칠십인역) ㅂ) 사 28:16 (칠십인역) ㅅ) 시 118:22 (칠십인역) ㅇ) 사 8:14

들을 명확하게 권고하는데, 이것이 베드로전서의 근본 목적이다. 그리스도인들은 *모르고 좇았던* 예전의 생활 방식을 버리고 거룩하게 살도록 부름받았음을 깨달아 살아야 한다. **1:16** *"내가 거룩하니 너희도 거룩하여라."* 레 19:2를 보라.

1:17-21 자신의 행위들은 거룩하게 살라는 부름과 일치되어야 하는데, 거룩한 생활은 하나님께서 주신 그리스도인들의 운명이다. 믿는 자들은 허망한 생활로부터 구함을 얻어 의미와 목적을 가진 삶으로 옮겨져 왔는데, 이러한 변화는 그리스도의 사망과 부활을 통해서 효력을 발행하게 되었다. 이 구원행위는 그들이 *나그네* 삶을 사는 동안 언제나 그리스도교적 희망의 근본 뿌리로 존재한다.

1:22—2:3 본 서신에 전형적인 어떤 문체를 바탕으로 하여, 거룩한 생활에 대한 권면은 공동체 내에서 상호적인 사랑의 호소로 이어진다 (또한 3:8-12; 4:8-11; 5:5를 보라). **1:24-25** 사랑은 새롭게 된 삶이 진짜임을 입증하는 표시이다. 이 권면은 하나님의 변치 않는 진리의 말씀으로부터 나온다: 저자는 이 교훈을 뒷받침하기 위하여 시 34:8을 인용한다. **2:1** 이런 종류의 사랑을 성취하기 위하여, 그리스도인들은 공동체를 파괴하는 다음과 같은 악행들을 멀리해야 한다: *악의, 기만, 위선, 시기, 비방.*

2:4-10 이 단락은 구약에 나오는 풍부한 이미지들과 은유들을 사용하여 교회에 대한 저자의 비전을 묘사하여주는 중요한 구절이다. **2:4-8** 공동체는 귀한

9 ㄱ)그러나 여러분은 택하심을 받은 족속이요,
왕과 같은 제사장들이요, 거룩한 민족이요, 하나
님의 소유가 된 백성입니다. 그래서 여러분을 어
둠에서 불러내어 자기의 놀라운 빛 가운데로 인도
하신 분의 업적을, 여러분이 선포하는 것입니다.
10 여러분이 전에는

하나님의 백성이 아니었으나,
지금은 하나님의 백성이요,
전에는
자비를 입지 못한 사람이었으나,
지금은 자비를 입은 사람입니다.

하나님의 종으로 살라

11 사랑하는 여러분, 나는 나그네와 거류민
같은 여러분에게 권합니다. 영혼을 거슬러 싸우
는 육체적 정욕을 멀리하십시오. 12 여러분은
이방 사람 가운데서 행실을 바르게 하십시오. 그
렇게 해야 그들은 여러분더러 악을 행하는 자라고
욕하다가도, 여러분의 바른 행위를 보고 하나님
께서 찾아오시는 날에 하나님께 영광을 돌릴 것입
니다.

13 여러분은 인간이 세운 모든 제도에 주님을
위하여 복종하십시오. 주권자인 왕에게나, 14 총독
들에게나, 그렇게 하십시오. 총독들은 악을 행하는
사람에게 벌을 주고 선을 행하는 사람에게 상을
주게 하려고 왕이 보낸 이들입니다. 15 선을 행
함으로 어리석은 자들의 무지한 입을 막는 것이
하나님의 뜻입니다. 16 여러분은 자유인으로 사
십시오. 그러나 그 자유를 악을 행하는 구실로 쓰
지 말고, 하나님의 종으로 사십시오. 17 모든 사
람을 존중하며, 믿음의 식구들을 사랑하며, 하나
님을 두려워하며, 왕을 공경하십시오.

그리스도의 고난

18 하인으로 있는 여러분, 극히 두려운 마음
으로 주인에게 복종하십시오. 선량하고 너그러운
주인에게만 아니라, 까다로운 주인에게도 그리하
십시오. 19 억울하게 고난을 당하더라도 하나님을
생각하면서 괴로움을 참으면, 그것은 아름다운
일입니다. 20 죄를 짓고 매를 맞으면서 참으면,
그것이 무슨 자랑이 되겠습니까? 그러나 선을 행
하다가 고난을 당하면서 참으면, 그것은 하나님
께서 보시기에 아름다운 일입니다.

ㄱ) 사 43:20; 출 19:5-6; 사 43:21

돌 위에 세워진 것이지만, 버림받은 그리스도의 돌(2:7에 인용되었듯이 이것은 시 118:22의 이미지에 의존한다)에 기초를 두고 있다. 그리고 공동체 자체는 살아 있는 돌들로 지어진 신령한 집 혹은 성전이다 (이것은 사 28:16의 신비한 이미지를 반영한다; 또한 고전 3:16-17; 고후 6:16; 엡 2:20-22; 딤전 3:15; 히 3:6을 보라). 그리스도인들은 이 신령한 성전의 제사장들이며 그리스도를 통해서 하나님께 합당한 희생제물을 드린다. 마지막으로, 공동체의 이런 신령한 건물은 불신자들에게는 도전이며 방해물이다 (사 8:14; 또한 눅 20:17-18을 보라). **2:9-10** 저자는 이제 구약에 나오는 또 다른 일련의 은유들을 교회에 적용하는데, 이것들은 원래 언약 공동체로서의 이스라엘의 정체를 기술하는데 사용되었다. 그리스도인들은 *택하심을 받은 족속이요, 왕과 같은 제사장들이요, 거룩한 민족이요, 하나님의 소유가 된 백성이다* (출 19:6; 사 43:20-21을 보라). 이 택함을 받은 백성의 소명은 그들을 구원하신 하나님의 놀라운 업적을 선포하는 것이다. 택함을 입은 그들의 지위는 오만이 아니라 겸손의 원인이 된다 (호 2:23).

2:11—4:11 저자는 이제 세속사회에서 거룩한 삶을 살아가는데 필요한 실제적인 것들에 눈을 돌린다.

2:11-12 이 절들은 뒤따라 나오는 단락들을 위한 일종의 기조를 형성해준다. 그리스도인들(*사랑하는 여러분*)은 나그네(즉, 자신들의 주변 문화에 결단코 충분히 정착하지 못한 사람들)이며 *거류민*(궁극적으로 하나님과 함께 다른 나라 땅에 속한 사람들)이다. 비록 정신적으로나 사회적으로 고립되어 있지만, 그리스도인들은 이방 사람들과의 접촉을 단절하지 말아야 한다.

특별 주석

여기서 이방 사람들은 비유대인들을 언급하는 것이 아니다. 실제적으로, 이것은 택함을 입은 백성, 혹은 그리스도인들과 열방들, 혹은 불신자들 사이의 영적 구별을 위한 은유로 사용한 것이다.

비록 악을 행하는 자들로 비방을 받을지라도, 그리스도인들은 자신들의 바른 행위가 궁극적으로 불신자들을 설득하여 하나님께 영광을 돌리게 하는 증거가 되도록 해야 한다.

2:13-17 저자는 그리스도인들이 국가에 반기를 들거나 국가를 위협하는 자들로 보이지 않기를 열망하는 것으로 보이는데, 국가에 반대하거나 그것을 위협하는 자들로 보이는 것은 다만 그들의 취약성을 증대시킬 뿐이다. 롬 13:1-7에 나오는 바울의 관점을 일부 반영하여, 저자는 국가의 권위에 대한 존중을 요청한다. 그리스도인들은 바른 행위의 증거를 제시해야 하는 동시에 그들은 궁극적으로 *하나님의 종*들이기 때문에 *자유인*

21 바로 이것을 위하여 여러분은 부르심을
받았습니다.
그리스도께서는
여러분을 위하여
고난을 당하심으로써
여러분이 자기의 발자취를
따르게 하시려고
여러분에게
본을 남겨 놓으셨습니다.
22 ㄱ)그는 죄를 지으신 일이 없고
그의 입에서는
아무런 거짓도
찾아볼 수 없었습니다.
23 그는 모욕을 당하셨으나
모욕으로 갚지 않으시고,
고난을 당하셨으나
위협하지 않으시고,
정의롭게 심판하시는 이에게
다 맡기셨습니다.
24 그는 우리 죄를
자기의 몸에 몸소 지시고서,
나무에 달리셨습니다.
그것은, 우리가 죄에는 죽고
의에는 살게 하시려는
것이었습니다.
그가 매를 맞아 상함으로
여러분이 나음을 얻었습니다.
25 전에는
여러분은 길 잃은 양과 같았으나,
이제는 여러분의
영혼의 목자이며 감독이신
그에게로 돌아왔습니다.

아내와 남편

3 1 아내가 된 이 여러분, 이와 같이 여러분은
자기 남편에게 순복하십시오. 그리하면 비록
말씀에 복종하지 않는 남편일지라도, 말을 하지
않고도 아내 여러분의 행실로 말미암아 구원을 얻
게 될 것입니다. 2 그들이 여러분의 경건하고 순
결한 행실을 보고 그렇게 될 것입니다. 3 여러분
은 머리를 꾸미며 금붙이를 달거나 옷을 차려 입
거나 하여 겉치장을 하지 말고, 4 썩지 않는 온
유하고 정숙한 마음으로 속 사람을 단장하도록 하
십시오. 그것이 하나님께서 보시기에 값진 것입
니다. 5 전에 하나님께 ㄴ)소망을 두고 살던 거룩
한 여자들도 이와 같이 자기를 단장하고, 자기 남
편에게 순복하였습니다. 6 사라가 아브라함을
주인이라고 부르면서 그에게 순종하던 것과 같습
니다. 여러분은 선을 행하고, 아무리 무서운 일도
두려워하지 않으니, 사라의 딸이 된 것입니다.
7 남편이 된 이 여러분, 이와 같이 여러분도
아내가 여성으로서 자기보다 연약한 그릇임을 이
해하고 함께 살아야 합니다. 그리고 생명의 은혜를
함께 상속받을 사람으로 알고 존중하십시오. 그리
해야 여러분의 기도가 막히지 않을 것입니다.

ㄱ) 사 53:9 ㄴ)또는 '희망'

으로 산다. 그러므로 독자는 (모든 *사람*을 존중하듯이; 2:17) 황제를 존중해야 하지만, 그는 하나님을 두려워해야 하며 하나님만이 마음의 깊숙한 곳에서 우러나오는 존경의 대상이 됨을 알아야 한다.

2:18–25 이 부분으로부터 시작해서 3:7에 이르기까지, 저자는 공동체에 속한 여러 구성원들을 권면하기 위하여 "가정생활 지침"의 전통적인 수사적 효과를 노리는 방법을 사용한다 (엡 5:22—6:9; 골 3:18—4:1에 나오는 다른 예들을 보라; 또한 2120쪽 추가 설명: "가정생활 지침"을 보라). 그렇지만, 본 서신에서는 하인들과 비그리스도교인 남편들의 아내들(3:1-6)을 사례로 선택했다. 이렇게 한 것은 아마도 전통적이고 가부장적 사회에서 그들의 취약점을 드러냄으로써 공동체의 나머지 사람들에게 담대한 그리스도인의 생활 본보기를 삼으려 했기 때문일 것이다. 하인들은 주인들에게 순종하도록 권면하는데, 예수님 자신이 부당하게 고난당한 사실을 염두에 두고 하물며 그들이 학대를 가하는 자들일지라도 그들에게 순종하라는 것이다. 하인들은 고난당하는 예수님의 표상이 되며, 그리스도의 고난을 통해서 구원이 궁극적으로 도래한 사실을 상기시켜 준다.

3:1–6 전통적인 관점을 취하여, 저자는 아내들이 남편들의 권위에 순복하도록 권면한다. 저자는 이것을 설명하기 위해 다시 구약에 눈 돌려 사라가 아브라함에게 순종한 사실을 인용한다.

특별 주석

하인들과 아내들에 대한 저자의 권고는 전통적이고 체제 순응적이지만, 여기에는 미묘하게 사회와 반대 방향으로 가는 기미가 있기도 하다. 로마 사회는 가계의 모든 구성원들, 특별히 여자들과 하인들은 가부장, 혹은 남성 호주가 지시하는 종교적 의무를 따라야 했다. 베드로전서의 저자는 두 부류의 사람들이 외적으로 서로를 존중하되 각자 내적인 자유를 유지하도록 촉구함으로써 미묘하게 이와 같은 체제 순응에 저항한다.

의를 위한 고난

8 마지막으로 말합니다. 여러분은 모두 한
마음을 품으며, 서로 동정하며, 서로 사랑하며,
자비로우며, 겸손하십시오. 9 악을 악으로 갚거나
모욕을 모욕으로 갚지 말고, 복을 빌어 주십시오.
여러분으로 하여금 복을 상속받게 하시려고, 하
나님께서 여러분을 부르셨습니다.

10 ㄱ)"생명을 사랑하고,
좋은 날을 보려고 하는 사람은
혀를 다스려
악한 말을 하지 못하게 하며,
입술을 닫아서
거짓말을 하지 못하게 하여라.
11 악에서 떠나,
선을 행하며,
평화를 추구하며,
그것을 좇아라.
12 주님의 눈은 의인들을 굽어보시고,
주님의 귀는
그들의 간구를 들으신다.
그러나 주님은
악을 행하는 자들에게서는
얼굴을 돌리신다."

13 그러므로 여러분이 열심으로 선한 일을
하면, 누가 여러분을 해치겠습니까? 14 그러나
정의를 위하여 고난을 받으면, 여러분은 복이 있
습니다. ㄴ)그들의 위협을 무서워하지 말며, 흔들
리지 마십시오. 15 다만 여러분의 마음 속에 그
리스도를 주님으로 모시고 거룩하게 대하십시오.
여러분이 가진 희망을 설명하여 주기를 바라는 사
람에게는, 언제나 답변할 수 있게 준비를 해 두십
시오. 16 그러나 온유함과 두려운 마음으로 답
변하십시오. 선한 양심을 가지십시오. 그리하면
그리스도 안에서 행하는 여러분의 선한 행실을 욕
하는 사람들이, 여러분을 헐뜯는 그 일로 부끄러
움을 당하게 될 것입니다. 17 하나님께서 바라
시는 뜻이라면, 선을 행하다가 고난을 받는 것이,
악을 행하다가 고난을 받는 것보다 낫습니다.

18 그리스도께서도 죄를 사하시려고
단 한 번 죽으셨습니다.
곧 의인이 불의한 사람을 위하여
ㄷ)죽으신 것입니다.
그것은 그가 육으로는
죽임을 당하시고
영으로는 살리심을 받으셔서
ㄹ)여러분을 하나님 앞으로
인도하시려는 것입니다.
19 그는 영으로,
옥에 있는 영들에게도 가셔서
선포하셨습니다.

20 그 영들은, 옛적에 노아가 방주를 지을 동안
에, 곧 하나님께서 아직 참고 기다리실 때에, 순
종하지 않던 자들을 말하는 것입니다. 그 방주에
들어가 물에서 구원받은 사람은 겨우 여덟 사람밖
에 없었습니다. 21 그 물은 지금 여러분을 구원

ㄱ) 시 34:12 (칠십인역) ㄴ) 또는 '그들이 무서워하는 것을 무서워하지 마십시오'. 사 8:12 ㄷ) 다른 고대 사본들에는 '고난을 받으신' ㄹ) 다른 고대 사본들에는 '우리를'

3:7 *남편*들은 간단한 권고를 듣지만, 이것은 실제 복음이 말하는 인간의 동등성과 그리스와 로마 세계의 전통적인 사회적 계급제도 사이의 긴장을 보여주는 것이다. 여성은 사회나 (또한 분명히 저자가) 연약한 그릇으로 간주한다. 하지만, 복음의 관점에서 보면, 여성도 또한 생명의 은혜를 "함께 상속받을 사람"이다. 그러므로 남편들은 아내들을 존경하고 존중해야 한다.

3:8-12 저자는 이제 자신의 권고를 가정의 모든 구성원들에게 확장해서 그들로 하여금 서로 사랑하고 존경할 것을 촉구한다. **3:10** 시 34:13-17로부터 인용된 것으로 선을 행함에 강조점을 둔다.

3:13-17 가정생활 지침을 초월해서, 저자는 이제 공동체 전체에 일반적인 권고를 준다. 악과 고난에 직면하여 선을 추구하도록 하는 이러한 교훈들에는 풍성한 영성이 곁들어 있다. **3:14** 부당하게 고난당하는 자들에게 복이 있다는 말씀은 마 5:10에 기록되어 있는 예수님의 말씀을 반영해 준다. *그들의 위협을 무서워하지 말라*고 하는 마지막 구절은 사 8:13에서 인용된 것으로 보인다. **3:15** 이 절은 본 서신의 생동적인 분위기를 사로잡아 준다: 그리스도인들은 항상 *희망*을 증거하되, *온유함과 두려움*으로 항상 그렇게 할 준비가 되어 있어야 한다. **3:16** 이런 종류의 고난은 국가가 조직적으로 박해하는 것이 아니라 의혹과 적의를 가지고 그리스도인들을 지켜보는 주변 문화에 의한 산발적으로 일어나는 박해이다.

3:18-22 저자는 여기서 자신이 권면하는 것들의 기초가 되는 것을 검토한다. 즉, 이 기초는 곧 부활과 새 삶에 이르게 한 그리스도 자신의 무고한 고난이다 (1:18-21; 2:22-25에 나오는 유사한 양식을 보라). 그리스도의 죽음을 *의인이 불의한 사람을 위하여* 죽은 것으로 말하는 것은 사 53:11에 나오는 고난의 종의 이미지를 연상시켜준다. **3:19-20** 이해하기 어렵고, 논란이 많이 되는 구절이다. 이것은 그리스도께서 당한 무고한 고난이 홍수 때에 살았던 사망에 갇힌 불순종의

하는 ㄱ)세례를 미리 보여준 것입니다. 세례는 육체의 더러움을 씻어 내는 것이 아니라, 예수 그리스도의 부활을 힘입어서 선한 양심이 하나님께 응답하는 것입니다.
22 그리스도께서는 하늘로 가셔서 하나님의 오른쪽에 계시니, 천사들과 권세들과 능력들이 그에게 복종하고 있습니다.

하나님의 은혜를 맡은 선한 관리인

4 1 그리스도께서는 육신으로 ㄴ)고난을 받으셨습니다. 여러분도 같은 마음으로 무장하십시오. 육신으로 고난을 받은 사람은 이미 죄와 인연을 끊은 것입니다.
2 이제부터는, ㄷ)육신으로 살아갈 남은 때를 인간의 욕정대로 살지 말고, 하나님의 뜻대로 살아야 합니다.
3 여러분은 지난날에 이방 사람들이 하고 싶어하는 일을 하였으니, 곧 방탕과 정욕과 술 취함과 환락과 연회와 가증스러운 우상숭배에 빠져 살아 왔습니다. 그것은 지나간 때로 충분합니다.
4 그들은 여러분이 자기들과 함께 그런 지나친 방종에 빠지지 않는 것을 이상히 여기면서, 여러분을 비방합니다.
5 그들은 산 사람과 죽은 사람을 심판하실 분에게 사실을 죄다 아뢰어야 합니다.
6 죽은 사람들에게도 복음이 전해진 것은, 그들이 육신으로는 모든 사람이 심판받는 대로 심판을 받으나, 영으로는 하나님을 따라 살게 하려는 것입니다.

7 만물의 마지막이 가까이 왔습니다. 그러므로 정신을 차리고, 삼가 조심하여 기도하십시오.
8 무엇보다도 먼저 서로 뜨겁게 사랑하십시오. 사랑은 허다한 죄를 덮어 줍니다.
9 불평 없이 서로 따뜻하게 대접하십시오.
10 각 사람은 은사를 받은 대로 하나님의 여러 가지 은혜를 맡은 선한 관리인으로서 서로 봉사하십시오.
11 말을 하는 사람은 하나님의 말씀을 전파하는 사람답게 하고, 봉사하는 사람은 하나님께서 주시는 힘으로 봉사하는 사람답게 하십시오. 그리하면 하나님이 모든 일에 예수 그리스도로 말미암아 영광을 받으실 것입니다. 영광과 권세가 영원무궁하도록 그에게 있습니다. 아멘.

그리스도인이 받을 고난

12 사랑하는 여러분, 여러분을 시험하려고 시련의 불길이 여러분 가운데 일어나더라도, 무슨 이상한 일이나 생긴 것처럼 놀라지 마십시오.
13 그만큼 여러분은 그리스도의 고난에 동참하는 것이니, 기뻐하십시오. 그러면 그의 영광이 나타날 때에 여러분은 또한 기뻐 뛰며 즐거워하게 될 것입니다.
14 여러분이 그리스도의 이름으로 모욕을 당하면 복이 있습니다. ㄹ)영광의 영 곧 하나님의

ㄱ) 또는 '침례' ㄴ) 다른 고대 사본들에는 '우리를 위하여' 또는 '여러분을 위하여' ㄷ) 이 세상에서의 삶 ㄹ) 다른 고대 사본들에는 '영광과 능력의'

영들에게도 증거되었고 그 증거가 그들에 대하여 승리를 거두었음을 시사하는 것으로 보인다 (3:22를 보라). 그리스도인들은 자신들이 옳다는 것을 궁극적으로 입증받을 것임을 확신하면서, 이제 (순종하지 않는 영들인) 반대하는 자들에 맞서서 정직한 삶을 삶으로써 그리스도를 본보기로 삼아야 한다. 서신의 앞부분에서와 마찬가지로, 여기서 그리스도는 이미 구약의 사건들에 오묘하게 참여하셨다 (예를 들어, 1:10-12, 20). 다른 해석자들은 이 구절을 4:6과 관련시켜 부활하신 그리스도께서 구원의 초대를 사망에 갇힌 자들에게까지 확대하신 것으로 제시한다. **3:21** 노아의 홍수의 물로부터 구조되었다는 이미지는 명백하게 세례를 언급하는 계기가 되는데, 세례를 통해 기독교인은 구원의 효력을 경험하고 그래서 반대하는 자들 가운데서 거룩한 생활을 유지할 수 있게 된다.

4:1-6 그리스도의 고난과 부활은 그리스도인의 증거와 이 증거를 가능하게 하는 삶의 전환을 위한 초석이다. 믿는 자들은 *인간의 욕정을 벗어버리고*, 그들이 과거에 하고 싶어하는 것을 하면서 살았던 것과는 달리 이방 사람들과 같이 욕정에 사로잡혀 살지 말아야 한다 (3절). 그리스도인의 행위는 이방 사람들에게는 이상하고 무례할지 모르지만, 이 이방 사람들은 자신들이 하는 일 때문에 하나님의 심판을 직면해야 할 것이다. **4:6** 이 절은, 3:19-20과 같이, 문제가 되는 것이다. 이것은 (심판의 대상인) 죽은 사람들에게도 그리스도께서 구원을 선포하심을 언급하는가? 혹은 죽은 사람들은 살아 있을 동안에 복음의 소식을 들었고 그 다음에 죽어서 이제 그들의 행위에 따라 하나님의 최종 심판을 기다리는 그리스도인들을 언급하는 것인가?

4:7-11 다가오는 세상의 종말(또한 1:6을 보라)을 직시하여, 그리스도인들은 *정신을 차리고, 삼가 조심*하여야 한다 (또한 막 13:33-37; 살전 5:1-10을 보라). 웅변적인 어조로, 저자는 다시 그리스도교 공동체를 특징짓는 사랑과 존경에 기초한 결속을 강조한다 (또한 1:22; 3:8-12를 보라). **4:8b** 저자는 잠 10:12b를 인용한다; 또한 약 5:20을 보라. **4:9-10** 그리스도인의 다른 특징적 덕목들은 *따뜻하게 대접함* (마 10:11-15, 40-42를 보라) 그리고 *봉사*(희랍어, *디아코니아*)인데, 후자는 복음서들에서 "제자직분"을 표현하는데 포괄적인 용어로 자주 사용되었다; 막 10:45를 보라. 이 단락은 고취하는 송영으로 결론 맺는데, 아마도 초기 그리스도교의 기도와 예배로부터 온 것일 것이다.

영이 여러분 위에 머물러 계시기 때문입니다.ㄱ)
15 여러분 가운데에 아무도 살인자나 도둑이나
악을 행하는 자나 남의 일을 간섭하는 자로서 고
난을 당하는 일이 없도록 하십시오. 16 그러나
그리스도인으로서 고난을 당하면 부끄러워하지
말고, 도리어 그 이름으로 하나님께 영광을 돌리
십시오. 17 하나님의 집에서부터 심판을 시작할
때가 되었기 때문입니다. 심판이 우리에게서 먼저
시작되면, 하나님의 복음에 순종하지 않는 자들의
마지막이 어떠하겠습니까?
18 ㄴ)"의인도 겨우 구원을 받으면,
경건하지 않은 자와 죄인은
어떻게 되겠습니까?"
19 그러므로 하나님의 뜻을 따라 고난을 받는 사
람은, 선한 일을 하면서 자기의 영혼을 신실하신
조물주께 맡기십시오.

하나님의 양 떼를 돌보십시오

5 1 나는 여러분 가운데 장로로 있는 이들에
게, 같은 장로로서, 또한 그리스도의 고난의
증인이요 앞으로 나타날 영광을 함께 누릴 사람으
로서 권면합니다. 2 여러분 가운데 있는 하나님
의 양 떼를 먹이십시오.ㄷ) 억지로 할 것이 아니라,
ㄹ)하나님의 뜻을 따라 자진하여 하고, 더러운 이익을
탐하여 할 것이 아니라, 기쁜 마음으로 하십시오.
3 여러분은 여러분이 맡은 사람들을 지배하려고
하지 말고, 양 떼의 모범이 되십시오. 4 그러면
목자장이 나타나실 때에 변하지 않는 영광의 면류
관을 얻을 것입니다.
5 젊은이 여러분, 이와 같이 여러분도 ㅁ)나이
가 많은 이들에게 복종하십시오. 모두가 서로서
로 겸손의 옷을 입으십시오.
ㅂ)하나님께서는
교만한 자를 물리치시고,
겸손한 사람에게
은혜를 베푸십니다.
6 그러므로 여러분은 하나님의 능력의 손 아
래로 자기를 낮추십시오. 때가 되면, 하나님께서
여러분을 높이실 것입니다. 7 여러분의 걱정을
모두 하나님께 맡기십시오. 하나님께서는 여러분
을 돌보고 계십니다.
8 정신을 차리고, 깨어 있으십시오. 여러분
의 원수 ㅅ)악마가, 우는 사자 같이 삼킬 자를 찾아
두루 다닙니다. 9 믿음에 굳게 서서, ㅅ)악마를 맞
서 싸우십시오. 여러분도 아는 대로, 세상에 있는
여러분의 ㅇ)형제자매들도 다 같은 고난을 겪고 있
습니다. 10 모든 은혜를 주시는 하나님, 곧 그리

ㄱ) 다른 고대 사본들에는 '그들 편에서 보면 그가 모독을 받지만, 여러분의 편에서 보면 그는 영광을 받습니다'가 첨가되어 있음 ㄴ) 잠 11:31 (칠십인역) ㄷ) 다른 고대 사본들에는 '그들을 잘 감독하십시오'가 있음 ㄹ) 다른 고대 사본들에는 '하나님의 뜻을 따라'가 없음 ㅁ) 또는 '장로들에게' ㅂ) 잠 3:34 (칠십인역) ㅅ) 그, '훼방자' ㅇ) 그, '형제의 관계'

4:12—5:11 **4:12-19** 고난의 증거에 대한 일련의 결론적인 숙고이다. **4:12** *시련의 불길.* 이것이 정확하게 무엇인지는 분명하지 않다. 이것은 단순히 그리스도교 공동체가 인내해야 했던 지속적인 학대에 대한 보다 극적인 표현일 수 있다. 고난을 담금질하는 불로 간주하는 것은 통상적인 성서적 주제이며 저자에 의하여 이미 사용되어왔다 (1:7을 보라). **4:14-16** 비행의 결과로 초래된 고난은 유익이 없지만, *그리스도인으로서* 당하는 고난은 *하나님의 영이* 고난을 당하는 자와 함께 한다는 표시이다 (이것은 아마도 사 11:1-2에서 유래한 것 같다). **4:17** 독자는 또한 하나님의 심판, 곧 *하나님의 집*뿐만 아니라 그리스도교 공동체를 반대하고 그것의 고난을 초래하는 자들도 당면하게 될 심판을 두려워해야 한다. **4:18** 잠 11:31에서 인용된 이 구절은 저자의 주장을 보강한다. **4:19** 베드로전서의 신학을 가장 적절하게 요약한 것: 고난당하는 자들은 자신들을 *신실하신* 창조자께 맡기고서 *선한 일*을 계속해야 한다.

5:1-11 지도자에 대한 전통적인 이미지인 목자의 이미지(2:25를 보라)를 사용하여, 이 서신은 공동체의 *장로*들에게 하는 권면으로, *또한 그리스도의 고난의 증인*들에게 하는 저자의 권면으로 끝을 낸다. **5:1** 저자는 베드로의 역사적인 역할을 장로로, 그리고 그리스도의 고난의 종으로 완곡하게 언급한다 (서문을 보라). **5:5** *겸손의 옷.* 골 3:12를 보라. *하나님께서 교만한 자를 물리치시고.* 잠 3:34에서 인용되었다. **5:6-7** 현재의 역경과 종말을 직면하여, 공동체는 염려할 것이 아니라 그것의 희망을 하나님께 맡겨야 한다. *여러분의 걱정을 모두 하나님께 맡기십시오.* 마 6:25-34를 보라. 이와 같은 "중간시기"에 악마는 으르렁거리고 잡아 삼키는 사자와 같이 여전히 공격적일 것이다 (단 7:4-7; 딤후 4:17). **5:9** 악마에 저항하는 것은 이 서신에서 세상에서 고난을 겪고 있는 자들로 기술된 그리스도인들과 연합하는 것으로, 이것은 그리스와 로마 세계 전체를 통해 그리스도교 공동체의 본질적인 연합에 대한 저자의 자각을 반영한다. **5:11** 서신의 본체는 이것이 시작했던 미래의 구원에 대한 동일한 희망을 품으면서 끝난다.

5:12-14 이 서신은 일부 바울 서신들에서 발견되는 전형적인 언질과 다감한 작별 인사말로 결

스도 안에서 여러분을 자기의 영원한 영광에 불러들이신 분께서, 잠시동안 고난을 받은 여러분을 친히 온전하게 하시고, 굳게 세워 주시고, 강하게 하시고, 기초를 튼튼하게 하여 주실 것입니다.
11 권세가 영원히 하나님께 있기를 빕니다. 아멘.

작별 인사

12 내가 신실한 형제로 여기는 실루아노의 손을 빌려서 나는 여러분에게 몇 마디 썼습니다. 이로써 나는 여러분을 격려하고 이것이 하나님의 참된 은혜라는 것을 증거합니다. 여러분은 이 은혜 안에 든든히 서십시오.
13 여러분과 함께 택하심을 받은 ㄱ)바빌론에 있는 자매 교회와 나의 아들 마가가 여러분에게 문안합니다.
14 여러분도 사랑의 입맞춤으로써 서로 문안하십시오. 그리스도 안에 있는 여러분 모두에게 평화가 있기를 빕니다.ㄴ)

ㄱ) 요한계시록에서처럼 로마를 가리킴 ㄴ) 다른 고대 사본들에는 절 끝에 '아멘'이 있음

론을 맺는다. 실루노아의 손을 빌려서는 아마도 이 글의 저자인 베드로를 대신하여 실루노아가 이 서신을 맡고 있었다는 것을 함축해주는 것 같다. 이 사람이 바울의 동역자였던 실루노아인가? (고후 1:19; 살전 1:1; 살후 1:1; 이는 행 15:40; 16:19, 25, 29; 17:4, 10, 14; 18:5에서 바울의 선교 동역자로 여러 번 언급된 "실라"와 동일한 인물인가?) 혹은 이는 전적으로 다른 실루아노인가? 전자의 경우라면, 이 서신의 익명성을 미루어, 이것은 베드로의 권위를 바울 측근의 명망 있는 지도자와 결부시키려는 시도를 보이는 것일 수 있다. **5:13** *바빌론.* 로마를 언급하는 것이며, 서신이 쓰인 곳을 밝혀주는 것이다. 이 서신은 흩어져 사는 사람들에게 보내진 것을 암시한다. *나의 아들 마가*는 그렇지 않았더라면 무명의 사람이나, 보다 가능성이 있는 것으로, 행 12:12, 25; 13:13; 15:37-39; 골 4:10; 딤후 4:11; 그리고 몬 24에 인용된 요한 마가를 언급하는 것으로 보인다. 이렇게 함으로써 저자는 사도적 권위와 이 서신의 가상의 저자인 베드로를 관련짓는다는 인상을 더해 준다.

베드로후서

간결하게 쓰여진 베드로후서에 나타나 있는 딱딱한 문체와 강경한 논쟁 어조 때문에, 이 서신은 성경전서 중에서 가장 적게 읽히는 책들 중에 하나가 되었다. 하지만, 베드로후서는 하나님의 섭리와 세상의 운명과 같은 심오하고 지속적인 신학적인 논제들을 놓고 씨름한다. 베드로후서는 사도 베드로가 이 서신을 쓴 것으로 주장하지만 (1:1), 베드로전서의 경우보다도 더 강경하게, 대부분의 주석가들은 사도 베드로가 실제로 저자라는 것에 의문을 품는다. 이것은 다소 역설적이기도 한 것인데, 베드로후서는 베드로전서보다 더 많은 전기적 (傳記的) 언급들을 포함하고 있기 때문이다. 특별히 저자는 산상변화를 직접 눈으로 본 증인이라고 주장하고 있음을 볼 때 더욱 그렇다 (1:16-18). 하지만 이 서신의 격식을 갖춘 희랍어 문체, 바울 "서신들" (3:15-16) 및 분명 "사도들" 이전의 세대에 대한 언급 (3:2), 그리고 아마도 유다서를 자료로 사용한 것이 베드로가 실제적인 저자라는 것을 반대하는 모든 주장들을 뒷받침한다. 베드로전서와 마찬가지로, 이 서신은 베드로에게 저작권을 부여하고 있지만, 그의 이름을 빌어서 후대 사람에 의하여 쓰인 익명의 작품일 가능성이 높다.

저자는 또한 이것이 수신자들에게 쓰인 "두 번째 서신"이라는 사실을 언급하는데, 아마도 베드로전서와 관련해서 그렇게 언급하는 것 같이 보인다. 하지만, 베드로전서와는 달리, 특정한 독자나 공동체가 언급되어 있지 않다. 이 서신은 사도(1:12-15)에 의하여 쓰인 고별사의 형식을 띠어, 수신인들이 전해 받은 전통적인 교훈을 그들에게 주지시키고, 이 전통을 해치고 그들을 다른 길로 인도하려는 거짓 교사들을 피하도록 경고한다. 또 다시 베드로전서와는 대조적으로, 이 서신은 외적인 위협들이나 박해가 아니라 내적인 불일치와 분열에 관심을 둔다. 거짓 교사들은 재림(예수님의 돌아오심)의 기대에 대한 전통적인 그리스도교 교훈을 비웃고 복음의 확실성과 하물며 하나님의 섭리의 본질에 대해서 의문을 일으킨다. 저자는 또한 반대자들의 난잡함을 힐난하는데, 비록 일부 이런 수사적 효과를 노리는 공박이 지닌 상투적 본질이 그들이 위반한 것들의 정확한 본질을 판단하는 것을 어렵게 하지만 말이다.

저자의 주의를 끄는 일종의 내적인 논쟁은 물론이요, 여러 바울 서신들에 대해 언급하고 유다서를 자료로 사용한 것으로 미루어, 대부분의 학자들은 이 서신의 저작 시기를 기원후 1세기 후반이나 기원후 2세기 초반으로 잡는다. 이 서신은 발신지나 수신지에 대해서 분명하게 언급하지 않는다. 이것은 베드로에게 저작권을 돌리고 첫 번째 서신인 베드로전서를 언급하기 때문에 (3:1), 발신지가 로마일 가능성이 있다. 그리고 베드로전서와 마찬가지로 북부 소아시아에 위치한 동일한 지역에 보내졌을 것으로 보인다. 이것이 사실이라면, 베드로전서에 나오는 이런 공동체들을 엄습했던 일종의 박해에 대한 언급이 없음이 이상하고 또 이제 이런 공동체들이 영속적인 분열에 말려든 것으로 보인다는 사실에 의문이 간다. 이 시기에 베드로전서가 보다 널리 유포되었다면, 베드로후서는 훨씬 더 폭넓은 독자들에게 보내졌을 수 있다.

이 서신은 다음과 같이 간추려질 수 있다: 성경본문 아래에 나오는 연구 주석들은 이 개요에 기초하고 있는데, 이 개요는 주석을 붙이는 과정에서 명료성을 위하여 추가적으로 세분화된다.

Ⅰ. 인사말과 하나님의 약속의 능력과
   베드로의 확실한 증거에 대한 언급, 1:1-21
Ⅱ. 거짓 교사들의 변절과 과오, 2:1-22
Ⅲ. 도래할 주님의 날에 대한 가르침과 권면, 3:1-13
Ⅳ. 결론적인 송영, 3:14-18

도날드 시니어 *(Donald Senior)*

인사

1 1 예수 그리스도의 종이요 사도인 ㄱ)시므온
베드로가, 우리 하나님과 구주 예수 그리스도의
의를 힘입어서, 우리의 믿음과 같은 귀한 믿음을
받은 이들에게 이 편지를 씁니다. 2 하나님과 우리
주 예수를 앎으로써, 은혜와 평화가 여러분에게
더욱 풍성하여지기를 바랍니다.

부르심과 선택하심

3 하나님께서는, 우리가 그를 앎으로 말미암아
생명과 경건에 이르게 하는 모든 것을, 그의 권능
으로 우리에게 주셨습니다. 하나님은 우리를 부르
셔서 그의 영광과 덕을 누리게 해 주신 분이십니다.
4 그는 이 영광과 덕으로 귀중하고 아주 위대한
약속들을 우리에게 주셨습니다. 그것은 이 약속
들로 말미암아 여러분이 세상에서 정욕 때문에
부패하는 사람이 되는 것이 아니라, 하나님의 성
품에 참여하는 사람이 되게 하시려는 것입니다.
5 그러므로 여러분은 열성을 다하여 여러분의 믿
음에 덕을 더하고, 덕에 지식을 더하고, 6 지식에
절제를 더하고, 절제에 인내를 더하고, 인내에
경건을 더하고, 7 경건에 신도간의 우애를 더하
고, 신도간의 우애에 사랑을 더하도록 하십시오.
8 이런 것들이 여러분에게 갖추어지고, 또 넉넉
해지면, 여러분은 우리 주 예수 그리스도를 아는
일에 게으르거나 열매를 맺지 못하는 사람이 되지
않을 것입니다. 9 그러나 이런 것들을 갖추지 못한
사람은 근시안이거나 앞을 못 보는 사람입니다.
이런 사람은 자기의 옛 죄가 깨끗하여졌음을 잊어
버린 것입니다. 10 그러므로 ㄴ)형제자매 여러분,
더욱 더 힘써서, 여러분이 부르심을 받은 것과 택
하심을 받은 것을 굳게 하십시오. 그러면 여러분은
넘어지지 않을 것입니다. 11 또한 여러분은, 우
리의 주님이시며 구주이신 예수 그리스도의 영원한
나라에 들어갈 자격을 충분히 갖출 것입니다.
12 그러므로 비록 여러분이 이런 것들을 알고
있고, 또 받은 진리에 굳게 서 있지만, 나는 언제나
이런 것들을 두고서 여러분을 일깨우려 합니다.
13 나는, 이 육신의 장막에 사는 동안, 여러분의
기억을 일깨워서 분발하게 하는 것이 옳다고 생각
합니다. 14 우리 주 예수 그리스도께서 나에게
보여주신 대로, 내가 ㄷ)육신의 장막을 벗을 때가
멀지 않음을 알고 있기 때문입니다. 15 그리고
내가 세상을 떠난 뒤에도 언제든지 여러분이 이런
일들을 기억할 수 있게 하려고 힘을 쓰고 있습니다.

그리스도의 영광과 예언자의 말

16 우리가 여러분에게 우리 주 예수 그리스
도의 권능과 재림을 알려 드린 것은, 교묘하게 꾸
민 신화를 따라서 한 것이 아닙니다. 우리는 그의
위엄을 눈으로 본 사람들입니다. 17 더없이 영
광스러운 분께서 그에게 말씀하시기를 ㄹ)"이는 내
사랑하는 아들이요, 내가 좋아하는 아들이다" 하
실 때에, 그는 하나님 아버지께로부터 존귀와 영
광을 받았습니다. 18 우리가 그 거룩한 산에서
그분과 함께 있을 때에 우리는 이 말소리가 하늘
로부터 들려오는 것을 들었습니다. 19 또 우리
에게는 더욱 확실한 예언의 말씀이 있습니다. 여

ㄱ) 다른 고대 사본들에는 '시몬' ㄴ) 그, '형제들' ㄷ) 또는 '죽을 때가'
ㄹ) 마 17:5; 막 9:7; 눅 9:35

1:1–21 1:1–2 전형적인 문안 인사이다. *시므온.* 시몬의 히브리어 이름이다 (행 15:14). 베드로라는 이름은 예수께서 그에게 주신 이름이다 (마 16:18). 그는 예수 그리스도의 *종이요 사도로* 불리는데, 이것은 서신의 본체에서 제시되는 전통적인 교훈에 관한 저자 자신의 순종적인 자세와 더불어 이 교훈을 뒷받침하는 그의 사도적 권위를 드러내는 것이다. 수신인들이 명시되지는 않았지만, 이 서신은 그들이 *하나님과 우리 주 예수를 앎으로써* 성장하기를 기도한다. **1:3–11** 저자는 믿음의 축복, 특별히 믿는 자들로 하여금 이 세상의 부패를 탈피해서 *하나님의 성품에 참여하는 사람*들(4절)이 되도록 하는 하나님의 확실한 약속을 강조하는데, 하나님의 성품에 참여한다는 것은 아마도 하나님의 영원성을 공유함을 의미하는 다소 추상적인 표현일 것이다. 하나님에 대한 건전한 지식은 도덕적인 생활 가운데서 표현되어야 한다 (5–11절). **1:12–15** 저자의 목적은 서신의 기본 형식을 마지막 유언처럼 구성함으로써, 자신이 세상으로부터 *떠나기* 전에 이러한 기본 진리들에 대한 "기억"을 되살리는 데 있다. **1:16–21** 베드로는 산상변화를 *눈으로 본 사람*들 가운데 하나이며, 저자는 이것을 복음의 설화들을 회상케 하는 용어들로 기술한다 (특별히 마 17:1–8을 보라). 산상변화는 베드로의 사도적 권위를 확증해 주는 것이며, 장차 있을 예수님의 재림에 대한 신의 보증, 곧 적대자들이 반기를 들고나서는 바로 그 교훈이다. 거짓 교사들의 자세에 대한 자신의 공박을 예상하여, 저자는 중요한 원칙을 진술한다: *예언의 해석* 그리고, 참으로, *말씀* 자체의 해석은 변덕스런 개인에게 맡겨질 수 없으며 반드시 *사람들이 성령에 이끌려서* 행하는 사람으로부터 나와야 한다 (21절).

러분의 마음 속에서 날이 새고 샛별이 떠오를 때까지, 여러분은 어둠 속에서 비치는 등불을 대하듯이, 이 예언의 말씀에 주의를 기울이는 것이 좋습니다. 20 여러분이 무엇보다도 먼저 알아야 할 것은 이것입니다. 아무도 성경의 모든 예언을 제멋대로 해석해서는 안됩니다. 21 예언은 언제든지 사람의 뜻에서 나온 것이 아니라, 사람들이 성령에 이끌려서 하나님께로부터 오는 말씀을 받아서 한 것입니다.

거짓 예언자들과 거짓 교사들 (유 4-13)

2 1 전에 이스라엘 백성 가운데 거짓 예언자들이 일어난 것과 같이, 여러분 가운데도 거짓 교사들이 나타날 것입니다. 그들은 파멸로 몰고 갈 이단을 몰래 끌어들일 것입니다. 그래서 그들은 자기들을 값 주고 사신 주님을 부인하고, 자기들이 받을 파멸을 재촉할 것입니다. 2 많은 사람이 ㄱ)그들을 본받아서 방탕하게 될 것이니, 그들 때문에 진리의 길이 비방을 받게 될 것입니다. 3 또 그들은 탐욕에 빠져 그럴 듯한 말로 여러분의 호주머니를 털어 갈 것입니다. 하나님께서는 이미 오래 전에 그들에게 내리실 심판을 정해 놓으셨습니다. 파멸이 반드시 그들에게 닥치고 말 것입니다.

4 하나님께서는 죄를 지은 천사들을 아끼지 않으시고, ㄴ)지옥에 던져서, ㄷ)사슬로 묶어, 심판 때까지 어두움 속에 있게 하셨습니다. 5 그는 또 옛 세계를 아까워하지 않으시고, 경건하지 않은 자들의 세계를 홍수로 덮으셨습니다. 그 때에 그는 정의를 부르짖던 사람인 노아와 그 가족 일곱 사람만을 살려주셨습니다. 6 그리고 소돔과 고모라 두 성을 잿더미로 만들어 [멸망시키셔서,] ㄹ)후세에 경건하지 않은 자들에게 본보기로 삼으셨습니다. 7 그러나 무법한 자들의 방탕한 행동 때문에 괴로움을 겪던 의로운 사람 롯은 구하여 내셨습니다. 8 그 의인은 그들 가운데서 살면서, 보고 듣는 그들의 불의한 행실 때문에 날마다 그의 의로운 영혼에 고통을 느끼고 있었던 것입니다. 9 주님은 경건한 사람을 시련에서 건져내시고, 불의한 사람을 벌하셔서, 심판 날까지 가두어두실 줄을 아십니다. 10 특히 더러운 정욕에 빠져서 육체를 따라 사는 자들과, 권위를 멸시하는 자들을 그렇게 하실 것입니다.

그들은 대담하고 거만해서, 겁도 없이 하늘에 있는 ㅁ)영광스러운 존재들을 모욕합니다. 11 천사들은 그들보다 더 큰 힘과 능력을 가지고 있으면서도, 주님 앞에서 그들을 비방하는 고발을 하지 아니합니다. 12 그러나 그들은 본래 잡혀서 죽을 목적으로 태어난 지각없는 짐승들과 같아서, 알지도 못하는 일들을 비방합니다. 그러다가 그들은 짐승들이 멸망하는 것 같이 멸망을 당할 것입니다. 13 그들은 자기들이 저지른 불의의 값으로 해를 당합니다. 그들은 대낮에 흥청대면서 먹고 마시는 것을 낙으로 생각합니다. 그들은 티와 흠 투성이 인간들입니다. 그들은 여러분과 연회를 즐길 때에도, 자기들의 속임수를 꾀하고 있습니다. 14 그들의 눈에는 간음할 상대자들밖에 보이지 않습니다. 그들은 죄를 짓기를 그치지 않습니다. 그들은 들뜬 영혼들을 유혹하며, 그들의 마음은 탐욕을 채우는 데에 익숙합니다. 그들은 저주받은 자식들입니다. 15 그들은 바른 길을 버리고, 그릇된 길로 갔습니다. 불의의 삯을 사랑한 ㅂ)불의의 아들 발람의 길을 따라간 것입니다. 16 그러나 발람은 자기의 범죄에 대하여 책망을 들었습니다. 말 못하는 나귀가 사람의 소리로 말하여 이 예언자의 미친 행동을 막은 것입니다.

ㄱ) 거짓 교사들 ㄴ) 그, '타르타루스 (지하 세계)' ㄷ) 다른 고대 사본들에는 '구덩이에 가두어' ㄹ) 다른 고대 사본들에는 '경건하지 않을 자들에게 내릴 일의' ㅁ) 또는 '천사들'. 그, '영광을' ㅂ) 다른 고대 사본들에는 '브올'

2:1-22 서신의 어조는 저자가 거짓 교사들을 맹렬하게 공격하는 것에 따라 변하는데, 이 공격의 많은 것들은 유 4-16절에 출처를 두고 있다. **2:1-3** 거짓 교사들은 과거에 나타났었으며, 공동체는 지금 거짓 교사들의 숫자가 전보다 적을 것이라고 기대하지 말아야 한다 (막 13:4, 22를 보라). **2:4-9** 세 가지 잘 알려진 성경을 예로 들어 하나님께서 의로운 사람을 구하시고 위법자를 벌하실 것임을 확증한다. *죄를 지은 천사*들과 소돔*과 고모라*에 대한 예들이 유 6-7절에서 찾아볼 수 있다. 하지만, 홍수 이야기가 출애굽 당시 반역한 자에 관한 유다서의 예(유 5절)를 대신한다. 홍수 이야기와 소돔 및 고모라의 이야기는 악에 대한 하나님의 징벌과 의로운 자들에 대한 하나님의 구출을 설명해준다 (*노아와 롯*). 여기에 인용된 홍수 이야기는 벧전 3:20에 인용된 이 이야기를 반영하며 세상의 종말에 대한 베드로후서의 관심으로 연결해주는 역할을 한다. 타락한 천사들에 대한 언급은, 창 6:1-4에서 넌지시 언급된 것과 에녹1서에서 확대되어 나온 언급에서 유래하는데, 유다서에 나오는 그것만큼 상세하지는 않다. **2:10-22** 적대자들은 또한 그들의 악행과 오만으로 인하여 저주받는데, 이것은 유대교와 초대교회의 논쟁에 있어서는 충격적인 구절이다. 그들은 자신들의 자유를 낭비하고 세상의 부패

17 이 사람들은 물 없는 샘이요, 폭풍에 밀려
가는 안개입니다. 그들에게는 캄캄한 어둠이 마
련되어 있습니다. 18 그들은 허무맹랑하게 큰소
리를 칩니다. 그들은 그릇된 생활을 하는 자들에
게서 가까스로 빠져 나온 사람들을 육체의 방종한
정욕으로 유혹합니다. 19 그들은 사람들에게 자
유를 약속하지만, 자기들은 타락한 종이 되어 있
습니다. 누구든지 진 사람은 이긴 사람의 종노릇
을 하게 되는 것입니다. 20 사람들이 [우리의]
주님이시며 구주이신 예수 그리스도를 앎으로 세
상의 더러운 것들에서 벗어났다가, 다시 거기에
말려들어서 정복을 당하면, 그런 사람들의 형편은
마지막에 더 나빠질 것입니다. 21 그들이 의의
길을 알고서도 자기들이 받은 거룩한 계명을 저버
린다면, 차라리 그 길을 알지 못했던 편이 더 좋
았을 것입니다. 22 다음과 같은 속담이 그들에게
사실로 들어맞았습니다.

> ㄱ)"개는 자기가 토한 것을
> 도로 먹는다."
> 그리고
> "돼지는 몸을 씻고 나서,
> 다시 진창에 뒹군다."

재림의 약속

3 1 사랑하는 여러분, 나는 여러분에게 이 두
번째 편지를 쓰고 있습니다. 두 편지로 나는
여러분의 기억을 되살려서, 여러분의 순수한 마
음을 일깨우려고 합니다. 2 그렇게 해서, 거룩한
예언자들이 이미 예언한 말씀과, 주님이신 구주
께서 여러분의 사도들을 시켜서 주신 계명을, 여
러분의 기억 속에 되살리려는 것입니다. 3 여러
분이 무엇보다 먼저 알아야 할 것은 이것입니다.
마지막 때에 조롱하는 자들이 나타나서, 자기들
의 욕망대로 살면서, 여러분을 조롱하여 4 이렇
게 말할 것입니다. "그리스도가 다시 오신다는 약
속은 ㄴ)어디 갔느냐? 조상들이 ㄷ)잠든 이래로, 만
물은 창조 때부터 그러하였듯이 그냥 그대로다."
5 그들이 이렇게 말하는 것은, 하나님의 말씀으로
하늘이 오랜 옛날부터 있었고, 땅이 물에서 나와
물로 말미암아 형성되었다는 것과, 6 또 물로 그
때 세계가 홍수에 잠겨 망하여 버렸다는 사실을,
그들이 일부러 무시하기 때문입니다. 7 그러나

ㄱ) 잠 26:11 ㄴ) '어디 있느냐?', '어찌 되었느냐?' 라고 번역할 수도 있음
ㄷ) 또는 '죽은'

로 몸을 돌렸다 (20-21절). 두 가지 노골적인 격언들 (22절)로 이 단락의 결론을 맺는다; 하나는 개에 관한 것인데 잠 26:11로부터 유래된 것이며, 다른 하나는 돼지에 관한 것으로 상당 수의 대중적인 고대 문서들에서 발견된다.

3:1-18 저자는 이제 잘못된 생각들의 부수적인 결과와 거짓 교사들의 못된 실례들에 관하여 진술한다. 최종적인 권면과 송영으로 이 서신은 결론을 맺는다 (18절). **3:1-13** *두 번째 편지*는 아마도 베드로전서와 관련해서 언급하는 것 같다 (서문을 보라). 반대자들의 그것과는 달리, 저자의 교훈은 전통, 곧 *예언자*들의 가르침과 *여러분의 사도*들을 통해서 전수된 그리스도의 계명들(이것은 베드로후서는 교회의 초기 세대로부터 시간적으로 다소 거리를 두고 있음을 제시하는 언급이다)에 의하여 지지된다. 마지막 유언의 문체를 빌어서, 떠나가는 저자는 공동체가 이미 경험하고 있는 장래 문제에 대해서 경고한다: 모든 것이 변하지 않은 채로 있을 것이라고 주장하는 적대자들의 부인과 하물며 재림의 기대에 대한 조소.

저자는 다음과 같은 전통적인 주장으로 이를 논박한다: 하나님은 우주의 창조자이시며 그것을 보존하는 분이시다; 하나님의 약속들은 신뢰할 수 있다; 그리고 하나님의 시간은 인간의 기대들과 일치하지 않는다. 재림의 지연은 *회개를* 할 수 있도록 시간을 주는 것이다 (9절). 그 날은 도둑같이 기대하지 않았던 때에 올 것이다 (마 24:43-44; 살전 5:1).

특별 주석

불로 세상을 멸망시키는 것에 대한 언급(3:7, 10, 12)은 신약에는 드물며 보통 불의한 자들에 대한 심판을 표현하는데 쓰이는 은유이다 (예를 들어, 마 13:40-42). 이것은 또한 간접적으로 우주는 불에 의한 멸망과 뒤따르는 새 우주의 창조를 통해 끊임없이 순환한다고 하는 스토아 철학을 반영해줄지도 모른다.

3:14-18 마지막 권면에서, 저자는 인내와 정직에 호소한다. 그는 승인을 얻으려고 바울의 교훈을 인용하지만 적대자들이 바울의 서신들을 곡해하여 자신들의 견해를 지지하지 않을까 염려한다. 이것은 아마도 그리스도 안에서 세례를 통한 부활의 경험에 관한 바울의 교훈(예를 들어, 롬 6:1-11)이나 자신들의 도덕적 절제의 부족을 정당화하기 위하여 그가 자유에 대해서 강조한 것을 곡해함을 언급한다 (바울 자신이 그러한 해석들에 대해 불만을 표명한다; 고전 6:12를 보라).

지금 있는 하늘과 땅도 불사르기 위하여 그 동일한
말씀으로 보존되고 있으며, 경건하지 못한 자들이
심판을 받아 멸망을 당할 날까지 유지됩니다.
8 사랑하는 여러분, 이 한 가지만은 잊지 마
십시오. [ㄱ]주님께는 하루가 천 년 같고, 천 년이
하루 같습니다. 9 어떤 이들이 생각하는 것과
같이, 주님께서는 약속을 더디 지키시는 것이
아닙니다. 도리어 여러분을 위하여 오래 참으시
는 것입니다. 하나님께서는 아무도 멸망하지 않
고, 모두 회개하는 데에 이르기를 바라십니다.
10 그러나 주님의 날은 도둑같이 올 것입니다.
그 날에 하늘은 요란한 소리를 내면서 사라지고,
원소들은 불에 녹아버리고, 땅과 그 안에 있는
[ㄴ]모든 일은 드러날 것입니다. 11 이렇게 모든 것
이 녹아버릴 터인데, [여러분은] 어떠한 사람이
되어야 하겠습니까? 여러분은 거룩한 행실과 경
건한 삶 속에서 12 하나님의 날이 오기를 기다
리고, 그 날을 앞당기도록 하여야 하지 않겠습니
까? 그 날에 하늘은 불타서 없어지고, 원소들은
타서 녹아버릴 것입니다. 13 그러나 우리는 주
님의 약속을 따라 정의가 깃들여 있는 새 하늘과
새 땅을 기다리고 있습니다.
14 사랑하는 여러분, 여러분이 이것을 기다
리고 있으니, 티도 없고 흠도 없는 사람으로, 아무
탈이 없이 하나님 앞에 나타날 수 있도록 힘쓰십
시오. 15 그리고 우리 주님의 오래 참으심이 구
원을 위한 것이라고 생각하십시오. 그것은 우리의
사랑하는 형제 바울이, 자기가 받은 지혜를 따라
서 여러분에게 편지한 바와 같습니다. 16 바울은
모든 편지에서 이런 것을 두고 말하고 있는데, 그
가운데는 알기 어려운 것이 더러 있어서, 무식하
거나 믿음이 굳세지 못한 사람은, 다른 성경을 잘
못 해석하듯이 그것을 잘못 해석해서, 마침내 스
스로 파멸에 이르고 말 것입니다. 17 그러므로
사랑하는 여러분, 여러분은 이 사실을 미리 알고,
불의한 자들의 유혹에 휩쓸려서 자기의 확신을
잃는 일이 없도록 주의하십시오. 18 우리의 주
님이시며 구주이신 그리스도 예수에 대한 지식과
그의 은혜 안에서 자라십시오. 이제도 영원한 날
까지도 영광이 주님께 있기를 빕니다. [아멘.]

ㄱ) 시 90:4 ㄴ) 다른 고대 사본들에는 '모든 것은 타버릴'

요한1서

요한1서를 서신이라고 부르기는 하지만, 우리가 흔히 고대 편지들이나 혹은 서신들과 관련시키는 특징들이 별로 없다. 일부 사람들은 이것이 다수의 회중들을 상대로 하여 씌어진 "일반서신"이라고 생각한다. 다른 사람들은 이것이 설교라고 생각하고, 또 어떤 사람들은 이것을 종교적 소논문으로 보기도 한다.

하지만, 분명히, 이 문서는 교인들 중에 파당을 경험하는 회중(혹은 회중들)에 대해서 말하고 있다. 저자는 그들이 믿음이 있는 자들이며, 교회 회중으로부터 떨어져나가는 사람들은 잘못하고 있는 사실이라는 것을 독자들에게 재확신시키려고 노력한다 (2:19). 분파주의자들의 집단은 자발적으로 회중을 떠났거나 혹은 그 집단으로부터 쫓겨났을 수 있지만, 그들의 정체는 알려져 있는 것이 없다. 저자가 그들에 대해서 말하는 것으로 미루어, 그들은 그리스도께서 실제적으로 육신을 입고 오셨다는 사실을 믿기 주저하는 것처럼 보인다 (4:2). 그들은 진정한 사랑에 대해서 저자가 파헤쳐 밝힌 것과는 다른 관점을 주장하였으며 (2:9-11), 또한 죄로부터 자유함을 주장하였다 (3:4-7). 저자는 그들의 견해가 잘못된 것이라고 선포하고 그들을 악의 도구라고 책망한다 (3:8). 이런 분파주의자들은 도덕성과 그리스도에 관하여 후기의 영지주의적 그리스도인들의 그것과 유사한 견해를 가지고 있기 때문에, 일부 사람들은 요한1서에 나오는 분파주의자들이 영지주의 운동의 초기 형태를 띠고 있다고 믿는다. 분파주의자들이 누구이든지간에, 요한1서는 집안싸움의 한 단면을 보여준다.

이레니우스는 요한1서를 언급한 최초의 사람인데 (기원후 180년경), 영지주의 경향이 있는 그리스도인들을 공박하는 상황에서 요한1서를 언급했다. 4세기경, 이 문서는 인증된 성경책들 가운데 하나가 되었으며, 사도이며 요한복음서의 저자인 요한이 쓴 것이라고 그 출처를 추정했다. 이것은 제4복음서와 유사한 언어와 문체를 쓰기 때문에, 교회는 거기에 고무되어 동일한 저자가 두 문서를 모두 기록한 것으로 생각하기에 이르렀다. 많은 사람들이 이와 같은 동일한 견해를 가지고 있는 반면에, 다른 사람들은 요한1서와 요한복음서는 같은 그리스도교 공동체 내에서 기록되었지만, 서로 다른 두 교회 지도자들에 의하여 기록된 것으로 믿는다. 요한1서가 요한복음서와 관련되어 있다는 가정은 복음서와 마찬가지로 이 서신도 전통적으로 사도 요한의 선교 지역이었던 에베소와 연관되어 있다는 결론에 이르게 되었다.

요한1서와 요한복음서간의 유사성은 현저하다. 두 문서의 어휘는, 이것들이 가진 일부 이념들이 그러하듯이 (예를 들어, "영생"과 "영속성"), 대단히 비슷하다 (예를 들어, "생명"과 "빛과 어둠"의 이미지). 하지만, 이 둘 가운데는 또한 다수의 현저한 차이점들도 있다. 예를 들어, 요한복음서에서 "중보자"(혹은 "보혜사")는 성령인 반면에 (요 14:26), 요한1서에서 이 중보자는 그리스도이다 (2:1); 그리고 이 서신은 복음서보다도 더 많이 미래 종말론을 강조한다. 이런 상이점들과 유사점들은 복음서의 저자가 후기에 다른 상황들에서 요한1서를 기록했거나 공통된 어휘와 유사한 관점들을 나눈 별개의 사람들이 각각 복음서와 요한1서를 기록했다는 사실에 기인하는 것으로 보인다. 요한1서가 제4복음서에 앞서 기록되었음이 가능하지만, 대부분의 학자들은 이것이 복음서보다 10년 정도 후(기원후 90-100년경)에 기록되었다는 데 동의한다 (유사점들에 관하여 요한1서와 2서에 대한 서문들을 보라).

요한1서의 주요 주제들 가운데는 다음과 같은 것들이 포함되어 있다: 그리스도의 성육신과 그의 구원사역; 하나님의 사랑과 그리스도교 공동체에 속한 사람들의 사랑; 그리스도교 도덕성의 본질과 죄에 대한 그리스도인의 입장; 임박한 종말, 혹은 "마지막 날들."

이 문서의 구조가 아주 분명하지는 않다. 이 책은 간파할 수 있는 논리나 순서 없이 다소 독립된 단원들을 따라 이어 내려가는 것으로 보인다. 요한1서에 언뜻 보기에 공통점이 없는 부분들이, 전적으로 분명하지는 않지만, 요한복음서의 주요 단락들의 순서를 따르는 것으로 보인다. 이 책의 구조에 관하여 일치되는 견해는 없지만, 다음과 같이 간추려질 수 있다; 성경 본문 아래 나오는 연구 주석들은 이 개요에 기초하고 있는데, 이 개요는 주석을 붙이는 과정에서 명료성을 위하여 추가적으로 세분화된다.

Ⅰ. 머리말: 그리스도인의 생활과 사귐, 1:1-4
Ⅱ. 세상의 어둠 가운데서 비치는 하나님의 빛, 1:5—2:17
  A. 빛과 어둠, 1:5—2:11
  B. 믿는 자들과 세상, 2:12-17
Ⅲ. 진리와 거짓, 2:18—4:6
  A. 진리와 생명, 2:18-29
  B. 하나님의 자녀들과 마귀의 자녀들, 3:1-24
  C. 진리의 영과 거짓의 영, 4:1-6
Ⅳ. 하나님의 사랑과 그것의 결과, 4:7—5:12
  A. 하나님의 사랑과 믿는 자의 사랑, 4:7—5:5
  B. 아들과 아들에 대한 증거, 5:6-12
  C. 결론: 아는 것과 행하는 것, 5:13-21

도날드 시니어 (Donald Senior)

생명의 말씀

1 1 이 글은 생명의 말씀에 관한 것입니다. 이
생명의 말씀은 태초부터 계신 것이요, 우리가
들은 것이요, 우리가 눈으로 본 것이요, 우리가 지
켜본 것이요, 우리가 손으로 만져본 것입니다.
2 -이 생명이 나타나셨습니다. 우리는 그것을 보았
습니다. 그래서 우리는 이 영원한 생명을 여러분
에게 증언하고 선포합니다. 이 영원한 생명은 아버
지와 함께 계셨는데, 우리에게 나타나셨습니다.-
3 우리가 보고 들은 바를 여러분에게도 선포합니
다. 우리는 여러분도 우리와 서로 사귐을 가지기를
바라는 것입니다. 우리의 사귐은 아버지와 또 그
의 아들 예수 그리스도와 함께 하는 사귐입니다.
4 우리가 이 글을 쓰는 것은 ㄱ)우리 서로의 기쁨이
차고 넘치게 하려는 것입니다.

하나님은 빛이시다

5 우리가 그리스도에게서 들어서 여러분에
게 전하는 소식은 이것이니, 곧 하나님은 빛이시
요, 하나님 안에는 어둠이 전혀 없다는 것입니다.
6 우리가 하나님과 사귀고 있다고 말하면서, 그
대로 어둠 속에서 살아가면, 우리는 거짓말을 하는
것이요, 진리를 행하지 않는 것입니다. 7 그러나
하나님께서 빛 가운데 계신 것과 같이, 우리가 빛
가운데 살아가면, 우리는 서로 사귐을 가지게 되
고, 하나님의 아들 예수의 피가 우리를 모든 죄에
서 깨끗하게 해주십니다. 8 우리가 죄가 없다고
말하면, 우리는 자기를 속이는 것이요, 진리가 우리
속에 없는 것입니다. 9 우리가 우리 죄를 자백하
면, 하나님은 신실하시고 의로우신 분이셔서, 우
리 죄를 용서하시고, 모든 불의에서 우리를 깨끗
하게 해주실 것입니다. 10 우리가 죄를 지은 일
이 없다고 말하면, 우리는 하나님을 거짓말쟁이로
만드는 것이며, 하나님의 말씀이 우리 속에 있지
아니합니다.

그리스도는 우리의 중보자

2 1 나의 자녀 여러분, 내가 여러분에게 이렇
게 쓰는 것은, 여러분으로 하여금 죄를 짓지
않도록 하려는 것입니다. 누가 죄를 짓더라도, 아
버지 앞에서 변호해 주시는 분이 우리에게 계시는
데, 곧 의로우신 예수 그리스도이십니다. 2 그는
우리 죄를 위한 화목제물이시니, 우리 죄만 위한
것이 아니라 온 세상을 위한 것입니다. 3 우리가
하나님의 계명을 지키면, 이것으로 우리가 하나
님을 참으로 알고 있음을 알게 됩니다. 4 하나님
을 알고 있다고 하면서, 하나님의 계명을 지키지
아니하는 사람은 거짓말쟁이요, 그 사람 속에는
진리가 없습니다. 5 그러나 누구든지 하나님의
말씀을 지키면, 그 사람 속에서는 하나님께 대한
사랑이 참으로 완성됩니다. 이것으로 우리가 하
나님 안에 있음을 압니다. 6 하나님 안에 있다고
하는 사람은 자기도 그리스도께서 사신 것과 같이
마땅히 그렇게 살아가야 합니다.

ㄱ) 다른 고대 사본들에는 '여러분의'

1:1-4 *태초부터.* 그리스도교 공동체의 시작을 의미한다 (요 1:1을 참조). *들은 것, 본 것, 지켜본 것, 만져본 것.* 이것들은 생명의 말씀, 곧 복음의 메시지를 직접적으로 경험했음을 주장하는 동사들이다 (요 6:68을 참조). *영원한 생명.* 그리스도 안에 나타난 하나님의 계시에 의해서 가능하게 된 생명의 질을 언급하는 것이다. 5:13을 참조하라. 이 서신은 저자와 독자들 사이에 공동체(*서로 사귐*)를 강건하게 하기를 추구한다.

1:5-10 *빛.* 빛은 첫 번째 주요 단락(1:5)을 도입하며, *어둠*은 이 단락의 결론을 내린다 (2:11). 요 1:5를 참조하라. 하나님과의 관계를 누리자면 사람은 빛 가운데서 살아야 한다. *살아가다.* 이것에 대하여는 시 15:2를 참조하라. 진리와 거짓은 빛과 어둠의 양극에 해당하며, 인간들은 하나님과 악마 사이에 위치한다 (요 8:2를 참조). 일련의 …하면 …하다 (if…then) 라는 문장들(6-10절)은 서로 다른 두 가지 생활방식의 의미를 신중하게 조사한다. 진리는 하나님의 자기계시의 내용이다. *깨끗하게 해주실 것입니다* 는 희생제물의 정결함을 표현하는 데 사용되었다. 2:1-2를 참조하라. *죄*는 보편적이지만, 3:9를 참조하라.

2:1-2 그리스도는 우리를 위하여 하나님 앞에서 *변호해 주시는 분*(희랍어, *파라클레톤*)이시며 (그러나 요 14:26을 참조), *화목제물*(희랍어, *힐라스모스*; 4:10을 참조)이시다. 칠십인역에서 *힐라스모스*는 죄를 경감하거나 "덮어 감싸는 것"을 의미한다 (레 25:9와 민 5:8을 참조); 여기에 힐라스모스는 그리스도의 죽음을 표현하는 은유이다. **2:3-6** *거짓말쟁이.* 악과 이 악을 행하는 자들을 언급하는 것이다 (2:22를 보라). 하나님과 관계를 맺고 있다는 증거는 사람의 행위에서 발견된다. 하나님을 알고 하나님 안에 있다는 것은 하나님과 올바른 관계에 있다는 것을 의미하는데, 이런 관계는 순종적인 생활로 이어진다. 그러한 관계를 주장하면서도 순종하지 않는 것은 거짓을 드러내며 스스로 악과 제휴하는 것이다. 하나님의 사랑의 *완성*은 도덕적 출중함이 아니라, 더없는 순종의 자세를 뜻하는 것이다.

새 계명

7 사랑하는 여러분, 내가 여러분에게 써 보내는 것은, 새 계명이 아니라, 여러분이 처음부터 가진 옛 계명입니다. 그 옛 계명은 여러분이 들은 그 말씀입니다.
8 나는 다시 여러분에게 새 계명을 써 보냅니다. 이 새 계명은 하나님께도 참되고 여러분에게도 참됩니다. 어둠이 지나가고, 참 빛이 벌써 비치고 있기 때문입니다.
9 빛 가운데 있다고 말하면서 자기 ㄱ)형제자매를 미워하는 사람은 아직도 어둠 속에 있습니다.
10 자기 ㄱ)형제자매를 사랑하는 사람은 빛 가운데 머물러 있으니, 그 사람 앞에는 올무가 없습니다.
11 자기 ㄱ)형제자매를 미워하는 사람은 어둠 속에 있고, 어둠 속을 걷고 있으니, 자기가 어디로 가는지를 알지 못합니다. 어둠이 그의 눈을 가렸기 때문입니다.

12 자녀 된 이 여러분,
내가 여러분에게
이 글을 쓰는 까닭은,
그의 이름으로 여러분의 죄가
용서함을 받았기 때문입니다.
13 아버지 된 이 여러분,
내가 여러분에게
이 글을 쓰는 까닭은,
여러분이 태초부터 계신 분을
알고 있기 때문입니다.
젊은이 여러분,
내가 여러분에게
이 글을 쓰는 까닭은,
여러분이 이미 악한 자를
이겼기 때문입니다.
14 어린이 여러분,
내가 여러분에게
이 글을 쓰는 까닭은,
여러분이 이미 하늘 ㄴ)아버지를
알고 있기 때문입니다.
아버지 된 이 여러분,
내가 여러분에게
이 글을 쓰는 까닭은,
여러분이 태초부터 계신 분을
알고 있기 때문입니다.
젊은이 여러분,
내가 여러분에게
이 글을 쓰는 까닭은,
여러분이 강하고
하나님의 말씀이
여러분 속에 있어서,
여러분이 그 악한 자를
이겼기 때문입니다.

15 여러분은 세상이나 세상에 있는 것들을 사랑하지 마십시오. 누가 세상을 사랑하면, 그 사람 속에는 하늘 ㄴ)아버지에 대한 사랑이 없습니다.
16 세상에 있는 모든 것, 곧 육체의 욕망과 눈의 욕망과 세상 살림에 대한 자랑은 모두 하늘 ㄴ)아버지에게서 온 것이 아니라, 세상에서 온 것이기 때문입니다.
17 이 세상도 사라지고, 이 세상의 욕망도 사라지지만, 하나님의 뜻을 행하는 사람은 영원히 남습니다.

그리스도의 적대자

18 어린이 여러분, 지금은 마지막 때입니다. 여러분이 그리스도의 적대자가 올 것이라는 말을 들은 것과 같이, 지금 그리스도의 적대자가 많이

ㄱ) 그, '형제' ㄴ) 하나님을 가리킴

2:7-11 *사랑의 계명* (희랍어, *아가페오*, 3:11; 4:7-12 참조). 이것은 그리스도로부터 (요 13:34) 나오기 때문에 새 것이지만, 처음부터 그리스도교 전통의 일부이기 때문에 옛 것이다. 요한복음에서 이 계명은 다른 믿는 자들, 즉, 형제나 자매에게 한정되어 있다.

2:12-17 *세상.* 세상은 물질적인 세상이 아니라 악의 영역이며 일시적이지만, 순종은 영원한 결과를 가져온다. 12-14절은 믿음의 성숙도에 따라서 그리스도인에게 각각 적절한 권고로 이야기하는 것으로 이런 칭호들은 은유적인 것들이다. *악한 자.* 이것에 대하여는 5:18에 관한 주석을 보라.

2:18-20 *마지막 때와 그리스도의 적대자*의 도래. 이것은 교회 회중(들)으로부터 일단의 그리스도인들이 이탈함과 맥락을 같이한다. (오직 2:18, 22; 4:3; 요이 7절에만 나오는) 그리스도의 적대자들은 구약성경이나 다른 유대 문서에는 전례가 없는 개념이다. 교회 회중의 갈라짐이 어째서 종말론적 중요성을 가지는지는 분명하지 않다. 분파주의자들은 결단코 *우리에게 속한 자들*이 아니었는데, 그들은 전혀 공동체의 믿음과 생활방식을 나누지 않았기 때문이다. *기름 부으심을 받아* (희랍어, *크리스마*; 2:27 참조) 라는 말은 신약성경의 어디에도 나오지 않으며 세례나 기름부음이나 성령의 임재를 의미하는 것으로 보인다.

2:20-25 분파주의자들은 *진리*를 알지 못하는

생겼습니다. 그래서 우리는 지금이 마지막 때임을
압니다. 19 그들이 우리에게서 갔지만, 그들은
우리에게 속한 자들이 아니었습니다. 그들이 우
리에게 속한 자들이었더라면, 그들은 우리와 함께
그대로 남아 있었을 것입니다. 그러나 결국에는
그들은 모두 우리에게 속한 자들이 아니라는 사실
이 드러나게 되었습니다. 20 여러분은 거룩하신
분에게서 기름 부으심을 받아, [ㄱ]모든 것을 알고
있습니다. 21 여러분이 진리를 알지 못한다고
해서 여러분에게 내가 이렇게 써 보내는 것이 아
닙니다. 오히려 여러분이 진리를 알고 있기 때문에,
그리고 또한 여러분이 거짓은 모두 진리에서 나오
지 않는다는 것을 알고 있기 때문에 이렇게 써 보
내는 것입니다. 22 누가 거짓말쟁이입니까? 예
수가 [ㄴ]그리스도이심을 부인하는 사람이 아니고
누구겠습니까? 아버지와 아들을 부인하는 사람이
곧 그리스도의 적대자입니다. 23 누구든지 아들
을 부인하는 사람은, 아버지를 모시고 있지 않은
사람이요, 아들을 시인하는 사람은, 아버지를 또
한 모시고 있는 사람입니다. 24 여러분이 처음
부터 들은 것을 여러분 속에 간직하십시오. 여러
분이 처음부터 들은 그것이 여러분 속에 있으면,
여러분도 아들과 아버지 안에 있게 될 것입니다.
25 이것은 그가 친히 [ㄷ]우리에게 주신 약속인데,
곧 영원한 생명입니다.

26 나는 여러분을 미혹하는 자들에 관하여
이렇게 썼습니다. 27 여러분으로 말하자면, 그가
기름 부어 주신 것이 여러분 속에 머물러 있으니,
여러분은 아무에게서도 가르침을 받을 필요가 없
습니다. 그가 기름 부어 주신 것이 여러분에게 모든
것을 가르쳐 줍니다. 그리고 그 가르침은 참이요,
거짓이 아닙니다. 여러분은 그 가르침대로 언제나
[ㄹ]그리스도 안에 머물러 있으십시오.

하나님의 자녀

28 그러므로 자녀 된 이 여러분, 그리스도
안에 머물러 있으십시오. 그렇게 해야 그가 나타
나실 때에 우리가 담대함을 가지게 될 것이며, 그가
오실 때에 그 앞에서 부끄러움을 당하지 않을 것
입니다. 29 여러분이 하나님께서 의로우신 분임을
알면, 의를 행하는 사람은 누구나 다 하나님에게서
났음을 알 것입니다.

3 1 아버지께서 우리에게 얼마나 큰 사랑을 베
푸셨는지를 생각해 보십시오. 하나님께서 우
리를 자기의 자녀라 일컬어 주셨으니 우리는 하나
님의 자녀입니다. 세상이 우리를 알지 못하는 까
닭은 하나님을 알지 못하기 때문입니다. 2 사랑
하는 여러분, 이제 우리는 하나님의 자녀입니다.
앞으로 우리가 어떻게 될지는 아직 밝혀지지 않았
습니다만, 그리스도께서 나타나시면, 우리도 그와
같이 될 것임을 압니다. 그 때에 우리가 그를 참
모습대로 뵙게 될 것이기 때문입니다. 3 그에게
이런 소망을 두는 사람은 누구나, 그가 깨끗하신
것과 같이 자기를 깨끗하게 합니다.

4 죄를 짓는 사람마다 불법을 행하는 사람입
니다. 죄는 곧 불법입니다. 5 여러분이 아는 대로,
그리스도께서는 죄를 없애려고 나타나셨습니다.
그리스도는 죄가 없는 분이십니다. 6 그러므로
그리스도 안에 머물러 있는 사람마다 죄를 짓지
않습니다. 죄를 짓는 사람마다 그를 보지도 못한
사람이고, 알지도 못한 사람입니다. 7 자녀 된
이 여러분, 아무에게도 미혹을 당하지 마십시오.
의를 행하는 사람은 하나님이 의로우신 것과 같이

ㄱ) 다른 고대 사본들에는 '여러분은 모두 지식을 가지게 되었습니다' ㄴ) 또는 '메시아' ㄷ) 다른 고대 사본들에는 '여러분에게' ㄹ) 또는 '가르침 안에'

---

*거짓말쟁이*들인데, 그들은 예수께서 육신을 입고 오신 그리스도 (4:2 참조) 라는 사실을 부인하기 때문이다. 예수님이 육신을 입고 오신 것을 부인하는 이는 악마와 손을 잡는 것이며, 그런 의미에서 분파주의자들은 악마와 같은 사람들이다. *속에 있다* (희랍어, *메노*). 이 동사는 무엇과의 밀접한 관계를 언급하는 것이며, 이 곳의 경우에 있어서는 복음의 메시지와의 관계를 언급하는 것이다. (개역개정은 이것을 "너희 안에 거하면;" 공동번역은 "여러분 속에 살아 있으면"으로 번역했음.) *영원한 생명.* 이것에 대하여는 1:2에 관한 주석을 보라.

2:26-29 *미혹* (1:8과 3:7을 참조). 잘못된 길로 인도하는 분파주의자들의 신앙을 언급하는 것인데, 독자들은 *기름부음을 받음으로써* 이들로부터 벗어나 보호를 받는다 (2:18-20에 관한 주석을 참조). 기름부음은 진리를 낳고 독자들은 하나님으로부터 그들의 삶을 얻기 때문에 (*하나님께서 났음*), 그들은 자신들의 신앙을 의심하지 말아야 한다.

3:1-3 믿는 자들은 그리스도 안에 거하는 하나님의 사랑의 결과로써 하나님의 *자녀가* 되지만, 세상은 그리스도 안에 거하는 하나님의 사랑을 받아들이지 않으며 그 결과 하나님을 알지 못한다 (예를 들어, 요 17:16을 참조). 종파와 같이, 그리스도교 공동체는 사회로부터 분리되어 있으며, 그러므로 우리는 그들로부터 등 돌리고 있다는 정신 구조를 가지고 있다.

3:4-10 참 신자는 결코 죄를 범하지 않지만, 1:8을 참조하라. 저자는 두 종류의 죄를 생각하고 있는지도

의롭습니다. 8 죄를 짓는 사람은 악마에게 속
해 있습니다. 악마는 처음부터 죄를 짓는 자이기
때문입니다. 하나님의 아들이 나타나신 목적은
악마의 일을 멸하시려는 것입니다. 9 하나님에
게서 난 사람은 누구나 죄를 짓지 않습니다. 하나
님의 씨가 그 사람 속에 있기 때문입니다. 그는
죄를 지을 수 없습니다. 그가 하나님에게서 났기
때문입니다. 10 하나님의 자녀와 악마의 자녀가
여기에서 환히 드러납니다. 곧 의를 행하지 않는
사람과 자기 ㄱ)형제자매를 사랑하지 않는 사람은
누구나 하나님에게서 난 사람이 아닙니다.

서로 사랑하라

11 여러분이 처음부터 들은 소식은 이것이
니, 곧 우리가 서로 사랑해야 한다는 것입니다.
12 우리는 가인과 같은 사람이 되지 말아야 합니다.
그는 악한 자에게 속한 사람이어서 자기 동생을
쳐죽였습니다. 무엇 때문에 그는 동생을 쳐죽였
습니까? 그가 한 일은 악했는데, 동생이 한 일은
의로웠기 때문입니다. 13 ㄴ)형제자매 여러분, 세
상이 여러분을 미워해도 이상히 여기지 마십시오.
14 우리가 이미 죽음에서 생명으로 옮겨갔다는
것을 우리는 압니다. 이것을 아는 것은 우리가 형
제자매를 사랑하기 때문입니다. 사랑하지 않는
사람은 죽음에 머물러 있습니다. 15 자기 ㄱ)형제
자매를 미워하는 사람은 누구나 살인하는 사람입
니다. 살인하는 사람은 누구나 그 속에 영원한 생
명이 머물러 있지 않다는 것을 여러분은 압니다.
16 그리스도께서 우리를 위하여 자기 목숨을 버
리셨습니다. 이것으로 우리가 사랑을 알게 되었
습니다. 그러므로 우리도 ㄴ)형제자매를 위하여 목
숨을 버리는 것이 마땅합니다. 17 누구든지 세상
재물을 가지고 있으면서, 자기 ㄱ)형제자매의 궁핍
함을 보고도, 마음 문을 닫고 도와주지 않으면, 어
떻게 하나님의 사랑이 그 사람 속에 머물겠습니까?
18 자녀 된 이 여러분, 우리는 말이나 혀로 사랑
하지 말고, 행동과 진실함으로 사랑합시다.

하나님 앞에서 가지는 확신

19 이렇게 함으로써 우리는 우리가 진리에서
났음을 알게 될 것입니다. 또 우리는 하나님 앞에서
확신을 가지게 될 것입니다. 20 우리가 마음에
가책을 받는다 하더라도 우리는 그러한 확신을 가
지게 될 것입니다. 하나님은 우리 마음보다 크신
분이시고, 또 모든 것을 알고 계시기 때문입니다.
21 사랑하는 여러분, 우리가 마음에 가책을 받지
않으면, 우리는 하나님 앞에서 담대함을 가지고
있는 것이요, 22 우리가 구하는 것은 무엇이든
지 하나님에게서 받을 것입니다. 우리가 하나님
의 계명을 지키고, 하나님께서 기뻐하시는 일을
하기 때문입니다. 23 하나님의 계명은 이것이
니, 곧 그 아들 예수 그리스도의 이름을 믿고,
그리스도께서 우리에게 명하신 대로 서로 사랑하

ㄱ) 그, '형제' ㄴ) 그, '형제들'

모른다. 여기서는 죄가 그리스도를 거절하는 것이지만, 1:8에서 죄는 믿음을 실천하지 못하는 것을 언급한다. 5:16-17에 관한 주석을 보라.

불법을 행하는 사람. 이 사람은 준수해야 하는 도덕적 규범들이 없다고 주장한다 (살후 2:3-12를 참조). 하나님의 자녀와 악마의 자녀는 서로 절대적인 이원성을 보이며, 모든 사람은 하나님에게서 난 자이거나 그렇지 않으면 악마에게서 난 자이다. *하나님에게서 난 사람은 하나님의 자녀들과* 동일하다.

3:11-12 "새 계명"은 우리가 서로 사랑해야 한다는 것을 지적한다 (요 13:34). 가인은 형제의 의로웠던 일을 유감으로 여겼고 일부 사람들은 그의 아버지가 악마였던 것으로 믿기 때문에, 죄가 있다. 요 8:44를 참조하라. *악한 자에* 대하여는 5:18에 관한 주석을 보라.

3:13-14 다른 사람들을 *사랑하는 것은* 믿는 자들이 영원한 생명을 소유하고 있음을 폭로하며, 사랑은 삶의 본질이기 때문에, 사랑이 없는 자들은 죽음과 더불어 사는 것과 마찬가지이다. *살인하는 사람.* 악마와 연유되어 있다 (요 8:44; 3:11-12를 참조).

3:15-18 사랑에 대한 세 가지 진술: 그리스도 때문에 믿는 이들은 *사랑을 안다* (즉, 사랑할 수 있다); 그들은 다른 사람들을 위하여 자신들의 생명을 내줄 수 있다; 궁핍한 사람과 자신의 재물을 나눈다. 사랑을 실천하는 것은 사람이 사랑을 지니고 있다는 증거이다.

3:19-24 독자들은 하나님과 맺은 그들의 관계가 견고하다는 확신을 가져도 좋을 것이다. 이러한 확신은 사랑의 실천을 의미하는데, 이것은 그들이 *진리*에서 태어났음을 재확인시켜 주는 것이다. 즉, 그들의 삶이 그리스도 안에서 드러난 하나님의 계시에 기초를 두고 있다는 것을 재확인시켜 주는 것이다. 믿는 자들의 마음(그들의 내적 존재)은 그들의 잘못을 지적하지만, 그것은 또한, 그들이 가진 하나님에 대한 지식 때문에, 그리고 하나님의 심판은 중요한 것이기 때문에 그들에게 확신을 심어준다. 22절에 나오는 약속은 믿는 자들이 올

라는 것입니다. 24 그리스도의 계명을 지키는 사람은 그리스도 안에 있고, 그리스도께서도 그 사람 안에 계십니다. 그리스도께서 우리 안에 계시다는 것을, 그가 우리에게 주신 성령으로 우리는 압니다.

하나님의 영과 그리스도의 적대자의 영

4 1 사랑하는 여러분, 어느 영이든지 다 믿지 말고, 그 영들이 하나님에게서 났는가를 시험하여 보십시오. 거짓 예언자가 세상에 많이 나타났기 때문입니다. 2 여러분은 하나님의 영을 이것으로 알 수 있습니다. 곧 예수 그리스도께서 육신을 입고 오셨음을 시인하는 영은 다 하나님에게서 난 영입니다. 3 그러나 예수를 시인하지 않는 영은 다 하나님에게서 나지 않은 영입니다. 그것은 그리스도의 적대자의 영입니다. 여러분은 그 영이 올 것이라는 말을 들었습니다. 그런데 그 영이 세상에 벌써 와 있습니다. 4 자녀 된 이 여러분, 여러분은 하나님에게서 난 사람들이며, 여러분은 그 거짓 예언자들을 이겼습니다. 여러분 안에 계신 분이 세상에 있는 자보다 크시기 때문입니다. 5 그들은 세상에서 났습니다. 그런 까닭에 그들은 세상에 속한 것을 말하고, 세상은 그들의 말을 듣습니다. 6 우리는 하나님에게서 났습니다. 하나님을 아는 사람은 우리의 말을 듣고, 하나님에게서 나지 아니한 사람은 우리의 말을 듣지 아니합니다. 이것으로 우리는 진리의 영과 미혹의 영을 알아봅니다.

하나님은 사랑이시다

7 사랑하는 여러분, 서로 사랑합시다. 사랑은 하나님에게서 난 것입니다. 사랑하는 사람은 다 하나님에게서 났고, 하나님을 압니다. 8 사랑하지 않는 사람은 하나님을 알지 못합니다. 하나님은 사랑이시기 때문입니다. 9 하나님의 사랑이 우리에게 이렇게 드러났으니, 곧 하나님이 자기 외아들을 세상에 보내주셔서 우리로 하여금 그로 말미암아 살게 해주신 것입니다. 10 사랑은 이 사실에 있으니, 곧 우리가 하나님을 사랑한 것이 아니라, 하나님이 우리를 사랑하셔서, 자기 아들을 보내어 우리의 죄를 위하여 화목제물이 되게 하신 것입니다. 11 사랑하는 여러분, 하나님께서 이렇게까지 우리를 사랑하셨으니, 우리도 서로 사랑해야 합니다. 12 지금까지 하나님을 본 사람은 없습니다. 그러나 우리가 서로 사랑하면, 하나님이 우리 가운데 계시고, 또 하나님의 사랑이 우리 가운데서 완성된 것입니다.

13 하나님이 우리에게 자기 영을 나누어 주

바른 것들을 추구하는 경우를 가정한다. 요 14:13-14를 보라.

3:23 계명은 이제 다른 사람들을 사랑하라는 것과 더불어 그리스도를 사랑하라는 것으로 확장된다 (2:7-8과 요 13:34; 14:1을 참조). NRSV는 희랍어 본문에 없는 "in"을 삽입했는데, 이것은 우리가 예수님의 말씀을 진리로 받아들여야 함을 시사하려는 것이다. 요한1서에서 *믿는다*는 것은 교리에 동의하는 것이다 (예를 들어, 5:1). 안에 있음은 상호적이다. 왜냐하면 그리스도께서 믿는 자들과 친밀하신 만큼 그들도 그와 친밀하기 때문이다 (요 15:5). 하나님과 그리스도(*성령*)의 밀접한 관계의 실존이 이러한 관계의 증거이다.

4:1-6 독자들은 두 가지 방법들을 통해서 *영들에* 대하여 시험하여 볼 수 있다. 하나님의 영은 항상 그리스도의 인성을 시인하는 반면에 (2:22와 요 1:14를 참조), *거짓 예언자*들은 *그리스도의 적대자*로 (2:18; 4:3; 그리고 요이 7절) 그리스도의 인성을 시인하지 않는다. 더 나아가서, 하나님의 영은 세상의 영이 아니다. 한글 성경에서는 분명하게 전치사가 나타나 있지 않지만, 영어 성경 NRSV에서는 …의 (of) …안에 (in) 라는 전치사들을 사용하여 하나님께 출처를 둔 것인지 악에게 출처를 둔 것인지를 밝혀준다. 2:12-17에 관한 주석을 보라. *이겼습니다.* 요 16:33과 계 2:7-17을 보라. *하나님에게서*(희랍어, *에크*)와 *세상에서*는 결정론처럼 들리지만, 사람들이 전자나 후자 어느 한쪽에 참여하는 것을 가정하는 것으로 보인다. 6절에 나오는 *진리의 영*(요 14:17절을 참조)과 *미혹의 영*의 대조는 우주적인 이원론을 의미한다. 미혹의 영은 신약의 다른 곳에는 언급되어 있지 않지만 미혹은 속임수와 같은 것이다 (1:8; 2:26; 요이 7절을 참조). 이 영들은 모두 마지막 날들과 관련되어 있다.

4:7-12 하나님과의 연합은 사랑과의 연합과 같아서, 하나님께 연합되어 있는 사람들은 사랑을 실천한다. *안다* 이에 대하여는 2:3-6에 관한 주석을 보라. 신의 사랑은 구체적인 행위(그리스도를 보냄)인 것처럼, 그리스도인의 사랑도 그러하다. 9절에 관하여, 요 3:16을 참조하라. *외아들.* 그리스도는 "두드러진 분"이시며 그 외 다른 "하나님의 아들들"과 구별됨을 의미한다. 하나님의 사랑은 우리들의 사랑을 일깨우며 우리들의 사랑이 하나님의 사랑을 일깨우지는 못한다. 그러므로 하나님의 사랑은 어떻게 사랑해야 하는지를 보여주는 본보기인 동시에 사랑이 가능케 하는 힘이다. 속죄, 곧 *화목제물*에 대하여는 2:2에 관한 주석을 보라. 사랑은 하나님의 성격을 어렴풋이나마 엿보게 해준다 (그러나 요 1:18을 보라). *완성된 것*에 대하여는 2:3-6에 관한 주석을 보라.

셨습니다. 이것으로 우리가 하나님 안에 있고, 또
하나님이 우리 안에 계시다는 것을 우리는 압니다.
14 우리는 아버지께서 아들을 세상의 구주로 보
내신 것을 보았고, 또 그것을 증언합니다. 15 누
구든지 예수를 하나님의 아들로 시인하면, 하나님
이 그 사람 안에 계시고, 그 사람은 하나님 안에
있습니다. 16 우리는 하나님이 우리에게 베푸시
는 사랑을 알았고, 또 믿었습니다.

하나님은 사랑이십니다. 사랑 안에 있는 사람
은 하나님 안에 있고 하나님도 그 사람 안에 계십
니다. 17 사랑이 우리에게서 완성되었다는 사실은
이 점에 있으니, 곧 우리로 하여금 심판 날에 담
대함을 가지게 하려는 것입니다. 우리가 이렇게
담대해지는 것은, 그리스도께서 사신 대로 또한
우리도 이 세상에서 그렇게 살기 때문입니다.
18 사랑에는 두려움이 없습니다. 완전한 사랑은
두려움을 내쫓습니다. 두려움은 징벌과 관련이
있습니다. 두려워하는 사람은 아직 사랑을 완성
하지 못한 사람입니다. 19 우리가 ㄱ)사랑하는 것
은 하나님이 우리를 먼저 사랑하셨기 때문입니다.
20 누가 하나님을 사랑한다고 하면서, 자기 ㄴ)형제
자매를 미워하면, 그는 거짓말쟁이입니다. 보이는
자기 ㄴ)형제자매를 사랑하지 않는 사람이 보이지
않는 하나님을 사랑할 수 없습니다. 21 하나님을
사랑하는 사람은 자기 ㄴ)형제자매도 사랑해야 합
니다. 우리는 이 계명을 주님에게서 받았습니다.

세상을 이기는 믿음

5 1 예수가 ㄷ)그리스도이심을 믿는 사람은 다
하나님에게서 태어났습니다. 낳아주신 분을
사랑하는 사람은 다 그분이 낳으신 이도 사랑합니
다. 2 우리가 하나님을 사랑하고, 또 그 계명을
지키면, 이로써 우리가 하나님의 자녀를 사랑한
다는 것을 압니다. 3 하나님을 사랑하는 것은 그
계명을 지키는 것입니다. 하나님의 계명은 무거운
짐이 아닙니다. 4 하나님에게서 태어난 사람은
다 세상을 이기기 때문입니다. 세상을 이긴 승리
는 이것이니, 곧 우리의 믿음입니다. 5 세상을
이기는 사람은 누구입니까? 예수가 하나님의 아
들이심을 믿는 사람이 아니고 누구겠습니까?

아들에 관해서 증언함

6 그는 물과 피를 거쳐서 오신 분인데, 곧 예수
그리스도이십니다. 그는 다만 물로써 오신 것이
아니라 물과 피로써 오셨습니다. 성령은 증언하
시는 분입니다. 성령은 곧 진리입니다. 7 ㄹ)증언
하시는 이가 셋인데, 8 곧 성령과 물과 피입니다.
이 셋은 일치합니다. 9 우리가 사람의 증언도

ㄱ) 다른 고대 사본들에는 '그를' 또는 '하나님을'이 첨가됨 ㄴ) 그, '형제' ㄷ) 또는 '메시아' ㄹ) 몇몇 사본에는 '하늘에서 증언하시는 세 분이 계십니다. 곧 아버지와 말씀과 성령이십니다. 이 셋은 하나입니다. 8. 땅에서 증언하는 셋이 있습니다. 곧 영과 물과 피입니다. 이 셋은 일치합니다.'

특별 주석

이 곳에서 하나님의 참 본질은 사랑 안에서, 곧 하나님을 사랑하고, 동료 인간을 사랑하는 것에서 밝혀진다고 단호히 말한다. 여기서 저자는 단호하게 "하나님은 사랑"이라고 주장한다 (4:8). 저자는 그리스도교 공동체 내에서 사랑을 생각하고 있을지 모르지만, 이 절들은 모든 사람을 위한 그리스도인의 사랑의 구심점을 측정하는 시금석이 될 것으로, 그리스도인의 사랑은 예수 그리스도의 생애와 사역 가운데서 공개된 하나님의 사랑을 경험하는 데서 나온다.

4:13-17 13절에 대하여는 2:20-25와 3:19-24에 관한 주석들을 보라. *아들과 예수*는 분파주의자들이 부인하는 그리스도의 육체적 본질을 의미한다 (2:22; 4:2를 참조). 마지막 날들이 이미 시작되었으므로, 마지막 보응의 시간도 가까이 왔다; 그러나 믿는 자들은 두려워할 일이 없다. *그리스도께서 사신 대로*에서 그리스도가 NRSV에서는 *he*(희랍어, *에케이노스*, "그 사람")로 나오는데, 새번역개정에서 대명사 대신에 그리스도로 번역했다. 그리스도는 이 세상에 계셨기 때문에, 우리는 여기서 그가 사신 대로 살도록 해주는 본보기와 담대함을 가지고 있다.

4:18-21 19절은 10절에 나오는 진술을 되풀이하며 20절은 거짓말쟁이라는 칭호가 덧붙여 있는 2:9-11을 회상시켜 준다. 거짓말쟁이들은 다른 사람들을 사랑하지 못하면서 마치 자신들이 하나님을 사랑하는 것으로 스스로를 속여 착각하게 하는 자들이다 (1:10; 2:22; 5:10을 참조). 그러나 다른 사람들을 사랑하는 것이 보이지 않는 하나님을 사랑하는 것보다 수월하다 (12절과 2:9에 대한 주석을 참조). 막 12:30-31은 하나님을 사랑하는 것을 형제자매를 사랑하는 것과 연결시킨다.

5:1-5 우리가 그리스도에 대해서 믿는 것이 사랑에 대한 우리의 이해를 구체화시켜 준다. *예수가 그리스도이심을* 이 구절은 그리스도가 역사적 인물인 예수님의 모습으로 왔다는 것을 의미한다 (2:22). 도덕률폐기론자들인 분파주의자들의 사상(3:4에 관한 주석을 보라)과는 달리, 순종은 무거운 짐이 아니다 (마 11:30을 참조). 왜냐하면 이것은 사랑으로부터 행하여지는 것이지 의무로부터 행하여지는 것이 아니기 때문이다 (눅 11:46을 참조). *세상을 이김에* 대하여는 4:1-6에

받아들이거늘, 하나님의 증언은 더욱더 큰 것이 아니겠습니까? 하나님의 증언은 이것이니, 곧 하나님이 자기 아들에 관해서 증언하셨다는 것입니다.
10 하나님의 아들을 믿는 사람은 그 증언을 자기 속에 가지고 있습니다. ㄱ)하나님을 믿지 않는 사람은 하나님을 거짓말쟁이로 만들었습니다. 하나님이 자기 아들에 관해서 증언하신 그 증언을 믿지 않았기 때문입니다.
11 그 증언은 이것이니, 곧 하나님이 우리에게 영원한 생명을 주셨다는 것과, 바로 이 생명은 그 아들 안에 있다는 것입니다.
12 그 아들을 모시고 있는 사람은 생명을 가지고 있고, 하나님의 아들을 모시고 있지 않은 사람은 생명을 가지고 있지 않습니다.

영원한 생명을 아는 지혜

13 나는 하나님의 아들의 이름을 믿는 사람들인 여러분에게 이 글을 씁니다. 그것은 여러분이 영원한 생명을 가지고 있다는 것을 알게 하려는 것입니다.
14 우리가 하나님에 대하여 가지는 담대함은 이것이니, 곧 무엇이든지 우리가 하나님의 뜻을 따라 구하면, 하나님은 우리의 청을 들어주신다는 것입니다.
15 우리가 무엇을 구하든지 하나님이 우리의 청을 들어주신다는 것을 알면, 우리가 하나님께 구한 것들은 우리가 받는다는 것도 압니다.

ㄱ) 다른 고대 사본들에는 '아들을'

관한 주석을 보라. 하나님은 믿는 자들을 통해서 악을 무찌르시지만, 이기는 믿음의 내용은 예수께서 하나님의 독특한 아들이라는 고백이다. 이 글에서, *믿는 사람은 다* (희랍어, *파스 호피스테우엔 호티*) 라는 어구의 구성에 의해 지적되듯이, 믿음은 타당한 교리를 포함한다. 요 11:27을 참조하라.

5:6-8 여기에 나오는 증언들은 인간 예수님이 그리스도이며, 하나님의 아들이라는 것을 확증하여 준다. *물로써*는 예수님의 세례를 의미하며 *피로써*는 그의 십자가 처형을 의미한다 (요 19:34를 참조). *다만 물로써 오신 것이 아니라*는 예수님의 세례만이 중요함을 시사하며 그리스도의 죽음을 부인하는 자들에게 도전하는 것이다. 하나님의 영(제3의 증인)의 실존은 예수님의 정체를 증언한다. 신 19:15는 소송사건을 제정하기 위하여 세 증인을 요구한다. 요 5:31-40을 참조하라. 7절과 8절 사이에 일부 사본들은 소위 "사도 요한의 코마"를 추가하는데, 이 추가된 부분에서 한 서기관이 "지상"의 세 증인을 소출하고 세 명의 "천상 증인들"을 추가한다.

5:9-12 그리스도의 정체에 대한 하나님의 증언은 예수님의 세례 당시 들려온 하나님의 음성인 동시에 (예를 들어, 막 1:11) 부활을 통해 그의 무죄가 밝혀진 것이다. 올바른 믿음을 가진 사람들은 그리스도 자신의 증거를 가지고 있지만, 믿지 않는 이들은 그렇지 못하다. 10절은 그리스도가 육체로 오셨다고 믿는 것은 하나님께서 예수님을 승인하셨음을 증거하는 것임을 시사한다. *거짓말쟁이*에 대하여는 1:10; 2:22; 그리고 4:20을 보라. 11절에서 하나님의 증언은 *영원한 생명*(1:2와 3:13-14에 대한 주석을 보라)의 선물로, 이 선물은 배타적으로 하나님의 아들을 통해서만 주어진다. 하나님께 인간들에게 원하시는 삶(곧, 영생)은 다만 우리들이 예수님의 육신을 입은 생애를 메시아의 도래로써 받아들일 때에만 얻어질 수 있다.

5:13-15 *끝맺는 말*은 무엇보다도 저자의 목적을 진술하는데, 그의 목적은 독자들이 하나님의 생명의 선물을 가지고 있다는 확신을 그들에게 심어주는 데 있다. 14절과 15절에 관하여, 3:22에 대한 주석을 보라. 기도할 때 가지는 *담대함*(혹은 확신; 2:28; 3:21; 4:17을 참조)은 하나님의 사랑을 알고 사랑은 두려움을 물리친다는 것을 믿는 데서 온다. 3:19-22와 4:7-9를 참조하라.

5:16-17 *끝맺는* 경고문은 죄의 주제로 돌아온다. 두 가지 종류의 죄가 있다: *죽음에 이르게 하는 죄*(희랍어, *프로스 타나톤*, "죽음을 향하여")가 있으며 *죽음에 이르지 않는 죄*(희랍어, *메 프로스 타나톤*, "죽음을 향하지 아니하여")가 있다. 죽음에 이르게 하는 죄를 범하는 사람들을 위하여 기도하는 것은 무의미한데, 그들에게는 생명이 없기 때문이다. 하지만, 독자들은 죽음에 이르지 않는 죄를 범하는 사람을 위해서 기도해야 하는데, 그들은 용서의 기회를 가지고 있기 때문이다. 죽음에 이르게 하는 죄는 그리스도를 부인하는 것인 반면에, *죽음에 이르지 않는 죄*는 순종하지 못하는 것이다 (1:8-10과 3:9를 보라).

5:18-21 그리스도인들은 세상적인 면에서 보면 죄를 짓지 않는다. 하나님이 지켜주시기 때문이다. *하나님에게서 태어난 사람.* 이에 대하여는 3:4-10과 4:1-6을 보라. *하나님에게서 태어난 사람*이라는 구절의 전례가 분명하지 않기 때문에, 믿는 사람들은 예수님이나 혹은 다른 사람의 도움으로 죄로부터 보호를 받는다. 믿는 사람들은 악마(3:8)가 지배하는 환경 속에서 살고 있는데, 이 악마는 하나님을 반대하는 입장을 대표하는 것이다 (막 3:27을 참조). 저자는 그리스도교 공동체를 악의 바다 가운데 떠 있는 진리의 섬으로 간주한다 (2:3-6에 관한 주석을 보라). 우상들은 참 하나님의 반대편에 서 있으므로, 아마도 믿는 이들을 위협하여 잘못된 길로 인도하는 자들은 거짓 신들을 숭배하는 이들이다.

16 누구든지 [ㄱ]어떤 교우가 죄를 짓는 것을
볼 때에, 그것이 죽음에 이르게 하는 죄가 아니면,
하나님께 간구하십시오. 그리하면 하나님은, 죽을
죄는 짓지 않은 그 사람들에게 생명을 주실 것입
니다. 죽을 죄가 있습니다. 이 죄를 두고 간구하
라고 하는 말이 아닙니다. 17 불의한 것은 모두
죄입니다. 그러나 죽음에 이르지 않는 죄도 있습
니다.

18 하나님에게서 태어난 사람은 누구든지 죄
를 짓지 않는다는 것을, 우리는 압니다. 하나님에
게서 태어나신 분이 그 사람을 지켜주시므로, 악
마가 그를 해치지 못합니다. 19 우리가 하나님에
게서 났다는 것을 우리는 압니다. 그런데, 온 세
상은 악마의 세력 아래 놓여 있습니다. 20 하나
님의 아들이 오셔서, 그 참되신 분을 알 수 있도
록, 우리에게 이해력을 주신 것을 우리는 압니다.
우리는 그 참되신 분 곧 하나님의 아들 예수 그리
스도 안에 있습니다. 이 분이 참 하나님이시요, 영
원한 생명이십니다. 21 자녀 된 이 여러분, 여러
분은 우상을 멀리하십시오.[ㄴ]

ㄱ) 그, '자기의 형제' ㄴ) 다른 고대 사본들에는 절 끝에 '아멘'이 있음

요한2서

이 문서는 인사말 (1-3절), 감사 (4절), 작별인사(13절)로 구성된 고대 서신의 고전적인 양식을 띠고 있다. 이것은 쉽게 요한1서와 관련지어졌고, 사도 요한의 사도적 증언으로 받아들여졌다. 이 서신의 언어 중 일부는 요한1서와 제4복음서의 것처럼 보인다 (예를 들어, "진리;" 요 14:6과 요일 3:18을 보라). 그러나 요한2서와 요한3서의 저자는 "장로"이나 (1절), 아마도 제4복음서나 요한1서의 저자와 동일한 인물로 간주되지 말아야 할 것이다. 아마도 저자들을 모두 사도 요한의 교회 교인들이었을 것이다.

이 서신을 쓰게 된 동기는 "속이는 자들"(7절)로 인하여 야기된 위협인데 이들은 "예수 그리스도께서 육신을 입고 오셨다"는 것을 부인하였다 (요일 2:18-27을 참조). 서신이 쓰인 시기를 결정하는 것은 불가능하지만, 많은 사람들이 요한의 서신들은 모두 제4복음서가 쓰인 뒤인 기원후 90-110년경에 써졌다고 믿는다.

요한2서는 건전한 교리에 대한 관점 때문에 신학적으로 중요한데, 이것이 시사하는 바에 따르면, "정통파 교리"는 그리스도인이라고 주장하는 모든 사람들의 신빙성을 측정하는 어떤 표준으로 나타났다. 이것은 초기 영지주의적 및 가현적 (이것은 *도케오*, "나타나다"를 뜻하는 희랍어 단어로부터 파생됨) 기독론이 미친 영향에 대한 응답일 것인데, 이런 기독론은 그리스도께서 다만 인간처럼 보였을 뿐이라고 주장했다.

요한2서는 뚜렷이 구분되는 네 부분으로 되어 있으며 다음과 같이 간추려질 수 있다; 성경본문 아래 나오는 연구 주석들은 이 개요에 기초하고 있는데, 이 개요는 주석을 붙이는 과정에서 명료성을 위하여 추가적으로 세분화된다.

Ⅰ. 인사, 1-3절
Ⅱ. 사랑의 계명, 4-6절
Ⅲ. 속이는 자들에 대한 경고, 7-11절
Ⅳ. 끝맺는 말, 12-13절

로버트 카이서 (Robert Kysar)

인사

1 1 장로인 나는 택하심을 받은 [ㄱ]믿음의 자매와
그 자녀들에게 이 글을 씁니다. 나는 여러분
을 진정으로 사랑합니다. 나만이 아니라, 진리를
깨달은 모든 사람이 여러분을 사랑합니다.
2 그것은 지금 우리 속에 있고, 또 영원히 우리와
함께 할 그 진리 때문입니다. 3 하나님 아버지와
아버지의 아들 [ㄴ]예수 그리스도께서 내려주시는
은혜와 자비와 평화가 진리와 사랑으로 우리와
함께 있기를 빕니다.

진리와 사랑

4 그대의 자녀 가운데 우리가 아버지께로부터
받은 계명대로 진리 안에서 살아가는 이들이 있는
것을 보고, 나는 매우 기뻐했습니다. 5 [ㄱ]자매여,
지금 내가 그대에게 간청하는 것은, 우리 모두가
서로 사랑하자는 것입니다. 그렇지만 내가 새 계
명을 써 보내는 것이 아니라, 우리가 처음부터 가
지고 있는 계명을 써 보내는 것입니다. 6 사랑은
다름이 아니라 하나님의 계명을 따라 사는 것입니
다. 계명은 다름이 아니라, 여러분이 처음부터 들은
대로, 사랑 안에서 살아가야 한다는 것입니다.
7 속이는 자들이 세상에 많이 나타났기 때문입니
다. 그들은 예수 그리스도께서 육신을 입고 오셨
음을 고백하지 않습니다. 이런 자야말로 속이는
자요, 그리스도의 적대자입니다. 8 여러분은 스
스로 삼가서, [ㄷ]우리가 수고하여 맺은 열매를 잃지
말고, 충분히 포상을 받을 수 있도록 하십시오.
9 지나치게 나가서 그리스도의 가르침 안에 머물러
있지 아니한 사람은 누구든지, 하나님을 모시고
있지 아니한 사람입니다. 그 가르침 안에 머물러
있는 사람은 아버지와 아들을 다 모시고 있는 사람
입니다. 10 누가 여러분을 찾아가서 이 가르침을
전하지 않으면, 그 사람을 집에 받아들이지도 말
고, 인사도 하지 마십시오. 11 그에게 인사하는
사람은, 그가 하는 악한 일에 동참하는 것입니다.

작별 인사

12 내가 여러분에게 쓸 말이 많지만, 그것을
종이와 먹으로 써 보내고 싶지 않습니다. 내가 바
라는 것은, 여러분에게 가서, 얼굴을 마주보고 말
하여, 우리의 기쁨을 넘치게 하는 것입니다.
13 택하심을 받은 그대 자매의 자녀들이 그대에게
문안합니다[ㄹ]

ㄱ) 그, '부인' ㄴ) 다른 고대 사본들에는 '주 예수 그리스도' ㄷ) 다른 고대 사본들에는 '여러분이' ㄹ) 다른 고대 사본들에는 절 끝에 '아멘'이 있음

1-3절 *장로.* 공동체 내에서 사람들로부터 존경을 받는 사람이거나, 지도자 직분을 소유한 사람이다 (딤전 5:17-22와 딛 1:5-9를 참조). *택하심을 받은 믿음의 자매와 그 자녀들.* 교회의 여성적인 이미지를 보여준다 (계 21:2-9를 참조). *자매*(희랍어, *큐리아*)는 "주님"(*큐리오스*)의 여성형이다. 그리스도 안에 나타난 하나님의 계시를 받아들이는 사람들을 하나로 묶는 끈은 *진리 안에서* 사랑하고 이 진리를 아는 것이다. 2절에 대하여는 요일 2:20-25에 관한 주석을 보라.

4-6절 **4절** 여기에 나오는 장로는 *그대의 자녀 가운데* 오직 일부 자녀들 때문에 감사를 드리는데, 이것은 다른 이들은 감사를 드릴 조건을 갖추지 못한다는 것을 시사한다. **5-6절** 사랑의 *계명*은 그리스도께서 이미 그렇게 명령하셨기 때문에 새 것이 아니다 (요 13:34; 요일 2:7-11을 참조). 처음부터에 관하여, 요일 1:1-4를 보라.

7-11절 그리스도께서 온전히 인간이셨다는 것을 부인하는 자들은 *속이는 자들*(희랍어, *플라노스*)이며 그리스도의 적대자들, 곧 마지막 때에 사람들을 잘못 인도하는 악한 대적자들이다 (요일 2:26을 보라). 9절에 나오는 *그리스도의 가르침*(희랍어, *디다케 토우 크리스토우*)은 아마도 "그리스도에 대한 가르침"을 의미하지만, "그리스도의 가르침"으로 번역될 수도 있다. 지나치게 나가서 ("도를 지나쳐 너무 멀리 나가서") 가르침 안에 머물러 있지 아니하는 속이는 자는 참 믿음을 벗어나 있다. *머물다.* 이것에 대하여는 요일 2:20-25를 보라. 10-11절은 거짓 교사들이 순회 교사들이지만 매우 위험한 사람들이어서 그리스도인들은 그들에게 환대의 손길을 내밀지 말아야 한다는 것을 제시한다.

12-13절 이 서신의 맺는 말은 요 20:30과 21:25를 상기시켜 주며, 우리의 *기쁨을 넘치게 하는 것*이라는 구절은 요일 1:4를 상기시켜 준다.

요한3서

이 문서는 특정한 상황을 염두에 두고 쓰인 진정한 서신이며 단일 인물에게 보내진 것이지만, 이 서신의 저작 시기는 분명하지 않다. 디오드레베는 회중을 흩뜨리고, 권위를 받아들이지 않으며 (9-10절), 이 글을 쓴 장로는 그가 미치고 있는 영향에 대응하기를 기대한다. 요한3서와 제4복음서 사이에 나타나는 언어의 유사성은, 요한1서 및 2서에 있어서와 마찬가지로 한정되어 있지만, "진리"와 "진리 안에서 살아가고 있다"(1절과 4절)는 표현은 이런 유사성 가운데 가장 두드러진 것이다 (요 1:14; 요일 3:18; 요이 1-4절을 참조). 이 서신은 요한2서를 쓴 장로와 동일한 인물이며, 이 사람은 요한복음을 받은 사도 요한의 교회 회중의 지도자였다고 보는 것이 타당하다.

초대교회 문서는 기원후 3세기에 이르러서야 요한3서를 처음으로 언급하는데, 사도 서신들 가운데서 이것이 차지하는 위치에 대해서 논란이 있었다. 4세기 후반에 이것은 요한1서 및 2서와 관련되었으며, 요한복음의 저자로 생각되는 세베데의 아들 요한이 이 서신을 쓴 것으로 인정되었다. "장로"가 누구인가를 묻는 질문을 둘러싸고 일어난 이슈들은 요한2서에 대한 서문에 언급된 것과 동일하다.

간결한 이 서신은 신학적인 중요성에 있어서 별로 기여를 못하지만, 이것은 어느 시대의 교회에서도 일어날 수 있는 문제들, 이름하여, 교인들간에 일어나는 분파와 세력 다툼을 밝혀 준다.

요한3서는 다음과 같이 간추려질 수 있다: 성경본문 아래 나오는 연구 주석들은 이 개요에 기초하고 있는데, 이 개요는 주석을 붙이는 과정에서 명료성을 위하여 추가적으로 세분화된다.

Ⅰ. 문안, 기도, 그리고 감사, 1-4절
Ⅱ. 권면들, 5-11절
Ⅲ. 맺음말, 12-15절

로버트 카이서 (Robert Kysar)

인사

1 1 장로인 나는 사랑하는 가이오에게 이 글을 씁니다. 나는 그대를 진정으로 사랑합니다.

2 사랑하는 이여, 나는 그대의 영혼이 평안함과 같이, 그대에게 모든 일이 잘 되고, 그대가 건강하기를 빕니다. 3 ㄱ)신도들 몇이 와서, 그대가 진리 안에서 살아가는 모습 그대로, 그대의 진실성을 증언해 주는 것을 듣고 나는 매우 기뻐했습니다. 4 내 자녀들이 진리 안에서 살아가고 있다는 소식을 듣는 것보다 더 기쁜 일이 나에게는 없습니다.

협동과 방해

5 사랑하는 이여, 그대가 ㄱ)신도들을, 더욱이 낯선 ㄱ)신도들을 섬기는 일은 무엇이나 충성스럽게 하고 있습니다. 6 그들은 교회의 회중 앞에서 그대의 사랑을 증언하였습니다. 그대가 하나님이 보시기에 합당하게, 그들을 잘 보살펴서 보내는 것은 잘 하는 일입니다. 7 그들은 ㄴ)그리스도의 이름을 전하기 위하여 나선 사람들인데, 이방 사람에게서는 아무것도 받지 않았습니다. 8 그러므로 우리는 그런 사람들을 돌보아주어야 마땅합니다. 그래야만 우리가 진리에 협력하는 사람이 될 것입니다.

9 내가 그 교회에 편지를 써 보냈습니다. 그러나 그들 가운데서 으뜸이 되기를 좋아하는 디오드레베는 우리를 받아들이지 않았습니다. 10 그러므로 내가 가면, 그가 하는 일들을 들추어내겠습니다. 그는 악한 말로 우리를 헐뜯고 있습니다. 그는 그것으로도 만족하지 않고, 자기도 ㄱ)신도들을 받아들이지 않을 뿐만 아니라, 받아들이려는 사람들까지 방해하고, 그들을 교회에서 내쫓습니다.

11 사랑하는 이여, 악한 것을 본받지 말고, 선한 것을 본받으십시오. 선한 일을 하는 사람은 하나님에게서 난 사람이고, 악한 일을 하는 사람은 하나님을 뵙지 못한 사람입니다. 12 데메드리오는 모든 사람들에게 좋은 평을 받았고, 또 바로 그 진실한 삶으로 그러한 평을 받았습니다. 우리도 또한 그렇게 평합니다. 그대는 우리의 증언이 옳다는 것을 압니다.

작별 인사

13 그대에게 쓸 말이 많지만, 먹과 붓으로 써 보내고 싶지 않습니다. 14 그대를 곧 만나게 되기를 바랍니다. 그러면 우리가 얼굴을 마주 보고 말하게 될 것입니다. 15 평화가 그대에게 있기를 빕니다. 친구들이 그대에게 문안합니다. 친구들 각 사람에게 문안하여 주십시오.

ㄱ) 그, '형제들' ㄴ) 그, '이름을'

1-4절 *가이오.* 로마인에게 흔한 이름이며, 가이오는 예상컨대 교회 지도자일 것이다. 당시의 서신들이 통상 그렇게 하듯이, 이 서신을 쓴 장로는 가이오에게 건강을 빈다. 그는 *진리 안에서,* 곧 그리스도 안에 나타난 하나님의 계시에 따라 살아가는 가이오를 칭찬한다. *내 자녀*들이란 용어는 이 서신을 쓴 장로가 교회 회중에 대한 권위를 주장하고 있음을 시사한다 (그러나 요일 2:12, 18, 그리고 요이 1절, 13절에서 "자녀들"이란 용어를 사용하고 있음을 참조하라).

5-11절 5-8절 이 절들은 순회설교자들이 사도 요한의 교회들을 오가며 순회하고 그들이 방문하는 교회들이 그들을 영접하는 것에 달려있었지만, 낯선 신도들이란 말은 그들 가운데 일부는 사도 요한의 교회 회중들이 아닌 곳에서 왔음을 시사한다. 요한의 문서 가운데서 *교회* (희랍어, *에클레시아*) 라는 단어가 쓰인 것은 이 곳이 처음이며 유일한 곳이다. 순회설교자들은 *이방 사람* (희랍어, *텐 에트니켄*)에게서는 아무런 지원을 받지 않는다. **9-10절** 이 서신을 쓴 장로는 디오드레베를 자기본위 험담꾼으로 간주한다. *우리를 받아들이지 않았습니다* 라고 번역되는 구절은 "우리의 권위를 인정하지 않았습니다" (희랍어, *아우크 에피데케타오 헤마스*) 라고 번역될 수도 있다. 디오드레베는 순회설교자들에게 영접의 손길을 벌리지 않았으며, 다른 사람들이 그렇게 하는 것을 가로막았으며, 그리고 그들을 영접하는 사람들을 회중으로부터 축출하는 권위를 가졌다. **11절** *하나님에게서*(희랍어, *에크 토우 테오우*)와 *하나님을 뵈었다*(희랍어, *헤오라켄 톤 테온*)는 모두 그리스도 안에 나타난 하나님의 계시에 비추어 살아가는 것을 의미한다. 데메드리오는 아마도 이 서신을 전달한 사자일 것이다.

12-15절 요한2서 12-13절에 관한 주석을 보라.

유다서

간결하게 기록된 이 서신은 수신자들에게 흔들리지 않는 믿음을 지키고 덕 있는 생활을 영위하되, 공동체를 삼키려는 거짓 교사들의 부도덕한 꾐을 물리치도록 권고한다. 이 서신의 실제 저자, 정황, 쓰인 연대, 출처, 그리고 수신자들의 위치를 정확하게 밝히는 것은 불가능하다.

저자는 "예수 그리스도의 종인 유다"로 자신을 밝힌다 (1절). 대부분의 주석가들은 이 사람이 예수님의 형제들 가운데 한 사람인 유다(마 13:55; 막 6:3)를 언급하는 것이라고 생각한다. 만일 이것이 사실이라면, 저자는 청중들이 자신의 독특한 정체를 알고 있다고 생각했음이 틀림없는데, 예수님과의 혈육관계에 대해서는 어떠한 것도 서신에 암시되어 있지 않다. 예수님의 형제 유다가 이 서신의 실제 저자였는지, 이 서신이 실제적으로 익명의 문서(저자가 유명하거나 중요한 인물이 자신의 글을 쓴 것으로 돌린 문서)이었는지는 논란이 되고 있다.

4절에 공동체에 잠입한 거짓 교사에 대해서 언급되어 있는데, 이것은 이 서신이 널리 유포되는 서신으로 쓰이기보다는 특정한 청중을 겨냥한 것이었음을 시사한다. 거짓 교사들은 그들의 도덕적 방종으로 위협적으로 사람들을 미혹시켰기 때문에, 저자의 목적은 그들의 행동을 힐난하고 그리스도교 공동체의 교인들로 하여금 신실하게 믿음을 지키도록 권고하는 데 있다 (3-4절). 이것이 이 서신의 기본 구조와 내용을 이룬다. 성서와 다른 유대 문서의 본문들로부터 나온 일련의 상세한 인용문들을 통해서, 저자는 거짓 교사들을 마지막 때에 있을 것으로 예견되는 악영향으로 보며, 따라서, 그들을 하나님의 저주를 이미 받은 자로 간주한다 (5-19절). 서신의 끝 부분에서, 저자는 마지막 때까지 신실하게 믿음을 지키고 서로를, 특별히 거짓 교사들에 의하여 영향을 받을 위험이 있는 자들을 강건케 하도록 공동체 사람들에게 권고한다 (20-23절).

유다서는 베드로후서를 쓰는 데 필요했던 자료를 제공해 주기 때문에, 아마도 기원후 1세기 중에 기록되었을 것이다. 성서적인 논의의 전개에 있어 이 서신이 가지고 있는 유대적 성격 때문에, 이 서신은 압도적으로 유대계 그리스도교 공동체 앞으로 보내진 것으로 볼 수 있다. 사실, 예수님의 형제인 유다가 이 서신의 저자라면, 이것은 팔레스타인에 있었던 유대 출신 그리스도교에 출처를 두었을 것이며, 그러므로 1세기의 중엽에 저작된 가장 초기의 신약 문서들 가운데 하나이었을 것이다.

이 서신은 다음과 같이 간추려질 수 있다: 성경본문 아래 나오는 연구 주석들은 이 개요에 기초하고 있는데, 이 개요는 주석을 붙이는 과정에서 명료성을 위하여 추가적으로 세분화된다.

Ⅰ. 인사말, 1-2절
Ⅱ. 거짓 교사들에 대한 경고, 3-4절
Ⅲ. 불순종에 대한 전례들, 5-16절
Ⅳ. 믿는 자들을 위한 조언, 17-23절
Ⅴ. 결론적인 송영, 24-25절

도날드 시니어 (Donald Senior)

인사

1 1 예수 그리스도의 종이요 야고보의 ㄱ)동생인
유다가, 부르심을 받은 사람들 곧 하나님 아
버지께서 ㄴ)사랑하시고 예수 그리스도께서 지켜
주시는 이들에게 이 편지를 씁니다. 2 자비와 평
화와 사랑이 여러분에게 가득하기를 빕니다.

거짓 교사들에게 내릴 심판

(벧후 2:1-17)

3 사랑하는 여러분, 나는 여러분에게 우리가
함께 가진 구원에 관해서 편지를 써 보내려고 여러
가지로 애쓰고 있었습니다. 그러던 참에 나는 이
제 여러분에게 성도들이 단번에 받은 그 믿음을
지키기 위하여 싸우라고 권하는 편지를 당장 써야
할 필요가 생겼습니다. 4 몇몇 사람이 몰래 숨
어들었기 때문입니다. 성경에는 그들이 받을 심
판을 옛날에 미리 적어 놓았습니다. 그들은 경건
하지 못한 자들로서, 우리 하나님의 은혜를 방종
거리로 만들고, 오직 한 분이신 지배자요 우리의
주님이신 예수 그리스도를 부인하는 자들입니다.
5 여러분이 이미 다 알겠지만, 내가 다시 여러
분의 기억을 일깨워 드리려는 것은 이것입니다.
ㄷ)주님께서는 백성을 이집트에서 한 번에 구원해
내시고서, 그 다음에는 믿지 않는 자들을 멸하셨
습니다. 6 또 그는 자기들의 통치 영역에 머물
지 않고 그 거처를 떠난 천사들을 그 큰 날의 심
판에 붙이시려고, 영원한 사슬로 매어서 어둠에
가두어 두셨습니다. 7 그리고 소돔과 고모라와
그 주위의 성들도 그들과 마찬가지로 음란함에 빠
져서 딴 육체를 좇았기 때문에 영원한 불의 형벌을
받아 사람들에게 본보기가 되었습니다.
8 마찬가지로 이 사람들도 꿈꾸면서 육체를
더럽히며, 권위를 업신여기며, ㄹ)영광스러운 존재
들을 모독하고 있습니다. 9 천사장 미가엘은,
모세의 시체를 놓고 악마와 다투면서 논쟁을 할
때에, 차마 모욕적인 말로 단죄하지 못하고, "주
님께서 너를 꾸짖으시기를 바란다" 이렇게만 말
하였습니다. 10 그런데 이 사람들은 무엇이든지
자기들이 깨닫지 못하는 것은 욕합니다. 그들은
이성이 없는 짐승들처럼, 본능으로 아는 것 바로
그 일로 멸망합니다. 11 그들에게 화가 있습니다.
그들은 가인의 길을 걸었으며, 삯을 바라서 발람
의 그릇된 길에 빠져들었으며, 고라의 반역을 따
르다가 망하였습니다. 12 이 사람들은 함께 먹
을 때에 자기 배만 불리면서 겁 없이 먹어대므로,
여러분의 애찬을 망치는 암초입니다. 그들은 바
람에 밀려다니면서 비를 내리지 않는 구름이요,
가을이 되어도 열매 하나 없이 죽고 또 죽어서 뿌
리째 뽑힌 나무요, 13 자기들의 수치를 거품처럼
뿜어 올리는 거친 바다 물결이요, 길 잃고 떠도는
별들입니다. 짙은 어두움이 그들에게 영원히 마
련되어 있습니다.

ㄱ) 그, '형제' ㄴ) 다른 고대 사본들에는 '거룩하게 해주시고'
ㄷ) 다른 고대 사본들에는 '예수께서는' 또는 '하나님께서는'
ㄹ) 또는 '천사들을'

1-2절 전형적인 인사말로 초대교회 서신들과 유사하다.

3-4절 이 서신의 목적: 제멋대로 부도덕한 생활을 하여 공동체를 유혹할 우려가 있는 위험하고 영향력 있는 방랑 교사들을 직면하여 *믿음을 지키기 위해 싸우라는*, 수신자들을 향한 긴박한 호소. 하나님은 이러한 침입자들을 이미 질타하셨는데, 저자가 다음에 나오는 실례들에서 이것을 밝혀낼 것이다.

5-16절 5-7절 하나님께서 부도덕한 인물들을 어떻게 징벌하시는지를 보여주는 일단의 구약성경의 실례들 가운데 첫 번째 것: 출애굽 당시 이스라엘의 불순종 (5절); 반역적인 *천사들에* 대한 저주 (6절; 창 6:1-4를 보라); 그리고 *소돔과 고모라의* 파괴 (7절; 창 19장을 보라).

8절 *꿈꾸면서 육체를 더럽히는 사람들.* 일련의 각 실례들을 나열한 후에, 저자는 그 의미를 하나님께서 저주하시는 대적자들에게 적용시키는데, 이것은 팔레스타인 유대교가 성경을 해석하는 일반적인 형식이다. *꿈꾸는* 사람들은 거짓 교사들에 대한 경멸적인 용어이다 (신 13:1-5; 렘 23:23-32를 보라).

9-10절 천사장 미가엘이 모세의 시체를 놓고 악마와 싸운다고 하는 것은 *모세의 승천*이라고 하는, 부분적으로 보전된 1세기의 유대 문서에 출처를 두고 있다. 유다는 대적자들이 천사들을 모독하였음을 나무라는데, 이런 모독은 미가엘이 하물며 타락한 천사에게조차도 하기를 주저하였던 것이다. 일부 유대 전통에서, 천사들은 유대교 법전의 수호자들로 간주되었다; 그러므로 대적자들이 천사들을 무시하는 것은 그들의 전반적인 부도덕성의 징후를 보이는 것이다.

11-13절 구약의 세 인물을 사용한 추가적인 실례들로, 이들의 각자는 잘못된 길을 따라 살고 이에 따라 하나님께서 내릴 징벌을 받게 될 적대자들의 선봉에 서 있다: 가인 (창 4장), 발람 (민 22—24장), 그리고 고라 (민 16장). 이런 실례들에 뒤이어 적대자들이 공동체에 미치는 부패한 영향력에 대해 비난하는 말이 나온다 (12-13절).

14 이런 사람들을 두고 아담의 칠대손 에녹은 이렇게 예언하였습니다. ㄱ)"보아라, 주님께서 수만 명이나 되는 거룩한 천사들을 거느리고 오셨으니,
15 이것은 모든 사람을 심판하시고, 모든 불경건한 자들이 저지른 온갖 불경건한 행실과, 또 불경건한 죄인들이 주님을 거슬러서 말한 모든 거친 말을 들추어내서, 그들을 단죄하시려는 것이다."
16 이들은 불만에 싸여서 불평을 늘어놓는 사람들이요, 자기들의 욕심대로 사는 사람들입니다. 그들은 입으로 허풍을 떨다가도, 이익을 챙기기 위해서는 남에게 아첨을 합니다.

훈계와 권면

17 사랑하는 여러분, 여러분은 우리 주 예수 그리스도의 사도들이 예고한 그 말을 기억하십시오.
18 그들은 여러분에게 말하기를, ㄴ)"마지막 때에는 여러분을 조롱하는 자들이 나타나서, 자기들의 경건하지 못한 욕정을 따라 살 것입니다" 하였습니다.
19 이 사람들은 분열을 일으키는 자들이며, 성령을 받지 않고 본능대로 사는 자들입니다.
20 그러나 사랑하는 여러분, 여러분은 가장 거룩한 여러분의 믿음을 터로 삼아서 자기를 건축하고, 성령으로 기도하십시오.
21 하나님의 사랑 안에 머무르면서 자기를 지키고, 영생으로 인도하는 우리 주 예수 그리스도의 자비를 기다리십시오.
22 ㄷ)의심을 하는 사람들을 동정하십시오.
23 또 어떤 부류의 사람들에 대해서는 그들을 불에서 끌어내어 구원해 주십시오. 또 어떤 부류의 사람들에 대해서는 그들을 두려운 마음으로 동정하되, 그 살에 닿아서 더럽혀진 속옷까지도 미워하십시오.

축복

24 여러분을 넘어지지 않게 지켜 주시고, 여러분을 흠이 없는 사람으로 자기의 영광 앞에 기쁘게 나서게 하실 능력을 가지신 분,
25 곧 우리의 구주이시며 오직 한 분이신 하나님께 영광과 위엄과 주권과 권세가 우리 주 예수 그리스도로 말미암아 영원 전에와 이제와 영원까지 있기를 빕니다. 아멘.

ㄱ) 창 5:18, 21-24 ㄴ) 벧후 3:3
ㄷ) 22-23절은 그리스어 본문의 뜻이 불확실함

14-16절 저자는 대중적인 유대 묵시문학의 본문인 *에녹1서*(1:9)를 인용해서, 마지막 때에 있을 적대자들에 대한 하나님의 징벌을 예기한다. 에녹은 *아담의 칠대손*이므로 예언자로 존경받는다 (14절; 창 5:18-23을 보라).

특별 주석

저자가 *모세의 승천*과 *에녹1서*를 인용한 것은 그리스도교 구약의 경전이 유다서가 쓰일 당시 유동성이 있었다는 것을 시사한다. 유대인들과 그리스도인들은 결국 *모세의 승천*을 그들의 경전들로부터 제외하였다. 에티오피아 정교회는 에녹1서를 구약성경의 일부로 인정한다.

17-23절 17-19절 이 단락은 적대자들에 대한 일련의 마지막 논쟁으로 *사도들이 예고한 그 말*에서 취한 것인데, 사도들은 마지막 때에 있을 타락의 악영향을 경고하였다. 이 인용문의 출처를 확인할 수는 없지만, 이것은 바울 문서와 복음서에서 발견되는 종말의 위험에 대한 같은 종류의 경고들과 일치한다 (예를 들어, 마 24:11-12; 막 13:5-6, 22; 살후 2:3; 딤전 4:1-2; 딤후 3:1-9). 일부 학자들은 *사도들에* 대해서 언급한 것은 유다서가 2세대 그리스도인이 저작한 것임을 지적하는 것이라고 생각한다.

20-25절 저자는 공동체가 기도를 통해서 믿음을 강화시키고 하나님의 사랑에 뿌리를 내려 종말까지 그들을 지키시는 하나님의 커다란 자비에 의존하도록 촉구하는 말로 결론을 맺는다. 그들은 모든 부도덕한 행위를 피하는 동시에 또한 공동체 내에서 연약하고 흔들리는 자들을 지원해야 한다. 본문은 은혜로운 송영으로 끝난다 (25절).

요한계시록

저자는 자신이 역사적 예수님의 사도이거나, 그를 본 제자라고 주장하지 않는다. 오히려, 그는 자신을 "열두 제자"와 구별한다 (21:14). 그는 자신을 "요한"과 "형제"로 언급하는데, 형제라 함은 그가 동료 그리스도인, 곧 예언서를 쓴 그리스도의 종/노예임을 밝히려는 것이다 (1:1, 3, 9; 22:7, 9-18 참조). 요한계시록의 어휘, 양식, 그리고 내용은 그가 요한복음서의 저자와 다른 사람임을 보여준다. 대신에, 저자는 그리스도교 예언자이다 (마 7:22; 10:41; 행 11:27-30; 21:9; 고전 12:2-11, 27-30; 14:1-39; 딤전 1:18을 참조). 요한계시록 자체를 통해서 추론될 수 있는 것을 제외하고는 그에 대해서 알려진 것은 더 이상 없다. 이 문서가 보여주는 희랍적 양식이 제시하는 바, 그는 아시아에 이민을 간 팔레스타인 그리스도인이었을 것으로 보인다. 후기 그리스도교 전통은 이 문서가 사도 요한의 신앙을 나타내는 것임을 보여주려는 의도에서 그를 사도 요한과 동일시하였다.

요한은 소아시아 본토(지금의 터키)에서 남서쪽으로 60마일 정도 떨어진 밧모라는 섬에서 요한계시록을 기록해서 본토에 산재한 일곱 교회에 보냈다. 비록 일부 학자들은 요한계시록의 연대를 네로의 시기(기원후 54-68년)나 트라잔의 시기(기원후 98-117년)로 잡지만, 대부분의 현대 학자들은, 고대 전통을 지지하여, 이 문서가 도미티안 황제의 말기(기원후 95년경)에 저작되었을 것으로 본다.

요한계시록은 묵시적 내용이 가득 차 있는 목회서신(1:4-5; 22:21을 보라)의 양식을 띠고 있다. 서신으로서, 요한계시록은 특정한 상황에 처한 사람들에게 씌어졌다. 이 서신의 수신자들은 그리스와 로마 도시문화로부터 무시를 당하던 비주류 공동체로서 고난과 학대를 당하고 있었으며, 그들 가운데 일부는 체포될 것을 기대하고 있고 (2:10), 한 사람은 이미 순교했으며 (2:13), 요한 자신은 그리스도에 대한 설교 때문에 추방되어 왔음(아마도 1:9를 뜻함)을 지적한다. 2세기 이래로, 대부분의 주석가들은 요한계시록이 로마정부로부터 대대적으로 박해를 당하는 교회들에게 보내진 것이라고 믿어왔다. 최근의 연구조사가 지적하는 바에 따르면, 그런 대대적인 박해는 없었지만, 지역적이고 산발적으로 일어났던 학대나 박해가 순교를 초래하게 되었다. 요한은 이렇게 산발적으로 일어난 사건들을 교회에 대한 대대적인 박해의 전조로 본다. 대대적인 박해는, 역사의 종말에 앞서 일어날 최종적 파국이 될 것으로, 굳건한 믿음으로 인하여 그리스도인들이 순교에 이르게 될, 교회에 가해질 시험의 때이다 (2:10; 6:9-11). 하지만, 그리스도교에 반대하여, 교회에 대해 황제가 앞장서서 가한 대대적인 박해는 3세기 중엽 데시우스(Decius)에 이르기 전에는 실제로 일어나지 않았다. 그러므로 요한의 저작은 실제로 명백한 박해를 받는 비교적 소수의 그리스도인들에게 용기를 북돋아줄 뿐만 아니라, 아마도 대개는, 그리스도교적 헌신생활과 주변문화 사이의 현저한 대조를 보지 못하는 느긋한 교인들로 하여금 그 시대의 심각성과 그들이 직면한 위기를 깨닫도록 하는 역할을 한다.

이러한 상황들을 다루는 이 책에는 많은 묵시적 비유들이 포함되어 있다. "계시록"은 희랍어 *아포칼리프시스* 에서 번역된 것이다. 언어학적으로, 이 단어는 어떤 것의 덮개를 열거나 제거해서 거기에 숨겨져 있는 것을 드러냄을 의미한다. 문학 장르로서, 묵시록은 초월적 세계의 신비들, 곧 우주가 움직이는 원리에 대한 우주적인 정보나 세상의 장래 운명에 대한 정보를 밝히는 것을 가리킨다. 이러한 문학은 1세기 유대교와 그리스도교의 여러 집단에 흔히 존재했다.

요한은 묵시문학의 양식과 비유적 표현들을 채택해서 그것들을 자신의 독특한 그리스도교적 메시지를 전달하는 매개체로 사용했다. 그 양식과 비유적 표현은, 현대 독자들에게는 아주 생소하지만, 요한계시록의 저자와 그의 독자들에게는 전통적이고 일상적인 것이었다. (당나귀와 코끼리가 [미국의 민주당과 공화당을 표현함] 권력을 잡기 위해 다투는 것에서 볼 수 있듯이) 정치적 만화의 이미지와 (사람들이 위성으로부터 우주선으로 "번쩍 나타나는" 것에서 볼 수 있듯이) 공상과학 영화의 이미지가 이런 장르를 인식하는 현대 독자에는 기이한 것으로 보이지 않듯이, 묵시적 이미지들은 고대 독자에게는 괴상하거나 기괴한 것으로 보이지 않았다. 이러한 문학이 실제로 존재했었음을 보여주는 수십 가지의 현존하는 실례들이 있다. 예를 들어, 쿰란 공동체에서 발행된 *희년의 책* (Jubilees), *에녹1-2서* (1-2 Enoch), 그리고 하박국 주석이 그런 것들이다. 쉽게 얻을 수 있는 것들 가운데 하나는 (또한 에스라4서로 불리는) 에스더2서인데, 이것은 묵시경/외경에 포함되어 있으며 NRSV를 포함하여 여러 영어 성경들의 일부로 인쇄되어 나온다.

묵시문학의 전형적인 특징들은 다음과 같은 것들을 포함한다:

(1) 초자연적인 세계가 상징 언어로 표현된다. 짐승들과 괴물들은 종종 악의 권세를 대표한다. 넷, 일곱, 열둘과 같은 특정 숫자들에는 특별한 의미가 있다. 저자는 세속적인 실체들과 사건들을 상징적인 양식으로 표현함으로써, 그것들을 보다 넓은 의미의 콘텍스트(장)로 끌어들인다. 이러한 상징적인 언어는 "암호"와 같은 것이 아니어서 상징과 의미 사이에 1 대 1의 상호관련이 있는 것이 아니다. 성경의 상징들은 일회용 용기와 같이 한 번 사용하고 마음대로 버릴 수 있는 평범한 언어가 아니다. 오히려, 이러한 상징들은 일상적인 영역에서만 생각하려는 사람들을 일깨워주고, 자극시켜주고, 하물며 안달나게 하고, 어리둥절하게 해줌으로써 그림을 보는 듯 묘사하는 비유적인 표현이 아니고서는 표현될 수 없는 초자연적 사실을 지적하는데 쓰인다.

(2) 선과 악, 광명과 암흑, 진리와 거짓, 하나님과 사탄이 모두 날카롭게 대조를 이루는 이원론적 용어들을 통해 모든 사실들을 인식한다.

(3) 하나님의 나라가 승리하게 될 역사의 종말이 곧 올 것이라는 기대. 요한계시록은 다른 신약 문서들에서도 발견되는 "종말이 곧 올 것"이라는 전형적인 묵시적 기대를 공유한다 (예를 들어, 막 9:1; 13:30-31; 롬 13:11-12; 고전 7:25-31; 살전 4:13-17; 벧전 4:7). 묵시록 저자들은 창조자 하나님의 궁극적 승리에 대한 이스라엘의 전통적인 신앙을 단언했다. 하나님의 백성이 (다니엘서와 요한계시록에서처럼) 믿음을 굳게 지키기 때문에 세상의 파격적인 악과 대결하게 되고, 또 그로 인하여 세상에서 고난을 받게 되었을 때, 묵시록 신학자들은 현재의 악을 하나님의 최종적 승리의 전주곡으로 해석함으로 하나님의 신실하심을 확증했다.

요한계시록은 밧모 섬에서 소아시아의 일곱 도시에 있는 교회들에게 일곱 메시지를 불러주어 받아쓰게 한 부활하신 그리스도의 출현으로 시작한다 (1:1—3:22). 그런 다음 요한은 하늘로 이송되어, 거기서 그는 만물의 창조자로 찬양을 받으시는 하나님의 보좌를 목격한다 (4:1-11). 하나님의 오른손은 봉인된 책을 들고 있는데, 나중에 어린 양이 나와서 그 책을 받는다 (5:1-14). 그 어린 양이 봉인을 뗄 때, 무시무시한 심판이 땅에 내린다. 마지막 봉인을 뗄 때 일곱 나팔 소리가 울려 퍼지고, 각 나팔 소리는 하나님의 통치의 최종적인 도래에 선행하는 보다 강한 일련의 심판을 수반한다 (6:1—11:19). 초월적인 존재들(여자와 그녀의 아들, 우주적 용, 바다의 짐승, 그리고 땅의 짐승)을 포함하는 비전들을 뒤따라, 일련의 최종적인 심판들이 일곱 그릇에 담긴 하나님의 진노를 쏟아냄으로써 시작된다 (12:1—16:21). "바빌론"과 "큰 창녀"로 대표되는 사악한 제국주의적 체제로 인해서, 지상에는 통곡이 초래되지만 천국에는 기쁨이 있게 된다 (17:1—19:10). 그러고 나서 결론을 맺는 비전들은 하나님의 승리를 그리스도의 재림으로, 악의 파멸로, 그리스도 및 순교자들의 천년 통치로, 마지막 심판으로, 옛 창조의 개벽으로, 그리고 천국 도성, 곧 새 예루살렘의 도래로 묘사한다 (19:11—22:21).

요한이 의도한 것들 가운데 하나는 소아시아의 도시들에서 사는 그리스도인들이 직면했던 선택과 관련이 있는데, 그들은 지상의 반역적인 도시(바빌론)로 삶의 방향을 돌릴 것인가, 아니면 하나님께서 통치하는 종말론적 도시(새 예루살렘)로 돌릴 것인가를 결정해야 했다.

이런 관점에서 보면, 요한계시록은 다음과 같이 간추려질 수 있다. 성경본문 아래 나오는 연구 주석들은 이 개요에 기초하고 있는데, 이 개요는 주석을 붙이는 과정에서 명료성을 위하여 추가해서 세분화된다.

Ⅰ. 하나님께서 도시에 세워진 교회에 말씀하심, 1:1—3:22
- A. 머리말과 인사, 1:1-8
- B. 부활하신 그리스도의 존재, 1:9-20
- C. 일곱 교회에 보내는 메시지, 2:1—3:22

Ⅱ. 하나님께서 "큰 도시"를 심판하심, 4:1—18:24
- A. 만물의 창조주이신 하나님에 대한 찬양, 4:1-11
- B. 어린 양이 만물의 구원자로 칭송된다, 5:1-14
- C. 천국의 예배: 봉인된 두루마리를 열다, 6:1-17
- D. 삽입 구절: 교회의 투쟁과 승리, 7:1-17
- E. 천국의 예배: 일곱 나팔 소리의 울림, 8:1—11:19
- F. 악의 권세의 폭로, 12:1—14:20
- G. 마지막 일곱 재앙, 15:1—16:21
- H. 바빌론의 멸망과 탄식, 17:1—18:24

Ⅲ. 하나님께서 "거룩한 도시"를 구원하심, 19:1—22:5
- A. 할렐루야 합창이 하나님의 승리를 축하함, 19:1-10
- B. 종말에 관한 일곱 가지 환상, 19:11—22:5

Ⅳ. 환상이 끝나고 서신이 종결됨, 22:6-21

엠 유진 보링 (M. Eugene Boring)

표제와 인사

1 1 이것은 ㄱ)예수 그리스도의 계시입니다. 이
계시는 곧 일어나야 할 일들을 그 종들에게
보이시려고, 하나님께서 그리스도에게 주신 것입
니다. 그런데 그리스도께서는 자기의 천사를 보
내셔서, 자기의 종 요한에게 이것을 알려 주셨습
니다. 2 요한은, 하나님의 말씀과 예수 그리스
도의 증언 곧 자기가 본 것을 다 증언하였습니다.
3 이 예언의 말씀을 읽는 사람과 듣는 사람들과
그 안에 기록되어 있는 것을 지키는 사람들은 복이
있습니다. 그 때가 가까이 왔기 때문입니다.

4 나 요한은 아시아에 있는 일곱 교회에 이
편지를 씁니다. 지금도 계시고 전에도 계셨고 또
앞으로 오실 분과 그의 보좌 앞에 있는 일곱 영과,
5 또 신실한 증인이시요 ㄴ)죽은 사람들의 첫 열매이
시요 땅 위의 왕들의 지배자이신 예수 그리스도
께서 내려 주시는 은혜와 평화가, 여러분에게 있
기를 빕니다.

예수 그리스도께서는 우리를 사랑하시며, 자기
의 피로 우리의 죄에서 우리를 ㄷ)해방하여 주셨고,
6 우리로 하여금 나라가 되게 하시어 자기 아버지
하나님을 섬기는 제사장으로 삼아 주셨습니다.
그에게 영광과 권세가 영원무궁 하도록 있기를
빕니다. 아멘.
7 ㄹ)"보아라,
그가 구름을 타고 오신다.
ㅁ)눈이 있는 사람은

ㄱ) 또는 '예수 그리스도께서 계시하신 일들의 기록입니다' ㄴ) 또는 '죽은 사람들 가운데서 맨 먼저 살아나신 분이시요' ㄷ) 다른 고대 사본들에는 '씻어' ㄹ) 단 7:13 ㅁ) 슥 12:10

1:1—3:22 하나님께서 도시에 있는 그 교회에 말씀하신다. 저자의 자격, 축복, 그리고 서신의 머리말 (1:1-8) 다음에 나오는 첫 장면은 부활하고 승천하신 그리스도의 출현을 묘사하는데, 그는 요한으로 하여금 아시아 지방에 있는 일곱 도시의 교회들에게 보내는 메시지들을 쓰도록 명령하신다 (1:9-20). 교회들은 부활하신 예수님의 말씀에 따라 평가되고 경고를 받고 격려를 받는다 (2:1—3:22). **1:1-8** "요한계시록"이라는 책명은 요한계시록이 정경화되는 과정에서 교회가 붙인 이름이다. 요한 자신이 요약한 문서의 이름은 1-2절에서 찾아볼 수 있다. 이런 계시적인 "일련의 계명"은 부활하신 그리스도를 통해서 천사에게, 예언자에게, 그리고 교회에 전해진 계시의 궁극적 출처로 하나님을 표현하는데, 교회는 세상에 이 복음을 증거해야 한다. 이 단락에서 보면, 이런 "일련의 계명"을 관련시켜 주는 언어들은 하나의 계시어로 융합되어, 이 책의 내용인 *자기*[요한]*가 본 것*이 *하나님의 말씀*과 동일시된다. 3절의 축복은 이 서신을 낭독하는 자에게 그리고 그 메시지를 듣고 화답하는 회중에게 공표된다. 머리말의 단어들은 이 책이 예배의 정황에서 단번에 낭독되도록 기록된 것임을 보여준다. 이 머리말(4-5절)은 서간체로 되어 있는데, 이것은 전형적인 바울 서신의 표준 형식을 상세히 보여준다. 진짜 서신 안에 계시적인 문서의 내용을 포함함으로써, 저자는 이것이 진짜 서신으로 읽혀지기를, 곧 특수한 상황에 처한 사람들에게 쓰인 특정한 말씀으로 읽혀지기를 기대한다. 문서 초장의 송영(5-8절)은 관례적인 서신양식에 따라 이 곳에 나오는 것인데, 일반적으로는 "감사문"이 이 자리에 있다. 여기서 이것은 그리스도교 예언자들이 교회 예배에서 선포한 것들과 유사한 형식을 띠고 있다.

추가 설명: 요한계시록에 나오는 "임박한 종말"에 대한 해석

요한계시록은 부활하신 그리스도께서 현 역사를 끝내시고, 하나님의 우주적 통치를 수립하기 위하여 곧 재림하실 것이라는 선포로 시작해서 (1:1, 3) 그 선포로 끝난다 (22:20). 이 서신에는 처음부터 끝까지 직접적으로든지 간접적으로 남은 시간이 얼마 남지 않았다는 유사한 선언이 내포되어 있다 (예를 들어, 2:16, 25; 3:11, 20; 6:11; 10:6; 12:12; 17:10; 22:6-7, 10, 12). 요한계시록에 언급된 종말 이전의 가장 긴 시기는 42개월, 1,260일, 혹 "한 때와 두 때와 반 때"로 다양하게 기술된 기간(11:2-3; 12:6, 14; 13:5)으로, 이 기간은 단 7:25; 8:14; 9:27; 12:7, 11-12에 예언된 3년 반의 기간에 출처를 둔 것이다. 이 시기는 전통적인 묵시문학 시간의 뼈대가 되었다 (왕상 17:1; 18:1과 더불어 눅 4:26과 약 5:17을 참조). 이 기간은 문자 그대로의 기간을 의미하는 것보다는 짧은 기간을 표현하는 것이다. 오늘날의 독자들은, 요한이 역사의 긴 시기를 실제적으로 내다보기나 한 것처럼, 그의 묵시적 이해를 현대의 연대순서 구조에 억지로 꿰매어 맞추려 하지 말아야 한다. 이러한 억지적인 해석이 이따금 시도되는데, "이제 곧"을 여러 세기에

다 그를 볼 것이요,
그를 찌른 사람들도 볼 것이다.
땅 위의 모든 족속이 그분 때문에
가슴을 칠 것이다."
꼭 그렇게 될 것입니다. 아멘.
8 지금도 계시고 전에도 계셨고 앞으로 오실
전능하신 주 하나님께서 "나는 알파요 오메가다"
하고 말씀하십니다.

그리스도의 명령

9 예수 안에서 여러분의 형제요 예수 안에서
환난과 그 나라와 인내에 여러분과 더불어 참여한
사람인 나 요한은, 하나님의 말씀과 ㄱ)예수에 대한
증언 때문에 밧모라는 섬에 갇혀 있게 되었습니다.
10 주님의 날에 내가 ㄴ)성령에 사로잡혀 내 뒤에서
나팔 소리처럼 울리는 큰 음성을 들었습니다.
11 그 음성은 이렇게 말하였습니다. "네가 보는
것을 책에 기록하여, 일곱 교회, 곧 에베소와 서
머나와 버가모와 두아디라와 사데와 빌라델비아
와 라오디게아의 교회로 보내라."
12 그래서 나는 내게 들려 오는 그 음성을 알
아보려고 돌아섰습니다. 돌아서서 보니, 일곱 금
촛대가 있는데, 13 그 촛대 한가운데 ㄷ)'인자와
같은 분'이 계셨습니다. 그는 발에 끌리는 긴 옷
을 입고, 가슴에는 금띠를 띠고 계셨습니다. 14 머
리와 머리털은 흰 양털과 같이, 또 눈과 같이 희고,
눈은 불꽃과 같고, 15 발은 풀무불에 달구어 낸
놋쇠와 같고, 음성은 큰 물소리와 같았습니다.
16 또 오른손에는 일곱 별을 쥐고, 입에서는 날

ㄱ) 그, '예수 그리스도의 증언' ㄴ) 그, '영' ㄷ) 단 7:13

걸친 긴 역사적 중요한 시기를 위한 상징적 언어로 재해석하거나 (벧후 3:1-10), 그리스도의 재림, 사탄의 패배, 부활, 그리고 순수한 "영적" 견지에서 본 심판을 교회의 현 삶에서 일어날 사건들로 이해할 때, 이런 일이 있게 된다 (요 11:21-26; 12:31, 48; 그리고 14—16장을 보라). 다른 신약성경 저자들도 이와 같은 (그리고 다른) 방식들로 초대교회의 임박한 종말의 기대를 재해석하기 시작했지만, 요한은 그 자신이 처해 있는 시대의 사건들을 정말로 종말이 임박한다는 초대교회 그리스도인들의 기대를 주지시켜야 하는 긴급 상황으로 보았다. 요한은 그가 살던 시대의 사고적인 틀 안에서 자신의 믿음을 표현했는데, 그 중의 하나가 임박한 파루시아(예수님의 재림)에 대한 묵시적 희망이었다. 역사는 이러한 형태의 그리스도교적 희망이 잘못 받아들여졌으며 계속해서 반복되지 않아야 한다는 것을 보여주었다. 현대 그리스도인들이 요한의 메시지를 배제하지 않고서도 세상의 구조에 대해 잘못 이해한 것(7:1을 참조)을 재해석할 수 있다. 그런 만큼, 그들은 또한 묵시적 형태로 표현된 요한의 희망의 메시지를 진지하게 받아들일 수 있는데, 이것은, 요한이 사용한 어휘들로 반복하지 않고서도, 임박한 종말에 대한 기대를 진솔하게 받아들일 수 있음을 포함한다.

1:9-20 요한은 부활하신 그리스도가 나타나심을 이야기하고, 그리스도가 요한에게 일곱 교회에 서신을 쓰도록 위임하는 것에 대하여 말한다. **1:9** 요한은 권위를 가지고 이 글을 쓰지만, 성령 안에서는 자신도 똑같은 사람이라는 생각에 입각해서, 그는 자신에게 특별한 호칭을 붙이지 않는다. 대신에, 그는 하나님의 가족 모든 그리스도인에게 쓰이는 (*"자매"* 라는 호칭과 더불어) *형제* 라는 호칭으로 자신을 부른다. 이와 같이 그는 모든 그리스도인의 공통된 경험을 나눈다: *환난* (즉, 학대, 위협, 죽음을 초래할 수 있는 산발적인 폭력; 서문을 보라), *나라* (즉, 이미 그리스도의 지배와 "통치"에 참여함; 5:1-14을 보라), 그리고 *인내*인데, 이러한 경험은 그리스도인들이 부름받아 문화적 압력에 저항하고 그들의 삶을 그리스도 사건에 계시된 새로운 실재로 이끌어 갈 때 거쳐 가야 하는 것들이다. **1:10** 요한이 *성령에* 사로잡힌 자신을 본 것은 그의 감정이 아니라, 그에게 능력을 주어, 그로 하여금 예언케 하는 하나님의 영으로 채워진 자신의 존재를 언급하는 것이다 (19:10; 민 11:25-29; 눅 1:67; 행 2:18; 19:6; 고후 12:1-10; 엡 3:5; 벧후 1:21; 요일 4:1을 보라). *주님의 날.* 이 날은 주일, 곧 주간의 첫째 날로, 유대교 안식일과 구별하여 그리스도인들이 그들의 예배일로 채택한 날이다. 요한은 그리스도인들이 본토에서 예배를 위하여 모여들 때를 같이하여 계시를 받는다. **1:12-13a** *촛대* (촛대는 시기적으로 조금 이르며, "등잔대"가 더 적절한 번역일 것이다. 공동번역은 그래서 "등경"이라고 번역했음). 촛대는 교회를 대표하는 빛을 담는 것이다 (1:20; 마 5:14-16을 보라). 부활하신 *그리스도는 촛대 한가운데 계시고 촛대 사이를 거니시는데* (2:1), 이것은 그가 현재 이 땅에 계실 뿐만 아니라, 동시에 장래 하늘로부터 오시는 분으로 묘사하는 것이다. 높이 들리운 그리스도는 *인자와 같은 분*, 즉, 우주적 존재에 어울리는 인간 모습을 한

카로운 양날 칼이 나오고, 얼굴은 해가 강렬하게
비치는 것과 같았습니다.
17 그를 뵐 때에, 내가 그의 발 앞에 엎어져서
죽은 사람과 같이 되니, 그가 내게 오른손을 얹고
말씀하셨습니다. "두려워하지 말아라. 나는 처음
이며 마지막이요, 18 살아 있는 자다. 나는 한
번은 죽었으나, 보아라, 영원무궁 하도록 살아 있
어서, 사망과 ㄱ)지옥의 열쇠를 가지고 있다. 19 그
러므로 너는, 네가 본 것과 지금의 일들과 이 다
음에 일어날 일들을 기록하여라. 20 네가 본 내
오른손의 일곱 별과 일곱 금 촛대의 비밀은 이러
하다. 일곱 별은 일곱 교회의 ㄴ)심부름꾼이요,
일곱 촛대는 일곱 교회다."

에베소 교회에 보내는 말씀

2 1 "에베소 교회의 ㄴ)심부름꾼에게 이렇게 써
보내라. '오른손에 일곱 별을 쥐시고, 일곱 금
촛대 사이를 거니시는 분이 말씀하신다.
2 나는 네가 한 일과 네 수고와 인내를 알고
있다. 또 나는, 네가 악한 자들을 참고 내버려 둘
수 없었던 것과, 사도가 아니면서 사도라고 자칭
하는 자들을 시험하여 그들이 거짓말쟁이임을 밝
혀 낸 것도, 알고 있다. 3 너는 참고, 내 이름을
위하여 고난을 견디어 냈으며, 낙심한 적이 없다.

ㄱ) 그, '하데스' ㄴ) 또는 '천사'

초자연적 존재로 묘사된다 (단 7:13; 마 25:31-46; 막 13:26). **1:13b-16** 요한이 사용하는 이미지는 단순히 그가 본 것을 신문 기자가 본 것과 같이 보도하는 것이 아니라, 성경의 언어로 표현하는 것인데, 이것은 겔 1:24, 26; 9:2, 11; 단 7:9; 10:6의 천상의 존재들과 단 7:9의 "옛적부터 계신 분"(하나님)이라는 표현으로부터 나오는 인물들을 종합한 것이다. 그의 입으로부터 나오는 날카로운 양날 칼은 사 49:2를 반영해 주며, 눈부시게 빛나는 태양과 같은 그의 얼굴은 삿 5:31의 언어를 반영해준다. **1:17-20** 그림을 보는 듯하게 요한의 서술이 무엇인지를 알아내려는 모든 시도들을 무색하게 만든다. 별들을 쥐고 있는 동일한 손이 또한 요한에게 뻗는다. 여기에 쓰인 상징은 강렬한 것이지만, 미술 작품이나 일상 언어로 환원시킬 수는 없다. 초자연적인 존재는 (요한의 독자들이 그렇게 하도록 부름을 받았듯이) 하나님에게 신실하게 살다가 죽었으나 그는 이제 영원히 살게 되었는데, 단순히 다시 살아난 것뿐만 아니라 하나님의 영원한 세계의 삶을 누리게 되었다. 부활하신 그리스도는 사망과 지옥(죽은 자들의 세계)의 열쇠를 가지고 있으므로, 그리스도인들은 믿음으로 인하여 죽는 것을 두려할 필요가 없다. **1:19** 환상에는 두 개의 요소가 있다: *지금의 일들*(2—3장에 드러난 것처럼 요한의 당시 세계와 교회의 실상)과 *이 다음에 일어날 일들* (세상을 위한 하나님의 목적의 궁극적인 성취, 곧 4—22장에 드러난 것처럼, 요한이 가까운 장래에 일어날 사건으로 본 하나님의 나라의 마지막 도래). **1:20** *심부름꾼* (또는 천사). 이것은 "사자"(messenger)를 의미하며, 또한 인간을 가리켜 천사라고 사용하기도 해서 (마 11:10에 나오는 세례 요한이나 눅 9:52에 나오는 예수께서 보낸 사자들처럼), *"천사들"*은 각 교회의 감독들이나 예언자적 지도자들로 이따금 간주되기도 했었다. 하지만, 요한은 묵시적 전승에 따라 묵시활동을 하고 있는데, 이 전통에서 보면 지상의 실상들은 하늘나라의 이러한 실상들에 해당하는 것들이다. 각 나라는 천상 세계에 그 나라를 대변하는 "천사"가 있는 것처럼 (예를 들어, 단 10:2-14, 20-21을 보라), 각 교회에도 지상에서 그 교회를 대변하는 "수호" 천사가 있다. 교회는 실제로 영원한 세계에 참여한다. 여기서 요한은 단순히 다른 그리스도인들을 염려하는 한 사람의 그리스도인으로서 그들에게 서신을 쓰는 것이 아니라, 교회들을 위하여 서신을 쓰고 있다. 하나님의 메시지가 다른 차원에서 전달되고 있는 것이다. "천사들"은 교회와 짝을 이루고 있는 하늘의 존재들이다. 곧 "둘도 없는 친구"이다. "심부름꾼"(천사)을 언급하는 것은 분명히 교회 전체를 언급하는 것이지만, 초월적인 맥락에서 그렇게 한다. 이러한 것의 전례가 없는 것은 아니다: 사 40:1에서보면, 이 예언자의 메시지는 하늘 궁정에 있는 존재들에게 상달되며 지상의 독자는 다만 이것을 "엿들을 수 있을 뿐"이다. **2:1—3:22** 일곱 교회에 보낸 메시지들은 개별 교회에 보낸 개별적인 서신들이 아니다. 요한계시록은 전체가 서신이며, 모든 메시지가 모든 교회에 발송된 것이었다. 일곱 메시지의 형태가 칙령을 닮은 것 같기도 하고, 구약성경의 예언자의 메시지를 닮은 것 같기도 하다. 각 교회에 주는 말씀의 형태는 (1) 수신지; (2) 기록하라는 명령; (3) "이렇게 써 보내라" (NRSV는 이것들이…의 말씀이다) 라고 하는 예언자적 표현; (4) 그리스도에 대한 하나 혹은 그 이상의 호칭들이 나오는데, 대부분은 1:9-20의 초기의 환상과 일치함; (5) "나는 알고 있다" 라는 말로 시작되는 교회에 대한 평가; (6) 경고와 격려의 말들; (7) 경청과 순종을 요청하는 권고의 선포 형식; 그리고 (8) "이기는 사람"이라는 종말론적 약속을 하는 승리의 문학형식. **2:1-7** 에베소에 있는 그리스도인들은 그들의 수고와 인내와 참 사도들과 거짓 사도들의 차이를 구별한 것과 거짓 교훈을 거부한 것으로 칭찬을 받는다. 그러나 그들은 예전에 그들이 행하였던 사랑의 사역을 거부한 것 때문에 질책을 받는다. **2:1** *에베소.* 에베소는 아시아의 수도이며, 이 지역에서 가장 중요한 도시이고, 로마제국 내에서 (로마, 알렉산드리아, 그리고 안디옥에 다음 가는) 네 번째로 큰 도시이다. *사도들.* 이 용어는 예수님의 열두 제자를 가리키는 것이 아니라,

4 그러나 너에게 나무랄 것이 있다. 그것은 네가
처음 사랑을 버린 것이다. 5 그러므로 네가 어
디에서 떨어졌는지를 생각해 내서 회개하고, 처
음에 하던 일을 하여라. 네가 그렇게 하지 않고,
회개하지 않으면, 내가 가서 네 촛대를 그 자리에서
옮기겠다. 6 그런데 네게는 잘 하는 일이 있다.
너는 니골라 당이 하는 일을 미워한다. 나도 그것
을 미워한다. 7 귀가 있는 사람은, 성령이 교회
들에 하시는 말씀을 들어라. 이기는 사람에게는,
내가 [ㄱ]하나님의 낙원에 있는 생명 나무의 열매를
주어서 먹게 하겠다.'"

서머나 교회에 보내는 말씀

8 "서머나 교회의 [ㄴ]심부름꾼에게 이렇게 써
보내라. '처음이며 마지막이요, 죽으셨다가 살아
나신 분이 이렇게 말씀하신다.
9 나는 네가 당한 환난과 궁핍을 알고 있다.
그런데 사실 너는 부요하다. 또 자칭 유대 사람이
라는 자들에게서 네가 비방을 당하고 있는 것도,
나는 알고 있다. 그러나 사실 그들은 유대 사람이

ㄱ) 겔 28:13; 31:8, 9 (칠십인역) ㄴ) 또는 '천사'

다양한 그리스도교 신앙을 대표하는 순회선교사들을 언급하는 것이다. 그러나 그들 나름의 신앙이 모두 타당한 것은 아니다 (고전 3:21-23; 15:1-11; 고후 10—13장을 참조). **2:6** *니골라 당.* 여기에서 기록되지 않았더라면 알 수 없는 그리스도교 집단인데, 버가모에서도 찾아볼 수 있다 (15절). 그들은 거짓 교사들의 추종자들 (1절), 두아디라에 있는 이세벨의 추종자들 (20-23절), 그리고 버가모에 있는 "발람의 교훈"을 주장하는 자들과 관련되어 있거나, 아니면 그들과 비슷한 집단인 것 같다. 이 집단들은 모두 "진보적인" 그리스도인들로서 이교도 문화의 가치관을 수용할 것을 주장한 집단들이다. *미워한다.* 성서적 용어에서 미워한다는 용어가 반드시 개인적인 악의를 의미하는 것만은 아니며, "거절," 즉, "선택" 하지 않는 것을 의미할 수도 있다 (신 16:22; 암 6:8; 말 2:16; 마 6:24; 롬 9:13; 히 1:9를 참조). **2:7** 그리스도인으로서 *이기는 사람*에 대하여는 5:5-10에 관한 주석을 보라. **2:8-11** *서머나* (현대의 이즈미어, 인구가 100,000명 정도 되었던 도시). 서머나는 큰 항구도시로 유프라테스 강 북쪽으로 40마일 정도 떨어진 곳에 위치하고 있었다. 서머나는 아시아에서 로마의 여신을 위하여 최초로 신전을 세운 도시였으며 (기원전 193년), 요한 당시 이 곳은 황제숭배의 중심지로 되어 있었다. 오직 서머나와 빌라델비아 교회(3:7-13)만이 질책을 면한다. **2:9a** 비록 빈부는 신약성경에서 은유적 의미로 사용되지만 (3:17; 마 5:3; 고전 4:8; 엡 3:8 참조), 여기서 가난은 문자 그대로 가난을 의미한다. 그리스도인들이 경제적으로 차별과 규제를 받았지만, 그럼에도 불구하고 그들은 영적으로 부유하다. 학대가 심해지고 투옥과 죽음에 이르는 결과를 초래하겠지만, 이것은 다만 "열흘 동안"만, 곧 그리스도께서 영광에 싸여 재림하기 전 짧은 기간 동안만 지속될 것이다. **2:9b** *사탄의 무리.* 한 그리스도인의 입을 통해 부활하신 그리스도의 이름으로 언급된 이 가혹한 말을 이해하기 위하여, 우리는 문학적이고 역사적인 맥락들을 모두 기억해야 한다: (1) 이 요절에서 *유대 사람*은 긍정적인 인물로 묘사되어 있다. 그가 맞대어 말하는 사람들이 가지고 있는 문제는 그들이 유대인들이기 때문이 아니라, 그들의 이름에 걸맞게 살아가지 못하기 때문에 생기는 것이다 (롬 2:28-29를 참조). (2) 저자 자신는 유대 민족에 속해 있으며, 그는 유대적 관점에서 예수님(예를 들어, 5:5; 22:16)과 교회(예를 들어, 7:4-8)의 정체를 밝힌다. (3) 인종문제는 거론되지 않는다. 이 진술은 인종적인 의미에서 반유대주의적인 생각을 표현하는 것이 아니라, 종교적인 갈등을 표현하는 것이다. (4) 이런 수식어들은 유대교 자체 내에서 갈등을 표현하는 데 자주 사용되었으며, 이 안에서 각 파당은 다른 편을 "사탄의 무리" 라고 불렀다. 이러한 관행이 그리스도인들에 의하여 채택되었다. 요 8:44에서, 유대계 그리스도인은 유대 적대자들을 "악마의 무리"로 언급했으며, 요일 3:4-10에서, "악마에게 속해 있는" 사람들은 그리스도인들이 다른 그리스도인들에게 적용한 것이다. (5) 이러한 언어는 묵시사상에 내재된 이원론적 구조를 보여준다. (6) 이 본문에 대한 현대 해석자들은 거의 언제나 그리스도인들의 숫자가 유대인들의 숫자보다 훨씬 더 많이 로마 문화권 안에서 살고 있었다고 생각한다. 그러나 요한이 살던 시대에, 유대인들은 로마 인구 중 현저한 소수민족을 이루고 있었다. (로마제국 안에서 살던 유대인들은 약 3백만 명 가량이었는데, 이 인구는 전체 6천만 가량의 로마의 인구 중 약 5퍼센트 정도에 해당하였다.) 유대인들은 비록 오래된 공동체로서 종종 존경을 받기도 했지만, 그들은 또한 의혹과 편견을 직면해야 했으며, 가끔은 위태로운 처지에 놓이기도 했었다. 그러나 그 당시의 유대 공동체는 규모 면에서 그리스도교 공동체의 30배였다. 그러므로 그리스도인들은 유대 공동체보다도 훨씬 작았고, 보다 최근에 생겨났으며, 보다 의심의 눈길을 끄는 소수민족이었다. 비그리스도교 유대인들은 일부 유대계 그리스도인들이 그들의 정체를 유대 회당과 관련시켜 유지하려고 시도하고, 그렇게 해서 유대인들과 로마정부 사이에 문제를 일으키는 것에 대하여 분개했는데, 이것은 우리가 이해할 수 있는 점이다. 이런 상황에서 유대인들이 이따금 그리스도인들을 로마 당국에 고발한 것은 이해할 만하다. 이와 같은 일이 서머나(빌라델비아; 다음에 나오는 것을 보라)에서 분명히 일어났다. 요한은 그들을 *사탄의 무리* 라고 힐책함으로써 응수한다. (7) 역

아니라 사탄의 무리다. 10 네가 장차 받을 고난
을 두려워하지 말아라. 보아라, 악마가 너희를 시
험하여 넘어뜨리려고, 너희 가운데서 몇 사람을
감옥에다 집어넣으려고 한다. 너희는 열흘 동안
환난을 당할 것이다. 죽도록 충성하여라. 그리하면
내가 생명의 ㄱ)면류관을 너에게 주겠다. 11 귀가
있는 사람은, 성령이 교회들에 하시는 말씀을 들
어라. 이기는 사람은 둘째 사망의 해를 받지 않을
것이다.'"

버가모 교회에 보내는 말씀

12 "버가모 교회의 ㄴ)심부름꾼에게 이렇게
써 보내어라. '날카로운 양날 칼을 가지신 분이
이렇게 말씀하신다.
13 나는 네가 어디에 거주하는지를 알고 있다.
그 곳은 사탄의 왕좌가 있는 곳이다. 그렇지만
너는 내 이름을 굳게 붙잡고, 또 내 신실한 증인인
안디바가 너희 곁 곧 사탄이 살고 있는 그 곳에서
죽임을 당할 때에도, 나를 믿는 믿음을 저버리지
않았다. 14 그러나 나는 네게 몇 가지 나무랄 것이
있다. 너희 가운데는 발람의 가르침을 따르는 자
들이 있다. 발람은 발락을 시켜서, 이스라엘 자손
앞에 올무를 놓게 하고, 우상의 제물을 먹게 하
고, 음란한 일을 하게 한 자다. 15 이와 같이, 네
게도 니골라 당의 가르침을 따르는 자들이 있다.
16 그러니 회개하여라. 만일 회개하지 않으면,
내가 속히 너에게로 가서, 내 입에서 나오는 칼을
가지고 그들과 싸우겠다. 17 귀가 있는 사람은,
성령이 교회들에 하시는 말씀을 들어라. 이기는
사람에게는 내가, 감추어 둔 만나를 주겠고, 흰
돌도 주겠다. 그 돌에는 새 이름이 적혀 있는데,
그 돌을 받는 사람 밖에는 아무도 그것을 알지
못한다.'"

두아디라 교회에 보내는 말씀

18 "두아디라 교회의 ㄴ)심부름꾼에게 이렇게
써 보내라. '그 눈이 불꽃과 같고, 그 발이 놋쇠와 같
으신 분, 곧 하나님의 아들이 이렇게 말씀하신다.
19 나는 네 행위와 네 사랑과 믿음과 섬김과
오래 참음을 알고, 또 네 나중 행위가 처음 행위
보다 더 훌륭하다는 것을 안다. 20 그러나 네게

ㄱ) 그, '월계관' ㄴ) 또는 '천사'

사적인 연구를 통해서 이러한 신약본문들을 보다 이해할 수 있게 도울 수 있지만, 차세대 사람들은 이러한 언어를 사용해서는 안 된다. 오늘날 누구도 성경을 인용해서 유대인들을 향하여 이렇게 말하는 것을 정당화시킬 수는 없을 것이다. 현대 그리스도인들에게, 정확하게 신약성경에 기초하여, 그리스도교 역사상 이러한 본문들이 반유대주의를 지원하는 데 사용되어 왔다는 사실은 슬픈 일이다. **2:10** *죽도록 충성하여라.* 그리스도인으로서 순교하는 것을 의미한다. **2:12-17** *버가모.* 또 다른 큰 도시(대략 100,000명의 도시)로서, 서머나의 북서쪽으로 70마일 떨어진 곳에 위치하고 있었다. 그 도시에는 로마에게 바치는 인상적인 성전들이 있었고, 황제는 제우스신에게 거대한 제단을 바쳤다. 그리스도인들은 거기서 *발람과 니골라 당의 가르침을* 따름으로 인하여 질책을 받는다 (위에서 논한 것을 보라). 그들은 사탄의 왕좌가 위치한 도시에서조차도 그리스도의 이름을 굳게 붙잡도록 권고를 받는데, 이 왕좌는 아마도 황제를 위한 신전을 언급하는 것 같다. 로마제국에 깔려있던 물질적 가치관들과 군사적 가치들, 그리고 예수 그리스도 안에 표현된 하나님의 통치권 사이에 놓인 갈등이 요한계시록의 극히 중대한 주제들 가운데 하나이다. **2:13** *안디바.* 이 사람에 대해서는 여기에 기록된 것 이외에는 알려진 것이 없는데, 그는 그리스도교 신앙 때문에 순교를 당하였거나 폭도들의 폭력에 의하여 죽임을 당하였다. 비록 요한은 많은 그리스도교인들이 순교자가 될 것을 기대하고 있지만 (6:9-11; 7:9-17; 20:4), 안디바가 요한계시록에 기록된 유일한 순교자이다. 대부분의 그리스도인들은 실제상 전면적으로 고난과 죽음의 위협을 받지 않은 것으로 보인다 (서문을 보라). **2:14-15** *발람, 니골라 당.* 이들은 분명히 이방 문화를 수용할 것을 주장했는데, 이런 문화는 이방 축제에 참여하는 것과 종교적으로 이방 신전과 관련하여 도살된 고기의 섭취를 포함한다. 다른 신약성경 저자들은 이러한 고기를 먹는 것을 개의할 필요가 없는 것으로 간주하는데, 그들에게 있어서는 이것을 먹는 것이 본질적으로 잘못된 것은 아니지만, 이따금 오해를 피하기 위하여 금하여야 할 일이었다 (고전 8:1-13). 자신의 정황에서, 요한은 그렇게 용인하는 태도를 주장하는 그리스도교 선생들을 사실 사람들로 하여금 (영적) 간음 행위를 하도록 가르치는 것으로, 곧 그들의 참 주님에 대한 믿음의 부족으로 간주한다 (호 1—3장을 참조). **2:18-29** *두아디라.* 이 곳은 산업과 상업의 중심지였는데, 버가모의 동남쪽으로 45마일 떨어진 곳에 위치하고 있었다 (행 16:14를 참조). 에베소에 있는 교회처럼, 두아디라의 그리스도인들은 아마도 여기서 "신실함"을 의미하는 그들의 믿음과 사랑과 오래 참음으로 인하여 칭찬을 들은 것 같다. 에베소의 사람들과는 대조적으로, 두아디라 사람들의 사랑의 행위는 약화되었다고 하기보다는 증가하였다. 요한은 (물론, 실제적인 여성의 이름이 아닌) *이세벨*이라는 이름을 사용한다. 이세벨은 이스라엘의 아합 왕과

나무랄 것이 있다. 너는 이세벨이라는 여자를 용
납하고 있다. 그는 스스로 예언자로 자처하면서,
내 종들을 가르치고, 그들을 미혹시켜서 간음하게
하고, 우상의 제물을 먹게 하는 자다. 21 내가
그에게 회개할 기회를 주었으나, 그는 자기 음행을
회개하려 하지 않았다. 22 보아라, 나는 그를 병
상에다 던지겠다. 그와 더불어 간음하는 자들도,
그와의 행위를 회개하지 않으면, 큰 환난을 당하게
하겠다. 23 그리고 나는 그의 자녀들을 반드시
죽게 하겠다. 그러면 모든 교회는 내가 사람의
생각과 마음을 살피는 분임을 알게 될 것이다.
나는 너희 각 사람에게 그 행위대로 갚아 주겠다.
24 그러나 두아디라에 있는 사람들 가운데서 그의
가르침을 받아들이지 않은 사람들, 곧 사탄의 깊은
흉계에 물들지 않은 사람들인 너희 남은 사람들에
게 내가 말한다. 나는 너희에게 다른 짐을 지우지
않겠다. 25 다만 내가 올 때까지, 너희가 가지고
있는 그것을 굳게 붙잡고 있어라. 26 이기는 사람,
곧 내 일을 끝까지 지키는 사람에게는,

민족들을 다스리는 권세를 주겠다.

27 ㄱ)「그는 쇠지팡이로
그들을 다스릴 것이고,
민족들은 마치
질그릇이 부수어지듯 할 것이다.」

28 이것은 마치, 내가 나의 아버지께로부터 권세
를 받아서 다스리는 것과 같다. 나는 그 사람에게
샛별을 주겠다. 29 귀가 있는 사람은, 성령이 교
회들에 하시는 말씀을 들어라.'"

사데 교회에 보내는 말씀

3 1 "사데 교회의 ㄴ)심부름꾼에게 이렇게 써
보내어라. '하나님의 일곱 영과 일곱 별을 가
지신 분이 말씀하신다.

나는 네 행위를 안다. 너는 살아 있다는 이름은
있으나, 실상은 죽은 것이다. 2 깨어나라. 그리고
아직 남아 있지만 막 죽어 가는 자들을 굳건하게
하여라. 나는 네 행위가 나의 하나님 앞에서 완전
하다고는 생각하지 않는다. 3 그러므로 네가 그
가르침을 어떻게 받고 어떻게 들었는지를 되새겨
서, 굳게 지키고, 회개하여라. 만일 네가 깨어 있지
않으면 내가 도둑같이 올 것인데, 어느 때에 내가
네게 올지를 너는 알지 못한다. 4 그러나 사데
에는 자기 옷을 더럽히지 않은 사람 몇이 있다. 그
들은 흰 옷을 입고 나와 함께 다닐 것인데, 그들은
그럴 자격이 있기 때문이다. 5 이기는 사람은 이
와 같이 흰 옷을 입을 것인데, 나는 그의 이름을
생명책에서 지워 버리지 않을 것이며, 내 아버지
앞과 아버지의 천사들 앞에서 그의 이름을 시인할
것이다. 6 귀가 있는 사람은, 성령이 교회들에
하시는 말씀을 들어라.'"

ㄱ) 시 2:9 (칠십인역) ㄴ) 또는 '천사'

혼인한 사람이었는데, 우상과 거짓 예언을 조장하였던 가나안 출신 왕비(왕상 18—19장; 왕하 9장)와 같은 역할을 한 자의 위치에 그녀를 둔 것이다. 요한이 주시한 것과 마찬가지로, 의심할 여지없이 그녀는 새로운 상황을 위해서 하나님의 뜻을 선포하는, 하나님의 참 예언자로 스스로 자처했었다. **2:23** 이세벨의 *자녀들.* 이들은 이세벨의 가르침을 받아들여 따르는 사람들이다. 그들은 사악한 이들에게 내릴 종말론적 파멸이 있을 때 사망하게 될 것이다. **2:24** *사탄의 깊은 흉계.* 요한이 반대하는 교사들이 사탄과 악의 기원—성서신학이 결코 존재한다고 주장하지 않는 어떤 것—에 관하여 심오한 신비적 해답들을 가지고 있었고, 그래서 선하고 전능하신 하나님께서 어떻게 악한 세상을 허용하였는지를 설명할 수 있었던 것을 지적하는 것으로 보인다. 십중팔구, 이것은 요한이 "하나님의 깊은 계획"을 가르친다는 그들 자신의 주장을 비꼬아서 하는 말이다. **3:1-6** *사데* (디아두라에서 동남쪽으로 40마일 떨진, 인구 75,000명가량의 도시). 사데에 있는 교회는, 비록 "살아 있는" 교회 라는 명성을 누리고는 있지만, 영적으로 죽음으로 인해서 질책을 받는다. **3:3** 부활하신 주님의 말씀을 전하는 예언자는 원초적인 그리스도교 메시지와 전통을 가리키는데, 그들은 새로운 생활의 원천으로써 이런 메시지와 전통을 *받고 들었다.* 여기서 부활하신 주님의 말씀으로 여겨진 말씀은 신약의 다른 곳에서는 부활 이전 역사적인 예수님의 말씀과 동일시된다 (마 24:42-44; 눅 12:39-40 참조; 살전 5:2; 벧후 3:10; 계 16:15를 참조; 또한 부활 이전의 예수님의 말씀인 마 10:32와 눅 12:8에서 발견되는 계 3:5를 보라). 집성된 예수님의 말씀이 초대교회 공동체에 손에서 손으로 전달될 때, 교회에 하신 부활하신 예수님의 말씀과 역사적 예수님의 전통적인 말씀 사이에 유동적인 교류가 있었다. 요한계시록은 여러 가지 "종말의 징표들"을 제시하지만, 저자는 그리스도께서 도둑*같이* 오실 것이라고 주장하는데, 이것은 파루시아(재림)가 경고없이 다가올 것임을 의미한다. **3:5** *흰 옷.* 이것은 교회 전체의 제사장적 기능을 지적한다 (1:6; 5:10; 20:6을 참조). 그것을 더럽혀지지 않게 하는 것은 신실한 제사장으로 사는 것을 의미한다. *생명책.* 이 책은 하나님의 백성에 속한 이들이 등록된 것이며, 그러므로 구원을 위한 은유이다 (출 32:32; 단 12:1; 눅 10:20; 빌 4:3; 계 13:8; 17:8; 20:12, 15; 21:27). **3:7-13** *빌라델비아.* 이 도시는 사데의 동남부쪽으로 28마일 떨어진

빌라델비아 교회에 보내는 말씀

7 "빌라델비아 교회의 ㄱ)심부름꾼에게 이렇게
써 보내라.

'거룩하신 분, 참되신 분,
다윗의 열쇠를 가지고 계신 분,
여시면 닫을 사람이 없고
닫으시면 열 사람이 없는
그분이 말씀하신다.

8 나는 네 행위를 안다. 보아라, 내가 네 앞에 문을
하나 열어 두었는데, 아무도 그것을 닫을 수 없다.
네가 힘은 적으나, 내 말을 지키며, 내 이름을 모
른다고 하지 않았다. 9 보아라, 내가 사탄의 무
리에 속한 자들을 네 손에 맡기겠다. 그들은 스
스로 유대 사람이라고 하지만, 사실은 그렇지 않고,
거짓말을 하는 자들이다. 보아라, 내가 그들이 와서
네 앞에 꿇어 엎드리게 하고, 내가 너를 사랑하였
다는 것을 알게 하겠다. 10 인내하라는 내 말을
네가 지켰으니, 온 세상에 닥쳐올 시험을 받을
때에, 나도 너를 지켜 주겠다. 시험은 땅 위에
사는 사람들을 시험하려고 닥치는 것이다. 11 내
가 곧 가겠다. 너는 네가 가진 것을 굳게 붙잡아
서, 아무도 네 ㄴ)면류관을 빼앗지 못하게 하여라.
12 이기는 사람은, 내가 내 하나님의 성전에 기둥
이 되게 하겠다. 그는 다시는 성전을 떠나지 않을
것이다. 나는 내 하나님의 이름과 내 하나님의 도
시, 곧 하늘에서 내 하나님께로부터 내려오는 새
예루살렘의 이름과 또 나의 새 이름을 그 사람의
몸에 써 두겠다. 13 귀가 있는 사람은, 성령이
교회들에 하시는 말씀을 들어라.'"

라오디게아 교회에 보내는 말씀

14 "라오디게아 교회의 ㄱ)심부름꾼에게 이렇
게 써 보내어라. '아멘이신 분이시요, 신실하시고
참되신 증인이시요, 하나님의 창조의 ㄷ)처음이신
분이 말씀하신다.
15 나는 네 행위를 안다. 너는 차지도 않고,
뜨겁지도 않다. 네가 차든지 뜨겁든지 하면 좋겠다.
16 네가 이렇게 미지근하여, 뜨겁지도 않고 차지
도 않으니, 나는 너를 내 입에서 뱉어 버리겠다.
17 너는 풍족하여 부족한 것이 조금도 없다고 하
지만, 실상 너는, 네가 비참하고 불쌍하고 가난하고
눈이 멀고 벌거벗은 것을 알지 못한다. 18 그러
므로 나는 네게 권한다. 네가 부유하게 되려거든
불에 정련한 금을 내게서 사고, 네 벌거벗은 수치를
가려서 드러내지 않으려거든 흰 옷을 사서 입고,

ㄱ) 또는 '천사' ㄴ) 그, '월계관' ㄷ) 또는 '기원' 또는 '근원'

곳에 위치하고 있었는데, 신약성경의 다른 곳에는 언급된 바가 없다. 이 도시는 기원후 17년에 심하게 지진을 당했을 때, 로마가 재건을 도와준 것에 감사하여 그 이름에 "새 가이사랴"와 "플레이비어"를 더함으로써 황제들에게 경의를 표했다. 빌레델비아 교회는 그리스도의 이름을 굳게 잡고 이교의 압력에도 불구하고 굴하지 않고 그리스도에 대한 신앙고백을 지킴으로써 칭찬을 듣는다. 다만 빌라델비아 교회와 서머나 교회(2:8-11)만이 절대적인 칭송을 받는다. **3:9** *사탄의 무리* (개역개정과 NRSV는 "사탄의 회당"). 이것에 관하여는 2:9를 보라. *네 앞에 꿇어 엎드리다.* 이 이미지는 사 49:23; 60:14에서 온 것인데, 여기에 이방 나라들이 이스라엘의 발앞에 무릎을 꿇는 것으로 하나님의 종말론적 승리가 묘사되어 있다. 여기서 이 이미지는 역전되어 있다: 하나님의 나라가 마침내 도래할 때, 유대 사람들은 이단들이며, 하나님의 백성이 아닌 자들로 간주한 그리스도인들을 하나님께서 선택하셨음을 보게 될 것이다. 그리스도인들이 유대인들 앞에 무릎을 꿇는 것이 아니라, 유대인들이 (대부분 이방인들인) 그리스도인들 앞에 무릎을 꿇게 될 것이다. 2:26-27의 이미지로 볼 때, 그리스도교 독자들은 어느 날 유대인들이 정말로 그들 앞에 엎드리기를 기대하거나 원하지는 않는다. 다시 말해서, 이 이미지는 그리스도인들이 "통치함"의 의미를 다시 정의한 그리스도의 궁극적 통치를 함께 누리는 모습을 반영해주는 것이다. **3:12** 본서 후반에서 나오는 종말론적 사건들에 대한 상세한 기술들(21—22장)에 대한 여러 가지가 2—3장의 메시지에 암시되어 나오는데, *하늘에서…내려오는 새 예루살렘에* 대한 언급은 그것들 가운데 하나이다. 2—3장에 나오는 뚜렷한 권면들은 문서 전체에 나오는 종말론적 이미지와 별도로 분리할 수 없다. **3:14-22** *라오디게아.* 주요 도로를 따라 루커스 강 유역에 소재한 크고 부유한 도시였던 라오디게아는 빌라델비아의 동남쪽 40마일, 에베소로부터 100마일, 그리고 골로새로부터 고작 몇 마일밖에 떨어지지 않은 곳(골 4:16을 참조)에 위치하고 있었다. 이 도시는 기원후 60년에 심한 지진 후에도 도시를 재건하기 위하여 로마가 협조하겠다고 제안한 것을 사절할 정도로 부유했다. **3:15** 고대 사람들에게는 *차갑다* 는 은유가 "수동적"인 것을 의미하지 않았고, *뜨겁다* 는 것이 "열정적"인 것을 의미하지도 않았다. 오히려, 이러한 용어들은 "나를 반대하여" 혹은 "나를 찬성하여" 라는 의미로 사용되었다. 라오디게아 교인들은 찬성하지도 않고 반대하지도 않았다. 그들의 문제는 열정의 부족이 아니라, 이것이냐 저것이냐 하는 선택을 놓고 흔들린 것에 있다. **3:19** 부활하신 그리스도의 결론적인 말씀은 모든 책망이 사랑에 입각해서 언급되고 있으며, 일곱 교

네 눈이 밝아지려거든 안약을 사서 눈에 발라라.
19 나는 내가 사랑하는 사람은 누구든지 책망도
하고 징계도 한다. 그러므로 너는 열심을 내어 노
력하고, 회개하여라. 20 보아라, 내가 문 밖에
서서, 문을 두드리고 있다. 누구든지 내 음성을
듣고 문을 열면, 나는 그에게로 들어가서 그와 함께
먹고, 그는 나와 함께 먹을 것이다. 21 이기는
사람은, 내가 이긴 뒤에 내 아버지와 함께 아버지
의 보좌에 앉은 것과 같이, 나와 함께 내 보좌에
앉게 하여 주겠다. 22 귀가 있는 사람은, 성령이
교회들에 하시는 말씀을 들어라.'"

하늘의 예배

4 1 그 뒤에 내가 보니, 하늘에 문이 하나 열려
있었습니다. 그리고 전에 내가 들은 그 음성,
곧 나팔 소리와 같이 나에게 들린 그 음성이 "이
리로 올라오너라. 이 뒤에 일어나야 할 일들을 너
에게 보여 주겠다" 하고 말하였습니다. 2 나는
곧 ㄱ)성령에 사로잡히게 되었습니다. 그런데 하늘에
보좌가 하나 놓여 있고, 그 보좌에 한 분이 앉아
계셨습니다. 3 거기에 앉아 계신 분은, 모습이
벽옥이나 홍옥과 같았습니다. 그 보좌의 둘레에는
비취옥과 같이 보이는 무지개가 있었습니다.
4 또 그 보좌 둘레에는 보좌 스물네 개가 있었는
데, 그 보좌에는 장로 스물네 명이 흰 옷을 입고,
머리에는 금 면류관을 쓰고 앉아 있었습니다.
5 그 보좌로부터 번개가 치고, 음성과 천둥이 울려
나오고, 그 보좌 앞에는 일곱 개의 횃불이 타고 있
었습니다. 그 일곱 횃불은 하나님의 일곱 영이십
니다. 6 보좌 앞은 마치 유리 바다와 같았으며,
수정을 깔아 놓은 듯하였습니다.

ㄱ) 그, '영'

회 모두에 적용된다는 것을 지적한다 (2:1—3:22). 이것은 다소 가혹하고 도덕적인 어조를 강조하는 것이지만, 구약의 예언자의 말들과 일치한다. **3:20** 요한은 그리스도께서 개인의 "마음의 문"을 두드리신 것으로 묘사하기보다는, 오히려, 그의 교회들과 동행하시는 그리스도(1:20; 2:1)께서 그들 교회로부터 배제된 자신을 발견하여 그 교회에 들어가시기를 원하는 것이다. 여기에 묘사된 것은 집합적이고 교회와 같은 상황을 보여주고 있다. 이 초청은 종말에 있을 메시아적 향연의 기쁨에 참여하는 것인데, 성례전의 색조를 띠고 있는 이 초청은 이미 최종적인 축하 행사를 예견하고 있다. **3:21** 그리스도인들이 그리스도의 종말론적 통치에 참여한다는 것은 요한계시록에 계속 나오는 주제이다 (1:6; 5:10; 20:4, 6; 22:5; 그리고 딤후 2:12를 참조). 왕좌의 이미지는 다음 단락으로 전환하는 것을 도와준다.

4:1—18:24 하나님은 "큰 도시"(바빌론)를 심판하신다. 4:1에서, 장면은 땅에서 하늘로 바뀌고, 요한은 하나님께서 세상 도시를 심판하시고, 세상에 정의를 확립하시는 것을 묘사하는 일련의 환상들을 본다. **4:1-11** 만물을 창조하신 창조주 하나님을 찬양한다. 첫 번째 환상에서, 우주 전체 위에 임하시고 만물의 창조자로 찬양받으시는 하나님을 본다. 이 장면은 이 책의 나머지 부분을 위한 무대를 설정해 준다. 유일하신 하나님에 대한 믿음은 유대교 신앙과 그리스도교 신앙의 핵심이다 (신 6:4-5; 막 12:28-34; 롬 3:30; 갈 3:20; 약 2:19). 관념적으로, 세상에 존재하는 악의 문제는 무신론이나, 이원론이나, 혹은 다신론의 견지에서 보다 다루기가 쉽다. 그러나 요한은 묵시신학을 대표하는데, 이 신학은 우주를 창조하시고 통치하시는 유일하신 하나님에 대한 믿음을 타협하는 것을 한결같이 거절하는 것이다. **4:1** *하늘.* 히브리어와 희랍어에서는 하늘과 창공이 동일한 단어이다. 요한의 세계관에서 보면, 일반적으로 신약의 그것과 마찬가지로, 우주는 세 층으로 되어 있는데, 위에는 하늘이 있고, 중간에는 땅, 아래에는 지하 세계가 있다 (이 곳은 *문이나* 구멍을 통해서 들어가며, 이 문이나 구멍을 여는 열쇠들이 있다; 1:18; 9:2; 20:3을 참조). 하늘의 문은 (하나님에 의하여) 열려진다. 요한은 궁극적으로 계몽된 구도자가 아니라, 하나님의 은혜로운 계시의 초대를 받은 자이다: *이리로 올라오너라.* 계시는 요한의 서신을 받을 사람들의 임박한 미래와 관련되어 있다. *이 뒤에 일어나야 할 일들*(1:1; 22:6; 단 2:28-29를 참조)은 곧 절정에 이르게 될 역사를 위한 하나님의 계획이다. **4:2** 1:10에서처럼, *성령에* 라는 구절은 요한이 예언자적 환상의 황홀경에 빠져 있음을 의미하는 것이다. 하늘의 보좌가 있는 곳은 보좌관들과 조신들로 둘러싸인 지상의 왕실을 본떠서 꾸며졌다. 최고 주권자는 권위를 신하들에게 위임하는데, 이 신하들은 정부의 일을 책임져야 하고, 최종적으로 모든 일에 책임져야 하는 사람들이다. 이런 은유적 방법으로 신의 통치권을 묘사함으로써, 저자는 하나님이 궁극적으로 모든 것에 책임을 지고 계신 분이지만, 세계에 내재하고 있는 악을 허락하신 분이 아니라고 말한다. *그 보좌에 한 분이 계셨습니다* 라고 하는 비전은, 지상에서는 어떻게 보이더라도, 궁극적으로 지배하시는 분은 로마 황제가 아니라 유일하신 하나님이심을 드러내고 있다. **4:3** 무지개는 희망의 상징이며, 곧 하나님께서 온 세상과 맺으시는 언약의 표징이다 (창 9:13; 겔 1:27-28). 요한계시록에 곧 묘사될 두려움을 주는 사건들도 이 표징과 상대가 안 된다. **4:4** 하나님의 왕실을 구성하는 개별적인 요소들은 마치 각자가 하늘나라에서 어떤 특정한 물품을 대표하는 것처럼 우화적으로 해석되거나 "해독되지" 말아야 한다. 하지만, 상징은

그리고 그 보좌 가운데와 그 둘레에는, 앞 뒤에
눈이 가득 달린 네 생물이 있었습니다. 7 첫째
생물은 사자와 같이 생기고, 둘째 생물은 송아지와
같이 생기고, 셋째 생물은 얼굴이 사람과 같이 생
기고, 넷째 생물은 날아가는 독수리와 같이 생겼
습니다. 8 이 네 생물은 각각 날개가 여섯 개씩
달려 있었는데, 날개 둘레와 그 안쪽에는 눈이 가득
달려 있었습니다. 그리고 그들은 밤낮 쉬지 않고
"거룩하십니다, 거룩하십니다,
거룩하십니다,
전능하신 분, 주 하나님!
전에도 계셨으며, 지금도 계시며,
또 장차 오실 분이십니다!"
하고 외치고 있었습니다. 9 영원무궁 하도록 살아
계셔서 그 보좌에 앉아 계신 분께, 그 생물들이 영
광과 존귀와 감사를 드리고 있을 때에, 10 스물
네 장로는 그 보좌에 앉아 계신 분 앞에 엎드려서,
영원무궁 하도록 살아 계신 분께 경배드리고, 자
기들의 ㄱ)면류관을 벗어서, 보좌 앞에 내놓으면서
11 "우리의 주님이신 하나님,
주님은
영광과 존귀와 권능을 받으시기에
합당하신 분이십니다.
주님께서 만물을 창조하셨으며,
만물은 주님의 뜻을 따라 생겨났고,
또 창조되었기 때문입니다"
하고 외쳤습니다.

두루마리와 어린 양

5 1 나는 또, 그 보좌에 앉아 계신 분이 오른
손에 두루마리 하나를 들고 계신 것을 보았습
니다. 그 두루마리는 안팎으로 글이 적혀 있고 일곱
인을 찍어 봉하여 놓은 것이었습니다. 2 내가
보니, 힘센 천사가 큰 소리로 "이 봉인을 떼고 두
루마리를 펴기에 합당한 사람이 누구인가?" 하고
외쳤습니다. 3 그러나 두루마리를 펴거나 그것을
볼 수 있는 이는, 하늘에도 없고 땅 위에도 없고
땅 아래에도 없었습니다. 4 이 두루마리를 펴거
나 볼 자격이 있는 이가 하나도 보이지 않으므로,
나는 슬피 울었습니다. 5 그런데 장로들 가운데서
하나가 나에게 "울지 마십시오. 유다 지파에서 난
사자, 곧 다윗의 뿌리가 승리하였으니, 그가 이
일곱 봉인을 떼고, 이 두루마리를 펼 수 있습니다"
하고 말하였습니다.

6 나는 또 보좌와 네 생물과 장로들 가운데
어린 양이 하나 서 있는 것을 보았는데, 그 어린
양은 죽임을 당한 것과 같았습니다. 그에게는 뿔
일곱과 눈 일곱이 있었는데, 그 눈들은 온 땅에 보
내심을 받은 하나님의 일곱 영이십니다. 7 그 어린
양이 나와서, 보좌에 앉아 계신 분의 오른손에서
그 두루마리를 받았습니다. 8 그가 그 두루마리
를 받아 들었을 때에, 네 생물과 스물네 장로가 각

ㄱ) 그, '월계관'

임의적인 것이 아니다. 그것은 성경적이며, 묵시적인 풍부한 전통으로부터 나온 것이며, 상징에는 기억을 불러일으켜 주는 힘이 있다. 24보좌에 24장로가 앉아 있다고 하는 것은 하나님의 전체 백성, 곧 하늘나라에서 대표자들의 역할을 하는 열두 지파와 열두 사도를 상징한다 (21:12-14를 참조; 1:20에 관한 주석을 보라). 하나님의 통치는 하나님의 백성과 불가분리의 관계에 있다. **4:5** *횃불, 번개, 천둥.* 이것들은 성경 이야기에 나오는 하나님의 현현을 상기시켜준다 (출 19:16-19; 시 18:6-16; 사 29:6). *하나님의 일곱 영.* 이 상징은 하나님의 영의 충만함을 시사하는 것인데, 이것은 이따금 승천하신 그리스도의 현존으로 변하기도 한다 (1:4; 3:1; 5:6). 1:4에서와 마찬가지로, 아버지, 아들, 그리고 성령의 이미지들은 최초의 삼위일체론적 형태를 띠고 있다. **4:6** 바다는 구약에서 종종 창조를 가로막는 혼돈의 상징이지만 (예를 들어, 창 1:1-2; 시 74:12; 93:1-2), 창조자가 계신 곳에서 바다는 유리처럼 깨끗하다. 네 생물은 하나님을 끊임없이 찬양하는 일에 참가하는 모든 생물을 대표한다 (시 104편; 사 6:3을 참조). *앞 뒤에 눈이 가득 달린 네 생물.* 문자 그대로 상상해 볼 수 있는 생물들은 아니지만, 이 네 생물은 누구든지 하나님의 보좌에 접근하는 자는 사방으로부터 노출되며 어떤 것도 숨길 수 없다는 신령한 응답을 일깨워 준다. **4:11** 모든 생물—짐승과 사람—은 창조주 하나님을 향한 찬양의 노래로 화답한다. **5:1-14** 어린 양은 만물의 구주로 찬양을 받는다. 장면이 계속되면서, 희생제물이 된 어린 양으로 대표되는 하나님의 아들이 봉인된 두루마리를 받고, 모든 피조물로부터 찬양을 받으며 그 두루마리의 봉인을 뗄 준비를 한다. **5:1** 봉인된 두루마리에는 몇 가지 함축된 의미가 있다. 이 이미지는 유동적이기 때문에, 다음에 열거되는 것들과 서로 배타적이지 않다. (1) 하나님의 뜻과 그것을 위반하는 이들에 대한 심판을 담고 있는 율법 두루마리. (2) 미래 심판에 대한 하나님의 위협과 미래 승리의 약속들을 담고 있는 예언책들로, 이 책들은 종종 다가올 날을 위하여 봉인된 것으로 묘사된다 (사 8:16; 29:11; 단 12:4). (3) 양면에 모두 글이 기록된, 에스겔에게 주어진 예언서 두루마리 (겔 2:10). (4) 미래에 대한 하나님의 결정을 담고 있는 하늘의 운명의 책들로, 이것은 이따금 유대 종말론에 채택된 바빌로니아 종교의 동기를 보여

각 거문고와 향이 가득히 담긴 금 대접을 가지고
어린 양 앞에 엎드렸습니다. 그 향은 곧 성도들의
기도입니다. 9 그들은 이런 말로 새로운 노래를
불렀습니다.

"주님께서는
그 두루마리를 받으시고,
봉인을 떼실 자격이 있습니다.
주님은 죽임을 당하시고,
주님의 피로
모든 종족과 언어와
백성과 민족 가운데서
사람들을 사서
하나님께 드리셨습니다.
10 주님께서 그들을
우리 하나님 앞에서
나라가 되게 하시고,
제사장으로 삼으셨습니다,
그래서 그들은
ㄱ)땅을 다스릴 것입니다."

11 나는 또 그 보좌와 생물들과 장로들을 둘
러선 많은 천사를 보고, 그들의 음성도 들었습니다.
그들의 수는 수천 수만이었습니다. 12 그들은
큰 소리로

"죽임을 당하신 어린 양은
권세와 부와 지혜와 힘과
존귀와 영광과 찬양을
받으시기에 합당하십니다"

하고 외치고 있었습니다. 13 나는 또 하늘과 땅
위와 땅 아래와 바다에 있는 모든 피조물과, 또 그
들 가운데 있는 만물이, 이런 말로 외치는 소리를
들었습니다.

"보좌에 앉으신 분과
어린 양께서는
찬양과 존귀와 영광과 권능을
영원무궁 하도록 받으십시오."

14 그러자 네 생물은 "아멘!" 하고, 장로들은 엎
드려서 경배하였습니다.

일곱 봉인에 담긴 심판

6 1 나는 그 어린 양이 그 일곱 봉인 가운데 하
나를 떼는 것을 보았습니다. 그리고 나는 네
생물 가운데 하나가 우레 같은 소리로 ㄴ)"오너라!"
하고 말하는 것을 들었습니다. 2 그리고 내가
보니, 흰 말 한 마리가 있는데, 그 위에 탄 사람은
활을 가지고 있었습니다. 그는 면류관을 쓰고 있
는데, 그는 이기면서 나아가고, 이기려고 나아갔
습니다.

3 그 어린 양이 둘째 봉인을 뗄 때에, 나는
둘째 생물이 ㄴ)"오너라!" 하고 말하는 것을 들었습

ㄱ) 또는 '땅 위에서' ㄴ) 또는 '가거라'

준다. (5) 구원받은 자들의 이름들이 새겨진 생명의 책이다 (시 69:28; 139:16; 눅 10:20; 빌 4:3; 히 12:23; 요한은 3:5; 13:8; 17:8; 21:27에서 이 이미지를 사용한다). (6) 미래 심판을 위해 천상의 책에 기록된 인간의 행위들 (단 7:10; 12:1; 계 20:12, 15를 참조). (7) 마지막 유언이나 증언은 보통 일곱 번 봉인되었다; 이 문서는 봉인이 열리는 때에 실행에 옮겨질 유언의 이미지를 일깨워준다. **5:3** 궁극적으로 인간의 생명을 좌우하는 결정은 하나님의 손에 달려있지만, 이 결정은 하나님의 의지에 따라 계시될 때까지 인간들에게는 감추어져 있다. **5:4** 전통적으로 기대하는 메시아는 권능이 있으신 분인데, 하나님께서 보내주시는 그분은 악을 파멸하고 눌린 자들을 위하여 정의를 수립하는 분이시다 (예를 들어, 사 11:1-9). 오실 것으로 희망하는 메시아는 하나님의 목적을 실천에 옮길 분인데, 가끔 다윗 왕의 뿌리에서 나오는 사자와 같이 강력한 정복자로 묘사되었으며, 다윗의 강력한 왕국을 재건할 분이시다 (창 49:9; 민 23:24; 24:9; 삼하 7:10-17; 렘 23:5). **5:6** 6절은 모든 문헌 중에서 가장 극적으로 이미지가 대체되는 것 중에 하나이다. 이것을 통해 요한은 사자가 어린 양으로 대체되어버리는 것을 목격한다. 정복자는 폭력을 사용하여 정복한 것이 아니라, 자신의 생명을 희생시킴으로써 정복한 것이다. 이것이 그로 하여금 하나님의 손에서 두루마리를 받을 수 있게 하고, 그 두루마리의 내용을, 곧 하나님께서 역사 안에서 정당한 결론을 내리고 그의 의를 수립할 계획을 실천에 옮길 수 있게 하는 힘이다. 이것이 다음과 같이 근본 그리스도교적 신앙고백을 표현하도록 마음을 동요케 하는 회화적 방법이다: 메시아는 십자가에 달리신 나사렛 예수님이시다. **5:9** *새로운 노래.* 이것은 "근래에 작곡된 것"을 의미하는 것이 아니라, 하나님의 언약을 갱신하는 데 있어 하나님의 종말론적 행위에 적절한 노래를 의미한다 (또한 "새 언약," "새 창조," "새 예루살렘"). 하나님의 뜻의 마지막 성취는 모든 종족과 언어와 백성과 민족을 포함한다. **5:13** 4장이 유일하신 창조주 하나님에 대한 노래로 결론을 맺듯이, 5장은 만물의 구세주에 대한 찬양의 노래, 곧 지하의 생물을 포함하여 모든 피조물들이 부르는 찬송으로 결론을 맺는다. 하나님의 구원행위에 대한 묘사는 성경의 어느 곳에서 볼 수 있는 것만큼이나 보편적이다. 해석자는 이것이 뒤에 따르는 하나님의 심판에 대한 무시무시한 묘사를 앞서고 그것을 포괄한다는 것을 염두에 두어야 한다. **6:1-17** 하늘

니다. 4 그 때에 불빛과 같은 다른 말 한 마리가
뛰어나오는데, 그 위에 탄 사람은 사람들이 서로
죽이는 일이 벌어지도록 땅에서 평화를 없애는 권
세를 받아서 가졌습니다. 또 큰 칼을 받아서 가지
고 있었습니다.
5 그 어린 양이 셋째 봉인을 뗄 때에, 나는
셋째 생물이 ㄱ)"오너라!" 하고 말하는 것을 들었습
니다. 그리고 내가 보니, 검은 말 한 마리가 있는
데, 그 위에 탄 사람은 손에 저울을 들고 있었습
니다. 6 그리고 네 생물 가운데서 나오는 듯한
음성이 들려 왔는데 "밀 한 되도 하루 ㄴ)품삯이요,
보리 석 되도 하루 ㄴ)품삯이다. 올리브 기름과 포도
주에는 해를 끼치지 말아라" 하고 말하였습니다.
7 그 어린 양이 넷째 봉인을 뗄 때에, 나는
이 넷째 생물이 ㄱ)"오너라!" 하고 말하는 것을 들
었습니다. 8 그리고 내가 보니, 청황색 말 한 마
리가 있는데, 그 위에 탄 사람의 이름은 '사망'이
고, ㄷ)지옥이 그를 뒤따르고 있었습니다. 그들은

ㄱ) 또는 '가거라!' ㄴ) 그, '데나리온' ㄷ) 그, '하데스'

추가 설명: 요한계시록의 폭력적인 이미지에 대한 해석

독자들은 요한계시록에 나오는 폭력적인 언어와 "보복적인" 언어를 해석할 때 다음과 같은 관찰과 시각과 원칙을 염두에 두어야 할 것이다.

(1) 요한이 처해 있었던 고난의 상황. 요한의 사상은 미래에 있을 고난에 대한 비전으로부터 시작하고 있다기보다는 자신의 시대에 존재하고 있는 실제 고난으로부터 시작한다. 묵시사상은 고난을 초월적인 상황에 두고 그것에 의미를 부여하는데, 이렇게 하는 것은 미래에 닥칠 고난에 대한 추측이 아니라 현재를 해석하는 기능을 위함이다. 이스라엘의 저주 시편들(시 35편; 55편; 69편; 109편; 137편)이 시사하는 바와 같이, 사회의 변두리로 밀려나고 그리고 인내의 막바지에 이른 것으로 느끼는 공동체는 그들이 처한 상황의 종말론적인 역전을 기대하면서, 예배를 통해 자연적인 분개의 감정, 하물며 복수의 감정을 표출할 것이다. 하물며 이런 경우에 있어서조차도, 복수의 부르짖음은 개인적이 아니라 하나님의 정의가 공적으로 드러나기를 바라는 간구이다.

(2) 요한의 전통 사용. 요한이 이런 폭력적인 언어와 이미지를 스스로 고안해 낸 것이 아니다. 형식과 내용에 있어서, 이런 것들의 대부분은 그가 성경과 유대 및 그리스도교 전통으로부터 선정하여 적용한 것들이다. 이런 것들 중에는 말하자면 "메시아적 재앙들"을 위한 묵시적인 계획이 있는데, 이러한 계획은 굳건히 믿음을 지키는 공동체가 현재 당하는 문제들을 고난의 시대의 선봉으로 해석한다. 이러한 고난은 마지막 승리 직전에 따르기 마련인데, 마치 아이를 낳는 고통이 출산에 앞서듯이 말이다.

(3) 요한의 언어 사용. 6—16장에 나오는 폭력적인 장면들은 실제 세계에 대한 문자 그대로의 폭력이 아니다. 오히려, 그것은 미래에 대한 투시적 전망을 통해서 인식된 폭력으로, 이것은 은유적인 언어로 표현되었다 (9:7). 예를 들어, 땅의 악한 자들은 칼과 불로 심판 받을 것(하물며 "고문"당할 것)인데, 이것들은 문자 그대로의 칼과 불이 아니라, 예리하고 타는 듯한 "말씀"에 대한 은유이다 (1:16; 11:5). 마찬가지로, 요한은 구원에 대한 찬양과 감사를 표현하는 고백 공동체 내에서 쓰이는 내부 사람들의 언어로 하나님의 대적자들에게 내릴 폭력적인 심판을 표현한다. 예배 및 기도의 언어는 고문당하는 외부 사람들의 운명을 기술하는 것이 아니라, 오히려 내부 사람들의 고백이다. 성경의 이 부분에서 사용된 언어는 출애굽기에 나오는 재앙 이야기들(출 7—12장)과 유사한데, 이것은 요한이 자신의 이미지를 캐낸 채석장들 가운데 하나이다. 성경 이야기는 이스라엘을 구원하신 하나님께 영광을 돌리는 고백적 언어이다. 전통은 장자들을 잃어버린 이집트인 어머니들과 이 아이들 자체에 하나님의 관심의 부족을 진술하는 것이 전통의 기능은 아니다. 이러한 언어를 이집트인의 운명에 관한 객관적인 진술로 잘못 해석하고 이렇게 함으로써 하나님의 성격을 추론하는 것은 언어의 장르를 오해하는 것이다.

요한계시록은 예배 시에 한 자리에서 처음부터 끝까지 읽혀지도록 씌어졌다고 하는 사실이 또한 그것의 폭력적인 언어를 적절하게 이해하도록 도와준다. "결국 옳은 것으로 드러나는" 공포 영화를 관람할 때처럼, 폭력적인 장면들은 전체적인 상황을 떠나 단독적인 어떤 중요한 것으로 강조되지 않는다. 이야기의 초점은 이러한 장면들에 머뭇거리거나 그것들을 상세하게 이야기하지 않는다. 오히려, 모든 것들을 주관하시는 창조자

칼과 기근과 죽음과 들짐승으로써 사분의 일에 이
르는 땅의 주민들을 멸하는 권세를 받아 가지고
있었습니다.
9 그 어린 양이 다섯째 봉인을 뗄 때에, 나는
제단 아래에서, 하나님의 말씀 때문에, 또 그들이
말한 증언 때문에, 죽임을 당한 사람들의 영혼을
보았습니다. 10 그들은 큰 소리로 부르짖었습니
다. "거룩하시고 참되신 지배자님, 우리가 얼마나
더 오래 기다려야 지배자님께서 땅 위에 사는 자
들을 심판하시어 우리가 흘린 피의 원한을 풀어
주시겠습니까?" 11 그리고 그들은 흰 두루마기를
한 벌씩 받아 가지고 있었습니다. 그들은 그들과
같은 동료 종들과 그들의 ㄱ)형제자매들 가운데서
그들과 같이 죽임을 당하기로 되어 있는 사람의
수가 차기까지, 아직도 더 쉬어야 한다는 말씀을
들었습니다.
12 그 어린 양이 여섯째 봉인을 뗄 때에, 나는
큰 지진이 일어나는 것을 보았습니다. 그리고
해는 검은 머리털로 짠 천과 같이 검게 되고,
달은 온통 피와 같이 되고, 13 하늘의 별들은,
무화과나무가 거센 바람에 흔들려서 설익은 열매
가 떨어지듯이, 떨어졌습니다. 14 하늘은 두루
마리가 말리듯이 사라지고, 모든 산과 섬은 제자
리에서 옮겨졌습니다. 15 그러자 땅의 왕들과
고관들과 장군들과 부자들과 세도가들과 노예들
과 자유인들이 동굴과 산의 바위들 틈에 숨어서,
16 산과 바위를 향하여 말하였습니다."우리 위에
무너져 내려서, 보좌에 앉으신 분의 얼굴과 어린
양의 진노로부터 우리를 숨겨다오. 17 그들이
진노를 받을 큰 날이 이르렀다. 누가 이것을 버티
어 낼 수 있겠느냐?"

인치심을 받은 십사만 사천 명

7 1 그 뒤에 나는, 천사 넷이 땅의 네 모퉁이에
서 땅의 네 바람을 붙잡아서, 땅이나 바다나

ㄱ) 그, '형제들'

하나님의 환상(4—5장)으로부터 종말 직전에 있을 공포들(6—18장)을 거쳐 하나님의 나라가 임할 때 일어날 극적인 승리(19—22장)로 장면들이 바뀔 때, 시청자/관람자는 비교적 짧은 시간 동안 이런 폭력적인 장면에 흡입될 것이다.

(4) 요한의 신학과 목적. 폭력적인 이미지는 인류의 보편적인 죄성에 대한 요한의 확신을 반복해서 표현한다. 요한의 신학은 압제자들만이 죄인이 아니라, 그리스도교 안에 있는 사람들도 죄인임을 가정한다 (1:5). 요한은 무죄하거나 스스로 의롭게 생각하는 그리스도인들이 죄인인 로마인들의 손아귀에서 고통받는 것으로 묘사하기보다는 오히려 죄 많은 인간들이 거룩하신 하나님의 심판 아래서 비틀거리는 것을 묘사하고 있다. 비극적 결말은 단순히 무시무시한 비극적인 사건이 아니다: 이 사건들은 반복해서 하나님의 심판의 영역 가운데에 놓여 있다 (6:10; 11:18; 14:7; 16:5, 7: 17:1; 18:8, 10, 20; 19:2, 11; 20:12-13). 그러므로 종말론적 공포는 정의에 대한 요한의 인식을 표현한 것이다. 상황을 고려하여 볼 때, 이것은 현저하게 겸손한 태도로 이루어졌다. 우리/그들이라고 하는 사고방식이 존재하기는 하지만, 절대적이지는 않다; 우리도 또한 죄인으로서 심판을 받는다; 그들도 또한 구원으로부터 제외되지 않는다.

묵시적 공포에 대한 전통적인 이미지가 요한에 의해서 채택되고 사용되었지만, 그의 계시에 나오는 다른 모든 것들과 마찬가지로, 이것은 그의 기독론적 관점 안에서 새롭게 된다. 사자의 이미지가 여전히 사용되지만, 메시아는 도살장의 양이다. 수학에 있어, 괄호 밖의 부호의 수치를 변경시킬 때, 괄호 내에 있는 공식은 그대로 있지만, 모든 값들은 반대가 된다. 요한계시록에서, 동일한 이미지가 사용되지만 그 수치는 변경된다.

폭력적인 이미지는 보편적인 구원의 장면들을 배경으로 하여 요한계시록 내에 존재한다. 세상은 하나님의 진노의 망치에 두들겨 맞아 비틀거릴 뿐 아니라, 사탄의 힘으로부터 구원받고 해방된다 (20:1-6). 땅의 왕들은 파멸되고 그들의 살은 독수리에 의하여 뜯기지만 (19:17-21), 그들도 또한 구원받고 새 예루살렘 건설에 기여하게 된다 (21:24-26). 요한계시록은 복수나 분노의 신학이 아니라 정의의 신학을 주장한다.

위에 언급된 관점들은 요한계시록에 나타난 종말론적 저주로 인해서 두려움을 자아내는 이미지를 새로운 관점에서 볼 수 있게 도와줄 것이다. 이러한 관점들은 이런 이미지에 담긴 공포를 "적당히 처리하는" 데 있는 것이 아니라, 가장 온전하게 그 뜻을 나타내도록 하는 데 있다.

모든 나무에 바람이 불지 못하게 막고 있는 것을
보았습니다. 2 그리고 나는, 다른 천사 하나가
살아 계신 하나님의 도장을 가지고 해 돋는 쪽에
서 올라오는 것을 보았습니다. 그는 땅과 바다를
해하는 권세를 받은 네 천사에게 큰 소리로 외쳤
습니다. 3 "우리가 우리 하나님의 종들의 이마에
도장을 찍을 때까지는, 땅이나 바다나 나무들을
해하지 말아라."

4 내가 들은 바로는 도장이 찍힌 사람의 수
가 십사만 사천 명이었습니다. 이와 같이 이마에
도장을 받은 사람들은 이스라엘 자손의 각 지파에
서 나온 사람들이었습니다.

5 도장이 찍힌 사람은,
유다 지파에서 일만 이천 명이요,
르우벤 지파에서 일만 이천 명이요,
갓 지파에서 일만 이천 명이요,
6 아셀 지파에서 일만 이천 명이요,
납달리 지파에서 일만 이천 명이요,
므낫세 지파에서 일만 이천 명이요,
7 시므온 지파에서 일만 이천 명이요,
레위 지파에서 일만 이천 명이요,
잇사갈 지파에서 일만 이천 명이요,
8 스불론 지파에서 일만 이천 명이요,
요셉 지파에서 일만 이천 명이요,
베냐민 지파에서 일만 이천 명이었습니다.

모든 나라에서 온 무리

9 그 뒤에 내가 보니, 아무도 그 수를 셀 수
없을 만큼 큰 무리가 있었습니다. 그들은 모든 민
족과 종족과 백성과 언어에서 나온 사람들인데,
흰 두루마기를 입고, 종려나무 가지를 손에 들고,
보좌 앞과 어린 양 앞에 서 있었습니다. 10 그들
은 큰 소리로,

"구원은 보좌에 앉아 계신
우리 하나님과 어린 양의 것입니다"

하고 외쳤습니다. 11 모든 천사들은 보좌와 장
로들과 네 생물을 둘러 서 있다가, 보좌 앞에 엎
드려 하나님께 경배하면서,

12 "아멘,
찬송과 영광과 지혜와 감사와
존귀와 권능과 힘이
우리 하나님께
영원무궁 하도록 있습니다.
아멘!"

하고 말하였습니다.

13 그 때에 장로들 가운데 하나가 "흰 두루
마기를 입은 이 사람들은 누구이며, 또 어디에서
왔습니까?" 하고 나에게 물었습니다. 14 내가
"장로님, 장로님께서 잘 알고 계십니다" 하고 대
답하였더니, 그는 나에게 이렇게 말하였습니다.

나라의 예배: 봉인된 두루마리의 개봉. 어린 양이 각 봉인을 뗄 때, 무서운 파멸이 지상에서 일어나는데, 이것은 하나님의 정의로운 통치의 최종 설립에 앞서는 하나님의 심판을 나타낸다. 이러한 이미지들은 하나님께서 어떻게 그런 분으로 묘사될 수 있는지를 묻는 여러 독자들에게 주요한 이슈가 되기도 한다. **6:1-8** 처음에 나오는 네 개의 봉인은 각각 역사의 마지막에 나타날 공포들 가운데 하나를 보여준다: 정복, 전쟁, 기근, 재앙에 의한 죽음 (슥 1:7-11; 6:1-8을 참조). 반복되는 명령/청원 *오너라*는 그리스도의 재림을 염원하는 교회의 기도를 반영해준다 (22:17, 20: 고전 16:22를 참조하라). **6:9-11** 순교자들의 생명(영혼)은 하늘나라의 성전 제단 아래에 저수지를 이루고 있는 피로 묘사된다. 그들의 죽음은 헛된 것이 아니다. 마치 그리스도의 죽음처럼, 그 죽음은 일종의 희생제물로 간주된다. 그들의 외침은 개인적인 복수가 아니라 하나님의 정의를 염원하는 것이다. 요한은 주권을 쥐고 있는 심판의 주가 역사에 종말을 가져오기 전에 더 많은 순교자들이 나올 것임을 기대한다. **6:12-17** 여섯 번째 봉인을 뗄 때 일어나는 사건은 묵시사상에서 종말이 오기에 앞서 일어날 우주의 파괴를 나타내는 것으로 보인다 (사 13:10; 겔 32:7-8, 욜 2:30-31; 암 8:9; 스 1:15; 막 13:24-27). **7:1-17** 막간: 교회의 군사와 승리. 독자는 일곱 번째 봉인이 떼어지고 종말이 드러날 것을 기대하지만, 여기에 나오는 "막간"은 긴장을 유지할 뿐만 아니라, 희망의 기대로 심판의 환상들로부터 안도의 숨을 쉬게 해준다. **7:1-8** *도장이 찍힘.* 이것은 "세례"에 대한 초대교회의 용어이다 (고후 1:22; 엡 1:13; 4:30). 믿음을 지키는 그리스도인들은 인침을 받고 종말의 시련을 견디어낼 수 있다. 뒤에 언급될 짐승은 박해를 가하는 제국의 권세를 나타내는 것이며 그의 추종자들에게도 그들의 이마에 특별한 직인을 찍을 것이지만 (13:16-17; 14:9), 이것은 그리스도께서 그를 따르는 자들에게 이미 찍으신 직인의 하찮은 모조품에 지나지 않는다. 믿는 자들이 이스라엘 자손의 각 지파에서 나왔다고 하는 것은 이스라엘과 교회의 연속성을 묘사하는 것이다 (롬 9:6-7; 11:17-22; 갈 6:16; 약 1:1을 참조). **7:9-17** 수를 셀 수 없을 만큼 많은 무리는 앞서 나온 무리들을 포함한다. 다른 각도에서 보면, 유대계 그리스도인들의 한정된 무리가 4-8절에 발표되었지만, 요한이 실제로 목격하는 것은 9-17절에 나오는 국제적이고 무한정한 무리들로 이것은 "사자"에서 5:5-6의 "어린 양"으로 변한 것에 대비된다. 어느 경우이든, 유대 메시아와 이 백성은 보편적인 구원자와 하나

"이 사람들은 큰 환난을 겪어 낸 사람들입니다. 그들은 어린 양이 흘리신 피에 자기들의 두루마기를 빨아서 희게 하였습니다.
15 그러므로 그들은
하나님의 보좌 앞에 있고,
하나님의 성전에서
밤낮 그분을 섬기고 있습니다.
그리고 그 보좌에 앉으신 분이
그들을 덮는
장막이 되어 주실 것입니다.
16 ㄱ)그들은 다시는 주리지 않고,
목마르지도 않고,
해나 그 밖에 어떤 열도
그들 위에
괴롭게 내려 쬐지 않을 것입니다.
17 보좌 한가운데 계신 어린 양이
ㄴ)그들의 목자가 되셔서,
생명의 샘물로
그들을 인도하실 것이고,
ㄷ)하나님께서 그들의 눈에서
눈물을 말끔히 씻어 주실 것입니다."

일곱째 봉인과 금향로

8 1 그 어린 양이 일곱째 봉인을 뗄 때에, 하늘은
약 반 시간 동안 고요하였습니다. 2 그리고
나는 하나님 앞에 서 있는 일곱 천사를 보았습니다.
그들은 나팔을 하나씩 받아 가지고 있었습니다.
3 또 다른 천사가 와서, 금향로를 들고 제단에
섰습니다. 그는 모든 성도의 기도에 향을 더해서
보좌 앞 금제단에 드리려고 많은 향을 받았습니다.
4 그래서 향의 연기가 성도들의 기도와 함께
천사의 손으로부터 하나님 앞으로 올라갔습니다.
5 그 뒤에 그 천사가 향로를 가져다가, 거기에 제
단 불을 가득 채워서 땅에 던지니, 천둥과 요란한
소리와 번개와 지진이 일어났습니다.

나팔 소리

6 그 때에 나팔을 하나씩 가진 일곱 천사가
나팔을 불 준비를 하였습니다.
7 첫째 천사가 나팔을 부니, 우박과 불이 피
에 섞여서 땅에 떨어졌습니다. 그래서 땅의 삼분
의 일이 타버리고, 나무의 삼분의 일이 타버리고,
푸른 풀이 다 타버렸습니다.
8 둘째 천사가 나팔을 부니, 불타는 큰 산과
같은 것이 바다에 던져졌습니다. 그래서 바다의
삼분의 일이 피가 되고, 9 바다에 사는, 생명이
있는 피조물들의 삼분의 일이 죽고, 배들의 삼분의
일이 부서졌습니다.
10 셋째 천사가 나팔을 부니, 큰 별 하나가
횃불처럼 타면서 하늘에서 떨어져서, 강들의 삼
분의 일과 샘물들 위에 덮쳤습니다. 11 그 별의
이름은 '쑥'이라고 합니다. 그래서 물의 삼분의 일
이 쑥이 되고, 많은 사람이 그 물을 마시고 죽었
습니다. 그 물이 쓴 물로 변하였기 때문입니다.

ㄱ) 사 49:10 ㄴ) 시 23:2; 사 49:10 ㄷ) 사 25:8

님의 백성으로 변한다. **7:13** 하나님의 신실한 백성은 순교자들로 여겨지는데, 이들은 하늘나라에서 승리를 거두며, 예수님처럼 폭력이 아니라, 자신들의 생명을 내어줌으로써 세상을 정복한다. 큰 숫자는 작은 교회에 용기를 준다. 그리스도인들이 소수의 무리를 이루고 있던 요한의 당시 (인구 1000명당 약 1.6명의 그리스도인들), 144,000은 *아무도 그 수를 셀 수 없을 만큼 많은 것*은 물론이요, 거의 상상할 수 없는 큰 숫자이다. 다만 자신이 속한 작은 회중을 생각하기보다는, 요한의 독자들은 그들이 보다 큰 어떤 무리에 속하여 있다는 것을 알 필요가 있다: 여러 세기들과 문화와 대륙에 걸친 하나님의 백성.

8:1—11:19 우리는 일곱 개의 나팔 소리를 통해 하늘나라에서 행하여지는 예배에 관하여 듣는다. 일곱째 봉인을 뗄 때에 기대했던 종말이 오는 것이 아니라, 천국 성소에서 드려지는 또 다른 예배 장면을 소개한다 (8:1-6). 이렇게 할 때에 일곱 천사가 일곱 나팔을 분다 (8:7—11:19). 일곱 봉인으로 이미 도입된 형식에 일치하여, 나팔 소리들은 4+3의 형식으로 배열되어 있으며 (8:7-13; 9:1—11:19), 여섯째와 일곱째 나팔 소리 사이에 아주 긴 "막간"이 있다 (10:1—11:14). **8:1-6** 오랜 침묵은 땅이 종말론적 절정 바로 직전에 창조 이전의 원래 침묵으로 돌아가는 것을 의미한다. 스 1:7과 슥 2:13에 보면, 침묵은 신의 출현의 전조이다. 침묵은 기도에 앞서는 예배의식이며, 이것에 뒤따라서 예배처소로 무대를 설정하는 분향과 성도들의 기도와 나팔 소리가 나온다. 고대에는 제단이 하나님의 보좌이었듯이, 보좌가 있는 방은 성전이다. **8:7-12** 첫 번째 네 개의 나팔 소리는 하나님의 궁극적인 승리 이전 마지막 고난에 대한 환상을 계속해서 보여주고 그것들을 보다 생생하게 나타낸다. 이 고난들은 하나님께서 이스라엘을 이집트의 바로로부터 구하여내실 때 그의 구원사의 일부였던 일련의 재앙들을 모형으로 하고 있다. 출애굽 이야기에는 열 개의 재앙이 있지만 (여기에서 같이) 일부 전통에는 일곱 재앙이 나온다 (출 7—12장; 시 78:44; 105:27-36; 암 4:6-11; 지혜서 11:1 —19:9). **8:13** *화가 있다.*

12 넷째 천사가 나팔을 부니, 해의 삼분의
일과 달의 삼분의 일과 별들의 삼분의 일이 타격을
입어서, 그것들의 삼분의 일이 어두워지고, 낮의
삼분의 일이 빛을 잃고, 밤도 역시 그렇게 되었습
니다.

13 그리고 내가 보고 들으니, 날아가는 독수리
한 마리가 하늘 한가운데로 날면서, 큰 소리로 외
쳤습니다. "화가 있다. 화가 있다. 땅 위에 사는
사람들에게 화가 있다. 아직도 세 천사가 불어야
할 나팔 소리가 남아 있다."

9 1 다섯째 천사가 나팔을 불었습니다. 내가
보니, 하늘에서 땅에 떨어진 별이 하나 있는데,
그 별은 ㄱ)아비소스를 여는 열쇠를 받았습니다.
2 그 별이 아비소스를 여니, 거기에서 큰 용광로의
연기와 같은 연기가 올라왔습니다. 그래서 해와
하늘이 그 구덩이에서 나온 연기 때문에 어두워졌
습니다. 3 그리고 그 연기 속에서 메뚜기들이 나
와서 땅에 퍼졌습니다. 그것들은, 땅에 있는 전갈이
가진 것과 같은 권세를 받아 가지고 있었습니다.
4 그것들은, 땅에 있는 풀이나 푸성귀나 나무는
하나도 해하지 말고, 이마에 하나님의 도장이 찍
히지 않은 사람만을 해하라는 명령을 받았습니다.
5 그러나 그들에게는, 사람들을 죽이지는 말고,
다섯 달 동안 괴롭게만 하라는 허락이 내렸습니다.
그것들이 주는 고통은 마치 전갈이 사람을 쏠 때와
같은 고통이었습니다. 6 그 기간에는 그 사람들
이 죽으려고 애써도 죽지 못하고, 죽기를 원해도
죽음이 그들을 피하여 달아날 것입니다.

7 그 메뚜기들의 모양은 전투 채비를 한 말
들과 같고, 머리에는 금 면류관과 같은 것을 쓰고,
그 얼굴은 사람의 얼굴과 같았습니다. 8 그리고
그것들은, 여자의 머리털 같은 머리털이 있고, 이
빨은 사자의 이빨과 같고, 9 쇠로 된 가슴막이와
같은 가슴막이를 두르고, 그 날개 소리는 마치 전
쟁터로 내닫는 많은 말이 끄는 병거 소리와 같았
습니다. 10 그것들은 전갈과 같은 꼬리와 침이
달려 있었는데, 그 꼬리에는 다섯 달 동안 사람을
해할 수 있는 권세가 있었습니다. 11 그것들은
ㄱ)아비소스의 사자를 자기들의 왕으로 떠받들었
는데, 그 이름은 히브리 말로는 ㄴ)아바돈이요, 그
리스 말로는 ㄷ)아볼루온입니다.

12 첫째 재앙이 지나갔습니다. 그러나 아직도
두 가지 재앙이 더 닥쳐올 것입니다.

13 여섯째 천사가 나팔을 불었습니다. 나는
하나님 앞에 있는 금제단의 ㄹ)네 뿔에서 울려 나오
는 음성을 들었습니다. 14 그것은 나팔을 가진
여섯째 천사에게 "큰 강 유프라테스에 매여 있는
네 천사를 풀어놓아 주어라" 하는 음성이었습니다.
15 그래서 그 네 천사가 풀려났습니다. 그들은
사람의 삼분의 일을 죽이기 위하여, 그 해, 그 달,
그 날, 그 때에 맞추어 예비된 이들입니다. 16 내
가 들은 바로는 그 천사들이 거느린 기마대의 수는
이억이나 된다는 것입니다. 17 나는 이러한 환상
가운데서 말들과 그 위에 탄 사람들을 보았는데,
사람들은 화홍색과 청색과 유황색 가슴막이를
둘렀고, 말들은 머리가 사자의 머리와 같으며, 입
에서는 불과 연기와 유황을 내뿜고 있었습니다.
18 그 입에서 나오는 불과 연기와 유황, 이 세 가
지 재앙으로 사람의 삼분의 일이 죽임을 당하였습
니다. 19 그 말들의 힘은 입과 꼬리에 있는데,

ㄱ) '밑바닥이 없는 깊은 곳'을 일컫는 그리스어 ㄴ) '파멸' ㄷ) '파괴자'
ㄹ) 다른 고대 사본들에는 '뿔들'

이 표현은 성경 전승에서 다가올 하나님의 심판에 대한 예언자적 선포인데, 이것은 또한 복음서에서 예수님이 사용하신 표현이다 (사 3:9, 11; 렘 23:1; 겔 24:6, 9; 마 11:21; 18:7; 23:13, 15-16, 23, 25, 27, 29; 눅 6:24-26을 참조). 첫째 나팔 소리는 첫 번째로 미칠 화이다 (9:12를 참조); 여섯째 나팔 소리는 두 번째로 미칠 화이다 (11:14를 참조). 세 번째로 미칠 화는 구체적으로 언급되지 않았다 (그러나 12:12를 참조). **9:1** 4:1에 나오는 문이 하늘나라로 들어가도록 열리듯이, 아비소스(밑바닥이 없는 깊은 곳)는 땅을 지하 세계와 연결해 준다. 이것은 봉인되어 왔으나, 여기서 하늘의 사자가 열어준다. 요한의 세계관에서 보면, 땅은 중간층을 이루고 있으며 천상 세계와 악마로부터 영향을 받는다; 그러나 여기서 하나님은 악마들을 저지하는 보호막을 거두어서 지하 세계가 인간의 세계를 침략하는 것을 허용하신다. 악마의 권세는 이것이 궁극적으로 파괴될 때인 종말 바로 직전에 증가한다. **9:3-11** 이집트 재앙 당시의 메뚜기들은 이제 우주적인 창공에 퍼져있는데, 이것은 욜 1—2장에서처럼, 주님의 마지막 날에 대한 전주곡이라 하겠다. 마치 이스라엘이 성경 이야기에서 보호를 받았듯이, 여기서 하나님의 인침을 받은 사람들이 보호를 받는다 (7:1-8을 참조). **9:13-19** 로마제국의 모든 주민은 동쪽 국경에 있는 유프라테스 강 건너편 파티아의 "야만족들"을 거의 과대망상적으로 두려워하였는데, 로마인들은 결코 이들을 정복하지 못했다. 이러한 중차대한 두려움이 종말론적 시기에 드러나고 종말에 앞서는 마지막 재앙들 가운데 일부가 된다. **9:20-21** 이집트 재앙들의 경우에 있어서와 마찬가지로, 그 목적은 땅의 반역하는 백성을 회개하게 하는 데 있다. 또다시 출애굽 이야기에 있는 것처럼, 마지막 재앙들은 우상숭배자

꼬리는 뱀과 같고, 또 꼬리에 머리가 달려 있어서, 그 머리로 사람을 해쳤습니다.

20 이런 재앙에서 죽지 않고 살아 남은 사람이 자기 손으로 한 일들을 회개하지 않고, 오히려 귀신들에게나, 또는 보거나 듣거나 걸어 다니지 못하는, 금이나 은이나 구리나 돌이나 나무로 만든 우상들에게, 절하기를 그치지 않았습니다.
21 그들은 또한 살인과 점치는 일과 음행과 도둑질을 회개하지 않았습니다.

천사와 작은 두루마리

10 1 또 나는 힘센 다른 천사 하나가 구름에 싸여서 하늘에서 내려오는 것을 보았습니다. 그의 머리 위에는 무지개가 둘려 있고, 그 얼굴은 해와 같고, 발은 불기둥과 같았습니다.
2 그는 손에 작은 두루마리 하나를 펴서, 들고 있었습니다. 그는 오른발로는 바다를 디디고, 왼발로는 땅을 디디고 서서, 3 마치 사자가 울부짖듯이 큰 소리로 부르짖었습니다. 그가 부르짖으니, 일곱 천둥이 각각 제 소리를 내면서 말하였습니다. 4 그 일곱 천둥이 말을 다 하였을 때에, 나는 그것을 기록하려고 하였습니다. 그 때에 나는 하늘로부터 나오는 음성을 들었는데, "그 일곱 천둥이 말한 것을 인봉하여라. 그것을 기록하지 말아라" 하였습니다. 5 그리고 내가 본 그 천사, 곧 바다와 땅을 디디고 서 있는 그 천사가 오른손을 하늘로 쳐들고, 6 하늘과 그 안에 있는 것들과 땅과 그 안에 있는 것들과 바다와 그 안에 있는 것들을 창조하시고, 영원무궁 하도록 살아 계시는 분을 두고, 이렇게 맹세하였습니다. "때가 얼마 남지 않았다. 7 일곱째 천사가 불려고 하는 나팔 소리가 나는 날에는, 하나님께서 하나님의 종 예언자들에게 전하여 주신 대로, 하나님의 비밀이 이루어질 것이다."

8 하늘로부터 들려 온 그 음성이 다시 내게 말하였습니다. "너는 가서, 바다와 땅을 밟고 서 있는 그 천사의 손에 펴 있는 작은 두루마리를 받아라." 9 그래서 내가 그 천사에게로 가서, 그 작은 두루마리를 달라고 하니, 그는 나에게 말하기를 "이것을 받아먹어라. 이것은 너의 배에는 쓰겠지만, 너의 입에는 꿀같이 달 것이다" 하였습니다. 10 나는 그 천사의 손에서 그 작은 두루마리를 받아서 삼켰습니다. 그것이 내 입에는 꿀같이 달았으나, 먹고 나니, 뱃속은 쓰라렸습니다.
11 그 때에 "너는 여러 백성과 민족과 언어와 왕들에 관해서 다시 예언을 하여야 한다" 하는 음성이 내게 들려 왔습니다.

들로 하여금 다만 그들의 반역을 굳게 하는 기능을 한다. 폭력은, 하물며 그것이 하나님으로부터 지원을 받는 폭력일지라도, 마음의 변화를 가져오지 못한다. 2264쪽 추가 설명: "요한계시록의 폭력적인 이미지에 대한 해석"을 보라. **10:1—11:13** 이 단락은 일련의 심판들을 잠시 중단시키는데, 이러한 심판들 가운데서 하나님의 신실한 백성은 예언자들과 순교자들로 묘사된다. 7:1-17에 나오는 여섯째 봉인과 일곱째 봉인 사이에 일어났던 것처럼, 10:1—11:13에, 곧 여섯째와 일곱째 나팔 소리 사이에 교회의 본질을 강조하는 "막간"이 있다. 10:1-11에서, 요한 자신의 예언자적 소명이 갱신되고 재확인된다. 11:1-14에서, 교회의 예언자적 선교가 순교하는 이미지로 묘사되고, 하나님께서 예언자들을 옹호하여 주는 이미지로 묘사된다. **10:1-7** 또 다른 힘센 천사가 하나님의 의를 설립할 종말의 임박한 도래를 선포한다. **10:1** *무지개.* 이것은 4:3을 회상시켜 주는 것인데, 독자에게 연이은 심판들은 모두 희망의 징조 아래 있음을 상기시켜주는 것이다. **10:4** 일곱 천둥이 말한 것을 기록하지 말라는 명령에는 두 가지 목적이 있다. 한편으로, 그것은 6절에 있는 *"때가 얼마 남지 않았"*음을 선포하는 것에 해당하며 (6:10-11을 참조), 하나님의 목적이 곧 실현될 것이라는 선언과 일치한다. 비록 최종 심판이 (16절에서 언급될 "일곱 대접"과 더불어) 일곱 봉인과 일곱 나팔 소리로 대표되지만, 이 일련의 심판들이 무한정으로 연장되지는 않을 것이다. 비록 이러한 심핀들이 하늘에서 준비되어 있지만, *일곱 천둥이* 전조가 되어 나타나는 일련의 심판들은 더 이상 없을 것이다. 이것은 하나님의 백성을 위하여 하나님의 계획을 단축시키는 것이다 (막 13:20을 보라). 다른 한편으로, 요한은 하늘나라에서 들은 모든 것을 기록하지 말라는 명령을 듣는데, 이것은 그의 자세한 계시조차도 하나님의 모든 신비를 복사하였다고 주장할 수 없음을 의미한다. 요한도 역시 영감 있는 예언자들조차도 "부분적으로 알고 부분적으로 예언한다"(고전 13:9; 고후 12:4를 보라)는 사실을 안다. **10:8-11** 예언자의 소명은 일회적인 사건이 아니다. 여기서 그의 소명이 재확인되고 갱신되는데, 이것을 위해 겔 2:8—3:3의 이미지가 사용된다. 하나님의 말씀을 소화시켜 선포하는 예언자의 사명은 기쁨과 슬픔이 뒤섞인 것이다. 예언자도 역시 죄된 인간이며, 인간의 죄에 대한 하나님의 심판을 선언하는 직분을 마치 그것이 피상적으로 즐거운 일인 것처럼 말하지 않는다. **11:1-14** 이방 사람들이 1,260일 동안 거룩한 도시를 짓밟을 것이지만(2264쪽 추가 설명: "요한계시록의 폭력적인 이미지에 대한 해석"을 보라), 성전과

두 증인

11 1 나는 지팡이와 같은 측량자 하나를 받
았는데, 그 때에 이런 말씀이 내게 들려
왔습니다. "일어서서 하나님의 성전과 제단을 측
량하고, 성전에서 예배하는 사람들을 세어라.
2 그러나 그 성전의 바깥 뜰은 측량하지 말고, 내
버려 두어라. 그것은 이방 사람들에게 내주었기
때문이다. 그들이 그 거룩한 도성을 마흔두 달 동안
짓밟을 것이다. 3 나는 내 두 증인에게 예언하는
능력을 줄 것이다. 그들은 천이백육십 일 동안 상
복을 입고 예언할 것이다." 4 그들은 이 세상을
다스리시는 주님 앞에 서 있는 올리브 나무 두 그
루요, 촛대 두 개입니다. 5 그들을 해하려고 하는
사람이 있으면, 그들의 입에서 불이 나와서, 그
원수들을 삼켜 버릴 것입니다. 그들을 해하려고
하는 사람은, 누구나 이와 같이 죽임을 당하고 말
것입니다. 6 그들은, 자기들이 예언 활동을 하
는 동안에, 하늘을 닫아 비가 내리지 못하게 할 수
있는 권세를 가지고 있습니다. 또 물을 피로 변하게
하는 권세와, 그들이 원하는 대로 몇 번이든지,
어떤 재앙으로든지, 땅을 칠 수 있는 권세를 가지고
있습니다. 7 그러나 그들이 증언을 마칠 때에,
ㄱ)아비소스에서 올라오는 짐승이 그들과 싸워서
이기고, 그들을 죽일 것입니다. 8 그리고 그들의
시체는 그 큰 도시의 넓은 거리에 내버리게 될 것
입니다. 그 도시는 영적으로 소돔 또는 이집트라
고도 하는데, 곧 그들의 주님이 십자가에 달리신
곳입니다. 9 여러 백성과 종족과 언어와 민족에
속한 사람들이 사흘 반 동안 그 두 예언자의 시체를
볼 것이며, 그 시체가 무덤에 안장되는 것을 허락
하지 않을 것입니다. 10 그리고 땅 위에 사는
사람들이 그 시체를 두고 기뻐하고 즐거워하고,
서로 선물을 보낼 것입니다. 그것은 이 두 예언자
가 땅 위에 사는 사람들을 괴롭혔기 때문입니다.
11 그러나 사흘 반이 지난 뒤에, 하나님에게서
ㄴ)생명의 기운이 나와서 그들 속으로 들어가니, 그
들이 제 발로 일어섰습니다. 그것을 목격한 사람
들은 큰 두려움에 사로잡혔습니다. 12 그 두 예
언자가, 하늘로부터 ㄷ)자기들에게로 "이리로 올라
오너라" 하는 큰 소리가 울려오는 것을 듣고, 구
름을 타고 하늘로 올라가니, 그들의 원수들이 그
것을 지켜 보았습니다. 13 바로 그 때에 큰 지진
이 일어나서, 그 도시의 십분의 일이 무너졌는데,
그 지진으로 사람이 칠천 명이나 죽었습니다. 그
리고 살아 남은 사람은 두려움에 싸여서, 하늘에
계신 하나님께 영광을 돌렸습니다.

14 둘째 재난은 지나갔습니다. 그러나 이제
셋째 재난이 곧 닥칠 것입니다.

일곱째 나팔

15 일곱째 천사가 나팔을 불었습니다. 그 때에
하늘에서 큰 소리가 났습니다.

"세상 나라는
우리 주님의 것이 되고,
ㄹ)그리스도의 것이 되었다.
주님께서 영원히 다스리실 것이다."

16 그리고 하나님 앞에서 자기 보좌에 앉아 있는
스물네 장로도 엎드려서, 하나님께 경배하고,
17 말하였습니다.

"지금도 계시고
전에도 계시던 전능하신 분,
주 하나님, 감사합니다.
주님께서는
그 크신 권능을 잡으셔서
다스리기 시작하셨습니다.

ㄱ) '밑바닥이 없는 깊은 곳'을 일컫는 그리스어 ㄴ) 또는 '영이' ㄷ) 다른 고대 사본들에는 '내게로' ㄹ) 또는 '메시아'

그 곳에서 예배드리는 자들은 침략을 받지 않을 것이다. 이 마지막 고난의 1,260일 동안에, 두 증인이 그들의 예언자적 사명을 수행하게 될 것이다. 그들은 악의 권세에 의하여 죽임을 당할 것이지만, 하나님께서 그들을 다시 살리시고, 하늘 성전의 뜰로 초대하심으로써 그들의 한을 풀어주실 것이다. **11:3** 두 증인은 특정한 개인들이 아니다: 오히려, 그들은 교회가 고난과 죽음의 값을 치루더라도 부름받아 수행해야 하는 예언자적 사역을 경청자의 마음 속에 일깨워 주는 이들이다 (민 11:24-29; 욜 2:28-29; 행 2:14-21을 참조). 하나님의 (예언자적) 영은 특정한 개인들에게 주어질 뿐만 아니라, 신실한 교회의 삶 가운데서도 활동하신다. **11:4** 이 이미지는 슥 4:3, 14를 반영해 준다. **11:5-6** 증인들은 예언자 모세와 엘리야와 예레미야로 묘사된다 (출 7:14-25; 왕상 17:1; 18:1; 렘 5:14를 참조). **11:7-11** 예수님과 신실한 순교자인 교회처럼, 증인들은 지상의 통치자들에게 죽임을 당하지만, 하나님께서는 그들의 한을 풀어주신다 (1:5; 6:9-11; 7:13-17을 참조). **11:13** 이 도시의 나머지 유대 인구(90퍼센트)는 회개하고 하나님께 영광을 돌림으로써 징벌하시는 하나님의 역사에 응답한다. 그러나 많은 장면들이 이방인들의 경우에 있어서와 마찬가지로, 유대인들의 궁극적인 모습을 묘사해 주고

18 뭇 민족이 이것에 분개하였으나
오히려 그들이
주님의 진노를 샀습니다.
이제는 죽은 사람들이
심판을 받을 때가 왔습니다.
주님의 종 예언자들과 성도들과
작은 사람이든 큰 사람이든
주님 이름을 두려워하는 사람들에게
상을 주실 때가 왔습니다.
땅을 망하게 하는 자들을
멸망시킬 때가 왔습니다."
19 그러자 하늘에 있는 하나님의 성전이 열리고,
성전 안에 있는 하나님의 언약궤가 보였습니다.
그 때에 번개가 치고, 요란한 소리와 천둥소리가
나고, 지진이 일어나고, 큰 우박이 쏟아졌습니다.

여자와 용

12 1 그리고 하늘에 큰 표징이 나타났는데,
한 여자가 해를 둘러 걸치고, 달을 그 발
밑에 밟고, 열두 별이 박힌 면류관을 머리에 쓰고
있었습니다. 2 이 여자는 아이를 배고 있었는데,
해산의 진통과 괴로움으로 울고 있었습니다.
3 또 다른 표징이 하늘에서 나타났습니다. 머리
일곱 개와 뿔 열 개가 달린 커다란 붉은 용 한 마
리가 있는데, 그 머리에는 왕관을 일곱 개 쓰고 있
었습니다. 4 그 용은 그 꼬리로 하늘의 별 삼분의
일을 휩쓸어서, 땅으로 내던졌습니다. 그 용은 막
해산하려고 하는 그 여자 앞에 서서, 그 여자가
아기를 낳기만 하면 삼켜 버리려고 노리고 있었습
니다. 5 마침내 그 여자는 아들을 낳았습니다.
ㄱ)그 아기는 장차 쇠지팡이로 만국을 ㄴ)다스리실
분이었습니다. 별안간 그 아기는 하나님께로, 곧
그분의 보좌로 이끌려 올라갔고, 6 그 여자는 광
야로 도망을 쳤습니다. 거기에는 천이백육십 일
동안 사람들이 그 여자를 먹여 살리도록 하나님께
서 마련해 주신 곳이 있었습니다.
7 그 때에 하늘에서 전쟁이 일어났습니다.
미가엘과 미가엘의 천사들은 용과 맞서서 싸웠습
니다. 용과 용의 부하들이 이에 맞서서 싸웠지만,
8 당해 내지 못하였으므로, 하늘에서는 더 이상
그들이 발 붙일 자리가 없었습니다. 9 그래서 그
큰 용, 곧 그 옛 뱀은 땅으로 내쫓겼습니다. 그 큰
용은 악마라고도 하고, 사탄이라고도 하는데, 온
세계를 미혹하던 자입니다. 그 용의 부하들도 그와
함께 땅으로 내쫓겼습니다.
10 그 때에 내가 들으니, 하늘에서 큰 음성이
이렇게 울려 나왔습니다.
"이제 우리 하나님의
구원과 권능과 나라가 이루어지고
하나님이 세우신
ㄷ)그리스도의 권세가 나타났다.
우리의 ㄹ)동료들을 헐뜯는 자,

ㄱ) 시 2:9 ㄴ) 또는 '보살필' ㄷ) 또는 '메시아' ㄹ) 그, '형제들'

있다. **11:15-19** 일곱째이자 마지막 나팔이 불었을 때, 하나님의 나라가 구원이자 화로 다가온다. 일곱째 나팔은 하나님 나라의 최종적 도래가 선포되고 축하되는 하늘에서 예배드리는 장면을 드러낸다. 독자는 이것이 이 책의 끝이라고 예상하겠지만, 요한계시록은 악의 초월적인 권세(12:1—14:20)를 폭로하는 장면들과 "바빌론"의 멸망(17—18장)에 앞서 있을 마지막 일곱 가지 재앙의 선포(15:1—16:21)로 계속되어 이어진다.

12:1—14:20 이 단락은 악의 세력을 새롭게 폭로시키는 부분이다. 일련의 마지막 심판들 이전에, 독자는 장면들의 배후를 어렴풋이 엿볼 수 있는데, 이 장면들은 땅에서 겪는 고초들을 초월적인 투쟁의 일부로 묘사함으로써 교회의 처지를 밝혀준다. 우주의 여인이 아이를 낳은 후—아이는 우주의 용에 의하여 위협을 받지만 하늘나라로 들어 올림을 받는다—즉, 은신처로 도주한다 (12:1-6). 용은 하늘의 전투에서 패배하여 지상에 떨어지는데, 거기서 그는 여자의 다른 아이들을 박해한다 (12:7-17). 그 용은 지상에서 그를 대표하는 두 짐승으로부터 도움을 받는다. 그 둘은 바다의 짐승(13:1-9)과 지상의 짐승이다 (13:11-18). 어린 양은 그를 따르는 자들이 예배드리는 하늘 보좌의 모습을 드러내는데 (14:1-5), 뒤이어 심판과 격려의 말씀을 선포하는 세 천사의 환상 (14:6-13), 인자와 같은 자의 환상 (14:14), 그리고 심판의 말씀을 선포하는 다른 세 천사의 환상이 따른다. 이 모든 것이 요한의 시대에 고초를 당하던 그리스도인의 갈등을 초월적인 세계에 배치하는 효과를 갖는데, 저자는 이렇게 함으로써 그리스도인이 당하는 고초를 하나님의 승리와 하나님 백성의 구원으로 끝날 이야기의 일부로 제시한다. **12:1-5** 이 장면은 몇 가지 요소들, 곧 예수님의 출생 및 그를 파멸시키려는 통치자들의 노력, 아폴로의 출생에 관련된 고대 전투신화, 그리고 하나님의 적들인 리워야단 및 사탄에 대한 구약성경의 묘사에 나오는 요소들을 한데 결합한다. 인간 어머니로부터, 하나님의 백성인 이스라엘부터, 그리고 초월적인 세계로부터 메시아가 출생한다. **12:2** 출산의 고통은, 종종 "메시아적 화"로 불리는데, 새로운 세계가 도래하도록 하기 위하여 역사가 거쳐야 하는 고초에 대한 통상적인 묵시적 상징이다 (막 13:8). **12:5** 이 이미지는 시

우리 하나님 앞에서
밤낮으로 그들을 헐뜯는 자가
내쫓겼다.
11 우리의 동료들은
어린 양이 흘린 피와
자기들이 증언한 말씀을 힘입어서
그 악마를 이겨 냈다.
그들은 죽기까지
목숨을 아끼지 않았다.
12 그러므로 하늘아,
그리고 그 안에 사는 자들아,
즐거워하여라.
그러나 땅과 바다는 화가 있다.
악마가,
자기 때가 얼마 남지 않은 것을 알고,
몹시 성이 나서
너희에게 내려갔기 때문이다."

13 그 용은 자기가 땅으로 내쫓겼음을 알고,
남자 아이를 낳은 그 여자를 [ㄱ]쫓아갔습니다.
14 그러나 그 여자는 큰 독수리의 두 날개를 받
아 가지고 광야에 있는 자기 은신처로 날아가서,
거기에서 뱀을 피해서, 한 때와 두 때와 반 때 동
안 부양을 받았습니다. 15 그 뱀은 그 여자의 등
뒤에다가 입에서 물을 강물과 같이 토해 내서, 강
물로 그 여자를 휩쓸어 버리려고 하였습니다.
16 그러나 땅이 그 여자를 도와주니, 땅이 입을
벌려서, 용이 입에서 토해 낸 강물을 삼켰습니다.
17 그래서 그 용은 그 여자에게 노해서, 그 여자
의 남아 있는 자손, 곧 하나님의 계명을 지키며 예
수의 증언을 간직하고 있는 사람들과 싸우려고 떠
나갔습니다.
18 [ㄴ]그 때에 그 용이 바닷가 모래 위에 섰습
니다.

짐승 두 마리

13 1 나는 바다에서 짐승 하나가 올라오는
것을 보았습니다. 그 짐승은 뿔 열과 머리
일곱이 달려 있었는데, 그 뿔 하나하나에 왕관을
쓰고 있고, 그 머리 하나하나에는 하나님을 모독
하는 이름이 붙어 있었습니다. 2 내가 본 그 짐
승은 표범과 비슷한데, 그 발은 곰의 발과 같고,
그 입은 사자의 입과 같았습니다. 그 용이 자기
힘과 왕위와 큰 권세를 이 짐승에게 주었습니다.
3 그 머리들 가운데 하나는 치명상을 입은 듯하
였습니다. 그러나 그 [ㄷ]치명적인 상처가 나으니,
온 세상은 놀라서 그 짐승을 따라갔습니다.
4 용이 그 짐승에게 권세를 주니, 사람들은 그 용
에게 경배하였습니다. 또 그들은 "누가 이 짐승과
같으랴? 누가 이 짐승과 맞서서 싸울 수 있으랴?"
하고 말하면서, 그 짐승에게 경배하였습니다.
5 그 짐승은, 큰소리를 치며 하나님을 모독
하는 말을 하는 입을 받고, 마흔두 달 동안 활동할
권세를 받았습니다. 6 그 짐승은 입을 열어서 하
나님을 모독하였으니, 하나님의 이름과 거처와
하늘에 사는 이들을 모독하였습니다. 7 [ㄹ]그 짐
승은 성도들과 싸워서 이길 것을 허락받고, 또 모
든 종족과 백성과 언어와 민족을 다스리는 권세를
받았습니다. 8 그러므로 땅 위에 사는 사람 가
운데서, [ㅁ]죽임을 당한 어린 양의 생명책에 창세
때부터 이름이 기록되어 있지 않은 사람은, 모두
그에게 경배할 것입니다.
9 귀가 있는 사람은 들으십시오.

ㄱ) 또는 '박해하였다' ㄴ) 다른 고대 사본들에는 '그 때에 나는' ㄷ) 그, '죽음의 재앙이' ㄹ) 다른 고대 사본들에게는 7절 상반절이 없음 ㅁ) 또는 '창세 때부터 죽임을 당한 그 어린 양의 생명책에 기록되어 있지 않은 사람은'

2:8-9에서 나온 것으로, 메시아에 대한 일반적인 언어이다. 이 이야기는 출생으로부터 시작하여 곧바로 승천으로 이어진다: 요한계시록은 "예수님의 생애"를 구원 사건의 일부로 포함시키지 않는다. 하늘나라에로 아이들의 들리움을 받는 것이 그의 죽음을 포함하는 것인지 그렇지 않는 것인지가 이 환상에 분명하게 나타나 있지 않지만, 그리스도인 독자는 하나님의 영광을 향한 그리스도의 행로가 십자가를 피해 우회한 것이 아니라 그것을 관통하여 갔다는 것을 알고 있다. **12:7-12** 하늘 전쟁에서 용이 패배당하는 것은 *그리스도(메시아)*의 출생과 승천의 결과이다. 이 전쟁은 *사탄의* 출처를 (밀턴의 *실낙원*에서와는 달리) 세계의 창조 이전에 반역했던 "타락한 천사"로 설명하지 않는다. 이 곳과 다른 어느 곳에서도 성경은 악마의 기원에 관하여 그렇게 생각하지 않는다 (욥기에 관한 서문을 보라). 요한계시록에 있어서, 악마의 우주적 권세는 하늘나라에서 이미 패배되었지만, 그것은 이 세상에 떨어졌는데, 여기서 궁극적으로 파멸되기 이전에 그에게 다만 잠간 동안의 시간이 남아 있다. **12:13-18** 그런 와중에, 용/사탄은 이제 하나님의 신실한 백성, 교회, 그리고 개별 그리스도인들의 어머니 역할을 떠맡고 있는 여자를 박해한다. 창조 이전에 혼돈 중에 있던 바다는 위협이지만, 하나님의 선한 피조물인 땅은 그녀와 그녀의 박해받는 아이들의 편에 서 있다. **13:1-10** 여기에 사용된 이미지는 로마제국,

10 [ㄱ]"사로잡혀 가기로
되어 있는 사람이면,
사로잡혀 갈 것이요,
칼에 맞아서
죽임을 당하기로
되어 있는 사람이면,
칼에 맞아서 죽임을 당할 것이다."
여기에 성도들의 인내와 믿음이 필요합니다.
11 나는 또 땅에서 다른 짐승 하나가 올라오는
것을 보았습니다. 그것은 어린 양처럼 뿔이 둘
있고, 용처럼 말을 하였습니다. 12 이 짐승은 첫째
짐승이 가진 모든 권세를 그 첫째 짐승을 대신하여
행사하였습니다. 이 짐승은, 땅과 땅 위에 사는
모든 사람들로 하여금 [ㄴ]치명상에서 나음을 받은
그 첫째 짐승에게 절하게 하였습니다. 13 또 그
짐승은 큰 기적들을 행하였는데, 사람들이 보는 앞
에서 하늘에서 불이 땅에 내려오게도 하였습니다.
14 그리고 그 첫째 짐승을 대신해서 행하도록 허
락받은 그 기적들을 미끼로 해서 땅 위에 사는 사람
들을 미혹하였습니다. 땅 위에 사는 사람들에게,
칼에 [ㄷ]맞아서 상처를 입고서도 살아난 그 짐승을
위하여 우상을 만들라고 말하였습니다. 또는 '칼의
재앙을 받았다가도' 15 그리고 둘째 짐승이 능
력을 받아서 첫째 짐승의 우상에게 [ㄹ]생기를 넣어
주고, 그 짐승의 우상으로 하여금 말을 하게도
하고, 또 우상에게 경배하지 않는 사람은 모두 죽
임을 당하게도 하였습니다. 16 또 작은 자나 큰
자나, 부자나 가난한 자나, 자유인이나 종이나 할
것 없이, 다 그들의 오른손이나 이마에 표를 받게
하였습니다. 17 누구든지 이 표를 가진 사람, 곧
그 짐승의 이름이나, 그 이름을 나타내는 숫자로
표가 찍힌 사람이 아니면, 아무도 팔거나 사거나
할 수 없게 하였습니다. 18 여기에 지혜가 필요
합니다. 지각이 있는 사람은 그 짐승을 상징하는
숫자를 세어 보십시오. 그 수는 어떤 사람을 가리
키는데, 그 수는 [ㅁ]육백육십육입니다.

십사만 사천 명이 부른 노래

14 1 또 내가 보니, 어린 양이 시온 산에 서
있었습니다. 그 어린 양과 함께 십사만
사천 명이 서 있었는데, 그들의 이마에는 어린 양의
이름과 그의 아버지의 이름이 적혀 있었습니다.
2 그리고 나는 많은 물이 흐르는 소리와도 같고
큰 천둥소리와도 같은 음성이 하늘에서 울려오는
것을 들었습니다. 내가 들은 음성은 거문고를 타고
있는 사람들의 노랫가락과 같았습니다. 3 그들은
보좌와 네 생물과 그 장로들 앞에서 새 노래를 부
르고 있었습니다. 땅에서 구원을 받은 십사만 사
천 명 밖에는, 아무도 그 노래를 배울 수 없었습
니다. 4 그들은 여자들과 더불어 몸을 더럽힌 일
이 없는, 정절을 지킨 사람들입니다. 그들은 어린
양이 가는 곳이면, 어디든지 따라다니는 사람들
입니다. 그들은 사람들 가운데서 하나님과 어린
양에게 드리는 첫 열매로서 구원을 받았습니다.
5 그들의 입에서는 거짓말을 찾을 수 없고, 그들
에게는 흠잡을 데가 없었습니다.

ㄱ) 렘 15:2; 43:11 ㄴ) 그, '죽음의 재앙' ㄷ) 또는 '칼의 재앙을 받았다가도' ㄹ) 또는 '영' ㅁ) 다른 고대 사본들에는 '육백십육'

특별히 네로 황제를 시사하는 것인데, 네로가 자살을 하였지만 아직 살아있는 사람으로 널리 믿고 있었다 (3절을 보라). 요한의 관점에서 보면, 이 로마제국은 사탄으로부터 그 권세를 수여받았고, 로마제국의 예배에 참여하는 것은 사탄을 숭배하는 행위이다 (다른 견해들을 보려면, 막 12:13-17; 롬 13:1-7; 벧전 2:13-17을 보라). **13:11-18** 둘째 짐승은 나중에 "거짓 예언자"로 밝혀진다 (16:13; 19:20; 20:10). 이 짐승은 황제숭배 및 로마 우상숭배에 참여를 권장하는 사람들을 나타내는데, 이런 숭배행위는 로마제국 종교의 제사장직을 포함한다. **13:13** 거짓 예언자들은 기적을 행사하기 때문에 (막 13:21-23; 살후 2:9-10), 기적은 메시지의 신빙성을 증명하지 못한다 (신 13:1-3을 참조). *짐승은 큰 기적들을 행하였는데.* 이것은 신실한 그리스도인들을 미혹하여 우상의 표를 만들어 그것을 숭배하도록 하려는 것이다 (14:9; 15:2; 16:2; 1920; 20:4를 참조). **13:18** *짐승을 상징하는 숫자.* 이 숫자는 요한이 사용하는 언어가 가지고 있는 글자들의 숫자적 가치를 총계한 것이다. 요한은 아라비아 숫자가 개발되기 이전에 이 서신을 썼다. 그가 알고 있었을 뿐만 아니라 사용했을 언어들, 곧 희랍어, 라틴어, 아람어, 히브리어에는 알파벳마다 동가치의 숫자 가치가 있었다. 그래서 모든 이름에는 숫자적 총계가 있었다. 이 짐승의 정체를 밝히려는 여러 가지 가능성들 중에서, 가장 가능성 높은 것은 "네로 황제"이며, 히브리어로 네로라는 이름의 숫자의 총계는 666이다. 네로는 교회를 박해한 첫 번째 황제였고, 요한의 시대에 위협하던 황제는 도미티안이었다. 그는 "다시 태어난 네로," 즉 죽음에서 돌아온 네로로 간주했었다. **14:1-5** 짐승의 표를 받은 사람들과 대조적으로, 그리스도를 따르는 사람들은 그리스도와 하나님의 이름으로 인침을 받는다 (7:1-17을 참조). **14:4** 구원받은 자들을 *여자들과 더불어 몸을 더럽힌 일이 없는, 정절을 지킨 사람*들로 묘사함으로써, 요한은 구약성경의 이미지를 사용해서 교회를

세 천사가 전하는 말

6 나는 또 다른 천사가 하늘 한가운데서 날아다니는 것을 보았습니다. 그에게는, 땅 위에 살고 있는 사람과 모든 민족과 종족과 언어와 백성에게 전할, 영원한 복음이 있었습니다.
7 그는 큰 소리로 외쳤습니다. "너희는 하나님을 두려워하고, 그분께 영광을 돌려라. 하나님께서 심판하실 때가 이르렀다. 하늘과 땅과 바다와 물의 근원을 만드신 분께 경배하여라."

8 또 두 번째 다른 천사가 뒤따라와서 말하였습니다. "무너졌다. 무너졌다. 큰 도시 바빌론이 무너졌다. 바빌론은 자기 음행으로 빚은 진노의 포도주를 모든 민족에게 마시게 한 도시다."

9 또 세 번째 다른 천사가 그들을 뒤따라와서 큰 소리로 말하였습니다. "그 짐승과 그 짐승 우상에게 절하고, 이마나 손에 표를 받는 사람은 누구든지,
10 하나님의 진노의 포도주를 마실 것이다. 그 포도주는, 물을 섞어서 묽게 하지 않고 하나님의 진노의 잔에 부어 넣은 것이다. 또 그런 자는 거룩한 천사들과 어린 양 앞에서 불과 유황으로 고통을 받을 것이다.
11 그들에게 고통을 주는 불과 유황의 연기가 그 구덩이에서 영원히 올라올 것이며, 그 짐승과 짐승 우상에게 절하는 자들과, 또 그 이름의 표를 받는 자는, 누구든지, 밤에도 낮에도 휴식을 얻지 못할 것이다.
12 하나님의 계명과 예수를 믿는 믿음을 지키는 성도들에게는 인내가 필요하다."

13 나는 또 하늘에서 들려 오는 음성을 들었습니다. "기록하여라. 이제부터 주님 안에서 죽는 사람들은 복이 있다." 그러자 성령께서 말씀하셨습니다. "그렇다. 그들은 수고를 그치고 쉬게 될 것이다. 그들이 행한 일이 그들을 따라다니기 때문이다."

마지막 수확

14 또 내가 보니, 흰 구름이 있고, 그 구름 위에는 ㄱ)'인자 같은 분'이 앉아 있었습니다. 그는 머리에 금 면류관을 쓰고, 날이 선 낫을 들고 있었습니다.
15 또 다른 천사가 성전에서 나와서, 구름 위에 앉아 있는 분에게 큰 소리로 외쳤습니다. "낫을 대어 거두어들이십시오. 땅에 있는 곡식이 무르익어서, 거두어들일 때가 되었습니다."
16 그러자 구름 위에 앉은 분이 낫을 땅에 휘둘러서, 땅에 있는 곡식을 거두어들였습니다.

17 또 다른 천사가 하늘에 있는 성전에서 나왔는데, 그도 역시 날이 선 낫을 가지고 있었습니다.
18 또 다른 천사가 제단으로부터 나왔습니다. 그는 불을 지배하는 권세를 가진 천사였습니다. 날이 선 낫을 들고 있는 천사에게 큰 소리로 말하였습니다. "날이 선 그 낫을 대어, 땅에 있는 포도나무에서 포도송이를 거두십시오. 포도가 다 익었습니다."
19 그래서 그 천사가 낫을 땅에 휘둘러,

ㄱ) 단 7:13

하나님의 승리하는 군사로 표현한다. "더럽히다"는 여자들이 더럽다거나 성행위가 "더럽다"는 것을 시사하지 않는다. 여기서 요한은 제의적인 더러움과 종교적 순결을 언급한다. 혹자는 핵무기 시대에 사는 우리가 강력한 자외선에 노출된 "오염된" 물질들에 관하여 말하듯이 생각했을지도 모른다. 요한은 히브리 전통 속에 서 있는데, 이 전승은 성행위, 풍요, 그리고 이와 관련된 모든 것을 생명의 신비한 힘을 가진 생명력 있는 것으로 간주한다 (레 15:19-31에 기록된, "더럽게 하는" 월경의 힘을 제의적으로 억제하기 위한 규정들을 참조). 이러한 힘들은 너무나 강력하기 때문에, 이것들은 일상적인 생활로 부터 제의적으로 격리되어야 한다. 이와 같은 것들은 성경에서도 마찬가지인데, 그것들은 "손들을 더럽히는 것"으로 언급되었다. 제사장이나 하나님의 군사들과 같이, 특별한 직책이나 사명에 종사하는 사람들은, 도덕적인 이유들 때문이 아니라, 신성한 사명을 다른 힘들로부터 격리하기 위하여 그들의 사역 기간 동안 성행위를 삼갈 것이 기대되었다 (신 20:1-9; 23:9-10; 삼상 21:5). 요한은 교회를 하나님의 군대로 묘사하고—7:1-8에서처럼 *천*이라는 용어는 군대 단위를 생각나게 해주는 것—그리고 교회를 제사장으로 (1:6; 5:10) 묘사한다. 그러므로 교회가 정절을 지키는 "동정녀들"의 공동체로 묘사되고 있다. 교회를 묘사하는 요한의 또 하나의 이미지들은 이상적인 예언자적 공동체이다 (11:1-13을 보라). 초대교회 때에 예언자들은 다소 금욕주의적 생활방식을 영위했기 때문에, 여기서 교회 전체가 *어린 양이 가는 곳이면, 어디든지 따라다니는 정절*을 지킨 사람들로 제시된다. *정절을 지킨 사람*들은 또한 우상숭배에 필적하는 매춘행위와 대조적으로, 그리스도의 순결한 신부를 의미한다 (17:1과 함께 21:2를 참조). 요한이 기억을 상기시켜 주는 언어로 보여주는 이러한 집중적이고 중복되는 상징들은 모두 교회의 본질을 보여주는 것이다. **14:6-13** 세 천사가 인간의 죄로 인한 하나님의 심판을 큰 소리로 선언한다. 요한은 이 심판을 *영원한 복음*으로 표현하기 때문에, 그는 심판의 선포와 그리스도 안에서 구현될 하나님의 구원활동을 위한 복음의 선포를 서로 구별하지 않는다. **14:10-11** 하나님의 폭력에 묘사된 이런

땅의 포도를 거두어서, 하나님의 진노의 큰 포도
주를 만드는 술틀에다가 던졌습니다. 20 술틀은
성 밖에 있었는데, 그것을 밟아 누르니 거기에서
피가 흘러 나왔습니다. 그 피가 말 굴레의 높이까
지 닿고, 거의 ㄱ)천육백 스타디온이나 퍼져 나갔습
니다.

마지막 재난을 가지고 온 천사

15 1 그리고 나는 하늘에서 크고도 놀라운
또 다른 표징을 하나 보았습니다. 일곱
천사가 일곱 재난을 가지고 있었는데, 그것은 마
지막 재난이었습니다. 하나님의 진노가 그것으로
끝날 것이었기 때문입니다.
2 나는 또 불이 섞인 유리 바다와 같은 것을
보았습니다. 그 유리 바다 위에는 짐승과 그 짐승
우상과 그 이름을 상징하는 숫자를 이긴 사람이,
하나님의 거문고를 들고 서 있었습니다. 3 그들
은 하나님의 종 모세의 노래와 어린 양의 노래를
부르고 있었습니다.

"주 하나님, 전능하신 분,
주님께서 하시는 일은
크고도 놀랍습니다.
ㄴ)만민의 왕이신 주님,
주님의 길은 의롭고도 참되십니다.
4 ㄷ)주님,
누가 주님을
두려워하지 않겠습니까?
누가 주님의 이름을
찬양하지 않겠습니까?
주님만이 홀로 거룩하십니다.
모든 민족이 주님 앞으로 와서
경배할 것입니다.
주님의 정의로운 행동이
나타났기 때문입니다."

5 그 뒤에 또 내가 보니, 하늘에 있는 증거의
장소인 장막 성전이 열리고, 6 그 성전으로부터
일곱 천사가 일곱 재난을 들고 나왔습니다. 그들
은 깨끗하고 빛나는 ㄹ)모시 옷을 입고, 가슴에는
금띠를 띠고 있었습니다. 7 또 네 생물 가운데
하나가, 영원무궁 하도록 살아 계신 하나님의 진
노를 가득 채운 금 대접 일곱 개를 그 일곱 천사
에게 주었습니다. 8 성전이 하나님의 영광과 권
능에서 나오는 연기로 가득 차게 되니, 그 일곱 천
사의 일곱 재난이 끝나기까지는, 아무도 들어갈
수 없었습니다.

진노의 대접

16 1 나는 또 성전에서 큰 음성이 울려오는
것을 들었는데, 그 음성이 일곱 천사들에
게 이르기를 "가서, 하나님의 진노가 담긴 일곱
대접을 땅에 쏟아라" 하였습니다.
2 그래서 첫째 천사가 나가서 그 대접을 땅
에 쏟으니, 짐승의 표를 받은 자들과 그 짐승 우
상에게 절하는 자들에게 아주 나쁜 종기가 생겼습
니다.
3 둘째 천사가 그 대접을 바다에 쏟으니, 바
닷물이 죽은 사람의 피처럼 되고, 바다에 있는 모
든 생물이 죽었습니다.
4 셋째 천사가 그 대접을 강과 샘물에 쏟으
니, 물이 피가 되었습니다. 5 내가 들으니, 물을
주관하는 천사가 말하기를

"지금도 계시고 전에도 계시던
거룩하신 주님,
이렇게 심판하셨으니,
주님은 의로우신 분이십니다.
6 그들은 성도들과 예언자들의 피를
흘리게 하였으므로,
주님께서 그들에게 피를 주어,
마시게 하셨습니다.
그들은 그렇게 되어야 마땅합니다"

하였습니다. 7 또 내가 들으니, 제단에서

"그렇습니다. 주 하나님,
전능하신 분,
주님의 심판은 참되고 의롭습니다"

하는 소리가 울려 나왔습니다.

ㄱ) 약 300킬로미터 ㄴ) 다른 고대 사본들에는 '만세의' ㄷ) 렘 10:7
ㄹ) 다른 고대 사본들에는 '돌'

무시무시한 장면을 해석하기 위해, 2264쪽 추가 설명: "요한계시록의 폭력적인 이미지에 대한 해석"을 보라. 이 환상은 미래에 일어날 실제적 사건을 나타내는 것이 아니라, 참되고 유일하신 하나님이 아닌 다른 존재를 섬기는 것이 얼마나 끔찍한 것인지를 말해주는 기능을 한다. **14:14-19** 이 일련의 환상들의 중추적인 이미지는 마지막 심판을 할 자세를 취하고 있는 *인자와 같은 분*이시다 (1:12-13을 참조). **14:14** 마지막 세 천사가 무서운 이미지로 하나님의 심판을 선언하고 있지만, 이런 표현은 묵시적 전통에서 일상적인 표현이었다. **15:1—16:21** 마지막 일곱 재앙이 기술된다. 이스라엘이 한때 홍해의 해변에 서서 하나님의 자유케 하

8 넷째 천사가 그 대접을 해에다 쏟았습니다.
해는 불로 사람을 태우라는 허락을 받았습니다.
9 그래서 사람들은 몹시 뜨거운 열에 탔습니다.
그러나 그들은 이 재앙을 지배하는 권세를 가지신
하나님의 이름을 모독하였고, 회개하지 않았고,
하나님께 영광을 돌리지 않았습니다.

10 다섯째 천사가 그 대접을 짐승의 왕좌에
쏟으니, 짐승의 나라가 어두워지고, 사람들은 괴
로움을 못 이겨서 자기들의 혀를 깨물었습니다.
11 그들은 아픔과 부스럼 때문에, 하늘의 하나님
을 모독하였습니다. 그러나 그들은 자기들의 행
동을 회개하지 않았습니다.

12 여섯째 천사가 그 대접을 큰 강 유프라테
스에 쏟으니, 강물이 말라 버려서, 해 돋는 곳에서
오는 왕들의 길이 마련되었습니다. 13 나는 또
용의 입과 짐승의 입과 거짓 예언자의 입에서, 개
구리와 같이 생긴 더러운 영 셋이 나오는 것을 보
았습니다. 14 그들은 귀신의 영으로서, 기이한
일을 행하면서 온 세계의 왕들을 찾아 돌아다니는
데, 그것은 전능하신 하나님의 큰 날에 일어날 전
쟁에 대비하여 왕들을 모으려고 하는 것입니다.
15 ("보아라, 내가 도둑처럼 올 것이다. 깨어 있어
서, ㄱ)자기 옷을 갖추어 입고, 벌거벗은 몸으로 돌아
다니지 않으며, 자기의 부끄러운 데를 남에게 보
이지 않는 사람은, 복이 있다.") 16 그 세 영은
히브리 말로 아마겟돈이라고 하는 곳으로 왕들을
모았습니다.

17 일곱째 천사가 그 대접을 공중에 쏟으니,
성전에서 보좌로부터 "다 되었다" 하는 큰 음성이
울려 나왔습니다. 18 또 번개가 치고, 음성들이
나고, 천둥이 울리고, 큰 지진이 일어났는데, 이런
큰 지진은 사람이 땅 위에 생겨난 뒤로 일찍이 없
었던 것입니다. 19 그리고 그 큰 도시가 세 조각이
나고, 민족들의 도시들도 무너졌습니다. 하나님
께서 그 큰 도시 바빌론을 기억하셔서, 하나님의
진노를 나타내는 독한 포도주의 잔을 그 도시에
내리시니, 20 모든 섬들이 사라지고, 산들이 자
취를 감추었습니다. 21 그리고 무게가 한 달란
트나 되는 큰 우박이 하늘로부터 사람들 위에 떨
어지니, 사람들은 우박의 재앙이 너무도 심해서,
하나님을 모독하였습니다.

ㄱ) 그, '자기 옷을 지키다'

시는 출애굽 사건을 경축했듯이, 하나님의 구원받은 백성은 천상의 바닷가에 서서 모세와 어린 양의 노래를 부를 것이다. 요한계시록 가운데서 요한이 출애굽의 동기를 가장 철저하게 사용하는 곳이 이 단원이다 (15:1—16:21). *이집트*는 로마이고 *바로*는 황제이다. *재앙*은 종말에 있을 화이다 (16:2의 종기에 관하여 출 9:10-11을 보라; 16:3-4의 바다와 강들이 피로 변하는 것에 관하여 출 7:17-21을 보라; 16:10의 어둠에 관하여 출 10:22를 보라; 16:12의 강물이 마르는 것에 관하여 출 14:21-22를 보라; 16:13의 개구리들에 관하여 출 8:3; 16:18, 21을 보라; 천둥, 불, 우박에 관하여 출 9:24를 보라); 유월절 양은 높이 올림을 받으신 그리스도, 곧 종말론적 구원을 성취하신 어린 양이다. 교회가 반드시 관통해 지나가야 하는 고난의 홍수는 홍해이다; 승리의 노래는 모세(와 어린 양)의 노래이다. 하물며 시내 산의 연기(15:8)와 하나님의 정의로운 법을 보관하는 장막도 나타난다 (15:5; 하늘에 있는 성전은 광야에서 이스라엘 백성과 동반하였던 장막으로 표현된다; 출 40:34-38을 참조). 홍해(출 14:21)와 요단 강(수 4:23)이 출애굽 당시 하나님의 구원활동의 일부로 "마르게 한 것과 같이," 여기서는 유프라테스 강이 마지막 사건들을 촉진하기 위하여 말라 버린다 (16:12). **15:4** 성경 및 묵시적 전통들은 하나님 나라의 종국적 승리를 두 개의 대조적인 방법으로 묘사하였다. 한 장면에서 보면, 이방 나라들은 절정에 다다른 마지막 전투에서 패배당하고 파멸된다 (시 2:1-2; 겔 38—39장; 욜 3:2; 슥 14:2를 보라; 또한 쿰란 공동체에서 발행된 *전쟁 두루마리*와 같은, 정경 밖의 묵시적 문서들을 보라). 다른 장면에서 보면, 이방 국가들은 회심하여 한 하나님을 예배하는 자들이 된다 (시 86:9-10; 사 2:1-4; 19:24-25; 겔 16:52-63; 미 4:1-4). 요한은 이러한 이미지들을 조화시키지 않고 병행시키며 이 장면에 둘 다 포함시킨다 (16:12-16; 19:11-21; 21:24-26을 참조). **16:15** 이미 침투하여 들어온 종말론적 미래에 대한 이러한 생생하게 묘사된 장면들 가운데서, 독자는 한 목소리를 듣는다. 그것은 예언자를 통해서 말씀하시는 그리스도 자신의 목소리이다. 쓰인 본문을 읽는 개별 독자들에게는 혼란스러운 것이지만, 이것은 예배 중에 낭독하기에 적절한 것이다 (1:3을 참조). 일부 사람들은 이것이 2:1—3:21(3:3을 참조)의 메시지 중에서 더 적절하다고 주장하는데, 이것은 그들이 주장하는 것과는 달리 잘못 삽입된 절이 아니다. 이것은 그의 독자들과 청중들에게 비전들은 미래에 대한 사색적인 정보를 제공하는 데 있는 것이 아니라, 다가오는 종말론적 실재를 향하여 오늘의 현장에서 그들의 삶을 지도하시는 살아 계신 그리스도로부터 오는 도전이라는 것을 상기시키는 요한의 방식이다. **16:16** 한글 성경들에서 아마겟돈으로 번역되어 있는 히브리어는 영어 성경들에서 서로 다른 철자들(공동번역과 NRSV은 "하르마게돈")로 번역되는데, 이것은 요한계시록의 고대 희랍어 사본들에 나오는 지역이 다양한 이름으로 불렸기 때문이다. 이 본문에 대한 정평 있는 해석들에 따르면, 이것은 역사의 마지막 사건들로

큰 창녀에게 내릴 심판

17 1 대접 일곱 개를 가진 그 일곱 천사 가
운데 하나가 와서, 나에게 "이리로 오너라.
큰 바다 물 위에 앉은 큰 창녀가 받을 심판을
보여 주겠다. 2 세상의 왕들이 그 여자와 더불
어 음행을 하였고, 땅에 사는 사람들이 그 여자의
음행의 포도주에 취하였다" 하고 말하였습니다.
3 그리고 그 천사는 ㄱ)성령으로 나를 휩싸서, 빈
들로 데리고 갔습니다. 나는 한 여자가 빨간 짐승을
타고 앉아 있는 것을 보았는데, 그 짐승은 하나님
을 모독하는 이름들로 가득하였고, 머리 일곱과
뿔 열 개가 달려 있었습니다. 4 이 여자는 자주
색과 빨간색 옷을 입고 금과 보석과 진주로 꾸미고,
손에는 금잔을 들고 있었는데, 그 속에는 가증한 것
들과 자기 음행의 더러운 것들이 가득하였습니다.
5 그리고 이마에는 '땅의 음녀들과 가증한 것들의
어미, 큰 바빌론'이라는 비밀의 이름이 적혀 있었
습니다. 6 그리고 나는 그 여자가 성도들의 피
와 예수의 증인들의 피에 취하여 있는 것을 보았
습니다.
내가 그 여자를 보고 크게 놀라니, 7 그 때
에 천사가 나에게 말하였습니다. "왜 놀라느냐?
나는 이 여자의 비밀과, 이 여자를 태우고 다니는
머리 일곱과 뿔 열이 달린 그 짐승의 비밀을, 너
에게 말하여 주겠다. 8 네가 본 그 짐승은, 전에
는 있었지만 지금은 없으며, 장차 ㄴ)아비소스에서
올라와서, 나중에는 멸망하여 버릴 자다. 그리고
땅 위에 사는 사람들 가운데 창세 때로부터 생명
책에 이름이 적혀 있지 않은 사람들은, 그 짐승을
보고 놀랄 것이다. 그것은, 그 짐승이 전에는 있
었다가, 지금은 없으나, 장차 다시 나타날 것이기
때문이다.
9 여기에 지혜를 가진 마음이 필요하다. 머리
일곱은 그 여자가 타고 앉은 일곱 산이요, 또한
일곱 왕이다. 10 그 가운데서 다섯은 이미 망하고,
하나는 있고, 또 다른 하나는 아직 나타나지 않
았다. 그것이 나타날지라도, 잠깐밖에 머물지 못할
것이다. 11 또 전에 있다가 지금은 없는 그 짐승은
여덟 번째인데, 그것은 그 일곱 가운데 속한 것으
로서, 마침내 멸망하여 버릴 자다. 12 네가 본
열 뿔은 열 왕이다. 그들은 아직 나라를 차지하지
못하였지만, 그 짐승과 함께 한동안 왕권을 차지
할 것이다. 13 그들은 한 마음이 되어서, 그들의
능력과 권세를 그 짐승에게 내줄 것이다. 14 그
들이 어린 양에게 싸움을 걸 터인데, 어린 양이 그
들을 이길 것이다. 그것은, 어린 양이 만주의 주요
만왕의 왕이기 때문이며, 어린 양과 함께 있는 사
람들이, 부르심을 받고 택하심을 받은 신실한 사
람들이기 때문이다."
15 천사가 또 나에게 말하였습니다. "네가
본 물 곧 그 창녀가 앉아 있는 물은, 백성들과 무리
들과 민족들과 언어들이다. 16 그리고 네가 본
그 열 뿔과 그 짐승은, 그 창녀를 미워해서 비참

ㄱ) 그, '영' ㄴ) '밑바닥이 없는 깊은 곳'을 일컫는 그리스어

서 북이스라엘에 위치한 므깃도에서 일어날 어떤 큰 전투를 예견하는 것으로 자주 제시된다. 하지만, 이러한 가정은 잘못된 것이다. 본문에는 "므깃도"가 나오지 않으며, 광활한 평지에 위치한 므깃도에는 산이 없다. 요한이 "예언"을 기록한다는 사실은 그가 오랜 기간의 미래의 역사적 사건들을 예견하고 있다는 것을 의미하지 않는다. 오히려 이것은 그가 그 당시의 그리스도인들을 위하여 당대의 사건들에 대한 영감 있는 해석을 제시하고 있음을 의미한다 (서문을 보라). 요한은 자기자신의 시대를 넘어서 어떤 역사적 사건을 예견하지 않는다. 또한 "전투"에 대한 어떤 묘사도 없다. 어떤 전쟁에 관하여 자세한 보도 없이 승리가 선포된다. 요한은 하나님의 궁극적 승리를 표현하기 위하여 전통적인 군대 이미지를 사용하지만, 그 자신의 신학에서 보면 결정적인 승리는 예수님의 십자가와 부활의 사건에서 이미 획득되었다 (5:1-14; 12:7-12를 보라). 요한계시록은 그러므로 종말론적 전쟁들에 대한 기술이 없다 (19:11-21; 20:7-10을 참조).

17:1—18:24 바빌론의 멸망을 개탄한다. 일곱째 대접은 하나님의 심판의 절정으로서, "바빌론"(로마)의 멸망을 선언했다. 이것이 이제 자세히 설명되고 (17:1-18) 하늘부터 선언된다 (18:1-8). 사람들이 지상에서 이 멸망을 탄식하고 (18:9-20) 그리고 상징적으로 또 다른 천사가 이것을 아직도 (가까운) 미래의 사건으로 선언한다 (18:21-24). **17:1** *큰 창녀.* 이것은 마치 신부가 하나님의 도성인 새 예루살렘이듯이 (정확하게 동일한 도입 형식은 21:9-10을 보라), 이것은 분명히 로마 도시를 말하는 것이다 (17:18). 창녀는 "사악한 도시"로 성경의 전통적인 비유적 표현이다 (사 23:17; 나 3:4). 새 예루살렘처럼, 창녀는 금과 보석과 진주로 몸단장을 한다 (4절; 21:18-21을 참조). 창녀와 신부의 대조는 요한계시록에 나타나는 일반적인 묵시적 이원론의 한 양태인데, 여기서 모든 결정은 이것이냐 저것이냐를 택하는 것이다. 모든 사람은 짐승들을 섬기는 예배자들이거나 참 하나님을 섬기는 예배자들이다. 모든 사람은 짐승의 표를 받거나 어린 양을 인침을 받는 이들이다. **17:11** 8절과 병행하는 여덟 번째 왕은 죽었다가 다시 살아난 일곱 왕 가운데 하나임을 시사하는

하게 만들고, 벌거벗은 꼴로 만들 것이다. 그들은 그 창녀의 살을 삼키고, 그 여자를 불에 태울 것이다. 17 그것은, 하나님께서 당신의 말씀을 이루실 때까지, 당신의 뜻을 행하려는 마음을 그들에게 주셔서, 그들이 한 마음이 되어 그들의 나라를 그 짐승에게 주게 하셨기 때문이다. 18 네가 본 그 여자는, 세상의 임금들을 다스리는 통치권을 가진 큰 도시를 가리킨다."

바빌론의 패망

18 1 그 뒤에 나는 다른 천사가 큰 권세를 가지고 하늘에서 내려오는 것을 보았습니다. 땅은 그의 영광으로 환해졌습니다. 2 그는 힘찬 소리로 외쳤습니다.

"무너졌다. 무너졌다.
큰 도시 바빌론이 무너졌다.
바빌론은 귀신들의 거처가 되고,
온갖 더러운 영의 소굴이 되고,
[더럽고 가증한
온갖 새들의 집이 되었구나!]
3 이는, 모든 민족이
그 도시의 음행에서 빚어진
분노의 포도주를 마시고,
세상의 왕들이
그 도시와 더불어 음행하고,
세상의 상인들이
그 도시의 사치 바람에
치부하였기 때문이다."

4 나는 하늘에서 또 다른 음성이 울려오는 것을 들었습니다.

"내 백성아,
그 도시에서 떠나거라.
너희는 그 도시의 죄에
가담하지 말고,
그 도시가 당하는 재난을
당하지 않도록 하여라.
5 그 도시의 죄는 하늘에까지 닿았고,
하나님은
그 도시의 불의한 행위를
기억하신다.
6 너희는 그 도시가 준 만큼
그 도시에 돌려주고,
그 도시의 행실대로
갑절로 갚아 주어라.
너희는 그 도시가 섞은 잔에
갑절로 섞어 주어라.
7 그 도시가
그렇게 자기를 영화롭게 하고,
사치하였으니,
그만큼 그에게
고통과 슬픔을 안겨 주어라.
그 도시는 마음 속으로
'나는 여왕의 자리에 앉아 있고,
과부가 아니니,
절대로 슬픔을 맛보지 않을 것이다'
하고 말한다.
8 그러므로 그 도시에
재난 곧 죽음과 슬픔과 굶주림이
하루 사이에 닥칠 것이요,
그 도시는 불에 타 버릴 것이다.
그 도시를 심판하신 주 하나님은
강한 분이시기 때문이다."

9 그 도시와 더불어 음행을 하고 방탕한 생활을 한 세상의 왕들은, 그 도시를 태우는 불의 연기를 보고, 그 도시를 두고 울며, 가슴을 칠 것입니다. 10 그들은 그 도시가 당하는 고문이 두려워서, 멀리 서서,

"화를 입었다. 화를 입었다.
큰 도시야!
이 강한 도시 바빌론아!
너에게 심판이 한 순간에 닥쳤구나"

하고 말할 것입니다.

11 그리고 세상의 상인들도 그 도시를 두고

것인데, 이것은 죽었으나 다시 산 어린 양을 또 다르게 풍자하여 표현하는 것이다. 이것은 아마도 네로가 도미티안으로 "돌아온" 것을 언급하는 것 같지만 (13:1-10을 참조), 요한의 관심은 특정한 황제를 지적하는 데 있지 않다. 그의 독자들은 그 황제가 "누구"이었지를 알고 있었다. 그러나 그들은 그가 "어떤 홍제"인지를 알지 못했다. 요한의 계시는 암호화된 역사 기술이 아니다; 독자들은 그들이 살고 있던 시대의 역사를 알고 있었다. 오히려, 그것은 역사 속에서 활동하는 악마적 권세의 계시이며, 그리스도 안에서 이루어지는 하나님의 구원활동의 계시이다. **18:1-24** 천사가 소개하는 선포는 사 21:9에 출처를 두고 있다. "바빌론"(로마)의 멸망에 대한 선포와 탄식은 이방 도시들에 만연하고 있던 불의에 대한 구약의 예언자적 심판을 본뜨고 있다 (사 13장: 23—24장; 렘 50—51장; 겔 26—27장을 참조). **18:6** *그 도시의 행실대로 갑절로 갚아 주어라.* 이것은 사 40:2; 렘 16:18; 50:29를 반영해 준다. 바빌론을 징벌토록 하는 소명은 사사로운 앙갚음의 표현이 아니라, 성서적 언어로

울며, 슬퍼할 것입니다. 이제는 그들의 상품을 살
사람이 하나도 없기 때문입니다. 12 그 상품이란,
금과 은과 보석과 진주요, 고운 모시와 자주 옷감과
비단과 붉은 옷감이요, 각종 향나무와 각종 상아
기구와, 값진 나무나 구리나 쇠나 대리석으로 만든
온갖 그릇이요, 13 계피와 향료와 향과 몰약과
유향이요, 포도주와 올리브 기름과 밀가루와 밀
이요, 소와 양과 말과 병거와 ㄱ)노예와 사람의 목
숨입니다.

14 네가 마음 속으로 탐하던 실과가
네게서 사라지고,
온갖 화려하고 찬란한 것들이
네게서 없어졌으니,
다시는 아무도 그런 것들을
찾아볼 수 없을 것이다.

15 그 도시 때문에 부자가 된, 이런 상품을 파는
상인들은, 그 도시가 당하는 고문이 두려워서, 멀리
서서 울며 슬퍼하면서, 16 말하기를,

"화를 입었다. 화를 입었다.
고운 모시 옷과
자주색 옷과 빨간색 옷을 입고
금과 보석과 진주로 꾸민 큰 도시야,
17 그렇게도 많던 재물이
한 순간에 잿더미가 되고 말았구나"

할 것입니다.

또 모든 선장과 선객과 선원과 바다에서 일하
는 사람들도 다 멀리 서서, 18 그 도시를 태우는
불의 연기를 보고 "저렇게 큰 도시가 또 어디 있
겠는가!" 하고 외칠 것입니다. 19 그리고 그들은
머리에 먼지를 뿌리고, 슬피 울면서,

"화를 입었다. 화를 입었다.
큰 도시야!
바다에 배를 가진 사람은 모두
그 도시의 값진 상품으로
부자가 되었건만,
그것이 한 순간에
잿더미가 되고 말았구나!"

하고 부르짖었습니다.

20 하늘과 성도들과
사도들과 예언자들이여,
즐거워하십시오.
하나님께서는 그대들을 위하여
그 도시를 심판하셨습니다.

21 또 힘센 천사가 큰 맷돌과 같은 돌을 들어
바다에 던지고서 말하였습니다.

"그 큰 도시 바빌론이 이렇게
큰 힘으로 던져질 터이니,
다시는
그 흔적도 찾을 수 없을 것이다.
22 거문고를 타는 사람들과
노래를 부르는 사람들과
피리를 부는 사람들과
나팔을 부는 사람들의 노랫소리가
다시는
ㄴ)네 안에서 들리지 않을 것이요,
어떠한 세공장이도
네 안에서
하나도 보이지 않을 것이요,
맷돌 소리도
다시는
네 안에서 들리지 않을 것이다.
23 등불 빛도
다시는
네 안에서 비치지 않을 것이요,
신랑과 신부의 음성도
다시는
ㄴ)네 안에서 들리지 않을 것이다.
그것은
네 상인들이
땅의 세도가로 행세하고
모든 민족이 네 마술에
속아넘어갔기 때문이고,
24 예언자들의 피와 성도들의 피와
땅에서 죽임을 당한
모든 사람의 피가
이 도시에서 발견되었기 때문이다.

ㄱ) 또는 '사람과 몸과 영혼입니다' ㄴ) '너'는 '도시'를 가리킴

표현된 하나님의 심판을 말하는 것이다. **18:20** 여기서 응답되는 순교자들의 기도(6:10)를 참조하라. 현저하게 바빌론의 허세, 화려함, 그리고 오만을 전복시킨 사건을 경축하는데 강조점이 주어지지만, 문명화되고 세련된 생활이 그 도시의 멸망으로 꼬리를 감출 때 참으로 탄식하는 소리가 있다 (22-23절).

19:1—22:20a 하나님께서 "거룩한 도시"를 회복해주신다. 일련의 마지막 환상들에서, 하나님은 새 예루살렘에서 역사의 결론을 내리심과 동시에 그것을 성취하신다. 하늘나라에서 벌어질 경축에 대한 예비적 환상(19:1-10)은 하나님의 최후 승리에 관한 일곱 환상을 도입한다: 그리스도의 재림 (19:11-16); 마지

19 1 이 일이 있은 뒤에 내가 들으니, 하늘
있는 큰 무리가 내는 우렁찬 음성과 같은
소리가 이렇게 울려왔습니다.

"할렐루야,
구원과 영광과 권력은
우리 하나님의 것이다.
2 그분의 심판은 참되고 의로우시다.
음행으로 세상을 망친
그 큰 창녀를 심판하셨다.
자기 종들이 흘린 피의 원한을
그 여자에게 갚으셨다."
3 그들이 다시금
"할렐루야,
그 여자에게서 나는 연기가
영원히 올라가는구나"

하고 외치니, 4 스물네 장로와 네 생물이 보
좌에 앉아 계신 하나님께 엎드려 경배하고,
"아멘, 할렐루야"
하고 말하였습니다.

어린 양의 혼인 잔치

5 그 때에 그 보좌로부터 음성이 울려왔습
니다.

"하나님의 모든 종들아,
하나님을 두려워하는 사람들아,
작은 자들과 큰 자들아,
우리 하나님을 찬양하여라."

6 또 나는 큰 무리의 음성과 같기도 하고, 큰 물
소리와 같기도 하고, 우렁찬 천둥소리와 같기도
한 소리를 들었습니다.

"할렐루야,
주 우리 하나님,
전능하신 분께서 왕권을 잡으셨다.
7 기뻐하고 즐거워하며,
하나님께 영광을 돌리자.
어린 양의 혼인날이 이르렀다.
그의 신부는 단장을 끝냈다.
8 신부에게 빛나고 깨끗한
모시 옷을 입게 하셨다.
이 모시 옷은
성도들의 의로운 행위다."

9 또 그 천사가 나에게 말하였습니다. "어린
양의 혼인 잔치에 초대를 받은 사람은 복이 있다고
기록하여라." 그리고 또 말하였습니다. "이 말씀
은 하나님의 참된 말씀이다." 10 그 때에 내가
그에게 경배드리려고, 그의 발 앞에 엎드렸더니,
그가 나에게 말하였습니다. "이러지 말아라, 나도
예수의 증언을 간직하고 있는 네 ㄱ)동료들 가운데
하나요, 너와 같은 종이다. 경배는 하나님께 드
려라. ㄴ)예수의 증언은 곧 예언의 영이다."

흰 말을 타신 분

11 나는 또 하늘이 열려 있는 것을 보았습
니다. 거기에 흰 말이 있었는데, '신실하신 분',
'참되신 분'이라는 이름을 가지신 분이 그 위에 타고
계셨습니다. 그는 의로 심판하시고 싸우시는 분
입니다. 12 그의 눈은 불꽃과 같고, 머리에는 많은
관을 썼는데, 그분 밖에는 아무도 알지 못하는 이
름이 그의 몸에 적혀 있었습니다. 13 그는 피로

ㄱ) 그, '형제들' ㄴ) 또는 '예수께 대한 증언은'

막 전투 (19:17-21); 사탄의 결박 (20:1-3); 천년 왕국 (20:4-6); 곡과 마곡의 패배 (20:7-10); 그리고 새 예루살렘 (21:1—22:7). 이 곳에서 이야기하는 식으로 그림 한 장 한 장 보여주기를 요구하지만, 이 장면들은 종말론적 사건들의 일정표나 예정표를 구성하고 있는 것은 아니다. 비록 문학적 전개면에서, 이것들이 한 장면에서 다음 장면으로 차례로 제시되어야 하지만, 이것들은 엄격하게 연대적 순서를 이루는 것이 아니라, 역사의 마지막에 있을 하나님의 승리를 보여주는 일곱 가지 장면이다. 여기서 하나님의 승리에 내재된 서로 다른 특징들이 계시되고 있다. 절정에 달하고 가장 구체적으로 묘사된 장면은 하나님의 도성의 궁극적인 미래에 대한 것이다. **19:1-10** 할렐루야 합창이 하나님의 승리를 노래한다. **19:1** *할렐루야.* "주님을 찬양하라"를 의미한다. *구원.* 여기에서 구원은 "승리"로 번역되는 것이 더 좋을 것이다 (7:10: 12:10을 참조). **19:6** *주 우리 하나님, 전능하신 분께서 왕권을 잡으셨다.* 이 구절은 요한계시록의 주제이다. 모든 피조물에 대한 하나님의 주권은 이제 역사의 끝에 명시화되며, "당신의 나라가 임하옵소서" 라고 하는 모든 시대에 걸친 그리스도인들의 기도는 마침내 실현된다. **19:9** 혼인은 하나님과 하나님의 백성 사이에 맺어진 관계를 표현하는 데 사용되는 일반적인 이미지이다 (사 54:5; 렘 3장; 호 2:19-20; 고전 11:2; 엡 5:25-32). **19:10** 비록 전형적인 묵시적 양식으로 요한은 천사들이라는 이미지를 많이 사용해 왔지만, 그는 그들에 의하여 매혹되지 않는다. 요한은 천사들을 각별히 하나님과 구별하는데, 하나님만이 예배를 드리기에 합당한 분이시다. 창조자와 피조물 사이를 나

물든 옷을 입으셨고, 그의 이름은 '하나님의 말씀'
이라고 하였습니다. 14 그리고 하늘의 군대가
희고 깨끗한 모시 옷을 입고, 흰 말을 타고, 그를
따르고 있었습니다. 15 그의 입에서 날카로운
칼이 나오는데, 그는 그것으로 모든 민족을 치실
것입니다. 그는 친히 쇠지팡이를 가지고 모든 민
족을 ㄱ)다스리실 것이요, 전능하신 하나님의 맹렬
하신 진노의 포도주 틀을 밟으실 것입니다. 16 그
의 옷과 넓적다리에는 '왕들의 왕', '군주들의 군
주'라는 이름이 적혀 있었습니다.
17 나는 또 해에 한 천사가 서 있는 것을 보
았습니다. 그는 공중에 나는 모든 새들에게 큰 소
리로 외치기를,

"하나님의 큰 잔치에 모여라.
18 왕들의 살과, 장군들의 살과,
힘센 자들의 살과,
말들과 그 위에 탄 자들의 살과,
모든 자유인이나 종이나
작은 자나 큰 자의 살을 먹어라"

하였습니다. 19 또 나는 짐승과 세상의 왕들과
그 군대들이, 흰 말을 타신 분과 그의 군대에 대
항해서 싸우려고 모여 있는 것을 보았습니다.
20 그러나 그 짐승은 붙잡혔고, 또 그 앞에서 기
이한 일들을 행하던 그 거짓 예언자도 그와 함께
붙잡혔습니다. 그는 짐승의 표를 받은 자들과 그
짐승 우상에게 절하는 자들을 이런 기이한 일로 미
혹시킨 자입니다. 그 둘은 산 채로, 유황이 타오르
는 불바다로 던져졌습니다. 21 그리고 남은 자들
은 말 타신 분의 입에서 나오는 칼에 맞아 죽었고,
모든 새가 그들의 살점을 배부르게 먹었습니다.

천 년 왕국

20 1 나는 또 한 천사가 ㄴ)아비소스의 열쇠와
큰 사슬을 손에 들고, 하늘에서 내려오는
것을 보았습니다. 2 그는 그 용, 곧 악마요 사탄인
그 옛 뱀을 붙잡아 결박하여, 3 ㄴ)아비소스에 던
지고 닫은 다음에, 그 위에 봉인을 하여 천 년 동안
가두어 두고, 천 년이 끝날 때까지는 민족들을 미
혹하지 못하게 하였습니다. 사탄은 그 뒤에 잠시
동안 풀려 나오게 되어 있습니다.
4 내가 또 보좌들을 보니, 그 위에 사람들이
앉아 있었는데, 그들은 심판할 권세를 받은 사람
들이었습니다. 또 나는, 예수의 증언과 하나님의 말
씀 때문에 목이 베인 사람들의 영혼을 보았습니다.

ㄱ) 또는 '돌볼' ㄴ) '밑바닥이 없는 깊은 곳'을 일컫는 그리스어

누는 선상에서 보면, 그리스도는 하나님 편에 서 계시고 천사들은 하나님의 인간적 종들과 함께 분류된다.

19:11—22:5 종말의 일곱 가지 환상이 묘사되어 있다. **19:11-16** 장면 1: 그리스도의 재림. 역사의 종말에, 우리는 다른 사람들을 위하여 자신을 내주셨던 하나님의 사랑스런 종으로서 이미 역사에 나타나셨던 동일하신 그리스도를 만난다. 전쟁과 정복의 비유적 표현이 사용되지만, 예수님의 삶과 죽음의 의미가 이 비유적 표현을 갱신한다. 복음서들에 나오는 사랑과 동정심이 많으신 예수께서 종말에 폭력적이고 보복적인 군주로 대체되는 것처럼 요한계시록을 이해하지 말아야 한다 (5:1-14를 보라). **19:13** 그가 입으신 피 묻은 의복은 그의 대적자들의 피로 물든 것이 아니라 다른 사람들에게 쏟으신, 그 자신의 속죄의 피로 물든 것이다 (1:5; 5:9; 7:14; 12:11을 참조). **19:15** 그가 지닌 유일한 칼은 그의 입에서 나온다. 즉, 이것은 심판하고, 속량하는 권세 있는 말씀이다. 쇠지팡이는 메시아에 대한 비유적 표현인데, 시 2:9로부터 나왔다. **19:17-21** 장면 2: 마지막 전투. 어떤 전투도 실제적으로 묘사되어 있지 않고, 다만 하나님의 대적자들이 이미 파멸되었고 소멸된 승리의 장면이 그려져 있을 뿐이다. 2264쪽 추가 설명: "요한계시록의 폭력적인 이미지에 대한 해석"을 보라. 비록 요한계시록은 소외되고 학대받고 억압받는 그리스도인들을 대변하지만, 이것의 비유적 표현은 단순히 계급투쟁의 표현이 아니다. 하나님에 대한 반대가 우주적이듯이 승리 역시 우주적이며, 억압하는 자들만이 아니라 억압당하는 자들을 포함하며, 주인들만이 아니라 노예들도 포함한다. 패배한 적은 인간이요 역사적 인물일 뿐만 아니라 하나님의 피조물을 착취하고 지배하는 초월적인 권세자들, 곧 *짐승과 거짓 예언자*도 포함되어 있다 (12:1—13:18). **20:1-3** 장면 3: 사탄의 결박. 인간 개개인의 책임을 축소하지 않으면서도, 저자는 요한계시록 전체를 통해 사탄을 인간의 악과 불행의 초월적 원인으로 기술하여 왔다. 이야기가 결론에 도달함에 따라, 두 개의 장면이 사탄의 종말에 대하여 기술한다: 그는 심연에 던져질 것이며 (20:1-3), 또한 불의 호수에 던져질 것이다 (20:10). 이런 전통적인 장면들을 모두 활용하기 위하여, 말하자면 요한은 "반드시" 사탄이 풀려나오는 것을 허용해야 한다 (20:3). 하지만, 각 장면은 그 자체로 온전하며, 각각은 자체적으로 독자에게 악마의 통치는 영구적이지 않으며, 하나님은 하나님 나라의 종국적 도래로서 그 통치에 종지부를 찍을 것임을 약속한다. **20:3** 사탄은 개인들을 미혹할 뿐만 아니라, 국가들, 즉 인간의 삶을 규정하고 제약하는 집단 체제들을 미혹한다. "체제의 악"이 여기서 개인적인 용어들로 묘사된다. 우상을 숭배하고 압제적인 나라들이 "기만"

그들은, 그 짐승이나 그 짐승 우상에게 절하지 않고,
그들의 이마와 손에 그 짐승의 표를 받지 않은 사
람들입니다. 그들은 살아나서, 그리스도와 함께
천 년 동안 다스렸습니다. 5 그 나머지 죽은 사람
들은 천 년이 끝날 때까지 살아나지 못하였습니다.
이것이 첫째 부활입니다. 6 이 첫째 부활에 참여
하는 사람은 복이 있고 거룩합니다. 이 사람들에
게는 둘째 사망이 아무런 세력도 부리지 못합니다.
이 사람들은 하나님과 그리스도의 제사장이 되
어서, 천 년 동안 그와 함께 다스릴 것입니다.

사탄의 패망

7 천 년이 끝나면, 사탄은 옥에서 풀려나서,
8 땅의 사방에 있는 민족들, 곧 곡과 마곡을 미혹
하려고 나아갈 것입니다. 그리고 전쟁을 하려고
그들을 모을 것인데, 그들의 수는 바다의 모래와
같을 것입니다. 9 그들은 지면으로 올라와서, 성
도들의 진과 하나님께서 사랑하시는 도시를 둘러
쌌습니다. 그러나 ㄱ)하늘에서 불이 내려와서, 그
들을 삼켜 버렸습니다. 10 그들을 미혹하던 악
마도 불과 유황의 바다로 던져졌는데, 그 곳은 그
짐승과 거짓 예언자들이 있는 곳입니다. 거기에서
그들은 영원히, 밤낮으로 고통을 당할 것입니다.

크고 흰 보좌에서 심판을 내리시다

11 나는 크고 흰 보좌와 거기에 앉으신 분을
보았습니다. 땅과 하늘이 그 앞에서 사라지고, 그
자리마저 찾아볼 수 없었습니다. 12 나는 또 죽
은 사람들이, 큰 자나 작은 자나 할 것 없이, 다 그
보좌 앞에 서 있는 것을 보았습니다. 그리고 책들
을 펴놓고, 또 다른 책 하나를 펴놓았는데, 그것
은 생명의 책이었습니다. 죽은 사람들은, 그 책에
기록되어 있는 대로, 자기들의 행위대로 심판을
받았습니다. 13 바다가 그 속에 있는 죽은 사람
들을 내놓고, 사망과 ㄴ)지옥도 그 속에 있는 죽은
사람들을 내놓았습니다. 그들은 각각 자기들의
행위대로 심판을 받았습니다. 14 그리고 사망과
ㄴ)지옥이 불바다에 던져졌습니다. 이 불바다가 둘째
사망입니다. 15 이 생명책에 기록되어 있지 않은
사람은 누구나 다 이 불바다에 던져졌습니다.

ㄱ) 다른 고대 사본들에는 '하늘에서 하나님으로부터' ㄴ) 그, '하데스'

을 당하는데, 이것은 사도 요한의 교회를 박해하는 문화적 및 제도적 힘들이 궁극적인 적이 아님을 보여준다. 대신에, 이러한 힘들도 또한 하나님의 피조물들이며 악마의 초월적 힘의 희생자들이다; 그러므로 그들은 하나님이나 하나님의 백성에 의하여 궁극적으로 거절당하거나 증오의 대상이 되지 말아야 한다. **20:4-6** 장면 4: 천 년 왕국. 하나님의 승리에 대한 그의 묘사들 가운데 하나이며, 요한은 그리스도께서 지상에서 그의 백성들과 함께 천 년 동안 통치하시는 것으로 묘사한다. 천 년 왕국은 오직 순교자들을 위한 것이지만, 요한은 모든 신실한 그리스도인들이 다 순교당하리라고 기대한다. 이 땅은, 어떤 다른 세상과는 달리, 마치 그것이 창조된 대로 (창 1장), 신음하던 사람들이 (롬 8:19-24) 기쁨을 되찾게 된다. 요한의 회화적 언어를 객관화시키고, 명제화시키고, 연대순으로 오해했던 후기 해석자들은 "전천년기"(그리스도께서 천 년 왕국 이전에 지상에 재림하신다)와 "후천년기" (파루시아는 천 년 동안 지상에 하나님 나라의 승리가 있은 후에야 일어날 것이다) 라고 하는 용어들을 개발했다. 하지만 두 용어는 모두 요한의 종말론적 언어의 본질에 대한 중차대한 오해를 보여주는 것들이다. 천 년 왕국을 달력이나 도표에 기록될 일련의 연대적 사건들 가운데 한 단편으로 이해하는 것은 그 자체의 회화적 매체를 통해서 전하는 신학적 메시지를 놓쳐버리는 것이다. 종말에 대한 어떠한 묘사도 요한이 선포하는 종말론적 메시지를 구체화하여 마치 각 장면에 담긴 메시지가 해석자의 상상에 흔적을 남겨 거기서 그 메시지 자체를 통감할 수 있는 것은 아님을 기억하는 것이 좋을 것이다. **20:7-10** 장면 5: *곡과 마곡의* 패배. 겔 38—39장에서 "곡"은 왕자이고 "마곡"은 영토이었지만, 요한이 살았던 시대에 유대 전통은 이 신비스러운 이름들을 다양한 방식으로 재해석하였다. 요한은 곡과 마곡을 모두 개인적인 존재로 간주하는데, 그에 따르면, 이들은 사탄에게 미혹되어서 하나님 백성의 궁극적인 대적자들을 결과적으로는 종말론적 전투에서 파멸에 이르게 할 것이다. *곡과 마곡*을 언급할 때, 우리는 이들을 전술하였듯이 천년기의 기간 동안 지속되어온 역사적인 국가들이나 성경적 예언에 의하여 "예견된" 우리 시대의 국가들로 생각하지 말아야 한다. 요한은 우리의 상상력에 악이 궁극적으로 파괴된 모습을 제시하고 이 장면을 위해 그는 실물보다 큰, 하나님의 대적자들을 서술한다. 악마는 영원히 파멸되기 전에 최대한의 크기로 확대되어야 한다. **20:11-15** 장면 6: 마지막 심판. 마지막 심판의 무대는 역사의 종말에 대하여 요한이 묘사하는 장면들 가운데 하나이다. 아무리 좋게 보더라도, 현재의 세계는 선과 악이 뒤섞인 곳이다. 최악의 경우로 보면, 이 세계는 감당할 수 없는 치명적인 혼돈이다. 인간 심판관들은 결코 최종적인 정의를 성취할 수 없다. 왜냐하면, 그들 자신들도 이 선악의 혼란에 빠져 있기 때문이다. 선한 자를 속량하고 악한 자를 파멸시키기 위하여, 선악을 구분하기에 충분히 선하고, 현명하고,

새 하늘과 새 땅

21 1 나는 새 하늘과 새 땅을 보았습니다.
이전의 하늘과 이전의 땅이 사라지고, 바
다도 없어졌습니다. 2 나는 또 거룩한 도성 새
예루살렘이, 남편을 위하여 단장한 신부와 같이
차리고, 하나님께로부터 하늘에서 내려오는 것을
보았습니다. 3 그 때에 나는 보좌에서 큰 음성이
울려 나오는 것을 들었습니다.

"보아라,
하나님의 ㄱ)집이 사람들 가운데 있다.
하나님이
그들과 함께 계실 것이요,
그들은 하나님의 백성이 될 것이다.
하나님이
친히 그들과 함께 계시고,ㄴ)
4 그들의 눈에서
모든 눈물을 닦아 주실 것이니,
다시는 죽음이 없고,
슬픔도 울부짖음도 고통도
없을 것이다.
이전 것들이
다 사라져 버렸기 때문이다."

5 그 때에 보좌에 앉으신 분이 말씀하셨습
니다. "보아라, 내가 모든 것을 새롭게 한다." 또
말씀하셨습니다. "기록하여라. 이 말은 신실하고
참되다." 6 또 나에게 말씀하셨습니다. "다 이루
었다. 나는 알파며 오메가, 곧 처음이며 마지막이
다. 목마른 사람에게는 내가 생명수 샘물을 거저
마시게 하겠다. 7 이기는 사람은 이것들을 상속
받을 것이다. 나는 그의 하나님이 되고, 그는 내
자녀가 될 것이다. 8 그러나 비겁한 자들과 신실
하지 못한 자들과 가증한 자들과 살인자들과 음행
하는 자들과 마술쟁이들과 우상 숭배자들과 모든
거짓말쟁이들이 차지할 몫은, 불과 유황이 타오
르는 바다뿐이다. 이것이 둘째 사망이다."

새 예루살렘

9 일곱 천사가 마지막 때에 일곱 재난이 가득
담긴 일곱 대접을 가졌는데, 그 가운데 하나가 나
에게로 와서 말하기를 "이리로 오너라. 어린 양의
아내인 신부를 너에게 보여 주겠다" 하고, 10 나를
성령으로 휩싸서 크고 높은 산 위로 데리고 가서,
하나님께로부터 하늘에서 내려오는 거룩한 도성
예루살렘을 보여 주었습니다. 11 그 도성은 하
나님의 영광에 싸였고, 그 빛은 지극히 귀한 보석과
같고, 수정처럼 맑은 벽옥과 같았습니다. 12 그
도성에는 크고 높은 성벽이 있고, 거기에는 열두
대문이 달려 있었습니다. 그 열두 대문에는 열두
천사가 지키고 있고, 이스라엘 자손 열두 지파의
이름이 적혀 있었습니다. 13 그 대문은 동쪽에
셋, 북쪽에 셋, 남쪽에 셋, 서쪽에 셋이 있었습니다.
14 그 도성의 성벽에는 주춧돌이 열두 개가 있고,
그 위에는 어린 양의 열두 사도의 열두 이름이 적혀
있었습니다.

ㄱ) 그, '장막' ㄴ) 다른 고대 사본들은 절 끝에 '그들의 하나님이 되실 것이다'가 첨가되어 있음

힘센 자가 필요하다. 그러므로 하나님 나라의 도래를 서술하는 한 가지 방법은 정의가 마침내 실현되는 최종 심리법정의 장면을 통해서였다. 일부 장면들에서 보면, 하나님은 심판관이시다 (단 7장); 다른 장면들에서 보면, 하나님께서 지목하신 대표자가 판결을 주관한다 (사 11장). 요한은 중요한 역할을 하는 두 권의 책을 묘사한다. 한 책은 인간의 책임을 엄중하게 기록하는데, 사람들은 각각 자신들의 행위 대로 심판을 받는다. 이것은 "의를 행한" 것을 뜻하는 것이 아니라 (1:5; 5:6-14), 인간의 행위 자체가 궁극적으로 중요하다는 것을 표현하는 요한의 표현이다. 다른 하나의 책은 *생명의 책*인데, 이 책에는 하나님께서 창세 때부터 이름들을 기록하셨다 (3:5; 13:8; 17:8; 21:17). 이 생명의 책은 은총의 책인데, 여기서 사람들은 그들이 해온 것에 의해서가 아니라, 하나님께서 해 오신 것에 따라서 구원을 받는다. 하나님의 주권적 은총과 인간의 책임은 논리적인 체계 안에서 계획되거나 조화를 이룰 수 없지만, 여기서 요한은 두 책이 모두 결정적인 역할을 하는 한 장면을 적절히 서술하고 있다. **21:1—22:5** 장면 7: 새 예루살렘. 이 장면의 세 가지 근본적 특징은 주목할 만하다: (1) 연속성: 새 하늘과 새 땅은 마치 하나님께서 "전적으로 새롭게 시작하시거나 한 것"처럼, 단순히 옛 것을 대체하지 않는다. 하나님의 선한 창조인 이 세상은 대체되는 것이 아니라, 회복되는 것이다. 하나님은 "모든 새로운 것들"을 만드시는 것이 아니라, *모든 것을 새롭게 하신다* (21:5). 그 궁극적인 도시는 지상 도시의 이름과 인식할 수 있는 특징들을 가진다. (2) 이 세상에 위치한 도시: 이 땅에서 천 년의 통치가 있은 후, 요한은 그 무대를 하늘로 옮기지 않고 하늘나라가 회복된 이 세계에 내려오도록 한다. 창조자의 사랑의 대상인 이 세계는 궁극적으로 하나님께 중요하다 (창 1장; 요 3:16). 하지만, 이 세계에 이루어질 하나님의 나라는 궁극적으로 인간 성취의 문제가 아니라, 하나님의 종말론적 역사이다. 새 예루살렘은 바벨탑과는 달리, 하늘을 향해 쌓아져 올라가는 것

15 나에게 말하던 그 천사는, 그 도성과 그
문들과 성벽을 측량하려고, 금으로 된 자막대기를
가지고 있었습니다. 16 그 도성은 네 모가 반듯
하여, 가로와 세로가 같았습니다. 그가 자막대기로
그 도성을 재어 보니, 가로와 세로와 높이가 서로
똑같이 ㄱ)만 이천 스타디온이었습니다. 17 또 그가
성벽을 재어 보니, 사람의 치수로 ㄴ)백사십사 규빗
이었는데, 그것은 천사의 치수이기도 합니다.
18 그 성벽은 벽옥으로 쌓았고, 도성은 맑은 수
정과 같은 순금으로 되어 있었습니다. 19 그 성벽
의 주춧돌들은 각색 보석으로 꾸며져 있었습니다.
첫째 주춧돌은 벽옥이요, 둘째는 사파이어요,
셋째는 옥수요, 넷째는 비취옥이요, 20 다섯째는
홍마노요, 여섯째는 홍옥수요, 일곱째는 황보석
이요, 여덟째는 녹주석이요, 아홉째는 황옥이요,
열째는 녹옥수요, 열한째는 청옥이요, 열두째는
자수정이었습니다. 21 또 열두 대문은 열두 진
주로 되어 있는데, 그 대문들이 각각 진주 한 개
로 되어 있었습니다. 도시의 넓은 거리는 맑은 수
정과 같은 순금이었습니다.

22 나는 그 안에서 성전을 볼 수 없었습니다.
그것은 전능하신 주 하나님과 어린 양이 그 도성의
성전이시기 때문입니다. 23 그 도성에는, 해나
달이 빛을 비출 필요가 없습니다. 그것은, 하나님
의 영광이 그 도성을 밝혀 주며, 어린 양이 그 도
성의 등불이시기 때문입니다. 24 민족들이 그
빛 가운데로 다닐 것이요, 땅의 왕들이 그들의 영
광을 그 도성으로 들여올 것입니다. 25 그 도성
에는 밤이 없으므로, 온종일 대문을 닫지 않을 것
입니다. 26 그리고 사람들은 민족들의 영광과
명예를 그 도성으로 들여올 것입니다. 27 속된
것은 무엇이나 그 도성에 들어가지 못하고, 가증
한 일과 거짓을 행하는 자도 절대로 거기에 들어
가지 못합니다. 다만 어린 양의 생명책에 기록되어
있는 사람들만이 들어갈 수 있습니다.

22 1 천사는 또, 수정과 같이 빛나는 생명
수의 강을 내게 보여 주었습니다. 그
강은 하나님의 보좌와 어린 양의 보좌로부터 흘러
나와서, 2 도시의 넓은 거리 한가운데를 흘렀습
니다. 강 양쪽에는 열두 종류의 열매를 맺는 생명
나무가 있어서, 달마다 열매를 내고, 그 나뭇잎은
민족들을 치료하는 데 쓰입니다. 3 다시 저주를
받을 일이라고는 아무것도 그 도성에 없을 것입니
다. 하나님과 어린 양의 보좌가 도성 안에 있고,
그의 종들이 그를 예배하며, 4 하나님의 얼굴을
뵐 것입니다. 그들의 이마에는 그의 이름이 적혀
있고, 5 다시는 밤이 없고, 등불이나 햇빛이
필요 없습니다. 그것은 주 하나님께서 그들을 비
추시기 때문입니다. 그들은 영원무궁 하도록 다스
릴 것입니다.

오십시오, 주 예수님

6 천사가 또 나에게 말하였습니다. "이 말씀은
믿음직하고 참되다. 예언자들에게 영을 내려 주
시는 주 하나님께서 자기의 종들에게 곧 일어날
일들을 보여 주시려고, 자기의 천사들을 보내셨다.
7 '보아라, 내가 곧 오겠다' 하신 주님의 말씀을
기억하여라." 이 책에 기록된 예언의 말씀을 지키는
사람들은 복이 있습니다.

8 이 모든 것을 듣고 본 사람은 나 요한입
니다. 내가 이 모든 것을 듣고 볼 때에, 이것들을
내게 보여 준 그 천사의 발 앞에 엎드려 경배하려고
하였더니, 9 그가 나에게 말하였습니다. "이렇게
하지 말아라. 나도, 너와 너의 ㄷ)동료 예언자들과
이 책의 말씀을 지키는 사람들과 같은 종이다. 경
배는 하나님께 드려라." 10 또 그가 나에게 말하
였습니다. "때가 가까이 왔으니, 이 책에 적힌 예

ㄱ) 약 2,200킬로미터 ㄴ) 약 65미터 ㄷ) 그, '형제들'

이 아니라 (창 11장), 하나님의 약속의 성취요, 하나님의 신실하심의 증거로써 하나님의 편으로부터 도래한다. (3) 하나님의 목적의 성취는 한 도시이다. 성경 이야기에서, 인간 역사는 동산에서 시작되며, 첫 번째 도시는 인간 죄의 결과로써 살인자에 의하여 건설된다 (창 3:1—4:17). 요한계시록에서 이 이야기의 결론은 인간 역사를 무효화하여 에덴 동산으로 돌아가지 않는다. 대신에, 이 결론은 동산을 도시로 가져온다 (22:1-2). 도시는 인간 공동체, 곧 함께 하는 삶을 나타낸다. 종말론적 실존은 개인적이 아니라 공동체적이다. 믿음의 공동체이자 하나님의 백성인 교회는 이 새 도시의 도래를 기대한다. 마지막 장면은 책 전체를 통해 흐르는 요한의 역설적인 이원론적 강조와 부합한다. 먼저 배타적인 장면들이 있다: 어떠한 죄인들이나 죄된 어떤 것도 이 도시에 들어오지 못할 것이다 (21:8, 27; 22:3, 14-15). 또한 갱신을 표현하고 궁극적인 포괄성을 그리는 장면들이 있다: 그 도시는 "소수의 믿는 자들"을 위한 것이 아니라 파악할 수 없을 정도로 방대하다 (21:16); 지상의 왕들과 국가들이 거기에 있을 것이다 (21:24-26); 국가들은 파괴될 뿐만 아니라 (19:15; 20:7-9) 또한 마침내 치유함을 받고 하나님의 빛에 따라 걸으며 그들의 선물을 하나님께 가져올 것이다 (20:24-26; 22:2). 그 도시는 내부 사

언의 말씀을 봉인하지 말아라. 11 이제는 불의를
행하는 자는 그대로 불의를 행하고, 더러운 자는
그대로 더러운 채로 있어라. 의로운 사람은 그대로
의를 행하고, 거룩한 사람은 그대로 거룩한 채로
있어라."

12 "보아라, 내가 곧 가겠다. 나는 각 사람에
게 그 행위대로 갚아 주려고 상을 가지고 간다.
13 나는 알파며 오메가, 곧 처음이며 마지막이요,
시작이며 끝이다.

14 생명 나무에 이르는 권리를 차지하려고,
그리고 성문으로 해서 도성에 들어가려고, 자기
겉옷을 깨끗이 빠는 사람은 복이 있다. 15 개들
과 마술쟁이들과 음행하는 자들과 살인자들과 우
상 숭배자들과 거짓을 사랑하고 행하는 자는 다
바깥에 남아 있게 될 것이다.

16 나 예수는 나의 천사를 너희에게 보내어,
교회들에 주는 이 모든 증언을 전하게 하였다. 나는
다윗의 뿌리요, 그의 자손이요, 빛나는 샛별이다."
17 성령과 신부가 "오십시오!"
하고 말씀하십니다.
이 말을 듣는 사람도 또한
"오십시오!"
하고 외치십시오.
목이 마른 사람도 오십시오.
생명의 물을 원하는 사람은
거저 받으십시오.

18 나는 이 책에 기록한 예언의 말씀을 듣는
모든 사람에게 증언합니다. 누구든지 여기에 무
엇을 덧붙이면, 하나님께서 그에게 이 책에 기록
한 재앙들을 덧붙이실 것이요, 19 또 누구든지
이 예언의 책에 기록한 말씀에서 무엇을 없애 버
리면, 하나님께서 이 책에 기록한 생명 나무와 그
거룩한 도성에서 그가 누릴 몫을 없애 버리실 것
입니다.

20 이 모든 계시를 증언하시는 분이 이렇게
말씀하셨습니다. "그렇다. 내가 곧 가겠다." 아멘.
오십시오, 주 예수님!

21 주 예수의 은혜가 ㄱ)모든 사람에게 있기를
빕니다. ㄴ)아멘.

ㄱ) 다른 고대 사본들에는 '성도에게' ㄴ) 다른 고대 사본들은 절 끝에 '아멘'이 없음

람들과 외부 사람들을 구분하는 경계선 역할을 하는 성벽들과 문들을 가지고 있지만, 그 문들은 결코 닫히는 적이 없다 (21:12-14, 21, 25).

22:6-21 서신을 끝맺으면서 요한계시록은 다시 서신 형식으로 돌아간다 (1:4-5, 9를 참조). 여기서 8절의 *나 요한*이 16절의 *나 예수*로 변한다. **22:10** 단 12:4, 9의 전형적인 묵시문학과는 달리, 이 책은 봉인되지 말아야 한다. 진짜 서신처럼, 이것은 미래의 세대들을 위하여 쓴 것이 아니라, 요한 자신의 시대 사람들을 위해 쓴 것이다. **22:18** 책들이 인쇄되어 나오기 전에는 사본이 회람되는 과정에서 자신의 취향에 맞도록 내용에 다른 내용을 추가하고, 어떤 것은 빼고, 또 어떤 것은 수정하는 것이 수월했다. 그러므로 여러 고대 문서들은 그 내용들을 함부로 고치고 그것들을 성실하게 전달하지 않는 사람들에 대한 저주를 실었다. 이러한 관행은 때때로 이스라엘의 성경본문의 전달과정에서 채택되었으며 (신 4:2; 12:32; 라 6:11), 여기에도 반영되어 있다. 이것은 번역시에 생겨나는 용어의 여러 형태와는 아무런 상관이 없으며, 여기서는 요한의 시대에는 존재하지 않았던 "성경"보다는 요한계시록의 본문에 적용된다. 그럼에도 불구하고, 이것은 요한이 자신의 서신을 하나님으로부터 교회에 준 메시지로 간주했으며, 이 메시지는 교회가 성경 문서들을 다룰 때 표현하는 동일한 존경심을 가지고 다루어져야 한다는 것을 보여준다.

해석을 위한 가이드

성경의 신빙성

월터 제이 해럴슨 (Walter J. Harrelson)

유대교인들이 사용하는 히브리성경은 22권의 책으로 구성되어 있고, 그리스도인이 사용하는 구약성경과 순서가 다르게 배열되어 있다. 구약성경은 세 부분으로 되어 있다: 첫 번째 부분은 다섯 권의 책으로 되어 있는 토라 (가르침) (창세기, 출애굽기, 레위기, 민수기, 신명기); 두 번째 부분은 "전기 예언서" (여호수아기, 사사기, 사무엘기상하, 열왕기상하—4권)와 "후기 예언서"(이사야서, 예레미야서, 에스겔서, 그리고 열두 예언서—4권)로 이루어진 예언서; 마지막 세 번째 부분은 성문서이다 (시편, 욥기, 잠언; 룻기, 아가서, 전도서, 예레미야 애가, 에스더기 [이 다섯 권은 한 권의 책으로 계산된다]; 다니엘서, 에스라기, 느헤미야기, 그리고 역대지상하—9권).

그리스도교 성경전서는 외경(제2의 경전)를 얼마나 많이 성경의 일부로 여기는가에 따라, 개신교회와 로마 가톨릭교회와 정교회의 성경 내용이 달라진다. 그러나 비록 숫자가 다르게 매겨지고 배열된 순서가 다르긴 하지만, 모든 교회는 유대교 성경에 있는 책을 전부 다 포함하고 있다.

로마 가톨릭교회의 구약성경인 라틴어 불가타역 (Vulgate)에는 다음과 같은 책들이 있다: 창세기, 출애굽기, 레위기, 민수기, 신명기, 여호수아기, 사사기, 룻기, 사무엘상하, 열왕기상하, 역대지상하, 에스라 1, 에스라 2 (=느헤미야), 토비트, 유딧, 에스더기 (에스더 속편을 포함하여), 욥기, 시편, 잠언, 전도서, 아가서, 지혜서, 시락 (=Ecclesiasticus), 이사야서, 예레미야서, 예레미야 애가, 바룩, 에스겔서, 다니엘서 (속편을 포함하여), 열두 소예언서, 그리고 마카비상하이다. 또한 불가타역의 부록에는 므낫세의 기도, 1-2 에스더, 그리고 시편 151편이 담겨있다. 정교회는 다른 외경을 추가하고 있는데, 시리아, 콥틱, 에티오피아, 그리고 알메니안교회에서 외경의 목록이 가장 긴 것을 찾아볼 수 있다.

개신교회 구약성경에는 유대교 정경에서 찾아볼 수 있는 것과 동일한 22권의 책이 담겨 있지만, 숫자가 다르게 매겨져 39권의 책으로 구성되어 있으며, 순서는 다음과 같이 배열되었다: 창세기, 출애굽기, 레위기, 민수기, 신명기, 여호수아기, 사사기, 룻기, 사무엘상하, 열왕기상하, 역대지상하, 에스라기, 느헤미야기, 에스더기, 욥기, 시편, 잠언, 전도서, 아가 (=솔로몬의 노래), 이사야서, 예레미야서, 예레미야 애가, 에스겔서, 다니엘서, 그리고 열두 소예언서의 순서로 되어 있다. 비록 그리스도교 초창기에는 교회간에 신약성경의 책 숫자에 다소 차이를 보이기도 했었지만, 오늘날의 모든 교회는 신약성경 27권을 모두 다 포함시키고 있다.

이렇게 다양한 형태로 된 성경본문의 신빙성에 대하여 교회들간에 격렬한 논쟁을 하여 왔다. 수세기에 걸쳐서 보존되어 온 성경의 내용이, 본질상 원래의 저자가 이야기하고 말한 것이라고 주장할 수 있다면, 일단 우리는 성경이 그런 대로 신빙성이 있다고 말할 수 있다.

비록 오늘날 원문이 쓰인 지 불과 몇 십 년이 채 되지 않은 몇몇 사본들을 발견했어도, 제일 처음에 쓰여진 원문은 남아있는 것 같지 않다. 기록하고, 베끼고, 교정하는 데 들었던 그 긴 기간에 비추어 볼 때, 과연 현대의 독자들은 자기가 읽고 공부하는 성경 번역본이 그런 대로 원문에 가까운 것이라고 믿을 만한 이유가 있는가?

성서학자들은 이구동성으로 최근에 나온 성경 번역본은 원저자들이 말하고 기록했던 것과 아주 비슷한 것이라고 독자들이 생각해도 좋다고 말한다. 성경을 번역하는 현대 번역자들은 사본 평론가들의 비판을 거치고 학구적인 연구를 거친 원본에 가장 가까운 히브리어 사본, 아람어 사본, 희랍어 사본을 가지고 작업한다. 이렇게 원본에 가까운 중요한 사본들은 전 세계에 있는 도서관, 박물관, 그리고 다른 보관소에 수집하고 보존해 온 실제 사본들을 수세기에 걸쳐 연구한 것에 토대를 두고 있다. 대부분의 사본은 성경의 일부에 불과하지만, 어떤 것은 희랍어로 성경 전체(구약성경과 신약성경과 그리고 외경의 많은 부분)를 담고 있는 (혹은 한때 담고 있던) 경우도 있다. 히브리성경/구약성경 전체를 담고 있는 중세의 사본도 적으나마 존재한다. 사해사본이 발견된 덕분에, 구약성경의 추가 사본들을 모은 전집이 다량으로 입수되었는데, 사해사본에 있는 사본을 나중에 나온 히브리 사본과 비교해 보면, 우리가 가진 성경 원본의 일반적인 신빙성을 더욱더 확인할 수 있다.

히브리어 원본

히브리성경/구약성경의 원본은 각각 기원후 10세기 초와 11세기 초의 것으로 보이는, 완성된 (혹은 거의 완성된) 두 개의 가죽 사본(책 모양으로 된 고대의 사본)을 구할 수 있다. 오늘날 학자들은 이들 중 하나를 원본대로 정확하게 사본을 뜬 레닌그라드사본(Leningrad codex)을 인쇄된 형태로 구할 수 있다. 이 사본은 기원후 11세기 초의 것인데, 오늘날 사용되는 히브리성경의 많은 중요 번역본에 기초가 되고 있다. 학자들은 또한 기원후 10세기 초의 알렙보사본(Aleppo codex)을 인쇄판으로 구할 수 있지만, 일부분은 분실되었다.

히브리성경의 일부를 담고 있는 다른 사본들을 전후로 하여 만들어진 사본들과 더불어, 이들 사본들은 성경을 필사하고 교정하던 사람들이 성경본문을 전수할 때 상당한 주의를 기울였다는 것을 알 수 있다. 1947년과 1948년에 사해사본이 발견되고 출판되기 시작하자, 성경을 다루던 사람들이 얼마나 정성을 들였는지 확인할 수 있었다. 사해의 북서쪽 모퉁이 근처에 있는 제1동굴 안에서 완전한 이사야 사본이 발견되었을 때, 그보다 적어도 1000년 후에 쓰여진, 위에 언급한 성경 사본으로부터 거의 벗어나지 않은 사실이 드러났다.

그러나 변화는 과거에도 일어났고, 지금도 여전히 일어나고 있다. 사해지역의 동굴에서 발견된 다른 사본들은 중세기의 성경 사본들과 상당한 차이가 있다. 수세기에 걸쳐 학자들은 중세기 히브리성경 사본과 기원전 2세기까지 이집트에서 히브리어에서 희랍어로 번역된 사본으로 알려진 칠십인역 (LXX) 사이에 놓인 차이점을 주목해 왔었다. 희랍어역으로 된 전체 히브리성경의 사본은 중세기 히브리성경 사본보다 600년 가량 더 오래된 것임을 입증해 주는데, 기원후 4세기 후반과 5세기 초반까지 남아 있었다. 사해사본의 어떤 사본들은 이 칠십인역의 사본들에 아주 가까운 희브리어 사본을 포함하고 있다. 그뿐만 아니라, 중세기 히브리어 사본과도 차이가 나고, 칠십인역 사본과도 차이가 나는 사본이 다른 사해사본에서 발견되었는데, 이러한 현상 때문에 어떤 학자들은 여러 종류의 사본이 존재해 있었다고 제안하였다. 즉, 한때 이집트에 고정된 히브리성경 원본이 있었는데, 이 원본으로부터 희랍어로 된 칠십인역 전승이 생겨났으며; 바빌로니아에 또 다른 고정된 원본이 만들어졌는데, 거기서 중세기의 히브리 전승이 나왔으며, 그리고 아마도 그다지 확고하게 고정되지 않은 제3의 원본이 이스라엘/팔레스타인에서 만들어졌다고 제안했다. 한편, 히브리성경의 고정된 원본이 단 하나만 존재했다는 견해를 선호하는 다른 학자들도 있다. 즉, 이 단일 원본은 기원전 2세기 전에 완성되었으며, 이집트, 바빌로니아, 그리고 이스라엘/팔레스타인 사본의 전승은 바로 그 단일 원본으로부터 변형된 것을 보존하고 있다는 것이다. 여하튼 간에, 사해 동굴에서 발견된 서로 다른 수백 개의 성경 사본과 사본의 단편들은, 더 나중에 나온 구약성경의 히브리어 사본과 희랍어 사본이 매우 오래되고 일반적인 신빙성이 있다는 것을 오늘날 증명해 주고 있다.

기원후 66-70년에 로마가 예루살렘을 파괴시키자 성전 예배가 끝이 났고, 기원후 132-135년에 성전이 완전히 파괴되자 성전 예배가 다시 시작되지 못하리라는 것이 확실해졌다. 유대 공동체는 희생제사 예배체제가 더 이상 기능을 할 수 없게 되자 토라를 연구하는 노력이 전반적으로 널리 퍼지게 되었고, 그들은 점점 "책의 사람들"(People of the Book)로 되어 갔다. 위에서 살펴본 대로, 유대교 성경은 세 부분으로 분명하게 나뉘어져 있다: 율법 혹은 가르침 (토라), 예언서, 그리고 성문서이다. 이밖에도 시대가 변해 가면서 여러 공동체에서 거룩한 전집으로 여겨지는 문서들이 많이 나왔는데, 그 중 어떤 것들은 칠십인역에 포함되기도 했다. 그렇지만 거룩한 문서와 거룩하지 않은 문서를 최종적으로 결정한 사람들은 그 문서들을 성경에 포함시키지 않았다. 마소라사본(Masoretes)이 뒤를 잇게 되었는데, 마소라사본의 학자들은 일반 대중이 성경을 읽을 수 있도록 표준 철자법, 발성법, 그리고 배열 순서를 정하는 작업을 계속했다. 기원후 800년에 와서야 오늘날 우리가 알고 있는 히브리성경 사본이 확정되었으며, 완전히 소리 내어 읽을 수 있게 만들어졌고, 그리고 전문적인 정보가 사본의 여백과 성경의 책 끝에 추가되었다. 사본의 정확성을 확실시하기 위해 어떤 유대 가문은 사본을 만들 때 해당되는 규칙을 제정하는 책임을 맡게 되었다.

히브리어 원본의 번역

히브리어 원본이 여전히 유동적이었던, 아마도 빠르면 기원전 5세기에 히브리어 원본을 번역하기 시작했던 같다. 아람어는 바빌로니아와 페르시아가 중동을 지배하던 시대에 널리 사용되었는데, 페르시아 시대 (기원전 538-332년) 동안 많은 유대 공동체에서 공통어로 쓰였다 (기원전 538-332년). 에스라가 예루살렘에 가져온 율법을 해석할 필요가 있었다는 것은 (느 8:8), 율법을 듣고 있던 사람들이 이해할 수 있도록, 레위 사람들이 히브리어 본문의 일부를 아람어로 통역해야 했다는 것을 의미할 수 있다. 이러한 아람어의 번역은 구두로 할 수 있었겠지만, 시간이 지남에 따라 번역을 글로 기록해서 공동체가 히브리 텍스트를 파악하고 해석하도록 도와야 했을 것이다.

기원전 3세기가 되었을 때 이집트에 있던 커다란 유대 공동체는 토라를 희랍어로 번역할 필요를 느끼게 되었다. 그 때는 알렉산더 대왕의 정복 이후 (기원전 332-323년) 지중해 동쪽에 있는 세계 전역에서 희랍어가 우세한 언어가 되어 있었기 때문이다. 비록 히브리성경의 여러 부분에 대한 희랍어 번역판은 그리스도교 시대가 되어서야 비로소 표준화되었지만, 기원전 2세기 말까지는 희랍어로 된 히브리성경 전체를 사용하게 되었을 것이다. 초대교회 공동체에 희랍어 번역본이 차지한 중요성은 결코 간과할 수 없다: 바울서신은 희랍어 번역본에서 인용하고 있으며, 일반적으로 신약성경을 쓴 저자들은 히브리어 성경보다 희랍어로 된 "구약성경"에 더 친근감을 가지고 있었다는 것을 신약성경은 보여주고 있다.

히브리성경 역시 다른 언어들로 번역되었는데, 특히 히브리성경이 그리스도교 성경에 고정된 일부분이 되면서 많이 번역되었다. 초대교회에서는 히브리성경의 일부가 라틴어를 사용하는 지역의 사람들을 위해서 번역되었는데, 주로 당시에 사용하던 희랍어에서 번역되었다. 성 제롬(Jerome, 기원후 4세기 후반에서 5세기 초)과 그를 협력하던 사람들이 이러한 초기 라틴어 번역본을 다소 개정하고 또 히브리성경의 많은 부분을 새로 번역했는데, 대체로 이 번역판이 20세기까지 계속 서양 교회에서 표준성경이 되었다. 불가타 (Vulgate, "일반적으로 받아들여지는") 라고 불리는 제롬의 라틴어 번역본은 히브리어 원본을 이해할 수 있었던 학자들의 도움으로 만들어졌다; 비록 희랍어로 된 칠십인역이 계속 위세를 떨치기는 했지만, 번역을 하다가 결정적인 문제점이 생기면 히브리어에 우선권이 주어졌기 때문이다.

시리아어는 그리스도교 이전 시대에 널리 사용되던 아람어였는데, 그리스도인들도 이 언어를 사용하였다. 그래서 시리아어를 사용하는 큰 그리스도교 공동체를 위해, 그리스도교 초기에 시리아어로 번역되기 시작 했다. 기원후 4세기까지는 아마 전체 구약성경을 시리아어로 구할 수 있었을 것이다. 시리아어역 역시 칠십인역에 많이 의존하는 것이 보이지만, 많은 점에서 칠십인역에서 벗어난 독립성을 보여주기도 한다. 시리아어는 셈족의 언어이기 때문에, 어렵고 중요한 텍스트에 나오는 히브리어를 번역할 때 자주 큰 가치를 발휘한다.

그리스도인이 사용하던 구약성경도 역시 그리스도인이 살던 지역에서 사용하고 있던 여러 다른 언어들로 번역되었다; 초기 번역에서 가장 중요한 것을 몇 개 꼽아보면, 콥틱어, 알메니아어, 에티오피아어, 조지아어, 아랍어 번역들이다. 이 번역본들은 또한 히브리성경이나 칠십인역에서 찾아볼 수 없는, 유대교와 그리스도교의 또 다른 문서들을 포함하고 있다. 위경(Pseeougroga)이라고 불리는 번역본들은 기원전 200년에서 기원후 200년에 이르는 수세기 동안에 있었던 유대교와 그리스도교 공동체를 연구하는데 특히 중요하게 사용된다. 대부분은 희랍어역(칠십인역)에서 번역되었으며 히브리어 원본에서 동떨어진 증언들은 아니다.

희랍어 신약성경

신약성경의 책들은 옛 고전 희랍어에서 발전된 헬라어(코이네)로 쓰여졌다. 어떤 신약성경의 단편들은 기원후 2세기에 속하는 것들이 있지만, 대부분의 신약성경은 기원후 1세기 동안에 기록된 것들이다. 또한 구약성경과 외경이 포함되어 있는 전체 신약성경의 사본은 기원후 4세기와 바로 그 다음 시대에 속한다. 공식적인 교회 조직체들이 정확히 어떤 책들이 신약성경에 속할지 결정했다. 어떤 특정한 책들에 (예를 들어, 요한계시록과 라오디게아 교회에 보내는 편지) 대해서는 의견을 일치하지 못했지만, 기원후 3세기에 와서는 대부분의 교회조직체 사이에 의견을 일치하게 되었다.

초창기부터 수백 개의 신약성경 사본과 그 사본의 단편이 아직까지 계속 남아 있다. 이들 사본 가운데 신약성경 본문이 여러 가지 점에서 다르지만, 차이점은 (예를 들어, 마가복음의 끝 부분이 여러 가지인 것) 미미하다. 신약성경 본문은 초기부터 놀랄 만큼 잘 보존되어 왔다.

여러 세기를 거치면서, 다양한 때와 장소에서 교회는 신약성경의 일부로 여겨지는 외경들을 또한 모아왔다. 전 시대를 통해 교회가 지나간 역사와 사상을 찾아 거슬러 올라갈 때 엄청난 가치를 지니는 복음서, 편지, 사도행전, 그리고 외경이 수없이 많이 있다. 어떤 것들은 역사적으로 정통적인 요소를 지니고 있는데, 특히 외경 도마복음에 기록되어 있는 예수님이 말씀하신 것으로 여겨지는 말씀들이 그런 경우이다. 어떤 교회에서는 이러한 외경들을 귀하게 여겨 공동체의 삶이나 경건생활에서 거의 성경이나 마찬가지로 다루고 있다.

묵시서/외경

어떤 묵시서 본문들은 구약성경이나 신약성경 본문과 마찬가지로 잘 보존되어 있다. 이들 중 어떤 문서는 (예를 들어, 시락, 솔로몬의 지혜서, 마카비상하, 유딧) 거의 그리스도교가 시작될 때부터 읽혀지고 애지중지되었기 때문이다. 이 문서들은 그리스도교가 시작된 후 1, 2세기 동안 여러 유대인 사회에서 인기가 있었지만, 히브리성경이 표준화되고, 그리스도교 안에서 이 문서들이 널리 사용되고 사랑을 받고 있었다는 사실 때문에, 유대인 사회에서는 이내 인기가 떨어지게 되었다. 초대교회 문서들 중 네댓 개가 여러 교회에서 독특한 방식으로 발전했는데, 그 결과 토비트와 에스더하 같은 문서들은 그리스도교 공동체간에 상당한 변형을 보인다. 구약성경의 위경과 같은 경우 변형은 더욱 크게 나타난다. 그렇다고 해도, 묵시서 원본은 저자들이 기록하고 말하고자 했던 것과 표현이 비슷하다고 주장할 수 있다.

현대와 최근의 성경 번역

한글 성경 번역

한국인에게 소개된 최초의 성경은 1790년에서 1800년 사이에 로마 가톨릭 신자인 최창현이 사복음서의 성경구절들을 발췌해서 성경광익과 성경직해를 재편집하여 한글로 옮긴 것이라 할 수 있다.

그후 스코틀랜드 장로교회 선교사였던 로스와 매킨타이어가 중국에서 이응찬, 백홍준, 서상륜 등의 한국인들의 도움을 받아 1882년에 누가복음과 요한복음, 1883년에는 사도행전, 1884년에는 마가복음을 발행한 이후에 1887년에 이르러 "예수성경전서"라는 책명으로 된 최초의 신약성경을 발행하였다.

이와는 별도로 일본에서는 이수정이 일본 주재 미국성서공회 총무였던 루미스의 후원으로 성경을 한글로 번역했다. 이수정이 1884년에 번역한 마가복음을 1885년 4월 5일 인천에 도착한 첫 개신교 선교사 아펜젤러와 언더우드가 한국에 가지고 들어왔다. 선교사들이 한국에 들어오기 이전에 이미 중국과 일본에서 성경이 한글로 번역되었다는 사실은 놀라운 일이다. 구약의 경우는 1898년부터 시편을 부분적으로 발췌하여 출판하기 시작하였으며, 1911년에 가서야 모든 구약이 번역되었다. 그래서 1906년 신약성경 번역이 완료된 이후 성경전서가 1911년에 완료된 셈이다.

1887년에 성경을 번역하기 위하여 성서번역위원회가 조직되었다가 1911년에 성경전서가 출판되자 이 번역위원회를 해체시키고, 개역위원회를 새롭게 조직하여 성경 개정작업을 맡게 되었다. 이들의 노고로 1937년에 개정판이 출판되었는데, 우리는 이 성경전서를 개역성경이라고 부른다. 1945년에 해방이 된 이후에 한글맞춤법통일안에 의거하여 다시 성경을 개정하여 1952 성경전서 개역한글판이 마련되었다. 이 성경은 1998년에 다시 한 번 개정되어 출판되었다.

1977년에는 개신교회와 로마 가톨릭교회가 합동하여 공동번역 성경을 1983년에 발행하게 되었는데, 이 성경의 간행은 성경 번역사뿐만 아니라, 한국 그리스도교 역사에서 아주 중요한 의미를 지닌 사건이 되었다. 공동번역이 사용한 고유명사와 용어들이 오랫동안 사용하여 오던 것들과 생소하기 때문에 일부 개신교회와 신자들로부터 저항을 받기도 했다.

이와 더불어 한국어 표준말을 사용하는 현대인이면 누구나 성경을 이해할 수 있도록 돕기 위하여 1983년부터 새로운 번역을 시작하여 1992년까지 9년 이상에 걸쳐 완료된 성경이 성경전서 표준새번역이다. 이 성경은 개역성경을 개정한 것이 아니라, 전적으로 새롭게 원문에 기초하여 번역한 것이다. 그러나 이 번역의 특징은 개역성경에서 사용된 고유명사를 그대로 살린 것이며, 성경 안에 있는 많은 시적인 표현을 그대로 잘 포착했다는 사실이다.

영어 성경 번역

영어로는 흠정역 (킹제임스본, KJV) 성경이 1611년에 출간되었고, 이내 영어를 사용하는 그리스도교 공동체에서 선호하는 영어 번역본이 되었다. 흠정역에서 사용한 신약성경이 후대의 잘못된 원고를 토대로 하여 번역되었다는 것이 오랫 동안 알려져 왔음에도 불구하고, 1881-85년에 와서야 이 위대한 성경 번역본이 비로소 개정되었다. 새로운 사본 발견, 성경본문에 대한 국제적인 성서연구, 영어 문체와 용도의 발전, 이러한 모든 이유 때문에 새로운 번역은 적절한 것이었다. 북미의 많은 사람들이 1881-85년의 영어개역본(ERV)을 불만족스러워하게 되자, 미개역표준본(ASRV)이 1901년에 출간되었다.

이 번역본들은 둘 다 흠정역을 개정한 것이었다. 20세기 초, 흠정역에 있는 언어나 문체를 완전히 탈피하여 새롭게 성경을 번역하는 작업이 시작되었다. 1922년, 제임스 모팻은 당대에 이용할 수 있었던 최근 학문을 참조하여, 생생하고 호소력 있는 문체를 사용하여, 외경을 제외한 성경 전체를 번역하였다. 시카고대학교는 1931년에 완전히 새로운 번역을 출간했으며, 1939년에는 외경을 덧붙였는데, 오늘날까지 널리 사용되고 있다. 1917년에 유대출판단체는 비록 흠정역의 영어 문체를 많이 고수하기는 하지만, 흠정역으로부터 독립된, 히브리성경의 영역판을 출판했다.

미국에서는 미국표준번역(ASV)의 저작권을 소유하고 있던 연방교회협의회(Federal Council of Churches)가 흠정역의 번역과 초기 수정을 정식으로 허가하고, 작업할 위원회를 임명하였다. 그들의 열매가 개역표준본(RSV)이다. 이 번역은 오늘날에도 여전히 널리 쓰이고 명예스럽게 여겨진다. 신약성경은 1946년에, 구약성경은 1952년에, 그리고 외경은 1957년에 각각 출판되었다. 번역자들은 흠정역과 흠정역 개정본을 개정하는 책임을 지는 데 충실하였다. 성서학의 발전과 언어와 문체 면에서 영어의 변화를 반영하여, 번역에 두드러진 변화가 일어났음에도 불구하고, 표준본(RSV)은 대체적으로 히브리어와 희랍어 원본에 있는 어순을 계속 유지했다. 중요한 발전을 꼽으라면, 로마 가톨릭교회와 동방정교회의 종교 관계자들에게 인정을 얻은 개역판이 나타남에 따라, 개역판이 진정으로 초교파적인 성서 번역이 된 사실이다.

어떤 교회들과 개인들은 개역판을 거부하는데, 그 이유는 "보라, 처녀가 잉태하여 아들을 낳을 것이요" (사 7:14) 라는 본문이 "보라, 젊은 여자가 잉태하여 아들을 낳을 것이라"로 번역되었기 때문이다. 개역판에 히브리어 용어 "알마"가 정확하게 번역되었는데도 불구하고, 많은 독자들은 예수님이 처녀에게서 탄생하셨다는 그리스도교 교리를 번역자들이 부인한다고 확신했다. 다른 번역들도 문제성이 발견되기도 했지만, 얼마 되지 않아 표준본은 상당히 인기 있는 영어 번역본이 되었다.

다른 영어 번역본들도 연이어 나왔다. 예루살렘에 있는 성경 학교 출신 도미니칸 학자들이 불어역에 기초하여 번역한 예루살렘 성경(JB)이 1966년에 출판되었고, 그후 1985년에 개정판이 출판되었다. 1970년에는 뉴 잉글리시 바이블 (NEB), 1989년에 개정본 뉴 잉글리시 바이블(REB)이 나왔다. 미국 가톨릭 성서협의회 소속 학자들은 1969년에 뉴 아메리칸 바이블(NAB)을 출판했고, 개정판을 1988년에 내놓았다. 그리고 20세기 영어로 번역된 성경 중에서 가장 성공적인 번역의 하나인 뉴 인터내션얼본(NIV)이 1978년에 출판되었다. 현재 개정판 작업이 진행되고 있다. 히브리성경의 새로운 영어 번역본이 유대 학자들에 의해 완성되어 1985년에 출판되었다.

미교회협의회(연방교회협의회가 그 전신이다)는 표준본(RSV)을 수정할 필요성을 느끼고, 1970년대부터 시작하여 번역위원회를 확대하기로 정식으로 허가했다. 1989년에 그 결과로 새개역표준본(NRSV)이 나오게 되었다. 개신교, 동방정교회, 로마 가톨릭교회에서 널리 인정받아 왔으며, 영어를 사용하는 나라에서 일반적으로 성서연구와 읽기에도 널리 쓰이고 있다. 이 번역본이 가치를 인정받는 이유는 국제적으로 인정받는 성서학과, 영어 문체와 말의 규범에 민감하고, 사람을 언급할 때 남녀 모두를 포함하는 언어를 사용했기 때문이다.

성서 번역자가 번역을 해 나갈 때 두 가지 중요한 선택을 하게 된다. 먼저, 원본을 되도록 원래 형태 그대로 충실하게 재현함으로써 히브리어, 아람어, 그리고 희랍어로 된 본문을 현대어로 번역하는 것이다. 그리고 고대 원문과 의미가 같은 현대 언어 형식, 문체, 그리고 사상(종종 "의역")을 제공하는 번역을 하게 될 것이다. 첫 번째 접근법을 따르면, 원문의 문체와 언어가 현대판에 필연적으로 나타나게 될 것이다. 지금 사용하는 언어가 문법적으로 정확하고, 가능한 범위에서 원문의 문학적인 특성을 나타내고, 그리고 성서의 사상을 뚜렷하고 납득이 가도록 전달할 것이다. 그러나 그러한 번역도 이른바 "성서적인 한글/영어"에서 벗어나지를 못할 것이다. 원래의 원문에 있는, 문학적이고 지적인 특성을 지닌 성경의 사상을 표현하면서도, "성서적인 한글/영어"에서 벗어나지 못하고, 성경 세계의 관용구, 문체, 그리고 사상을 가능한 한 밀접하고 충실하게 지키려고 했어도 "성서적인 한글/영어"에서 벗어나지 못할 것이기 때문이다.

두 번째 종류의 번역은 성경 원문에 있는 언어, 문체, 사상을 현대인의 언어, 문체, 그리고 사상으로 표현하려고 애쓰는 것이다. 번역을 하는 동안, 번역자는 성경의 저자들이 사용한 어순, 관용구, 문체, 그리고 어떤 사상적인 측면을 바꾸려고 할 것이다. 번역자가 목표로 삼는 것은 독자들이 마치 자기자신의 것인 양 인식하는 언어와 이미지를 사용하여, 고대에 말한 이와 글쓴이가 가진 언어와 이미지가 아니라, 현대인이 사용하는 언어로 의역하여, 독자들에게 성서 기자의 사상을 제공하는 것이다.

두 가지 접근방법이 다 가치가 있고, 실제로 필요하지만, 각각 약점도 있다. 고대 본문을 충실하게 따르는 번역자는 읽기 쉽고 이해하기 쉬운 요소를 희생하게 되고, 현대 언어에 충실하려는 번역자는 종종 성경에 있는 아름다움, 거룩한 특성, 그리고 성경의 고대 배경을 간직하는 데 어려움을 겪게 된다.

현대 언어로 본문을 재창조하려고 (re-create) 시도하는 번역자는 또한 독특한 유혹을 받게 된다: 용어와 관용구와 용어에 해당하는 현대적인 동의어를 찾으면서, 번역자는 필연적으로 용어와 관용구와 언어가 암시하는 정확한 의미가 무엇인지 어림짐작을 해야 하는데, 이런 경우 거의 틀림없이 필요 이상으로 과잉번역을 하는 결과에 이르게 된다. 즉, 히브리어, 아람어, 그리고 희랍어로 실제로 쓰여진 것보다 본문을 더 명확하게 만드는 번역을 하게 되는 것이다. 한편, 성서의 언어, 이미지, 그리고 사상의 세계로 독자를 안내하려는 번역자는 용어, 관용구, 그리고 사상에 관하여 독자들이 어리둥절해 하도록 내버려둘 위험을 무릅쓰게 된다. 두 종류의 뛰어난 번역판을 손쉽게 구할 수 있게 된 것은 정말 좋은 일이다.

성경의 신빙성

전해 내려오는 구약과 외경과 신약의 원문을 연구하고 평가하기 위해 수십만 명의 학자가 수세기 동안 노력해 왔다. 사해사본을 발견하여 출판하고 또 다른 원고들이 발견된 덕에, 우리는 성경이라고 부르는 문서들을 수세기 동안 베끼고 전수했던 유대교와 그리스도교 학자들이 얼마나 충실하게 잘 해왔는지 거듭 알게 된다. 우리가 궁금해 하는 문서의 원문이었던 단일한 원고의 어떤 일부도 존재하지 않는다는 것이 거의 틀림없는 사실이다. 하지만 그와 동시에, 오늘날 성경의 히브리어, 아람어, 그리고 희랍어 원본을 연구하는 학자들은, 성경의 어떤 부분도 흡족한 번역을 제공해주는, 온갖 필요한 자료들을 마음대로 쓸 수 있는 것도 사실이다 (비판적으로 교정된 문서들, 용어색인, 사전, 성서주석, 그리고 특별 연구). 아직도 여전히 미궁에 빠져있는 용어와 본문이 남아있긴 하지만 (예를 들어, 시편에서 "셀라"라는 히브리 용어의 뜻), 각 세대마다 새로운 성서학자들이 등장함에 따라 수수께끼는 줄어들고 있다.

성경의 권위

필러스 트리블 (Phyllis Trible)

성경의 권위" 라는 문구가 주는 믿을 수 있는 어감에도 불구하고, 정확성이나 확실성 둘 중 어느 것에도 정확한 범위가 정해져 있지 않다. 권위라는 개념은 신빙성, 무오성, 영감, 해석, 정경화와 같은 개념과 부분적으로 관련되어 있다. 이것은 성경본문이 독자를 지배하거나 혹은 독자가 교회 전통의 지배에서 자유로워지는 것을 뜻할 수도 있다. 독자를 강요하는 힘이될 수도 있고 또한 독자를 자유스럽게 (Russell을 보라) 하는 이미지를 생각나게 할 수도 있다. 간단하게 말하면, "성경의 권위" 라는 문구에는 정의를 내려주는 권위가 부족하다.

하나님의 말씀

전통적으로 "성경의 권위" 라는 문구는 성경이 하나님의 말씀이라는 것을 의미했다. 권위라는 어원의 뜻은 라틴어 동사인 *오게레 (augere)*, 창조하다와 관련되어 있다. 명사형인 *옥토르(auctor)*로부터 영어 단어인 저자 (author) 라는 말이 나왔고, 라틴어로는 창조자라는 뜻이다. 따라서 이런 입장에서 보면, 권위(authority)는 저자(author)가 가진 힘이다. 하나님이 성경을 "창조하셨다" 라고 믿었기 때문에 고대로부터 개인과 믿음의 공동체는 성경의 권위를 계속 유지해왔다. 하나님이 성경의 저자이신 셈이다. 이와 같이 생각한 어떤 신도들은 글자 한자한자를 그대로 믿었다. 하나님은 얼굴을 맞대고 (민 12:8) 성경에 있는 그대로 모세에게 말씀하셨고, 모세를 따르는 다른 사람들에게도 말씀하셨다 (예를 들어, 렘 1:9). 한편, 말씀을 받은 사람들은 서기관이나 중재자로 일했다. 서기관이나 중재자가 전해준 말은 하나님의 말씀과 마찬가지이다. 따라서 성경은 권위가 있고, 영감으로 쓰여졌으며, 틀림이 없다고 생각했다.

성경에 쓰여 있는 그대로가 하나님이 쓰신 것이라는 주장은 수세기에 걸쳐 도전과 반박을 받아왔다 (Bird를 보라). 서양에서 중요한 전환점은 16세기의 종교개혁과 종교개혁과 대응하는 르네상스시대이다. 마틴 루터와 같은 종교개혁자에게는 육신을 입은 그리스도가 하나님의 말씀이다. 그리스도 안의 계시는 성경의 권위를 확인시켜 주며, 진정으로 성경의 권위를 세워주는 표준이 된다. 루터는 그리스도에 어울리지 않는 책들을 부인하였다 (에스더기, 야고보서, 요한계시록). 따라서 루터가 볼 때, 하나님은 말씀 모두에 권위를 부여하지는 않은 것이 된다. 이와 마찬가지로, 존 칼뱅(John Calvin)이 볼 때, 권위는 말씀 그 자체에 놓인 것이 아니라, 성경과 신자들 둘 다에서 일하는 성령의 활동에 놓여 있었다. 따라서 종교개혁자들은 초월적인 말씀(transcendent Word)이 문자적인 말(words)보다 우세한 것으로 보았다. 이러한 변천은 성경본문의 인간적인 면과 신적인 면 두 가지를 조화시켜 주었다.

교회에 의하여 지배된 신학과 그 신학을 따라야 하는 책임에서 벗어나서 자유롭게 지적인 노력을 추구하게 되자, 르네상스 사상가들은 성경의 인간적인 차원을 강조하게 되었다. 그들은 성경을 분석하면서 고전문학을 연구하는 것과 마찬가지의 방법을 사용했다. 조만간, 성서학자들이 성경을 분석하는 과제를 맡게 된다. 성서학자들은 여러 책에 있는 날짜, 구성, 배경, 그리고 역사적인 정확성을 파헤쳐 나갔다. 19세기에 와서는, 길고, 혼돈스럽고, 복잡한 연구과정을 통하여 마침내 유대교인과 그리스도교인이 사용하는 성경을 만들어내게 되었다. 이러한 연구 결과로 인하여 하나님이 고대 서기관들에게 성경을 받아쓰게 했다는 견해를 주장할 수 없게 되었다. 그리고 성경 저자는 한 사람이 아니라 많은 사람이며, 하나님이 아니라, 인간이라고 생각하게 되었다.

하나님으로부터 인간에게로 (실제로는 남자에게만 해당) 저자의 신원이 바뀌면서 성경의 권위가 위협을 받게 되었지만, 성경의 권위라는 개념까지 없어진 것은 아니라, 독자들은 성경의 권위에 대한 의미를 다시 정리해 보게 되었다. 권위는 균등을 뜻하는 것이 아니라, 책 페이지에 나타나 있는 인간의 말과 외부에서 인간의 말에 영감을 부여하는 하나님의 말씀 사이에 신학적인 관계를 의미하게 되었다. 하나님이 단어 한자한자를 말씀하신 것은 아니지만, 하나님은 그 말씀들 안에서 혹은 그 말씀을 통하여 말씀하셨다 (그리고 계속 말씀하시고 계신다). 따라서 성경은 하나님의 계시를 드러내는 인간의 매개체가 되었다. 이러한 견해는 새로운 인식과 새로운 지식에 의존함으로써, "성경의 권위" 라는 문구에 새로운 의미를 부여해 주게 되었다.

그러나 이러한 변화 속에서도 권위라는 말로 굳어진 의미는 여전히 계속되었다. 성경에서 하나님-저자는 인간의 저자들을 통해서 말하기 때문에 성경에 동의해야 했다. 이러한 믿음을 현대식으로 표현한 것이, 예배에서 성경을 읽은 후에 흔히 잇따라오는 후렴에

남아있다: "이는 하나님의 말씀입니다" (혹은 "주님의 말씀입니다"). 찬미하는 말을 듣고 나서, 공동체는 "하나님께 감사드립니다" 라는 응답으로 동의한다. 예배 의식을 치르면서 성경의 권위를 내세울 때 여전히 저자의 정체성이 최고의 권위를 가지게 된다.

그럼에도 불구하고, 성경 전체가 "하나님의 말씀"이라든가 혹은 하나님에 의해 영감을 받았다고 하는 권리를 주장하지는 않는다 (Bird를 보라). 성경 전체를 보아도, 직접적으로든 간접적으로 그 어떤 방식으로도 하나님이 저자라고 공언하지 않는다. 더군다나 전체 안에 있는 개개의 책들도 마찬가지이다. 비록 개개의 책 안에는 부분적으로 "하나님의 말씀"이라는 호칭이 있을지 모르지만, "하나님의 말씀"이라고 자칭하지는 않는다. 예외로 들 수 있는 것은, 구약성경에서는 신명기(1:1-3)와 소예언서(호 1:1; 욜 1:1; 미 1:1; 슥 1:1; 말 1:1)를, 신약성경에서는 요한계시록(1:1-2)을 들 수 있다. 비록 예외는 그 자체만으로도 관심을 둘 가치가 있지만, 예외가 있다는 사실은, 성경 전체로서 혹은 성경 안에 있는 대부분의 책들이 하나님의 말씀이라고 주장하는 경우가 눈에 띄게 없다는 것을 오히려 돋보이게 해준다. 성경이 하나님의 말씀이라는 주장은 일찍부터 기록된 문서, 교회 조직, 선포된 교리, 예배 상황, 그리고 개인적인 간증을 통해 그러한 견해를 표현해 온 신자들에게서 나온 것이다. 이를 나타내는 일례로 "모든 성경은 하나님의 영감으로서 된 것"이라는 딤후 3:16을 들 수 있다. 단지 구약성경에만 해당되는 (신약성경에는 해당되지 않는데, 신약성경은 아직 정경이 되지 않았다. 특히 디모데전후서에는 더욱 해당되지 않았다) 이 말은 구약성경 자체는 결코 선언한 적이 없다. 따라서 성경의 권위는 개개의 독자와 믿음의 공동체로부터 나오게 된다. 독자들과 믿음의 공동체가 성경에 권위를 부여한다.

만일 성경이 전체로서 하나님의 말씀이라고 주장하지 않는다면, 성경의 수많은 구절들이 권위라는 주제를 놓고 씨름하게 된다. 예를 들어, 신 18:15-22는 진짜 하나님의 말씀과 거짓 하나님의 말씀을 구별하는 원칙을 세우려고 애쓴다. 마찬가지로, 렘 23장에서 하나님의 말씀을 그릇되게 말하는 예언자들을 벌할 때도 그러한 기준을 찾고 있다. 그리고 왕상 13장에 있는 이야기는 하나님의 말씀을 속이는 힘을 보이는 것으로 말씀의 권위를 무너뜨리는 (Crenshaw를 보라) 것을 보여준다. 수세기가 지난 후, 유대 지도자들이 예수께 대체 무슨 권위로 일하느냐고 물었을 때, 예수님은 그들에게 질문하는 것으로 응답하셨다. 유대 지도자들이 대답을 거절하자, 예수님도 대답하기를 거절하셨다 (막 11:27-33). 권위라는 주제는 성경 안에서 정의를 내려주지 않고 있다. 애매하고 불확실한 것으로 가득 차 있다.

권위에 대한 세 가지 이야기

성경에 담긴 많은 본문 가운데, 여성이 중심인물로 등장하는 세 이야기가 권위라는 주제에 대해 다양한 견해를 보여준다. 첫 번째로, 창 2—3장에 있는 동산 이야기에서 뱀과 여자는 하나님의 말씀이 가진 권위를 화제로 삼아 대화를 주고받는다 (창 3:1-5). 뱀은 하나님께서 동산의 나무들에 대해 여자에게 주신 명령에 대해 질문하면서 화제를 끌어들인다. "하나님이…말씀하셨느냐" 라고 뱀은 말문을 연다. 여자는 응답하면서, 하나님의 권위를 주장하기 전에 자기자신이 가지고 있는 권위를 먼저 내세운다. 처음에 여자는 하나님을 제외한 선언문으로 대답한다. "우리는 동산 안에 있는 나무의 열매를 먹을 수 있다." 그 후에야 겨우 여자는 하나님의 말씀에 권위를 부여한다: "그러나 하나님은, 동산 한가운데 있는 나무의 열매는, 먹지도 말고 만지지도 말라고 하셨다."

여자는 하나님을 인용할 때 원래의 말씀을 있는 그대로 되풀이하지 않는다 (창 2:16-17을 보라). 자기가 변화시킨 것을 시인하지 않은 채, 여자는 두 가지 방법으로 원래 말씀의 내용을 바꾸고 있다. 하나님은 금지된 나무를 "선과 악을 알게" 하는 나무라고 말씀하셨는데, 여자는 "동산 한가운데 있는" 나무로 부르고 있다. 여자는 아주 특정한 것을 덜 특정한 것으로 바꾸고 있다. 여자가 사용한 문구는 그것만으로 생명나무를 일컬을 수도 있기 때문에 (창 2:9), 하나님의 명령을 애매하게 만든다. 그러나 문맥을 보면 여자가 한 말은 바라던 효과를 보지 못한다. 여자는 두 나무 중에서 자신이 말하고 있는 나무가 어떤 나무인지 알고 있다. 그리고 독자도 알고 있다.

여자가 변경하여 말한 두 번째 것이 더 확실하게 말해주는 것 같다. 하나님께서 "먹지 말라"고 하신 말씀에, 여자는 "만지지도 말라" 라는 문구를 덧붙인다. 여자는 스스로 해석할 권리가 있다고 생각하며 자신의 권리를 행사한다. 여자가 덧붙인 말은 "율법을 둘러싼 울타리"를 내세워 하나님의 말씀을 보호하고 있다. "만지지도 말라" 라고 덧붙인 문구를 지키면, 여자의 해석은 원래의 명령에 순종하는 것을 보증하게 되는 것이다. 이와 대조하여, 뱀도 스스로 해석할 권리가 있다고 생각하지만, 뱀의 경우에는 반박하는 권리를 뜻한다. 여자가 전해주는 하나님의 말씀을 듣자, 뱀은 말씀의 진실성을 부인한다. "너희는 절대로 죽지 않는다" 라고 뱀은 응수한다. 뱀은 말 뒤에 질투심이라는 동기가 있다고 단정하고는 계속해서 말의 권위를 무시한다. "하나님은, 너희가 그 나무 열매를 먹으면, 너희의 눈이 밝아지고, 하나님처럼 되어서, 선과 악을 알게 된다는 것을 아시고". 하나님을 능가하는 능력이 있는 척 하면서, 저자의 발언과 저자의 의도 사이에 차이가 있다고 뱀은 제안하고 있다. 여자의 말은 하나님의 말씀을 강화하는 반면에 (비록 불복종하기로 선택하지만), 뱀은 하나님의 말씀을 손상시키고 있다. 그렇지만 양쪽의 경우는 둘 다 하나님의 말씀이라고 하는 창조적인 저자의 권위가 피조물의 권위에 종속하고 있다. 이처럼 신화적으로 이야기할 때 세상에서 나눈 첫 번째 대화는, 성경의 권위라고 하는 불안정하기 짝이 없는 주제의 막을 열고 있다.

두 번째 출애굽과 광야에 대한 이야기에서, 미리암이라는 여자가 권위에 도전한다. 미리암이라는 이름이 제일 처음 등장할 때, 미리암은 "예언자"로 불리는데, 동생 모세가 예언자라는 호칭을 받기도 전에 이미 미리암에게는 주어졌던 호칭이다 (출 15:20-21; 신 34:10). 홍해 바다를 건널 때, "예언자"로서 미리암은 북 치고, 노래하고, 춤추면서 앞장서서 이끌고 있다. 예언자는 하나님의 말씀을 전한다고들 이해했으므로, 광야에서는 지도력을 더 많이 보여주고 있다. "주님께서 모세에게만 말씀하셨느냐" (민 12:1-16) 라고 물으면서, 권위의 문제를 해결하려고 한다. 미리암은 하나님의 말씀을 의심하지 않지만, 말씀을 독점하면서 전달하는 것은 반대한다. 앞과 비슷한 문장으로 강조하면서, 미리암은 또 다른 질문을 던진다: "우리와도 말씀하시지 않았느냐!" "우리"는 자기자신과 남자 형제 아론을 가리킨다. 미리암에게 하나님의 말씀은 단 하나의 소식통을 통해서 오는 것이 아니라 여러 가지 목소리를 통해 온다. 미리암의 질문은 대담하다. 말하기 위해 하나님이 선택하는 방식을 의문시한 것은 하나님의 권위에 도전하는 것이다.

미리암은 도전한 대가를 톡톡히 치른다. 정상에서 아무도 겨룰 자가 없는 모세와 함께 권위 체계를 세우기 위해 하나님은 금방 대답하신다. 하나님은 오직 모세에게만 "얼굴을 마주 바라보고" 말씀하신다. 미리암은 하나님이 내린 화를 받아 악성 피부병에 걸리는 벌을 받았다. 미라암은 공동체에서 내쫓겨서 진 밖에 가두어졌다. 나중에 돌아오긴 하지만, 어떤 한 전승에는 영원히 주의할 필요가 있는 여자로 남는다.

이 이야기는 광야에서 여러 패로 나누어 서로 힘을 겨루던 정치적 갈등을 반영해 주고 있다. 모세를 지지하던 파가 이기게 되자, 그 승리를 하나님의 말씀으로 선언하고 있다 (민 12:5-9). 그러나 완전히 승리하지는 못했다. 수세기가 지난 후, 이와는 다른 하나님의 말씀이 나타났다. 미가서에 있는 신탁은 미리암에게도 모세와 아론과 동등한 지도력을 부여하고 있다 (미 6:4). 모세와 아론과 마찬가지로, 미리암은 백성들 앞에서 하나님을 대표했다. 광야의 하나님이 미리암에게 주기 거절한 것을, 예언자의 하나님은 미리암에게 주었다. 성경 안에 있는 다양한 본문에는 상반된 견해가 함께 들어 있다. 둘 다 하나님의 말씀이라고 서로 주장한다. 무엇보다 확실한 것은, 하나님의 말씀이 가지는 권위는 인간의 해석에 속하며, 심지어 개인과 환경이 조화된 관계(조정)를 필요로 하게 된다는 것이다.

세 번째 이야기에서 예언자 훌다는 어느 특정한 본문에 권위를 둔다 (왕하 22:3-20; 23:1-30). 기원전 7세기, 요시야 왕이 유다를 다스리던 때에, 대제사장 힐기야가 소위 "율법책"으로 불렀던 것을 예루살렘 성전 안에서 발견하였다. 비록 고대 문서로 여겨지고, 특히 하나님이 호렙 산에서 모세에게 주신 언약과 율법의 사본이라고들 주장했지만, 율법책 자체는 그 당시 1세기도 되지 않은 책이었다고 말하는 학자들도 있다 (Miller를 보라). 요시야 왕은 백성들이 배교행위를 보이는 것과는 대조적으로 하나님에 대한 순종을 요청하는 책의 내용을 듣고, 그는 당황하면서 책의 내용에 대해 하나님이 하시는 말씀을 찾기에 이른다. 요시야는 책에 있는 말씀이 과연 믿을 만한 말씀인지 확인하고 싶었다.

하나님께 물어보기 위하여 왕이 임명한 사람들은 훌다에게 자문을 구했다. 왕의 사람들은 훌다가 하나님을 대신해 말할 수 있는 예언자적인 권위가 있는 사람이라고 인정했다. 훌다는 책에 있는 말씀이 하나님의 말씀임을 입증해 주었다. 훌다의 판단을 믿고, 요시야는 그제야 책을 모든 백성들에게 읽어준다. 백성들은 책의 권위를 받아들이고 책에 있는 말씀대로 살기 위하여 언약에 참여한다.

이 일화는 성경이 정경으로 되어가고 있는 시작을 기록하는 것이다. 최초의 여자가 하나님의 말씀의 권위에 대해 논의를 시작하고, 미리암이 하나님의 권위가 전해지는 방식을 도전했다면, 훌다는 책의 권위를 입증함으로써, 이 책은 후세에 길고도 복잡한 과정을 거쳐 오늘 우리가 가진 성경으로 (Bible) 발전하게 되었다. 훌다의 선언 속에서 성경의 권위와 정경이라는 두 가지 주제가 만나고 있다.

기원후 5세기 초 제롬이 활동하던 때부터, 학자들은 성전에서 발견된 책을 신명기의 원본(혹은 초기본)과 동일시해 왔는데, 신명기는 실제로 하나님의 말씀이라고 주장하는, 성경에서 몇 안 되는 책 가운데 하나였다. 신명기에서 이스라엘은 광야와 약속의 땅 범위 안에 위치하고 있다 (Miller를 보라). 나중에 오는 세대들은 신명기의 내용을 가지고 다른 범위를 다루었다. 훌다와 요시야가 살던 시대의 이스라엘은 땅과 포로생활의 범위에 다다랐다. 그래서 요시야는 고대의 내용을 가지고 자기 시대의 특수한 상황을 다루는 데 사용했다. 그 후에 포로생활을 하던 이스라엘은 고향으로 돌아가기를 고대했다. 그래서 이스라엘은 고대의 내용을 끌어와서 고향과 귀환의 범위를 다루는 데 사용하였다. 두 가지 경우 모두 고대 본문은 새로운 상황에 맞는 호소력을 가지고 있었다.

신명기 자체가 여러 세대에 걸쳐 하나님의 말씀이 적용되는 과정을 옹호해 주고 있다. "주님께서 이 언약을 우리 조상과 세우신 것이 아니라, 오늘 여기 살아 있는 우리 모두와 세우신 것입니다" (신 5:3). 현재를 위해 과거를 사용하고, 그런 다음에 미래로 옮아가고 있다. "이 언약과 맹세는 주님께서 당신들하고만 세우는 것이 아닙니다. 이 언약은, 오늘 주 우리의 하나님 앞에 우리와 함께 서 있는 사람들만이 아니라, 오늘 여기 우리와 함께 있지 않은 자손과도 함께 세우는 것입니다" (신 29:14-15). 하나님이 호렙 산에서 주신 언약과 율법은 원래의 배경을 넘어서까지 권위를 지니게 된다.

권위의 일곱 가지 특징

이처럼 과거와 현재와 미래가 뒤섞이면서 성경의 권위가 지속되고 있음을 증거해주고 있다. 정확한 정의를 내릴 수는 없지만, 권위라는 개념은 다양하게 변천되어 오는 상황 속에서 그에 맞게 여러 가지 의미를 주고받을 수 있는 힘을 가지고 있다. 속속들이 설명하지는 않지만, 우리의 관심사를 이해하는 데 도움을 주는 권위에 대한 일곱 가지 특징을 들어보자.

(1) 권위라는 말의 기원에는 성경의 저자(들)에게 힘이 실려 있지만, 독자들이 인정하고 동의하지 않으면 저자(들)나 본문은 아무런 권위가 없다. 권위는 강요하는 힘이 아니다: 그것은 합법적으로 인정을 받는 힘이다 (Russell을 보라). 권위는 민주주의적인 과정에서 나온 결과이다. 믿음의 백성들은 성경에 의미를 부여하고 성경에서 의미를 찾아낸다. 그러므로 권위는 독자가 중심이다.

(2) 성경이 꾸준하게 존속하는 것은 성경이 신앙을 형성하여주고 표준화시켜주는 권위가 있다는 것을 증거해준다 (Riches를 보라). 성경이 지금까지 예술, 건축, 음악, 문학, 예전, 그리고 대중들의 대화를 통하여 서양문화에 끼친 영향은 이제 셋째 천년기에도 계속되고 있다. 성경은 문화적인 문서로 계속 남아 있다. 인간의 상상력에 호소한다. 더구나 성경은 오늘날과 같은 정치적이고 사회적인 격동기에 중심이 되는 역할을 하기도 한다. 집단과 개인이 국가와 교회를 갈라놓는 논점을 두고 논쟁을 벌일 때, 찬성을 하는 경우나 반대를 하는 경우나 모두 성경을 인용한다: 인종, 소수민족, 성별, 동성연애, 생태학, 이민, 안수, 기술, 안락사, 대리수정, 금연, 약물, 총기, 사형 등이 논쟁점이 된다. 신명기가 세대를 이어 사용되었던 것과 마찬가지로, 생과 죽음의 급박한 문제를 다루는 데 있어서 성경은 오늘날까지 영향을 끼친다. 종교적이고 세속적인 두 가지 상황 모두에서 성경은 정보를 형성하고 알려주는 권위를 지닌다.

(3) 권위는 안정성과 융통성 두 가지 모두 뜻한다 (Sanders를 보라). 안정된 본문은 융통성을 인정한다: 융통성은 본문의 권위를 안정시켜 준다. 첫 번째 여자는 하나님의 의도에 충실하면서, 안정된 하나님의 말씀을 자기자신의 말로 변경시켰다. 신명기는 출애굽기에서 이미 주어진, 시내 (호렙) 산에 대한 안정된 본문을 따와서 이후에 오는 세대에 알맞게 변경시켰다. 마찬가지로, 요시야, 훌다, 그리고 뒤이은 다른 사람들은 안정된 신명기 본문을 가지고, 고향과 포로생활 범위 내에서 사는 삶과, 그리고 포로생활과 귀환의 범위 내에서 사는 삶에 맞게 본문을 변경시켰다. 예수님도 그러한 과정을 계속하셨다: "율법은 일점일획도 없어지지 않고." "너희는 들었다…그러나 나는 너희에게 말한다…" (마 5:18b, 38-39). 해석은 개인과 신앙의 공동체에게 성경을 인용만 하지 말고 성경에 직접 참여하라고 가르친다. 적극적인 참여를 다른 말로 표현하면, 불변하는 본문을 새로운 환경에 적용시키는 것이다 (이 과정은 미국헌법을 이해하는 방법에 비교할 수 있다: 변화하는 상황에 맞게 바꿀 수 있는 불변하는 문서).

(4) 성경에 있는 묘사력 역시 권위를 나타내는 표시가 된다. 훌다가 율법책을 규범이라고 판정하기는 했지만, 그렇다고 해서 모든 성경이 다 계명이라고는 볼 수 없다 (또 모든 규범이 의무적으로 따라야 하는 것도 아니다). 많은 이야기와 시가 독자에게 공감을 불러일으켜 주는데, 이것들은 특별하거나 보편적인 상황에 처한 인간의 조건을 말하여 주기 때문이다. 예를 들어, 욥기, 예레미야의 탄식 (20:7-12), 치유를 위한 기도 (시 88편), 그리고 십자가 위 예수님의 절규 (막 15:34; 시 22:1을 참조) 속에서, 고통에 빠진 개인은 자신의 시련을 대신 표현해 주는 목소리를 듣게 된다. 예레미야 애가는 공공 차원이나 국가적 차원에서 당한 패배, 슬픔, 그리고 고난을 표현해 주는 말을 담고 있다. 아가서는 즐거움과 기쁨으로 가득 찬 여자와 남자의 사랑을 노래한다. 요나단과 다윗의 이야기는 깊은 우정과 충성을 그리고 있다 (삼상 19—20장). 전도서는 회의적인 신자의 목소리를 인정해 준다. 시편은 예배자가 찬양하고 감사드릴 때 읊을 말을 충분히 많이 제공해 준다 (예를 들어, 시 100편, 103편). 예수님이 말씀하신 여러 가지 비유는 일상의 삶을 묘사함으로써, 일상의 행동, 예를 들어 음식 준비 (눅 13:20); 저녁 잔치와 혼인 잔치를 베푸는 것 (눅 14:7-23); 사업에 관계된 일을 경영하는 것 (눅 16:1-13); 소중한 것을 잃어버리는 것 (눅 15:3-32); 그리고 집안을 청소하는 것(눅 15:8)을 인정해 준다.

성경에서 비위를 상하게 하는 이야기에 속하는 폭력과 악덕, 강간과 분노, 불의와 부정에 관한 이야기 또한 묘사의 힘을 내세워준다. 하갈을 학대하는 것으로 (창 16장과 21장) 시작하여, 창세기에 등장하는 조상의 이야기는 부모가 꾸미는 음모, 형제간의 경쟁의식, 그리고 인간의 배반과 같은, 가정 내의 문제를 묘사한다. 여호수아기에 있는 정복 이야기(1—12장)는 이스라엘의 하나님의 명령을 받아 가나안에 살았던 토착민을 모두 없애는 것을 정당화하면서, 이데올로기의 이름으로 공포의 신학을 드러낸다. 다윗에 관한 이야기는 왕으로서 차지한 영광과 병행하여 아버지로서의 실패를 보여주기도 한다. 호세아서는 배우자를 학대하는 (호 1—3장) 단계를 (지나칠 만큼 생생하게) 기록한다. 이러한 이야기들과 공포에 찬 다른 기사를 읽고 "너희도 가서 이와 같이 하라" 라고 반응을 보일 사람은 아무도 없을 것이다. 이와는 반대로, 사람들은 그런 이야기들을 규범적인 가치로 허용해 주려는 시도를 정반대로 만들려고 할 것이다. 그러나 어떤 사람은 미리암이 던진 질문을 약간 바꾸어서 이렇게 물을지도 모른다. "과연 하나님은 이러한 이야기를 통해서 말씀하시는가?" 대답은 "예"가 될 수 있다. 왜냐하면 이야기들은 자신의 이기적인 목적을 이루기 위해 하나님을 끌어들이는 인간의 성향을 포함하여, 삶 속에 있는 파괴적이고 가증스런 것들을 반영해 주기 때문이다. 거울은 비춰보는 수단이다. 거울 속에서 독자들은 자신의 모습이나 세계를 바라보고, 따라서 이해와 결단과 심지어 회개에까지 이를 수 있다. 인간의 경험에 호소함으로써, 성경에 있는 공포의 이야기들은 진실을 그대로 묘사한 권위를 전달한다.

권위는 또한 본문에 있는 어떤 규범적인 가치를 반대할 수도 있다. 공동체 안에서 삶에 관한 많은 고대 법들이 사랑이라는 최우선적인 계명을 무효화한다면, 그 법은 힘을 잃고 만다 (레 19:18; 막 12:31). 예를 들어, 간음한 자에게 돌을 던지는 것은 계속 그러한 법을 사용하라는 명령이라기보다는 (레 20:10; 요 8:1-11을 비교하라) 오히려 고대에 생각했던 견해를 (견해대로 행했든지 행하지 않았든지 상관없이) 묘사하는 것이다. "여자들은 교회에서는 잠자코 있어야 합니다" (고전 14:34) 라는 금지 명령은 초대교회가 가졌던 어느 관점을 기록하고 있다. 이들과 다른 생각을 보여주는 구절들을 (갈 3:28; 행 18:26) 들이대면, 규범은 묘사로 해석되어 버린다.

(5) 묘사적인 글과 규범적인 글 사이에 놓인 긴장관계는 상황과 관련된다. 본문의 문맥(들)과 독자가 처한 상황(들) 둘 다 성경의 권위를 이해하는 데 중요한 역할을 한다. 최초의 여자가 하나님의 말씀을 변경했을 때, 여자가 말한 문맥을 보면 여자가 하나님의 말씀에 충실한 것이 확실하다. 바울이 결혼과 동정에 대해 말할 때, 그렇게 말한 두 가지 상황을 언급했다: 바울이 스스로 내린 판단(비록 하나님의 영을 주장하고 있지만)과 바울은 종말이 가까웠다고 믿었던 것이다 (고전 7장). 두 가지 상황이 바울의 말을 한정시키고 있으며, 독자들은 묘사적인 권위와 규범적인 권위 사이에서 판단하는 입장에 놓인다.

사회적이고, 정치적이고, 문화적인 상황에서 어떤 입장에 서 있는가에 따라 독자가 권위에 대해 판단을 내리는 데 중요한 역할을 한다. 룻기를 읽으면 그러한 점이 잘 나타난다 (Sakenfield를 보라). 아시아의 어떤 사회에서는 젊은 여성 그리스도인들이 룻기에 거부감을 가지는데, 자신의 가정을 꾸리고 스스로 직업을 추구하는 것보다는 시어머니를 잘 섬기도록 요구하는 그 사회의 전통적인 문화적 표본을 룻기가 지지해 주는 것처럼 보이기 때문이다. 어떤 미원주민 사회에서는 자기 백성과 신앙을 저버리지 않았다는 바로 그 이유 때문에 룻이 아니라, 오르바가 덕스러운 여성의 본이 된다. 이민사회에서는 룻기에 모순이 담긴 의미를 부여한다: 이스라엘이 모압 사람인 룻을 포용하기 위해 손을 내미는 데서 볼 수 있는 포괄성이라는 긍정적인 본보기; 나오미가 신생아를 룻에게서 가져감으로써, 며느리가 어미로서 갖는 당연한 자리를 빼앗는 배타성을 보이는 부정적인 본보기; 혹은 룻이 모압인이라는 자기 정체성을 자기가 아닌 존재인 이스라엘인으로 만들어 버리는 위험을 보여주는 융합의 본보기이다. 이러한 독법의 주해적인 가치가 무엇이든지에 상관없이, 본문과 주고받는 독자의 상황이 가지는 권위를 보여준다. 성경의 권위는 상황이라는 조건을 가진 권위이다.

(6) 성경 안에 담긴 갈등, 노력, 모순 또한 성경의 권위를 증거해준다. 성경책은 생명력이 충만하며, 대화를 북돋우고, 단조롭지가 않다. 조화보다는 오히려 긴장을 일으킨다. 일례로 미리암에 대한 다양한 시각은 각기 다른 의견으로 논쟁할 권위를 증명해주는 본문안에 자리잡고 있다. 신명기에는 두 가지 해석이 긴장관계를 유지하고 있는데, 모든 이스라엘에게 어느 시대나 똑같이 해석하여 하나님의 말씀을 고정시켜 버리는 "권위주의적 교리"와, 말씀이 다른 상황과 마주칠 때 새롭게 의미를 변화시켜 주는 "비판적인 전통주의"이다 (Polzin을 보라). 게다가 신 12—26장에 있는 법도와 율례는 출 21—23장(Miller를 보라)에 있는 법도와 율례와 상당히 다르다. 사무엘상에서 사무엘이 아각 왕을 살려주는 하나의 이야기에는 서로 상반되는 신학이 담겨 있다. 사무엘은 사울에게 "하나님은 사람이 아니십니다. 그러므로 하나님은 뜻을 바꾸지 (히브리어, *나함*) 않으십니다" (삼상 15:29) 라고 선언한다. 이와는 정반대로, 내레이터는 "주님께서도 사울을 이스라엘의 왕으로 세우신 것을 후회(히브리어, *나함*)하셨다" (삼상 15:35) 라고 선언한다.

이와 마찬가지로 긴장과 갈등은 신약성경에서도 나타난다. 한 개가 아니라, 네 개의 복음서가 예수님 안에 나타난 하나님의 계시에 대해 기록한다. 마가는 예수님의 세례를 구체적으로 밝히며 시작한다. 마태는 출생으로, 그리고 누가는 수태로 시작한다. 요한은 선재하던 말씀이 육신을 입은 것에 호소한다. 그리고 계시는 십자가와 부활에 (행 2:23-24; 고전 2:2; 빌 3:10), 혹은 승천(행 1:6-11)에 있다고 보는 다른 견해들도 있다. 넘치도록 많은 소리가 헤아릴 수 없이 많은 견해를 낳고 있다.

확실한 사실은, 성경의 권위는 획일적이거나 동질적인 의미를 가지고 모두 매끈하게 이어진 문서에 달려 있지 않다는 것이다. 이와는 반대로, 상반되는 목소리들이 있기 때문에 의미와 적용의 잠재적인 가능성이 항상 열려 있다. 편집자, 정경학자, 그리고 해석자가 아무리 애쓴다 하더라도, 어느 한 사람이나 한 집단이 성경의 내용이 전해주는 의미를 통제할 수는 없다. 성경의 권위는 갈등과 차이의 권위를 감싸 안는다; 갈등과 차이의 권위가 성경의 권위를 단단히 뒷받침해준다.

(7) 성경의 권위에는 선택이라는 특색이 있다. 훌다에 의해 정경이 될 두루마리가 거의 매듭지어질 무렵, 하나님은 모세를 통해 이스라엘 앞에 생명과 죽음, 축복과 저주를 두고, 이스라엘에게 땅에서 잘 살 수 있도록 삶을 선택하라고 하신다 (신 30:15-20). 여기서 뚜렷하게 대조된 생명과 죽음은, 태고 시대 동산에서 생명이라 불리던 나무, 그리고 죽음과 같이 여기던 나무 사이에 놓여있던 선택을 생각나게 해준다 (창 2:9, 17; 3:2, 22). 창세기에 있는 최초의 부부 앞에, 그리고 신명기의 이스라엘 백성 앞에, 하나님이 생명 옆에 나란히 죽음을 둔 것은, "하나님은 과연 정의로우신 분이신가?" (신정론) 라는 문제를 던지지만 두 본문 중 어느 것도 감히 이 문제를 손대지 않았다. 그러나 두 본문에 나타난 하나님의 행동은 인간이 져야할 책임의 의무를 강조해준다. 비록 서로의 차이점 때문에 두 구절에서 생명과 죽음에 대한 의미가 한정되지만, 한편으로는 그것을 둘러싼 선택의 책임 때문에 두 구절은 연결되어 있다.

선택과 얽혀있는 생명과 죽음이라는 항목은 이 두 본문뿐만 아니라, 사실상 모든 성경에 적용된다. 성경의 일부분이 그런 것처럼, 전체 성경 역시 독자 앞에 생명과 죽음, 축복과 저주를 거듭거듭 제시한다. 한때는 양자택일 사이에 놓인 선이 분명하고 확실하게 보였는데 (창세기와 신명기가 그런 것처럼), 더 이상 그 선이 뚜렷하지 않다. 오늘 어떤 상황에서 저주가 되는 구절이 내일 또 다른 상황에서는 축복이 될 수 있다; 규범적으로 읽을 때 저주하는 구절이지만, 묘사적으로 읽을 때는 축복이 되기도 한다. 올바른 선택을 할 책임은 독자에게 달려 있다. 그리고 성경은 이렇게 독자가 분간할 수 있도록 권리를 부여해준다.

사탄(악마)이 광야에서 도전했을 때, 예수님은 선택의 권리를 행사하셨다 (마 4:1-4). 사탄이 돌로 떡을 만들라고 시험했을 때, 예수님은 신명기에서 시험에서 벗어나게 해주는 본문을 선택하셨다 (4:8). 사탄 역시 성경을 인용하면서 (시편 91:11-12), 예수님이 성전 꼭대기에서 뛰어내려도 하나님이 보호해 주리라고 예수님을 안심시키려고 했을 때, 예수님은 그 본문은 현재 상황에서 자신에게 맞는 하나님의 말씀이 아니라며 거절하셨다. 예수님은 역시 신명기 (6:16)에서 인용한 다른 본문을 선택하시어 사탄이 한 말을 정반대로 만드셨다. 사탄이 저주를 위해 성경을 선택하여 사용하였지만, 예수님의 선택은 축복을 위한 것이었다. 세 번째로, 사탄이 예수님에게 세상의 모든 나라를 줄 터이니 자기에게 절하라고 하자, 예수님은 권력, 힘, 그리고 통치에 대한 유혹에 대항하여 생명을 주는 본문을 또 한 번 신명기에서 선택하셨다 (6:13). 이 이야기들은 예수께서 자신의 권위를 세우기 위해 성경의 권위에 호소할 때, 성경의 내용을 선택할 권리를 사용하신 것을 보여주는 것들이다. 성경의 말씀을 판단한 후, 예수님은 처한 상황에 맞는 어떤 말씀은 선택하고, 맞지 않는 것은 사용하지 않으셨다.

비록 "성경의 권위" 라는 뜻을 정의내릴 수는 없지만, 이 문구는 단순한 공식이라기보다 개념들이 모인 것이라 할 수 있다. 개념들 자체도 여러 가지로 해석이 가능하지만, 이러한 개념들은 다양한 상황 속에서 저자들, 본문들, 그리고 독자들 사이에 퍼져 나간다. 따라서 고대로부터 현재까지, 성경의 권위라는 주제는 여전히 불안정한 상태로 남아 있다. 비록 이스라엘의 예언자들이 하나님의 말씀을 대변한다고 종종 주장했지만, 말씀의 권위를 증명할 수는 없었다 (Carroll을 보라). 하지만 예언자들을 비판하던 사람들도 역시 성경의 권위를 무너뜨릴 수 없었다. 예수님이 비판자들로부터 권위에 대한 질문을 받으셨을 때, 예수님은 그들의 속마음을 드러내어 부끄럽게 하면서 대답하기를 거부하셨다 (막 11:28).

더 자세히 알기를 원한다면

Bird, Phyllis A. "The Authority of the Bible." In *The New Interpreter's Bible.* Edited by Leader Keck. Nashville: Abingdon,, 1994-2002. 1:33-64.

Carroll, Robert P. *When Prophecy Failed.* New York: Seabury, 1979.

Crenshaw, J. L. *Prophetic Conflicts: Its Effects Upon Israelite Religion.* Berlin 1971.

Miller, Patrick D. *Deuteronomy.* Louisville: John Knox, 1990.

Polzin, Robert, *Moses and the Deuteronomist: A Literary Study of the Deuteronomic History,* Part One. New York: Seabury, 1980.

Riches, John. *The Bible: A Very Short Introduction.* Oxford: Oxford University Press, 2000.

Russell, Letty M. *Household of Freedom: Authority in Feminist Theology.* Philadelphia: Westminster, 1987.

Sakenfield, Katharine Doob. *Ruth.* Louisville: Westminster John Knox. 1999.

Sanders, James A. *From Sacred Story to Sacred Text: Canon as Paradigm.* Philadelphia: Fortress, 1987

성경의 영감력

로벗 누스 (Robert Gnuse)

유대인들과 그리스도인들에게 "영감"이라는 용어가 갖는 근본적인 의미는, 일시적이든, 극적이든 혹은 조용하면서 오래 지속되든, 거룩한 영이 사람들 안에 거하는 것이다. 구약성경에 나오는 주님의 영이든지 혹은 신약성경에 있는 성령이든지, 영감이라는 표현은 개인과 공동체를 강하게 만들어 주고, 흥분시켜 주고, 깨우쳐 주고, 혹은 지도할 수 있는 하나님으로부터 온 강한 힘을 가리킨다. 이러한 여러 가지 방법으로 사람들은 하나님께서 주시는 "영감을 얻는다". 그러나 유대인들과 특히 그리스도인들은 하나님이 주신 영감을 특정한 형태로 뜻깊게 여기게 되었는데, 바로 성경이 만들어지는 배후에 이것이 놓여있는 힘으로 본 것이다.

구약성경의 견해

구약성경 기자들은 영이 개인에 들어가 짧은 기간 동안 그를 사로잡든가 혹은 개인이 오랫동안 지도받고 깨우침을 받는 힘이라고 보았다. 용사들이나 "사사"들은 하나님의 영을 받으면 며칠이나 몇 주가 걸리는 전쟁이나 군사활동에 뛰어들도록 동기를 부여받는데 (삿 3:10; 6:34; 11:29; 14:6, 19; 15:14; 삼상 11:6), 이들이 영을 받는 방식은 때때로 산업혁명 이전 시대에서나 찾아볼 수 있는 "용맹스러운 전사"를 상기시켜준다. 사람들은 단지 몇 분간 혹은 몇 시간 동안 본인이 원하든지 원하지 않든지 황홀한 경험을 체험할 수도 있는데, 그 동안 하나님의 중재자가 되어 하나님으로부터 "영감을 받은" 소식을 전한다. 예를 들어, 엘닷과 메닷 (민 11:25-26) 그리고 사울을 들 수 있다 (삼상 10:6-13; 19:20-24). 영은 어떤 사람의 육신을 사로잡을 수도 있고 (겔 2:2; 3:12, 24), 사람을 다른 곳으로 옮겨 갈 수도 있다 (왕상 18:12; 왕하 2:16; 겔 8:3; 11:24; 43:5). 주님의 영 혹은 하나님의 영은 모세, 여호수아 (모세가 전해 주었다, 신 34:9), 엘리야와 엘리사 (엘리야로부터 곱절을 받았다, 왕하 2:8-15) 안에 거하셨다고 전해진다. 이와 비슷한 방식으로, 예수님은 성령을 제자들에게 주셨다 (요 20:22-23; 행 2장). 영이 사로잡는 것이 조용히 오랫동안 지속될 수도 있다. 하나님의 영은 사람과 동물에게 생명을 줄 수 있고 (창 1:2; 2:7; 시 104:24-30), 창조적인 능력 (출 35:34), 분별하는 지혜와 꿈을 해석하는 능력 (창 41:38), 혹은 신을 통해 선택받은 지도자를 확인해 (다윗, 삼상 16:13) 줄 수도 있다. 이러한 모든 성경본문에서, 하나님의 영은 실제 사람이나 신적인 존재라기보다는 오히려 하나님이 보내신 어떤 힘으로 묘사되어 있는데, 만일 사람이 신적인 존재라고 하면, 하나님과 동일하다는 개념과 충돌을 일으키기 때문이다. 어떤 구절에서는 영이 하나님의 마음 혹은 인격으로 나타나 있다 (사 34:16; 40:13; 63:10-14).

전통적인 예언자들은 "하나님의 말씀"을 선포하도록 이끈 힘이 영이라고 말했다. 영은 예언자의 사명을 감당할 수 있는 사람을 보내거나 (사 48:16; 59:21; 61:1), 선포해야 할 필요가 있는 소식을 예언자에게 주거나 (겔 11:5), 혹은 예언자들에게 말할 수 있도록 능력을 채워주었다 (미 3:8). 미래에는 모든 신자에게 영의 능력이 주어질 것이다 (욜 2:28-29).

포로생활에서 돌아온 이후의 본문들에서는 하나님의 영이 특별히 종교적인 대변인들 안에 거한 것으로 보이는데, 대변인은 이전 시대에 예언자와 같은 사람들이었다 (느 9:30; 슥 7:12). 이러한 관점에서 보면, 나중에 성경의 영감을 이해하는 믿음이 어느 날 갑자기 생겨난 것이 아니라, 일찍이 생겨나서 차츰 발전해 왔다는 사실을 알 수 있다. 후에 제2성전시대에 와서는 "하나님의 영"과 "예언의 영"을 동일시하게 되어, 유대교 저자(특별히 후대의 랍비들)들은 이제 더 이상 성령의 감동을 받은 선지자들이 말하지 않는 시대에 살게 되었고, 예언은 에스라와 더불어 끝났다고 생각하기 시작했다. 에스라는 토라를 다시 쓰기 위해 옛날의 "예언의 영"을 받으려고 기도했다. 그러나 에스라는 단지 서기관의 영감력을 받았을 뿐이었다. 에스라 이후에도 실제로 예언자가 존재한다고 인정했던 요세푸스와 같은 저자들은, 그런 예언자들은 영감을 받은 문학을 창작하지 못했기 때문에 이전의 예언자들과 동등하지 않다는 것을 분명히 밝혀야 했다.

사해사본을 포함한 외경문서와 위경문서에서, 하나님의 영이라는 개념과 하나님의 영감이라는 개념이 더욱 발전했다. 아마도 유일신관이 마침내 승리를 거두었기 때문에 좀 더 인격적인 이미지를 지닌 주님의 거룩한 영을 말하는 것이 가능했던 것 같다. 유대인들의 마음 속에 하나님의 인격적인 이미지와 하나님의 단일성이 더 이상 위협을 받지 않았기 때문이다. 유대인들은 미래에 다가올 종말의 시대에 하나님의 영이 오실 것이라고 믿었다. 이 영이 미래에 오실 메시아 안에 거하든지, 혹은 대제사장이 모든 백성에게 그 영을 가져다주든지, 영에 충만한 메시아의 이미지에 영향을 주었던 사상은 예수님께 속한다고 생각했다 (특히 복음서에 있는 세례에 관한 기사 속에서). 사해 사본에서 다른 개념들도 볼 수 있는데, 공동체의 법, 훈련 매뉴얼 1QS 3:13-4:26에 있는 "두 가지 영"(하나는 "진리"; 또 하나는 "사악")의 교리부터, 하나님이 주신 영이 세상을 창조하고, 입문한 사람들을 쿰란 공동체로 인도하고, 그리고 종말론적 시대에 사람을 새롭게 하실 것이라는 장황한 논의까지 볼 수 있다 (제1쿰란 동굴에서 나온 감사 찬송 1QH 9:32; 12:11-12; 13:18-19; 16:11; 17:17, 26; 1QS 4:2-23; 9:12). 여기서 사용된 언어의 많은 부분은 나중에 그리스도교적인 이미지의 전조가 된다. 유대의 철학자 필로(Philo)는 영감에 의한 예언이라는 희랍 개념을 끌어와 "예언의 영"에 대해 말했다. 때로 필로는 인격을 지닌 포괄적인 추상적 개념으로서의 영을 말했다. 필로의 생각이 영과 성경의 영감에 대한 그리스도교 사상에 영향을 미쳤을 수 있다. 일반적으로, 영감과 관련된 문학은 헬라 영향을 받은 유대인들에게서 생겨난 듯하다.

신약성경의 견해

궁극적으로 우리는 신약성경에서 이러한 개념들이 영의 이미지로 발전하는 결과를 볼 수 있고, 혹은 성령이 하나님의 연장이라는 인격화된 모습으로 나타나는 것을 볼 수 있다. 후기 그리스도교 신학은 2세기와 3세기에 이르러 이러한 개념들을 더 다듬어 삼위일체라는 고전적인 교리를 형성하게 되는데, 여기서 성령은 하나님의 세 가지 인격 (라틴어로 *펄소나*, 희랍어로 *휴포스타시스*) 중 한 분이시다 (라틴어 *에센티아*, 희랍어 *우시아*).

복음서들은 하나님께서 보내주신 영으로 인하여 예수님은 영이 충만하여 가르치고 귀신을 내쫓으시는 사역을 행하는 모습을 묘사해 주는데, 예수님은 나중에 하나님께서 받은 그 영을 제자들에게 전해 주셨다 (눅 24:36-49; 요 20:19-23; 행 2장). 초대교회 공동체가 영을 역동적으로 체험한 결과로 이러한 중요한 속성이 예수님께 속해 있다는 사실을 깨닫게 되었을 것이다. 바울 서신에서, 영의 신학은 두드러지게 발전했다 (특히 로마서에서). 우리는 후기 바울 서신들에서 신적인 정체성을 지닌 성령의 이미지가 자리잡혀 가는 것을 보게 된다. 누가복음-사도행전에서 성령은 교회가 결정을 내리도록 인도하고, 지혜를 전하고, 선포하는 말에 영감을 주고, 사람들의 회심에 개입하고, 심지어 마리아가 임신하게 만든다 (눅 1:35). 영의 신학은 또한 베드로전서와 요한복음에서 중요하다. 성령의 역사하심으로 문헌들이 생겨나는 것은 당연한 사실이다.

후기 신약성경에서 성령으로 받은 영감에 대한 인용문으로 성경본문, 즉 현존하는 구약성경 문헌에 감동을 주었다고 언급한 것을 보게 된다. 후에 그리스도인들은 영감에 대한 이론을 설명하기 위해서 신약성경에서 얼마 되지 않는 이러한 구절에 호소하게 될 것이다. 그리고 아마도 너무 많이 그 구절들에 의지하여 유래를 찾은 것 같다.

딤후 3:16은 성경은 책망과 바르게 함과 의로 교육하기 위해서 성령의 감동을 받아 쓰여졌다고 주장한다. "성경"은 틀림없이 히브리 율법서와 예언서들(정경의 세 번째 부분인 성문서는 아직 유대인과 그리스도인에게 뚜렷하게 정의되지 않은 상태였다)을 포함했을 것이다. 이에 덧붙여서, 성경이라고 언급한 것에는 유다서와 베드로후서가 인용하고 있는 위경인 에녹서, 다른 묵시서와 위경 작품, 그리고 아마도 바울서신도 포함될 뿐만 아니라, 대부분의 성문서가 포함되었을 것이다. 저자는 하나님께서 오래되고 죽은 과거의 문학에 숨으로 생명을 불어넣어서 그리스도인들이 사용할 수 있도록 만들었다고 암시했을 수도 있다. 하나님이 주신 "모두" 혹은 "어느 것이나 다" 성경이 유익하다고 할 때, 아마도 "하나님의 영감을 받은" 성경들만 실제로 유익하다는 ("모든 성경은 하나님의 영감으로 된 것으로서") 것을 암시할 수 있으며, 이렇게 되면 뜻을 제한하는 말이 된다. 저자의 의도가 무엇이든지 간에, 그리스도인들이 너무나 자주 이 구절에서 애타게 기대하는 것을 저자는 말해주지 않는다; 과학과 역사 문제에 대한 무오성이나 신학과 윤리에 대한 무오성을 언급하지 않고, 성경의 정경에 대해서도 말하지 않으며, 성경이 신앙을 뚜렷이 표현하는 유일하고 으뜸가는 토대가 틀림없다고 당연시하는 말도 하지 않는다.

벧후 1:20-21은 예언의 결과로 생긴 문헌이라기보다는 오히려 예언의 기원을 언급하고 있는 것 같으나, 그래도 저자는 아마 예언의 결과로 생기는 문헌을 구약성경에 포함시켜 이해했을 것이다. 예언자들은 예수님이 오실 것을 증거했기 때문에 믿을 만했다. 딤후 3:16에는 성경의 원작자는 하나님이라고 생각한 반면, 베드로후서의 구절은 분명히 인간적인 구성요소가 있다고 암시하는데, "사람들"이 성령에 이끌려서 말하게 되기 때문이다; 말하는 과정은 받아쓰기와 같은 일이 아니다. 우리는 하나님과 인간이 성경본문의 공동저자가 된다고 하는 영감에 대한 역동적인 견해를 느낄 수 있다.

오늘날 그리스도인들은 필요 이상으로 다른 구절들에 호소하고 있는 것 같다. 요 10:35에서 예수께서 "성경은 폐하지 못한다"고 말씀하신다. 그러나 이 말씀은 예언자들이 마음에 그리던 하나님의 계획을 하나님께서 충실하게 펼치실 것이라는 뜻이다; 성경의 영감이나 혹은 권위의 본질을 묘사하는 것이 아니다. 마 5:17-18에서, 예수님은 율법은 이루어지기 전에는 없어지지 않을 것이라고 하신다. 그러나 여기서는 성경 전체가 아닌, 토라 규정에 있는 도덕적인 요구사항에 대해 말씀하고 계시다. 이렇게 보면 실제로 오로지 신약성경의 두 구절만 성경의 영감에 대해 말하고 있으며, 자세히 살펴보면 사실상 그것도 아주 제한적이다. 특히 현대는 이 사실이 성경이 가진 영감의 본질을 놓고 그리스도인들 사이에 큰 논쟁이 일어날 가능성을 열어놓고 있다.

초대교회 전통에서 구약성경과 신약성경의 글들은 영감을 받고 권위를 가진 것으로 묘사되었다. 또 어떤 문헌은 하나님의 영감을 받은 것처럼 보였지만 정경에 포함될 가치는 없었다: *바나바 복음서; 헤르마스의 목자*; 이그나티우스, 폴리갑, 로마의 클레멘트가 쓴 다양한 편지; 그리고 그외 또 다른 것들이 있었다. 이것은 정경에 포함된 경우, 영감이 아닌 다른 이유 때문에 포함되었음을 암시해 주며, 아마도 글이 권위를 가지게 된 이유가 영감이 아닌 또 다른 이유 때문일 것이라는 것을 암시해 준다. 그러나 일반적으로 그리스도인들은 영감이라는 신학적인 개념과 책이 신학적으로 권위를 지니고 정경에 포함되는 이유를 관련시켰다. 권위, 영감, 그리고 정경의 자격 등의 여러 가지 국면을 나누는 학술적인 논쟁은 현대에 와서야 비로소 시작되었다.

초대교회 교부들은 성경의 영감을 당연한 일로 여기기는 했지만 다른 해석 방법을 사용하였다. 안디옥학파 (몹수에스티아의 세오도르, 존 크리소스톰, 그리고 다른 이들)는 지나치게 알레고리적으로 해석하는 것을 피하기 위해 보다 더 문자 그대로 읽은 반면, 알렉산드리아학파(알렉산드리아의 클레멘트, 오리겐, 그리고 다른 이들)는 영적인 그리스도교적 영감을 찾을 때 노골적인 의인화(anthropomorphism)하는 것을 피하기 위해 본문을 알레고리적인 의미로 해석하였다. 모두가 영감에 대해 말하기는 했지만, 많은 사람들이 성경본문의 인간적인 면을 깨닫고, 따라서 하나님이 인간 저자들을 통해서 인간이 가진 유한한 지식에 어떻게 "개인과 환경이 조화된 관계"(accommodation)나 "은혜를 베푸는 것처럼"(condescension) 의사를 전달하려고 했다 (오리겐, 크리소스톰, 그리고 특별히 어거스틴).

중세기의 해석가들은 성경본문에서 여러 가지 의미를 찾아낼 수 있을 만큼 영감의 능력이 위대하다고 생각했다: 문자 그대로, 알레고리적으로, 교훈적으로 (도덕적인), 그리고 비유적으로 (종말적인) 이루어진 여러 층을 끄집어낼 수 있었다. 이러한 방법은 기원후 2세기에 이단 사상가들이었던 소위 영지주의자들에게서 나왔고 알렉산드리아 학파 해석가들을 통해 전달되었다.

종교개혁과 개신교가 "오직 성경으로" 라고 주장하게 되면서, 영감에 대한 화제는 무척 중요해졌다. 신학을 위해 당시의 로마 가톨릭 전통에 의지하던 것에 반대하여, 개신교 개혁자들은 성경이 제일 중요하다는 것을 뒷받침하기 위해 영감이라는 개념을 사용하였다. 마틴 루터, 존 칼뱅, 그외 다른 사람들이 영감에 대해 언급했다. 그러나 개혁자들은 모든 성경본문을 문자 그대로 받아들여서는 안 된다는 것과 성경 이야기는 역사적 조건에 영향을 받는다는 인식을 성경을 주해하는 방법을 통해 보여주었다. 1550년에서 1870년까지 로마 가톨릭 (예를 들어, 레오나드 레시우스, 프란시스코 수아레즈, 잭쿠에스 본프레레, 리차드 시몬, 요한 잔, 다니엘 하네버크)는 성경의 권위에 대한 개신교적 원칙(Protestant Principle)을 훼손시키려고 애쓰면서, 영감에 대한 최소한도의 타협을 제시하였는데, 하나님은 성경에서 단지 오류를 방지하셨을 뿐, 교회가 잇달아 성경에 권위를 부여했다는 사실을 제시하였다.

17세기의 정통시대와 18세기 이성의 시대에는, 성경의 권위와 성경의 영감이라는 개념은 이신론자와 합리주의자 사상가들의 비판을 받았다. 이에 대항하여 많은 개신교인은 (예를 들어, 요한 게르하트, 요한 쿤스테트, 세오도르 베자, 그리고 특별히 프란시스 투레틴) 성경은 엄연히 하나님의 영감을 받았고 문자 그대로 이해하도록 고안된 특징이 있다는 것으로 응수하였다.

19세기 그리스도교 해석가들은 서서히 성경본문에 대한 역사적-비평적인 접근방식을 받아들이기 시작했다. 많은 비평학자들은 영감은 쓰여진 본문이 아니라, 원래 대변인에게 놓여 있다고 보았으며, 어떤 사람들은 영감의 경험은 하나님보다는 인간의 의식에서 출발하였다고 생각하였다. 보수적인 개신교인들은 19세기 초에 성경의 무오성이라는 사고를 발전시켜 응수했으며, 20세기 초에는 근본주의로 알려진 운동이 일어났는데, 이전의 교회사 중 어떤 때보다 더욱더 영감의 교리와 문자적인 해석에 철저한 운동이었다. 20세기는 영감의 본질과 성서의 해석을 두고 기독교인 사이에 의견을 달리하면서 다시 현대 개신교 무대에 논쟁이 일어나게 되는데, 비평적인 성경 방법론을 널리 사용할 뿐 아니라, 신학을 하는 데 성경을 광범위하고도 비판적으로 사용하는 신정통주의 사상가들(칼 바르트, 에밀 브루너, 루돌프 불트만, 그리고 다른 이들)에 의해서 논쟁이 전개되었다.

일곱 가지 정의

1800년 이후로, 그리스도교 사상가들은 성경의 영감에 대해서 일곱 가지 광범위한 정의를 제안해 왔었다:

(1) 그리스도교 근본주의자들과 극도로 보수주의적인 사람들은 "축자영감설"이나 "전면적 신감"이라는 다양한 용어가 보여주듯이 성경본문들이 하나님 이 불러주신 것을 받아 적어 썼다고 주장한다. 그 결과 성경본문은 신앙이나 도덕의 문제뿐만 아니라 (전혀 오류가 없는), 과학적이고 역사적인 문제에 있어서도 잘못이 없는 (틀림이 없는) 것으로 여겼다. 따라서 문자 그대로 본문을 해석하는 것을 지지하는데, 어느 정도인가 하면, 심지어 창세기 1장에서 하루 24시간을 기준으로 6일 동안 천지를 창조했다고 인정했다. 이러한 입장은 19세기 후반에 프린스턴 신학교에서 가르치던 신학자들, 특별히 벤자민 월필드에 의해 뚜렷하게 표현되었다. 이 입장은 신학과 윤리를 만들어낼 확실성을 위하여, 오류가 없는 성경이 절대적으로 필요하다는 것을 확인하려 애쓴다. 엄청나게 많은 기독교인들이 오늘날까지 적극적으로 혹은 수동적으로 이 견해를 고집하고 있다.

(2) 무오성이라는 개념을 보다 융통성 있게 사용하는 것을 지지하는 사람들은 참 그리스도인이 되기 위해서 무오성을 믿을 필요는 없다고 주장한다. 이러한 사상을 옹호자들은 무오성에 대한 그러한 견해는 신앙의 도약을 요구하며 또 그것이 꼭 필요하거나 자명한 신학적인 주장은 아니라고 인정한다. 옹호자들은 무오성은 원래의 원고나 "자필"(워필드가 그랬던 것처럼)에 제한되었다고 인정할 뿐 아니라, 성경본문에 있는 오류나 모순은 현대의 비평 학문을 통해 가려낼 수 있다고 주장한다. 현대의 보수적인 개신교 지식인들에게서 자주 이러한 견해를 발견할 수 있다.

(3) 많은 보수 신학자들은 성경이 역사와 과학에 관한 문제에서 잘못이 없는 것이 아니지만, 여전히 신앙과 도덕의 문제에 관해서는 오류가 없다고 인정한다. 하나님은 "개인과 환경이 조화된 관계" (accommodation)—즉, 특수한 역사적-문화적 배경 속에서 제한된 인간의 지식을 통해 종교적인 진리를 인류에게 전달하셨다. 성경은 부정확한 것을 담고 있을 수 있지만 일부러 속이려는 것과는 거리가 멀다. 성경은 "본질적인 진리를 담고 있는데, 현대 해석가들은 비판적인 연구를 통해 고대 텍스트에서 진리를 알아낼 수도 있다. 어거스틴과 같은 초대의 교회 교부들은 이 입장을 옹호한 것으로 보인다. 비판적인 학자가 되려고 애쓰는 현대의 보수적인 개신교인과 구교인 뿐 아니라, 19세기 구교 학자인 하인리히 덴징거와 마리-죠셉 라그레인지도 이런 입장을 취했다 .

(4) 지나간 몇 세기 동안 중요한 신학자들—윌리암 로벗슨 스미스, 존 헨리 뉴만와 같은 19세기 옹호자와 "내용의 영감"("content inspiration")을 지지하는 로마 가톨릭 옹호자 (요한네스 프란즈린, 프랑솨 러노망, 크리스찬 페쉬), 그리고 현대 저자들—은 성경에 있는 실제의 말이 아니라, 사상만 영감을 받은 것이라고 주장한다. 말씀은 전적으로 유한한 인간과 사람들이 살던 문화적 시기의 산물이다. 비록 인간이 오류를 저지를 가능성이 있긴 하지만, 하나님의 말씀은 인간의 깊은 경험 속에서 발견되는 거룩한 현존에 그 기원을 두고 있기 때문에, 하나님의 말씀은 여전히 권위 있는 말씀이 된다. 성경은 신앙과 도덕의 문제에서 권위를 지니지만, 나머지 본문은 구속력이 없는 임시결제 (obiter dicta) 혹은 "우연히 일어나는 의견"(존 헨리 뉴먼이 이렇게 묘사했다)을 포함하고 있다.

(5) 현대 비평 학자들은 오직 최초의 대변인들이 경험한 것만 영감을 받았다고 할 수 있다는 의견을 제시해 왔는데, 특히 수많은 다른 서기관과 편집인들에 의해 기록된 문헌이 본문의 이름을 붙였던 사람보다 더 늦게 만들어졌기 때문이다. 이와 같이 최초의 예언자들과 사도들이 받았던 영감은 신/인간의 만남 혹은 인간의 머리 속에 있는 종교적인 천재성이 만들어낸 결과였을 것이다. 요한 허더(Johann Herder)가 제일 먼저 이런 견해를 밝혔으며, 뒤를 이어 후대의 독일 이상주의자들, 에르랑겐 신앙고백 (the confessional Erlangen) 학파, 윌리암 샌데이, 해리 에머슨 포스딕, 찰스 다드, 그리고 수많은 현대 학자들이 이 견해를 따랐다. 이 견해를 따르면, 해석자는 성경본문에 있는 사상과 말을 둘 다 분석할 수는 있지만, 전체적인 종교적 메시지나 혹은 성경이 확인시켜 주는 듯한 지적인 전개의 방향을 인정한다.

(6) 독일 철학자 마틴 하이데거의 실존주의 영향을 받은 신정통주의 신학자들(칼 바르트, 에밀 브루너, 그리고 다른 이들)과 루돌프 불트만과 그의 학파는 하나님의 말씀과 성경을 동일시하지 않는다. 오히려 성경은 하나님의 말씀을 담을 수 있으며, 하나님의 말씀은 읽는 이나 듣는 이를 직접 대면한다고 말할 것이다. 그래서 하나님의 말씀은 책 안이 아니라, 교회의 구두 혹은 "살아있는 목소리"에서 찾아볼 수 있다; 그리고 하나님의 영감은 하나님과 기독교인 사이의 살아있는 만남 속에 자리잡고 있거나, 혹은 기껏해야 텍스트가 개인에게 말하는 것이 있을 때만 성경본문은 영감을 받은 것이다.

아주 대중적인 차원으로는 성령의 감동하심을 받은 사람은 본문을 읽고 때로는 하나님과 직접적인 접촉을 경험할 수도 있다는, 열광적이고 혹은 "성령으로 충만한" (Spirit-filled) 이해방식이 있다. 그럴 때 독자는 기존교회 지도자들과 학자들보다 더 완전하고 심지어 더 권위적인 의미로 성경을 해석할 능력을 받게 된다. 이러한 이해는 더 큰 교회 전통 안에서 의견의 차이를 가진 종교적인 운동으로부터 종종 나오며, 옹호자들은 신자들이 카리스마적인 은사를 받는 것 또한 강조하기도 한다.

(7) 또한 성경본문이 생기는 전체 과정을 영감의 덕분으로 돌리는데, 현대의 로마 가톨릭 성서학자와 신학자들 몇 사람, 그리고 몇몇 개신교도 다소 변형된 형태지만 이러한 입장을 취한다. "사회적인 영감"으로 불리는 이 모델은 믿음의 공동체가 전체로서 성경 본문을 창조하거나 (로마 가톨릭의 강조), 혹은 대변자들, 서기관들, 그리고 편집자들로 이루어진, 적어도 성경이 생겨나도록 기여한 공동체와 이를 지지한 사람들은 영감을 받았다고 (개신교의 강조) 묘사할 수 있다고 한다.

성경의 영감의 본질에 대한 논쟁은 그리스도인들 사이에서 계속 맹렬한 관심을 받게 될 것이다. 영감의 본질은 많은 사람들에게 성경의 권위와 직접적으로 관련되기 때문에 중요한 논의점이 된다. 본 저자를 포함해서 많은 신학자들은 기독론적이거나 실존적인 종교적 논의를 펼치면서, 성서가 권위를 가지는 이유는 아마 다른 곳에 놓여 있다고 주장할 것이다. 성서가 권위가 있을 때, 그러면 잇달아서 성서는 또한 영감을 받았다고 특징을 지을 수 있기 때문이다. 어느 관점이든지 성경 텍스트에서 차지하는 영감의 중요성을 어떤 식으로나마 확인시켜 준다.

더 공부하기를 원한다면

Barth, Karl. *The Doctrine of the Word of God.* Vol.1 of *Church Dogmatics.* Translated by Geoffrey Bromiley. Edinburgh: T. & T. Clark, 1956.

Beegle Dewey. *The Inspiration of Scripture.* Philadelphia: Westminster, 1963.

__________. *Scripture, Tradition, and Infallibility.* Grand Rapids: Eerdmans, 1973.

Benoit, Pierre. *Aspects of Biblical Inspiration.* Translated by Jerome Murphy-O'Connor and S. K. Ashe. Chicago: Priory, 1965.

Brunner, Emil. *Revelation and Reason.* Translated by Olive Wyon. Philadelphia: Westminster, 1946.

Burtchaell, James. *Catholic Theories of Inspiration Since 1810.* Cambridge: Cambridge University Press, 1969.

Collins, Raymond. "Inspiration." In *The New Jerome Biblical Commentary.* Edited by Raymond Brown et al, 1024-1026. Englewood Cliffs: Prentice Hall, 1990.

Davis, Stephen. *The Debate About the Bible.* Philadelphia: Westminster, 1977.

Dodd, Charles. *The Authority of the Bible.* Rev. ed. London: Fontana, 1960.

Fosdick, Harry Emerson. *The Modern Use of the Bible.* New York: Macmillan, 1924.

Gnuse, Robert. *The Authority of the Bible.* New York: Paulist, 1985.

__________. "Social Inspiration." In *The Struggle Over the Past,* Edited by William Shea, 137-55. Lanham, Md.: University Press of America, 1993.

__________. *No Other Gods,* Sheffield, England: Sheffield Academic Press, 1998.

__________. "Authority of the Bible." In *Dictionary of Biblical Interpretation.* Edited by John Hayes. Nashville: Abingdon, 1999. 1:87-91.

Horn, Fredrich. "Holy Spirit." Translated by Dietlinde Elliott. *Anchor Bible Dictionary.* Edited by David Noel Freedman. New York: Doubleday, 1992. 3:263-64.

Kraeling, Emil. *The Old Testament Since the Reformation.* New York: Schocken, 1955.

Lampe, G. W. "Holy Spirit." In *The Interpreter's Dictionary of the Bible.* Edited by George Arthur Buttrick. Nashville: Abingdon, 1962. 2:626-30.

McKenzie, John. "The Social Character of Inspiration." *Catholic Biblical Quarterly* 24 (1962) 115-24.

Newman, John Henry. *On the Inspiration of Scripture.* Edited by Derek Holmes and Robert Murray. Washington: Corpus, 1966.

Orr, James. *Revelation and Inspiration.* New York, Scribner's, 1910. Reprint, Grand Rapids: Eermans, 1952.

Pinnock, Clark. *Biblical Revelation.* Chicago: Moody, 1971.

Rahner, Karl. *Inspiration in the Bible.* 2nd ed. Translated by Charles Henkey. New York: Herder and Herder, 1964.

Reid, John. *The Authority of Scripture.* London: Methuen, 1962.

Rogers, Jack, and Donald McKim. *The Authority and Interpretation of the Bible.* New York: Harper & Row, 1979.

Warfield, Benjamin. *The Inspiration and Authority of the Bible.* Edited by Samuel Craig. Philadelphia: Presbyterian and Reformed, 1970.

성경읽기와 이해를 돕기 위한 가이드

존 아르 도나휴 (John R. Donahue)

해석에 대한 간단한 개요

성경을 해석하는 데에는 많은 도전이 있다. 해석되지 않은 본문은 결코 존재하지 않을 뿐더러, 본문에 가장 명백한 의미를 놓고도 의견의 일치를 보지 못한다. 모든 독자는 문화적, 사회적, 개인적인 견해를 가지고 본문을 대하게 되는데, 이 점이 언제나 해석에 영향을 미친다. 그러나 성경이 오래된 것만큼, 성경을 해석해 온 역사도 오래되었다. 시 104편은 창 1장에 있는 이야기를 되풀이하여 말해주는 창조에 대한 아름다운 찬송이다. 한편, 시 78편과 105편에서는 이집트에서 해방된 이야기와 광야에서 헤맨 이야기가 되풀이되고 있다. 역대지상하는 열왕기상하에 있는 내용과 동일한 사건을 많이 다루고 있지만, 포로생활 이후 공동체의 시각에서 이야기하고 있다. 바빌로니아와 알렉산드리아, 그리고 로마까지 이르는 고대 세계의 전역에 유대 공동체가 펴지게 되자, 히브리성경이 희랍어로 번역되는데, 그 때 희랍인 청중을 위해 어려운 용어들이 해석되었었다. 기원후 1세기에 와서는 알렉산드리아의 필로(기원전 20-기원후 50)가, 호머의 *일리아드와 오딧세이*를 헬라적으로 해석하는 데 쓰던 방법을 적용하여 성경을 해석했으며, 마찬가지로 희랍어로 저작 활동을 하던 플라비우스 요세푸스(기원후 37-100년)는 *유대인들의 고대사*를 쓰면서, 유대 역사에서 따온 위대한 이야기들을 독특한 방식으로 고쳐서 사용하고 있다.

히브리성경을 제대로 모르면 신약성경에 나오는 글을 제대로 이해할 수 없는데, 신약성경의 글 안에 특정한 구약성경 본문이 재해석되어 있을 뿐 아니라, 구약성경에 나오는 중요한 인물과 사건이 넌지시 복합적으로 언급되어 있기 때문이다. 복음서가 서로 간에 갖는 관계에 대해 어떤 이론을 취하든지간에 (예를 들어, 마가복음 혹은 마태복음이 먼저 쓰여졌나 하는), 새로운 자료를 덧붙이든지, 혹은 앞선 복음서를 편집하거나 바꾸든지 하는 쌍방의 방식으로 결국 어느 한 복음서는 나머지 복음서를 해석한 셈이 되어 버린다.

예루살렘 성전이 파괴된 (기원후 70년) 이후의 시기에, 유대교 서기관들과 그리스도인 신학자들은 두 진영 모두 성경본문을 읽는 다른 방법들을 전개시켰다. 양쪽 전승들에서 해석을 이끄는 역할을 한 것은 세 가지였다: 성경은 숨어 계신 하나님의 계시라고 깨닫는 것, 성경은 독자들이 처한 상황에 적용되어야 한다는 것, 그리고 성경은 귀에 거슬리고 이해하기 힘든 구절도 담고 있다는 것이었다 (예를 들어, 하나님이 인간의 이미지로 묘사된 것). 장로 힐렐(기원전 20-기원후 15년)은 당시의 해석방법을 유명한 일곱 가지 법칙으로 요약하였다 (예를 들어, "덜 중요한 것에서 시작하여 가장 중요한 것까지", 유추에서 나온 논법, 주제가 닮은 것끼리). 뒤를 이은 랍비(예를 들어, 기원후 135년에 사망한 아키바)들이 이러한 법칙들을 논쟁하기도 하고 검토하기도 하는 한편, 유대교에서 "구전으로 전해오던 토라"(Oral Torah)는 이 때에 미쉬나(Mishnah)로 구체화되었는데, 이전에 모세의 율법을 해석하던 구전 전승들을 글로 기록한 전집이다. 그리고 그 미쉬나는 중세 시대와 현대 초기에 이르는 오랜 동안에 방대한 해석 문학은 물론이고, 바빌로니아와 예루살렘의 탈무드, 미쉬나에 대한 주석들도 낳게 되었다.

오리겐(기원후 185-254년)과 알렉산드리아학파에 속한 동료 학자들이 노력한 결과, 성경이 가진 다양한 의미를 충분히 발전시킨 해석 이론이 나타나기 시작했다 ("알렉산드리아" 주석). 오리겐의 주석 방법은 주로 동료 알렉산드리아 사람인 유대 철학자 필로(기원전 25-기원후 40년경)에게 영향을 받으면서 발전하게 되는데, 필로는 구약성경에 있는 귀에 거슬리는 부분을 설명하기 위해, 또 본문에 있는 문자 그대로의 어려운 의미 뒤에는 더욱 깊은 영적 진리가 숨어 있다고 주장하기 위해, 알레고리를 사용하였다. 어원상 단순히 "다른 어떤 것을 말하다" 라는 것을 뜻하는 알레고리는, 본문 표면상의 의미와 다르면서 더욱 의미심장한 무언가를 숨기고 있다고 생각한다. 알레고리에 호소하게 된 뒤에는 고대 희랍의 사상가였던 플라톤이 주장한 철학이 배후에 놓여 있었다. 플라톤은 이 세상은 그저 진짜 실체들의 그림자만 제공할 뿐이라고 주장했다. 플라톤의 철학과 뒤를 이은 계승자들의 철학인 신-플라톤 철학은 필로와 그리스도교적 해석의 많은 부분의 둘 다에 궁극적인 토대를 제공해 준다. 필로도 나름대로 다신교도 옛 그리스식 저자들에게 빚지고 있는데, 그들은 호머의 서사시에 등장하는 신들이 보여주는 창피하기 짝이 없는 행동거지를 해석하기 위해서 우화를 사용했다. 원형이 짜여졌다. 공동체에 뜻깊은 본문을 해석하는 문자 그대로 방법은,

그 본문이 불쾌감이나 스캔들을 일으키자 더 이상 오래 지속될 수 없었다.

오리겐은 논쟁의 대상이 되기도 하고, 또한 모든 것이 분명하지도 않다. 오리겐에게는 두 가지 바람이 해석의 동기가 되었다: (1) 구약성경을 그리스도인의 책(Christian book)으로 주장하기를 바랐는데, 이는 문자 그대로의 해석법으로는 불가능한 것이었다. 그리고 (2) 2세기 후반에 살았던 켈수스(Celsus)와 같은 이교도 비평가들에게 응수하기를 바랐는데, 그리스도교를 반대하는 작가였던 켈수스는 성경이 비도덕적이고 공상적이라고 하면서 비난했고, 복음서끼리 의견에 차이가 있다면서 비웃었다. 이에 응수하여, 오리겐은 문자 그대로의 뜻은 보다 깊고 더욱 바람직한 영적인 의미를 표현하는 매개체라고 주장했다. 때로 오리겐은 사람 안에 있는 몸, 영혼, 그리고 영 사이의 분리에 대응하여, 3중으로 된 의미—역사적 혹은 육체적인 의미, 도덕적 혹은 "심적인" 의미, 그리고 영적인 혹은 알레고리적인 의미—에 대해 말하였다. 또 어떤 때에는 문자 그대로나 혹은 구체적인 의미가 없는 본문에 대해서는 2중으로 된 차이점을 말했다.

오리겐(기원후 185-254년경)과 그의 동료 알렉산드리아학파가 사용했던 주석 방법은 종종 지나치게 단순한 것으로, 그들보다 1세기 후에 활동했던 안디옥학파 신학자들이 택했던 (예를 들어, 312년에 사망한 안디옥의 루시안; 390년에 사망한 다소의 디오도구스; 그리고 어떤 면에서 407년에 사망한 존 크리소스톰) 것보다 더 문자 그대로의 주석 방법과 대조를 이룬다. 그러나 안디옥학파 신학자들은 알레고리 사용을 자제한 반면, 사물을 조망해 보는 해석 방법(*theoria*)으로 제안했다. 사물을 조망해 보는 해석 방법은 현재에 처한 상황을 통해 구약성경의 예언자들이 미래를 보게 해주고 (예를 들어, 그리스도의 생애의 사건들), 따라서 미래를 예언할 수 있게 해주었던 통찰력 혹은 비전이라 할 수 있다. 초대교회의 동방 분파나 서양 분파는 쌍방 모두가 본문에 있는 "글자"(letter)는 단지 해석의 시작점일 뿐이라는 데 의견을 같이했다; 고대 세계에 살았던 사람들은 모두 해석은 문자 그 이상의 것을 포함하고 있으며, 각자가 본문으로부터 찾으려는 보다 더 심오한 의미의 진수를 빼내기 위하여 어느 정도 알레고리를 사용하게 된다고 동의했다 (Young을 보라).

초대교회 교부 신학과 중세 신학은 성경본문을 해석할 때 여러 가지 의미가 가능하다고 인정했다. 다시아(Dacia)의 어거스틴(1284년 사망)이 썼다고 자주 추측들을 하지만, 내용 면에서는 히포(hippo)의 어거스틴(354-430년)과 존 카시안 (435년경 사망) 시대에 속하는 2행 대구(couplet)에 이러한 생각이 잘 요약되어 있다.

Lettera gesta docet, quid credas allegoria,
Moralis quid agas, quo tendas anagogia.
(문자 그대로는 무엇이 일어났는지 가르쳐주고, 알레고리는 그대가 무엇을 믿어야 할 것을 말해주고, 도덕적인 의미는 그대가 무엇을 해야 하는지 말해주고, 영적 해석은 그대가 어느 곳으로 가고 있는지를 말해준다.)

비록 네 가지 의미가 표준화되기는 하였지만, 단순히 문자 그대로의 의미와 영적 의미 두 가지로 자주 분류된다. "영적"이라는 용어는 복합적이다. 어떤 때는 세속적인 의미와 대조하여 본문의 "참된" 의미를 일컫기도 하고, 또한 본문이 사람에게 내재된 영을 감동시켜서 주어진 본문을 성령의 도움으로 이해하는 방식을 가리키기도 한다. 만일 우리가 네 가지 "의미"를 주해나 해석 방법이 아니라, 성경이 다루어야 할 삶의 영역과 인간의 경험을 묘사하는 한 방법이라고 이해한다면, 그러면 "비판 이전"(precritical)이라는 의미는 성경을 "비판 이후"(postcritical)로 접근하는 현대에 유행하는 방법과 놀랄 만큼 비슷하다. 즉, 신학과 윤리를 위해 성경을 사용하고, 본문이 갖고 있는 고정된 의미를 거부하고, 그리고 독자의 역할에 대해 인정하는 것이다.

현대 역사비평 해석방법에 대한 안내

현대의 성경 해석은 종교개혁에 뿌리를 두고 있다. 이 때 루터와 다른 종교개혁자들은 교회 중심으로 성경을 해석하고 전용하는 것에 맞서서 사람들을 다시 성경으로 초청했다. 이 운동은 그리스와 로마 고전들을 읽는 비판적인 방법과 원어로 되돌아가기를 강조하던 인본주의자들에게서 영향을 받은 것이었다. 비록 종교개혁자들이 당시 유행하던 신학적이고 알레고리적인 주석을 거부하고, 성경이 으뜸이고 (*sola scriptura 오직 성경으로*) 성경이 성경을 해석해야 한다고 주장했지만, 그들 역시 성경본문이 가진 권위와 쓰임새를 결정하기 위해 궁극적으로는 신학적인 기준을 사용했다; 예를 들어, 본문이 은혜를 통해 믿음으로 의롭게 되는 교리를 담고 있는가?

개신교나 가톨릭교회는 본문을 비판적으로 읽는 것으로 시작했지만, 전통 사이에서 혹은 각 전통 안에서 양쪽에서 모두 일어난 종교적인 논쟁의 영향을 받아 이내 가지각색의 정통설로 (orthodoxies) 굳어지게 되었다. 오늘날 우리가 알고 있는 성서비평은 계몽주의의 산물로, 최근에 생겨난 과학적 세계관 때문에 오래 품고 있었던 종교적인 신념이 도전을 받던 때에 시작되었다. 이 세기는 또한 고대의 원고들과 본문들의 중대한 발견과 출판뿐만 아니라, 최근에 생겨난 역사적인 의식을 목격하였다. 이제 인류 집단은 과거를 재구성함으로써 스스로 누구인지 정의할 수 있게 되었다. 여기에 "역사비평 방법"의 기원이 놓여 있다.

본문의 역사비평은 흔히 광범위하며, 악 영향을 미치고 있는 용어이다. 원래, 역사비평은 독자들과 전혀 문화와 언어가 다른 환경에서, 과연 고대의 본문이 본래 상황에서 무엇을 의미했을까 이해하려고 애쓰는 것이다. 우리는 특정한 용어가 가진 복합적인 뉘앙스와 광범위한 갖가지 성경본문 안에 있는 문체와 글의 구성에 관심을 기울여야 할 것이다. 성경본문에 대해 제대로 된 역사비평적인 주석과 설명을 하기 위해서는, 고대 문서를 연구할 때 적용하는 언어적이고, 문법적이고, 그리고 문학적인 분석의 모든 도구를 사용하는 것이 뒤따른다. 이렇게 고찰하고 검토하기 위해서는 성경연구를 위한 도구들이 필요하다: 성경사전, 성구사전, 역사 지침서, 주석—그 모든 것이 전문가용과 관심 있는 일반 독자용으로 다 나와 있다 ("더 공부하기를 원한다면"을 보라). 역사비평에는 다수의 중요한 지침들이 있다.

(1) *성경을 "꼼꼼히 읽기."*

영어로 본문을 텍스트(text)라고도 하는데, 그 용어는 "직물을 짜다"(to weave)를 뜻하는 라틴어 텍세레(texere)에서 나왔다. 본문은 "성서해석적 텍스트 이해과정"(hermeneutical circle)을 발생시키는 의미들이 뒤섞인 그물망이다: 즉, 텍스트의 의미는 전체로서 결정해야 하지만, 전체적인 의미에 다다르기 위해서는 개별적인 일부분들을 연구할 필요가 있다. 본문 읽기에는 "문맥상의 분석 확장"(an expanding contextual analysis)이 포함되는데, 구절의 직접적인 문맥, 이 문맥을 앞서거나 혹은 뒤에 따라오는 것, 그리고 전체로서 문서가 가진 더더욱 넓은 맥락을 연구하는 것이다. 이러한 읽기는 텍스트의 더 큰 문맥으로부터 어떤 특정한 텍스트만 뽑아오는 것을 경계하는데, 주어진 경우에 어울리는 특정한 본문을 해석해야 하는 현대 설교자들에게는 엄청난 도전을 던져준다.

(2) *다루어진 문학의 장르 혹은 종류에 대한 지식.*

이 지침에는 별로 주의를 기울이지 않아서 끊임없는 논쟁이 생겨났다. 한 예로 창세기에 있는 창조 이야기를 들 수 있는데, 창세기는 고대 근동지역에 떠도는 창조 신화와 비슷하다. 설령 창세기가 왜 인간이 우주 안에 존재하는지를 독자들이 깊이 생각해 볼 수 있도록 도와준다 해도, 현대인들이 관심을 기울이는 우주의 과학적인 기원에 대해서는 별 도움을 주지 못한다. 복음서들은 중요한 옛 희랍식의 인물들에 대한 전기와 비슷하지만, 예수님의 삶을 정확하게 묘사하는 것에 목적을 둔 것이 아니라 "믿음을 위해서, 믿음으로부터" (for faith, from faith) 쓰여졌다. 더 폭넓은 장르를 연구하면서 성서 학문은 "양식비평"(form criticism)에 쓰이는 갖가지 방법들을 발진시켰다. 이는 비성서적인 문학에서 종종 비슷한 양식을 반영하는 구조와 문체의 특성을 묘사하기 위해서 문학의 더욱 더 작은 토막들을 연구하는 것을 포함한다; 예를 들어, 신약성경의 기적 이야기는 고대에 기적을 행하는 사람들의 이야기와 비슷하다. 양식비평은 또한 사회적인 차원을 포함하는데, 양식들이 생기게 된 상황과 사용되는 배경, 예를 들어, 설교 속에서 혹은 논쟁 속에서 쓰이는지를 반영해 준다.

본문에 포함되어 있는 작은 단위를 연구하는 양식비평을 직접 계승한 것이 "편집비평"(redaction criticism)이었는데, 이 비평은 독특한 방법을 보여주고 있다: 전승을 편집하여 고쳐 놓은 전집, 예를 들어, 마태복음이 어떻게 마가복음을 편집하는가; 마지막 저자나 편집자에 의해 "구성된" (쓰여진) 절이나 혹은 전체 인용구를 정의하려고 애쓰는 것; 주어진 복음서에 나오는 자료의 배열이나 구성에 관심을 기울이는 것; 그리고 주어진 구절이나 혹은 전체로써 복음서에 내포된 신학적인 목적과 이러한 모든 결과를 종합하는 것이다.

(3) *주어진 글에 대한 역사적 정황을 인식.*

종종 역사적 비평은 오직 "본문 배후에 있는 세계," 즉, 본문 안에 반영된 역사적인 상황에만 흥미를 둔다. 비록 어느 정도까지는 이것이 옳고 필요하지만, 역사적 비평의 첫째가는 목적은 어느 특정한 본문을 이해하는 데 도움이 될 수 있는 역사적인 배경을 가능한 한 많이 재구성하는 것이다. 문학적인 면에서는 주어진 본문이 사용한 자료들이 있는지 묻는 것을 포함하는데, 예를 들어, 잠 22:17—24:22와 이집트의 잠언 전집인 아메네모프의 교훈 (Instruction of Amenemope) 사이에 있는 관계이다. 다른 예를 들어, 어느 특정한 바울 서신을 평가하는 데에는, 바울이 유대인으로서 물려받은 유산과 일찍이 겪었던 그리스도 체험이 바울에게 끼친 영향은 물론, 바울의 편지가 그 선교사 경력에서 차지한 위치, 수신 대상으로 편지를 보냈던 공동체나 장소에 대한 지식, 바울을 괴롭게 했을지도 모르는 문제들을 재구성하는 연구가 포함될 것이다.

(4) *"경전적인" (canonical) 상황에 대한 관심.*

"경전비평"(canonical criticism, Sanders를 보라)이라는 용어는 두 가지 주요한 관심사를 묘사해 준다: (a) 성경본문이 사용되고 재해석되면서 경전화되는 과정에 관심을 둔다. 이 과정은 후에 뒤이어 성경본문이 재해석되고 사용되는 데 지침을 제공해주었다. 그리고 (b) 마지막 양식으로 경전화되던 상황을 해석의 출처로 여기고, 그것에 초점을 맞춘다 (Childs를 보라). 정경으로 형성되는 과정과 양식은 그 후에 정황 속에서 텍스트를 신학적으로 해석하는 수단으로 사용된다.

최근의 접근법과 해석의 타당성

성경을 해석할 때 온갖 종류의 역사비평이 여전히 절대적으로 필요한 부분을 차지하고 있다. 하지만 역사비평의 *타당성*은 포스트모더니즘의 의식을 반영하면서 20세기 후반에 생겨난 여러 가지 새로운 학문 분야의 하위 구분들의 도전을 받아 왔다. "포스트모더니즘"(postmodernism)은 종종 모순적인 의미를 지니는 용어로써 "인간의 의식이라는 권좌에 비판적인 사고"를 던지는 모더니즘(modernism)에 대한 반발로 생겨났다 (Peters). 객체(알 수 있는 것)와 주체 (아는 사람) 사이의 분리에 관심을 두는 대신에, 포스트모더니즘은 과학과 문학이라는 두 가지 학문에 과연 순수한 객체성이 존재할 수 있는지 의문시한다. 글쓴이나 본문이 갖는 명확한 중요성에 관심을 갖기보다는, 독자와 읽는 과정(독자가 어떻게 읽는가, 그리고 어떤 외부의 힘이 읽기에 영향을 미치는가)에 중점을 두고, 참여하는 지식을 강조한다. 포스트모더니즘은 전통이 가지는 권위를 거부하며, 해석을 위한 "지배적인 이야기"나 보편적인 원칙들을 적용하는 것을 의심한다. 사실 주목을 끌고 있는 이러한 움직임들은 "방법"으로 불릴 수가 없는데, 해석의 뚜렷한 방향성을 제공해 주지 못하기 때문이다. "포스트모더니즘"임에도 불구하고, 그러한 움직임들은 또한 이전에 철학이 주해와 결합되었던 것을 상기시켜 준다. 초대교부 해석자들이 플라톤을 적용한 것과 마찬가지로, 성서학자들은 광범위한 사상가들을 끌어들여 사용하고 있는데, 그 중 몇 사람을 들라면 마틴 하이데거, 쟈크 데리다, 한스 게오르그 가다머, 그리고 폴 리쿠어를 꼽을 수 있다.

(1) *문학비평 (Literary Criticism).* 여기에는 용어상의 문제가 있다. "문학비평"은 처음에는 성서 학문에서 출처의 발견과 문서의 확실성과 같은 해석작업을 하는 데 사용되던 용어였지만 (예를 들어, 바울이 목회서신을 썼는가?), 차차 문학을 연구하는데 일반적으로 쓰여지게 되었다. 문학비평을 변형한 것 중 한 가지가 서사비평(narrative criticism)이다. 본문이 *무엇*을 뜻하는가 하고 관심을 두던 것이, 서사비평에서는 *어떻게* 의미가 일어나는가 하는 문제로 관심사가 옮아갔다. 예를 들어, 마가복음은 미처 소화되지 않은 전승들을 본뜬 작품이 아니라, 교묘하게 극적으로 구성한 작품이라고 생각한다. 그 결과 성경에 대한 전문가들은 인물, 구성, 배경, 그리고 시점을 눈여겨 살피면서 본문을 읽기 시작한다; 실제 글쓴이에 관심을 갖다가 이제는 "내재된 독자"(implied reader, 구체적인 외부의 자료와 독립된, 본문에서 구성되어지는 독자의 모습)와 "내재된 저자"(implied author, 본문에서 발생하는 가치와 관점의 총체로 이해되는)에 관심을 옮기게 되었다. 이론적인 면에서 계속 논쟁을 일으키기는 하지만, 이 접근법은 일반 독자에게 어떤 의미를 강요하기보다는 오히려 새로운 의미가 생겨날 수 있도록 본문을 구성하는 길을 안내해 준다.

(2) *독자-반응비평 (Reader-Response Criticism).* 고대 세계에서 "수사학"(rhetoric)은 설득의 예술로서, 청중들에게 어떤 확실한 생각을 심어주기 위해 연설 자료를 어떻게 구성할까 혹은 청중들의 마음을 어떠한 특정한 관점으로 쏠리게 할까 하는 것을 다루었다. 실제로, 연설이나 본문 내부의 모양새를 결정하는 것은 청중이었다. 고대 수사학과 성경본문에 고대 수사학이 끼친 영향을 연구하는 것은 여전히 중요한데, 현대적으로 변형한 것이 "독자-반응비평"이다. 독자-반응비평은 독자들이 내용에 말려들고 반응할 수 있도록 하는 모양새를 만드는 문학장치들(devices)에 관심을 돌린다. 이렇게 "말려들게 하는" (involving) 장치를 찾으려면, 예수께서 성령으로 세례를 주리라 약속하신 것이 (막 1:8) 성취되지 않는 것과 같이, 본문 안에서 해결되지 않는 생략 부분에 대해 연구하고, 혹은 처음에는 열광적인 반응을 보이다가 마지막에 신앙을 버리는 말을 하는 베드로와 같이 (막 14:71), 궁극적으로 독자들에게 도전을 던지고 마음의 동요를 일으키는 인상을 주도록 연구해야 할 것이다. 그러한 접근법은 현대 독자들이 본문을 읽어나가는 동안에 독자 스스로가 반응을 구성하게끔 도전을 던진다.

(3) *문서가 만들어진 사회적 배경과 문화에 대한 연구 (Study of the social setting and culture out of which a document emerges).* 이 접근법은 "사회과학적인" 비평과 "인류학적인 비평"이라고 다양하게 불리는데, 지금은 사실상 학문 분야의 하위 구분이지만, 실제로 역사적인 재구성의 (historical reconstruction) 한 가지 형태라 할 수 있다. 이러한 유형의 비평은 본문이 생겨나게 된 문화를 포함시키는 것만큼 서술적으로 묘사하는 단계 또한 가능한 한 많이 포함시킨다. "문화"는 다양하고 많은 논쟁의 여지가 있는 용어지만, 일반적으로 당시의 신앙관, 사회적인 모습, 독특한 사회 집단의 물질적인 특징을 포함한다. 문화는 가정과 전통을 통해 대대로 전해지며 인간의 모든 상호작용에서 상황을 제공한다. 문화를 연구하는 데는 문화를 묘사하고 대비시키기 위해서 현대 사회학의 모델을 사용하는 것도 또한 포함된다. 시대에 뒤떨어지지 않으려면, 고대 문화에 대한 지식이 필수적이다. 예를 들어, 현대사회가 강조하는 개인의 자율성 개념이 고대사회에는 알려지지 않았다; 오늘날 우리에게 혐오감을 주는 노예제도는 사실상 아무런 문제가 없는 사회제도로 여겨졌다; 성을 이해하고 남자와 여자 간의 관계를 이해하던 고대의 방식은 오늘날 우리가 보기에 낯설다.

(4) *해방을 위해서 읽기 (Reading for Liberation).* 20세기(그리고 이제는 21세기)의 인류는 자유, 공동체, 그리고 평등을 부르짖었던 프랑스 혁명에서 확실히 볼 수 있듯이 이상적인 계몽주의를 향한 극적인 원동력을 목격해 왔다. 하지만 불행하게도 대부분의 인류 가족은 그러한 원동력을 거의 의식하지 못한 채 남아있었다. 해방에 대한 관심은, 여성에게도 독립, 권리, 그리고 존엄성이 있다는 의식을 가지고 사회적 불평등에 항거하는 것으로부터, 모든 형태의 식민주의를 거부하고 제각기 자기가 처한 사회적인 위치에서 (예를 들어, 아프리칸 아메리칸, 아시안 아메리칸, 그리고 미원주민) 읽기를 강조하는 현재의 주안점에 이르기까지, 광범위하게 걸쳐 있다. 이 모든 운동은 성경에는 이상과는 너무나 동떨어진 명령들이 있다는 (예를 들어, 노예들아 주인에게 복종하라; 여자들은 남편에게 순종하라) 사실에서 공통적으로 궁지에 빠진 듯한 느낌을 갖는다. 성경은 해방에서 이중의 역할을 해왔다: (a) 성경본문의 해석자들은 백성들을 노예생활로부터 해방으로 이끈 출애굽기의 인도자들; 직권을 남용하여 얻은 부귀영화 대한 예언자들의 비판; 그리고 바울 공동체에서 엿볼 수 있는 여성의 지도력 등, 지배적인 문화 정서에 맞서는 전통을 연구하는 것과 같이, 성경의 주제들을 본문에서 끌어왔다. (b) 해석자들은 또한 성경을 비판적으로 읽고 성경이 가진 권위라는 문제를 재고한다. 예를 들어, 로마 가톨릭을 믿는 이들은 제2차 바티칸공의회 때 "하나님이 우리를 구원하실 목적으로 거룩한 글을 통해 주신 진리"는 거룩한 영감을 받아 씌어졌고 오류가 없다는 입장을 지켜야 한다고 가르침을 받았다 ("하나님의 계시에 대한 교리"). 이는 과연 어떻게 어떤 특정한 성경의 관점이 "구원하는" 것이 될 수 있는지에 대해 독자들이 의문을 갖도록 해주는 결정적인 원칙을 소개하고 있다.

그래서 해석을 할 때 독자들이 처해 있는 상황이 중요해지는데, 이는 해석의 타당성에 대해 의문을 일으킨다. 학자들은 주어진 본문을 복합적으로 해석하는 것을 인정하긴 하지만, 그렇다고 해서 모든 해석이 다 타당한 것은 아니다. 텍스트 안에는 역사적이고 문학적인 비평에 쓰이는 기준이 있다. 산드라 스나이더스 (164-66을 보라)가 말한 목록을 보자: (a) 현재 있는 그대로 본문을 존중하라; (b) 전체 본문을 밝혀주는 해석과 일관성을 가진 해석; (c) 예외적인 것을 설명해주는 해석; (d) 다른 출처에서 알려진 것과 양립할 수 있는 해석 (예를 들어, 요 9:22에서 그리스도인이 회당에서 출교당한 것은 기원후 85년이나 90년 이후에 일어났다); 그리고 마지막으로, (e) 적절한 방법들을 사용하는 해석이다.

타당성을 판단할 때 영향을 미치는 세 가지 다른 요인이 있다. 첫 번째로, 성경 해석은 인간의 경험, 믿음의 공동체에 내려오는 전통, 그리고 신학적인 성찰과 같이 보다 넓은 해석 과정의 일부분이라고 깨닫게 된 것이다. 신자들에게 오직 성경만 있으면 충분하던 시대는 이미 지나갔다. 두 번째로, 사적인 해석이 줄어들었다. 해석은 오늘날 고도로 전문화된 학문적인 연구로부터 시작하여 교회나 회당 안팎에 있는 특정한 집단이 읽는 것에 이르기까지, 더 넓은 "해석 공동체" 안에서 대화적으로 일어나고 있다. 마지막으로, "타당성"(validity)은 어느 특정한 해석 때문에 어떤 효과가 일어나는지 관심을 기울인다. 이를테면, 해석이 독자들을 하나님/인간의 만남으로 이끄는가 아니면 그렇지 않은가, 그리고 모든 인간 안에 계신 하나님의 형상에 대해 존경심을 일으키는가 아니면 그렇지 않은가 하는 것이다.

더 공부하기를 원한다면

Aichele, George, and the Bible and Culture Collective, eds. *The Postmodern Bible.* New Haven: Yale University Press, 1995.

Bird, Phyllis A. "The Authority of the Bible." In *The New Interpreter's Bible.* Edited by Leander Keck. 12 vols. Nashville: Abingdon, 1994-2002. 1:33-64.

Brown, Raymond E., and Sandra Schneiders. "Hermeneutics." In *New Jerome Bible Commentary.* Edited by Raymond E. Brown, Joseph A. Fitzmyer, and Roaldn E. Murphy. Collegeville, Minn.: Liturgical, 1992. 1146-75.

Buttrick, David G. "The Use of the Bible in Preaching." In *The New Interpreter's Bible.* Edited by Leander Keck. 12 vols. Nashville: Abingdon, 1994-2002. 1:188-99.

Cahill, L. S. "The New Testament and Ethics: Communities of Social Change." *Interpretation* 44 (1990): 383-95.

Kim, Chan-Hie. "Reading the Bible as Asian Americans," In *The New Interpreter's Bible.* Edited by Leander Keck. 12 vols. Nashville: Abingdon, 1994-2002. 1:161-66.

Childs, Brevard. *The New Testament as Canon: An Introduction.* Philadelphia: Fortress, 1985.

Crim, Keith R. "Modern English Versions of the Bible." In *The New Interpreter's Bible.* Edited by Leander Keck. 12 vols. Nashville: Abing don, 1994-2002. 1:22-32.

Danker, Frederick W. *Multipurpose Tools for Bible Study.* Minneapolis: Fortress, 1993.

______. "Dogmatic Constitution on Divine Revelation." No. 11 in *The Documents of Vatican II.* New York: America Press, 1966. 119.

Donahus, John R. "Redaction Criticism, New Testament." In *The Dictionary of Biblical Interpretation.* Edited by John H. Hayes. Nashville: Abingdon, 1999. 2:376-79.

Eliott, J.H. *What Is Social-Scientific Criticism?:* Minneapolis: Fortress, 1993.

Fishbane, Michael. *Biblical Interpretation in Ancient Israel.* Oxford: Clarendon, 1985.

Fitzmyer, Joseph A. *An Introductory Bibliography' for the Study of Scripture.* Rome: Pontifical Biblical Institute, 1990.

Fowler, Robert. "Figuring Mark's Reader: Reader Response Criticism." In *Mark and Method: New Approaches to Biblical Studies.* Edited by Janice Capel Anderson and Stephen Moore. Minneapolis: Fortress, 1992. 50-83.

Gonzalez, Catherine Gunsalus. "The Use of the Bible in Hymns, Liturgy, and Education." In *The New Interpreter's Bible.* 12 vols. Edited by Leander Keck. Nashville: Abingdon, 1994-2002. 1:200-211.

Gonzales, Justo. "How the Bible Has Been Interpreted in the Christian Tradition." In *The New Interpreter's Bible.* 12 vols. Edited by Leander Keck. Nashville: Abingdon, 1994-2002. 1:83-106.

Grant, Robbert M., with David Tracy. *A short History of the Interpretation of the Bible.* 2nd rev. ed. Philadelphia: Fortress, 1984.

Green, Joel B., ed. *Hearing the New Testament: Strategies for Interpretation.* Grand Rapids: Eerdmans, 1995.

Hanson, K.C., and Douglas E. Oakman. *Palestine in the Time of Jesus: Social Structure and Social Conflict.* Minneapolis: Fortress, 1998.

Hayes, Richard B. "Scripture-Shaped Community. The Problem of Method in New Testament Ethics." *Interpretation* 44 (1990); 42-55.

Holladay, Carl R. "Contemporary Methods of Reading the Bible." In *The New Interpreter's Bible.* Edited by Leander Keck. Nashville: Abingdon, 1994-2002. 1:125-49.

Harrington, Daniel, S.J. "The Bible Rewritten (Narratives)." In *Early Judaism and Its Modern Interpreters.* Edited by R. A. Kraft and G. W. Nickelsburg. Atlanta: Scholars Press; Philadelphia: Fortress, 1986. 230-47.

______. "Introduction to the Canon." In *The New Interpreter's Bible.* Edited by Leander Keck. Nashville: Abingdon, 1994-2002. 1:7-21.

______. *Interpreting the New Testament: A Practical Guide.* Collegeville, Minn.: Liturgical, 1990. Hayes, John H., and Carl R. Holladay. *Biblical Exegesis: A Biginner's Handbook.* Atlanta: John Knox, 1987.

Krentz, Edgar. *The Historical-Critical Method.* Minneapolis: Fortress, 1975.

Malbon, Elizabeth Struthers. "Narrative Criticism: How Does the Story Mean?" In *Mark and Method: New Approached to Biblical Studies.* Edited by Janice Capel Anderson and Steven Moore. Minneapolis: Fortress, 1992. 23-49.

Malina, Bruce. *The New Testament World: Insights from Cultural Anthropology.* Louisville: Westminster John Knox, 1993.

Malina, Bruce. P., and John J. Pilch, eds. *Handbook of Biblical Social Values.* Rev. ed. Peabody, Mass: Hendrickson, 1998.

Massey, James Earl. "Reading the Bible from Particular Social Locations: An Introduction." In *The New Interpreter's Bible.* Edited by Leander Keck. "Nashville: Abingdon, 1994-2002. 1:150-53.

______. "Reading the Bible as African Americans." In *The New Interpreter's Bible.* Edited by Leander Keck. Nashville: Abingdon, 1994-2002. 1:154-61.

McKim, Donald. K. "Biblical Authority and the Protestant Reformation." In *The Anchor Bible Dictionary.* Edited by David Noel Freedman. 6 vols. New York: Doubleday, 1992. 5:1032-35.

Moore, Stephen. *Literary Criticism and the Gospels: The Theoretical Challenge.* New Haven: Yale University Press, 1989.

Morgan, Robert, and John Barton. *Biblical Interpretation.* Oxford Bible series. New York: Oxford University Press, 1988.

Neusner, Jacob. *Invitation to Midrash: The Workings of Rabbinic Bible Interpretation.* Atlanta: Schoars Press, 1998.

O'Neill, J. C., and William Baird. "Biblical Criticism." In *The Anchor Bible Dictionary*. Edited by David Noel Freedman. 6 vols. New York: Doubleday, 1992. 1:725-7.

Osiek, Carolyn. *What Are They Saying About The Social Setting of the New Testament?* New York: Paulist, 1993.

__________. "Reading the Bible as Women." In *The New Interpreter's Bible*. Edited by Leander Keck. Nashville: Abingdon, 1994-2002. 1:181-87.

Perrin, Norman. *What Is Redaction Criticism?* Philadelphia: Fortress, 1969.

Peters, Ted "Toward Postmodern Theology." *Dialog* 24 (1985): 221-26, 293-99.

Powell, Mark Allen. *What Is Narrative Criticism?* Minneapolis: Fortress, 1990.

Sanders, John A. Canon and Community: *A Guide to Canonical Criticism*. Philadelphia: Fortress, 1984.

Schneiders, Sandra M. *The Revelatory Text: Interpreting the New Testament as Sacred Scripture*. 2nd ed. Collegeville, Minn.: Liturgical, 1999.

Schuessler Fiorenza, Elisabeth. "Biblical Interpretation and Critical Commitment." *Studia Theologica* 43 (1989): 5-18.

__________. "The Ethics of Interpretation: Decentering Biblical Scholarship." *Journal of Biblical Literature* 43 (1989): 3-17.

Segovia, Fernando F. "Reading the Bible as Hispanic Americans." In *The New Interpreter's Bible*. Edited by Leander Keck. Nashville: Abingdon, 1994-2002. 1:167-74.

Signer, Michael A. "How the Bible Has Been Interpreted in the Jewish Tradition." In *The New Interpreter's Bible*. Edited by Leander Keck. Nashville: Abingdon, 1994-2002. 1:65-82.

Silva, Moises. "Contemporary Theories of Biblical Interpretation." In *The New Interpreter's Bible*. Edited by Leander Keck. Nashville: Abingdon, 1994-2002. 1:107-24.

Steinmetz, D. C. "Luther, Martin. "In *The Dictionary of Biblical Interpretation*. Edited by John H. Hayes. 2 vols. Nashville: Abingdon, 1999. 2:96-98.

Strack, H. L., and G. Stemberger. *Introduction to the Talmud and Midrash*. Minneapolis: Fortress, 1992. 19-23.

Tinker, George E. "Reading the Bible as Native Americans." In *The New Interpreter's Bible*. Edited by Leander Keck. Nashville: Abingdon, 1994-2002. 1:174-80.

Tompkins, Jane P., ed. *Reader-Response Criticism: From Formalism to Post-Structuralism*. Baltimore: Johns Hopkins University Press, 1980.

Wall, Robert W., and Eugene Lemcio, eds. *The New Testament as Canon: A Reader in Canonical Criticism*. Sheffield: JSOT, 1992.

Young, F. "Spiritual Meaning." In *A Dictionary of Biblical Interpretation*. Edited by R. J. Coggins and J. L. Houlden. London: SCM; Philadelphia: Trinity, 1990. 649.

성경본문을 읽고 해석하는 다양한 방법

에드가 비 맥나이트 (Edgar V. McNight)

성경본문을 읽는다는 것은 독자가 종이에 씌어져 있는 글을 이해하는 것으로부터 시작한다. 즉, 독자가 가진 특정한 성경 번역본이나 혹은 희랍어와 히브리어 원문에 있는 단어와 문법을 이해하는 지식과 언어 능력을 이용하는 것이다. 이러한 기초적인 능력 외에도 또 성경본문 자체의 문제들이 있다: 읽고 있는 본문이 어떤 종류인가? 본문은 무엇에 관한 것인가? 이 글은 교리, 역사-비평, 해석학, 문학, 여성신학, 그리고 해방신학의 관점에서 성경본문을 읽는 방법을 논의하고 있다. 서로 다른 정서, 상황, 그리고 사회적 위치에 있는 사람들이 이처럼 다양한 방법을 사용하여 성경본문을 읽어왔다는 것을 살펴보게 될 것이다.

성경을 하나님의 계시로 읽기

히브리성경이 형성되던 때에 유대인들이 성경을 읽던 여러 방식은 그리스도인들이 성경을 읽는 데 영향을 끼쳤다. 성경이 무엇이었고, 성경이 어떤 뜻으로 읽혀졌는지에 관해서는 네 개의 기본 가설이 있다.

(1) 성경은 신비스러운 책이다; 신비스러운 책이라 함은 성경이 표면에 나타나는 것 이상의 것을 말하여 주고 있다는 뜻이다. 예를 들어 필로에 따르면, 성경이 아브라함에 대해 이야기할 때 그것은 아브라함이라는 역사적인 인물보다 더 큰 어떤 것을 말하고 있다. 아브라함은 덕을 사랑하는 영혼을 나타내는 상징이다. 가인의 아우 아벨은 초대 그리스도인 독자들에게 그리스도의 전조가 되었다.

(2) 성경은 독자들과 직접 관련되어 있는 교훈을 담은 위대한 책이다. 성경에 있는 모든 역사적인 이야기들은 독자에게 직접 적용될 수 있다. 예를 들어, 고린도 교인들에게 보낸 편지에서 바울은 이스라엘 백성이 광야에 있을 때 일어난 일을 가리켜, "이런 일들이 그들에게 일어난 것은 본보기가 되게 하려는 것이며, 그것들이 기록된 것은 말세를 만난 우리에게 경고가 되게 하려는 것입니다" (고전 10:11) 라고 말한다.

(3) 성경은 완전하다. 성경에는 오류가 없다. 그리고 성경은 완전히 조화되어 있는 책이다. 그러므로 의견의 차이가 두드러지게 나타나는 곳을 만나면, 독자는 그 부분에 착각이 있는 것으로 여기고, 올바른 해석으로 밝혀내야 한다는 확신을 가지고 시작해야 한다. 더 중요한 것은, 독자는 모든 세부사항에서 의미를 찾는다. 하찮은 것이 빤한 세부사항들—예를 들어, 반복과 이상한 말이나 흔하지 않은 문법적인 형태들—은 의미로 가득 차 있다. 창 25:27에서 에서는 들에서 살고, 야곱은 "집에서"에서 살았다는 말은 형에서와는 달리 야곱이 어떤 종류의 공부를 했다는 식이다. 복수형으로 된 "집"은 장막을 위한 것과 학교라고 하는, 적어도 두 가지를 암시한다.

(4) 성경은 하나님의 영감을 받았다. 이는 성경의 특정한 부분이 하나님으로부터 나온 것이라는 성경에 있는 주장과 연관되어 있다. 예를 들어, 예언자들은 예언을 선포하는 첫머리에 "주님께서 이렇게 말씀하셨다" 라는 말을 사용하였다. 구약성경이 정경화되어 가면서, 하나님으로부터 유래되었다는 사고가 성경 전체에 퍼지게 되었다.

신약성경이 정경화되어 가는 과정에서 (Barton을 보라), "심오한" "보편적으로 해당되는" "내적으로 일관된" 이라는 용어들이 해석자들의 생각에 길잡이가 되었다. 성경이 가진 "신비한" 혹은 "비밀스러운" 특징 때문에 보통 글에는 맞지 않는 읽기 방법이 요청되었다. 역사적인 읽기에 더하여 (심지어는 그보다 더 중요하게) 유형학적(類型學的, typological)이고 알레고리적인 (allegorical) 독법으로 읽는 것을 초대교회 지도자들의 작품에서 찾아볼 수 있다. 이와 더불어, 읽기의 타당성을 가리기 위한 지침으로 "신앙의 규칙" (rule of faith)이 만들어졌다. 존 카시안(기원후 435년경 사망)은 이처럼 네 가지로 된 독법의 일례를 들기 위해, 예루살렘이라는 말을 각각 다르게 읽기를 제시했다. 예루살렘이라는 말이 성경에서 언급될 때, 문자 그대로나 역사적인 의미에서는 유대 도시를 뜻하고, 알레고리적인 뜻으로는 그리스도 교회를, 유형적인 (도덕적이거나 혹은 인류학적인 의미) 뜻으로는 사람의 영혼을, 그리고 알레고리적인 (종말론적인) 의미로는 하늘의 도시를 뜻한다 (Cassian을 보라).

현대에 성경을 경건, 예전, 설교적인 기능, 그리고 성경을 읽는 것은, 성경을 계시로 보는 것과 연관되어 있다. 설교를 위해 읽는 데에는 개인과 환경을 조화시키려는 의도(적응)가 종종 있다. 설교적인 읽기는 피상적인 관련성을 십분 활용한다. 본문은 원래의 역사적이고 문학적인 상황에서 분리되어, 본문과는 관련되어 있지만, 현대의 상황에 맞게 의미가 변형되어 쓰인다. 예를 들어, 요한 23세 교황이 사망했을 때,

그를 찬사하기 위해 "하나님께서 보낸 사람이 있었다. 그 이름은 요한이었다" 라고 요 1:6을 사용한 것은 개인과 환경을 조화시키려는 것이라 할 수 있다.

근래의 학자들, 특히 로마 가톨릭 학자들은 성경을 특정하게 읽는 전략을 제시해 왔는데, 그것은 하나님께서 백성을 대할 때, 아무렇게나 대하시지 않고 일관성 있게 대하셨다는 깨달음에서 점차적으로 발전한 것이었다. 유형학(typology)은 성경에 쓰인 것들을 살펴볼 때, 하나님의 구속사업 안에서 일어날 미래의 것들에 비추어서 보다 깊은 의미를 찾고 있다. 신약성경에서 아담은 그리스도의 유형으로 보이며 (롬 5:14), 출애굽은 세례의 유형이다 (고전 10:2). "보다 완전한 의미" 라는 용어는 "보다 깊은 의미"를 말하기 위해 사용한 것으로, 저자인 인간이 분명하게 의도하지는 않았지만, 사람들이 말씀을 보다 깊은 계시로 혹은 계시를 이해하는 빛에 비추어서 연구할 때, 비로소 성경말씀 속에 존재하는 의미가 보이도록 하나님께서 의도하신 것으로 보인다 (Brown and Schneider를 보라). 사 7:14의 보다 "완전한 의미"는 마 1:22-23에서 찾아볼 수 있다.

성경을 역사비평적이고 해석학적으로 읽기

역사적인 배경을 민감하게 여기면서 성경을 읽을 때 (성경을 계시로 보는 견해를 대신하거나 혹은 보충하여), 역사에서 서로 다른 순간들이 강조될 수 있다. 자료비평은 본문을 앞서 있었던 구전이나 기록문서의 결과라고 보고/보거나 후대의 본문을 위한 자료로 본다. 구약성경 이야기에서 하나님의 이름이 반복되는 것은 (*야웨, 엘로힘, 엘 샤다이, 엘 엘론* 등) 다른 자료를 반영하는 것이라고 본다.

역사적 비평으로 성경을 읽는 것은 전승이 발달된 단계를 강조한다. 이스라엘의 위대한 영웅들의 이야기(창 12—25장의 아브라함, 삼상 16—삼하 5장의 다윗이 권력에 오르는 것)는 원래는 보다 짧고 독립적인 기사였다가 차차 특정 인물을 중심으로 한 전설이나 전집으로 발달했을 것으로 보고, 이야기의 원래 출처에 비추어 기사를 읽는다.

양식비평으로 성경을 읽는 것은 구체적으로 역사적이고 사회적인 상황에 비추어서, 읽고 연구하는 구절의 문학 장르나 양식을 확인하고, 그러한 양식을 읽기에 알맞은 관례를 따른다. 예를 들어, 복음서에 있는 논쟁 이야기는 이야기들이 쓰여졌던 당시에 교회 안에서 일어났던 논쟁에 비추어 읽을 수 있다.

편집비평으로 민감하게 성경을 읽는 것은 성경의 단위나 책 전체를 편집하는 (redaction) 과정의 시각으로 바라본다. 이스라엘의 이야기와 예수 그리스도의 이야기를 다룬 기사가 변화하는 것은 자료를 교정한 편집자들의 상황을 반영하는 것으로 본다.

경전비평으로 성경을 읽는 것은 경진이 형성되는 과정에 관심을 둔다. 신명기가 나머지 신명기적 역사(여호수아기—열왕기하)에서 분리되면서, 다섯 권의 율법서(창세기—신명기)는 후대의 유대교에서 신앙과 실천을 위한 표준이 되었다. 모세의 계시는 결정적인 위치를 차지하기 때문에 가나안 정복과 군주 정치의 사건들과 구분된다. 정경적인 맥락에서, 율법은 그 땅에서 살아가면서 역사적으로 타협한 것을 반영하는 관례들이 아니라, 바로 계시된 토라를 일컫는다. 그러므로 미래의 독자들은 토라를 약속의 땅에 들어가려고 고대하는 백성을 향한 연설로 받아들일 수 있었다 (Sanders를 보라).

사회학적 비평으로 성경을 읽는 것은 성경이 이스라엘과 초대교회에서 일어났던 사회구조, 기능, 그리고 역할의 변화를 반영한다고 본다. 예언자들이 사회생활에 깊이 관여하면서 사회 유지나 혹은 사회 변화의 형태를 취하면서 개입했다는 것이다. 외부 사람들은 기존의 사회 조건을 비난하면서 기성 체제에 도전한 반면에, 내부 사람들은 기성 체제를 합법화하려고 애썼다. 사회적인 고립과 박탈감정을 경험하는 데에 묵시주의의 씨받이 놓인 것처럼 보이자, 묵시주의와 묵시문학이 조명되었다.

역사비평으로 성경을 읽는 것과 신학적으로 읽는 것은 서로 연관될 수 있는데, 역사는 하나님의 영이 움직이는 것으로, 그리고 특정한 사건들은 보편적인 역사의 진보라는 관점으로 보았다. 루돌프 불트만(Rudolf Bulmann)의 실존주의적인 해석의 영향으로, 모든 역사에 대한 의미를 묻던 것에서 개인과 역사적인 사건들의 만남이 가지는 의미로 의문점이 바뀌게 되었다. 불트만의 접근방식에 영향을 받은 독자들은 성서의 실제 내용을 결정하기 위해 본문 배후를 살펴본다. 본문은 인간 생활에 필요한 것을 다룸으로써 하나님에 대해 말하고 있으며, 그리스도가 개인에게 가져다주는 구원을 분간함으로써 그리스도에 대해 말하고 있다. 묵시적인 이야기(예를 들어, 요한계시록)는 우주적인 조건이 아니라, 우리가 존재하고 있는 여기와 지금에 관련하여 실재하는 개인에 관한 것으로 읽는다. 제각기 사람은 곧 다가올 끝인 죽음 앞에 서 있다. 날마다 무언가를 결정할 때마다, 사람들은 과연 참된 존재를 지킬지 혹은 진정한 존재를 잃을지 스스로 판단력을 훈련한다.

성경을 문학으로 읽기

성경본문에 대한 문학적인 접근 방법은 1970년 이후로 점점 중요해지고 있다. 처음 문학 접근법의 하나는 구조주의(structuralism)를 사용하였는데, 이는 정신과 언어 철학에 대한 연구로부터 변형된 방법이다. 성경본문의 구조주의적인 읽기는, 명백한 구조를 설명해 주는 본문 내부 밑에 더욱 깊이 자리잡은 패턴과 이처럼 밑에 있는 패턴에서 찾은 의미에 주의를 기울인다. 로랑 바르트(Roland Barthes)는 민간전승에 대한 연구에서 발전된 인물 유형(character types)에 비추어서 창 32:22-32에 있는 야곱과 천사의 이야기를 분석하였다 (Barthes를 보라). 하나님은 "창시자"(originator), 야곱은 "영웅" (hero), 그리고 천사는 야곱의 "적수"(opponent)이다. 고전적인 민간전승에서 이러한 인물 유형들은 다양한 방법으로 서로 영향을 끼친다: "창시자"는 "영웅"을 돕기 위해 끼어 들 수 있다; 한 사람 혹은 더 많은 "조력자"(helpers)들이 구성에 들어올 수 있다; "영웅"은 스스로 노력을 통해 탐구여행(quest)에서 성공할 수 있고 마지막에는 "창시자"로부터 보상을 받는다. 창세기는 정규적인 패턴을 따르지 않는다. 결국 "창시자"와 "적수"는 둘 다 하나님으로 드러난다. 밤새 야곱과 더불어 씨름하고 저항하는 야곱의 끈기에 마침내 축복을 내리는 분은 바로 야곱을 여행으로 보낸 그 하나님이시다. 창세기에 나오는 이런 보다 깊은 관계를 연구한 결과는 사실 많은 구약성서의 이야기에 흐르는 중심 주제와 일관성이 있다. 즉, 좋고 나쁜 두 가지 경험을 다 하나님의 섭리에 찬 인도하심으로 돌리는 것이다.

성경을 문학 이야기로 읽으면, 순전히 이야기 자체를 이루는 요소인 구성, 배경, 인물 묘사, 상징주의, 갈등 등의 관점으로 읽게 되며, 성경본문의 최종적인 형식 혹은 정경화된 양식에 관심을 기울이게 된다. 성경 이야기를 (biblical narrative) 이야기로 (as narrative) 읽다보면, 독자는 이야기의 구성을 발견하거나 혹은 처음, 중간, 그리고 마지막으로, 통틀어 완성된 전체를 이루는 사건을 머리 속에 정돈할 수 있게 될 것이다. 마가복음의 내레이터가 말하는 이야기(David Rhoads, Joanna Dewey, Donald Michie)는 "공백으로 가득 차 있으며, 온갖 형태의 긴장감이 수두룩하며, 해독해야할 알쏭달쏭한 수수께끼들로—전개되어 가는 사건들에 놀라는 인물들, 굴곡, 역설, 풍자로 구두점을 찍고 있다." 마가복음은 "목적을 의도한 패턴들"을 담고 있는데, 이는 신앙의 눈으로 볼 수 있다 (Rhoads, Dewey, 그리고 Michie를 보라).

수사학적으로 성경을 읽는 것은 설득하려는 수단에 입각해서 읽는 것이다. 한스 디에터 베츠는 갈라디아서를 분석할 때, 고대 그리스와 로마 법정에서 익숙하게 쓰이던, 수사학적 장치들을 섞은 "변증의 편지," 혹은 토론의 오라토리오회(forensic oratory)로 분석하였다 (Betz를 보라). 바울은 피고이다; 갈라디아 사람들은 배심원의 역할을 한다; 그리고 바울의 대적자들은 고발인들이다. 수사학적인 분석을 사용하여, 해석자는 갈라디아에 보내는 편지의 구조가 연설의 표준이 되는 부분들을—도입, 사실 진술, 주안점들, 증거, 그리고 결론—섞고 있다고 이해한다.

이른 바 신비평(New Criticism)은 성경본문을 포함한 문학을 이해할 때, 원작자나 혹은 본문이 쓰여진 당시의 사회 문화적인 배경과는 별개로, 시대를 초월하여 연구할 수 있는 독립체로 여겼다. 예를 들어, 시편은 시(poetry)의 형식을 취하고 있기 때문에, 원래 어떻게 언제 사용되었는지 개의치 않고, 시편 한 편 한 편을 하나의 시로 (poem) 해석할 수 있다.

문학가들은 또한 신비평에서 자연스레 나오게 된 독자-반응비평을 시작했는데, 여기서는 해석자가 "내재된 독자"(implied reader)를 찾아 재구성하려고 애쓴다: 의식적으로든 무의식적으로든 독자는 저자에 의해 작정되어 있었다는 것이다. 다음과 같은 기초적인 질문들이 이런 문학을 해석하는 길잡이가 된다: 독자는 처음에 알지 못하다가 마지막에 가서 무엇을 알게 되는가? 앞에서 알게 된 것이 나중에 나오는 삽화들을 읽는 데 어떻게 영향을 끼치는가? 마가복음의 연결되지 않는 결론은 내재된 독자들이 그 구절을 무슨 마음으로 대했을까 물음을 던지면 해명될 것이다. 먼저 일어났던 삽화에서 제자들이 행했던 부정적인 본보기에 초점을 맞추면, 막 16:8의 연결되어 보이지 않는 결론은 예수님께서 자기를 따르던 모든 사람에게서 버림받는 것을 강조하는 것이다. 한편, 젊은 남자가 "그러니 그대들은 가서, 그의 제자들과 베드로에게 말하기를 그는 그들보다 먼저 갈릴리로 가실 것이니, 그가 그들에게 말씀하신 대로 그들은 거기에서 그를 볼 것이라고 하시오" (막 16:7) 라고 말한 데 초점을 맞추면, 다시 살아 난 뒤 제자들보다 먼저 갈릴리로 갈 것이라는 14:28의 말씀 쪽으로 주의를 돌리게 되고, 독자들은 그들이 공동체로 재편성될 것을 알게 된다. 막 13장에 있는 예언을 염두에 두면 (신자들의 미래와 세베대의 아들들이 예수님의 고난을 나누게 될 것이라는 설명에 관한), 기원후 70년 무렵에 복음서를 읽던 독자들은 예수를 따르던 사람들이 정말로 십자가를 졌다는 것을 깨달았을 것이다.

마가의 내재된 혹은 이상적인 독자는 아마도 기원후 70년 무렵에 살았을 것이다. 따라서 마가의 "진짜" (real) 혹은 "실제" (actual) 독자들은 수세기를 통해 다양한 사회 문화적인 배경에서 마가복음을 읽고 살아 왔다. 성서 텍스트에 있는 실제 독자들에게 초점을 맞추고 그들이 본문을 읽는 과정에 있다는 데 초점을 맞추면, 실제 독자들이 자기가 처한 상황에 비추어서 어떻게 본문을 해석하는지 이해할 수 있다. 어떻게 실제 독자들이 본문을 자기 자신의 것으로 살아 움직이게 만들었는지 이해할 수 있게 된다. 대체로 텍스트의 의미를 결정하고 텍스트를 읽을 수 있도록 우리는 저자의 의도에 집중한다. 독자들은 결국은 변화하고 마는 가치, 태도, 경험, 사회적 지위와 반응을 가지고 개입한다. 남아프리카 흑인들은 그리스도인들은 권세를 행사하는 사람들에게 복종해야 한다는 (롬 13:1-7) 바울의 훈계를 읽을 때, 남아프리카의 정부 인종차별 정책을 이끌던 지도자들이 읽는 것과는 다른 방식으로 읽는다. 성서의 희년 모델(레 25:8-24)은 외부의 빚을 취소해 달라고 요구하는 데 이 모델을 사용하려 하는 제3세계 채무국들이 읽을 때와 부유한 채권국들이 읽을 때 서로 다르게 이해한다.

최근에 성서 해석자들은 성경본문을 "해체"(deconstruct)하기 시작했는데, 20세기 후반 프랑스 철학과 문학 이론에서 따온 방법이다. 해체하는 식으로 읽는 것은 대안이 되는 해석을 전통적인 읽기와 나란히 두거나 혹은 본문 내부에서 자기-모순을 발견함으로써 전통적인 읽기를 철저하게 의문시한다. 본문을 해체하기 위해, 해석자는 성경본문을 "규범적"(normative)으로 혹은 인습적으로 (conventional) 읽기를 만들어 낸다. 그런 후 해석자는 본문을 손상시키고 의문시하게 하는 모순점들을 찾으면서, 가능한 한 급진적으로 본문과 규범적인 읽기에 의심과 의문을 던진다. 그러나 이와 같이 인습적인 읽기를 통해 찾은 본문의 진리와 의미에 대한 분명하고 확실한 기사는 다시 모순이 있나 하고 철저하게 의문시되고 살펴진다. 누가복음-사도행전을 인습적으로 읽으면, 성경본문과 저자인 누가가 가난한 사람의 필요를 채우는 데 깊고 철저하게 관심을 가진 것을 보게 된다. 누가복음-사도행전을 해체적으로 읽으면, 독자들은 가난한 사람들을 그렇게 내버려두는 힘의 구조에 관심한 세상에 안주하고 있는 교회를 발견하게 된다. 누가복음-사도행전의 이야기 패턴은 가난한 자들은 자신들을 위하여 행동할 수 있는 사람들이 아니라, 관용의 대상이 되는 구조를 이루고 있다. 그러나 "너희 가난한 사람들은 복이 있다. 하나님의 나라가 너희의 것이다" (눅 6:20) 라는 예수님의 선포는 가난한 사람들에게 행복과 축복이 자리잡은 세상을 그리고 있다. 예수님의 선포는 가난한 자들의 자리를 확정하는 힘의 구조에 관심을 둔 세상과 대조를 이룬다 (Beardslee를 보라).

여성해방과 해방의 눈으로 읽기

수세기 동안 남성-지배적인 정치, 사회, 학문, 신학, 그리고 종교적인 구조가 압도적으로 영향을 끼쳐왔으므로 성경을 읽는 급진적이고 포괄적인 여성해방론적인 접근이 불가피하게 발달되었다. 여성해방론자의 역사비평은 앞서 학자들이 적용했던 것과 똑같은 역사적인 도구들을 텍스트에 적용하지만, 쉽사리 잘 믿는 접근보다는 오히려 비판적인 (혹은 "의심하는") 접근법을 사용한다. 이러한 식으로 성경을 읽는 것은 성경본문 안에서 눈에 띄지 않고, 변두리에 위치하고, 곁가지처럼 어떻게 여성들이 묘사되어 왔는지 주목한다. 따라서 성경을 여성해방론적으로 읽는 것은 전통 속에서 그리고 읽기의 역사 속에서 비주류를 만들어낸 가부장적인 가설들을 찾으며, 또한 여성에 관한 묘사가 역사적으로 정확한지 묻는다. 문학에서 여성이 표현된 것과 실제로 여성이 맡았던 사회적 역할간에 놓인 차이점이 부각된다. 엘리자베스 슈슬러 피오렌자는 그리스도교는 사실은 남성과 여성에게 "동등한 입장으로 이루어진 제자도"를 제공한 유대교 내의 갱신운동이었다고 제안해 왔다. 그렇지만 초대 교회에서 발전한 사회적인 세력 때문에 이러한 비가부장적인 견해는 2세기까지는 억제되었다. 슈슬러 피오렌자는 "우리는 초대 그리스도교 운동에 기여한 여성들이 가진 풍부한 전통 중에서 지극히 단편만을 초대 그리스도교 저자들이 전하고 있다고 추측할 수 있다"고 결론을 내린다 (Schuessler Fiorenza를 보라).

성경을 여성해방 문학으로 읽는 것은 본문이 남성을 자유롭게 했던 것과 마찬가지로 여성을 자유롭게 하는 말을 하도록, 이야기식, 독자-지향적, 해체적인 것과 또 다른 전략들을 사용한다. 예를 들어, 출 1:8—2:10에서 역사를 주물기 위해 애쓰는 바로 왕에 관한 이야기는 산파, 바로의 딸, 그리고 모세의 어미가 말하고 행동하는 것이 이야기의 윤곽을 잡아주고 있다 (Exum을 보라). 여성들이 거듭해서 바로 왕의 전략을 좌절시키고 방해한다. 재니스 카펠 앤더슨은 마태복음에 있는 남성-지향적인 시각을 인정하고는 있지만, 혈루병 걸린 여인과 (마 9:20-22), 특히 가나안 여자 (마 15:21-28)의 이야기를 통해 복음서를 바라보는 또 다른 한 가지 방법—잃어버린 시각—도 제공하고 있다. 마태복음에서 대체로 "여성들은 호의적으로 그려져 있다. 여성들이 맡은 중요한 역할과 그리고 예수님이 여성 탄원자들에게 보인 반응을 통해 마태복음에 있는 가부장적인 세계관이 지닌 경계선을 팽팽하게 긴장시킨다" (Anderson을 보라).

해방신학은 제3세계 국가들에서 시작된 현상이며, 성경을 계시로 읽는 방법과 비슷한 특색이 있다. 성경본문은 독자들과 짝을 이루면서 중대한 질문에 대해 권위 있는 답변을 준다. 원래 의미와 원래 정황을 뒤로 하고, 새로운 상황에서 새로운 의미가 만들어진다. 이렇게 전후 관계를 다시 설정하는 과정은 성경 자체 안에서도 찾아볼 수 있다. 사 43:16-19에서, 포로된 상황 안에서 출애굽의 경험을 인용하고 나서 예언자는 이렇게 선언한다: "내가 새 일을 행하려고 한다. 이 일이 이미 드러나고 있는데, 너희가 그것을 알지 못하겠느냐? 내가 광야에 길을 내겠으며, 사막에 강을 내겠다." 과거는 포로된 자들에게 현재를 알려주고 미래에 대한 희망을 알려 주기 위해 존재한다. 현재 겪고 있는 위기는 포로된 자들이 가진 과거의 기억을 수정한다. 한때 구출해 주셨던 하나님이 다시 구출해 주실 것이다.

해방비평적으로 성경을 적용한 것을 보면, 성경의 인물, 행동, 그리고 사건을 현재의 사람, 행동, 그리고 사건들과 동일시하는 것이다. 로마의 권세는 현대의 제국주의이다; 사두개인들은 남에게 의지하는 중산계급이다; 열심당은 혁명가들이다. 예수님이 당시의 정치적인 상황에 관련되었던 것과 똑같은 방식으로 그리스도교 공동체가 정치적인 상황에 관련될 수 있다고 가정하는 것이다. 복음서는 독자가 삶 속에서 처한 상황의 시각으로 읽을 때 활기를 띠게 된다.

이렇게 읽는 것을 수정한 것으로, 용어보다는 역사적인 관계에 주의를 기울이는 읽기가 있다. 그저 단순히 예수께서 정치에 참여하신 것과 동등시하는 것보다는 그리스도인들이 자신이 처해 있는 역사적-사회적 상황에서 정치에 참여함으로써, 예수님이 정치에 참여하신 것과 연관시키는 것이다.

해방신학적으로 성경을 읽는 직접적이고, 자유롭고, 주관적이며, 그리고 해방감을 주는 특성은 니카라구아에서 어네스토 추기경이 성경공부 그룹의 내용을 표기한 것에서 일례를 볼 수 있다 (Cardenal을 보라). 일방적인 설교 대신에, 어네스토 추기경과 예배에 참석했던 농부들은 대화를 나누었다. 아래에 있는 젊은 니카라구아인의 논평은 (1979년에 일어났던 산디니스타 혁명 전의 니카라구아 상황을 반영하는) 20세기 남미의 압제 상황을 1세기 유다의 식민지 압제 상황과 연결시키고 있다. 발췌에서 로레아노라는 이름을 가진 젊은 니카라구아인은 조공으로 바치는 돈에 대한 구절을 읽는 일례를 제시한다.

> "예수님은 가이사가 완벽한 독재자라는 것을 그들에게 보여주고 있습니다. 가이사가 자기의 형상을 동전에 새기고 백성들에게 속한 것을 자신을 위해 사용했기 때문입니다. 가이사는 자기가 동전에 주인으로 그려져 있고 모든 것들의 소유자이기 때문에 돈을 빼앗는다고 말합니다; 그러고 나서 가이사는 사람들이 물건을 사는 데 사용하는 돈에 자기의 모습이 있기 때문에, 심지어 사람들의 주인이 되려고 합니다. 지금 니카라구아도 소모사 때문에 이러한 상황에 있다고 말할 수 있습니다. 소모사는 돈에 그려져 있으며, 우리 모두가 소모사를 니카라구아를 주인으로 보는 데에 익숙해져 있기 때문입니다; 그것이 당연한 것처럼 여겨지고 있습니다. 모든 만물이 하나님께 속해 있지만, 황제가 스스로 백성이 쓰는 돈의 소유자가 되기를 원할 때 또한 모든 것의 소유자가 되기 원한다는 것을 예수께서 그들에게 말해주기 원하신다고 저는 믿습니다" (3:284).

현대 독자들은 성경본문을 다양하게 읽을 수 있는 방법을 배우도록 도전을 받고 있을 뿐만 아니라, 다양한 방법론을 경험하면서 한계점을 깨달아야 할 도전도 받고 있다. 그러한 경험과 배움을 통해 독자들은 자신감과 겸손함 둘 다 개발하게 될 것이다. 만족스러운 성경 읽기를 개발하게 된 자신감과 아울러 자신과 다르게 성서를 읽는 개인과 집단을 생각하면 겸손함을 개발하게 되는 것이다.

더 공부하기를 원한다면

Anderson, Janice Capel. "Matthew: Gender and Reading." *Semeia* 28 (1983) 21.

Barthes, Roland. "The Struggle with the Angel: Textual Analysis of Genesis 32:23-33." In *Structural Analysis and Biblical Exegesis*. Edited by R. Barthes, F. Bovon et al., 21-33. Pittsburgh: Pickwick, 1974.

Barton, John. *Holy Writings, Sacred Text: The Canon in Early Christianity*. Louisville: Westminster John Knox, 1997.

Beardslee, William A. "Post Structuralist Criticism." In *To Each Its Own Meaning: An Introduction to Biblical Criticisms and Their Application*. Edited by Steven L. McKenzie and Stephen R. Haynes, 221-35. Louiseville: Westminster John Knox, 1993.

Betz, Hans Dieter. *Galatians: A commentary on Paul's Letter to the Churches in Galatia*. Philadelphia: Fortress, 1979.

Brown, Raymond E., and Sandra M. Schneiders. "Hermeneutics." In *The New Jerome Biblical Commentary*. Englewood Cliffs: Prentice Hall, 1992. Pages 1146-75.

Cardenal, Ernesto. *Love in Practice: The Gospel in Solentiname*. 4 vols. New York: Orbis, 1977-84.

Cassian, John. *The Conferences*. New York: Paulist, 1997.

Exum, J. Cheryl. "You Shall Let Every Daughter Live: A Study of Exodus 1:8--2:10." *Semeia* 28 (1983). 63-82.

Kugel, James L. *The Bible As It Was*. Cambridge: Harvard University Press, 1997. 17-23.

Rhoads, David, Joanna Dewey, and Donald Michie. *Mark as Story: An Introduction to the Narrative of a Gospel*. 2nd ed. Minneapolis: Fortress, 1999.

Sanders, James. *Torah and Canon*. Philadelphia: Fortress, 1972.

Schuessler Fiorenze, Elizabeth. *In Memory of Her: A Feminist Theological Reconstruction of Christian Origins*. New York: Crossroad, 1983.

고대 이스라엘의 문화와 종교

제임스 밴덜캄 (James VanderKam)

성경은 이스라엘 사람들의 기원을 찾아 아브라함과 이삭과 야곱의 시대까지 거슬러 올라가는데, 그 족장들은 최초에 있었던 인류의 직계 후손들이었다 (창 1—25장). 성경의 처음 다섯 권의 책에 따르면, 아브라함, 이삭, 야곱의 자녀수가 불어나 출애굽 하기 전에 이미 이집트에는 수많은 이스라엘 사람들이 살게 되었다 (출 1장). 이집트를 떠난 뒤, 이 민족은 광야를 헤매다가 마침내 약속의 땅 가나안으로 들어가서 땅을 정복하고 부족끼리 정복한 땅을 나누어 정착하였다. 성경본문에서 목축을 하고 농사를 지으며 생활하는 사람들의 모습을 볼 수 있다. 사람들은 족보상으로 서로 관련되어 있었고, 사울과 다윗 시대에 이르러 군주제가 시작되기 전까지는 왕이 아닌 지도자들이 다스렸다. 뒤이은 시대에 관한 이야기를 통해 보면, 관리들이 정부와 성전에 광범위하게 관련되어 있었다는 것을 알게 된다.

성경 이야기의 줄거리가 과연 어느 정도 역사성을 띠는가 하는 것은 끊임없이 논쟁의 대상이 되어 왔고, 성경본문에 나타난 날짜와 인물들에 대해서도 여전히 불확실한 것이 많지만, 이스라엘 사람들이 어떻게 살았는지 그리고 이스라엘 사회가 어떠했었는지에 관해 어느 정도 생각을 모을 수는 있다. 하지만 우리가 가진 증거들은 제한되어 있고 대개는 궁금해 하는 질문에 답을 주지 못한다; 예를 들어, 이스라엘의 교육과 시민 행정이 어떠했는지 알 수가 없다. 그렇지만 과연 이스라엘 사람들이 어떤 점에서 다른 민족과 구별되어 있었는지 약간의 정보를 얻을 수 있다. 이제부터 다루려는 것은 군주시대와 제1성전시대 (기원전 1000-586년경), 그리고 제2성전시대(기원전 516-기원후 70년)와 관계되어 있는 자료를 다루려고 한다. 비록 성경에 나타난 이스라엘 사람들과 종교가 여러 면에서 특수하지만, 법이나 문학 전통과 같은 사항에서 이스라엘이 주변에 있는 이웃 국가들로부터 많은 영향을 받았다는 증거들을 기억할 필요가 있다.

군주시대와 제1성전시대 (기원전 1000-586년)

4세기를 조금 넘는 이 시기 동안 이스라엘 백성의 삶에 대해 우리는 몇 가지 결론을 낼 수 있다.

(1) *언어.* 이스라엘 백성은 모압이나 아람과 같은 (현대의 시리아) 이웃 나라의 언어와 밀접하게 관련된 셈어(Semitic language)를 사용했다. 왕하 18:26에서 예루살렘 성벽 바깥에서 위협하던 앗시리아 지도자를 향해 유대의 몇몇 관리들은 이렇게 말한다: "우리에게 유다 말로 말씀하지 말아 주십시오. 이 종들에게 시리아 말로 말씀하여 주십시오. 우리가 시리아 말을 알아듣습니다." 여기에 숨어있는 뜻을 생각해 보면, 낮은 계급의 사람들은 지역 언어인 "유다의 언어"를 알고 있었던 반면, 관리들은 아마도 민중이 이해하지 못하지만 국제 관계에서 사용되던 어떤 언어를 알고 있었던 것 같다. 우리는 당연히 이스라엘에 사투리 혹은 적어도 발음상 차이가 있었다는 것을 알 수 있다. 삿 12:5-6은 어떻게 길르앗 사람들(요단 강 동쪽에 살던)과 에브라임 지파 사람들(강 서쪽)이 동일한 단어를 달리 발음했던 것을 말해준다: "도망치는 에브라임 사람이 강을 건너가게 해 달라고 하면, 길르앗 사람들은 그에게 에브라임 사람이냐고 물었다. 그가 에브라임 사람이 아니라고 하면, 그에게 쉬볼렛이라는 말을 발음하게 하였다. 그러나 그가 그 말을 제대로 발음하지 못하고 시볼렛이라고 발음하면, 길르앗 사람들이 그를 붙들어 요단 강 나루터에서 죽였다."

(2) *율법.* 많은 학자들은 모세가 성경에서 있는 대부분의 율법을 썼다고 하지만, 대부분의 율법(출 21—23장; 출애굽기, 레위기, 그리고 민수기에 있는 제사장문서; 레 17—26장에 있는 성결법; 신명기)이 모세보다 후대에 쓰여졌다고 믿는 학자들도 있다. 그러나 법이 없으면 국가가 제대로 기능을 발휘할 수 없으므로, 성경에 적혀 있는 어떤 법들은 그 법을 담은 현재의 문서가 기록되기 전부터 이미 실행되었을 (그리고 법을 어기기도 했을) 것이다. 왕이 율법 체계의 중심에 있었던 것으로 보이며 (삼하 8:15; 15:1-4; 왕상 3:16-28; 대하 19:4-11), 율법을 집행하는 왕들에게 문제가 생기게 되자 (왕상 21장; 왕하 21:16), 공의로 특징짓는 통치를 할 수 있는 미래의 왕에 대한 소망을 가지게 되었다 (예를 들어, 사 11:3b-5). 이야기들은 율법 자체가 어떤 효력을 지녔는지, 어디에 기록되었는지, 그리고 어떤 법적인 배상이 있었는지에 대해 빈약한 정보를 준다. 그러나 부당한 취급을 받은 개인들이 직접 복수하는 것을 언급한 자료도 있다 (삼하 2:18-23 과 3:26-27; 14:4-7); 개인적으로 복수하는 관습을 멈추기 위해 "도피성"을 제정한 것도 같은 맥락에서 이해할 수 있다 (수 21:13-40).

성경은 결혼, 특히 왕족의 결혼을 언급하는데, 왕족이 때로는 다른 국적을 가진 여자들과도 결혼했다고 언급한다 (아합의 아내 이세벨은 시돈 사람이었다. 왕상 16:31; 솔로몬은 많은 외국 여자와 결혼하였다고 전해진다, 왕상 11:1-8). 이러한 국제결혼은 역사상 비판을 받고 어떤 경우는 금지령을 내리던 관습이 있었다 (수 23:12-13). 성경은 또한 조상의 땅은 팔아서는 안 되며—적어도 영구적은 아니어도—땅 문제에는 가족의 구성원들이 의무와 권리를 갖고 있다고 (왕상 21장에 있는 나봇의 포도원; 렘 32장에서 예레미야가 산 것) 기록한다.

성경 기사에 있는 율법은 하나님과 택함을 받은 백성들 사이에 놓인 언약에 그 배경을 두고 있다 (출 19—24장). 신명기적 역사관과 (여호수아기, 사사기, 사무엘기상하, 열왕기상하) 예언서에 따르면, 그러한 언약법을 어겼기 때문에 주님은 국가가 파괴되고 백성들이 포로로 잡혀가도록 내버려두셨다 (특히 왕하 17:7-23).

(3) *정치적 구조.* 군주정치가 자리를 잡게 되자, 보다 완전한 행정부와 상비 군대가 필요했다. 다윗 왕국 때 높은 지위에 있었던 관리들을 열거하면; "스루야의 아들 요압은 군사령관이 되고, 아힐룻의 아들 여호사밧은 역사 기록관이 되고, 아히둡의 아들 사독과 아비아달의 아들 아히멜렉은 제사장이 되고, 스라야는 서기관이 되고, 여호야다의 아들 브나야는 그렛 사람과 블렛 사람의 (다윗의 개인 호위를 위한 외국 용병들) 지휘관이 되었다. 다윗의 아들들은 제사장 일을 보았다" (삼하 8:16-18). 또 다른 곳에는 부역 감독관 (삼하 20:24; 왕상 12:18)을 언급한다. 솔로몬 시대에는, 이들 관리뿐만 아니라, 관리들을 지휘하던 장관, 궁내 대신, 그리고 이에 더하여 이스라엘 열두 지역에서 한 해에 한 달씩 왕과 왕실에서 쓸 먹거리를 대는 책임을 지던 관리들도 있었다고 한다 (왕상 4:7-19).

왕실 행정은 세금을 거두고 군대를 지원했다. 우리는 솔로몬이 통치할 때 세금 제도가 어떠했는지 그리고 세금이 얼마나 부담스럽게 느껴졌는지 조금 알고 있다. 솔로몬의 아들 르호보암이 무거운 세금의 멍에를 덜어주기를 거부하자, 대부분의 왕국은 반란을 일으켰다 (왕상 12:1-9). 아모스 예언자는 "왕에게 바치는 곡식을 거두고 나서, 다시 두 번째 뿌린 씨가 움돋을 때"를 언급하고 있는데 (암 7:1), 아마도 추수한 것의 일부분을 왕에게 바쳤다는 뜻일 것이다.

이스라엘과 유다의 군사력은 여러 번 언급되어 있지만, 막상 군사를 어떻게 지원했는지, 어떤 전술을 사용했는지는 별로 알려지지 않았다. 다윗은 이스라엘 군대와 외국 군대를 모았다고 한다 (삼하 8:18; 23). 나중에 왕위에 오른 시므리는 일찍이 이스라엘 군대의 병거 부대 지휘관이었다 (왕상 16:9).

(4) *종교적인 관습과 신앙.* 솔로몬은 예루살렘에 성전을 건축하고 봉헌한 왕이라는 공로를 인정받았다 (왕상 5—8장). 솔로몬 성전은 바빌로니아가 기원전 587/586년에 예루살렘을 파괴하면서 불태우기 전까지 세워져 있었다. 그 성전에서 일어났던 여러 가지 사건들은 여러 구절에 적혀 있다; 예를 들어, 아달랴 여왕을 폐위시킨 쿠데타가 일어났고 (왕하 11장), 아하스 왕이 성전에 새 제단을 세웠으며 (왕하 16:10-16), 요시야가 성전에서 개혁을 실행했다 (왕하 23:1-14). 예레미야가 성전에서 위험천만한 설교를 한 반면 (렘 7장과 26장), 이사야 선지자는 성전 경내에서 소명을 받은 것처럼 보인다 (사 6장). 성전은 희생제사를 드리고 절기를 축하하는 장소였다. 그러나 열왕기는 다른 성역도 있었다고 강조한다: 북왕국(이스라엘)에는 두 개의 성전이 있었는데, 북쪽에는 단에, 남쪽에는 베델에 있었다 (왕상 12:25-33). 아모스가 베델 성소에 나타나자 아마샤 제사장이 쫓아냈다 (암 7:10-17). 아마도 이런 장소들은 기원전 8세기 후반에 북왕국이 정복될 때 파괴되었을 것이다.

(5) *사회 계급과 집단.* 예언자들은 가난한 이를 착취하는 부자들과 사회적인 괴리에 대해 한탄하면서, 죄를 지은 사람들이 행동을 바꾸지 않으면 하나님의 심판을 받을 것이라고 경고하였다. 하지만 이 시기의 사회 계급에 대해 우리는 별로 아는 것이 없다. 여러 가지 다른 집단이 있었고, 그들은 나름대로의 생활 방식으로 살고 있었던 것 같다; 예를 들어, 레갑족이 몇몇 구절에 나타나 있다. 그들은 바른 삶을 추구해야 한다고 하면서 어떤 방침을 굳게 지켰던 것 같다 (포도주를 마시지 않고 집이 아니라 장막에만 사는 것; 왕하 10:15; 렘 35장).

성경에서 볼 수 있듯이, 두 개의 대참사가 연이어 일어남으로 인하여 군주정치 시대가 끝나게 되었다. 첫 번째는 북왕국(이스라엘)이 기원전 730년과 720년대에 정복당하고 황폐화된 사건이며, 두 번째는 남왕국(유다)이 기원전 590년대와 580년대에 파멸한 사건이었다. 이러한 파멸 뒤에는 대학살과 인구의 이동이 일어났으며, 살아남은 자들의 삶 속에도 끝없는 혼란이 자리잡게 되었다. 예루살렘이 파괴된 직후에 무슨 일이 일어났는가에 상관없이, 성경의 줄거리는 약 5세기가 흐른 후 일단의 유대 무리가 포로생활에서 고국으로 돌아와 성전을 재건할 수 있는 허락을 받은 것(기원전 586-516년; 라 1—6장)을 다루고 있는데, 성경의 역사에서 새로운 시대를 열게 된 사건이다.

제2성전시대 (기원전 516-기원후 70년)

제2성전시대에 유다 백성들은 군주정치나 제1성전시대와는 상당히 다른 상황에 처하게 되었다. 가장 눈에 띄는 차이는 국민들이 전보다 더 지리적으로 흩어지게 된 것이다. 고향 땅에는 적은 수의 백성만 살고, 많은 수의 유대인들이 메소포타미아, 이집트, 그리고 다른 곳에 살고 있었다. 게다가, 정부 행정도 전과는 다른 형태를 띠게 되었다. 이전에는 본국 관리들이 백성들을 다스렸지만, 이제는 외국 군주가 최고 권력을 잡게 되고, 유다 공동체에는 겨우 종속적인 종류의 권위만 허락될 뿐이었다. 재건된 예루살렘 성전에서 예배는 계속되었으나, 본국 왕실의 후원은 없었다. 그러나 뿔뿔이 흩어져 살았는 데도 불구하고 유다 백성들이 스스로를 하나의 실체, 이스라엘로 생각한 것을 보면, 그 어떤 무엇이 그들을 한데 묶어주고 있었다. 정치적이고, 언어적이고, 그리고 문화적인 경계를 넘어서 그들을 결합시켜 준 것은 무엇이었을까? 과연 알렉산드리아에서 희랍어를 말하던 유대인들이 바빌로니아에서 아람어로 말하던 유대인들과 일체감을 느낀 것은 무엇 때문이었을까? 그리고 그들이 유다에 살던 유대인들과 하나됨을 느낀 것은 무엇 때문일까? 종교와 피로 이루어진 결속이 이스라엘이 계속하여 소속감을 갖는 데 필수적이었다.

(1) *언어.* 느헤미야기와 에스더기와 같은 여러 책에서 볼 수 있는 것처럼, 포로생활 이후시대에 유대인들은 히브리어로 말을 하고 글을 썼다. 그러나 성지와 동쪽 지역에 흩어져 살고 있던 유대인들은 아람어를 많이 사용하였다. 성경 자체에 이러한 증거가 담겨 있다: 라 4:8—6:18과 7:12-26은 단 2:4-28과 마찬가지로 아람어로 쓰여졌다. 아람어는 페르시아 왕국이 지배하던 시대에 넓은 지역에 걸쳐서 말과 글로 사용되던 국제적인 언어였다. 사해문서와 같은 텍스트는 85퍼센트 가량이 히브리어로 되어 있다. 비록 뒤를 이은 세기에는 100개가 넘는 두루마리가 아람어로 쓰여져 있지만, 히브리어로 쓰여진 사해문서가 존재한다는 것은 적어도 히브리어를 권장하던 어떤 집단이 있었다는 것을 보여준다. 그리스도교-이전시대에 이미 성경에 있는 책들이 아람어, 소위 타르굼어(targums)로 번역되어서 히브리어를 이해하지 못하는 사람들이 예배드리고 연구하는데 사용되었던 것이 확실하다. 유대 백성들이 공통어로 사용하던 세 번째 언어는 희랍어였다. 이집트계 유대인 공동체 안에서 히브리 성경책들은 기원전 3세기에 희랍어로 번역되기 시작하였다—이러한 과정은 2, 3세기 동안 계속되어, 마침내 희랍어 성경인 칠십인역(Septuagint)을 낳게 되었다. 헬라시대에 희랍어가 국제 언어가 되었고, 유다를 연이어 다스렸던 희랍의 두 왕국에서 공식 언어로 사용하였다: 이집트의 프톨레미에는 많은 유대인이 살고 있었고, 셀류시드 (Seleucid) 왕국의 메소포타미아에도 많은 유대인들이 살고 있었다. 희랍어로 쓰여진 유대 작품의 문학적인 유산이 생겨나게 되었는데, 특히 이집트에서 필로와 그 외 다른 사람들이 수많은 작품을 썼다. 그러나 이집트와 접촉이 별로 없었던 유대인들도 마찬가지로 희랍어로 썼다; 중요한 예로 역사가 요세푸스와 신약성경의 많은 기자들을 들 수 있다. 우리는 사해사본—외국 영향에 거의 개방되지 않은 특징을 가진, 아주 보수적인 유대인 집단 (아마도 에세네족)—가운데서 희랍어로 쓰여진 원고를 25개 발견했다는 사실을 통해 희랍어에 대한 지식이 얼마나 널리 퍼져 있었는지 엿볼 수 있다. 탈굼과 칠십인역을 통해, 전 세계 방방곡곡에 있는 유대인과 다른 나라 사람들이 성경에 접근할 수 있게 되었다.

(2) *율법.* 유대 민족은 그들을 다스리던 정부의 허락을 받고 전통적인 율법을 따라 살았다. 예를 들어, 에스라는 페르시아 왕 아닥사스다 1세로부터 모세의 율법을 주고 가르치라고 위임받았으며 (라 7장), 희랍 왕들은 유대인들이 자기네 율법의 관습을 따를 수 있도록 허락해 주었다. 모세의 율법에 담긴 중요성은 몇 가지로 생각해 볼 수 있다. 에스라기와 느헤미야기에서, 모세의 율법은 개혁 사회의 기초를 이루는 역할을 했으며 (예를 들어, 장막절을 제대로 지키는 것), 율법에 충실한 것은 하나님의 언약에 의한 사랑 안에 남을 수 있는 방법이라고 여겼다. 일례로, 토비트(Book of Tobit)는 절기를 축하하고, 금식하고, 친족 내에서 결혼하고, 가족과 이웃 유대인들을 깊이 배려하던 충실한 사람들의 깊은 신앙심을 드러내는 등 감동적인 장면을 보여준다.

모세오경에 있는 자료로 이루어진 율법이 연구 대상이 되면서, 율법에 정통한 사람들은 권위 있는 지위를 얻게 되었다. 서로 다른 집단마다 나름대로의 방법으로 율법을 읽었으며, 그 결과 다양한 해석 전통이 일어났다 (다섯째 부분, "사회 계급과 집단"을 보라). 그러나 이해하는 방식이 서로 다르긴 했지만, 모든 집단은 모세를 통해 하나님이 주신 법을 권위있는 것으로 받아들였다; 하나님의 법에서 멀어지면 유대교를 거부하는 것과 마찬가지였다 (소위 마카비시대 희랍주의자의 경우처럼).

(3) *정치적 구조.* 유대인들을 강력하게 통합시키는 상징이었던 예루살렘 성전은 제사장 계급이 세력을 잡고, 가장 힘있는 유대 관리인 대제사장이 최고의 지위를 행사하던 곳이었다. 대제사장직은 에스라기, 학개서, 그리고 스가랴서에 (그는 제1성전 마지막에 중심이 되는 제사장의 직계 후손으로 나타난다) 있는 여호수아/예수아 대제사장의 후손들이 가계를 이었다. 예수아의 계보는 기원전 175년까지 지위를 유지했다. 하지만 기원전 175년은 기록상 처음으로, 이방 군주였던 셀류시드 왕 안티오쿠스 4세 에피파네스(기원전 175-164년)는 사임하는 대제사장 오니아스의 동생

야손, 그리고 나중에는 혈연관계가 없는 메넬라오스를 대제사장 자리에 임명하게 된다 (뇌물이 개입되었다; 마카비하 3—4장을 보라). 메넬라오스를 이어 알키모스가 왕에 의해 세 번째 대제사장에 임명되었으나, 알키모스가 죽은 후 제사장계의 하스모니아 (마카비) 가계의 일원들이 군대 지휘관이라는 막강한 지위를 사용하여 대제사장의 자리를 차지했다 (마카비상 9—16장). 이 가계는 기원전 152년부터 기원전 32년까지 대제사장직을 차지했는데, 기원전 32년에 헤롯왕(기원전 37-4년)이 마카비 가계의 마지막 사람을 없애버렸다. 그리고 헤롯의 통치부터 시작하여 남은 제2성전시대 내내, 로마가 임명한 권위자가 눈에 드는 대제사장을 지명하고 또 물러나게 했다. 그 결과, 신약성경시대 무렵에는 대제사장이라는 관직이 예전에 지녔던 영광과 독립성을 잃어버리게 되었다.

그러나 로마시대에 대제사장은 성전에서 차지하는 위치와 산헤드린을 맡고 있는 관리라는 두 가지 이유 때문에 유대인의 생활에서 만만찮은 세력으로 남아 있었다. 대제사장은 원하기만 하면 어떤 성전 예식에도 참여할 수 있는 허가를 받았다. 하지만 대속죄일에는 레 16장에 나와 있는 역할을 수행해야 했는데, 이 날 대제사장은 지성소에 들어가 지난해에 저지른 죄악을 속죄하는 예식에 일부분을 맡았다. 예루살렘의 산헤드린은 (아마도 하나 이상이 있었던 것 같다) 유대교에서 가장 높은 공의회로서, 행정적이고 법률적인 세력을 가지고 있었다. 산헤드린의 지도자로서 대제사장이 맡은 책임은 법적이고 정치적인 영역에 걸쳐 있었다.

몇 명의 제사장들이 높은 지위를 많이 차지하고 있던 반면, 전체 제사장 계보는 24단위로 나뉘었는데, 이 계보는 다윗 시대까지 거슬러간다 (대상 24:1-19를 보면 24개의 이름이 나와 있다). 제2성전시대에, 제사장 집단은 조를 짜서 성전에서 직분을 돌아가면서 섬겼는데, 한 조가 한 주 동안 섬기고 순서대로 다음 조가 차례를 잇는 식이었다. 축제 때는 모든 가문의 갈래가 섬길 수 있었는데, 이 때는 희생제사의 수가 보통 때보다 훨씬 많았다. 제사장들이 순번을 행한 것은 눅 1:5-23에 언급되어 있는데, 여기서 세례 요한의 아비스가랴는 아비야 조에 속했으며, 천사가 나타날 때 아비야 조가 직무를 맡고 있었다.

이 시기의 정세에서 두드러지는 사실은 유대 백성들은 어디에 살든지 이방 세력의 지배 아래 놓여 있었다는 것이다—처음에는 페르시아, 다음에는 희랍 왕국, 그 다음에는 마침내 로마의 지배를 받게 된다. 자료에는 유대인 총독의 이름도 많이 나타나는데, 어떤 유대 사람은 왕으로 다스리기도 했다 (예를 들어, 기원전 104-103년에 아리스토불로 1세에서 시작된 하스모니아 가계와 기원전 63년 로마에게 왕관을 빼앗긴 아리스토불로 2세까지 계속하여). 나중에는 몇 세대 동안 헤롯 가문에서 여러 종류의 통치자들이 나오게 된다. 거의 기원후 6년 이후부터 계속하여 유대 땅은 로마 총독과 행정 장관들이 다스렸다.

(4) *종교적인 관습과 신앙*. 외국의 관찰자들은 유대인들이 생활하는 삶의 방식과 그리고 형상이 없는 유일하신 하나님을 예배하는 것을 두고 논평을 해왔다. 고대 세계에서 신적인 존재를 하나로 제한하는 것은 흔하지 않았다. 유대인들 중 많은 이들은 하나님이 천사들에 의해 둘러싸여 있다고 생각했지만 여전히 유일하신 하나님 야웨, 오로지 한 분 하나님만을 믿었다. 하나님은 파괴와 유배의 경험에도 불구하고 여전히 백성들과 언약관계에 계시다는 믿음을 백성들은 중심에 두고 살았다. 여러 개의 본문(예를 들어, 에스라기와 느헤미야기)들은 그 점을 강조하면서, 공동체가 조상과 함께 맺은 언약, 그리고 시내 산에서 이스라엘과 함께 맺은 계약에 새롭게 헌신할 것을 부탁하였다. 유일하신 하나님께 드리는 예배, 사람들과 하나님 사이의 관계, 그리고 사람과 사람 사이의 관계를 정의해 주던 율법을 충실하게 순종하는 것은 언약 사회의 삶에 토대가 되는 것이었다. 우리는 여러 시대와 여러 곳에서 나온 광범위한 유대 본문들에서 그러한 언약을 향한 충성심을 찾아 볼 수 있다 (몇 가지를 소개하면, 토비트, 유딧, 마카비상하, 필로, 요세푸스).

유일하신 하나님과 언약을 맺는 데 동의하는 것은, 어떻게 충성스럽게 살아야 할 것인가에 대한 상세한 지침을 포함했다. 따라서 유대인의 삶은 특정한 행동들과 관련되었으며, 이들 중 어떤 것들은 제2성전시대 동안에 유대 백성들을 다른 나라 사람들로부터 (혹은 대부분의 다른 나라 사람들) 구별시켰다. 예를 들어, 다른 집단에서도 할례를 행했다는 증거가 있는데도, 할례는 유대교와 관련되어 연상하게 되었다. 그 외에 특별한 풍습으로는 안식일 준수와 음식 법을 지켰는데, 안식일에 유대인들은 아무런 노동도 할 수 없었으며, 음식 법은 무엇을 먹을 수 있고 무엇을 먹을 수 없는지, 먹기로 허용된 음식은 어떻게 준비해서 먹어야 하는지를 정의했다.

언약의 내용을 담은 일련의 율법들은 성전과 관련되었다. 비록 다른 성전들도 존재하긴 했지만 (일례로 이집트에 있는 엘레판틴에 성전이 있었고; 나중에는 사마리아 성전이 있었다), 모든 유대인들은 예루살렘에 있는 성전에 마음이 끌렸다. 예루살렘 근처에 살았던 사람들은 자연스레 희생제사와 (비제사장들에게 허락된 한도 안에서) 성전에서 드리던 다른 예식에 더 정규적으로 참석할 수 있었다. 그렇지만 다른 유대인들도 어디에 살든지 예루살렘 성전을 순례해야 한다는 의무감을 느꼈다. 성경은 이스라엘 남자들은 일년에 세 번 세 절기를 위하여 주님 앞에 모습을 드러내야 한다고 규정하는데, 이는 무교절 (제1월, 15-21일), 칠칠절 (제3월의 어느 날), 그리고 초막절(제7월 15-21일로 나중에 22일이 더해졌다 출 23:14-17; 34:22-23을 보라)이다. 이러한 순례 조항을 글자 그대로 지키려면 엄청난 어려움이 따랐겠지만, 이스라엘과 다른 디아스포라에서 온 많은 유대인들이 예루살렘에 모여 절기들, 특히 7일간의 잔치를 축하했다는 증거가 있다. 유월절(제1월의 14일)과 무교절(제1월 15-21일)을 더한 이레 (8일) 동안에 가장 많은 무리가 예루살렘에 모였으며, 흥겨운 초막절 역시 많은 무리를 끌었다. 그 외에도 하루 동안 열렸던 칠칠절(오순절)을 묘사하는 사도행전 2장에도 절기를 지키기 위해 찾아온 유대인들이 살았던 일련의 지역을 열거하고 있다 (행 2:9-11). 적어도 후대의 시기에는 이러한 절기들을 지킬 날을 결정하는 관계자들이 생겼는데, 이들은 초하루(new moon)를 본 목격자들이 보고하는 것을 기준으로 언제 새 달이 (new month) 시작되는지 결정했다. 이러한 결정은 디아스포라 공동체에 전달되어서 심지어 멀리 떨어진 곳에 사는 유대인들도 동일한 때에 절기를 축하할 수 있었다.

이스라엘 백성을 함께 묶어준 또 다른 구심점은 구전 전통이나 기록된 전통으로서, 국가의 역사와, 역사 속에서 뛰어난 역할을 해낸 위대한 인물들의 역사를 담고 있었다. 우리는 본문이 오래 되고 권위 있는 내용의 글로 발전해 가는 것을 조금이나마 엿볼 수 있다. 그 글은 팔레스타인과 다른 곳에서 살던 유대인들에 의해 읽혀지고, 연구되고, 해석되어졌다. 이것은 어떤 글이 가장 권위가 있는지 혹은 어떻게 그것들을 이해해야 하는지에 관하여 모든 유대인들이 의견을 같이했다는 말이 아니다; 다만 유대인들이 있는 곳이라면 어디서나 꽤 많은 분량의 글들이 명성을 떨쳤다고 말하려는 것이다. 바로 모세오경에 있는 이야기와 율법이 이런 경우이며, 그리고 국가의 역사와 선지자들의 말과 행동을 담은 책들이 그런 경우이다. 시편 모음과 같은 다른 몇몇 글들도 이와 비슷한 관심을 끌고 서로 다른 여러 방법으로 사용되었다. 우리는 사해문서와 같은 출처를 통해 나중에 정경으로 알려지게 될 권위 있는 글들이, 다소 다른 본문 양식으로 되어 있었다는 것을 알고 있다. 즉, 오늘날 영어 번역본 성경들이 그런 것처럼, 성경의 모든 책들의 사본이 똑같은 식으로 기록된 것은 아니었다. 차이점이 큰 경우는 드물었지만, 희랍 사본들 사이에 다양성이 있는 것과 마찬가지로, 히브리어 사본들도 (특히 예레미야서 같은 책은) 제각기 다양하다.

유대 백성들이 어떻게 고대의 권위 있는 글들의 내용을 배웠는지 우리는 별로 아는 것이 없다. 성경이 읽혀지던 (예를 들어, 눅 4:16-30) 회당에 (이스라엘과 디아스포라 둘 다에 있었다) 대한 언급이 다소 있기도 하고, 어떤 특정한 구절들은 절기와 관련시켜 생각했다 (예를 들어, 에스더기와 부림절). 아마 성경을 연구하고 암기하던 학교가 있었다고 생각할 수도 있을 것이다. 적어도 어떤 독자들은 민 24:17과 같은 구절을 기반으로 사용하여, 미래에 다윗의 위대한 후손이 나타나서 하나님의 대리인 역할을 하면서 백성들에게 승리를 가져다주고 새로운 영광의 시대를 세울 것이라는 견해를 발전시킨 점도 덧붙여야 할 것이다. 어떤 본문에서는 그런 지도자가 "메시아" 혹은 "기름부음을 받은 자"로 불린다.

이렇게 유대 백성들을 한 데 모아준 요인에 덧붙여서, 모든 유대 백성들은 족보의 단일성으로 인해 서로 함께 맺어져 있다는 의식이 강했다. 또한 어떤 유대 사람들이 감정적으로 강한 의견을 보인 일이 있었는데 (예를 들어, 에스라), 바로 대대로 물려받은 계보를 결혼을 통해 다른 민족과 섞지 말라는 것이었다. 그렇지만 다른 문화와 백성이 미치는 영향에 대해서 개방적인 면도 있었다. 우리가 살펴본 것처럼, 많은 유대인들은 희랍어를 사용하였으며, 유대 저자들은 희랍의 문학양식(예를 들어, 마카비하)을 받아들이고, 비유대인들을 호의적으로 표현하기도 했다 (아리스테아스 서신이라고 불리는 비성서적인 텍스트에 있는 것처럼). 또한 제2성전의 어느 때에는 비유대인들이 이스라엘 백성의 일부분이 될 수 있도록 허용하기 시작했다. 그러한 회심자들을 개종자라고 불렀다. 또한 여러 곳에서 실제로 유대교로 개종하지는 않았지만 유대교를 찬탄하는 사람들을 만날 수 있다. 행 10:2에서 고넬료와 같은 사람들에게 적용하던 "하나님을 두려워하는 자"들은 이들을 뜻하는 것으로 보인다.

(5) *사회 계급과 집단.* 하스모니아와 필로의 족벌처럼 부유하고 영향력 있는 가문들을 언급하는 자료들이 있다. 사회경제적으로 낮은 수준에 많은 사람들이 있었던 것과 마찬가지로, 당연히 제사장들과 평민들 사이에도 귀족들이 있었다.

우리는 후기 제2성전시대에 유대교가 여러 분파로 나뉘어 있었다는 것을 안다. 그 중에 가장 유명한 목록은 요세푸스가 만든 것이다 (유대인의 고대사 13. 171-73; 유대인의 전쟁 2. 119-66). 요세푸스는 바리새인파, 사두개인파, 그리고 에세네파로 나누면서, 바리새인과 사두개인에 대한 정보를 합한 것보다 에세네파에 대해서 더 많은 정보를 제공해 준다. 요세푸스에 따르면, 바리새인들은 (그는 자신이 여기에 속한다고 보았다) 사람들에게 가장 인기가 있었으며, 법을 권위를 가지고 해석하는 전통을 가지고 있었다; 요세푸스는 자신이 사는 시대에 약 6,000명의 바리새인들이 있다고 주장했다. 사두개인들은 그보다 숫자가 적었으며 인기도 훨씬 덜했다. 사두개인들은 또한 바리새인들이 취하던 여러 입장을 반대했었다. 바리새인들은 천사가 존재한다고 믿고, 운명에 대해 중도적인 입장을 취하고 (어떤 행동은 이미 결정되어 있다: 또 어떤 행동들은 사람들이 책임을 져야 한다), 바리새인들은 부활을 인정한 반면에 (행 23:1-10을 보라), 사두개인들은 천사들의 존재를 부인하고, 운명과 부활이라는 개념을 거부한 것으로 알려져 있다. 에세네파는 (숫자는 대략 4,000명이었다) 모든 것들이 예정되어 있다고 생각했으며, 그들간에는 엄격한 훈련 규율이 보편화되어 있고, 자기 소유를 모두 다 집단에 기부한 후에 필요한 것이 있으면 공동으로 사용하였다. 많은 학자들은 사해사본과 관련된 집단은 에세네파의 한 분파라고 결론을 내리고 있다. 만일 그것이 사실이라면, 에세네파는 무엇이 정확하게 율법이며, 어떻게 사람들이 법을 순종할 수 있는지—그들은 바리새인들이 이러한 영역에서 너무 느슨하다고 생각했다—에 관해서 아주 강한 견해를 가지고 있었다는 것을 알게 된다.

사두개인들은 보수적인 집단으로 보이며, 어떤 사두개인들은 유대 사회에서 높은 지위를 차지하고 있었다. 랍비의 증거를 보고 판단할 때, 사두개인들은 아주 보수적이고 엄격한 법적인 입장을 취했다—즉, 사해사본을 만든 사람들의 입장과 아주 비슷했다. 바리새인들은 이러한 면에서 보다 더 온건했으며 성전에서 순번을 받은 제사장들에게 요구되던 정결예식 (purity regulations)을 일상생활에서도 적용하려고 애썼다.

제2성전시대 유대교 안에서 이처럼 바리새인파, 사두개인파, 그리고 에세네파 외에 선택의 여지가 없는 것은 아니었다. 예를 들어, 열심당이라고 불리는 사람들을 언급한 자료가 있다. 요세푸스의 말에 의하면, 열심당은 바리새인들에게 동의했다지만, 의견을 달리하는 것이 있었는데, 바로 어떤 권위자라도 인간은 아니 되고, 오직 하나님만이 통치자라고 열렬히 믿는 신앙이었다.

기원후 66년에 여러 가지 이유로 유대와 갈릴리에 있는 유대인들이 로마를 대항하여 반란을 일으키자, 반란을 진압하기 위해 황실의 군대가 들어왔다. 기원후 70년, 로마는 마침내 예루살렘을 점령하는데 성공하였고, 그 와중에 헤롯왕 때 (기원전 20년부터) 기초부터 재건축했던 구조물인 성전을 불태워버렸다. 예루살렘과 성전이 폐허가 되자, 유대인들의 삶은 많이 바뀌게 되었다. 그러나 기원후 70년에 일어난 소름끼치는 사건에도 불구하고, 유대 백성들과 유대교가 오늘날까지 이어온 길고도 흥미로운 역사가 증명해 주듯이, 유대인이라는 일체감과 정체성에 대한 인식은 용케 살아남아 있다.

용어해설

용어해설

가나안

성경에서 "상인"을 뜻하는 "가나안"이라는 이름은 함의 자손으로 처음 나타난다 (창 9:18). 창 10장의 족보에 의하면, 함의 자손으로부터 리비아와 구스(에티오피아)도 나왔다. 그러나 가나안 땅과 관련된 이름은 너무 많은 종족들이 오랫동안 함께 살아오면서 생긴 이름이기 때문에 아직도 그 기원에 대하여 논란이 많이 되고있다. 한 가지 분명한 것은 기원전 5세기부터 가나안을 베네기아 혹은 팔레스타인이라고 부르기 시작했다는 사실이다. 가나안은 이스라엘 민족에게 약속의 땅을 지칭하는 가장 대표적인 이름이다.

가버나움

가버나움은 "나훔의 동네" 라는 뜻이고, 예수님의 사역 중심지였다. 이 지역은 갈릴리 바다의 북서쪽에 위치해 있었는데, 이 지역에 대한 정보는 주로 사복음서에서 찾아볼 수 있다. 가버나움은 다메스쿠스에서 지중해 방면을 연결하는 통로였기 때문에 상업이 번창하여 예수님 당시에 번화한 도시였다. 그 곳에는 회당과 세관이 있었다. 예수님의 제자들 중 베드로, 안드레, 야고보, 요한, 마태가 가버나움에서 부름을 받았다.

가증한 행위

역겹고 혐오감을 자아내는 행위, 혹은 신앙생활이나 믿음에 어긋나는 행위를 뜻한다 (예를 들어, 창 43:32; 잠 3:32).

간구기도

이 기도는 하나님께 탄원하고, 애원하고, 간청하는 기도이다. 이 용어는 주로 구약에서 많이 사용되고 신약에서는 바울이 몇 군데에서 사용할 뿐이다 (시 55:1).

고소하다

같은 단어가 "헐뜯다" 혹은 "고소하다"로 번역되어 있다. 원래 희랍어는 하나님께 헌신하고, 봉헌물로 꾸며 놓는 것을 의미했는데 (예를 들어, 눅 21:5), 후대에 가서 남을 저주하는 단어로 사용하기 시작했다.

고레스

고레스는 "태양"이라는 뜻이고, 캄비세스 1세의 아들로 페르시아제국의 초대 왕(기원전 546-529)으로 바빌로니아를 정복한 사람이다. 유대 백성에게 귀국을 허락한 사람이며, 이사야는 고레스를 "기름부음 받은 자"로 보았다 (사 44:27, 28; 45:1-5). 고레스는 기원전 539년 10월 29일에 바빌론에 입성했으며, 자신을 백성들의 해방자로 자처했다. 그래서 그는 바벨론에 남겨 두었던 신상들을 원래 있던 성읍들로 되돌려 보냈으며, 포로된 사람들을 귀향시키는 인정어린 정책을 시행했다.

교차 대구법 (chiasm)

이것은 희랍 수사학에서 많이 사용하던 방법으로 뜻이 상대되는 문구를 나란히 병렬시키는 방법이다. ("안식일이 사람을 위하여 생긴 것이지, 사람이 안식일을 위하여 생긴 것이 아니다" (막 2:27). 이 방법의 반대는 "동심원 구조"이다, 즉, 중심 하나에 둘 이상의 원이 있는 것을 의미한다. 이 방법은 ABC C'B'A' 식으로 문장이 나열된다.

경건/경외

종교적 헌신, 신앙생활, 믿음 (욥 22:4; 마 6:1).

경전

신구약을 가리켜 경전이라고 하는데, 경전은 희랍어로 "갈대"이다. 갈대는 자로 사용되었다는 데서 성경이 신앙생활에 규범이 되고, 진리의 척도가 된다는 뜻에서 생긴 용어이다. 율법서와 예언서와 성문서와 신약성경은 오랜 세월을 거쳐 경전이 되었었다.

계시록/종말론

현재와 미래의 세상을 믿는 신앙인데, 하나님께서 역사에 직접 개입하시어 현재의 악을 멸하시고, 완전하고 영원한 세상을 창조하시어 통치하신다는 신앙에 기초된 것이다. 계시록은 종말과 관련되어 특별한 환상과 상징을 많이 사용하는 문학작품이다 (예들 들어, 요한계시록과 다니엘의 환상, 단 7—12장). 계시는 감춰진 것을 드러내는 것 혹은 덮개를 여는 것을 의미한다. 구약에서 이와 관련된 책은 에스겔서와 다니엘서이고, 신약에서는 요한계시록을 들 수 있다. 그러나 이러한 책들과 비슷한 책들이 성경에 들어가지 못한 책들도 많이 있다.

구원

성경에서는 구원이라는 용어가 다양하게 사용되고 있다. 자연의 재해로부터 구제받는 것, 삶의 어려움에서 벗어나는 것, 오늘의 삶이 어제의 것보다 나은 삶 등. 구약에서 구원에 대한 가장 강한 이미지가 출애굽이고, 하나님을 경외하고 이웃을 사랑하는 것을 구원받은 삶으로 표현한다. 신약의 구원관은 구약의 구원관을 수용할 뿐만 아니라, 예수님과의 관계로 더 많이 다루어지고 있다. 회개함으로써 죄를 용서받고, 악과 위험으로부터 벗어나게 되고, 병이 치유되는 것을 강조한다. 신약의 구원은 항상 하나님으로부터 시작하여 하나님의 은혜로만 가능하다. 예수님을 받아들이는 사람은 다 구원에 참여한다. 구원은 예수님과 새로운 관계를 맺는 것이다.

권면(하다)
알아들을 수 있도록 강력하게 타이르고 부탁하는 것을 의미한다. 성경에서는 종종 경고하고 조심시키는 것으로 사용하기도 한다 (딤후 3:11-12).

규례
예배순서를 맡아 진행할 수 있도록 써 놓은 내용이고, 신앙생활과 관련된 규범들을 말하기도 한다. 성경에서 규례, 의식, 예식은 다 같은 단어에서 나온 것이다 (렐 6:9; 요 2:6; 행 24:18; 히 9:6).

규빗
성경에서 거리를 재는 단위. 사람의 팔꿈치로부터 손가락 끝까지, 약 18인치 (45.7cm). 측정 참조.

그늘
성경에서 그늘은 문자 그대로의 그늘을 가리킬 뿐만 아니라, "죽음"을 가리키기도 한다 (사 26:14). 삼상 28:7-20에서 사울이 사무엘과 상의하여 망령을 불러오는 무당을 찾는 이야기가 이와 관련된 이야기이다.

그룹 (cherub)
히브리 단어에서 나온 것인데 하나님과 관련되어 있는 날개가 달린 초자연적인 존재이다. 조각으로 된 그룹은 성전 장식품 중에 하나였고 (왕상 6:24-28), 언약궤의 장식품이었고 (출 25:16-21), 또한 하나님의 임재를 나타내는 환상과 관련된 것이었다 (겔 10:1-8).

그리스도의 몸
신약에서는 그리스도를 따르는 성도들의 공동체를 의미한다. 그리스도의 몸에는 여러 지체가 있으나, 한 몸을 이루고 있다 (롬 12:5; 고전 12:12-13). 또한 그리스도의 몸이라는 표현에는 하나님께서 각 사람에게 나누어주신 여러 가지 은사가 있음을 의미한다. 그리스도는 이 몸의 머리가 되시고 각 사람은 지체가 되신다.

그리스도의 적대자
이 적대자는 신약에서 요일 2:18, 22; 4:3; 요이 7절에서만 나타난다. 이 적대자는 예수님이 재림하시기 전에 나타나서, 예수님을 따르는 성도들을 박해할 것이다. 그러나 이 적대자는 그리스도가 재림하시면 패배당할 것이다. 요한계시록은 그리스도의 적대자라는 용어는 사용하지 않지만 12장과 13장이 이와 비슷한 것이다.

금욕생활 (금욕주의)
자신을 부인하고, 자신의 몸을 학대하는 행위이다. 금욕생활의 예로는 극도로 금식하는 행위, 잠을 자지 않는 행위, 자신의 몸을 채찍질하는 행위 등이 있다. 이렇게 금용생활을 하는 이유는 육체로부터 영을 해방시켜 하나님과 더 가까워지기 위해 자신을 부인하는 것이다.

기독론
예수님 자신이 자신을 그리스도로 이해하신 것과 예수님이 그리스도이시라는 내용과 관련된 모든 연구를 기독론이라 한다.

기원전/기원후
일반적으로 교회에서는 "주전/주후"로 사용하고, 영어로는 BC (Before Christ) 혹은 AD (Anno Domini, Year of the Lord)를 사용한다. 이 책에서는 기원전(서력기원이 시작하기 이전)과 기원후 (서력기원이 시작한 이후)를 사용하고, 영어로는 BCE. (Before the Common Era) 혹은 CE(Common Era)를 사용하기도 한다.

"나는…이다"
요한복음에서 예수님은 "나는…이다" 라고 자주 말씀하신다. "나는 세상의 빛이다." "나는 생명의 빵이다." "나는 선한 목자이다." (요 6:35; 8:12; 10:11). 주석가들은 "나는…이다"를 출 3:14 "나는 곧 나다"와 관련지어 예수님의 신성을 설명한다.

나란히 놓다
성서연구에서 본문을 나란히 놓을 때는 같은 이야기를 다르게 표현하는 것을 말한다.

논쟁 (polemic)
본문에서 한 면이나 한 관점만 강조하는 것이다. 바벨탑의 이야기는 인간의 긍지에 대항하여 사용하는 논쟁이다.

뉘우침 (penitent/penitence)
잘못한 것을 후회하는 것 (대하 34:27), 또한 죄에서 돌아서 하나님과 바른 관계를 맺는 것을 의미한다. 막 1:4에서는 세례 요한이 회개와 용서를 위하여 세례를 베푼다.

다리우스
역사적으로 다리우스로 알려진 왕은 다리우스 I세, 다리우스 Ⅱ세, 다리우스 Ⅲ세가 있었는데, 성경에 언급되어 있는 왕은 주로 다리우스 1세였다 (기원전 522-486). 그는 히스타스페스의 아들로 페리시아제국을 통합한 왕이었음. 그는 바빌로니아는 물론 이집트까지 통치하였을 뿐만 아니라, 정치, 사회, 경제, 문화에 막대한 영향을 미친 왕이었다. 다리우스 왕 때 성전을 완공하여 봉헌하였다 (기원전 516/515).

달력 (calendar)
성경에 나타나 있는 달들은 현대의 것과 일치하지 않는다. 성경의 달력은 주로 한 달의 중순에서 시작하여 다음 달 중순까지 계속된다. 세밧월 (1월 중순), 아달 (2월 중순), 아빕 혹은 닛산월 (3월 중순), 시브월 (4월 중순), 시반월 (5월 중순), 타무즈 (6월 중순), 아브월 (7월 중순), 에룰 (8월 중순), 티스리 (9월 중순), 말케스반 (10월 중순), 케스레브 (11월 중순) 테베스월 (12월 중순).

동심원 (concentric structure)
중심 하나에 둘 이상의 원이 있는 것을 의미한다. 문학작품에서 동심원 구조는 시나 이야기가 마찬가지로 여러 단계가 있고, 층을 이루고 있는데, 이것들은 원 안쪽으로 가기도 하고 원에서 벗어나기도 한다. 시를 예로 들면, A B C D, C', B', A' 식으로 나열된다.

랍비문서 (Rabbinic literature)
랍비들이 저작한 율법과 풍습과 주석을 담은 다양한 문집을 가리킨다 (예를 들어, 탈무드를 형성하고 있는 미쉬나와 게마라). 이 랍비문서들은 그리스도교가 구약과 신약의 경전을 형성하는 거의 같은 시기에 절정을 이루었다.

마소라 사람들 (Masoretes)
히브리성경의 전문 교사들 혹은 서기관들을 부르는 용어이다. 이들은 기원후 6세기부터 10세기 사이에 활동한 사람들이다.

마소라사본 (Masoretic Text [MT])
마소라 사람들에 의하여 보존된 히브리성경이다. 고대 히브리성경은 자음만으로 씌어져 있었는데, 마소라사본은 구두점과 발음기호를 달아 사람들로 하여금 편하게 읽을 수 있도록 도와주었다.

만군의 주님/하나님
이것은 하나님을 군사령관으로 생각하는 호칭이다. 만군은 하나님께 전쟁할 수 있는 병력이 있으시다는 의미이다 (암 6:8; 롬 9:29).

모임
성경에서는 이 단어가 다양하게 번역되었다: 회중, 총회, 혹은 백성. 특히 모임은 이스라엘의 예배하는 공동체나 장로들의 모임을 의미한다.

바벨탑
바벨은 바빌로니아를 부르는 히브리어이며, "신의 문"을 뜻한다. 바빌로니아에도 탑이 있었는데, 그 탑은 층계로 된 신전이었고, 지구라트라고 불렀다. 성경의 바벨탑 이야기의 정확한 의미는 알 수 없고, 일반적으로 하나님처럼 되려는 인간의 욕망을 힐책하는 이야기인 것 같다. 그리고 하나님 없이 인간 자신이 안정을 찾으려고 애쓰는 것을 의미하는 것 같다.

바빌론 포로생활
포로생활의 기간을 정확하게 표기하는 데는 많은 논란이 있으나 일반적으로 느부갓네살 왕 때 유대 사람들이 597년과 586년에 걸쳐 바빌로니아로 끌려가 생활하다가 539년에 예루살렘으로 돌아갈 때까지의 시기를 말한다. 보통 "포로기"로 표기할 때가 많다. 많은 유대 사람들이 귀국이 허락된 후에도 바빌로니아에 그대로 남아 생활하였다.

바알 (Baal)
바알이라는 단어는 "주님," "주인," 혹은 "남편"이라는 뜻이다. 바알은 가나안에 있던 하나의 신을 칭하거나, 일반적으로 가나안의 신들을 칭하는 용어이며 (삿 2:11), 바알브릿 혹은 아세라 목상과 같이 특정한 신을 가리키는 용어이기도 하다 (삿 8:33; 예, 왕상 16:32-33). 일반적으로 자연과 관련된 풍유의 신을 가리킨다.

바치다 (votive)
이 용어는 서약과 같은 단어인데, 레위기에서 하나님께 제물을 바칠 때 사용되는 용어이다 (욘 1:16에서처럼 신께 제물을 바칠 때).

배교
신앙생활을 하다가 하나님을 배반하고 다른 종교로 떠나가거나, 신앙을 포기하는 행위를 말한다 (렘 2:19).

번갈아 읽기 (alternate reading)
히브리어로 된 구약과 희랍어로 된 신약은 원본이 없기 때문에 성경을 번역하는 사람들은 여러 개의 사본들 중에서 신빙성 있다고 생각하는 사본들을 사용하게 된다. 때로는 사본들간에 주목할 만한 차이를 발견하면, 번역자는 신빈성 있는 사본을 선택하고, 성경 밑에다 번갈아 읽을 수 있는 각주를 단다. 예를 들어, 겔 3:15 본문 주석을 보라. (2297쪽 해석을 위한 가이드: "성경의 신빙성"을 보라.)

베옷 (sackcloth)
원래는 낙타털로 짠 옷이나, 곡식 자루와 같은 자료로 만든 것이다 (창 Gen 42:25). 성경에서는 슬퍼하고 통곡하는 사람들이 입는 옷으로 표현하는데, 주로 회개를 상징한다 (욜 1:8; 마 11:21; 욘 3:5-8). 성경에서는 같은 단어를 "옷을 찢다," "천," "상복"으로 번역했다.

변호하다 (vindicate)
이 단어는 구약에서 다양하게 쓰이는 단어 중에 하나이다: 승리하다, 건져주다, 구해주다, 결백하다는 것을 알게 하다, 죄가 없다고 확신해주다, 보상하여주다, 인정받다. 옳다고 입증해주다.

병행
성경의 기본 시 구조는 두 구절이 서로 연관되어 있다. 두 줄이 같을 수도 있고 ("하늘은 하늘의 영광을 드러내고, 창공은 그의 솜씨를 알려준다, 시 19:1), 다음 줄이 전혀 다른 것을 의미할 수도 있다 ("미움은 다툼을 일으키지만, 사랑은 모든 허물을 덮어준다," 잠 10:12). 또한 다음 줄이 한 단계 더 앞으로 나갈 수 있다 ("너희는 진리를 알게 될 것이며, 진리가 너희를 자유롭게 할 것이다," 요 8:32).

본체/위 (hypostasis)
일반적으로 본체는 예수님의 인성과 신성이 하나가 되어있는 본질을 가리키는 용어이다. 그러나 또한 삼위일체로 표현하기도 한다.

부정타다 (defile)
사람, 동물, 사물이 더럽게 되어 제사에 사용할 수 없게 된 것을 의미한다. 예를 들어, 성적으로 더럽게 된 것 (겔 18:5-6), 성막을 더럽히는 것 (민 19:13), 스스로를 더럽히는 것 (막 7:14-15).

부정 (profane)
부정은 거룩한 것의 반대로, 더럽게 하는 것, 정결하지 않은 것, 속된 것을 의미한다 (딤전 1:9; 행 10:15; 잠 30:8-9; 민 18:32. 일반적으로 하나님께 희생제물로 드린 고기를 인간이 먹을 수 없을 때, 이 단어를 구약에서 자주 사용한다.

불가타역 (Vulgate [Vg])
기원후 1546년 로마 가톨릭에서 정식으로 인정한 라틴어로 된 성경본이다. 이 성경은 기원후 400년경 제롬이 번역한 성경을 이어받은 것이다.

불법 (iniquity)
큰 부도덕한 행위, 불의, 사악한 행위를 뜻함. 그러나 종종 구약에서는 "죄"로 번역되어 있고, 신약에는 불법으로 되어 있다 (출 34:9; 롬 6:19).

비유
희랍어로 비유를 "파라볼레이" 라고 하는데, "파라"는 "옆 자리" 라는 뜻이고, "발로"는 "던지다"는 뜻이다. 다시 말해서 두개의 대상물을 견주어 본다는 뜻이다. 그러나 이 비유의 개념은 성경에서 다양하게 사용되기도 한다 (속담, 수수께끼, 직유). 현대인들은 하나의 아이디어를 강하게 표현하는 이야기로 생각하기도 한다. 이 용어는 예수님이 사용하신 비유에서 제일 많이 나타났다 (예, 혼인 잔치의 비유, 마 22:1-14).

산상변화
예수님이 베드로와 야고보와 요한 앞에서 모습이 변한 것을 가리킨다. 성서연구에서 산상변화는 예수님이 하나님의 아들이심을 확인해주는 것, 예수님과 관련된 권위, 예수님의 죽음, 메시아되심을 확인해주는 것과 연결한다.

생략 3단논법 (enthymeme)
3단논법에서 한 단을 생략하는 경우. "모든 인간은 죽는다. 그러므로 나도 죽는다. " 여기서 생략된 것은 "나는 인간이다"이다. 수사학에서 이러한 방법을 사용하는 목적은 독자들로 하여금 생략된 부분을 알도록 하는 것임 (학자들간에는 막 12장이 이러한 형식이라고 생각함).

설교
설교라는 용어는 고대부터 사용하던 용어이다. 희랍어로 케이루소라고 하며, "포고하다," 혹은 "전달자로 알리다"를 뜻한다. 구약에서는 이 단어를 많이 사용하지 않지만, 메시지를 전달하여 주는 기능은 있었다 (레 23장; 신 20; 왕상 21장). 그리고 예언자들이 말씀을 선포하는 내용이 설교와 같았다. 신약에서는 예수님과 사도들의 활동이 "케류그마" 라는 용어 안에 포함되어 있었다. 케류그마는 예수님의 부활 내용과 설교와 전도가 포함되어 있는 특수용어이다. 바울이 "우리는 십자가에 달리신 그리스도를 전합니다" 라고 말할 때, 이것은 설교의 유형임 (고전 1:23). 복음서들은 예수님과, 제자들과, 세례 요한이 설교했음을 기록함.

설화 (discourse)
한 제목으로 길게 연설하거나 길게 쓴 문장.

섭리
성경에는 "섭리" 라는 용어가 직접 사용된 곳은 없다. 그래서 섭리는 성경적 용어라고 하기보다는 신학적 용어이다. 성경에는 섭리의 개념이 여기저기에 나타나고 있을 뿐이다. 섭리란 하나님께서 창조로부터 영원까지 그의 모든 피조물을 돌보시며 인도하시는 것을 의미한다. 섭리라는 용어는 라틴어의 미리 앞을 내다본다는 프로 비데레에서 나온 말인데, 아마도 라틴어 provideo는 희랍어 프로노에오, 즉 "돌보다" 혹은 "미리 앞을 내다보다"에서 기원된 용어일 것이다. 구약에서는 욥 10:12와 같이 "주님께서 나에게 생명과 사랑을 주시고, 나를 돌보셔서 내 숨결까지 지켜 주셨습니다"가 섭리의 개념을 잘 나타내 주는 것이라 할 수 있다. 신약에서는 "참새 두 마리가 한 냥에 팔리지 않느냐? 그러나 그 가운데서 하나라도 너희 아버지께서 허락하지 않으시면, 땅에 떨어지지 않을 것이다. 아버지께서는 너희의 머리카락까지도 다 세어놓고 계신다" (마 10:29-30) 가 섭리의 개념을 잘 표현해 주는 것들이라 할 수 있다. 하나님의 섭리 사상은 하나님께서 창조하신 목적이 피조물들이 성취할 수 있도록 보살펴 주신다는 사상이다. 섭리 신앙이란 창조주 하나님께서 그의 피조물을 다스리시는 권능 앞에 자신을 전적으로 맡기는 신앙이다.

성막/회막 (tabernacle)
이스라엘 백성이 광야에서 생활하는 동안 함께 움직이던 성전을 성막이라고 한다. 모세가 장막을 가지고 진 바깥으로 나가 진에서 멀리 떨어진 곳에 장막을 치고, 그 장막이 하나님과 만나는 곳이라고 하여 회막이라고 칭하였는데, 성막과 회막이 같은 성격의 것인지, 같은 것이 다른 시대에 사용된 것인지, 아니면 둘 다 같은 때에 사용된 것인지는 분명하지가 않다. 그러나 후대 사람들은 회막이 성막의 일부라고 생각하기도 했다. 성막/회막은 하나님이 백성을 만나시는 곳이었다 (출 26장). 성막을 거두거나, 치거나, 새로운 진영에서 성막을 세울 때는 레위 사람들이 해야 했음 (민 1:51). 성막을 세우는 절차가 상세하게 기록되어 있다 (출 25—30장).

성서해석 역사비평 (historical criticism)
성경책을 더 잘 이해하고 해석하기 위하여 기원, 편집, 영향, 출처, 전통, 양식, 문학, 경전, 권리주장 등을 적용하는 방법론이다.

세상/세계 (cosmos)
엡 6:12와 골 2:8의 코스모스는 희랍어인데 한글로는 세상 혹은 세계로 번역했음. 이것은 우주 전체를 의미한다.

선견자 (seer)
이 용어는 신약에는 나타나 있지 않다. 선견자는 하나님으로부터 환상을 통하여 메시지를 받는 사람이다. 히브리어의 선견자(*로에*)는 "본다"(라아)는 동사에서 나온 용어이다 (예, 삼상 9:9; 대상 26:28-29).

속죄 (atonement)
잘못한 것을 수정하는 과정이고, 하나님과 인간이 화해하는 과정이다. 구약에는 속죄를 위하여 제사장이 하나님께 드리는 희생제사와 인간이 해야 할 예들이 많이 있다 (예, 레 16:9-11; 민

15:28). 신약에서는 예수님이 최종의 속죄제물이시다 (롬 3:25). 구약에는 또 다르게 죄를 씻고 용서받는 개념의 속죄(expiation)가 있다. 이 속죄는 죄를 짓게 하는 것에 주목하는 것이지 하나님과의 깨진 관계를 주목하는 것이 아니다. 예를 들어, 민 35:33에서 더렵혀진 땅을 깨끗하게 하는 것; 삼하 21:3에서 사람과 사람 사이에 화해를 추구하는 것. 신약에서는 속죄라는 단어가 다르게 사용되어 예수님이 사람들의 죄를 대신 갚아주시는 것 (히 2:17), 또는 화목제물이 되시어 죄를 씻어주시는 것(롬 3:25; 요일 2:2; 4:10)으로 나타난다 .

송영 doxology
짧은 시로서 하는 기도 형식의 송가.

수사학 (rhetoric)
성서연구에서 "수사학"은 문체, 문장들이 특정한 목적을 전달하기 위하여 설명하거나, 설득하거나, 해석하는 형식으로 쓴 글솜씨를 가리키는 것이다. 성서연구에서 수사학적 비평은 문체의 형식과 스타일을 연구하고, 이들이 어떻게 사용되었는가를 연구한다.

숫자 격언
잠언들은 종종 두 줄로 되어있는데, 첫 줄은 둘째 줄과 연결되어 있고, 둘째 줄은 첫 줄과 비교되어 있거나 반대로 되어 있음. "기이한 일이 셋, 내가 정말 이해할 수 없는 일이 넷이 있느니" (잠 30:18; 또한 잠 6:16-19; 30:21-23을 보라).

스올
히브리어로 스올은 죽음, 무덤, 지하 세계를 의미한다. 구약 사람들의 세계관은 삼층 세계였는데, 하늘과 땅과 지하 세계, 즉 스올임 (삼상 2:6; 욥 21:13; 시 6:5).

승천
구약에서는 하나님이 보좌에 앉아 계시거나 오르시는 것, 왕이 왕위에 오르는, 에녹과 같이 하늘로 올라가는 것을 표현 (예, 시 29, 93, 95–99편; 창 5:24). 신약에서는 예수께서 부활하신 후, 하늘로 올라가신 것 (행 1:2-11).

신명기학파
신명기의 영향으로 구약의 역사서들을 쓰고 편집했다고 주장하는 학설이다. 전기예언서들이 신명기신학의 영향을 받아 기록했다고 주장하는 학파이다.

신성 모독
이 용어는 희랍어에서 온 것인데, 명예를 훼손하는 것, 저주하는 것, 혹은 경멸하는 것을 의미한다. 많은 경우 하나님을 두고서 경솔히 말하는 것 (레 24:16; 마 12:31). 예수님의 죄에 대한 고소 중에 하나가 신성 모독죄였음 (마 26:65; 요 10:30-33).

십자가
원래 십자가는 로마 시민이 아닌 죄수들을 사형에 처하는 사형틀이었다. 사형틀에 관한 이야기는 함무라비 법전에도 나타난다. 복음서들은 예수께서 육체적으로 고통당하신 것을 구체적으로 기록하고 있지는 않으나, 예수께서 십자가에서 처형당하신 것을 기록한 사복음서의 기록들을 보아서도 예수님은 다른 일반 죄수들과 같은 고문을 당했음을 알 수 있다.십자가와 부활은 예수님의 인성과 신성을 제일 잘 설명하여 주는 사건들이다.

아닥사스다
아닥사스다는 개인의 이름이기보다는 "위대한 전사 혹은 강한 왕"을 의미하는 페르시아제국의 세 왕을 칭하는 호칭이다. 또한 이 이름의 희랍어 이름은 크세르크세스이다. 아닥사스다 I세(크세르크세스 I세의 아들)의 선책으로 에스라와 느헤미야가 예루살렘으로 갈 수 있었다고 생각하는 학자들도 있다. 아닥사스다 II세는 다리우스 II세의 아들이요, 아닥사스다 I세의 손자이다. 아닥사스다 III세는 아닥사스다 II세의 아들인데, 이 사람은 성경에 기록되어 있지 않다.

아바
신약에서 아바는 세 곳에만 나타나는데 (막 14:36; 롬 8:15; 갈 4:6), 이것은 아람어이고 아이들이 아버지를 "아빠" 라고 부르는 것과 같다.

아브라함
유대교, 이슬람교, 그리스도교는 아브라함을 신앙의 선조로 생각한다. 아브라함의 아버지는 데라, 부인은 사라, 자식은 이스마엘과 이삭이다. 아브라함의 이야기는 주로 창 11:26—25:18에 기록되어 있고, 성경 여기저기에서 아브라함은 신앙의 선조일 뿐만 아니라, 신앙인의 모범으로 나타나 있다. 이름의 뜻은 "많은 사람의 아버지" 라고 하기도 하고 "아버지는 영광 받으시다" 라고 하기도 한다. 그의 아들을 희생제사물로 바치는 행위가 신실한 믿음의 표본으로 나타나 있다. 그는 바빌로니아 우르에서 가나안으로 이민간 사람이다.

안디옥
시리아의 안디옥은 로마제국에서 세 번째로 큰 도시였다. 인구는 5십만 정도였고, 마케도니아 사람, 희랍 사람, 시리아 사람, 그리고 유대 사람들이 다수로 구성되어 있던 도시이다. 스데반이 순교당한 후 그리스도인들이 피신하여 이 곳에서 제일 처음으로 이방 사람들한테 전도를 했다. 그리고 예수님을 따르는 사람들에게 그리스도인이라는 이름이 제일 처음 사용된 곳도 이 곳이다. 그리고 비시디아에도 안디옥이 있었는데, 이 곳에서 바울과 바나바가 전도했다.

알레고리
이야기의 인물이나 사건이 추상적인 개념을 나타내는 대단히 상징적인 이야기나 문학작품에 사용되는 문학방법이다 (예, 겔 17:2-10). 알레고리의 대표적인 예로 전도서 12:1-7을 들 수 있다. 때때로 원래 저자가 이야기를 알레고리를 의미했기 때문에 "알레고리적"인 해석은 가능하나 정확한 의미를 파악하는 것은 어려울 때도 있다.

알파벳 시
각 연의 첫 글자가 같은 히브리어 자음 문자로 되어 있고, 각 연이 히브리어 자음 문자 순서로 되어 있는 시 (시편 119).

예후드
예루살렘의 또 다른 이름.

야웨 (YHWH)
야웨는 하나님을 칭하는 개인의 이름이다. 이스라엘 백성은 야웨라는 이름이 너무 거룩하여 발음하기를 피해서 대신 사용한 이름이 "주님"이었다. 야웨는 "나는 곧 나다" 라는 뜻이다.

언약
대체로 언약은 협상, 계약, 두 사람간의 약속 등으로 이해되나, 구약에서는 "브리트" 라고 하여 하나님이 아브라함과 맺은 특별한 관계 (창 15장), 하나님이 이스라엘 백성과 맺으신 특별한 관계를 의미한다 (신 29:1). 신약의 저자들은 하나님께서 이스라엘 백성과 맺으신 특별한 관계를 기억하고 (눅 1:72), 또한 하나님께서 신약의 사람들과 새 언약을 맺으셨다고 생각하기도 한다 (눅 22:20). 언약은 복수형이 없고, 언약의 주도권은 하나님이 가지고 계시다.

연대기
역사적인 사건이나 사람에 관한 연대순서를 말한다. 연대기는 단순한 사건의 연대를 말하기도 하고 (왕상 6:1), 일련의 사건들의 역사적인 연대순서를 말하기도 한다 (열왕기상하). 2347쪽 연대표를 보라. 성경의 연대들은 중동의 세속 문서들과 실제 연대가 다르게 나타날 때가 많아 정확한 연대를 말하기는 어렵다. 그래서 성경의 연대는 거의 근사치를 말할 때가 많다.

예변법 (prolepsis)
예언서에서 미래에 일어날 것을 과거에 일어난 사건처럼 처리하는 문학 장치. 마 23:38에서 예수님은 예루살렘이 성전이 미래에 파괴될 것이 지금 볼 수 있는 것처럼 표현함 (또한 암 5:1-3에서 아모스는 예루살렘이 실제로 멸망하기 훨씬 전에 슬퍼함).

예언/묵시 (oracle)
하나님께서 인간에게 주시는 말씀이다. 예언의 말씀은 또한 하나님의 말씀을 인간이 전달하는 것도 의미한다.

예언자
구약의 예언자들은 미래를 내다본 사람들이기보다는 하나님을 대변하여 말씀을 선포한 사람들이다. 그들의 미래에 대한 관심을 현재의 잘못을 바로잡기 위한 것이었다. 이스라엘의 예언활동의 시작은 모세에서 그 표본을 찾아볼 수 있으나, 기원전 8세기부터 새로운 예언활동이 시작되었다. 그들의 예언활동은 모두가 문서활동으로 시작한 것이었다. 아모스, 호세아, 이사야, 미가가 이 시대의 표적인 예언자들이다. 예언자의 자격이 특별하게 있었던 것 같지는 않다. 아모스는 목자였고, 호세아는 아내의 부정으로 고민하던 사람이었고, 이사야는 예루살렘에서 영향권을 행사하던 사람이었고, 미가는 도시문화에 실증이 난 사람이었고, 예레미야는 아직 성숙하지 못한 청년이였고, 에스겔을 제사장이었던 것 같다. 예언자 한 사람 한 사람은 나름대로 독특한 사람들이었던 것 같다. 한 가지 공통적인 것이 있었다면, 그들이 하나님으로부터 받은 말씀을 신중하게 받아들이고 또 선포했다는 사실이요, 또 하나는 하나님과 약속한 것을 지키지 못했기 때문에 이스라엘 백성이 패망하게 되었다는 것을 선포한 사람들이었다.

예언서에는 크게 두 가지 종류의 문체로 쓰여진 것 같다. 하나는 산문 혹은 이야기요, 다른 하나는 시이다. 예언서에는 산문보다 시가 더 많다. 이 시의 내용에는 북왕국과 남왕국이 패망하리라는 것, 하나님께서 구원하여 주시리라는 것, 이스라엘이 당할 화를 시로 표현한 것들이다. 그러나 예언서의 내용은 그 시대의 환경에 따라 다양하게 나타난다. 전통에 따라 좀 다르기는 해도 전기예언서는 여호수아, 사사기, 사무엘상하, 열왕기상하를 말하고, 후기예언서는 이사야, 예레미야, 에스겔과 소예언서들을 말한다.

오경
구약의 처음 다섯 권의 책 토라를 의미: 창세기, 출애굽기, 레위기, 민수기, 신명기.

오순절 (Pentecost)
오순절은 시반월에 지키는 절기인데, 밀 수확을 감사하는 칠칠절을 희랍어로 표기한 것이고 (34:22; 고전 16:8), 또한 모세가 율법을 받은 날을 기념하는 절기이다. 그리스도인들은 오순절에 성령을 체험하게 되어 오순절이 성령강림절로 지키지게 되었음 (행 2장).

온전 (integrity)
결함이 없고, 완벽하고, 윤리조항을 철저하게 지키면서 성실하게 살아가는 것 (욥 2:3; 잠 11:3; 시 7:8).

옹기 조각 (potsherd)
질그릇 조각. 욥이 악성 종기로 고생을 할 때 옹기 조각으로 긁었음 (욥 2:8).

외경 (Apocrypha)
엄격하게 말해서, 이것은 로마 가톨릭과 희랍 정교회가 사용하는 성경에 포함되어 있는 15권의 책이다. 많은 개신교 성경책에는 이것들이 포함되어 있지 않다. 개신교는 이 책들을 종교개혁 때 성경에 포함시키지 않았다.

외국인/나그네
성경에서는 같은 단어가 외국인 혹은 나그네라고 번역되었는데, 이 사람은 시민의 권리가 없이 사람들 가운데 사는 사람을 의미. 이스라엘 백성은 이들을 다루는 민법을 만들었음 (예, 출 12:48). 아브라함도 한때는 이집트에서 외국인으로 살았음 (창 12:10).

위경 (Pseudepigrapha)
희랍어로 "거짓 책명." 실제로 저작하지 않은 사람에게 저자의 명칭을 달아주는 것을 의미했으나, 성경과 관련된 것에서 위경은 히브리어나 희랍어로 기원전 400년부터 기원후 200년 사이에 쓰여진 작품 중에 성경에 포함되지 못한 작품들이다. 외경을 전체 모아놓은 문집은 없다.

유카리스트 (eucharist)
희랍어로 "감사"를 의미하는데, 주로 "주님의 만찬"(성만찬)을 가리키는 용어이다 (마 26:17-35; 막 14:12-25; 눅 22:7-23).

유형학 (typology)
성서연구에서 유형학은 신약에 나타난 사람이나 사건을 구약에서 미리 나타난 모형으로 연구하는 것이다. 가장 대표적인 것이 롬 5:14에서 아담을 장차 오실 분의 모형으로 생각하는 것.

은사/카리스마
이것은 희랍어에서 온 용어인데, 대부분의 경우 은혜를 통하여 얻은 영적 은사를 의미한다 (롬 5:15-16; 고전 7:7). 은사란 하나님께서 주신 가능성을 가지고 다른 사람들에게 선이 이루어질 수 있도록 사용하는 것을 의미한다.

이방 사람
개인이든, 그룹이든, 국가이든 비유대인을 칭하는 용어이다. 히브리어로 이방 사람을 "고임"이라고 하는데, 이 개념은 가나안 땅에서 쫓아내지 못했던 여리고 사람, 아모리 사람, 브리스 사람, 가나안 사람, 헷 사람. 기르가스 사람, 히위 사람, 여부스 사람들을 부르기 위해 생긴 용어였다 (수 24:11). 신약성경에서는 선교하는 과정에서 유대인과 비유대인을 어떻게 포함시키느냐를 놓고 많은 논란이 있었다 (갈 2:1-2). 또한 성경에는 "야만인"이라 표현도 나오는데, 이것은 희랍인이 아닌 사람들을 그룹으로 칭하는 것이다.

이야기/설화 (narrative)
역사적이든 역사적이 아니든 사건과 사람들이 적혀 있는 본문이다. 일반적으로 이러한 설화들은 시, 율법, 속담 혹은 잠언들이 아니라 이야기체로 흐른다.

잠언
히브리어로 "마샬"이라고 하는데, 이것은 이스라엘의 현인들이 주로 사용하던 지혜문학에서 많이 사용되었다. 잠언의 어원에는 두 가지 의미가 포함되어 있다. 하나는 "같다 혹은 비슷하다"는 의미인데, 두세 개의 것들의 생각이 비슷하다는 의미에서 사용된 것이고, 다른 하나는 "지배하다" 인데, 잠언이 사람들의 마음에 자리잡고 행동을 지배해야 한다는 것이다. 그러나 이 용어는 이것들보다 더 다양하게 사용되었다. 잠언에는 민중들이 사용하는 속담이 있고 (신 28:37; 겔 16:44), 문학적인 표현으로 비유 (시 78:2)나 은유로 사용하는 것도 있다 (겔 17:2).

재림 (parousia)
재림은 예수님이 다시 오시는 것을 의미한다. 마 24:3에서 제자들이 예수께 묻기를 "이런 일들이 언제 일어나겠습니까? 선생님께서 다시오시는 때(희랍어, 재림)와 세상 끝 날에는 어떤 징조가 있겠습니까? (마 24:3).

재앙 (pestilence)
성경은 염병과 같은 파괴의 사신이 피해를 입히는 것도 재앙 (pestilence, 렘 15:2; 계 6:8), 출애굽기에서 물이 피가 되는 것, 개구리 소동, 이 소동, 파리 소동, 집짐승의 죽음 소동, 피부병 전염, 우박, 메뚜기 소동, 어둠이 땅을 덮는 소동, 처음 난 것의 죽음도 재앙으로 표기함 (plague).

전제 (premise)
3단논법은 세 가지 전제로 되어 있다: 대전제, 소전제, 결론. "모든 인간은 죽는다" (대전제). 나는 인간이다 (소전제). 그러므로 나는 죽는다 (결론).

전통
성서연구에서 전통은 문자 그대로 구전으로 내려온 율법, 노래, 기도 등을 의미하기도 하고, 이야기나 글로 쓰여진 작은 단편들도 의미한다 (예, 바벨탑, 창 11:1-9). 전통은 믿음의 내용, 가치관, 일상생활에서 생겨난 관습 등 신앙생활과 직접 연결되어 있는 규례를 말함.

절기
안식일: 유대인은 안식일을 하나님께서 제정하신 날로 생각하며, 매주 금요일 해질녘부터 토요일 해질녘까지의 시간을 말한다. "하나님은 하시던 일을 엿샛날까지 다 마치시고, 이렛날에는 하시던 모든 일에서 손을 떼고 쉬셨다"(창 2:2)는 데에서 유래되었다.

유월절/무교절 (닛산 [아빕] 3-4월, 14): 유월절은 출애굽기에 상세하게 기록되어 있으며, 레 23장 4—5장에는 유월절 절기를 지킬 것을 명하고 있다. 이 절기는 이집트 노예생활에서 벗어나고, 특히 재앙과 죽음에서 벗어나 자유와 구원을 받은 날을 기념하는 절기이다. 무교절(닛산 [아빕] 15-21)은 유월절의 계속이라고 할 수 있다. 무교절은 유월절 다음날부터 7일간 계속되는데, 무교절에는 이집트에서 급히 나오게 된 것을 기억하며 누룩이 없는 떡을 먹는다.

칠칠절/오순절 (시반 5-6월, 6): 칠칠절은 무교절이 끝난 다음날부터 계산해서 일곱 주간이 지난 50일째가 되는 날을 말하는데, 오늘날의 추수 감사절과 비슷하다. 칠칠절에는 첫 열매를 드렸다. 칠칠절은 또한 모세가 시내 산에서 율법을 받은 날을 기념하는 날. 오순절은 "오십 번째 날"의 뜻을 가진 헬라어로 칠칠절을 부르는 용어이다. 신약성경에서 오순절이라고 불리는 절기는 바로 이 칠칠절(출 34:22 신 16:9-11)이며, 이 절기는 맥추절 (출 23:16) 혹은 "처음 익은 열매 드리는 날"(민 28:26)로 불리기도 했다.

속죄일/욤 깁푸르 (티스리, 9-10월): 속죄일에 대하여는 레 16장에 상세히 기록되어 있다. 속죄일은 백성들이 금식하며 회개하는 날이다. 이 날의 핵심 주제는 속죄와 화목이다. 신약에서는 히브리서 9—10장에서 이 속죄일을 그리스도가 단 한번에 행하신 속죄일로 해석함).

장막절/초막절 (티스리, 9-10월, 15-20): 이 절기는 가을 추수감사제로 구약의 세 가지 순례 절기 가운데 하나이다. 이 절기는 속죄일 5일 후에 시작된다. 장막절은 두 가지 성격을 가지고 있다. 첫째는 출애굽 이후의 40년간의 광야생활을 기념하는 역사적 요소요, 둘째는 올리브와 포도 등을 추수하는 수장절(출23:16, 34:22)을 지키는 농경적 요소이다. 이러한 의미에서 장막절과 수장절은 같은 절기이기도 하다.

하누카 (키스레브, 11-12월, 25): 하누카는 성탄절과 거의 같은 시기에 지켜지기 때문에 성탄절과 관련이 있는 것으로 생각하나, 실제로는 성탄절과 전혀 관련이 없는 절기이다. 하누카는 "봉헌"한다는 의미이고, 마카비 형제들이 안티오쿠스 Ⅳ세를 대항하여 싸워 승리한 후 더럽혀진 예루살렘 성전을 하나님께 다시 봉헌한다는 데에서 유래된 절기이다. 축제는 8일 동안 치루는데, 여기서 사용되는 촛불을 메노라라고 한다.

부림 (아달, 3-4월, 14/15, 에스더서에 근거를 두고 있으며, 페르시아 내에 있던 모든 유대인들이 말살음모로부터 극적으로 구출된 것을 축하하는 날이다. 부림절은 마카비하 15:36에 처음으로 언급되었고, 아마도 부림절을 마카비 형제들의 혁명과 연관되면서 팔레스타인에 중요한 절기가 된 듯함.)

점괘 (divination)
점을 쳐서 거룩하신 하나님이나 신의 뜻을 알아내려고 하는 것이다 (겔 21:21-23; 행 16:16).

점성술
해와 달과 별과 우주를 공부하여 미래의 국가 안위와 개인의 안위에 미치는 영향을 연구하는 것이다. 기원전 722년 북왕국을 멸망시킨 앗시리아와 587년 남왕국을 멸망시킨 바빌로니아도 이 점성술을 따라 침공했다. 신약에서 점성술과 관련하여 가장 잘 알려져 있는 사람들은 동방에서 별을 보고 온 박사들이다 (마 2:1-12).

정결/부정
"정결"한 것으로 지정된 동물은 제사용으로 사용될 수 있을 뿐만 아니라, 사람이 먹을 수 있는 것을 의미함 (렘 11:2-43). "부정"한 것으로 지정된 동물은 제사용으로 사용할 수 없을 뿐만 아니라, 인간이 먹을 수 없는 것을 의미한다.

제2의 경전 (deuterocanonical)
로마 가톨릭이나 희랍정교회에 포함되어 있는 외경을 가리키는 용어이다. 개신교 경전에는 들어있지 않다.

제물 (희생)
성경에서 제물은 동물뿐만이 아니라 어떤 형태로든지 하나님께 바치는 예물을 말한다.

번제물: 속죄를 위하여 짐승을 제단 위에 놓고 불살라 바치는 제사이다. 번제는 매일 드렸고, 흠이 없는 수컷만 사용했다.

화목제물: 제물로 바치는 짐승의 몸을 일부만 제단 위에서 불사르고, 나머지는 제사 드리는 사람들이 나누어 먹음. 하나님의 은혜에 보답하기 위함. 하나님과 약속한 것을 바치기 위함. 바치고 싶어서 스스로 바치는 제물.

속죄제물: 하나님이 명하신 것을 하나라도 어길 때와 회중이 함께 책임을 져야할 때 책임을 다하지 못하면 수송아지를 하나님께 드리는 제물.

속건제물: 속건제는 하나님의 율법에서 떠나고, 윤리적으로 범한 범죄를 용서받기 위한 제사이다. 속건제에 해당되는 죄과에는 하나님의 성물을 더럽힌 죄, 다른 사람의 물건을 습득한 죄, 음행한 죄, 성별된 몸을 범한 죄, 질병을 앓을 때 드린 제물이다. 속건제는 보상, 변상, 성별, 성결케 하기 위한 제사이다.

곡식제물: 가난한 사람들이 죄를 사함받기 위하여 누룩이 들어있지 않는 밀가루와 소금과 유향으로 바치는 제물이다.

조상 (patriarch)
일반적으로 남성을 말하는데, 고대 이스라엘에서는 아브라함, 이삭, 야곱, 그리고 야곱의 자손들을 일컬었음. 사회연구에서는 남성이 지배적으로 영향을 미치는 문화와 문학을 의미한다.

종교행사 (cult)
성서연구에서 이 예배는 겉으로 나타나는 종교행사와 그룹을 말함. 그러므로 이스라엘 종교행사는, 제사장, 성전, 희생제사, 예식, 예문 등을 가리키는 용어이다. 이 용어는 제도화된 종교행사와 관련된 용어이다. 현대의 컬트는 부정적인 의미가 있으나, 성서연구에서는 부정적인 의미가 없음.

종교혼합주의
종교와 문화를 혼합하는 것이다. 구약의 예언자들을 가나안 종교 풍습을 받아들이는 것에 대하여 많이 염려하였다 (예, 엘리아: 왕상 18장; 렘 2-3장; 호 1-3장).

종말/종말론
성경에서 사용되는 이 단어는 희랍어 "에스카토스"에서 왔으며, 역사의 "마지막" 혹은 "마지막 일"을 의미한다 (계 1:17; "나는 처음이며 마지막이요"). 그러므로 종말론은 역사의 마지막과 관련된 믿음이나 개념을 논하는 것을 의미한다. 성경에서 부패되지 않고 완전한 새 시대, 악이 패배당하고 하나님이 통치하시는 시대와 관련되어 있다. 요한복음에서는 예수님이 이 땅에 오시고 사역하신 것에서 현실화된 종말론을 강조하기도 한다.

주/주님
고대 히브리 사람들은 거룩하신 하나님의 이름(야웨)을 함부로 부를 수 없어 하나님의 이름을 대신하여 사용한 단어. 그러나 이 단어는 사람과 하나님에게도 사용될 수 있다 ("야웨"를 보라).

주석 (commentary/exegesis)
성경 텍스트에 대하여 장별로 혹은 절별로 광범위하게 검토하면서 원래 의도했던 뜻을 찾아내려는 시도이다. 주석은 원어, 역사와 문화적인 배경, 저자의 사상과 선호하는 용어, 비슷한 문장 등을 비교하면서 문장을 해석하는 것이다. 그리고 또 다른 주석(exegesis)은 성경본문을 비평하는 과정에서 자신의 방법론을 성경의 저자가 의도했던 것처럼 적용하여 본문을 해석해 보려는 시도이다. 이러한 주석 방법에는 해석학이 많이 동원된다. 모든 역사비평들은 후자에 더 가까운 해석 방법들이다.

중보 (intercession)
사람과 사람 사이를 중재하는 행위에서 나온 용어이다. 그러나 중보기도는 다른 사람을 위하여 하나님께 기도하는 것이다. 예를 들어, 모세가 이스라엘 백성을 위하여 하나님께 기도하고 (민 11:2), 바울 디모데를 위하여 기도함 (딤전 2:1). 예수님도 요 17장에서 중보기도를 하심. 현대 사람들이 "예수 그리스도의 이름으로 기도합니다." 라고 기도하는 것도 중보기도 중에 하나이다.

증인 선서 (adjuration)
지도자가 폭동을 진압시키려고 할 때 진지하게 간청하는 것이다 (레 5:1).

칠십인역 (LXX)
히브리성경이 희랍어로 번역된 최초의 희랍어 번역본이다. 전통적으로 70 혹은 72명의 장로들이 번역에 참여했다고 하여 생긴 이름이다. 칠십인역은 희랍어를 말하는 초대교회 교인들에게 아주 중요한 성경이었다. 신약의 저자들은 대부분이 칠십인역은 인용하였다. 칠십인역은 지금도 성경 번역자들에게 중요한 번역본이다.

측정
고대사회에서 측정용으로 사용하던 수치와 현대사회가 측정용으로 사용하는 수치가 전혀 다르기 때문에 정확한 현대의 수치로 계산해서 표현하기는 어려운 일이지만, 성경의 수치를 현대와 비교하면 대략 다음과 같다.

길이와 거리:
손가락 (3/4인치, 19mm)
한 뼘 (9인치, 22.8cm)
규빗 (18인치, 45.7cm)
걸음 거리 (36인치, 91.4cm)
갈대 (9피트, 2.74m)
스타디온 (600피트, 183m)
마일 (4,800피트, 1,463m)
안식일 걸을 수 있는 거리 (1,000야드, 914m)

무게:
게라 (84/5gr, 0.57gm)
베가 (1/5oz, 5.7gm)
핌 (1/4oz, 7.6gm)
세겔 (2/5oz, 11.4gm)
므나/파운드 (20oz, 571gm, 한 므나는 노동자의 석 달 품삯에 해당되는 금액)
달란트 (751/2lb, 34.2kg)

부피:
록 (액체를 측정, 1록은 0.54리터, 약 두 홉 반)
갑 (3/5pt, 0.3리터)
오멜 (2qt, 2.2리터)
힌 (31/2qt, 3.7리터)
스아 (69/10qt, 7.4리터)
에바 (뒤주, 7/10bu, 22.1리터)
바트 (6gal, 22.1리터)
호멜 (61/2bu, 221리터)
되 (1qt, 1.1리터)
말 (77/10qt, 8.4리터)

코덱스 (codex)
일반적으로 사본이라고 말하지만, 코덱스는 책 모양으로 된 사본이고, 두루마리로 된 사본이 아니다. 대부분의 신약사본들은 코덱스 형태로 되어 있다.

탄생 예고 (annunciation)
천사 가브리엘이 마리아에게 "보아라, 그대가 잉태하여 아들을 낳을 터이니, 그의 이름을 예수라고 하여라"(눅 1:31)고 선포하는 것.

토라 (Torah)
문자 그대로의 토라는 "가르치다"를 의미하는데, 율법을 의미하고, 토라에는 창세기, 출애굽기, 레위기, 민수기, 신명기가 있다.

통렬한 비난 (diatribe)
도덕적으로 한쪽 편을 드는 논쟁 (예, 갈 5—6장).

통치자와 권력자
통치자와 권력자가 함께 사용되는 이유는 희랍어 표현 때문이다. 희랍어로 통치자는 아르카이, 권력자는 엑수시아이이다. 단수형 아르카이는 아르케이인데 "시작"을 의미한다. 그러나 이 단어가 엑수시아하고 합해서 사용될 때는 "권력"이 된다. 성경을 연구하는 사람들에게 혼돈을 일으키는 것은 한편으로 이 표현이 세상의 정치 권력자를 가리키기도 하고, 다른 한편으로는 바울이 자주 사용하는 것같이 세상의 초자연적인 힘을 의미하기도 한다는 것이다. 신약에서는 이 통치자와 권력자를 악한 세력 혹은 악령과 관련짓기도 한다.

쿰란
성경에서는 쿰란 사람들이 살던 곳을 언급하고 있지 않으나, 사해사본이 발견된 지역 부근의 역사적인 공동체이다. 이 사본들은 쿰란 공동체가 사용했음이 거의 분명함.

파라다임 (paradigm)
모델이나 아이디어의 체계를 의미한다. 시 100편은 찬양시의 파라다임. 엘리야는 예언자적 행위의 파라다임이다.

판례법 (casuistic)
특정한 사건에 사용하는 법. 법 조항에서 "만약…을 범하였을 경우에…의 처벌을 받아야 한다 (신 22:23-29). 이 법의 반대는 필연법이다.

편집인 (redactor or redaction)
성경의 텍스트를 모으는 과정에서 다양한 텍스트들을 편집하여 조화시킨 사람을 의미한다. 편집비평은 편집인이 편집하는 과정을 다루는 성경해석 방법론이다. 성서학자들은 한 사람의 편집인 혹은 여러 명의 편집인들이 성경을 완료시켰다고 생각하는 학설이다.

표징 (portent)
언어 자체는 일어날 대재해 혹은 불길한 징조를 의미하나 (계 12:1, 3), 신 28:46의 표징은 곧 일어날 재해도 아니고 불길한 징조도 아니라, 단순히 표적임을 알 수 있다.

필로
기원전 20년에 태어난 필로는 알렉산드리아 유대인으로 잘 알려진 철학자였다. 필로는 희랍 철학에 많은 흥미를 가진 사람이었고, 구약을 플라토의 눈으로 보았으며, 알레고리로 구약을 해석하려고 노력한 학자였다. 필로는 성경은 문자 그대로의 의미가 있고, 그뿐만 아니라 겉으로 나타나지 않는 숨은 의미가 있다고 강조했다. 필로는 어거스틴, 제롬, 앰브로스와 같은 초대교회 학자들에게 막대한 영향을 미쳤다. 현대 학자들은 초대교회를 연구하기 위하여 그의 문서를 많이 인용함. 필로는 기원후 49년에 죽었다.

필연법 (apodictic)
십계명에서 "살인하지 못한다" 식으로 무조건 금지하는 법 (출 20:1-17). (판례법 참조.)

황홀경 (ecstasy)
성령의 힘으로 인하여 개인의 생각이나 뜻을 잃고 있는 상태를 말한다 (예, 삼상 10:10-12). 초대 그리스도인들도 다락방에서 성령으로 인하여 황홀경을 체험했다 (행 2:1-4).

허식 (epideictic)
희랍어로 "보여주기에 적절하다" 라는 용어에서 온 말로 주로 남을 칭찬할 때나 비판할 때 상투적인 문구로 쓰이는 수사학적 효과를 노리는 표현. 학자들간에는 고전 1:18-31이 이것에 해당한다고 생각한다.

헬라사상
넓은 의미에서 헬라사상은 희랍문화를 의미함. 신약에서는 희랍어를 말하는 사람들을 헬라 사람이라고 말하기도 함 (행 6:1).

현인 (sage)
성경에서는 현인이 "지혜로운 사람," "지혜 있는 자," 혹은 "전문가"로 번역되어 있음 (더 1:13; 마 23:34). 히브리어 "현인"은 "지혜"와 같은 어근으로 되어 있다. 어떤 학자들은 잠언을 현인들이 가르친 대표적인 책으로 생각한다.

화해
화해는 관계를 다시 형성하는 것을 의미한다. 성경에서는 개인과 개인간의 화해 (마 5:23-24), 그룹과 그룹간의 화해(행 12:20)가 있으나, 무엇보다도 하나님과 인간간의 화해의 경우를 다룬다. 신약에서는 예수님이 화해를 중재하신다 (롬 5:11). 하나님 앞에선 인간이 하나님과의 화해가 필요한 것이지 하나님이 인간과의 화해가 필요한 것이 아니다.

회당
현대의 유대인들이 모여 기도와 성경봉독과 설교와 축도로 안식일을 지키는 장소를 회당이라고 하는데, 회당의 정확한 기원에 대하여는 아직도 합의를 보지 못하고 있다. 회당은 "모임"이라는 헬라어에서 파생되어 나온 단어이다. 회당이라는 용어는 기원전 1세기 팔레스타인 밖에서 살고 있던 희랍어를 말하는 유대인들이 주로 많이 사용한 단어이다. 학자들간에는 회당제도가 이스라엘 백성이 바빌로니아에서 포로생활을 할 때 생긴 제도라고 말하는 사람들이 있으나, 이것에 대한 논란은 지금도 계속되고 있다. 한 가지 분명한 것은 기원후 70년에 예루살렘이 완전히 파괴된 후 말씀을 가르치고 예배를 보기 위하여 회당제도가 많이 보급되었다는 사실이다. 신약시대에는 예수님과 바울과 제자들이 회당에서 하나님의 말씀을 가르친 기록들이 여기저기에 나타나 있다. 회당제도가 잘 짜여진 제도로 발전하기 시작한 시기는 기원후 2세기부터 6세기 사이이다. 회당에서 하는 것 중에 중요한 것은 성경을 봉독하는 것인데, 성경봉독에서 중요한 것은 고정된 순서에 따라 율법서를 읽고, 거기에 매번 예언서에서 한 단락씩 덧붙이는 것이다. 신약시대에 와서는 회당에서 지역과 관련이 있는 재판이 열리기도 했다.

흩어진 백성 (diaspora)
희랍어에서 나온 용어이며, 팔레스타인 밖에서 살고 있는 모든 유대인을 가리키는 용어이다.

히브리 (Hebrew)
구약에서 사용된 언어 중에 하나이다. 또한 히브리는 이스라엘 백성을 가리키기도 한다 (창 14:13; 삼상 13:19; 빌 3:4b-5). 이 용어의 출처는 알 수 없다. 또한 구약 사람들의 한 부류인 에벨 사람들을 가리키기도 했다 (창 10:21-25).

연대표

연대표

구약성경 연대표

단편적인 역사 자료와 고고학적 자료의 부족으로 모든 연대는 근사치임.

? 창조

? 홍수

기원전 2000-1500년? 족장시대 (아브라함, 이삭, 야곱, 요셉)

기원전 1300년? 출애굽

기원전 1200-1020년? 사사시대

기원전 1020-1000년? 사울 왕

기원전 1000-960년? 다윗 왕

기원전 960-930년? 솔로몬 왕

기원전 930–922년? 분열왕국

남왕국 유다의 왕들	**북왕국 이스라엘의 왕들**
르호보암 922–915	922–901 여로보암 I
아비야 915–913	
아사 913–873	
	901–900 나답
	900–877 바아사
	877–876 엘라
	876 시므리
	876–872 디브니[1, 2]
	876–869 오므리
여호사밧 873–8491	
	869–850 아합
여호람 849–843	850–849 아하시야
아하시야 843–842	843–815 예후
아달랴 842–837 (왕비)	
요아스 837–800	
	815–802 여호아하스
아마샤 800–783	802–786 요아스
	786–746 여로보암 II
아살랴/웃시아 783–742[1]	
	746–745 스가랴
	745 살룸
	745–737 므나헴

(1) 같은 시기에 두 왕이 통치함

(2) 정적 통치

요담 742–735(1)	737–736 브가히야
아하스 735–715(1)	736–732 베가
	732–24 호세아
히스기야 715–687	722 앗시리아에 의한 사마리아 멸망 (북왕국)
므낫세 687–642	
아몬 642–640	
요시야 640–609	
여호아하스 609	
여호야김 609–598	
여호야긴 598–587	
시드기야 587	

기원전 597년: 유다 백성이 첫 번째로 바빌론에 끌려감.

기원전 587년: 바빌론이 유다를 멸망시킴 (남왕국). 유다 백성이 두 번째로 바빌론에 끌려감.

기원전 538-539년: 페르시아의 고레스 왕이 유대인들로 하여금 유다에 돌아가 성전을 재건하라고 칙령을 내림. 세스바살이 유대인을 인도함.

기원전 520년: 페르시아 지방 예후드(전 중앙 유다)의 총독 스룹바벨이 성전을 재건하려 시도함. 지역 사람들의 반대로 계획이 좌절됨.

기원전 516/515년: 다리우스 I세의 칙령으로 성전재건이 계속되고, 완공된 후, 봉헌하게 됨.

기원전 458년: 에스라가 아닥사스다 왕의 위임을 받아 유다 지방에 오경의 율법을 실시하기 위하여 예루살렘에 가고, 성전예배를 규정함 (어떤 학자들은 에스라와 관련된 사역을 기원전 398년 이후로 연대를 추정함).

기원전 457/458년: 에스라가 율법을 대중 앞에서 낭독하고, 다른 인종과의 혼혈혼을 공적으로 조회함.

기원전 445년: 아닥사스다 I세가 느헤미야를 유다 총독으로 임명함.

기원전 445-433년: 느헤미야가 유다 총독으로 시무하면서 예루살렘 성벽을 재건하고, 예루살렘 주민의 인구를 증가시킴.

기원전 433년 혹은 이후?: 느헤미야가 유다에 돌아와서 여러 가지 종교개혁을 시행함.

(1) 같은 시기에 두 왕이 통치함

(2) 정적 통치

헬라, 막카비, 로마시대 연대표

단편적인 역사 자료와 고고학적 자료의 부족으로 모든 연대는 근사치임.

기원전 332년: 알렉산더 대왕이 팔레스타인을 점령함.

기원전 301년: 알렉산더 대왕이 323년에 죽은 후, 팔레스타인은 마침내 프톨레미 I세 소테르에게 점령당함.

기원전 301-198년: 프톨레미 왕조가 이집트에서 팔레스타인을 통치함.

기원전 198년: 다마스쿠스 셀류시드 왕조가 파니움 전쟁에서 프톨레미 왕조를 이기고 팔레스타인을 통치함.

기원전 167년: 셀류시드 왕조의 통치자 안티오쿠스 Ⅳ세 에피파네스는 예루살렘에서 일어나고 있던 정치 싸움을 중단시키기 위해 정치적으로 박해함. 두루마리들(책)을 불사르고, 할례의식을 금지하고, 안식일을 불법화하고, 유대인들을 희랍 종교 축제에 강제로 참여시킬 뿐만 아니라, 돼지고기를 강제로 먹이고, 예루살렘 성전에서는 제우스 올림피오스 신과 다른 신들을 강제로 숭배하도록 함.

기원전 167년: 막카비로 알려져 있는 제사장 맛다디아와 그의 아들들이 셀류시드 왕조에 반란을 일으킴.

기원전 165년: 맛다디아가 죽은 후, 그의 아들 유다 막카비가 반란을 인도하여 셀류시드 군을 패배시키고, 예루살렘 성전을 다시 탈취하고 정결하게 만듦.

기원전 164년: 유다가 로마 사절단과 협상을 하고, 따라서 로마가 유다 정치에 개입을 하게 됨.

기원전 161년: 유다가 죽은 후, 요나단 막카비가 계속하여 셀류시드 왕조와 대항하여 싸우고, 유다를 위한 유능한 통치자가 됨.

기원전 143-135년: 막카비 가족의 마지막 아들 시몬은 대제사장이 되고 유다의 유능한 통치자가 됨.

기원전 143-37년: 정치적 내란과 셀류시드 왕조와의 전쟁과 주변 나라들과의 전쟁 와중에 하스모니안(후에 막카비 왕조로 명명함)이 팔레스타인을 장악하게 되고, 독립국가 유다가 됨.

기원전 63년: 정치적인 불안과 하스모니안 통치 반대가 로마 장성 프톨레미가 개입하게 됨. 프톨레미가 예루살렘을 장악함.

기원전 37년: 로마 정부가 아리도불로(안디고누스 맛다디아)를 처형할 때까지 하스모니안 가족이 명목상으로 통치함.

기원전 40년: 로마 정부가 헤롯 대왕(로마 정부 지역 관료의 아들)을 왕으로 격상시킴.

기원전 37년: 헤롯 대왕이 통치하기 시작함.

신약성경 연대표

단편적인 역사 자료와 고고학적 자료의 부족으로 모든 연대는 근사치임.

기원전 4년?: 예수님이 탄생하심. 헤롯 대왕이 죽음.

기원후 28-33년: 예수님의 사역?

기원후 30년?: 예수님의 십자가 처형, 죽음, 부활.

기원후 40년?: 바울의 회심/다마스쿠스 도상에서 부름받음 (행 9장).

기원후 41-44년: 헤롯 아그립바 유대를 통치함; 사도들이 박해를 받음 (행 12장); 야고보가 처형당함.

기원후 44년: 헤롯 아그립바 I세가 죽음 (행 12:20-23).

기원후 51-53년: 바울이 고린도에 있음.

기원후 63-64년?: 바울이 로마에서 처형당함?

기원후 66년: 유대인들이 첫 번째 반란을 일으킴.

기원후 70년: 예루살렘이 파괴됨.

기원후 95년: 로마의 도미티안 황제; 소아시아에서 지역적인 박해가 생김. 요한이 밧모 섬에서 요한계시록을 씀?

기원후 112년: 로마의 트라잔 황제; 소아시아에서 소플리니가 부분적으로 박해함.

로마 황제	갈릴리 정치 지도자	유다 정치 지도자
아우구스투스 기원전 31-기원후 14년	헤롯 대왕 기원전 37-기원후 4년	아켈라오 기원전 4-기원후 6년
디베료: 기원후14-37년	헤롯 아그립바: 기원전 4-기원후40년	로마 총독들: 기원후 6-41년 본디오 빌라도 기원후 26-36년
칼리규라: 기원후 37-41년	아그립바 I: 기원후 40-44년	아그립바 I: 기원후 41-44년
글라우디오: 기원후41-54 년	아그립바 II: 기원후 54-93년	로마 총독: 기원후 44-66년 (벨릭스: 52-60년 [행 23-24장] 베스도: 61-62 [행 25-26장]

네로: 기원후 54-68년

갈바, 오소, 비텔리우스: 기원후 68-69년

베스파시안: 기원후 69-79년

디도: 기원후 79-81년

도미티안: 기원후 81-96년

네르바: 기원후 96-98년

트라잔: 기원후 98-117년

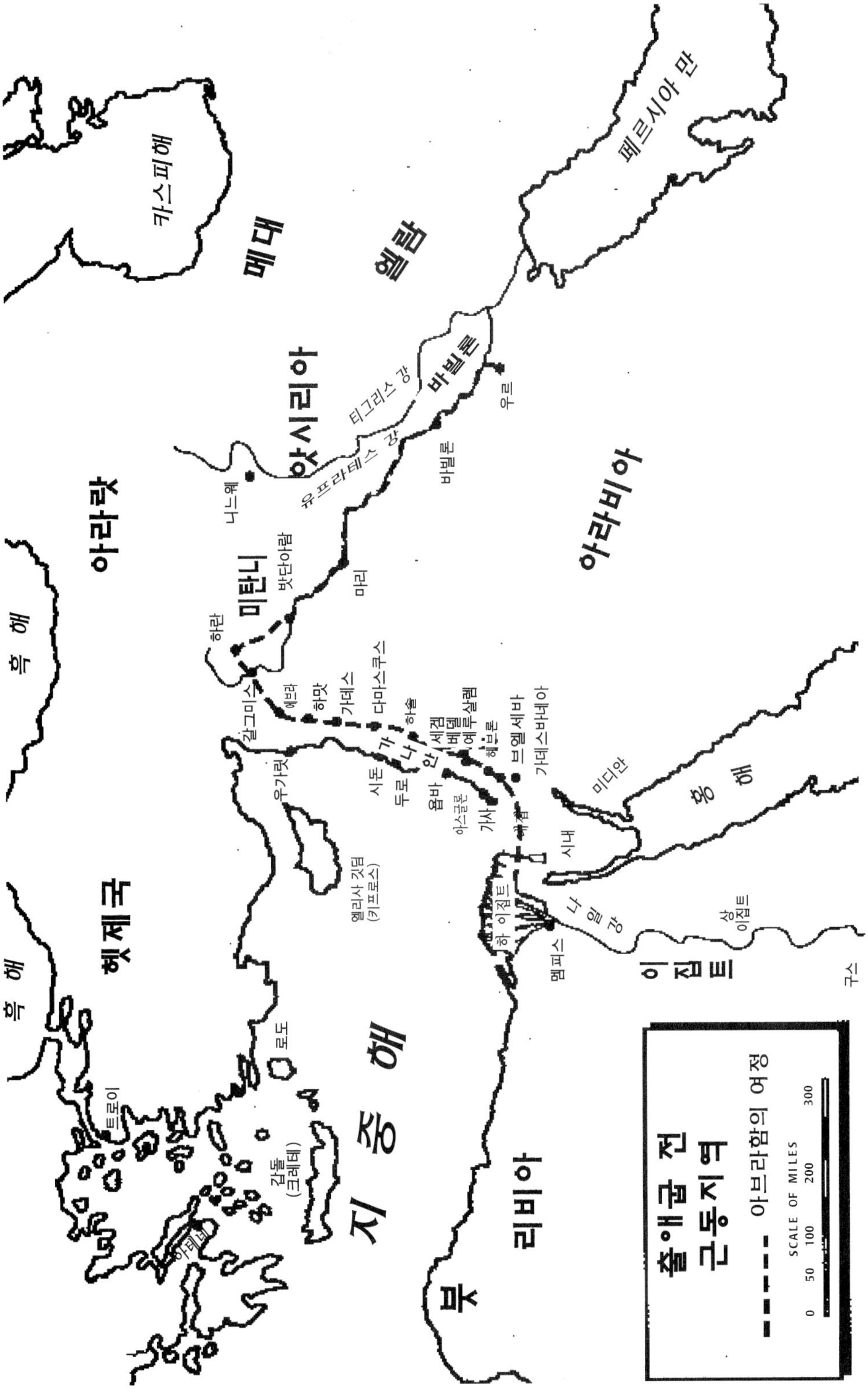
출애굽 전 근동지역
아브라함의 여정
SCALE OF MILES
0 50 100 200 300
북
카스피해
메대
엘람
페르시아 만
아시리아
티그리스 강
바벨론
우르
유프라테스 강
니느웨
바벨론
아라랏
흑 해
미탄니
밧단아람
마리
하란
아라비아
갈그미스
에브라
하맛
가데스
다마스쿠스
하솔
세겜
벧엘
예루살렘
헤브론
브엘세바
가데스바네아
가나안
시돈
두로
욥바
아스글론
가사
우가릿
미디안
홍 해
시내
엘리사 깃딤
(키프로스)
하 이집트
나일 강
상 이집트
멤피스
이집트
구스
헷제국
흑 해
로도
트로이
갑돌
(크레테)
아테네
지중해
리비아

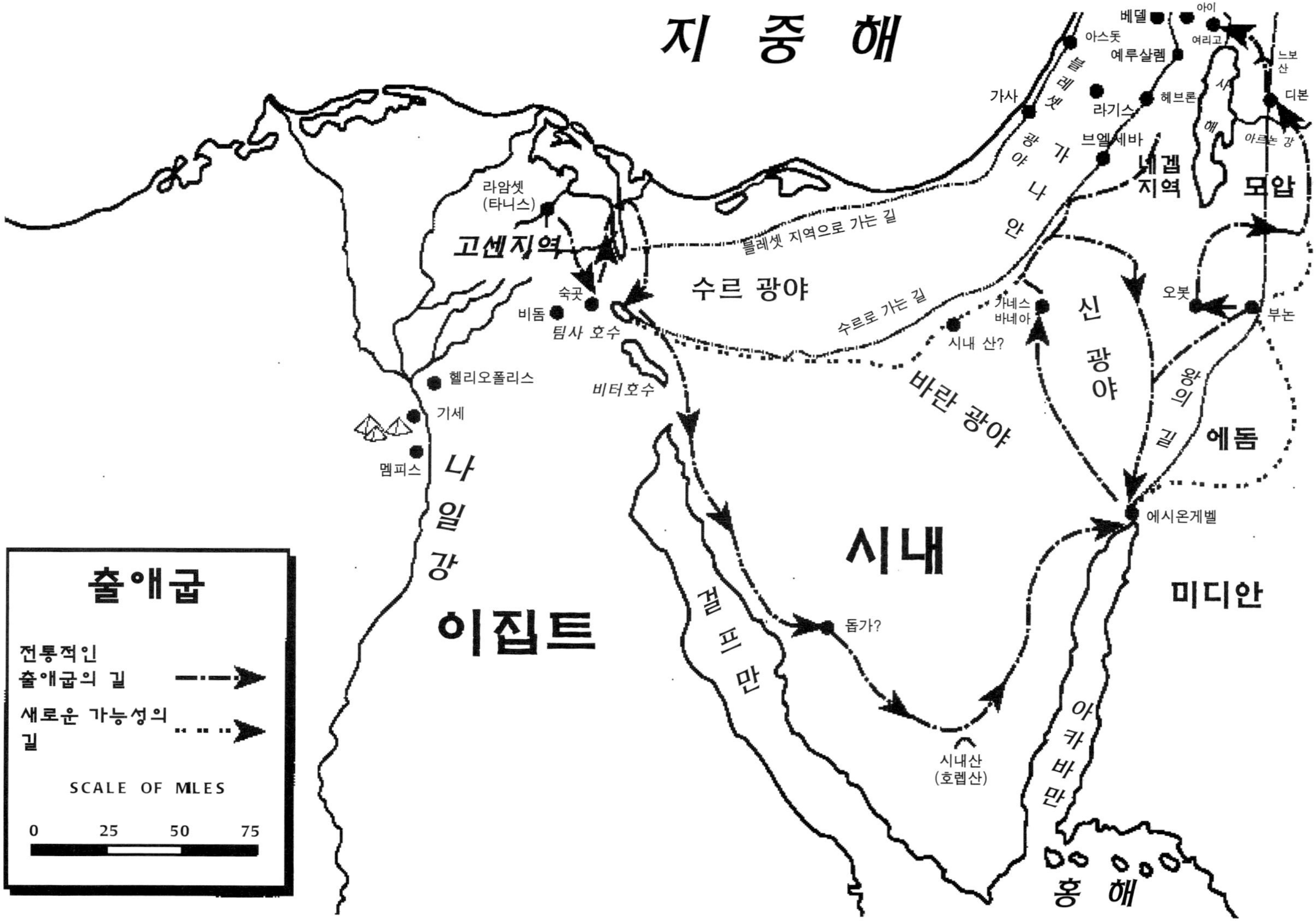
지 중 해
베델
아이
아스돗
여리고
예루살렘
느보 산
블레셋
가사
라기스
헤브론
디본
사 해
브엘세바
아르논 강
광야
가나안
네겝 지역
모압
라암셋 (타니스)
고센지역
블레셋 지역으로 가는 길
수르 광야
오봇
숙곳
비돔
팀사 호수
수르로 가는 길
가데스 바네아
신 광야
부논
시내 산?
헬리오폴리스
비터호수
바란 광야
왕의 길
기세
에돔
멤피스
나일강
에시온게벨
시내
미디안
이집트
겔프만
돕가?
아카바만
시내산 (호렙산)
홍해
출애굽
전통적인 출애굽의 길
새로운 가능성의 길
SCALE OF MILES
0
25
50
75

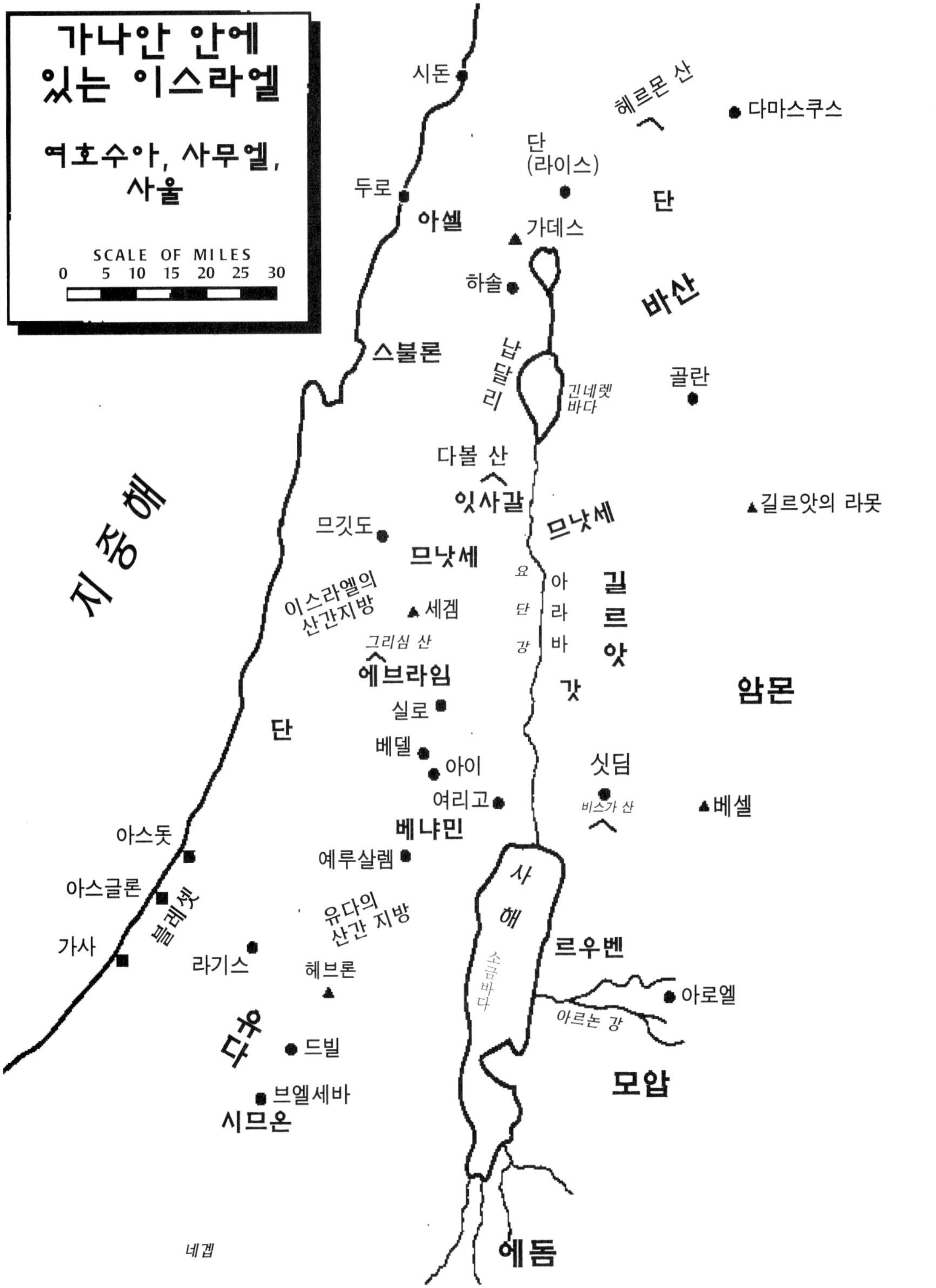
가나안 안에 있는 이스라엘
여호수아, 사무엘, 사울
SCALE OF MILES
0 5 10 15 20 25 30
시돈
헤르몬 산
다마스쿠스
단 (라이스)
두로
단
아셀
가데스
하솔
바산
스불론
납달리
긴네렛 바다
골란
다볼 산
잇사갈
길르앗의 라못
므낫세
지중해
므깃도
므낫세
요단 강
아라바
길르앗
이스라엘의 산간지방
세겜
그리심 산
에브라임
갓
암몬
실로
단
베델
아이
싯딤
여리고
비스가 산
베셀
베냐민
아스돗
예루살렘
사해
아스글론
블레셋
유다의 산간 지방
르우벤
가사
라기스
헤브론
소금바다
아로엘
아르논 강
유다
드빌
모압
브엘세바
시므온
네겝
에돔

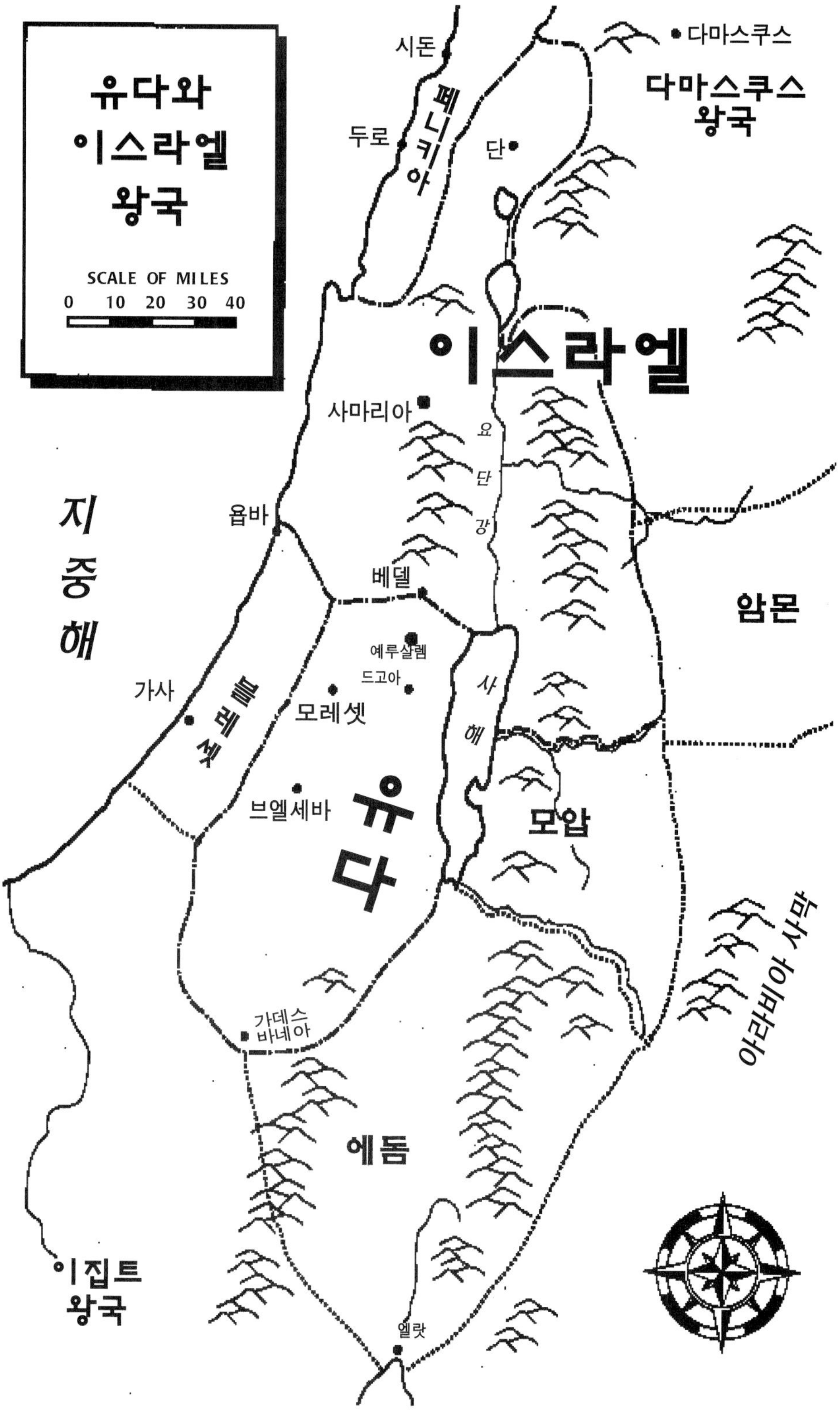
유다와
이스라엘
왕국
SCALE OF MILES
0 10 20 30 40
시돈
다마스쿠스
다마스쿠스
왕국
페니키아
두로
단
이스라엘
사마리아
요단강
지중해
욥바
베델
암몬
예루살렘
드고아
가사
블레셋
모레셋
사해
브엘세바
유다
모압
아라비아 사막
가데스
바네아
에돔
이집트
왕국
엘랏

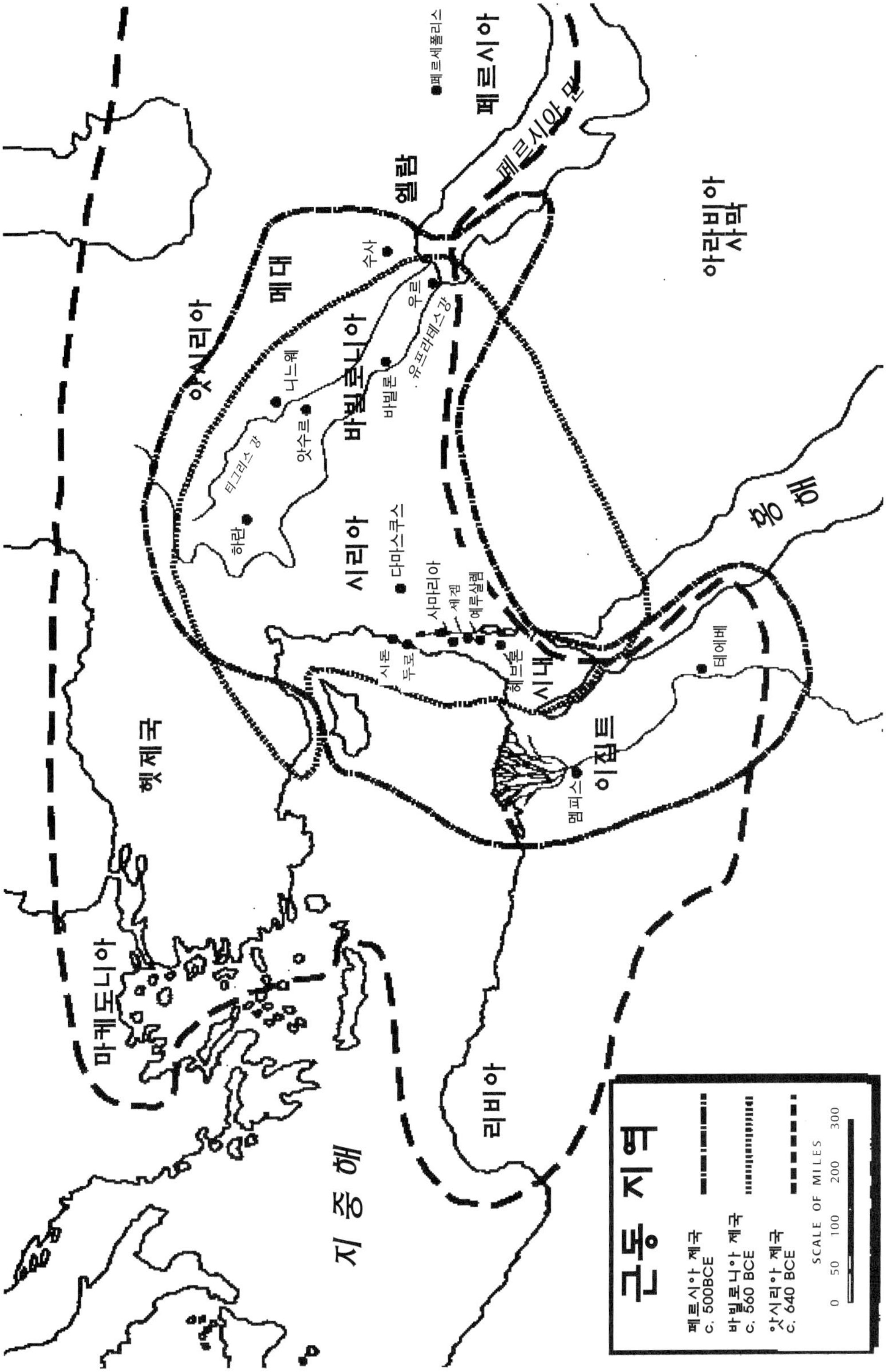
근동 지역
페르시아 제국 c. 500BCE
바빌로니아 제국 c. 560 BCE
앗시리아 제국 c. 640 BCE
SCALE OF MILES
0 50 100 200 300
페르시아
페르세폴리스
페르시아 만
엘람
수사
메대
우르
아라비아 사막
앗시리아
바빌로니아
유프라테스강
니느웨
바빌론
앗수르
티그리스 강
하란
시리아
다마스쿠스
사마리아
세겜
예루살렘
헤브론
시돈
두로
시내
홍해
테에베
이집트
멤피스
헷제국
마케도니아
지중해
리비아

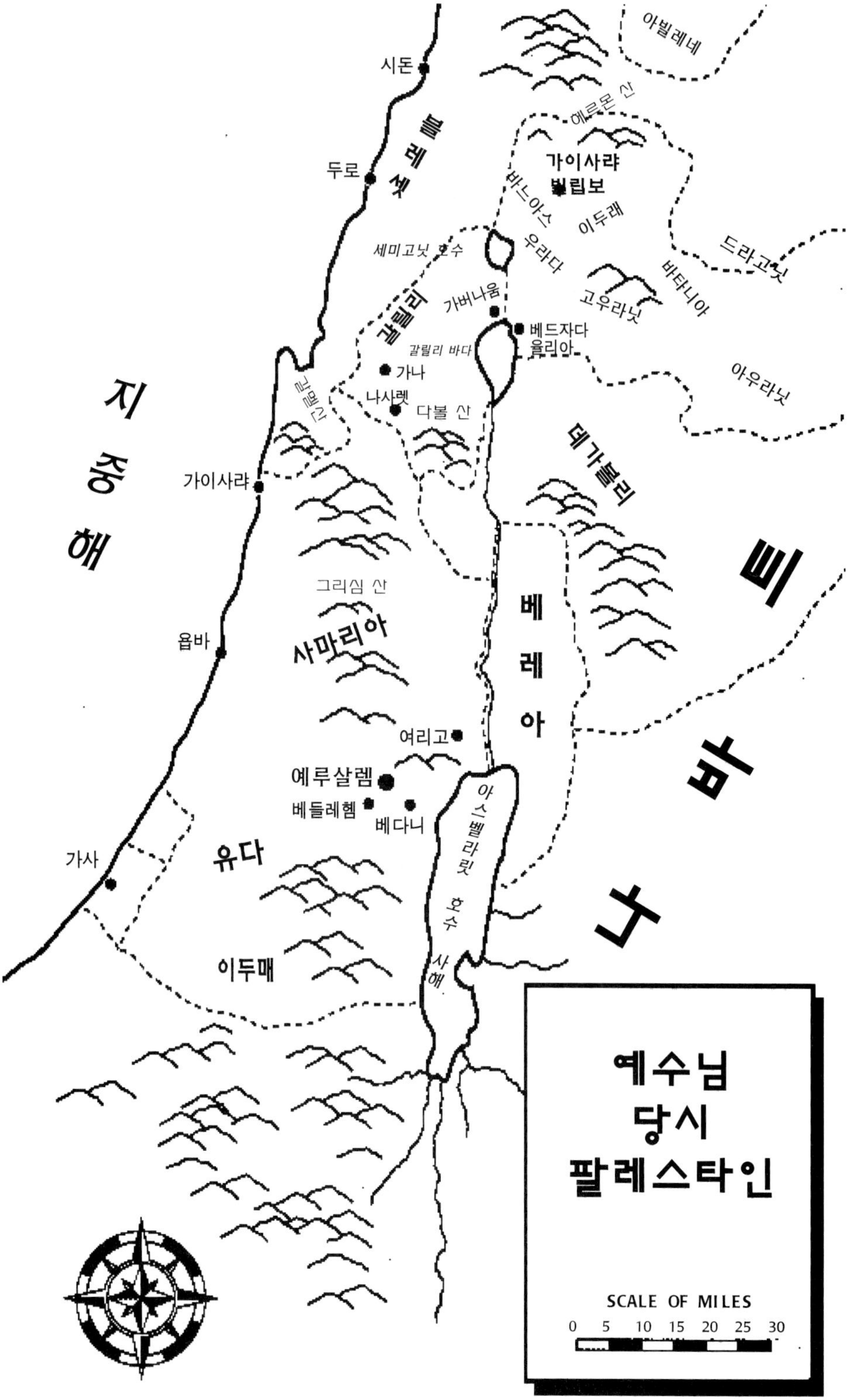

아빌레네
시돈
헤르몬 산
블레셋
두로
가이사랴 빌립보
바느아스
이두래
드라고닛
세미고닛 호수
우라다
바타니아
갈릴리
가버나움
고우라닛
베드자다 율리아
갈릴리 바다
가나
아우라닛
나사렛
다볼 산
지중해
데가볼리
가이사랴
그리심 산
베레아
사마리아
욥바
여리고
예루살렘
베들레헴
베다니
유다
가사
아스벨라릿 호수
이두매
사해
예수님 당시 팔레스타인
SCALE OF MILES
0 5 10 15 20 25 30

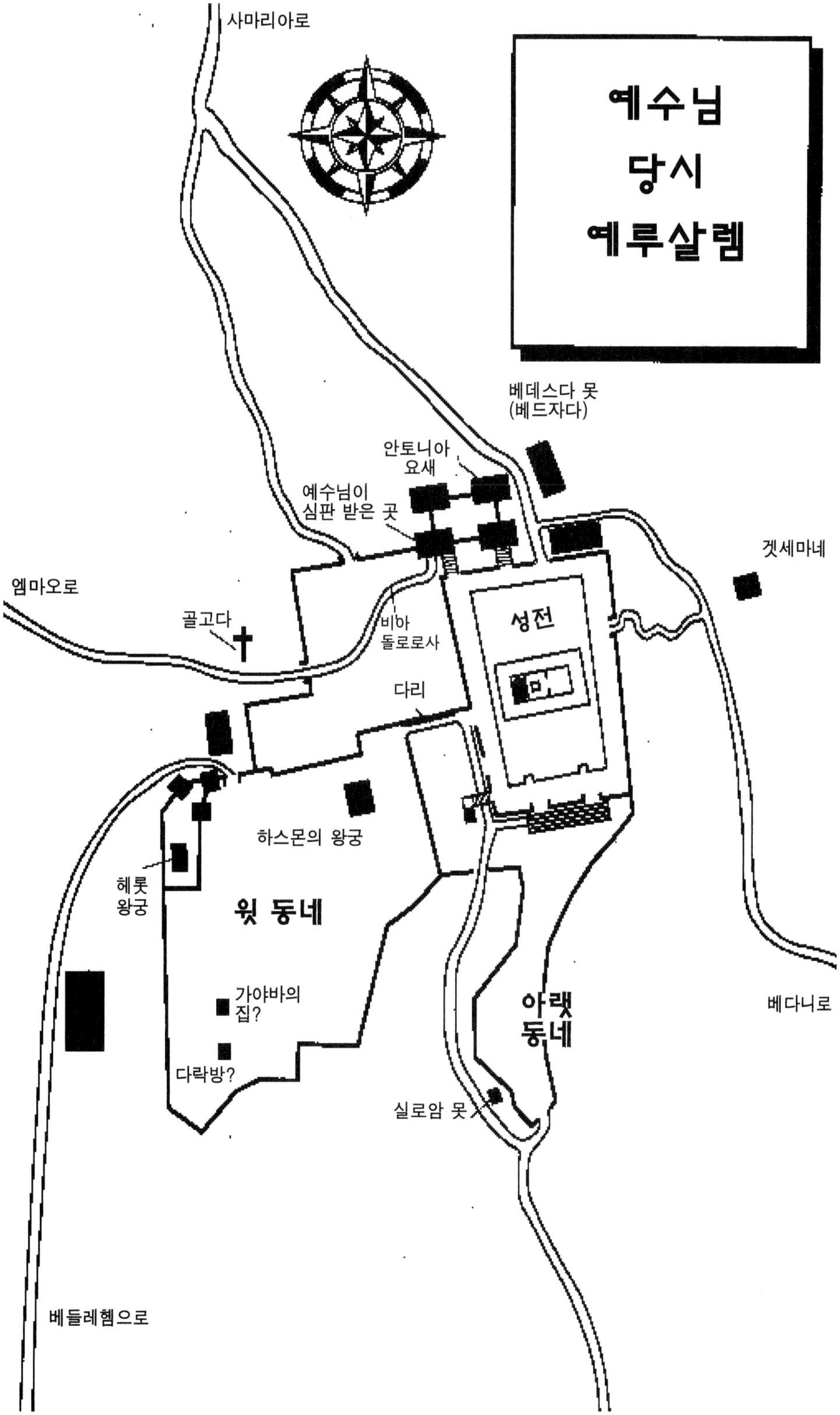

예수님
당시
예루살렘
사마리아로
베데스다 못
(베드자다)
안토니아
요새
예수님이
심판 받은 곳
겟세마네
엠마오로
골고다
비아
돌로로사
성전
다리
하스몬의 왕궁
헤롯
왕궁
윗 동네
가야바의
집?
다락방?
아랫
동네
실로암 못
베다니로
베들레헴으로

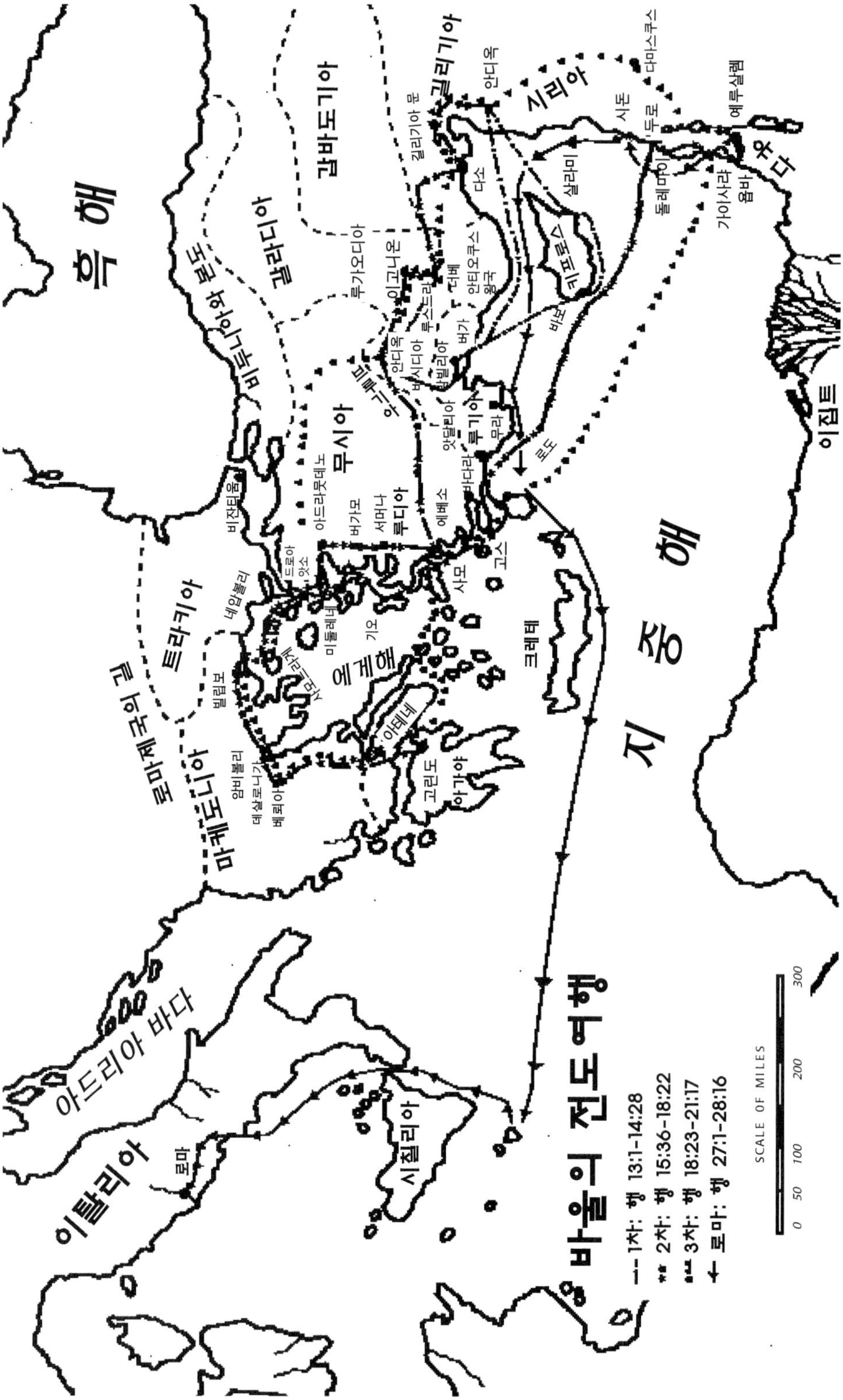

바울의 전도여행
1차: 행 13:1-14:28
2차: 행 15:36-18:22
3차: 행 18:23-21:17
로마: 행 27:1-28:16
SCALE OF MILES
0 50 100 200 300
흑해
비두니아와 본도
갈라디아
갑바도기아
길리기아
안디옥
시리아
다마스쿠스
시돈
두로
예루살렘
유다
돌레마이
가이사랴
욥바
살라미
키프로스
다소
길리기아 문
더베
안티오쿠스 왕국
루스드라
이고니온
루가오니아
안디옥
비시디아
밤빌리아
버가
앗달리아
루기아
무라
로도
바다라
무시아
브루기아
아드라뭇데노
버가모
서머나
루디아
에베소
비잔티움
드로아
앗소
사모
고스
크레테
지중해
이집트
트라키아
네압볼리
빌립보
암비볼리
데살로니가
베뢰아
마케도니아
로마제국의 길
미둘레네
기오
에게해
사모드라게
아테네
고린도
아가야
아드리아 바다
이탈리아
로마
시칠리아